D1573473

NomosKommentar

Prof. Dr. Dr. h.c. Reiner Schulze (Schriftleitung)

Bürgerliches Gesetzbuch

Handkommentar

8. Auflage

Prof. Dr. Heinrich Dörner, Universität Münster | **Prof. Dr. Ina Ebert**, München | **Prof. Dr. Thomas Hoeren**, Universität Münster/Richter am Oberlandesgericht Düsseldorf | **Dr. Rainer Kemper**, Universität Münster/Hochschule Osnabrück | **Prof. Dr. Ingo Saenger**, Universität Münster | **Prof. Dr. Klaus Schreiber**, Universität Bochum | **Prof. Dr. Hans Schulte-Nölke**, Universität Osnabrück/Universität Nijmegen, Niederlande | **Prof. Dr. Dr. h.c. Reiner Schulze**, Universität Münster | **Prof. Dr. Ansgar Staudinger**, Universität Bielefeld

Nomos

Die Deutsche Nationalbibliothek verzeichnet diese Publikation in der Deutschen Nationalbibliografie; detaillierte bibliografische Daten sind im Internet über http://dnb.d-nb.de abrufbar.

ISBN 978-3-8487-1054-6

8. Auflage 2014
© Nomos Verlagsgesellschaft, Baden-Baden 2014. Printed in Germany. Alle Rechte, auch die des Nachdrucks von Auszügen, der fotomechanischen Wiedergabe und der Übersetzung, vorbehalten. Gedruckt auf alterungsbeständigem Papier.

Vorwort zur achten Auflage

Wie kaum ein anderes Gesetz ist das BGB seit über 100 Jahren die Grundlage für nahezu alle privatrechtlichen Rechtsbeziehungen bis in die zentralen Lebensbereiche. Seine über 2300 Vorschriften sind ein lebendiger Organismus, der Rechtsanwender nicht selten mit einem Eigenleben voller Wechselbeziehungen überrascht.

Entsprechend der Vielfalt der normierten Bereiche ist das BGB Jahr für Jahr Gegenstand einer Vielzahl von gesetzgeberischen Aktivitäten. Allein im Jahr 2013 wurde das BGB insgesamt 17-mal in rund 80 seiner Paragraphen geändert.

Neu in der 8. Auflage des Handkommentar BGB sind die ab 13.06.2014 geltenden Regelungen des Gesetzes zur Umsetzung der Verbraucherrechtrichtlinie, die das Schuldrecht weiter europäisiert und dabei tiefgreifend umgestaltet. Dies stellt die bedeutendste Änderung des BGB seit der Schuldrechtsreform dar – und sie erfolgt nicht immer reibungslos. Die Vorschriften der EU-Richtlinie mussten unverändert in das System des BGB übernommen werden, was weitreichende Neuerungen bis in die Begrifflichkeiten u.a. zu Ware, Verbraucher oder Garantie mit sich bringt.

Auch die Neuregelungen u.a. durch das Gesetz zur Stärkung des Ehrenamtes, das Gesetz zur Bekämpfung der Zwangsheirat, das Gesetz zur Reform der elterlichen Sorge nicht miteinander verheirateter Eltern, das Gesetz zur Stärkung der Rechte des leiblichen, nicht rechtlichen Vaters oder das Gesetz zur Änderung des BGB zum besseren Schutz der Verbraucherinnen und Verbraucher vor Kostenfallen im elektronischen Geschäftsverkehr und zur Änderung des Wohnungseigentums waren bei der Neuauflage einzuarbeiten.

Nicht minder aktiv bei der Gestaltung sind die Gerichte, die immer neue Rechtsfragen im Lichte des Gesetzeszwecks, aber auch eigener bisher vertretener Auffassungen beurteilen.

Dieser Kommentar hat es sich von Beginn an zur Aufgabe gemacht, Studierende, Referendare und Praxis in die Lage zu versetzen, in Zivilrechtsfällen rasch festen Boden unter den Füßen zu gewinnen. Die für eine erfolgreiche Falllösung erforderliche Orientierung erfordert weit mehr als die Zusammenstellung von Rechtsprechung und Literatur und die Erweiterung der Nachweise von Auflage zu Auflage. Diese Aufgabe übernehmen zunehmend die juristischen Datenbanken. Ziel eines Handkommentars ist es vielmehr, Struktur und Systematik der Normen anhand der immer wieder zu reflektierenden und einzuarbeitenden Rechtsprechung und Literatur handhabbar zu machen und Strukturen zu vermitteln.

Die Kommentierung der Normen basiert auf dem stets gleichen Aufbau: Unter I. werden Funktion und systematischer Standort der behandelten Normen erläutert. Unter II. folgt die Darstellung der einzelnen Tatbestandmerkmale und ihrer Rechtsfolgen. Je nach Funktion der Norm schließt sich in Teil III. die Vertiefung von insbesondere prozessualen Fragestellungen und solchen des Kostenrechts an. Vorbemerkungen systematisieren die Normen einzelner Abschnitte und erleichtern deren Einordnung im System.

Wie immer gebührt Dank den zahlreichen Studierenden und Assistenten, die das Entstehen dieser Neuauflage mit begleitet haben. Dank gilt daher insbesondere *Nadja Al-Wraikat, Darja Bäßler, Ann-Catherine Frensing, Alexander Hoppe, Caroline Mahret, Rodica Melestean, Panagiotis Papadopoulos, Theresa Pöppelbaum, Carina Schäfermeier, Caroline Schnoor, Sebastian Stefan, Volker Unverfehrt*. Gedankt sei auch *Petra Buchdunger* und *Frank Michel* vom Nomos Verlag für die lektoratsseitige Betreuung.

Im März 2014   Die Autoren

Bearbeiterverzeichnis

Professor Dr. *Heinrich Dörner*, Universität Münster
(Vor §§ 1–20, 1–240; Vor Art 3–6 EGBGB, Art 3–10 EGBGB;
Vor Art 38–42 EGBGB, Art 38–46 a EGBGB; Rom II-VO)

Professor Dr. *Ina Ebert*, München
(§§ 488–512; Vor §§ 535–580 a, 535–580 a; §§ 581–609, §§ 631–656; AGG)

Professor Dr. *Thomas Hoeren*, Universität Münster, Richter am OLG Düsseldorf
(Vor §§ 1922–2385, 1922–2385)

Dr. *Rainer Kemper*, Universität Münster, Hochschule Osnabrück
(Vor §§ 1297–1921, 1297–1921; Vor Art 13–24 EGBGB, Art 13–24 EGBGB)

Professor Dr. *Ingo Saenger*, Universität Münster
(Vor §§ 433–480, 433–480; §§ 516–534; §§ 705–763)

Professor Dr. *Klaus Schreiber*, Universität Bochum (§§ 611–630)

Professor Dr. *Hans Schulte-Nölke*, Universität Osnabrück,
Universität Nijmegen/Niederlande
(Vor §§ 305–310, 305–310; §§ 312–312 i; §§ 675–676 c; Vor §§ 854-1296,
854–872; Vor §§ 903–924, 903–905; Vor §§ 929–1011, 929–1011;
§§ 1030–1089; Vor §§ 1204, 1204–1296)

Professor Dr. Dr. h.c. *Reiner Schulze* (Schriftleitung), Universität Münster
(Vor §§ 241–853, 241–304; Vor §§ 311–319, 311–311 c; §§ 313–432; §§ 657–674;
Vor §§ 677-687, 677–704; §§ 783–822)

Professor Dr. *Ansgar Staudinger*, Universität Bielefeld
(§§ 481–487; §§ 765–782, Vor §§ 823–853, 823–853; Vor §§ 873-928, 873–902;
Vor §§ 906–924, 906–928; §§ 1012–1029; §§ 1090–1203;
Anh I u II zu Art 7 EGBGB, Art 11–12 EGBGB; Vor Art 25, 26 EGBGB,
Art 25–26 EGBGB; Art 46 b-46 c EGBGB; Rom I-VO)

Zitiervorschlag
Hk-BGB/*Bearbeiter*, § ... Rn ... bzw. Art ... Rn ...

Inhaltsverzeichnis

Vorwort zur achten Auflage	5
Bearbeiterverzeichnis	7
Abkürzungsverzeichnis	17
Literaturverzeichnis	29

Bürgerliches Gesetzbuch

In der Fassung der Bekanntmachung vom 2. Januar 2002
(BGBl. I S. 42, ber. S. 2909 und BGBl. 2003 I S. 738)
Zuletzt geändert durch Art. 1 G zur Anpassung der Vorschriften über den Wertersatz bei Widerruf von Fernabsatzverträgen und über verbundene Verträge vom 27. 7. 2011
(BGBl. I S. 1600)

Buch 1 Allgemeiner Teil

Abschnitt 1	Personen (§§ 1 – 89)	35
Titel 1	Natürliche Personen, Verbraucher, Unternehmer (§§ 1 – 20)	35
Titel 2	Juristische Personen (§§ 21 – 89)	42
Untertitel 1	Vereine (§§ 21 – 79)	44
Untertitel 2	Stiftungen (§§ 80 – 88)	70
Untertitel 3	Juristische Personen des öffentlichen Rechts (§ 89)	75
Abschnitt 2	Sachen und Tiere (§§ 90 – 103)	76
Abschnitt 3	Rechtsgeschäfte (§§ 104 – 185)	84
Titel 1	Geschäftsfähigkeit (§§ 104 – 115)	87
Titel 2	Willenserklärung (§§ 116 – 144)	99
Titel 3	Vertrag (§§ 145 – 157)	149
Titel 4	Bedingung und Zeitbestimmung (§§ 158 – 163)	163
Titel 5	Vertretung und Vollmacht (§§ 164 – 181)	168
Titel 6	Einwilligung und Genehmigung (§§ 182 – 185)	190
Abschnitt 4	Fristen, Termine (§§ 186 – 193)	197
Abschnitt 5	Verjährung (§§ 194 – 225)	199
Titel 1	Gegenstand und Dauer der Verjährung (§§ 194 – 202)	199
Titel 2	Hemmung, Ablaufhemmung und Neubeginn der Verjährung (§§ 203 – 213)	208
Titel 3	Rechtsfolgen der Verjährung (§§ 214 – 225)	216
Abschnitt 6	Ausübung der Rechte, Selbstverteidigung, Selbsthilfe (§§ 226 – 231)	218
Abschnitt 7	Sicherheitsleistung (§§ 232 – 240)	222

Buch 2 Recht der Schuldverhältnisse

Abschnitt 1	Inhalt der Schuldverhältnisse (§§ 241 – 304)	257
Titel 1	Verpflichtung zur Leistung (§§ 241 – 292)	257
Titel 2	Verzug des Gläubigers (§§ 293 – 304)	384

Inhaltsverzeichnis

Abschnitt 2	Gestaltung rechtsgeschäftlicher Schuldverhältnisse durch Allgemeine Geschäftsbedingungen (§§ 305 – 310)	391
Abschnitt 3	Schuldverhältnisse aus Verträgen (§§ 311 – 361)	437
Titel 1	Begründung, Inhalt und Beendigung (§§ 311 – 319)	437

Untertitel 1 Begründung (§§ 311 – 311 c) 437
Untertitel 2 Grundsätze bei Verbraucherverträgen und besonderen Vertriebsformen (§ 312) 463

Kapitel 1 Anwendungsbereich und Grundsätze bei Verbraucherverträgen (§§ 312 – 312 a) 463

Kapitel 2 Außerhalb von Geschäftsräumen geschlossene Verträge und Fernabsatzverträge (§§ 312 b – 312 g) 478

Kapitel 3 Verträge im elektronischen Geschäftsverkehr (§§ 312 i – 312 j) 502

Kapitel 4 Abweichende Vereinbarungen und Beweislast (§ 312 k) 507

Untertitel 3 Anpassung und Beendigung von Verträgen (§§ 313 – 314) 508

Untertitel 4 Einseitige Leistungsbestimmungsrechte (§§ 315 – 319) 518

Titel 2 Gegenseitiger Vertrag (§§ 320 – 327) 524
Titel 3 Versprechen der Leistung an einen Dritten (§§ 328 – 335) 542
Titel 4 Draufgabe, Vertragsstrafe (§§ 336 – 345) 550
Titel 5 Rücktritt; Widerrufsrecht bei Verbraucherverträgen (§§ 346 – 361) 556

Untertitel 1 Rücktritt (§§ 346 – 354) 556
Untertitel 2 Widerrufsrecht bei Verbraucherverträgen (§§ 355 – 361) 565

Abschnitt 4 Erlöschen der Schuldverhältnisse (§§ 362 – 397) 589
Titel 1 Erfüllung (§§ 362 – 371) 590
Titel 2 Hinterlegung (§§ 372 – 386) 600
Titel 3 Aufrechnung (§§ 387 – 396) 607
Titel 4 Erlass (§ 397) 616

Abschnitt 5 Übertragung einer Forderung (§§ 398 – 413) 617
Abschnitt 6 Schuldübernahme (§§ 414 – 419) 636
Abschnitt 7 Mehrheit von Schuldnern und Gläubigern (§§ 420 – 432) 642
Abschnitt 8 Einzelne Schuldverhältnisse (§§ 433 – 853) 657

Titel 1 Kauf, Tausch (§§ 433 – 480) 657
Untertitel 1 Allgemeine Vorschriften (§§ 433 – 453) 660
Untertitel 2 Besondere Arten des Kaufs (§§ 454 – 473) 707
Untertitel 3 Verbrauchsgüterkauf (§§ 474 – 479) 716
Untertitel 4 Tausch (§ 480) 728

Titel 2 Teilzeit-Wohnrechteverträge, Verträge über langfristige Urlaubsprodukte, Vermittlungsverträge und Tauschsystemverträge (§§ 481 – 487) 728

Titel 3	Darlehensvertrag; Finanzierungshilfen und Ratenlieferungsverträge zwischen einem Unternehmer und einem Verbraucher (§§ 488 – 515)		754
	Untertitel 1	Darlehensvertrag (§§ 488 – 505)	754
	Untertitel 2	Finanzierungshilfen zwischen einem Unternehmer und einem Verbraucher (§§ 506 – 509)	774
	Untertitel 3	Ratenlieferungsverträge zwischen einem Unternehmer und einem Verbraucher (§ 510)	777
	Untertitel 4	Unabdingbarkeit, Anwendung auf Existenzgründer (§§ 511 – 515)	779
Titel 4	Schenkung (§§ 516 – 534)		780
Titel 5	Mietvertrag, Pachtvertrag (§§ 535 – 597)		790
	Untertitel 1	Allgemeine Vorschriften für Mietverhältnisse (§§ 535 – 548)	790
	Untertitel 2	Mietverhältnisse über Wohnraum (§§ 549 – 577 a)	814
	Untertitel 3	Mietverhältnisse über andere Sachen (§§ 578 – 580 a)	866
	Untertitel 4	Pachtvertrag (§§ 581 – 584 b)	868
	Untertitel 5	Landpachtvertrag (§§ 585 – 597)	876
Titel 6	Leihe (§§ 598 – 606)		900
Titel 7	Sachdarlehensvertrag (§§ 607 – 610)		907
Titel 8	Dienstvertrag und ähnliche Verträge (§§ 611 – 630h)		909
	Untertitel 1	Dienstvertrag (§§ 611 – 630)	909
	Untertitel 2	Behandlungsvertrag (§§ 630a – 630h)	938
Titel 9	Werkvertrag und ähnliche Verträge (§§ 631 – 651 m)		948
	Untertitel 1	Werkvertrag (§§ 631 – 651)	948
	Untertitel 2	Reisevertrag (§§ 651 a – 651 m)	979
Titel 10	Mäklervertrag (§§ 652 – 656)		998
	Untertitel 1	Allgemeine Vorschriften (§§ 652 – 655)	998
	Untertitel 2	Vermittlung von Verbraucherdarlehensverträgen (§§ 655 a – 655 e)	1005
	Untertitel 3	Ehevermittlung (§ 656)	1009
Titel 11	Auslobung (§§ 657 – 661 a)		1010
Titel 12	Auftrag, Geschäftsbesorgungsvertrag und Zahlungsdienste (§§ 662 – 676 h)		1013
	Untertitel 1	Auftrag (§§ 662 – 674)	1013
	Untertitel 2	Geschäftsbesorgungsvertrag (§§ 675 – 675 b)	1025
	Untertitel 3	Zahlungsdienste (§§ 675 c – 676 h)	1032
Titel 13	Geschäftsführung ohne Auftrag (§§ 677 – 687)		1056
Titel 14	Verwahrung (§§ 688 – 700)		1068
Titel 15	Einbringung von Sachen bei Gastwirten (§§ 701 – 704)		1073
Titel 16	Gesellschaft (§§ 705 – 740)		1077
Titel 17	Gemeinschaft (§§ 741 – 758)		1117
Titel 18	Leibrente (§§ 759 – 761)		1127
Titel 19	Unvollkommene Verbindlichkeiten (§§ 762 – 764)		1129
Titel 20	Bürgschaft (§§ 765 – 778)		1132
Titel 21	Vergleich (§ 779)		1156

Titel 22	Schuldversprechen, Schuldanerkenntnis (§§ 780 – 782)	1160
Titel 23	Anweisung (§§ 783 – 792)	1163
Titel 24	Schuldverschreibung auf den Inhaber (§§ 793 – 808)	1167
Titel 25	Vorlegung von Sachen (§§ 809 – 811)	1173
Titel 26	Ungerechtfertigte Bereicherung (§§ 812 – 822)	1174
Titel 27	Unerlaubte Handlungen (§§ 823 – 853)	1197

Buch 3 Sachenrecht

Abschnitt 1	Besitz (§§ 854 – 872)	1327
Abschnitt 2	Allgemeine Vorschriften über Rechte an Grundstücken (§§ 873 – 902)	1337
Abschnitt 3	Eigentum (§§ 903 – 1017)	1386
Titel 1	Inhalt des Eigentums (§§ 903 – 924)	1386
Titel 2	Erwerb und Verlust des Eigentums an Grundstücken (§§ 925 – 928)	1406
Titel 3	Erwerb und Verlust des Eigentums an beweglichen Sachen (§§ 929 – 984)	1409
	Untertitel 1 Übertragung (§§ 929 – 936)	1409
	Untertitel 2 Ersitzung (§§ 937 – 945)	1440
	Untertitel 3 Verbindung, Vermischung, Verarbeitung (§§ 946 – 952)	1443
	Untertitel 4 Erwerb von Erzeugnissen und sonstigen Bestandteilen einer Sache (§§ 953 – 957)	1448
	Untertitel 5 Aneignung (§§ 958 – 964)	1450
	Untertitel 6 Fund (§§ 965 – 984)	1452
Titel 4	Ansprüche aus dem Eigentum (§§ 985 – 1007)	1458
Titel 5	Miteigentum (§§ 1008 – 1017)	1479
Abschnitt 4	Dienstbarkeiten (§§ 1018 – 1093)	1483
Titel 1	Grunddienstbarkeiten (§§ 1018 – 1029)	1484
Titel 2	Nießbrauch (§§ 1030 – 1089)	1488
	Untertitel 1 Nießbrauch an Sachen (§§ 1030 – 1067)	1488
	Untertitel 2 Nießbrauch an Rechten (§§ 1068 – 1084)	1498
	Untertitel 3 Nießbrauch an einem Vermögen (§§ 1085 – 1089)	1502
Titel 3	Beschränkte persönliche Dienstbarkeiten (§§ 1090 – 1093)	1504
Abschnitt 5	Vorkaufsrecht (§§ 1094 – 1104)	1505
Abschnitt 6	Reallasten (§§ 1105 – 1112)	1509
Abschnitt 7	Hypothek, Grundschuld, Rentenschuld (§§ 1113 – 1203)	1511
Titel 1	Hypothek (§§ 1113 – 1190)	1513
Titel 2	Grundschuld, Rentenschuld (§§ 1191 – 1203)	1564
	Untertitel 1 Grundschuld (§§ 1191 – 1198)	1564
	Untertitel 2 Rentenschuld (§§ 1199 – 1203)	1575
Abschnitt 8	Pfandrecht an beweglichen Sachen und an Rechten (§§ 1204 – 1296)	1576
Titel 1	Pfandrecht an beweglichen Sachen (§§ 1204 – 1272)	1578

Titel 2	Pfandrecht an Rechten (§§ 1273 – 1296)	1599

Buch 4 Familienrecht

Abschnitt 1	Bürgerliche Ehe (§§ 1297 – 1588)	1606
Titel 1	Verlöbnis (§§ 1297 – 1302)	1611
Titel 2	Eingehung der Ehe (§§ 1303 – 1312)	1615
Untertitel 1	Ehefähigkeit (§§ 1303 – 1305)	1615
Untertitel 2	Eheverbote (§§ 1306 – 1308)	1616
Untertitel 3	Ehefähigkeitszeugnis (§ 1309)	1618
Untertitel 4	Eheschließung (§§ 1310 – 1312)	1619
Titel 3	Aufhebung der Ehe (§§ 1313 – 1318)	1621
Titel 4	Wiederverheiratung nach Todeserklärung (§§ 1319 – 1352)	1629
Titel 5	Wirkungen der Ehe im Allgemeinen (§§ 1353 – 1362)	1630
Titel 6	Eheliches Güterrecht (§§ 1363 – 1563)	1659
Untertitel 1	Gesetzliches Güterrecht (§§ 1363 – 1407)	1660
Untertitel 2	Vertragliches Güterrecht (§§ 1408 – 1557)	1693
Untertitel 3	Güterrechtsregister (§§ 1558 – 1563)	1762
Titel 7	Scheidung der Ehe (§§ 1564 – 1587a-1587p)	1765
Untertitel 1	Scheidungsgründe (§§ 1564 – 1568)	1767
Untertitel 1 a	Behandlung der Ehewohnung und der Haushaltsgegenstände anlässlich der Scheidung (§§ 1568 a – 1568 b)	1773
Untertitel 2	Unterhalt des geschiedenen Ehegatten (§§ 1569 – 1586 b)	1778
Untertitel 3	Versorgungsausgleich (§ 1587)	1836
Titel 8	Kirchliche Verpflichtungen (§ 1588)	1903
Abschnitt 2	Verwandtschaft (§§ 1589 – 1772)	1903
Titel 1	Allgemeine Vorschriften (§§ 1589 – 1590)	1903
Titel 2	Abstammung (§§ 1591 – 1600 e)	1905
Titel 3	Unterhaltspflicht (§§ 1601 – 1615 o)	1922
Untertitel 1	Allgemeine Vorschriften (§§ 1601 – 1615)	1923
Untertitel 2	Besondere Vorschriften für das Kind und seine nicht miteinander verheirateten Eltern (§§ 1615 a – 1615 o)	1946
Titel 4	Rechtsverhältnis zwischen den Eltern und dem Kinde im allgemeinen (§§ 1616 – 1625)	1949
Titel 5	Elterliche Sorge (§§ 1626 – 1711)	1959
Titel 6	Beistandschaft (§§ 1712 – 1740)	2010
Titel 7	Annahme als Kind (§§ 1741 – 1772)	2013
Untertitel 1	Annahme Minderjähriger (§§ 1741 – 1766)	2014
Untertitel 2	Annahme Volljähriger (§§ 1767 – 1772)	2037
Abschnitt 3	Vormundschaft, Rechtliche Betreuung, Pflegschaft (§§ 1773 – 1921)	2041
Titel 1	Vormundschaft (§§ 1773 – 1895)	2042
Untertitel 1	Begründung der Vormundschaft (§§ 1773 – 1792)	2043
Untertitel 2	Führung der Vormundschaft (§§ 1793 – 1836 e)	2055

	Untertitel 3	Fürsorge und Aufsicht des Familiengerichts (§§ 1837 – 1848)	2096
	Untertitel 4	Mitwirkung des Jugendamts (§§ 1849 – 1851)	2101
	Untertitel 5	Befreite Vormundschaft (§§ 1852 – 1881)	2102
	Untertitel 6	Beendigung der Vormundschaft (§§ 1882 – 1895)	2105
Titel 2	Rechtliche Betreuung (§§ 1896 – 1908 k)		2111
Titel 3	Pflegschaft (§§ 1909 – 1921)		2153

Buch 5 Erbrecht

Abschnitt 1	Erbfolge (§§ 1922 – 1941)		2168
Abschnitt 2	Rechtliche Stellung des Erben (§§ 1942 – 2063)		2184
	Titel 1	Annahme und Ausschlagung der Erbschaft, Fürsorge des Nachlassgerichts (§§ 1942 – 1966)	2184
	Titel 2	Haftung des Erben für die Nachlassverbindlichkeiten (§§ 1967 – 2017)	2201
		Untertitel 1 Nachlassverbindlichkeiten (§§ 1967 – 1969)	2202
		Untertitel 2 Aufgebot der Nachlassgläubiger (§§ 1970 – 1974)	2205
		Untertitel 3 Beschränkung der Haftung des Erben (§§ 1975 – 1992)	2208
		Untertitel 4 Inventarerrichtung, unbeschränkte Haftung des Erben (§§ 1993 – 2013)	2226
		Untertitel 5 Aufschiebende Einreden (§§ 2014 – 2017)	2235
	Titel 3	Erbschaftsanspruch (§§ 2018 – 2031)	2238
	Titel 4	Mehrheit von Erben (§§ 2032 – 2063)	2248
		Untertitel 1 Rechtsverhältnis der Erben untereinander (§§ 2032 – 2057 a)	2250
		Untertitel 2 Rechtsverhältnis zwischen den Erben und den Nachlassgläubigern (§§ 2058 – 2063)	2271
Abschnitt 3	Testament (§§ 2064 – 2273)		2273
	Titel 1	Allgemeine Vorschriften (§§ 2064 – 2086)	2274
	Titel 2	Erbeinsetzung (§§ 2087 – 2099)	2290
	Titel 3	Einsetzung eines Nacherben (§§ 2100 – 2146)	2295
	Titel 4	Vermächtnis (§§ 2147 – 2191)	2331
	Titel 5	Auflage (§§ 2192 – 2196)	2351
	Titel 6	Testamentsvollstrecker (§§ 2197 – 2228)	2356
	Titel 7	Errichtung und Aufhebung eines Testaments (§§ 2229 – 2264)	2390
	Titel 8	Gemeinschaftliches Testament (§§ 2265 – 2273)	2406
Abschnitt 4	Erbvertrag (§§ 2274 – 2302)		2418
Abschnitt 5	Pflichtteil (§§ 2303 – 2338)		2453
Abschnitt 6	Erbunwürdigkeit (§§ 2339 – 2345)		2489
Abschnitt 7	Erbverzicht (§§ 2346 – 2352)		2494
Abschnitt 8	Erbschein (§§ 2353 – 2370)		2499
Abschnitt 9	Erbschaftskauf (§§ 2371 – 2385)		2512

Einführungsgesetz zum Bürgerlichen Gesetzbuche

Internationales Privatrecht (Art 3 – 46c)	2518
Erster Teil Allgemeine Vorschriften (Art 3 – 46c)	2518
Zweites Kapitel Internationales Privatrecht (Art 3 – 46c)	2518
Erster Abschnitt Allgemeine Vorschriften (Art 3 – 6)	2518
Zweiter Abschnitt Recht der natürlichen Personen und der Rechtsgeschäfte (Art 7 – 12)	2539
Dritter Abschnitt Familienrecht (Art 13 – 24)	2561
Vierter Abschnitt Erbrecht (Art 25 – 26)	2608
Fünfter Abschnitt Außervertragliche Schuldverhältnisse (Art 38 – 42)	2621
Sechster Abschnitt Sachenrecht (Art 43 – 46)	2627
Siebter Abschnitt Besondere Vorschriften zur Durchführung von Regelungen der Europäischen Gemeinschaft nach Artikel 3 Nr. 1 (Art 46 a – 46c)	2630

Verordnung (EG) Nr. 593/2008 des Europäischen Parlaments und des Rates vom 17. Juni 2008 über das auf vertragliche Schuldverhältnisse anzuwendende Recht (Rom I)

Kapitel I	Anwendungsbereich (Art 1 – 2)	2653
Kapitel II	Einheitliche Kollisionsnormen (Art 3 – 18)	2659
Kapitel III	Sonstige Vorschriften (Art 19 – 28)	2742
Kapitel IV	Schlussbestimmungen (Art 29)	2747

Verordnung (EG) Nr. 864/2007 des Europäischen Parlaments und des Rates vom 11. Juli 2007 über das auf außervertragliche Schuldverhältnisse anzuwendende Recht („Rom II")

Kapitel I	Anwendungsbereich (Art 1 – 3)	2753
Kapitel II	Unerlaubte Handlungen (Art 4 – 9)	2757
Kapitel III	Ungerechtfertigte Bereicherung, Geschäftsführung ohne Auftrag und Verschulden bei Vertragsverhandlungen (Art 10 – 13)	2765
Kapitel IV	Freie Rechtswahl (Art 14)	2769
Kapitel V	Gemeinsame Vorschriften (Art 15 – 22)	2771
Kapitel VI	Sonstige Vorschriften (Art 23 – 28)	2774
Kapitel VII	Schlussbestimmungen (Art 29 – 32)	2777

Allgemeines Gleichbehandlungsgesetz (AGG)

Abschnitt 1	Allgemeiner Teil (§§ 1 – 5)	2781
Abschnitt 2	Schutz der Beschäftigten vor Benachteiligung (§§ 6 – 18)	2785
Unterabschnitt 1	Verbot der Benachteiligung (§§ 6 – 10)	2785

Unterabschnitt 2 Organisationspflichten des Arbeitgebers (§§ 11 – 12) ..	2788
Unterabschnitt 3 Rechte der Beschäftigten (§§ 13 – 16)	2790
Unterabschnitt 4 Ergänzende Vorschriften (§§ 17 – 18)	2793
Abschnitt 3 Schutz vor Benachteiligung im Zivilrechtsverkehr (§§ 19 – 21) ..	2794
Abschnitt 4 Rechtsschutz (§§ 22 – 23)	2797
Abschnitt 5 Sonderregelungen für öffentlich-rechtliche Dienstverhältnisse (§§ 24 – 33)	2798

Integriert kommentierte Gesetze

Gesetz über das Verbot der Verwendung von Preisklauseln bei der Bestimmung von Geldschulden (Preisklauselgesetz).............................	279
Gesetz zum zivilrechtlichen Schutz vor Gewalttaten und Nachstellungen (Gewaltschutzgesetz – GewSchG)...	1653
Gesetz über den Versorgungsausgleich (Versorgungsausgleichsgesetz – VersAusglG)..	1839
Gesetz über die Vergütung von Vormündern und Betreuern (Vormünder- und Betreuervergütungsgesetz – VBVG)........................	2088
Protokoll über das auf Unterhaltspflichten anzuwendende Recht..............	2579
Übereinkommen über die Zuständigkeit, das anzuwendende Recht, die Anerkennung, Vollstreckung und Zusammenarbeit auf dem Gebiet der elterlichen Verantwortung und der Maßnahmen zum Schutz von Kindern ...	2587
Übereinkommen über die zivilrechtlichen Aspekte internationaler Kindesentführung	2595
Haager Übereinkommen über das auf die Form letztwilliger Verfügungen anzuwendende Recht..	2619
Stichwortverzeichnis...	2799

Abkürzungsverzeichnis

aA	anderer Ansicht
aaO	am angegebenen Ort
ABGB	Allgemeines Gesetzbuch vom 1.6.1811, Österreich
abgedr	abgedruckt
ABl. EG	Amtsblatt der Europäischen Gemeinschaft
ABl. EU	Amtsblatt der Europäischen Union
abl	ablehnend
Abs	Absatz
Abt	Abteilung
abw	abweichend
AcP	Archiv für die civilistische Praxis (Band, Seite)
ADG	Gesetz zum Schutz vor Diskriminierungen – Antidiskriminierungsgesetz
ADSp	Allgemeine Deutsche Spediteursbedingungen
AdVermG	Adoptionsvermittlungsgesetz
aE	am Ende
aF	alte Fassung
AFG	Arbeitsförderungsgesetz
AG	Amtsgericht/Aktiengesellschaft
AGB	Allgemeine Geschäftsbedingungen
AGBG	Gesetz zur Regelung des Rechts der allgemeinen Geschäftsbedingungen
AGG	Allgemeines Gleichbehandlungsgesetz
AgrarR	Zeitschrift für das Recht der Landwirtschaft, der Agrarmärkte und des ländlichen Raumes (Jahr, Seite), Agrarrecht
ähnl	ähnlich
AiB	Arbeitsrecht im Betrieb (Jahr, Seite)
AKB	Allgemeine Bedingungen für die Kraftfahrversicherung
AktG	Aktiengesetz
allg	allgemein
allgM	allgemeine Meinung
ALR	Allgemeines Landrecht für die Preußischen Staaten von 1794
Alt	Alternative
AMG	Arzneimittelgesetz
AnfG	Gesetz betreffend die Anfechtung von Rechtshandlungen außerhalb des Konkursverfahrens
Anh	Anhang
Anm	Anmerkung
Antirassismus-RL	Richtlinie 2000/43/EG des Rates vom 29.6.2000 zur Anwendung des Gleichbehandlungsgrundsatzes ohne Unterschied der Rasse oder ethnischen Herkunft
AnwaltK	Anwaltkommentar
AnwaltK-ArbR	Anwaltkommentar-Arbeitsrecht
AO	Abgabenordnung
AP	Arbeitsrechtliche Praxis, Nachschlagewerk des Bundesarbeitsgerichtes (Jahrgang, Entscheidungsnummer)
ARB	Allgemeine Reisebedingungen
ArbG	Arbeitsgericht
ArbGG	Arbeitsgerichtsgesetz
ArbPlSchG	Arbeitsplatzschutzgesetz
ArbSchG	Arbeitsschutzgesetz
arg ex	Argument aus

Abkürzungsverzeichnis

Art	Artikel
AsylVfG	Asylverfahrensgesetz
AT	Allgemeiner Teil
AtomG	Atomgesetz
AuA	Arbeit und Arbietsrecht (Jahr, Seite)
Aufl	Auflage
AÜG	Arbeitnehmerüberlassungsgesetz
AuR	Arbeit und Recht (Jahr, Seite)
ausf	ausführlich
AuslInstmG	Gesetz über den Vertrieb ausländischer Investmentanteile und über die Besteuerung der Erträge aus ausländischen Investmentanteilen
Ausn	Ausnahme
AVB	Allgemeine Versicherungsbedingungen
AVermV	Verordnung über Arbeitsvermittlung durch private Arbeitsvermittler
BAG	Bundesarbeitsgericht
BAGE	Entscheidung des Bundesarbeitsgerichts (Band, Seite)
BauFdgG	Bauförderungsgesetz
BauGB	Baugesetzbuch
BauR	Zeitschrift für das gesamte öffentliche und private Baurecht (Jahr, Seite)
Basiszinssatz-Bezugsgrößen-VO	Basiszinssatz-Bezugsgrößen-Verordnung
BayObLG	Bayerisches Oberstes Landesgericht
BayObLGZ	Bayerisches Oberstes Landesgericht, Entscheidungssammlung in Zivilsachen
BB	Betriebsberater (Jahr, Seite)
BBesG	Bundesbesoldungsgesetz
BBG	Bundesbeamtengesetz
BBiG	Berufsbildungsgesetz
BBodSchG	Bundes-Bodenschutzgesetz
Bd	Band
BDSG	Bundesdatenschutzgesetz
BeckRS	Beck-Rechtsprechung
BEG	Bundesentschädigungsgesetz
Begr	Begründung
Beil	Beilage
Bek	Bekanntmachung
Bem	Bemerkung
Beschl	Beschluss
bestr	bestritten
betr	betreffend
BetrVG	Betriebsverfassungsgesetz
BeurkG	Beurkundungsgesetz
BFH	Bundesfinanzhof
BGBl	Bundesgesetzblatt (Band, Seite)
BGH	Bundesgerichtshof
BGHSt	Entscheidungen des Bundesgerichtshofes in Strafsachen (Band, Seite)
BGHZ	Entscheidungen des Bundesgerichtshofes in Zivilsachen (Band, Seite)
BinnSchG	Binnenschiffahrtsgesetz
BJagdG	Bundesjagdgesetz
BKleingartenG	Bundeskleingartengesetz

BKR	Zeitschrift für Bank- und Kapitalmarktrecht (Band, Seite)
Bl	Blatt
BlmSchG	Bundes-Immissionsschutzgesetz
BMJ	Bundesminister der Justiz
BNotO	Bundesnotarordnung
BORA	Berufsordnung für Rechtsanwälte
BörsG	Börsengesetz
BR	Bundesrat
BR-Drucks	Bundesrats-Drucksache
BRAGO	Bundesgebührenordnung für Rechtsanwälte
BRAO	Bundesrechtsanwaltsordnung
BReg	Bundesregierung
BRRG	Beamtenrechtsrahmengesetz
BSHG	Bundessozialhilfegesetz
Bsp	Beispiel
BS Saar	Sammlung des bereinigten Saarländischen Landesrechts, 5.6.1945 bis 30.6.1970
BT	Bundestag
BT-Drucks	Bundestags-Drucksache
BtG	Betreuungsgesetz
BtPrax	Betreuungsrechtliche Praxis
BUrlG	Bundesurlaubsgesetz
BVerfG	Bundesverfassungsgericht
BVerfGE	Entscheidungen des Bundesverfassungsgerichtes (Band, Seite)
BVFG	Bundesvertriebenengesetz
BVormVG	Berufsvormündervergütungsgesetz
BWNotZ	Zeitschrift für das Notariat in Baden-Württemberg (Jahr, Seite)
bzgl	bezüglich
bzw	beziehungsweise
ca	circa
CC	Code Civil
cic	culpa in contrahendo
CISG	Übereinkommen der Vereinten Nationen über Verträge über den internationalen Warenverkauf, in: Basistexte II 5, BGBl 89 II, 588
CMR	Übereinkommen über den Beförderungsvertrag im internationalen Straßengüterverkehr vom 19.5.1956 / 16.8.1961, BGBl 61 II, 1119 / 62 II, 12
COTIF	Übereinkommen über den internationalen Eisenbahnverkehr vom 9.5.1980, BGBl 85 II, 132
CR	Computer und Recht (Jahr, Seite)
Dag	Dagegen
DAR	Deutsches Autorecht (Jahr, Seite)
DAVorm	Der Amtsvormund
DB	Der Betrieb (Jahr, Seite)
DDR	Deutsche Demokratische Republik
dementspr	dementsprechend
DepotG	Depotgesetz
ders	derselbe
dh	das heißt
DJ	Deutsche Justiz (Jahr, Seite)
DJT	Deutscher Juristentag

DJZ	Deutsche Juristenzeitung (Jahr, Seite)
DNotZ	Deutsche Notarzeitschrift (Jahr, Seite)
DM	Deutsche Mark
DMR	Deutsches Mietrecht (Jahr, Seite)
DStR	Deutsches Steuerrecht
DRiZ	Deutsche Richterzeitung (Jahr, Seite)
DtÄrzteBl	Deutsches Ärzteblatt (Jahr, Seite)
DtZ	Deutsch-deutsche Rechts-Zeitschrift (Jahr, Seite)
DÜG	Diskontsatz-Überleitungs-Gesetz
EA	einstweilige Anordnung
EBV	Eigentümer-Besitzer-Verhältnis
EDV	Elektronische Datenverarbeitung
EFZG	Entgeltfortzahlungsgesetz
EG	Europäische Gemeinschaft
EGBGB	Einführungsgesetz zum Bürgerlichen Gesetzbuch
EGGVG	Einführungsgesetz zum Gerichtsverfassungsgesetz
EGInsO	Einführungsgesetz zur Insolvenzordnung
EGV	EG-Vertrag
EGVVG	Einführungsgesetz zum Gesetz über den Versicherungsvertragsgesetz
EheG	Ehegesetz
EheRG	Erstes Gesetz zur Reform des Ehe- und Familienrechts
Einf	Einführung
Einl	Einleitung
EKG	Einheitliches Gesetz über den internationalen Kauf beweglicher Sachen
ELR	European Law Reporter (Jahr, Seite)
EMRK	Europäische Menschenrechtskonvention
entgg	entgegen
entspr	entsprechend, Entsprechende, Entsprechendes
EnWG	Energiewirtschaftsgesetz
ErbbauVO	Verordnung über das Erbbaurecht
ErbGleichG	Erbrechtsgleichstellungsgesetz
ErbR	Erbrecht
ErbStG	Erbschaftssteuer- und Schenkungssteuergesetz
Erg	Ergänzung
Erl	Erlass
Erläut	Erläuterung
EStG	Einkommenssteuergesetz
ET	Energiewirtschaftliche Tagesfragen, Zeitschrift für die Elektrizitäts- und Gasversorgung
EU	Europäische Union
EuGH	Europäischer Gerichtshof
EuLF	European Legal Forum
EuR	Europarecht (Jahr, Seite)
EuroEG	Euroeinführungsgesetz
EuZW	Europäische Zeitschrift für Wirtschaftsrecht (Jahr, Seite)
EV	Einigungsvertrag (Vertrag zwischen BRD und DDR vom 31.8. 1990); auch: Eigentumsvorbehalt
eV	eingetragener Verein
evtl	eventuell
EVÜ	Übereinkommen über das auf vertragliche Schuldverhältnisse anzuwendende Recht in Basistexte II 30, BGBl 80 II, 810
EWG	Europäische Wirtschaftsgemeinschaft

EWIV-Ausführungsgesetz	Ausführungsgesetz der EWG-Verordnung über die Europäische Wirtschaftliche Interessenvereinigung
EWiV-VO	EWG-Verordnung über die Europäische Wirtschaftliche Intessenvereinigung
EZA	Entscheidungssammlung zum Arbeitsrecht
f	und folgende Seite/folgender Paragraph
FA	Fachanwalt Arbeitsrecht (Jahr, Seite)
FamFG	Gesetz über das Verfahren in Familiensachen und in den Angelegenheiten der freiwilligen Gerichtsbarkeit
FamG	Familiengericht
FamRZ	Ehe und Familie im privaten und öffentlichen Recht (Jahr, Seite)
Fernabsatzgesetz	Gesetz über Fernabsatzverträge und andere Fragen des Verbraucherrechts sowie zur Umstellung von Vorschriften auf Euro
Fernabsatz-RL	Richtlinie des Europäischen Parlaments und des Rates vom 20.6.1997 über den Verbraucherschutz bei Vertragsabschlüssen im Fernabsatz (97/7/EG) in: Basistexte I 25
Fernabsatz-RL FDL	Richtlinie 2002/65/EG des Europäischen Parlaments und des Rates vom 23.9.2002 über den Fernabsatz von Finanzdienstleistungen an Verbraucher und zur Änderung der Richtlinie 90/619/EWG des Rates und der Richtlinien 97/7/EG und 98/27/EG
FernUSG	Fernunterrichtsschutzgesetz
ff	und folgende Seiten/Paragraphen
FF	Forum Familienrecht (Jahr, Seite)
FG	Finanzgericht/Freiwillige Gerichtsbarkeit
FGG	Gesetz über die freiwillige Gerichtsbarkeit
FGPrax	Praxis der Freiwilligen Gerichtsbarkeit (Jahr, Seite)
Fn	Fußnote
FPR	Familie, Partnerschaft, Recht (Jahr, Seite)
FS	Festschrift
FuR	Familie und Recht (Jahr, Seite)
GBl	Gesetzblatt
GBO	Grundbuchordnung
GbR	Gesellschaft bürgerlichen Rechts
GebrMG	Gebrauchsmustergesetz
gem	gemäß
Gender-RL	Richtlinie 2002/73/EG des Europäischen Parlaments und des Rates vom 23.9.2002 zur Änderung der Richtlinie 76/207/EWG des Rates zur Verwirklichung des Grundsatzes der Gleichbehandlung von Männern und Frauen hinsichtlich des Zugangs zur Beschäftigung, zur Berufsbildung und zum beruflichen Aufstieg sowie in Bezug auf die Arbeitsbedingungen
GenG	Genossenschaftsgesetz
GentechnikG	Gentechnikgesetz
GerSichG	Gerätesicherheitsgesetz
GeschmMG	Geschmacksmustergesetz
gewA	gewöhnlicher Aufenthalt
GewO	Gewerbeordnung
GewSchG	Gewaltschutzgesetz
GG	Grundgesetz
Ggs	Gegensatz

ggf	gegebenenfalls
ggü	gegenüber
GKG	Gerichtskostengesetz
GmbH	Gesellschaft mit beschränkter Haftung
GmbHG	Gesetz betreffend die Gesellschaft mit beschränkter Haftung
GmS-OBG	Gemeinsamer Senat der obersten Gerichtshöfe des Bundes
GoA	Geschäftsführung ohne Auftrag
GOÄ	Gebührenordnung für Ärzte
GPR	Gemeinschaftsprivatrecht
GPSG	Geräte- und Produktsicherheitsgesetz
grdlg	grundlegend
grds	grundsätzlich
GrdstVG	Grundstücksverkehrsgesetz
GrSZ	Großer Senat in Zivilsachen
GRUR	Gewerblicher Rechtsschutz und Urheberrecht
GRUR Int	Gewerblicher Rechtsschutz und Urheberrecht, Internationaler Teil
GSiG	Gesetz über eine bedarfsorientierte Grundsicherung im Alter und bei Erwerbsminderung vom 26.6.01, BGBl I 1335
GuT	Gewerbemiete und Teileigentum
GVBL	Gesetz- und Verordnungsblatt
GVG	Gerichtsverfassungsgesetz
GWB	Gesetz gegen Wettbewerbsbeschränkungen
H	Heft
hA	herrschende Ansicht
HaftPflG	Haftpflichtgesetz
HAG	Heimarbeitsgesetz
Halbs	Halbsatz
Handelsvertreter-RL	Richtlinie des Rates vom 18.12.1986 zur Koordinierung der Rechtsvorschriften der Mitgliedstaaten betreffend die selbständigen Handelsvertreter (86/653/EWG) in: Basistexte I 45
HausratsVO	Hausratsverordnung
HausTWG	Gesetz über den Widerruf von Haustürgeschäften und ähnlichen Geschäften
HausTW-RL	Richtlinie des Rates vom 20.12.1985 betreffend den Verbraucherschutz im Falle von außerhalb von Geschäftsräumen geschlossenen Verträgen (85/577/EWG) in: Basistexte I 15
HGB	Handelsgesetzbuch
hins	hinsichtlich
HintO	Hinterlegungsordnung
HKÜ	Haager Kindesentführungsabkommen
hL	herrschende Lehre
hM	herrschende Meinung
HOAI	Honorarordnung für Architekten und Ingenieure
HöfeO	Höfeordnung
HRefG	Handelsrechtsreformgesetz
Hrsg, hrsg	Herausgeber, herausgegeben von
HRR	Höchstrichterliche Rechtsprechung (Band, Nr)
idF	in der Fassung
idR	in der Regel
idS	in diesem Sinne

iE	im Einzelnen
iErg	im Ergebnis
ieS	im engeren Sinne
iHv	in Höhe von
InfoVO	Verordnung über die Informationspflichten nach Bürgerlichem Recht
inkl	inklusive
insb	insbesondere
InsO	Insolvenzordnung
Int	International (es)
IPR	Internationales Privatrecht
IPRspr	Makarov, Gamillscheg und andere, Die deutsche Rechtsprechung auf dem Gebiet des internationalen Privatrechts
iR	im Rahmen
iS	im Sinne
iSd	im Sinne der/des
iSv	im Sinne von
iU	im Unterschied
iÜ	im Übrigen
iVm	in Verbindung mit
iwS	im weiteren Sinne
iZw	im Zweifel
JA	Juristische Arbeitsblätter (Jahr, Seite); auch: Jugendamt
JArbSchG	Jugendarbeitsschutzgesetz
Jb.J.ZivRWiss	Jahrbuch Junger Zivilrechtswissenschaftler
JR	Juristische Rundschau (Jahr, Seite)
Jura	Juristische Ausbildung (Jahr, Seite)
JurBüro	Das juristische Büro
Juris-Dok	Dokumentations-Nummer des Juristischen Informationssystems
jurisPK	jurisPraxisKommentar BGB
JuS	Juristische Schulung (Jahr, Seite)
JW	Juristische Wochenschrift (Jahr, Seite)
JZ	Juristenzeitung (Jahr, Seite)
KAGG	Gesetz über Kapitalanlagegesellschaften
Kap	Kapitel
Kfz	Kraftfahrzeug
KG	Kammergericht, Kommanditgesellschaft
KGaA	Kommanditgesellschaft auf Aktien
KJHG	Kinder- und Jugendhilfegesetz
Klausel-RL	Richtlinie des Rates vom 5.4.1993 über mißbräuchliche Klauseln in Verbraucherverträgen (93/13/EWG) in: Basistexte I 10
KO	Konkursordnung
KultGüRückG	Kulturgüterrückgabegesetz
K & R	Kommunikation und Recht (Jahr, Seite)
krit	kritisch
KSchG	Kündigungsschutzgesetz
KWG	Gesetz über das Kreditwesen
Lando-Komm	Lando-Kommission
Lando-Grundregeln	Grundregeln des Europäischen Vertragsrechts der Kommission für Europäisches Vertragsrecht in: Basistexte III 10
LFGG BW/BAWÜ	Baden-Württemberg: Landesgesetz über freiwillige Gerichtsbarkeit vom 12.2.1975, GB1 116

LG	Landgericht
lit	litera
LM	Lindenmaier-Möhring, Nachschlagewerk des BGH (Paragraph, Artikel, Nummer)
LMK	Lindenmaier/Möhring: kommentierte BGH-Rechtsprechung
LPachtG	Landpachtgesetz
LPachtVG	Landpachtverkehrsgesetz
LPartG	Lebenspartnerschaftsgesetz
LPartGErgG	Lebenspartnerschaftsgesetz-Ergänzungsgesetz
LPG	Landwirtschaftliche Produktionsgenossenschaft
LS	Leitsatz
LuftVG	Luftverkehrsgesetz
LwG	Landwirtschaftsgericht
LwVG	Gesetz über das gerichtliche Verfahren in Landwirtschaftssachen
M&A	M&A Review Mergers & Acquisitions
MaBV	Makler- und Bauträgerverordnung
MDR	Monatsschrift für Deutsches Recht (Jahr, Seite)
MedR	Medizinrecht
MHG	Gesetz zur Regelung der Miethöhe
mind	mindestens
Mio	Million(en)
MM	Mindermeinung
MMR	Multimedia und Recht (Jahr, Seite)
Mot	Motive zum BGB
MSA	Übereinkommen über die Zuständigkeit und das anzuwendende Recht auf dem Gebiet des Schutzes von Minderjährigen vom 5.10.1961, BGBl 71 II, 217
MSA	Haager Minderjährigenschutzabkommen
MuSchG	Mutterschutzgesetz
mwN	mit weiteren Nachweisen
MwSt	Mehrwertsteuer
NachlG	Nachlassgericht
Nachw	Nachweis/e
NdsRpfl	Niedersächsische Rechtspflege
nF	neue Fassung
NJ	Neue Justiz (Jahr, Seite)
NJOZ	Neue Juristische Online Zeitschrift (Jahr, Seite)
NJW	Neue Juristische Wochenschrift (Jahr, Seite)
NJWE-FER	NJW Entscheidungsreport Familien- und Erbrecht (Jahr, Seite)
NJW-RR	NJW Rechtsprechungsreport Zivilrecht (Jahr, Seite)
NJW-Spezial	NJW Spezial (Jahr, Seite)
Nr	Nummer
NZA	Neue Zeitschrift für Arbeitsrecht (Jahr, Seite)
NZA-RR	Neue Zeitschrift für Arbeitsrecht – Rechtsprechungsreport Arbeitsrecht (Jahr, Seite)
NZV	Neue Zeitschrift für Verkehrsrecht (Jahr, Seite)
oÄ	oder Ähnliches
OGH	Oberster Gerichtshof für die Britische Besatzungszone, auch Sammlung der Entscheidungen (Band, Seite)
OHG	offene Handelsgesellschaft

OLG	Oberlandesgericht; auch: die Rechtsprechung der Oberlandesgerichte (Band, Seite)
OLG-NL	OLG-Rechtsprechung Neue Länder
OLGR	OLG-Report Zivilrechtsprechung der Oberlandesgerichte
OLG-VertretÄndG	Gesetz zur Änderung des Rechts der Vertretung durch Rechtsanwälte vor den Oberlandesgerichten
OLGZ	Entscheidung der Oberlandesgerichte in Zivilsachen
PaPkG	Preisangaben- und Preisklauselgesetz
PartG	Parteiengesetz
PartGG	Partnerschaftsgesellschaftsgesetz
PatG	Patentgesetz
Pauschalreise-RL	Richtlinie des Rates vom 30.6.1990 über Pauschalreisen (90/314/EWG) in: Basistexte I 50
PBefG	Personenbeförderungsgesetz
PflVersG	Pflichtversicherungsgesetz
PFV	positive Forderungsverletzung
Phi	Produkthaftung international (Jahr, Seite)
PrAGBGB	Preußisches Ausführungsgesetz zum BGB
PreisklauselVO	Preisklauselverordnung
PrKG	Gesetz über das Verbot der Verwendung von Preisklauseln bei der Bestimmung von Geldschulden
ProdHaftG	Produkthaftungsgesetz
ProdHaft-RL	Richtlinie des Rates vom 25.7.1985 zur Angleichung der Rechts- und Verwaltungsvorschriften der Mitgliedstaaten über die Haftung für fehlerhafte Produkte (85/374/EWG) in: Basistexte I 65
Prot	Protokolle
PStG	Personenstandsgesetz
pVV	positive Vertragsverletzung
RabelsZ	Zeitschrift für ausländisches und internationales PrivatR (Jahr, Seite)
Rahmen-RLBeschäftigung	Richtlinie 2000/78/EG des Rates vom 27.11.2000 zur Festlegung eines allgemeinen Rahmens für die Verwirklichung der Gleichbehandlung in Beschäftigung und Beruf
RBerG	Rechtsberatungsgesetz
RdA	Recht der Arbeit (Jahr, Seite)
RegE	Regierungsentwurf
RelKG	Gesetz über die religiöse Kindererziehung
RG	Reichsgericht
RGBl	Reichsgesetzblatt
RGZ	Amtliche Sammlung der Rechtsprechung des Reichsgerichts in Zivilsachen (Band, Seite)
RIW	Recht der Internationalen Wirtschaft (Jahr, Seite)
RL	Richtlinie der Europäischen Union
Rn	Randnummer
Rpfleger	Der Rechtspfleger (Jahr, Seite)
RPflG	Rechtspflegergesetz
RRa	Reiserecht aktuell
Rs	Rechtssache, Rechtssachen
r+s	Recht und Schaden (Jahr, Seite)
Rspr	Rechtsprechung
RuStAG	Reichs- und Staatsangehörigkeitsgesetz
RVG	Rechtsanwaltsvergütungsgesetz
RVO	Reichsversicherungsordnung

S	Seite/Satz
s	siehe
SchÄG	Zweites Gesetz zur Änderung schadensrechtlicher Vorschriften (Schadensrechtsreformgesetz)
ScheckG	Scheckgesetz
SchiffsRG	Gesetz über Rechte an eingetragenen Schiffen und Schiffsbauwerken
StAG	Staatsangehörigkeitsgesetz
SchlHA	Schleswig-Holsteinische Anzeigen
SchwbG	Schwerbehindertengesetz
sec	Section
SeemannsG	Seemannsgesetz
SeuffA	Seufferts Archiv für Entscheidungen der obersten Gerichte in den dt. Staaten (Band, Nummer)
SGB	Sozialgesetzbuch
SigG	Signaturgesetz
SMG	Schuldrechtsmodernisierungsgesetz
so	siehe oben
sog	sogenannt
SpkG	Sparkassengesetz
StA	Staatsangehörigkeit
StAG	Staatsangehörigkeitsgesetz
StAZ	Das Standesamt (früher: Zeitschrift für Standesamtswesen) (Jahr, Seite)
StBerG	Steuerberatungsgesetz
str	streitig
stRspr	ständige Rechtsprechung
StVG	Straßenverkehrsgesetz
StVZO	Straßenverkehrszulassungsordnung
su	siehe unten
TestformÜbk	Haager Übereinkommen über das auf doe Form letztwilliger Verfügungen anwendbare Recht v 5.10.1961, BGBl 65 II 1145
Time-Share-RL	Richtlinie des Europäischen Parlaments und des Rates vom 26.10.1994 zum Schutz der Erwerber im Hinblick auf bestimmte Aspekte von Verträgen über den Erwerb von Teilnutzungsrechten an Immobilien (94/47/EG) in: Basistexte I 70
TSG	Transsexuellengesetz
TÜV	Technischer Überwachungsverein
TVG	Tarifvertragsgesetz
TzBfG	Gesetz über Teilzeitarbeit und befristete Arbeitsverträge (TzBfG)
TZWRG	Teilzeit-Wohnrechtegesetz vom 20.12.1996, BGBl 96 I, 2154
ua	unter anderem
uä	und ähnliche
Übbl	Überblick
überw	überwiegend
Überweisungs-RL	Richtlinie des Europäischen Parlaments und des Rates vom 7.1.1997 über grenzüberschreitende Überweisungen (97/5/EWG) in: Basistexte I 55
UKlaG	Gesetz über Unterlassungsklagen bei Verbraucherrechts- und anderen Verstößen (Unterlassungsklagengesetz)

umf	umfassend
UmweltHaftG	Umwelthaftungsgesetz
UNIDROIT	Institut international pour l'unification du droit privé
UNIDROIT-Grundregeln	Grundregeln der internationalen Handelsverträge in: Basistexte III 15
UnterhaltsÜbk	Haager Übereinkommen über das auf Unterhaltspflichten anwendbare Recht v 2.10.1973, BGBl 86 II 837
UrhG	Urheberrechtsgesetz
Urt	Urteil
UStG	Umsatzsteuergesetz
usw	und so weiter
uU	unter Umständen
UWG	Gesetz über den unlauteren Wettbewerb
v	von/vom
VA	Verwaltungsakt/Versorgungsausgleich
va	vor allem
VAHRG	Gesetz zur Regelung von Härten im Versorgungsausgleich
vAw	von Amts wegen
Verbrauchsgüterkauf-RL	Richtlinie des Europäischen Parlaments und des Rates zu bestimmten Aspekten des Verbrauchsgüterkaufs und der Garantien für Verbrauchsgüter (99/44/EG) in: Basistexte I 30
VerbrKrG	Gesetz über Verbraucherkredite
VerbrKr-RL	2008/48/EGRichtlinie 2008/48/EG des Europäischen Parlaments und des Rates vom 23. April 2008 über Verbraucherkreditverträge und zur Aufhebung der Richtlinie 87/102/EWG des Rates
VerbrKr- u Zahlungsd-RL-UmsetzungsG	Gesetz zur Umsetzung der Verbraucherkreditrichtlinie, des zivilrechtlichen Teils der Zahlungsdiensterichtlinie sowie zur Neuordnung der Vorschriften über das Widerrufs- und Rückgaberecht
VereinsG	Gesetz zur Regelung des öffentlichen Vereinsrechtes
Verf	Verfassung
VerglO	Vergleichsordnung
VermögensG	Vermögensgesetz
VermVergV	Vermittlervergütungsverordnung
VersR	Versicherungsrecht (Jahr, Seite)
VGH	Verwaltungsgerichtshof
vgl	vergleiche
VO	Verordnung
VOB	Verdingungsordnung für Bauleistungen
Vor	Vorbemerkung
VormschG	Vormundschaftsgericht
VRS	Verkehrsrechts-Sammlung (Band, Seite)
VuR	Zeitschrif Verbraucher und Recht (Jahr, Seite)
VVG	Versicherungsvertragsgesetz
VwGO	Verwaltungsgerichtsordnung
VwVfG	Verwaltungsverfahrensgesetz
Warn	Warneyer, Die Rechtsprechung des Reichsgerichts (Jahr, Nummer)
WE	Wohnungseigentum
WEG	Wohnungseigentumsgesetz
WG	Wechselgesetz
WGG	Wegfall der Geschäftsgrundlage

WHG	Wasserhaushaltsgesetz
WM	Zeitschrift für Wirtschafts- und Bankrecht, Wertpapiermitteilungen (Jahr, Seite)
WoBindG	Wohnungsbindungsgesetz
WoVermG	Gesetz zur Regelung der Wohnungsvermittlung
WpHG	Gesetz über den Wertpapierhandel
WRP	Wettbewerb in Recht und Praxis (Jahr, Seite)
WuM	Wohnungswirtschaft und Mietrecht (Jahr, Seite)
WWW	World Wide Web
ZAG	Zahlungsdiensteaufsichtsgesetz
Zahlungsd	Zahlungsdienst/e
Zahlungsd-RL	Richtlinie 2007/64/EG des Europäischen Parlaments und des Rates vom 13. November 2007 über Zahlungsdienste im Binnenmarkt, zur Änderung der Richtlinien 97/7/EG, 2002/65/EG, 2005/60/EG und 2006/48/EG sowie zur Aufhebung der Richtlinie 97/5/EG
Zahlungssicherungs-RL	Richtlinie 98/26/EWG des Europäischen Parlaments und des Rates vom 19.5.1998 über die Wirksamkeit von Abrechnungen in Zahlungs- sowie Wertpapierliefer- und -abrechnungssystemen
Zahlungsverzugs-RL aF	Richtlinie 2000/35/EG des Europäischen Parlaments und des Rates vom 29. Juni 2000 zur Bekämpfung von Zahlungsverzug im Geschäftsverkehr
Zahlungsverzugs-RL 2011	Richtlinie 2011/7/EU des Europäischen Parlaments und des Rates vom 16. Februar 2011 zur Bekämpfung von Zahlungsverzug im Geschäftsverkehr
ZAP	Zeitschrift für die Anwaltspraxis (Jahr, Seite)
zB	zum Beispiel
ZBB	Zeitschrift für Bankrecht und Bankwirtschaft (Jahr, Seite)
ZbR	Zurückbehaltungsrecht
ZEuP	Zeitschrift für Europäisches Privatrecht (Jahr, Seite)
ZErb	Zeitschrift für Steuer- und Erbrechtspraxis (Jahr Seite)
ZEV	Zeitschrift für Erbrecht und Vermögensnachfolge (Jahr, Seite)
ZfA	Zeitschrift für Arbeitsrecht (Jahr, Seite)
ZFE	Zeitschrift für Familien- und Erbrecht
ZfJ	Zentralblatt für Jugendrecht
ZfS	Zeitschrift für Schadensrecht
ZGB	Zivilgesetzbuch der ehemaligen DDR
ZGR	Zeitschrift für Unternehmens- und Gesellschaftsrecht
ZGS	Zeitschrift für das gesamte Schuldrecht (Jahr, Seite)
ZIP	Zeitschrift für Wirtschaftsrecht; früher Zeitschrift für die gesamte Insolvenzpraxis (Jahr, Seite)
ZMR	Zeitschrift für Miet- und Raumrecht (Jahr, Seite)
ZPO	Zivilprozessordnung
ZSEG	Gesetz über die Entschädigung von Zeugen und Sachverständigen
zT	zum Teil
zust	zustimmend
ZVG	Zwangsversteigerungsgesetz
zZ	zur Zeit
ZZP	Zeitschrift für Zivilprozeßordnung (Jahr, Seite)

Literaturverzeichnis

AnwaltK/Bearbeiter: Dauner-Lieb/Heidel/Ring (Hrsg), Anwaltkommentar, 2001 ff; ab 2008 ff. *NK-BGB/Bearbeiter:* §§ 1-240, EGBGB, Rom I, Rom II, Bd 1, 2. Aufl. 2011; §§ 241 – 610, §§ 611 – 853, Bd. 2/1 und 2/2, 2. Aufl. 2012; §§ 854 – 1296, Bd. 3, 2. Aufl. 2012; §§ 1297 – 1921, Bd. 4, 2. Aufl. 2010; §§ 1922 – 2385, Bd. 5, 3. Aufl. 2010;

Bamberger/Roth/Bearbeiter: Bamberger/Roth, Kommentar zum BGB, §§ 1-610, CISG, Bd I, 3. Aufl 2012; §§ 611-1296, AGG, ErbbauVO, WEG, Bd II, 3. Aufl 2012;§§ 1297-2385, EGBGB, Bd III, 3. Aufl 2012.

von Bar, Internationales Privatrecht. Bd. II, 1991.

von Bar/Mankowski , Internationales Privatrecht Bd. I, 2. Aufl 2003.

Basistexte: Schulze/Zimmermann, Basistexte zum Europäischen Privatrecht, 4. Aufl 2012.

Baumbach/Hopt HGB: Baumbach/Hopt, Handelsgesetzbuch, fortgeführt bis zur 24. Aufl von Duden, 36. Aufl 2014.

Baumbach/Hueck GmbHG: Baumbach/Hueck, GmbH-Gesetz, 20. Aufl 2013.

Baumbach/Lauterbach: Baumbach/Lauterbach/Albers/Hartmann, Zivilprozeßordnung, 72. Aufl 2014.

Baur/Stürner: Baur/Stürner, Sachenrecht, 18. Aufl 2009.

Beitzke/Dethloff/Lüderitz: Lüderitz, Familienrecht, 30. Aufl 2012.

Brox/Henssler, HR: Brox, Handelsrecht: mit Grundzügen des Wertpapierrechts, 21. Aufl 2011.

Brox/Walker AT: Brox, Allgemeiner Teil des BGB, 37. Aufl 2013.

Brox/Walker, ErbR: Brox, Erbrecht, 25. Aufl 2012.

Brox/Walker, SchuldR AT: Brox/Walker, Allgemeines Schuldrecht, 37. Aufl 2013.

Brox/Walker, SchuldR BT: Brox/Walker, Besonderes Schuldrecht, 37. Aufl 2013.

Bülow/Artz: Bülow/Artz, Handbuch Verbraucherprivatrecht, 3. Auf 2011.

Bülow, Verbraucherkreditrecht: Bülow, Verbraucherkreditrecht, 7. Aufl 2011.

Bülow: Bülow, Recht der Kreditsicherheiten, 8. Aufl 2012.

Calliess/Bearbeiter: Calliess, Rome Regulations: Commentary on the European Rules of the Conflict of Laws, 2011.

Canaris, 1. Festschrift Larenz: Canaris, Festschrift für Karl Larenz zum 70, Geburtstag, 1973.

Canaris, Karlsruher Forum 2002: Canaris, Karlsruher Forum 2002, 2003.

Czernich/Heiss: Czernich/Heiss; EVÜ Das Europäische Schuldvertragsübereinkommen 1999.

Deutsch/Ahrens, Deliktsrecht: Deutsch/Ahrens, Deliktsrecht, 6. Aufl 2014.

Drasdo: Drasdo, TzWrG, Kommentar, 1997.

Ebenroth, ErbR: Ebenroth, Erbrecht, 1992.

Eckert, SchuldR AT: Eckert, Schuldrecht Allgemeiner Teil, 4. Aufl 2004.

Eckert, SchuldR BT: Eckert, Schuldrecht Besonderer Teil, 2. Aufl 2004.

Eckert, SR: Eckert, Sachenrecht, 4. Aufl 2005.

Eidenmüller/Bearbeiter: Eidenmüller, Ausländische Kapitalgesellschaften im deutschen Recht, 2004.

Emmerich: Emmerich, Das Recht der Leistungsstörungen, 6. Aufl 2005.

Literaturverzeichnis

ErfK/Bearbeiter: Erfurter Kommentar zum Arbeitsrecht, 12. Aufl 2012.
Erm/Bearbeiter: Erman, Bürgerliches Gesetzbuch, 13. Aufl 2011.
Ernst/Zimmermann: Ernst/Zimmermann, Zivilrechtswissenschaft und Schuldrechtsreform, 2001.
Esser/Schmidt: Esser/Schmidt, Schuldrecht, Bd I, Teilband 2, 8. Aufl 2000.
Esser/Weyers: Esser/Weyers, Schuldrecht, Bd II, Teilband 1, 8. Aufl 1998.
Ferrari/Bearbeiter: Ferrari/Kieninger/Mankowski u.a., Internationales Vertragsrecht, 2. Aufl. 2012
Ferrari/Leible/Bearbeiter: Ferrari/Leible, Rome I Regulation: The Law Applicable to Contractual Obligations in Europe, 2009.
Ferrari/Leible/Bearbeiter: Ferrari/Leible, Ein neues Internationales Vertragsrecht für Europe, 2007.
Flume II: Flume, Allgemeiner Teil des Bürgerlichen Rechts, 2. Bd: Das Rechtsgeschäft, 4. Aufl 1992.
Führich: Führich, Reiserecht, 6. Aufl 2010.
Furrer/Girsberger/Schramm: Internationales Privatrecht, 3. Aufl 2011.
Gebauer/Wiedmann/Bearbeiter: Gebauer/Wiedmann, Zivilrecht unter europäischem Einfluss, 2. Aufl 2010.
Gernhuber/Coester-Waltjen: Gernhuber/Coester-Waltjen, Lehrbuch des Familienrechts, 6. Aufl 2010.
Goergen: Goergen, Das Pactum de non cedendo, 2000.
Gursky: Gursky, Sachenrecht, 10. Aufl 2000.
Haas ua: Haas/Medicus/Rolland/Schäfer/Wendtland, Das neue Schuldrecht, 2002.
Habscheid: Habscheid, Freiwillige Gerichtsbarkeit, 7. Aufl 1983.
Hahn: Hahn (Hrsg.), Gemeinsames Europäisches Kaufrecht – Moderner Ansatz oder Praxisferne Vision?, 2012.
Halbgewachs: Halbgewachs, Der merkantile Minderwert von Kfz, 13. Aufl 2003.
Heck: Heck, Grundriss des Sachenrechts, 3. Aufl 1994.
Heiderhoff: Heiderhoff, Europäisches Privatrecht, 3. Aufl 2012.
Hildenbrand/Kappus/Mäsch-Bearbeiter: Hildenbrand/Kappus/Mäsch, Time-Sharing und Teilzeit-Wohnrechtegesetz, Kommentar, 1997.
Hk-LPartG/Bearbeiter: Bruns/Kemper, Lebenspartnerschaftsrecht: Handkommentar, 2. Aufl 2005.
Hk-ZPO/Bearbeiter: Saenger, Handkommentar zur ZPO, 4. Aufl 2011.
von Hoffmann/Thorn: von Hoffmann/Thorn, Internationales Privatrecht, 9. Aufl 2007.
Honsell: Honsell, Kommentar zum UN-Kaufrecht, 2. Aufl. 2010.
Huber/Faust: Huber/Faust, Schuldrechtsmodernisierung. Einführung in das neue Recht, 2002.
Janssen/Meyer: Janssen/Meyer, CISG Methodology, 2009.
Jauernig/Bearbeiter: Jauernig, Bürgerliches Gesetzbuch, 154. Aufl 2013.
Jauernig, ZwVoll-/InsR: Jauernig, Zwangsvollstreckungs- und Insolvenzrecht, 23. Aufl 2010.
Junker: Internationales Privatrecht, 2. Auflage 2011.
jurisPK/Bearbeiter: Herberger ua (Hrsg), Juris Praxiskommentar BGB, 6. Aufl 2013.
Kegel/Schurig: Kegel/Schurig: Internationales Privatrecht, 9. Auflage 2004.

Keidel/Kuntze/Winkler: Keidel/Kuntze/Winkler, Freiwillige Gerichtsbarkeit, 16. Aufl 2009.

Kind: Kind, Die Grenzen des Verbraucherschutzes durch Information – aufgezeigt am Teilzeitwohnrechtegesetz, 1998.

Kipp/Coing: Enneccerus/Kipp/Wolff, Lehrbuch des Bürgerlichen Rechts, v Coing, 13. Aufl 1978.

Koch/Magnus/Winkler von Mohrenfels: IPR und Rechtsvergleichung, 4. Auflage 2010.

Kropholler-BGB: Kropholler, Bürgerliches Gesetzbuch, 14. Aufl 2013.

Kropholler: Kropholler Internationales Privatrecht, 6. Aufl 2006.

Lange/Kuchinke: Lange/Kuchinke, Lehrbuch des Erbrechts, 5. Aufl 2001.

Lange/Schiemann: Lange/Schiemann, Schadensersatz, 3. Aufl 2003.

Larenz, SchR I: Larenz, Lehrbuch des Schuldrechts, Bd I, 14. Aufl 1987.

Larenz, SchR II 1: Larenz, Lehrbuch des Schuldrechts, Bd II, Teilband 1, 13. Aufl 1986.

Larenz/Canaris, SchR II 2: Larenz/Canaris, Lehrbuch des Schuldrechts, Bd II, Teilband 2, 13. Aufl 1994.

Larenz/Wolf: Larenz/Wolf, Allgemeiner Teil des Bürgerlichen Rechts, 10. Aufl 2012.

Leible/Mankowski/Staudinger: Leible/Mankowski/Staudinger, Europäische Insolvenzverordnung, Kommentar, 2006.

Leible/Schlachter: Leible/Schlachter, Diskriminierungsschutz durch Privatrecht, 2006.

Leipold, Erbrecht, 19. Aufl. 2012

Loewenheim, Bereicherungsrecht, 3. Aufl 2007.

Looschelders: Looschelders Internationales Privatrecht Art 3–46, 2004.

Looschelders, SR AT: Looschelders, Schuldrecht Allgemeiner Teil, 11. Aufl 2013.

Looschelders, SR BT: Looschelders, Schuldrecht Besonderer Teil, 8. Aufl 2013.

Lorenz/Riehm: Lorenz/Riehm, Lehrbuch zum neuen Schuldrecht, 2002.

Löwisch, ArbR: Arbeitsrecht. Ein Studienbuch, 9. Aufl 2012.

Löwisch, FS Wiedermann: Festschrift für Manfred Wiedemann zum 70. Geburtstag, 2002.

Magnus: Magnus, Schaden und Ersatz, 1987.

Martinek in: Grabitz/Hilf: Grabitz/Hilf, Das Recht der Europäischen Union, Teil II – Sekundärrecht, Bd A (Hrsg. Wolf), Kap. 13, Richtlinie 94/47/EG des Europäischen Parlaments und des Rates zum Schutz der Erwerber im Hinblick auf bestimmte Aspekte von Verträgen über den Erwerb von Teilzeitnutzungsrechten an Immobilien, Stand: 44. Ergänzungslieferung, März 2011.

Maunz/Dürig/Bearbeiter: Maunz/Dürig, Grundgesetz, Loseblatt-Kommentar, Stand 69. Ergänzungslieferung, Mai 2013.

Medicus AT: Medicus, Allgemeiner Teil des BGB, 10. Aufl 2010.

Medicus/Petersen, BR: Medicus/Petersen, Bürgerliches Recht, 24. Aufl 2013.

Medicus, FS Odersky: Medicus, Festschrift für Walter Odersky zum 65. Geburtstag, 1996.

Medicus/Lorenz, SchR I: Medicus/Lorenz, Schuldrecht I, 20. Aufl 2012.

Medicus/Lorenz, SchR II: Medicus, Schuldrecht II, 16. Aufl 2012.

Michalski/Bearbeiter: GmbH-Gesetz, Kommentar, Bd 1 §§ 1 – 34, Bd 2 §§ 35 – 85, §§ 1 – 4 EGGmbHG, 2. Aufl 2010.

Literaturverzeichnis

MK/Bearbeiter: Münchener Kommentar zum Bürgerlichen Gesetzbuch, Bd 1/1 §§ 1 – 240, ProstG, 6. Aufl 2012;, Bd 2 §§ 241 – 432, 6. Aufl 2012; Bd 3 §§ 433 – 610, 6. Aufl 2012; Bd 4 §§ 611 – 704, EFZG, TzBfG, KSchG, 6. Aufl 2012; Bd 5 §§ 705 – 853, PartGG, ProdHaftG, 6. Aufl 2013; Bd 9 §§ 1922 – 2385, §§ 27 – 35 BeurkG, 6. Aufl 2013; Bd 10 Art. 1 – 24 EGBGB, Rom-I-VO, IPR, 5. Aufl 2010; Bd 11 Art 15 – 248 EGBGB, IPR, Internat. Wirtschaftsrecht, 5. Aufl. 2010.

MK-VGG/Bearbeiter: Münchener Kommentar zum Versicherungsvertragsgesetz, Bd 1 Systematische Darstellungen, EGVVG, §§ 1-99, 2010.

Müller: Müller, Sachenrecht, 4. Aufl 1997.

Musielak/Bearbeiter: Kommentar zur Zivilprozessordnung mit Gerichtsverfassungsgesetz, 8. Aufl 2011

Oetker/Maultzsch: Vertragliche Schuldverhältnisse, 3. Aufl 2007

Palandt/Bearbeiter: Bürgerliches Gesetzbuch, 73. Aufl 2014.

Prölss/Bearbeiter: Prölss/Martin, Versicherungsvertragsgesetz: VVG, 28. Aufl. 2010

Prütting: Prütting, Sachenrecht, 34. Aufl 2010.

PWW/Bearbeiter: Prütting/Wegen/Weinrich, BGB Kommentar, 8. Aufl 2013.

Rauscher/Bearbeiter: Europäisches Zivilprozess- und Kollisionsrecht, Kommentar, Bd 1 EG-VollstrTitelVO, EG-MahnVO, EG-BagatellVO, EG-ZustellVO 2007, EG-BewVO, EG-InsVO, 2010; Bd 2 Brüssel IIa-VO, EG-UntVO, EG-ErbVO-E, HUntStProt 2007, 2010; Bd 3 Brüssel I-VO, LugÜbk 2007, 2011; Bd 4 Rom I-VO, Rom II-VO, 2011.

Reich/Micklitz: Reich/Micklitz, Europäisches Verbraucherrecht, 4. Aufl 2003.

Reinicke/Tiedtke: Reinicke/Tiedtke, Kaufrecht, 8. Aufl 2009.

Reinicke/Tiedkte, KredS: Reinicke/Tiedkte, Kreditsicherung, 5. Aufl 2006.

Reithmann/Martiny/Bearbeiter: Internationales Vertragsrecht, 7. Auflage 2010.

Reuter/Martinek: Reuter/Martinek, Ungerechtfertigte Bereicherung, 1983.

RGRK/Bearb: Mitglieder des BGH (Hrsg), Das Bürgerliche Gesetzbuch mit bes Berücksichtigung des RG und BGH, Kommentar, 12. Aufl 1997.

Sandrock u.a.: Sandrock, Großfeld, Luttermann, Schulze, Saenger (Hrsg), Rechtsvergleichung als zukunftsträchtige Aufgabe, 2004.

Schlechtriem/Schwenzer: Schlechtriem/Schwenzer, Kommentar zum einheitlichen UN-Kaufrecht, 5. Aufl 2008.

Schlüter: Schlüter, Familienrecht, 14. Aufl 2013.

Schmidt: Schmidt, Gesellschaftsrecht, 4. Aufl 2002.

Schulte-Nölke/Zoll/Jansen/Schulze, Europäisches Kaufrecht: Schulte-Nölke/Zoll/Jansen/Schulze (Hrsg.), Der Entwurf für ein optionales europäisches Kaufrecht, 2012.

Schulze: Schulze, (Sonderband) Auslegung europäischen Privatrechts und angeglichenen Rechts, 1999.

Schulze, CESL-Commentary: Schulze (Ed.), Common European Sales Law: Commentary, 2012.

Schulze/von Bar/Schulte-Nölke: Schulze/von Bar/Schulte-Nölke, Der akademische Entwurf für einen Gemeinsamen Referenzrahmen, 2009.

Schulze/Engel/Jones, Casebook Europ PrivatR: Schulze/Engel/Jones, Casebook Europäisches Privatrecht, 2000.

Schulze/Schulte-Nölke, Casebook Europ VerbrR: Schulze/Schulte-Nölke, Casebook Europäisches Verbraucherrecht, 1999.

Schulze/Schulte-Nölke, European Private Law: Schulze/Schulte-Nölke (Hrsg.), European Private Law – Current Status and Perspectives, Sellier, München, 2011.

Schulze/Schulte-Nölke, Schuldrechtsreform: Schulze/Schulte-Nölke, Die Schuldrechtsreform vor dem Hintergrund des Gemeinschaftsrechts, 2001.

Schulze/Zuleeg/Kadelbach/Bearbeiter: Handbuch der Europäischen Rechtspraxis, 2. Aufl 2010.

Schwab/Prütting: Schwab/Prütting, Sachenrecht, 34. Aufl 2010.

von Schwaller: von Schwaller, Das Teilzeit-Wohnrechtegesetz, 1999.

Serick I: Serick, Eigentumsvorbehalt und Sicherungsübertragung, Bd I, 1963.

Soergel/Bearbeiter: Bürgerliches Gesetzbuch mit Einführungsgesetz und Nebengesetzen, 12. Aufl ab 1987, 13. Aufl ab 1999.

Spickhoff/Bearbeiter: Medizinrecht, 1. Aufl 2011

Staud/Bearbeiter: Staudinger, Kommentar zum Bürgerlichen Gesetzbuch, neubearbeitet 2014.

Thomas/Putzo: Thomas/Putzo, ZPO, 34. Aufl 2013.

Tonner: Tonner, Das Recht des Time-Sharing an Ferienimmobilien, 1997.

Ulmer/Brandner/Hensen-Bearbeiter: Ulmer/Brandner/Hensen, AGB-Recht, 11. Aufl 2011.

Ulmer/Habersack: Ulmer/Habersack, Verbraucherkreditgesetz, 2. Aufl 1995.

Westermann/Bearb: Westermann, Sachenrecht, 12. Aufl 2012.

Westermann/Eickmann/Bearbeiter: Westermann/Eichmann/Gursky, Sachenrecht, 8. Aufl 2011.

Wieczorek/Bearbeiter: Wieczorek, Zivilprozeßordnung u Nebengesetze, 3. Aufl 1994.

Wieling: Wieling, Sachenrecht, 5. Aufl 2007.

Wilhelm: Wilhelm, Sachenrecht, 4. Aufl 2010.

Wimmer: Wimmer (Hrsg), Frankfurter Kommentar zur Insolvenzordnung, 7. Aufl 2013.

Wolf E.: E. Wolf, Lehrbuch des Sachenrechts, 8. Aufl 2010.

Wolf M./Wellenhofer: M. Wolf/Wellenhofer, Sachenrecht, 28. Aufl 2013.

Wolf/Lindacher/Pfeiffer: Wolf/Lindacher/Pfeiffer, AGB-Recht, 6. Aufl 2013.

Wolff/Raiser: Wolff/Raiser, Sachenrecht, 10. Aufl 1957.

Zimmermann/Whittaker: Zimmermann/Whittaker, Good Faith in European Contract Law, 2000.

Zöller/Bearbeiter: Zöller (Hrsg), Zivilprozessordnung mit Gerichtsverfassungsgesetz und Nebengesetzen, Kommentar, 30. Aufl 2014.

Buch 1
Allgemeiner Teil
Abschnitt 1
Personen
Titel 1
Natürliche Personen, Verbraucher, Unternehmer

Vorbemerkung zu §§ 1–20

1. Alle Rechtsnormen richten sich an **Personen** (oder **Rechtssubjekte**). Die Rechtsperson ist Bezugspunkt der Güterzuweisung und Urheber rechtlich relevanter Betätigungen: So stehen subjektive Rechte (Rn 2) und Pflichten Personen zu, Rechtsgeschäfte und Rechtshandlungen (Vor §§ 104–185 Rn 1, 11) werden von Personen vorgenommen. Das BGB unterscheidet zwischen natürlichen (§ 1 Rn 1) und juristischen Personen (Vor §§ 21–89 Rn 1 ff). Nach der Konzeption des BGB war gemeinsames Merkmal beider die Rechtsfähigkeit (§ 1 Rn 2; Vor §§ 21–89 Rn 1). Die Rspr (BGHZ 146, 341 ff) hat aber darüber hinaus im Wege der Rechtsfortbildung auch Personengesellschaften Rechtsfähigkeit zuerkannt (vgl Vor §§ 21–89 Rn 6).

2. Die rechtlichen Handlungsmöglichkeiten einer jeden Person werden durch **subjektive Rechte** beschrieben und abgegrenzt. Unter einem subjektiven Recht versteht man eine der einzelnen Person von der Rechtsordnung zugewiesene Berechtigung (vgl Medicus § 10 Rn 61 ff). Die Rechtsordnung gewährt dem Inhaber eines subjektiven Rechts monopolisierte Verhaltensberechtigungen, indem sie ihm allein Verhaltensweisen gestattet, die sie allen anderen Rechtssubjekten versagt. So bedeutet Eigentum beispielsweise, dass der Rechtsinhaber eine Vielzahl tatsächlicher Handlungen (Nutzen, Verbrauchen, Zerstören usw) in Bezug auf eine bestimmte Sache vornehmen darf und er zu Verfügungen (Vor §§ 104–185 Rn 4) über das Eigentum ermächtigt wird, während alle anderen Rechtssubjekte ebendiese Handlungen nicht vornehmen dürfen oder – jedenfalls grds, vgl aber §§ 932 ff – nicht rechtlich wirksam vornehmen können. Ähnl gewährt ein Forderungsrecht ausschließlich dem Gläubiger die Befugnis, auf den Schuldner (zB durch Geltendmachung der Forderung, Mahnen, Klagen, Vollstrecken) einzuwirken und diese Verhaltensmöglichkeiten durch Abtretung auf Dritte zu übertragen. Greifen Dritte in die einem Rechtsinhaber durch subjektive Rechte zugewiesene Rechtssphäre ein, indem sie ihn stören oder die ihm vorbehaltenen Handlungsmöglichkeiten selbst wahrnehmen, kann sich der Rechtsinhaber – je nach Art des Rechts – mit unterschiedlichen Schutzansprüchen (etwa: §§ 687 II, 816 I, II, 812 I 1, 2. Fall [Eingriffskondiktion], 823 I, 985, 1004) zur Wehr setzen.

3. Nach dem **Inhalt** der jeweiligen Verhaltensberechtigungen unterscheidet man zwischen Herrschaftsrechten an Sachen (Eigentum und beschränkte dingliche Rechte), Immaterialgüterrechten (zB Patent-, Urheberrecht), Forderungen (§ 241 I) und Ansprüchen (§ 194 I), Persönlichkeitsrechten, Familienrechten (Ehe- und Elternrecht), dem (subjektiven) Erbrecht, Gestaltungsrechten (etwa: Anfechtung, Rücktritt, Kündigung, Widerruf, aber auch Einreden) und Aneignungsrechten (Jagd-, Fischereirecht).

4. Üblich ist ferner eine Unterscheidung nach der **Wirkungsweise** des Rechts: Einzelne Rechte (Bsp: Eigentum, beschränkte dingliche Rechte) wirken **absolut,** dh ggü jedermann; andere dag (Forderungen, Ansprüche) betreffen nur einen ganz bestimmten Normadressaten und wirken somit lediglich **relativ.**

5. **Rechtsverhältnisse** sind rechtlich geregelte Beziehungen zwischen Personen (Bsp: Eigentum, Schuldverhältnis, Ehe). Sie enthalten zumindest ein subjektives Recht (Rn 2), umfassen daneben aber häufig noch weitere aktuelle und/oder latente (dh erst unter bestimmten Voraussetzungen zur Entstehung gelangende) subjektive Rechte, ferner Befugnisse (zB Verfügungsbefugnis), Pflichten, Erwerbsaussichten und Zuständigkeiten

(wie zB die Empfangszuständigkeit), deren Zusammensetzung sich im Laufe der Zeit zwischen Entstehung und Erlöschen des Rechtsverhältnisses ändern kann.

§ 1 Beginn der Rechtsfähigkeit

Die Rechtsfähigkeit des Menschen beginnt mit der Vollendung der Geburt.

1 I. „Natürliche Person" iSd Überschrift des Ersten Titels ist jeder Mensch. Das BGB setzt die Rechtspersönlichkeit des Menschen als selbstverständlich voraus und bestimmt lediglich, **von welchem Zeitpunkt an** ein Mensch rechtsfähig und damit als Person im Rechtssinne (vgl Vor §§ 1–20 Rn 1) anzusehen ist.

2 II. 1. **Rechtsfähigkeit** ist die Fähigkeit, Träger von Rechten und Pflichten zu sein. Sie ist zu unterscheiden von der Handlungsfähigkeit (Geschäfts- und Deliktsfähigkeit, vgl Vor §§ 104–113 Rn 2) als der Fähigkeit, durch eigenes Verhalten Rechtswirkungen auszulösen. Zur Teilrechtsfähigkeit des nasciturus vgl Rn 4. Prozessuales Gegenstück der Rechtsfähigkeit ist die Parteifähigkeit (Fähigkeit, Partei eines Rechtsstreits zu sein, vgl § 50 I ZPO).

3 2. Die Eigenschaft der Rechtsfähigkeit kommt unterschiedslos allen **Menschen** zu (zur juristischen Person vgl Vor §§ 21–89 Rn 1 ff, zur Personengesellschaft ebda Rn 6). Sie kann weder durch Gesetz (Art 1 GG) oder Urteil aberkannt noch durch Vertrag oder Verzicht aufgegeben werden.

4 3. Rechtsfähigkeit natürlicher Personen tritt ein mit der **Vollendung der Geburt**, dh mit dem vollständigen Austritt des (lebenden) Kindes aus dem Mutterleib. Jedoch können auch der erzeugten, aber noch nicht geborenen Leibesfrucht (nasciturus) für den Fall ihrer späteren Geburt bereits Rechtspositionen zugewiesen sein (vgl §§ 331 II, 844 II 2, 1594 IV, 1923 II, ferner 247 FamFG), die durch die Eltern (§ 1912 II), notfalls durch einen Pfleger (§ 1912 I) wahrgenommen werden. Den noch nicht Erzeugten (nondum conceptus) berücksichtigt das BGB in den §§ 331 II, 2101 II, 2106 II 1, 2109 I 2 Nr 2, 2162 II, 2178; zum vorgeburtlichen Deliktsschutz vgl BGHZ 58, 49; 93, 356; zum Vertrag zugunsten eines noch nicht erzeugten Dritten BGHZ 129, 305.

5 III. 1. Die Rechtsfähigkeit eines Menschen **endet** mit seinem **Tod** (vgl § 1922 I). Ob dabei auf den Herztod (Herz- und Atemstillstand) oder Hirntod (irreversibler Funktionsverlust des Gehirns ohne Möglichkeit der Reanimation, so zB BayObLGZ 99, 5) ankommt, ist str. Bei Divergenz beider Zeitpunkte (Einsatz einer Herz-Lungen-Maschine nach Hirntod) sollte aus Gründen der Rechtssicherheit jedenfalls im Hinblick auf die Rechtsfähigkeit des Sterbenden und den Eintritt des Erbfalls der jeweils letzte maßgebend sein (Medicus AT Rn 1052). Zur rechtlichen Behandlung des Leichnams vgl § 90 Rn 3.

6 2. Ist der Aufenthalt einer Person unbekannt und bestehen ernstliche Zweifel an ihrem Fortleben (**Verschollenheit**, vgl § 1 I VerschG), so kann sie nach §§ 2 ff VerschG **für tot erklärt** werden. Ist nach allg Lebenserfahrung vom Tod eines Menschen auszugehen, ohne dass der Tod standesamtlich beurkundet worden ist, kann nach §§ 39 ff VerschG der **Todeszeitpunkt** gerichtlich **festgestellt** werden.

§ 2 Eintritt der Volljährigkeit

Die Volljährigkeit tritt mit der Vollendung des 18. Lebensjahres ein.

1 I. Durch das **Gesetz zur Neuregelung des Volljährigkeitsalters** v 31.7.1974 (BGBl I 1713) wurde das Volljährigkeitsalter zum 1.1.1975 von 21 auf 18 Jahre herabgesetzt.

2 II. 1. **Volljährigkeit** führt zu unbeschränkter Geschäftsfähigkeit (vgl Vor §§ 104–113 Rn 3). Die elterliche Sorge erlischt (arg § 1626 I); es ändern sich die Kriterien für den Unterhaltsanspruch eines Kindes gegen seine Eltern (§§ 1602 II, 1603 II, 1606 III 2; 1609 Nr 1, 1612 II 2, 1612 a). Mit Vollendung des 18. Lebensjahres wird eine Person außerdem deliktsfähig (arg § 828 III), ehemündig (§ 1303 I), unbeschränkt testierfähig (§§ 2229 I, 2247 IV) und nach § 52 ZPO prozessfähig (vgl Vor §§ 104–113 Rn 2).

2. Das 18. Lebensjahr ist am 18. Geburtstag um 0 Uhr **vollendet** (§§ 187 II 2, 188 II). 3

§§ 3 bis 6 (weggefallen)

§ 7 Wohnsitz; Begründung und Aufhebung

(1) Wer sich an einem Orte ständig niederlässt, begründet an diesem Orte seinen Wohnsitz.
(2) Der Wohnsitz kann gleichzeitig an mehreren Orten bestehen.
(3) Der Wohnsitz wird aufgehoben, wenn die Niederlassung mit dem Willen aufgehoben wird, sie aufzugeben.

I. Um **Rechtsverhältnisse** zu **lokalisieren**, stellt das Gesetz bei natürlichen Personen verschiedentlich auf deren Wohnsitz ab (zur juristischen Person vgl § 24). Die §§ 7–11 regeln, wie ein Wohnsitz im Rechtssinne begründet wird. Die Begr stellt ebenso wie die Aufhebung eine geschäftsähnliche Handlung dar (BGHZ 7, 109; vgl Vor §§ 104–185 Rn 11) und setzt Geschäftsfähigkeit voraus (§ 8). Hierin liegt der wesentliche Unterschied zur Begr und Aufhebung eines gewöhnlichen Aufenthalts (reine Tathandlung, vgl Vor §§ 104–185 Rn 12). 1

II. 1. **Wohnsitz** ist der Ort (politische Einheit wie zB Gemeinde, nicht Wohnung, vgl BGH NJW-RR 10, 1639), an dem sich der räumliche Schwerpunkt der Lebensverhältnisse einer Person befindet (vgl BVerfG NJW 90, 2194). Fehlt ein solcher Schwerpunkt, ist die Person wohnsitzlos. Doppelwohnsitz ist möglich (**Abs 2**). Der Wohnsitz gewinnt zB Bedeutung für die Zustellung (§ 132 II 2), für die Bestimmung von Leistungs- und Zahlungsort (§§ 269, 270), für die standesamtliche Zuständigkeit (§ 12 I 1 PStG) und im Verfahrensrecht für den Gerichtsstand (zB §§ 13 ff ZPO), vgl ferner etwa §§ 773 I Nr 2, 1786 I Nr 5; 1944 III, 1954 III. 2

2. Die **Begr** eines (gewillkürten) Wohnsitzes erfordert, dass sich eine Person an einem Ort auf Dauer tatsächlich niederlässt (gleich ob in Wohnung, möbliertem Zimmer, Hotel) und dabei zumindest konkludent den rechtsgeschäftsähnlichen Willen zum Ausdruck bringt, den Ort zum ständigen Schwerpunkt ihrer Lebensverhältnisse zu machen (**Abs 1**, vgl BGHZ 7, 109; BGH NJW 06, 1809). Eine polizeiliche Anmeldung ist für die Begr eines Wohnsitzes weder erforderlich noch ausreichend, sondern allenfalls Indiz (BGH NJW-RR 90, 506). Nicht ausreichend ist ein Wille zur nur vorübergehenden Niederlassung (Bsp: auswärtiger Arbeitsort, Studienort, Garnison des Wehrpflichtigen [vgl aber § 9], Internat, Frauenhaus); bei einem Gefängnisaufenthalt fehlt jeglicher Domizilwille (BGH NJW-RR 96, 1217). Zum Wohnsitz Minderjähriger s § 8. 3

3. Ein Wohnsitz wird **aufgehoben**, wenn eine Person ihre Niederlassung aufgibt mit dem Willen, den Schwerpunkt ihrer Lebensverhältnisse nicht an dem bisherigen Ort zu belassen (**Abs 3**; BayObLG NJW-RR 98, 85). 4

III. Im **öffentlichen Recht** gilt der Wohnsitzbegriff des BGB, soweit nicht Sonderregeln (wie §§ 8 AO, 30 III 1 SGB I) eingreifen. 5

§ 8 Wohnsitz nicht voll Geschäftsfähiger

(1) Wer geschäftsunfähig oder in der Geschäftsfähigkeit beschränkt ist, kann ohne den Willen seines gesetzlichen Vertreters einen Wohnsitz weder begründen noch aufheben.
(2) Ein Minderjähriger, der verheiratet ist oder war, kann selbständig einen Wohnsitz begründen und aufheben.

I. Begr und Aufhebung eines Wohnsitzes (§ 7 I, III) sind rechtsgeschäftsähnliche Handlungen (§ 7 Rn 1) und erfordern **Geschäftsfähigkeit** (Vor §§ 104–113 Rn 2). 1

II. Bei **geschäftsunfähigen** (§ 104) oder in der **Geschäftsfähigkeit beschränkten** Personen (§§ 106 ff) ist daher zur Wohnsitzbegründung erforderlich, dass die faktische Niederlassung an einem Ort von einem Domizilwillen des gesetzlichen Vertreters gedeckt wird (BayObLG FamRZ 59, 372). Entspr gilt für eine Wohnsitzaufhebung (**Abs 1**). 2

Daneben kann der gesetzliche Vertreter einen Wohnsitz der von ihm vertretenen Person auch selbstständig und ohne deren Mitwirkung begründen und aufheben (Umzug, Anstaltsunterbringung). Ausn: Ein Minderjähriger, der verheiratet ist oder war, entscheidet über die Wohnsitzbegründung und -verlegung eigenständig (**Abs 2**).

§ 9 Wohnsitz eines Soldaten

(1) ¹Ein Soldat hat seinen Wohnsitz am Standort. ²Als Wohnsitz eines Soldaten, der im Inland keinen Standort hat, gilt der letzte inländische Standort.
(2) Diese Vorschriften finden keine Anwendung auf Soldaten, die nur auf Grund der Wehrpflicht Wehrdienst leisten oder die nicht selbständig einen Wohnsitz begründen können.

1 Die Vorschrift bestimmt für **Berufssoldaten** und **Soldaten auf Zeit** einen **gesetzlichen Wohnsitz** an ihrem Standort (dh Ort der Garnison, **Abs 1 S 1**) bzw letzten inländischen Standort (**Abs 1 S 2**); auf einen Domizilwillen kommt es bei diesem Personenkreis insoweit nicht an. Für volljährige **Wehrpflichtige** (Wehrpflicht derzeit ausgesetzt) und Teilnehmer am Freiwilligen Wehrdienst verbleibt es dag bei ihrem gem § 7 begründeten bürgerlichen Wohnsitz, für minderjährige Soldaten allg bei den §§ 8, 11 (**Abs 2**).

§ 10 (weggefallen)

§ 11 Wohnsitz des Kindes

¹Ein minderjähriges Kind teilt den Wohnsitz der Eltern; es teilt nicht den Wohnsitz eines Elternteils, dem das Recht fehlt, für die Person des Kindes zu sorgen. ²Steht keinem Elternteil das Recht zu, für die Person des Kindes zu sorgen, so teilt das Kind den Wohnsitz desjenigen, dem dieses Recht zusteht. ³Das Kind behält den Wohnsitz, bis es ihn rechtsgültig aufhebt.

1 1. Minderjährige Kinder (vgl § 2) haben grds einen abgeleiteten **gesetzlichen Wohnsitz** am Wohnsitz der (verheirateten oder nicht verheirateten) Eltern, soweit diesen die Personensorge gemeinsam (§§ 1626 I 1, 1626 a I Nr 1) zusteht (**S 1 Halbs 1**). Leben gemeinsam personensorgeberechtigte Eltern getrennt, hat das Kind einen Doppelwohnsitz (OLG Karlsruhe NJW-RR 09, 1598). Ist nur ein Elternteil personensorgeberechtigt (sei es von Geburt an, vgl § 1626 a II, oder nach dem Tod eines Elternteils, vgl § 1680 I, oder nach einer familiengerichtlichen Entscheidung, vgl §§ 1671, 1672, 1680 II), so teilt das Kind dessen Wohnsitz (**S 1 2. Halbs**). Steht keinem Elternteil die Personensorge zu (Entziehung nach § 1666, Tod beider Eltern), ist der Wohnsitz des Vormunds oder Pflegers maßgebend (**S 2**). In Ausübung des Personensorgerechts kann für das Kind anstelle des gesetzlichen Wohnsitzes (oder daneben) auch ein Wohnsitz an einem anderen Ort begründet werden (BayObLGZ 79, 149), so etwa durch Unterbringung in einer Pflegefamilie (OLG Brandenburg FamRZ 2009, 1499), dauernde Internatsunterbringung oder durch einvernehmliche Festlegung des Kindeswohnsitzes an einem der Elternwohnsitze bei Getrenntleben der sorgeberechtigten Eltern.
2 2. Das Kind behält einen **abgeleiteten Wohnsitz** zunächst auch mit Erreichen der Volljährigkeit, bis es ihn (nach §§ 7 III oder 8 II) aufhebt (**S 3**).

§ 12 Namensrecht

¹Wird das Recht zum Gebrauch eines Namens dem Berechtigten von einem anderen bestritten oder wird das Interesse des Berechtigten dadurch verletzt, dass ein anderer unbefugt den gleichen Namen gebraucht, so kann der Berechtigte von dem anderen Beseitigung der Beeinträchtigung verlangen. ²Sind weitere Beeinträchtigungen zu besorgen, so kann er auf Unterlassung klagen.

I. Nach ihrer systematischen Stellung gestattet die Vorschrift (nur) natürlichen Personen, sich gegen **Beeinträchtigungen ihres Namensrechts** (Rn 2) zur Wehr zu setzen; es handelt sich insoweit um eine Spezialvorschrift zu den allg Regeln über den Schutz der Persönlichkeit (vgl § 823 Rn 90 ff). Die Rspr hat den Anwendungsbereich in mehrfacher Hinsicht durch Analogie ausgeweitet (Rn 8 ff).

II. 1. Der **Name** eines Menschen ist die Bezeichnung, unter der er in seinen sozialen Beziehungen auftritt und vermittels derer er sich von anderen Menschen unterscheidet. Nach deutschem Recht besteht diese Bezeichnung aus mind einem Vor- sowie einem Familiennamen, die im Regelfall beide durch familienrechtliche Vorgänge wie Geburt bzw elterliche Erklärung (§ 1616 ff), Abgabe einer Erklärung bei Eheschließung (§ 1355), Adoption (§ 1757, vgl auch § 1765) oder – so der Vorname – durch elterliche Wahl (§ 1626 I 2) erworben werden. Abgesehen davon ist unter engen Voraussetzungen eine behördliche Namensänderung nach Maßgabe des NamensänderungsG v 5.1.1938 (BGBl III Nr 401-1) möglich. Das von § 12 stillschweigend vorausgesetzte subjektive **Recht auf Gebrauch** des so erworbenen (bürgerlichen) **Namens** ist eine gesetzliche Ausprägung eines umfassenden allg Persönlichkeitsrechts (§ 823 Rn 40, 90) und erlaubt dem Träger, sich seines Namens ungestört und ohne Besorgnis einer Verwechselungsgefahr zu bedienen.

2. Das Recht auf Namensgebrauch wird verletzt durch **Namensleugnung (S 1 1. Fall):** Jemand spricht dem Namensträger das Recht zum Namensgebrauch ab, zB indem er ihm grundlos die Namensführung bestreitet oder ihn hartnäckig mit einem unzutreffenden Namen anredet.

3. Das Recht auf Namensgebrauch wird ferner verletzt durch **Namensanmaßung (S 1, 2. Fall):** Jemand legt sich oder einem Dritten unbefugt den Namen des Berechtigten bei oder stellt durch Gebrauch eines fremden Namens oder Namensbestandteils (BGHZ 24, 240; 124, 178; BGH NJW-RR 02, 1401 [Ähnlichkeit ausreichend]) unbefugt einen Zusammenhang zwischen dem Namensträger und fremden Einrichtungen oder Produkten her (BGHZ 30, 9; 126, 245: „Zuordnungsverwirrung") und verletzt dadurch die (wirtschaftlichen oder ideellen, vgl BGHZ 124, 181; 149, 199; 155, 276) Interessen des Namensträgers. Bereits die Registrierung eines fremden Namens als Domain-Name stellt eine Namensanmaßung dar (BGHZ 155, 275; 171, 104, 108; BGH NJW 04, 1793; einschränkend BGH NJW 05, 1197). Unbefugt (widerrechtlich) ist jede Verletzung des Namensrechts, soweit keine Rechtfertigungsgründe eingreifen. Der Gebrauch des eigenen Namens ist grds erlaubt, ausnahmsweise aber unbefugt bei gezielt missbräuchlicher Verwendung (etwa: Strohmann stellt seinen Namen zur Schaffung einer verwechselungsfähigen Firma zur Verfügung; vgl auch BGHZ 4, 99; BGH NJW 66, 345). Bei Verwechselungsgefahr ist stets eine Interessenverletzung gegeben (selten bei Allerweltsnamen: Müller, Schulze, Lehmann usw).

Eine Namensanmaßung liegt – in Ermangelung einer Zuordnungsverwirrung – nicht vor, wenn ein Dritter den Namen **nicht zur Bezeichnung einer Person** oder eines Produkts verwendet, sondern in einem – dem Namensträger uU durchaus missliebigen – **anderen Zusammenhang nennt oder benutzt**, so in Presseberichten, Telefonbüchern, Branchenverzeichnissen, Reklametexten, Aufklebern (BGHZ 98, 95) usw. In diesen Fällen kommen nur Ansprüche aus §§ 8, 3 UWG (vgl BGHZ 125, 98) oder wegen Verletzung des allg Persönlichkeitsrechts (BGHZ 30, 10; 81, 80) in Betracht. Eine Namensanmaßung liegt auch nicht in der Verwendung allg Begriffe zur näheren Beschreibung eigener Tätigkeiten oder Erzeugnisse (BGHZ 161, 222: „katholisch").

4. Wird das Namensrecht verletzt, kann der Berechtigte (dh der Namensträger) von dem Störer die **Beseitigung** der Beeinträchtigung (S 1) oder **Unterlassung** verlangen (S 2; jedoch kein Anspruch auf Sperrung einer Internet-Domain, BGH NJW 04, 1793); daneben bestehen ggf Ansprüche aus §§ 823 I, 826, 812 I 1, 2. Fall. Der Beseitigungsanspruch richtet sich im Falle der Namensleugnung (Rn 3) auf Widerruf, der sich an den gleichen Personenkreis wie das Bestreiten der Namensführung zu richten hat (zB Presseveröffentlichung); bei Namensanmaßung (Rn 4) muss die unbefugte Zulegung des Namens durch geeignete Maßnahmen für die Zukunft beseitigt werden (vgl BGHZ 107, 390: Entfernen der Signatur eines Bildes). Der Unterlassungsanspruch besteht nach hM nicht nur bei Wiederholungs-, sondern auch bei Erstbegehungsgefahr. Verschulden des Störers wird nicht vorausgesetzt. Verjährung: §§ 195, 199 I, V.

7 5. Der Anspruchsteller **beweist** Namensrecht und Verletzung, der Störer ggf, dass er den gebrauchten Namen führen darf.

8 III. Die Rspr hat den Anwendungsbereich der Vorschrift durch **Analogie** in mehrfacher Hinsicht erweitert: 1. Der Namensschutz erfasst nicht nur den durch familienrechtliche Vorgänge erworbenen „bürgerlichen" Namen einer Person, sondern erstreckt sich auf **Künstlernamen** (BGHZ 30, 9) und **Pseudonyme**, soweit der Benutzer darunter im Verkehr bekannt ist (BGHZ 155, 277), ferner auf die **Firma** (§ 17 HGB) eines Einzelkaufmanns (BGHZ 14, 159).

9 2. Geschützt werden nicht nur die Namen natürlicher, sondern auch die Namen **juristischer Personen** des Privat- und öffentlichen Rechts (BGHZ 43, 252; 124, 178; 161, 220; NJW 07, 683), politischer Parteien (BGHZ 79, 269), von Wählervereinigungen (BGH WM 12, 2012), Gewerkschaften, Vereinen (zur Vor-GmbH: BGHZ 120, 106) und BGB-Gesellschaften (OLG München NJW-RR 93, 621: Anwaltssozietät). Der Namensschutz von Unternehmen reicht aber nur so weit, wie geschäftliche Beeinträchtigungen zu befürchten sind (BGHZ 149, 198).

10 3. Die Vorschrift gilt nicht nur für die Namen von Personen, sondern auch für **Kennzeichen mit Namenscharakter**, die eine namensmäßige Unterscheidungskraft besitzen und daher Namensfunktion ausüben können (BGHZ 43, 252), so für Etablissementsbezeichnungen (zB Restaurant- oder Hotelname: BGH NJW 70, 1365; KG NJW 88, 2893), Abkürzungen mit Verkehrsgeltung (BGHZ 15, 109; 43, 252), Wappen, Siegel und Embleme (BGHZ 119, 245; BGH NJW-RR 02, 1402), das Wahrzeichen des Roten Kreuzes (BGHZ 126, 291), die Domain-Bezeichnung im Internet (BGHZ 149, 198; 155, 275). Im Streit mehrerer berechtigter Namensträger um einen Domain-Namen gilt grds das Prioritätsprinzip (BGHZ 148, 1, 10; 171, 104, 110), sofern es sich nicht eindeutig um eine missbräuchliche Beeinträchtigung der Rechte Dritter handelt (BGHZ 148, 13, 18). In diesem Fall kommt auch eine Störerhaftung der registrierenden DENIC (Deutsches Network Information Center) in Betracht, wenn sie auf die offenkundige Verletzung des Namensrechts hingewiesen wird (BGH NJW 12, 2279). Bei überragender Bekanntheit des einen Namensträgers kann von dem zuerst Berechtigten erwartet werden, dass er seinem Namen einen unterscheidenden Zusatz beifügt (BGHZ 149, 201 [„shell.de"]; dazu Körner NJW 02, 3442).

§ 13 Verbraucher

Verbraucher ist jede natürliche Person, die ein Rechtsgeschäft zu Zwecken abschließt, die überwiegend weder ihrer gewerblichen noch ihrer selbstständigen beruflichen Tätigkeit zugerechnet werden können

[Fassung bis 12.6.14:]

§ 13[1] Verbraucher

Verbraucher ist jede natürliche Person, die ein Rechtsgeschäft zu einem Zwecke abschließt, der weder ihrer gewerblichen noch ihrer selbständigen beruflichen Tätigkeit zugerechnet werden kann.

[Die Kommentierung basiert auf der ab 13.6.14 geltenden Fassung.]

---

1 Diese Vorschriften dienen der Umsetzung der eingangs zu den Nummern 3, 4, 6, 7, 9 und 11 genannten Richtlinien.

§ 14 [1]Unternehmer

(1) Unternehmer ist eine natürliche oder juristische Person oder eine rechtsfähige Personengesellschaft, die bei Abschluss eines Rechtsgeschäfts in Ausübung ihrer gewerblichen oder selbständigen beruflichen Tätigkeit handelt.
(2) Eine rechtsfähige Personengesellschaft ist eine Personengesellschaft, die mit der Fähigkeit ausgestattet ist, Rechte zu erwerben und Verbindlichkeiten einzugehen.

I. Das am 30.6.00 in Kraft getretene FernabsatzG (BGBl 00 I 897) hat die Begriffe „Verbraucher" (§ 13) und „Unternehmer" (§ 14), die in der jüngeren, insb durch Richtlinien der EU beeinflussten Gesetzgebung verschiedentlich verwandt werden, vereinheitlicht und in das BGB eingestellt (dazu Faber ZEuP 98, 854; Roth JZ 01, 475).

II. 1. „Verbraucher" (§ 13) ist eine natürliche Person (§ 1 Rn 1, vgl EuGH NJW 02, 205) oder der Zusammenschluss mehrerer natürlicher Personen in einer BGB-Gesellschaft (vgl BGHZ 149, 83; sehr str, krit Dauner-Lieb/Dötsch DB 03, 1666; Mülbert WM 04, 905) oder Wohnungseigentümergemeinschaft (OLG München NJW 08, 3574), die ein Rechtsgeschäft (Vor §§ 104–185 Rn 1) zum **Zwecke des privaten Konsums** und nicht zu solchen Zwecken abschließt oder beabsichtigt abzuschließen (vgl zB §§ 241 a, 312 c I), die zu ihrer gewerblichen oder selbstständigen beruflichen Tätigkeit (Rn 3) gehören. Verbraucher ist demnach auch ein zu privaten Zwecken handelnder Unternehmer; ferner ein abhängiger Arbeitnehmer (auch Fremdgeschäftsführer einer GmbH, BAG NJW 10, 2827 Nr. 23) beim Abschluss des Arbeitsvertrages (BAG NJW 05, 3308; str) sowie bei der Vornahme berufsbezogener Geschäfte (zB Kauf von Arbeitskleidung) mit Dritten (Bülow/Artz NJW 00, 2050). Entscheidend ist der Zweck zum Zeitpunkt der Vornahme des Rechtsgeschäfts, wie er aus der Sicht des Empfängers im Inhalt und den Begleitumständen (§§ 133, 157) zutage tritt. Weist ein von einer natürlichen Person abgeschlossenes Rechtsgeschäft objektiv weder einen beruflichen noch gewerblichen Zweckzusammenhang auf, greift § 13 nur dann nicht ein, wenn die dem Vertragspartner erkennbaren Umstände eindeutig auf einen solchen Zweck hindeuten (BGH NJW 09, 3780). Wer wahrheitswidrig einen gewerblichen Zweck vortäuscht, kann sich auch § 13 nicht berufen (BGH NJW 05, 1045). Bei **doppelter Zweckbestimmung** (Bsp: Gekaufter Computer soll zu beruflichen und privaten Zwecken genutzt werden) kommt es darauf an, ob die gewerbliche bzw selbständige berufliche Tätigkeit überwiegt; ist das nicht der Fall, handelt es sich um ein Verbrauchergeschäft (Klarstellung ab 13.6.2014 durch Gesetz v 20.9.2013, BGBl 2013 I 3642). Auf die Definition des § 13 ist zB bei Anwendung der §§ 241 a I, 305 III, 312 I, 312 b I, II, 312 c I, 312 d I, 355, 474 ff, 481 ff, 499 ff zurückzugreifen. Beweisen muss die Verbrauchereigenschaft, wer sich darauf beruft (BGH NJW 07, 2619).

2. Mit dem Komplementärbegriff „**Unternehmer**" (§ 14) bezeichnet das Gesetz sowohl natürliche wie auch juristische Personen (Vor §§ 21–89 Rn 1) und sog „rechtsfähige Personengesellschaften" (§ 14 II, Rn 4), die bei Abschluss eines Rechtsgeschäfts in **Ausübung** ihrer **gewerblichen** oder **selbstständigen beruflichen Tätigkeit** handeln, dh ihre Leistung iR einer planmäßig und auf Dauer angelegten Tätigkeit gegen Entgelt zur Verfügung stellen. Der Begriff umfasst auch Freiberufler, Handwerker, Landwirte und privatrechtlich organisierte Einrichtungen des öff Rechts. Rechtsgeschäfte zur Vorbereitung einer Existenzgründung sind auch schon vor Aufnahme der Unternehmertätigkeit als Unternehmergeschäfte anzusehen (BGHZ 162, 256; str, Ausnahme: §§ 507, 655 e II), nicht daß Geschäfte, die eine Entscheidung über eine eventuelle Existenzgründung erst vorbereiten sollen (BGH NJW 08, 435, 436, NJW 11, 1236 Rn 30). Jedenfalls im Rahmen des Verbrauchsgüterkaufs wird eine Gewinnerzielungsabsicht nicht vorausgesetzt (BGHZ 167, 40, 45). Wer im Rahmen von „eBay" planmäßig und dauerhaft Verkäufe tätig, ist auch dann Unternehmer, wenn er im Einzelfall aus Gefälligkeit einen privaten Verkauf vornimmt und dies nicht deutlich macht (OLG Frankfurt NJW 05, 1438). Keine gewerbliche Tätigkeit liegt in der Verwaltung des eigenen Ver-

---

[1] Diese Vorschriften dienen der Umsetzung der eingangs zu den Nummern 3, 4, 6, 7, 9 und 11 genannten Richtlinien.

mögens durch Kapitalanlage und Erwerb von Immobilien, (BGHZ 149, 86), wohl aber in deren gewerbsmäßiger Vermietung (OLG Düsseldorf NJW-RR 05, 17). Die Definition des § 14 wird bedeutsam bei Anwendung zB der §§ 241 a I, 305 I, III, 312 I, 312 b I, II, 312 c I, 312 e I, 355, 474 ff, 481 ff, 491 ff, 499 ff.

4 3. Der § 14 II übernimmt die Definition der „**rechtsfähigen Personengesellschaft**" aus § 1059 a II aF. Gemeint sind OHG, KG, Partnerschaft und Europäische Wirtschaftliche Interessenvereinigung; iR ihrer Teilnahme am Rechtsverkehr auch die BGB-(Außen-)Gesellschaft (BGHZ 146, 341 ff, vgl Vor §§ 21–89 Rn 6). Zur Rechtsfähigkeit einer ausländischen GmbH-ähnlichen Gesellschaft nach Sitzverlegung ins Inland EuGH NJW 02, 3614 („Überseering"); BGHZ 154, 189; 164, 151.

§§ 15 bis 20 (weggefallen)

Titel 2
Juristische Personen

Vorbemerkung zu §§ 21–89

1 I. 1. Rechtssubjekte (Vor §§ 1–20 Rn 1) sind neben den natürlichen (§ 1 Rn 1) auch die **juristischen Personen**. Darunter versteht man die Zusammenfassung von Personen oder Gegenständen zu einer rechtlich geregelten Organisation, der vom Gesetz eine **eigene Rechtspersönlichkeit** (Rn 6) und damit insb **Rechtsfähigkeit** (§ 1 Rn 2) verliehen worden ist (vgl Raiser AcP 99, 104). Die juristische Person tritt mithin sowohl ggü ihren Mitgliedern als auch im Außenverhältnis als verselbstständigter Träger von Rechten und Pflichten auf. Dadurch ist sie von einem **Mitgliederwechsel unabhängig** und haftet ihren Gläubigern nur mit **ihrem eigenen Vermögen**. Für die Schulden der juristischen Person haben ihre Mitglieder daher grds nicht einzustehen (BGHZ 102, 103; 125, 368; 175, 18); nur ausnahmsweise – in Fällen eines Missbrauchs der Organisationsform – lässt die Rspr einen Haftungsdurchgriff auf die Mitglieder zu (vgl BGHZ 54, 224; 78, 333). Ein derartiger Missbrauch ist nicht ohne weiteres bei bloßer Unterkapitalisierung anzunehmen (BAGE 89, 355 f), wohl aber grds bei einer zu verantwortenden Vermischung von Privat- und Gesellschaftsvermögen (BGHZ 125, 368; 173, 246 Rn 27: § 128 HGB analog). Daneben hatte der BGH eine Durchgriffshaftung zunächst auch für den Fall einer existenzvernichtenden Entnahme von Vermögenswerten bejaht (BGHZ 149, 16; 150, 67; 151, 187), diese Rspr jedoch in neuerer Zeit in der Weise modifiziert, dass ein missbräuchlicher, dh unter Verstoß gegen die Verpflichtung zur Respektierung der Zweckbindung des Gesellschaftsvermögens zur vorrangigen Gläubigerbefriedigung vorgenommener Eingriff im Innenverhältnis Schadensersatzansprüche der Gesellschaft gegen die Gesellschafter aus § 826 BGB auslöst (BGHZ 173, 246 Rn 17 ff; dazu Pfeiffer JuS 2008, 490, 493).

2 2. Da die juristische Person als rechtliche Zweckkonstruktion nicht selbstständig handeln kann, müssen Menschen für sie tätig werden. Das Rechtshandeln der zu diesem Zweck als **Organe** eingesetzten natürlichen Personen wird – soweit es die durch Gesetz und Satzung gezogenen Grenzen einhält – der juristischen Person **zugerechnet** (vgl §§ 26 Rn 3 ff; 31 Rn 2 ff).

3 3. Das BGB enthält keine umfassende Normierung des Rechts der privatrechtlichen juristischen Personen (zu den juristischen Personen des öffentlichen Rechts vgl § 89 Rn 1). Es regelt lediglich den **Verein** (§§ 21 ff, 55 ff) und die **Stiftung** (§§ 80 ff). Ein Verein ist ein auf Dauer angelegter Zusammenschluss von Personen zur Verwirklichung eines bestimmten Zwecks mit einer körperschaftlichen Verf. Charakteristisch für dieses letzte Merkmal ist eine mehr oder minder ausgeprägte Verselbstständigung der Gesamtorganisation ggü den Mitgliedern (eigener Name, Vertretung nach außen durch Vorstand, keine Auflösung bei Tod oder Austritt eines Mitglieds, Zulässigkeit eines Mitgliederwechsels; vgl Medicus AT Rn 1096 ff). Nicht im BGB, sondern in Sondergesetzen geregelte Erscheinungsformen des rechtsfähigen Vereins sind AG und KGaA (AktG), GmbH (GmbHG), Genossenschaft (GenG), VVaG (VAG). Für diese

können die Vorschriften des Vereinsrechts herangezogen werden, soweit keine Sonderregeln eingreifen.
Im Ggs zum Verein verfügt die **Stiftung** über keine Mitglieder. Es handelt sich dabei 4 vielmehr lediglich um ein rechtlich verselbstständigtes, zweckgebundenes Sondervermögen, das von Organen verwaltet wird (vgl Vor §§ 80–88 Rn 1).
Juristische Personen des Privatrechts entstehen durch einen **privatrechtlichen Gründungsakt** (Gründungsvereinbarung, Stiftungsgeschäft). Im Interesse des Rechtsverkehrs besteht für sie **Typenzwang**. Der **Erwerb der Rechtspersönlichkeit** kann von einer staatlichen Ermessensentscheidung (Genehmigung oder Verleihung) abhängig gemacht (Konzessionssystem, vgl §§ 22, 23) oder an die Erfüllung bestimmter, gesetzlich festgelegter Voraussetzungen geknüpft sein, bei deren Vorliegen die rechtspersönlichkeitsbegründende Registereintragung erfolgen muss (Normativsystem, vgl zB §§ 21, 55 ff, 80 II). Eine vollständig dem Parteiwillen überlassene Gründung juristischer Personen (System der freien Körperschaftsbildung) existiert im deutschen Recht nicht. 5
III. Im Ggs zu den mit eigener Rechtspersönlichkeit (Rn 1) ausgestatteten juristischen Personen stellen sich **Personenvereinigungen** (Bsp: Rn 7) als bloßer Zusammenschluss zweier oder mehrerer Personen dar. Zwar hat der BGH in einer rechtsfortbildenden Grundsatzentscheidung (BGHZ 146, 341 ff; vgl auch BGH NJW 02, 1207; BVerfG NJW 02, 3533) das wichtigste Merkmal der Rechtspersönlichkeit – nämlich Rechtsfähigkeit und Parteifähigkeit (§ 1 Rn 2) – grds auch einer BGB-Außengesellschaft zuerkannt (dazu § 705 Rn 4, 18 ff). Zu einer juristischen Person wird die BGB-Gesellschaft dadurch aber nicht (BGHZ 146, 347; 148, 277; 149, 84; 179, 107). Anders als eine Personenvereinigung ist eine juristische Person nämlich nicht mit der Gesamtheit ihrer Mitglieder identisch (U. Huber FS Lutter [2001] 113); dies hat zur Folge, dass nicht die zusammenwirkenden Mitglieder, sondern nur die Organe der juristischen Person über deren Aktivvermögen verfügen und andererseits die Organe kraft ihrer im Hinblick auf die juristische Person bestehenden Vertretungsmacht nur diese und nicht die einzelnen Mitglieder vertreten und damit persönlich verpflichten können (näher Rn 1). Aufgrund ihrer Teilrechtsfähigkeit kann die BGB-Gesellschaft auch Grundstückseigentum und beschränkte dingliche Rechte an Grundstücken erwerben; im Grundbuch ist sie unter der Bezeichnung einzutragen, die ihre Gesellschafter im Gesellschaftsvertrag für sie vorgesehen haben (BGHZ 179, 102, 107). Daneben sind die Gesellschafter einzutragen (§ 47 II GBO). Da der BGH mit seiner Grundsatzentscheidung neben den natürlichen und juristischen Personen auch die Gesamthandsgemeinschaften als mögliche Träger von Rechten und Pflichten anerkannt hat (vgl K. Schmidt NJW 01, 996), ist der Begriff der Rechtsfähigkeit (§ 1 Rn 2) unscharf geworden. Während nach der ursprünglichen Konzeption des BGB Rechtsfähigkeit nur eigenständigen Rechtspersönlichkeiten zukam und somit rechtsfähige Organisationen mit juristischen Personen gleichgesetzt werden konnten, ist jetzt zu unterscheiden, ob „Rechtsfähigkeit" die (auch bestimmten Personenvereinigungen zustehende) Fähigkeit zur Rechtsträgerschaft oder aber – wie etwa in den §§ 21, 22, 23, 45, 50 – das Bestehen einer eigenständigen Rechtspersönlichkeit in Gestalt einer juristischen Person bezeichnet (vgl U. Huber aaO 109 f). „Nicht rechtsfähige" Vereine iS der §§ 42 I 3, 43, 44, 54 sind demnach solche, denen eine eigene Rechtspersönlichkeit fehlt. 6
Zu den Personenvereinigungen gehört die **BGB-Gesellschaft** (§§ 705 ff), bei der es sich ebenfalls um einen Personenzusammenschluss zur Erreichung eines gemeinsamen Zwecks handelt, der jedoch – im Ggs zum Verein – nicht körperschaftlich (vgl Rn 3), sondern personalistisch organisiert ist: Geschäftsführung und Vertretung werden iZw von den Gesellschaftern gemeinsam wahrgenommen (§§ 709 I, 714); Tod eines Gesellschafters, Kündigung oder Eröffnung des Insolvenzverfahrens über sein Vermögen führen zur Auflösung, sofern nichts anderes bestimmt ist (§ 736 I). Sonderformen der BGB-Gesellschaft sind die **offene Handelsgesellschaft** (§ 105 HGB), die **Kommanditgesellschaft** (§ 161 HGB) sowie die **Partnerschaftsgesellschaft** (PartGG), die bereits kraft Gesetzes unter ihrem Namen Rechte erwerben sowie Verbindlichkeiten eingehen (§§ 124 I HGB, 7 II PartGG – „Teilrechtsfähigkeit") und verstärkt körperschaftliche Elemente aufweisen können (Partnerschaftsgesellschaft). Der **nicht rechtsfähige Verein** 7

ist körperschaftlich (Rn 3) organisiert, soll aber nach § 54 – sachwidrig – wie eine BGB-Gesellschaft behandelt werden (zur Korrektur der gesetzgeberischen Fehlentscheidung § 54 Rn 1, 3). Bei den Personenvereinigungen des Familien- und Erbrechts – eheliche **Gütergemeinschaft** (§§ 1415 ff; vgl BayObLG NJW-RR 03, 900), fortgesetzte **Gütergemeinschaft** (§§ 1483 ff) sowie **Erbengemeinschaft** (§§ 2032 ff, vgl BGH NJW 02, 3390) – handelt es sich um nicht rechtsfähige Gesamthandsgemeinschaften.

8 Anders als bei allen diesen Gemeinschaften sind in einer **Bruchteilsgemeinschaft** (oder „schlichten Rechtsgemeinschaft" gem §§ 741 ff und 1008 ff (Miteigentum) den Teilhabern die Vermögensrechte an den einzelnen Gegenständen zu bestimmten Bruchteilen zugewiesen. **Bruchteilsgemeinschaften** sind grds nicht rechtsfähig. Allerdings hat der BGH der Wohnungseigentümergemeinschaft (§§ 10 ff WEG) eine **Teilrechtsfähigkeit** insoweit zuerkannt, als sie bei der Verwaltung des gemeinsamen Eigentums am Rechtsverkehr teilnimmt (BGHZ 163, 154).

Untertitel 1
Vereine
Kapitel 1
Allgemeine Vorschriften

§ 21 Nicht wirtschaftlicher Verein

Ein Verein, dessen Zweck nicht auf einen wirtschaftlichen Geschäftsbetrieb gerichtet ist, erlangt Rechtsfähigkeit durch Eintragung in das Vereinsregister des zuständigen Amtsgerichts.

1 I. Beim **Erwerb der Rechtspersönlichkeit** (Vor §§ 21–89 Rn 5) und infolgedessen der **Rechtsfähigkeit** (Vor §§ 21–89 Rn 1, 5) von (inländischen, vgl § 23) Vereinen unterscheidet das Gesetz danach, ob es sich um einen Verein mit wirtschaftlichem (§ 22) oder nicht wirtschaftlichem Zweck („**Idealverein**") handelt. Idealvereine sollen eine eigene Rechtspersönlichkeit unter erleichterten Bedingungen erlangen können. Sie benötigen keine staatliche Konzession; vielmehr muss ihnen nach Maßgabe der §§ 55 ff Rechtsfähigkeit verliehen werden, wenn die gesetzlichen Voraussetzungen dafür vorliegen („**Normativsystem**", vgl Vor §§ 21–89 Rn 5).

2 II.1. Ein Verein ist ein auf Dauer angelegter Zusammenschluss von (natürlichen und/ oder juristischen) Personen zur Verwirklichung eines gemeinsamen Zwecks mit körperschaftlicher Verf (vgl Vor §§ 21–89 Rn 3, dazu auch § 54 Rn 1).

3 2. **Idealvereine** sind unproblematisch solche mit rein geselliger, sportlicher, kultureller, wissenschaftlicher, sozialer, politischer, religiöser oder weltanschaulicher Zwecksetzung.

4 In Randbereichen bereitet die **Abgrenzung** zwischen Vereinen mit **wirtschaftlicher** und **nicht wirtschaftlicher Zwecksetzung** allerdings Schwierigkeiten. Die Rspr bejaht eine wirtschaftliche Zwecksetzung (Konsequenz: § 22 Rn 1; bei bereits bestehenden Vereinen: § 43 II), wenn der Verein (objektiv) eine planmäßige, auf Dauer angelegte und nach außen gerichtete geschäftliche Tätigkeit entfaltet, die (subjektiv) auf den Erwerb wirtschaftlicher Vorteile für den Verein selbst oder aber seine Mitglieder gerichtet ist (BGHZ 85, 92 f; BVerwGE 105, 316; OLG Düsseldorf NJW 83, 2574). In Rspr und Schrifttum gewinnt eine typologische Betrachtung an Boden (grdlg K Schmidt AcP 182, 16 ff; ders, Rpfleger 88, 46; OLG Hamm NJW-RR 03, 899; KG NJW-RR 05, 340; OLG Frankfurt NJW-RR 06, 1698); sie rechnet zu den wirtschaftlichen Vereinen solche, die (1) unternehmerisch tätig sind, indem sie planmäßig und dauerhaft Leistungen gegen Entgelt in einem „äußeren Markt" anbieten, (2) ihren Mitgliedern (in einem „inneren Markt") planmäßig und entgeltlich dauerhaft Leistungen zur Verfügung stellen (OLG Düsseldorf NJW 83, 2574: Scientology Church; Buchgemeinschaft, Einkaufszentralen); (3) einer „genossenschaftlichen Kooperation" dienen, indem Unter-

nehmer einen Teil ihrer Tätigkeit ausgliedern und auf einen Verein übertragen (Taxirufzentrale, vgl BGHZ 45, 395; ärztliche Abrechnungsstellen).

Ein Idealverein liegt auch dann noch vor, wenn ein Verein mit nicht wirtschaftlichem 5 Hauptzweck zur Förderung dieses Zwecks einen wirtschaftlichen Nebenbetrieb führt (**Nebenzweckprivileg**, etwa: Sportverein bewirtschaftet Vereinslokal; ADAC betreibt Rechtsschutzversicherung, vgl BGHZ 85, 93). Voraussetzung ist aber, dass die wirtschaftliche Tätigkeit dem „nicht wirtschaftlichen Hauptzweck zu- und untergeordnet und Hilfsmittel zu dessen Erreichung" ist (BGHZ 85, 93; OLG Hamm NJW-RR 03, 899). Ob diese Bedingungen bei Sportvereinen mit Profiabteilungen (zB Fußballbundesliga-Clubs) noch gewahrt sind, erscheint äußerst zweifelhaft (Heckelmann AcP 179, 1 ff).

3. **Rechtspersönlichkeit** und damit insb **Rechtsfähigkeit** (§ 1 Rn 2) erlangt ein Verein 6 iSd Rn 2 ff mit der Eintragung im Vereinsregister (§§ 374 Nr 4, 377, 400 ff FamFG) des zuständigen AG (§ 55). Zur Rechtslage vor Eintragung eines Vereins s Vor §§ 55–79 Rn 3; zum Vorstadium bei Gründung einer Kapitalgesellschaft s BGHZ 120, 105 ff (der juristischen Person angenähertes Rechtsgebilde eigener Art).

§ 22 Wirtschaftlicher Verein

¹Ein Verein, dessen Zweck auf einen wirtschaftlichen Geschäftsbetrieb gerichtet ist, erlangt in Ermangelung besonderer bundesgesetzlicher Vorschriften Rechtsfähigkeit durch staatliche Verleihung. ²Die Verleihung steht dem Land zu, in dessen Gebiet der Verein seinen Sitz hat.

Vereine mit wirtschaftlichem Zweck (vgl § 21 Rn 4) erlangen Rechtspersönlichkeit und 1 damit Rechtsfähigkeit (vgl Vor §§ 21–89 Rn 1) in erster Linie nach Maßgabe besonderer bundesgesetzlicher Vorschriften (AktG, GmbHG, GenG, VAG), iÜ durch eine – im pflichtgemäßen Ermessen der Behörde stehende – staatliche Verleihung (**S 1**, „Konzessionssystem"). Zuständig ist das Bundesland, in dem sich der Sitz (§ 24) des Vereins befindet (**S 2**). Wegen der vorrangig maßgebenden Sondergesetze sind rechtsfähige wirtschaftliche Vereine iS dieser Vorschrift selten (Bsp aber: GEMA, „Verwertungsgesellschaft Wort").

§ 23 (aufgehoben)

§ 24 Sitz

Als Sitz eines Vereins gilt, wenn nicht ein anderes bestimmt ist, der Ort, an welchem die Verwaltung geführt wird.

Der Sitz des Vereins wird (bei eV zwingend: § 57) in der **Satzung** (§ 25 Rn 4) festgelegt; 1 die Wahl ist frei bis zur Grenze des Rechtsmissbrauchs (hM, vgl LG Berlin NJW-RR 99, 335). Fehlt eine Satzungsbestimmung, ist Sitz der **Verwaltungsort**. Die rechtliche Bedeutung des Vereinssitzes entspricht der des Wohnsitzes bei natürlichen Personen (vgl § 7 Rn 2). Ein mehrfacher Vereinssitz ist unzulässig (str). Bei einem eV bedingt Sitzverlegung eine Satzungsänderung (§§ 57 I, 71 I).

§ 25 Verfassung

Die Verfassung eines rechtsfähigen Vereins wird, soweit sie nicht auf den nachfolgenden Vorschriften beruht, durch die Vereinssatzung bestimmt.

I. Unter der Verf eines Vereins sind die das **Vereinsleben bestimmenden Grundlagen-** 1 **entscheidungen** zu verstehen (BGHZ 47, 177; 105, 313 f). Sie ergeben sich in erster Linie aus den „nachfolgenden" – zwingenden oder dispositiven – „Vorschriften" des BGB (§§ 26 ff), iÜ aus der Vereinssatzung, durch die nichtzwingende Bestimmungen des Gesetzes (vgl § 40) abgeändert werden können. Die Vorschrift bezieht sich ihrem Wortlaut nach nur auf die mit eigener Rechtspersönlichkeit ausgestatteten („rechtsfähigen", vgl Vor §§ 21–89 Rn 6) **Vereine**, vgl aber § 54 Rn 2.

2 **II. 1.** Zur Verf eines Vereins gehören die Grundentscheidungen über Name, Zweck und Sitz, den ggf angestrebten steuerrechtlichen Status (Gemeinnützigkeit), über Beginn und Ende der Mitgliedschaft, Rechte und Pflichten der Mitglieder, Bildung und Befugnisse der Vereinsorgane, über eine evtl Vereinsstrafgewalt. Nicht dazu rechnen untergeordnete Detailregelungen, wie sie etwa in Verfahrens-, Benutzungs- und Geschäftsordnungen enthalten sind. Auch Regeln über die Beitragserhebung sind nicht unbedingt in die Satzung aufzunehmen (BGH NJW 10, 3521 Rn 12).

3 **2.** Mit den „**nachfolgenden Vorschriften**" sind die §§ 26–79 gemeint, soweit sie Fragen der Vereinsverf berühren und nicht in zulässiger Weise (§ 40) durch die Satzung modifiziert werden, daneben aber auch ungeschriebene Rechtsprinzipien wie der Grundsatz der Gleichbehandlung aller Mitglieder (§ 38 Rn 5).

4 **3. Vereinssatzung** sind alle Regeln, die zunächst von den Gründern bzw später von der Mitgliederversammlung als Grundlage der Vereinsarbeit beschlossen worden sind. Satzung und Vereinsverf iS von Rn 1, 2 sind nicht deckungsgleich, da die Satzung einerseits nicht nur „Grundlagenentscheidungen", sondern auch Festlegungen von sekundärer Bedeutung enthalten, andererseits aber auch Verffragen aussparen und folglich der gesetzlichen Regelung überlassen kann. Soweit ein Verein allerdings über die gesetzlichen Bestimmungen hinaus die Rechte seiner Mitglieder beschränken oder entziehen will, bedarf dies einer satzungsmäßigen Grundlage, vgl BGHZ 47, 178 (Vereinsstrafen); 88, 316 (Vereinsschiedsgericht); 105, 315 (Beitragspflicht).

5 Die ursprüngliche Satzung wird von den Gründungsmitgliedern als **Vertrag** beschlossen (BGHZ 47, 179, str). Sie wird regelmäßig (bei eV notwendig: §§ 59 II Nr 1, 71 I 3) **schriftlich** niedergelegt. Eine „dynamische" Verweisung auf den jeweils gültigen Inhalt von Verbandssatzungen ist unzulässig (BGHZ 128, 100). Satzungsklauseln, die gegen **zwingendes Recht** (§§ 26 ff, 134, 138) verstoßen, sind **nichtig** (BAGE 103, 27). Die §§ 305–310 (AGB-Kontrolle) finden nach hM im Vereinsrecht keine Anwendung (arg § 310 IV: „Gesellschaftsrecht"), jedoch erfolgt eine Inhaltskontrolle von Satzungsbestimmungen nach § 242 (einschränkend BGHZ 105, 318: jedenfalls bei überragender wirtschaftlicher oder sozialer Machtstellung des Vereins, vgl auch BGHZ 128, 110). Willensmängel der Gründer sind unbeachtlich (BGHZ 47, 180). Bei Nichtigkeit einer einzelnen Satzungsbestimmung gilt § 139 nicht; die Satzung bleibt iÜ wirksam, wenn der verbleibende Teil nach wie vor eine in sich sinnvolle Regelung des Vereinslebens darstellt (BGHZ 47, 180).

6 Ungeachtet ihres vertraglichen Ursprungs (Rn 5) bildet die Satzung die Grundlage für die Beziehungen des Vereins auch zu später eintretenden Mitgliedern sowie Dritten. Die Satzung ist grds **objektiv** („aus sich heraus", vgl BGHZ 113, 240) **auszulegen**; die Auslegung muss sich daher am Wortlaut und der inneren Systematik der Satzungsbestimmungen selbst sowie am Vereinszweck und den danach zu fördernden Mitgliederinteressen orientieren. Willensäußerungen und Interessen der Gründer sowie die Gründungsgeschichte bleiben unberücksichtigt (BGHZ 47, 180; 106, 71).

§ 26 Vorstand und Vertretung

(1) [1]Der Verein muss einen Vorstand haben. [2]Der Vorstand vertritt den Verein gerichtlich und außergerichtlich; er hat die Stellung eines gesetzlichen Vertreters. [3]Der Umfang der Vertretungsmacht kann durch die Satzung mit Wirkung gegen Dritte beschränkt werden.

(2) [1]Besteht der Vorstand aus mehreren Personen, so wird der Verein durch die Mehrheit der Vorstandsmitglieder vertreten. [2]Ist eine Willenserklärung gegenüber einem Verein abzugeben, so genügt die Abgabe gegenüber einem Mitglied des Vorstands.

1 **I.** Der Vorstand ist ein zwingend vorgeschriebenes **Organ** (Vor §§ 21–89 Rn 2) des Vereins (**Abs 1 S 1**). Die durch das Vereinsrechtsänderungsgesetz v 24.9.2009 (BGBl I

3145) neu gefasste Vorschrift regelt seine Zusammensetzung, Rechtsstellung und Vertretungsmacht.

II. 1. Der **Vereinsvorstand** kann aus einer oder mehreren Personen bestehen (arg **Abs 2 S 1**). Die Satzung kann nähere Bestimmungen über die Zahl der Vorstandsmitglieder und die Organisation des Vorstands (Ämterverteilung) enthalten (vgl § 58 Nr 3). Vorstand iSd § 26 sind aber nur die vertretungsberechtigten Personen (**Abs 1 S 2**, oft: „engerer Vorstand"). Vorbehaltlich einer einschränkenden Satzungsbestimmung kann auch ein Nichtmitglied Vereinsvorstand sein („Drittorganschaft").

2. Der Vorstand hat die „**Stellung eines gesetzlichen Vertreters**" (**Abs 1 S 2 2. Halbs**). Mit dieser Formulierung wollte der Gesetzgeber dem Streit darüber ausweichen, ob der Vorstand einer juristischen Person einen handlungsunfähigen Rechtsträger gesetzlich vertritt („Fiktionstheorie") oder ob eine handlungsfähige juristische Person durch den Vorstand als ihr Organ („Mund und Hand") selbstständig handelt („Organtheorie", hM). Für die Lösung praktischer Fragen ist dieser Streit ohne Bedeutung.

Als gesetzlicher Vertreter des Vereins wird der Vorstand **im Prozess** nicht als Zeuge (§§ 373 ff ZPO), sondern anstelle der Partei (§ 455 I ZPO) vernommen. IR der **außergerichtlichen Vertretung** gelten bei der Abgabe von Willenserklärungen für den Verein die §§ 164 ff. Die Vertretungsmacht erstreckt sich grds auf sämtliche Vereinsangelegenheiten (Verpflichtung zur Erfüllung der steuerlichen Pflichten des Vereins: BFH NJW-RR 03, 1118). Der Vorstand kann auch seinerseits wiederum einem Vorstandsmitglied oder einem Dritten Vollmacht erteilen. Bei mehrköpfigem Vorstand hat die Mehrheit der Vorstandsmitglieder Vertretungsmacht zur Abgabe von Willenserklärungen, sofern nicht die Satzung Gesamtvertretung oder Einzelvertretung (vgl § 164 Rn 11, BGHZ 69, 252) vorschreibt. Für die Entgegnahme von Willenserklärungen ist zwingend Einzelvertretung vorgeschrieben (Abs. 2 S 2).

3. Die **Vertretungsmacht** des Vorstands ist prinzipiell unbeschränkt, kann aber durch eine eindeutige (BGH NJW-RR 96, 866) Satzungsbestimmung mit Wirkung ggü Dritten eingeschränkt werden (**Abs 1 S 3**, etwa: Verbot bestimmter Rechtsgeschäfte, Zustimmungserfordernisse, Delegation auf andere Organe oder Vertreter); für eV gelten die §§ 64, 70, 68 (Kenntnis des Dritten oder Eintragung im Vereinsregister erforderlich). Setzt sich der Vorstand über die Beschränkung hinweg, handelt er als Vertreter ohne Vertretungsmacht (§§ 177–180). Kenntnis oder Kennenmüssen von Umständen wird dem Verein über § 166 I zugerechnet; bei mehrköpfigem Vorstand reicht die Kenntnis eines Mitglieds aus (Abs 2 S 2). Dementspr werden, soweit es auf die Voraussetzungen von **Willensmängeln** oder das **Wissen** oder **Kennenmüssen von Umständen** ankommt, Arglist, Kenntnis usw eines einzelnen Vorstandsmitglieds dem Verein zugerechnet (BGHZ 41, 287; 109, 331). Dies gilt auch dann, wenn das betr Vorstandsmitglied mittlerweile ausgeschieden ist (BGHZ 109, 331); partielle Kenntnisse einzelner Vorstandsmitglieder werden zusammengefasst.

§ 27 Bestellung und Geschäftsführung des Vorstands

(1) Die Bestellung des Vorstands erfolgt durch Beschluss der Mitgliederversammlung.
(2) ¹Die Bestellung ist jederzeit widerruflich, unbeschadet des Anspruchs auf die vertragsmäßige Vergütung. ²Die Widerruflichkeit kann durch die Satzung auf den Fall beschränkt werden, dass ein wichtiger Grund für den Widerruf vorliegt; ein solcher Grund ist insbesondere grobe Pflichtverletzung oder Unfähigkeit zur ordnungsmäßigen Geschäftsführung.
(3) Auf die Geschäftsführung des Vorstands finden die für den Auftrag geltenden Vorschriften der §§ 664 bis 670 entsprechende Anwendung. *[Ergänzung mWv 1.1.2015: Die Mitglieder des Vorstands sind unentgeltlich tätig.]*

I. Durch das **Rechtsgeschäft der Vorstandsbestellung** wird ein organschaftliches Verhältnis zwischen dem Verein und der bestellten Person begründet. Ggü dem verbands- oder schuldrechtlichen Grundverhältnis, aufgrund dessen der Bestellte das Amt übernimmt (Rn 8), ist die Bestellung abstrakt, dh von dessen Wirksamkeit unabhängig. Die

§ 27

Vorschrift betrifft die Zuständigkeit zur Organbestellung (**Abs 1**), deren Widerruf (**Abs 2**) sowie die sich aus der Bestellung ergebende Geschäftsführungsbefugnis des Vorstands (**Abs 3**).

2 **II.1.** Vorbehaltlich einer anderweitigen Satzungsregelung (§ 40 Rn 2) wird die Bestellung des Vorstands durch **Beschluss der Mitgliederversammlung** (vgl BGHZ 52, 318: Sozialakt der körperschaftlichen Willensbildung durch Mehrheitsentscheid) vorgenommen (**Abs 1**). Die Bestellung muss – da auch pflichtenbegründend – von dem Bestellten angenommen werden (BGH NJW 75, 2101).

3 **2.** Das **Amt des Vorstands endet** durch Widerruf (**Abs 2**), ferner bei Ablauf der Amtszeit, durch Amtsniederlegung, Tod oder Geschäftsunfähigkeit des Amtsträgers sowie bei Wegfall der laut Satzung erforderlichen persönlichen Voraussetzungen (etwa: Vereinsmitgliedschaft).

4 Ein **Widerruf** der Bestellung kann jederzeit erfolgen (**Abs 2 S 1**), sofern die Satzung die Widerruflichkeit nicht auf den Fall eines wichtigen Grundes (etwa: grobe Pflichtverletzung, Unfähigkeit zur ordnungsgemäßen Geschäftsführung) beschränkt (**Abs 2 S 2**). Zuständig zur Erklärung des Widerrufs ist das von der Satzung bestimmte, ansonsten das bestellende Organ (dh im Regelfall die Mitgliederversammlung). Ob dem Vorstand bei Widerruf ein Vergütungsanspruch zusteht (vgl S 1), ergibt sich aus dem Anstellungsverhältnis (Rn 8).

5 **3.** Auf dem Bestellungsakt beruhen im Innenverhältnis zum Verein das Recht und die Pflicht zur **Geschäftsführung**. Dafür gelten nach **Abs 3** Auftragsregeln (§§ 664–670), soweit nicht die Satzung etwas anderes vorsieht (vgl § 40 Rn 2). Die Geschäftsführung umfasst alle Tätigkeiten, die der Vorstand im Interesse des Vereins vornimmt. Geschäftsführungsbefugnis und Vertretungsmacht sind iZw deckungsgleich (BGHZ 119, 381); jedoch sind Beschränkungen der Geschäftsführungsbefugnis zB durch Beschluss der Mitgliederversammlung im Innenverhältnis bei fortbestehender weiter gehender Vertretungsmacht möglich.

6 Der Vorstand ist nach **Auftragsrecht** iZw zu persönlichem Tätigwerden verpflichtet (§ 664 I 1). Er ist ggü der Mitgliederversammlung weisungsgebunden (§ 665), soweit die Satzung keine entgegenstehende Regelung enthält oder ihm das Gesetz zwingende Verpflichtungen (vgl §§ 42 II, 48 ff) auferlegt. Der Vorstand ist rechenschaftspflichtig (§ 666) und muss daher insb über alle wesentlichen rechtlichen und tatsächlichen Verhältnisse des Vereins Auskunft erteilen (BGHZ 152, 345). Ihm steht ein Aufwendungsersatzanspruch (§ 670), dag ohne satzungsmäßige Grundlage kein Anspruch auf Entgelt für seine geleistete Arbeit zu (vgl den ab 1.1.2015 geltenden Abs 3 S 2, dazu bereits BGH NJW-RR 88, 746). Verletzung der Vorstandspflichten führt ggü dem Verein zur Haftung (vgl BGH NJW 87, 1077) nach § 280 I; zur Haftungsbeschränkung in diesem Fall vgl § 31 a.

7 Wird dem Vorstand durch das zuständige Organ (idR der Mitgliederversammlung) **Entlastung** erteilt, so liegt darin ein Verzicht auf alle bei sorgfältiger Prüfung erkennbaren Schadensersatz- und Bereicherungsansprüche (BGHZ 24, 54; 97, 385 f). Ein Anspruch auf Entlastung besteht nicht, sofern sich etwas anderes nicht aus einer Satzungsbestimmung oder entspr Vereinsbrauch ergibt (BGHZ 94, 326; OLG Celle NJW-RR 94, 1545 f; OLG Köln NJW-RR 97, 483).

8 **III.** Der Bestellte übernimmt das Amt idR unentgeltlich in Erfüllung seiner Mitgliedspflichten; zwischen ihm und dem Verein kann aber auch (insb bei Drittorganschaft, § 26 Rn 2) ein Dienstvertrag oder Auftrag geschlossen werden („Anstellungsverhältnis"). Aus diesem Grundverhältnis ergibt sich, ob der Vorstand trotz Widerrufs einen Vergütungsanspruch hat (vgl Abs 2 S 1). Wird die Bestellung aus wichtigem Grund widerrufen, dürfte in aller Regel auch das Anstellungsverhältnis nach § 626 kündbar sein (und umgekehrt).

§ 28 Beschlussfassung des Vorstands

Bei einem Vorstand, der aus mehreren Personen besteht, erfolgt die Beschlussfassung nach den für die Beschlüsse der Mitglieder des Vereins geltenden Vorschriften der §§ 32 und 34.

Vorbehaltlich einer anderweitigen Satzungsbestimmung (§ 40 Rn 2) gelten für die **Beschlussfassung** eines mehrköpfigen Vorstands nach Abs 1 die §§ 32, 34 (zB im Hinblick auf gehörige Ladung, Versammlung des Vorstands, Entscheidung durch die Mehrheit der erschienenen Mitglieder, gültiger Beschluss bei Zustimmung sämtlicher Vorstandsmitglieder). Das Stimmverbot bei Interessenkonflikt (§ 34) ist als allg Rechtsprinzip satzungsfest (§ 40 S 2). Rechtsgeschäfte, die nach Maßgabe von § 26 Rn 5 im Außenverhältnis mit Vertretungsmacht vorgenommen werden, binden den Verein auch dann, wenn intern kein ordnungsgemäßer Vorstandsbeschluss vorliegt (str). 1

§ 29 Notbestellung durch Amtsgericht

Soweit die erforderlichen Mitglieder des Vorstands fehlen, sind sie in dringenden Fällen für die Zeit bis zur Behebung des Mangels auf Antrag eines Beteiligten von dem Amtsgericht zu bestellen, das für den Bezirk, in dem der Verein seinen Sitz hat, das Vereinsregister führt.

Auf Antrag eines Beteiligten (zB Vereins- oder Vorstandsmitglied, Vereinsgläubiger) nimmt das für den Vereinssitz (§ 24) zuständige Registergericht in dringenden Fällen die **Notbestellung** eines Vorstandsmitglieds vor (§ 3 Nr 1 a RPflG), wenn die für Beschlussfassung oder Vertretung erforderlichen Vorstandsmitglieder fehlen (zB bei Ablauf der Amtszeit, Tod, Geschäftsunfähigkeit, faktischer Verhinderung infolge Krankheit, aber auch bei Verhinderung im Einzelfall nach §§ 28 iVm 34 oder 181). Ein dringender Fall liegt vor, wenn dem Verein ohne sofortiges Handeln Schaden droht. Die Bestellung endet mit der Wiederherstellung der Beschlussfähigkeit bzw Vertretung. 1

§ 30 Besondere Vertreter

¹Durch die Satzung kann bestimmt werden, dass neben dem Vorstand für gewisse Geschäfte besondere Vertreter zu bestellen sind. ²Die Vertretungsmacht eines solchen Vertreters erstreckt sich im Zweifel auf alle Rechtsgeschäfte, die der ihm zugewiesene Geschäftskreis gewöhnlich mit sich bringt.

1. Nur wenn die Satzung dies zulässt, kann von dem zuständigen Vereinsorgan (iZw der Mitgliederversammlung) für einen sachlich oder örtlich bestimmten Geschäftsbereich ein „**besonderer Vertreter**" bestellt werden (**S 1**; zur Bestellung vgl § 27). Besondere Vertreter sind (nicht zum Vorstand gehörende) **Organe** des Vereins. Die Vorschrift erhält im **Haftungsrecht** besondere Bedeutung (§ 31 Rn 4). 1
2. Dem „besonderen Vertreter" stehen kraft Gesetzes **Vertretungsmacht** und **Geschäftsführungsbefugnis** iZw im Hinblick auf alle Rechtsgeschäfte zu, die gewöhnlich zu dem ihm zugewiesenen Geschäftskreis gehören (**S 2**). Die Zuweisung kann ausschließlich sein oder neben der Zuständigkeit des Vorstands bestehen. Die Vertretungsmacht kann analog § 26 II 2 beschränkt oder sogar ganz ausgeschlossen werden. Zum Grundverhältnis zwischen besonderem Vertreter und Verein gilt das zu § 27 Rn 8 Gesagte entspr. 2

§ 31 Haftung des Vereins für Organe

Der Verein ist für den Schaden verantwortlich, den der Vorstand, ein Mitglied des Vorstands oder ein anderer verfassungsmäßig berufener Vertreter durch eine in Ausführung der ihm zustehenden Verrichtungen begangene, zum Schadensersatz verpflichtende Handlung einem Dritten zufügt.

1 I. Die Vorschrift enthält keine Anspruchsgrundlage, sondern eine reine **Zurechnungsnorm** (BGHZ 99, 302): Danach hat der Verein für die von seinen Organen verursachten außervertraglichen Schäden zwingend und im Ggs zu § 831 ohne Exkulpationsmöglichkeit wie für eigenes Verhalten einzustehen. Die Zurechnung schuldhafter Schadenszufügung durch Organe innerhalb schuldrechtlicher Sonderbeziehungen (Vertrag, vorvertragliches Schuldverhältnis) erfolgt nicht nach § 31 (sehr str, aA hM, zB BGHZ 90, 95; 109, 332; 159, 292), sondern über § 278; praktische Bedeutung hat dieser Streit nur insofern, als nach der hier vertretenen Auffassung ein vorheriger Haftungsausschluss für vorsätzliches Verhalten des Organs möglich ist (§§ 278 S 2, 276 III, vgl aber auch § 309 Nr 7). Für andere als die in § 31 genannten Personen haftet der Verein über § 278 bzw gem § 831.

2 II.1. Der **Verein** haftet aus außervertraglichen Anspruchsgrundlagen (§§ 823 ff, Gefährdungshaftungstatbestände, § 904 usw) iVm § 31, wenn eine Organperson eine zu Schadensersatz verpflichtende Handlung begeht. Praktisch besonders wichtig ist die Haftung aus § 823 I wegen Verkehrspflichtverletzung oder Organisationsverschuldens (etwa: nicht verkehrssicheres Vereinsgelände) oder aus § 831 I wegen nachlässiger Auswahl oder Überwachung eines Verrichtungsgehilfen.

3 Neben der Vereins- kommt eine (ggf gesamtschuldnerische) **Eigenhaftung der Organperson** nach allg Grundsätzen in Betracht (§§ 823 ff, 840, 421, vgl BGHZ 109, 302; BGH NJW 96, 1536; OLG München NJW 04, 228 [„Vorstandssprecher"]), bei Verkehrspflichtverletzungen aber nur, wenn sie auch persönlich eine Garantenstellung inne hatte (BGHZ 109, 303). Verein und Organperson haften dann ggf als Gesamtschuldner. Zur Beschränkung der Vorstandshaftung vgl § 31 a. Haftet ein Vereinsvertreter ohne Vertretungsmacht nach § 179, kann diese Haftung nicht über § 31 auf den Verein übergewälzt werden, weil dies dem Sinn der Eigenhaftung des Vertreters zuwiderliefe.

4 2. Dem Verein wird nach dem Gesetzeswortlaut das schadenstiftende Verhalten seiner **Organe**, dh des Gesamtvorstands, eines Vorstandsmitglieds (§ 26 I) oder eines verfmäßig berufenen Vertreters (§ 30) zugerechnet. Für Schadenszufügung durch die Mitgliederversammlung haftet der Verein erst recht.

5 Die Rspr hat darüber hinaus den **Anwendungsbereich** des § 31 (zulasten des § 831) in zwei Richtungen **ausgeweitet**. Sie hat einerseits – in extensiver Interpretation – die konzeptionell nicht überzeugende Beschränkung der Haftung auf „verfassungsmäßig", dh in der Satzung mit Vertretungsmacht ausgestattete Vertreter (§ 30 S 1) durch die Figur des „**Haftungsvertreters**" überwunden. Danach muss der Verein für das Verhalten von Personen einstehen, denen – gleich ob mit oder ohne Vertretungsmacht – „durch die allg Betriebsregelung und Handhabung bedeutsame, wesensmäßige Funktionen der juristischen Person zur selbständigen, eigenverantwortlichen Erfüllung zugewiesen sind" und die daher insoweit die juristische Person repräsentieren (BGHZ 49, 21 [Filialleiter], vgl ferner BGHZ 77, 79; 101, 218 [Chefarzt]; BGH NJW 98, 1855 [leitende Angestellte]). Haftungsvertreter sind – ebenso wie Organe – keine Verrichtungsgehilfen, da es (zumindest graduell) an der in § 831 vorausgesetzten Weisungsabhängigkeit fehlt.

6 Zum andern hat die Rspr einen **Organisationsmangel** angenommen, wenn der Vorstand einerseits wichtige Aufgabengebiete nicht selbst wahrnehmen kann, andererseits aber für diese Tätigkeitsfelder keinen verfmäßig berufenen Vertreter bestellt. Eine juristische Person ist also verpflichtet, ihren gesamten Aufgabenbereich so zu organisieren, dass für alle wichtigen Bereiche ein Organ oder Vertreter iSd § 31 zuständig ist. Die Bestellung eines Verrichtungsgehilfen (mit entspr Exkulpationsmöglichkeit nach § 831) soll nicht ausreichen (BGHZ 24, 213; BGH NJW 98, 1857). Falls die Organisation diesem Erfordernis nicht entspricht, haftet der Verein für ein Organisationsverschulden des Vorstands nach §§ 823 I, 31 (vgl auch § 823 Rn 70; § 831 Rn 4). IErg wird damit fingiert, dass es bei ordnungsgemäßer Organisation nicht zu einer Schädigung gekommen wäre („Fiktionshaftung"). Eine Haftung aufgrund „Organisationsverschuldens" dürfte heute nur noch in Frage kommen, wenn de facto nicht einmal ein Haftungsvertreter bestellt wurde.

3. Organ bzw Haftungsvertreter müssen sich ggü Dritten **schadensersatzpflichtig** ge- 7
macht, dh die Voraussetzungen einer außervertraglichen Haftungsnorm erfüllt haben.
Setzt diese Haftungsnorm Verschulden voraus (§§ 823 ff), ist (anders als bei § 831) ein
schuldhaftes Verhalten des Vertreters erforderlich.
4. Das schadenstiftende Handeln oder Unterlassen muss **in Ausführung** und nicht nur 8
bei Gelegenheit der dem Vertreter **zustehenden Verrichtungen** begangen worden sein.
Dies erfordert einen engen objektiven und nicht nur zufälligen zeitlichen und örtlichen
Zusammenhang (BGHZ 49, 23) zwischen übertragener Verrichtung und schädigendem
Verhalten, der auch bei Auftragsüberschreitung oder vorsätzlicher unerlaubter Handlung gegeben sein kann, so lange sich das Verhalten aus der Sicht eines Außenstehenden nicht so weit von dem Aufgabenkreis des Handelnden entfernt, dass der generelle
Rahmen der ihm übertragenen Aufgaben überschritten ist (BGHZ 49, 23; 98, 155, vgl
aber auch BGH NJW 08, 300: keine Haftung für privates Handeln unter Missbrauch
des Namens der juristischen Person).
5. Dritter kann auch ein Vereinsmitglied (BGHZ 90, 95; 110, 327; vgl auch § 38 Rn 4) 9
oder ein selbst nicht mitverantwortliches Vorstandsmitglied (BGH NJW 78, 2390)
sein.
III. Die vorstehenden Grundsätze gelten für **alle juristischen Personen** des Privat- und 10
öffentlichen Rechts (§ 89), ferner analog für den nicht rechtsfähigen Verein (§ 54
Rn 3), nach hM auch für KG und OHG sowie für die BGB-Gesellschaft (BGHZ 154,
93; 172, 169, 172 [Scheinsozietät von Anwälten]) und die Wohnungseigentümergemeinschaft (OLG München NJW 06, 1294, vgl Vor §§ 21–89 Rn 8).

§ 31a Haftung von Organmitgliedern und besonderen Vertretern

(1) ¹Sind Organmitglieder oder besondere Vertreter unentgeltlich tätig oder erhalten
sie für ihre Tätigkeit eine Vergütung, die 720 Euro jährlich nicht übersteigt, haften sie
dem Verein für einen bei der Wahrnehmung ihrer Pflichten verursachten Schaden nur
bei Vorliegen von Vorsatz oder grober Fahrlässigkeit. ²Satz 1 gilt auch für die Haftung
gegenüber den Mitgliedern des Vereins. ³Ist streitig, ob ein Organmitglied oder ein besonderer Vertreter einen Schaden vorsätzlich oder grob fahrlässig verursacht hat, trägt
der Verein oder das Vereinsmitglied die Beweislast.
(2) ¹Sind Organmitglieder oder besondere Vertreter nach Absatz 1 Satz 1 einem anderen zum Ersatz eines Schadens verpflichtet, den sie bei der Wahrnehmung ihrer Pflichten verursacht haben, so können sie von dem Verein die Befreiung von der Verbindlichkeit verlangen. ²Satz 1 gilt nicht, wenn der Schaden vorsätzlich oder grob fahrlässig
verursacht wurde.

I. Die am 3.10.09 (BGBl 09 I 3161) in Kraft getretene und durch Gesetz v 21.3.13 1
(BGBl I 556; vgl Hüttemann DB 13, 774) geänderte Bestimmung will ehrenamtliche
Tätigkeiten für Vereine dadurch fördern, dass sie im Innenverhältnis die **Haftung** des
Vorstands oder der besonderen Vertreter ggü dem Verein und seinen Mitgliedern **beschränkt** (Abs. 1) und ihm bei Haftung im Außenverhältnis ggü Dritten einen **Befreiungsanspruch** gg den Verein gewährt (Abs. 2 S 1).
II. 1. Wird ein Vorstand (§ 26) oder besonderer Vertreter (§ 30) unentgeltlich tätig 2
oder übersteigt seine jährliche Vergütung 720 EUR nicht, so **haftet** er bei Verletzung
seiner dem Verein ggü bestehenden Pflichten (§§ 27 Rn 6, 30 Rn 2) ggü dem **Verein**
(Abs 1 S 1) oder den **Mitgliedern** (Abs 1 S 2, vgl § 31 Rn 3, 9) nur im Falle von Vorsatz oder grober Fahrlässigkeit (vgl § 276). Die Beweislast dafür trägt der Verein bzw
das geschädigte Vereinsmitglied (Abs 1 S 3). Eine Vergütung kann auch in Gestalt von
Sachleistungen erfolgen. Aufwendungsersatz (auch bei Zahlung einer Pauschale) stellt
dag kein Entgelt dar (Unger NJW 09, 3269, 3271). Der Schaden muss in Wahrnehmung der Vorstands- oder Vertreterpflichten, dh in engem objektiven und nicht nur
zufälligem Zusammenhang mit der Vorstands- oder Vertretertätigkeit (vgl § 31 Rn 8)
verursacht worden sein.

3 Eine weitergehende Haftungsbeschränkung kann sich aus der Satzung ergeben. Die in S 2 vorgesehene Haftungsbeschränkung ggü den Mitgliedern ist andererseits durch Satzung abdingbar (§ 40 S 1).

4 2. Die **Haftung** des Vorstands oder besonderen Vertreters **ggü Dritten** (§ 31 Rn 3, 7) wird nicht beschränkt. Hat er aber den Schaden in Wahrnehmung seiner Vorstands- oder Vertreterpflichten verursacht (Rn 1), steht ihm ggü dem Verein ein Befreiungsanspruch zu (Abs 2 S 1), sofern er nicht vorsätzlich oder grob fahrlässig gehandelt hat (Abs 2 S 2). Leistet der Vorstand an den Dritten, kann er vom Verein insoweit Ersatz verlangen.

§ 31 b Haftung von Vereinsmitgliedern

(1) ¹Sind Vereinsmitglieder unentgeltlich für den Verein tätig oder erhalten sie für ihre Tätigkeit eine Vergütung, die 720 Euro jährlich nicht übersteigt, haften sie dem Verein für einen Schaden, den sie bei der Wahrnehmung der ihnen übertragenen satzungsgemäßen Vereinsaufgaben verursachen, nur bei Vorliegen von Vorsatz oder grober Fahrlässigkeit. ² § 31 a Absatz 2 Satz 3 ist entsprechend anzuwenden.
(2) ¹Sind Vereinsmitglieder nach Absatz 1 Satz 1 einem anderen zum Ersatz eines Schadens verpflichtet, den sie bei der Wahrnehmung der ihnen übertragenen satzungsgemäßen Vereinsaufgaben verursacht haben, so können sie von dem Verein die Befreiung von der Verbindlichkeit verlangen. ²Satz 1 gilt nicht, wenn die Vereinsmitglieder den Schaden vorsätzlich oder grob fahrlässig verursacht haben.

1 In dieser durch Gesetz v 21.3.13 (BGBl I 55) eingefügten Bestimmung wird die für Vorstände und besondere Vertreter geltende **Haftungsbeschränkung** des § 31 a auf die in der Regel ebenfalls unentgeltlich tätig werdenden **Mitglieder erstreckt**. Soweit diese bei der Erfüllung ihrer satzungsmäßigen Vereinsaufgaben (vgl § 38 Rn 2 ff) dem Verein einen Schaden zufügen, haften sie nur für Vorsatz und grobe Fahrlässigkeit (Abs 1 S 1; vgl bereits BGH NJW-RR 12, 280). Die Beweislast für ein solches Verschulden trifft den Verein (Abs 1 S 2). Bei der Haftung ggü Dritten oder anderen Vereinsmitgliedern (BT-Drucks 17/11316, 17) besteht ebenfalls ein Freistellungsanspruch des Mitglieds gg den Verein, soweit der Schaden nicht vorsätzlich oder grob fahrlässig verursacht wurde (Abs 2).

§ 32 Mitgliederversammlung; Beschlussfassung

(1) ¹Die Angelegenheiten des Vereins werden, soweit sie nicht von dem Vorstand oder einem anderen Vereinsorgan zu besorgen sind, durch Beschlussfassung in einer Versammlung der Mitglieder geordnet. ²Zur Gültigkeit des Beschlusses ist erforderlich, dass der Gegenstand bei der Berufung bezeichnet wird. ³Bei der Beschlussfassung entscheidet die Mehrheit der abgegebenen Stimmen.
(2) Auch ohne Versammlung der Mitglieder ist ein Beschluss gültig, wenn alle Mitglieder ihre Zustimmung zu dem Beschluss schriftlich erklären.

1 I. Die **Mitgliederversammlung** ist das **oberste Vereinsorgan** (arg §§ 27 I, 33 I 1, 41). Die Vorschrift regelt die Zuständigkeit der Versammlung (Abs 1 S 1) und bestimmt Art und Weise sowie Gültigkeitsvoraussetzungen der Beschlussfassung (Abs 1 S 2, 3, Abs 2). Der Inhalt des § 32 ist dispositiv (§ 40 Rn 2).

2 II. 1. Soweit nicht Gesetz oder Satzung dem Vorstand oder einem anderen Organ Rechte und Pflichten zuweisen, besteht eine umfassende **Zuständigkeit der Mitgliederversammlung** für die Regelung der Vereinsangelegenheiten (**Abs 1 S 1**). Sie ist ggü den anderen Organen iZw auch weisungsbefugt (vgl § 27 Rn 6).

3 2. Die Mitgliederversammlung entscheidet durch **Beschluss** (Abs 1 S 1). Dabei handelt es sich um ein aus einzelnen gleichlautenden Willenserklärungen (= Stimmabgaben) zusammengesetztes Rechtsgeschäft eigener Art, das – im Ggs zu Verträgen – auch Mitglieder bindet, die nicht zugestimmt haben (**arg Abs 1 S 3**, vgl Vor §§ 104–185 Rn 3).

Die **Beschlussfassung** erfolgt entweder – regelmäßig – in einer Versammlung, dh durch 4
die jeweils persönlich anwesenden Mitglieder (**Abs 1 S 1**), oder durch die Gesamtheit
der Mitglieder in einem schriftlichen Verfahren (**Abs 2**). Die Mitgliederversammlung
kann, soweit in der Satzung vorgesehen, auch online durchgeführt werden (OLG
Hamm NJW 2012, 940). Die Einberufung der Mitgliederversammlung erfolgt idR
durch den Vorstand entspr den Vorschriften der Satzung (zB über Form und Frist, vgl
§ 58 Nr 4). Ein Beschluss kann nur wirksam gefasst werden, wenn sein Gegenstand zuvor in der Berufung (Aufstellen der Tagesordnung, **Abs 1 S 2**) so genau bezeichnet
wurde, dass den Mitgliedern eine sachgerechte Vorbereitung und eine Entscheidung
darüber möglich ist, ob sie an der Versammlung teilnehmen wollen (BGH NJW 08, 69,
72 f). Unter welchen Voraussetzungen die Mitgliederversammlung beschlussfähig ist,
ergibt sich aus der Satzung; ohne gegenteilige Satzungsbestimmung genügt die Anwesenheit eines einzigen Mitglieds. Entscheidungen werden mit der Mehrheit der abgegebenen Stimmen getroffen (**Abs 1 S 3**; Ausn: §§ 33 I 1, 2; 41 S 2 und bei abw Satzungsbestimmung); Stimmenthaltungen werden nicht mitgezählt. Die vorstehenden Regeln
gelten iZw auch für **Wahlakte**.

Beschlüsse sind **nichtig**, wenn sie gegen die §§ 134, 138 oder zwingende Gesetzes- (etwa **Abs 1 S 2**) oder Satzungsvorschriften verstoßen (BGHZ 59, 372); Mitwirkung 5
nicht stimmberechtigter Personen oder Nichteinladung stimmberechtigter Mitglieder
führt aber nur dann zur Nichtigkeit, wenn sich der Fehler auf den gefassten Beschluss
ausgewirkt hat (BGHZ 49, 211; 59, 375). Bei verzögerter Geltendmachung kann eine
Berufung auf die Nichtigkeit außerdem verwirkt sein (OLG Hamm NJW-RR 97, 989).
Ist die einzelne **Stimmabgabe** nichtig (§ 105) oder anfechtbar (§§ 119, 123), führt dies
nur dann zur Unwirksamkeit eines Beschlusses, wenn das Abstimmungsergebnis auf
dieser Stimme beruhte (BGHZ 14, 267 f).

§ 33 Satzungsänderung

(1) ¹Zu einem Beschluss, der eine Änderung der Satzung enthält, ist eine Mehrheit von
drei Vierteln der abgegebenen Stimmen erforderlich. ²Zur Änderung des Zweckes des
Vereins ist die Zustimmung aller Mitglieder erforderlich; die Zustimmung der nicht erschienenen Mitglieder muss schriftlich erfolgen.
(2) Beruht die Rechtsfähigkeit des Vereins auf Verleihung, so ist zu jeder Änderung der
Satzung die Genehmigung der zuständigen Behörde erforderlich.

Einfache **Satzungsänderungen** (dh Änderungen des Satzungswortlauts einschließlich 1
Ergänzungen) müssen abw von § 32 I 3 mit einer **qualifizierten Mehrheit** von drei
Vierteln der abgegebenen Stimmen beschlossen werden (**Abs 1 S 1**). Eine **Änderung des
Vereinszwecks** setzt sogar die Zustimmung **sämtlicher Mitglieder** voraus (BGHZ 96,
249); in der Mitgliederversammlung abwesende Mitglieder müssen schriftlich zustimmen (**Abs 1 S 2**). Die Zustimmung kann auch konkludent durch widerspruchslose Hinnahme eines Mehrheitsbeschlusses erfolgen (BGHZ 16, 151; 23, 128). Bloße Ergänzung oder Beschränkungen des bisherigen Vereinszwecks sind einfache Satzungsänderungen. Sowohl für Satzungs- wie für Zweckänderung kann die Satzung abw Regelungen treffen (§ 40 Rn 2). Bei Vereinen kraft Verleihung (§§ 22, 23) ist zusätzlich eine
staatliche Genehmigung erforderlich (**Abs 2**). Die Satzungsänderung wird bei eV in das
Vereinsregister eingetragen (§ 71).

§ 34 Ausschluss vom Stimmrecht

Ein Mitglied ist nicht stimmberechtigt, wenn die Beschlussfassung die Vornahme eines
Rechtsgeschäfts mit ihm oder die Einleitung oder Erledigung eines Rechtsstreits zwischen ihm und dem Verein betrifft.

Ein Mitglied ist wegen **Interessenkollision** zwingend nicht stimmberechtigt, wenn der 1
Beschluss ein Rechtsgeschäft oder einen Rechtsstreit zwischen ihm und dem Verein be-

trifft. Da Mitglieder den Verein nicht vertreten, findet § 181 hier keine Anwendung. Dag gilt § 34 nicht für die Mitwirkung bei eigener Wahl. Unwirksame Stimmabgabe führt nur dann zur Unwirksamkeit des gefassten Beschlusses, wenn er auf dieser Stimme beruht (vgl § 32 Rn 5).

§ 35 Sonderrechte
Sonderrechte eines Mitglieds können nicht ohne dessen Zustimmung durch Beschluss der Mitgliederversammlung beeinträchtigt werden.

1 Aus dem personenrechtlichen Verhältnis der Mitgliedschaft können sich allg (vgl § 38 Rn 2) und **besondere**, dh über die allg hinausgehende **Mitgliedschaftsrechte** ergeben. Letztere beruhen auf der Satzung und gewähren ihrem Inhaber zwingend eine Vorzugsstellung (etwa: Mehrstimmrecht, Vorstandszugehörigkeit auf Lebenszeit, Bevorzugung bei Gewinnverteilung, Befreiung von allg Vereinspflichten). Sie können einem Mitglied von der Mitgliederversammlung nur mit seiner (allerdings auch konkludent erteilbaren) Zustimmung (§§ 182 ff) entzogen werden.

§ 36 Berufung der Mitgliederversammlung
Die Mitgliederversammlung ist in den durch die Satzung bestimmten Fällen sowie dann zu berufen, wenn das Interesse des Vereins es erfordert.

1 Unter welchen Voraussetzungen und von wem eine **Mitgliederversammlung einzuberufen** ist, ergibt sich in erster Linie aus der Satzung (etwa: einmal jährlich durch den Vorstand, vgl ferner § 37). Außerdem muss das zuständige Organ (idR Vorstand) eine Versammlung dann einberufen, wenn dies im **Vereinsinteresse** (nicht im Interesse einzelner oder aller Mitglieder) liegt (etwa: Gefährdung des Vereinszwecks, Streitigkeiten zwischen Organen).

§ 37 Berufung auf Verlangen einer Minderheit
(1) Die Mitgliederversammlung ist zu berufen, wenn der durch die Satzung bestimmte Teil oder in Ermangelung einer Bestimmung der zehnte Teil der Mitglieder die Berufung schriftlich unter Angabe des Zweckes und der Gründe verlangt.
(2) ¹Wird dem Verlangen nicht entsprochen, so kann das Amtsgericht die Mitglieder, die das Verlangen gestellt haben, zur Berufung der Versammlung ermächtigen; es kann Anordnungen über die Führung des Vorsitzes in der Versammlung treffen. ²Zuständig ist das Amtsgericht, das für den Bezirk, in dem der Verein seinen Sitz hat, das Vereinsregister führt. ³Auf die Ermächtigung muss bei der Berufung der Versammlung Bezug genommen werden.

1 **1.** Die Vorschrift ermöglicht einer **Minderheit** von Mitgliedern, die **Einberufung** einer Mitgliederversammlung zu **erzwingen**. Das zuständige Organ (idR Vorstand) muss danach eine Versammlung einberufen, wenn ein satzungsmäßig festgelegter Anteil der Mitglieder, bei Fehlen einer Satzungsbestimmung zumindest ein Zehntel dies schriftlich und unter Angabe von Zweck und Gründen verlangt (**Abs 1**).

2 **2.** Entspricht das Berufungsorgan diesem Ansinnen nicht, **ermächtigt** das zuständige **AG** (**Abs 2 S 2 iVm** § 24) die initiativ gewordenen Mitglieder zur Einberufung der Versammlung und ordnet erforderlichenfalls an, wer von diesen den Vorsitz zu führen hat (**Abs 2 S 1**). Bei der Einberufung muss auf die Ermächtigung Bezug genommen werden (**Abs 2 S 3**). Verfahren: §§ 3 Nr 1 a RPflG. Das Einberufungsrecht des Vorstandes bleibt unberührt, allerdings können zeitgleiche Einladungen wegen Verwirrung der Mitglieder unwirksam sein, OLG Stuttgart NJW-RR 04, 250).

§ 38 Mitgliedschaft

¹Die Mitgliedschaft ist nicht übertragbar und nicht vererblich. ²Die Ausübung der Mitgliedschaftsrechte kann nicht einem anderen überlassen werden.

I. Die **Vereinsmitgliedschaft** ist ein **personenrechtliches Verhältnis**, aus dem sich Rechte und Pflichten des Mitglieds ggü dem Verein, der Mitglieder untereinander sowie des Vereins ggü dem einzelnen Mitglied ergeben (Rn 2 ff). Zur Haftung und anderen Sanktionen bei Pflichtverletzung s Rn 9 f. Neben den allg Mitgliedschaftsrechten können kraft Satzung Sonderrechte für einzelne Mitglieder bestehen (§ 35). Die Vorschrift gestaltet die Mitgliedschaft als höchstpersönliche Rechtsstellung aus (Rn 6). Zu Erwerb und Beendigung der Mitgliedschaft s § 39 Rn 2, 4. Tritt ein Mitglied zu seinem Verein unabhängig von der Mitgliedschaft in Rechtsbeziehungen (etwa: Verkauf von Büromaterial), gelten daneben die allg Vertragsregeln. 1

II. 1. Die einzelnen Mitgliedschaftsrechte und -pflichten werden herkömmlicherweise nach ihrem **Inhalt** folgendermaßen unterschieden: **Organschaftsrechte** sichern dem Mitglied die Teilhabe an der vereinsinternen Willensbildung, so das Stimmrecht, aktive und passive Wahlrecht, Recht auf Einberufung der Mitgliederversammlung (§ 37), Auskunftsrecht ggü dem Vorstand (BGH NJW-RR 03, 830). Die Satzung kann korrespondierende **Mitverwaltungspflichten** vorsehen, so zB zur Teilnahme an Versammlungen oder zur Übernahme von Vereinsämtern. 2

Wertrechte beteiligen das Mitglied an den materiellen Vorzügen der Mitgliedschaft, so etwa das Recht auf Gebrauch der Vereinsanlagen, auf Teilnahme an Vereinsveranstaltungen, auf Inanspruchnahme von Dienstleistungen und Vergünstigungen, aber auch Ansprüche auf Geldleistungen (Gewinnbeteiligung, Auseinandersetzungsansprüche bei Auflösung), dazu Lettl AcP 03, 153 ff. Den Wertrechten entsprechen **Leistungspflichten** wie insb die Pflicht zur Beitragszahlung oder zur Erbringung von Dienstleistungen (BAGE 103, 26). Die Erhebung einer einmaligen Umlage muss grds (Ausnahme: bei existentieller Bedeutung) dem Grunde nach und in der Höhe in der Satzung vorgesehen sein (BGH NJW 08, 107 u 1357). 3

Zwischen Verein und Mitglied bestehen wechselseitig erhöhte **Treuepflichten** (BGHZ 110, 330). Danach ist das Mitglied gehalten, die Satzung zu beachten, den Vereinszweck zu fördern und den Verein nicht zu schädigen; der Verein seinerseits muss zB dafür sorgen, dass der Vorstand die Mitgliedschaftsrechte nicht verletzt (BGHZ 90, 95) und ein Mitglied bei der Teilnahme am Vereinsleben nicht zu Schaden kommt. Entspr Pflichten können auch im Verhältnis der Mitglieder untereinander bestehen (BGHZ 103, 194; 129, 142). 4

Rechte und Pflichten der Mitglieder unterliegen dem **Grundsatz der Gleichbehandlung** in der Weise, dass eine willkürliche Ungleichbehandlung der Mitglieder in Satzung und Beschlussfassung unzulässig ist (BGHZ 47, 386). Sachliche Differenzierungen sind dag gestattet; vgl außerdem § 35. 5

2. Sofern die Satzung keine abw Regelung enthält (§ 40 Rn 2), kann die Mitgliedschaft als **höchstpersönliche Rechtsstellung** durch Rechtsgeschäft **nicht übertragen** werden (**S 1**). Sie ist dementspr auch nicht pfändbar. Unübertragbar sind gleichfalls die aus der Mitgliedschaft entspringenden Mitgliedschafts- und Organrechte (Rn 2) sowie regelmäßig die Sonderrechte (§ 35). Dageg können Wertrechte iZw jedenfalls insoweit übertragen und gepfändet werden, als sie auf die Zahlung einer Geldsumme gerichtet sind (vgl Rn 3). 6

Die Mitgliedschaft kann grds (vgl aber § 40 Rn 2 aE) auch **nicht im Wege der Erbfolge** auf eine andere Person **übergehen** (**S 1**), sondern erlischt mit dem Tode des Mitglieds. Vererblich sind dag wiederum aus der Mitgliedschaft resultierende Zahlungsansprüche (zB Anspruch auf Beitragsrückerstattung). 7

Mitglieder müssen ihre Mitgliedschaftsrechte (Stimmrecht, Teilhaberechte) **persönlich ausüben** (**S 2**); eine Bevollmächtigung anderer Mitglieder oder Dritter ist unzulässig, sofern die Satzung nicht eine abw Regelung enthält (§ 40 Rn 2). 8

9 III. Eine **Verletzung** der sich aus dem Verhältnis zwischen Mitglied und Verein ergebenden **Verpflichtungen** (Rn 2 ff) kann verschiedene Sanktionen auslösen: **1.** Bei einem **Verstoß gegen Treuepflichten** (zB Förderungs-, Schutzpflichten, Rn 4) haftet das Mitglied dem Verein nach Maßgabe des § 31 b aus § 280 I auf **Schadensersatz**; daneben besteht uU auch eine Haftung aus unerlaubter Handlung. Der Verein haftet dem Mitglied ebenfalls aus § 280 I iVm § 278 (auch bei Vorstandsverschulden, vgl § 31 Rn 1, aA BGHZ 90, 95: § 31); soweit daneben der Tatbestand einer unerlaubten Handlung erfüllt ist (etwa: Unfallschaden wegen Verletzung der Verkehrssicherungspflicht auf dem Vereinsgelände) auch aus §§ 823 ff, 31 (Handeln des Vorstands) oder § 831 (Handeln eines Verrichtungsgehilfen). Im letzten Fall wird dem Verein iR des § 831 das Auswahl- oder Aufsichtsverschulden des Vorstands wiederum über § 31 zugerechnet (vgl § 31 Rn 2). Die Rspr sieht darüber hinaus die Mitgliedschaft als sonstiges Recht iSd § 823 I an (BGHZ 110, 327; vgl § 823 Rn 41). Zur persönlichen Haftung des Vorstands vgl § 31 a I.

10 Ein Mitglied, das sich iR seiner ehrenamtlichen Tätigkeit Dritten ggü schadensersatzpflichtig macht, hat – falls nicht Vorsatz oder grobe Fahrlässigkeit vorliegt – gegen den Verein einen **Freistellungsanspruch** nach § 31 b II.

11 **2.** Im Falle einer Verletzung von Mitgliedschaftspflichten werden – entspr Satzungsbestimmungen vorausgesetzt (BGHZ 47, 175) – von den zuständigen Vereinsorganen (zB „Ehrenrat", Vereinsgericht usw) häufig **Vereinsstrafen** (zB Rüge, Geldbuße, Sperre, Ausschluss von Ämtern oder Veranstaltungen, Vereinsausschluss) verhängt. Während die Rspr und früher hM im Schrifttum diese Praxis auf eine „selbstständige Strafgewalt der Vereine" stützt (BGHZ 13, 11; 21, 375; 29, 355), steht die vordringende Auffassung zu Recht auf dem Standpunkt, dass sich das Recht zur Verhängung derartiger Sanktionen nur auf die mit dem Beitritt erklärte rechtsgeschäftliche Zustimmung zur Satzung gründen kann und daher die §§ 339 ff (Vertragsstrafe) entspr Anwendung finden (Staud/Weick Vor §§ 21 ff Rn 41; Wolf/Neuner § 17 Rn 98). Konsequenz dieser Auffassung ist die volle richterliche Nachprüfung der Sanktion analog § 315 III im Hinblick darauf, ob die festgestellten Tatsachen zutreffen (OLG Hamm NJW-RR 02, 389), Vereinsrecht korrekt angewandt wurde, nicht gegen Gesetzesbestimmungen oder Rechtsgrundsätze (rechtliches Gehör) verstößt, Art und Höhe der Sanktion der Billigkeit entsprechen (einschränkend die Rspr: bei Vereinen ohne Aufnahmepflicht [§ 39 Rn 3] nur Prüfung, ob Strafe willkürlich oder grob unbillig verhängt wurde, vgl BGHZ 102, 276). Der Vereinsausschluss ist als Kündigung aus wichtigem Grund zu behandeln.

12 **3.** Darüber hinaus kann ein Mitglied (auch ohne satzungsmäßige Grundlage) aus **wichtigem Grund** (analog § 314 I) jederzeit mit sofortiger Wirkung seinen Austritt erklären, der Verein dementspr seinerseits einem (nicht notwendig schuldhaft handelnden) Mitglied kündigen (BGHZ 9, 161; BGH NJW 90, 41). Sog „Hinauskündigungsklauseln", die den Ausschluss eines Mitglieds ohne sachlichen Grund gestatten, sind grds nichtig (§ 138) und nur unter besonderen Umständen wirksam (BGHZ 164, 101 f, 111).

§ 39 Austritt aus dem Verein

(1) Die Mitglieder sind zum Austritt aus dem Verein berechtigt.
(2) Durch die Satzung kann bestimmt werden, dass der Austritt nur am Schluss eines Geschäftsjahrs oder erst nach dem Ablauf einer Kündigungsfrist zulässig ist; die Kündigungsfrist kann höchstens zwei Jahre betragen.

1 I. Während das Gesetz für den Erwerb der Mitgliedschaft keine allg Bestimmung enthält (vgl Rn 2), regelt § 39 zwingend den **Vereinsaustritt** als die praktisch bedeutsamste Form einer Beendigung der Mitgliedschaft.

2 II. **1.** Die **Vereinsmitgliedschaft** wird **erworben** durch Mitgründung des Vereins (Vor §§ 55–79 Rn 2) oder späteren Beitritt, der sich durch einen (ggf konkludent geschlossenen) Vertrag zwischen Mitglied und Verein (Aufnahmeantrag und Aufnahme) vollzieht (BGHZ 101, 196; 105, 313).

Der Verein entscheidet, ob er ein neues Mitglied aufnehmen will (**Aufnahmefreiheit**). 3
Die Satzung kann besondere Aufnahmevoraussetzungen enthalten (Beruf, Alter, Wohnsitz, Vorschlag eines Mitglieds, „Ballotage"), aber auch einen Anspruch auf Aufnahme vorsehen (BGHZ 101, 200). Ein (mittelbar aus Art 9 I GG herzuleitender) **Aufnahmezwang** besteht, wenn der Verein im wirtschaftlichen oder sozialen Bereich eine überragende Macht- (dh nicht unbedingt: Monopol-) stellung hat und auf Seiten des Mitglieds ein wesentliches und grdlg Interesse an einem Beitritt besteht (Gewerkschaften, Berufs-, Wirtschafts-, Sportverbände, vgl BGHZ 93, 152; 102, 276; 140, 77; BGH NJW-RR 86, 583). Dabei sind die berechtigten Interessen des Bewerbers um eine Mitgliedschaft und die Interessen des Vereins an seinem Bestehen und seiner Funktionsfähigkeit gegeneinander abzuwägen (BGHZ 141, 78 f).

2. Die **Mitgliedschaft endet** durch Austritt (einseitige empfangsbedürftige Willenserklärung, vgl Vor §§ 104–185 Rn 3), Ausschluss bzw Kündigung aus wichtigem Grund (§ 38 Rn 12), Tod des Mitglieds (§ 38 Rn 7), ggf bei Wegfall einer persönlichen Beitrittsvoraussetzung (Rn 3, vgl auch BGH MDR 79, 734: Kandidatur für andere Partei). 4
Das **Austrittsrecht** ist unentziehbar (**Abs 1**, anders bei Zwangsmitgliedschaft, BGHZ 130, 251), aber durch Satzung in der Weise beschränkbar, dass ein Austritt nur zum Ende des Geschäftsjahres erklärt werden kann, eine Kündigung erfolgen oder eine maximal zweijährige Kündigungsfrist eingehalten werden muss (**Abs 2**, vgl bei eV § 58 Nr 1). Zur – stets möglichen – Kündigung aus wichtigem Grund s § 38 Rn 12. Mit Wirksamkeit des Austritts erlöschen die Mitgliedschaft und die sich daraus ergebenden Rechte und Pflichten (§ 38 Rn 2 ff), insb haftet ein Mitglied nicht für später fällig werdende Umlagen (OLG Schleswig NJW-RR 04, 609). 5

§ 40 Nachgiebige Vorschriften

¹Die Vorschriften des § 26 Absatz 2 Satz 1, des § 27 Absatz 1 und 3, der §§ 28, 31 a Abs. 1 Satz 2 sowie der §§ 32, 33 und 38 finden insoweit keine Anwendung als die Satzung ein anderes bestimmt.²Von § 34 kann auch für die Beschlussfassung des Vorstands durch die Satzung nicht abgewichen werden.

I. Über § 40 hinaus gewähren auch andere Bestimmungen im Hinblick auf die Satzung ausdrücklich **Gestaltungsfreiheit** (vgl §§ 26 I 2, II 2, 30 S 1, 37 I, 39 II, 41 S 2). Alle übrigen Vorschriften des Vereinsrechts sind zwingend. 1
II. Die Vorschrift lässt folgende **satzungsmäßige Abweichungen** von der gesetzlich vorgesehenen Regelung zu: Abweichend von § 26 II 1 kann die Satzung Einzel- oder Gesamtvertretung vorschreiben. Der Vereinsvorstand kann durch ein anderes Organ als die Mitgliederversammlung (vgl § 27 I) bestellt werden (etwa: Kuratorium; Kooptationsrecht der Vorstandsmitglieder). Die für die Geschäftsführung des Vorstands grds maßgebenden Auftragsregeln (vgl § 27 III) können modifiziert werden (etwa: Einschränkung des Weisungsrechts der Mitgliederversammlung). Dispositiv sind auch die Vorschriften über die Beschlussfassung des Vorstands (§§ 28, 32, etwa: schriftliche Beschlussfassung). Die Zuständigkeit der Mitgliederversammlung sowie die Regeln über deren Beschlussfassung insb im Falle einer Satzungs- oder Zweckänderung (§§ 32, 33) sind abänderbar (etwa: Einschränkung der Befugnisse, Einstimmigkeit für Satzungsänderungen, Mehrheitsbeschluss bei Zweckänderung). Die Satzung kann abw von § 38 Nichtmitgliedern beim Tode eines Mitglieds ein Eintrittsrecht einräumen (BGH WM 80, 1288) oder Abstimmungsvertretungen zulassen. Dagg ist eine Abweichung von dem in § 28 I genannten § 34 nach S 2 nicht zulässig. 2

§ 41 Auflösung des Vereins

¹Der Verein kann durch Beschluss der Mitgliederversammlung aufgelöst werden. ²Zu dem Beschluss ist eine Mehrheit von drei Vierteln der abgegebenen Stimmen erforderlich, wenn nicht die Satzung ein anderes bestimmt.

1 I. Das Gesetz unterscheidet zwischen der **Auflösung** des Vereins und dem (bloßen) **Verlust der Rechtspersönlichkeit** (dazu §§ 43, 44 Rn 1). Eine Auflösung beendet die Existenz der Personenvereinigung als solcher (vgl aber §§ 42 I 2, 3; 49 II). Sie kann erfolgen durch Selbstauflösung (Rn 2), Eintritt eines satzungsmäßigen Auflösungsgrundes (Zeitablauf, Eintritt einer auflösenden Bedingung, nicht aber ohne weiteres bei Erreichung oder Nichterreichbarkeit des Vereinszwecks, vgl BGHZ 49, 178), Wegfall sämtlicher Mitglieder (etwa: Tod, Austritt), Eröffnung des Insolvenzverfahrens (§ 42 I) oder Hoheitsakt (zB § 39 II BVerfGG iVm Art 18 GG; §§ 3, 11 VereinsG). Zu den vermögensrechtlichen Konsequenzen s §§ 45 ff. Bei eV Eintragung nach § 74.

2 II. Die **Selbstauflösung** ist der Mitgliederversammlung vorbehalten (**S 1**). Abw von der gesetzlich vorgesehenen Dreiviertelmehrheit der abgegebenen Stimmen (**S 2**) kann die Satzung die Zustimmung sämtlicher Mitglieder oder auch die Zustimmung eines anderen Vereinsorgans vorsehen.

§ 42 Insolvenz

(1) ¹Der Verein wird durch die Eröffnung des Insolvenzverfahrens und mit Rechtskraft des Beschlusses, durch den die Eröffnung des Insolvenzverfahrens mangels Masse abgewiesen worden ist, aufgelöst. ²Wird das Verfahren auf Antrag des Schuldners eingestellt oder nach der Bestätigung eines Insolvenzplans, der den Fortbestand des Vereins vorsieht, aufgehoben, so kann die Mitgliederversammlung die Fortsetzung des Vereins beschließen. ³Durch die Satzung kann bestimmt werden, dass der Verein im Falle der Eröffnung des Insolvenzverfahrens als nicht rechtsfähiger Verein fortbesteht; auch in diesem Falle kann unter den Voraussetzungen des Satzes 2 die Fortsetzung als rechtsfähiger Verein beschlossen werden.

(2) ¹Der Vorstand hat im Falle der Zahlungsunfähigkeit oder der Überschuldung die Eröffnung des Insolvenzverfahrens zu beantragen. ²Wird die Stellung des Antrags verzögert, so sind die Vorstandsmitglieder, denen ein Verschulden zur Last fällt, den Gläubigern für den daraus entstehenden Schaden verantwortlich; sie haften als Gesamtschuldner.

1 1. Mit der **Eröffnung des Insolvenzverfahrens** (wegen Zahlungsunfähigkeit, drohender Zahlungsunfähigkeit sowie Überschuldung, §§ 17–19 InsO) sowie mit Rechtskraft eines die Insolvenzeröffnung mangels Masse ablehnenden Beschlusses (§ 26 InsO) wird der Verein **aufgelöst** (§ 41 Rn 1) und verliert damit seine Rechtspersönlichkeit. Dadurch erlischt (auch bei einem wirtschaftlichen Verein) grds die Beitragspflicht (BGH NJW 07, 1346). Für die Durchführung des Insolvenzverfahrens wird die Rechtsfähigkeit der Insolvenzmasse analog § 49 II als weiterbestehend fingiert (BGHZ 96, 254 zu § 42 aF). Bei entspr Satzungsinhalt existiert der Verein (allerdings ohne das zur Masse gehörende Vermögen) als nicht rechtsfähiger Verein, dh als Verein ohne eigene Rechtspersönlichkeit (Vor §§ 21–89 Rn 6) fort (**Abs 1 S 3**). Die Mitgliederversammlung kann die Fortsetzung des Vereins beschließen (**Abs 1 S 2**), wenn das Verfahren auf Antrag des Schuldners eingestellt (§ 213 InsO) oder nach Bestätigung eines den Fortbestand vorsehenden Insolvenzplanes aufgehoben wird (§§ 248, 258 InsO). Dies gilt auch dann, wenn der Verein ohne Rechtspersönlichkeit fortbesteht (**Abs 1 S 3, 2. Halbs**). Die Insolvenzeröffnung wird vAw in das Vereinsregister eingetragen (§ 75 Nr 1). Da das Insolvenz- ein besonderes Liquidationsverfahren darstellt, erübrigt sich eine Liquidation (§ 47).

2 2. Der **Vorstand** ist bei Zahlungsunfähigkeit oder Überschuldung (§§ 17, 19 InsO) verpflichtet, die **Eröffnung des Insolvenzverfahrens zu beantragen** (Abs 2 S 1). Für schuldhafte Verzögerung der Antragstellung haften die Vorstandsmitglieder den Gläubigern nach Abs 2 S 2 gesamtschuldnerisch (§§ 421 ff) auf Schadensersatz. Hat der Gläubiger die Forderung vor dem Zeitpunkt erworben, in dem der Insolvenzantrag hätte gestellt werden müssen, muss der Vorstand den Betrag (durch Zahlung in die Masse) ersetzen, um den sich die Insolvenzquote im Vergleich zu derjenigen verringert, die jener bei rechtzeitiger Antragstellung erhalten hätte (vgl BGHZ 126, 190: sog. Quotenschaden).

Bei Forderungserwerb nach diesem Zeitpunkt erhält der Neugläubiger (vorbehaltlich § 254 I) Ersatz des Vertrauensschadens, den er dadurch erleidet, dass er an eine insolvente Gesellschaft eine Leistung ohne werthaltige Gegenleistung erbringt (BGHZ 126, 192, 201; 138, 214; 164, 60).

§ 43 Entziehung der Rechtsfähigkeit

Einem Verein, dessen Rechtsfähigkeit auf Verleihung beruht, kann die Rechtsfähigkeit entzogen werden, wenn er einen anderen als den in der Satzung bestimmten Zweck verfolgt.

§ 44 Zuständigkeit und Verfahren

Die Zuständigkeit und das Verfahren für die Entziehung der Rechtsfähigkeit nach § 43 bestimmen sich nach dem Recht des Landes, in dem der Verein seinen Sitz hat.

I. **Verlust der Rechtsfähigkeit** bedeutet nicht, dass die Personenvereinigung zu existieren aufhört; der Verein besteht dann vielmehr als Verein ohne eigene Rechtspersönlichkeit (Vor §§ 21–89 Rn 6) fort. Die Rechtssubjektivität geht verloren durch Beschluss der Mitgliederversammlung (arg § 41 a maiore ad minus) oder Entziehung durch die Verwaltungsbehörde (§§ 43, 44) oder des AG (§ 73). Vermögensrechtliche Konsequenzen: §§ 45 ff. Bei eV Registereintragung, vgl § 74. 1

II.1. Die Rechtssubjektivität kann durch Verwaltungsakt bei wirtschaftlicher Betätigung eines Idealvereins entzogen werden (§ 43; vgl KG NJW-RR 93, 188, wenn etwa der wirtschaftliche Neben- zum Hauptzweck geworden ist, vgl § 21 Rn 5). Zur Entziehung der Rechtssubjektivität bei Absinken der Mitgliederzahl vgl § 73. 2

2. **Zuständigkeit** und **Verfahren** richten sich nach dem VwVfG des Bundeslandes, in dem sich der Vereinssitz befindet (§§ 44, 24). 3

§ 45 Anfall des Vereinsvermögens

(1) Mit der Auflösung des Vereins oder der Entziehung der Rechtsfähigkeit fällt das Vermögen an die in der Satzung bestimmten Personen.

(2) [1]Durch die Satzung kann vorgeschrieben werden, dass die Anfallberechtigten durch Beschluss der Mitgliederversammlung oder eines anderen Vereinsorgans bestimmt werden. [2]Ist der Zweck des Vereins nicht auf einen wirtschaftlichen Geschäftsbetrieb gerichtet, so kann die Mitgliederversammlung auch ohne eine solche Vorschrift das Vermögen einer öffentlichen Stiftung oder Anstalt zuweisen.

(3) Fehlt es an einer Bestimmung der Anfallberechtigten, so fällt das Vermögen, wenn der Verein nach der Satzung ausschließlich den Interessen seiner Mitglieder diente, an die zur Zeit der Auflösung oder der Entziehung der Rechtsfähigkeit vorhandenen Mitglieder zu gleichen Teilen, anderenfalls an den Fiskus des Landes, in dessen Gebiet der Verein seinen Sitz hatte.

§ 46 Anfall an den Fiskus

[1]Fällt das Vereinsvermögen an den Fiskus, so finden die Vorschriften über eine dem Fiskus als gesetzlichem Erben anfallende Erbschaft entsprechende Anwendung. [2]Der Fiskus hat das Vermögen tunlichst in einer den Zwecken des Vereins entsprechenden Weise zu verwenden.

§ 47 Liquidation

Fällt das Vereinsvermögen nicht an den Fiskus, so muss eine Liquidation stattfinden, sofern nicht über das Vermögen des Vereins das Insolvenzverfahren eröffnet ist.

§ 48 Liquidatoren

(1) ¹Die Liquidation erfolgt durch den Vorstand. ²Zu Liquidatoren können auch andere Personen bestellt werden; für die Bestellung sind die für die Bestellung des Vorstands geltenden Vorschriften maßgebend.
(2) Die Liquidatoren haben die rechtliche Stellung des Vorstands, soweit sich nicht aus dem Zwecke der Liquidation ein anderes ergibt.
(3) Sind mehrere Liquidatoren vorhanden, so sind sie nur gemeinschaftlich zur Vertretung befugt und können Beschlüsse nur einstimmig fassen, sofern nicht ein anderes bestimmt ist.

§ 49 Aufgaben der Liquidatoren

(1) ¹Die Liquidatoren haben die laufenden Geschäfte zu beendigen, die Forderungen einzuziehen, das übrige Vermögen in Geld umzusetzen, die Gläubiger zu befriedigen und den Überschuss den Anfallberechtigten auszuantworten. ²Zur Beendigung schwebender Geschäfte können die Liquidatoren auch neue Geschäfte eingehen. ³Die Einziehung der Forderungen sowie die Umsetzung des übrigen Vermögens in Geld darf unterbleiben, soweit diese Maßregeln nicht zur Befriedigung der Gläubiger oder zur Verteilung des Überschusses unter die Anfallberechtigten erforderlich sind.
(2) Der Verein gilt bis zur Beendigung der Liquidation als fortbestehend, soweit der Zweck der Liquidation es erfordert.

§ 50 Bekanntmachung des Vereins in Liquidation

(1) ¹Die Auflösung des Vereins oder die Entziehung der Rechtsfähigkeit ist durch die Liquidatoren öffentlich bekannt zu machen. ²In der Bekanntmachung sind die Gläubiger zur Anmeldung ihrer Ansprüche aufzufordern. ³Die Bekanntmachung erfolgt durch das in der Satzung für Veröffentlichungen bestimmte Blatt. ⁴Die Bekanntmachung gilt mit dem Ablauf des zweiten Tages nach der Einrückung oder der ersten Einrückung als bewirkt.
(2) Bekannte Gläubiger sind durch besondere Mitteilung zur Anmeldung aufzufordern.

§ 50 a Bekanntmachungsblatt

Hat ein Verein in der Satzung kein Blatt für Bekanntmachungen bestimmt oder hat das bestimmte Bekanntmachungsblatt sein Erscheinen eingestellt, sind Bekanntmachungen des Vereins in dem Blatt zu veröffentlichen, welches für Bekanntmachungen des Amtsgerichts bestimmt ist, in dessen Bezirk der Verein seinen Sitz hat.

§ 51 Sperrjahr

Das Vermögen darf den Anfallberechtigten nicht vor dem Ablauf eines Jahres nach der Bekanntmachung der Auflösung des Vereins oder der Entziehung der Rechtsfähigkeit ausgeantwortet werden.

§ 52 Sicherung für Gläubiger

(1) Meldet sich ein bekannter Gläubiger nicht, so ist der geschuldete Betrag, wenn die Berechtigung zur Hinterlegung vorhanden ist, für den Gläubiger zu hinterlegen.
(2) Ist die Berichtigung einer Verbindlichkeit zur Zeit nicht ausführbar oder ist eine Verbindlichkeit streitig, so darf das Vermögen den Anfallberechtigten nur ausgeantwortet werden, wenn dem Gläubiger Sicherheit geleistet ist.

§ 53 Schadensersatzpflicht der Liquidatoren

Liquidatoren, welche die ihnen nach dem § 42 Abs. 2 und den §§ 50, 51 und 52 obliegenden Verpflichtungen verletzen oder vor der Befriedigung der Gläubiger Vermögen den Anfallberechtigten ausantworten, sind, wenn ihnen ein Verschulden zur Last fällt, den Gläubigern für den daraus entstehenden Schaden verantwortlich; sie haften als Gesamtschuldner.

§§ 45–53

1. Diese Bestimmungen regeln das **Schicksal des Vereinsvermögens** nur für den Fall, dass der Verein durch Beschluss der Mitgliederversammlung (§ 41 S 1) oder Eintritt eines satzungsmäßigen Auflösungsgrundes (§ 41 Rn 1) **aufgelöst** wird oder die **Rechtspersönlichkeit** nach §§ 43, 73 oder durch Mitgliederbeschluss (§§ 43, 44 Rn 1) **endet** (zu den übrigen Auflösungsgründen s Rn 5). Das Vermögen fällt dann in erster Linie an die in der Satzung bezeichneten Personen (§ 45 I). Die **Anfallberechtigten** können nach Maßgabe einer entspr Satzungsbestimmung auch durch die Mitgliederversammlung oder ein anderes Vereinsorgan benannt werden (§ 45 II 1). Bei Idealvereinen steht der Mitgliederversammlung auch ohne satzungsmäßige Grundlage das Recht zu, das Vereinsvermögen einer öffentlichen Stiftung, Anstalt oder Körperschaft des öffentlichen Rechts (hM) zuzuweisen (§ 45 II 2). Werden die Anfallberechtigten weder durch Satzung noch durch ein Vereinsorgan bestimmt, fällt das Vermögen selbstnütziger Vereine an die zZ der Auflösung oder Entziehung der Rechtspersönlichkeit vorhandenen Mitglieder zu gleichen Teilen bzw an den ohne eigene Rechtspersönlichkeit fortbestehenden Nachfolgeverein (vgl §§ 43, 44 Rn 1); das Vermögen nicht ausschließlich selbstnütziger Vereine fällt an den Fiskus des Bundeslandes, in dem der Verein seinen Sitz (§ 23) hat (§ 45 III).

2. Ist kraft Gesetzes (§ 45 III), Satzungsbestimmung (§ 45 I) oder Organbeschluss (§ 45 II) der **Fiskus** anfallberechtigt, geht das Vereinsvermögen analog § 1936 im Wege der Gesamtnachfolge auf ihn über (§ 46). Damit ist der Verein nicht mehr existent. Der Anfall wird durch das Nachlassgericht festgestellt (§ 1964). Eine Ausschlagung ist nicht möglich (§ 1942 II). Der Fiskus haftet für Schulden praktisch nur mit dem Vereinsvermögen (§§ 2011, 1994 I 2), das er iÜ nach Möglichkeit iSd früheren Vereinszwecks zu verwenden hat (§ 46 S 2).

3. Fällt das Vereinsvermögen nicht an den Fiskus, ist der Verein in einem **Liquidationsverfahren** abzuwickeln (§ 47). Eine Liquidation erfolgt nicht bei Insolvenz (vgl § 47 aE) und Wegfall aller Mitglieder (vgl Rn 5). Nach vordringender Auffassung (MK/Reuter §§ 45-47 Rn 1; Staud/Weick § 47 Rn 1) findet eine Liquidation auch dann nicht statt, wenn der Verein ohne eigene Rechtspersönlichkeit fortbesteht (vgl §§ 43, 44 Rn 1). Trotz Auflösung oder Entziehung der Rechtsfähigkeit wird der Verein **als fortbestehend fingiert**, soweit der Liquidationszweck dies erfordert (§ 49 II). Liquidatoren sind die Vorstandsmitglieder (§ 48 I) oder besonders bestimmte Personen (§ 48 II; bei eV Registereintragung, vgl §§ 76, 78 I, II). Sie haben das Vereinsvermögen flüssig („liquide") zu machen, die Gläubiger zu befriedigen und den etwa verbleibenden Rest – nicht vor Ablauf eines Jahres nach Bekanntmachung (§ 51) – an die Anfallberechtigten auszukehren (§§ 49, 50). Erforderlichenfalls ist der geschuldete Betrag zu hinterlegen (§ 52 I). Wird das Vereinsvermögen ohne die vorgeschriebene Bekanntmachung ausgekehrt, gilt der Verein als fortbestehend und kann von dem Empfänger die Rückzahlung des Erhaltenen nach § 812 verlangen (OLG Düsseldorf DB 04, 924). Bei schuldhafter Verletzung von Gläubigerschutzvorschriften haften die Liquidatoren aufgrund der deliktischen Sonderbestimmung des § 53 ggf gesamtschuldnerisch (§§ 421 ff) auf Schadensersatz (Verjährung: §§ 195, 199).

4. Im Falle einer **Insolvenz** (§ 42) gehört das Vereinsvermögen zur Insolvenzmasse. Es gelten also weder die §§ 45, 46 noch steht das Vermögen einem etwa gem § 42 I 3 ohne Rechtspersönlichkeit fortbestehenden Verein zu. Sind **sämtliche Mitglieder weggefallen** (vgl § 41 Rn 1), wird der Verein nicht durch Liquidation, sondern zugunsten der in § 45 I Genannten durch einen Pfleger (§ 1913) abgewickelt (BGHZ 19, 57). Bei

einem Vereinsverbot (§ 3 VereinsG) erfolgt die Abwicklung gem §§ 11 II 3, 4; 13 VereinsG.

§ 54 Nicht rechtsfähige Vereine
¹Auf Vereine, die nicht rechtsfähig sind, finden die Vorschriften über die Gesellschaft Anwendung. ²Aus einem Rechtsgeschäft, das im Namen eines solchen Vereins einem Dritten gegenüber vorgenommen wird, haftet der Handelnde persönlich; handeln mehrere, so haften sie als Gesamtschuldner.

1 I. Die Vorschrift unterwirft „nicht rechtsfähige", dh ohne eigene Rechtspersönlichkeit bestehende (Vor §§ 21–89 Rn 6) Vereine den **Regeln des Gesellschaftsrechts** (S 1). Diese Regelung ist **nicht sachgerecht**, weil auch Vereine ohne eigene Rechtspersönlichkeit idR körperschaftlich organisiert, dh auf eine Verselbstständigung der Vereinigung ggü ihren Mitgliedern angelegt sind (vgl Vor §§ 21–89 Rn 3: wechselnder Mitgliederbestand; keine Auflösung bei Tod oder Kündigung eines Mitglieds; Ausbildung von Organen; Mehrheitsprinzip bei Beschlüssen), während BGB-Gesellschaften – jedenfalls nach ihrer gesetzlichen Grundkonzeption – das Ausscheiden eines Gesellschafters durch Kündigung (§ 723) oder Tod (§ 727) nicht überdauern und einstimmiges Handeln aller Gesellschafter erfordern (§§ 709, 714). Überdies belastet die in S 2 vorgesehene Haftung der Vereinsvertreter ein typisches **Handeln in Fremdinteresse** mit uU beträchtlichen **persönlichen Risiken**. Diese in § 54 zum Ausdruck kommende Missachtung sachlogischer Strukturen findet ihre Erklärung in rechtspolitischen Vorstellungen des historischen Gesetzgebers, der private Vereinigungen zwecks besserer Kontrolle zu der (mit dem Vorteil der Rechtssubjektivität verbundenen) Registereintragung drängen und nicht eingetragene Organisationen insb mit politischer oder sozialer Zielsetzung mit einem erhöhten Handlungsrisiko ihrer Repräsentanten belasten wollte. Rspr und Lehre haben die gesetzgeberische **Fehlentscheidung korrigiert**.

2 II.1. Vereine besitzen keine eigene Rechtspersönlichkeit, wenn sie nicht in das Vereinsregister eingetragen worden sind (§§ 21, 55 ff). Die Gründung erfolgt mithin formlos und ohne registergerichtliche Mitwirkung durch Einigung der Gründungsmitglieder auf einen Vereinszweck und den Inhalt der (entgg dem Wortlaut von § 25 auch hier maßgebenden) Satzung. Ob ein Verein oder eine BGB-Gesellschaft gegründet werden soll, ist durch Auslegung der Gründungsvereinbarung festzustellen. Vorschriften über einen etwa erforderlichen Satzungsinhalt oder eine Mindestanzahl von Mitgliedern gibt es nicht. Satzungsänderungen sind (anders als nach § 71 I) mit der Beschlussfassung wirksam. Satzungslücken können durch entspr Anwendung der §§ 21 ff (und nicht der §§ 708 ff) geschlossen werden (vgl dazu BGHZ 50, 329). Die Rechtsscheinwirkungen des Vereinsregisters (§§ 68, 70) greifen nicht ein. Zum Vorverein vgl Vor §§ 55–79 Rn 3.

3 2. Auf Idealvereine ohne eigene Rechtspersönlichkeit (§ 21 Rn 3 f; für entspr Wirtschaftsvereine gilt der Verweisung des S 1) werden heute nicht mehr die Vorschriften über die Gesellschaft (§§ 708 ff), sondern die **Bestimmungen** über den als juristische Person bestehende **Idealverein analog** angewandt (vgl BGHZ 50, 328 f). Dies wird zT mit einer stillschweigenden Abdingung der gesellschaftlichen Vorschriften in der Vereinssatzung, zT – durchgreifender – mit einer verfkonformen Auslegung im Hinblick auf Art 9 GG begründet. Insb ist die **Haftung der Mitglieder** für das [vertragliche wie außervertragliche] Verhalten der Vereinsrepräsentanten gemäß den §§ 714, 164 I, 421, 427 auf das Vereinsvermögen beschränkt (BGH NJW 79, 2306; NJW-RR 03, 1265; OLG Hamm WM 85, 645). Für Schäden, die ein Organ oder verfmäßiger Vertreter verursacht, erfolgt eine Zurechnung **analog § 31**. Zum namensrechtlichen Schutz s § 12 Rn 9. Im Verhältnis der Mitglieder untereinander findet § 708 (Haftung nur für diligentia quam in suis) keine Anwendung. Die persönliche Haftung des Vorstands oder eines besonderen Vertreters ggü Verein und Mitgliedern ist analog § 31 a I, die des Mitglieds ggü dem Verein analog § 31 b I zu beschränken.

Nachdem der BGH in einer Grundsatzentscheidung (BGHZ 146, 341 ff) der BGB- 4
Außengesellschaft **Rechts- und Parteifähigkeit** zugesprochen hat (vgl Vor §§ 21–89
Rn 6), muss dies grds auch für den Verein ohne eigene Rechtspersönlichkeit gelten.
Auch ein solcher Verein ist also über § 50 II ZPO hinaus nicht nur passiv, sondern
auch aktiv parteifähig (§ 50 I ZPO; BGH NJW 08, 69 Rn 55; anders noch BGHZ 109,
16), vollstreckungsfähig (§ 735 ZPO), insolvenzfähig (§ 11 I 2 InsO) und kann Träger
von Rechten und Pflichten sein. Ebenso wie die BGB-Gesellschaft (Vor §§ 21–89 Rn 6)
kann auch ein nicht rechtsfähiger Verein ins Grundbuch eingetragen werden (anders
noch OLG Koblenz NJW 04, 1743). Verlangt man allerdings in entspr Anwendung
von § 47 II GBO für die Grundbucheintragung die Eintragung sämtlicher Vereinsmitglieder in ihrem wechselnden Bestand, wird sich dies bei größeren Vereinen mit ständigem Mitgliederwechsel praktisch nicht verwirklichen lassen. Ein Ausweg bietet dann – wie bisher schon – die Eintragung eines Treuhänders (BGHZ 43, 320) oder einer eigens gegründeten Kapitalgesellschaft (AG, GmbH), deren Anteile dann von dem Verein gehalten werden.

3. S 2 legt demjenigen eine **persönliche Haftung** auf, der als Organ oder verfmäßiger 5
Vertreter (§ 31 Rn 4, 5), Bevollmächtigter oder Vertreter ohne Vertretungsmacht (insoweit Sonderregel ggü § 179) im Namen des Vereins einem Dritten ggü rechtsgeschäftlich tätig wird (zur Handelndenhaftung allg Beuthien GmbHR 13, 1). Keine „Dritten"
iS der Bestimmung sind Vereinsmitglieder (BGH NJW-RR 03, 1265: zumindest dann
nicht, wenn das Rechtsgeschäft einen Bezug zum Vereinszweck aufweist). Die Vorschrift dient dem Gläubigerschutz. Sie begründet ein gesetzliches Schuldverhältnis zwischen Handelndem und Dritten, dessen Inhalt sich aus dem abgeschlossenen Vertrag
(oder einem vorvertraglichen Schuldverhältnis vgl BGH NJW 57, 1186) ergibt; die
Haftung tritt neben eine evtl Haftung des Vereins aus dem vorgenommenen Rechtsgeschäft. Handeln mehrere, haften sie als Gesamtschuldner (§§ 421 ff). Die Bestimmung
ist abdingbar. Wird ein Vorstand, besonderer Vertreter oder ein Mitglied in Anspruch
genommen, kann er von dem nicht rechtsfähigen Verein analog §§ 31 a II, 31 b II Befreiung verlangen.

Kapitel 2
Eingetragene Vereine

Vorbemerkung zu §§ 55–79

I. Diese Bestimmungen betreffen die Einrichtung des **Vereinsregisters** (§§ 55, 55 a), sei- 1
ne Publizitätswirkung (§§ 68, 70), ferner die formellen und materiellen Voraussetzungen der ursprünglichen Eintragung des Vereins sowie späterer Änderungen nebst dazugehörige Verfahrensfragen (§§ 56–67, 69, 71–79).

II. **Gründung eines Idealvereins (eV): 1. Mehrere Personen** – begriffsnotwendig mind 2
zwei, praktisch im Hinblick auf § 56 mind sieben – schließen sich auf einer Gründungsversammlung durch **Feststellung einer Satzung** (Inhalt: §§ 25, 57, 58) vertraglich
zu einer Personenmehrheit mit körperschaftlicher Verf (Vor §§ 21–89 Rn 3) und gemeinsamem Zweck (§ 21 Rn 2) zusammen. Auf dieser Gründungsversammlung wird
regelmäßig nach Maßgabe der Satzung der erste Vorstand bestellt (§ 27 I).

2. Mit Satzungsbeschluss und Vorstandswahl entsteht bereits ein nicht rechtsfähiger 3
Vorverein (vgl § 54), dessen Rechte und Verbindlichkeiten bei späterer Eintragung ipso
iure auf den eV übergehen.

3. Der Vorstand **meldet** den Verein unter Beifügung der Satzung in Ur- und Abschrift 4
sowie einer Abschrift der Urkunden über die Vorstandsbestellung (etwa: Protokoll der
Mitgliederversammlung) bei dem AG als Registergericht **an**, in dem der Verein seinen
Sitz (§§ 55, 24) hat (§ 59). Nach Inkrafttreten des Vereinsrechtsänderungsgesetzes
v 24.9.09 (BGBl I 3145) muss die Erstanmeldung nicht mehr durch sämtliche Vorstandsmitglieder erfolgen (vgl § 77 S 1, vorher str), vielmehr reicht eine Anmeldung allein durch ein (einzelvertretungsberechtigtes) Vorstandsmitglied aus. Es empfiehlt sich,
den Satzungsentwurf bereits vor der offiziellen Anmeldung dem Registergericht zum

Zwecke einer Vorprüfung zuzuleiten. Aus der Satzung müssen sich zwingend Zweck, Name (zum Grundsatz der Namenswahrheit im Vereinsrecht OLG Frankfurt NJW-RR 02, 177), Sitz und Eintragungsabsicht ergeben (§ 57). Sie soll Vorschriften enthalten über den Ein- und Austritt der Mitglieder, Beitragspflicht der Mitglieder, Bildung des Vorstands, Einberufung der Mitgliederversammlung und Beurkundung der Beschlüsse (§ 58).

5 4. Liegen die in den §§ 56–59 genannten Voraussetzungen nicht vor, weist das Registergericht die Anmeldung unter Angabe der Gründe zurück (§ 60). Andernfalls nimmt es die Eintragung vor (§ 382 FamFG; Inhalt: § 64). Damit erhält der Verein Rechtsfähigkeit (§ 21) und hat den Zusatz „eingetragener Verein" (eV) zu führen (§ 65). Die Eintragung wird veröffentlicht (§ 66 I).

§ 55 Zuständigkeit für die Registereintragung

Die Eintragung eines Vereins der im § 21 bezeichneten Art in das Vereinsregister hat bei dem Amtsgericht zu geschehen, in dessen Bezirk der Verein seinen Sitz hat.

1 Als **zuständiges Registergericht** für die Eintragung eines Idealvereins (§ 21) wird das AG am Sitz des Vereins (§ 24) bestimmt. Abs 2 (Zuständigkeit der Landesregierungen zur Zuweisung der Vereinssachen an ein bestimmtes LG) ist durch Art 50 Nr 2 des FGG-Reformgesetzes v 17.12.08 (BGBl I 2586) mit Wirkung ab dem 1.9.09 (vgl Art 112 I FGG-ReformG) aufgehoben worden.

§ 55 a Elektronisches Vereinsregister

(1) ¹Die Landesregierungen können durch Rechtsverordnung bestimmen, dass und in welchem Umfang das Vereinsregister in maschineller Form als automatisierte Datei geführt wird. ²Hierbei muss gewährleistet sein, dass
1. die Grundsätze einer ordnungsgemäßen Datenverarbeitung eingehalten, insbesondere Vorkehrungen gegen einen Datenverlust getroffen sowie die erforderlichen Kopien der Datenbestände mindestens tagesaktuell gehalten und die originären Datenbestände sowie deren Kopien sicher aufbewahrt werden,
2. die vorzunehmenden Eintragungen alsbald in einen Datenspeicher aufgenommen und auf Dauer inhaltlich unverändert in lesbarer Form wiedergegeben werden können,
3. die nach der Anlage zu § 126 Abs. 1 Satz 2 Nr. 3 der Grundbuchordnung gebotenen Maßnahmen getroffen werden.

³Die Landesregierungen können durch Rechtsverordnung die Ermächtigung nach Satz 1 auf die Landesjustizverwaltungen übertragen.
(2) ¹Das maschinell geführte Vereinsregister tritt für eine Seite des Registers an die Stelle des bisherigen Registers, sobald die Eintragungen dieser Seite in den für die Vereinsregistereintragungen bestimmten Datenspeicher aufgenommen und als Vereinsregister freigegeben worden sind. ²Die entsprechenden Seiten des bisherigen Vereinsregisters sind mit einem Schließungsvermerk zu versehen.
(3) ¹Eine Eintragung wird wirksam, sobald sie in den für die Registereintragungen bestimmten Datenspeicher aufgenommen ist und auf Dauer inhaltlich unverändert in lesbarer Form wiedergegeben werden kann. ²Durch eine Bestätigungsanzeige oder in anderer geeigneter Weise ist zu überprüfen, ob diese Voraussetzungen eingetreten sind. ³Jede Eintragung soll den Tag angeben, an dem sie wirksam geworden ist.

1 Die Vorschrift wurde durch das Registerverfahrensbeschleunigungsgesetz v 20.12.93 (BGBl I 2182) in das BGB eingefügt. Die Abs 6 u 7 (Verordnungsermächtigung der Landesregierungen) sind durch Art 50 Nr 3 des FGG-Reformgesetzes v 17.12.08 (BGBl I 2586) mit Wirkung ab dem 1.9.09 (vgl Art 112 I FGG-ReformG), der frühere Abs 2 sowie Abs 5 mWv 30.9.09 durch Gesetz v 24.9.09 (BGBl I 3145) aufgehoben

worden. Die früheren Abs 3 und 4 sind jetzt Abs 2 und 3. Zur Vereinsregisterverordnung des Bundes v 10.2.99 vgl BGBl 1999 I 147.

§ 56 Mindestmitgliederzahl des Vereins

Die Eintragung soll nur erfolgen, wenn die Zahl der Mitglieder mindestens sieben beträgt.

Die vorgeschriebene **Mindestanzahl** von Mitgliedern soll die Eintragung unbedeutender Vereine verhindern. Eine Anmeldung von weniger als sieben Personen weist das AG zurück (§ 60). Erfolgt gleichwohl eine Eintragung (zB aufgrund einer Täuschung), ist sie jedoch wirksam (vgl aber § 73). 1

§ 57 Mindesterfordernisse an die Vereinssatzung

(1) Die Satzung muss den Zweck, den Namen und den Sitz des Vereins enthalten und ergeben, dass der Verein eingetragen werden soll.
(2) Der Name soll sich von den Namen der an demselben Orte oder in derselben Gemeinde bestehenden eingetragenen Vereine deutlich unterscheiden.

§ 58 Sollinhalt der Vereinssatzung

Die Satzung soll Bestimmungen enthalten:
1. über den Eintritt und Austritt der Mitglieder,
2. darüber, ob und welche Beiträge von den Mitgliedern zu leisten sind,
3. über die Bildung des Vorstands,
4. über die Voraussetzungen, unter denen die Mitgliederversammlung zu berufen ist, über die Form der Berufung und über die Beurkundung der Beschlüsse.

Wenn die Satzung (vgl § 25 Rn 4) die nach § 57 I **zwingend erforderlichen** Angaben 1 nicht enthält, ist eine Eintragung unzulässig; bei Verstoß Löschung vAw (§ 395 FamFG). Die §§ 57 II, 58 enthalten dag Sollvorschriften. Bei Nichtbeachtung trägt das AG nicht ein (§ 60); eine gleichwohl erfolgte Eintragung bleibt gültig. Eine nicht aussprechbare Aneinanderreihung von Konsonanten kann nicht als Vereinsname eingetragen werden (OLG München NJW-RR 07, 187). Die Satzung kann vorsehen, dass die Einladung zur Mitgliederversammlung nach § 127 II durch E-Mail erfolgen kann (vgl Schäfer NJW 12, 891).

§ 59 Anmeldung zur Eintragung

(1) Der Vorstand hat den Verein zur Eintragung anzumelden.
(2) Der Anmeldung sind Abschriften der Satzung und der Urkunden über die Bestellung des Vorstands beizufügen.
(3) Die Satzung soll von mindestens sieben Mitgliedern unterzeichnet sein und die Angabe des Tages der Errichtung enthalten.

§ 60 Zurückweisung der Anmeldung

Die Anmeldung ist, wenn den Erfordernissen der §§ 56 bis 59 nicht genügt ist, von dem Amtsgericht unter Angabe der Gründe zurückzuweisen.

Die **Anmeldpflicht** des Vorstands (§ 59 I) besteht ggü dem Verein (bei Unterlassung: 1 § 27 II 1); sie hat keinen öffentlich-rechtlichen Charakter (vgl § 78 I). Die Anmeldung kann durch ein einzelvertretungsberechtigtes Vorstandsmitglied erfolgen, vgl Vor §§ 55–79 Rn 4.

2 Dem AG steht ein **materielles Prüfungsrecht** zu. Eine Zurückweisung des Antrags darf nur bei Verletzung zwingenden Gesetzesrechts, nicht etwa bereits dann erfolgen, wenn die Satzung unklare oder unzweckmäßige Regelungen enthält (OLG Hamm NJW-RR 95, 119). Rechtsbehelfe der anmeldenden Vorstandsmitglieder sowie des Vorvereins: Beschwerde (§ 11 I RPflG, 382 IV 2 FamFG).

§§ 61 bis 63 (weggefallen)

§ 64 Inhalt der Vereinsregistereintragung

Bei der Eintragung sind der Name und der Sitz des Vereins, der Tag der Errichtung der Satzung, die Mitglieder des Vorstands und ihre Vertretungsmacht anzugeben.

§ 65 Namenszusatz

Mit der Eintragung erhält der Name des Vereins den Zusatz „eingetragener Verein".

§ 66 Bekanntmachung der Eintragung und Aufbewahrung von Dokumenten

(1) Das Amtsgericht hat die Eintragung des Vereins in das Vereinsregister durch Veröffentlichung in dem von der Landesjustizverwaltung bestimmten elektronischen Informations- und Kommunikationssystem bekannt zu machen.
(2) Die mit der Anmeldung eingereichten Dokumente werden vom Amtsgericht aufbewahrt.

1 Die Vorschriften regeln das Verfahren der Eintragung (§ 64) und ihrer **Bekanntmachung** (§ 66). Mit der Eintragung erlangt der Verein seine eigene Rechtspersönlichkeit (§ 21). Gleichzeitig erhält er den **Namenszusatz** „eV" (§ 65), zu dessen Führung er verpflichtet ist. Bei Unterlassung können sich Schadensersatzansprüche aus §§ 280 I, 311 II oder 826 ergeben.

§ 67 Änderung des Vorstands

(1) ¹Jede Änderung des Vorstands ist von dem Vorstand zur Eintragung anzumelden. ²Der Anmeldung ist eine Abschrift der Urkunde über die Änderung beizufügen.
(2) Die Eintragung gerichtlich bestellter Vorstandsmitglieder erfolgt von Amts wegen.

1 Änderungen in der **Zusammensetzung des Vorstands** müssen eingetragen werden, ebenso die Neubestellung „besonderer Vertreter" iSd § 30. Die Anmeldung kann durch ein (einzelvertretungsberechtigtes) Vorstandsmitglied allein erfolgen (vgl bereits BGHZ 96, 247). Bei Nichtbefolgung: § 78.

§ 68 Vertrauensschutz durch Vereinsregister

¹Wird zwischen den bisherigen Mitgliedern des Vorstands und einem Dritten ein Rechtsgeschäft vorgenommen, so kann die Änderung des Vorstands dem Dritten nur entgegengesetzt werden, wenn sie zur Zeit der Vornahme des Rechtsgeschäfts im Vereinsregister eingetragen oder dem Dritten bekannt ist. ²Ist die Änderung eingetragen, so braucht der Dritte sie nicht gegen sich gelten zu lassen, wenn er sie nicht kennt, seine Unkenntnis auch nicht auf Fahrlässigkeit beruht.

§ 69 Nachweis des Vereinsvorstands

Der Nachweis, dass der Vorstand aus den im Register eingetragenen Personen besteht, wird Behörden gegenüber durch ein Zeugnis des Amtsgerichts über die Eintragung geführt.

§ 70 Vertrauensschutz bei Eintragungen zur Vertretungsmacht

Die Vorschriften des § 68 gelten auch für Bestimmungen, die den Umfang der Vertretungsmacht des Vorstands beschränken oder die Vertretungsmacht des Vorstands abweichend von der Vorschrift des § 26 Absatz 2 Satz 1 regeln.

I. Das Vereinsregister soll im Interesse des Rechtsverkehrs darüber Auskunft geben, 1 wer Vereinsvorstand (und damit grds vertretungsbefugt, vgl § 26 I 2) ist und ob und in welchem Umfang die Vertretungsmacht des Vorstands Beschränkungen unterliegt. Daher werden die Namen der ursprünglichen Vorstandsmitglieder (§ 64), eine Änderung in der Zusammensetzung des Vorstands (§ 67 I), etwaige Beschränkungen der Vertretungsmacht sowie die Möglichkeit einer von § 26 II 1 abw Beschlussfassung des Vorstands in das Register eingetragen.

II. 1. Bei Rechtsgeschäften mit einem im Register eingetragenen Vorstandsmitglied 2 muss sich ein Dritter nur dann entgghalten lassen, dass sich die Zusammensetzung des Vorstands geändert hat (§ 68 S 1) oder die Vertretungsmacht des Vorstandsmitglieds beschränkt wurde (§ 70), wenn diese Vorgänge zum Zeitpunkt des Geschäftsabschlusses in das Register eingetragen oder ihm positiv bekannt waren. Schweigt das Register zu diesen Punkten, kann der Dritte daher darauf vertrauen, dass (eine zunächst existente) Vertretungsmacht weiterhin und im bisherigen Umfang besteht („**negative Publizität**"). Selbst eine eingetragene Änderung muss der Dritte nicht gegen sich gelten lassen, wenn sie ihm unbekannt ist und seine Unkenntnis auch nicht auf Fahrlässigkeit beruht (§ 68 S 2), zB wenn ein Registerauszug (§ 69) vorgelegen hat, die Änderung aber erst nach Ausfertigung und kurz vor dem Geschäftsabschluss eingetragen wurde. Ein guter Glaube des Dritten, dass eine im Register von vornherein unrichtig eingetragene Vorstandsbestellung auch gültig ist („positive Publizität"), wird dag nicht geschützt.

2. Dritter kann auch ein Vereinsmitglied sein (zB bei Entrichtung des Beitrags an früheren Vorstand). 3

§ 71 Änderungen der Satzung

(1) ¹Änderungen der Satzung bedürfen zu ihrer Wirksamkeit der Eintragung in das Vereinsregister. ²Die Änderung ist von dem Vorstand zur Eintragung anzumelden. ³Der Anmeldung sind eine Abschrift des die Änderung enthaltenden Beschlusses und der Wortlaut der Satzung beizufügen. ⁴In dem Wortlaut der Satzung müssen die geänderten Bestimmungen mit dem Beschluss über die Satzungsänderung, die unveränderten Bestimmungen mit dem zuletzt eingereichten vollständigen Wortlaut der Satzung und, wenn die Satzung geändert worden ist, ohne dass ein vollständiger Wortlaut der Satzung eingereicht wurde, auch mit den zuvor eingetragenen Änderungen übereinstimmen.

(2) Die Vorschriften der §§ 60, 64 und des § 66 Abs. 2 finden entsprechende Anwendung.

Die **Eintragung** einer **Satzungsänderung** hat **konstitutive Bedeutung** (Abs 1 S 1); bis zur 1 Eintragung äußert die Änderung Rechtswirkungen weder im Verhältnis zu den Mitgliedern noch ggü Dritten (BGHZ 23, 128). Bei einem mehrköpfigen Vorstand ist eine Anmeldung durch den Gesamtvorstand nicht erforderlich; das Tätigwerden eines einzelvertretungsberechtigten Vorstandsmitglieds bzw der Vorstandsmehrheit ist ausreichend (vgl bereits BGHZ 96, 247). Auch der nach Abs 1 S 3 beizufügende Änderungsbeschluss muss nicht von den Vorstandsmitgliedern in vertretungsberechtigter Anzahl unterschrieben werden (OLG Hamm NJW-RR 10, 1627). Bei Nichtbefolgung der Anmeldepflicht: § 78.

§ 72 Bescheinigung der Mitgliederzahl

Der Vorstand hat dem Amtsgericht auf dessen Verlangen jederzeit eine schriftliche Bescheinigung über die Zahl der Vereinsmitglieder einzureichen.

§ 73 Unterschreiten der Mindestmitgliederzahl

(1) Sinkt die Zahl der Vereinsmitglieder unter drei herab, so hat das Amtsgericht auf Antrag des Vorstands und, wenn der Antrag nicht binnen drei Monaten gestellt wird, von Amts wegen nach Anhörung des Vorstands dem Verein die Rechtsfähigkeit zu entziehen.

1 Eingetragenen Vereinen mit nur zwei Mitgliedern soll die Rechtsfähigkeit entzogen werden (vgl §§ 43, 44 Rn 1). Der entspr Beschluss wird erst mit Rechtskraft wirksam (§ 401 FamFG).

§ 74 Auflösung

(1) Die Auflösung des Vereins sowie die Entziehung der Rechtsfähigkeit ist in das Vereinsregister einzutragen.
(2) [1]Wird der Verein durch Beschluss der Mitgliederversammlung oder durch den Ablauf der für die Dauer des Vereins bestimmten Zeit aufgelöst, so hat der Vorstand die Auflösung zur Eintragung anzumelden. [2]Der Anmeldung ist im ersteren Falle eine Abschrift des Auflösungsbeschlusses beizufügen.

§ 75 Eintragungen bei Insolvenz

(1) [1]Die Eröffnung des Insolvenzverfahrens und der Beschluss, durch den die Eröffnung des Insolvenzverfahrens mangels Masse rechtskräftig abgewiesen worden ist, sowie die Auflösung des Vereins nach § 42 Absatz 2 Satz 1 sind von Amts wegen einzutragen. [2]Von Amts wegen sind auch einzutragen
1. die Aufhebung des Eröffnungsbeschlusses,
2. die Bestellung eines vorläufigen Insolvenzverwalters, wenn zusätzlich dem Schuldner ein allgemeines Verfügungsverbot auferlegt oder angeordnet wird, dass Verfügungen des Schuldners nur mit Zustimmung des vorläufigen Insolvenzverwalters wirksam sind, und die Aufhebung einer derartigen Sicherungsmaßnahme,
3. die Anordnung der Eigenverwaltung durch den Schuldner und deren Aufhebung sowie die Anordnung der Zustimmungsbedürftigkeit bestimmter Rechtsgeschäfte des Schuldners,
4. die Einstellung und die Aufhebung des Verfahrens und
5. die Überwachung der Erfüllung eines Insolvenzplans und die Aufhebung der Überwachung.

(2) [1]Wird der Verein durch Beschluss der Mitgliederversammlung nach § 42 Absatz 1 Satz 2 fortgesetzt, so hat der Vorstand die Fortsetzung zur Eintragung anzumelden. [2]Der Anmeldung ist eine Abschrift des Beschlusses beizufügen.

§ 76 Eintragung bei Liquidation

(1) [1]Bei der Liquidation des Vereins sind die Liquidatoren und ihre Vertretungsmacht in das Vereinsregister einzutragen. [2]Das Gleiche gilt für die Beendigung des Vereins nach der Liquidation.
(2) [1]Die Anmeldung der Liquidatoren hat durch den Vorstand zu erfolgen. [2]Bei der Anmeldung ist der Umfang der Vertretungsmacht der Liquidatoren anzugeben. [3]Änderungen der Liquidatoren oder ihrer Vertretungsmacht sowie die Beendigung des Vereins sind von den Liquidatoren anzumelden. [4]Der Anmeldung der durch Beschluss der Mitgliederversammlung bestellten Liquidatoren ist eine Abschrift des Bestellungsbeschlusses, der Anmeldung der Vertretungsmacht, die abweichend von § 48 Absatz 3

bestimmt wurde, ist eine Abschrift der diese Bestimmung enthaltenden Urkunde beizufügen.
(3) Die Eintragung gerichtlich bestellter Liquidatoren geschieht von Amts wegen.

Auflösung des Vereins (§ 41 Rn 1) sowie **Entziehung der Rechtspersönlichkeit** (§§ 43, 44 Rn 1) sind aufgrund einer Anmeldung des Vorstands (§ 74 II; bei Unterbleiben: § 78) in das Vereinsregister einzutragen (§ 74 I 1). Die Eröffnung eines Insolvenzverfahrens oder dessen Abweisung mangels Masse werden nach § 75 I 1 vAw wegen eingetragen. Dies gilt nach § 75 I 2 auch für bestimmte Rechtsakte im Insolvenzverfahren. Gem § 76 I 1 sind eintragungspflichtig die Bestellung von Liquidatoren sowie deren Vertretungsmacht (vgl §§ 48, 49) sowie die Beendigung des Vereins nach Liquidation (§ 76 I 2). Die Anmeldung erfolgt durch den Vorstand (§ 76 II 1), bei gerichtlich bestellten Liquidatoren vAw (§ 76 III).

§ 77 Anmeldepflichtige und Form der Anmeldungen

¹Die Anmeldungen zum Vereinsregister sind von Mitgliedern des Vorstands sowie von den Liquidatoren, die insoweit zur Vertretung des Vereins berechtigt sind, mittels öffentlich beglaubigter Erklärung abzugeben. ²Die Erklärung kann in Urschrift oder in öffentlich beglaubigter Abschrift beim Gericht eingereicht werden.

Für die durch den Vorstand oder die vertretungsberechtigten Liquidatoren vorzunehmenden Anmeldungen zum Vereinsregister ist nach S 1 die Form der **öffentlichen Beglaubigung** (§ 129) vorgeschrieben. Dem Gericht kann aber auch eine Anmeldung in notariell beglaubigter Abschrift eingereicht werden (S 2).

§ 78 Festsetzung von Zwangsgeld

(1) Das Amtsgericht kann die Mitglieder des Vorstands zur Befolgung der Vorschriften des § 67 Abs. 1, des § 71 Abs. 1, des § 72, des § 74 Abs. 2, des § 75 Absatz 2 und des § 76 durch Festsetzung von Zwangsgeld anhalten.
(2) In gleicher Weise können die Liquidatoren zur Befolgung der Vorschriften des § 76 angehalten werden.

Verfahren der Zwangsgeldfestsetzung: §§ 388 II,I, 35 FamFG. Das Zwangsgeld wird gegen den Anmeldepflichtigen persönlich, nicht gegen ihn als Organ oder gegen den Verein festgesetzt.

§ 79 Einsicht in das Vereinsregister

(1) ¹Die Einsicht des Vereinsregisters sowie der von dem Verein bei dem Amtsgericht eingereichten Dokumente ist jedem gestattet. ²Von den Eintragungen kann eine Abschrift verlangt werden; die Abschrift ist auf Verlangen zu beglaubigen. ³Wird das Vereinsregister maschinell geführt, tritt an die Stelle der Abschrift ein Ausdruck, an die der beglaubigten Abschrift ein amtlicher Ausdruck.
(2) ¹Die Einrichtung eines automatisierten Verfahrens, das die Übermittlung von Daten aus maschinell geführten Vereinsregistern durch Abruf ermöglicht, ist zulässig, wenn sichergestellt ist, dass
1. der Abruf von Daten die zulässige Einsicht nach Absatz 1 nicht überschreitet und
2. die Zulässigkeit der Abrufe auf der Grundlage einer Protokollierung kontrolliert werden kann.

²Die Länder können für das Verfahren ein länderübergreifendes elektronisches Informations- und Kommunikationssystem bestimmen.
(3) ¹Der Nutzer ist darauf hinzuweisen, dass er die übermittelten Daten nur zu Informationszwecken verwenden darf. ²Die zuständige Stelle hat (z.B. durch Stichproben)

zu prüfen, ob sich Anhaltspunkte dafür ergeben, dass die nach Satz 1 zulässige Einsicht überschritten oder übermittelte Daten missbraucht werden.
(4) Die zuständige Stelle kann einen Nutzer, der die Funktionsfähigkeit der Abrufeinrichtung gefährdet, die nach Absatz 3 Satz 1 zulässige Einsicht überschreitet oder übermittelte Daten missbraucht, von der Teilnahme am automatisierten Abrufverfahren ausschließen; dasselbe gilt bei drohender Überschreitung oder drohendem Missbrauch.
(5) [1]Zuständige Stelle ist die Landesjustizverwaltung. [2]Örtlich zuständig ist die Landesjustizverwaltung, in deren Zuständigkeitsbereich das betreffende Amtsgericht liegt. [3]Die Zuständigkeit kann durch Rechtsverordnung der Landesregierung abweichend geregelt werden. [4]Sie kann diese Ermächtigung durch Rechtsverordnung auf die Landesjustizverwaltung übertragen. [5]Die Länder können auch die Übertragung der Zuständigkeit auf die zuständige Stelle eines anderen Landes vereinbaren.

1 Jedermann kann in das **Vereinsregister Einsicht** nehmen und eine Registerabschrift verlangen. Der Nachw eines berechtigten Interesses ist dazu nicht erforderlich (**Abs 1 S 1**).

Untertitel 2
Stiftungen

Vorbemerkung zu §§ 80–88

1 I. Bei den in §§ 80–88 geregelten rechtsfähigen Stiftungen handelt es sich um **juristische Personen des Privatrechts**, die ihr Vermögen zur **dauernden Förderung eines bestimmten Zwecks** einsetzen. Der Zweck einer Stiftung wird von ihrem Gründer in einem Stiftungsgeschäft (§§ 81, 83) festgelegt; regelmäßig stellt der Stifter in diesem Geschäft auch zweckbestimmte Mittel bereit (vgl § 82). Ebenso wie ein Verein wird auch die mit eigener Rechtspersönlichkeit ausgestattete und damit rechtsfähige Stiftung von einem Vorstand vertreten (§§ 86 S 1, 26). Mitglieder hat sie dag nicht; die Kontrolle des Vorstands wird von einer behördlichen (landesrechtlich geregelten) Stiftungsaufsicht übernommen. Ob die Stiftungsmittel bestimmten Personen zugute kommen sollen und welche Rechte diesen Destinatären dann ggü der Stiftung zustehen, ergibt sich gleichfalls aus dem Stiftungsgeschäft. In der Rechtspraxis existieren neben Stiftungen mit gemeinnützigen (wissenschaftlichen, karitativen, sozialen usw) Zwecken auch Familienstiftungen, welche die Erträge des Stiftungsvermögens an die Mitglieder einer bestimmten Familie ausschütten; durch die Gründung einer solchen Stiftung kann der Wille des Erblassers über die erbrechtliche 30-Jahres-Frist hinaus (vgl §§ 2109, 2162, 2210) perpetuiert werden. Unternehmensträgerstiftungen beherrschen oder betreiben ein Unternehmen, dessen Gewinne dann zur Förderung von zB gemeinnützigen Zwecken verwandt werden.

2 II. Von der rechtsfähigen oder selbstständigen Stiftung mit eigener Rechtspersönlichkeit iSd §§ 80 ff zu unterscheiden ist die **nicht rechtsfähige** oder unselbstständige **Stiftung**, bei der einer natürlichen oder juristischen Person Vermögenswerte mit einer bestimmten Zweckbestimmung auf Dauer und regelmäßig zur treuhänderischen Verwaltung übertragen werden (etwa: Zuwendung von Wertpapieren an Universität mit der Bestimmung, aus den Erträgen die Erforschung von Herzerkrankungen zu fördern), sowie das **Sammelvermögen**, das nur zu einem vorübergehenden Zweck zusammengebracht wird und bis zur Verwendung weiterhin entweder den Spendern zusteht oder – regelmäßig – treuhänderisch dem Sammler übertragen wird (etwa: öffentliche Sammlung von Geld oder Sachmitteln zur Unterstützung von Katastrophenopfern). Für ein Sammelvermögen kann ein Pfleger bestellt werden (§ 1914). Durch Gesetz oder Verwaltungsakt kann die öffentliche Hand auch **Stiftungen des öffentlichen Rechts** errichten.

3 III. Durch das am 1.9.02 in Kraft getretene Gesetz zur **Modernisierung des Stiftungsrechts** (BGBl I 2634) wurden (abgesehen von redaktionellen Änderungen) in §§ 80, 81 die Entstehungsvoraussetzungen einer rechtsfähigen Stiftung verdeutlicht und modifiziert (näher Andrick/Suerbaum NJW 02, 2905; Burgard NZG 02, 697; Hüttemann

ZHR 03, 35 ff). Die §§ 80–88 enthalten iÜ nur eine lückenhafte Regelung der Materie. Ergänzende Bestimmungen finden sich in den Stiftungsgesetzen der einzelnen Bundesländer, in denen auch die Stiftungsaufsicht (Rn 1) näher geregelt wird.

§ 80 Entstehung einer rechtsfähigen Stiftung

(1) Zur Entstehung einer rechtsfähigen Stiftung sind das Stiftungsgeschäft und die Anerkennung durch die zuständige Behörde des Landes erforderlich, in dem die Stiftung ihren Sitz haben soll.
(2) ¹Die Stiftung ist als rechtsfähig anzuerkennen, wenn das Stiftungsgeschäft den Anforderungen des § 81 Abs. 1 genügt, die dauernde und nachhaltige Erfüllung des Stiftungszwecks gesichert erscheint und der Stiftungszweck das Gemeinwohl nicht gefährdet. ²Bei einer Stiftung, die für eine bestimmte Zeit errichtet und deren Vermögen für die Zweckverfolgung verbraucht werden soll (Verbrauchsstiftung), erscheint die dauernde Erfüllung des Stiftungszwecks gesichert, wenn die Stiftung für einen im Stiftungsgeschäft festgelegten Zeitraum bestehen soll, der mindestens zehn Jahre umfasst.
(3) ¹Vorschriften der Landesgesetze über kirchliche Stiftungen bleiben unberührt. ²Das gilt entsprechend für Stiftungen, die nach den Landesgesetzen kirchlichen Stiftungen gleichgestellt sind.

I. Die **Errichtung** einer **rechtsfähigen Stiftung** (Vor §§ 80–88 Rn 1) setzt ein Stiftungsgeschäft unter Lebenden (§ 81) oder von Todes wegen (§ 83) sowie eine staatliche Anerkennung voraus (**Abs 1, 2**: Normativsystem). Bei kirchlichen oder diesen gleichgestellten Stiftungen sind nach Landesrecht zusätzliche Voraussetzungen (Einwilligung der Kirchenbehörden) zu erfüllen (**Abs 3**). 1

II. 1. **Zuständig** für den Erl des die Stiftung anerkennenden Verwaltungsaktes sind die Behörden des Bundeslandes, in dem die Stiftung ihren satzungsmäßigen Sitz (§ 81 I 3 Nr 2) haben soll (**Abs 1**). 2

2. Nach einem Stiftungsgeschäft unter Lebenden (§ 81) wird die nach Landesrecht zuständige Anerkennungsbehörde auf **Antrag des Stifters** (vgl § 81 II 2) tätig. Bei der Antragstellung ist Vertretung (auch aufgrund postmortal wirkender Vollmacht, vgl § 168 Rn 4) zulässig. Bei einer Stiftung von Todes wegen gilt § 83. 3

3. Die **materiellen Voraussetzungen** der Anerkennung ergeben sich aus **Abs 2**. Danach hat der Stifter einen Rechtsanspruch auf Anerkennung, wenn das Stiftungsgeschäft die Voraussetzungen des § 81 I erfüllt. Ferner muss die dauernde und nachhaltige Erfüllung des Stiftungszwecks durch eine ausreichende Kapitalausstattung gesichert erscheinen. Die dafür erforderliche Prognose berücksichtigt den im Hinblick auf den Stiftungszweck erforderlichen Finanzbedarf, insb die vorgesehene Dauer der Stiftung („ewig" oder mit zeitlich bzw sachlich begrenztem Stiftungszweck?) wie auch die Chance weiterer Zuwendungen und Zustiftungen. Bei einer für eine bestimmte Zeit errichteten Stiftung, die nicht nur die Verwendung der Erträge, sondern auch des Stiftungskapitals zur Erreichung des Stiftungszwecks zulässt (Verbrauchsstiftung), muss die Erfüllung dieses Zwecks für einen Zeitraum von mindestens 10 Jahren gesichert sein (Abs 2 S 2, eingeführt durch Gesetz v 21.3.13, BGBl I 556). Schließlich darf die vorgesehene Stiftung nicht durch eine gesetzes- oder sittenwidrige Zweckbestimmung das Gemeinwohl gefährden (dazu Muscheler NJW 03, 3161; vgl auch § 87 Rn 1). 4

§ 81 Stiftungsgeschäft

(1) ¹Das Stiftungsgeschäft unter Lebenden bedarf der schriftlichen Form. ²Es muss die verbindliche Erklärung des Stifters enthalten, ein Vermögen zur Erfüllung eines von ihm vorgegebenen Zweckes zu widmen, das auch zum Verbrauch bestimmt werden kann. ³Durch das Stiftungsgeschäft muss die Stiftung eine Satzung erhalten mit Regelungen über
1. den Namen der Stiftung,
2. den Sitz der Stiftung,

3. den Zweck der Stiftung,
4. das Vermögen der Stiftung,
5. die Bildung des Vorstands der Stiftung.
⁴Genügt das Stiftungsgeschäft den Erfordernissen des Satzes 3 nicht und ist der Stifter verstorben, findet § 83 Satz 2 bis 4 entsprechende Anwendung.
(2) ¹Bis zur Anerkennung der Stiftung als rechtsfähig ist der Stifter zum Widerruf des Stiftungsgeschäfts berechtigt. ²Ist die Anerkennung bei der zuständigen Behörde beantragt, so kann der Widerruf nur dieser gegenüber erklärt werden. ³Der Erbe des Stifters ist zum Widerruf nicht berechtigt, wenn der Stifter den Antrag bei der zuständigen Behörde gestellt oder im Falle der notariellen Beurkundung des Stiftungsgeschäfts den Notar bei oder nach der Beurkundung mit der Antragstellung betraut hat.

1 I. Das **Stiftungsgeschäft unter Lebenden** (näher Muscheler AcP 03, 469 ff) ist eine einseitige, nicht empfangsbedürftige Willenserklärung, die schriftlich abgegeben werden (Rn 4) und inhaltlich die in **Abs 1 S 2, 3** vorgeschriebenen Angaben (Rn 2, 3) enthalten muss. Es gelten die §§ 105 ff, 116 ff (Anfechtung wegen Abs 2 S 1 erst nach behördlicher Anerkennung erforderlich), 133, 164 ff.

2 II. 1. Im Stiftungsgeschäft muss der Stifter eine **bedingt verpflichtende** (§ 82 S 1) **Zusage von Mitteln** in bestimmter Höhe zur Erfüllung eines von ihm vorgegebenen Zwecks abgeben (**Abs 1 S 2**). Das gewidmete Vermögen muss grds ausreichend erscheinen, um die Erfüllung des Stiftungszwecks nachhaltig und dauerhaft zu sichern; allerdings lässt das Gesetz jetzt auch (G v 21.3.13, BGBl I 556) ausdrücklich die Errichtung von Verbrauchsstiftungen zu (§ 80 II mit Rn 4).

3 2. Das Stiftungsgeschäft muss eine **Satzung** enthalten (**Abs 1 S 3**) mit Angaben zum Namen der Stiftung (Nr 1), ihrem Sitz (Nr 2, vgl § 80 I), dem Stiftungszweck (Nr 3, vgl auch § 87), ihrem Vermögen (Nr 4) und der Art und Weise der Bildung eines Vorstands (Nr 5, vgl §§ 86, 26, 27 III). Weitere Regelungen (etwa: Voraussetzung von Zustiftungen, Bestimmung der Destinatäre, Vermögensanfall, vgl § 88) sind zulässig und zweckmäßig. Ist die Satzung unvollständig und der Stifter verstorben, gelten § 83 S 2–4 analog (**Abs 1 S 4**).

4 3. Das Stiftungsgeschäft unter Lebenden bedarf der **Schriftform** (**Abs 1 S 1**, vgl § 126). Werden der Stiftung Grundstücke zugesagt, ist auch § 311 b I zu beachten (str).

5 4. Der Stifter kann seine Stiftungserklärung bis zur Anerkennung (§ 80 Rn 2) formlos (auch konkludent, zB durch Zerreißen der Stiftungsurkunde) **widerrufen** (Abs 2 S 1). Ist der Anerkennungsantrag (§ 80 Rn 3) durch den Stifter oder einen Vertreter (zB Notar) bereits gestellt, muss der Widerruf ggü der zuständigen Behörde erklärt werden (**Abs 2 S 2**, vgl § 130 III). Mit dem Tode des Stifters geht das Widerrufsrecht auf den Erben über; dieser ist allerdings dann nicht mehr zum Widerruf berechtigt, wenn entweder der Stifter den Anerkennungsantrag bereits selbst (oder durch einen anderen Vertreter als den beurkundenden Notar) gestellt oder – im Falle einer notariellen Beurkundung des Stiftungsgeschäfts – den beurkundenden Notar bei oder nach der Beurkundung mit der Antragstellung betraut hatte (**Abs 2 S 3**).

§ 82 Übertragungspflicht des Stifters

¹Wird die Stiftung als rechtsfähig anerkannt, so ist der Stifter verpflichtet, das in dem Stiftungsgeschäft zugesicherte Vermögen auf die Stiftung zu übertragen. ²Rechte, zu deren Übertragung der Abtretungsvertrag genügt, gehen mit der Anerkennung auf die Stiftung über, sofern nicht aus dem Stiftungsgeschäft sich ein anderer Wille des Stifters ergibt.

1 Mit der Anerkennung erlangt die Stiftung Rechtsfähigkeit. Ihr steht dann gegen den Stifter (bzw seine Erben) ein **Anspruch auf Übertragung** (§§ 929, 873) der im Stiftungsgeschäft zugesagten Vermögenswerte zu (**S 1**). Abw davon erwirbt die Stiftung die durch Abtretung übertragbaren Rechte (vgl § 413: Forderungen, Immaterialgüterrechte) **ipso iure** mit der Anerkennung, soweit das Stiftungsgeschäft keine anders lau-

tende Bestimmung enthält (S 2). Wendet ein Erblasser einer bereits bestehenden Stiftung Vermögenswerte zu, tritt Erwerb von Todes wegen nach §§ 1922, 2174 ein.

§ 83 Stiftung von Todes wegen

¹Besteht das Stiftungsgeschäft in einer Verfügung von Todes wegen, so hat das Nachlassgericht dies der zuständigen Behörde zur Anerkennung mitzuteilen, sofern sie nicht von dem Erben oder dem Testamentsvollstrecker beantragt wird. ²Genügt das Stiftungsgeschäft nicht den Erfordernissen des § 81 Abs. 1 Satz 3, wird der Stiftung durch die zuständige Behörde vor der Anerkennung eine Satzung gegeben oder eine unvollständige Satzung ergänzt; dabei soll der Wille des Stifters berücksichtigt werden. ³Als Sitz der Stiftung gilt, wenn nicht ein anderes bestimmt ist, der Ort, an welchem die Verwaltung geführt wird. ⁴Im Zweifel gilt der letzte Wohnsitz des Stifters im Inland als Sitz.

1. Das Stiftungsgeschäft, dh Vermögenszusage – in Gestalt von Erbeinsetzung (§ 1937), Vermächtnis (§§ 1939, 2147) oder Auflage (§ 1940) – und Satzung (§ 81 I) kann in einer **Verfügung von Todes** wegen (Testament oder Erbvertrag) enthalten sein. Im Hinblick auf Testierfähigkeit, Formgültigkeit, Auslegung usw gelten dann die für diese Rechtsgeschäfte maßgebenden Bestimmungen.
2. Der **Antrag auf Anerkennung** der Stiftung wird vom Erben oder Testamentsvollstrecker gestellt, bei deren Untätigkeit vom Nachlassgericht eingeholt (S 1). Dem Erben steht – anders als uU bei Stiftungsgeschäften unter Lebenden (vgl § 81 II 3) – kein Widerrufsrecht zu.
3. **Fehlt** eine **Satzung** oder ist sie **unvollständig** (vgl § 81 I 3), hat die landesrechtlich zuständige Behörde unter Berücksichtigung des Stifterwillens (soweit feststellbar) eine Satzung zu geben bzw eine vorhandene zu ergänzen (S 2). Als Sitz der Stiftung (§ 81 I 3 Nr 2) gilt in Ermangelung anderer Angaben der Verwaltungsort, dh iZw der letzte Wohnsitz des Stifters im Inland (S 3, 4).

§ 84 Anerkennung nach Tod des Stifters

Wird die Stiftung erst nach dem Tode des Stifters als rechtsfähig anerkannt, so gilt sie für die Zuwendungen des Stifters als schon vor dessen Tod entstanden.

Die Bestimmung fingiert die **Erbfähigkeit** einer Stiftung, die erst nach dem Tod des Stifters anerkannt wird. Die Vorschrift findet Anwendung auf Stiftungen von Todes wegen (§ 83) sowie auf Stiftungsgeschäfte unter Lebenden (vgl § 81 II) dann, wenn der Stifter vor einer Anerkennung verstorben ist.

§ 85 Stiftungsverfassung

Die Verfassung einer Stiftung wird, soweit sie nicht auf Bundes- oder Landesgesetz beruht, durch das Stiftungsgeschäft bestimmt.

1. Die **rechtliche Grundordnung** einer Stiftung ist in der Stiftungsverf enthalten. Diese ergibt sich aus (zwingendem und dispositivem) Bundes- und Landesrecht sowie aus den vom Stifter im Stiftungsgeschäft getroffenen organisatorischen Anordnungen (insb der Satzung, § 81 I 3), die den nicht zwingenden Gesetzesbestimmungen vorgehen.
2. Die **Auslegung der Stiftungssatzung** hat sich am Willen des Stifters auszurichten (BGH NJW 94, 186); es gelten die §§ 133, 157. **Satzungsänderungen** müssen dem wirklichen oder mutmaßlichen Willen des Stifters entsprechen (BGHZ 99, 348); ihre Voraussetzungen ergeben sich häufig aus der Satzung, iÜ aus den Stiftungsgesetzen der Bundesländer.

§ 86 Anwendung des Vereinsrechts

¹Die Vorschriften der §§ 26 und 27 Absatz 3 und der §§ 28 bis 31 a und 42 finden auf Stiftungen entsprechende Anwendung, die Vorschriften des § 26 Absatz 2 Satz 1, des § 27 Absatz 3 und des § 28 jedoch nur insoweit, als sich nicht aus der Verfassung, insbesondere daraus, dass die Verwaltung der Stiftung von einer öffentlichen Behörde geführt wird, ein anderes ergibt. ²Die Vorschriften des § 26 Absatz 2 Satz 2 und des § 29 finden auf Stiftungen, deren Verwaltung von einer öffentlichen Behörde geführt wird, keine Anwendung.

1 I. Die Vorschrift enthält in erster Linie – durch Verweisung auf einzelne analog anzuwendende Bestimmungen des Vereinsrechts – eine partielle Regelung der **Stiftungsorganisation**. Dabei wird danach unterschieden, ob die Verwaltung der Stiftung privat (Rn 2) oder von einer öffentlichen Behörde geführt wird (Rn 3). Verbleibende Lücken sind nach Maßgabe der landesrechtlichen Stiftungsgesetze sowie aus der Stiftungssatzung zu schließen.

2 II. 1. Die Stiftung muss einen **Vorstand** haben (S 1 iVm § 26 I 1), der die Stiftung als gesetzlicher Vertreter gerichtlich und außergerichtlich vertritt (S 1 iVm § 26 I 2). Daneben können für einzelne Geschäfte **besondere Vertreter** bestellt werden (S 1 iVm § 30). Einzelheiten zu Auswahl, Bestellung und Abberufung insb des Vorstands ergeben sich regelmäßig aus der Satzung; der Stifter kann sich auch selbst zum Vorstand bestellen. Die Satzung kann den Umfang der **Vertretungsmacht** mit Wirkung ggü Dritten **beschränken** (S 1 iVm § 26 I 3). Die Geschäftsführung des Vorstands unterliegt in der Regel **Auftragsrecht** (S 1 iVm § 27 III). Bei **Schädigung Dritter** haften Vorstand und verfmäßig berufene Vertreter entspr § 31 (S 1); die Haftung beider ist nach Maßgabe des § 31 a beschränkt. Analoge Anwendung finden ferner die vereinsrechtlichen Vorschriften zur Beschlussfassung des Vorstands (§ 28), zur Passivvertretung (§ 26 II 2), zur Bestellung eines Notvorstands (§ 29) sowie zur Auflösung bei Eröffnung des Insolvenzverfahrens (§ 42). Die Stiftungssatzung kann im Hinblick auf die Vertretung durch einen mehrköpfigen Vorstand (§ 26 II 1), Geschäftsführung (§ 27 III) sowie Beschlussfassung des Vorstands (§ 28) abw Bestimmungen enthalten (**S 1**).

3 2. Ist die **Verwaltung** einer (privatrechtlichen) Stiftung einer **öffentlichen Behörde** übertragen worden, findet § 26 II 2 (Passivvertretung) keine Anwendung (S 2). Die Bestellung eines Notvorstands (§ 29) erübrigt sich (S 2). Im Hinblick auf die Vertretung durch einen mehrköpfigen Vorstand (§ 26 II 1), Geschäftsführung (§ 27 III) und Beschlussfassung (§ 28) können sich aus der Satzung abweichende Regelungen ergeben (S 1).

4 III. Vorschriften über die Rechtsstellung der **Destinatäre** enthält das BGB nicht. Vorbehaltlich landesrechtlicher Bestimmungen entscheidet daher die Stiftungssatzung darüber, ob den Destinatären Verwaltungs- und Mitwirkungsrechte oder Ansprüche gegen die Stiftung zustehen (BGHZ 99, 352; vgl auch Muscheler WM 03, 2213). Bei der Bestimmung der Destinatäre ist der Stifter frei (BGHZ 70, 325: männliche Abkömmlinge bevorzugt). Ansprüche der Destinatäre auf Stiftungsleistungen können sich aus der Satzung, durch einseitige Zuerkennung eines Stiftungsorgans oder aufgrund eines Vertrages ergeben, dessen Rechtsgrund dann im Stiftungszweck liegt, vgl BGH NJW 10, 234; anders Muscheler NJW 10, 341 (Schenkung).

§ 87 Zweckänderung; Aufhebung

(1) Ist die Erfüllung des Stiftungszwecks unmöglich geworden oder gefährdet sie das Gemeinwohl, so kann die zuständige Behörde der Stiftung eine andere Zweckbestimmung geben oder sie aufheben.
(2) ¹Bei der Umwandlung des Zweckes soll der Wille des Stifters berücksichtigt werden, insbesondere soll dafür gesorgt werden, dass die Erträge des Stiftungsvermögens dem Personenkreis, dem sie zustatten kommen sollten, im Sinne des Stifters erhalten bleiben. ²Die Behörde kann die Verfassung der Stiftung ändern, soweit die Umwandlung des Zweckes es erfordert.

(3) Vor der Umwandlung des Zweckes und der Änderung der Verfassung soll der Vorstand der Stiftung gehört werden.

Die (nach Landesrecht) zuständige Behörde kann im Wege der **Stiftungsaufsicht** den Stiftungszweck (und in dem erforderlich werdenden Umfang auch die Satzung: **Abs 2 S 2**) ändern oder notfalls die Stiftung aufheben, wenn die Erfüllung des ursprünglichen Stiftungszwecks rechtlich oder (zB durch Verlust der gesamten Stiftungsvermögens) tatsächlich unmöglich oder (zB wegen Verstoßes gegen Strafgesetze) nachträglich das Gemeinwohl gefährdet wird (**Abs 1**). Im Falle einer Zweckänderung ist dem Stifterwillen nach Möglichkeit Rechnung zu tragen (**Abs 2 S 1**). Das Verfahren regeln die Landesgesetze. Vor einer Zweckänderung (und erst recht vor einer Aufhebung) soll der Stiftungsvorstand gehört werden (**Abs 3**). 1

§ 88 Vermögensanfall

¹Mit dem Erlöschen der Stiftung fällt das Vermögen an die in der Verfassung bestimmten Personen. ²Fehlt es an einer Bestimmung der Anfallberechtigten, so fällt das Vermögen an den Fiskus des Landes, in dem die Stiftung ihren Sitz hatte, oder an einen anderen nach dem Recht dieses Landes bestimmten Anfallberechtigten. ³Die Vorschriften der §§ 46 bis 53 finden entsprechende Anwendung.

1. Eine Stiftung **erlischt** durch Aufhebung nach § 87 I oder Landesrecht, durch Eröffnung des Insolvenzverfahrens (§§ 86 S 1, 42) oder nach Maßgabe der Satzung (auflösende Bedingung, Endtermin, Beschluss eines zuständigen Satzungsorgans). 1
2. In diesen Fällen **verliert** die Stiftung ihre **Rechtsfähigkeit**. Das Stiftungsvermögen fällt an die in der Satzung (S 1), hilfsweise an die in den Landesgesetzen bestimmten Personen, idR an den Fiskus des Sitzlandes (S 2). Soweit das Vermögen dabei nicht – wie beim Anfall an den Fiskus (S 2 iVm § 46) – im Wege der Gesamtrechtsnachfolge übergeht, muss in entspr Anwendung der §§ 47–53 eine Liquidation durchgeführt werden (S 2). 2

Untertitel 3
Juristische Personen des öffentlichen Rechts

§ 89 Haftung für Organe; Insolvenz

(1) Die Vorschrift des § 31 findet auf den Fiskus sowie auf die Körperschaften, Stiftungen und Anstalten des öffentlichen Rechts entsprechende Anwendung.
(2) Das Gleiche gilt, soweit bei Körperschaften, Stiftungen und Anstalten des öffentlichen Rechts das Insolvenzverfahren zulässig ist, von der Vorschrift des § 42 Abs. 2.

I. **Juristische Personen des öffentlichen Rechts** sind der Staat (Bund, Land) sowie alle sonstigen Körperschaften (etwa: Gemeinde und Kreise als Gebietskörperschaften, Anwalts-, Notar-, Industrie- und Handels-, Handwerkskammern), Stiftungen (etwa: Stiftung preußischer Kulturbesitz) oder Anstalten (etwa: Rundfunkanstalten, Bundesbank, BfA) des öffentlichen Rechts. Im Ggs zu den juristischen Personen des Privatrechts (Vor §§ 21–89 Rn 5) entstehen sie (mit Ausn des Staates selbst) kraft staatlichen **Hoheitsakts** (Gesetz, Verwaltungsakt). Die Vorschrift stellt juristische Personen des öffentlichen Rechts, soweit sie privatrechtlich (Staat: als **Fiskus**) handeln, im Hinblick auf ihre **Haftung** (**Abs 1**) den juristischen Personen des Privatrechts gleich (Rn 2). Tritt bei (insolvenzfähigen, vgl Rn 4) juristischen Personen des öffentlichen Rechts Zahlungsunfähigkeit oder Überschuldung ein, muss auch für sie die Eröffnung des Insolvenzverfahrens beantragt werden (**Abs 2**). 1

II.1. Soweit eine juristische Person des öffentlichen Rechts im **Privatrechtsverkehr** auftritt, wird ihr das **schädigende Verhalten** von Organen oder verfmäßig berufenen Vertretern (§ 31 Rn 4, 5) nach Maßgabe des § 31 (also insb im Bereich der unerlaubten 2

Handlungen, vgl § 31 Rn 7) **zugerechnet**. Sie haftet auch für Organisationsmängel (§ 31 Rn 6). Soweit Verrichtungsgehilfen Schaden zufügen, greift § 831 ein. Bei Schadenszufügung innerhalb schuldrechtlicher Sonderbeziehungen gilt sowohl für das Verhalten von Organen (str; vgl § 31 Rn 1) wie auch anderer Erfüllungsgehilfen § 278. Bei **hoheitlichem Handeln** von Beamten (sowohl im staats-, wie auch im haftungsrechtlichen Sinne) richtet sich die Haftung der juristischen Person nicht nach §§ 89, 31, sondern nach Art 34 S 1 GG iVm § 839.

3 Der **Handelnde selbst** haftet für unerlaubte Handlungen im fiskalischen Bereich gem §§ 823 ff. Ist ein Beamter im staatsrechtlichen Sinne tätig geworden, gilt vorrangig § 839 (mit Haftungsbeschränkung nach § 839 I 2, soweit die juristische Person nach Rn 2 einzustehen hat, vgl BGHZ 95, 67; 120, 380, dazu § 839 Rn 47 ff). Bei hoheitlichem Handeln tritt in Anbetracht des Art 34 GG (Rn 2) grds keine Eigenhaftung des Bediensteten ein.

4 2. Die praktische Bedeutung des **Abs 2** ist gering, da Bund und Länder **insolvenzunfähig** sind (§ 12 I Nr 1 InsO) und die Zulässigkeit eines Insolvenzverfahrens für die der Landesaufsicht unterstehenden juristischen Personen durch Landesrecht weitgehend ausgeschlossen worden ist (vgl § 12 I Nr 2 InsO).

Abschnitt 2
Sachen und Tiere

Vorbemerkung zu §§ 90–103

1 Die §§ 90–103 enthalten **Definitionen** und **Grundregeln** zu den Rechtsobjekten (Gegenständen, vgl § 90 Rn 1), die vermittels subjektiver Rechte (Vor §§ 1–20 Rn 2) den natürlichen und juristischen Personen bzw Personenvereinigungen (Vor §§ 1–20 Rn 1) zugeordnet sind.

§ 90 Begriff der Sache

Sachen im Sinne des Gesetzes sind nur körperliche Gegenstände.

1 1. **Oberbegriff** ist „Gegenstände" (im technischen Sinne). Darunter fallen Sachen (Rn 2) und unkörperliche Gegenstände (Forderungen, Immaterialgüterrechte, sonstige Vermögensrechte). Soweit das BGB verschiedentlich zusammenfassend von „Verfügungen über Gegenstände" spricht (vgl §§ 135 I, 161 I, 185 I, 747, 816 I, 2040 I), ist dies insofern ungenau, als nicht unmittelbar über Sachen, sondern über Rechte an Sachen (etwa: Eigentum) verfügt wird (zum Verfügungsbegriff Vor §§ 104–185 Rn 4).

2 2. **Sachen** sind **körperliche Gegenstände** (vereinzelt unscharfe Terminologie des BGB, zB meint „Sache" iS des § 119 II auch unkörperliche Gegenstände). Körperlichkeit setzt eine Abgrenzung im Raum, nicht daß einen bestimmten Aggregatzustand voraus (daher: feste Körper, aber auch Flüssigkeit, Gas). Mangels Abgrenzbarkeit sind fließendes Wasser, Luft, Licht, Strahlen, Energie nicht als Sachen anzusehen (anders: Wasser und Gas in Behältnissen). Zu Tieren vgl § 90 a.

3 Im Gegensatz zum **Körper** eines lebenden Menschen kann nach der **Verkehrsanschauung** ein zur Bestattung vorgesehener **Leichnam** als (freilich herrenlose) Sache angesehen werden (str, vgl Gottwald NJW 2012, 2231). Eigentumsfähig sind dagg ein heraus- oder abnehmbarer künstlicher Körperteil (Prothese, Gebiss) oder ein natürlicher oder ursprünglich festverbundener künstlicher Körperteil nach der Trennung (Haare, Blut, Sperma [dazu BGHZ 124, 54], Organspende, Herzschrittmacher, Goldplombe); anders dag bei lediglich vorübergehender Trennung vom Körper (näher § 823 Rn 7). Sachen sind in jedem Fall auch Leichen oder Leichenteile, die zu medizinischen Zwecken Verwendung finden oder nicht mehr als sterbliche Hülle einer Persönlichkeit angesehen werden (prähistorisches Skelett, Moorleiche, „Ötzi").

Dingliche Rechte, dh also Eigentum (§ 903) und beschränkte dingliche Rechte 4
(§§ 1018ff), sowie **Besitz** (§ 854 ff) bestehen nur an Sachen, nicht an unkörperlichen
Gegenständen.

3. Die wichtige Unterscheidung zwischen **beweglichen** und **unbeweglichen Sachen** 5
(**Grundstücken**) wird vom BGB selbst nicht getroffen, sondern vorausgesetzt: Grundstücke (vgl nur §§ 873 ff, 925 ff) sind abgegrenzte Teile der Erdoberfläche, die im Grundbuch als selbstständige Einheit eingetragen worden sind, einschließlich ihrer Bestandteile (vgl §§ 93 ff). Beweglich (vgl §§ 929 ff) sind alle Sachen, die keine Grundstücke oder Grundstücksbestandteile sind (RGZ 87, 51).

4. Dingliche Rechte (Rn 4) können nur an **Einzelsachen** (Rn 7) bestehen, nicht an **Sach-** 6
gesamtheiten (Sachinbegriffen) wie Bibliothek, Briefmarkensammlung, Warenlager usw, die aus mehreren Einzelsachen bestehen und aus lediglich praktisch-wirtschaftlichen Gründen unter einer einheitlichen Bezeichnung zusammengefasst werden. Daher gibt es kein Eigentum an der Sachgesamtheit (Spezialitätsprinzip), sondern nur an jeder Einzelsache. Dementspr kann zwar die Sachgesamtheit in toto Gegenstand eines Verpflichtungsgeschäfts sein (Kaufvertrag über ein Warenlager); für die Eigentumsübertragung sind jedoch so viele Verfügungsgeschäfte (Vor §§ 104–185 Rn 4) erforderlich, wie Einzelsachen vorhanden sind.

Einzelsachen bestehen aus einem einzigen Stück (Einzelsache im natürlichen Sinne: 7
Geldschein, Buch, Fußball) oder sind aus mehreren früher selbstständigen Sachen zu einer Einheit verbunden worden (zusammengesetzte Einzelsache: Computer, Auto, vgl BGHZ 18, 228). Als Einzelsache im Rechtssinne ist darüber hinaus auch eine Mehrheit von Sachen anzusehen, die von der Verkehrsanschauung (vgl BGHZ 102, 149) als Einheit bezeichnet und verstanden wird, weil die jeweilige Einzelsache im natürlichen Sinne wirtschaftlich wertlos oder selbstständig nicht brauchbar ist (sog Sacheinheit: Getreidehaufen, Kartenspiel, Pfund Kaffeebohnen, Paar Schuhe). Die Abgrenzung zwischen den einzelnen Kategorien sowie zwischen Sacheinheiten und Sachgesamtheiten (Rn 6) wird ebenfalls von der Verkehrsanschauung getroffen.

§ 90 a Tiere

¹Tiere sind keine Sachen. ²Sie werden durch besondere Gesetze geschützt. ³Auf sie sind die für Sachen geltenden Vorschriften entsprechend anzuwenden, soweit nicht etwas anderes bestimmt ist.

Die durch G v. 20.8.90 (BGBl 90 I 1762) aus **tierschützerischen Motiven** eingefügte 1
Vorschrift hat eher Appell-Charakter. Ungeachtet des S 1 besteht Eigentum an Tieren (§§ 903 S 2, 961 ff), und es finden die Vorschriften über Sachen analoge Anwendung (S 3). Die Hinweisnorm des S 2 bezieht sich auf das TierschutzG, vgl auch §§ 251 II 2, 903 S 2, sowie 765 a I 3, 811 c ZPO.

§ 91 Vertretbare Sachen

Vertretbare Sachen im Sinne des Gesetzes sind bewegliche Sachen, die im Verkehr nach Zahl, Maß oder Gewicht bestimmt zu werden pflegen.

1. Nach Zahl, Maß oder Gewicht bestimmte **vertretbare Sachen** können nur bewegli- 1
che Sachen sein (§ 90 Rn 5). Sie heben sich von Sachen der gleichen Art nicht durch Individualisierungsmerkmale ab und sind daher austauschbar (BGH NJW 66, 2307; 71, 1794), so zB Geld, Aktien, neue Waren aus Serienanfertigung, Lebensmittel (BGH NJW 85, 2403: Wein). Demggü sind **nicht vertretbare Sachen** durch individuelle Merkmale gekennzeichnet (Kunstobjekte, individuell angefertigte oder gebrauchte Sachen). Die Abgrenzung wird nach objektiven Kriterien (Verkehrsanschauung) getroffen (während über das Vorliegen einer Gattungs- oder Stückschuld iSd § 243 der Parteiwille entscheidet).

§ 93

2 2. Die Unterscheidung wird bedeutsam bei der **Abgrenzung** von **Schuldverhältnissen**, vgl §§ 607 (Sachdarlehen), 651 I 3 (Werklieferungsvertrag), 700 I (unechte Verwahrung), 783 (Anweisung), ferner § 706 II 1. Schadensersatz für vertretbare Sachen kann idR durch Naturalrestitution (§ 249) geleistet werden. Im **Prozessrecht** kann die Prozess- (§ 592 ZPO: Urkundenprozess) oder Vollstreckungsart (§ 884 ZPO) vom Vorliegen einer vertretbaren Sache abhängen.

§ 92 Verbrauchbare Sachen

(1) Verbrauchbare Sachen im Sinne des Gesetzes sind bewegliche Sachen, deren bestimmungsmäßiger Gebrauch in dem Verbrauch oder in der Veräußerung besteht.
(2) Als verbrauchbar gelten auch bewegliche Sachen, die zu einem Warenlager oder zu einem sonstigen Sachinbegriff gehören, dessen bestimmungsmäßiger Gebrauch in der Veräußerung der einzelnen Sachen besteht.

1 1. **Verbrauchbar** sind bewegliche Sachen (§ 90 Rn 5), wenn sie entweder gem Abs 1 nach ihrer objektiven Zweckbestimmung zum tatsächlichen Verbrauch (Nahrungs- und Genussmittel, Heizmaterial) oder zur Veräußerung (Geld, Wertpapiere) oder gem Abs 2 nach dem Willen des Berechtigten als Bestandteil eines Warenlagers oder sonstigen Sachinbegriffs zur Veräußerung bestimmt sind. Nicht verbrauchbar iS des Abs 1 sind solche Sachen, die durch Gebrauch lediglich abgenutzt werden (Kleidung, Möbel, Auto).

2 2. Besteht an verbrauchbaren Sachen ein **Nießbrauch**, wird der Nießbraucher Eigentümer und muss nach Beendigung des Nießbrauchs den Wert ersetzen (§§ 1067, 1075 II, 1086 S 2; ähnl 706 II 1; vgl ferner §§ 1814 S 2, 2116 I 2, 2325 II 1).

§ 93 Wesentliche Bestandteile einer Sache

Bestandteile einer Sache, die voneinander nicht getrennt werden können, ohne dass der eine oder der andere zerstört oder in seinem Wesen verändert wird (wesentliche Bestandteile), können nicht Gegenstand besonderer Rechte sein.

1 I. §§ 93–95 wollen die **Zerschlagung wirtschaftlicher Werte verhindern** (BGHZ 20, 157), indem sie besondere dingliche Rechte an wesentlichen Bestandteilen (Rn 3 f) einer Sache ausschließen und damit sicherstellen, dass sich Sacheigentum und Eigentum an wesentlichen Bestandteilen stets in einer Hand befinden (Rn 4).

2 II. 1. **Bestandteile** einer Sache sind die in zusammengesetzte Sachen eingefügten sowie die in einer Sacheinheit zusammengefassten Einzelsachen (§ 90 Rn 7). Die Abgrenzung zwischen Sachbestandteilen, den in einer Sachgesamtheit verbundenen selbstständigen Einzelsachen (§ 90 Rn 6) sowie Zubehör (§ 97) ist nach der Verkehrsanschauung vorzunehmen. Als Kriterien sind dabei Art und beabsichtigte Dauer der Verbindung, Ausmaß der Anpassung sowie der wirtschaftliche Zusammenhang zu berücksichtigen. Sonderregeln über die Bestandteile von Grundstücken und Gebäuden enthält § 94. Unwesentlich sind alle Bestandteile, die nicht wesentlich sind (Rn 3). Auch unwesentliche Bestandteile teilen zwar in aller Regel das rechtliche Schicksal der Gesamtsache. Im Ggs zu den wesentlichen können sie aber Gegenstand besonderer dinglicher Rechte sein (arg § 93 e contrario).

3 2. Um einen **wesentlichen** Bestandteil handelt es sich dann, wenn bei natürlich-wirtschaftlicher Betrachtungsweise unter Berücksichtigung der Verkehrsanschauung (BGHZ 36, 50; 61, 81) durch eine **Trennung** entweder dieser Bestandteil oder aber die übrige Sache **zerstört** oder auf andere Weise **im Wesen verändert** werden würde. Eine Wesensveränderung ist anzunehmen, wenn für den abgetrennten Bestandteil keine der bisherigen Verwendung entsprechende Nutzungsmöglichkeit mehr besteht bzw die nach der Abtrennung verbleibende Restsache infolge des Fehlens des abgetrennten Teils nicht mehr sinnvoll genutzt werden kann. Entscheidend ist also, ob Bestandteil und Restsache jeweils für sich weiterhin (etwa nach Zusammenfügung mit einer neuen

Sache) genutzt werden können und ihr gemeinsamer Wert auch durch die Trennung nicht nachhaltig verringert wird (Bsp: Austauschmotor kein wesentlicher Bestandteil eines Serien-Pkw, da beide Teile nach jeweiliger Ergänzung weiterhin nutzbar, vgl BGHZ 61, 81 f). Keine wesentlichen Bestandteile sind idR serienmäßig produzierte Austauschteile oder solche, die zwar nicht serienmäßig hergestellt, wohl aber durch eine gleichartige Sachen leicht ersetzt werden können (BGHZ 191, 285 Rn 17 ff). Nicht maßgebend ist dag, ob durch die Trennung (wie regelmäßig) die Gesamtsache zerstört, im Wesen verändert oder im Wert gemindert wird.

3. Die Sonderrechtsunfähigkeit wesentlicher Bestandteile hat zur Folge, dass der Eigentümer einer Sache mit ihrer Einfügung als wesentlicher Bestandteil einer anderen Sache notwendig sein **Recht verliert** (Rechtsfolgen: §§ 946, 947), ein vorher vereinbarter Eigentumsvorbehalt (§ 449) also wirkungslos bleibt. Bei Übertragung einer Sache kann umgekehrt das Eigentum an einem wesentlichen Bestandteil nicht zurückbehalten werden. Auch eine Übereignung durch einen Gerichtsvollzieher nach Maßgabe des § 825 ZPO äußert keine Wirkungen (vgl BGHZ 104, 302 f; str). Abw Parteivereinbarungen sind unbeachtlich. 4

4. Die **Beweislast** für das Vorliegen eines wesentlichen Bestandteils ebenso wie für die Voraussetzungen des Ausnahmetatbestands in § 95 (vorübergehender Zweck, dazu BGHZ 191, 285 Rn 39) trägt jeweils, wer sich darauf beruft. 5

§ 94 Wesentliche Bestandteile eines Grundstücks oder Gebäudes

(1) ¹Zu den wesentlichen Bestandteilen eines Grundstücks gehören die mit dem Grund und Boden fest verbundenen Sachen, insbesondere Gebäude, sowie die Erzeugnisse des Grundstücks, solange sie mit dem Boden zusammenhängen. ²Samen wird mit dem Aussäen, eine Pflanze wird mit dem Einpflanzen wesentlicher Bestandteil des Grundstücks.
(2) Zu den wesentlichen Bestandteilen eines Gebäudes gehören die zur Herstellung des Gebäudes eingefügten Sachen.

I. Die Vorschrift enthält Regeln zur Bestimmung wesentlicher Bestandteile von **Grundstücken** (Abs 1) und **Gebäuden** (Abs 2). Mit dem § 93 überschneidet sie sich partiell. Zum Zweck der Vorschrift vgl § 93 Rn 1, zur rechtlichen Bedeutung § 93 Rn 4. Einschränkungen ergeben sich aus § 95. 1

II. 1. Nach Abs 1 S 1 sollen zu den wesentlichen Bestandteilen (§ 93 Rn 3) eines **Grundstücks** (§ 90 Rn 5) zunächst **Gebäude** (zB Häuser und andere Bauwerke wie Garagen, Brücken) und **andere Sachen** (zB Mauern, vgl KG NJW-RR 06, 302 [„Berliner Mauer"], Zäune, Wasser- und Gasleitungen, dazu BGHZ 165, 184, 186) gehören, soweit sie mit dem Boden **fest verbunden** sind. Eine feste Verbindung liegt nach der hier maßgebenden Verkehrsanschauung vor, wenn Bestandteil und Grundstück nicht ohne Beschädigung des einen oder des anderen Teils getrennt werden kann oder die Trennung der Sache von Boden nur mit unverhältnismäßigem finanziellen Aufwand möglich ist (OLG Frankfurt NJW 82, 654). Bei Grenzüberbau (entspr bei späterer Aufteilung eines bereits überbauten Grundstücks) wird der hinübergebaute Gebäudeteil allerdings im Interesse der Werterhaltung nicht Bestandteil des überbauten Grundstücks, sondern bildet einen wesentlichen Bestandteil (§ 93) des Grundstücks, von dem aus überbaut wurde (BGHZ 175, 253 Rn 13). 2

Erzeugnisse (Getreide, Obst, Bäume) sind wesentliche Bestandteile des Grundstücks, solange sie mit dem Boden zusammenhängen (**Abs 1 S 1**); Samen und Pflanzen gehören bereits mit dem Aussäen bzw Einpflanzen und somit bereits vor der Verwurzelung dazu (**S 2**). Bei einem Grenzbaum ist das Eigentum vertikal geteilt, vgl BGHZ 160, 22. 3

2. Wesentliche Bestandteile eines Gebäudes (Rn 2) sind die **zur Herstellung** eingefügten Sachen, dh solche, ohne die das Gebäude nach der Verkehrsanschauung und unter Berücksichtigung von Gebäudebeschaffenheit und -zweck unfertig erscheint (BGHZ 53, 326; BGH NJW 84, 2278). Bsp: Dachgebälk, Fenster, Heizungsanlagen, Herd; Teppichboden je nach Art der Fixierung (OLG Köln VersR 04, 105). Die Sachen müssen 4

eingefügt, dh mit dem Gebäude endgültig (aber nicht unbedingt fest) verbunden sein. Lagerung auf dem Grundstück genügt nicht. Eine Einfügung kann auch nach ursprünglicher Fertigstellung, also zB anlässlich Modernisierungs- oder Umbaumaßnahmen erfolgen (BGHZ 53, 326). Mit der Einfügung wird die Sache unter den Voraussetzungen von Abs 1 auch wesentlicher Bestandteil des Grundstücks.

§ 95 Nur vorübergehender Zweck

(1) ¹Zu den Bestandteilen eines Grundstücks gehören solche Sachen nicht, die nur zu einem vorübergehenden Zweck mit dem Grund und Boden verbunden sind. ²Das Gleiche gilt von einem Gebäude oder anderen Werk, das in Ausübung eines Rechts an einem fremden Grundstück von dem Berechtigten mit dem Grundstück verbunden worden ist.
(2) Sachen, die nur zu einem vorübergehenden Zwecke in ein Gebäude eingefügt sind, gehören nicht zu den Bestandteilen des Gebäudes.

1 I. Die Vorschrift schränkt §§ 93, 94 für die nur vorübergehend mit einem Grundstück (**Abs 1 S 1**) oder Gebäude (**Abs 2**) verbundenen Sachen sowie für solche Bauwerke wieder ein, die in Ausübung eines beschränkten dinglichen Rechts mit dem Grundstück verbunden worden sind (**Abs 1 S 2**). Diese Sachen werden weder zu wesentlichen noch zu unwesentlichen Bestandteilen, sondern können als **Scheinbestandteile** (dazu Giesen AcP 02, 689) weiterhin Gegenstand besonderer Rechte sein (Rn 4). Zur **Beweislast** vgl § 93 Rn 5.

2 II. 1. Zu einem nur **vorübergehenden Zweck** (**Abs 1 S 1, Abs 2**) werden Sachen verbunden bzw eingefügt, die nach dem objektiv in Erscheinung tretenden Willen des Verbindenden später wieder von Grundstück oder Gebäude getrennt werden sollen (BGHZ 54, 210; BGH NJW 68, 2331 f; 96, 917). Bsp: Baugerüst, Wohnbaracke (BGH NJW 84, 2879), Telekommunikationsleitungen (OLG Stuttgart VersR 13, 638). Ein solcher Wille wird vermutet (Anscheinsbeweis), wenn ein Mieter oder Pächter Sachen für die Dauer seines Nutzungsrechts verbindet oder einfügt, er also nicht die Absicht hatte, sie bei Auszug dem Eigentümer zu überlassen (BGHZ 8, 5; 92, 71; BGH NJW 96, 916 f). Maßgebend für die Feststellung, ob es sich um einen Scheinbestandteil handelt, ist der Zeitpunkt der Verbindung bzw Einfügung; eine spätere Zweckänderung berührt die ursprünglich entstandene Rechtslage nicht (BGHZ 23, 60; 37, 359).

3 2. Scheinbestandteile sind auch Gebäude oder andere Bauwerke, die von einem Berechtigten in **Ausübung** eines **beschränkten dinglichen Rechts** (Nießbrauch, Grunddienstbarkeit, Erbbaurecht) an einem fremden Grundstück mit dem in Rede stehenden Grundstück verbunden worden sind (**Abs 1 S 2**). Durch den späteren Wegfall des Rechts ändert sich nichts an der dinglichen Rechtslage. Die Vorschrift findet analoge Anwendung, wenn ein Grundstückseigentümer einen Überbau (§ 912) mit Zustimmung des Eigentümers des überbauten Grundstücks vornimmt; der Überbauende wird dann Eigentümer des auf dem Nachbargrundstück stehenden Gebäudeteils (BGHZ 157, 304).

4 3. Scheinbestandteile bleiben trotz Verbindung bzw Einfügung **bewegliche Sachen**. Das bis dahin bestehende Eigentum ändert sich nicht und kann weiterhin nach §§ 929 ff übertragen werden.

§ 96 Rechte als Bestandteile eines Grundstücks

Rechte, die mit dem Eigentum an einem Grundstück verbunden sind, gelten als Bestandteile des Grundstücks.

1 Rechte, die mit dem Eigentum an einem Grundstück (§ 90 Rn 5) verbunden sind, werden als **Bestandteile** (§ 93 Rn 2) dieses Grundstücks **fingiert**. Es handelt sich dabei va um subjektiv-dingliche Rechte, die dem Eigentümer eines herrschenden Grundstücks an einem anderen Grundstück zustehen, vgl §§ 1018 (Grunddienstbarkeit), 1094 II

(subjektiv-dingliches Vorkaufsrecht), 1105 II (subjektiv-dingliche Reallast). Damit wird insb die Hypothekenhaftung (§§ 1120 ff) auf die Rechte erstreckt, die mit dem Eigentum an dem belasteten Grundstück verbunden sind.

§ 97 Zubehör

(1) ¹Zubehör sind bewegliche Sachen, die, ohne Bestandteile der Hauptsache zu sein, dem wirtschaftlichen Zwecke der Hauptsache zu dienen bestimmt sind und zu ihr in einem dieser Bestimmung entsprechenden räumlichen Verhältnis stehen. ²Eine Sache ist nicht Zubehör, wenn sie im Verkehr nicht als Zubehör angesehen wird.
(2) ¹Die vorübergehende Benutzung einer Sache für den wirtschaftlichen Zweck einer anderen begründet nicht die Zubehöreigenschaft. ²Die vorübergehende Trennung eines Zubehörstücks von der Hauptsache hebt die Zubehöreigenschaft nicht auf.

§ 98 Gewerbliches und landwirtschaftliches Inventar

Dem wirtschaftlichen Zwecke der Hauptsache sind zu dienen bestimmt:
1. bei einem Gebäude, das für einen gewerblichen Betrieb dauernd eingerichtet ist, insbesondere bei einer Mühle, einer Schmiede, einem Brauhaus, einer Fabrik, die zu dem Betrieb bestimmten Maschinen und sonstigen Gerätschaften,
2. bei einem Landgut das zum Wirtschaftsbetrieb bestimmte Gerät und Vieh, die landwirtschaftlichen Erzeugnisse, soweit sie zur Fortführung der Wirtschaft bis zu der Zeit erforderlich sind, zu welcher gleiche oder ähnliche Erzeugnisse voraussichtlich gewonnen werden, sowie der vorhandene, auf dem Gut gewonnene Dünger.

I. §§ 97, 98 erläutern den **Begriff des Zubehörs**. Damit bezeichnet das BGB bewegliche Sachen, die in dienender Funktion mit einer Hauptsache in einem wirtschaftlich-räumlichen Zusammenhang stehen und daher iZw das rechtliche Schicksal der Hauptsache teilen sollen (Rn 8, vgl BGHZ 62, 51 f).

II. 1. Nur **bewegliche Sachen** (§ 90 Rn 5) können Zubehör sein, nicht daß Grundstücke oder Grundstücksbestandteile (§ 97 I 1). Zubehör ist **kein Bestandteil** (§ 93 Rn 2) **einer Hauptsache**, sondern rechtlich selbstständig und daher sonderrechtsfähig (vgl § 93 Rn 4), so dass Eigentum an Hauptsache und Zubehör auseinander fallen können.

2. Nach seiner **wirtschaftlichen Zweckbestimmung** muss Zubehör einer **Hauptsache** (bewegliche Sache oder Grundstück) **dienen**; es muss also bei wirtschaftlicher Betrachtung eine ihrem Zweck entspr Nutzung der Hauptsache fördern (vgl BGHZ 85, 237: Verhältnis der Über- und Unterordnung). Beispielhaft (nicht erschöpfend) führt § 98 in diesem Zusammenhang Maschinen und Geräte als Zubehör eines Gewerbebetriebes (Nr 1, dazu BGHZ 165, 261, 263 f) und Geräte, Vieh, zur Fortführung des Betriebes erforderliche Erzeugnisse sowie Dünger als Zubehör eines landwirtschaftlichen Betriebes (Nr 2) auf. Auch in den Fällen des § 98 müssen die übrigen Voraussetzungen des § 97 (Rn 4–6) vorliegen. Kein Zubehör sind zur Verarbeitung bestimmte Rohstoffe oder zum Verkauf bestimmte Produkte.

Die Zweckbestimmung erfolgt aufgrund einer **Widmung** durch den jeweiligen Benutzer der Hauptsache (vgl BGH NJW 69, 2135 f; NJW 09, 1078). Widmung ist Realakt (Vor §§ 104–185 Rn 12) und setzt keine Geschäftsfähigkeit voraus (str). Der Widmende muss eine zweckbestimmte Nutzung auf **unbestimmte Zeit** im Auge haben; eine von vornherein nur als vorübergehend gedachte Benutzung für den wirtschaftlichen Zweck der Hauptsache begründet keine Zubehöreigenschaft (§ 97 II 1). Zubehör entsteht bereits mit der Widmung, nicht erst mit der tatsächlichen Nutzung; idR wird beides zusammenfallen.

3. Zubehör muss zur Hauptsache in einem der Zweckbestimmung entspr **räumlichen Verhältnis** stehen (§ 97 I 1). Erforderlich ist nur eine gewisse räumliche Nähe, kein unmittelbarer Zusammenhang. Grundstückszubehör muss sich nicht auf dem Grundstück

befinden (vgl BGHZ 37, 356 ff: Versorgungsleitungen auf fremden Grundstücken als Zubehör).

6 4. Trotz Vorliegens der in Rn 2–5 genannten Voraussetzungen ist eine Sache **nicht als Zubehör** anzusehen, wenn dies der **Verkehrsanschauung** widerspricht (§ 97 I 2). Dabei können regionale Unterschiede bestehen (BGH NJW 09, 1078, 1079: Einbauküche). Liegen die Voraussetzungen des Abs 1 S 1 vor, muss das Fehlen einer entspr Verkehrsanschauung beweisen, wer sich darauf beruft (OLG Nürnberg NJW-RR 02, 1486).

7 5. Die Zubehöreigenschaft endet bei Fortfall einer ihrer Voraussetzungen (BGH NJW 84, 2278, vgl Rn 3–5), so etwa bei Zweckänderung oder Auflösung der Hauptsache (zB Einstellung eines Betriebes), Änderung der Widmung (BGH NJW 69, 2136) oder dauerhafter Aufhebung des räumlichen Verhältnisses zwischen Zubehörstück und Hauptsache; eine vorübergehende Trennung schadet hingegen nicht (§ 97 II 2).

8 6. Im Rechtsverkehr erscheinen Hauptsache und Zubehör als wirtschaftliche Einheit. **Verträge über die Hauptsache** sollen nach dem vermuteten Parteiwillen daher **auch das Zubehör** erfassen. Dem tragen §§ 311 c (Verpflichtung zur Veräußerung oder Belastung einer Hauptsache), 926 I 2 (Grundstücksveräußerung), 1096 S 2 (dingliches Vorkaufsrecht) und 2164 I (Vermächtnis) Rechnung. Die **Hypothekenhaftung** erstreckt sich auch auf das Zubehör (§§ 1120 ff), das folglich der Immobiliarvollstreckung unterliegt (§ 865 ZPO).

§ 99 Früchte

(1) Früchte einer Sache sind die Erzeugnisse der Sache und die sonstige Ausbeute, welche aus der Sache ihrer Bestimmung gemäß gewonnen wird.
(2) Früchte eines Rechts sind die Erträge, welche das Recht seiner Bestimmung gemäß gewährt, insbesondere bei einem Recht auf Gewinnung von Bodenbestandteilen die gewonnenen Bestandteile.
(3) Früchte sind auch die Erträge, welche eine Sache oder ein Recht vermöge eines Rechtsverhältnisses gewährt.

1 **I.** Die Vorschrift regelt nur, was unter **Früchten** im Rechtssinne (als Unterfall der Nutzungen, vgl § 100 Rn 1) zu verstehen ist, nicht daß, welcher von mehreren potentiell Fruchtziehungsberechtigten sie genießen soll (vgl Rn 6). Das Gesetz unterscheidet zwischen (jeweils unmittelbaren und mittelbaren) **Sach-** (Abs 1, 3) und **Rechtsfrüchten** (Abs 2, 3).

2 **II.1. Sachfrüchte (Abs 1)** können **unmittelbar** aus der Sache selbst gewonnen werden. Es handelt sich dabei um die **Erzeugnisse** einer Sache, die in ihrer Substanz erhalten bleibt (Tierprodukte, Bodenerzeugnisse, nicht dag: Fleisch geschlachteter Tiere) sowie um die sonstige, der Sache bestimmungsgemäß entnommene **Ausbeute** (Kohle, Kies, Mineralwasser). Dabei ist unerheblich, ob die unmittelbaren Sachfrüchte in sachgerechter Weise oder zB durch Raubbau gewonnen wurden.

3 Als **mittelbare Sachfrüchte (Abs 3)** werden Erträge bezeichnet, die aus einer Sache aufgrund eines Rechtsverhältnisses erzielt werden (Miet- oder Pachtzinsen; Überbaurente, vgl § 912; nicht dag: Kaufpreis oder Versicherungssumme, vgl BGHZ 115, 159).

4 **2. Unmittelbare Rechtsfrüchte (Abs 2)** sind Früchte, die ein Berechtigter aufgrund eines Rechtsverhältnisses zieht, so die von einem Nießbraucher oder Pächter kraft seines Rechts gewonnenen Sachfrüchte iSd Abs 1 (Rn 2), die Jagdbeute als Ertrag des Jagdrechts (BGHZ 112, 398) oder – insb – kraft Bergwerkseigentums gewonnene Kohle oder Erze, aber auch die einem Kapitalgläubiger zustehenden (auch gesetzlichen) Zinsen (BGHZ 81, 8).

5 **Mittelbare Rechtsfrüchte (Abs 3)** sind Erträge, die ein Recht aufgrund eines Rechtsverhältnisses abwirft: vom Pächter erzielter Unterpachtzins, Lizenzgebühr nach Übertragung eines Urheber- oder Patentrechts.

6 **3.** Wer die **Erzeugnisse** und Bestandteile einer Sache (Rn 2) **erwerben** soll, bestimmen §§ 953 ff. Für bestimmte Früchte enthält § 911 (Hinüberfall) eine Sonderregel. Zum

Fruchtziehungsrecht des Pächters: § 581 I 1; des Nießbrauchers: § 1039 I; des Vorerben: § 2133. Zur Erstreckung des Pfandrechts auf Erzeugnisse einer Sache: § 1212.

§ 100 Nutzungen

Nutzungen sind die Früchte einer Sache oder eines Rechts sowie die Vorteile, welche der Gebrauch der Sache oder des Rechts gewährt.

1. Nutzungen ist der Oberbegriff für **Früchte** (§ 99) und **Gebrauchsvorteile**. Gebrauchsvorteil einer Sache ist der Vorteil, welcher idR für einen Besitzer durch die tatsächliche Benutzung der Sache entsteht (Bewohnen eines Hauses, Fahren mit einem Pkw, Renngewinn bei Rennpferd, BGH NJW 06, 1583). Der Wert der Eigentumsnutzung ist objektiv festzustellen und bemisst sich idR nach dem üblichen Miet- oder Pachtzins; aufgedrängte oder unzumutbare Nutzungen bleiben außer Betracht (BGHZ 167, 109, 111). Keinen Gebrauchsvorteil stellen dag der Verbrauch oder die rechtsgeschäftliche Verwertung einer Sache dar. Gebrauchsvorteil eines Rechts ist zB das Stimmrecht bei einer Aktie. Der Wert eines Gebrauchsvorteils ist objektiv zu ermitteln (zB verkehrsüblich erzielbarer Miet- oder Pachtzins).

2. Das Recht zur Ziehung von Nutzungen ist Gegenstand des **Nießbrauchs** (§ 1030); zum Nutzungspfandrecht vgl §§ 1213 f. Eine **Herausgabepflicht** erstreckt sich auf **Nutzungen** va nach §§ 346 I, 818 I, 987 f, 991, vgl ferner §§ 2020, 2023 II (Erbschaftsanspruch), 2184 (Vermächtnis), 2379 (Erbschaftskauf).

§ 101 Verteilung der Früchte

Ist jemand berechtigt, die Früchte einer Sache oder eines Rechts bis zu einer bestimmten Zeit oder von einer bestimmten Zeit an zu beziehen, so gebühren ihm, sofern nicht ein anderes bestimmt ist:
1. die im § 99 Abs. 1 bezeichneten Erzeugnisse und Bestandteile, auch wenn er sie als Früchte eines Rechts zu beziehen hat, insoweit, als sie während der Dauer der Berechtigung von der Sache getrennt werden,
2. andere Früchte insoweit, als sie während der Dauer der Berechtigung fällig werden; bestehen jedoch die Früchte in der Vergütung für die Überlassung des Gebrauchs oder des Fruchtgenusses, in Zinsen, Gewinnanteilen oder anderen regelmäßig wiederkehrenden Erträgen, so gebührt dem Berechtigten ein der Dauer seiner Berechtigung entsprechender Teil.

1. Die Vorschrift legt fest, wie die Früchte einer Sache oder eines Rechts zwischen mehreren **nacheinander Fruchtziehungsberechtigten** aufgeteilt werden sollen, so zB im Verhältnis Verkäufer/Käufer (§ 446 I 2) oder Verpächter/Pächter (§ 581 I 1). Danach gebühren unmittelbare Sach- und Rechtsfrüchte (§ 99 Rn 2, 4) dem bei Trennung Bezugsberechtigten (**Nr 1**), mittelbare Sach- und Rechtsfrüchte (§ 99 Rn 3, 5) stehen dag grds dem zzt der Fälligkeit Berechtigten zu (**Nr 2, 1. Halbs**); für regelmäßig wiederkehrende Erträge ordnet das Gesetz dag eine Verteilung pro rata temporis an (**Nr 2, 2. Halbs**). Diese Grundsätze gelten nicht, wenn durch Parteiabrede oder Gesetz (zB §§ 987 II) etwas anderes bestimmt ist.

2. Die Vorschrift hat lediglich obligatorische Wirkungen und lässt den **Eigentumserwerb** an Früchten nach Maßgabe der §§ 953 ff unberührt. Hat ein Rechtsvorgänger oder -nachfolger danach im Widerspruch zu § 101 Eigentum erworben, gewährt diese Vorschrift einen **schuldrechtlichen Herausgabeanspruch**.

§ 102 Ersatz der Gewinnungskosten

Wer zur Herausgabe von Früchten verpflichtet ist, kann Ersatz der auf die Gewinnung der Früchte verwendeten Kosten insoweit verlangen, als sie einer ordnungsmäßigen Wirtschaft entsprechen und den Wert der Früchte nicht übersteigen.

1 Besteht eine **Verpflichtung zur Herausgabe von Früchten** (zB nach § 101 oder den in § 100 Rn 2 genannten Bestimmungen), gewährt § 102 einen Anspruch auf **Ersatz der Fruchtgewinnungskosten** (zB Bezahlung von Arbeitskräften), soweit diese einer ordnungsgemäßen Wirtschaft entsprechen (Verkehrsanschauung) und den Wert der Früchte nicht übersteigen.

§ 103 Verteilung der Lasten

Wer verpflichtet ist, die Lasten einer Sache oder eines Rechts bis zu einer bestimmten Zeit oder von einer bestimmten Zeit an zu tragen, hat, sofern nicht ein anderes bestimmt ist, die regelmäßig wiederkehrenden Lasten nach dem Verhältnis der Dauer seiner Verpflichtung, andere Lasten insoweit zu tragen, als sie während der Dauer seiner Verpflichtung zu entrichten sind.

1 Die Vorschrift legt fest, wer bei einem **Rechtsinhaberwechsel** (etwa: Eigentumsübertragung) die **Lasten** einer Sache oder eines Rechts **tragen** muss. Unter Lasten sind nicht dingliche Belastungen, sondern mit der Rechtsinhaberschaft verbundene Leistungspflichten zu verstehen (zB Hypothekenzinsen, Sachversicherungsprämien, Grundsteuer). Vorbehaltlich einer abw Parteivereinbarung sind regelmäßig wiederkehrende Lasten pro rata temporis aufzuteilen, andere (zB Erschließungsbeiträge) treffen denjenigen, während dessen Rechtsinhaberschaft die Verpflichtung fällig geworden ist.

Abschnitt 3
Rechtsgeschäfte

Vorbemerkung zu §§ 104–185

1 I. Die Rechtssubjekte (Vor §§ 1–20 Rn 1) sind darin frei, Rechtsverhältnisse (Vor §§ 1–20 Rn 5) iR der Rechtsordnung selbstverantwortlich zu begründen, aufzuheben und inhaltlich auszugestalten (Grundsatz der *Privatautonomie*). Diese privatautonome Gestaltung der Rechtssphäre erfolgt vornehmlich durch Willenserklärungen und Rechtsgeschäfte. Eine **Willenserklärung** ist eine private Willensäußerung, die unmittelbar auf die Herbeiführung einer Rechtswirkung gerichtet ist; sie führt deswegen Rechtsfolgen herbei, weil sie als gewollt erklärt werden (BGHZ 145, 346; 149, 134). **Rechtsgeschäft** ist ein zumindest aus einer Willenserklärung bestehender (und somit final herbeigeführter) Tatbestand, an den die Rechtsordnung Rechtswirkungen knüpft (vgl BAGE 102, 164). Ein Rechtsgeschäft kann sich in einer einzigen Willenserklärung erschöpfen (etwa: Anfechtung, Erhebung einer Einrede), ausschließlich aus mehreren Willenserklärungen bestehen (etwa: formloser Vertrag, Vereins- oder Wohnungseigentümerbeschluss, vgl BayObLGZ 01, 201) oder neben dem Erklärungsakt weitere Tatbestandselemente (etwa: Übergabe einer Sache, Grundbucheintragung) voraussetzen.

2 Die §§ 104–185 enthalten **allg Vorschriften** für sämtliche Rechtsgeschäfte des Privatrechts, die insoweit Anwendung finden, als sie nicht in einzelnen Rechtsmaterien durch Sonderregeln verdrängt werden. Besondere Vorschriften gelten insb bei den nicht-vermögensrechtlichen Rechtsgeschäften des 4. und 5. Buches, so zB bei den familienrechtlichen Rechtsgeschäften Verlöbnis (§§ 1297 ff) oder Eheschließung (§§ 1310 ff) oder den Rechtsgeschäften von Todes wegen wie Testament (§§ 2064 ff) oder Erbvertrag (§§ 2274 ff).

3 II. Die privatrechtlichen Rechtsgeschäfte können unter verschiedenen Ordnungsgesichtspunkten systematisiert werden. 1. Nach der **Anzahl der an einem Rechtsgeschäft beteiligten Personen** sind ein- und mehrseitige Rechtsgeschäfte zu unterscheiden. **Einseitige** Rechtsgeschäfte werden von einem einzigen Rechtssubjekt vorgenommen (etwa: Testament, Anfechtung, Kündigung, Vollmacht, Genehmigung, Aufrechnung, Auslobung), an **mehrseitigen Rechtsgeschäften** wirken demgü mehrere Personen mit. Wichtigster Unterfall der mehrseitigen Rechtsgeschäfte ist der **Vertrag**, der aus den korrespondierenden Willenserklärungen mind zweier Personen besteht (Vor §§ 145–157

Rn 1). Demggü sind in den **Beschlüssen** (des Vereins- und Gesellschaftsrechts) die Erklärungen der Beteiligten nicht aufeinander bezogen, sondern werden parallel abgegeben. Soweit ein Beschluss nicht einstimmig, sondern nur mehrheitlich gefasst worden sein muss, bindet er auch Stimmberechtigte, die nicht zugestimmt oder sich an der Beschlussfassung überhaupt nicht beteiligt haben.

2. Im Hinblick auf ihre **Rechtsfolgen** unterscheiden sich Verpflichtungs- und Verfügungsgeschäfte. **Verpflichtungsgeschäfte** begründen Leistungspflichten einer Person ggü einer anderen und geben damit dem Gläubiger das Recht, von dem Schuldner ein Tun oder Unterlassen zu fordern (§ 241). Rechtsgeschäftliche Verpflichtungen beruhen (idR) auf Vertrag (§ 311 I) oder (ausnahmsweise) auf einem einseitigen Rechtsgeschäft (etwa: § 657). **Verfügungsgeschäfte** wirken demggü unmittelbar auf ein bestehendes Recht ein, indem sie es übertragen, belasten, inhaltlich verändern oder aufheben (BGHZ 101, 26). Aus Gründen der Rechtssicherheit gilt für Verfügungen ein numerus clausus. Wegen ihrer unmittelbaren Einwirkung auf den Rechtsbestand des jeweiligen Inhabers sind sie grds nur wirksam, wenn dem Verfügenden (zB dem Veräußerer) eine besondere Rechtsmacht zur Vornahme des Geschäfts zukommt (**Verfügungsbefugnis**); diese Verfügungsbefugnis steht idR dem Rechtsinhaber zu (Ausn: Insolvenzverwalter, Testamentsvollstrecker). Verfügungen können sich sowohl auf persönliche wie auf dingliche Rechte beziehen. Sie sind idR in einem Vertrag enthalten, so etwa bei Abtretung (§ 398), Inhaltsänderung (§ 311 I), Erlass (§ 397), dinglicher Einigung (§§ 929, 873), Bestellung von Nießbrauch oder Pfandrecht an beweglichen Sachen, Grundstücken und Rechten (§§ 1030, 1068, 1113, 1204, 1273). Verfügungen können aber auch durch einseitiges Rechtsgeschäft vorgenommen werden, so etwa bei der Eigentumsaufgabe (§ 959). Auch die Ausübung bestimmter Gestaltungsrechte wie Anfechtung, Kündigung, Widerruf, Rücktritt, Erhebung einer Einrede (dazu Thomale AcP 212, 920) stellt eine Verfügung dar, soweit der Rechtsinhaber dadurch auf ein bestehendes Recht einwirkt.

Nicht alle Rechtsgeschäfte lassen sich in den Kategorien des Verpflichtungs- bzw Verfügungsgeschäfts unterbringen. Mit **Rechtswirkungen eigener Art** verbunden sind zB der rechtsgeschäftliche **Erwerb** eines Rechts oder einer Sache (§§ 398, 929, 873) aus der Sicht der nichtverfügenden Partei, die Vollmachtserteilung (§ 167), Zustimmung (§§ 182 ff), Ausübung eines Gestaltungsrecht wie Anfechtung, Kündigung, Widerruf, Rücktritt, soweit der Erklärende dadurch nicht auf ein Recht, sondern eine Verpflichtung einwirkt. Sog „Verfügungen von Todes wegen" (Testament; Erbvertrag) sind keine Verfügungen im technischen Sinne.

3. **Zuwendungsgeschäfte** (dh Rechtsgeschäfte, die dem Vertragspartner einen Vermögenswert verschaffen sollen) können nur Bestand haben, wenn die Zuwendung mit Rechtsgrund erfolgt, dh der ihr unmittelbar zugrunde liegende Zweck („causa") mit der Zuwendung erreicht worden ist. Bei **kausalen Geschäften** ist dieser Zweck Bestandteil der Abrede (etwa: Eingehung einer Verpflichtung zwecks Erwerbs der Gegenverpflichtung in gegenseitigen Verträgen). Wird der Zweck nicht verwirklicht, ist das Geschäft ohne weiteres insgesamt hinfällig (vgl §§ 320, 326 I 1). IdR sind Verpflichtungsgeschäfte kausale Geschäfte (Ausn: §§ 780, 784). Bei **abstrakten Geschäften** ist der Zuwendungszweck selbst nicht Gegenstand des Rechtsgeschäfts (Bsp: Übereignung einer Sache oder Abtretung einer Forderung zwecks Erfüllung einer zugrunde liegenden Verpflichtung); diese Geschäfte bleiben folglich rechtswirksam, auch wenn der Zweck der Zuwendung nicht erreicht werden konnte. Allerdings muss der zugewandte Vermögenswert gem § 812 I 1, 1. Fall als rechtsgrundlos erlangte Leistung wieder an den Zuwendenden zurückgegeben werden. Verfügungsgeschäfte sind in aller Regel abstrakt (Ausn zB: Inhaltsänderung nach § 311 I; Einverständnis des Gläubigers mit der Schuldübernahme nach § 415 I).

III. 1. Ein Rechtsgeschäft ist **wirksam**, wenn sein Tatbestand (Rn 1) erfüllt ist und zusätzlich erforderliche Wirksamkeitsvoraussetzungen wie zB die Geschäftsfähigkeit des Erklärenden, Beachtung einer bestimmten Form oder eine private oder behördliche Zustimmung (§§ 182 ff) vorliegen. Mangelt es bereits am Tatbestand, liegt überhaupt kein Rechtsgeschäft, fehlt eine vorgeschriebene Wirksamkeitsvoraussetzung, liegt idR ein **nichtiges Rechtsgeschäft** vor (vgl etwa §§ 105, 116–118, 125, 134, 138). Auf die Nichtigkeit eines Rechtsgeschäfts kann sich jedermann berufen. Nichtige Rechtsgeschäfte müssen neu vorgenommen (§ 141) und können nur in Ausnahmefällen geheilt werden (vgl etwa §§ 311 b I 2, 494 II, 502 III 2, 518 II, 766 S 3). Im Ausnahmefall kann eine Berufung auf die Nichtigkeit (zB wegen Formmangels, § 125) gegen Treu und Glauben (§ 242) verstoßen.

8 **Schwebend unwirksame Rechtsgeschäfte** sind unwirksam, können aber durch nachträgliche Erfüllung einer Wirksamkeitsvoraussetzung rückwirkend (ex tunc) Wirksamkeit erlangen (so bei Genehmigung eines Zustimmungsberechtigten nach §§ 108 I, 177 I, 181, 1366, 1369 III, 1829 I). **Relativ unwirksame Rechtsgeschäfte** sind nicht ggü jedermann („absolut"), sondern nur ggü bestimmten Personen unwirksam (vgl etwa §§ 135, 136, 883 II, 888 I).

9 **Anfechtbare Rechtsgeschäfte** werden mit ex tunc-Wirkung (§ 142 I) vernichtet, wenn der Anfechtungsberechtigte bei Vorliegen eines Anfechtungsgrundes (§§ 119 ff, 2078: Irrtum, Täuschung, Drohung) die Anfechtung erklärt. Auch ein aus anderen Gründen nichtiges Rechtsgeschäft kann gleichwohl zusätzlich noch anfechtbar sein (hM). Nicht um eine Anfechtung iS der §§ 142, 143 geht es dag bei der Anfechtung der Vaterschaft (§§ 1600 ff), des Erbschaftserwerbs bei Erbunwürdigkeit (§§ 2340 ff) sowie von Rechtshandlungen des Schuldners nach dem AnfG (§§ 1 ff) und der InsO (§§ 129 ff). Diese Arten der Anfechtung haben mit der Anfechtung der eigenen Willenserklärung wegen eines Willensmangels nur den Namen gemeinsam. **Widerrufliche Rechtsgeschäfte** bzw solche unter **Rücktrittsvorbehalt** werden bei Vorliegen eines (vereinbarten oder gesetzlichen) Rücktritts- oder Widerrufsgrundes durch den Rücktritt oder Widerruf einer Partei (etwa §§ 346, 355) mit ex nunc-Wirkung in ein Rückgewährschuldverhältnis umgewandelt.

10 2. Da es sich bei den Verfügungs- und den ihnen zugrunde liegenden Kausal- oder Verpflichtungsgeschäften (Rn 4) um rechtlich selbständige Rechtsgeschäfte handelt (**Trennungsprinzip**), sind im konkreten Fall auch die Wirksamkeitsvoraussetzungen und Unwirksamkeitsgründe für jedes der beiden Rechtsgeschäfte selbständig festzustellen. Das Verfügungsgeschäft wird von einer etwaigen Unwirksamkeit des Kausalgeschäfts grds nicht erfasst (**Abstraktionsprinzip**). Etwas anderes gilt nur, wenn die Wirksamkeit der Verpflichtung von den Parteien zur Bedingung der Verfügung (§ 158) gemacht worden ist, wenn ein und ders Unwirksamkeitsgrund sowohl das Verpflichtungs- wie auch das Verfügungsgeschäft erfasst („Fehleridentität", so häufig bei Unwirksamkeit gem § 105 oder Anfechtung nach § 123 I) oder wenn zwischen beiden Geschäften ausnahmsweise eine Geschäftseinheit iS des § 139 besteht (vgl § 139 Rn 7).

11 IV. Während die Rechtsfolgen eines Rechtsgeschäfts (Willenserklärung) von den Beteiligten final herbeigeführt werden, lösen **Rechtshandlungen** Rechtswirkungen ohne Rücksicht darauf aus, ob die Handelnden diese Wirkungen gewollt haben oder nicht. Dies gilt für geschäftsähnliche Handlungen und Realakte. Die (rechts-) **geschäftsähnlichen Handlungen** enthalten – ebenso wie Rechtsgeschäfte – zwar eine Erklärung; die daran geknüpfte Rechtsfolge tritt jedoch unabhängig vom Parteiwillen kraft gesetzlicher Anordnung ein (BGHZ 145, 346 f), so zB bei einer Mahnung (§ 286), Mitteilung oder Anzeige (§§ 149, 171, 409 I, 415 I 2), einer Aufforderung zur Abgabe einer Willenserklärung (§§ 108 II, 177 II), einer Fristsetzung (§ 281 I 1), aber auch bei einer Einwilligung in Freiheitsentzug, Heileingriff oder Körperverletzung. Auf geschäftsähnliche Handlungen werden die allg Vorschriften über Willenserklärungen betr Geschäftsfähigkeit, Willensmängel, Auslegung, Stellvertretung usw iZw analog angewandt (Ulrici NJW 03, 2053); für die Gestattung eines Eingriffs in persönliche Rechtsgüter ist eine natürliche Einsichtsfähigkeit in die Tragweite des Eingriffs (etwa: Operation, Schwangerschaftsunterbrechung) erforderlich.

12 Bei **Realakten** (Tathandlungen) ist die Rechtsfolge allein mit dem Eintritt eines tatsächlichen Erfolgs verbunden. Rechtmäßige Realakte sind zB Erwerb, Aufgabe und Übertragung von Besitz, Verbindung, Vermischung und Verarbeitung (§ 946 ff), Fund (§ 965, 984), das Einbringen von Sachen (§§ 562, 704) oder die Verzeihung (§§ 532 S 1, 2337, 2343). Die Vorschriften über Rechtsgeschäfte gelten hier auch nicht in entspr

Anwendung. Die Rechtswirkungen von Realakten sind zT (vgl §§ 946 ff) an keinerlei persönliche Voraussetzungen geknüpft, zT setzen sie eine natürliche Einsichtsfähigkeit (so etwa bei Verzeihung), zT aber – wie bei der bewussten Veranlassung eines Rechtscheins – analog §§ 104 ff Geschäftsfähigkeit voraus. Rechtswidrige Realakte lösen idR wegen des damit verbundenen Eingriffs in fremde Rechte oder Rechtsgüter Schadensersatz-, Unterlassungs-, Herausgabe- oder Bereicherungsansprüche aus (vgl nur §§ 687 II, 812 I 1, 2. Fall, 823 ff, 858, 985, 1004).

V. Erklärungen, die aus bloßer Gefälligkeit (Freundschaft, Kollegialität) und damit **ohne Rechtsbindungswillen** abgeben werden, liegen außerhalb der Rechtssphäre und haben allein gesellschaftliche Auswirkungen. Sie begründen kein Rechts-, sondern ein **Gefälligkeitsverhältnis**. Um eine bloße Gefälligkeit handelt es sich idR bei einer Beaufsichtigung der zu Besuch weilenden Nachbarskinder (BGH NJW 68, 1874), Mitnahme von Arbeitskollegen im Pkw (BGH NJW 1992, 498), Winkzeichen im Straßenverkehr (OLG Frankfurt NJW 65, 1335), Ausfüllen eines Lottoscheins für eine Tippgemeinschaft (BGH NJW 74, 1705); auch eine Absprache über Empfängnisverhütung unter eheähnlich zusammenlebenden Partnern ist rechtlich unverbindlich (BGHZ 97, 377 f; dazu Looschelders Jura 00, 169). Ob ein Rechtsbindungswille vorliegt (und wo somit die Grenze zwischen Gefälligkeitsverhältnis und – insb unentgeltlichem – Rechtsgeschäft verläuft), richtet sich nicht nach dem Willen der Beteiligten, sondern ist objektiv aus der Perspektive eines Dritten unter Würdigung aller Umstände wie etwa der rechtlichen und wirtschaftlichen Bedeutung des Verhaltens sowie der Interessenlage der Parteien zu entscheiden (BGHZ 21, 107; 88, 382; 92, 168; BGH NJW 12, 3366 Rn 16). IR eines Gefälligkeitsverhältnisses entstehen weder Erfüllungs- noch Aufwendungsersatzansprüche, wohl aber uU Ansprüche auf Schadensersatz aus §§ 823 ff sowie in analoger Anwendung der §§ 280 I, 311 II.

13

Titel 1
Geschäftsfähigkeit

Vorbemerkung zu §§ 104–113

I. Die §§ 104–113 **schützen nicht** oder nur **beschränkt geschäftsfähige** und somit zu einer eigenverantwortlichen Teilnahme am Rechtsverkehr nicht oder nur begrenzt fähige **Personen** vor den belastenden Rechtsfolgen ihrer eigenen Willenserklärungen (Vor §§ 104–184 Rn 1). Soweit sich die §§ 104 ff auf Minderjährige beziehen, sichern sie außerdem die erzieherische Einflussnahme des gesetzlichen Vertreters insb iR der elterlichen Sorge.

1

II. 1. Geschäftsfähigkeit ist die Fähigkeit, rechtsgeschäftliche Willenserklärungen wirksam abzugeben und entgegenzunehmen. Sie ist neben der Deliktsfähigkeit (§§ 827 f) und der Verantwortlichkeit für pflichtwidriges Verhalten in Schuldverhältnissen (§ 276 I 2) ein Unterfall der Handlungsfähigkeit, dh der Fähigkeit, durch eigenes Verhalten Rechtswirkungen auszulösen. Die Geschäftsfähigkeit ist zu unterscheiden von der Rechtsfähigkeit (§ 1 Rn 2) sowie der Verfügungsbefugnis oder Verfügungsmacht (Vor §§ 104–185 Rn 4). Die allg Vorschriften über die Geschäftsfähigkeit in den §§ 104 ff werden ergänzt durch Sondervorschriften über die Ehe- (§§ 1303 f), Testier- (§§ 2229 ff) und Bekenntnisfähigkeit (§ 5 RelKEG). Verfahrensrechtliches Gegenstück zur materiell-rechtlichen Geschäftsfähigkeit ist die Prozessfähigkeit als Fähigkeit, einen Prozess selbst oder durch einen Prozessbevollmächtigten zu führen (§§ 51 f ZPO).

2

2. Das BGB setzt Geschäftsfähigkeit als Regelfall voraus und normiert nur die **Ausn der Geschäftsunfähigkeit** (§§ 104 f) und der **beschränkten Geschäftsfähigkeit** (§§ 106 ff). Der gute Glaube an die Geschäftsfähigkeit wird nicht geschützt (BGH NJW 1977, 623; Ausn: Art 16 II WG, Art 21 ScheckG).

3

§ 104 Geschäftsunfähigkeit

Geschäftsunfähig ist:
1. wer nicht das siebente Lebensjahr vollendet hat,
2. wer sich in einem die freie Willensbestimmung ausschließenden Zustand krankhafter Störung der Geistestätigkeit befindet, sofern nicht der Zustand seiner Natur nach ein vorübergehender ist.

1 I. **Geschäftsunfähigen Personen** fehlt die Fähigkeit, wirksame Willenserklärungen abzugeben (§ 105 I, vgl aber § 105 a S 1). Die Geschäftsunfähigkeit kann auf zu geringem **Alter** (**Nr 1**) oder auf einer **geistigen Erkrankung** (**Nr 2**), nicht mehr dag auf Entmündigung beruhen (Nr 3 aufgehoben durch BtG v 12.9.90). Durch Anordnung der rechtlichen Betreuung (§§ 1896 ff) wird die Geschäftsfähigkeit des Betreuten nicht eingeschränkt.

2 II. 1. **Kinder** sind ungeachtet ihrer geistigen Entwicklung im konkreten Fall bis zum 7. Geburtstag um 0.00 Uhr (§§ 187 II 2, 188 II) geschäftsunfähig (Nr 1), danach – vorbehaltlich des § 104 Nr 2 – beschränkt geschäftsfähig (§ 106).

3 2. Geschäftsunfähig ist auch, wer sich **dauerhaft** in einem solchen Zustand krankhafter **Störung der Geistestätigkeit** (Geisteskrankheit oder -schwäche) befindet, dass eine **freie Willensbildung** ausgeschlossen ist (Nr 2), so etwa bei intellektueller Minderbegabung (OLG Köln MDR 11, 649); nicht aber ohne weiteres bei Alkoholismus (BayObLGZ 02, 202).

4 Die krankhafte Störung und damit die Geschäftsunfähigkeit kann sich auf einen gegenständlich abgegrenzten Geschäftsbereich beschränken (**„partielle Geschäftsunfähigkeit"**, vgl BGHZ 30, 117 f; 143, 125), so zB bei Querulantenwahn auf die Führung von Prozessen. Ebenso kann eine partielle Geschäftsunfähigkeit (zB für Eheschließung, vgl BVerfG NJW 03, 1383) gegeben sein. Dag ist eine **relative**, dh auf besonders schwierige Geschäfte beschränkte **Geschäftsunfähigkeit** wegen der dadurch entstehenden Rechtsunsicherheit (Abgrenzungsprobleme) nicht anzuerkennen (BGH NJW 1970, 1681; BayObLG NJW 1989, 1678).

5 Der krankhafte Zustand muss **dauerhaft** sein; bei lediglich vorübergehenden Störungen (Rauschzustand, Bewusstlosigkeit) liegt keine Geschäftsunfähigkeit vor (vgl aber § 105 II). Wenn umgekehrt eine dauerhaft erkrankte Person eine Willenserklärung in einem lichten Moment (**lucidum intervallum**) abgibt, besteht Geschäftsfähigkeit und die Erklärung ist wirksam.

6 Eine **freie Willensbildung** ist **ausgeschlossen**, wenn eine Person krankheitsbedingt nicht in der Lage ist, ihren Willen frei und unbeeinflusst zu bilden und nach zutreffend gewonnener Einsicht zu handeln (BGH NJW 96, 919).

7 III. Bei einem Volljährigen wird Geschäftsfähigkeit als Regelfall unterstellt. Wer sich auf Geschäftsunfähigkeit beruft, muss ihre Voraussetzungen **beweisen**; dies gilt auch bei fortschreitender Demenz (OLG München NJW-RR 09, 1599). Gelingt der Beweis, trägt der Gegner dann die Beweislast für das Vorliegen „lichter Augenblicke" (BGH NJW 1988, 3011). Kann dag die **Prozessfähigkeit** (vgl Vor §§ 104–113 Rn 2) einer Partei nicht festgestellt werden, gilt sie als prozessunfähig; der Erl eines Sachurteils ist ausgeschlossen (BGHZ 18, 189 f; 86, 189).

§ 105 Nichtigkeit der Willenserklärung

(1) Die Willenserklärung eines Geschäftsunfähigen ist nichtig.
(2) Nichtig ist auch eine Willenserklärung, die im Zustand der Bewusstlosigkeit oder vorübergehender Störung der Geistestätigkeit abgegeben wird.

1 I. Die Vorschrift betrifft die Abgabe von **Willenserklärungen** (Vor §§ 104–185 Rn 1) durch **Geschäftsunfähige** (**Abs 1**) und Geschäftsfähige im Zustand der **Bewusstlosigkeit** oder **vorübergehenden Störung der Geistestätigkeit** (**Abs 2**). Sonderregeln enthalten §§ 1304, 1314 II Nr 1 (Eheschließung) und 2229 IV (Testamentserrichtung). Auf ge-

schäftsähnliche Handlungen (Vor §§ 104–185 Rn 11) findet die Bestimmung analoge, auf Realakte (Vor §§ 104–185 Rn 12) dag keine Anwendung. Ein Geschäftsunfähiger kann daher zB Besitz erwerben (§ 854 I) oder aufgeben (§ 856 I 1. Fall), sofern er zur Bildung eines entspr natürlichen Willens in der Lage ist.

II.1. Die **Willenserklärung** einer zum Zeitpunkt der Abgabe geschäftsunfähigen Person (§ 104) ist **nichtig** (Abs 1), und zwar auch dann, wenn die Erklärung lediglich rechtliche Vorteile mit sich bringt (zB Schenkungsannahme). Der Eintritt von Geschäftsunfähigkeit nach Abgabe der Erklärung hat dag auf ihre Wirksamkeit keinen Einfluss (§§ 130 II, 153). Zum Empfang einer Willenserklärung durch einen Geschäftsunfähigen s § 131 I. Guter Glaube des Geschäftsgegners wird nicht geschützt.

Die Rechte eines Geschäftsunfähigen werden allein durch seinen **gesetzlichen Vertreter** (vgl insb § 1629) wahrgenommen. Der Geschäftsunfähige wird aus den Geschäften des Vertreters berechtigt und verpflichtet (§§ 164 ff; zur Haftungsbeschränkung für Rechtsgeschäfte des Vertreters vgl § 1629 a) und haftet für ihr Verschulden nach § 278 I 1. Auch durch Genehmigung (§ 184) des gesetzlichen Vertreters kann die Willenserklärung eines Geschäftsunfähigen nicht wirksam werden; die Genehmigung kann jedoch als Neuvornahme (§ 141) zu werten sein.

2. Nichtig ist ferner die Willenserklärung eines (auch: beschränkt) Geschäftsfähigen, der sich im Zustand der Bewusstlosigkeit oder einer vorübergehenden Störung der Geistestätigkeit befindet (**Abs 2**). **Bewusstlosigkeit** iS der Vorschrift liegt bereits vor bei einer weitgehenden Bewusstseinstrübung (zB durch Fieber, Erschöpfung, Trunkenheit, Drogenkonsum), die verhindert, dass der Erklärende Inhalt und Bedeutung seiner Erklärung erfasst (BGH WM 72, 972); bei Bewusstlosigkeit im eigentlichen Sinne (Ohnmacht, Koma, Hypnose, Schlafwandeln) liegt mangels Handlungswillens (Vor §§ 116–144 Rn 4) überhaupt keine Willenserklärung vor. Die **Störung der Geistestätigkeit** muss vorübergehenden Charakter haben (zB infolge Hysterie, hochgradiger Zuckerkrankheit), sonst § 104 Nr 2; sie kann auf einen bestimmten Lebensbereich, nicht aber auf besonders schwierige Rechtsgeschäfte beschränkt sein (vgl § 104 Rn 4). Ebenso wie in § 104 Nr 2 muss auch bei einer nur vorübergehenden Störung nach Abs 2 die freie Willensbildung des Erklärenden infolge seines Zustands ausgeschlossen sein (BGH FamRZ 70, 641).

§ 105 a Geschäfte des täglichen Lebens

¹Tätigt ein volljähriger Geschäftsunfähiger ein Geschäft des täglichen Lebens, das mit geringwertigen Mitteln bewirkt werden kann, so gilt der von ihm geschlossene Vertrag in Ansehung von Leistung und, soweit vereinbart, Gegenleistung als wirksam, sobald Leistung und Gegenleistung bewirkt sind. ²Satz 1 gilt nicht bei einer erheblichen Gefahr für die Person oder das Vermögen des Geschäftsunfähigen.

I. Die Vorschrift zielt darauf ab, die **Rechtsstellung volljähriger Geschäftsunfähiger** (Rn 2) dadurch zu **verbessern**, dass ihnen unter Beibehaltung des von § 105 I gewährten Schutzes (Vor §§ 104–113 Rn 1) eine begrenzte Teilnahme am Rechtsverkehr ermöglicht wird (vgl auch Pawlowski JZ 03, 66; Lipp FamRZ 03, 721; Löhnig/Schärtl AcP 04, 25). Zu diesem Zweck fingiert die Bestimmung bei kleineren (**S 1**) und ungefährlichen (**S 2**) Geschäften des täglichen Lebens (Rn 3, 4) im Hinblick auf den Leistungsaustausch eine Wirksamkeit ex nunc von der wechselseitigen Leistungserbringung an (Rn 5; vgl Casper NJW 02, 3427).

II. 1. Das Geschäft muss von einer **volljährigen** (§ 2) **geschäftsunfähigen Person** (§ 104 Nr 2) getätigt werden. Auf Minderjährige – gleich ob geschäftsunfähig (§ 104 Nr 1, 2) oder nicht – findet die Vorschrift keine Anwendung.

2. **Geschäfte des täglichen Lebens** sind solche, die zur Deckung des menschlichen Grundbedarfs notwendig sind (etwa: Kauf von Lebensmitteln, Kleidung, Kosmetika, Zeitungen; Inanspruchnahme von Friseur, Verkehrsmitteln, Post, vgl auch § 1903 III 2). Entscheidend ist die Verkehrsanschauung. Auf die Häufigkeit der Vornahme eines bestimmten Geschäfts kommt es dag nicht an. Das Geschäft muss mit ge-

ringwertigen **Mitteln** bewirkt werden können, dh sich in einem (gemessen am üblichen Preis- und Einkommensniveau) überschaubaren Rahmen halten.

4 Ausgeschlossen sind nach S 2 solche Geschäfte, die für Person oder Vermögen des Geschäftsunfähigen eine **erhebliche Gefahr** bergen (wie uU der Verkauf von Alkohol).

5 Ist bei Geschäften der beschriebenen Art (Rn 3, 4) der Leistungsaustausch erfolgt, so wird „in Ansehung" von Leistung und Gegenleistung die Wirksamkeit des Vertrages fingiert, dh eine **Rückforderung aus** § 812 I 1 1. **Fall ausgeschlossen**. IÜ bleibt der Vertrag unwirksam (§ 105 I). Die Ratio (Rn 1) dieser schlecht durchdachten Vorschrift erfordert aber weitergehend, dass der Geschäftsunfähige auch Sekundär-, insb Gewährleistungsrechte geltend machen kann und auch die Erfüllungsgeschäfte wirksam werden (Casper NJW 02, 3427 f)

§ 106 Beschränkte Geschäftsfähigkeit Minderjähriger

Ein Minderjähriger, der das siebente Lebensjahr vollendet hat, ist nach Maßgabe der §§ 107 bis 113 in der Geschäftsfähigkeit beschränkt.

1 **I.** Die §§ 106–113 eröffnen über sieben Jahre alten Minderjährigen einen **begrenzten** (und kontrollierten) **Freiraum** zur selbständigen **Teilnahme am Rechtsverkehr**, indem sie ein rechtsgeschäftliches Handeln dieses Personenkreises nicht von vornherein unterbinden, sondern von der Zustimmung (§§ 182 ff) des gesetzlichen Vertreters abhängig machen. Zur Abgabe von Willenserklärungen ggü nicht voll Geschäftsfähigen s § 131 II.

2 **II. 1.** Der **Minderjährige** ist vom **7. Geburtstag** um 0.00 Uhr (§ 187 II 2) an bis zum Eintritt der Volljährigkeit (§ 2) am 18. Geburtstag um 0.00 Uhr (§§ 187 II 2, 188 II) beschränkt geschäftsfähig. Er erlangt auch durch eine Heirat keine volle Geschäftsfähigkeit (vgl aber §§ 8 II, 1633).

3 **2. Beschränkte Geschäftsfähigkeit** bedeutet, dass der Minderjährige zu einer rechtlich nachteiligen Willenserklärung oder geschäftsähnlichen Handlung der Einwilligung (§ 183 S 1) seines gesetzlichen Vertreters bedarf (§ 107). Fehlt sie, sind einseitige Rechtsgeschäfte grds endgültig (§ 111 S 1), Verträge dag schwebend unwirksam (vgl Vor §§ 104–185 Rn 8), dh unwirksam mit der Möglichkeit einer Heilung durch Genehmigung nach Maßgabe der §§ 108, 109.

4 Anders als in § 105 legt das BGB demnach die Voraussetzungen, unter denen die **Willenserklärung** eines **beschränkt Geschäftsfähigen unwirksam** ist, nicht abschließend in einer einzigen Norm fest; vielmehr ergeben sich die Bedingungen einer solchen Unwirksamkeit aus einer Gesamtschau der §§ 106–113. Dabei empfiehlt sich folgender Prüfungsansatz: Die Willenserklärung eines beschränkt Geschäftsfähigen ist nach §§ 106 ff dann unwirksam, wenn er (**1**) zur Abgabe der konkreten Erklärung der Zustimmung (§§ 182 ff) seines gesetzlichen Vertreters bedurfte und (**2**) eine solche Zustimmung (durch Einwilligung oder Genehmigung) nicht wirksam erteilt worden ist.

5 **Zu (1):** Ein über sieben Jahre alter Minderjähriger bedarf zur Abgabe wirksamer Willenserklärungen grds **immer** der **Zustimmung** seines gesetzlichen Vertreters, sofern ihm nicht entweder gem §§ 112, 113 partielle Geschäftsfähigkeit eingeräumt wurde oder es sich um eine lediglich vorteilhafte bzw neutrale Willenserklärung handelt (arg § 107, vgl dort Rn 2 ff, 9).

6 **Zu (2):** An einer wirksamen **Zustimmung fehlt** es dann, wenn der gesetzliche Vertreter keine Einwilligung erklärt hatte (näher § 107 Rn 11 ff) und eine Genehmigung entweder nicht – mehr – möglich (vgl § 108 Rn 1: vorheriger Widerruf gem §§ 109 I 1; 111 S 1: einseitige Rechtsgeschäfte) oder nicht wirksam erteilt worden ist (vgl § 108 Rn 2, 3).

7 **III.** Dem Schutzbedürfnis des beschränkt geschäftsfähigen Minderjährigen wird auch **außerhalb des Vertragsrechts** Rechnung getragen: **1.** Aus **vorvertraglichem Verschulden** (gesetzliches Schuldverhältnis nach § 311 II) haftet der Minderjährige nur dann, wenn er den geschäftlichen Kontakt mit Zustimmung des gesetzlichen Vertreters aufgenommen hatte (§§ 106 ff analog, nach aA: Geschäftsfähigkeit erforderlich). Dem

Rechtsgedanken des § 107 entspr stehen ihm selbst jedoch in jedem Fall Ansprüche aus §§ 280 I, 311 II zu.

2. Werden gegen einen minderjährigen **Geschäftsherrn** Ansprüche aus **Geschäftsführung ohne Auftrag** geltend gemacht, so kommt es bei Anwendung der §§ 677, 678, 683 nicht auf den Willen des Minderjährigen, sondern auf den seines gesetzlichen Vertreters an (BGH NJW 1971, 612). Der geschäftsunfähige oder beschränkt geschäftsfähige **Geschäftsführer** haftet seinerseits nur nach Delikts- und Bereicherungsrecht (§ 682). 8

3. Soweit iR des **Eigentümer-Besitzer-Verhältnisses** auf die Bösgläubigkeit des Besitzers abgestellt wird (vgl § 990), ist str, ob und ggf in welcher Situation es auf die Bösgläubigkeit eines nichtberechtigten Minderjährigen oder die seines gesetzlichen Vertreters ankommt; zur Differenzierung der hM vgl die Parallelproblematik im Bereicherungsrecht (Rn 11). 9

4. Ein Anspruch aus **unerlaubter Handlung** kann gegen einen Minderjährigen grds nur geltend gemacht werden, wenn er bei Zufügung des Schadens deliktsfähig war (§ 828 I, II). Die **Einwilligung in eine Rechtsgutverletzung** iSd § 823 I ist keine Willenserklärung, sondern eine Gestattung zur Vornahme einer tatsächlichen Handlung, die in den Rechtskreis des Gestattenden eingreift (hM, vgl BGHZ 29, 36 und näher § 823 Rn 78 ff). Die Gestattung zum Eingriff in Vermögensrechte erfordert Geschäftsfähigkeit (§§ 104 ff analog). Bei Eingriffen in persönliche Rechtsgüter (etwa: ärztlicher Eingriff) setzt eine wirksame Gestattung Einwilligungsfähigkeit voraus, dh der Minderjährige muss die Bedeutung und Tragweite der Rechtsgutbeeinträchtigung und ihrer möglichen Folgen ermessen können. Ob der Arzt daneben auch die Zustimmung des gesetzlichen Vertreters (§§ 1626, 1629, 1631) einholen muss, richtet sich nach dem Alter des Minderjährigen sowie Art und Dringlichkeit des Eingriffs. 10

5. Von einem minderjährigen (bzw geschäftsunfähigen) **Bereicherungsschuldner** (§§ 812ff) kann nach § 818 II Wertersatz für erlangte Gebrauchsvorteile oder Dienstleistungen nur insoweit verlangt werden, als Aufwendungen erspart wurden, die dem Willen des gesetzlichen Vertreters entsprochen hätten. IR der verschärften Haftung wegen Bösgläubigkeit nach § 819 I ist bei der Eingriffskondiktion auf die Einsichtsfähigkeit und Kenntnis des Minderjährigen vom Mangel des fehlenden Rechtsgrundes abzustellen (§ 828 II analog), bei der Leistungskondiktion auf die Kenntnis des gesetzlichen Vertreters (§ 166 I analog) abzustellen, sofern in diesem letzten Fall nicht gleichzeitig auch eine unerlaubte Handlung des Minderjährigen vorliegt (hM, instruktiv BGHZ 55, 136 f). Bei Anwendung des § 818 III darf die Saldotheorie nicht zu Lasten des Geschäftsunfähigen herangezogen werden (BGHZ 126, 107). Beruft sich dieser auf den Wegfall der Bereicherung, trägt er allerdings dafür die Beweislast (BGH WM 03, 1489). 11

§ 107 Einwilligung des gesetzlichen Vertreters

Der Minderjährige bedarf zu einer Willenserklärung, durch die er nicht lediglich einen rechtlichen Vorteil erlangt, der Einwilligung seines gesetzlichen Vertreters.

I. Willenserklärungen eines beschränkt geschäftsfähigen Minderjährigen (§ 106) sind grds nur wirksam, wenn der gesetzliche Vertreter **eingewilligt** hat (Sonderregelung für einseitige, empfangsbedürftige Rechtsgeschäfte in § 111 S 2, 3, dazu § 111 Rn 3). Bei lediglich **rechtlich vorteilhaften Geschäften** fehlt es aber an einer Schutzbedürftigkeit, so dass dem Minderjährigen insoweit volle Geschäftsfähigkeit zugebilligt wird. Für geschäftsähnliche Handlungen (Vor §§ 104–185 Rn 11) gilt § 107 entspr (Rn 8). Parallelvorschriften sind §§ 131 II 2, 1903 III 1. Anders als die Ermächtigung nach §§ 112, 113 (§ 112 Rn 1) hebt die Einwilligung die beschränkte Geschäftsfähigkeit des Minderjährigen nicht (partiell) auf; der gesetzliche Vertreter (zu dessen Stellung s § 105 Rn 3) kann daher das Geschäft sowohl nach erteilter Einwilligung als auch bei rechtlicher Vorteilhaftigkeit anstelle des Minderjährigen vornehmen. Zum Vertragsschluss unter Minderjährigen Lettl WM 13, 1245. 1

2 II. 1. Der Minderjährige bedarf zur Abgabe einer Willenserklärung keiner Einwilligung, wenn sie ihm lediglich einen **rechtlichen Vorteil** bringt (Erwerb von Rechten, vgl Rn 5, Erlass oder Schenkung zu Gunsten des Minderjährigen). Dass sie zu wirtschaftlichen Vorteilen führt (Schulbsp: Kauf zu günstigem Preis), reicht nicht aus, um Einwilligungsfreiheit zu bewirken (völlig hM).

3 2. Nicht lediglich rechtlich **vorteilhaft** sind Willenserklärungen, die für den Minderjährigen irgendeinen **unmittelbaren Rechtsnachteil** zur Folge haben (ausf Stürner AcP 173, 421 ff). Lediglich mittelbare Nachteile (etwa: potentielle Rückgewähransprüche; Verkehrssicherungspflicht nach Eigentumserwerb; im Ansatz abweichend BGHZ 161, 179: „unerhebliches Gefährdungspotential", vgl Rn 5) bleiben außer Betracht (str). Unmittelbar nachteilige Rechtsfolgen können sich sowohl aus der Parteivereinbarung als auch kraft Gesetzes (vgl §§ 566; 1943, 1967) ergeben.

4 Rechtlich nachteilhaft sind somit Willenserklärungen, die eine obligatorische, insb **vertragliche Haupt- oder Nebenpflicht** des Minderjährigen **begründen**. Dies ist zB der Fall bei Eingehung eines gegenseitigen oder unvollkommen zweiseitig verpflichtenden Vertrages (zu den Begriffen Vor §§ 145–157 Rn 6), bei Abschluss eines einseitig verpflichtenden Vertrages (etwa: Schenkung, Schuldversprechen) dann, wenn der Minderjährige die Verpflichtung übernimmt, oder bei Annahme eines mit einem Untervermächtnis belasteten Vermächtnisses (OLG München NJW-RR 12, 137). Lediglich **rechtlich vorteilhaft** dag ist die Annahme eines Schenkungsangebotes durch den Minderjährigen, sofern es sich nicht um eine Schenkung unter Auflage (vgl § 525) oder unter Rücktrittsvorbehalt (vgl § 346 II–IV; dazu BGHZ 161, 173) handelt, oder die Annahme eines unbelasteten Vermächtnisses (OLG München aaO).

5 Verfügungen (vgl Vor §§ 104–185 Rn 4) des Minderjährigen sind zustimmungsbedürftig, da sie sein Recht übertragen, aufheben, verändern oder belasten. Dag ist der **Erwerb** eines Rechts (Eigentum, Forderung usw) grds lediglich vorteilhaft und damit einwilligungsfrei, und zwar auch dann, wenn ihm ein nachteiliges, somit einwilligungsbedürftiges und daher schwebend unwirksames oder unter Rücktrittsvorbehalt stehendes Kausalverhältnis zugrunde liegt. Dass der Minderjährige nach Erwerb ggf einem Bereicherungs- (§ 812 I 1. Fall) oder Rückgewähranspruch (§ 346 I) ausgesetzt ist, steht dem nicht entgg (BGHZ 161, 173; OLG München NJW-RR 12, 137). Der Minderjährige bedarf beim Erwerb eines Grundstücks oder einer beweglichen Sache auch dann keiner Einwilligung, wenn diese mit einem beschränkten dinglichen Recht (Pfandrecht, Hypothek, Grundschuld, Eigentümernießbrauch) belastet sind, da die Belastung nur den wirtschaftlichen Wert des Erworbenen mindert und der Minderjährige nicht persönlich haftet, sondern allenfalls zur Duldung der Zwangsvollstreckung (§§ 1147, 1192 I), des Verkaufs (§§ 1228, 1233) oder der Versteigerung (§§ 814 ZPO, 15 ff ZVG) verpflichtet wird (BGHZ 161, 176). Dies gilt selbst dann, wenn die Belastung den Grundstückswert übersteigt. Auch ein Erwerb unter der Auflage oder dem Vorbehalt, gleichzeitig mit dem Erwerb ein beschränktes dingliches Recht zugunsten des Veräußerers zu bestellen, ist ohne Einwilligung wirksam, da es keinen Unterschied macht, ob eine von vornherein belastete Sache oder eine noch unbelastete Sache mit der Auflage übertragen wird, sofort beim Erwerb die Belastung zu bewilligen. Soll dag die dingliche Belastung erst später erfolgen, ist der Erwerb rechtlich nachteilig, da der Minderjährige zwischenzeitlich persönlich für die Bestellung haftet. Die auf einem Grundstück ruhenden öffentlich-rechtlichen Lasten (Steuern, Anliegerbeiträge) und Pflichten (Polizeipflicht) werden wegen ihres nur unerheblichen Gefährdungspotentials vom § 107 nicht erfasst (BGHZ 161, 179; dazu Schmitt NJW 05, 1091; Wilhelm NJW 06, 2354). Zur Schenkung insb von Grundstücken durch gesetzliche Vertreter an Kinder s Rn 14. Dag ist ein Erwerb einwilligungspflichtig, soweit er mit einer persönlichen Verpflichtung zu Lasten des Minderjährigen verbunden ist. Bsp: Erwerb eines vermieteten (BGHZ 162, 140 f) oder eines hypothekarisch belasteten Grundstücks unter Übernahme der persönlichen Schuld; Erwerb eines Grundstücks, das mit einer Reallast verbunden ist (vgl § 1108 I), schenkweiser Erwerb einer Eigentumswohnung wegen der sich aus der Mitgliedschaft in der Wohnungseigentümergemeinschaft ergebenden persönlichen Verpflichtungen (BGHZ 187, 119 Rn 13).

Die Annahme einer geschuldeten **Leistung als Erfüllung** (§ 362 I) führt zum Erlöschen 6
des zugrunde liegenden Anspruchs und ist deswegen für den Minderjährigen rechtlich
nachteilig. Ohne Zustimmung des gesetzlichen Vertreters fehlt ihm daher (nach der sog
Theorie der realen Leistungsbewirkung) die Empfangszuständigkeit (§ 107 analog).
Aufgrund des Abstraktionsprinzips (Vor §§ 104–185 Rn 10) behält ein Minderjähriger, der eine Leistung ohne Einwilligung des gesetzlichen Vertreters entggnimmt, infolgedessen einerseits – mangels Erfüllungswirkung – seinen zugrunde liegenden Anspruch (str), obwohl er andererseits iR des lediglich vorteilhaften Erwerbsgeschäfts den
Leistungsgegenstand erwirbt (allerdings Rückgabeanspruch aus §§ 812 I 1, 1. Fall,
818 III [!]).

Die Ausübung von **Gestaltungsrechten** (Anfechtung, Kündigung, Rücktritt, Aufrech- 7
nung usw) ist rechtlich nachteilig, weil damit notwendig ein Verlust des Gestaltungsrechts selbst und evtl weitere Rechtsnachteile (Anspruchsaufhebung, Ersatz- und Abwicklungspflichten) verbunden sind.

Geschäftsähnliche Handlungen (Vor §§ 104–185 Rn 11) sind analog § 107 einwilli- 8
gungsfrei, soweit sie die Rechtslage ausschließlich zugunsten des Minderjährigen verändern, so zB bei einer von ihm vorgenommenen Mahnung (§ 286 I).

3. Abw vom Wortlaut des § 107 kann der Minderjährige mangels Schutzbedürftigkeit 9
auch solche Rechtsgeschäfte ohne Einwilligung wirksam vornehmen, die sein Vermögen gar nicht betreffen, also für ihn weder rechtlich vor- noch nachteilhaft sind (sog
indifferente oder **neutrale Geschäfte**). Er kann zB als Stellvertreter tätig werden (§ 165)
oder mit Zustimmung des Berechtigten (§ 185 I) oder zugunsten eines gutgläubigen Erwerbers (§ 932 I) über eine fremde Sache verfügen (hM). Etwa daraus entstehende Bereicherungs- oder Deliktsansprüche gegen den Minderjährigen bleiben als nur mittelbare Rechtsfolge (Rn 3) unberücksichtigt.

4. Einwilligung ist die einseitige, empfangsbedürftige, formfreie (§ 182 II) und bis zur 10
Vornahme des Rechtsgeschäftes frei widerrufliche vorherige Zustimmung (§ 183) des
gesetzlichen Vertreters (§§ 1626 ff, 1773 ff, 1909). Sie kann bedingt erteilt (§ 158) und
– spätestens bei Vertragsschluss – sowohl dem Minderjährigen als auch dem Geschäftsgegner ggü (§ 182 I) erklärt werden. Liegt keine Einwilligung vor, gelten §§ 108
und 111 S 1.

Die Einwilligung kann **ausdrücklich** oder **konkludent** erfolgen. Als gesetzlichen Son- 11
derfall einer konkludenten Einwilligung regelt das Gesetz die Zurverfügungstellung
von Geldmitteln in § 110. Eine unbeschränkte Generaleinwilligung für sämtliche
Rechtsgeschäfte des Minderjährigen ist nicht möglich; dies würde die gesetzliche Regelung in §§ 106 ff beiseite schieben. Auch eine Ausweitung der in §§ 112, 113 vorgesehenen partiellen Geschäftsfähigkeit (§ 112 Rn 1) ist unzulässig (vgl BGHZ 47, 359).
Dag kann sich die Einwilligung auf die Vornahme eines oder mehrerer noch nicht individualisierter Rechtsgeschäfte in einem sachlich abgrenzbaren Bereich beziehen (**beschränkter Generalkonsens;** Bsp: Einwilligung zu Ferienreise deckt die damit verkehrsüblich verbundenen Beförderungs- und Übernachtungsverträge). Aus Gründen des
Minderjährigenschutzes ist die Einwilligung iZw eng auszulegen. Eine für ein bestimmtes Rechtsgeschäft erteilte Einwilligung kann aber im Wege der Auslegung uU auf notwendige Folgegeschäfte erstreckt werden (**Folgekonsens**; Bsp: Einwilligung zum Vereinsbeitritt deckt spätere Wahrnehmung der Mitgliedschaftsrechte; Einwilligung zum
Fahrzeugkauf deckt Rechtsgeschäfte, die bei Benutzung und Erhalt des Fahrzeugs erforderlich werden, BGH NJW 1977, 622).

Einen **Anspruch auf Erteilung** der Einwilligung hat der Minderjährige nach hM nicht; 12
bei pflichtwidrig-schuldhafter Verweigerung macht sich der gesetzliche Vertreter aber
möglicherweise schadensersatzpflichtig (§§ 1664 I, 1833 I). In Einzelfällen bedarf die
Einwilligung ihrerseits einer Genehmigung des Familiengerichts (§§ 1643, 1821 f).

Der **gute Glaube des Geschäftspartners** an die Volljährigkeit oder daran, dass der Min- 13
derjährige mit Einwilligung des gesetzlichen Vertreters handelt, wird nicht geschützt.
Behauptet der Minderjährige wahrheitswidrig seine Volljährigkeit oder die elterliche
Einwilligung, so kommt ggf eine Haftung aus §§ 280 I, 311 II (§ 106 Rn 7), bei entspr
Einsichtsfähigkeit iSd § 828 III auch aus §§ 823 II iVm 263 StGB, § 826 in Betracht.

14 III. Große praktische Bedeutung haben **Grundstücksschenkungen** von **Eltern** an ihre **minderjährigen Kinder**. Ist das Kind beschränkt geschäftsfähig, kann es grds sowohl die Schenkungsannahme (Rn 4) als auch sein Einverständnis mit der Auflassung (Rn 5) selbstständig erklären, weil und wenn beides für ihn lediglich rechtlich vorteilhaft ist. Nehmen die Eltern ein Insichgeschäft (§ 181) vor, bedarf es in einem solchen Fall weder für den Schenkungsvertrag (teleologische Reduktion des § 181, vgl BGHZ 59, 240; 94, 235, dazu § 181 Rn 13) noch für die Auflassung (§§ 1629 II 1, 1795 II, 181: Erfüllung einer Verbindlichkeit) eines Ergänzungspflegers gem § 1909. Ist jedoch – bei vorteilhaftem Kausalgeschäft – die Auflassung für den Minderjährigen rechtlich nachteilig (etwa weil mit der Übernahme persönlicher Pflichten aus § 566, BayObLG NJW 03, 1129, aus der Gemeinschaftsordnung einer Wohnungseigentümergemeinschaft oder mit einem Rücktrittsvorbehalt und einer sich daraus ergebenden potentiellen Verpflichtung zu Wert- oder Schadensersatz verbunden, BayObLGZ 04, 88), hätte ein Erwerb ohne Einschaltung eines Pflegers zur Folge, dass die gesetzlichen Vertreter entgg der ratio des § 181 das minderjährige Kind unkontrolliert verpflichten könnten. Daher nimmt der BGH hier unter Vernachlässigung des Abstraktionsprinzips eine „Gesamtbetrachtung" von schuldrechtlichem und dinglichem Vertrag vor (BGHZ 78, 34) und hält bereits die Annahme des Schenkungsversprechens für rechtlich nachteilhaft, so dass der Minderjährige das Geschäft mit einem Dritten nicht nach § 107 selbstständig vornehmen kann bzw im Falle eines von den Eltern geschlossenen Insichgeschäfts keine teleologische Reduktion des § 181 (§ 181 Rn 13) stattfindet und somit ein Ergänzungspfleger (§ 1909) zu bestellen ist. Im umgekehrten Fall – nachteiliges Kausal- und lediglich vorteilhaftes Erfüllungsgeschäft – ist eine solche (etwa zur Zustimmungsbedürftigkeit auch des Erfüllungsgeschäfts führende) Gesamtbetrachtung dag nicht veranlasst, weil dem Schutzbedürfnis des Minderjährigen bereits durch § 107 mit der Folge einer schwebenden Unwirksamkeit des Kausalgeschäfts Rechnung getragen wird (BGHZ 161, 174; so wohl auch BGHZ 187, 19 Rn 6 [mit missverständlicher, weil zu weiter Formulierung]; dazu Schmitt NJW 05, 1090; vgl auch Rn 5).

§ 108 Vertragsschluss ohne Einwilligung

(1) Schließt der Minderjährige einen Vertrag ohne die erforderliche Einwilligung des gesetzlichen Vertreters, so hängt die Wirksamkeit des Vertrags von der Genehmigung des Vertreters ab.
(2) ¹Fordert der andere Teil den Vertreter zur Erklärung über die Genehmigung auf, so kann die Erklärung nur ihm gegenüber erfolgen; eine vor der Aufforderung dem Minderjährigen gegenüber erklärte Genehmigung oder Verweigerung der Genehmigung wird unwirksam. ²Die Genehmigung kann nur bis zum Ablauf von zwei Wochen nach dem Empfang der Aufforderung erklärt werden; wird sie nicht erklärt, so gilt sie als verweigert.
(3) Ist der Minderjährige unbeschränkt geschäftsfähig geworden, so tritt seine Genehmigung an die Stelle der Genehmigung des Vertreters.

1 I. § 108 gilt für alle rechtlich nicht lediglich vorteilhaften Verträge des beschränkt geschäftsfähigen Minderjährigen (§ 107), die ohne Einwilligung (§ 183 S 1) des gesetzlichen Vertreters geschlossen worden sind. Solche Verträge sind bis zur Erteilung oder Verweigerung der Genehmigung **schwebend unwirksam** (Abs 1), dh unwirksam, aber genehmigungsfähig (vgl Vor §§ 104–185 Rn 8). Nach einem Widerruf des Vertragsgegners (§ 109) ist eine Genehmigung nicht mehr möglich. Eine bereits dem Minderjährigen erklärte Entscheidung wird hinfällig, wenn der Vertragspartner den gesetzlichen Vertreter zur Erklärung auffordert (**Abs 2**). Dauert der Schwebezustand an, bis der Minderjährige voll geschäftsfähig geworden ist, geht die Zuständigkeit zur Abgabe der Genehmigungserklärung vom gesetzlichen Vertreter auf den Minderjährigen über (**Abs 3**).

2 II. 1. **Erteilung** und **Verweigerung der Genehmigung** sind einseitige, empfangsbedürftige, formfreie Willenserklärungen, die sowohl an den Vertragsgegner als auch an den

Minderjährigen gerichtet werden können (§ 182 I). Sie können auch konkludent erklärt werden, wenn dem gesetzlichen Vertreter die schwebende Unwirksamkeit bewusst ist oder er zumindest mit ihr rechnete (BGHZ 2, 153). Bloße Untätigkeit hat dag keinen Erklärungswert. Beide Erklärungen sind bedingungsfeindlich (§ 158 Rn 4); sie sind anfechtbar unter den Voraussetzungen der §§ 119 ff. Die Genehmigung kann ihrerseits der Genehmigung des Familiengerichts bedürfen (§§ 1643, 1821 f). Ein Anspruch des Minderjährigen auf Erteilung der Genehmigung besteht nicht (vgl § 107 Rn 12).

Mit Erteilung oder Verweigerung der Genehmigung wird der Vertrag **ex tunc wirksam** 3 bzw **endgültig unwirksam** (§ 184 I). Zwischenverfügungen bleiben wirksam (§ 184 II). Zu etwaigen Schadensersatzansprüchen des Vertragspartners gegen den Minderjährigen s § 107 Rn 13. Bereits ausgetauschte Leistungen werden nach verweigerter Genehmigung gem §§ 812 ff, ggf auch nach § 985 rückabgewickelt.

2. Die **Aufforderung** nach **Abs 2** ist eine empfangsbedürftige geschäftsähnliche Hand- 4 lung (Vor §§ 104–185 Rn 11) und wird an den gesetzlichen Vertreter gerichtet. Durch sie wird ungeachtet einer zuvor dem Minderjährigen ggü erklärten Genehmigung oder Verweigerung der frühere Schwebezustand (Rn 1) rückwirkend wiederhergestellt. Nach der Aufforderung kann die Entscheidung des gesetzlichen Vertreters abw von § 182 I nur ggü dem Vertragspartner erklärt werden (Abs 2 S 1). Mit Zugang der Aufforderung (§ 130 I) beginnt eine zweiwöchige Ausschlussfrist, deren Dauer durch den Auffordernden einseitig verlängert oder im Einverständnis mit dem gesetzlichen Vertreter verkürzt werden kann. Ist bis zum Fristablauf keine Genehmigung erfolgt, fingiert das Gesetz eine Verweigerung der Genehmigung (Abs 2 S 2, 2. Halbs). Diese Rechtsfolge kann nicht durch Anfechtung wieder beseitigt werden.

Angesichts des eindeutigen Gesetzeswortlauts kann § 108 II auf die vor Vertragsschluss 5 dem Minderjährigen ggü erklärte Einwilligung **nicht analog** angewandt werden (hM).

3. Mit der Volljährigkeit (§ 2) wird ein schwebend unwirksamer Vertrag nicht ipso 6 iure wirksam. Vielmehr **geht** das Recht, die Genehmigung zu erteilen oder zu verweigern, **auf** den nunmehr voll **geschäftsfähig gewordenen Minderjährigen** über (vgl auch §§ 1643 III, 1829 III). An diesen muss jetzt auch die Aufforderung nach § 108 II gerichtet werden (BGH NJW 89, 1728). In der Fortsetzung des Vertrages zB durch weitere Zahlungen ist idR eine konkludente Genehmigung zu erblicken.

4. Wer sich auf das Vorliegen einer Einwilligung oder (rechtzeitig erklärten, vgl Abs 2 7 S 2) Genehmigung beruft, muss deren Vorliegen **beweisen**. Die Gegenseite ist dann beweispflichtig dafür, dass der gesetzliche Vertreter nach Aufforderung die Genehmigung verweigert hat (BGH NJW 89, 1728).

§ 109 Widerrufsrecht des anderen Teils

(1) ¹Bis zur Genehmigung des Vertrags ist der andere Teil zum Widerruf berechtigt. ²Der Widerruf kann auch dem Minderjährigen gegenüber erklärt werden.
(2) Hat der andere Teil die Minderjährigkeit gekannt, so kann er nur widerrufen, wenn der Minderjährige der Wahrheit zuwider die Einwilligung des Vertreters behauptet hat; er kann auch in diesem Falle nicht widerrufen, wenn ihm das Fehlen der Einwilligung bei dem Abschluss des Vertrags bekannt war.

I. Die Vorschrift schützt den **gutgläubigen Vertragspartner** (Abs 2), der bis zur Genehmi- 1 gung des Vertrages die **ungewisse Rechtslage** seinerseits durch Widerruf **beseitigen** kann (**Abs 1**).

II. 1. Ein Recht zum **Widerruf** besteht nur während der schwebenden Unwirksamkeit 2 des Vertrages, dh vor Genehmigung (§ 108 I) sowie zwischen der Aufforderung nach § 108 II und dem Fristende (hM, vgl § 108 Rn 4). Das Recht erlischt mit der Genehmigung des Vertrages durch den gesetzlichen Vertreter; auf eine etwa erforderliche Genehmigung durch das Familiengericht kommt es nicht an. Der Widerruf selbst erfolgt durch einseitige, empfangsbedürftige Willenserklärung; er kann abw auch dem Minderjährigen ggü erklärt werden (**Abs 1 S 2**, Ausn zu § 131 II). Mit seinem Zugang wird der Vertrag endgültig unwirksam.

3 **2.** Dem Vertragsgegner steht wegen mangelnder Schutzbedürftigkeit grds kein Widerrufsrecht zu, wenn er die Minderjährigkeit seines Geschäftspartners **positiv gekannt** hatte (**Abs 2 1. Halbs**). Fahrlässige Unkenntnis schadet nicht; zur Einholung von Erkundigungen ist der Vertragsgegner nicht verpflichtet. Hatte der Minderjährige wahrheitswidrig eine Einwilligung behauptet, kann der Vertragsgegner trotz Kenntnis der Minderjährigkeit ausnahmsweise widerrufen, es sei denn, dass ihm auch die Unrichtigkeit dieser Behauptung bei Vertragsabschluss bekannt war (**Abs 2 2. Halbs**).

4 **3.** Die **Beweislast** für die – rechtzeitige – Erklärung des Widerrufs trägt, wer die Wirksamkeit des Vertrages verneint (BGH NJW 89, 1728).

§ 110 Bewirken der Leistung mit eigenen Mitteln

Ein von dem Minderjährigen ohne Zustimmung des gesetzlichen Vertreters geschlossener Vertrag gilt als von Anfang an wirksam, wenn der Minderjährige die vertragsmäßige Leistung mit Mitteln bewirkt, die ihm zu diesem Zweck oder zu freier Verfügung von dem Vertreter oder mit dessen Zustimmung von einem Dritten überlassen worden sind.

1 **I.** Die Vorschrift enthält keine Ausn zu § 107, sondern regelt den Sonderfall einer durch Überlassung bestimmter Mittel **konkludent erteilten** und auf Bargeschäfte **beschränkten Generaleinwilligung** (vgl § 107 Rn 11). Das Tatbestandsmerkmal „ohne Zustimmung" ist daher als „ohne ausdrückliche Zustimmung" zu lesen.

2 **II. 1.** § 110 setzt voraus, dass der beschränkt geschäftsfähige Minderjährige bestimmte **Mittel** (Taschengeld, überlassenes Arbeitsentgelt, Geschenke) von seinem gesetzlichen Vertreter oder mit dessen Zustimmung von einem Dritten entweder zur freien Verfügung oder zu einem bestimmten Zweck erhalten hat. Stellt der Minderjährige als Gegenleistung mit Zustimmung des gesetzlichen Vertreters (außerhalb des § 113) seine **Arbeitskraft** zur Verfügung, gilt § 110 analog (str).

3 Ob der Minderjährige diese Mittel zur **freien Verfügung** hat bzw zu **welchem Zweck** er sie nach dem Willen des gesetzlichen Vertreters verwenden kann, ist durch **Auslegung** der konkludenten Einwilligung (Rn 1) festzustellen (Schulbsp: Kauf des Lotterieloses vom Taschengeld und anschließender Erwerb eines Pkws, RGZ 74, 235 f). Abzustellen ist allein auf den Willen des gesetzlichen Vertreters, nicht auf die Erkennbarkeit für den Vertragspartner. Der gute Glaube des Vertragspartners an das Vorliegen der Voraussetzungen von § 110 wird nicht geschützt. Der gesetzliche Vertreter kann seine Einwilligung bis zur Vornahme des Geschäfts frei widerrufen (§ 183 S 1); dem Vertragspartner steht in entspr Anwendung des § 109 bis zur Leistungsbewirkung ein Widerrufsrecht zu (str).

4 **2.** Ein ohne (ausdrückliche) Einwilligung des gesetzlichen Vertreters geschlossenes und daher zunächst schwebend unwirksames **Verpflichtungsgeschäft** wird nach § 110 als **ex tunc wirksam fingiert**, wenn der Minderjährige den Vertrag mit den ihm überlassenen Mitteln **bewirkt**, dh vollständig erfüllt. Die Wirksamkeit des **Erfüllungsgeschäfts** selbst ergibt sich bereits aus dem Umstand, dass dem Minderjährigen die Mittel zu ebendiesem Zweck überlassen worden sind (konkludente Einwilligung). Der Erfüllung (§ 362) stehen Erfüllungssurrogate (§§ 364, 378, 389, 397) gleich. Teilerfüllung führt (nur) bei Teilbarkeit von Leistung und Gegenleistung zur Teilwirksamkeit (etwa: Mietvertrag; dag bleibt der Abzahlungskauf bis zur Zahlung der letzten Rate schwebend unwirksam). Setzt der beschränkt Geschäftsfähige die ihm überlassenen Mittel abw von der Zweckbestimmung ein, so gilt § 108 I. Hat der gesetzliche Vertreter bereits in die Vornahme des konkreten Verpflichtungsgeschäfts (ausdrücklich oder konkludent) eingewilligt oder liegt ein beschränkter Generalkonsens (vgl § 107 Rn 11) vor, so ist ein davon erfasstes – auch unbar – abgeschlossenes Verpflichtungsgeschäft mit Abschluss wirksam, ohne dass es einer Anwendung des § 110 bedarf.

§ 111 Einseitige Rechtsgeschäfte

¹Ein einseitiges Rechtsgeschäft, das der Minderjährige ohne die erforderliche Einwilligung des gesetzlichen Vertreters vornimmt, ist unwirksam. ²Nimmt der Minderjährige mit dieser Einwilligung ein solches Rechtsgeschäft einem anderen gegenüber vor, so ist das Rechtsgeschäft unwirksam, wenn der Minderjährige die Einwilligung nicht in schriftlicher Form vorlegt und der andere das Rechtsgeschäft aus diesem Grunde unverzüglich zurückweist. ³Die Zurückweisung ist ausgeschlossen, wenn der Vertreter den anderen von der Einwilligung in Kenntnis gesetzt hatte.

I. Bei einseitigen Rechtsgeschäften (Vor §§ 104–185 Rn 3) des beschränkt geschäftsfähigen Minderjährigen (§ 106) wäre ein Schwebezustand wie nach § 108 (§ 108 Rn 1) mit der Rechtssicherheit und – bei empfangsbedürftigen Erklärungen (§ 130 Rn 1) – insb mit den Interessen des Erklärungsempfängers unvereinbar. Daher erklärt das Gesetz sämtliche nicht lediglich rechtlich vorteilhaften (sonst: § 107 Rn 1) einseitigen Rechtsgeschäfte, die ohne Einwilligung des gesetzlichen Vertreters vorgenommen worden sind, für unwirksam ohne Genehmigungsmöglichkeit (S 1). Der Erklärungsempfänger kann selbst ein mit Einwilligung vorgenommenes Rechtsgeschäft zurückweisen, wenn die Existenz der Einwilligung zweifelhaft erscheint (S 2, 3). Die Vorschrift des § 111 ist entspr auf geschäftsähnliche Handlungen (Vor §§ 104–185 Rn 11) anwendbar. Für einseitige Rechtsgeschäfte, die ggü einem Minderjährigen vorzunehmen sind, gilt § 131 II.

II. 1. Einseitige und nicht lediglich rechtlich vorteilhafte Rechtsgeschäfte eines Minderjährigen sind grds wirksam, wenn sie mit (vgl aber Rn 3, 4), dag unwirksam, wenn sie ohne Einwilligung des gesetzlichen Vertreters vorgenommen worden sind (S 1). Dies gilt sowohl für empfangsbedürftige (§ 130 Rn 1) wie auch für nicht empfangsbedürftige Willenserklärungen (etwa: Eigentumsaufgabe). Eine (rückwirkende) Genehmigung des einwilligungslos vorgenommenen Geschäfts ist nicht möglich. Die Genehmigungserklärung kann allenfalls gem § 141 als Neuvornahme mit ex-nunc-Wirkung angesehen werden.

2. Für empfangsbedürftige einseitige Rechtsgeschäfte (vgl Vor §§ 104–185 Rn 3, etwa: Anfechtung, Kündigung, Rücktritt, Aufrechnung) gelten darüber hinaus Sonderregeln (S 2, 3): Auch ohne Einwilligung ist die Erklärung des Minderjährigen ausnahmsweise nicht endgültig unwirksam, sondern (analog §§ 180 S 2 2. Fall, 108, 109) schwebend unwirksam, wenn der Erklärungsempfänger mit einem einwilligungslosen Handeln des Minderjährigen einverstanden gewesen ist (BGHZ 110, 370). Liegt dag eine Einwilligung vor und war sie ggü dem Minderjährigen erklärt worden, so ist dessen Rechtsgeschäft trotz vorliegender Einwilligung unwirksam, wenn er die Einwilligung nicht schriftlich (§ 126) beibringt und der Erklärungsempfänger das Rechtsgeschäft deswegen (also nicht aus anderem Grund) unverzüglich (vgl § 121 I 1) zurückweist (S 2). Die Zurückweisung kann auch ggü dem Minderjährigen erklärt werden (§ 109 I 2 analog). Das Geschäft ist von Anfang an wirksam, wenn die Zurückweisung unterbleibt. Hat der gesetzliche Vertreter die Einwilligung – mündlich oder schriftlich – unmittelbar dem Erklärungsempfänger mitgeteilt, ist eine Zurückweisung ausgeschlossen (S 3).

3. Die vorstehenden Regeln (Rn 3) gelten grds auch für die Vollmachtserteilung (hM). Wird die Vollmacht jedoch iR eines einheitlichen Rechtsgeschäfts (§ 139 Rn 6) mit einem Vertrag verbunden, finden die §§ 108, 109 Anwendung (BGHZ 110, 370).

§ 112 Selbständiger Betrieb eines Erwerbsgeschäfts

(1) ¹Ermächtigt der gesetzliche Vertreter mit Genehmigung des Familiengerichts den Minderjährigen zum selbständigen Betrieb eines Erwerbsgeschäfts, so ist der Minderjährige für solche Rechtsgeschäfte unbeschränkt geschäftsfähig, welche der Geschäftsbetrieb mit sich bringt. ²Ausgenommen sind Rechtsgeschäfte, zu denen der Vertreter der Genehmigung des Familiengerichts bedarf.
(2) Die Ermächtigung kann von dem Vertreter nur mit Genehmigung des Familiengerichts zurückgenommen werden.

1 I. Während eine Zustimmung nach §§ 107, 108 die beschränkte Geschäftsfähigkeit des Minderjährigen sowie die Zuständigkeit des gesetzlichen Vertreters, Rechtsgeschäfte für jenen vorzunehmen, unberührt lässt (§ 107 Rn 1), führt die **Ermächtigung** gem §§ 112, 113 zu einer **partiellen, sachlich abgegrenzten Geschäftsfähigkeit** des Minderjährigen mit der Folge, dass die gesetzliche Vertretungsmacht insoweit ruht. Die Ermächtigung bedarf der Genehmigung des Familiengerichts.

2 II. 1. Der gesetzliche Vertreter kann den beschränkt geschäftsfähigen Minderjährigen (§ 106) zum **selbständigen Betrieb eines Erwerbsgeschäfts** ermächtigen (**Abs 1 S 1**). Erwerbsgeschäft ist jede selbständige, erlaubte, berufsmäßig ausgeübte und auf Gewinn gerichtete Tätigkeit, also zB auch die Wahrnehmung der Stellung eines Gesellschafters in einer OHG oder die Ausübung eines künstlerischen oder wissenschaftlichen Berufes.

3 2. Die **Ermächtigung** erfolgt ebenso wie ihre **Rücknahme** durch einseitige, formfreie, empfangsbedürftige Willenserklärung ggü dem Minderjährigen. Zu ihrer Wirksamkeit bedürfen beide Erklärungen der familiengerichtlichen Genehmigung (**Abs 1 S 1, Abs 2**).

4 3. Durch die familiengerichtlich genehmigte Ermächtigung erlangt der Minderjährige **Teilgeschäfts-** und **Teilprozessfähigkeit** (§ 52 ZPO) insoweit, als der ihm gestattete Geschäftsbetrieb dies erfordert. Die Ermächtigung wirkt ex nunc; einen zuvor geschlossenen und schwebend unwirksamen Vertrag kann der Minderjährige allerdings anschließend analog § 108 III selbst genehmigen. Welche Rechtsgeschäfte der konkrete Geschäftsbetrieb mit sich bringt, entscheidet die Verkehrsanschauung. Erfasst werden auch außergewöhnliche Rechtshandlungen, sofern sie nur einen hinreichenden Bezug zum Geschäftsbereich aufweisen (vgl BGHZ 83, 80 zu § 1456), nicht aber die Geschäftsaufgabe. Ausgenommen sind Rechtsgeschäfte, zu denen der gesetzliche Vertreter einer familiengerichtlichen Genehmigung bedarf (Abs 1 S 2 iVm §§ 1643 I, 1821, 1822). Außerhalb des Geschäftsbetriebes unterliegt der Minderjährige weiterhin den Beschränkungen der §§ 106 ff.

5 III. Beteiligt sich ein Minderjähriger **ohne Ermächtigung** oder familiengerichtliche Genehmigung an einer Personengesellschaft, so gelten wegen des Vorranges des Minderjährigenschutzes die Grundsätze der **fehlerhaften Gesellschaft** in modifizierter Form. Der Minderjährige wird nicht Mitglied der fehlerhaften Gesellschaft und daher weder im Außen- noch Innenverhältnis rechtlich verpflichtet (BGHZ 17, 167 f; hM). Zu dem Sonderfall der **Fortführung eines ererbten Handelsgeschäftes** in ungeteilter Erbengemeinschaft unter Beteiligung Minderjähriger und ihrer gesetzlichen Vertreter s BGH NJW 1985, 136; dag BVerfG NJW 1986, 1859 f und § 1629 a.

§ 113 Dienst- oder Arbeitsverhältnis

(1) ¹Ermächtigt der gesetzliche Vertreter den Minderjährigen, in Dienst oder in Arbeit zu treten, so ist der Minderjährige für solche Rechtsgeschäfte unbeschränkt geschäftsfähig, welche die Eingehung oder Aufhebung eines Dienst- oder Arbeitsverhältnisses der gestatteten Art oder die Erfüllung der sich aus einem solchen Verhältnis ergebenden Verpflichtungen betreffen. ²Ausgenommen sind Verträge, zu denen der Vertreter der Genehmigung des Familiengerichts bedarf.
(2) Die Ermächtigung kann von dem Vertreter zurückgenommen oder eingeschränkt werden.
(3) ¹Ist der gesetzliche Vertreter ein Vormund, so kann die Ermächtigung, wenn sie von ihm verweigert wird, auf Antrag des Minderjährigen durch das Familiengericht ersetzt werden. ²Das Familiengericht hat die Ermächtigung zu ersetzen, wenn sie im Interesse des Mündels liegt.
(4) Die für einen einzelnen Fall erteilte Ermächtigung gilt im Zweifel als allgemeine Ermächtigung zur Eingehung von Verhältnissen derselben Art.

1 I. Auch durch eine Ermächtigung nach § 113 erhält der Minderjährige in einem sachlich beschränkten Bereich den Status eines **Geschäftsfähigen** (vgl § 112 Rn 1).

II.1. Der gesetzliche Vertreter kann den beschränkt geschäftsfähigen Minderjährigen (§ 106) zum Abschluss von allen Verträgen ermächtigen, die auf die entgeltliche Erbringung von Arbeit oder Diensten gerichtet sind (**Dienst-, Arbeits-, Werkverträge**; die Tätigkeit selbständiger Handelsvertreter, die keine Angestellten sind [§ 84 I HGB], unterliegt sowohl § 112 wie auch § 113, BAG NJW 1964, 1642). Auf Berufsausbildungsverträge findet § 113 keine Anwendung, da hier allein der Ausbildungszweck im Vordergrund steht. Für öffentlich-rechtliche Dienstverhältnisse gilt § 113 entspr (BVerwGE 34, 169). Die Ermächtigung erstreckt sich nicht auf Verträge, für die der Vertreter einer familiengerichtlichen Genehmigung bedarf (Abs 1 S 2).

2. Zur **Rechtsnatur** der **Ermächtigung** und ihrer **Rücknahme** sowie zum Erklärungsadressaten (Abs 1 S 1, Abs 2) vgl § 112 Rn 3. Im Ggs zu § 112 I 1 bedürfen Ermächtigung und Rücknahme keiner familiengerichtlichen Genehmigung und können auch konkludent erteilt werden. Resignierendes Dulden des gesetzlichen Vertreters stellt aber keine Ermächtigung dar (BAG AP § 113 Nr 6). Der gesetzliche Vertreter kann die Ermächtigung durch Erklärung ggü dem Minderjährigen zurücknehmen oder – von vornherein und generell, aber auch zB konkludent durch Widerspruch gegen ein konkretes Geschäft – einschränken (Abs 2). Mit der Rücknahme oder Einschränkung entfällt insoweit die Teilgeschäftsfähigkeit ex nunc; zur Beendigung eines zuvor wirksam begründeten Arbeitsverhältnisses ist daher neben der Rücknahme der Ermächtigung eine Kündigung durch den gesetzlichen Vertreter erforderlich. Wird der Minderjährige von einem Vormund vertreten, so kann bzw – falls die Ermächtigung im Interesse des Mündels liegt – muss das Familiengericht auf Antrag des Minderjährigen eine verweigerte Ermächtigung ersetzen (Abs 3). Versagen die Eltern eine Ermächtigung, gilt § 1666 I, III.

3. Durch die Ermächtigung erlangt der beschränkt Geschäftsfähige ex nunc **Teilgeschäfts-** und **Prozessfähigkeit** (§ 52 ZPO) für **alle Rechtsgeschäfte** im **Zusammenhang** mit der **Eingehung, Erfüllung** und **Aufhebung** des Dienst- oder Arbeitsverhältnisses. Die Ermächtigung, einen solchen Vertrag im Einzelfall einzugehen, erstreckt sich iZw auch auf alle nachfolgenden Verträge der Art (Abs 4, etwa: Wechsel des Arbeitsplatzes). Eine Vereinb nicht verkehrsüblicher belastender Vertragsbedingungen wird von der Ermächtigung nicht erfasst (hM). Der Arbeitgeber kann sich von seiner Lohnzahlungsverpflichtung durch Leistung an den Minderjährigen befreien. Die Ermächtigung deckt ferner eine ordentliche wie außerordentliche Kündigung durch den Minderjährigen sowie die Entgegennahme einer solchen Erklärung des Arbeitgebers (§ 131 II gilt nicht). Die Teilgeschäftsfähigkeit erstreckt sich auch auf Rechtsgeschäfte mit Dritten, soweit ein hinreichender Bezug zum Arbeitsverhältnis gegeben ist (Gewerkschaftsbeitritt; Eröffnung eines Gehaltskontos). Verfügungen über Konto und Bargeld sind allerdings nur iR einer Generaleinwilligung (§ 107 Rn 11) oder des § 110 wirksam (Einzelheiten str).

§§ 114 und 115 (weggefallen)

Titel 2
Willenserklärung

Vorbemerkung zu §§ 116–144

I. Eine **Willenserklärung** ist eine private (dh nicht öffentlich-rechtliche) Willensäußerung eines Rechtssubjekts, die deswegen Rechtsfolgen herbeiführt, weil diese als gewollt erklärt werden (zum Verhältnis von Willenserklärung und Rechtsgeschäft Vor §§ 104–185 Rn 1).

II. Der Wille des Rechtssubjekts (Vor §§ 1–20 Rn 1) findet seinen Ausdruck in der nach außen gerichteten **Erklärung**. Sie kann den Willen des Erklärenden ausdrücklich oder durch schlüssiges (konkludentes) Verhalten (Annahme einer Leistung, Zusendung der Ware, Fortführung eines Vertrages usw) zum Ausdruck bringen. **Schweigen** hat grds keinerlei Erklärungswert. Ausnahmsweise kann ihm aber Erklärungswirkung zukommen, wenn die Parteien zuvor eine bestimmte Bedeutung des Schweigens einvernehmlich festgelegt haben („beredtes Schweigen", vgl OLG Düsseldorf NJW 05, 1515), wenn das Gesetz ein Schweigen verbindlich als Ablehnung (§§ 108 II 2, 177 II 2, 415 II 2, 451 I 2) oder Genehmigung (§§ 416 I 2, 455 S 2, 516 II 2, 1943) definiert („normiertes Schweigen") oder wenn der Schweigende nach Treu und Glauben (§ 242) verpflichtet gewesen wäre, einen abw Willen zum Ausdruck zu bringen, so beim Schweigen auf ein kaufmännisches Bestätigungsschreiben, vgl § 147 Rn 10 ff. Durch **Auslegung** ist zu ermitteln, ob eine Willenserklärung (oder zB nur eine Gefälligkeitshandlung, vgl Rn 5 u Vor §§ 104–185 Rn 13) vorliegt und welchen Inhalt die Erklärung hat (näher §§ 133, 157).

3 **III.** Eine fehlerfreie Willenserklärung liegt nur vor, wenn die Erklärung von einem einwandfrei gebildeten **Willen** des Erklärenden getragen wird. Dabei wird im subjektiven Tatbestand herkömmlicherweise zwischen Handlungs-, Erklärungs- und Geschäftswillen unterschieden. Jeder dieser Begriffe bezeichnet ein Zurechnungs- und damit Risikozuweisungsproblem.

4 **1.** Wird die Erklärung nicht von einem **Handlungswillen** getragen (wie dies bei einer Reflexbewegung, vis absoluta, Handeln unter Hypnose der Fall ist), fehlt es bereits am Tatbestand einer Willenserklärung. Die „Erklärung" wird dem Urheber daher auch dann nicht zugerechnet, wenn ihr aufgrund der Auslegung (Rn 2) ein Erklärungswert zukommt.

5 **2.** Mit **Erklärungswillen** handelt, wer das Bewusstsein hat, eine rechtsgeschäftliche Erklärung abzugeben. Fehlt dieses **Erklärungsbewusstsein**, liegt nach heute hM gleichwohl eine (normativ zugerechnete) Willenserklärung vor, wenn der Erklärende bei verkehrsüblicher Sorgfalt hätte erkennen und vermeiden können, dass seine (ausdrückliche oder konkludente) Äußerung nach Treu und Glauben unter Berücksichtigung der Verkehrssitte (§ 157) als Willenserklärung aufgefasst werden durfte und der Empfänger sie tatsächlich auch so verstanden hat (BGHZ 91, 324; 109, 177; 149, 136; 184, 35; BGH NJW 05, 2621: Willenserklärung ggüber der Hausverwaltung als konkludenter Eintritt in einen Mietvertrag; dies gilt auch bei „konkludentem Schweigen" (BGHZ 152, 70). Schulbsp ist der Trierer Weinversteigerungsfall: Anwesender winkt einem Freund zu; nach den örtlichen Gepflogenheiten musste der Auktionator dies als Abgabe eines Gebots verstehen. Der Erklärende kann aber entspr oder zumindest analog §§ 119 I 2. Fall, 122 (Ersatz des Vertrauensschadens) anfechten (vgl §§ 119 Rn 13). Kann die Erklärung danach nicht als Willenserklärung zugerechnet werden, kommt ihr lediglich gesellschaftliche Bedeutung zu (Gefälligkeitshandlung, vgl Rn 2).

6 **3.** Der **Geschäftswille** (**Rechtsfolgewille**) entscheidet, welchen konkreten Rechtserfolg der Erklärende herbeiführen wollte (etwa: Abgabe eines Kauf- und nicht eines Schenkungsangebots). Besteht eine Diskrepanz zwischen Erklärung und Geschäftswille (Empfänger musste die als Kaufantrag gemeinte Erklärung für ein Angebot auf Abschluss einer Schenkung ansehen), liegt gleichwohl eine – freilich nach §§ 119 I 1. Fall, 122 anfechtbare – Willenserklärung vor.

§ 116 Geheimer Vorbehalt

¹Eine Willenserklärung ist nicht deshalb nichtig, weil sich der Erklärende insgeheim vorbehält, das Erklärte nicht zu wollen. ²Die Erklärung ist nichtig, wenn sie einem anderen gegenüber abzugeben ist und dieser den Vorbehalt kennt.

1 **I.** Die Vorschrift regelt den sog „geheimen Vorbehalt" (Mentalreservation) bei Abgabe einer Willenserklärung: Jemand macht – zB aus Mitleid, Prahlsucht oder in Schädigungsabsicht – ein Vertragsangebot, ohne dass er eine vertragliche Bindung wirklich will. Der Erklärende setzt hier mit Erklärungsbewusstsein den objektiven Tatbestand einer Willenserklärung, **ohne** jedoch **Geschäftswillen** (Rechtsfolgewillen, vgl Vor §§ 116–144 Rn 6) zu besitzen. Ein derart bewusster Vorbehalt bleibt – in Übereinstimmung mit allg Regeln (§ 133 Rn 8: Maßgeblichkeit des Empfängerhorizonts) – grds unbeachtlich (S 1). Wenn allerdings bei empfangsbedürftigen Willenserklärungen der

Empfänger den Vorbehalt wider Erwarten erkennt, besteht **kein Schutzbedürfnis**; in diesem Fall ist die Erklärung nichtig (S 2, vgl Rn 4).

II. 1. Die Vorschrift gilt für sämtliche empfangsbedürftigen wie nichtempfangsbedürftigen (§ 130 Rn 1), ausdrücklichen wie konkludenten **Willenserklärungen** (Vor §§ 116–144 Rn 1, 2); für amtsempfangsbedürfte Erklärungen (Gebot in der Zwangsversteigerung) offengelassen von BGH NJW 07, 3279 Rn 10. Auf geschäftsähnliche Handlungen (Vor §§ 104–185 Rn 11) ist § 116 entspr anwendbar.

2. Der Vorbehalt, das Erklärte nicht zu wollen, ist **insgeheim** und damit ohne Einfluss auf die Wirksamkeit der Erklärung, wenn er nicht nach außen dringen, insb dem Erklärungsempfänger **nicht erkennbar werden soll** (so zB bei einem „bösen Scherz"). Erwartet der Erklärende dag, dass der Empfänger die mangelnde Ernsthaftigkeit der Erklärung erkennt, greifen §§ 118, 122 ein. Sind sich beide sogar über die fehlende Ernstlichkeit einig, gilt § 117 I.

3. Wird bei der Abgabe empfangsbedürftiger Willenserklärungen der geheime Vorbehalt **vom Erklärungsempfänger wider Erwarten durchschaut**, ist die Erklärung **nichtig** (S 2). Erforderlich ist, dass der Empfänger den geheimen Vorbehalt positiv kennt; bloßes Kennenmüssen (§ 122 II) reicht nicht aus. Hat von mehreren Erklärungsempfängern nur einer den Vorbehalt erkannt, können die anderen sich gleichwohl auf die Wirksamkeit der Erklärung berufen. Bei einer an eine Behörde gerichteten „amtsempfangsbedürftigen" (§ 130 Rn 10) Willenserklärung führt es nicht zur Nichtigkeit, wenn lediglich der für den Empfang zuständige Beamte den Vorbehalt durchschaut (hM). Wird bei einer erzwungenen Erklärung ein Vorbehalt erkannt, gilt S 2 und nicht § 123 I; eine Anfechtung ist also nicht erforderlich.

§ 117 Scheingeschäft

(1) Wird eine Willenserklärung, die einem anderen gegenüber abzugeben ist, mit dessen Einverständnis nur zum Schein abgegeben, so ist sie nichtig.
(2) Wird durch ein Scheingeschäft ein anderes Rechtsgeschäft verdeckt, so finden die für das verdeckte Rechtsgeschäft geltenden Vorschriften Anwendung.

I. Besteht bei der Abgabe einer Willenserklärung zwischen Erklärendem und Empfänger **Einverständnis** darüber, dass die Erklärung in Wahrheit keine Rechtswirkungen äußern, sondern lediglich der **äußere Schein einer Willenserklärung** simuliert werden soll, so gilt in Übereinstimmung mit allgemeinen Grundsätzen (§ 133 Rn 9: falsa demonstratio non nocet) das Gewollte und nicht das Erklärte. Daher ist ein derartiges „Scheingeschäft" – obwohl der Erklärende Erklärungsbewusstsein besitzt und es nur am Rechtsfolgewillen fehlt (BGHZ 36, 87 f, vgl Vor §§ 116–144 Rn 6) – nichtig (**Abs 1**). Schulbsp: Abschluss eines notariellen Grundstückskaufvertrages, in dem zwecks Kostenersparnis (Grunderwerbsteuern, Notar- und Eintragungsgebühren) der Kaufpreis einverständlich zu niedrig angesetzt wird. Verbirgt sich hinter dem Schein- ein von den Beteiligten gewolltes anderes Geschäft (etwa: der von den Parteien in Wahrheit geschlossene Grundstückskaufvertrag mit höherem Kaufpreis), so ist dieses andere Geschäft nicht etwa bereits deswegen unwirksam, weil es von den Parteien versteckt („dissimuliert") worden ist (**Abs 2**, Rn 7).

II. 1. Die Vorschrift gilt für **empfangsbedürftige Willenserklärungen** (§ 130 Rn 1), nicht zB bei einem Testament. Regelmäßig liegen zwei sich inhaltlich deckende Scheinerklärungen und somit ein Scheinvertrag vor. Für amtsempfangsbedürftige Erklärungen (§ 130 Rn 10) gilt § 117 nicht, weil Behörden Scheingeschäfte nicht wirksam abschließen können (hM). Bei der Eheschließung gilt die Sonderregel des § 1314 II Nr 5.

2. Eine Willenserklärung wird **zum Schein** abgegeben, wenn der Erklärende glaubt, durch ein bloßes So-tun-als-ob sein Ziel erreichen zu können, und er die aus dem angeblichen Rechtsgeschäft entspringenden Rechte und Pflichten nicht eintreten lassen will (BGH NJW 80, 1573; 99, 351; NJW-RR 97, 238). Etwa: Abschluss eines Architektenvertrages „auf dem Papier", um Versicherungsschutz für Baumängel zu erschleichen (OLG Hamm NJW-RR 96, 1233); Arbeitsvertrag mit einem Handwerksmeister ohne Leistungstausch lediglich zur Vorlage bei der Handwerkskammer, um dem Vertragspartner das Führen eines Handwerksbetriebes zu ermöglichen (BAG NJW 09, 2554). Eine Absicht zur Täuschung Unbeteiligter wird allerdings nicht vorausgesetzt.

4 Kein Scheingeschäft liegt dag vor, wenn mit dem Geschäft (irgend)eine Rechtsfolge angestrebt wird bzw ein bestimmter Rechtserfolg nur bei Wirksamkeit des Geschäfts erreicht werden kann (BGHZ 36, 88; 67, 338; NJW 93, 2610), so bei einem Umgehungsgeschäft (dessen Zweck – Umgehung missliebiger gesetzlicher oder vertraglicher Regelungen – sich nur erreichen lässt, wenn es gültig ist), ferner bei einem Treuhandgeschäft (durch das der Treuhänder – gewollt – im Außenverhältnis mehr Rechte erhält, als er im Innenverhältnis ausüben darf) oder bei einem Strohmanngeschäft (bei dem die Rechtsfolgen eines Geschäfts – gewollt – in der Person des Strohmanns eintreten, weil der Hintermann nicht in Erscheinung treten will, vgl BGHZ 21, 381; BGH NJW-RR 13, 687). Eine steuerrechtlich motivierte Vertragsgestaltung ist kein Scheingeschäft, auch wenn sie sich nachträglich als zivilrechtlich nachteilig erweist (BGH NJW-RR 06, 1555 f).

5 3. Der Empfänger muss mit dem Scheincharakter der Erklärung einverstanden sein. Sofern er lediglich die Nichternstlichkeit der fremden Erklärung erkennt, ist § 116 S 2 gegeben. Bei mehreren Empfängern ist das Einverständnis aller erforderlich. Bei Gesamtvertretung reicht das Einverständnis eines Vertreters aus (BGH NJW 96, 664; 99, 2882). Ein Scheingeschäft liegt nicht vor, wenn lediglich ein Verhandlungsbevollmächtigter zum Schein abschließt, die Vertragspartei selbst jedoch davon keine Kenntnis hat und selbst Rechtsfolgewillen besitzt („misslungenes Scheingeschäft", vgl BGHZ 144, 333).

6 4. Das Scheingeschäft ist ipso iure nichtig; es äußert also auch ggü gutgläubigen Dritten keinerlei Rechtswirkungen, sofern nicht das Gesetz selbst an den bloßen Schein eines Rechtsgeschäfts Rechtswirkungen knüpft (vgl insb § 405, daneben aber auch etwa §§ 171 ff, 409, 566 e, 892, 932). IÜ kommt eine Haftung der Beteiligten nach §§ 823 II iVm 263 StGB, 826 in Betracht. Der Geltendmachung der Nichtigkeit kann im Einzelfall die Einrede der Arglist entggstehen. So kann nicht auf Abs 1 verweisen, wer mit einem Vertreter zum Nachteil des Vertretenen kolludiert (RGZ 134, 33, 37). Wer sich auf Scheingeschäft und Nichtigkeit beruft, trägt dafür die Beweislast (BGH NJW 91, 1618; 99, 3481; BAG NJW 03, 2931).

7 5. Verbirgt das Schein- ein anderes Geschäft (Abs 2), so äußert dieses Rechtswirkungen, wenn die für Geschäfte dieser Art vorgeschriebenen Gültigkeitsbedingungen (insb Form, behördliche Genehmigung, kein Verstoß gegen §§ 134, 138) vorliegen (Abs 2). Ist zB im Falle eines „Schwarzkaufs" (vgl Rn 1) das abgeschlossene Grundstücksgeschäft wegen Verstoßes gegen Abs 1 nichtig, muss das (verdeckte) Geschäft zu dem eigentlich gewollten Kaufpreis gem Abs 2 selbständig auf seine Gültigkeit hin überprüft werden. Da es nicht notariell beurkundet wurde, liegt Formnichtigkeit vor (§§ 125, 311 b I 1), die jedoch gem § 311 b I 2 durch Auflassung und Eintragung geheilt werden kann (vgl BGHZ 89, 43; BGH NJW-RR 91, 615). Heilung tritt nicht ein, wenn das Geschäft eine zB behördliche Zustimmung erfordert und diese nur für das beurkundete Geschäft erteilt wurde (BGH MDR 58, 593).

8 6. Den Scheincharakter des Geschäfts muss beweisen, wer sich auf die Nichtigkeit beruft (BGH NJW 99, 3481).

9 III. Bei einem zum Schein geschlossenen Gesellschaftsvertrag ist die Anwendung des § 117 im Außenverhältnis, nicht dag im Innenverhältnis ausgeschlossen. Es finden stattdessen die Grundsätze über die faktische Gesellschaft (vgl § 119 Rn 2) Anwendung (BGH NJW 53, 1220).

§ 118 Mangel der Ernstlichkeit

Eine nicht ernstlich gemeinte Willenserklärung, die in der Erwartung abgegeben wird, der Mangel der Ernstlichkeit werde nicht verkannt werden, ist nichtig.

I. Wer (im Scherz, aus Ironie, Prahlerei oder Höflichkeit) eine **nicht ernst gemeinte Willenserklärung** abgibt und dabei annimmt, der Erklärungsempfänger werde den Mangel der Ernstlichkeit erkennen, handelt **ohne Erklärungsbewusstsein** (Vor §§ 116–144 Rn 5). Die Vorschrift sieht eine solche Erklärung unabhängig von der Einschätzung des Erklärungsempfängers für nichtig an und bürdet damit das Risiko einer Fehlbeurteilung zunächst (vgl aber Rn 4) dem Erklärungsgegner auf. 1

II. 1. Die Vorschrift gilt für sämtliche (empfangsbedürftigen wie nicht empfangsbedürftigen, vgl § 130 Rn 1) **Willenserklärungen**, also auch zB für Verfügungen von Todes wegen (RGZ 104, 322). 2

2. Die Erklärung darf **nicht ernst gemeint** sein und in der **Erwartung** abgegeben werden, dass der Empfänger diese Haltung erkennt („guter Scherz"). Die Vorschrift erfasst auch ein misslungenes Scheingeschäft, bei dem der Gegner wider Erwarten nicht erkennt, dass eine Erklärung nur zum Schein abgegeben wurde (vgl BGHZ 144, 334). Auf den objektiven Erklärungswert der Erklärung kommt es jeweils nicht an. Im Falle eines „bösen Scherzes" – der Empfänger soll die nicht gewollte Erklärung durchaus ernst nehmen – greift dag § 116 S 1 ein. 3

3. Die nicht ernstlich gemeinte Willenserklärung ist **nichtig**. Der Erklärende haftet aber gem § 122 I auf Ersatz des Vertrauensschadens, sofern der Empfänger die mangelnde Ernsthaftigkeit nicht erkennen musste (§ 122 II). Aus Treu und Glauben (§ 242) kann sich ergeben, dass der Erklärende sich nicht auf § 118 berufen darf. Das ist zB der Fall, wenn die Erklärung in einer Vertragsurkunde enthalten ist, die zu Täuschungszwecken erstellt wurde (RGZ 168, 206), oder wenn der Erklärende erkennt, dass der andere die Erklärung als ernst gemeint auffasst. In diesem Fall muss er den Irrtum unverzüglich aufklären, wenn er nicht an der Erklärung festgehalten werden will. 4

§ 119 Anfechtbarkeit wegen Irrtums

(1) Wer bei der Abgabe einer Willenserklärung über deren Inhalt im Irrtum war oder eine Erklärung dieses Inhalts überhaupt nicht abgeben wollte, kann die Erklärung anfechten, wenn anzunehmen ist, dass er sie bei Kenntnis der Sachlage und bei verständiger Würdigung des Falles nicht abgegeben haben würde.
(2) Als Irrtum über den Inhalt der Erklärung gilt auch der Irrtum über solche Eigenschaften der Person oder der Sache, die im Verkehr als wesentlich angesehen werden.

I. Die Vorschrift gestattet eine **Anfechtung** (§§ 142, 143, vgl auch Vor §§ 104–185 Rn 9) von Willenserklärungen in zwei **völlig unterschiedlichen Situationen**. Abs 1 (Rn 3 ff) betrifft **defekte Willenserklärungen**: Ihr objektiver Erklärungsgehalt weicht irrtumsbedingt von dem zugrunde liegenden Willen des Erklärenden ab (vgl Vor §§ 116–144 Rn 2, 3). Das Gesetz erlaubt hier eine Beseitigung der Erklärungsfolgen, weil die selbstbestimmte Gestaltung der Rechtsbeziehungen (Vor §§ 104–185 Rn 1) voraussetzt, dass der wirkliche Wille des Erklärenden unverzerrt zur Geltung kommt. Abs 2 (Rn 15 ff) betrifft dag den Fall, dass die Willenserklärung auf einer **Fehlvorstellung von der Wirklichkeit** beruht. Ein solcher Irrtum über reale Umstände („Realitätsirrtum") liegt im Risikobereich des Erklärenden (er mag sich vor Abgabe seiner Erklärung vergewissern) und wird daher vom Gesetz grds für unbeachtlich gehalten. Ein Realitätsirrtum löst nur ausnahmsweise Rechtsfolgen aus (Rn 15); Abs 2 lässt dann eine Anfechtung zu, wenn die Erklärung in einem zentralen Punkt auf einem unzutreffenden Beweggrund beruht („beachtlicher Motivirrtum"). 1

Die §§ 119 ff werden durch verschiedene **Sonderregeln** ausgeschlossen bzw ergänzt, vgl § 1314 II Nr 2–4 (Eheschließung); 1600 ff (Vaterschaftsanerkenntnis); 2078 ff, 2281 ff (Verfügungen von Todes wegen); 1949, 1954 (Erbschaftsannahme und -ausschlagung); § 15 II 2 LPartG; 22 VVG (Versicherungsverträge). Bestimmte in Vollzug gesetzte Dauerschuldverhältnisse wie Arbeits- (BAG NJW 84, 446; vgl aber auch BAGE 90, 256) oder Gesellschaftsverträge (BGHZ 13, 322; 55, 8) können durch Anfechtung grds nicht rückwirkend, sondern nur mit ex nunc-Wirkung beseitigt werden, wenn und weil einer Rückabwicklung praktische Schwierigkeiten entggstehen. Soweit die Sachmängel- 2 haftung aus §§ 434 ff, 633 ff, 536 ff eingreift, schließt dies eine Anfechtung (auch des Verkäufers) gem Abs 2 (nicht dag gem Abs 1 und § 123) aus (vgl BGHZ 34, 34; OLG Oldenburg NJW 05, 2557). Bei gemeinsamen Fehlvorstellungen beider Parteien gelten die Grundsätze des § 313 (BGH NJW 13, 530 Rn 18).

3 II. 1. Die §§ 119 ff gelten für empfangsbedürftige wie nichtempfangsbedürftige **Willenserklärungen**, die ausdrücklich oder konkludent abgegeben worden sein können (Vor §§ 116–144 Rn 1 f; § 130 Rn 1). Zur Anfechtung einer Vollmacht vgl näher § 167 Rn 3 f. Auch nichtige Willenserklärungen sind anfechtbar (hM), so dass § 142 II Anwendung findet (§ 142 Rn 2). Auf **geschäftsähnliche Handlungen** (Vor §§ 104–185 Rn 11) finden die §§ 119 ff entspr Anwendung. Dag können Realakte (Vor §§ 104–185 Rn 12) nicht angefochten werden. Legt das Gesetz einem **Schweigen** rechtsgeschäftliche Bedeutung bei (Vor §§ 116–144 Rn 2), ist zu unterscheiden: Soweit Schweigen als Zustimmung oder Billigung gilt (zB §§ 416 I 2, 455 S 2, 516 II 2), finden bei einem Irrtum über den Inhalt der Erklärung die Anfechtungsregeln analoge Anwendung, weil das Schweigende nicht stärker gebunden sein kann als der Erklärende; auf einen Irrtum über die Bedeutung des Schweigens kann die Anfechtung allerdings nicht gestützt werden, weil dessen Rechtsfolge auf gesetzlicher Anordnung beruht (BGHZ 20, 154; BGH NJW 69, 1711; Rechtsfolgenirrtum). Bedeutet Schweigen während eines bestimmten Zeitraums, dass eine Genehmigung verweigert wird (zB §§ 108 II 2, 177 II 2, 415 II 2), so führt eine Anfechtung nicht weiter: Wer eine abl Erklärung beseitigt, hat damit immer noch nicht zugestimmt; nach Fristablauf ist eine Zustimmung aber nicht mehr möglich.

4 2. Ein **Irrtum** iS des Abs 1 (vgl Rn 1) liegt vor, wenn Erklärung und Wille (unbewusst) auseinander fallen. Um diese Diskrepanz festzustellen zu können, muss zunächst der objektive Sinngehalt der Erklärung durch **Auslegung** (§§ 133, 157) ermittelt werden. Dabei ergibt sich möglicherweise, dass die Erklärung objektiv dem Gewollten bereits entspricht, dass statt des Erklärten das Gewollte gilt (BGHZ 71, 247; BGH NJW-RR 95, 859, vgl 133 Rn 9) oder die Erklärung wegen Mehrdeutigkeit zu einem Dissens (§ 155 Rn 4) führt und deswegen überhaupt kein Vertrag zustande gekommen ist. In diesen Fällen ist eine Anfechtung nicht erforderlich (daher: Auslegung geht vor Anfechtung).

5 Mangels **unbewusster Fehlvorstellung** liegt kein Anfechtungsgrund vor, wenn der Erklärende den Inhalt seiner Erklärung nicht kennt, ein Schriftstück zB ungelesen (BAGE 22, 424), in Unkenntnis der Erklärungssprache oder als Analphabet unterschreibt; anders aber, wenn er sich – zB aufgrund eines vorangehenden Diktats – vom Urkundeninhalt eine bestimmte (irrige) Vorstellung gemacht hat, BGH NJW 68, 2103; 95, 190 f; BAGE 22, 428. Ist dem Erklärenden die Diskrepanz zwischen Wille und Erklärung sogar positiv bewusst, gelten die §§ 116, 117.

6 3. Ein **Erklärungsirrtum** liegt nach **Abs 1, 2. Fall** vor, wenn der Erklärende eine **Erklärung dieses Inhalts überhaupt nicht abgeben** wollte, also das nicht erklärt, was er erklären möchte. Der objektive Sinngehalt der Erklärung korrespondiert nicht mit dem Willen des Erklärenden, weil bei der Vornahme einer Erklärungshandlung ein Fehler aufgetreten ist. Bsp: Versprechen, Vertippen (OLG Oldenburg NJW 04, 168), Verschreiben, Verlesen, Vergreifen (vgl außerdem § 120 Rn 1). Bei der automatisierten Erstellung von Willenserklärungen liegt ein Erklärungsirrtum vor, wenn der Bediener falsche Daten eingibt (BGHZ 149, 138; OLG Hamm NJW 93, 2321; aA Köhler AcP 182, 135) oder der Computer störungsbedingt falsche Erklärungszeichen ausgibt (BGH NJW 05, 977). Wer ein Blankett aus der Hand gibt, das dann von einem anderen abredewidrig ausgefüllt wird, will eine Erklärung dieses Inhalts zwar ebenfalls nicht abgeben; in diesem Fall ist die Anfechtung jedoch nach dem Rechtsgedanken des § 172 II ausgeschlossen, weil der Rechtsverkehr auf den vom Ausfüllenden geschaffenen Rechtsschein vertrauen darf (BGHZ 40, 68).

7 4. Ein **Inhaltsirrtum** liegt nach **Abs 1, 1. Fall vor,** wenn der Erklärende eine **falsche Vorstellung von der rechtlichen Bedeutung seiner Erklärung** hegt. Der objektive Sinngehalt der Erklärung korrespondiert nicht mit dem Willen des Erklärenden, weil dieser

seiner Äußerung einen anderen Sinn zuschreibt, als sie tatsächlich hat (BGH NJW 99, 2665).

a) Ein **Inhaltsirrtum** kann sich daraus ergeben, dass der Erklärende die für jedes Rechtsgeschäft erforderlichen und daher zumindest konkludent in jeder Willenserklärung notwendig in Bezug genommenen Grundbedingungen (**essentialia negotii**) falsch identifiziert (**Identitätsirrtum**): Jemand will einen Vertrag mit einem bestimmten, ihm nur namentlich bekannten Vertragspartner schließen und richtet sein Angebot irrtümlich an einen Namensvetter (error in persona). Der Erklärende irrt sich über die Identität des Vertragsgegenstands, etwa: Verkauf des „im Arbeitszimmer hängenden Bildes" – der Ehepartner hatte zuvor ohne Wissen des Erklärenden ein anderes Bild im Arbeitszimmer aufgehängt (error in objecto). Der Erklärende verkennt den Geschäftstyp, etwa: die aus der Sicht des Empfängers erklärte Annahme eines Kaufantrags ist vom Erklärenden als Annahme eines Schenkungsangebotes gemeint (error in negotio).

b) Ein Inhaltsirrtum in Gestalt eines **Verlautbarungsirrtums** liegt vor, wenn der Erklärende – über die in Rn 8 erwähnten Bsp hinaus – die **Bedeutung eines** von ihm **verwandten Begriffs** oder Erklärungszeichens verkennt. Typische Bsp: Jemand verbindet eine unzutreffende Vorstellung mit einem Begriff aus einer fremden Sprache (vgl LAG Baden-Württemberg DB 71, 245: Ausländer unterschreibt „Ausgleichsquittung"), aus einer Fachsprache („Verleihen" eines Autos, wenn Vermieten gewollt ist), mit einem Fremdwort oder einem der Umgangssprache nicht geläufigen Begriff (vgl LG Hanau NJW 79, 721: „Gros") oder einer Produktbezeichnung („Martini" wird für Weinbrand gehalten).

Wer sich über die **Eigenschaften** eines Vertragsgegenstands irrt, kann daher iR des § 119 Abs 1 (zum Irrtum über verkehrswesentliche Eigenschaften nach Abs 2 s Rn 15 ff) nur dann wegen Inhaltsirrtums anfechten, wenn er den Gegenstand über einen in seiner Erklärung verwandten Begriff individualisiert hat, so dass ein Verlautbarungsirrtum (insb Irrtum über die Produktbezeichnung, Rn 9) gegeben ist. Schulbsp: Bestellung von „Kattun" (= Baumwolle) in der irrigen Vorstellung, es handele sich um Leinwand. Wird das Objekt der Erklärung dag ohne die Verwendung eines bestimmten Begriffs individualisiert („dieser Ballen Stoff"), so enthält die Erklärung objektiv keinen Begriff, mit dem der Erklärende eine – nur in seiner Vorstellung vorhandene – Eigenschaft hätte zum Ausdruck bringen können. Der Erklärende kann in diesem Fall mit dem Inhalt seiner Erklärung insoweit auch keine falschen Vorstellungen verbunden haben. Geht der Erklärende insgeheim davon aus, dass der Vertragsgegenstand bestimmte Merkmale aufweist, ist er zur Abgabe seiner Willenserklärung durch eine falsche Vorstellung über tatsächliche Gegebenheiten bewogen worden. Ein solcher Realitäts- oder Motivirrtum ist grds unbeachtlich (Rn 1) und kann nur iR des Abs 2 Bedeutung erlangen (hM; aA die sog „Lehre von der Sollbeschaffenheit").

c) Da der Bedeutungsgehalt einer Willenserklärung nicht allein aus dem Erklärungsakt selbst, sondern auch aus den Begleitumständen – soweit dem Empfänger erkennbar – ermittelt wird (§ 133 Rn 5), liegt ein Inhaltsirrtum vor, wenn sich diese Begleitumstände bei objektiver Betrachtung anders darstellen als in der Vorstellung des Erklärenden. Auch bei einem solchen **Irrtum über** den **Interpretationsrahmen** einer Willenserklärung befindet sich der Erklärende darüber im Irrtum, was er mit seiner Erklärung in Wahrheit zum Ausdruck gebracht hat. Bsp (von Brox/Walker AT Rn 426): Wer versehentlich in eine Pferdemetzgerei gerät und „ein Kilo Filet" (Empfängerhorizont: vom Pferd) bestellt, kann anfechten, wenn er Rindfleisch kaufen wollte.

d) Der **Irrtum über die Rechtsfolgen** einer Erklärung kann als Inhaltsirrtum beachtlich sein, wenn die Erklärung wesentlich andere Rechtsfolgen auslöst als gewollt, sich insb auf die geschäftstypischen Charakteristika bezieht (vgl Rn 8, error in negotio, dazu BGH MDR 73, 653; BayObLGZ 83, 162) oder wenn jemand mit einem Begriff aus der Rechtssprache falsche Vorstellungen verbindet (Verlautbarungsirrtum, Rn 9). Hat die Vorstellung vom Eintritt einer bestimmten Rechtsfolge dag nicht auf einem dieser beiden Wege Eingang in den Inhalt der Erklärung gefunden, weichen Wille und Erklärung nicht voneinander ab. Der Erklärende irrt sich in diesem Fall über tatsächliche Gegebenheiten (nämlich den Inhalt des Gesetzes oder die allg Rechtslage). Ein solcher

Rechtsfolgenirrtum ist Realitäts- oder Motivirrtum (Rn 1) und damit **unbeachtlich** (RGZ 76, 440; BGHZ 70, 48; 177, 62, 66 [Irrtum über die nach den Versteigerungsbedingungen bestehen bleibenden Rechte]; BVerwG NJW 10, 3048 Rn 18 f [Irrtum über den Umfang der bewilligten Prozesskostenhilfe]).

13 e) Ein Unterfall des Inhaltsirrtums liegt auch vor, wenn jemand **ohne Erklärungsbewusstsein** handelt, dadurch aber aus der Sicht des Erklärungsempfängers in zurechenbarer Weise den objektiven Tatbestand einer Willenserklärung gesetzt hat (Vor §§ 116–144 Rn 5). Auch in diesem Fall verkennt der Handelnde die rechtliche Bedeutung seiner Äußerung.

14 f) Unklar und umstritten ist die Behandlung des sog **Kalkulationsirrtums**, bei dem der Inhalt der Erklärung auf einer unrichtigen Rechenoperation beruht (Wieser NJW 72, 708 ff, Kindl WM 99, 2198). Teilt der Erklärende lediglich das Ergebnis der Berechnung mit, ohne den vorangehenden Rechenvorgang offenzulegen („interner Kalkulationsirrtum"), so irrt er sich über tatsächliche Umstände (nämlich die Richtigkeit der Berechnung) und unterliegt einem unbeachtlichen Realitätsirrtum (Rn 1, vgl BGHZ 139, 180 f; 154, 281). Dies gilt auch dann, wenn der Erklärungsempfänger den Kalkulationsirrtum des Erklärenden erkannt hat oder hätte erkennen können (vgl BGHZ 139, 182: möglicherweise aber Haftung des Erklärungsempfängers aus §§ 280 I, 311 II oder Einrede unzulässiger Rechtsausübung des Erklärenden). Wird das die Kalkulation zB in Form einer aufgeführten Addition oder unter Bezugnahme auf Wechsel- oder Börsenkurse offengelegt und zusammen mit dem Ergebnis der Berechnung zum Erklärungsinhalt gemacht („offener Kalkulationsirrtum"), liegen bereits objektiv zwei – einander widersprechende – Erklärungsteile vor, die aber – jeder für sich – von einem entspr Erklärungswillen gedeckt sind. In diesem Fall fehlt es an dem für § 119 I charakteristischen Auseinanderfallen gerade von Wille und Erklärung (Rn 1), so dass andere dogmatische Kategorien heranzuziehen sind (anders die ältere Rspr, vgl zB RGZ 90, 272; 94, 67; 116, 17). So kann sich zB durch Auslegung (§§ 133, 157) ergeben, dass eines der beiden Erklärungselemente als untergeordnet zurücktreten soll (Bsp: Der Erklärende will erkennbar eine Vergütung auf der Grundlage eines bestimmten Wechselkurses oder in Höhe der Addition ganz bestimmter Einzelposten verlangen; der fehlerhaft berechneten Endsumme kommt kein eigener Erklärungswert zu, vgl LG Aachen NJW 82, 1106; LG Kleve NJW 91, 1066). Die Erklärung ist dann iS des dominierenden Erklärungselementes zu verstehen. Liegt ein gemeinsamer Kalkulationsirrtum beider Parteien vor, kommt eine Anpassung nach den Regeln über den Wegfall der Geschäftsgrundlage in Betracht (§ 313, vgl OLG Frankfurt MDR 71, 841). Kommt beiden sich widersprechenden Erklärungselementen ein gleicher Stellenwert zu, ist die Erklärung wegen Perplexität nichtig (Medicus AT Rn 759).

15 4. Wer sich zur Abgabe einer Willenserklärung durch Fehlvorstellungen über vergangene, gegenwärtige oder zukünftige Tatsachen bewegen lässt, trägt das Risiko eines solchen **Realitäts- oder Motivirrtums** grds selbst (Rn 1, ferner Rn 10, 12, 14). Aufgrund sehr unterschiedlicher rechtspolitischer Erwägungen berücksichtigt das Gesetz Realitätsirrtümer ausnahmsweise in den §§ 434 ff (Gewährleistungshaftung), 123 (arglistige Täuschung), 2078 II, 2079, 2308 (Verfügungen von Todes wegen) sowie bei Störungen der Geschäftsgrundlage (§ 313 I). Außerdem lässt **Abs 2** eine Anfechtung wegen **Eigenschaftsirrtums** zu, wenn der Erklärende sich über **verkehrswesentliche Eigenschaften** einer **Person** oder **Sache** geirrt hat, auf die sich seine Willenserklärung bezieht.

16 **Person** iS der Vorschrift kann der Geschäftsgegner oder ein Dritter sein. Unter **Sachen** iS der Vorschrift sind auch nichtkörperliche Gegenstände, zB Grundschulden, Forderungsrechte (BGH WM 63, 253), Sachgesamtheiten (Nachlass, vgl BayObLGZ 02, 205) oder Erbteile zu verstehen. **Eigenschaften** sind natürliche Merkmale sowie rechtliche oder tatsächliche Beziehungen zur Umwelt, die infolge ihrer Beschaffenheit und Dauer nach der Verkehrsanschauung für die Wertschätzung oder Verwendbarkeit von Bedeutung sind (BGHZ 34, 41; 88, 245), so etwa – je nach Lage des Falles – bei Sachen Material, Größe, Herkunft, Echtheit, Alter und bei Personen Charaktereigenschaften, Gesundheitszustand, Sachkenntnis, Alter, Geschlecht, Vermögensverhältnisse. Bei Nachlass: Überschuldung (OLG Rostock NJW-RR 12, 1356), nicht aber Größe

des Nachlasses (OLG Düsseldorf NJW-RR 09, 12); bei Erbteil: Beschränkung mit Nacherbfolge (OLG Hamm ZEV 04, 287). Keine Eigenschaft iS der Vorschrift (sondern Ergebnis einer Bewertung der vorhandenen Eigenschaften) soll nach stRspr der Marktpreis oder Wert einer Sache sein (BGHZ 16, 57); richtiger erscheint es allerdings, in einem marktwirtschaftlichen System unabhängig von einer möglichen Anwendbarkeit des § 119 II das Risiko einer Fehleinschätzung des Markpreises von vornherein bei jedem Marktteilnehmer zu belassen (Wolf/Neuner § 41 Rn 56).

Verkehrswesentlich ist eine Eigenschaft, wenn sie von den Beteiligten ausdrücklich oder konkludent als wesentlich vereinbart wurde oder nach den Umständen und der Verkehrsanschauung in Geschäften dieser Art typischerweise als wesentlich vorausgesetzt wird. Die Verkehrswesentlichkeit ist daher für jedes einzelne Geschäft selbständig zu bestimmen (BGHZ 88, 246); sie kann von Geschäft zu Geschäft vorliegen oder fehlen (Bsp: Schwimmkenntnisse sind verkehrswesentlich bei der Einstellung eines Bademeisters, nicht bei der eines Buchhalters. Die Herkunft eines Porzellanservice aus einer Traditionsmanufaktur mag verkehrswesentlich sein beim Kauf in einem Antiquitätengeschäft, nicht dag beim Kauf „vom Wühltisch" im Warenhaus). 17

5. Eine Anfechtung nach Abs 1 und Abs 2 ist nur möglich, wenn der Irrtum für die Abgabe der Willenserklärung in der Weise **ursächlich** geworden ist, dass der Erklärende **bei Kenntnis der Sachlage** (dh vom Irrtum unbeeinflusst) und **verständiger Würdigung des Falles** (dh ohne Launenhaftigkeit oder Willkür, vgl BAG NJW 91, 2726) nicht, nicht so oder nicht zu diesem Zeitpunkt abgegeben hätte. 18

6. Liegen die Voraussetzungen eines Anfechtungsgrundes nach Abs 1 oder 2 vor, kann der Erklärende seine Willenserklärung durch Erklärung gem § 143 **anfechten**. Die Erklärung wird dadurch rückwirkend nichtig (§ 142 I); der Anfechtende ist nach § 122 zu Schadensersatz verpflichtet. Unzulässig weil treuwidrig (§ 242) ist eine Anfechtung aber dann, wenn der Vertragspartner das Geschäft mit dem vom Irrenden gewollten Inhalt gegen sich gelten lassen will (hM, offen gelassen von BGH NJW 88, 2599). Zur Bestätigung anfechtbarer Willenserklärungen s § 144. 19

§ 120 Anfechtbarkeit wegen falscher Übermittlung

Eine Willenserklärung, welche durch die zur Übermittlung verwendete Person oder Einrichtung unrichtig übermittelt worden ist, kann unter der gleichen Voraussetzung angefochten werden wie nach § 119 eine irrtümlich abgegebene Willenserklärung.

I. Die Vorschrift behandelt im Hinblick auf eine Anfechtung die **durch Dritte unrichtig übermittelte** wie eine irrtümlich abgegebene Willenserklärung (§ 119 I, 2. Fall). Der Erklärende bleibt zunächst an die Erklärung mit dem zugegangenen Inhalt gebunden und trägt folglich das Risiko einer fehlerhaften Übermittlung, kann sich durch Anfechtung aber wieder von ihr lösen. 1

II. 1. Der Erklärende hat zur (mündlichen) Übermittlung einer von ihm formulierten Willenserklärung eine andere **Person** oder **Einrichtung** (Post, Telekom, Provider, vgl dazu OLG Frankfurt OLGR Frankfurt 03, 88 ff) als **Erklärungsboten** (vgl § 164 Rn 4) eingesetzt. Die Vorschrift soll (entspr) Anwendung finden, wenn einem Dritten bei der Programmierung einer der Erklärung vorausgehenden invitatio ad offerendum ein Fehler unterläuft (OLG Hamm NJW 04, 2601). Bei irrtümlicher Abgabe einer Willenserklärung durch einen Vertreter (§ 164 I) greift die Vorschrift nicht ein (vgl dann § 166 I). Ebenso wenig betrifft sie die Einschaltung eines Empfangsboten; hier trägt der Empfänger das Risiko der Falschübermittlung (§ 130 Rn 5). Telefonische Übermittlung ist als Erklärung unter Anwesenden anzusehen (§ 147 I 2); bei Irrtum gilt § 119 I. 2

2. Die eingesetzte Einrichtung oder Person hat die Erklärung **unrichtig** (mit inhaltlichen Abweichungen oder sogar völlig anderem Inhalt) übermittelt. Worauf die Abweichung zurückzuführen ist (etwa: Hörfehler, inhaltliches Missverständnis, falscher Empfänger), spielt keine Rolle. Der Fehler muss dem Erklärungsboten **unbewusst** unterlaufen sein. 3

4 Bei **bewusster Falschübermittlung** („Scheinbote") oder eigenmächtiger Erklärung des Überbringers („Bote ohne Botenmacht") findet § 120 keine Anwendung. Vielmehr gelten nach hM die Regeln über den vollmachtlosen Stellvertreter (§§ 177 ff) entspr. Der vermeintlich Erklärende wird durch eine solche Erklärung nicht gebunden (BGH WM 63, 166), kann sie aber analog § 177 genehmigen. Geschieht dies nicht, haftet der angebliche Bote dem vertrauenden Erklärungsempfänger analog § 179. War der Bote gleichzeitig Erfüllungs- oder Verrichtungsgehilfe, kann sich daneben eine Haftung des vermeintlich Erklärenden aus §§ 280 I, 311 II iVm § 278 oder gem § 831 ergeben.

5 3. Bei **unbewusster Falschübermittlung** kann der Erklärende dem Empfänger ggü (§ 143 I) **anfechten**, wenn er die Erklärung bei Kenntnis der Sachlage und verständiger Würdigung (§ 119 I) nicht so abgegeben hätte, wie sie zugegangen ist. Er hat nach § 122 Ersatz des Vertrauensschadens zu leisten.

6 III. Der Bote **haftet** dem Erklärenden bei schuldhafter Falschübermittlung ggf auf Schadensersatz aus § 280 I oder Delikt.

§ 121 Anfechtungsfrist

(1) ¹Die Anfechtung muss in den Fällen der §§ 119, 120 ohne schuldhaftes Zögern (unverzüglich) erfolgen, nachdem der Anfechtungsberechtigte von dem Anfechtungsgrund Kenntnis erlangt hat. ²Die einem Abwesenden gegenüber erfolgte Anfechtung gilt als rechtzeitig erfolgt, wenn die Anfechtungserklärung unverzüglich abgesendet worden ist.

(2) Die Anfechtung ist ausgeschlossen, wenn seit der Abgabe der Willenserklärung zehn Jahre verstrichen sind.

1 I. Ob der Anfechtungsberechtigte seine Erklärung durch Anfechtung beseitigen will oder nicht, bleibt seiner Entscheidung überlassen. Im Interesse des Anfechtungsgegners und der Verkehrssicherheit ist aber für die Ausübung des Gestaltungsrechts eine **Ausschlussfrist** vorgesehen. Nach deren Ablauf ist das Anfechtungsrecht erloschen. Die Vorschrift betrifft lediglich die Anfechtung wegen Irrtums und Falschübermittlung (§§ 119, 120); bei Anfechtung wegen Täuschung und Drohung (§ 123) gilt § 124.

2 II. 1. Die Anfechtungsfrist beginnt nach **Abs 1 S 1** mit der (positiven) **Kenntnis** des Anfechtungsberechtigten vom Anfechtungsgrund (Irrtum oder Falschübermittlung) und der Person des Anfechtungsgegners (§ 143); Kennenmüssen oder Verdachtsmomente reichen nicht aus (BGH WM 73, 751). Berechtigen mehrere Gründe zur Anfechtung, kommt es auf die Kenntnis vom jeweils geltend gemachten Grund an (BGH NJW 66, 39). Bei Kenntnis eines Vertreters gilt § 166 I.

3 2. Die Anfechtung muss nach **Abs 1 S 1** nicht sofort, sondern lediglich **unverzüglich**, dh „ohne schuldhaftes Zögern" (Legaldefinition) erfolgen. Die Länge der Frist ist unter Würdigung der Umstände des Einzelfalls (BGHZ 159, 359) und unter Berücksichtigung auch der Interessen des Anfechtungsgegners zu ermitteln. Dem Anfechtungsberechtigten muss ein angemessener Zeitraum zur Überlegung ggf Einholung von Rechtsrat zur Verfügung stehen. Zur Fristwahrung unter Abwesenden genügt die **rechtzeitige Absendung** der Anfechtungserklärung (**Abs 1 S 2**). Geht sie aber verloren, fehlt es am Zugang (§ 130 I 1, vgl BGHZ 101, 52).

4 3. Nach Ablauf von **10 Jahren** seit Abgabe der Willenserklärung ist die Anfechtung auch dann **ausgeschlossen**, wenn dem Berechtigten Anfechtungsgrund und/oder -gegner unbekannt geblieben war (**Abs 2**).

§ 122 Schadensersatzpflicht des Anfechtenden

(1) Ist eine Willenserklärung nach § 118 nichtig oder auf Grund der §§ 119, 120 angefochten, so hat der Erklärende, wenn die Erklärung einem anderen gegenüber abzugeben war, diesem, andernfalls jedem Dritten den Schaden zu ersetzen, den der andere oder der Dritte dadurch erleidet, dass er auf die Gültigkeit der Erklärung vertraut, je-

doch nicht über den Betrag des Interesses hinaus, welches der andere oder der Dritte an der Gültigkeit der Erklärung hat.
(2) Die Schadensersatzpflicht tritt nicht ein, wenn der Beschädigte den Grund der Nichtigkeit oder der Anfechtbarkeit kannte oder infolge von Fahrlässigkeit nicht kannte (kennen musste).

I. Sofern der Anfechtungsgegner den Willensmangel nicht kennt oder kennen muss (vgl Abs 2), darf er von der Gültigkeit der Erklärung ausgehen. Die Vorschrift gewährt ihm daher im Falle einer Nichtigkeit nach § 118 oder bei Anfechtung gem §§ 119, 120 einen Anspruch auf **Ersatz des Vertrauensschadens**, wenn er sich auf die Gültigkeit der Erklärung verlassen und deswegen Vermögensdispositionen vorgenommen hat (**Abs 1**). Für diese Voraussetzungen trägt er die Beweislast. Ein Verschulden des Erklärenden ist nicht erforderlich (BGH NJW 69, 1380: „Veranlassungsprinzip"). 1

II. 1. Der Anspruch richtet sich gegen denjenigen, dessen **Erklärung** gem § 118 oder §§ 119, 120 iVm § 142 I **nichtig** ist. Er steht bei empfangsbedürftigen Willenserklärungen dem **Erklärungsempfänger**, bei amts- oder nicht empfangsbedürftigen Erklärungen jedem Dritten zu, der durch sein Vertrauen auf die Wirksamkeit der Willenserklärung einen Schaden erlitten hat. 2

2. Zu ersetzen ist der **Vertrauensschaden** (sog „negatives Interesse"). Das sind alle Nachteile, die dem Anspruchsberechtigten dadurch entstanden sind, dass er auf die Gültigkeit der Erklärung vertraut hat, so zB Vertragsabschlusskosten (Porto, Telefon, Anreise), aber auch der entgangene Gewinn aus einem anderen – unterbliebenen – Geschäft (vgl BGH NJW 84, 1951). Vom Anspruchsberechtigten bereits erbrachte Leistungen sind zurückzugewähren (§ 812 I 1, 1. Fall). Hätte die nichtige bzw angefochtene Erklärung ihrem Empfänger keinerlei Vorteile gebracht, ist auch kein Vertrauensschaden entstanden. Andererseits soll der Anspruchsteller gem Abs 1 durch den Schadensersatz nicht besser gestellt werden, als er bei Gültigkeit der Erklärung (zB ordnungsgemäßer Vertragserfüllung) stehen würde. Der Ersatzanspruch wird daher durch den Betrag dieses sog „Erfüllungs-" oder „positiven Interesses" nach oben begrenzt. 3

3. Der **Anspruch besteht nach Abs 2 nicht**, wenn der Geschädigte zum Zeitpunkt seiner Vermögensdisposition den Nichtigkeits- oder Anfechtungsgrund kannte oder kennen musste, dh – nach der hier für das gesamte Privatrecht gegebenen Legaldefinition – infolge (auch leichter) Fahrlässigkeit nicht kannte. Ein Anspruch ist auch dann ausgeschlossen, wenn die Willenserklärung bereits aus einem anderen Grunde nichtig ist. Hat der Erklärungsempfänger die Nichtigkeit bzw Anfechtbarkeit (auch schuldlos) mitverursacht, kann der Anspruch analog § 254 I entfallen oder gemindert werden (BGH NJW 69, 1380, str). 4

4. Hat der Erklärende den Grund für die Nichtigkeit bzw. Anfechtbarkeit **schuldhaft** herbeigeführt, haftet er außerdem aus §§ 280 I, 311 II oder Delikt. Beide Schadensersatzansprüche werden durch das positive Interesse (Rn 3) nicht begrenzt (für Haftung aus vorvertraglichem Verschulden str). 5

III. Die Vorschrift findet **keine entspr Anwendung** (stattdessen: §§ 280 I, 311 II), wenn ein Bote eine Nachricht absichtlich falsch übermittelt (§ 120 Rn 4) oder ein Erklärungsempfänger auf die Erklärung eines nicht geschäftsfähigen Vertreters vertraut (str). In beiden Fällen trägt der vermeintlich Erklärende nicht das Unwirksamkeitsrisiko. Dag kommt eine Analogie zu § 122 in Betracht, wenn der Erklärende den unrichtigen Anschein einer Willenserklärung herbeigeführt hat (Bsp: irrtümliches Abschicken einer vorbereiteten Erklärung durch einen Dritten). 6

§ 123 Anfechtbarkeit wegen Täuschung oder Drohung

(1) Wer zur Abgabe einer Willenserklärung durch arglistige Täuschung oder widerrechtlich durch Drohung bestimmt worden ist, kann die Erklärung anfechten.
(2) ¹Hat ein Dritter die Täuschung verübt, so ist eine Erklärung, die einem anderen gegenüber abzugeben war, nur dann anfechtbar, wenn dieser die Täuschung kannte oder kennen musste. ²Soweit ein anderer als derjenige, welchem gegenüber die Erklärung

abzugeben war, aus der Erklärung unmittelbar ein Recht erworben hat, ist die Erklärung ihm gegenüber anfechtbar, wenn er die Täuschung kannte oder kennen musste.

1 **I.** Die Vorschrift schützt die **Freiheit der Willensbildung** ggü unangemessener Beeinflussung durch Täuschung oder Drohung, indem sie dem Betroffenen die Möglichkeit gewährt, die – zunächst wirksame – Willenserklärung durch Anfechtung (§§ 142, 143) zu vernichten (Abs 1). Ein im Voraus vereinbarter Anfechtungsausschluss für den Fall einer Täuschung durch den Geschäftspartner (Abs 1) oder einen Nicht-Dritten (Abs 2) ist wegen Verstoßes gegen den Grundsatz der freien Selbstbestimmung unwirksam (BGH NJW 07, 1058; 12, 296). Das Gesetz sieht das auf Täuschung oder Drohung beruhende Rechtsgeschäft nicht ohne weiteres (sondern allenfalls bei Hinzutreten weiterer Umstände) für sittenwidrig und damit gem § 138 I als nichtig an (BGH NJW 88, 903; 02, 2775). Ggü der Irrtumsanfechtung (§§ 119, 120) ist bei der Anfechtung wegen Täuschung oder Drohung die Anfechtungsfrist verlängert (§ 124); ein Anspruch auf Vertrauensschaden steht dem Anfechtungsgegner nicht zu. **Abs 2** regelt Sonderprobleme bei Beteiligung Dritter (Rn 6 ff). Speziellere Regelungen finden sich in den §§ 1314 II Nr 3, 4; 1315 I Nr 4; 1317 (Eheschließung), 1760 II lit c, d (Adoption), §§ 2078 ff, 2281 ff (letztwillige Verfügungen); 15 II 2 LPartG.

2 **II. 1.** Eine Willenserklärung (Vor §§ 104–185 Rn 1) kann angefochten werden, wenn der Erklärende zur Abgabe durch **arglistige Täuschung** bestimmt worden ist. **Täuschung** ist die bewusste Vorspiegelung, Entstellung oder das Verschweigen von Tatsachen zum Zwecke der Erregung oder Aufrechterhaltung eines Irrtums. Werturteile und marktschreierische Anpreisungen stellen keine Täuschung dar (BGHZ 169, 109, 115). Vorspiegelung und Entstellung können durch ausdrückliche Erklärung oder schlüssiges Verhalten begangen werden. Eine im Verschweigen von Tatsachen liegende Täuschung durch **Unterlassen** liegt nur vor, wenn eine Rechtspflicht zur Aufklärung besteht. Dies ist der Fall, wenn der andere Teil im Einzelfall nach Treu und Glauben mit Rücksicht auf die Verkehrssitte eine Aufklärung über den verschwiegenen Umstand hätte erwarten können (BGH NJW-RR 91, 440). Da jede Partei ihre eigenen Interessen selbst wahrnehmen muss, besteht keine allg Pflicht zur Aufklärung über Umstände, die für den Geschäftsgegner relevant sein könnten (BGH NJW 83, 2494; 03, 425 [„versteckte Innenprovision" bei Immobilienfinanzierung durch Bank]). Wer gefragt wird, muss aber richtig und vollständig antworten (BGHZ 74, 392). Ein offensichtlicher Irrtum des Vertragspartners ist richtig zu stellen. Umstände, die für den anderen Teil offensichtlich von erheblicher Bedeutung sind, weil sie den Vertragszweck vereiteln oder gefährden können oder auf deren Mitteilung erkennbar Wert gelegt wird, sind ungefragt zu offenbaren (BGH NJW 79, 2243; NJW-RR 98, 1406), so zB existenzbedrohende Umstände beim Kauf eines Unternehmens (vgl BGH NJW 01, 2164; Huber AcP 02, 184), das Fehlen einer Baugenehmigung bei einem Grundstückskauf (BGH NJW 03, 2381), die ausschließliche Benutzung eines Fahrzeugs als Mietfahrzeug bei einem Verkauf „aus erster Hand" (OLG Stuttgart NJW-RR 09, 551), bei einer Vermietung von Gewerberaum der geplante Verkauf von Waren mit rechtsradikalem Image (BGH NJW 10, 3362 Rn 31 [„Thor Steinar"]) oder etwa bestehende Zweifel der Ehefrau an der Vaterschaft des Ehemannes, wenn dieser ihr eine schenkweise Zuwendung macht (BGH NJW 2012, 2728). Die Höhe einer Vertriebsprovision, auf die im Verkaufsprojekt hingewiesen wird, muss ein Vermittler dag nicht ungefragt offenbaren (BGH NJW 12, 3294 Rn 19). Eine spontane Aufklärungspflicht kann sich aber auch aus einem besonderen persönlichen oder geschäftlichen Vertrauensverhältnis (BGH NJW 92, 302) oder daraus ergeben, dass eine Seite einen Informationsvorsprung (zB aufgrund von Fachkompetenz) besitzt und die andere eine dementspr Beratung erwarten kann.

3 Die Täuschung kann sich auf äußere **Tatsachen** (dh sinnlich wahrnehmbare Umstände wie etwa das Alter von Möbeln und Kunstgegenständen, OLG Düsseldorf NJW 02, 612) wie auch auf innere Tatsachen (zB bestimmte Absichten) beziehen. Keine Tatsachen sind Werturteile oder Reklamebehauptungen.

4 Die Vorschrift geht stillschweigend von der **Rechtswidrigkeit** einer arglistigen Täuschung aus. Diese Voraussetzung entfällt jedoch, wenn der Befragte eine **unzulässiger**-

weise gestellte Frage unzutreffend beantwortet („Recht zur Lüge"). In der Bewerbungssituation des Arbeitnehmers (ausf Ehrich DB 00, 421 ff) ist dies etwa der Fall bei der Frage nach Vorstrafen, die gem § 53 I BZRG nicht offenbart werden müssen. Im Hinblick auf Vorstrafen, die gem § 32 BZRG in das Führungszeugnis aufzunehmen sind, ist eine Nachfrage ggü Arbeitsuchenden nur zulässig, wenn die Art der Vorstrafe für die angestrebte Tätigkeit relevant ist (Bsp: Unterschlagung bei Tätigkeit als Bankkassierer, Körperverletzung bei erzieherischer Tätigkeit, Trunkenheit am Steuer bei Tätigkeit als Kraftfahrer, vgl BAG NJW 58, 517, oder Polizist, BAGE 91, 352 ff). Zulässig ist die Frage nach einer Mitarbeit im Staatssicherheitsdienst der ehemaligen DDR (BAG NJW 01, 702); im Hinblick auf § 81 II 1 SGB IX aber wohl nicht mehr nach dem Status eines Schwerbehinderten, soweit dies nicht für die auszuübende Tätigkeit von entscheidender Bedeutung ist (Joussen NJW 03, 2857; anders noch BAG NJW 01, 1885). Nach dem Vorliegen einer Schwangerschaft darf bei der Einstellung grds nicht gefragt werden (BAG NJW 93, 1155; vgl auch EuGH NJW 03, 1107). Erlaubte Lügen gewähren der Gegenseite kein Anfechtungsrecht.

Arglist bedeutet (zumindest bedingter) Vorsatz im Hinblick auf Täuschungshandlung, 5 Irrtumserregung und Herbeiführung einer Willenserklärung; er muss im Zeitpunkt des Vertragsschlusses vorliegen. Der Täuschende muss also wissen oder damit rechnen, dass er etwas Unzutreffendes behauptet, hierdurch bei dem Erklärungsempfänger eine falsche Vorstellung entsteht und der Getäuschte aufgrund dessen eine Erklärung abgibt, die er bei richtiger Kenntnis der Dinge nicht oder nicht so abgegeben haben würde (BGH NJW 99, 2806). Grobe Fahrlässigkeit genügt nicht (BAG NJW 12, 3390). Auf das Vorhandensein eines Täuschungswillens muss idR aus den objektiv feststellbaren Umständen (zB Formulierung eines Angebotsschreibens) geschlossen werden (BGH NJW-RR 05, 1083: Frage des Einzelfalls). Ein Rechtsirrtum kann Vorsatz und damit auch Arglist ausschließen (BGHZ 186, 96 Rn 43). Eine „böse Absicht", Schädigungs- oder Bereicherungsvorsatz ist nicht erforderlich (BGH NJW 74, 1506). Eine ohne tatsächliche Grundlagen **„ins Blaue hinein"** abgegebene Behauptung ist arglistig, wenn der Handelnde mit der möglichen Unrichtigkeit der Angaben rechnet (BGHZ 168, 64, 70; BGH NJW 98, 2361) oder zwar gutgläubig ist, seinen guten Glauben jedoch ohne zuverlässige Beurteilungsgrundlage gebildet hat und dies nicht offenbart (BGH NJW 80, 2461).

2. Im Hinblick auf die **Person des Täuschenden** ist zu unterscheiden: Nicht empfangs- 6 bedürftige Willenserklärungen (§ 130 Rn 1) können angefochten werden ohne Rücksicht darauf, wer die Täuschung begangen hat. Bei empfangsbedürftigen Willenserklärungen berechtigt zur Anfechtung eine Täuschung durch den **Erklärungsempfänger** oder eine Hilfsperson (Abs 1), deren Verhalten dem Erklärungsempfänger **zuzurechnen** ist; so etwa durch einen Stellvertreter (BGHZ 20, 39), einen vollmachtlosen Vertreter nach Genehmigung (BGH WM 79, 237), einen Verhandlungsgehilfen (BGHZ 47, 230 f), Vermittler (BGH NJW 01, 358) oder eine andere Vertrauensperson, deren Verhalten sich der Erklärungsempfänger unter Billigkeitsgesichtspunkten zurechnen lassen muss (BGHZ 33, 310; BGH NJW 90, 1662 [Ehemann]; BGH NJW 03, 425). Täuscht eine von mehreren Vertragsparteien, ist die Gegenseite allen ggü zur Anfechtung berechtigt, auch wenn die übrigen von der Täuschung keine Kenntnis hatten oder haben mussten (OLG Koblenz NJW-RR 03, 120).

Täuscht ein **Dritter**, kann eine empfangsbedürftige Willenserklärung nur angefochten 7 werden, wenn der Erklärungsempfänger die Täuschung kannte oder kennen musste (**Abs 2 S 1**). Der Begriff des „Dritten" ist eng auszulegen; er umfasst lediglich völlig Unbeteiligte und nicht die in Rn 6 angeführten Hilfspersonen des Erklärungsempfängers.

Hat ein **anderer als der Erklärungsempfänger** aus der Willenserklärung unmittelbar ein 8 **Recht erworben**, ist sie diesem anderen ggü anfechtbar, sofern er die Täuschung kannte oder kennen musste (**Abs 2 S 2**). Bsp: Vertrag zwischen S und G zugunsten des D nach § 328. (1) G täuscht: S ficht an ggü G (hM) nach Abs 1 (Folge: § 334). (2) D täuscht: S ficht an ggü D (arg Abs 2 S 2: erst recht). (3) Es täuscht ein Außenstehender: S ficht an ggü D unter den Voraussetzungen des Abs 2 S 2.

9 **3. Drohung** ist das Inaussichtstellen eines künftigen Übels, auf dessen Eintritt der Handelnde Einfluss zu haben vorgibt (BGHZ 184, 209). Als angedrohtes Übel genügt jeder materielle oder ideelle Nachteil für den Bedrohten oder eine andere Person (BGHZ 25, 218 f). Weist der Handelnde nur auf eine bestehende Zwangslage hin oder erweckt er den Eindruck, das Übel trete auch ohne sein Zutun ein, so fällt dies nicht unter § 123 I (BGHZ 6, 351). Eine Drohung mit einem Unterlassen ist tatbestandsmäßig, wenn eine Rechtspflicht zur Vornahme der entspr Handlung besteht. Die Drohung kann auch von einem Dritten ausgehen (BGH NJW 66, 2401); eine dem Abs 2 entspr Regelung besteht nicht.

10 Nicht **widerrechtlich** ist grds die Drohung mit Rechten oder Rechtsbehelfen, die von der Rechtsordnung zur Interessenwahrnehmung zur Verfügung gestellt werden (Klage, Zwangsvollstreckung, berechtigte Selbsthilfe usw). Die geforderte Widerrechtlichkeit kann sich aber aus dem Zweck der Drohung (Abgabe einer sittenwidrigen oder strafbaren Willenserklärung; idR bereits §§ 134, 138), dem angedrohten Mittel (Drohung mit strafbarem oder sittenwidrigem Verhalten) sowie aus der Inadäquanz von Mittel und Zweck ergeben (BGHZ 184, 209; BAG NJW 99, 2061). In diesem letzten Fall sind sowohl Zweck als auch Mittel der Drohung für sich betrachtet rechtmäßig, jedoch darf das angedrohte Mittel zur Erreichung dieses Zweckes nicht eingesetzt werden. Bsp: Drohung mit Strafanzeige wegen einer früher begangenen Tat zur Durchsetzung einer damit nicht in Zusammenhang stehenden Zahlungsforderung (kein sachlicher Bezug zwischen Mittel und Zweck) oder zur Erzwingung einer im Verhältnis zum eingetretenen Schaden und zu den finanziellen Möglichkeiten des Bedrohten überhöhten Verpflichtung (BGH WM 73, 575); anders dag, wenn die Drohung die Wiedergutmachung eines anerkannten Schadens bezweckt und der Drohende die Schadensersatzforderung für berechtigt halten durfte (BAG (BAG NJW 11, 630 Rn 39). Die Drohung mit einem Pressebericht ist dann nicht widerrechtlich, wenn auch der Bericht selbst nicht rechtswidrig wäre (BGH NJW 05, 2769). Die Drohung eines Strafverteidigers mit Mandatsniederlegung zur Erreichung einer Gebührenvereinbarung ist dann widerrechtlich, wenn sie unmittelbar vor Beginn der Hauptverhandlung erfolgt (BGHZ 184, 209 Rn 37; BGH NJW 13, 1591).

11 Der Drohende muss **wissen** und **wollen**, dass die Gegenseite durch sein Verhalten zur Abgabe der Willenserklärung veranlasst wird. Eine Schädigungsabsicht ist nicht erforderlich.

12 **4.** Täuschung oder Drohung haben den Erklärenden zur **Abgabe** der Erklärung **bestimmt**, wenn er sie ohne die rechtswidrige Einwirkung nicht, so oder nicht zu diesem Zeitpunkt abgegeben hätte. Eine Täuschungshandlung ist dann nicht kausal, wenn der Erklärende sie durchschaut. An der Kausalität einer Drohung fehlt es, wenn der Bedrohte sie nicht für ernst gemeint hält. In beiden Fällen genügt Mitursächlichkeit (vgl BGH NJW 91, 1674). Nach Treu und Glauben kann die Anfechtung ausgeschlossen sein, wenn die Rechtslage des Getäuschten bei Abgabe der Anfechtungserklärung nicht oder nicht mehr beeinträchtigt ist (BGH NJW 00, 2894).

13 **5.** Die **Beweislast** für sämtliche Voraussetzungen der Vorschrift (arglistige Täuschung, Drohung, Kausalität) trägt der Anfechtende; er muss daher auch beweisen, nicht hinreichend aufgeklärt worden zu sein. Dabei reicht es aber aus, wenn er die von der Gegenseite vorzutragende und räumlich, zeitlich und inhaltlich zu spezifizierende Aufklärung widerlegt (BGH NJW 01, 64 f). Für den Beweis eines Kausalzusammenhangs zwischen Täuschung und Abgabe der Willenserklärung reicht es aus, wenn er Umstände dartut, die für seinen Entschluss von Bedeutung sein konnten, sowie die arglistige Täuschung nach der Lebenserfahrung bei Rechtsgeschäften dieser Art Einfluss auf die Entschließung hat (Anscheinsbeweis, BGH NJW 95, 2361 f).

14 **III.** Sind gleichzeitig die Voraussetzungen einer **Irrtumsanfechtung** (§§ 119, 120) erfüllt, kann der Berechtigte wählen, auf welche Vorschrift er seine Anfechtung stützen will (vgl BAGE 12, 1115 Rn 38: Auslegungsfrage). Wegen § 122 wird iZw eine Anfechtung gem § 123 gewollt sein. Ein Nachschieben von Anfechtungsgründen ist allerdings nicht möglich (BAG NJW 08, 939 f). Neben der Anfechtungsmöglichkeit aus § 123 stehen oft **Ansprüche aus §§ 280 I, 311 II oder Delikt**, die dann auf Vertragsauf-

hebung gerichtet sind (BGH NJW 79, 1983; 02, 2775). Ihre Geltendmachung unterliegt nicht der Jahresfrist des § 124 (BGHZ 42, 42; BGH NJW 79, 1984, str). Diese Ansprüche sind iÜ auch bei „fahrlässiger Täuschung" gegeben. Durch die Vorschriften über die **Sachmängelgewährleistung** (§§ 434 ff) wird eine Anfechtung nach § 123 nicht ausgeschlossen. Nach erfolgter Anfechtung kommt eine Geltendmachung der Gewährleistungsrechte nicht mehr in Betracht, da es nunmehr an einem Vertrag fehlt. Nach Überlassung der Mietsache wird das Anfechtungsrecht durch die Möglichkeit einer fristlosen Kündigung aus wichtigem Grund nicht verdrängt (BGHZ 178, 16, 24).

§ 124 Anfechtungsfrist

(1) Die Anfechtung einer nach § 123 anfechtbaren Willenserklärung kann nur binnen Jahresfrist erfolgen.
(2) ¹Die Frist beginnt im Falle der arglistigen Täuschung mit dem Zeitpunkt, in welchem der Anfechtungsberechtigte die Täuschung entdeckt, im Falle der Drohung mit dem Zeitpunkt, in welchem die Zwangslage aufhört. ²Auf den Lauf der Frist finden die für die Verjährung geltenden Vorschriften der §§ 206, 210 und 211 entsprechende Anwendung.
(3) Die Anfechtung ist ausgeschlossen, wenn seit der Abgabe der Willenserklärung zehn Jahre verstrichen sind.

I. Bei einer Anfechtung wegen Täuschung oder Drohung (§ 123) ist der Erklärungsempfänger idR nicht, der **Anfechtende** dag sehr wohl **schutzwürdig**. Die Anfechtungsfrist beträgt daher ein ganzes Jahr (Abs 1, Sonderregel: § 318 II 2, 3). 1

II. 1. Die **Jahresfrist** beginnt im Fall einer arglistigen Täuschung mit der Entdeckung, dh dem Zeitpunkt, in welchem der Irrtum und dessen arglistige Herbeiführung erkannt werden. Kennenmüssen genügt nicht; andererseits ist keine genaue Kenntnis sämtlicher Einzelheiten der Täuschung erforderlich. Liegt eine Drohung vor, beginnt der Fristlauf mit der Beendigung der Zwangslage, dh dann, wenn der Bedrohte keine Angst mehr vor dem angedrohten Übel hat, weil es aus seiner Sicht bereits eingetreten oder mit einem Eintritt nicht mehr ernsthaft zu rechnen ist (Abs 2). 2

2. Bei der **Fristberechnung** (§§ 186 ff) gelten §§ 206 (Fortlaufshemmung) sowie 210, 211 (Ablaufhemmung) entspr (Abs 2 S 2). Die Anfechtungserklärung muss (anders als nach § 121 I 2) vor Ablauf der Jahresfrist zugehen. Mit Fristablauf erlischt das Anfechtungsrecht. Nach Ablauf von 10 Jahren seit Abgabe der Willenserklärung ist die Anfechtung auch dann ausgeschlossen, wenn die Täuschung unentdeckt geblieben war (Abs 3). 3

3. Nach Ablauf der Anfechtungsfrist kann sich der Getäuschte oder Bedrohte ggü einer Inanspruchnahme auch nicht mehr auf § 242 (Arglisteinwand) berufen. Erfüllt die Täuschung dag gleichzeitig auch die Voraussetzungen der §§ 280 I, 311 II oder einer unerlaubten Handlung, bleiben ein evtl Schadensersatzanspruch aus vorvertraglichem Verschulden (BGH NJW 84, 2815; 97, 254; NJW-RR 02, 308) und damit ein entspr Leistungsverweigerungsrecht (dolo petit) sowie die Einrede aus § 853 (näher § 853 Rn 1) bestehen. 4

§ 125 Nichtigkeit wegen Formmangels

¹Ein Rechtsgeschäft, welches der durch Gesetz vorgeschriebenen Form ermangelt, ist nichtig. ²Der Mangel der durch Rechtsgeschäft bestimmten Form hat im Zweifel gleichfalls Nichtigkeit zur Folge.

I. 1. Im Privatrecht herrscht der **Grundsatz der Formfreiheit**: Abschluss und Abwicklung von Rechtsgeschäften sollen erleichtert werden. Soweit das Gesetz allerdings die **Einhaltung einer bestimmten Form** vorschreibt (Rn 3), führt die Nichtbeachtung der Formvorschrift nach S 1 idR (vgl aber § 126 b Rn 3) zur **Nichtigkeit des Rechtsgeschäfts** (Rn 8, aber auch Rn 10). Dies gilt nach S 2 iZw auch dann, wenn die Parteien 1 die Beachtung einer bestimmten Form rechtsgeschäftlich vereinbart und diese Form später nicht beachtet haben (Rn 18).

2 Formvorschriften können den **Zweck** haben, den Erklärenden bei bedeutsamen Geschäften vor unbedachten Willenserklärungen und übereilter Bindung zu schützen (**Warnfunktion**), den Inhalt des Geschäfts zuverlässig beweisbar zu machen (**Beweisfunktion**), im Ausnahmefall eine Unterrichtung Dritter zu ermöglichen (**Informationsfunktion**, vgl etwa § 550), bei notarieller Beurkundung darüber hinaus eine sachkundige Beratung und Belehrung (vgl § 17 BeurkG) sicherzustellen (**Beratungsfunktion**) oder auch eine wirksame behördliche Kontrolle zu ermöglichen (**Kontrollfunktion**). Die Verwirklichung eines oder mehrerer Zwecke ist nur gesetzgeberisches Motiv und nicht Voraussetzung für eine Anwendung der betr Formvorschrift. Die vorgeschriebene Form ist daher auch dann einzuhalten, wenn der Formzweck schon auf andere Weise erreicht wird (BGHZ 53, 195).

3 **II. 1. Durch Gesetz** (vgl Art 2 EGBGB: jede Rechtsnorm) **vorgeschriebene Formen** sind die Schriftform (§ 126 I, II, ersetzbar durch elektronische Form, §§ 126 III, 126 a, sowie notarielle Beurkundung, § 126 IV), die Textform (§ 126 b), die notarielle Beurkundung (§§ 6 ff BeurkG, § 128; ersetzbar durch Protokollierung bei gerichtlichem Vergleich, vgl § 127 a), zT mit zusätzlich vorgeschriebener gleichzeitiger Anwesenheit der Beteiligten (vgl § 1410: Ehevertrag, § 2276: Erbvertrag), ferner die öffentliche Beglaubigung (§ 129) sowie sonstige besondere Formen zB für die Auflassung (§ 925), das eigenhändige Testament (§§ 2231 Nr 2, 2247) oder die Eheschließung (§ 1310 I 1).

4 Formvorschriften können nach Maßgabe ihres Schutzzwecks auch **analog** angewandt werden, so zB auf Verträge, in denen durch Vereinbarung eines sonst eintretenden empfindlichen Nachteils ein **mittelbarer Zwang** zum Abschluss eines formbedürftigen Geschäfts ausgeübt werden soll (Bsp: Vertragsstrafe oder Provisionsverpflichtung in Maklervertrag für den Fall, dass Auftraggeber einen Grundstückskaufvertrag doch nicht abschließt, vgl BGH NJW 70, 1916; NJW 87, 54).

5 **2.** Ist eine Form vorgeschrieben, erstreckt sich die Formbedürftigkeit auf das **gesamte Rechtsgeschäft**, dh iZw auf **sämtliche Vereinbarungen**, aus denen sich nach dem Willen der Parteien das Rechtsgeschäft zusammensetzt (BGHZ 89, 43; 162, 160 [Baubeschreibung], vgl auch BGH NJW 03, 1248). Bei Verträgen müssen die Willenserklärungen beider Vertragspartner die vorgeschriebene Form einhalten, sofern das Gesetz die Formbedürftigkeit nicht ausnahmsweise auf die Erklärung nur einer Partei beschränkt (so etwa in §§ 518 I, 766 S 1, 780 f, 1154). Von der Formbedürftigkeit werden grds auch Nebenabreden erfasst (BGHZ 116, 254), sofern der Vertrag nicht ohne die Nebenabrede geschlossen worden wäre (vgl BGH NJW 81, 222). Die Aufnahme einer Nebenabrede in die Vertragsurkunde ist ausnahmsweise entbehrlich, wenn der Formzweck dies nicht erfordert (vgl BGH NJW 77, 1151 zu § 55 I GmbHG). Vorverträge bedürfen grds der Form des Hauptvertrags.

6 Mehrere selbständige Verträge, von denen an sich nur einer formbedürftig ist, können von den Parteien zu einem insgesamt formbedürftigen **zusammengesetzten Geschäft** verbunden werden. Dies setzt einen vom Vertragspartner hingenommenen erkennbaren Verbindungswillen einer Partei voraus, der zu bejahen ist, wenn die Verträge miteinander „stehen und fallen" sollen (BGHZ 78, 349). Eine rechtliche Einheit eines anderen Vertrages mit einem Grundstücksgeschäft besteht zB dann, wenn das Grundstücksgeschäft nach dem Parteiwillen von dem anderen Vertrag (etwa: Baubetreuungsvertrag) abhängig ist (nicht aber im umgekehrten Fall), wobei die Reihenfolge des Abschlusses der Verträge keine Rolle spielt (vgl BGH NJW-RR 2009, 953 Rn 14). Dass die Parteien sämtlicher Geschäfte identisch sind, ist nicht erforderlich (BGHZ 78, 349; BGH NJW 89, 899). Sind die zusammenhängenden Vereinb in verschiedenen Urkunden enthalten, muss die Abhängigkeit der Absprachen in den Urkunden verlautbart werden (BGHZ 104, 22). Ein lediglich wirtschaftlicher Zusammenhang reicht zur Annahme eines zusammengesetzten Geschäfts und damit zur Formbedürftigkeit sämtlicher Vereinbarungen nicht aus.

7 **Änderungen** und **Ergänzung** eines formbedürftigen Rechtsgeschäfts sind grds ebenfalls formbedürftig, sofern die Abänderung nicht lediglich einer Behebung nachträglich auf-

getretener Abwicklungsschwierigkeiten dient (BGH NJW 98, 1483). Formfrei sind hingegen die Zustimmung (§ 182 II, vgl BGHZ 125, 218; BGH NJW 98, 1484 [frei widerrufliche Einwilligung]; Ausn: §§ 71 II ZVG; 1516 II 3, 1517 I 2, 1750 I 2), Anfechtung sowie die Bestätigung eines anfechtbaren Rechtsgeschäfts (§ 144 II; anders bei § 141 I). Zur teleologischen Reduktion des § 167 II vgl dort Rn 5. Die **Aufhebung** eines formbedürftigen Rechtsgeschäfts ist formfrei möglich (Ausn: §§ 2290 IV, 2351), sofern der Aufhebungsvertrag nicht seinerseits eine Verpflichtung enthält, deren Begr formbedürftig ist (bei § 311 b str, wenn Käufer lediglich AnwR erlangt hat, bejahend BGHZ 83, 395).

3. Die **Nichteinhaltung** einer gesetzlich vorgeschriebenen Form (strengere Form ersetzt 8 die mildere, vgl §§ 126 IV, 127 I, 127 a, 129 II) führt nach S 1 zur **Nichtigkeit** des Rechtsgeschäfts (anders zB: §§ 550, 585 a). Bei vollzogenen Gesellschafts- oder Arbeitsverträgen kann nach der Lehre von der fehlerhaften Gesellschaft bzw vom faktischen Arbeitsverhältnis die Formnichtigkeit nur mit Wirkung ex nunc geltend gemacht werden. Bei teilweiser Formunwirksamkeit gilt § 139.

Ein Formfehler kann insb durch Erfüllung **geheilt** werden, wenn das Gesetz dies aus- 9 drücklich vorsieht (vgl etwa §§ 311 b I 2, 494 II 1, 502 III 2, 518 II, 766 S 2, 15 IV 2 GmbHG). Jedoch lässt sich diesen Vorschriften ein allg Grundsatz, dass die Erfüllung formnichtiger Rechtsgeschäfte heilende Wirkung hat, angesichts ihrer unterschiedlichen Zweckrichtung nicht entnehmen (BGH NJW 67, 1131; str). Im Einzelfall kommt aber eine analoge Anwendung in Betracht (vgl Schlüter JuS 69, 10 ff zu §§ 2371, 1922 II gegen BGH a.a.O.). Die Heilung wirkt ex nunc, doch findet § 141 II entspr Anwendung (BGHZ 54, 63 f).

4. Die Rechtsfolge des S 1 wird in der Rspr durch den Grundsatz von **Treu und Glau-** 10 **ben** (§ 242) eingeschränkt und der Vertrag als formgerecht zustande gekommen behandelt, wenn eine Formnichtigkeit zu „**schlechthin unerträglichen Ergebnissen**" führen würde (BGHZ 48, 398; 85, 318 f; 138, 348; BGH NJW 98, 3060; st Rspr), zB bei Vorliegen einer besonders schweren Treuepflichtverletzung oder bei Gefährdung der Existenz des Vertragspartners (BGHZ 92, 172). Aus Gründen der Rechtssicherheit ist ggü dieser Rspr jedoch Zurückhaltung geboten. Bei **Gefährdung der wirtschaftlichen Existenz** eines Vertragspartners wird der andere allerdings häufig zur vorvertraglichen Betreuung und Information verpflichtet sein, woraus sich im Falle einer Pflichtverletzung ein Anspruch aus §§ 280 I, 311 II ergibt. Die Rspr zu den formlosen **Hofübergabeverträgen** (etwa BGHZ 23, 254 ff) hat ihre praktische Bedeutung weitgehend eingebüßt, nachdem der Gesetzgeber sie im Wesentlichen in § 7 II 2 HöfeO übernommen hat (vgl BGHZ 87, 238).

IE ist die Rechtslage **unklar** und **umstritten**. Eine Berufung auf Treu und Glauben ist 11 jedenfalls nicht möglich, wenn der Vertragsschluss öffentliche Interessen oder Belange Dritter (§§ 550, 566; s BGH NJW 62, 1390) berührt, so etwa bei Verträgen aus dem Bereich des Familien- oder Erbrechts oder bei Verfügungen (vgl Vor §§ 104–185 Rn 4). Darüber hinaus kann ein Vertrag unter Berufung auf Treu und Glauben nicht gegen den Willen der zu schützenden Partei aufrechterhalten werden. Insb dann, wenn die Formvorschrift nur den **Schutz einer Partei** (zB § 766) bezweckt, kann sich, wenn diese den Vertrag erfüllt oder zu erfüllen bereit ist, der andere Teil nicht auf die Nichtigkeit berufen (BGHZ 85, 251 f).

Grds bleibt ein Geschäft formnichtig, wenn **keiner Partei** die Formbedürftigkeit des 12 Rechtsgeschäfts **bekannt** war, selbst wenn einer der Beteiligten fahrlässig den anderen über den Irrtum über das Formerfordernis erregt oder unterhalten hat (BGH NJW 65, 813).

Die Nichtigkeitsfolge tritt auch dann ein, wenn die Formbedürftigkeit **beiden Parteien** 13 **bewusst** war und sie diesem Umstand gleichwohl nicht Rechnung getragen haben (etwa: Schwarzkauf, vgl aber BGH NJW 80, 451). Die Beteiligten wissen in diesem Fall, worauf sie sich einlassen; auch eine wirtschaftlich oder sozial schwächere Partei verdient keinen Schutz, selbst wenn die andere Seite die Einhaltung des Vertrages ausdrücklich versprochen hat (vgl RGZ 117, 125 [„Edelmannswort"], anders BGHZ 48, 399 [Verweisung auf „kaufmännische Ehrbarkeit"]).

14 **Wusste nur eine Partei** um das Formerfordernis und hat sie dessen Einhaltung arglistig verhindert, so steht der anderen nach Treu und Glauben ein Erfüllungsanspruch zu (Rechtsgedanke des § 162, vgl auch BGHZ 16, 338; BGH NJW 89, 167; nach aA lediglich Anspruch aus §§ 280 I, 311 II auf Geldersatz). Dies gilt auch dann, wenn die wissende Partei zum Zeitpunkt des Vertragsschlusses zunächst noch zur Erfüllung des Vertrages bereit war.

15 5. Die **Erbringung der vermeintlich geschuldeten Leistung** hat (außerhalb der Heilungsvorschriften, vgl Rn 9) grds keine Auswirkungen auf die Gültigkeit des Vertrags. Ausnahmsweise kann eine Berufung auf die Formnichtigkeit aber nach Treu und Glauben ausgeschlossen sein, wenn die Parteien die beiderseitigen Verpflichtungen tatsächlich oder nach ihrer Vorstellung vollständig erfüllt haben und feststeht, dass sie bei Kenntnis der Formbedürftigkeit das Geschäft formgerecht abgeschlossen hätten. Der Vertrag ist ferner dann (ex nunc) als wirksam zu behandeln, wenn allein die unwissende Partei an einen (inzwischen, sonst Rn 13) um die Nichtigkeit wissenden Empfänger leistet und dieser die Leistung als Erfüllung annimmt (Verbot des venire contra factum proprium).

16 Hat eine Partei längere Zeit aus dem formnichtigen Vertrag unmittelbare oder mittelbare **Vorteile gezogen**, kann sie sich unter Berufung auf die Formnichtigkeit nicht ihren Verpflichtungen entziehen (BGHZ 26, 151 f; s auch BGH NJW 96, 1469; 96, 2504). Voraussetzung ist aber, dass der Leistende den Vermögensvorteil im Vertrauen auf die Wirksamkeit des Vertrages erbracht hat (BGHZ 121, 234; BGH NJW 96, 2504).

17 6. Im Streitfall ist eine Nichtigkeit nach S 1 vAw zu berücksichtigen. Wer aus dem formbedürftigen Rechtsgeschäft Rechte herleiten will, hat die Einhaltung der Form zu **beweisen** (hM).

18 7. Haben die Parteien die Einhaltung einer bestimmten (nicht unbedingt im Gesetz vorgesehenen) Form **rechtsgeschäftlich vereinbart** (zur Auslegung und Aufhebung von Schriftformklauseln vgl § 127 Rn 3 ff), so entscheidet der Parteiwille darüber, ob die Einhaltung der Form als **Gültigkeitsvoraussetzung** konstitutive Bedeutung haben oder ob der Inhalt des Geschäfts nur zu **Beweiszwecken** (dh mit deklaratorischer Bedeutung) fixiert werden soll. Im zweiten Fall besteht lediglich ein Anspruch auf formgerechte Festlegung, eine formwidrige Erklärung ist jedoch gültig (vgl BGHZ 49, 367). Nach der **Auslegungsregel des S 2** ist iZw von einer konstitutiven Bedeutung der Form auszugehen. Eine Sonderregel für den Vertragsschluss enthält § 154 II; danach kommt iZw vor einer verabredeten Beurkundung überhaupt kein Vertrag zustande. Eine Berufung auf den Formmangel kann auch bei gewillkürter Schriftform treuwidrig (Rn 10 ff) sein (OLG Koblenz NJW-RR 06, 555).

19 III. Der Inhalt des in einer Urkunde niedergelegten Geschäfts ist durch **Auslegung** zu ermitteln, für welche dieselben Grundsätze (§§ 133, 157) wie bei formfreien Erklärungen gelten. Daher können auch Umstände außerhalb der Urkunde (zB Vorgespräche, Korrespondenz, Vertragszweck) herangezogen werden (BGHZ 142, 164). Selbst ein klarer und eindeutiger Wortlaut schränkt eine darüber hinausgehende Auslegung nicht unbedingt ein (BGHZ 86, 46; str). Erst nach Ermittlung des Erklärungsinhalts stellt sich die Frage, ob der ermittelte Wille formgerecht erklärt worden ist (vgl BGH NJW 96, 2793). Bei ihrer Beantwortung kommt dem der jeweiligen Vorschrift zugrunde liegende Formzweck besondere Bedeutung zu (BGHZ 80, 250). Nach stRspr (zB BGHZ 63, 362; 80, 245; 86, 47; 94, 42; BGH NJW 89, 1484 f) ist grds erforderlich, dass der Wille irgendeinen wenn auch unvollkommenen Ausdruck in der Urkunde gefunden hat (**Andeutungstheorie**; Kritik: Diese Theorie provoziert Auslegungskunststücke und prämiert weitschweifige Formulierungen, vgl etwa Brox/Walker ErbR Rn 200). Im Anwendungsbereich der falsa demonstratio-Regel (§ 133 Rn 9) wird auf eine Andeutung in der Urkunde verzichtet (BGHZ 87, 154 f; BGH NJW 93, 2936; 08, 1659). Dem ist jedenfalls für Grundstücksgeschäfte zuzustimmen, da die Formzwecke hier trotz Falschbezeichnung durch die Beurkundung erreicht werden.

20 Für die Richtigkeit und Vollständigkeit des Urkundeninhalts spricht eine **Vermutung** (BGH NJW-RR 98, 1066). Wer Nebenabreden außerhalb der Urkunde behauptet, muss deren Existenz und Inhalt beweisen (BGH NJW 80, 1681). Dies gilt auch für Urkunden, die lediglich zu Beweiszwecken errichtet werden. Die Vermutung ist widerleglich (Begleitumstände, Äußerungen der Parteien außerhalb der Urkunde, vgl BGH NJW 02, 3165); an einen entspr Nachw sind aber strenge Anforderungen zu stellen. Zum Beweiswert von E-Mails Roßnagel/Pfitzmann NJW 03, 1209.

§ 126 Schriftform

(1) Ist durch Gesetz schriftliche Form vorgeschrieben, so muss die Urkunde von dem Aussteller eigenhändig durch Namensunterschrift oder mittels notariell beglaubigten Handzeichens unterzeichnet werden.
(2) ¹Bei einem Vertrag muss die Unterzeichnung der Parteien auf derselben Urkunde erfolgen. ²Werden über den Vertrag mehrere gleichlautende Urkunden aufgenommen, so genügt es, wenn jede Partei die für die andere Partei bestimmte Urkunde unterzeichnet.
(3) Die schriftliche Form kann durch die elektronische Form ersetzt werden, wenn sich nicht aus dem Gesetz ein anderes ergibt.
(4) Die schriftliche Form wird durch die notarielle Beurkundung ersetzt.

I. Die Vorschrift bestimmt, welche Voraussetzungen (Rn 3–11) bei der Vornahme von 1 Rechtsgeschäften im Allgemeinen (**Abs 1, 3, 4**) und Verträgen im Besonderen (**Abs 2**) zwecks **Einhaltung der gesetzlich** (Rn 2) **vorgeschriebenen Schriftform** beachtet werden müssen (zur rechtsgeschäftlich vereinbarten Schriftform s § 127). Neben der Schriftform iSd Vorschrift kennt das Privatrecht allerdings auch die „einfache Schriftlichkeit" (ohne Unterschrift), so in §§ 492 I 3 (Erstellung durch automatische Einrichtung); 675 a, 793 II 2 (mechanische Vervielfältigung); ferner 13 S 1 AktG (vervielfältigte Unterschrift); § 99 III 1 BetrVG (Zustimmungsverweigerung des Betriebsrats, BAGE 101, 302 ff); vgl iÜ § 126 b Rn 2.

II. 1. **Gesetz** iSd § 126 I ist jede Rechtsnorm (Art 2 EGBGB). Bsp für eine Anordnung 2 der Schriftform: §§ 550 S 1, 766, 780 f, 1154 I 1; 86 b I 3 HGB. Auf öffentlich-rechtliche Verträge findet § 126 über §§ 57, 62 VwVfG Anwendung. Im Prozessrecht gelten dag die Sondervorschriften des Verfahrensrechts (zB § 130 Nr 6, 519 IV ZPO); formwirksame Übermittlung bestimmender Schriftsätze ist möglich durch Telegramm, Fernschreiben, Computerfax, vgl GmS-OGB BGHZ 144, 164.

2. Die Vorschrift setzt eine **Urkunde**, dh eine schriftlich verkörperte Willenserklärung 3 voraus. Sie kann auf jede Weise (hand- oder maschinenschriftlich, gedruckt usw) und in jeder Sprache abgefasst und auf beliebigem Material niedergelegt sein. Zur Auslegung formbedürftiger Erklärungen vgl § 125 Rn 19 f.

3. Die **Schriftform** ist eingehalten, wenn der Aussteller eigenhändig die Urkunde durch 4 **Namensunterschrift** (Rn 6) oder notariell beglaubigtes **Handzeichen** (Rn 10) **unterzeichnet** hat. Damit soll der Urheber der Erklärung erkennbar und ihre Authentizität gesichert werden. Gleichzeitig soll das Unterschriftserfordernis die übereilte Abgabe von Erklärungen erschweren. Die Unterzeichnung muss den Text räumlich abschließen (RGZ 110, 168) und damit die Verantwortung für den gesamten Urkundeninhalt zum Ausdruck bringen (Abschluss- und Deckungsfunktion). Eine „Oberschrift" reicht ebenso wenig aus (BGHZ 113, 51) wie eine Unterzeichnung auf dem Rand der Urkunde (BGH NJW 92, 830). Bei Unterzeichnung auf dem Briefumschlag ist anhand der Umstände des Einzelfalls zu prüfen, ob es sich um die Fortsetzung des Urkundentextes handelt (BayObLG FamRZ 88, 1212). Nachträge unterhalb der Unterschrift sind erneut zu unterschreiben (BGH WM 90, 891). Spätere Änderungen müssen dag nicht nochmals unterschrieben werden, sofern die Unterschrift nach dem Parteiwillen auch für den veränderten Vertragsinhalt Gültigkeit haben soll (BGH DB 73, 1016).

Bei **mehrseitigem Text** genügt eine Unterschrift auf dem letzten Blatt, sofern eine kör- 5 perliche Verbindung (BGHZ 40, 263; etwa: Fadenheftung, Zusammenleimen, „Tackern") oder zumindest eine inhaltliche Bezugnahme (Nummerierung, fortlaufender Sinnzusammenhang; genaue Inbezugnahme; str) besteht (BGHZ 136, 361; 142, 161 f; BGH NJW 03, 1248). Bei einem **Änderungsvertrag** reicht eine inhaltliche Bezugnahme auf eine frühere Urkunde aus, falls er die wesentlichen zu beurkundenden Bestandteile (essentialia negotii) selbst enthält (BGHZ 42, 338; offen gelassen in BGHZ 40, 264).

6 Die **Namensunterschrift** ist grds mit dem Familiennamen zu leisten (auch: Pseudonym, sofern Individualisierung möglich). Der Vorname ist – auch bei Verwechslungsgefahr – entbehrlich. Seine alleinige Verwendung genügt nur bei Rechtsgeschäften mit Personen, denen der Unterzeichnende unter seinem Vornamen bekannt ist (enger BGH NJW 03, 1120). Die bloße Nennung eines Firmennamens reicht nicht aus (BGH NJW 66, 1077), ebenso wenig die Angabe einer Rechtsstellung, eines Titels oder einer Verwandtschaftsstellung (vgl aber § 2247 III 2). Der Name ist auszuschreiben; abgekürzte Formen (Paraphen oder Anfangsbuchstaben) genügen nicht (BGH NJW 67, 2310; 82, 1467; NJW-RR 07, 351). Die Unterschrift muss die Identität des Unterzeichnenden ausreichend kennzeichnen (BGH NJW 76, 2264). Leserlichkeit ist nicht erforderlich, doch muss der Schriftzug eine Zusammensetzung aus Buchstaben erkennen lassen und darf nicht nur aus Strichen, Winkeln oder Wellen bestehen (BGH NJW 82, 1467; Grenzfall: OLG Köln NJW-RR 05, 1252; vgl Rn 10).

7 Der Aussteller muss **eigenhändig** unterzeichnen (nicht: Faksimile, Schreibmaschine, Stempel oÄ, vgl aber auch Rn 1). Schreibhilfe (Führen der Hand) ist soweit zulässig, als sie sich auf die Unterstützung des Ausstellers beschränkt und die Unterzeichnung noch von dessen Willen abhängt (BGH NJW 81, 1901). Telegramm oder Telefax enthalten nicht die Originalunterschrift und stellen damit keine formwirksame Urkunde iSd § 126 dar (BGH NJW 98, 3649; OLG Frankfurt NJW 91, 2154). Da eine empfangsbedürftige Willenserklärung, die der Schriftform unterliegt, nur dann wirksam wird, wenn die formgerechte Erklärung zugeht, reicht folglich die Übermittlung durch Telegramm oder Telefax nicht aus (zum Verfahrensrecht vgl Rn 2). Allerdings ist dieses Zugangserfordernis dispositiv (BGHZ 130, 75; BGH NJW-RR 86, 1301 zu § 151).

8 Unterzeichnen muss der **Aussteller**, dh die Person, von der die Erklärung herrührt. Ein **Vertreter** unterzeichnet grds mit seinem eigenen Namen. Allerdings muss seine Vertreterstellung dann aus einem Zusatz (s auch §§ 51, 57 HGB) oder dem Text der Urkunde deutlich werden (BGHZ 125, 178; BGH NJW 03, 3054; BAG NJW 05, 2572). Will der Vertreter erkennbar für den Vertretenen und sich selbst gleichzeitig handeln, reicht eine einzige Unterschrift aus (RGZ 75, 3; für Gesamtvertreter RGZ 106, 269). Bei Vertragsabschluss durch eine AG ist die Schriftform nur dann gewahrt, wenn alle Vorstandsmitglieder unterzeichnen oder das unterzeichnende Vorstandsmitglied darauf hinweist, dass es auch die anderen, nicht unterzeichnenden Vorstände vertreten will (BGHZ 183, 67). Ein Vertreter darf aber auch mit dem **Namen des Vertretenen** unterzeichnen, ohne dass das Vertretungsverhältnis aus dem Text der Urkunde deutlich werden müsste (BGHZ 45, 196; BAG NJW 00, 1062).

9 Wird ein leeres bzw unvollständig ausgefülltes Blatt mit einer sog **Blankounterschrift** versehen und die Erklärung erst später abgefasst, entsteht die formgültige Erklärung grds mit Eintragung des Textes. Etwas anderes kann sich aus dem Sinn und Zweck des Formgebots ergeben. So erfüllt weder die Blankounterschrift eines Bürgen mit nachträglicher Ausfüllung der Bürgschaftsurkunde durch einen vom Bürgen mündlich ermächtigten Dritten die Voraussetzungen des § 766 (BGHZ 132, 122; BGH NJW 97, 1780) noch die Blankounterschrift eines Darlehensnehmers die des § 492 (BGHZ 132, 171; BGH NJW-RR 05, 1142). Bei abredewidriger Ausfüllung eines ausgehändigten Blanketts gilt § 172 II analog (BGHZ 132, 127), jedoch nicht bei „Oberschrift" (BGHZ 113, 53). Die Vervollständigung eines widerrechtlich verschafften Blanketts stellt hingegen vollmachtloses „Handeln unter fremdem Namen" (vgl § 164 Rn 9) dar.

10 4. Die Unterschrift per **Handzeichen**, zB mit drei Kreuzen oder einer erkennbar abgekürzten Form des Namens (BGH NJW 82, 1467; etwa: Paraphe, Initialen), bedarf der notariellen Beglaubigung (§§ 129; 39, 40 VI BeurkG).

11 5. Bei Abschluss eines **Vertrages** muss – sofern die Erklärungen beider Partner formbedürftig sind – dieselbe Urkunde von beiden Parteien entspr Abs 1 unterzeichnet werden (**Abs 2 S 1**). Sind auf einer Seite mehrere Parteien beteiligt, müssen grds alle unterschreiben (BGH NJW 13, 1082; zur Vertretung s Rn 8). Dabei reicht es (jedenfalls im Anwendungsbereich von § 550) aus, wenn eine Partei das Angebot und die andere auf

demselben Schriftstück ihre Annahme dieses Angebots unterzeichnet; einer nochmaligen Unterzeichnung des Gesamtvertrages (Angebot und Annahme) durch den Antragenden bedarf es nicht (BGH NJW 04, 2964). Die Schriftform des § 550 ist auch dann gewahrt, wenn zwar eine von beiden Parteien unterzeichnete Mietvertragsurkunde existiert, dabei jedoch die eine Partei das formgerechte Angebot der anderen Partei verspätet angenommen hat und der Vertrag konkludent durch Vollzug geschlossen wurde (BGH NJW 10, 1518 Rn 19 ff). Dass ein Vertragspartner nur die von ihm abgegebene Erklärung (Angebot oder Annahme) unterschreibt, reicht (anders als bei §§ 127, 128) nicht aus. Die Urkunde muss alle wesentlichen vertraglichen Abreden enthalten (Prinzip der Einheit der Vertragsurkunde, vgl BGHZ 161, 244), jedoch reicht eine Bezugnahme auf genau bezeichnete Anlagen aus, wenn eine zweifelsfreie Zuordnung möglich ist (BGH NJW 03, 1248 f). Werden über den gesamten Inhalt mehrere gleichlautende Urkunden ausgestellt, genügt es, dass jede Partei die für die andere bestimmte Urkunde unterschreibt (**Abs 2 S 2**). Unterzeichnung zur selben Zeit oder im Beisein des Vertragspartners ist nicht erforderlich.

6. Die Schriftform iSd Abs 1 kann von den Parteien (aufgrund einer vorangehenden Vereinbarung oder durch konkludente Billigung bei der Abgabe bzw Entgegennahme einer Erklärung) grds durch die **elektronische Form** (§ 126 a) **ersetzt** werden (**Abs 3**); allerdings lässt das Gesetz eine solche Substitution dort nicht zu, wo die Warnfunktion (§ 125 Rn 2) einer Unterschrift durch die elektronische Form nicht gewährleistet erscheint (vgl §§ 484 I 2 [Teilzeitwohnrechte-Vertrag], 492 I 2 [Verbraucherdarlehen], 623 [Kündigung des Arbeitsvertrages], 766 S 2 [Bürgschaft], 780 S 2 [Schuldversprechen], 781 S 2 [Schuldanerkenntnis]) oder die elektronische Form aus praktischen Gründen nicht in Betracht kommt (vgl § 630 S 3: Arbeitszeugnis). 12

7. Die Schriftform wird nach Abs 4 auch durch die **notarielle Beurkundung** (§ 128) und damit auch durch einen gerichtlichen Vergleich (§ 127 a) **ersetzt**. 13

§ 126 a Elektronische Form

(1) Soll die gesetzlich vorgeschriebene schriftliche Form durch die elektronische Form ersetzt werden, so muss der Aussteller der Erklärung dieser seinen Namen hinzufügen und das elektronische Dokument mit einer qualifizierten elektronischen Signatur nach dem Signaturgesetz versehen.
(2) Bei einem Vertrag müssen die Parteien jeweils ein gleichlautendes Dokument in der in Absatz 1 bezeichneten Weise elektronisch signieren.

I. Die Vorschrift schafft eine speziell auf elektronische Medien ausgerichtete **elektronische Form**, mit deren Hilfe bei der Vornahme von Rechtsgeschäften (**Abs 1**) und insb beim Abschluss von Verträgen (**Abs 2, Rn 5**) sowohl die Authentizität des Geschäftspartners wie auch die Unverfälschtheit der übermittelten Willenserklärungen mit (relativ hoher) Sicherheit soll festgestellt werden können. Damit sollen das im elektronischen Geschäftsverkehr (insb bei Willenserklärungen per E-Mail oder im WWW) auftretende Risiko einer Fälschung oder Veränderung von Daten minimiert und auf diese Weise die Privatrechtsordnung an die Bedürfnisse des E-Commerce herangeführt werden. Die elektronische Form kann die gesetzlich vorgeschriebene Schriftform (vgl § 126 I, III) ersetzen, soweit das Gesetz diese Option nicht ausdrücklich ausschließt (§ 126 Rn 12). Die Voraussetzungen der elektronischen Form ergeben sich aus dem **SigG** v 16.5.2001 (BGBl I 876), zum SigG und den neuen Formvorschriften Vehslage DB 00, 1801; Roßnagel NJW 01, 1817; vgl iÜ Rn 6 ff. 1

II. 1. Die elektronische Form setzt voraus, dass der Erklärende dem elektronischen Text seinen **Namen** (Nachname ausreichend; auch Pseudonym) **hinzufügt** und sich dadurch dem Adressaten zu erkennen gibt. 2

2. Das elektronische Dokument (E-Mail, ausgefülltes Formular im WWW) muss anschließend mit einer **qualifizierten elektronischen Signatur** nach § 2 Nr 3 SigG versehen werden; eine einfache „elektronische Signatur" iSd § 2 Nr 1 SigG (etwa: Angabe des Namens aE eines elektronischen Dokuments, eingescannte Unterschrift) oder eine 3

„fortgeschrittene elektronische Signatur" iSd § 2 Nr 2 SigG (Verschlüsselungstechniken ohne besondere Anforderungen an die Organisation der Schlüsselverwaltung oder die zugrunde liegenden technischen Standards wie zB bei dem Programm „Pretty good privacy") genügen zum Ersatz der gesetzlich vorgeschriebenen Schriftform (vgl aber § 127 Rn 7) nicht. Eine qualifizierte elektronische Signatur iSd §§ 126 a I iVm 2 Nr 3 SigG liegt vielmehr nur vor, wenn sie auf einem von einem „Zertifizierungsdiensteanbieter" (§ 2 Nr 7, 8 u §§ 4–14 SigG) ausgestellten „qualifizierten Zertifikat" (§§ 2 Nr 7 u § 7 SigG) beruht und unter Beachtung bestimmter technischer Standards (§§ 2 Nr 10 sowie 17 u 23 SigG) erzeugt worden ist (§ 2 Nr 3 SigG).

4 Kann die gesetzlich vorgeschriebene Schriftform zulässigerweise (§ 126 III) durch die elektronische Form ersetzt werden und haben die Beteiligten weder die Schriftform noch die Voraussetzungen der elektronischen Form (Rn 2, 3) eingehalten, so ist das Rechtsgeschäft nach § 125 S 1 **formnichtig**. Nichtigkeit tritt grds auch dann ein, wenn die elektronische Form bei der Abgabe einer Erklärung verwandt wird, für welche das Gesetz ausschließlich Schriftform vorsieht (§ 126 Rn 12). Eine Berufung auf diese Formnichtigkeit kann aber auch hier nach § 242 ausgeschlossen sein, wenn die Formnichtigkeit zu untragbaren Ergebnissen führen würde (§ 125 Rn 10), insb ein Beteiligter über die Unwirksamkeit der elektronischen Form arglistig getäuscht hat (vgl § 125 Rn 14).

5 3. Bei **Abschluss eines Vertrages** auf elektronischem Wege muss ein gleichlautendes elektronisches Dokument von sämtlichen Vertragsparteien elektronisch signiert (Rn 3) werden (Abs 2). Eine Signatur von Antrag und Annahme durch den jeweils Erklärenden allein reicht nicht aus. Die gesetzliche Schriftform (§ 126) wird aber auch dann eingehalten, wenn ein Vertragspartner die Voraussetzungen des § 126 I und der andere die des § 126 a I erfüllt.

6 III. 1. Die technische Infrastruktur (Chipkarte, PIN, Lesegerät, Verschlüsselungssoftware) zur Erstellung einer qualifizierten elektronischen Signatur (Rn 3) wird dem Benutzer aufgrund eines **Vertrages** mit einem **Zertifizierungsdiensteanbieter** (zB Post, Telekom) gegen Entgelt zur Verfügung gestellt. Die Gültigkeit einer Signatur wird durch eine etwaige Unwirksamkeit dieses Vertrages nicht berührt.

7 2. Hat der Signator seine eigene **Formmacht** im Vorhinein gem § 7 I Nr 7 SigG nach Art oder Umfang **beschränkt**, kann er diese Beschränkung grds nur durch eine vom Zertifizierungsdiensteanbieter vorzunehmende Änderung des Zertifikats, nicht aber selbst (durch Vertrag oder einseitiges Rechtsgeschäft) im Verhältnis zu dem konkreten Erklärungsempfänger wieder aufheben. Eine gleichwohl elektronisch signierte Erklärung ist bei gesetzlich vorgeschriebener Form nichtig. War die elektronische Form dagg durch Rechtsgeschäft vereinbart worden, reicht gem § 127 III auch eine einfache oder fortgeschrittene elektronische Signatur (Rn 3) aus, soweit nicht ein anderer Wille der Parteien anzunehmen ist.

8 3. Stellt der Signaturinhaber Chip und PIN einem anderen willentlich zwecks Vornahme eines Rechtsgeschäfts zur Verfügung, wird er **analog § 164 I** aus dem Geschäft berechtigt und verpflichtet. Ist er mit der Vornahme des konkreten Geschäfts nicht einverstanden (Überschreitung der Vollmacht, Benutzung der Signatur von Familienmitgliedern usw), kann er das Geschäft analog § 177 I genehmigen und haftet auch ohne Genehmigung entspr den Regeln über eine **Duldungsvollmacht** (§ 173 Rn 8). Hat ein Dritter die Chipkarte an sich genommen, die PIN in Erfahrung gebracht und die bis dahin vom Signaturinhaber noch nicht gesperrte (§ 8 SigG) Karte zur Vornahme eines Geschäfts benutzt, kommt der Haftung des Signaturinhabers wegen **fahrlässig veranlassten Rechtsscheins** (vgl § 170-173 Rn 9) in Betracht (Einzelheiten bei Dörner AcP 02, 387 ff).

§ 126 b Textform

¹Ist durch Gesetz Textform vorgeschrieben, so muss eine lesbare Erklärung, in der die Person des Erklärenden genannt ist, auf einem dauerhaften Datenträger abgegeben werden. ²Ein dauerhafter Datenträger ist jedes Medium, das

1. es dem Empfänger ermöglicht, eine auf dem Datenträger befindliche, an ihn persönlich gerichtete Erklärung so aufzubewahren oder zu speichern, dass sie ihm während eines für ihren Zweck angemessenen Zeitraums zugänglich ist, und
2. geeignet ist, die Erklärung unverändert wiederzugeben.

[Fassung bis 12.6.14:]

§ 126 b Textform

Ist durch Gesetz Textform vorgeschrieben, so muss die Erklärung in einer Urkunde oder auf andere zur dauerhaften Wiedergabe in Schriftzeichen geeignete Weise abgegeben, die Person des Erklärenden genannt und der Abschluss der Erklärung durch Nachbildung der Namensunterschrift oder anders erkennbar gemacht werden.

[Die Kommentierung basiert auf der ab 13.6.14 geltenden Fassung.]

I. Die am 1.8.01 in Kraft getretene Vorschrift ist durch Gesetz v. 20.9.2013 (BGBl. I 3642) mit Wirkung zum 13.6.2014 neu gefasst und terminologisch an das europäische Richtlinienrecht angepasst worden, ohne dass jedoch eine inhaltliche Änderung beabsichtigt war (BT-Drucks 17/12637, 44). Die Bestimmung **fasst** zuvor im Privatrecht verstreute Typen unterschriftsloser Erklärungen in einer **einheitlichen Textform zusammen**; diese soll gleichzeitig durch Verzicht auf eine eigenhändige Unterschrift in geeigneten Fällen – in denen es weniger auf den Beweiswert der Form als vielmehr auf die mit einer schriftlichen Niederlegung verbundenen Dokumentations- und Informationswirkungen ankommt – die bislang geltende **Schriftform ersetzen**. Der Begriff des „dauerhaften Datenträgers" („zur dauerhaften Wiedergabe in Schriftzeichen geeignet") findet sich in einer Reihe von Richtlinien, vgl nur Art 5 I der Fernabsatz-RL 97/7/EG, ABl EG L 144, 19, Art 2 Nr. 12 Unterabs 1 u 2 RL 2002/92/EG über Versicherungsvermittlung, ABl EG 2003 L 9, 3, oder Art 2 Nr 10 (mit Erwägungsgrund Nr 23) der Verbraucherrechte-RL 2011/83/EU, ABl EU L 304, 64. 1

II. 1. Die Textform ist **gesetzlich vorgeschrieben** zB in §§ 312 c II 1; 355 I 2, II 1, 356 II 2, 357 III 1, 477 II, 493 I 5, 502 II, 505 III 3, 554 III 1, 556 a II 1, 556 b II 1, 557 III 1, 558 a I, 559 b I 1, 560 I 1, 655 b I 4; ferner etwa in §§ 438 IV 1 HGB, 109 III AktG, 24 IV 1 WEG, 3 I, 5 I, II 1, 33 II, 38 1 1, 119 I, II, 120 VVG. Bedauerlicherweise hat der Gesetzgeber aber nicht überall auf Sondertypen unterschriftsloser Erklärungen verzichtet (vgl § 126 Rn 1). 2

Die **Rechtsfolgen** einer **Nichteinhaltung der Textform** hängen vom jeweiligen Normzweck ab. So ist zB bei Anwendung des § 355 I 2 ein lediglich mündlicher Widerruf unwirksam (§ 125 S 1), dag löst in § 355 II 1 eine nicht in Textform gebrachte Belehrung den Fristlauf nicht aus. Wird dem Verbraucher eine Garantieerklärung entgg § 477 II nicht in Textform mitgeteilt, hat er gleichwohl einen Erfüllungsanspruch; die Wirksamkeit der Garantie wird durch die Nichteinhaltung der Form nicht berührt (§ 477 III). 3

2. Textform setzt voraus, dass eine lesbare, die Person des Erklärenden nennende Erklärung auf einem **dauerhaften Datenträger** abgegeben wurde (und dem Empfänger zugegangen ist). Damit sind sowohl **Papierdokumente** (Kopie, Fax, Telegramm, Fernschreiben) wie auch **elektronische Dokumente** (Diskette, CD-ROM, DVD, USB-Stick, Speicherkarte, Niederlegung im Festplattenspeicher eines Rechners) erfasst. Für die zweite Gruppe präzisiert S 2 der Neufassung, dass das betreffende Medium dem Empfänger die Möglichkeit der Speicherung während eines angemessenen Zeitraums und eine Wiedergabemöglichkeit bieten muss. Ausreichend ist danach die Übermittlung einer Erklärung per E-Mail, die der Adressat auf seinem Rechner abspeichern und ausdrucken kann. Die bloße Möglichkeit eines Downloads von der Homepage des Erklärenden allein genügt dagg nicht (EuGH NJW 2012, 2637 Nr 50; BGH NJW 10, 3566 Rn 18 ff). Der Adressat muss die Erklärung vielmehr während eines angemessenen Zeitraums unverändert abspeichern und abrufen können. Diese Kriterien erfüllen „fortgeschrittene Websites", die den Benutzer entweder vor einer Fortsetzung des Programms zum Ausdruck der Informationen oder zumindest zu einem Download zwin- 4

gen oder ihm auf dem Rechner des Erklärenden einen passwortgeschützten und nicht veränderbaren sicheren Speicherbereich einräumen (EFTA-Gerichtshof VersR 2010, 793 m Anm Reiff, dazu Thalmair NJW 11, 14, 17).

5 Dass die **Person des Erklärenden** genannt werden muss, ist streng genommen keine Form-, sondern eine materielle Voraussetzung für die Gültigkeit einer Erklärung; auch mündliche Erklärungen müssen diese Bedingung erfüllen, um Rechtswirkungen auslösen zu können.

6 Der Abschluss der Erklärung kann durch eine bloße **Nachbildung der Namensunterschrift** (Faksimile, eingescannte Unterschrift) oder **auf andere Weise** – und somit beliebig – kenntlich gemacht werden, so etwa durch einen vorgedruckten Hinweis („Diese Erklärung ist maschinell gefertigt und ohne Unterschrift wirksam"), durch die Eingabe des Namens in einem dafür vorgesehenen Adressfeld oder einfach durch die vorprogrammierte Absenderangabe am Ende einer E-Mail. Die ab dem 13.6.14 geltende Neufassung enthält diese Voraussetzung nicht mehr.

§ 127 Vereinbarte Form

(1) Die Vorschriften des § 126, des § 126 a oder des § 126 b gelten im Zweifel auch für die durch Rechtsgeschäft bestimmte Form.
(2) ¹Zur Wahrung der durch Rechtsgeschäft bestimmten schriftlichen Form genügt, soweit nicht ein anderer Wille anzunehmen ist, die telekommunikative Übermittlung und bei einem Vertrag der Briefwechsel. ²Wird eine solche Form gewählt, so kann nachträglich eine dem § 126 entsprechende Beurkundung verlangt werden.
(3) ¹Zur Wahrung der durch Rechtsgeschäft bestimmten elektronischen Form genügt, soweit nicht ein anderer Wille anzunehmen ist, auch eine andere als in § 126 a bestimmte elektronische Signatur und bei einem Vertrag der Austausch von Angebots- und Annahmeerklärung, die jeweils mit einer elektronischen Signatur versehen sind. ²Wird eine solche Form gewählt, so kann nachträglich eine dem § 126 a entsprechende elektronische Signierung oder, wenn diese einer der Parteien nicht möglich ist, eine dem § 126 entsprechende Beurkundung verlangt werden.

1 I. Die Vorschrift enthält **Auslegungsregeln** für den Fall, dass die Beteiligten die Einhaltung der Schriftform, elektronischen Form oder Textform durch **Rechtsgeschäft** bestimmt haben. Grds können die Parteien die Formerfordernisse eines an sich formfreien Rechtsgeschäfts in diesen Fällen selbst festlegen und von §§ 126, 126 a und 126 b abw Erleichterungen oder Verschärfungen vereinbaren. Ist dies nicht geschehen (Auslegungsfrage, vgl §§ 133, 157), sollen – vorbehaltlich der in **Abs 2** (Rn 6) und 3 (Rn 7) vorgesehenen Erleichterungen – nach **Abs 1** (Rn 2–5) in entspr Anwendung der genannten Bestimmungen die dort jeweils normierten Voraussetzungen (also zB bei vereinbarter Schriftform eine eigenhändige Unterschrift) erforderlich sein.

2 II. 1. Eine rechtsgeschäftliche Bestimmung von Schrift-, elektronischer und Textform (**Abs 1**) setzt idR voraus, dass die Parteien eine entspr Vereinbarung getroffen haben. Die Einhaltung einer dieser Formen kann auch in einer Vereinssatzung vorgeschrieben werden (zur Schriftform BGH NJW-RR 96, 866). Einer Schriftformvereinbarung steht (bei Fehlen einer gegenteiligen Abrede) ein dahin gehender Handelsbrauch (§ 346 HGB) gleich (vgl BGH NJW 64, 1270).

3 Durch eine die Verkehrssitte berücksichtigende **Auslegung** der jeweiligen **Formklausel** ist zu ermitteln, welchen **Umfang der Formzwang** haben, ob er zB für den gesamten Vertrag oder nur einzelne Absprachen gelten und auch einen Vorvertrag umfassen soll. Der Parteiwille entscheidet ferner darüber, ob die Einhaltung der Form (wie iZw, vgl § 125 S 2) Gültigkeitsvoraussetzung sein oder nur zu Beweiszwecken dienen (vgl § 125 Rn 18) und ob die Beteiligten eine Abweichung der in §§ 126, 126 a, 126 b festgelegten Erfordernisse vereinbaren wollten. So kann zB als Formerleichterung bei Massenschreiben die Zulässigkeit einer gedruckten oder Faksimileunterschrift konkludent vereinbart sein (RGZ 125, 73 f).

Der gewillkürte Formzwang kann **formlos** wieder **aufgehoben** werden, so dass die 4
praktische Bedeutung des § 127 gering ist. Eine stillschweigende Aufhebung oder Einschränkung liegt vor, wenn die Parteien – auch ohne an die Formklausel zu denken – das mündlich Vereinbarte übereinstimmend als maßgeblich wollen (BGHZ 119, 291 f). Das früher vereinbarte Formerfordernis wird dadurch kraft Privatautonomie wieder derogiert. Selbst eine **qualifizierte Formklausel** (nur schriftliche oder in elektronischer Form zulässige Aufhebung des Formerfordernisses) ändert nichts an der Wirksamkeit formloser Abreden (offengelassen von BGH NJW-RR 91, 1290; aA BGHZ 66, 382 für Individualvereinbarungen von Kaufleuten; BAG NJW 03, 3727 für Arbeitsvertrag), weil die Parteien nicht auf ihre Vertragsfreiheit verzichten können. Bei einseitigen empfangsbedürftigen Willenserklärungen reicht aus, dass der Empfänger die formlose Erklärung erkennbar akzeptiert. Bei AGB gilt auch ggü Schriftformklauseln (s § 309 Nr 13) der Vorrang der Individualabrede. An den Nachw einer vorgehenden mündlichen Vereinbarung sind aber strenge Anforderungen zu stellen. Wer eine solche Abrede behauptet, muss sie beweisen.

2. Soll eine Willenserklärung durch **eingeschriebenen Brief** zugestellt werden, so haben 5
die Beteiligten neben der Schriftform eine besondere Art der Übermittlung festgelegt. Die Versendung per Einschreiben ist allerdings kein Wirksamkeitserfordernis, sondern soll nur den Zugang der Erklärung sichern, so dass eine Zustellung auch auf andere Weise (etwa: Kurier) erfolgen kann (BGH NJW 13, 1082). Erreicht daher eine nicht per Einschreiben auf den Weg gebrachte Sendung ihren bestimmungsgemäßen Empfänger, ist der Zweck erreicht und die Erklärung wirksam (BAG NJW 80, 1304: Kündigung).

3. Abs 2 schränkt die Schriftform auf § 126 durch zwei (dispositive) **Erleichterungen** 6
ein. Danach kann die Schriftform durch **telekommunikative Übermittlung** (Telegramm, Fernschreiben, Telefax, vgl BGH NJW-RR 96, 867, Computerfax, E-Mail) gewahrt werden. Nicht ausreichend sind dag eine telefonische Durchgabe oder Übermittlung durch Internettelefonie. Ein **Vertrag** kann entgg § 126 II auch durch **Briefwechsel** (eigenhändige Unterschrift von Angebot bzw Annahme) abgeschlossen werden. Entgg dem Wortlaut reicht auch der Austausch von Telegrammen, Fax, E-Mails bzw die Übersendung eines Briefs auf der einen und einer Botschaft im Wege der Telekommunikation auf der anderen Seite aus. Wird von einer dieser Formerleichterungen Gebrauch gemacht, kann jede Partei **nachträglich** (zu Beweiszwecken) gem **Abs 2 S 2** eine dem § 126 entspr **Beurkundung** verlangen.

4. Vorbehaltlich eines abw Parteiwillens ist nach **Abs 3 S 1** zur Wahrung der elektroni- 7
schen Form nicht unbedingt eine qualifizierte elektronische Signatur erforderlich, vielmehr wird die rechtsgeschäftlich bestimmte elektronische Form auch durch Verwendung einer **einfachen** oder **fortgeschrittenen Signatur** (§ 126 a Rn 3) gewahrt. Bei Abschluss eines **Vertrages** reicht der Austausch von zwei jeweils mit einer elektronischen Signatur versehenen Erklärungen aus. Jede Partei hat aber nachträglich Anspruch auf eine Signierung mit einer qualifizierten elektronischen Signatur oder – falls nicht möglich – auf eine dem § 126 entspr Beurkundung.

5. Wer bei einem an sich formfreien Rechtsgeschäft die Vereinbarung einer Form be- 8
hauptet, muss dies **beweisen**. Bei unstreitiger Formabrede trägt die Beweislast, wer sich auf eine von den §§ 126, 126 a, 126 b abw Vereinb beruft.

§ 127 a Gerichtlicher Vergleich

Die notarielle Beurkundung wird bei einem gerichtlichen Vergleich durch die Aufnahme der Erklärungen in ein nach den Vorschriften der Zivilprozessordnung errichtetes Protokoll ersetzt.

I. Die Vorschrift entspricht einer langjährigen Rspr (zB BGHZ 14, 386 f), wonach Er- 1
klärungen, die der notariellen Beurkundung bedürfen (§ 128), auch in einen **gerichtlichen Vergleich** aufgenommen werden können. Die Vorschrift gilt nicht nur für Verträge (vgl § 128), sondern für alle Willenserklärungen (Vor §§ 104–185 Rn 1). Ein An-

spruch auf Protokollierung besteht aber nur, soweit die Prozessparteien den Streitgegenstand teilweise oder abschließend regeln (BGHZ 191, 1 Rn 15).

2 II. 1. Voraussetzung ist ein **formell und materiell wirksamer Prozessvergleich** vor einem deutschen Gericht. Dabei müssen die wesentlichen Protokollierungsvorschriften der ZPO (§§ 160 ff ZPO) eingehalten werden (vgl aber BGHZ 142, 87: Wirksamkeit trotz fehlenden Protokollvermerks über Vorlesen und Genehmigung) und wegen der Doppelnatur des Prozessvergleichs als Prozesshandlung und materielles Rechtsgeschäft (BGHZ 79, 74; hM) auch die materiell-rechtlichen Voraussetzungen eines Vergleichs vorliegen (s § 779). Ein Schiedsspruch mit vereinbartem Wortlaut gem § 1053 ZPO reicht aus (§ 1053 III ZPO), nicht aber ein Anwaltsvergleich gem § 796 a ZPO oder ein Vergleich vor einer Gütestelle nach § 794 I Nr 1 ZPO. Bei gerichtlichem Vergleich gem § 278 VI ZPO (schriftlicher Vergleichsvorschlag der Parteien bzw schriftsätzliche Annahme eines gerichtlichen Vergleichsvorschlags und Gerichtsbeschluss) findet § 127 a entspr Anwendung; im Hinblick auf die Neufassung des § 278 VI ZPO durch das 1. Justizmodernisierungsgesetz (BGBl 04 I 2198) aA Knauer/Wolf NJW 04, 2859. Ein Vergleich vor einem ausländischen Gericht erfüllt die Voraussetzungen des § 127 a nur, wenn der Beurkundungsvorgang der dt Beurkundung gleichwertig ist (OLG Bamberg NJW-RR 02, 1154).

3 2. Der Prozessvergleich **ersetzt** neben der notariellen Beurkundung auch öffentliche Beglaubigung (§ 129 II) und Schriftform (§ 126 IV).

§ 128 Notarielle Beurkundung

Ist durch Gesetz notarielle Beurkundung eines Vertrags vorgeschrieben, so genügt es, wenn zunächst der Antrag und sodann die Annahme des Antrags von einem Notar beurkundet wird.

1 I. Die notarielle Beurkundung ist ein im BeurkG (§§ 6 ff) geregeltes Verfahren der freiwilligen Gerichtsbarkeit. Der Notar bezeugt, dass die in der Urkunde **genannte Person** vor ihm eine **Erklärung des beurkundeten Inhalts** abgegeben hat (Unterschrift eines Beteiligten nach § 13 I 1 BeurkG nur mit dem Vornamen macht Erklärung unwirksam, BGHZ 152, 259). Die Vorschrift erleichtert die notarielle Beurkundung von Verträgen, indem sie eine sukzessive Beurkundung von Angebot und Annahme zulässt.

2 II. 1. Zahlreiche **Gesetzesvorschriften** ordnen eine notarielle Beurkundung von Verträgen an (zB §§ 311 b I 1, III, V 2, 2033 I 2, 2348, 2371; ferner auch §§ 2, 15 III, IV GmbHG). In diesen Fällen sind (anders als zB in §§ 518 I, 2301 I) sowohl Antrag wie auch Annahme beurkundungsbedürftig. Die Vorschrift gilt auch für §§ 873 II, 877, die eine Beurkundung nicht vorschreiben, sondern nur zulassen. Sie ist iZw auf die rechtsgeschäftlich vereinbarte notarielle Beurkundung entspr anwendbar.

3 2. Die Beurkundung von Antrag und Annahme kann **sukzessiv** – auch durch verschiedene Notare – erfolgen. Dies gilt nicht, wenn die gleichzeitige Anwesenheit beider Parteien vorgeschrieben ist (vgl §§ 1410, 2276 I 1, 2290 IV). Nach sukzessiver Beurkundung ist die Annahme nicht empfangsbedürftig; der Vertrag kommt iZw bereits mit der Beurkundung zustande (§ 152 S 1). Eine notariell zu beurkundende empfangsbedürftige Erklärung unter Abwesenden wird wirksam, wenn dem Empfänger eine Ausfertigung der notariellen Urkunde ausgehändigt wird (BGHZ 130, 73). Ist eine Erklärung richtig beurkundet, aber nicht gewollt, so gilt sie vorbehaltlich der §§ 116–124 (vgl BGHZ 71, 263).

4 3. Notarielle Beurkundung **ersetzt** öffentliche Beglaubigung (§ 129 II) und Schriftform (§ 126 IV). Sie ist ihrerseits durch Prozessvergleich ersetzbar (§ 127 a). Die notarielle Urkunde hat den in § 415 I ZPO festgelegten Beweiswert.

§ 129 Öffentliche Beglaubigung

(1) ¹Ist durch Gesetz für eine Erklärung öffentliche Beglaubigung vorgeschrieben, so muss die Erklärung schriftlich abgefasst und die Unterschrift des Erklärenden von

einem Notar beglaubigt werden. ²Wird die Erklärung von dem Aussteller mittels Handzeichens unterzeichnet, so ist die im § 126 Abs. 1 vorgeschriebene Beglaubigung des Handzeichens erforderlich und genügend.
(2) Die öffentliche Beglaubigung wird durch die notarielle Beurkundung der Erklärung ersetzt.

I. Die öffentliche Beglaubigung ist ein im BeurkG (§§ 39 ff) geregeltes Verfahren der freiwilligen Gerichtsbarkeit. Zuständig sind grds nur noch die Notare (§ 56 IV BeurkG; zu landesrechtlichen Vorbehalten vgl aber § 63 BeurkG; zur Zuständigkeit der Verwaltungsbehörden § 34 I VwVfG). Öffentliche Beglaubigung ist das Zeugnis der Urkundsperson, dass die **Unterschrift** bzw das Handzeichen zum angegebenen Zeitpunkt in ihrer Gegenwart **vom Erklärenden vollzogen** bzw anerkannt worden (§§ 39, 40 BeurkG) und der **Erklärende** mit der namentlich angeführten Person **identisch** ist. Damit soll die Person des Erklärenden zuverlässig festgestellt werden. 1

II. 1. Gesetzlich ist eine öffentliche Beglaubigung zB in §§ 77, 1560 S 2, 1945 oder in § 29 I 1 GBO vorgeschrieben. § 129 gilt auch, wenn nur auf Verlangen eine Erklärung mit beglaubigter Unterschrift zu erteilen ist (zB §§ 371 S 2, 403 S 1, 1154 I 2). 2

2. Abs 1 S 1 stellt klar, dass sich die öffentliche Beglaubigung nur auf die **Unterschrift** (bzw das Handzeichen, S 2) und nicht auf die (schriftlich abzufassende) Erklärung **bezieht** (ungenau etwa §§ 77, 403 S 1, 1154 I 2). Unterschreibt ein Vertreter mit dem Namen des Vertretenen oder ein Kaufmann mit seiner Firma, muss der Beglaubigungsvermerk die Person des Unterzeichnenden enthalten (§ 40 III BeurkG). Die Beglaubigung einer **Blankounterschrift** ist möglich (vgl § 40 V BeurkG: Sollvorschrift!). 3

3. Notarielle Beurkundung (§ 128) und Prozessvergleich (§ 127 a) ersetzen nach Abs 2 die öffentliche Beglaubigung. Öffentliche Urkunde iS des § 415 I ZPO ist nur der Beglaubigungsvermerk. 4

§ 130 Wirksamwerden der Willenserklärung gegenüber Abwesenden

(1) ¹Eine Willenserklärung, die einem anderen gegenüber abzugeben ist, wird, wenn sie in dessen Abwesenheit abgegeben wird, in dem Zeitpunkt wirksam, in welchem sie ihm zugeht. ²Sie wird nicht wirksam, wenn dem anderen vorher oder gleichzeitig ein Widerruf zugeht.
(2) Auf die Wirksamkeit der Willenserklärung ist es ohne Einfluss, wenn der Erklärende nach der Abgabe stirbt oder geschäftsunfähig wird.
(3) Diese Vorschriften finden auch dann Anwendung, wenn die Willenserklärung einer Behörde gegenüber abzugeben ist.

I. Willenserklärungen sind im Regelfall ggü einer anderen Person abzugeben. Die Vorschrift legt fest, dass derart **empfangsbedürftige Willenserklärungen**, soweit sie sich an **Abwesende** richten, vorbehaltlich eines rechtzeitigen Widerrufs (Rn 8) mit **Zugang wirksam** werden (**Abs 1, 3**; ergänzend: §§ 131, 132). Das Gesetz regelt nicht, ab wann empfangsbedürftige Willenserklärungen unter Anwesenden (Rn 12) sowie solche Willenserklärungen Wirksamkeit entfalten, die **nicht empfangsbedürftig** sind, dh nicht ggü einem bestimmten Empfänger abgegeben werden müssen (etwa: Testament, Bestätigung gem § 144, Annahme gem §§ 151 S 1, 152 S 1, vgl Rn 13). Zum Zugang formbedürftiger Erklärungen s § 126 Rn 7. **Tod** des Erklärenden oder Eintritt von **Geschäftsunfähigkeit** nach Abgabe der Erklärung hindern den Eintritt der Wirksamkeit nicht (**Abs 2**). 1

II. 1. Eine Willenserklärung ist **existent** mit der **Abgabe** (Konsequenz: Rn 9); nur abgegebene Erklärungen können überhaupt wirksam werden. Abgegeben ist eine Erklärung in dem Zeitpunkt, in welchem sie von dem Erklärenden endgültig und erkennbar geäußert (ausreichend bei nicht empfangsbedürftigen Erklärungen, vgl Rn 1, wie etwa Testamentserrichtung oder Auslobung nach § 657) und – soweit es sich um empfangsbedürftige Erklärungen (Rn 1) handelt – außerdem gewollt mit Richtung auf den Empfänger in den Verkehr gebracht worden ist (vgl BGHZ 65, 14 f; BGH WM 83, 712). 2

Mündliche Erklärungen unter Abwesenden (Absender schickt einen Boten) sind abgegeben, wenn die Erklärung ggü dem Boten geäußert und ihm die Übermittlung aufgetragen wurde. Verkörperte Erklärungen unter Abwesenden müssen zur Beförderung gegeben worden sein (Aushändigung des Briefs an Sekretärin, Einwurf in Postbriefkasten, Telegrammaufgabe, „Send" bei E-Mail). Unwillentlich in den Rechtsverkehr gelangte Erklärungen binden den Urheber nicht; er haftet dann nur nach §§ 280 I, 311 II oder – nach aA – gem § 122 analog (vgl BGHZ aaO). Unter Anwesenden (dh bei unmittelbar hergestelltem Sprech- oder Sichtkontakt) sind schriftliche Erklärungen mit der Übergabe des Schriftstücks, mündliche Erklärungen dann abgegeben, wenn sie (auch zB per Telefon, § 147 I 2 analog) mit Richtung auf den Empfänger vernehmbar ausgesprochen worden sind.

3 **2.** Eine abgegebene (Rn 2) und empfangsbedürftige (Rn 1) Erklärung wird **unter Abwesenden wirksam** mit ihrem **Zugang** (Abs 1 S 1), löst also zu diesem Zeitpunkt die beabsichtigten Rechtsfolgen aus. Dies gilt in entspr Anwendung auch für geschäftsähnliche Handlungen (Vor §§ 104–185 Rn 11, vgl BGHZ 101, 52; NJW 89, 1671). Eine notariell zu beurkundende Willenserklärung wird wirksam, wenn dem Erklärungsempfänger eine Ausfertigung der notariellen Urkunde zugeht; die Parteien können aber einen Zugangsverzicht vereinbaren (BGHZ 130, 73; vgl aber § 308 Nr 6).

4 **Zugegangen** ist eine (verkörperte) Erklärung unter Abwesenden, wenn sie nach der Verkehrsanschauung derart in den **Machtbereich des Empfängers** gelangt ist, dass dieser unter normalen Verhältnissen **von ihrem Inhalt Kenntnis nehmen** kann (BGHZ 67, 275; 137, 208; BGH NJW 02, 2393). Entscheidend ist also **nicht** die tatsächliche **Kenntnisnahme**, sondern die **Möglichkeit** dazu. Bsp: Zugegangen ist ein **Brief** mit der persönlichen Aushändigung an den Adressaten, bei Einwurf in den Hausbriefkasten zum Zeitpunkt der nächsten üblichen Leerung, bei Einsortieren ins Postfach zum üblichen Abholtermin (BGH NJW 03, 3270: Zugang bei GmbH auch durch Einlage ins private Postfach des Geschäftsführers; ein **Telegramm** ggf schon mit einer telefonischen Durchsage; eine Nachricht auf dem **Anrufbeantworter** am Tag der Aufnahme und ein **Telefax** am Tag des Ausdrucks (sofern in beiden Fällen zur üblichen Tages- bzw Geschäftszeit angekommen, andernfalls am nächsten Tag; vgl BGH NJW 04, 1320: auch wenn Empfänger im Urlaub), eine geschäftliche **E-Mail** unter den gleichen Bedingungen am Tag des Eingangs im Rechner des Empfängers (Einzelheiten bei Ultsch NJW 97, 3007; Scherer/Butt DB 00, 1012) oder in einem online-Postfach (Thalmair NJW 11, 14). Bei privater Internetnutzung erfolgt der Zugang spätestens am Tag nach dem Eingang der Nachricht im elektronischen Briefkasten, sofern der Empfänger ggü dem konkreten Absender seine Bereitschaft zur Internetkommunikation deutlich gemacht hat; andernfalls erfolgt der Zugang im Zeitpunkt der tatsächlichen Kenntnisnahme (vgl Dörner AcP 02, 368). **Gegenbsp**: Ein abends, am Wochenende oder am Silvesternachmittag (BGH NJW 08, 843) eingeworfener Brief geht erst an nächsten (Werk-)Tag zu, ein Einschreibebrief nicht bereits dann, wenn der Postbote einen Benachrichtigungszettel hinterlässt (BGHZ 67, 275; 137, 208). Nimmt der Empfänger die Erklärung zur Kenntnis, bevor nach den üblichen Gepflogenheiten damit zu rechnen war, ist sie bereits zu diesem früheren Zeitpunkt zugegangen. Der Empfänger ist grds nicht verpflichtet, ganz bestimmte Empfangsvorrichtungen (Briefkasten, Postfach, Fax, E-Mail-Anschluss) bereitzuhalten; vielmehr muss der Erklärende die jeweils vorhandenen Einrichtungen nutzen (BGH NJW 02, 2393, vgl aber Rn 7).

5 Ein Zugang iSv Rn 4 beim **Empfangsvertreter** (§ 164 III) wirkt für und gegen den Vertretenen (§ 164 Rn 13). Wird die Erklärung einem **Empfangsboten** ausgehändigt oder ausgerichtet, geht sie dem Adressaten in dem Moment zu, in dem nach regelmäßigem Verlauf der Dinge eine Weiterleitung an ihn zu erwarten war (BGHZ 131, 75; NJW-RR 89, 758). Das Risiko einer de facto verspäteten, unzutreffenden oder unterbliebenen Weiterleitung trägt der Adressat. Empfangsbote ist, wer vom Adressaten zur Entgegennahme von Erklärungen bestellt wurde oder nach der Verkehrsanschauung als zur Entgegennahme ermächtigt gilt, so zB der Ehegatte (BAGE 138, 127; BGH NJW 94, 2614), Angehörige, Haushaltsmitglieder, mit der Entgegennahme von Telefonaten betraute Mitarbeiter (BGH NJW 02, 1566). Liegen diese Voraussetzungen nicht vor,

wird die Mittelsperson als Bote des Erklärenden tätig, ebenso dann, wenn sie (zB ein Kind) zur zuverlässigen Weitergabe einer mündlichen Erklärung als nicht geeignet erscheint.

Muss eine Willenserklärung innerhalb einer bestimmten Frist abgegeben werden, entscheidet über die **Rechtzeitigkeit** der Erklärung grds der Zeitpunkt des Zugangs. Ausnahmsweise genügt zur Fristwahrung eine rechtzeitige Absendung (§§ 121 I 2, 355 I 2 2. Halbs); die Erklärung kann ihre Wirkungen aber erst dann entfalten, wenn sie dem Empfänger tatsächlich zugegangen ist (BGHZ 101, 53). Dieser trägt also die Verzögerungs-, nicht aber die Verlustgefahr. 6

Eine **nicht in den Machtbereich** des **Empfängers** gelangte Erklärung gilt gleichwohl (arg §§ 162 I, 815, 2. Fall) als zugegangen, wenn dieser den Zugang **bewusst verhindert** („Ohren zuhalten", grundlose Annahmeverweigerung einer schriftlichen Erklärung). In diesem Fall ist ein wiederholter Zustellungsversuch des Erklärenden entbehrlich (vgl BGHZ 137, 209 f). Hat der Empfänger **fahrlässig keine Empfangsvorkehrungen getroffen** (kein Nachsendeantrag trotz Umzugs, versäumte Abholung eines Einschreibens trotz Benachrichtigungszettels, unterlassene Auffüllung des Papierspeichers im Faxgerät), obwohl er aufgrund seines Berufes oder vorangehenden Verhaltens (Vertragsbeziehungen, Vertragsverhandlungen) mit dem Eingang von Erklärungen zu rechnen hatte, verletzt er eine vorvertragliche Sorgfaltspflicht. Der Absender muss dann nach hM unverzüglich für einen erneuten Zugang (notfalls nach § 132) Sorge tragen. Bleibt er untätig, sollen die Rechtsfolgen der Erklärung nicht eintreten (BGHZ 137, 208 f). Wird die Erklärung danach zugestellt, muss der Empfänger sich gem § 242 so behandeln lassen, als habe er die Erklärung bereits zum Zeitpunkt des früheren Zugangsversuchs erhalten. Geht man allerdings davon aus, dass der Erklärungsempfänger in diesem Fall (fahrlässig) eine vorvertragliche Verpflichtung verletzt, muss er nach allg Grundsätzen den Absender so stellen, wie dieser ohne die Pflichtverletzung stehen würde, dh dieser kann sich – auch ohne nachgeholte Zustellung – nicht auf den nicht erfolgten Zugang berufen (MK/Einsele § 130 Rn 34). Bei **berechtigter Annahmeverweigerung** zB wegen Nachportos oder bei zweifelhafter Adressierung ist ein Schreiben dag **nicht zugegangen**. 7

3. Trotz Vorliegens der Voraussetzungen zu Rn 2–6 wird eine Erklärung dann nicht wirksam, wenn dem Empfänger vorher oder gleichzeitig ein **Widerruf zugeht** (**Abs 1 S 2**; zum Zugang s wiederum Rn 3 ff). Dass der Adressat einen Widerruf de facto erst später zur Kenntnis nimmt, ist ohne Belang (BGH NJW 75, 384); umgekehrt bleibt ein verspäteter, vom Empfänger aber vor der Erklärung gelesener Widerruf wirkungslos. In der „Zurückziehung" eines Angebots und der „Löschung" der Gebote im Rahmen von Online-Auktionen liegt kein wirksamer Widerruf iS des S 2 (KG NJW 05, 1054). Zum Widerruf von Willenserklärung oder Vertrag bei Verbraucherverträgen vgl § 355. Ein Verzicht auf das Widerrufsrecht ist möglich. 8

4. Eine Erklärung **bleibt** auch dann **wirksam**, wenn der Erklärende nach der Abgabe (Rn 2) gestorben, geschäftsunfähig (§ 104 Nr 2) geworden ist (**Abs 2**) oder das Betreuungsgericht für Willenserklärungen eines Betreuten einen Einwilligungsvorbehalt nach § 1903 angeordnet hat (**Abs 2 analog**). Nach dem Tode des Erklärenden ist der Erbe an die Erklärung gebunden. Unter welchen Voraussetzungen ein Vertragsantrag vom Erklärungsempfänger noch angenommen werden kann, regelt § 153. Entfällt nach Abgabe einer verfügenden Erklärung (vgl §§ 104–185 Rn 4) die Verfügungsbefugnis, findet Abs 2 keine entspr Anwendung, weil diese Befugnis grds zum Zeitpunkt des Wirkungseintritts der Verfügung noch bestehen muss (BGHZ 27, 366; Ausn: § 878 bei Grundstücksgeschäften). 9

5. Die vorstehenden Regeln (Rn 2 ff) über das Wirksamwerden von Willenserklärungen gelten auch dann, wenn eine Willenserklärung ggü einer Behörde (zB Grundbuchamt, Standesamt, Familiengericht, Nachlassgericht) abzugeben ist (**amtsempfangsbedürftige Willenserklärung**, Abs 3). 10

6. **Beweisen** muss den (rechtzeitigen) Zugang einer Erklärung, wer sich darauf beruft (BGHZ 70, 234; 101, 55). Ein Nachweis dafür, dass ein bei der Post aufgegebener Brief oder ein Einschreiben (vgl BGH NJW 96, 2035), ein abgesandtes Fax oder Telex 11

(vgl BGH NJW 95, 667) oder eine versandte E-Mail den Empfänger auch erreicht hat, lässt sich nicht auf den Beweis des ersten Anscheins stützen (näher Mrosk NJW 13, 1481). Dies gilt auch für den OK-Vermerk im Sendebericht eines Telefax (OLG Koblenz WM 13, 1332: nur Indiz).

12 **III. 1.** Eine **empfangsbedürftige Willenserklärung** (Rn 1) unter **Anwesenden** geht – soweit sie verkörpert ist – analog § 130 dann zu, wenn sie in den Machtbereich des Empfängers gelangt und eine Kenntnisnahme des Inhalts möglich ist (BGH NJW 98, 3344). Abs 2 gilt entspr. Eine nichtverkörperte – mündliche (arg § 147 I 2: auch telefonische) oder konkludente – Erklärung ist zugegangen, wenn der Empfänger sie insb akustisch, ggf auch optisch richtig wahrgenommen hat (BGH WM 89, 652). Abgabe (Rn 2) und Zugang fallen hier praktisch zusammen. Die Erklärung geht nicht zu, wenn der Empfänger die Sprache des Erklärenden nicht versteht oder taub ist.

13 **2.** Eine **nicht empfangsbedürftige Willenserklärung** (Rn 1) ist wirksam mit der Abgabe (Rn 2).

§ 131 Wirksamwerden gegenüber nicht voll Geschäftsfähigen

(1) Wird die Willenserklärung einem Geschäftsunfähigen gegenüber abgegeben, so wird sie nicht wirksam, bevor sie dem gesetzlichen Vertreter zugeht.
(2) ¹Das Gleiche gilt, wenn die Willenserklärung einer in der Geschäftsfähigkeit beschränkten Person gegenüber abgegeben wird. ²Bringt die Erklärung jedoch der in der Geschäftsfähigkeit beschränkten Person lediglich einen rechtlichen Vorteil oder hat der gesetzliche Vertreter seine Einwilligung erteilt, so wird die Erklärung in dem Zeitpunkte wirksam, in welchem sie ihr zugeht.

1 **1.** Da ein **Geschäftsunfähiger** (§ 104) die rechtliche Bedeutung einer Willenserklärung (Vor §§ 104–185 Rn 1) nicht zu erkennen vermag, wird die ihm ggü (gleich ob unter Ab- oder Anwesenden) abzugebende Erklärung erst wirksam, wenn sie dem **gesetzlichen Vertreter** (§ 105 Rn 3) zugeht (**Abs 1**). Dazu reicht nicht aus, dass die Erklärung zufällig faktisch in den Herrschaftsbereich des Vertreters gelangt, vielmehr muss sie auch an ihn gerichtet oder zumindest für ihn bestimmt sein (BAG NJW 11, 872 Rn 24). Bei Vorliegen einer Störung iSd § 105 II ist dag ein Zugang jedenfalls einer verkörperten Erklärung (nach § 130 I) beim Geschäftsunfähigen möglich.

2 **2.** Das Gleiche gilt für eine Erklärung, die ggü einem **beschränkt Geschäftsfähigen** (**Abs 2 S 1**) oder Betreuten nach Anordnung eines Einwilligungsvorbehalts (§ 1903 I 2) abzugeben ist. Bringt die Erklärung diesen Personen lediglich einen rechtlichen Vorteil (§ 107 Rn 3 ff; Bsp: Erhalt eines Vertragsangebots), wird sie bereits in dem Zeitpunkt wirksam, in dem sie dem beschränkt Geschäftsfähigen oder Betreuten selbst zugeht. Gleiches gilt, wenn der gesetzliche Vertreter zu dem unmittelbaren Wirkungseintritt seine Einwilligung (§ 183) erteilt hatte. Dag ist eine Genehmigung (§ 184) des Wirkungseintritts nicht möglich. Ausn: Zugang eines Vertragsangebots (arg § 108, vgl BGHZ 47, 358). Im Anwendungsbereich der §§ 112, 113 wird eine Erklärung mit Zugang bei dem beschränkt Geschäftsfähigen wirksam (vgl § 112 Rn 4).

§ 132 Ersatz des Zugehens durch Zustellung

(1) ¹Eine Willenserklärung gilt auch dann als zugegangen, wenn sie durch Vermittlung eines Gerichtsvollziehers zugestellt worden ist. ²Die Zustellung erfolgt nach den Vorschriften der Zivilprozessordnung.
(2) ¹Befindet sich der Erklärende über die Person desjenigen, welchem gegenüber die Erklärung abzugeben ist, in einer nicht auf Fahrlässigkeit beruhenden Unkenntnis oder ist der Aufenthalt dieser Person unbekannt, so kann die Zustellung nach den für die öffentliche Zustellung einer Ladung geltenden Vorschriften der Zivilprozessordnung erfolgen. ²Zuständig für die Bewilligung ist im ersteren Falle das Amtsgericht, in dessen Bezirk der Erklärende seinen Wohnsitz oder in Ermangelung eines inländischen Wohnsitzes seinen Aufenthalt hat, im letzteren Falle das Amtsgericht, in dessen Bezirke

die Person, welcher zuzustellen ist, den letzten Wohnsitz oder in Ermangelung eines inländischen Wohnsitzes den letzten Aufenthalt hatte.

1. Abs 1 fingiert den Zugang einer Willenserklärung, wenn durch **Vermittlung** eines Gerichtsvollziehers eine Zustellung nach den Vorschriften der ZPO (§§ 192 ff ZPO), ggf im Wege der Ersatzzustellung gem §§ 191, 178 ff ZPO) erfolgt. Die Erklärung muss also (zB bei einer Zustellung durch Niederlegung nach § 181 ZPO) nicht unbedingt in den Machtbereich des Empfängers (§ 130 Rn 4) gelangt sein (BGHZ 31, 7).

2. Eine **öffentliche Zustellung** (§§ 186 ff ZPO) kann gem **Abs 2 S 1** ausnahmsweise dann vorgenommen werden, wenn der Erklärende ohne Verschulden die Person des Erklärungsempfängers nicht kennt (etwa: Willenserklärung ist ggü unbekanntem Erben abzugeben; vgl auch § 372 I 2) oder ihm dessen Aufenthalt unbekannt ist (vgl 185 Nr 1 ZPO). Die gerichtliche Bewilligung (vgl § 186 I ZPO) erfolgt bei Unkenntnis von der Person des Empfängers durch das für den Wohnsitz bzw Aufenthaltsort des Erklärenden, bei Unkenntnis vom Aufenthaltsort des Empfängers durch das für den letzten Wohnsitz bzw Aufenthaltsort des Empfängers zuständige Amtsgericht (**Abs 2 S 2**). Wurde die Bewilligung der öffentlichen Zustellung durch falsche Angaben erschlichen, so ist die Zustellung zwar wirksam (Bedenken bei BGHZ 118, 47), jedoch ist die Geltendmachung der dadurch erlangten Rechtsposition als unzulässige Rechtsausübung (§ 242) anzusehen (BGHZ 64, 8; 118, 48).

§ 133 Auslegung einer Willenserklärung

Bei der Auslegung einer Willenserklärung ist der wirkliche Wille zu erforschen und nicht an dem buchstäblichen Sinne des Ausdrucks zu haften.

I. Verständigung durch Willenserklärungen (Vor §§ 104–185 Rn 1) birgt stets die **Gefahr von Missverständnissen**, weil die dabei benutzten Begriffe insb der Alltagssprache (und erst recht nonverbale Kommunikationszeichen) oft unscharf und mehrdeutig sind und ihr Sinngehalt häufig von der konkreten Ausdrucksweise (zB Tonfall, Körpersprache), von der konkreten Kommunikationssituation (Ort, Zeit, Erklärungszweck, Bezugnahme auf Vorverhandlungen) sowie vom (zB alters-, geschlechts-, berufs- oder schichtenspezifischen oder regionalen) Vorverständnis der Beteiligten abhängt. Willenserklärungen müssen daher in aller **Regel** ausgelegt, dh es muss ihre Bedeutung durch ein reflektierendes Verfahren (Rn 4 f) verdeutlicht werden. Nach § 133 soll Auslegung dabei nicht streng am Wortlaut haften, sondern darauf abzielen, den „wirklichen Willen" des Erklärenden zu ermitteln (Rn 6). Dieser Grundsatz hat sich aber als zu undifferenziert erwiesen (Rn 7 ff). Außerdem sind neben ihm noch eine Reihe anderer Auslegungsregeln zu beachten (Rn 9 f).

II. 1. § 133 betrifft die Auslegung sämtlicher **Willenserklärungen** (insb zu formbedürftigen Erklärungen s § 125 Rn 19), gilt aber darüber hinaus auch für das Verständnis abgeschlossener Verträge (§ 157 Rn 1). Die Vorschrift findet entspr Anwendung auf geschäftsähnliche Handlungen (Vor §§ 104–185 Rn 11, vgl BGHZ 47, 357) sowie Prozesshandlungen (BGHZ 22, 269; BAG NJW 10, 956 Nr 12)). Bereits die Frage, ob überhaupt eine Willenserklärung oder zB mangels Erklärungsbewusstseins (Vor §§ 116–144 Rn 5) nur ein rein gesellschaftliches Verhalten vorliegt, ist durch Auslegung zu ermitteln (BGHZ 21, 106 f; BGH NJW 84, 721; 94, 189).

2. **Auslegung** soll nach hM voraussetzen, dass der Gegenstand der Auslegung (zB die Willenserklärung) **auslegungsbedürftig** ist, bei eindeutigen Erklärungen komme eine Auslegung daher nicht in Betracht (BGH NJW 84, 290; 96, 2650). Richtig ist aber, dass selbst ein eindeutiger Wortlaut ohne Berücksichtigung der übrigen Auslegungsmittel (Rn 5) keinen sicheren Schluss auf den Sinngehalt einer Erklärung zulässt (BGH NJW 02, 1261), so dass streng genommen jede Erklärung der Auslegung bedarf (BAG DB 75, 1368).

Auslegung hat bei mündlichen und schriftlichen Erklärungen vom **Wortlaut** auszugehen (BGHZ 121, 16; 124, 45; BGH NJW 01, 144, 2535; zur eng am Wortlaut orientierten Auslegung eines mit Vertragsstrafe verbundenen Unterlassungsvertrages BGH NJW-RR 03, 916). Für dessen Verständnis ist grds der allg Sprachgebrauch, bei Erklärungen unter Fachleuten ist ggf eine abw fachspezifische Bedeutung maßgebend (BGH NJW-RR 94, 1109). Für schriftliche Erklärungen in einem größeren Kontext gewinnt auch die Stellung im textlichen Gesamtzusammenhang Bedeutung (systematische Interpretation, BGH NJW-RR 00, 130). Bei anderen Verhaltensweisen (Nicken, Kopfschütteln, Handaufheben, Schweigen usw) entscheidet der **soziale Konsens** darüber, welcher Sinngehalt derartigem Tun üblicherweise zukommt.

5 Neben dem Erklärungsakt selbst sind auch außerhalb liegende Begleitumstände als **weitere Auslegungsmittel** zu berücksichtigen (BGH NJW-RR 09, 1455 Rn 25), zB der Erklärung vorangehende (Geschäftsverbindung, Verkaufsprospekt, Vorverhandlungen, BGH NJW 02, 1261) oder nachfolgende Umstände (späteres Verhalten, zB erläuternde Äußerungen, auch ggü Dritten, BGH NJW-RR 00, 130) bzw der Zweck der Erklärung (BGH NJW-RR 00,130), die Interessenlage der Parteien (BGHZ 109, 22; BGH NJW 02, 440, aber nicht gegen den Wortlaut: BGH NJW-RR 02, 646) sowie die Verkehrssitte (BGHZ 146, 322, vgl § 157 Rn 3). Späteres Verhalten der Parteien kann aber nur insoweit berücksichtigt werden, als es Rückschlüsse auf den Willen der Parteien zum Zeitpunkt der Abgabe der Willenserklärung zulässt (BGH NJW-RR 07, 529). Zur Auslegung eines Testaments kann ggf eine frühere, aber widerrufene Verfügung herangezogen werden (BayObLG NJW-RR 05, 526).

6 **3. Ziel der Auslegung** soll nach § 133 die Erforschung des **wirklichen** (realen, empirischen) **Willens** sein („subjektive" Auslegung). Damit berücksichtigt das Gesetz nicht hinreichend, dass Willenserklärungen nicht nur der Selbstbestimmung des Erklärenden dienen (Vor §§ 104–185 Rn 1), sondern in erster Line Akte sozialer Kommunikation sind, auf deren Folgen sich der Erklärungsempfänger muss einstellen können und für deren Formulierung der Erklärende insofern Verantwortung trägt, als er es in der Hand hat, seiner Erklärung einen seinem Willen entspr Ausdruck zu verleihen.

7 Daher zielt die Auslegung auf die Ermittlung des **realen Willens** uneingeschränkt nur bei **nicht empfangsbedürftigen Willenserklärungen** (130 Rn 1) ab, bei denen ein Vertrauensschutz des Erklärungsempfängers nicht gewährleistet werden muss (Bsp: Annahme gem § 151, Testament, vgl BGHZ 80, 249; 86, 45). Kann der reale Wille nicht ermittelt werden, kommt es auf den mutmaßlichen (dh den vom Erklärenden vernünftigerweise gebildeten) Willen an (BGHZ 86, 45).

8 Demggü sind **empfangsbedürftige Willenserklärungen** (§ 130 Rn 1) grds so auszulegen, dass die **objektive**, sich aus der Sicht des Empfängers nach Treu und Glauben und unter Berücksichtigung der Verkehrssitte ergebende **Bedeutung** erkennbar wird („objektive" oder „normative" Auslegung, vgl BGHZ 36, 33; 47, 78; 103, 280; BGH NJW 06, 3777; 07, 2912 [Aufkleber „Pfand" auf Flaschen]); zur ergänzenden Vertragsauslegung vgl § 157 Rn 4. Begleitumstände außerhalb des Erklärungsakts (Rn 5) finden nur insoweit Berücksichtigung, als sie dem Empfänger bekannt waren. Entscheidend für das Verständnis einer Erklärung ist also der **Empfängerhorizont**. Beim Einsatz automatisierter Buchungs- und Bestellsysteme kommt es dabei nicht auf die Deutung und Verarbeitung durch das automatisierte System, sondern darauf, wie ein menschlicher Adressat die jeweilige Erklärung verstehen musste (BGHZ 195, 126 Rn 18 ff). Die Auslegung empfangsbedürftiger Willenserklärungen stimmt insofern im Ansatz mit der für Verträge geltenden Auslegungsregel (§ 157 Rn 1) überein. Sind objektiver Sinngehalt einer Erklärung und realer Wille des Erklärenden nicht deckungsgleich, gilt die Willenserklärung in ihrem objektiven Verständnis; der Erklärende kann seine Erklärung aber nach Maßgabe der §§ 119 I, 122 anfechten. Zur Willenserklärung kraft normativer Zurechnung vgl insb Vor §§ 116–144 Rn 5.

9 Weicht der reale Wille des Erklärenden vom objektiven Bedeutungsgehalt seiner Erklärung ab, so gilt jedoch ungeachtet Rn 8 grds das **Gewollte** und **nicht das Erklärte**, wenn der Erklärungsempfänger den realen Willen des anderen erkennt (BGH NJW 84, 721) oder sich sogar bei einem Vertragsschluss bewusst oder irrtümlich selber der Falschbezeichnung bedient, um damit einen übereinstimmenden Willen zum Ausdruck zu bringen (**falsa demonstratio non nocet**, vgl BGHZ 20, 110; 71, 247; BGH NJW 02,

1039; 08, 1658 [Grundstücksbezeichnung im Kaufvertrag umfasst nur Teil der verkauften Fläche]). Der Erklärungsempfänger benötigt hier keinen Vertrauensschutz. Zur Geltung des Grundsatzes bei formbedürftigen Rechtsgeschäften vgl § 125 Rn 19.

Der **Sinngehalt** von Erklärungen, die an eine **größere Anzahl** oder **unbestimmte Vielheit** von **Personen** gerichtet sind (Vereinssatzung, Beschluss einer Wohnungseigentümergemeinschaft [vgl BGHZ 139, 292], Hauptversammlungsbeschluss, Auslobung), ist **einheitlich** und **objektiv**, dh mit Hinsicht auf den Horizont eines **durchschnittlichen Angehörigen** des betr Adressatenkreises zu ermitteln (BGHZ 47, 179 f; 106, 71; 113, 240). Umstände außerhalb des Erklärungsaktes finden nur insoweit Beachtung, als sie allen Beteiligten bekannt oder erkennbar sind (BGHZ 28, 264; 53, 107). 10

Die Auslegung **Allgemeiner Geschäftsbedingungen** (vgl auch Rn 12) ist ebenfalls **objektiv** und **einheitlich** und im Hinblick auf das Verständnis eines rechtlich nicht vorgebildeten Durchschnittskunden vorzunehmen (BGHZ 77, 118; 79, 119). Verstehen die Parteien eine Klausel übereinstimmend abw vom objektiven Bedeutungsgehalt, ist entspr Rn 9 das gemeinsame Gewollte maßgebend (BGHZ 113, 259). 11

III. Neben die vorstehenden Grundsätze treten ergänzend **methodische Sonderregeln** zur Auslegung in bestimmten Situationen, so die **Unklarheitenregel** (§ 305 c II) sowie der **Restriktionsgrundsatz** (restriktive Interpretation von Einschränkungen gesetzlicher Kundenrechte) bei der Auslegung von AGB oder vorformulierten Vertragsbedingungen iSd § 310 III Nr 2 oder der **Grundsatz gesetzes- und sittenkonformer Auslegung**, wonach eine zur Nichtigkeit der Erklärung führende Auslegung iZw vermieden werden soll (vgl BGH NJW-RR 90, 818; für die Auslegung von AGB gilt hier vorrangig das Verbot geltungserhaltender Reduktion, vgl BGHZ 114, 342 f; 120, 122). 12

Darüber hinaus enthält das BGB in einzelnen Zusammenhängen **inhaltliche Sonderregeln** zur Auslegung für den Fall, dass eine Auslegung nach den vorstehenden Grundsätzen zu keinem eindeutigen Ergebnis führt, vgl etwa §§ 186 ff, 262, 271 II, 311 c, 315 ff, 329, 364 II, 448 I, 926 I 2, 2067 ff, 2269. 13

Lässt sich der **Sinngehalt** einer unklaren, widersprüchlichen oder unsinnigen Erklärung nach den voranstehenden Regeln ausnahmsweise **nicht ermitteln**, ist die Erklärung wegen Unverständlichkeit oder Perplexität **nichtig** (vgl BGHZ 20, 110). 14

Eine **revisionsgerichtliche Überprüfung** der Auslegung individueller Willenserklärungen findet nur insoweit statt, als eine Vereinbarkeit mit dem Wortlaut der Erklärung, ferner die Einhaltung von gesetzlichen Auslegungsregeln, anerkannten Auslegungsgrundsätzen, Erfahrungs- und Denkgesetzen sowie überprüft wird, ob wesentliches Auslegungsmaterial unter Verstoß gg Verfahrensgrundsätze außer Acht gelassen wurde (BGH NJW 13, 678 Rn 11). 15

§ 134 Gesetzliches Verbot

Ein Rechtsgeschäft, das gegen ein gesetzliches Verbot verstößt, ist nichtig, wenn sich nicht aus dem Gesetz ein anderes ergibt.

I. Privatautonomie kann nur innerhalb der gesetzlich zugelassenen Grenzen verwirklicht werden. Wenn eine Rechtsordnung einerseits bestimmte Rechtsgeschäfte verbietet, kann sie ihnen andererseits grds nicht zur Durchsetzung verhelfen. Daher ordnet die in § 134 enthaltene **Auslegungsregel** an, dass ein Gesetzesverstoß die Nichtigkeit des Rechtsgeschäfts zur Folge hat, sofern eine Auslegung des Verbotsgesetzes nicht zu einem anderen Ergebnis führt. Für Verfügungsverbote enthalten die §§ 135, 136 Sonderregeln. 1

II. 1. Die Vorschrift betrifft **Rechtsgeschäfte** aller Art, also nicht nur Verträge, sondern auch einseitige Rechtsgeschäfte und Beschlüsse (Vgl Vor §§ 104–185 Rn 3). 2

2. Das Verbot muss sich aus dem **Gesetz** ergeben; das kann jede deutsche Rechtsnorm (Art 2 EGBGB, vgl BGHZ 59, 85) oder ein Rechtsinstrument der EU sein (vgl BGH EuZW 03, 444; 04, 253: Verstoß gg EU-Beihilferecht; dazu Verse/Wurmnest AcP 204, 855), nicht aber eine Bestimmung aus einem völkerrechtlichen Vertrag, der nur die Vertragsstaaten bindet (BGHZ 69, 296 f). Soweit Träger der öffentlichen Gewalt bei 3 privatrechtlichem Handeln der Grundrechtsbindung unterliegen, kann ein Verstoß gegen Art 3 GG zur Nichtigkeit eines Rechtsgeschäfts nach § 134 führen, vgl BGHZ 65, 287; 154, 149 f (Sparkasse). Ein Verstoß gegen ausländisches Recht kann, soweit deutsche Interessen zumindest mittelbar berührt sind oder allg anerkannte Rechtsgrundsätze zugrunde liegen, lediglich gem § 138 die Nichtigkeit eines Rechtsgeschäfts zur Folge haben (BGHZ 59, 85; 69, 298; 94, 270).

4 3. Ein gesetzliches **Verbot** iSd Vorschrift liegt dann vor, wenn ein von der Rechtsordnung seiner Art nach grds zugelassenes Rechtsgeschäft wegen seines konkreten Inhalts (etwa: „Ohne-Rechnung-Abrede" zwecks Steuerhinterziehung, vgl BGHZ 176, 198, 201) oder wegen der Modalitäten seines Zustandekommens untersagt wird. Das Verbot muss nicht ausdrücklich sein, sondern kann sich auch aus einer (zB systematischen) **Auslegung** ergeben (BGH 51, 262; OLG Karlsruhe NJW-RR 02, 1206 [verbotswidrige Einfuhr von Arzneimitteln]). Keine Verbotsgesetze sind Vorschriften, welche die rechtsgeschäftliche Gestaltungs- oder Verfügungsfreiheit bereits von vornherein einschränken, indem sie zB nur bestimmte Aktstypen zulassen (numerus clausus der Sachenrechte), die Wirksamkeit bestimmter Rechtsgeschäfte von einer Zustimmung abhängig machen (§§ 181, 1365, 1369) oder die Übertragbarkeit von Rechten ausschließen (§§ 399, 400, 719).

5 Das Verbot muss schon zum **Zeitpunkt der Vornahme** des Rechtsgeschäfts bestanden haben. Ein nachträgliches Verbot kann allenfalls die fortdauernden Wirkungen des Rechtsgeschäfts ex nunc erfassen (offengelassen von BGHZ 45, 326; auf Gesichtspunkte des Vertrauensschutzes verweist BGHZ 114, 137). Wird das Verbot nachträglich aufgehoben, führt nur eine bestätigende Neuvornahme gem § 141 zur Wirksamkeit (BGHZ 11, 60).

6 4. Ein **Verstoß** gegen ein Verbotsgesetz liegt regelmäßig schon dann vor, wenn sein objektiver Tatbestand erfüllt ist (BGHZ 37, 366; 116, 276; 122, 122). Verschulden der Beteiligten ist nur erforderlich, wenn das Gesetz dies (wie zB bei strafbewehrten Verboten) ausdrücklich vorsieht. In einem solchen Fall tritt auch die Nichtigkeitsfolge nur dann ein, wenn der Straftatbestand von beiden Parteien objektiv und subjektiv verwirklicht wurde (BGHZ 132, 318). Dabei reicht aber aus, dass sich die Beteiligten der Einsicht in die Gesetzeswidrigkeit leichtfertig verschließen (OLG Stuttgart NJW 08, 3071 f).

7 5. Die **Rechtsfolge** des Verstoßes ist in erster Linie dem konkreten Verbotsgesetz zu entnehmen, das dann als Spezialregelung dem § 134 vorgeht. So führt zB ein Verstoß gg § 57 AktG (Verbot der Einlagenrückgewähr) nicht zur Nichtigkeit des betreffenden Verpflichtungs- und Verfügungsgeschäfts, sondern zu einer Rückgewährhaftung nach § 62 AktG (BGHZ 196, 312 Rn 15). Die in § 134 angeordnete Nichtigkeit greift daher nur ein, wenn das Verbotsgesetz selbst keine ausdrückliche Rechtsfolgenregelung vorsieht und seine Auslegung ergibt, dass das Rechtsgeschäft nach dem Sinn und Zweck des Verbots keine Wirksamkeit entfalten soll (BGHZ 118, 188; 131, 389). Maßgeblich ist danach, ob das Gesetz den wirtschaftlichen Erfolg selbst verhindern will (BGHZ 146, 258); dag bleibt ein Geschäft gültig, wenn sich ein Verbot nur gegen die Art und Weise des Abschlusses (etwa: Verstoß gegen Ladenschlussgesetz) richtet (vgl BGHZ 108, 368; BGH NJW 03, 3693 [Verstoß gegen § 12 I BORA]); BGH NJW-RR 03, 1205). Ist das Verbotsgesetz als Sollvorschrift formuliert, wird oft nicht Nichtigkeit, sondern nur schwebende Unwirksamkeit gewollt oder das Verbotsgesetz sogar nur als bloße Ordnungsvorschrift ohne Unwirksamkeitsfolge aufzufassen sein (vgl BayObLG NJW 81, 2197). Dass ein bestimmtes Geschäft nicht „vorgenommen werden darf", lässt keine Rückschlüsse auf die gesetzlich vorgesehene Rechtsfolge zu (BGHZ 118, 146). Hängt die Gültigkeit von einer behördlichen Genehmigung ab, ist das Geschäft iZw ebenfalls nur schwebend unwirksam. Bei Nichtigkeit eines (hier: Anwalts-)Vertrages wegen Versprechens einer gesetzwidrigen Tätigkeit besteht kein Vergütungsanspruch nach GoA-Regeln; ein grds gegebener Wertersatzanspruch aus §§ 812 I 1, 818 II kann an § 817 S 2 scheitern (BGH NJW 11, 373 Rn 18 ff).

8 Bei der Auslegung des Verbotsgesetzes im Hinblick auf die angeordnete Rechtsfolge ist auch zu berücksichtigen, ob es sich nur an eine oder aber an sämtliche **Parteien** des

Rechtsgeschäfts richtet. Wird das beabsichtigte Rechtsgeschäft **nur einer Partei verboten**, tritt Nichtigkeit nur ausnahmsweise dann ein, wenn es mit dem Sinn und Zweck des Verbotsgesetzes unvereinbar wäre, die durch das Rechtsgeschäft geschaffene Rechtslage hinzunehmen (BGHZ 78, 271; 89, 373; 131, 389; BGH NJW 96, 1955; 00, 1187). Dies ist zB der Fall bei der zum Schutz von Heimbewohnern angeordneten Nichtigkeit von Zuwendungen an Heimpersonal (§ 14 HeimG, vgl BGHZ 110, 240, aber auch BGH NJW 12, 155: keine Nichtigkeit bei Einsetzung des Heimträgers zum Nacherben), beim Verbot von Abschlagszahlungen an einen Bauträger (§ 12 MaBV aF, vgl BGHZ 146, 257), beim Verbot der selbständigen Erbringung unzulässiger Rechtsdienstleistungen (vgl § 3 RDG), bei dem Verbot einer Verletzung von Privatgeheimnissen (§ 203 StGB), im Falle des Verkaufs einer Arztpraxis, Rechtsanwaltskanzlei oder Steuerprüferpraxis (BGHZ 116, 272; 148, 101; OLG Hamm NJW 12, 1343) oder der Abtretung von anwaltlichen (BGHZ 122, 117; vgl aber auch BGH NJW 05, 507) oder ärztlichen Honoraransprüchen (BGHZ 162, 190) oder von Provisionsansprüchen eines Versicherungsvertreters aus einer Personenversicherung (BGH NJW 10, 2509 Rn 11), dem Maklerverbot für Anwälte und deren Sozien (BGHZ 147, 41) oder der Vereinbarung eines anwaltlichen Erfolgshonorars (BGH NJW-RR 03, 1069).

Nichtigkeit ist daß idR anzunehmen, wenn sich das **Verbot gegen beide Parteien** richtet 9 bzw beide mit Strafe bedroht (BGHZ 115, 125; 118, 145; 118, 188). Ein mit einer Steuerhinterziehung verbundener Vertrag ist nur dann nichtig, wenn sein Hauptzweck in der Steuerhinterziehung besteht (BGH NJW 03, 2742; NJW-RR 02, 1527; 03, 1568).

Die **Nichtigkeitsfolge** des § 134 erfasst grds das **gesamte Rechtsgeschäft** (BGHZ 1, 10 131). Dies gilt aber nicht, wenn sich aus einer am Gesetzeszweck orientierten Auslegung etwas anderes ergibt, so zB bei einem Verstoß gegen Preisvorschriften (BGH NJW 08, 55: Beschränkung auf zulässige Höchstvergütung). Wird die Vornahme eines Verpflichtungsgeschäfts untersagt, ist auch das Erfüllungsgeschäft nur nichtig, wenn das Verbot sich auch gegen die Durchführung des Geschäfts, insb gegen die Vermögensverschiebung als solche richtet (BGHZ 115, 130; 122, 122). Ist das Erfüllungsgeschäft selbst verboten, wird von dem Verbot grds auch das Verpflichtungsgeschäft erfasst (BGHZ 116, 276 f; BGH NJW-RR 05, 1620). Die Nichtigkeit eines gg Art 1 § 1 RBerG (jetzt § 3 RDG) verstoßenden Treuhandvertrages erfasst auch eine dem Treuhänder erteilte (Prozess-)Vollmacht (BGHZ 153, 220; 154, 287), nicht aber ohne weiteres einen von dem unzulässig tätigen Rechtsbesorger vermittelten oder als Vertreter geschlossenen Vertrag mit einem Dritten, sofern dieser nicht mit dem Geschäftsbesorger eng zusammenarbeitet (BGH NJW-RR 03, 1205). Eine Berufung auf die Nichtigkeit kann eine unzulässige Rechtsausübung darstellen (BGHZ 118, 182, 191; BGH NJW 12, 3424 Rn 16), so zB bei Geltendmachung durch Bauunternehmer zwecks Abwehr von Mängelansprüchen (BGHZ 176, 198, 202).

6. Zielt ein Verbotsgesetz nach seinem Inhalt und Zweck darauf ab, das rechtliche 11 oder wirtschaftliche Ergebnis eines Geschäfts prinzipiell zu verhindern (Rn 7), erfasst das Verbot jedes Rechtsgeschäft – unabhängig von seiner rechtlichen Ausgestaltung –, das den missbilligten Erfolg herbeiführen soll. Daher entscheidet eine Auslegung des jeweiligen Verbotsgesetzes (vgl BayObLG NJW 00, 1876) darüber, ob **Umgehungsgeschäfte** (bei denen die gewählte rechtliche Gestaltung den Tatbestand des Verbotsgesetzes zwar nicht erfüllt, der verbotene Erfolg gleichwohl herbeigeführt wird) wirksam sind oder nicht (vgl Teichmann JZ 03, 761), so etwa bei einem Arbeitsvertrag, der einer Umgehung von § 7 HWO (Erfordernis eines Meistertitels für die Führung eines Handwerksbetriebs) dienen soll (BAG NJW 09, 2554). Dabei kommt es weder auf eine Umgehungsabsicht noch auf eine bewusste Missachtung der zwingenden Vorschriften an (BAG NJW 09, 3260 Rn 25). Eine besondere Nichtigkeitsregel neben § 134 (Umgehungsverbot) ist nicht erforderlich (str). Zur analogen Anwendung von § 9 AÜG BGHZ 155, 314.

7. Die **Beweislast** für den Verstoß gegen ein Verbotsgesetz trägt, wer sich auf die Nich- 12 tigkeit des Rechtsgeschäfts beruft (BGH NJW 83, 2019).

§ 135 Gesetzliches Veräußerungsverbot

(1) ¹Verstößt die Verfügung über einen Gegenstand gegen ein gesetzliches Veräußerungsverbot, das nur den Schutz bestimmter Personen bezweckt, so ist sie nur diesen Personen gegenüber unwirksam. ²Der rechtsgeschäftlichen Verfügung steht eine Verfügung gleich, die im Wege der Zwangsvollstreckung oder der Arrestvollziehung erfolgt.
(2) Die Vorschriften zugunsten derjenigen, welche Rechte von einem Nichtberechtigten herleiten, finden entsprechende Anwendung.

§ 136 Behördliches Veräußerungsverbot

Ein Veräußerungsverbot, das von einem Gericht oder von einer anderen Behörde innerhalb ihrer Zuständigkeit erlassen wird, steht einem gesetzlichen Veräußerungsverbot der im § 135 bezeichneten Art gleich.

1 I. Die Vorschriften betreffen gesetzliche (§ 135 I) und gerichtliche bzw behördliche (§ 136) **Verfügungsverbote** (Rn 3), die nicht den Schutz der Allgemeinheit, sondern nur den **Schutz bestimmter Personen** bezwecken und deren Nichtbefolgung daher nur mit einer diesen Personen ggü bestehenden („relativen") Unwirksamkeit (Rn 7) sanktioniert wird. Der („relativ") Nichtberechtigte kann ein Recht nach den Regeln über den gutgläubigen Erwerb wirksam weiterübertragen (§ 135 II, Rn 8).

2 II. 1. Die Vorschriften erfassen nach allg Auffassung entg ihrem Wortlaut nicht nur Veräußerungen, sondern alle Arten von **Verfügungen** (Vor §§ 104–185 Rn 4) über Gegenstände (§ 90 Rn 1). § 135 I 2 stellt eine im Wege der **Zwangsvollstreckung** oder **Arrestvollziehung** erfolgende einer rechtsgeschäftlichen Verfügung gleich (vgl auch § 772 ZPO). Bei Nichtbeachtung steht dem Geschützten die Drittwiderspruchsklage (§ 771 ZPO) zu. Gutgläubiger Erwerb (Rn 8) ist in diesen Fällen nicht möglich, da der Gutglaubensschutz einen rechtsgeschäftlichen Erwerb voraussetzt.

3 2. Während **Verfügungsbeschränkungen** dem Rechtsinhaber von vornherein die Rechtsmacht zur wirksamen Vornahme einer Verfügung entziehen („Du kannst nicht verfügen"; etwa: §§ 399, 717, 719, 1365, 1369, 1643 f, 2211; Rechtsfolge: absolute – ggf schwebende – Unwirksamkeit), wollen **Verfügungsverbote** ihm eine grds mögliche Verfügung untersagen („Du kannst zwar, darfst aber nicht verfügen"). Den §§ 135, 136 liegt dabei unausgesprochen die Unterscheidung zwischen **absoluten,** dh den Schutz der Allgemeinheit, sowie **relativen,** dh den Schutz bestimmter Personen bezweckenden **Verboten** zugrunde. Während absolute Verfügungsverbote Verbotsgesetze iS des § 134 darstellen, deren Verletzung Nichtigkeit ggü jedermann zur Folge hat (BGHZ 19, 359), führt ein Verstoß gegen ein relatives Verfügungsverbot nur zur Nichtigkeit ggü dem geschützten Personenkreis (Rn 7).

4 3. Gesetzliche Verfügungsverbote, die den Schutz bestimmter Personen bezwecken (§ 135 I 1), sind dem BGB unbekannt (vereinzelt wird § 473 genannt). Daher erhält § 135 nur durch die in § 136 ausgesprochene Verweisung praktische Bedeutung.

5 Ein **gerichtliches Verfügungsverbot** (zugunsten des Gläubigers) enthält bei der Pfändung von Geldforderungen gem § 829 ZPO das an den Drittschuldner gerichtete Arrestatorium (vgl auch §§ 846, 857 I ZPO) sowie das an den Hauptschuldner gerichtete Inhibitorium (vgl BGHZ 58, 26); ferner im Aufgebotsverfahren die Zahlungssperre nach § 1019 I ZPO oder die Beschlagnahme von Grundstücken nach §§ 20, 23, 146 ff ZVG. Auch einstweilige Verfügungen nach §§ 935, 938 ZPO können Verfügungsverbote enthalten (BGHZ 172, 360, 365). Den gerichtlichen Verfügungsverboten gleichgestellt sind gerichtliche Erwerbsverbote (vgl § 938 ZPO), durch die einem Grundstückskäufer die Stellung oder Aufrechterhaltung eines Eintragungsantrags gem § 13 GBO untersagt wird.

6 **Behördliche Verfügungsverbote** müssen den eindeutigen Willen der Behörde erkennen lassen, eine Verfügung zum Schutz ganz bestimmter Personen endgültig zu untersagen (Bsp: Enteignungsbeschluss gem § 113 BauGB).

4. Ein Verstoß gegen ein relatives Verfügungsverbot macht das Geschäft (nur) ggü dem 7
geschützten Dritten, dh „**relativ**" **unwirksam**. Es bewirkt weder einen Verlust der Verfügungsmacht beim Verfügenden noch eine Grundbuchsperre und hat erst recht keine Auswirkungen auf die Wirksamkeit des Verpflichtungsgeschäfts. Die verbotswidrige Verfügung ist vielmehr wirksam; allerdings wird im Verhältnis zum geschützten Dritten nach wie vor der Verfügende als Rechtsinhaber angesehen. Infolgedessen kann der Dritte vom Verfügenden weiterhin die Übertragung des Rechts (unklar BGHZ 111, 369: Übertragung „verbliebener Rechtsmacht"), daneben zur Durchsetzung dieses Anspruchs vom Erwerber verlangen, dass dieser bei der Erfüllung des Übertragungsanspruches mitwirkt. Ggü dem Erwerber steht dem Geschützten ein Herausgabeanspruch zu, der sich aus einem fingierten gesetzlichen Besitzmittlungsverhältnis zwischen Verfügendem und Erwerber ergibt und den der Geschützte gem § 931 durch Einigung und Abtretung seitens des Verfügenden erwirbt. Im Falle einer verbotswidrigen Verfügung über Grundstücke hat der Geschützte einen auf Mitwirkung des Erwerbers bei der Grundbuchberichtigung gerichteten Anspruch aus § 888 II.

Trotz eines relativen Verfügungsverbots kann ein davon betroffener Gegenstand nach 8
§ 135 II **gutgläubig erworben** werden: Die Gutglaubensvorschriften (vgl §§ 932 ff, 1032, 1207, 1244; ferner 366 HGB bei beweglichen Sachen; §§ 892, 893, 1138, 1155 bei Grundstücken; §§ 407, 408 bei Forderungen, dazu BGHZ 86, 339) sind analog (Verfügender ist Berechtigter) anzuwenden. Der gute Glaube muss sich auf das Nichtbestehen eines relativen Verfügungsverbotes beziehen. Bei Grundstücksgeschäften entfällt die Gutgläubigkeit, wenn das Verbot im Grundbuch eingetragen ist.

§ 137 Rechtsgeschäftliches Verfügungsverbot

¹Die Befugnis zur Verfügung über ein veräußerliches Recht kann nicht durch Rechtsgeschäft ausgeschlossen oder beschränkt werden. ²Die Wirksamkeit einer Verpflichtung, über ein solches Recht nicht zu verfügen, wird durch diese Vorschrift nicht berührt.

I. Die Vorschrift will die **Verfügungsfreiheit** des Rechtsinhabers (BGHZ 19, 359) und – 1
weil die privatautonome Schaffung von res extra commercium verhindert wird – gleichzeitig die Sicherheit und Freiheit des Rechtsgüterverkehrs schützen (BGHZ 56, 278). Ein Rechtsinhaber soll auf seine Verfügungsmacht nicht rechtsgeschäftlich ganz oder partiell verzichten (S 1), sondern lediglich obligatorisch wirkende Unterlassungsverpflichtungen eingehen können (S 2). Eine Ausn zu § 137 enthält § 399, 2. Fall (str).

II. **1.** S 1 betrifft **Rechtsgeschäfte**, in denen sich der Inhaber eines veräußerlichen 2
Rechts (etwa: Eigentum, Forderung) mit einer (absolut, dh ggü jedermann wirkenden) Beschränkung (vgl §§ 135, 136 Rn 3) oder einem vollständigen Ausschluss seiner Verfügungsmacht einverstanden erklärt. Dabei kommt es nicht darauf an, ob derartige Beschränkungen in einem Vertrag, Testament (BGHZ 40, 117; 56, 278) oder Prozessvergleich enthalten sind.

Eine derartige Beschränkung ist **nichtig**. Widersprechende Verfügungen bleiben demzufolge 3
uneingeschränkt wirksam. Sie lösen auch keine Folgeansprüche (zB aus § 826) gegen den Verfügenden aus.

Zulässig sind dag Vereinbarungen, die der anderen Partei für den Verfügungsfall ein 4
Rücktritts-, Vorkaufs- oder Wiederkaufsrecht einräumen, in Gestalt einer Resolutivbedingung einen Rückfall des vereinbarungswidrig veräußerten Gegenstandes bewirken (BGHZ 134, 186) oder die Wirksamkeit einer Verfügung von der Zustimmung eines Dritten abhängig machen (vgl BGH DB 64, 546). Derartige Absprachen stellen nach hM auch keine Umgehung (vgl § 134 Rn 10) des S 1 dar.

2. Grds **wirksam** ist dag die (auch für einen längeren Zeitraum als 30 Jahre eingegangene, vgl BGH NJW 12, 3161) **schuldrechtliche Verpflichtung**, eine bestimmte Verfügung zu unterlassen (S 2, vgl aber auch § 138 Rn 11). Ausn enthalten § 1136 (Nichtveräußerungsverpflichtung des Eigentümers ggü dem Hypothekengläubiger) sowie – im Hinblick auf Verfügungen von Todes wegen – § 2302. Die Unterlassungsverpflichtung kann durch eine Vertragsstrafe, Bürgschaft oder die Einräumung eines Vorkaufsrechts 5 abgesichert werden. Möglich ist auch die Beantragung eines gerichtlichen Veräußerungsverbots. Bei einem Verstoß gegen eine schuldrechtliche Nichtverfügungsverpflichtung entsteht ein gem § 249 I auf Naturalrestitution (dh ggf Rückerwerb) gerichteter Schadensersatzanspruch gegen den Verfügenden. Ein Anspruch gegen den aus der Verpflichtung Begünstigten kann sich aus § 826 ergeben.

§ 138 Sittenwidriges Rechtsgeschäft; Wucher

(1) Ein Rechtsgeschäft, das gegen die guten Sitten verstößt, ist nichtig.
(2) Nichtig ist insbesondere ein Rechtsgeschäft, durch das jemand unter Ausbeutung der Zwangslage, der Unerfahrenheit, des Mangels an Urteilsvermögen oder der erheblichen Willensschwäche eines anderen sich oder einem Dritten für eine Leistung Vermögensvorteile versprechen oder gewähren lässt, die in einem auffälligen Missverhältnis zu der Leistung stehen.

1 I. Die **Privatautonomie** wird nicht nur durch die gesetzlich fixierten Rahmenbedingungen (§ 134 Rn 1), sondern darüber hinaus auch durch die wesentlichen Prinzipien der in unserer Gesellschaft **herrschenden Rechts- und Sozialmoral** beschränkt (vgl Wolf/Neuner § 46 Rn 1, 12). Dabei handelt es sich einerseits um außerrechtliche Verhaltensanforderungen, die sich aus den in der Gesellschaft anerkannten Regeln des Zusammenlebens ergeben und über § 138 I von der Rechtsordnung rezipiert werden, andererseits um rechtsimmanente Grundsätze und Werte, die also bereits in den Normen der Rechtsordnung selbst angelegt sind. Der Gesetzgeber fasst diese Verhaltensmaßstäbe unter dem Begriff der „guten Sitten" zusammen (vgl auch § 826) und versagt einem dazu in Widerspruch stehenden Rechtsgeschäft die Rechtswirksamkeit. Eine nähere Präzisierung der Generalklausel durch Bildung einzelner Fallgruppen ist der Gesetzgeber – von dem Wuchertatbestand des Abs 2 abgesehen – der Praxis überlassen.

2 II. 1. Für die Anwendung der Vorschrift ist nicht das Verhalten der Beteiligten, sondern lediglich der **Inhalt** des vorgenommenen Rechtsgeschäfts entscheidend. Die Bestimmung gilt nicht nur für Verträge, sondern für **Rechtsgeschäfte aller Art** (Vor §§ 104–185 Rn 2 ff). Verfügungsgeschäfte sind idR wertneutral und werden von der Sittenwidrigkeit des zugrunde liegenden Verpflichtungsgeschäfts nicht erfasst (BGH NJW 02, 432). Allerdings kann sich auch gerade die Verfügung als sittenwidrig erweisen, so im Falle einer Übersicherung (BGHZ 30, 153, vgl Rn 11) oder bei einer Verfügung des Bewucherten.

3 2. Die „**guten Sitten**" (Abs 1) werden häufig – aber ohne weiteren Erkenntnisgewinn – als „Anstandsgefühl aller billig und gerecht Denkenden" verstanden (BGHZ 10, 297; 69, 297; 141, 361). Gemeint ist damit zunächst die **Sozialmoral des Durchschnittsbürgers**; es dürfen also weder besonders strenge noch besonders freizügige Wertmaßstäbe einzelner Bevölkerungsgruppen verabsolutiert werden („ethisches Minimum"). Auch eine etwa abw persönliche Haltung des Rechtsanwenders ist nicht maßgebend. Gleichzeitig verweist der Begriff der „guten Sitten" auf **fundamentale Gerechtigkeitsvorstellungen**, die den gesetzlichen Bestimmungen mehr oder weniger offen zugrunde liegen. Insb wirkt sich (nach der Lehre von der **mittelbaren Drittwirkung der Grundrechte**, vgl BVerfGE 7, 206; 42, 148; BGH NJW 00, 1028; zur Diskussion va Canaris AcP 1984, 225; ders, Grundrechte und Privatrecht [1999], insb 33 ff) das Wertesystem des Grundgesetzes über die „Einbruchstelle" des § 138 I auf die privatrechtlichen Rechtsverhältnisse aus. Allerdings führt nicht jeder Grundrechtsverstoß notwendig zur Sittenwidrigkeit eines Rechtsgeschäfts; Voraussetzung ist vielmehr, dass der Grundrechtseingriff objektiv von einigem Gewicht und subjektiv bezweckt war (BGHZ 140, 118 ff [Erbunfähigkeit nicht standesgemäßer Erben]; für den konkreten Fall zu Recht krit Staudinger Jura 00, 467). Sittenwidrig sind regelmäßig auch Vereinbarungen, die gegen das Diskriminierungsverbot des § 1 AGG (und damit gegen die Antidiskriminierungsvorgaben des europäischen Rechts) verstoßen. Ob und unter welchen Voraussetzungen ein Verstoß allerdings ohne weiteres zur Nichtigkeit nach § 138 BGB oder (vor dem Hintergrund des nach § 21 IV AGG halbzwingenden Charakters der Benachteiligungs-

verbote) lediglich zur Unwirksamkeit auf Verlangen des Benachteiligten führt, lässt sich derzeit noch nicht überblicken. Mit dem gesellschaftlichen Wandel sind auch die „guten Sitten" ständigen Veränderungen ausgesetzt (vgl Rn 5). In einem etwaigen Konflikt zwischen rechts- und sozialethischen Verhaltensanforderungen müssen die letztgenannten zurücktreten (Art 20 III GG).

Die Sittenwidrigkeit eines Rechtsgeschäfts kann sich sowohl aus seinem **Inhalt allein** 4 wie auch aus dem Inhalt iVm den **Umständen des Zustandekommens**, zB den Motiven der Parteien oder dem Geschäftszweck ergeben (vgl BGHZ 86, 88; 107, 97; 141, 361). Enthält bereits der objektive Inhalt des Geschäfts einen Sittenverstoß (Bsp: Ausschluss der Scheidung in einem Ehevertrag, Leihmuttervertrag), sind die Voraussetzungen des Abs 1 ohne weiteres erfüllt. Auf die Bewusstseinslage der Parteien – Kenntnis der sittenwidrigkeitsbegründenden Tatsachen oder Bewusstsein der Sittenwidrigkeit – kommt es nicht an (BGHZ 94, 268, 272). Lässt sich ein Sittenverstoß dag erst aus einer Gesamtwürdigung der Begleitumstände ableiten (Bsp: Kaufvertrag über die Mordwaffe; Unterhaltsverzicht zwecks Herbeiführung von Sozialhilfebedürftigkeit), müssen die Parteien die sittenwidrigkeitsbegründenden Umstände, Motive, Zwecke usw **kennen oder sich einer Kenntnis grob fahrlässig verschließen**; Schädigungsabsicht oder das Bewusstsein sittenwidrigen Handelns sind dag nicht erforderlich (BGHZ 146, 301). Der subjektive Tatbestand muss bei sämtlichen Beteiligten vorhanden sein, wenn sich das sittenwidrige Handeln gegen die Allgemeinheit oder Dritte richtet (vgl BGH NJW 90, 568; etwa: vorsätzliche Verleitung zum Vertragsbruch). Liegt die Sittenwidrigkeit dag im Verhalten gerade ggü dem Geschäftspartner (etwa: Ausnutzen der Unerfahrenheit bei wucherischen Geschäften), reicht dag die Kenntnis bzw grobfahrlässige Unkenntnis des „Täters" aus (BGHZ 50, 70).

Die **sittenwidrigkeitsbegründenden Umstände** müssen zum Zeitpunkt der **Vornahme** 5 **des Rechtsgeschäfts** gegeben sein (BGHZ 100, 359; 107, 96 f; 156, 306). Nachträglich eintretende Veränderungen (zB im Verhältnis von Leistung und Gegenleistung) machen ein gültiges Geschäft nicht nachträglich nichtig (und umgekehrt); dag ist eine nachträgliche Vertragsänderung bei der Feststellung eines Missverhältnisses von Leistung und Ggleistung zu berücksichtigen (BGH NJW 12, 1570). Ebenso kommt es bei der **Bewertung des Rechtsgeschäfts als sittenwidrig** auf die zum **Zeitpunkt der Vornahme** herrschenden Wertmaßstäbe an (BGH NJW 83, 2692). Führt ein Wandel der moralischen oder rechtsethischen Anschauungen dazu, dass ein ursprünglich gültiges Rechtsgeschäft zum Zeitpunkt der Entscheidung als sittenwidrig erscheint, kann einer Anspruchsdurchsetzung der Einwand unzulässiger Rechtsausübung entggstehen (vgl BGHZ 126, 241). Im umgekehrten Fall tritt die Gültigkeit nicht ipso iure ein (daher: § 141 Neuvornahme – bei Testamenten str).

3. Das Schrifttum versucht, die Fülle des Rechtsprechungsmaterials in thematisch zu- 6 sammenhängenden, aber nicht immer klar voneinander abgrenzbaren **Fallgruppen** zu ordnen.

a) Als sittenwidrig sind zB Rechtsgeschäfte anzusehen, welche die **ethischen Grundla-** 7 **gen der Ehe und Familie** missachten: Verpflichtung zur Eingehung einer Scheinehe gegen Entgelt (OLG Düsseldorf FamRZ 83, 1023), Ausschluss der Ehescheidung (BGHZ 97, 307) oder Vereinbarung einer exorbitanten Scheidungsstrafe (OLG Hamm FamRZ 91, 444), Leihmuttervertrag (OLG Hamm NJW 86, 781), Verzicht auf Umgang mit Kind gegen Freistellung von Unterhaltsverpflichtung (BGH NJW 84, 52). **Nicht mehr sittenwidrig** sind heute Zuwendungen zwischen Partnern einer nichtehelichen Lebensgemeinschaft (BGHZ 77, 59) oder Verträge, die das Zusammenleben in einer solchen Gemeinschaft ermöglichen. Die Berücksichtigung der Geliebten in einer Verfügung von Todes wegen unter Zurücksetzung der Angehörigen („Geliebtentestament") wird von der neueren Rspr nur noch dann als sittenwidrig angesehen, wenn sie **ausschließlich** die geschlechtliche Hingabe belohnen will (BGHZ 53, 375; 112, 262 – kaum praktisch).

b) Anstößig ist die **Kommerzialisierung persönlicher** oder **sachgebundener Entschei-** 8 **dungen**: Zölibatsklauseln, Verpflichtung zu Religions- oder Staatsangehörigkeitswechsel, Nichterstattung oder Rücknahme einer Strafanzeige gegen Zahlung eines überhöhten Entgelts (BGH NJW 91, 1046 f), Verschaffung eines akademischen Titels gegen

Entgelt (OLG Köln NJW-RR 94, 1540; OLG Koblenz NJW 99, 2904), Erschwerung des Vereinswechsel durch Transferbedingungen für Sportler (BGH NJW 00, 1028); Teilnahme an sog „Schenkkreisen" (BGH NJW-RR 09, 345; BGH NJW 12, 3366 Rn 19); nicht dag der entgeltliche Verzicht einer Bürgerinitiative auf Einlegung von Rechtsmitteln gegen einen Kraftwerkbau (BGHZ 79, 141), der (unentgeltliche) Verzicht auf Führung des Ehenamens im Scheidungsfall (BGHZ 175, 173, 177) oder die Vereinbarung einer erfolgsabhängigen Nutzungsgebühr zwischen dem Betreiber einer Internetplattform und einem Zahnarzt, der nach seiner Registrierung die Gelegenheit erhält, zunächst anonym bleibenden Patienten Heil- und Kostenpläne anzubieten (BGH NJW 11, 2209). Zum Organhandel vgl § 17 TransplantationsG.

9 **c) Verstöße gegen die Sexualmoral** führen nicht mehr ohne weiteres zu einer Sittenwidrigkeit im Rechtssinne, nachdem das Gesetz zur Regelung der Rechtsverhältnisse der Prostituierten (BGBl 01 I 3983) einen Zahlungsanspruch gewährt, wenn sexuelle Handlungen gegen ein vorher vereinbartes Entgelt erbracht worden sind (vgl Armbrüster NJW 02, 2764). Dies gilt insb für Vereinbarungen über entgeltlichen Geschlechtsverkehr (anders OLG Schleswig NJW 05, 226), darüber hinaus aber auch für Absprachen über dessen öffentliche Vorführung, sexuelle Darstellungen in „Peep-Shows" oÄ, Telefonsex-Verträge (BGH NJW 08, 140; krit Majer NJW 08, 1926; anders noch BGH NJW 98, 2896; jedenfalls keine Sittenwidrigkeit des Vertrages zwischen Telefonkunde und Netzbetreiber, BGH NJW 02, 362) oder für Verträge zwischen Bordellbetreiber und Prostituierter über deren „Bereithaltung" während eines bestimmten Zeitraums. Eine Verpflichtung zur Erbringung entspr Dienstleistungen und dementspr ein Erfüllungsanspruch des Kunden oder Bordellbetreibers wird dag nicht begründet. Vereinbarungen zur Ermöglichung und Vorbereitung sexueller Dienstleistungen wie zB Pacht- oder Kaufverträge über (zugelassene) Bordelle (BGH NJW-RR 88, 1379) oder Haus- und Wohnungsmietverträge mit Prostituierten (BGH NJW 70, 1179) sind ohnehin nicht als sittenwidrig anzusehen.

10 **d) Standeswidrige** Rechtsgeschäfte sind sittenwidrig, wenn sie gleichzeitig auch ethisch zu missbilligen sind oder die Berufsausübung gefährden: Verträge über entgeltliche Vermittlung von Mandanten (KG NJW 89, 2893) oder Patienten (OLG Hamm NJW 85, 680); Verpflichtung eines Arztes, in Zukunft nur ein bestimmtes Labor zu beauftragen (OLG Nürnberg MDR 88, 861), Vereinbarung eines übermäßigen anwaltlichen Pauschalhonorars (BGHZ 144, 345). Nicht mehr sittenwidrig ist grds der Praxisverkauf unter Freiberuflern; jedoch bedarf die Mitübertragung einer Patienten- oder Mandantenkartei der Zustimmung des Betroffenen (vgl aber § 134 Rn 8; OLG Stuttgart NJW 02, 1432). Zur Vereinbarung eines anwaltlichen Erfolgshonorars s § 49 b II BRAO.

11 **e)** Sittenwidrig ist die **Ausnutzung wirtschaftlicher Übermacht**, wenn der Vertragspartner seine Vertragsfreiheit nicht ausüben kann und zum Objekt von Fremdbestimmung gemacht wird, so bei der Ausnutzung einer **Monopolstellung** zur Durchsetzung überhöhter Preise (BGH NJW 76, 711) oder bei **Knebelungsverträgen**, die dem Schuldner seine persönliche oder wirtschaftliche Bewegungsfreiheit nehmen, wie etwa im Falle einer extremen Übersicherung (BGHZ 19, 18; BGH NJW 09, 1135 f), einer übermäßigen Vertragsdauer (BGHZ 74, 293; BGH NJW 92, 2145; aber Frage des Einzelfalls: BGH NJW 05, 1786), eines praktisch unkündbaren Dauerschuldverhältnisses (BGHZ 83, 315), eines übermäßigen Wettbewerbsverbots (BGH NJW 04, 66 f; 05, 3062) oder uU einer umfassenden und langfristigen Unterlassungsverpflichtung (BGH NJW 12, 3172, vgl aber auch § 137 Rn 5). Die **Bürgschaft** oder der Schuldbeitritt eines jungen Erwachsenen oder Ehegatten für die Verpflichtungen eines Elternteils oder Partners ist im Regelfall sittenwidrig, wenn der Vertragsschluss auf einer strukturellen Unterlegenheit des Bürgen beruht und ihn ungewöhnlich stark belastet, so zB, wenn ein geschäftlich unerfahrener und praktisch vermögensloser Bürge die Verpflichtung ohne wirtschaftliches Eigeninteresse übernimmt und das Haftungsrisiko vom Gläubiger bagatellisiert wird (vgl BVerfGE 89, 233 f; krit va Zöllner AcP 1996, 1 ff; näher etwa BGHZ 120, 272; 125, 206; 128, 230; 132, 328; 134, 42; 135, 66; 136, 347; 137, 329; 146, 42; 151, 36; BGH NJW 13, 1534; Übbl bei Braun, Jura 04, 474; vgl ferner § 765

Rn 11). Ähnl Grundsätze gelten bei der Bürgschaft des Arbeitnehmers für eine Schuld seines Arbeitgebers (BGHZ 156, 307 ff), nicht dag ohne weiteres bei Bürgschaften eines Gesellschafters für Schulden der GmbH (BGH NJW 03, 59, 968) oder bei der Bestellung einer Sicherungsgrundschuld (BGHZ 152, 150). Auch Mitverpflichtungen können sittenwidrig sein (BGH NJW 09, 2671, dazu Krüger NJW 09, 3408). Nichtig sind idR auch **Klauseln in Gesellschaftsverträgen**, die einem einzelnen Gesellschafter oder einer Gruppe von Gesellschaftern gestatten, einen Mitgesellschafter ohne sachlichen Grund auszuschließen (Gefahr der „Willkürherrschaft", vgl BGHZ 164, 101; 110; dazu Gehrlein NJW 05, 1969).

12 Auch **Eheverträge**, in denen die Eheleute ihre persönlichen und güterrechtlichen Beziehungen für die Ehedauer oder vorsorglich auch für die Zeit danach regeln, insb einen Unterhaltsverzicht oder Ausschluss von Zugewinn- oder Versorgungsausgleich vereinbaren oder einen Gatten mit einer übermäßigen Unterhaltsverpflichtung belasten (BGHZ 178, 322), können sittenwidrig sein, wenn der Vertragsinhalt aufgrund einer erheblich ungleichen Verhandlungsposition von einem Vertragspartner dominiert wird (BVerfGE 103, 100 ff; BVerfG NJW 01, 2248). Dies entscheidet sich aufgrund einer Gesamtwürdigung im Einzelfall, die insb die Einkommens- und Vermögensverhältnisse beim Vertragsschluss, die Aufgabenverteilung in der Ehe und die Motive der Gatten berücksichtigen und konkrete Feststellungen zu der unterlegenen Verhandlungsposition des benachteiligten Ehegatten (BGH NJW 13, 380) treffen muss. Sittenwidrig können angesichts der auch in diesem Bereich grds bestehenden Vertragsfreiheit nur Vereinbarungen sein, die den Kernbereich der gesetzlichen Scheidungsfolgenrechte (va Betreuungsunterhalt, danach auch Krankheits- sowie Altersunterhalt und Versorgungsausgleich, in geringerem Maße Zugewinnausgleich) ohne Kompensation abbedingen (vgl BGHZ 158, 86 ff; 178, 322; BGH NJW 13, 457) oder auch einem unterhaltspflichtigen Gatten unangemessene, weil die eigene wirtschaftliche Existenz gefährdende Lasten aufbürden (BGHZ 178, 322, 330). Maßgebend sind aber stets die Umstände des Einzelfalles (BGH NJW 07, 2851, vgl auch OLG Celle NJW-RR 09, 1302: trotz Globalverzichts keine Sittenwidrigkeit, da keine Unterlegenheit eines Gatten u keine Ausnutzung einer Zwangslage). Zur Diskussion Dauner-Lieb AcP 01, 295; Goebel FamRZ 03, 1513; Rakete-Dombek NJW 04, 1273.

13 f) Sittenwidrig können auch Rechtsgeschäfte sein, die auf eine **Schädigung Dritter** oder **Beeinträchtigung allg Belange** abzielen: Verstoß gg Gemeinwohlinteressen durch Verkauf eines Radarwarngeräts (BGH NJW 05, 1491), Verleitung zum Vertragsbruch (BGHZ 103, 241; dazu § 826 Rn 14), Versprechen der Zahlung von Schmier- oder Bestechungsgeld (BGHZ 141, 359; BGH NJW 91, 1819), Zusagen des Arbeitgebers, den Arbeitnehmer bei Rechtsverstößen von Straf- oder Bußgeldern freizuhalten (BAG NJW 01, 1963), Übersicherung zum Nachteil weiterer Gläubiger (BGHZ 72, 310; BGH NJW-RR 10, 1529; vgl aber auch BGH NJW 05, 1193), sachlich nicht gerechtfertigte „Hinauskündigungsklauseln" in Gesellschaftsverträgen (BGHZ 164, 101, 107 f, vgl aber auch BGH NJW-RR 07, 1256, 1258); Vereinbarung eines überhöhten Preises zwecks Vereitelung eines Vorkaufsrechts (BGH NJW-RR 05, 1535), Übernahme überhöhter Unterhaltsvereinbarungen (BGHZ 178, 322), gezielter Verzicht auf Unterhalt, Zugewinn- oder Versorgungsausgleich, um Dritte (zB Sozialhilfeträger) zu belasten (BGH NJW 92, 3164, vgl aber auch BGH NJW 07, 904 zu Vereinbarungen über nachehelichen Unterhalt). Der Vertrag muss die Rechtsstellung des Dritten aber tatsächlich verschlechtern; eine Schädigungsabsicht allein reicht nicht aus (BGH NJW-RR 12, 18). **Nicht sittenwidrig** ist eine Verfügung von Todes wegen, die zugunsten eines behinderten Angehörigen den Nachlass dem Sozialhilfeträger entzieht („Behindertentestament", BGHZ 111, 39; 123, 371) oder der Pflichtteilsverzicht eines (behinderten) Sozialhilfeempfängers (BGHZ 188, 96 Rn 14; dazu Dreher/Görner NJW 11, 1761).

14 g) Da die Voraussetzungen des Wuchertatbestandes iS des Abs 2 (Rn 15 ff) nur schwer zu erfüllen sind, hat die Rspr bereits bei **wucherähnlichen Geschäften** eine Sittenwidrigkeit nach Abs 1 dann bejaht, wenn Leistung und Gegenleistung in einem auffälligen Missverhältnis zueinander stehen und weitere Umstände wie zB eine verwerfliche Gesinnung des durch den Vertrag Begünstigten (BGHZ 128, 267; 141, 263; BGH NJW

02, 56; BGH NJW-RR 03, 558) hinzutreten. Danach sind Kreditverträge zwischen gewerbsmäßigen Darlehensgebern (insb Banken) und Privatkunden bei auffälligem Missverhältnis nichtig, wenn der Kreditgeber die schwächere Lage des Vertragspartners bewusst zu seinem Vorteil ausnutzt oder leichtfertig verkennt (BGHZ 80, 160; 128, 258). Ein auffälliges Missverhältnis ist idR zu bejahen, wenn der ausbedungene Zinssatz doppelt so hoch ist wie der Marktzins (BGHZ 104, 105; 110, 338) oder die Gesamtumstände eine Heranziehung des Abs 1 rechtfertigen (BGH NJW 87, 183; NJW-RR 98, 1066). Besteht objektiv ein derartiges Missverhältnis, wird der subjektive Tatbestand vermutet (BGHZ 98, 178 f), und zwar auch dann, wenn die benachteiligte Partei das Missverhältnis kannte (BGH NJW 07, 2841). Im Rahmen einer Internetauktion rechtfertigt aber ein Missverhältnis zwischen dem Wert des angebotenen Gegenstandes und dem (deutlich darunter liegenden) Maximalpreis des Bieters keinen Schluss auf eine verwerfliche Gesinnung des Bieters (BGH NJW 12, 2723). Die Darlegungslast verbleibt bei der benachteiligten Partei (BGH NJW 10, 363 Rn 18). Entspr Regeln gelten auch für Grundstücksgeschäfte (BGHZ 146, 301; OLG Hamm NJW-RR 02, 128), auch unter Ehegatten (BGH NJW 03, 1861), oder für anwaltliche Honorarvereinbarungen (BGHZ 144, 346, zu „Zeittaktklauseln" OLG Düsseldorf NJW-RR 07, 129; vgl aber auch BGHZ 162, 101), für Partnervermittlungsverträge (OLG Düsseldorf NJW-RR 09, 1645), für die Vereinbarung von Maklerprovisionen (NJW-RR 2010, 635) oder bei der Abgabe von Schuldanerkenntnissen (BAG NJW 11, 630 Rn 30); zum auffälligen Missverhältnis bei Pauschalvergütungen von Privatkliniken vgl BGHZ 154, 158. Die Vermutung einer verwerflichen Gesinnung wird aber erschüttert, wenn sich die Parteien um eine sachgerechte Ermittlung einer angemessenen Gegenleistung bemüht haben (BGH NJW 02, 3166) oder die Ermittlung der Gegenleistung schwierig ist (BGH NJW 03, 284). Nicht ohne weiteres sittenwidrig sind Verzehrverträge mit exorbitant hohen Preisen in einem Nachtlokal (OLG Schleswig NJW 05, 226) oder Internet-Spielverträge ohne vorherige Festlegung eines Limits (BGH NJW 08, 2026).

15 4. Der Tatbestand des **Wuchers** (**Abs 2**) setzt objektiv voraus, dass in einem Austauschvertrag (nicht bei Bürgschaft, BGHZ 106, 272) ein **auffälliges Missverhältnis** zwischen dem objektiven Wert von Leistung und Gegenleistung besteht (BGHZ 125, 227). Wann ein solches Missverhältnis gegeben ist, entscheiden die Umstände des Einzelfalls unter Berücksichtigung des übernommenen Risikos (BGH NJW 82, 2767). Der Wucherer muss die unverhältnismäßige Leistung entweder sich oder einem Dritten versprechen bzw gewähren lassen.

16 Subjektiv setzt Abs 2 voraus, dass der Wucherer eine **Unterlegenheit** des Schuldners **ausbeutet**, dh sich in Kenntnis des objektiven Missverhältnisses bewusst zunutze macht (BGH NJW-RR 90, 1199). Die Unterlegenheit kann sich aus einer (wirtschaftlichen oder persönlichen, etwa gesundheitlichen) Zwangslage (BGH NJW 03, 1861: psychische Bedrängnis) ergeben, aus der ein zwingendes Bedürfnis nach einer Sach- oder Dienstleistung entsteht, ferner aus der Unerfahrenheit des Schuldners (infolge Jugend, Alters, fehlender Geschäftsgewandtheit), aus einem Mangel an Urteilsvermögen (zB aufgrund geringer geistiger Beweglichkeit) oder aus einer erheblichen Willensschwäche (dh Unfähigkeit, sich der Vornahme des Rechtsgeschäfts trotz richtiger Einschätzung seiner Nachteile zu widersetzen). Liegen die Voraussetzungen des Abs 2 nicht vor, kann das Rechtsgeschäft gleichwohl als wucherähnlich (Rn 14) nichtig sein (BGH NJW 03, 1861).

17 5. Als **Rechtsfolge** der Sittenwidrigkeit tritt **Nichtigkeit** des Rechtsgeschäfts ein. Unter den Voraussetzungen des § 139 kann es zT aufrechterhalten werden. Die Nichtigkeit ist vAw zu beachten. Auch der sittenwidrig Handelnde kann sich darauf berufen. Bei einem einseitigen Sittenverstoß kann dem anderen Teil ein Schadensersatzanspruch aus §§ 280 I, 311 II zustehen (BGHZ 99, 106). Die Rückabwicklung bereits ausgetauschter Leistungen richtet sich nach § 812 I 1, 1. Fall (vgl aber auch § 817 S 2); bei Nichtigkeit einer Verfügung kann auch § 985 eingreifen.

18 6. Wer sich auf die Sittenwidrigkeit einer Vereinbarung beruft, muss die dafür notwendigen Voraussetzungen **beweisen** (BGHZ 178, 322, 334).

III. Verstößt ein Rechtsgeschäft gegen ein gesetzliches Verbot, tritt bereits Nichtigkeit 19
nach § **134** ein (BGH NJW 83, 869). Dag finden die §§ 138 und §§ 307–309 nebeneinander Anwendung (vgl BGHZ 98, 177; 136, 355 f, str). Der Umstand, dass ein Rechtsgeschäft der **Gläubigeranfechtung** (§§ 3 AnfG, 129 ff InsO) unterliegt (vgl BGHZ 130, 331) oder aufgrund **unlauteren Wettbewerbs** (§ 3 UWG) zustande gekommen ist (vgl BGHZ 110, 174), führt nur dann zur Nichtigkeit gem Abs 1, wenn weitere anstößige Umstände hinzutreten. Ein infolge Täuschung oder widerrechtlicher Drohung abgeschlossenes Rechtsgeschäft ist nicht nichtig, sondern nur anfechtbar (§ 123, vgl BGH NJW 08, 982 [„Lockvogelangebot"]).

§ 139 Teilnichtigkeit

Ist ein Teil eines Rechtsgeschäfts nichtig, so ist das ganze Rechtsgeschäft nichtig, wenn nicht anzunehmen ist, dass es auch ohne den nichtigen Teil vorgenommen sein würde.

I. Dass die **partielle Nichtigkeit** (vgl Vor 104–185 Rn 7) zur **Gesamtnichtigkeit** eines 1
Rechtsgeschäfts führt, soll nach der Vorstellung des Gesetzgebers dem **vermutlichen Willen** der Parteien entsprechen: Sie werden auf diese Weise nicht an einem Gesamtgeschäft festgehalten, das sie so nicht gewollt haben. Der Grundsatz wird aber durch den geäußerten (Rn 2) oder mutmaßlichen Parteiwillen (Rn 11) eingeschränkt und außerdem von Ausn durchbrochen: Vorgehende Sonderregeln enthalten § 2298 I für Erbverträge sowie – mit umgekehrtem Regel-Ausn-Verhältnis – §§ 306 (unwirksame AGB-Klauseln) und § 2085 (Testamentsbestimmungen). Für Gesetze gilt § 139 nicht (BVerfGE 8, 301: vermutungsweise Restwirksamkeit).

II. 1. Die Vorschrift enthält eine **Auslegungsregel**, die hinter §§ 133, 157 zurücktritt 2
und somit nur Anwendung findet, wenn sich nach Heranziehung der üblichen Auslegungsregeln nicht feststellen lässt, dass die Parteien für den Fall der Teilnichtigkeit Gültigkeit des Vertragsrests **vereinbart** haben. Eine sog „salvatorische Klausel" (vgl H Roth JZ 89, 412), wonach eine nichtige Vertragsbestimmung die Wirksamkeit des Restvertrages unberührt lässt, bürdet lediglich die Beweislast für die Gesamtunwirksamkeit demjenigen auf, der den Vertrag insgesamt für unwirksam hält (BGH NJW 03, 347; BGH NJW 10, 1660 Rn 8)). War **beiden Parteien** die Teilnichtigkeit **bewusst**, bestand von vornherein kein Wille, ein einheitliches – wirksames – Rechtsgeschäft vorzunehmen. In diesem Fall gilt § 139 nicht (vgl BGHZ 45, 379); das Restgeschäft ist ohne weiteres wirksam.

Nach dem **Sinn und Zweck** der die **Nichtigkeit anordnenden Norm** ist § 139 ferner 3
dann nicht heranzuziehen, wenn sich der Nichtigkeitsgrund nach seinem Schutzzweck auf eine einzelne Klausel beschränkt (BGHZ 184, 209) oder wenn durch die Teilnichtigkeit ein Vertragsteil geschützt werden soll, der bei Gesamtnichtigkeit schutzlos wäre, so etwa bei einer sich aus einem Verstoß gegen mieter- oder arbeitnehmerschützende Vorschriften ergebenden Nichtigkeit einzelner Klauseln in Miet- oder Arbeitsverträgen oder bei Nichtigkeit nach 276 III oder 547 II, 551 IV, 553 III, 554 V, 555, 556 a III, 557 IV, 557 a IV, 557 b IV, 558 VI, die gerade zu einer Bindung ohne die missbilligten Absprachen führen soll. Auch aus der Nichtigkeit einer Klausel, die bei der Vertragsdurchführung bedeutungslos geblieben ist, kann keine Gesamtnichtigkeit hergeleitet werden (OLG Jena NJW-RR 10, 649).

2. § 139 betrifft alle Arten von **Rechtsgeschäften** mit Ausn in Vollzug gesetzter Arbeits- 4
und Gesellschaftsverträge, für die Sonderregeln über fehlerhafte Dauerschuldverhältnisse gelten (vgl § 119 Rn 2).

3. Die Nichtigkeit muss sich auf einen **abtrennbaren Teil** eines Rechtsgeschäfts be- 5
schränken, so dass der von der Nichtigkeit nicht erfasste Teil als selbständiges Rechtsgeschäft Bestand haben könnte (BGH NJW 62, 913). Das ist bei Nichtigkeit wegen Sittenwidrigkeit (§ 138) nur dann anzunehmen, wenn der sittenwidrige Teil bestimmt und vom Rest des Rechtsgeschäfts abgegrenzt werden kann (BGHZ 107, 358; 146, 47). Teilnichtigkeit id Sinne ist denkbar, wenn eine **teilbare Leistung** geschuldet wird und die Nichtigkeit nur die auf ein Teilobjekt bezogene Leistungspflicht erfasst (sofern

sich die Gegenleistung für die verbleibenden Verpflichtung ermitteln lässt), wenn **mehrere Personen** an einem Rechtsgeschäft beteiligt sind und die Erklärung nur einer dieser Personen nichtig ist (BGHZ 53, 179; vgl auch BGH NJW 70, 241: falsus procurator handelt zugleich im eigenen Namen) oder wenn die Nichtigkeit nur **einzelne Vertragsbestimmungen** betrifft. Nach hM ist auch eine Aufteilung einer gemischten Schenkung in einen entgeltlichen und einen unentgeltlichen (ggf formunwirksamen) Teil in Betracht zu ziehen. Zur Teilbarkeit eines Rechtsgeschäfts bei zu langer Bindungsdauer und unangemessenem Entgelt s Rn 12.

6 **4.** Ein einheitliches Rechtsgeschäft iS der Vorschrift wird auch dann angenommen, wenn **mehrere** (auch nach Vertragstyp unterschiedliche) **Rechtsgeschäfte** abgeschlossen werden, die aber nach dem Parteiwillen zum Zeitpunkt des Abschlusses ein einheitliches Ganzes bilden („Einheitlichkeitswillen"), also miteinander „stehen und fallen" sollen (BGHZ 50, 13; 76, 48; 101, 396). In diesem Fall führt die Nichtigkeit des einen Geschäfts entspr der Regel des § 139 zur Gesamtnichtigkeit (vgl Rn 10), so zB im Verhältnis von Grundgeschäft (Auftrag) zur Vollmacht (BGHZ 102, 62). Das Vorhandensein eines entspr Willens bei einer Partei reicht aus, sofern er für die andere erkennbar war und von ihr gebilligt oder hingenommen wird (BGH NJW 11, 2874; stRspr). Dass an den Geschäften verschiedene Personen beteiligt sind, schließt einen Einheitlichkeitswillen der Beteiligten nicht aus (BGHZ 3, 209; BGH NJW 76, 1932). Ein lediglich wirtschaftlicher Zusammenhang oder eine bloß äußerliche Verbindung zwischen den Geschäften (etwa: gleichzeitiger Vertragsschluss) ist dag nicht ausreichend. Sind verschiedene Abreden in einer einheitlichen Urkunde zusammengefasst, besteht für das Vorliegen eines Einheitlichkeitswillens eine tatsächliche Vermutung (BGHZ 54, 72).

7 Ob auch das **Erfüllungsgeschäft zusammen** mit dem zugrunde liegenden **Verpflichtungsgeschäft** als einheitliches Rechtsgeschäft iSd § 139 betrachtet werden kann, ist umstritten. Die Rspr bejaht diese Frage (BGHZ 31, 323; BGH NJW-RR 92, 594; 03, 735 [„höchst selten vorkommend"], aus dem Schrifttum etwa Wiegand AcP 190, 135), verlangt allerdings über den stets vorhandenen engen wirtschaftlichen Zusammenhang hinaus für das Vorliegen eines Einheitlichkeitswillens konkrete Anhaltspunkte (BGH NJW 67, 1130) und verneint ihn von vornherein bei bedingungsfeindlichem Erfüllungsgeschäft (zur Auflassung nach § 925 vgl BGHZ 112, 378; 161, 170, 175), bei Nichtigkeit des Grundgeschäfts nach § 117 I (RGZ 104, 104) sowie in den Fällen, in denen ein nichtiges Grundgeschäft gerade durch Erfüllung geheilt wird (§§ 311 b I 2, 518 II, 766 S 2, ferner 15 IV 2 GmbHG). **Gegen** eine diese Zusammenfassung von Erfüllungs- und Verpflichtungsgeschäft spricht jedoch das dem deutschen Vermögensrecht zugrunde liegende **Abstraktionsprinzip** (Vor §§ 104–185 Rn 10), in Anbetracht dessen das BGB bei Unwirksamkeit des Grundgeschäfts eine bereicherungsrechtliche Rückabwicklung (§ 812 I 1, 1. Fall) vorsieht und das somit durch eine Anwendung des § 139 unterlaufen würde. Zwar ist es richtig, dass die Parteien die Wirksamkeit beider Geschäfte durch Vereinbarung einer Bedingung voneinander abhängig machen und somit das Abstraktionsprinzip durch parteiautonome Gestaltung überwinden können (vgl BGH NJW 67, 1130). Unterhalb dieser Schwelle eines aktuell vorhandenen und feststellbaren Parteiwillens setzt sich aber das Abstraktionsprinzip durch, so dass die Regelanordnung des § 139 – Gesamtnichtigkeit – nicht Platz greifen kann.

8 **5.** Aus welcher Bestimmung sich die partielle **Nichtigkeit** des Rechtsgeschäfts ergibt, ist ohne Belang. Erfasst wird auch die schwebende Unwirksamkeit (BGH NJW 74, 2234) etwa wegen der erforderlichen Genehmigung eines Dritten oder des Familiengerichts (OLG Zweibrücken NJW-RR 93, 1479) oder die Unwirksamkeit nach einem Widerruf gem §§ 495 I (vgl BGHZ 128, 165), 312 I iVm 355. Teilnichtigkeit kann auch (ex tunc) durch eine Teilanfechtung entstehen, wenn der Anfechtungsgrund nur einen Teil des Rechtsgeschäfts betrifft (BGH NJW 69, 1759 f) oder die Anfechtung nur im Hinblick auf einen Teil eines teilbaren Rechtsgeschäfts erklärt wird, nicht dag ohne weiteres durch eine willkürliche Teilanfechtung (BGH MDR 73, 653) oder einen Teilrücktritt (BGH NJW 76, 1932).

9 § 139 findet auch Anwendung, wenn die **Teilnichtigkeit** zB durch eine Gesetzesänderung erst **nach Vornahme des Rechtsgeschäfts** eintritt. Es kommt dann darauf an, ob

die Parteien sich zum Zeitpunkt des Vertragsschlusses mit einer nur beschränkten Nichtigkeit begnügt haben würden, wenn sie seinerzeit die spätere Gesetzesänderung vorausgesehen hätten (BGH NJW 52, 299).

6. Partielle Nichtigkeit eines Rechtsgeschäfts hat iZw **Gesamtnichtigkeit** zur Folge, auf 10 die sich jedermann berufen kann. Diese Gesamtnichtigkeit wird durch den entggstehenden Willen des durch die Teilnichtigkeit begünstigten Vertragsteils nicht ausgeschlossen. Dieser kann einer Berufung der Gegenseite auf Gesamtnichtigkeit allerdings uU die Einrede der Arglist (§ 242) entgghalten, wenn zB eine den einen Partner begünstigende Teilnichtigkeit von der anderen Seite benutzt wird, um sich von dem gesamten Vertrag loszusagen (BGH WM 83, 268), oder wenn die andere Seite sich auf Gesamtnichtigkeit beruft, um die eigene Leistung nicht erbringen zu müssen und die Gegenleistung behalten zu können (BGH NJW 67, 245).

Allerdings tritt Gesamtnichtigkeit nur iZw, nämlich lediglich dann ein, wenn nicht an- 11 zunehmen ist, dass das Rechtsgeschäft **auch ohne den nichtigen Teil vorgenommen sein würde**. Darüber entscheidet, sofern ermittelbar, der mutmaßliche Parteiwille (zu positiv feststellbaren abw Parteivereinbarungen vgl bereits Rn 2). Maßgebend ist, welche Entscheidung die Parteien im Zeitpunkt des Geschäftsabschlusses bei Kenntnis des Sachverhalts nach Treu und Glauben getroffen (BGH NJW 86, 2576; NJW 96, 2088), insb, ob sie bei Kenntnis von der Nichtigkeit einer Vertragsklausel vermutungsweise eine zulässige Regelung vereinbart hätten (BGHZ 105, 213, 220 f; BGH NJW 09, 1135 f). Ein auf Gesamtnichtigkeit gerichteter Parteiwille ist danach idR nicht anzunehmen, wenn nur ein geringer oder unwichtiger Teil des Rechtsgeschäfts nichtig ist, wenn durch den nichtigen Teil ausschließlich eine Seite begünstigt wird und sich die Gesamtnichtigkeit allein zugunsten des anderen Vertragsteils auswirken würde.

Bei sittenwidriger **Bindungsdauer** kann bloße Teilnichtigkeit (§ 138 I) eines Rechtsge- 12 schäfts in der Weise anzunehmen sein, dass das Geschäft mit einer zulässigen Dauer aufrechterhalten wird (BGHZ 68, 5; BGH WM 84, 90). Ergibt sich die Sittenwidrigkeit dag aus der **unangemessenen Höhe des Entgelts** (insb § 138 II), wird eine partielle Aufrechterhaltung abgelehnt, weil der Wucherer nicht soll risikolos in dem Bewusstsein vorgehen können, dass seine Forderung schlimmstenfalls auf das gerade noch erträgliche Maß reduziert wird (BGHZ 68, 207).

7. Wer sich auf Gesamtnichtigkeit beruft, muss die teilnichtigkeitsbegründenden Um- 13 stände sowie bei Vorliegen mehrerer Rechtsgeschäfte (Rn 6) einen Einheitlichkeitswillen der Parteien **beweisen**. Die Beweislast dafür, dass das Geschäft trotz Teilnichtigkeit nach dem Willen der Parteien auch ohne den nichtigen Teil vorgenommen worden wäre, trägt diejenige Partei, welche dieses behauptet (BGHZ 54,72; WM 86, 211).

§ 140 Umdeutung

Entspricht ein nichtiges Rechtsgeschäft den Erfordernissen eines anderen Rechtsgeschäfts, so gilt das letztere, wenn anzunehmen ist, dass dessen Geltung bei Kenntnis der Nichtigkeit gewollt sein würde.

I. Eine Umdeutung (Konversion) soll verhindern, dass die Parteien eines Rechtsge- 1 schäfts einen angestrebten **wirtschaftlichen Erfolg** nur deswegen nicht erreichen, weil sie eine **rechtlich unzulässige Gestaltung** gewählt haben, obwohl ein annähernd zum gleichen Ergebnis führender Weg offen steht (BGHZ 68, 206). In einem solchen Fall entspricht es dem mutmaßlichen Parteiwillen, auf das zulässige Ersatzgeschäft zurückzugreifen, sofern dessen Voraussetzungen erfüllt sind.

II. 1. Die Umdeutung **greift erst Platz**, wenn eine **Auslegung** gem §§ 133, 157 zu kei- 2 **nem wirksamen Rechtsgeschäft** geführt hat. Einer Anwendung des § 140 geht § 139 vor (str): Es ist also zunächst zu prüfen, ob Teilnichtigkeit zur Gesamtnichtigkeit führt. Erst danach ist das – je nach Ergebnis – insgesamt nichtige bzw als teilnichtig aufrechterhaltene Rechtsgeschäft umzudeuten.

2. Die Vorschrift erfasst **Rechtsgeschäfte** aller Art (Vor §§ 104–185 Rn 2 ff). So kön- 3 nen zB Verträge in einseitige Rechtsgeschäfte (Erbvertrag in Testament), Rechtsge-

schäfte unter Lebenden in solche von Todes wegen und umgekehrt (BGHZ 40, 224; BGH NJW 78, 423), ein Verfügungsgeschäft in ein Verpflichtungsgeschäft (und umgekehrt) umgedeutet werden (RGZ 66, 28).

4 3. Worauf die **Nichtigkeit** (vgl Vor 104–185 Rn 7) des umzudeutenden Rechtsgeschäfts beruht, ist ohne Belang. Umdeutbar sind auch zunächst schwebend, dann endgültig unwirksam gewordene oder angefochtene Rechtsgeschäfte (str), nicht aber schwebend unwirksame oder nur anfechtbare oder widerrufliche Rechtsgeschäfte. Eine Umdeutung ist ausgeschlossen, wenn wegen Dissenses kein Vertrag zustande gekommen ist (RGZ 93, 300), bei Unwirksamkeit wegen fehlender Genehmigung eines von zwei Gesamtvertretern (BGH WM 82, 156: Geschäft nicht unwirksam, sondern unvollständig), im Falle einer Nichtigkeit nach § 117 I (Spezialregelung in § 117 II) oder einer Scherzerklärung iSd § 118 (mangels Vorliegens einer umdeutungsfähigen Willenserklärung).

5 4. Das nichtige Rechtsgeschäft muss die Tatbestandsvoraussetzungen eines **anderen Geschäfts** (Ersatzgeschäfts) vollständig erfüllen. Jedoch darf das Ersatzgeschäft für die Parteien keine weiter gehenden Rechtswirkungen äußern als das von ihnen ursprünglich ins Auge gefasste (BGHZ 20, 370 f). Daher ist etwa die Umdeutung einer Anfechtung in eine Kündigung möglich (Wirkung lediglich ex nunc, kein Schadensersatz nach § 122, vgl RGZ 105, 208; BGH BB 65, 1083; BGH NJW 75, 1701), nicht aber umgekehrt. Weitere Bsp: Es kann umgedeutet werden eine Forderungsabtretung in eine Einziehungsermächtigung (BGH NJW 87, 3121; NJW-RR 03, 25), die fristlose bzw außerordentliche Kündigung eines Miet-, Pacht- oder Arbeitsvertrages in eine ordentliche, falls dies dem Willen des Erklärenden entspricht (BGHZ 156, 87; BGH NJW 81, 977; BAG NJW 88, 581 f; 02, 2973; nicht aber umgekehrt: BAG NJW 76, 592), eine ordentliche Kündigung mit falsch berechneter Frist in eine solche zum richtigen Termin (offen gelassen von OLG Frankfurt NJW-RR 90, 337), eine gem § 311 b IV nichtige Erbteilsübertragung in einen Erbverzicht (BGH NJW 74, 44), ein unwirksamer Schuldbeitritt in eine Bürgschaft (BGHZ 174, 39, 46); ein formnichtiger Scheck in eine Zahlungsermächtigung (BGHZ 147, 148), ein nichtiger Erbvertrag in einen schenkweisen Erlass (BGH NJW 78, 424).

6 5. Wäre das Ersatzgeschäft nach dem **hypothetischen Willen** der Parteien bei Kenntnis der Nichtigkeit vorgenommen worden, gilt es kraft Gesetzes (aA: BGHZ 19, 274: richterlicher Gestaltungsakt) seit dem Abschluss des umgedeuteten Geschäfts (BGHZ 40, 223). Auch für die Ermittlung des mutmaßlichen Willens kommt es auf den Zeitpunkt der Vornahme des Rechtsgeschäfts an (BGH NJW 80, 2517). Eine Umdeutung ist nicht möglich, wenn die Parteien die Nichtigkeit des ursprünglichen Geschäfts gekannt haben oder die Auslegung ihres tatsächlichen oder mutmaßlichen Willens ergibt, dass sie eine Umdeutung allg oder das konkrete Ersatzgeschäft nicht gewollt haben. Mangels enttggstehender Anhaltspunkte ist ein auf die Vornahme des Ersatzgeschäfts gerichteter hypothetischer Wille idR dann anzunehmen, wenn durch das Ersatzgeschäft annähernd der gleiche wirtschaftliche Erfolg erreicht wird wie durch das nichtige Geschäft (BGHZ 19, 273; BGH NJW 74, 45). Bei gegenseitigen Verträgen kann eine Umdeutung vorgenommen werden, wenn die Parteien bereit gewesen wären, sich mit einer qualitativen oder quantitativen Veränderung ihrer Leistungsbeziehungen abzufinden (BGH NJW 63, 340).

7 Eine **Umdeutung** ist **ausgeschlossen**, wenn nicht die gewählte rechtliche Einkleidung, sondern der **wirtschaftliche Erfolg** selbst missbilligt wird (so uU bei §§ 134, 138, vgl BGHZ 68, 207) oder wenn die Umdeutung dem Schutzzweck der nichtigkeitsbegründenden Norm zuwiderliefe.

8 6. Wer die Wirksamkeit eines Ersatzgeschäfts geltend macht, muss die Tatsachen **beweisen**, aus denen sich die Umdeutungsmöglichkeit ergibt. Bei hinreichenden Anhaltspunkten prüft das Gericht die Möglichkeit einer Umdeutung aber auch vAw (BGH NJW 63, 340).

9 III. § 140 ist auf fehlerhafte **Prozesshandlungen analog** anwendbar (BGH NJW 87, 1204), insb kann uU ein Prozessvergleich in einen außergerichtlichen materiellen Ver-

gleich (BGH NJW 85, 1963) oder ein prozessuales Anerkenntnis in ein materielles Schuldanerkenntnis (vgl OLG Düsseldorf FamRZ 83, 724) umgedeutet werden.

§ 141 Bestätigung des nichtigen Rechtsgeschäfts

(1) Wird ein nichtiges Rechtsgeschäft von demjenigen, welcher es vorgenommen hat, bestätigt, so ist die Bestätigung als erneute Vornahme zu beurteilen.
(2) Wird ein nichtiger Vertrag von den Parteien bestätigt, so sind diese im Zweifel verpflichtet, einander zu gewähren, was sie haben würden, wenn der Vertrag von Anfang an gültig gewesen wäre.

I. Ein nichtiges Rechtsgeschäft wird nicht dadurch wirksam, dass die nichtigkeitsbegründenden Umstände im Nachhinein wegfallen, die Parteien zB zur Behebung einer Sittenwidrigkeit eine Vertragsänderung vornehmen (BGH NJW 12, 1570). Es kann aber durch eine spätere **Bestätigung** (oder natürlich einen Neuabschluss) **ex nunc** Wirksamkeit erlangen. **Abs 1** stellt eine Bestätigung einer Neuvornahme gleich. **Abs 2** regelt bei Bestätigung eines Vertrages die Rechtsfolgen im Hinblick auf den wechselseitigen Leistungsaustausch. 1

Eine Sonderregelung enthält § 1315 I (Bestätigung einer **aufhebbaren Ehe**). Für die Bestätigung eines **anfechtbaren**, noch nicht angefochtenen Rechtsgeschäfts s § 144. Im Ggs zur Bestätigung beruht die **Heilung** eines formnichtigen Rechtsgeschäfts durch Erfüllung (vgl etwa §§ 311 b I 2, 518 II, 766 S 2, 2301 II sowie 15 IV 2 GmbHG) auf gesetzlicher Anordnung und setzt keinen Bestätigungswillen (Rn 4) voraus. Die **Genehmigung** eines schwebend unwirksamen Geschäft erfolgt idR durch Dritte, nicht durch die Parteien (§§ 182, 177, vgl aber auch 108 III) und wirkt ex tunc (§ 184). 2

II. 1. Worauf die **Nichtigkeit** des bestätigten Rechtsgeschäfts zurückzuführen war, ist ohne Belang (vgl BGH NJW 99, 3704 [Verweigerung einer Genehmigung]; näher § 140 Rn 4). 3

2. **Bestätigung** (Abs 1) ist eine Willenserklärung, durch die ein nichtiges Rechtsgeschäft als gültig anerkannt wird. Sie muss von demjenigen abgegeben werden, der das nichtige Rechtsgeschäft vorgenommen hat, und von einem auf die Wirksamkeit des Geschäfts gerichteten **Bestätigungswillen** getragen sein. Dies setzt zwar keine positive Kenntnis von der Nichtigkeit, zumindest aber Zweifel an der Gültigkeit des vorgenommenen Geschäfts voraus (BGHZ 129, 377; 138, 348; BGH NJW-RR 03, 770). Der Bestätigungswille kann ausdrücklich oder konkludent dadurch zum Ausdruck gebracht werden, dass sich die Parteien „auf den Boden" der früheren Vereinbarung „stellen" (BGH NJW 82, 1981), so zB durch Erfüllungshandlungen (BGH WM 83, 232), Vertragsänderungen (BGH NJW 82, 1981), durch Prozessverhalten oder möglicherweise durch Weiterbenutzung einer verkauften Sache nach Anfechtung (näher BGH NJW 71, 1800). 4

3. Die Bestätigung ist als **Neuvornahme** anzusehen, ohne dass der Inhalt des nichtigen Geschäfts noch einmal vollständig zum Ausdruck gebracht werden muss; eine Bezugnahme darauf genügt. Jedoch müssen die Wirksamkeitsvoraussetzungen des zu bestätigenden Geschäfts vorliegen; so etwa ein Zugang bei empfangsbedürftigen Willenserklärungen oder bei Verträgen eine Einigung. Die Bestätigung eines formbedürftigen Geschäfts kann nur in der vorgeschriebenen Form (allerdings bereits durch entspr Hinweis in der Bestätigungsurkunde, BGH NJW 99, 3705) erfolgen, und zwar auch dann, wenn die Unwirksamkeit auf anderen Gründen als der Nichteinhaltung der Form beruhte (BGH NJW 85, 2579). Liegen die nichtigkeitsbegründenden Umstände weiter vor (zB Gesetzes- oder Sittenwidrigkeit), ist keine Bestätigung möglich (BGHZ 60, 107 f; BGH NJW 82, 1982). 5

4. Das bestätigte Geschäft entfaltet seine **Wirkungen** grds erst **ex nunc**. Wird jedoch ein Vertrag bestätigt, vermutet **Abs 2**, dass die Parteien konkludent eine **schuldrechtliche Rückwirkungsvereinbarung** eingehen, sich also gegenseitig die Leistungen gewähren wollen, zu denen sie bei Gültigkeit des Vertrages von Anfang an verpflichtet gewesen wären. Um diese Rechtsfolge zu vermeiden, müssen die Parteien einen entggstehen- 6

den Willen eindeutig zum Ausdruck bringen. Die Wirksamkeit von Zwischenverfügungen bleibt unberührt.

7 5. Der Anfechtende trägt die **Beweislast** für den jeweiligen Anfechtungsgrund und damit für die Entstehung eines Anfechtungsrechts; der Anfechtungsgegner beweist, dass die Anfechtungsfrist (etwa wegen eines früheren Fristbeginns) bereits abgelaufen und das Recht damit wieder erloschen ist.

§ 142 Wirkung der Anfechtung

(1) Wird ein anfechtbares Rechtsgeschäft angefochten, so ist es als von Anfang an nichtig anzusehen.
(2) Wer die Anfechtbarkeit kannte oder kennen musste, wird, wenn die Anfechtung erfolgt, so behandelt, wie wenn er die Nichtigkeit des Rechtsgeschäfts gekannt hätte oder hätte kennen müssen.

1 I. Die Vorschrift bestimmt die **Rechtsfolgen** einer **Anfechtung** (§§ 119, 120, 123). In Abs 1 wird das Rechtsgeschäft bei Anfechtung rückwirkend für nichtig erklärt (rechtshindernde Einwendung). Mit dieser Rechtsfolgenorm hat jede Anfechtungsprüfung zu beginnen. Abs 2 stellt im Hinblick auf die Bösgläubigkeit eines Rechtserwerbers die Anfechtbarkeit nach erfolgter Anfechtung der Nichtigkeit gleich (Rn 8).

2 II. 1. Ob ein **Rechtsgeschäft** (Vor §§ 104–185 Rn 1, zu geschäftsähnlichen Handlungen s Vor §§ 104–185 Rn 11) **anfechtbar** ist, ergibt sich aus den Vorschriften über die Anfechtungsgründe (§§ 119, 120, 123, 2078 f). Auch nichtige Rechtsgeschäfte können angefochten werden, weil Nichtigkeits- und Anfechtungsvoraussetzungen nicht übereinstimmen und diese möglicherweise in der Praxis leichter beweisbar sind. Zur Teilanfechtung s § 139 Rn 8; ob das teilangefochtene Rechtsgeschäft vollständig oder nur teilweise nichtig wird, richtet sich nach § 139 (BGH DNotZ 84, 685 f).

3 2. Nichtigkeit tritt ein, wenn das anfechtbare Rechtsgeschäft innerhalb der maßgeblichen Anfechtungsfrist (§§ 121, 124, 318 II 2, 2082, 2283) wirksam **angefochten** wurde (näher § 143). Anfechtungsberechtigt ist, wer die auf einem Willensmangel beruhende Erklärung abgegeben hat (Irrender, Getäuschter, Bedrohter, vgl aber auch die Ausn in §§ 166 I, 318 II 1, 2080, 2285). Bis zu einer Anfechtung ist das betr Geschäft vollgültig, so dass der anfechtungsberechtigte Schuldner seine Verpflichtung erfüllen muss, ohne sich auf ein Leistungsverweigerungsrecht berufen zu können. Wegen der potentiellen Nichtigkeit wird allerdings mithaftenden Dritten eine Einrede der Anfechtbarkeit zugestanden (§§ 770 I, 1137, 1211 sowie 129 II, 130 I, 161 II, 176 HGB).

4 Trotz Vorliegens eines Anfechtungsgrundes kann eine **Anfechtung ausgeschlossen** sein, so bei vorherigem vertraglichen Verzicht, einer Bestätigung (§ 144), Verwirkung (Vor §§ 194–225 Rn 4) oder allg nach Treu und Glauben (§ 242), etwa wenn der Getäuschte aus der Täuschung keinen Nachteil erlitten (vgl BGH WM 83, 1056) oder sogar Vorteile erlangt hat oder wenn bei Dauerschuldverhältnissen der Anfechtungsgrund wegen der zwischenzeitlich verstrichenen Zeit bedeutungslos geworden ist (BAG NJW 70, 1566).

5 3. Die Anfechtung führt idR zur **rückwirkenden Nichtigkeit** (ex tunc) des Rechtsgeschäftes. Dies gilt auch bei Anfechtung eines Mietvertrages nach Überlassung der Mietsache (BGHZ 178, 16, 27). Das Rechtsgeschäft ist also so zu behandeln, als wäre es nie wirksam gewesen. Die wirksam erfolgte Anfechtung kann nicht widerrufen, wohl aber ihrerseits angefochten werden (vgl BayObLG MDR 80, 492). Bleibt bei einer Anfechtung des Verpflichtungsgeschäfts das Verfügungsgeschäft wirksam, erfolgt eine Rückabwicklung über § 812 I 1, 1. Fall. Wird auch das Erfüllungsgeschäft angefochten (Vor §§ 104–185 Rn 10; § 139 Rn 7), ist ein etwaiger Sachschuldner Eigentümer geblieben und kann die Sache auch nach § 985 herausverlangen.

6 Bei **Arbeitsverträgen** führt die Anfechtung nur zu einer Vertragsbeendigung für die Zukunft (ex nunc), da eine Abwicklung der bereits erbrachten Arbeitsleistungen und Lohnzahlungen praktisch nicht durchzuführen ist. Bei **Gesellschaftsverträgen** wird die

Rückwirkung einer Anfechtung durch die Grundsätze über die fehlerhafte Gesellschaft verdrängt (vgl § 119 Rn 2).
Nach erfolgter Anfechtung können **Schadensersatzansprüche** gegen den Anfechtenden aus §§ 122, 280 I, 311 II oder § 826 bestehen (vgl § 122 Rn 5). 7

4. Werden **Verfügungsgeschäfte** (Vor §§ 104–185 Rn 4) angefochten, entfällt damit rückwirkend ein wirksamer Erwerb des Verfügungsempfängers, so dass dieser bei einer zwischenzeitlichen Weiterveräußerung aus nachträglicher Sicht als Nichtberechtigter erscheint. Der nichtberechtigte Erwerber kann dann seinerseits Forderungen und gleichgestellte Rechte (§ 413) grds überhaupt nicht, dingliche Rechte nur nach Maßgabe der Vorschriften über den gutgläubigen Erwerb vom Nichtberechtigten gem §§ 932 ff, 892 f, 1138, 1155, 1207 f, 1244 auf einen Dritten weiterübertragen. Die genannten Vorschriften machen einen Erwerb des Dritten von dessen Gutgläubigkeit im Hinblick auf die Berechtigung des Veräußernden abhängig; da dieser aber zum Zeitpunkt der Weiterveräußerung – also vor erfolgter Anfechtung – noch als Berechtigter handelte, würde der Dritte immer gutgläubig erworben haben. Damit würde der Verkehrsschutz über Gebühr ausgedehnt, wenn der Dritte hinsichtlich der Anfechtbarkeit des früheren Verfügungsgeschäfts bösgläubig war und folglich mit einer potentiellen Nichtberechtigung seines Vertragspartners rechnen musste. Daher stellt **Abs 2 den bösen Glauben** des Dritten **bzgl der Anfechtbarkeit** des später angefochtenen Geschäfts einem Kennen oder Kennenmüssen der Nichtigkeit gleich. Wann Bösgläubigkeit vorliegt (Kenntnis oder auch grob fahrlässige Unkenntnis?) entscheidet die jeweils anwendbare Gutglaubensvorschrift (vgl BGH NJW-RR 87, 1457). 8

Bei späterer Anfechtung eines **Verpflichtungsgeschäfts** verschärft Abs 2 die **Haftung des Bereicherungsschuldners** iR von §§ 819, 818 IV. 9

§ 143 Anfechtungserklärung

(1) Die Anfechtung erfolgt durch Erklärung gegenüber dem Anfechtungsgegner.
(2) Anfechtungsgegner ist bei einem Vertrag der andere Teil, im Falle des § 123 Abs. 2 Satz 2 derjenige, welcher aus dem Vertrag unmittelbar ein Recht erworben hat.
(3) ¹Bei einem einseitigen Rechtsgeschäft, das einem anderen gegenüber vorzunehmen war, ist der andere der Anfechtungsgegner. ²Das Gleiche gilt bei einem Rechtsgeschäft, das einem anderen oder einer Behörde gegenüber vorzunehmen war, auch dann, wenn das Rechtsgeschäft der Behörde gegenüber vorgenommen worden ist.
(4) ¹Bei einem einseitigen Rechtsgeschäft anderer Art ist Anfechtungsgegner jeder, der auf Grund des Rechtsgeschäfts unmittelbar einen rechtlichen Vorteil erlangt hat. ²Die Anfechtung kann jedoch, wenn die Willenserklärung einer Behörde gegenüber abzugeben war, durch Erklärung gegenüber der Behörde erfolgen; die Behörde soll die Anfechtung demjenigen mitteilen, welcher durch das Rechtsgeschäft unmittelbar betroffen worden ist.

I. In Ergänzung des § 142 bestimmt die Vorschrift, **auf welche Weise** (Abs 1) und **wem ggü** (Abs 1–4) die Anfechtung vorzunehmen ist. Sonderregelungen enthalten §§ 1955, 2081, 2282, 2308 II. 1

II. 1. Die **Anfechtungserklärung** ist eine einseitige, empfangsbedürftige Willenserklärung, die innerhalb einer bestimmten Anfechtungsfrist von dem Anfechtungsberechtigten (§ 142 Rn 3) abgegeben worden sein muss. Sie unterliegt selbst dann keinem Formerfordernis, wenn das angefochtene Rechtsgeschäft seinerseits formbedürftig war. Die Erklärung muss zum Ausdruck bringen (§§ 133, 157), dass der Erklärende an dem Rechtsgeschäft nicht festhalten will. Einer Verwendung des Fachterminus „Anfechtung" bedarf es nicht (BGHZ 88, 245; 91, 331; OLG Hamm NJW 04, 2601). Die Angabe eines Anfechtungsgrundes ist nicht erforderlich, jedoch muss aus der Erklärung hervorgehen, dass das Rechtsgeschäft wegen eines Willensmangels nicht gelten soll (vgl BGHZ 88, 245; 91, 332). 2

3 Die Ausübung des Anfechtungsrechts ist **bedingungsfeindlich** (s § 158 Rn 4). Zulässig ist aber eine Eventualanfechtung für den Fall, dass das im Streit stehende Rechtsgeschäft gültig sein sollte oder nicht den behaupteten Inhalt hat (BGH NJW 68, 2099).

4 2. Die Anfechtungserklärung muss ggü dem **Anfechtungsgegner**, bei Verträgen ggü dem Vertragspartner (**Abs 2 1. Halbs**), bei mehreren Vertragspartnern allen ggü (BGHZ 96, 309 f) erklärt werden. Auch nach einer Vertragsübernahme soll die Anfechtung durch den Übernehmenden (BGHZ 96, 310; krit Dörner NJW 86, 2916 ff) ebenso wie durch die im Vertrag verbleibende Partei (BGHZ 137, 260) ggü allen Beteiligten abgegeben werden müssen. Täuscht bei einem Vertrag zugunsten Dritter (§ 328) der Versprechensempfänger und kann der Promittent nach der Sonderregel des § 123 II 2 auch dem Dritten ggü anfechten, ist dieser Dritte auch Anfechtungsgegner (**Abs 2 2. Halbs**).

5 Anfechtungsgegner bei **einseitigen, empfangsbedürftigen Rechtsgeschäften** ist grds der Erklärungsempfänger (**Abs 3 S 1**). Kann eine Erklärung wahlweise ggü einem andern oder einer Behörde ggü abgegeben werden (vgl § 875 I 2: Löschungserklärung; § 876 S 3: Zustimmung zur Aufhebung eines belasteten Rechts; § 1183 S 2: Zustimmung zur Aufhebung einer Hypothek), ist sie auch dann durch Erklärung ggü der sachlich beteiligten Person anzufechten, wenn sie zuvor an die Behörde gerichtet worden war (**Abs 2 S 2**).

6 Bei **einseitigen, nicht empfangsbedürftigen** Rechtsgeschäften (Dereliktion, Auslobung) ist Anfechtungsgegner jeder, der aus der Erklärung ein Recht herleitet (**Abs 4 S 1**).

7 Amtsempfangsbedürftige Rechtsgeschäfte können ggü der Behörde oder ggü dem durch das Rechtsgeschäft unmittelbar Betroffenen angefochten werden (**Abs 4 S 2 Halbs 1**). Wird die Anfechtung ggü der Behörde erklärt, soll sie dem sachlich Betroffenen davon Mitteilung machen (**Abs 4 S 2 Halbs 2**); Wirksamkeitsvoraussetzung für die Anfechtung ist eine solche Mitteilung jedoch nicht.

§ 144 Bestätigung des anfechtbaren Rechtsgeschäfts

(1) Die Anfechtung ist ausgeschlossen, wenn das anfechtbare Rechtsgeschäft von dem Anfechtungsberechtigten bestätigt wird.
(2) Die Bestätigung bedarf nicht der für das Rechtsgeschäft bestimmten Form.

1 I. Bestätigung ist der einseitige Verzicht des Anfechtungsberechtigten auf sein Anfechtungsrecht und damit eine gesetzlich geregelte Erscheinungsform des **Anfechtungsausschlusses** (§ 142 Rn 4). Sie bezieht sich also – anders als die nach einer Anfechtung eingreifende § 141 – auf ein wirksames Rechtsgeschäft. Sonderregeln: § 1315 I Nr 4; § 15 IV LPartG.

2 II. 1. Bestätigung ist eine formfreie (s Abs 2), **nicht empfangsbedürftige Willenserklärung**, in der ausdrücklich oder konkludent, jedoch eindeutig zum Ausdruck kommt, dass der Anfechtungsberechtigte (§ 142 Rn 3) an dem anfechtbaren Rechtsgeschäft (§ 142 Rn 2) trotz Anfechtbarkeit festhalten will (BGHZ 110, 222; BGH NJW 10, 3362 Nr 37). Dem Bestätigenden muss bewusst sein, dass das Rechtsgeschäft – zumindest möglicherweise – anfechtbar ist (RGZ 128, 119); allerdings reicht aus, wenn er bei pflichtgemäßer Sorgfalt hätte erkennen können, dass sein Verhalten als Bestätigung aufgefasst werden konnte. Eine andere Deutung der Erklärung oder des Verhaltens muss ausgeschlossen sein (strenge Maßstäbe bei schlüssigem Verhalten). Bei einem teilbaren Rechtsgeschäft kann die Bestätigung auf lediglich einen Teil, bei mehreren Anfechtungsgründen auf einzelne Gründe beschränkt werden.

3 2. Die Bestätigung führt zum **Verlust des Anfechtungsrechts** (Abs 1). Bestätigt nur einer von mehreren Anfechtungsberechtigten, ist ihm allein eine Anfechtung verwehrt.

Titel 3
Vertrag

Vorbemerkung zu §§ 145–157

I. 1. Das wichtigste Instrument bei der Gestaltung der privaten Lebensverhältnisse durch Rechtsgeschäft (Vor §§ 104–185 Rn 1) ist der **Vertrag**. Er besteht aus inhaltlich übereinstimmenden Willenserklärungen (Antrag und Annahme) idR zweier Rechtssubjekte (BGHZ 149, 133); daneben sind aber auch Verträge unter Mitwirkung von drei oder mehr Personen denkbar (Vor §§ 104–185 Rn 3). Der Konsens muss sich zumindest auf die an den Vertrag beteiligten Parteien, den Vertragsgegenstand sowie den Vertragstyp beziehen (essentialia negotii, vgl auch § 119 Rn 8). Der Vertragsinhalt ist durch Auslegung (§§ 133, 157) zu ermitteln. Neben der Willensübereinstimmung verlangt das Gesetz verschiedentlich zur Wirksamkeit eines Vertrages die Erfüllung weiterer Voraussetzungen, so zB die Einhaltung einer Form (vgl § 125) oder die Vornahme eines Realakts (vgl § 929: Übergabe der Sache). Der Abschluss eines wirksamen Vertrages (§§ 145–156) führt zu einer rechtlichen Bindung der daran Beteiligten. Verträge werden auf allen Rechtsgebieten geschlossen; dementspr sind im Bereich des BGB schuld- (zB Kauf, Miete), sachen- (zB Übereignung, Begr und Übertragung beschränkter dinglicher Rechte), familien- (zB Eheschließung, Ehevertrag) oder erbrechtliche Verträge (zB Erbvertrag, Erbverzicht) anzutreffen.

2. Die Vorstellung, im modernen Massenverkehr könne ein Vertrag auf Lieferung von Versorgungsleistungen (zB Elektrizität, Wasser, Gas) oder Benutzung öffentlicher Verkehrsmittel nicht durch Willenserklärungen, sondern aufgrund **soziotypischen Verhaltens** (dh durch bloße Inanspruchnahme) zustande kommen (vgl etwa BGHZ 21, 333; 23, 258 ff), hat sich – weil im Widerspruch zu den Grundprinzipien des BGB stehend – nicht durchgesetzt. Vielmehr lassen sich die hier auftauchenden Probleme durchaus mit den Instrumenten der Rechtsgeschäftslehre bewältigen: Wer eine üblicherweise iR von Verträgen gegen Entgelt erbrachte Leistung in Anspruch nimmt (etwa: Entnahme von Wasser oder Strom aus öffentlichen Netzen), erklärt konkludent die Annahme einer Offerte ad incertas personas (BGHZ 115, 314; BGH NJW 03, 3131; vgl auch § 145 Rn 6 insb zur Rechtslage bei Inanspruchnahme öffentlicher Verkehrsmittel). Stellt der Benutzer ausdrücklich klar, dass er keinen Vertragsabschluss wünscht, kann nach dem objektiven Gehalt dieser Erklärung auch kein Vertrag zustande kommen (aA hM: Unbeachtlichkeit wegen widersprüchlichen Verhaltens [protestatio facto contraria], vgl BGHZ 95, 399). Stattdessen werden die für diesen Fall vorgesehenen gesetzlichen und ggf vertraglichen Rechtsfolgen ausgelöst (§§ 823 ff, 812 ff, uU Bußgeld oder Vertragsstrafe). Ein Vertragsabschluss mit Minderjährigen dürfte idR gem § 110 wirksam sein.

3. Rechtssubjekte entscheiden grds frei darüber, ob und mit wem sie einen Vertrag schließen, ob sie ihn wieder aufheben und wie sie ihn inhaltlich ausgestalten wollen; die **Vertragsfreiheit** in ihren Erscheinungsformen der Abschluss-, Aufhebungs- und Inhaltsfreiheit ist neben der Eigentums- und Testierfreiheit Grundelement der Privatautonomie (Vor §§ 104–185 Rn 1). Allerdings wird Vertragsfreiheit von der Rechtsordnung nicht schrankenlos gewährt.

Einschränkungen der Abschlussfreiheit sind in gesetzlichen Vorschriften enthalten, die einen Vertragsübergang anordnen (§§ 566 I, 613 a), einen einseitigen Vertragseintritt ohne Zustimmung der Gegenseite ermöglichen (§ 398), einem Gericht die zwangsweise Begr von Vertragsbeziehungen gestatten („diktierter Vertrag", vgl § 1568 a V) oder eine Abschlussverpflichtung vorsehen. Beispiele für diese letzte Fallgruppe (**Kontrahierungszwang**) finden sich im Recht der Strom- und Wasserversorgung (EnWG), der Personenbeförderung (PBefG) oder im Recht der privaten Pflichtversicherung (zB PflichtVersG), näher Kilian AcP 180, 53 ff. Eine vordringende Auffassung (vgl nur Wolf/Neuner § 48 Rn 13 ff; Bydlinski AcP 180, 41) bejaht darüber hinaus in Rechtsanalogie zu diesen Bestimmungen und unter Berufung auf das Sozialstaatsprinzip (Art 20 I GG) einen weiter gehenden Kontrahierungszwang für Unternehmen, die Grundgüter des Lebensbedarfs anbieten und eine faktische Monopolstellung besitzen (Krankenhäuser

[BGH NJW 90, 762], Schwimmbäder, Bibliotheken, Museen usw); in diesen Fällen soll ein Vertragsschluss nur aus sachlichen Gründen verweigert werden dürfen. Ein mittelbarer Kontrahierungszwang ergibt sich aus § 826, wenn die Ablehnung eines Vertragsschlusses sich als sittenwidrige Schädigung darstellt und der Vertragsschluss als Naturalrestitution (§ 249) verlangt werden kann, so im Falle eines Missbrauchs von Monopol- oder Machtstellungen (vgl BGHZ 63, 384: Aufnahmepflicht eines Vereins). Auch bei Diskriminierungen iSd § 1 AGG kann sich ein mittelbarer Kontrahierungszwang aus der Schadensersatzverpflichtung des § 21 I AGG ergeben. Zu mittelbaren Abschlusspflichten marktbeherrschender Unternehmen s §§ 19 ff GWB.

5 **Einschränkungen der Inhaltsfreiheit** ergeben sich aus allg Regelungsprinzipien des BGB (etwa: Typenzwang und numerus clausus der Sachenrechte) oder aus zwingenden Bestimmungen des positiven Rechts, so zB aus den §§ 134, 138 oder den zum Schutze der schwächeren Partei geschaffenen Bestimmungen des Verbraucherschutz- oder Arbeitsrechts.

6 **4.** Je nachdem, ob der Vertrag nur für einen oder für beide Vertragspartner eine Leistungsverpflichtung schafft, spricht man von **einseitig** (Schenkung, Bürgschaft) oder **zweiseitig verpflichtenden Verträgen** (nicht zu verwechseln mit dem einseitigen Rechtsgeschäft, vgl Vor §§ 104–185 Rn 3). Die Verpflichtungen aus zweiseitig verpflichtende Verträgen können inhaltlich in der Weise aufeinander bezogen sein, dass jede Partei ihre Leistung gerade deswegen verspricht, um die Gegenleistung zu erhalten (synallagmatische oder **gegenseitige Verträge**); in diesem Fall gelten die Sonderregeln der §§ 320 ff (zB für Kauf, Tausch, Miete, Dienst- und Werkvertrag). Bei **schlicht** (oder unvollkommen) **zweiseitigen Verträgen** (etwa: Leihe, Auftrag, unentgeltliche Verwahrung) besteht einer derart enge Verknüpfung zwischen den beiderseitigen Leistungspflichten nicht.

7 **II.** Den Abschluss eines Vertrages muss **beweisen**, wer sich darauf beruft. Ist str, ob ein Vertrag unbedingt oder unter einer aufschiebenden Bedingung geschlossen wurde, trägt die Beweislast für einen unbedingten Vertragsschluss ebenfalls diejenige Partei, welche sich darauf beruft (BGH NJW 02, 2863).

§ 145 Bindung an den Antrag

Wer einem anderen die Schließung eines Vertrags anträgt, ist an den Antrag gebunden, es sei denn, dass er die Gebundenheit ausgeschlossen hat.

1 **I.** Durch § 145 wird ein **Antrag auf Abschluss eines Vertrages** (Rn 2 ff) mit **Bindungswirkung** (Rn 8) versehen. Danach ist es dem Antragenden regelmäßig für einen begrenzten Zeitraum (§§ 147, 148) verwehrt, seinen Antrag zu widerrufen. Die Vorschrift bezweckt den Schutz des Empfängers, der bei seiner Entscheidung über die Annahme des Angebots nicht die Möglichkeit einer Willensänderung des Antragenden soll einkalkulieren müssen. Allerdings räumt die Vorschrift dem Offerenten die Möglichkeit ein, seine Bindung an den Antrag auszuschließen (Rn 7).

2 **II. 1.** Der **Antrag auf Schließung eines Vertrages** (Angebot, Offerte) stellt als Bestandteil des zweiseitigen Rechtsgeschäfts „Vertrag" (Vor §§ 145–157 Rn 1) eine **empfangsbedürftige Willenserklärung** dar, die mit Zugang wirksam wird (§ 130). Bestehen keine Formvorschriften, kann das Angebot auch durch schlüssiges Verhalten erfolgen, zB durch Bereitstellen von Waren oder Leistungen („Realofferte", vgl BGH NJW 05, 3637).

3 Der Antrag muss **inhaltlich** so **bestimmt** oder zumindest bestimmbar sein, dass das nach dem Empfängerhorizont ausgelegte (§ 133 Rn 8) Angebot durch ein zust „Ja" angenommen werden kann. Bei einem im BGB vertypten Vertrag muss der Antrag daher zumindest die wesentlichen Vertragspunkte (essentialia negotii, vgl § 154 Rn 2), bei einem atypischen Vertrag muss er eine sinnvolle und verständliche Regelung erkennen lassen. Dabei reicht es aus, dass der Antrag durch eine gesetzliche Regelung (etwa §§ 612, 632) oder die Bestimmung einer Vertragspartei oder eines Dritten (§§ 315–319) ergänzt wird oder eine Wahlschuld (§§ 262 ff) vorliegt. Das Angebot kann an je-

dermann gerichtet werden, der es unter den in ihm enthaltenen Bedingungen annehmen will (Offerte ad incertas personas, vgl Rn 6). Der Antragende kann den Antrag aber auch auf einen bestimmten Personenkreis beschränken (vgl KG NJW-RR 03, 1360: Angebot der Spielbank auf Abschluss eines Spielvertrages beschränkt auf solche Personen, die keiner sog „Selbstsperre" unterliegen).

Der Antrag muss mit **Rechtsbindungswillen** des Anbietenden abgegeben werden. Die 4 Abgrenzung zwischen einem verbindlichen Antrag und bloßen Mitteilungen im vorvertraglichen Stadium erfolgt im Wege der Auslegung (Empfängerhorizont, vgl § 133 Rn 8). Ein Rechtsbindungswille wird idR fehlen, wenn der Anrufer bei einer „Bestell-Hotline" die detaillierten Vertragsbedingungen des Anbieters noch nicht kennt (BGHZ 160, 396). Zu den vorbereitenden Erklärungen gehört insb die (häufig an einen unbestimmten Personenkreis gerichtete) Aufforderung, einen Antrag abzugeben (invitatio ad offerendum). Dafür ist charakteristisch, dass der Anbieter den Willen hat, seine Vorräte, Terminplanung oder den potentiellen Kunden zunächst zu überprüfen, bevor er eine vertragliche Bindung eingeht und sich dadurch möglicherweise – bei Nichterfüllung – Schadensersatzforderungen aussetzt.

So sollen zB **Zeitungsinserate**, Kataloge, Preislisten, Ankündigungsplakate, Speisekar- 5 ten sowie Warenpräsentationen im Fernsehen und Internet (vgl Köhler NJW 98, 185) einen Kunden lediglich veranlassen, selbst einen Vertragsantrag in Gestalt einer Bestellung abzugeben. Im **Werbematerial** enthaltene Aussagen, die vom Anbieter nicht revidiert werden, können aber die Beschaffenheit des Vertragsgegenstands festlegen oder eine Nebenpflicht des Verkäufers konkretisieren und dadurch bei einem späteren Vertragsschluss zum Vertragsinhalt werden. **Schaufensterauslagen** stellen – trotz der nach der PreisangabenVO erforderlichen verbindlichen Preisangabe – ebenfalls nur eine invitatio ad offerendum dar, da der Anbieter die Ware iZw erst nach Ende der Präsentation verkaufen will (hM).

Einen schlüssigen Antrag enthält dag die **Zusendung unbestellter Ware**, weil der Ver- 6 käufer Vertragsgegenstand und -partner bereits hinreichend konkretisiert hat (hM, vgl aber auch § 241 a). Entspr gilt für **Auslagen im Selbstbedienungsladen**; das Angebot des Verkäufers bezieht sich aber iZw nur auf die im Regal noch vorrätigen Waren und wird durch den Käufer durch Vorlage des ausgesuchten Gegenstandes an der Kasse angenommen (str, nach aA Antrag durch Vorlage an der Kasse, Annahme durch Feststellen des Rechnungsbetrages; offengelassen von BGHZ 66, 55 f). Bei fehlerhafter Preisauszeichnung muss der Verkäufer den Vertrag anfechten (§ 119 I 2. Fall). Im **Aufstellen von Warenautomaten** sowie in der **Freigabe von Zapfsäulen** an Selbstbedienungstankstellen liegt ein konkludentes Angebot ad incertas personas, in beiden Fällen allerdings nur unter der dreifachen Bedingung, dass Ware vorhanden ist, der Mechanismus funktioniert und der Automat ordnungsgemäß bedient wird. In der Bedienung durch den Kunden liegt gleichzeitig die Annahme des Antrags. **Verkehrsbetriebe** (Bahn, Bus, Straßenbahn) offerieren ihre Leistung idR durch Verkauf einer Fahrkarte am Schalter oder durch einen Automaten; diese wird dann durch den Passagier durch Entwerten des Tickets oder Einstieg in das Verkehrsmittel konkretisiert und angenommen. Zum Abschluss von Kaufverträgen durch Freischaltung einer Internetseite und Abgabe eines Höchstgebots iR sog Internetauktionen: BGHZ 149, 134; vgl auch KG NJW 02, 1583; Wenzel NJW 02, 1551. Zum sog Vertragsabschluss durch soziotypisches Verhalten vgl Vor §§ 145–157 Rn 2.

2. Als negatives Tatbestandsmerkmal setzt die Vorschrift voraus, dass der Antragende 7 seine Bindung an den Antrag **nicht** durch einen Widerrufsvorbehalt (etwa: „Zwischenverkauf vorbehalten") **ausgeschlossen** hat. Durch Auslegung ist dann zu ermitteln, ob ein solcher Widerruf nur bis zum Zugang der Annahmeerklärung oder auch noch unverzüglich danach soll erklärt werden dürfen. Kein Antrag mit Bindungsausschluss, sondern überhaupt kein Antrag liegt vor, wenn der Antragende lediglich eine invitatio ad offerendum (Rn 4) abgeben will (so möglicherweise bei einem Angebot „freibleibend" oder „ohne Obligo"). Denkbar ist auch, dass der Antragende zwar einen verbindlichen Antrag abgibt, den Inhalt seiner Vertragspflicht aber durch Vereinbarung eines vertraglichen Rücktrittsrechts, durch eine Einschränkung seiner Beschaffungspflicht nach § 276 („Selbstlieferung vorbehalten") oder durch ein Leistungsbestimmungsrecht nach § 315 („Preis freibleibend") beschränkt.

8 3. Mit Zugang des Antrags (§ 130 I 1) tritt eine **Bindung des Antragenden** ein. Ändern sich danach in unvorhergesehener Weise die geschäftswesentlichen Umstände, kann es dem Empfänger nach Treu und Glauben verwehrt sein, sich auf die Bindungswirkung zu berufen (OLG Düsseldorf OLGZ 91, 90).

9 Spätestens mit Einsetzen der Bindung entsteht ein **vorvertragliches Vertrauensverhältnis** mit beiderseitigen Sorgfaltspflichten, deren Verletzung eine Haftung aus §§ 280 I, 311 II begründen kann. Darüber hinaus erhält der Antragsempfänger bei schuldhafter Zerstörung des Vertragsgegenstands durch den Offerenten **analog** § 160 einen Schadensersatzanspruch auf das positive Interesse (str).

10 Nach Eintritt der Bindungswirkung liegt es in der Hand des **Antragsempfängers**, ob er den Vertrag perfekt machen will oder nicht. Ob die Rechtsstellung des Empfängers vor Annahme übertragbar (§§ 413, 398), pfändbar (§§ 857, 851 I ZPO) und vererblich (§ 1922 I) sein soll, muss durch Auslegung des Antrags ermittelt werden.

11 III. Vor Abgabe eines Antrags bzw einer Annahme kann eine vertragliche Bindung einer oder beider Parteien kraft Vertragsfreiheit bereits aufgrund eines **Vorvertrags** bestehen. Darin übernehmen die Parteien die Verpflichtung zum Abschluss eines Vertrages zu einem späteren Zeitpunkt (vgl BGHZ 102, 388). Voraussetzung für die Wirksamkeit eines Vorvertrages ist allerdings, dass die Parteien über alle wesentlichen Punkte des späteren Hauptvertrages Einigkeit erzielt haben und sein Inhalt zumindest bestimmbar ist (BGH NJW 90, 1233).

12 Die Beteiligten können einer Partei auch das Recht einräumen, einen Vertrag durch Ausübung eines Gestaltungsrechts (**Option**) perfekt zu machen. Das ist zB dann der Fall, wenn vertragliche Absprachen unter der aufschiebenden (Potestativ-)Bedingung (vgl § 158 Rn 5) getroffen werden, dass sich die berechtigte Partei zur Vertragsdurchführung entschließt (näher Wolf/Neuner § 36 Rn 6).

§ 146 Erlöschen des Antrags

Der Antrag erlischt, wenn er dem Antragenden gegenüber abgelehnt oder wenn er nicht diesem gegenüber nach den §§ 147 bis 149 rechtzeitig angenommen wird.

1 I. Die Vorschrift nennt die beiden wichtigsten **Gründe** für das **Erlöschen eines Antrags**, nämlich die Ablehnung (Rn 2) und die gem §§ 147 ff nicht rechtzeitige Annahme. Daneben kann ein Antrag erlöschen durch Ausübung eines vorbehaltenen Widerrufs (vgl § 145 Rn 7), uU bei Tod des Antragstellers (§ 153 Rn 4) sowie bei einer Versteigerung nach § 156 S 2 (vgl dort Rn 3).

2 II. 1. Die **Ablehnung** ist eine empfangsbedürftige Willenserklärung (§ 130 Rn 1) und ein einseitiges Rechtsgeschäft (§§ 104–185 Rn 3). Ein beschränkt Geschäftsfähiger kann – da der Wegfall der Rechtsstellung des Antragsempfängers (§ 145 Rn 10) rechtlich nachteilhaft ist – eine Offerte nur mit Einwilligung des gesetzlichen Vertreters ablehnen (§ 111). Steht der Antragsempfänger unter Kontrahierungszwang (zB § 5 II PflVersG) oder ist er vertraglich zum Abschluss verpflichtet, ist seine Ablehnung unwirksam. Die Ablehnung kann konkludent erfolgen; sie ist auch dann formfrei, wenn die Annahme einer Form unterliegt. Eine nicht vorbehaltlose Annahme gilt als Ablehnung (§ 150 II).

3 2. Die Annahme erfolgt **nicht rechtzeitig**, wenn sie erst nach Ablauf der vom Antragsteller bestimmten (§ 148) oder der gesetzlichen (§ 147) Annahmefrist zugeht.

4 3. Mit dem **Erlöschen** des Antrags entfällt nicht nur seine Bindungswirkung; der Antrag wird vielmehr hinfällig und kann nicht mehr angenommen werden (BGH NJW-RR 94, 1164).

§ 147 Annahmefrist

(1) ¹Der einem Anwesenden gemachte Antrag kann nur sofort angenommen werden. ²Dies gilt auch von einem mittels Fernsprechers oder einer sonstigen technischen Einrichtung von Person zu Person gemachten Antrag.
(2) Der einem Abwesenden gemachte Antrag kann nur bis zu dem Zeitpunkt angenommen werden, in welchem der Antragende den Eingang der Antwort unter regelmäßigen Umständen erwarten darf.

I. Die Bindung des Antragenden an seinen Antrag (§ 145) ist für ihn risikobehaftet, 1 weil der Empfänger dadurch die Möglichkeit erhält, die Marktentwicklung abzuwarten und somit auf Kosten des Antragenden zu spekulieren. Dieses Risiko wird durch die **zeitliche Begrenzung** der **Bindung** reduziert (§ 146, 2. Fall). Wenn der Antragende die Bindungsfrist nicht selbst bestimmt hat (§ 148), richtet sich die Fristbestimmung nach § 147 I u II.

II. 1. Die **Annahme eines Vertragsangebots** als zweiter Bestandteil des Rechtsgeschäfts 2 „Vertrag" ist ebenso wie der Antrag (vgl § 145 Rn 2) eine **empfangsbedürftige Willenserklärung** (Ausn: §§ 151, 152). Sie muss die vorbehaltlose (sonst: § 150 II) Zustimmung des Annehmenden zum Antrag des Offerenten erkennen lassen und kann – falls keine Formbedürftigkeit besteht – auch durch konkludentes Verhalten erfolgen. **Zeitpunkt des Vertragsschlusses** ist regelmäßig der Moment des Zugangs der Annahmeerklärung.

Schweigen hat grds keinen Erklärungswert und bringt nach Zugang eines Antrags folg- 3 lich keinen Vertrag zustande. In Ausnahmefällen kann das Schweigen des Antragsempfängers aber als **Annahme** zu **werten** sein, und zwar (1) bei entspr gesetzlicher Vorgabe (§ 516 II 2; 362 HGB; § 5 III 1 PflVersG); (2) falls Kontrahierungszwang besteht, da hier selbst eine ausdrückliche Ablehnung des Antrags unwirksam wäre; (3) wenn die Parteien dem Schweigen einverständlich diese Wirkung beigelegt haben (vgl aber § 308 Nr 5); der Offerent kann dem Empfänger eine Erklärungswirkung des Schweigens dag nicht einseitig aufdrängen, indem er zB die unbestellte Zusendung von Ware mit dem Hinweis verbindet, dass eine Zahlungspflicht bestehe, sofern nicht binnen einer bestimmten Frist widersprochen werde, vgl auch § 241 a; (4) bei Zusendung eines kaufmännischen Bestätigungsschreibens (vgl Rn 10 ff); (5) ausnahmsweise gem § 242, wenn für den Schweigenden nach Treu und Glauben die Verpflichtung bestanden hätte, seinen abw Willen zu äußern. Das ist im Einzelfall denkbar zB iR einer längeren Geschäftsbeziehung, nach abschlussreifen Vorverhandlungen, nach einer invitatio ad offerendum (§ 145 Rn 4), bei Anträgen gem § 150 I, II, falls die Annahme nur geringfügig verspätet war oder lediglich unwesentlich vom Ursprungsantrag abwich. Keine stillschweigende Zustimmung liegt in der vorbehaltlosen Zahlung des Kunden nach einer einseitigen Preiserhöhung durch ein Versorgungsunternehmen (BGHZ 186, 180; BGH NJW-RR 12, 690).

2. Die Annahme erfolgt rechtzeitig, wenn sie innerhalb der jeweiligen **Annahmefrist** 4 zugeht. Hat der Antragende keine Frist nach § 148 bestimmt, ist iR des § 147 zwischen Anträgen unter Anwesenden (Abs 1) und Abwesenden (Abs 2) zu unterscheiden.

An einen **Anwesenden** (**Abs 1**) ist ein Antrag gerichtet, wenn die Erklärung unmittelbar 5 sinnlich wahrgenommen werden kann, so dass Abgabe und Zugang zusammenfallen. Beide Parteien können Vertreter (§ 164 I, III) einsetzen. Eine telefonisch oder mittels einer sonstigen technischen Einrichtung (Videokonferenz, nicht aber Internet) übermittelte Offerte stellt ein Angebot unter Anwesenden dar (§ 147 I 2). Wird ein Schriftstück mit einem Antrag überreicht, der aufgrund seiner Komplexität nicht unmittelbar verständlich ist, liegt dag ein Antrag unter Abwesenden vor (vgl RGZ 83, 106; BGH NJW 85, 197).

Ein Antrag unter Anwesenden muss „**sofort**" angenommen werden, dh so schnell, wie 6 es objektiv möglich ist, den Antrag gedanklich zu erfassen und zu beantworten. Wird die Annahme – auch unverschuldet – verzögert, erfolgt sie nicht mehr „sofort". Wird allerdings ein Telefonat ohne Schuld des Empfängers unterbrochen und ruft dieser ohne Verzögerung zurück, gilt § 149 analog.

7 Anträge unter **Abwesenden** (**Abs 2**) werden durch Boten oder mittels verkörperter Willenserklärungen abgegeben. Hat der Antragende keine Frist bestimmt (§ 148), sind bei der Fristberechnung nach Abs 2 die „**regelmäßigen Umstände**" zugrunde zu legen, also die üblichen Beförderungszeiten und Gepflogenheiten (BAG BB 03, 1732). Besondere Umstände wirken sich nur dann fristverlängernd aus, wenn sie dem Antragenden bekannt sind (RGZ 142, 404). Beim Immobilienkauf mit vorangehender Bonitätsprüfung kann eine Erklärung jedenfalls innerhalb eines Zeitraums von vier Wochen erwartet werden (BGH NJW 10, 2873 Rn 12).

8 Die **Annahmefrist** setzt sich aus drei Komponenten zusammen (BGH NJW 96, 919), nämlich (1) der Beförderungsdauer des Antrags, (2) der Überlegungs- und Bearbeitungszeit beim Empfänger und (3) der Rückbeförderungsdauer der Annahme (falls kein Fall des § 151 vorliegt). Die vom Antragenden gewählte Beförderungsart (Brief, Fax, E-Mail, Telegramm) ist grds auch für die Art und Weise der Annahme maßgebend. Hat der Antragende die Übermittlung bewusst beschleunigt, verkürzt sich tendenziell auch die Überlegungszeit. Es handelt sich jedoch um eine einheitliche Frist, so dass der Antragsempfänger Verzögerungen in dem einen Teilabschnitt im nachfolgenden wieder ausgleichen kann.

9 **Die Beweislast** für die Annahme eines Antrags trägt derjenige, welcher sich auf das Zustandekommen des Vertrages beruft. Dies gilt auch beim eBay-Kauf; die Regeln des Anscheinsbeweises finden angesichts der im Internet anzutreffenden Sicherheitsstandards auch bei Verwendung eines bestimmten Passworts keine Anwendung (OLG Hamm NJW 07, 611).

10 **III. 1.** Gewohnheitsrechtlich verfestigt ist der Grundsatz, dass im kaufmännischen Verkehr derjenige, welcher nach abgeschlossenen Vertragsverhandlungen auf ein sog **kaufmännisches Bestätigungsschreiben** schweigt, im Interesse der Rechtssicherheit den Vertrag als so geschlossen akzeptieren muss, wie ihn der Inhalt der unwidersprochenen Bestätigung angibt (BGHZ 7, 188 ff; 11, 3 ff). **Absender** des Schreibens muss eine Person sein, die erwarten kann, dass ihr ggü nach kaufmännischer Sitte verfahren wird (BGHZ 40, 44). Zur Zurechnung des Verhaltens eines falsus procurator vgl § 173 Rn 3. Der **Empfänger** muss zwar kein Kaufmann sein, jedoch wie ein solcher selbstständig am Rechtsverkehr teilnehmen (BGHZ 11, 3; OLG Koblenz NJW-RR 07, 813).

11 **2.** Die Zustimmungswirkung des Schweigens tritt unter folgenden **Voraussetzungen** ein: **a)** Dem Bestätigungsschreiben sind **Verhandlungen vorausgegangen**, deren Ergebnis das Schreiben als endgültigen Vertragsschluss wiedergibt. Die Verhandlungen werden im Regelfall mündlich, telefonisch, telegrafisch oder fernschriftlich erfolgt sein, weil ansonsten ein Klarstellungsbedürfnis fehlt. Dass tatsächlich ein Vertrag geschlossen wurde, ist nicht erforderlich (vgl Rn 16). Für den Empfänger kann auch ein vollmachtloser Vertreter verhandelt haben (BGH NJW 07, 987 f). Um kein („echtes") Bestätigungsschreiben, sondern eine bloße „**Auftragsbestätigung**" handelt es sich dann, wenn der Bestätigende kein Verhandlungsergebnis zusammenfasst, sondern ein Angebot schriftlich annimmt (BGHZ 18, 215). In diesem Fall sind Modifizierungen des Angebots nach § 150 II zu behandeln.

12 **b)** Das Bestätigungsschreiben muss **eindeutig** abgefasst (BGH NJW 72, 820) und in einem **zeitlich unmittelbaren Zusammenhang** mit den Vertragsverhandlungen abgesandt worden sein (BGH JZ 67, 575).

13 **c)** Das Bestätigungsschreiben darf sich **nicht so weit** von dem vorher **Abgesprochenen entfernen**, dass der Bestätigende nach Treu und Glauben nicht mehr mit einem Einverständnis des Empfängers rechnen darf (BGHZ 7, 190; 11, 4). Entscheidend ist dabei das objektive Ausmaß der Abweichung vom Verhandlungsergebnis.

14 **d)** Der Bestätigende darf **nicht arglistig** handeln, dh das Verhandlungsergebnis bewusst unzutreffend wiedergeben (vgl BGHZ 40, 46). Arglist liegt nicht vor, wenn der Bestätigende Vertragspunkte von untergeordneter Bedeutung (wie zB technische Fragen der Geschäftsabwicklung) neu einführt, soweit er davon ausgehen darf, dass die Interessen des Empfängers nicht gravierend berührt werden und dieser die Änderungen oder Zusätze daher akzeptieren wird.

e) Dem zugegangenen Bestätigungsschreiben darf **nicht** vom Empfänger unverzüglich 15
(§ 121) nach Erhalt **widersprochen** worden sein; der Widerspruch kann auch konkludent erklärt werden. Die Notwendigkeit eines Widerspruchs entfällt, wenn sich zwei einander widersprechende Bestätigungsschreiben kreuzen, da in diesem Fall für beide Parteien die Divergenz der Ansichten offensichtlich ist.

3. Liegen die in Rn 11 ff aufgeführten Voraussetzungen vor, so gilt ein **Vertrag** als mit 16
dem aus dem Bestätigungsschreiben ersichtlichen Inhalt **zustande gekommen** (vgl BGHZ 40, 46). Ihm kommt konstitutive Wirkung zu, wenn es objektiv an einem Vertragsschluss fehlte oder das Schreiben zulässige Abweichungen von den Vertragsverhandlungen enthält. In diesen Fällen wirkt es **rechtsbegründend, rechtsverändernd** oder **rechtsergänzend**. Eine **Anfechtung** des Vertrages kann dann wegen der prinzipiellen Unbeachtlichkeit von Rechtsfolgeirrtümern (§ 119 Rn 12) nicht mit Unkenntnis von der Wirkung des Schweigens (BGHZ 11, 5; 20, 154), sondern nur mit Fehlvorstellungen über Vorliegen und Inhalt des Bestätigungsschreibens begründet werden.

4. Der Bestätigende muss **beweisen**, dass die Beteiligten zu dem fraglichen Personen- 17
kreis (Rn 9) gehören und nach Abschluss von Vertragsverhandlungen ein echtes Bestätigungsschreiben rechtzeitig zugegangen ist (Rn 12, BGHZ 70, 234). Der Empfänger beweist, dass das Schreiben vom Verhandlungsergebnis wesentlich abweicht (Rn 13), der Absender arglistig gehandelt (Rn 14) oder er selbst rechtzeitig widersprochen hat (Rn 15, vgl BGH NJW 74, 992).

§ 148 Bestimmung einer Annahmefrist

Hat der Antragende für die Annahme des Antrags eine Frist bestimmt, so kann die Annahme nur innerhalb der Frist erfolgen.

I. Die Vorschrift ist Ausfluss der Privatautonomie: Der **Antragende** bestimmt primär 1
selbst, für welchen Zeitraum er an seinen Antrag gebunden sein will (andernfalls: § 147).

II. 1. Die **Fristsetzung** ist ein einseitiges Rechtsgeschäft, durch das die ansonsten maß- 2
gebenden Fristen des § 147 (§ 147 Rn 6, 8) verlängert oder verkürzt werden kann. Sie erfolgt durch Bestimmung eines Endtermins (§§ 186–193 Rn 7), entweder mittels Angabe eines Datums („bis zum 23.3.") oder eines Zeitraums („binnen 2 Wochen"). Auslegung entscheidet darüber, ob der Tag der Fristsetzung selbst in die Frist einzuberechnen ist (iZw nicht: § 187 I) und ob die Annahmeerklärung innerhalb der Frist nur abgegeben werden oder auch zugehen muss (Regelfall).

In der **Fristbestimmung** ist der Antragende **frei** (vgl aber § 308 Nr 1). Sie kann dem An- 3
trag beigefügt werden oder in einer gesonderten Erklärung erfolgen. Nach erfolgtem Zugang kann die Frist einseitig zwar verlängert, aber nicht mehr verkürzt werden (§ 130 I 2). Die Fristsetzung bedarf der Form des Antrags; ist dieser formfrei, kann sie auch konkludent erklärt werden. Hat ein Vertreter ohne Vertretungsmacht angenommen, muss auch die Genehmigung noch innerhalb der Annahmefrist erfolgen, weil die mit Fristablauf eintretende Befreiung des Antragenden von seiner Bindung nicht durch die Rückwirkung der Genehmigung (§ 184 I) wieder zunichte gemacht werden darf (BGH NJW 73, 1790).

2. Nur eine Annahme **innerhalb** der vom Antragenden gesetzten **Frist** bringt den Ver- 4
trag zustande. Wird die – selbst objektiv zu knapp gesetzte – Frist versäumt, erlischt der Antrag (§ 146).

§ 149 Verspätet zugegangene Annahmeerklärung

¹Ist eine dem Antragenden verspätet zugegangene Annahmeerklärung dergestalt abgesendet worden, dass sie bei regelmäßiger Beförderung ihm rechtzeitig zugegangen sein würde, und musste der Antragende dies erkennen, so hat er die Verspätung dem Annehmenden unverzüglich nach dem Empfang der Erklärung anzuzeigen, sofern es nicht

schon vorher geschehen ist. ²Verzögert er die Absendung der Anzeige, so gilt die Annahme als nicht verspätet.

1 I. Bei verspätet zugegangener Annahmeerklärung ist der Antrag erloschen (§ 146). Davon macht die Vorschrift im **Interesse des Annehmenden** insofern eine Ausn, als sie dem Antragenden bei erkennbar beförderungsbedingter Verzögerung der Annahmeerklärung eine Anzeigeobliegenheit aufbürdet (S 1). Eine Verletzung der Obliegenheit führt zur Fiktion rechtzeitiger Annahme (S 2).

2 II. 1. Eine Annahmeerklärung ist **verspätet** zugegangen, wenn die Annahmefristen der §§ 147, 148 nicht eingehalten wurden. Ein rechtzeitiger Zugang bei **regelmäßiger Beförderung** ist dann anzunehmen, wenn die Ursache der Verspätung nicht in der zu späten Absendung, sondern in einer unvorhersehbaren Verzögerung bei verkehrsüblicher Beförderung (Post, Bote) liegt, die den andernfalls fristgerechten Zugang verhindert. Dieser Umstand muss dem Antragenden (zB durch Poststempel, Aufgabevermerk) **erkennbar** gewesen sein.

3 2. Der Antragende muss die Verspätung unverzüglich (§ 121) nach dem Empfang der Erklärung **anzeigen** (geschäftsähnliche Handlung), sofern er den Annehmenden nicht bereits zuvor über die Verspätung informiert hatte. Kommt der Antragende dieser Anzeigeobliegenheit nach, bleibt es bei der Rechtsfolge des § 146. Unterbleibt die Anzeige oder wird sie verspätet abgesandt, wird ein rechtzeitiger Zugang der Annahmeerklärung fingiert, so dass der Vertrag zustande kommt.

4 3. Der Annehmende muss die erkennbar rechtzeitige Absendung, der Antragende eine unverzügliche Anzeige der Verspätung **beweisen**.

§ 150 Verspätete und abändernde Annahme

(1) Die verspätete Annahme eines Antrags gilt als neuer Antrag.
(2) Eine Annahme unter Erweiterungen, Einschränkungen oder sonstigen Änderungen gilt als Ablehnung verbunden mit einem neuen Antrag.

1 I. Um den **Abschluss von Verträgen** zu **fördern** und zu **vereinfachen**, stellt die Vorschrift eine **widerlegliche Vermutung** (keine Fiktion, str) auf, dass es dem Willen der Parteien entspricht, eine verspätete (**Abs 1**) oder modifizierte (**Abs 2**) Annahme als neue Offerte anzusehen. Diese muss alle Voraussetzungen eines Antrags erfüllen (§ 145 Rn 3) und hat dessen übliche Rechtsfolgen (§ 145 Rn 8 ff). Ein so umgedeuteter Antrag kann auch nach § 151 oder ausnahmsweise durch Schweigen (§ 147 Rn 3) angenommen werden. Die Vorschrift tritt hinter die Dissensregeln (§§ 154, 155) zurück; § 150 ist daher nicht anzuwenden, wenn § 155 trotz der partiellen Uneinigkeit einen Vertragsschluss zulässt.

2 II. 1. Abs 1 betrifft **Annahmeerklärungen**, die wegen **verspäteter Absendung** (§ 149 Rn 2) nicht rechtzeitig zugegangen sind. Bei der Ermittlung ihres Inhalts kann der Inhalt des ursprünglichen Antrags herangezogen werden. Schweigt der ursprünglich Antragende auf die verspätete „Annahme", kann darin regelmäßig dann eine Annahme erblickt werden, wenn angesichts unverändert gebliebener Umstände ein Sinneswandel des Erstofferenten nicht anzunehmen ist (vgl BGH NJW 51, 313).

3 2. Enthält die **Annahmeerklärung** im Vergleich zu dem ursprünglichen Antrag **Änderungen**, insb Einschränkungen oder Erweiterungen im Hinblick auf Haupt- oder Nebenleistungen, wird sie nach **Abs 2** als ein mit Ablehnung des Erstantrags verbundener neuer Antrag behandelt (vgl BGHZ 162, 269: anderer Baubeginn; BGHZ 194, 301: Herausnahme einzelner Leistungen aus einem Angebot durch Auftraggeber). Die Abweichung muss aber klar und eindeutig zum Ausdruck kommen (BGH WM 83, 314). Durch Auslegung ist zu ermitteln, ob der Antragsempfänger trotz angestrebter verbesserter Vertragsbedingungen nicht notfalls auch sein Einverständnis mit den ursprünglichen Bedingungen erklären will (RG JW 31, 1183; BGH WM 82, 1330). Bezieht sich die Annahme auf eine geringere oder größere Warenmenge als der Erstantrag, kann – je nach Auslegung – sowohl Abs 2 zur Anwendung kommen als auch eine bedingungslose Teilannahme verbunden mit einer Teilablehnung bzw mit einem Antrag auf Abschluss eines weiteren Vertrages gemeint sein.

Um eine modifizierte Annahme handelt es sich auch, wenn der Annehmende auf seine **AGB verweist.** Widersprechen diese allerdings den AGB, auf die der Antragende bereits Bezug genommen hat, darf das Schweigen des Erstofferenten auch bei Vertragsausführung nicht als Einverständnis mit den AGB des Annehmenden gewertet werden (BGHZ 61, 287; BGH NJW 85, 1839; 91, 264 f), insb dann nicht, wenn das ursprüngliche Angebot eine „Abwehrklausel" gegen fremde Bedingungen enthält (BGH NJW 91, 1606). Bei gegenseitigem Leistungsaustausch ist der Vertrag trotz des offenen Dissenses (§ 154 I) entspr § 306 I wirksam (vgl auch BGHZ 61, 288). Kollidierende AGB werden nach § 306 II durch dispositives Gesetzesrecht ersetzt (BGH NJW 91, 2634).

§ 151 Annahme ohne Erklärung gegenüber dem Antragenden

¹Der Vertrag kommt durch die Annahme des Antrags zustande, ohne dass die Annahme dem Antragenden gegenüber erklärt zu werden braucht, wenn eine solche Erklärung nach der Verkehrssitte nicht zu erwarten ist oder der Antragende auf sie verzichtet hat. ²Der Zeitpunkt, in welchem der Antrag erlischt, bestimmt sich nach dem aus dem Antrag oder den Umständen zu entnehmenden Willen des Antragenden.

I. Die Vorschrift lässt ausnahmsweise einen **Vertragsabschluss ohne Zugang** der Annahmeerklärung zu. Damit wird der Vertragsschluss auf den Zeitpunkt der Annahme vorverlegt. Dadurch soll erreicht werden, dass der bei Distanzgeschäften Vorleistende möglichst frühzeitig als Ausgleich für seine Aufwendungen einen Anspruch auf die Gegenleistung erhält und die einen Vertrag voraussetzenden Gefahrtragungsregeln (§§ 446 f, 644 II) nicht leerlaufen.

II. 1. Der Vertragsschluss nach § 151 setzt **objektiv** eine nach außen hervortretende eindeutige **Manifestation des Annahmewillens** voraus, die vom Standpunkt eines unbeteiligten Dritten auf einen wirklichen Annahmewillen schließen lässt (BGHZ 74, 356; 160, 397; BGH NJW 04, 288; 06, 3777 f; krit Schwarze AcP 02, 607 ff; nach BGHZ 111, 102 soll es sich dabei nicht um eine Willenserklärung, sondern – ohne sachlichen Unterschied – um eine bloße „Willensbetätigung" handeln). Sie erfolgt idR konkludent. Wird ein Angebot durch den Anbieter von Waren oder Dienstleistungen abgegeben, besteht die Annahme in der ersten eindeutigen **Gebrauchs-** oder **Aneignungshandlung** bzw in der beginnenden Inanspruchnahme der Leistung (Bsp: Kennzeichnung eines zugesandten Buches mit dem eigenen Namen). Nach einer Offerte durch den Abnehmer einer Leistung kommt der Vertrag durch die ersten eindeutig wahrnehmbaren **Erfüllungshandlungen** bzw durch die **Annahme einer Vorauszahlung** zustande (Bsp: Absenden bestellter Ware durch den Versandhändler; Eintragung einer Hotelreservierung in das Zimmerverzeichnis durch Hotelier). In der Annahme eines Geldbetrages kann der Abschluss eines Treuhandvertrages gesehen werden (BGH NJW 06, 3777 f). Die Einlösung eines übersandten Schecks kann eine stillschweigende Annahme eines Abfindungsangebots darstellen (BGHZ 111, 101), nicht aber bei krassem Missverhältnis von Gesamtforderung und Angebot (BGH NJW 01, 2324, 2325 [„Erlassfalle"]; dazu Kleinschmidt NJW 02, 346).

In **subjektiver Hinsicht** kommt es auf den **wirklichen Willen** des Antragsempfängers an, der aufgrund der Gesamtumstände zu ermitteln ist. Wegen der fehlenden Empfangsbedürftigkeit der Erklärung richtet sich ihre Auslegung nicht am Empfängerhorizont zu orientieren. Dabei findet § 116 analoge Anwendung: Wer sich in Kenntnis der potentiellen Vertragsabschlusslage verhält wie jemand, der das Angebot annehmen will, und trotzdem vorgibt, keinen Annahmewillen zu haben, darf sich hierauf nicht berufen. Irrt der Antragsempfänger dag über die Existenz eines Antrags, liegt wegen des fehlenden Annahmebewusstseins keine wirksame Annahmeerklärung und damit auch kein Vertragsabschluss vor; einer Anfechtung nach §§ 119 ff bedarf es nicht (BGH NJW-RR 86, 415; str). Dag kann sich ein Antragsempfänger nur durch eine Anfechtung vom Vertrag lösen, wenn ihm bewusst ist, dass er mit seinem Verhalten ein

Vertragsangebot annimmt, jedoch über den Vertragspartner oder -gegenstand unzutreffende Vorstellungen hegt.

4 2. Der Zugang der Annahmeerklärung ist **kraft** einer entspr **Verkehrssitte** idR nur bei Geschäften ohne erhebliche wirtschaftliche Bedeutung entbehrlich (vgl OLG Köln NJW 90, 1051). Bejaht wird diese Situation u.a. bei Bestellungen im Versandhandel und bei Geschäften, die für den Antragempfänger lediglich vorteilhaft sind (BGH NJW 00, 277; zur Aushändigung einer Garantiekarte als Antrag auf Abschluss eines Garantievertrages vgl BGHZ 78, 372; 104, 85), nicht jedoch bei Entgegennahme von Bargeld oder Scheck für die Annahme eines Versicherungsantrags durch den Versicherer (BGH NJW 76, 289 f).

5 3. Der **Verzicht** auf den Zugang ist eine geschäftsähnliche Handlung. Er kann auch konkludent erfolgen und ist selbst bei Formbedürftigkeit der Annahmeerklärung möglich (BGH NJW-RR 86, 1301; 04, 1683). Ein konkludenter Zugangsverzicht kommt va in Betracht, wenn die Empfangsbedürftigkeit der Annahmeerklärung bereits aufgrund einer entspr Verkehrssitte entfällt, so zB bei Aufforderung zur sofortigen Auslieferung einer Ware oder unmittelbaren Erbringung einer Leistung oder bei kurzfristiger Bestellung eines Hotelzimmers.

6 4. Der Antrag erlischt, wenn der Empfänger die spezielle **Frist** des S 2 nicht einhält. Soweit sie sich nicht aus dem Antrag ergibt, ist sie nach dem mutmaßlichen Willen des Antragenden zu bestimmen und wird regelmäßig kurz ausfallen (aA BGH NJW 99, 2180: Frage des Einzelfalls).

7 Schon die **rechtzeitige Annahmehandlung** bewirkt ein **Zustandekommen** des Vertrages. Ein Widerruf der Annahme ist dann weder aufgrund einer unmittelbaren noch einer analogen Anwendung des § 130 I 2 möglich (str).

§ 152 Annahme bei notarieller Beurkundung

¹Wird ein Vertrag notariell beurkundet, ohne dass beide Teile gleichzeitig anwesend sind, so kommt der Vertrag mit der nach § 128 erfolgten Beurkundung der Annahme zustande, wenn nicht ein anderes bestimmt ist. ²Die Vorschrift des § 151 Satz 2 findet Anwendung.

1 I. Im Falle einer Sukzessivbeurkundung haben sich die Vertragspartner typischerweise schon vorab geeinigt. Die Vorschrift verzichtet in diesem Fall auf die Empfangsbedürftigkeit der Annahmeerklärung, um den **Vertragsabschluss zu beschleunigen**.

2 II. 1. Die Vorschrift findet Anwendung bei der sukzessiven Beurkundung des Vertrages durch einen **Notar**, nicht dag bei einfacher Schriftform oder öffentlicher Beglaubigung.

3 2. Der Vertrag kommt zustande, wenn die Annahmeerklärung **rechtzeitig** innerhalb einer gem S 2 iVm § 151 S 2 bestimmten Frist beurkundet wird. Voraussetzung ist aber, dass die Parteien keine abw Bestimmung getroffen haben. Dies kann auch konkludent dadurch geschehen, dass der Antragende eine Annahmefrist setzt. In diesem Fall muss die Annahme dem Antragenden innerhalb der Frist zugehen oder zumindest zuverlässig mitgeteilt werden (RGZ 96, 275; str).

§ 153 Tod oder Geschäftsunfähigkeit des Antragenden

Das Zustandekommen des Vertrags wird nicht dadurch gehindert, dass der Antragende vor der Annahme stirbt oder geschäftsunfähig wird, es sei denn, dass ein anderer Wille des Antragenden anzunehmen ist.

1 I. Die Vorschrift trägt dem Umstand Rechnung, dass das einem Vertragsantrag zugrunde liegende wirtschaftliche Bedürfnis mit dem Tod des Antragenden nicht entfällt. Sie ordnet daher an, dass ein zugegangener Antrag trotz Todes oder Eintritts der Geschäftsunfähigkeit des Antragenden **annahmefähig bleibt**. Vorausgesetzt wird dabei, dass das Angebot wirksam zustande gekommen ist. Stirbt der Anbietende daher bereits zwischen Abgabe und Zugang der Erklärung, muss zunächst die Wirksamkeit des Antrags nach § 130 II festgestellt werden.

II. 1. Die Vorschrift setzt voraus, dass der **Antrag abgegeben** und nicht **vor seinem Zugang** von den **Erben** des Antragstellers nach **§ 130 I 2 widerrufen** wurde. Das Zustandekommen des Vertrages wird dann durch den **Tod** (§ 1 Rn 5) oder den Eintritt der **Geschäftsunfähigkeit** (§ 104 Rn 1) des Antragenden nicht gehindert. 2

Eine **analoge Anwendung** greift Platz, wenn die Verfügungsbefugnis des Antragenden durch Nachlassverwaltung oder in den Fällen der §§ 1365, 1369 oder gem § 1423 nachträglich beschränkt wird. Von der Eröffnung des Insolvenzverfahrens wird ein Antrag des Gemeinschuldners auf Abschluss eines schuldrechtlichen Vertrages nicht berührt, so dass § 153 keine entspr Anwendung findet (str). Verfügende Verträge über einen zur Insolvenzmasse gehörenden Gegenstand sind unwirksam (§ 81 I 1 InsO). 3

2. Der Antrag ist aber dann nicht annahmefähig, wenn ein „**anderer Wille des Antragenden** anzunehmen" ist. Da der Antragende die in § 153 genannten Ereignisse bei seiner Erklärung zumeist nicht bedacht haben wird, ist idR sein hypothetischer Wille festzustellen. Dieser ist nach allg Regeln (§ 157 Rn 4) aus objektiven Umständen wie Art und Inhalt des Geschäfts zu ermitteln. Da ein entggstehender Willen somit erkennbar sein muss, kann dem Antragsempfänger das Risiko zugewiesen werden, dass sich die von ihm im Hinblick auf den gescheiterten Vertrag bereits getätigten Aufwendungen als nutzlos erweisen (str). Ein entggstehender Wille des Antragenden ist insb dann anzunehmen, wenn der Vertragsinhalt von der Person des Antragenden abhängig ist, zB der Vertragsgegenstand seinem individuellen Gebrauch dient (Maßanzug) oder Leistungen von ihm persönlich zu erbringen sind (§§ 613, 673). 4

3. Auch in den Fällen des § 153 folgt die **Annahme** des Vertrages grds allg Regeln: Bei Geschäftsunfähigkeit muss sie ggü dem gesetzlichen Vertreter erfolgen (§ 131 I), im Falles des Todes den Erben zugehen, wobei sich die Annahmefrist ggf verlängert, falls deren Ermittlung Schwierigkeiten bereitet. Erfolgt die Annahme nach § 151, kann der Antragsempfänger nach § 242 verpflichtet sein, die Erben über den Vertragsschluss zu unterrichten. Der Vertrag scheitert, wenn eine Auslegung der Annahmeerklärung zu dem Ergebnis führt, dass der Annehmende nur mit dem Antragenden selbst kontrahieren wollte. 5

III. Tod und **Geschäftsunfähigkeit** des **Antragsempfängers** werden von § 153 nicht erfasst. Tritt der Tod des Empfängers bereits **vor Zugang des Antrags** ein, muss eine Auslegung entscheiden, ob die Offerte auch als an die Erben gerichtet anzusehen ist; bejahendenfalls muss sie den Erben auch zugehen. Wird der Empfänger geschäftsunfähig, gilt § 131 I. 6

Stirbt der Antragsempfänger erst **nach Zugang des Antrags**, aber **vor Abgabe der Annahmeerklärung**, ist die dann bestehende Annahmeposition (§ 145 Rn 10) nur vererblich, wenn eine Auslegung des Antrags einen entspr Willen des Antragenden hervortreten lässt, dieser also nicht nur mit dem Adressaten persönlich kontrahieren wollte. Bei Eintritt von Geschäftsunfähigkeit kann der gesetzliche Vertreter den Antrag annehmen, wenn die dann geschuldete Leistung nicht volle Geschäftsfähigkeit des Antragsempfängers erfordert. 7

Kommt es zu Tod oder Geschäftsunfähigkeit des Erklärungsempfängers **nach Abgabe der Annahmeerklärung**, ist dies gem § 130 II für das Zustandekommen des Vertrages ohne Bedeutung. 8

§ 154 Offener Einigungsmangel; fehlende Beurkundung

(1) ¹Solange nicht die Parteien sich über alle Punkte eines Vertrags geeinigt haben, über die nach der Erklärung auch nur einer Partei eine Vereinbarung getroffen werden soll, ist im Zweifel der Vertrag nicht geschlossen. ²Die Verständigung über einzelne Punkte ist auch dann nicht bindend, wenn eine Aufzeichnung stattgefunden hat.
(2) Ist eine Beurkundung des beabsichtigten Vertrags verabredet worden, so ist im Zweifel der Vertrag nicht geschlossen, bis die Beurkundung erfolgt ist.

1 **I.** Da ein Vertragsschluss übereinstimmende Willenserklärungen der Parteien (also einen **Konsens**) voraussetzt, kommt infolgedessen ein Vertrag grds nicht zustande, wenn die Erklärungen der Parteien sich nicht vollständig decken („**Dissens**"). Während **Abs 1** den Fall betrifft, dass die unvollständige Einigung zumindest einer Partei bewusst ist („offener Dissens"), regelt § 155 die Situation, dass beide Parteien irrig von deckungsgleichen Erklärungen ausgehen („versteckter Dissens"). Ergänzend bestimmt **Abs 2**, dass ein Vertrag trotz Willensübereinstimmung nicht wirksam ist, bis eine zuvor vereinbarte Beurkundung vorgenommen wurde (Rn 6 f).

2 **II. 1.** Dass ein Vertrag nicht geschlossen ist, so lange die Parteien über die **essentialia negotii** (Vertragsparteien, Vertragstyp, Leistung und Gegenleistung) keine Einigung erzielt haben, setzt Abs 1 stillschweigend voraus (vgl BGH NJW-RR 06, 1339 f: keine Einigung über Höhe des Kaufpreises). Die Feststellung eines solchen sog „logischen Dissenses" bedingt aber, dass die Festlegung eines vertraglichen Hauptpunktes nicht ergänzend kraft Gesetzes erfolgen kann (§§ 612 II, 632 II) und die Parteien auch keine Leistungsbestimmung nach §§ 315 ff vereinbart haben (OLG Stuttgart NJW-RR 11, 202).

3 **2. Abs 1** bezieht sich daher auf eine fehlende Willensübereinstimmung über Nebenpunkte des Vertrages („**accidentalia negotii**"), sofern über den betr Punkt nach der Erklärung zumindest einer Partei eine Einigung hätte herbeigeführt werden müssen. Das ist durch Auslegung zu ermitteln; ein entspr Wille kann auch durch schlüssiges Verhalten zum Ausdruck gebracht werden (BGH NJW-RR 90, 1011). Beispiel: Bei Abschluss eines Mietvertrages wird die Frage der Mängelbeseitigung einstweilen offengelassen (OLG Düsseldorf MDR 12, 759). Fehlt es an einer entspr Einigung der Parteien, ist der Vertrag nach der **Auslegungsregel** des Abs 1 nicht etwa nichtig, sondern bereits **gar nicht geschlossen**. Dies gilt auch dann, wenn die Parteien sich über verschiedene Punkte verständigt und ihre Einigung insoweit bereits schriftlich fixiert haben (Abs 1 S 2, sog „Punktation").

4 Ein Vertragsschluss scheitert nach Abs 1 allerdings nur „iZw", da der Grundsatz der Privatautonomie es den Parteien auch erlaubt, bei Abschluss eines Vertrages einzelne Punkte offenzulassen (BGHZ 119, 288). Ob die Parteien **trotz Dissenses** in einem Nebenpunkt ihren Vertrag (zumindest konkludent) als **verbindlich** ansehen wollten, ist wiederum durch Auslegung zu ermitteln. Ein entspr Wille kann daraus gefolgert werden, dass die Parteien mit der Ausführung des Vertrages beginnen oder ihn trotz Änderungskündigung fortsetzen (BGH NJW 83, 1777; 00, 356; 02, 818).

5 Die offengebliebene **Lücke** ist durch Heranziehung dispositiven Gesetzesrechts (BGHZ 41, 275 f), bei fehlenden einschlägigen Gesetzesbestimmungen und nicht entgegenstehendem Parteiwillen durch ergänzende Vertragsauslegung (§ 157) zu **schließen** (vgl BGH NJW 75, 1116). Als Indiz kann dabei von Bedeutung sein, wie die Parteien den Vertrag tatsächlich ausführen (BGHZ 119, 288).

6 **3.** Haben die Parteien vor oder bei Vertragsschluss eine **Beurkundung** ihres Rechtsgeschäfts (notarielle Beurkundung; Vereinbarung der Schriftform iSd § 127 S 1) **vereinbart**, ist der Vertrag nach der Auslegungsregel des **Abs 2** iZw vor Erfüllung der verabredeten Förmlichkeit noch nicht geschlossen (Parallelvorschrift: § 125 S 2).

7 Dies gilt aber wiederum nur „iZw" und damit dann nicht, wenn ein anderer Wille der Parteien erkennbar ist, ihre Formabrede insb **lediglich Beweiszwecken** dienen soll (BGH NJW-RR 93, 236). Die Parteien können ihre Formabrede auch (konkludent) wieder aufheben; dies ist anzunehmen, wenn sie den Vertrag trotz Nichteinhaltung der Form einverständlich ausführen (BGH NJW-RR 97, 670).

§ 155 Versteckter Einigungsmangel

Haben sich die Parteien bei einem Vertrag, den sie als geschlossen ansehen, über einen Punkt, über den eine Vereinbarung getroffen werden sollte, in Wirklichkeit nicht geeinigt, so gilt das Vereinbarte, sofern anzunehmen ist, dass der Vertrag auch ohne eine Bestimmung über diesen Punkt geschlossen sein würde.

I. Die Vorschrift regelt den Fall, dass die Vertragsparteien **irrtümlich** annehmen, sich 1
über alle Punkte eines Vertrages **geeinigt** zu haben, während in Wirklichkeit ein Punkt
ungeregelt geblieben ist. Bei einem solchen sog „versteckten Dissens" bindet der unvollständige Vertrag die Parteien – ausnahmsweise – dann, wenn sich ein entspr mutmaßlicher Parteiwille feststellen lässt.

II. 1. Objektiv setzt § 155 voraus, dass die Parteien in einem **Nebenpunkt** („accidentale 2
negotii", vgl § 154 Rn 3) ihres Vertrages, über den nach dem (auch konkludent) erklärten Willen zumindest einer Partei eine Vereinbarung hätte getroffen werden sollen, (noch) keine Einigung erzielt haben. Mangelt es an einer Einigung im Hinblick auf einen Hauptpunkt („essentiale negotii"), kommt ein Vertragsschluss von vornherein nicht zustande (§ 154 Rn 2).

An einer **Einigung** der Parteien **fehlt** es dann, wenn der durch Auslegung (§§ 133, 157) 3
ermittelte objektive Inhalt ihrer Erklärungen in dem betr Punkt voneinander abweicht und sich hinter einem abw Erklärungsinhalt auch kein übereinstimmender innerer Wille feststellen lässt. Dag ist ein Vertragsschluss zu bejahen, wenn der Inhalt beider Erklärungen objektiv deckungsgleich ist (BGH NJW 93, 1798 f; NJW 03, 743); entspricht in diesem Fall das von einer Partei objektiv Erklärte nicht ihrem inneren Willen, kann sie nach Maßgabe der §§ 119 I, 122 anfechten. Stimmt trotz abw Erklärungsinhalts der innere Wille beider Parteien überein oder hat die eine Partei insgeheim durchschaut, dass die andere ihrer Erklärung einen anderen als den objektiv zum Ausdruck gebrachten Inhalt beilegt, kommt ebenfalls ein Vertrag zustande (§ 133 Rn 9), so dass § 155 keine Anwendung findet.

2. Die Parteien müssen **irrtümlich** davon ausgehen, dass über sämtliche von zumindest 4
einer Partei als regelungsbedürftig angesehene Punkte eine **Einigung** erzielt worden ist. Dieser Irrtum kann darauf zurückzuführen sein, dass im Laufe der Vertragsverhandlungen ein zunächst von jedenfalls einer Partei als regelungsbedürftig angesehener Punkt später vergessen worden ist (versehentliche Unvollständigkeit), dass die beiderseitigen Erklärungen – von den Parteien unbemerkt – objektiv divergieren (beiderseitiges Verhören, Verlesen) oder dass von beiden Parteien zwar ders, jedoch objektiv mehrdeutige Begriff verwandt wird und jede Partei ihn auf andere Weise versteht („Scheinkonsens", vgl etwa RGZ 116, 275 [„Typenflug"]; OLG Köln WM 70, 893 [„Aktie"]; KG NJW-RR 08, 300 [„Naturstein"]; vgl auch OLG Bremen NJW-RR 09, 668 [Bedeutung der Abrede „etwas teurer"]).

3. Liegt ein versteckter Einigungsmangel vor, kommt in Anbetracht des fehlenden Kon- 5
senses ein **Vertrag** grds **nicht zustande**. Diese Rechtsfolge setzt § 155 voraus.

Das Vereinbarte soll aber ausnahmsweise **verbindlich** sein, wenn die Parteien – wäre 6
ihnen zum Zeitpunkt der Einigung der offengebliebene Punkt bewusst gewesen – den Vertrag mutmaßlich gleichwohl geschlossen hätten (Bsp: Dissens über die Einbeziehung von AGB). Dies ist durch Auslegung des vom Konsens gedeckten Vertragsinhalts festzustellen. Die verbleibende **Lücke** ist mit Hilfe des dispositiven Gesetzesrechts oder durch ergänzende Vertragsauslegung zu schließen. Wer durch mehrdeutige oder unklare Formulierungen den versteckten Dissens schuldhaft verursacht hat, haftet aus §§ 280 I, 311 II (str).

§ 156 Vertragsschluss bei Versteigerung

¹Bei einer Versteigerung kommt der Vertrag erst durch den Zuschlag zustande. ²Ein Gebot erlischt, wenn ein Übergebot abgegeben oder die Versteigerung ohne Erteilung des Zuschlags geschlossen wird.

I. Die Bestimmung enthält zwei Sondervorschriften für den **Vertragsschluss bei Verstei-** 1
gerungen. Sie finden Anwendung auf alle freiwilligen und gesetzlich vorgesehenen Versteigerungen des Privatrechts (§§ 383 ff, 966 II, 975 S 2, 979, 1219 f, 1235 ff; ferner §§ 373 II, IV, V, 376 III, IV HGB). Über die Verweisung des § 817 I ZPO gilt § 156 außerdem für die Zwangsversteigerung beweglicher Sachen, nicht jedoch für eine sol-

che nach dem ZVG (vgl §§ 71 ff ZVG). Zu Internet-Auktionen vgl BGHZ 149, 129; BGH NJW 05, 53 (Vertragsschluss nach §§ 145 ff).

2 II. 1. Bei Versteigerungen erfolgen Antrag und Annahme gem S 1 in der Form von **Gebot und Zuschlag** (BGHZ 138, 342). Wird dem Versteigerer vom Bieter ein Ersteigerungsauftrag erteilt, handelt es sich allerdings noch nicht um ein Gebot, sondern um eine Vollmacht zur Abgabe eines Gebots unter gleichzeitiger Befreiung vom Verbot des Selbstkontrahierens nach § 181 (BGH NJW 83, 1187).

3 2. Das Gebot erlischt nach S 2 bei Abgabe eines **höheren Gebots**, und zwar auch dann, wenn dieses unwirksam ist (str). Dass ein Erlöschen des Gebots auch eintritt, wenn die **Versteigerung ohne Erteilung des Zuschlags geschlossen** wird, zeigt die fehlende Verpflichtung des Versteigerers, dem Meistbietenden den Zuschlag zu erteilen. Neben den beiden besonderen Erlöschensgründen des S 2 besteht auch die Möglichkeit, dass der Versteigerer das Gebot zurückweist, also iSd § 146, 1. Fall ablehnt.

4 3. Der Zuschlag entfaltet nur **schuldrechtliche Wirkung**. Eine Übereignung, die der Ersteigerer aus dem mit dem Zuschlag zustande gekommenen Verpflichtungsvertrag verlangen kann, erfolgt iR privatrechtlicher Versteigerungen nach sachenrechtlichen Vorschriften (§§ 929 ff).

§ 157 Auslegung von Verträgen

Verträge sind so auszulegen, wie Treu und Glauben mit Rücksicht auf die Verkehrssitte es erfordern.

1 I. Während § 133 sich auf die Auslegung (§ 133 Rn 1) einzelner Willenserklärungen (zB Antrag und Annahme) bezieht und insoweit zur Erforschung des realen Willens (§ 133 Rn 6 ff) anhält, betrifft § 157 die **Auslegung** eines **Vertrages** (Vor §§ 145–157 Rn 1) als abgeschlossen vorliegender Sinneinheit. Da eine Vertragsauslegung Treu und Glauben und Verkehrssitte berücksichtigen soll, zielt sie mithin darauf ab, den objektiven Bedeutungsgehalt (Rn 3) des Rechtsgeschäfts zu ermitteln. Daraus darf aber nicht geschlossen werden, dass für vertragliche Willenserklärungen zunächst eine subjektive Interpretation maßgibt (§ 133 Rn 6), die dann nach perfektem Vertragsschluss in eine objektive Auslegung umschlägt. Vielmehr sind die in §§ 133 und 157 enthaltenen Auslegungsregeln miteinander verschränkt: Einerseits müssen empfangsbedürftige (also insb vertragliche) oder an die Allgemeinheit gerichtete Willenserklärungen (§ 133 Rn 8, 10) ebenfalls aus der Sicht des Erklärungsempfängers und damit objektiv verstanden werden. Andererseits setzt sich auch bei der Vertragsauslegung ein übereinstimmender realer Parteiwille ggü einem abw objektiven Verständnis durch (Rn 3). In der Praxis werden daher in Auslegungsfragen häufig beide Bestimmungen gemeinsam zitiert.

2 II. 1. Die Vorschrift gilt nach ihrem Wortlaut für **Verträge** (Vor §§ 145–157 Rn 1), darüber hinaus aber auch für alle anderen Rechtsgeschäfte (Vor §§ 104–185 Rn 1).

3 2. Eine **erläuternde Vertragsauslegung** will den übereinstimmenden Parteiwillen ermitteln, wie er im objektiven Bedeutungsgehalt der Vertragsbestimmungen zum Ausdruck kommt. Der Wille der Parteien (und nicht etwa die gewählte Bezeichnung oder die erwünschte Rechtsfolge) entscheidet über den Geschäftsinhalt und damit den Vertragstyp (BGH NJW 02, 3318). Es gelten die in § 133 Rn 8 ff dargestellten Grundsätze. Ziel der Auslegung ist es also in erster Linie, die sich aus der Sicht des Empfängers nach Treu und Glauben und unter Berücksichtigung der Verkehrssitte ergebende Bedeutung der Vertragsbestimmungen festzustellen. Der Hinweis auf **Treu und Glauben** (§ 242) besagt, dass die Auslegung den berechtigten Interessen beider Parteien angemessen Rechnung tragen soll (BGH NJW 02, 506, 748), insb im Hinblick auf zukünftige wirtschaftliche Risiken (BGH NJW-RR 03, 1054). Bei mehreren möglichen Auslegungen ist derjenigen der Vorzug zu geben, bei der eine vertragliche Regelung praktische Bedeutung hat und sich nicht als sinnlos erweist (BGH NJW 02, 440; 05, 2619). **Verkehrssitte** (unter Kaufleuten: Handelsbrauch, vgl § 346 HGB) ist eine auf einer gleichmäßigen, einheitlichen und freiwilligen Übung beruhende Regel, die schon während eines längeren Zeitraums bestanden und in den beteiligten Verkehrskreisen eine gewisse

Stabilität erlangt hat (BGHZ 111, 112; BGH NJW 10, 1135 Rn 11). Der Grundsatz der „falsa demonstratio" (§ 133 Rn 9) gilt auch bei der Vertragsauslegung.

3. Weist ein Vertrag eine bewusste (§ 154 Rn 1; vgl BGH NJW 02, 1262) oder versehentliche (BGHZ 74, 376; § 155 Rn 4), bereits bei Vertragsschluss bestehende oder durch unvorhergesehe Entwicklungen entstandene (BGH NJW-RR 94, 1165) **Regelungslücke** iS einer planwidrigen Unvollständigkeit (BGHZ 127, 142) auf, so ist sie – soweit nicht dispositive Gesetzesbestimmungen eingreifen (Rn 6) – durch eine **ergänzende Vertragsauslegung** auf der Grundlage des **hypothetischen Parteiwillens** (und nicht etwa durch eine einseitige Bestimmung nach § 316 BGB, vgl BGHZ 185, 166 Rn 18) zu schließen (BGHZ 7, 235; 9, 278; BGH NJW 10, 678 Rn 15; NJW 13, 2820). Es ist dann zu fragen, auf welche Weise redliche und verständige Parteien die offengebliebene Frage bei Kenntnis der Lücke, unter Berücksichtigung des Vertragszwecks und einer sachgemäßen Abwägung ihrer beiderseitigen Interessen nach Treu und Glauben geregelt hätten (vgl BGHZ 84, 7; 90, 77; 164, 286, 292; BGH NJW-RR 08, 562 [nachträgliche Beschränkung der Gültigkeit von Telefonkarten]). Maßgebend ist der Zeitpunkt der ergänzenden Auslegung, nicht der des Vertragsschlusses. Ausgangspunkt für die Vertragsergänzung sind der Vertragszweck und die im Vertrag von den Parteien vorgenommenen Interessenbewertungen (BGHZ 146, 284; BGH WM 64, 235), auf deren Grundlage der Vertrag „zu Ende gedacht" werden muss. Eine Regelungslücke liegt vor, wenn der Vertrag aufgrund einer an objektiven Maßstäben orientierten Bewertung von Inhalt und Rechtsfolgen eine Bestimmung vermissen lässt, die zur Verwirklichung des zugrunde liegenden Regelungsplans erforderlich ist (BGHZ 77, 304; BGH NJW 04, 1873). Daran fehlt es, wenn die Parteien bewusst eine abschließende Regelung treffen wollten (BGHZ 111, 115; BGH NJW 85, 1836; 90, 1724). „Planwidrig" ist die Lücke, wenn die Parteien ein bestimmtes Ziel erreichen wollten, ihnen dies aber wegen der Lückenhaftigkeit des Vereinbarten nicht gelungen ist (BGH NJW-RR 05, 26).

Da eine ergänzende Vertragsauslegung nur „weiße Flecken" im Vertragsgefüge ausfüllt, darf sie sich nicht über die vom **Parteiwillen gezogenen Grenzen** hinwegsetzen (BGHZ 90, 77). Die zu schließende Lücke muss daher innerhalb des vertraglichen Rahmens liegen (vgl BGH NJW 97, 522). Die ergänzende Auslegung darf die sich aus dem Vertrag ergebenden Rechte und Pflichten der Parteien nicht erweitern (BGHZ 40, 103; 77, 304). Sie scheidet dann aus, wenn die Lücke auf verschiedene Art und Weise geschlossen werden kann und der Vertrag keine Anhaltspunkte dafür bietet, welche Lösung die Parteien bevorzugt hätten (BGHZ 62, 90; 90, 80; BGH NJW-RR 05, 1621).

III. Kann eine Vertragslücke durch **dispositives Gesetzesrecht** geschlossen werden, das der Gesetzgeber ja vorsorglich zur Lösung typischer, von den Parteien nicht besonders geregelter Interessenkonflikte bereitgestellt hat, tritt die ergänzende Vertragsauslegung zurück (BGHZ 40, 103; 90, 75; einschränkend für Gesellschaftsverträge BGHZ 123, 286). Andernfalls blieben die dispositiven Vorschriften bedeutungslos. Für eine ergänzende Vertragsauslegung bleibt aber dann Raum, wenn ein gesetzlich nicht geregelter Vertragstyp Lücken aufweist, wenn das dispositive Recht keine Regelung für die offengebliebene Frage enthält (BGHZ 90, 75) oder wenn ein Rückgriff auf dispositive Bestimmungen dem wirklichen oder mutmaßlichen Parteiwillen widerspricht (BGHZ 90, 75; BGH NJW 75, 1116; 79, 1704; 00, 1114). Bei unwirksamen oder nicht einbezogenen AGB gilt § 306 II.

Titel 4
Bedingung und Zeitbestimmung

Vorbemerkung zu §§ 158–163

Kraft ihrer **Privatautonomie** können die Parteien Eintritt und Ende der Wirkungen ihres Rechtsgeschäfts von einem zukünftigen ungewissen Ereignis oder von einem festen Anfangs- oder Endtermin abhängig machen. Im ersten Fall nehmen sie in ihren

Vertrag eine **Bedingung** (§§ 158–162), im zweiten eine **Zeitbestimmung** oder Befristung (§ 163) auf.

§ 158 Aufschiebende und auflösende Bedingung

(1) Wird ein Rechtsgeschäft unter einer aufschiebenden Bedingung vorgenommen, so tritt die von der Bedingung abhängig gemachte Wirkung mit dem Eintritt der Bedingung ein.

(2) Wird ein Rechtsgeschäft unter einer auflösenden Bedingung vorgenommen, so endigt mit dem Eintritt der Bedingung die Wirkung des Rechtsgeschäfts; mit diesem Zeitpunkt tritt der frühere Rechtszustand wieder ein.

1 I. Mit der Verabredung einer **Bedingung** knüpfen die Parteien rechtsgeschäftliche Wirkungen an ein zukünftiges Ereignis, dessen Eintritt derzeit noch objektiv ungewiss ist; wann es eintreten wird (falls es eintritt), kann dag bereits feststehen (etwa: Erreichen eines bestimmten Lebensalters) oder ebenfalls unsicher sein (Eheschließung, Bestehen einer Prüfung). Dag liegt eine Befristung iSd § 163 vor, wenn Rechtsfolgen von einem bestimmten Datum oder von einem Ereignis abhängen sollen, dessen Eintritt gewiss ist; allenfalls der Zeitpunkt (zB des Todes) mag noch unsicher sein. Eine **Auslegung** des Rechtsgeschäfts entscheidet darüber, ob der Eintritt von Rechtsfolgen überhaupt von einer besonderen Voraussetzung abhängig gemacht werden sollte, ob diese als eine Bedingung oder Befristung anzusehen ist und ob es sich – im ersten Fall – um eine **aufschiebende** (Abs 1, Rn 7) oder **auflösende** Bedingung (Abs 2, Rn 9) handelt.

2 **Keine Anwendung** finden die §§ 158 ff auf **Rechtsbedingungen** (dh gesetzliche Gültigkeitserfordernisse für Zustandekommen und Wirksamkeit eines Rechtsgeschäfts, vgl etwa §§ 182 ff; dazu BGH NJW 00, 2273) sowie auf **Scheinbedingungen**, die den Eintritt von Rechtsfolgen von einem gegenwärtigen oder vergangenen Ereignis abhängig machen, über dessen Verwirklichung bei den Parteien lediglich subjektive Ungewissheit herrscht. Ob in diesem Fall die ins Auge gefassten Rechtsfolgen sofort eintreten oder nur dann, wenn sich die von einer oder beiden Parteien gehegten Erwartungen als zutreffend erweisen, ist eine Frage der Auslegung. Zur Potestativbedingung vgl Rn 5.

3 II. 1. Grds können **alle Rechtsgeschäfte** von einer Bedingung abhängig gemacht werden, sofern das Gesetz nicht aus Gründen der Rechtssicherheit ausdrücklich das Gegenteil (und als Rechtsfolge iZw Unwirksamkeit des unzulässigerweise bedingt abgeschlossenen Geschäfts) vorschreibt. Das ist etwa der Fall bei der Auflassung (§ 925 II), der Eheschließung (§ 1311 S 2), der Begr einer Lebenspartnerschaft (§ 1 I 2 LPartG), dem Vaterschaftsanerkenntnis (§ 1594 III), der Einwilligung zur Adoption (§ 1750 II 1), der Annahme oder Ausschlagung einer Erbschaft (§ 1947).

4 Bedingungsfeindlich ist darüber hinaus grds auch die Ausübung von **Gestaltungsrechten**, weil dem Empfänger keine Ungewissheit und kein Schwebezustand zugemutet werden kann (BGHZ 97, 266 f), so etwa bei Rücktritt (BGH aaO), Anfechtung, Aufrechnung (§ 388 S 2; anders bei Eventualaufrechnung im Prozess) oder Kündigung im Arbeits- und Mietrecht (BAG NJW 95, 1982; 01, 3355; BGHZ 156, 332). Zulässig sind aber Rechts- (Rn 2) und Potestativbedingungen (Rn 5).

5 2. Gegenstand der **Bedingung** kann jedes zukünftige Ereignis sein, so etwa ein Naturvorgang oder gesellschaftliches Ereignis, ferner rechtliche sowie tatsächliche Handlungen oder Entscheidungen Dritter oder der Beteiligten. Auch **Potestativbedingungen**, bei denen der Eintritt des Bedingungsfalls auf den Willen eines der Beteiligten zurückgeht (etwa: Anmeldung zum Examen, Billigung einer Ware), sind grds zulässig (BGHZ 47, 391; 134, 188; BGH NJW-RR 09, 1455). Wird allerdings die Geltung des betr Rechtsgeschäfts selbst in das demnächst kundzugebende freie Belieben einer Partei gestellt (**Wollensbedingung**), liegt mangels Bindungswillens noch überhaupt keine rechtsgeschäftliche Erklärung vor.

6 Verstößt eine aufschiebende Bedingung (Rn 7) gegen die §§ **134, 138** oder ist ihr Eintritt von vornherein **unmöglich**, bleibt das Rechtsgeschäft insgesamt unwirksam. Ist

dag eine auflösende Bedingung (Rn 9) nichtig oder unmöglich zu erfüllen, kann das Rechtsgeschäft nach Maßgabe des § 139 fortbestehen.

3. Die Beteiligten können bestimmen, dass die von der Bedingung abhängig gemachten Rechtswirkungen erst mit Eintritt des Bedingungsfalles eintreten sollen (**Abs 1: aufschiebende Bedingung**). In diesem Fall bleibt während der „Schwebezeit" (vgl §§ 160 I, 161 I) die Rechtslage zunächst grds unverändert (vgl aber Rn 10 sowie §§ 160 I, 161 I). Die ins Auge gefassten Rechtswirkungen treten erst und nur dann – und mit Wirkung ex nunc (§ 159) – ein, wenn sich die als Bedingung umschriebenen Umstände realisieren (Bsp: Eigentumsübertragung unter Vorbehalt der Kaufpreiszahlung, § 449; Kauf auf Probe, § 454 I 2). Mit dem Bedingungsfall ändert sich die Rechtslage ipso iure, ohne dass die Willenseinigung der Parteien weiterhin Bestand haben muss (BGHZ 127, 134). Steht fest, dass die Bedingung nicht mehr verwirklicht werden kann, ist das Geschäft endgültig gescheitert. 7

Die **Gültigkeitsvoraussetzungen** (Geschäftsfähigkeit, Verfügungsbefugnis, Gesetz- und Sittenwidrigkeit, Form) eines aufschiebend bedingt vorgenommenen Rechtsgeschäfts müssen im **Zeitpunkt der Vornahme** vorliegen; auf den Zeitpunkt des Bedingungseintritts kommt es dag nicht an (vgl BGHZ 30, 377). 8

4. Die Beteiligten können bestimmen, dass die Wirkungen eines Rechtsgeschäfts mit dem Eintritt des Bedingungsfalls enden sollen (**Abs 2: auflösende Bedingung**). In diesem Fall äußert das Rechtsgeschäft zunächst die gewollten Wirkungen. Sie entfallen ex nunc (§ 159) mit der Verwirklichung des Bedingungsfalls, so etwa bei sog „Verwirkungsklauseln" mit dem Zuwiderhandeln des Bedachten (BGH NJW-RR 09, 1455 Rn 17), ggf mit der Folge, dass der frühere Rechtszustand wieder eintritt (vgl aber §§ 160 II, 161 II). Kann die Bedingung nicht mehr eintreten, bleibt das Rechtsgeschäft auf Dauer wirksam. 9

III. Da ein bedingt Berechtigter mit Bedingungseintritt ipso iure zum Rechtsinhaber wird, hat der zukünftige Erwerber bereits jetzt eine gesicherte Position erlangt, die von der Gegenseite nicht mehr durch einseitige Erklärung zerstört werden kann („**Anwartschaftsrecht**", zur Definition BGHZ 125, 338; näher § 929 Rn 51 ff). Diese gesicherte Erwerbsvorstufe kann (nach den Regeln des Vollrechts) übertragen, vererbt und gepfändet werden; bei Beeinträchtigungen des „Anwartschaftsrechts" greifen die allg Schutzansprüche (zB §§ 823 I, 812 I 1, 2. Fall, 985, 1004) ein. Praktisch bedeutsamstes Bsp ist die Rechtsstellung des Käufers nach Vereinbarung eines Eigentumsvorbehalts (vgl § 449), bei dem die Wirksamkeit des Übereignungsgeschäfts von einer aufschiebenden Bedingung (regelmäßig: vollständige Kaufpreiszahlung) abhängig gemacht wird. 10

§ 159 Rückbeziehung

Sollen nach dem Inhalt des Rechtsgeschäfts die an den Eintritt der Bedingung geknüpften Folgen auf einen früheren Zeitpunkt zurückbezogen werden, so sind im Falle des Eintritts der Bedingung die Beteiligten verpflichtet, einander zu gewähren, was sie haben würden, wenn die Folgen in dem früheren Zeitpunkt eingetreten wären.

Die an den Eintritt einer (aufschiebenden oder auflösenden) Bedingung geknüpften Rechtsfolgen treten **ex nunc** ein. Sieht das bedingt vorgenommene Rechtsgeschäft (ausdrücklich oder konkludent) eine Rückbeziehung der Wirkungen auf einen früheren Zeitpunkt vor, so kommt einer solchen Bestimmung lediglich **obligatorische Bedeutung** zu. Die Beteiligten müssen einander in diesem Fall so stellen, wie sie bei rückwirkendem Eintritt der bedingten Rechtsfolge stehen würden. Anspruchsgrundlage ist das bedingte Rechtsgeschäft selbst. Ob und in welchem Umfang eine Rückbeziehung stattfinden soll, ist durch Auslegung festzustellen. 1

§ 160 Haftung während der Schwebezeit

(1) Wer unter einer aufschiebenden Bedingung berechtigt ist, kann im Falle des Eintritts der Bedingung Schadensersatz von dem anderen Teil verlangen, wenn dieser während der Schwebezeit das von der Bedingung abhängige Recht durch sein Verschulden vereitelt oder beeinträchtigt.

(2) Den gleichen Anspruch hat unter denselben Voraussetzungen bei einem unter einer auflösenden Bedingung vorgenommenen Rechtsgeschäft derjenige, zu dessen Gunsten der frühere Rechtszustand wieder eintritt.

1 **I.** Die Vorschrift **schützt** einen **bedingt Berechtigten** davor, dass der Vertragspartner vor Bedingungseintritt das von der Bedingung abhängige Recht (Bsp: durch Zerstörung oder Beschädigung der bedingt verkauften oder übereigneten Sache) beeinträchtigt. Sie begründet ein gesetzliches Schuldverhältnis mit Schutz- und Erhaltungspflichten. Eine Pflichtverletzung begründet einen gesetzlichen Schadensersatzanspruch, der – nach Abschluss eines (ggf aufschiebend bedingten) Schuldvertrages oder im Fall des Abs 2 - mit einem vertraglichen Anspruch aus § 280 I konkurrieren kann (vgl BGHZ 90, 308).

2 **II. 1. Gläubiger** des Anspruchs ist im Falle einer aufschiebenden Bedingung der mögliche Rechtserwerber (**Abs 1**), bei einer auflösenden Bedingung der frühere Rechtsinhaber, an den im Bedingungsfall das Recht wieder zurückfällt (**Abs 2**). **Schuldner** ist jeweils der andere Vertragsteil, soweit er die Rechtsbeeinträchtigung zu verantworten hat.

3 **2.** Der **Anspruch auf Schadensersatz** setzt voraus, dass der andere Teil während des bis zum Bedingungseintritt bestehenden Schwebezustands eine Erhaltungs- und Schutzpflicht **schuldhaft** (§§ 276, 278, 282) verletzt und dadurch das von der Bedingung abhängige Recht vereitelt oder beeinträchtigt. Der Anspruch kann nur nach Eintritt der Bedingung geltend gemacht werden, weil der Gläubiger andernfalls das Recht ohnehin nicht (zurück-) erwerben würde.

4 **3.** Der bedingt Berechtigte kann Ersatz des **Erfüllungsinteresses**, also nicht nur des Vertrauensschadens verlangen.

§ 161 Unwirksamkeit von Verfügungen während der Schwebezeit

(1) ¹Hat jemand unter einer aufschiebenden Bedingung über einen Gegenstand verfügt, so ist jede weitere Verfügung, die er während der Schwebezeit über den Gegenstand trifft, im Falle des Eintritts der Bedingung insoweit unwirksam, als sie die von der Bedingung abhängige Wirkung vereiteln oder beeinträchtigen würde. ²Einer solchen Verfügung steht eine Verfügung gleich, die während der Schwebezeit im Wege der Zwangsvollstreckung oder der Arrestvollziehung oder durch den Insolvenzverwalter erfolgt.

(2) Dasselbe gilt bei einer auflösenden Bedingung von den Verfügungen desjenigen, dessen Recht mit dem Eintritt der Bedingung endigt.

(3) Die Vorschriften zugunsten derjenigen, welche Rechte von einem Nichtberechtigten herleiten, finden entsprechende Anwendung.

1 **I.** Wer unter einer aufschiebenden Bedingung über einen Gegenstand verfügt hat, bleibt bis zum Bedingungseintritt Rechtsinhaber und könnte daher die ins Auge gefasste Rechtsübertragung immer noch durch eine weitere Verfügung vereiteln. Davor schützt die Vorschrift in **Abs 1** den aufschiebend bedingten Erwerber, indem sie eine solche **Zwischenverfügung** für **unwirksam** erklärt. In entspr Weise sichert **Abs 2** die Rechtsstellung desjenigen, an den nach Eintritt einer auflösenden Bedingung ein Recht zurückfällt. Der Schutz des bedingt Berechtigten muss allerdings ggü den Interessen eines gutgläubigen Zwischenerwerbers weichen (**Abs 3**).

2 **II.1. Geschützt** wird nach **Abs 1** derjenige, zu dessen Gunsten aufschiebend bedingt **verfügt** (Vor §§ 104–185 Rn 4) wurde (wichtigstes Bsp: Übereignung unter Eigentumsvorbehalt, vgl § 158 Rn 10). Dag lässt ein lediglich bedingtes Verpflichtungsgeschäft die Wirksamkeit einer nachfolgenden Verfügung vollständig unberührt und kann nach

Bedingungseintritt allenfalls Schadensersatzansprüche (zB aus §§ 160, 280 I) auslösen. Abs 2 setzt dag voraus, dass ein auflösend bedingter Rechtsinhaber selbst vor Bedingungseintritt Verfügungen zugunsten eines Dritten vornimmt (Bsp: Einziehung oder Erlass einer Forderung, vgl BGHZ 20, 133).

2. Tritt die Bedingung ein, ist die Zwischenverfügung insoweit **absolut unwirksam**, als sie die Rechtsstellung des Ersterwerbers (Abs 1 S 1) oder Rückfallberechtigten (Abs 2) beeinträchtigen würde. Unwirksamkeit tritt nicht ein, wenn der jeweils Geschützte der Verfügung zugestimmt hat (§§ 182 ff; BGHZ 92, 288). Das der unwirksamen Verfügung zugrunde liegende Verpflichtungsgeschäft bleibt unberührt.

Verfügungen, die während der Schwebezeit im Wege der **Zwangsvollstreckung** oder **Arrestvollziehung** oder durch einen **Insolvenzverwalter** getroffen werden, sind den rechtsgeschäftlichen Verfügungen gleichgestellt, so dass die dadurch erworbenen Rechte (zB Pfändungspfandrecht) mit Bedingungseintritt erlöschen (**Abs 1 S 2**).

Auf die Entstehung **gesetzlicher Pfandrechte** (zB nach § 562 aufgrund der Einbringung einer Sache in eine Mietwohnung) findet § 161 analoge Anwendung.

3. Auf die in Abs 1 und 2 genannten Verfügungen eines (allerdings in seiner Verfügungsmacht beschränkten) **Berechtigten** sind die Vorschriften über den **gutgläubigen Rechtserwerb vom** Nichtberechtigten (§§ 932, 936, 892, 893, 1032, 1207; ferner 366 HGB) **entspr anzuwenden.** Die in Rn 3 ff genannten Rechtsfolgen treten daher nicht ein, wenn der Zwischenerwerber im Hinblick auf die beschränkte Verfügungsmacht des Verfügenden gutgläubig war.

Verfügt ein auflösend bedingt berechtigter Gläubiger über eine **Forderung** durch Einziehung, Erlass oder Aufrechnung, greift zugunsten des Schuldners § 407 ein.

§ 162 Verhinderung oder Herbeiführung des Bedingungseintritts

(1) Wird der Eintritt der Bedingung von der Partei, zu deren Nachteil er gereichen würde, wider Treu und Glauben verhindert, so gilt die Bedingung als eingetreten.

(2) Wird der Eintritt der Bedingung von der Partei, zu deren Vorteil er gereicht, wider Treu und Glauben herbeigeführt, so gilt der Eintritt als nicht erfolgt.

I. Niemand soll aus seinem eigenen treuwidrigen Verhalten Vorteile ziehen können (§ 242). In Ausprägung dieses allg Grundsatzes (BGH NJW-RR 91, 178) **fingiert Abs 1** den Eintritt einer Bedingung, wenn er von einer Partei treuwidrig verhindert, **Abs 2** den Ausfall einer Bedingung, wenn ihr Eintritt von einer Partei treuwidrig herbeigeführt wurde. Gleichzeitig wird dadurch iZw dem rechtsgeschäftlichen Willen der Parteien Rechnung getragen. Die Bestimmung gilt auch für Potestativ- (BGH NJW 66, 1405, § 158 Rn 5), nicht aber für Wollens- (§ 158 Rn 5) oder Rechtsbedingungen (vgl BGH NJW 96, 3340, § 158 Rn 2). Ggf besteht im letzten Fall eine Pflicht der Parteien aus § 242, sich um ein rechtsgültiges Zustandekommen des Rechtsgeschäfts zu bemühen.

II. 1. Die Fiktion greift ein, wenn eine Partei durch **Beeinflussung des Kausalverlaufs** den ihr nachteilhaften Bedingungseintritt verhindert (**Abs 1**) oder den ihr vorteilhaften Bedingungseintritt herbeigeführt hat (**Abs 2**). Unterlassen reicht aus, wenn eine Rechtspflicht zum Handeln (zB aus § 242) bestand.

2. Die Einflussnahme muss unter Berücksichtigung aller Umstände des Einzelfalls im Hinblick auf den Inhalt des Rechtsgeschäfts einerseits und von Anlass, Zweck und Motiv des Handelns andererseits unter loyalen Vertragspartnern als **treuwidrig** erscheinen (BGH NJW 05, 3417). Bsp: unbegründete Zurückweisung der letzten Rate durch einen Vorbehaltsverkäufer.

3. Sofern sich durch Auslegung des Rechtsgeschäfts kein anderes Ergebnis ermitteln lässt, wird der Eintritt bzw Ausfall der Bedingung **gesetzlich fingiert**. Maßgebend ist der Zeitpunkt, zu dem die treuwidrige Handlung vorgenommen wurde (str).

§ 163 Zeitbestimmung

Ist für die Wirkung eines Rechtsgeschäfts bei dessen Vornahme ein Anfangs- oder ein Endtermin bestimmt worden, so finden im ersteren Falle die für die aufschiebende, im letzteren Falle die für die auflösende Bedingung geltenden Vorschriften der §§ 158, 160, 161 entsprechende Anwendung.

1 **I.** Die Vorschrift stellt Rechtsgeschäfte, in denen durch rechtsgeschäftliche Nebenabrede ein **Anfangstermin** festgelegt wurde, den aufschiebend bedingten Geschäften, solche mit einem **Endtermin** den auflösend bedingten Geschäften gleich (vgl § 158 Rn 1). Zur Fristberechnung s §§ 186 ff.

2 **II.** Die Wirkungen eines befristeten **Rechtsgeschäfts** treten daher mit einem evtl Anfangstermin ein und enden zu dem etwa vorgesehenen Endtermin (§ 158 entspr). Eine unbestimmt befristete Kündigung ist unwirksam (BGHZ 156, 332, vgl § 158 Rn 4). Wer ein Recht nach einem bestimmten Zeitpunkt erwerben oder nach Eintritt eines bestimmten Zeitpunkts zurückerhalten soll, kann von dem anderen Teil **Schadensersatz** verlangen, wenn dieser das Recht vor dem maßgeblichen Termin schuldhaft vereitelt oder beeinträchtigt (§ 160 I analog). Soll die Wirksamkeit einer Verfügung erst von einem späteren Termin an eintreten, ist eine vor diesem Zeitpunkt vorgenommene weitere **Verfügung** insoweit **unwirksam**, als sie nach Überschreiten des Termins die zuerst vorgenommene Verfügung vereiteln oder beeinträchtigen würde (§ 161 I entspr) und zugunsten des Zweiterwerbers die Vorschriften über den gutgläubigen Erwerb keine entspr Anwendung finden (analog § 161 III). Entspr gilt für Verfügungen eines Rechtsinhabers, dessen Verfügungsberechtigung zu einem bestimmten Termin erlöschen wird (§ 161 II analog).

Titel 5
Vertretung und Vollmacht

Vorbemerkung zu §§ 164–181

1 **I. Vertretung** ist rechtsgeschäftliches Handeln (Abgabe und Empfang von Willenserklärungen) im Namen einer anderen und mit Wirkung für diese andere Person. Grds muss, wer die Rechtswirkungen von Willenserklärungen auslösen will, diese Erklärungen selbst abgeben. Es besteht im Rechtsverkehr jedoch ein unabweisbares Bedürfnis, bei der Vornahme von Rechtsgeschäften andere Personen als Stellvertreter für sich tätig werden zu lassen. Damit in einem solchen Fall die Rechtswirkungen des Vertreterhandelns nicht den Handelnden, sondern den dahinter stehenden Vertretenen treffen (vgl § 164 I), muss der Vertreter mit einer spezifischen Rechtsmacht (**Vertretungsmacht**) ausgestattet sein. Diese Vertretungsmacht kann sich aus einem Rechtsgeschäft des Vertretenen (Erteilung einer **Vollmacht**, vgl §§ 166 II, 167) oder kraft Gesetzes ergeben.

2 **Gewillkürte**, dh durch Rechtsgeschäft begründete **Stellvertretung** ermöglicht es dem Vertretenen, seinen Aktionsradius bei der Abgabe und dem Empfang von Willenserklärungen gezielt zu erweitern. Er kann Geschäfte für sich vornehmen lassen, ohne selbst bei der Vornahme zugegen sein zu müssen, und sich zudem der Sachkunde und Fähigkeiten des Vertreters bedienen.

3 Eine **Vertretung** wird **kraft Gesetzes** angeordnet, um auch einer nicht oder nur beschränkt geschäfts- oder handlungsfähigen Person die Teilnahme am Rechtsverkehr zu ermöglichen. Für den Geschäftsunfähigen (§ 105) muss, für den beschränkt geschäftsfähigen Minderjährigen (§§ 106 ff) und die betreute, aber geschäftsfähige Personen (§§ 1896 ff) kann ein gesetzlicher Vertreter tätig werden (§§ 1626, 1629 I 1: Eltern; § 1793: Vormund; § 1902: Betreuer). Auch juristische Personen sind als solche handlungsunfähig und bedürfen daher ihrer Organe, um am Rechtsleben teilzunehmen. Im Bereich rechtsgeschäftlichen Handelns kommt den Organen Vertretereigenschaft zu (vgl etwa §§ 26 II, 86; ferner 78 I AktG, § 35 I GmbHG: organschaftliche Vertretung). Ein Gerichtsvollzieher schließt Verträge über die Verwahrung gepfändeter Sachen als

gesetzlicher Vertreter des Justizfiskus ab (§§ 808 II 1, 885 III ZPO, vgl BGHZ 142, 83).

II. Wenn die Rechtsfolgen des Handelns einer Person kraft gesetzlicher Anordnung 4 eine andere Person treffen, spricht man von **Zurechnung**. Zurechnung erfolgt aufgrund einer – geschriebenen oder ungeschriebenen – **Zurechnungsnorm**. Im konkreten Fall können verschiedene Zurechnungsnormen nebeneinander auf ein und dieselbe Person zur Anwendung kommen, je nachdem, welches Verhalten zur Erfüllung von Tatbestandsmerkmalen einer Norm gerade herangezogen werden soll.

1. In § 164 I, III wird dem Vertretenen die **Abgabe** oder **Entggnahme** von **Willenserklä-** 5 **rungen** durch den Vertreter zugerechnet. Während der Stellvertreter eine eigene Willenserklärung abgibt, beschränkt sich der **Bote** darauf, eine fremde Erklärung lediglich zu übermitteln (vgl § 164 Rn 4).

Keine Stellvertretung stellt die in § 1357 vorgesehene Mitverpflichtung des nicht han- 6 delnden Ehegatten aus Geschäften dar, die der andere zur angemessenen Deckung des Lebensbedarfs tätigt („Schlüsselgewalt"). Die Rechtsfolgen der Norm treten grds auch ein, wenn der handelnde Ehegatte ausschließlich im eigenen Namen auftritt. Es handelt sich hier vielmehr um eine Rechtsmacht sui generis, was jedoch nicht ausschließt, einzelne Stellvertretungsregeln (insb §§ 165, 177) analog heranzuziehen.

2. Bei der **Wissensvertretung** erfolgt **eine Zurechnung** fremder Kenntnisse von rechtser- 7 heblichen Tatsachen (so etwa in den §§ 142 II, 442 I, 640 II, 819 I, 892 I, 932 II, 990 I). Das BGB regelt die Wissenszurechnung nur für den Stellvertreter in § 166. Sie wird aber in entspr Anwendung dieser Vorschrift (teils auch in Analogie zu §§ 278, 831 I) auch für nicht vertretungsberechtigte Hilfspersonen vorgenommen (näher § 166 Rn 7).

3. Eine Zurechnung **pflichtverletzenden** (schädigenden) **Verhaltens** erfolgt insb in 8 §§ 278 und 31. Dabei betrifft § 278 (Haftung für Erfüllungsgehilfen) das Verhalten einer Hilfsperson bei der Erfüllung von Pflichten iR einer bestehenden Sonderverbindung. In § 31 (Organhaftung) werden einer juristischen Person die zum Schadensersatz verpflichtenden deliktischen (str, näher § 31 Rn 1) Handlungen ihrer Organe zugerechnet. Eine Zurechnung schädigenden Verhaltens erfolgt auf den ersten Blick auch iR des § 831 I. Diese Bestimmung enthält jedoch eine eigenständige Anspruchsgrundlage für vermutetes eigenes Verschulden des Geschäftsherrn bei der Erfüllung von Verkehrspflichten (nämlich der Auswahl und Beaufsichtigung von Gehilfen), das – vermittelt durch eine rechtswidrige Handlung des Verrichtungsgehilfen – für die Schädigung eines Dritten kausal geworden ist.

4. Die §§ 855 (Besitzdiener) und 868 (mittelbarer Besitz) rechnen unter bestimmten 9 Voraussetzungen die **Ausübung tatsächlicher Sachgewalt** einer anderen Person zu und räumen dieser (bei § 868: neben dem – unmittelbaren – Gewalthaber) die Stellung eines Besitzers ein, obwohl Besitz gem § 854 I als Innehabung der tatsächlichen Sachherrschaft definiert wird. Diese Vorschriften betreffen also – anders als § 164 – die Zurechnung von **Realakten**.

III. 1. Keine Stellvertretung iSd §§ 164 ff ist die sog **mittelbare Stellvertretung**. Sie ist 10 dadurch gekennzeichnet, dass der Handelnde – anders als bei echter Stellvertretung – nicht im fremden, sondern im eigenen Namen, dabei allerdings im Interesse und für Rechnung eines anderen tätig wird. Die Wirkungen des Geschäfts treffen allein den Handelnden selbst; zwischen Hintermann und Geschäftspartner entstehen keinerlei Rechtsbeziehungen. Die mittelbare Stellvertretung ist nicht ausdrücklich geregelt, kann von den Beteiligten aber kraft ihrer Vertragsfreiheit vereinbart werden (Bsp: Kommissionär, §§ 383 ff HGB). Mittelbarer Stellvertreter ist idR ein **Treuhänder**, der zwar im Interesse des Treugebers, nach außen aber im eigenen Namen handelt; charakteristisch für das Treuhandverhältnis ist dabei, dass der Treugeber dem Treuhänder Rechte überträgt oder Rechtsmacht einräumt, von denen dieser aber im Innenverhältnis nur nach Maßgabe einer schuldrechtlichen Abrede (Treuhandvertrag) Gebrauch machen darf. Folge ist demnach, dass das rechtliche „Können" im Außenverhältnis das sich aus den schuldrechtlichen Bindungen im Innenverhältnis ergebende „Dürfen" übersteigt (zu einer vergleichbaren Rechtslage bei der Stellvertretung vgl § 164 Rn 12).

11 2. Die gesetzlich vorgesehenen **Verwalter fremden Vermögens** (Insolvenz-, Nachlassverwalter, Testamentsvollstrecker) sind keine gesetzlichen Vertreter des Vermögensinhabers, sondern **Träger eines Amtes** (Amtstheorie). Zwar treffen die Folgen des Handelns nicht den Verwalter selbst, sondern den Vermögensinhaber; ein solcher Verwalter wird aber im eigenen Namen und in Wahrnehmung eigener Rechte tätig. Zudem nimmt er nicht unbedingt die Interessen des Vermögensinhabers wahr.

12 3. **Abschlussvermittler**, wie Zivilmakler (§ 652), Handelsmakler (§ 93 HGB) oder Vermittlungsvertreter sind nur an der Vorbereitung eines Vertragsschlusses beteiligt. Sie werden nicht selbst rechtsgeschäftlich im Hinblick darauf tätig und sind daher auch keine Stellvertreter.

§ 164 Wirkung der Erklärung des Vertreters

(1) ¹Eine Willenserklärung, die jemand innerhalb der ihm zustehenden Vertretungsmacht im Namen des Vertretenen abgibt, wirkt unmittelbar für und gegen den Vertretenen. ²Es macht keinen Unterschied, ob die Erklärung ausdrücklich im Namen des Vertretenen erfolgt oder ob die Umstände ergeben, dass sie in dessen Namen erfolgen soll.
(2) Tritt der Wille, in fremdem Namen zu handeln, nicht erkennbar hervor, so kommt der Mangel des Willens, im eigenen Namen zu handeln, nicht in Betracht.
(3) Die Vorschriften des Absatzes 1 finden entsprechende Anwendung, wenn eine gegenüber einem anderen abzugebende Willenserklärung dessen Vertreter gegenüber erfolgt.

1 I. § 164 I ist die zentrale Norm des Stellvertretungsrechts. Sie normiert die **Voraussetzungen** und **Rechtsfolgen** wirksamer Stellvertretung: Gibt der Vertreter bei Zulässigkeit der Stellvertretung (Rn 3) eine eigene Willenserklärung (Rn 4) im Namen des Vertretenen ab (vgl **Abs 2**, Rn 5) bzw nimmt er eine Erklärung entgegen (**Abs 3**, Rn 13) und handelt er dabei innerhalb der ihm zustehenden Vertretungsmacht (Rn 10), so treffen die Wirkungen der Erklärung nicht den Vertreter, sondern unmittelbar den Vertretenen (Rn 12).

2 II. 1. Die §§ 164 ff gelten unmittelbar nur für **Willenserklärungen**, finden aber auf geschäftsähnliche Handlungen (etw: Fristsetzung nach § 281 I 1; Aufforderung zur Genehmigung nach §§ 108 II, 177 II; Mahnung, Mängelanzeige usw, vgl Vor §§ 104–185 Rn 11) entspr Anwendung (BGH NJW 06, 688). Auf Realakte (Vor §§ 104–185 Rn 12) sind die Vorschriften nicht anwendbar.

3 2. Stellvertretung ist grds bei der Abgabe einer jeden Willenserklärung **zulässig** und nur ausnahmsweise bei der Vornahme sog höchstpersönlicher Rechtsgeschäfte ausgeschlossen. Insb im Familien- und Erbrecht will der Gesetzgeber häufig sicherstellen, dass die Rechtsfolgen einer Willenserklärung durch eine eigene Willensbildung und -betätigung des Betroffenen herbeigeführt werden. In solchen Fällen ist **gesetzlich** bestimmt, dass ein Rechtsgeschäft persönlich vorgenommen werden muss, so zB in §§ 1311 S 1 (Eheschließung), 1 I 1 LPartG (Eingehung einer Lebenspartnerschaft), 1600 a I (Vaterschaftsanfechtung), 2064 (Testamentserrichtung), 2274, 2284 S 1, 2290 II 1 (Abschluss, Bestätigung, Aufhebung eines Erbvertrages). Stellvertretung kann jedoch auch durch **Rechtsgeschäft** mit dem künftigen Geschäftspartner ausgeschlossen werden (sog gewillkürte Höchstpersönlichkeit, vgl BGHZ 99, 94).

4 3. Der Vertreter muss eine **eigene** Willenserklärung abgeben („Ich erkläre ...") und nicht nur eine fremde Erklärung übermitteln („Ich soll ausrichten, dass ..."). Dies unterscheidet ihn vom **Boten** (vgl § 120 Rn 2). IR der Stellvertretung wird allein der Vertreter rechtsgeschäftlich tätig. Er darf daher nicht geschäftsunfähig sein (vgl jedoch § 165). Willensmängel sind grds nur dann relevant, wenn sie in der Person des Vertreters vorliegen (§ 166 I). Seine Erklärung muss einer etwa vorgeschriebenen Form genügen. Die Auslegung einer ggü dem Vertreter abgegebenen Willenserklärung richtet sich danach, wie dieser sie verstehen durfte. Demggü ist der Bote lediglich Werkzeug und Sprachrohr des Erklärenden, auf diesen ist folgerichtig bei der Beurteilung von Inhalt und Wirksamkeit der Erklärung abzustellen. Daher kann auch ein Geschäftsunfähiger Bote sein. Die Abgrenzung zwischen Stellvertretung und Botenschaft richtet sich nicht nach der Abrede zwischen Geschäftsherrn und Hilfsperson, sondern danach, wie ein Dritter das Auftreten der Hilfsperson verstehen durfte (BGHZ 12, 334; BAG NJW 08, 1243). Ob der Vertreter im Innenverhältnis zum Vertretenen Weisungen unterliegt („Vertreter mit gebundener Marschroute"), ist dabei ohne Belang.

4. Der Vertreter muss – nach außen erkennbar – **im Namen des Vertretenen** handeln 5 („**Offenkundigkeitsprinzip**"). Diese Voraussetzung dient dem Schutz des Erklärungsempfängers, der wissen soll, wer erklärt und damit uU sein Vertragspartner wird. Maßgeblich ist daher, wie der Empfänger die Willenserklärung des Vertreters nach Treu und Glauben und unter Berücksichtigung der Verkehrssitte verstehen durfte (BGHZ 125, 178; vgl § 133 Rn 8). Macht der Vertreter – auch ungewollt – nicht hinreichend deutlich, dass er in fremdem Namen handelt, treffen die Wirkungen der Willenserklärung ihn selbst (BGH NJW-RR 06, 109 f). Dies gilt auch, wenn bei mehrdeutiger Erklärung sowohl ein Handeln im eigenen wie im fremden Namen angenommen werden kann; Mehrdeutigkeit geht zulasten des Erklärenden (OLG Düsseldorf NJW-RR 05, 852). Eine Anfechtung seiner Erklärung wegen Irrtums ist gem **Abs 2** ausgeschlossen. Tritt der Vertreter nach den äußeren Umständen in fremdem Namen auf, wirkt seine Erklärung auch dann für und gegen den Vertretenen, wenn er eine Erklärung im eigenen Namen abgeben will; ein Vertretungswille ist also nicht erforderlich (BGHZ 36, 33). Nach hM ist in diesem Fall jedoch eine Anfechtung nach § 119 I möglich. Nicht erforderlich ist, dass der Vertreter ausschließlich im Namen des Vertretenen handelt. Liegt zugleich ein Handeln auch im eigenen Namen vor, werden Vertreter und Vertretener gemeinsam Vertragspartei (BGHZ 104, 100; BGH NJW 13, 1873).

Dass die Wirkungen der Erklärung den Vertretenen treffen sollen, muss nach Abs 1 S 2 6 **nicht** notwendig **ausdrücklich** erklärt werden; es reicht aus, wenn sich dies aus den Umständen ergibt. So liegt es regelmäßig bei der Vergabe von Bauleistungen durch Hausverwalter (idR Vornahme für Eigentümer: BGH NJW-RR 04, 1017) oder offensichtlich unternehmensbezogenen Erklärungen von oder an **Geschäftspersonal**, aus denen nach der Verkehrsanschauung auch ohne ausdrücklichen Hinweis der – tatsächliche – Betriebsinhaber berechtigt und verpflichtet wird (BGH NJW 95, 43; 00, 2985; NJW-RR 97, 528). Ob der Geschäftspartner fälschlich den Vertreter oder einen Dritten für den Inhaber hält, ist unerheblich. Daneben kommt eine Eigenhaftung des Vertreters aus veranlasstem Rechtsschein in Betracht, wenn er den Eindruck erweckt hat, das Unternehmen selbst zu betreiben (etwa: Geschäftsführer einer GmbH zeichnet bei deren Vertretung ohne GmbH-Zusatz, vgl BGHZ 62, 220 ff; 64, 17 ff; 71, 354 ff).

Bei sofort abgewickelten **Bargeschäften des täglichen Lebens** ist die Person des Ver- 7 tragspartners dem Dritten regelmäßig gleichgültig (BGHZ 114, 80). Wenn in einem solchen Fall der Erklärende mit Vertreterwillen handelt, dies dem Erklärungsempfänger aber nicht deutlich macht, kann in Ermangelung eines Schutzbedürfnisses auf die Offenlegung der Vertretung verzichtet werden, so dass kein Eigengeschäft des Erklärenden, sondern ein Vertrag mit dem Vertretenen zustande kommt („**Geschäft für den, den es angeht**"). Dies gilt sowohl für Erwerbs- wie auch für Verpflichtungsgeschäfte (BGHZ 154, 279).

Gibt der Vertretene zu erkennen, **dass** er für einen anderen, **nicht** aber, **für wen** er han- 8 delt, ist dem Geschäftspartner klar, dass er nicht mit dem Handelnden selbst kontrahiert. Hier liegt keine Ausn vom Offenkundigkeitsprinzip vor; die Erklärung wirkt für und gegen den – unbekannten – Hintermann. Der Vertretene muss bei Vornahme des Vertretergeschäfts nicht einmal bestimmt sein; es reicht aus, dass diese Bestimmung dem Vertreter übertragen wird oder später aufgrund objektiver Umstände erfolgen soll (BGH NJW 98, 63). Der Geschäftspartner ist nicht schutzwürdig, weil er sich bewusst für einen Vertrag mit einem Unbekannten entschieden hat. Weigert sich der Vertreter allerdings, den Vertretenen namhaft zu machen und scheitert daran die Vertragsdurchführung, haftet der Vertreter analog § 179 (BGHZ 129, 149).

Vom Handeln in fremdem Namen ist das **Handeln unter fremdem Namen** zu unter- 9 scheiden, bei dem der Handelnde den Namen eines anderen als eigenen benutzt. Hier beurteilen sich die Rechtsfolgen danach, wie der Dritte das Verhalten des Handelnden verständigerweise auffassen durfte (BGHZ 45, 193, 195; OLG Düsseldorf NJW 89, 906). Hat die Namensbezeichnung für den Dritten keine Individualisierungskraft, weil er keine für den Vertragsschluss erheblichen Vorstellungen hins des Namensträgers hat (etwa: Miete eines Hotelzimmers unter einem Fantasie- oder Allerweltsnamen), so liegt eine bloße **Namenstäuschung** vor. Der Handelnde gibt die Erklärung erkennbar für sich selbst ab und schließt damit ein Eigengeschäft. Dem falschen Namen kommt dabei keine Bedeutung zu (falsa demonstratio non nocet). Dies gilt im Hinblick auf Kaufvertrag und dingliche Einigung grds auch, wenn der Veräußerer eines unterschlagenen Kfz unter dem Namen des Eigentümers auftritt und das Geschäft sofort abgewickelt wird (BGH NJW 13, 1946). Verbindet der Dritte dag mit dem Namen bestimmte Vorstellungen über eine (zB prominente) Person, handelt es sich um eine **Identitätstäuschung**, so bei Teilnahme an einer Internet-Auktion unter Benutzung einer fremden Kennung (OLG München NJW 04, 1328 f) oder bei Nutzung eines fremden eBay-Mitgliedskontos (BGHZ 189, 346 Rn 10). In diesem Fall ist einerseits das Vertrauen des Erklärungsempfängers schutzwürdig, der mit einer bestimmten anderen Person kontrahieren will, andererseits muss der echte Namensträger vor einer rechtsgeschäftlichen Bindung ohne eigenes Zutun bewahrt werden. Daher finden die Stellvertretungsregeln entspr Anwendung (BGHZ 45, 195 f): Hatte der Handelnde Vertretungsmacht für das vorgenommene Geschäft oder greifen die Regeln der Duldungs- und Anscheinsvollmacht ein (BGHZ 189, 346 Rn 12 ff; krit zur Begründung Sonnentag WM 12, 1614), so wirkt es für und gegen den Namensträger. Andernfalls kann dieser das Geschäft analog § 177 I an sich ziehen; will er dies nicht, so haftet der Handelnde dem Dritten entspr § 179 I.

10 5. Die Willenserklärung des Vertreters muss, wenn sie Wirkungen für den Vertretenen äußern soll, durch **Vertretungsmacht** gedeckt sein. Dieses Erfordernis dient dem Interesse des Vertretenen, der nur soweit durch rechtsgeschäftliches Handeln eines Dritten betroffen werden soll, wie dieser durch Gesetz (vgl §§ 26, 1629 I), Satzung oder Gesellschaftsvertrag oder Vollmacht (vgl §§ 166 II, 167) hierzu befugt ist.

11 Einzelvertretung liegt vor, wenn eine Person allein zur Vertretung berechtigt ist. Ist zum Schutz des Vertretenen vor unüberlegtem oder unzweckmäßigem Vertreterhandeln gesetzlich oder rechtsgeschäftlich vorgesehen, dass mehrere Personen nur in ihrer Gesamtheit die Vertretungsfolgen herbeiführen können, spricht man von **Gesamtvertretung** (vgl etwa §§ 714 iVm 709 I, 1629 I 2 ferner §§ 48 II, 125 II 1 HGB; 78 II 1 AktG, 35 II 2 GmbHG). Zur gemeinsamen Vertretung genügt es, wenn die Gesamtvertreter ihre Erklärungen sukzessive abgeben (BGH NJW 01, 3183) oder ein Gesamtvertreter das Geschäft namens des Vertretenen tätigt und die anderen Gesamtvertreter genehmigen (BGH NJW 82, 1037; BAG NJW 96, 2595). Die Genehmigung kann auch durch schlüssiges Verhalten erfolgen und bedarf nicht der für das zu tätigende Geschäft erforderlichen Form, sofern der handelnde Gesamtvertreter die Formerfordernisse eingehalten hat (vgl § 182 II). Auch können alle Gesamtvertreter einen von ihnen zur Vornahme bestimmter einzelner Geschäfte bevollmächtigen und somit zum Einzelvertreter machen; nicht aber generell für alle Geschäfte, da sonst der Zweck der Gesamtvertretung unterlaufen würde (vgl BGHZ 34, 30). Für Willensmängel, Kenntnis oder Kennenmüssen iSd § 166 genügt es, wenn diese bei einem der Gesamtvertreter vorliegen (BGHZ 62, 173). Zur Entgegennahme von Willenserklärungen für den Vertretenen ist jeder Gesamtvertreter allein befugt (BGH aaO, vgl auch §§ 28 II, 1629 I 2; 125 II 3 HGB, 78 II 2 AktG, § 35 II 3 GmbHG). Zur Gesamtvertretung im Kommunalrecht (§ 64 I GO NRW) vgl zuletzt BGHZ 178, 192.

12 6. Handelt der Vertreter iR seiner Vertretungsmacht (andernfalls: §§ 177–180), so **wirkt die Erklärung für und gegen den Vertretenen**, und zwar auch dann, wenn der Vertreter bei der Vornahme etwaige Beschränkungen aus dem Innenverhältnis zum Vertretenen nicht beachtet. Der Vertretene wird also vertraglich verpflichtet und kann die sich aus dem Vertrag ergebenden Ansprüche geltend machen. Den **Vertreter** trifft demggü keinerlei vertragliche Verpflichtung. Hat er jedoch (zB durch unzutreffende Angaben anlässlich der Vertragsverhandlungen) dem Geschäftsgegner einen Schaden zugefügt, kommt eine Eigenhaftung des Vertreters nach §§ 823 ff oder – bei starkem

Abschnitt 3 | Rechtsgeschäfte § 166

wirtschaftlichen Eigeninteresse am Vertragsschluss (BGHZ 56, 83 f; BGH NJW 97, 1233 f [Provisionsinteresse nicht ausreichend]) oder außerordentlicher Inanspruchnahme persönlichen Vertrauens durch den Vertreter (BGH NJW 89, 293; NJW-RR 93, 344) – auch nach §§ 280 I, 311 III in Betracht.

7. Für die **Entgegennahme** einer **Willenserklärung** verweist **Abs 3** auf eine entspr Anwendung des Abs 1. Die Entgegennahme der Erklärung wird dem Vertretenen zugerechnet, wenn der Dritte seine Erklärung erkennbar an diesen richten will und der Erklärungsempfänger Vertretungsmacht besitzt. Zur Inkassovollmacht eines Filialleiters nach § 56 HGB vgl OLG Düsseldorf NJW-RR 09, 1043). 13

Äußerlich unterscheidet sich die **Empfangsvertretung** nicht von der Empfangsbotenschaft (dazu § 130 Rn 5). Soweit die Unterscheidung von Bedeutung ist, wie zB für den Zeitpunkt des Erklärungszugangs (Empfangsvertretung: Entgegennahme durch den Vertreter; Empfangsbotenschaft: Zeitpunkt, in dem üblicherweise mit Weitergabe der Erklärung an den Adressaten gerechnet werden kann) oder für Auslegungsfragen (Empfangsvertretung: Horizont des Vertreters; Empfangsbotenschaft: Horizont des Erklärungsadressaten), ist eine Abgrenzung wiederum (vgl Rn 4) aus der Sicht des Erklärenden nach den äußeren Umständen zu treffen. 14

Die **Beweislast** für die Vertretungsmacht trägt derjenige, welcher sich auf ihr Vorliegen beruft. Ist str, ob der Erklärende im eigenen oder fremden Namen gehandelt hat, muss dieser beweisen, dass er entweder ausdrücklich im Namen eines Dritten aufgetreten ist oder sein Vertreterwillen aus den Umständen erkennbar war (OLG Düsseldorf NJW-RR 05, 852). 15

§ 165 Beschränkt geschäftsfähiger Vertreter

Die Wirksamkeit einer von oder gegenüber einem Vertreter abgegebenen Willenserklärung wird nicht dadurch beeinträchtigt, dass der Vertreter in der Geschäftsfähigkeit beschränkt ist.

Da die Willenserklärung eines mit Vertretungsmacht handelnden Vertreters nach § 164 I nur den Vertretenen bindet und die Haftung eines beschränkt Geschäftsfähigen als falsus procurator bei Handeln ohne Vertretungsmacht gem § 179 III 2 ausgeschlossen ist, bringt die Abgabe der Willenserklärung einem beschränkt geschäftsfähigen Vertreter weder Vor- noch Nachteile (neutrales Geschäft, vgl § 107 Rn 9). Folgerichtig sieht § 165 die **Willenserklärung** eines **beschränkt Geschäftsfähigen** für **wirksam** an. Eine Vertretung durch Geschäftsunfähige (nicht aber Botenschaft, vgl § 164 Rn 4) scheidet dag aus, da diese keinen rechtserheblichen Willen bilden können. Bei gesetzlicher und organschaftlicher Vertretung ist ein Tätigwerden beschränkt geschäftsfähiger oder betreuter Vertreter zT spezialgesetzlich ausgeschlossen (vgl zB §§ 1673 II 1, 1781 Nr 1, 1915 I 1; ferner § 76 III 1 AktG). 1

Die **Bevollmächtigung** eines beschränkt Geschäftsfähigen ist gem § 131 II 2 ohne Mitwirkung des gesetzlichen Vertreters wirksam, weil sie dem Minderjährigen keinen rechtlichen Nachteil bringt. Für die Wirksamkeit des **zugrunde liegenden Vertrages** (Auftrag, Geschäftsbesorgung, Dienstvertrag oÄ) ist dag regelmäßig die Zustimmung des gesetzlichen Vertreters erforderlich, da sich daraus Pflichten auch für den Vertreter ergeben. Ist das Grundverhältnis unwirksam, bleibt die Gültigkeit der Vollmacht davon unberührt (§ 167 Rn 8). 2

§ 166 Willensmängel; Wissenszurechnung

(1) Soweit die rechtlichen Folgen einer Willenserklärung durch Willensmängel oder durch die Kenntnis oder das Kennenmüssen gewisser Umstände beeinflusst werden, kommt nicht die Person des Vertretenen, sondern die des Vertreters in Betracht.

(2) ¹Hat im Falle einer durch Rechtsgeschäft erteilten Vertretungsmacht (Vollmacht) der Vertreter nach bestimmten Weisungen des Vollmachtgebers gehandelt, so kann sich dieser in Ansehung solcher Umstände, die er selbst kannte, nicht auf die Unkennt-

nis des Vertreters berufen. ²Dasselbe gilt von Umständen, die der Vollmachtgeber kennen musste, sofern das Kennenmüssen der Kenntnis gleichsteht.

1 **I.** Da bei der Stellvertretung allein der Vertreter rechtsgeschäftlich handelt (§ 164 Rn 4), kommt es, wenn Willensmängel sowie Kenntnis oder Kennenmüssen bestimmter Umstände Inhalt und Wirksamkeit des Geschäfts beeinflussen, im Regelfall allein auf die **Person des Vertreters** an (Abs 1); zu Einschränkungen beim WEG-Verwalter BGH NJW 03, 590. Eine Ausn sieht **Abs 2** vor: Sind dem **Vertretenen** selbst bestimmte Umstände bekannt oder hätten sie bekannt sein müssen, soll er sich hinter einem gutgläubig auf seine Weisung hin handelnden Vertreter nicht verstecken können (BGHZ 51, 147).

2 **II. 1.** Abs 1 gilt zunächst für **alle Arten der Stellvertretung** (§ 164 Rn 11) sowie bei Vertretung ohne Vertretungsmacht, wenn der Vertretene gem § 177 I genehmigt (BGHZ 184, 35, 43). Verweigert der Vertretene die Genehmigung, kann der Vertreter ggü einer Inanspruchnahme aus § 179 I seine eigenen Willensmängel geltend machen, indem er (zwar nicht das gesetzliche Haftungsverhältnis, vgl § 179 Rn 6), wohl aber den in § 179 I vorausgesetzten „Vertragsschluss" anficht.

3 **2.** Der Vertretene kann die Willenserklärung des Vertreters anfechten, wenn diese mit einem **Willensmangel des Vertreters** (§§ 116–123) behaftet war (Abs 1). Ebenso beeinflussen **Kenntnis** des Vertreters oder sein **Kennenmüssen** (vgl § 122 II) bestimmter Umstände die rechtlichen Folgen seiner Erklärung mit Wirkung für den Vertretenen, so zB bei der Auslegung (auch formbedürftiger) Willenserklärungen (BGH NJW 00, 2273), beim gutgläubigen Erwerb (§§ 892 I 1, 932 I 1, 936 II, 1138, 1155, 1157, 1207, 1208; 366 HGB), bei der Kenntnis von Sachmängeln (§ 442 I 1, 444), bei Arglist im Falle des § 442 I 2, ferner iR der §§ 122 II, 123 II 1, 142 II, 311 a II 2, hins der subjektiven Tatbestandsvoraussetzungen von Verbotsgesetzen iSd § 134 (vgl BayObLGZ 92, 348) sowie der subjektiven Voraussetzungen des § 138 (BGH NJW 92, 900) und bei der Kenntnis iSd § 199 I Nr 2. Im Verhältnis zweier Gesamtvertreter muss sich der eine das Wissen des anderen, der gg § 181 verstoßen hat, nicht zurechnen lassen (BGHZ 184, 35 Rn 23 f).

4 **3.** Hat ein **rechtsgeschäftlich** (dh durch Vollmacht, vgl § 167) **bestellter** Vertreter (vgl aber auch Rn 6) nach bestimmten **Weisungen des Vertretenen** gehandelt, kommt es abw von Abs 1 im Hinblick auf Kenntnis und Kennenmüssen rechtlich relevanter Umstände (Rn 3) neben der Person des Vertreters auch auf die des Vertretenen an. Kennt der Vertreter die maßgebenden Umstände nicht (andernfalls: Abs 1), wohl aber der Vollmachtgeber, kann dieser sich nicht auf die Unkenntnis des Vertreters berufen (**Abs 2 S 1**). Entspr gilt, wenn zwar nicht der Vertreter, wohl aber der Vollmachtgeber die betr Umstände hätte kennen müssen (**Abs 2 S 2**). Dag bleibt es im Hinblick auf Willensmängel grds bei der Regelung des Abs 1 (sehr str); eine analoge Anwendung des Abs 2 ist jedenfalls zu bejahen, wenn der Vollmachtgeber arglistig getäuscht wurde (§ 123 I) und daraufhin durch besondere Weisung Abgabe und Inhalt der Vertretererklärung entscheidend bestimmt hat (BGHZ 51, 141, 145 f).

5 Eine **Weisung** liegt vor, wenn der Vertretene die Entscheidung des Vertreters über den Geschäftsabschluss bestimmt oder in eine bestimmte Richtung gelenkt hat. Dabei wird der Begriff der Weisung weit ausgelegt (BGHZ 38, 68); es genügt sogar, dass der Vertreter ein Geschäft in Anwesenheit des Vertretenen abschließt und dieser den Vertragsschluss nicht verhindert (BGHZ 51, 142 f).

6 **4.** Zulasten des Vertretenen ist Abs 2 analog anzuwenden bei **Vertretung ohne Vertretungsmacht** nach Genehmigung durch den Vertretenen sowie bei **gesetzlicher Vertretung** (Vor §§ 164–181 Rn 3), wenn der gesetzliche Vertreter wie ein weisungsgebundener Bevollmächtigter handelt (BGHZ 38, 68). Zugunsten des Vertretenen kommt eine entspr Anwendung in Betracht, wenn dieser aufgrund von Willensmängeln zu der Weisung veranlasst wurde; in diesem Fall kann der Vollmachtgeber das Vertretergeschäft anfechten (BGHZ 51, 145 f).

7 **III.** Nach seinem Wortlaut betrifft § 166 nur die Zurechnung des **Wissens eines Stellvertreters** im Hinblick auf die rechtlichen Folgen von **Willenserklärungen**. Die Vorschrift wird jedoch in zweifacher Hinsicht entspr angewandt. Sie gilt zum einen analog für solche Hilfspersonen, die – mangels Vertretungsmacht – keine Stellvertreter des Geschäftsherrn iSd § 164 I, sondern lediglich dessen „**Wissensvertreter**" sind. Wissensvertreter ist jeder, der nach der Organisation des Geschäftsherrn dazu berufen ist, im Rechtsverkehr als dessen Repräsentant bestimmte Aufgaben in eigener Verantwortung zu erledigen und die dabei anfallenden Informationen zur Kenntnis zu nehmen und ggf weiterzuleiten (BGHZ 117, 106 f; BGH NJW-RR 04, 1197; BGH NJW 13, 448 [uU Ehegatte]). Kein Wissensvertreter ist aber der Lieferant im Verhältnis zum Leasinggeber (BGH NJW 05, 367). Einer juristischen Person oder Personengesellschaft wird im rechtsgeschäftlichen Verkehr (zur Wissenszurechnung bei Verjährung § 199 Rn 5) das Wissen von Organen ohne weiteres, das von Mitarbeitern insoweit zugerechnet, als es für spätere Geschäftsvorgänge erkennbar relevant ist und dafür dokumentiert werden oder an andere Personen innerhalb des Organisationsbereichs weitergegeben werden muss (BGHZ 109, 332; 132, 35 ff; 135, 205 ff, BGH NJW 01, 2536). Die Zurechnung erfolgt zulasten der juristischen Person oder Personengesellschaft, nicht dag zulasten der Organe oder vertretungsberechtigten Mitglieder (BGH NJW 01, 360).

Zum andern findet § 166 analoge Anwendung auch dort, wo Kenntnis oder Kennenmüssen von Umständen nicht für die Folgen von Willenserklärungen, sondern für den Eintritt **anderweitiger Rechtsfolgen** von Bedeutung sind, so etwa bei §§ 640 II, 819 I, 912 I, 990 I. 8

§ 167 Erteilung der Vollmacht

(1) Die Erteilung der Vollmacht erfolgt durch Erklärung gegenüber dem zu Bevollmächtigenden oder dem Dritten, dem gegenüber die Vertretung stattfinden soll.
(2) Die Erklärung bedarf nicht der Form, welche für das Rechtsgeschäft bestimmt ist, auf das sich die Vollmacht bezieht.

I. Vollmacht ist rechtsgeschäftlich erteilte Vertretungsmacht (§ 166 II 1, vgl Vor §§ 164–181 Rn 1). Die Vorschrift regelt die Wirksamkeitsvoraussetzungen (Erklärungsempfänger, Form) der Bevollmächtigungserklärung. Durch eine Bevollmächtigung wird die eigene rechtsgeschäftliche Handlungsfähigkeit des Bevollmächtigten nicht beschränkt. Eine sog „**verdrängende Vollmacht**", die den Vertretenen vom rechtsgeschäftlichen Verkehr ausschließt, ist unzulässig (BGHZ 3, 358 f). 1

II. 1. Die **Bevollmächtigung** erfolgt nach **Abs 1** durch die Abgabe einer **einseitigen empfangsbedürftigen Willenserklärung** (vgl § 130 Rn 1) des Vollmachtgebers ggü dem Vertreter (**Innenvollmacht**) oder ggü dem Dritten, im Verhältnis zu dem Vertretung stattfinden soll (**Außenvollmacht**; zur Begr der Vertretungsmacht durch Kundgabe einer erteilten Vollmacht vgl §§ 170–173 Rn 3). Es gelten grds die allg Vorschriften über Rechtsgeschäfte wie zB §§ 104 ff, 116 ff (vgl aber Rn 3), 164 ff. Die Bevollmächtigung kann ausdrücklich oder konkludent erfolgen (Ausn: Prokuraerteilung gem § 48 I HGB nur ausdrücklich) und wird gem § 130 I 1 mit ihrem Zugang beim Erklärungsempfänger wirksam. Darüber hinaus ist auch eine Bevollmächtigung analog § 171 durch öffentliche Bekanntmachung und somit durch eine nicht empfangsbedürftige Erklärung zulässig (vgl etwa Staud/Schilken § 167 Rn 12). 2

2. Eine **Anfechtung der Bevollmächtigung** wegen Willensmängeln nach §§ 119 ff ist vor Vornahme des Vertretergeschäfts unproblematisch zulässig, jedoch regelmäßig unnötig, da nach § 168 S 2 grds die Möglichkeit eines Widerrufs besteht (Ausn: unwiderrufliche Vollmacht, vgl § 168 Rn 5). Die hM lässt auch **nach Gebrauch** der Vollmacht eine Anfechtung nach allg Regeln zu (Schwarze JZ 04, 588; aA Eujen/Frank JZ 73, 235; Brox JA 80, 456; differenzierend Petersen AcP 01, 375: Anfechtung der Vollmacht, soweit sich der zur Erteilung führende Mangel im Vertretergeschäft abbildet). 3

Str ist, ob als richtiger **Anfechtungsgegner** (§ 143 I) – je nach Vorliegen einer Innen- oder Außenvollmacht (§ 167 Rn 2) – entweder der Vertreter oder der Dritte anzusehen ist, ob die Wahl des Anfechtungsgegners dem Vollmachtgeber überlassen bleiben kann oder ob die Anfechtung stets ggü dem Dritten erfolgen muss. Für die letztgenannte 4

Auffassung spricht, dass mit der Anfechtung nach Vollmachtsgebrauch letztlich die Bindung aus dem Vertretergeschäft beseitigt werden soll und der Dritte daher darüber informiert werden muss, dass ihm ein bereits entstandener Anspruch wieder entzogen wird. Zudem kann der Dritte dann einen Schadensersatzanspruch aus § 122 I unmittelbar gegen den Vertretenen geltend machen, anstatt auf einen Anspruch aus § 179 II gegen den Vertreter verwiesen zu sein. Dies ist interessengerecht, da der Dritte damit das Insolvenzrisiko seines Vertragspartners zu tragen hat. Der Vertreter, den nach der Konzeption des Stellvertretungsrechts keine Rechtsfolgen aus seiner Vertretertätigkeit treffen sollen, bleibt bei dieser Lösung unbelastet.

5 3. Die Bevollmächtigung kann **formfrei** erfolgen, sofern das Gesetz nicht ausnahmsweise (wie zB in §§ 1945 III BGB; ferner 2 II GmbHG; 134 III 2 AktG) etwas anderes vorschreibt. Dies gilt nach **Abs 2** grds auch, wenn das Vertretergeschäft formbedürftig ist (BGHZ 138, 242). Wird der Vertretene jedoch durch die Bevollmächtigung rechtlich und tatsächlich bereits in gleicher Weise gebunden wie durch die Vornahme des formbedürftigen Geschäfts, so besteht die Gefahr einer Umgehung der mit der Formvorschrift verfolgten Schutzzwecke. Abs 2 ist daher insb in Fällen der Erteilung unwiderruflicher Vollmachten zum Grundstücksverkauf oder -erwerb **teleologisch** in der Weise **zu reduzieren** (BGHZ 89, 47), dass bereits die Bevollmächtigung der Form des § 311 b I unterliegt. Ebenso bedarf eine Vollmacht zur Abgabe einer formbedürftigen Bürgschaftserklärung (§ 766) der Schriftform (BGHZ 132, 125); eine notarielle Generalvollmacht genügt dem nicht (OLG Düsseldorf ZIP 03, 1698). Die vom Darlehensnehmer zum Abschluss eines Verbraucherkreditvertrages erteilte (und nicht notariell beurkundete) Vollmacht muss schriftlich erfolgen und die Mindestangaben des § 492 I, II enthalten (§ 492 IV). Die widerrufliche Vollmacht zur Unterwerfung unter die sofortige Zwangsvollstreckung bedarf keiner Form, sondern unterliegt den Regeln über die Prozessvollmacht (BGH NJW 04, 844 f).

6 4. Sofern der Vertretene kein erkennbares Interesse am persönlichen Tätigwerden des Bevollmächtigten hat, ist von der Vollmacht auch die Erteilung einer **Untervollmacht** gedeckt (OLG Frankfurt/M VersR 76, 173) mit der Folge, dass der Unterbevollmächtigte im Namen des ursprünglichen Vollmachtgebers handelt (BGH NJW-RR 03, 51). Die Untervollmacht kann jedoch nicht weiter reichen als die Hauptvollmacht. Der BGH hat eine vertretungsweise Verpflichtung des Geschäftsherrn auch dann für möglich gehalten, wenn der Unterbevollmächtigte nicht als dessen Vertreter, sondern im Namen des Hauptbevollmächtigten, also als „Vertreter des Vertreters" auftritt. Den Geschäftsherrn träfen die Folgen des Handelns des Untervertreters durch den Hauptvertreter hindurch (BGHZ 32, 254). Diese Konstruktion ist abzulehnen, weil der Hauptbevollmächtigte seine Befugnis zur Erteilung einer Untervollmacht vom Geschäftsherrn ableitet und die im Namen des Geschäftsherrn erteilte Unterbevollmächtigung nur eine Ermächtigung zum Handeln für den Geschäftsherrn, dag keine Rechtsmacht zum Tätigwerden für den Hauptvertreter enthält. Beide Bevollmächtigungen müssen wirksam sein, um die Wirkungen des § 164 I beim Vertretenen herbeizuführen.

7 III. 1. Von der Vollmacht, die das rechtliche „Können" eines rechtsgeschäftlichen Handelns mit Wirkung für und gegen einen anderen betrifft, ist das der Bevollmächtigung regelmäßig zugrunde liegende **Grundgeschäft** zwischen Vertretenem und Vertreter (insb Auftrag, Geschäftsbesorgungs-, Dienst-, Arbeits-, Werk- oder Gesellschaftsvertrag) zu unterscheiden. Aus diesem ergibt sich, in welchem Umfang der Vertreter im Innenverhältnis zum Vertretenen von der Vollmacht Gebrauch machen darf. Eine **isolierte Vollmacht** ohne Grundverhältnis ist zwar denkbar (vgl BGHZ 110, 367), wird aber nur selten erteilt werden.

8 Die Vollmacht ist ggü dem Grundverhältnis aus Gründen des Verkehrsschutzes **abstrakt**, dh in ihrer Wirksamkeit unabhängig. Daher berührt die Nichtigkeit des Grundgeschäfts grds nicht die Wirksamkeit der Vollmacht (OLG Hamm NJW 92, 1175). Möglich ist aber, dass Bevollmächtigung und Grundgeschäft am selben Fehler leiden (Fehleridentität, vgl BGH NJW 02, 67; 2326) oder die Vollmacht nach § 139 (§ 139 Rn 6) von der Nichtigkeit des Grundgeschäfts (vgl BGHZ 102, 63; 153, 220; 154, 286) oder das Grundgeschäft von der Nichtigkeit der Vollmacht (BGHZ 110, 369) er-

fasst wird. Der Abstraktionsgrundsatz bedeutet iÜ nicht, dass das Grundgeschäft keinerlei Auswirkungen auf die Vollmacht haben kann. So bestimmt sich nach § 168 S 1 das Erlöschen der Vollmacht ggf nach dem Grundgeschäft (vgl § 168 Rn 3). Für die Auslegung der Bevollmächtigungserklärung kann im Falle der Innenvollmacht auch auf das Grundgeschäft (Rn 7) zurückgegriffen werden.

Wegen der Abstraktheit der Vollmacht trägt grds der Vertretene das Risiko, dass der 9 Vertreter seine **Vertretungsmacht missbraucht**, indem er ein nach außen von der Vollmacht gedecktes Rechtsgeschäft vornimmt, das er im Innenverhältnis zum Vollmachtgeber nicht vornehmen darf. Dies gilt jedoch nicht, wenn der Dritte nicht schutzwürdig ist. Handeln Vertreter und Dritter bei der Vornahme des Geschäfts einvernehmlich zusammen, um den Geschäftsherrn zu schädigen (**Kollusion**), so ist das Geschäft gem § 138 nichtig und bindet den Geschäftsherrn nicht (BGH NJW 1989, 26; NJW-RR 04, 248). Ein vom Vertreter vorgenommenes Rechtsgeschäft wirkt nach § 242 (unzulässige Rechtsausübung) auch dann nicht für und gegen den Vertretenen, wenn dem Dritten die sich aus dem Innenverhältnis ergebenden Beschränkungen positiv bekannt sind oder sich ihm geradezu aufdrängen mussten (**objektive Evidenz** des Missbrauchs, BGH NJW 94, 2083; 99, 2883; 02, 1498). In diesen Fällen finden §§ 177 bis 180 entspr Anwendung, so dass der Vertretene das Geschäft analog § 177 I durch Genehmigung an sich ziehen kann (BGHZ 141, 363 f).

2. Der **Umfang der Vollmacht** ist in einigen Ausnahmefällen zwingend gesetzlich fest- 10 gelegt, so etwa für die Prokura und die Handlungsvollmacht (§§ 49 f, 54 f HGB). Regelmäßig ist die Reichweite einer Bevollmächtigung jedoch nach allg Regeln durch Auslegung (§§ 133, 157) zu ermitteln (vgl etwa BGHZ 178, 271). Dabei sind bei Erteilung einer reinen Innenvollmacht die Verständnismöglichkeiten des Bevollmächtigten (BGH NJW 10, 1203), bei der Außenvollmacht (§ 167 Rn 2) und in den Fällen der §§ 171, 172 dag die Person des Geschäftsgegners maßgeblich (BGH NJW 91, 3141). Im ersten Fall (Innenvollmacht) kann dabei trotz des Abstraktionsprinzips auch auf das Grundverhältnis zurückgegriffen werden; bei einer Außenvollmacht und in den Fällen der §§ 171, 172 dag nur, soweit dessen Inhalt dem Geschäftspartner erkennbar war. Eine „transmortale" Kontovollmacht berechtigt grds weder vor noch nach dem Tode des Vollmachtgebers zu einer Kontenumschreibung auf den Bevollmächtigten (BGHZ 180, 191).

Nach dem Umfang der Vollmacht unterscheidet man zwischen einer **Spezialvollmacht** 11 zur Vornahme eines bestimmten Rechtsgeschäftes, einer **Art- oder Gattungsvollmacht** zur Vornahme einer bestimmten Art von Rechtsgeschäften, die durch den Typ der vorzunehmenden Geschäfte (zB Bankvollmacht) oder die Funktion des Bevollmächtigten (zB Kellner, Kassierer) charakterisiert sein können, sowie der **Generalvollmacht** als umfassender Vertretungsbefugnis für alle Arten von Rechtsgeschäften, die ein Stellvertreter vornehmen kann. Trotz Bezeichnung als „Generalvollmacht" können sich allerdings aus den Umständen der Erteilung Beschränkungen des Umfanges ergeben (OLG Zweibrücken NJW-RR 90, 931).

3. Von der Vollmacht ist die **Ermächtigung** nach § 185 zu unterscheiden, die es dem 12 Handelnden ermöglicht, im eigenen Namen über fremde Rechte zu verfügen oder sie auszuüben. Die Ermächtigung kann sich also stets nur auf die Verfügung über einen bestimmten Gegenstand oder die Geltendmachung eines bestimmten Rechts beziehen; im Ggs zur Stellvertretung ist der Ermächtigte Partei des Rechtsgeschäfts.

§ 168 Erlöschen der Vollmacht

¹Das Erlöschen der Vollmacht bestimmt sich nach dem ihrer Erteilung zugrunde liegenden Rechtsverhältnis. ²Die Vollmacht ist auch bei dem Fortbestehen des Rechtsverhältnisses widerruflich, sofern sich nicht aus diesem ein anderes ergibt. ³Auf die Erklärung des Widerrufs findet die Vorschrift des § 167 Abs. 1 entsprechende Anwendung.

I. Die Vorschrift regelt in **S 1** das **Erlöschen** der Vollmacht nach Maßgabe des Grund- 1 verhältnisses (Rn 3, vgl § 167 Rn 7) sowie durch Widerruf (**S 2**, Rn 5) und bestimmt in

S 3 den dafür zuständigen Erklärungsempfänger (Rn 6). Die Regelung ist unvollständig (vgl Rn 2).

2 **II. 1.** Entg dem ungenauen Wortlaut des S 1 ist für das Erlöschen der Vollmacht in erster Linie deren **Inhalt** maßgeblich. Eine befristete Vollmacht erlischt durch Zeitablauf, eine auflösend bedingte durch Bedingungseintritt. Eine Spezialvollmacht erledigt sich durch Zweckerreichung, wenn das beabsichtigte Geschäft geschlossen oder endgültig gescheitert ist. Eine auf insolvenzbefangenes Vermögen bezogene Vollmacht erlischt durch Eröffnung des Insolvenz- (§ 117 I InsO) oder Gesamtvollstreckungsverfahrens (BGHZ 155, 91).

3 Darüber hinaus erlischt die Vollmacht nach S 1 mit dem ihr **zugrunde liegenden Rechtsverhältnis** (zur Durchbrechung des Abstraktionsgrundsatzes: § 167 Rn 8); Grundverhältnis und Vollmacht enden also nach Maßgabe der allg Beendigungstatbestände wie Zeitablauf, Erfüllung (§ 362 I), Widerruf (§ 671 I), Kündigung (§§ 620 II, 621, 649, 671, 723, 725), oder Rücktritt (§§ 346 ff); zur Fiktion des Fortbestehens in Einzelfällen vgl § 169 Rn 1.

4 Eine Vollmacht auf der Grundlage eines **Auftrags** oder Geschäftsbesorgungsvertrages erlischt gem §§ 673, 675, 168 S 1 iZw mit dem **Tod** des Bevollmächtigten. Nach der Auslegungsregel des § 672 lässt der Tod des Vollmachtgebers dag den Bestand von Grundverhältnis und Vollmacht (S 1) regelmäßig unberührt. Eine transmortale Vollmacht kann vom Vollmachtgeber neben einer Testamentsvollstreckung angeordnet sein; das Verhältnis beider zueinander ist dann Auslegungsfrage (OLG München FamRZ 13, 402). Der Bevollmächtigte hat dann hins des Nachlasses Vertretungsmacht für die Erben (BGH FamRZ 83, 477), wobei – je nach Inhalt der Vollmacht – sowohl jeder Erbe für sich (BGH NJW 75, 384) als auch Testamentsvollstrecker oder Nachlassverwalter für den gesamten Nachlass (KG OLGZ 71, 161) ggf das Widerrufsrecht nach S 2 ausüben können. Eine auf den Fall der Betreuungsbedürftigkeit des Vollmachtgebers zugeschnittene Altersvorsorgevollmacht erlischt jedoch mit dem Tod des Vollmachtgebers (OLG Hamm NJW-RR 03, 800). Die **Geschäftsunfähigkeit** des Vollmachtgebers nach Vollmachtserteilung führt gem §§ 672, 675 grds nicht zur Beendigung von Grundverhältnis und Vollmacht (S 1).

5 Eine Vollmacht ist – auch bei Fortbestehen des Grundverhältnisses – nach **S 2** jederzeit **frei widerruflich**, sie kann aber in jedem Fall durch Vertrag, nach vordringender Auffassung (vgl Staud/Schilken § 168 Rn 11) auch durch einseitigen Widerrufsverzicht als unwiderruflich ausgestaltet werden. Vereinbarung bzw Verzicht sind auch stillschweigend möglich und insb dann anzunehmen, wenn die Vollmacht dem Interesse des Bevollmächtigten dient (BGH NJW-RR 91, 441) und keine überw Interessen des Vollmachtgebers entgegenstehen; etwa dann, wenn das Vertretergeschäft ein eigenes Erfüllungs- oder Sicherungsinteresse des Bevollmächtigten befriedigen soll. Nicht wirksam ausgeschlossen werden kann der Widerruf bei einer Generalvollmacht, einer isolierten Vollmacht (vgl BGHZ 110, 367, dazu § 167 Rn 7) sowie bei einer Vollmacht, die ausschließlich im Interesse des Vertretenen erteilt wurde (BGH WM 71, 956). Ein Widerruf aus wichtigem Grund bleibt in jedem Fall möglich (BGH WM 1985, 647).

6 **2.** Der Widerruf ist eine **empfangsbedürftige Willenserklärung**, die nach **S 3 iVm § 167 I** ggü dem zu Bevollmächtigenden, dem Dritten oder der Öffentlichkeit (§ 167 Rn 2) abgegeben werden kann. Dabei muss der Widerrufsadressat nicht dem Adressaten der Bevollmächtigung entsprechen, so dass zB eine Außenvollmacht (§ 167 Rn 2) auch ggü dem Bevollmächtigten widerrufbar ist (zum Schutz des Rechtsverkehrs in einem solchen Fall vgl §§ 170 bis 173).

§ 169 Vollmacht des Beauftragten und des geschäftsführenden Gesellschafters

Soweit nach den §§ 674, 729 die erloschene Vollmacht eines Beauftragten oder eines geschäftsführenden Gesellschafters als fortbestehend gilt, wirkt sie nicht zugunsten eines Dritten, der bei der Vornahme eines Rechtsgeschäfts das Erlöschen kennt oder kennen muss.

Die Vorschrift schränkt § 168 S 1 ein: Auch wenn ein Auftrag, Geschäftsbesorgungs- oder Gesellschaftsvertrag als Grundverhältnis einer Vollmacht erlischt, wird nach §§ 674, 675, 729 gleichwohl zugunsten des gutgläubigen Beauftragten (Geschäftsbesorgers, Gesellschafters) das **Fortbestehen** von Auftrag bzw Geschäftsführungsbefugnis und damit wegen § 168 S 1 auch der **Vollmacht** fingiert. Diese Regelung schützt den Vertreter, der das Erlöschen seiner Vollmacht nicht kennt oder kennen muss (§ 122 II), vor einer Inanspruchnahme aus § 179 I. Reflexweise profitiert hiervon auch ein mit dem Vertreter kontrahierender Geschäftsgegner. Die dadurch bewirkte Bindung des Vertretenen findet jedoch ihre Grenze, wenn der Dritte das Erlöschen kennt oder schuldhaft nicht kennt. Der Vertreter handelt in diesem Fall ohne Vertretungsmacht; ein Anspruch des Dritten gegen ihn scheitert aber an § 179 III.

§ 170 Wirkungsdauer der Vollmacht

Wird die Vollmacht durch Erklärung gegenüber einem Dritten erteilt, so bleibt sie diesem gegenüber in Kraft, bis ihm das Erlöschen von dem Vollmachtgeber angezeigt wird.

§ 171 Wirkungsdauer bei Kundgebung

(1) Hat jemand durch besondere Mitteilung an einen Dritten oder durch öffentliche Bekanntmachung kundgegeben, dass er einen anderen bevollmächtigt habe, so ist dieser auf Grund der Kundgebung im ersteren Falle dem Dritten gegenüber, im letzteren Falle jedem Dritten gegenüber zur Vertretung befugt.
(2) Die Vertretungsmacht bleibt bestehen, bis die Kundgebung in derselben Weise, wie sie erfolgt ist, widerrufen wird.

§ 172 Vollmachtsurkunde

(1) Der besonderen Mitteilung einer Bevollmächtigung durch den Vollmachtgeber steht es gleich, wenn dieser dem Vertreter eine Vollmachtsurkunde ausgehändigt hat und der Vertreter sie dem Dritten vorlegt.
(2) Die Vertretungsmacht bleibt bestehen, bis die Vollmachtsurkunde dem Vollmachtgeber zurückgegeben oder für kraftlos erklärt wird.

§ 173 Wirkungsdauer bei Kenntnis und fahrlässiger Unkenntnis

Die Vorschriften des § 170, des § 171 Abs. 2 und des § 172 Abs. 2 finden keine Anwendung, wenn der Dritte das Erlöschen der Vertretungsmacht bei der Vornahme des Rechtsgeschäfts kennt oder kennen muss.

§§ 170–173

I. Die §§ 170 bis 173 sehen eine **gesetzliche Rechtsscheinhaftung** des Vertretenen (hM, vgl BGH NJW 85, 730, aA Flume II § 49, 2 a: Kundgabeakte der §§ 171, 172 als rechtsgeschäftliche Bevollmächtigungen) für den Fall vor, dass eine Außenvollmacht (§ 170, 1. Fall, vgl § 167 Rn 2) erloschen oder eine Innenvollmacht (§ 167 Rn 2), die einem Dritten mitgeteilt oder öffentlich kundgemacht worden war (§ 171 I, vgl Rn 3, 4), nicht wirksam erteilt oder wieder erloschen ist (BGHZ 171, 1, 4). Die Bestimmungen greifen auch ein, wenn eine ausdrücklich vorgenommene Bevollmächtigung (zB wegen Verstoßes gg das RBerG bzw RDG) nichtig ist (BGHZ 102, 64; 161, 24; 167, 223, 232; vgl aber auch BGHZ 159, 300 f). Für Prozessvollmachten gelten sie nicht (BGHZ 154, 287; NJW 05, 2986). Geschützt werden soll das Vertrauen des gutgläubigen (vgl § 173) Erklärungsempfängers auf den Bestand oder Fortbestand einer Vollmacht. Aus Gründen des **Minderjährigenschutzes** kann nur ein voll Geschäftsfähiger zurechenbar einen Rechtsschein iSd §§ 171, 172 setzen (vgl BGH NJW 77, 623).

§ 173

2 **II. 1.** Erlischt eine durch Erklärung **ggü** dem **Geschäftsgegner** erteilte (Außen-)**Vollmacht** zB aufgrund eines Widerrufs ggü dem Bevollmächtigten (§ 168 S 3 mit Rn 5), so gilt sie ggü dem gutgläubigen (Rn 5) Dritten als fortbestehend, bis der Vollmachtgeber ihm das Erlöschen anzeigt (§ 170) oder die Vollmacht extern widerruft. Entspr gilt bei einer nachträglichen Beschränkung der Vollmacht. Bei unwirksam erteilter Außenvollmacht ist § 170 entgg der hM nicht entspr anzuwenden, da diese Bestimmung nur das Vertrauen in den Fortbestand einer einmal wirksam erteilten Vollmacht, nicht aber das Vertrauen in das wirksame Entstehen der Vollmacht schützt.

3 **2.** Hat der Vollmachtgeber keine (rechtsgeschäftliche, vgl § 167 Rn 1) Außenvollmacht erteilt, sondern einem **Dritten** lediglich eine zuvor erfolgte Innenbevollmächtigung **mitgeteilt** (geschäftsähnliche Handlung, vgl §§ 104–185 Rn 11), so ist der Vertreter aufgrund des durch diese Kundgabe hervorgerufenen Rechtsscheins ggü dem Dritten vertretungsbefugt (§ 171 I), und zwar auch dann, wenn die Innenvollmacht unwirksam ist. Hat der Vollmachtgeber die vorangegangene Bevollmächtigung einem unbestimmten Personenkreis durch **öffentliche Bekanntmachung** (Zeitungsanzeige, Aushang) bekannt gegeben, besteht die Vertretungsbefugnis ggü jedem Dritten (§ 171 I), der von der Bekanntmachung Kenntnis und somit auf den Rechtsschein vertraut hat. Eine nicht wirksam erteilte sowie eine zwar ursprünglich wirksame, inzwischen aber wieder erloschene Innenvollmacht gelten nach § 171 II ggü einem gutgläubigen (Rn 5) Dritten als fortbestehend, bis der Vollmachtgeber die Kundgabe durch actus contrarius widerruft.

4 **3.** Der Kundgabe einer Innenvollmacht steht es gleich, wenn der Vollmachtgeber dem Vertreter eine **Vollmachtsurkunde** aushändigt und dieser sie dem Dritten vorlegt (§ 172). Eine Vollmachtsurkunde ist ein vom Vollmachtgeber unterzeichnetes oder mit notariell beglaubigtem Namenszeichen versehenes Schriftstück, aus dem sich die Person des Bevollmächtigten und der Inhalt der Vollmacht ergeben. Die Urkunde muss in Urschrift oder Ausfertigung (§ 47 BeurkG) präsentiert werden; Fotokopien und (beglaubigte) Abschriften reichen nicht aus (BGHZ 102, 63; BGH NJW 02, 2326). Aushändigung setzt willentliche Überlassung voraus, so dass § 172 nicht eingreift, wenn die Urkunde abhanden gekommen ist (vgl BGHZ 65, 14). Der Vertreter muss die Urkunde dem Geschäftsgegner unmittelbar sinnlich wahrnehmbar machen und ihn in die Lage versetzen, sich vom Inhalt Kenntnis zu verschaffen (BGHZ 102, 63). Eine tatsächliche Kenntnisnahme ist jedoch nach hM nicht erforderlich (BGHZ 76, 78). Aufgrund der Aushändigung und Vorlage ist der Vertreter ggü einem gutgläubigen (Rn 5) Dritten vertretungsberechtigt, auch wenn die Vollmacht nicht wirksam erteilt wurde oder bereits erloschen ist. Allerdings gilt dies dann nicht, wenn sich die Nichtigkeit der Bevollmächtigung aus der Urkunde selbst ergibt (OLG Karlsruhe NJW 03, 2691). Die Vertretungsmacht endet nach § 172 II erst, wenn die Vollmachtsurkunde dem Vollmachtgeber zurückgegeben (vgl § 175) oder für kraftlos erklärt (§ 176) oder die urkundlich ausgewiesene Innenvollmacht extern widerrufen wird (hM). Auf Blanketturkunden findet § 172 II entspr Anwendung (BGHZ 40, 68; 113, 53); das Missbrauchsrisiko trägt also der Blankettgeber.

5 **4.** Die Haftung wegen veranlassten Rechtsscheins tritt nur ggü einem auf den Rechtsschein vertrauenden, dh **gutgläubigen Erklärungsempfänger** ein. Daher finden §§ 170, 171 II, 172 II keine Anwendung, wenn dem Dritten bei Vornahme des Rechtsgeschäfts das Fehlen einer wirksamen Bevollmächtigung bekannt oder fahrlässigerweise unbekannt war (§ 173), so bei enger Zusammenarbeit des Dritten mit dem Vertreter (BayOblGZ 03, 185). Auf die Kenntnis oder das Kennenmüssen der den Mangel der Vertretungsmacht begründenden Umstände kommt es dgg nicht an (BGHZ 167, 233; BGH NJW 04, 2090). Eine allg Überprüfungs- oder Erkundigungspflicht besteht nicht (BGHZ 144, 230; 167, 233).

6 Eine **Anfechtung** der Kundgabe (§§ 171 I, 172 I) mit der Folge einer Beseitigung des Rechtsscheins analog §§ 119 ff (vgl § 119 Rn 3) ist nach hM möglich; die Rechtswirkungen von Mitteilung bzw öffentlicher Bekanntmachung der Vollmacht können nicht stärker sein als eine Außenvollmacht (Staud/Schilken § 171 Rn 9; str).

7 **III.** In Anlehnung an die §§ 170 bis 173 sowie § 56 HGB hat die Rspr als weiter gehende **Rechtsscheinhaftung** Grundsätze über eine sog **Duldungs- bzw Anscheinsvollmacht**

entwickelt. Sie können auch eingreifen, wenn eine vorgenommene Bevollmächtigung nichtig ist (BGHZ 102, 64; BGH NJW 03, 2091; 04, 2746; vgl Rn 1).

1. Eine **Duldungsvollmacht** liegt vor, wenn der Vertretene wissentlich duldet (dh trotz Kenntnis nicht verhindert), dass ein Nichtbefugter wie ein Vertreter für ihn auftritt, und der Geschäftsgegner daher nach Treu und Glauben annehmen darf, dem Handeln liege eine wirksame Vollmacht zugrunde (BGH NJW 03, 2092; 04, 2746; 05, 2987; WM 11, 1148 Rn 15). Die vertrauensbegründenden Umstände müssen vor oder bei Vertragsschluss vorliegen (BGH NJW 02, 2327). Wenn der Geschäftsgegner bei Anwendung der zumutbaren Sorgfalt das Nichtbestehen der Vollmacht kennt oder kennen muss, kann er sich – analog § 173 – nicht auf das Vorliegen einer Duldungsvollmacht berufen (OLG Brandenburg NJW-RR 02, 1100). Die Duldungsvollmacht kann wie eine Außenvollmacht angefochten werden (str). Die Rechtsfolgen des wissentlichen Duldens treten nur ein, wenn der Duldende geschäftsfähig ist. Der **Umfang** der Duldungsvollmacht richtet sich nach den vertrauensbegründenden Umständen und ist durch Auslegung zu ermitteln. Während die Duldungsvollmacht nach der Rspr auf einem nichtrechtsgeschäftlichen Rechtsscheintatbestand beruht (vgl BGH NJW 97, 314; 03, 2092), wird sie im Schrifttum (vgl etwa Flume II § 49, 3, 4) trotz fehlenden Bevollmächtigungswillens zT als **konkludente Vollmachtserteilung** angesehen. 8

2. Eine **Anscheinsvollmacht** ist anzunehmen, wenn sich jemand als Vertreter eines anderen ausgibt, der „Vertretene" das Auftreten des angeblichen Vertreters zwar nicht kannte, bei Anwendung pflichtgemäßer Sorgfalt aber hätte erkennen und verhindern können und der – gutgläubige (§ 173 analog) – Geschäftsgegner deswegen berechtigterweise davon ausgeht, der Vertretene kenne und billige das Auftreten des Scheinvertreters (vgl BGHZ 166, 369, 375; BGH VersR 92, 990; NJW 98, 1855). Erforderlich ist idR eine gewisse Dauer und Häufigkeit des Vertreterhandelns (vgl BGHZ aaO; OLG Dresden NJW-RR 95, 804). Aus dem Umstand allein, dass der Inhaber eines eBay-Mitgliedskontos seine Zugangsdaten nicht hinreichend gg fremden Zugriff geschützt hat, lässt sich eine Zurechnung der von dem Dritten abgegebenen Erklärung zulasten des Kontoinhabers nicht stützen (BGH WM 11, 1148 Rn 16 ff). Auch der Rechtsschein einer Anscheinsvollmacht kann nur von einem Geschäftsfähigen zurechenbar gesetzt werden. Zum Umfang vgl Rn 8. Ein Teil des Schrifttums (insb Flume II § 49, 4; Medicus AT Rn 971) lehnt das Institut der Anscheinsvollmacht ab und sieht fahrlässige Veranlassung eines Rechtsscheins als Fallgruppe des vorvertraglichen Verschuldens (§ 311 II) an, da eine Sorgfaltspflichtverletzung nicht zu einer Erfüllungs-, sondern nur zu einer Schadensersatzpflicht führen könne. Dagg spricht aber, dass die Tatbestände der §§ 171 ff (Mitteilung, Bekanntmachung, Aushändigung einer Urkunde) einen Rechtsschein auch dann begründen, wenn der Vertretene sein Verhalten ganz anders verstanden wissen wollte u somit den Rechtsschein nur fahrlässig gesetzt hat. 9

3. Über die Grundsätze der Duldungs- und Anscheinsvollmacht hinaus wird der **Inhaber** eines **Telefonanschlusses** aus den über seinen Anschluss zustande gekommenen **Telekommunikationsdienstleistungsverträgen** verpflichtet, wenn ihm die Inanspruchnahme des Anschlusses durch einen Dritten zugerechnet werden kann (BGHZ 166, 369, 375). Wer einen Vertreter ohne Vertretungsmacht zu Vertragsverhandlungen über einen bereits geschlossenen Vertrag entsendet, muss sich dessen Erklärungen nach den zum **kaufmännischen Empfehlungsschreiben** entwickelten Grundsätzen (§ 147 Rn 10 ff) zurechnen lassen, wenn er den in den Vertragsverhandlungen abgegebenen Erklärungen des falsus procurator nicht nach Zugang der Gesprächsprotokolls unverzüglich widerspricht (BGHZ 188, 128 Rn 20 ff). Zur Haftung des **Scheininhabers eines Unternehmens** für die Erfüllung unternehmensbezogener Rechtsgeschäfte vgl BGH NJW 12, 3368. 10

§ 174 Einseitiges Rechtsgeschäft eines Bevollmächtigten

¹Ein einseitiges Rechtsgeschäft, das ein Bevollmächtigter einem anderen gegenüber vornimmt, ist unwirksam, wenn der Bevollmächtigte eine Vollmachtsurkunde nicht vorlegt und der andere das Rechtsgeschäft aus diesem Grunde unverzüglich zurückweist.

²Die Zurückweisung ist ausgeschlossen, wenn der Vollmachtgeber den anderen von der Bevollmächtigung in Kenntnis gesetzt hatte.

1 I. Die Vorschrift **schützt** den **Erklärungsgegner,** der einem einseitigen empfangsbedürftigen Rechtsgeschäft (Rn 2), das ein Bevollmächtigter vornimmt, nicht ansehen kann, ob es von einer Vollmacht gedeckt oder ohne Vertretungsmacht vorgenommen (und damit nach § 180 S 1 nichtig) ist. Der Dritte kann sich in dieser Situation Gewissheit verschaffen, indem er auf der Vorlage einer Vollmachtsurkunde besteht und bei Nichtvorlage das Rechtsgeschäft zurückweist. Auf gesetzliche oder organschaftliche Vertreter (Vor §§ 164–181 Rn 3) findet die Vorschrift wegen des insoweit eindeutig entgegenstehenden Wortlauts keine Anwendung (BGH NJW 03, 431), ebenso wenig auf einen iR seiner Prozessvollmacht handelnden Rechtsanwalt (BGH NJW 03, 964). Sie greift aber ein, wenn ein alleinvertretungsberechtigter Gesellschafter einer BGB-Gesellschaft seine Befugnis zur alleinigen Vertretung nicht nachweist (BGH NJW 02, 1195).

2 II. Nimmt ein Bevollmächtigter ein **einseitiges** (§§ 104–185 Rn 3) **empfangsbedürftiges** (§ 130 Rn 1) **Rechtsgeschäft** vor (etwa: Kündigung, Rücktritt, Anfechtung), so muss der Empfänger das Geschäft nur dann gegen sich gelten lassen, wenn der Bevollmächtigte dabei eine **Vollmachtsurkunde** (§§ 170 bis 173 Rn 4) vorlegt (**S 1**) oder der Vollmachtgeber ihn zuvor von der Bevollmächtigung **in Kenntnis gesetzt** hatte (**S 2**). Dazu reicht aber die allgemeine Festlegung im Arbeitsvertrag, dass der Inhaber der jeweiligen Stelle zur Kündigung berechtigt sei, nicht aus (BAGE 137, 347). Zur entspr Anwendung auf geschäftsähnliche Handlungen (Vor §§ 104–185 Rn 11) BGHZ 145, 346. Sonderregel für die Geltendmachung von Gewährleistungsansprüchen des Reisenden: § 651g I 2.

3 Das Geschäft ist dag (selbst bei Bestehen einer wirksamen Vollmacht) **unwirksam,** wenn eine Vollmachtsurkunde nicht beigebracht wird und der Erklärungsempfänger das Rechtsgeschäft deswegen unverzüglich (§ 121 I 1) zurückweist (vgl § 111 Rn 3). Die Zurückweisung kann auch mit einer Beanstandung nach § 180 S 2 verbunden sein (Auslegungsfrage, vgl BGH NJW 13, 297).

4 III. Wegen der für den Dritten vergleichbar unsicheren Lage ist eine **entspr Anwendung** geboten, wenn der Bevollmächtigte ein Vertragsangebot an- (hM) oder eine geschäftsähnliche Handlung vornimmt (etwa: Mahnung, BGH NJW 83, 1542). Die Vorschrift findet auch analoge Anwendung auf die Erklärungen eines zur Einzelvertretung ermächtigten Gesamtvertreters, so dass das Geschäft zurückgewiesen werden kann, wenn der Vertreter bei Vornahme eines einseitigen Rechtsgeschäfts keine Ermächtigungsurkunde vorlegt (BAG NJW 81, 2374); dag keine analoge Anwendung auf die Geltendmachung von Ansprüchen zur Wahrnehmung einer schriftlichen Ausschlussfrist (BAGE 102, 164).

§ 175 Rückgabe der Vollmachtsurkunde

Nach dem Erlöschen der Vollmacht hat der Bevollmächtigte die Vollmachtsurkunde dem Vollmachtgeber zurückzugeben; ein Zurückbehaltungsrecht steht ihm nicht zu.

§ 176 Kraftloserklärung der Vollmachtsurkunde

(1) ¹Der Vollmachtgeber kann die Vollmachtsurkunde durch eine öffentliche Bekanntmachung für kraftlos erklären; die Kraftloserklärung muss nach den für die öffentliche Zustellung einer Ladung geltenden Vorschriften der Zivilprozessordnung veröffentlicht werden. ²Mit dem Ablauf eines Monats nach der letzten Einrückung in die öffentlichen Blätter wird die Kraftloserklärung wirksam.

(2) Zuständig für die Bewilligung der Veröffentlichung ist sowohl das Amtsgericht, in dessen Bezirk der Vollmachtgeber seinen allgemeinen Gerichtsstand hat, als das Amtsgericht, welches für die Klage auf Rückgabe der Urkunde, abgesehen von dem Wert des Streitgegenstands, zuständig sein würde.

(3) Die Kraftloserklärung ist unwirksam, wenn der Vollmachtgeber die Vollmacht nicht widerrufen kann.

§§ 175, 176

I. Die §§ 175, 176 sollen den Vollmachtgeber vor einer **Inanspruchnahme nach Rechtsscheingrundsätzen** gem § 172 II **schützen**, indem sie ihm einen Anspruch auf Rückgabe der Vollmachtsurkunde gewähren (**§ 175**) und die Möglichkeit einräumen, die Urkunde für kraftlos erklären zu lassen (**§ 176**). 1

II. 1. Ist die Vollmacht erloschen (§ 168 Rn 2 ff), kann der Vollmachtgeber vom Bevollmächtigten nach § 175 **Rückgabe der Vollmachtsurkunde** verlangen, wobei das Eigentum an der Urkunde ohne Belang ist. Gegen den Herausgabeanspruch steht dem Bevollmächtigten kein Zurückbehaltungsrecht (§ 273 I) zu. 2

Die Vorschrift gilt entspr, wenn die Vollmacht von vornherein nicht wirksam erteilt worden ist, sowie dann, wenn sich die Urkunde im Besitz eines Dritten befindet. 3

2. Der Vollmachtgeber hat nach § 176 die Möglichkeit, die Vollmachtsurkunde durch öffentliche Bekanntmachung für **kraftlos erklären** und damit den von der Urkunde ausgehenden Rechtsschein beseitigen zu lassen. Die Kraftloserklärung wird vom zuständigen AG (**Abs 2**) im Verfahren nach §§ 466 ff FamFG ohne materielle Prüfung bewilligt und nach § 186 II ZPO veröffentlicht (**Abs 1 S 1**); die Wirkung tritt nach Ablauf eines Monats nach der letzten Veröffentlichung ein (**Abs 1 S 2**). In der Kraftloserklärung liegt zugleich ein externer Widerruf der Vollmacht. Bei unwiderruflicher Vollmacht (§ 168 Rn 5) ist daher auch eine Kraftloserklärung unwirksam (**Abs 3**). 4

§ 177 Vertragsschluss durch Vertreter ohne Vertretungsmacht

(1) Schließt jemand ohne Vertretungsmacht im Namen eines anderen einen Vertrag, so hängt die Wirksamkeit des Vertrags für und gegen den Vertretenen von dessen Genehmigung ab.

(2) ¹Fordert der andere Teil den Vertretenen zur Erklärung über die Genehmigung auf, so kann die Erklärung nur ihm gegenüber erfolgen; eine vor der Aufforderung dem Vertreter gegenüber erklärte Genehmigung oder Verweigerung der Genehmigung wird unwirksam. ²Die Genehmigung kann nur bis zum Ablaufe von zwei Wochen nach dem Empfang der Aufforderung erklärt werden; wird sie nicht erklärt, so gilt sie als verweigert.

I. Verträge, die jemand **ohne Vertretungsmacht** im Namen eines anderen schließt, binden den Vertretenen nicht (arg § 164 I 1). Nach **Abs 1** steht es diesem aber frei, das **Geschäft** durch **Genehmigung** an sich zu ziehen, wenn er solches für vorteilhaft erachtet. Andernfalls haftet der Vertreter nach § 179. Für einseitige Rechtsgeschäfte gilt § 180. Der Dritte kann nach **Abs 2** durch Aufforderung zur Genehmigung eine Klärung herbeiführen. 1

II. 1. Der im Namen eines andern (§ 164 Rn 5) Handelnde muss zum Zwecke des Vertragsabschlusses eine **wirksame Willenserklärung** abgegeben haben. Die §§ 177 ff finden keine Anwendung, wenn der Vertreter geschäftsunfähig oder das Vertretergeschäft zB nach §§ 134, 138 nichtig ist. Unanwendbar sind die §§ 177 ff auch dann, wenn Stellvertretung an sich unzulässig ist (höchstpersönliche Rechtsgeschäfte) oder wenn bei einer Verfügung die Verfügungsbefugnis des Vertretenen fehlt (BGH JZ 57, 442). 2

Die **Vertretungsmacht** zum Abschluss des Vertrages **fehlt**, wenn von vornherein keine Vertretungsmacht bestand (zur Möglichkeit einer Rechtsscheinvollmacht vgl aber §§ 170–173 Rn 7 ff) oder sie zwar zunächst bestand, jedoch nachträglich – zB durch Widerruf – entfallen ist; ferner, wenn die Grenzen einer bestehenden Vertretungsmacht überschritten werden oder der Vertreter ersichtlich von ihr keinen Gebrauch machen will (BGH DNotZ 68, 408). Vertretungsmacht muss nach dem eindeutigen Wortlaut des § 164 I 1 zum Zeitpunkt der Abgabe der Vertretererklärung, nicht bei deren Zu- 3

§ 179

gang bestanden haben (OLG Frankfurt OLGZ 84, 12). Erlischt die Vertretungsmacht daher zwischen Abgabe und Zugang, gilt § 164 I; die §§ 177 ff greifen nicht ein (str).

4 2. Der ohne Vertretungsmacht geschlossene **Vertrag** ist zunächst nicht nichtig, sondern **schwebend unwirksam** (§§ 104–185 Rn 8). Der Vertretene kann den Vertrag **nach Abs 1** ausdrücklich oder konkludent (vgl OLG Brandenburg NJW-RR 09, 235) genehmigen (§§ 182, 184) und wird dann selbst berechtigt und verpflichtet. Eine konkludente Genehmigung setzt voraus, dass sich der Vertretene zumindest der Möglichkeit bewusst ist, dass sein Verhalten eine Genehmigung darstellen könnte (BGHZ 2, 153; BGH NJW 02, 2864). Das vollmachtlose Handeln eines BGB-Gesellschafters kann bei bestehender Gesamtvertretung nur durch alle Mitgesellschafter erfolgen (OLG Saarbrücken NJW-RR 09, 1488). Verweigert der Vertretene die Genehmigung, wird der Vertrag endgültig unwirksam (Abs 1).

5 Genehmigung und Verweigerung sind **empfangsbedürftige Willenserklärungen** (§ 130 Rn 1), die – auch konkludent – sowohl ggü dem Vertreter wie auch dem Dritten ggü (§ 182 I) abgegeben werden können. Eine Genehmigung ist nach § 182 II auch bei Formbedürftigkeit des Vertretergeschäfts formlos möglich, selbst wenn die Vollmacht ausnahmsweise formbedürftig gewesen wäre (BGHZ 125, 220; BGH NJW 02, 2864; str).

6 Eine Frist für die Abgabe einer Erklärung nach Abs 1 besteht grds nicht. Der Vertragspartner kann sich aber **Klarheit** über die **Wirksamkeit des Vertrages** verschaffen, indem er den Vertretenen nach **Abs 2** zur Erklärung über entweder die Erteilung oder aber die Verweigerung der Genehmigung auffordert (BGHZ 145, 48); mehrere Vertragspartner müssen grds sämtlich an der Aufforderung mitwirken (BGH BB 04, 1073). Eine vor Aufforderung dem Vertreter ggü erfolgte Genehmigung oder Verweigerung wird dadurch unwirksam (**Abs 2 S 1**). Der Vertretene muss sodann seine Genehmigung binnen 2 Wochen ggü dem Dritten erklären. Unterbleibt die Genehmigung, gilt sie als verweigert (**Abs 2 S 2**).

7 III. Entspr anzuwenden sind die §§ 177–180 auf das Handeln unter fremdem Namen bei Identitätstäuschung (vgl § 164 Rn 9), bei Missbrauch der Vertretungsmacht (§ 167 Rn 9) sowie auf das Handeln eines Boten ohne Botenmacht, wenn also ein Bote gänzlich ohne Auftrag handelt oder bewusst (sonst: § 120) eine andere als die ihm aufgetragene Willenserklärung übermittelt.

§ 178 Widerrufsrecht des anderen Teils

¹Bis zur Genehmigung des Vertrags ist der andere Teil zum Widerruf berechtigt, es sei denn, dass er den Mangel der Vertretungsmacht bei dem Abschluss des Vertrags gekannt hat. ²Der Widerruf kann auch dem Vertreter gegenüber erklärt werden.

1 War dem Vertragspartner der Mangel der Vertretungsmacht vor Vertragsabschluss unbekannt, muss er nicht die Entscheidung des Vertretenen abwarten (§ 177 Rn 5), sondern kann den schwebend unwirksamen **Vertrag selbst widerrufen** (**S 1**). Der Widerruf ist eine empfangsbedürftige, formlos wirksame Willenserklärung, die dem Vertretenen oder dem Vertreter ggü erklärt werden kann (**S 2**). Er muss erkennen lassen, dass der Geschäftsgegner gerade wegen der fehlenden Vertretungsmacht nicht am Vertrag festhalten will (BGH NJW 65, 1714). Eine auf andere Gründe gestützte Lossagung vom Vertrag ist daher kein Widerruf. Durch den Widerruf wird der Vertrag endgültig unwirksam.

§ 179 Haftung des Vertreters ohne Vertretungsmacht

(1) Wer als Vertreter einen Vertrag geschlossen hat, ist, sofern er nicht seine Vertretungsmacht nachweist, dem anderen Teil nach dessen Wahl zur Erfüllung oder zum Schadensersatz verpflichtet, wenn der Vertretene die Genehmigung des Vertrags verweigert.

(2) Hat der Vertreter den Mangel der Vertretungsmacht nicht gekannt, so ist er nur zum Ersatz desjenigen Schadens verpflichtet, welchen der andere Teil dadurch erleidet, dass er auf die Vertretungsmacht vertraut, jedoch nicht über den Betrag des Interesses hinaus, welches der andere Teil an der Wirksamkeit des Vertrags hat.
(3) ¹Der Vertreter haftet nicht, wenn der andere Teil den Mangel der Vertretungsmacht kannte oder kennen musste. ²Der Vertreter haftet auch dann nicht, wenn er in der Geschäftsfähigkeit beschränkt war, es sei denn, dass er mit Zustimmung seines gesetzlichen Vertreters gehandelt hat.

I. Schließt jemand einen Vertrag im Namen eines anderen, schafft er beim Vertragspartner Vertrauen auf den Bestand einer Vertragsbeziehung mit dem Vertretenen. Dieses Vertrauen wird enttäuscht, wenn dem Handelnden die Vertretungsmacht für den Abschluss des Vertrages fehlt (§ 164 Rn 10) oder der Vertreter nach Abschluss eines Geschäfts für den, den es angeht (§ 164 Rn 7) oder eines Vertrages für einen unbekannten Geschäftsherrn die Person des Vertretenen nicht namhaft macht (vgl § 164 Rn 8). Daher muss der **Vertreter** in diesen Fällen aufgrund einer **Garantiehaftung** für das enttäuschte Vertrauen einstehen (vgl BGHZ 73, 269 f; 105, 285; 129, 149). Die Vorschrift gilt auch für die gesetzliche und organschaftliche Vertretung. Sie findet aber keine Anwendung, wenn der Vertrag aus anderen Gründen nichtig ist (BGH NJW-RR 08, 382 Rn 7), so zB wegen eines Verstoßes gg Formvorschriften (§ 125, vgl auch BGHZ 147, 387: gemeinderechtliche Vorgaben nicht eingehalten). 1

II. 1. Der Vertreter haftet nach **Abs 1** auf Erfüllung oder Schadensersatz (Erfüllungsinteresse), wenn er den **Vertrag** als **Vertreter ohne Vertretungsmacht** (§ 177 Rn 3) **geschlossen** hat und der Vertretene die **Genehmigung** des Vertrags **verweigert** (§ 177 Rn 4). Die Haftung greift auch ein, wenn der Vertreter im Namen eines nicht vorhandenen Rechtsträgers auftritt (BGHZ 105, 283, 285; 178, 307, 311) oder, obwohl bevollmächtigt, ausdrücklich erklärt, vollmachtlos zu handeln (BGH NJW 09, 3792 Rn 11). Die Verweigerung kann ausdrücklich oder konkludent erklärt worden sein oder sich aus der Fiktion des § 177 II 2 ergeben. Die Haftung des Vertreters besteht in vollem Umfang auch dann, wenn der Vertrag wegen Überschreitung der Vertretungsmacht nur teilunwirksam ist (BGHZ 103, 278, vgl aber § 139). 2

Ein **Unterbevollmächtigter** handelt (als Vertreter des Geschäftsherrn, nicht des Hauptvertreters, vgl § 167 Rn 6) dann ohne Vertretungsmacht, wenn entweder keine wirksame Untervollmacht besteht oder es an einer wirksamen Hauptvollmacht mangelt. Grds haftet er dann sowohl für Mängel der Unter- wie auch für solche der Hauptvollmacht (BGHZ 68, 394 f). Legt er aber die mehrstufige Vertretung offen, macht er dem Vertragspartner deutlich, dass seine Vertretungsmacht auf der Erteilung einer Untervollmacht durch den Hauptvertreter beruht und er nur für deren Bestand garantiert. Für Mängel der Hauptvollmacht haftet der Untervertreter daher in diesem Fall nicht (vgl BGHZ 32, 254; 68, 394), vielmehr trifft den Hauptvertreter analog § 179 eine Haftung für das vom Unterbevollmächtigten getätigte Geschäft. 3

2. Der **Anspruch** gegen den Vertreter ohne Vertretungsmacht **entsteht** erst mit der Verweigerung der Genehmigung. Solange der Schwebezustand andauert, soll der Dritte zunächst abwarten, ob der Vertrag nicht doch mit dem Vertretenen als dem ursprünglich ins Auge gefassten Vertragspartner zustande kommt. Wird der Schwebezustand durch Widerruf des Dritten nach § 178 beendet, tritt keine Haftung des Vertreters ein (hM), weil der Geschäftsgegner hier die Möglichkeit eines wirksamen Vertragsschlusses selbst vereitelt hat. 4

Der Inhalt des Anspruchs hängt davon ab, ob der Vertreter den Mangel seiner Vertretungsmacht bei Abschluss des Vertrages kannte oder nicht. Hatte der Vertreter **Kenntnis** von der **fehlenden Vertretungsmacht**, so haftet er dem Vertragspartner gem **Abs 1** nach dessen Wahl auf Erfüllung oder Schadensersatz wegen Nichterfüllung. Nach hM soll dieser Anspruch entfallen, wenn der Vertretene zB wegen Vermögenslosigkeit nicht hätte erfüllen können (zu Recht ablehnend Medicus Rn 987: Vertragspartner würde doppeltes Insolvenzrisiko tragen). 5

6 Der **Erfüllungsanspruch** ist kein vertraglicher, sondern ein gesetzlicher Anspruch (BGH NJW 91, 40), der neben einem Anspruch aus GoA bestehen kann (BGH NJW-RR 04, 83). Wählt der Vertragspartner Erfüllung, macht dies den Vertreter zwar nicht zur Vertragspartei (BGHZ 68, 360 f; BAGE NJW 03, 2554), jedoch wird er hins Inhalt und Abwicklung als eine solche behandelt. Daher stehen ihm die Rechte aus §§ 320 ff (vgl BGH NJW 71, 430) und ggf Anfechtungsrechte (BGH NJW 02, 1868) und Gewährleistungsansprüche zu. Andererseits kann sich der falsus procurator nicht auf die für den ursprünglichen Vertragsanspruch vorgesehene kurze Verjährungsfrist berufen; sie beginnt mit der Entstehung des Anspruchs, dh wenn feststeht, dass eine Genehmigung des Vertrages (§ 177) nicht in Betracht kommt (BGH NJW 04, 774).

7 Wählt der Vertragspartner **Schadensersatz**, ist er in Geld so zu stellen, als ob ordnungsgemäß erfüllt worden wäre. Die Schadensberechnung erfolgt dabei nach der Differenztheorie (vgl § 281 Rn 11). Ein Anspruch auf Ersatz des Vertrauensschadens besteht dagg nicht (OLG Karlsruhe NJW-RR 10, 675: Kosten eines erfolglosen Vorprozesses gg den Vertretenen).

8 Kannte der Vertreter den **Mangel der Vertretungsmacht nicht**, haftet er nach **Abs 2** nur auf das negative Interesse. Der Vertragspartner ist dann so zu stellen, als ob er nicht auf den Bestand der Vertretungsmacht vertraut hätte. Die Haftung ist in ihrem Umfang auf das Erfüllungsinteresse begrenzt.

9 3. Die **Haftung** des Vertreters nach Abs 1, 2 ist wegen **mangelnder Schutzbedürftigkeit** des Vertragspartners **ausgeschlossen**, wenn dieser das Fehlen der Vertretungsmacht kannte oder infolge Fahrlässigkeit nicht kannte (**Abs 3 S 1**, vgl auch § 122 II). Dies gilt auch dann, wenn der Vertreter unter Offenlegung der fehlenden Vertretungsmacht für eine nicht existente Person aufgetreten ist (BGHZ 178, 307; dazu Fehrenbach NJW 09, 2173). Der Vertragspartner handelt fahrlässig, wenn im Einzelfall konkrete Anhaltspunkte vorliegen, die auf einen Mangel der Vertretungsmacht schließen lassen (BGHZ 147, 385; BGH NJW 90, 388; 00, 1408). Eine allg Nachforschungspflicht des Geschäftsgegners besteht dag nicht. Dem Vertreter ist eine Berufung auf den Haftungsausschluss jedoch nach § 242 verwehrt, wenn der Geschäftspartner aufgrund besonderer Umstände (insbes entspr Erklärungen des Vertreters) auf das Wirksamwerden des Vertrages vertrauen durfte (BGHZ 178, 307, 314).

10 Ein in seiner **Geschäftsfähigkeit beschränkter Vertreter** haftet grds nicht, weil die Verkehrsschutzinteressen in diesem Fall hinter den Minderjährigenschutz zurücktreten müssen; ausnahmsweise tritt eine Vertreterhaftung aber dann ein, wenn der gesetzliche Vertreter des Minderjährigen dem Handeln als vollmachtloser Vertreter zugestimmt hat (Abs 3 S 2, vgl § 107).

11 4. Sämtliche Ansprüche aus Abs 1 **verjähren** ab Verweigerung der Genehmigung in der Frist, die für den unwirksamen Vertrag gegolten hätte (BGHZ 73, 271 f).

12 5. Eine **Rechtsscheinhaftung** analog § 179 greift ein und führt zu einer persönlichen Haftung des Handelnden, wenn er bei einem Vertragsabschluss für eine GmbH diesen Hinweis auf die Haftungsbeschränkung weglässt (BGHZ 64, 11, 16) oder für eine Unternehmergesellschaft (haftungsbeschränkt) mit dem unrichtigen Rechtsformzusatz „GmbH" auftritt (BGH NJW 12, 2871).

13 6. Der Vertragsgegner muss **beweisen**, dass der Vertreter einen Vertrag in fremdem Namen geschlossen hat und die Genehmigung verweigert wurde. Der Vertreter trägt die Beweislast für das Vorliegen von Vertretungsmacht (BGH NJW-RR 05, 1585 f) und für die ihm günstigen Voraussetzungen der Abs 2 und 3.

§ 180 Einseitiges Rechtsgeschäft

¹Bei einem einseitigen Rechtsgeschäft ist Vertretung ohne Vertretungsmacht unzulässig. ²Hat jedoch derjenige, welchem gegenüber ein solches Rechtsgeschäft vorzunehmen war, die von dem Vertreter behauptete Vertretungsmacht bei der Vornahme des Rechtsgeschäfts nicht beanstandet oder ist er damit einverstanden gewesen, dass der Vertreter ohne Vertretungsmacht handele, so finden die Vorschriften über Verträge entsprechende Anwendung. ³Das Gleiche gilt, wenn ein einseitiges Rechtsgeschäft ge-

genüber einem Vertreter ohne Vertretungsmacht mit dessen Einverständnis vorgenommen wird.

I. Den Rechtswirkungen **einseitiger Rechtsgeschäfte** kann sich ein Erklärungsempfänger oder ein anderweitig davon betroffener Dritter nicht entziehen. Könnten sie von einem Vertreter ohne Vertretungsmacht vorgenommen werden, müsste der Empfänger bis zur Genehmigung oder deren Verweigerung in **Ungewissheit** über den Wirkungseintritt bleiben. Das will die Vorschrift verhindern, sofern der Erklärungsempfänger die Ungewissheit nicht bewusst in Kauf nimmt. 1

II. 1. Ein einseitiges Rechtsgeschäft (Vor §§ 104–185 Rn 3), das von einem Vertreter ohne Vertretungsmacht vorgenommen wird, ist grds **nichtig** und kann **nicht genehmigt** werden (S 1). Im Hinblick auf nicht empfangsbedürftige Willenserklärungen (Auslobung, Aneignung, Dereliktion) gilt dies uneingeschränkt. Ausn sind in S 2 u 3 für empfangsbedürftige Willenserklärungen vorgesehen; dazu gehört zB auch die Geltendmachung von Gewährleistungsrechten (zu § 651 g von BGH NJW 10, 2950 Rn 19 offengelassen). Die Bestimmung findet auf geschäftsähnliche Handlungen (Vor §§ 104–185 Rn 11) entspr Anwendung. 2

2. Nichtigkeit tritt nach S 2 nicht ein, wenn der Erklärungsempfänger die von dem Vertreter (auch konkludent, zB gerade durch ein Auftreten als Vertreter) behauptete Vertretungsmacht bei Vornahme des Geschäfts nicht beanstandet oder sich mit einem Handeln ohne Vertretungsmacht sogar einverstanden erklärt. Eine **Beanstandung** setzt voraus, dass der Erklärungsempfänger zu erkennen gibt, dass er das Rechtsgeschäft wegen Zweifels an der Vertretungsmacht nicht anerkennen will; eine Zurückweisung aus anderen Gründen reicht nicht aus (BGH BB 69, 293). Die Beanstandung muss unter Anwesenden sofort bei Vornahme des Geschäfts, unter Abwesenden unverzüglich (vgl § 121 I) nach Erklärungsempfang erfolgen. 3

Das **Einverständnis** kann ausdrücklich oder schlüssig, es muss grds vor oder bei Empfang der Vertretererklärung zum Ausdruck gebracht werden; bei Erklärungen unter Abwesenden reicht es aus, wenn die Einverständniserklärung unverzüglich nach Zugang erfolgt. Erforderlich ist stets, dass der Erklärungsempfänger um die fehlende Vertretungsmacht weiß oder ein Fehlen zumindest für möglich hält. 4

In beiden Fällen des S 2 finden die für Verträge geltenden **§§ 177 bis 179** entspr Anwendung. Das einseitige Rechtsgeschäft ist also zunächst schwebend unwirksam und kann analog § 177 mit Wirkung ex tunc (§ 184) genehmigt werden. Ist das einseitige Rechtsgeschäft fristgebunden, kann die Genehmigung auch noch nach Fristablauf erfolgen (BGH NJW 10, 2950 Rn 21); der Erklärungsempfänger kann aber analog § 177 II vorgehen. Wird die Genehmigung verweigert, so haftet der Vertreter analog § 179 I auf Schadensersatz. Erfüllungsansprüche scheiden naturgemäß aus. 5

3. Bei **passiver Stellvertretung** gelten §§ 177 bis 179 analog, wenn ein vollmachtloser Empfangsvertreter mit der ihm ggü erfolgenden Vornahme eines einseitigen Rechtsgeschäfts einverstanden ist (S 3). 6

§ 181 Insichgeschäft

Ein Vertreter kann, soweit nicht ein anderes ihm gestattet ist, im Namen des Vertretenen mit sich im eigenen Namen oder als Vertreter eines Dritten ein Rechtsgeschäft nicht vornehmen, es sei denn, dass das Rechtsgeschäft ausschließlich in der Erfüllung einer Verbindlichkeit besteht.

I. Die Vorschrift nimmt dem Vertreter die Möglichkeit zur Vornahme von sog „Insichgeschäften" (Rn 5), sofern nicht ein Ausnahmetatbestand dies gestattet (Rn 7 ff). Sie dient der **Ausschaltung von Interessenkollisionen**, die regelmäßig entstehen müssen, wenn der Vertreter ein Rechtsgeschäft im Namen des Vertretenen mit sich selbst oder gleichzeitig als Vertreter eines Dritten vornimmt. Die Bestimmung stellt im Interesse der Rechtssicherheit und des Verkehrsschutzes zunächst allein auf den Umstand ab, ob ein Vertreter formal auf beiden Seiten eines Rechtsgeschäfts auftritt; dass im konkreten 1

Einzelfall tatsächlich auch eine Interessenkollision vorliegt, ist dag grds nicht erforderlich (BGHZ 91, 337; 113, 270).

2 Die hM hat jedoch den Anwendungsbereich der Vorschrift durch **teleologische Reduktion** eingeschränkt, wenn bei einem Insichgeschäft eine Interessenkollision sachlich ausgeschlossen ist (Rn 13 ff), und durch **Analogie** erweitert, wenn trotz fehlender Personenidentität typischerweise eine dem § 181 vergleichbare Interessenkollision vorliegt (Rn 15 ff).

3 II. 1. Die Vorschrift gilt nicht nur für den gewillkürten, sondern auch für den **gesetzlichen** und **organschaftlichen Vertreter** (Vor §§ 164–181 Rn 3). Sie ist auf Verwalter fremder Vermögen (Testamentsvollstrecker [BGHZ 108, 24], Insolvenz- [vgl BGHZ 113, 270], Zwangs- und Nachlassverwalter) entspr anwendbar.

4 Das Verbot des Selbstkontrahierens findet auf sämtliche **Rechtsgeschäfte** Anwendung, also sowohl auf Verträge (auch zB dingliche oder familienrechtliche) wie einseitige Rechtsgeschäfte, soweit es sich bei diesen um empfangsbedürftige handelt (etwa: Kündigung, Anfechtung und Rücktritt). Für geschäftsähnliche Handlungen wie Mahnungen oder Fristsetzungen gilt § 181 entspr.

5 Der Vertreter kann weder einen **Vertrag** im Namen des Vertretenen mit sich selbst im eigenen Namen (**Selbstkontrahieren**) oder als Vertreter eines Dritten (**Mehrvertretung**) vornehmen. Bei einseitigen Rechtsgeschäften und geschäftsähnlichen Handlungen (Vor §§ 104–185 Rn 3, 11) greift § 181 ein, wenn der Vertreter zugleich als Erklärender und Erklärungsempfänger auftritt.

6 Zur Vornahme von Insichgeschäften fehlt dem Vertreter die Vertretungsmacht; sie sind daher **schwebend unwirksam** und können vom Vertretenen, bei Mehrvertretung von beiden Vertretenen – auch konkludent – genehmigt werden (§§ 177–180). Nimmt ein gesetzlicher Vertreter ein Insichgeschäft vor, kann die Genehmigung durch den inzwischen geschäftsfähig gewordenen Vertretenen oder durch einen Pfleger erfolgen. Eine Ermächtigung durch das Familiengericht ist hingegen ausgeschlossen (vgl dazu BGHZ 21, 234).

7 2. Ein Vertreter kann ausnahmsweise Insichgeschäfte schließen, soweit ihm dieses durch Gesetz (zB §§ 1009 II; ferner 125 II 2 HGB, 78 IV 1 AktG) oder durch Rechtsgeschäft **gestattet** ist. Die rechtsgeschäftliche Gestattung erfolgt durch – ausdrückliche oder konkludente – einseitige empfangsbedürftige Willenserklärung (§ 183) des oder – bei Mehrvertretung – der Vertretenen und kann bereits in der Bevollmächtigung enthalten sein. Eine Generalvollmacht enthält aber nicht ohne weiteres eine Befreiung von den Bindungen des § 181. Die Gestattung ist auch bei Formbedürftigkeit des Vertretergeschäfts formlos möglich (§ 182 II).

8 Bei **organschaftlicher** Vertretung können Satzung oder Gesellschaftsvertrag eine Gestattung vorsehen (BGHZ 87, 59). Im Falle einer **gesetzlichen** Vertretung kommt eine rechtsgeschäftliche Gestattung weder durch den Vertretenen noch durch das Familiengericht in Betracht, so dass eine Pflegerbestellung nach § 1909 erforderlich ist.

9 Nimmt ein **Untervertreter** (§ 167 Rn 6) ein Insichgeschäft vor, kann der Hauptvertreter dieses nur gestatten, wenn ihm selbst der Abschluss von Insichgeschäften erlaubt ist. Andernfalls bedarf das Geschäft des Untervertreters einer Gestattung durch den Vertretenen selbst (vgl BayObLG BB 93, 747).

10 3. Ein Insichgeschäft ist ferner zulässig, wenn es ausschließlich in der **Erfüllung einer Verbindlichkeit** besteht (2. Halbs), so etwa bei der Übertragung eines Rechts aufgrund eines Vermächtnisses nach § 2174 (OLG München NJW-RR 12, 137). Dabei kann es sich um eine Verbindlichkeit des Vertretenen ggü dem Vertreter oder umgekehrt (Selbstkontrahieren) oder des einen Vertretenen ggü dem anderen handeln (Mehrvertretung). Die Verbindlichkeit muss wirksam bestehen, fällig und einredefrei sein. Es genügt nicht, wenn sie (wie nach §§ 311 b I 2 oder 518 II) erst durch die Erfüllung wirksam wird (RGZ 94, 150).

11 Die Verbindlichkeit muss durch Bewirkung der geschuldeten Leistung nach § 362 I **erfüllt** werden; die Annahme einer Leistung an Erfüllungs statt oder erfüllungshalber (§ 364 I, II) durch Insichgeschäft ist nicht zulässig. Wohl aber steht eine Aufrechnung

(§§ 387 ff) der Erfüllung gleich, sofern die Forderung des Vertreters gegen den Vertretenen nicht einredebehaftet ist.

Will ein **gesetzlicher Vertreter** seine Verbindlichkeit aus einem nach § 107 wirksamen Schenkungsversprechen (vgl § 107 Rn 14 sowie unten Rn 13) durch ein für den Minderjährigen rechtlich nachteiliges (Insich-)Geschäft erfüllen, so bedarf es zum Schutze des Minderjährigen entweder einer teleologischen Reduktion des § 181 2. Halbs (Selbstkontrahieren für diese Art der Erfüllung doch nicht gestattet) oder einer Gesamtbetrachtung von Kausal- und Erfüllungsgeschäft mit der Folge, dass die zugrunde liegende Schenkung als nicht lediglich rechtlich vorteilhaft iSd § 107 anzusehen ist und daher von dem Minderjährigen nicht selbstständig vorgenommen werden kann (so BGHZ 78, 34 f; vgl § 107 Rn 14). IErg ist jedenfalls zur Vornahme des Erfüllungsgeschäfts die Bestellung eines Ergänzungspflegers nach § 1909 erforderlich.

4. Insichgeschäfte können aufgrund einer **teleologischen Reduktion** des § 181 1. Halbs zulässig sein (zum Normzweck Rn 1), wenn ein Interessenkonflikt ausgeschlossen ist, so zB dann, wenn das Insichgeschäft dem Vertretenen **lediglich einen rechtlichen Vorteil** bringt (BGHZ 59, 240; 94, 235). Bsp: Schenkung der sorgeberechtigten Eltern an Minderjährigen; nicht aber zB Schenkung eines vermieteten Grundstücks (BayObLG NJW 03, 1129, vgl auch Rn 12) oder eines Grundstücks unter Rücktrittsvorbehalt wegen der Möglichkeit einer Verpflichtung zu Wert- oder Schadensersatz (BayObLGZ 04, 88).

IR der Beschlussfassung von **Mitgliedern** bzw **Gesellschaftern** von Kapital- oder Personengesellschaften kann auf eine Anwendung des § 181 nach seinem Sinn und Zweck (Rn 1) verzichtet werden, wenn zB auf der Grundlage von Satzung oder Gesellschaftsvertrag Beschlüsse über Maßnahmen der **Geschäftsführung** und sonstige gemeinsame Angelegenheiten gefasst werden sollen (BGHZ 56, 97; 65, 98). Hier können zwar unter den Gesellschaftern Meinungsverschiedenheiten bestehen, jedoch werden keine gegensätzlichen persönlichen Interessen berührt. Dies gilt jedoch nicht im Hinblick auf Beschlüsse, die eine **Änderung** des Gesellschaftsvertrags oder der Satzung herbeiführen sollen (BGH NJW 76, 1539; NJW 89, 169). Der von seinen Mitgesellschaftern zur Vertretung in Mitgliederversammlungen bevollmächtige Gesellschafter einer BGB-Gesellschaft kann sich nicht selbst zum Geschäftsführer bestellen (BGHZ 112, 340 f.). Zu Insichgeschäften des geschäftsführenden Alleingesellschafters einer GmbH vgl § 35 III 1 GmbHG.

III. 1. Die Vorschrift findet **analoge Anwendung**, auch wenn bei der Vornahme eines Vertretergeschäfts zwar nicht auf beiden Seiten Personenidentität besteht, gleichwohl aber ein **Interessenkonflikt** auftritt, wie ihn § 181 voraussetzt. Das ist der Fall, wenn der Vertreter für den Vertretenen einen **Untervertreter** bestellt und mit oder ggü diesem ein Rechtsgeschäft vornimmt (OLG Frankfurt OLGZ 74, 349) oder für sich selbst einen Vertreter einsetzt und mit diesem im Namen des Vertretenen ein Rechtsgeschäft tätigt (OLG Hamm NJW 82, 1105). Durch einfache Beseitigung der Personenidentität soll die Norm nicht umgangen werden können.

2. Bei **amtsempfangsbedürftigen Willenserklärungen** (§ 130 Rn 10) ist eine analoge Anwendung geboten, wenn der Vertreter die Erklärung anstatt ggü einer Behörde ebenso gut an sich selbst in seiner Eigenschaft als Vertreter adressieren könnte (vgl zB §§ 875 I 2, 876 S 3, 1168 II, 1183 S 2). In diesen Fällen ist der Vertreter der Sache nach selbst Erklärungsempfänger (BGHZ 77, 9 f); anders bei Erklärungen, die auch materiell ausschließlich ggü dem zuständigen Amt bzw Gericht abzugeben sind.

Kommen für eine Erklärung **mehrere** (private) **Empfänger** in Betracht (zB nach §§ 182 I, 1064, 1255 I) und ist die Erklärung einem ggü ein Insichgeschäft, so findet § 181 nach hM keine Anwendung, wenn der Vertreter die Erklärung ggü einem anderen möglichen Empfänger abgibt, da dieser selbst materiell von der Erklärung betroffen ist (vgl BGHZ 94, 137; str).

3. Eine **generelle analoge Anwendung** bei möglichen Interessenkonflikten ist abzulehnen (BGHZ 91, 337). Übernimmt der Vertreter zB im Namen des Vertretenen durch Vertrag mit dem Gläubiger eine ihn – den Vertreter – treffende Verpflichtung oder bestellt er dafür namens des Vertretenen eine Sicherheit, wird der Vertretene nicht durch

§ 181, sondern nur nach den Grundsätzen über den Missbrauch der Vertretungsmacht (§ 167 Rn 9) geschützt.

Titel 6
Einwilligung und Genehmigung

Vorbemerkung zu §§ 182-185

1 **I.** Das BGB macht verschiedentlich die Wirksamkeit eines Rechtsgeschäfts von der **Zustimmung eines Dritten** abhängig. Dieses Zustimmungserfordernis bezweckt entweder den Schutz der handelnden Person (**Zustimmung kraft Aufsichtsrechts**, zB §§ 107 ff, 1903 ff) oder den Schutz des Zustimmungsberechtigten selbst (**Zustimmung kraft unmittelbarer oder mittelbarer Rechts- oder Interessenbeteiligung**, zB §§ 177, 185 I 1, II 1 1. Fall, 415, 876, 1071, 1255 II, 1365, 1369); zu dieser Fallgruppe gehört auch die Zustimmung des Schuldners zu einer Zession nach Vereinbarung eines Abtretungsausschlusses gem § 399, 2. Fall (vgl BGH NJW-RR 91, 764; NJW 97, 3435, vgl aber auch BGHZ 70, 303) sowie der im Vertrag verbleibenden Partei zu einer Vertragsübertragung (vgl BGHZ 96, 308; 137, 259; BGH NJW 98, 532). Die §§ 182-184 enthalten allg, keineswegs abschließende Regeln über die Erteilung und Verweigerung der Zustimmung sowie das Wirksamwerden des zustimmungsbedürftigen Rechtsgeschäfts. § 185 betrifft den Sonderfall einer Zustimmung zu der Verfügung durch einen Nichtberechtigten.

2 **II. 1. Zustimmung** ist die Erklärung des Einverständnisses mit einem fremden Rechtsgeschäft. Sie kann vor der Vornahme des Rechtsgeschäfts (**Einwilligung**, vgl § 183 S 1) oder nachträglich erklärt werden (**Genehmigung**, vgl § 184 I). Diese Terminologie wird aber nicht immer eingehalten (vgl etwa §§ 1643, 1809 ff, 1819 ff, in denen die „Genehmigung" des Vormundes bzw Gegenvormundes auch die vorherige Zustimmung umfasst). Auch der Begriff „Zustimmung" wird nicht-technisch verwandt, so dass stets durch Auslegung zu ermitteln ist, ob es sich um eine solche iSd §§ 182 ff handelt. Im Vereins- oder Gesellschaftsrecht wird darunter zB häufig die Mitwirkung an einem gemeinschaftlichen Beschluss verstanden (zB §§ 32 II, 709 I, 744 II; ferner 115 II, 119 I HGB). Mitunter soll die vorgesehene Zustimmung auch nur die Geschäftsführungsbefugnis beschränken, ohne Außenwirkung zu entfalten (zB §§ 111 IV iVm 82 II AktG). Die Einwilligung in nicht rechtsgeschäftliche Handlungen (zB in die ärztliche Behandlung) betrifft ebenfalls nicht die Wirksamkeit eines fremden Rechtsgeschäfts, sondern die Rechtmäßigkeit des Eingriffs in eigene oder anvertraute Rechte oder Rechtsgüter. Zur Verwendung der Begriffe Billigung (zB §§ 454, 665, 692), Einverständnis (zB § 180 S 2), Erlaubnis (zB §§ 553, 603, 1784, 1888) und Autorisierung (§ 675 j I 1) vgl MK/Bayreuther Vor § 182 Rn 20 f. Durch eine **Bestätigung** (§§ 141, 144) erkennt jemand sein eigenes, bisher fehlerhaftes Rechtsgeschäft als gültig an.

3 **2.** Die Zustimmung (Einwilligung, Genehmigung) ist (ebenso wie ihre Verweigerung) eine **empfangsbedürftige Willenserklärung** (vgl § 182 I) und somit ein (einseitiges) Rechtsgeschäft (Vor §§ 104-185 Rn 3), gleichzeitig aber auch Wirksamkeitsvoraussetzung für das Rechtsgeschäft, auf das sie sich bezieht. Ebenso wie die Vollmacht (§ 167 Rn 8) ist die Zustimmung **abstrakt**, dh sie bedarf weder zu ihrer Wirksamkeit eines zugrunde liegenden Rechtsverhältnisses noch wirken sich etwaige Mängel dieses Grundverhältnisses notwendig auf die Wirksamkeit der Zustimmung aus. Ausnahmsweise ist der Zusammenhang mit dem Grundverhältnis aber zu beachten, so beim Missbrauch der Ermächtigung iSd § 185 I (§ 185 Rn 2). Zur analogen Anwendung von § 168 S 1 vgl § 183 Rn 8.

4 Auf die Zustimmung finden die **allg Vorschriften** über **Rechtsgeschäfte**, insb auch diejenigen über einseitige Rechtsgeschäfte (§§ 111, 180, 182 III, 1367, 1831) sowie über Willenserklärungen Anwendung. Dabei ist ein Willensmangel (§§ 119 ff) nur beachtlich, wenn er sich auf die Zustimmung selbst bezieht, nicht hingegen, wenn er das zustimmungsbedürftige Geschäft betrifft (BGHZ 111, 347). Ggf bedarf die Zustimmung ihrerseits der Zustimmung eines anderen, zB wenn der Zustimmungsberechtigte in der

Geschäftsfähigkeit beschränkt ist und die Zustimmung ihm nicht lediglich einen rechtlichen Vorteil bringt (§§ 107, 111). Da die Genehmigung einen Schwebezustand beenden soll, ist sie aus Gründen der Rechtssicherheit und -klarheit grds bedingungsfeindlich (hM). Dag kann eine Einwilligung unter einer Bedingung erteilt werden.

3. Mit der Zustimmung kommt das **zustimmungsbedürftige Rechtsgeschäft** so zustande, wie es abgeschlossen wurde. Der Zustimmungsberechtigte kann – weil nicht Partei – das Rechtsgeschäft nicht inhaltlich verändern.

III. 1. Die §§ 182 bis 185 sind auf alle privaten Rechtsgeschäfte anwendbar, die **kraft Gesetzes** der Zustimmung eines Dritten bedürfen, nicht hingegen auf rechtsgeschäftlich bestimmte Zustimmungserfordernisse. Wird vertraglich vereinbart, dass das Geschäft der Zustimmung eines Dritten bedarf, handelt es sich idR um eine Bedingung, deren Rechtsfolgen sich allein aus der Vereinb der Parteien bzw aus den §§ 158 ff ergeben.

2. Den §§ 182 ff gehen die Regeln über die Stellvertretung (§§ 167 ff) und die Behandlung von Rechtsgeschäften eines beschränkt Geschäftsfähigen (§§ 107 ff) als **Sondervorschriften** vor. Auch darüber hinaus trifft das Gesetz in zahlreichen Fällen eine von den §§ 182 ff abw Sonderregelung (Bsp: Zustimmung des Betriebsrats zu außerordentlicher Kündigung nach § 103 BetrVG, BAG DB 04, 1370).

3. Auf die **Zustimmung einer Verwaltungsbehörde** zu einem privaten Rechtsgeschäft finden die §§ 182 ff weder unmittelbare noch analoge Anwendung. Es handelt sich dabei um privatrechtsgestaltende Verwaltungsakte, deren Voraussetzungen, Rechtsfolgen und Aufhebung allein den Vorschriften des Verwaltungsrechts (Spezialvorschriften, VwVfG) unterliegen (str). Die mögliche Rückwirkung einer behördlichen Genehmigung folgt zB nicht aus § 184 I analog, sondern aus dem mit dem Verwaltungsakt verfolgten Zweck (BGHZ 32, 389 f). Ein Rechtsgeschäft, das einer behördlichen Genehmigung bedarf, ist zunächst schwebend unwirksam und wird erst mit einer unanfechtbaren (BGH NJW 93, 650) Verweigerung der Genehmigung endgültig nichtig (BGHZ 127, 377).

§ 182 Zustimmung

(1) Hängt die Wirksamkeit eines Vertrags oder eines einseitigen Rechtsgeschäfts, das einem anderen gegenüber vorzunehmen ist, von der Zustimmung eines Dritten ab, so kann die Erteilung sowie die Verweigerung der Zustimmung sowohl dem einen als dem anderen Teil gegenüber erklärt werden.

(2) Die Zustimmung bedarf nicht der für das Rechtsgeschäft bestimmten Form.

(3) Wird ein einseitiges Rechtsgeschäft, dessen Wirksamkeit von der Zustimmung eines Dritten abhängt, mit Einwilligung des Dritten vorgenommen, so finden die Vorschriften des § 111 Satz 2, 3 entsprechende Anwendung.

I. Die Vorschrift regelt Einzelheiten der **Erteilung** und **Verweigerung** (Rn 2) sowie der **Form** (Rn 4) einer Zustimmung zu einem Vertrag oder einseitigen Rechtsgeschäft. Sie setzt eine – sich aus anderen Vorschriften ergebende – Zustimmungsbedürftigkeit des Rechtsgeschäfts voraus.

II. 1. Erteilung und **Verweigerung** der Zustimmung (**Abs 1**) können ausdrücklich oder konkludent (vgl BGH WM 90, 1575) erklärt werden. Abgesehen von den gesetzlich angeordneten Fällen (zB §§ 75 h, 91 a HGB) reicht Schweigen nur aus, wenn der Zustimmungsberechtigte ausnahmsweise nach Treu und Glauben verpflichtet war, seinen abw Willen zu äußern. Die bloße Aufforderung zur Genehmigung begründet eine solche Äußerungspflicht nicht. Der Zustimmungsberechtigte muss die Zustimmungsbedürftigkeit des Rechtsgeschäfts weder gekannt noch braucht er mit ihr gerechnet zu haben (BGHZ 47, 351 f; BGH NJW 98, 1859 [jedenfalls bei ausdrücklicher Zustimmung]; str, anders neuerdings BGHZ 154, 288; BGH NJW 04, 61). Auch ist nicht erforderlich, dass ihm der zust Charakter seiner Äußerung bzw seines Verhaltens bewusst war (vgl BGHZ 109, 177).

Erteilung und Verweigerung der Zustimmung können sowohl ggü **demjenigen**, dessen **Handeln zustimmungsbedürftig** ist, als auch ggü dem **Dritten** (Vertragspartner bzw –

bei einseitigen Rechtsgeschäften – Erklärungsempfänger) abgegeben werden. Von diesem in Abs 1 aufgestellten Grundsatz macht das Gesetz zahlreiche **Ausn**, in denen die Zustimmung nur ggü einer bestimmten Person oder Stelle (Gericht, Behörde) erklärt werden kann (zB §§ 108 II, 177 II 1, 876 S 3, 1255 II 2, 1750 I 1).

4 2. Die Zustimmung bedarf **nicht** der **Form**, die für das zustimmungsbedürftige Rechtsgeschäft vorgeschrieben ist (**Abs 2**, vgl BGHZ 138, 242). Diese Regelung ist insb dann bedenklich, wenn die Formvorschrift in erster Linie Warnfunktion hat (§§ 311 b I, 766) und der Zustimmungsberechtigte der eigentlich vom Rechtsgeschäft Betroffene ist. Dennoch kommt eine teleologische Reduktion des § 182 II wegen der eindeutigen gesetzgeberischen Entscheidung nicht in Betracht (BGHZ 125, 222 ff; str), und zwar auch dann nicht, wenn eine Vollmachtserteilung entgg § 167 II anerkanntermaßen formbedürftig wäre, weil der Vertretene durch die Erteilung der Vollmacht in gleicher Weise gebunden wird wie durch die Vornahme des formbedürftigen Rechtsgeschäfts (vgl § 167 Rn 5, so BGHZ 125, 224 ff für die unwiderrufliche Einwilligung). Vom Grundsatz der Formfreiheit macht das Gesetz in zahlreichen Fällen eine **Ausn**, so zB in §§ 1516 II 3, 1517 I 2, 1597 I, 1750 I 2, 2120 S 2, 2291 II.

5 3. Einseitige zustimmungsbedürftige Rechtsgeschäfte (Vor §§ 104–185 Rn 3) können grds nur mit Einwilligung vorgenommen, nicht aber genehmigt werden. Die Einwilligung ist dann an sich formlos. Allerdings ist nach **Abs 3 iVm § 111 S 2** das einseitige Rechtsgeschäft selbst unwirksam, wenn der Erklärende die Einwilligung nicht in schriftlicher Form (§ 126) vorlegt und der andere das Geschäft aus diesem Grund unverzüglich (§ 121 I) zurückweist. Eine Zurückweisung ist ausgeschlossen, wenn der Zustimmungsberechtigte den Erklärungsempfänger vorher von der Einwilligung in Kenntnis gesetzt hat (Abs 3 iVm § 111 S 3).

§ 183 Widerruflichkeit der Einwilligung

¹Die vorherige Zustimmung (Einwilligung) ist bis zur Vornahme des Rechtsgeschäfts widerruflich, soweit nicht aus dem ihrer Erteilung zugrunde liegenden Rechtsverhältnis sich ein anderes ergibt. ²Der Widerruf kann sowohl dem einen als dem anderen Teile gegenüber erklärt werden.

1 I. Die Vorschrift definiert die Einwilligung als **vorherige Zustimmung** und regelt Voraussetzungen und Vornahme eines **Widerrufs**, der hier – anders als der Widerruf einer Willenserklärung nach § 130 I 2 – eine bereits wirksam gewordene Willenserklärung wieder aus der Welt schafft.

2 II. 1. Eine **Einwilligung** (zur Rechtsnatur Vor §§ 182–185 Rn 3) muss dem zustimmungsbedürftigen Rechtsgeschäft nicht unbedingt vorangehen, sondern kann auch gleichzeitig mit dessen Vornahme oder noch während eines gestreckten Tatbestandes – zB zwischen Einigung und Übergabe bei § 929 – erteilt werden. Ihr **Umfang** ist durch Auslegung zu ermitteln. Je nach Reichweite ist zwischen Spezial- und (ggf beschränkter) Generaleinwilligung zu unterscheiden. Dabei darf der mit der Zustimmungsbedürftigkeit verbundene Zweck nicht unterlaufen werden (zB keine Generaleinwilligung für Rechtsgeschäfte eines Minderjährigen, vgl § 107 Rn 11). Liegt eine Einwilligung vor, kann ein zustimmungsbedürftiges Rechtsgeschäft **von Anfang an wirksam** vorgenommen werden.

3 Auch ohne wirksame Einwilligung muss sich der Einwilligungsberechtigte uU nach **Rechtsscheingesichtspunkten** so behandeln lassen, als hätte er dem Rechtsgeschäft tatsächlich zugestimmt. Die §§ 170–173 gelten analog. Auch die Grundsätze über Duldungs- und Anscheinsvollmacht (§§ 170–173 Rn 7 ff) sind für die Einwilligung entspr heranzuziehen.

4 2. Die Einwilligung kann bis zur **wirksamen Vornahme** des **zustimmungsbedürftigen Rechtsgeschäfts grds frei widerrufen** werden (**S 1**). Bei einem mehraktigen Rechtsgeschäft kommt es auf die Vornahme des letzten Teilakts an, so bei § 929 auf die (nachfolgende) Übergabe, bei § 873 I auf die Eintragung (Ausn: Widerrufsmöglichkeit endet

analog § 878 bei einer nach § 873 II bindenden Einigung bereits mit dem Eintragungsantrag). Die Verweigerung der Einwilligung ist stets frei widerruflich.
Aus dem der Erteilung zugrunde liegenden Rechtsverhältnis (Grundverhältnis, zB Auftrag oder Geschäftsbesorgungsvertrag) kann sich ergeben, dass ein **Widerruf ausgeschlossen** sein soll (S 1). Ein konkludenter Ausschluss ist anzunehmen, wenn der Einwilligende nach dem Grundverhältnis zur Zustimmung verpflichtet ist oder die Einwilligung auch oder in erster Linie im Interesse des Ermächtigten erteilt wurde und Interessen des Zustimmenden an der Widerrufsmöglichkeit nicht überwiegen (vgl § 168 Rn 5). Die Unwiderruflichkeit kann auch außerhalb des Grundverhältnisses zwischen dem Einwilligenden und dem Ermächtigten bzw dem potentiellen Partner des Hauptgeschäfts ausdrücklich oder stillschweigend vereinbart worden sein bzw es kann der Einwilligende einseitig auf die Widerrufsmöglichkeit verzichten. Auch eine hiernach unwiderrufliche Einwilligung ist aber bei Vorliegen eines wichtigen Grundes stets widerruflich (vgl § 168 Rn 5). Gesetzlich ausgeschlossen ist der Widerruf ua in §§ 876 S 3, 880 II 3; 1255 II 2; 1516 II 4, 2291 II.
3. Der Widerruf kann ggü **beiden Parteien** des **Hauptgeschäftes** erfolgen und muss nicht an dieselbe Person gerichtet sein, der ggü die Einwilligung erklärt wurde (S 2).
4. Mit dem Widerruf **erlischt** die **Einwilligung**, so dass das zustimmungsbedürftige Rechtsgeschäft nicht mehr wirksam vorgenommen werden kann (vgl aber Rn 3). Der Widerruf hindert den Zustimmungsberechtigten nicht, die Einwilligung zu einem späteren Zeitpunkt doch noch zu erteilen oder das inzwischen vorgenommene Rechtsgeschäft zu genehmigen.
III. Nach **allg Regeln** kann eine Einwilligung durch Zeitablauf bei Befristung (§ 163), durch Eintritt einer auflösenden Bedingung (§ 158 II) oder durch Verzicht des Ermächtigten erlöschen. Darüber hinaus findet § 168 S 1 analoge Anwendung, so dass die Einwilligung mit der Beendigung des Grundverhältnisses endet (vgl § 168 Rn 3).

§ 184 Rückwirkung der Genehmigung

(1) Die nachträgliche Zustimmung (Genehmigung) wirkt auf den Zeitpunkt der Vornahme des Rechtsgeschäfts zurück, soweit nicht ein anderes bestimmt ist.
(2) Durch die Rückwirkung werden Verfügungen nicht unwirksam, die vor der Genehmigung über den Gegenstand des Rechtsgeschäfts von dem Genehmigenden getroffen worden oder im Wege der Zwangsvollstreckung oder der Arrestvollziehung oder durch den Insolvenzverwalter erfolgt sind.

I. Die Vorschrift definiert die Genehmigung als nachträgliche Zustimmung und regelt darüber hinaus deren Wirkungen für das zustimmungsbedürftige Rechtsgeschäft (**Abs 1**) und im Hinblick auf zwischenzeitlich getroffene Verfügungen (**Abs 2**).
II. 1. Ein ohne Einwilligung (§ 183) geschlossener zustimmungspflichtiger **Vertrag** ist zunächst schwebend unwirksam und erlangt mit einer Genehmigung (zur Rechtsnatur Vor §§ 182–185 Rn 3) **rückwirkende Wirksamkeit** (**Abs 1**). Dag ist ein zustimmungspflichtiges und ohne Einwilligung vorgenommenes **einseitiges Rechtsgeschäft** grds unheilbar nichtig (Interesse des Erklärungsempfängers an Gewissheit über die Rechtslage, vgl §§ 111, 180, 1367, 1831). Ausnahmsweise ist analog § 180 S 2, 3 eine Genehmigung möglich, wenn und weil der Erklärungsempfänger die (zu Unrecht) behauptete Einwilligung nicht beanstandet hat oder er mit der Vornahme des Rechtsgeschäfts ohne Einwilligung in der Hoffnung auf nachträgliche Zustimmung einverstanden war und daher sein Interesse an Gewissheit geringer zu bewerten ist (str). Wegen ihrer rechtsgestaltenden Wirkung ist die Genehmigung grds bedingungsfeindlich und kann deswegen nach Erteilung auch nicht mehr widerrufen werden. Zur Frage, ob eine Genehmigung voraussetzt, dass der Genehmigende die Unwirksamkeit eines Rechtsgeschäfts (dh dessen Zustimmungsbedürftigkeit) kennt, vgl § 182 Rn 2.
Die Bedeutung einer mit Einschränkungen versehenen Genehmigung (generelle Verweigerung oder – bei Teilbarkeit iSd § 139 – Teilgenehmigung?) ist durch **Auslegung** zu

ermitteln. Sie kann auch die Einwilligung in ein etwaiges neues, den Änderungswünschen des Zustimmungsberechtigten Rechnung tragendes Rechtsgeschäft beinhalten.

4 Die Erteilung einer Genehmigung unterliegt grds **keiner Frist**, sofern nicht die §§ 108 II, 177 II, 1366 III (Aufforderung des Vertragspartners zur Erklärung über die Genehmigung) Anwendung finden oder für die Vornahme des Rechtsgeschäfts oder die Abgabe der Willenserklärung desjenigen, dessen Handeln der Zustimmung bedarf, eine gesetzliche oder rechtsgeschäftliche Ausschlussfrist besteht. Dann kann im Interesse einer alsbaldigen Klärung der Rechtslage auch die Genehmigung nur innerhalb dieser Frist wirksam erteilt werden (BGHZ 32, 383; BGH NJW 73, 1790; str). Hiervon zu unterscheiden ist der Fall, dass die Parteien des Hauptgeschäfts für die Beibringung der Genehmigung eine Frist vereinbart haben. Verstreicht sie ohne Erteilung der Genehmigung, wird das schwebend unwirksame Geschäft endgültig unwirksam.

5 2. Bis zur Erteilung oder Verweigerung der Genehmigung ist das zustimmungsbedürftige Rechtsgeschäft **schwebend unwirksam**. Die Parteien sind aber verpflichtet, alles zu unterlassen, was die Erteilung der Genehmigung gefährden könnte, je nach Parteivereinbarung darüber hinaus auch ggf zu einer (fristgerechten) Einholung (bei schuldhafter Pflichtverletzung: §§ 280 I, 311 II). Ein einseitiges Widerrufsrecht gewähren zB §§ 109 I 1, 178 S 1, 1366 II S 1, 1830. Daneben kann sich auch aus dem Vertrag ergeben, dass einer Partei nach einem gewissen Zeitraum ein Rücktrittsrecht zustehen oder eine auflösende Bedingung eintreten soll (Auslegungsfrage, Zurückhaltung geboten).

6 Die **Genehmigung** macht das schwebend unwirksame Rechtsgeschäft **voll wirksam**. Sie wirkt grds auf den Zeitpunkt der Vornahme **zurück**, soweit in Spezialvorschriften oder in der Parteieinbarung (auch konkludent) nichts anderes bestimmt ist (Abs 1; bei Verurteilung zur Erteilung der Genehmigung str, vgl BGHZ 108, 384). Dag kann der Genehmigende selbst die Rückwirkung nicht einseitig außer Kraft setzen. Eine Rückwirkung kommt auch dann nicht in Betracht, wenn dies dem Zweck anderer Vorschriften zuwiderliefe. Bsp: Der Lauf einer Verjährungsfrist, einer Anfechtungsfrist nach § 3 AnfG (BGH NJW 79, 103) oder Widerrufsfrist nach § 355 I 2 beginnt erst mit der Genehmigung, weil die jeweilige Frist andernfalls womöglich schon abgelaufen sein könnte, bevor der Betr seine Rechte überhaupt hat geltend machen können.

7 Hat der Genehmigende die Verfügungsmacht über eine Sache erst nach der Vornahme des Hauptgeschäfts erlangt, wirkt die Genehmigung nur auf den **Zeitpunkt des Rechtserwerbs** zurück.

8 Eine (vorbehaltslose) **Verweigerung der Genehmigung** vernichtet das bis dahin schwebend unwirksame Rechtsgeschäft endgültig. Sie ist unwiderruflich; auch eine später doch noch erteilte Genehmigung kann dem Rechtsgeschäft nicht zur Wirksamkeit verhelfen (hM).

9 3. Hat während der schwebenden Unwirksamkeit eines zustimmungsbedürftigen Rechtsgeschäfts (Rn 5) ein Dritter durch **Zwischenverfügung** des Zustimmungsberechtigten, durch eine Maßnahme der Zwangsvollstreckung oder Arrestvollziehung oder durch Verfügung eines Insolvenzverwalters ein Recht erworben, könnte die ex tunc-Wirkung der späteren Genehmigung dazu führen, dass der frühere Rechtserwerb nachträglich wieder entfällt. Davor schützt **Abs 2**, der die Rückwirkung der **Genehmigung** insoweit **einschränkt**. Das gilt auch dann, wenn der Dritte, zu dessen Gunsten zwischenzeitlich verfügt oder die Zwangsvollstreckung betrieben wurde, das schwebend unwirksame Geschäft kannte; auf seine Gutgläubigkeit kommt es also nicht an.

§ 185 Verfügung eines Nichtberechtigten

(1) Eine Verfügung, die ein Nichtberechtigter über einen Gegenstand trifft, ist wirksam, wenn sie mit Einwilligung des Berechtigten erfolgt.
(2) ¹Die Verfügung wird wirksam, wenn der Berechtigte sie genehmigt oder wenn der Verfügende den Gegenstand erwirbt oder wenn er von dem Berechtigten beerbt wird und dieser für die Nachlassverbindlichkeiten unbeschränkt haftet. ²In den beiden letzteren Fällen wird, wenn über den Gegenstand mehrere miteinander nicht in Einklang stehende Verfügungen getroffen worden sind, nur die frühere Verfügung wirksam.

I. Grds kann eine Verfügung (Vor §§ 104–185 Rn 4) über einen Gegenstand – dh hier: ein dingliches oder Forderungsrecht – nur vom Rechtsinhaber wirksam vorgenommen werden. Die Vorschrift regelt vier Fälle (Rn 6, 8, 10, 14), in denen auch einem **Nichtberechtigten** (bzw einem nicht verfügungsbefugten Rechtsinhaber) die **Vornahme einer wirksamen Verfügung** möglich ist.

II. 1. Der Verfügende ist dann **nicht zur Verfügung berechtigt**, wenn ihm der Gegenstand der Verfügung nicht oder nicht allein (Miteigentum, Gesamthandseigentum) zusteht oder er zwar Rechtsinhaber ist, ihm aber ausnahmsweise die Verfügungsbefugnis fehlt, so dem Gesamtschuldner nach Eröffnung des Insolvenzverfahrens (§§ 80 ff InsO) oder dem Erben bei Testamentsvollstreckung (§ 2211) oder Nachlassverwaltung (§ 1984 I). Nichtberechtigter ist auch, wer die **Grenzen** seiner **Verfügungsermächtigung** (die der Ermächtigende nach Belieben einschränken kann, vgl BGHZ 106, 4) überschreitet. Bei mehraktigen Verfügungstatbeständen ist grds der **Zeitpunkt** der Vollendung des Rechtserwerbs maßgeblich, so dass zB im Fall des § 873 ein Nichtberechtigter verfügt hat, wenn er das Eigentum zwischen Auflassung und Grundbucheintragung verliert (Ausn: § 878).

Die Vorschrift gilt nur für Verfügungen, die ein **Nichtberechtigter im eigenen Namen** trifft. Handelt jemand in fremdem Namen (dh im Namen des wirklichen oder vermeintlichen Rechtsinhabers), liegt ein Fall der Stellvertretung vor (§§ 164 ff); ist der Vertretene Nichtberechtigter, sind die §§ 164 ff und 185 kumulativ heranzuziehen. Abgesehen von den Fällen des § 185 kann eine im eigenen Namen getroffene Verfügung über ein fremdes Recht nur nach den Vorschriften über den gutgläubigen Erwerb (zB §§ 932 ff) wirksam sein.

Die Vorschrift findet analoge Anwendung auf Handlungen, die mit einer **Verfügung vergleichbar** sind, so auf die Eintragungsbewilligung nach § 19 GBO (OLG Düsseldorf NJW 63, 162), die Einräumung eines schuldrechtlichen Besitzrechts (zB durch Vermietung), die Zustimmung zu einer Nachfristsetzung gem § 281 I 1, die nach fruchtlosem Fristablauf die beiderseitigen Erfüllungsansprüche zum Erlöschen bringt (vgl BGHZ 114, 366). Gleiches gilt für Verfügungen im Wege der Zwangsvollstreckung (Begr eines Pfändungspfandrechts an einer schuldnerfremden Sache mit Zustimmung des Eigentümers). Die Bestimmung ist ferner anzuwenden, wenn der Berechtigte mit Zustimmung des Geschützten gegen ein **relatives Verfügungsverbot** (§§ 135, 136) verstößt.

Dag ist die Vorschrift auf **Verpflichtungsgeschäfte** (Vor §§ 104–185 Rn 4) **nicht anzuwenden** (Ausn: Einräumung eines schuldrechtlichen Besitzrechts zB durch Vermietung oder Verpachtung). Eine Verpflichtungsermächtigung, also die Erteilung einer Rechtsmacht, den Ermächtigenden durch ein vom Ermächtigten im eigenen Namen vorzunehmendes Rechtsgeschäft zu verpflichten, ist systemwidrig (vgl § 164 Rn 5: Offenkundigkeitsprinzip) und damit nach hM unzulässig.

2. Die **Verfügung** über einen Gegenstand (Rn 1) durch einen Nichtberechtigten ist von Anfang an wirksam, wenn der **Berechtigte** seine **Einwilligung** (§ 183 Rn 2) gegeben hat (**Abs 1**). Dies gilt auch für einseitige Verfügungen wie die Ausübung von Gestaltungsrechten (vgl aber § 182 III). Die Einwilligung verleiht dem durch sie ermächtigten Nichtberechtigten also die Rechtsmacht, im eigenen Namen Verfügungen mit bindender Wirkung ggü dem Ermächtigenden vorzunehmen. Wichtige Anwendungsfälle dieser sog Verfügungsermächtigung sind die Verkaufskommission (§ 383 HGB), die Weiterveräußerungsermächtigung bei Vereinbarung eines Eigentumsvorbehalts oder Sicherungsübereignung von Warenlagern sowie die Ermächtigung des Auflassungsempfängers zur Weiterveräußerung des Grundstücks vor seiner Eintragung im Grundbuch, die idR in der Auflassung konkludent enthalten ist.

Zumindest entspr Anwendung findet Abs 1 auf eine **Einziehungsermächtigung**, die dem Nichtberechtigten gestattet, dem Berechtigten geschuldete Leistung im eigenen Namen vom Schuldner einzufordern. Aus dem Inhalt der Ermächtigung ergibt sich, ob der Ermächtigte die Leistung an sich (Erfüllungswirkung gem § 362 II) oder nur an den ermächtigenden Gläubiger verlangen kann. Ob der Ermächtigte die Forderung auch im eigenen Namen einklagen kann (sog **gewillkürte Prozessstandschaft**), hängt davon ab, ob ihm ein eigenes schutzwürdiges Interesse zukommt, das fremde Recht im eigenen Namen geltend zu machen.

8 3. Die im eigenen Namen (Rn 3) und ohne Einwilligung des Berechtigten (vgl Rn 6) vorgenommene Verfügung eines Nichtberechtigten (Rn 2) ist zunächst schwebend unwirksam. Sie wird nach Abs 2 S 1, 1. **Fall** iVm § 184 I **rückwirkend wirksam**, wenn der Berechtigte sie **genehmigt** (Vor §§ 182–185 Rn 3). Bei mehreren Verfügungen, die ders oder verschiedene Nichtberechtigte über ein und denselben Gegenstand getroffen haben, kann der Berechtigte wählen, welche er genehmigen will. Handelt es sich um Kettenverfügungen, bewirkt die Genehmigung der einen Verfügung, dass auch die nachfolgenden rückwirkend wirksam werden.

9 Eine Genehmigung ist nur wirksam, wenn der Genehmigende zu ihrer **Erteilung** (noch) **zuständig** ist; er muss also im Zeitpunkt der Genehmigung die Verfügungsmacht über den Gegenstand besitzen. Ist die Verfügungsbefugnis zwischenzeitlich auf einen anderen übergegangen, kann grds nur der neue Rechtsinhaber wirksam zustimmen (BGHZ 107, 341 f), nicht hingegen derjenige, welcher zum Zeitpunkt der Verfügung dazu berechtigt war (krit Finkenauer AcP 03, 309). Andernfalls könnte der früher Berechtigte und jetzt Genehmigende in das Recht des gegenwärtig Berechtigten eingreifen.

10 4. Die Verfügung eines Nichtberechtigten (Rn 2 f) wird **wirksam**, wenn er den betr Gegenstand **nachträglich selbst erwirbt**. Die Wirksamkeit tritt aber – anders im Fall einer Genehmigung – nicht rückwirkend (ex tunc), sondern erst mit dem Zeitpunkt des Erwerbes (ex nunc) ein (**Abs 2 S 1, 2. Fall**). Ob der Erwerb auf Einzel- oder Gesamtrechtsnachfolge beruht, ist ohne Belang. Stets muss der Verfügende die Verfügungsmacht erlangt haben, die zu der getätigten Verfügung berechtigt hätte (BGHZ 36, 334).

11 Keine Heilung tritt ein, wenn das der Verfügung zugrunde liegende **Kausalgeschäft** von Anfang an **nichtig** war oder unwirksam geworden ist (teleologische Reduktion, vgl BGH NJW 94, 1471 zum entspr gelagerten Abs 2 S 1, 3. Fall). Die Regelung bezweckt nämlich nur eine technische Vereinfachung ggü der anderenfalls erforderlichen Genehmigung nach Abs 2 S 1, 1. Fall, zu deren Erteilung der Verfügende ohne die getroffene Regelung immer, aber auch nur dann verpflichtet wäre, wenn er den Verfügungserfolg (noch) schuldet. Das ist aber nur bei Wirksamkeit des Kausalgeschäfts der Fall.

12 Abs 2 S 1, 2. Fall ist **entspr anwendbar**, wenn ein Nichtberechtigter, der der Verfügung eines anderen Nichtberechtigten zugestimmt hat, den Gegenstand erwirbt.

13 Bei mehreren Verfügungen, die miteinander nicht im Einklang stehen, wird nach **Abs 2 S 2** nur die frühere wirksam (**Prioritätsprinzip**). Eine spätere Verfügung erlangt aber insoweit Wirksamkeit, als sie der früheren nicht widerspricht. So hindert eine Verpfändung eine spätere Übereignung nicht, führt allerdings zum Erwerb eines mit einem Pfandrecht belasteten Eigentums.

14 5. Die Verfügung eines Nichtberechtigten (Rn 3) wird auch – und zwar ebenfalls ohne Rückwirkung – wirksam, wenn der verfügende Nichtberechtigte **stirbt**, von dem **Berechtigten beerbt** wird und dieser für die **Nachlassverbindlichkeiten unbeschränkt** haftet (**Abs 2 S 1, 3. Fall**). Dahinter steht die Überlegung, dass der Berechtigte als unbeschränkt haftender Erbe zur Erfüllung der Verbindlichkeit des Nichtberechtigten aus dem Kausalverhältnis (Herbeiführung des Verfügungserfolgs) und damit auch zur Erteilung der Genehmigung (Rn 8) verpflichtet ist. Durch die vom Gesetz angeordnete automatische Heilung wird dem durch die Verfügung Begünstigten der ansonsten möglicherweise notwendige Klage auf Erteilung der Genehmigung erspart. Im umgekehrten Fall – Nichtberechtigter beerbt den Berechtigten – findet **Abs 2 S 1, 2. Fall** Anwendung. Eine Heilung tritt aber nur ein, wenn der erbende Berechtigte **endgültig unbeschränkt** haftet, die Haftung also nicht mehr beschränkbar ist (OLG Stuttgart NJW-RR 95, 968, hM); keine Heilung bei Unwirksamkeit des der Verfügung zugrunde liegenden Kausalgeschäfts (vgl Rn 11).

15 Bei mehreren nicht miteinander in Einklang stehenden Verfügungen gilt auch hier das **Prioritätsprinzip** (**Abs 2 S 2**, vgl Rn 13).

Abschnitt 4
Fristen, Termine

§ 186 Geltungsbereich

Für die in Gesetzen, gerichtlichen Verfügungen und Rechtsgeschäften enthaltenen Frist- und Terminsbestimmungen gelten die Auslegungsvorschriften der §§ 187 bis 193.

§ 187 Fristbeginn

(1) Ist für den Anfang einer Frist ein Ereignis oder ein in den Lauf eines Tages fallender Zeitpunkt maßgebend, so wird bei der Berechnung der Frist der Tag nicht mitgerechnet, in welchen das Ereignis oder der Zeitpunkt fällt.
(2) ¹Ist der Beginn eines Tages der für den Anfang einer Frist maßgebende Zeitpunkt, so wird dieser Tag bei der Berechnung der Frist mitgerechnet. ²Das Gleiche gilt von dem Tage der Geburt bei der Berechnung des Lebensalters.

§ 188 Fristende

(1) Eine nach Tagen bestimmte Frist endigt mit dem Ablauf des letzten Tages der Frist.
(2) Eine Frist, die nach Wochen, nach Monaten oder nach einem mehrere Monate umfassenden Zeitraum – Jahr, halbes Jahr, Vierteljahr – bestimmt ist, endigt im Falle des § 187 Abs. 1 mit dem Ablauf desjenigen Tages der letzten Woche oder des letzten Monats, welcher durch seine Benennung oder seine Zahl dem Tage entspricht, in den das Ereignis oder der Zeitpunkt fällt, im Falle des § 187 Abs. 2 mit dem Ablauf desjenigen Tages der letzten Woche oder des letzten Monats, welcher dem Tage vorhergeht, der durch seine Benennung oder seine Zahl dem Anfangstag der Frist entspricht.
(3) Fehlt bei einer nach Monaten bestimmten Frist in dem letzten Monat der für ihren Ablauf maßgebende Tag, so endigt die Frist mit dem Ablauf des letzten Tages dieses Monats.

§ 189 Berechnung einzelner Fristen

(1) Unter einem halben Jahr wird eine Frist von sechs Monaten, unter einem Vierteljahr eine Frist von drei Monaten, unter einem halben Monat eine Frist von 15 Tagen verstanden.
(2) Ist eine Frist auf einen oder mehrere ganze Monate und einen halben Monat gestellt, so sind die 15 Tage zuletzt zu zählen.

§ 190 Fristverlängerung

Im Falle der Verlängerung einer Frist wird die neue Frist von dem Ablauf der vorigen Frist an berechnet.

§ 191 Berechnung von Zeiträumen

Ist ein Zeitraum nach Monaten oder nach Jahren in dem Sinne bestimmt, dass er nicht zusammenhängend zu verlaufen braucht, so wird der Monat zu 30, das Jahr zu 365 Tagen gerechnet.

§ 192 Anfang, Mitte, Ende des Monats

Unter Anfang des Monats wird der erste, unter Mitte des Monats der 15., unter Ende des Monats der letzte Tag des Monats verstanden.

§ 193 Sonn- und Feiertag; Sonnabend

Ist an einem bestimmten Tage oder innerhalb einer Frist eine Willenserklärung abzugeben oder eine Leistung zu bewirken und fällt der bestimmte Tag oder der letzte Tag der Frist auf einen Sonntag, einen am Erklärungs- oder Leistungsort staatlich anerkannten allgemeinen Feiertag oder einen Sonnabend, so tritt an die Stelle eines solchen Tages der nächste Werktag.

§§ 186–193

1 I. Die §§ 187–193 enthalten **Auslegungsvorschriften** (§ 186), die nur dann Anwendung finden, wenn in Gesetz oder Parteivereinbarung (BAGE 102, 52: Probezeitberechnung) keine abw Bestimmungen für die Berechnung von **Fristen** (dh bestimmte oder zumindest bestimmbare Zeiträume) und die Bestimmung von **Terminen** (dh bestimmte Zeitpunkte, an denen eine Rechtswirkung eintreten soll) vorgesehen sind.

2 Die genannten Bestimmungen betreffen **nicht nur das Bürgerliche Recht**, sondern gelten vorbehaltlich Rn 1 für Frist- und Terminbestimmungen in sämtlichen Gesetzen (vgl Art 2 EGBGB), gerichtlichen Verfügungen und Rechtsgeschäften ohne Rücksicht auf die jeweilige Rechtsmaterie (öffentliches Recht, Strafrecht, Verfahrensrecht usw).

3 II. 1. Im Hinblick auf den **Beginn einer Frist** unterscheidet die Auslegungsvorschrift des § 187 danach, ob der Fristlauf mit einem bestimmten **Ereignis** oder einem bestimmten **Zeitpunkt** während des Tageslaufs (**Abs 1**) oder aber mit dem Tagesbeginn (**Abs 2**) einsetzen soll. Im ersten Fall (Bsp: Fristlauf ab Übergabe einer Sache oder eines Geldbetrages, ab Ausübung eines Gestaltungsrechts, ab Zustellung einer Klage, ab „12 Uhr mittags", „ab heute") wird der Tag, in dem das Ereignis eintritt oder für den ein Zeitpunkt bestimmt wurde, in die Frist nicht eingerechnet. Der Fristlauf beginnt erst mit dem folgenden Tag.

4 Soll der Fristlauf mit dem **Beginn eines Tages** (0 Uhr) einsetzen, wird dieser Tag mitgerechnet (§ 187 II 1). Gesetze, die am Tag ihrer Verkündung in Kraft treten sollen, gelten von Tagesbeginn an. Auch bei der Berechnung des Lebensalters ist – abw von Abs 1 – der Tag der Geburt mitzuzählen (**Abs 2 S 2**), so dass also Volljährigkeit am Tag des 18. Geburtstags beginnt.

5 Aus § 187 ergibt sich, dass Fristen grds nach vollen Tagen berechnet werden sollen (Grundsatz der **Zivilkomputation**) und nicht vom Beginn eines Ereignisses oder Termins während des Tageslaufs an (**Naturalkomputation**). Stunden- und Minutenfristen laufen dag von Augenblick zu Augenblick („nach 10 Stunden", „in 20 Minuten"). Mit einer Frist von „24" bzw „48 Stunden" kann eine Stunden- oder eine nach § 187 I, II berechnete Tagesfrist (1 bzw 2 Tage) gemeint sein.

6 Soll eine **Frist verlängert** werden, wird die neue Frist iZw nicht vom Tag der Fristverlängerung, sondern vom Tag des Ablaufs der alten Frist an gerechnet (§ 190).

7 2. Bei der Bestimmung des **Fristendes** unterscheidet § 188 nach der zugrunde gelegten Zeiteinheit. Eine nach **Tagen** bemessene Frist („in 3 Tagen") endet mit dem Ablauf des letzten Tages der Frist (**Abs 1**). Mit „8 Tagen" kann eine Tagesfrist, aber auch eine Frist von einer Woche gemeint sein.

8 Eine **Wochen-** oder **Monatsfrist** oder eine mehrere Monate bezeichnende Frist (Vierteljahr, halbes Jahr, Jahr) endet abhängig vom Fristbeginn (§ 188 II): Setzt die Frist mit einem **Ereignis** oder **Zeitpunkt** während des Tages ein, so dass dieser Tag bei der Fristberechnung nicht mitgezählt wird (§ 187 I, vgl Rn 3), so endet die Frist mit Ablauf desjenigen Tages der letzten Woche oder des letzten Monats, der durch seine Benennung oder Zahl dem Tag entspricht, in den das Ereignis oder der Zeitpunkt fällt (Bsp: Zweiwochenfrist ab Zugang einer Willenserklärung am Dienstag. Fristberechnung ab Mittwoch. Fristablauf am Dienstagabend 24 Uhr 2 Wochen später).

9 Setzt die Frist mit dem **Tagesbeginn** ein, so dass dieser Tag bei der Fristberechnung mitgerechnet wird (§ 187 II 1, vgl Rn 4), so endet die Frist mit Ablauf des Tages der letzten Woche oder des letzten Monats, der dem Tag vorangeht, der durch seine Benennung oder Zahl dem Anfangstag entspricht (Bsp: Viermonatsfrist ab Tagesbeginn

des 14. Oktober. Einberechnung des 14. Oktober in die Frist. Fristablauf am 13. Februar um 24 Uhr).

Fehlt bei der Berechnung einer nach **Monaten** bestimmten Frist im letzten Monat der 10 jeweils für den Fristablauf maßgebende Tag (Viermonatsfrist ab 30. Oktober um 12 Uhr mittags oder ab Tagesbeginn des 31. Oktober), so endet die Frist gem § 188 III mit dem Ablauf des letzten Tags dieses Monats (also in beiden Fällen am 28. oder – im Schaltjahr – am 29. Februar).

Muss innerhalb einer bestimmten Frist oder an einem bestimmten Tag eine Willenser- 11 klärung abgegeben (gemeint ist: Zugang nach § 130 I 1) oder eine Leistung bewirkt werden und fällt dieser Tag oder der **letzte Tag** der Frist auf einen **Sonnabend, Sonntag** oder einen am Erklärungs- oder Leistungsort staatlich anerkannten allg **Feiertag**, so wird die Frist bis zum nächsten Werktag verlängert (§ 193). Auch ein Fälligkeitstermin wird entspr verschoben (BGHZ 171, 33, 36). Auf Kündigungsfristen findet die Vorschrift weder unmittelbar noch analog Anwendung (BGHZ 162, 179), wohl aber auf Verjährungsfristen (BGH NJW-RR 08, 459).

3. Das Gesetz enthält spezielle **Auslegungsvorschriften** darüber, was iZw unter einem 12 „halben Jahr", einem „Vierteljahr", unter einem „halben Monat" (vgl näher § 189 I), unter dem „Monatsanfang", der „Monatsmitte" und dem „Monatsende" (§ 192) zu verstehen sind und wie eine auf anderthalb, zweieinhalb usw Monate festgelegte Frist berechnet werden soll (§ 189 II).

Abschnitt 5
Verjährung

Titel 1
Gegenstand und Dauer der Verjährung

Vorbemerkung zu §§ 194–218

I. Die **Verjährung** beschränkt die Geltendmachung von Ansprüchen (§ 194 Rn 2) in 1 zeitlicher Hinsicht in der Weise, dass ein Verpflichteter nach Vollendung der Verjährung seine Leistung verweigern darf (§ 214 I). Dies dient sowohl der **Rechtssicherheit** und dem **Rechtsfrieden**, weil eine de facto bestehende Rechtslage nach längerem Zeitablauf nicht mehr soll in Frage gestellt (und dadurch zu einer Belastung der Gerichte) werden können, als auch den **Interessen des Schuldners**, der bei später Inanspruchnahme eine frühere Erfüllung oft nicht mehr wird beweisen können und nicht zeitlich unbegrenzt Rücklagen zur Erfüllung weit zurückliegender Ansprüche soll vorhalten müssen (BGHZ 128, 82 f). Diese Gesichtspunkte wiegen schwerer als das Interesse des Gläubigers an einer zeitlich unbegrenzten Durchsetzung einmal erworbener Ansprüche. Im Interesse der Rechtssicherheit ist allerdings eine eng auf den Wortlaut bezogene Anwendung der Verjährungsvorschriften erforderlich; eine analoge Anwendung ist zwar nicht ausgeschlossen, unterliegt aber strengen Anforderungen (BGHZ 156, 243 f).

II. Die Ausübung subjektiver Rechte kann **zeitlich** nicht nur durch das Institut der Ver- 2 jährung, sondern auch durch **Ausschlussfristen** oder **Verwirkung** beschränkt werden.

1. **Ausschlussfristen** (Präklusionsfristen) bestehen kraft Gesetzes oder können (ggf nach 3 Maßgabe der §§ 309 Nr 8 b, ee), 307 I) vertraglich vereinbart werden. Gesetzliche Ausschlussfristen sind für Ansprüche (zB §§ 556 III 3, 651 g I, 801 I 1, 864, 13 I ProdHG), Gestaltungsrechte (zB §§ 121, 124, 532, 626 II 1, 1944 I), aber auch für die Geltendmachung dinglicher Rechte (zB § 562 b II 2) vorgesehen. Während die Vollendung der Verjährung dem Schuldner lediglich ein Leistungsverweigerungsrecht (§ 214 Rn 3) gewährt, führt ein Ablauf der Ausschlussfrist zum Erlöschen des Rechts. Bei der Ausgestaltung einzelner Ausschlussfristen verweist das Gesetz ausdrücklich auf die Verjährungsvorschriften (etwa § 124 II 2). Auch darüber hinaus kann eine entspr Anwendung (insb der §§ 203 ff) geboten sein, soweit sich eine solche Analogie mit dem

Sinn und Zweck der jeweiligen Ausschlussfrist vereinbaren lässt (vgl BGHZ 112, 101; 122, 25).

4 **2. Verwirkung** eines Rechts tritt ein, wenn der Berechtigte es während einer unangemessen langen Zeit nicht ausgeübt hat („Zeitmoment") und Umstände vorliegen, die eine verspätete Geltendmachung als treuwidrig erscheinen lassen („Umstandsmoment", vgl BGHZ 84, 281; 105, 298); treuwidrig („illoyal") ist die verspätete Rechtsausübung, wenn die Gegenseite darauf vertrauen durfte und sich auch (zB durch Vornahme von Vermögensdispositionen) darauf verlassen hat, dass das Recht nicht mehr ausgeübt werden würde. So verwirkt etwa der Mieter sein Minderungsrecht wegen Mangelhaftigkeit der Mietsache bei vorbehaltsloser Mietzahlung über einen längeren Zeitraum, der Vermieter seinen Erfüllungsanspruch bei längerer rügeloser Hinnahme einer Mietminderung (BGH NJW-RR 03, 728). Verwirkt werden können Ansprüche, aber zB auch Gestaltungsrechte. Es handelt sich um eine Fallgruppe der unzulässigen Rechtsausübung (venire contra factum proprium). Verwirkung ist als rechtsvernichtende Einwendung im Ggs zur Verjährung (vgl § 214 Rn 3) im Prozess vAw zu berücksichtigen (BGH NJW 66, 345). Durch die Verkürzung der Regelverjährungsfrist auf 3 Jahre in § 195 (Rn 6) ist ihre praktische Bedeutung zurück gegangen.

5 **III.** Der Schuldner **beweist** die Vollendung der Verjährung (§ 214 I: Beginn und Fristablauf), der Gläubiger die Voraussetzungen einer Hemmung (§§ 203–208), Ablaufhemmung (§§ 210, 211) sowie eines Neubeginns (§ 212).

6 **IV.** Durch das SMG war mWv 1.1.02 auch das **Verjährungsrecht neu geregelt** worden (Mansel NJW 02, 89). Insb wurde die **regelmäßige Verjährungsfrist auf 3 Jahre verkürzt** (§ 195) und ihr Beginn von objektiven (Anspruchsentstehung) und subjektiven Faktoren (Kenntnis bzw grob fahrlässige Unkenntnis) abhängig gemacht (§ 199 I). Die Einl der Rechtsverfolgung führt nicht mehr zu einem Verjährungsneubeginn (Unterbrechung), sondern zu einer Verjährungshemmung (§ 204). Im „Gesetz zur Anpassung von Verjährungsvorschriften an das Gesetz zur Modernisierung des Schuldrechts" (BGBl 04 I 3214; dazu Mansel/Budzikiewicz NJW 05, 321) wurden mWv 15.12.04 auch spezialgesetzliche Verjährungsvorschriften neu geregelt. Schließlich hat ein „Gesetz zur Änderung des Erb- und Verjährungsrechts" mWv 1.10.10 insbes zu einer Verkürzung der familien- und erbrechtlichen Verjährungsvorschriften geführt (BGBl 09 I 3142; dazu Langenfeld NJW 09, 3121). Die intertemporale Abgrenzung zwischen den jeweils alten und neuen Rechtsvorschriften ist in den Art 229 §§ 6, 12 und 23 EGBGB geregelt.

§ 194 Gegenstand der Verjährung

(1) Das Recht, von einem anderen ein Tun oder Unterlassen zu verlangen (Anspruch), unterliegt der Verjährung.
(2) Ansprüche aus einem familienrechtlichen Verhältnis unterliegen der Verjährung nicht, soweit sie auf die Herstellung des dem Verhältnis entsprechenden Zustands für die Zukunft oder auf die Einwilligung in eine genetische Untersuchung zur Klärung der leiblichen Abstammung gerichtet sind.

1 **I.** Die Vorschrift enthält in ihrem **Abs 1** eine **Legaldefinition des Anspruchs** (Rn 2) und stellt gleichzeitig die **Verjährbarkeit** als Charakteristikum von Ansprüchen heraus. Bestimmte Ansprüche aus familienrechtlichen Verhältnissen sollen nach **Abs 2** ausnahmsweise der Verjährung nicht unterliegen (Rn 4).

2 **II. 1.** Ansprüche sind eine Unterart der subjektiven Rechte (Vor §§ 1–20 Rn 2). Das Gesetz definiert den **Anspruch** als das Recht einer Person, von einer anderen ein **Tun** (zB Zahlung, Herausgabe, Abgabe einer Willenserklärung) oder **Unterlassen** (auch Dulden) zu verlangen. Ansprüche können sich aus Obligationen, dinglichen Rechten, familien- sowie erbrechtlichen Rechtsverhältnissen ergeben. Sie unterliegen der **Verjährung**, dh es kann der Verpflichtete nach Ablauf einer bestimmten Frist seine Leistung verweigern (§ 214 I). Dementspr ist eine Klage auf Feststellung einer Leistungsverpflichtung abzuweisen, wenn der zugrunde liegende Anspruch verjährt ist; ein Feststel-

lungsanspruch, mit dem das Bestehen eines Rechtsverhältnisses oder Rechtsgrundes festgehalten werden soll, verjährt dagg nicht (BGH NJW 11, 1133 Rn 12; dazu krit Grothe NJW 11, 1121). Grds unverjährbar sind auch der Mängelbeseitigungsanspruch des Mieters (BGHZ 184, 253) sowie der Anspruch eines Wohnungseigentümers auf ordnungsgemäße Verwaltung (BGH NJW-RR 12, 210).
Andere subjektive Rechte verjähren im Ggs zu Ansprüchen **nicht.** Dies gilt für Persön- 3 lichkeitsrechte, Herrschaftsrechte (zB dingliche Rechte – Eigentum und beschränkte dingliche Rechte – oder Immaterialgüterrechte), Mitwirkungs- oder Gestaltungsrechte (zB Anfechtung, Kündigung, Rücktritt, vgl aber auch § 218; zur Verwirkung von Gestaltungsrechten Vor §§ 194–218 Rn 4; zur Ausübung eines Wiederkaufsrechts BGH NJW 12, 2504). Auf die Verletzung absoluter Rechte reagiert das Recht mit Schutzansprüchen (zB §§ 985, 823 I, 812 I 1, 2. Fall [Eingriffskondiktion], 1004 I), die ihrerseits wiederum der Verjährung unterliegen. Einreden, die auf einem Anspruch beruhen, verjähren mit dem zugrunde liegenden Anspruch, soweit das Gesetz keine Ausn (wie in §§ 438 IV 2, 634 a IV 2, 821, 853) vorsieht. Anspruchsunabhängige Einreden sind dag unverjährbar (so nach hM die Einrede aus § 320, die Verjährungseinrede nach § 214 I selbst oder die Stundungseinrede). Zur Aufrechnung und Einrede des Zurückbehaltungsrechts nach Verjährungseintritt vgl § 215. Das Recht zum Besitz (§ 986 I) verjährt nicht (BGHZ 90, 270).
2. Unverjährbar sind nach **Abs 2 familienrechtliche Ansprüche,** die auf Herstellung des 4 Verhältnisses für die Zukunft gerichtet sind, so aus §§ 1353 I 2, 1356, 1360, 1361 I (eheliche Lebensgemeinschaft, Haushaltsführung, Unterhalt) bzw § 2, 5 LPartG, ferner 1598 a (Einwilligung in eine genetische Untersuchung zur Klärung der Abstammung), 1619 (Dienstleistungspflicht des Kindes), 1632 I (Kindesherausgabe). Darüber hinaus sieht das BGB in Einzelvorschriften Unverjährbarkeit vor, vgl etwa §§ 758 und 2042 II (Anspruch auf Aufhebung der [Erben-]Gemeinschaft), 898 (Grundbuchberichtigung), 902 I 1 (Ansprüche aus grundbuchlich eingetragenen Rechten), 924 (nachbarrechtliche Ansprüche).
III. Erfüllt ein Lebenssachverhalt gleichzeitig die Voraussetzungen **mehrerer An-** 5 **spruchsgrundlagen,** tritt Verjährung grds für jeden Anspruch selbstständig nach dem für ihn maßgebenden Fristablauf ein (BGHZ 66, 319; 116, 300; 119, 41), so dass der Schuldner bei unterschiedlicher Verjährungsdauer erst nach Vollendung der längeren Frist endgültig seine Leistung verweigern kann. Ausnahmsweise gilt aber zB eine kürzere vertragliche Verjährung auch für den konkurrierenden Deliktsanspruch mit längerer Frist, wenn die vertragliche Regelung den Sachverhalt erschöpfend erfassen will und andernfalls der Zweck der kurzen Verjährung vereitelt oder wesentlich beeinträchtigt würde (vgl BGHZ 116, 300; 119, 41; 130, 293), so bei Zusammentreffen von Schadensersatzansprüchen aus §§ 548, 606 S 1, 1057 S 1 (6 Monate) mit solchen aus Delikt (3 Jahre, vgl BGHZ 116, 294; 119, 41). Für die 2-jährigen Verjährungsfristen der kauf- und werkvertraglichen Gewährleistung (§ 438 I Nr 3, 634 a I Nr 1) ist dies aber nicht anzunehmen (vgl zu §§ 477, 635 aF: BGHZ 55, 397; 66, 319 ff; 67, 366; vgl auch BGHZ 116, 301 zu § 439 HGB). Die 3-jährige Frist des § 37 a WpHG ab Anspruchsentstehung gilt auch für deliktische Ansprüche aus fahrlässiger, nicht aber aus vorsätzlicher Falschberatung (BGHZ 162, 311).

§ 195 Regelmäßige Verjährungsfrist

Die regelmäßige Verjährungsfrist beträgt drei Jahre.

Durch das SMG wurde die **regelmäßige Verjährungsfrist** von 30 Jahren auf **3 Jahre** 1 verkürzt. Die Regelverjährung gilt grds für **alle vertraglichen** wie **gesetzlichen Ansprüche,** zB auf Erfüllung (vgl BGH NJW 13, 2421: Minderwertausgleich bei Mietverträgen, vgl aber auch § 196), Rückgewähr des Kaufpreises und Aufwendungsersatz (§ 346 I, 347 II, vgl BGHZ 170, 31, 44, 46), Rückabwicklung eines nichtigen Vertrages nach Bereicherungsrecht (BGH NJW-RR 08, 824), Rückgabe (§ 604), Rückzahlung und Rückerstattung (§§ 488 I 2, 607 I 2), auf Nachschuss des ausgeschiedenen Gesellschafters aus § 739 (BGH NJW 11, 2292), vertraglichen oder deliktischen Schadensersatz, Aufwendungsersatz (wie zB aus Geschäftsführung ohne Auftrag) und Herausgabe einer ungerechtfertigten Bereicherung, soweit das Gesetz nicht eine kürzere (etwa §§ 438 I Nr 3, 479 I, 548, 634 a I Nr 1, 606 S 1, 1057 S 1) oder längere Verjährungsfrist (etwa §§ 196, 197) vorschreibt oder die Parteien eine Fristverlängerung oder -verkürzung vereinbart haben (§ 202). Erwächst ein Bereicherungsanspruch aus der Tilgung einer Schuld, unterliegt er der für die getilgte Schuld geltenden Verjährungsfrist (BGH NJW 00, 3494). Verjährungsbeginn: § 199.

§ 196 Verjährungsfrist bei Rechten an einem Grundstück

Ansprüche auf Übertragung des Eigentums an einem Grundstück sowie auf Begründung, Übertragung oder Aufhebung eines Rechts an einem Grundstück oder auf Änderung des Inhalts eines solchen Rechts sowie die Ansprüche auf die Gegenleistung verjähren in zehn Jahren.

1 I. Die Verlängerung der Verjährungsfrist auf **10 Jahre** will dem Umstand Rechnung tragen, dass die **Abwicklung von Grundstücksverträgen** häufig von externen Umständen (Grundstücksvermessung, Katastereintragung, Grundbucheintragung, Unbedenklichkeits-bescheinigung der Finanzbehörde) abhängig ist. Der Gläubiger soll im Falle einer Verzögerung nicht zu einem vorzeitigen Vorgehen gegen den durchaus leistungsbereiten Schuldner gezwungen werden.

2 II. 1. In 10 Jahren verjähren Ansprüche auf **Übertragung des Eigentums an einem Grundstück** (zB aus §§ 433 I, 516 I 1) oder Erbbaurecht (§ 11 ErbbauVO) sowie auf Begr, Übertragung, Aufhebung oder inhaltliche Änderung beschränkter dinglicher Grundstücksrechte (Nießbrauch, Hypothek, Grundschuld), eines Erbbau- (§ 1 I ErbbauVO) oder Dauerwohn- oder Dauernutzungsrecht (§ 31 I 1, II WEG). Die Frist gilt auch für Übertragungs-, Verzichts- oder Aufhebungsansprüche eines Sicherungsgebers, der zur Sicherung eines Darlehens eine Grundschuld bestellt und diese nach Tilgung des Darlehens nicht zurückgefordert hat (sog „stehen gelassene" Grundschuld, vgl Hohmann WM 04, 757, 759 f). Erhebt der Kreditgeber in einem solchen Fall aber die Verjährungseinrede, dürfte mangels schutzwürdigen Eigeninteresses regelmäßig unzulässige Rechtsausübung (§ 242 Rn 33) vorliegen. Für den Anspruch auf Zahlung des Erbbauzinses gilt die Vorschrift nicht (BGH NJW 10, 224 Rn 5). Verjährungsbeginn: § 200.

3 2. Zur Vermeidung unterschiedlicher Verjährungsfristen für Ansprüche aus demselben Rechtsverhältnis gilt die Zehnjahresfrist auch für Ansprüche auf die jeweilige **Gegenleistung**.

§ 197 Dreißigjährige Verjährungsfrist

(1) In 30 Jahren verjähren, soweit nicht ein anderes bestimmt ist,
1. Schadensersatzansprüche, die auf der vorsätzlichen Verletzung des Lebens, des Körpers, der Gesundheit, der Freiheit oder der sexuellen Selbstbestimmung beruhen;
2. Herausgabeansprüche aus Eigentum, anderen dinglichen Rechten, den §§ 2018, 2130 und 2362 sowie die Ansprüche, die der Geltendmachung der Herausgabeansprüche dienen,
3. rechtskräftig festgestellte Ansprüche,
4. Ansprüche aus vollstreckbaren Vergleichen oder vollstreckbaren Urkunden,
5. Ansprüche, die durch die im Insolvenzverfahren erfolgte Feststellung vollstreckbar geworden sind, und
6. Ansprüche auf Erstattung der Kosten der Zwangsvollstreckung.

(2) Soweit Ansprüche nach Absatz 1 Nr. 3 bis 5 künftig fällig werdende regelmäßig wiederkehrende Leistungen zum Inhalt haben, tritt an die Stelle der Verjährungsfrist von 30 Jahren die regelmäßige Verjährungsfrist.

I. Aus **unterschiedlichen Gründen** verjähren einige Ansprüche (vorbehaltlich einer anderweitigen Sonderregelung) erst nach **30 Jahren**. 1

II. 1. Die durch das Gesetz zur Stärkung der Rechte von Opfern sexuellen Missbrauchs 2
v 26.6.13 (BGBl I 1805) eingeführte Verlängerung der Verjährungsfrist in Abs 1 Nr 1 dient dem Opferschutz und trägt dem Umstand Rechnung, dass sich die 3-jährige Verjährungsfrist für die dort aufgeführten **vorsätzlich begangenen Delikte** häufig als zu kurz erwiesen hat (BT-Drucks 17/6261 S 19).

2. Bei Herausgabeansprüchen aus Eigentum (**Abs 1 Nr 1**) und sonstigen dinglichen 3
Rechten (§§ 985, 1065, 1227) würde eine Verkürzung der Verjährungsfrist das dingliche Recht selbst entwerten, bei den erbrechtlichen Herausgabeansprüchen (§§ 2018, 2130, 2362) soll die lange Verjährungsfrist dem wahren Berechtigten den Zugriff auf die Erbschaft sichern. Die Sonderverjährungsregel der Nr 1 wird auch auf Hilfsansprüche insbes auf Auskunftserteilung (§§ 260, 2027 f, 2130 II) und Rechnungslegung (§§ 259, 260) erstreckt, weil sich andernfalls die Hauptansprüche auf Herausgabe nur schwer durchsetzen lassen würden. Die Verlängerung gilt nicht für Unterlassungsansprüche (die mit jeder Zuwiderhandlung neu entstehen) sowie für Beseitigungsansprüche aus §§ 862 I, 1004 I BGB (wegen der sich andernfalls ergebenden Abgrenzungsschwierigkeiten zum deliktischen Beseitigungsanspruch), vgl BT-Drucks 14/6040, 106. Verjährungsbeginn: § 200.

3. Die bisher in Abs 1 Nr 2 enthaltene 30-jährige Verjährungsfrist für **familien- und** 4
erbrechtliche Ansprüche ist (von den in die Nr 1 aufgenommenen erbrechtlichen Herausgabeansprüchen abgesehen) aufgehoben worden. Es gilt jetzt insoweit die Regelverjährung des § 195, und zwar insbes für die familienrechtlichen Schadensersatzansprüche im Verhältnis von Eheleuten, Lebenspartnern, Eltern und Kindern, für die Haftung von Vormund, Pfleger und Betreuer sowie für erbrechtliche Ansprüche wie zB für Ansprüche gegen den Testamentsvollstrecker auf Schadensersatz (§ 2219 I) oder Rechnungslegung. Die Regelung des § 194 II (Unverjährbarkeit familienrechtlicher Herstellungsansprüche, vgl dort Rn 4) bleibt unberührt.

3. Ist ein **Anspruch rechtskräftig** durch Leistungs-, Feststellungs- oder Vorbehaltsurteil 5
(§§ 302, 599 ZPO), durch Schiedsspruch (§ 1055 ZPO), Vollstreckungsbescheid (§ 700 I ZPO) oder Kostenfestsetzungsbeschluss (§ 104 ZPO) **festgestellt** worden, beträgt die Verjährungsfrist ebenfalls 30 Jahre (**Abs 1 Nr 3**), auch wenn für den Anspruch ursprünglich eine kürzere Verjährungsfrist maßgebend gewesen war. Dem Gläubiger soll eine langfristige Vollstreckungsmöglichkeit insb dann erhalten bleiben, wenn der Schuldner zum Zeitpunkt der Titelerlangung vermögenslos ist. Entspr gilt gem **Abs 1 Nr 4** für Ansprüche aus **vollstreckbaren Vergleichen** (§ 794 I Nr 1 ZPO; auch Anwaltsvergleich, §§ 796 a ff ZPO; nicht dag bei außergerichtlichem Vergleich) und **vollstreckbaren Urkunden** (§ 794 I Nr 5 ZPO), bei einem Schiedsspruch mit vereinbartem Wortlaut (§§ 1053 II, 1055 ZPO), für Ansprüche, die durch **Feststellung zur Insolvenztabelle** oder Annahme des Schuldenbereinigungsplanes (vgl §§ 201 II 1, 257, 308 I 2 InsO) **vollstreckbar** geworden sind (**Abs 1 Nr 5**) sowie Ansprüche auf Erstattung der Zwangsvollstreckungskosten (**Abs 1 Nr 6**). Verjährungsbeginn: § 201. Die Verjährung kann wiederum nach den §§ 203 ff gehemmt oder gem § 212 neu in Gang gesetzt werden.

Rechtskräftig festgestellte bzw vollstreckbare Ansprüche auf künftig fällig werdende 6
regelmäßige Leistungen (Miet-, Pacht-, Zins-, Pensionsleistungen usw) unterliegen nach **Abs 2** der regelmäßigen Verjährung (§ 195).

§ 198 Verjährung bei Rechtsnachfolge

Gelangt eine Sache, hinsichtlich derer ein dinglicher Anspruch besteht, durch Rechtsnachfolge in den Besitz eines Dritten, so kommt die während des Besitzes des Rechtsvorgängers verstrichene Verjährungszeit dem Rechtsnachfolger zugute.

Während bei der Rechtsnachfolge in Forderungen (§§ 398 ff) und Schulden (§§ 414 ff) 1
der Sukzessor ohne weiteres in die Rechtsstellung seines Vorgängers einrückt und sich

daher die bis zum Übergang abgelaufene Verjährungsfrist zu seinen Gunsten oder Ungunsten anrechnen lassen muss (§§ 404, 417 I), erlischt bei **abgeleitetem Besitzerwerb** der dingliche Anspruch (§§ 861, 985) gegen den früheren Sachbesitzer und entsteht in der Person des Besitzerwerbers neu. Als Konsequenz dessen müsste auch die Verjährungsfrist neu beginnen. Die Vorschrift vermeidet dieses Ergebnis, indem sie dem Rechtsnachfolger (sowohl bei Einzel- wie bei Gesamtnachfolge) gestattet, sich auf die bei dem Rechtsvorgänger abgelaufene Zeit zu berufen.

§ 199 Beginn der regelmäßigen Verjährungsfrist und Verjährungshöchstfristen

(1) Die regelmäßige Verjährungsfrist beginnt, soweit nicht ein anderer Verjährungsbeginn bestimmt ist, mit dem Schluss des Jahres, in dem
1. der Anspruch entstanden ist und
2. der Gläubiger von den den Anspruch begründenden Umständen und der Person des Schuldners Kenntnis erlangt oder ohne grobe Fahrlässigkeit erlangen müsste.

(2) Schadensersatzansprüche, die auf der Verletzung des Lebens, des Körpers, der Gesundheit oder der Freiheit beruhen, verjähren ohne Rücksicht auf ihre Entstehung und die Kenntnis oder grob fahrlässige Unkenntnis in 30 Jahren von der Begehung der Handlung, der Pflichtverletzung oder dem sonstigen, den Schaden auslösenden Ereignis an.

(3) ¹Sonstige Schadensersatzansprüche verjähren
1. ohne Rücksicht auf die Kenntnis oder grob fahrlässige Unkenntnis in zehn Jahren von ihrer Entstehung an und
2. ohne Rücksicht auf ihre Entstehung und die Kenntnis oder grob fahrlässige Unkenntnis in 30 Jahren von der Begehung der Handlung, der Pflichtverletzung oder dem sonstigen, den Schaden auslösenden Ereignis an.

²Maßgeblich ist die früher endende Frist.

(3 a) Ansprüche, die auf einem Erbfall beruhen oder deren Geltendmachung die Kenntnis einer Verfügung von Todes wegen voraussetzt, verjähren ohne Rücksicht auf die Kenntnis oder grob fahrlässige Unkenntnis in 30 Jahren von der Entstehung des Anspruchs an.

(4) Andere Ansprüche als die nach den Absätzen 2 bis 3 a verjähren ohne Rücksicht auf die Kenntnis oder grob fahrlässige Unkenntnis in zehn Jahren von ihrer Entstehung an.

(5) Geht der Anspruch auf ein Unterlassen, so tritt an die Stelle der Entstehung die Zuwiderhandlung.

1 I. Die Verjährung läuft vom Verjährungsbeginn an. Weil **Abs 1** den Verjährungsbeginn für die Regelverjährung (§ 195) ua von der **Kenntnis des Gläubigers** bzw seiner **grob fahrlässigen Unkenntnis** der anspruchsbegründenden Umstände abhängig macht (Rn 4), müssen in **Abs 2 bis 4 Maximalfristen** für den Fall festgesetzt werden, dass er diese Kenntnis (leicht fahrlässig) niemals erlangt. Andernfalls würde der Verjährungsbeginn auf unabsehbare Zeit hinausgeschoben.

2 II. 1. Bei den der 3-jährigen Regelverjährung (§ 195) unterliegenden Ansprüchen beginnt die Verjährungsfrist mit dem **Schluss des Jahres** (31. Dezember 24 Uhr), in dem der Anspruch entstanden ist (Abs 1 Nr 1; Rn 3) und der Gläubiger von den anspruchsbegründenden Voraussetzungen Kenntnis erlangt hat oder grob fahrlässig in Unkenntnis geblieben ist (Nr 2; Rn 4). Dieses Prinzip der sog **Ultimoverjährung** erleichtert dem Gläubiger (insb Unternehmern) die Kontrolle des Verjährungsablaufs ausstehender Forderungen, weil er seine Unterlagen nicht permanent, sondern nur gegen Jahresende überprüfen muss. Maßgebend ist der Schluss des Jahres, in dem bei Auseinanderfallen von Anspruchsentstehung und Kenntniserlangung die letzte der beiden Voraussetzungen verwirklicht ist. **Sonderregeln** für den Verjährungsbeginn enthalten die §§ 548 II (BGH NJW 11, 1866), 604 V, 695 S 2, 696 S 3.

3 2. Ein **Anspruch entsteht** grds bereits dann, wenn seine Voraussetzungen (etwa: Vertragsschluss, Schadenseintritt nach Vertragspflichtverletzung oder unerlaubter Hand-

lung, dazu BGHZ 186, 152 [vollzogene Kapitalanlage nach Beratungsfehler], rechtsgrundlose Zuwendung, dazu BGH NJW 09, 984) vorliegen. Nach allg Auffassung soll die Verjährung aber erst dann einsetzen, wenn der Gläubiger die Leistung tatsächlich verlangen und einklagen kann. Daher ist als **Anspruchsentstehung** iSd § 199 I Nr 1 der Zeitpunkt anzusehen, in dem der Anspruch (zB nach Ablauf einer von vornherein vereinbarten Stundungsfrist) **fällig** wird (BGHZ 53, 225; 55, 341; 113, 193), ein schwebend unwirksamer Anspruch **genehmigt** wird (RGZ 65, 248) oder bei aufschiebend bedingtem Anspruch die **Bedingung eintritt** (BGHZ 47, 391). Bei Abschlagszahlungen kommt es auf die Vorlage der Endabrechnung an (BGH NJW 12, 2647; NJW 13, 1077). Ein Bürgschaftsanspruch entsteht mit Fälligkeit der Hauptforderung (BGH NJW-RR 04, 1191; NJW 09, 587), nicht dag mit der Inanspruchnahme des Bürgen durch den Gläubiger (BGHZ 175, 161, 169; NJW 13, 1228), der Befreiungsanspruch des Treuhänders aus § 257 nicht mit Fälligkeit des Freistellungsanspruchs, sondern erst mit Fälligkeit der Drittforderungen, von denen er zu befreien ist (BGHZ 185, 310 Rn 21). Lässt ein Anwalt eine Forderung mit Ablauf des 31.12. pflichtwidrig verjähren, entsteht der Schaden des Mandanten mit Beginn des 1.1., so dass die Verjährungsfrist zum Endes des begonnenen Jahres einsetzt (BGH NJW 12, 673). Ein Ausgleichsanspruch unter Gesamtschuldnern nach § 426 I entsteht unabhängig von seiner rechtlichen Ausprägung als Mitwirkungs-, Befreiungs- oder Zahlungsanspruch mit der Begründung der Gesamtschuld (BGHZ 181, 310 Rn 12 f). Sog verhaltene Ansprüche (vgl § 285 Rn 8) entstehen grds erst mit ihrer Geltendmachung (§§ 695 S 2, 696 S 3 analog, hM). **Unterlassungsansprüche** entstehen iSd Verjährungsrechts erst mit der Zuwiderhandlung (Abs 5), weil der Berechtigte vorher keine Möglichkeit hat, gegen den Verpflichteten vorzugehen (BGHZ 59, 75). Dass der Gläubiger einen Anspruch noch nicht beziffern kann, hindert dag die Anspruchsentstehung nicht (BGHZ 79, 178 f; vgl auch BGHZ 113, 193). Ein Anspruch des Mieters auf Mängelbeseitigung aus § 535 I 2 entsteht ständig neu und ist daher während der Mietzeit unverjährbar (BGHZ 184, 253). Die Ansprüche auf Auskunft, Rechnungslegung und Herausgabe aus §§ 666, 667 verjähren grds nicht vor Beendigung des Auftrags (BGHZ 192, 1 Rn 15; BGH NJW 12, 58 Rn 28).

Wird ein Gesamtschaden durch **mehrere schädigende Handlungen** verursacht, stellt jede Handlung verjährungsrechtlich eine neue selbstständige Schädigung dar, die einen eigenen Verjährungslauf auslöst; dies gilt sowohl für Vertragsverletzungen (etwa: Schadensverursachung durch verschiedene Beratungsfehler, vgl BGH NJW-RR 10, 1623 Nr 13) als auch für mehrere unerlaubte Handlungen, selbst wenn sie gleichartig oder Teilakte einer natürlichen Handlungseinheit sind und auf einem einheitlichen Vorsatz des Schädigers beruhen (BGH NJW 08, 506). **4**

3. Der Gläubiger hat **Kenntnis** von den **anspruchsbegründenden Umständen** (Abs 1 Nr 2), wenn ihm der im Anspruchstatbestand beschriebene Sachverhalt im Wesentlichen bekannt ist. Die Kenntnis einer jeden Einzelheit (zB des Kausalverlaufs oder Schadensumfangs, dazu BGHZ 196, 233 Rn 29) wird aber nicht vorausgesetzt. Auch eine zutreffende rechtliche Einordnung oder Bewertung des Sachverhalts ist für den Beginn des Fristablaufs grds nicht erforderlich (BGH NJW 08, 2576, 2578; 09, 984; NJW-RR 08, 1237), anders bei Vorliegen einer so unübersichtlichen oder zweifelhaften Rechtslage, dass sie selbst ein Rechtskundiger nicht richtig einzuschätzen vermag (BGHZ 179, 260 Rn 47; BGH NJW-RR 09, 547 Rn 14 ff; NJW 11, 1278 Rn 15; krit Bitter/Alles NJW 11, 2081). Ist eine Rechtsfrage durch höchstrichterliche Entscheidung geklärt, kommt es nicht darauf an, ob die Beteiligten davon Kenntnis oder grob fahrlässig keine Kenntnis haben (BGH NJW 12, 1572). Bei Behörden ist auf die Kenntnis des zuständigen Sachbearbeiters abzustellen (BGH NJW 11, 1799 Rn 11). Von der **Person des Schuldners** hat der Gläubiger Kenntnis, wenn ihm dessen Namen und Anschrift vorliegen (BGH NJW 98, 989). **Grob fahrlässige Unkenntnis** ist zu bejahen, wenn der Gläubiger es in ungewöhnlich sorgfaltswidriger Weise versäumt, die zur Durchsetzung seines Anspruchs erforderlichen, gleichsam auf der Hand liegenden Informationen zu beschaffen oder zur Kenntnis zu nehmen („Verschulden gg sich selbst" in schwerer Form, vgl BGHZ 186, 152 Rn 28; BGH NJW 10, 1195 Rn 17), so zB, **5**

wenn er Name und Anschrift des Schuldners durch ein einfaches Telefonat hätte erhalten können (BGH NJW 13, 448). Dagg liegt idR keine grobe Fahrlässigkeit vor, wenn sich ein Anleger auf seinen Berater verlässt und dessen Aussagen nicht anhand des Anlageprospektes kontrolliert (BGH NJW-RR 12, 111). Einer Organisation (juristische Person, Personengesellschaft, Behörde) ist die Kenntnis desjenigen Mitarbeiters zuzurechnen, der mit der Verfolgung von Ansprüchen betraut ist (BGHZ 133, 138; 134, 346; 193, 67 Rn 10 [jeweils zur Verjährung deliktischer Ansprüche]); zur weiter gehenden Wissenszurechnung vgl § 166 Rn 7. Eine Obliegenheit, im Interesse des Schuldners möglichst frühzeitig Nachforschungen über die anspruchsbegründenden Umstände anzustellen, trifft den Gläubiger nicht (BGH NJW-RR 10, 1623 Rn 12). Die erforderliche Kenntnis kann fehlen, wenn der Geschädigte aufgrund einer durch die Schädigung verursachten Amnesie keine Erinnerung mehr an das Geschehen hat (BGH NJW 13, 939).

6 4. Nach Ablauf der in **Abs 2–4** enthaltenen **Maximalfristen** für den Verjährungsablauf hat der Schuldner Gewissheit, dass er nicht mehr in Anspruch genommen werden kann. Die Länge dieser Fristen hängt vom Inhalt des Anspruchs ab. Der Fristablauf kann nach Maßgabe der §§ 203 ff, 212 hinausgeschoben werden. Das Prinzip der Ultimoverjährung (Rn 2) gilt bei der Berechnung der Maximalfristen nicht.

7 5. Nach Abs 2 verjähren gesetzliche oder vertragliche Schadensersatzansprüche wegen der **Verletzung persönlicher Rechtsgüter** (Leben, Körper, Gesundheit, Freiheit) ohne Rücksicht auf Anspruchsentstehung (Rn 3) und Kenntnis bzw grob fahrlässige Unkenntnis des Gläubigers (Rn 4) in jedem Fall 30 Jahre nach Eintritt des schadenauslösenden Ereignisses (Begehung einer Schädigungshandlung, pflichtwidriges Unterlassen, Verwirklichung der Gefahrenlage bei Gefährdungshaftung). Bsp: pflichtwidriges In-Verkehr-Bringen eines Medikaments (schadenauslösendes Ereignis) führt nach Einnahme durch die schwangere Mutter 35 Jahre später zur Krebserkrankung des Kindes (Anspruchsentstehung): Anspruch verjährt.

8 6. **Sonstige Schadensersatzansprüche** (insb wegen Eigentumsverletzung und Vermögensschädigung, aber auch zB wegen Verletzung des allg Persönlichkeitsrechts) verjähren entweder gem **Abs 3 S 1 Nr 1** ohne Rücksicht auf Kenntnis oder grob fahrlässige Unkenntnis (Rn 4) 10 Jahre nach ihrer Entstehung (Rn 3) oder gem **Abs 3 S 1 Nr 2** ohne Rücksicht auf Entstehung (Rn 3) und Kenntnis oder grob fahrlässige Unkenntnis (Rn 4) 30 Jahre nach dem schadenauslösenden Ereignis (Rn 6). Maßgebend ist die jeweils früher endende Frist (S 2). Bsp: Falschberatung durch Notar wird beim Tode des Erblassers im Jahr darauf kausal für einen Vermögensschaden des gesetzlichen Erben. Verjährung: 10 Jahre nach Schadenseintritt (Anspruchsentstehung), auch wenn der Geschädigte davon keine Kenntnis erlangt (Abs 3 S 1 Nr 1, S 2).

9 7. **Abs 3 a** trägt dem Umstand Rechnung, dass die Feststellung der maßgeblichen Umstände (Eintritt des Erbfalls, Vorhandensein einer Verfügung von Todes wegen) bei einem Erbfall Schwierigkeiten bereiten kann. Dem soll durch eine ausreichend lange Verjährungshöchstfrist für sämtliche auf einem Erbfall beruhenden oder die Kenntnis einer Verfügung von Todes wegen voraussetzenden Ansprüche (30 Jahre ab Anspruchsentstehung) Rechnung getragen werden. Die zum Nachlass gehörenden Ansprüche und Verpflichtungen des Erblassers beruhen nicht „auf einem Erbfall"; für sie gilt Abs 3 a daher nicht (zur Ablaufhemmung in Nachlassfällen vgl aber § 211).

10 8. **Andere Ansprüche** als solche nach den Abs 2 bis 3 a verjähren gem § 199 IV – ohne Rücksicht auf Kenntnis oder grob fahrlässige Unkenntnis des Gläubigers – jedenfalls 10 Jahre nach ihrer Entstehung.

§ 200 Beginn anderer Verjährungsfristen

¹Die Verjährungsfrist von Ansprüchen, die nicht der regelmäßigen Verjährungsfrist unterliegen, beginnt mit der Entstehung des Anspruchs, soweit nicht ein anderer Verjährungsbeginn bestimmt ist. ²§ 199 Abs. 5 findet entsprechende Anwendung.

1 I. Bei Ansprüchen, die **nicht der Regelverjährung** (§ 195) unterliegen, setzt die Verjährungsfrist ohne Rücksicht auf Kenntnis oder Kennenmüssen (§ 199 Rn 5) mit der Ent-

stehung des Anspruchs (§ 199 Rn 3) ein (S 1). Unterlassungsansprüche: Zeitpunkt der Zuwiderhandlung (S 2 iVm § 199 V). Das Prinzip der Ultimoverjährung (§ 199 Rn 2) gilt nicht.

II. Gesetzliche Sonderregeln gehen vor, zB §§ 201 (Verjährungsbeginn ab Rechtskraft, Feststellung, Titelerrichtung), 438 II (Übergabe, Ablieferung), 548 I 2 (Zurückerhalt der Mietsache, vgl BGHZ 162, 36; auch bei Beendigung des Vertrages erst nach Rückgabe, BGH NJW 06, 1588), 548 II (Beendigung des Mietverhältnisses), 634 a II (Abnahme), 651 g II 2 (vertraglich vorgesehenes Ende der Reise), 801 I 2 (Ende der Vorlegungsfrist), 1302 (Auflösung des Verlöbnisses), 2287 II (Erbfall), 12 I ProdHG (Kenntniserlangung). 2

§ 201 Beginn der Verjährungsfrist von festgestellten Ansprüchen

¹Die Verjährung von Ansprüchen der in § 197 Abs. 1 Nr. 3 bis 6 bezeichneten Art beginnt mit der Rechtskraft der Entscheidung, der Errichtung des vollstreckbaren Titels oder der Feststellung im Insolvenzverfahren, nicht jedoch vor der Entstehung des Anspruchs. ²§ 199 Abs. 5 findet entsprechende Anwendung.

Die Verjährungsfrist beginnt bei rechtskräftig festgestellten Ansprüchen (§ 197 I Nr 3) 1 mit der **Rechtskraft der Entscheidung,** bei Ansprüchen aus vollstreckbaren Vergleichen oder vollstreckbaren Urkunden (§ 197 I Nr 4) mit der **Errichtung** des **vollstreckbaren Titels,** bei Ansprüchen, die nach einer Anmeldung im Insolvenzverfahren vollstreckbar geworden sind (§ 197 I Nr 5), mit der **Feststellung im Insolvenzverfahren.** War der Anspruch bei Titulierung noch nicht fällig, setzt die Verjährung frühestens mit der Entstehung des Anspruchs (S 1) oder – bei Unterlassungsansprüchen – mit der Zuwiderhandlung (S 2 iVm § 199 V) ein.

§ 202 Unzulässigkeit von Vereinbarungen über die Verjährung

(1) Die Verjährung kann bei Haftung wegen Vorsatzes nicht im Voraus durch Rechtsgeschäft erleichtert werden.
(2) Die Verjährung kann durch Rechtsgeschäft nicht über eine Verjährungsfrist von 30 Jahren ab dem gesetzlichen Verjährungsbeginn hinaus erschwert werden.

I. Wichtiger als die in dieser Vorschrift enthaltenen Beschränkungen für verjährungser- 1 leichternde (Abs 1; Rn 2) und verjährungserschwerende Absprachen (Abs 2; Rn 3) ist die sich daraus mittelbar ergebende Grundaussage, dass **verjährungsändernde Verträge** nach Inkrafttreten des SMG kraft allg Vertragsfreiheit grds **gestattet** sein sollen (näher Lakkis AcP 04, 763).

II. 1. **Verjährungserleichternde** – also zulasten des Gläubigers gehende, weil zB fristen- 2 verkürzende – Rechtsgeschäfte sind nach **Abs 1** grds zulässig. Unzulässig ist jedoch eine im Voraus getroffene Absprache über die erleichterte Verjährung von Ansprüchen, die sich auf vorsätzliches Handeln des Schuldners stützen. Die Verjährung von Gewährleistungsansprüchen kann bei Verbrauchsgüterkaufverträgen nur iR von § 475 II verkürzt werden. Bei Klauseln in AGB oder Verbraucherverträgen sind außerdem §§ 309 Nr 8 b, ff); 307 I, II Nr 1, 2; 310 III Nr 2 zu beachten. Eine Verkürzung von Verjährungsfristen wird danach idR unwirksam sein (vgl BGH NJW 13, 525: Anspruch auf Werklohn).

2. **Verjährungserschwerende,** also zulasten des Schuldners gehende Modifizierungen 3 der gesetzlichen Vorschriften durch Vertrag (etwa: Hinausschieben des Fristbeginns, Fristverlängerung, Ausweitung der Hemmungstatbestände) oder einseitiger Verzicht des Schuldners sind nach **Abs 2** zugelassen, allerdings nur bis zur Grenze von 30 Jahren ab dem gesetzlichen Verjährungsbeginn. Mit dem Verzicht des Schuldners vor oder nach Vollendung der Verjährung (vgl § 214 Rn 3) beginnt je nach Inhalt der Verzichtserklärung ein neuer Fristlauf (OLG Brandenburg NJW-RR 05, 871 f). Beachte §§ 307 I, II Nr 1, 2; 310 III Nr 2 bei AGB oder Verbraucherverträgen.

Titel 2
Hemmung, Ablaufhemmung und Neubeginn der Verjährung

§ 203 Hemmung der Verjährung bei Verhandlungen

¹Schweben zwischen dem Schuldner und dem Gläubiger Verhandlungen über den Anspruch oder die den Anspruch begründenden Umstände, so ist die Verjährung gehemmt, bis der eine oder der andere Teil die Fortsetzung der Verhandlungen verweigert. ²Die Verjährung tritt frühestens drei Monate nach dem Ende der Hemmung ein.

1 I. Solange zwischen Gläubiger und Schuldner über einen streitigen oder zweifelhaften Anspruch **Verhandlungen** geführt werden, besteht – rechtspolitisch erwünscht – die Aussicht, dass ein Rechtsstreit und damit eine Belastung des Justizapparates vermieden werden kann. Durch Anordnung einer Verjährungshemmung (Wirkung: § 209) für die Dauer der Verhandlungen werden diese von jedem **Zeitdruck** befreit und für den Gläubiger ein Anreiz geschaffen, sich auf den Versuch einer gütlichen Lösung einzulassen.

2 II. 1. Dieser Ratio entspr sind die Begriffe „Anspruch" und „Verhandlungen" **weit auszulegen.** Unter einem „**Anspruch**" ist nicht die konkrete materiell-rechtliche Anspruchsgrundlage, sondern allg das auf einen bestimmten Sachverhalt gestützte Begehren auf Befriedigung eines Interesses zu verstehen, das möglicherweise von mehreren konkurrierenden Anspruchsgrundlagen im technischen Sinne erfasst wird (vgl BT-Drucks 14/6040, 112). „Anspruchsbegründende Umstände" sind die tatsächlichen Voraussetzungen eines Anspruchs. „**Verhandlungen**" meint jeden Meinungsaustausch über sein Bestehen oder Nichtbestehen, sofern nicht sofort und eindeutig jeder Ersatz abgelehnt wird (BGH NJW 04, 1654; 07, 587). Zwischen Hauptschuldner und Gläubiger gepflegte Verhandlungen wirken auch ggü dem Bürgen (BGHZ 182, 76).

3 2. Verhandlungen „**schweben**", solange der Gläubiger davon ausgehen kann, dass der Schuldner seine Leistung nicht endgültig verweigert (BGHZ 93, 66 f). Vergleichsbereitschaft muss nicht eigens signalisiert werden; es reicht zB aus, wenn der Schuldner zu erkennen gibt, er werde die Berechtigung des geltend gemachten Anspruchs prüfen (BGH NJW 01, 1723) oder er habe die Angelegenheit seinem Haftpflichtversicherer zur Prüfung mitgeteilt (BGH NJW 11, 1594 Rn 14). Die **Hemmung setzt rückwirkend** mit dem Zeitpunkt ein, in dem der Gläubiger den Anspruch geltend gemacht hat. Sie **endet,** wenn einer der Beteiligten eine **Fortsetzung** der Verhandlungen **verweigert (S 1),** dh klar und eindeutig zum Ausdruck bringt, dass er die Verhandlungen abbrechen will (BGH NJW 98, 2820), sich auf Verjährung beruft (BGHZ 162, 92) oder eine weitere Mängelbeseitigung endgültig verweigert (BGH NJW-RR 13, 969). Bei Abschluss eines Widerrufsvergleichs im Rahmen der gerichtlichen Güteverhandlung wird die Verjährung eines davon erfassten Anspruchs bis zur Erklärung des Widerrufs gehemmt (BGH NJW 05, 2006). „Schlafen" Verhandlungen ohne eine eindeutige Willensäußerung eines Beteiligten „ein", endet die Hemmung zu dem Zeitpunkt, in welchem der nächste Schritt eines Beteiligten nach Treu und Glauben zu erwarten gewesen wäre (BGH NJW 08, 576; 09, 1806 f).

4 3. Die **Verjährung** kann **frühestens 3 Monate** nach Ende der Hemmung eintreten (S 2). Auch wenn die Vertragsverhandlungen daher für den Gläubiger überraschend abgebrochen werden, bleibt ihm genügend Zeit, um die Erfolgsaussichten von Rechtsverfolgungsmaßnahmen zu prüfen und diese ggf einzuleiten.

§ 204 Hemmung der Verjährung durch Rechtsverfolgung

(1) Die Verjährung wird gehemmt durch
1. die Erhebung der Klage auf Leistung oder auf Feststellung des Anspruchs, auf Erteilung der Vollstreckungsklausel oder auf Erlass des Vollstreckungsurteils,
2. die Zustellung des Antrags im vereinfachten Verfahren über den Unterhalt Minderjähriger,

3. die Zustellung des Mahnbescheids im Mahnverfahren oder des Europäischen Zahlungsbefehls im Europäischen Mahnverfahren nach der Verordnung (EG) Nr. 1896/2006 des Europäischen Parlaments und des Rates vom 12. Dezember 2006 zur Einführung eines Europäischen Mahnverfahrens (ABl. EU Nr. L 399 S. 1),
4. die Veranlassung der Bekanntgabe des Güteantrags, der bei einer durch die Landesjustizverwaltung eingerichteten oder anerkannten Gütestelle oder, wenn die Parteien den Einigungsversuch einvernehmlich unternehmen, bei einer sonstigen Gütestelle, die Streitbeilegungen betreibt, eingereicht ist; wird die Bekanntgabe demnächst nach der Einreichung des Antrags veranlasst, so tritt die Hemmung der Verjährung bereits mit der Einreichung ein,
5. die Geltendmachung der Aufrechnung des Anspruchs im Prozess,
6. die Zustellung der Streitverkündung,
6a. die Zustellung der Anmeldung zu einem Musterverfahren für darin bezeichnete Ansprüche, soweit diesen der gleiche Lebenssachverhalt zugrunde liegt wie den Feststellungszielen des Musterverfahrens und wenn innerhalb von drei Monaten nach dem rechtskräftigen Ende des Musterverfahrens die Klage auf Leistung oder Feststellung der in der Anmeldung bezeichneten Ansprüche erhoben wird,
7. die Zustellung des Antrags auf Durchführung eines selbständigen Beweisverfahrens,
8. den Beginn eines vereinbarten Begutachtungsverfahrens,
9. die Zustellung des Antrags auf Erlass eines Arrests, einer einstweiligen Verfügung oder einer einstweiligen Anordnung, oder, wenn der Antrag nicht zugestellt wird, dessen Einreichung, wenn der Arrestbefehl, die einstweilige Verfügung oder die einstweilige Anordnung innerhalb eines Monats seit Verkündung oder Zustellung an den Gläubiger dem Schuldner zugestellt wird,
10. die Anmeldung des Anspruchs im Insolvenzverfahren oder im Schifffahrtsrechtlichen Verteilungsverfahren,
11. den Beginn des schiedsrichterlichen Verfahrens,
12. die Einreichung des Antrags bei einer Behörde, wenn die Zulässigkeit der Klage von der Vorentscheidung dieser Behörde abhängt und innerhalb von drei Monaten nach Erledigung des Gesuchs die Klage erhoben wird; dies gilt entsprechend für bei einem Gericht oder bei einer in Nummer 4 bezeichneten Gütestelle zu stellende Anträge, deren Zulässigkeit von der Vorentscheidung einer Behörde abhängt,
13. die Einreichung des Antrags bei dem höheren Gericht, wenn dieses das zuständige Gericht zu bestimmen hat und innerhalb von drei Monaten nach Erledigung des Gesuchs die Klage erhoben oder der Antrag, für den die Gerichtsstandsbestimmung zu erfolgen hat, gestellt wird, und
14. die Veranlassung der Bekanntgabe des erstmaligen Antrags auf Gewährung von Prozesskostenhilfe oder Verfahrenskostenhilfe; wird die Bekanntgabe demnächst nach der Einreichung des Antrags veranlasst, so tritt die Hemmung der Verjährung bereits mit der Einreichung ein.

(2) ¹Die Hemmung nach Absatz 1 endet sechs Monate nach der rechtskräftigen Entscheidung oder anderweitigen Beendigung des eingeleiteten Verfahrens. ²Gerät das Verfahren dadurch in Stillstand, dass die Parteien es nicht betreiben, so tritt an die Stelle der Beendigung des Verfahrens die letzte Verfahrenshandlung der Parteien, des Gerichts oder der sonst mit dem Verfahren befassten Stelle. ³Die Hemmung beginnt erneut, wenn eine der Parteien das Verfahren weiter betreibt.

(3) Auf die Frist nach Absatz 1 Nr. 6 a, 9, 12 und 13 finden die §§ 206, 210 und 211 entsprechende Anwendung.

I. Leitet der Gläubiger ein förmliches Verfahren zur Durchsetzung seines Anspruchs 1 ein, muss er davor geschützt werden, dass der Anspruch vor einer Entscheidung verjährt. Daher wird der Lauf der Verjährungsfrist durch **Maßnahmen der Rechtsverfolgung** (Abs 1, Rn 3) bis zum Ablauf von 6 Monaten nach Beendigung des Verfahrens

§ 204

(**Abs 2, Rn 5**) **gehemmt** (Wirkung: § 209 BGB). Das Verfahren muss von dem jeweils materiell Berechtigten (ursprünglicher Rechtsinhaber, Rechtsnachfolger, Prozessstandschafter) in Gang gesetzt worden sein (BGH NJW 10, 2270 Rn 38). Die Erhebung einer negativen Feststellungsklage durch den Schuldner oder die dag gerichtete Verteidigung des Gläubigers hemmt die Verjährung aber nicht (BGH NJW 12, 3633).

2 II. 1. Der Gläubiger kann die Hemmung durch (wirksame) **Erhebung einer Klage** auf Leistung (auch Stufenklage, § 254 ZPO), Feststellung (§ 256 ZPO), Erteilung einer Vollstreckungsklausel (§§ 731, 796, 797 ZPO) oder Erl eines Vollstreckungsurteils (§ 722 ZPO) herbeiführen (**Abs 1 Nr 1**). Die Klage muss vom Berechtigten (auch Zessionar, BGH NJW 11, 2193, dazu Althammer NJW 11, 2172) wirksam erhoben (§ 253 ZPO) und gegen den richtigen Schuldner gerichtet sein (BGHZ 80, 226). Bei gewillkürter Prozessstandschaft tritt die Hemmung erst dann ein, wenn die Prozessstandschaft prozessual offen gelegt wird oder offensichtlich ist (BGHZ 78, 6; BGH NJW-RR 02, 22 zu § 209 aF). Schlüssige Begr ist nicht vorausgesetzt (BGH NJW-RR 96, 1409). Eine Stufenklage hemmt die Verjährung des Zugewinnausgleichsanspruchs auch dann, wenn ein falscher Stichtag genannt wird (BGH FamRZ 12, 1296). Auch müssen zum Zeitpunkt der Rechtshängigkeit noch nicht alle Anspruchsvoraussetzungen vorliegen (BGH NJW 99, 2115). Die Hemmung wirkt nur für den vom Streitgegenstand umfassten Anspruch (BGH NJW 05, 2004; vgl aber § 213), eine (auch „verdeckte") Teilklage also grds nur in Höhe des eingeklagten Betrages (BGHZ 66, 147; 151, 3; BGH NJW-RR 08, 521). Eine Schadensersatzklage hemmt für den gesamten Schadensersatzanspruch (vgl BGHZ 104, 271 f; 151,4 zu § 209 aF), eine unbezifferte Feststellungsklage für den streitigen Anspruch insgesamt (BGHZ 103, 301). Eine gg den Bürgen erhobene Klage hemmt auch die Verjährung der Hauptschuld, wenn die Hauptschuldnerin später als Rechtsperson erlischt (BGHZ 182, 76 Rn 26). Klageerhebung: § 253 I ZPO, Rückwirkung: § 167 ZPO.

3 Eine Verjährungshemmung tritt ferner u.a. ein durch **Zustellung** eines **Antrags** im vereinfachten Verfahren über den **Unterhalt Minderjähriger** (Abs 1 Nr 2; § 647 I 1 ZPO), **Zustellung** eines **Mahnbescheids** im Mahnverfahren oder im Europäischen Mahnverfahren (Abs 1 Nr 3; vgl § 690 I, 693 ZPO; Ebert NJW 03, 732), wenn der geltend gemachte Anspruch hinreichend individualisiert wird (BGHZ 172, 42, 55; BGH NJW 09, 56 f). Dazu muss er so gekennzeichnet werden, dass er die Grundlage eines der materiellen Rechtskraft fähigen Vollstreckungstitels sein kann und dem Schuldner eine Entscheidung darüber ermöglicht, ob er sich gegen den Anspruch zur Wehr setzen will (Frage des Einzelfalls, vgl BGH NJW-RR 09, 544). Die einzelnen Rechnungsposten müssen dabei nicht aufgeschlüsselt werden, sofern sie auf einem einheitlichen Anspruch beruhen (BGH NJW 13, 3599). Die Hemmung erfasst auch subsidiäre Ansprüche und zielgleiche Folgeansprüche (BGH aaO). Eine wirksame Zustellung ist nicht unbedingt erforderlich (BGH NJW-RR 10, 1438). Ein erschlichener Mahnbescheid (wahrheitswidrige Behauptung einer erbrachten Gegenleistung) hemmt nicht (BGH NJW 12, 995).

4 Die Verjährung wird weiter gehemmt durch die **Veranlassung** der Bekanntgabe eines **Güteantrags** (Abs 1 Nr 4; vgl §§ 794 I Nr 1 ZPO, 15 a EGZPO nebst Landesgesetze; Friedrich NJW 03, 1781; Staud/Eidenmüller NJW 04, 23). In der Frage, ob eine Bekanntmachung „demnächst" nach Einreichung des Antrags veranlasst wurde, muss sich der Antragsteller Verzögerungen durch die Gütestelle nicht zurechnen lassen (BGHZ 182, 284 unter Hinweis auf die Judikatur zu § 167 ZPO).

5 Die Verjährung wird gehemmt durch eine (auch hilfsweise erklärte, vgl BGHZ 176, 128, 131) **Prozessaufrechnung** (Abs 1 Nr 5), jedoch nicht bezüglich des die Hauptforderung übersteigenden Teils der Gegenforderung (BGH NJW-RR 09, 1169), ferner durch die **Zustellung** einer zulässigen (BGHZ 175, 1) **Streitverkündung** (Abs 1 Nr 6; vgl §§ 73, 167 ZPO, dazu BGHZ 179, 361; BGH NJW 10, 856; 12, 3087), Zustellung der Anmeldung zu einem Musterverfahren (Abs 1 Nr 6 a, mWv 1.12.12 eingefügt durch G v 19.10.12, BGBl I 2182), durch die **Zustellung** des Antrags eines Gewährleistungsgläubigers, nicht dag eines Gewährleistungsschuldners (OLG Saarbrücken NJW-RR 06, 164) auf Durchführung eines **selbstständigen Beweisverfahrens** (Abs 1 Nr 7;

vgl §§ 485, 487, 167 ZPO), so wenn ein Unternehmer ein solches Verfahren in Bezug auf Werkmängel einleitet, um die Abnahmereife seiner Werkleistungen nachweisen zu können (BGH NJW 12, 1140). Die Durchführung eines solchen Verfahrens zu einer Vielzahl von Werkmängeln hemmt die Verjährung für das gesamte Werk (OLG München NJW-RR 10, 824). Die Person des Antragstellers ist ggf durch Auslegung zu ermitteln (BGH NJW-RR 13, 1169: Wohnungseigentümergemeinschaft oder einzelne Eigentümer). Eine Zustellung kann auch durch eine formlose, dem Antragsgegner zugegangene Bekanntgabe des Antrags auf Durchführung eines solchen Verfahrens erfolgen (OLG Karlsruhe NJW-RR 08, 402).

Die Verjährungshemmung erfolgt ferner mit dem **Beginn** eines vereinbarten **Begutachtungsverfahrens** (Abs 1 Nr 8), bei **Zustellung** des Antrags auf Erlass eines **Arrestes**, einer **einstweiligen Verfügung** oder **einstweiligen** Anordnung (vgl § 167 ZPO) bzw ggf bereits durch Einreichung eines entspr Antrags (Abs 1 Nr 9; gem **Abs 3** entspr Anwendung der §§ 206, 210, 211), **Anmeldung** des Anspruchs im **Insolvenzverfahren** (Abs 1 Nr 10; vgl § 174 InsO), mit **Beginn** des **schiedsrichterlichen Verfahrens** (Abs 1 Nr 11; vgl § 1044 S 1 ZPO), durch **Einl** eines behördlichen **Vorverfahrens**, wenn die Zulässigkeit einer Klage von der Durchführung dieses Verfahrens abhängt (Abs 1 Nr 12), bzw durch **Einreichung** eines **Antrags** bei dem **höheren Gericht**, wenn dieses das zuständige Gericht zu bestimmen hat (Abs 1 Nr 13, vgl § 36 ZPO), und Klage bzw Antrag jeweils innerhalb von 3 Monaten nach Erledigung des Gesuchs erhoben wird (in beiden Fällen gem **Abs 3** entspr Anwendung der §§ 206, 210, 211) oder wenn der Antrag auf Bestimmung der Zuständigkeit erfolglos bleibt (BGHZ 160, 261), schließlich durch Veranlassung der Bekanntgabe des erstmaligen Antrags auf **Gewährung von Prozesskostenhilfe** oder Verfahrenskostenhilfe bzw mit der Einreichung eines solchen Antrags, soweit sie früher erfolgt (Abs 1 Nr 14). 6

Dag führt eine **einfache Mahnung nicht** zur Hemmung der Verjährungsfrist. 7

2. Die **Hemmung endet** jeweils **6 Monate** nach einer rechtskräftigen Entscheidung oder anderweitigen Beendigung des eingeleiteten Verfahrens (**Abs 2 S 1**), wie zB eines Insolvenzverfahrens (BGH NJW 10, 1284 Rn 45); von diesem Zeitpunkt an läuft die bis zum Hemmungseintritt noch nicht verstrichene Verjährungsfrist fort. Wird eine Forderung nach Eintritt der Hemmungswirkung zediert, tritt ein Ende der Hemmung dadurch nicht ein (BGH NJW 13, 1730). Ein selbstständiges Beweisverfahren (Abs 1 Nr 7) endet, wenn die Beweiserhebung sachlich erledigt ist (BGH NJW 11, 594). Endet das Verfahren allerdings zugunsten des Gläubigers mit der rechtskräftigen Feststellung seines Anspruchs, setzt mit Rechtskraft der Entscheidung (§ 201) die 30-jährige Verjährungsfrist des § 197 I Nr 3 BGB ein. 8

3. Gerät die **Verfahren** dadurch in **Stillstand**, dass es von den Parteien (ohne nach außen erkennbaren triftigen Grund, vgl BGH NJW 99, 1102; 01, 219) nicht weiterbetrieben wird, tritt an die Stelle der Verfahrensbeendigung die letzte Verfahrenshandlung der Parteien, des Gerichts oder der sonst mit dem Verfahren befassten Stelle (**Abs 2 S 2**); Untätigkeit aus prozesswirtschaftlichen Erwägungen (Abwarten eines Musterprozesses) hindert die Fortsetzung der Verjährung nicht (BGH NJW 01, 219). Ein Ende der Verjährungshemmung tritt trotz Untätigkeit der Parteien nicht ein, wenn das Gericht für einen Verfahrensfortgang zu sorgen hat (BGH NJW 13, 1666). Nimmt eine der Parteien das Verfahren wieder auf, setzt die Fristhemmung erneut ein (**Abs 2 S 3**). 9

Die **Beweislast** für die Voraussetzungen der Hemmung oder deren Beendigung trägt jeweils, wer sich auf die Rechtsfolgen der Hemmung oder deren Beendigung beruft. 10

§ 205 Hemmung der Verjährung bei Leistungsverweigerungsrecht

Die Verjährung ist gehemmt, solange der Schuldner auf Grund einer Vereinbarung mit dem Gläubiger vorübergehend zur Verweigerung der Leistung berechtigt ist.

I. Ist der Schuldner aufgrund einer **Vereinbarung** mit dem Gläubiger (Rn 2), dh also nicht kraft Gesetzes (Rn 3), vorübergehend zur **Verweigerung der Leistung** berechtigt, kann der Gläubiger in dieser Zeit seinen Anspruch nicht durchsetzen (vgl BGHZ 137, 1

196). Daher wird der Lauf der Verjährungsfrist für diesen Zeitraum gehemmt (Wirkung: § 209).

2 II.1. Die Vorschrift betrifft insb **Stundungsvereinbarungen**, die Gläubiger und Schuldner **nach Fälligkeit** des Anspruchs getroffen haben (vgl BGH NJW 12, 996: Annahme einer Leistung erfüllungshalber), ferner **Stillhalteabkommen** (pacta de non petendo, vgl BGH NJW 83, 2497; NJW 02, 1489) oder die Absprache, den Ausgang eines Rechtsstreits oder behördliche Ermittlungen abzuwarten. Im Stundungsgesuch des Schuldners dürfte allerdings häufig ein Anerkenntnis des Anspruchs liegen mit der Folge, dass die Verjährungsfrist gem § 212 I Nr 1 neu beginnt. Wird andererseits ein Anspruch bereits bei seiner Entstehung gestundet, beginnt die Verjährung erst mit der hinausgeschobenen Fälligkeit nach § 199 I (vgl dort Rn 3; dazu BGH NJW-RR 92, 255). Die Vorschrift findet keine entspr Anwendung auf Zinsansprüche aus Sicherungsgrundschulden vor Eintritt des Sicherungsfalls (vgl BGHZ 142, 334 zu 202 I aF).

3 2. Die Verjährungsfrist läuft dag **ohne Hemmung** weiter, wenn dem Schuldner eine aufschiebende Einrede kraft Gesetzes insb deswegen zusteht, weil der Gläubiger eine Verpflichtung nicht erfüllt (§§ 273, 320, 1000 BGB; 369 HGB; zur Geltendmachung eines Zurückbehaltungsrechts aufgrund eines verjährten Anspruchs vgl § 215 Rn 1) oder eine Handlung nicht vornimmt, so bei der Einrede mangelnder Sicherheitsleistung (§§ 258 S 2, 811 II 2, 867 S 3, 997 I 2, 2128), der Vorausklage nach § 771, ähnl bei der Einrede des Bürgen nach § 770. Das eigene Versäumnis soll dem Gläubiger nicht auf dem Wege über eine Verjährungshemmung zugute kommen. Keine Hemmung tritt ein bei Bestehen der Erbeneinreden nach §§ 2014, 2015, die keine materiellrechtliche, sondern nur prozessual-vollstreckungsrechtliche Wirkungen haben.

§ 206 Hemmung der Verjährung bei höherer Gewalt

Die Verjährung ist gehemmt, solange der Gläubiger innerhalb der letzten sechs Monate der Verjährungsfrist durch höhere Gewalt an der Rechtsverfolgung gehindert ist.

1 Die Verjährung ist **gehemmt** (Wirkung: § 209), wenn dem Gläubiger innerhalb der letzten 6 Monate der Verjährungsfrist eine Rechtsverfolgung aufgrund **höherer Gewalt** nicht möglich ist. Höhere Gewalt liegt vor, wenn die Verhinderung des Gläubigers auf Umständen beruht, die auch durch äußerste Sorgfalt nicht hätten vorausgesehen und verhindert werden können (BGHZ 81, 355; BGH NJW 97, 3164), so etwa bei Stillstand der Rechtspflege infolge von Kriegsereignissen, bei Unfall, plötzlicher Erkrankung, fehlerhaftem Vorgehen der Justiz, fehlenden finanziellen Mittel zur Prozessführung, sofern bis zum Fristablauf ein (begründeter) Antrag auf Prozesskostenhilfe eingereicht worden ist (BGH NJW 01, 3149; FamRZ 04, 177). Rechtsunkenntnis reicht grds nicht aus (vgl aber BGHZ 129, 289), auch nicht mangelndes Wissen um das Bestehen des Anspruchs. Das Verschulden eines gesetzlichen Vertreters oder Prozessbevollmächtigten muss sich der Gläubiger zurechnen lassen. Liegt höhere Gewalt nur während eines Teils der Sechsmonatsfrist vor, bleibt lediglich dieser Zeitraum bei der Berechnung der Verjährungsfrist außer Betracht.

§ 207 Hemmung der Verjährung aus familiären und ähnlichen Gründen

(1) [1]Die Verjährung von Ansprüchen zwischen Ehegatten ist gehemmt, solange die Ehe besteht. [2]Das Gleiche gilt für Ansprüche zwischen
1. Lebenspartnern, solange die Lebenspartnerschaft besteht,
2. dem Kind und
   a) seinen Eltern oder
   b) dem Ehegatten oder Lebenspartner eines Elternteils
   bis zur Vollendung des 21. Lebensjahres des Kindes,
3. dem Vormund und dem Mündel während der Dauer des Vormundschaftsverhältnisses,

4. dem Betreuten und dem Betreuer während der Dauer des Betreuungsverhältnisses und
5. dem Pflegling und dem Pfleger während der Dauer der Pflegschaft.
³Die Verjährung von Ansprüchen des Kindes gegen den Beistand ist während der Dauer der Beistandschaft gehemmt.
(2) § 208 bleibt unberührt.

I. Bestehen zwischen Gläubiger und Schuldner **persönliche**, insb familiäre **Beziehungen**, könnte durch klageweise Geltendmachung eines Anspruchs der Familienfrieden bzw das **Vertrauensverhältnis** zwischen den Beteiligten nachhaltig **gestört** werden. Daher sieht die Vorschrift während des Bestehens der betr Beziehung eine Verjährungshemmung (**Abs 1**; Wirkung: § 209) vor. Daneben kann sich eine Hemmung auch aus § 208 ergeben (**Abs 2**). 1

II. Dies gilt für wechselseitige Ansprüche zwischen **Ehegatten** für die Dauer der Ehe (**Abs 1 S 1**), zwischen **Lebenspartnern** (§ 1 LPartG) für die Dauer der Lebenspartnerschaft (**Abs 1 S 2 Nr 1**), zwischen **Eltern und Kindern** bzw zwischen Stiefelternteil und Stiefkind bis zur Vollendung des 21. Lebensjahres des Kindes (**Abs 1 S 2 Nr 2**), zwischen **Vormund und Mündel** (§§ 1773 ff) für die Dauer des Vormundschaftsverhältnisses (**Abs 1 S 2 Nr 3**), zwischen **Betreuer und Betreutem** (§§ 1896 ff) für die Dauer des Betreuungsverhältnisses (**Abs 1 S 2 Nr 4**), zwischen **Pflegling und Pfleger** (§§ 1909 ff) für die Dauer der Pflegschaft (**Abs 1 S 2 Nr 5**). Gehemmt ist die Verjährung auch von Ansprüchen eines **Kindes gegen** seinen **Beistand** (§§ 1712 ff) für die Dauer der Beistandschaft, nicht jedoch umgekehrt von Ansprüchen des Beistands (**Abs 1 S 3**). 2

§ 208 Hemmung der Verjährung bei Ansprüchen wegen Verletzung der sexuellen Selbstbestimmung

¹Die Verjährung von Ansprüchen wegen Verletzung der sexuellen Selbstbestimmung ist bis zur Vollendung des 21. Lebensjahrs des Gläubigers gehemmt. ²Lebt der Gläubiger von Ansprüchen wegen Verletzung der sexuellen Selbstbestimmung bei Beginn der Verjährung mit dem Schuldner in häuslicher Gemeinschaft, so ist die Verjährung auch bis zur Beendigung der häuslichen Gemeinschaft gehemmt.

I. Gehemmt (Wirkung: § 209) sind Ansprüche wegen **Verletzung der sexuellen Selbstbestimmung** (zB gem § 280 I iVm einer familienrechtlichen Fürsorgepflicht, §§ 823 I, II iVm 174 ff StGB) bis zur Vollendung des 21. Lebensjahres des geschädigten Gläubigers (**S 1**). Damit wird im Interesse eines verstärkten **Opferschutzes** gewährleistet, dass Schadensersatzansprüche nicht während der Minderjährigkeit des Geschädigten verjähren können, wenn die gesetzlichen Vertreter des Kindes auf eine Verfolgung zivilrechtlicher Ansprüche verzichten, weil sie beispielsweise das Kind keinen seelischen Belastungen aussetzen oder einen „Skandal" vermeiden wollen. Die Altersgrenze trägt dem Umstand Rechnung, dass ein zunächst minderjähriges Opfer auch nach Vollendung des 18. Lebensjahres häufig emotional noch nicht sofort in der Lage ist, einen Ersatzanspruch selbst zu verfolgen. 1

II. Leben Gläubiger und Schuldner in **häuslicher Gemeinschaft**, wird ein Ersatzanspruch außerdem gehemmt bis zu deren Aufhebung (**S 2**). Dies gilt zB bei Straftaten, die im Verhältnis volljähriger Partner iR einer nichtehelichen Lebensgemeinschaft begangen werden. In den Fällen des S 1 wird die Hemmungsdauer dadurch ggf über die Vollendung des 21. Lebensjahres des Geschädigten hinaus verlängert. 2

§ 209 Wirkung der Hemmung

Der Zeitraum, während dessen die Verjährung gehemmt ist, wird in die Verjährungsfrist nicht eingerechnet.

1 Hemmung bewirkt, dass während ihrer Dauer die **Verjährungsfrist nicht beginnt** oder **nicht weiterläuft** („Fortlaufshemmung", vgl BGH NJW 90, 178; zur „Ablaufhemmung" vgl §§ 210, 211, 479 II). Praktisch bedeutet dies, dass der Zeitraum der Hemmung (jeweils einschließlich des Tages, an dem der Hemmungsgrund entsteht, sowie des Tages, an dem er entfällt) der regulären Verjährungsfrist hinzugerechnet wird. Nach Ende der Hemmung wird die Verjährung vom Beginn des darauf folgenden Tages an in konkreter Berechnung fortgesetzt; das Ultimoprinzip (vgl § 199 Rn 2) gilt nicht (vgl dazu BGHZ 86, 104).

§ 210 Ablaufhemmung bei nicht voll Geschäftsfähigen

(1) ¹Ist eine geschäftsunfähige oder in der Geschäftsfähigkeit beschränkte Person ohne gesetzlichen Vertreter, so tritt eine für oder gegen sie laufende Verjährung nicht vor dem Ablauf von sechs Monaten nach dem Zeitpunkt ein, in dem die Person unbeschränkt geschäftsfähig oder der Mangel der Vertretung behoben wird. ²Ist die Verjährungsfrist kürzer als sechs Monate, so tritt der für die Verjährung bestimmte Zeitraum an die Stelle der sechs Monate.

(2) Absatz 1 findet keine Anwendung, soweit eine in der Geschäftsfähigkeit beschränkte Person prozessfähig ist.

1 I. Die Vorschrift **schützt** durch Hinausschieben des Verjährungsendes („Ablaufhemmung") den **nicht voll Geschäftsfähigen** davor, dass sein Anspruch verjährt, weil er nicht ordnungsgemäß vertreten war. Sie greift auch zugunsten des Gläubigers einer solchen Person ein und beseitigt damit die Notwendigkeit, Maßnahmen zur Klärung der Geschäftsfähigkeit des Schuldners nur deswegen ergreifen zu müssen, weil andernfalls Verjährung droht.

2 II. Ist eine **geschäftsunfähige** (§ 105) oder in der **Geschäftsfähigkeit beschränkte** (§§ 106 ff) und nicht (wie nach §§ 112, 113) prozessfähige (**Abs 2**) Person **ohne gesetzlichen Vertreter** und steht ihr ein Anspruch zu oder ist ein Anspruch gegen sie gerichtet, so tritt eine für oder gegen diese Person laufende Verjährung nicht vor Ablauf von 6 Monaten nach Eintritt der unbeschränkten Geschäftsfähigkeit oder nach Behebung des Vertretungsmangels ein (**Abs 1 S 1**). Bei kürzerer Verjährungsfrist wird das Verjährungsende um die Dauer der Verjährungsfrist hinausgeschoben (**Abs 1 S 2**). Bsp: reguläres Verjährungsende am 1.8; der Geschäftsunfähige ist vom 1.5. bis 1.6. ohne gesetzlichen Vertreter; die Verjährung endet erst am 1.12. Wird der Vertretungsmangel früher als 6 Monate vor dem Ende der Verjährungsfrist behoben (im Bsp: am 15.1.), wirkt sich die Ablaufhemmung nicht aus.

§ 211 Ablaufhemmung in Nachlassfällen

¹Die Verjährung eines Anspruchs, der zu einem Nachlass gehört oder sich gegen einen Nachlass richtet, tritt nicht vor dem Ablauf von sechs Monaten nach dem Zeitpunkt ein, in dem die Erbschaft von dem Erben angenommen oder das Insolvenzverfahren über den Nachlass eröffnet wird oder von dem an der Anspruch von einem oder gegen einen Vertreter geltend gemacht werden kann. ²Ist die Verjährungsfrist kürzer als sechs Monate, so tritt der für die Verjährung bestimmte Zeitraum an die Stelle der sechs Monate.

1 Die Vorschrift sieht in **S 1** eine Ablaufhemmung (§ 210 Rn 1) zum Schutze des Erben und der Nachlassgläubiger für die Verjährung von Ansprüchen vor, die **zu einem Nachlass gehören** oder sich **gegen einen Nachlass richten**. Die Sechsmonatsfrist beginnt mit der Annahme der Erbschaft (§ 1943), mit der Eröffnung des Nachlassinsolvenzverfahrens (§§ 315 ff InsO) oder mit der Einsetzung eines Nachlassvertreters (vgl §§ 1960 II, 1975, 2197 ff). Bei kürzerer Verjährungsfrist als 6 Monate wird das Verjährungsende um die Dauer der Verjährungsfrist hinausgeschoben (**S 2**).

§ 212 Neubeginn der Verjährung

(1) Die Verjährung beginnt erneut, wenn
1. der Schuldner dem Gläubiger gegenüber den Anspruch durch Abschlagszahlung, Zinszahlung, Sicherheitsleistung oder in anderer Weise anerkennt oder
2. eine gerichtliche oder behördliche Vollstreckungshandlung vorgenommen oder beantragt wird.

(2) Der erneute Beginn der Verjährung infolge einer Vollstreckungshandlung gilt als nicht eingetreten, wenn die Vollstreckungshandlung auf Antrag des Gläubigers oder wegen Mangels der gesetzlichen Voraussetzungen aufgehoben wird.

(3) Der erneute Beginn der Verjährung durch den Antrag auf Vornahme einer Vollstreckungshandlung gilt als nicht eingetreten, wenn dem Antrag nicht stattgegeben oder der Antrag vor der Vollstreckungshandlung zurückgenommen oder die erwirkte Vollstreckungshandlung nach Absatz 2 aufgehoben wird.

I. Der **Ablauf der Verjährungsfrist beginnt neu** – es wird also die bis dahin verstrichene 1 Zeit bei der Berechnung außer Betracht gelassen –, wenn der Schuldner den Anspruch anerkennt (**Abs 1 Nr 1**; Rn 2) oder wenn der Gläubiger eine gerichtliche oder behördliche **Vollstreckungshandlung** beantragt oder eine solche Handlung vorgenommen wird (**Abs 1 Nr 2**; Rn 3). Im ersten Fall benötigt der **anerkennende Schuldner keinen Schutz** durch Verjährungsablauf; andererseits leitet der Gläubiger möglicherweise deswegen keine Rechtsverfolgungsmaßnahmen ein, weil er sich auf die Anerkennung des Schuldners verlässt. Im zweiten Fall kann der Gläubiger die **Verjährung eines titulierten Anspruchs verhindern**, indem er durch Vollstreckung deutlich macht, dass er auf der Erfüllung des Anspruchs besteht. Der Neulauf der Frist beginnt am Tag nach dem Anerkenntnis bzw der Vollstreckungshandlung (vgl § 187 I) und endet exakt nach Ablauf der Verjährungsfrist, nicht etwa erst am Ende des betr Jahres wie bei § 199 I. Die Verjährung muss bei Fristbeginn allerdings schon eingetreten gewesen sein (BGH NJW 13, 1430). Setzt der Neubeginn während des Bestehens eines Hemmungsgrundes (§§ 203–208) ein, beginnt die neue Frist erst mit dem Ende der Hemmung (BGHZ 109, 223). Mehrfache Fristunterbrechung ist möglich.

II. 1. **Anerkenntnis** iSd Abs 1 Nr 1 ist jedes tatsächliche Verhalten (geschäftsähnliche 2 Handlung, vgl Vor §§ 104–185 Rn 11), mit dem der Schuldner (nach Beginn der Verjährung, BGH NJW 98, 2973) dem Gläubiger ggü unzweideutig (ausdrücklich oder konkludent, uU auch stillschweigend, vgl OLG Celle NJW 08, 1088) zum Ausdruck bringt, dass er sich der Existenz der Forderung bewusst ist (vgl BGHZ 58, 104, BGH NJW-RR 05, 1047). In Betracht kommen neben der im Gesetz aufgeführten Abschlagszahlung (BGH NJW 07, 2843), Zinszahlung, Sicherheitsleistung (§ 232 BGB) etwa ein Stundungsgesuch (BGH NJW 78, 1914), eine Auskunftserteilung über die Vermögenssituation (BGH NJW-RR 87, 1411), uU die Abgabe eines Vergleichsangebots oder bei Gewährleistungsansprüchen auch Nachbesserungsarbeiten (BGH NJW 99, 2961; anders bei Verwahrung gg eine entspr Verpflichtung, BGH NJW 12, 3229; nicht dagg die Aufrechnung eines Anspruchs (BGHZ 58, 105).

2. Ein Neulauf der Verjährungsfrist wird sowohl durch einen **Antrag** des Gläubigers 3 auf **Vornahme einer Vollstreckungshandlung** (etwa: „Beauftragung" des Gerichtsvollziehers, Antrag auf Erlass eines Pfändungs- und Überweisungsbeschlusses [BGHZ 137, 187 f], Antrag auf Anordnung einer Zwangsversteigerung [§§ 15, 16 ZVG] bzw – nach einstweiliger Einstellung – auf Fortsetzung des Verfahrens [BGHZ 93, 296]) als auch (vgl dazu BGHZ 93, 297) durch die nachfolgende **gerichtliche** oder **behördliche Vollstreckungshandlung** (etwa: Pfändung durch Gerichtsvollzieher, Pfändungs- und Überweisungsbeschluss, Leistung des Drittschuldners [BGHZ 137, 199], Beschluss über die Anordnung der Zwangsversteigerung) in Gang gesetzt.

Wird die **Vollstreckungshandlung** auf Antrag des Gläubigers oder wegen Fehlens ihrer 4 gesetzlichen Voraussetzungen **aufgehoben** (**Abs 2**) oder wird dem Antrag des Gläubigers von vornherein nicht stattgegeben oder wird dieser Antrag zurückgenommen oder die erwirkte Vollstreckungshandlung auf Antrag des Gläubigers oder wegen Fehlens ihrer gesetzlichen Voraussetzungen wieder aufgehoben (**Abs 3**), so gilt der Neubeginn der Verjährung als nicht eingetreten.

§ 213 Hemmung, Ablaufhemmung und erneuter Beginn der Verjährung bei anderen Ansprüchen

Die Hemmung, die Ablaufhemmung und der erneute Beginn der Verjährung gelten auch für Ansprüche, die aus demselben Grunde wahlweise neben dem Anspruch oder an seiner Stelle gegeben sind.

1 Die Modifizierungen des Verjährungsablaufs durch Hemmung (§§ 203–209), Ablaufhemmung (§§ 210, 211) und Neulauf der Verjährung (§ 212) gelten zunächst nur für den erhobenen Anspruch im prozessrechtlichen Sinne, auch wenn er aus mehreren Anspruchsgrundlagen abgeleitet wird. Aufgrund des § 213 werden darüber hinaus aber auch andere Ansprüche erfasst, die aus demselben Grund wahlweise **neben** dem in Rede stehenden **Anspruch** (Fälle der elektiven Konkurrenz, etwa: §§ 340 I 1, 437, 634 a) oder **an seiner Stelle** (Ersetzungsbefugnis, etwa: § 249 II 1) gegeben sind.

Titel 3
Rechtsfolgen der Verjährung

§ 214 Wirkung der Verjährung

(1) Nach Eintritt der Verjährung ist der Schuldner berechtigt, die Leistung zu verweigern.
(2) ¹Das zur Befriedigung eines verjährten Anspruchs Geleistete kann nicht zurückgefordert werden, auch wenn in Unkenntnis der Verjährung geleistet worden ist. ²Das Gleiche gilt von einem vertragsmäßigen Anerkenntnis sowie einer Sicherheitsleistung des Schuldners.

1 **I.** Jede **Verjährungsprüfung** beginnt mit § 214 I (nicht etwa §§ 194 ff!), weil nur diese Bestimmung die maßgebende Rechtsfolge (Rn 3) anordnet. Die Verjährungsvoraussetzungen sind sodann den §§ 194 bis 213 zu entnehmen (Rn 2). Liegen sie vor, kann der Schuldner die Leistung verweigern (**Abs 1, Rn 3**). **Abs 2** präzisiert die **Wirkungen** der Verjährung für den Fall, dass der Schuldner ungeachtet seiner Einrede geleistet hat (Rn 4).
2 **II. 1.** Um feststellen zu können, ob die **Verjährung vollendet** ist (Abs 1) müssen **Verjährungsbeginn** (§§ 199–201) und **Verjährungsdauer** (§§ 195–198) ermittelt werden. Bei der Ermittlung der Verjährungsdauer sind etwaige Modifizierungen des Verjährungsablaufs durch Hemmung (§§ 203–209), Ablaufhemmung (§§ 210, 211) und Neubeginn (§ 212) zu berücksichtigen.
3 Nach Vollendung der Verjährung erlischt die Forderung nicht (vgl BGH NJW 83, 392), so dass eine Erfüllung möglich bleibt, jedoch erwirbt der Schuldner durch Erhebung der **Verjährungseinrede** (Gestaltungsrecht) ein dauerndes **Leistungsverweigerungsrecht** (S 1). Der Schuldner muss sich also (ausdrücklich oder konkludent) auf Verjährung berufen (BGHZ 156, 269, 271). Im Prozess wird sie nicht vAw berücksichtigt; das Gericht darf aber auf eine mögliche Verjährung hinweisen (BayObLG NJW 99, 1875). Die Einrede ist bis zum Schluss der letzten mündlichen Verhandlung zu erheben (BGH NJW-RR 04, 276) und stellt auch dann ein erledigendes Ereignis iSd § 91 a ZPO dar, wenn die Verjährung bereits vor Rechtshängigkeit eingetreten ist (BGHZ 184, 128). Der Schuldner kann auch nach Vollendung der Verjährung durch einseitige, nicht formgebundene Erklärung auf die Einrede verzichten (vgl § 202 Rn 3); ein solcher Verzicht soll aber nur dann wirksam sein, wenn der Schuldner bei Abgabe der Erklärung wusste oder für möglich hielt, dass die Verjährungsfrist schon abgelaufen und die Verjährung bereits eingetreten war (BGHZ 83, 389). Die Erhebung der Verjährungseinrede ist grds nicht und kann ausnahmsweise nur dann im Einzelfall

treuwidrig sein (§ 242), wenn ein gesteigertes Treueverhältnis besteht (OLG Düsseldorf NJW-RR 09, 660: Wohnungseigentümergemeinschaft) oder der Gläubiger aus dem gesamten Verhalten des Schuldners für diesen erkennbar Vertrauen geschöpft hat und auch schöpfen durfte, der Schuldner werde die Verjährungseinrede nicht geltend machen, sondern sich auf sachliche Einwendungen beschränken (BGH NJW 91, 975). Die Verjährungseinrede für einen Betreuten ist vom gesetzlichen Vertreter und nicht von einem Verfahrenspfleger zu erheben (BGH NJW 12, 3509).

2. Da die Forderung erfüllbar bleibt, kann der Schuldner eine solvendi causa erbrachte 4 Leistung **nicht zurückfordern** (**Abs 2 S 1**; Ausn zu § 813 I, vgl BGH NJW 93, 3320). Der Leistung steht ein Schuldanerkenntnis nach § 781 sowie eine Sicherheitsleistung (§§ 232 ff) gleich (**Abs 2 S 2**). Die Rückforderung ist auch dann ausgeschlossen, wenn der Schuldner in Unkenntnis der Verjährung geleistet hatte. Voraussetzung ist aber, dass der Schuldner freiwillig und nicht etwa deswegen geleistet hat, um einer drohenden Zwangsvollstreckung zuvorzukommen (BGH NJW 13, 3243). Keine analoge Anwendung auf Ausschlussfristen (vgl BGH NJW 06, 904 zu § 556 III 3).

§ 215 Aufrechnung und Zurückbehaltungsrecht nach Eintritt der Verjährung

Die Verjährung schließt die Aufrechnung und die Geltendmachung eines Zurückbehaltungsrechts nicht aus, wenn der Anspruch in dem Zeitpunkt noch nicht verjährt war, in dem erstmals aufgerechnet oder die Leistung verweigert werden konnte.

Auch mit einem verjährten Anspruch kann **aufgerechnet** (§ 388) bzw es kann die Geltendmachung eines **Zurückbehaltungsrechts** (zB §§ 273 I, 1000; 369 HGB) auf einen solchen Anspruch gestützt werden, wenn er zu dem Zeitpunkt noch nicht verjährt war, in dem der Schuldner erstmals hätte aufrechnen oder die Leistung verweigern können. 1

§ 216 Wirkung der Verjährung bei gesicherten Ansprüchen

(1) Die Verjährung eines Anspruchs, für den eine Hypothek, eine Schiffshypothek oder ein Pfandrecht besteht, hindert den Gläubiger nicht, seine Befriedigung aus dem belasteten Gegenstand zu suchen.
(2) ¹Ist zur Sicherung eines Anspruchs ein Recht verschafft worden, so kann die Rückübertragung nicht auf Grund der Verjährung des Anspruchs gefordert werden. ²Ist das Eigentum vorbehalten, so kann der Rücktritt vom Vertrag auch erfolgen, wenn der gesicherte Anspruch verjährt ist.
(3) Die Absätze 1 und 2 finden keine Anwendung auf die Verjährung von Ansprüchen auf Zinsen und andere wiederkehrende Leistungen.

Trotz Verjährung bleiben die für eine Forderung bestellten **dinglichen Sicherheiten** be- 1 stehen, so dass der Gläubiger aus Hypothek oder Pfandrecht weiterhin Befriedigung suchen kann (**Abs 1**). Ist sicherungshalber ein **Recht verschafft** worden (Grundschuld, Sicherungsübereignung, Sicherungsabtretung), kann der Schuldner nach Eintritt der Verjährung keine Rückübertragung beanspruchen (**Abs 2 S 1**). Die Vorschrift findet analoge Anwendung auf ein in einer notariellen Grundschuldbestellungsurkunde abgegebenes abstraktes Schuldversprechen (BGHZ 183, 169). Die Parteien können vereinbaren, dass sich der Gläubiger auch nach Verjährungseintritt aus einem notariell hinterlegten Betrag weiterhin befriedigen darf (BGH NJW 00, 1331). Nach Vereinbarung eines Eigentumsvorbehalts den Verkäufer kann nach ein Rücktritt vom Vertrag möglich, wenn sein Zahlungsanspruch verjährt ist (**Abs 2 S 2**, Ausn zu § 218 I 1), so dass er anschließend die Kaufsache herausverlangen kann (§ 449 II). Macht der Gläubiger einen verjährten Anspruch auf **rückständige Zinsen** oder andere wiederkehrende Leistungen geltend, kann sich der Schuldner abw von Abs 1 und 2 auf Verjährung berufen (**Abs 3**).

§ 217 Verjährung von Nebenleistungen

Mit dem Hauptanspruch verjährt der Anspruch auf die von ihm abhängenden Nebenleistungen, auch wenn die für diesen Anspruch geltende besondere Verjährung noch nicht eingetreten ist.

1 Ansprüche auf Nebenleistungen (Zinsen, Früchte, Nutzungen, Kosten) oder Sekundäransprüche (zB auf Verzugsschaden) **verjähren** spätestens mit dem ihnen zugrunde liegenden **Hauptanspruch**, auch wenn sie selbst nach den für sie maßgebenden Verjährungsregeln eigentlich noch nicht verjährt wären. Dies gilt nicht, wenn der Gläubiger vor Verjährung des Hauptanspruchs bereits Klage auf die Nebenleistungen erhoben hat (vgl BGHZ 128, 81 ff).

§ 218 Unwirksamkeit des Rücktritts

(1) [1]Der Rücktritt wegen nicht oder nicht vertragsgemäß erbrachter Leistung ist unwirksam, wenn der Anspruch auf die Leistung oder der Nacherfüllungsanspruch verjährt ist und der Schuldner sich hierauf beruft. [2]Dies gilt auch, wenn der Schuldner nach § 275 Abs. 1 bis 3, § 439 Abs. 3 oder § 635 Abs. 3 nicht zu leisten braucht und der Anspruch auf die Leistung oder der Nacherfüllungsanspruch verjährt wäre. [3]§ 216 Abs. 2 Satz 2 bleibt unberührt.
(2) § 214 Abs. 2 findet entsprechende Anwendung.

1 Ist ein Anspruch auf Leistung (etwa: §§ 433 I 2, 631 I) oder Nacherfüllung (etwa: §§ 437 Nr 1 iVm 439; 634 Nr 1 iVm 635) verjährt und hat der Schuldner die Verjährungseinrede erhoben, kann der Gläubiger **auch sein Rücktrittsrecht** (§§ 437 Nr 2, 323; 634 Nr 3, 323) **nicht mehr wirksam ausüben** (Abs 1 S 1, Ausn: § 216 II 2, vgl Abs 1 S 3). Die Anspruchsverjährung schlägt damit auf den Rücktritt durch, obwohl Gestaltungsrechte als solche nicht der Verjährung unterliegen (§ 194 Rn 3). Die Vorschrift findet entspr Anwendung auf das Minderungsrecht der §§ 438 V, 634 a V. Ansprüche nach wirksam erklärtem Rücktritt unterliegen der Regelverjährung der §§ 195, 199, nicht dem § 438 (BGHZ 170, 31, 44).

2 Ist ein Anspruch nach § 275 I wegen Unmöglichkeit ausgeschlossen (so dass er überhaupt nicht mehr verjähren kann), ist ein Rücktritt (§ 326 V) unwirksam, wenn der Anspruch – bei Bestehen – **verjährt wäre**. Unwirksam ist schließlich auch ein Rücktritt gem §§ 326 V, 437 Nr 2, 634 Nr 3, wenn der Schuldner seine Leistung wegen eines unverhältnismäßigen Aufwands oder Unzumutbarkeit (§§ 275 II, III, 439 III, 635 III) verweigern darf, für den zugrunde liegenden Leistungs- bzw Nacherfüllungsanspruch aber Verjährung eingetreten ist (**Abs 1 S 2**).

3 Sind in diesen Fällen die Leistungen gleichwohl – nach einer (unwirksamen) Ausübung des Rücktrittsrechts – zurückgewährt worden, bleibt eine **Rückforderung** des Geleisteten auch dann **ausgeschlossen**, wenn die Rückgewähr in Unkenntnis von der Unwirksamkeit des Rücktritts erfolgt ist (Abs 2 iVm 214 II).

§§ 219 bis 225 (weggefallen)

Abschnitt 6
Ausübung der Rechte, Selbstverteidigung, Selbsthilfe

§ 226 Schikaneverbot

Die Ausübung eines Rechts ist unzulässig, wenn sie nur den Zweck haben kann, einem anderen Schaden zuzufügen.

1 I. Die Vorschrift betrifft eine gesetzlich geregelte Fallgruppe des **Verbots unzulässiger Rechtsausübung** (näher § 242 Rn 23 ff).

II. Die Ausübung eines bestehenden Rechts wird unzulässig und damit rechtswidrig, wenn die Rechtsausübung **allein** die **Schädigung eines anderen** bezweckt („Schikane"). Davon ist nur auszugehen, wenn die Geltendmachung eines Rechts keinen anderen Zweck haben kann als die Schädigung eines andern (BGH NJW 75, 1314, zum Schikaneverbot als allg Rechtsgrundsatz vgl OLG Frankfurt NJW 79, 1613), wenn der Rechtsausübung kein schutzwürdiges Interesse des Berechtigten zugrunde liegt oder wenn das Recht nur geltend gemacht wird, um ein anderes, vertragsfremdes oder unerlaubtes Ziel zu erreichen (BGH NJW-RR 07, 1676 f). Bsp: Eigentümer schließt einzelne von der Benutzung eines ansonsten der Allgemeinheit freigegebenen Weges aus (OLG Düsseldorf NJW-RR 01, 162). Angesichts dieser Voraussetzungen ist der praktische Anwendungsbereich der Bestimmung sehr gering. Keine Schikane: Kündigung einer Kontenverbindung mit einer rechtsradikalen Organisation (OLG Köln NJW 01, 452).

Die Vorschrift ist Schutzgesetz iSd § 823 II; schikanöses Verhalten verpflichtet also zu Schadensersatz.

§ 227 Notwehr

(1) Eine durch Notwehr gebotene Handlung ist nicht widerrechtlich.
(2) Notwehr ist diejenige Verteidigung, welche erforderlich ist, um einen gegenwärtigen rechtswidrigen Angriff von sich oder einem anderen abzuwenden.

I. 1. Eine entwickelte Rechtsordnung kann im Interesse des Rechtsfriedens nicht dulden, dass sich eine Person gegen drohende Rechts- oder Rechtsgutverletzungen gewaltsam zur Wehr setzt; grds wird jedermann zugemutet, auf „Faustrecht" zu verzichten und staatliche Gerichte anzurufen. In bestimmten Situationen wäre es allerdings für das allg **Rechtsempfinden unerträglich**, wenn sich der in seinen Rechten Bedrohte einer Aggression widerstandslos beugen müsste. Deswegen gestattet das Gesetz unter den Voraussetzungen der §§ 227 (Notwehr, Rn 2 ff), 228, 904 (Notstand), 229 (Selbsthilfe), 562 b (Selbsthilfe des Vermieters), 859, 860 (Selbsthilfe des Besitzers bzw Besitzdieners), 910 (Überhang) dem Einzelnen ausnahmsweise, seine Rechte durch **Ausübung privater Gewalt** zu schützen oder durchzusetzen.

II. 1. Die Rechtsordnung gestattet eine Verletzung fremder Rechte oder Rechtsgüter, wenn die Handlung durch **Notwehr geboten** war (Abs 1). Notwehr ist die erforderliche Verteidigung gegen einen gegenwärtigen rechtswidrigen **Angriff** auf sich oder andere (**Abs 2**, gleich lautend § 32 II StGB). Angriff ist jedes Tun oder – bei Handlungspflicht – Unterlassen (str), das **Rechte** oder **Rechtsgüter** eines anderen zu beeinträchtigen droht. Ein Angriff iSd Vorschrift kann nur von einem Menschen ausgehen („Angriff" durch Tiere: §§ 228, 904 S 1); Verschulden des Angreifers ist nicht erforderlich. Geschützt sind alle individuellen Rechte oder Rechtsgüter, zB die in § 823 I genannten, aber auch etwa Ehre oder das Recht am eigenen Bild (vgl OLG Hamburg NJW 72, 1290), nicht aber die Ehe, daher keine Notwehrhandlung gegen Ehebrecher (OLG Köln NJW 75, 2344). Notwehr zum Schutz der öffentlichen Ordnung ist dem Einzelnen nicht gestattet (BGHZ 64, 180 betr Pornographieverkauf). Die Verteidigung der Rechte Dritter ist als Nothilfe von Abs 2 („von sich oder einem anderen") mit umfasst.

Rechtswidrig ist jedes Verhalten, das gegen ein rechtliches Ge- oder Verbot verstößt und nicht vom Gesetz – durch Statuierung eines besonderen Rechtfertigungsgrundes – ausnahmsweise gestattet wird. Bei einem Angriff auf die Rechte und Rechtsgüter des § 823 I zB ergibt sich die Rechtswidrigkeit aus einer ungeschriebenen Verhaltensnorm (Verbot der Verletzung fremden Eigentums usw), die der gesetzlich formulierten Sanktionsnorm (Zuwiderhandeln führt zu Schadensersatzansprüchen) zugrunde liegt.

Ein Angriff ist **gegenwärtig**, wenn er begonnen hat oder unmittelbar bevorsteht (BGH NJW 73, 255); er dauert bis zur Beendigung durch erfolgreiche Durchführung, Aufgabe oder Fehlschlag an.

Die Verteidigung muss zur Abwehr des Angriffs **erforderlich**, dh von einem **Verteidigungswillen** getragen (vgl BGHZ 92, 359; str) und bei objektiver Betrachtung (also nicht allein aufgrund persönlicher Einschätzung des Angegriffenen) das **gebotene Mittel** sein, um den Angriff zurückzuschlagen. Das Ausmaß der Verteidigung richtet sich nach der Heftigkeit des Angriffs. Der Angegriffene muss unter mehreren zur Verfügung stehenden und gleich wirksamen Mitteln das für den Angreifer am wenigsten gefährlichste wählen (BGH NJW 91, 504). Auch ein Angriff auf Sachwerte kann durch eine körperliche Attacke abgewehrt werden.

6 2. Eine durch Notwehr gedeckte Handlung ist **nicht widerrechtlich**. Sie begründet keine Schadensersatzpflicht aus unerlaubter Handlung (§ 823 I) und stellt auch keine verbotene Eigenmacht (§ 858 I) dar. Widerstand gegen eine Notwehrhandlung ist folglich rechtswidrig.

7 Dag ist **nicht rechtmäßig** eine nicht mehr erforderliche Verteidigung (**Notwehrexzess**); sie führt bei Verschulden des Verteidigers zu einem Schadensersatzanspruch nach §§ 823 ff (Mitverschulden nach § 254 beachten). Rechtswidrig handelt auch, wer eine objektiv nicht vorhandene Notwehrlage irrtümlich annimmt (**Putativnotwehr**); bei fahrlässigem Irrtum haftet er gleichfalls auf Schadensersatz (BGH NJW 76, 42; 87, 2509).

8 3. Die **Ausübung** des **Notwehrrechts** wird unter dem Gesichtspunkt der unzulässigen Rechtsausübung (§ 242) in verschiedener Hinsicht eingeschränkt: Verzicht oder Einschränkung der Verteidigung soll zumutbar sein bei Angriff eines schuldlos Handelnden (Kind, Geisteskranker) oder bei Gefährdung unbeteiligter Dritter (BGH NJW 78, 2029), bei Angriffen unter Ehegatten (BGH NJW 69, 802; 75, 63 – abzulehnen), bei krassem Missverhältnis zwischen angegriffenem Rechtsgut und verteidigungsbedingtem Schaden (BayObLG NJW 95, 2646; OLG Hamm NJW 72, 1827), bei vorwerfbarer Provokation des Angreifers (BGH NJW 96, 2315; 08, 572). Eine sog Absichtsprovokation – absichtliche Herbeiführung des Angriffs, um den Angreifer verletzen zu können – ist selbst rechtswidrig und gewährt von vornherein überhaupt kein Notwehrrecht (BGH NJW 83, 2267; 01, 1075).

9 4. Wer sich auf Notwehr beruft, muss deren Voraussetzungen **beweisen** (vgl BGH NJW 76, 42), und zwar für jede von mehreren Verteidigungshandlungen selbstständig (BGH 08, 571, 573).

§ 228 Notstand

¹Wer eine fremde Sache beschädigt oder zerstört, um eine durch sie drohende Gefahr von sich oder einem anderen abzuwenden, handelt nicht widerrechtlich, wenn die Beschädigung oder die Zerstörung zur Abwendung der Gefahr erforderlich ist und der Schaden nicht außer Verhältnis zu der Gefahr steht. ²Hat der Handelnde die Gefahr verschuldet, so ist er zum Schadensersatz verpflichtet.

1 I. Die Vorschrift gestattet die Beschädigung oder Zerstörung einer Sache, von der eine drohende Gefahr ausgeht (**Verteidigungsnotstand**: Tötung des tollwütigen Hundes). In Ergänzung dazu erlaubt § 904 S 1 unter bestimmten Voraussetzungen die (schädigende) Einwirkung auf eine „unbeteiligte" Sache, um damit eine anderweitig drohende Gefahr abzuwehren (**Angriffsnotstand**: Herabbrechen einer Zaunlatte, um zB den tollwütigen Hund – aber auch einen menschlichen Angreifer – abzuwehren). In beiden Fällen wird – bei freilich unterschiedlichen Anforderungen an die Relation zwischen drohendem und durch die Abwehr verursachtem Schaden – das weniger schutzwürdige Rechtsgut geopfert. Ähnl wirkt § 34 StGB (rechtfertigender Notstand) auch im Zivilrecht als Rechtfertigungsgrund; dag beseitigt § 35 StGB (entschuldigender Notstand) die Rechtswidrigkeit auch im Zivilrecht nicht.

2 II. 1. Eine **Notstandslage** setzt voraus, dass von einer **fremden Sache** (auch Tier, vgl § 90 a) eine **drohende Gefahr** für Rechte oder Rechtsgüter (oder auch bloße Vermögensinteressen) des Handelnden oder eines Dritten ausgeht (**S 1**); bei herrenlosen Sachen analoge Anwendung. Im Ggs zu §§ 227, 904 reicht es aus, dass die Gefahr nur droht, dh unmittelbar bevorsteht; die bloße Möglichkeit eines Schadenseintritts genügt jedoch nicht.

Gestattet wird die **Beschädigung** oder **Zerstörung** derjenigen Sache, durch welche die 3
Gefahr droht. Die Notstandshandlung muss **zur Abwendung der Gefahr erforderlich**,
dh von einem Abwehrwillen getragen (BGHZ 92, 359) und objektiv (also nicht nur
nach Ansicht des Handelnden) geboten sein. Daran fehlt es, wenn die Möglichkeit besteht, eine Sachbeschädigung durch Flucht oder andere Maßnahmen zu vermeiden. Der
durch die Abwehr verursachte Schaden darf ferner – wie etwa bei Beschädigung einer
wertvollen zum Schutze einer deutlich geringerwertigen Sache – den drohenden Schaden nicht **unverhältnismäßig übersteigen**; bei der gebotenen Güterabwägung sind aber
nicht nur wirtschaftliche Gesichtspunkte, sondern auch Affektionsinteressen zu berücksichtigen (vgl OLG Koblenz NJW-RR 89, 541).

2. Das durch Notstand gedeckte Handeln ist (auch bei schuldhafter Herbeiführung der 4
Gefahr) **nicht widerrechtlich**; zu den Konsequenzen §§ 227 Rn 6. Für Notstandsexzess
und Putativnotstand gilt das zu § 227 Rn 7 Gesagte entspr.

3. Wer die drohende Gefahr schuldhaft (§§ 827 f analog) herbeigeführt oder sich ihr 5
vorsätzlich oder fahrlässig ausgesetzt hat, ist nach S 2 schadensersatzpflichtig.

4. Wer sich auf Notstand beruft, muss die Voraussetzungen **beweisen**. 6

§ 229 Selbsthilfe

Wer zum Zwecke der Selbsthilfe eine Sache wegnimmt, zerstört oder beschädigt oder
wer zum Zwecke der Selbsthilfe einen Verpflichteten, welcher der Flucht verdächtig ist,
festnimmt oder den Widerstand des Verpflichteten gegen eine Handlung, die dieser zu
dulden verpflichtet ist, beseitigt, handelt nicht widerrechtlich, wenn obrigkeitliche Hilfe nicht rechtzeitig zu erlangen ist und ohne sofortiges Eingreifen die Gefahr besteht,
dass die Verwirklichung des Anspruchs vereitelt oder wesentlich erschwert werde.

§ 230 Grenzen der Selbsthilfe

(1) Die Selbsthilfe darf nicht weiter gehen, als zur Abwendung der Gefahr erforderlich
ist.
(2) Im Falle der Wegnahme von Sachen ist, sofern nicht Zwangsvollstreckung erwirkt
wird, der dingliche Arrest zu beantragen.
(3) Im Falle der Festnahme des Verpflichteten ist, sofern er nicht wieder in Freiheit gesetzt wird, der persönliche Sicherheitsarrest bei dem Amtsgericht zu beantragen, in dessen Bezirk die Festnahme erfolgt ist; der Verpflichtete ist unverzüglich dem Gericht
vorzuführen.
(4) Wird der Arrestantrag verzögert oder abgelehnt, so hat die Rückgabe der weggenommenen Sachen und die Freilassung des Festgenommenen unverzüglich zu erfolgen.

§ 231 Irrtümliche Selbsthilfe

Wer eine der im § 229 bezeichneten Handlungen in der irrigen Annahme vornimmt,
dass die für den Ausschluss der Widerrechtlichkeit erforderlichen Voraussetzungen
vorhanden seien, ist dem anderen Teil zum Schadensersatz verpflichtet, auch wenn der
Irrtum nicht auf Fahrlässigkeit beruht.

§§ 229–231

I. Im Ggs zu §§ 227, 228 gestatten §§ 229 bis 231 nicht lediglich die Verteidigung an- 1
gegriffener oder bedrohter Rechtsgüter, sondern die **eigenmächtige Durchsetzung von
Ansprüchen durch Sicherungsmaßnahmen** (Selbsthilfe).

II. Erlaubt ist ein Handeln **zum Zwecke der Selbsthilfe**, dh zur **Verwirklichung** eines 2
eigenen **Anspruchs** (§ 194). Fremde Ansprüche sind nicht selbsthilfefähig, wohl aber
kann ein Vertreter, Beauftragter oder – bei späterer Genehmigung – ein Geschäftsführer ohne Auftrag (str) für den Anspruchsinhaber tätig werden. Der Anspruch muss
existent und gerichtlich durchsetzbar sein; bei Bestehen einer dauernden Einrede (zB

Verjährung) entfällt daher auch das Selbsthilferecht (str). Selbsthilfe wegen bedingter oder betagter Ansprüche ist unter den Voraussetzungen des § 916 II ZPO gestattet.

3 Die eigenmächtige Sicherung ist nur erlaubt, wenn **obrigkeitliche Hilfe** durch Arrest (§§ 916 ff ZPO), einstweilige Verfügung (§§ 935 ff ZPO), Tätigwerden des Gerichtsvollziehers (§ 892 ZPO) oder uU Einschreiten der Polizei **nicht rechtzeitig zu erlangen** ist oder zu Unrecht verweigert wird. Außerdem muss die **Gefahr** bestehen, dass ohne Eingreifen des Anspruchsinhabers die **Durchsetzung** des Anspruchs **vereitelt** oder **wesentlich erschwert** werden würde (Wegschaffen der geschuldeten Sache, Flucht des Schuldners ins Ausland; nicht aber: Beweisschwierigkeiten, finanzielle Notlage des Schuldners, drohende Insolvenz). Der Gläubiger muss mit Selbsthilfewillen handeln. Die Selbsthilfe muss zur **Abwendung** der **Gefahr erforderlich** sein (§ 230 I, vgl § 227 Rn 5). Der Einsatz von Parkkrallen gg Falschparker wird von § 229 nicht gedeckt (Paal/Guggenberger NJW 11, 1037).

4 Erlaubte Selbsthilfehandlungen sind die **Zerstörung** oder **Beschädigung** von Sachen (Aufbrechen der Wohnungstür) sowie die **Wegnahme** einer dem Schuldner gehörenden Sache, sofern in sie vollstreckt werden oder sie mit Arrest belegt werden kann (**arg §§ 230 II, IV**). Der Gläubiger darf den Schuldner bei Fluchtverdacht **festnehmen**, wenn persönlicher Sicherheitsarrest möglich wäre (**arg § 230 III**). Ist der Schuldner verpflichtet, eine dieser Handlungen zu dulden, darf der Gläubiger etwaigen **Widerstand brechen**.

5 Weg- und Festnahme führen nur zu einer **vorläufigen Sicherung**. Nach einer Wegnahme muss der Gläubiger Vollstreckungsmaßnahmen einleiten (§§ 808, 883 ff ZPO) oder den dinglichen Arrest (§ 917 ZPO), nach einer Festnahme des Schuldners persönlichen Sicherheitsarrest (§ 918 ZPO) beantragen (§§ 230 II, III). Bei Verzögerung oder Ablehnung des Arrestantrags muss die weggenommene Sache unverzüglich zurückgegeben, der Festgenommene unverzüglich freigelassen werden (§ 230 IV).

6 Unter den Voraussetzungen des § 229 vorgenommene Selbsthilfehandlungen sind **nicht widerrechtlich** (vgl § 227 Rn 6: keine verbotene Eigenmacht, keine Schadensersatzverpflichtung). Rechtswidrig sind dag ein (über § 230 I hinausgehender) Selbsthilfeexzess sowie ein Handeln in der irrigen Annahme, dass die Selbsthilfevoraussetzungen vorliegen, so etwa bei einer eigenmächtigen Inbesitznahme und Räumung einer vermieteten Wohnung ohne Räumungstitel durch den Vermieter (BGH NJW 10, 3434). Rechtswidrige Selbsthilfe verpflichtet auch bei nicht fahrlässigem Irrtum zu Schadensersatz (§ 231, vgl dazu BGH aaO).

Abschnitt 7
Sicherheitsleistung

§ 232 Arten

(1) Wer Sicherheit zu leisten hat, kann dies bewirken durch Hinterlegung von Geld oder Wertpapieren,
durch Verpfändung von Forderungen, die in das Bundesschuldbuch oder in das Landesschuldbuch eines Landes eingetragen sind,
durch Verpfändung beweglicher Sachen,
durch Bestellung von Schiffshypotheken an Schiffen oder Schiffsbauwerken, die in einem deutschen Schiffsregister oder Schiffsbauregister eingetragen sind,
durch Bestellung von Hypotheken an inländischen Grundstücken,
durch Verpfändung von Forderungen, für die eine Hypothek an einem inländischen Grundstück besteht, oder
durch Verpfändung von Grundschulden oder Rentenschulden an inländischen Grundstücken.
(2) Kann die Sicherheit nicht in dieser Weise geleistet werden, so ist die Stellung eines tauglichen Bürgen zulässig.

§ 233 Wirkung der Hinterlegung

Mit der Hinterlegung erwirbt der Berechtigte ein Pfandrecht an dem hinterlegten Geld oder an den hinterlegten Wertpapieren und, wenn das Geld oder die Wertpapiere in das Eigentum des Fiskus oder der als Hinterlegungsstelle bestimmten Anstalt übergehen, ein Pfandrecht an der Forderung auf Rückerstattung.

§ 234 Geeignete Wertpapiere

(1) [1]Wertpapiere sind zur Sicherheitsleistung nur geeignet, wenn sie auf den Inhaber lauten, einen Kurswert haben und einer Gattung angehören, in der Mündelgeld angelegt werden darf. [2]Den Inhaberpapieren stehen Orderpapiere gleich, die mit Blankoindossament versehen sind.
(2) Mit den Wertpapieren sind die Zins-, Renten-, Gewinnanteil- und Erneuerungsscheine zu hinterlegen.
(3) Mit Wertpapieren kann Sicherheit nur in Höhe von drei Vierteln des Kurswerts geleistet werden.

§ 235 Umtauschrecht

Wer durch Hinterlegung von Geld oder von Wertpapieren Sicherheit geleistet hat, ist berechtigt, das hinterlegte Geld gegen geeignete Wertpapiere, die hinterlegten Wertpapiere gegen andere geeignete Wertpapiere oder gegen Geld umzutauschen.

§ 236 Buchforderungen

Mit einer Schuldbuchforderung gegen den Bund oder ein Land kann Sicherheit nur in Höhe von drei Vierteln des Kurswerts der Wertpapiere geleistet werden, deren Aushändigung der Gläubiger gegen Löschung seiner Forderung verlangen kann.

§ 237 Bewegliche Sachen

[1]Mit einer beweglichen Sache kann Sicherheit nur in Höhe von zwei Dritteln des Schätzungswerts geleistet werden. [2]Sachen, deren Verderb zu besorgen oder deren Aufbewahrung mit besonderen Schwierigkeiten verbunden ist, können zurückgewiesen werden.

§ 238 Hypotheken, Grund- und Rentenschulden

(1) Eine Hypothekenforderung, eine Grundschuld oder eine Rentenschuld ist zur Sicherheitsleistung nur geeignet, wenn sie den Voraussetzungen entspricht, unter denen am Orte der Sicherheitsleistung Mündelgeld in Hypothekenforderungen, Grundschulden oder Rentenschulden angelegt werden darf.
(2) Eine Forderung, für die eine Sicherungshypothek besteht, ist zur Sicherheitsleistung nicht geeignet.

§ 239 Bürge

(1) Ein Bürge ist tauglich, wenn er ein der Höhe der zu leistenden Sicherheit angemessenes Vermögen besitzt und seinen allgemeinen Gerichtsstand im Inland hat.
(2) Die Bürgschaftserklärung muss den Verzicht auf die Einrede der Vorausklage enthalten.

§ 240 Ergänzungspflicht

Wird die geleistete Sicherheit ohne Verschulden des Berechtigten unzureichend, so ist sie zu ergänzen oder anderweitige Sicherheit zu leisten.

§§ 232–240

1 I. Das BGB verpflichtet den Schuldner verschiedentlich zur **Sicherheits**leistung, um den Gläubiger davor zu schützen, dass er seine Forderung später nicht durchsetzen kann (§§ 52 II, 843 II 2, 1039 I 2, 1051, 1067 II, 1389). Die Pflicht zur Stellung einer Sicherheit kann auch vertraglich begründet werden (BGH NJW 86, 1038). In anderen Fällen gewährt das Gesetz einem Gläubiger oder Schuldner zwecks Abwendung von Nachteilen ein gesetzliches **Recht** zur Sicherheitsleistung (§§ 258 S 2, 273 III, 321 I 2, 562 c, 775 II, 867 S 3).

2 II. Die §§ 232 bis 240 betreffen die **Art und Weise** sowie die **Durchführung** der Sicherheitsleistung (näher Kohler ZZP 102, 58). In erster Linie ist Sicherheit zu leisten durch Stellung einer Realsicherheit, so etwa durch Hinterlegung von Geld oder Wertpapieren (§ 232 I), wodurch der Berechtigte ein Pfandrecht an den hinterlegten Gegenständen erwirbt (§ 232). Die Vorschriften über die Hinterlegung zur Schuldtilgung (§§ 372 ff) finden hier weder unmittelbare noch analoge Anwendung (BGH NJW 05, 714). Ist keine Realsicherheit möglich, kommt auch die Stellung eines selbstschuldnerisch haftenden (§ 239 II) Bürgen in Betracht (§ 232 II), sofern dieser ein der Höhe der zu leistenden Sicherheit angemessenes Vermögen besitzt und seinen allg Gerichtsstand im Inland hat (§ 239 I). Die Parteien können abw Vereinb treffen (zB Notaranderkonto, Bankbürgschaft). Die Vorschriften beziehen sich nicht auf die prozessuale Sicherheitsleistung (dazu §§ 108 ff ZPO).

Buch 2
Recht der Schuldverhältnisse

Vorbemerkung zu §§ 241–853

I. Überblick 1	III. Gefälligkeitsverhältnisse 26
II. Gliederung und Stellung im Rechtssystem 2	IV. Schutz vor Diskriminierungen ... 29
	V. Informationspflichten 30

I. Das Recht der Schuldverhältnisse (**Schuldrecht**; Obligationenrecht) bildet im deutschen Recht wie auch in den meisten anderen kontinentaleuropäischen Rechtsordnungen einen eigenen Hauptteil des Bürgerlichen Rechts. Es gehört zum Kernbereich des Privatrechts und regelt insb einen Großteil des Vermögensrechts, darunter den rechtsgeschäftlichen Verkehr mit Gütern und Dienstleistungen, den Ausgleich ungerechtfertigter Vermögensverschiebungen und die Haftung bei unerlaubten Handlungen. Es erfasst dabei ganz unterschiedliche Sachbereiche und Lebensvorgänge von der alltäglichen Deckung des persönlichen Bedarfs über das Arbeitsleben bis zum internationalen Handelsverkehr. Seit dem 1.1.2002 hat das **SMG** das Schuldrecht in Buch 2 des BGB in weitem Umfang neu gestaltet. Insb wurden große Teile des Verbraucherrechts (Rn 4) sowie das Recht der AGB integriert und ua das Recht der Leistungsstörungen sowie das Kauf-, Darlehens- und Werkvertragsrecht erheblich verändert (Rn 12). 1

II. 1. Gliederung und Stellung im Rechtssystem: a) Die §§ 241 ff regeln überw die herkömmlichen Hauptfelder des Schuldrechts. Sie gliedern sich in ein **allg Schuldrecht** mit übergreifenden Regeln (Abschnitte 1–7, §§ 241–432) und ein **besonderes Schuldrecht** mit den Regeln für einzelne Schuldverhältnisse (Abschnitt 8, §§ 433–853). Das besondere Schuldrecht umfasst neben den Vorschriften für eine Reihe von Vertragsarten ua die Regeln für die GoA (§§ 677 ff), für den Ausgleich rechtsgrundloser Vermögensverschiebungen (§§ 812 ff) und für den Schadensersatz bei unerlaubten Handlungen (§§ 823 ff). 2

Trotz der Vielzahl der Regelungsgegenstände enthalten die §§ 241 ff jedoch nur einen Ausschnitt aus dem Schuldrecht. Zahlreiche **Einzelgesetze** regeln daneben weitere Schuldverhältnisse oder modifizieren die Regeln des allg und besonderen Schuldrechts des BGB für einzelne Sachbereiche. Dazu gehören zB das HGB, GmbHG, AktG, WG, ScheckG und das VVG. 3

Das Schuldrecht umfasst auch zahlreiche Vorschriften, die spezifisch die Rechtsverhältnisse zwischen Verbrauchern (§ 13) und Unternehmern (§ 14) regeln. Überw ist dieses **Verbraucherrecht** zunächst auf der Grundlage europäischer RL in Form spezieller Gesetze erlassen worden (so das frühere VerbrKrG, HausTWG, TzWRG und FernsatzG) oder in andere Gesetze als das BGB eingefügt worden (zB § 24 a des früheren AGBG). Nachdem bereits das Fernabsatzgesetz v 27.6.2000 das Verbraucherrecht durch eine Reihe neuer Vorschriften im BGB verankert hatte, hat das SMG mit der Eingliederung der Regelungen für das Verbrauchervertragsrecht sowie mit der Umsetzung der VerbrKr-RL 87/102/EWG (abgelöst durch RL 2008/48/EG) das Verbraucherrecht in weitem Umfang in das Schuldrecht des BGB integriert. In das allg Schuldrecht einbezogen sind seitdem verbraucherrechtliche Vorschriften insb in AGB (vgl § 310 III) und besonderer Vertriebsformen (Fernabsatzverträge, außerhalb von Geschäftsräumen geschlossene Verträge; §§ 312 ff); in das besondere Schuldrecht eingefügt wurden Vorschriften über den Verbrauchsgüterkauf (§§ 474 ff), die Teilzeit-Wohnrechteverträge (§§ 481 ff), den Verbraucherdarlehensvertrag (§§ 491 ff), Finanzierungshilfen (§§ 506 ff) und Ratenlieferungsverträge (§§ 510 ff) zwischen einem Unternehmer und einem Verbraucher und über den Darlehensvermittlungsvertrag (§§ 655 a ff). 4

Den Inhalt des Schuldrechts hat herkömmlich der deutsche Gesetzgeber im BGB und in Einzelgesetzen eigenständig gestaltet; zunehmend bestimmen ihn daneben aber das **Europäische Unionsrecht** sowie von Deutschland ratifizierte internationale Konventionen, die **internationales Einheitsrecht** schaffen (Rn 8). Das Recht der EU erfasst neben ande- 5 ren Bereichen des Privatrechts zunehmend auch schuldrechtliche Materien (zu dieser Entwicklung Schulze, Contours of European Private Law, in: Schulze/Schulte-Nölke, European Private Law, 3). Auf RL der EU beruhen so neben dem Großteil des soeben angeführten Verbraucherrechts (zu den unionsrechtlichen Grundlagen Bülow/Artz, 15 ff) zahlreiche weitere Vorschriften des deutschen Schuldrechts ganz oder teilweise, ua §§ 286 III, 651 a ff, 675 a ff; iE zur Europäisierung des Schuldrechts Heiderhoff; Schulze, Contours of European Private Law, in: Schulze/Schulte-Nölke, European Private Law, 3; zum europäischen Vertragsrecht Vor §§ 311–319 Rn 2 f. Das fortschreitende Zusammenwirken von deutscher und europäischer Normsetzung führt zu der Aufgabe einer **Fortentwicklung der Rechtssystematik und der Dogmatik** des Schuldrechts, die sich auch am Unionsrecht orientiert und die herkömmlichen deutschen Rechtsanschauungen darauf abstimmt.

6 Auch bei der Auslegung ist auf das Unionsrecht Bedacht zu nehmen: Soweit Vorschriften des deutschen Schuldrechts unionsrechtliche RL umsetzen, ist bei ihrer Auslegung unter den in Deutschland anerkannten Methoden iZw diejenige anzuwenden, die zu einem Ergebnis im Einklang mit den Festlegungen der RL führt (**richtlinienkonforme Auslegung**; dazu Schulze, Auslegung, 14 ff; Schulze/Zuleeg/Kadelbach, § 15 Rn 30 ff). Die richtlinienkonforme Auslegung darf nicht dazu führen, dass eine Vorschrift des deutschen Rechts contra legem ausgelegt wird. Das nationale Gericht, bei dem ein Rechtsstreit zwischen Privatpersonen anhängig ist, muss aber bei der Anwendung der Bestimmungen seines innerstaatlichen Rechts, die zur Umsetzung der in einer RL vorgesehenen Verpflichtungen erlassen worden sind, das gesamte nationale Recht berücksichtigen und es soweit wie möglich anhand des Wortlauts und des Zwecks der RL auslegen, um zu einem Ergebnis zu gelangen, das mit dem von der RL verfolgten Ziel vereinbar ist (vgl EuGH NJW 05, 3551). Zum nationalen Recht gehören dabei insb auch das Rechtsstaatprinzip und der Gleichheitsgrundsatz (so BGH NJW 02, 1884 zum Realkreditvertrag als Haustürgeschäft). Das nationale Gericht muss dabei auch den Willen des deutschen Gesetzgebers berücksichtigen, dass das nationale Recht richtlinienkonform ausgestaltet werden soll (BGH NJW 09, 427); zur Frage, ob die Auslegung dabei uU die Grenze des Wortlauts überschreiten darf Auer NJW 07, 1106; Pfeiffer NJW 09, 412. Auch eine richtlinienkonforme Rechtsfortbildung nationalen Rechts kann im Einzelfall geboten sein (Herresthal EuZW 07, 396, 397). In zeitlicher Hinsicht besteht die Pflicht zur richtlinienkonformen Auslegung erst nach Ablauf der Umsetzungsfrist und nicht schon mit Inkrafttreten der RL (so EuGH NJW 06, 2465).

7 Soweit Vorschriften des BGB die Vorgaben einer RL über deren unionsrechtlich vorgeschriebenen Anwendungsbereich hinaus übernommen haben (sog überobligatorische bzw überschießende oder **erweiternde Umsetzung**) – zB im Kaufgewährleistungsrecht (vgl Vor §§ 433–480 Rn 2) –, besteht demgegenüber kein unionsrechtlicher Zwang zur richtlinienkonformen Auslegung (str; vgl iE Bärenz DB 03, 375; Mayer/Schürnbrand JZ 04, 545 mwN). Eine Vorlage zum EuGH ist jedoch grds möglich (verb Rs C-283/88 und C-197/98, Rn 41– Dzodzi; Rs C-231/89, Rn 22 – Krystyna Gmurzynska – Bscher; Rs C-346/93, Rn 16 – Kleinwort Benson; Rs C-306/99 – BIAO). Auch wenn die aufgrund einer RL eingeführten Vorschriften nationalen Rechts hinter den europarechtlichen Vorgaben **zurückbleiben** – so str im Hinblick auf § 651 f (vgl BGH NJW 05, 418 gegen OLG München NRW-RR 02, 694) – sind diese im Zweifel im Lichte des Wortlautes und des Zwecks der RL auszulegen (EuGH NJW 84, 2001). Darüber hinaus kann sich aus innerstaatlichem Recht, insb aus dem Rechtsstaatsprinzip und dem Gleichheitsgrundsatz ergeben, dass die mitgliedstaatlichen Gerichte zu einer einheitlichen Auslegung verpflichtet sind (BGH NJW 02, 1884).

8 **Internationales Einheitsrecht** hat in wichtige Gebiete des deutschen Schuldrechts seit langem ua durch Vorschriften des WG und des ScheckG Eingang gefunden. Seine Bedeutung ist in neuerer Zeit insb durch die Geltung des Übereinkommens über den internationalen Warenkauf (sog Wiener oder UN-Kaufrecht, CISG) noch erheblich gewachsen. Für die Auslegung von Vorschriften des Einheitsrechts sind nicht primär der systematische Zusammenhang und die spezifischen Zwecke der betr Materie im deutschen Schuldrecht maßgeblich, sondern es ist eine **autonome Auslegung** unter Berück-

sichtigung des internationalen Charakters (und damit möglichst auch der ausländischen Rspr) anzustreben (iE str; BGHZ 84, 343; zB für die Auslegung des UN-Kaufrechts Schlechtriem/Schwenzer, Art 7 Rn 9; iE Janssen/Meyer).

b) Im **Verhältnis zum Sachenrecht** bestehen strukturelle Unterschiede: Das Schuldrecht befasst sich mit rechtlichen **Sonderverbindungen** zwischen zwei oder mehreren Personen, während das Sachenrecht die Beziehung einer Person zu einer Sache zum Gegenstand hat. Das Schuldverhältnis richtet sich zudem grds auf eine **Leistung**, die eine Person (Gläubiger) von einer anderen (Schuldner) fordern kann. Daher sind die Rechte, die sich aus dem Schuldrecht ergeben, grds nur im Verhältnis einer Person zu einer anderen wirksam (**relative Rechte**). Die schuldrechtliche Sonderverbindung verpflichtet einen bestimmten Schuldner ggü einem Gläubiger; nur dieser Schuldner kann idR das Recht, das dem Gläubiger auf schuldrechtlicher Grundlage zusteht, verletzen. Demgegenüber entfalten die Sachenrechte ggü jedermann Wirkung und sind daher absolute Rechte. Infolge der Relativität der Schuldverhältnisse stehen dem Schuldner grds keine Einreden oder Einwendungen aus fremdem Recht zu (mit Ausn aber zB bei den Sicherungsgeschäften nach §§ 768, 1137, 1211). Dementspr ist das Forderungsrecht auch kein „sonstiges Recht", das dem deliktsrechtlichen Schutz durch § 823 I unterliegt. Allenfalls kann die Verleitung des Schuldners zum Vertragsbruch durch einen Dritten unter den engen Voraussetzungen des § 826 (dort Rn 14) zu deliktsrechtlichen Schadensersatzansprüchen des Gläubigers führen.

Die **Rechtsstellung Dritter** wird damit idR durch das Schuldverhältnis nicht berührt. 10
Ggü diesem Grundsatz bestehen allerdings eine Reihe von Ausn und Einschränkungen, so für Leistungen durch Dritte nach §§ 267, 268 sowie Leistungen an Dritte mit schuldbefreiender Wirkung durch Einwilligung des Gläubigers nach § 362 II iVm § 185 oder aufgrund des Vertrauensgedankens (zB nach §§ 370, 407 ff, 412, 793, 807, 808, 851); die gesetzliche Überleitung von Schuldverhältnissen zB nach §§ 566, 578, 613 a; für Verträge zugunsten Dritter nach §§ 328 ff und mit Schutzwirkung zugunsten Dritter; Haftungsminderungen oder -ausschlüsse zugunsten Dritter (BHGZ 130, 226); die Drittschadensliquidation (Vor §§ 249–253 Rn 27) und das gestörte Gesamtschuldverhältnis (§ 426 Rn 13).

c) **Anwendbar** sind die Vorschriften des allg Schuldrechts unmittelbar auf die Schuld- 11
verhältnisse des besonderen Schuldrechts im BGB (§§ 433–853) und in Einzelgesetzen, soweit keine Sondervorschriften vorgehen. Sie gelten gleichermaßen für die gesetzlich nicht geregelten Arten von Schuldverträgen (Vor § 311 Rn 18). Entspr ist das allg Schuldrecht auf Schuldverhältnisse aus dem Sachenrecht, Familienrecht oder Erbrecht anzuwenden, soweit nicht Inhalt oder Zweck der betr Regelung entgegenstehen; zB auf das EBV (§§ 987 ff); den Anspruch auf Finderlohn (§ 971); die gesetzlichen Schuldverhältnisse zwischen Nießbraucher und Eigentümer (§§ 1030 ff) sowie zwischen Pfandgläubiger und Eigentümer (§§ 1215 ff); familienrechtliche Unterhaltsansprüche nach §§ 1360 ff, 1569 ff, 1601 ff; den Versorgungsausgleich nach §§ 1587 ff; das Vermächtnis (§ 2174) und den Pflichtteilsanspruch (§§ 2303 ff). – Für Schuldverhältnisse des **öffentlichen Rechts** sind die §§ 241 ff entspr anzuwenden, soweit Regelungen und Grundsätze des öffentlichen Rechts fehlen oder Lücken enthalten (BGHZ 135, 343), insb bei Leistungs- und Benutzungsverhältnissen im Bereich der Daseinsvorsorge.

2. Große Teile des Schuldrechts sind durch das **SMG** seit dem 1.1.2002 **neu gestaltet** 12
worden. ZT knüpfen die Veränderungen an die Vorschläge an, die eine Kommission zur Überarbeitung des Schuldrechts bereits in ihrem Abschlussbericht 1992 vorgelegt hat (dazu Verhandlungen des Deutschen Juristentages 1994 NJW 94, 3069; Stürner NJW 94 Beil H 25, 6; Abschlussbericht der Reformkommission, Bundesanzeiger 1992). Den entscheidenden Anstoß für das Wiederaufgreifen und die Fortentwicklung der Reformpläne durch den Diskussionsentwurf des BMJ für ein SMG im Jahr 2001 hat die fortschreitende unionsrechtliche Normsetzung und insb die Verbrauchsgüterkauf-RL, die zum 1.1.2002 in das deutsche Recht umzusetzen war, gegeben. Nach kontroverser Diskussion in der Rechtswissenschaft (vgl Ernst/Zimmermann; Schulze/Schulte-Nölke, Schuldrechtsreform) und in der Öffentlichkeit haben der Regierungsentwurf (BT-Drucks 14/6857) und der Rechtsausschuss des BT (BT-Drucks 14/7052)

eine Reihe von Verbesserungsvorschlägen aufgegriffen. Das SMG nutzte die unionsrechtlich für Einzelmaterien, insb den Verbraucherkauf, vorgeschriebene Rechtsangleichung zu einer weiter gehenden Anpassung des deutschen Leistungsstörungsrechts an Grundsätze und Entwicklungstendenzen des Vertragsrechts im europäischen Rahmen und damit auch zu einer Vereinfachung des deutschen Schuldrechts. Dies betraf im Recht der Leistungsstörungen va die Einf des **einheitlichen Tatbestandes der Pflichtverletzung** mit der Folge einer Schadensersatzpflicht (§ 280) nach dem Muster des UN-Kaufrechts (CISG) mit seinem Kernbegriff der Vertragsverletzung sowie im Einklang mit der daran angelehnten Begrifflichkeit der Verbrauchsgüterkauf-RL. Zu den umfangreichen weiteren Änderungen des Leistungsstörungsrechts gehörten ua die Einf gesetzlicher Regelungen für die cic (§ 311 II, III) und die Störung der Geschäftsgrundlage (§ 313) (näher s Übersichten Vor §§ 275–292 Rn 4 ff). Für das besondere Schuldrecht hat dieses Anliegen ua durch die erweiterte Umsetzung (dazu Schulze, Auslegung, 17 ff) der Verbrauchsgüterkauf-RL zu weit reichenden Änderungen va im Kauf- und im Werkvertragsrecht geführt (Übersicht Vor §§ 433–480 Rn 2 f). Zudem richtet sich die Neufassung des Schuldrechts darauf, dem Bedeutungsverlust, den die Vorschriften für dieses Rechtsgebiet im BGB aufgrund der fortschreitenden Auslagerung auch von praktisch wichtigen Rechtsgebieten in Einzelgesetze („Dekodifikation") erfahren hatten, dadurch entgegenzuwirken, dass ein Teil dieser Materien – insb zuvor einzelgesetzlich getroffene Regelungen für Verbraucherverträge sowie das Recht der AGB – in das Recht der Schuldverhältnisse im BGB eingegliedert werden („Rekodifikation"). Das früher im AGBG geregelte Recht der AGB ist nunmehr als Abschnitt 2 (§§ 305 ff) in das Schuldrecht des BGB einbezogen; das Recht der Verbraucherverträge ist zT im allg Schuldrecht und zT bei einzelnen Vertragstypen im besonderen Schuldrecht geregelt (s Rn 4).

13 Die **intertemporale Abgrenzung** zwischen altem und neuem Schuldrecht erfolgt durch Art 229 §§ 5–7 EGBGB. Die Grundregel des § 5 stellt für die intertemporale Abgrenzung der alten und neuen Schuldrechtsnormen auf den **Zeitpunkt des Zustandekommens** eines **Schuldverhältnisses** ab. Schuldverhältnisse, die **vor dem 1.1.2002** entstanden sind und bei denen es sich **nicht um Dauerschuldverhältnisse** handelt, unterliegen weiterhin im Hinblick auf Pflichtenbestand, Leistungsstörungen, Erlöschen usw dem **alten Recht** (S 1). Sie werden – abgesehen von verjährungs- und zinsrechtlichen Fragen – also noch vollständig nach den bis zum 31.12.2001 geltenden Vorschriften abgewickelt. Die **vor dem 1.1.2002** entstandenen **Dauerschuldverhältnisse** unterlagen dem **alten Recht** nur bis zum **31.12.2002** (S 2). Seitdem gelten die neuen Bestimmungen. Das Gesetz will damit vermeiden, dass langfristig altes und neues Schuldrecht nebeneinander zu beachten ist. Für die Vertragsparteien hatte dies freilich zur Folge, dass die Gesetzesreform möglicherweise die zwischen ihnen bestehenden Rechtsbeziehungen vom Stichtag an modifizierte. Um den Parteien die Möglichkeit zu geben, sich auf eine Änderung der rechtlichen Rahmenbedingungen ihres Vertrages einzustellen, schiebt das Gesetz die intertemporale Anwendbarkeit des neuen Schuldrechts auf den 1.1.2003 hinaus. Schuldverhältnisse, die **nach dem 1.1.2002** entstanden sind oder noch entstehen werden, unterliegen ohne weiteres den am 1.1.2002 in Kraft getretenen neuen Vorschriften (arg Art 229 § 5 EGBGB e contrario). Im Hinblick auf **verjährungsrechtliche Fragen** gelten die Sonderbestimmungen des § 6 EGBGB (näher Vor §§ 194–218 Rn 6).

14 Eine zinsrechtliche Überleitungsvorschrift ist Art 229 § 7 I 1 iVm II EGBGB zu entnehmen. Danach sollen die aufgrund des DÜG bestimmten Zinssätze **für die Zinsberechnung** bis zum 31.12.2001, die gem Art 229 § 7 I 1 EGBGB bzw § 247 festgelegten Sätze für die Berechnung von Zinsen für die Zeit nach dem Inkrafttreten des Reformgesetzes maßgebend sein. Darin liegt insofern eine Einschränkung des in Art 229 § 5 I EGBGB zum Ausdruck kommenden Prinzips, als für die vor dem Stichtag entstandenen Schuldverhältnisse nicht weiterhin die zum Zeitpunkt ihrer Begr geltenden Zinsbestimmungen heranzuziehen sind. Diese Bestimmungen sollen vielmehr nur für die Zinsperioden bis zum 31.12.2001 gelten. Zinsen für spätere Zeiträume sind nach den in Art 229 § 7 I 1 EGBGB genannten Sätzen zu berechnen.

3. a) Kernbegriff des Schuldrechts ist das **Schuldverhältnis**. Die Gesamtheit der Rechtsbeziehungen, aus denen die Sonderverbindung zwischen Gläubiger und Schuldner besteht, und die sich daraus ergebenden Rechtsfolgen bilden das **Schuldverhältnis iwS**. Es umfasst insb Haupt- und Nebenleistungspflichten (bzw die entspr Forderungsrechte), Schutz- und Auskunftspflichten sowie Gestaltungsrechte der Parteien. Schuldverhältnisse iwS sind zB die „Einzelnen Schuldverhältnisse" des Abschnitts 8 (§§ 433 bis 853). Ebenfalls diese Bedeutung hat das Wort im Buch 2 des BGB ua in der Überschrift des Abschnittes 1 und in §§ 273 I, 292 I, 425. Die einzelnen Leistungsbeziehungen, die aus dem Schuldverhältnis iwS erwachsen, sind jeweils ein **Schuldverhältnis ieS**. Bei ihm stehen sich ein konkretes Forderungsrecht des Gläubigers und die jeweilige Schuld als entspr Leistungspflicht des Schuldners ggü (zB die Kaufpreisforderung des Verkäufers und die Zahlungspflicht des Käufers nach § 433 II, während das Schuldverhältnis iwS darüber hinaus auch die weiteren Pflichten des Käufers und zudem die Pflichten des Verkäufers aus dem Kaufvertrag umfasst). Das BGB meint das Schuldverhältnis ieS zB in §§ 362, 397. In welcher Bedeutung das Gesetz das Wort in den einzelnen Vorschriften verwendet, ist durch deren (va systematische und teleologische) Auslegung zu ermitteln.

b) Zustandekommen und Inhalt von Schuldverhältnissen beruhen auf rechtsgeschäftlichem Handeln und Gesetz. Nach der Art des Zustandekommens lassen sich **rechtsgeschäftlich begründete** und **gesetzliche** Schuldverhältnisse unterscheiden. Durch Rechtsgeschäft können die Parteien aufgrund der **Privatautonomie** als leitendem Prinzip des gesamten Privatrechts Schuldverhältnisse schaffen. Die wichtigste Gestaltungsform ist dabei der **Vertrag**. Abschluss und Inhalt von Verträgen unterliegen dem Grundsatz der Vertragsfreiheit als zentralem Bestandteil der Privatautonomie innerhalb der Schranken, die sich aus der Verfassung, dem Privatrecht selbst und den anderen Teilen der Rechtsordnung ergeben. Dementspr haben die Vorschriften des BGB zum Vertragsrecht nur zum kleinen Teil zwingenden Charakter; überw handelt es sich um **dispositives Recht**. Im allg Schuldrecht legen die §§ 311 ff die Grundregeln für Schuldverhältnisse aus Verträgen fest; das besondere Schuldrecht enthält daneben in den §§ 433 ff Vorschriften für eine Reihe einzelner Vertragsarten. Weitere Vertragsarten sind in anderen Gesetzen geregelt oder haben sich ohne gesetzliche Regelung in der Praxis durchgesetzt (sog verkehrstypische Verträge, Vor §§ 311–319 Rn 17).

Vom Vertrag als zwei- oder mehrseitigem Rechtsgeschäft ist das **einseitige Rechtsgeschäft** zu unterscheiden. Auch durch einseitiges Rechtsgeschäft kann in einigen gesetzlich bestimmten Fällen ein Schuldverhältnis begründet werden, so durch das Stiftungsgeschäft (§ 80), die Auslobung (§ 657) und das Vermächtnis (§ 2174).

Anders als die rechtsgeschäftlichen Schuldverhältnisse beruhen die **gesetzlichen Schuldverhältnisse** nicht auf der Privatautonomie, sondern auf Festlegungen des **objektiven Rechts**, indem das Gesetz, uU auch richterliche Rechtsfortbildung oder Gewohnheitsrecht an bestimmte tatsächliche Voraussetzungen – unabhängig vom Parteiwillen – rechtliche Folgen knüpfen. Gesetzliche Schuldverhältnisse sind zB die GoA (§§ 677 ff), die ungerechtfertigte Bereicherung (§§ 812 ff) und der Schadensersatzanspruch wegen unerlaubter Handlung (§§ 823 ff). Auch durch die Vertragsanbahnung oder ähnliche geschäftliche Kontakte kann ein gesetzliches Schuldverhältnis entstehen (§ 311 II), ebenso zB durch rechtswidrige Handlungen im Wettbewerb und Abmahnung (BGHZ 90, 1906). Gesetzliche Schuldverhältnisse bilden auch ua im Sachenrecht das EBV (§§ 987 ff) oder im ErbR der Pflichtteilsanspruch (§§ 2317 ff).

4. a) Aus dem Schuldverhältnis ergeben sich verschiedene **Arten von Pflichten**, die sich unter mehreren Gesichtspunkten einteilen lassen. Die Leistungspflichten, die ein Schuldverhältnis den Parteien ursprünglich auferlegt, sind die **primären Leistungspflichten**; auf ihre Erfüllung zielt dieses Schuldverhältnis zumindest anfänglich. Treten bei der Durchführung des Schuldverhältnisses Störungen auf, können jedoch **sekundäre Leistungspflichten** entstehen und neben die Primärpflichten oder an deren Stelle treten. Sie sind ua in §§ 280 ff, 311 a II, 323 ff vorgesehen und können sich zB auf Schadensersatz oder Rückgewähr richten (s Übersicht zu den Leistungsstörungen Vor §§ 275–292 Rn 1 ff).

20 **Hauptpflichten** sind die Leistungspflichten, durch die Eigenart und Typus des Schuldverhältnisses festgelegt sind. Sie bilden als **essentialia negotii** den Kernbestandteil des Schuldverhältnisses und stehen bei gegenseitigen Verträgen im Verhältnis wechselseitiger Abhängigkeit (Vor §§ 320–326 Rn 2). Zusätzlich begründet das Schuldverhältnis **Nebenpflichten**. Ihr Inhalt ergibt sich aus der (ggf ergänzenden) Auslegung der Parteivereinbarung, aus § 241 II und aus Treu und Glauben mit Rücksicht auf die Verkehrssitte (§ 242).

21 Dabei ist zu unterscheiden: **Selbständige Nebenpflichten** dienen der Vorbereitung, Durchführung und Sicherung der Hauptleistung durch zusätzliche eigene Zwecksetzung (zB § 402). Insb handelt es sich um Anzeige-, Auskunfts- und Rechenschaftspflichten. Der Gläubiger kann ihre Erfüllung beanspruchen und diesen Anspruch selbständig einklagen. Demgegenüber sind die **unselbständigen Nebenpflichten** nicht einklagbar; ihre Verletzung kann aber Schadensersatzansprüche auslösen. Gem § 241 II können sich Nebenpflichten je nach dem Inhalt des betr Schuldverhältnisses auch auf die Rücksichtnahme auf die Rechte, Rechtsgüter und Interessen der anderen Partei richten. Insb gehören dazu Fürsorge- und Obhutspflichten hins der Person und des Vermögens der anderen Partei. Diese unselbständigen Nebenpflichten dienen insofern dem Schutz des **Integritätsinteresses** der Gegenseite bei der Durchführung des Schuldverhältnisses (daher auch **Schutzpflichten** oder allg Verhaltenspflichten genannt) und wirken uU auch nach dessen Beendigung fort (§ 242 Rn 20).

22 b) Abw von der ursprünglichen Konzeption des BGB haben im heutigen Schuldrecht **Schuldverhältnisse ohne primäre Leistungspflichten** aufgrund richterlicher Rechtsfortbildung erhebliche Bedeutung erlangt. Dazu gehört ua der Vertrag mit Schutzwirkung zugunsten Dritter (§ 328 Rn 12 ff; ferner zB zur Vertrauenshaftung bei gewerblicher Auskunftserteilung § 675 Rn 7). Die Haftung für vorvertragliches Verschulden (cic) beruhte ebenfalls zunächst auf richterlicher Rechtsfortbildung und wurde sodann zT als Gewohnheitsrecht angesehen, bevor sie durch das SMG mit § 311 II, III im Gesetz verankert worden ist (näher dazu § 311 Rn 12 ff).

23 c) **Obliegenheiten** unterscheiden sich von Leistungs- und anderen Rechtspflichten dadurch, dass die andere Partei nicht ihre Erfüllung und bei ihrer Verletzung auch nicht Schadensersatz verlangen kann. Ihre Erfüllung ist vielmehr ein Gebot des eigenen Interesses („Verpflichtung gegen sich selbst"), da anderenfalls ein Rechtsnachteil eintritt. Obliegenheiten bilden zB die Mahnung beim Schuldnerverzug (§ 286 I, s § 309 Nr 4); die Entgegennahme der Leistung und die Mitwirkungshandlungen beim Gläubigerverzug (§ 293 Rn 1) und die Festlegungen der §§ 28 I, 82 I, II VVG für den Versicherungsnehmer. Trotz der üblichen Bezeichnung als Pflichten sind zB die Schadensabwendungs- und Schadensminderungspflicht (§ 254 I, II 1), die Untersuchungs- und Rügepflicht (§ 377 HGB) und die Erklärungspflicht des Drittschuldners nach § 840 ZPO ebenfalls Obliegenheiten.

24 **5.** Während der Begriff **Schuld** die Leistungspflicht aus dem uU Schuldverhältnis meint („Leistensollen"), bezeichnet **Haftung** den Umstand, dass der Schuldner ggf dem zwangsweisen Zugriff des Gläubigers unterworfen ist (neben weiteren Verwendungsweisen beider Termini; so „Haften" ua auch für das Einstehenmüssen für Schäden und zuweilen als iSv „Schulden"; vgl § 840 I). Gegenstand der Haftung ist regelmäßig das gesamte Schuldnervermögen; für bestimmte Sachlagen sieht das Gesetz ausnahmsweise eine beschränkte Vermögenshaftung vor (zB § 1975). Die Schuld ist mit der Haftung insofern verbunden, als sie als Verbindlichkeit des Schuldners idR durch den Gläubiger einklagbar und vollstreckbar ist.

25 Eine **Schuld ohne Haftung** besteht ausnahmsweise, wenn der Schuldner sie zwar erfüllen, der Gläubiger die Erfüllung aber nicht erzwingen kann. Diese nicht klagbaren oder zumindest nicht vollstreckbaren Schulden sind sog **unvollkommene Verbindlichkeiten** (auch **Naturalobligationen** oder natürliche Verbindlichkeiten genannt). Hat der Schuldner trotz fehlender Erzwingbarkeit geleistet, bilden sie aber einen Rechtsgrund iSd §§ 812 ff, so dass der Schuldner das Geleistete nicht wegen ungerechtfertigter Bereicherung zurückverlangen kann. Eine Hauptform dieser unvollkommenen Verbindlichkeiten sind Rechtsbeziehungen, bei denen es nach dem Gesetzeswortlaut schon an

einer Verbindlichkeit fehlt und die daher nicht klagbar sind: Spiel und Wette (§ 762) sowie die Heiratsvermittlung (§ 656). Dag sind verjährte Forderungen zwar an sich wirksam, einklagbar und vollstreckbar. Auch bei ihnen bleibt die Klage des Gläubigers jedoch erfolglos, wenn der Schuldner die Verjährungseinrede erhebt (§ 214 I). Daneben scheitert die Erzwingbarkeit bestimmter Forderungen am Ausschluss der Vollstreckung eines gerichtlichen Urt auf Leistung durch § 888 III ZPO.

III. Keine Erfüllungsansprüche, nach verbreiteter (str) Auffassung aber Schutzpflichten 26 und bei deren Verletzung Schadensersatzpflichten, ergeben sich aus **Gefälligkeitsverhältnissen**. Bei ihnen handelt es sich um Abreden, durch die die Beteiligten ausschließlich aus einem außerrechtlichen Grund gebunden sind, etwa Freundschaft, Kollegialität, Verwandtschaft oder Nachbarschaft. Schwierigkeiten bereitet oft die Abgrenzung zu den **Gefälligkeitsverträgen**, die ebenfalls unentgeltlich und idR uneigennützig sind, insb zum Auftrag (§ 662) sowie zu den Verträgen nach §§ 516, 598, 690. Während diese Gefälligkeitsverträge wie alle rechtsgeschäftlichen Schuldverhältnisse den Willen der Parteien erfordern, eine rechtliche Bindung einzugehen (**Rechtsbindungswille**; Vor §§ 104–185 Rn 13), fehlt bei den bloßen Gefälligkeitsverhältnissen ein derartiger Wille. Um sein Vorliegen festzustellen, sind ausdrückliche Erklärungen und konkludentes Verhalten der Beteiligten unter Berücksichtigung aller Umstände aus der Sicht eines objektiven Beobachters zu würdigen (BGHZ 21, 107). Zu berücksichtigen sind die erkennbare wirtschaftliche und rechtliche Bedeutung des Vorgangs und die Interessenlage der Beteiligten sowie Art, Grund und Zweck der Gefälligkeit (BGHZ 88, 384; 92, 168). Indizien für einen Rechtsbindungswillen können ua ein erkennbar hoher Wert einer anvertrauten Sache, erhebliche Aufwendungen oder die Gefahr von beträchtlichen Schäden für den Begünstigten bei fehlerhaftem Verhalten sein. IdR besteht kein Rechtsbindungswille zB bei einem sog „gentlemen's agreement" (vgl BGH MDR 64, 570); der Beaufsichtigung von Kindern aus der Nachbarschaft (BGH NJW 68, 1874; s aber OLG Celle NJW-RR 87, 1384) oder des Hauses eines verreisten Nachbarn (OLG Hamburg VersR 89, 468); einer Lotto-Tipp-Gemeinschaft (BGH NJW 74, 1705; str); der Vereinbarung zweier Lehrer zur gemeinsamen Durchführung einer Klassenfahrt (AG Frankfurt/M NJW 01, 3725); einer Gefälligkeitsfahrt (BGHZ 30, 46; Mersson DAR 93, 91; anders bei einer Fahrgemeinschaft, BGH NJW 92, 499; Mädrich NJW 82, 860).

Unstreitig begründen Gefälligkeitsverhältnisse für die Beteiligten **keine Erfüllungsan-** 27 **sprüche**. Da keine Leistungspflicht besteht, kommen auch keine Schadensersatz- oder Aufwendungsersatzansprüche wegen der Verletzung von Leistungspflichten in Betracht. Inwieweit andere Schadensersatzansprüche bestehen können, ist str. Die Rspr beschränkt die Haftung des Erbringers einer Gefälligkeit bislang auf §§ 823 ff. Nach verbreiteter Lehre können aber für den Erbringer der Gefälligkeitsleistung auch Schutzpflichten (§ 241 II) und bei deren Verletzung Schadensersatzpflichten (§ 280 I) aufgrund eines besonderen sozialen Kontaktes ähnl wie bei der Aufnahme geschäftlicher Kontakte (§ 311 II Nr 3) entstehen; iR dieser Verhältnisse ist auch § 278 anwendbar. Ungeklärt ist, welche Voraussetzungen iE, insb welche Art und welches Ausmaß sozialer Nähe dafür erforderlich sind und inwieweit derartige Verhältnisse weiterhin (wie aufgrund des früheren Rechts zT vertreten) von den gesetzlichen Schuldverhältnissen zu unterscheiden oder als gesetzliche Schuldverhältnisse, die ausschließlich Schutzpflichten iSd § 241 II beinhalten, zu qualifizieren sind.

Bei der Haftung des Erbringers einer Gefälligkeit iR der §§ 823 ff ist insb der **Haf-** 28 **tungsmaßstab** problematisch: Die Rspr wendet grds § 276 an (BGH NJW 92, 2475) und lehnt eine Haftungsmilderung im Gefälligkeitsverhältnis ab, soweit nicht ein vertraglicher Haftungsverzicht oder Handeln auf eigene Gefahr (§ 254 Rn 11) vorliegt. Der Erbringer einer reinen Gefälligkeit soll danach schärfer haften als der Schuldner, der sich durch Gefälligkeitsvertrag zum Erbringen der Leistung verpflichtet hat. Denn für ihn beschränken auch hins der konkurrierenden deliktischen Ansprüche §§ 521, 599 die Haftung auf Vorsatz und grobe Fahrlässigkeit bzw § 690 auf die eigenübliche Sorgfalt. Um diesen Wertungswiderspruch zu vermeiden, ist die entspr Anwendung dieser Vorschriften auf die ähnl gelagerten Gefälligkeitsverhältnisse vorzugswürdig (Medicus/Petersen, BR, Rn 369).

29 **IV.** Den **Schutz vor Diskriminierungen** durch Private soll das Allgemeine Gleichbehandlungsgesetz (AGG, BGBl I 06, 1897) gewährleisten, das hier im Hk-BGB gesondert kommentiert ist (zu Grundzügen und Hauptproblemen des Gleichbehandlungsrechts Leible/Schlachter).

30 **V. 1.** Eine Reihe von Vorschriften des Schuldrechts bezieht sich auf die (zuletzt bei der Umsetzung der Verbraucherrechte-RL geänderten) Art 246–248 EGBGB zu den Informationspflichten nach den einzelnen Vertragsarten. Daneben enthält die Info-VO Informationspflichten für das Reisevertragsrecht (vgl §§ 651a ff).

31 **2.** Die neu gefassten Art 246–248 EGBGB enthalten Bestimmungen über Informationspflichten bei besonderen Vertriebsformen, Darlehensverträgen und entgeltlichen Finanzierungshilfen sowie bei der Erbringung von Zahlungsdiensten. Die Festlegung dieser Informationspflichten im Rang eines formellen Gesetzes soll den Parteien größere Rechtssicherheit bieten als die frühere Regelung iR der InfoVO (RegE BT-Drucks 16/11643, 97), weil die Muster für die zu erteilenden Informationen in der InfoVO aufgrund des Verordnungscharakters einer gesetzlichen Grundlage im BGB oder EGBGB bedurften und von den Gerichten daran gemessen werden konnten. Die Systematik der Art 246–248 EGBGB ist an die der Verbraucherrechte-RL angepasst. Art 246 EGBGB enthält entspr Art 5 der RL Informationspflichten für Verbraucherverträge, die weder im Fernabsatz nach außerhalb von Geschäftsräumen geschlossen werden (BT-Drucks 17/12637, 73). Für diese beiden letztgenannten Arten von Verträgen regelt Art 246a EGBGB die Informationspflichten nach Maßgabe des Art 6 der Verbraucherrechte-RL. Von Art 246a ausgenommen sind Finanzdienstleistungsverträge. Für diese legt nun Art 246b zusätzliche Informationspflichten fest, wenn sie außerhalb von Geschäftsräumen oder im Fernabsatz geschlossen wurden. Die Informationspflichten bei Verträgen im elektronischen Geschäftsverkehr, die bisher in Art 246 § 3 geregelt waren, sind nun in Art 246c enthalten.

31a Art 247 EGBGB über die Informationspflichten bei Darlehensverträgen und entgeltlichen Finanzierungshilfen dient der Umsetzung der VerbrKr-RL. Art. 248 EGBGB über die Informationspflichten bei der Erbringung von Zahlungsdiensten wurde zur Umsetzung der Zahlungsd-RL eingefügt. Die Art. 247 und 248 bleiben durch die Umsetzung der Verbraucherrechte-RL im Wesentlichen unverändert (BT-Drucks 17/12637, 76, 77). Den Vorschriften Art 246a bis 248 EGBGB sind Anlagen beigegeben, die im Folgenden wiedergegeben sind (Rn 32–38). Die Anlagen 1 bis 3 treten an die Stelle der bisherigen Anlagen 1 bis 2. Die Anlagen 1 und 3 enthalten Musterwiderrufsbelehrungen bei außerhalb von Geschäftsräumen und im Fernabsatz geschlossenen Verträgen. Dabei betrifft Anlage 3 Finanzdienstleistungen, die von Anlage 1 gerade ausgenommen sind. Anlage 2 enthält ein Musterwiderrufsformular für das Widerrufsrecht nach 312g (s dort). Die Anlagen 4 und 5 übernehmen aus der VerbrKr-RL die „Europäischen Standardinformationen für Verbraucherkredite" für allg und einige besondere Verbraucherdarlehensverträge. In Anlage 6 ist das „Europäische Standardisierte Merkblatt" in leicht überarbeiteter Form integriert, das als Empfehlung der Kommission (KOM 2001, 477) zur vorvertraglichen Information bei grundpfandrechtlich gesicherten Darlehensverträgen ausgegeben worden und auf Grundlage dieser Empfehlung bereits weit verbreitet ist. Anlage 7 enthält ein Muster für eine Widerrufsinformation für Verbraucherdarlehensverträge.

32 (Fundstelle: BGBl I 13, 3642, 3659, 3663).

Anlage 1

(zu Artikel 246 a § 1 Absatz 2 Satz 2 EGBGB)
Muster für die Widerrufsbelehrung
bei außerhalb von Geschäftsräumen geschlossenen Verträgen
und bei Fernabsatzverträgen mit Ausnahme von Verträgen über Finanzdienstleistungen

---

Widerrufsbelehrung

Widerrufsrecht

Sie haben das Recht, binnen vierzehn Tagen ohne Angabe von Gründen diesen Vertrag zu widerrufen.
Die Widerrufsfrist beträgt vierzehn Tage ab dem Tag [1].
Um Ihr Widerrufsrecht auszuüben, müssen Sie uns ([2]) mittels einer eindeutigen Erklärung (z. B. ein mit der Post versandter Brief, Telefax oder E-Mail) über Ihren Entschluss, diesen Vertrag zu widerrufen, informieren. Sie können dafür das beigefügte Muster-Widerrufsformular verwenden, das jedoch nicht vorgeschrieben ist. [3]
Zur Wahrung der Widerrufsfrist reicht es aus, dass Sie die Mitteilung über die Ausübung des Widerrufsrechts vor Ablauf der Widerrufsfrist absenden.

Folgen des Widerrufs

Wenn Sie diesen Vertrag widerrufen, haben wir Ihnen alle Zahlungen, die wir von Ihnen erhalten haben, einschließlich der Lieferkosten (mit Ausnahme der zusätzlichen Kosten, die sich daraus ergeben, dass Sie eine andere Art der Lieferung als die von uns angebotene, günstigste Standardlieferung gewählt haben), unverzüglich und spätestens binnen vierzehn Tagen ab dem Tag zurückzuzahlen, an dem die Mitteilung über Ihren Widerruf dieses Vertrags bei uns eingegangen ist. Für diese Rückzahlung verwenden wir dasselbe Zahlungsmittel, das Sie bei der ursprünglichen Transaktion eingesetzt haben, es sei denn, mit Ihnen wurde ausdrücklich etwas anderes vereinbart; in keinem Fall werden Ihnen wegen dieser Rückzahlung Entgelte berechnet. [4]
[5]
[6]

Gestaltungshinweise:

[1] 1. Fügen Sie einen der folgenden in Anführungszeichen gesetzten Textbausteine ein:
   a) im Falle eines Dienstleistungsvertrags oder eines Vertrags über die Lieferung von Wasser, Gas oder Strom, wenn sie nicht in einem begrenzten Volumen oder in einer bestimmten Menge zum Verkauf angeboten werden, von Fernwärme oder von digitalen Inhalten, die nicht auf einem körperlichen Datenträger geliefert werden: „des Vertragsabschlusses.";
   b) im Falle eines Kaufvertrags: „, an dem Sie oder ein von Ihnen benannter Dritter, der nicht der Beförderer ist, die Waren in Besitz genommen haben bzw. hat.";
   c) im Falle eines Vertrags über mehrere Waren, die der Verbraucher im Rahmen einer einheitlichen Bestellung bestellt hat und die getrennt geliefert werden: „, an dem Sie oder ein von Ihnen benannter Dritter, der nicht der Beförderer ist, die letzte Ware in Besitz genommen haben bzw. hat.";
   d) im Falle eines Vertrags über die Lieferung einer Ware in mehreren Teilsendungen oder Stücken: „, an dem Sie oder ein von Ihnen benannter Dritter, der nicht der Beförderer ist, die letzte Teilsendung oder das letzte Stück in Besitz genommen haben bzw. hat.";

e) im Falle eines Vertrags zur regelmäßigen Lieferung von Waren über einen festgelegten Zeitraum hinweg: „, an dem Sie oder ein von Ihnen benannter Dritter, der nicht der Beförderer ist, die erste Ware in Besitz genommen haben bzw. hat."

[2] Fügen Sie Ihren Namen, Ihre Anschrift und, soweit verfügbar, Ihre Telefonnummer, Telefaxnummer und E-Mail-Adresse ein.

[3] Wenn Sie dem Verbraucher die Wahl einräumen, die Information über seinen Widerruf des Vertrags auf Ihrer Webseite elektronisch auszufüllen und zu übermitteln, fügen Sie Folgendes ein: „Sie können das Muster-Widerrufsformular oder eine andere eindeutige Erklärung auch auf unserer Webseite [Internet-Adresse einfügen] elektronisch ausfüllen und übermitteln. Machen Sie von dieser Möglichkeit Gebrauch, so werden wir Ihnen unverzüglich (z. B. per E-Mail) eine Bestätigung über den Eingang eines solchen Widerrufs übermitteln."

[4] Im Falle von Kaufverträgen, in denen Sie nicht angeboten haben, im Falle des Widerrufs die Waren selbst abzuholen, fügen Sie Folgendes ein: „Wir können die Rückzahlung verweigern, bis wir die Waren wieder zurückerhalten haben oder bis Sie den Nachweis erbracht haben, dass Sie die Waren zurückgesandt haben, je nachdem, welches der frühere Zeitpunkt ist."

[5] Wenn der Verbraucher Waren im Zusammenhang mit dem Vertrag erhalten hat:
  a) Fügen Sie ein:
    – „Wir holen die Waren ab." oder
    – „Sie haben die Waren unverzüglich und in jedem Fall spätestens binnen vierzehn Tagen ab dem Tag, an dem Sie uns über den Widerruf dieses Vertrags unterrichten, an ... uns oder an [hier sind gegebenenfalls der Name und die Anschrift der von Ihnen zur Entgegennahme der Waren ermächtigten Person einzufügen] zurückzusenden oder zu übergeben. Die Frist ist gewahrt, wenn Sie die Waren vor Ablauf der Frist von vierzehn Tagen absenden."
  b) fügen Sie ein:
    – „Wir tragen die Kosten der Rücksendung der Waren.";
    – „Sie tragen die unmittelbaren Kosten der Rücksendung der Waren.";
    – Wenn Sie bei einem Fernabsatzvertrag nicht anbieten, die Kosten der Rücksendung der Waren zu tragen, und die Waren aufgrund ihrer Beschaffenheit nicht normal mit der Post zurückgesandt werden können: „Sie tragen die unmittelbaren Kosten der Rücksendung der Waren in Höhe von ... EUR [Betrag einfügen].", oder, wenn die Kosten vernünftigerweise nicht im Voraus berechnet werden können: „Sie tragen die unmittelbaren Kosten der Rücksendung der Waren. Die Kosten werden auf höchstens etwa ... EUR [Betrag einfügen] geschätzt." oder
    – Wenn die Waren bei einem außerhalb von Geschäftsräumen geschlossenen Vertrag aufgrund ihrer Beschaffenheit nicht normal mit der Post zurückgesandt werden können und zum Zeitpunkt des Vertragsschlusses zur Wohnung des Verbrauchers geliefert worden sind: „Wir holen die Waren auf unsere Kosten ab." und
  c) fügen Sie ein: „Sie müssen für einen etwaigen Wertverlust der Waren nur aufkommen, wenn dieser Wertverlust auf einen zur Prüfung der Beschaffenheit, Eigenschaften und Funktionsweise der Waren nicht notwendigen Umgang mit ihnen zurückzuführen ist."

[6] Im Falle eines Vertrags zur Erbringung von Dienstleistungen oder der Lieferung von Wasser, Gas oder Strom, wenn sie nicht in einem begrenzten Volumen oder in einer bestimmten Menge zum Verkauf angeboten werden, oder von Fernwärme fügen Sie Folgendes ein: „Haben Sie verlangt, dass die Dienstleistungen oder Lieferung von Wasser/Gas/Strom/Fernwärme [Unzutreffendes streichen] während der Widerrufsfrist beginnen soll, so haben Sie uns einen angemessenen Betrag zu zahlen, der dem Anteil der bis zu dem Zeitpunkt, zu dem Sie uns von der Ausübung des Widerrufsrechts hinsichtlich dieses Vertrags unterrichten, bereits erbrachten Dienstleistungen im Vergleich zum Gesamtumfang der im Vertrag vorgesehenen Dienstleistungen entspricht."

33 (Fundstelle: BGBl I 13, 3642, 3659, 3665)

Anlage 2

(zu Artikel 246 a § 1 Absatz 2 Satz 1 Nummer 1 und § 2 Absatz 2 Nummer 2 EGBGB)

Muster für das Widerrufsformular

Muster-Widerrufsformular

(Wenn Sie den Vertrag widerrufen wollen, dann füllen Sie bitte dieses Formular aus und senden Sie es zurück.)
– An [hier ist der Name, die Anschrift und gegebenenfalls die Telefaxnummer und E-Mail-Adresse des Unternehmers durch den Unternehmer einzufügen]:
– Hiermit widerrufe(n) ich/wir (*) den von mir/uns (*) abgeschlossenen Vertrag über den Kauf der folgenden Waren (*)/die Erbringung der folgenden Dienstleistung (*)
– Bestellt am (*)/erhalten am (*)
– Name des/der Verbraucher(s)
– Anschrift des/der Verbraucher(s)
– Unterschrift des/der Verbraucher(s) (nur bei Mitteilung auf Papier)
– Datum
(*) Unzutreffendes streichen.

(Fundstelle: BGBl I 13, 2642, 3659, 3666).

Anlage 3

(zu Artikel 246 b § 2 Abs. 3 EGBGB)

Muster für die Widerrufsbelehrung
bei außerhalb von Geschäftsräumen geschlossenen Verträgen
und bei Fernabsatzverträgen über Finanzdienstleistungen

Widerrufsbelehrung

Widerrufsrecht

Sie können Ihre Vertragserklärung innerhalb von 14 Tagen ohne Angabe von Gründen mittels einer eindeutigen Erklärung widerrufen. Die Frist beginnt nach Erhalt dieser Belehrung auf einem dauerhaften Datenträger [1]. Zur Wahrung der Widerrufsfrist genügt die rechtzeitige Absendung des Widerrufs, wenn die Erklärung auf einem dauerhaften Datenträger (z. B. Brief, Telefax, E-Mail) erfolgt. Der Widerruf ist zu richten an: [2]

Widerrufsfolgen [3]

Im Falle eines wirksamen Widerrufs sind die beiderseits empfangenen Leistungen zurückzugewähren. [4] Sie sind zur Zahlung von Wertersatz für die bis zum Widerruf erbrachte Dienstleistung verpflichtet, wenn Sie vor Abgabe Ihrer Vertragserklärung auf diese Rechtsfolge hingewiesen wurden und ausdrücklich zugestimmt haben, dass wir vor dem Ende der Widerrufsfrist mit der Ausführung der Gegenleistung beginnen. Besteht eine Verpflichtung zur Zahlung von Wertersatz, kann dies dazu führen, dass Sie die vertraglichen Zahlungsverpflichtungen für den Zeitraum bis zum Widerruf dennoch erfüllen müssen. Ihr Widerrufsrecht erlischt vorzeitig, wenn der Vertrag von beiden Seiten auf Ihren ausdrücklichen Wunsch vollständig erfüllt ist, bevor Sie Ihr Widerrufsrecht ausgeübt haben. Verpflichtungen zur Erstattung von Zahlungen müssen innerhalb von 30 Tagen erfüllt werden. Die Frist beginnt für Sie mit der Absendung Ihrer Widerrufserklärung, für uns mit deren Empfang.
[5]
Besondere Hinweise
[6]
[7]

(Ort), (Datum), (Unterschrift des Verbrauchers) [8]

Gestaltungshinweise:

[1] Liegt einer der nachstehenden Sonderfälle vor, ist Folgendes einzufügen:
 a) Bei der Erbringung von Finanzdienstleistungen außer Zahlungsdiensten: „, jedoch nicht vor Vertragsschluss und auch nicht vor Erfüllung unserer Informationspflichten gemäß Artikel 246 b § 2 Absatz 1 in Verbindung mit Artikel 246 b § 1 Absatz 1 EGBGB";
 b) Bei Abschluss von Verträgen über die Erbringung von Zahlungsdiensten im Fernabsatz:
  aa) bei Zahlungsdiensterahmenverträgen: „, jedoch nicht vor Vertragsschluss und auch nicht vor Erfüllung unserer Informationspflichten gemäß Artikel 246 b § 2 Absatz 1 in Verbindung mit § 1 Absatz 1 Nummer 7 bis 12, 15 und 19 sowie Artikel 248 § 4 Absatz 1 EGBGB";
  bb) bei Kleinbetragsinstrumenten im Sinne des § 675 i Absatz 1 BGB: „, jedoch nicht vor Vertragsschluss und auch nicht vor Erfüllung unserer Informationspflichten gemäß Artikel 246 b § 2 Absatz 1 in Verbindung mit § 1 Absatz 1 Nummer 7 bis 12, 15 und 19 sowie Artikel 248 § 11 Absatz 1 EGBGB";
  cc) bei Einzelzahlungsverträgen: „, jedoch nicht vor Vertragsschluss und auch nicht vor Erfüllung unserer Informationspflichten gemäß Artikel 246 b § 2 Absatz 1 in Verbindung mit § 1 Absatz 1 Nummer 7 bis 12, 15 und 19 sowie Artikel 248 § 13 Absatz 1 EGBGB".
 c) Bei Abschluss von Verträgen über die Erbringung von Zahlungsdiensten außerhalb von Geschäftsräumen:
  aa) bei Zahlungsdiensterahmenverträgen: „, jedoch nicht vor Vertragsschluss und auch nicht vor Erfüllung unserer Informationspflichten gemäß Artikel 246 b § 2 in Verbindung mit § 1 Absatz 1 Nummer 12 sowie Artikel 248 § 4 Absatz 1 EGBGB";
  bb) bei Kleinbetragsinstrumenten im Sinne des § 675 i Absatz 1 BGB: „, jedoch nicht vor Vertragsschluss und auch nicht vor Erfüllung unserer Informationspflichten gemäß Artikel 246 b § 2 in Verbindung mit § 1 Absatz 1 Nummer 12 sowie Artikel 248 § 11 Absatz 1 EGBGB";
  cc) bei Einzelzahlungsverträgen: „, jedoch nicht vor Vertragsschluss und auch nicht vor Erfüllung unserer Informationspflichten gemäß Artikel 246 b § 2 in Verbindung mit § 1 Absatz 1 Nummer 12 sowie Artikel 248 § 13 Absatz 1 EGBGB".
 Wird für einen Vertrag belehrt, der unter mehrere der vorstehenden Sonderfälle fällt, sind die jeweils zutreffenden Ergänzungen zu kombinieren. Soweit zu kombinierende Ergänzungen sprachlich identisch sind, sind Wiederholungen des Wortlauts nicht erforderlich.
[2] Einsetzen: Name/Firma und ladungsfähige Anschrift des Widerrufsadressaten.
 Zusätzlich können angegeben werden: Telefaxnummer, E-Mail-Adresse und/oder, wenn der Verbraucher eine Bestätigung seiner Widerrufserklärung an den Unternehmer erhält, auch eine Internetadresse.
[3] Dieser Absatz kann entfallen, wenn die beiderseitigen Leistungen erst nach Ablauf der Widerrufsfrist erbracht werden. Dasselbe gilt, wenn eine Rückabwicklung nicht in Betracht kommt (z. B. Hereinnahme einer Bürgschaft).

[4] Bei der Vereinbarung eines Entgeltes für die Duldung einer Überziehung im Sinne des § 505 BGB ist hier Folgendes einzufügen.
„Überziehen Sie Ihr Konto ohne eingeräumte Überziehungsmöglichkeit oder überschreiten Sie die Ihnen eingeräumte Überziehungsmöglichkeit, können wir von Ihnen über die Rückzahlung des Betrags der Überziehung oder Überschreitung hinaus weder Kosten noch Zinsen verlangen, wenn wir Sie nicht ordnungsgemäß über die Bedingungen und Folgen der Überziehung oder Überschreitung (z. B. anwendbarer Sollzinssatz, Kosten) informiert haben."

[5] Bei einem Vertrag über eine entgeltliche Finanzierungshilfe, der von der Ausnahme des § 506 Absatz 4 BGB erfasst ist, gilt Folgendes:
 a) Ist Vertragsgegenstand die Überlassung einer Sache mit Ausnahme der Lieferung von Wasser, Gas oder Strom, die nicht in einem begrenzten Volumen oder in einer bestimmten Menge zum Verkauf angeboten werden, sind hier die konkreten Hinweise entsprechend Gestaltungshinweis 5 Buchstabe a bis c der Anlage 1 zu Artikel 246 a § 1 Absatz 2 Satz 2 EGBGB zu geben.
 b) Ist Vertragsgegenstand die Erbringung einer Dienstleistung, die nicht in der Überlassung einer Sache gemäß Buchstabe a oder in einer Finanzdienstleistung besteht, oder die Lieferung von Wasser, Gas oder Strom, wenn sie nicht in einem begrenzten Volumen oder in einer bestimmten Menge zum Verkauf angeboten werden, oder die Lieferung von Fernwärme, sind hier die konkreten Hinweise entsprechend Gestaltungshinweis 6 der Anlage 1 zu Artikel 246 a § 1 Absatz 2 Satz 2 EGBGB zu geben.
 c) Ist Vertragsgegenstand die Lieferung von nicht auf einem körperlichen Datenträger befindlichen digitalen Inhalten, ist hier folgender Hinweis zu geben: „Sie sind zur Zahlung von Wertersatz für die bis zum Widerruf gelieferten digitalen Inhalte verpflichtet, wenn Sie vor Abgabe Ihrer Vertragserklärung auf diese Rechtsfolge hingewiesen wurden und ausdrücklich zugestimmt haben, dass wir vor dem Ende der Widerrufsfrist mit der Lieferung der digitalen Inhalte beginnen."

[6] Der nachfolgende Hinweis für finanzierte Geschäfte kann entfallen, wenn kein verbundenes Geschäft vorliegt:
„Wenn Sie diesen Vertrag durch ein Darlehen finanzieren und ihn später widerrufen, sind Sie auch an den Darlehensvertrag nicht mehr gebunden, sofern beide Verträge eine wirtschaftliche Einheit bilden. Dies ist insbesondere dann anzunehmen, wenn wir gleichzeitig Ihr Darlehensgeber sind oder wenn sich Ihr Darlehensgeber im Hinblick auf die Finanzierung unserer Mitwirkung bedient. Wenn uns das Darlehen bei Wirksamwerden des Widerrufs oder bei der Rückgabe der Ware bereits zugeflossen ist, tritt Ihr Darlehensgeber im Verhältnis zu Ihnen hinsichtlich der Rechtsfolgen des Widerrufs oder der Rückgabe in unsere Rechte und Pflichten aus dem finanzierten Vertrag ein. Letzteres gilt nicht, wenn der vorliegende Vertrag den Erwerb von Finanzinstrumenten (z. B. von Wertpapieren, Devisen oder Derivaten) zum Gegenstand hat.
Wollen Sie eine vertragliche Bindung so weitgehend wie möglich vermeiden, machen Sie von Ihrem Widerrufsrecht Gebrauch und widerrufen Sie zudem den Darlehensvertrag, wenn Ihnen auch dafür ein Widerrufsrecht zusteht."
Bei einem finanzierten Erwerb eines Grundstücks oder eines grundstücksgleichen Rechts ist Satz 2 des vorstehenden Hinweises wie folgt zu ändern:
„Dies ist nur anzunehmen, wenn die Vertragspartner in beiden Verträgen identisch sind oder wenn der Darlehensgeber über die Zurverfügungstellung von Darlehen hinaus Ihr Grundstücksgeschäft durch Zusammenwirken mit dem Veräußerer fördert, indem er sich dessen Veräußerungsinteressen ganz oder teilweise zu eigen macht, bei der Planung, Werbung oder Durchführung des Projekts Funktionen des Veräußerers übernimmt oder den Veräußerer einseitig begünstigt."

[7] Der nachfolgende Hinweis kann entfallen, wenn kein zusammenhängender Vertrag vorliegt:
„Bei Widerruf dieses Vertrags sind Sie auch an einen mit diesem Vertrag zusammenhängenden Vertrag nicht mehr gebunden, wenn der zusammenhängende Vertrag eine Leistung betrifft, die von uns oder einem Dritten auf der Grundlage einer Vereinbarung zwischen uns und dem Dritten erbracht wird."

[8] Ort, Datum und Unterschriftsleiste können entfallen. In diesem Fall sind diese Angaben entweder durch die Wörter „Ende der Widerrufsbelehrung" oder durch die Wörter „Ihr(e) (einsetzen: Firma des Unternehmers)" zu ersetzen.

35 (Fundstelle: BGBl I 13, 3642, 3659).

Anlage 4
(zu Artikel 247 § 2 EGBGB)

Europäische Standardinformationen für Verbraucherkredite

1. Name und Kontaktangaben des Kreditgebers/Kreditvermittlers

Kreditgeber	[Name]
Anschrift	[Ladungsfähige Anschrift für Kontakte des Verbrauchers]
Telefon[1]	
E-Mail[2]	
Fax[3]	
Internet-Adresse[4]	
(falls zutreffend)	
Kreditvermittler	[Name]
Anschrift	[Anschrift für Kontakte mit dem Verbraucher]
Telefon[5]	
E-Mail[6]	
Fax[7]	
Internet-Adresse[8]	

In allen Fällen, in denen „falls zutreffend" angegeben ist, muss der Kreditgeber das betreffende Kästchen ausfüllen, wenn die Information für den Kreditvertrag relevant ist, oder die betreffende Information bzw. die gesamte Zeile streichen, wenn die Information für die in Frage kommende Kreditart nicht relevant ist.

Die Vermerke in eckigen Klammern dienen zur Erläuterung und sind durch die entsprechenden Angaben zu ersetzen.

2. Beschreibung der wesentlichen Merkmale des Kredits

Kreditart	
Gesamtkreditbetrag	
Obergrenze oder Summe aller Beträge, die aufgrund des Kreditvertrags zur Verfügung gestellt wird	
Bedingungen für die Inanspruchnahme	
Gemeint ist, wie und wann Sie das Geld erhalten	

---

1 Freiwillige Angaben des Kreditgebers
2 Freiwillige Angaben des Kreditgebers
3 Freiwillige Angaben des Kreditgebers
4 Freiwillige Angaben des Kreditgebers
5 Freiwillige Angaben des Kreditgebers
6 Freiwillige Angaben des Kreditgebers
7 Freiwillige Angaben des Kreditgebers
8 Freiwillige Angaben des Kreditgebers

Laufzeit des Kreditvertrags	
Teilzahlungen und gegebenenfalls Reihenfolge, in der die Teilzahlungen angerechnet werden	Sie müssen folgende Zahlungen leisten:
	[Betrag, Anzahl und Periodizität der vom Verbraucher zu leistenden Zahlungen]
	Zinsen und/oder Kosten sind wie folgt zu entrichten:
Von Ihnen zu zahlender Gesamtbetrag	[Summe des Gesamtkreditbetrags und der Gesamtkosten des Kredits]
Betrag des geliehenen Kapitals zuzüglich Zinsen und etwaiger Kosten im Zusammenhang mit Ihrem Kredit	
(falls zutreffend)	
Der Kredit wird in Form eines Zahlungsaufschubs für eine Ware oder Dienstleistung gewährt oder ist mit der Lieferung bestimmter Waren oder der Erbringung einer Dienstleistung verbunden.	
Bezeichnung der Ware oder Dienstleistung	
Barzahlungspreis	
(falls zutreffend)	
Verlangte Sicherheiten	[Art der Sicherheiten]
Beschreibung der von Ihnen im Zusammenhang mit dem Kreditvertrag zu stellenden Sicherheiten	
(falls zutreffend)	
Zahlungen dienen nicht der unmittelbaren Kapitaltilgung	

3. Kreditkosten

Sollzinssatz oder gegebenenfalls die verschiedenen Sollzinssätze, die für den Kreditvertrag gelten	[% – gebunden oder – veränderlich (mit dem Index oder Referenzzinssatz für den anfänglichen Sollzinssatz) – Zeiträume]
Effektiver Jahreszins	[% Repräsentatives Beispiel unter Angabe sämtlicher in die Berechnung des Jahreszinses einfließender Annahmen]
Gesamtkosten ausgedrückt als jährlicher Prozentsatz des Gesamtkreditbetrags	
Diese Angabe hilft Ihnen dabei, unterschiedliche Angebote zu vergleichen.	
Ist	
– der Abschluss einer Kreditversicherung	Ja/Nein
oder	[Falls ja, Art der Versicherung:]
– die Inanspruchnahme einer anderen mit dem Kreditvertrag zusammenhängenden Nebenleistung	Ja/Nein
	[Falls ja, Art der Nebenleistung:]
zwingende Voraussetzung dafür, dass der Kredit überhaupt oder nach den vorgesehenen Vertragsbedingungen gewährt wird?	

Falls der Kreditgeber die Kosten dieser Dienstleistungen nicht kennt, sind sie nicht im effektiven Jahreszins enthalten.	
Kosten im Zusammenhang mit dem Kredit	
(falls zutreffend)	
Die Führung eines oder mehrerer Konten ist für die Buchung der Zahlungsvorgänge und der in Anspruch genommenen Kreditbeträge erforderlich.	
(falls zutreffend)	
Höhe der Kosten für die Verwendung eines bestimmten Zahlungsmittels (z.B. einer Kreditkarte)	
(falls zutreffend)	
Sonstige Kosten im Zusammenhang mit dem Kreditvertrag	
(falls zutreffend)	
Bedingungen, unter denen die vorstehend genannten Kosten im Zusammenhang mit dem Kreditvertrag geändert werden können	
(falls zutreffend)	
Verpflichtung zur Zahlung von Notarkosten	
Kosten bei Zahlungsverzug	
Ausbleibende Zahlungen können schwer wiegende Folgen für Sie haben (z.B. Zwangsverkauf) und die Erlangung eines Kredits erschweren.	Bei Zahlungsverzug wird Ihnen [… (anwendbarer Zinssatz und Regelungen für seine Anpassung sowie gegebenenfalls Verzugskosten)] berechnet.

4. Andere wichtige rechtliche Aspekte

Widerrufsrecht	Ja/Nein
Sie haben das Recht, innerhalb von 14 Kalendertagen den Kreditvertrag zu widerrufen.	
Vorzeitige Rückzahlung	
Sie haben das Recht, den Kredit jederzeit ganz oder teilweise vorzeitig zurückzuzahlen.	
(falls zutreffend)	
Dem Kreditgeber steht bei vorzeitiger Rückzahlung eine Entschädigung zu	[Festlegung der Entschädigung (Berechnungsmethode) gemäß § 502 BGB]
Datenbankabfrage	
Der Kreditgeber muss Sie unverzüglich und unentgeltlich über das Ergebnis einer Datenbankabfrage unterrichten, wenn ein Kreditantrag aufgrund einer solchen Abfrage abgelehnt wird. Dies gilt nicht, wenn eine entsprechende Unterrichtung durch die Rechtsvorschriften der Europäischen Gemeinschaft untersagt ist oder den Zielen der öffentlichen Ordnung oder Sicherheit zuwiderläuft.	
Recht auf einen Kreditvertragsentwurf	

Sie haben das Recht, auf Verlangen unentgeltlich eine Kopie des Kreditvertragsentwurfs zu erhalten. Diese Bestimmung gilt nicht, wenn der Kreditgeber zum Zeitpunkt der Beantragung nicht zum Abschluss eines Kreditvertrags mit Ihnen bereit ist.	
(falls zutreffend)	
Zeitraum, während dessen der Kreditgeber an die vorvertraglichen Informationen gebunden ist	Diese Informationen gelten vom ... bis ...

(falls zutreffend)

5. Zusätzliche Informationen beim Fernabsatz von Finanzdienstleistungen

a) zum Kreditgeber	
(falls zutreffend)	
Vertreter des Kreditgebers in dem Mitgliedstaat, in dem Sie Ihren Wohnsitz haben	[Name]
Anschrift	[Ladungsfähige Anschrift für Kontakte des Verbrauchers]
Telefon[9]	
E-Mail[10]	
Fax[11]	
Internet-Adresse[12]	
(falls zutreffend)	
Eintrag im Handelsregister	[Handelsregister, in das der Kreditgeber eingetragen ist, und seine Handelsregisternummer oder eine gleichwertige in diesem Register verwendete Kennung]
(falls zutreffend)	
Zuständige Aufsichtsbehörde	
b) zum Kreditvertrag	
(falls zutreffend)	
Ausübung des Widerrufsrechts	[Praktische Hinweise zur Ausübung des Widerrufsrechts, darunter Widerrufsfrist, Angabe der Anschrift, an die die Widerruferklärung zu senden ist, sowie Folgen bei Nichtausübung dieses Rechts]
(falls zutreffend)	
Recht, das der Kreditgeber der Aufnahme von Beziehungen zu Ihnen vor Abschluss des Kreditvertrags zugrunde legt	
(falls zutreffend)	

---

9 Freiwillige Angaben des Kreditgebers
10 Freiwillige Angaben des Kreditgebers
11 Freiwillige Angaben des Kreditgebers
12 Freiwillige Angaben des Kreditgebers

Klauseln über das auf den Kreditvertrag anwendbare Recht und/oder das zuständige Gericht	[Entsprechende Klauseln hier wiedergeben]
(falls zutreffend) Wahl der Sprache	Die Informationen und Vertragsbedingungen werden in [Angabe der Sprache] vorgelegt. Mit Ihrer Zustimmung werden wir während der Laufzeit des Kreditvertrags in [Angabe der Sprache(n)] mit Ihnen Kontakt halten.
c) zu den Rechtsmitteln	
Verfügbarkeit außergerichtlicher Beschwerde- und Rechtsbehelfsverfahren und Zugang dazu	[Angabe, ob der Verbraucher, der Vertragspartei eines Fernabsatzvertrags ist, Zugang zu einem außergerichtlichen Beschwerde- und Rechtsbehelfsverfahren hat, und gegebenenfalls die Voraussetzungen für diesen Zugang]

(Fundstelle: BGBl I 13, 3659).

Anlage 5
(zu Artikel 247 § 2 EGBGB)

Europäische Verbraucherkreditinformationen bei
1. Überziehungskrediten
2. Umschuldungen

1. Name und Kontaktangaben des Kreditgebers/Kreditvermittlers

Kreditgeber	[Name]
Anschrift	[Ladungsfähige Anschrift für Kontakte des Verbrauchers]
Telefon[13]	
E-Mail[14]	
Fax[15]	
Internet-Adresse[16]	
(falls zutreffend)	
Kreditvermittler	[Name]
Anschrift	[Ladungsfähige Anschrift für Kontakte des Verbrauchers]
Telefon[17]	
E-Mail[18]	
Fax[19]	
Internet-Adresse[20]	

In allen Fällen, in denen „falls zutreffend" angegeben ist, muss der Kreditgeber das betreffende Kästchen ausfüllen, wenn die Information für den Kreditvertrag relevant ist, oder die betreffen-

---

13 Freiwillige Angaben des Kreditgebers.
14 Freiwillige Angaben des Kreditgebers.
15 Freiwillige Angaben des Kreditgebers.
16 Freiwillige Angaben des Kreditgebers.
17 Freiwillige Angaben des Kreditgebers.
18 Freiwillige Angaben des Kreditgebers.
19 Freiwillige Angaben des Kreditgebers.
20 Freiwillige Angaben des Kreditgebers.

de Information bzw. die gesamte Zeile streichen, wenn die Information für die in Frage kommende Kreditart nicht relevant ist.
Die Vermerke in eckigen Klammern dienen zur Erläuterung und sind durch die entsprechenden Angaben zu ersetzen.

2. Beschreibung der wesentlichen Merkmale des Kredits

Kreditart
Gesamtkreditbetrag
Obergrenze oder Summe aller Beträge, die aufgrund des Kreditvertrags zur Verfügung gestellt wird
Laufzeit des Kreditvertrags
(falls zutreffend)
Sie können jederzeit zur Rückzahlung des gesamten Kreditbetrags aufgefordert werden.

3. Kreditkosten

Sollzinssatz oder gegebenenfalls die verschiedenen Sollzinssätze, die für den Kreditvertrag gelten	[% – gebunden oder – veränderlich (mit dem Index oder Referenzzinssatz für den anfänglichen Sollzinssatz)]
(falls zutreffend) Effektiver Jahreszins[21] Gesamtkosten ausgedrückt als jährlicher Prozentsatz des Gesamtkreditbetrags Diese Angabe hilft Ihnen dabei, unterschiedliche Angebote zu vergleichen.	[% Repräsentatives Beispiel unter Angabe sämtlicher in die Berechnung des Jahreszinses einfließender Annahmen]
(falls zutreffend) Kosten (falls zutreffend) Bedingungen, unter denen diese Kosten geändert werden können	[Sämtliche vom Zeitpunkt des Vertragsabschlusses des Kreditvertrags an zu zahlende Kosten]
Kosten bei Zahlungsverzug	Bei Zahlungsverzug wird Ihnen [... (anwendbarer Zinssatz und Regelungen für seine Anpassung sowie gegebenenfalls Verzugskosten)] berechnet.

---

21 Bei Überziehungsmöglichkeiten nach § 504 Abs. 2 des Bürgerlichen Gesetzbuchs, bei denen der Kredit jederzeit vom Kreditgeber gekündigt werden kann oder binnen drei Monaten zurückgezahlt werden muss, muss der effektive Jahreszins nicht angegeben werden, wenn der Kreditgeber außer den Sollzinsen keine weiteren Kosten verlangt.

4. Andere wichtige rechtliche Aspekte

Beendigung des Kreditvertrags	[Bedingungen und Verfahren zur Beendigung des Kreditvertrags]
Datenbankabfrage	
Der Kreditgeber muss Sie unverzüglich und unentgeltlich über das Ergebnis einer Datenbankabfrage unterrichten, wenn ein Kreditantrag aufgrund einer solchen Abfrage abgelehnt wird. Dies gilt nicht, wenn eine entsprechende Unterrichtung durch die Rechtsvorschriften der Europäischen Gemeinschaft untersagt ist oder den Zielen der öffentlichen Ordnung oder Sicherheit zuwiderläuft.	
(falls zutreffend)	Diese Informationen gelten vom ... bis ...
Zeitraum, während dessen der Kreditgeber an die vorvertraglichen Informationen gebunden ist	

(falls zutreffend)

5. Zusätzliche Informationen, die zu liefern sind, wenn die vorvertraglichen Informationen einen Verbraucherkredit für eine Umschuldung betreffen

Teilzahlungen und gegebenenfalls Reihenfolge, in der die Teilzahlungen angerechnet werden	Sie müssen folgende Zahlungen leisten: [Repräsentatives Beispiel für einen Ratenzahlungsplan unter Angabe des Betrags, der Anzahl und der Periodizität der vom Verbraucher zu leistenden Zahlungen]
Von Ihnen zu zahlender Gesamtbetrag	
Vorzeitige Rückzahlung	
Sie haben das Recht, den Kredit jederzeit ganz oder teilweise vorzeitig zurückzuzahlen.	
(falls zutreffend)	
Dem Kreditgeber steht bei vorzeitiger Rückzahlung eine Entschädigung zu.	[Festlegung der Entschädigung (Berechnungsmethode) gemäß § 502 BGB]

6. Zusätzlich zu gebende Informationen beim Fernabsatz von Finanzdienstleistungen

a) zum Kreditgeber	
(falls zutreffend)	
Vertreter des Kreditgebers in dem Mitgliedstaat, in dem Sie Ihren Wohnsitz haben	[Name]
Anschrift	[Ladungsfähige Anschrift für Kontakte des Verbrauchers]
Telefon[22]	

---

22 Freiwillige Angaben des Kreditgebers.

E-Mail[23]	
Fax[24]	
Internet-Adresse[25]	
(falls zutreffend)	
Eintrag im Handelsregister	[Handelsregister, in das der Kreditgeber eingetragen ist, und seine Handelsregisternummer oder eine gleichwertige in diesem Register verwendete Kennung]
(falls zutreffend)	
zuständige Aufsichtsbehörde	
b) zum Kreditvertrag	
Widerrufsrecht	Ja/Nein
Sie haben das Recht, innerhalb von 14 Kalendertagen den Kreditvertrag zu widerrufen.	[Praktische Hinweise zur Ausübung des Widerrufsrechts, u.a. Anschrift, an die die Widerrufserklärung zu senden ist, sowie Folgen bei Nichtausübung dieses Rechts]
(falls zutreffend)	
Ausübung des Widerrufsrechts	
(falls zutreffend)	
Recht, das der Kreditgeber der Aufnahme von Beziehungen zu Ihnen vor Abschluss des Kreditvertrags zugrunde legt	
(falls zutreffend)	
Klauseln über das auf den Kreditvertrag anwendbare Recht und/oder das zuständige Gericht	[Entsprechende Klauseln hier wiedergeben]
(falls zutreffend)	
Wahl der Sprache	Die Informationen und Vertragsbedingungen werden in [Angabe der Sprache] vorgelegt. Mit Ihrer Zustimmung werden wir während der Laufzeit des Kreditvertrags in [Angabe der Sprache(n)] mit Ihnen Kontakt halten.
c) zu den Rechtsmitteln	
Verfügbarkeit außergerichtlicher Beschwerde- und Rechtsbehelfsverfahren und Zugang zu ihnen	[Angabe, ob der Verbraucher, der Vertragspartei eines Fernabsatzvertrags ist, Zugang zu einem außergerichtlichen Beschwerde- und Rechtsbehelfsverfahren hat, und gegebenenfalls die Voraussetzungen für diesen Zugang]

(Fundstelle: BGBl I 13, 3659).

---

23 Freiwillige Angaben des Kreditgebers.
24 Freiwillige Angaben des Kreditgebers.
25 Freiwillige Angaben des Kreditgebers.

Anlage 6
(zu Artikel 247 § 2 EGBGB)

Europäisches Standardisiertes Merkblatt

Inhalt	Beschreibung	
Einleitungstext	Diese Angaben stellen kein rechtsverbindliches Angebot dar.	
	Die Angaben werden nach Treu und Glauben zur Verfügung gestellt und sind eine genaue Beschreibung des Angebots, das das Kreditinstitut unter aktuellen Marktbedingungen und auf der Basis der vom Kunden bereitgestellten Informationen machen würde. Es sollte allerdings beachtet werden, dass sich die Angaben je nach Marktentwicklung ändern können.	
	Die Aushändigung dieses Informationsmerkblattes verpflichtet den Darlehensgeber nicht automatisch zur Darlehensbewilligung.	
1.	Darlehensgeber und eventuell Darlehensvermittler	
2.	Beschreibung	[In diesem Absatz sollte eine kurze, aber deutliche Beschreibung des vorgeschlagenen Vertrags erfolgen. Dabei sollte verdeutlicht werden, ob – das Darlehen grundpfandrechtlich oder durch eine andere gewöhnlich verwendete Sicherheit zu sichern ist;

Inhalt	Beschreibung	
		– es sich bei dem vorgeschlagenen Vertrag um ein Zinszahlungsdarlehen handelt (d.h. der Darlehensnehmer bedient während der Darlehenslaufzeit nur die Zinsen und zahlt am Ende der Laufzeit den vollen Darlehensbetrag zurück) oder um ein Annuitätendarlehen (d.h. der Darlehensnehmer tilgt während der Darlehenslaufzeit nicht nur Zinsen und Kosten, sondern auch das Darlehen);
		– die Darlehensbedingungen vom zur Verfügung gestellten Eigenkapital des Darlehensnehmers abhängig sind (eventuell beschrieben als Prozentsatz des Wohneigentumswertes);
		– die Darlehensbedingungen von der Bürgschaft eines Dritten abhängig sind.]
3.	Sollzinssatz (anzugeben ist die Art des Sollzinssatzes und die Dauer der festgesetzten Darlehenslaufzeit)	[Dieser Abschnitt sollte Informationen zur wichtigsten Gegenleistung des Darlehens liefern – dem Sollzinssatz. Soweit bedeutsam, sollten Details zur Veränderlichkeit des Sollzinssatzes beschrieben werden, einschließlich u.a. Überprüfungsphasen, ausgesetzter Phasen und verbundener Strafklauseln sowie die Angabe von Zinsmargen, innerhalb derer ein veränderlicher Sollzinssatz schwanken kann usw. Es sollte beschrieben werden, ob sich ein veränderlicher Sollzinssatz auf einen Index oder Referenzzinssatz bezieht oder nicht und, soweit relevant, nähere Angaben zum Index oder Referenzzinssatz.]
4.	Effektiver Jahreszins Gesamtkosten ausgedrückt als jährlicher Prozentsatz des Gesamtkreditbetrags	
5.	Nettodarlehensbetrag und Währung	

Inhalt	Beschreibung	
6.	Gesamtdauer der Darlehensvereinbarung	
7.	Anzahl und Häufigkeit der Ratenzahlung (kann variieren)	
8.	Bei Annuitätendarlehen: Höhe der Ratenzahlung (kann variieren)	
9.	Bei wohnungswirtschaftlichen Zinszahlungsdarlehen: – Höhe jeder regelmäßigen Zinszahlung; – Höhe der regelmäßig zur Vermögensbildung zu leistenden Zahlungen.	[Der Darlehensgeber sollte – reale oder repräsentative – Angaben – zur Höhe und Anzahl jeder regelmäßigen Zinszahlung (vgl. Angaben unter Punkt 7) sowie – zur Höhe und Anzahl der zur Vermögensbildung zu leistenden regelmäßigen Zahlungen (vgl. Angaben unter Punkt 7) liefern. Gegebenenfalls sollte der Darlehensgeber darauf hinweisen, dass die zur Vermögensbildung geleisteten Zahlungen und daraus resultierenden Ansprüche möglicherweise nicht die vollständige Rückzahlung des Darlehens gewährleisten. Falls ein Darlehensgeber Vermögensbildungsverträge in seinem Angebot führt und diese als Teil eines Zinszahlungsdarlehens anbietet, sollte klargestellt werden, ob das Angebot an den vom Darlehensgeber vorgeschlagenen Vermögensbildungsvertrag gebunden ist.]

Inhalt	Beschreibung	
10.	Zusätzliche einmalige Kosten, soweit anwendbar	[Eine Liste aller anfänglichen einmaligen Kosten, die der Darlehensnehmer zum Zeitpunkt der Aufnahme des wohnungswirtschaftlichen Darlehens zahlen muss, muss vorgelegt werden. Falls diese Kosten unter direkter oder indirekter Kontrolle des Darlehensgebers stehen, sollte eine Schätzung der Kosten erfolgen. Soweit dies relevant ist, sollte klargestellt werden, ob die Kosten auch unabhängig von der Darlehensbewilligung entrichtet werden müssen. Solche Kosten könnten z.B. umfassen: – Verwaltungskosten – Kosten für Rechtsberatung – Schätz- und Sachverständigenkosten. Wenn ein Angebot daran gebunden ist, dass der Darlehensnehmer die genannten Dienstleistungen vom Darlehensgeber in Anspruch nimmt, sollte deutlich auf diese Tatsache hingewiesen werden.]
11.	Zusätzliche wiederkehrende Kosten (soweit nicht bereits in Punkt 8 berücksichtigt)	[Diese Liste sollte z.B. beinhalten: – Versicherung bei Zahlungsunfähigkeit (Arbeitslosigkeit oder Todesfall) – Feuerversicherung – Gebäude- und Hausratsversicherung. Wenn ein Angebot daran gebunden ist, dass der Darlehensnehmer die genannten Dienstleistungen vom Darlehensgeber in Anspruch nimmt, sollte deutlich auf diese Tatsache hingewiesen werden.]

Inhalt	Beschreibung	
12.	Vorzeitige Rückzahlung, Kündigungsmöglichkeiten	[Der Darlehensgeber sollte Hinweise geben zu – der Möglichkeit und den Bedingungen der vorzeitigen Rückzahlung – einschließlich eines Hinweises auf jegliche anwendbaren Gebühren. In Fällen, in denen eine genaue Angabe der Kosten zu diesem Zeitpunkt nicht möglich ist, sollte der Hinweis erfolgen, dass ein Betrag vom Darlehensnehmer zu zahlen ist, der ausreicht, um die sich aus der Kündigung für den Darlehensgeber ergebenden Kosten auszugleichen.]
13.	Internes Beschwerdesystem	[Name, Anschrift und Telefonnummer der Kontaktstelle]
14.	Repräsentativer Tilgungsplan	[Der Darlehensgeber sollte einen repräsentativen und zusammenfassenden Tilgungsplan vorlegen, der mindestens folgende Angaben enthalten sollte: – monatliche oder (soweit dies der Fall ist) vierteljährliche Raten für das erste Jahr; – gefolgt von jährlichen Angaben für die gesamte (Rest-)Laufzeit des Darlehens. Der Tilgungsplan sollte auch Angaben – zu den Tilgungszahlungen, – zu den Zinszahlungen, – zur zu zahlenden Restschuld, – zu den einzelnen Raten sowie – zum Gesamtbetrag enthalten. Es sollte deutlich darauf hingewiesen werden, dass der Tilgungsplan lediglich illustrativ ist und eine Warnung enthalten, falls das angebotene wohnungswirtschaftliche Darlehen veränderlich verzinst wird.]
15.	Verpflichtung, das Bank- und Gehaltskonto beim Darlehensgeber zu führen	

Inhalt	Beschreibung	
16.	Widerrufsrecht	Ja/Nein
	Sie haben das Recht, innerhalb von 14 Kalendertagen den Darlehensvertrag zu widerrufen.	
17.	Abtretung, Übertragung	
	Forderungen aus dem Darlehensverhältnis können an Dritte, z.B. Inkassounternehmen, abgetreten werden.	Ja/Nein [Eventuell mit Einschränkungen, z.B. nur bei Zahlungsrückstand]
	Der Darlehensgeber kann das Vertragsverhältnis ohne Ihre Zustimmung auf andere Personen übertragen, z.B. bei einer Umstrukturierung des Geschäfts.	Ja/Nein [Eventuell mit Einschränkungen]
18.	Zusätzliche Informationen im Fernabsatzgeschäft	
	(falls zutreffend)	
Darlehensvermittler oder Vertreter des Darlehensgebers in dem Mitgliedstaat, in dem Sie Ihren Wohnsitz haben	[Name]	
Anschrift	[Ladungsfähige Anschrift für Kontakte des Darlehensnehmers]	
Telefon[26]		
E-Mail[27]		
Fax[28]		
Internet-Adresse[29]		
Eintrag im Handelsregister	[Handelsregister, in das der Darlehensgeber eingetragen ist, und seine Handelsregisternummer oder eine gleichwertige in diesem Register verwendete Kennung]	
Zuständige Aufsichtsbehörde		

---

26 Freiwillige Angaben des Darlehensgebers.
27 Freiwillige Angaben des Darlehensgebers.
28 Freiwillige Angaben des Darlehensgebers.
29 Freiwillige Angaben des Darlehensgebers.

Inhalt	Beschreibung	
Ausübung des Widerrufsrechts	[Praktische Hinweise zur Ausübung des Widerrufsrechts, darunter Angabe der Anschrift, an die die Widerrufserklärung zu senden ist, sowie der Folgen bei Nichtausübung dieses Rechts]	
Rechtsordnungen, die der Darlehensgeber der Aufnahme von Beziehungen zu Ihnen vor Abschluss des Darlehensvertrags zugrunde legt		
Klauseln über das auf den Darlehensvertrag anwendbare Recht und das zuständige Gericht	[Entsprechende Klauseln hier wiedergeben]	
Wahl der Sprache	Die Informationen und Vertragsbedingungen werden in [Angabe der Sprache] vorgelegt. Mit Ihrer Zustimmung werden wir während der Laufzeit des Darlehensvertrags in [Angabe der Sprache(n)] mit Ihnen Kontakt halten.	
Verfügbarkeit außergerichtlicher Beschwerde- und Rechtsbehelfsverfahren und Zugang zu ihnen	[Angabe, ob der Darlehensnehmer Zugang zu einem außergerichtlichen Beschwerde- und Rechtsbehelfsverfahren hat, und gegebenenfalls die Voraussetzungen für diesen Zugang]	
Zeitraum, für den der Darlehensgeber an die vorvertraglichen Informationen gebunden ist	Diese Informationen gelten vom ... bis ...	

In allen Fällen, in denen „falls zutreffend" angegeben ist, muss der Darlehensgeber oder Darlehensvermittler das betreffende Kästchen ausfüllen, wenn die Information für das Darlehen bedeutsam ist, oder die betreffende Information oder gesamte Zeile streichen, wenn die Information für das in Frage kommende Darlehen bedeutungslos ist.

Die Vermerke in eckigen Klammern dienen zur Erläuterung und sind durch die entsprechenden Angaben zu ersetzen.

38 (Fundstelle: BGBl I 13, 3659, 3668).

Anlage 7

(zu Artikel 247 § 6 Absatz 2 und § 12 Absatz 1 EGBGB)

Muster
für eine Widerrufsinformation für Verbraucherdarlehensverträge

---

Widerrufsinformation

Widerrufsrecht

Der Darlehensnehmer* kann seine Vertragserklärung innerhalb von 14 Tagen ohne Angabe von Gründen widerrufen. Die Frist beginnt nach Abschluss des Vertrags, aber erst, nachdem der Darlehensnehmer alle Pflichtangaben nach § 492 Absatz 2 BGB (z. B. Angabe zur Art des Darlehens, Angabe zum Nettodarlehensbetrag, Angabe zur Vertragslaufzeit) erhalten hat. Der Darlehensnehmer hat alle Pflichtangaben erhalten, wenn sie in der für den Darlehensnehmer bestimmten Ausfertigung seines Antrags oder in der für den Darlehensnehmer bestimmten Ausfertigung der Vertragsurkunde oder in einer für den Darlehensnehmer bestimmten Abschrift seines Antrags oder der Vertragsurkunde enthalten sind und dem Darlehensnehmer eine solche Unterlage zur Verfügung gestellt worden ist. Über in den Vertragstext nicht aufgenommene Pflichtangaben kann der Darlehensnehmer nachträglich auf einem dauerhaften Datenträger informiert werden; die Widerrufsfrist beträgt dann einen Monat. Der Darlehensnehmer ist mit den nachgeholten Pflichtangaben nochmals auf den Beginn der Widerrufsfrist hinzuweisen. Zur Wahrung der Widerrufsfrist genügt die rechtzeitige Absendung des Widerrufs, wenn die Erklärung auf einem dauerhaften Datenträger (z. B. Brief, Telefax, E-Mail) erfolgt. Der Widerruf ist zu richten an: [1]

[2]
[2a]
[2b]
[2c]

Widerrufsfolgen

Soweit das Darlehen bereits ausbezahlt wurde, hat es der Darlehensnehmer spätestens innerhalb von 30 Tagen zurückzuzahlen und für den Zeitraum zwischen der Auszahlung und der Rückzahlung des Darlehens den vereinbarten Sollzins zu entrichten. Die Frist beginnt mit der Absendung der Widerrufserklärung. Für den Zeitraum zwischen Auszahlung und Rückzahlung ist bei vollständiger Inanspruchnahme des Darlehens pro Tag ein Zinsbetrag in Höhe von [3] Euro zu zahlen. Dieser Betrag verringert sich entsprechend, wenn das Darlehen nur teilweise in Anspruch genommen wurde. [4] [5]

[6]
[6a]
[6b]
[6c]
[6d]
[6e]
[6f]
[6g]

Gestaltungshinweise

[1] Hier sind einzufügen: Name/Firma und ladungsfähige Anschrift des Widerrufsadressaten. Zusätzlich können angegeben werden: Telefaxnummer, E-Mail-Adresse und/oder, wenn der Darlehensnehmer eine Bestätigung seiner Widerrufserklärung an den Darlehensgeber erhält, auch eine Internet-Adresse.
[2] Bei Anwendung der Gestaltungshinweise [2a], [2b] oder [2c] ist hier folgende Unterüberschrift einzufügen: „Besonderheiten bei weiteren Verträgen".

[2a] Bei einem verbundenen Vertrag nach § 358 BGB ist hier einzufügen:
   a) wenn der Vertrag nicht den Erwerb von Finanzinstrumenten zum Gegenstand hat:
      „– Widerruft der Darlehensnehmer diesen Darlehensvertrag, so ist er auch an den [einsetzen: Bezeichnung des verbundenen Vertrags] (im Folgenden: verbundener Vertrag)** nicht mehr gebunden.
      – Steht dem Darlehensnehmer in Bezug auf den [einsetzen***: verbundenen Vertrag] ein Widerrufsrecht zu, so ist er mit wirksamem Widerruf des [einsetzen***: verbundenen Vertrags] auch an den Darlehensvertrag nicht mehr gebunden. Für die Rechtsfolgen des Widerrufs sind die in dem [einsetzen***: verbundenen Vertrag] getroffenen Regelungen und die hierfür erteilte Widerrufsbelehrung maßgeblich."
   b) wenn der Vertrag den Erwerb von Finanzinstrumenten zum Gegenstand hat:
      „– Widerruft der Darlehensnehmer den [einsetzen: Bezeichnung des verbundenen Vertrags], so ist er auch an den Darlehensvertrag nicht mehr gebunden."
[2b] Bei einem Geschäft, dessen Vertragsgegenstand (die Leistung des Unternehmers) in dem Verbraucherdarlehensvertrag genau angegeben ist und das nicht gleichzeitig die Voraussetzungen eines verbundenen Vertrags gemäß § 358 BGB erfüllt, obwohl das Darlehen ausschließlich zu dessen Finanzierung dient (angegebenes Geschäft gemäß § 360 Absatz 2 Satz 2 BGB), ist hier Folgendes einzufügen:
   „– Steht dem Darlehensnehmer in Bezug auf das [einsetzen: Bezeichnung des im Darlehensvertrag angegebenen Geschäfts] (im Folgenden: angegebenes Geschäft)** ein Widerrufsrecht zu, so ist er mit wirksamem Widerruf des angegebenen Geschäfts auch an diesen Darlehensvertrag nicht mehr gebunden."
[2c] Bei einem mit einem Verbraucherdarlehensvertrag zusammenhängenden Vertrag (§ 360 BGB), der nicht gleichzeitig die Voraussetzungen eines verbundenen Vertrags gemäß § 358 BGB erfüllt, kann hier Folgendes eingefügt werden:
   „– Steht dem Darlehensnehmer in Bezug auf diesen Darlehensvertrag ein Widerrufsrecht zu, so ist er mit wirksamem Widerruf des Darlehensvertrags auch an den [einsetzen: Bezeichnung des mit dem Darlehensvertrag zusammenhängenden Vertrags] (im Folgenden: zusammenhängender Vertrag)** nicht mehr gebunden."
[3] Hier ist der genaue Zinsbetrag in Euro pro Tag einzufügen. Centbeträge sind als Dezimalstellen anzugeben.
[4] Ist das Darlehen durch ein Grundpfandrecht gesichert, ist hier Folgendes einzufügen:
„Wenn der Darlehensnehmer nachweist, dass der Wert seines Gebrauchsvorteils niedriger war als der Vertragszins, muss er nur den niedrigeren Betrag zahlen. Dies kann z. B. in Betracht kommen, wenn der marktübliche Zins geringer war als der Vertragszins."
[5] Erbringt der Darlehensgeber gegenüber öffentlichen Stellen Aufwendungen gemäß § 357a Absatz 3 Satz 4 BGB und will er sich für den Fall des Widerrufs die Geltendmachung dieses Anspruchs vorbehalten, ist hier Folgendes einzufügen:
„– Der Darlehensnehmer hat dem Darlehensgeber auch die Aufwendungen zu ersetzen, die der Darlehensgeber gegenüber öffentlichen Stellen erbracht hat und nicht zurückverlangen kann.".
[6] Bei Anwendung der Gestaltungshinweise [6a], [6b], [6c], [6d], [6e], [6f] oder [6g] ist hier als Unterüberschrift einzufügen:
„Besonderheiten bei weiteren Verträgen"
Dies gilt nicht, wenn bei einer entgeltlichen Finanzierungshilfe ausschließlich der Hinweis [6d] verwandt wird und weitere Verträge nicht vorliegen.
Liegen mehrere weitere Verträge nebeneinander vor, kann im Folgenden die Unterrichtung gemäß den anwendbaren Gestaltungshinweisen auch durch eine entsprechende, jeweils auf den konkreten Vertrag bezogene, wiederholte Nennung der Hinweise erfolgen.
[6a] Bei einem verbundenen Vertrag nach § 358 BGB, der nicht den Erwerb von Finanzinstrumenten zum Gegenstand hat, ist hier Folgendes einzufügen:
„– Steht dem Darlehensnehmer in Bezug auf [einsetzen***: den verbundenen Vertrag] ein Widerrufsrecht zu, sind im Falle des wirksamen Widerrufs [einsetzen***: des verbundenen

Vertrags] Ansprüche des Darlehensgebers auf Zahlung von Zinsen und Kosten aus der Rückabwicklung des Darlehensvertrags gegen den Darlehensnehmer ausgeschlossen."

[6b] Bei einem verbundenen Vertrag nach § 358 BGB, der nicht den Erwerb von Finanzinstrumenten zum Gegenstand hat, oder bei einem zusammenhängenden Vertrag, wenn von Gestaltungshinweis [2c] Gebrauch gemacht wurde, ist hier Folgendes einzufügen:
„– Ist der Darlehensnehmer aufgrund des Widerrufs dieses Darlehensvertrags an [einsetzen***: den verbundenen Vertrag und/ oder den zusammenhängenden Vertrag] nicht mehr gebunden, sind insoweit die beiderseits empfangenen Leistungen zurückzugewähren."

[6c] Bei einem verbundenen Vertrag nach § 358 BGB über die Überlassung einer Sache oder bei einem zusammenhängenden Vertrag, gerichtet auf die Überlassung einer Sache, wenn von Gestaltungshinweis [2c] Gebrauch gemacht wurde, ist hier nachstehender Unterabsatz einzufügen:
„– Der Darlehensnehmer ist nicht verpflichtet, die Sache zurückzusenden, wenn der an [einsetzen***: dem verbundenen Vertrag oder dem zusammenhängenden Vertrag] beteiligte Unternehmer angeboten hat, die Sachen abzuholen. Grundsätzlich trägt der Darlehensnehmer die unmittelbaren Kosten der Rücksendung der Waren. Dies gilt nicht, wenn der an [einsetzen***: dem verbundenen Vertrag oder dem zusammenhängenden Vertrag] beteiligte Unternehmer sich bereit erklärt hat, diese Kosten zu tragen, oder er es unterlassen hat, den Verbraucher über die Pflicht, die unmittelbaren Kosten der Rücksendung zu tragen, zu unterrichten. Bei außerhalb von Geschäftsräumen geschlossenen Verträgen, bei denen die Waren zum Zeitpunkt des Vertragsschlusses zur Wohnung des Verbrauchers geliefert worden sind, ist der Unternehmer verpflichtet, die Waren auf eigene Kosten abzuholen, wenn die Waren so beschaffen sind, dass sie nicht per Post zurückgesandt werden können."
Der Unterabsatz kann wie folgt ergänzt werden:
„Wenn der Darlehensnehmer die aufgrund [einsetzen***: des verbundenen Vertrags oder des zusammenhängenden Vertrags] überlassene Sache nicht oder teilweise nicht oder nur in verschlechtertem Zustand zurückgewähren kann, hat er insoweit Wertersatz zu leisten. Dies kommt allerdings nur in Betracht, wenn der Wertverlust auf einen Umgang mit den Waren zurückzuführen ist, der zur Prüfung der Beschaffenheit, der Eigenschaften und der Funktionsweise der Waren nicht notwendig war."

[6d] Bei einem Vertrag über eine entgeltliche Finanzierungshilfe gilt Folgendes:
a) Ist Vertragsgegenstand die Überlassung einer Sache mit Ausnahme der Lieferung von Wasser, Gas oder Strom, die nicht in einem begrenzten Volumen oder in einer bestimmten Menge zum Verkauf angeboten werden, sind hier die konkreten Hinweise entsprechend Gestaltungshinweis [5] Buchstabe a und b der Anlage 1 zu Artikel 246 a § 1 Absatz 2 Satz 2 EGBGB zu geben.
Diese können durch die konkreten Hinweise entsprechend Gestaltungshinweis [5] Buchstabe c der Anlage 1 zu Artikel 246 a § 1 Absatz 2 Satz 2 EGBGB ergänzt werden.
b) Ist Vertragsgegenstand die Erbringung einer Finanzdienstleistung, kann hier folgender Hinweis gegeben werden:
„Der Darlehensnehmer ist zur Zahlung von Wertersatz für die bis zum Widerruf erbrachte Dienstleistung verpflichtet, wenn er ausdrücklich zugestimmt hat, dass vor dem Ende der Widerrufsfrist mit der Ausführung der Gegenleistung begonnen wird Besteht eine Verpflichtung zur Zahlung von Wertersatz, kann dies dazu führen, dass der Darlehensnehmer die vertraglichen Zahlungsverpflichtungen für den Zeitraum bis zum Widerruf dennoch erfüllen
c) Ist Vertragsgegenstand die Erbringung einer Dienstleistung, die nicht in der Überlassung einer Sache gemäß Buchstabe a oder in einer Finanzdienstleistung besteht, oder die Lieferung von Wasser, Gas oder Strom, wenn sie nicht in einem begrenzten Volumen oder in einer bestimmten Menge zum Verkauf angeboten werden, oder die Lieferung von Fernwärme, können hier die konkreten Hinweise entsprechend Gestaltungshinweis 6 der Anlage 1 zu Artikel 246 a § 1 Absatz 2 Satz 2 EGBGB gegeben werden.
d) Ist Vertragsgegenstand die Lieferung von nicht auf einem körperlichen Datenträger befindlichen digitalen Inhalten, kann hier folgender Hinweis gegeben werden:

„Der Darlehensnehmer ist zur Zahlung von Wertersatz für die bis zum Widerruf gelieferten digitalen Inhalte verpflichtet, wenn er ausdrücklich zugestimmt hat, dass vor dem Ende der Widerrufsfrist mit der Lieferung der digitalen Inhalte begonnen wird."

[6e] Bei einem angegebenen Geschäft nach § 360 Absatz 2 Satz 2 BGB ist hier Folgendes einzufügen:

„–Ist der Darlehensnehmer aufgrund des Widerrufs des [einsetzen***: angegebenen Geschäfts] an den Darlehensvertrag nicht mehr gebunden, führt das hinsichtlich des Darlehensvertrags zu den gleichen Folgen, die eintreten würden, wenn der Darlehensvertrag selbst widerrufen worden wäre (vgl. oben unter „Widerrufsfolgen")."

[6f] Bei einem verbundenen Vertrag nach § 358 BGB, der nicht den Erwerb von Finanzinstrumenten zum Gegenstand hat, ist hier Folgendes einzufügen:

„– Wenn der Darlehensnehmer infolge des Widerrufs des Darlehensvertrags nicht mehr an den weiteren Vertrag gebunden ist oder infolge des Widerrufs des weiteren Vertrags nicht mehr an den Darlehensvertrag gebunden ist, gilt ergänzend Folgendes: Ist das Darlehen bei Wirksamwerden des Widerrufs dem Vertragspartner des Darlehensnehmers aus [einsetzen***: dem verbundenen Vertrag] bereits zugeflossen, tritt der Darlehensgeber im Verhältnis zum Darlehensnehmer hinsichtlich der Rechtsfolgen des Widerrufs in die Rechte und Pflichten des Vertragspartners aus dem weiteren Vertrag ein."

Dieser Hinweis entfällt, wenn der Darlehensgeber zugleich Vertragspartner des Darlehensnehmers aus dem weiteren Vertrag ist.

[6g] Bei einem verbundenen Vertrag nach § 358 BGB, der nicht den Erwerb von Finanzinstrumenten zum Gegenstand hat, sind hier folgende Überschrift und folgender Hinweis einzufügen:

„**Einwendungen bei verbundenen Verträgen**"

„Der Darlehensnehmer kann die Rückzahlung des Darlehens verweigern, soweit ihn Einwendungen berechtigen würden, seine Leistung gegenüber dem Vertragspartner aus dem verbundenen Vertrag zu verweigern. Dies gilt nicht, wenn das finanzierte Entgelt weniger als 200 Euro beträgt oder wenn der Rechtsgrund für die Einwendung auf einer Vereinbarung beruht, die zwischen dem Darlehensnehmer und dem anderen Vertragspartner nach dem Abschluss des Darlehensvertrages getroffen wurde. Kann der Darlehensnehmer von dem anderen Vertragspartner Nacherfüllung verlangen, so kann er die Rückzahlung des Darlehens erst verweigern, wenn die Nacherfüllung fehlgeschlagen ist."

Dieser Hinweis und die Überschrift können entfallen, wenn der Darlehensgeber weiß, dass das finanzierte Entgelt weniger als 200 Euro beträgt.

* Die Vertragsparteien können auch direkt angesprochen werden (z.B. „Sie", „Wir"). Es kann auch die weibliche Form der jeweiligen Bezeichnung und/oder die genaue Bezeichnung der Vertragsparteien verwendet werden. Es können auch die Bezeichnungen „Kreditnehmer" und „Kreditgeber" verwendet werden. Bei entgeltlichen Finanzierungshilfen sind die Bezeichnungen entsprechend anzupassen, beispielsweise mit „Leasinggeber" und „Leasingnehmer". Die weitergehende Anpassungspflicht für entgeltliche Finanzierungshilfen gemäß Artikel 247 § 12 Absatz 1 Satz 5 EGBGB bleibt unberührt.

** Dieser Klammerzusatz entfällt bei durchgängiger genauer Bezeichnung des Vertrags/Geschäfts.

*** Die Bezugnahme auf den betreffenden Vertrag/auf das betreffende Geschäft kann nach erstmaliger genauer Bezeichnung im Weiteren durch Verwendung der allgemeinen Bezeichnung des jeweiligen Vertrags/Geschäfts (verbundener Vertrag, angegebenes Geschäft, zusammenhängender Vertrag) erfolgen.

Abschnitt 1
Inhalt der Schuldverhältnisse
Titel 1
Verpflichtung zur Leistung

§ 241 Pflichten aus dem Schuldverhältnis

(1) ¹Kraft des Schuldverhältnisses ist der Gläubiger berechtigt, von dem Schuldner eine Leistung zu fordern. ²Die Leistung kann auch in einem Unterlassen bestehen.
(2) Das Schuldverhältnis kann nach seinem Inhalt jeden Teil zur Rücksicht auf die Rechte, Rechtsgüter und Interessen des anderen Teils verpflichten.

I. Die Vorschrift setzt das **Schuldverhältnis** als Rechtsbegriff voraus und bestimmt allg, 1 welche Wirkungen es hat. Als seine Hauptwirkung ergibt sich aus Abs 1 die Berechtigung, eine Leistung zu fordern. Nach Abs 2 können sich aus dem Schuldverhältnis auch Schutzpflichten für die Rechte, Rechtsgüter und Interessen des anderen Teils ergeben. Vor der Erweiterung des § 241 um diesen Abs wurden derartige Schutzpflichten für das Integritätsinteresse der Gegenseite überw iR des jeweiligen Schuldverhältnisses auf § 242 gestützt.

II. 1. **Voraussetzung** ist das Bestehen eines **Schuldverhältnisses** als rechtliche Sonderbe- 2 ziehung zwischen zwei Personen; gemeint ist dabei das Schuldverhältnis ieS (Vor §§ 241–853 Rn 15). Der **Gläubiger** als Berechtigter des Schuldverhältnisses und der **Schuldner** als Verpflichteter müssen verschiedene Personen sein. Vereinigt sich nach Entstehen des Schuldverhältnisses die Person des Gläubigers mit der des Schuldners, erlischt das Schuldverhältnis durch **Konfusion** (Vor §§ 362–397 Rn 2). Gleiches gilt nach hM in der Ausnahmelage eines völligen Wegfalls der juristischen Persönlichkeit des Schuldners ohne Rechtsnachfolge und Liquidation. Gläubiger und Schuldner müssen dabei bestimmt oder zumindest bestimmbar sein (zur Bestimmbarkeit und Auswechselbarkeit des Gläubigers beim Vertrag zugunsten Dritter § 328 Rn 7, § 332 Rn 1). Weitere Voraussetzung für die Wirksamkeit des Schuldverhältnisses ist die Bestimmtheit oder zumindest Bestimmbarkeit der zu erbringenden Leistung (zum Leistungsbegriff Rn 3).

2. **Rechtsfolge** des Schuldverhältnisses ist nach **Abs 1 S 1** die Berechtigung des Gläubi- 3 gers, vom Schuldner die **Leistung** zu fordern. Der Begriff der Leistung ist weit gefasst; eine Leistung kann grds in jeder Zuwendung von wirklichen oder vermeintlichen Vorteilen liegen. Regelmäßig, aber nicht notwendig (RGZ 87, 293) haben die zugewandten Vorteile Vermögenswert; ausreichend ist jedes rechtlich schutzwürdige Interesse des Gläubigers.

3. Nach **Abs 2** kann das Schuldverhältnis Pflichten zur Rücksichtnahme auf die andere 4 Partei beinhalten und sich damit auf den **Schutz des Integritätsinteresses** richten. Die Regelung beruht darauf, dass die Beteiligten innerhalb einer rechtlichen Sonderverbindung idR darauf angewiesen sind, ihre Rechtspositionen und Interessen Einwirkungen des anderen Teiles auszusetzen. Daraus erwächst für beide Seiten die Pflicht, bei der Durchführung des Schuldverhältnisses Schädigungen des anderen Teiles zu vermeiden und insb die erforderliche Sorgfalt für seine Gesundheit, sein Eigentum sowie seine sonstigen Rechte und Rechtsgüter walten zu lassen (so schon vor Erl des Abs 2 RGZ 78, 240; BGH NJW-RR 95, 1244). Derartige **Schutzpflichten** begründen anders als die Pflichten des Abs 1 keinen Leistungsanspruch. Ihre Erfüllung ist nicht einklagbar; ihre Verletzung führt aber unter den Voraussetzungen des § 280 I zum allg Schadensersatz, gem §§ 280 I, III, 282 zum Schadensersatz statt der Leistung und bei gegenseitigen Verträgen nach § 324 zu Rücktrittsrechten. Schutzpflichten können entweder als **Nebenpflichten** iR eines Schuldverhältnisses neben der Leistungspflicht bestehen (zB Pflicht des Verkäufers, bei der Anlieferung der Ware nicht Einrichtungsgegenstände des Käufers zu beschädigen) oder ohne das Bestehen einer Leistungspflicht den alleinigen Inhalt des Schuldverhältnisses bilden (zB bei der cic; § 311 II, III). Unabhän-

gig von einer Leistungspflicht im jeweiligen Verhältnis bestehen Schutzpflichten gem Abs 2 ua bei dem Vertrag mit Schutzwirkung zugunsten Dritter (§ 328 Rn 12) und bei der Schutzwirkung nichtiger Verträge. Ebenso wie die Leistungspflichten nach Abs 1 können sie kraft Gesetzes entstehen (zur cic als rechtsgeschäftsähnliches Schuldverhältnis § 311 Rn 12) oder auf rechtsgeschäftlicher Grundlage beruhen (insb als vertragliche Nebenpflichten; anders aber die Lehre vom einheitlichen Schutzverhältnis, nach der die Schutzpflichten bei der Vertragsanbahnung und -durchführung insgesamt einem eigenständigen, gesetzlich begründeten Schuldverhältnis zuzuordnen sind; so Canaris JZ 65, 475; dag Huber AcP 177, 296; offengelassen bei den Gesetzgebungsarbeiten zum SMG; vgl BT-Drucks 14/6040, 126). Bei Schuldverhältnissen, die sich auf die Erbringung einer Leistung richten, sind die Schutzpflichten iSd Abs 2 zwar in der Praxis von besonders großer Bedeutung, bilden aber nur eine Art der Nebenpflichten unter anderen. Von den Schutzpflichten als unselbständigen Nebenpflichten zu unterscheiden sind die selbständigen Nebenpflichten, die sich aufgrund einzelner gesetzlicher Bestimmungen (zB §§ 402, 666, 681, 687 II, 713) oder des § 242 va auf Auskunft und Rechenschaft sowie auf Mitwirkung zur Erreichung des Vertragszweckes richten können (§ 242 Rn 17, 19). Zur Abgrenzung zwischen leistungsbezogenen Nebenpflichten und unselbständigen Nebenpflichten s Rn 8.

5 Die Verpflichtung aus Abs 2 kann **jeden Teil** des Schuldverhältnisses treffen. Auch der Gläubiger einer Leistungspflicht gem Abs 1 kann daher Schuldner der Schutzpflicht nach Abs 2 sein. Gegenstand der Verpflichtung ist die **Rücksicht auf die Rechte, Rechtsgüter und Interessen** des anderen Teils. Die Schutzpflichten erstrecken sich nicht nur auf Rechte iSd § 823 I, sondern zB auch auf das Vermögen als solches und auf rechtlich geschützte Interessen wie die Entscheidungsfreiheit. Bestehen, Art und Ausmaß der Verpflichtung bestimmen sich jeweils nach dem **Inhalt des Schuldverhältnisses.** Soweit nicht einzelne Schutzpflichten gesetzlich geregelt (zB §§ 535 I 2, 536 c, 618, 701) oder durch Parteivereinbarung genau festgelegt sind, ist für die Bestimmung der Schutzpflichten auf die konkreten Umstände des Einzelfalles abzustellen. Zu berücksichtigen sind hins des Inhalts des Schuldverhältnisses zu dessen Rechtscharakter und Dauer sowie die Intensität des damit verbundenen sozialen Kontaktes. ZB begründen Vertragstypen mit starker persönlicher Bindung (Arbeitsvertrag, Gesellschaftsvertrag) und Dauerschuldverhältnisse (Vor §§ 311 bis 319 Rn 24) in erweitertem Umfang Schutzpflichten. Auch der Zweck eines Vertrages ist als ein Element zur Bestimmung des Inhalts des Schuldverhältnisses einzubeziehen. IE können sich damit aus Abs 2 vielfältige Pflichten unterschiedlicher Art ergeben.

6 Eine **Hauptgruppe der Schutzpflichten** hat die Fürsorge und die **Obhut** insb für Leben und Gesundheit sowie Eigentum und sonstiges Vermögen der anderen Partei zum Gegenstand. Diese Pflichten richten sich ua auf Vermeidung von Gesundheitsgefährdungen aller Art (zur Rücksichtnahme auf Nichtraucher mit Rauchallergie OLG Frankfurt/M NJW-RR 94, 633 f); Obhut für Sachen des anderen (zB bei der Beförderung, bei der Überlassung zur Reparatur und bei Rückgabe wegen einer Beanstandung); uU Absicherung gegen existenzgefährdende Ansprüche (so zugunsten des angestellten Kfz-Fahrers durch Abschluss einer Kaskoversicherung mit Selbstbeteiligung seitens des Arbeitgebers; LAG Bremen VersR 80, 1182; Hübsch BB 98, 690; aA BAG NJW 88, 2820). Auch in weiteren Fällen erfordern Schutzpflichten im heutigen Rechtsverkehr die **Gewährleistung von Versicherungsschutz**, insb bei Kfz (zB Schutzpflicht des Halters ggü dem berechtigten Fahrer hins der Haftpflichtversicherung, BGH VersR 71, 430; des Kfz-Händlers ggü dem Kunden bei Probefahrten hins einer Kaskoversicherung, BGH NJW 86, 1099 f; anders aber bei Überführungsfahrten, OLG Karlsruhe NJW-RR 99, 779 und bei Agenturtätigkeit, OLG Hamm NJW-RR 99, 778), bei Überlassung besonders gefährdeter Wertgegenstände (so für den Juwelier hins einer Diebstahlversicherung für Schmuck, den er für einen Kunden zu bearbeiten hat; vgl OLG Frankfurt/M NJW-RR 86, 107); bei Sportrisiken (für einen Reitsportverein BGH NJW-RR 86, 574; Abgrenzung iE str).

7 Eine andere Hauptgruppe der Schutzpflichten bilden zahlreiche **Aufklärungspflichten** (Hinweis-, Anzeige-, Offenbarungs-, Mitteilungs- bzw allg **Informationspflichten**). Bei

derartigen Pflichten hat eine Partei die andere unaufgefordert über Umstände zu informieren, die dieser unbekannt, aber für ihre Entscheidungen bei Zustandekommen oder Durchführung des Schuldverhältnisses erheblich sind. Eine allg Aufklärungspflicht besteht nicht (BGH NJW 87, 2084; NJW-RR 91, 170). Einzelne Pflichten zur Aufklärung und Mitteilung sind gesetzlich geregelt (zB §§ 355 II, 469, 536 c, 663, 694; InfoVO; § 12 a I 2 ArbGG; 31 II Nr 2 WpHG). Darüber hinaus besteht die Pflicht zur Aufklärung nach den Umständen entspr dem jeweiligen Inhalt des Schuldverhältnisses, insb nach Art und Gegenstand des Geschäftes (mit Unterschieden zB bei alltäglichen und Risikogeschäften, Umsatzgeschäften und Dauerschuldverhältnissen; einfachen Verbrauchsgütern, Ausrüstungsgegenständen, Immobilien oder Unternehmen, vgl BGH NJW-RR 87, 1306; zu Kapitalanlagegeschäften Köndgen NJW 96, 569 f). Zu berücksichtigen ist auch der Erfahrungs- und Wissensabstand zwischen den Parteien (zu besonderer Unerfahrenheit einer Partei BGH NJW 92, 302; zu Wissensvorteilen BGH NJW 98, 306, dort verneint, bejaht in OLG Köln NJW 05, 1666; zu besonderer Fach- und Sachkunde beim Rechtsanwalt BGHZ 89, 181; beim Arzt BGH NJW 96, 778 f; bei der Bank BGHZ 100, 120). Abs 2 umfasst damit einen weiten Kreis von Aufklärungspflichten, der früher aus dem Grundsatz von Treu und Glauben unter Berücksichtigung der Verkehrsanschauungen abgeleitet wurde (vgl 1. Aufl § 242 Rn 19). Aufklärungspflichten können ggf in Warnpflichten übergehen (BGHZ 64, 49 ff; 116, 65). Auch ohne das Bestehen einer Aufklärungspflicht dürfen die Parteien einander keine positiven **Falschinformationen** geben (zum Ausnahmefall der Falschauskunft auf die Frage des Arbeitgebers nach der Schwangerschaft einer Bewerberin § 123 Rn 4; zu Angaben „ins Blaue hinein", BGH NJW 06, 2839, 2840). Zur Haftung aus § 311 III s dort Rn 21 f; zum Auskunftsvertrag vgl § 675 Rn 8 ff.

Soweit innerhalb eines Schuldverhältnisses Schutzpflichten als unselbständige Neben- **8** pflichten mit einer Leistungspflicht iSd Abs 1 verbunden sind, kann in einzelnen Fällen die **Abgrenzung** Schwierigkeiten bereiten. Maßgeblich ist grds, ob die jeweilige Pflicht der Erbringung der geschuldeten Leistung (Leistungsinteresse) oder dem Schutz der sonstigen Rechte, Rechtsgüter und Interessen der anderen Partei (Integritäts- oder Schutzinteresse) dient. In einer auf die Erbringung der Leistung gerichteten **Verhaltenspflicht** kann uU aber auch **zugleich eine Schutzpflicht** hins der (sonstigen) Rechte der anderen Partei oder Dritter liegen (sog doppelrelevante Pflichten); zB kann die Pflicht des Verkäufers zur Aufklärung über die Bedienungsweise eines Gerätes ebenso dazu dienen, die geschuldete Leistung (Lieferung eines sachgemäß verwendbaren Kaufgegenstandes) zu erbringen, wie dazu, den Käufer oder seine Mitarbeiter vor Gesundheitsbeeinträchtigungen bei Gebrauch des Gerätes zu schützen (dazu Medicus/Lorenz, SchR I, Rn 503 ff). Praktisch bedeutsam ist die Unterscheidung va, weil bei der Verletzung leistungsbezogener Nebenpflichten Schadensersatzansprüche statt der Leistung und Rücktrittsrechte gem §§ 280 I, III, 281 I; 323 I nur nach Fristsetzung in Betracht kommen, während bei einer Verletzung unselbständiger Schutzpflichten die qualifizierten Voraussetzungen der §§ 280 I, 282; 324 (insb Unzumutbarkeit) vorliegen müssen. Nach **richtiger Ansicht** sind die §§ 280 I, 281 I, 323 I einschlägig, soweit durch die Pflichtverletzung die geschuldete Hauptleistung, also das Äquivalenzinteresse des Verletzten beeinträchtigt wird (Medicus/Petersen BR, Rn 247 a f; Madaus Jura 04, 291 f mwN; vgl auch BT-Drucks 14/6040, 141; str). Lässt die Nebenpflichtverletzung dag die Hauptleistung unberührt, so liegt eine Pflichtverletzung gem Abs 2 vor; Schadensersatzansprüche und Rücktrittsrechte richten sich dementspr allein nach §§ 280 I, III, 282; 324.

III. 1. Weder durch Abs 1 noch durch allg für das Schuldrecht festgelegt ist, ob der Be- **9** griff „Leistung" sich auf die Vornahme der geschuldeten Handlung bezieht (**Leistungshandlung**) oder auf das Ergebnis der Leistungshandlung (**Leistungserfolg**). Nach der Art des Schuldverhältnisses können Leistungshandlung und -erfolg zusammenfallen (sog **tätigkeitsbezogene Schuldverhältnisse** bzw nicht erfolgsbezogene Betätigungspflichten; zB bei §§ 611, 662). Dag fallen bei **erfolgsbezogenen Schuldverhältnissen** Leistungshandlung und -erfolg auseinander (zB §§ 433, 535, 631). Durch Auslegung der jeweiligen Vorschrift insb nach ihrem Zweck und Regelungszusammenhang (vgl

BGHZ 12, 268) ist zu ermitteln, was sie mit „Leistung" meint: die Leistungshandlung (so §§ 243 II, 269, 271), den Leistungserfolg (zB § 362) oder beides (so überw im Leistungsstörungsrecht).

10 2. Die Leistung kann darin bestehen, etwas zu tun (**positive Leistung**) oder etwas zu unterlassen (**negative Leistung**). Als positive Leistung kommt zB das Herausgeben oder Verschaffen von Sachen, die Zahlung von Geld, das Erbringen von vielfältigen Dienstleistungen, die Gebrauchsüberlassung, das Verschaffen von Rechten oder die Übernahme einer Einstandspflicht in Betracht.

11 Das **Unterlassen** als negative Leistung kann sich auf jede Tätigkeit beziehen, zu der der Schuldner berechtigt wäre. Hauptpflicht ist ein Unterlassen ua bei Unterlassungsverträgen im Wettbewerbsrecht, Vereinbarungen über die Abstandnahme vom Bieten in der Versteigerung und vertraglichen Bauverboten. Als selbständige Nebenpflicht wird ein Unterlassen zB aufgrund des Wettbewerbsverbots bei dem Verkauf eines Unternehmens geschuldet. Der Unterlassungsanspruch ist durch Klage durchsetzbar (nach hM jedoch nur, falls Zuwiderhandlungen zu besorgen sind; weiter gehend Köhler AcP 190, 511). Auf ein Unterlassen richten sich daneben vielerlei unselbständige Nebenpflichten. So verbinden sich allg die positiven Leistungspflichten mit der unselbständigen Nebenpflicht, Beeinträchtigungen des Leistungserfolges zu unterlassen. Aus Abs 2 erwachsen zudem Unterlassungspflichten als Nebenpflichten hins des Integritätsinteresses der anderen Partei.

12 Die **Duldung** ist eine besondere Form der Unterlassungspflicht. Sie verpflichtet eine Partei dazu, die Ausübung ihr an sich zustehender Abwehr- oder Gegenrechte zu unterlassen (vgl zB § 1004 II).

13 Nicht auf einem Unterlassungsanspruch aufgrund einer vertraglichen Haupt- oder Nebenpflicht beruht die **vorbeugende Unterlassungsklage**. Ihre Grundlage bildet vielmehr eine gesetzliche Pflicht zur Unterlassung; dementspr richtet sie sich spezifisch auf den Schutz absoluter Rechte und absolut geschützter Rechtsgüter (dazu § 823 Rn 28).

§ 241a Unbestellte Leistungen[1]

(1) Durch die Lieferung beweglicher Sachen, die nicht auf Grund von Zwangsvollstreckungsmaßnahmen oder anderen gerichtlichen Maßnahmen verkauft werden (Waren), oder durch die Erbringung sonstiger Leistungen durch einen Unternehmer an den Verbraucher wird ein Anspruch gegen den Verbraucher nicht begründet, wenn der Verbraucher die Waren oder sonstigen Leistungen nicht bestellt hat.
[Abs 1 gilt bis zum 12.6.14 in folgender Fassung:]
(1) Durch die Lieferung unbestellter Sachen oder durch die Erbringung unbestellter sonstiger Leistungen durch einen Unternehmer an einen Verbraucher wird ein Anspruch gegen diesen nicht begründet.
(2) Gesetzliche Ansprüche sind nicht ausgeschlossen, wenn die Leistung nicht für den Empfänger bestimmt war oder in der irrigen Vorstellung einer Bestellung erfolgte und der Empfänger dies erkannt hat oder bei Anwendung der im Verkehr erforderlichen Sorgfalt hätte erkennen können.
(3) Von den Regelungen dieser Vorschrift darf nicht zum Nachteil des Verbrauchers abgewichen werden. Die Regelungen finden auch Anwendung, wenn sie durch anderweitige Gestaltungen umgangen werden.
[Abs 3 gilt bis zum 12.6.14 in folgender Fassung:]
(3) Eine unbestellte Leistung liegt nicht vor, wenn dem Verbraucher statt der bestellten eine nach Qualität und Preis gleichwertige Leistung angeboten und er darauf hin-

---

[1] Diese Vorschrift dient der Umsetzung von Artikel 9 der Richtlinie 97/7/EG des Europäischen Parlaments und des Rates vom 20. Mai 1997 über den Verbraucherschutz bei Vertragsabschlüssen im Fernabsatz (ABl. EG Nr. L 144 S. 19).

gewiesen wird, dass er zur Annahme nicht verpflichtet ist und die Kosten der Rücksendung nicht zu tragen hat.

[Die Kommentierung basiert auf der ab 13.6.14 geltenden Fassung.]

I. Die Vorschrift wurde im Rahmen der Umsetzung von Art 9 Fernabsatz-RL sowie Art 9 Fernabsatz-RL FDL durch das Gesetz über Fernabsatzverträge und andere Fragen des Verbraucherrechts sowie zur Umstellung von Vorschriften auf Euro vom 27.6.00 eingeführt und im Zuge der Umsetzung der Verbraucherrechte-RL umgestaltet. Sie regelt die Lieferung unbestellter Waren und die Erbringung unbestellter sonstiger Leistungen; die systematische Einordnung des § 241 a zwischen den schuldrechtlichen Vorschriften der § 241 und § 242 hat im Schrifttum überw Kritik hervorgerufen (Flume ZIP 00, 1427). Zur Diskussion Berger JuS 01, 649 ff; Deckers NJW 01, 1474 ff; Lienhard NJW 03, 3592 ff; Link NJW 03, 2811 ff. 1

II. 1. Voraussetzungen: Eine **Warenlieferung** oder die Erbringung einer **sonstigen Leistung** an einen **Verbraucher** (§ 13) muss von einem **Unternehmer** (§ 14) ausgeführt oder veranlasst worden sein. Der Leistungsempfänger ist dabei bereits als Verbraucher anzusehen, wenn die Voraussetzungen des § 13 im Falle des Zustandekommens eines Vertrages mit dem Unternehmer erfüllt wären (unabhängig davon, dass es in den Fällen des § 241 a idR gar nicht zu einem Vertragsschluss kommt). Im Rechtsverkehr unter Unternehmern (vgl Palandt/Heinrichs § 241 a Rn 10) oder unter Privaten ist die Vorschrift dag nicht anwendbar. Lieferung und Leistungserbringung umfassen alle Formen der Übermittlung, die zum Erhalt der Sache oder Leistung durch den Verbraucher führen (zB persönliche Anlieferung, Postversand). Sonstige Leistungen sind insb Werk- und Dienstleistungen. Zur Umsetzung des Art 27 Verbraucherrechte-RL ist auch der Begriff der „Ware" gem Art 2 Nr 3 Verbraucherrechte-RL eingeführt worden. Da § 241 a die erste Vorschrift im BGB ist, die den Begriff verwendet, wird er an dieser Stelle entsprechend der RL definiert. 2

Die Waren oder sonstigen Leistungen müssen **unbestellt** sein. Der Verbraucher darf daher vor der Lieferung weder ein Angebot abgegeben haben, noch in sonstiger Weise die Sendung in zurechenbarer Weise veranlasst haben (uU durch eine invitatio ad offerendum). Ist ein Vertrag zwischen Verbraucher und Unternehmer bereits abgeschlossen worden, so wird eine bestellte Leistung nicht durch eine Anfechtung (§§ 119 ff) zur unbestellten; Gleiches gilt für Fälle des versteckten Dissenses (MK/Finkenhauer § 241 a Rn 13). Abgrenzungsschwierigkeiten können sich insb bei einem bestehenden Geschäftskontakt, an dem der Verbraucher bereits aktiv beteiligt war, ergeben. **Abs 3** wurde durch das Gesetz zur Umsetzung der Verbraucherrechte-RL geändert. Seine bisherige Fassung, nach der eine unbestellte Leistung unter den genannten Voraussetzungen nicht vorlag, widersprach Art 27 der RL. Abs 3 aF stellte klar, dass die Lieferung einer anderen Ware als der bestellten unter zwei kumulativen Voraussetzungen nicht als unbestellte Leistung iSd Abs 1 anzusehen ist: bei **Gleichwertigkeit** nach Qualität und Preis sowie bei **Hinweis** darauf, dass keine Verpflichtung zur Annahme und zur Kostentragung für die Rücksendung besteht (iE Deckers NJW 01, 1475). Zum Verhältnis zwischen § 241 a und der Falschlieferung beim Stückkauf vgl Thier AcP 203, 410 ff. Möchte der Unternehmer nach neuer Rechtslage eine qualitativ und preislich gleichwertige andere Leistung versenden, so muss er sich hierüber zuvor mit dem Verbraucher geeinigt haben, um § 241 a auszuschließen und Ansprüche gegen diesen geltend machen zu können (BT-Drucks 17/12637, S. 45). Außerdem statuiert Abs 3 nun ein Verbot, zum Nachteil des Verbrauchers von § 241 a abzuweichen oder die Vorschrift zu umgehen. Dies dient der Umsetzung des Art 25 Verbraucherrechte-RL. Zur Frage, ob Telefoneinwahlprogramme (sog Dialer), die sich unbemerkt auf dem Rechner des Verbrauchers von selbst installieren, unbestellte Leistungen iS des Abs 1 sind oder im Einzelfall bereits eine ergänzende Vertragsauslegung iVm § 16 III Telekommunikations-Kundenschutzverordnung einen Zahlungsanspruch des Netzbetreibers entfallen lässt, vgl BGH NJW 04, 1590 ff; Lienhard NJW 03, 3592 ff. 3

Abs 2 enthält zwei **Eingrenzungen** des weit gefassten Abs 1. Die eine betrifft Leistungen, die **nicht für den Empfänger bestimmt** waren (insb die Fehlleitung, also Übersen- 4 dung an den falschen Empfänger), die andere die Zusendung an den richtigen Empfänger in der **irrigen Annahme** des Vorliegens **einer Bestellung**. In beiden Fällen muss als subjektive Voraussetzung auf der Seite des Unternehmers die Vorstellung bestehen, dass eine Bestellung vorliege. Auf der Seite des Verbrauchers muss als weitere Voraussetzung hinzutreten, dass der Fehler **erkannt** oder **fahrlässig verkannt** wurde (aA Jauernig/Mansel § 241 a Rn 4). Liefert der Unternehmer absichtlich eine ggü der ursprünglichen Bestellung höherwertige Sache und beachtet die Hinweispflichten gem Abs 3, so findet Abs 2, 2. Alt entspr Anwendung (Casper ZIP 00, 1609; MK/Finkenhauer § 241 a Rn 19).

5 **2. Rechtsfolgen: a)** Abs 1 ordnet den **Ausschluss von Ansprüchen** gegen den Verbraucher an. Dem Erbringer der unbestellten Leistung stehen danach weder vertragliche noch gesetzliche Ansprüche aufgrund der Lieferung zu. Hins der **vertraglichen Ansprüche** liegt darin lediglich eine Klarstellung der Rechtslage nach den allg Grundsätzen für den Vertragsschluss (§§ 145 ff): Im Erbringen einer Leistung kann allenfalls das (konkludente) Angebot zu einem Vertragsschluss liegen; das Schweigen des Empfängers begründet keine Annahme (§ 147 Rn 3). Daher kommt weder ein Vertrag über den Leistungsbezug (Kauf-, Dienst- oder Werkvertrag) noch ein Verwahrungsvertrag hins der gelieferten Gegenstände zustande. Nur im Handelsverkehr kann davon abw das Schweigen ausnahmsweise aufgrund der Sondervorschrift des § 362 HGB als Annahme gelten.

6 Aus der systematischen Stellung des § 241 a im ersten Abschnitt des Schuldrechts (und nicht im Vertragsrecht) sowie im Umkehrschluss aus Abs 2 ergibt sich, dass der Ausschluss von Ansprüchen gegen den Verbraucher in Abs 1 auch **außervertragliche Ansprüche** umfasst. § 241 a verbindet das Anliegen des Individualschutzes für den Verbraucher aufgrund der Zwecke der mittlerweile durch die Verbraucherrechte-RL abgelösten Fernabsatz-RL und der Fernabsatz-RL FDL mit dem Ziel einer präventiven Einflussnahme auf das Marktverhalten von Leistungsanbietern, indem er die Erbringung unbestellter Leistungen unter die Sanktionsdrohung des Ausschlusses von Ansprüchen stellt. Diesem Normzweck entspr ist der Ausschluss weit gefasst. Unabhängig vom Verschuldensgrad des Verbrauchers und von einem Mitverschulden des Leistungserbringers im Einzelfall sind alle gesetzlichen Ansprüche auf Nutzungsherausgabe und alle gesetzlichen Ersatzansprüche des Unternehmers gegen den Verbraucher, für die die Erbringung der unbestellten Leistung (mit)ursächlich ist, ausgeschlossen, gleichgültig, ob diese im Bereicherungs-, Delikts- oder Eigentumsrecht wurzeln (RegE, BT-Drucks 14/2658, 46).

7 Ein vollständiger **Ausschluss** auch **der Ansprüche auf Herausgabe** aus §§ 985 und 812 erscheint dag **zweifelhaft**. Der Ausschluss aller Nutzungsherausgabe- und Ersatzansprüche bewirkt bereits eine derartig hohe Risikobelastung des Lieferanten unbestellter Waren, dass die zusätzliche Versagung des Herausgabeanspruchs kaum noch einen weiteren Steuerungserfolg hins des Marktverhaltens versprechen kann. Der Normzweck erfordert daher nicht den systemwidrigen völligen Ausschluss der Herausgabeansprüche und den damit verbundenen dauerhaften Ausschluss des Eigentümers von Besitz und Nutzung der Sache. Vielmehr erfasst nach vorzugswürdiger Auffassung § 241 a die Herausgabeansprüche aus §§ 985 und 812 nicht, soweit der Verbraucher die Sache ohne Beeinträchtigung seiner schutzwürdigen tatsächlichen und rechtlichen Belange herausgeben kann und der Unternehmer sie auf eigene Kosten abholt (anders wohl die hM; s Palandt/Grüneberg § 241 a Rn 7; MK/Finkenhauer § 241 a Rn 33; Lorenz JuS 00, 841). Dem Verbraucher erwachsen daraus insb deshalb keine Rechtsnachteile, die dem Zweck des § 241 a und den zugrunde liegenden RL zuwiderlaufen würden, weil er nicht zur Aufbewahrung der Sache verpflichtet und selbst bei Untergang oder Vernichtung keinen Ersatzansprüchen ausgesetzt ist. – Zum Verhältnis zur GoA eines Unternehmers für einen Verbraucher Hau NJW 01, 2863.

8 **b)** Der Verbraucher erwirbt idR **kein Eigentum** an der unbestellt zugesandten Sache, denn das Übereignungsangebot steht regelmäßig unter der aufschiebenden Bedingung des Kaufvertragsschlusses und der vollständigen Kaufpreiszahlung. Auch ein gesetzlicher Eigentumserwerb scheidet aus; § 241 a ist kein gesetzlicher Eigentumserwerbstat-

bestand. Da § 241 a nur Ansprüche des Unternehmers ausschließt, nicht aber Rechte oder Ansprüche des Verbrauchers ggü dem Unternehmer begründet, hat der Verbraucher nach hM auch **kein Recht zum Besitz** an der unbestellt zugesandten Sache (iE Schwarz NJW 01, 1452; aA Palandt/Grüneberg § 241 a Rn 7). Bei verbotener Eigenmacht (§ 858 I, II 1) stehen ihm aber die Selbsthilferechte nach § 859 sowie Ansprüche gem §§ 861 f zu, die er ggf auch gegen den Unternehmer als Eigentümer geltend machen kann.

c) **Ansprüche** des Unternehmers **gegen Dritte** werden durch § 241 a nicht ausgeschlossen. Dementspr kann der Unternehmer vom Dritten Herausgabe der Sache gem § 985 oder § 816 I 2 verlangen, soweit der Dritte beim Eigentumserwerb bösgläubig war oder die Sache unentgeltlich erworben hat (iE Schwarz NJW 01, 1454).

3. Mit der Zusendung der unbestellten Ware bzw dem Erbringen der Leistung unterbreitet der Unternehmer ein **Angebot** zum Vertragsschluss. Die rechtliche Missbilligung, die in § 241 a ggü der unbestellten Leistungserbringung zum Ausdruck kommt, erfasst weder nach dem Wortlaut noch nach dem Zweck der Vorschrift die Wirksamkeit dieses Angebots. Der Verbraucher kann das Angebot ausdrücklich und grds auch konkludent nach den allg Regeln annehmen. Nach dem Zweck der Vorschrift und der zugrunde liegenden Wertung der schützenswerten Interessen sollen aber die bloße Ingebrauchnahme und der bloße Verbrauch – uU abw von § 151 – nicht bereits zu einer vertraglichen Bindung führen. Dies entspricht auch Art 27 S 2 Verraucherrechte-RL. Danach „gilt das Ausbleiben einer Antwort des Verbrauchers auf eine solche unbestellte Lieferung oder Erbringung nicht als Zustimmung."; eine ähnliche Formulierung enthält auch Art 9 Fernabsatz-RL FDL. Die Wertung des § 241 a ist bei der Auslegung des Verhaltens des Verbrauchers zu berücksichtigen. Für das Vorliegen einer Annahme ist daher ein über die Ingebrauchnahme bzw den Verbrauch hinausgehendes Erklärungsverhalten erforderlich. Dabei ist sorgfältig zu prüfen, ob im Einzelfall ein derartiges Verhalten des Verbrauchers die allg Voraussetzungen der Abgabe einer Willenserklärung erfüllt. Auch wenn ein Vertrag zustande kommt, kann dem Verbraucher zudem ein Widerrufsrecht gem § 312 d zustehen.

§ 242 Leistung nach Treu und Glauben

Der Schuldner ist verpflichtet, die Leistung so zu bewirken, wie Treu und Glauben mit Rücksicht auf die Verkehrssitte es erfordern.

I. Allgemeines 1	1. Sonderverbindung 11
1. Allgemeines 1	2. Treu und Glauben 12
2. Anwendungsbereich 3	III. Hauptanwendungsbereiche 15
3. Abgrenzungen 6	1. Art und Weise der Leistung .. 15
4. Treu und Glauben in anderen Rechtsordnungen 10	2. Nebenpflichten 17
	3. Unzulässige Rechtsausübung 21
II. Tatbestandliche Voraussetzungen 11	4. Verwirkung infolge Zeitablaufs 42

I. 1. § 242 bestimmt seinem Wortlaut nach die Art und Weise, in der der Schuldner seine Leistung zu erbringen hat (das „Wie" der Leistung). Rspr und Lehre haben der Vorschrift eine weit darüber hinausgehende **Bedeutung** gegeben, indem sie aus ihr den **allg Rechtsgrundsatz** hergeleitet haben, dass jedermann in Ausübung seiner Rechte und Erfüllung seiner Pflichten nach Treu und Glauben zu handeln hat (BGHZ 85, 48; entspr dem Wortlaut von Art 2 I Schweizerisches Zivilgesetzbuch). Er ist für den Rechtsverkehr insgesamt maßgeblich und muss als Generalklausel auf seinen vielfältigen Anwendungsgebieten jeweils unter Berücksichtigung der Umstände des Einzelfalles wertend konkretisiert werden. Dabei ist auf die anderen Grundsätze und Wertentscheidungen der Rechtsordnung ebenso wie auf die spezifischen Bestimmungen des betr Rechtsgebiets und ggf die jeweiligen Vertragsinhalte und -zwecke sorgfältig Bedacht zu nehmen. Der aus § 242 entwickelte Grundsatz ermächtigt nicht zu einer „Billigkeitsjustiz", die die Rechtsfolgen aus Gesetz oder Vertrag von Fall zu Fall durch angemessener erscheinende Ergebnisse ersetzen könnte. Vielmehr richtet er sich gegen treuwidriges Verhalten und dient in seinen einzelnen Anwendungsbereichen der Vermeidung „untragbarer Ergebnisse" (vgl BGHZ 102, 105). Im Interesse der Rechtssicherheit und Rechtsklarheit muss sich seine Anwendung an einzelnen Rechtsinstituten und tatbeständlichen Konkretisierungen ausrichten, die Rspr und Lehre zur Ausfüllung der weit gespannten Generalklausel entwickelt haben und die allg anerkannt sind.

2 Die Kriterien für die nähere Bestimmung der Anwendungs- bzw **Funktionsbereiche** des Grundsatzes von Treu und Glauben sind iE umstritten. Üblicherweise werden insb folgende Funktionen unterschieden: Schon dem Wortlaut nach konkretisiert § 242 die **Art und Weise der Leistung** durch den Schuldner. Aus der Bestimmung, wie die Leistung zu erbringen ist, ergibt sich eine nähere Festlegung und uU Erweiterung des Inhalts der Hauptleistungspflicht (Rn 15 ff). Viel weiter reicht die – über den Wortlaut hinausgreifende – **Ergänzungsfunktion**: Aufgrund von Treu und Glauben kann der Inhalt des Schuldverhältnisses durch die **Begr von Nebenpflichten** ergänzungsbedürftig sein; insb durch Auskunfts-, Aufklärungs- und Mitwirkungspflichten bei der Vorbereitung, Durchführung und Absicherung der Leistung. Mit den Schutzpflichten, die früher zum Großteil nur auf § 242 gestützt wurden, befasst sich nunmehr § 241 II (dort Rn 4 ff). Ebenso wie diese Schutzpflichten entstehen die leistungsbezogenen Nebenpflichten, die von § 241 I nicht erfasst sind, aufgrund von Treu und Glauben für beide Seiten, also für den Schuldner und für den Gläubiger, der auch seinerseits durch sein Verhalten den Eintritt des Leistungserfolges nicht gefährden darf (Rn 11). Ebenfalls mit weit über den Wortlaut des § 242 hinausreichender Bedeutung bilden Treu und Glauben eine **Begrenzung** für die Ausübung von Rechten und hindern die **unzulässige Rechtsausübung** (Rn 21 ff). Neben der Begr von Pflichten und der Begrenzung der Rechtsausübung in einzelnen Fällen und Fallgruppen hat der Grundsatz von Treu und Glauben zur Ausbildung und Fortentwicklung von **Rechtsinstituten** gedient, die zT die herkömmliche Rechtssystematik erheblich verändert haben („**Kreativfunktion**"). Insb haben Lehre und Rspr aus ihm das Institut des Fehlens oder Wegfalls der Geschäftsgrundlage entwickelt, bevor es das SMG als **Störung der Geschäftsgrundlage** nunmehr in § 313 gesetzlich geregelt hat.

3 **2. a)** Die **Anwendbarkeit** des Grundsatzes von Treu und Glauben setzt nach hM eine **rechtliche Sonderverbindung** voraus (BGH NJW 96, 2724; aA Staud/Looschelders/Olzen § 249 Rn 127 f; offengelassen in BGHZ 102, 102). Für ihr Vorliegen genügt aber bereits jeder qualifizierte soziale Kontakt (Weber JuS 49, 635), außer vertraglichen und gesetzlichen Schuldverhältnissen zB die Beziehung zwischen den Beteiligten eines nichtigen Rechtsgeschäftes (BGHZ 85, 48), Rechtsbeziehungen aufgrund eines Wettbewerbsverstoßes (BGH NJW 90, 1905) oder Nachwirkungen eines Vertrages.

4 Bei Bestehen dieser allg Voraussetzung ist der Grundsatz von Treu und Glauben nicht nur im Schuldrecht, sondern für das **gesamte Privatrecht** anwendbar (zB zur Anwendung auf eine erbvertragliche Heiratsklausel BVerfG NJW 00, 2495). Auch im Verfahrensrecht und im öffentlichen Recht gilt er, soweit sich nicht aus der Eigenart der Rechtsgebiete und den jeweiligen Regelungszwecken Einschränkungen ergeben. Bei der Zwangsvollstreckung kommt er in der Praxis insb wegen unzulässiger Rechtsausübung zur Anwendung (BGHZ 1, 181; 57, 111).

5 **b)** Die Erfordernisse von Treu und Glauben sind grds **zwingend**. Im **Prozess** ist ein Verstoß gegen sie vAw zu berücksichtigen (BGHZ 37, 152). Die **Beweislast** trägt regelmäßig die Partei, die durch das Gebot von Treu und Glauben begünstigt wird (BGHZ 12, 160).

6 **3. Abgrenzungen: a)** Vor der Anwendung objektiver Kriterien aufgrund von § 242 ist bei Verträgen der Parteiwille durch **Auslegung nach §§ 133, 157** – ggf auch mithilfe ergänzender Vertragsauslegung (§ 157 Rn 4) – festzustellen. Maßgeblich ist für § 157 das rechtliche Wollen der Parteien, hingegen für § 242 das rechtliche Sollen (vgl BGHZ 16, 8). Trotz dieses Unterschiedes zwischen subjektiver und objektiver Ausrichtung stimmen die Wertungskriterien beider Vorschriften weithin überein. Insb bei der Begr

vertraglicher Nebenpflichten greifen ergänzende Vertragsauslegung und Anwendung des aus § 242 entwickelten Rechtsgedankens oft ineinander, so dass die Rspr trotz des prinzipiellen Vorrangs der Vertragsauslegung vor der Bestimmung der Pflichten aufgrund von § 242 zuweilen §§ 157, 242 gemeinsam anführt (BGHZ 48, 301; 87, 317; BGH NJW 89, 2626).

b) Der Anwendungsbereich des § 138 ist ggü § 242 enger. In einem Verstoß gegen die guten Sitten liegt stets zugleich ein Verstoß gegen Treu und Glauben; hingegen muss ein treuwidriges Verhalten nicht immer sittenwidrig sein. Im Verhältnis zu § 134 bildet § 242 kein Verbotsgesetz, so dass ein Verstoß gegen Treu und Glauben nicht bereits zur Nichtigkeit des Rechtsgeschäfts nach § 134 führt. 7

c) Im Unterschied zu § 242 setzen das **Schikaneverbot** (§ 226) und die **sittenwidrige vorsätzliche Schädigung** (§ 826) keine Sonderverbindung voraus und führen zu einem Schadensersatzanspruch (§ 226 iVm § 823 II). Die enge Fassung des Tatbestandes von § 226 und die höheren Anforderungen an die Sittenwidrigkeit als an den Verstoß gegen Treu und Glauben (Rn 7) belassen diesen Vorschriften aber nur geringe praktische Bedeutung neben dem Verbot der unzulässigen Rechtsausübung aufgrund von Treu und Glauben. 8

d) Für den Inhalt von AGB enthalten §§ 305 ff besondere Vorschriften. Nach BAG NJW 05, 3305, stellen diese eine abschließende Konkretisierung von Treu und Glauben im Hinblick auf eine allgemeine, allein den Inhalt einer Regelung überprüfende Angemessenheitskontrolle dar. § 242 bildet aber weiterhin die Grundlage der Inhaltskontrolle, soweit diese Bestimmungen gem § 310 nicht anwendbar sind (BGHZ 101, 353 ff; zur Ähnlichkeit der Kontrollmaßstäbe nach § 242 und AGB-Recht zB bei Gesellschaftsverträgen mit stillen Gesellschaftern BGH NJW 01, 1271). Zudem stützt sich die Rspr bei der Überprüfung von AGB nach §§ 307 ff weithin auf Ansätze, die bereits vor Erlass des AGBG aufgrund des § 242 entwickelt wurden. 9

4. Auch im **Privatrecht anderer Staaten** und im **Europäischen Unionsrecht** haben Rechtsgedanken, die wie § 242 eine historische Grundlage im Begriff der **bona fides** haben, Ausdruck gefunden, jedoch in jeweils unterschiedlicher Gestalt und überw in viel engeren Grenzen als im deutschen Recht (vgl Zimmermann/Whittaker; zum Einwand des Rechtsmissbrauchs im Europäischen Privatrecht Fleischer JZ 03, 865). Zumeist wird dabei ebenfalls eine objektive Bedeutung iSd deutschen Begriffs von Treu und Glauben von dem subjektiv verstandenen „guten Glauben" unterschieden. Obgleich das englische Recht herkömmlich den Grundsatz von Treu und Glauben nicht kennt (an seiner Stelle aber zT Begriffe wie „reasonableness" verwendet), hat er auch für internationale Handelsverträge zB in Art 1.7 UNIDROIT-Grundregeln für internationale Handelsverträge (Basistexte, III.15) sowie in Art 1:201 Lando-Principles (Basistexte, III.10) Anerkennung gefunden. Die Verwendung von Treu und Glauben als Begriff des Unionsrechts ist insb für das Handelsvertreterrecht aufgrund von Art 3 I, 4 I Handelsvertreter-RL (Basistexte, I.45) und bei der Auslegung von § 307 für Verbraucherverträge aufgrund von Art 3 Klausel-RL zu berücksichtigen. Nach Ansicht des EuGH (NJW 04, 1647, Rs C-237/02, Rn 22) hat der Gerichtshof allerdings nur die allg Kriterien des Art 3 Klausel-RL auszulegen, ohne die Anwendung dieser allg Kriterien für eine bestimmte Klausel im Einzelfall zu prüfen. Soweit die Auslegung des Begriffs Treu und Glauben durch den EuGH hins ihrer allg Kriterien künftig von dem früheren Verständnis von Treu und Glauben in § 9 AGBG durch die deutsche Rspr und Lehre abweichen sollte, wird zu prüfen sein, inwieweit eine unterschiedliche Auslegung von Treu und Glauben in § 307 bei Verbraucher- und bei Nichtverbraucherverträgen durch eine angleichende Weiterentwicklung der bisherigen deutschen Begriffsausfüllung vermieden werden kann. 10

II. **Tatbestandliche Voraussetzungen:** 1. Zwischen den Parteien muss eine **Sonderverbindung** bestehen (Rn 3). Über den Wortlaut von § 242 hinaus betrifft die Verpflichtung zum Verhalten nach Treu und Glauben nicht nur den **Schuldner**, sondern auch den **Gläubiger** und nicht nur die Leistungsbewirkung, sondern die Ausübung der Rechte und Erfüllung der Pflichten insgesamt (Rn 2). 11

12 **2. a)** Bei den Tatbestandsmerkmalen **Treu und Glauben** handelt es sich um besonders ausfüllungsbedürftige Begriffe, die § 242 den Charakter einer **Generalklausel** geben. Das BGB verwendet sie auch in §§ 157, 162, 320 II, 815. Für ihre jeweils spezifische Konkretisierung in den einzelnen Funktions- und Anwendungsbereichen des aus § 242 entwickelten Grundsatzes kann der **Wortsinn** nur den Ausgangspunkt bieten: **Treue** bezeichnet im Verhältnis der Beteiligten eine Haltung, die Verlässlichkeit, Aufrichtigkeit und Rücksichtnahme einschließt. **Glauben** bedeutet das Vertrauen auf eine derartige Haltung der anderen Partei. Die Wortverbindung enthält damit das Erfordernis redlichen und loyalen Verhaltens unter billiger Rücksichtnahme auf berechtigte Interessen der anderen Seite. Dieses Erfordernis schließt den Gedanken des Vertrauensschutzes ein (BGHZ 94, 351).

13 **b)** Bei der näheren Bestimmung der Erfordernisse von Treu und Glauben ist zunächst die **Verkehrssitte** zu berücksichtigen. Abzustellen ist insofern auf die tatsächliche Übung in den betr Verkehrskreisen. Dies gilt allerdings nur, wenn die betr Übung nicht ihrerseits Treu und Glauben oder sonstigen Anforderungen der Rechtsordnung widerspricht und damit zur „Verkehrsunsitte" wird (§ 276 Rn 15). Über die Verkehrssitte hinaus sind zur Ausfüllung der Anforderungen von Treu und Glauben ggf grdlg Wertentscheidungen der Rechtsordnung, insb die **Wertordnung des Grundgesetzes**, heranzuziehen. Wie über andere Generalklauseln erlangen damit auch über § 242 va die Wertentscheidungen, die in den Grundrechten und in Strukturprinzipien des GG (wie dem Sozialstaatsprinzip) Ausdruck gefunden haben, Wirkung im Privatrecht (hM; „mittelbare Drittwirkung von Grundrechten", BVerfGE 7, 203 ff; 34, 279 f; 81, 254); zur Duldungspflicht des Vermieters bei dem Einbau eines Lifts für den Partner eines Mieters NJW 00, 2658; beim Aufstellen einer Parabolantenne auf dem Balkon durch einen ausländischen Mieter vgl BGH NJW-RR 07, 1243.

14 **c)** Stets erforderlich ist eine umfassende **Interessenabwägung** unter Berücksichtigung der **Umstände des Einzelfalles** (BGHZ 49, 153). Ein Verstoß gegen Treu und Glauben setzt zwar kein Verschulden voraus (BGHZ 64, 9); iR der Wertung und Abwägung der Interessen sind aber auch subjektive Elemente zu berücksichtigen. Doch muss das Verschulden einer Partei nicht in jedem Fall zu einer für sie negativen Interessenwertung führen. Besonders zu berücksichtigen ist für den Umfang der Anforderungen aus Treu und Glauben die **Intensität und Dauer** der Rechtsbeziehungen zwischen den Parteien. Höhere Anforderungen als idR bei Austauschverträgen mit gegensätzlicher Interessenrichtung sind insb bei Schuldverhältnissen, die auf langfristiges Zusammenwirken angelegt sind, zu stellen, zB bei den zahlreichen Kooperationsverhältnissen mit wachsender wirtschaftlicher Bedeutung im Distributionssektor (ua Handelsvertreter-, Vertriebshändler- und Franchiseverträge).

15 **III. Hauptanwendungsbereiche. 1. Art und Weise der Leistung: a)** Der **Schuldner** hat bei der Erbringung der Leistung auf die berechtigten und erkennbaren Interessen des Gläubigers Rücksicht zu nehmen und das Schuldverhältnis nicht nur dem Buchstaben nach, sondern dem Sinn und Zweck dieses Verhältnisses gem zu erfüllen. Er darf zB nicht zur Unzeit leisten (etwa nachts; vgl § 358 HGB; RGZ 92, 210); er muss bei Unzumutbarkeit der Leistung an dem Erfüllungsort für den Gläubiger uU an einem angemessenen anderen Ort leisten (RGZ 107, 122) oder sich einer Teilaufrechnung, die den Gläubiger unzumutbar beansprucht, enthalten (RGZ 79, 361).

16 **b)** Der **Gläubiger** hat bei seinem Leistungsverlangen ebenfalls die berechtigten und erkennbaren Interessen des Schuldners und den Vertragszweck zu berücksichtigen. Dies beschränkt seine Berechtigung hins der Leistung des Schuldners und erlegt ihm in Einzelfällen auch Pflichten bei der Vertragsdurchführung auf. Insb muss er geringfügige Abweichungen von der geschuldeten Art der Leistungserbringung hinnehmen, sofern der gleiche wirtschaftliche Erfolg erreicht wird und auch andere sachliche Interessen auf seiner Seite nicht entgegenstehen. Zu den hinzunehmenden Abweichungen gehören uU die Hingabe eines garantierten Schecks durch den Schuldner statt der Barzahlung; die Überweisung auf ein anderes als das vorgesehene Konto (BGH NJW 69, 320); eine zumutbare Teilleistung (abw von § 266; vgl dort Rn 2); in besonderen Fällen sogar eine andere, gleichwertige Art der Sicherheitsleistung oder ein Übergang auf Ratenzahlung ggü dem Zahlungsschuldner (RGZ 161, 58; BGH NJW 77, 2359).

2. Begr von Nebenpflichten: a) Mitwirkungspflichten bestehen aufgrund von Treu und 17 Glauben für Schuldner und Gläubiger, wenn die Erreichung des Vertragszwecks ein Zusammenwirken bei der Vertragsdurchführung erfordert. Insb sind ggf Erfüllungshindernisse zu beseitigen. Bei diesen Pflichten handelt es sich um selbständig einklagbare Nebenpflichten (BGH WM 89, 1679). Unterlässt ein Gläubiger treuwidrig die erforderliche Mitwirkung, gerät er in Annahmeverzug. Häufig entstehen Mitwirkungspflichten bei **genehmigungsbedürftigen Rechtsgeschäften** (zB wenn die Vertragsdurchführung eine behördliche Einfuhr-, Veräußerungs- oder Baugenehmigung erfordert). In diesen Fällen haben die Parteien alles zu tun, um die Genehmigung zu erreichen, und alles zu unterlassen, was die Genehmigung verhindern könnte (BGHZ 67, 35). Die Vertragsparteien müssen allerdings keinen unbegrenzt langen Schwebezustand hinnehmen; zB ist dem Käufer nach BGH NJW-RR 04, 91 ein Festhalten an einem Kaufvertrag über ein nach der Grundstücksverkehrsordnung genehmigungsbedürftiges Grundstück unzumutbar, wenn seit Abschluss des Kaufvertrags acht Jahre vergangen sind und der Abschluss eines verwaltungsgerichtlichen Verfahren nicht absehbar ist. Wird eine Genehmigung unter Auflagen erteilt, sind die Parteien verpflichtet, den Vertrag entspr abzuändern, soweit dies zumutbar ist (BGHZ 67, 35). Hat die Versagung der Genehmigung zur Unwirksamkeit des Vertrages geführt, kommt eine Verpflichtung zum Neuabschluss in Betracht (BGH MDR 63, 838).

Zu den weiteren **Fallgruppen**, in denen Mitwirkungspflichten bestehen, gehören ua die 18 Durchführung vertraglich vereinbarter oder gesetzlich vorgesehener Vertragsanpassung (zB die Anpassung von Gesellschaftsverträgen, BGHZ 98, 279; die einvernehmliche Preisanpassung bei entspr Vorbehalt, BGHZ 71, 284); die formgerechte Bestätigung einer formlos wirksam abgegebenen Erklärung (KG NJW 62, 1064 für § 29 GBO) oder die Vertragsabänderung zum Austausch einer zur Vertragsdurchführung vorgesehenen Person, die sich als ungeeignet erwiesen hat (BGHZ 87, 165 für den ursprünglich mit der Vertragsdurchführung betrauten, unzuverlässigen Notar).

b) Auskunfts- und Rechenschaftspflichten sind ebenfalls selbständig einklagbare Ne- 19 benpflichten. Sie ergeben sich ua aus §§ 402, 666, 681, 687 II, 713, 1379, 2057, 2127, 2130 II, 2218, ohne dass das BGB eine allg Auskunftspflicht schafft (BGH NJW 88, 1906). Nach Treu und Glauben bestehen darüber hinaus unter folgenden Voraussetzungen Auskunftspflichten: Der Auskunftsberechtigte muss über das Bestehen oder den Umfang seiner Rechte **entschuldbar im Ungewissen** sein. Er darf zudem **nicht** in der Lage sein, sich auf zumutbare Weise die **Informationen anderweitig** zu beschaffen. Der Auskunftsverpflichtete seinerseits muss die erforderliche Auskunft **unschwer erteilen** können (BGHZ 10, 387; 95, 288). Der Umfang der Auskunftspflicht ist durch die Abwägung der Interessen der Beteiligten im Einzelfall zu bestimmen. ZB kann die Auskunftspflicht dadurch eingeschränkt sein, dass die Parteien des Schuldverhältnisses Konkurrenten sind (BGH MDR 76, 119). Vgl zur Auskunft und Rechenschaftslegung iÜ §§ 259–261 Rn 1 ff. Zu den (davon zu unterscheidenden) Aufklärungspflichten §§ 241 Rn 7, 675 Rn 8 ff.

c) Nachvertragliche Pflichten können nach der Durchführung des Vertragsverhältnisses 20 das Unterlassen, die Duldung oder die Vornahme von Handlungen zum Gegenstand haben. Sie können sich aus (ergänzender) Vertragsauslegung oder aus Treu und Glauben als Nachwirkung der Vertragsbeziehung ergeben. Insb bei nachvertraglichen Unterlassungspflichten handelt es sich häufig um Hauptleistungspflichten (zB Wettbewerbsbeschränkungen beim Unternehmenskauf; BGHZ 84, 127). Nachvertragliche Nebenpflichten können Schutzpflichten gem § 241 II (dort Rn 4) oder selbständig einklagbare Pflichten aufgrund des § 242 sein. Sie richten sich zB auf die Verschwiegenheit nach Beendigung eines Dienstverhältnisses (BGHZ 80, 28 f), die Duldung des Umzugsschildes einer Rechtsanwaltssozietät nach Beendigung des Mietverhältnisses (OLG Düsseldorf NJW 88, 2545), die Gewährung von Einsicht in die Krankenunterlagen nach Beendigung der Behandlung (BGHZ 85, 331 f) und die Produktbeobachtung durch den Produzenten (BGHZ 99, 173).

21 3. **Unzulässige Rechtsausübung:** a) Treu und Glauben begründen nicht nur Pflichten, sondern begrenzen auch als **innere Schranke** alle Rechte, Rechtsinstitute und Rechtsnormen (Theorie der **immanenten Schranke** bzw „Innentheorie"; BGHZ 19, 75; 30, 145). Die Geltendmachung von Rechten und die Ausnutzung von Rechtspositionen oder Rechtslagen ist daher als rechtsmissbräuchlich und infolgedessen unzulässig anzusehen, wenn sie dem Grundsatz von Treu und Glauben widerspricht (BGHZ 12, 157). In dieser Ausformung des Grundsatzes von Treu und Glauben wirkt die römisch-rechtliche **exceptio doli praesentis** (Einrede der gegenwärtigen Arglist) fort. Die Verhinderung des Missbrauchs von Rechten geht dabei mit einer gewissen Relativierung der Inhaltsbestimmung eines Rechtes einher: Ändern sich die für die Beurteilung maßgeblichen Umstände, so kann eine zunächst unzulässige Rechtsausübung zulässig werden (BGHZ 52, 368). Ebenso kann bei einer Veränderung der Verhältnisse die zunächst zulässige Ausübung eines Rechtes zum Missbrauch und damit unzulässig werden.

22 Ein **individueller Rechtsmissbrauch** liegt vor, wenn die an sich zulässige Ausübung des Rechtes einer Partei im Einzelfall aufgrund besonderer Umstände gegen Treu und Glauben verstößt. Dies kann insb anzunehmen sein, wenn keine schutzwürdigen eigenen Interessen des Berechtigten bestehen oder aufgrund besonderer Umstände Interessen der anderen Partei überw schutzwürdig sind. Zudem müsste das Ergebnis der Rechtsausübung im jeweiligen Fall grob unbillig und mit den Anforderungen der Gerechtigkeit nicht zu vereinbaren sein. Daneben dient der Grundsatz von Treu und Glauben – iVm der Lehre von den immanenten Schranken der Rechtsinstitute – auch zur Vermeidung sog **institutionellen Rechtsmissbrauchs**: Die Rechtsfolgen, die sich grds aus einem Rechtsinstitut oder einer Rechtsnorm ergeben, treten in den Sachlagen nicht ein, in denen sie nach dem Maßstab von Treu und Glauben aufgrund der besonderen Gegebenheiten zu schlechthin unzumutbaren Härten und untragbaren Ergebnissen führen würden (BGHZ 29, 10 f; 48, 398 f). Davon betroffen sein kann zB der Missbrauch der Vertragsfreiheit, der allerdings nicht grds schon dann angenommen werden kann, wenn der Betreiber eines Wellness-Hotels einem Gast wegen seiner politischen Gesinnung den Zutritt verweigert (BGH NJW 12, 1725). Weiterhin können zB betroffen sein der Missbrauch von privatrechtlichen Gestaltungsformen, etwa der Rechtsform der juristischen Person (ua mit der Folge des **Einwendungsdurchgriffs**; BGHZ 68, 315 f) und die missbräuchliche Berufung auf die **Formnichtigkeit** eines Rechtsgeschäfts (BGHZ 85, 318 f; 92, 171 ff; § 125 Rn 14).

23 b) **Allg Voraussetzungen** der unzulässigen Rechtsausübung sind das Bestehen einer Sonderverbindung und ein objektiver Verstoß gegen Treu und Glauben, nicht notwendig ein schuldhaftes Handeln (BGHZ 64, 9). Für die Prüfung dieser Voraussetzungen gelten die generellen Maßstäbe (Rn 11 ff); die weitere Konkretisierung ist von den einzelnen Anwendungsgebieten abhängig.

24 c) Die **Rechtsfolgen** der unzulässigen Rechtsausübung sind abhängig vom jeweiligen Anwendungsgebiet und der Interessenlage im Einzelfall. Sie führen zu Rechtsbeschränkungen zulasten der Partei, deren Rechtsausübung unzulässig ist. Insb können zum Nachteil dieser Partei Umstände, die an sich erheblich wären, unberücksichtigt bleiben (zB eine Einrede als unbeachtlich betrachtet werden), die Durchsetzbarkeit von Rechten versagt werden oder eigentlich fehlende Erfordernisse als gegeben unterstellt werden („**Ersetzung**"; zB ausnahmsweise Gewährung von Ansprüchen aus einem formnichtigen Vertrag wie bei Einhaltung des Formerfordernisses; BGHZ 85, 318 f).

25 d) Als (rechtshindernde oder rechtsvernichtende) Einwendung ist die unzulässige Rechtsausübung im Prozess vAw zu berücksichtigen (BGHZ 37, 152). Die **Beweislast** trägt die Partei, die sich auf den Rechtsmissbrauch des anderen Teils beruft und durch die Einwendung begünstigt wird (BGHZ 12, 160; BVerfG NJW 88, 2233).

26 e) Zu den wichtigsten **Anwendungsgebieten** des Grundsatzes von Treu und Glauben auf die unzulässige Rechtsausübung gehören die Fallgruppen, in denen die Rechtsausübung in tatsächlichem oder rechtlichem **Zusammenhang mit einem früheren unredlichen Verhalten** steht. Der Beschränkung der Rechtsausübung liegt in diesen Fallgruppen der Gedanke zugrunde, dass der Rechtsinhaber nicht aus eigenem unredlichem Verhalten rechtliche Vorteile ziehen soll (BGHZ 122, 168 f; BGH NJW 85, 1826).

Die Geltendmachung eines Rechtes oder die Ausnutzung einer Rechtsstellung kann so 27 bei **unredlichem Erwerb des Rechtes oder unredlicher Schaffung der Rechtslage** unzulässig sein. Voraussetzung dafür ist, dass der Gläubiger in gesetzes-, sitten- oder vertragswidriger Weise das Recht erworben bzw die günstige Rechtslage geschaffen hat. Das unredliche Verhalten muss für den Rechtserwerb kausal gewesen sein; dem Gläubiger müssen also Vorteile entstanden sein, die er bei redlichem Verhalten nicht erhalten hätte (BGHZ 72, 322). Beispiele sind das Erfüllungsverlangen aus einem Vertrag, der unter erkanntem Missbrauch der Vertretungsmacht zustande gekommen ist (BGH NJW 02, 1497 f; BGH NJW 95, 251) oder aus einem Vertrag, der aufgrund arglistiger Täuschung abgeschlossen wurde; nach Ablauf der Anfechtungsfrist des § 124 (str); die Inanspruchnahme des Bürgen, wenn der Gläubiger selbst den Bürgschaftsfall unredlich herbeigeführt hat (BGH WM 84, 586); die Geltendmachung von Eigenbedarf nach Vermietung von Alternativwohnungen (BVerfGE 83, 86); weitere Fälle einer Inanspruchnahme von Sicherheiten bei treuwidriger Herbeiführung des Verwertungsfalles (BGH MDR 80, 561) sowie das Geltendmachen einer Vertragsstrafe, nachdem der Gläubiger selbst das vertragswidrige Verhalten des Schuldners veranlasst hat (BGH NJW 71, 1126). Das Ausnutzen eines fremden Vertragsbruchs begründet nur bei besonders illoyalem Verhalten im Einzelfall eine unzulässige Rechtsausübung (BGH NJW 08, 3438).

In einer Reihe von Fällen beruht die unzulässige Rechtsausübung auf der unredlichen 28 **Vereitelung von Rechten der Gegenseite.** Wer treuwidrig verhindert, dass ein Recht der Gegenseite oder eine für sie günstige Rechtslage entsteht, muss sich uU so behandeln lassen, als sei das Recht oder die Rechtslage entstanden. Gestützt wird dieser Rechtsgedanke ua durch §§ 162 II, 815. Vereitelt zB der Besteller durch Verweigerung einer erforderlichen Mitwirkung die Herstellung des Werkes, kann er sich nicht darauf berufen, dass eine Abnahme nicht möglich und die Vergütung damit nicht fällig ist (BGH WM 70, 1106). Verhindert eine Partei arglistig den Zugang einer Willenserklärung, so kann die Erklärung als zugegangen gelten (BGHZ 137, 209 ff; BGHZ 67, 277 ff; BGH NJW 93, 1094). Ein formbedürftiger Vertrag kann ausnahmsweise als wirksam zu behandeln sein, wenn eine Partei den formgerechten Abschluss verhindert hat, um sich später auf den Formmangel berufen zu können (BGHZ 66, 378; BGH NJW 77, 2072 f, dort iErg verneint; näher Rn 40).

Darüber hinaus kann in weiteren Sachlagen die **eigene Vertragsuntreue des Gläubigers** 29 der Geltendmachung seiner vertraglichen Rechte zeitweilig oder dauerhaft entgegenstehen. Es besteht aber kein allg Grundsatz, dass nur der Rechtstreue von der anderen Partei Rechtstreue erwarten kann; vielmehr führt die Verletzung vertraglicher Pflichten grds nur unter den gesetzlich geregelten Voraussetzungen zu den Rechtsfolgen der Leistungsstörungen einschließlich der Befugnisse aus §§ 273, 320. Für eine Rechtsbeschränkung wegen unzulässiger Rechtsausübung ist nur ausnahmsweise Raum, soweit eine Partei trotz schwerwiegender eigener Vertragsuntreue Rechte mit tief greifenden Folgen für das Schuldverhältnis ausüben will (wie das Rücktritts- oder Kündigungsrecht). Insb kann der Einwand, auch der Berechtigte habe sich vertragsuntreu verhalten ("**tu quoque**-Einwand"), die Unzulässigkeit der Rechtsausübung begründen, wenn der Gläubiger trotz schwerwiegender eigener Vertragsuntreue den Rücktritt nach §§ 323 ff erklärt (vgl auch BGH NJW 99, 352 f zum vertraglichen Rücktrittsrecht) oder sich der Mieter auf § 537 II beruft, obwohl er aus der Wohnung ausgezogen ist und die Mietzahlung eingestellt hat (§ 537 Rn 3). Versorgungsansprüche bleiben jedoch bei einer Pflichtverletzung des Berechtigten grds bestehen (BGH NJW-RR 97, 348); nur in seltenen Ausn können sie entfallen, sofern ihre Erfüllung für den Verpflichteten schlechthin unzumutbar wäre (BGH NJW 84, 1530).

Die Fälle, in denen ein grob treuwidriges Verhalten einen dauerhaften Rechtsverlust 30 zur Folge hat, werden häufig als „**Verwirkung durch Treuwidrigkeit**" zusammengefasst (iU zur Verwirkung durch Zeitablauf, Rn 42 ff). Eine derartige Verwirkung kann zB hins der Versicherungsleistung bei falschen Angaben des Versicherungsnehmers über den Schaden eintreten (BGH NJW-RR 91, 1371). Soweit bei einem Dauerschuldverhältnis das Festhalten am Vertrag für eine Seite – uU wegen treuwidrigen Verhaltens der anderen Seite – unzumutbar ist, regelt § 314 das Recht der außerordentlichen Kündigung, dessen Ausübung zum Verlust des Erfüllungsanspruchs führt (vgl dort Rn 3 ff). Ggü einem Anspruch aus **vorsätzlicher unerlaubter Handlung** kann im allg ein vertraglicher oder gesetzlicher Ausschluss des Zurückbehaltungsrechts und der Aufrechnung nicht geltend gemacht werden (BGHZ 30, 38); bei vorsätzlicher Verletzung einer vertraglichen Pflicht ist dies abhängig von den Umständen des Einzelfalles (BGH NJW 66, 1452).

31 f) Auf dem **Fehlen eines schutzwürdigen Eigeninteresses** des Berechtigten beruht die unzulässige Rechtsausübung, wenn der Gebrauch des Rechtes nur als Vorwand dient, um vertragsfremde oder unlautere Zwecke zu erreichen (BGH NJW 91, 1289) oder wenn die Rechtsausübung mangels irgendeines sachlichen Eigeninteresses völlig nutzlos ist. Im Unterschied zum Schikaneverbot des § 226 ist eine Schädigungsabsicht nicht erforderlich, sondern es genügt, dass die Rechtsstellung des Gläubigers objektiv nicht schutzwürdig ist. An einem schutzwürdigen Eigeninteresse fehlen kann es zB bei Rücktritt oder Minderung nach Wegfall des Mangels oder bei einem Mangel ohne jede tatsächliche nachteilige Auswirkung für den Käufer nach Ingebrauchnahme der Sache (BGHZ 90, 205; NJW 01, 66); bei dem Missbrauch von Auskunftsansprüchen zum Ausspionieren von Geschäftsgeheimnissen (BGHZ 10, 387); bei der Ausübung eines Vorkaufsrechts nach dem BauGB aus ganz sachfremden Gründen (BGHZ 29, 116 f); bei der willkürlichen Kündigung seitens des Dienstleistenden (BGH NJW 87, 2808) oder bei einer Kündigung zur Einwirkung auf die private Lebensführung (BAGE 77, 136); beim Missbrauch des Stimmrechts durch einen Gesellschafter (BGHZ 88, 328 ff); bei der Weigerung, gleichwertige Prozessbürgschaften auszutauschen (BGH NJW 94, 1352).

32 Einen eigenen Teilbereich des Fehlens eines schutzwürdigen Eigeninteresses bilden die Fälle, in denen für den Gläubiger eine **Pflicht zur alsbaldigen Rückgewähr** besteht. Fordert der Gläubiger eine Leistung, die er aus einem anderen Rechtsgrund umgehend zurückgewähren müsste, so erstrebt er treuwidrig einen ihm letztlich nicht zustehenden Vorteil und belastet den Schuldner unnötig. Insb besteht für den Schuldner die Gefahr, dass er einen geleisteten Gegenstand nicht wiedererlangt, weil der Gläubiger darüber verfügt, in Insolvenz fällt oder Dritte in den Gegenstand vollstrecken. Der Forderung des Gläubigers steht daher der Grundsatz entgg, dass unzulässig verlangt wird, was sogleich zurückzugewähren ist (**dolo agit, qui petit, quod statim redditurus est**; BGHZ 10, 75; 115, 137). Unzulässig ist daher idR zB das Erfüllungsverlangen, wenn das Erlangte als Schadensersatz (BGHZ 66, 305; 116, 203 f) oder nach Bereicherungsrecht (BGHZ 56, 25; 74, 300) zurückgewährt werden muss; das Zahlungsverlangen bei einem sofortigen Rückbelastungsrecht im Kreditkartengeschäft mit Kartenvorlage und im mail-order-Verfahren (BGH NJW 00, 2114); das Herausgabeverlangen des Eigentümers ggü einem Anwartschaftsberechtigten, dessen Eigentumserwerb unmittelbar bevorsteht (BGHZ 10, 75); das Verlangen der Grundbuchberichtigung nach § 894, wenn der Anspruchsteller schuldrechtlich dazu verpflichtet ist, dem anderen Teil das eingetragene Recht zu bestellen (BGH NJW 74, 1651); das Verlangen, eine ohne Genehmigung erbaute Anlage zu beseitigen, wenn die Pflicht zur Erteilung der Genehmigung besteht (BGH DB 76, 1058); die Geltendmachung eines Folgenbeseitigungsanspruchs, wenn der rechtswidrig geschaffene Zustand inzwischen der materiellen Rechtslage entspricht (BVerwG NJW 89, 118).

33 g) Eine unzulässige Rechtsausübung liegt ebenfalls vor, wenn der Berechtigte geringfügige, iErg folgenlos gebliebene Pflichtverletzungen oder Mängel dazu ausnutzt, um ganz unangemessene Rechtsfolgen geltend zu machen (Rechtsmissbrauch wegen **Geringfügigkeit und Unverhältnismäßigkeit**). Der Verhältnismäßigkeitsgrundsatz ist auch im Zivilrecht zu berücksichtigen (BVerfGE 81, 256; BGHZ 109, 312; 123, 378) und hat zur Folge, dass die Rechtsausübung einer Partei nicht völlig außer Verhältnis zum Verhalten der anderen Partei stehen darf (vgl BGHZ 88, 95; BGH NJW 88, 700; Buß NJW 98, 343; iE str). Dieser Gedanke kommt auch in einer Reihe von Vorschriften zum Ausdruck (ua §§ 259 III, 281 I 3, 320 II, 323 V 2, 543 II Nr 3). Es besteht aber kein allg Grundsatz, dass geringfügige Pflichtverletzungen stets ohne Rechtsfolge blei-

ben. Soweit das Gesetz keine spezielle Bestimmung enthält, kann vielmehr eine unzulässige Rechtsausübung nur aufgrund einer Interessenabwägung unter Berücksichtigung der Umstände des Einzelfalles bei einem besonders krassen Missverhältnis zwischen der geringfügigen Pflichtverletzung und außerordentlich weit reichenden Rechtsfolgen angenommen werden. So darf sich der Versicherer bei einer geringfügigen Obliegenheitsverletzung oder einem geringen Zahlungsrückstand des Versicherten nicht auf seine Leistungsfreiheit berufen (BGHZ 21, 136). Ein Rücktritt wegen Überschreitung der Leistungsfrist oder der Rügefrist kann unzulässig sein, wenn es sich um eine ganz geringfügige, im Hinblick auf die Interessen des Gläubigers unerhebliche Überschreitung handelt (BGH NJW 85, 267; zu Art 39 EKG OLG Karlsruhe WM 87, 113). Ebenso kann sich der Besteller nicht auf einen Mangel berufen, wenn dieser ganz unbedeutend ist und sich ohne weiteres beheben lässt (BGH NJW 96, 1281). Bei **Dauerschuldverhältnissen** und sonstigen langfristigen oder besonders engen Beziehungen der Vertragsparteien können sich aus dem Verhältnismäßigkeitsgrundsatz weiter gehende Einschränkungen bei der Rechtsausübung ergeben und insb bei der Möglichkeit mehrerer Reaktionen auf eine Pflichtwidrigkeit der anderen Seite die Wahl des milderen Mittels erfordern. So sind der Ausschluss eines Gesellschafters (BGHZ 16, 322) und die Entziehung der Geschäftsführungsbefugnis eines Gesellschafters (BGHZ 51, 203) unzulässig, wenn mildere Maßnahmen möglich und zumutbar sind. Für die Kündigung eines Dauerschuldverhältnisses aus wichtigem Grund legt § 314 II 1 ausdrücklich eine Abmahnungspflicht vor Kündigung bei pflichtwidrigem Verhalten fest (§ 314 Rn 5; zu den Besonderheiten im Arbeitsrecht vgl § 626 Rn 5).

h) Das **Ausnutzen einer formalen Rechtsstellung** kann unzulässig sein, wenn der Gläubiger in offensichtlichem Widerspruch zu der zugrunde liegenden Rechtsbeziehung daraus Vorteile ziehen will. Beispiele dafür sind die missbräuchliche Inanspruchnahme von Bank- oder Scheckgarantien (BGHZ 90, 292; 122, 160); die Geltendmachung von Sicherungsrechten, obwohl ein Sicherungszweck nicht oder nicht mehr besteht (BGHZ 100, 105; BGH NJW 97, 1004), oder von Rechten aus dem Akkreditiv, obwohl die gelieferte Ware zur Erfüllung völlig ungeeignet war (BGHZ 101, 91); unter besonderen Umständen auch die Berufung auf die Rechtskraft eines unrichtigen Urt (BGH NJW 93, 3205). 34

Sachlich verwandt sind weitere Fälle unzulässiger Rechtsausübung, die häufig unter dem Gesichtspunkt des **rücksichtslosen, unbilligen Eigennutzes** zusammengefasst werden. Wegen der grob unbilligen und rücksichtslosen Durchsetzung der Interessen ggü dem Schuldner kann eine unzulässige Rechtsausübung zB vorliegen, wenn jemand auf sofortige Leistung besteht, nachdem er jahrelang vertragswidrig den Vertragsgegenstand nicht abgenommen hat (BGH WM 87, 1497 f); die Kündigung eines Arbeitsverhältnisses nur aus Ärger darüber ausspricht, dass der Vertragspartner seine Rechtsstellung wahrt, oder das Stimmrecht unter grober Missachtung von berechtigten Belangen der Mitgesellschafter ausübt (BGHZ 88, 328 ff). 35

i) aa) Die unzulässige Rechtsausübung kann schließlich in einer Reihe von Fallgruppen auf einem **Widerspruch zu früherem Verhalten** beruhen (**venire contra factum proprium**). Der Widerspruch des gegenwärtigen Verhaltens zum Vorverhalten begründet aber nicht in jedem Fall die Annahme einer unzulässigen Rechtsausübung. Vielmehr muss entweder das frühere Verhalten für den anderen Teil einen schutzwürdigen Vertrauenstatbestand geschaffen haben oder die Treuwidrigkeit durch sonstige besondere Umstände begründet sein (BGH NJW 05, 418). Verschulden ist hins des widersprüchlichen Verhaltens nicht erforderlich (BGH WM 68, 877), fällt aber bei der Interessenabwägung ins Gewicht. 36

bb) **Schutzwürdige Vertrauenstatbestände:** Eine **Preisgabe von Rechten** liegt vor, wenn der Berechtigte durch sein vorangegangenes Verhalten bei der Gegenpartei den Eindruck erweckt hat, dass er sein Recht überhaupt nicht, nicht in dieser Form oder nicht zu dieser Zeit geltend machen werde, und die Gegenpartei sich darauf so eingestellt hat, dass ihr eine Anpassung nicht zumutbar ist (BGHZ 94, 352; BGH NJW 85, 2590; 86, 2107). **Unzumutbar** ist die Anpassung insb (aber nicht nur) **nach der Vornahme wirtschaftlicher Dispositionen** aufgrund des Vertrauenstatbestandes. So darf sich nicht 37 nachträglich auf die fehlende Passivlegitimation berufen, wer einen Vertrag, der mit einer anderen Gesellschaft der Unternehmensgruppe geschlossen wurde, als eigenen durchgeführt hat (BGH NJW-RR 87, 335) oder über Jahre den Irrtum unterhalten hat, der richtige Schuldner zu sein (BGH NJW-RR 90, 418). Häufig ergibt sich die unzulässige Rechtsausübung aus dem **Widerspruch zu früheren Mitteilungen** oder Zusicherungen. Eine unzulässige Rechtsausübung liegt zB in der Aufrechterhaltung einer Kündigung durch den Arbeitgeber, wenn dieser sich zuvor zur Rücknahme der Kündigung bereiterklärt hatte (BAG NJW 69, 1048); in einer freien Kündigung trotz der Zusage, nur aus wichtigem Grund zu kündigen (OLG München NJW-RR 92, 1037 f); in einer Aufrechnungserklärung trotz vorangegangener Stärkung des Vertragspartners in dem Glauben, die Aufrechnungsbefugnis werde nicht genutzt (RGZ 121, 178).

38 Hat der Schuldner den Eindruck erweckt, er werde sich nicht auf die Verjährung berufen, kann die spätere Erhebung der **Einrede der Verjährung** missbräuchlich sein. Insb kann dies der Fall sein, wenn der Schuldner selbst den Gläubiger von der Unterbrechung der Verjährung abgehalten hat (BGHZ 93, 69), etwa um die Entscheidung in einer Parallelsache abzuwarten (BGH NJW 85, 1152) oder um Verhandlungen über Grund oder Höhe des Anspruchs zu führen (BGHZ 93, 69). Entspr gilt auch für die Erklärung eines aufgrund von § 202 unwirksamen Verzichts auf die Verjährungseinrede (BGH WM 91, 738, 739). Unter besonderen Umständen kann auch ein unabsichtliches Verhalten missbräuchlich sein, wenn es für die Unterlassung einer rechtzeitigen Klageerhebung ursächlich geworden ist (BGH NJW 02, 3110).

39 Die Berufung auf den Ablauf einer **Ausschlussfrist** kann unzulässig sein, wenn das Verhalten des dadurch Begünstigten selbst bewirkt hat, dass der Berechtigte die Frist nicht wahren konnte (vgl BGH NJW-RR 87, 158; BGH WM 91, 1226). Dabei ist jedoch iE auf Art und Funktion der betr Frist abzustellen. Insb für das Versicherungsrecht ist weitergehend der Grundsatz entwickelt worden, dass dem Versicherungsnehmer keine Rechtsnachteile entstehen sollen, wenn er vertragliche oder gesetzliche Ausschlussfristen schuldlos versäumt (BGH NJW 95, 2854; so zB bei Verwirrung des Versicherungsnehmers seitens des Versicherers vgl BGH NJW-RR 05, 1341). Bei § 626 II kann die Einräumung einer Bedenkzeit die Berufung auf den Fristablauf ausschließen (BGH NJW 75, 1699). Für prozessuale Fristen lassen sich hingegen aus Treu und Glauben idR keine derartigen Einschränkungen herleiten.

40 Aufgrund vertrauensbegründenden Verhaltens unzulässig sein kann ferner die Berufung auf **mangelnde Vertretungsmacht** (BGHZ 108, 385; BGH NJW 73, 1495; anders aber grds bei öffentlich-rechtlichen Körperschaften BGHZ 92, 174; BGH NJW 94, 1528); auf **Gesetzwidrigkeit** (BGHZ 85, 47 ff) und auf **Formmängel**, ohne dass dadurch aber die Formvorschriften ausgehöhlt werden dürfen (BAG NJW 05, 844). Da Formvorschriften der Rechtssicherheit und -klarheit dienen, kann aber die Berufung auf ein rechtsmissbräuchliches Verhalten nur in sehr seltenen Ausnahmefällen dazu führen, dass trotz an sich bestehender Formnichtigkeit Ansprüche aus einem Vertrag geltend gemacht werden können. In Betracht kommt dies nur, wenn die Berufung auf die Formnichtigkeit entgg Treu und Glauben zu schlechthin unerträglichen Ergebnissen führen würde, insb bei einer außerordentlich schwerwiegenden Treuepflichtverletzung, namentlich der unredlichen Vereitelung des formgerechten Abschlusses zwecks späterer Berufung auf den Formmangel (Rn 28) oder bei drohender Existenzvernichtung einer Partei (BGHZ 85, 318 f; 92, 171 f).

41 cc) Ohne Begr eines Vertrauenstatbestandes kann ein widersprüchliches Verhalten insb bei einem sog **unlösbaren Selbstwiderspruch** als unzulässige Rechtsausübung anzusehen sein (BGHZ 130, 375). Ein derartiger Selbstwiderspruch liegt zB vor, wenn eine Partei bei Nichtigkeit des Geschäftes ihre rechtsgrundlos erbrachte Leistung zurückverlangt, aber die Gegenleistung behalten will (RGZ GrSZ 161, 59); wenn sich jemand in einem ordentlichen Gerichtsverfahren auf eine Schiedsabrede beruft, deren Unwirksamkeit er im Schiedsverfahren erfolgreich geltend gemacht hat (BGHZ 50, 193; ebenso im umgekehrten Fall, BGH NJW-RR 87, 1195); wenn ein Käufer erst aufwendige Nachbesserungsarbeiten verlangt und sich anschließend vom Vertrag löst (vgl BGH NJW 84, 2287); wenn ein Wohnungseigentümer die Beseitigung einer baulichen Änderung verlangt, der er selbst zugestimmt hat (OLG Hamm NJW-RR 96, 973); wenn ein Mieter einerseits das Mietverhältnis nicht zusammen mit dem aus der gemeinsamen Wohnung ausziehenden Mitmieters kündigt, sondern die Wohnung allein weiter nutzt und andererseits seine Zustimmung zur Entlassung des Mitmieters verweigert (BGH NJW 05, 1715). Wer auf eigenen Wunsch den Arbeitsvertrag beendet und freier Mitarbeiter wird oder jahrelang den Abschluss eines Arbeitsvertrages abgelehnt hat, kann sich nicht darauf berufen, er sei doch Arbeitnehmer (BAG NJW 97, 2618). – Krit zum unbeachtlichen Widerspruch entgg dem eigenen verkehrstypischen Verhalten (protestatio facto contraria) Vor §§ 145–157 Rn 2.

4. a) Ein besonderer Fall der unzulässigen Rechtsausübung wegen widersprüchlichen **42** Verhaltens ist die **Verwirkung infolge Zeitablaufs.** Bei ihr ist ein Vertrauenstatbestand dadurch entstanden, dass der Berechtigte sein Recht über längere Zeit nicht geltend gemacht hat, obwohl er dazu in der Lage war (**Zeitmoment**), und der Verpflichtete sich aufgrund des gesamten Verhaltens des Berechtigten darauf eingestellt hat und bei objektiver Beurteilung auch darauf einstellen durfte, dass der Berechtigte auch in Zukunft von seinem Recht keinen Gebrauch machen werde (**Umstandsmoment**). Das Entstehen dieses Vertrauenstatbestandes setzt der Rechtsausübung eine zeitliche Grenze; ein verspätetes Geltendmachen des Rechtes verstößt gegen Treu und Glauben (BGH NJW 80, 880; 03, 128; 06, 219; BGHZ 105, 298; BAG NJW 99, 381).

b) Anwendbar ist der Verwirkungseinwand grds auf alle Rechte und Rechtsstellungen **43** (BGHZ 35, 199; 43, 292); nicht jedoch auf bloße Anspruchsvoraussetzungen wie das Merkmal des Verzugs (BGH NJW 07, 1273); auch bei rechtskräftig festgestellten Ansprüchen (BGHZ 5, 194), und zwar im gesamten Privatrecht (BGH JZ 65, 682 f) einschließlich des Arbeitsrechts (BAG NJW 99, 381), im öffentlichen Recht (BVerwGE 44, 343; BGHZ 35, 199) einschließlich des Sozialrechts (BSG NJW 69, 767) und im Prozessrecht (BGHZ 97, 220; BAG NJW 83, 1444), soweit sich nicht Einschränkungen aus den Besonderheiten des jeweiligen Rechtsgebietes, insb hins der Rechtsklarheit und des öffentlichen Interesses, ergeben (wie zB für tarifvertragliche Rechte gem § 4 IV 2 TVG; idR für Ansprüche aus vorsätzlicher unerlaubter Handlung; für das Klagerecht selbst BGH NJW-RR 90, 887, sowie das Beschwerde- und Antragsrecht in Grundbuchsachen BGHZ 48, 354 f; für Ansprüche aus dem UKlaG BGH NJW 95, 1489). Der Verwirkungseinwand muss dabei als ein auf Treu und Glauben gestützter, die gesetzlichen Bestimmungen lediglich ergänzender Rechtsbehelf auf Ausnahmefälle begrenzt bleiben und darf insb nicht zur Aushöhlung der Verjährungs- und Ausschlussfristen führen (BGH NJW-RR 92, 1241).

Abzugrenzen ist die Verwirkung infolge Zeitablaufs von der **Verwirkung durch treu-** **44** **widriges Verhalten** dadurch, dass letztere auf einem vorangegangenen unredlichen Verhalten beruht, während der Verwirkung infolge Zeitablaufs die illoyale Verspätung der Rechtsausübung zugrunde liegt. Für die Abgrenzung ggü einem konkludent erklärten **Verzicht** ist maßgeblich, dass dieser als rechtsgeschäftliche Erklärung einen Verzichtswillen voraussetzt. Sein Vorliegen ist mit strengem Maßstab zu prüfen (BGH NJW 96, 588; BGH NJW-RR 96, 237); erforderlich sind stets die Kenntnis und bewusste Nichtausübung des Rechts. Hingegen hat die Verwirkung keinen rechtsgeschäftlichen Charakter und tritt unabhängig vom Willen des Berechtigten ein (BGHZ 25, 52).

Von der **Verjährung** eines Anspruchs und dem Ablauf einer Ausschlussfrist unterschei- **45** det sich die Verwirkung dadurch, dass bei der ersteren allein der Ablauf der festgelegten Zeit maßgeblich ist. Bei der Verwirkung muss hingegen die verspätete Rechtsausübung zudem durch die jeweiligen Umstände als treuwidrig erscheinen (BGH NJW 84, 1684; BGH NJW-RR 92, 1241). Der Ablauf von Verjährungs- oder Ausschlussfristen schließt die Verwirkung aber nicht aus; ggü einem verjährten Anspruch kann der Einwand der Verwirkung beispielsweise Bedeutung erlangen, wenn der Schuldner auf die Verjährung verzichtet hat oder die Einrede aus Unkenntnis nicht erhebt.

c) Voraussetzungen: Das **Zeitmoment** erfordert, dass zwischen dem Entstehen der **46** Möglichkeit einer Geltendmachung des Rechts und seiner tatsächlichen Ausübung eine längere Zeitspanne liegt, während der Berechtigte untätig geblieben ist. **Untätig** war der Berechtigte, wenn er keine Handlung zur Ausübung oder Wahrung seines Rechts vorgenommen hat (wie etwa Mahnung; Widerspruch, BGHZ 132, 95; Bestätigen der Rechtsauffassung nach gescheiterten Verhandlungen, BGH NJW 80, 881). Die erforderliche **Dauer** der Untätigkeit richtet sich nach den Umständen des Einzelfalles, insb nach der Art und Bedeutung des betroffenen Rechts und Rechtsverhältnisses, dem Ausmaß des geschaffenen Vertrauenstatbestandes und den Möglichkeiten zur Geltendmachung des Rechtes und der Schutzbedürftigkeit des Verpflichteten. Bei kurzen Verjährungsfristen bleibt regelmäßig kaum Raum für die Verwirkung. Va bei Ansprüchen aus Dauerschuldverhältnissen kann die Verwirkung verhältnismäßig kurzfristig eintreten. Für die häufigste derartige Fallgruppe, nämlich den Anspruch eines Vermieters auf Nachzahlung von Betriebskosten, sieht § 556 III nunmehr ausdrücklich eine zwölfmonatige Ausschlussfrist vor (§ 556 Rn 4).

47 Für das neben dem Zeitmoment erforderliche **Umstandsmoment** (Rn 42) ist maßgeblich, ob die Gesamtbeurteilung der Umstände des Einzelfalles und der Interessenlage die Geltendmachung des Rechts als eine mit Treu und Glauben unvereinbare Härte erscheinen lässt (BGH NJW-RR 93, 881). IdR ist dies anzunehmen, wenn sich die Gegenpartei im berechtigten Vertrauen auf die Nichtgeltendmachung des Rechts eingerichtet (BGHZ 67, 68; 122, 315; BGH NJW 84, 1684), insb nicht unerhebliche Vermögensdispositionen getroffen hat (BGH NJW-RR 95, 109). IR der Interessenabwägung kann sich zwischen Zeitmoment und Umstandsmoment ein Zusammenhang ergeben, so dass besonders schwerwiegende Umstände die Zeitspanne für die Verwirkung verkürzen und umgekehrt (BSG NJW 73, 871). Die Verwirkung ist ausgeschlossen, wenn der Verpflichtete dem Berechtigten die Existenz seines Anspruchs treuwidrig verheimlicht hat (BGHZ 25, 53) oder wenn er von der Unkenntnis des Berechtigten über seinen Anspruch ausgehen musste und daher nicht darauf vertrauen konnte, dieser wolle sein Recht nicht verfolgen (BGH NJW 00, 140; BAG NJW 01, 2907).

48 d) Die **Rechtsfolge** der Verwirkung ist eine inhaltliche Begrenzung des Rechts (BGHZ 67, 68), die letztlich einen Rechtsverlust bedeutet, da das Recht dauerhaft nicht mehr ausgeübt werden kann. Als rechtsvernichtende Einwendung ist die Verwirkung im Prozess vAw zu berücksichtigen (BGH NJW 66, 345). Die **Beweislast** für das Vorliegen ihrer Voraussetzungen trägt der Verpflichtete; den Berechtigten trifft die Darlegungspflicht (nicht aber die Beweispflicht) für sein rechtswahrendes Verhalten (BGH NJW 58, 1188 f).

§ 243 Gattungsschuld

(1) Wer eine nur der Gattung nach bestimmte Sache schuldet, hat eine Sache von mittlerer Art und Güte zu leisten.
(2) Hat der Schuldner das zur Leistung einer solchen Sache seinerseits Erforderliche getan, so beschränkt sich das Schuldverhältnis auf diese Sache.

1 I. Die wirtschaftlich wichtige **Gattungsschuld** ist in § 243 nur zT geregelt; ergänzende Bestimmungen enthalten §§ 300 II, 524 II, 2155, 2182 I, 2183; §§ 360, 373 HGB. Wie bei der Wahlschuld (§ 262) handelt es sich bei der Gattungsschuld um ein Schuldverhältnis mit unbestimmtem, aber bestimmbarem Leistungsgegenstand. Der Schuldner hat das Recht, den Leistungsgegenstand zu bestimmen. Bei der Auswahl ist er aber durch Abs 1 gebunden. Aus der vereinbarten Gattung hat er eine Sache mittlerer Art und Güte zu leisten. Abs 2 legt fest, dass die Konkretisierung des Schuldverhältnisses auf eine bestimmte Sache eintritt, wenn der Schuldner das seinerseits Erforderliche zur Leistung einer Sache, die den Anforderungen des Abs 1 entspricht, getan hat.

2 Wichtigster Anwendungsfall des § 243 ist der **Gattungskauf**. Über den auf Sachleistungen bezogenen Wortlaut hinaus ist die Vorschrift auch auf andere Schuldverhältnisse entspr anwendbar, wenn der Leistungsgegenstand der Gattung nach bestimmt ist; zB auf Leasingverträge (BGH NJW 82, 873), die Miete eines Hotelzimmers, Dienst- und Werkverträge und die Verschaffung von Rechten durch die Abtretung von Kundenforderungen. Zur Geldschuld vgl § 244 Rn 6.

II. 1. a) § 243 setzt ein Schuldverhältnis voraus, bei dem der Leistungsgegenstand nur **3** der **Gattung** nach bestimmt ist (Gattungsschuld, Genusschuld). Eine Gattung ist eine Gruppe von Gegenständen, die durch gemeinschaftliche Merkmale von anderen Gegenständen abgrenzbar ist (zB durch Modell, Typ, Sorte, Jahrgang; nach den Umständen auch durch den Preis). Die Merkmale und damit die Grenzen der Gattung werden in erster Linie durch den Parteiwillen festgelegt. Führt dieser subjektive Maßstab zu keinen Anhaltspunkten, ist die Verkehrsanschauung maßgeblich. Regelmäßig richtet sich die Gattungsschuld auf Lieferung einer vertretbaren Sache (§ 91), zB eines Neuwagen eines bestimmten Modells. Die Parteien können aber auch unvertretbare Sachen zum Gegenstand einer Gattungsschuld bestimmen, etwa eine bebaubare Parzelle in einer bestimmten Stadt.

Gegenbegriff zur Gattungsschuld ist die **Stückschuld** (Speziesschuld). Bei ihr wird von **4** vornherein ein individuell bestimmter Gegenstand geschuldet; dabei kann es sich um einen Einzelgegenstand oder eine Sachgesamtheit handeln (zB ein besichtigter Gebrauchtwagen oder die gesamte Ernte). Zum Unterschied der Gattungsschuld ggü der **Wahlschuld** und der **Ersetzungsbefugnis** (facultas alternativa) § 262 Rn 2, 4.

b) Rechte und Pflichten des Gattungsschuldners: Das **Auswahlrecht** hins des konkreten **5** Leistungsgegenstandes beläSSt dem Schuldner bis zur Konkretisierung die Möglichkeit, über seine Waren zu disponieren. Die Auswahl hat er nach Abs 1 so zu treffen, dass er **Sachen mittlerer Art und Güte** leistet. Entspr gilt nach § 360 HGB für den Handelskauf. Davon abw können die Parteien über- oder unterdurchschnittliche Qualitätsanforderungen vereinbaren (zB „erste Güteklasse"); eine derartige abw Festlegung kann sich auch bei Gesamtwürdigung des Vertragsinhaltes aus der Höhe des Preises ergeben.

Mit der Gattungsschuld ist für den Schuldner eine **Beschaffungspflicht** verbunden: Da **6** das Schuldverhältnis sich vor der Konkretisierung iSv Abs 2 nicht auf einen individuellen Gegenstand bezieht, wird die Leistung durch den Untergang einzelner Sachen aus der geschuldeten Gattung grds nicht unmöglich. Der Schuldner wird daher nicht von seiner Leistungspflicht frei, sondern muss sich eine Sache aus der Gattung am Markt beschaffen, wenn er selber nicht mehr darüber verfügt. Der durch das SMG geänderte § 276 I 1, der die in § 279 aF getroffene Regelung teilw übernimmt, stellt klar, dass der Schuldner bei Übernahme des Beschaffungsrisikos grds Verzögerungen oder Unvermögen zu vertreten hat (s dort Rn 23). Von der Leistungspflicht wird der Schuldner erst dann gem § 275 I frei, wenn die gesamte Gattung untergegangen ist, also am Markt Sachen dieser Gattung nicht mehr zu erhalten sind. In Fällen der übermäßigen Leistungserschwerung kommt darüber hinaus eine Befreiung von der Beschaffungspflicht gem §§ 275 II, 313 in Betracht (§ 275 Rn 18 ff; § 313 Rn 8). – Von dieser **marktbezogenen Gattungsschuld** unterscheidet sich die **Vorratsschuld** (beschränkte Gattungsschuld). Bei ihr wird die gattungsmäßig bestimmte Sache nach der Parteivereinbarung nur aus einem festgelegten Vorrat geschuldet, etwa Holz aus einem Holzlager, Wertpapiere aus einem bestimmten Bestand oder Produkte aus eigener Herstellung. Der Schuldner wird hier bereits von der Leistungspflicht nach § 275 frei, wenn der Vorrat untergeht.

2. a) Für die **Konkretisierung** ist nach Abs 2 **Voraussetzung**, dass der Schuldner das zur **7** Leistung einer erfüllungstauglichen Sache (§ 243 I; § 360 HGB) seinerseits Erforderliche getan hat. Dazu muss er jedenfalls eine den Vertragserfordernissen entspr Sache ausgewählt und ausgesondert haben. Die weiteren Erfordernisse sind von der Art der geschuldeten abschließenden Leistungshandlung (§ 269 Rn 1 f) abhängig: Bei der **Bringschuld** muss der Schuldner die Sache dem Gläubiger an dessen Wohnsitz oder am vertraglich vereinbarten Ort tatsächlich anbieten (§ 294). Bei der **Holschuld** reicht es aus, dass der Schuldner den Gläubiger von der Aussonderung benachrichtigt und ihn zur Abholung mit angemessener Frist auffordert, ohne ihn in Annahmeverzug setzen zu müssen (str; Staud/Schiemann § 243 Rn 36 f). Bei der **Schickschuld** (zB beim Versendungskauf gem § 447) ist die Absendung der Sache durch Übergabe an eine geeignete Transportperson erforderlich.

b) Rechtsfolge der Konkretisierung ist der Übergang von der Gattungsschuld zur **8** Stückschuld. Die Beschaffungspflicht des Schuldners erlischt, und die **Leistungsgefahr**

geht auf den Gläubiger über. Bei Untergang der ausgesonderten Sache oder bei nachträglicher Verfügung über die Sache (etwa durch Übereignung an einen Dritten; zu Ausn Rn 9) wird damit der Schuldner gem § 275 I von seiner primären Leistungspflicht frei. Hat der Schuldner noch nicht alles seinerseits Erforderliche getan, geht die Leistungsgefahr darüber hinaus gem § 300 II auf den Gläubiger über, wenn dieser in Annahmeverzug gerät. Für die Gegenleistungsgefahr (Preisgefahr) sind §§ 326 I und II, 446 sowie – außerhalb des Verbrauchsgüterkaufs (vgl § 474 II) – 447 maßgeblich.

9 An die Konkretisierung ist der Schuldner gebunden, so dass er nach ihrem Eintritt nicht mehr nach seinem Belieben die Sache gegen eine andere austauschen kann (aA Hager AcP 190, 332; zum Meinungsstand Canaris JuS 07, 793). Abw von diesem Grundsatz kann der Schuldner aber mit einer anderen Sache erfüllen, wenn der Gläubiger die angebotene Sache zurückgewiesen hat oder die Ersatzlieferung als Erfüllung annimmt (BGH BB 65, 349). Gleiches gilt, wenn sich der Gläubiger in Annahmeverzug befindet und der Schuldner die konkretisierte Sache daraufhin an einen Dritten liefert. Auch in diesem Fall tritt keine Unmöglichkeit (§ 275) ein. Vielmehr wird die Konkretisierung rückgängig gemacht (**Rekonzentration**), so dass die Gattungsschuld wiederauflebt (iE Medicus/Petersen, BR, Rn 262).

10 **III. Die Beweislast** für die Mangelfreiheit trägt der Schuldner, wenn der Gläubiger diese Sache als mangelhaft und daher nicht erfüllungstauglich zurückweist. Nimmt der Gläubiger die Leistung als Erfüllung an, kehrt sich die Beweislast nach § 363 um.

§ 244 Fremdwährungsschuld

(1) Ist eine in einer anderen Währung als Euro ausgedrückte Geldschuld im Inland zu zahlen, so kann die Zahlung in Euro erfolgen, es sei denn, dass Zahlung in der anderen Währung ausdrücklich vereinbart ist.
(2) Die Umrechnung erfolgt nach dem Kurswert, der zur Zeit der Zahlung für den Zahlungsort maßgebend ist.

1 **I. 1. Funktion:** Mit den Bestimmungen des § 244 über Geldschulden in eurofremder Währung (**Fremdwährungs- bzw Valutaschulden**) und den §§ 245–248 sind im BGB nur einzelne Ausschnitte aus dem Bereich der Geldschuld geregelt. Für eurofremde Geldschulden erleichtert § 244 dem Schuldner die Erfüllung durch die Möglichkeit der **Zahlung in Euro**. Diese Bevorzugung soll vermeiden, dass Schwierigkeiten bei der Beschaffung eurofremder Währung insb aufgrund ausländischer Devisenregelungen die Durchführung von Schuldverhältnissen hindern.

2 **2. Währungsumstellung:** Gemeinsame Währung ist in den Staaten der **Europäischen Wirtschafts- und Währungsunion** der **Euro**. Dieser Union gehören neben Deutschland derzeit Belgien, Estland, Finnland, Frankreich, Griechenland, Irland, Italien, Lettland, Luxemburg, Malta, die Niederlande, Österreich, Portugal, die Slowakei, Slowenien, Spanien und Zypern an. Die grdlg Regelungen zur Einf des Euro enthalten die sog Euro-Vorbereitungsverordnung (EG) Nr 1103/97 (ABl EG 1997 L 162 S 1 – **EuroVO I**) aufgrund von Art 308 EG, die Euro-Einführungsverordnung (EG) Nr 974/98 (ABl EG 1998 L 139 S 1 – **EuroVO II**) aufgrund von Art 111 EG sowie die Euro-Umrechnungskursverordnung (EG) Nr 2866/98 (ABl EG 1998 L 359 S 1 – **EuroVO III**). Die Einf des Euro bedeutete lediglich eine **Währungsumstellung**, also eine Veränderung der Geldbezeichnung, nicht jedoch des Geldwertes. Es gilt der Grundsatz der Vertragskontinuität (vgl Art 3 EuroVO I; Art 229 § 7 I 4 EGBGB; dazu Sandrock BB 97, 1; Hartenfels WM 99 Sonderbeil 1, 28).

3 Die Währungsumstellung hat sich in mehreren Phasen vollzogen: Während der **Übergangsphase** vom 1.1.1999 bis 31.12.2001 (vgl Art 1 Spiegelstrich 6 EuroVO II) konnte der Rechtsverkehr den Euro als Buchgeld neben den Währungen der Mitgliedstaaten verwenden; letztere sind als Untereinheiten des Euros definiert (Art 6 EuroVO II). Für Einzelheiten wird auf § 244 Rn 3 der 5. Aufl. verwiesen.

4 Das deutsche Recht hat sich diesen Veränderungen durch das SMG angepasst. Dabei wurden nicht nur in § 244 die Begriffe „ausländische Währung" und „Reichswäh-

rung" durch den Begriff „Euro" ersetzt, sondern auch der Diskontsatz der Deutschen Bundesbank seit dem 1.1.1999 durch den in § 247 geregelten **Basiszinssatz** (früher § 1 DÜG) abgelöst (dazu Hartenfels WM 99 Sonderbeil 1, 29; § 246 Rn 3), ohne dass sich daraus Ansprüche auf vorzeitige Kündigung, Aufhebung oder Abänderung von Verträgen ergeben (Art 229 § 7 I 4 EGBGB; früher § 4 DÜG). Hins der Wertsicherungsklauseln wurde der frühere § 3 Währungsgesetz durch § 2 PaPkG abgelöst (dazu näher Rn 14 ff).

II. 1. Geldschuld: a) § 244 setzt das Bestehen einer **Geldschuld** voraus. Eine Definition 5 der **Begriffe „Geld" und „Geldschuld"** findet sich im BGB nicht. Die Rspr betrachtet Geld als Tauschmittel, Recheneinheit und Wertmesser (BGHZ 61, 391; 65, 77) sowie als Mittel der Wertbewahrung und Wertübertragung (umfassend zu den Begriffen Geld und Geldschuld sowie zu den verschiedenen Funktionen des Geldes Staud/Schmidt, Vor §§ 244 ff Rn 1 ff; vgl allg Kähler, AcP 206, 805). In der Funktion eines Zahlungsmittels dient Geld ua zur Erfüllung von Geldschulden. Als Geldschulden bezeichnet man diejenigen Schuldverhältnisse, die auf die Leistung von Geld gerichtet sind, ohne dass mit dem Begriff „Geld" in diesem Zusammenhang jedoch Banknoten oder Münzen als körperliche Gegenstände bezeichnet werden. Denn **Inhalt der Leistungspflicht einer Geldschuld** ist nicht die Übereignung bestimmter einzelner Geldstücke oder Banknoten. Geschuldet ist vielmehr eine **Wertverschaffung**: Der Schuldner hat dem Gläubiger ein bestimmtes Quantum an „Vermögensmacht" zu verschaffen; dieses Quantum wird in Währungseinheiten ausgedrückt. Weil es nicht um Banknoten oder Münzen als körperliche Gegenstände geht, kann die Leistung nicht nur durch Übereignung von **Bargeld** (verkörpertes Geld in Form von Banknoten und Münzen), sondern grds auch durch **Buchgeld** (nicht verkörpertes Geld) bewirkt werden. Dabei handelt es sich um Forderungen gegen Geldinstitute, über die zB durch Überweisung oder Scheck verfügt wird. Ob bei der heutigen Bedeutung des bargeldlosen Zahlungsverkehrs der Grundsatz des Vorrangs der Barzahlung noch Gültigkeit beanspruchen kann, erscheint fraglich. Jedenfalls ist anzunehmen, dass der Schuldner eine Geldschuld idR auch durch Buchgeld erfüllen darf, es sein denn, dass ein abw Wille des Gläubigers für den Schuldner erkennbar geworden ist (zu Einzelheiten der Übermittlung vgl § 270 Rn 4).

Als **Wertverschaffungsschuld** ist die Geldschuld nicht als ein Sonderfall der Gattungs- 6 schuld, sondern als Institut eigener Art einzuordnen (str, vgl Larenz, SchR I, § 12 III Fn 16). Unabhängig von der rechtlichen Qualifikation besteht jedoch Einigkeit darüber, dass die Vorschriften über Gattungsschulden sowie über Unmöglichkeit für die Geldschuld aufgrund ihres Charakters als Wertverschaffungsschuld nicht uneingeschränkt passen. Nicht anwendbar ist zunächst § 243 I, denn es sind nicht Gegenstände „mittlerer Art und Güte" zu leisten, sondern Geld in vereinbarter Währung. Weiterhin ist der Gefahrübergang in § 270 abw von § 243 II geregelt. Schließlich muss der Schuldner nach dem **Grundsatz der unbeschränkten Vermögenshaftung** stets für seine finanzielle Leistungsfähigkeit einstehen. Insb wird er durch wirtschaftliches Unvermögen nicht von seiner Leistungspflicht frei und hat auch Zahlungsverzug stets zu vertreten („Geld hat man zu haben"). Während der Gesetzgeber diesen Grundsatz ursprünglich durch das SMG in § 276 I 1 klarstellen wollte (BT-Drucks 14/6040, 132), wurde im weiteren Gesetzgebungsverfahren davon abgesehen, die Geldschuld gesondert zu regeln (BT-Drucks 14/7052, 274 f). Entspr anwendbar auf Geldschulden ist allerdings § 300 II.

b) Keine Geldschuld, sondern eine Sachschuld liegt hingegen vor, wenn bestimmte 7 Geldstücke oder Banknoten geschuldet werden (zB Sammlermünzen). Je nachdem, ob diese individuell oder der Art nach bestimmt sind, handelt es sich um eine Stück- oder eine Gattungsschuld (dazu § 243 Rn 3). Auch auf Geld gerichtete Herausgabeansprüche (etwa aus §§ 285; 667; 818 I, II) stellen keine Geldschuld dar, so dass § 275 weiterhin anwendbar bleibt (s dort Rn 8). Bei **Geldsortenschulden** (die insb aufgrund von Münzsortenklauseln zu Zeiten der Goldwährung größere wirtschaftliche Bedeutung hatten als heute) wird der Schuldner bei Entfallen der geschuldeten Münzsorte iZw nicht von seiner Leistungspflicht frei (§ 245); in diesen Fällen handelt es sich um eine Sonderform der Geldschuld, bei der lediglich die Erfüllung nach Möglichkeit in einer bestimmten Geldsorte bewirkt werden soll (sog unechte Geldsortenschuld). Kann dag der Schuldner ausschließlich mit der bestimmten Geldsorte befreiend leisten, besteht keine Geld- sondern eine Gattungsschuld (sog echte Geldsortenschuld).

8 **c)** Im Normalfall ist bei einer Geldschuld die geschuldete Geldleistung ausschließlich summenmäßig in Währungseinheiten bestimmt (Geldbetrags- oder **Geldsummenschuld**). Für die Geldsummenschuld gilt das **Nominalprinzip**, das eine Grundlage der Währungsstabilität bildet: Der Wert der Schuld bestimmt sich allein nach dem Nennbetrag des Geldes, nicht nach dessen Kurswert oder Kaufkraft. Maßgeblich ist also nicht der „innere Wert" des Geldes; der Gläubiger trägt damit das Risiko der Geldentwertung. Er kann sich aber durch eine sog Wertsicherungsklausel vor der Entwertung seines Anspruchs schützen (dazu Rn 14 ff). Nur in Ausnahmefällen kommt eine Anpassung des Vertrages nach den Grundsätzen über die Störung der Geschäftsgrundlage in Betracht (§ 313 Rn 24).

9 IU dazu wird bei der **Wertschuld** die geschuldete Leistung ohne einen festen Nennbetrag durch Faktoren, die sich aus dem jeweiligen Schuldzweck ergeben, bestimmt. Der zu leistende Betrag steht daher erst im Zeitpunkt der Erfüllung fest. Zugrunde liegt – mit Einschränkungen – der Gedanke des **Valorismus**: Die Erfüllung der Geldwertschuld soll dem Wertausgleich dienen; daher soll die Schuld bis zu dem Zeitpunkt, der jeweils für die Festlegung der Schuldhöhe maßgeblich ist, wertbeständig bleiben. Beispiele für Geldwertschulden sind Unterhaltsansprüche; Zugewinnausgleichs- und Pflichtteilsansprüche bis zum Stichtag für die Bewertung; Schadensersatz-, Wertersatz- und Aufwendungsersatzansprüche (BGHZ 123, 75).

10 **2. Fremdwährungsschuld (Valutaschuld):** § 244 regelt mit der Fremdwährungsschuld eine besondere Form der Geldschuld. Kennzeichnend für diese Form ist, dass die Leistung nach dem Inhalt des Vertrages nicht in Euro, sondern vielmehr in **anderer Währung** festgelegt ist. Die Regelung beschränkt sich dem Wortlaut nach zudem auf Geldschulden, die im Inland zu erfüllen sind. Aufgrund der Währungsumstellung (Rn 2) ist dies der Fall, wenn der Leistungsort (§§ 269, 270 IV) im Gebiet der Wirtschafts- und Währungsunion liegt. De lege ferenda vorzugswürdig wäre die allg Regelung, dass der Schuldner einer Zahlungsverpflichtung, die in einer anderen Währung als der des Zahlungsortes ausgedrückt ist, diese auch in der Währung des Zahlungsortes erfüllen kann, sofern nichts anderes vereinbart ist.

11 Bei Vorliegen dieser Voraussetzungen ist nach Abs 1 eine Geldschuld als sog **unechte (einfache) Fremdwährungsschuld** zu betrachten, soweit nichts anderes vereinbart ist: Die Schuld ist in einer anderen Währung als Euro ausgedrückt, kann aber auch in Euro getilgt werden. Dem Schuldner steht damit ein Wahlrecht (Ersetzungsbefugnis) zu (BGH NJW 58, 1399). Der Gläubiger ist hingegen nur berechtigt, Zahlung in der eurofremden Währung zu verlangen.

12 Eine **echte (effektive) Fremdwährungsschuld** erfordert demgegenüber eine Vereinbarung, dass allein durch die Zahlung in ausländischer Währung erfüllt werden kann (und die Geldschuld nicht nur in ausländischer Währung ausgedrückt ist). Davon ist zB auszugehen, wenn die Parteien im Hinblick auf die Zahlung in der ausländischen Währung Formulierungen verwenden wie „effektiv" oder „zahlbar in" (sog Effektivklauseln). Eine echte Fremdwährungsschuld ist auch iZw bei Valutaschulden mit Erfüllungsort außerhalb der Wirtschafts- und Währungsunion anzunehmen.

13 **3.** Maßgeblich für die **Umrechnung** ist nach **Abs 2** der Kurs zum Zeitpunkt der tatsächlichen Zahlung am Zahlungsort (BGH WM 93, 2012); nicht entscheidend ist der Zeitpunkt der Fälligkeit (RGZ 101, 313). Der Gläubiger kann aber ggf einen Kursverlust als Verzögerungsschaden nach §§ 280 I, II, 286 ersetzt verlangen. Im Falle der Aufrechnung zählt der Zeitpunkt des Zugangs der Aufrechnungserklärung (RGZ 167, 63). Im Insolvenzverfahren ist der Zeitpunkt der Verfahrenseröffnung maßgeblich (BGHZ 108, 128).

14 **III. Wertsicherungsklauseln (Preisklauseln)** sind Klauseln, die eine Geldschuld wertbeständig machen sollen (BGH NJW 75, 105), um den Gläubiger ggü dem Risiko der Geldentwertung abzusichern. Zum **Schutz der Geldwertstabilität** standen bestimmte Wertsicherungsklauseln nach dem früheren PaPkG unter einem **Verbot mit Erlaubnis-**

vorbehalt, vgl § 2 I 1, II Nr 1 PaPkG (sog Indexierungsverbot). Das am 14.9.2007 in Kraft getretene PrKG beinhaltet nunmehr ein Wertsicherungsverbot mit Ausnahmetatbeständen (Kirchhoff DNotZ 07, 913).

Gesetz über das Verbot der Verwendung von Preisklauseln bei der Bestimmung von Geldschulden (Preisklauselgesetz)
Vom 7. September 2007 (BGBl I S 2246)

(FNA 720-18)
zuletzt geändert durch Art 8 Abs 8 G zur Umsetzung der VerbraucherkreditRL, des zivilrechtl. Teils der ZahlungsdiensteRL sowie zur NeuO der Vorschriften über das Widerrufs- und Rückgaberecht vom 29. Juli 2009 (BGBl I S 2355)
(Auszug)

§ 1 Preisklauselverbot

(1) Der Betrag von Geldschulden darf nicht unmittelbar und selbsttätig durch den Preis oder Wert von anderen Gütern oder Leistungen bestimmt werden, die mit den vereinbarten Gütern oder Leistungen nicht vergleichbar sind.
(2) Das Verbot nach Absatz 1 gilt nicht für Klauseln,
1. die hinsichtlich des Ausmaßes der Änderung des geschuldeten Betrages einen Ermessensspielraum lassen, der es ermöglicht, die neue Höhe der Geldschuld nach Billigkeitsgrundsätzen zu bestimmen (Leistungsvorbehaltsklauseln),
2. bei denen die in ein Verhältnis zueinander gesetzten Güter oder Leistungen im Wesentlichen gleichartig oder zumindest vergleichbar sind (Spannungsklauseln),
3. nach denen der geschuldete Betrag insoweit von der Entwicklung der Preise oder Werte für Güter oder Leistungen abhängig gemacht wird, als diese die Selbstkosten des Gläubigers bei der Erbringung der Gegenleistung unmittelbar beeinflussen (Kostenelementeklauseln),
4. die lediglich zu einer Ermäßigung der Geldschuld führen können.
(3) Die Vorschriften über die Indexmiete nach § 557 b des Bürgerlichen Gesetzbuches und über die Zulässigkeit von Preisklauseln in Wärmelieferungsverträgen nach der Verordnung über Allgemeine Bedingungen für die Versorgung mit Fernwärme bleiben unberührt.

§ 2 Ausnahmen vom Verbot

(1) ¹Von dem Verbot nach § 1 Abs. 1 ausgenommen sind die in den §§ 3 bis 7 genannten zulässigen Preisklauseln. ²Satz 1 gilt im Fall
1. der in § 3 genannten Preisklauseln,
2. von in Verbraucherkreditverträgen im Sinne der §§ 491 und 506 des Bürgerlichen Gesetzbuches verwendeten Preisklauseln (§ 5)
nur, wenn die Preisklausel im Einzelfall hinreichend bestimmt ist und keine Vertragspartei unangemessen benachteiligt.
(2) Eine Preisklausel ist nicht hinreichend bestimmt, wenn ein geschuldeter Betrag allgemein von der künftigen Preisentwicklung oder von einem anderen Maßstab abhängen soll, der nicht erkennen lässt, welche Preise oder Werte bestimmend sein sollen.
(3) Eine unangemessene Benachteiligung liegt insbesondere vor, wenn
1. einseitig ein Preis- oder Wertanstieg eine Erhöhung, nicht aber umgekehrt ein Preis- oder Wertrückgang eine entsprechende Ermäßigung des Zahlungsanspruchs bewirkt,
2. nur eine Vertragspartei das Recht hat, eine Anpassung zu verlangen, oder
3. der geschuldete Betrag sich gegenüber der Entwicklung der Bezugsgröße unverhältnismäßig ändern kann.

1. § 1 I PrKG verbietet grds Vereinbarungen, die zu einer Änderung des geschuldeten Geldbetrags führen können (Wertsicherung- oder Preisklauseln). Diese binden die Höhe einer Geldschuld in der Art an eine außerhalb des Schuldverhältnisses liegende Bezugsgröße, dass bei Änderung der Vergleichsgröße der Schuldbetrag ohne Zutun der

Parteien angepasst wird. Wie früher bei § 2 PaPkG ist entscheidend, dass die Klausel eine **unmittelbare und selbsttätige Anpassung** von Geldschulden bewirkt.

16 2. a) Das **Wertsicherungsverbot** gem § 1 I PrKG setzt eine **Geldschuld** voraus. Es erfasst damit weder Verträge, die als Gegenleistung eine Sach- oder Dienstleistung – wenn auch zur Vermeidung der Geldentwertung – vorsehen (BGHZ 81, 137), noch Klauseln, die eine Änderung des Geldbetrages bewirken, bevor der die Geldschuld begründende Vertrag geschlossen ist. Auch eine wertgesicherte Vereinbarung von Ehepartnern wird nicht von § 1 PrKG erfasst, da gem § 1378 III 1 BGB die Geldschuld in Form der Ausgleichsforderung erst in dem Zeitpunkt entsteht, in dem der Güterstand beendet wird. § 1 I PrKG gilt für Geldsummenschulden; seine Geltung für Geldwertschulden ist str (Kirchhoff DNotZ 07, 913, 915 f). b) Nach § 2 PaPkG waren bestimmte Preisklauseln genehmigungsbedürftig. Zuständig für die Erteilung der Genehmigung war gem § 2 II Nr 3 PaPkG iVm § 7 PreisklauselVO (BGBl 98 I, 3043) das Bundesamt für Wirtschaft. Das Genehmigungsverfahren ist nun entfallen, jedoch gelten gem § 9 PrKG nach § 2 PaPkG erteilte Genehmigungen fort. Die meisten nach alter PreisklauselVO genehmigungsbedürftigen Klauseln nimmt das PrKG nun ausdrücklich vom Wertsicherungsverbot aus.

17 3. a) Das Wertsicherungsverbot gilt nicht für alle Varianten der Wertsicherung. In § 1 II PrKG sind die gebräuchlichsten zulässigen Klauseln genannt. Dazu gehören sog **Leistungsvorbehaltsklauseln**, bei denen die Höhe der Geldschuld bei Veränderung einer bestimmten Vergleichsgröße oder nach Zeitablauf angepasst wird, ohne dass das genaue Ausmaß der Anpassung von Anfang an feststeht. Je nach dem Inhalt der Klausel erfolgt die Festsetzung durch eine Vereinbarung der Parteien, durch eine Partei alleine oder durch einen Dritten (§§ 315 ff). § 1 II Nr 1 PrKG setzt voraus, dass ein beschränkter Ermessensspielraum besteht, um die Höhe der Geldschuld nach Billigkeitsgrundsätzen neu festzulegen.

18 b) Auch sog **Spannungsklauseln** fallen weiter nicht unter das Verbot des § 1 I. Dabei handelt es sich um Vereinbarungen, bei denen die Höhe der Geldschuld unmittelbar an den künftigen Preis von Gütern gekoppelt wird, die der Gegenleistung der Geldschuld gleichartig oder vergleichbar sind. Bsp ist die Bindung eines Gehaltes an die Entwicklung der Beamtenbesoldung (BGH NJW 74, 273; 80, 1741), an Tarifgehälter (BAG DB 77, 503) oder die Bindung von Miete oder Pacht an die Entwicklung der Preise anderer Räume (BGH NJW-RR 86, 879).

19 c) Schon gem § 2 II Nr 1 PaPkG iVm § 1 Nr 3 PreisklauselVO waren sog **Kostenelementeklauseln** vom Indexierungsverbot generell freigestellt und damit genehmigungsfrei. Bei einer Kostenelementeklausel vereinbaren die Parteien zugunsten des Gläubigers die Abhängigkeit des Preises eines vom Gläubiger geleisteten Wirtschaftsgutes von der Entwicklung bestimmter Kostenelemente dieses Wirtschaftsgutes (zB Lohnkosten oder Rohmaterialkosten); dabei beeinflussen diese Kostenelemente die Selbstkosten des Gläubigers unmittelbar. Derartige Klauseln findet man häufig in langfristigen Miet- und Lieferverträgen. § 1 II Nr 3 PrKG bestimmt nunmehr ausdrücklich, dass Kostenelementeklauseln nicht unter das Wertsicherungsverbot fallen.

20 d) Wertsicherungsklauseln, die Teil eines **einseitigen Rechtsgeschäfts** sind, werden gem § 1 I 2. Halbs PrKG nicht vom Wertsicherungsverbot erfasst, da es hier schon an einer Vereinbarung fehlt. e) Zudem werden ebenso wenig sog **Valutawertklauseln** erfasst, die eine Geldschuld vom Kurs einer anderen Währung abhängig machen.

21 4. **Ausn** vom Wertsicherungsverbot sind in § 1 II Nr 4 und gem § 2 I S 1 in §§ 3 bis 7 PrKG geregelt. a) § 1 II Nr 4 PrKG erlaubt als Ausn zum generellen Wertsicherungsverbot **sog Ermäßigungsklauseln**, die zu einer Ermäßigung der Geldschuld auf Verbraucher-, aber auch auf Unternehmerseite führen können. b) Für Mietanpassungsvereinbarungen in **Wohnraummietverträgen** gilt allein § 557b. Die Ausnahmevorschrift des § 3 PrKG gilt für Klauseln in Pacht- oder **Mietverträgen, die keinen Wohnraum betreffen**, und für andere **langfristige Verträge**. c) § 4 PrKG nimmt zudem weiterhin Wertsicherungen in **Erbbaurechtsbestellungsverträgen und Erbbauzinsreallasten** aus, die eine Laufzeit von mind 30 Jahren haben. d) Weitere Ausn gelten für Preisklauseln im Geld- und Kapitalmarktverkehr gem § 5 PrKG; in Verträgen, die Unternehmer mit Gebietsfremden schließen gem § 6 PrKG; und für Wertsicherungen im Zusammenhang mit Verträgen, die der Deckung des Bedarfs der Streitkräfte dienen gem § 7 PrKG.

5. Die **Unwirksamkeit** einer Preisklausel tritt gem § 8 PrKG erst im Zeitpunkt des rechtskräftig festgestellten Verstoßes gegen das Wertsicherungsverbot ein, wenn die Parteien nicht eine frühere Unwirksamkeit vereinbart haben. 22

§ 245 Geldsortenschuld

Ist eine Geldschuld in einer bestimmten Münzsorte zu zahlen, die sich zur Zeit der Zahlung nicht mehr im Umlauf befindet, so ist die Zahlung so zu leisten, wie wenn die Münzsorte nicht bestimmt wäre.

§ 245 bezweckt die Sicherstellung der Erfüllung einer Geldschuld für den Fall, dass die Leistung in einer bestimmten Münzsorte vereinbart, diese Münzsorte aber nicht mehr im Umlauf ist. Münz- bzw Geldsortenschuld iSv § 245 ist nur die **unechte Geldsortenschuld**. Bei ihr handelt es sich iU zur echten Geldsortenschuld nicht um eine Gattungsschuld mit der Rechtsfolge des § 276, sondern um eine Geldschuld, bei der die Parteien **die Leistung in einer bestimmten Münzsorte** vereinbart haben (§ 244 Rn 7). 1

§ 245 setzt voraus, dass sich die geschuldete **Geldsorte nicht mehr im Umlauf** befindet. Diese Voraussetzung ist erfüllt, wenn die betr Münzsorte förmlich außer Verkehr gezogen wurde oder die Geldsorte objektiv faktisch nicht mehr zu beschaffen ist (RGZ 107, 371). Maßgeblich ist der Zeitpunkt der Zahlung. Als **Rechtsfolge** ist der Schuldner nicht an die vereinbarte Geldsorte gebunden; die Schuld ist wie jede andere Geldschuld zu erfüllen. 2

§ 246 Gesetzlicher Zinssatz

Ist eine Schuld nach Gesetz oder Rechtsgeschäft zu verzinsen, so sind vier vom Hundert für das Jahr zu entrichten, sofern nicht ein anderes bestimmt ist.

I. Die Regelung begründet selbst keine Zinspflicht. Sie ordnet vielmehr einen Zinssatz von 4 % für alle Fälle an, in denen kraft Gesetzes oder Rechtsgeschäfts zwar dem Grunde nach eine Zinspflicht besteht, jedoch die Höhe der zu entrichtenden Zinsen nicht festgelegt wurde. Dieser gesetzlich zwingend vorgeschriebene Zinssatz dient dem **Schutz des Schuldners**. Durch vertragliche Vereinbarung kann der Zinssatz – in den Schranken der §§ 134, 138, 242, der §§ 307, 309 Nr 5 und 6 (dazu Art 3 III iVm Anh Nr 1 q, e, f Klausel-RL) sowie §§ 492, 493 (dazu Art 4, 6 VerbrKr-RL) – niedriger oder höher festgelegt werden. Auch speziellere gesetzliche Bestimmungen gehen dem § 246 vor, zB §§ 288, 291, 497; § 352 I 1 HGB; §§ 28 II, 48 I Nr 2, 49 Nr 2 WG und Art 45 Nr 2, 46 Nr 2 ScheckG. Insofern kommt dem gesetzlichen Zinssatz eine **geringe Bedeutung** zu. Erfasst werden va Zinsen bei Verwendungen (§ 256), Werklohn (§ 641) und die Fälle der §§ 820 I, 849; zur Mindestverzinsung von 4 % in Anlehnung an § 246 auch im Rahmen des § 169 InsO (BGH NJW 06, 1873, 1876). 1

II. 1. a) Voraussetzung ist ein Schuldverhältnis, das zur Leistung von Zinsen verpflichtet (**Zinsschuld**). Im Verhältnis zur jeweiligen Hauptschuld ist die Zinsschuld eine **Nebenschuld**, die sich ständig erneuert. Sie kann entweder durch **gesetzliche Bestimmungen** begründet werden oder durch **vertragliche Vereinbarung** (zB ein Gelddarlehen, für das nach § 488 I 2 die Zahlung von Zinsen bedungen wurde). 2

b) Zinsen sind **laufzeitabhängige, gewinn- und umsatzunabhängige Vergütungen für den Kapitalgebrauch** (BGH NJW 79, 806; NJW-RR 92, 592). Ob eine Leistung als Zins einzuordnen ist, richtet sich nicht nach der Bezeichnung, sondern nach **dem wirtschaftlichen Zweck**. Unerheblich ist, ob die Zinsen „fortlaufend" entrichtet werden (anders früher die Rspr; zB RGZ 168, 285); auch einmalige Zahlungen oder Abzüge vom ausgezahlten Kapital können Zinsen sein. Auch müssen Zinsen nicht in einem im Voraus bestimmten Bruchteil des Kapitals bestehen; es genügt vielmehr, dass sich der Zinssatz nach einem von vornherein festgelegten Maßstab richtet. So wurde die Zins- 3 höhe in vertraglichen ebenso wie in gesetzlichen Regelungen früher häufig an den **Diskontsatz der Deutschen Bundesbank** geknüpft. Diese Bezugsgröße ist seit 1999 durch den **Basiszinssatz** (§ 247) ersetzt worden (vgl Art 1 EuroEG, BGBl 1998 I, 1242). Demnach stellt der Basiszinssatz auch für die Ermittlung der Zinshöhe gem §§ 28 II, 48 I Nr 2, 49 Nr 2 WG und §§ 45 Nr 2, 46 Nr 2 ScheckG sowie § 497 die maßgebliche Bezugsgröße dar.

4 Als **Zinsen** iSd § 246 zu betrachten sind auch **Kreditgebühren**, die insb bei Verbraucherkreditgeschäften üblicherweise vereinbart werden (BGH NJW 79, 806; jetzt stRspr), da sich ihr Betrag nach der Zeitdauer der Kapitalüberlassung bestimmt und der Sache nach eine Vergütung für die Kapitalüberlassung bildet. Ebenfalls Zinsen sind zB Entgelte für die Kontoüberziehung (BGHZ 118, 127) und einmalige Sonderleistungen wie Bearbeitungsgebühren oder Kreditkostenpauschalen, soweit diese tatsächlich Vergütungen für die Kapitalüberlassung darstellen („verschleierte Zinsen"). Im Falle der Vereinbarung einmaliger Vorabzüge ist str, ob es sich bei der jeweiligen Vorabzugsabrede (**Disagio, Damnum**) um eine Pauschalisierung der Darlehensnebenkosten oder um eine verschleierte Zinsabrede handelt. Nach Ansicht des III. Zivilsenats ist das Darlehensdisagio als Zins zu werten (BGHZ 111, 290; 133, 358); ein Teil der Lehre befürwortet dementspr die Anwendung des § 248 I. Demgegenüber ist der nunmehr für Darlehenssachen zuständige XI. Zivilsenat der Auffassung, dass die Verzinsung des als Disagio einbehaltenen Betrags nur rechnerisch als die Verzinsung von Zinsen erscheine, in rechtlicher Hinsicht jedoch kein Verstoß gegen § 248 I begründe (BGH NJW 00, 352). **Keine Zinsen** sind hingegen selbständige Hauptleistungen wie Renten (BGH LM § 248 Nr 2); Miet-, Pacht- und Erbbauzinsen (BGH NJW-RR 92, 592); die „Verzinsung" eines Grundstückswertes als Entschädigung für den Nutzungsentzug (BGH NJW 64, 294); Leistungen zur Tilgung der Hauptschuld; vom wirtschaftlichen Ergebnis der Kapitalüberlassung abhängige Gewinn- und Umsatzbeteiligungen (BGHZ 85, 63), Dividenden und Tantiemen; sog Bereitstellungszinsen, laufzeitunabhängige Leistungen wie Bearbeitungs- und Vermittlungsgebühren (BGHZ 80, 166; BGH NJW 79, 806) sowie sonstige Kreditnebenkosten.

5 c) Das **Entstehen** der Zinsschuld ist vom Bestand der Hauptschuld abhängig. Wenn die Hauptschuld nicht wirksam entstanden ist oder wenn sie erloschen ist, entstehen keine Zinsansprüche (Ausn § 803). Die Pflicht zur Verzinsung **beginnt** dementspr mit dem Entstehen des Hauptanspruchs und **endet** mit der Erfüllung der Hauptforderung. Der **Fortbestand** bereits entstandener Zinsansprüche ist jedoch von der Hauptschuld unabhängig. Der wirksam entstandene Zinsanspruch kann auch selbständig eingeklagt, verpfändet, gepfändet oder abgetreten werden (RGZ 86, 219; 94, 138). Persönliche und dingliche **Sicherheiten** für die Hauptschuld gelten aber regelmäßig auch für die Zinsschuld (§§ 767 I, 1118, 1192, 1210, 1289). Die **Verjährung** des Zinsanspruchs, der auf regelmäßig wiederkehrende Leistungen gerichtet ist, ist grds eigenständig. Doch verjährt der Zinsanspruch gem § 217 gleichzeitig mit der Hauptschuld, auch wenn für ihn noch keine Verjährung eingetreten ist.

6 2. Für die **Berechnung der Zinsschuld** ist grds die tatsächlich noch bestehende Kapitalschuld zugrunde zu legen. Abw Vereinbarungen in AGB müssen hinreichend transparent sein (BGHZ 116, 2; BGH NJW 95, 2287). Der Zinssatz wird idR durch einen auf das Jahr bezogenen Prozentsatz festgelegt (Jahreszins); möglich ist indes auch ein Monatszins.

7 3. Zur Berechnung des effektiven Jahreszinses für Verbraucherkredite s § 492.

§ 247 [1]Basiszinssatz

(1) [1]Der Basiszinssatz beträgt 3,62 Prozent. [2]Er verändert sich zum 1. Januar und 1. Juli eines jeden Jahres um die Prozentpunkte, um welche die Bezugsgröße seit

---

1 Diese Vorschrift dient der Umsetzung von Artikel 3 der Richtlinie 2000/35/EG des Europäischen Parlaments und des Rates vom 29. Juni 2000 zur Bekämpfung von Zahlungsverzug im Geschäftsverkehr (ABl. EG Nr. L 200 S. 35).

der letzten Veränderung des Basiszinssatzes gestiegen oder gefallen ist. ³Bezugsgröße ist der Zinssatz für die jüngste Hauptrefinanzierungsoperation der Europäischen Zentralbank vor dem ersten Kalendertag des betreffenden Halbjahrs.
(2) Die Deutsche Bundesbank gibt den geltenden Basiszinssatz unverzüglich nach den in Absatz 1 Satz 2 genannten Zeitpunkten im Bundesanzeiger bekannt.

I. § 247 definiert den Begriff des **Basiszinssatzes**, der seit dem Gesetz zur Beschleunigung fälliger Zahlungen vom 30.3.2000 (BGBl I, 330) für die Berechnung des gesetzlichen Zinssatzes (§ 288) maßgeblich ist, bis dahin aber in § 1 DÜG vom 9.6.98 (BGBl I, 139) und der Basiszinssatz-Bezugsgrößen-VO vom 10.2.1999 geregelt war. 1

II. Entgg dem Wortlaut legt Abs 1 S 1 nicht den Basiszinssatz selbst fest, sondern lediglich eine Ausgangsgröße, die der Berechnung des Basiszinssatzes zugrunde zu legen ist. Gem S 2, 3 ist die in S 1 angegebene Ausgangsgröße von 3,62 % jeweils entspr der Veränderung des Zinssatzes für die Hauptrefinanzierungsoperation der Europäischen Zentralbank zu variieren. Seit dem 1.1.2014 beträgt der Basiszinssatz -0,63 %. S 2 bestimmt zudem den Rhythmus, in dem vom 1.1.2002 an (vgl Art 229 § 7 III EGBGB) der Basiszinssatz an künftige Zinsänderungen angepasst wird. IU zu früher erfolgt die **Anpassung** nicht mehr drei-, sondern nur noch **zweimal pro Jahr**, jeweils zum **1.1.** und zum **1.7.** eines jeden Jahres. Diese Veränderung beruht auf Art 3 I d der Zahlungsverzugs-RL aF (näher AnwaltK/Schulte-Nölke Art 3 Zahlungsverzugs-RL Rn 25 ff). 2

Abs 2 normiert die **Bekanntmachungspflicht** der Deutschen Bundesbank, die den geltenden Basiszinssatz unverzüglich nach seiner Änderung zum 1.1. bzw 1.7. im Bundesanzeiger bekannt zu geben hat. Die jeweils aktuelle Höhe ist daneben im Internet unter http://www.bundesbank.de/ abrufbar. 3

§ 248 Zinseszinsen

(1) Eine im Voraus getroffene Vereinbarung, dass fällige Zinsen wieder Zinsen tragen sollen, ist nichtig.
(2) ¹Sparkassen, Kreditanstalten und Inhaber von Bankgeschäften können im Voraus vereinbaren, dass nicht erhobene Zinsen von Einlagen als neue verzinsliche Einlagen gelten sollen. ²Kreditanstalten, die berechtigt sind, für den Betrag der von ihnen gewährten Darlehen verzinsliche Schuldverschreibungen auf den Inhaber auszugeben, können sich bei solchen Darlehen die Verzinsung rückständiger Zinsen im Voraus versprechen lassen.

I. Das **Zinseszinsverbot** dient dem Schuldnerschutz. Es richtet sich gegen eine Zinskumulation und soll zugleich Zinsklarheit gewährleisten. 1

II. 1. **Anwendbar** ist § 248 sowohl auf gesetzliche als auch auf vertragliche Zinsen. Dabei gilt der gleiche **Zinsbegriff wie bei** § 246. Zinseszinsen sind daher auch Zinsen auf Kreditgebühren. Wird ein vereinbartes Disagio bei Auszahlung der Darlehenssumme einbehalten, so verstößt die Verzinsung der gesamten Darlehenssumme unter Einschluss des Disagios dag nicht gegen § 248 (BGH NJW 00, 352; Bezzenberger WM 02, 1623 f; Palandt/Grüneberg § 248 Rn 1; s § 246 Rn 4). 2

Das Verbot des Abs 1 gilt nur für Zinseszinsen, die **im Voraus vereinbart** werden. Absprachen nach Fälligkeit der Geldschuld sind zulässig. Nicht untersagt sind ferner Vorwegabreden, nach denen sich bei unpünktlicher Zahlung der Zinsfuß erhöht (RGZ 37, 275). 3

2. In Abs 2 sind zwei **Ausnahmen** vom Zinseszinsverbot geregelt. Die in Abs 2 S 1 verwendeten Begriffe „Sparkasse", „Kreditanstalt" und „Bankgeschäft" werden durch §§ 1, 39, 40 KWG konkretisiert. Eine weitere Ausn enthält § 355 I HGB: Beim handelsrechtlichen Kontokorrentverhältnis wird der Saldo von seiner Feststellung an einschließlich der in ihm enthaltenen Zinsen verzinst (s dazu BGHZ 77, 259). 4

Vorbemerkung zu §§ 249–253

I. Übersicht	1	III. Zurechnung des Schadens	13
1. Voraussetzungen und Anwendbarkeit	1	1. Zurechnungszusammenhang	13
2. Zweck des Schadensersatzes	2	2. Einzelne Zurechnungsfragen	17
3. Ersatzmöglichkeiten	3	IV. Ersatzberechtigte	25
4. Begriff des Schadens	5	1. Relativitäts-/Tatbestandsprinzip	25
5. Entwicklung des Schadensrechts	9	2. Schadensverlagerung auf Dritte	27
II. Umfang des Ersatzpflicht	10	V. Umfang des Schadensersatzes	31
1. Totalreparation	10	1. Differenztheorie/Vorteilsausgleichung	31
2. Ersatz bei Vereitelung einer Verbesserungschance	11	2. Berechnung und Beweis des Schadensumfanges	34
3. Positives/negatives Interesse	12		

1 **I. Übersicht: 1.** Die §§ 249–253 legen **Art, Inhalt und Umfang** des Schadensersatzes fest. Sie sind keine eigenständigen Anspruchsgrundlagen, sondern ergänzen die haftungsbegründenden Normen durch haftungsausfüllende allg Regeln für den Schadensersatz. **Voraussetzung** des Schadensersatzes ist damit stets das Bestehen einer Ersatzpflicht aus einem vertraglich oder gesetzlich begründeten Rechtsverhältnis. **Anwendbar** sind die §§ 249 ff grds auf alle Schadensersatzansprüche aus Verschuldens- und Gefährdungshaftung, aus Vertrag (zB §§ 280–283, 437 Nr 3, 536 a, 634 Nr 4) und aus cic (§ 311 II, III), aus GoA, Delikt sowie aus allen anderen gesetzlichen Schuldverhältnissen. Ihr Anwendungsbereich umfasst auch die Schadensersatzansprüche aus der Verletzung sachen-, familien- oder erbrechtlicher Pflichten sowie aus Vorschriften außerhalb des BGB (§ 1 ProdHaftG, §§ 1 ff HaftpflG, §§ 1 f UmweltHaftG, § 22 WHG, §§ 7, 18 StVG, § 33 LuftVG, § 14 S 2 BImschG). Dadurch erhält das gesamte Privatrecht einheitliche Maßstäbe für den Ersatz von Schäden. Für einzelne Materien ergänzen oder modifizieren aber **Sondervorschriften** die allg Regeln, zB beim Schutz des Beschäftigten vor Benachteiligungen (s § 7 AGG) sowie bei der Gefährdungshaftung häufig Bestimmungen über summenmäßige Haftungsbeschränkungen (§ 12 StVG, §§ 9 f HaftpflG, §§ 10 f ProdHaftG, § 15 UmweltHaftG). Weitere Einschränkungen können sich aus dem Schutzzweck der jeweiligen Haftungsnorm ergeben (Rn 16). Das **Zweite Gesetz zur Änderung schadensrechtlicher Vorschriften** vom 19.7.2002 (BGBl I, 2674) hat die Bedeutung der allg Schadensrechts der § 249 ff durch die Einbeziehung des Schmerzensgeldanspruchs aus § 847 aF in § 253 II noch vergrößert (dazu § 253 Rn 12 ff). Es hat zudem die Ersatzfähigkeit der sog fiktiven Umsatzsteuer durch den im Rahmen der Reform neu geschaffenen § 249 II 2 ausgeschlossen und die Haftung Minderjähriger im Straßen- und Schienenverkehr durch § 828 II nF weiter eingeschränkt. Diese Einschränkung wirkt sich über §§ 276 I 2, 254 auch auf Fragen des Mitverschuldens aus. Daneben wurde die Haftung der gerichtlichen Sachverständigen im damals neu eingeführten § 839 a geregelt. Weitere Änderungen betreffen ua das StVG und die Haftung des Arzneimittelherstellers nach dem AMG. Die Änderungen sind anzuwenden, wenn das schädigende Ereignis nach dem 31.7.2002 eingetreten ist (Art 229 § 8 EGBGB, mit Spezialregelungen für die Änderung des AMG). Zum Verhältnis der §§ 249 ff zu Art 17 ff CMR siehe BGH NJW-RR 05, 908.

2 **2. Zweck** des Schadensersatzes ist es in erster Linie, Nachteile, die der Geschädigte infolge des schädigenden Ereignisses erlitten hat, auszugleichen (**Ausgleichsfunktion**). Daneben haben weitere Funktionen des Schadensersatzes (auch aufgrund der Schutzzwecke einzelner Haftungsnormen) an Bedeutung gewonnen und verschieben heute zT die Maßstäbe des Ersatzes ggü dem Ausgleichsgedanken erheblich: die Genugtuungsfunktion zugunsten des Geschädigten (zB § 253 II), die Sanktionsfunktion zulasten des Schädigers sowie die Präventivfunktion im Interesse der Schadensverhütung. Ob und inwieweit ihnen allg Geltung für das Schadensrecht zukommt, ist aber str (vgl Manner JZ 07, 233). – Für das gesamte Schadensrecht ist neben dem Ausgleichszweck der Gedanke der **Rechtsfortsetzung** zu berücksichtigen: Im Schadensersatzanspruch setzt sich das subjektive Recht oder das Rechtsgut, aus dessen Verletzung der Schaden hervorgegangen ist, in anderer Gestalt fort, damit dessen Wertgehalt dem Geschädigten erhalten bleibt. Dementspr bildet der objektive Wert (Verkehrswert) den **Mindestschaden**, in dessen Höhe der Geschädigte unabhängig von der sonstigen Berechnungsweise des Ersatzes regelmäßig Ersatz verlangen kann.

3. Die **Struktur** des Schadensrechts beruht auf der Unterscheidung zweier Arten des Ersatzes: In erster Linie hat der Schädiger Ersatz zu leisten durch Herstellung des Zustandes, der ohne das schädigende Ereignis bestünde (§ 249, **Naturalrestitution**). Soweit dies unmöglich, unzulänglich oder unverhältnismäßig aufwendig ist, schuldet er eine Geldentschädigung als Wertersatz für die erlittene Einbuße (§ 251, **Kompensation**). Für beide Arten des Schadensersatzes gelten jeweils eigene Maßstäbe zur Bemessung des Ersatzumfanges: Während sich der Herstellungsanspruch aus § 249 am Interesse des Geschädigten an der Integrität seiner Güter ausrichtet (Integritätsinteresse), gewährt der Kompensationsanspruch aus § 251 eine Entschädigung in Geld für einen Wertverlust. Die Kosten der nach § 249 geschuldeten Herstellung werden häufig höher liegen als die Werteinbuße (etwa wenn bei einem Gebrauchtwagen mit 1.000 EUR Marktwert die Beseitigung des Unfallschadens 1.100 EUR erfordert). Erst wenn der Herstellungsaufwand unverhältnismäßig wird, muss sich der Geschädigte nach § 251 II mit Wertersatz anstelle der Herstellung begnügen. Reicht hingegen die Herstellung nicht zum vollen Ausgleich des Schadens aus, so kann der Geschädigte zusätzlich nach § 251 I Wertersatz verlangen (zB bei einem nach der Reparatur fortbestehenden technischen oder merkantilen Minderwert des Unfallwagens, § 251 Rn 7).

Zu den beiden Grundformen des Ersatzes von Schäden setzt § 253 I zwei verschiedene **Arten** des Schadens in Bezug: Im Unterschied zu **Vermögensschäden** sollen Nichtvermögensschäden (**immaterielle Schäden**) nur in bestimmten Fällen in Geld entschädigt werden. Von diesen besonderen Sachlagen abgesehen besteht für sie damit nur der Anspruch auf Naturalrestitution, nicht auf Kompensation. Wenn die Herstellung nicht (mehr) möglich ist, führt dies zu der (oft problematischen) Folge, dass der Schadensausgleich ganz entfällt. Die Abgrenzung von Vermögens- und Nichtvermögensschaden entscheidet daher häufig darüber, ob der Geschädigte überhaupt Ersatz erhält, und ist zu einer zentralen Frage des Schadensrechts geworden.

4. a) Gegenstand des Ersatzes ist ein **Schaden**. Der im BGB häufig verwandte, aber nicht definierte Begriff umfasst grds alle Einbußen an rechtlich geschützten Positionen mit und ohne Vermögenswert (auch uU Nachteile infolge verspäteter Rechtsmitteleinlegung durch den Prozessbevollmächtigten, BGH NJW 05, 1935). Die nähere Begriffsbestimmung ist str. Der sog **natürliche Schadensbegriff** bezieht im Einklang mit dem allg Sprachgebrauch jedwede Nachteile und Einbußen an Lebensgütern ein. Er erstreckt sich damit auf einen weit gespannten Rechtsgüterschutz, kann aber in Widerspruch zu der Ausgleichsfunktion des Schadensersatzes geraten (vgl Mertens, Der Begriff des Vermögensschadens im Bürgerlichen Recht, 1967, 64). Andere Schadenstheorien verknüpfen den Schadensbegriff mit einer Abgrenzung der erstattungsfähigen Schäden und insb von Vermögens- und Nichtvermögensschäden.

b) Maßgeblichen Einfluss auf das BGB hat unter ihnen die **Interessenlehre** gehabt (grdlg Mommsen, Zur Lehre vom Interesse, 1855). Auf ihr beruht die **Differenztheorie**, die bis heute in erster Linie für die Feststellung des Bestehens und der Höhe eines Schadens maßgeblich ist (BGH NJW 97, 2378 mwN). Danach besteht der Schaden in der Differenz zweier Güterlagen des Geschädigten: Der tatsächlichen Lage, die durch das schädigende Ereignis (mit)geschaffen wurde, ist gegenüberzustellen, welche (hypothetische) Lage bestünde, wenn das schädigende Ereignis hinweggedacht wird. Zur Feststellung von Vermögensschäden ist entspr auf die Wertdifferenz zwischen der tatsächlichen und der hypothetischen Vermögenslage abzustellen.

c) Wachsende Bedeutung hat daneben mit zunehmendem zeitlichen Abstand zum Erl der §§ 249 ff der **normative Schadensbegriff** erlangt. Er ermöglicht eine wertende Korrektur, wenn die Schadensermittlung nach der Differenztheorie anderen Wertentscheidungen der heutigen Rechtsordnung und Billigkeitserfordernissen widerspricht. Funktion und Tragweite sind im Einzelnen str. Die hM billigt ihm zu Recht nur eine ergänzende Rolle für einzelne Sachlagen neben der generellen Methode der Schadensfeststellung nach der Differenztheorie zu (Lange/Schiemann, § 1 III 4). Die zuweilen verwandte Formel „dualistischer Schadensbegriff" ist insofern missverständlich. Verwandt wird der normative Schadensbegriff von der Rspr und hL ua in verschiedenen Fallgruppen, in denen Leistungen Dritter an den Geschädigten nicht dem Schädiger zugute kommen sollen (Rn 9, § 251 Rn 8), sowie bei der Ausweitung des Vermögensschadensbegriffs auf Einbußen an verschiedenartigen Rechtsgütern und Interessen im Grenzbereich zu den immateriellen Schäden (häusliche Arbeit, Genussmöglichkeiten und Sachnutzungen; § 253 Rn 5 ff). ZT hat allerdings die Rspr den Vermögensschadensbegriff unter Berufung auf das normative Schadensverständnis mit Wertentscheidungen zugunsten der Ersatzfähigkeit von tatsächlich immateriellen Einbußen überfrachtet (krit dazu zB Medicus NJW 89, 1892).

8 d) Einen Schaden bildet nach der Differenztheorie auch der **Unterhalt für ein nicht gewolltes Kind**. Ob Art 1 I GG eine normative Einschränkung erfordert, ist str (Giesen JZ 94, 286; Stürner JZ 98, 317; Müller NJW 03, 697). Dag spricht, dass nicht die Existenz des Kindes, sondern allein die Unterhaltspflicht der Eltern aufgrund der planwidrigen Geburt als Schaden im Raum steht (vgl BVerfG, 1. Senat, NJW 98, 521; BGHZ 124, 140; aA BVerfG, 2. Senat, NJW 93, 1764; gegen eine Bindungswirkung der letztgenannten Entscheidung gem § 31 BVerfGG und damit gegen die Notwendigkeit einer Plenarentscheidung des BVerfG wegen der unterschiedlichen Positionen beider Senate BVerfG, 1. Senat, NJW 98, 522; aA BVerfG, 2. Senat, NJW 98, 523 f). Bei Vertragspflichtverletzungen durch fehlerhafte genetische Beratung vor der Zeugung oder durch fehlgeschlagene Sterilisation können die Eltern daher den Unterhaltsbedarf für das nicht gewollte Kind ersetzt verlangen (BGHZ 129, 181; BGH NJW 97, 1640); der Ehegatte ist in den Schutzbereich des Vertrages miteinbezogen (BGH NJW 02, 2636). Entspr gilt bei Versagen von Verhütungsmitteln oder unterbliebenem bzw nicht erfolgreich durchgeführtem Schwangerschaftsabbruch, soweit dieser nach § 218 a II, III StGB rechtmäßig ist (BGHZ 124, 137; BGH NJW 02, 886 und 2637). Ohne das Vorliegen einer Indikation gem § 218 a II, III StGB haben die Eltern dag keinen Ersatzanspruch; insb ein Vorliegen der Voraussetzungen des § 218 a I StGB reicht nicht aus, da der Schwangerschaftsabbruch sodann eine zwar straffreie, aber rechtswidrige Handlung ist (BVerfG NJW 93, 1764; BGHZ 129, 182; BGH NJW 02, 886 und 1490). Bei Missbildungen eines Embryos ist der Abbruch nach BGH NJW 02, 2636 nur rechtmäßig, wenn wegen drohender unzumutbarer Belastungen eine schwerwiegende gesundheitliche Schädigung der Mutter zu befürchten ist (krit Stürner JZ 03, 156). Ein Schadensersatzanspruch scheidet darüber hinaus dann aus, wenn die Bewahrung vor Unterhaltsaufwendungen nicht zum Schutzumfang des Behandlungsvertrages gehörte (etwa wenn bei der Vorbereitung einer orthopädischen Operation eine Schwangerschaft unentdeckt blieb; BGH NJW 00, 1784). Die Höhe des Anspruchs bemisst sich idR nach dem durchschnittlichen Lebenszuschnitt (vgl iE BGHZ 76, 270; BGH NJW 97, 1640; Müller NJW 03, 705); nicht ersetzt wird der Verdienstausfall, der den Eltern (insb bei Aufgabe einer Erwerbstätigkeit) durch die Pflege des Kindes entsteht (BGH NJW 97, 1640). Bei Geburt eines behinderten Kindes infolge ärztlichen Verschuldens umfasst der Ersatzanspruch den vollen Unterhaltsbedarf (BGHZ 124, 136 ff; ebenso bei der Adoption eines geistig behinderten Kindes aufgrund der Verletzung von Aufklärungspflichten durch einen Vermittler bei der Adoption, OLG Hamm VersR 94, 679).

9 5. Die Entwicklungsbedingungen für das Schadensrecht haben sich seit dem Entstehen der §§ 249 ff auch durch die Ausbildung **kollektiver Sicherungssysteme** erheblich verändert. Während das Schadensrecht des BGB noch auf der individualistischen Konzeption einer Risikobelastung allein von Geschädigtem und Schädiger und einer Schadensabwicklung nur zwischen diesen beiden beruht, herrschen heute in vielen Lebensbereichen gemeinschaftliche Formen der Schadenstragung vor (zB gesetzliche und freiwillige Krankenversicherung, Sozialversicherung auf verschiedenen weiteren Gebieten, Kfz-Haftpflicht- und Kaskoversicherung) oder spielen zumindest neben der herkömmlichen individuellen Schadenstragung eine erhebliche Rolle (so vielfältige Haftpflicht-, Unfall-,

Hausrat- und Rechtsschutzversicherungen für den persönlichen Bereich und die Absicherung betrieblicher und unternehmerischer Risiken). Weithin haben sie nicht nur zu einer Kollektivierung der Risiken und damit der wirtschaftlichen Belastung durch Schäden oder Ersatzpflichten geführt, sondern auch zu Veränderungen in der Praxis der Schadensabwicklung (so bei „Massenabwicklung" und Regulierung zwischen Versicherern auf Schädiger- und Geschädigtenseite). Der Schadensausgleich zwischen Schädiger und Geschädigtem überschneidet sich zudem weithin mit gesetzlich vorgeschriebenen Leistungen Dritter zugunsten des Geschädigten (zB Lohnfortzahlung für Arbeitnehmer im Krankheitsfall). In Spezialvorschriften hat der Gesetzgeber den Veränderungen Rechnung getragen, zB indem er für die Vorleistung von Trägern sozialer Sicherung an den Geschädigten die Ansprüche aus abgeleitetem Recht gegen den Schädiger geregelt hat (§§ 116 I, 119 SGB X, § 87 a BBG, § 6 I EFZG). Den veränderten Verhältnissen hat auch das SchÄG von 2002 Rechnung getragen (Rn 1). Weitere Fortentwicklungen stehen aber zur Diskussion (Jansen JZ 02, 964 ff; Wagner JZ 04, 319 ff).

II. Umfang des Ersatzes: 1. Maßgeblich ist generell das Prinzip der **Totalreparation**. 10
Der Schädiger hat danach iR der § 249 ff grds den gesamten Schaden zu ersetzen, ohne dass es auf den Grad des Verschuldens oder einzelne Umstände der Schadenszurechnung ankommt. Dag sind verfassungsrechtliche Bedenken erhoben worden (Canaris JZ 87, 1002). Der 43. Deutsche Juristentag hat empfohlen, bei leichter Fahrlässigkeit eine Herabsetzung der Ersatzpflicht aus Billigkeitsgründen zuzulassen. Jedenfalls einer Einschränkung der Haftung Minderjähriger aus Billigkeitsgründen aufgrund des § 242 stehen zwar nach der Auffassung des BVerfG weder der Wille des Gesetzgebers noch der Wortlaut des § 828 entgg (BVerfG NJW 98, 3558 unter Ablehnung einer Sachentscheidung aufgrund des vorkonstitutionellen Charakters von § 828 III). Der Gesetzgeber hat die Problematik aber durch die Neufassung von § 828 nur für den Sonderbereich der Verkehrsunfälle entschärft (§ 828 Rn 2); grds halten Gesetzgebung und höchstrichterliche Rspr am Prinzip der Totalreparation fest und schränken dieses bisher nur für Einzelmaterien ein (Forderungsübergang auf den Sozialversicherungsträger, § 76 II Nr 3 SGB IV; Schädigung des Arbeitgebers bei betrieblicher Arbeit, BGH NJW 94, 856; BAG NJW 95, 210).

2. Fragwürdig ist die uneingeschränkte Anwendung des Prinzips der Totalreparation 11
mit ihrer Konsequenz des **„Alles oder Nichts"** auch bei der **Vereitelung einer Verbesserungschance:** Hätte zB eine schuldhaft unterbliebene ärztliche Maßnahme mit 75%iger Wahrscheinlichkeit zur Heilung geführt (ohne dass für den konkreten Fall der Erfolg sicher festzustellen oder auszuschließen ist), steht es einer Bemessung des Ersatzanspruchs nach der Wahrscheinlichkeit der Schadensverursachung entgg. Der Geschädigte kann vielmehr stets nur vollen oder gar keinen Ersatz erhalten. Die (wenig überzeugende) Folge für den Beispielsfall ist, dass die Entscheidung zwischen den Extremen des „Alles oder Nichts" in der Praxis letztlich von der Beweislast-Verteilung bei der Arzthaftung abhängt (zu Recht krit Deutsch/Ahrens, Deliktsrecht, Rn 428 mit Hinweis auf flexiblere Lösungen im ausländischen Recht; für die „perte d'une chance" nach französischem Recht vgl Französischer Kassationshof, Chambre Civile 1ère 7.6.89, Recueil Dalloz Sirey 91 Jurisprudence, 158; vgl auch Art 7.4.3 II der UNIDROIT-Grundregeln).

3. Als zwei Hauptformen des Schadens unterscheidet das BGB den Nichterfüllungs- 12
schaden und den Vertrauensschaden. Der **Nichterfüllungsschaden** ist regelmäßig bei der Haftung wegen der Nichterfüllung einer Leistungspflicht zu ersetzen (zB **Schadensersatz statt der Leistung** gem §§ 281–283; 311 a II). Geschuldet ist das **positive Interesse:** Der Geschädigte ist so zu stellen, wie er bei ordnungsgemäßer Erfüllung stünde. Trotz § 249 I ist der Ersatz jedoch grds in Geld zu leisten. Andernfalls würde der rechtsgeschäftliche Primäranspruch auf Erfüllung entgg dem System des Leistungsstörungsrechts nach dem Übergang zum Sekundäranspruch auf Schadensersatz faktisch fortbestehen (zu Ausn MK/Emmerich Vor § 281 Rn 5). Haftet der Schädiger hingegen wegen des Nichtzustandekommens eines Geschäfts auf den **Vertrauensschaden** (zB aus §§ 122, 179 II), richtet sich der Ersatzanspruch auf das **negative Interesse:** Der Geschä-

digte ist so zu stellen, wie er stünde, wenn er nicht auf die Gültigkeit des Rechtsgeschäfts vertraut hätte. Zumeist, aber nicht notwendig, liegt das negative Interesse unter dem positiven. Geht es darüber hinaus, umfasst die Haftung auf den Vertrauensschaden auch den überschießenden Betrag, soweit das Erfüllungsinteresse nicht gesetzlich als obere Grenze festgelegt ist (wie in §§ 122 I, 179 II). Für die Haftung auf das positive Interesse kann hingegen das negative Interesse zur Bestimmung des Mindestschadens beitragen: Zugunsten des Geschädigten besteht widerlegbar die **Rentabilitätsvermutung**, dass er bei ordnungsgemäßer Durchführung des Vertrages zumindest seine Aufwendungen für den Vertrag durch eine entspr Vermögensmehrung hätte ausgleichen können (BGHZ 114, 197; iE § 281 Rn 16). Darüber hinaus kann der Geschädigte auch bei der Haftung wegen Nichterfüllung einer Leistungspflicht anstelle des Nichterfüllungsschadens den Ersatz vergeblicher Aufwendungen aus § 284 verlangen (s dort).

13 **III. Zurechnung des Schadens: 1. Grundsätze a)** Zu ersetzen hat der Schädiger die Schäden, die er zurechenbar verursacht hat. Jede Schadensposition, deren Ersatz der Geschädigte begehrt, muss daher zu einem Verhalten des Schädigers in einem **Zurechnungszusammenhang** stehen, der idR durch eine kausale Verbindung mit zwei Teilen hergestellt wird: Das Verhalten des Schädigers muss für die Verletzung eines Rechtsguts des Geschädigten ursächlich sein, zB für eine Körperverletzung bei § 823. Diese **haftungsbegründende Kausalität** gehört als Voraussetzung der anspruchsbegründenden Norm zum Haftungsrecht. Die eingetretene Rechtsgutverletzung muss zudem ursächlich sein für den Schaden, dessen Ersatz jeweils in Frage steht, zB die Körperverletzung für einen Gewinnausfall. Diese **haftungsausfüllende Kausalität** ist bei Bestehen einer Ersatzpflicht maßgeblich für den Schadensersatz und damit Teil des Schadensersatzrechts. Die Bedeutung der Unterscheidung zeigt sich zB auch, wenn die Haftung des Schädigers Verschulden voraussetzt: Dieses Erfordernis betrifft nur die Haftungsbegründung, braucht sich aber nicht auf die Schadensfolgen der Rechtsgutverletzung, also nicht auf den haftungsausfüllenden Tatbestand, zu erstrecken. Für den **Beweis** ist bei der haftungsbegründenden Kausalität § 286 ZPO, bei der haftungsausfüllenden § 287 ZPO anzuwenden.

14 **b)** Das Bestehen des Zurechnungszusammenhanges ist nach hM aufgrund der conditio sine qua non-Formel und der Adäquanztheorie unter ergänzender Berücksichtigung des Schutzzwecks der jeweiligen Haftungsnorm festzustellen. Ursächlich sind nach der **conditio-sine-qua-non**-Formel nur diejenigen Bedingungen, die nicht hinweggedacht werden können, ohne dass der Schaden entfällt. Nach der **Äquivalenztheorie**, die für die Kausalitätsbestimmung im Strafrecht maßgeblich ist, gelten alle diese Bedingungen als gleichwertige Ursachen. Demgegenüber erstrebt die **Adäquanztheorie** im Zivilrecht eine wertende Eingrenzung, indem sie ganz unwahrscheinliche und atypische Kausalverläufe als nicht adäquat aus dem haftungs- und schadensrechtlich relevanten Ursachenzusammenhang ausgliedert. In negativer Formulierung darf der Schadenseintritt nach dem regelmäßigen Verlauf der Dinge nicht so unwahrscheinlich sein, dass er nach der Lebenserfahrung vernünftigerweise außer Betracht bleiben kann. Positiv ausgedrückt muss das schadensstiftende Ereignis die objektive Möglichkeit eines Erfolges der in Frage stehenden Art generell nicht unerheblich erhöht haben (BGHZ 7, 204 ff; 57, 141; BGH NJW 02, 2233; ausf zu den Adäquanzformeln Lange/Schiemann, § 3 VI 4 a).

15 Ob adäquate Kausalität vorliegt, unterliegt unabhängig von den Vorstellungen des Schädigers nachträglicher **objektiver Beurteilung** aus der Perspektive eines optimalen Beobachters, der über umfassendes Fach- und Erfahrungswissen verfügt. Einzubeziehen sind nach hM alle Umstände, die diesem hypothetischen Beobachter zum Zeitpunkt des schadensstiftenden Ereignisses bekannt oder erkennbar waren und zudem alle dem Schädiger tatsächlich bekannten Umstände. Zu den sog „Verfolgungsfällen" vgl § 823 Rn 55. Stets zuzurechnen sind Schäden, die vom Vorsatz des Schädigers umfasst wurden. Für die Gefährdungshaftung ist zu berücksichtigen, wegen welcher Gefahr die Haftungsnorm einen Ersatzanspruch vorsieht. Sind Schäden spezifische Auswirkungen dieser Gefahr, gelten sie als zurechenbar verursacht. – Die verbreitete **Kritik** an der Adäquanztheorie richtet sich ua gegen die unscharfen Wertungskriterien und die weite,

fast an die Äquivalenz heranführende Zurechnung mithilfe des „optimalen Beobachters". Trotz dieser Schwächen führt das Adäquanzerfordernis aber für die Zurechenbarkeit von Schäden im Einklang mit der Allgemeinheit der Schadensersatzregeln im BGB zu einer ersten Grenzziehung unter dem allg Maßstab der Wahrscheinlichkeit. Modifikationen und Verfeinerungen für einzelne Haftungsnormen und Fallgruppen müssen unter dem Schutzzweckgedanken hinzutreten, können aber nicht den allg Maßstab ganz ersetzen (aA Esser/Schmidt § 33 II).

c) Als ergänzendes Kriterium verbindet der **Schutzzweck der Norm** die Bestimmung 16 des zurechenbaren Schadens mit der jeweiligen haftungsrechtlichen Grundlage. Ein Schaden ist danach nur zu ersetzen, wenn er nach seiner Art und Entstehungsweise vom Schutzzweck der verletzten Norm erfasst wird. Insb muss er gerade auf diejenige Gefahr zurückzuführen sein, zu deren Verhinderung die verletzte Norm erlassen oder die verletzte Vertragspflicht übernommen wurde. Der Zusammenhang mit der Gefahrenlage darf dabei nicht bloß zufällig sein; nach BGH NJW 86, 1332 muss vielmehr ein „innerer Zusammenhang" bestehen. ZB bezwecken die Vorschriften der StVO va den Schutz vor spezifischen Gefahren des Straßenverkehrs; der Geschädigte kann daher bei einer unzulässigen Mitnahme auf der offenen Ladefläche eines Kfz nicht vom Fahrer die Arztbehandlungskosten für die Erkältung, die er sich dabei zugezogen hat, ersetzt verlangen. Derartige Schäden, die nicht vom Schutzbereich der Norm erfasst werden, betrachtet die Rspr zT als **Verwirklichung des allg Lebensrisikos**; es handele sich um Gefahren, die im gewöhnlichen Verlauf des Zusammenlebens hinzunehmen und von jedem Einzelnen selbst zu tragen seien (BGH NJW 91, 3275). IdR führt der Schutzzweck-Gedanke zu einer weiteren Eingrenzung des Schadensersatzes neben dem generellen Erfordernis der Adäquanz, in Einzelfällen aber auch zu einer Ausweitung (vgl BGH NJW 82, 573; iE str). Eine entspr Eingrenzung des Zurechnungszusammenhanges auf Schäden, die in den Schutzbereich der jeweiligen Haftungsnorm fallen, erreicht von einem eher terminologisch als sachlich unterschiedlichen Ausgangspunkt die Lehre vom **Rechtswidrigkeitszusammenhang** (Esser/Schmidt § 33 III).

2. Einzelne Zurechnungsfragen: a) Zurechenbar sind auch Schäden, die erst durch das 17 Hinzutreten weiterer Umstände zum schädigenden Ereignis verursacht wurden (**mittelbare Verursachung**), zB der Hirnschaden eines Kindes, der durch eine Unfallverletzung der Mutter während der Schwangerschaft eingetreten ist. Bei sehr großer Entfernung der mittelbaren Ursache vom Schaden kann aber nach den Umständen des Einzelfalls der Schutzbereich der Norm überschritten sein oder die Adäquanz fehlen („Unterbrechung des Kausalverlaufs"). Führt die Verletzung oder Tötung einer Person zu **Schockschäden Dritter**, besteht nur unter besonderen Voraussetzungen ein zurechenbarer Schaden, den der Schädiger dem Dritten zu ersetzen hat (vgl § 823 Rn 8, 54). Bei einem Unfall zB muss der Geschädigte selbst unmittelbar am Unfallgeschehen beteiligt sein, bloßes Beistehen oder das Ergreifen von Rettungsversuchen reichen für eine Zurechnung nicht aus (BGH NJW 07, 2764). Der Schock muss als medizinisch feststellbarer Gesundheitsschaden das übliche Maß psychopathologischer Ausfälle beim Miterleben oder Erfahren eines schlimmen Ereignisses übersteigen und im Verhältnis zu seinem Anlass verständlich und nachvollziehbar sein (BGHZ 56, 165). Anspruchsberechtigt sind zudem nur nahe Angehörige des Geschädigten (nach den Umständen auch Lebensgefährten; LG Frankfurt/M NJW 69, 2287). Ebenfalls geschützt ist beim Schock einer Schwangeren aber ein dadurch geschädigter nasciturus (BGH NJW 85, 1391). § 105 I SGB VII schließt Schmerzensgeldansprüche von Angehörigen aufgrund Schockschadens infolge eines Arbeitsunfalles nicht aus (BGH NJW-RR 07, 1395).

b) aa) Bei einer **Mehrheit von Ursachen und Verursachern** sind nach dem Verhältnis 18 der einzelnen Ursachen zueinander folgende Fallkonstellationen zu unterscheiden: Bei **kumulativer Kausalität** hat nicht die Handlung des Schädigers alleine, sondern erst das Hinzutreten weiterer Umstände den Schaden herbeigeführt. Der Zurechnungszusammenhang besteht grds für jede einzelne Ursache des Schadenseintritts. Jeder Mittäter, Anstifter und Gehilfe ist gem § 830 für den gesamten Schaden verantwortlich. Haben mehrere Ursachen jeweils nur einen Teil des Gesamtschadens bewirkt, liegt jedoch keine kumulative Kausalität vor, und der einzelne Schädiger hat nur den durch sein Verhalten verursachten Teilschaden zu ersetzen. – **Konkurrierende Kausalität** (bzw Doppelkausalität) liegt demgegenüber vor, wenn jede der Ursachen allein den ganzen Schaden herbeigeführt hätte (zB Tötung durch zwei unabhängig voneinander verabreichte, jeweils für sich tödliche Giftdosen); in diesen Fällen sind sämtliche Umstände als rechtlich ursächlich zu behandeln, obwohl keiner von ihnen als „conditio sine qua non" qualifiziert werden kann (BGH NJW 04, 2528). Wenn feststeht, dass eine von mehreren möglichen Ursachen den Eintritt des Schadens bewirkt hat, sich aber nicht ermitteln lässt, welche dies war, liegt **alternative Kausalität** vor. Für diese Konstellation stellt § 830 I 2 zum Schutz des Geschädigten eine widerlegbare Kausalitätsvermutung auf.

19 In Hinblick auf die anderen Verursacher kann der Schädiger der Zurechnung des Schadens grds nicht entgegenhalten, dass nicht allein sein Verhalten ursächlich für den Schaden war. Die Schadenszurechnung erfordert dabei keine Gewichtung der einzelnen Beiträge zur Verursachung und beschränkt sich nicht auf „Hauptursachen". Das **Eingreifen Dritter** in den Ablauf unterbricht den Zurechnungszusammenhang einer mittelbaren Schadensverursachung nicht, wenn das Verhalten des Schädigers das Eingreifen des Dritten und den daraus resultierenden Schaden begünstigt hat (insb dem Dritten Gelegenheit zur Schädigung des Rechtsguts gegeben oder sonst eine besondere Gefahrenlage für das Rechtsgut geschaffen hat), zB Zerstörung eines Weidezauns bei anschließender Entwendung der Kühe durch einen Dritten; Verunreinigung der Fahrbahn bei später eintretendem Unfall; ebenso bei Schäden durch unsachgemäßes Eingreifen helfender Dritter (BGH NJW 03, 2313).

20 **bb)** Str ist va die Berücksichtigung der sog **Reserveursache**, wenn der gleiche Schaden auch ohne das Handeln des Schädigers aufgrund eines anderen Ereignisses eingetreten wäre (generell abl RGZ 144, 84; befürwortend MK/Oetker § 249 Rn 213). Dies betrifft zwei Arten von Kausalabläufen: Bei der **hypothetischen Kausalität** hat der Schädiger den Schaden herbeigeführt; dieser wäre aber aufgrund eines späteren Ereignisses ohnehin eingetreten. In den Fällen der **„überholten Kausalität"** hat bereits vor dem Handeln des Schädigers ein anderes Ereignis einen Kausalverlauf eingeleitet, der zum Schadenseintritt geführt hätte; die Handlung des Schädigers tritt aber dazwischen und wird tatsächlich für den Schaden ursächlich.

21 Die hM differenziert nach Fallgruppen und mindert den Ersatz mit Rücksicht auf „Reserveursachen" insb in zwei Konstellationen: Bei den sog **Anlagefällen** besteht zum Zeitpunkt des schädigenden Ereignisses bei der verletzten Person oder beschädigten Sache bereits eine Schadensanlage, durch die der Schaden auch ohne das Verhalten des Schädigers eingetreten wäre. Zu ersetzen ist hier nur der Schaden, der zusätzlich zum ohnehin angelegten Schaden tatsächlich durch das Verhalten des Schädigers entstanden ist (BGHZ 20, 280). Bei der Verletzung einer bereits erkrankten Person durch einen Unfall beschränkt sich die Ersatzpflicht so auf den unfallbedingten Schaden (BGH NJW 85, 676); bei der Zerstörung einer kurz vor der Vernichtung stehenden Sache entfällt oder mindert sich die Ersatzpflicht. Entspr gilt bei der Schädigung eines Gewerbebetriebes, der wegen Überschuldung ohnehin hätte liquidiert werden müssen (BGH LM § 249 BGB Ba Nr 20), oder bei der unberechtigten Kündigung eines Handelsvertreters, der bereits von sich aus kündigen wollte. Diese sog Anlagefälle sind aber streng zu unterscheiden von der **besonderen Schadensanfälligkeit**, bei der das schädigende Ereignis die Entwicklung des Schadens erst auslöst (zB die Zuckerkrankheit eines entspr veranlagten Geschädigten zum Ausbruch bringt oder einen bereits bestehenden Gesundheitsschaden erheblich verschlimmert). Auch wenn der Schadenseintritt gerade durch die gesundheitliche Konstitution des Geschädigten ermöglicht wird bzw auf einem Zusammenspiel zwischen körperlichen Vorschäden und neuen Beeinträchtigungen basiert (ohne dass eine „richtunggebende" Veränderung der Vorschäden erforderlich ist), besteht ein Ersatzanspruch in vollem Umfang (BGH NJW-RR 05, 897), soweit nicht wegen eines ganz ungewöhnlichen Ablaufes die Adäquanz fehlt oder ein Mitverschulden des Geschädigten wegen des Unterlassens zumutbarer Vorsichtsmaßnahmen nach § 254 zu berücksichtigen ist. – Mindernd zu berücksichtigen sind „Reserveursachen" auch bei Schäden, die infolge des schädigenden Ereignisses erst mittel-

bar im Vermögen des Geschädigten auftreten (**mittelbare Vermögensfolgeschäden** iU zu den unmittelbaren Schäden als nachteilige Auswirkungen am verletzten Rechtsgut selbst). Denn Entwicklung und Höhe des Schadens standen hier zum Zeitpunkt des schädigenden Ereignisses noch nicht fest, sondern ergaben sich erst aus weiteren Entwicklungen, die auch auf den „Reserveursachen" beruhen. Soweit Schäden ohne das Verhalten des Schädigers später ohnehin entstanden wären, kann der Geschädigte daher entspr dem in §§ 252 S 2, 844 II zum Ausdruck kommenden Rechtsgedanken keinen Ersatz verlangen.

Hingegen scheidet eine Berücksichtigung von Reserveursachen beim Ersatz **unmittelbarer Schäden** aus. Der Ersatzanspruch ist bereits im Zeitpunkt dieser Schadensverursachung durch die Handlung des Schädigers entstanden und kann nicht durch eine Reserveursache, die den Schaden später ebenfalls herbeigeführt hätte, getilgt werden (BGHZ 29, 215). Ebenso sind Reserveursachen nicht bei einem **hypothetischen Anspruch gegen einen Dritten** zu berücksichtigen. In dieser Konstellation hätte der Geschädigte einen Ersatzanspruch gegen einen Dritten oder dessen Versicherung gehabt, wenn die hypothetische Zweitursache für den Schaden kausal geworden wäre. Der tatsächliche Schädiger kann sich jedoch nicht darauf berufen, dass der Anspruch gegen den Dritten zB summenmäßig begrenzt oder nicht durchsetzbar gewesen wäre, sondern hat den von ihm selbst verursachten Schaden voll zu ersetzen. 22

cc) Der Schädiger trägt die **Beweislast** dafür, dass der gleiche Schaden wie der von ihm verursachte auch durch eine andere (Reserve-)Ursache eingetreten wäre (BGHZ 78, 214). Maßgeblicher **Zeitpunkt** für die Beurteilung ist die letzte mündliche Verhandlung vor dem Tatsachengericht (aA MK/Oetker § 249 Rn 216). Hypothetische Ursachen sind unbeachtlich, wenn der Schadensersatzanspruch bereits durch Erfüllung erloschen oder durch Urt oder Vergleich festgestellt ist (soweit nicht die Geschädigte bei wiederkehrenden Leistungen nach § 323 ZPO Abänderungen verlangen kann). 23

c) Ebenfalls str ist die sachlich verwandte Frage, ob der Schädiger sich darauf berufen kann, dass der gleiche Schaden auch entstanden wäre, wenn er sich rechtmäßig verhalten hätte (**rechtmäßiges Alternativverhalten**); zB wenn der Lkw-Fahrer den vorgeschriebenen Seitenabstand eingehalten hätte und der betrunkene Radfahrer gleichwohl vom Anhänger erfasst worden wäre (BGHSt 11, 1). Einzelne Haftungsnormen lassen diesen Einwand zu (§§ 831 I 2, 832 I 2, 833 S 2, 834 S 2). Darüber hinaus ist er idR zu berücksichtigen, soweit Schäden an einem geschützten Rechtsgut auch bei einem rechtmäßigen Verhalten des Schädigers entstanden wären und Schutzzweck der verletzten Norm (oder Vertragspflicht) nur die Verhinderung dieser Rechtsgutverletzung ist. ZB schützen Vertragspflichten regelmäßig nur die vertraglichen Interessen der Parteien. Inseratskosten muss daher ein vertragsbrüchiger Arbeitnehmer dem Arbeitgeber nicht ersetzen, wenn diese auch bei ordnungsgemäßer Kündigung entstanden wären. Bei Verletzung der Aufklärungspflicht kann ein Arzt einwenden, der Patient hätte seine Einwilligung auch bei pflichtgemäßer Aufklärung erteilt (§ 823 Rn 82). Der Schutzzweck einzelner Normen kann sich aber darüber hinaus auf weitere Interessen erstrecken und mit Rücksicht auf diese den Einwand des rechtmäßigen Alternativverhaltens ausschließen, so bei Verletzung grdlg Verfahrensnormen für die Zwangsvollstreckung oder die Unterbringung psychisch Kranker; bei Pflichtverletzung des Notars durch Fälligkeitsbestätigung vor Eintragung der Auflassungsvormerkung; bei Amtspflichtverletzungen, soweit es auf die Ermessensentscheidung einer Behörde ankommt. 24

IV. Ersatzberechtigte; Schadensverlagerung: 1. Den Kreis der Ersatzberechtigten begrenzen das **Relativitäts-** und das **Tatbestandsprinzip**: Ersatz verlangen kann nur der Gläubiger einer vom Schädiger verletzten Pflicht oder der Inhaber eines vom Schädiger verletzten Rechtsgutes. Ersatzberechtigt bei Vertragsverletzungen ist daher idR nur der Vertragspartner, bei Verträgen zugunsten Dritter oder mit Schutzwirkung für Dritte auch der begünstigte Dritte. Aus deliktischen Ansprüchen Ersatz verlangen können nur diejenigen, deren Rechte oder geschützte Interessen verletzt worden sind. Mittelbar durch die Verletzung des Rechtes eines anderen Betroffene haben dag grds keinen Ersatzanspruch (Ausn: §§ 844 II, 845 und entspr Vorschriften für die Gefährdungshaftung, zB § 10 II StVG, § 7 II ProdHaftG). Eine Verletzung in eigenem Recht und nicht 25 nur eine mittelbare Schädigung liegt bei Schockschäden oder bei Schäden des nasciturus aufgrund von Verletzungen der Mutter vor (Rn 17).

26 Das Relativitäts- und Tatbestandsprinzip des Haftungsrechts haben für den Schadensersatz zur Folge, dass der Ersatzberechtigte grds nur die Schäden geltend machen kann, die bei ihm selbst eingetreten sind (**Subjektbezogenheit des Schadens**). Die Abgrenzung zwischen eigenem Schaden des Ersatzberechtigten und Schäden Dritter kann allerdings im Einzelfall schwer zu treffen sein. So billigt die Rspr dem Eigentümer noch eine Nutzungsausfallentschädigung für einen eigenen Schaden zu, wenn nicht er selbst, sondern Dritte sein Kfz während der Ausfallzeit mit seinem Einverständnis genutzt hätten (BGH NJW 75, 923). Hingegen gilt der Wertverlust der Aktien infolge der Schädigung einer Kapitalgesellschaft nur als Reflex dieser Schädigung der Gesellschaft, begründet aber keinen eigenen Ersatzanspruch der Gesellschafter (BGH ZIP 95, 829). Dementspr kann auch der Schaden, den eine Kapitalgesellschaft infolge der Verletzung ihres Alleingesellschafters erleidet, nicht als eigener Schaden des Gesellschafters angesehen werden (anders aber BGH ZIP 89, 99).

27 **2. a)** Vom Grundsatz der Subjektbezogenheit des Schadens ist in besonderen Fällen ausnahmsweise abzusehen. Dies betrifft die **Verlagerung des Schadens auf einen Dritten**. In diesen Fallgruppen soll es dem Schädiger nicht zugute kommen, dass ein Schaden, der regelmäßig den Ersatzberechtigten treffen würde, aufgrund besonderer Gegebenheiten im Verhältnis zwischen dem Ersatzberechtigten und einem Dritten auf diesen Dritten übergeht. Der Ersatzberechtigte kann vielmehr diesen Schaden des Dritten ggü dem Schädiger geltend machen („**Drittschadensliquidation**"; krit Büdenbender JZ 95, 926; Stamm AcP 203, 386 ff). Das Auseinanderfallen von Gläubigerstellung und geschütztem Interesse führt mithin hier nicht wie beim Vertrag mit Schutzwirkung zugunsten Dritter zum Entstehen eines Anspruchs beim Geschädigten, sondern der Schaden wird „zum Anspruch gezogen". Der **Anwendungsbereich** der Drittschadensliquidation beschränkt sich grds auf vertragliche Ansprüche (Ausn aber in der Rspr ua bei Amtspflichtverletzungen, BGH NJW 91, 2697 und bei § 826, BGH ZIP 96, 56). Konkurrierende deliktische Ansprüche des Eigentümers schließen den Ersatzanspruch des Besitzers nicht aus (BGH NJW 85, 2412; str).

28 **Voraussetzung** des Ersatzanspruchs ist, dass erstens der Gläubiger einen Ersatzanspruch gegen den Schädiger aus einer haftungsbegründenden Norm, aber selbst keinen Schaden hat; zweitens durch die Verletzungshandlung ggü dem Gläubiger ein Dritter einen Schaden erlitten hat, dessen Ersatz aber mangels eigener Anspruchsgrundlage ggü dem Schädiger nicht erreichen kann; drittens dieser Schaden aus der Sicht des Schädigers nur aufgrund der besonderen Gegebenheiten in einer der folgenden Fallgruppen nicht beim Gläubiger, sondern bei dem Dritten aufgetreten ist.

29 Neben der vertraglichen Vereinbarung über die Liquidation eines Drittinteresses (vgl BGH NJW 74, 502) anerkennt die hM drei **Hauptfallgruppen** der Drittschadensliquidation: Der **mittelbare Stellvertreter** (Vor §§ 164–181 Rn 10) kann den Schaden, der durch eine Pflichtverletzung seines Vertragspartners bei seinem Geschäftsherrn eingetreten ist, vom Vertragspartner ersetzt verlangen (zB der Spediteur für Absender und Empfänger, BGH NJW 89, 3099; der Kommissionär; der Treuhänder; der Sicherungsnehmer bei der Sicherungsabtretung für den Schaden des Zedenten, BGH NJW-RR 97, 664). In den Fällen der **obligatorischen Gefahrentlastung** ist der Gläubiger ggü einem Vertragspartner zur Übereignung einer Sache verpflichtet und erleidet durch die Zerstörung der Sache seitens des Schädigers nur deshalb keinen Schaden, weil er gem § 275 I von der Leistungspflicht ggü dem Vertragspartner frei wird, aber den Anspruch auf die Gegenleistung nach einer Gefahrtragungsregel behält (zB §§ 447, 644 II; soweit nach § 421 I 2 HGB der Empfänger bereits einen eigenen Anspruch gegen den Frachtführer hat, besteht daneben aber für eine Drittschadensliquidation kein Interesse). Der Schaden trifft stattdessen den Vertragspartner, der erfüllen muss, ohne eine Gegenleistung zu erhalten; diesen Drittschaden kann der Gläubiger beim Schädiger liquidieren. Bei der **Obhut für fremde Sachen** ist der Schädiger dem Besitzer einer fremden Sache vertraglich zur Obhut verpflichtet. Entsteht aus einer Verletzung der Obhutspflicht durch den Verlust oder die Beschädigung der Sache ein Schaden für den Eigentümer,

kann der Besitzer ihn geltend machen. Obwohl diese Regel im BGB nur für die Gastwirtshaftung (§ 701) vorgesehen ist, gilt sie allg.

b) Zur **Durchführung der Drittschadensliquidation** kann der Ersatzberechtigte auf Leistung an sich oder an den Geschädigten klagen. Er kann auch den Geschädigten ermächtigen, den Anspruch im eigenen Namen geltend zu machen. Der Geschädigte kann die Abtretung des Ersatzanspruchs nach § 285 I verlangen. Der **Umfang** des Schadens bemisst sich nach den Verhältnissen des Dritten (str); diesem ist aber eigenes Mitverschulden und Mitverschulden des Ersatzberechtigten anzurechnen. 30

V. Umfang des Schadensersatzes: 1. Wie das Bestehen des Schadens wird auch der Umfang des Ersatzes grds nach der Differenzhypothese unter normativ-wertender Korrektur ermittelt. Führt das schädigende Ereignis neben den Nachteilen auch zu einem wirtschaftlichen Vorteil für den Geschädigten, so kann sich der Ersatzumfang mindern (**Vorteilsausgleichung**). Voraussetzung dafür ist, dass der wirtschaftliche Vorteil ebenso wie der Schaden adäquat durch das schadensstiftende Ereignis verursacht worden und seine Anrechnung dem Geschädigten zumutbar ist, dem Zweck des Schadensersatzes entspricht und den Schädiger nicht unbillig entlastet (BGH NJW 90, 1360; BGHZ 81, 275; 91, 210). Zudem fordert die Rspr zwischen Vermögensvorteil und Schaden einen inneren Zusammenhang, der beide in wertender Betrachtung zu einer Rechnungseinheit verschmilzt (BGH NJW 97, 2378; BGHZ 91, 210). 31

Als Vorteile ersatzmindernd anzurechnen sind zB **ersparte Aufwendungen** des Geschädigten wie die Wegekosten für die Fahrt zur Arbeit in der Zeit der Dienstunfähigkeit (BGH NJW 80, 1787), ersparte häusliche Verpflegungskosten bei Verköstigung in der Klinik (BGH NJW 84, 2628) oder ersparte Versicherungsbeiträge und Steuern (BGHZ 53, 134; BGH NJW 80, 1788) (außer wenn der Ersparnis eine Nachzahlungspflicht gegenübersteht oder der erhaltene Schadensersatz entspr zu versteuern ist). Angerechnet werden ebenfalls **Wertsteigerungen von Sachen**, zB der höhere Verkaufserlös infolge einer zwischenzeitlichen Wertsteigerung bei verspäteter Rückgabe einer von Anfang an zum Verkauf bestimmten Sache oder der werterhöhende Austausch von Teilen „neu für alt" bei einer Reparatur (§ 249 Rn 9). IdR nicht anzurechnen sind hingegen **freiwillige Leistungen Dritter**, die nach dem Willen des Dritten dem Geschädigten und nicht dem Schädiger zukommen sollen (BGHZ 10, 108), zB Spenden und Betreuungsleistungen für den Geschädigten oder Mehrarbeit für einen arbeitsunfähigen Mitgesellschafter. Entspr gilt für **Leistungen Dritter aufgrund einer gesetzlichen oder vertraglichen Verpflichtung**. Dies ergibt sich zT aus gesetzlichen Festlegungen, dass der Dritte den Schadensersatzanspruch des Geschädigten aus abgetretenem Recht oder auf dem Wege der Legalzession ggü dem Schädiger geltend machen kann (zB § 6 I EFZG, § 116 I SGB X, § 90 I BSHG, § 87 a BBG); für Leistungen der Versicherung aufgrund eines Schadensversicherungsvertrages § 86 I VVG. Auch Leistungen aus einer vom Geschädigten oder von einem Dritten zugunsten des Geschädigten abgeschlossenen Versicherung sollen idR nicht den Schädiger entlasten und sind daher nicht anzurechnen (im Ggs zu Leistungen aus einer vom Schädiger abgeschlossenen Unfall- oder Haftpflichtversicherung, die gerade die Entlastung von der Ersatzpflicht bezwecken). Auch Unterhaltsleistungen Dritter an einen körperlich Geschädigten sind nach der Wertung des § 843 IV nicht anzurechnen. Bei einem Anspruch des Dritten gegen den Schädiger nach § 844 II wird eine durch die Tötung anfallende Erbschaft des Dritten ebenfalls nicht angerechnet, soweit der Dritte die Erbschaft später ohnehin erhalten hätte und sie nicht vom Getöteten oder Hinterbliebenen im Laufe dieser Zeit zum Bestreiten des eigenen Unterhalts vermindert worden wäre. 32

Die **Beweislast** für die Voraussetzungen des Vorteilsausgleichs trägt der Schädiger. Der Abzug des Vorteils vom Ersatzanspruch setzt **keine Gestaltungserklärung** des Schädigers voraus. Sind Ersatzanspruch und Vorteil nicht gleichartig, hat der Geschädigte den Vorteil Zug-um-Zug gegen Erfüllung des Ersatzanspruchs herauszugeben. Besteht der auszugleichende Vorteil in einem Anspruch gegen einen Dritten, so ist dieser Anspruch an den Schädiger abzutreten. 33

2. Berechnung und Beweis des Schadensumfanges: a) Der Umfang des erstattungsfähigen Schadens ist grds jeweils aufgrund der konkreten Gegebenheiten des einzelnen Fal- 34 les zu berechnen (**konkrete Schadensberechnung**). Dem Geschädigten, der die Beweislast für die einzelnen Schadenspositionen trägt, kommen als Beweiserleichterung § 287 ZPO sowie die Möglichkeit einer **abstrakten Schadensberechnung** zugute. Letztere ist eine Form des prima facie-Beweises, die von der Rspr für die gewöhnlichen Geschäftsabläufe von Kaufleuten anerkannt ist. Sie ist jedoch auf andere typische Abläufe übertragbar. Entspr dem Rechtsgedanken des § 252 S 2 ist bei ihr darauf abzustellen, welcher Schaden aus der Rechtsgutverletzung bei gewöhnlichem Verlauf nach der Lebenserfahrung erwächst (zB Schaden in Höhe der üblichen Gewinnspanne oder des üblichen Zinses; BGH ZGS 06, 4). Den Anscheinsbeweis kann der Schädiger jedoch durch Tatsachen widerlegen, aus denen sich für den konkreten Fall die ernsthafte Möglichkeit einer Abweichung vom gewöhnlichen Verlauf ergibt.

35 Davon zu unterscheiden ist die **abstrakt-normative Schadensberechnung**. Sie legt ohne Möglichkeit des Gegenbeweises einen pauschalierten Mindestschaden fest, zB § 288 (Verzugszinsen), § 849; § 376 II HGB. Angewandt wird sie auch bei der Verletzung von Immaterialgüterrechten, indem dem Geschädigten zB die (abstrakt-normativ berechnete) angemessene Lizenzgebühr („Lizenzanalogie") wahlweise zur Herausgabe des Gewinns (gem § 97 II 3 UrhG; § 139 II 3 PatG; § 42 II 2 GeschmMG; § 24 II 2 GebrMG) oder zur konkreten Schadensberechnung zur Verfügung steht. Entspr kann er bei Verletzung von Namens- und Firmenrechten sowie wettbewerbswidriger Nachahmung als Ersatz die jeweilige angemessene Gebühr wählen (BGHZ 122, 266).

36 b) Für die **Preis- und Wertbemessung** ist bei Schadensersatzleistungen in Geld grds der **Zeitpunkt** der Zahlung des jeweiligen Schadenspostens maßgeblich (jedoch mit Ausn zB bei Ersatz entgangenen Gewinns für ein Geschäft, das zuvor abzuwickeln war, oder bei Kostenersatz für bereits vorgenommene Ersatzbeschaffungen). Im Prozess ist für die Höhe des Schadensersatzanspruches der Zeitpunkt der letzten mündlichen Tatsachenverhandlung maßgeblich (BGHZ 55, 331; BGH NJW 99, 136). Bereits erkennbare künftige Umstände bis zur voraussichtlichen Erfüllung sind aber zu berücksichtigen (BGHZ 27, 188; BGH NJW-RR 01, 1451). Das Urt hindert nicht eine neue Klage, wenn nachträglich auftretende, nicht berücksichtigte Umstände den Anspruch erhöhen. Für wiederkehrende Leistungen ist eine Abänderungsklage nach § 323 ZPO möglich.

§ 249 Art und Umfang des Schadensersatzes

(1) Wer zum Schadensersatz verpflichtet ist, hat den Zustand herzustellen, der bestehen würde, wenn der zum Ersatz verpflichtende Umstand nicht eingetreten wäre.
(2) ¹Ist wegen Verletzung einer Person oder wegen Beschädigung einer Sache Schadensersatz zu leisten, so kann der Gläubiger statt der Herstellung den dazu erforderlichen Geldbetrag verlangen. ²Bei der Beschädigung einer Sache schließt der nach Satz 1 erforderliche Geldbetrag die Umsatzsteuer nur mit ein, wenn und soweit sie tatsächlich angefallen ist.

1 I. Nach der Grundregel für Art und Umfang des Schadensersatzes in Abs 1 hat der Ersatzpflichtige wirtschaftlich den Zustand herzustellen, der ohne das schädigende Ereignis bestünde (**Naturalrestitution**). Geschützt wird das Interesse des Geschädigten an der Erhaltung seiner materiellen und immateriellen Güter (**Integritätsinteresse**). Abs 2 S 1 gibt dem Geschädigten die Wahlmöglichkeit, bei Personen- oder Sachschäden Geldersatz statt der Herstellung durch den Schädiger oder dessen Beauftragten zu verlangen. Der Geschädigte kann dadurch die Beseitigung des Schadens selbst in die Hand nehmen, ohne das verletzte Rechtsgut dem Zugriff des Schädigers auszusetzen. Durch das SchÄG neu eingefügt wurde Abs 2 S 2, nach welcher der Ersatz „fiktiver" Umsatzsteuer bloß auf der Grundlage eines Kostenvoranschlags eines Sachverständigen künftig nicht mehr möglich ist.

2 II. 1. a) **Voraussetzung** für den Anspruch ist die Verpflichtung des Schädigers zum Ersatz eines zurechenbaren Schadens aufgrund eines haftungsbegründenden Tatbestandes (Vor §§ 249–253 Rn 1). Zudem muss die Herstellung in natura **noch möglich** und **nicht unverhältnismäßig aufwendig** sein; andernfalls ist nach § 251 der Wertverlust

auszugleichen (s BGH NJW 08, 2430 zur Ersatzbeschaffung durch den Geschädigten selbst durch Neukauf von Aktien). Wenn die Naturalrestitution von Anfang an unmöglich war oder zB durch Untergang der beschädigten Sache unmöglich wird, besteht auch kein Anspruch auf Geldersatz nach Abs 2 S 1.

b) Die **Ersetzungsbefugnis** nach Abs 2 S 1 setzt zusätzlich voraus, dass der Ersatz eine **Personenverletzung** oder **Sachbeschädigung** betrifft. Aus diesem Grund erfasst sie zB nicht Mängelbeseitigungskosten aus Werkvertrag (OLG Celle NJW 10, 1151). Bei Personenschäden unterliegt der Ersatzanspruch der **Zweckbindung** an die Schadensbeseitigung. Nimmt der Geschädigte nach einer Körperverletzung die erforderliche Arzt- oder Krankenhausbehandlung nicht in Anspruch, kann er daher die fiktiven Kosten dieser Behandlung nicht ersetzt verlangen (BGHZ 97, 14 für eine Narbenkorrektur). Denn immaterielle Schäden werden nur iR von § 253 II ausgeglichen. Hingegen besteht bei Sachschäden **Dispositionsfreiheit**: Nach dem Wortlaut von S 2 muss der Anspruchsbetrag nicht zur Herstellung verwandt werden, sondern lediglich dazu „erforderlich" sein. Auch wenn der Geschädigte die Reparatur gar nicht oder ohne Kosten persönlich ausführen will, kann er also die fiktiven Herstellungskosten beanspruchen (zum Unterschied zw konkreter und fiktiver Abrechnung BGH NJW 07, 588). Bei Kfz-Unfällen sind Reparaturkosten bis zu 30 % über dem Wiederbeschaffungswert nach Abs 2 S 1 erstattungsfähig, wenn eine fachgerechte Reparatur tatsächlich durchgeführt wird (BGH NJW 05, 1110). Bei der Bemessung ist regelmäßig auf die Bruttoreparaturkosten abzustellen (BGH NJW 09,1340). Fiktive Reparaturkosten kann der Geschädigte idR nur bis zur Höhe des Wiederbeschaffungswerts ohne Abzug des Restwerts verlangen (BGH NJW 03, 2085). Bei einer fiktiven Abrechnung muss der Geschädigte das Fahrzeug mindestens sechs Monate weiter nutzen (BGH NJW 06, 2179; 08, 2183); allerdings bleibt der Schädiger zum Ersatz verpflichtet, wenn der Geschädigte den Anspruch aus Abs 2 S 1 an einen Erwerber abgetreten hat (BGH NJW 01, 2250). Hat der Geschädigte zunächst fiktiv abgerechnet und die dann erfolgte tatsächliche Reparatur höhere Kosten verursacht, hindert die erste Abrechnung eine Nachforderung nicht (BGH NJW 07, 67). – Um eine Überkompensation des Geschädigten (entgg der Ausgleichsfunktion des Schadensersatzes; Vor §§ 249–253 Rn 2) zu vermeiden, begrenzt S 2 nunmehr den Umfang des Anspruchs: **Umsatzsteuer** muss der Schuldner nur ersetzen, wenn der Gläubiger die beschädigte Sache tatsächlich hat reparieren lassen und wenn tatsächlich Umsatzsteuer angefallen ist (BGH NJW 04, 1943); der Gläubiger kann den Ersatz der Umsatzsteuer nicht lediglich abstrakt aufgrund eines Sachverständigengutachtens verlangen (BGH NJW 04, 1943). Im Falle eines wirtschaftlichen Totalschadens an einem Kfz kann der Geschädigte dag statt der Instandsetzung auch eine Ersatzbeschaffung vornehmen und gem Abs 2 S 2 den auf den Wiederbeschaffungswert entfallenden Mehrwertsteuerbetrag verlangen (BGH NJW 04, 1944 mwN). Erwirbt der Geschädigte ein Ersatzfahrzeug von einem Privatmann oder in sonstiger Weise, ohne Umsatzsteuer zu zahlen, so ist der vom Sachverständigen ermittelte Wiederbeschaffungswert (Händler-Brutto-Verkaufspreis) um den darin enthaltenen Mehrwertsteueranteil zu kürzen (BGH NJW 05, 1110). Der Gesetzgeber hat darauf verzichtet, die Ausnahmeregelung auf weitere fiktive Herstellungskosten wie etwa Lohnnebenkosten auszudehnen, so dass diese weiterhin auch dann geschuldet werden, wenn die Reparatur (noch) nicht durchgeführt wurde.

2. a) Der **Umfang** der Naturalrestitution bemisst sich an dem Ziel einer Herstellung des hypothetischen Zustandes, der ohne das schädigende Ereignis bestünde. Der Schädiger schuldet also nicht die Wiederherstellung des früheren Zustandes, sondern hat den Geschädigten in die Lage zu versetzen, in der er sich – das schädigende Ereignis hinweggedacht – befände. In die Schadensfeststellung einzubeziehen ist daher, welche Weiterentwicklung der ursprüngliche Zustand ohne das schädigende Ereignis genommen hätte. Auszugleichen sind auch **immaterielle Schäden**, zB durch Widerruf einer Beleidigung (BGHZ 37, 189) oder Entfernung eines unrichtigen Zeugnisses aus der Personalakte (BAG NJW 72, 2016).

b) Bei Geldersatz nach Abs 2 S 1 bestimmt sich der zur Herstellung **erforderliche Geldbetrag** danach, was ein verständiger, wirtschaftlich denkender Mensch in der Lage des

Geschädigten für zweckmäßig und notwendig halten durfte (sog **Wirtschaftlichkeitsgebot**, vgl zB BGH NJW 05, 1041). Fiktive Kfz-Reparaturkosten sind konkret zu ermitteln und schließen grds auch die (höheren) Kosten einer Fachwerkstatt ein (BGH NJW 03, 2086). Der Schädiger trägt das **Prognoserisiko**, so dass er erfolglose Herstellungsmaßnahmen zu ersetzen hat, soweit der Geschädigte sie für aussichtsreich halten durfte. **Mehrkosten** durch unsachgemäße oder unwirtschaftliche Herstellungsmaßnahmen gehen zu seinen Lasten, soweit den Geschädigten an deren Entstehen keine Schuld trifft. Dazu gehören auch Kosten aufgrund von Verschlechterungen durch ärztliche Kunstfehler (BGH NJW 89, 768).

6 Muss der Geschädigte für die Schadensbeseitigung Fremdmittel in Anspruch nehmen, sind die **Finanzierungskosten** grds zu ersetzen. Auch **Folgeschäden** sind erstattungsfähig, soweit sie adäquat-kausal aus dem schädigenden Ereignis hervorgegangen und vom Schutzzweck der verletzten Norm umfasst sind; zB steuerliche Nachteile, höhere Versicherungsprämien oder Belohnungen für die Wiederbeschaffung gestohlener Sachen. **Kosten der Rechtsverfolgung** sind als unselbständiger materiellrechtlicher Kostenerstattungsanspruch geltend zu machen, soweit sie zur Durchsetzung des Schadensersatzanspruches erforderlich sind (Kosten für Sachverständigengutachten, Beweissicherungsverfahren, Übersetzungen, Vorprozesse zur Schadensabwehr; auch für unverschuldet gegen vermeintliche Schädiger geführte Prozesse und für Ermittlungen eines Detektivbüros, soweit verhältnismäßig; Anwaltskosten, soweit nicht in einfachen Fällen wegen der Sachkunde des Geschädigten entbehrlich). Ein prozessualer Kostenerstattungsanspruch gem §§ 91 ff ZPO lässt aber für den materiellrechtlichen Anspruch das Rechtsschutzinteresse entfallen; dem Gläubiger steht stattdessen das Kostenfestsetzungsverfahren nach §§ 103 ff ZPO zur Verfügung (LG Dortmund RIW 02, 69).

7 III. 1. Der **Ersatz bei Personenschäden** nach Abs 2 S 1 umfasst insb die **Kosten der Heilbehandlung** und die sonstigen Kosten, die im Einzelfall für Maßnahmen zur Behebung und Linderung des Leidens erforderlich sind. Der Geschädigte darf dabei den Leistungsstandard in Anspruch nehmen, den er auch sonst für seine Behandlung wählt. Eine höhere Pflegeklasse oder Privatbehandlung ist einem Kassenpatienten nur zu ersetzen, wenn diese Behandlungsart medizinisch geboten oder nicht teurer ist. Kosten einer angemessenen Zahl von **Krankenhausbesuchen** naher Angehöriger kann der Geschädigte einschließlich dadurch entstehender Verdienstausfälle und Folgekosten (etwa für einen Babysitter) beanspruchen; sie sind aber entspr der Pflicht zur Schadensbegrenzung gering zu halten. Im Unterschied zum Geschädigten haben die Angehörigen selbst als lediglich mittelbar Geschädigte keinen eigenen Anspruch auf Schadensersatz für ihre Besuche, ggf aber Ansprüche aus GoA oder § 812 (Seidel VersR 91, 1323).

8 Zur **Sicherung der Dauerhaftigkeit des Heilerfolges** und zur Milderung von Verletzungsfolgen sind dem Geschädigten Kur- und Pflegekosten zu ersetzen (außer für Leistungen von Angehörigen, die aufgrund der Unterhaltspflicht unentgeltlich zu erbringen sind); ebenso Anschaffungskosten für medizinische oder technische Hilfsmittel (Hörgerät, Behinderten-Kfz, rollstuhlgerechte Wohnungsausstattung) sowie Kosten der **beruflichen Rehabilitation** und Umschulung (jedoch nur anteilig, soweit dadurch eine höhere Qualifikation erreicht wird). **Dauerhafte Nachteile** aus einer Beeinträchtigung der Erwerbsfähigkeit oder fortwährenden Vermehrung der Bedürfnisse sind jedoch nicht nach § 249, sondern aufgrund von § 843 durch Rente oder Kapitalabfindung auszugleichen.

9 2. a) Bei **Sachschäden** schuldet der Schädiger die **Reparatur** der beschädigten Sache sowie die damit verbundenen Mehr- und Folgekosten. Hat die Sache trotz der Reparatur nicht mehr den Wert, den sie ohne das schädigende Ereignis gehabt hätte, so ist zudem dieser Minderwert nach § 251 I auszugleichen. Führt die Reparatur hingegen zu einer **Wertsteigerung**, die sich für den Geschädigten wirtschaftlich günstig auswirkt, kann der Schädiger seine nach Abs 2 S 1 geschuldete Ersatzleistung in entspr Umfang herabsetzen. Häufigster Anwendungsfall dieser Vorteilsausgleichung ist der **Abzug „neu für alt"** beim Einbau neuer Teile zur Reparatur der beschädigten Sache (zB Einsetzen eines werksneuen oder generalüberholten Motors in das Kfz, Neuerrichtung von Anlage- und Gebäudeteilen, Eindecken eines Daches; auch Anstrich einer Fassade). Die Anrech-

nung darf aber nicht gegen rechtliche Wertungen verstoßen oder infolge besonderer Umstände im Einzelfall für den Geschädigten unzumutbar sein (BGHZ 30, 34).

b) Bei **vertretbaren Sachen** (zB neuwertigen Serienprodukten) kann die Restitution statt in der Reparatur auch in der Lieferung einer gleichartigen **Ersatzsache** bestehen. Der Geldanspruch nach Abs 2 S 1 bemisst sich bei der Ersatzbeschaffung nach der Differenz zwischen dem Kaufpreis einer gleichartigen Sache (**Wiederbeschaffungswert**) und dem Restwert der beschädigten Sache. Da der Schädiger grds zwischen Reparatur und Ersatzbeschaffung wählen kann, muss der Geschädigte dem Anspruch nach Abs 2 S 1 idR die wenig aufwendige Möglichkeit zugrunde legen. Das Wahlrecht entfällt bei Verlust vertretbarer Sachen, wenn eine Ersatzbeschaffung selbst vorgenommen wird (BGH NJW 08, 2430). Ersatzbeschaffungskosten, die über den Reparaturkosten liegen, kann er jedoch verlangen, wenn trotz Reparatur ein Minderwert verbliebe oder die Betriebssicherheit nicht voll gewährleistet wäre. Bei **Kfz** billigt die Rspr dem Geschädigten zudem generell den Ersatz von Reparaturkosten bis zu 30 % über dem Wiederbeschaffungswert zu (BGHZ 115, 381; BGH NJW 99, 500 – sog **Integritätszuschlag**). Auf Basis der Werkstattpreise hat der Schädiger Reparaturkosten bis zu dieser Höhe abzüglich der Umsatzsteuer auch dann zu ersetzen, wenn der Geschädigte das Fahrzeug persönlich repariert oder kostengünstiger reparieren lässt (während bei der Reparatur im eigenen Betrieb des Geschädigten nur die tatsächlichen Aufwendungen sowie ein Gemeinkostenanteil erstattungsfähig sein sollen; BGHZ 54, 88). Unterlässt der Geschädigte eine vollständige und fachgerechte Reparatur, bspw auf Basis eines Sachverständigengutachtens, so ist eine Erstattung über den Wiederbeschaffungswert hinaus nicht mehr gerechtfertigt (BGH NJW 05, 1108). Verzichtet der Geschädigte ganz auf die Reparatur, spricht dies ebenfalls gegen ein erhöhtes Integritätsinteresse. Auch dann steht ihm bei Kfz kein „Integritätszuschlag" zu, sondern die Herstellungskosten sind nur bis zur Obergrenze des Wiederbeschaffungswertes abzüglich des Restwertes (sog Wiederbeschaffungsaufwand) der beschädigten Sache erstattungsfähig (BGH NJW 05, 2541).

c) Bei einem **Totalschaden** bleibt für vertretbare Sachen die Restitution in Form der Ersatzbeschaffung möglich, während bei der Zerstörung nicht vertretbarer Sachen idR nur noch Wertersatz in Betracht kommt. Den Kauf eines gebrauchten Ersatzwagens für ein zerstörtes Gebrauchtfahrzeug hält die Rspr aber entgg der hL für eine Form der Naturalrestitution (BGHZ 115, 378; 143, 193). Dem Totalschaden gleichgestellt werden Fälle, in denen die Reparatur aufgrund besonderer Umstände unzumutbar ist (sog **unechter Totalschaden**). So gewährt die Rspr bei erheblichen Beschädigungen von (fast) neuwertigen Kfz mit höchstens 1.000 km Fahrleistung (in besonderen Fällen auch bis zu 3.000 km) und einem Monat Zulassungsdauer Ersatz auf Basis der Anschaffungskosten eines Neuwagens (BGH NJW 82, 433; OLG Nürnberg NJW-RR 95, 919). Der Geschädigte kann aber nur dann auf Neuwagenbasis abrechnen, wenn er ein fabrikneues Ersatzfahrzeug tatsächlich gekauft hat (BGH NJW 09, 3022). Grds muss der Geschädigte bei der Ersatzbeschaffung den wirtschaftlichsten Weg wählen. Diesem Gebot leistet der Geschädigte im allg Genüge, wenn er das Unfallfahrzeug auf der Grundlage eines von ihm eingeholten Sachverständigengutachtens verkauft (BGH BB 05, 352). Weist der Schädiger eine ohne weiteres zugängliche günstigere Verwertungsmöglichkeit nach (ihn trifft insoweit die Darlegungs- und Beweislast, BGH BB 05, 2211), so muss der Geschädigte hiervon Gebrauch machen. Dies ist zB der Fall, wenn bereits ein bindendes, anderweitiges Verwertungsangebot vorliegt (BGH NJW 00, 802; 10, 2722); iÜ wird zur Schadensbemessung der entspr Maßstab wie bei Rn 12 verwandt. Erreicht der Geschädigte ohne überobligatorische Anstrengungen einen überdurchschnittlichen Verwertungserlös, so ist dieser dem Schädiger gutzubringen (BGH BB 05, 352), da der Geschädigte nicht am Schadensfall verdienen soll (sog schadensrechtliches **Bereicherungsverbot**, vgl BGHZ 154, 395). Entscheidet sich der Geschädigte entgegen dem Wirtschaftlichkeitspostulat für eine Ersatzbeschaffung, so kann er keinen Ersatz der Umsatzsteuer verlangen, wenn bei der Ersatzbeschaffung eine solche nicht angefallen ist, zB beim Kauf für den Privatgebrauch (BGH NJW 09, 3713).

12 d) Bei zeitweiligem Verlust der Möglichkeit zur **Nutzung einer Sache** infolge des schädigenden Ereignisses kann der Geschädigte einen Nutzungsausfallschaden geltend machen (BGHZ 45, 212). Zudem kann er eine Ersatzsache anmieten und Ersatz der Mietkosten nach Abs 2 S 1 verlangen. Nach einem Kfz-Unfall kann er so die Kosten für einen gemieteten gleichartigen Wagen während der Zeit der Reparatur (nicht darüber hinaus BGH NJW 03, 3480) oder bis zum Erwerb eines Ersatzwagens (im angemessenen Zeitrahmen von ca zwei Wochen) beanspruchen, sofern sein Fahrbedarf nicht ganz gering ist. Keine Nutzungsausfallentschädigung braucht hingegen der Verkäufer eines mangelhaften Neufahrzeugs zu leisten, soweit er einen Ersatzwagen stellt (BGH NJW 09, 3660). **Ersparte Eigenaufwendungen** muss er sich aber im Wege des Vorteilsausgleichs anrechnen lassen (beim Nutzungsausfall des Kfz 15–20 % der Mietwagenkosten); bei Kosten über 2.500 EUR ist er idR zum Preisvergleich aufgrund mehrerer Angebote verpflichtet (vgl BGH NJW-RR 09, 318; 10, 1445). Bei Inanspruchnahme eines (teureren) sog Unfallersatztarifs ist die Erforderlichkeit nur gewahrt, wenn die besonderen Umstände des Unfalls dies aus betriebswirtschaftlicher Sicht rechtfertigen (BGH NJW 05, 51; NJW 06, 360) oder eine Eil- bzw Notsituation vorliegt (BGH NJW 10, 2569). Mietet er keinen Ersatzwagen an, scheidet ein Ersatz nach Abs 2 S 1 aus, da eine Naturalrestitution entgangener Nutzungen nur in der jeweiligen Ausfallzeit möglich ist (sog **transitorischer Schaden**). Für Kfz und bestimmte weitere Güter kommt aber eine Geldentschädigung nach § 251 in Betracht, sofern der Nutzungsausfall eine fühlbare Beeinträchtigung darstellt (BGH NJW 08, 915; vgl § 251 Rn 7).

13 e) Verwendet der Geschädigte während der Ausfallzeit ersatzweise eine eigene Sache (zB während der Reparatur eines Lieferwagens einen Ersatzwagen aus eigenem Bestand seines Betriebes), kommt ein Ersatz der **Vorhaltekosten** in Betracht. Voraussetzung dafür ist, dass er seine Betriebsreserve wegen des Risikos fremdverschuldeter Ausfälle höher ausgelegt hat als sie ohne Rücksicht darauf hätte bemessen sein können (zur Berechnung Danner/Küppersbusch NJW 98, 2106). Str ist die Ersatzfähigkeit weiterer Arten von **Vorsorgekosten**, insb zur Abwehr von Sachbeschädigungen und anderen schädigenden Eingriffen, sowie zur Täterfeststellung. Der BGH hält Fangprämien bis 25 EUR beim Ladendiebstahl für ersatzfähig, mangels Zurechenbarkeit aber nicht Kosten für Hausdetektive (BGHZ 75, 240).

14 3. Zur **Durchführung des Ersatzes** kann der Geschädigte bei Vermögens- und Nichtvermögensschäden den zur Herstellung erforderlichen Geldbetrag im Voraus verlangen, um die Kosten der Herstellung nicht aus eigenen Mitteln vorstrecken zu müssen. Erst sobald feststeht, dass der Geschädigte tatsächlich keine Herstellung mehr vornimmt, ist der geleistete Betrag bei Personenschäden mit Rücksicht auf die Zweckbindung nach den Grundsätzen der ungerechtfertigten Bereicherung zurückzuerstatten.

§ 250 Schadensersatz in Geld nach Fristsetzung

¹Der Gläubiger kann dem Ersatzpflichtigen zur Herstellung eine angemessene Frist mit der Erklärung bestimmen, dass er die Herstellung nach dem Ablauf der Frist ablehne. ²Nach dem Ablauf der Frist kann der Gläubiger den Ersatz in Geld verlangen, wenn nicht die Herstellung rechtzeitig erfolgt; der Anspruch auf die Herstellung ist ausgeschlossen.

1 Neben den §§ 249 II 1, 251 eröffnet die Vorschrift dem Geschädigten einen weiteren Weg, zum Ausgleich seines Schadens einen Ersatzanspruch in Geld zu erhalten. Sie kann zB zur Anwendung kommen, wenn die Durchführung der Naturalrestitution durch den Schädiger selbst oder das Vorliegen von Voraussetzungen der genannten Vorschriften zweifelhaft ist, spielt in der Praxis aber eine geringe Rolle. Voraussetzung ist nach S 1 neben dem Bestehen einer **Ersatzpflicht** eine **Fristsetzung mit Ablehnungsandrohung** durch den Geschädigten als Gläubiger des Ersatzanspruchs. Wie bei §§ 281 II, 286 II Nr 3, 323 II Nr 1 ist die Fristsetzung bei ernsthafter und endgültiger Leistungsverweigerung des Schädigers entbehrlich und setzt die Bestimmung einer zu kurzen Frist eine angemessene Frist in Gang. Nach **Ablauf der Frist** geht der Anspruch auf Herstellung durch den Schädiger endgültig in einen Anspruch auf Geldersatz über. Seine Höhe bemisst sich nach den **Herstellungskosten** gem § 249 II 1, nicht nach dem Wertinteresse gem § 251 (BGHZ 11, 163; aA Lange/Schiemann, § 5 V 1).

§ 251 Schadensersatz in Geld ohne Fristsetzung

(1) Soweit die Herstellung nicht möglich oder zur Entschädigung des Gläubigers nicht genügend ist, hat der Ersatzpflichtige den Gläubiger in Geld zu entschädigen.
(2) [1]Der Ersatzpflichtige kann den Gläubiger in Geld entschädigen, wenn die Herstellung nur mit unverhältnismäßigen Aufwendungen möglich ist. [2]Die aus der Heilbehandlung eines verletzten Tieres entstandenen Aufwendungen sind nicht bereits dann unverhältnismäßig, wenn sie dessen Wert erheblich übersteigen.

I. § 251 legt die Grenze zwischen Naturalrestitution und **Wertersatz in Geld** durch zwei Tatbestände mit unterschiedlicher Schutzrichtung fest: Abs 1 gewährt dem Geschädigten einen Anspruch auf Wertersatz, soweit die Restitution unmöglich oder zur Entschädigung ungenügend ist. Hingegen schützt Abs 2 den Schädiger davor, dass der Geschädigte ihm für die Herstellung unverhältnismäßige Aufwendungen abverlangt. Bei beiden Absätzen richtet sich der Ersatz nach dem **Wertinteresse**. Ob und ggf in welcher Höhe ein Ersatzanspruch nach § 251 besteht, ist daher nach der **Differenztheorie** durch den Vergleich von Vermögenswerten zu ermitteln: Der erstattungsfähige Schaden besteht in dem Differenzbetrag zwischen dem tatsächlichen Wert des Vermögens des Geschädigten und dem Wert, den das Vermögen ohne das schädigende Ereignis gehabt hätte. 1

II. 1. a) Der **Anspruch aus Abs 1** setzt in der 1. Alt die **Unmöglichkeit** der Herstellung voraus. Einbezogen sind wie bei § 275 I anfängliche und nachträgliche, tatsächliche und rechtliche Unmöglichkeit. Aus tatsächlichen Gründen unmöglich ist die Herstellung zB bei dauernder Minderung der Erwerbsfähigkeit einer verletzten Person, bei Zerstörung einer unvertretbaren Sache (str bei gebrauchten Kfz; s § 249 Rn 11), bei unzulässiger Stromentnahme oder wenn der beschädigte Gegenstand ein Unikat ist (zB ein besonderer Oldtimer, an dessen Stelle ein vergleichbares Fahrzeug nicht mehr erhältlich ist; BGH NJW 10, 2121); aus rechtlichen Gründen bei Schadensersatzansprüchen statt der Leistung gem §§ 281–283, 311 a II (weil die Herstellung die hier vom Gesetz ausgeschlossene Erfüllung der ursprünglichen Forderung bewirken würde), bei Ansprüchen aus § 839 (weil die Naturalrestitution in die Zuständigkeit des Staates eingreifen würde) sowie bei Verletzung von Rechten Dritter im Falle der Herstellung. Wer die Unmöglichkeit zu vertreten hat, ist gleichgültig; bei Verschulden des Geschädigten ist aber § 254 zu berücksichtigen. Auch Unvermögen ist grds einbezogen, führt aber nur zum Ausschluss des Anspruchs aus § 249 I 1, nicht der Ersetzungsbefugnis aus § 249 II 1. 2

b) **Ungenügend** iSd Abs 1 2. Alt ist die Herstellung zB, wenn bei einer Reparatur ein dauerhafter Erfolg ungewiss bliebe, eine besonders lange Reparaturzeit für den Geschädigten unzumutbar ist oder trotz der Reparatur ein technischer oder merkantiler Minderwert (Rn 7) verbleibt. Die Abgrenzung zur 1. Alt ist oft schwer zu treffen, wegen der gleichen Rechtsfolge aber nicht erforderlich. 3

2. a) Die **Ersetzungsbefugnis des Schädigers aus Abs 2 S 1** ist Ausdruck des Grundsatzes von Treu und Glauben und gilt für die Restitution nach § 249 II 1. Für eine **Unverhältnismäßigkeit** der Aufwendungen ist erforderlich, dass die Herstellungskosten (ggf nach einem Abzug „neu für alt") die Höhe des Wertersatzanspruchs nach § 251 ganz erheblich übersteigen. Der Richtwert von 30 %, der sich in der Rspr für Kfz-Schäden entwickelt hat (vgl dazu § 249 Rn 10), lässt sich aber nicht schematisch auf andere Sachverhalte übertragen. Maßgeblich ist vielmehr unter Abwägung der Interessen die Zumutbarkeit im Einzelfall; zu berücksichtigen sind auch immaterielle Interessen und der Grad des Verschuldens (str). Erweist sich die Unverhältnismäßigkeit der Herstellungskosten jedoch ohne Verschulden des Geschädigten erst nachträglich, hat der Schädiger das Prognoserisiko zu tragen und den unverhältnismäßigen Betrag zu erset- 4

zen. **Nicht anwendbar** ist Abs 2 grds **auf Personenschäden**, so dass eine Heilbehandlung idR nicht als unverhältnismäßig anzusehen ist. Da Gesundheit und körperliche Integrität als hohe immaterielle Werte sich nicht einfach in Form von Geldbeträgen den Herstellungskosten gegenüberstellen lassen, fehlt es schon an einer geeigneten Vergleichsbasis. Ausnahmsweise anders verfährt die Rspr im Extremfall einer aufwendigen kosmetischen Operation bei geringfügigen Verletzungen (BGHZ 63, 300; krit Jochem JR 75, 329).

5 b) Nach **Abs 2 S 2** können Aufwendungen für die **Heilbehandlung eines Tieres** verhältnismäßig sein, auch wenn sie den Wert des Tieres erheblich übersteigen. Bei der Abwägung sind neben Alter und Gesundheitszustand des Tieres ggf emotionale Bindungen des Geschädigten zu berücksichtigen (zB zum Hund oder Reitpferd iU zum Schlachtvieh). Bei Mischlingshunden oder Katzen ohne Marktwert können Aufwendungen von mehr als 1.000 EUR noch verhältnismäßig sein.

6 3. a) **Rechtsfolge** beider Absätze des § 251 ist **Wertersatz in Geld**. Der Umfang des erstattungsfähigen Schadens bestimmt sich aufgrund des Wertinteresses des Geschädigten nach der Differenztheorie (Rn 1). Für eine zerstörte Sache ist der **Wiederbeschaffungswert** zu ersetzen (also der Betrag, der für den Ankauf einer gleichwertigen Sache erforderlich ist). Bei gebrauchten Gegenständen kann er überschlägig 20 % über dem Zeitwert angesetzt werden, um die Händlerspanne und Nebenkosten einzubeziehen. Ist mangels Nachfrage im Einzelfall kein Marktpreis festzustellen, kann eine lineare oder degressive Abschreibung aus dem Neupreis zur Wertermittlung dienen; als nachrangiger Behelf ist auf die Marktpreise ähnl Gegenstände zurückzugreifen. Um den Verlust eines Datenbestandes zu bemessen, sind die konkreten Kosten für die Rekonstruktion der verlorenen Datenbestände und die durch das Fehlen bedingten Störungen im Betriebsablauf zu beachten (BGH NJW 09, 1066). Der Wiederbeschaffungswert umfasst im Ggs zu § 249 II 2 auch die MwSt unabhängig davon, ob sie anfällt oder nicht (hM; BT-Drucks 14/7752, 13 f; aA Knütel ZGS 03, 17); bei einem wirtschaftlichen Totalschaden eines Kfz ist dag § 249 II 2 anzuwenden (BGH NJW 04, 1943). Reines **Affektionsinteresse** wird grds nicht ersetzt. Soweit aber für Gegenstände derartigen Interesses (zB für Sammlerobjekte wie Briefmarken und Münzen) ein Markt besteht, ist Ersatz in Höhe des Marktpreises zu leisten.

7 Der Ersatzanspruch umfasst auch den **technischen oder merkantilen Minderwert** reparierter Sachen. Ein technischer Minderwert besteht, wenn Gebrauchsfähigkeit, Betriebssicherheit, Lebensdauer oder äußeres Erscheinungsbild einer beschädigten Sache trotz ordnungsgemäßer Reparatur gemindert bleiben. Wird eine Sache trotz technisch einwandfreier Instandsetzung im Verkehr niedriger bewertet als eine Sache, die nicht beschädigt war, verbleibt ihr ein merkantiler Minderwert (BGHZ 27, 181; BGH NJW 05, 277); zur Wertminderung des Grundstücks bei der Beschädigung von Bäumen BGH NJW 06, 1424. Er ist vom Schädiger zu ersetzen, sofern ein Markt vorhanden ist, auf dem er in Form eines geringeren Verkaufserlöses hervortreten könnte (unabhängig davon, ob der Geschädigte tatsächlich einen Verkauf plant). Bei älteren, stark gebrauchten Sachen wird jedoch häufig ein derartiger Minderwert kaum mehr feststellbar sein. Bei Pkw über fünf Jahren oder 100 000 km Fahrleistung sieht die Rspr daher zumeist vom Ersatz des merkantilen Minderwertes ab (zu Einzelheiten Halbgewachs). Zur vorrangigen Bedeutung der konkreten Wertbestimmung im Einzelfall ggü den nach Alter und Laufleistung generalisierten Richtwerten BGH NJW 05, 277.

8 b) Abw von der Schadensbestimmung nach der Differenzhypothese ist Wertersatz in Geld aufgrund des **normativen Schadensbegriffs** in einigen besonderen Fallgruppen auch ohne eine in Geld messbare Vermögenseinbuße zu leisten. So besteht bei der **Verletzung eines Arbeitnehmers** ein Anspruch auf Geldentschädigung auch, wenn die Lohnfortzahlung oder Leistungen mit Lohnersatzfunktion im System der sozialen Sicherung eine Vermögenseinbuße wegen der Arbeitsunfähigkeit verhindern. Diese Leistungen Dritter sollen dem Geschädigten zum Zweck der Fürsorge zugute kommen, nicht aber dem Schädiger. In wertender Betrachtung sind daher derartige Bezüge, die der Arbeitnehmer während seiner Arbeitsunfähigkeit erhält, bei der Schadensbestimmung nicht zur Entlastung des Schädigers zu veranschlagen. Entspr gilt für die Ge-

haltsfortzahlung der OHG, KG oder Einpersonen-GmbH an ihren arbeitsunfähigen Gesellschafter. Dem Arbeitgeber bzw sonstigen Dritten steht dafür der Schadensersatzanspruch gegen den Schädiger zu. Soweit die Forderung nicht gem § 6 I EFZG auf ihn übergeht, ist der Geschädigte analog §§ 255, 285 I zur Abtretung an ihn verpflichtet. – Zu weiteren Fallgruppen vgl § 253 Rn 5 ff.

§ 252 Entgangener Gewinn

¹Der zu ersetzende Schaden umfasst auch den entgangenen Gewinn. ²Als entgangen gilt der Gewinn, welcher nach dem gewöhnlichen Lauf der Dinge oder nach den besonderen Umständen, insbesondere nach den getroffenen Anstalten und Vorkehrungen, mit Wahrscheinlichkeit erwartet werden konnte.

I. Funktion: S 1 stellt lediglich klar, dass entgangener Gewinn (lucrum cessans) zu ersetzen ist. Diese Regel ergibt sich bereits aus dem Grundsatz der Totalreparation und der Differenzhypothese und ist auch im internationalen Rechtsverkehr als allg Rechtsgrundsatz anerkannt (vgl Art 9:502 S 2 Lando-Grundregeln sowie Art 7.4.2 I 2 UNIDROIT-Grundregeln). S 2 verschafft dem Geschädigten durch die Möglichkeit abstrakter Schadensberechnung für den entgangenen Gewinn eine praktisch wichtige Beweiserleichterung. 1

II. 1. Der **entgangene Gewinn** umfasst alle vermögenswerten Vorteile, die dem Vermögen des Geschädigten zum Zeitpunkt des schädigenden Ereignisses noch nicht angehörten und danach nicht mehr zugeflossen sind, aber ohne das schädigende Ereignis zugeflossen wären. Nicht zu ersetzen ist jedoch entgangener Gewinn, der auf gesetzeswidrige Weise erzielt worden wäre. 2

2. Die **Beweiserleichterung des S 2** ergänzt § 287 ZPO zugunsten des Geschädigten, der als Gläubiger den Ersatzanspruch zu beweisen hat. Der Gewinn, der nach dem gewöhnlichen Lauf der Dinge oder nach den besonderen Umständen mit Wahrscheinlichkeit erwartet werden konnte, gilt als entgangen. Daher braucht der Geschädigte nur die Umstände darzulegen und zu beweisen, aus denen sich die Wahrscheinlichkeit des Gewinneintritts ergibt (BGH NJW-RR 06, 243). Gelingt ihm dies, besteht zu seinen Gunsten die Vermutung, dass der Gewinn tatsächlich erwirtschaftet worden wäre. Zu ihrer Widerlegung muss der Schädiger Umstände beweisen, aus denen sich ergibt, dass der Gewinn im Einzelfall nicht entstanden wäre. 3

§ 253 Immaterieller Schaden

(1) Wegen eines Schadens, der nicht Vermögensschaden ist, kann Entschädigung in Geld nur in den durch das Gesetz bestimmten Fällen gefordert werden.
(2) Ist wegen einer Verletzung des Körpers, der Gesundheit, der Freiheit oder der sexuellen Selbstbestimmung Schadensersatz zu leisten, kann auch wegen des Schadens, der nicht Vermögensschaden ist, eine billige Entschädigung in Geld gefordert werden.

I. § 253 I schließt für immaterielle Schäden nicht die Herstellung nach § 249, aber die Geldentschädigung gem § 251 aus, soweit diese nicht für den jeweiligen Fall vom Gesetz vorgesehen ist. Der grds **Ausschluss immaterieller Schäden von der Kompensation** traf schon vor Erl des BGB auf Kritik (dazu Magnus, 312) und hat sich aufgrund des Wertewandels unter dem GG sowie im Vergleich mit anderen Rechtsordnungen (vgl BGHZ 39, 132) als zu strikt erwiesen. Die Rspr hatte daher bereits vor Erl des SchÄG (s Vor §§ 249–253 Rn 1) den Anwendungsbereich des § 253 durch teleologische Reduktion (für das allg Persönlichkeitsrecht) sowie durch extensive Auslegung des Begriffs „Vermögensschaden" im Tatbestand des § 253 erheblich eingeengt. Durch die Übernahme der Regelung des Schmerzensgeldes aus dem Bereich des Deliktsrechts (§ 847 aF) in das allg Schadensrecht mit dem neuen Abs 2 und die damit verbundene Ausdehnung des Anwendungsbereichs auf alle Schuldverhältnisse hat der Gesetzgeber dieser Entwicklung jetzt ebenfalls Rechnung getragen (Rn 12 ff). Auch bei einem Ver- 1 stoß gegen die Benachteiligungsverbote des AGG sieht dessen § 21 II 2 ausdrücklich den Ersatz immaterieller Schäden vor (s dort).

2 **II. 1.** Ein Schaden, der **nicht Vermögensschaden** ist, liegt bei einer Einbuße an immateriellen Gütern vor, wie zB Leben, Gesundheit, Freiheit, Ehre. Haben Nichtvermögensschäden Einbußen an Vermögenswerten, also materielle Schäden, zur Folge, sind letztere ersatzfähig (etwa die Kosten einer Heilbehandlung). Ein erstattungsfähiger Vermögensschaden ist aufgrund des subjektiven Schadensbegriffs auch anzunehmen, wenn ein Gegenstand für den Geschädigten aufgrund besonderer Umstände in seiner Person einen den Marktwert übersteigenden Vermögenswert hat. Hingegen ist ein bloßer persönlicher Liebhaberwert (Affektionsinteresse) vom Ersatz ausgeschlossen.

3 **2.** Geldentschädigung für immaterielle Schäden ist außer nach Abs 2 ua noch in folgenden „**durch das Gesetz bestimmten Fällen**" zu leisten: §§ 651 f II; § 97 II 4 UrhG; § 36 S 2 LuftVG; §§ 29 II, 30 I AtomG; ferner bei schweren Verletzungen des allg Persönlichkeitsrechts (Rn 14; § 823 Rn 90) sowie iR entspr Anwendung des Reisevertragsrechts bei vertragswidrigen Beeinträchtigungen des Urlaubsgenusses (§ 651 a Rn 4).

4 **3.** Durch (ausdrückliche oder konkludente) **Parteivereinbarung** kann darüber hinaus § 253 abbedungen oder die Geldentschädigung für bestimmte immaterielle Einbußen vorgesehen werden. Wenn Gegenstand oder Zweck eines Vertrages gerade die Gewährung der Möglichkeit zum Genuss eines immateriellen Gutes ist und der Schädiger dem Geschädigten diese Möglichkeit vorenthält, kann sich unter Berücksichtigung der Umstände des Einzelfalls die Erstattungsfähigkeit von Nichtvermögensschäden auch aus einer ergänzenden Vertragsauslegung ergeben.

5 **III. 1.** In folgenden Fallgruppen besteht nach hM ein **Anspruch auf Geldentschädigung:** **a)** Wenn ein Ehepartner oder Elternteil seinen Unterhaltsbeitrag durch **häusliche Arbeit** infolge einer Verletzung durch das schädigende Ereignis nicht erbringen kann, liegt ein erstattungsfähiger Schaden bereits in der Einbuße der Fähigkeit zur Wahrnehmung der häuslichen Aufgaben (BGHZ 59, 172). Aufgrund des normativen Schadensbegriffs und des Rechtsgedankens des § 843 IV muss der Schädiger Ersatz in Höhe der Kosten einer Ersatzkraft unabhängig davon leisten, ob diese Kraft eingestellt wird oder die anderen Familienmitglieder die Hausarbeit übernehmen (str für nichteheliche Lebensgefährten).

6 **b)** Sog Entbehrungsschäden sind grds als Vermögenseinbußen insoweit erstattungsfähig, als dem Geschädigten eine **geldwerte Genussmöglichkeit**, auf die er einen Anspruch erworben hatte, durch das schädigende Ereignis entgeht. ZB ist der Wert der Konzertkarte zu ersetzen, wenn ein geplanter Konzertbesuch endgültig ausfällt (entspr bei einer Sportveranstaltung, Gesangsstunde, Kreuzfahrt). Nach hM liegt der Schaden in der faktischen Entwertung des Anspruchs auf eine konkrete geldwerte Genussmöglichkeit; diese Vermögenseinbuße und nicht etwa der entgangene Genuss als solcher ist zu ersetzen (Einzelheiten und Abgrenzung zu bloßen Frustrationsschäden str).

7 **c)** Hingegen sind **entgangene Sachnutzungen** nach inzwischen hM trotz § 253 I unter einschränkenden Voraussetzungen zu ersetzen, ohne dass eine Vermögenseinbuße in Geld messbar sein muss (zB der zeitweise Ausfall eines nicht erwerbswirtschaftlich genutzten, sondern zum persönlichen Gebrauch vorgesehenen Pkws oder Wohnhauses; für Kfz vgl die Tabelle für 2009 in NJW-Beil Heft 1/09, für 2010 in NJW-Beil Heft 1/10, für 2011 in NJW-Beil Heft 1/11, für 2012 in NJW-Beil Heft 1/12, für 2013 in NJW-Beil 1/2013). Denn nach heutiger Wertvorstellung ist derartige eigenwirtschaftlicher Güterseinsatz grds schadensrechtlich schlechter zu stellen als die erwerbswirtschaftliche Güternutzung, bei der der Schaden durch den Nutzungsausfall als entgangener Gewinn gem § 252 erstattungsfähig ist. Nach BGHZ (GrSZ) 98, 212 sollen die entgangenen Sachnutzungen daher aufgrund normativen Schadensverständnisses den Vermögensschäden zuzurechnen sein. Ohne Überdehnung des Vermögensschadensbegriffes wird man sie jedoch als besondere Fallgruppe immaterieller Schäden ansehen müssen; ihre Erstattungsfähigkeit beruht angesichts gewandelter Wertvorstellungen unter teleologischer Reduktion des § 253 I auf dem Rechtsgedanken des § 252 (Schulze NJW 97, 3337).

8 **Voraussetzung** für die Geldentschädigung ist nach beiden Ansichten, dass die persönliche Lebensführung durch den Nutzungsentgang in besonders erheblicher Weise betrof-

fen ist. Zu entschädigen ist daher nur der Ausfall von Sachgütern, deren ständige Verfügbarkeit typischerweise **zentrale Bedeutung für die persönliche Lebensführung** hat (Wohnung, Kücheneinrichtung, PC und Fernseher (str), Blindenhund, Pkw, Motorrad, Fahrrad, Internetzugang; nicht aber Einliegerwohnungen für gelegentliche Besucher, Hobbyraum, Garage und sog Luxusgüter wie Schwimmbad, Privatflugzeug, Reitpferd). Erforderlich ist zudem eine **fühlbare Beeinträchtigung** dadurch, dass der Geschädigte konkret den Willen zur Nutzung der Sache und (vom schädigenden Ereignis abgesehen) auch die Möglichkeit dazu hatte. Die Fühlbarkeit fehlt zB, wenn dem Geschädigten die Benutzung seines Zweitwagens möglich und zumutbar ist oder wenn er infolge einer Verletzung sein Kfz nicht hätte nutzen können. Dies soll nach hM auch gelten, wenn die Verletzung auf dem gleichen schädigenden Eingriff wie der Nutzungsausfall beruht (BGH NJW 68, 1780; problematisch, weil die weiter gehende Schädigung damit dem Schädiger zugute kommt). Der Eigennutzung steht die Benutzung durch einen Angehörigen gleich (OLG Koblenz NJW-RR 04, 748). – Diese Voraussetzungen gelten für deliktische Eingriffe und Verletzungen vertraglicher Pflichten. Auf vertragsrechtlicher Grundlage (Rn 4) kann sich die Ersatzpflicht jedoch über die Güter von zentraler Bedeutung für die private Lebensführung hinaus auf weitere Gegenstände erstrecken, wenn deren Überlassung zur Nutzung gerade der Zweck oder wesentlicher Gegenstand des Vertrages war (zB für ein Ferienhaus BGHZ 101, 334; s Rn 4).

2. a) Kein erstattungsfähiger Schaden liegt hingegen nach hM bei der Einbuße an **Freizeit** vor (aA Schwarz/Ernst NJW 97, 2553). Auch die zur Schadensabwicklung aufgewandte Freizeit wird nicht ersetzt (BGHZ 66, 114). Hat der Geschädigte aber Anstrengungen zur Verhinderung nachteiliger Folgen über seine Pflichten aus § 254 hinaus unternommen (sog überobligatorische Anstrengungen), ist dies zu berücksichtigen und die Ersatzpflicht wertend unter Berücksichtigung der Güterlage zu bemessen, die ohne das Tätigwerden des Geschädigten bestanden hätte. 9

b) Ebenfalls nicht als erstattungsfähiger Schaden gilt die Gesamtheit der **fehlgeschlagenen Aufwendungen** des Geschädigten, sofern nicht die besonderen Voraussetzungen des Ersatzes eines Vertrauensschadens vorliegen (Vor §§ 249–253 Rn 12). Fehlgeschlagene Aufwendungen sind zB bei einem Krankenhausaufenthalt wegen einer Unfallverletzung die nutzlos aufgewandten („frustrierten") Kosten für die Wohnungsmiete, den Kfz-Unterhalt usw. Die hM betrachtet sie entgg der **Frustrationsschadenslehre** (vgl Köndgen AcP 177, 1 ff) grds nicht als erstattungsfähig, weil bloße Handlungsmöglichkeiten und Dispositionspläne nicht die Grundlage des Schadensersatzes bilden können und der Ersatzumfang sonst ausufern würde. Im **Vertragsrecht** sind fehlgeschlagene Aufwendungen aber ersatzfähig, soweit der Ersatzanspruch auf das negative Interesse gerichtet ist (zB § 122 oder eine gem §§ 280 I, 311 II), iR des Schadensersatzes statt der Leistung (§§ 281 ff) die Rentabilitätsvermutung greift (iE § 281 Rn 16) oder Aufwendungsersatz nach § 284 geschuldet ist (s dort). 10

c) Auch der Ausfall der **Arbeitskraft** und die Minderung der Erwerbsfähigkeit stellen für sich genommen keinen Vermögensschaden dar, weil nicht vermögenswerte Güter, sondern Eigenschaften der Person betroffen sind. Führt eine Verletzung zum Ausfall der Arbeitskraft eines ehrenamtlich Tätigen, besteht daher idR kein Ersatzanspruch (aA Pardey NJW 97, 2094 ff). Erstattungsfähig ist erst im konkreten Fall bestehender Verdienst- oder Gewinnausfall als Auswirkung auf das Vermögen des Geschädigten. Ein Vermögensschaden liegt aber auch vor, wenn der haushaltsführende Ehegatte ausfällt (Rn 5) oder der Geschädigte die eigene Arbeitskraft oder Arbeitnehmer aus dem eigenen Betrieb zur Schadensbeseitigung einsetzt und die Arbeitsleistungen nach der Verkehrsanschauung einen Marktwert haben (BGH NJW 96, 922). 11

IV. 1. Durch das **SchÄG** (vgl Vor §§ 249–253 Rn 1) hat der Gesetzgeber die Pflicht zur Zahlung von **Schmerzensgeld** bei der Verletzung von bestimmten Rechtsgütern in das allg Schadensrecht aufgenommen und die dadurch entbehrlich gewordene § 847 aufgehoben. Durch diese Änderung wurde eine Grundentscheidung des historischen Gesetzgebers aufgegeben, dem es noch als anstößig galt, für immaterielle Schäden einen Ausgleich in Geld zu verlangen. Hintergrund dieser Änderung war nicht nur die heutige veränderte Moralvorstellung, sondern auch der Wunsch des Gesetzgebers, das Haf- 12 tungsrecht den europäischen Nachbarrechtsordnungen anzugleichen (vgl Katzenmeier JZ 02, 1030; Wagner JZ 04, 319 ff; sogar ohne Beschränkung auf bestimmte Rechtsgüter Art 9:501 II a Lando-Grundregeln). War früher Voraussetzung für die Gewährung von Schmerzensgeld eine unerlaubte Handlung des Schädigers, sind jetzt durch die Verschiebung der Regelung in das Allgemeine Schuldrecht **auch vertragliche und vorvertragliche Schadensersatzansprüche** sowie grds Ansprüche aus Gefährdungshaftung schmerzensgeldbewehrt. Damit kommen dem Gläubiger insb die Verschuldensvermutung nach § 280 I 2 sowie die Verschuldenszurechnung nach § 278 (statt früher lediglich die Vermutung eines Auswahl- oder Überwachungsverschuldens nach § 831) zugute. In der Praxis führt dies zu der Erleichterung, dass es auf die Voraussetzungen eines Anspruchs auf Schmerzensgeld aus Delikt oder Gefährdungshaftung im Allgemeinen nicht mehr ankommt, wenn die Haftung aus Vertrag bereits feststeht. Schmerzensgeld kommt iR vertraglicher Schadensersatzansprüche grds auch beim Schadensersatz statt der Leistung (§§ 281–283, 311 a II) in Betracht (aA Ady ZGS 03, 13 ff). Nach hM ist Abs 2 darüber hinaus auf Ansprüche zu erstrecken, die zwar ihrer Rechtsnatur nach keine Schadensersatzansprüche sind, aber nach schadensrechtlichen Grundsätzen behandelt werden (wie zB der Ersatz risikotypischer Begleitschäden bei der **GoA** gem §§ 670, 683 S 1). Denn der Gesetzgeber wollte mit Abs 2 den Opferschutz verbessern und den immateriellen Schaden unabhängig von einer konkreten Anspruchsgrundlage ersatzfähig machen (MK/Oetker § 253 Rn 18; Däubler JuS 02, 626 f).

13 2. Der Anspruch auf Schmerzensgeld nach **Abs 2** setzt stets das Eingreifen einer Norm voraus, die den Schuldner zum Schadensersatz verpflichtet. Abs 2 ist daher **keine eigenständige Anspruchsgrundlage**, sondern erweitert den Umfang des Schadensersatzes, wenn die Voraussetzungen einer haftungsbegründenden Norm erfüllt sind (zB §§ 280 I; 823 I, II; 825). Nicht jede immaterielle Beeinträchtigung ist aber ersatzfähig. Vielmehr wird nur eine Beeinträchtigung der in Abs 2 aufgeführten Rechtsgüter in Geld ausgeglichen: Der Gläubiger muss an Körper, Gesundheit, Freiheit (s § 823 Rn 3 ff) oder seiner sexuellen Selbstbestimmung verletzt worden sein. Die Verletzung der sexuellen Selbstbestimmung ist ggü dem früheren § 847 II geschlechtsneutral gefasst worden. Als adäquate Folge der Rechtsgutverletzung muss ein Nichtvermögensschaden vorliegen (zum Unterschied ggü dem Vermögensschaden, Vor §§ 249–253 Rn 4). Erfasst werden Störungen des körperlichen und seelischen Wohlbefindens (also neben physischen Schmerzen grds auch psychische Beeinträchtigungen). Die Haftung des Schädigers kann jedoch durch den Schutzzweck der vertraglichen Pflicht beschränkt werden. So begründet die Schlechterfüllung eines Anwaltsvertrags, der nicht den Schutz der Rechtsgüter des § 253 II zum Gegenstand hat, grds keinen entspr Anspruch (BGH NJW 99, 3025).

14 Die Neuregelung hat darauf verzichtet, das **allg Persönlichkeitsrecht** ausdrücklich zu den geschützten Rechtsgütern hinzuzuziehen, und überlässt die Beurteilung dieser Fälle weiterhin der Rspr. Diese hatte bereits früher Schmerzensgeld über den Wortlaut des § 847 hinaus auch bei einer schwerwiegenden Beeinträchtigung des allg Persönlichkeitsrechts (seit BGHZ 26, 351 ff; vgl hierzu § 823 Rn 112) gewährt, wenn der Eingriff nicht in anderer Weise (etwa durch Widerruf) befriedigend ausgeglichen werden kann (BGHZ 128, 12 f; 132, 26 f). Der BGH führt den Anspruch nunmehr auf den Schutzauftrag aus Art 1 I, 2 I GG zurück und stützt ihn daher unmittelbar auf § 823 I iVm Art 1 I und 2 I GG (BGHZ 143, 218 f Marlene Dietrich). Diese Rspr stieß im Schrifttum teilweise auf Kritik, steht jedoch im Einklang mit den verfassungsrechtlichen Vorgaben (BVerfGE 34, 269 ff; BVerfG NJW 00, 2197). Aufgrund dieser Herleitung wird der Anspruch durch die Neuregelung des § 253 nicht berührt (ebenso Katzenmeier JZ 02, 1033; iE § 823 Rn 112). Zum postmortalen Persönlichkeitsrecht OLG Jena, NJW-RR 05, 1566; § 823 Rn 94 ff.

15 3. Der **gesetzliche Haftungsausschluss** nach §§ 104 f SGB VII umfasst auch den Schmerzensgeldanspruch (BGHZ 3, 302; 26, 157; zur Verfassungskonformität s BVerfGE 34, 118 ff; BVerfG NJW 95, 1607; krit Ebers NJW 03, 2655 ff). Ein **vertraglicher Haftungsausschluss** ist in den Grenzen des § 276 III möglich, in AGB jedoch bei Verschulden unwirksam nach § 309 Nr 7 a. Ob eine Begrenzung der Haftung ohne

Verschulden durch AGB möglich ist oder wegen Abweichung von wesentlichen Grundgedanken einer gesetzlichen Regelung nach § 307 II Nr 1 iZw unwirksam ist, ist nach der Umstrukturierung des Schmerzensgeldanspruchs noch ungeklärt.

4. Nach hM erfüllt das Schmerzensgeld grds eine **doppelte Funktion**. Zum einen dient es dem **Ausgleich** der erlittenen immateriellen Schäden. Zum anderen soll es dem Verletzten **Genugtuung** für das zugefügte Leid verschaffen (BGHZ 18, 154 ff; 128, 120; einschränkend BGH NJW 93, 782 f). Der Schmerzensgeldanspruch wird aber einheitlich bemessen und nicht etwa aufgespalten in einen Betrag, der die Einbußen am Wohlbefinden ausgleicht, und einen solchen für die Genugtuung (BGHZ 128, 121 f). Allerdings ist str, inwieweit der Genugtuungsgedanke nach dem SchÄG noch bei der Bemessung des Schmerzensgeldes herangezogen werden kann (iE zum Streitstand Schulze/Ebers JuS 04, 367 mwN). Nach einer Auffassung soll bei Fahrlässigkeit (nach aA nur bei leichter Fahrlässigkeit) das Verschulden des Schädigers keinen Einfluss auf die Bemessung des Schmerzensgeldes haben, da der Gesetzgeber mit Abs 2 die Wertentscheidung getroffen habe, das Schmerzensgeld unabhängig vom Verschulden zu gewähren, und die Regulierung von Haftpflichtprozessen beschleunigen wollte. **Gegen diese Auffassungen** spricht jedoch, dass Abs 2 nach der Gesetzessystematik im Zusammenhang mit dem jeweiligen Haftungstatbestand zu sehen ist und auf dessen Grundlagen bezogene Differenzierungen angemessen sind (Katzenmeier JZ 02, 1031). Bei verschuldensabhängigen Haftungsnormen sollten daher auch Verschuldensaspekte für die Bemessung des immateriellen Schadens Berücksichtigung finden können. Für Unfälle im **Straßenverkehr** wird allerdings zT die Auffassung vertreten, dass die Genugtuungsfunktion ggü der Ausgleichsfunktion in den Hintergrund trete, so dass ein Schmerzensgeld iR der Gefährdungshaftung nicht geringer zu bemessen sei als bei einer Haftung aus einfach fahrlässigem Verhalten; ein grober Verkehrsverstoß wirke dag schmerzensgelderhöhend (so OLG Celle NJW 04, 1185; str). Bei **ärztlichen Behandlungsfehlern** soll die Genugtuungsfunktion jedoch nach OLG Düsseldorf NJW-RR 03, 87 auch bei grober Fahrlässigkeit nicht zu einer Erhöhung des Schmerzensgeldes führen.

Ist ein **Schwerstgeschädigter** infolge seiner Verletzung weder fähig, das Leid noch eine Genugtuung zu empfinden, so gewährte der BGH ihm in der Vergangenheit oftmals nur eine **symbolische Wiedergutmachung** als zeichenhafte Sühne (BGH NJW 76, 1147; 82, 2123). Zu Recht ist der BGH inzwischen mit Blick auf die Wertentscheidung in Art 1 I GG von dieser Auffassung abgerückt. Er stuft nunmehr die weitgehende **Zerstörung der Persönlichkeit** durch den Fortfall der Wahrnehmungs- und Empfindungsfähigkeit **als eigenständige Fallgruppe** ein, die auch eine besondere Bemessung der Entschädigung gebietet (BGHZ 120, 6 f; OLG Koblenz NJW 03, 442 f; OLG Bremen NJW-RR 03, 1255). Ob und in welcher Höhe ein Schmerzensgeldanspruch besteht, wenn **der Geschädigte alsbald** – etwa als Komapatient – **an den Folgen der Körperverletzung verstirbt**, beurteilt sich anhand einer Gesamtschau der immateriellen Beeinträchtigung (vgl hierzu BGHZ 138, 391 ff; OLG Schleswig NJW-RR 98, 1404 f). Das Genugtuungsbedürfnis des Geschädigten entfällt durch **eine strafrechtliche Verurteilung** des Täters grds nicht (BGHZ 128, 120 ff; BGH NJW 96, 1591).

5. **Angehörige des Verletzten oder Getöteten** haben lediglich insoweit einen Anspruch auf Schmerzensgeld, als sie eine eigene Gesundheitsbeeinträchtigung zB in Form eines **Schockschadens** (hierzu § 823 Rn 8, 54; OLG Düsseldorf NJW-RR 96, 214 f) oder in sonstiger konkret messbarer Weise erleiden (OLG Nürnberg NJW 98, 2293; OLG Naumburg, NJW-RR 05, 900); der Reformgesetzgeber hat in diesem Punkt bewusst keine Gleichstellung mit den anderen europäischen Haftungssystemen herbeigeführt (Katzenmeier JZ 02, 1034; vgl auch Kadner ZEuP 96, 140 ff; kritisch hierzu Neuner JuS 13, 577, 583).

6. Als **Rechtsfolge** kann der Verletzte eine **billige Entschädigung in Geld** beanspruchen. Eine Bagatellgrenze hat der Gesetzgeber auch mit dem SchÄG nicht eingeführt, jedoch dürfte die von den Gerichten bereits bisher geübte Zurückhaltung bei kleinsten Verletzungen beibehalten werden (vgl BGH NJW 92, 1043; OLG Koblenz NJW 00, 963). Bei vorsätzlichen Eingriffen hat der Schädiger dag aufgrund der Genugtuungsfunktion

auch dann immateriellen Schadensersatz zu leisten, wenn die Beeinträchtigung unerheblich ist.

20 a) Die **Höhe des Anspruchs** hat der Richter gem § 287 ZPO nach freiem Ermessen zu bestimmen. Dabei ist die Tendenz zu verzeichnen, dass höhere Schmerzensgeldsummen zugesprochen werden (s hierzu Scheffen ZRP 99, 189 ff sowie exemplarisch OLG Frankfurt/M VersR 96, 1509 f; LG München NJW-RR 01, 1246 ff; zu Recht krit ggü der weiterhin häufig recht geringen Höhe des Schmerzensgeldes bei schweren Verbrechen Foerste NJW 99, 2951 f). In der Praxis bieten vielfach die aufgrund von Gerichtsentscheidungen aufgestellten Schmerzensgeldtabellen einen ersten Anhaltspunkt (vgl die Nachw bei MK/Oetker § 253 Rn 37). Es verbietet sich jedoch eine schematische Bewertung. Abzustellen ist auf alle Umstände, die dem jeweiligen Schadensfall sein besonderes Gepräge geben (BGHZ 18, 151 f). Zu berücksichtigen sind die **Umstände auf Seiten des Geschädigten** (etwa Schwere und Dauer der physischen oder psychischen Störung, Maß der Lebensbeeinträchtigung, LG Essen, NJW-RR 05, 1110; zur besonderen Schadensanfälligkeit: BGH NJW 97, 456 f; Alter, Vermögensverhältnisse; s aber auch OLG Schleswig NJW-RR 90, 471), **des Schädigers** (Vermögensverhältnisse, va das Bestehen einer Haftpflichtversicherung: BGHZ 18, 165 f; BGH NJW 93, 1532) sowie die **Umstände der Tat** (Verletzung ereignet sich iR einer Gefälligkeitsfahrt: BGHZ 18, 158 f; anders OLG Hamm NJW-RR 98, 1180 f) und **der Schadensabwicklung** (Prozessverschleppung; verzögerte Regulierung durch Versicherung: OLG Frankfurt/M NJW 99, 2447 f). Bedeutung als Bemessungsfaktoren erlangen auch der **Verschuldensgrad des Schädigers** (BGHZ 128, 120 f) sowie ein **Mitverschulden** (KG NJW 05, 1284) bzw eine **mitwirkende Betriebs-** (BGHZ 20, 262) oder **Tiergefahr** (OLG Hamm NJW-RR 95, 598; vgl hierzu auch § 833 Rn 13) iSd § 254. Die Eignung von Listen oder Tabellen als erste Grundlage für eine Schadensschätzung bedarf nur dann der Klärung, wenn Tatsachen vorgetragen werden, aufgrund derer sich konkrete Mängel der Schätzungsgrundlage auf den jeweiligen Fall auswirken könnten (BGH NJW 08, 1519).

21 b) Die Geldentschädigung kann in **Form** eines **einmaligen Kapitalbetrags,** einer **Schmerzensgeldrente** oder durch **Koppelung von Kapital und Rente** erfolgen. Entscheidend sind die Einzelfallumstände. Regelmäßig wird dem Verletzten ein Kapitalbetrag zugesprochen. Bei schweren Dauerschäden kann eine Rente in Betracht kommen. Eine Mischform bietet sich ausnahmsweise als Zahlungsweise an, um einen bereits eingetretenen immateriellen Schaden abzugelten und Dauerbelastungen berücksichtigen zu können (BGHZ 120, 9).

22 7. Abw zur Rechtslage vor dem 1.7.90 (BGBl I 1990, 478) ist der Schmerzensgeldanspruch **uneingeschränkt übertragbar, pfändbar und vererblich** (vgl hierzu BGH NJW 95, 783). Zur Aufrechnung s § 393.

23 8. Für die **gerichtliche Geltendmachung** des Schmerzensgeldanspruchs ist entgg § 253 II Nr 2 ZPO ein **unbezifferter Klageantrag** ausreichend, soweit dem Gericht die tatsächlichen Feststellungs- und Schätzungsgrundlagen unterbreitet werden (BGH NJW 02, 3769). Der Angabe eines Mindestbetrags oder einer Größenordnung bedarf es zwar nicht für die Zulässigkeit der erstinstanzlichen Klage, wohl aber für die Bestimmung der Beschwer und damit zur Sicherung der Rechtsmittelmöglichkeit (BGHZ 140, 335 ff; hierzu Gerlach VersR 00, 525 ff). Eine solche Größenordnung bedeutet für das tatrichterliche Ermessen entgg § 308 I ZPO keine feste Obergrenze (BGHZ 132, 351; OLG Hamm VersR 99, 490). Begehrt der Verletzte die Feststellung (zum Feststellungsinteresse: BGH NJW 01, 3415), dass der Anspruchsgegner zum Ersatz „sämtlicher" Schäden verpflichtet ist, umfasst ein solcher Antrag Vermögens- und Nichtvermögensschäden (BGH NJW 91, 2348). Ist über ein Schmerzensgeld bereits rechtskräftig entschieden, können **neue erhebliche Beeinträchtigungen** (Spätfolgen) nur insoweit geltend gemacht werden, als sie mangels Erkennbarkeit oder Vorhersehbarkeit nicht berücksichtigt werden konnten (BGH NJW 95, 1614). Die Änderung einer Schmerzensgeldrente beurteilt sich nach § 323 ZPO (zur Abänderung wegen gestiegenen Lebenshaltungskostenindexes BGH NJW 07, 2475). Zur Zulässigkeit einer Teilklage im Schmerzensgeldprozess BGH NJW 04, 1243.

§ 254 Mitverschulden

(1) Hat bei der Entstehung des Schadens ein Verschulden des Beschädigten mitgewirkt, so hängt die Verpflichtung zum Ersatz sowie der Umfang des zu leistenden Ersatzes von den Umständen, insbesondere davon ab, inwieweit der Schaden vorwiegend von dem einen oder dem anderen Teil verursacht worden ist.

(2) ¹Dies gilt auch dann, wenn sich das Verschulden des Beschädigten darauf beschränkt, dass er unterlassen hat, den Schuldner auf die Gefahr eines ungewöhnlich hohen Schadens aufmerksam zu machen, die der Schuldner weder kannte noch kennen musste, oder dass er unterlassen hat, den Schaden abzuwenden oder zu mindern. ²Die Vorschrift des § 278 findet entsprechende Anwendung.

I. § 254 eröffnet abw vom „Alles-oder-nichts-Prinzip" des Schadensrechts (vgl Vor §§ 249–253 Rn 10 f) die Möglichkeit einer **Abwägung der Verursachungsbeiträge** des Schädigers und des Geschädigten: Der Ersatzanspruch des Geschädigten wird beschränkt, wenn Umstände aus dem Gefahren- und Verantwortungsbereich des Geschädigten am Entstehen oder an der Ausweitung des Schadens mitgewirkt haben (BGHZ 56, 170; BGH NJW 74, 798). Dabei ist „Verschulden" des Geschädigten nicht wie im Allgemeinen als vorwerfbares rechtswidriges Handeln ggü einem anderen gemeint. Der Geschädigte muss sich vielmehr ein **„Verschulden gegen sich selbst"** anrechnen lassen. Dieses „Verschulden" setzt keine Rechtspflicht voraus, sich nicht selbst zu schädigen, und wird daher zT als Obliegenheit aufgefasst (str). Überw wird § 254 als eine **Ausprägung des Grundsatzes von Treu und Glauben** verstanden. Der Geschädigte setzt sich zu seinem eigenen Verhalten in Widerspruch und verstößt damit gegen das Verbot des „venire contra factum proprium", wenn er vom Schädiger den Ersatz des gesamten Schadens verlangt, obwohl er selbst an der Verursachung oder Vergrößerung des Schadens mitgewirkt hat (BGHZ 34, 363; BGH NJW 98, 305). 1

Die Vorschrift umfasst **drei Tatbestände:** das mitwirkende Verschulden des Geschädigten beim Entstehen des Schadens (Abs 1); das Unterlassen einer Warnung des Schädigers (Abs 2 S 1 1. Fall); das Unterlassen der Abwendung oder Minderung des Schadens (Abs 2 S 1 2. Fall). Abs 2 S 2 regelt zudem die Zurechnung des Mitverschuldens Dritter. Auch die besondere Problemlage des **Handelns auf eigene Gefahr** fällt nach heute hM unter § 254 (Rn 11). 2

II. 1. § 254 findet **Anwendung auf** alle **Schadensersatzansprüche aus Verschuldenshaftung,** zB §§ 280 ff, § 536 a (BGH NJW-RR 91, 971), § 437 Nr 3 und § 634 Nr 4, §§ 823 ff einschließlich § 833 S 1 (OLG Koblenz NJW 03, 2834) und § 839 (soweit nicht § 839 III eingreift), §§ 989, 990 (BGH BB 54, 758) und **aus Vertrauenshaftung,** zB §§ 122, 179, außerdem auf den Schadensersatzanspruch aus § 945 ZPO wegen ungerechtfertigter einstweiliger Verfügung (BGH NJW 06, 2557). Ferner werden vom Anwendungsbereich der Norm **Ansprüche aus Gefährdungshaftung** etwa nach §§ 701, 833 S 1 erfasst. Sie ist auch **außerhalb des BGB** im Privatrecht anzuwenden; ausdrücklich in Bezug nehmen sie zB §§ 9 StVG, 4 HaftpflG, 6 I ProdHaftG, 11 UmweltHaftG. Eine **entspr Anwendung** kommt in Betracht auf den Anspruch aus § 1004 (BGHZ 110, 317; BGH NJW 95, 396), § 906 II S 2 (BGH NJW-RR 88, 138), §§ 670, 675 (BGH NJW 90, 251; BAG NJW 98, 1171) und den Ersatzanspruch aus GoA (BGHZ 38, 278). Ferner ist § 254 beim Vollmachtsmissbrauch (BGHZ 50, 114 f) entspr anzuwenden. **Sonderregelungen** ggü § 254 enthalten zB § 17 StVG und § 736 HGB. Auf die Rechts- und Sachmängelhaftung findet § 254 keine Anwendung, soweit § 442 in Bezug auf die Mängelkenntnis des Käufers eingreift (BGH NJW 78, 2240; 93, 1644). 3

2. Abs 1 setzt ein **mitwirkendes Verschulden des Geschädigten beim Entstehen des Schadens** voraus. Ein derartiges Verschulden kommt nur bei **Zurechnungsfähigkeit** des Geschädigten in Betracht; als Maßstab sind §§ 827, 828 entspr heranzuziehen (BGHZ 24, 327). Es erfordert nicht notwendig ein vorsätzliches oder fahrlässiges Verhalten des Geschädigten hins der Verletzung seiner eigenen Rechtsgüter. Ausreichend ist vielmehr jedes Verhalten des Geschädigten, das innerhalb seines Risiko- und Verantwortungsbereichs liegt und zurechenbar zum Entstehen oder zur Vergrößerung des Schadens beigetragen hat (BGHZ 52, 168). Darüber hinaus genügt es bereits, dass auf Seiten des 4

Geschädigten eine **Sach- oder Betriebsgefahr** mitgewirkt hat, die dem Geschädigten nach dem Prinzip der Gefährdungshaftung zuzurechnen wäre, wenn die Verletzung von ihm ausgegangen wäre (BGH NJW 72, 1416). ZB muss sich der geschädigte Halter eines Kfz die Betriebsgefahr seines Kfz ggü dem Schmerzensgeldanspruch anrechnen lassen, wenn er nicht die tatsächlichen Umstände für die Anwendung des Ausschlusstatbestandes des § 7 II StVG darlegen und beweisen kann (BGHZ 20, 262; 26, 75). Entspr gilt für ein Tierhalterrisiko des Geschädigten (OLG Hamm NJW-RR 90, 1054; OLG München NJW-RR 91, 478). Die einfache Betriebsgefahr kann jedoch zurücktreten, wenn ihr ein grob verkehrswidriges Verhalten des Schädigers gegenübersteht (BGH NJW 90, 1484; LG Bielefeld NJW 04, 2245 für einen Verkehrsunfall mit jugendlichem Schädiger).

5 Dieses Verhalten bzw die Sach- oder Betriebsgefahr muss **adäquat-kausal** zum Schadenseintritt beigetragen haben. Auch wenn ein betrunkener Kfz-Fahrer bei einem Verkehrsunfall geschädigt wird, setzt daher eine Beschränkung seines Ersatzanspruches voraus, dass die Trunkenheit für den Unfall ursächlich war. Zudem kommt auch bei § 254 der Gedanke des **Schutzzwecks der Norm** zum Tragen (BGH NJW 78, 2503). So kann sich der Arzt bei einem Behandlungsfehler nicht darauf berufen, der Patient habe die Behandlungsbedürftigkeit verschuldet. Denn selbst wenn eine Obliegenheit des Patienten zur Erhaltung der eigenen Gesundheit bestehen sollte, dient diese nicht dem Zweck, den Arzt vor der Haftung aus Kunstfehlern zu sichern (BGH NJW 72, 334). Der Abschleppunternehmer kann nicht einwenden, der von ihm beschädigte Pkw habe wegen falschen Parkens entfernt werden müssen (BGH NJW 78, 2503). Ebenso wenig kann die Justizvollzugsanstalt, die wegen Verletzung einer Fürsorgepflicht in Anspruch genommen wird, den Strafgefangenen darauf verweisen, dass er an seiner Verurteilung schuld sei (OLG Karlsruhe VersR 84, 1175).

6 Im **Straßenverkehr** wird ein Mitverschulden des geschädigten **Autofahrers** zB bei einem Nichtanlegen des Sicherheitsgurts angenommen (BGH NJW 01, 1485; zur Freistellung von der Mitverantwortlichkeit für Unfallschäden trotz Verstoßes gegen die Anschnallpflicht vgl BGH NJW 98, 1137) oder bei Nichteinhaltung des Sicherheitsabstands durch den Auffahrenden (BGH NJW-RR 07, 680). Das Nichttragen eines Sturzhelmes begründet ein Mitverschulden des **Motorradfahrers** (BGH NJW 65, 1075; für den **Fahrradfahrer** abl OLG Nürnberg NJW-RR 91, 546; aA Staud/Schiemann § 254 Rn 51; differenzierend OLG Saarbrücken NJW-RR 08, 266; offen BGH NJW-RR 09 239, 240). Den **Fußgänger** trifft ein Mitverschulden, wenn er den nahe gelegenen Fußgängerüberweg nicht nutzt (BGH VersR 77, 338; OLG Celle VersR 90, 912). Ein Mitverschulden von Kindern unter zehn Jahren bei Unfällen im Straßenverkehr kann nach §§ 276 I 2, 828 II ausgeschlossen sein. Bei **Körperverletzungen durch Tätlichkeiten** kann der Schadensersatzanspruch zu mindern sein, wenn der Verletzte selbst die Schlägerei provoziert hat (BGH VersR 65, 1152 f). Bei der Verletzung einer **Verkehrssicherungspflicht** kann ein Mitverschulden des Geschädigten darin liegen, dass er erkennbare Anhaltspunkte für eine Gefährdung aufgrund der Pflichtverletzung nicht berücksichtigt hat. So kann bei einer Verletzung der Streupflicht den Geschädigten ein Mitverschulden treffen, wenn er auf einer offensichtlich eisglatten Straße ausrutscht (BGH NJW 85, 483; ähnl BGH NJW-RR 97, 1109). Entspr gilt für eine Ölspur auf der Straße (BGH VersR 63, 925), jedoch idR nicht für größere Unebenheiten auf einem städtischen Gehweg, die zu einem Sturz führen (BGH VersR 69, 516). Im **Wirtschaftsverkehr** kann ein Mitverschulden des Geschädigten zB darin liegen, dass er Scheckformulare unsorgfältig aufbewahrt hat (BGH NJW 97, 2237), dass er ein Unternehmen mit zweifelhafter fachlicher Kompetenz beauftragt hat (BGH NJW 93, 1192) oder bei einer Immobilienfond-Anlage auf den Hinweise auf drohenden Totalverlust im Prospekt sowie die allg bekannte Risikolage bei derartigen Anlagen nicht berücksichtigt hat (OLG Köln BB 05, 2095). Im **Frachtrecht** kann eine fehlende Wertdeklaration des Geschädigten in Kenntnis, dass der Spediteur die Fracht bei Wissen um ihren hohen Wert sorgfältiger behandeln würde, ein Mitverschulden auslösen (BGH NJW 02, 3106; Kausalität verneint in OLG Karlsruhe NJW-RR 05, 909). Dies gilt nicht, wenn der Frachtführer den Wert der Fracht aus den Umständen ersehen kann (BGH NJW-RR 05,

1058). Setzt sich der Versender bewusst darüber hinweg, dass der Frachtführer bestimmte Güter nicht befördern will, kann dies zu einem vollständigen Haftungsausschluss des Frachtführers führen (BGH NJW-RR 07, 1110) Hins der Übersetzerkosten in einem späteren Rechtsstreit begründet allein der Umstand, dass eine Partei bei Vertragsschluss nicht auf die eigene Sprache als Vertragssprache und auf einen inländischen Gerichtsstand bestanden hat, kein Mitverschulden, da dazu nicht generell eine Obliegenheit besteht (aA LG Dortmund RIW 02, 69).

3. Abs 2 S 1 1. Fall regelt mit dem **Unterlassen der Warnung des Schädigers** einen besonderen Fall des Unterlassens der Schadensabwendung. Er setzt voraus, dass ein ungewöhnlich hoher Schaden einzutreten drohte und dass der Schädiger diese Gefahr weder kannte noch kennen musste, während der Geschädigte sie erkannt hat oder erkennen konnte (BGH VersR 65, 487 f). Die Warnung dient dem Zweck, dem Schädiger Gelegenheit zu geben, Maßnahmen zur Schadensabwendung zu treffen (BGH NJW-RR 05, 1280). Sie muss nach Möglichkeit konkret erfolgen (BGH NJW 02, 3257 – erheblich zu niedrige Wertangabe bei Postpaketen). Konnte der Schädiger sie gleichermaßen oder besser erkennen als der Geschädigte, liegt kein Verschulden iSd § 254 vor (BGH VersR 53, 14). Für den Schadenseintritt ist das Unterlassen der Warnung nach der modifizierten Äquivalenztheorie ursächlich, wenn die Warnung nicht hinzugedacht werden kann, ohne dass der Schaden mit an Sicherheit grenzender Wahrscheinlichkeit entfallen oder geringer ausgefallen wäre. Das Unterlassen der Warnung ist daher nicht als Mitverschulden zurechenbar, wenn feststeht, dass auch die Warnung den Schadenseintritt nicht verhindert oder den Schaden vermindert hätte (BGH NJW 89, 292; BGH VersR 96, 381).

4. Abs 2 S 1 2. Fall regelt allg das **Unterlassen der Abwendung oder Minderung des Schadens**. Der Ersatzanspruch ist zu kürzen, wenn der Geschädigte Maßnahmen unterlassen hat, die ein gewissenhafter und verständiger Mensch zur Verhinderung oder Begrenzung des Schadens ergriffen hätte (BGH NJW 51, 798; BGH VersR 65, 1174). Dabei ist in Abwägung der Interessen im Einzelfall unter Berücksichtigung von Treu und Glauben zu beurteilen, welche Maßnahmen dem Geschädigten zumutbar sind. Der Verletzte muss sich zB bei nicht ganz geringfügigen Körperverletzungen in ärztliche Behandlung begeben (vgl schon RGZ 72, 220). Er muss einer Operation zustimmen, soweit sie einfach, gefahrlos sowie nicht mit besonderen Schmerzen verbunden ist und zudem sichere Aussicht auf Heilung oder wesentliche Besserung bietet (BGH NJW 94, 1593). Bei Verdienstausfallschäden als Folge einer Gesundheitsverletzung ist der Verletzte zudem verpflichtet, seine verbleibende Arbeitskraft einzusetzen sowie an Umschulungsmaßnahmen teilzunehmen (BGH NJW 91, 1413). Bei der Reparatur einer beschädigten Sache hat der Geschädigte in den Grenzen der Zumutbarkeit die günstigste Möglichkeit zu wählen (näher dazu § 249 Rn 11, 12). Umstritten ist in der Praxis häufig die Frage, ob der Geschädigte sich auf eine „freie Fachwerkstatt" verweisen lassen muss. Zwar darf er der Schadensberechnung grds die üblichen Stundenverrechnungssätze einer markengebundenen Fachwerkstatt zu Grunde legen, die ein vom ihm beauftragter Sachverständiger auf dem regionalen Markt ermittelt hat (BGH NJW 10, 2725; 10, 2727). Allerdings kann ihn der Schädiger aufgrund § 254 II 1 auf eine günstigere Reparaturmöglichkeit verweisen, wenn er beweist, dass eine Reparatur in dieser Werkstatt gleichwertig ist und diese mühelos und ohne weiteres zugänglich ist (BGH NJW 10, 606; 10, 2727). Letzteres ist dem Geschädigten jedoch nicht zumutbar, wenn der Wagen noch nicht drei Jahre alt ist und darüber hinaus, wenn er „scheckheftgepflegt" ist, also regelmäßig bei einer markengebundenen Werkstatt gewartet wurde (BGH NJW 10, 606; 10, 2118). Unzumutbarkeit liegt auch dann vor, wenn die Reparatur nur kostengünstiger ist, weil der Haftpflichtversicherer des Schädigers Sonderkonditionen erhält (BGH NJW 10, 2725).

5. Für das **Mitverschulden Dritter** hat der Geschädigte gem **Abs 2 S 2** in entspr Anwendung des § 278 einzustehen. Obwohl sich die Bestimmung nach ihrer Stellung in § 254 nur auf das Unterlassen der Schadensabwendung und -minderung nach Abs 2 bezieht, ist sie nach ganz hM auch auf das Mitverschulden nach Abs 1 anzuwenden. Sie ist also so zu verstehen, als stünde sie eigenständig in einem Abs 3. Nach hM enthält sie eine

Rechtsgrundverweisung auf § 278. Die Zurechnung des Verschuldens Dritter setzt daher eine rechtliche Sonderverbindung zwischen Schädiger und Geschädigtem zum Zeitpunkt des schädigenden Ereignisses voraus (BGHZ 103, 342; OLG Hamm NJW-RR 98, 1182; Staud/Schiemann § 254 Rn 96). Allerdings muss sich nach BGH JZ 08, 153 ein Leasinggeber eines Fahrzeugs, der selbst nicht der Halter ist, bei Ansprüchen gegen Dritte wegen eines Verkehrsunfalles weder ein Mitverschulden des Leasingnehmers noch des Fahrers zurechnen lassen. Soweit eine rechtliche Sonderverbindung nicht gegeben ist, kommt eine entspr Anwendung des § 31 bzw § 831 in Betracht (str). Der Begriff der **Erfüllungsgehilfen** ist iR des § 254 weit zu fassen. Über den Tatbestand des § 278 hinaus fallen darunter alle Personen, derer sich der Geschädigte zur Wahrnehmung seiner Interessen oder zum Schutz seiner Rechtsgüter bedient (BGHZ 3, 49 f; BGH NJW 94, 1212). Der **gesetzliche Vertreter** muss als solcher tätig geworden sein (BGHZ 33, 142; iE Wendtlandt VersR 04, 433 ff).

10 **6. Rechtsfolge:** Trifft den Geschädigten aufgrund eines der Tatbestände des § 254 ein Mitverschulden oder hat er für das Mitverschulden eines Dritten gem Abs 2 S 2 einzustehen, so ist der **Umfang der Ersatzpflicht** im Wege einer Abwägung zu ermitteln. Der Schaden kann beiden Beteiligten nach Quoten oder einem von ihnen voll auferlegt werden. IR der **Abwägung** sind zunächst die einzelnen **Verursachungsbeiträge** zu würdigen. Dafür ist maßgeblich, mit welchem Grad an Wahrscheinlichkeit die einzelnen Beiträge zur Herbeiführung des Schadens geeignet waren (BGH NJW 98, 1138). Sodann ist das **Maß des Verschuldens** der Beteiligten in die Abwägung einzustellen. Vorsätzliches Handeln wiegt idR schwerer als die fahrlässige Schadens(mit)verursachung (BGHZ 98, 158; zur Haftung nach § 826 als besonders schwerwiegendes Verschulden BGH NJW 92, 311).

11 **7.** Auch das **Handeln auf eigene Gefahr** kann zu einer Quotelung des Schadens aufgrund einer Abwägung der Verursachungsbeiträge gem § 254 führen. Das Handeln auf eigene Gefahr gilt als schuldhafte Selbstgefährdung iSd § 254 (BGHZ 43, 77). Es setzt voraus, dass sich der Geschädigte bewusst in eine Gefahr begeben hat, die sich im eingetretenen Schaden verwirklicht hat. Dem Geschädigten muss die Gefahr bekannt oder bei Anwendung der gebotenen Sorgfalt zumindest erkennbar gewesen sein. § 254 ist **nicht anwendbar**, wenn die Beteiligten einen **Haftungsausschluss** vereinbart haben (§ 276 Rn 25 f). Bejaht wurde ein konkludenter Haftungsausschluss zB bei Beschädigung eines Kfz während einer Probefahrt (BGH NJW 86, 1099 f) sowie bei der Überführung von Fahrzeugen in eine Werkstatt (OLG Frankfurt/M NJW 98, 1232). Grds ist die Rspr jedoch zurückhaltend. Bei Fehlen eines derartigen rechtsgeschäftlichen Haftungsausschlusses kann das Verhalten des Geschädigten als Handeln auf eigene Gefahr in folgenden Beispielsfällen zur Schadensverteilung nach § 254 führen: bei einer Autofahrt mit einem aufgrund Alkoholkonsums oder Übermüdung erkennbar fahruntüchtigen (BGH NJW 88, 2366; OLG Hamm NJW-RR 98, 1180); bei einer Fahrt mit einem Fahrer, der keine Fahrerlaubnis besitzt (BGHZ 34, 363 f). Zu verneinen ist eine schuldhafte Selbstgefährdung hingegen bei einer Fahrt mit einem Fahrer, der über geringe Fahrpraxis verfügt (BGH NJW 65, 1076).

12 Bei **Teilnahme an Sportveranstaltungen** ist zu differenzieren: Regelgerechtes Verhalten ist grds nicht rechtswidrig und führt nicht zu einer Haftung (vgl BGHZ 63, 142; OLG Oldenburg VersR 95, 670). Regelwidriges schädigendes Verhalten ist haftungsbegründend, sofern der Regelverstoß schuldhaft begangen wurde (BGH NJW 76, 2161). Die Haftpflicht wird aber uU durch das Verhalten des Geschädigten, der sich bewusst den Gefahren (auch eines etwaigen Regelverstoßes) ausgesetzt hat, nach § 254 gemildert (OLG Hamm NJW 97, 950 zum sog Gotcha-Spiel). Bei besonders gefährlichen Sportarten kann zuweilen sogar eine generelle Einwilligung in die regelwidrige Rechtsgutsverletzung anzunehmen sein (BGH NJW 74, 235).

13 **III. Im Prozess** ist die Einwendung des Mitverschuldens vAw zu berücksichtigen, sofern eine Partei die entspr Tatsachen vorträgt (BGH NJW 91, 167). Die Pflicht der Prüfung vAw besteht dabei bis in die Revisionsinstanz fort (BAG NJW 99, 967; 98, 2923). Die **Beweislast** für das Mitverschulden des Geschädigten trägt der Schädiger als Schuldner des Ersatzanspruchs (BGH NJW 94, 3105). Der Geschädigte muss aber an der Sach-

verhaltsaufklärung mitwirken, soweit Umstände entscheidend sind, die seiner Sphäre angehören und die der Schädiger nicht darlegen kann (BGH NJW 96, 653). Die Beweislastregel des § 280 I 2 findet keine Anwendung (so zu § 282 aF BGHZ 46, 268). Der Geschädigte trägt im Falle der Verletzung seiner Pflicht zur Warnung des Schädigers nach Abs 2 S 1, 1. Fall die Beweislast dafür, dass der Schaden in gleicher Weise auch bei pflichtgemäßer Warnung eingetreten wäre.

§ 255 Abtretung der Ersatzansprüche

Wer für den Verlust einer Sache oder eines Rechts Schadensersatz zu leisten hat, ist zum Ersatz nur gegen Abtretung der Ansprüche verpflichtet, die dem Ersatzberechtigten auf Grund des Eigentums an der Sache oder auf Grund des Rechts gegen Dritte zustehen.

I. § 255 soll als Ausdruck des schadensrechtlichen **Bereicherungsverbots** ausschließen, 1 dass der Gläubiger eines Ersatzanspruches doppelten Ausgleich erhält, indem er den Schädiger und einen Dritten in Anspruch nimmt. Der Ersatzberechtigte muss daher bestimmte Ansprüche gegen Dritte, die sich mit den Ersatzansprüchen inhaltlich decken, an den Schädiger abtreten. Im Verhältnis des Schädigers zu diesen Dritten trifft die Belastung damit letztlich die Dritten, die nach der Wertung des Gesetzes dem Schaden näher stehen.

II. 1. Der **Anwendungsbereich** der Vorschrift ist sehr begrenzt. Als weiterreichende und 2 speziellere Vorschriften gehen die Bestimmungen über den gesetzlichen Forderungsübergang vor (zB § 86 I VVG, § 6 I EFZG, §§ 116 I, 119 SGB X). Va unterliegt das Verhältnis zwischen mehreren Verantwortlichen für einen Schaden zumeist den Regeln über die Gesamtschuld; den Ausgleich im Innenverhältnis regelt dabei § 426. Da § 255 und § 426 einander ausschließen und der Ausgleich zwischen allen gleichstufig Verpflichteten § 426 unterfällt, verbleibt für § 255 nur die Anwendung in wenigen Fallgruppen ohne gleichstufige Verpflichtung. Anwendbar ist § 255 zB beim Zusammentreffen von nur vertraglichen Ansprüchen gegen den einen Verpflichteten mit deliktischen Ansprüchen gegen den anderen (so bei Ansprüchen der Bank einerseits gegen den Abzahlungskäufer aus einem notleidenden Drittfinanzierungsgeschäft, andererseits gegen den Verkäufer wegen unwahrer Angaben über den Käufer). Allg anerkannt ist die Anwendbarkeit von § 255 nur, sofern der Schädiger zum Ersatz und der Dritte zur Herausgabe oder Rückgewähr verpflichtet ist. Wortlaut und Zweck der Vorschrift gestatten aber die Anwendung auch, wenn die Herausgabepflicht des Dritten nach dem Verlust der Sache oder des Rechts in eine Ersatzpflicht übergegangen ist (aA Soergel/Mertens § 255 Rn 5).

2. **Voraussetzungen:** Die **Verpflichtung zum Schadensersatz** kann auf Vertrag, Delikt 3 oder beliebigen sonstigen Haftungsgrundlagen beruhen. Auch vorsätzliches Handeln schließt grds den Anspruch auf Abtretung nicht aus (anders jedoch bei der Weiterveräußerung der entwendeten Sache durch den Dieb; BGHZ 52, 42). Der **Verlust einer Sache** umfasst den Verlust des Besitzes und den Eigentumsverlust durch Untergang oder durch Erwerb eines anderen (zB nach § 932 oder aufgrund Genehmigung des Eigentümers nach § 185; str). Der **Verlust eines Rechts** betrifft dingliche, obligatorische und andere Rechte und liegt nicht nur beim Erlöschen vor, sondern auch zB bei Verjährung, Zahlungsunfähigkeit des Schuldners oder sonstiger wirtschaftlicher Entwertung, selbst wenn diese nicht endgültig ist (BGHZ 6, 61; OLG Köln NJW 04, 1391).

3. **Rechtsfolgen:** § 255 bewirkt keinen Übergang des Anspruchs kraft Gesetzes, son- 4 dern ermöglicht dem Schädiger, sein Abtretungsverlangen ggü dem Ersatzanspruch des Geschädigten in Form eines **Zurückbehaltungsrechts** gem § 273 geltend zu machen. Hat der Schädiger bereits Ersatz geleistet, bildet § 255 über den Wortlaut hinaus eine **Anspruchsgrundlage** für das nachträgliche Abtretungsverlangen des Schädigers (BGH NJW 69, 1166). Abzutreten hat der Geschädigte alle Ansprüche, die ihm aufgrund des Eigentums an der Sache oder aufgrund des Rechtes zustehen, zB Herausgabeansprüche aus §§ 861, 1007, Schadensersatzansprüche aus §§ 823 I, 989, 990, den Anspruch aus

§ 816 (hM), nicht aber Ansprüche aus einem Versicherungsvertrag oder ähnl eigenständigen Verträgen hins der Sache. Mit der Abtretung des Herausgabeanspruchs erwirbt der Ersatzpflichtige nach hM zugleich das Eigentum an der Sache gem §§ 929, 931. Die von der hM generell zugrunde gelegte konkludente Einigung ist aber zumindest in den Fällen fraglich, in denen der Geschädigte ein schützenswertes Interesse an der Wiedererlangung gerade der konkreten Sache hat (zB bei hohem ideellen Wert).

5 III. Im Prozess muss der Ersatzpflichtige lediglich darlegen, welche Ansprüche der Ersatzberechtigte abtreten soll, jedoch nicht deren Bestehen beweisen (BGHZ 6, 61).

§ 256 Verzinsung von Aufwendungen

¹Wer zum Ersatz von Aufwendungen verpflichtet ist, hat den aufgewendeten Betrag oder, wenn andere Gegenstände als Geld aufgewendet worden sind, den als Ersatz ihres Wertes zu zahlenden Betrag von der Zeit der Aufwendung an zu verzinsen. ²Sind Aufwendungen auf einen Gegenstand gemacht worden, der dem Ersatzpflichtigen herauszugeben ist, so sind Zinsen für die Zeit, für welche dem Ersatzberechtigten die Nutzungen oder die Früchte des Gegenstands ohne Vergütung verbleiben, nicht zu entrichten.

§ 257 Befreiungsanspruch

¹Wer berechtigt ist, Ersatz für Aufwendungen zu verlangen, die er für einen bestimmten Zweck macht, kann, wenn er für diesen Zweck eine Verbindlichkeit eingeht, Befreiung von der Verbindlichkeit verlangen. ²Ist die Verbindlichkeit noch nicht fällig, so kann ihm der Ersatzpflichtige, statt ihn zu befreien, Sicherheit leisten.

§§ 256, 257

1 I. Funktion: §§ 256, 257 setzen das Bestehen eines Aufwendungsersatzanspruchs voraus und konkretisieren dessen Inhalt. § 257 S 2 enthält darüber hinaus einen allg Rechtsgedanken mit Geltung auch für vertraglich vereinbarte Befreiungsansprüche und für Schadensersatzansprüche, bei denen der auszugleichende Schaden in einer vom Geschädigten eingegangenen Verbindlichkeit besteht (str).

2 II. 1. Gemeinsame Voraussetzung beider Vorschriften ist ein vertraglicher oder gesetzlicher Anspruch auf Aufwendungsersatz (zB aus §§ 284, 304, 347 II, 503 II 1, 536 a II, 637 I, 670, 683, 684 S 2, 693, 970, 2124 II 2). IdR richtet sich der Anspruch auf Geldersatz (BGHZ 5, 199) und nur in Ausnahmelagen nach § 242 auf Naturalersatz (OLG Braunschweig BB 47, 349). Aufwendungen sind freiwillige Aufopferungen von Vermögenswerten im Interesse eines anderen. Zu ihnen gehören Geldaufwendungen ebenso wie die Übernahme bzw Eingehung von Verbindlichkeiten (weiteres § 670 Rn 3 f). Mitumfasst sind die einer Sache zugute kommenden Verwendungen iSd §§ 994 ff. Die Freiwilligkeit des Vermögensopfers unterscheidet die Aufwendung vom Schaden als unfreiwilliger Vermögenseinbuße (zu Überschneidungen beim Einsatz für fremde Interessen vgl § 670 Rn 9).

3 2. Rechtsfolge des § 256 ist die Pflicht zur Verzinsung getätigter Aufwendungen. Die Verzinsungspflicht entsteht mit dem Aufwendungsersatzanspruch im Zeitpunkt der Aufwendung unabhängig von einem Verzug des Schuldners. Die Zinshöhe richtet sich nach § 246, soweit nicht spezielle Vorschriften eingreifen. Nach S 2 entfällt die Pflicht zur Verzinsung bei Aufwendungen auf einen herauszugebenden Gegenstand für den Zeitraum, für den dem Ersatzberechtigten die Früchte (§ 99) oder Nutzungen (§ 100) des Gegenstandes kostenlos verbleiben.

4 3. a) Wenn die Aufwendung in der Eingehung einer Verbindlichkeit bestand, gibt § 257 S 1 dem Ersatzberechtigten einen Anspruch auf Befreiung von der Verbindlichkeit. Der Ersatzpflichtige als Schuldner dieses Freistellungsanspruchs kann die Art der Freistellung wählen: Leistung als Dritter an den Gläubiger der eingegangenen Verbindlichkeit (§ 267); Schuldübernahme (§ 414) oder Erlassvertrag mit dem Gläubiger der

Verbindlichkeit (§ 397). Durch Zahlung an den Ersatzberechtigten wird er jedoch nur mit dessen Einverständnis frei. Auch kann der Ersatzberechtigte grds nicht die Leistung des Betrages, der zur Schuldtilgung erforderlich ist, an sich selbst fordern (Ausn nach den Umständen des Einzelfalles bei unmittelbar bevorstehender Inanspruchnahme durch den Gläubiger der Verbindlichkeit und im Konkurs, BGHZ 57, 81; zur Abtretung des Freistellungsanspruchs an den Gläubiger der Verbindlichkeit BGHZ 107, 110). Eine Abtretung des Befreiungsanspruchs an andere als den Gläubiger der eingegangenen Verbindlichkeit ist nicht zulässig. **Fällig** wird der gesetzliche Befreiungsanspruch mit dem Entstehen der Hauptverpflichtung des Ersatzgläubigers ggü dem Dritten.

b) Ist die vom Ersatzgläubiger eingegangene Verbindlichkeit ggü dem Dritten noch nicht fällig, hat der Ersatzpflichtige die **Abwendungsbefugnis nach § 257 S 2**: Statt der Befreiung von der Verbindlichkeit kann er gem §§ 232 ff Sicherheit leisten. Auf vertragliche Freistellungsansprüche ist diese Regel aber nur anwendbar, wenn die Parteien nicht die Fälligkeit des Freistellungsanspruchs an die Fälligkeit der Hauptforderung geknüpft, sondern die vorherige Fälligkeit vereinbart haben (wie es von S 2 für den gesetzlichen Freistellungsanspruch zugrunde gelegt wird).

III. Für die **Vollstreckung** des Urt auf Befreiung von der eingegangenen Verbindlichkeit ist § 887 ZPO maßgeblich.

§ 258 Wegnahmerecht

¹Wer berechtigt ist, von einer Sache, die er einem anderen herauszugeben hat, eine Einrichtung wegzunehmen, hat im Falle der Wegnahme die Sache auf seine Kosten in den vorigen Stand zu setzen. ²Erlangt der andere den Besitz der Sache, so ist er verpflichtet, die Wegnahme der Einrichtung zu gestatten; er kann die Gestattung verweigern, bis ihm für den mit der Wegnahme verbundenen Schaden Sicherheit geleistet wird.

I. § 258 betrifft nur die Ausübung des Wegnahmerechts.

II. 1. Vorausgesetzt ist das Bestehen eines vertraglichen oder gesetzlichen **Wegnahmerechts** (zB aufgrund von §§ 539 II, 581 II, 601 II 2, 997 I, 2125 II). **Einrichtung** ist eine Sache, die dem wirtschaftlichen Zweck einer anderen Sache dient und mit dieser Hauptsache körperlich verbunden ist. Ausreichend ist eine vorübergehende Verbindung; es kann sich aber auch um einen wesentlichen Bestandteil (§ 93) handeln (vgl § 997).

2. Rechtsfolgen: Solange der Wegnahmeberechtigte im Besitz der Hauptsache ist, hat er ein **Trennungsrecht** sowie bei einem wesentlichen Bestandteil ein **Aneignungsrecht** (BGHZ 81, 150). Nach dem Besitzübergang wandelt sich der Anspruch gem S 2 1. Halbs in einen Anspruch auf **Gestattung der Wegnahme** der Einrichtung (nach der Rspr mit dinglicher Natur; BGHZ 101, 42). Der zur Duldung der Wegnahme Verpflichtete hat bis zur Sicherheitsleistung des Berechtigten (S 2) ein Recht zum Besitz (Schnelle JuS 01, 1012). Im Fall der Wegnahme besteht für den Wegnahmeberechtigten nach S 1 die **Pflicht zur Wiederinstandsetzung**. Die Hauptsache ist in den Zustand zu versetzen, der vor der Verbindung mit der Einrichtung bestand. Auch wenn dies nicht möglich ist, besteht das Wegnahmerecht; der Berechtigte hat aber Schadensersatz in Geld zu leisten. S 2 2. Halbs gibt dem Gestattungsverpflichteten als aufschiebende Einrede ein Leistungsverweigerungsrecht gem § 273 bis zur Sicherheitsleistung gem §§ 232 ff für den mit der Wegnahme verbundenen Schaden.

§ 259 Umfang der Rechenschaftspflicht

(1) Wer verpflichtet ist, über eine mit Einnahmen oder Ausgaben verbundene Verwaltung Rechenschaft abzulegen, hat dem Berechtigten eine die geordnete Zusammenstellung der Einnahmen oder der Ausgaben enthaltende Rechnung mitzuteilen und, soweit Belege erteilt zu werden pflegen, Belege vorzulegen.

(2) Besteht Grund zu der Annahme, dass die in der Rechnung enthaltenen Angaben über die Einnahmen nicht mit der erforderlichen Sorgfalt gemacht worden sind, so hat der Verpflichtete auf Verlangen zu Protokoll an Eides statt zu versichern, dass er nach bestem Wissen die Einnahmen so vollständig angegeben habe, als er dazu imstande sei.
(3) In Angelegenheiten von geringer Bedeutung besteht eine Verpflichtung zur Abgabe der eidesstattlichen Versicherung nicht.

§ 260 Pflichten bei Herausgabe oder Auskunft über Inbegriff von Gegenständen

(1) Wer verpflichtet ist, einen Inbegriff von Gegenständen herauszugeben oder über den Bestand eines solchen Inbegriffs Auskunft zu erteilen, hat dem Berechtigten ein Verzeichnis des Bestands vorzulegen.
(2) Besteht Grund zu der Annahme, dass das Verzeichnis nicht mit der erforderlichen Sorgfalt aufgestellt worden ist, so hat der Verpflichtete auf Verlangen zu Protokoll an Eides statt zu versichern, dass er nach bestem Wissen den Bestand so vollständig angegeben habe, als er dazu imstande sei.
(3) Die Vorschrift des § 259 Abs. 3 findet Anwendung.

§ 261 Änderung der eidesstattlichen Versicherung; Kosten

(1) Das Gericht kann eine den Umständen entsprechende Änderung der eidesstattlichen Versicherung beschließen.
(2) Die Kosten der Abnahme der eidesstattlichen Versicherung hat derjenige zu tragen, welcher die Abgabe der Versicherung verlangt.

§§ 259–261

1 I. §§ 259, 260 regeln spezielle Fälle der **Auskunftserteilung**. Eine allg **Auskunftspflicht** ist im BGB nicht vorgesehen; Pflichten zur Auskunft können sich aber vielfältig aus Vertrag oder Gesetz ergeben (zB §§ 666, 681 S 2, 687 II, 713, 740 II, 1379, 2027, 2127, 2314 I; § 836 III ZPO; §§ 74 c II, 87 c III HGB; § 131 AktG; § 51 a GmbHG; § 31 VVG; §§ 13, 13 a UKlaG). Auch §§ 249 I und 1004 verpflichten zu Auskünften, die zur Beseitigung des Schadens bzw der Störung erforderlich sind. Aus § 242 kann sich ausnahmsweise eine Auskunftspflicht zwischen den Parteien eines Vertrages oder einer sonstigen rechtlichen Sonderverbindung ergeben. Voraussetzung dafür ist, dass der Auskunftsverlangende entschuldbar nicht in der Lage ist, sich die erforderlichen Informationen über Bestehen oder Umfang seines Rechts zu verschaffen, und die andere Partei unschwer die zur Überwindung der Ungewissheit notwendigen Informationen geben kann (stRspr BGHZ 126, 113; NJW 02, 2476). Bei Bestehen einer Pflicht zur Herausgabe eines Inbegriffs von Gegenständen begründet § 260 I eine Auskunftspflicht in der speziellen Form der Vorlage eines Bestandsverzeichnisses.

2 Dag bilden §§ 259, 260 II **keine Anspruchsgrundlagen**, sondern setzen das Bestehen eines Auskunftsanspruches voraus und regeln einzelne Modalitäten der Auskunftserteilung. Bei § 259 muss der Anspruch allerdings auf die **Rechenschaftslegung** als eine besonders genaue Art der Auskunft mit Rechtfertigungsfunktion bei einer mit Einnahmen und Ausgaben verbundenen Verwaltung gehen. Vorgesehen ist sie ua in §§ 666, 675, 681 S 2, 713, 2130 II; § 87 c II HGB; § 28 III, IV WEG. In diesen Vorschriften kommt aber ein aus Treu und Glauben (§ 242) erwachsender allg Rechtsgrundsatz zum Ausdruck: Pflichten zur Rechenschaft können entstehen, wenn jemand fremde Angelegenheiten (oder Angelegenheiten, die zugleich fremde und eigene sind) besorgt. Wird durch eine schädigende Handlung objektiv ein fremdes Geschäft besorgt, kann auch die Verletzung fremder Rechte zu Rechenschaftspflichten führen (arg § 687 II).

3 Zur Absicherung einer ordnungsgemäßen Erfüllung der Pflichten aus §§ 259 I, 260 I dient die Verpflichtung zur **Abgabe einer Versicherung an Eides statt** nach §§ 259 II, 260 II. IU zur vollstreckungsrechtlichen eidesstattlichen Versicherung gem §§ 807, 883 II, III, 899 ff ZPO handelt es sich um eine materiellrechtliche Pflicht. Sie kann entspr

auch bei Auskunftspflichten mit ähnl Inhalt wie die in §§ 259, 260 geregelten bestehen, zB bei Auskunftspflichten des Arbeitnehmers gem § 615 S 2. Aufgrund ihrer höchstpersönlichen Natur kann die eidesstattliche Versicherung nur der Verpflichtete selbst, nicht eine Hilfsperson, ablegen.

II. 1. Bei Bestehen einer Rechenschaftspflicht erfordert die ordnungsgemäße **Rechnungslegung** nach § 259 I die geordnete Zusammenstellung der Einnahmen oder Ausgaben und, soweit im Verkehr üblich, die Vorlage von Belegen. Die Angaben sind schriftlich so genau, übersichtlich und nachprüfbar abzufassen, dass dem Berechtigten ohne fremde Hilfe die Überprüfung seiner Ansprüche und Verpflichtungen nach Grund und Höhe möglich ist. Kann der Pflichtige nur eine Schätzung vorlegen, muss er die Schätzungsgrundlagen angeben. Ist die Rechnung irrtümlich unvollständig, kann der Berechtigte Erg verlangen. 4

2. § 260 I gibt einen Anspruch auf **Vorlage eines Bestandsverzeichnisses** bei Herausgabe- und Auskunftsansprüchen, die einen Inbegriff von Gegenständen betreffen. Um einen derartigen **Inbegriff** handelt es sich bei Mehrheiten von Sachen und Rechten, die ein einheitliches Rechtsverhältnis zusammenfasst und zu deren Bezeichnung im Einzelnen der Berechtigte nicht in der Lage ist; zB Sondervermögen wie der Nachlass, Sachgesamtheiten (Warenlager, Bibliothek), Gesamtheiten erfüllter und nicht erfüllter Forderungen (Mietzahlungen, Verkaufseinnahmen) oder unter bestimmten Konditionen gelieferte Waren. Das **Bestandsverzeichnis** muss die Informationen, die der Berechtigte zur Durchsetzung seines Anspruchs benötigt, enthalten, ggf Aktiva und Passiva gegenüberstellen und überprüfbar sein. Fehlen sachliche oder zeitliche Bereiche völlig, sind die Angaben erkennbar unvollständig oder beruhen sie auf gefälschten Unterlagen, besteht ein Anspruch auf Erg des Verzeichnisses. Widerruft der Schuldner sein Verzeichnis als unrichtig, hat er erneut Auskunft zu geben. Eine Auskunft gem § 260 I erfordert eine eigene und schriftlich verkörperte Erklärung des Schuldners, die jedoch nicht notwendig die gesetzliche Schriftform des § 126 erfüllen muss (so kann zB die Unterschrift entbehrlich sein, BGH NJW 08, 917). 5

3. a) Begrenzt werden die Ansprüche auf Auskunft und Rechenschaft durch ihr **Verhältnis zum Hauptanspruch**: Ihm ggü sind sie Hilfsansprüche. Sie können zwar prozessual isoliert geltend gemacht werden; eine Abtretung ist aber nur gemeinsam mit dem Hauptanspruch zulässig. Eine Pflicht zu Auskunft und Rechenschaft scheidet daher aus, wenn feststeht, dass der Hauptanspruch gar nicht mehr besteht. Entspr gilt aufgrund des Wegfalls des Informationsinteresses idR bei Verjährung des Hauptanspruchs, obwohl die Auskunfts- und Rechenschaftsansprüche nicht an eine kürzere Verjährungsfrist für den Hauptanspruch gebunden sind, sondern selbständig verjähren sollen (BGHZ 108, 399). 6

b) Nicht zumutbar sind Auskunftserteilung und Rechenschaftslegung, wenn der Schuldner nicht zur Offenlegung der Tatsachen berechtigt ist, der Aufwand außer Verhältnis stünde (BGHZ 70, 91) oder es von vornherein ausgeschlossen ist, dass der Gläubiger aufgrund der Angaben irgendeinen Anspruch geltend machen kann. Mangels Zumutbarkeit entfällt der Anspruch auch, wenn die Gefahr besteht, dass der Berechtigte die Angaben zur Erlangung eines Wettbewerbsvorteils missbraucht. 7

4. Zur **Abgabe einer eidesstattlichen Versicherung** ist der Schuldner verpflichtet, wenn Grund zu der Annahme besteht, dass die Angaben über die Einnahmen in der Rechnung oder das Bestandsverzeichnis nicht mit der erforderlichen Sorgfalt erstellt worden sind. In Betracht zu ziehen ist dafür das Gesamtverhalten des Schuldners; für die Annahme einer Sorgfaltspflichtverletzung sprechen zB mit allen Mitteln unternommene Versuche zur Verhinderung der Auskunftserteilung oder mehrfache Berichtigungen der Angaben. Sind Unkenntnis oder Irrtum des Schuldners unverschuldet, kann die eidesstattliche Versicherung nicht verlangt werden. In Betracht kommt aber bei erkennbar unvollständigen Angaben ein Ergänzungsanspruch (Rn 5). Im Unterschied zum Bestandsverzeichnis bezieht sich bei der Rechnungslegung die eidesstattliche Erklärung nur auf die Einnahmen, da die unvollständige Darlegung der Ausgaben zumeist nachteilig für den Schuldner selbst ist. In Angelegenheiten von geringer Bedeutung scheidet die Verpflichtung zur eidesstattlichen Versicherung gem §§ 259 III, 260 III aus. Dies 8 gilt bei geringer Bedeutung der Angelegenheit insgesamt und bei Geringfügigkeit des beanstandeten Mangels. Daneben kann nach den Umständen des Einzelfalls das Rechtsschutzinteresse entfallen, wenn der Berechtigte umfassende Klarstellung auf einfachere Weise erlangen kann (zB aufgrund eines Anspruchs auf Bucheinsicht oder Überprüfung durch einen Sachverständigen).

9 III. 1. Der Anspruch auf **Auskunft oder Rechenschaft** kann im **Verfahren** mit dem Anspruch auf eidesstattliche Versicherung in einer Stufenklage (§ 254 ZPO) verbunden werden. Der Berechtigte trägt die Beweislast für die Tatsachen, aus denen sich die mangelnde Sorgfalt des Schuldners bei der Rechnungslegung oder Aufstellung des Bestandsverzeichnisses ergibt. Den Beweis tatsächlicher Unrichtigkeit braucht er jedoch nicht zu erbringen. Auskunftserteilung und Rechenschaftslegung sind unvertretbare Handlungen; die Zwangsvollstreckung richtet sich daher nach § 888 ZPO.

10 2. Die **eidesstattliche Versicherung** kann der Schuldner freiwillig im **Verfahren** der freiwilligen Gerichtsbarkeit gem der §§ 410 ff FamFG abgeben; nach § 3 Nr 1 b RPflG ist der Rechtspfleger zuständig. Wird die Abgabe der eidesstattlichen Versicherung durch Urt erzwungen, ist dag das Amtsgericht als Vollstreckungsgericht zuständig; die funktionelle Zuständigkeit des Rechtspflegers beruht sodann auf § 20 Nr 17 RPflG. Die **Formel** der eidesstattlichen Versicherung kann gem § 261 I vom Gericht den Umständen entspr geändert werden. Das Vollstreckungsgericht ist dazu auch bei einer Versicherung an Eides statt, die in einem rechtskräftigen Urt festgelegt ist, berechtigt (aA Winter NJW 69, 2244). Die **Kostenregelung** des § 261 II gilt für die Abnahme der eidesstattlichen Versicherung im FamFG- und im Vollstreckungsverfahren; sie betrifft nicht die Kosten des Rechtsstreits über den Anspruch auf Abgabe der Versicherung sowie die Kosten des Erzwingungsverfahrens nach §§ 889 II, 888 ZPO.

§ 262 Wahlschuld; Wahlrecht

Werden mehrere Leistungen in der Weise geschuldet, dass nur die eine oder die andere zu bewirken ist, so steht das Wahlrecht im Zweifel dem Schuldner zu.

1 I. **Übersicht:** §§ 262–265 regeln Begriff und Ausübung der Wahlschuld (Alternativobligation). Die Vorschriften erfassen nur einen Ausschnitt aus den vielfältigen Schuldverhältnissen mit Wahlmöglichkeit in der Praxis, so dass häufig eine Abgrenzung zu nicht geregelten, ähnl Rechtsfiguren erforderlich ist. Das **Wahlrecht** nach § 262 ist ein Gestaltungsrecht. § 262 weist es in Erg des Parteiwillens iZw dem Schuldner zu. Eine abw Vereinbarung der Parteien in Form eines Wahlrechts des Gläubigers oder eines Dritten (§§ 317 ff analog) möglich und wird in der Praxis häufig getroffen. Als Bestandteil des Schuldverhältnisses geht das Wahlrecht auf den Rechtsnachfolger des Wahlberechtigten über.

2 II. 1. Eine **Wahlschuld** liegt vor, wenn verschiedene Leistungen in der Art geschuldet werden, dass nur eine von ihnen nach späterer Wahl erbracht werden soll. Sie kann durch Vertrag (zB Wahlrecht zwischen mehreren Währungen oder mehreren zu stellenden Sicherheiten), Verfügung von Todes wegen (§ 2154) oder Gesetz (§§ 179 I, 546 a I; str) begründet werden. Das Wahlrecht kann unterschiedliche Leistungsgegenstände oder Leistungsmodalitäten (wie Zeit und Ort der Erfüllung) betreffen. Mit seiner Ausübung wird die zuvor unbestimmte, aber bestimmbare Leistung konkretisiert.

3 2. **Abzugrenzen** ist die Wahlschuld von der (beschränkten) **Gattungsschuld** (§ 243) nach der Bestimmungsart des Güterbestandes, aus dem nach dem Parteiwillen zu leisten ist: Bei der Wahlschuld handelt es sich um mehrere verschiedenartige Gegenstände mit individueller Kennzeichnung, bei der Gattungsschuld um eine Menge von gleichartigen Gegenständen (MK/Krüger § 262 Rn 5). Beim **Spezifikationskauf** (§ 375 HGB) ist dem Käufer die nähere Bestimmung von Form, Maß oder ähnl Gegebenheiten der Kaufsache vorbehalten. IdR liegt eine Gattungsschuld vor und nur in Einzelfällen eine Ausgestaltung als Wahlschuld (Ziegler AcP 171, 207). **Elektive Konkurrenz** liegt vor, wenn dem Gläubiger mehrere Forderungen oder Gestaltungsrechte mit unterschiedlichem Inhalt zur Wahl stehen, zB Rücktritt, Minderung, Schadensersatz und Ersatz vergeblicher Aufwendungen (§ 437 Nr 2, 3; str; aA Schwab JR 03, 134 f). Das Wahlrecht bezieht sich auf verschiedene Rechte, nicht nur auf verschiedene Leistungen als alternative Inhalte ders Forderung.

3. Ebenfalls von der Wahlschuld zu unterscheiden ist die **Ersetzungsbefugnis** (facultas 4 alternativa), auf die §§ 262 ff nicht anzuwenden sind. Anders als bei der Wahlschuld ist bei ihr von Anfang an eine bestimmte Leistung zu erbringen; eine Partei hat über das Recht, anstelle dieser primären Leistung eine andere zu erbringen oder zu verlangen. Diese Ersetzungsbefugnis kann sich aus Vertrag oder Gesetz ergeben.

Ist der **Schuldner zur Ersetzung befugt** (Lösungs- oder Abfindungsbefugnis), kann er 5 die andere Leistung an Erfüllungs statt (§ 364 I) erbringen. Eine vereinbarte Ersetzungsbefugnis des Schuldners in AGB unterliegt den Grenzen von § 308 Nr 4. Im Gesetz vorgesehen sind Ersetzungsbefugnisse ua in §§ 251 II, 528 I 2, 775 II, 2170 II 2. Bei zufälliger Unmöglichkeit der Primärleistung braucht der Schuldner eine noch mögliche Ersatzleistung nicht zu erbringen (anders als bei der Wahlschuld, § 265); bei Unmöglichkeit der Ersatzleistung bleibt aber der Anspruch auf die primäre Leistung bestehen.

Ist der **Gläubiger zur Ersetzung befugt**, kann er anstelle der geschuldeten eine andere 6 Leistung fordern. Anders als bei der Wahlschuld des Gläubigers (§ 264 II) kann der Schuldner die geschuldete Leistung anbieten und den Gläubiger in Verzug setzen (§§ 293 ff), ohne die Wahl des Gläubigers abwarten zu müssen. Gesetzliche Beispiele sind §§ 249 II 1, 340 II 1, 843 III. Vertraglich wird für den Gläubiger zB zur Wertsicherung die Ersetzungsbefugnis vereinbart, dass er statt der Geldzahlung Naturalien verlangen kann. Zufällige Unmöglichkeit der Primärleistung lässt auch die Ersetzungsbefugnis des Gläubigers entfallen, wenn nichts anderes vereinbart ist.

§ 263 Ausübung des Wahlrechts; Wirkung

(1) Die Wahl erfolgt durch Erklärung gegenüber dem anderen Teil.
(2) Die gewählte Leistung gilt als die von Anfang an allein geschuldete.

Das Wahlrecht wird durch einseitige, empfangsbedürftige Erklärung **ausgeübt** (auch 1 konkludent zB durch Angebot, Annahme einer ausgewählten Leistung oder Klageerhebung). Die rechtsgestaltende Erklärung ist bedingungsfeindlich und kann nicht widerrufen oder geändert werden, sofern die Parteien nicht vertraglich ein ius variandi begründen. Die Ausübung des Wahlrechts bewirkt aufgrund der gesetzlichen Fiktion des Abs 2 die **rückwirkende Konzentration** (Beschränkung) der Schuld auf die gewählte Leistung.

§ 264 Verzug des Wahlberechtigten

(1) Nimmt der wahlberechtigte Schuldner die Wahl nicht vor dem Beginn der Zwangsvollstreckung vor, so kann der Gläubiger die Zwangsvollstreckung nach seiner Wahl auf die eine oder auf die andere Leistung richten; der Schuldner kann sich jedoch, solange nicht der Gläubiger die gewählte Leistung ganz oder zum Teil empfangen hat, durch eine der übrigen Leistungen von seiner Verbindlichkeit befreien.
(2) ¹Ist der wahlberechtigte Gläubiger im Verzug, so kann der Schuldner ihn unter Bestimmung einer angemessenen Frist zur Vornahme der Wahl auffordern. ²Mit dem Ablauf der Frist geht das Wahlrecht auf den Schuldner über, wenn nicht der Gläubiger rechtzeitig die Wahl vornimmt.

§ 264 bestimmt die Rechtsfolgen einer verzögerten Ausübung des Wahlrechts durch 1 den Berechtigten. Eine Wahlpflicht besteht nicht, so dass die Ausübung der Wahl nicht durch Klage zu erzwingen ist. Übt der **wahlberechtigte Schuldner** die Wahl nicht aus, kann der Gläubiger nur Leistungsklage mit alternativem Klageantrag erheben. Klageerhebung und Urt bewirken keine Konkretisierung der Schuld. Sofern der Schuldner seine Wahl nicht noch bis zum Beginn der Zwangsvollstreckung ausübt, kann der Gläubiger gem Abs 1 1. Halbs entscheiden, in welche Leistung er vollstrecken will. Selbst nach Beginn der Vollstreckung mit der ersten Vollstreckungshandlung des zuständigen Vollstreckungsorgans behält der Schuldner zwar noch sein Wahlrecht, bis der Gläubiger ganz oder teilweise befriedigt ist. Er kann es aber nur noch durch Erbringen der entspr tatsächlichen Leistung und nicht mehr durch Erklärung ausüben (Abs 1 2. Halbs). Befindet sich der **wahlberechtigte Gläubiger** mit der Wahl im Verzug, so kann der Schuldner nach Abs 2 S 1 durch Fristsetzung das Wahlrecht auf sich übergehen lassen. Bei Verzug eines **wahlberechtigten Dritten** kann die Leistung entspr § 319 I 2 durch Urt bestimmt werden.

§ 265 Unmöglichkeit bei Wahlschuld

¹Ist eine der Leistungen von Anfang an unmöglich oder wird sie später unmöglich, so beschränkt sich das Schuldverhältnis auf die übrigen Leistungen. ²Die Beschränkung tritt nicht ein, wenn die Leistung infolge eines Umstands unmöglich wird, den der nicht wahlberechtigte Teil zu vertreten hat.

1 Die dispositive Vorschrift regelt die Rechtsfolgen anfänglicher oder nachträglicher Unmöglichkeit einer der geschuldeten Leistungen bei der Wahlschuld. Entspr anwendbar ist sie bei Nichtigkeit einer der geschuldeten Leistungen nach §§ 125, 134, sofern die verbleibende Leistung auch ohne die ungültige vereinbart worden wäre (OLG Köln VersR 93, 323 mwN). Sind alle vereinbarten Leistungsalternativen unmöglich oder tritt die Unmöglichkeit erst nach Ausübung des Wahlrechts ein, findet § 265 keine Anwendung, sondern die Rechtsfolgen bestimmen sich nach den allg Regelungen (§§ 275; 280 I, III, 283–285; 311 a; 326).

2 Die **anfängliche Unmöglichkeit** einer der geschuldeten Leistungen führt dazu, dass sich das Schuldverhältnis nach S 1 auf die noch mögliche Leistung konzentriert. Bei **nachträglicher Unmöglichkeit vor der Wahl** gilt dies auch, wenn die Unmöglichkeit von keiner der Parteien oder vom Wahlberechtigten zu vertreten ist (S 2). Hat dag der nicht wahlberechtigte Gläubiger die Unmöglichkeit zu vertreten, kann der Schuldner statt der noch möglichen Leistung und ggf Schadensersatz auch die unmögliche Leistung wählen; gem § 275 wird er von seiner Leistungspflicht frei (ggf bei Fortbestehen seines Gegenanspruchs nach § 326 II). Ist die Unmöglichkeit vom Schuldner zu vertreten, kann der wahlberechtigte Gläubiger die noch mögliche Leistung fordern oder die unmögliche Leistung wählen und den Schuldner gem §§ 280 I, III, 283–285 in Anspruch nehmen.

§ 266 Teilleistungen

Der Schuldner ist zu Teilleistungen nicht berechtigt.

1 I. Die Vorschrift soll den **Gläubiger** vor unzumutbaren Belästigungen und erhöhtem Bearbeitungsaufwand durch Teilleistungen **schützen**. Sie ist auf die Teilhinterlegung und die Kündigung eines Teilbetrages entspr anwendbar.

2 II. 1. a) Der **Anwendungsbereich** ist begrenzt: Teilleistungen können aufgrund von **Parteivereinbarung** oder ergänzender Auslegung mit Rücksicht auf die Natur des Schuldverhältnisses zulässig sein (zB beim Sukzessivlieferungsvertrag; für ihn ist § 266 auf die einzelne Teillieferung zu beziehen). Vorrangig sind **Sondervorschriften** (ua § 497 III 2; § 757 I ZPO; Art 39 II WG; Art 34 II ScheckG) und richterliche Teilzahlungsbewilligungen aufgrund der §§ 1382, 2331 a, § 813 a ZPO. Auf die **Aufrechnung** ist § 266 keine Anwendung. Mit einer geringeren Forderung darf gegen eine größere aufgerechnet werden; auch die Aufrechnung mit einem Teil der Gegenforderung ist iR der Zumutbarkeit zulässig. Ist eine geschuldete Leistung in **quantitativer** oder **qualitativer Hinsicht** nicht vertragsgemäß, so kann der Gläubiger diese Leistung trotz des Wortlauts der §§ 266, 294 nur dann zurückweisen, wenn dies auch den Rechtsfolgen des Nichterfüllungsrechts entspricht (iE Jud JuS 04, 841 ff). Teilleistungen können im Ein-

zelfall nach **Treu und Glauben** (§ 242) zulässig sein, wenn sie dem Gläubiger bei sorgfältiger Abwägung seiner schutzwürdigen Interessen und der Lage des Schuldners zumutbar sind (BGH VersR 54, 298).

b) § 266 gilt für den **Schuldner**, nicht für den Gläubiger. Teilleistungen zu fordern und 3 Teilklagen zu erheben, steht dem Gläubiger grds iR von Treu und Glauben frei.

2. Voraussetzung für das Recht des Gläubigers zur Zurückweisung ist eine **Teilleis-** 4 **tung**. Der Begriff erfasst alle Leistungen, die bei objektiver Betrachtung ggü der geschuldeten Leistung unvollständig sind. Dies gilt auch, wenn der Schuldner selbst die Leistung für vollständig hält (anders aber bei unklarer Höhe der Forderung aufgrund der Abhängigkeit von einer Schätzung zB bei §§ 253 II, 254; § 287 ZPO oder von einer Festsetzung, str; zu einer zu niedrig festgesetzten Enteignungsentschädigung vgl BGH NJW 67, 2011). Nicht gleichzusetzen ist die Teilleistung in § 266 mit dem Begriff der teilbaren Leistung zB in §§ 420, 427. Sofern jedoch ausnahmsweise die Verpflichtung zur Annahme von Teilleistungen besteht (Rn 2), ist aber die **Teilbarkeit** Voraussetzung. Sie liegt vor, wenn die Leistung ohne Beeinträchtigung des Leistungszwecks oder Wertminderung aufgespalten werden kann (iE str). Teilbar sind zB eine Geld- oder Gattungsschuld sowie die Verpflichtung zur Lieferung mehrerer Sachen oder zu mehreren Dienstleistungen.

Keine Teilleistung, sondern **vollständige Erfüllung** des jeweiligen Einzelanspruchs liegt 5 hingegen vor, wenn zB beim Ratenkauf oder Darlehen die einzelnen Raten oder bei der Miete jeweils der Mietzins gezahlt werden. Aus einem Schuldverhältnis ergeben sich hier mehrere selbständige Ansprüche. Dies gilt auch für Nebenansprüche mit selbständiger Rechtsgrundlage wie Verzugszinsen und Vertragsstrafen. Bei **teilweiser Unmöglichkeit** kann der Gläubiger die Annahme der noch möglichen Leistung nur unter den Voraussetzungen der §§ 283 S 2, 281 I 2, 323 V 1 verweigern. Liegen diese nicht vor, ist die Leistung des noch möglichen Teils keine unzulässige Teilleistung gem § 266 (Dötsch ZGS 03, 359 f).

3. Rechtsfolgen: Der Gläubiger kann eine nach § 266 unzulässige Teilleistung zurück- 6 weisen, ohne dass er dadurch in Annahmeverzug (§ 293) gerät. Vielmehr gerät der Schuldner unter den Voraussetzungen des § 286 mit der Gesamtleistung in Verzug, so dass er den hieraus entstandenen Schaden gem § 280 I, II zu ersetzen hat. Der Gläubiger kann die ihm obliegende Leistung gem § 320 verweigern und nach Fristsetzung gem § 323 I vom gesamten Vertrag zurücktreten. Nimmt der Gläubiger die Teilleistung trotz § 266 an, so kann er vom ganzen Vertrag unter den Voraussetzungen des § 323 I-III gem § 323 V 1 nur zurücktreten, wenn er an der Teilleistung kein Interesse hat. Darüber hinaus ist § 363 zu berücksichtigen.

§ 267 Leistung durch Dritte

(1) ¹Hat der Schuldner nicht in Person zu leisten, so kann auch ein Dritter die Leistung bewirken. ²Die Einwilligung des Schuldners ist nicht erforderlich.
(2) Der Gläubiger kann die Leistung ablehnen, wenn der Schuldner widerspricht.

I. § 267 trägt dem Umstand Rechnung, dass es dem Gläubiger idR auf den Leistungser- 1 folg und nicht auf die Person des Leistenden ankommt. **Anwendbar** ist die **Vorschrift** auf alle Schuldverhältnisse (auch Grundschulden und Schulden aus öffentlich-rechtlichen Benutzungsverhältnissen). **Nicht anwendbar** ist sie nach Abs 1 S 1, wenn der Schuldner in Person zu leisten hat. Dies kann sich aus Parteivereinbarung oder Natur und Inhalt des Schuldverhältnisses ergeben, zB bei Unterlassungsansprüchen oder Leistungen, für die individuelle Fähigkeiten oder Eigenschaften des Schuldners maßgeblich sind. Eine persönliche Leistungspflicht ist iZw anzunehmen bei den gesetzlichen Auslegungsregeln der §§ 613, 664 I 1, 691 S 1, 713, 2218 I. Die persönliche Leistungspflicht schließt aber nicht regelmäßig den Einsatz von Erfüllungsgehilfen und die Zurechnung ihres Handelns nach § 278 aus.

II. 1. a) Voraussetzung ist die Leistung eines **Dritten**. Nicht als Dritte gelten Vertreter, 2 Erfüllungsgehilfen sowie diejenigen, die zur Erfüllung eigener Verbindlichkeiten handeln, wie Bürgen, Gesamtschuldner, Drittschuldner (§§ 828 f ZPO). Dritter ist auch nicht, wer aufgrund einer Abtretungsvereinbarung oder in Ausübung eines gesetzlichen Ablösungsrechtes (zB §§ 268, 1142, 1150, 1249) leistet. Der Dritte muss die **geschuldete Leistung** bewirken; auf Erfüllungssurrogate wie die Hinterlegung, Leistung an Erfüllungs statt und Aufrechnung erstreckt sich § 267 nicht (hM). Dabei muss er mit dem Willen zur Erfüllung einer fremden Schuld (**Fremdtilgungswillen**) leisten. Zu beurteilen ist dies danach, wie der Gläubiger das Verhalten des Dritten verstehen durfte (BGH NJW 95, 129). Eine tatsächlich bestehende fremde Schuld wird daher nicht getilgt, wenn der Leistende nur eine vermeintlich bestehende eigene Schuld (Putativschuld) erfüllen will. Möglich ist aber eine doppelte Tilgungsbestimmung, dass zugleich eine eigene Schuld und die Verbindlichkeit des Schuldners getilgt werden soll (BGHZ 70, 396), sowie in den Grenzen des § 242 eine nachträgliche Bestimmung des Fremdtilgungszweckes (hM; BGH NJW 86, 2700; Stolte Jura 88, 246 ff; iE § 812 Rn 18).

3 **b)** Der Schuldner muss nicht einwilligen (Abs 1 S 1). Erklärt er jedoch seinen Widerspruch, berechtigt dies den Gläubiger zur **Ablehnung gem Abs 2**. Der Schuldner kann den Widerspruch ggü dem Gläubiger oder dem Dritten erklären.

4 **2. a) Rechtsfolge** der Leistungsbewirkung durch den Dritten nach Abs 1 ist das **Erlöschen des Schuldverhältnisses** (§ 362 I) und damit auch ggf akzessorischer Sicherheiten. Bei einer unter EV gelieferten Sache geht das Eigentum auf den Käufer über, wenn der Dritte die Restkaufpreisforderung erfüllt. Der Gläubiger gerät in Annahmeverzug (§§ 293 ff), wenn er die Leistung ablehnt, ohne dass der Schuldner gem Abs 2 widersprochen hat. In der Zwangsvollstreckung kann der Dritte einen Widerspruch des Vorbehaltskäufers als Vollstreckungsschuldner durch eine Pfändung des Anwartschaftsrechtes nach § 857 ZPO vermeiden (BGHZ 75, 228; entspr bei einer auflösend bedingten Sicherungsübereignung, OLG Celle NJW 60, 2196).

5 **b)** Für das **Rückgriffsrecht** des Dritten ggü dem Schuldner ist das zwischen diesen beiden bestehende Rechtsverhältnis maßgeblich, etwa Auftrag, Gesellschaft oder GoA. Rechtsgrundlose Leistungen sind nach Bereicherungsrecht idR im Wertumfang der Schuldbefreiung (§ 818 II) auszugleichen; § 818 III findet idR keine Anwendung (BGH NJW 96, 926). Auch wenn der Dritte die Schuld gegen den Willen des Schuldners erfüllt, kommt ein Ausgleichsanspruch nach §§ 684 S 1, 812 ff in Betracht. Bei der Leistung auf eine nur vermeintlich bestehende Schuld eines anderen hat der Dritte einen Bereicherungsanspruch gegen den Scheingläubiger (BGHZ 113, 69; str; abw Canaris NJW 92, 868). Der aus der Tilgung einer Schuld erwachsende Bereicherungsanspruch unterliegt der für diese Schuld geltenden Verjährungsfrist (BGH NJW 00, 3494 f).

§ 268 Ablösungsrecht des Dritten

(1) ¹Betreibt der Gläubiger die Zwangsvollstreckung in einen dem Schuldner gehörenden Gegenstand, so ist jeder, der Gefahr läuft, durch die Zwangsvollstreckung ein Recht an dem Gegenstand zu verlieren, berechtigt, den Gläubiger zu befriedigen. ²Das gleiche Recht steht dem Besitzer einer Sache zu, wenn er Gefahr läuft, durch die Zwangsvollstreckung den Besitz zu verlieren.
(2) Die Befriedigung kann auch durch Hinterlegung oder durch Aufrechnung erfolgen.
(3) ¹Soweit der Dritte den Gläubiger befriedigt, geht die Forderung auf ihn über. ²Der Übergang kann nicht zum Nachteil des Gläubigers geltend gemacht werden.

1 **I. Zweck** des § 268 ist der Schutz Dritter vor dem Verlust eines Rechtes oder des Besitzes an einem Gegenstand der Zwangsvollstreckung. Der Dritte erhält ein eigenes **Ablösungsrecht** ohne Widerspruchsmöglichkeit des Schuldners und wird gem Abs 3 Inhaber der Forderung, soweit er den Gläubiger befriedigt. Diese Verbindung von Ablösungsrecht und gesetzlichem Forderungsübergang gibt ihm eine weit bessere Stellung als sie § 267 unabhängig von der Zwangsvollstreckung für den Dritten vorsieht. **Anwendbar** ist § 268 auf alle Schuldverhältnisse, auch auf öffentlich-rechtliche Forderungen (BGHZ 75, 24). Besondere Ablösungsrechte ergeben sich aus §§ 1142, 1143, 1150, 1223 II, 1224, 1249.

II. 1. Voraussetzungen: a) Der Gläubiger muss die **Zwangsvollstreckung** wegen einer Geldforderung betreiben (§§ 803 ff ZPO). Für den Beginn der Zwangsvollstreckung ausreichend ist ein Vollstreckungsantrag des Gläubigers. Mit dem Abschluss der Vollstreckung durch Erteilung des Zuschlags endet das Ablösungsrecht; im anschließenden Verteilungsverfahren ist § 268 nicht mehr anzuwenden.

b) Die Vollstreckung muss sich auf einen **dem Schuldner gehörenden Gegenstand** richten. Neben dem Eigentum kann dafür im Einzelfall ein Anwartschaftsrecht des Schuldners genügen (BGH NJW 65, 1475). Bei Fehlen dieser Voraussetzung kann der Dritte nur gem § 267 oder, sofern er selbst Eigentümer ist, gem § 771 ZPO vorgehen.

c) Durch die Zwangsvollstreckung muss dem Dritten ein **Rechts- oder Besitzverlust drohen**. Die Gefahr des Rechtsverlustes setzt grds das Bestehen eines dinglichen Rechts des Dritten am Vollstreckungsgegenstand voraus; eine Zwangshypothek oder Auflassungsvormerkung (§ 883) genügt. Statt des Rechts- kann auch ein **Besitzverlust drohen**. Dies betrifft va Mieter und Pächter (vgl §§ 57, 57 a, 57 b ZVG). Unmittelbarer und mittelbarer Besitz sind geschützt. Neben diesen objektiven Voraussetzungen kommt es auf einen Willen des Schuldners zur Abwendung der Zwangsvollstreckung nicht an (BGH NJW 94, 1475).

2. Abs 1 gibt dem Dritten das Recht zur **Befriedigung des Gläubigers**. Abs 2 gestattet die Befriedigung auch durch **Hinterlegung** (unter den Voraussetzungen des § 372) oder **Aufrechnung** (§§ 387 ff). Anders als bei § 267 II gibt ein Widerspruch des Schuldners dem Gläubiger kein Recht zur Ablehnung der Leistung des Dritten.

3. Der gesetzliche **Forderungsübergang auf den Dritten**, der nach Abs 3 S 1 mit der Befriedigung des Gläubigers eintritt, lässt auch Neben- und Vorzugsrechte (§§ 412, 401) auf den Dritten übergehen. Der Gläubiger darf aber nicht schlechter stehen als er bei der Leistung des Schuldners selbst stünde (Abs 3 S 2). Bei einer **teilweisen Befriedigung** geht daher die Teilforderung, die dem Gläubiger verbleibt, im Rang vor, so dass der Dritte an akzessorischen Sicherungsrechten (zB Hypothek) eine nachrangige Teilberechtigung erwirbt (ausf Herpers AcP 166, 454 ff).

§ 269 Leistungsort

(1) Ist ein Ort für die Leistung weder bestimmt noch aus den Umständen, insbesondere aus der Natur des Schuldverhältnisses, zu entnehmen, so hat die Leistung an dem Orte zu erfolgen, an welchem der Schuldner zur Zeit der Entstehung des Schuldverhältnisses seinen Wohnsitz hatte.

(2) Ist die Verbindlichkeit im Gewerbebetrieb des Schuldners entstanden, so tritt, wenn der Schuldner seine gewerbliche Niederlassung an einem anderen Orte hatte, der Ort der Niederlassung an die Stelle des Wohnsitzes.

(3) Aus dem Umstand allein, dass der Schuldner die Kosten der Versendung übernommen hat, ist nicht zu entnehmen, dass der Ort, nach welchem die Versendung zu erfolgen hat, der Leistungsort sein soll.

I. 1. Leistungsort und Leistungszeit (§ 271) gehören zu den wichtigsten Modalitäten der Leistung. § 269 dient der Bestimmung des Ortes, an dem der Schuldner die Leistungshandlung vorzunehmen hat (**Leistungsort**; auch **Erfüllungsort** genannt, zB in §§ 447 f, 644 II; § 29 ZPO; vgl auch Art 5 Nr 1 b EuGVVO). Nur der Schuldner, der die richtige Leistung am richtigen Ort erbringt, gerät nicht in Schuldnerverzug (§ 286), kann den Gläubiger in Annahmeverzug setzen (§§ 293 ff) und kann bei Gattungsschulden die Konkretisierung bewirken (§ 243 II). Der Leistungsort ist auch erheblich für den Gerichtsstand (§ 29 ZPO). **Anwendbar** ist § 269 auf alle Schuldverhältnisse, auch auf Unterlassungsansprüche und auf sachenrechtliche Ansprüche (zB aus § 995).

2. Vom Leistungsort zu unterscheiden ist der **Erfolgsort**, an dem der Leistungserfolg eintritt. Beim gesetzlichen Regelfall der **Holschuld** bildet der Wohnsitz des Schuldners Leistungs- und Erfolgsort. Bei Vereinbarung einer **Bringschuld** fallen Leistungs- und Erfolgsort am Wohnsitz des Gläubigers zusammen. Hingegen liegt bei der **Schick-**

schuld der Leistungsort beim Schuldner, der Erfolgsort beim Gläubiger. Hauptfälle der Schickschuld sind die Geldschuld (§ 270) und der Versendungskauf (§ 447).

3 **3.** § 269 kommt nicht zur Anwendung, soweit gesetzliche **Sondervorschriften** den Leistungsort festlegen, so §§ 261 I, 374 I, 604 I, 697, 700 I 3, 811 I, 1194, 1200 I; § 36 VVG; Art 2 III, 75 Nr 4, 76 III WG; Art 2 II und III ScheckG.

4 **II. 1.** Die **Festlegung des Leistungsortes** gem § 269 bezieht sich grds auf die einzelne Leistungspflicht (s aber Rn 7). Für jede Verpflichtung ist daher der Leistungsort gesondert zu bestimmen; **Nebenpflichten** sind allerdings idR am Ort der Hauptverpflichtung zu erfüllen. Der Erfüllungsort für Nachbesserungen beim Werkvertrag ist, wenn anderweitige Absprachen der Parteien fehlen, dort, wo sich der nachzubessernde Gegenstand vertragsgemäß befindet (BGH NJW-RR 08, 724; differenzierend Pils Jus 08, 767). Bei Kauf eines Kfz unter Unternehmern ist als Erfüllungsort für den Nacherfüllungsanspruch nicht der Verkaufsort, sondern der Wohnsitz oder Firmenort des Käufers angenommen worden (OLG München ZGS 06, 155); beim Verbrauchsgüterkauf soll für die Bestimmung des Nacherfüllungsortes auf die allg Vorschrift des § 269 abgestellt werden (BGH NJW 11, 2278). Daraus folgt, dass der Ort der Nacherfüllung stets für den Einzelfall bestimmt werden muss. Bei Autokäufen wird der Nacherfüllungsort nach den „jeweiligen Umständen" häufig der Betrieb des Verkäufers sein, da nur dort die erforderlichen Mittel vorhanden sind, um den Mangel am Auto zu beheben. Allerdings muss dabei Art. 3 III der Verbrauchsgüterkauf-RL beachtet werden, wonach der Verbraucher „ohne erhebliche Unannehmlichkeiten" Abhilfe verlangen kann. Es ist also im Einzelfall zu prüfen, ob das Verbringen des Pkws zur Werkstatt des Verkäufers die Erheblichkeitsschwelle überschreitet; näher dazu § 439 Rn 3. **Akzessorische Verpflichtungen** wie die Schuld des Bürgen haben einen eigenständigen Leistungsort.

5 Maßgeblich ist in erster Linie die Bestimmung durch ausdrückliche oder stillschweigende **Parteivereinbarung.** Einseitige Erklärungen nach Vertragsschluss (zB Vermerk auf der Rechnung) sind zur Bestimmung des Leistungsortes unzureichend (RGZ 65, 331), soweit sie nicht bei langer Geschäftsbeziehung zwischen Kaufleuten zu stillschweigenden Vereinbarungen führen oder ein kaufmännisches Bestätigungsschreiben vorliegt. Die Vereinbarung des Leistungsortes ist von ortsbezogenen Parteiabreden anderer Art abzugrenzen, insb von einer bloßen Vereinbarung über den Gerichtsstand nach § 29 ZPO, von der Vereinbarung einer reinen Zahlungsklausel iSv § 270 I („zahlbar in", arg ex § 270 IV) oder Festlegungen über eine Akkreditivbank (BGH NJW 81, 1905). Nach Abs 3 ändert sich bei einer Schickschuld der Leistungsort auch nicht dadurch, dass der Schuldner die Versendungskosten übernimmt; entspr gilt bei Übernahme der Versendungsgefahr (vgl § 270 I, IV; RGZ 114, 408). Bei Geschäften im Versandhandel liegt der Leistungsort daher idR nicht beim Wohnsitz des Käufers, sondern des Verkäufers (BGH NJW 03, 3341 f). Üblicherweise als reine Kostenklauseln verwandt werden zB „franko", „bahnfrei" und zumeist auch „frei X-Stadt" (nur ausnahmsweise Festlegung des Leistungsortes, BGH NJW 97, 872). Hingegen bestimmen die gebräuchlichen Transportklauseln des Überseehandels den Leistungsort (str): Nach der **cif-Klausel** (cost, insurance, freight) ist der Ablade- bzw Verschiffungshafen Leistungsort (BGHZ WM 83, 1238); nach der **fob-Klausel** (free on board) ebenfalls der Verschiffungshafen (BGHZ 60, 6 f mit Hinweis auf mögliche Abweichungen aufgrund der Umstände, zB der Warengattung oder Verpackung).

6 **2.** Fehlt eine Parteiabrede, ist nach Abs 2 der Leistungsort den Umständen, insb der Natur des Schuldverhältnisses, zu entnehmen. Aus der **Natur des Schuldverhältnisses** kann sich der Leistungsort zB bei **Rückgewährschuldverhältnissen** ergeben: Bei gesetzlichem Rücktritt und Rückabwicklung iR des großen Schadensersatzanspruchs (OLG Hamm MDR 89, 63; str) wird idR der Ort, an dem sich die Sache vertragsgemäß befindet, zum Leistungsort. Weitere maßgebliche **Umstände** sind ua die Verkehrssitte (§ 157), im Handelsverkehr der Handelsbrauch (§ 346 HGB) und örtliche Gepflogenheiten. Leistungsort ist bei Ladenverkäufen grds der Laden, bei Kfz-Reparaturen die Werkstatt, bei Beherbergung von Gästen der Beherbergungsort (anders bei Buchung über Reisebüro BGH NJW-RR 07, 777), bei Rücknahme von Verkaufsverpackungen die Verkaufsstelle und bei Rücknahme von Transportverpackungen der Sitz des Liefe-

ranten, beim Bauvertrag der Standort des Bauwerkes und beim Arbeitsvertrag der Betriebsort.

Unter Berücksichtigung der Gesamtumstände wird häufig der Ort, an dem die vertragstypische Leistung zu erbringen ist, als **gemeinsamer Leistungsort** für sämtliche Verpflichtungen aus dem Vertragsverhältnis zu betrachten sein (so für die Ansprüche aus dem Arbeitsvertrag BGH NJW 85, 1287; BAG 79, 260; für die Kanzlei des Rechtsanwaltes bei einem Anwaltsvertrag BGH NJW 91, 3096; für den Standort des Gebäudes bei einem Bauvertrag BGH NJW 86, 935; sowie bei einem Architektenvertrag BGH NJW 01, 1936; für den Unterrichtsort bei einem Unterrichtsvertrag OLG Karlsruhe NJW-RR 86, 351; für das Krankenhaus bei einem Krankenhausaufnahmevertrag BayObLG NJW-RR 06, 15). Allein die Verpflichtung zur Leistung Zug-um-Zug bei gegenseitigen Verträgen begründet allerdings nicht bereits einen gemeinsamen Leistungsort (BGH NJW 95, 1546; aA OLG Stuttgart NJW 82, 529). Regelmäßig nicht Leistungsort für den Darlehensanspruch ist bei der Kreditvergabe der Geschäftssitz der Bank (BayObLG NJW-RR 96, 956). Bei Grundstücksmiete und -pacht ist der Standort des Objektes nach den Umständen nicht stets, aber häufig Leistungsort für beide Seiten (vgl OLG Düsseldorf OLGZ 91, 491; OLG Hamm OLGZ 91, 80). 7

3. Ergibt sich der Leistungsort nicht aus Sondervorschriften, Parteiabreden oder den Umständen, so ist nach Abs 1 der **gesetzliche Leistungsort** der Ort des Wohnsitzes (§ 7) des Schuldners zum Zeitpunkt der Entstehung des Schuldverhältnisses. Bei Gewerbeschulden tritt an die Stelle des Wohnsitzes nach Abs 2 die gewerbliche Niederlassung des Schuldners. Maßgeblich ist stets – auch bei Dauerschuldverhältnissen – der Wohnsitz bzw die Niederlassung bei Entstehen des Schuldverhältnisses (BGH NJW 88, 1914); durch Parteivereinbarung kann der Leistungsort jedoch nachträglich geändert werden. Bei bedingten und befristeten Geschäften ist der Zeitpunkt des Abschlusses maßgeblich (OLG Stuttgart NJW-RR 87, 1076). Hat der Schuldner keinen Wohnsitz, so ist sein Aufenthaltsort beim Entstehen des Schuldverhältnisses als Leistungsort anzusehen. Als Ort ist dabei die politische Gemeinde zu verstehen. § 269 gilt jedoch entspr für die Bestimmung der **Leistungsstelle** innerhalb der Gemeinde (insb bei Platzgeschäften); Leistungsstelle ist dabei idR die Wohnung bzw der Geschäftsbetrieb des Schuldners. 8

§ 270 Zahlungsort

(1) Geld hat der Schuldner im Zweifel auf seine Gefahr und seine Kosten dem Gläubiger an dessen Wohnsitz zu übermitteln.
(2) Ist die Forderung im Gewerbebetrieb des Gläubigers entstanden, so tritt, wenn der Gläubiger seine gewerbliche Niederlassung an einem anderen Orte hat, der Ort der Niederlassung an die Stelle des Wohnsitzes.
(3) Erhöhen sich infolge einer nach der Entstehung des Schuldverhältnisses eintretenden Änderung des Wohnsitzes oder der gewerblichen Niederlassung des Gläubigers die Kosten oder die Gefahr der Übermittlung, so hat der Gläubiger im ersteren Falle die Mehrkosten, im letzteren Falle die Gefahr zu tragen.
(4) Die Vorschriften über den Leistungsort bleiben unberührt.

I. 1. Nach der **Auslegungsregel** des § 270 für Geldschulden hat der Schuldner das Geld iZw auf seine Kosten und Gefahr dem Gläubiger an dessen Wohnsitz oder gewerbliche Niederlassung zu übermitteln. Obgleich in dieser Gefahr- und Kostentragungsregel zumindest eine Annäherung an die Bringschuld liegt, sah die bisher hM die Geldschuld als eine **qualifizierte Schickschuld** an (so auch Hk-BGB bis zur 6. Aufl.). Demgegenüber scheint sich aber nunmehr im Anschluss an die neue Rspr des EuGH die Auffassung durchzusetzen, dass die Geldschuld einheitlich auch für das deutsche Recht als **Bringschuld** einzuordnen ist (näher Rn 6; str). Dies entspricht ebenso Art 57 UN-Kaufrecht und den meisten ausländischen Rechten und bietet daher den Vorzug einer Annäherung des deutschen Rechts an die internationale Entwicklung. Davon unberührt bleibt, dass regelmäßiger Leistungsort für Geldschulden der Wohnsitz des Schuldners 1

§ 270

zZ des Entstehens des Schuldverhältnisses ist (§§ 269 I, 270 IV). Der Wohnsitz des Schuldners ist auch Gerichtsstand des Erfüllungsortes (§ 29 ZPO).

2 **2.** Der **Anwendungsbereich** von § 270 umfasst grds alle Ansprüche auf Zahlung von Geld, soweit keine vertraglichen oder gesetzlichen Sonderregelungen eingreifen. Abw vertragliche Festlegungen zugunsten einer Holschuld liegen zB in der Vereinbarung eines Lastschriftverfahrens (BGH NJW 84, 872) und in der Verwendung von Kredit- und Geldkarten: Ist das Konto gedeckt, hat der Schuldner das seinerseits Erforderliche getan; der Gläubiger hat für die rechtzeitige Einziehung bzw Abbuchung zu sorgen und trägt das Verzögerungs- und Verlustrisiko. Bei gegenseitigen Verträgen wird die Geldschuld hingegen häufig dadurch zur Bringschuld, dass der Ort der vertragstypischen Leistung gemeinsamer Leistungsort für alle Pflichten aus dem Vertragsverhältnis ist (§ 269 Rn 7). Im praktischen Ergebnis führt die zunehmende Berücksichtigung dieses Gesichtspunktes bei gegenseitigen Verträgen zu einer teilweisen Anpassung an die international überw Konzeption der Geldschuld als Bringschuld. Gesetzliche Bestimmungen über den Zahlungsort enthalten §§ 697, 811 Abs 2, 1194; Art 28, 29 ScheckG; Art 38 WG. Nicht anzuwenden ist § 270 auf Ansprüche auf Herausgabe bestimmter Geldstücke, des erlangten Geldes durch den Beauftragten nach § 667 (BGHZ 28, 128; BGH NJW 03, 745) sowie auf Herausgabeansprüche gem § 818 Abs 1, 2 (anders aber für §§ 818 Abs 4, 819 Abs 1 BGHZ 83, 300); in diesen Fällen bestimmt sich die Haftung des Schuldners für die Übermittlung des Geldes nur nach §§ 276, 278.

3 **II. 1.** Der Schuldner ist nach Abs 1 iZw zur **Übermittlung des Geldes** an den Gläubiger verpflichtet. Greift weder eine vertragliche noch eine gesetzliche Sonderbestimmung ein, so ist **Zahlungsort** der Wohnsitz des Gläubigers, bei gewerblichen Geldschulden nach Abs 2 der Ort der gewerblichen Niederlassung des Gläubigers. Anders als bei § 269 ist bei einer Änderung nach Entstehen des Schuldverhältnisses der neue Wohnsitz oder Niederlassungsort maßgeblich; gegen eine dadurch verursachte Erhöhung der Gefahr oder der Kosten der Übermittlung ist der Schuldner aber durch Abs 3 geschützt. Auf Platzgeschäfte ist § 270 entspr anzuwenden; und bei Gläubigern ohne Wohnsitz wird deren Aufenthaltsort zum Zahlungsort (vgl entspr § 269 Rn 8).

4 Die **Art der Übermittlung** kann der Schuldner nach seiner Wahl festlegen, sofern die Parteien keine Vereinbarung dazu getroffen haben. Neben der Barzahlung kommen als Formen bargeldlosen Zahlungsverkehrs ua Scheck, Banküberweisung und Postanweisung in Betracht. Ein Scheck wird analog § 364 II iZw erfüllungshalber übersandt. Die Übermittlung ist bei Barzahlung mit Auszahlung an den Gläubiger, im bargeldlosen Zahlungsverkehr idR mit der vorbehaltlosen Gutschrift auf dem Konto des Gläubigers vollständig beendet (BGHZ 6, 122).

5 **2.** Die **Übermittlungsgefahr**, die § 270 I dem Schuldner zuweist, besteht in der **Verlustgefahr** (Transportgefahr): Geht das Geld im Verlauf der Übermittlung verloren, ist der Schuldner zur nochmaligen Zahlung verpflichtet, auch wenn ihn an dem Verlust kein Verschulden trifft. Zu dieser Verlustgefahr gehört auch das Risiko der Geldentwertung und der Beschlagnahme. Nicht eingeschlossen sind dag Risiken, die allein in der Sphäre des Gläubigers begründet sind. Bei ganz ungewöhnlichen Störungen kommt zudem eine Entlastung des Schuldners nach § 242 in Betracht (BGHZ 10, 323). Erhöht eine nachträgliche Verlegung des Wohnsitzes des Gläubigers oder seiner gewerblichen Niederlassung die Übermittlungsgefahr, so verlagert sich die Gefahrtragung gem Abs 3 ganz auf den Gläubiger.

6 Die **Gefahr der Verzögerung** der Leistung hatte nach bisher hM iZw der Gläubiger zu tragen (OLG Köln FamRZ 90, 1243). Nach inzwischen überw Ansicht trägt jedoch der Schuldner die Gefahr, dass das Geld trotz rechtzeitiger Vornahme der Leistungshandlung verspätet beim Gläubiger eingeht, wenn die Parteien nichts anderes vereinbart haben (zB unter „Rechtzeitigkeitsklausel"). Diese Gefahrtragung bei Verzögerung ist jedenfalls bei der Zahlung von Verzugszinsen zwischen Unternehmern im Anwendungsbereich der Zahlungsverzugs-RL unionsrechtlich geboten (EuGH NJW 08, 1935). Dies gilt auch für die neu gefasste Zahlungsverzugs-RL 2011 (§ 286 Rn 20 ff). Bei einer Zahlung durch Banküberweisung muss der geschuldete Betrag so dem Konto des Gläubigers rechtzeitig gutgeschrieben sein, so dass dieser darüber verfügen kann

(vgl Art 3 I b, 4 I b Zahlungsverzugs-RL 2011). Der Schuldner muss daher die Leistungshandlung so rechtzeitig vornehmen, dass der Geldbetrag bei üblicher Abwicklung dem Gläubigerkonto innerhalb der Zahlungsfrist gutgeschrieben werden kann. Dag bewertete die bisher hM die Geldschuld auch zwischen Unternehmern als qualifizierte Schickschuld (s Rn 1) und ließ es grds genügen, wenn der Schuldner das seinerseits Erforderliche getan hatte, also bei hinreichender Kontendeckung oder Deckungszusage seiner Bank einen von dieser angenommenen Überweisungsauftrag erteilt. Ob die bisherige Meinung in den Fällen außerhalb des Anwendungsbereichs der Zahlungsverzugs-RL 2011 noch anzuwenden ist, ist str. ZT wird eine richtlinienkonforme Auslegung der Vorschrift aufgrund des Wortlauts für nicht möglich gehalten (vgl Wittwer/Meusburger ELR 08, 344, 346). Dag spricht jedoch, dass Abs 1 dem Schuldner allg die „Gefahr" der Übermittlung v Geld zuweist, ohne die Verzögerungsgefahr auszunehmen. Richtigerweise sollte daher zur Vermeidung von Wertungswidersprüchen und Wahrung der Konsistenz des BGB eine einheitliche Auslegung der Vorschrift und damit eine Einordnung der Geldschuld als Bringschuld für Zahlungen zwischen allen Privaten gewährleistet werden (vgl Vor §§ 241–853 Rn 5). Dafür spricht neben der schlechten Abgrenzbarkeit zwischen Verzögerungs- und Verlustgefahr auch die Einordnung der Geldschuld als Bringschuld in Art 57 UN-Kaufrecht, Art 7:101 Abs 1 lit b) PECL, Art 6.1.6 Abs 1 lit a) UNIDROIT-Principles und Art III.-2:101 Abs 1 lit a) DCFR (so iErg auch Gsell GPR 08, 165, 168, Knöpper, NJW-Spezial 09, 105; anders Herresthal ZGS 08, 259, 266, der die Geldschuld als „modifizierte" Bringschuld einordnet; iErg offen Scheuren-Brandes ZIP 08, 1463; aA Schwab NJW 11, 2833, der weiterhin dafür eintritt, die Geldschuld als qualifizierte Schickschuld zu behandeln, und der Vorgabe der Zahlungsverzugsrichtlinie über eine richtlinienkonforme Auslegung des Verzugsmerkmals „Nichtleistung" nachkommen will).

3. Neben der Übermittlungsgefahr hat der Schuldner nach Abs 1 iZw die **Transportkosten** zu tragen. Dazu gehören zB die Zustellkosten, nicht aber Kontoführungsgebühren, die der Gläubiger seinem Kreditinstitut zu zahlen hat. Erhöhen sich die Transportkosten nach Entstehen des Schuldverhältnisses durch Verlegung von Wohnsitz oder gewerblicher Niederlassung des Gläubigers, trägt der Gläubiger gem § 270 III die Mehrkosten.

III. Die **Beweislast** für die Rechtzeitigkeit der Leistungshandlung und die Ankunft des Geldes trägt der Schuldner (BGH NJW 57, 1231). Eine tatsächliche Vermutung zu seinen Gunsten ergibt sich aus der Vorlage eines Postanweisungsabschnittes, nicht jedoch einer Bescheinigung über eine Einschreibesendung (BGHZ 24, 312; OLG Hamm NJW-RR 95, 363).

§ 271 Leistungszeit

(1) Ist eine Zeit für die Leistung weder bestimmt noch aus den Umständen zu entnehmen, so kann der Gläubiger die Leistung sofort verlangen, der Schuldner sie sofort bewirken.
(2) Ist eine Zeit bestimmt, so ist im Zweifel anzunehmen, dass der Gläubiger die Leistung nicht vor dieser Zeit verlangen, der Schuldner aber sie vorher bewirken kann.

I. Über die **Leistungszeit** enthält § 271 I eine Regel für den Fall, dass die Parteien oder das Gesetz dazu keine Bestimmung getroffen haben. IU zu dieser dispositiven ergänzenden Norm handelt es sich bei Abs 2 um eine Auslegungsregel für den Fall, dass eine Leistungszeit bestimmt ist. Der Anwendungsbereich des § 271 erstreckt sich auf Schuldverhältnisse aller Art. Die **Tageszeit** der Leistung bestimmt sich allerdings nach § 242; § 358 HGB, so dass der Schuldner nicht zu unpassender Zeit leisten darf und sich bei Handelsgeschäften an die gewöhnlichen Geschäftszeiten halten muss.

Bei der Leistungszeit begrifflich zu unterscheiden sind Fälligkeit und Erfüllbarkeit. **Fälligkeit** bezeichnet den Zeitpunkt, von dem an der Gläubiger berechtigt ist, die Leistung zu fordern (Abs 1 2. Halbs 1. Variante). Sie ist Voraussetzung für die Erhebung der Leistungsklage (Ausn: §§ 257 ff ZPO). Die **Erfüllbarkeit** betrifft dag den Zeitpunkt,

§ 271 Buch 2 | Recht der Schuldverhältnisse

von dem an der Schuldner die Leistung bewirken kann (Abs 1 2. Halbs 2. Variante). Sobald die Leistung erfüllbar ist, kann der Schuldner den Gläubiger durch ordnungsgemäßes Angebot in Annahmeverzug (§§ 293 ff) setzen. Zumeist fallen Fälligkeit und Erfüllbarkeit einer Forderung zusammen. ZB kann aber bei Teilzahlungsgeschäften nach § 504 (dazu Art 8 VerbrKr-RL) die Forderung vor der Fälligkeit erfüllbar sein. Bei sog verhaltenen Ansprüchen tritt die Fälligkeit vor der Erfüllbarkeit ein, weil der Schuldner nicht von sich aus leisten, aber der Gläubiger jederzeit Erfüllung verlangen kann (so bei den Ansprüchen aus §§ 285, 695, 696 S 2).

3 II. 1. a) Vorrangig kann die Leistungszeit durch **Parteivereinbarung** bestimmt werden. Für Termine und Fristen in der Vereinbarung gelten die Regeln der §§ 187–193. Vereinbarungen mit ungenauen Formulierungen („schnellstmöglich", „in Kürze") sind nach billigem Ermessen unter Berücksichtigung von Treu und Glauben auszulegen (RGZ 33, 56 f). Bei Vereinbarung durch AGB ist § 308 Nr 1 zu beachten. Typische Vertragsklauseln sind zB „Zahlung gegen Dokumente" (Fälligkeit tritt erst mit Vorlage der Dokumente ein, zumeist der Verladenachweise; BGH NJW 71, 979) und „Netto Kasse gegen Rechnung" bzw „Kasse gegen Factura" (bei Empfang der Rechnung hat der Schuldner unabhängig von der Warenlieferung (vor)zuleisten; RGZ 69, 126). Die sog Verfallklauseln knüpfen die Gesamtfälligstellung oder die Kündigung der Restforderung an eine ausgebliebene oder verspätete Zahlung von Raten; sie sind idR aber so auszulegen, dass diese Folge nicht eintreten soll, wenn der Schuldner die Verspätung nicht verschuldet hat (BGH NJW 85, 2329).

4 Durch eine **Stundung** wird die Fälligkeit einer Forderung hinausgeschoben; die Forderung bleibt aber weiterhin für den Schuldner erfüllbar (BGH NJW 98, 2061). Die Stundung kann auf ausdrücklicher oder stillschweigender Parteivereinbarung beruhen, im Einzelfall auch auf ergänzender Vertragsauslegung oder den Erfordernissen von Treu und Glauben (BGH NJW 77, 2359). Die nachträglich vereinbarte Stundung stellt eine Vertragsänderung dar und unterfällt ggf den Formerfordernissen des Vertrages. Eine Stundung durch den Richter ist nur ausnahmsweise in den gesetzlich vorgesehenen Fällen möglich (§§ 1382, 2331 a). Der Gläubiger kann die nachträglich vereinbarte Stundung aber widerrufen, wenn sich die Verhältnisse des Schuldners wesentlich verschlechtern oder sonst deren Geschäftsgrundlage entfällt (BGH NJW-RR 92, 1141). Die Einrede des § 321 kommt in diesem Fall zum Zuge, sofern die Stundung Nebenabrede eines Vertrages ist. Auch kann der Gläubiger trotz gestundeter Forderung Klage erheben, wenn der Schuldner die Forderung bestreitet und dadurch gefährdet (BGH NJW 81, 1667).

5 Von der Stundung zu unterscheiden ist die Verpflichtung des Gläubigers durch ein **pactum de non petendo**, dh eine Vereinbarung, die Forderung zeitweilig oder gar nicht geltend zu machen. Sie gibt dem Schuldner ebenfalls eine rechtshemmende Einrede im Prozess und hemmt die Verjährung der Forderung gem § 205; die Fälligkeit bleibt aber bis zur Erhebung der Einrede bestehen. Auch das Versprechen des Gläubigers, aus seinem Titel für eine gewisse Zeit nicht zu vollstrecken (**Einstellungsbewilligung**) unterscheidet sich von der Stundung. Es hat rein vollstreckungsrechtlichen Inhalt und lässt die Fälligkeit der Forderung und ggf den Schuldnerverzug (§ 286) fortbestehen. Die Einstellungsbewilligung kann jedoch mit einer Stundung zusammenfallen.

6 b) Durch Parteivereinbarung oder Gesetz kann auch eine Vertragspartei die Befugnis erhalten, mit einer **einseitigen Erklärung** die Leistungszeit zu bestimmen. Ist der **Schuldner** so zur Bestimmung der Fälligkeit berechtigt, gehört diese Bestimmung zu seinen Leistungspflichten, so dass er bei verspäteter Vornahme in Verzug gerät. Der Weg über §§ 323 ff, 346 ff soll dem Gläubiger grds zwar erst offen stehen, nachdem das Gericht die Leistungszeit rechtskräftig festgelegt hat (so zu § 326 aF RGZ 64, 116); im Handelsverkehr sollen diese Ansprüche aber auch ohne gerichtliche Bestimmung der Leistungszeit eröffnet sein (RGZ 90, 30; ebenfalls zu § 326 aF). Der Schuldner hat die Leistungszeit iZw analog § 315 nach billigem Ermessen zu bestimmen. Ist die Bestimmung in sein freies Belieben gestellt, bleibt die Grenze des § 242 zu beachten. Für den bestimmungsberechtigten **Gläubiger** gelten grds die entspr Regeln wie für den Schuldner; Nichtvornahme führt für ihn zum Annahmeverzug (§§ 293 ff). Ein Be-

stimmungsrecht des Gläubigers besteht zB beim Kauf auf Abruf, bei dem der Abruf innerhalb angemessener Zeit erfolgen muss. – Ein einseitiges Bestimmungsrecht **Dritter** führt zur Anwendung der §§ 317 ff.
c) **Gesetzliche Sonderregelungen** zur Leistungszeit enthalten ua §§ 488 III, 556 b, 608, 614, 641 I, 695, 721, 1361 IV 2, 1585 I 2, 1612 III 1, 2181; § 14 VVG; § 798 ZPO.

2. a) Ist die Leistungszeit nicht durch Parteivereinbarung oder Gesetz (oder auf einer dieser beiden Grundlagen durch Ausübung eines Bestimmungsrechtes) festgelegt, ist gem Abs 1 zunächst auf die **Umstände** abzustellen, insb (wie bei § 269) auf die Natur des Schuldverhältnisses, die Verkehrssitte (§ 157), Handelsbräuche, die Art der Leistung und den Leistungszweck (zB einer Enteignungsentschädigung, BGHZ 44, 57). So kann sich aus der Art und Beschaffenheit eines Werkes (§ 631) der Zeitraum für die Fälligkeit der Errichtung ergeben; ein arbeitsrechtlicher Abfindungsanspruch wird erst mit dem Ausscheiden aus dem Arbeitsverhältnis fällig (BAG NJW 84, 1650; zur str Frage der Fälligkeit gesellschaftsrechtlicher Abfindungsansprüche BGH NJW 90, 1172).

b) Lässt sich die Leistungszeit auch den Umständen nicht entnehmen, ist die Leistung nach der Regel des Abs 1 **sofort fällig und erfüllbar**. „Sofort" bedeutet (anders als „unverzüglich", § 122), dass der Schuldner die Leistungshandlung innerhalb eines Zeitraumes vornehmen muss, der nach objektiven Maßstäben, der Art der geschuldeten Leistung und den sonstigen Umständen für die Bewirkung der Leistung erforderlich ist. Der Gläubiger braucht auf die Leistung grds nur in den Grenzen des § 242 zu warten.

3. Nach der **Auslegungsregel des Abs 2** wirkt die Bestimmung der Leistungszeit iZw nur zugunsten des Schuldners: Dieser ist berechtigt, schon vor dem Eintritt der Fälligkeit die Leistung zu bewirken; die Nichtannahme setzt den Gläubiger in Annahmeverzug. Die Auslegungsregel kommt aber nicht zum Zuge, wenn der Gläubiger durch die vorzeitige Erfüllung ein vertragliches Recht verlieren oder in seinen geschützten Interessen verletzt würde (BGH NJW 70, 603). Ohne Parteivereinbarung besteht so kein Recht zur Voraustilgung bei verzinslichen Darlehen (e contrario § 488 III 3; vgl aber auch § 489 I Nr 2 sowie für Teilzahlungsgeschäfte § 504), bei Baudarlehen mit Wohnungsbelegungsrecht (BGH NJW 70, 603) und bei Grundschuld-, Hypotheken- oder Wechselforderungen (BGH NJW 70, 42). Nur für eine angemessene Zeit ist Vorauszahlung bei Ruhegehalt und Unterhalt zulässig (BGHZ 123, 54: 6 Monate).

III. Die **Beweislast** für eine Stundungsvereinbarung nach Vertragsschluss trägt unstreitig der Schuldner (außer bei Teilzahlungsvereinbarungen, die die Wirksamkeit des Vertrages betreffen; BGH NJW 75, 207). Auch für eine Vereinbarung bei Vertragsschluss, die von vornherein abw von Abs 1 die Fälligkeit hinausschiebt, trifft die Beweislast den Schuldner (OLG München OLGZ 92, 339; aA BGH NJW 75, 207).

§ 272 Zwischenzinsen

Bezahlt der Schuldner eine unverzinsliche Schuld vor der Fälligkeit, so ist er zu einem Abzug wegen der Zwischenzinsen nicht berechtigt.

Der Schuldner einer unverzinslichen Schuld soll bei Zahlung vor Eintritt der Fälligkeit nicht zum Abzug von Zwischenzinsen berechtigt sein, weil er aus freiem Entschluss vorzeitig leistet (selbst wenn dies irrtümlich geschieht, § 813 II). **Zwischenzins** (Diskont) ist der Zins, der auf den gezahlten Betrag vom Zeitpunkt der Zahlung bis zur Fälligkeit entfällt (zur Berechnungsformel aufgrund der Hoffmann'schen Methode vgl BGHZ 115, 310). § 272 schließt den Abzug dieses Zwischenzinses durch den vorzeitig leistenden Schuldner nur insoweit aus, als keine abw gesetzliche oder vertragliche Regelung vorliegt. Zum Abzug von Zwischenzinsen berechtigt ist der Schuldner ua §§ 1133 S 3, 1217 II 2; § 111 ZVG; ferner bei Verurteilung zum Schadensersatz für künftig entstehende Nachteile (BGHZ 115, 309). Auch der Abzug eines **Skonto für Barzahlung** steht dem Schuldner gem § 272 ohne Vereinbarung mit dem Gläubiger nicht zu.

§ 273 Zurückbehaltungsrecht

(1) Hat der Schuldner aus demselben rechtlichen Verhältnis, auf dem seine Verpflichtung beruht, einen fälligen Anspruch gegen den Gläubiger, so kann er, sofern nicht aus dem Schuldverhältnis sich ein anderes ergibt, die geschuldete Leistung verweigern, bis die ihm gebührende Leistung bewirkt wird (Zurückbehaltungsrecht).
(2) Wer zur Herausgabe eines Gegenstands verpflichtet ist, hat das gleiche Recht, wenn ihm ein fälliger Anspruch wegen Verwendungen auf den Gegenstand oder wegen eines ihm durch diesen verursachten Schadens zusteht, es sei denn, dass er den Gegenstand durch eine vorsätzlich begangene unerlaubte Handlung erlangt hat.
(3) ¹Der Gläubiger kann die Ausübung des Zurückbehaltungsrechts durch Sicherheitsleistung abwenden. ²Die Sicherheitsleistung durch Bürgen ist ausgeschlossen.

1 **I. 1.** Dem **Zurückbehaltungsrecht (ZbR),** liegt der Gedanke zugrunde, dass es treuwidrig wäre, wenn eine Partei aus einem einheitlichen Rechtsverhältnis die ihr zustehende Leistung verlangen würde, ohne die Gegenleistung zu erbringen (RGZ 152, 73). Insofern formt § 273 lediglich das Prinzip des § 242 in besonderer Weise aus. Abs 1 gibt eine **Legaldefinition des allgemeinen ZbR.** Mit Hilfe dieses Rechts kann der Schuldner seinen Anspruch gegen den Gläubiger sichern und Druck auf diesen ausüben, dass dieser seine Verbindlichkeit ihm ggü erfüllt (BGH NJW 05, 2622).

2 **2.** Vom ZbR des § 273 sind **gesetzlich besonders geregelte ZbR** zu unterscheiden: Das **kaufmännische ZbR** nach §§ 369 ff HGB setzt keine Konnexität der Ansprüche voraus (sogleich Rn 7) und räumt dem Berechtigten anders als § 273 ein Befriedigungsrecht ein. Bei den ZbR nach § 1000 wegen Verwendungen des Besitzers und § 2022 wegen Verwendungen des Erbschaftsbesitzers handelt es sich um **Sonderfälle ggü Abs 2,** die keine Fälligkeit der Gegenforderung voraussetzen. Aus diesen speziellen ZbR ergeben sich nach § 1003 und § 2022 I 2, 1003 ebenfalls Befriedigungsrechte. Ein besonderes ZbR des **Verbrauchers** enthält § 359 (dazu Art 11 II VerbrKr-RL). Die Einrede des nichterfüllten Vertrages gem § 320 beruht auf einem synallagmatischen Verhältnis der beiderseitigen Ansprüche, während § 273 nur voraussetzt, dass die Ansprüche auf demselben Rechtsverhältnis beruhen (**Konnexität**). Im Unterschied zu § 273 III kann zudem die Einrede des nichterfüllten Vertrages gem § 320 III 3 nicht durch Sicherheitsleistung abgewendet werden. Das Leistungsverweigerungsrecht des § 320 lässt sich insofern als „verschärftes ZbR" als ein Unterfall des § 273 ansehen (str). – Hingegen ist die **Aufrechnung** (§§ 387 ff) keine Einrede, sondern auf Erfüllung gerichtet und setzt die Gleichartigkeit der gegenseitigen Ansprüche voraus. Die Auslegung einer fehlgeschlagenen Aufrechnung kann aber ergeben, dass darin die Ausübung eines ZbR enthalten ist (BGH ZIP 83, 1088).

3 **3. Anwendbar** ist § 273 auf Schuldverhältnisse jeder Art, auch auf dingliche Ansprüche zB nach § 985 (BGHZ 64, 124). Im Familienrecht ist er nur anzuwenden, soweit dies mit dem Charakter des jeweiligen familienrechtlichen Verhältnisses vereinbar ist (zB bei Auseinandersetzungen im Ehegüterrecht BGH NJW 07, 1879, jedoch nicht bei Unterhalts- und diese vorbereitenden Auskunftsansprüchen für den Grundbedarf, OLG Hamm NJW-RR 96, 5). Im öffentlichen Recht ist § 273 entspr anwendbar, soweit nicht dort maßgebliche Rechtsgrundsätze entgegenstehen (zB kein ZbR an Kosten bei Ausbleiben einer Amtshandlung; KG OLGZ 91, 21). Zur Anwendung im Arbeitsrecht vgl Henkel ZGS 04, 170 ff.

4 **4.** Über § 273 hinaus ist die **vertragliche Begr** von ZbR möglich; diese können sich auch auf nicht fällige und auf nicht konnexe Gegenforderungen erstrecken (BGH NJW 85, 849).

5 **II. 1. Voraussetzungen: a)** Als **Gegenstand des ZbR** geeignet ist jede Art von geschuldeter Leistung, zB Handlungen wie die Befreiung von Drittschulden (BGHZ 91, 76), Dienstleistungen, Grundbuchberichtigungen, Sachen wie Hypotheken- und Grundschuldbriefe (RGZ 66, 28) und die Einhaltung von Duldungspflichten (etwa nach § 917) oder von Unterlassungspflichten, es sei denn, die Nichteinhaltung würde den Unterlassungsanspruch insgesamt vereiteln (BAG NJW 83, 2897).

b) Gegenseitigkeit der Ansprüche: Der zurückhaltende Schuldner muss Gläubiger des Gegenanspruchs sein; und der Gläubiger des Anspruchs, demgegenüber der Schuldner das ZbR geltend macht, muss zugleich Schuldner dieses Gegenanspruchs sein (**Identität von Gläubiger und Schuldner**). Anspruch und Gegenanspruch müssen aber im Verhältnis zueinander selbständig sein, da bei synallagmatischer Verknüpfung § 320 Anwendung findet. Es reicht aus, dass der Gegenanspruch dem Schuldner gemeinsam mit anderen zusteht (BGHZ 38, 125). Nach Abtretung des Anspruchs kann der Schuldner das ZbR gem § 404 dem Zessionar entgegenhalten. Der Bürge ist gem § 768 berechtigt, sich auf das ZbR des Hauptschuldners zu berufen.

c) Die darüber hinaus erforderliche **Konnexität der Ansprüche** besteht, wenn der Anspruch des Gläubigers und der Gegenanspruch des Schuldners auf „demselben rechtlichen Verhältnis" beruhen. Für dieses weit auszulegende Merkmal genügt es, dass den Ansprüchen ein innerlich zusammenhängendes **einheitliches Lebensverhältnis** zugrunde liegt (BGHZ 92, 196; 115, 103). Dies ist der Fall, wenn zwischen den Ansprüchen ein natürlicher und wirtschaftlicher Zusammenhang besteht, der die Geltendmachung des einen ohne Rücksicht auf den anderen als treuwidrig erscheinen ließe (BGHZ 64, 125). Die Ansprüche müssen daher nicht auf demselben Schuldverhältnis oder Vertrag beruhen; Konnexität besteht vielmehr für Ansprüche aus verschiedenen Verträgen regelmäßig zB bei ständigen Geschäftsverbindungen, sofern der zeitliche oder sachliche Zusammenhang eine natürliche Einheit erkennen lässt (BGHZ 54, 250); bei beiderseitigen Ansprüchen aus einem nicht zustande gekommenen oder nichtigen Vertrag (BGH NJW-RR 90, 848), soweit nicht bereits die Saldotheorie eingreift (§ 818 Rn 13 ff); bei beiderseitigen vermögensrechtlichen Ansprüchen aus der Auflösung einer Ehe (BGHZ 92, 196), einer eheähnlichen Gemeinschaft oder einer Gesellschaft (BGH NJW 90, 1173); bei Ansprüchen aus Scheck oder Wechsel und dem Grundgeschäft (BGH NJW 86, 1873; str).

d) Der **Gegenanspruch** des Schuldners muss **vollwirksam und fällig** sein. Es reicht aus, dass der Gegenanspruch mit Erbringen der geschuldeten Leistung entsteht und fällig wird (BGH NJW 92, 557) wie zB die Ansprüche auf Rechnung nach § 14 UStG, Quittung (§ 370), Rückgabe des Schuldscheins (§ 371) oder Rückgabe der Pfandsache gegen Tilgung der Schuld (BGHZ 73, 319). Das ZbR kann gem § 215 auch auf einen verjährten Anspruch gestützt werden, wenn die Verjährung zum Zeitpunkt der Entstehung des ZbR noch nicht eingetreten war. Kein ZbR besteht dag bei bedingten oder künftigen Ansprüchen sowie bei Ansprüchen, denen eine Einrede entgegensteht (§ 390) oder die sich auf Heiratsvermittlung, Spiel und Wette stützen (§§ 656, 762).

e) Nach Abs 1 besteht das ZbR nur, „sofern nicht aus dem Schuldverhältnisse sich ein anderes ergibt". Insb darf **kein Ausschluss des ZbR** durch gesetzliche oder vertragliche Regelungen, die Natur des Schuldverhältnisses oder Treu und Glauben vorliegen. **Gesetzlich ausgeschlossen** oder eingeschränkt ist das ZbR ua in §§ 175 (Vollmachtsurkunde), 570, 578 I, 581 II, 596 II; § 88 a II HGB; § 19 II 3 GmbHG.

Ein **gesetzliches Aufrechnungsverbot** schließt das ZbR nicht zwangsläufig aus, sondern nur, wenn sich die Ausdehnung auf das ZbR aus dem Zweck der jeweiligen Verbotsnorm ergibt. Denn die Aufrechnung soll das Erlöschen des Anspruchs bewirken, während mit dem ZbR eine Einrede mit dem Ziel der Sicherung, nicht der Tilgung des Anspruchs geltend gemacht wird. So ist zwar das ZbR ggü dem Schadensersatzanspruch aus vorsätzlicher unerlaubter Handlung analog § 393 ausgeschlossen (BayObLG NJW-RR 91, 1235 für gleichartige Forderungen). Die Aufrechnungsverbote der §§ 392, 394, 395 schließen das ZbR aber nur aus, wenn dessen Ausübung iErg der unzulässigen Aufrechnung gleichkommen würde (BGHZ 38, 129; NJW 87, 3255).

Ein **vertraglicher Ausschluss** liegt zB konkludent in der Vereinbarung der Vorleistungspflicht des Schuldners. Ob er in vertraglichen Einwendungsausschlüssen enthalten ist, bedarf jeweils der Auslegung (BGHZ 92, 197). Grenzen setzen ihm § 556 b II 2 und §§ 307, 309 Nr 2 b (dazu Art 3 Klausel-RL).

Aufgrund der **Natur des Schuldverhältnisses** kann das ZbR va wegen besonderer Eigenarten des Gegenstandes, an dem es besteht (so bei verderblichen Sachen oder bei Tieren; LG Mainz NJW-RR 02, 1182), sowie wegen einer besonderen Schutzwürdigkeit des Gläubigers und geringerer Schutzwürdigkeit des Schuldners ausgeschlossen sein. Insb kommt der Ausschluss in Betracht bei Ansprüchen, die die Existenzgrundlage des Gläubigers berühren oder sonst von elementarer Bedeutung für ihn sind, zB Ansprüche auf unpfändbaren Lohn und Gehalt, gesetzliche Unterhaltsansprüche, Altenteilsleistungen, Herausgabe von Dokumenten mit öffentlicher Bedeutung wie Reisepass oder Führerschein. IdR ist die Zurückbehaltung auch bei Hilfsansprüchen, die der Rechtswahrung und Rechtsverfolgung dienen, ausgeschlossen, etwa bei Ansprüchen auf Quittungserteilung (§ 368), auf Rückgabe von Unterlagen wie Schuldschein (§ 371) und Urkunden zur Löschung der Hypothek (§ 1144), auf Krankenunterlagen und Arbeitspapiere (AG Freiburg NJW 90, 770), auf Übergabe des Wechsels bei Zahlung (Art 39 WG) oder bei nicht bestehender Wechselschuld und in besonderen Fällen auch bei dem Anspruch auf Grundbuchberichtigung (§ 894; BGH NJW 90, 1171). Das ZbR ist ferner ausgeschlossen ggü Ansprüchen auf Zustimmung zur Mieterhöhung und auf Stellung einer Mietkaution wegen möglicher Mängel (OLG Frankfurt/M NJW 00, 2116), auf Zustimmung zur Kapitalerhöhung gegen den Gesellschafter einer GmbH (BGH DB 87, 1413), auf Rückgabe von Sicherheiten nach Wegfall des Sicherungszwecks (BGH NJW 01, 1859) und auf Schadensersatz statt der Leistung, wenn dem ursprünglichen Primäranspruch kein ZbR entgegenstand (BGH WM 75, 425).

13 Als unzulässige Rechtsausübung kann die Geltendmachung des ZbR zudem nach **Treu und Glauben** (§ 242) nach den Umständen des Einzelfalles ua ausgeschlossen sein, wenn der Schuldner für den Gegenanspruch bereits ausreichende Sicherheiten besitzt (arg ex § 273 III); wenn er eine hochwertige Leistung insgesamt für eine verhältnismäßig geringe oder unsichere Forderung zurückbehalten will (arg ex § 320 II; BGH NJW 70, 2021; vgl für geringfügige Lohnansprüche des Arbeitnehmers BAG NJW 97, 275 f; für einen nur schwer und langwierig zu klärenden Anspruch ggü einer nach Grund und Höhe unbestr Forderung BGHZ 91, 83). Das ZbR ist aber nicht allein deshalb ausgeschlossen, weil die Aufklärung der es begründenden Tatsachen schwierig und zeitraubend ist (BGH NJW-RR 05, 969). Bei der Ausübung des ZbRs sind somit Verhältnismäßigkeitserwägungen zu treffen (OLG München NJW-RR 05, 599).

14 2. **Voraussetzungen des ZbR nach Abs 2: a)** Die geschuldete Leistung muss in der **Herausgabe eines Gegenstandes** bestehen. „Gegenstand" ist hier weit zu verstehen und umfasst Sachen, Rechte, Forderungen sowie die sich aus unrichtiger Grundbucheintragung ergebende Rechtsposition (BGHZ 75, 293). Auch der Anspruch auf Auflassung, Löschung einer Auflassungsvormerkung oder Grundbuchberichtigung (BGHZ 41, 33) kann dementspr ein Herausgabeanspruch nach Abs 2 sein.

15 b) Der Schuldner muss gegen den Gläubiger einen Anspruch wegen **Verwendungen** auf den herauszugebenden Gegenstand haben (zB nach §§ 304, 683 f, 812 f oder 994 ff; BGHZ 75, 293); oder ihm muss ein Anspruch gegen den Gläubiger wegen eines Schadens zustehen, den ihm der herauszugebende Gegenstand (zB ein Tier) verursacht hat. Der Gegenstand, auf den die Verwendungen gemacht worden sind, und der Gegenstand des ZbR müssen identisch sein; der Anspruch aus Verwendungen auf ein belastetes Grundstück kann daher nicht dem Anspruch auf Löschung einer Grundschuld entgegengehalten werden (BGHZ 41, 37).

16 c) Der Schuldner darf den Gegenstand nicht durch eine **vorsätzlich begangene unerlaubte Handlung** erlangt haben, auch nicht durch eine derartige Handlung seines Vertreters. Bei vorsätzlichen Vertragsverletzungen gilt dies entspr (OLG Schleswig WM 72, 1259; 72, 1478; aA Palandt/Heinrichs § 273 Rn 24).

17 3. **Rechtsfolgen:** Das ZbR begründet als Leistungsverweigerungsrecht eine **aufschiebende Einrede**. Es ist nicht vAw zu berücksichtigen, sondern der Schuldner muss es grds ausdrücklich oder stillschweigend geltend machen (BGH NJW 83, 565; anders ausnahmsweise, wenn der Gläubiger von sich aus dem ZbR Rechnung trägt, BGHZ 60, 323). Nicht zulässig ist die erstmalige Erhebung in der Revisionsinstanz (BGH NJW 07, 1273). Die Ausübung gibt dem Gläubiger die Möglichkeit, ggf von seiner Befugnis zur Abwendung nach Abs 3 Gebrauch zu machen. Sie ist nur so lange möglich, wie die Leistung noch nicht bewirkt bzw bei Abs 2 der Schuldner noch im Besitz der Sache ist. Bei Leistung in Unkenntnis des ZbR hat der Schuldner keinen Rückgewähranspruch

aus § 813, da dieser eine dauernde Einrede voraussetzt. **Rechtsgestaltende Wirkung** hat die Ausübung des ZbR insofern, als sie den Anspruch des Gläubigers einschränkt: Der Schuldner ist nur noch verpflichtet, Zug um Zug zu leisten.
Die Ausübung des ZbR schließt den Eintritt des **Schuldnerverzuges** (§ 286) und den Anspruch auf Prozesszinsen (§ 291) aus. Bereits eingetretener Verzug wird aber nur geheilt, wenn der Schuldner die von ihm zu erbringende Leistung Zug um Zug gegen Erfüllung des Gegenanspruchs anbietet. Dag lässt das ZbR die **Fälligkeit** des Gläubigeranspruchs unberührt (aA KG NJW-RR 90, 553) und schließt nicht aus, dass auf den mit ihm behafteten Anspruch ebenfalls ein ZbR gestützt wird (BGH NJW 92, 557). Ein ZbR hemmt grds nicht die Verjährung. Nach Wegfall des § 202 II aF (ohne nähere Begr, BT-Drucks 14/6040, 118), ergibt sich dies nicht mehr aus dem Wortlaut, aber weiterhin aus dem allg Anliegen des Verjährungsrechts, das Anwendungsgebiet der Hemmung möglichst eng zu begrenzen (so bereits RGZ 120, 359). Der Schuldner kann trotz § 273 verurteilt werden (§ 274), der Gläubiger kann die Ausübung des ZbR jederzeit abwenden (§ 273 III). Das ZbR gibt dem Schuldner ein **Recht zum Besitz** (BGHZ 64, 124; BGH NJW-RR 86, 283; aA Seidel JZ 93, 182 f), aber nicht zum Gebrauch (BGHZ 65, 59). Im Insolvenzverfahren ist jedoch das ZbR – abgesehen vom Absonderungsrecht beim ZbR wegen Verwendungen und beim handelsrechtlichen ZbR (§ 51 Nr 2 und 3 InsO) – nicht zu verwirklichen (teilweise aA Marotzke JA 88, 124 ff). – Zu den prozessualen Folgen s § 274.

4. Ggü dem ZbR des Schuldners gibt Abs 3 S 1 dem Gläubiger eine **Abwendungsbefugnis durch Sicherheitsleistung** (§§ 232 ff). S 2 schließt jedoch die Stellung eines Bürgen nach § 232 II aus. Der Gläubiger muss die Sicherheitsleistung nicht nur anbieten, sondern tatsächlich erbringen (RGZ 137, 355). Für die Höhe der Sicherheitsleistung ist grds der Wert des Gegenanspruchs des Schuldners maßgeblich; hat der zurückbehaltene Gegenstand geringeren Wert, ist aber auf diesen abzustellen (RGZ 137, 355).

§ 274 Wirkungen des Zurückbehaltungsrechts

(1) Gegenüber der Klage des Gläubigers hat die Geltendmachung des Zurückbehaltungsrechts nur die Wirkung, dass der Schuldner zur Leistung gegen Empfang der ihm gebührenden Leistung (Erfüllung Zug um Zug) zu verurteilen ist.
(2) Auf Grund einer solchen Verurteilung kann der Gläubiger seinen Anspruch ohne Bewirkung der ihm obliegenden Leistung im Wege der Zwangsvollstreckung verfolgen, wenn der Schuldner im Verzug der Annahme ist.

Im **Prozess** ist das ZbR nicht vAw zu berücksichtigen (§ 273 Rn 17). Aus dem Parteivorbringen muss sich ergeben, dass der Schuldner es ausgeübt hat. Ein formeller Antrag zur Verurteilung Zug um Zug ist jedoch nicht notwendig. Soll das ZbR erst im Prozess ausgeübt werden, genügt der Antrag auf Klageabweisung allein nicht; die Ausübung kann sich aber aus der Klagebegründung ergeben (OLG Hamm MDR 78, 403). In höheren Instanzen wirkt die Ausübung des Zurückbehaltungsrechts ohne Wiederholung fort (BGH NJW-RR 86, 992).

Durch die Ausübung des ZbR kommt es zu einer Verknüpfung von Anspruch und Gegenanspruch, deren prozess- und vollstreckungsrechtliche Auswirkungen § 274 regelt. Im Unterschied zur Geltendmachung anderer aufschiebender Einreden führt die Ausübung des ZbR nicht zur Abweisung der Klage, sondern zur **Verurteilung Zug um Zug**. Zu ihr kommt es (verbunden mit teilweiser Klageabweisung) auch, wenn der Kläger (Gläubiger) eine uneingeschränkte Verurteilung begehrt (BGHZ 117, 3), da es sich bei ihr ggü der vollständigen Stattgabe lediglich um ein Minus handelt. Ebenfalls zur Leistung Zug um Zug ist der Beklagte (Schuldner) zu verurteilen, wenn er sich bereits im Annahmeverzug befindet (BGHZ 116, 248). Bei der Feststellung des Annahmeverzugs im Urt ist aber Abs 2 zu beachten. Wenn die Leistung des Gläubigers wiederum von einer Gegenleistung des Schuldners abhängt, zB Zuschusszahlung zur Nachbesserung, kommt es zur „doppelten Zug-um-Zug-Verurteilung" (BGHZ 90, 358 ff). In **Rechtskraft** erwächst nur die Entscheidung über die Leistungspflicht des Schuldners, nicht aber die Beurteilung der Gegenforderung. § 322 II ZPO ist insoweit nicht anwendbar (BGHZ 90, 196 f; 117, 3).

3 Für die **Zwangsvollstreckung** dient das Zug-um-Zug-Urt nur dem Gläubiger als Titel. Die Vollstreckung auf seiner Grundlage setzt voraus, dass der Schuldner entweder befriedigt wurde, sich im Annahmeverzug befindet (Abs 2) oder der Gläubiger zugleich mit der Vollstreckung ein Zug-um-Zug-Angebot seiner Leistung macht (§§ 756, 765 ZPO). Der Annahmeverzug des Schuldners kann bereits im Zug-um-Zug-Urt festgestellt werden (BGH WM 87, 1498). Auch ohne ausdrückliche Feststellung kann er sich aus dem Urteilsinhalt ergeben (KG OLGZ 74, 312).

Vorbemerkung zu §§ 275–292

1 **I. Begriff der Leistungsstörungen.** Schuldverhältnisse bezwecken nach § 241 I das Erbringen von Leistungen und erlöschen bei regelmäßigem Verlauf mit dem Eintritt des Leistungserfolges (§ 362). Doch kann es bei Durchführung der Schuldverhältnisse zu vielerlei Störungen kommen. Diese können den Eintritt des Leistungserfolges am richtigen Ort, zur richtigen Zeit und in der richtigen Art und Weise ganz oder teilweise verhindern oder erschweren. Mit ihnen können zudem Schädigungen einer Partei durch die andere verbunden sein. Derartige Beeinträchtigungen der Vertragsdurchführung und der Vertragsparteien werden üblicherweise unter dem **Begriff der Leistungsstörungen** zusammengefasst (grdlg Heinrich Stoll, Die Lehre von den Leistungsstörungen, 1936). Die Tatbestände des Leistungsstörungsrecht können ua an eine Nichterfüllung von Leistungspflichten anknüpfen, sind aber von der bloßen Nichterfüllung selbst zu unterscheiden: Erbringt der Schuldner lediglich seine Leistung nicht oder nicht vollständig, steht dem Gläubiger der Primäranspruch auf Erfüllung zu, der ggf durch Klage und Zwangsvollstreckung durchzusetzen ist. Aus den Tatbeständen der Leistungsstörung ergeben sich dag als **Rechtsfolge** Inhaltsänderungen des Schuldverhältnisses, die die ursprüngliche Leistungspflicht ganz oder teilweise entfallen lassen, ergänzen oder umwandeln. Die Umwandlung oder Erg kann insb zum Entstehen von **Schadensersatzpflichten** und **Rückgewährschuldverhältnissen** führen. Diese **Sekundärpflichten** treten aufgrund der Vorschriften des Leistungsstörungsrechts an die Stelle der ursprünglichen, primären Pflichten oder neben diese (iE dazu bei den jeweiligen Vorschriften).

2 **II. Konzeption des Leistungsstörungsrechts. 1. Übersicht: a)** §§ 275 ff enthalten Grundregeln des **allg Rechts der Leistungsstörungen.** Sie gelten für alle Schuldverhältnisse und werden für einzelne Arten von Schuldverhältnissen durch weitere Bestimmungen in anderen Teilen des allg Schuldrechts (zB §§ 320 ff für alle gegenseitigen Verträge) und im Recht der jeweiligen einzelnen Schuldverhältnisse (zB §§ 434 ff für Kaufverträge, §§ 633 ff für Werkverträge) ergänzt. Die zentralen Normen des allg Leistungsstörungsrechts bilden in dieser Konzeption § 275 und § 280. Der **Unmöglichkeit** (§ 275) kommt dabei die Funktion eines **Schuldbefreiungsgrundes** zu, während der einheitliche Tatbestand der **Pflichtverletzung** (§ 280) die Grundlage für die **Schadensersatzansprüche** sowie für den Ersatz von Aufwendungen bildet. Bei anfänglicher Unmöglichkeit ergeben sich die Schadens- und Aufwendungsersatzansprüche allerdings aus der speziellen Vorschrift des § 311 a II. Für Pflichtverletzungen bei gegenseitigen Verträgen regeln daneben §§ 323 ff das **Rücktrittsrecht** und das Entfallen des Anspruchs auf die Gegenleistung.

3 Die herkömmliche Bezeichnung als Leistungsstörungsrecht ist allerdings für die §§ 275 ff insofern zu eng, als Schuldverhältnisse nicht allein Leistungs-, sondern auch **Schutzpflichten** beinhalten können. Sie schützen das Integritätsinteresse der anderen Partei, indem sie – neben den Leistungspflichten oder als alleiniger Inhalt eines Schuldverhältnisses – zur Rücksichtnahme auf (sonstige) Rechte, Rechtsgüter oder Interessen verpflichten (§ 241 II). Ihr Verletzung kann ebenfalls zu Schadens- und Aufwendungsersatzansprüchen (§§ 280 I, III, 282, 284) sowie zu Rücktrittsrechten (§ 324) führen.

4 **b)** Diese Konzeption des Rechts der Leistungsstörungen und Schutzpflichtverletzungen beruht auf dem **SMG** und den vorangegangenen Diskussionen um die Reform des Schuldrechts seit den siebziger Jahren sowie zT auf den Vorgaben der Verbrauchsgüterkauf-RL, die im Interesse einer einheitlichen Neugestaltung des Schuldrechts weit über ihren gemeinschaftsrechtlich vorgeschriebenen Anwendungsbereich hinaus berücksichtigt wurden (Vor §§ 241–853 Rn 12; zu Gründen und Zielen Schulze/Schulte-Nölke, Schuldrechtsreform, 3 ff). Demgegenüber stand im alten **Leistungsstörungsrecht vor Inkrafttreten des SMG** die Unmöglichkeit in der Doppelfunktion eines Schuldbefreiungsgrundes (§ 275 aF) und des Grundtatbestandes für Schadensersatz bei Leistungsstörungen (§§ 280, 325 aF). Die praktisch wichtigste Grundlage für Schadensersatzansprüche, die pVV, war dag erst durch Rspr und Lehre entwickelt worden und konnte daher im System des deutschen Bürgerlichen Rechts keine vergleichbar zentrale Stellung einnehmen wie etwa die inexécution (Nichterfüllung, Art 1142, 1147 Code Civil) im französischen oder der breach of contract (Vertragsbruch) im englischen Recht und die Vertragsverletzung im UN-Kaufrecht. Das allg Leistungsstörungsrecht beruhte somit auf einer wenig übersichtlichen Mischung von Gesetzes- und Richterrecht. Daneben galt für einzelne Vertragsarten noch weitgehend eigenständiges besonderes Leistungsstörungsrecht (insb das auf römischrechtlicher Grundlage entstandene Kaufgewährleistungsrecht).

2. a) Durch die **neue Konzeption des SMG** sollte das Leistungsstörungsrecht eine einheitliche Struktur für das gesamte Schuldrecht erhalten. Das **Gewährleistungsrecht** einzelner Vertragsarten ist weitgehend in das allg Leistungsstörungsrecht integriert worden. Bei Mängeln der Kaufsache oder des Werkes haftet der Schuldner jetzt nach den allg Regelungen des Leistungsstörungsrechts (§§ 437, 634 a), die aber teilweise modifiziert werden (§§ 434 ff; §§ 634 ff). Geblieben sind Sonderregelungen bei Miete, Leihe und Reisevertrag (§§ 536 f; 600, 651 c ff), die in ihrem Anwendungsbereich den §§ 275 ff, 280 ff, 311 a II vorgehen (str). 5

b) Für die **primäre Leistungspflicht** (zB Pflicht des Verkäufers zur Lieferung und Übereignung der Ware) enthält § 275 die Grundregel, dass die **Unmöglichkeit** zur Befreiung von der Schuld führt. **Unmöglichkeit ieS gem § 275 I** liegt vor, wenn die geschuldete Leistung dauerhaft nicht erbringbar ist. Sie führt ohne weiteres zum Ausschluss der Leistungspflicht. Ist die Durchführbarkeit der Leistung dag theoretisch möglich, aber unverhältnismäßig oder unzumutbar (**Unmöglichkeit iwS**), so kann ein Fall der sog faktischen Unmöglichkeit (§ 275 II) oder persönlichen Unzumutbarkeit (§ 275 III) vorliegen, der erst mit Erhebung der betr Einrede zum Ausschluss der Primärleistungspflicht führt (iE § 275 Rn 15 ff). Weitere Bestimmungen über das Schicksal der Primärleistungspflicht im Falle von Leistungsstörungen treffen im allg Schuldrecht § 311 a I (**Wirksamkeit des Vertrages** bei anfänglicher Unmöglichkeit entgg § 306 aF), § 313 (Anpassung des Vertrages und in besonderen Fällen Rücktritt bei **Störung der Geschäftsgrundlage**) und § 314 (Kündigung von **Dauerschuldverhältnissen** aus wichtigem Grund). 6

c) Für das Entstehen und den Inhalt von **Sekundärpflichten** steht nach dem Muster des UN-Kaufrechts („Vertragsverletzung") der Begriff der **Pflichtverletzung** im Mittelpunkt (iE Schulze, in: Sandrock ua (Hrsg), Rechtsvergleichung als zukunftsträchtige Aufgabe, 2004, 93 ff). Soweit **Schadensersatz** begehrt wird, legt § 280 als **Grundtatbestand** fest, dass jede Verletzung einer Pflicht aus einem Schuldverhältnis die Verpflichtung zum Ersatz des dadurch entstehenden Schadens begründet. Anders als im UN-Kaufrecht ist dafür zwar zusätzlich Verschulden erforderlich; dieses wird jedoch (widerlegbar) vermutet (§ 280 I 2). Es kommt dabei nicht darauf an, ob der Schuldner eine Haupt- oder eine Nebenpflicht, eine Leistungs- oder eine Schutzpflicht verletzt hat, und auch nicht darauf, ob er überhaupt nicht, nicht rechtzeitig oder am falschen Ort geleistet hat oder ob er eine ganz andere als die geschuldete Leistung oder eine Leistung erbracht hat, die nach Menge, Qualität und Art oder aus sonstigen Gründen hinter der vertraglich versprochenen Leistung zurückbleibt (BT-Drucks 14/6040, 93). Der Begriff der Pflichtverletzung umfasst damit ua die früheren Leistungsstörungstypen der nachträglichen zu vertretenden Unmöglichkeit, des Verzugs sowie der Schlechterfüllung und der Verletzung von Nebenpflichten (pVV), aber auch die Verletzung vorvertraglicher Pflichten (cic; vgl § 311 II, III). 7

8 Str ist, wie das **Tatbestandsmerkmal der Pflichtverletzung** auszulegen ist. Nach überw Ansicht liegt bereits in der bloßen **Nichterfüllung** leistungsbezogener Haupt- oder Nebenpflichten eine **objektive Pflichtverletzung** iSd § 280 I 1, bei der das Verschulden gem § 280 I 2 vermutet wird (MK/Ernst § 280 Rn 10 ff; Schulze/Ebers JuS 04, 269). Die Frage, ob die eingetretene Leistungsstörung dem Schuldner, dem Gläubiger oder keiner der Parteien zuzurechnen ist, wird demgegenüber erst unter dem Gesichtspunkt mangelnden Vertretenmüssens relevant (so wohl auch BGH NJW 07, 3777, 3779; s Anm Berger, LMK 08, 250656). Anders sind aber diejenigen Fälle zu beurteilen, in denen eine nicht leistungsbezogene Nebenpflicht iSd § 241 II verletzt wird: Da die bloße Verletzung der in § 241 II genannten „Rechte, Rechtsgüter und Interessen" nicht zwangsläufig auf eine Pflichtverletzung hindeutet, muss bei dieser Form des Schadensersatzes konkret festgestellt werden, ob der Schuldner einer Pflicht aus der Sonderbeziehung zuwider gehandelt hat. Nach aA ist auch bei der Nichterfüllung leistungsbezogener Pflichten von einem **streng verhaltensbezogenen Konzept** auszugehen (Finkenauer WM 03, 669; Reichenbach Jura 03, 512 ff): Die Pflichtverletzung liege nicht in der bloßen Nichterfüllung, sondern stets in einem konkreten Verhalten des Schuldners, das von dem vorgegebenen Pflichtenprogramm abweiche (und bei einer Nichterfüllung diese herbeiführe). Folgt man dieser Auffassung, so wäre beispielsweise im Falle der Unmöglichkeit nicht die Nichtleistung, sondern erst ein bestimmtes Verhalten des Schuldners, das die Unmöglichkeit herbeigeführt hat, als Pflichtverletzung zu qualifizieren (Mattheus JuS 02, 213). Der Unterschied beider Sichtweisen zeigt sich für die Praxis in Hinblick auf die **Beweislastverteilung nach § 280 I 2**. Nach dem streng verhaltensbezogenen Konzept muss der Gläubiger nicht nur das Vorliegen einer Nichterfüllung darlegen und beweisen, sondern zugleich die Gründe, die zu der Nichterfüllung geführt haben. Gerade diese Konsequenz spricht aber gegen den Ansatz. Denn eine derartige Änderung der Beweislastverteilung war mit dem SMG nicht beabsichtigt. Der Gesetzgeber wollte im Gegenteil die von der Rspr zu §§ 282, 285 aF entwickelten Grundsätze der Beweislastumkehr kodifizieren und „eine für alle Leistungsstörungen geltende Beweislastregelung" schaffen (BT-Drucks 14/6040, 136). Eine streng verhaltensorientierte Auffassung der Pflichtverletzung läuft zudem dem Anliegen des SMG zuwider, den Grundtatbestand der Pflichtverletzung in enger Anlehnung an internationale Regelwerke wie UN-Kaufrecht (Basistexte II.5) und Lando-Grundregeln (Basistexte III.10) zu gestalten. Vorzugswürdig erscheint es daher, bereits die bloße Nichterfüllung einer leistungsbezogenen Pflicht als Pflichtverletzung anzusehen.

9 Einige Schadensersatzansprüche ergeben sich bereits aus § 280 I (**allg Schadensersatz**). Für die in § 280 II und III genannten Ansprüche sind dag zusätzliche Voraussetzungen erforderlich. Für den **Schadensersatz wegen Verzögerung** der Leistung müssen gem §§ 280 II, 286 die besonderen Anforderungen des Verzugs vorliegen. **Schadensersatz statt der Leistung** (Ersatz des Nichterfüllungsschadens) kann gem § 280 III nur unter den besonderen Voraussetzungen der §§ 281–283 verlangt werden: Bei einem Ausbleiben der Leistung oder einer Schlechtleistung muss dem Schuldner nach § 281 grds eine angemessene Nachfrist gesetzt werden, um ihm vor Abbruch des Leistungsprogramms eine weitere Gelegenheit zur Erfüllung zu geben. Braucht der Schuldner gem § 275 nicht zu leisten, so ergibt eine Nachfristsetzung keinen Sinn; § 283 verzichtet daher in den Fällen der nachträglichen Unmöglichkeit auf dieses Erfordernis und erklärt lediglich die sonstigen Regeln des § 281 für entspr anwendbar. Hat der Schuldner eine Schutzpflicht iSd § 241 II verletzt, so kommt ein Schadensersatzanspruch statt der Leistung nach § 282 nur in Betracht, wenn die Leistungserbringung für den Gläubiger unzumutbar geworden ist. Schließlich kann dem Gläubiger unter bestimmten Voraussetzungen ein Anspruch auf Aufwendungsersatz (§ 284) und Herausgabe des Ersatzes (§ 285) zustehen. Zur **Abgrenzung** zwischen § 280 I (allg Schadensersatz), §§ 280 I, II, 286 (Schadensersatz wegen Verzögerung) und §§ 280 I, III, 281–283 (Schadensersatz statt der Leistung) s § 280 Rn 4 ff.

10 Die hL geht davon aus, dass § 280 I mit Ausn der anfänglichen Unmöglichkeit (§ 311 a II) die **Anspruchsgrundlage für sämtliche Schadensersatzansprüche** bildet (Medicus/Lorenz SchR I, Rn 335). Nach aA handelt es sich bei den §§ 281–283 um eigen-

ständige Anspruchsgrundlagen, da sich die Schadensersatzansprüche statt der Leistung sowohl auf der Tatbestands- als auch auf der Rechtsfolgenseite vom Schadensersatzanspruch nach § 280 I erheblich unterscheiden (Canaris, Karlsruher Forum 2002, 2003, 34 ff). Während man nach dieser Ansicht nur von einem Anspruch „aus § 281 (bzw § 282 oder § 283) iVm § 280 I" sprechen dürfte, handelt es sich für die überw Meinung um einen Anspruch „aus §§ 280 I, III, 281 (bzw 282 bzw 283)".

Eine ggü § 280 **eigenständige Anspruchsgrundlage** enthält lediglich § 311 a II für den Fall der **anfänglichen Unmöglichkeit.** Grundlage für den Schadensersatz ist hier das Leistungsversprechen des Schuldners, während die §§ 280 ff eine bereits bestehende Leistungs- oder Schutzpflicht voraussetzen. Nach § 311 a II soll der Schuldner dag haften, weil er sich zu einer Leistung verpflichtet, obwohl er weiß oder wissen muss, dass er diese nicht erbringen kann. 11

d) Für Pflichtverletzungen bei **gegenseitigen Verträgen** kommt neben dem Schadensersatz auch der **Rücktritt** des Gläubigers gem §§ 323, 324, 326 V in Betracht. Das Rücktrittsrecht ist unabhängig vom Vertretenmüssen ausgestaltet und kann iU zu früher auch mit dem Schadensersatz kombiniert werden (§ 325). Entspr der Regelungstechnik der §§ 281–283 ist wiederum nach einzelnen Arten der Pflichtverletzung zu unterscheiden. Für die Fälle der Nichtleistung und der nicht vertragsgemäßen Leistung (Schlechtleistung) gilt § 323, für die Verletzung nicht leistungsbezogener Nebenpflichten § 324 und bei Unmöglichkeit der Leistung (§ 275) die Bestimmung des § 326 V. Ergänzend regelt § 326 I–IV das **Schicksal der Gegenleistung,** wenn der Schuldner bei Unmöglichkeit der Leistung gem § 275 von seiner Leistungspflicht befreit wird. 12

e) Vor den einzelnen Tatbeständen, die die Pflichtverletzung und ihre Rechtsfolgen regeln, ist in §§ 276–278 übergreifend für das gesamte Schuldrecht (und darüber hinaus grds für das Privatrecht insgesamt) der Maßstab dafür festgelegt, was der Schuldner **zu vertreten** hat (zB bei dem widerlegich vermuteten „Vertretenmüssen" nach § 280 I 2). § 276 I legt dabei die Grundentscheidung für das **Verschuldensprinzip** fest (dazu und zu den weit reichenden Ausn § 276 Rn 2, 22 ff). Das SMG hat das „Vertretenmüssen" des Schuldners iRd § 276 allerdings um die Fälle einer Garantie, eines Beschaffungsrisikos und der verschuldensunabhängigen Haftung kraft „Inhalt des Schuldverhältnisses" ergänzt. Die Erweiterung erfasst va die bisherigen Tatbestände des § 279 aF (Unvermögen bei Gattungsschulden) und der Haftung für zugesicherte Eigenschaften (iE § 276 Rn 23). 13

§ 275 Ausschluss der Leistungspflicht[1]

(1) Der Anspruch auf Leistung ist ausgeschlossen, soweit diese für den Schuldner oder für jedermann unmöglich ist.

(2) [1]Der Schuldner kann die Leistung verweigern, soweit diese einen Aufwand erfordert, der unter Beachtung des Inhalts des Schuldverhältnisses und der Gebote von Treu und Glauben in einem groben Missverhältnis zu dem Leistungsinteresse des Gläubigers steht. [2]Bei der Bestimmung der dem Schuldner zuzumutenden Anstrengungen ist auch zu berücksichtigen, ob der Schuldner das Leistungshindernis zu vertreten hat.

(3) Der Schuldner kann die Leistung ferner verweigern, wenn er die Leistung persönlich zu erbringen hat und sie ihm unter Abwägung des seiner Leistung entgegenstehenden Hindernisses mit dem Leistungsinteresse des Gläubigers nicht zugemutet werden kann.

(4) Die Rechte des Gläubigers bestimmen sich nach den §§ 280, 283 bis 285, 311 a und 326.

I. § 275 legt fest, dass der Schuldner bei Unmöglichkeit der Leistung (Abs 1; Rn 2 ff), bei einem grob unverhältnismäßigen Aufwand des Schuldners (Abs 2; Rn 18 ff) und bei 1

---

[1] **Amtl. Anm.:** Diese Vorschrift dient auch der Umsetzung der Richtlinie 1999/44/EG des Europäischen Parlaments und des Rates vom 25. Mai 1999 zu bestimmten Aspekten des Verbrauchsgüterkaufs und der Garantien für Verbrauchsgüter (ABl. EG Nr. L 171 S. 12).

Unzumutbarkeit persönlich zu erbringender Leistungen (Abs 3; Rn 23) von seiner Leistungspflicht befreit wird. § 275 erfasst daher nicht nur die „echte" Unmöglichkeit (Abs 1), sondern auch die Fälle der faktischen Unmöglichkeit (Abs 2) und persönlichen Unzumutbarkeit (Abs 3). Das **Entfallen der primären Leistungspflicht** schließt es nicht aus, dass unter weiteren Voraussetzungen Sekundärverpflichtungen für den Schuldner entstehen können (insb Schadens- und Aufwendungsersatz- sowie Rückgewährpflichten); dies stellt Abs 4 klar.

2 **Echte Unmöglichkeit** („wirkliche" Unmöglichkeit, Unmöglichkeit ieS) gem Abs 1 liegt vor, wenn die geschuldete Leistung in tatsächlicher oder rechtlicher Hinsicht dauerhaft nicht erbracht werden kann. Sie führt ohne weiteres zum Ausschluss der Leistungspflicht. Ist die Durchführbarkeit der Leistung dag theoretisch möglich, aber unverhältnismäßig oder unzumutbar, so finden andere Regeln Anwendung: Bei **faktischer Unmöglichkeit** gilt Abs 2, bei **persönlicher Unzumutbarkeit** Abs 3 und bei der **wirtschaftlichen** sowie **moralischen Unmöglichkeit** § 313 (zur Abgrenzung s Rn 20).

3 Mit der **Risikoverteilung** für den Ausfall der Leistung gibt § 275 iVm §§ 280, 283–285, 311 a dem Verschuldensprinzip Ausdruck: Die **Leistungsgefahr** trifft grds den Gläubiger; nur wenn der Schuldner die Unmöglichkeit nach §§ 276 ff zu vertreten hat, verlagert sie sich auf ihn. Als Ausgleich dafür trägt der Schuldner bei gegenseitigen Verträgen nach § 326 I grds das Risiko hins der Gegenleistung (also hins des Preises für die von ihm geschuldete Leistung; Preis- oder **Gegenleistungsgefahr**).

4 **Anwendbar** ist § 275 grds auf alle vertraglichen und gesetzlichen Schuldverhältnisse. Auf dingliche Ansprüche ist § 275 nur anzuwenden, wenn die rechtliche Eigenart des jeweiligen Anspruches dies gestattet (BGHZ 7, 271 ff; 8, 60 ff); daher ist zB Abs 1 nach RGZ 93, 105 (für § 275 aF) nicht auf §§ 985, 1004 anwendbar.

5 **II. 1. a)** Nach **Abs 1** ist der Anspruch auf die primäre Leistung ausgeschlossen, soweit diese für den Schuldner oder für jedermann unmöglich ist. Die gesetzlich angeordnete Befreiung von der Primärleistungspflicht ist als **echte Einwendung** ausgestaltet. Der Ausschluss der Leistungspflicht tritt ipso iure ein, wenn die Voraussetzungen des Abs 1 vorliegen; der Schuldner muss sich nicht auf die in Abs 1 geregelte Rechtsfolge berufen. Der Schuldner kann aber uU nach Treu und Glauben zur Anzeige des Eintritts der Unmöglichkeit ggü dem Gläubiger verpflichtet sein. Aus einer Verletzung dieser Nebenpflicht kann ein Anspruch auf Schadensersatz nach § 280 I resultieren.

6 Aus dem Wortlaut der Vorschrift („für den Schuldner oder für jedermann") ergibt sich, dass Abs 1 sowohl die **subjektive** als auch die **objektive** Unmöglichkeit erfasst. Darüber hinaus gilt Abs 1 für die **anfängliche** und für die **nachträgliche** Unmöglichkeit, denn im Ggs zu § 275 I aF spricht Abs 1 nicht mehr davon, dass die Leistung unmöglich „wird" sondern unmöglich „ist". Durch das Wort „soweit" kommt zum Ausdruck, dass Abs 1 sowohl die **vollständige** als auch die **teilweise Unmöglichkeit** regelt. – Die Befreiung des Schuldners von seiner Primärleistungspflicht ist in sämtlichen Fällen unabhängig davon, ob der Schuldner die Unmöglichkeit zu vertreten hat oder nicht.

7 **Kein Fall der Unmöglichkeit**, sondern der Verzögerung der Leistung liegt demgegenüber vor, wenn die geschuldete Leistung lediglich aufgrund eines **vorübergehenden Leistungshindernisses** nicht erbringbar ist. Nach hM ist als Unmöglichkeit nur die **dauernde Leistungsverhinderung** zu verstehen (BGH LM § 275 Nr 4 und 7). Vorübergehende Leistungshindernisse führen dag unter den Voraussetzungen der §§ 280 I, II, 286 (Verzug); 280 I, III, 281; 323 zu Schadensersatz- bzw Rücktrittsrechten (hL; iE Schulze/Ebers JuS 04, 267; aA Huber/Faust Kap 8 Rn 6 ff, 16). Um zu beurteilen, ob ein Leistungshindernis dauernden oder vorübergehenden Charakter hat, ist grds der Zeitpunkt seines Eintritts maßgeblich (BGHZ 96, 390; zur ausnahmsweisen Berücksichtigung späterer Entwicklungen BGH NJW-RR 94, 1357). Führt eine aus dieser Sicht nicht zu erwartende Entwicklung dazu, dass die Leistung wieder möglich wird, bleibt es bei der Unmöglichkeit, die Leistungspflicht lebt nicht wieder auf. Im Einzelfall kann aber § 242 eine Pflicht zum Neuabschluss begründen (RGZ 158, 331). Ausnahmsweise ist jedoch bei einem vorübergehenden Leistungshindernis Unmöglichkeit anzunehmen, wenn das Hindernis die Erreichung des Vertragszwecks in Frage

stellt und dem Vertragspartner daher die Einhaltung des Vertrages bis zum ungewissen Zeitpunkt des Entfallens des Leistungshindernisses nicht zuzumuten ist (BGHZ 47, 50; BAG BB 93, 727), zB bei Verhinderung der Leistungserbringung durch den Ausbruch eines Krieges oder durch politische Unsicherheiten und Unruhen von unabsehbarer Dauer am Leistungsort (BGHZ 83, 200). Kein Fall der dauerhaften Leistungsverhinderung liegt vor, wenn sich die Leistung lediglich in einer anderen als der zunächst vorgesehenen Art erbringen lässt und wenn diese Änderung den Parteien zumutbar ist (BGHZ 38, 149).

Mangelndes Zahlungsvermögen des Schuldners gilt hingegen unabhängig von seiner 8 Dauer nicht als subjektive Unmöglichkeit iSd § 275 (BGH NJW 89, 1278). Fehlen dem Schuldner die erforderlichen finanziellen Mittel zur Erfüllung seiner Verpflichtungen, kommen vielmehr stets die Vorschriften über den Verzug zur Anwendung. Bei der Herausgabepflicht hins bestimmter Banknoten oder eines in Geld bestehenden Surrogats nach § 285 (vgl BGHZ 140, 239 f) liegt dag keine Geldschuld vor (§ 244 Rn 7), so dass § 275 anwendbar ist.

Bei der Leistungsannahme muss für die **Unmöglichkeit in Abgrenzung zum Annahme-** 9 **verzug** der Annahme ein dauerndes Mitwirkungshindernis entgegenstehen (BGHZ 60, 17). Ist die Annahme hingegen nachholbar, liegt unter den Voraussetzungen der §§ 293 ff Annahmeverzug vor.

b) Die **objektive Unmöglichkeit** kann unterschiedliche Ursachen haben: **aa)** Bei **physi-** 10 **scher** (bzw tatsächlicher oder naturgesetzlicher) **Unmöglichkeit** kann die Leistung aufgrund natürlicher Gegebenheiten oder nach dem Stand von Wissenschaft und Technik nicht erbracht werden. Physische Unmöglichkeit liegt auch vor, wenn das Leistungssubstrat weggefallen ist und dadurch der Erfolg nicht mehr eintreten kann (**Zweckfortfall**; zB wenn das anzustreichende Haus abbrennt oder der zu behandelnde Patient stirbt). Entspr gilt, wenn der Leistungserfolg bereits ohne Zutun des Schuldners eingetreten ist, so dass der Schuldner die Leistungshandlung zwar noch vornehmen, aber nicht mehr den Erfolg bewirken kann (**Zweckerreichung**; zB wenn der Patient vor Eintreffen des Arztes gesundet). Nicht um Unmöglichkeit, sondern ggf um eine Störung der Geschäftsgrundlage (§ 313) handelt es sich dag bei der **Zweckstörung**. Bei ihr ist der Leistungserfolg noch herbeizuführen, das Interesse des Gläubigers an ihm aber entfallen (so wenn der Festumzug ausfällt, zu dessen Besichtigung ein Fensterplatz am Wege vermietet wurde; § 313 Rn 25).

Weitere **Fallgruppen** physischer bzw tatsächlicher Unmöglichkeit sind der Tod eines 11 unverzichtbar Beteiligten (etwa des Künstlers, auf dessen persönliche Mitwirkung eine Veranstaltung ausgerichtet war), allg der dauerhafte Ausfall der notwendigen Mitwirkung des Gläubigers oder eines Dritten und das Erlöschen des zu verschaffenden Rechts. Auch Leistungen, die sich auf einen Einsatz „übernatürlicher", zB magischer oder parapsychologischer Kräfte richten, sind idR objektiv unmöglich; so die Wahrsagepraktik, Auskunft und Ratschläge aus Spielkarten zu geben (BGH JZ 11, 631; dort auch zur Abgrenzung von Verträgen, die sich allein auf allg Lebensberatung richten oder die auf Unterhaltung und nicht tatsächlich auf den Einsatz magischer Kräfte gerichtet sind, zB Darbietungen auf dem Jahrmarkt). Da nicht auf den Erfolg, sondern auf den jeweiligen Inhalt der Leistungspflicht abzustellen ist, muss aber nicht stets Unmöglichkeit vorliegen, wenn zB die Erstellung eines astrologischen Gutachtens entspr bestimmten Kunstregeln und Überlieferungen vereinbart ist; str. Trotz Unmöglichkeit kann zudem im Einzelfall die Gegenleistung geschuldet sein, wenn die Parteien § 326 I abbedungen haben (§ 326 Rn 2).

bb) Bei **rechtlicher Unmöglichkeit** kann die Leistung aus Rechtsgründen nicht erbracht 12 werden. Dies kann daran liegen, dass der Gläubiger eine ihm zu verschaffende Rechtsposition bereits inne hatte oder von einem Dritten erlangt hat (zB wenn der Käufer oder der Beschenkte bereits Eigentümer der zu übereignenden Sache ist; s soeben Zweckerreichung). Zudem kann sich die Leistung auf einen Erfolg richten, der von der Rechtsordnung nicht zugelassen oder nicht anerkannt ist; zB beim Verstoß gegen §§ 134, 138 (BGH NJW 83, 2873), gegen ein absolutes Veräußerungsverbot, gegen ein Abtretungsverbot (BGHZ 122, 117; BGH NJW 95, 2026) oder ein Arbeitsverbot

(BAG NJW 88, 700). Rechtliche Unmöglichkeit besteht auch bei dauernden rechtlichen Hindernissen ggü der Leistungserbringung wie der Beschlagnahme der zu liefernden Sache oder der Enteignung eines zu übereignenden Grundstückes (BGHZ 90, 292; BGH DtZ 96, 28). Häufig beruht sie auf der Verweigerung einer behördlichen Genehmigung, die zur Erfüllung der Leistungspflicht oder zur Erreichung des Leistungszwecks erforderlich ist (s BGHZ 37, 240; BGH NJW 93, 651).

13 cc) Die **Unmöglichkeit durch Zeitablauf** ist nicht auf das Verstreichen der vereinbarten Leistungszeit beim absoluten Fixgeschäft (s § 323 Rn 7) beschränkt. Sie liegt auch vor, wenn bei zeitgebundenen Dauerschuldverhältnissen (wie Miet- oder Arbeitsverhältnissen) der jeweils für die Leistung bestimmte Zeitraum vergangen ist (BGH MDR 91, 524). Wird der Vertragsgegenstand durch die **Fortentwicklung des technischen Gebrauchszusammenhanges** entwertet, kann ebenfalls Unmöglichkeit eintreten. Entspr der Bewertung des Zweckfortfalls (Rn 7) liegt so Unmöglichkeit vor, wenn die Entwicklung der Computertechnik die zu liefernde Software wertlos gemacht hat (OLG Frankfurt/M NJW 98, 84).

14 dd) Bei **Unterlassungspflichten** entsteht die Unmöglichkeit aus der Zuwiderhandlung, sofern diese nicht rückgängig zu machen oder das Unterlassen nachzuholen ist (BGHZ 52, 398; zur Teilunmöglichkeit bei Dauerverpflichtungen zum Unterlassen Köhler AcP 190, 517).

15 c) Bei der **subjektiven Unmöglichkeit (Unvermögen)** ist nicht der Schuldner, aber ein anderer imstande, die Leistung zu erbringen. Sie liegt nicht vor, wenn der Schuldner ohne weiteres in der Lage ist, den geschuldeten Gegenstand von einem Dritten zu beschaffen bzw wiederzubeschaffen (BGH NJW 92, 3225) oder den Dritten, von dem die Leistung abhängt, durch rechtliche oder tatsächliche Einflussnahme zur Leistung bewegen kann (BGHZ 131, 183; OLG München NJW-RR 12, 826). Das Unvermögen kann ebenso wie die objektive Unmöglichkeit auf tatsächlichen und rechtlichen Gründen beruhen. **Physisches Unvermögen** besteht zB beim Abschluss von zwei Arbeitsverträgen für denselben Zeitraum, der Doppelvermietung des Sache (BGHZ 85, 271) und dem Diebstahl der geschuldeten Sache durch einen unauffindbaren Dieb sowie innerhalb der Gattungsschuld bei Beschaffungshindernissen, die nicht auf mangelnder persönlicher Leistungsfähigkeit beruhen. Wenn ein **erkrankter Arbeitnehmer** nach ärztlichem Urt objektiv nicht in der Lage ist, die an sich geschuldete Arbeitsleistung zu erbringen, liegt ebenfalls physisches Unvermögen iSd Abs 1 vor. Der Arbeitgeber ist in diesen Fällen nicht verpflichtet, Arbeitsversuche des Arbeitnehmers anzunehmen (Henssler/Muthers ZGS 02, 223). Kann der Arbeitnehmer demgegenüber seine Arbeit trotz Gesundheitsbeeinträchtigung wie geschuldet ausführen, so kann er gem Abs 3 wählen, ob er seine Arbeitsleistung erbringt oder sich wegen Unzumutbarkeit auf sein Leistungsverweigerungsrecht beruft (str); nach aA soll Abs 1 greifen (Canaris JZ 01, 504; Joussen NZA 01, 747) oder stets Abs 3 einschlägig sein (Löwisch NZA 01, 466; iE Schulze/Ebers JuS 04, 266). **Rechtliches Unvermögen** liegt vor, wenn dem Schuldner die für die Bewirkung der Leistung erforderliche Rechtsmacht fehlt, zB ggü dem Mieter bei der Vermietung fremder Sachen ohne Zustimmung des Eigentümers (BGHZ 85, 271); ggü dem Erwerber bei Veräußerung einer dem Eigentümer abhanden gekommenen Sache ohne dessen Genehmigung (BGHZ 8, 231) und ggü dem Erstkäufer bei Veräußerung des Kaufgegenstandes an einen Dritten, sofern kein Rückerwerb möglich und keine Zustimmung des Dritten zu erhalten ist (BGH NJW 84, 2031).

16 d) Abs 1 erfasst neben der vollständigen auch die **teilweise Unmöglichkeit**. Voraussetzung der teilweisen Unmöglichkeit ist die Teilbarkeit der Leistung (BGHZ 116, 337; § 266 Rn 4). Hingegen treten regelmäßig die Rechtsfolgen der **vollständigen Unmöglichkeit** ein, wenn die Leistung **unteilbar** ist. Dies ist beispielsweise der Fall, wenn der Verkäufer dem Käufer die verkaufte Sache nicht übergeben, sondern nur noch gem §§ 929 S 1, 931 übereignen kann (zB weil die Sache gestohlen wurde), denn bei einem Kaufvertrag bilden Übergabe und Eigentumsverschaffung eine rechtlich untrennbare Einheit, für die der Käufer ein einheitliches Entgelt leistet (BGH NJW 00, 1256). Darüber hinaus liegt vollständige Unmöglichkeit vor, wenn aufgrund der Umstände des Einzelfalles die teilweise Erfüllung nach Inhalt und Zweck des jeweiligen Schuldver-

hältnisses für den Gläubiger kein Interesse hat (BGH NJW-RR 95, 854). So kann es zur vollständigen Unmöglichkeit der geschuldeten Herstellung einer Werbezeitschrift führen, wenn der darin vorgesehene, für das Interesse der Leser ausschlaggebende Abdruck des Fernsehprogramms nicht zustande kommt (vgl RGZ 140, 383 für Rundfunkprogramm-Veröffentlichung). Selbst die Unmöglichkeit von Nebenleistungen kann ausnahmsweise zur vollständigen Unmöglichkeit führen (so wenn die Versendung der zu liefernden Sache wegen eines Krieges nicht möglich ist; RGZ 88, 37).

e) Ein Fall der **qualitativen Unmöglichkeit**, der ebenfalls unter Abs 1 fällt, liegt vor, **17** wenn der Verkäufer eine Sache liefert, die mit einem **Sachmangel** iSd § 434 behaftet ist und eine Nacherfüllung (§ 439) weder durch Beseitigung des Mangels noch – bei Gattungsschulden – durch Lieferung einer mangelfreien Sache möglich ist (zB weil die ganze Gattung die geschuldeten Eigenschaften nicht aufweist). Sie berechtigt im Kaufrecht zum sofortigen Rücktritt (§§ 326 V, 437 Nr 2, 434 I 1), zum Schadensersatz (§ 283 oder § 311 a II) oder zur Minderung (§§ 441 I, 326 V, 437 Nr 2, 434 I 1); iE § 437 Rn 12; Lorenz JZ 01, 742 ff. Entspr gilt für die Nacherfüllungspflicht beim Werkvertrag (§ 635; s dort). Zur str Frage, inwieweit beim Stückkauf eine Ersatzlieferung gem Abs 1 unmöglich ist, vgl § 439 Rn 1; zum umstrittenen Problem, ob der Verkäufer bei qualitativer Unmöglichkeit nicht nur von seiner Nacherfüllungspflicht, sondern auch von seiner Pflicht zur Übergabe und Übereignung der Kaufsache befreit wird, vgl Hofmann ZGS 04, 91 ff.

2. a) Abs 2 regelt die sog **faktische bzw praktische Unmöglichkeit**. Die Vorschrift ist **18** auf Extremfälle zugeschnitten. Bei ihr ist die Erbringung der Leistung zwar theoretisch noch möglich, jedoch steht der dafür erforderliche Aufwand in einem groben Missverhältnis zu dem Interesse des Gläubigers an der Leistung. Im Unterschied zu Abs 1 räumt Abs 2 dem Schuldner nur ein **Leistungsverweigerungsrecht** in Form einer **Einrede** ein. Der Schuldner kann somit wählen, ob er die Leistung – wenn auch unter überobligationsmäßigen Anstrengungen – erbringen will oder die ihm zustehende Einrede erhebt. Reagiert der Schuldner auf das Leistungsbegehren des Gläubigers, indem er auf das Leistungshindernis hinweist, so ist hierin idR eine konkludente Erhebung der Einrede zu sehen. Bei **Nacherfüllungsansprüchen** wegen eines Sach- oder Rechtsmangels gewähren §§ 439 III, 635 III (s dort) dem Verkäufer bzw Werkunternehmer unter weniger strengen Voraussetzungen weitere Verweigerungsmöglichkeiten. Zur str Anwendung des Rechtsgedankens dieser Vorschriften auch auf andere Leistungshindernisse – zB beim Abhandenkommen einer Sache – vgl Canaris JZ 04, 214; Picker JZ 03, 1035; Wilhelm DB 04, 1599.

b) Faktische Unmöglichkeit iSd Abs 2 liegt **beispielsweise** vor, wenn der geschuldete **19** Ring auf dem Meeresboden liegt und der See zur Bergung ausgepumpt werden müsste; bei Wiederherstellung nach wirtschaftlichem Totalschaden (BGH NJW-RR 91, 205); wenn der Verkäufer irrtümlich eine fremde Sache übereignet hat und sich der Eigentümer nur unter einem unverhältnismäßig hohen Preis zu einer Veräußerung bewegen lässt oder wenn eine verkaufte Sache durch Diebstahl, Verlust oder dergleichen abhanden gekommen ist und die Anstrengungen des Schuldners zur Wiedererlangung ggü dem Erfüllungsinteresse des Gläubigers ein völlig untragbares Ausmaß erreichen müssten. Dag liegt Unmöglichkeit ieS gem Abs 1 vor, wenn die Unauffindbarkeit der geschuldeten Sache feststeht (Rn 15; str). Bei zweifelhafter Sachlage ist dem Schuldner daher die Erhebung der Einrede zu empfehlen.

c) Abzugrenzen ist die praktische bzw faktische Unmöglichkeit von der Störung der **20** Geschäftsgrundlage (§ 313), insb von der sog **wirtschaftlichen Unmöglichkeit**, bei der die für die Erbringung der Leistung erforderlichen Anstrengungen außer Verhältnis zu den eigenen Interessen des Schuldners stehen (hierzu § 313 Rn 8). Derartige Sachverhalte fallen nicht unter Abs 2, sondern unter § 313 (BT-Drucks 14/6040, 130). Maßgeblicher **Unterschied** zwischen der wirtschaftlichen und der faktischen Unmöglichkeit ist der jeweilige Bezugspunkt iR der Verhältnismäßigkeitsprüfung: Während bei der wirtschaftlichen Unmöglichkeit auf die Interessen des Schuldners abzustellen ist, kommt es iR des Abs 2 allein darauf an, welches **Interesse** der **Gläubiger** an der Erfüllung des Primäranspruchs hat. Str ist aber die allg Bestimmung des Verhältnisses von

§ 275 und § 313. Nach verbreiteter Meinung ist § 275 ggü § 313 lex specialis mit der Folge, dass eine Vertragsanpassung iS des § 313 nur in Betracht kommt, wenn der Schuldner nicht schon nach § 275 frei wird bzw frei werden kann (Canaris JZ 01, 501; Lorenz/Riehm Rn 408). Für diese und gegen die vereinzelt vertretene Auffassung, dass § 313 ggü Abs 2 lex specialis sei (A. Schlüter ZGS 03, 351), spricht die gesetzgeberische Wertung für den Vorrang von Abs 2 ggü § 313 (BT-Drucks 14/6040, 130, 176). Nach aA hat der Schuldner grds ein Wahlrecht zwischen Abs 2 und § 313 (Schwarze Jura 02, 78 mit der Begr, der gemeinsame Zweck der Regelungen, den Schuldner vor einer untragbaren Belastung zu schützen, spreche für eine Kumulierung der Rechte des Schuldners). Daneben wird eine Berücksichtigung der Rechtsfolgen des Abs 2 und 313 für die Abgrenzung vorgeschlagen: Wenn eine Vertragsanpassung sinnvoll sei, solle § 313 in Erwägung gezogen werden (vgl Medicus, in: Haas/Medicus/Rolland/Schäfer/Wendtland, Das neue Schuldrecht, 2002, Kap 3 Rn 52).

21 **d)** Nach Abs 2 S 1 muss der **Aufwand des Schuldners** in einem **groben Missverhältnis** zu dem Leistungsinteresse des Gläubigers stehen. Der Begriff „Aufwand" erfasst sowohl Aufwendungen in Geld als auch Tätigkeiten und ähnliche persönliche Anstrengungen (BT-Drucks 14/6040, 130). Ein grobes Missverhältnis liegt vor, wenn der Aufwand des Schuldners erheblich über dem Leistungsinteresse des Gläubigers liegt. Bezugspunkt der nach Abs 2 gebotenen Abwägung ist das **objektive Leistungsinteresse des Gläubigers**, das sich aus dem Inhalt des Vertrages und dem darin vereinbarten oder vorausgesetzten (möglicherweise auch rein ideellen) Leistungszweck unter Berücksichtigung von Treu und Glauben ergibt (Palandt/Grüneberg § 275 Rn 28). Bereits die Vertragsauslegung kann ergeben, dass die Leistungserbringung angesichts der Schwierigkeiten nicht als geschuldet anzusehen ist. Ins Gewicht fallen kann bspw, ob die in Frage kommende Maßnahme zur völligen Mängelbeseitigung führt oder, ob sie den Schuldner zu immer wiederkehrenden weiteren Maßnahmen veranlasst (BGH NJW 05, 2852). UU kann aber auch in Betracht kommen, dass sich der Gläubiger am Aufwand des Schuldners beteiligt und dadurch seinen Anspruch auf die Leistung aufrechterhält (Huber/Faust Kap 2 Rn 31 f). Besonders zu beachten ist zudem, ob eine Stück- oder eine Gattungsschuld vorliegt (§ 243 Rn 3). Da bei der Gattungsschuld für den Schuldner idR eine Beschaffungspflicht besteht, kommt bei ihr eine Befreiung von der Leistungspflicht gem Abs 2 nur in Ausnahmefällen in Betracht (zB wenn eine nach einem Geheimverfahren hergestellte Ware nicht mehr beschafft werden kann; vgl RGZ 57, 119 f; str, wenn die Ware nur noch bei Verbrauchern vorhanden ist oder bei einem bloßen Inlands- oder Binnenmarktgeschäft aus außereuropäischen Gebieten beschafft werden müsste; befürwortend BGH NJW 72, 1703).

22 **e)** Hat der Schuldner das Leistungshindernis iSd §§ 276 ff zu vertreten, so sind nach **Abs 2 S 2 erhöhte Anstrengungen** zu dessen Überwindung zu erwarten. Ein Schuldner, der den Vertragsgegenstand schuldhaft an einen Dritten verkauft, muss daher für dessen Rückerwerb in aller Regel wesentlich mehr als den Marktpreis bieten, um in den Genuss der Befreiung von seiner Primärleistungspflicht zu kommen. Den Umkehrschluss, dass der Schuldner überhaupt keine Anstrengungen zu unternehmen braucht, wenn er das Leistungshindernis nicht zu vertreten hat, erlaubt Abs 2 S 2 dag nicht. In diesem Fall sind lediglich die Bemühungen und Aufwendungen, die von ihm zu erwarten sind, geringer (BT-Drucks 14/6040, 131; BGH NJW 05, 2852).

23 **3.** Nach **Abs 3** kann der Schuldner die Primärleistung nach Erhebung der Einrede (s Rn 18) verweigern, wenn er die Leistung **persönlich** zu erbringen hat und dies für ihn **unzumutbar** ist (Abgrenzung zur moralischen Unmöglichkeit § 313 Rn 9). Voraussetzung nach Abs 3 ist zunächst, dass die Leistung spezifisch mit der Person des Schuldners verknüpft ist (**höchstpersönliche Pflicht**). Dies ist va bei Dienstverträgen, insb Arbeitsverträgen der Fall (s § 613); auch bei Werk- oder Geschäftsbesorgungsverträgen kann eine höchstpersönliche Leistung geschuldet sein, wenn nach dem Willen der Vertragsparteien ausgeschlossen ist, dass der Schuldner andere Personen beauftragt. Weiterhin setzt Abs 3 voraus, dass die Erbringung der Leistung **für den Schuldner unzumutbar** ist. Ausschlaggebend hierfür ist eine **Abwägung** zwischen den **persönlichen Umständen des Schuldners**, die der Leistung entgegenstehen, und dem **Leistungsinter-**

esse des Gläubigers. Im Unterschied zu Abs 2 S 2 kommt es iRd Abs 3 bei der Abwägung nicht darauf an, ob der Schuldner das Leistungshindernis zu vertreten hat (BT-Drucks 14/6857, Anlage 3, 47; 14/7052, 183). Insofern kann auch der Arbeitnehmer, der seine Erkrankung selbst verschuldet hat, nicht zur Arbeitsleistung gezwungen werden (iE Rn 15). Weitere **Bsp** für eine persönliche Unzumutbarkeit sind die Absage eines Auftritts durch eine Sängerin, deren Kind lebensgefährlich erkrankt ist, oder während der Arbeitszeit unumgängliche Arztbesuche, Gerichts- und Behördengänge des Arbeitnehmers sowie das Fernbleiben eines Ausländers von der Arbeit, wenn dieser im Ausland seinen Wehrdienst antreten und bei Nichtbefolgen der Einberufung mit schwerer Strafe rechnen muss (BAG NJW 83, 2783).

4. Als **Rechtsfolge** der Abs 1–3 wird der Schuldner von seiner (primären) Verpflichtung 24 zur Leistung frei. Die Schuldbefreiung betrifft jedoch nur die jeweilige Leistungspflicht; das Schuldverhältnis als Ganzes bleibt bestehen (wie zB die Verpflichtung des Schuldners aus § 285 zur Herausgabe eines Ersatzes zeigt; vgl auch § 311 a I). Während der Erfüllungsanspruch in den Fällen des Abs 1 kraft Gesetzes ausgeschlossen ist, steht dem Schuldner gem Abs 2 und 3 ein Leistungsverweigerungsrecht zu. Die **Rechtsfolgen bei Teilunmöglichkeit** treten grds nur für den Teil der Leistung ein, dessen Erbringung unmöglich ist. Für den noch möglichen Teil bleibt die Leistungsverpflichtung des Schuldners bestehen. Die Verpflichtung zur Gegenleistung ist entspr herabgesetzt (§ 326 I 1, Halbs 2).

Hins der weiteren Rechtsfolgen verweist **Abs 4** auf die §§ 280, 283–285, 311 a 25 und 326. In diesen Vorschriften ist geregelt, welche **Rechte der Gläubiger** hat, wenn der Schuldner aufgrund Abs 1–3 nicht zu leisten braucht. Der Verweis dient nur der Klarstellung (Übersicht über die Rechtsfolgen Vor § 275–292 Rn 6 ff).

III. Bleibt zwischen den Parteien str, ob ein Leistungshindernis iSd Abs 1–3 vorliegt 26 oder nicht, so ist hierüber Beweis zu erheben (Canaris JZ 01, 500). Die **Beweislast** für das Vorliegen eines Ausschlussgrundes gem Abs 1 bzw eines Leistungsverweigerungsrechts gem Abs 2, 3 trägt der Schuldner. Um den Prozess nicht zu verlieren, muss der Gläubiger seine Erfüllungsklage hilfsweise mit einem Schadensersatzbegehren verbinden oder die vom Schuldner behauptete Unmöglichkeit unstreitig stellen und sofort auf Schadensersatz klagen.

§ 276 Verantwortlichkeit des Schuldners

(1) ¹Der Schuldner hat Vorsatz und Fahrlässigkeit zu vertreten, wenn eine strengere oder mildere Haftung weder bestimmt noch aus dem sonstigen Inhalt des Schuldverhältnisses, insbesondere aus der Übernahme einer Garantie oder eines Beschaffungsrisikos, zu entnehmen ist. ²Die Vorschriften der §§ 827 und 828 finden entsprechende Anwendung.

(2) Fahrlässig handelt, wer die im Verkehr erforderliche Sorgfalt außer Acht lässt.

(3) **Die Haftung wegen Vorsatzes kann dem Schuldner nicht im Voraus erlassen werden.**

I. 1. Was der Schuldner „zu vertreten" hat, ergibt sich aus §§ 276–278 für alle Tatbe- 1 stände, die dieses Merkmal enthalten (zB §§ 280 I 2, 311 a II 2, 536 a I). Die grdlg Norm ist § 276, der Regelungen verschiedener Art enthält: **Abs 1 S 1** bildet **keine eigenständige Anspruchsgrundlage** (BGHZ 11, 83; aA früher zB RGZ 106, 25), sondern gibt als **Zurechnungsnorm** dem Verschuldensprinzip Ausdruck. Er setzt das Bestehen eines Schuldverhältnisses voraus und gilt unabhängig davon, ob dieses rechtsgeschäftlich oder gesetzlich begründet wurde. §§ 276 ff gelten für öffentlich-rechtliche Verhältnisse entspr, soweit diese schuldrechtliche Verpflichtungen begründen und der Eigenart des öffentlichen Rechts nicht entgegensteht (§ 62 S 2 VwVfG; § 61 S 2 SGB X; BGHZ 135, 341 ff). Eine strengere Haftung kann sich gem Abs 1 S 1 aus dem Inhalt des Schuldverhältnisses, insb aus der Übernahme einer Garantie oder eines Beschaffungsrisikos, ergeben (Rn 23). **Abs 1 S 2** legt das Erfordernis der **Zurechnungsfähigkeit** (Verschuldensfähigkeit) auch für vertragliches Verschulden durch den Verweis auf das Deliktsrecht fest. Von der Zurechnungsfähigkeit streng zu unterscheiden ist die Geschäftsfähigkeit nach §§ 104 ff. **Abs 2** bestimmt den **Begriff der Fahrlässigkeit** für das gesamte Privatrecht und gibt ihm einen anderen Inhalt als im Strafrecht (Rn 10 ff). **Abs 3** bestimmt schließlich zwingend den **Ausschluss der Freizeichnung** für die Haftung wegen Vorsatzes und erfasst auch die deliktischen Ansprüche (BGHZ 9, 306).

2 **2.** Das Abs 1 S 1 zugrunde liegende **Verschuldensprinzip** bindet die Haftung an die Voraussetzung, dass ein vorwerfbares Verhalten des in Anspruch Genommenen den Schaden oder rechtswidrigen Zustand herbeigeführt hat (vgl BGHZ 119, 168). Es geht auf die Vorstellung der eigenverantwortlichen, autonomen Persönlichkeit und ein entspr Sozialbild zurück. Das SMG hält grds am Verschuldensprinzip festgehalten (BT-Drucks 14/6040, 131). Allerdings wird dieses Prinzip durch die in § 280 I 2 vorgesehene Umkehr der Beweislast (vgl ferner §§ 286 IV, 311 a II 2) erheblich relativiert und durch eine Reihe weiterer Bestimmungen innerhalb und außerhalb des BGB für die vertragliche und außervertragliche Haftung eingeschränkt oder durchbrochen. Eine Haftung unabhängig vom eigenen Verschulden (**objektive Haftung**) besteht zB gem Abs 1 S 1 bei Übernahme einer Garantie (insb wenn eine Eigenschaftszusicherung vorliegt) oder bei Übernahme eines Beschaffungsrisikos (Gattungsschulden; iE Rn 23); für Verschulden des gesetzlichen Vertreters oder Erfüllungsgehilfen (§ 278); für Mängel nach §§ 437 Nr 1 u 2, 536, 634 Nr 1–3, 651 c; für rechtsgeschäftliche Erklärungen nach Maßgabe des § 122 sowie in gewissem Umfang für fahrlässiges Verhalten durch die Objektivierung des Fahrlässigkeitsbegriffes (Rn 14). In der neueren Gesetzgebung zeigt sich die Abkehr vom Verschuldensprinzip für das Vertragsrecht va im UN-Kaufrecht. Für das Deliktsrecht des BGB wird das Verschuldensprinzip durch die Gefährdungshaftung des Tierhalters und in gewissem Maße durch Verschuldensvermutungen und Beweislastumkehr eingeschränkt; daneben haben zahlreiche Vorschriften außerhalb des BGB die außervertragliche objektive Haftung erheblich ausgedehnt (dazu Vor § 823 Rn 7).

3 **II. 1.** Den **Begriff des Verschuldens** definiert das BGB nicht ausdrücklich. Nach Entstehungsgeschichte (vgl Mot I, 281) und Systematik des Gesetzes ist er der Oberbegriff für die beiden in Abs 1 S 1 genannten Schuldformen Vorsatz und Fahrlässigkeit. In beiden Formen ist das Verschulden Ausdruck einer **subjektiven Vorwerfbarkeit** (die allerdings für die Fahrlässigkeit typisiert und insofern objektiviert wird; Rn 14). Vorausgesetzt ist stets ein **objektiv rechts- oder pflichtwidriges Verhalten** des Schuldners und dessen **Zurechnungsfähigkeit**.

4 **2. Rechtswidrig** ist jedes Verhalten, das in fremde Rechte oder rechtlich geschützte Interessen eingreift, ohne durch einen Rechtfertigungsgrund gedeckt zu sein (§ 823 Rn 71 f). Der Verletzungserfolg indiziert damit die Rechtswidrigkeit. Der Rechtswidrigkeit entspricht im Vertragsrecht die objektive **Pflichtwidrigkeit**. Sie liegt bei der Verletzung einer Leistungs- bzw Verhaltenspflicht aus dem Schuldverhältnis vor, sofern nicht ein besonderer Rechtfertigungsgrund besteht. Die Rechtfertigungsgründe stimmen im Wesentlichen mit denen des Deliktsrechts überein; in Betracht kommen so ua Notwehr (§ 227), Verteidigungsnotstand (§ 228), Selbsthilfe (§ 229), Notstand (§ 904). Demgegenüber stellt zwar die Lehre vom Verhaltensunrecht für die Beurteilung der Rechtswidrigkeit nicht in erster Linie auf den Erfolgseintritt beim Verletzten, sondern auf die Pflicht bzw Sorgfaltspflicht des Verhaltens ab und betrachtet dabei die objektiviert verstandene Fahrlässigkeit zT als ein Element der Rechtswidrigkeit (Nipperdey NJW 57, 1780). Doch sind die Unterschiede dieses Ansatzes ggü der hL vom Erfolgsunrecht im Regelfall für das Vertragsrecht von geringerem Belang als für das Deliktsrecht.

5 **3.** Für die **Zurechnungs- bzw Verschuldensfähigkeit** sind aufgrund der Verweisung in Abs 1 S 2 die §§ 827, 828 maßgeblich. Ebenfalls anwendbar ist der im Verweis nicht genannte § 829, da insoweit eine Differenzierung zwischen Delikts- und Vertragsrecht nicht geboten ist (sehr str; aA Böhmer NJW 67, 865). Gegen eine strenge Begrenzung des § 829 auf das Deliktsrecht spricht, dass die Rspr diese Vorschrift bei § 254 entspr heranzieht (vgl BGH NJW 82, 1150). Von der Beurteilung der Zurechnungs- bzw Verschuldensfähigkeit nach dem Maßstab der §§ 827, 828 streng zu trennen und stets erst

nach Feststellung der Zurechnungsfähigkeit zu prüfen ist die Frage, ob im konkreten Fall ein Verschulden in Form von Vorsatz oder Fahrlässigkeit vorliegt.

4. Für den **Vorsatz** gibt das Gesetz keine Begriffsbestimmung. Die Vorsatztheorie definiert ihn für das Privatrecht durch ein intellektuelles und ein voluntatives Element, das sich jeweils auf die Rechtswidrigkeit des Erfolges erstrecken muss: Vorsatz ist Wissen und Wollen des rechtswidrigen Erfolges. Im Unterschied zum Strafrecht, für das die Schuldtheorie maßgeblich ist, erfordert der Vorsatz im Privatrecht damit das Bewusstsein der Rechts- bzw Pflichtwidrigkeit.

Dieses Bewusstsein fehlt bei einem **Verbotsirrtum**; er lässt daher ebenso wie der Tatsachenirrtum den Vorsatz entfallen. Handelt es sich um einen vermeidbaren Irrtum, haftet der Schuldner stattdessen für Fahrlässigkeit. War der Irrtum unvermeidbar, ist die Verschuldenshaftung in beiden Formen ausgeschlossen (Rn 12). An das Bewusstsein der Rechts- bzw Pflichtwidrigkeit sind jedoch keine zu strengen Anforderungen zu stellen. Wenn der Schuldner vorsätzlich gegen grdlg Rechtspflichten verstößt, kann darin zugleich eine vorsätzliche Verletzung vertraglicher Pflichten zu sehen sein, selbst wenn sich der Schuldner dieser Vertragspflichtverletzung konkret nicht bewusst ist (BGH NJW 70, 1082). Zu berücksichtigen sind dabei aber die Umstände des Einzelfalles; das gängige Schlagwort der „Rechtsblindheit" ist zur Abgrenzung häufig unzulänglich. Nicht erforderlich ist das Bewusstsein der Rechtswidrigkeit, wenn die Haftung der Verletzung eines strafrechtlichen Schutzgesetzes iVm § 823 II beruht (BGH NJW 85, 135).

Der Vorsatz muss sich nur auf den **Verletzungserfolg** (im Vertragsrecht: Pflichtverletzung; im Deliktsrecht: Rechtsgut-, Schutzgesetz- oder Amtspflichtverletzung) beziehen und braucht nicht den eingetretenen Schaden zu umfassen (BGHZ 75, 329). Ausn davon bilden § 826 (s dort Rn 9) und §§ 105, 110 I 3 SGB VII (BGH NJW 03, 1605; krit hierzu Ebers NJW 03, 2655 ff). Besonderheiten gelten darüber hinaus beim Schmerzensgeldanspruch (§ 253 Rn 16). Ein Irrtum über den Kausalverlauf iE lässt den Vorsatz unberührt. Dies gilt auch, wenn dem Schuldner die Rechts- bzw Pflichtwidrigkeit bewusst ist und er sich lediglich über die rechtlichen Folgen täuscht (Rechtsfolgenirrtum).

Mehrere **Arten des Vorsatzes** sind vom Begriff des Abs 1 S 1 umfasst: Bei der **Absicht** („dolus directus ersten Grades") ist die Herbeiführung des rechtswidrigen Erfolges Handlungsmotiv; das Handeln ist final darauf gerichtet und der Handelnde hält den Eintritt zumindest für möglich. **Direkter Vorsatz** („dolus directus zweiten Grades") liegt vor, wenn der Handelnde den rechtswidrigen Erfolg als sichere bzw notwendige Folge seines willentlichen Verhaltens ansieht und den Erfolg insofern in seinen Willen aufnimmt. Bei **bedingtem Vorsatz** (dolus eventualis) hält der Handelnde den Eintritt des Erfolges hingegen lediglich für möglich und nimmt ihn billigend in Kauf (BGHZ 117, 368). Die Abgrenzung zur bewussten Fahrlässigkeit (Rn 17) kann dabei im Einzelfall problematisch sein.

5. a) Fahrlässigkeit bedeutet nach der Legaldefinition des Abs 2 das **Außerachtlassen der im Verkehr erforderlichen Sorgfalt**. Ebenso wie die Begriffsbestimmung für den Vorsatz durch Lehre und Rspr (Rn 6) gilt diese Definition für das gesamte Privatrecht. Auf ihrer Grundlage erfordert ein fahrlässiges Verhalten die Vorsehbarkeit und Vermeidbarkeit des Verletzungserfolges sowie die Beurteilung des Verhaltens nach einem Sorgfaltsmaßstab, der die Verkehrserfordernisse berücksichtigt.

b) Vorhersehbar muss nur der Eintritt eines Verletzungserfolges schlechthin sein, nicht der Geschehensablauf oder die Schadensentwicklung iE (BGH NJW 93, 2234; wie Rn 8). Die Vorhersehbarkeit kann sich auch aus dem Bestehen entspr vertraglicher Prüfungspflichten ergeben (zB aus einer Produktbeobachtungspflicht; BGHZ 80, 201 ff).

c) Vermeidbar ist ein Verletzungserfolg, der bei sorgfältigem Verhalten des Schuldners nicht eingetreten wäre. Grds hat der Schuldner Verletzungserfolge, die vorhersehbar sind, zu vermeiden und erforderlichenfalls Maßnahmen zur Sicherung und Abwendung von Gefahren auch unter Zeit- und Geldaufwendung zu treffen (BGH NJW 53, 258). Vorkehrungen für jegliche Gefahrenlagen einschließlich aller abstrakt denkbaren oder ganz entfernt liegenden Risiken können jedoch nicht gefordert werden. Unter den Gesichtspunkten der allg Lebensrisiken und der Sozialadäquanz sind in begrenztem Umfang Risiken hinzunehmen („erlaubtes Risiko"). Soweit bei diesen zulässigen Risiken nicht bereits die adäquate Kausalität oder die Rechtswidrigkeit entfallen, kann die Vorwerfbarkeit ausgeschlossen sein (iE sehr str). Auch bei Rechts- bzw Verbotsirrtümern ist die Vermeidbarkeit Voraussetzung der Fahrlässigkeit; dabei werden für die Unvermeidbarkeit hohe Anforderungen gestellt (BGHZ 131, 353 f; BGH NJW 08, 840).

13 d) Zur Beurteilung der Fahrlässigkeit dient ein **objektiv-abstrakter Sorgfaltsmaßstab** (BGH NJW 01, 1786; BGH NJW-RR 96, 980; stRspr), weil sich im Privatrechtsverkehr die Beteiligten darauf verlassen müssen, dass jeder über die Fähigkeiten und Kenntnisse zur Erfüllung seiner Pflichten verfügt. Diese Typisierung im Interesse des Verkehrsschutzes unterscheidet den Sorgfaltsmaßstab für die Fahrlässigkeit im Privatrecht von demjenigen des Strafrechts. Maßgeblich sind somit nicht die individuellen Kenntnisse und Fähigkeiten; sondern es kommt darauf an, wie sich ein gewissenhafter und bedachter Mensch aus dem jeweiligen Verkehrskreis in der bei Lage verhalten hätte (RGZ 95, 17; BAG NJW 99, 966). Verursacht eine Partei durch die Geltendmachung von möglicherweise nicht bestehenden Ansprüchen auf Gewährleistung einen Schaden bei der Gegenpartei, liegt nach BGH NJW 08, 1147 keine Fahrlässigkeit vor, wenn der eigene Rechtsstandpunkt dieser Partei plausibel erscheint. IdR nicht zur Entlastung führen zB mangelndes Fachwissen, fehlende Ausbildung oder Erfahrung (BGHZ 113, 303 f; BGH NJW 88, 909 mwN; BGH NJW 03, 2024); Überbeanspruchung (BGH VersR 53, 338 für einen Arzt) oder der Sehfehler eines Kfz-Fahrers (BGH JZ 68, 103). Im Einzelfall können allerdings besondere Fähigkeiten oder Kenntnisse zu Lasten des Schuldners eine erhöhte Sorgfaltspflicht begründen (zB Ortskenntnisse; BGH VersR 71, 667); denn angesichts dieser besonderen Gegebenheiten entsprechen die gesteigerten Anforderungen in gleichem Maße dem Zweck des Verkehrsschutzes wie es die Typisierung des Anforderungsprofils für den Regelfall des Rechtsverkehrs gewährleisten soll.

14 Um die **im Verkehr** erforderliche Sorgfalt zu bestimmen, ist auf die jeweiligen **Verkehrskreise** unter Berücksichtigung der Besonderheiten des Geschäftstyps und der typischerweise daran beteiligten Personengruppen abzustellen. Zu unterscheiden ist insb nach **Berufs-, Bildungs- und Altersgruppen**. Gruppentypische Sorgfaltsmaßstäbe kommen zB in Betracht für den „ordentlichen" Kaufmann (§ 347 HGB; vgl BGHZ 92, 402); für Gewerbetreibende (BGHZ 31, 367); Geschäftsführer, Vorstands- und Aufsichtsratsmitglieder (§ 43 I GmbHG; §§ 34 I 1, 41 GenG; §§ 93 I, 116 AktG); Fachärzte (BGH NJW 99, 1779); Kraftfahrer (BGH NJW 88, 909); Menschen hohen Alters; Jugendliche (BGH NJW 84, 1958); Kinder (BGH NJW-RR 97, 1111); auch **Behinderte** (MK/Grundmann § 276 Rn 66). Besonderheiten des **Geschäftstyps** und der typischerweise daran beteiligten Personengruppen können va bei typischerweise mit hohem Risiko verbundenen Geschäften und bei regelmäßiger Beteiligung eines in dieser Hinsicht unerfahrenen Personenkreises zu erhöhten Sorgfaltsanforderungen führen (etwa für die Bank ggü ihren Kunden). Nach der Art des Geschäftes können uU aber auch geringere Sorgfaltsanforderungen bestehen (OLG Karlsruhe NJW-RR 88, 1264). **Zwischenhändler**, die industriell gefertigte Ware weiterverkaufen, und **private Verkäufer** müssen die veräußerte Ware grds nicht untersuchen (BT-Drucks 14/6040, 112; BGH NJW 04, 2301; BGHZ 74, 388 mwN; krit Huber AcP 177, 301). Bei gebrauchten Kfz ist demgegenüber eine Untersuchungspflicht anzunehmen, wenn der Gebrauchtwagenhändler gleichzeitig eine Werkstatt betreibt (BT-Drucks 14/6040, 112). Zu den Aufklärungs- und Beratungspflichten des Verkäufers vgl iE §§ 311 Rn 14, 433 Rn 11.

15 Die **erforderliche** Sorgfalt ist unter Berücksichtigung der gefährdeten Rechtsgüter sowie der Art und des Umfanges der Gefährdung zu bestimmen. Als **normativer Maßstab** stimmt die erforderliche Sorgfalt dabei nicht zwangsläufig mit der üblichen Sorgfalt der jeweiligen Verkehrskreise überein (BGH NJW 86, 1100). Verbreitete und zur Gewohnheit gewordene Nachlässigkeiten oder Unzulänglichkeiten bei der Organisation (BGHZ 89, 271) und sonstige „Verkehrsunsitten" schließen daher die Vorwerfbarkeit

nicht aus. Ein Vergleich des Aufwandes für Schutzmaßnahmen mit dem Schaden, der ohne diese Maßnahmen entstehen würde (Kosten-Nutzen-Berechnung), kann in die Ermittlung der Sorgfaltsanforderungen einbezogen werden, sofern lediglich Sachschäden in Betracht stehen. Ein **Übernahmeverschulden** kann den Schuldner bei risikobehafteten Tätigkeiten treffen, wenn er die Ausführung ohne die erforderliche Fachkunde, Ausrüstung oder Vorbereitung übernimmt (BGHZ 106, 330; 88, 259 f).

Zur Konkretisierung der Sorgfaltsanforderungen nach Abs 2 können auch andere **Rechtsvorschriften und Regelwerke** herangezogen werden, beispielsweise die StVO, Vorschriften zur Unfallverhütung, AGB (BGH NJW 01, 286 für die Verwendungsbestimmungen bei ec-Karten), Richtlinien von Verbänden der beteiligten Verkehrskreise (OLG Köln NJW 90, 2262 für den Spitzenverband der Banken), technische Regeln (BGHZ 54, 354 f), DIN-Normen (BGHZ 103, 341) und Regeln des Sports (BGHZ 58, 43). Derartige Regeln dienen aber nur als Anhalt (BGH NJW 85, 621); das Verschulden ist jeweils im Einzelfall unter eigener Bewertung festzustellen. 16

e) Als zwei **Arten der Fahrlässigkeit** stehen sich die bewusste und die unbewusste Fahrlässigkeit ggü. Bei der **bewussten Fahrlässigkeit** (luxuria) hält der Handelnde den Eintritt des Verletzungserfolges für möglich, handelt aber im Vertrauen auf dessen Ausbleiben. Im Unterschied zum bedingten Vorsatz nimmt er dabei den Eintritt des Erfolges nicht billigend in Kauf. Bei **unbewusster Fahrlässigkeit** (neglegentia) erkennt der Handelnde nicht die Möglichkeit des Eintritts eines Verletzungserfolges, hätte sie aber erkennen und vermeiden können. 17

f) Als **Grade** (Stufen) **der Fahrlässigkeit** sind die einfache (leichte) und die grobe Fahrlässigkeit zu unterscheiden (sowie ferner die Verletzung der eigenüblichen Sorgfalt; dazu § 277 Rn 1). Für die Arbeitnehmerhaftung wird zudem noch zT eine „leichteste" Fahrlässigkeit (BAGE 57, 59 ff) und eine „besonders grobe" Fahrlässigkeit (BAG VersR 98, 896) berücksichtigt. Der Regelfall ist die **einfache Fahrlässigkeit** (daher auch gewöhnliche Fahrlässigkeit). Sie liegt vor, wenn die besonderen Merkmale grober Fahrlässigkeit nicht erfüllt sind. 18

Grobe Fahrlässigkeit setzt voraus, dass die im Verkehr erforderliche Sorgfalt in besonders schwerem Maße verletzt ist. Insb ist dies anzunehmen, wenn etwas nicht beachtet wurde, was jedem in der gegebenen Situation ohne weiteres hätte einleuchten müssen (BGH NJW 99, 966), ganz nahe liegende und einfache Erwägungen unterblieben sind oder leichtfertig Bedenken übergangen wurden, die sich aufgrund typischer Anzeichen für die Gefährdung geradezu aufdrängen mussten (BAG NJW 74, 949). Anders als bei der leichten Fahrlässigkeit tritt dabei neben das objektive Kriterium der ungewöhnlichen Schwere des Sorgfaltsverstoßes eine **subjektive Komponente**, so dass auch individuelle Gegebenheiten in der Person des Handelnden (wie eine individuell geringere Einsichtsfähigkeit) zu berücksichtigen sind (BGHZ 10, 17; BGH NJW 01, 2093). Zu dieser subjektiven Komponente gehört nicht notwendig (vgl OLG Karlsruhe NJW-RR 88, 669), aber regelmäßig das Bewusstsein der Gefährlichkeit (vgl BGH WM 89, 1183). Im Regelfall grob fahrlässig handelt beispielsweise, wer unter Alkoholeinfluss ein Kfz führt (BGH NJW 85, 2648), eine rote Ampel überfährt (BGHZ 119, 148) oder eine Waffe zum Scherz abfeuert, ohne zu überprüfen, ob sie geladen ist (OLG Hamm VersR 83, 566). Bei der Abgrenzung zur leichten Fahrlässigkeit hindert die Berücksichtigung der subjektiven Umstände idR die Anwendung der Grundsätze des Anscheinsbeweises (BGH VersR 86, 254). 19

Die große **Bedeutung der groben Fahrlässigkeit** in der Praxis beruht ua auf einer Reihe gesetzlicher **Haftungserleichterungen**, die die Verantwortlichkeit des Schuldners auf grobe Fahrlässigkeit beschränken (zB §§ 300 I, 521, 599, 680, 968). Ähnl Haftungserleichterungen bestehen beispielsweise auch für Arbeitnehmer bei betrieblichen Tätigkeiten (iE § 619 a Rn 4 ff; Waltermann Jus 09, 193 ff) und für gerichtliche Sachverständige (BVerfG NJW 79, 305). Grobe Fahrlässigkeit ist ferner Voraussetzung des Regresses des Dienstherrn gegen den Beamten (§ 75 I 1 BBG; § 48 S 1 BeamtStG) und des Sozialversicherungsträgers (§ 110 SGB VII). Sie bildet eine Grenze für den gutgläubigen Erwerb (§ 932 II; Art 16 II WG) und die Haftungsfreizeichnung in AGB (§ 309 Nr 7 b; dazu Art 3 III iVm Anh Nr 1 b Klausel-RL). 20

21 **III. 1.** Die **Haftung für Vorsatz und Fahrlässigkeit** tritt nach Abs 1 S 1 nur ein, wenn eine strengere oder mildere Haftung weder gesetzlich oder vertraglich bestimmt noch dem sonstigen Inhalt des Schuldverhältnisses zu entnehmen ist.

22 **2. Haftungserweiterungen: a) Gesetzliche Haftungserweiterungen** ggü der Haftung für Vorsatz und Fahrlässigkeit begründen eine verschuldensunabhängige Haftung und bilden Ausn ggü dem Verschuldensprinzip. **Vertragliche Haftungserweiterungen** sind durch Individualvereinbarungen in den Grenzen der §§ 138, 242 zulässig (BGHZ 119, 162; beispielhaft für eine wechselseitige Haftungsbeschränkung bei gemeinsamer Fahrzeugnutzung durch ergänzende Vertragsauslegung BGH NJW 09, 1482 ff). Beispiele dafür sind der Garantievertrag oder die Übernahme einer Gefährdungshaftung. Bei Haftungserweiterungen durch AGB sind die Schranken der §§ 307 II, 309 Nr 4–6, (dazu Art 3 III iVm Anh Nr 1 e, 1 q, 1 l Klausel-RL) zu berücksichtigen. Grds zulässig ist die Vereinbarung einer **Schadenspauschalierung** (BGH NJW 70, 32). In AGB ist sie aber gem § 309 Nr 5 (dazu Art 3 III iVm Anh Nr 1 q Klausel-RL) nur wirksam, soweit die Pauschale nicht über der Schadenshöhe liegt, die nach dem gewöhnlichen Lauf der Dinge zu erwarten ist, und dem Vertragspartner des Verwenders nicht der Nachw eines geringeren Schadens im konkreten Fall abgeschnitten wird. Von der Schadenspauschalierung zu unterscheiden ist die Vertragsstrafe (dazu § 339 Rn 4; § 309 Nr 6, vgl dazu Art 3 III iVm Anh Nr 1 e, f Klausel-RL). Haftungserweiterungen in AGB sind grds eng und iZw zuungunsten der Erweiterung auszulegen.

23 **b)** Eine **verschärfte Haftung** kann sich darüber hinaus aus dem **sonstigen Inhalt des Schuldverhältnisses** ergeben. Abs 1 S 1 nennt zwei Fallgruppen, in denen ein abw Haftungsmaßstab eine Rolle spielen kann: die Übernahme einer Garantie und die Übernahme eines Beschaffungsrisikos. Mit dem Begriff der **Garantieübernahme** will der Gesetzgeber va **Eigenschaftszusicherungen,** aber auch sonstige Garantien bei Kauf-, Miet- und Werkverträgen erfassen (BT-Drucks 14/6040, 132). Nach dem SMG hat die Eigenschaftszusicherung insb im Kaufrecht durch die Aufhebung von § 463 S 1 aF keine eigenständige Bedeutung mehr. Stattdessen ist der Schadensersatzanspruch des Käufers gem §§ 447 Nr 3, 280 I von einem Vertretenmüssen des Verkäufers abhängig. Daher soll durch Abs 1 S 1 zum Ausdruck gebracht werden, dass der Verkäufer bei einer selbständigen Garantieübernahme bereits aufgrund der Eigenschaftszusicherung haftet; der Schuldner hat aber in den Grenzen der §§ 309 Nr 8 b, 444 die Möglichkeit, die Garantie vertraglich einzuschränken (s § 444 Rn 1 ff). Die Garantie des Abs 1 S 1 ist von der in § 443 geregelten unselbständigen Garantie zu unterscheiden (iE § 442 Rn 7 f und § 443 Rn 2). Die zweite in Abs 1 S 1 besonders hervorgehobene Fallgruppe, die **Übernahme eines Beschaffungsrisikos**, betrifft va den Fall der Gattungsschuld (iE § 243 Rn 6). Bei dieser haftet der Schuldner ohne Rücksicht auf ein Verschulden für alle vertragstypischen Leistungserschwernisse, insb für die Beschaffung des geschuldeten Gegenstandes. Ob der Schuldner darüber hinaus ohne Verschulden für die Mangelfreiheit des zu beschaffenden Gegenstandes einzustehen hat, bemisst sich dag gem Abs 1 S 1 nach dem „Inhalt des Schuldverhältnisses", insb nach dem Umfang einer etwaigen Garantie (Lorenz NJW 02, 2502). Nach aA haftet der Schuldner bei Gattungsschulden demgegenüber auch für Mängel stets verschuldensunabhängig, da er zu einer Leistung in mittlerer Art und Güte (§ 243 I) verpflichtet sei (so Canaris DB 01, 1815; Huber/Faust, Kap 3 Rn 26; v Westphalen ZGS 02, 154 ff). Gegen diese Auffassung spricht indessen das dem BGB zugrunde liegende Verschuldensprinzip (Rn 2) sowie die Tatsache, dass das SMG die frühere Rechtslage nicht ändern wollte (BT-Drucks 14/6040, 131 f).

24 **3. Haftungsbeschränkungen: a) Gesetzliche Haftungsbeschränkungen** können insb den für die Haftung erforderlichen Grad der Schuld auf Vorsatz und grobe Fahrlässigkeit begrenzen (Rn 19) oder eine Haftung nur für die Vernachlässigung der eigenüblichen Sorgfalt (sog **individuelle Fahrlässigkeit**) vorsehen (§ 277). Soweit der Schuldner nach Art einer Garantie haftet, können gesetzliche Haftungsmilderungen grds nicht herangezogen werden (vgl BGH NJW 01, 2102). Für die Gefährdungshaftung sind häufig summenmäßige Begrenzungen vorgesehen (§ 10 ProdHaftG; § 12 StVG; § 15 Umwelt-HaftG; für die Gastwirtshaftung § 702). Die Rspr hat Haftungsbegrenzungen für Schäden des Arbeitgebers bei betriebsbedingter Tätigkeit des Arbeitnehmers entwickelt (während bei Schädigung eines Dritten der Arbeitnehmer nicht beschränkt haftet, aber einen Freistellungsanspruch gegen den Arbeitgeber haben kann); dazu § 619 a Rn 4 ff; Waltermann Jus 09, 193 ff. Zur Haftungsbeschränkung bei Gefälligkeitsverhältnissen s Vor §§ 241–853 Rn 25.

b) Vertragliche Haftungsbeschränkungen sind grds zulässig. Die Haftungsbeschränkung kann sich aus ergänzender Vertragsauslegung ergeben (zB wechselseitiger Haftungsbeschränkung bei gemeinsamer Fahrzeugnutzung BGH NJW 09, 1482 ff). Zudem kann die Vereinbarung einer Haftungsbeschränkung vor Schadenseintritt getroffen werden (**Freizeichnung**). Dadurch wird das Entstehen des Schadensersatzanspruches ausgeschlossen bzw der entstehende Anspruch von vornherein begrenzt (anders als etwa durch ein pactum de non petendo; vgl BGH NJW 98, 2277; § 271 Rn 5). Die Vereinbarung kann nicht nur als Bestandteil eines Vertrags, sondern auch als selbständiger Vertrag geschlossen werden (str). Ausnahmsweise kann sie auch durch schlüssiges Handeln zustande kommen, etwa bei einer Probefahrt (BGH NJW 86, 1099 f; str), nicht aber bei Verstößen gegen übliche Verkehrssicherungspflichten (BGH NJW 82, 1144). Das sog Handeln auf eigene Gefahr ist idR nicht der stillschweigenden Haftungsbeschränkung zuzurechnen, sondern fällt unter § 254 (s dort Rn 10). 25

Freizeichnungsklauseln sind grds **eng** und zu Lasten desjenigen, der seine Haftung mildern will, **auszulegen** (BGH NJW 86, 2758). Daher umfasst eine Haftungsbeschränkung bei der Gewährleistung iZw nicht die Haftung aus Leistungsnebenpflichten (vgl BGH NJW 69, 1710) oder Delikt (vgl BGH NJW 92, 2017). 26

Gegenstand der Haftungsbeschränkung können zB bestimmte **Schadensarten** (etwa Personen- oder Sachschäden) oder Schadensbeträge (summenmäßige Festlegung von **Höchstbeträgen** oder Eigenbeteiligung) sein. Vereinbart werden können auch **verkürzte Verjährungsfristen** oder zusätzliche Haftungsvoraussetzungen (wie Inspektions- und Rügepflichten des Gläubigers). **Grenzen der Zulässigkeit** enthalten außer Abs 3 und §§ 138, 242 eine Reihe spezieller Vorschriften, ua § 444; § 475 I (dazu Art 6 I, 7 I Verbrauchsgüterkauf-RL); § 7 HaftPflG; § 8 a II StVG; § 506 (dazu Art 14 II VerbrKr-RL). Für AGB ist die Freizeichnung durch §§ 307, 309 Nr 7 (dazu Art 3 III iVm Anh Nr 1 b Klausel-RL) begrenzt (iE § 309 Rn 24 ff sowie Schulze/Ebers JuS 04, 466 f). 27

Wirkung ggü Dritten entfalten vertragliche Haftungsbeschränkungen, soweit die Dritten in den Schutzbereich der Vereinbarung einbezogen sind. IZw gilt dies zB für Arbeitnehmer des Schuldners (BGHZ 130, 228 ff) und für den Fahrer, der vom Mieter eines Kfz mit der Durchführung der Fahrt beauftragt ist (BGH NJW 82, 988). 28

Gem **Abs 3** ist **kein wirksamer Ausschluss der Haftung für Vorsatz im Voraus** möglich. Dies gilt jedoch nicht für die Haftung für vorsätzliches Handeln von gesetzlichen Vertretern und Erfüllungsgehilfen (§ 278 S 2). 29

§ 277 Sorgfalt in eigenen Angelegenheiten

Wer nur für diejenige Sorgfalt einzustehen hat, welche er in eigenen Angelegenheiten anzuwenden pflegt, ist von der Haftung wegen grober Fahrlässigkeit nicht befreit.

I. Neben der leichten und der groben Fahrlässigkeit (§ 276 Rn 18) kennt das BGB als einen weiteren Grad der Fahrlässigkeit die Verletzung der **eigenüblichen Sorgfalt** (Sorgfalt in eigenen Angelegenheiten; diligentia quam in suis). Im Unterschied zum regelmäßig anwendbaren Haftungsmaßstab der leichten Fahrlässigkeit ist dieser Haftungsmaßstab nur zu verwenden, wenn er durch Gesetz oder Parteivereinbarung für das betr Schuldverhältnis vorgesehen ist. § 277 legt fest, dass der Schuldner aber auch in diesen Fällen für grobe Fahrlässigkeit haften muss. 1

II. Die **Beschränkung der Haftung auf die eigenübliche Sorgfalt** ist vom Gesetz insb bei besonderen persönlichen Beziehungen vorgesehen (so bei der Gesellschaft, § 708; zwischen Ehegatten, § 1359; für Eltern, § 1664; für den Vorerben ggü dem Nacherben, § 2131); entspr gilt für die nichteheliche Lebensgemeinschaft (OLG Oldenburg FamRZ 86, 676). Auch §§ 346 III 1 Nr 3, 347 I 2, 347 I 2, 690 beschränken die Haftung auf 2 die eigenübliche Sorgfalt. Diese Haftungsbeschränkungen erstrecken sich auch auf konkurrierende deliktische Ansprüche (BGHZ 46, 316). Allerdings ist die gemeinsame Teilnahme am Straßenverkehr von der Haftungsprivilegierung der §§ 708, 1359 und 1664 nach dem Zweck der Vorschriften nicht erfasst (BGHZ 46, 317 f; NJW 88, 1208; einschränkend auf das Führen eines Kfz OLG Hamm NJW 93, 543).

3 Anders als bei der leichten Fahrlässigkeit ist für die eigenübliche Sorgfalt ein **subjektiver Maßstab** maßgeblich. Abzustellen ist auf das gewöhnliche individuelle Verhalten und die Eigenheiten der betr Person (daher auch die Bezeichnung „konkrete Fahrlässigkeit"). Durch diesen Maßstab soll die Haftung aber nur beschränkt, nicht erweitert werden. Wer üblicherweise größere Sorgfalt und Umsicht als im Verkehr erforderlich walten lässt, haftet daher nicht etwa aufgrund der Vorschriften über die eigenübliche Sorgfalt über den Maßstab des § 276 hinaus.

4 Nach § 277, 2. Halbs betrifft die Beschränkung der Haftung auf eigenübliche Sorgfalt **nur die leichte Fahrlässigkeit**. Bei grober Fahrlässigkeit kann sich der Schuldner nicht darauf berufen, dass er auch in eigenen Angelegenheiten die erforderliche Sorgfalt in derartig schwerwiegender Weise außer Acht lässt, sondern muss für sein Verschulden einstehen (zu den Voraussetzungen der groben Fahrlässigkeit § 276 Rn 19).

5 III. Wer sich auf die Haftungserleichterung der eigenüblichen Sorgfalt beruft, trägt die **Beweislast** dafür, dass er im konkreten Fall nicht weniger sorgfältig gehandelt hat als gewöhnlich (BGH VersR 60, 804; OLG Karlsruhe NJW 94, 1967).

§ 278 Verantwortlichkeit des Schuldners für Dritte

¹Der Schuldner hat ein Verschulden seines gesetzlichen Vertreters und der Personen, deren er sich zur Erfüllung seiner Verbindlichkeit bedient, in gleichem Umfang zu vertreten wie eigenes Verschulden. ²Die Vorschrift des § 276 Abs. 3 findet keine Anwendung.

1 I. 1. § 278 ist keine eigene Anspruchsgrundlage, sondern eine **Zurechnungsnorm** iR bestehender Schuldverhältnisse. Die Vorschrift bildet eine **Ausn vom Verschuldensprinzip** des § 276 I 1, indem sie den Schuldner auch ohne dessen eigenes Verschulden für das Verhalten seines gesetzlichen Vertreters oder Erfüllungsgehilfen haften lässt. Diese Ausn ist allerdings va aufgrund der vielfältigen inner- und überbetrieblichen Aufgabenverteilung in der modernen hochgradig arbeitsteiligen Wirtschaft praktisch zum Regelfall bei der vertraglichen und vorvertraglichen Haftung geworden. Hins des gesetzlichen Vertreters liegt der Gedanke der Repräsentationshaftung zugrunde: Wem die volle Teilnahme am Rechtsverkehr nur durch das Handeln eines anderen möglich ist, soll für dessen Handeln auch einstehen. Die Haftung für den Erfüllungsgehilfen beruht auf dem Gedanken, dass der Nutzung der Arbeitsteilung zur Erweiterung des Geschäftskreises eine Ausweitung der Verantwortung und Risikotragung entsprechen muss. Der Schuldner hat daher die erhöhten Risiken zu tragen, wenn er bei der Vorbereitung und Durchführung der Leistung Hilfspersonen einsetzt (BGH NJW 96, 465).

2 2. Nur die Haftung für Gehilfen **innerhalb bestehender Schuldverhältnisse** ist durch § 278 geregelt. Streng davon zu unterscheiden ist die Haftung für Gehilfen außerhalb eines Schuldverhältnisses: Bei Ansprüchen auf deliktischer Grundlage ist § 278 nicht anwendbar, sondern der Geschäftsherr haftet gem § 831 für vermutetes eigenes Verschulden, wenn sein Verrichtungsgehilfe einen Dritten schädigt.

3 II. 1. Voraussetzungen: a) Das **Bestehen eines Schuldverhältnisses** ist mit dem Wort „Schuldner" in § 278 vorausgesetzt. Die rechtliche Sonderverbindung darf nicht erst durch die schädigende Handlung entstehen (wie der deliktische Anspruch), sondern muss bereits bestehen. Unerheblich ist, ob sie auf Vertrag oder Gesetz beruht und ob sie im Schuldrecht oder in anderen Teilen des Bürgerlichen Rechts geregelt ist. Umfasst ist zB das vorvertragliche Schuldverhältnis (§ 311 II, III; s dort Rn 13), das Verhältnis zwischen Finder und Empfangsberechtigtem (§ 971), das EBV (§ 990), das Verhältnis zwischen Wohnungseigentümern (OLG Düsseldorf NJW-RR 95, 1165), das Verhältnis zwischen Pfändungsgläubiger und Drittberechtigtem (BGHZ 58, 215) und zwischen

Insolvenzverwalter und Massegläubiger (BGHZ 93, 283), die Rechtsbeziehung aufgrund eines Wettbewerbsverstoßes (BGH NJW 95, 716 f). Auch auf Ansprüche Dritter aus Verträgen zugunsten Dritter oder mit Schutzwirkung für Dritte ist § 278 anwendbar. Str ist die Anwendung auf die Rechtsgemeinschaft (§ 741 Rn 7). Wegen des Fehlens eines Schuldverhältnisses **nicht anwendbar** ist § 278 auf die allg Pflicht, andere nicht zu schädigen, und darauf beruhende Verkehrssicherungspflichten (BGHZ 103, 342 f), auf rein tatsächliche Gemeinschaften etwa unter den Beschäftigten eines Betriebes oder den Mietern eines Gebäudes sowie nach hM auf das nachbarrechtliche Gemeinschaftsverhältnis als Konkretisierung des Eigentums (BGHZ 95, 148; aA Palandt/Grüneberg § 278 Rn 3). **Entspr anwendbar** ist § 278 auf öffentlich-rechtliche Sonderverbindungen wie öffentlich-rechtliche Verträge (§ 62 S 2 VwVfG) oder Benutzungsverhältnisse (BGH NJW 84, 617; zB zwischen Gemeinde und einzelnem Anschlussnehmer BGH NJW 07, 1061).

b) aa) Weitere Voraussetzung ist die Beteiligung eines gesetzlichen Vertreters oder eines Erfüllungsgehilfen. Als **gesetzliche Vertreter** im weiten Verständnis des § 278 sind alle Personen zu verstehen, die aufgrund gesetzlicher Vorschriften mit Wirkung für andere handeln können (BGH NJW 58, 670 f). Dazu gehören neben Eltern (§§ 1626 ff), Vormund (§§ 1793 ff), Betreuer (§ 1902) und Pfleger (§ 1915) auch Parteien kraft Amtes wie der Testamentsvollstrecker (RGZ 144, 402) und Nachlass-, Insolvenz- und Zwangsverwalter (BGH NJW 58, 670 f); außerdem der Ehegatte, der nach § 1357 oder als verwaltungsberechtigter Ehegatte in der Gütergemeinschaft nach § 1422 für den anderen handelt. **Nicht** unter § 278, sondern unter §§ 31, 89 fällt nach hM die **Haftung juristischer Personen für ihre Organe.** Die §§ 31, 89 gelten zudem entspr für die OHG und KG. Die Haftung für Organe kann daher nicht nach § 278 S 2 ausgeschlossen werden. Auf Mitarbeiter einer juristischen Person oder OHG ohne die herausgehobene Stellung eines Organs ist § 278 dag anwendbar (iE zur Organhaftung § 31). 4

bb) Erfüllungsgehilfe ist, wer nach den tatsächlichen Gegebenheiten bei der Erfüllung einer Verbindlichkeit des Schuldners mit dessen Willen als dessen Hilfsperson tätig wird (BGHZ 13, 113; BGH NJW 96, 451). Die Formulierung des S 1 „sich ... bedient" schließt es aus, dem Schuldner Tätigkeiten anderer zuzurechnen, wenn er diese nicht gewollt und gebilligt hat. § 278 ist daher nicht auf die GoA (§§ 677 ff) anzuwenden, soweit der Schuldner diese nicht nachträglich genehmigt. Ebenso sind Tätigkeiten, die die Hilfsperson nur auf Weisung der anderen Partei ausführt, nicht erfasst. Erfüllungsgehilfe kann allerdings eine Hilfsperson sein, die der Gläubiger dem Schuldner auf dessen Anforderung oder mit dessen Einverständnis stellt, zB ein Mitarbeiter des Bestellers bei der Nachprüfung der Mängelfreiheit des Werkes (OLG Hamm NJW 74, 1091). Keine Erfüllungsgehilfen sind dag Personen, deren bloße Überlassung geschuldet wird (Überlassung von Arbeitnehmern; BGH NJW 75, 1696). Maßgeblich ist, ob Leistungsgegenstand nur die Überlassung einer Person oder eine von der Person vorzunehmende Tätigkeit ist. 5

Nicht ausschlaggebend ist die Art des **Verhältnisses zwischen Schuldner und Hilfsperson.** Es genügt eine rein tatsächliche Zusammenarbeit (BGH NJW 85, 915) oder eine öffentlich-rechtliche Beziehung (BGHZ 62, 124 f; BGH NJW 84, 617). Die Hilfsperson muss auch nicht einer Weisungsbefugnis des Schuldners unterliegen (BGH NJW 96, 451) oder von diesem sozial abhängig sein; der Schuldner braucht nicht einmal zu ihrer Kontrolle und Überwachung in der Lage zu sein (etwa bei einem Rechtsanwalt oder Notar, BGHZ 62, 124). Anders als § 831 ist daher § 278 auf **selbständige Unternehmen**, die der Schuldner einschaltet, anwendbar (etwa auf den Spediteur bei der Erfüllung einer Bringschuld oder die Bank bei der Ausführung eines Überweisungsauftrages). Dies gilt ebenso für selbständige Beauftragte des Schuldners wie Architekten (BGHZ 95, 131), Rechtsanwälte (BGHZ 74, 285), Steuerberater und Gutachter (OLG Karlsruhe NJW 05, 515). Die Hilfsperson muss auch nicht notwendig mit dem Bewusstsein und Willen handeln, eine Verbindlichkeit für den Schuldner zu erfüllen („unbewusster Erfüllungsgehilfe"; BGHZ 13, 114; 98, 334). 6

Hilfspersonen des Erfüllungsgehilfen sind selbst Erfüllungsgehilfen des Schuldners, wenn sie mit dessen ausdrücklichem oder stillschweigendem Einverständnis tätig wer- 7 den (mittelbare Erfüllungsgehilfen; BGH NJW 88, 1908). Bei generellem Einverständnis braucht der Schuldner nicht zu wissen, welche mittelbaren Erfüllungsgehilfen der primäre Erfüllungsgehilfe einschaltet (vgl BGH NJW 52, 217 f). Mittelbare Erfüllungsgehilfen können zB die Mitarbeiter eines Unternehmens sein, wenn dieses von einem anderen Unternehmen als Erfüllungsgehilfe eingesetzt wird, oder der Unterfrachtführer eines Hauptfrachtführers (BGHZ 130, 228). Zieht der Erfüllungsgehilfe ohne Einverständnis des Schuldners weitere Hilfspersonen hinzu, ist zwar deren Verschulden nicht gem § 278 dem Schuldner zuzurechnen. In der eigenmächtigen Einbeziehung weiterer Hilfspersonen liegt aber idR ein Verschulden des primären Erfüllungsgehilfen. Dieses hat der Schuldner gem § 278 zu vertreten, so dass er iErg gleichwohl haftet (LG Frankfurt/M NJW-RR 96, 1425 f).

8 Kein Erfüllungsgehilfe ist eine Ersatzperson, der der Schuldner bei einem Auftrags- oder Verwahrungsverhältnis eine Aufgabe berechtigtermaßen überträgt (**Substitut**). Nach §§ 664 I 2, 691 S 2 haftet der Schuldner nicht für dessen Verschulden, sondern nur gem § 276 für eigenes Verschulden bei der Übertragung der Ausführung, insb für Verschulden bei der Auswahl des Substituten. Entspr gilt, soweit andere Vorschriften auf § 664 verweisen (§§ 27, 713, 2218). Da § 675 keinen derartigen Verweis enthält, sind aber bei der entgeltlichen Geschäftsbesorgung Unternehmen, denen der Schuldner die Ausführung der Tätigkeit mit Zustimmung des Gläubigers überlässt, Erfüllungsgehilfen iSv § 278 (vgl RGZ 161, 70 ff; OLG Hamm NJW 74, 1090).

9 **c) aa)** Der gesetzliche Vertreter oder Erfüllungsgehilfe muss in **Erfüllung einer Verbindlichkeit** des Schuldners handeln. Davon umfasst sind **alle Arten von Verbindlichkeiten** des Schuldners; also Haupt- und Nebenpflichten, auch Auskunfts-, Mitteilungs- und Schutzpflichten (BGHZ 95, 179) sowie Unterlassungspflichten (BGH NJW 88, 1907; str). Beispielsweise ist Erfüllungsgehilfe des Mieters, soweit diesen Obhuts- und Schutzpflichten treffen, jede Person, der der Mieter willentlich durch die Nutzung der Mietsache eine Einwirkungsmöglichkeit eröffnet, etwa Familienangehörige, Gäste, Untermieter (§ 540 II), Hauspersonal und Angestellte, Lieferanten und Handwerker (BGHZ 66, 354) sowie von ihm beauftragte Speditionsunternehmer (RGZ 106, 134). Verbindlichkeiten des Schuldners iSd § 278 können auch einzelne Obliegenheiten sein (so die Schadensminderung gem § 254 I 2), ohne dass aber die Obliegenheiten generell einbezogen sind (zB nicht die Obliegenheit des Versicherungsnehmers nach § 81 VVG; es sei denn, der verletzende Dritte ist Repräsentant des Versicherungsnehmers; BGHZ 11, 122 f; BGH NJW 81, 1953). – Entspr anzuwenden ist § 278 zudem bei der Verletzung der Rügepflicht nach § 377 HGB (Staud/Löwisch/Caspers § 278 Rn 44); bei § 326 II auf Pflichtverletzungen eines Gehilfen des Gläubigers (so BAG NJW 69, 767 zu § 324 I aF); bei der Nichtannahme der Leistung durch den gesetzlichen Vertreter oder Gehilfen im Hinblick auf den Annahmeverzug gem §§ 293 ff. Grds kann auch in der Untätigkeit des Gehilfen ein gem § 278 dem Schuldner zurechenbares Verhalten liegen (str).

10 **bb)** Es muss sich dabei um eine Verbindlichkeit gerade **des Schuldners** handeln. Zu prüfen ist daher jeweils, ob die vom Vertreter oder Gehilfen wahrgenommene Tätigkeit zum **Pflichtenkreis des Schuldners** gehört. Inhalt und Umfang des Pflichtenkreises sind konkret durch das betr Schuldverhältnis bestimmt. ZB ist beim **Kaufvertrag** der Hersteller (Lieferant) einer Sache idR nicht Erfüllungsgehilfe des Verkäufers, da die Pflichten des Verkäufers nicht die Herstellung umfassen (BGH NJW-RR 89, 1190; str). Liefert der Hersteller auf Weisung des Verkäufers direkt an den Käufer, ist er Erfüllungsgehilfe nur hins der Lieferung (BGH WM 71, 1122 f). Beim Versendungskauf sind die Transportpersonen nicht Erfüllungsgehilfen des Käufers, da in dessen Pflichtenkreis nur die Übergabe der Sache an die Transportperson fällt. Dag ist § 278 nach hM anzuwenden, wenn der Versendungsverkäufer den Transport von seinen eigenen Mitarbeitern durchführen lässt. Beim **Werkvertrag** sind Subunternehmer (BGHZ 66, 43) und die in die Produktion eingeschaltete Muttergesellschaft (OLG Nürnberg NJW-RR 93, 1304) Erfüllungsgehilfen, nicht aber Zulieferer (BGH NJW 02, 1565), es sei denn, der Zulieferer ist in den Pflichtenkreis des Unternehmers einbezogen worden (OLG Karlsruhe ZIP 98, 1689). Selbständige **Vermittler (Makler)** sind idR nicht Erfüllungsgehilfen des Auftraggebers, es sei denn, ihnen ist die Führung der wesentlichen Vertragsver-

handlungen überlassen worden (BGH NJW 96, 452; OLG Hamm NJW-RR 03, 486; KG NJW-RR 03, 1137).

cc) Der gesetzliche Vertreter oder Erfüllungsgehilfe muss gerade **in Erfüllung der Ver-** 11 **bindlichkeit** handeln. Nach hM ist dafür maßgeblich, dass die schuldhafte Handlung des Vertreters oder Gehilfen in einem unmittelbaren sachlichen Zusammenhang mit den Aufgaben steht, die diesem im Hinblick auf die Vertragserfüllung übertragen sind (BGHZ 23, 323; BGH ZIP 97, 445). Durch den unmittelbaren sachlichen Zusammenhang soll sich das Handeln in Erfüllung der Verbindlichkeit von einem bloßen **Handeln bei Gelegenheit** der Erfüllung unterscheiden; letzteres soll dem Schuldner nicht nach § 278 zurechenbar sein (BGH NJW 65, 1710). Der Schuldner hat danach zB zu vertreten, dass seine Gehilfen bei Reparaturarbeiten im Hause des Kunden unachtsam Einrichtungsgegenstände beschädigen oder einen Brand verursachen (BGHZ 31, 365 f). Nicht zuzurechnen sein soll ihm dag ein Diebstahl, den seine Gehilfen bei Gelegenheit der Arbeiten im Hause des Kunden begehen. Eine sachgerechtere und schärfere Abgrenzung ermöglicht jedoch das Kriterium, dass die Tätigkeit, die der Schuldner dem Gehilfen übertragen hat, die Gefahr einer Schädigung des Gläubigers erheblich erhöht haben muss (vgl Medicus/Lorenz, SchR I Rn 391). Nach diesem Maßstab muss der Schuldner entgg der hM für den Diebstahl seines Gehilfen im Hause des Kunden einstehen, weil gerade die Übertragung der Reparaturarbeiten durch den Schuldner dem Gehilfen Eingang in das Haus des Gläubigers verschafft und damit die konkrete Gefährdung geschaffen hat. Der Zurechnung gem § 278 steht bei derartigen schädigenden Handlungen nicht entgg, dass ihr Unterlassen Rechtspflicht für jedermann ist; denn allg Rechtspflichten und vertragliche Schutzpflichten mit gleichem Inhalt können generell nebeneinander bestehen. Nicht überzeugend ist daher im angeführten Diebstahl-Fall das Argument, die Unterlassung werde nicht „vertragsspezifisch" geschuldet (so aber Larenz, SchR I § 20 VIII, 302). Nicht zu vertreten hat es der Schuldner nach der hier vertretenen Auffassung hingegen, wenn sein Gehilfe den Gläubiger schädigt, ohne dass die Aufgabenzuweisung innerhalb des Schuldverhältnisses die Gefahr dafür erheblich erhöht hat (zB wenn die Gehilfen das auf der öffentlichen Straße vor dem Haus geparkte Auto des Kunden entwenden).

Für zurechenbar hat die **Rspr** das Verhalten der Erfüllungsgehilfen zB gehalten, wenn 12 Mitarbeiter des Beförderungs- oder Lagerunternehmens die zu befördernden oder zu lagernden Gegenstände entwenden (BGH VersR 81, 733); der Angestellte eines Hotels unerlaubt das Auto eines Gastes benutzt (BGH NJW 65, 1709); der Fahrer des Mieters den gemieteten Wagen entwendet (OLG München NJW-RR 87, 727 f); Beschäftigte eines Unternehmens, die für einen anderen hergestellte Leistung vorsätzlich beschädigen oder zerstören (OLG Frankfurt/M BauR 96, 394); der Gehilfe bei Abschluss eines Vertrages ggü dem Vertragspartner unzutreffende Angaben macht oder einen irreführenden Prospekt benutzt (BGHZ 84, 143). Keine Erfüllungsgehilfen des Arbeitgebers sind dag idR Werkunternehmer, die Arbeiten auf dem Firmenparkplatz ausführen und dabei den Pkw eines Arbeitnehmers beschädigen (BAG NJW 00, 3369); iE Kamanabrou NJW 01, 1187. Zur Frage, inwieweit der Schuldner seine Haftung für Erfüllungsgehilfen (über § 276 III hinaus) ausschließen kann, vgl § 309 Rn 24.

2. Rechtsfolgen: Der Schuldner haftet für das Verschulden des gesetzlichen Vertreters 13 bzw Erfüllungsgehilfen nach Maßgabe der jeweiligen Anspruchsgrundlage. Dag kommt ein Anspruch des Schuldners gegen den gesetzlichen Vertreter bzw Erfüllungsgehilfen zumeist nur aus außervertraglichen Ansprüchen, insb aus Delikt in Betracht, sofern nicht ausnahmsweise die Voraussetzungen der §§ 280 I, 311 III vorliegen. Der Gläubiger muss sich ein (Mit-)Verschulden seines gesetzlichen Vertreters oder Erfüllungsgehilfen gem § 254 II 2 zurechnen lassen (iE § 254 Rn 9).

§ 279 (weggefallen)

§ 280 Schadensersatz wegen Pflichtverletzung

(1) ¹Verletzt der Schuldner eine Pflicht aus dem Schuldverhältnis, so kann der Gläubiger Ersatz des hierdurch entstehenden Schadens verlangen. ²Dies gilt nicht, wenn der Schuldner die Pflichtverletzung nicht zu vertreten hat.
(2) Schadensersatz wegen Verzögerung der Leistung kann der Gläubiger nur unter der zusätzlichen Voraussetzung des § 286 verlangen.
(3) Schadensersatz statt der Leistung kann der Gläubiger nur unter den zusätzlichen Voraussetzungen des § 281, des § 282 oder des § 283 verlangen.

I. Überblick	1	III. Rechtsfolgen	16
1. Überblick	1	1. Schadenersatz	16
2. Anwendungsbereich und Abgrenzungsfragen	3	2. Anspruchsumfang	17
II. Voraussetzungen des Abs 1	7	3. Verjährung	20

1 **I. 1.** § 280 ist seit Inkrafttreten des SMG die **zentrale Haftungsgrundlage** für Schadensersatzansprüche des Gläubigers bei einer Pflichtverletzung (iE Vor §§ 275–292 Rn 7 f). Die Vorschrift erfasst mit Ausn der anfänglichen Unmöglichkeit (§ 311 a) **sämtliche Formen der Pflichtverletzung** (iE Vor §§ 275–292 Rn 10). Auch Pflichtverletzungen im vorvertraglichen Bereich (culpa in contrahendo) fallen unter § 280 I (iVm §§ 241 II, 311 II, III; s § 311 Rn 12ff). Als **Rechtsfolge** wird dem Gläubiger über die §§ 280 I 1, 249 ff ein Anspruch auf Schadensersatz gewährt (iE zum Umfang des Schadensersatzes Rn 17 ff).

2 Der Gläubiger hat nach **Abs 1 S 1** einen Schadensersatzanspruch, wenn der Schuldner eine Pflicht aus einem Schuldverhältnis verletzt (**allg Schadensersatz**). Gem **Abs 1 S 2** ist der Anspruch ausgeschlossen, wenn der Schuldner darlegen und beweisen kann, dass er die Pflichtverletzung nicht iSd §§ 276 ff zu vertreten hat. Die Vorschrift begründet somit eine Haftung für vermutetes Verschulden. Für den Ersatz des **Verzögerungsschadens** müssen nach **Abs 2** zusätzlich die Voraussetzungen des Verzugs (§ 286) vorliegen. Sofern aus dem Schuldverhältnis Leistungspflichten bestehen, lässt die Anwendung von Abs 1 allein oder von Abs 1, 2 das Leistungsprogramm aus dem Schuldverhältnis unberührt (Schadensersatz neben der Leistung). Ein Übergang zum **Schadensersatz statt der Leistung** gem Abs 3 kann dag nur unter den weiteren Voraussetzungen des § 281 (bei Nichtleistung oder Schlechtleistung), des § 282 (bei Verletzung von Schutzpflichten) oder des § 283 (bei nachträglicher Unmöglichkeit) verlangt werden (s dort).

3 **2. a)** Der **Anwendungsbereich** der Regelung erstreckt sich auf alle vertraglichen und gesetzlichen Schuldverhältnisse des Privatrechts sowie auf öffentlich-rechtliche Verhältnisse, soweit daraus schuldrechtsähnliche Pflichten erwachsen und die Eigenart des öffentlichen Rechts nicht entgegensteht (so bereits zur pVV BGHZ 61, 11; BGH NJW 74, 1816; zum Rechtsverhältnis zw Unterhaltsgläubiger und Schuldner OLG Karlsruhe NJW-RR 04, 145). Zahlreiche Vorschriften verweisen auf § 280, so zB §§ 275 IV, 281–283, 346 IV, 437 Nr 3, 634 Nr 4 und § 357 II 1 HGB. Auch auf Verträge, bei denen das Gesetz die Frage der Schlechtleistung überhaupt nicht anspricht, ist § 280 anwendbar, zB beim Dienstvertrag (§ 611), Maklervertrag (§ 652), Auftrag (§ 662), Geschäftsbesorgungsvertrag (§ 675) oder Gesellschaftsvertrag (§ 705). **Zusätzliche Voraussetzungen** gelten bei einzelnen Vertragstypen (vgl zB §§ 434 ff u §§ 634 ff). Im EBV werden die §§ 280 ff dag nach hL durch die §§ 987 ff verdrängt. Zur str Frage, ob § 281 auf § 985 anwendbar ist, vgl § 985 Rn 6 und 8.

4 **b) Abgrenzung zwischen Abs 1–3**: Die hM geht davon aus, dass nach Abs 1, 3 nur diejenigen Schäden ersatzfähig sind, die sich aus dem endgültigen Ausbleiben der geschuldeten Leistung ergeben, denn nach der Systematik der §§ 281–283 soll der Schadensersatzanspruch statt der Leistung an die Stelle der primär geschuldeten Leistung treten; MK/Ernst § 280 Rn 66; Schulze/Ebers JuS 04, 268; abw Grigoleit/Riehm AcP (203) 03, 727 ff; mit weiterer Differenzierung Ostendorf NJW 10, 2833. Soweit der betr Scha-

den nicht aus dem endgültigen Ausbleiben der Leistung resultiert bzw unabhängig hiervon bereits eingetreten ist, kommt jedoch ein Anspruch aus Abs 1 oder aus Abs 1, 2, § 286 in Betracht. Für die Unterscheidung zwischen diesen beiden Möglichkeiten wiederum ist die spezielle Funktion des § 286 maßgeblich: Während der Anspruch aus Abs 1, 2, § 286 sämtliche Verzögerungsschäden umfasst, fallen unter Abs 1 nur die sonstigen, nicht auf der Verzögerung der Leistung beruhenden Schadenspositionen.

In den Fällen der **Schlechtleistung** kommt es für die Abgrenzung zwischen Abs 1 und 3 5
zunächst darauf an, ob spezielle Regelungen zur Mängelhaftung bestehen. Bei **Verträgen ohne eine besondere Mängelhaftung** (zB §§ 611 ff, 662 ff, 675, 688 ff, 705 ff) richtet sich die Schadensersatzpflicht allein nach Abs 1. Bei **Verträgen mit besonderer Mängelhaftung**, insb beim **Kauf- und Werkvertrag**, kann dag auch Abs 3 einschlägig sein; zum Kaufgewährleistungsrecht vgl iE § 437 Rn 7 ff; insb zum Ersatz von **Mangelfolgeschäden** als Schadensersatz neben der Leistung gem Abs 1 bei Festhalten des Gläubigers am Leistungsprogramm § 437 Rn 9 f.

Str ist, unter welchen Voraussetzungen die Schäden zu ersetzen sind, die aus dem Ausfall der Nutzung einer mangelhaften Sache entstehen, zB wenn der Verkäufer zum vereinbarten Termin schuldhaft eine mit einem behebbaren Mangel behaftete Maschine liefert und dem Käufer hierdurch ein **Betriebsausfallschaden** entsteht (zB Gewinn entgeht); iE Schulze/Ebers JuS 04, 465 f. Nach einer Ansicht ist dieser Schaden nur unter den zusätzlichen Voraussetzungen des Abs 2, § 286 (Mahnung) ersatzfähig; Arnold/Dötsch BB 03, 2253; AnwaltK/Büdenbender § 437 Rn 74 ff. Zur Begr wird angeführt, dass die Schlechtleistung nichts anderes als die Verzögerung einer mangelfreien Leistung sei und die spezifischen Voraussetzungen des § 286 nicht umgangen werden dürfen. Ginge man davon aus, dass der Betriebsausfallschaden bereits nach Abs 1 ersatzfähig wäre, so stünde der schlecht leistende Verkäufer schlechter als derjenige, der überhaupt nicht leiste. Nach der **vorzugswürdigen hM** kann der Käufer dag den Schaden, der aus dem Nutzungsausfall der Kaufsache (vor einem endgültigen Ausbleiben der geschuldeten Leistung) entsteht gem **§ 437 Nr 3 iVm Abs 1** ersetzt verlangen (BGH NJW 09, 2674). Dies steht auch im Einklang mit der Gesetzesbegründung (BT-Drucks 14/6040, 225). Eine uU strengere Haftung des Schlechtleistenden ist insofern durchaus gerechtfertigt, als die Schlechtleistung für den Gläubiger erheblich gefährlicher sein kann als die bloße Säumnis des Schuldners; Canaris ZIP 03, 321 ff; MK/Ernst § 280 Rn 55 ff; Lorenz/Riehm Rn 546 f; Medicus JuS 03, 528.

II. Voraussetzungen des **Abs. 1: a)** Zwischen dem Gläubiger und dem Schuldner muss 7
zum Zeitpunkt der Pflichtverletzung ein **wirksames Schuldverhältnis** bestanden haben. Erfasst werden sowohl vertragliche als auch gesetzliche Schuldverhältnisse (s Rn 3). Das Schuldverhältnis muss wirksam sein. Bei nichtigen Verträgen scheidet § 280 dag regelmäßig aus; allenfalls kommt ein Anspruch iVm §§ 241 II, 311 II in Betracht (s § 311 Rn 26, 31).

b) Der Schuldner muss gem **Abs 1 S 1** eine **Pflicht verletzt haben**, die er aufgrund des 8
Schuldverhältnisses ggü dem Gläubiger hat. Eine Pflichtverletzung ist jedes objektiv nicht dem Schuldverhältnis entspr Verhalten des Schuldners (Vor §§ 275–292 Rn 8). Erfasst werden sämtliche Formen der Pflichtverletzung. Eine Beschränkung des Abs 1 S 1 auf Schutzpflichtverletzungen (§ 241 II) oder Integritätsschäden (so Recker NJW 02, 1247; Reischl JuS 03, 250; v Wilmowsky JuS 02, Beil zu H 1, 5) ergibt sich weder aus dem Gesetzeswortlaut noch aus der Gesetzessystematik (iE Schulze/Ebers JuS 04, 268 mwN).

aa) Die **Verletzung einer Hauptleistungspflicht** kann darin bestehen, dass der Schuldner die Leistung trotz Fälligkeit nicht erbringt oder eine Leistung erbracht hat, die nach Menge, Qualität und Art oder aus sonstigen Gründen hinter der vertraglich versprochenen Leistung zurückbleibt. Verletzt der Verkäufer bzw Werkunternehmer seine Pflicht zur mangelfreien Leistung, so kann der Käufer bzw Besteller – neben der Nacherfüllung (§§ 439 I, 635 I) – den hieraus entstandenen **mangelbedingten Folgeschaden** ebenfalls nach Abs 1 ersetzt verlangen. Im Einklang mit der früheren Rspr (BGHZ 101, 339) ist dabei davon auszugehen, dass es für das Vorliegen einer Pflichtverletzung auf eine Schutzpflichtverletzung nicht ankommt, sondern dass bereits die Verletzung der Vertragspflicht zur mangelfreien Leistung (§§ 433 I 2; 631, 633) die Grundlage für die Haftung auf Schadensersatz aus Abs 1 bildet (str; iE § 437 Rn 10 f).

10 **bb)** Darüber hinaus werden auch Verletzungen von **Nebenleistungspflichten** erfasst. Die Vielfalt der schuldrechtlichen Verpflichtungen gestattet keine abschließende Zusammenstellung der Fallkonstellationen; nach Art der Nebenpflichten lassen sich aber Hauptanwendungsbereiche unterscheiden: Bei der **Verletzung leistungsbezogener Nebenpflichten** kommt ein Anspruch aus Abs 1 in Betracht, wenn der Gläubiger trotz mangelfreier Leistung des Schuldners einen Schaden dadurch erlitten hat, dass der Schuldner seine Nebenpflichten zur Beratung, Aufklärung, Verpackung oder ordnungsgemäßen Anlieferung und Aufstellung verletzt hat. Bsp dafür sind die Lieferung einer Maschine mit unvollständiger Betriebsanleitung (BGHZ 47, 315), fehlende Information über die Risiken der Verwendung eines Gegenstandes (BGHZ 88, 135; BGH NJW 96, 1537; zu Hinweispflichten LG Köln NJW-RR 05, 1720); Schäden am Vertragsgegenstand durch ungeeignete Verpackung (BGHZ 87, 92), soweit nicht aufgrund der in § 434 weiter als früher gefassten Voraussetzungen bereits ein Sachmangel vorliegt; zur Nichteinhaltung von Ankündigungsfristen BGH NJW 11, 1469. Besonders weitgehende Aufklärungspflichten treffen den Fachmann (BGHZ 64, 49). Ansprüche aus Abs 1 können so zB bestehen, wenn eine Werbeagentur ihren Kunden nicht über rechtliche Probleme der vorgesehenen Werbekampagne informiert (BGHZ 61, 120), der Versicherer nicht darauf hinweist, dass zur Wirksamkeit des Änderungsvertrages die Annahme erforderlich ist (BGH NJW-RR 88, 24) oder die Bank iR laufender Geschäftsbeziehungen Berechnungen für ihren Kunden fehlerhaft durchführt (vgl entspr die Aufklärungspflichten bei Vertragsverhandlungen § 311 Rn 30).

11 Die **Verletzung von Leistungstreuepflichten** umfasst Handlungen und Unterlassungen, die den Vertragszweck gefährden oder beeinträchtigen. Dazu gehört insb die ernsthafte und endgültige **Erfüllungsverweigerung.** Sie begründet nicht nur eine Pflichtverletzung iSd Abs 1, sondern führt auch zur Entbehrlichkeit der Fristsetzung gem § 281 II, 323 III (s dort). Eine endgültige Erfüllungsverweigerung ist nur unter strengen Voraussetzungen anzunehmen (BGH NJW 96, 1814; OLG Hamm NJW-RR 96, 1099; iE § 323 Rn 6), kann aber bereits darin liegen, dass der Schuldner unberechtigt zusätzliche Bedingungen stellt. Selbst die Ankündigung der Erfüllungsverweigerung ist uU hinreichend (BGHZ 90, 308). Eine Verletzung der Leistungstreuepflicht liegt ebenfalls in der unberechtigten Lossagung vom unerfüllten Vertrag (**Vertragsaufsage**), insb durch unberechtigte Kündigung (BGH NJW 88, 207), durch Anfechtung oder durch „beharrlichen" Rücktritt (BGH NJW 87, 253) und durch Vertragsbruch bzw Verleiten dazu (BGH WM 94, 808). Weitere Fälle einer Verletzung von Leistungstreuepflichten sind zB die Täuschung durch unzutreffende Angaben über die Vertragserfüllung (BGHZ 11, 86 f), die Weigerung, vertragliche Vereinbarungen einzuhalten (BGH NJW 78, 103), uU das Nichteinholen behördlicher Genehmigungen (BGH MDR 98, 915), die Einziehung einer zedierten Forderung durch den Altgläubiger, die Bestechung eines Mitarbeiters und uU die unbegründete Mängelrüge (Malotki BauR 98, 687).

12 Eine **Verletzung nichtleistungsbezogener Pflichten** iSd § 241 II (Schutzpflichten) liegt vor, wenn iR eines Schuldverhältnisses der Schuldner Rechte, Rechtsgüter oder Interessen des Gläubigers verletzt. Da die Verkehrssicherungspflichten (§ 823 Rn 60 ff) in Schuldverhältnissen wie Schutzpflichten zwischen den Vertragsparteien wirken können, kommen Abs 1 und §§ 823 ff häufig nebeneinander zur Anwendung. Die Haftung für die Verletzung einer Schutzpflicht als vertraglicher Nebenpflicht gem Abs 1 setzt aber voraus, dass die Rechtsgutverletzung aus Anlass der Erbringung der Leistungen im betr Schuldverhältnis geschehen ist oder zumindest durch diese erleichtert oder in hinreichendem Zusammenhang mit ihr steht. Kriterium dafür ist, ob die Sonderverbindung durch das Schuldverhältnis die Möglichkeit für den Schuldner (oder dessen Hilfspersonen) zur Einwirkung auf die Rechtsgüter des Gläubigers erhöht hat und die konkret eingetretene Verletzung im Zusammenhang mit dieser Gefahrerhöhung steht (vgl OLG Saarbrücken NJW-RR 95, 23; iE str). **Bsp** für die Anwendung des Abs 1 sind die Verursachung eines Hausbrandes bei Arbeiten aufgrund eines Dienst- oder Werkvertrages (vgl BGH VersR 76, 166), die Beschädigung eines Pkw während des Betriebs

einer Autowaschanlage (OLG Düsseldorf NJW-RR 04, 962), die Gesundheitsverletzung von Kunden infolge unzulänglicher Sicherheitsvorkehrungen in Geschäftsräumen (vor Vertragsschluss aber iVm § 311 II; s dort Rn 12 ff), die Verletzung von Obhuts- und Verwahrungspflichten an einer zu reparierenden Sache (BGH NJW 83, 113), die unberechtigte Inanspruchnahme auf Mängelbeseitigung (BGH NJW 08, 1147; 09, 1262) und die Missachtung von Geheimhaltungspflichten (BGHZ 16, 11; 27, 246; NJW 62, 2199). Beleidigungen und Verletzungen des Persönlichkeitsrechts können je nach der Natur des Rechtsgeschäfts und den Umständen des Einzelfalls zu Ansprüchen aus Abs 1 führen; bei einfachen Güterumsatzgeschäften wird dies jedoch regelmäßig nicht anzunehmen sein (RGZ 102, 409). Auch die Verletzung von Rücksichtnahmepflichten kann einen Anspruch nach Abs 1 auslösen; vgl BGHZ 136, 295 ff (vom Hersteller durch „Schockwerbung" bei seinen Vertriebsmittlern herbeigeführte Umsatzeinbußen).

cc) Die Darlegungs- und **Beweislast** für die objektive Pflichtverletzung trägt der **Gläubiger** (vgl BGH NJW 96, 2571). Ihm kommen jedoch unter dem Gesichtspunkt der Sphärentheorie uU Beweislasterleichterungen zugute, wenn die Schadensursache aus dem Verantwortungsbereich des Schuldners hervorgegangen ist (Palandt/Grüneberg § 280 Rn 37 ff; zum Anscheinsbeweis vgl LG Bonn, NJW-RR 05, 1645). Der Gläubiger trägt auch die Beweislast für den Schaden und die Kausalität. Kommen mehrere nur aus dem Gefahrenbereich des Schuldners stammende Schadensursachen in Frage, so können auch hier zugunsten des Gläubigers die Grundsätze einer Beweislastverteilung nach Gefahren- und Verantwortungsbereichen herangezogen werden (BGH NJW 80, 2187; OLG Düsseldorf NJW-RR 04, 962). 13

c) Gem **Abs 1 S 2** ist der Schadensersatzanspruch des Gläubigers ausgeschlossen, wenn der Schuldner die Pflichtverletzung nicht zu vertreten hat. Maßstab dafür, was der Schuldner **zu vertreten** hat, sind die §§ 276 ff. Inwieweit gesetzliche Haftungsbeschränkungen für einzelne Vertragsarten sich auf den Anspruch aus § 280 erstrecken, ist jeweils durch Auslegung zu ermitteln (zB zu §§ 521 und 599 Medicus, FS Odersky, 595 f). Eine vertragliche Haftungsbeschränkung durch AGB ist nur in den Grenzen des § 309 Nr 7 zulässig (s dort). Nicht eindeutig geklärt ist, anhand welcher Handlung des Schuldners das Vertretenmüssen zu ermitteln ist (Nicht- bzw Schlechtleistung einerseits oder Ausfall der Nacherfüllung andererseits; s dazu Harke ZGS 06, 9 ff; offen gelassen in BGH NJW 05, 2852). 14

Das **Vertretenmüssen** des Schuldners oder das seines Erfüllungsgehilfen wird gem Abs 1 S 2 **widerlegbar vermutet**. Der Schuldner trägt ähnl wie bisher nach §§ 282, 285 aF die **Beweislast**, allerdings mit dem Unterschied, dass die Beweislastumkehr nunmehr grds für alle Schuldverhältnisse gilt. Str ist, wie sich diese Änderungen im **Arzthaftungsrecht** auswirken werden. Die Rspr zum früheren Schuldrecht lehnte beim Arztvertrag eine entspr Anwendung des § 282 aF ab; der Patient hatte trotz einer Reihe von Einschränkungen grds sowohl für den Behandlungsfehler als auch für das Verschulden des Arztes die Beweislast zu tragen (BGH NJW 78, 1681; BGH NJW 80, 1333; zu Ausn von dieser Regel BGH NJW 91, 1541; OLG Koblenz NJW 10, 1759). Inwieweit sich diese Rechtslage durch Abs 1 S 2 geändert hat, ist unklar (iE Spindler/Rieckers JuS 04, 273 f; Schulze/Ebers JuS 04, 270; Deutsch JZ 02, 588; Katzenmeier VersR 02, 1066; Spickhoff NJW 02, 2530, 2532). Nach vorzugswürdiger Auffassung wollte der Gesetzgeber an der bisherigen Beweislastverteilung im Arzthaftungsrecht festhalten. Im Einzelnen ist daher im neuen Recht danach zu differenzieren, ob der Arzt eine leistungsbezogene Nebenpflicht oder lediglich eine Schutzpflicht iSd § 241 II verletzt hat (Schulze/Ebers JuS 04, 270 mwN; Spindler/Rieckers JuS 04, 274). Soweit nach dem jeweiligen Vertrag ein bestimmter Behandlungserfolg geschuldet ist, stellt die Nichterfüllung bereits als solche eine objektive Pflichtverletzung dar, bei der das Verschulden des Arztes gem Abs 1 S 2 vermutet wird. Schuldet dag der Arzt – wie iaR üblich – keinen Erfolg und wird allein das Integritätsinteresse (§ 241 II) verletzt, so muss der Patient den konkreten Behandlungsfehler beweisen. Insofern gilt weiterhin der Grundsatz, dass der Patient regelmäßig ein Verschulden des Arztes nachweisen muss. Eine **abw Regelung** gilt für das **Arbeitsrecht**: Nach § 619 a hat der Arbeitgeber sowohl die Pflichtver- 15 letzung als auch das Vertretenmüssen des Arbeitnehmers zu beweisen (iE BT-Drucks 14/7052, 204; § 619 a Rn 1 ff). – Den **Entlastungsbeweis** muss der Schuldner bei mehreren in Betracht kommenden Ursachen grds hins jeder von ihnen führen. Generell muss er nicht notwendig beweisen, welcher Umstand eine von ihm unverschuldete Schadensursache genau herbeigeführt hat. Ausreichend ist regelmäßig der Beweis, dass er die als Ursache in Frage kommenden Umstände nicht zu vertreten hat (BGH NJW 52, 59; BGH NJW 05, 420).

16 **III. 1.** Als **Rechtsfolge** hat der Gläubiger gem Abs 1 S 1 einen Anspruch auf Ersatz aller Nachteile infolge der Pflichtverletzung nach Maßgabe der §§ 249 ff einschließlich der Folgeschäden, soweit diese sich nicht dem Schutzzweck der verletzten Pflicht entziehen. Bestehen Leistungspflichten aus dem Schuldverhältnis, kann der **Schadensersatzanspruch neben der Leistung** aus § 280 grds neben dem Erfüllungsanspruch geltend gemacht werden. Er erfasst sämtliche Schäden, die weder auf einer Verzögerung noch auf einem endgültigen Ausbleiben der Hauptleistung beruhen. **Schadensersatz statt der Leistung** kann dag gem Abs 3 nur verlangt werden, wenn die zusätzlichen Voraussetzungen der §§ 281–283 erfüllt sind (zu den Besonderheiten der Schadensberechnung § 281 Rn 11 ff).

17 **2.** Für **Inhalt und Umfang** des Anspruchs sind §§ 249–255 maßgeblich. Der Gläubiger ist so zu stellen, wie er bei pflichtgemäßem Verhalten des Schuldners stünde. Zu ersetzen ist der gesamte Schaden des Gläubigers, der adäquat kausal auf die Pflichtverletzung zurückzuführen ist. Durch die Pflichtverletzung entstandene Vermögensvorteile sind nach den Grundsätzen der Vorteilsausgleichung anzurechnen (Vor §§ 249–253 Rn 31). Zum Ersatz immaterieller Schäden s § 253 Rn 12 ff.

18 Neben den **Fallgruppen** einer schuldhaften Pflichtverletzung, die bei den einzelnen Schuldverhältnissen behandelt sind (vgl zB für das Kaufrecht § 437 Rn 8 ff), umfasst der Anspruch aus Abs 1 zB auch die **Kosten der Rechtsverfolgung**. Sie sind zu ersetzen, wenn die betr Maßnahmen des Gläubigers zum Zeitpunkt ihrer Vornahme sachdienlich waren (vgl BGH NJW 09, 1262). Zu den ersatzfähigen Kosten der außergerichtlichen Rechtsverfolgung können ua vorprozessuale Mahnkosten gehören, sofern sie nach der Pflichtverletzung entstanden sind (BGH NJW 85, 324). Für die verzugsbegründende Mahnung selbst nach § 286 I besteht dag kein Ersatzanspruch; er kann auch nicht durch AGB vereinbart werden (§ 309 Nr 4; dazu Art 3 III iVm Anh Nr 1 b Klausel-RL). Ersatzfähig sind die Kosten sachlich gebotener anwaltlicher Beratung (BGHZ 30, 156 ff; zur Einschränkung für gewerbliche Großvermieter bei tatsächlich und rechtlich einfach gelagerten Fällen BGH NJW 11, 296) und uU die Kosten eines Inkassobüros (iE str). Soweit pflichtverletzungsbedingte **Prozess- und Vollstreckungskosten** nicht den (vorrangigen) Kostentragungsregeln des Prozessrechts unterfallen, kommt ebenfalls der Ersatz nach Abs 1 in Betracht, zB bei Klageerhebung in unverschuldeter Unkenntnis der zwischenzeitlichen Leistung oder bei einem Antrag auf Eröffnung des Insolvenzverfahrens, der mangels Masse erfolglos bleibt. Entspr gilt bei Aufwendungen des Gläubigers für eine Sicherheitsleistung oder bei Zinsverlusten durch die Hinterlegung iR der Vollstreckung.

19 Zum ersatzfähigen Schaden gehören grds auch die **sonstigen Aufwendungen**, zB bei Zahlungsverzug aufgewendete Sollzinsen und weitere **Kreditkosten** (§ 288 Rn 6) oder bei verzögerter Fertigstellung von Anlagen und Bauwerken die **Finanzierungskosten** (BGHZ 121, 213). Auch der **Wertverlust** einer herauszugebenden Sache und der **Kursverlust** bei einer Fremdwährungsschuld (BGH MDR 76, 661) sind zu ersetzen, wenn sie durch die Pflichtverletzung eingetreten sind. Nach den allg Regeln des Schadensrechts ebenfalls ersatzfähig ist der **entgangene Gewinn** (§ 252), etwa bei verspäteter Zulieferung einer Sache oder verzögerter Rückgabe bzw verspäteter Fertigstellung von Mietobjekten (BGH NJW-RR 90, 980; BGHZ 121, 213). Ebenso gelten für **entgangene Nutzungsmöglichkeiten** infolge der Pflichtverletzung die allg Grundsätze (§ 249 Rn 12) bei deliktischen und vertraglichen Ansprüchen (BGHZ 117, 262).

20 **3.** Die **Verjährungsfrist** des Schadensersatzanspruchs nach Abs 1 ist ggü dem Erfüllungsanspruch eigenständig; die Frist richtet sich nach dem jeweiligen Schuldverhältnis. Die Verjährungsfrist beträgt nach § 195 regelmäßig drei Jahre. Sie beginnt frühestens

mit dem Schluss des Jahres, in dem der Anspruch entstanden ist und der Gläubiger von den den Anspruch begründenden Umständen und der Person des Schuldners Kenntnis erlangt hat oder hätte erlangen müssen (§ 199 I). Für Mängelansprüche gelten demgegenüber teilweise **abw Sondervorschriften** (§§ 438, 634 a). Damit kann es für die Verjährung entgg der ursprünglichen Intention des SMG (BT-Drucks 14/6040, 88) nach wie vor uU darauf ankommen, ob der Schaden auf einer mangelhaften Leistung (zB wenn der Verkäufer statt des geschuldeten Superbenzins Benzin minderer Qualität liefert) oder auf einer Nebenpflichtverletzung (zB wenn der Verkäufer das geschuldete Normalbenzin schuldhaft in einen Tank für Superbenzin einfüllt) beruht (iE AnwaltK/Dauner-Lieb § 280 Rn 21), soweit nicht die Verjährungsfristen des Gewährleistungsrechts auf derartige Nebenpflichtverletzungen durchschlagen (str). Ist der Anspruch aus Abs 1 verjährt, kann der Gläubiger den Schaden auch nicht mehr als Schadensposition iR eines Anspruchs aus §§ 281–283 geltend machen.

Bereits entstandene Schadensersatzansprüche: Die Ansprüche aus § 280 I und §§ 280 I, 21 III, 281–283 bestehen grds nebeneinander. Wird das Leistungsprogramm endgültig abgebrochen und verlangt der Gläubiger Schadensersatz statt der Leistung, so bleiben zuvor entstandene Schadensersatzansprüche (zB aus §§ 280 I, II, 286) weiterhin bestehen. Der Gläubiger muss die zuvor entstandenen Schadensersatzansprüche eigenständig geltend machen und kann diese anders als früher (BGH NJW 97, 1231) nicht mehr in den Schadensersatzanspruch statt der Leistung einbeziehen (Canaris, Karlsruher Forum 2002, 42).

§ 281 Schadensersatz statt der Leistung wegen nicht oder nicht wie geschuldet erbrachter Leistung

(1) ¹Soweit der Schuldner die fällige Leistung nicht oder nicht wie geschuldet erbringt, kann der Gläubiger unter den Voraussetzungen des § 280 Abs. 1 Schadensersatz statt der Leistung verlangen, wenn er dem Schuldner erfolglos eine angemessene Frist zur Leistung oder Nacherfüllung bestimmt hat. ²Hat der Schuldner eine Teilleistung bewirkt, so kann der Gläubiger Schadensersatz statt der ganzen Leistung nur verlangen, wenn er an der Teilleistung kein Interesse hat. ³Hat der Schuldner die Leistung nicht wie geschuldet bewirkt, so kann der Gläubiger Schadensersatz statt der ganzen Leistung nicht verlangen, wenn die Pflichtverletzung unerheblich ist.
(2) Die Fristsetzung ist entbehrlich, wenn der Schuldner die Leistung ernsthaft und endgültig verweigert oder wenn besondere Umstände vorliegen, die unter Abwägung der beiderseitigen Interessen die sofortige Geltendmachung des Schadensersatzanspruchs rechtfertigen.
(3) Kommt nach der Art der Pflichtverletzung eine Fristsetzung nicht in Betracht, so tritt an deren Stelle eine Abmahnung.
(4) Der Anspruch auf die Leistung ist ausgeschlossen, sobald der Gläubiger statt der Leistung Schadensersatz verlangt hat.
(5) Verlangt der Gläubiger Schadensersatz statt der ganzen Leistung, so ist der Schuldner zur Rückforderung des Geleisteten nach den §§ 346 bis 348 berechtigt.

I. § 281 regelt den Übergang von der Erfüllung in Natur als primärer Leistungspflicht 1 zum **Schadensersatz in Geld statt der Leistung** für die vielfältigen Sachlagen, in denen der Schuldner die fällige Leistung nicht erbringt (**Nichtleistung** bzw **verzögerte Leistung**) oder nicht wie geschuldet erbringt (**Schlechtleistung**; zT auch als nicht ordnungsgemäße Leistung bezeichnet; bei Verträgen: nicht vertragsgemäße Leistung, vgl § 323 I). Die beiden Tatbestände des Abs 1 sind spezifische Gestaltungen der Pflichtverletzung iSd § 280, die zu einer Erweiterung der Schadensersatzansprüche des Gläubigers führen. Der Gesetzgeber hat sich dabei mit dem SMG dafür entschieden, dass grds bereits die vom Schuldner zu vertretende Nicht- oder Schlechterfüllung der Leistungspflicht den Gläubiger zum Übergang auf den Schadensersatz statt der Leistung berechtigt, sofern nur der Schuldner durch eine Fristsetzung eine Warnung und „letzte Chance" erhalten hat. Die Vorschrift betrifft dementspr die Verletzung aller leistungsbezogenen Pflichten. Für die Verletzung von Schutzpflichten sind dag die Voraussetzungen des § 282 maßgeblich, um nicht nur zum Ersatz des Schadens gem § 280 I (dort Rn 12), sondern zum Schadensersatz statt der Leistung zu gelangen. Für Schadensersatzansprüche bei einem Ausschluss der Leistungspflicht wegen Unmöglichkeit (§ 275) ist § 283 einschlägig (bzw bei anfänglicher Unmöglichkeit vertraglicher Leistungen § 311 a II). IE zur Abgrenzung zum Schadensersatz neben der Leistung s § 280 Rn 4 ff.

2 **Anwendbar** ist § 281 grds auf alle vertraglichen und gesetzlichen Schuldverhältnisse; für einzelne Vertragstypen wird er jedoch durch **Sondervorschriften** ergänzt, insb beim Kaufvertrag (§§ 434 f), Mietvertrag (§ 536 ff) und Werkvertrag (§§ 633 ff). Keine Anwendung findet § 281 dag in den Fällen der Schlechterfüllung bei Verträgen ohne eine besondere Mängelhaftung (§ 280 Rn 5). **Abw Vereinbarungen**, zB Pauschalierungen des entgangenen Gewinns oder anderer Schäden, können in AGB nur in den Grenzen von § 309 Nr 5 getroffen werden. Einem Ausschluss des Schadensersatzanspruchs durch AGB bei grobem Verschulden des Verwenders steht § 309 Nr 7 b iVm Nr 8 a entgg. Zur str Frage, ob § 281 auf den Vindikationsanspruch aus § 985 angewandt werden kann, vgl § 985 Rn 6 und 8.

3 **II. 1. Voraussetzungen: a)** Zwischen den Parteien muss ein **wirksames Schuldverhältnis** bestehen (Abs 1 S 1 iVm § 280 I 1; iE § 280 Rn 7). Der Schuldner muss eine Pflicht verletzt haben, indem er die **fällige Leistung** (§ 271) nicht oder nicht wie geschuldet erbracht hat. Der Anspruch muss voll wirksam entstanden und durchsetzbar, insb einredefrei sein (hM). Keine Fälligkeit ist dag erforderlich, wenn der Schuldner die Leistung vor Fälligkeit ernsthaft und endgültig verweigert oder sonst (entspr § 323 IV) offensichtlich ist, dass die Voraussetzungen des § 281 im Zeitpunkt der Fälligkeit vorliegen werden (Jaensch NJW 03, 3613 ff; Ramming ZGS 02, 412 ff; str). Ist der Anspruch gem § 275 ausgeschlossen, so sind statt § 281 die speziellen Regelungen des § 283 bzw § 311 a II anzuwenden (so dass eine Fristsetzung nicht erforderlich ist). Für die Schlechtleistung findet § 281 dementspr nur bei behebbaren Mängeln Anwendung; bei unbehebbaren Mängeln ist dag §§ 283 oder 311 a II einschlägig. Bei Unklarheiten bzw Beweisschwierigkeiten hins der Unmöglichkeit empfiehlt sich für den Gläubiger die Setzung einer Frist gem Abs 1, so dass er iErg jedenfalls (entweder über § 281 oder über §§ 283 bzw 311 a II) zum Schadensersatz statt der Leistung gelangt.

4 Eine **Nichtleistung** iSd Abs 1 liegt grds bei jedem Ausbleiben der fälligen Leistung vor. Der Anspruch setzt nicht voraus, dass der Schuldner in Verzug (§ 286) ist. Für den Anspruch aus §§ 280 I, III, 281 ist demnach **keine Mahnung erforderlich**. In der mit der Fristsetzung (Rn 7) verbundenen Leistungsaufforderung ist aber zugleich eine Mahnung iSd § 286 I 1 zu sehen, so dass sich der nach §§ 280 I, III, 281 I schadensersatzpflichtige Schuldner idR auch im Verzug befindet (BT-Drucks 14/6040, 138). Umgekehrt müssen aber bei einem Schuldnerverzug (§ 286) die Voraussetzungen der §§ 280 I, III, 281 nicht notwendig erfüllt sein, denn die Mahnung ist nach § 286 II, III in weiterem Umfang entbehrlich als die Fristsetzung nach Abs 2.

5 **Nicht wie geschuldet** ist die Leistung erbracht, wenn ihr Inhalt oder die Art ihrer Erbringung in irgendeiner Weise von dem abweicht, was Gesetz oder Parteivereinbarung festgelegt haben (auch soweit dies im Wege ergänzender Vertragsauslegung oder nach § 242 zu ermitteln ist). Die 2. Alt der Abs 1 S 1 umfasst damit alle Fälle einer **Schlechterfüllung** bzw einer nicht vertragsgemäßen Leistung (vgl § 323 I). IU zu früher braucht nicht mehr zwischen Haupt- und Nebenleistungspflichten unterschieden zu werden. Unter Abs 1 fallen daher zB auch Verletzungen einer Beratungspflicht durch falsche Angaben über Sacheigenschaften (vgl BGH NJW 62, 1197), Lieferungen mit unvollständiger Bedienungsanleitung (BGHZ 47, 312), Mangelschäden infolge schlechter Verpackung (BGHZ 87, 92) oder fehlende Informationen über die Risiken der Verwendung eines Gegenstandes (BGH NJW 96, 1537). Stets muss es sich aber um die Verletzung einer Hauptleistungspflicht oder einer leistungsbezogenen Nebenpflicht handeln. Die Verletzung von Schutzpflichten iSd § 241 II fällt dag unter § 282. Zu Pflichten, die sowohl das Leistungs- als auch Integritätsinteresse des Schuldners schützen sollen (sog doppelrelevante Pflichten), vgl § 241 Rn 8.

b) Der Schuldner muss zudem nach dem Maßstab der §§ 276 ff **zu vertreten** haben, 6
dass er die Leistung nicht oder nicht wie geschuldet erbringt (Abs 1 iVm § 280 I). Auch
hier gilt die Beweislastumkehr nach § 280 I 2 (s § 280 Rn 15).
c) Der Gläubiger muss dem Schuldner nach Fälligkeit gem Abs 1 S 1 eine **angemessene** 7
Frist zur Leistung oder Nacherfüllung bestimmt haben, und diese Frist muss **erfolglos**
verstrichen sein. Regelmäßig liegt in der Fristsetzung zugleich eine Mahnung iSv § 286
I (Rn 4). aa) Die **Fristsetzung** ist die Aufforderung des Gläubigers an den Schuldner,
die Leistung innerhalb eines hinreichend bestimmten oder zumindest bestimmbaren
Zeitraums zu bewirken. Der Angabe eines bestimmten (End-)Termins bedarf es dafür
aber nicht; eine das Ziel der Leistungsaufforderung klarstellende Begrifflichkeit („ umgehend", „sofort", „unverzüglich") genügt (BGH NJW 09, 3153; Anm Klein NJW 09,
3154 f; Faust JZ 10, 202). Die Aufforderung zur Leistung muss eindeutig und bestimmt sein (vgl zu den Maßstäben dafür auch § 286 Rn 8). Sie muss den Schuldner
zur ordnungsgemäßen Erfüllung anhalten, ohne dass aber die Defizite der erbrachten
Leistung notwendig im Einzelen aufgeführt werden müssen (BGH NJW 10, 2200).Für
den Schuldner muss klar erkennbar sein, dass mit Fristablauf Folgen eintreten können.
Nicht ausreichend ist die bloße Aufforderung an den Schuldner, er möge sich über seine Leistungsbereitschaft erklären. IU zu § 326 aF ist neben der Fristsetzung jedoch keine Bestimmung des Gläubigers erforderlich, dass er die Leistung nach dem Ablauf der
Frist ablehne (Ablehnungsandrohung). Der Gläubiger muss sich noch nicht entscheiden, was er nach erfolglosem Fristablauf tun wird (BT-Drucks 14/6040, 139; zu weitgehend daher OLG Köln ZGS 03, 393; s Mankowski ZGS 03, 451). Klauseln in AGB,
die das Erfordernis einer Ablehnungsandrohung vorsehen, widersprechen dem Leitbild
der neuen Regelung und sind daher gem § 307 II unwirksam (Schulze/Ebers JuS 04,
274 mwN). Die Fristsetzung muss **nach Fälligkeit** (ggf zusammen mit der Fälligkeitsbegründung, Derleder/Zänker NJW 03, 2778) und vor Undurchsetzbarkeit des Anspruchs erfolgen. Eine Fristsetzung vor Fälligkeit ist nach hM unwirksam. Verbindet
der Gläubiger die Fristsetzung mit einer Zuvielforderung, so ist die Fristsetzung nur
dann unwirksam, wenn die Zuvielforderung ein beträchtliches Maß erreicht; so BGH
NJW 91, 1823 zur Forderung der vierfachen Summe des fälligen Betrages. bb) Die **Angemessenheit** ist einzelfallorientiert anhand der beiderseitigen Interessenlage zu ermitteln. Die Frist soll einerseits so lang bemessen sein, dass der Schuldner die Chance hat,
etwas fertig zu stellen, was bereits nahezu vollendet ist (BGH NJW 82, 1280). Andererseits braucht sie aber nicht so lang zu sein, dass der Schuldner eine noch gar nicht
begonnene Leistung rechtzeitig fertig stellen kann (BGH NJW 85, 323). Wird ein **Geldbetrag** geschuldet, so ist auch eine **kurze Nachfrist** angemessen, wobei die eigenen finanziellen Schwierigkeiten dürfen sich für den Schuldner nicht entlastend auswirken (BGH
NJW 85, 2640). Vom Schuldner können nach Fristsetzung auch größere Anstrengungen und schnelleres Handeln erwartet werden, da er seiner ursprünglichen Leistungspflicht nicht hinreichend entsprochen hat. Über die Länge der Frist können vertragliche
Abreden getroffen werden. Festsetzungen in AGB sind aber nur in den Grenzen des
§ 308 Nr 2 wirksam (s dort Rn 8). cc) **Unterbleibt** eine Fristsetzung, besteht **kein Anspruch auf Schadensersatz statt der Leistung**, anderenfalls wäre der (uU ahnungslose)
Schuldner unangemessen benachteiligt. Bei einer **zu kurzen Frist** wird dag eine angemessene Frist in Lauf gesetzt (BT-Drucks 14/6040, 138; OLG Celle ZGS 04, 473 zu
§ 323 I), denn der Zweck der Fristsetzung, den Schuldner zu warnen, ist auch bei zu
kurz bemessener Frist erreicht (krit Koch NJW 10, 1636). Erhält der Gläubiger nach
Fristsetzung eine **mangelhafte Leistung** und nimmt er diese an, so muss er nicht nochmals eine Frist setzen, um zum Schadensersatz statt der Leistung übergehen zu können
(Schwab JR 04, 133; AnwaltK/Dauner-Lieb § 281 Rn 28; str; aA Palandt/Grüneberg
§ 281 Rn 12). Nach dem fruchtlosen Ablauf der angemessenen Frist ist der Gläubiger
nicht mehr verpflichtet, ein Angebot des Schuldners zur Leistungserbringung anzunehmen (BGH NJW 03, 1526); der Schuldner kann den Gläubiger insb nicht mehr durch
ein solches Angebot in Annahmeverzug setzen (Schwab JR 03, 134). Zur Frage, ob der
Gläubiger die Erfüllung zwischen Fristablauf und Schadensersatzverlangen zurückweisen kann, vgl Finn ZGS 04, 32 ff. Verlangt der Gläubiger nach erfolglosem **Ablauf der**

§ 281

Frist erneut **Erfüllung**, so sollen nach OLG Celle NJW 05, 2094 im Umkehrschluss aus Abs 4 seine Sekundäransprüche erlöschen, da der Gläubiger analog § 262 an seine getroffene Wahl gebunden sei. Diese Sichtweise kann jedoch nicht auf den Wortlaut von Abs 4 gestützt werden, weil sich dieser (bewusst) auf die Regelung des umgekehrten Falles beschränkt. Ferner ist die Norm als Ausnahmevorschrift anzusehen. Zudem ist das Wahlrecht des Gläubigers nicht als Wahlschuld sondern vielmehr als ein Fall **elektiver Konkurrenz** anzusehen, weil mehrere inhaltlich verschiedene Rechte (§§ 281 I, 284, 323 I) und nicht eine Forderung mit variablem Inhalt zur Auswahl stehen (vgl § 262 Rn 2 f). Daher geht auch die Analogie zu § 262 fehl (str).

8 **d)** Nach **Abs 2** kann jedoch die **Fristsetzung entbehrlich** sein. Gem Abs 2, 1. Halbs ist keine Fristsetzung erforderlich, wenn eine **ernsthafte und endgültige Erfüllungsverweigerung** seitens des Schuldners vorliegt (s § 323 Rn 6). Abs 2, 2. Halbs eröffnet zudem als Auffangtatbestand die Möglichkeit der sofortigen Geltendmachung des Schadensersatzanspruches bei **besonderen Umständen**, die dies unter Abwägung der beiderseitigen Interessen rechtfertigen, zB wenn weiteres Abwarten mit hoher Wahrscheinlichkeit zu einer Vergrößerung des Schadens führen würde. So hat der Gläubiger bei sog „Just-intime-Verträgen", bei denen der eine Teil zu einem bestimmten Zeitpunkt an den anderen Teil liefern muss, wenn dessen Produktion ordnungsgemäß betrieben werden soll, die Möglichkeit, sofort eine Ersatzbeschaffung vorzunehmen; erhebliche Verschlechterung oder drohender Untergang einer verkauften mangelhaften Sache können den Gläubiger ebenfalls zu sofortigem Handeln berechtigen, vgl BGH NJW 05, 3211; iE § 323 Rn 8.

8a **e)** Nach **Abs 3** tritt an die Stelle der Fristsetzung eine **Abmahnung**, wenn nach Art der Pflichtverletzung eine Fristsetzung nicht in Betracht kommt. Dies ist va der Fall, wenn die Hauptpflicht des Schuldners in einem Unterlassen besteht (zB bei Unterlassungsverträgen im Wettbewerbsrecht oder vertraglichen Bauverboten; vgl iE § 241 Rn 11). Unter Abs 3 fällt darüber hinaus die auf Unterlassung gerichtete **vertragliche Nebenpflicht**, den Leistungserfolg nicht durch aktives Tun zu gefährden. So hat zB der Zedent alles, was die Forderungseinziehung durch den Zessionar beeinträchtigen könnte (RGZ 111, 303), oder der Handelsvertreter jede Tätigkeit für ein Konkurrenzunternehmen zu unterlassen (BGHZ 42, 61). Für Schutzpflichten, die auf die Unterlassung einer das Integritätsinteresse des Gläubigers gefährdenden Handlung zielen, gilt dag § 282. Zu den Besonderheiten bei Dauerschuldverhältnissen vgl § 314 Rn 1; zur Abmahnungspflicht im Arbeitsrecht § 626 Rn 6.

9 **2. Schicksal des Erfüllungsanspruchs**: Nach Ablauf der gesetzten Frist kann der Gläubiger wählen, ob er an seinem Leistungsanspruch festhält oder Schadensersatz statt der Leistung verlangt. Beide Ansprüche stehen grds nebeneinander (keine Wahlschuld sondern elektive Konkurrenz, vgl Bressler NJW 04, 3382, 134 f und Rn 7; str). Gem **Abs 4** ist der **Anspruch auf die Leistung** jedoch **ausgeschlossen**, sobald der Gläubiger statt der Leistung Schadensersatz verlangt hat. Anders als nach § 326 I 2 aF führt der Ablauf der gesetzten Frist also nicht mehr von selbst zum Erlöschen des Erfüllungsanspruchs. Der Gläubiger kann daher auch noch nach Fristablauf die primär geschuldete Leistung verlangen und ggf auf Erfüllung klagen, wenn er trotz der Nicht- bzw Schlechtleistung noch ein Interesse an der Leistung hat. Auf der anderen Seite ist es dem Schuldner aber nicht zuzumuten, sich über einen uU erheblichen Zeitraum sowohl auf Erfüllung als auch auf eine Schadensersatzleistung einrichten zu müssen. Aus diesem Grunde bestimmt Abs 4, dass der Gläubiger den Erfüllungsanspruch nicht mehr geltend machen kann, wenn er Schadensersatz statt der Leistung verlangt (iE BT-Drucks 14/6040, 140).

10 Als **Verlangen** von Schadensersatz statt der Leistung ist eine Äußerung des Gläubigers zu verstehen, wenn sie den eindeutigen Willen erkennen lässt, sich auf das Schadensersatzbegehren beschränken zu wollen. Dies ist zB der Fall, wenn der Gläubiger den Anspruch auf diesen Schadensersatz gerichtlich geltend macht. Bei der Auslegung vorprozessualer Erklärungen ist einer Klageerhebung gleichzustellen, wenn sich der Schuldner auf Verlangen des Gläubigers mit der Zahlung des Schadensersatzes einverstanden erklärt hat. Damit hat der Gläubiger – jedenfalls zunächst – keinen Anlass zur Klageer-

hebung. Eine allg Ankündigung des Gläubigers, weitere Rechte bis hin zum Schadensersatz geltend machen zu wollen, reicht dag idR nicht aus, um den Erfüllungsanspruch auszuschließen. Zur Frage, ob die Fristsetzung gem Abs 2 mit einem aufschiebend bedingten Schadensersatzverlangen nach Abs 4 verbunden werden kann, s Derleder/Zänker NJW 03, 2777; MK/Ernst § 281 Rn 179 f. Zur Frage, ob der Schuldner dem Gläubiger gem § 242 oder analog § 264 II für die Ausübung seines Wahlrechts eine Frist setzen kann, vgl Schwab JR 03, 135; Derleder/Hoolmans NJW 04, 2787.

3. Schadensersatz statt der Leistung: Liegen die Voraussetzungen des § 281 vor, so 11 kann der Gläubiger Schadensersatz statt der Leistung verlangen. In diesem Fall ist sein **positives Interesse** zu ersetzen. Der Gläubiger ist mithin so zu stellen, wie er ohne die Pflichtverletzung bei ordnungsgemäßer Vertragserfüllung stünde (Vor §§ 249–253 Rn 12; BGH JZ 10, 44, 45; Palandt/Grüneberg § 281 Rn 17). Nach aA soll dag nicht der Zeitpunkt der ordnungsgemäßen Erfüllung für die Berechnung des Schadensersatzes statt der Leistung maßgeblich sein, sondern der Zeitpunkt des Ablaufs der Frist gem Abs 1 bzw den Abs 2 (Jauernig/Stadler § 281 Rn 19) oder sogar erst der Zeitpunkt zu dem der Gläubiger den Schadensersatz statt der Leistung verlangt (MK/Ernst § 281 Rn 112). Dies würde jedoch zu einer sachlich nicht gerechtfertigten und vom Gesetzgeber nicht bezweckten Schlechterstellung des Gläubigers ggü dem Schadensersatz wegen Nichterfüllung nach der früheren Rechtslage führen. – Der Anspruch ist idR auf Geld gerichtet, kann aber auch auf die Beschaffung von gleichwertigen Ersatzsachen gehen (BGH WM 71, 1414). Ersatzfähig sind sämtliche Schäden, die sich aus dem **endgültigen Ausbleiben der Leistung** ergeben (iE Lorenz NJW 02, 2500 ff; Schulze/Ebers JuS 04, 268 und 464). Die geschuldete Leistung bleibt bei dem Anspruch aus § 281 endgültig aus, wenn der Gläubiger Schadensersatz statt der Leistung verlangt und der Schuldner seine Leistung infolgedessen nicht mehr erbringen darf. Zum Schadensersatz statt der Leistung gehören somit va die Kosten der Ersatzbeschaffung oder Reparatur und der nach einer Reparatur verbleibende Minderwert, sämtliche Verzögerungsschäden, die nach dem endgültigen Ausbleiben der Leistung entstanden sind, sowie sonstige Nichterfüllungsschäden.

Bei der Schadensberechnung ist iE danach zu unterscheiden, ob bei Fristablauf ein Fall 12 der **vollständigen Nichterfüllung** (dazu Rn 14–17), **teilweisen Nichterfüllung** (Rn 18) oder **Schlechtleistung** (Rn 19) vorliegt.

a) Bei **vollständiger Nichterfüllung** tritt der Schadensersatzanspruch gem Abs 4 an die 13 Stelle des gesamten Leistungsanspruchs. aa) Bei gegenseitigen Verträgen stehen dem Gläubiger vor Erklärung des Rücktritts grds zwei Modelle zur Schadensberechnung Verfügung: Nach der **Surrogations- oder Austauschtheorie** tritt an die Stelle der primären Leistungspflicht des Schuldners dessen Pflicht zum Ersatz des Gläubigerinteresses an der Leistung. Als Surrogat der geschuldeten Leistung kann der Gläubiger deren Wert Zug um Zug gegen die Erbringung seiner Gegenleistung verlangen. Besteht die Gegenleistung in Geld, kann die Aufrechnung erklärt werden. Demgegenüber ist nach der **Differenzmethode** Schadensersatz wegen Nichterfüllung des Vertrages im Ganzen zu leisten. Die Verpflichtung des Gläubigers zur Gegenleistung besteht daher nicht fort, sondern die einseitige, auf Geldersatz gerichtete Schadensersatzanspruch des Gläubigers tritt an die Stelle der gegenseitigen Leistungspflichten insgesamt. Der Schaden besteht aus dieser Sicht in der Differenz zwischen dem Wert der Gegenleistung, die der Gläubiger erspart hat, einerseits und dem Wert der nicht oder nicht wie geschuldet erbrachten Leistung zuzüglich sonstiger Vermögenseinbußen des Gläubigers infolge der Pflichtverletzung (Folgeschäden) andererseits. Nach aA steht dem Gläubiger dag **nur die Differenzmethode** zur Verfügung, da § 326 I 1 den Anspruch auf die Gegenleistung ausschließe (Schwarze Jura 02, 82; Wilhelm JZ 01, 868). Dieses Argument überzeugt jedoch nicht; denn diese Vorschrift regelt nur, dass der Gläubiger seine Gegenleistung nicht mehr erbringen muss; inwieweit er seine Leistung entspr der Surrogationsmethode noch erbringen kann, bleibt demgegenüber offen. Andere wiederum plädieren für die ausschließliche Anwendung der Surrogationstheorie mit der Begr, dass sich der Gläubiger nur durch einen Rücktritt von seiner Gegenleistungspflicht befreien dürfe; anderenfalls bestehe die Gefahr, dass die §§ 346 ff umgangen würden (MK/Ernst § 325

Rn 8 ff). Gegen diese Ansicht spricht indessen, dass der Gläubiger nach neuem Recht gem § 325 Schadensersatz und Rücktritt frei kombinieren kann (s dort). Die **hM** geht daher zu Recht davon aus, dass der Gläubiger vor Erklärung des Rücktritts stets die **freie Wahl** zwischen der Schadensermittlung nach der Differenz- und Surrogationstheorie hat (Canaris ZRP 01, 333; AnwaltK/Dauner-Lieb § 283 Rn 15; Schulze/Ebers JuS 04, 368 f). Hat der Gläubiger dag bereits den Rücktritt erklärt, so kann er grds nur noch Schadensersatz im Wege der Differenzmethode verlangen; vgl iE § 325 Rn 2.

14 bb) Zur Berechnung des Schadens stehen zwei Möglichkeiten zur Verfügung: Die **konkrete Schadensberechnung** erfordert den Vergleich des tatsächlichen Vermögenszustandes beim Gläubiger mit dem hypothetischen Vermögenszustand, der bei ordnungsgemäßer Vertragserfüllung bestehen würde, anhand der konkreten Gegebenheiten des Falles. Die **abstrakte Schadensberechnung** auf der Grundlage des § 252 bedeutet für den Gläubiger eine Beweiserleichterung, da sie auf einer Schadensvermutung beruht, die der Schuldner widerlegen muss. IdR wird bei ihr zugrunde gelegt, dass der Gläubiger den branchenüblichen Gewinn aus dem gestörten Vertragsverhältnis erzielt hätte. Beispielsweise wird zugunsten des Käufers als Schaden die Differenz zwischen dem vertraglich vereinbarten Preis und dem Weiterverkaufspreis (hypothetisches Gewinngeschäft) oder dem Marktpreis (hypothetisches Deckungsgeschäft) vermutet; beim Verkäufer kommt die Differenz zwischen seinen Anschaffungs- bzw Herstellungskosten oder dem Marktpreis und dem vertraglich vereinbarten Preis in Betracht. Die abstrakte Schadensberechnung ist insb bei Kaufleuten üblich (Vor §§ 249–253 Rn 34); bei Immobiliengeschäften ist sie aber idR ausgeschlossen (BGH NJW 95, 587).

15 Der Gläubiger kann zwischen konkreter und abstrakter **Schadensberechnung wählen** und nach hM von der einen zur anderen übergehen, soweit beide Berechnungsarten zulässig sind. Hat er die Gegenleistung (idR eine Geldzahlung) schon erbracht, wird zudem zu seinen Gunsten deren Gleichwertigkeit mit der nicht oder nicht wie geschuldet erbrachten Leistung vermutet und ihm der entspr Betrag als **Mindestschaden** zugebilligt (BGH ZIP 98, 913).

16 cc) Regelmäßig kann der Gläubiger nur den Erfüllungsschaden ersetzt verlangen. Der **Ersatz vergeblicher Aufwendungen**, die der Gläubiger im Vertrauen auf den Erhalt der Gegenleistung getätigt hat, bereitet dag Schwierigkeiten, denn diese Kosten wären unabhängig von der Pflichtverletzung auch bei ordnungsgemäßer Erfüllung entstanden. UU sind derartige frustrierte Aufwendungen des Gläubigers nach der Rspr aber ersatzfähig: Nach der sog **Rentabilitätsvermutung** wird unterstellt, dass sie durch den Vorteil der erwarteten Gegenleistung wieder eingebracht worden wären (BGHZ 71, 238; 99, 197 f; 114, 193 ff). Folgerichtig wird der Ersatz frustrierter Aufwendungen versagt, wenn sich der Gläubiger aus dem Geschäft keine materielle, kostendeckende Gegenleistung, sondern immaterielle Gewinne erhofft hat (iE BT-Drucks 14/6040, 142). Die Rentabilitätsvermutung kann **iRd Schadensersatzes statt der Leistung weiterhin angewendet** werden (LG Bonn NJW 04, 75 f mit Anm Lorenz NJW 04, 26; iE Schulze/Ebers JuS 04, 272), da § 284 die Rechte des Gläubigers hins des Ersatzes vergeblicher Aufwendungen erweitern, nicht aber abschließend die dem Erfüllungsschaden zurechenbaren Fallgruppen (zB Vertragskosten gem § 467 S 2 aF) erfassen will (str; aA AnwaltK/Dauner-Lieb §§ 280 Rn 56, 284 Rn 3 ff). Auch wenn nach BGH NJW 05, 2848 hins Aufwendungen für kommerzielle Zwecke, also dem klassischen Anwendungsfall der Rentabilitätsvermutung, § 284 als einschlägige Anspruchsgrundlage anzusehen ist, kann für die Rentabilitätsvermutung weiterhin ein Bedürfnis bestehen (wohl str).

17 b) Abs 1 S 2 erfasst die Fälle der **teilweisen Nichtleistung** bzw teilweisen Verzögerung (zB wenn der Verkäufer nur einen Teil der Leistung bewirkt, während der andere Teil auch nach Fristsetzung ausbleibt). In diesen Konstellationen bezieht sich der Schadensersatz statt der Leistung nach Abs 1 S 1 („soweit") grds nur auf die bei Fristablauf noch ausstehende Teilleistung (**kleiner Schadensersatz**). Schadensersatz statt der ganzen Leistung (**großen Schadensersatz**) kann der Gläubiger nach Abs 1 S 2 nur verlangen, wenn er an der Teilleistung kein Interesse mehr hat. Dies ist dann der Fall, wenn ihm die Teilleistung selbst angesichts des bereits nach § 280 I geschuldeten Schadensersatzes nichts mehr nützt (iE zum Begriff der Teilleistung und des **Interessenfortfalls** § 323

Rn 13). Im **Kaufrecht** gelten das aufgrund § 434 III Besonderheiten. Nach dieser Vorschrift stellt die Lieferung einer zu geringen Menge einen Sachmangel dar. Daher ergibt sich der Schadensersatzanspruch des Käufers bei einer Zuweniglieferung nicht aus Abs 1 S 2, sondern aus Abs 1 S 3. Gleiches gilt, wenn nur ein Teil der Gesamtmenge mangelhaft ist; auch in diesem Fall richtet sich der Schadensersatzanspruch nach Abs 1 S 3 (aA Grigoleit/Riehm ZGS 02, 120).

c) Bei der **Schlechtleistung** kann der Gläubiger grds wählen, ob er die mangelhafte Sache behält und lediglich den Wertunterschied zwischen mangelfreier und mangelhafter Sache (Minderwert) geltend macht (**kleiner Schadensersatz, Abs 1 S 1**) oder die empfangene Leistung zurückgewährt (Rückabwicklung gem Abs 5) und Schadensersatz statt der ganzen Leistung verlangt (**großer Schadensersatz, Abs 1 S 3**). Der große Schadensersatz kann nur verlangt werden, wenn die Pflichtverletzung **nicht unerheblich** ist (Abs 1 S 3). Was unerheblich ist, bestimmt sich nach den Umständen des Einzelfalls aufgrund des Inhalts und Zwecks des jeweiligen Schuldverhältnisses; unerheblich ist zB, wenn der ansonsten tadellose Mietwagen keinen funktionierenden Zigarettenanzünder besitzt. Erhebliche Mängel liegen vor bei einem fehlenden Benutzerhandbuch bei Lieferung von Hard- und Software (BGH NJW 93, 462), bei unterbliebener Montage einer Förderungsanlage (BGH NJW 98, 3199) oder bei einem Kraftstoffmehrverbrauch eines Neuwagens von mehr als 10 % (BGHZ 136, 94). Bei einem Gebrauchtwagenkauf hängt die Erheblichkeit der Pflichtverletzung davon ab, ob und mit welchem Kostenaufwand sich die Mängel beseitigen lassen (Reinking/Eggert, Rn 1385 f); Unerheblichkeit liegt insb vor, wenn der Reparaturaufwand unter 3 % des Kaufpreises liegt (OLG Düsseldorf ZGS 04, 197). Liegt der Mangel unterhalb der Bagatellgrenze, so sind im Kauf- und Werkvertragsrecht nur der Schadensersatz statt der ganzen Leistung, nicht jedoch der kleine Schadensersatz und die Minderung (§§ 441 I 2, 638 I 2) ausgeschlossen; s auch § 323 Rn 14. Zur Frage, welche Schadensersatzansprüche dem Gläubiger nach **erklärtem Rücktritt** zustehen, vgl § 325 Rn 2. 18

4. Nach **Abs 5** ist der Schuldner gem §§ 346 ff zur **Rückforderung des Geleisteten** berechtigt, wenn der Gläubiger Schadensersatz statt der ganzen Leistung (großer Schadensersatz; Rn 18, 19) verlangt. Dieser Rechtsfolgenverweisung liegt zugrunde, dass der Gläubiger mit der Geltendmachung des Schadensersatzes statt der Leistung entspr Wirkungen wie beim Rücktritt erzielt. Insofern muss der Schuldner auch zur Rückforderung des von ihm Geleisteten berechtigt sein, wenn der Gläubiger auf sein Rücktrittsrecht gem § 323 verzichtet und allein nach § 281 vorgeht. 19

§ 282 Schadensersatz statt der Leistung wegen Verletzung einer Pflicht nach § 241 Abs. 2

Verletzt der Schuldner eine Pflicht nach § 241 Abs. 2, kann der Gläubiger unter den Voraussetzungen des § 280 Abs. 1 Schadensersatz statt der Leistung verlangen, wenn ihm die Leistung durch den Schuldner nicht mehr zuzumuten ist.

I. §§ 280 I, III, 282 gewährt dem Gläubiger das Recht auf Schadensersatz statt der Leistung bei der **Verletzung nicht leistungsbezogener Nebenpflichten** (Schutzpflichten) nach § 241 II unter anderen Voraussetzungen als § 281 bei leistungsbezogenen Pflichten. Die Regelung greift ein, wenn der Schuldner die versprochene Leistung zwar an sich ordnungsgemäß erbringt, aber unter Begleitumständen, die den Vertragszweck so gefährden, dass dem Gläubiger ein Festhalten am Vertrag nicht mehr zuzumuten ist. In diesen Fällen soll der Gläubiger nicht nur den durch die Pflichtverletzung entstandenen Schaden gem § 280 I verlangen können, sondern darüber hinaus die Möglichkeit haben, von der Vertragsdurchführung Abstand zu nehmen und Schadensersatz statt der Leistung zu fordern. § 282 übernimmt insofern die von der Rspr zur pVV entwickelten Grundsätze (BGHZ 11, 84; BGH NJW-RR 96, 950; stRspr; sog „objektive Schwere" der pFV). Zur Kontroverse im Gesetzgebungsverfahren, ob § 282 als eigenständige Regelung neben § 281 treten oder die Schutzpflichtverletzungen in § 281 III einbezogen werden sollten, vgl BT-Drucks 14/6040, 141; 14/7052, 186; sowie die Stellungnahme 1 der BReg, BT-Drucks 14/6857, Anlage 3, 50, in der die Aufhebung der Vorschrift gefordert wird.

2 Ausgeschlossen ist der Anspruch aus § 282, soweit der Schuldner Haupt- oder Nebenleistungspflichten verletzt hat. Gleiches gilt für den Fall, dass sich die Verletzung einer nicht leistungsbezogenen Nebenpflicht auf die Hauptleistungspflicht auswirkt und zur Folge hat, dass die Leistung nicht vertragsgemäß erbracht wird. In diesen Fällen richtet sich der Schadensersatzanspruch bei Verletzung der Leistung allein nach § 281 (BT-Drucks 14/6040, 141; vgl ferner § 241 Rn 8). Ferner findet die Vorschrift keine Anwendung auf vorvertragliche Pflichtverletzungen (vgl § 311 II, III), denn Schadensersatz „statt der Leistung" kann nur verlangt werden, wenn ein Leistungsanspruch zunächst entstanden war (BT-Drucks 14/7052, 186).

3 II. 1. Voraussetzungen: IR eines **wirksamen Schuldverhältnisses** (§ 282 iVm § 280 I) muss der Schuldner eine **Schutzpflicht nach § 241 II** verletzt haben. Er muss somit seiner Verpflichtung zur Rücksichtnahme auf die Rechte, Rechtsgüter und Interessen des anderen Teils nicht nachgekommen sein (iE § 241 Rn 4 ff und § 280 Rn 12). Nach dem Wortlaut der Vorschrift muss die Schutzpflichtverletzung vor Erbringung der Hauptleistung begangen worden sein. Bei einer nachträglichen Verletzung kann jedoch eine analoge Anwendung in Betracht kommen (vgl Knoche/Höller ZGS 03, 26 ff). Ausgeschlossen ist der Anspruch aber, wenn der Schuldner gem § 280 I 2 nachweisen kann, dass er die Pflichtverletzung nicht iSd §§ 276 ff **zu vertreten** hat (iE § 280 Rn 14 f). Aufgrund dieser Schutzpflichtverletzung muss die Leistung durch den Schuldner für den Gläubiger **unzumutbar** sein. Die Pflichtverletzung muss daher das Verhältnis der Parteien derart beeinträchtigen, dass dem Gläubiger nach Treu und Glauben das Festhalten am Vertrag nicht mehr zugemutet werden kann. Wann dies der Fall ist, ist von den Umständen des Einzelfalls abhängig. Zu berücksichtigen sind insb das Ausmaß des Schadens, die Häufigkeit der Pflichtverletzung, die Verschuldensform (leichte oder grobe Fahrlässigkeit) sowie evtl Abmahnungen des Schuldners durch den Gläubiger. Im Tatbestandsmerkmal der Unzumutbarkeit enthalten ist das Merkmal, dass die Pflichtverletzung wesentlich ist, also ein erhebliches Gewicht haben muss; diese Voraussetzung wurde daher entgg dem RegE nicht eigens in § 282 aufgenommen (BT-Drucks 14/6040, 186). Bei einem auf dauerndes Zusammenwirken der Parteien angelegten Vertrag sind an das beiderseitige Verhalten strengere Maßstäbe anzulegen als bei einem einfachen Warenumsatzgeschäft. **Typische Fälle** sind schwerwiegende Unzuverlässigkeiten bei der Vertragsabwicklung (BGH NJW 69, 974), Beleidigungen oder schwere Kränkungen des Gläubigers (RGZ 140, 385) sowie gravierende Verletzungen von Eigentum oder Person des Bestellers bei Durchführung von Werkverträgen. Wenn zB ein Maler zwar die von ihm übernommenen Arbeiten ausführt, dabei jedoch wiederholt in erheblichem Maße Einrichtungsgegenstände beschädigt, kann der Besteller nicht nur Schadensersatz wegen der Sachschäden nach § 280 I verlangen, sondern auch einen anderen Maler mit der Beendigung der Arbeiten beauftragen und die hierfür entstandenen Mehrkosten dem ersten, unsorgfältigen Maler gem § 282 in Rechnung stellen. **Zumutbar** ist dag, wenn ein Maler seine Malerleistung einwandfrei erbringt, aber als Gewohnheitsraucher in den Räumen des Bestellers trotz Abmahnung weiterhin raucht (vgl BT-Drucks 14/7052, 186).

4 2. Rechtsfolgen: Bei Vorliegen der Voraussetzungen der §§ 280 I, III, 282 kann der Gläubiger Schadensersatz statt der Leistung verlangen. Sobald der Gläubiger dies erklärt hat, ist der Anspruch auf die Leistung analog § 281 IV ausgeschlossen. Zum Umfang des Schadensersatzanspruchs vgl § 281 Rn 12 ff. Bei einem gegenseitigen Vertrag kann der Gläubiger darüber hinaus gem § 324 vom Vertrag zurücktreten.

§ 283 Schadensersatz statt der Leistung bei Ausschluss der Leistungspflicht

¹Braucht der Schuldner nach § 275 Abs. 1 bis 3 nicht zu leisten, kann der Gläubiger unter den Voraussetzungen des § 280 Abs. 1 Schadensersatz statt der Leistung verlangen. ²§ 281 Abs. 1 Satz 2 und 3 und Abs. 5 findet entsprechende Anwendung.

I. Die Vorschrift regelt den Schadensersatzanspruch des Gläubigers statt der Leistung **1** bei einem **Ausschluss der Leistungspflicht** nach § 275 I–III. Liegt aber bei einem Vertragsverhältnis das Leistungshindernis bereits bei Vertragsschluss vor, sind nicht §§ 280 ff, sondern ist § 311 a anzuwenden. § 283 ist ggü § 281 lex specialis, denn eine Fristsetzung gem § 281 I 1 ist nur bei behebbaren Leistungsstörungen sinnvoll. Nach §§ 280 I, III, 283 setzt der Schadensersatzanspruch voraus, dass der Schuldner eine zu **vertretende Pflichtverletzung** begangen hat. Str ist, auf welche Pflichtverletzung iR des § 283 abzustellen ist. Teilweise wird vertreten, dass eine Pflichtverletzung erst in einer Handlung gesehen werden kann, welche die Unmöglichkeit der Leistung herbeigeführt hat (Teichmann BB 01, 1486). Nach dieser Ansicht müsste der Gläubiger darlegen und beweisen, dass der Schuldner das nachträgliche Leistungshindernis herbeigeführt bzw schuldhaft versäumt hat, dieses abzuwehren. Dag sprechen jedoch sowohl der Wortlaut als auch die Entstehungsgeschichte des § 283. Nach dem Willen des Gesetzgebers liegt bereits in der endgültigen Nichterfüllung gem § 275 I–III eine Pflichtverletzung, bei der das Verschulden vermutet wird. Die Frage, warum der Schuldner nicht geleistet hat, wird dag erst unter dem Gesichtspunkt mangelnden Vertretenmüssens relevant (Vor §§ 275–292 Rn 8).

II. 1. Voraussetzungen: a) Der Schuldner muss bei einem wirksamen Vertrag gem **2** § 275 I, II oder III von seiner primären Leistungspflicht befreit worden sein. Es muss daher entweder **Unmöglichkeit** ieS nach § 275 I vorliegen oder ein Fall der faktischen Unmöglichkeit oder persönlichen Unzumutbarkeit gem § 275 II, III. In den Fällen des § 275 II, III ist erforderlich, dass der Schuldner die ihm zustehende Einrede auch erhoben hat. IÜ verweist § 283 hins der Voraussetzungen auf § 280 I. Der Anspruch auf Schadensersatz statt der Leistung ist daher gem § 280 I 2 ausgeschlossen, wenn der Schuldner das Leistungshindernis nicht iSd §§ 276 ff **zu vertreten** hat.

b) Wird der Schuldner nur **teilweise** von seiner Leistungspflicht befreit, so setzt der **3** große Schadensersatzanspruch gem **S 2** iVm § 281 I 2 zusätzlich voraus, dass der Gläubiger an der Teilleistung kein Interesse mehr hat (§ 281 Rn 18). Im Falle der qualitativen Unmöglichkeit (zum Begriff s § 275 Rn 17) muss die Schlechtleistung zudem gem S 2 iVm § 281 I 3 erheblich sein (§ 281 Rn 19).

2. Rechtsfolgen: Der Gläubiger kann nach S 1 Schadensersatz statt der Leistung, also **4** das positive Interesse (Vor §§ 249–253 Rn 12) verlangen. Im Gegenzug kann der Schuldner gem S 2 iVm § 281 V bereits erbrachte Leistungen gem §§ 346 ff zurückfordern. Bei einem gegenseitigen Vertrag kann der Gläubiger darüber hinaus gem §§ 326 V, 346 vom Vertrag zurücktreten, ohne dass hierdurch der Schadensersatzanspruch ausgeschlossen wird (§ 325). Das Schicksal der Gegenleistung richtet sich nach § 326 I–IV.

III. Die **Beweislast** für die Voraussetzungen des § 283 trägt der Gläubiger. Der Schuld- **5** ner muss beweisen, dass er die Pflichtverletzung nicht zu vertreten hat. Ist der Gläubiger im Ungewissen darüber, warum der Schuldner nicht leistet oder hat er Zweifel am Vorliegen eines Leistungshindernisses, so sollte er dem Schuldner sicherheitshalber eine Frist nach § 281 I 1 setzen; ggf kann der Gläubiger auch gem § 255 ZPO eine Nachfristsetzung durch das Gericht erreichen (Gsell JZ 04, 115 ff; aA Schur NJW 02, 2520). In diesem Fall muss der Schuldner neben den Voraussetzungen des § 275 beweisen, dass ein von ihm nicht zu vertretendes Leistungshindernis vorliegt. Misslingt dieser Beweis, so hat der Gläubiger einen Anspruch auf Schadensersatz statt der Leistung; ob sich dieser aus §§ 280 I, III, 281 oder §§ 280 I, III, 283 ergibt, kann offenbleiben.

§ 284 Ersatz vergeblicher Aufwendungen

Anstelle des Schadensersatzes statt der Leistung kann der Gläubiger Ersatz der Aufwendungen verlangen, die er im Vertrauen auf den Erhalt der Leistung gemacht hat und billigerweise machen durfte, es sei denn, deren Zweck wäre auch ohne die Pflichtverletzung des Schuldners nicht erreicht worden.

1 I. § 284 räumt dem Gläubiger das Recht ein, anstelle des positiven Interesses (Schadensersatz statt der Leistung gem §§ 281 ff) einen **Teil des negativen Interesse (Ersatz vergeblicher Aufwendungen)** vom Schuldner ersetzt zu verlangen. Die durch das SMG eingefügte Vorschrift erweitert die Rechte des Gläubigers (iE Stoppel AcP 204, 81 ff).

2 Nach § 284 sollen grds **sämtliche Aufwendungen** ersatzfähig sein, die der Gläubiger **im berechtigten Vertrauen** auf den Erhalt der Leistung vergeblich getätigt hat. Berücksichtigt sind ideelle und konsumtive, aber auch kommerzielle Aufwendungen (BGH NJW 05, 2848). Dag waren nach früherer Rechtslage frustrierte Aufwendungen nur ersatzfähig, wenn unterstellt werden konnte, dass die Aufwendungen des Gläubigers durch den Vorteil der erwarteten Gegenleistung wieder eingebracht worden wären (sog Rentabilitätsvermutung § 281 Rn 16). Der Anwendung der **Rentabilitätsvermutung** sind jedoch ua dadurch Grenzen gesetzt, dass sie nur gegenseitige Verträge erfasst und zudem versagt, wenn der Gläubiger aus dem Geschäft keine materielle, kostendeckende Gegenleistung, sondern immaterielle Vorteile erhofft hat. Schwierigkeiten entstehen schließlich dann, wenn der Gläubiger zB aus marktstrategischen Gründen für einen Gegenstand einen weit überhöhten Preis zahlt, ohne dass absehbar ist, ob er sich in einer fernen Zukunft vielleicht rechnen wird. Demgegenüber gewährt § 284 auch den Ersatz von Aufwendungen, wenn der Gläubiger mit dem Vertrag nur marktstrategische und spekulative Ziele verfolgt hat (BT-Drucks 14/6040, 143). § 284 führt insofern zu einer Einschränkung von § 253 I. Nicht ersatzfähig sind Aufwendungen aber dann, wenn deren Zweck auch ohne die Pflichtverletzung des Schuldners verfehlt worden wäre.

3 Ausgeschlossen ist, dass der Gläubiger zugleich Schadenspositionen des positiven und des negativen Interesses geltend macht und damit eine doppelte Entschädigung erlangt. § 284 gibt dem Gläubiger lediglich ein **Wahlrecht** zwischen Schadensersatz statt der Leistung und Aufwendungsersatz. Negatives und positives Interesse stehen grds im Verhältnis der Exklusivität, denn der Gläubiger kann nicht auf die Wiederherstellung des Zustands ohne Vertragsschluss bestehen und gleichzeitig Vorteile aus dem Vertragsschluss geltend machen (Wiedemann/Müller JZ 92, 468). Insofern muss sich der Gläubiger entscheiden, ob er Schadensersatz statt der Leistung verlangt und die Nachteile der Rentabilitätsvermutung in Kauf nimmt oder nach § 284 Aufwendungsersatz fordert. Der kleine Schadensersatz nach § 281 I 2, 3 (s dort Rn 17, 18) steht demgegenüber neben dem Aufwendungsersatzanspruch, soweit die Aufwendungen ausschließlich die nicht erhaltene Leistung betreffen.

4 Der **Anwendungsbereich** des § 284 erstreckt sich sowohl auf vertragliche als auch auf gesetzliche Schuldverhältnisse. Erfasst werden nicht nur Verträge mit konsumptivem oder ideellem Zweck, sondern auch Verträge mit Gewinnerzielungsabsicht (hM; OLG Stuttgart ZGS 04, 435). Unter § 284 fallen dementspr alle frustrierten Aufwendungen, unabhängig von der Zielsetzung des jeweiligen Vertrags. Mehrere Schadensersatzvorschriften verweisen auf § 284, zB §§ 311 a II 1, 437 Nr 3, 634 Nr 4. Auch ohne derartigen klarstellenden Verweis ist § 284 aber bei weiteren Vertragsarten anwendbar (zB im Mietrecht; § 536 a I; Oechsler ZMR 04, 647). § 284 wird nicht durch § 347 II verdrängt (str, vgl §§ 347 Rn 5, 325 Rn 3).

5 II. **1. Voraussetzungen: a)** Entspr dem Wortlaut der Vorschrift („**anstelle des Schadensersatzes statt der Leistung**") müssen zunächst die Voraussetzungen vorliegen, unter denen der Gläubiger Schadensersatz statt der Leistung verlangen kann. Je nach Art der Pflichtverletzung ergeben sich die Anforderungen aus §§ 280 I, III, 281–283 und uU aus weiteren, speziellen Vorschriften (zB für das Kaufrecht aus §§ 434 ff; für den Mietvertrag aus § 536 a I und für den Werkvertrag aus §§ 633 ff).

6 b) Weiterhin muss der Gläubiger **Aufwendungen** gemacht haben. Der Begriff ist grds weit zu verstehen. Erfasst werden sämtliche Vermögensopfer, die der Gläubiger auf Weisung des Schuldners oder freiwillig erbracht hat, so zB Reise- und Übernachtungskosten bei Konzertbesuchen (aA zur früheren Rechtslage LG Lüneburg NJW 02, 614) oder spezielles Autozubehör, das im Vertrauen auf den Bestand des Kaufvertrages vom Käufer angeschafft wurde (BGH NJW 05, 2848). Aufwendungen können auch im Eingehen von Verbindlichkeiten bestehen. Ob **eigene Arbeitsleistungen** ersatzfähige Aufwendungen gem § 284 bilden, ist str. Dafür spricht, dass es bei einer vom Schuldner zu vertretenden Pflichtverletzung keinen Unterschied machen kann, ob der Gläubiger eigene Arbeitsleistungen erbringt oder entspr Maßnahmen in Auftrag gibt (Reim NJW 03, 3664). Nach aA ist ein derartiger Aufwendungsersatzanspruch dag nur dann gegeben, wenn die ausgeführte Tätigkeit zum Gewerbe oder Beruf des Gläubigers gehört (Huber/Faust Kap 4 Rn 12). Diese Auffassung findet allerdings trotz ihrer praktischen Vorzüge im Gesetz nur wenig Anhalt; ihrer Anlehnung an §§ 670, 683 steht entgg, dass die dort maßgeblichen Kriterien von der Unentgeltlichkeit des Auftrags beeinflusst sind.

c) Die Aufwendungen müssen im Vertrauen auf **den Erhalt der Gegenleistung** erfolgt 7 sein. Nach Art der Aufwendungen können dabei im Anschluss an die Rspr zur Rentabilitätsvermutung (BGH JZ 92, 464 ff; iE Wiedemann/Müller JZ 92, 468 ff) verschiedene **Fallgruppen** unterschieden werden:

aa) **Vertragsschluss- und Vertragserfüllungskosten** sind Aufwendungen, die den Zweck 8 haben, die Vertragsdurchführung im Interesse beider Parteien zu ermöglichen oder zu sichern. Hierzu gehören insb die Kosten einer notariellen Beurkundung, der Eintragung einer Auflassungsvormerkung in das Grundbuch und Maklerprovisionen. Da diese Aufwendungen ausschließlich zur Erlangung der Gegenleistung dienen, reicht der Vertrauensschutz sehr weit (Stoll JZ 87, 519). Ohne Pflichtverletzung des Schuldners hätten diese Aufwendungen ihren Zweck – die Erlangung der Gegenleistung – in jedem Fall erreicht, so dass sie über § 284 ersetzt werden müssen. Der Einwand der Zweckverfehlung (s Rn 12) kommt daher idR nicht in Betracht.

bb) **Vertragsverwertungskosten** sind Aufwendungen, die dazu dienen, die sich aus dem 9 Leistungsaustausch ergebenden Möglichkeiten weiter auszunutzen; Beispiele hierfür sind etwa Erschließungs- und Umbaukosten eines gekauften Grundstücks, Grundsteuern, Vermessungskosten oder Prämien für Brandversicherungen. Im Unterschied zu den Vertragsschluss- und Vertragserfüllungskosten sind Vertragsverwertungskosten nicht final auf die Vertragsdurchführung bezogen, sondern von ihr verursachte Folgelasten. Insofern besteht bzgl dieser Gläubigerdispositionen lediglich ein **eingeschränkter Vertrauensschutz** (Stoll JZ 87, 519): Soweit der Schuldner beweist, dass die Aufwendungen ihren Zweck auch ohne die Pflichtverletzung nicht erreicht hätten, scheidet ein Anspruch nach § 284 aus (iE Rn 12).

cc) **Vertragsliquidationskosten** sind dag **nicht ersatzfähig**. Da derartige Kosten nur aus 10 der Vertragsverletzung resultieren und erst nach der Pflichtverletzung des Schuldners bei Scheitern des Vertrages anfallen, kann sie der Gläubiger nur iR des Schadensersatzes statt der Leistung geltend machen.

d) Der Gläubiger kann nur den Ersatz solcher Aufwendungen verlangen, die er im **Ver-** 11 **trauen** auf den Erhalt der Leistung gemacht hat und **billigerweise** machen durfte. Mit dieser Formulierung wird insb klargestellt, dass der Gläubiger entspr dem Rechtsgedanken des § 254 **keine voreiligen Aufwendungen** tätigen darf, wenn ihm bereits Anzeichen für ein Scheitern des geschlossenen Vertrages bekannt sind. Grds darf der Gläubiger allerdings von der Vertragstreue des Schuldners ausgehen. Insofern braucht der Gläubiger nicht vorsorglich bis zum spätestmöglichen Zeitpunkt mit seinen Aufwendungen zu warten und kann uU auch Aufwendungen tätigen, die bei objektiver Betrachtungsweise als überflüssig, überhöht oder luxuriös zu qualifizieren wären (str; iE Canaris JZ 01, 517).

e) **Ausgeschlossen** ist der Aufwendungsersatzanspruch, wenn die Aufwendungen ihren 12 Zweck auch ohne die Pflichtverletzung des Schuldners nicht erreicht hätten. Eine derartige **Zweckverfehlung** liegt zB vor, wenn der Gläubiger einen Mietvertrag über einen Veranstaltungsraum abschließt, der Vermieter unberechtigterweise kündigt und sich später herausstellt, dass die vorgesehene Veranstaltung ohnehin mangels Teilnehmerinteresse abgesagt worden wäre. In diesen Fällen sind die entstandenen Vertragsverwertungskosten (zB Werbung für die geplanten Veranstaltungen; Honorare für Gastredner) nicht ersatzfähig. Bei Vertragsschluss- und Vertragserfüllungskosten scheidet dag idR der Einwand der Zweckverfehlung aus (iE Rn 8). Die **Beweislast** für das Vorliegen einer Zweckverfehlung trägt der **Schuldner**.

13 **2. Rechtsfolgen:** Der Gläubiger kann sämtliche Aufwendungen ersetzt verlangen, die er im Vertrauen auf den Erhalt der Leistung getätigt hat. Sonstige Vertrauensschäden sind dag nicht ersatzfähig, so zB ein entgangener Vorteil aus einem günstigeren Alternativgeschäft mit einem Dritten, wenn der Gläubiger dieses nicht abgeschlossen hat, weil er sich bereits durch den Vertrag mit dem Schuldner gebunden wusste (iE BT-Drucks 14/6040, 144).

14 **III.** Der Gläubiger trägt die **Beweislast** hins der entstandenen Aufwendungen und dafür, dass die Voraussetzungen für einen Schadensersatz statt der Leistung vorliegen. Der Schuldner hat demgegenüber zu beweisen, dass die Aufwendungen des Gläubigers auch ohne die Pflichtverletzung ihren Zweck verfehlt hätten.

§ 285 Herausgabe des Ersatzes

(1) Erlangt der Schuldner infolge des Umstands, auf Grund dessen er die Leistung nach § 275 Abs. 1 bis 3 nicht zu erbringen braucht, für den geschuldeten Gegenstand einen Ersatz oder einen Ersatzanspruch, so kann der Gläubiger Herausgabe des als Ersatz Empfangenen oder Abtretung des Ersatzanspruchs verlangen.

(2) Kann der Gläubiger statt der Leistung Schadensersatz verlangen, so mindert sich dieser, wenn er von dem in Absatz 1 bestimmten Recht Gebrauch macht, um den Wert des erlangten Ersatzes oder Ersatzanspruchs.

1 **I.** Der Gläubiger trägt zwar nach § 275 grds das Risiko eines Ausfalls der Leistung. Nach § 285, der weitgehend § 281 aF entspricht, soll ihm aber dafür dasjenige zustehen, was anstelle der ausgefallenen Leistung in das Vermögen des Schuldners gelangt ist. Als Anspruchsgrundlage ermöglicht die Vorschrift dem Gläubiger, diesen ersatzweise erlangten Vorteil (das sog **stellvertretende commodum**) herauszuverlangen. Sie führt damit in einem Fall **schuldrechtlicher Surrogation** zu einem Ausgleich ggü der als unrichtig bewerteten Verteilung von Vermögensgütern. Ihre Rechtsfolge entspricht zudem nach Auffassung des BGH (BGHZ 25, 9; 135, 289; zu § 281 I aF) idR dem mutmaßlichen Parteiwillen, so dass die Vorschrift als ein gesetzlich geregelter Fall der ergänzenden Vertragsauslegung anzusehen sei.

2 **II. 1. Anwendbar** ist § 285 auf alle vertraglichen und gesetzlichen Schuldverhältnisse. Liegt bei einem Vertragsverhältnis ein anfängliches Leistungshindernis iSd § 275 I–III vor, so entsteht gem § 311 a I ein Vertrag ohne primäre Leistungspflicht, der die Grundlage für einen etwaigen Surrogationsanspruch nach § 285 bildet (BT-Drucks 14/6040, 165). Die Vorschrift findet ferner Anwendung auf Rückgewährschuldverhältnisse gem §§ 346 ff (BT-Drucks 14/6040, 194), auf GoA und unerlaubte Handlung sowie auf die verschärfte Bereicherungshaftung nach §§ 818 IV, 819 (BGHZ 75, 207), soweit nicht Sondervorschriften das allg Leistungsstörungsrecht verdrängen (zB für das Bereicherungsrecht § 818 II, III, soweit keine verschärfte Haftung greift; sowie für einzelne Vertragstypen bei Vorrang des Gewährleistungsrechts). Auf den dinglichen Herausgabeanspruch nach § 985 ist § 285 wegen der fehlenden Identität von Surrogat und geschuldeter Leistung und wegen der Sonderregelung der §§ 989, 990 nicht anwendbar (vgl § 985 Rn 7).

3 **2. Voraussetzungen: a)** Der Gläubiger muss ursprünglich einen **Anspruch auf Leistung eines Gegenstandes** gehabt haben. „Gegenstand" umfasst neben Sachen auch Rechte und Immaterialgüter (§ 90 Rn 1). Nicht unter den Gegenstandsbegriff fallen Handlungen und Unterlassungen (vgl für den Werkvertrag RGZ 97, 90; uU kann sich aber auch hier eine Herausgabepflicht aufgrund ergänzender Vertragsauslegung ergeben; OLG Dresden NJW-RR 98, 373). Da sich der Anspruch auf Leistung eines bestimmten Gegenstandes richten muss, erfasst § 285 auch nicht Gattungsschulden vor der Konkretisierung, soweit nicht bei einer beschränkten Gattungsschuld (§ 243 Rn 6) die Unmöglichkeit den gesamten Vorrat betrifft (RGZ 95, 23).

4 **b)** Der Schuldner muss **gem § 275 I–III** von seiner Leistungspflicht befreit worden sein. Liegt ein Fall des § 275 I vor, so reicht auch die teilweise Unmöglichkeit aus (BGHZ 129, 106). Bei § 275 II–III ist entscheidend, ob der Schuldner die Einrede tatsächlich erhoben hat und diese begründet ist. Der Schuldner hat somit die Wahlmöglichkeit: Beruft er sich auf § 275 II–III, so kann der Gläubiger das Surrogat nach § 285 herausverlangen. Ebenso kann sich der Schuldner aber das Surrogat sichern (zB weil dieses ausnahmsweise wertvoller als die Leistung ist), indem er die Einrede nach § 275 II–III nicht erhebt (BT-Drucks 14/6040, 145).

c) Der Schuldner muss für den geschuldeten Gegenstand einen **Ersatz oder Ersatzanspruch erlangt** haben. Als derartiges stellvertretendes commodum ist jeder Vermögensvorteil anzusehen, der beim Schuldner wirtschaftlich an die Stelle der ursprünglich geschuldeten Leistung getreten ist. Dazu gehören zB Schadensersatzleistungen von Dritten wegen unerlaubter Handlungen (oder entspr Schadensersatzansprüche gegen Dritte), etwa wegen Beschädigung des zu liefernden Sache; Versicherungsleistungen und -ansprüche wegen des Untergangs oder der Beschädigung des geschuldeten Gegenstandes (BGHZ 129, 106); Entschädigungsleistungen und -ansprüche bei Enteignung und Beschlagnahme; der Erlös aus der Veräußerung des Leistungsgegenstandes durch den Schuldner und der Versteigerungserlös in der Zwangsvollstreckung (BGH WM 87, 988) sowie die Befreiung von einer Verbindlichkeit (RGZ 120, 350). 5

d) Diesen Ersatz oder Ersatzanspruch muss der Schuldner gerade **infolge** des Umstandes, auf Grund dessen der Schuldner die Leistung nach § 275 I–III nicht zu erbringen braucht, erlangt haben. Das Ereignis, das zum Ausschluss der Leistungspflicht geführt hat, muss daher **adäquat kausal** dafür sein, dass der Schuldner das stellvertretende commodum erlangt (BGH NJW-RR 88, 903). Dazu kann es genügen, dass das betr Ereignis und der Vorgang, aus dem der Ersatzanspruch entsteht, eine wirtschaftliche Einheit bilden. Unter § 285 fällt daher auch das durch Rechtsgeschäft vom Schuldner erzielte Entgelt (**commodum ex negotiatione**; BGH NJW 83, 930). 6

e) Der Schuldner muss gerade für denjenigen Gegenstand Ersatz erlangt haben, den er geschuldet hat und dessen Leistung nach § 275 ausgeschlossen ist (**Identität von geschuldetem und ersetztem Gegenstand**). Daran fehlt es zB, wenn der Schuldner Ersatz für Sachen verlangt, aus denen der geschuldete Gegenstand erst hergestellt werden sollte. Insb muss der Schuldner ein Surrogat für das Eigentum nur herausgeben, wenn er Eigentumsverschaffung und nicht lediglich die Übertragung des Besitzes schuldete. Hat also der Eigentümer für eine zerstörte Sache, die er vermietet hatte, einen Ersatzgegenstand erhalten, kann der Mieter nicht aus § 285 die Gebrauchsüberlassung dieses Ersatzes verlangen. Dag ist Identität gegeben, wenn ein Hauptmieter das Mietverhältnis gegen Zahlung einer Abfindung beendet und dadurch auch das Besitzrecht des Untermieters entfällt (BGH NJW-RR 86, 235 f). 7

3. Die **Rechtsfolge** des Abs 1 ist kein Anspruch auf Schadensersatz oder auf Bereicherungsausgleich iSd §§ 812 ff, sondern ein Ausgleichsanspruch eigener Art auf **Herausgabe des Ersatzes oder Abtretung des Ersatzanspruchs**. Als ein Fall schuldrechtlicher Surrogation entfaltet er keine dingliche Wirkung. Er entsteht erst mit Geltendmachung durch den Gläubiger (also nicht kraft Gesetzes; sog **verhaltener Anspruch**). Der Schuldner kann daher den Gläubiger nicht ohne weiteres durch das Angebot der Herausgabe in Annahmeverzug setzen. Inhaltlich richtet sich der Herausgabeanspruch auf das, was der Schuldner infolge der Leistungsstörung als Ersatz tatsächlich erlangt hat (BGHZ 114, 39). Ein Verkaufserlös ist daher nicht nur in Höhe des gemeinen Wertes, sondern in vollem Umfang einschließlich des erzielten Geschäftsgewinns herauszugeben. Auch gezogene Nutzungen muss der Schuldner herausgeben (BGH NJW 83, 930). Eigene Aufwendungen kann er dem Gläubiger nur bei einem aufrechenbaren Gegenanspruch zB aus GoA entgegenhalten (BGH DtZ 97, 226). Nicht vom Anspruch umfasst ist hingegen, was der Schuldner als Ersatz hätte erlangen können, aber tatsächlich nicht erlangt hat. Insofern kann auch nicht von einer Verpflichtung ausgegangen werden, etwa durch Abschluss einer Versicherung für Ersatz zu sorgen (BGH NJW 91, 1676). 8

Für die **Abwicklung** des Herausgabeanspruchs und seine **Verjährung** gelten die Maßstäbe des ursprünglich auf Erfüllung gerichteten Schuldverhältnisses weiter. Die Verjährungsfrist beginnt mit dem Schluss des Jahres, in dem der Anspruch aus § 285 fällig wird und der Gläubiger hiervon Kenntnis erlangt bzw ohne grobe Fahrlässigkeit erlangen müsste (§ 199). Fällig ist der Anspruch, wenn Unmöglichkeit nach § 275 I eintritt 9 bzw die Einrede nach § 275 II, III erhoben wird und der Schuldner das stellvertretende commodum erlangt.

10 4. Das **Verhältnis zu Schadensersatzansprüchen** aus §§ 283, 311 a II bestimmt **Abs 2:** Der Herausgabeanspruch aus § 285 führt nicht zum Ausschluss des Schadensersatzanspruchs, sondern wird auf diesen angerechnet. Die beiden Ansprüche stehen in elektiver Konkurrenz (§ 262 Rn 3). Der Gläubiger kann aufgrund seines ius variandi bis zur vollständigen Erfüllung eines der beiden Ansprüche auch nach einem rechtskräftigen Urt über den einen Anspruch den weiter gehenden anderen Anspruch verfolgen (BGH NJW 58, 1041). Dag kann der Schuldner den Schadensersatz begehrenden Gläubiger nicht auf das stellvertretende commodum verweisen.

11 Die **Anrechnung** nach Abs 2 führt aufgrund des Gedankens der Vorteilsausgleichung zu einer Minderung des Schadensersatzanspruchs um den Wert des erlangten Ersatzes oder Ersatzanspruchs. Zweck dieser Regelung ist es, einen nicht gerechtfertigten Wertzuwachs beim Gläubiger zu vermeiden. Ob die Anrechnung entfällt, wenn sich der Ersatzanspruch nach Abtretung als nicht durchsetzbar erweist, ist str (trotz möglicher Abwicklungsprobleme in der Praxis zu Recht dafür Palandt/Grüneberg § 285 Rn 11 mit dem Argument, dass es nicht dem Zweck des Abs 2 entspreche, dem Gläubiger das Risiko der Bonität des Drittschuldners aufzuerlegen). – Für die Gegenleistung bei **gegenseitigen Verträgen** ist § 326 III maßgeblich.

12 **III. Beweislast:** Der Gläubiger hat zu beweisen, dass der Schuldner infolge des Umstandes, der seine Befreiung bewirkt hat, einen Ersatz oder Ersatzanspruch erlangt hat. Steht dies fest, hat der Gläubiger wegen der Höhe einen Auskunftsanspruch (BGH NJW 83, 930).

§ 286 Verzug des Schuldners[1]

(1) ¹Leistet der Schuldner auf eine Mahnung des Gläubigers nicht, die nach dem Eintritt der Fälligkeit erfolgt, so kommt er durch die Mahnung in Verzug. ²Der Mahnung stehen die Erhebung der Klage auf die Leistung sowie die Zustellung eines Mahnbescheids im Mahnverfahren gleich.

(2) Der Mahnung bedarf es nicht, wenn
1. für die Leistung eine Zeit nach dem Kalender bestimmt ist,
2. der Leistung ein Ereignis vorauszugehen hat und eine angemessene Zeit für die Leistung in der Weise bestimmt ist, dass sie sich von dem Ereignis an nach dem Kalender berechnen lässt,
3. der Schuldner die Leistung ernsthaft und endgültig verweigert,
4. aus besonderen Gründen unter Abwägung der beiderseitigen Interessen der sofortige Eintritt des Verzugs gerechtfertigt ist.

(3) ¹Der Schuldner einer Entgeltforderung kommt spätestens in Verzug, wenn er nicht innerhalb von 30 Tagen nach Fälligkeit und Zugang einer Rechnung oder gleichwertigen Zahlungsaufstellung leistet; dies gilt gegenüber einem Schuldner, der Verbraucher ist, nur, wenn auf diese Folgen in der Rechnung oder Zahlungsaufstellung besonders hingewiesen worden ist. ²Wenn der Zeitpunkt des Zugangs der Rechnung oder Zahlungsaufstellung unsicher ist, kommt der Schuldner, der nicht Verbraucher ist, spätestens 30 Tage nach Fälligkeit und Empfang der Gegenleistung in Verzug.

(4) Der Schuldner kommt nicht in Verzug, solange die Leistung infolge eines Umstands unterbleibt, den er nicht zu vertreten hat.

1 **I. 1. a)** §§ 286–288 regeln den **Schuldnerverzug** als eine besondere Form der Pflichtverletzung seitens des Schuldners. Der **Begriff** bezeichnet die pflichtwidrige Verzögerung einer noch möglichen Leistung aus einem vom Schuldner zu vertretenden Grund. Die Voraussetzungen des Verzugs ergeben sich aus § 286. Schäden, die nicht wegen der

---

1 Diese Vorschrift dient zum Teil auch der Umsetzung der Richtlinie 2000/35/EG des Europäischen Parlaments und des Rates vom 29. Juni 2000 zur Bekämpfung von Zahlungsverzug im Geschäftsverkehr (ABl. EG Nr. L 200 S. 35).

Verzögerung der Leistung entstanden sind, sind dag bereits unter den allg Voraussetzungen des § 280 I zu ersetzen. Str ist, ob dazu auch Ausfallschäden wie der Betriebsausfallschaden infolge der Lieferung einer mangelhaften Kaufsache gehören (§ 280 Rn 6). Allg Bestimmungen über die Rechtsfolgen enthalten § 287 für den Umfang der Haftung, § 288 für die Verzinsung von Geldschulden und § 280 I, II für den Schadensersatz. Ergänzende Regeln enthalten zB §§ 522, 651 c III; §§ 375 II, 376 I HGB; § 20 GmbHG. Der Schuldnerverzug ist zudem Voraussetzung für den Eintritt der Rechtsfolgen beispielsweise bei §§ 339, 536 a.

b) Die Bestimmung über den Verzugseintritt durch Mahnung in **Abs 1** beruht auf § 284 aF, den das **SMG** wortgleich übernommen hat. **Abs 2** entspricht zT § 284 II aF, bezieht aber darüber hinaus ua die frühere Rspr zur Entbehrlichkeit der Mahnung ein. **Abs 3** erweitert die Möglichkeit des Verzugseintritts bei Entgeltforderungen und trifft ergänzende Bestimmungen zugunsten von Verbrauchern sowie für den Fall der Unsicherheit über den Zeitpunkt des Rechnungszugangs. Der Schuldner kommt jedoch nach **Abs 4** (ebenso wie nach § 285 aF) nicht in Verzug, wenn die Leistung in Folge eines von ihm nicht zu vertretenden Umstands unterbleibt. Diese Bestimmungen dienen zT auch der Umsetzung der **Zahlungsverzugs-RL** (Heinrichs, in: Schulze/Schulte-Nölke, Schuldrechtsreform, 81 ff); dazu und zur Neufassung dieser RL Rn 20 ff.

2. Anwendbar sind §§ 286 ff auf gesetzlich und vertraglich begründete Schuldverhältnisse. Dies gilt grds auch für das Sachen-, Familien- und ErbR, kann dort aber durch Besonderheiten der jeweiligen Materie und Anspruchsgrundlagen eingeschränkt sein (vgl BGHZ 49, 266 für dingliche Ansprüche). In den allg Grenzen (insb §§ 138, 242, ggf unter Berücksichtigung der Wertungsmaßstäbe der Zahlungsverzugs-RL; s Rn 21) sind §§ 286 ff grds **abdingbar**, durch AGB jedoch nur in den engen Schranken der §§ 307, 308 Nr 1 und 2, 309 Nr 4, 5 a, b, 7.

II.1. Voraussetzungen des Schuldnerverzuges: Der Verzug setzt voraus, dass ein Anspruch auf eine noch erbringbare Leistung nicht erfüllt (Rn 5), aber voll wirksam und fällig (Rn 6 f) ist. Zudem muss grds der Gläubiger den Schuldner gemahnt (Abs 1 S 1; Rn 8 ff) oder eine der Mahnung gleichgestellte Rechtshandlung vorgenommen haben (Abs 1 S 2; Rn 13) oder die Mahnung muss gem Abs 2 entbehrlich sein (Rn 14 ff). Bei Entgeltforderungen tritt der Verzug zudem unter den Voraussetzungen des Abs 3 ein (Rn 20 ff). Der Schuldner kommt gem Abs 4 nicht in Verzug, sofern er die Leistungsverzögerung nicht zu vertreten hat (Rn 25 ff).

a) Die **geschuldete Leistung** darf **nicht bereits erbracht** sein (vgl §§ 362 ff). Die Leistung darf zudem **nicht unmöglich** sein, dh es darf kein Ausschluss durch ein Leistungshindernis gem § 275 I–III vorliegen. Sie muss vielmehr noch nachholbar sein (BGH NJW 88, 252). Ist sie dauerhaft nicht zu erbringen, liegt Unmöglichkeit vor, so dass der Schuldnerverzug ausgeschlossen ist (iE § 275 Rn 7). Ein bereits bestehender Verzug entfällt mit Eintritt der Unmöglichkeit; die Rechtsfolgen bestimmen sich sodann gem § 275 IV nach §§ 280, 283–285, 326 mit der Haftungsverschärfung des § 287 S 2 für den Schuldner. Neben dem Schadensersatz statt der Leistung aufgrund dieser Vorschriften kann der Schuldner ggf den Verzugsschaden, der bis zum Unmöglichwerden entstanden ist, aus §§ 280 I, II, 286 ersetzt verlangen; er darf aber den gleichen Schadensposten nicht zweimal ansetzen.

b) Der Gläubiger muss einen **vollwirksamen und durchsetzbaren Anspruch** auf die Leistung haben. Unvollkommene Verbindlichkeiten (Vor §§ 241–853 Rn 25) reichen nicht aus. Besteht eine **dauernde oder aufschiebende Einrede** (wie zB §§ 214, 438 IV, 821, 853 oder §§ 770 f, 1000), ist der Anspruch nicht durchsetzbar und daher Verzug ausgeschlossen. Im Prozess muss der Schuldner sich allerdings auf die Einrede berufen; andernfalls bleibt sie unberücksichtigt und er muss hinnehmen, so zu stehen, als sei er in Verzug gekommen (str; offen in BGHZ 113, 236). Steht dem Schuldner die **Einrede des nicht erfüllten Vertrages** nach § 320 zur Seite, gerät er erst dann in Verzug, wenn er nicht leistet, obwohl der Gläubiger die von ihm zu erbringende Leistung in einer den Annahmeverzug begründenden Weise angeboten hat. Allein die Bereitschaft des Gläubigers, die Leistung zu erbringen, reicht nicht aus (BGH NJW 96, 924). Bereits das Bestehen des Einrederechts nach § 320 genügt, um den Verzug auszuschließen, sofern der

Schuldner sich später darauf beruft (BGH NJW-RR 96, 854). Hingegen muss der Schuldner ein **ZbR** nach § 273 ausüben, damit kein Verzug eintritt (BGH NJW 01, 3115). Anderenfalls bliebe dem Gläubiger die Möglichkeit vorenthalten, seine Abwendungsbefugnis nach § 273 III zu nutzen. Die Ausübung muss der Schuldner erkennbar zum Ausdruck bringen; das bloße Unterlassen der Leistung genügt dazu idR nicht. Trägt der Gläubiger mit dem Verlangen der Leistung Zug um Zug bereits dem Bestehen des ZbR Rechnung, braucht dieses uU aber nicht eigens geltend gemacht zu werden (BGHZ 60, 323). Den bereits eingetretenen Verzug kann die Geltendmachung des ZbR nicht beenden. Der Schuldner muss vielmehr seine Leistung Zug um Zug anbieten (BGH NJW 71, 421). Besteht eine **Aufrechnungslage** iSv § 387, gerät der Schuldner nicht in Verzug, sofern er die Aufrechnung erklärt. Eine Aufrechnungserklärung nach Eintritt des Verzuges beseitigt die Verzugswirkung gem § 389 rückwirkend.

7 c) Die beanspruchte Leistung muss **fällig** sein. Die Fälligkeit ergibt sich aus der Parteivereinbarung, speziellen gesetzlichen Regelungen oder den Umständen (§ 271). Eine Stundung der Forderung schiebt sie und damit den Verzugseintritt hinaus; die Gewährung einer Räumungsfrist nach § 721 ZPO lässt sie jedoch unberührt (BGH NJW 53, 1586 f). Entsteht die Verspätung dadurch, dass der Gläubiger pflichtwidrig eine für die Leistung erforderliche **Mitwirkung** unterlässt, tritt kein Verzug ein (BGH NJW 86, 1746).

8 d) aa) Nach Abs 1 S 1 ist zudem eine **Mahnung** erforderlich. Rechtshandlungen, die der Mahnung gleichstehen, regelt Abs 1 S 2; Sachverhalte, bei denen eine Mahnung entbehrlich ist, ergeben sich allg aus Abs 2 und für Entgeltforderungen zusätzlich aus Abs 3. Die Mahnung ist eine Aufforderung des Gläubigers an den Schuldner, die geschuldete Leistung zu bewirken. Ihrer Rechtsnatur nach ist sie eine empfangsbedürftige einseitige geschäftsähnliche Handlung; die Vorschriften über Rechtsgeschäfte sind auf sie entspr anwendbar (BGH NJW 87, 1547; für § 107 OLG Köln NJW 98, 320). Da die Mahnung für den Schuldner Warnfunktion hat, muss sie die Aufforderung zur Leistung **bestimmt** und **eindeutig** enthalten. Dem Schuldner muss erkennbar sein, dass das Ausbleiben der Leistung Folgen haben werde (BGH NJW 98, 2133; aA Palandt/Grüneberg § 286 Rn 17). Es genügt aber, wenn sich dies aus dem Gesamtzusammenhang ergibt. Bestimmte Formulierungen sind nicht erforderlich. Ebenfalls nicht erforderlich ist die Nennung bestimmter Rechtsfolgen, eine Rechtsfolgenbelehrung (außer bei § 38 I 2 VVG) oder eine Fristsetzung. Die Mahnung kann auch in ausgefallener oder besonders höflicher Weise abgefasst sein (BGH NJW 98, 2133; zur Mahnung in Versform LG Frankfurt/M NJW 82, 650 f). Eine bedingte Mahnung begründet jedoch nach hM keinen Verzug. Bei aufschiebend befristeter Mahnung tritt der Verzug mit Ablauf der Frist ein; den Fristbeginn gibt iZw das Datum der Mahnung an. Wenn der Gläubiger mehrere Ansprüche gegen den Schuldner hat, muss erkennbar sein, welcher Anspruch konkret gemahnt wird (BGH LM § 346 Nr 6). Die Mahnung durch eine Mehrheit von Gläubigern muss erkennen lassen, welcher Betrag für jeden einzelnen Gläubiger eingefordert wird.

9 Da die Mahnung nicht an eine bestimmte Form gebunden ist, genügt auch **schlüssiges Handeln**, sofern es bestimmt und eindeutig genug ist. Eine konkludente Mahnung kann so nach den Umständen des Einzelfalles zB enthalten sein in der Übersendung einer ausgefüllten Zahlkarte, eines Antrags auf Erl einer EA oder eines Prozesskostenhilfeantrages, in der nochmaligen Übersendung einer Rechnung, im berechtigten Verlangen der Nachlieferung (BGH NJW 85, 2526 zum Gattungskauf), in der Vorlage des Wechsels (nur für die Wechselschuld, nicht für die Forderung aus dem zugrunde liegenden Verhältnis; BGHZ 96, 193). Keine Mahnung enthält dag die Übersendung der ersten Rechnung, auch wenn diese eine Fristangabe wie „zahlbar binnen zehn Tagen" enthält (aA Wilhelm ZIP 87, 1500 ff).

10 Bei betragsmäßig **unbestimmten Ansprüchen** (zB auf Schmerzensgeld) reicht es aus, wenn die Mahnung anstelle einer Bezifferung hinreichend konkrete Tatsachen zur Höhe des Anspruchs enthält (BGHZ 80, 276; BGH VersR 63, 727). Ist bei Unterhaltsansprüchen eine Mahnung erforderlich (Rn 18), muss sie so konkret sein, dass der Schuldner auch ohne fachkundige Beratung erkennen kann, welcher Unterhalt von ihm

verlangt wird (BGH NJW 84, 868). Eine unbestimmte Mahnung reicht aber bei einem Auskunftsverlangen über die Einkommens- und Vermögensverhältnisse des Schuldners aus (arg § 1613 I).

Enthält die Mahnung unzutreffende Angaben über die Höhe der Schuld, ist zu unterscheiden: Eine „**Zuvielmahnung**" ist nur wirksam, wenn der Schuldner sie als Aufforderung zur Erbringung der tatsächlich geschuldeten Leistung verstehen muss und der Gläubiger zur Annahme der (ggü seinem Verlangen geringeren) tatsächlich ausstehenden Leistung bereit ist (OLG Zweibrücken WM 96, 624 f). Entspr verhält es sich, wenn die Mahnung nicht tatsächlich geschuldete Anforderungen an Art und Umstände der Leistungserbringung enthält (zB Zahlung an Rechtsanwalt statt auf Notaranderkonto; BGH WM 89, 1898). Eine nur geringfügige, nicht unverhältnismäßige Überziehung hindert die Wirksamkeit der Mahnung nach Treu und Glauben nicht (BGH NJW 91, 1823; anders aber bei § 38 I VVG, BGH VersR 85, 533). Mahnt dag der Gläubiger einen geringeren als den fälligen Betrag an („**Zuwenigmahnung**"), tritt Verzug nur hins dieses geringeren Betrages ein (BGH NJW 82, 1985). 11

bb) Zeitpunkt der Mahnung: Die Mahnung muss **nach Fälligkeit** der Leistung erfolgen. Zulässig ist aber auch die Verbindung der Mahnung mit der Handlung, die die Fälligkeit begründet (BGH NJW 01, 3115), zB mit dem Abruf der Ware (BGH WM 70, 1141; hM). Eine Mahnung vor Fälligkeit ist wirkungslos (BGH NJW 92, 1956). 12

e) Durch Abs 1 S 2 sind der Mahnung die **Erhebung einer Leistungsklage** (§§ 253 f ZPO) und die **Zustellung eines Mahnbescheides** (§ 693 ff ZPO) gleichgestellt. Ausreichend ist bei der Klageerhebung auch ein Hilfsantrag (BGH NJW 81, 1732), eine Stufenklage (bei bestehendem und fälligem Auskunftsanspruch) oder eine Widerklage. Entspr anwendbar ist Abs 1 S 2 auf die Zustellung eines Antrags auf EA nach § 49 FamFG (BGH NJW 88, 2239 für den entspr § 620 ZPO aF); str ist dies für den Zugang eines Prozesskostenhilfeantrages nach §§ 114, 118 I ZPO (vgl BGH NJW-RR 90, 325; OLG Bamberg NJW-RR 90, 904). Der Mahnung nicht gleichgestellt sind die Anmeldung einer Forderung im Insolvenzverfahren (§ 174 InsO) sowie die Feststellungsklage (§ 256 ZPO) und die Klage auf künftige Leistung (§ 257 ZPO). 13

f) Verzugseintritt ohne Mahnung gem Abs 2: aa) Nach Abs 2 Nr 1 ist die Mahnung entbehrlich, wenn eine Zeit für die Leistung nach dem **Kalender bestimmt** ist. Die Bestimmung der Leistungszeit kann sich aus Gesetz, Urt oder vertraglicher Festlegung durch die Parteien ergeben; durch letztere kann sie auch dem Gläubiger vorbehalten sein (BGHZ 110, 76). Eine einseitige Festlegung eines Zahlungsziels durch den Gläubiger genügt nicht, dann kommt nur ein Verzugseintritt nach Abs 3 in Betracht (BGH NJW 08, 50). Dabei muss zumindest mittelbar ein bestimmter Kalendertag als Leistungszeitpunkt festgelegt sein, zB „zum 15. März", „Mitte des Monats", „5. Kalenderwoche", „zwei Wochen nach Ostern", „14 Tage ab Bestellung" (wenn deren Datum feststeht). Die bloße Berechenbarkeit nach dem Kalender fällt dag nicht unter Nr 1, sondern unter Nr 2. Liegen die allg Verzugsvoraussetzungen (Rn 4) erst später vor als zu dem Zeitpunkt, der für die Leistung nach dem Kalender bestimmt war, ist sodann eine Mahnung erforderlich (BGH DB 03, 2224). 14

bb) Nach Abs 2 Nr 2 ist die Mahnung auch bei einer **Bestimmung der Leistungszeit in Abhängigkeit von einem vorangegangenen Ereignis** entbehrlich, wenn die Leistungszeit nach dem Kalender berechenbar und angemessen ist. Die Bestimmung kann durch Gesetz, Urt oder Parteivereinbarung getroffen werden. Sie muss vorsehen, dass der Leistung ein für die Leistungszeit maßgebliches **Ereignis** vorauszugehen hat. Während § 284 II 2 aF als derartiges Ereignis nur die Kündigung vorsah, kommt nach Abs 2 grds jedes künftige Ereignis in Betracht, zB auch die Lieferung oder Rechnungserteilung. Dieses Ereignis muss den Ausgangspunkt einer **kalendermäßig berechenbaren Zeitbestimmung** für die Erbringung der Leistung bilden. Kalendermäßig berechenbare Zeitbestimmungen sind zB „vier Monate nach Kündigung", „ein Monat nach Abruf der Ware", „zwei Wochen nach Lieferung" oder „60 Tage nach Rechnungsstellung". Die vorgesehene Zeit vom Ereignis bis zur Leistung muss zudem **angemessen** sein. Daran fehlt es jedenfalls, wenn Klauseln den Leistungszeitpunkt mit dem Eintritt des Ereignisses zusammen fallen lassen. ZB entsprechen Klauseln wie „Zahlung sobald der 15

Weiterverkauf erfolgt ist" oder „Zahlung sofort nach Lieferung" weder dem Erfordernis der kalendermäßigen Berechenbarkeit noch dem einer angemessenen Zeitbestimmung; bei ihrer Verwendung ist daher die Mahnung nach Abs 2 Nr 2 nicht entbehrlich. Str ist, ob diese Regelung mit Art 3 I a Zahlungsverzugs-RL aF (und entspr Art 3 III lit b Zahlungsverzugs-RL 2011) zu vereinbaren ist (iE Schulze/Ebers, JuS 04, 270 mwN).

16 cc) Abs 2 Nr 3 legt (als Parallelbestimmung zu § 281 II und § 323 II) die Entbehrlichkeit der Mahnung bei **ernsthafter und endgültiger Leistungsverweigerung** des Schuldners fest, weil in diesem Fall eine Mahnung offensichtlich zwecklos und daher nicht erforderlich ist (so schon vor der gesetzlichen Regelung durch das SMG hM; BGH NJW-RR 92, 1227).

17 dd) Nach dem Auffangtatbestand des Abs 2 Nr 4 können **besondere Umstände** bei **Abwägung der beiderseitigen Interessen** den sofortigen Verzugseintritt rechtfertigen. Dies umfasst aufgrund der bisherigen Rspr (die sich vor dem SMG va auf § 242 gestützt hat) ua die Fallgruppen, in denen der Schuldner durch die eigene Ankündigung des Leistungstermins einer Mahnung des Gläubigers zuvorkommt (sog Selbstmahnung; vgl BGH NJW 12, 2955) oder in denen er sich der Mahnung zielgerichtet entzieht (OLG Köln NJW-RR 99, 4) oder in denen sich aus dem Vertragsinhalt die **besondere Dringlichkeit der Leistung** ergibt (etwa bei dem Reparaturauftrag für einen Wasserrohrbruch; bei Beauftragung eines Kfz-Pannendienstes in Notfällen oder bei ihrer Natur nach spontan zu erfüllenden Pflichten zur Gefahrenabwehr; vgl auch BGH NJW 63, 1824). Ebenfalls unter Abs 2 Nr 4 fällt die Verpflichtung des Schuldners zur Herausgabe einer Sache, die durch **unerlaubte Handlung** entzogen ist (entspr dem Grundsatz „fur semper in mora"; vgl OLG Kiel SeuffA 59, 259).

18 ee) Für **Unterhaltsansprüche** steht das Auskunftsverlangen nach § 1613 I der verzugsbegründenden Mahnung gleich. Auch muss sie bei Fortbestand der Anspruchsvoraussetzungen für die wiederkehrenden Leistungen nicht jeweils periodisch wiederholt werden (BGHZ 103, 64). Sie ist auch entbehrlich, wenn der Unterhaltsschuldner in Kenntnis von Grund und Höhe der Schuld seine bisherige Zahlung einstellt (BGH NJW 87, 1551) oder wenn sich ohne wesentlichen Wandel der Verhältnisse der durch Urt oder Vereinbarung festgelegte Anspruch nur im Betrag verändert (BGHZ 105, 254).

19 ff) Das Erfordernis der Mahnung kann auch durch eine **Parteiabrede** in einer Individualvereinbarung ausgeschlossen werden. Hingegen sind entspr Festlegungen in AGB aufgrund von § 309 Nr 4 (dazu Art 3 III iVm Anh Nr 1 b Klausel-RL) unwirksam.

20 g) **Verzugseintritt ohne Mahnung bei Entgeltforderungen: aa)** Nach Abs 3 kommt der Schuldner **spätestens** in Verzug, wenn er nicht innerhalb von 30 Tagen nach Fälligkeit und Zugang der Rechnung oder einer gleichwertigen Zahlungsaufstellung leistet. Der Verzugseintritt wird dadurch für die häufigen Fälle vereinfacht, dass ein Entgelt zu leisten und dem Schuldner eine Rechnung darüber zugegangen ist. Der Verzug tritt nach 30 Tagen ein, ohne dass es einer Mahnung nach Abs 1 S 1, einer gleichgestellten Rechtshandlung nach Abs 1 S 2 oder der Voraussetzungen für die Entbehrlichkeit der Mahnung nach Abs 2 bedarf. Erforderlich ist lediglich neben dem Bestehen einer **Entgeltforderung** die **Fälligkeit** dieser Forderung und der **Zugang einer Rechnung** oder einer **gleichwertigen Zahlungsaufstellung** sowie der Ablauf von **30 Tagen** nach Eintritt dieser Voraussetzungen. Zweifelhaft ist allerdings, ob Abs 3 S 1 mit dem Erfordernis der Fälligkeit bei Beginn der 30-Tages-Frist Art 3 der Zahlungsverzugs-RL richtig umsetzt; die Vorschrift soll daher für die Fälle, in denen die Rechnungsstellung vor Fälligkeit erfolgte, richtlinienkonform erweiternd dahingehend auszulegen sein, dass die Fälligkeit nur vor Ablauf der Frist eintreten muss (Schulze/Ebers JuS 04, 270; AnwaltK/Schulte-Nölke § 286 Rn 60 ff; MK/Ernst § 286 Rn 86; aA Heinrichs BB 01, 161). Einige Änderungen des Abs 3 und weiterer Bestimmungen werden dadurch erforderlich werden, dass die Zahlungsverzugs-RL 2011 an die Stelle der Zahlungsverzugs-RL aF getreten und bis zum 16.3.2013 umzusetzen war. Dazu gehören insb eine Erweiterung der Abdingbarkeit der 30-Tages-Frist (Rn 21) und die Einführung einer Entschädigung für Beitreibungskosten. Festzulegen sein werden nach Art 6 I der Zahlungsverzugs-RL 2011 eine Entschädigung in Form eines Pauschalbetrages iHv 40 EUR, der gem Art

6 II Zahlungsverzugs-RL 2011 ohne vorherige Mahnung zu zahlen ist, und nach Art 6 III 3 Zahlungsverzugs-RL 2011 zudem ein angemessener Ersatz aller durch den Zahlungsverzug bedingten Beitreibungskosten. Die Umsetzung wird voraussichtlich im Laufe des Jahres 2014 erfolgen.

Der Verzugseintritt nach Abs 3 tritt als weitere Möglichkeit der Verzugsbegründung **neben** die Tatbestände der Abs 1 und 2. Auch bei Entgeltforderungen tritt Verzug daher bereits vor Ablauf von 30 Tagen nach Rechnungsstellung ein, sobald eine Mahnung erfolgt oder einer der anderen Tatbestände des Abs 1 und 2 verwirklicht ist und der Schuldner die Verzögerung iSd Abs 4 zu vertreten hat. Die 30-Tages-Frist des Abs 3 ist wie allg das Recht des Verzugseintritts grds **dispositiv**. Als **Grenze der Abdingbarkeit** (insb bei der Vereinbarung erheblich längerer Fristen) sind jedoch die Maßstäbe der Zahlungsverzugs-RL iRd §§ 138, 242 sowie bei AGB iRd § 307 zu berücksichtigen (näher dazu AnwaltK/Schulte-Nölke § 286 Rn 77 ff). Die noch umzusetzende Zahlungsverzugs-RL 2011 (Rn 20) konkretisiert nunmehr die Abdingbarkeit und unterscheidet zwischen zwei Konstellationen: beim Geschäftsverkehr zwischen Unternehmen kann nach Art 3 V Zahlungsverzugs-RL 2011 die vertraglich vereinbarte Zahlungsfrist von 60 Kalendertagen überschritten werden, wenn dies ausdrücklich vertraglich vereinbart ist und dies für den Gläubiger nicht grob nachteilig ist. Beim Geschäftsverkehr zwischen Unternehmen und öffentlichen Stellen ist die Höchstfrist hingegen durch Art 4 VI Zahlungsverzugs-RL 2011 uneingeschränkt auf 60 Kalendertage begrenzt. – Zum Erfordernis eines Hinweises ggü Verbrauchern s Rn 23. Abs 3 findet gem § 357 I 2 auf Zahlungsansprüche iR eines Rückgewährschuldverhältnisses entspr Anwendung, wenn ein Verbraucher von einem Widerrufsrecht Gebrauch macht; die 30-Tages-Frist beginnt allerdings erst mit der Widerrufs- bzw Rückgabeerklärung des Verbrauchers (§ 357 I 2; s dort Rn 3). 21

bb) **Voraussetzungen des Abs 3 S 1** iE: Erfasst sind nicht Sachleistungen und anders als bei § 284 III aF auch nicht alle Geldforderungen (zur Geldschuld § 244 Rn 5), sondern nur **Entgeltforderungen**. Dies sind nur Geldforderungen zur Vergütung einer Leistung iR eines Leistungsaustauschs (vgl Vor §§ 311–319 Rn 13). Die Geldforderung muss die Gegenleistung für eine von dem Gläubiger erbrachte oder zu erbringende Leistung sein (BGH NJW 10, 1872). Dazu gehören zB Kaufpreis- und Werklohnforderungen (RGZ 163, 356); Mietzinsansprüche (OLG Rostock MDR 05, 139), Ansprüche auf Nutzungsentschädigung nach § 546 a BGB (OLG Köln ZMR 06, 772) und Ausgleichsansprüche des Handelsvertreters nach § 89 b HGB (OLG München MDR 09, 339; str) Dag fallen zB Schadensersatzansprüche, Ansprüche aus Vertragsstrafeversprechen (OLG Hamburg OLGR 04, 432) und auf Erstattung von Abmahnkosten (OLG Celle NJW-RR 07, 393), Rückzahlungsansprüche aus § 346, Ansprüche auf Herausgabe von Geld aus § 667 und Bereicherungsansprüche (§§ 812 ff) nicht unter Abs 3; zu Ausn s Rn 21 und § 357 Rn 3. Diese Begrenzung entspricht der Zahlungsverzugs-RL und beruht va darauf, dass die Folge der hohen Verzugsverzinsung nur für Entgeltforderungen angemessen erscheint (BT-Drucks 14/7052, 282). Die **Fälligkeit** der Forderung bestimmt sich nach § 271 und setzt grds nicht die Rechnungsstellung voraus (Ausn aber durch Sonderregelungen; zB für den Nachforderungsanspruch von Versorgungsunternehmen BGH NJW 82, 931; für den Heizkostenanspruch des Vermieters BGH NJW 82, 574). Vertragliche Vereinbarungen über die Fälligkeit können aufgrund ihres Vorrangs ggü der gesetzlichen Regel auch den Fristbeginn iRd Abs 3 hinausschieben. Neben der Fälligkeit muss die **Rechnungsstellung** vorliegen, damit nach Abs 3 Verzug eintritt. Sie tritt insofern funktional an die Stelle der Mahnung. Eine ordnungsgemäße **Rechnung** muss den Forderungsbetrag (ggf aufgrund einer Aufgliederung von Einzelpositionen) klar ausweisen und als Entgelt für eine Leistung erkennen lassen. Sie muss zumindest in Textform (§ 126 b) erteilt werden, da sie dem Schuldner eine Überprüfung ermöglichen und für den Verbraucher einen besonderen Hinweis erhalten soll (hM; Palandt/Grüneberg § 286 Rn 29). Anstelle der Rechnung genügt auch eine **gleichwertige Zahlungsaufstellung**. Die Gleichwertigkeit erfordert einen entspr Ausweis wie bei der Rechnung; erforderlich ist also eine Aufstellung dessen, was der Gläubiger von dem Schuldner verlangt. Ggü der Mahnung kann aufgrund der Gleichwertigkeit mit 22 der Rechnung die Warnfunktion zurücktreten, so dass dem Schuldner nicht notwendig in gleicher Weise der drohende Eintritt von Folgen erkennbar sein muss. Es ist ausreichend, wenn der Gläubiger dem Schuldner lediglich seine Forderung mitgeteilt hat (zu der Ausnahmeregelung, sofern es sich bei dem Schuldner um einen Verbraucher handelt, s Rn 23). Bei der Rechnung und der Zahlungsaufstellung gilt für die Geschäftsfähigkeit und für geringfügige Abweichungen im Betrag das Entspr wie bei der Mahnung (Rn 6, 9). Mit Fälligkeit und Rechnungsstellung beginnt die 30-Tages-Frist für den Eintritt des Verzugs. Diese Frist des Abs 3 ist von einer Monatsfrist oder Vier-Wochen-Frist zu unterscheiden; die 30 Tage sind auszuzählen.

23 cc) Ggü Schuldnern, die Verbraucher iSd § 13 sind, ist der Eintritt des Verzugs nach Abs 3 S 1 an eine zusätzliche Voraussetzung gebunden: Der Verbraucher muss in der Rechnung oder Zahlungsaufstellung besonders auf die Folgen des Abs 3 S 1 hingewiesen worden sein. Der generell von Abs 3 bezweckte Gläubigerschutz bei Entgeltforderungen wird insofern zu Gunsten des Verbraucherschutzes eingeschränkt. Dies widerspricht nicht der Zahlungsverzugs-RL, da diese sich auf den Handelsverkehr und nicht auf Verbrauchergeschäfte bezieht. Der Hinweis gem Abs 3 S 1 muss **in der Rechnung oder Zahlungsaufstellung** gegeben werden. Dazu kann eine mit der Rechnung zB durch Heftklammer fest verbundene Erklärung auf gesondertem Blatt genügen, nicht jedoch ein gleichzeitig gesondert abgesandtes Schreiben (durch die Rspr für Abs 3 aber noch nicht entschieden). Das Erfordernis, dass der Hinweis „**besonders**" zu geben ist, schließt es aus, allein etwa aufgrund einer Hervorhebung der Fälligkeit oder der Dringlichkeit der Zahlung einen (konkludenten) Hinweis iSd Abs 3 S 1 anzunehmen. Vielmehr bedarf es einer über die Rechnungsangaben bzw Zahlungsaufstellung und die Fälligkeitsangabe hinausgehenden eigenständigen Aussage. Ihren Inhalt legt Abs 3 S 1 nicht iE fest. Nach Wortlaut und Zweck der Vorschrift muss der Verbraucher aber daraus zumindest eindeutig entnehmen können, dass er bei Ausbleiben der Zahlung spätestens 30 Tage nach Zugang der Rechnung bzw Zahlungsaufstellung in Verzug gerät. Die einzelnen Verzugsfolgen müssen nicht angegeben sein; uU kann aber ihre hinreichend umfassende und deutliche Anführung genügen, wenn das Wort Verzug nicht gebraucht wird.

24 dd) Nach **Abs 3 S 2** kommt der Schuldner einer Entgeltforderung bei **Unsicherheit über den Zeitpunkt des Zugangs** der Rechnung oder Zahlungsaufstellung spätestens 30 Tage nach Fälligkeit und Empfang der Gegenleistung in Verzug, sofern er nicht Verbraucher ist. Die Regelung dient der Umsetzung von Art 3 I b Nr ii der Zahlungsverzugs-RL aF, dem Art 3 III b Nr ii und Art 4 III a Nr ii Zahlungsverzugs-RL 2011 entspricht. Diese RL-Bestimmung führt zu einer Verteilung der Beweislast: Der Gläubiger hat zunächst die Tatsache und den Zeitpunkt des Zugangs der Rechnung zu beweisen; lässt sich dabei der Zugang nicht feststellen oder ist der genaue Zeitpunkt nicht zu beweisen, wird der Schuldner so behandelt, als sei die Rechnung oder Zahlungsaufstellung zusammen mit der Leistung des Gläubigers zugegangen. Der Empfang der Gegenleistung (zB der gekauften Ware) tritt nach dieser Bestimmung an die Stelle des Zugangs der Rechnung als Beginn der Frist von 30 Tagen, nicht an die Stelle der Fälligkeit. Ist der Zugang der Rechnung zwar str, behauptet der Gläubiger aber einen späteren Zugang als nach vollständiger Lieferung gem Abs 3 S 2, so kann der Schuldner diesen Zeitpunkt unstreitig stellen mit der Folge des Fristbeginns nach Abs 3 S 1. Ist die Erteilung einer Rechnung aufgrund einer vertraglichen Vereinbarung oder einer Rechtsnorm gleichzeitig Fälligkeitsvoraussetzung, so ändert Abs 3 S 2 hieran nichts. Die Anknüpfung an den unsicheren Zeitpunkt des Zugangs umfasst über den Wortlaut der Vorschrift hinaus auch die Fälle einer Unsicherheit darüber, ob überhaupt eine Rechnung zugegangen ist (BT-Drucks 14/7052, 283). Nicht anwendbar ist die Vorschrift jedoch, wenn der Empfang der Gegenleistung unstreitig außerhalb des Zeitraums liegt, für den der Zugang der Rechnung zwischen den Parteien str ist (ebenda; iE noch ungeklärt). Für Entgeltforderungen ggü Verbrauchern gilt die Regelung nicht.

25 h) **Abs 4** gibt (wortgleich mit § 285 aF) dem **Verschuldensprinzip** für den Verzug in Übereinstimmung mit der allg Regel des § 280 I 2 Ausdruck. Die Vorschrift legt die Voraussetzung für den Verzug, dass der Schuldner das Ausbleiben der Leistung zu ver-

treten hat („Vertretenmüssen" des Schuldners), in einer negativen Formulierung fest. Dadurch ist der Tatbestand als Ausnahmevorschrift zu Abs 1–3 gefasst: Bei Vorliegen der Voraussetzungen der Abs 1–3 wird vermutet, dass der Schuldner den Eintritt der Unmöglichkeit zu vertreten hat. Dem Schuldner obliegt es, sich zu entlasten (BGHZ 32, 222). Während Abs 4 für den Anspruch auf Schadensersatz wegen Verzugs aufgrund von § 280 I 2, II lediglich der Klarstellung dient (aA Kohler JZ 04, 961 ff), kommt ihm für weitere Verzugsfolgen eigenständige Bedeutung als Tatbestandsvoraussetzung zu.

Voraussetzungen des Abs 4: aa) Der Schuldner darf einen Umstand, durch den die Leistung unterbleibt, **nicht zu vertreten** haben. Dazu ist erforderlich, dass weder er selbst noch sein gesetzlicher Vertreter oder sein Erfüllungsgehilfe einen derartigen Umstand nach dem Maßstab der §§ 276 ff schuldhaft verursacht haben. Bei einer **Garantie** des Schuldners für die Rechtzeitigkeit seiner Leistung tritt Verzug unabhängig vom Verschulden ein, wenn die Garantie die Umstände, die zur Verzögerung geführt haben, umfasst. Ebenso hat der Schuldner bei **Gattungsschulden** Verzögerungen (insb aufgrund seiner fehlenden wirtschaftlichen Leistungsfähigkeit) auch ohne Verschulden zu vertreten, wenn die Leistung aus der Gattung noch möglich ist; er übernimmt in diesen Fällen das Beschaffungsrisiko (vgl § 276 I). **Geldmangel** schließt generell den Verzug nicht aus. Denn aus der Natur der Geldschuld folgt die Garantiehaftung des Schuldners (§ 244 Rn 5 ff). 26

bb) Nicht zu vertreten hat der Schuldner die Verzögerung insb bei vorübergehenden unverschuldeten **Leistungshindernissen tatsächlicher Art**, etwa bei Betriebsunterbrechungen durch Naturereignisse, soweit keine Vorhalte- oder sonstigen Vorkehrungspflichten bestehen; bei schwerer Krankheit und bei unverschuldeter Unkenntnis (ohne Notwendigkeit von Ermittlungen) über Sachverhaltsfragen (OLG München NJW-RR 90, 1433 f), Forderungshöhe (BGHZ 80, 277) oder Person bzw Anschrift des Gläubigers (zB bei Erbfall oder Zession). Ebenfalls vom Schuldner nicht zu vertreten sind **Leistungshindernisse rechtlicher Art** wie nicht vorhersehbare vorübergehende Beschränkungen der Einfuhr oder des Zahlungsverkehrs mit dem Ausland, befristete Bauverbote oder Verzögerungen rechtzeitig und ordnungsgemäß beantragter behördlicher Genehmigungen. 27

cc) Auch ein **unverschuldeter Rechtsirrtum** schließt den Schuldnerverzug aus (BGH NJW 72, 1045 f). Für den Entlastungsbeweis bestehen jedoch strenge Anforderungen (BGH NJW 01, 3115; NJW 94, 2755). Der Schuldner muss die Rechtslage sorgfältig geprüft (BGHZ 131, 354 f), erforderlichenfalls fachkundigen Rat eingeholt und auch auf die höchstrichterliche Rspr Bezug genommen haben (BGH NJW 01, 3115). Die Fehlberatung durch einen Rechtsanwalt ist nicht immer ein Entschuldigungsgrund (BGHZ 74, 284). Auch wenn der Schuldner seine Rechtsauffassung sorgfältig entwickelt hat, handelt er auf eigene Gefahr und insofern hins der Leistungsverzögerung schuldhaft, wenn die betr Rechtsfrage umstr ist und er ernsthaft mit der abw Entscheidung des zuständigen Gerichtes rechnen musste (BGH NJW-RR 90, 161). Der Schuldner ist aber entschuldigt, wenn seine Rechtsauffassung der hM entsprach und diese sich erst später wandelte (BGH NJW 72, 1046; für weitere Einschränkungen der Risikozuweisung an den Schuldner bei schwierigen Rechtsfragen s BGHZ 62, 37; 131, 353 f; BAG DB 93, 1037; 98, 88). 28

dd) Das Risiko eines **Tatsachenirrtums** liegt jedoch grds beim Schuldner. Leistet er zB aufgrund eines Irrtums über das Fälligkeitsdatum oder aufgrund einer sonstigen falschen Einschätzung des Sachverhalts nicht, hat er das Ausbleiben der Leistung idR zu vertreten (anders uU ausnahmsweise, wenn der Versicherer aufgrund objektiv bestehender Anhaltspunkte Bedenken hins des Vorliegens eines Versicherungsfalles hat und nicht an den Versicherungsnehmer auszahlt; BGHZ 91, 37). Bei Ansprüchen aus unerlaubter Handlung steht dem Schuldner aber eine angemessene Frist zur tatsächlichen und rechtlichen Überprüfung zu (BGHZ 35, 256). 29

2. Rechtsfolgen: a) Bei Vorliegen der genannten Voraussetzungen gerät der Schuldner in **Verzug**. Ob er rechtzeitig geleistet hat oder Verzug eingetreten ist, bemisst sich nach dem Zeitpunkt der Leistungshandlung (zB Absendung bei der Schickschuld) und nicht 30 nach dem des Erfolgseintritts (BGH NJW 69, 875 f); für Geldschulden s § 270 Rn 6. Bei Abs 1 S 1 beginnt der Verzug am Tag des Zugangs der Mahnung (BGH NJW-RR 90, 324; str), bei Abs 1 S 2 mit Zustellung der Klage, des Mahnbescheides oder der EA. Bei Entbehrlichkeit der Mahnung nach Abs 2 beginnt der Verzug mit Ablauf des kalendermäßig bestimmten oder zu berechnenden Tages, bei Erfüllungsverweigerung entspr mit Ablauf des Tages, an dem der Schuldner die Erfüllungsverweigerung erklärt.

30a **b)** Als Folge von §§ 280 I, II, 286 hat der Schuldner dem Gläubiger den durch den Verzug entstandenen Schaden zu ersetzen. Ggf hat er bei einer Verzögerung auch unter den Voraussetzungen der §§ 280 I, III, 281 Schadensersatz statt der Leistung zu erbringen (ohne dass er eine Schadensposition als Verzugsschaden und als Erfüllungsschaden doppelt geltend machen kann). Für die Abgrenzung der Schäden infolge der Verzögerung iSd §§ 280 I, II, 286 von Nichterfüllungsschäden iSd § 281 bleiben die früheren Kriterien im Wesentlichen maßgeblich. Der Schadensersatzanspruch aus §§ 280 I, II, 286 umfasst sämtliche Verzögerungsschäden, die bis zum endgültigen Ausbleiben der Leistung entstanden sind. Hierzu gehören insb die Rechtsverfolgungskosten (iE § 280 Rn 18 f). Die Verantwortlichkeit des Schuldners erweitert sich gem § 287 zur Haftung für jede Fahrlässigkeit und für Zufall. Bei gegenseitigen Verträgen steht dem Gläubiger ein Rücktrittsrecht gem § 323 I zu. Der Rücktritt schließt die Geltendmachung des Verzögerungsschadens nicht aus (zum Verhältnis von Rücktritt und Schadensersatz § 325).

31 **3. Beendigung des Schuldnerverzugs:** Das nachträgliche Entfallen einer der Voraussetzungen führt zur Beendigung (**Heilung**) des Schuldnerverzugs mit ex-nunc-Wirkung. Zumeist tritt die Beendigung durch das nachträgliche **Erbringen der Leistung** ein (zur Leistungshandlung als maßgeblichem Zeitpunkt auch für die Verzugsbeendigung bei Schickschulden OLG Düsseldorf NJW-RR 98, 780). Auch die Leistung zur Abwendung der Zwangsvollstreckung beendet den Verzug (BGH NJW 81, 2244; str). Ebenso führt das **Angebot der Leistung** in einer den Annahmeverzug begründenden Weise zur Beendigung des Verzugs. Der Schuldner muss dazu nur die ursprünglich geschuldete Leistung anbieten, nicht auch Ersatz des Verzugsschadens und Verzugszinsen gem §§ 280 I, II, 286, 288 (str); denn diese weiteren Ansprüche sind nicht Teil der Hauptforderung, sondern stützen sich als Nebenforderungen auf eine zusätzliche Rechtsgrundlage. Selbst bei einer Bewertung der ursprünglichen Leistung als Teilleistung kann zudem der Gläubiger nach Treu und Glauben zur Annahme verpflichtet sein (BAG BB 75, 1578). Der Verzug endet ferner mit dem Entstehen einer dauernden **Einrede des Schuldners**, insb mit **Verjährung** des Anspruchs (BGHZ 104, 11); **Stundung** (BGH NJW-RR 91, 822); Untergang des Anspruchs durch Eintritt der **Unmöglichkeit**, **Rücktritt** (BGH NJW 84, 43) oder **Anfechtung** des Vertrages; **Rücknahme der Mahnung** oder **der Klage** (BGH NJW 87, 1547). Bei Beendigung des Verzuges bestehen die bereits eingetretenen **Verzugsfolgen** fort. Um sie rückgängig zu machen, ist ein Erlassvertrag der Parteien erforderlich (BGH NJW 95, 2033).

32 **III.** Die **Beweislast** für die Voraussetzungen des § 286 trägt, mit Ausn des Verschuldens, der Gläubiger. Das Verschulden wird gem Abs 4 vermutet; es obliegt dem Schuldner, sich zu entlasten (s Rn 25). Der Schuldner hat zudem die Bewirkung der Leistung, ihre Rechtzeitigkeit, die fehlende Annahmebereitschaft des Gläubigers und die Beendigung des Verzuges (BGH NJW 69, 875) zu beweisen.

§ 287 Verantwortlichkeit während des Verzugs

¹Der Schuldner hat während des Verzugs jede Fahrlässigkeit zu vertreten. ²Er haftet wegen der Leistung auch für Zufall, es sei denn, dass der Schaden auch bei rechtzeitiger Leistung eingetreten sein würde.

1 **I.** § 287 legt für den Schuldner eine **Haftungserweiterung während des Verzugs** auf zweierlei Weise fest: durch einen verschärften Haftungsmaßstab (S 1) und durch die Zufallshaftung (S 2). Während der Wortlaut von S 2 in der früheren Fassung von

§ 284 nur die während des Verzugs durch Zufall eintretende Unmöglichkeit erfasste, hat das SMG den S 2 auf eine allg Haftung für Zufall hins der Leistung erweitert.

II. 1. Aufgrund des **verschärften Haftungsmaßstabs des S 1**, der ggü § 287 aF unverändert geblieben ist, hat der Schuldner während des Verzugs für jede, also auch für **leichte Fahrlässigkeit** einzustehen, auch wenn ihm Haftungserleichterungen zugute kommen (§ 277 Rn 2). Eigenständige Bedeutung neben S 2 hat die Bestimmung insb für die Verletzung von Schutzpflichten iSd § 241 II (s auch Rn 3). Abdingbar ist sie in den Grenzen von § 309 Nr 8 a (dazu Art 3 III iVm Anh Nr 1 b Klausel-RL). 2

2. Die **Zufallshaftung** nach S 2 hat den **Zweck**, die Risiken, die während des Verzugs für die Leistungserbringung eingetreten sind, dem Schuldner als dem Verantwortlichen für die Verzögerung (vgl § 286 IV) aufzuerlegen und den Gläubiger entspr zu entlasten. Denn der Leistungsgegenstand wäre auch den unverschuldeten Gefahren in der Sphäre des Schuldners nicht ausgesetzt gewesen, wenn dieser rechtzeitig geleistet hätte. Neben der Nichterfüllung der Leistungspflicht wegen Unmöglichkeit sind davon (iU zum Wortlaut des § 287 aF) auch alle anderen objektiven Verletzungen der Leistungspflicht erfasst, insb Beschädigungen oder sonstige Verschlechterungen des Leistungsgegenstandes. Das Leistungshindernis muss **während des Verzugs** eingetreten sein (S 2 iVm S 1). Es beruht auf **Zufall**, wenn es von keiner der Parteien zu vertreten ist (etwa bei Einwirkung Dritter oder höherer Gewalt). Ein Kausalzusammenhang zwischen Verzug und zufälligem Ereignis braucht nicht zu bestehen. Die Zufallshaftung besteht aber nur **wegen der Leistung**. Sie betrifft damit die Leistungspflichten (§ 241 I; Vor §§ 241–853 Rn 19), nicht jedoch Schutzpflichten iSd § 241 II. Auch im Schuldnerverzug besteht daher keine verschuldensunabhängige Haftung für Beeinträchtigungen der Integrität von Rechten, Rechtsgütern und Interessen des Gläubigers. 3

Als **Rechtsfolge** hat der Schuldner verschuldensunabhängig den Schadensersatz statt der Leistung nach §§ 280 I, III, 281, 283 zu leisten. 4

3. S 2 2. Halbs sieht als Ausn den **Ausschluss der Zufallshaftung** für den Fall vor, dass der Schaden auch bei rechtzeitiger Leistung eingetreten wäre (zB wenn das Bild bei rechtzeitiger Leistung auch beim Käufer verbrannt wäre). Der Schuldner kann sich somit auf ein hypothetisches Schadensereignis berufen (Vor §§ 249–253 Rn 20). Für den (hypothetischen) Eintritt des Schadens auch bei rechtzeitiger Leistung ist er beweispflichtig. 5

§ 288 Verzugszinsen[1]

(1) ¹Eine Geldschuld ist während des Verzugs zu verzinsen. ²Der Verzugszinssatz beträgt für das Jahr fünf Prozentpunkte über dem Basiszinssatz.
(2) Bei Rechtsgeschäften, an denen ein Verbraucher nicht beteiligt ist, beträgt der Zinssatz für Entgeltforderungen acht Prozentpunkte über dem Basiszinssatz.
(3) Der Gläubiger kann aus einem anderen Rechtsgrund höhere Zinsen verlangen.
(4) Die Geltendmachung eines weiteren Schadens ist nicht ausgeschlossen.

I. Für Geldschulden gibt Abs 1 dem Gläubiger allg einen Anspruch auf Verzinsung iHv 5 Prozentpunkten über dem Basiszinssatz nach § 247 als Ersatz des objektiven **Mindestschadens** infolge des Verzugs. Bei Geschäften ohne Verbraucherbeteiligung erhöht Abs 2 den Zinssatz für Entgeltforderungen (zum Begriff § 286 Rn 22) auf 8 Prozentpunkte über dem Basiszinssatz. Auch den Zahlungsverzugs-RL 2011 (§ 286 Rn 20) geht bei den Anforderungen an den gesetzlichen Zinssatz von (mind) 8 Prozentpunkten aus; zum Unterschied zwischen „Prozentpunkt" (§ 288 I) und „Prozent" (§ 288 I aF) Hartmann NJW 04, 1358. Die Regelung dient auch der Umsetzung der Zahlungsverzugs-RL (§ 286 Fn 2). – **Zweck** der Regelung ist neben der Erleichterung der Schadensabwicklung die Einwirkung auf den säumigen Schuldner zur Vertragserfüllung (BGHZ 1

---

[1] Diese Vorschrift dient zum Teil auch der Umsetzung der Richtlinie 2000/35/EG des Europäischen Parlaments und des Rates vom 29. Juni 2000 zur Bekämpfung von Zahlungsverzug im Geschäftsverkehr (ABl. EG Nr. L 200 S. 35).

94, 333). Für das Bestehen des Verzugszinsanspruchs aus Abs 1 kommt es nicht darauf an, ob dieser Schaden dem Gläubiger wirklich entstanden ist (BAG DB 01, 2199; BGHZ 74, 235). **Höhere Verzugszinsen** (Abs 3) können dem Gläubiger aus vertraglicher Vereinbarung zustehen (Rn 4). Gem Abs 4 kann der Gläubiger zudem einen weiter gehenden Schaden als Verzugsschaden nach §§ 280 I, II, 286 geltend machen.

2 II. 1. a) Die Bestimmung des **Abs 1** über die **Verzugszinsen** ist auf Geldschulden (§ 244 Rn 5) jeder Art **anwendbar**, auch auf Schadensersatzansprüche (einschließlich Schmerzensgeldansprüchen); Kostenvorschusspflichten nach §§ 637 III (dort Rn 2 f); Unterhaltsansprüche (OLG Hamm FamRZ 88, 952; str; s auch BGH NJW-RR 87, 386); auf Geld gerichtete Herausgabeansprüche wie zB § 667 Alt 2 (BGH NJW 05, 3709). Bei einer auf Bruttolohn gerichteten Klage kann der Arbeitnehmer Verzugszinsen aus der Bruttovergütung verlangen (BAG NJW 01, 3570). Nicht anzuwenden ist § 288 auf die Schenkung (§ 522).

3 b) Durch Abs 1 und 2 wird der Eintritt des Mindestschadens **unwiderleglich vermutet** (Ausn: Verbraucherdarlehensverträge, § 497 I 2). **Voraussetzung** ist der **Verzug** (§ 286) mit einer **Geldschuld.** Unerheblich ist, ob der Gläubiger nach dem zugrunde liegenden Schuldverhältnis Zinsen fordern konnte (BGH NJW 85, 2325). Als **Rechtsfolge** erhält der Gläubiger aus Abs 1 den Anspruch auf Verzinsung mit 5 Prozentpunkten über dem Basiszinssatz nach § 247 für die Zeit vom Verzugsbeginn bis zum Ablauf des Tages, an dem der Schuldner leistet. Für Geschäfte, an denen **kein Verbraucher** (§ 13) beteiligt ist, erhöht sich dieser Zinssatz aber gem Abs 2 auf 8 Prozentpunkte. Bei allen Geschäften zwischen Unternehmern (§ 14), also zB Kaufleuten oder Freiberuflern in Ausübung ihrer gewerblichen oder selbständigen beruflichen Tätigkeit, steht dem Gläubiger damit der erhöhte Verzugszins von 8 Prozentpunkten über dem Basiszinssatz zu. Ist dag mind eine Partei Verbraucher iSd § 13, verbleibt es bei dem niedrigeren Zinssatz des Abs 1 S 1. Vgl zur Höhe des Basiszinssatzes Rn 9 und § 247 Rn 2 f.

4 c) Gem **Abs 3** kann der Gläubiger **höhere Zinsen**, die er aus einem anderen Rechtsgrund beanspruchen kann, **verlangen.** Ggü § 288 I 2 aF ist die Vorschrift lediglich redaktionell neu gefasst. Im Falle des Verzugs ist somit ein von den Parteien vereinbarter höherer **vertraglicher Zinssatz** maßgeblich und geht den gesetzlichen Festlegungen in Abs 1, 2 vor. Die Vereinbarung von Vertragszinsen durch AGB ist in den Grenzen der §§ 307, 309 Nr 5, 6 möglich. Bei Verbraucherkrediten ergibt sich der Zinssatz bei Verzug aus § 497 I und ist gem § 506 nicht zu Lasten des Verbrauchers abdingbar. Bei sonstigen Krediten endet die Verpflichtung, den Vertragszins fortzuentrichten, mit der Fälligkeit des Kredits oder mit dem nächstmöglichen Kündigungstermin. Eine davon abw Regelung kann nicht durch AGB zugunsten des Verwenders getroffen werden (BGHZ 104, 339; entspr für die verzugsbedingte Erhöhung des Überziehungszinses OLG Düsseldorf NJW 91, 2431).

5 Aus **Sondervorschriften** ergeben sich nach der Erhöhung des Verzugszinses durch die Neufassung des § 288 keine höheren Verzugszinsen mehr. Ebenfalls eine Verzinsung von 5 Prozentpunkten über dem Basiszinssatz ist in § 676 b I für den Verzug des Überweisungsauftrags und in § 497 I vorgesehen (mit der Möglichkeit des Nachweises eines tatsächlich abw Schadens für beide Seiten). Aus der Regelung des Handelszinses in § 352 I HGB sind die Verzugszinsen ausgenommen; es gilt insofern Abs 2. Einen geringeren Zinssatz sehen Art 48 I Nr 2 WG, Art 45 Nr 2 ScheckG vor (allg Verzinsung 6 %; für Inlandswechsel 2 % über dem Basiszinssatz bei einem Mindestsatz von 6 %).

6 2. a) Als weiter gehenden **Zinsschaden** kann der Gläubiger gem **Abs 4** unter den Voraussetzungen der §§ 280 I, II, 286 die **Aufwendung von Kreditzinsen** geltend machen, wenn er während des Zahlungsverzugs des Schuldners einen Bankkredit in Anspruch genommen und dafür Zinsen über den Mindestschaden des Abs 1 bzw Abs 2 hinaus aufgewandt hat. Der Kredit muss nicht notwendig erst wegen der ausstehenden Zahlung aufgenommen worden sein. Zumindest bei Kaufleuten und Unternehmen der öffentlichen Hand (BGH NJW-RR 89, 672) besteht zudem die tatsächliche Vermutung, dass sie die ausstehenden Zahlungen bei rechtzeitigem Eingang zur Tilgung des Kredits verwandt hätten und daher der Verzug ursächlich für die Aufwendung der Kreditzinsen ist (BGH NJW-RR 91, 793 f). Inwieweit entspr Erleichterungen auch anderen

Gläubigern zugute kommen, ist str. IdR wird von ihnen eine substantiierte Darlegung zu verlangen sein, dass mit der ausstehenden Zahlung des Schuldners die Rückführung des Kredits vorgesehen und möglich war (LG Koblenz NJW-RR 91, 172); bei kurzfristig zu tilgenden Neukrediten während des Verzuges oder Kontokorrent spricht aber der Anscheinsbeweis für sie.

b) Der Zinsschaden nach Abs 4 kann auch im **Verlust von Anlagezinsen** liegen. In diesen Fällen hat der Gläubiger wegen des Verzuges eine günstige Anlagemöglichkeit nicht wahrnehmen können. Er muss grds den Zinsverlust konkret darlegen und beweisen (BGH NJW 81, 1732); dabei kommt ihm aber § 287 ZPO zugute (BGHZ 104, 350). **Banken** können ihren Schaden auch gem § 252 S 2 abstrakt nach ihren durchschnittlich im Aktivgeschäft erzielten Bruttosollzinsen berechnen (BGHZ 104, 348 f). **Privatgläubiger** können sich auf die abstrakte Schadensberechnung idR bei höheren Geldbeträgen, die nach allg Lebenserfahrung bei rechtzeitiger Zahlung zinsbringend angelegt worden wären (ab ca 2 500 Euro), stützen; der zu ersetzende Zinssatz wird sodann aufgrund der marktüblichen Zinsen während des Verzuges vom Gericht nach § 287 ZPO festgelegt (BGH NJW 84, 372; BGH NJW 12, 2427). Nach BGH NJW 02, 2553 ist auch entgangener **Gewinn aus Spekulationsgeschäften** in Aktien zu ersetzen, sofern die von Anfang an bestehende Spekulationsabsicht schlüssig vorgetragen wird; das so umgangene Spekulationsrisiko des Gläubigers wird nicht schadensmindernd berücksichtigt (krit dazu Gsell aaO, 504 ff). – **Mehrwertsteuer** ist auf Verzugszinsen nicht zu entrichten (EuGH NJW 83, 506); diese kommt daher als weiterer Verzugsschaden nicht in Betracht (zur Rechtslage vor der Entscheidung des EuGH s BGH NJW 79, 540).

III. 1. Verfahrensrechtliches: Im Unterschied zum gesetzlichen Verzugszins nach Abs 1 und 2 ist der weitere Zinsschaden iSv Abs 4 keine Nebenforderung gem § 4 ZPO. Bei dem Ersatzanspruch wegen der Aufwendung von Kreditzinsen (Rn 6) ist die Verurteilung zur Zahlung zukünftiger Zinsen nach hM zulässig; sinkender Zinshöhe ist über § 323 ZPO Rechnung zu tragen (BGHZ 100, 213; krit Gottwald MDR 96, 980).

2. Seit Inkrafttreten des SMG betrug der Basiszinssatz:

ab 1.1.2002	2,57 %
ab 1.7.2002	2,47 %
ab 1.1.2003	1,97 %
ab 1.7.2003	1,22 %
ab 1.1.2004	1,14 %
ab 1.7.2004	1,13 %
ab 1.1.2005	1,21 %
ab 1.7.2005	1,17 %
ab 1.1.2006	1,37 %
ab 1.7.2006	1,95 %
ab 1.1.2007	2,70 %
ab 1.7.2007	3,19 %
ab 1.1.2008	3,32 %
ab 1.7.2008	3,19 %
ab 1.1.2009	1,62 %
ab 1.7.2009	0,12 %
ab 1.1.2010	0,12 %
ab 1.7.2010	0,12 %
ab 1.1.2011	0,12 %
ab 1.7.2011	0,37 %
ab 1.1.2012	0,12 %
ab 1.7.2012	0,12 %
ab 1.1.2013	- 0,13 %
ab 1.7.2013	- 0,38 %

Seit dem 1.1.2014 beträgt der Basiszinssatz gem § 247 (dort Rn 2) - 0,63 %.

§ 289 Zinseszinsverbot

¹Von Zinsen sind Verzugszinsen nicht zu entrichten. ²Das Recht des Gläubigers auf Ersatz des durch den Verzug entstehenden Schadens bleibt unberührt.

1 S 1 erweitert das **Zinseszinsverbot** des § 248 hins § 288 I, II: Die nach dieser Vorschrift geschuldeten Verzugszinsen dürfen nicht nochmals verzinst werden (abw für gesetzliche Zinsen Art 17:101 der Lando-Grundregeln). Entspr anwendbar ist S 1 auf dingliche Erbbauzinsen und Reallasten (§ 1107, § 9 I ErbbauVO), nicht jedoch auf Erbbauzinsen aufgrund einer Vereinbarung mit nur schuldrechtlicher Wirkung (BGH NJW-RR 92, 592). Für das kaufmännische Kontokorrentverhältnis gilt die Vorschrift nicht (§ 355 HGB).

2 Gem S 2 führt das Zinseszinsverbot nicht zum Ausschluss des Anspruchs auf Schadensersatz wegen verspäteter Zahlung der nach §§ 280 I, II, 286, 288 IV geschuldeten Zinsen (**weiterer Verzugsschaden**). Der Gläubiger kann somit Zinsen von Verzugszinsen ersetzt verlangen, wenn er den Schuldner wegen der rückständigen Verzugszinsen wirksam in Verzug gesetzt hat (also die Voraussetzungen des § 286 hins der Verzugszinsen vorliegen) und ein Zinsschaden besteht. Für die Berechnung dieses Zinsschadens sind die gleichen Grundsätze maßgeblich wie iR von § 288 IV; dies gilt auch für die Möglichkeit abstrakter Schadensberechnung (BGH NJW 93, 1261; § 288 Rn 7). IErg mindert dies die praktische Bedeutung des S 1 insb im Bankgeschäft erheblich. Anders als bei der Geltendmachung primärer Verzugszinsen trifft den Gläubiger allerdings die **Darlegungs- und Beweislast** auch bereits für den Verzugsschaden in Höhe der gesetzlichen Zinsen (BGH NJW 91, 844).

3 Für den **Verbraucherdarlehensvertrag** enthält § 497 II 2 eine Sondervorschrift. Danach kann der Kreditgeber als Verzugsschaden Zinsen lediglich bis zur Höhe des gesetzlichen Zinssatzes beanspruchen (iE Krüger/Bitter WM 02, 2094/100).

§ 290 Verzinsung des Wertersatzes

¹Ist der Schuldner zum Ersatz des Wertes eines Gegenstands verpflichtet, der während des Verzugs untergegangen ist oder aus einem während des Verzugs eingetretenen Grund nicht herausgegeben werden kann, so kann der Gläubiger Zinsen des zu ersetzenden Betrags von dem Zeitpunkt an verlangen, welcher der Bestimmung des Wertes zugrunde gelegt wird. ²Das Gleiche gilt, wenn der Schuldner zum Ersatz der Minderung des Wertes eines während des Verzugs verschlechterten Gegenstands verpflichtet ist.

1 Nach § 290 stehen dem Gläubiger **Zinsen für einen Wertersatzanspruch** zu, der als Folge des Verzuges entstanden ist. Voraussetzung ist nach S 1 ein Anspruch auf Wertersatz für einen Gegenstand, der während des Verzuges untergegangen ist oder dessen Herausgabe während des Verzuges eingetretene Umstände unmöglich gemacht haben. Diesen Wertersatzanspruch gewährt § 280 iVm § 287 dem Gläubiger. Entspr gilt bei **Verschlechterung eines Gegenstandes** (S 2). § 290 stellt bei diesen Ansprüchen den Gläubiger so, als sei der Schuldner auch mit der Ersatzleistung in Verzug gekommen. Der Gläubiger des Wertersatzanspruchs kann daher wie beim Verzug mit einer Geldschuld gesetzliche Zinsen als Mindestschaden ersetzt verlangen (iE § 288 Rn 3, 5) und einen höheren Zinsschaden gem § 288 IV geltend machen. Die Verzinsung beginnt mit dem Zeitpunkt, der nach den allg Regeln des Schadensersatzes für die Wertermittlung maßgeblich ist. Zur näheren Bestimmung dieses Zeitpunktes ist auf die §§ 286, 287 zurückzugreifen. Da der Gläubiger Anspruch auf Ersatz des vollen Interesses einschließlich des entgangenen Gewinns hat, kann er denjenigen im Verzugszeitraum liegenden Zeitpunkt wählen, zu dem der Gegenstand den höchsten Wert hatte (aA wohl Palandt/Grüneberg § 290 Rn 1 iVm Vor § 249 Rn 174). – Eine entspr Regelung für das Deliktsrecht trifft § 849.

§ 291 Prozesszinsen

¹Eine Geldschuld hat der Schuldner von dem Eintritte der Rechtshängigkeit an zu verzinsen, auch wenn er nicht im Verzug ist; wird die Schuld erst später fällig, so ist sie von der Fälligkeit an zu verzinsen. ²Die Vorschriften des § 288 Abs. 1 Satz 2, Abs. 2, Abs. 3 und des § 289 Satz 1 finden entsprechende Anwendung.

I. § 291 legt dem Schuldner die Pflicht zur Zahlung von **Prozesszinsen** als materiellrechtliche Folge der Rechtshängigkeit auf. Diese Zinspflicht entsteht unabhängig vom Verzug des Schuldners. Da sich der Schuldner aber regelmäßig mit Eintritt der Rechtshängigkeit ohnehin in Verzug befindet (§ 286 I 2) und daher schon nach § 288 I oder II Verzugszinsen zu leisten hat, ist die eigenständige Bedeutung der Vorschrift gering. Sie beschränkt sich auf die Fälle, in denen der Schuldner die Leistungsverzögerung nicht zu vertreten hat und daher nicht in Verzug ist (§ 286 IV), sowie auf Klagen auf zukünftige Leistung (§ 291 S 1, 2. Halbs). Weitergehende Bedeutung erhält die Vorschrift durch den **Verweis anderer Normen** (zB § 818 IV) auf sie. Soweit das öffentliche Recht keine eigenen Regelungen enthält, ist § 291 grds auch auf öffentlich-rechtliche Leistungs- und Verpflichtungsklagen anwendbar. 1

II. 1. **Voraussetzungen**: a) Beansprucht werden muss eine **Geldschuld** (§ 244 Rn 5), gleichgültig aus welchem Rechtsgrund; zB auch Vorschuss nach §§ 439 II, 637 III (dort Rn 2 f), Unterhalt (BGH NJW-RR 87, 386) und unbeziffertes Schmerzensgeld (BGH NJW 65, 532). Ersatz eines entgangenen künftigen Gewinns ist erst vom Zeitpunkt der erwarteten Gewinnerzielung an zu verzinsen (BGHZ 115, 309). Für **Wechselkosten** und Provision schließt jedoch Art 48 WG als **Sondervorschrift** den § 291 aus (BGH NJW 77, 1397). 2

b) Die Erhebung der **Leistungsklage** (§ 253 I ZPO) oder die Zustellung des **Mahnbescheides** (§ 693 ZPO) müssen zum Eintritt der **Rechtshängigkeit** geführt haben (§§ 253, 261, 302 IV 4, 696 III, 700 II ZPO); die bloße Anhängigkeit reicht nicht. Es genügt aber eine Stufenklage (BGHZ 80, 277) oder ein Hilfsantrag (BGH NJW-RR 90, 519). 3

c) Erforderlich ist zudem **Fälligkeit** und **Durchsetzbarkeit** des Anspruchs. Kein Anspruch auf Prozesszinsen besteht daher zB bei Stundung, ZbR (§ 273) oder Einrede des nicht erfüllten Vertrages (§ 320). 4

2. **Rechtsfolgen**: Gem § 291 S 2 iVm § 288 I 2, II hat der Gläubiger einen Anspruch auf Verzinsung seiner Geldschuld iHv 5 bzw 8 Prozentpunkten über dem Basiszinssatz, soweit nicht Sonderregelungen einen abw Zinssatz festlegen (s § 288 Rn 5). Zinseszinsen können nicht geltend gemacht werden (S 2 iVm § 289 S 1), auch nicht in Form des Schadensersatzes (vgl BGH NJW 93, 1261). Bei Verzug des Schuldners mit der Geldschuld besteht zwischen § 288 I, II und § 291 S 1 Anspruchskonkurrenz; Verzugs- und Prozesszinsen können nicht kumulativ verlangt werden (OLG Saarbrücken NJW-RR 87, 471). 5

Bei einer Klage auf künftige Leistung (§ 257 ZPO) entsteht die Pflicht des Schuldners zur Leistung von Prozesszinsen erst mit Eintritt der Fälligkeit (S 1, 2. Halbs). Wird der Gläubigeranspruch durch ein Gestaltungsurteil ex nunc begründet (vgl zB § 315 III 2; §§ 7, 8 KSchG), so besteht der Zinsanspruch aus § 291 erst mit Rechtskraft des Urt (BAG NJW 69, 1735; BGH NJW 06, 2474). 6

§ 292 Haftung bei Herausgabepflicht

(1) Hat der Schuldner einen bestimmten Gegenstand herauszugeben, so bestimmt sich von dem Eintritt der Rechtshängigkeit an der Anspruch des Gläubigers auf Schadensersatz wegen Verschlechterung, Untergangs oder einer aus einem anderen Grunde eintretenden Unmöglichkeit der Herausgabe nach den Vorschriften, welche für das Verhältnis zwischen dem Eigentümer und dem Besitzer von dem Eintritt der Rechtshängigkeit des Eigentumsanspruchs an gelten, soweit nicht aus dem Schuldverhältnis oder dem Verzug des Schuldners sich zugunsten des Gläubigers ein anderes ergibt.

(2) Das Gleiche gilt von dem Anspruch des Gläubigers auf Herausgabe oder Vergütung von Nutzungen und von dem Anspruch des Schuldners auf Ersatz von Verwendungen.

1 I. Bei der Verpflichtung zur Herausgabe eines Gegenstandes legt § 292 eine **Mindesthaftung** als materiellrechtliche Folge der Rechtshängigkeit fest. Eine strengere Haftung des Schuldners wegen Verzugs (§ 287) oder nach der Art des Schuldverhältnisses (zB §§ 819 I, 848) bleibt bestehen. Da die Klageerhebung idR Verzug begründet (§ 286 I 2; Ausn s § 291 Rn 1), erlangt § 292 weniger durch seine unmittelbare Anwendung Bedeutung als durch die Verweisung in anderen Normen. ZB führt die **Verweisung des § 818 IV** auf § 292 zur Anwendung der §§ 987 ff auf Bereicherungsansprüche. – § 292 ist in den Grenzen von § 276 III durch Individualvereinbarung **abdingbar**; für AGB ist § 309 Nr 7, 8 (dazu Art 3 III iVm Anh Nr 1 b Klausel-RL) zu beachten.

2 II. 1. **Voraussetzungen:** Der Gläubiger muss einen schuldrechtlichen **Herausgabeanspruch** haben (für den dinglichen Herausgabeanspruch gelten die §§ 987 ff unmittelbar). Der Begriff der Herausgabe umfasst ebenso die Übergabe (etwa der Kaufsache) wie die Rückgabe (etwa der Mietsache). Dieser Herausgabeanspruch muss sich auf einen **bestimmten Gegenstand** richten. „Gegenstand" umfasst außer Sachen auch Vermögensrechte (§ 90 Rn 1). Nicht um einen bestimmten Gegenstand handelt es sich jedoch bei einer Gattungssache. Der Herausgabeanspruch muss zudem **rechtshängig**, nicht nur anhängig sein (§ 291 Rn 3).

3 2. Als **Rechtsfolge** sind die Vorschriften anzuwenden, die für das EBV von der Rechtshängigkeit des dinglichen Herausgabeanspruchs an unmittelbar gelten. Demzufolge haftet der Schuldner nach § 292 I iVm § 989 für jedes Verschulden und bei Verzug auch für Zufall (§ 287 S 2) auf **Schadensersatz**, wenn nach der Rechtshängigkeit der geschuldete Gegenstand untergeht, sich verschlechtert oder aus sonstigem Grund nicht herausgegeben werden kann. Nach der Rechtshängigkeit gezogene **Nutzungen** hat der Schuldner gem § 292 iVm § 987 I herauszugeben. Für schuldhaft nicht gezogene Nutzungen hat er gem § 292 iVm § 987 II Ersatz zu leisten und dabei im Verzug gem § 287 S 1 jede Fahrlässigkeit zu vertreten. **Verwendungen** kann er nach § 292 iVm §§ 994 II, 995 in dem dort vorgesehenen beschränkten Umfang ersetzt verlangen (s § 994 Rn 2). Ihm steht bei nützlichen Verwendungen (§ 996) nur das Wegnahmerecht nach § 997 zu. Ebenfalls entspr anwendbar sind die §§ 1000–1003, so dass der Schuldner sich zugunsten eines Verwendungsersatzanspruchs auf das ZbR aus § 1000 S 1 stützen kann.

Titel 2
Verzug des Gläubigers

§ 293 Annahmeverzug

Der Gläubiger kommt in Verzug, wenn er die ihm angebotene Leistung nicht annimmt.

1 I. **Annahmeverzug** liegt vor, wenn der Leistungserfolg verspätet eintritt, weil der Gläubiger die ihm ordnungsgemäß angebotene Leistung nicht annimmt oder eine zur Bewirkung der Leistung erforderliche Mitwirkungshandlung unterlässt. Da die Annahme der Leistung ebenso wie die Vornahme einer sonstigen Mitwirkungshandlung idR nicht zum Inhalt der vertraglich vereinbarten Leistungspflicht des Gläubigers gehört (BGH NJW-RR 88, 1266), löst die unterlassene Mitwirkungshandlung grds keine Schadensersatzpflicht des Gläubigers aus (zu Ausn vgl Rn 11). Es handelt sich vielmehr um eine **Obliegenheit des Gläubigers**, deren Verletzung eine Verbesserung der Rechtsstellung des Schuldners, zB in Form einer Beschränkung der Schuldnerhaftung (§§ 300 I, 301 f), bewirkt. Die Voraussetzungen des Annahmeverzuges ergeben sich aus den §§ 293–299, die Rechtsfolgen aus §§ 300–304.

2 II. 1. Die Vorschriften über den Gläubigerverzug sind grds auf alle gesetzlichen und vertraglichen Schuldverhältnisse **anwendbar**, soweit Gegenstand des Schuldverhältnisses eine Leistungspflicht ist, deren Erfüllung von der Mitwirkung des Gläubigers ab-

hängt. IdR ausgeschlossen ist der Gläubigerverzug daher bei Unterlassungspflichten und bei Pflichten zur Abgabe einer Willenserklärung (zB § 894) sowie zu einer Geschäftsbesorgung.

2. Voraussetzungen des Annahmeverzuges: a) Aus § 293 („der Gläubiger") geht hervor, dass zunächst ein wirksamer **Anspruch des Gläubigers** erforderlich ist. Die Forderung muss nicht nur bestehen, sondern auch bereits **erfüllbar** sein, dh der Schuldner muss berechtigt sein, die geschuldete Leistung zu erbringen (§ 271). 3

b) Der Gläubiger gerät nur dann in Annahmeverzug, wenn der Schuldner die **Leistung ordnungsgemäß angeboten** hat. Grds hat der Schuldner die Leistung tatsächlich anzubieten (§ 294); uU reicht auch ein wörtliches Angebot aus (§ 295); bei der Holschuld kann selbst dieses entbehrlich sein (§ 296). 4

c) Voraussetzung ist ferner, dass der Schuldner im Zeitpunkt des Angebots **zur Leistung imstande und bereit** gewesen ist (§ 297). Gläubigerverzug ist ausgeschlossen, wenn die Leistung auf Dauer objektiv oder subjektiv **unmöglich** ist (§ 275 I) oder der Schuldner die Leistung gem § 275 II, III nicht zu erbringen braucht. In Fällen der **Zweckerreichung** und des **Zweckfortfalls** liegt Unmöglichkeit vor (§ 275 Rn 10); das gleiche gilt aufgrund der zeitlichen Gebundenheit für die verspätete Leistung bei einem **absoluten Fixgeschäft** (§ 323 Rn 7). Umstritten ist die Abgrenzung zur Unmöglichkeit, wenn der Leistung nicht Umstände aus der Sphäre des Schuldners entgegenstehen, sondern **dauernde Mitwirkungshindernisse beim Gläubiger**. Die (früher herrschende) sog **Abstrahierungstheorie** stellte auf die fehlende Mitwirkungshandlung des Gläubigers ab. Gläubigerverzug liege vor, wenn der Schuldner, die Mitwirkungshandlung des Gläubigers hinzugedacht, die Leistung theoretisch noch erbringen könnte (BGH 24, 96). Die von der Rspr ursprünglich für das Arbeitsrecht entwickelte **Sphärentheorie** stellt demgegenüber darauf ab, welcher Sphäre, dh wessen Risiko- und Verantwortungsbereich das der Leistung entgegenstehende Hindernis entstammt (Lehre vom Betriebsrisiko). Liegt die Ursache für die Nichterbringung der Leistung in der Sphäre des Gläubigers, bestehe Annahmeverzug iSd §§ 293 ff (BAG DB 94, 2552; NZA 91, 67). Die Sphärentheorie ist aber allenfalls für das Arbeitsrecht geeignet. Die allg Abgrenzung muss im Einklang mit der Abgrenzung zwischen Unmöglichkeit und Schuldnerverzug danach erfolgen, ob die Leistung angesichts des bestehenden Leistungshindernisses **tatsächlich** (und nicht nur theoretisch) noch **nachholbar** ist (**Leistungstheorie**). Unmöglichkeit und nicht Annahmeverzug liegt damit vor, wenn der Gläubiger auch in Zukunft dauerhaft an der Vornahme der zur Leistungsbewirkung erforderlichen Mitwirkungshandlung gehindert ist (BGHZ 60, 17). 5

d) Schließlich setzt der Annahmeverzug voraus, dass der Gläubiger die angebotene **Leistung nicht angenommen** hat. Ist zur Bewirkung der Leistung eine Mitwirkungshandlung des Gläubigers erforderlich, steht deren Unterlassen der Nichtannahme der Leistung gleich. Bei Zug-um-Zug-Leistungen gerät der Gläubiger bereits dann in Verzug, wenn er zwar zur Annahme bereit ist, die Gegenleistung aber nicht anbietet (§ 298). 6

e) Die §§ 293 ff differenzieren grds nicht danach, ob der Gläubiger die Nichtannahme der Leistung zu vertreten hat, da die Annahme der Leistung regelmäßig nur eine Gläubigerobliegenheit ist (BGH NJW-RR 94, 1470). Eine nur **vorübergehende Annahmeverhinderung** löst jedoch unter den Voraussetzungen des § 299 noch keinen Gläubigerverzug aus. 7

f) Der **Annahmeverzug endet**, wenn eine der Voraussetzungen entfällt. Wird die Leistung zB nach Eintritt des Annahmeverzuges unmöglich, führt dies zur Beendigung des Annahmeverzuges, da der Anspruch des Gläubigers gem § 275 untergeht. Will der Gläubiger den Annahmeverzug beenden, so muss er auf Verlangen des Schuldners nicht nur die Leistung annehmen, sondern zudem auch den Ersatz der dem Schuldner gem § 304 zu ersetzenden Mehraufwendungen anbieten. Die Beendigung des Verzuges wirkt ex nunc, so dass die durch den Verzug nach § 300 II eingetretene Konkretisierung einer Gattungsschuld bestehen bleibt. 8

3. Rechtsfolge des Annahmeverzuges ist eine **Verbesserung der Rechtsstellung des Schuldners.** Zu seinem Vorteil tritt gem § 300 I eine Haftungserleichterung ein. D

Leistungsgefahr bei Gattungsschulden (§ 300 II) geht ebenso wie die Preisgefahr (§ 323 VI, 326 II) auf den Gläubiger über. Eine Pflicht zur Verzinsung entfällt (§ 301). Eine Verpflichtung zur Nutzungsherausgabe wird auf die tatsächlich gezogenen Nutzungen beschränkt. Auch hat der Schuldner einen Anspruch auf den Ersatz der Kosten für die verzugsbedingten notwendigen Mehraufwendungen (§ 304).

10 Zwar führt der Annahmeverzug **nicht zu einer Befreiung des Schuldners von seiner Leistungspflicht** (Ausn ist § 615). Allerdings kann der Schuldner Geld, Urkunden und Kostbarkeiten mit schuldbefreiender Wirkung hinterlegen (§§ 372, 376 II, 378). Sonstige Sachen kann der Schuldner versteigern lassen und dann den Erlös hinterlegen (§ 383). Noch weiter gehende Hinterlegungs- und Versteigerungsrechte bestehen im Falle des Annahmeverzuges für den Verkäufer bei einem Handelskauf (§ 373 HGB). Bei unbeweglichen Sachen hat der Schuldner ein Recht zur Besitzaufgabe (§ 303).

11 **4. Besonderheiten** ergeben sich, wenn die Annahme der Leistung bzw die Vornahme der Mitwirkungshandlung nach dem Inhalt des Schuldverhältnisses oder nach Treu und Glauben ausnahmsweise zum Inhalt der **Leistungspflicht des Gläubigers** gehört, vgl zB §§ 433 II, 640 I; § 375 HGB. Ist die Leistungsannahme oder die Mitwirkungshandlung ausnahmsweise eine derartige echte Rechtspflicht des Gläubigers, so führt die Nichtvornahme zur Anwendung der Vorschriften über den **Schuldnerverzug** (§§ 280 I, II, 286). In dieser Konstellation kann Schuldnerverzug mit Annahmeverzug in der Person des Gläubigers zusammentreffen. Auch kann im Einzelfall ein Schadensersatzanspruch aus §§ 280 I, III, 281 I 1, II bestehen, wenn das Verhalten des Gläubigers einer Erfüllungsverweigerung gleichkommt. Der Gläubiger haftet dann dem Schuldner auf das positive Interesse. Ggf hat der Schuldner auch ein Rücktrittsrecht nach § 323.

12 **III. Verfahrensrechtliches:** Der Schuldner trägt die **Darlegungs- und Beweislast** für die Voraussetzungen des Gläubigerverzuges. Dag hat der Gläubiger nachzuweisen, dass er ausnahmsweise an der Annahme der Leistung verhindert war (§ 299), der Schuldner nicht zur Leistung imstande war oder zwischenzeitlich eine Beendigung des Verzuges eingetreten ist.

§ 294 Tatsächliches Angebot

Die Leistung muss dem Gläubiger so, wie sie zu bewirken ist, tatsächlich angeboten werden.

1 **I.** § 294 enthält nähere Bestimmungen über das **Leistungsangebot**, das nach § 293 Voraussetzung des Annahmeverzuges ist.

2 **II. 1.** Ein **tatsächliches Angebot** iSd § 294 ist ein in der Leistungshandlung enthaltener **Realakt**. Die Vorschriften der §§ 130 ff über Abgabe und Zugang von Willenserklärungen finden keine Anwendung. Das tatsächliche Angebot ist Beginn der Leistungshandlung des Schuldners („Anleistung"). **Voraussetzung** ist, dass der Schuldner alles getan hat, was ohne die Mitwirkung des Gläubigers möglich ist. Der Schuldner muss die von ihm zu erbringenden Leistungshandlungen so weit vorgenommen haben, dass der Gläubiger nur noch „zuzugreifen" und die Leistung anzunehmen braucht (BGHZ 90, 359; 116, 249).

3 **2.** Nach der Bestimmung, dass der Schuldner die Leistung so anzubieten hat, „wie sie zu bewirken ist", ist ein **ordnungsgemäßes Angebot** erforderlich. Der Schuldner muss **die richtige Leistung zur richtigen Zeit** (§ 271) **am richtigen Ort** (§§ 269, 270) anbieten. Die richtige Leistung ist die geschuldete Leistung, dh grds keine Teilleistung (zu Ausn § 266 Rn 2), keine Leistung an Erfüllungs Statt (§ 364) oder erfüllungshalber (BGH WM 83, 864). Die angebotene Leistung muss nach Art, Beschaffenheit, Menge und Güte der nach dem Schuldverhältnis geschuldeten Leistung entsprechen. Ist die angebotene Leistung mit Sach- oder Rechtsmängeln behaftet, kann der Gläubiger die Angebotene ablehnen und Nacherfüllung verlangen (§§ 437 Nr 1, 439), ohne in Verzug zu [geraten]. Auch der Mieter ist nicht zur Abnahme einer mangelhaften Mietsache verpflichtet, solange eine Beseitigungspflicht des Vermieters besteht (arg § 536 a II Nr 1);

der Vermieter darf demgegenüber die Rücknahme der Mietsache in verschlechtertem Zustand nicht ablehnen (BGHZ 86, 209 f).

§ 295 Wörtliches Angebot

¹Ein wörtliches Angebot des Schuldners genügt, wenn der Gläubiger ihm erklärt hat, dass er die Leistung nicht annehmen werde, oder wenn zur Bewirkung der Leistung eine Handlung des Gläubigers erforderlich ist, insbesondere wenn der Gläubiger die geschuldete Sache abzuholen hat. ²Dem Angebot der Leistung steht die Aufforderung an den Gläubiger gleich, die erforderliche Handlung vorzunehmen.

I. § 295 behandelt zwei Fälle, in denen abw von der Regelung in § 294 statt eines tatsächlichen Angebotes auch ein **wörtliches Angebot** ausreichend ist. 1

II. 1. Der erste Fall betrifft die früher erklärte **Annahmeverweigerung des Gläubigers** (S 1 1. Fall). Diese muss zwar unzweideutig und bestimmt sein, kann aber auch konkludent erklärt werden (BGH LM § 651 Nr 3). Beispielsweise kann die Erklärung von Rücktritt oder Kündigung (BAG NJW 63, 1124), die Vertragsaufsage sowie die Erklärung des Gläubigers, es bestehe gar kein Vertrag, eine Annahmeverweigerung darstellen. 2

2. Ein wörtliches Angebot genügt ferner, wenn zur Bewirkung der Leistung eine **Handlung des Gläubigers erforderlich** ist (S 1 2. Fall). Ob die Mitwirkung des Gläubigers für die Erbringung der Leistung notwendig ist, wird im Wege der Auslegung nach Treu und Glauben unter Berücksichtigung der Verkehrssitte ermittelt. Nach S 1 aE genügt ein wörtliches Angebot insb, wenn der Gläubiger die geschuldete Sache abzuholen hat (Holschuld). Weitere Beispiele erforderlicher Mitwirkungshandlungen sind: Ausübung des Wahlrechts nach § 263 I, Abnahme der Werkleistung (§ 640 I), Bestimmung des Leistungsgegenstandes beim Spezifikationskauf (§ 375 HGB), Abruf von Waren beim Kauf auf Abruf; auch die Entgegennahme der Auflassung (BGHZ 116, 250). Keine Mitwirkungshandlung ist trotz § 368 die Quittungserteilung. Bei Gattungsschulden ist eine Aussonderung (vgl § 243 II) nicht erforderlich. 3

3. Ein wörtliches Angebot genügt über die Fälle des § 295 hinaus, wenn der Gläubiger bei **Zug um Zug zu erbringenden Leistungen** zwar zur Annahme der Schuldnerleistung bereit ist, jedoch seinerseits die Bewirkung der Leistung verweigert hat (BGH NJW 97, 581). 4

4. Anders als das tatsächliche Angebot ist das wörtliche Angebot – vergleichbar der Mahnung (§ 286 Rn 8) – eine **geschäftsähnliche Handlung**, auf die die Vorschriften über Abgabe und Zugang von Willenserklärungen (§§ 130 ff), Geschäftsfähigkeit (§§ 104 ff) und Vertretung (§§ 164 ff) entspr Anwendung finden. Eine besondere Form ist für das wörtliche Angebot nicht vorgeschrieben. Das Wort „Angebot" muss nicht ausgesprochen werden. Die Erklärung des Schuldners muss lediglich erkennen lassen, dass er oder ein leistungsbereiter Dritter nunmehr die geschuldete Leistung erbringen will oder die Voraussetzungen zur Vornahme der erforderlichen Mitwirkungshandlung des Gläubigers geschaffen hat (BGH NJW 03, 1602). 5

5. a) Im Einzelfall kann auch das wörtliche Angebot nach Treu und Glauben entbehrlich sein, wenn der Gläubiger offensichtlich an der Annahmeverweigerung festhält, so dass dem Schuldner das Angebot der Leistung sinnlos erscheinen muss (aA Staud/Löwisch/Feldmann § 295 Rn 2). 6

b) Soweit der Gläubiger seine Annahmeverweigerung widerruft bzw die Mitwirkungshandlung nachholt, endet der Verzug, wenn der Schuldner die Leistung jetzt nicht auch – erfolglos – tatsächlich anbietet (§ 294). 7

§ 296 Entbehrlichkeit des Angebots

¹Ist für die von dem Gläubiger vorzunehmende Handlung eine Zeit nach dem Kalender bestimmt, so bedarf es des Angebots nur, wenn der Gläubiger die Handlung rechtzeitig vornimmt. ²Das Gleiche gilt, wenn der Handlung ein Ereignis vorauszugehen hat und

eine angemessene Zeit für die Handlung in der Weise bestimmt ist, dass sie sich von dem Ereignis an nach dem Kalender berechnen lässt.

1 I. § 296 ergänzt die Regelung in § 295 S 1 2. Fall. Unterlässt der Gläubiger eine termingebundene Mitwirkungshandlung, gerät er in Annahmeverzug, ohne dass es eines Angebotes bedarf. Eine entspr Regelung für den Schuldnerverzug enthält § 286 II Nr 1, 2.

2 II. Nach S 1 ist auch ein wörtliches Angebot entbehrlich, wenn der Zeitpunkt, in dem die Mitwirkungshandlung vorzunehmen ist, **nach dem Kalender bestimmt** ist und der Gläubiger die Leistung nicht rechtzeitig vornimmt. Nach S 2 gilt dies gleichermaßen, wenn der Mitwirkungshandlung ein Ereignis vorauszugehen hat und sich die Mitwirkungshandlung ab dem Ereignis nach dem Kalender berechnen lässt (vgl § 286 II Nr 2).

3 Für das **Arbeitsverhältnis** hat die Rspr den Grundsatz entwickelt, dass der Arbeitgeber, der das Arbeitsverhältnis unberechtigt kündigt, ohne weiteres Angebot der Arbeitsleistung durch den Arbeitnehmer in Verzug gerät, wenn der Arbeitnehmer der Kündigung widersprochen bzw Kündigungsschutzklage erhoben hat (BAG NJW 94, 2847). Sofern eine ordentliche, unberechtigte Kündigung vorliegt, tritt Gläubigerverzug mit Ablauf der Kündigungsfrist ein (BAG NJW 92, 933). Ist der Arbeitnehmer zum Zeitpunkt der Kündigung arbeitsunfähig, tritt Verzug erst mit Wiederherstellung der Arbeitsfähigkeit ein (BAG NJW 93, 2638; 95, 2654).

§ 297 Unvermögen des Schuldners

Der Gläubiger kommt nicht in Verzug, wenn der Schuldner zur Zeit des Angebots oder im Falle des § 296 zu der für die Handlung des Gläubigers bestimmten Zeit außerstande ist, die Leistung zu bewirken.

1 I. Die Vorschrift stellt klar, dass der Schuldner zum **Zeitpunkt** des Angebotes (§§ 294, 295) oder im Fall des § 296 zum Zeitpunkt, in dem die Mitwirkungshandlung vom Gläubiger vorzunehmen ist, zur Leistung bereit und imstande sein muss. § 297 schließt den Annahmeverzug auch für den Fall aus, dass der Schuldner nur **vorübergehend zur Leistung außerstande** ist. Im Einzelfall kann der Gläubigerverzug trotz vorübergehender Leistungsunfähigkeit des Schuldners eintreten, wenn der Gläubiger die Leistungsunfähigkeit mitverursacht hat (BAG BB 67, 630).

2 II. **Verfahrensrechtliches:** Die **Beweislast** für das fehlende Leistungsvermögen des Schuldners sowie für dessen mangelnde Leistungsbereitschaft trägt der Gläubiger (BAG BB 68, 1383).

§ 298 Zug-um-Zug-Leistungen

Ist der Schuldner nur gegen eine Leistung des Gläubigers zu leisten verpflichtet, so kommt der Gläubiger in Verzug, wenn er zwar die angebotene Leistung anzunehmen bereit ist, die verlangte Gegenleistung aber nicht anbietet.

1 Für Fälle von Zug-um-Zug-Leistungen wird das **Nichtanbieten der Gegenleistung** der Nichtannahme der Leistung gleichgestellt. § 298 ist nicht nur auf Verpflichtungen zur Zug-um-Zug-Leistung aus gegenseitigen Verträgen (§ 320) **anwendbar**, sondern auf alle Fälle eines ZbR (zB §§ 255, 273, 285, 410 I 1, 785, 797, 1144, 1223 II) und gilt auch, wenn der Gläubiger vorzuleisten hat.

2 Die Vorschrift setzt voraus, dass der Schuldner seine Leistung ordnungsgemäß angeboten und die ihm zu erbringende Gegenleistung verlangt hat; das Leistungsangebot des Schuldners ist insofern eingeschränkt durch das Verlangen der Gegenleistung. Nimmt der Gläubiger dieses Leistungsangebot nicht an, gerät er **hins der Leistung** in **Gläubigerverzug**. Nicht erforderlich ist ein Verschulden des Gläubigers oder eine ausdrückliche Weigerung, die Gegenleistung zu erbringen. Gleichzeitig kommt der Gläubiger

– sofern er die Nichtleistung zu vertreten hat (§ 286 IV) – bzgl der Gegenleistung regelmäßig in Schuldnerverzug iSd § 286.

§ 299 Vorübergehende Annahmeverhinderung

Ist die Leistungszeit nicht bestimmt oder ist der Schuldner berechtigt, vor der bestimmten Zeit zu leisten, so kommt der Gläubiger nicht dadurch in Verzug, dass er vorübergehend an der Annahme der angebotenen Leistung verhindert ist, es sei denn, dass der Schuldner ihm die Leistung eine angemessene Zeit vorher angekündigt hat.

I. § 299 ist Ausprägung von Treu und Glauben (§ 242). Die Regelung soll dem Umstand Rechnung tragen, dass vom Gläubiger bei unbestimmter Leistungszeit eine ständige Annahmebereitschaft nicht erwartet werden kann. 1

II. Voraussetzung ist, dass die Leistungszeit unbestimmt ist oder der Schuldner bei bestimmter Leistungszeit zur vorzeitigen Leistung berechtigt ist (§ 271 II). § 299 schließt den Annahmeverzug aber nur aus, wenn der Schuldner dem Gläubiger die Leistung nicht eine angemessene Zeit vor dem Angebot angekündigt hat (§ 299 letzter Halbs). Die Ankündigung ist eine empfangsbedürftige, geschäftsähnliche Mitteilung, § 130 gilt entspr. Ausnahmsweise greift auch nach Ankündigung kein Annahmeverzug ein, wenn die Annahme dem Gläubiger nach Treu und Glauben nicht zumutbar war. 2

III. Verfahrensrechtliches: Die Beweislast für die vorübergehende Annahmeverhinderung liegt beim Gläubiger; der Schuldner hat die rechtzeitige Ankündigung der Leistung zu beweisen. 3

§ 300 Wirkungen des Gläubigerverzugs

(1) Der Schuldner hat während des Verzugs des Gläubigers nur Vorsatz und grobe Fahrlässigkeit zu vertreten.
(2) Wird eine nur der Gattung nach bestimmte Sache geschuldet, so geht die Gefahr mit dem Zeitpunkt auf den Gläubiger über, in welchem er dadurch in Verzug kommt, dass er die angebotene Sache nicht annimmt.

I. § 300 regelt zwei wichtige Rechtsfolgen des Gläubigerverzugs, nämlich die Reduzierung der Schuldnerhaftung (§ 300 I) und den Übergang der Leistungsgefahr bei Gattungsschulden (§ 300 II). 1

II. 1. Soweit der Leistungsgegenstand während des Annahmeverzuges des Gläubigers untergeht oder eine Verschlechterung erfährt, haftet der Schuldner aufgrund der **Haftungsreduzierung** des Abs 1 nur bei Vorsatz und grober Fahrlässigkeit. Führt die Verschlechterung oder der Untergang der Sache zu Ansprüchen aus unerlaubter Handlung, gilt auch für diese Ansprüche der Haftungsmaßstab des Abs 1. Die Vorschrift gilt nur für den Leistungsgegenstand; nicht eingeschränkt wird die Haftung des Schuldners dag bei einer Verletzung sonstiger vertraglicher Haupt- oder Nebenpflichten (OLG Saarbrücken NJW-RR 02, 528). Sie ist im Rückgewährschuldverhältnis für Obhuts- und Aufbewahrungspflichten ebenfalls anwendbar. Für Gattungsschulden gilt die Haftungsreduzierung aufgrund von § 276 I 1 nur, wenn die gesamte Gattung untergegangen ist. 2

2. a) Abs 2 regelt den **Übergang der Leistungsgefahr** auf den Gläubiger bei Gattungsschulden. Wenn die vergeblich angebotene Sache durch Zufall oder leichte Fahrlässigkeit des Schuldners bzw seiner Hilfspersonen (§§ 276, 278) untergeht oder verschlechtert wird, tritt eine Befreiung des Schuldners ein. Den **Übergang der Preisgefahr** durch Eintritt des Annahmeverzuges bestimmen dag §§ 323 VI, 326 II. 3

Abs 2 gilt neben § 243 II, wonach die Leistungsgefahr mit der Konkretisierung der Gattungsschuld übergeht. Da mit dem tatsächlichen Angebot des Schuldners (§ 294) meist auch eine Konkretisierung iSv § 243 II gegeben ist, ist die praktische Bedeutung von Abs 2 verhältnismäßig gering. Eigenständige Bedeutung neben § 243 II kommt der Vorschrift insb in den Fällen zu, in denen bei Bring- bzw Schickschulden ein wörtliches 4

Angebot den Annahmeverzug begründet hat (§ 295), sowie bei Geldschulden (wegen § 270 I).

5 **b) Voraussetzung** ist, dass sich der Gläubiger einer Gattungsschuld in Annahmeverzug befindet. Ferner muss der Schuldner die zur Erfüllung bestimmte Sache ausgesondert haben (BGH WM 75, 920), und zwar auch für den Fall des wörtlichen bzw entbehrlichen Angebots (§§ 295, 296).

6 **c) Bei Geldschulden** trägt der Schuldner gem § 270 I die Versendungsgefahr. Verweigert der Gläubiger die Annahme, so geht die Gefahr des Untergangs entspr Abs 2 auf ihn über.

§ 301 Wegfall der Verzinsung

Von einer verzinslichen Geldschuld hat der Schuldner während des Verzugs des Gläubigers Zinsen nicht zu entrichten.

1 § 301 ist sowohl auf vertragliche als auch auf gesetzliche Geldschulden anwendbar und bewirkt nicht nur eine Stundung, sondern eine **echte Befreiung des Schuldners von der Zinspflicht**. Die Vorschrift setzt einen Anspruch des Gläubigers auf Verzinsung voraus. Sie gibt dem Gläubiger keinen Anspruch auf Zahlung von Zinsen über den Zeitpunkt der Fälligkeit der Geldschuld hinaus bis zum Eintritt des Verzuges bzw bis zum Erlöschen der Schuld (BGHZ 104, 341; 115, 269; str). Der Schuldner muss zwar während des Annahmeverzuges keine Zinsen entrichten, tatsächlich gezogene Nutzungen hat er jedoch nach § 302 herauszugeben.

§ 302 Nutzungen

Hat der Schuldner die Nutzungen eines Gegenstands herauszugeben oder zu ersetzen, so beschränkt sich seine Verpflichtung während des Verzugs des Gläubigers auf die Nutzungen, welche er zieht.

1 § 302 enthält eine Beschränkung der Herausgabepflicht auf die tatsächlich gezogenen Nutzungen. Aus dem zugrunde liegenden Schuldverhältnis ergibt sich, ob die von § 302 vorausgesetzte Verpflichtung des Schuldners zur Herausgabe oder zum Ersatz gezogener Nutzungen besteht. Im Regelfall weitergehende gesetzliche Regelungen über die Herausgabe oder den Ersatz von Nutzungen enthalten zB §§ 292 II, 347 I, 987 II.

§ 303 Recht zur Besitzaufgabe

¹Ist der Schuldner zur Herausgabe eines Grundstücks oder eines eingetragenen Schiffs oder Schiffsbauwerks verpflichtet, so kann er nach dem Eintritt des Verzugs des Gläubigers den Besitz aufgeben. ²Das Aufgeben muss dem Gläubiger vorher angedroht werden, es sei denn, dass die Androhung untunlich ist.

1 § 303 gibt für den Fall, dass die Möglichkeit der schuldbefreienden Hinterlegung (§§ 372 ff und § 373 I HGB) ausgeschlossen ist, ein **Recht zur Besitzaufgabe**. Wegen § 383 IV bezieht sich die Vorschrift nicht nur auf Grundstücke, sondern auch auf eingetragene Schiffe oder Schiffsbauwerke. Der zur Herausgabe einer derartigen Sache verpflichtete Schuldner ist nach vorheriger Androhung zur Besitzaufgabe (§ 856), nicht jedoch zur Eigentumsaufgabe (§ 928) berechtigt. Eine Verpflichtung zur Übereignung bleibt ggf bestehen.

§ 304 Ersatz von Mehraufwendungen

Der Schuldner kann im Falle des Verzugs des Gläubigers Ersatz der Mehraufwendungen verlangen, die er für das erfolglose Angebot sowie für die Aufbewahrung und Erhaltung des geschuldeten Gegenstands machen musste.

schöpfende Liste der Klauseln, die für missbräuchlich erklärt werden können. Aus der Vorgeschichte der RL und der Rspr des EuGH (NJW 00, 2571 – „Océano") ergibt sich aber, dass die Mitgliedstaaten grds auch an den Anhang gebunden sind und eine Klausel, die gegen den Anhang verstößt, idR unwirksam ist. Da die Vorgaben des Anhangs sich nur teilweise in §§ 308, 309 wiederfinden, müssen sie auch in die Anwendung von § 307 I, II einfließen (grdlg zur Klausel-RL die Kommentierung von Wolf, in: Wolf/Lindacher/Pfeiffer, 6. Aufl 2013). Dies gilt umso mehr, als nach der Rspr des EuGH (EuZW 02, 465 – „Kommission/Schweden") die EU-Mitgliedstaaten die Klausel-RL so umsetzen müssen, dass die Allgemeinheit mit hinreichender Sicherheit von dieser Liste Kenntnis erlangen kann. Diese Anforderung erfüllen die §§ 305 ff nicht, so dass die deutsche Umsetzung insoweit richtlinienwidrig ist und geändert werden muss.

III. Das AGB-Recht regelt **drei unterschiedliche Formen der Kontrolle**, die sich mit den Schlagworten **Einbeziehungskontrolle** (§§ 305, 305 a, wohl auch § 305 c I), **Inhaltskontrolle** (§§ 307 I 1, II, 308, 309) und **Transparenzkontrolle** (§ 307 I 2, III 2) kennzeichnen lassen. Die Abgrenzung ist freilich nicht immer ganz trennscharf und teilweise str. Die Grundregel für die **Rechtsfolge** eines Verstoßes gegen die Einbeziehungsregeln oder die Maßstäbe der Inhalts- und Transparenzkontrolle ergibt sich aus § 306. Der Vertrag soll grds ohne die unwirksamen Bestandteile wirksam bleiben; an die Stelle der unwirksamen Klauseln tritt das dispositive Gesetzesrecht. Auf diese Weise stellen die §§ 305 ff den Zustand her, der ohne die unzulässige Klausel bestehen würde. Weitere Rechtsfolge eines Verstoßes gegen das AGB-Recht sind **Unterlassungsansprüche**, die zB Verbraucherschutzverbände nach dem UKlaG gegen den Verwender der unwirksamen AGB geltend machen können. Ob insb auch Wettbewerber Unterlassungsansprüche nach §§ 3, 4 Nr. 11, 8 UWG gegen den Verwender unwirksamer AGB geltend machen können, hängt davon ab, ob die Vorschriften der §§ 307 ff. als gesetzliche Regelung anzusehen sind, die dazu bestimmt ist, das Marktverhalten zu regeln (sog **Marktverhaltensregeln**). Diese Frage ist str und hängt auch vom Einzelfall ab.

Insb die **Inhaltskontrolle** beschränkt die Freiheit zur inhaltlichen Ausgestaltung von Verträgen. Diese generelle Freiheit wird aber auch durch zwingendes Recht beschränkt. Der Unterschied ist, dass zwingendes Recht für jede Art von Vereinbarung gilt, unabhängig davon, ob es sich um eine Individualvereinbarung oder um AGB handelt. Ein Verstoß gegen zwingendes Recht ist deshalb grds vorrangig zu prüfen. Erst wenn feststeht, dass eine Vertragsbestimmung nicht gegen zwingendes Recht verstößt, ist eine AGB-rechtliche Inhaltskontrolle sinnvoll. Die AGB-rechtliche Inhaltskontrolle hat also **nur Bedeutung für das dispositive Recht**. Freilich können Unterlassungsansprüche bei der Verwendung von AGB, die gegen das zwingende Recht verstoßen, nach dem UKlaG auch auf die Verletzung zwingenden Rechts gestützt werden.

Da insb im Bereich des **Verbrauchsgüterkaufs** mit den §§ 474 ff in weitem Umfang zwingendes Recht gilt, ist die Bedeutung des AGB-Rechts in diesem Gebiet gering. Dies gilt zunächst für Kauf- und Werkverträge über eine bewegliche Sache zwischen Unternehmern und Verbrauchern. Wegen der – auch auf die Verbrauchsgüterkauf-RL zurückgehenden – Rückgriffsvorschriften in §§ 478 f sind in der Lieferantenkette wesentliche Vorschriften des Kaufrechts auch für Verträge unter Unternehmern nicht oder nur sehr eingeschränkt abdingbar (§ 478 IV). Kleine Gestaltungsspielräume bestehen beim Ausschluss von Schadensersatz, da die Verbrauchsgüterkauf-RL diese Frage nicht regelt (vgl § 475 III). Für die Verkürzung der Verjährung (vgl. § 212, für AGB aber auch § 309 Nr 8 b lit ff, s dort Rn 36 ff) setzen §§ 475 II, 479 iVm 478 IV Grenzen.

§ 305 Einbeziehung Allgemeiner Geschäftsbedingungen in den Vertrag

(1) ¹Allgemeine Geschäftsbedingungen sind alle für eine Vielzahl von Verträgen vorformulierten Vertragsbedingungen, die eine Vertragspartei (Verwender) der anderen Vertragspartei bei Abschluss eines Vertrags stellt. ²Gleichgültig ist, ob die Bestimmungen einen äußerlich gesonderten Bestandteil des Vertrags bilden oder in die Vertragsurkunde selbst aufgenommen werden, welchen Umfang sie haben, in welcher Schriftart sie verfasst sind und welche Form der Vertrag hat. ³Allgemeine Geschäftsbedingungen lie-

gen nicht vor, soweit die Vertragsbedingungen zwischen den Vertragsparteien im Einzelnen ausgehandelt sind.
(2) Allgemeine Geschäftsbedingungen werden nur dann Bestandteil eines Vertrags, wenn der Verwender bei Vertragsschluss
1. die andere Vertragspartei ausdrücklich oder, wenn ein ausdrücklicher Hinweis wegen der Art des Vertragsschlusses nur unter unverhältnismäßigen Schwierigkeiten möglich ist, durch deutlich sichtbaren Aushang am Orte des Vertragsschlusses auf sie hinweist und
2. der anderen Vertragspartei die Möglichkeit verschafft, in zumutbarer Weise, die auch eine für den Verwender erkennbare körperliche Behinderung der anderen Vertragspartei angemessen berücksichtigt, von ihrem Inhalt Kenntnis zu nehmen, und wenn die andere Vertragspartei mit ihrer Geltung einverstanden ist.
(3) Die Vertragsparteien können für eine bestimmte Art von Rechtsgeschäften die Geltung bestimmter Allgemeiner Geschäftsbedingungen unter Beachtung der in Absatz 2 bezeichneten Erfordernisse im Voraus vereinbaren.

1 **I. Übbl.** Der in Abs 1 definierte Begriff **Allgemeine Geschäftsbedingungen** umreißt den sachlichen Anwendungsbereich; jedoch enthält § 310 eine Reihe bedeutsamer Erweiterungen, Einschränkungen und Modifikationen. Ebenso werden die in Abs 2 aufgestellten Grundregeln für die Einbeziehung von AGB in den Vertrag in §§ 305 a, 305 c I modifiziert.

2 **II. Begriff. 1.** AGB sind **Vertragsbedingungen**; sie müssen also den Zweck haben, den Vertrag inhaltlich auszugestalten. Bloße Hinweise ohne eigenständigen Regelungsgehalt (zB „Änderungen und Irrtümer vorbehalten") sind daher nicht als AGB anzusehen (BGH NJW 09, 1337). Für das Vorliegen von AGB kommt es nicht darauf an, dass die Klausel wirklich Vertragsinhalt wird (BGHZ 99, 381). Auch Klauseln, die lediglich darauf abzielen, Vertragsbestandteil zu werden, können AGB sein. **Art und Inhalt des Vertrages** sind, abgesehen von den Ausn in § 310 IV, gleichgültig. Die AGB-Kontrolle erfasst sowohl schuld- als auch sachenrechtliche Verträge. AGB können nicht nur Bestimmungen über **Nebenpflichten**, sondern auch über **Hauptleistungspflichten** sein. Klauseln über Hauptleistungspflichten unterliegen idR jedoch nicht der Inhaltskontrolle (§ 307 III, genauer dort Rn 22), wohl aber der Einbeziehungs- und Transparenzkontrolle. Auch **Tatsachenbestätigungen** können, soweit sie Teil des Vertrages werden sollen und eine Regelung, zB über die Beweislast, enthalten, AGB sein. Über den Wortlaut von Abs 1 hinaus fallen wegen des übereinstimmenden Schutzzwecks auch Bedingungen für einseitige Rechtsgeschäfte unter §§ 305 ff. Dies gilt freilich nur für einseitige Rechtsgeschäfte des Kunden, die vom Verwender vorformuliert sind, nicht für einseitige Rechtsgeschäfte des Verwenders (anders möglicherweise bei Verbraucherverträgen, § 310 III; Palandt/Grüneberg, § 310 Rn 11). Auch Klauseln, die Regelungen über das Zustandekommen des Vertrages enthalten, können AGB sein, zB eine Bestätigung, die AGB empfangen zu haben oder ihrer Geltung zuzustimmen (OLG Düsseldorf, NJW 05, 1515; BGHZ 104, 99; aA BGH NJW 82, 1388; arg ex § 309 Nr 12). Allein unternehmensinterne Anweisungen, auch wenn sie sich auf die Durchführung des Vertrages tatsächlich auswirken, sind keine AGB, können aber als Umgehung nach § 306 a BGB angesehen werden (BGH NJW 05, 1645).

3 **2. Vorformuliert** sind Klauseln, wenn sie vor Vertragsschluss schon inhaltlich feststanden; idR durch textliche Fixierung, es reicht aber auch mündliche Formulierung wie zB ein auswendig gelernter Text (BGH NJW 01, 2636). Bei Formularen mit ausfüllungsbedürftigen Leerräumen sind die Einfügungen vorformuliert, wenn der Verwender sie von vornherein in einem bestimmten Sinne ausfüllen wollte oder entspr auf den Kunden einwirkt (Palandt/Grüneberg, § 305 Rn 8).

4 **3.** Für eine **Vielzahl** von Verträgen formuliert sind Vertragsbedingungen, wenn sie für mind 3 Verwendungen vorgesehen sind (BGH NJW 02, 138). Der Verwender muss im Zeitpunkt des Vertragsschlusses die Absicht der Mehrfachverwendung haben (BGH ZIP 01, 1921). Es reicht aus, dass die Absicht besteht, das Klauselwerk mehrfach ggü demselben Vertragspartner zu verwenden (BGH NJW 04, 1454). Wenn die Mehrfach-

die AGB werden grds einbezogen (bei Irrtum kommt jedoch eine Anfechtung in Betracht). Im **unternehmerischen Verkehr** (§ 310 I) gelten die Förmlichkeiten von Abs 2 (und Abs 3) nicht, freilich ist auch in diesen Fällen eine Einbeziehungsvereinbarung erforderlich (dazu Rn 19).

2. Der **Hinweis** nach Nr 1 muss **ausdrücklich** erfolgen, gleichgültig ob schriftlich, 12 (fern-)mündlich oder elektronisch. Er muss eindeutig erkennen lassen, dass die (genau bezeichneten) AGB Vertragsbestandteil werden sollen. Nicht ausreichend ist der bloße Abdruck der AGB auf der Rückseite eines Vertragsformulars oder in einem Katalog (aA OLG München NJW-RR 99, 1358, 1361). Insb in einem vom Verwender vorformulierten Antragsformular, das die andere Vertragspartei unterschreibt, muss der Hinweis so platziert und gestaltet sein, dass er von einem Durchschnittskunden auch bei flüchtiger Betrachtung nicht übersehen werden kann (BGH NJW-RR 87, 112, 114). Wenn die andere Vertragspartei das Angebot (ohne AGB) abgibt, die Annahme aber mit Hinweis auf AGB erfolgt, können sie durch konkludentes Verhalten einbezogen werden.

3. „**Bei Vertragsschluss**" ist der Hinweis gegeben, wenn er in Zusammenhang mit den 13 zum Vertragsschluss führenden Willenserklärungen erfolgt. Ein Hinweis bei einem früheren Geschäft genügt nicht; erst recht nicht, dass AGB branchenüblich sind. Ist der Hinweis erst auf einer Eintritts-, Fahrkarte etc angebracht, die nach Vertragsschluss ausgehändigt worden ist, sind die AGB nicht einbezogen (str). Ein Hinweis nach Vertragsschluss (zB in einer Rechnung) kann aber zu einer nachträglichen Einbeziehungsvereinbarung führen, wenn die andere Vertragspartei – auch konkludent – zustimmt.

4. Ein **Aushang** kann den an sich notwendigen ausdrücklichen Hinweis ausnahmsweise 14 ersetzen, wenn ein Hinweis nur unter unverhältnismäßigen Schwierigkeiten möglich ist. Das ist insb der Fall bei massenhaft geschlossenen Verträgen, meist über relativ geringwertige Gegenstände; Beispiele: Supermarkt, Kaufhaus, Warenautomat, Schließfach, Reinigung, Theater, Kino, Kfz-Waschanlage; wohl auch öffentliche Versteigerung (BGH NJW 85, 850). Der Aushang muss **am Ort des Vertragsschlusses** angebracht sein, und zwar deutlich sichtbar (ins Auge springend), also zB nicht hinter der Ladentür oder irgendwo an der Wand im Ladenlokal, sondern nur im unmittelbaren Kassenbereich und in auffälliger Weise.

5. Nach Abs 2 Nr 2 muss der AGB-Verwender der anderen Vertragspartei in zumutba- 15 rer Weise die **Möglichkeit zur Kenntnisnahme** verschaffen, zB durch Zusenden, Übergabe eines Exemplars, Möglichkeit zum Download, Aushang, Hinweis auf (im Laden vorhandenes) Einsichtsexemplar, am Telefon nur ganz ausnahmsweise, bei sehr kurzen AGB, auch durch Vorlesen. Unter Abwesenden genügt nicht der Hinweis, die AGB könnten im Geschäftslokal eingesehen werden, oder das Angebot, die AGB kostenlos zu übersenden (BGH NJW-RR 99, 1246). Nicht ausreichend ist auch zB ein bloßer Hinweis auf die VOB/B, wenn die andere Vertragspartei nicht erfahren in Bauangelegenheiten ist und deshalb nicht weiß, wo man sich die VOB beschaffen kann (BGH NJW 94, 2547). Für die Möglichkeit der Kenntnisverschaffung kann es jedoch genügen, wenn bei einer Bestellung über das Internet die AGB über einen auf der Bestellseite gut sichtbaren Link aufgerufen und ausgedruckt werden können (BGH NJW 06, 2976). Einem Reisenden, der in einem Reisebüro eine Reise bucht, wird jedoch nur dann die Möglichkeit verschafft, in zumutbarer Weise von den Allgemeinen Reisebedingungen Kenntnis zu nehmen, die der Reiseveranstaltet dem Reisevertrag zugrunde legen will, wenn der Reiseveranstalter die Reisebedingungen dem Reisenden vor Vertragsschluss vollständig übermittelt (BGH, ZGS 09, 151). Die andere Vertragspartei kann ausnahmsweise auf Nr 2 verzichten, um den sofortigen Vertragsschluss herbeizuführen. Jedoch ist nach Art 3 III iVm Anh **Nr 1 i Klausel-RL** eine Klausel idR missbräuchlich, in der die Zustimmung des Verbrauchers zu Klauseln unwiderlegbar festgestellt wird, von denen er vor Vertragsabschluss nicht tatsächlich Kenntnis nehmen konnte. Sonderregelungen für die Information über AGB und sonstige Vertragsbedingungen gelten zB beim E-Commerce (§ 312 i Nr 4), bei außerhalb von Geschäftsräumen geschlossenen Verträgen und Fernabsatzverträgen § 312 d iVm Art 246 a § 1 EGBGB, bei Teilzeit-Wohnrechten (§ 482 iVm Art 242 § 1 EGBGB), bei Reiseverträ-

gen (§ 651 a III iVm § 6 InfoVO), bei Zahlungsdiensten Art 248 §§ 6 ff EGBGB), bei Verbraucherdarlehen (§ 492 II iVm Art 247 §§ 6 ff EGBGB). Ein Verstoß gegen diese Vorschriften führt aber nicht zur Nicht-Einbeziehung der AGB.

16 6. Die **Zumutbarkeit** der Kenntnisnahme setzt zunächst voraus, dass die AGB nicht nur äußerlich zugänglich, sondern für den Durchschnittskunden auch ohne Schwierigkeiten lesbar sind (also zB kein „Kleingedrucktes"). Darüber hinaus bringt das Erfordernis einer zumutbaren Möglichkeit zur Kenntnisnahme nach verbreiteter Auffassung ein **Transparenzgebot** zum Ausdruck (Jauernig/Stadler, § 305 Rn 14; Palandt/Grüneberg, § 305 Rn 39). Die AGB müssen danach auch inhaltlich verständlich sein. Unverständliche AGB sollen nicht einbezogen werden. Maßstab für die Verständlichkeit soll der Durchschnittskunde für die jeweilige Art von Geschäften sein. Fraglich ist aber das Verhältnis dieses Transparenzgebots bei der Einbeziehung mit dem nun ausdrücklich geregelten Transparenzgebot bei der Kontrolle (einbezogener) AGB nach § 307 I 2, III 2. Folgende Fälle lassen sich unterscheiden: Für den unternehmerischen Verkehr (§ 310 I) gilt § 305 II nicht, so dass die Vertragstransparenz allein an § 307 zu messen ist (str). Bei Klauseln mit Leistungsbeschreibungen und Preisvereinbarungen scheidet die Anwendung von § 305 II Nr 2 grds aus, weil derartige Klauseln idR notwendige Vertragsbestandteile (essentialia negotii) enthalten und deshalb die Nichteinbeziehung automatisch zur Unwirksamkeit des ganzen Vertrages führen würde. Allenfalls könnten also Klauseln, die Nebenabreden (accidentalia) enthalten, nach Abs 2 Nr 2 auf Transparenz kontrolliert werden. Eine eigenständige Funktion einer derartigen zweistufigen Transparenzkontrolle (erst nach § 305 II Nr 2, dann – sofern die Klausel einbezogen ist – nach § 307) ist aber nicht zu erkennen. Die Kriterien der ersten Stufe (§ 305 II Nr 2) sind kaum sinnvoll von den Transparenzanforderungen des § 307 zu unterscheiden (zB soll sich die Transparenz des gesamten Klauselwerkes nach § 305 II Nr 2 bestimmen, die fehlende Verständlichkeit einzelner Klauseln falle unter § 307 I 2, Gottschalk AcP 06, 570). Ohnehin passt die nach § 305 II Nr 2 bei Intransparenz eintretende Rechtsfolge, Nichteinbeziehung der Klausel, nicht bei Klauseln, die günstig für die andere Vertragspartei sind. Mit der ausdrücklichen Regelung des Transparenzgebots in § 307 ist deshalb eine zusätzliche Transparenzkontrolle auf Verständlichkeit bei der Einbeziehung nach § 305 II Nr 2 entbehrlich geworden und sollte unterbleiben (str, aA zB MüKo/Basedow § 305 Rn 73). Damit wird auch der Widerspruch vermieden, dass bei Unterlassungsbegehren nach dem UKlaG alle Transparenzverstöße (auch die, die nach hM im Individualprozess unter § 305 II Nr 2 fallen würden) nur anhand von § 307 geprüft werden. Auch schwer verständliche Klauseln werden, sofern durch Auslegung ein Inhalt zu ermitteln ist, demnach zunächst nach § 305 II Nr 2 einbezogen. Wenn nicht gleichzeitig ein Fall des § 305 c I (Überraschung) vorliegt, findet die Transparenzkontrolle nur nach § 307 statt.

17 7. § 305 II Nr 2 verpflichtet weiter dazu, auf eine erkennbare **körperliche Behinderung** der anderen Vertragspartei angemessen Rücksicht zu nehmen. Gedacht ist insb an Menschen mit Sehbehinderung, denen die AGB in elektronischer oder akustischer Form oder in Braille-Schrift übergeben werden sollen (BT-Drucks 14/6040, 150). Die Wirkung und der Sinn dieser gut gemeinten Regelung sind fraglich, da sie im Extremfall dazu führen könnte, dass vorsorglich keine Geschäfte mit Blinden abgeschlossen werden. Daher ist die Bestimmung eng auszulegen. Nicht mehr angemessen wäre es zB, dem Verwender vorzuschreiben, Exemplare seiner AGB in Braille-Schrift vorrätig zu halten. Zweifelhaft ist auch, ob etwa eine Lupe vorgehalten und zur Verfügung gestellt werden muss (so wohl Jauernig/Stadler, § 305 Rn 14). Angemessen und damit notwendig für die Einbeziehung ist aber bei erkennbar Sehbehinderten zB ein deutlicher mündlicher Hinweis auf die AGB und das Angebot, die AGB vorzulesen (bzw die Möglichkeit, die AGB von einer Vertrauensperson oder einem Gerät vorlesen zu lassen).

18 8. Das nach Abs 2 aE erforderliche **Einverständnis** der anderen Vertragspartei mit der Einbeziehung der AGB kann ausdrücklich oder, soweit keine Formvorschriften bestehen, konkludent erklärt werden. Umstritten ist, ob eine formularmäßige Einverständniserklärung der Inhaltskontrolle unterliegt (dag BGH NJW 82, 1389: nur abschlussre-

gelnde, daher kontrollfreie Klausel). Ist der Vertrag zunächst ohne AGB geschlossen worden, können die AGB auch noch nachträglich einbezogen werden. Im nichtunternehmerischen Verkehr ist das bloße Schweigen auf nach Vertragsschluss zugesandte AGB (zB auf dem Lieferschein) in aller Regel kein konkludentes Einverständnis (vgl BGH NJW 88, 2106, 2108). Die Einbeziehung kann nach Abs 3 auch in einer **Rahmenvereinbarung** vorweggenommen werden; die Anforderungen von Abs 2 müssen aber gewahrt sein. Die Rahmenvereinbarung muss sich auf eine bestimmte Art von Geschäften und auf bestimmte AGB (also nicht die jeweils gültigen) beziehen. **Fehlt es am Einverständnis**, so kommt kein Vertrag zustande; bei verdecktem Dissens (§ 155) ist er möglicherweise ohne AGB wirksam geschlossen; zu widersprechenden AGB beider Vertragsparteien Rn 20.

V. Einbeziehung unter Unternehmern. Nach § 310 I gelten § 305 II und III nicht ggü einem Unternehmer, einer juristischen Person des öffentlichen Rechts oder einem öffentlich-rechtlichen Sondervermögen. Trotzdem ist eine **Einbeziehungsvereinbarung** erforderlich, für die freilich **geringere Anforderungen** als nach Abs 2 und Abs 3 gelten. Abw von Abs 2 Nr 1 können die AGB auch durch **schlüssiges Verhalten** einbezogen werden (zB bei ständiger Geschäftsbeziehung durch wiederholte Hinweise in Rechnungen, BGH NJW-RR 91, 571). AGB, die erstmals in einer Auftragsbestätigung erwähnt werden, können durch **widerspruchslose Entgegennahme der Leistung** einbezogen werden (BGH NJW 95, 1672); ebenso durch Schweigen auf ein **Bestätigungsschreiben**, das AGB erwähnt (BGH NJW 78, 2244). Abwehrklauseln der anderen Vertragspartei können aber die stillschweigende Einbeziehung verhindern (BGH NJW-RR 01, 484). Der Verwender muss der anderen Vertragspartei nicht eigens die Möglichkeit zur Kenntnisnahme eigens verschaffen; vielmehr muss die Kenntnisnahme lediglich in zumutbarer Weise möglich sein; anders aber bei Verträgen, die dem UN-Kaufrecht unterliegen (dazu Piltz IHR 04, 133 ff; Janssen IHR 04, 194 ff); AGB werden hier nur einbezogen, wenn der Verwender den Text an die andere Vertragspartei übersendet oder anderweitig zugänglich macht (BGH NJW 02, 370). Die andere Vertragspartei hat nach dem Abschluss des Vertrages, in den die AGB einbezogen worden sind, gegen den Verwender einen Anspruch auf Überlassung der AGB (OLG Hamm DB 83, 2619: bei Nichterfüllung Verwirkung des Rechts, sich auf die AGB zu berufen). Rahmenvereinbarungen können – abw von Abs 3 – auch die jeweils gültigen AGB einbeziehen. 19

Bei **widersprechenden AGB beider Teile** gelten, insb wenn beide Seiten Abwehrklauseln verwenden, grds nur die übereinstimmenden Teile (anders die früher hM: „Theorie des letzten Wortes"). Führen die Parteien den Vertrag durch, so lassen sie erkennen, dass er trotz der widersprechenden AGB wirksam sein soll; nach dem Rechtsgedanken von § 306 tritt an die Stelle der widersprechenden AGB das dispositive Gesetzesrecht. Die AGB einer Vertragspartei gelten nur, wenn die andere Vertragspartei eindeutig ihr Einverständnis erklärt; Schweigen oder die Entgegennahme der Leistung genügen nicht. 20

VI. Beweislast. Die Voraussetzungen von Abs 1 S 1 und S 2 muss derjenige darlegen und beweisen, der sich auf die Anwendbarkeit der §§ 305 ff berufen will, also die andere Vertragspartei. Für das Vorliegen einer Individualvereinbarung (Abs 1 S 3) trägt aber der Verwender die Beweislast; ebenso für die Einbeziehungsvoraussetzungen (Abs 2 und Abs 3). 21

§ 305 a Einbeziehung in besonderen Fällen

Auch ohne Einhaltung der in § 305 Abs. 2 Nr. 1 und 2 bezeichneten Erfordernisse werden einbezogen, wenn die andere Vertragpartei mit ihrer Geltung einverstanden ist,

1. die mit Genehmigung der zuständigen Verkehrsbehörde oder auf Grund von internationalen Übereinkommen erlassenen Tarife und Ausführungsbestimmungen der Eisenbahnen und die nach Maßgabe des Personenbeförderungsgesetzes genehmigten Beförderungsbedingungen der Straßenbahnen, Obusse und Kraftfahrzeuge im Linienverkehr in den Beförderungsvertrag,

§ 305 a

2. die im Amtsblatt der Bundesnetzagentur für Elektrizität, Gas, Telekommunikation, Post und Eisenbahnen veröffentlichten und in den Geschäftsstellen des Verwenders bereitgehaltenen Allgemeinen Geschäftsbedingungen
   a) in Beförderungsverträge, die außerhalb von Geschäftsräumen durch den Einwurf von Postsendungen in Briefkästen abgeschlossen werden,
   b) in Verträge über Telekommunikations-, Informations- und andere Dienstleistungen, die unmittelbar durch Einsatz von Fernkommunikationsmitteln und während der Erbringung einer Telekommunikationsdienstleistung in einem Mal erbracht werden, wenn die Allgemeinen Geschäftsbedingungen der anderen Vertragspartei nur unter unverhältnismäßigen Schwierigkeiten vor dem Vertragsschluss zugänglich gemacht werden können.

1 **I. Allgemeines.** Die Vorschrift enthält zugunsten bestimmter **Branchen** gewährte **Erleichterungen bei der Einbeziehung** von AGB. Der Wortlaut von § 305 a stellt klar, dass auch bei einer Privilegierung nach Nr 1 oder Nr 2 eine **Einbeziehungsvereinbarung** erforderlich ist ("werden einbezogen, wenn die andere Vertragspartei mit ihrer Geltung einverstanden ist"). Die Einbeziehung von AGB ist jedoch abw von § 305 II auch dann möglich, wenn die andere Vertragspartei nicht auf die AGB hingewiesen und ihr auch keine zumutbare Möglichkeit der Kenntnisnahme verschafft wird. Die notwendige Willenserklärung der anderen Vertragspartei erfolgt in aller Regel durch schlüssiges Verhalten, zB durch Einwurf eines Briefes in den Post-Briefkasten oder durch Anwählen einer Telefonnummer. Die **konkludente Einbeziehung der AGB** ergibt sich daraus, dass jedermann die Existenz und die allg Verwendung von AGB bekannt sein muss. Ein Widerspruch gegen die Einbeziehung von AGB geht entweder nicht zu oder ist nach § 157 unbeachtlich, wenn das Erklärungsverhalten insgesamt einen Willen zum Vertragsschluss erkennen lässt (zB beim Einsteigen in einen Zug). Die Parteien können aber abweichende AGB vereinbaren oder Individualabreden treffen.

2 **II. Nr 1** regelt Privilegierungen für die genehmigten oder auf Grund von internationalen Übereinkommen erlassenen Tarife und Ausführungsbestimmungen der **Eisenbahnen, Straßenbahnen, Obusse und Kraftfahrzeuge im Linienverkehr.** Die Ausn betrifft nur die Einbeziehung **rechtsgeschäftlicher Beförderungsbedingungen** (also AGB). Soweit noch Vertragsbedingungen durch Rechtsnormen bestimmt werden, gelten diese unmittelbar; einer Einbeziehung bedarf es hier nicht (zB EisenbahnverkehrsO, VO über die allg Beförderungsbedingungen für den Straßenbahn- und O-Busverkehr sowie den Linienverkehr mit Kfz v 27.2.70).

3 **Nr 2** regelt Ausn von den Einbeziehungsvoraussetzungen für Anbieter von **Telekommunikations- und Postdienstleistungen.** Voraussetzung für die erleichterte Einbeziehung der AGB ist die Veröffentlichung im Amtsblatt der Regulierungsbehörde für Telekommunikation und Post. Außerdem ist der Verwender verpflichtet, die AGB in seinen Geschäftsstellen bereit zu halten.

4 **Nr 2 a** privilegiert nur Beförderungsverträge, die außerhalb von Geschäftsräumen durch den Einwurf von Postsendungen in **Briefkästen** abgeschlossen werden. Diese Ausn von § 305 II kommt jedem Anbieter und nicht mehr, wie früher, nur der Deutschen Post AG zugute. Der Grund für die Privilegierung soll darin liegen, dass ein Bekleben der Briefkästen mit den AGB praktisch nicht durchführbar sei (BT-Drucks 14/6040, 152 f).

5 **Nr 2 b** zielt auf sog Mehrwertdienste (zB 0900-Verbindungen) oder Informationsdienste (zB Telefonauskunft) sowie auf Vertragsschlüsse im Call-by-call-Verfahren, zB bei Benutzung einer zu einem Billiganbieter führenden Telefonvorwahl (vgl. § 40 I TelekommunikationsG, Art. 19 Universaldienste-RL) ab. Der Grund für die Privilegierung liegt darin, dass derartige Leistungen üblicherweise nach der Dauer der Telekommunikationsdienstleistung abgerechnet werden. Die andere Vertragspartei hat deshalb in aller Regel gerade kein Interesse daran, dass ihr, während die Uhr läuft, zB die AGB vorgelesen werden. Entscheidende Voraussetzung für die Privilegierung ist, dass die Dienstleistung "unmittelbar durch Einsatz von Fernkommunikationsmitteln und während der Erbringun g einer Telekommunikationsdienstleistung in einem Mal erbracht"

wird. Der Begriff Telekommunikationsdienstleistung lehnt sich an das TelekommunikationsG an. Telekommunikation ist nach § 3 Nr 22 TelekommunikationsG **der technische Vorgang des Aussendens, Übermittelns und Empfangens von Signalen mittels Telekommunikationsanlagen**. Telekommunikationsdienstleistungen sind das gewerbliche Angebot von Telekommunikation einschließlich des Angebots von Übertragungswegen für Dritte. Die Beispiele in der Gesetzesbegründung beziehen sich va auf Telefonverbindungen. Der Begriff **Fernkommunikationsmittel** ist in § 312 c II definiert. Die Dienstleistung muss vollständig **in einem Mal** erbracht werden. Ein Vertrag über eine Dienstleistung, die erst nach der Beendigung der Telefonverbindung erfüllt werden soll, fällt also nicht unter Nr 2 b. **Unverhältnismäßige Schwierigkeiten** für ein Zugänglichmachen der AGB vor Vertragsschluss sind dann anzunehmen, wenn der Wert der Dienstleistung verhältnismäßig gering ist (zB beim Telefonieren über einen Call-by-Call-Anbieter) oder wenn die Dienstleistung über das kostenträchtige Aufrechterhalten einer Telekommunikationsverbindung abgerechnet wird und die Information über die AGB letztlich auf Kosten der anderen Vertragspartei erfolgen müsste (zB bei 0900-Telefon-Verbindungen). Bei Dienstleistungen im Internet, die auf Endgeräte mit Bildschirm zielen, dürften unverhältnismäßige Schwierigkeiten kaum auftreten können.

§ 305 b Vorrang der Individualabrede
Individuelle Vertragsabreden haben Vorrang vor Allgemeinen Geschäftsbedingungen.

I. Die Vorschrift enthält eine **Auslegungsregel** für einen Sonderfall eines widersprüchlichen Vertrages, nämlich dass eine Individualabrede im Widerspruch zu einbezogenen AGB steht. Dies kann leicht vorkommen, da die Vertragsparteien, wenn sie Individualabreden treffen, aus guten Gründen den Aufwand scheuen, die ihre AGB daraufhin zu überprüfen oder überprüfen zu lassen, ob sie in Widerspruch zur Individualabrede stehen. Für die Anwendung von § 305 b ist also zunächst sowohl der Inhalt der AGB als auch der Inhalt der Individualabrede durch Auslegung zu ermitteln. Nur wenn sich dabei ein Widerspruch zwischen beiden Teil-Auslegungsergebnissen ergibt, ordnet § 305 b an, dass der Widerspruch im Wege einer Gesamtauslegung einseitig zugunsten der Individualabrede aufgelöst wird. Für die Auslegung von Individualabreden gelten die allg Regeln. Für die **Auslegung von AGB** hat die Rspr besondere Grundsätze entwickelt (teilweise kodifiziert in §§ 305 b und 305 c II). Weil AGB für eine Vielzahl von Vertragsbedingungen vorformuliert sind, kommt es nicht auf den Willen und die Interessen der Vertragsparteien eines einzelnen Vertrages an. AGB sind vielmehr so auszulegen, wie sie von verständigen, in aller Regel rechtsunkundigen Durchschnittsvertragspartnern für die in Aussicht genommenen Geschäfte verstanden werden (sog **objektive Auslegung**, BGH NJW 01, 2166). Dabei sind auch die Interessen der normalerweise am Vertrag beteiligten Kreise einzubeziehen (BGH NJW 92, 1615, 1618). 1

II. Der in § 305 b geregelte Vorrang von Individualabreden ist eine – an sich auch ohnehin geltende – Folge aus dem Verhältnis von allgemeinen und speziellen Vereinbarungen. Ein Widerspruch zwischen dem Inhalt einer individuellen Abrede und dem Inhalt der AGB ist dahin aufzulösen, dass das individuell Vereinbarte gilt und die AGB zurücktreten (funktionelles Rangverhältnis). Dieser im Grundsatz unbestrittene Vorrang ergibt sich aus der Funktion von AGB, Individualabreden nur auszufüllen und zu ergänzen. 2

Individuelle Vertragsabreden sind alle nicht iSv § 305 vorformulierten Vertragsbestandteile. Dabei können auch vorformulierte Klauseln „ausgehandelt" sein, wenn dem Kunden mehrere Varianten zur Auswahl angeboten werden (BGH WM 03, 445 f). Derartige Individualabreden können grds mündlich oder schriftlich, ausdrücklich oder stillschweigend, vor, bei oder nach Vertragsschluss getroffen werden (BGH NJW 06, 138). Erforderlich ist lediglich, dass die allg Wirksamkeitsvoraussetzungen für Rechtsgeschäfte vorliegen (BGH NJW 13, 856). Eine nachträgliche Änderung einer Klausel führt nur dann zur Kontrollfreiheit, wenn sie in einer Art und Weise ausgehandelt 3 wird, die einer vorherigen Individualvereinbarung gleichzustellen ist (BGH NJW 13, 1431).

4 AGB, die in **direktem Widerspruch** zum Inhalt einer Individualabrede stehen, sind unwirksam. Wenn aber der Inhalt der Individualabrede und der AGB an sich nebeneinander gelten können, kann dennoch wegen eines **indirekten Widerspruchs** die Individualabrede vorgehen. Beispiel: Sicherung eines Kredits durch Sicherungsübereignung eines höherwertigen Pkws und gleichzeitige formularmäßige Gehaltsabtretung. Hier ist durch Auslegung der Individualabrede zu bestimmen, ob der Kredit **nur durch die Sicherungsübereignung** gesichert werden sollte; dann geht die Individualabrede vor.

5 III. **Schriftformklauseln**, nach denen mündliche Vereinbarungen unwirksam sind, oder Bestätigungsvorbehaltsklauseln, nach denen Sondervereinbarungen der schriftlichen Bestätigung bedürfen, ändern nichts am Vorrang von (auch mündlich getroffenen) Individualabreden. Nach der Rspr des BGH (NJW 95, 1489) sind derartige Klauseln wirksam, wenn sie für mündliche Vereinbarungen gelten, die vor oder bei Vertragsschluss getroffen werden. Schriftformklauseln dürfen aber nicht dazu dienen, nach Vertragsschluss getroffene mündliche Individualvereinbarungen zu unterlaufen, indem sie zB den Eindruck vermitteln, mündliche Abreden seien generell unwirksam (BGH NJW 01, 292). Insb eine sog doppelte oder qualifizierte Schriftformklausel, die regelt, dass eine Abweichung von einer Schriftformklausel ebenfalls der Schriftform bedürfe, verstößt wegen Intransparenz gegen § 307, weil entgg § 305 b der Eindruck erweckt wird, eine nachträglich mündliche Abrede sei unwirksam (OLG Rostock NZM 09, 705).

5a Eine **Einschränkung der Vertretungsmacht** von Hilfspersonen dahin, dass mündliche Zusagen nicht gelten oder der schriftlichen Bestätigung bedürfen, ist in AGB grds möglich, muss aber deutlich hervorgehoben werden. Zudem kann trotz einer die Vertretungsmacht einschränkenden Schriftformklausel eine Duldungs- oder Anscheinsvollmacht (auch § 54 HGB) bestehen (BGH NJW 86, 1810). Im Anwendungsbereich der **Klausel-RL** ist außerdem deren Art 3 III iVm Anh Nr 1 n zu beachten. Danach können Klauseln für missbräuchlich erklärt werden, durch die die Verpflichtung des Gewerbetreibenden zur Einhaltung der von seinen Vertretern eingegangenen Verpflichtungen eingeschränkt oder diese Verpflichtung von der Einhaltung einer besonderen Formvorschrift abhängig gemacht wird.

6 IV. Die **Beweislast** für das Vorliegen einer vorrangigen Individualvereinbarung trägt die andere Vertragspartei.

§ 305 c Überraschende und mehrdeutige Klauseln

(1) Bestimmungen in Allgemeinen Geschäftsbedingungen, die nach den Umständen, insbesondere nach dem äußeren Erscheinungsbild des Vertrags, so ungewöhnlich sind, dass der Vertragspartner des Verwenders mit ihnen nicht zu rechnen braucht, werden nicht Vertragsbestandteil.

(2) Zweifel bei der Auslegung Allgemeiner Geschäftsbedingungen gehen zu Lasten des Verwenders.

1 I. **Nichteinbeziehung überraschender Klauseln. 1.** Hinter Abs 1 steht die Erfahrung, dass Vertragsparteien AGB häufig nicht aufmerksam zur Kenntnis nehmen. Klauseln, die aufgrund der Gesamtumstände völlig aus dem Bereich vernünftiger Erwartungen der anderen Vertragspartei herausfallen, sollen nicht in den Vertrag einbezogen werden. Die in Abs 1 geregelte negative Einbeziehungsvoraussetzung geht im Individualprozess der in §§ 307 ff vorgesehenen Inhalts- und Transparenzkontrolle vor, da überraschende Klauseln schon nicht Vertragsbestandteil werden. Die Kriterien für die Einbeziehungskontrolle nach § 305 c I weichen von § 307 ff ab. Überraschende Klauseln können zwar, müssen aber nicht zugleich unangemessen oder intransparent sein; umgekehrt sind unangemessene oder intransparente Klauseln nicht stets überraschend. Im Unterlassungsprozess ist Abs 1 freilich nicht anwendbar, § 1 UKlaG. Die Nichteinbeziehung überraschender Klauseln nach Abs 1 gilt auch im unternehmerischen Verkehr

(§ 310 I) und für Klauseln, die nach § 307 III der Inhaltskontrolle entzogen sind (BGH NJW 90, 577).

2. Ungewöhnlich ist eine Klausel, mit der die andere Vertragspartei vernünftigerweise nicht zu rechnen brauchte (BGH NJW 94, 1657). Es gilt ein objektiver Maßstab, jedoch sind die Gesamtumstände des Vertragsschlusses zu berücksichtigen (BAG NJW 00, 3300). Die Ungewöhnlichkeit der Klausel kann sich zB ergeben aus der Stellung der Klausel im Gesamtwerk der AGB („Verstecken" einer wichtigen Klausel, BGH NJW 92, 1235), insb wenn sie in einem systematischen Zusammenhang steht, in dem der Vertragspartner sie nicht zu erwarten braucht (BGH NJW 10, 3152), ferner aus dem Verlauf der Vertragsverhandlungen, aus einer erheblichen Abweichung vom dispositiven Recht oder aus einem krassen Widerspruch zum Vertragszweck. Hinzutreten muss ein **Überraschungseffekt** (BAG BB 06, 222). Maßgeblich sind dabei nicht die Erkenntnismöglichkeiten des konkreten Vertragspartners und insb nicht das Verständnis eines Juristen. Abzustellen ist vielmehr auf die Verständnismöglichkeiten des typischerweise bei derartigen Verträgen zu erwartenden Durchschnittskunden (BGH NJW 95, 2638). Bei notariell beurkundeten Verträgen kann sich die andere Vertragspartei idR nicht auf Überraschung berufen, da der Notar nach §§ 13, 17 BeurkG belehren muss (BGHZ 114, 340) und Verbrauchern den Text der Urkunde idR zwei Wochen vor der Beurkundung zukommen lassen muss (§ 17 IIa Nr 2 BeurkG). Eine Klausel kann auch dann überraschend sein, wenn ihr Inhalt zwar nicht objektiv ungewöhnlich ist, aber wesentlich von dem abweicht, was die Vertragsparteien bei den Verhandlungen als ihre Vorstellungen und Absichten zum Ausdruck gebracht haben. Umgekehrt kann ein ausdrücklicher und deutlicher Hinweis auf eine an sich ungewöhnliche Klausel den Überraschungseffekt aufheben (BGH NJW 97, 2677). Eine ungewöhnliche und überraschende Klausel kann nicht durch einengende Auslegung dahin korrigiert werden, dass nur der nicht ungewöhnliche Teil einbezogen werden soll (keine geltungserhaltende Reduktion durch Auslegung, anders iErg aber BGHZ 103, 80).

3. Beispiele für überraschende Klauseln: Vergütungspflicht für Kostenvoranschlag beim Werkvertrag (BGH NJW 82, 765); Entgeltklausel an unauffälliger Stelle, wenn die Leistung in einer Vielzahl von Fällen unentgeltlich angeboten wird (BGH NJW-RR 12, 1261); formularmäßige Erstreckung der Haftung aus einer Bürgschaft auf alle Forderungen des Hauptgläubigers, obwohl der Bürge bei der Unterzeichnung erklärt hat, er wolle nur für eine bestimmte, konkrete Verbindlichkeit einstehen (BGH NJW 94, 1657); Klausel eines Factoringnehmers, die den Geschäftsführer der Factoringgeberin (GmbH) iR eines selbständigen Garantievertrages bei bestrittenen Kaufpreisforderungen zur Zahlung auf erstes Anfordern verpflichtet (BGH NJW 02, 3627); formularmäßige Erstreckung der dinglichen Haftung bei Sicherungsgrundschulden auf alle bestehenden und künftigen Ansprüche, wenn die Grundschuldbestellung nur „aus Anlass" einer bestimmten Darlehensforderung erfolgt und kein Hinweis auf die Erstreckung gegeben wird („Anlassrechtsprechung", BGHZ 130, 27); Erstreckung der Haftung aus einer Grundschuld am eigenen Miteigentumsanteil auf alle bestehenden und zukünftigen Verbindlichkeiten des anderen Miteigentümers/Sicherungsgebers (BGH NJW 02, 2710; hingegen nicht überraschend zB die formularmäßige Erweiterung der Bürgenhaftung eines GmbH Geschäftsführers auf alle bestehenden und zukünftigen Verbindlichkeiten der GmbH, OLGR München 02, 205).

II. Auslegung mehrdeutiger Klauseln, Abs 2. Das Verhältnis der Vorschrift zur Inhalts- und va zur Transparenzkontrolle (§ 307 I, II) ist unklar. Eine mehrdeutige Klausel wird häufig auch intransparent sein (zur Rechtsfolge § 307 Rn 22). Die Anwendung von § 305 c II darf nicht dazu führen, dass einer nach §§ 307 ff an sich unwirksamen Klausel doch zur Geltung verholfen wird. Bei Verbraucherverträgen ist zur Auslegung von Abs 2 auch Art 5 S 2 Klausel-RL heranzuziehen, nach dem bei Zweifeln über die Bedeutung einer Klausel die **für den Verbraucher günstigste Auslegung** gilt.

Voraussetzung für Abs 2 ist zunächst ein Zweifel infolge auch durch Auslegung nicht behebbarer **Mehrdeutigkeit** der Klausel; sie muss (mind) zwei vertretbare Auslegungen zulassen. Haben die Parteien eine objektiv mehrdeutige Klausel übereinstimmend in einem bestimmten Sinn verstanden, so kommt § 305 c II aber nicht zur Anwendung

(BGH NJW 02, 2103). Umstritten ist der **Auslegungsmaßstab**; nach dem Zweck der Vorschrift ist auf den Horizont des Durchschnittskunden für derartige Verträge abzustellen (BAG BB 06, 386; ebenso wohl BGH NJW 97, 3435). Dass überdies die Auslegung nach §§ 133, 157 zu erfolgen hat und die Interessen beider Parteien zu berücksichtigen sind (BGH NJW-RR 06, 337), versteht sich von selbst. Abweichungen in AGB vom dispositiven Gesetzesrecht sind eng auszulegen, wenn sie den Kunden schlechterstellen (sog **Restriktionsgrundsatz**). Eine enge Auslegung nachteiliger Klauseln kann aber gerade dazu führen, dass die AGB der Inhaltskontrolle standhalten. Der Restriktionsgrundsatz ist also nur begrenzt tauglich und daher zurückhaltend anzuwenden.

5 Abs 2 kommt nur zur Anwendung, wenn beide Auslegungsmöglichkeiten wirksam sind. Bei der Inhalts- und Transparenzkontrolle nach §§ 307 ff ist also zunächst die kundenfeindlichere der beiden Möglichkeiten zu prüfen. Der **Vorrang der kundenfeindlichen Auslegung bei der Inhalts- und Transparenzkontrolle** gilt sowohl im Individualprozess (BGH, NJW 08, 2172) als auch im Unterlassungsprozess (BGHZ 133, 189 f). Ist die kundenfeindliche Auslegungsmöglichkeit nämlich unwirksam, führt dies zur Unwirksamkeit der gesamten Klausel und damit zum insgesamt kundenfreundlichsten Ergebnis. Nur wenn beide Auslegungsmöglichkeiten der Kontrolle nach §§ 307 ff standhalten, gilt Abs 2. Die **Wirkung** der Vorschrift ist zweischneidig. Ohne Abs 2 wäre ein Vertrag uU nach § 155 nicht zustande gekommen; Abs 2 führt jedenfalls dazu, dass die günstigere Auslegungsmöglichkeit Vertragsinhalt ist.

§ 306 Rechtsfolgen bei Nichteinbeziehung und Unwirksamkeit

(1) Sind Allgemeine Geschäftsbedingungen ganz oder teilweise nicht Vertragsbestandteil geworden oder unwirksam, so bleibt der Vertrag im Übrigen wirksam.
(2) Soweit die Bestimmungen nicht Vertragsbestandteil geworden oder unwirksam sind, richtet sich der Inhalt des Vertrags nach den gesetzlichen Vorschriften.
(3) Der Vertrag ist unwirksam, wenn das Festhalten an ihm auch unter Berücksichtigung der nach Absatz 2 vorgesehenen Änderung eine unzumutbare Härte für eine Vertragspartei darstellen würde.

1 **I.** Die Vorschrift enthält va eine Abweichung von § 139. Dessen Rechtsfolge (idR Gesamtnichtigkeit) passt bei nicht einbezogenen oder unwirksamen AGB jedenfalls dann nicht, wenn die geschützte Vertragspartei ein Interesse an der Aufrechterhaltung des Vertrages hat. Die bei Aufrechterhaltung des Vertrages nach Abs 1 möglicherweise entstehende Lücke wird nach Abs 2 durch das dispositive Gesetzesrecht geschlossen (zur Unwirksamkeit wesentlicher Vertragsbedingungen, § 307 Rn 22). Nur ganz ausnahmsweise soll nach Abs 3 der Vertrag insgesamt unwirksam sein. Entspr der Schutzrichtung des AGB-Rechts muss der Vertrag aber darüber hinaus auch dann insgesamt unwirksam sein, wenn der nach Abs 1 und Abs 2 verbleibende Restvertrag sich einseitig zu Lasten der geschützten Vertragspartei auswirkt.

2 Die Vorschrift betrifft sowohl die Nichteinbeziehung (zB nach § 305 II) als auch die Unwirksamkeit (zB nach §§ 307 ff). Aus der Formulierung „ganz oder teilweise" folgt außerdem, dass § 306 sowohl für einzelne Klauseln als auch bei Nichteinbeziehung oder Unwirksamkeit der gesamten AGB gilt.

3 **II. 1. Nicht einbezogen** sein können Klauseln va wegen § 305 II, III oder § 305 c. Freilich erfasst die Einbeziehungskontrolle nach diesen Bestimmungen auch **wesentliche Vertragsbestandteile** (essentialia negotii), soweit sie in AGB enthalten sind. In diesem Fall ist § 306 I grds nicht anwendbar (anders wohl OLG Karlsruhe Urt. v. 2.2.06 – 12 U 235/05). Der Vertrag ist dann nicht zustande gekommen. Ausnahmsweise kann nach dem Rechtsgedanken von § 306 I eine derartige Lücke durch Auslegung geschlossen werden, zB bei nicht einbezogener Entgeltvereinbarung durch Abstellen auf das übliche Entgelt. Das Hauptanwendungsfeld von Abs 1 liegt aber bei Klauseln, die nur nicht wesentliche Vertragsbestandteile (accidentalia negotii) enthalten.

2. Unwirksam können Klauseln nach §§ 307 ff, aber auch zB wegen §§ 134, 138 sein. 4
Der Vorschrift des § 306 liegt das sog **Verbot der geltungserhaltenden Reduktion**
(BGHZ 84, 114) zugrunde. Wenn eine Klausel wie zB ein Haftungsausschluss gegen
§§ 307 ff verstößt, ist sie grds insgesamt unwirksam. Eine unwirksame Klausel soll
nicht auf das noch zulässige Maß reduziert werden, sondern ganz aus dem Vertrag herausfallen. Denn der AGB-Verwender soll nicht gefahrlos benachteiligende Klauseln
verwenden dürfen oder sich bis an die Grenzen des Zulässigen herantasten können.
Dies wäre aber der Fall, wenn die Gerichte unwirksame Klauseln auf einen in ihnen
enthaltenen zulässigen Regelungsgehalt zurückführen würden. Deshalb ist eine Klausel
nicht nur insoweit unwirksam, als sie gegen das AGB-Recht verstößt, sondern im Ganzen unwirksam (Beispiele: BGH NJW 06, 1059, vgl auch EuGH NJW 13, 2579 – „Jahani" zur Herabsetzung einer Vertragsstrafe).

Die Rspr lässt von diesem Grundsatz aber in engen Grenzen **Ausn** zu. Wenn Klauseln 5
sich inhaltlich und sprachlich in selbständige Regelungsteile aufspalten lassen, so soll
die Aufrechterhaltung eines zulässigen Regelungsteils rechtlich unbedenklich sein
(BGH NJW 98, 2286. Eine derartige **geltungserhaltende Aufspaltung** ist iErg aber
kaum von einer geltungserhaltenden Reduktion zu unterscheiden. Eine Aufspaltung ist
nur bei eindeutig inhaltlich trennbaren Klauseln zulässig, die – wie im Beispiel von
BGH NJW 05, 2225 – einzeln aus sich heraus verständlich sind und von denen eine
ohne weiteres gestrichen werden kann, ohne dass darunter der Sinn der anderen leidet.
Weitere von der Rspr zugelassene Ausn vom Verbot der geltungserhaltenden Reduktion betreffen bestimmte Klauselwerke, die unter Mitwirkung von Verbänden zustande
gekommen sind (zB ADSp). Fraglich ist auch, ob das Verbot der geltungserhaltenden
Reduktion bei Arbeitsverträgen gilt, die seit 2002 grds unter die AGB-Vorschriften fallen (§ 310 IV, s dort Rn 14). In der älteren Rspr des BAG ist bei der Inhaltskontrolle
von Arbeitsverträgen in einigen Fällen die geltungserhaltende Reduktion zugelassen
worden (zB bei einem Nebentätigkeitsverbot BAG DB 77, 544). Für eine **Vertragsstrafenabrede** hat das BAG inzwischen entschieden, dass eine geltungserhaltende Reduktion nicht in Betracht kommt, aber offen gelassen, ob es Fälle gibt, in denen weiterhin
eine geltungserhaltende Reduktion dem Charakter des Arbeitsrechts angemessen ist
(BAG ZGS 04, 275, 280).

III. Rechtsfolge. 1. An die Stelle der nicht einbezogenen oder unwirksamen Klausel tritt 6
nach Abs 2 das **dispositive Gesetzesrecht**. Wenn eine konkrete Regelung fehlt, können
die durch Nichteinbeziehung oder Unwirksamkeit von AGB entstandenen Lücken auch
ausnahmsweise durch **ergänzende Vertragsauslegung** geschlossen werden. Beispiel: Beschränkung einer Bürgschaft, die formularmäßig auf alle bestehenden und zukünftigen
Verbindlichkeiten des Hauptschuldners einschließlich eines unbegrenzten Kontokorrentkredits erstreckt worden ist, auf den Saldo, der am Tag der Bürgschaftserklärung
bestand (vgl BGH NJW 98, 451). Es sei unbillig und widerspreche der Zielsetzung des
AGB-Rechts, der anderen Vertragspartei einen Vorteil zu belassen, der das Vertragsgefüge völlig einseitig zu ihren Gunsten verschiebt (BGH NJW 84, 1177). In ihren Ergebnissen unterscheidet sich die ergänzende Vertragsauslegung aber nicht von einer geltungserhaltenden Reduktion. In der Sache handelt es sich um eine weitere Ausn vom
Verbot der geltungserhaltenden Reduktion (zu anderen Ausn Rn 5). Da nach Art 6 I
Halbs 1 Klausel-RL die Mitgliedstaaten dafür sorgen müssen, dass missbräuchliche
Klauseln für den Verbraucher unverbindlich sind, unterliegen zudem im Anwendungsbereich der RL alle Ausn den Vorgaben des Gemeinschaftsrechts.

2. Die Rechtsfolge von Abs 2 ist zwar grds **abdingbar**, nicht aber durch AGB. Eine 7
salvatorische Klausel, nach der sich die Parteien bei Unwirksamkeit einer Vertragsbestimmung verpflichten, die Klausel durch eine zulässige zu ersetzen, die im wirtschaftlichen Ergebnis der früheren möglichst nahekommt, ist als Individualvereinbarung möglich (iE str, offenlassend BGH NJW 13, 1668).

3. Die **Unwirksamkeit des gesamten Vertrages** nach Abs 3 ist eine seltene Ausn, da der 8
AGB-Verwender nach der Grundwertung des AGB-Rechts das Risiko tragen muss, am
Vertrag festgehalten zu werden. Nur wenn nach dem Wegfall von Klauseln ein extremes Missverhältnis zwischen Leistung und Gegenleistung entsteht, kann ausnahmswei-

se dem Verwender das Festhalten am Vertrag nicht zugemutet werden. Ein maßgeblicher Gesichtspunkt bei dieser Wertung ist die Frage, ob der Verwender den Vertrag auch ohne die unwirksame Klausel geschlossen hätte (BGH WM 02, 2337).
Mit einzubeziehen ist auch die Vorgabe der Klausel-RL, nach deren Art 6 I Halbs 2 der Vertrag für beide Parteien bindend bleibt, wenn er ohne die missbräuchlichen Klauseln bestehen kann. Dies ist nach objektiven Kriterien zu ermitteln (EuGH EuZW 13, 800 – „Jőrös"). Es verstößt jedoch nicht gegen die Klausel-RL, dass ein Vertrag insgesamt nichtig wird, wenn dadurch ein besserer Verbraucherschutz gewährleistet wird (EuGH NJW 12, 1781– „Perenićová u. Perenič/SOS").

§ 306 a Umgehungsverbot

Die Vorschriften dieses Abschnitts finden auch Anwendung, wenn sie durch anderweitige Gestaltungen umgangen werden.

1 Der sachliche Regelungsgehalt und die **praktische Bedeutung** der Vorschrift sind gering, da den meisten Fällen einer möglichen „Umgehung" schon durch weite Auslegung der Vorschrift, die umgangen werden könnte, vorgebeugt werden kann. Klauseln, die §§ 308, 309 zu umgehen versuchen, können immer noch unter § 307 I, II fallen. Eine Umgehung liegt vor, wenn eine gesetzlich verbotene Regelung durch eine andere rechtliche Gestaltung erreicht werden soll, die objektiv zum gleichen verbotenen Erfolg führt (Beispiel: interne Geschäftsanweisung, die sich auf die Praxis eines Unternehmens auswirkt, BGH NJW 05, 1645). Auf eine Umgehungsabsicht des AGB-Verwenders kommt es nicht an. Soweit das Umgehungsverbot eingreift, ist die Klausel an der umgangenen Norm zu messen.

§ 307 Inhaltskontrolle

(1) ¹Bestimmungen in Allgemeinen Geschäftsbedingungen sind unwirksam, wenn sie den Vertragspartner des Verwenders entgegen den Geboten von Treu und Glauben unangemessen benachteiligen. ²Eine unangemessene Benachteiligung kann sich auch daraus ergeben, dass die Bestimmung nicht klar und verständlich ist.
(2) Eine unangemessene Benachteiligung ist im Zweifel anzunehmen, wenn eine Bestimmung
1. mit wesentlichen Grundgedanken der gesetzlichen Regelung, von der abgewichen wird, nicht zu vereinbaren ist oder
2. wesentliche Rechte oder Pflichten, die sich aus der Natur des Vertrags ergeben, so einschränkt, dass die Erreichung des Vertragszwecks gefährdet ist.
(3) ¹Die Absätze 1 und 2 sowie die §§ 308 und 309 gelten nur für Bestimmungen in Allgemeinen Geschäftsbedingungen, durch die von Rechtsvorschriften abweichende oder diese ergänzende Regelungen vereinbart werden. ²Andere Bestimmungen können nach Absatz 1 Satz 2 in Verbindung mit Absatz 1 Satz 1 unwirksam sein.

1 **I. Überblick, Allgemeines.** Die sehr dicht gestrickte und wenig transparente Vorschrift vereinigt drei Regelungskomplexe, nämlich erstens die **Generalklausel** für die Inhaltskontrolle (in Abs 1, 2), zweitens die Grundvorschrift für die **Schranken der Inhaltskontrolle** (Abs 3) und drittens das so genannte **Transparenzgebot** (Abs 1 S 2, Abs 3 S 2), das zum Teil schon von der Rspr zum früheren § 9 AGBG entwickelt worden war, zum Teil aber auf Art 5 S 1 Klausel-RL zurückgeht. Klargestellt ist insb, dass das Transparenzgebot auch für die von der Inhaltskontrolle nach Abs 1, 2 nicht erfassten preisbestimmenden, leistungsbeschreibenden und deklaratorischen Klauseln gilt (Abs 3 S 2).
2 Bei der **Prüfung einer Klausel** ist also zunächst zwischen Inhalts- und Transparenzkontrolle zu unterscheiden. Während das Transparenzgebot für alle einbezogenen AGB (und die durch § 310 III Nr 2 erfassten Einmal-Klauseln) gilt, muss vor der Inhaltskontrolle zunächst nach § 307 III geprüft werden, ob die Klausel überhaupt **kontrollfähig**

ist, also der Inhaltskontrolle unterfällt. Ist diese Hürde genommen, liefert die **Generalklausel** in Abs 1 S 1, Abs 2 den Grundmaßstab für die Inhaltskontrolle. Diese Generalklausel ist aber im Verhältnis zu den spezielleren §§ 308, 309 lediglich **Auffangnorm**. Zunächst sind – soweit nach § 310 I anwendbar – die strengeren Klauselverbote ohne Wertungsmöglichkeit in § 309 heranzuziehen, dann die Klauselverbote mit Wertungsmöglichkeit in § 308. Die Anwendung des Auffangtatbestandes in § 307 I, II darf nicht zu einer Umgehung der spezielleren Normen führen. Berührt eine Klausel einen in §§ 308, 309 geregelten Gegenstand und ist sie nach dieser spezielleren Vorschrift (noch) gültig, kann die Anwendung des § 307 I, II nur unter Hinzutreten zusätzlicher Umstände zur Unwirksamkeit führen. Umgekehrt kann aber eine Klausel nicht durch Anwendung des § 307 I 1, II von ihrer Unwirksamkeit nach den §§ 308, 309 wieder befreit werden.

Im **unternehmerischen Verkehr** (§ 310 I) sind die §§ 308, 309 nicht anwendbar, so 3 dass die Inhaltskontrolle von AGB allein nach § 307 I 1, II erfolgt. Jedoch sind viele der Wertungen von §§ 308, 309 bei der Anwendung von § 307 I 1, II zu beachten, so dass ggü einem Unternehmer Klauseln, die an sich gegen §§ 308, 309 verstoßen, nach § 307 I 1, II unwirksam sein können (BGHZ 90, 278 f; 122, 243). Freilich sind bei der Inhaltskontrolle im unternehmerischen Verkehr nach § 310 I 2 die besonderen Anforderungen und die Gebräuche des Handelsverkehrs mit einzubeziehen, so dass im Einzelfall eine Klausel trotz Verstoßes gegen §§ 308, 309 Bestand haben kann.

Neben den §§ 307–309 sind grds auch **andere Vorschriften** anwendbar, nach denen 4 eine Inhaltskontrolle von Verträgen stattfindet (zB §§ 138, 134). Da die §§ 307 ff eine Kodifikation der aus Treu und Glauben entwickelten Rspr sind, kann § 242 nicht direkt zur Inhaltskontrolle herangezogen werden. Jedoch kann die konkrete Ausübung einer nach §§ 307 ff wirksamen Klausel im Einzelfall gegen § 242 verstoßen (BGHZ 105, 88).

II. Schranken der Inhaltskontrolle. 1. Die in Abs 3 S 1 inhaltlich aus dem früheren § 8 5 AGBG übernommene Beschränkung der kontrollfähigen Klauseln hat mehrere – aus dem Wortlaut ohne weiteres nicht erkennbare – Aspekte. Ausgeschlossen wird durch Abs 3 lediglich die Inhaltskontrolle, nicht aber die Transparenzkontrolle, Abs 3 S 2. Zunächst sind Klauseln von der Kontrolle ausgenommen, die ohnehin auf den Fall anwendbare Gesetzesrecht wiederholen (sog **deklaratorische Klauseln**). Die Gerichte sollen nicht die Angemessenheit des dispositiven Gesetzesrechts überprüfen. Dies gilt jedoch nicht, wenn Klauseln Rechtsvorschriften aufgreifen, die für den in Rede stehenden Vertrag nicht gelten (EuGH NJW 13, 2253 – „RWE Vertrieb AG"). Weiter ausgeschlossen ist die Kontrolle von Klauseln, für deren Regelungsinhalt keine Rechtsvorschriften (einschließlich der von der Rspr entwickelten Grundsätze) existieren, die im Falle der Unwirksamkeit an ihre Stelle treten könnten (BGH NJW 92, 688). Deshalb fallen **Preisvereinbarungen** der Parteien oder die **Beschreibung der Leistungspflichten** in einem Vertrag grds nicht in den Anwendungsbereich der Inhaltskontrolle nach §§ 307 ff (wohl aber in der Transparenzkontrolle). Der Grund für diese Einschränkung liegt darin, dass die Bestimmung des Preis-Leistungs-Verhältnisses allein den Gesetzen des Marktes und der Privatautonomie unterliegt. Eine richterliche Angemessenheitskontrolle des Verhältnisses von Leistung und Gegenleistung soll nicht stattfinden. Die Rechtsordnung setzt insoweit nur in den allg Vorschriften (§§ 138, 242) der Vertragsfreiheit Grenzen.

2. Bei nur **deklaratorischen Klauseln**, die mit geltenden gesetzlichen Bestimmungen 6 übereinstimmen, ist eine Inhaltskontrolle ausgeschlossen (zB Beförderungsbedingungen, die mit einer VO übereinstimmen, OLG Karlsruhe ZGS 05, 397). Das Gesetz trifft eine Wertungsentscheidung für eine bestimmte Konfliktsituation, die auch für die Inhaltskontrolle maßgeblich ist. Daher kann eine derartige Klausel an sich nicht unangemessen sein. Überdies würde, wenn die Klausel nach §§ 307 ff unwirksam wäre, das dispositive Gesetzesrecht an ihre Stelle treten. Der Vertragsinhalt bliebe vor und nach einer (erfolgreichen) Inhaltskontrolle gleich. Deshalb sind auch solche AGB deklaratorisch, die sich mit ungeschriebenen, allg Rechtssätzen decken. Wird aber eine vorhandene dispositive Regelung durch eine gleich lautende Klausel auf einen Vertragstyp angewendet, für den sie nicht vorgesehen ist (zB Anwendung des Kaufrechts auf einen Werkvertrag, vgl BGHZ 65, 359), liegt eine Abweichung vom dispositiven Recht vor, und die Inhaltskontrolle ist eröffnet. Die Kontrollfreiheit von deklaratorischen Klauseln ist grds mit der Klausel-RL vereinbar, da diese in Art 1 II eine ähnliche Bestimmung wie § 307 III enthält. Doch enthält der 14. Erwägungsgrund der Klausel-RL einen Programmsatz, nach dem die Mitgliedstaaten dafür sorgen müssen, dass in ihren Rechtsvorschriften keine missbräuchlichen Klauseln enthalten sind. Mit guten Gründen wird daraus geschlossen, dass Rechtsvorschriften, die, wären sie Vertragsbedingungen, missbräuchlich wären, gegen die RL verstoßen und durch richtlinienkonforme Auslegung korrigiert werden müssen (Staudinger, NJW 99, 3668). In diesem Fall unterliegen auch deklaratorische Klauseln uneingeschränkt der Inhaltskontrolle.

7 **3. Preisvereinbarungen** der Parteien sind der Inhaltskontrolle entzogen, soweit sie unmittelbar das Entgelt für eine Leistung bestimmen. Besteht ausnahmsweise eine gesetzliche Vergütungsregel (etwa in Gebühren- oder Honorarordnungen), so unterliegen Abweichungen davon aber der Inhaltskontrolle (BGHZ 115, 391). Auch Vereinbarungen über gesonderte Preise für selbstständige Nebenleistungen werden nicht inhaltlich kontrolliert. Beispiele für kontrollfreie Preisvereinbarungen: Nachbewertungsmöglichkeit von Grundstücken in Privatisierungsverträgen der Treuhand (BGH DB 02, 1824), Gebühren für den Einsatz einer Kreditkarte im Ausland (BGHZ 137, 30), Anfahrtskosten (BGH NJW 92, 688). Wenn jedoch der Verwender nicht aufgrund gesonderter Vereinbarung, sondern gesetzlich oder aufgrund einer nach §§ 241 II, 242 bestehenden vertraglichen Nebenpflicht zur Leistung verpflichtet ist, fallen Preisvereinbarungen für derartige Leistungen unter die Inhaltskontrolle (Beispiele: Bearbeitung von Freistellungsaufträgen, BGHZ 136, 264; BVerfG NJW 00, 3635; Verwaltungsaufwand der Bank bei Kontopfändung, BGH NJW 99, 2276). Von den kontrollfreien Preisvereinbarungen sind sog **Preisnebenabreden** zu unterscheiden (BGH NJW-RR 00, 1079). Dabei handelt es sich um Vereinbarungen, die sich nur mittelbar auf den Preis auswirken, weil sie zB Entstehungsvoraussetzungen und Zahlungsmodalitäten für den Vergütungsanspruch enthalten. An die Stelle derartiger Klauseln kann mithin dispositives Recht treten, wenn sie unwirksam sind. Beispiele: Regelungen zur Fälligkeit (BGHZ 81, 229, 242); Preisnachlässe (BGH NJW 94, 1063). Auch Regelungen, die nicht ein Entgelt für eine bestimmte, auf rechtsgeschäftlicher Grundlage erbrachte Leistung vereinbaren, sondern nur allgemeine Betriebskosten, Aufwand zur Erfüllung eigener Pflichten oder für Tätigkeiten, die im eigenen Interesse liegen, auf den Kunden abwälzen, sind als Preisnebenabreden kontrollfähig. Beispiel: Kontoführungsgebühren einer Bank für die Führung eines Darlehenskontos (BGH NJW 11, 2640). Die Abgrenzung zwischen kontrollfreien Preisvereinbarungen und den der Inhaltskontrolle unterliegenden Preisnebenabreden ist freilich nicht immer überzeugend und widerspruchsfrei. Bislang noch nicht wirksam geworden sind bei dieser Abgrenzung die **Vorgaben des Gemeinschaftsrechts**. Die Klausel-RL erlaubt zwar in Art 4 II, dass die Angemessenheit von Leistung und Preis der Missbräuchlichkeitskontrolle (nicht aber der Transparenzkontrolle) entzogen wird. Doch ist damit nicht gesagt, dass die deutsche Rspr zur Kontrollfreiheit von Preisvereinbarungen für selbstständige Nebenleistungen mit der RL vereinbar ist. Deshalb muss bei Verbraucherverträgen auch in Betracht gezogen werden, dem EuGH Fragen zur Auslegung von Art 4 II Klausel-RL vorzulegen (krit insoweit zur Vorlagepraxis des BGH, Basedow, in: Schulte-Nölke/Schulze, Europäische Rechtsangleichung, 277 ff).

8 **4. Leistungsbestimmende Klauseln**, also Abreden über den unmittelbaren Gegenstand der Hauptleistung, sind ebenso wie Preisklauseln der Inhaltskontrolle entzogen (BGH NJW 99, 2276; 98, 383). Beispiele: Baubeschreibungen, Kataloge, Garantiebedingungen, die den Umfang der Garantie beschreiben (zB OLG Nürnberg NJW 97, 2186), die Prämienhöhe bestimmende Rabattklauseln (BGH NJW-RR 05, 1479). Dag fallen Klauseln, die das Leistungsversprechen einschränken oder modifizieren, unter die Inhaltskontrolle. Beispiele: Bestimmungen über Lieferzeit und -ort, über die Fälligkeit der Leistung, Vertragsstrafen, Rücktritts- und Kündigungsmöglichkeiten, Regelungen über einen Eigentumsvorbehalt, Beschränkungen des Zugangs zum Online-Service bei einem

Online-Banking-Vertrag (BGH NJW 01, 751). Besondere Schwierigkeiten bereitet diese Abgrenzung bei Versicherungsverträgen. Klauseln, die den Kernbereich des versicherten Risikos umschreiben, sind der Inhaltskontrolle entzogen. Hingegen sind Klauseln, die das generelle Deckungsversprechen einschränken oder modifizieren, kontrollfähig (BGH NJW 01, 1934; 93, 2369).

III. Inhaltskontrolle. 1. Allgemeines. Die Generalklausel in § 307 I S 1 legt den Grundmaßstab für die Inhaltskontrolle fest, der in Abs 2 etwas konkretisiert wird. Tatbestandsmerkmal von Abs 1 S 1 ist eine **Benachteiligung**, die entgg den Geboten von **Treu und Glauben unangemessen** ist. Die zu kontrollierende AGB-Klausel passiert also die Inhaltskontrolle nicht, wenn sie aus Sicht der anderen Vertragspartei in ungünstiger Weise von den vorhandenen oder üblichen Regelungen abweicht und die entstehende Benachteiligung so schwer wiegt, dass sie nach Treu und Glauben als unangemessen zu bewerten ist. Der EuGH (EuZW 13, 464 – „Aziz/Caixa d'Estalvis") konkretisiert den durch die Klausel-RL mitgeprägten Prüfungsmaßstab wie folgt: Es ist zu prüfen, ob der Gewerbetreibende bei loyalem und billigem Verhalten vernünftigerweise erwarten durfte, dass der Verbraucher sich nach individuellen Verhandlungen auf die betreffende Klausel einlässt. Die Vorschriften über die Inhaltskontrolle von AGB schützen nur die andere Vertragspartei. Der Verwender kann sich nicht auf die Unwirksamkeit einer ihn benachteiligenden Klausel berufen; eine Inhaltskontrolle zu seinen Gunsten findet nicht statt. Die **Rechtsfolge** eines Verstoßes gegen die Generalklausel ergibt sich zunächst aus Abs 1; die fragliche AGB-Klausel ist unwirksam. Die Unwirksamkeit einer Klausel ist vAw zu beachten, sofern der Verbraucher nicht widerspricht (so zur Klausel-RL EuGH,EuZW 09, 503 – „Pannon"). Das Schicksal des Restvertrages bestimmt sich nach § 306, nach dem idR an die Stelle der unwirksamen Klausel das diesen Fall regelnde dispositive Recht tritt. 9

In Abs 2 werden das **dispositive Gesetzesrecht** (Nr 1) und der **Vertragszweck** (Nr 2) als weitere Kriterien zur Bestimmung des Kontrollmaßstabs eingeführt. Zwar sind bei der Prüfung einer Klausel – soweit anwendbar – die spezielleren Ausprägungen des Kontrollmaßstabs in §§ 308, 309 vorrangig; der Schwerpunkt der Rspr zum AGB-Recht liegt aber eindeutig bei der Generalklausel in § 307 I S 1, II (früher § 9 AGBG). Das entstandene **Fallrecht** hat dabei die einzelnen Tatbestandsmerkmale von §§ 307 I S 1, II kaum näher konkretisiert, sondern beruht va auf Wertungsentscheidungen. Auch die Formel von **Treu und Glauben** hat bislang keinen eigenständigen greifbaren Inhalt gewonnen. Daher besteht bei der Rechtsanwendung eine gewisse Beliebigkeit, ob eine Klausel an Abs 1, an Abs 2 Nr 1 oder Abs 2 Nr 2 geprüft wird. Die entstandenen Fallgruppen sind systematisch schwer zu erfassen und darzustellen und lassen sich nur noch mit Hilfe der umfangreichen alphabetischen Darstellungen größerer Kommentarwerke erschließen. In dem hier vorgegebenen Rahmen können aus Raumgründen nur einige Grundlinien und Beispiele umrissen werden. 10

2. Maßgeblicher Zeitpunkt für die Inhaltskontrolle nach § 307 I 1, II ist nur der Vertragsschluss. Nachträgliche Änderungen der tatsächlichen Gegebenheiten können aber zB nach §§ 242, 313 berücksichtigt werden. **Prüfungsgegenstand** ist der tatsächliche Inhalt der in Frage stehenden Klausel, der nach den für die Auslegung von AGB geltenden Grundsätzen (dazu § 305 b Rn 1) zu ermitteln ist. Eine vom Inhalt der AGB abweichende Handhabung zugunsten des Vertragspartners, zB aus Kulanz, ist unerheblich. Bei der Inhaltskontrolle nach Abs 1 S 1, Abs 2 ist ein **genereller, überindividueller Prüfungsmaßstab** und eine typisierende Betrachtungsweise zugrunde zu legen; auf die speziellen Umstände des Einzelfalles kommt es nicht an (BGH NJW 96, 2156). Anders liegt es aber bei Verbraucherverträgen; hier sind (nur im Individualprozess) nach § 310 III Nr 3 und Art 4 I Klausel-RL auch die konkreten, den Vertragsschluss begleitenden Umstände bei der Inhaltskontrolle mit zu berücksichtigen (dazu § 310 Rn 9 ff). 11

Kern der Prüfung ist eine **Interessenabwägung** mit dem Ziel, das Verbot unangemessener Benachteiligung durch AGB vor dem Hintergrund der widerstreitenden Interessen zu konkretisieren. Bei dieser Interessenabwägung sind ausschließlich die Interessen der Vertragsparteien beachtlich. Die Berücksichtigung von Drittinteressen kann bei der Inhaltskontrolle von AGB nicht gewährleistet werden, ggf aber durch die Anwendung 12 von § 138. Grds ist die Inhaltskontrolle von AGB gerade nicht eine Folge intellektueller oder wirtschaftlicher Unterlegenheit einer Partei. Sie rechtfertigt sich vielmehr durch die Hinnahme der AGB aus Gründen der Rationalisierung im Vertrauen auf die reibungslose Abwicklung des Vertrages und auf die Möglichkeit, unangemessene Klauseln notfalls gerichtlich angreifen zu können. Auch Vertragsparteien, die dazu imstande wären (zB große Unternehmen oder Juraprofessoren), müssen Klauselwerke nicht auf ihre Vereinbarkeit mit dem AGB-Recht prüfen, sondern können sich auf denselben Schutz verlassen wie Laien. Deshalb kann eine unangemessene Klausel grds nicht mit dem Argument verteidigt werden, die andere Vertragspartei sei wirtschaftlich oder intellektuell ebenbürtig und deshalb nicht schutzbedürftig.

13 3. Eine **unangemessene Benachteiligung** liegt vor, wenn die AGB von wesentlichen gesetzlichen Grundgedanken abweichen, ohne dass dies durch besondere Umstände gerechtfertigt ist (Abs 2 Nr 1) oder auf andere Weise berechtigte Interessen der anderen Vertragspartei nicht ausreichend berücksichtigt werden (Abs 2 Nr 2). Das ist zB der Fall, wenn das Gleichgewicht der Rechte und Pflichten der Vertragspartner erheblich gestört und die vertraglichen Risiken erheblich zu Lasten der anderen Vertragspartei verschoben werden. Beispiel: Klausel, die ein langfristiges Exklusivbelieferungsrecht, das im Gegenzug für die Gewährung eines Darlehens eingeräumt wurde, auch für den Fall aufrechterhält, dass es nicht zur Auszahlung des Darlehens kommt (BGH NJW-RR 97, 304). In die Abwägung mit einzubeziehen sind der **Zweck** und die typischen Eigenarten des zwischen den Parteien bestehenden Rechtsverhältnisses, etwaige Richtlinien oder **Verhaltenskodizes** des betroffenen Verkehrskreises, die **Verkehrssitte** oder die üblichen Geschäftspraktiken (zB hält der BGH die Überwälzung der Schönheitsreparaturen auf den Mieter für verkehrsüblich, BGHZ 92, 363, 368, vgl aber auch Rn 18). Auch das Zusammenwirken von zwei jeweils für sich gesehen wirksamen Klauseln kann zur Unangemessenheit und damit zur Unwirksamkeit der Gesamtregelung führen (BGH NJW 03, 2234 f).

14 Eine Einzelne, für sich genommen benachteiligende Klausel kann durch andere Teile eines Klauselwerks **kompensiert** werden, wenn die kompensierenden Klauseln zum gleichen sachlichen Regelungsbereich gehören und in einem inhaltlichen Zusammenhang stehen. Beispiel: Preiserhöhungsklausel und damit korrespondierende Kündigungsklausel, durch die es der Vertragspartei ermöglicht wird, sich im Fall der Preiserhöhung vom Vertrag zu lösen (BGHZ 90, 78). Die Kompensation benachteiligender Klauseln durch einen (vermeintlich) niedrigeren Preis kann nur in seltenen Einzelfällen zugelassen werden. Das so genannte „Preisargument" ist grds unzulässig (BGHZ 22, 98; 77, 131; 120, 226). Ohnehin ist die Frage, um wie viel billiger eine Ware sein muss, damit der niedrigere Preis eine Benachteiligung kompensiert, praktisch nur sehr schwer zu beantworten. Nur ganz ausnahmsweise kann eine benachteiligende Klausel durch einen Preisnachlass kompensiert werden. Das ist zB der Fall bei einer sog **Tarifwahl**, also wenn die andere Vertragspartei zwischen verschiedenen Angeboten wählen kann (höherer Preis ohne die in Frage stehende Klausel, niedrigerer Preis mit dieser Klausel). Im Zusammenhang mit Haftungsausschlüssen kann das Preisargument in Ausnahmefällen eine Rolle spielen, wenn die andere Vertragspartei ein bestimmtes Risiko billiger durch eine Versicherung absichern kann und dies in aller Regel auch tut. Schließt dann der Verwender seine Haftung für diese Fälle aus, kann darin eine zulässige Risikoverteilung zu sehen sein, die durch den niedrigeren Preis für die Leistung des Verwenders zusätzlich gestützt wird (BGHZ 103, 326).

15 4. Bei **Verbraucherverträgen** enthalten Art 3 I, Art 4 I Klausel-RL und va der Anhang zur RL zahlreiche Kriterien, die in die Abwägung einfließen müssen. Im Wesentlichen decken sich diese Kriterien mit den von der deutschen Rspr entwickelten Grundsätzen zu §§ 307 ff, doch ist stets sorgfältig zu prüfen, ob dem Gemeinschaftsrecht und der dazu ergangenen Rspr (auch des EuGH) Modifikationen notwendig sind. Nach Art 3 I Klausel-RL ist eine Vertragsklausel als missbräuchlich anzusehen, wenn sie entgg dem Gebot von Treu und Glauben zum Nachteil des Verbrauchers ein erhebliches und ungerechtfertigtes Missverhältnis der vertraglichen Rechte und Pflichten der Vertragspartner verursacht. Der Anhang zur RL enthält zudem eine als Hinweis die-

nende und nicht erschöpfende Liste der Klauseln, die für missbräuchlich erklärt werden können, Art 3 III. Nach Art 4 I Klausel-RL ist die Missbräuchlichkeit einer Vertragsklausel ua unter Berücksichtigung der Art der Güter oder Dienstleistungen, die Gegenstand des Vertrages sind, aller den Vertragsabschluss begleitenden Umstände sowie aller anderen Klauseln desselben Vertrages oder eines anderen Vertrages, von dem die Klausel abhängt, zum Zeitpunkt des Vertragsabschlusses zu beurteilen. Die Feststellung, ob eine konkrete Klausel iSd Klausel-RL missbräuchlich ist, bleibt nach der Rspr des EuGH Aufgabe des jeweiligen nationalen Gerichts (EuGH NJW 04, 1647 – „Freiburger Kommunalbauten"; EuGH, EuZW 09, 503 – „Pannon"; anders noch, für eine den Verbraucher benachteiligende Gerichtsstandklausel EuGH NJW 00, 2571 – „Océano"). Dabei sind die Art der Güter oder Dienstleistungen, die Gegenstand des Vertrags wurden, sowie alle den Vertragsschluss begleitenden Umstände, insb alle anderen Klauseln des Vertrags, zu berücksichtigen. (EuGH Urt v 16.1.14, C-226/12 – Constructora Principado). Ein Missverhältnis erfordert etwa nicht, dass die einem Verbraucher durch eine Vertragsklausel auferlegten Kosten für diesen gemessen an dem Betrag des betreffenden Rechtsgeschäfts eine erhebliche wirtschaftliche Auswirkung haben. Es genügt vielmehr eine hinreichend schwerwiegende Beeinträchtigung der rechtlichen Stellung des Verbrauchers (etwa durch inhaltliche Beschränkung seiner vertraglichen Rechte oder deren Ausübung, sowie die Auferlegung einer zusätzlichen, nach nationalen Vorschriften nicht bestehenden Verpflichtung). Für Klauseln über die vorzeitige Fälligstellung eines Hypothekendarlehens hat der EuGH (Urt v 14.11.13, C-537/12 und C-116/13 – „Banco Popular Español") die Maßstäbe für die Prüfung der Missbräuchlichkeit durch die nationalen Gerichte weiter konkretisiert.

15a Solange der EuGH seine Überprüfungskompetenz anhand von Art 3 Klausel-RL im Übrigen nicht weiter nachkommt, entfällt jedoch nicht die Vorlagepflicht an den EuGH im Bereich der Inhaltskontrolle von AGB anhand von § 307 (str). Eine strenge **Inhaltskontrolle zugunsten des Gläubigers einer Entgeltforderung** ergibt sich auch aus Art 7 III Zahlungsverzugs-RL (der den – nicht ausdrücklich in das deutsche Recht umgesetzten – nun aufgehobenen Art 3 III der Vorgänger-RL 2000/35/EG ablöst; dazu AnwaltK/Schulte-Nölke, § 286 Rn 74 f, Art 3 Zahlungsverzugs-RL, Rn 35 ff).

16 5. Die **Zweifelsregeln in § 307 II** konkretisieren die in § 307 I 1 gestellte Anforderung der „unangemessenen Benachteiligung". Liegt einer der beiden Fälle vor, so ist idR von einem solchen Ungleichgewicht auszugehen. Nach **Abs 2 Nr 1** liegt eine unangemessene Benachteiligung iZw vor, wenn von den **wesentlichen Grundgedanken der gesetzlichen Regelung** abgewichen wird. Für jeden im Gesetz geregelten Vertrag wird durch den Inhalt der Vorschriften ein **Leitbild** konstituiert. Klauseln, die dieses gesetzliche Leitbild tiefgreifend abändern, sind unwirksam. Beispiele: Eine Klausel in einem Leasingvertrag, nach der für jeden Fall der nicht rechtzeitigen Rückgabe des Fahrzeugs die vereinbarte Leasingrate weiter zu zahlen ist, weicht vom gesetzlichen Leitbild des Mietvertrages deshalb unzulässig ab, weil nach § 546 a I die Weiterzahlungspflicht nur für den Fall des „Vorenthaltens" vorgesehen ist (BGH NJW-RR 04, 558); Entgeltklausel für die Übertragung von Wertpapieren wegen §§ 7, 8 DepotG bzw §§ 695, 985 BGB (BGH ZGS 05, 4); zu kurze Ausschlussfristen für arbeitsvertragliche Ansprüche wegen der Grundgedanken des Verjährungsrechts (BAG NJW 05, 3305 und NJW 06, 795). Für die Definition eines Leitbildes können neben den gesetzlichen Vorschriften auch ungeschriebene Rechtssätze, Richterrecht und andere, etwa durch ergänzende Auslegung nach § 242 gewonnene, allg anerkannte Rechtsgrundsätze herangezogen werden. Problematisch kann die Bestimmung eines gesetzlichen Leitbildes für die häufig vorkommenden nicht kodifizierten Vertragstypen bzw. für typengemischte Verträge sein. In einem derartigen Fall kann sich die Inhaltskontrolle nicht am dispositiven Gesetzesrecht orientieren. Für die Bestimmung eines Leitbildes sind aber auch die vertragsspezifischen wirtschaftlichen Zusammenhänge, allg Rechtsgrundsätze und die für ähnliche Verträge bestehenden, übergreifenden Rechtsgrundsätze heranzuziehen. So hat die Rspr inzwischen für die wichtigsten atypischen Verträge Leitbilder entwickelt, die als Maßstab für die Inhaltskontrolle nach Abs 2 Nr 1 dienen können. Die Orientierung an den **wesentlichen Grundgedanken** der gesetzlichen Regelung weist auf die Notwendigkeit hin, den materialen Gerechtigkeitsgehalt mit zu berücksichtigen. Vorschriften des dispositiven Rechts, die ein grundlegendes gesetzgeberisches Gerechtigkeitsprinzip enthalten, können nur aus gewichtigen, sich aus dem jeweiligen Vertrag ergebenden Gründen abgeändert werden. Je stärker der Regelungsgehalt einer Norm Ausdruck eines derartigen Gerechtigkeitsprinzips ist, desto schwerwiegender müssen die Gründe für eine Abweichung durch AGB sein. Aber auch ganz allg kann der Grad der Abweichung vom dispositiven Recht als Indiz für die Intensität der Benachteiligung herangezogen werden, mit der Folge, dass bei weitgehender Abweichung eher ein Verstoß gegen Treu und Glauben angenommen werden kann.

17 6. Nach **Abs 2 Nr 2** ist eine unangemessene Benachteiligung iZw anzunehmen, wenn **wesentliche vertragliche Pflichten** so **eingeschränkt** werden, dass der **Vertragszweck gefährdet** wird. Es sollen nicht durch AGB gerade die Vertragsbestandteile entwertet werden können, um derentwillen der Vertrag abgeschlossen worden ist und auf deren Bestand die andere Vertragspartei vertraut und vertrauen darf (BGHZ 103, 324). Der Unterschied zu Nr 1 ist, da die Rspr inzwischen auch für die nicht kodifizierten Vertragstypen ein Leitbild entwickelt hat, nicht mehr groß. Nr 2 stellt im Ggs zu Nr 1 mehr auf die Kontrolle an einem vertragsimmanenten Maßstab ab. Tatsächlich dürfte aber eine Einschränkung der wesentlichen vertraglichen Pflichten idR auch nicht mit den wesentlichen Grundgedanken der gesetzlichen Regelung vereinbar sein. Nach der Rspr enthält Abs 2 Nr 2 va den Grundsatz, dass die Haftung für die Verletzung von **Kardinalpflichten** nicht wirksam ausgeschlossen werden kann (BGH NJW 01, 301 f; bestätigt NJW 06, 46) Zu den **wesentlichen Pflichten** können auch Neben- und Schutzpflichten gehören, die für den anderen Vertragsteil von entscheidender Bedeutung sind (BGH NJW 85, 915). Als nicht durch AGB abdingbar wurde zB für einen Kaufvertrag (neben der Verpflichtung, die Sache zu übereignen und den Besitz zu verschaffen) die Pflicht angesehen, das Fassungsvermögen der Öltanks daraufhin zu überprüfen, ob sie die bestellte Ölmenge aufnehmen können (BGH NJW 71, 1036). Wesentlich ist zB auch die Pflicht eines Neuwagenverkäufers, den Wagen vor der Auslieferung auf seine Verkehrstüchtigkeit hin zu überprüfen (so iErg BGH NJW 69, 1708, anders aber bei Gebrauchtwagen BGH NJW 70, 31; BGHZ 74, 383). Die Einschränkung der wesentlichen Pflichten muss zu einer **Gefährdung des Vertragszwecks** führen. Der Zweck des Vertrages bestimmt sich aus seinem Inhalt, ggf aus gesetzlichen Bestimmungen oder aus der Verkehrsanschauung. Eine Gefährdung ist anzunehmen, wenn sich das von der Partei mit dem Vertrag verfolgte Ziel unter Geltung der in Frage stehenden Klausel nur mit ganz erheblichen Einschränkungen oder unter Inkaufnahme unbilliger Risiken erreichen lässt.

18 7. Ausgewählte **Beispiele aus der Rspr** (teilweise noch zum früheren § 9 AGBG): Durch den formularmäßigen Ausschluss der Einrede der Aufrechenbarkeit nach § 770 II wird die Bürge unangemessen benachteiligt, wenn der Ausschluss auch für den Fall gilt, dass die Gegenforderung des Hauptschuldners unbestritten oder rechtskräftig festgestellt ist (BGH ZIP 03, 621; Aufgabe von BGHZ 95, 350). Aufgrund des Abweichens vom wesentlichen Grundgedanken der gesetzlichen Regelung unwirksam ist auch eine Klausel, nach der dem Verwender in jedem Fall (dh auch bei deren Entbehrlichkeit) eine Frist zur Nacherfüllung zu setzen ist (BGH NJW 13, 3022). AGB in notariellem Vertrag, nach denen sich der Erwerber eines noch zu errichtenden Hauses der sofortigen Zwangsvollstreckung in sein gesamtes Vermögen unterwirft und der Unternehmer berechtigt ist, sich ohne weitere Nachw eine vollstreckbare Ausfertigung der Urkunde erteilen zu lassen, verstoßen gegen § 307 I, II (BGH NJW 02, 138); ebenso in einem Bauvertrag die formularmäßige Verpflichtung zur Stellung einer Bürgschaft auf erstes Anfordern (BGH NJW 02, 2388, auch für AGB der öffentlichen Hand, BGH NJW-RR 04, 880) sowie ein Abtretungsverbot für Gewährleistungsansprüche in den AGB eines Reiseveranstalters (BGH NJW 12, 2107). Wird in einer Krankentagegeldversicherung die Versicherungsfähigkeit eines Arbeitnehmers und damit der Fortbestand des Versicherungsvertrages vom ununterbrochenen Vorhandensein eines festen Arbeitsverhältnisses abhängig gemacht, schränkt das wesentliche Rechte, die sich aus der Natur der Krankentagegeldversicherung ergeben, so ein, dass die Erreichung des Vertragszwecks gefährdet ist (BGH NJW 08, 18). Auch eine sehr lange Vertragsbindung kann zur Unangemessenheit führen. Zu beurteilen ist die Angemessenheit der Vertragsbindung anhand der typischen Erfordernisse des Geschäfts, dabei ist va auf die Wirtschaftlichkeit abzustellen (BGH WM 03, 445); unangemessen ist zB eine 10-jährige Bindung an einen Wartungsvertrag (BGH NJW 03, 886) oder an einen Mietvertrag über Verbrauchserfassungsgeräte (BGH NJW-RR 08, 818). Ein Ausschluss des Einwendungsdurchgriffs bei verbundenen Geschäften ist unzulässig, da von den wesentlichen Grundgedanken der gesetzlichen Ordnung (nun § 359) abgewichen wird (BGHZ 83, 301 ff; 95, 351). Beim Gebrauchtwagenkauf ist die Klausel „wie besichtigt und unter Ausschluss der Gewährleistung" mit § 307 I, II vereinbar (BGHZ 74, 383; BGH NJW 84, 1452; verstößt aber möglicherweise gegen § 309 Nr. 7, OLG Hamm ZGS 05, 318); bei einem Verbrauchsgüterkauf verstößt sie gg § 475 I. Unwirksam ist eine Klausel in einem Kaufvertrag über Radio- und Fernsehgeräte, die bei einem Eingriff in die Kaufsache durch Dritte, nicht zum Betrieb des Verkäufers gehörende Personen, sofort alle Mängelrechte des Käufers ausschließt (BGH NJW 80, 831). Bei Wohnungsmietverträgen ist zB das generelle Verbot jeglicher Tierhaltung (BGH NJW 08, 218) oder ein kategorisches Hunde- und Katzenhaltungsverbot (BGH NJW 13, 1526) unwirksam; ebenfalls ein Aufrechnungsverbot iVm der Pflicht zur Vorauszahlung der Miete, da so das Minderungsrecht des Mieters unzulässig beschränkt wird (BGHZ 127, 245). Der Vermieter kann sich nicht vollständig von Mangelfolgeschäden freizeichnen (BGH NJW 02, 673), wirksam dagegen ist der befristete wechselseitige Verzicht auf das ordentliche Kündigungsrecht in einem unbefristeten Wohnungsmietvertrag, BGH NJW 04, 3117. Ein im Klauselwerk des Vermieters festgeschriebener „starrer Fristenplan", nach dem etwa das Bad alle 2 Jahre, die übrigen Räume alle 5 Jahre durch den Mieter zu renovieren sind, verstößt gegen § 307, da die Räume nicht in jedem Fall nach dieser Zeit renovierungsbedürftig sind (BGH NJW 04, 2586; BGH NJW 06, 620; BGH NJW 06, 2115), unabhängig davon, ob es sich um einen Mietvertrag über Wohnraum oder über Gewerberäume handelt (BGH ZGS 08, 470). Gleiches gilt für die Kombination einer Endrenovierungsklausel mit einer Klausel über turnusmäßig vorzunehmende Schönheitsreparaturen (BGH NJW 03, 2234; BGH NJW 05, 2006). Auch eine Abgeltungsklausel mit einer starren Abgeltungsquote ist unwirksam (BGH NJW 06, 3778). Das Gleiche gilt für eine Quotenabgeltung, wenn deren Grundlage der Kostenvoranschlag eines vom Vermieter auszuwählenden Malerfachgeschäfts sein soll (BGH NJW 13, 2505). Ebenso wenig darf der Mieter formularmäßig verpflichtet werden, die Mieträume bei Beendigung des Mietverhältnisses unabhängig vom Zeitpunkt der Vornahme der letzten Schönheitsreparaturen renoviert zu übergeben (BGH NJW 07, 3776). Unwirksam sind Farbwahlklauseln zu Lasten des Mieters („weiß gestrichen"); ebenso die Verpflichtung des Wohnraummieters, die Wohnung in einer bestimmten Farbe gestrichen zurückzugeben (BGH NJW 11, 514; unerheblich ist auch, ob die Wohnung zu Beginn des Mietverhältnisses frisch „geweißelt" übernommen wurde, BGH NJW 12, 1280). Vor einiger Zeit geändert hat der BGH seine Rspr zu Vertragsstrafen für Verzögerungen im Baugewerbe (zulässig grds nunmehr nur noch maximal 5 % der Bausumme, früher 10 %; BGH WM 03, 870). Unwirksam sind idR der Ausschluss des Kündigungsrechts aus wichtigem Grund (BGH NJW 86, 3134), die Überwälzung der Kosten für Rücklastschriften (BGH NJW 02, 1950), eine erfolgsunabhängige Provision beim Maklervertrag (BGHZ 99, 382), ein nicht konkretisiertes **Preiserhöhungsrecht** bei einem Zeitschriftenabonnement (BGH NJW 80, 2518) oder in Bank-AGB (BGH NJW 09, 2051) sowie Klauseln über die gesonderte Berechnung von Leistungen oder im Vergleich zu einem früheren Girokonto höheren Kontoführungsgebühren bei einem Pfändungsschutzkonto (BGH NJW 13, 3163; 995). Eine in den AGB des Auftraggebers eines Werkvertrages enthaltene Klausel, nach der nur die erbrachten Leistungen des Auftragnehmers vergütet werden und weitergehende Ansprüche ausgeschlossen werden, wenn der Auftraggeber ohne besonderen Grund kündigt, verstößt gegen § 307 (BGH NJW 07, 3423). Eine Klausel in einem Franchisevertrag, nach der auch ohne Vorliegen eines wichtigen Grundes jede Partei den Vertrag kurzfristig kündigen kann, wenn das Vertrauensverhältnis ernsthaft gestört ist, ist unwirksam, weil ein derartiger Vertrag wegen der typischerweise damit verbundenen Investitionen auf eine gewisse Dauer und Beständigkeit angelegt ist (BGH NJW-RR 03, 1635).

19 8. Die **alte Kasuistik** insb zu § 9 AGBG kann nicht ungeprüft auf § 307 I, II übertragen werden, da mit dem **SchuldrechtsmodernisierungsG** 2002 die gesetzlichen Rechte von Käufern und Werkbestellern erheblich verändert worden sind und sich deshalb auch das gesetzliche Leitbild – meist zu Gunsten von Käufern oder Werkbestellern – verändert hat. Die Neuregelung hat einen Paradigmenwechsel für die Vertragsgestaltung und das diese steuernde AGB-Recht mit sich gebracht. Die frühere Vertragspraxis und Rspr zum AGBG konzentrierte sich auf die Frage nach der Zulässigkeit von **Haftungsbeschränkungen und anderen Freizeichnungsklauseln**. Durch die seit 2002 geltenden neuen Regeln zum Fehlerbegriff (§ 434), zum Haftungsmaßstab (§ 276), zur Beschaffenheitsgarantie (§§ 433 I, 444) und durch die ausdrückliche Regelung des Transparenzgebots (§ 307 I 2, III 2) ist nunmehr va die **Leistungsbeschreibung** in den Kern der Vertragsgestaltung gerückt. Schon bei der Leistungsbeschreibung werden die entscheidenden Weichen für die Frage einer späteren Haftung des Leistungsschuldners gestellt. Wenn etwa eine **Beschaffenheitsvereinbarung** nach § 434 einen Defekt der Kaufsache von vornherein offenlegt, fehlt es schon an einem Mangel, der Käuferrechte auslösen könnte. Auf diese Weise lässt sich schon weit im Vorfeld einer Inhaltskontrolle nach § 307 I 1, II das Haftungsrisiko des Verkäufers verringern (zu den Grenzen haftungsmindernder Beschaffenheitsvereinbarungen in AGB Schulte-Nölke, ZGS 03, 184). Die Leistungsbeschreibung hat auch entscheidende Bedeutung für den **Haftungs- und Verschuldensmaßstab**, wie § 276 klarstellt. Bereits der Leistungsbeschreibung kann nämlich zu entnehmen sein, ob eine strengere oder mildere Haftung iSv § 276 bestimmt ist. Schließlich begrenzt das **Transparenzgebot** die Möglichkeit, die Haftungsrisiken des Schuldners nach dem bisherigen Muster durch eine unscharfe Leistungsbeschreibung und weit reichende Freizeichnungsklauseln zu begrenzen. Die **Folgen für die Vertragsgestaltung** sind weitreichend. Es kommt nunmehr va darauf an, schon bei der Beschreibung dessen, was geschuldet ist, den Pflichtenkreis des Schuldners möglichst genau festzulegen und damit das Haftungsrisiko zu begrenzen.

20 IV. 1. Das bislang nur von der Rspr entwickelte und durch Art 5 Klausel-RL vorgegebene **Transparenzgebot** ist nicht mehr – wie früher – ausschließlich im Wege der Rspr umgesetzt, sondern ausdrücklich in § 307 I 2, III 2 geregelt. Zum Verhältnis des Transparenzgebots zum Erfordernis zumutbarer Kenntnisnahme bei der Einbeziehung von AGB s § 305 Rn 16.

21 2. Das Transparenzgebot verpflichtet den Verwender, seine Vertragsklauseln so zu gestalten, dass ein **sorgfältiger, juristisch nicht vorgebildeter Leser** in der Lage ist, den Inhalt der Klausel zu erfassen (BGHZ 106, 49; 116, 4). Der Verwender muss also die Rechte und Pflichten der Vertragsparteien möglichst klar und verständlich beschreiben. Auch die formale Gestaltung der AGB muss diesem Ziel dienen; entscheidende Passagen dürfen nicht zwischen unbedeutenden Klauseln versteckt oder an schwer auffindbarer Stelle geregelt werden. Freilich darf das Transparenzgebot den Verwender nicht überfordern. Die Verpflichtung, den Klauselinhalt klar und verständlich zu formulieren, besteht nur iR des Möglichen (BGH NJW 98, 3116). Die AGB müssen so klar gefasst sein, dass der Leser bei Anwendung der von ihm zu erwartenden Sorgfalt den Inhalt der Klausel mit hinreichender Deutlichkeit entnehmen kann. Unzulässig ist daher zB die Formulierung: Freistellung von „allen Aufwendungen" (OLG Koblenz CR 05, 655). Die Verwendung des Begriffspaares „und/oder" verstößt dagegen nicht gegen das Transparenzgebot (OLG Celle MDR 09, 371). Die Verwendung unbestimmter Rechtsbegriffe ist grds erlaubt; nicht aber dem Laien gemeinhin unverständlicher Begriffe wie Minderung (BGH NJW 82, 333) oder „Kardinalpflichten" (BGH NJW-RR 05, 1496). Der Verwender ist nicht verpflichtet, alle seine Klauseln ausf zu erklären (BGHZ 112, 119) oder die generische Partei über ihre nach dem Gesetz bestehenden Rechte zu belehren (BGH NJW 96, 2093). Dennoch sind die Anforderungen an die Verständlichkeit recht hoch. Eine Klausel in einem Reisevertrag, nach der das Reiseunternehmen für Leistungsstörungen „im Bereich von Fremdleistungen, die lediglich vermittelt werden und in der Reiseausschreibung ausdrücklich als solche gekennzeichnet werden" nicht haften soll, verstößt gegen das Transparenzgebot (BGH NJW 04, 681).

3. Eine intransparente **Klausel** kann allein wegen ihrer Intransparenz **unwirksam** sein. Es ist nicht erforderlich, dass die intransparente Klausel die andere Vertragspartei darüber hinaus materiell benachteiligt. Diese im früheren Recht umstrittene Frage ist nun in Abs 1 S 2 iVm S 1 entschieden (BT-Drucks 14/6040, 154). An die Stelle der unwirksamen Klausel tritt nach § 306 idR das dispositive Recht. In Abs 3 S 2 ist überdies klargestellt, dass auch **leistungs- und preisbeschreibende Klauseln** dem Transparenzgebot unterliegen. Derartige Klauseln müssen die wirtschaftlichen Belastungen und Nachteile klar erkennen lassen (BGH NJW 01, 2012; OLG Stuttgart NJW-RR 05, 858). Die **Rechtsfolge** eines Verstoßes ist nach Abs 1 S 1 die Unwirksamkeit auch einer intransparenten leistungs- und preisbeschreibenden Klausel. Es bedarf noch genauerer Klärung durch Rspr und Lehre, welches Schicksal in diesem Fall der gesamte Vertrag nimmt. Soweit zB Gebühren- oder Honorarordnungen bestehen, kann bei einer intransparenten Preisvereinbarung der dort festgelegte Preis an die Stelle der unwirksamen Klausel treten. Fehlen derartige Regelwerke, kommt ein Vertragslösungsrecht der anderen Vertragspartei in Betracht (ähnl zB wie in den Fällen einer unwirksamen Tagespreisklausel beim Neuwagenkauf, BGHZ 90, 69, 73 ff; BGH NJW 84, 1180; 85, 621). Darüber hinaus kann die Pflicht zur Abfassung und Verwendung transparenter Klauseln als sonstige Pflicht iSd § 241 II angesehen werden, so dass im Falle einer Lösung vom Vertrag entstehende Schäden durch den Verwender nach § 280 I zu ersetzen sind.

§ 308 Klauselverbote mit Wertungsmöglichkeit

In Allgemeinen Geschäftsbedingungen ist insbesondere unwirksam
1. (Annahme- und Leistungsfrist)
   eine Bestimmung, durch die sich der Verwender unangemessen lange oder nicht hinreichend bestimmte Fristen für die Annahme oder Ablehnung eines Angebots oder die Erbringung einer Leistung vorbehält; ausgenommen hiervon ist der Vorbehalt, erst nach Ablauf der Widerrufsfrist nach § 355 Absatz 1 und 2 zu leisten;
   [Nr. 1 gilt bis 12.6.14 in folgender Fassung:]
   eine Bestimmung, durch die sich der Verwender unangemessen lange oder nicht hinreichend bestimmte Fristen für die Annahme oder Ablehnung eines Angebots oder die Erbringung einer Leistung vorbehält; ausgenommen hiervon ist der Vorbehalt, erst nach Ablauf der Widerrufs- oder Rückgabefrist nach § 355 Abs. 1 bis 3 und § 356 zu leisten;
2. (Nachfrist)
   eine Bestimmung, durch die sich der Verwender für die von ihm zu bewirkende Leistung abweichend von Rechtsvorschriften eine unangemessen lange oder nicht hinreichend bestimmte Nachfrist vorbehält;
3. (Rücktrittsvorbehalt)
   die Vereinbarung eines Rechts des Verwenders, sich ohne sachlich gerechtfertigten und im Vertrag angegebenen Grund von seiner Leistungspflicht zu lösen; dies gilt nicht für Dauerschuldverhältnisse;
4. (Änderungsvorbehalt)
   die Vereinbarung eines Rechts des Verwenders, die versprochene Leistung zu ändern oder von ihr abzuweichen, wenn nicht die Vereinbarung der Änderung oder Abweichung unter Berücksichtigung der Interessen des Verwenders für den anderen Vertragsteil zumutbar ist;
5. (Fingierte Erklärungen)
   eine Bestimmung, wonach eine Erklärung des Vertragspartners des Verwenders bei Vornahme oder Unterlassung einer bestimmten Handlung als von ihm abgegeben oder nicht abgegeben gilt, es sei denn, dass

a) dem Vertragspartner eine angemessene Frist zur Abgabe einer ausdrücklichen Erklärung eingeräumt ist und
   b) der Verwender sich verpflichtet, den Vertragspartner bei Beginn der Frist auf die vorgesehene Bedeutung seines Verhaltens besonders hinzuweisen;
6. (Fiktion des Zugangs)
   eine Bestimmung, die vorsieht, dass eine Erklärung des Verwenders von besonderer Bedeutung dem anderen Vertragsteil als zugegangen gilt;
7. (Abwicklung von Verträgen)
   eine Bestimmung, nach der der Verwender für den Fall, dass eine Vertragspartei vom Vertrag zurücktritt oder den Vertrag kündigt,
   a) eine unangemessen hohe Vergütung für die Nutzung oder den Gebrauch einer Sache oder eines Rechts oder für erbrachte Leistungen oder
   b) einen unangemessen hohen Ersatz von Aufwendungen verlangen kann;
8. (Nichtverfügbarkeit der Leistung)
   die nach Nummer 3 zulässige Vereinbarung eines Vorbehalts des Verwenders, sich von der Verpflichtung zur Erfüllung des Vertrags bei Nichtverfügbarkeit der Leistung zu lösen, wenn sich der Verwender nicht verpflichtet,
   a) den Vertragspartner unverzüglich über die Nichtverfügbarkeit zu informieren und
   b) Gegenleistungen des Vertragspartners unverzüglich zu erstatten.

[Die Kommentierung basiert auf der ab 13.6.14 geltenden Fassung.]

1 **I. Die hier geregelten Klauselverbote** stehen gesetzgebungstechnisch zwischen der Generalklausel für die Inhaltskontrolle in § 307 I 1, II und den Klauselverboten ohne Wertungsmöglichkeit in § 309. Wie das Wort „insbesondere" zu Beginn von § 308 deutlich macht, lässt sich die Vorschrift als Aufzählung typischer Fälle der allg in § 307 I 1, II umrissenen Kriterien für die Inhaltskontrolle verstehen. Eine Klausel, die unter § 308 fällt, ist **nicht per se unwirksam**. Vielmehr sind die in Nr 1–8 verwendeten **unbestimmten Rechtsbegriffe** anhand der Maßstäbe des § 307 I 1, II im Wege einer umfassenden Interessenabwägung auszufüllen. In § 308 sind lediglich Klauseln niedergelegt, deren Regelungen typischerweise den Interessen des Verwenders dienen und die gleichzeitig eine besondere Gefahrenlage für die andere Vertragspartei schaffen. Die Unwirksamkeit dieser Klauseln mit Wertungsmöglichkeit ergibt sich aber erst durch ihre Unangemessenheit im Einzelfall. Im unternehmerischen Verkehr ist § 308 nicht anwendbar (§ 310 I 1). Jedoch können Klauseln, die unter § 308 fallen, iR der auch im unternehmerischen Verkehr bestehenden Inhaltskontrolle anhand § 307 I 1, II geprüft werden; dabei ist auf die im Handelsverkehr geltenden Gewohnheiten und Gebräuche angemessen Rücksicht zu nehmen (§ 310 I 2, s dort Rn 2).

2 **II. Einzelne Klauselverbote. 1. Annahme- und Leistungsfrist (Nr 1).** Die Vorschrift soll eine einseitige Bindung des Vertragspartners erschweren. Eine **Annahme- oder Ablehnungsfrist** führt zur Einschränkung der wirtschaftlichen Dispositionsfreiheit der Partei, die das Angebot gemacht hat. Der Verwender einer derartigen Klausel kann den Vertrag im fraglichen Zeitraum jederzeit zustande bringen oder scheitern lassen. Sein möglicher Vertragspartner muss sich über den gesamten Zeitraum zur Leistung bereithalten oder ist (als nachfragende Partei) faktisch gehindert, seinen Bedarf anderweitig zu decken. Üblich sind derartige **Vertragsabschlussklauseln** zB in Bestell- oder Antragsformularen, die vom Verwender vorformuliert und von der anderen Vertragspartei ausgefüllt werden. Klauseln, die die Bindung des Verwenders regeln, wenn das Vertragsangebot von ihm selbst ausgeht, fallen nicht unter Nr 1, können aber nach Nr 3 oder § 307 I 1, II unwirksam sein. **Unangemessen** lang ist eine Frist, die über die nach § 147 II vorgesehene Annahmefrist wesentlich hinausgeht. Damit hängt die zulässige Länge der Frist letztlich von den Umständen des Einzelfalls ab. Nur in Ausnahmefällen gewährt § 147 II eine längere Annahmefrist als einige Tage. Die Angemessenheit einer Verlängerung in AGB ist durch Abwägung der beiderseitigen Interessen und umfassende Würdigung sämtlicher Umstände zu überprüfen. Die in die Abwägung einzustellenden Interessen sind seitens des Antragenden seine wirtschaftliche Dispositionsfreiheit

und idR sein Interesse an schneller Lieferung und Abwicklung des Vertrages. Der Verwender dagegen hat zB ein schutzwürdiges Interesse an einer längeren Entscheidungsfrist, wenn er erst Erkundigungen über die Möglichkeit, eine bestimmte Sache zu beschaffen, einholen muss oder die Übereinstimmung mit öffentlich-rechtlichen Normen und Genehmigungsmöglichkeiten prüfen lässt. Bei Alltagsgeschäften ist eine Frist von mehr als 2 Wochen idR nicht zulässig; dies ergibt sich aus der Ausn aE von Nr 1). Bei komplexeren Geschäften kann aber durchaus eine längere Frist vereinbart werden, zB bei Bestellung eines Neuwagens oder dem Kauf eines Heizungssystembausatzes 4 Wochen (BGHZ 109, 362; OLG Düsseldorf NJW 05, 1515) oder bei Darlehensanträgen ein Monat (BGH NJW 88, 2106).

Eine **nicht hinreichend bestimmte Frist** liegt vor, wenn die andere Vertragspartei sie nicht einfach und ohne weitere Ermittlungen feststellen kann. Fristbeginn und Fristende müssen für einen Durchschnittskunden ersichtlich sein (BGH NJW 85, 856). Die Frist muss jedoch nicht nach dem Kalender bestimmt sein. Es reicht aus, wenn der Fristbeginn an ein Ereignis geknüpft ist; dies darf jedoch kein lediglich in die Sphäre des Verwenders fallendes Ereignis sein, das für die andere Vertragspartei schwer zu erkennen ist. 3

Unwirksam ist auch die Bestimmung einer unangemessen langen oder nicht hinreichend bestimmten **Leistungsfrist**. ZB ist die formularmäßige Angabe einer Lieferfrist mit „in der Regel ..." nicht hinreichend bestimmt (KG NJW 07, 2266). Das Verbot einer unangemessen langen Leistungsfrist steht in Zusammenhang mit § 309 Nr 8 a, der das Recht, sich wegen einer Pflichtverletzung vom Vertrag zu lösen, sichert. Durch das unangemessen lange Hinausschieben der Fälligkeit wird der anderen Vertragspartei diese Möglichkeit ebenfalls genommen, da es zu einer Pflichtverletzung gar nicht erst kommt. Auch bei einer Leistungsfrist ist die Unangemessenheit im Wege der Interessenabwägung zu ermitteln. Maßgeblich sind va die Eigenart der geschuldeten Leistung und die Schwierigkeiten ihrer Beschaffung oder Erbringung. Beispiel: Die formularmäßige Vereinbarung in einem Kaufvertrag über eine Einbauküche, der Käufer könne 4 Wochen nach Überschreitung eines unverbindlichen Liefertermins den Verkäufer schriftlich auffordern binnen angemessener Frist zu liefern, ist wirksam (BGH NJW 07, 1198). 4

In Nr 1 aE wird eine besondere Ausgestaltung der Leistungsfrist bei **Verbraucherverträgen**, für die ein Widerrufs- oder Rückgaberecht nach §§ 355, 356 besteht, zugelassen. Derartige Verträge sind schon mit Abschluss wirksam, so dass der Unternehmer grds sofort leisten muss (§ 271 I), obwohl der Vertrag noch widerrufen werden kann. 5

Für den **unternehmerischen Verkehr** gilt der Grundsatz, dass es gerade hier auf die zügige Abwicklung des Geschäfts und die Wiederherstellung der Dispositionsfreiheit ankommt. Längere Fristen, als sie ggü Verbrauchern zulässig sind, verstoßen deshalb idR gegen § 307 I S 1, II. 6

Eine nach Nr 1 **unwirksame Fristbestimmung** wird nicht auf das noch zulässige Maß verkürzt, sondern ist **insgesamt unwirksam**. Nach § 306 II tritt an ihre Stelle idR das dispositive Recht, also zB § 147 II oder § 271. 7

2. Nachfrist (Nr 2). Das Klauselverbot in Nr 2 vervollständigt den von Nr 1 gewährten Schutz. Mit der Nachfrist, die „abw von Rechtsvorschriften" vorbehalten wird, sind zB die Fristen nach §§ 281 I, 323 I, 637 I gemeint. Die **Angemessenheit** bestimmt sich grds nach denselben Kriterien wie in diesen Vorschriften (dazu zB § 323 Rn 5); auch hier ist bei der Frage der Angemessenheit nach dem Geschäftstyp zu differenzieren. Allenfalls kann zum Zwecke der Pauschalierung eine etwas längere Frist vereinbart werden. Eine nur im Ausnahmefall noch zulässige Frist darf nicht generell für alle Verträge vereinbart werden (BGH NJW 85, 323). Zur Unbestimmtheit und zu Besonderheiten im unternehmerischen Verkehr s Rn 3, 6. 8

3. Rücktrittsvorbehalt (Nr 3). Die Vorschrift sichert den Bestand der vertraglichen Bindung zwischen den Parteien. Gleichzeitig flankiert sie die Klauselverbote des § 309. Hat der Verwender nämlich die Möglichkeit, sich jederzeit ohne besonderen Grund vom Vertrag zu lösen, so kann er de facto allen Sekundäransprüchen aus dem Weg gehen. Nr 3 gilt deswegen für **alle Möglichkeiten**, sich vom Vertrag zu lösen, also nicht 9 nur für durch Klauseln eingeräumte Rücktrittsrechte, sondern auch für Kündigung, Anfechtung, Widerruf oder Leistungsvorbehalte. Aus demselben Grund fällt eine Klausel, nach der der Verwender seine Leistungsverpflichtung einseitig verringern kann (zB Teilrücktritt), unter Nr 3. Nicht unter Nr 3 fällt der Abschluss eines Vertrages unter einer aufschiebenden Bedingung (BGH NJW 11, 1215). Für **Dauerschuldverhältnisse** hingegen gilt Nr 3 nicht; freilich kann sich die Unangemessenheit eines Lösungsrechts aus § 307 I 1, II ergeben.

10 Der **sachlich gerechtfertigte Grund** muss im Vertrag angegeben sein. Floskeln wie „freibleibend" oder „jederzeit kündbar" sind schon deshalb unwirksam (OLG München BB 84, 1386); auch zB „Betriebsstörungen jeder Art" ist nicht hinreichend konkret und darum unzulässig (BGH NJW 83, 1321). Ob ein – im Vertrag angegebener – Grund sachlich gerechtfertigt ist, ergibt sich aus einer umfassenden Interessenabwägung; auszugehen ist dabei vom **gesetzlichen Leitbild** für die Lösung vom Vertrag (BGH BB 83, 524). Behält sich der Verwender zB bei jeder Pflichtverletzung der anderen Vertragspartei den Rücktritt vom Vertrag vor, ohne dass weitere Umstände hinzutreten, so ist darin ein Verstoß gegen das gesetzliche Leitbild zu sehen, das die Lösung vom Vertrag bei einer Pflichtverletzung grds von einer Fristsetzung abhängig macht (zB § 281 I, 323 I) und Kriterien für eine Interessenabwägung vorgibt, wenn es bei einer Teilleistung um die Lösung vom gesamten Vertrag geht (zB Interessenwegfall, Erheblichkeit des Mangels). Da mit der Schuldrechtsreform aber die Lösung vom Vertrag vereinfacht wurde, insb nach § 323 anders als nach dem früheren § 326 aF ein Verschulden und eine Ablehnungsandrohung nicht mehr notwendig sind, kann sich die Veränderung der gesetzlichen Wertung auch auf die AGB-rechtliche Zulässigkeit von Lösungsklauseln auswirken.

11 Eine Verschlechterung der **Vermögensverhältnisse** des Kunden wurde im früheren Recht grds nicht als tauglicher sachlicher Grund angesehen. Durch das inzwischen bestehende Rücktrittsrecht bei Gefährdung der Leistungsfähigkeit in § 321 II könnte sich die Zulässigkeit von entsprechenden Rücktrittsvorbehalten in AGB verändert haben. Bislang wurden schützenswerte Interessen des Verwenders idR verneint, weil es sein Risiko ist, einen leistungsfähigen Vertragspartner auszuwählen. Auch kann von einer Vermögensverschlechterung nicht zwingend auf Leistungsunfähigkeit geschlossen werden (OLG Düsseldorf ZIP 84, 719 f; OLG Hamm BB 83, 1304 f). Wenn jedoch beim Verwender ein falscher Eindruck über die Vermögensverhältnisse erweckt wird, liegt ein sachlicher Grund für eine Lösung vom Vertrag vor (BGH NJW 85, 325). Eine Klausel, die dem Verwender die Möglichkeit gibt, sich vom Vertrag zu lösen, wenn er selbst nicht beliefert wird (**Selbstbelieferungsvorbehalt**) oder es ihm nicht gelingt, die Ware auf dem Markt zu beschaffen, ist nur in engen Grenzen wirksam. Es ist grds Aufgabe und Risiko des Verkäufers, die Sache zu beschaffen und damit seinen Verpflichtungen nachzukommen. Ein Selbstbelieferungsvorbehalt kann aber zB wirksam sein, wenn er nur für Fälle gilt, in denen der Verwender ein Deckungsgeschäft geschlossen hat und von seinem Lieferanten im Stich gelassen wird (BGH NJW 83, 1321; 85, 857). Ein nach Nr 3 an sich zulässiger Vorbehalt kann freilich nach Nr 8 unwirksam sein.

12 Bei der Anwendung von Nr 3 sind auch Art 3 III iVm Anh Nr 1 c und Nr 1 f **Klausel-RL** zu beachten. Nach Art 3 III iVm **Anh Nr 1 c Klausel-RL** sind Klauseln idR missbräuchlich, durch die der Verbraucher eine verbindliche Verpflichtung eingeht, während der Gewerbetreibende die Erbringung der Leistungen an eine Bedingung knüpft, deren Eintritt nur von ihm abhängt. Das deutsche Recht bleibt in § 308 Nr 3 etwas hinter dieser Vorgabe zurück, da Art 3 III iVm Anh Nr 1 c Klausel-RL auch Dauerschuldverhältnisse erfasst und keine sachliche Rechtfertigung voraussetzt. Für die Auslegung von Nr 3 folgt daraus, dass bei Verbraucherverträgen Klauseln iSv Art 3 III iVm Anh Nr 1 c Klausel-RL in aller Regel unwirksam sind.

13 Nach **Art 3 III iVm Anh Nr 1 f Klausel-RL** ist eine Klausel idR missbräuchlich, in der es dem Gewerbetreibenden gestattet wird, nach freiem Ermessen den Vertrag zu kündigen, wenn das gleiche Recht nicht auch dem Verbraucher eingeräumt wird. Das deutsche Recht erfüllt im Grundsatz diese Anforderung der Richtlinie und ist insoweit sogar strenger, als Nr 3 auch bei einem vereinbarten Kündigungsrecht des Verbrauchers

eingreift. Für Dauerschuldverhältnisse muss Nr 3 (oder § 307 I, II) aber richtlinienkonform dahin eingeschränkt werden, dass jedenfalls ein asymmetrisches Kündigungsrecht iSv Art 3 III iVm Anh Nr 1 f Klausel-RL unwirksam ist.
Im **unternehmerischen Verkehr** gelten bei der Prüfung von Belieferungsvorbehalten an 14
§ 307 I, II geringere Anforderungen an die sachliche Rechtfertigung. Lieferfähigkeitsklauseln sind zB durchaus üblich. Die Klausel-RL gilt hier nicht.
Ein aufgrund einer unwirksamen Klausel erklärter Rücktritt ist wirkungslos. 15
4. Änderungsvorbehalt (Nr 4). Nr 4 stellt hohe Hürden für Vorbehalte auf, die verein- 16
barte Leistung zu ändern. Wenn der Verwender einseitig die geschuldete Leistung ändern kann, hat er es in der Hand, eine an sich nicht vertragsgemäße Leistung zur vertragsgemäßen zu machen. Die erbrachte Leistung ist dann nicht mangelhaft, so dass zB keine Rechte aus § 437 oder § 634 bestehen. Nr 4 ist nur anwendbar auf vom Verwender geschuldete Leistungen, nicht auf seine etwaige Befugnis, die Leistung der anderen Vertragspartei zu bestimmen (dann zB §§ 309 Nr 1 oder 307 I 1, II). Die **Zumutbarkeit** ist nur ausnahmsweise anzunehmen, da in die geforderte Interessenabwägung va das Prinzip der Vertragstreue einfließt (BGH NJW 05, 3567). Grds kommen daher nur solche Gründe in Betracht, wegen derer sich die andere Vertragspartei ohnehin nach § 242 auf eine Vertragsänderung einlassen müsste. Die Zumutbarkeit eines Änderungsvorbehalts hängt insb vom jeweiligen Vertragsgegenstand ab. Als zumutbar werden zB bei handwerklich gefertigten Stücken oder Waren, die unter Verwendung von Naturprodukten hergestellt werden, Klauseln wie „handelsübliche Farb- und Strukturabweichungen bleiben vorbehalten" angesehen (BGH NJW 87, 1886). Unzumutbar ist etwa die Klausel einer Sparkasse, nach der sie „am Ende eines Kalenderjahres den im Jahresverlauf durch Aushang bekannt gegebenen Zins" zahlt (BGH NJW 04, 1588; ebenso eine arbeitsvertragliche Klausel, nach der übertarifliche Lohnbestandteile jederzeit unbeschränkt widerrufen werden können (BAG NJW 05, 1820). Die Unwirksamkeit einer unbestimmten Zinsänderungsklausel bei Sparverträgen führt jedoch nicht dazu, dass der im Vertrag genannte Anfangszinssatz von der Bank für die gesamte Laufzeit geschuldet wird. Vielmehr lässt sich die Klausel in eine kontrollfreie, wirksame Vereinbarung von Zinsvariabilität und eine der Inhaltskontrolle unterliegende, unwirksame Bestimmung über die Art und Weise der Zinsanpassung aufteilen, mit der Folge, dass die Lücke hinsichtlich der Art und Weise der Zinsanpassung durch ergänzende Vertragsauslegung geschlossen werden kann (BGH NJW 08, 3422).
Art 3 III iVm Anh Nr 1 j Klausel-RL verbietet **Klauseln**, nach denen der Gewerbetrei- 17
bende die Vertragsklauseln einseitig ohne triftigen und **im Vertrag aufgeführten Grund** ändern kann (wenn nicht die Spezialvorschriften für Finanzdienstleistungen in **Anh Nr 2 b, 2 c Klausel-RL** eingreifen). Aus dieser Vorgabe folgt wohl nicht die Notwendigkeit, § 308 Nr 4 richtlinienkonform dahin zu korrigieren, dass der Grund für den Änderungsvorbehalt im Vertrag ausdrücklich aufgeführt sein muss. Denn nach **Art 3 III iVm Anh Nr 1 k Klausel-RL** sind Klauseln nicht zulässig, nach denen der Gewerbetreibende die Merkmale des von ihm zu liefernden Erzeugnisses oder der zu erbringenden Dienstleistung einseitig ohne triftigen Grund ändern kann. Nr 1 k ist enger als Nr 1 j und deshalb wohl lex specialis (Grabitz/Hilf/Pfeiffer, A5 Anh Rn 93). Doch muss in die Auslegung von § 308 Nr 4 – über dessen Wortlaut hinaus – das Erfordernis eines triftigen Grundes iSv Nr 1 k Klausel-RL einfließen. Das in **Art 3 III iVm Anh Nr 1 j Klausel-RL** geregelte Verbot eines Änderungsvorbehalts für Vertragsklauseln ist nicht ausdrücklich in das deutsche Recht umgesetzt und muss deshalb als eine gemeinschaftsrechtliche Vorgabe für die (richtlinienkonforme) Auslegung von § 307 I, II angesehen werden.
5. Fingierte Erklärungen (Nr 5). Klauseln, nach denen Schweigen als Willenserklärung 18
gelten soll, sind nach Nr 5 grds unzulässig. Nur wenn die beiden in lit a und lit b genannten Voraussetzungen vorliegen, kann eine derartige Klausel wirksam sein. Nr 5 ist nur iR bereits bestehender Verträge anwendbar, Vertragsabschlussklauseln der Art, dass der Vertrag durch bloßes Schweigen zustande kommt, werden nicht erfasst. Ebenso wenig gilt Nr 5 für direkt in den AGB fingierte Erklärungen oder antizipierte Erklä-

rungen; erfasst werden nur Erklärungsfiktionen aufgrund der Vornahme oder des Unterlassens bestimmter Handlungen.

19 Die **Erklärungsfrist** nach lit a hat den Zweck, der anderen Vertragspartei Gelegenheit zu geben, ihren ausdrücklichen Willen zu erklären. Die Frist muss so bemessen sein, dass ausreichend Zeit für die Entscheidungsfindung bleibt; außerdem muss das Fristende für die betroffene Partei ohne weiteres ersichtlich sein. Die von lit b verlangte **Hinweispflicht im Vertrag** ist auch dann nicht entbehrlich, wenn im konkreten Fall der Hinweis wirklich gegeben worden ist. Dieser **Hinweis** muss so gestaltet sein, dass mit der Kenntnisnahme zu rechnen ist.

20 Über die in lit a und lit b verlangten Voraussetzungen hinaus muss der Verwender auch ein berechtigtes **Interesse** an der Vereinbarung einer Erklärungsfiktion haben. Ein derartiges Interesse ist typischerweise die reibungslose Abwicklung von **Massengeschäften**, insb auf dem Bank- und Versicherungssektor (BT-Drucks 7/5433, 7). Die Privilegierung der Fiktionen iR der **VOB/B** wie zB die Abnahmefiktion sind 2009 aufgehoben worden.

21 Der Rechtsgedanke von Nr 5 ist auch im **unternehmerischen Verkehr** bei der Anwendung von § 307 I, II angebracht. An die Hinweispflicht sind aber geringere Anforderungen zu stellen.

22 6. Fiktion des Zugangs (Nr 6). Die Vorschrift regelt eine Ausn zu § 309 Nr 12. Unter engen Voraussetzungen lässt Nr 6 die wirksame Vereinbarung einer Zugangsfiktion zu. Grds ist der Absender einer Erklärung für die Tatsachen, aus denen sich ihr Zugang ergibt, beweispflichtig. Dieser Nachw ist in der Praxis aber regelmäßig schwierig. Daher besteht für den AGB-Verwender ein Interesse, für bestimmte Erklärungen eine Zugangsfiktion zu vereinbaren, die ihn von dieser Beweispflicht entbindet. Zulässig ist eine derartige Fiktion nach Nr 6 aber nicht bei einer Erklärung von „**besonderer Bedeutung**" wie zB **Kündigung** (BayObLG NJW 80, 2818), **Rücktritt** oder **Mahnung**. Für Erklärungen ohne besondere Bedeutung (zB Anzeigen, Mitteilungen) ist eine Zugangsfiktion wirksam, wenn und soweit an ihr ein berechtigtes Interesse besteht, wie zB das Interesse an der reibungslosen Abwicklung von Massengeschäften. Wegen des ähnlichen Schutzzwecks wird Nr 6 auch auf Klauseln angewendet, die Dritte zum Empfang von Erklärungen bevollmächtigen (BGH NJW 89, 2383). Eine zu weit gefasste Klausel ist nicht nur für Erklärungen von besonderer Bedeutung unwirksam, sondern insgesamt. Ist die Klausel wirksam, so muss der Verwender, um die Zugangsfiktion auszulösen, beweisen, dass er die Erklärung abgesandt hat; eine zusätzliche Fiktion oder die Umkehrung der Beweislast in Hinblick auf diese Tatsache fällt unter § 309 Nr 12 und ist immer unzulässig. Auch im **unternehmerischen Verkehr** ist der Rechtsgedanke von Nr 6 bei der Anwendung von § 307 I, II zu berücksichtigen.

23 7. Abwicklung von Verträgen (Nr 7). Das Klauselverbot in Nr 7 hat va den Zweck, den Vertragspartner des Verwenders vor einer Erschwerung des Rücktritts oder der Kündigung zu schützen. Nr 7 gilt über den Wortlaut hinaus für alle denkbaren Arten der **Vertragsbeendigung** und umfasst nur Ansprüche, die durch die Beendigung des Vertrages entstehen. Klauseln, die Aufwendungsersatz iR eines bestehenden Vertrages vorsehen, fallen nicht unter Nr 7. Das **Verhältnis** der Vorschrift **zu § 309 Nr 5, 6** erfordert eine teilweise nicht ganz einfache Abgrenzung, da zwischen Aufwendungsersatz, Schadensersatz und Vertragsstrafe fließende Übergänge bestehen können Die drei Vorschriften sind deshalb einheitlich auszulegen (OLG Hamm, NJW 83, 1503); Beispiel: Entsprechende Anwendung sowohl von § 308 Nr 7 a als auch von § 309 Nr 5 b auf eine Klausel über die pauschale Vergütung nach freier Kündigung eines Werkvertrages über ein Ausbauhaus (BGH NJW 11, 3030). Schon unter Geltung des früheren § 11 Nr 5 AGBG wurde auch für § 10 Nr 7 AGBG (nun § 308 Nr 7) die Möglichkeit verlangt, dass die andere Vertragspartei sich mit dem Einwand verteidigen können muss, dem Verwender seien tatsächlich keine Aufwendungen in dieser Höhe entstanden (BGH NJW 85, 632; 94, 1060, 1067; 97, 260). Nachdem nun im Fall von § 309 Nr 5 b der Verwender ausdrücklich den Nachw eines geringeren Schadens gestatten muss, wird man diesen Gedanken auch auf § 308 Nr 7 übertragen können, wenn pauschal Vergütungen oder Aufwendungsersatz vereinbart werden (vgl BGH NJW 11, 3030).

Die **Angemessenheit** einer Vergütung oder des Aufwendungsersatzes bemisst sich danach, was ohne die Klausel geschuldet wäre, also zB nach den gesetzlichen Regeln für die Rückabwicklung von Verträgen in §§ 346 ff. Eine weitgehende Abweichung von wesentlichen Grundgedanken ist grds unzulässig. Pauschalierungen sind aber zulässig und angemessen, wenn der vereinbarte Betrag die typischerweise anfallenden Kosten nicht übersteigt. Eine **Nutzungsvergütung** darf nur für die tatsächliche Dauer der Nutzung verlangt werden; die Bestimmung fiktiver Nutzungszeiträume ist unangemessen. Für die Berechnung darf die Wertminderung der Sache berücksichtigt werden, auch in pauschalierter Form. 24

Bei einer **Vergütung für erbrachte Leistungen** muss die Klausel insb nach den Umständen der Vertragsbeendigung differenzieren. Ist der AGB-Verwender für die Vertragsbeendigung verantwortlich, muss das Interesse der Gegenpartei an der bereits erbrachten Leistung Maßstab für die Höhe sein. Im Einzelfall darf der Betrag deshalb nur gering sein, wenn etwa die Gegenpartei an der nur teilweisen Leistung kaum Interesse hat. Zu berücksichtigen ist auch die Wertung aus Art 3 III iVm Anh Nr 1 f Klausel-RL. Danach darf der Gewerbetreibende sich nicht ein einseitiges Kündigungsrecht einräumen lassen und dann für den Fall der Kündigung das bereits von der anderen Partei geleistete Entgelt einbehalten, obwohl er selbst seine Leistung noch nicht erbracht hat. Erwächst der Beendigungsgrund aus der Sphäre der anderen Vertragspartei, so sind als Maßstab auch die bereits gemachten Aufwendungen zur Erfüllung des Vertrages heranzuziehen. Diese können durchaus erheblich sein, wenn etwa der größte Teil der Leistungsanstrengung schon im Vorfeld der eigentlichen Leistung liegt. 25

8. Nichtverfügbarkeit der Leistung (Nr 8). Dieses Klauselverbot **ergänzt** § 308 Nr 3. Eine nach Nr 3 zulässige Klausel, nach der sich der Verwender bei Nichtverfügbarkeit der versprochenen Leistung vom Vertrag lösen kann, muss die Verpflichtung enthalten, die andere Vertragspartei unverzüglich zu informieren und eine bereits geleistete Gegenleistung unverzüglich zu erstatten. Es kommt für die Wirksamkeit der Klausel nur auf die Vereinbarung dieser Pflichten im Vertrag an, nicht auf ihre spätere Erfüllung. Für außerhalb von Geschäftsräumen geschlossene Verträge und Fernabsatzverträge ergibt sich eine gesetzliche Informationspflicht aus § 312 d. Auf den **unternehmerischen Verkehr** ist dieses Klauselverbot nicht übertragbar (BR-Drucks 25/00, 139). 26

§ 309 Klauselverbote ohne Wertungsmöglichkeit

Auch soweit eine Abweichung von den gesetzlichen Vorschriften zulässig ist, ist in Allgemeinen Geschäftsbedingungen unwirksam

1. (Kurzfristige Preiserhöhungen)
   eine Bestimmung, welche die Erhöhung des Entgelts für Waren oder Leistungen vorsieht, die innerhalb von vier Monaten nach Vertragsschluss geliefert oder erbracht werden sollen; dies gilt nicht bei Waren oder Leistungen, die im Rahmen von Dauerschuldverhältnissen geliefert oder erbracht werden;
2. (Leistungsverweigerungsrechte)
   eine Bestimmung, durch die
   a) das Leistungsverweigerungsrecht, das dem Vertragspartner des Verwenders nach § 320 zusteht, ausgeschlossen oder eingeschränkt wird oder
   b) ein dem Vertragspartner des Verwenders zustehendes Zurückbehaltungsrecht, soweit es auf demselben Vertragsverhältnis beruht, ausgeschlossen oder eingeschränkt, insbesondere von der Anerkennung von Mängeln durch den Verwender abhängig gemacht wird;
3. (Aufrechnungsverbot)
   eine Bestimmung, durch die dem Vertragspartner des Verwenders die Befugnis genommen wird, mit einer unbestrittenen oder rechtskräftig festgestellten Forderung aufzurechnen;

4. (Mahnung, Fristsetzung)
   eine Bestimmung, durch die der Verwender von der gesetzlichen Obliegenheit freigestellt wird, den anderen Vertragsteil zu mahnen oder ihm eine Frist für die Leistung oder Nacherfüllung zu setzen;
5. (Pauschalierung von Schadensersatzansprüchen)
   die Vereinbarung eines pauschalierten Anspruchs des Verwenders auf Schadensersatz oder Ersatz einer Wertminderung, wenn
   a) die Pauschale den in den geregelten Fällen nach dem gewöhnlichen Lauf der Dinge zu erwartenden Schaden oder die gewöhnlich eintretende Wertminderung übersteigt oder
   b) dem anderen Vertragsteil nicht ausdrücklich der Nachweis gestattet wird, ein Schaden oder eine Wertminderung sei überhaupt nicht entstanden oder wesentlich niedriger als die Pauschale;
6. (Vertragsstrafe)
   eine Bestimmung, durch die dem Verwender für den Fall der Nichtabnahme oder verspäteten Abnahme der Leistung, des Zahlungsverzugs oder für den Fall, dass der andere Vertragsteil sich vom Vertrag löst, Zahlung einer Vertragsstrafe versprochen wird;
7. (Haftungsausschluss bei Verletzung von Leben, Körper, Gesundheit und bei grobem Verschulden)
   a) (Verletzung von Leben, Körper, Gesundheit)
      ein Ausschluss oder eine Begrenzung der Haftung für Schäden aus der Verletzung des Lebens, des Körpers oder der Gesundheit, die auf einer fahrlässigen Pflichtverletzung des Verwenders oder einer vorsätzlichen oder fahrlässigen Pflichtverletzung eines gesetzlichen Vertreters oder Erfüllungsgehilfen des Verwenders beruhen;
   b) (Grobes Verschulden)
      ein Ausschluss oder eine Begrenzung der Haftung für sonstige Schäden, die auf einer grob fahrlässigen Pflichtverletzung des Verwenders oder auf einer vorsätzlichen oder grob fahrlässigen Pflichtverletzung eines gesetzlichen Vertreters oder Erfüllungsgehilfen des Verwenders beruhen;
   die Buchstaben a und b gelten nicht für Haftungsbeschränkungen in den nach Maßgabe des Personenbeförderungsgesetzes genehmigten Beförderungsbedingungen und Tarifvorschriften der Straßenbahnen, Obusse und Kraftfahrzeuge im Linienverkehr, soweit sie nicht zum Nachteil des Fahrgasts von der Verordnung über die Allgemeinen Beförderungsbedingungen für den Straßenbahn- und Obusverkehr sowie den Linienverkehr mit Kraftfahrzeugen vom 27. Februar 1970 abweichen; Buchstabe b gilt nicht für Haftungsbeschränkungen für staatlich genehmigte Lotterie- oder Ausspielverträge;
8. (Sonstige Haftungsausschlüsse bei Pflichtverletzung)
   a) (Ausschluss des Rechts, sich vom Vertrag zu lösen)
      eine Bestimmung, die bei einer vom Verwender zu vertretenden, nicht in einem Mangel der Kaufsache oder des Werkes bestehenden Pflichtverletzung das Recht des anderen Vertragsteils, sich vom Vertrag zu lösen, ausschließt oder einschränkt; dies gilt nicht für die in der Nummer 7 bezeichneten Beförderungsbedingungen und Tarifvorschriften unter den dort genannten Voraussetzungen;
   b) (Mängel)
      eine Bestimmung, durch die bei Verträgen über Lieferungen neu hergestellter Sachen und über Werkleistungen
      aa) (Ausschluss und Verweisung auf Dritte)
          die Ansprüche gegen den Verwender wegen eines Mangels insgesamt oder bezüglich einzelner Teile ausgeschlossen, auf die Einräumung von Ansprüchen gegen Dritte beschränkt oder von der vorherigen gerichtlichen Inanspruchnahme Dritter abhängig gemacht werden;

bb) (Beschränkung auf Nacherfüllung)
die Ansprüche gegen den Verwender insgesamt oder bezüglich einzelner Teile auf ein Recht auf Nacherfüllung beschränkt werden, sofern dem anderen Vertragsteil nicht ausdrücklich das Recht vorbehalten wird, bei Fehlschlagen der Nacherfüllung zu mindern oder, wenn nicht eine Bauleistung Gegenstand der Mängelhaftung ist, nach seiner Wahl vom Vertrag zurückzutreten;

cc) (Aufwendungen bei Nacherfüllung)
die Verpflichtung des Verwenders ausgeschlossen oder beschränkt wird, die zum Zwecke der Nacherfüllung erforderlichen Aufwendungen, insbesondere Transport-, Wege-, Arbeits- und Materialkosten, zu tragen;

dd) (Vorenthalten der Nacherfüllung)
der Verwender die Nacherfüllung von der vorherigen Zahlung des vollständigen Entgelts oder eines unter Berücksichtigung des Mangels unverhältnismäßig hohen Teils des Entgelts abhängig macht;

ee) (Ausschlussfrist für Mängelanzeige)
der Verwender dem anderen Vertragsteil für die Anzeige nicht offensichtlicher Mängel eine Ausschlussfrist setzt, die kürzer ist als die nach dem Doppelbuchstaben ff zulässige Frist;

ff) (Erleichterung der Verjährung)
die Verjährung von Ansprüchen gegen den Verwender wegen eines Mangels in den Fällen des § 438 Abs. 1 Nr. 2 und des § 634 a Abs. 1 Nr. 2 erleichtert oder in den sonstigen Fällen eine weniger als ein Jahr betragende Verjährungsfrist ab dem gesetzlichen Verjährungsbeginn erreicht wird;

9. (Laufzeit bei Dauerschuldverhältnissen)
bei einem Vertragsverhältnis, das die regelmäßige Lieferung von Waren oder die regelmäßige Erbringung von Dienst- oder Werkleistungen durch den Verwender zum Gegenstand hat,

a) eine den anderen Vertragsteil länger als zwei Jahre bindende Laufzeit des Vertrags,
b) eine den anderen Vertragsteil bindende stillschweigende Verlängerung des Vertragsverhältnisses um jeweils mehr als ein Jahr oder
c) zu Lasten des anderen Vertragsteils eine längere Kündigungsfrist als drei Monate vor Ablauf der zunächst vorgesehenen oder stillschweigend verlängerten Vertragsdauer;

dies gilt nicht für Verträge über die Lieferung als zusammengehörig verkaufter Sachen, für Versicherungsverträge sowie für Verträge zwischen den Inhabern urheberrechtlicher Rechte und Ansprüche und Verwertungsgesellschaften im Sinne des Gesetzes über die Wahrnehmung von Urheberrechten und verwandten Schutzrechten;

10. (Wechsel des Vertragspartners)
eine Bestimmung, wonach bei Kauf-, Darlehens-, Dienst- oder Werkverträgen ein Dritter anstelle des Verwenders in die sich aus dem Vertrag ergebenden Rechte und Pflichten eintritt oder eintreten kann, es sei denn, in der Bestimmung wird

a) der Dritte namentlich bezeichnet oder
b) dem anderen Vertragsteil das Recht eingeräumt, sich vom Vertrag zu lösen;

11. (Haftung des Abschlussvertreters)
eine Bestimmung, durch die der Verwender einem Vertreter, der den Vertrag für den anderen Vertragsteil abschließt,

a) ohne hierauf gerichtete ausdrückliche und gesonderte Erklärung eine eigene Haftung oder Einstandspflicht oder
b) im Falle vollmachtsloser Vertretung eine über § 179 hinausgehende Haftung auferlegt;

12. (Beweislast)
eine Bestimmung, durch die der Verwender die Beweislast zum Nachteil des anderen Vertragsteils ändert, insbesondere indem er
   a) diesem die Beweislast für Umstände auferlegt, die im Verantwortungsbereich des Verwenders liegen, oder
   b) den anderen Vertragsteil bestimmte Tatsachen bestätigen lässt;
   Buchstabe b gilt nicht für Empfangsbekenntnisse, die gesondert unterschrieben oder mit einer gesonderten qualifizierten elektronischen Signatur versehen sind;
13. (Form von Anzeigen und Erklärungen)
eine Bestimmung, durch die Anzeigen oder Erklärungen, die dem Verwender oder einem Dritten gegenüber abzugeben sind, an eine strengere Form als die Schriftform oder an besondere Zugangserfordernisse gebunden werden.

1 **I. Allgemeines.** Nach § 310 I sind die Klauselverbote des § 309 nicht ggü Unternehmern, juristischen Personen des öffentlichen Rechts oder öffentlich-rechtlichen Sondervermögen anwendbar. Besonders die in § 309 geregelten zwingenden Klauselverbote haben aber Indizwirkung iR der Anwendung von § 307 I, II und wirken damit indirekt auch prägend für die Inhaltskontrolle im unternehmerischen Verkehr.

2 Das SchuldrechtsmodernisierungsG hat den **Hintergrund** und die **Funktion** auch der sachlich unveränderten Klauselverbote **verschoben**. Das bisherige Hauptanwendungsfeld insb des früheren § 11 Nr 10, 11 AGBG (Vorgänger der nunmehrigen Nr 8), der nichtunternehmerische Kauf, ist nach §§ 474 ff nun im Wesentlichen durch **zwingendes Recht** geregelt. Die praktische Bedeutung vieler Klauselverbote wird daher in Zukunft geringer. Doch behalten die in Nr 8 geregelten Klauselverbote auch für den unternehmerischen Verkehr Bedeutung, da sie auf die Anwendung des § 307 I, II ausstrahlen.

3 Nr 1–13 enthalten Klauseln, die wegen ihrer besonderen Gefährlichkeit unangemessen sind. Da diese Klauselverbote – anders als in § 308 – nur wenige unbestimmte Rechtsbegriffe verwenden, sollen sie „ohne Wertungsmöglichkeit" (so die Überschrift) stets zur Unwirksamkeit führen. Die Möglichkeit, durch Interessenabwägung trotz typischer Benachteiligungswirkung zur Wirksamkeit zu kommen, ist grds versperrt. Umgekehrt kann aber eine nach § 309 nicht zu beanstandende Klausel, auch wenn sie dort geregelte Materien betrifft, nach umfassender Wertung aller Umstände über die Anwendung der in § 307 I, II umschriebenen Generalklausel für unwirksam erklärt werden.

4 Verstößt eine Klausel teilweise gegen ein Klauselverbot nach § 309, so ist sie im Ganzen unwirksam. Es findet keine sog **geltungserhaltende Reduktion** statt. An die Stelle der im Ganzen unwirksamen Klausel tritt das dispositive Gesetzesrecht.

5 **II. Die einzelnen Klauselverbote. 1. Kurzfristige Preiserhöhungen (Nr 1).** Zweck dieses Klauselverbots ist der Schutz der anderen Vertragspartei vor einer nachträglichen Veränderung des **Äquivalenzverhältnisses**. Der von den Parteien ausgehandelte Preis für die vertraglich geschuldete Leistung soll nicht einseitig geändert werden können. Die Klausel dient damit auch dem Schutz des Wettbewerbs, da sie die Vergleichbarkeit von Preisen erst ermöglicht. Die **Preisvereinbarung** selbst unterliegt als vertragliche Hauptleistung nicht der Inhaltskontrolle (§ 307 Rn 7). Erfasst werden von der Vorschrift ausschließlich so genannte **Preisänderungsklauseln**, also Klauseln, die bereits einen vereinbarten Preis voraussetzen. So genannte Preisvorbehaltsklauseln, also Klauseln, die die Bestimmung des Preises dem AGB-Verwender überlassen, unterliegen nur der Inhaltskontrolle nach § 307 I, II.

6 Unter Erhöhung des **Entgelts** ist dabei nicht ausschließlich die Anhebung eines in Geld bemessenen Preises zu verstehen. Seinem Schutzzweck nach muss Nr 1 auch eingreifen, wenn die Gegenleistung nicht in der Zahlung von Geld, sondern in der Leistung von Waren oder Diensten besteht.

7 Das formularmäßig eingeräumte Recht des Verwenders, den Preis einseitig zu erhöhen, ist nach Nr 1 nur unwirksam, wenn die **Lieferzeit nicht länger als 4 Monate** ist. Bei einer längeren Frist kann der Verwender wegen zwischenzeitlicher Verteuerung der Ware ein berechtigtes Interesse daran haben, den Preis zu erhöhen. Eine derartige

Klausel ist dann nicht an Nr 1 zu messen, sondern an § 307 I, II. Die viermonatige Frist beginnt mit Abschluss des Vertrages und endet mit der Fälligkeit der Leistung. Ob die Leistung dann tatsächlich innerhalb von 4 Monaten erbracht wird oder erst nach einem längeren Zeitraum, ist für die Wirksamkeit der Klausel unerheblich.

Ausdrücklich ausgenommen sind Preiserhöhungsklauseln in **Dauerschuldverhältnissen**, 8 weil bei diesen idR ein Bedürfnis für Preisanpassungen besteht. Bei Dauerschuldverhältnissen ist aber die Generalklausel in § 307 I, II anwendbar. Die Angemessenheit einer Preiserhöhungsklausel bei Dauerschuldverhältnissen bestimmt sich zB danach, ob der Verwender ein berechtigtes Interesse für die Klausel hat, ob die Anpassung sich an tatsächlichen Marktveränderungen orientiert und nicht willkürlich ist und ob der anderen Vertragspartei eine Kündigungsmöglichkeit eingeräumt wird (BGHZ 94, 335). Für Klauseln über Entgelte, Kosten und Auslagen von Banken sind Preisbestimmungs- und Änderungsklauseln nur wirksam, wenn sie (1) die Voraussetzungen einer Preisanpassung (zB eine Steigerung bestimmter Kosten) klar nennen und regeln, wie aus der Kostensteigerung der neue Preis errechnet wird und (2) eine Pflicht auch zur Senkung des Preises nach derselben Formel enthalten (vgl. BGH BGHZ 180, 257). Bei **Reiseverträgen** stellt § 651 a IV durch eine Verweisung auf § 309 Nr 1 klar, dass für Erhöhungen des Reisepreises neben der 20 Tage-Schranke des § 651 a IV 2 auch die zeitliche Schranke des § 309 Nr 1 gilt (BGH NJW 03, 507).

Die Unwirksamkeit einer Preisanpassungsklausel führt dazu, dass der ursprünglich bei 9 Vertragsschluss **vereinbarte Preis bestehen** bleibt. In besonders gelagerten Fällen, in denen diese Lösung unbillig ggü dem AGB-Verwender wäre, hat die Rspr eine ergänzende Vertragsauslegung in Abweichung vom Verbot der geltungserhaltenden Reduktion zugelassen, und so zB bei Unwirksamkeit einer Tagespreisklausel dem Verkäufer den Anspruch auf den jeweiligen Listenpreis zugebilligt. Lag die damit verbundene Erhöhung aber über dem Anstieg der allg Lebenshaltungskosten, soll die andere Vertragspartei zum Rücktritt berechtigt sein (BGH NJW 84, 1177).

Nach **Art 3 III iVm Anh Nr 1 l Klausel-RL** ist eine Vertragsklausel idR missbräuchlich, 10 nach der der Verkäufer einer Ware oder der Erbringer einer Dienstleistung den Preis zum Zeitpunkt der Lieferung festsetzen oder erhöhen kann, ohne dass der Verbraucher in beiden Fällen ein Recht hat, vom Vertrag zurückzutreten, wenn der Endpreis im Verhältnis zu dem Preis, der bei Vertragsabschluss vereinbart wurde, zu hoch ist. Für Preisindexklauseln und für Kapitalmarktgeschäfte nach Nr 2 c und 2 d des Anh zur Klausel-RL gilt dieses Klauselverbot jedoch nicht. Das deutsche Recht geht für die unter § 309 Nr 1 fallenden Klauseln über die Anforderungen der RL hinaus, da nicht nur eine Rücktrittsmöglichkeit gewährt wird, sondern die Preiserhöhungsklausel unwirksam ist. Bei einer längeren Lieferfrist als 4 Monate und bei Dauerschuldverhältnissen müssen die Vorgaben von Art 3 III iVm Anh Nr 1 l Klausel-RL aber iR der Anwendung von § 307 I, II berücksichtigt werden.

Im **unternehmerischen Verkehr** (§ 310 I) sind Preisänderungsklauseln durchaus ge- 11 bräuchlich. Doch findet auch hier eine auf § 307 I, II gestützte Inhaltskontrolle statt. Formularmäßige einseitige Preisänderungsrechte sind danach grds nur wirksam, wenn die Klausel schwerwiegende Änderungsgründe nennt und in ihren Voraussetzungen und Folgen die Interessen der anderen Vertragspartei angemessen berücksichtigt (BGH NJW 94, 1060, 1063).

2. Leistungsverweigerungsrechte (Nr 2). Das Klauselverbot verhindert die formular- 12 mäßige Abbedingung von §§ 273, 320. Die Einrede des nichterfüllten Vertrages nach § 320 und das Zurückbehaltungsrecht nach § 273 tragen der Tatsache Rechnung, dass die Leistung der einen Partei gerade dem Erhalt der Gegenleistung dient. Als Ausfluss eines grundlegenden Gerechtigkeitsgebots (BGHZ 63, 239) können die Rechte aus §§ 273, 320 durch AGB weder ausgeschlossen noch eingeschränkt werden (auch nicht durch die in Nr 2 b aE ausdrücklich genannte Möglichkeit). Klauseln, die eine ähnliche Wirkung haben, fallen ebenfalls unter Nr 2; so zB eine Klausel, die der Vertragspartei des Verwenders für den Fall der Schlecht- oder Falschlieferung die Sperrung seines Schecks untersagt, da die Ausübung des Zurückbehaltungsrechts damit de facto unterlaufen wird (BGH WM 85, 202).

13 Eine formularmäßig vereinbarte **Vorleistungspflicht** kann zwar iErg den Schutz durch Nr 2 unterlaufen, wird aber trotzdem nicht an Nr 2 gemessen und grds für zulässig erachtet, wenn ein sachlich gerechtfertigter Grund vorliegt (BGH NJW 01, 294; BGH NJW 85, 851, str). Kontrollmaßstab ist freilich § 307 I, II (BGH NJW 87, 1931).

14 Nach Art 3 III iVm Anh Nr 1 o Klausel-RL ist eine Klausel idR missbräuchlich, nach der der Verbraucher allen seinen Verpflichtungen nachkommen muss, obwohl der Gewerbetreibende seine Verpflichtungen nicht erfüllt. Nr 2 erfüllt diese Vorgabe; jedoch muss bei der Prüfung formularmäßig vereinbarter Vorleistungspflichten des Verbrauchers an § 307 I, II diese Wertung mit einfließen.

15 Im **unternehmerischen Verkehr** (§ 310 I) sind für zahlreiche Geschäfte Vorleistungspflichten üblich. Bei der Angemessenheitsprüfung nach § 307 I, II ist zu berücksichtigen, dass es einem Kaufmann idR eher zuzumuten ist, seine Ansprüche statt durch bloße Leistungsverweigerung nach §§ 273, 320 durch eine Klage durchzusetzen.

16 **3. Aufrechnungsverbot (Nr 3).** Aus Nr 3 ergibt sich im Umkehrschluss, dass **Aufrechnungsverbote** grds zulässig sind. Nur für unbestrittene oder rechtskräftig festgestellte Forderungen ist ein Aufrechnungsverbot in AGB nach Nr 3 unwirksam. Eine bloße **Erschwerung** der Aufrechnung fällt hingegen nicht unter Nr 3, aber unter die Generalklausel des § 307 I, II. **Bestritten** sind Forderungen, deren Überprüfung einen nicht nur unerheblichen Zeitaufwand erfordert; unbestritten sind Forderungen, denen keine Einwendungen gegenüberstehen. Der BGH versteht die rechtskräftig festgestellte Forderung als Unterfall der unbestrittenen Forderung. Eine Klausel, die nur die unbestrittenen Forderungen von einem Aufrechnungsverbot ausnimmt, ist deshalb wirksam (BGH ZIP 89, 784). Der Rechtsgedanke von Nr 3 führt in aller Regel auch im unternehmerischen Verkehr (§ 310 I) zur Unwirksamkeit eines uneingeschränkten Aufrechnungsverbots nach § 307 I, II, da an ein schützenswertes Interesse an einem Verbot, mit unbestrittenen Forderungen aufzurechnen, wohl kaum bestehen wird.

17 Nach Art 3 III iVm Anh Nr 1 b Klausel-RL ist eine Klausel idR missbräuchlich, durch die Ansprüche des Verbrauchers ggü dem Gewerbetreibenden, einschließlich der Möglichkeit, eine Verbindlichkeit ggü dem Gewerbetreibenden durch eine etwaige Forderung gegen ihn auszugleichen, ausgeschlossen oder ungebührlich eingeschränkt werden, wenn der Gewerbetreibende eine der vertraglichen Verpflichtungen ganz oder teilweise nicht oder mangelhaft erfüllt. Damit sind die Vorgaben der RL im Fall eines vertragswidrigen Verhaltens des Verwenders wesentlich strenger als das deutsche Recht. Auch bei bestrittener Forderung ist ein Aufrechnungsverbot dann unzulässig. Überdies erfasst die RL – anders als Nr 3 – auch Erschwerungen der Aufrechnung. Diese Vorgaben müssen bei der Auslegung von Nr 3 oder iR der Anwendung von § 307 I, II umgesetzt werden. In Verbraucherverträgen empfiehlt sich bei einem formularmäßigen Aufrechnungsverbot deshalb ein Zusatz, nach dem das Aufrechnungsverbot nicht für den Fall gilt, dass der Unternehmer seine vertraglichen Verpflichtungen ganz oder teilweise nicht erfüllt oder mangelhaft erfüllt.

18 **4. Mahnung, Fristsetzung (Nr 4).** Unwirksam sind Klauseln, durch die zB eine Mahnung oder eine Fristsetzung nach §§ 281 I, 286 I, 321 II, 323 I entbehrlich werden würde. Derartige Erfordernisse dienen dem Schutz des Schuldners. Er soll noch ein letztes Mal die Möglichkeit bekommen, die drohenden Rechtsfolgen abzuwenden. Eine Klausel, die eine Mahnung oder Fristsetzung nur für Fälle entbehrlich macht, in denen derartige Handlungen ohnehin zB nach §§ 281 II, 286 II, 323 II entbehrlich sind, ist wirksam. Nr 4 erfasst auch Klauseln, die zu Rechtsfolgen führen, die nach der gesetzlichen Regelung gerade die Mahnung oder Fristsetzung voraussetzen, zB eine Klausel, nach der die Kosten einer ersten, verzugsbegründenden Mahnung ersetzt werden (BGH NJW 85, 320) oder eine Klausel, nach der schon die bloße Leistungsverzögerung Verzugszinsen oder ein Rücktrittsrecht auslöst (BGH NJW 88, 258; 83, 1322). Im **unternehmerischen Verkehr** (§ 310 I) ist aber zB eine Klausel, die den Verzugseintritt auch ohne Mahnung zulässt, nicht unangemessen (BGH WM 91, 1471). Für Entgeltforderungen ergibt sich dies inzwischen auch aus Art 3 I, III Zahlungsverzugs-RL. Leistungs- oder Nacherfüllungsfristen sind hingegen auch im unternehmerischen Verkehr

grds interessengerecht; entsprechende Klauseln sind folglich unwirksam (BGH NJW 86, 843; OLG Köln NJW 91, 301).

5. Pauschalierung von Schadensersatzansprüchen (Nr 5). Nr 5 b verlangt, dass bei einer Pauschalierung von Schadensersatzansprüchen dem anderen Vertragsteil „ausdrücklich der Nachw gestattet wird", ein Schaden oder eine Wertminderung sei überhaupt nicht entstanden oder wesentlich niedriger als die Pauschale. Für den **unternehmerischen Verkehr** ist eine derartige Informationsobliegenheit unpassend; der Rechtsgedanke von Nr 5 b ist deshalb nicht übertragbar. 19

Eine **Pauschalierung** von Schadens- oder Wertminderungsersatzansprüchen ist nach Nr 5 grds zulässig. Durch derartige Klauseln wird die Abwicklung erleichtert und der oft schwierige Nachw einer bestimmten Schadenshöhe vermieden (BGHZ 85, 305, 313). Nr 5 ist nur auf Klauseln anwendbar, die einen bestehenden Anspruch bereits voraussetzen. Die Begr eines Anspruchs durch AGB fällt nicht unter Nr 5. Nach Nr 5 a wird die **Höhe** des in AGB vereinbarten Pauschalbetrages kontrolliert. Dabei dürfen zur Bestimmung der noch zulässigen Höhe nur Positionen berücksichtigt werden, die auch bei einer Berechnung im Einzelfall erstattungsfähig wären. Die Aufnahme weiterer Posten führt idR zu einer überhöhten Pauschale und damit zur Unwirksamkeit der Klausel. Der Pauschalbetrag darf den **typischen Durchschnittsschaden** (oder die entsprechende Wertminderung) nicht überschreiten, auch nicht geringfügig. Zum Zusammenhang mit § 308 Nr 7 s dort Rn 23. Als zulässig angesehen wird zB eine Schadenspauschale von 10 % des Kaufpreises bei Nichtabnahme eines Gebrauchtwagens (BGH BGHZ 185, 178) oder von 15 % des Bruttokaufpreises bei einem Neuwagen (BGH NJW 12, 3230). Diese Grundsätze gelten entspr auch bei der Inhaltskontrolle von Pauschalierungsklauseln im unternehmerischen Verkehr (BGH NJW 94, 1060, 1068). 20

Nach **Art 3 III iVm Anh Nr 1 e Klausel-RL** sind Klauseln idR missbräuchlich, durch die dem Verbraucher, der seinen Verpflichtungen nicht nachkommt, ein unverhältnismäßig hoher Entschädigungsbetrag auferlegt wird. Dieses Klauselverbot erlaubt also im Grundsatz Pauschalierungen, die aber nicht unverhältnismäßig iSd RL sein dürfen. Dieser Wertung ist durch Nr 5 und der dazu bestehenden Auslegung Rechnung getragen. 21

6. Vertragsstrafe (Nr 6). Die Vorschrift verbietet Klauseln, die eine Vertragsstrafe begründen, nicht generell, sondern nur für die genannten Fallgruppen. Es handelt sich um Fälle, für die das Gesetz idR bereits eine Regelung enthält, nach der Schadensersatz geschuldet wird. Ein schützenswertes Interesse, darüber hinaus zusätzlich Finanzmittel zu erhalten, hat der Verwender idR nicht (OLG Düsseldorf BauR 03, 94 f). Dem Wortlaut nach fällt nur eine Vertragsstrafe unter Nr 6, also eine Vereinbarung, die davon befreit, im Verwirkungsfall (§§ 339ff) das Entstehen eines Schadens oder seine Höhe beweisen zu müssen (BGHZ 85, 305, 312 f). Auf Klauseln, die ähnliche Wirkungen wie eine Vertragsstrafe haben, ist Nr 6 aber entspr anwendbar (zB Verfallklausel, Reugeld, Einzelheiten str). Vertragsstrafen, die nicht unter Nr 6 fallen, werden nach § 307 I, II kontrolliert. Nach **Art 3 III iVm Anh Nr 1 e Klausel-RL** ist eine Klausel missbräuchlich, wenn dem Verbraucher, der seinen Verpflichtungen nicht nachkommt, ein unverhältnismäßig hoher Entschädigungsbetrag auferlegt wird. Das deutsche Recht ist strenger, soweit es in den Fällen von Nr 6 die Vertragsstrafe für AGB per se verbietet. Bei den nach Nr 6 grds zulässigen Vertragsstrafen sind die Vorgaben der RL über die Höhe zu berücksichtigen. Wegen der im Arbeitsrecht geltenden Besonderheiten (§ 310 IV) sind Vertragsstrafen in **Arbeitsverträgen** grds zulässig (BAG ZGS 04, 275, str). Jedoch verstößt eine Vertragsstrafe für den Fall der vorzeitigen Beendigung des Arbeitsverhältnisses idR gegen § 307 I, II, wenn sie höher ist als der bis zum ersten zulässigen Kündigungstermin zu erwartende Bruttolohn. 22

Im **unternehmerischen Verkehr** (§ 310 I) sind Vertragsstrafen üblich und grds nicht zu beanstanden. Ihre Unwirksamkeit kann sich aber nach § 307 I, II wegen wesentlicher Abweichung vom gesetzlichen Leitbild (zB vom Verschuldenserfordernis) oder einer überhöhten Strafe ergeben (dazu auch § 307 Rn 18). 23

7. Haftungsausschluss bei Verletzung von Leben, Körper, Gesundheit und bei grobem Verschulden (Nr 7). Die Vorschrift enthält, abgestuft nach Rechtsgütern und mit Ausn 24 für bestimmte Vertragstypen, das Verbot von **Haftungsfreizeichnungsklauseln**. Nr 7 a ist ein Verbot, sich von der **Haftung bei Verletzung von Leben, Körper oder Gesundheit** selbst für **einfache Fahrlässigkeit** freizuzeichnen. Auch jegliche Begrenzung der Haftung ist ausgeschlossen, ebenso die Freizeichnung von der Haftung für gesetzliche Vertreter oder Erfüllungsgehilfen (§ 278). Aus welcher Rechtsgrundlage der Anspruch erwächst, ist unerheblich; vorvertragliche, vertragliche und deliktsrechtliche Ansprüche sind gleichermaßen erfasst. Insb **globale Haftungsfreizeichnungen** für lediglich leicht fahrlässig verursachte Schäden sind **insgesamt unwirksam**, wenn nicht die unter Nr 7 a fallenden Ansprüche ausgenommen werden (zB umfassender Haftungsausschluss – auch unter Privaten – etwa beim Verkauf von Gebrauchtwagen, OLG Hamm ZGS 05, 318; im Aufnahmeformular eines Fallschirmsportvereins OLG Koblenz NJW-RR 02, 1252; in Versteigerungsbedingungen eines Auktionshauses BGH NJW 13, 3570). Gleiches gilt für die Verkürzung der gesetzlichen Verjährungsfrist, wenn die in Nr 7 a (und b) genannten Ansprüche nicht von der Verkürzung ausgenommen werden (BGH NJW 13, 2584). Nr 7 a entspricht **Art 3 III iVm Anh Nr 1 a Klausel-RL**, nach dem Klauseln idR missbräuchlich sind, durch die die gesetzliche Haftung des Gewerbetreibenden ausgeschlossen oder eingeschränkt wird, wenn der Verbraucher aufgrund einer Handlung oder Unterlassung des Gewerbetreibenden sein Leben verliert oder einen Körperschaden erleidet.

25 Für alle anderen Schäden ist nach Nr 7 b eine Freizeichnung für die Haftung wegen einer **grob fahrlässigen Pflichtverletzung** des Verwenders unwirksam (für Vorsatz gilt bereits § 276 III). Ebenso wenig kann die Haftung des Verwenders für eine vorsätzliche oder grob fahrlässige Pflichtverletzung eines gesetzlichen Vertreters oder Erfüllungsgehilfen (§ 278) ausgeschlossen werden. Auch Nr 7 b gilt für Ansprüche aus allen denkbaren Pflichtverletzungen, sei es aus Verschulden bei Vertragsanbahnung (§ 241 II), aus Vertrag oder aus Delikt (zum früheren Recht BGHZ 96, 18, 25). Auch eine summenmäßige Begrenzung des Schadensersatzes fällt unter Nr 7 b. Die verbleibende Möglichkeit, Schadensersatzansprüche wegen leicht fahrlässiger Pflichtverletzung auszuschließen oder zu begrenzen, verstößt nicht per se gegen **Art 3 III iVm Anh Nr 1 b Klausel-RL**, da danach nur der vollständige Ausschluss oder die ungebührliche Einschränkung von Ansprüchen des Verbrauchers gegen den Gewerbetreibenden zB bei mangelhafter Erfüllung missbräuchlich ist. Schadensersatzansprüche können demnach grds auch ausgeschlossen werden, insb wenn dem Verbraucher andere Ansprüche verbleiben. Doch ist anhand der Wertungen der RL im Einzelfall zu ermitteln, ob ein Ausschluss von Schadensersatz die Ansprüche des Verbrauchers „ungebührlich" einschränkt.

26 Für bestimmte **Vertragstypen**, die einer anderweitigen staatlichen Kontrolle unterliegen, gelten die in Nr 7 a und Nr 7 b geregelten Freizeichnungsverbote nicht. Es handelt sich insb um Massenverträge iR der Personenbeförderung und (nur für Nr 7 b) um staatlich genehmigte Lotterie- oder Ausspielverträge. Da die Bedingungen der von Nr 7 a ausgenommenen Personenbeförderungsverträge auf Rechtsvorschriften beruhen, verstößt dies nicht gegen die Klausel-RL (Art 1 II).

27 **8. Sonstige Haftungsausschlüsse bei Pflichtverletzung (Nr 8).** Nr 8 a betrifft den formularmäßigen Ausschluss eines Lösungsrechts vom Vertrag; Nr 8 b regelt typische Freizeichnungsklauseln im Zusammenhang mit Mängeln bei Verträgen über die Lieferung neu hergestellter Sachen und über Werkleistungen. Nr 8 a gilt nicht für Pflichtverletzungen, die in einem Mangel der Kaufsache oder des Werks bestehen. Diese Einschränkung ist deshalb erforderlich, da nach der Ausgestaltung der Pflichten des Verkäufers (§ 433 I 2) und des Werkunternehmers (§ 633 I) die Lieferung einer mangelhaften Sache eine Pflichtverletzung ist. Durch das sich daraus ergebende **Verhältnis von Nr 8 a zu Nr 8 b** (für Mängel ist nur Nr 8 b anwendbar) wird verhindert, dass sich Nr 8 a auch auf den Ausschluss von Mängelrechten zB beim Verkauf gebrauchter Pkws erstreckt. Unter „Privaten" und unter Unternehmern ist ein Ausschluss von Mängelrechten in AGB bei gebrauchten Sachen damit nach wie vor möglich; für Kaufverträge zwischen Unternehmern und Verbrauchern gilt, wenn die anderen Voraussetzungen eines **Verbrauchsgüterkaufs** nach §§ 474 ff vorliegen, zugunsten des Verbrauchers **zwingendes**

Recht. Auch für **Kaufverträge unter Unternehmern** kann nach § 478 IV zwingendes Recht gelten oder eine wesentlich strengere Inhaltskontrolle als nach §§ 305 ff eingreifen, wenn ein Fall des **Rückgriffs nach §§ 478 f** vorliegt.

a) Ein formularmäßiger **Ausschluss des Rechts, sich vom Vertrag zu lösen**, ist nach **28** Nr 8 a nicht generell unwirksam, sondern nur bei einer zu vertretenden Pflichtverletzung (zu Pflichtverletzungen, die zugleich ein Mangel sind, Rn 30). Gleiches gilt für die Einschränkung des Lösungsrechts (auch zB durch Verkürzung der Verjährung oder der Frist nach § 218). Der Ausschluss oder die Einschränkung von Lösungsrechten durch AGB sollte deshalb vorsorglich eine Ausn für Lösungsrechte wegen zu vertretender Pflichtverletzung enthalten.

Das Klauselverbot in Nr 8 a gilt nicht für die aE iVm Nr 7 genannten besonderen Verträge (**Personenbeförderung**, dazu Rn 26). Ist nach Nr 8 a der Ausschluss oder die Einschränkung des Lösungsrechts möglich, so kann die Klausel dennoch nach § 307 I, II unwirksam sein. Bei der Abwägung ist auch Art 3 III iVm Anh Nr 1 b und Nr 1 o Klausel-RL mit einzubeziehen. **29**

b) Nr 8 b verbietet in seinen zahlreichen Unterpunkten Klauseln, die im Zusammen- **30** hang mit **Mängeln bei der Lieferung einer neu hergestellten Sache** oder bei der **Erbringung einer Werkleistung** stehen. Zum **Anwendungsbereich** gehören zB Kauf-, Tausch-, Schenkungs- und Werkverträge, aber nicht Miet- und Leasingverträge (BGHZ 94, 186, str). Eine Sache ist **neu hergestellt**, solange sie noch nicht ihrer Bestimmung gem verwendet wurde (BGH WM 85, 1146). Auch ein **Tier** kann unter Nr 8 b fallen. Ob ein Tier neu ist, bestimmt sich nach der seit seiner Geburt verstrichenen Zeitspanne, aufgrund der es nach der Verkehrsanschauung nicht mehr als neu angesehen wird (idR nur wenige Wochen oder Monate). Beispiel: Ein 6 Monate altes Hengstfohlen, das bis zum Verkauf nicht benutzt (zB als Reittier oder zur Zucht) worden ist, ist neu (BGH NJW 07, 674). Der praktische Anwendungsbereich von Nr 8 b ist nicht sehr weit, da für Verbrauchsgüterkaufverträge zugunsten des Verbrauchers zwingendes Recht nach §§ 474 ff gilt. Unmittelbar anwendbar ist die Vorschrift aber zB auf Verträge unter Verbrauchern über neu hergestellte Sachen. Größere Bedeutung dürfte Nr 8 b indirekt für den unternehmerischen Verkehr erlangen, da die Klauselverbote in § 309, obwohl wegen § 310 I nicht direkt anwendbar, die Maßstäbe für die Inhaltskontrolle nach § 307 I, II prägen.

aa) Nr 8 b lit aa verbietet zunächst den **vollständigen Ausschluss** von Rechten („An- **31** sprüche" ist zu eng) gegen den Verwender wegen eines Mangels. Der anderen Vertragspartei muss zumindest ein Teil der Mängelrechte verbleiben (zB auf Beseitigung des Mangels). Auch weitgehende Beschränkungen der Mängelrechte fallen unter Nr 8 b lit aa. Eine die Mängelrechte einschränkende Klausel muss so ausgestaltet sein, dass der Verbraucher nicht faktisch rechtlos ist. Für die Beschränkung der Mängelrechte auf die Nacherfüllung setzt Nr 8 b lit bb weitere Grenzen. Verboten sind nach Nr 8 b lit aa weiterhin Klauseln, die die Haftung des Verwenders durch den **Verweis auf die Haftung Dritter** ersetzen. Möglich bleibt aber eine Ausgestaltung, bei der die Haftung des Verwenders nur subsidiär besteht; es darf aber nicht das Prozessrisiko für die Inanspruchnahme des Dritten auf die andere Vertragspartei überwälzt werden. Im **unternehmerischen Verkehr** strahlen die Wertungen von Nr 8 b lit aa auf die Anwendung von § 307 I, II aus. Dem Verwender ist es aber möglich, die gegen ihn gerichteten Mängelrechte von der vorherigen gerichtlichen Inanspruchnahme Dritter abhängig zu machen.

bb) Die formularmäßige **Beschränkung** der Mängelrechte **auf Nacherfüllung** (zum Be- **32** griff der Nacherfüllung §§ 439, 635) ist nach Nr 8 b lit bb nur in Grenzen möglich. Es muss der anderen Vertragspartei bei Fehlschlagen der Nacherfüllung zumindest – nach seiner Wahl – die Minderung und der Rücktritt verbleiben (bei Bauleistungen nur die Minderung). Wann eine Nacherfüllung fehlgeschlagen ist, bemisst sich nun auch nach den Wertungen in § 440. Diese Grundsätze gelten auch im unternehmerischen Verkehr bei der Anwendung von § 307 I, II.

cc) Nr 8 b lit cc verbietet Klauseln, durch die **Aufwendungen für die Nacherfüllung** der **33** anderen Vertragspartei auferlegt werden. Nach §§ 439 II, 635 II hat der zur Nacherfüllung Verpflichtete die dazu notwendigen Aufwendungen zu tragen. Ein Abweichen von dieser Regel ist unwirksam, da das Nacherfüllungsrecht ausgehöhlt würde, wenn durch die Nacherfüllung dem Käufer oder Werkbesteller uU enorme Kosten entstehen.

34 **dd)** Auch das Verbot einer **Vorenthaltung der Nacherfüllung** in Nr 8 b lit dd sichert die Werthaltigkeit des Nacherfüllungsanspruchs und das Fortbestehen des Gegenseitigkeitsverhältnisses zwischen Leistung und Gegenleistung. Nicht verboten wird durch Nr 8 b lit dd eine formularmäßig vereinbarte Vorleistungspflicht; dahin gehende Klauseln sind, ein berechtigtes Interesse vorausgesetzt, zulässig. In diesem Fall ist das Klauselverbot gegenstandslos. Wenn aber nur der Nacherfüllungsanspruch von der Zahlung des gesamten Entgelts oder eines unverhältnismäßig großen Teils (Maßstab ist der Wert der mangelhaften Leistung) abhängig gemacht wird, greift Nr 8 b lit dd ein; eine derartige Klausel ist unwirksam.

35 **ee)** Eine **Ausschlussfrist für die Mängelanzeige** bei nicht offensichtlichen Mängeln würde im wirtschaftlichen Ergebnis ähnl wie eine Verkürzung der Verjährung wirken. Deshalb sind nach Nr 8 b lit ee Klauseln verboten, die eine kürzere Anzeigefrist vorsehen (etwa eine Woche für sämtliche Mängel bei der Lieferung von Computern KG Berlin MDR 05, 677). Ein Mangel ist dann **nicht offenkundig**, wenn ein nicht mit besonderer Fachkunde versehener Kunde ihn nicht ohne besondere Aufmerksamkeit bemerkt. Für Klauseln, die Ausschlussfristen für offenkundige Mängel vorsehen, gilt § 307 I, II. Auf den unternehmerischen Verkehr ist Nr 8 b lit ee nicht übertragbar; die maßgeblichen Wertungen ergeben sich aus § 377 HGB.

36 **ff)** Nr 8 b lit ff regelt die Möglichkeit, in AGB **Erleichterungen der Verjährung** zu vereinbaren. Nach § 202 I sind Vereinbarungen über die Verjährung grds in weitem Umfang zulässig. Gleichzeitig bestehen für den Bereich des Verbrauchsgüterkaufs zwingende Vorschriften zur Verjährung, §§ 475 II, 478 IV. Diese eröffnen aber für gebrauchte Sachen die Möglichkeit zu einer Verkürzung der Verjährungsfrist (auch durch AGB) auf nicht weniger als ein Jahr, § 475 II aE. In den verbleibenden Gestaltungsspielräumen setzt Nr 8 b lit ff weitere Grenzen für die Erleichterung der Verjährung durch AGB. Die Vorschrift gilt nur für **Ansprüche wegen eines Mangels** bei Verträgen über die Lieferung neu hergestellter Sachen und über Werkleistungen.

37 Unzulässig ist eine Erleichterung der Verjährung von Ansprüchen wegen eines Mangels in den Fällen der §§ 438 I Nr 2, 634 a I Nr 2. Es handelt sich dabei um **Mängel an Bauwerken**, an Sachen, die für ein Bauwerk verwendet worden sind, oder an Planungs- und Überwachungsleistungen für ein Bauwerk. Die gesetzliche Haftungsfrist von **5 Jahren** kann in diesen Fällen also **nicht durch AGB** verkürzt werden. Die frühere Ausn in Nr 8 b lit ff für Verträge, in die die **VOB/B insgesamt** einbezogen ist, wurde 2009 aufgehoben.

38 Für alle anderen Fälle ist eine formularmäßige **Erleichterung der Verjährung** dann **zulässig**, wenn dadurch die **Verjährungsfrist nicht kürzer als ein Jahr**, gerechnet ab dem gesetzlichen Verjährungsbeginn, wird. Diese Möglichkeit kompensiert die nunmehr im Ggs zu früher sehr langen gesetzlichen Verjährungsfristen für Ansprüche wegen eines Mangels bei einem Kauf- oder Werkvertrag (mind 2 Jahre, §§ 438 I Nr 3, 634 a I Nr 1). Zugleich sichert sie der anderen Vertragspartei eine Mindestfrist, die immer noch doppelt so lang ist wie die häufigsten Fristen im früheren Recht (zB § 477 aF: 6 Monate).

39 Da Nr 8 b lit ff nicht nur die Verkürzung, sondern die **Erleichterung** der Verjährung einschränkt, fallen unter die Vorschrift auch Bestimmungen, die **mittelbar** die Verjährung abkürzen. Dazu gehören zB Klauseln, die den Beginn der Verjährung früher als zB nach §§ 199 ff, 438 II einsetzen lassen oder die von den gesetzlichen Hemmungstatbeständen §§ 203 ff abweichen.

40 **Weitere Grenzen** für eine Verkürzung der Verjährung setzt die **Schadensersatzansprüchen** α **§ 309 Nr 7**. Diese Vorschrift ist neben Nr 8 b lit ff anwendbar (BT-Drucks 14/6040, 159). Eine Verkürzung der Verjährung durch AGB ist deshalb zugleich eine Begrenzung der Haftung für Schäden iSv § 309 Nr 7. Eine globale Verkürzung der Verjährung für alle Ansprüche, zB nach dem Vorbild von Nr 8 b lit ff auf ein Jahr, verstößt gegen § 309 Nr 7, weil damit auch die Haftung für Schäden aus der Verletzung des Lebens, des Körpers oder der Gesundheit (Nr 7 a) und Ansprüche für Schäden, die auf einer grob fahrlässigen Pflichtverletzung beruhen (Nr 7 b), begrenzt werden (BGH ZGS 09, 151; ZGS 07, 65). Schadensersatzansprüche iSv § 309 Nr 7 a und Nr 7 b sowie alle anderen nicht (durch AGB oder generell) abdingbaren Schadensersatzansprüche müssen deshalb stets von der Verkürzung der Verjährung ausgenommen werden (zB „... unberührt bleiben Ansprüche aus...").

Dieses Verhältnis von § 309 Nr 7 und Nr 8 b lit ff ist auch aufgrund der Vorgaben in Art 3 III iVm Anh Nr 1 a und Nr 1 b Klausel-RL geboten. Nach Nr 1 a Anh Klausel-RL sind Klauseln, idR missbräuchlich, durch die die gesetzliche Haftung des Gewerbetreibenden ausgeschlossen oder eingeschränkt wird, wenn der Verbraucher aufgrund einer Handlung oder Unterlassung des Gewerbetreibenden sein Leben verliert oder einen Körperschaden erleidet. Art 3 III iVm Anh Nr 1 b Klausel-RL verbietet eine ungebührliche Einschränkung der Ansprüche des Verbrauchers, wenn der Gewerbetreibende seine Verpflichtungen nicht oder mangelhaft erfüllt. Soweit sich jedoch eine Erleichterung der Verjährung iR des nach § 309 Nr 7 und Nr 8 b lit ff Zulässigen hält, also eine Frist von mind einem Jahr gewahrt und die besonders geschützten Schadensersatzansprüche unberührt bleiben, liegt darin keine ungebührliche Einschränkung iSd Klausel-RL. 41

Das frühere Verbot der Verjährungsverkürzung in § 11 Nr 10 f AGBG wurde iR der Generalklausel auch auf Geschäfte zwischen **Unternehmen** übertragen (BGH BB 84, 1447). Es ist derzeit noch nicht erkennbar, inwieweit auch die Maßstäbe von Nr 8 b lit ff auf den unternehmerischen Verkehr (§ 310 I) übertragen werden können. Deutlich scheint nur, dass die Fristen nach §§ 438 I Nr 2, 634 a I Nr 2 auch iR der Anwendung von § 307 nicht durch AGB verkürzt werden können, da anderenfalls ihr Zweck zu leicht unterlaufen werden könnte. Auch die für die anderen Fälle geltende Mindestfrist von einem Jahr kann als grds Wertentscheidung des Gesetzgebers verstanden werden, die für den gesamten Rechtsverkehr gelten soll. Doch ist wegen des durchaus schützenswerten Interesses an einer zügigen Vertragsabwicklung fraglich, ob für alle Fälle eine Mindestfrist von einem Jahr im unternehmerischen Verkehr angemessen ist. Solange freilich die Zulässigkeit einer formularmäßigen Verkürzung der Verjährung unter ein Jahr nicht geklärt ist, empfiehlt es sich, vorsorglich auch im unternehmerischen Verkehr die Maßstäbe der Nr 8 b lit ff einzuhalten. 42

9. Laufzeit bei Dauerschuldverhältnissen (Nr 9). Zweck ist die Sicherung der **Dispositionsfreiheit** gegen zu lange Bindung bei Dauerschuldverhältnissen. Die Vorschrift dient der Mobilität des Marktes; sie gibt der anderen Vertragspartei die Möglichkeit, auf Marktveränderungen zu reagieren und zB einen günstigeren Anbieter zu wählen. In den **Anwendungsbereich** fallen nur Dauerschuldverhältnisse, die regelmäßige Lieferungen von Waren oder die regelmäßige Erbringung von Dienst- oder Werkleistungen zum Gegenstand haben. Ein Dauerschuldverhältnis ist dadurch gekennzeichnet, dass bei Vertragsschluss die zu erbringenden Leistungen in ihrer Gesamtheit nicht zu überblicken sind, sondern von der zeitlichen Dauer des Vertrages abhängen. Eine Überlassung von Sachen auf Zeit, wie zB Miete, Pacht, Darlehen, wird nicht erfasst. Ausgenommen sind ausdrücklich auch Versicherungsverträge, Verträge über die Verwertung von Urheberrechten und die Lieferung zusammengehöriger Sachen (zB Lexika). 43

Verboten sind nach Nr 9 a Klauseln, die eine Laufzeit von mehr als 2 Jahren vorsehen. Die Laufzeit beginnt nicht mit Vertragsschluss, sondern mit dem Beginn der Leistungen (str). Klauseln, die bei einem Vertrag auf unbestimmte Zeit der anderen Vertragspartei die Möglichkeit einräumen, den Vertrag zum Ende des zweiten Jahres zu kündigen, verstoßen nicht gegen Nr 9 a. Eine Klausel in einem Treuhandvertrag über die Einrichtung eines Zweckvermögens zur Sicherstellung der Grabpflege nach dem Tod des Treugebers, die diesem die Möglichkeit der Kündigung zu seinen Lebzeiten nimmt, verstößt gegen § 309 Nr 9 a (BGH WM 09, 909). Klauseln, durch die ein Vertrag stillschweigend um mehr als ein Jahr verlängert wird, sind nach Nr 9 b unwirksam; die formularmäßige Vereinbarung einer Kündigungsfrist, die länger als 3 Monate vor Ende der Laufzeit ist, verstößt gegen Nr 9 c. Laufzeit- oder Verlängerungsklauseln, die nach Nr 9 a–c (noch) wirksam sind, können gegen § 307 I, II verstoßen. Eine Klausel, die 44 gegen Nr 9 a–c oder § 307 verstößt, ist insgesamt unwirksam; es gelten dann nicht die in Nr 9 genannten Fristen (BGH NJW 82, 2310).

45 Nach **Art 3 III iVm Anh Nr 1 h Klausel-RL** ist eine Klausel idR missbräuchlich, durch die ein befristeter Vertrag automatisch verlängert wird, wenn der Verbraucher sich nicht gegenteilig geäußert hat und als Termin für diese Äußerung des Willens des Verbrauchers, den Vertrag nicht zu verlängern, ein vom Ablaufzeitpunkt des Vertrages ungebührlich weit entferntes Datum festgelegt wurde. Soweit die in Nr 9 c vorgesehene Höchstfrist von 3 Monaten im Einzelfall als ungebührlich iSd RL einzuschätzen ist (zB bei sehr kurzer Laufzeit), muss die Wertung der RL iR von § 307 I, II berücksichtigt werden.

46 Im **unternehmerischen Verkehr** (§ 310 I) sind die Maßstäbe von Nr 9 nicht anwendbar, da hier je nach Art des Geschäftes ein schützenswertes Interesse an längerfristigen Bindungen oder einfacheren Verlängerungsmöglichkeiten bestehen kann.

47 **10. Wechsel des Vertragspartners (Nr 10).** Der Anwendungsbereich ist auf bestimmte Vertragsarten beschränkt (**Kauf-, Darlehens-, Dienst-, Werkverträge**). Das Klauselverbot schützt die andere Vertragspartei vor einem einseitigen Auswechseln des Vertragspartners. Der Rechtsgedanke ähnelt den Regelungen für die Schuldübernahme in §§ 414 ff. Auch eine Vertragsübernahme soll iErg von einer Zustimmung der anderen Vertragspartei abhängen. Daraus ergeben sich die in Nr 10 a und Nr 10 b genannten Voraussetzungen für eine wirksame Vertragsübernahmeklausel. Weiß die andere Vertragspartei schon bei Vertragsschluss, dass ein bestimmter Dritter (er muss idR mit Adresse angegeben sein, BGH NJW 80, 2518) den Vertrag übernehmen wird, ist sie nicht schutzwürdig; ebenso wenn das Recht besteht, den Vertrag im Übernahmefall zu kündigen.

48 Nach **Art 3 III iVm Anh Nr 1 p Klausel-RL** ist eine Klausel idR unwirksam, wenn sie die Möglichkeit vorsieht, dass der Vertrag ohne Zustimmung des Verbrauchers vom Gewerbetreibenden abgetreten wird, wenn dies möglicherweise eine Verringerung der Sicherheiten für den Verbraucher bewirkt. Das Klauselverbot in der RL hat also einen **weiteren Anwendungsbereich** als § 309 Nr 10, der nur für bestimmte Vertragsarten gilt. Auch sieht die RL die in Nr 10 a zugelassene Ausn nicht vor. Diese Vorgaben der Richtlinie müssen bei der Auslegung von § 309 Nr 10 oder iR der Inhaltskontrolle nach § 307 I, II berücksichtigt werden.

49 Im **unternehmerischen Verkehr** (§ 310 I) sind die Wertungen von Nr 10 grds anwendbar, da für Unternehmer die Person des Vertragspartners idR mind ebenso wichtig wie zB für Verbraucher ist.

50 **11. Haftung des Abschlussvertreters (Nr 11).** Der mit Vertretungsmacht handelnde Vertreter wird nach der grundlegenden Wertung des Gesetzes (außer im Ausnahmefall des § 311 III) nicht durch das von ihm abgeschlossene Rechtsgeschäft verpflichtet. Nr 11 verbietet Klauseln, die den Vertreter davon abw einer Haftung oder Einstandspflicht unterwerfen. Wird der Vertreter dag gleichzeitig auch selbst Vertragspartei, so ist Nr 11 nicht anwendbar (BGH NJW 88, 1908; BGH NJW 06, 996). Eine Haftung des Vertreters lässt sich durch AGB nur dann begründen, wenn die besonderen Voraussetzungen in Nr 11 a berücksichtigt werden. Danach muss die Verpflichtung des Vertreters ausdrücklich benannt werden und „gesondert" erfolgen, dh zumindest drucktechnisch deutlich von den anderen AGB abgehoben (BGH NJW 01, 3186). Nr 11 b verhindert va eine formularmäßige Erweiterung der Haftung des Vertreters ohne Vertretungsmacht über § 179 III hinaus. Die Wertungen der Nr 11 finden auch Anwendung bei der Inhaltskontrolle nach § 307 im **unternehmerischen Verkehr** (§ 310 I), da anderenfalls der Einsatz von Stellvertretern erschwert würde.

51 **12. Beweislast (Nr 12).** Formularmäßige Änderungen der Beweislast zum Nachteil der anderen Vertragspartei sind unwirksam (so unverändert schon § 11 Nr 15 AGBG). Dies gilt auch für die von der Rspr entwickelten Beweislastgrundsätze. Soweit andere Klauselverbote Erklärungs- oder Tatsachenfiktionen enthalten, gehen sie Nr 12 vor (zB § 308 Nr 5, Nr 6). In Nr 12 a und Nr 12 b sind lediglich Beispiele für typische Klauseln zur Beweislast genannt; darüber hinaus ist aber jede benachteiligende Verschiebung der Beweislast durch AGB verboten. In Nr 12 b wird insb die Unzulässigkeit von formular-

mäßigen **Tatsachenbestätigungen** ausdrücklich klargestellt. Denn auch Tatsachenbestätigungen können die Beweislast verändern; unzulässig sind zB Erklärungen, die Sache besichtigt zu haben, oder alle Vertragsbestandteile im Einzelnen ausgehandelt zu haben (BGHZ 99, 377). Gesondert unterschriebene oder gesondert mit einer qualifizierten elektronischen Signatur (§ 126 a) versehene **Empfangsbekenntnisse** sind freilich von Nr 12 b ausgenommen, also zB eine deutlich hervorgehobene und gesondert unterschriebene Empfangsquittung in AGB. Nach **Art 3 III iVm Anh Nr 1 q Klausel-RL** ist eine Klausel idR missbräuchlich, durch die dem Verbraucher die Beweislast auferlegt wird, die nach dem geltenden Recht einer anderen Vertragspartei oblege. Grds genügt § 309 Nr 12 diesen Vorgaben; fraglich ist aber, ob auch die Ausn für Empfangsbekenntnisse mit der RL vereinbar ist. Die Wertungen der Nr 12 gelten auch für die Inhaltskontrolle nach § 307 I, II im **unternehmerischen Verkehr** (§ 310 I).

13. Form von Anzeigen und Erklärungen (Nr 13). Das Klauselverbot schützt die andere Vertragspartei vor einer unangemessenen Erschwerung bei Wahrnehmung ihrer Rechte. Erfasst werden nur **einseitige Erklärungen oder Anzeigen**. Über die Schriftform (§ 126) hinaus darf kein strengeres Formerfordernis gestellt werden, also zB nicht die Beglaubigung oder die Verwendung bestimmter Formblätter. Eine Verschärfung der Zugangserfordernisse über die Anforderungen von §§ 130 ff hinaus ist ebenfalls verboten; unzulässig zB Zugang erst bei tatsächlicher Kenntnisnahme. Im unternehmerischen Verkehr (§ 310 I) sind strengere Formerfordernisse, etwa aus Beweisgründen, nicht unüblich und deshalb iR der Inhaltskontrolle nach § 307 I, II idR nicht zu beanstanden.

§ 310 Anwendungsbereich

(1) ¹§ 305 Abs. 2 und 3 und die §§ 308 und 309 finden keine Anwendung auf Allgemeine Geschäftsbedingungen, die gegenüber einem Unternehmer, einer juristischen Person des öffentlichen Rechts oder einem öffentlich-rechtlichen Sondervermögen verwendet werden. ²§ 307 Abs. 1 und 2 findet in den Fällen des Satzes 1 auch insoweit Anwendung, als dies zur Unwirksamkeit von in den §§ 308 und 309 genannten Vertragsbestimmungen führt; auf die im Handelsverkehr geltenden Gewohnheiten und Gebräuche ist angemessen Rücksicht zu nehmen. ³In den Fällen des Satzes 1 findet § 307 Abs. 1 und 2 auf Verträge, in die die Vergabe- und Vertragsordnung für Bauleistungen Teil B (VOB/B) in der jeweils zum Zeitpunkt des Vertragsschlusses geltenden Fassung ohne inhaltliche Abweichungen insgesamt einbezogen ist, in Bezug auf eine Inhaltskontrolle einzelner Bestimmungen keine Anwendung.

(2) ¹Die §§ 308 und 309 finden keine Anwendung auf Verträge der Elektrizitäts-, Gas-, Fernwärme- und Wasserversorgungsunternehmen über die Versorgung von Sonderabnehmern mit elektrischer Energie, Gas, Fernwärme und Wasser aus dem Versorgungsnetz, soweit die Versorgungsbedingungen nicht zum Nachteil der Abnehmer von Verordnungen über Allgemeine Bedingungen für die Versorgung von Tarifkunden mit elektrischer Energie, Gas, Fernwärme und Wasser abweichen. ²Satz 1 gilt entsprechend für Verträge über die Entsorgung von Abwasser.

(3) Bei Verträgen zwischen einem Unternehmer und einem Verbraucher (Verbraucherverträge) finden die Vorschriften dieses Abschnitts mit folgenden Maßgaben Anwendung:

1. Allgemeine Geschäftsbedingungen gelten als vom Unternehmer gestellt, es sei denn, dass sie durch den Verbraucher in den Vertrag eingeführt wurden;
2. § 305 c Abs. 2 und die §§ 306 und 307 bis 309 dieses Gesetzes sowie Artikel 46 b des Einführungsgesetzes zum Bürgerlichen Gesetzbuche finden auf vorformulierte Vertragsbedingungen auch dann Anwendung, wenn diese nur zur einmaligen Verwendung bestimmt sind und soweit der Verbraucher auf Grund der Vorformulierung auf ihren Inhalt keinen Einfluss nehmen konnte;
3. bei der Beurteilung der unangemessenen Benachteiligung nach § 307 Abs. 1 und 2 sind auch die den Vertragsschluss begleitenden Umstände zu berücksichtigen.

(4) ¹Dieser Abschnitt findet keine Anwendung bei Verträgen auf dem Gebiet des Erb-, Familien- und Gesellschaftsrechts sowie auf Tarifverträge, Betriebs- und Dienstverein-

barungen. ²Bei der Anwendung auf Arbeitsverträge sind die im Arbeitsrecht geltenden Besonderheiten angemessen zu berücksichtigen; § 305 Abs. 2 und 3 ist nicht anzuwenden. ³Tarifverträge, Betriebs- und Dienstvereinbarungen stehen Rechtsvorschriften im Sinne von § 307 Abs. 3 gleich.

1 **I. Übbl.** In Abs 1 finden sich **Ausn für den unternehmerischen Verkehr**; Abs 2 privilegiert Teilbereiche der Strom, Gas, Fernwärme- und Wasserversorgung sowie der Entsorgung von Abwasser. Abs 3 enthält **Sondervorschriften für Verbraucherverträge**, während Abs 4 klassische **Bereichsausn** vom AGB-Recht enthält und für die – seit 2002 nicht mehr von der AGB-Kontrolle ausgenommenen – **Arbeitsverträge** Sonderregelungen trifft.

2 **II. Unternehmerischer Verkehr.** Nach Abs 1 werden Unternehmer (§ 14), juristische Personen des öffentlichen Rechts und öffentlich-rechtliche Sondervermögen nur in geringerem Maße gegen AGB geschützt als andere Personen. Diese **Absenkung des Schutzniveaus** ist in Abs 1 geregelt. Sowohl für die Einbeziehung als auch für den Maßstab der Inhaltskontrolle bestehen Erleichterungen. Zu den Anforderungen bei der Einbeziehung von AGB bereits § 305 Rn 19 ff. Die Inhaltskontrolle erfolgt nur nach § 307 I, II; die §§ 308, 309 sind nicht anwendbar. Doch stellt Abs 1 S 2 klar, dass bei der Anwendung von § 307 auf den unternehmerischen Verkehr die Wertungen der §§ 308, 309 mittelbar in die Inhaltskontrolle einfließen sollen. Dabei sind nach Abs 1 S 2 aE die im Handelsverkehr geltenden Gewohnheiten und Gebräuche angemessen zu berücksichtigen. So sind Klauseln, die der schnellen Abwicklung im unternehmerischen Geschäftsverkehr dienen, wegen der besonderen Ausgestaltung und Zielsetzung des unternehmerischen Geschäftsverkehr grds zulässig. Dies gilt zB auch für die Vereinbarung eines Gerichtsstandes. Durch den 2009 eingeführten Abs 1 S 3 werden für den unternehmerischen Verkehr Verträge, in die die **VOB/B** insgesamt ohne inhaltliche Anweichungen einbezogen von der Inhaltskontrolle ausgenommen. Im Umkehrschluss folgt daraus, dass – anders als nach früherer Rechtslage – bei nicht unter § 310 I fallenden Verträgen eine Inhaltskontrolle der VOB/B auch dann stattfindet, wenn sie insgesamt ohne inhaltliche Anweichungen einbezogen ist (so schon vor der Neuregelung BGH NJW 08, 509).

3 **III. Versorgung von Sonderabnehmern.** Für die Verträge mit Tarifkunden gilt die jeweilige VO über Allgemeine Bedingungen für die Versorgung von Tarifkunden mit elektrischer Energie, Gas, Fernwärme und Wasser (AVB). Die AVB sind Rechtsnormen und unterliegen nicht der AGB-Kontrolle. Für Verträge mit Sonderabnehmern gelten die AVB jedoch nicht; ihre Bestimmungen können jedoch als AGB in den Vertrag einbezogen werden. Dann sind die §§ 305 ff anwendbar. Um aber die Sonderabnehmer den Tarifkunden gleichzustellen, wird in Abs 2 die Anwendbarkeit von §§ 308, 309 ausgeschlossen, wenn die Bedingungen nicht zum Nachteil von den AVB abweichen. Auf diese Weise wird sichergestellt, dass die Versorgungsunternehmen die Verträge mit Sonderabnehmern parallel zu den Bedingungen gestalten können, die für Tarifkunden gelten. Die Ausn ist im Grundsatz mit der Klausel-RL (Art 1 II) vereinbar, doch muss nach deren 14. Erwägungsgrund sichergestellt sein, dass in den AVB keine missbräuchlichen Klauseln enthalten sind.

4 **IV. Verbraucherverträge. 1.** Die Vorschrift hatte den Zweck, das deutsche Recht der AGB an die Vorgaben der **Klausel-RL** anzupassen. Dabei sollte möglichst wenig vom bisherigen Normenbestand des AGB-Rechts verändert werden. Diese minimalistische Umsetzung führt zu einem kaum mehr trennbaren Nebeneinander von spezifischem Verbraucherrecht und allgemeinem Zivilrecht innerhalb der §§ 305 ff (s auch Vor §§ 305–310 Rn 6 ff).

5 Die **Legaldefinition** von Verbraucherverträgen zu Beginn von Abs 3 knüpft an die Definitionen der Begriffe Verbraucher (§ 13) und Unternehmer (§ 14) an. Ein **Existenzgründer** ist beim Abschluss eines Vertrages, der der erstmaligen Aufnahme unternehmerischer Tätigkeit dient, kein Verbraucher (zum Franchisevertrag OLG Oldenburg DB 02 423; aA Palandt/Grüneberg § 310 Rn 2; Prasse ZGS 02, 354), **Arbeitsvertrag** dag ist Verbrauchervertrag (BAG NJW 05, 3305). Da der Schutz des AGB-Rechts –

insb im Unterlassungsprozess – auch unabhängig davon eingreift, ob ein Vertrag geschlossen wird, kommt es nicht auf den Abschluss eines Vertrages an (so aber scheinbar nach §§ 13, 14). Vielmehr müssen die Kriterien von §§ 13, 14 auch auf beabsichtigte Vertragsschlüsse ausgedehnt werden. Der Gegenstand des Vertrages ist gleichgültig. Verglichen mit der Klausel-RL liegt darin möglicherweise eine – zulässige – Ausweitung, da in der RL mehrfach von Verträgen über die Lieferung von Waren oder die Erbringung von Dienstleistungen die Rede ist (wg „biens" in der französischen Fassung der RL sind aber Verträge über Grundstücke eingeschlossen, str).

2. Der – kaum aus dem Text zu erkennende – Zweck von Abs 3 Nr 1 liegt darin, bei Verbraucherverträgen sog **Drittbedingungen**, also die von einem neutralen Dritten, beispielsweise von einem Notar, entworfenen Klauseln, kontrollfähig zu machen. Nach § 305 I gelten Drittbedingungen grds nicht als „gestellt" und sind daher keine AGB. Die Klausel-RL unterwirft hingegen Klauseln einer Kontrolle, die „nicht im Einzelnen ausgehandelt" wurden (Art 3 I), was immer dann der Fall ist, wenn sie „im Voraus abgefasst" sind und „der Verbraucher deshalb... keinen Einfluss auf ihren Inhalt nehmen konnte" (Art 3 II). Nach überwiegender Auffassung müssen nach der RL deshalb auch die von einem neutralen Dritten formulierten Klauseln kontrolliert werden (so wohl schon BGH ZIP 95, 1093; ebenso Palandt/Grüneberg § 310 Rn 12). Der deutsche Umsetzungsgesetzgeber hat sich in Abs 3 Nr 1 deshalb vorsorglich für eine Kontrolle auch von Drittbedingungen in Verbraucherverträgen entschieden (BT-Drucks 13/2713, 7). Damit verschiebt sich bei Verbraucherverträgen die Zielsetzung der Klauselkontrolle. Nicht mehr der Akt des einseitigen Stellens durch den Verwender ist Anknüpfungspunkt des richterlichen Eingreifens. Vielmehr werden generell alle Vertragsbestandteile in die Kontrolle einbezogen, auf deren Inhalt der Verbraucher keinen Einfluss nehmen konnte, einschließlich der Vertragsteile, die nicht vom Gewerbetreibenden, sondern von einem Dritten stammen. Neben dem Verzicht auf das Merkmal „stellen" enthält Abs 3 Nr 1 eine dem Verbraucher günstige **Beweislastregel**. Es wird vermutet, dass für eine Vielzahl von Verträgen vorformulierte Bedingungen vom Unternehmer gestellt worden sind. Behauptet der Unternehmer, dass eine Vertragsklausel durch den Verbraucher in den Vertrag eingeführt worden ist (zB Mietvertragsmuster, ADAC-Mustervertrag für Autokauf), trägt er die Beweislast.

3. In Abs 3 Nr 2 werden auch nur zum einmaligen Gebrauch entworfene Klauseln (im Folgenden: **Einmalklauseln**) einer Kontrolle nach den dort genannten Vorschriften unterworfen. Den Hintergrund für diese Ausweitung bildet die Klausel-RL, die auch für Einmalklauseln gilt und damit über § 305 I hinaus nicht nur Vertragsbedingungen erfasst, die für eine „Vielzahl" von Verträgen entworfen sind. Umstritten ist das Verhältnis von Abs 3 Nr 1 und Nr 2 insb zu der Frage, ob auch Drittbedingungen unter Nr 2 fallen und damit beispielsweise zur einmaligen Verwendung entworfene notarielle Verträge kontrollfähig sind (bejahend etwa Palandt/Grüneberg § 310 Rn 16; MüKo/Basedow § 310 Rn 65). Da die Klausel-RL (Art 3) für alle Verträge unabhängig davon gilt, ob es sich um Standardverträge handelt oder ob die Klauseln zum einmaligen Gebrauch vorformuliert sind, fallen auch Einmal-Drittbedingungen unter Abs 3 Nr 2 (str). Wenn der Verbraucher **Einfluss auf den Inhalt der Einmalklausel** nehmen konnte, findet keine Kontrolle statt (Abs 3 Nr 2 aE). Die Anforderungen an die Einflussmöglichkeit sind va Art 3 I Klausel-RL zu entnehmen, der ganz allg Klauseln, die „nicht im Einzelnen ausgehandelt" sind, der Kontrolle unterstellt. Daher gilt für die Frage, ob der Verbraucher Einfluss nehmen konnte, trotz verschiedenen Wortlauts derselbe Maßstab wie in § 305 I 3 bei AGB (str, dazu auch § 305 Rn 9).

Die **Beweislast** für die fehlende Einflussmöglichkeit bei Einmalklauseln trägt nach hM der Verbraucher und nicht, wie in § 305 I 3, der Verwender (BGH, NJW 08, 2250). Die beweisrechtliche Schlechterstellung des Verbrauchers bei Einmalklauseln ist aber weder sachlich gerechtfertigt, noch findet sie eine Stütze in der Richtlinie. Sie führt vielmehr dazu, dass die Beweislastumkehr in § 305 I 3 jeder Vertragspartei, also auch einem Unternehmer, zugute kommt, während gerade der durch § 310 III als besonders schutzbedürftig anerkannte Verbraucher die Beweislast tragen soll. Der Grund dafür soll sein, dass bei AGB angesichts der Vorformulierung für eine Vielzahl von Verträgen eine starke Indizwirkung gegen ein individuelles Aushandeln spreche (Pfeiffer in: Wolf/ Lindacher/Pfeiffer, Art 3 Klausel-RL Rn 29). Bei Einmalklauseln, deren Vorformulierung für einen Einzelfall auch lediglich Entwurfscharakter haben könne, sei die Indizwirkung nicht so stark ausgeprägt. Dieses Argument spricht aber für eine Beweislastumkehr zugunsten des Verbrauchers auch bei Einmalklauseln. Dem Verbraucher wird von der hM gerade für den Fall die Beweislast aufgebürdet, der schwieriger zu beweisen ist. Der Verbraucher muss also nach der hier vertretenen Ansicht nur beweisen, dass die Einmalklausel vorformuliert war; dann muss der Verwender beweisen, dass der Verbraucher Einfluss nehmen konnte (str).

9 **4.** In Abs 3 Nr 3 wird der Maßstab für die Inhaltskontrolle dahin korrigiert, dass auch die **begleitenden Umstände des Vertragsschlusses** berücksichtigt werden müssen. Mit dieser Vorschrift wird Art 4 I Klausel-RL umgesetzt, nach dem bei der Beurteilung der Missbräuchlichkeit einer Vertragsklausel alle den Vertragsschluss begleitenden Umstände mitberücksichtigt werden müssen. Dazu heißt es außerdem im 16. Erwägungsgrund der Klausel-RL, dass bei der Beurteilung der Missbräuchlichkeit von Klauseln das Kräfteverhältnis zwischen den Verhandlungspositionen der Parteien berücksichtigt werden soll, ferner, ob auf den Verbraucher eingewirkt wurde, seine Zustimmung zu der Klausel zu geben, oder ob das Geschäft auf eine Sonderbestellung des Verbrauchers zustande gekommen ist.

10 Diese Vorgaben stehen in Ggs zur Inhaltskontrolle nach § 307, bei der ein **überindividuell-generalisierender** Maßstab angelegt wird. Doch sieht auch die Richtlinie zunächst eine abstrakt-generalisierende Prüfung vor, wie sich zB aus ihrem Anhang ergibt, der eine Liste von Klauseln enthält, die typischerweise missbräuchlich sind. Bei der in Art 7 Klausel-RL geregelten Verbandsklage sollen die konkreten Umstände des Vertragsschlusses ohnehin nicht berücksichtigt werden. Daher ändern Abs 3 Nr 3 und die Vorgaben der RL zunächst nichts daran, dass eine Klauselkontrolle im ersten Schritt nur als abstrakt-generelle Betrachtung des Vertragsinhalts, losgelöst von den Umständen des konkreten Einzelvertrages, stattfindet. Die Verwender von Standardverträgen müssen wissen, welche Klauseln grds erlaubt und welche verboten sind.

11 Bei Verbraucherverträgen müssen aber in einem zweiten Schritt auch die **konkret-individuellen Umstände des Vertragsschlusses** in die Prüfung einbezogen werden. Auch nach § 310 III Nr 3 ist eine Vertragsklausel also grds dem bisherigen abstrakt-generellen Prüfungsmaßstab unterworfen. Zusätzlich werden aber in einer zweiten Kontrollstufe die Umstände des Vertragsschlusses mit berücksichtigt (Beispiel aus der Rspr LG Bonn, NJW-RR 99, 1361). Ein derartiges Korrektiv der abstrakt-generalisierenden Betrachtungsweise wirkt allerdings nicht nur zugunsten des Verbrauchers, sondern beiden Seiten (krit Staudinger, RIW 99, 921). Eine Klausel, die einer abstrakten Klauselkontrolle noch standhält, kann deshalb missbräuchlich sein, weil eine individuelle Vertragspartei besonders schutzbedürftig ist. Umgekehrt kann sich ein in Geschäftsangelegenheiten besonders erfahrener oder gut ausgebildeter Verbraucher möglicherweise nicht von einer Klausel befreien, die ggü einem durchschnittlichen Verbraucher missbräuchlich wäre. Jedoch erschwert eine derartige Individualisierung des Schutzes die Standardisierung von Verträgen. Eine rationale Klauselkontrolle bei Standardverträgen erfordert eine Typisierung des Schutzes für durchschnittliche Verbraucher. Nur der Standardverbraucher kann rationell gegen Standardverträge geschützt werden. Deshalb sollte das **konkret-individuelle Korrektiv** bei der Prüfung von **AGB** nur **ganz ausnahmsweise** eingreifen. Sein Hauptanwendungsfeld liegt bei Einmalklauseln iSv Abs 3 Nr 2.

12 **V. 1.** Verträge auf dem Gebiet des **Erb-, Familien und Gesellschaftsrechts** sind durch Abs 4 von der Inhaltskontrolle nach §§ 305 ff ausgenommen. Die Ausn sind grds mit der Klausel-RL vereinbar, die in ihrem 10. Erwägungsgrund darauf hinweist, dass Arbeitsverträge sowie Verträge auf dem Gebiet des Erb-, Familien- und Gesellschaftsrechts vom Anwendungsbereich ausgenommen sein können, weil es sich dabei idR nicht um Verbraucherverträge handelt. Für erb- oder familienrechtliche Verträge ist das unproblematisch, da kaum ein Fall vorstellbar ist, in dem ein derartiger Vertrag gleichzeitig Verbrauchervertrag iSv Abs 3 ist.

Für **Gesellschaftsverträge** ist umstritten, ob auch Verträge über den Erwerb gesell- 13
schaftsrechtlicher Beteiligungen als **Vermögensanlage** ohne unternehmerische Funktion
von der AGB-Kontrolle ausgenommen werden dürfen. Dag spricht der 10. Erwägungsgrund der Klausel-RL. Die dort genannte Ausn für Gesellschaftsverträge greift nicht,
wenn gleichzeitig ein Verbrauchervertrag vorliegt (Heinrichs, NJW 96, 2191 f). Bloße
Vermögensanlage ohne unternehmerische Ambitionen geschieht zu einem privaten und
nicht zu einem gewerblichen Zweck (so für Verbraucherdarlehen BGH ZIP 01, 2224).
Ein Privatanleger ist Verbraucher iSd RL (EuGH, Slg 93, I-139 – "Shearson Lehmann
Hutton",). Der Anlagegesellschafter genießt deshalb den Schutz der RL. Nach der Rspr
des BGH unterliegen Gesellschaftsverträge ohnehin einer auf §§ 242, 315 gestützten
Inhaltskontrolle (BGH NJW 01, 1270; BGHZ 64, 242; 84, 13). Deshalb besteht dem
ersten Anschein nach kein Umsetzungsdefizit. Wegen der Anknüpfung außerhalb des
AGB-Rechts können jedoch die Gesellschaftsverträge von Anlagegesellschaften nicht
im Wege der Verbandsklage nach dem UKlaG (vgl §§ 1, 2) überprüft werden. Ebenfalls ist zweifelhaft, ob ein ausreichender Schutz im Kollisionsrecht besteht. Deshalb
spricht mehr dafür, die Kontrolle von Gesellschaftsverträgen, die als lediglich private,
nicht gewerbliche Anlagegeschäfte anzusehen sind, bei §§ 305 ff anzusiedeln.

3. Arbeitsverträge werden in Abs 4 nun – anders als im früheren § 23 I AGBG – grds 14
der AGB-Kontrolle unterstellt. Damit sollte sichergestellt werden, dass das Schutzniveau bei der Inhaltskontrolle von Arbeitsverträgen nicht hinter dem allg Zivilrecht zurückbleibt (BT-Drucks 14/6857, 54). Ausgenommen von der AGB-rechtlichen Inhaltskontrolle sind jedoch alle arbeitsrechtlichen Kollektivvereinbarungen (Tarifverträge,
Betriebs- und Dienstvereinbarungen), da nicht durch die Arbeitsgerichte in die Tarifau-
tonomie eingegriffen werden sollte. Denselben Zweck hat Abs 4 S 3, der verhindert,
dass arbeitsvertragliche Regelungen, die Kollektivvereinbarungen nur wiederholen, der
Inhaltskontrolle unterliegen. Nicht anwendbar für Arbeitsverträge sind auch § 305 II
und III, weil insoweit die spezielleren Vorschriften des Nachweisgesetzes eingreifen.
Soweit Arbeitsverträge unter §§ 305 ff fallen, sind **"die im Arbeitsrecht geltenden Besonderheiten"** angemessen zu berücksichtigen". Nicht beabsichtigt war mit dieser Formulierung eine bloße Festschreibung der bisher entwickelten Grundsätze zum Indivi-
dualarbeitsrecht (Hansen ZGS 04, 22). Vielmehr ist auch im Arbeitsrecht das jetzt insgesamt höhere Schutzniveau bei der Klauselkontrolle zu beachten. Zur AGB-Gestal-
tung im Arbeitsrecht Schrader/Schubert NZA-RR 05, 169, 225. Zu den Besonderheiten des Arbeitsrechts bei Vertragsstrafen s § 309 Rn 22.

Abschnitt 3
Schuldverhältnisse aus Verträgen

Titel 1
Begründung, Inhalt und Beendigung

Untertitel 1
Begründung

Vorbemerkung zu §§ 311–319

I. Allgemeines 1	3. Verbrauchervertragsrecht 9
1. Stellung der Vorschriften 1	III. Vertragstypen 10
2. Begründung eines Schuldver-	1. Arten schuldrechtlicher Ver-
hältnisses 4	träge 10
II. Grundsätze 6	2. Typischer/atypischer Vertrag 14
1. Grundsatz der Vertragsfrei-	3. Kombinationen von Verträ-
heit 7	gen 19
2. Grundsatz der Formfreiheit .. 8	4. Dauerschuldverhältnisse 24

I. 1. Die §§ 311–319 ergänzen die Regeln des Allgemeinen Teils des BGB über Verträge (§§ 145–157) durch Vorschriften über die Begr und den Inhalt von **Schuldverhältnissen aus Verträgen**. Sie gelten unmittelbar für alle Schuldverträge. Auf öffentlich-rechtliche Verträge mit verpflichtendem Charakter sind sie zT entspr anwendbar (dazu näher Meyer NJW 77, 1709). Dag sind sie auf sachen-, familien- und erbrechtliche Verträge grds nicht anzuwenden.

2 Das allg Schuldvertragsrecht in Abschnitt 3 des Schuldrechts beruht zu einem großen Teil auf **RL der Europäischen Union**. Im Titel 1 über Begr, Inhalt und Beendigung der Schuldverhältnisse aus Verträgen (§§ 311 ff) betrifft dies insb den Untertitel 2 (Besondere Vertriebsformen, dazu Rn 9). Über die Vorschriften zu den besonderen Vertriebsformen hinaus ist das Vertragsrecht des BGB nicht nur für Verbraucherverträge (vgl Vor §§ 241–853 Rn 4), sondern auch auf zahlreichen weiteren Gebieten (zB zum Verzugsrecht § 286 Rn 20 ff und zum Kaufgewährleistungsrecht Vor §§ 433–480 Rn 2) mit dem Unionsrecht eng verbunden. Zudem deutet schon das Ausmaß, das die Vorgaben europäischer RL für das deutsche Schuldrecht erreicht haben, darauf hin, dass sich auch im **Unionsrecht** Ansätze eines allg (Schuld-)Vertragsrechts finden, ohne dass aber bisher in einem übergreifenden Rechtsakt den einzelnen vertragsrechtlichen RL allg Bestimmungen vorangestellt worden. Nachdem die Europäische Kommission zur Diskussion aufgerufen hatte, wie „ein kohärenteres europäisches Vertragsrecht" zu erreichen sei (vgl den Aktionsplan der Europäischen Kommission v 12.2.03, KOM(2003) 68 endg). und schon zuvor die sog Lando-Kommission mit ihren „Grundregeln des Europäischen Vertragsrechts" wissenschaftliche Vorarbeiten für ein europäisches Vertragsrecht aufgrund des Vergleichs nationaler Rechte vorgelegt hatte, erarbeiteten internationale Wissenschaftlergruppen „Prinzipien des bestehenden EU-Vertragsrechts" (Research Group on the Existing EC Private Law [Acquis Group] [Hrsg], Contract II) und einen „akademischen Entwurf für einen Gemeinsamen Referenzrahmen" (von Bar ua [Hrsg], DCFR); iE Rn 3. Aufgrund dieser und weiterer Vorarbeiten hat die Europäische Kommission zunächst von einer Expertengruppe eine „Machbarkeitsstudie" für ein Europäisches Vertragsrecht erstellen lassen und auf dieser Grundlage den Vorschlag für ein **optionales Gemeinsames Europäisches Kaufrecht**, das für grenzüberschreitende Kaufverträge von den Parteien anstelle eines der nationalen Rechte gewählt werden kann, vorgelegt (vgl hierzu die Beiträge zur Zivilrechtslehrer-Sondertagung in AcP Band 212 sowie Schulte-Nölke/Zoll/Jansen/Schulze, Europäisches Kaufrecht und Schulze, CESL-Commentary. Zum Verhältnis dieser europäischen Projekte zum nationalen Recht zB jüngst Schulze, Ein fakultatives europäisches Kaufrechtssystem – Wahlfreiheit als Alternative zur Vollharmonisierung?, in: Hahn, S 69 ff und Maultzsch, Einführung: Steht das BGB vor seiner Ablösung?, in Hahn, S 9 ff).

3 Für das Verbrauchervertragsrecht hatte die Europäische Kommission daneben zunächst eine umfangreiche Revision durch Zusammenfassung und Überarbeitung mehrerer RL mit Übergang zur Vollharmonisierung an Stelle der bisherigen Mindestharmonisierung (§ 312 b Rn 1) geplant (vgl Vorschlag für eine RL des Europäischen Parlaments und des Rates über die Rechte der Verbraucher vom 8.10.08, KOM(2008) 611 endg; dazu Howells/Schule [Hrsg]; Vor §§ 305-310 Rn 7). Aus diesem Vorhaben ist die **„RL über die Rechte der Verbraucher"** (2011/83/EU) hervorgegangen, deren deutsche Umsetzungsbestimmungen am 13.6.14 in Kraft treten (BGBl. 13 I, 3642). Ihren Hauptgegenstand bilden entgegen der ursprünglichen Planung jedoch nur die Informationspflichten und die Widerrufsrechte bei Haustür- und Fernabsatzgeschäften (s § 312 Rn 2, § 312 b Rn 1).

4 **2.** Schuldverhältnisse können durch Gesetz oder durch Rechtsgeschäft begründet werden (Vor §§ 241–853 Rn 16). **Für die Begr eines Schuldverhältnisses durch Rechtsgeschäft** legt § 311 I fest, dass grds ein **Vertrag** zwischen den Beteiligten erforderlich ist. Ebenso erfordert nach dieser Vorschrift die Änderung des Inhalts eines Schuldverhältnisses grds den Abschluss eines Vertrages zwischen den Beteiligten. Entspr gilt ohne ausdrückliche Erwähnung in § 311 I für die Aufhebung eines Schuldverhältnisses.

5 Nur ausnahmsweise kann dag ein Schuldverhältnis durch **einseitiges Rechtsgeschäft** begründet werden. Dies gilt zB für die Stiftung (§ 82), die Auslobung (§ 657) und das

Vermächtnis (§§ 1939, 2147). Hingegen entsteht aufgrund der Aufnahme von Vertragsverhandlungen oder der Anbahnung eines Vertrages (§ 311 II) kein rechtsgeschäftliches, sondern ein gesetzliches Schuldverhältnis; gleiches gilt unter den Voraussetzungen des § 311 III für die Inanspruchnahme besonderen Vertrauens durch einen Dritten bei der Vertragsanbahnung (§ 311 Rn 19 f). Die Ausübung von Gestaltungsrechten wie zB der Anfechtung gem §§ 119 ff begründet kein Schuldverhältnis, sondern bewirkt die Inhaltsänderung eines schon bestehenden Schuldverhältnisses.

II. 1. Die §§ 311 ff gehen von der **Vertragsfreiheit** als dem beherrschenden Grundsatz 6
für die Begr und den Inhalt von schuldrechtlichen Verträgen aus, ohne diesen Grundsatz ausdrücklich zu nennen. Die Vertragsfreiheit ist zentrales Element der **Privatautonomie** (BVerfGE 81, 254; Vor §§ 241–853 Rn 16) und wird verfassungsrechtlich durch Art 2 I GG gewährleistet (BVerfGE 74, 151 f). Sie berechtigt die Einzelnen, ihre Beziehungen zueinander eigenverantwortlich durch Vereinbarungen mit rechtlicher Verbindlichkeit zu gestalten. Die Vertragsfreiheit erstreckt sich auf die Abschlussfreiheit und die Inhalts- bzw Gestaltungsfreiheit. Aufgrund der **Abschlussfreiheit** steht es im Belieben der Einzelnen, ob und ggf mit wem sie einen Vertrag schließen wollen (Eingehungs- und Ablehnungsfreiheit; Freiheit der Auswahl des Vertragspartners). Die **Inhaltsfreiheit** berechtigt die Parteien zur inhaltlichen Ausgestaltung des Schuldvertrages nach ihrem Willen. Sie erstreckt sich nicht nur auf einzelne Festlegungen zB hins des geschuldeten Gegenstandes, der Umstände der Leistungserbringung oder der Höhe einer Vergütung, sondern gibt den Parteien auch die Möglichkeit, die gesetzlich geregelten Vertragstypen zu modifizieren oder Verträge ganz anderer Art zu schließen (**Typenfreiheit**).

Die **Grenzen** der Vertragsfreiheit ergeben sich insb aus dem Erfordernis, Störungen der 7
Vertragsparität ua aufgrund wirtschaftlichen und sozialen Ungleichgewichts auszugleichen und damit die Funktionsbedingungen von Vertragsfreiheit und Vertragsrecht zu sichern. Sie können daher gerade durch das Ziel eines Schutzes der Vertragsfreiheit, aber auch durch weitere grundrechtliche und sozialstaatliche Anforderungen verfassungsrechtlich begründet sein (vgl BVerfG NJW 90, 1470; 94, 38; 96, 2021). Für die Abschlussfreiheit treten diese Grenzen auf einzelnen Gebieten durch einen unmittelbaren oder mittelbaren rechtlichen **Kontrahierungszwang** hervor; für die Inhaltsfreiheit ergeben sie sich aus dem Bestehen von einseitig oder beiderseitig **zwingendem Recht** (zunehmend auch hins Informationspflichten und Rechten zum Widerruf) sowie aus der **richterlichen Inhaltskontrolle** von Verträgen aufgrund gesetzlicher Generalklauseln (iE Vor §§ 145–157 Rn 4 f; Vor §§ 305–310 Rn 5 f, 10 f).

2. Ebenfalls ohne ausdrückliche Nennung gehen die §§ 311 ff vom Grundsatz der 8
Formfreiheit aus. Nach diesem Grundsatz können die Parteien Schuldverträge formfrei schließen. Grds ist weder Schriftform noch Verbalisierung geboten, sondern auch der konkludente Vertragsschluss möglich. Abw von diesem Grundsatz ist die **Schriftform** aber ua vorgesehen in §§ 550, 761, 766, 780, 781, 793; die notarielle Beurkundung ist ua vorgeschrieben in §§ 311 b I, III, 518, 2371 (iE zu den Formforderungen § 125 Rn 3 f).

3. Einige besondere Rechte des Verbrauchers (Informations-, Widerrufs- oder Rückga- 9
berecht) bei Verbraucherverträgen, die unter dem Einsatz bestimmter Vertriebsformen angebahnt werden, sind in §§ 312–312 g geregelt. Die Vorschriften sind daher Teil des **Verbrauchervertragsrechts**. Der **Anwendungsbereich** bestimmt sich durch eine Kombination **persönlicher, situativer** und **vertragsartbezogener** Tatbestandmerkmale. Persönliche Voraussetzung ist idR, dass auf der einen Seite ein **Unternehmer** (§ 14) und auf der anderen Seite ein **Verbraucher** (§ 13) handelt (zu den Besonderheiten beim elektronischen Geschäftsverkehr § 312 i). Kennzeichnend für die unter diesen Untertitel fallenden Verträge sind bestimmte, sich aus der jeweiligen Vertriebsform ergebende situative Tatbestandsmerkmale, bei deren Vorliegen nach gesetzgeberischer Wertung typischerweise ein Schutzbedürfnis des Verbrauchers angenommen wird. Geschützte Situationen sind **außerhalb von Geschäftsräumen geschlossene Verträge** (§ 312 b), **Fernabsatzverträge** (§ 312 c) und **Verträge im elektronischen Geschäftsverkehr** (§ 312 i). Die §§ 312–312 g gelten für einen weiten Kreis unterschiedlicher Vertragsarten, insb für Verträge

über die Lieferung von Waren oder über die Erbringung von Dienstleistungen. Der Anwendungsbereich wird in § 312 geregelt und ist teilweise auf bestimmte Verträge beschränkt (s dort).

10 **III. 1.** Die **Arten der Verträge**, die in Buch 2 des BGB geregelt sind, lassen sich unter mehreren Gesichtspunkten einteilen. a) **Verpflichtungs- und Verfügungsverträge:** Der Verpflichtungsvertrag (obligatorischer Vertrag) begründet die Verpflichtung zu einer Leistung und ist damit der eigentliche schuldrechtliche Vertrag. Der Verfügungsvertrag wirkt demgegenüber auf ein bestehendes Recht oder Rechtsverhältnis unmittelbar ein, indem er es abändert, aufhebt oder eine Parteistellung auf einen anderen überträgt. Verfügungsverträge gehören hauptsächlich dem Sachenrecht an, finden sich aber auch im Schuldrecht. Verfügungsverträge in Buch 2 sind so der Erlass (§ 397), die Abtretung (§§ 398 ff), die befreiende Schuldübernahme (§§ 414 ff) sowie Abänderungs- und Aufhebungsverträge (§ 311 Rn 2, 7 f).

11 b) **Kausale und abstrakte Verträge:** Verpflichtungsverträge sind idR zugleich kausale Verträge, weil sie mit dem Leistungsversprechen zugleich die Einigung über die „causa", dh den Rechtsgrund für die zu erbringende Leistung, enthalten. Dag ist bei abstrakten Verträgen der Rechtsgrund kein Bestandteil des Vertrages, so dass sie unabhängig vom Rechtsgrund gültig sind. Alle (auch die im Schuldrecht geregelten) Verfügungsverträge sind abstrakte Verträge. Darüber hinaus haben einige Verpflichtungsgeschäfte abstrakten Charakter erhalten, so das Schuldversprechen (§ 780), das Schuldanerkenntnis (§ 781), die Annahme der Anweisung (§ 784) und die Verpflichtungen aus Wechsel, Scheck und Inhaberschuldverschreibung.

12 c) **Konsensual- und Realverträge:** Das heutige Schuldrecht enthält ganz überw oder ausschließlich (str) Konsensualverträge. Die vertragliche Verpflichtung wird bei ihnen bereits durch die Willenseinigung der Parteien begründet. Dag muss beim Realvertrag zu der Willenseinigung die Hingabe der Sache als tatsächliches Element hinzutreten, damit die Leistungspflichten entstehen. Als Realvertrag galt früher das Darlehen; heute geht aus dem Wortlaut der §§ 488, 607 eindeutig hervor, dass es sich um Konsensualverträge handelt (§ 488 Rn 2, § 607 Rn 3).

13 d) **Entgeltliche und unentgeltliche Verträge:** Mit entgeltlichen Verträgen streben die Parteien einen Austausch von Leistungen an und verknüpfen dazu Leistung und Gegenleistung rechtlich miteinander. Diese Verknüpfung erreichen sie insb durch die Begr eines vertraglichen Gegenseitigkeitsverhältnisses (**Synallagma;** Vor §§ 320–326 Rn 2, so zB bei §§ 433, 480, 535, 611, 631), durch die Vereinbarung einer **Bedingung** (§ 158) oder durch die Festlegung, dass jeweils die eine Leistung den **Rechtsgrund** für die andere bilden soll. Bei unentgeltlichen Verträgen verpflichtet sich demgegenüber der Schuldner zur Erbringung einer Leistung, ohne dass dieser eine Gegenleistung ggü steht; (zB bei §§ 516, 598, 662, 690). – Zu **einseitigen, unvollkommen zweiseitigen** und **gegenseitigen Verträgen** s Vor §§ 320–326 Rn 1.

14 **2. a)** Da im Schuldrecht (anders als im Sachenrecht) **kein Typenzwang** herrscht, sind die Parteien nicht auf die Vertragstypen, die im Gesetz benannt und geregelt sind, beschränkt. Neben den gesetzlich geregelten („benannten") Vertragstypen haben sich zahlreiche weitere Vertragstypen im Rechtsverkehr, insb in der Kautelarpraxis der Wirtschaft, herausgebildet. Diese verkehrstypischen Verträge sind zT durch die Fortbildung gesetzlich geregelter Verträge oder durch die Übernahme ausländischer Vorbilder entstanden und haben sich im heutigen Bürgerlichen Recht neben den Vertragstypen des BGB fest etabliert. Zum Großteil entwickeln sie sich im internationalen Rahmen weiter, werden in ähnlicher Weise in vielen Rechtsordnungen verwandt und tragen fremdsprachliche Bezeichnungen (wie Factoring, Franchising, Leasing). Daneben tragen vertragstypenbezogene RL der Europäischen Union zur Fortentwicklung der Vertragsarten im europäischen Rahmen bei (insb für Verbraucherverträge, so die VerbrKr-RL, die Time-Sharing-RL und die Verbrauchsgüterkauf-RL; darüber hinaus zB die Handelsvertreter-RL).

15 Eine Vielzahl weiterer Vertragsgestaltungen lässt sich weder einem gesetzlich geregelten Vertragstyp noch einem der daneben im Rechtsverkehr ausgebildeten Typen zurechnen und wird daher als atypisch bezeichnet. Maßgeblich für die **Zuordnung zu**

einem bestimmten **Vertragstyp** ist nicht die Bezeichnung des jeweiligen Vertrages durch die Parteien, sondern der objektive gesamte Inhalt des Vertrages (BGHZ 74, 268; 106, 345). Diese Zuordnung ist ausschlaggebend dafür, welche gesetzlichen Vorschriften für das betr Vertragsverhältnis anzuwenden oder nicht anzuwenden sind, welche Verkehrsgewohnheiten ggf ergänzend heranzuziehen sind und welche Rspr zu berücksichtigen ist.

b) Für die **gesetzlich geregelten Verträge** sind vorrangig die speziellen Regelungen für den betr Vertragstyp und daneben die Vorschriften des allg Schuldrechts und des Allg Teils des BGB maßgeblich. Die speziellen Regelungen für die einzelnen Schuldvertragstypen enthält das BGB in §§ 433 ff. Außerhalb des BGB enthalten gesetzliche Regelungen einzelner Vertragstypen ua das HGB (so das Kommissionsgeschäft, §§ 383 ff HGB; das Fracht- und Speditionsgeschäft, §§ 407 ff HGB), das VVG, das FernUSG und das VerlagsG. Diese Vertragstypen werden in der Praxis häufig aber nicht in Reinform verwandt, sondern vielfältig modifiziert und auch vermischt (dazu Rn 18 f). Durch Individualvereinbarung können die Parteien für ihr Vertragsverhältnis ausdrücklich oder konkludent insb gesetzliche Regeln für einen anderen Vertragstyp übernehmen. Die Unterwerfung eines Vertrags unter die Vorschriften für einen anderen Vertragstyp durch **AGB** hindert jedoch § 307 II Nr 1 aufgrund der **Leitbildfunktion** des dispositiven Gesetzesrechts: Die Verteilung von Vorteilen, Risiken und Lasten durch die gesetzliche Regelung des Vertragstyps drückt die gesetzgeberische Wertung über einen gerechten Interessenausgleich aus und soll in ihren Grundzügen nicht einseitig zugunsten des AGB-Verwenders verschoben werden. **16**

c) Für die **verkehrstypischen Verträge** sind das allg Schuldrecht und der Allg Teil des BGB anwendbar. Daneben kann häufig das Recht für (teilweise) ähnliche Vertragstypen, die gesetzlich geregelt sind, entspr angewandt werden. Die Verkehrsgewohnheiten und -anschauungen sind aufgrund von § 157 ergänzend zu berücksichtigen. Verkehrstypische Verträge sind zB der Alleinvertriebsvertrag, der Arztvertrag, der Automatenaufstellvertrag, der Bankvertrag, der Baubetreuungsvertrag, der Bauträgervertrag, der Bierlieferungsvertrag, der Energieversorgungsvertrag, der Factoringvertrag (zu echtem und unechtem Factoring § 398 Rn 26), der Franchisevertrag, der Garantievertrag, der Gutscheinvertrag, der Heimvertrag, der Hofübergabevertrag, der Hotelreservierungsvertrag, der Internet-System-Vertrag, die Inzahlungnahme von Gebrauchtwagen (§ 364 Rn 5 ff), der Kreditkartenvertrag, der Leasingvertrag, der Lizenzvertrag, der Schiedsgutachtenvertrag, der Schiedsrichtervertrag, der Treuhandvertrag, der Unterrichtsvertrag und der Zeitungsbezugsvertrag. **17**

d) Für **atypische Verträge** können neben dem allg Schuldrecht und dem Allg Teil des BGB ebenfalls Vorschriften für ähnliche gesetzlich geregelte Vertragstypen entspr angewandt werden. Die Grenzen zwischen atypischen und verkehrstypischen Verträgen sind fließend. Als atypisch gelten zB Verträge über Dienstleistungen zwischen nahen Verwandten (BGH NJW-RR 86, 155), über unentgeltliche Theaternutzung (BGH NJW 92, 496) und über die Berechtigung zum Aufstellen von Reklameflächen (BGH NJW 52, 620). In der Entwicklung von einem atypischen Vertrag zu einer verkehrstypischen Vertragsform befindet sich der Sponsoringvertrag (BGHZ 117, 353). **18**

3. Die Vertragsfreiheit ermöglicht den Parteien verschiedenartige **Kombinationen von Verträgen und Vertragstypen.** a) **Vertragsverbindungen:** Mehrere Verträge zwischen den gleichen Parteien sind grds rechtlich selbständig, auch wenn sie in einem tatsächlichen oder wirtschaftlichen Zusammenhang stehen. Durch die Parteivereinbarung oder aufgrund von Treu und Glauben kann aber eine rechtliche Verbindung zwischen den Verträgen in mehreren Formen hergestellt werden. Insb kann die Durchführung des einen Vertrages **Geschäftsgrundlage** (§ 313 Rn 2) des anderen sein; zB beim Autokauf mit Inzahlungnahme des Altwagens und allg dem Kauf einer neuen Sache unter Inzahlungnahme des Altgerätes (BGHZ 83, 336) oder beim Kauf- und Leasingvertrag (BGHZ 114, 67). **19**

Eine weitergehende Form der Verbindung mehrerer Verträge ist die Verknüpfung zu einem einheitlichen Gesamtvertrag. Derartig **zusammengesetzte** oder gekoppelte **Verträge** sind dadurch gekennzeichnet, dass die gekoppelten Geschäfte miteinander „ste- **20** hen und fallen" sollen (BGHZ 112, 378). Anhaltspunkte für die Verknüpfung zu einer Vertragseinheit sind der gleichzeitige Abschluss der Verträge, eine einheitliche Urkunde und eine rechtliche Verklammerung zB durch eine Bedingung. Die wirtschaftliche Einheit (zum Begriff § 358 III) kommt grds nur daneben als ein Indiz in Betracht (BGH NJW-RR 88, 351). Durch Koppelung zu einer Vertragseinheit zusammenfassen lassen sich zB Pacht- und Getränkebezugsvertrag (OLG München BB 95, 329); Bierbezugsvertrag und Brauereidarlehen (OLG München NJW 98, 1881); uU Hardwarekauf- und Softwareüberlassungsvertrag (BGH NJW 87, 2007). Aufgrund der Koppelung sind Formvorschriften für einen Vertragsteil für den Gesamtvertrag maßgeblich (BGHZ 76, 48; 78, 348); Mängel des einen Teiles führen gem § 139 iZw zur Gesamtnichtigkeit. IR des Rücktritts (§ 346) sind gekoppelte Verträge ebenfalls grds als Einheit zu betrachten (BGH NJW 76, 1931).

21 Wird ein Geschäft trotz seiner inneren Zusammengehörigkeit und wirtschaftlichen Einheit in zwei rechtlich verselbständigte Verträge aufgespalten (insb ein Kaufvertrag und der Kreditvertrag zu seiner Finanzierung), kann uU die Trennung bei Störungen in der Vertragsdurchführung unbeachtlich sein. Dies kann uU auch bei innerem Zusammenhang und wirtschaftlicher Einheit von zwei rechtlich eigenständigen Verträgen einer Partei mit zwei verschiedenen Vertragspartnern gelten; dabei kann ein **Einwendungsdurchgriff** zulässig sein (BGH NJW 92, 2562; stRspr). Voraussetzung sind neben der besonders engen sachlichen Verknüpfung der beiden Verträge sonstige zusätzliche Umstände, die aufgrund von Treu und Glauben (§ 242) einen erhöhten Schutz erfordern (iE Canaris ZIP 93, 411). – Für **verbundene Verträge mit Verbrauchern** sind die Wirkungen des **Widerrufs** des einen Vertrags auf den anderen und der **Einwendungsdurchgriff** in §§ 358, 359 geregelt.

22 b) Verbinden die Parteien in einem Vertrag Bestandteile verschiedener Vertragstypen so miteinander, dass diese erst in ihrer Gesamtheit eine sinnvolle Einheit bilden, handelt es sich um einen **gemischten Vertrag**. Eine seiner Unterformen bildet der **typische Vertrag mit andersartiger Nebenleistung**. Bei ihm entsprechen die Hauptleistungspflichten einem Vertragstypus und lediglich Nebenleistungen sind nach einem anderen Vertragstypus zu erbringen (zB Apartmentvermietung mit Serviceleistungen). Ein **typenverschiedener Austauschvertrag** (sog Austauschvertrag mit anderstypischer Gegenleistung oder gekoppelter Vertrag) liegt vor, wenn die Parteien den Austausch von Leistungen vereinbaren, die jeweils einem anderen Vertragstyp angehören (zB Dienstleistungen gegen Warenlieferung; Hausmeistervertrag, BAGE 21, 340). Bei einem **Typenkombinationsvertrag** besteht dag die von einer Partei zu erbringende Leistung aus mehreren Hauptleistungen unterschiedlicher Vertragstypen, so bei einem Altenheimvertrag (BGH NJW 81, 342); Bauträgervertrag (BGHZ 96, 277); Bewirtungsvertrag (AG Heidelberg NJW 73, 2253); Franchisevertrag (str; zum Franchisevertrag Skaupy NJW 92, 1785; Schulze, Franchising); Miete einer Maschine unter Überlassung von Bedienungspersonal (RGZ 69, 128); Nutzung einer Datenbank (Mehrings NJW 93, 3105; str); Pensionsvertrag. Von einem **Typenverschmelzungsvertrag** spricht man, wenn in der Leistung einer Partei Bestandteile verschiedener Vertragstypen derartig miteinander vereint sind, dass sie sich nicht tatsächlich trennen lassen, etwa Kauf und Übernahme von Beratungspflichten beim Abonnement eines Börsendienstes (BGHZ 70, 359) oder die entgeltliche und die unentgeltliche Sachleistung bei der gemischten Schenkung.

23 Die rechtliche Behandlung der gemischten Verträge ist str. Nach der **Absorptionstheorie** ist ausschließlich das Recht der Hauptleistung anzuwenden. Die **Kombinationstheorie** und die **Theorie der analogen Rechtsanwendung** stellen unmittelbar oder in entspr Anwendung auf das Recht der jeweils betroffenen Vertragsbestandteils ab; bei Unstimmigkeiten zwischen den dabei herangezogenen Regelungen greifen sie auf den hypothetischen Parteiwillen zurück. Nach wohl hM führt indes keiner dieser Ansätze allein zu befriedigenden Ergebnissen. Auszugehen ist vielmehr in erster Linie vom **erklärten Parteiwillen** und bei dessen Fehlen vom **hypothetischen Parteiwillen** unter Berücksichtigung von Interessenlage, Vertragszweck und Verkehrssitte. IdR wird danach für jeden Vertragsteil (grds auch für andersartige Nebenleistungen; BGHZ 63, 312) das **Recht**

des entspr **Vertragstypus** heranzuziehen und bei einer Kollision der in Frage kommenden Regelungen auf das Recht des Vertragstypus abzustellen sein, der rechtlich oder wirtschaftlich den **Schwerpunkt** des Vertrages bildet (BGH WM 02, 2248 f; NJW 95, 326).

4. a) Eine besondere Ausgestaltung erhalten häufig Kauf- oder Werklieferungsverträge, 24 indem ein einheitlicher Vertrag die Verpflichtung zu Leistungen in zeitlich aufeinander folgenden Raten vorsieht. Derartige **Sukzessivlieferungsverträge** können von vornherein auf eine bestimmte Gesamtmenge festgelegt sein (**Ratenlieferungsvertrag**; sog echter Sukzessivlieferungsvertrag). Sie können aber auch ohne Festlegung einer Gesamtliefermenge auf eine (idR unbestimmte) längere Zeit geschlossen werden (**Bezugs- oder Dauerlieferungsvertrag**). Im letzteren Fall handelt es sich um ein **echtes Dauerschuldverhältnis** (§ 313 Rn 21; § 314 Rn 3). Eine wirtschaftlich wichtige besondere Form des echten Dauerschuldverhältnisses bildet der **Alleinvertriebsvertrag**. Er gibt der Zusammenarbeit der Parteien einen vertraglichen Rahmen, indem sich eine Seite als **Vertragshändler** verpflichtet, Waren der anderen Seite (idR eines Herstellers oder Importeurs) im eigenen Namen und für eigene Rechnung zu verkaufen (BGH NJW-RR 93, 681).

b) Bei einem **Ratenlieferungsvertrag** sind die kauf- oder werklieferungsvertraglichen 25 Leistungsverpflichtungen lediglich über mehrere Zeitabschnitte verteilt. Anders als bei Dauerschuldverhältnissen ieS liegt aber der Gesamtumfang fest und es ist keine ständige Leistungsbereitschaft erforderlich. Bei Leistungsstörungen müssen daher die allg Regeln nur in Einzelpunkten modifiziert werden (zu den Besonderheiten beim Ratenlieferungsvertrag zwischen Unternehmer und Verbraucher s § 510 Rn 1).

Für die **Unmöglichkeit** der gesamten Leistung ergeben sich dabei die Rechtsfolgen aus 26 §§ 280 I, III, 283; 311 a II; 326 I 1. Ist eine einzelne Teilleistung unmöglich geworden, kann der Gläubiger seine Rechte aus §§ 283 bzw 311 a II; 326 I 1 2. Halbs; 326 V hins dieser Teilleistung geltend machen (iE §§ 283 Rn 3, 326 Rn 6; BT-Drucks 14/6040, 188). Sofern er kein Interesse mehr an der weiteren Vertragsdurchführung hat, steht ihm gem §§ 283, 281 I 2 ein Schadensersatzanspruch auch für sämtliche noch ausstehenden Teilleistungen zu. Davon unberührt bleibt aber der bereits durchgeführte Teil des Vertrages (BGH NJW 91, 2699 zu § 325 I 2 aF), es sei denn, dass der Interessewegfall auch diese Leistungen berührt (so zB, wenn Unmöglichkeit hins der letzten 2 Bände einer Enzyklopädie vorliegt).

Bei **Verzug** des Schuldners mit einer oder mehreren der Raten kann der Gläubiger den 27 Verzögerungsschaden gem §§ 280 I, II, 286 geltend machen und die Erbringung seiner Leistung gem § 320 verweigern. **Ausbleiben der Leistung** oder **nicht vertragsgemäße Leistung** berechtigen den Gläubiger gem § 323, grds zum Fristsetzung (welche den Schuldner nicht zwangsläufig in Verzug setzt, vgl BT-Drucks 14/6040, 184) zurückzutreten. Ein Rücktritt von dem gesamten Vertrag ist aber nur unter den Voraussetzungen des § 323 V 1 möglich (§ 323 Rn 13). Für **Schutzpflichtverletzungen** (zum Begriff § 241 Rn 8) gilt § 324. Im Fall der **Schlechterfüllung** kann der Gläubiger für die betr Teilleistung seine Gewährleistungsrechte aus §§ 437 ff oder §§ 631 ff geltend machen.

c) Dag sieht der **Dauerlieferungsvertrag** keine feste Gesamtmenge der Lieferung vor 28 und erfordert dementspr ständige Leistungsbereitschaft. Um echte Dauerschuldverhältnisse idS handelt es sich bei vielerlei Bezugs- und Versorgungsverträgen (zB Bierlieferung, Elektrizität, Wasser) sowie bei Zulieferungsverträgen.

Tritt bei einem derartigen echten Dauerschuldverhältnis eine **Leistungsstörung** auf, be- 29 schränken sich die Rechte des Gläubigers grds auf die gestörte Rate (BGH NJW 86, 125). Der Gläubiger hat zudem aber statt der Rechte aus §§ 323 ff die Möglichkeit, die **Kündigung** nach § 314 zu erklären (vgl § 314 Rn 2 ff) und Schadensersatz wegen schuldhafter Verursachung der Kündigung geltend zu machen (§ 314 Rn 6). Früher bestehende Schwierigkeiten bei der Abwicklung von Versorgungsverträgen im Konkurs sind durch §§ 103 ff InsO beseitigt worden. Wählt der Insolvenzverwalter nach Eröffnung des Insolvenzverfahrens die weitere Erfüllung des Vertrages, stellen Ansprüche aus vorher erbrachten Teilleistungen einfache Insolvenzforderungen gem § 105 InsO und Ansprüche für später erbrachte Leistungen gem § 103 InsO Masseschulden iSd § 55 I Nr 2 InsO dar.

§ 311 Rechtsgeschäftliche und rechtsgeschäftsähnliche Schuldverhältnisse

(1) Zur Begründung eines Schuldverhältnisses durch Rechtsgeschäft sowie zur Änderung des Inhalts eines Schuldverhältnisses ist ein Vertrag zwischen den Beteiligten erforderlich, soweit nicht das Gesetz ein anderes vorschreibt.
(2) Ein Schuldverhältnis mit Pflichten nach § 241 Abs. 2 entsteht auch durch
1. die Aufnahme von Vertragsverhandlungen,
2. die Anbahnung eines Vertrags, bei welcher der eine Teil im Hinblick auf eine etwaige rechtsgeschäftliche Beziehung dem anderen Teil die Möglichkeit zur Einwirkung auf seine Rechte, Rechtsgüter und Interessen gewährt oder ihm diese anvertraut, oder
3. ähnliche geschäftliche Kontakte.
(3) ¹Ein Schuldverhältnis mit Pflichten nach § 241 Abs. 2 kann auch zu Personen entstehen, die nicht selbst Vertragspartei werden sollen. ²Ein solches Schuldverhältnis entsteht insbesondere, wenn der Dritte in besonderem Maße Vertrauen für sich in Anspruch nimmt und dadurch die Vertragsverhandlungen oder den Vertragsschluss erheblich beeinflusst.

1 I. § 311 regelt in Abs 1 die **Begr und Inhaltsänderung von Schuldverhältnissen** wortgleich mit § 305 aF. Abs 2 legt fest, dass ein **Schuldverhältnis** bereits **im Vorfeld des Vertragsschlusses** entstehen und Schutzpflichten gem § 241 II zwischen den Parteien begründen kann. Nach Abs 3 kann darüber hinaus ein derartiges vorvertragliches Schuldverhältnis auch mit einem Dritten, der nicht selbst Vertragspartei werden soll, entstehen. Abs 2 und 3 verankern damit die frühere Rspr und Lehre zur cic (Rn 13), die zT bereits als gewohnheitsrechtlich verfestigt angesehen wurde, im Gesetz, ohne allerdings die tatbestandlichen Voraussetzungen hins der verschiedenen Fallgruppen iE und das entspr Pflichtenprogramm auszudifferenzieren. Dies bleibt vielmehr weiterhin Lehre und Rspr überlassen. Abs 2, 3 regeln mit dem Bestehen eines vorvertraglichen Schuldverhältnisses auch nur eine der Voraussetzungen für den Schadensersatzanspruch aus cic; die weiteren Voraussetzungen ergeben sich aus §§ 241 II, 280 I.

2 II. 1. Abs 1 erklärt auf Grundlage der Privatautonomie den **Vertrag** zur regelmäßigen Voraussetzung für die rechtsgeschäftliche Begr und für die Änderung des Inhalts eines Schuldverhältnisses (Vor §§ 311–319 Rn 4). Zum Vertragsbegriff und -schluss allg s Vor §§ 145–157 Rn 1 ff; zu den Arten schuldrechtlicher Verträge s Vor §§ 311–319 Rn 10 ff.

3 a) aa) Für die **Änderung eines Schuldverhältnisses** ist nach Abs 1 ebenfalls grds ein Vertrag erforderlich. Dieser Änderungsvertrag beseitigt nicht Bestand und Identität des bisherigen Schuldverhältnisses, sondern gestaltet lediglich den Inhalt anders. Er kann aber nicht nur Nebenverpflichtungen oder Leistungsmodalitäten, sondern auch die Hauptleistungen betreffen (BGH NJW 92, 2283). Auch die Veränderung des Rechtsgrundes, eine Veränderung des Typus bzw der Rechtsnatur des Vertrages (zB von einer Bürgschaft in ein Darlehen, OLG Celle WM 88, 1815) oder eine Verlängerung der Vertragsdauer (Klevemann/Ziemann DB 89, 2608) ist durch Änderungsvertrag möglich. Durch Auslegung (§§ 133, 157) ist dieser vom Aufhebungsvertrag (dazu Rn 8) und einem damit verbundenen neuen Vertragsschluss abzugrenzen. Ergänzend zum Parteiwillen, der zu maßgeblich ist (BGH NJW 99, 575), sind dabei die wirtschaftliche und rechtliche Bedeutung der Abänderung sowie die Verkehrsanschauung zu beachten (BGHZ 119, 116).

4 bb) **Voraussetzungen:** Die Änderung eines Schuldverhältnisses durch Vertrag erfordert zunächst, dass das **Schuldverhältnis** noch **besteht**. Ein bereits erloschenes Schuldverhältnis kann nur durch den Abschluss eines neuen Vertrages wiederbegründet werden. Für den **Abschluss des Änderungsvertrages** gelten grds die allg Voraussetzungen für den Vertragsschluss. Ein Änderungsvertrag kann daher auch konkludent geschlossen werden. Unterlag aber die Begr des zu verändernden Schuldverhältnisses einem **Formerfordernis** (zB § 311 b I 1; s dort Rn 13), ist dieses auch für den Änderungsvertrag maßgeblich. War die Form nicht gesetzlich vorgeschrieben, sondern von den Parteien

vereinbart, können diese das Formerfordernis jedoch – auch konkludent – wieder aufheben. Beim formlosen Abschluss eines Änderungsvertrages wird iZw eine derartige Aufhebung der früheren Formabrede anzunehmen sein. Eine **Verpflichtung zum Abschluss eines Änderungsvertrages** besteht nur ausnahmsweise aufgrund entspr vertraglicher Abreden, besonderer Vorschriften (zB §§ 313, 558 I) oder Treu und Glauben (§ 242).

Die **einseitige Änderung** eines Schuldverhältnisses ist als Ausn von der Regel des Abs 1 5
nur möglich, soweit dies gesetzlich vorgesehen ist (zB § 263 I) oder die Parteien ein derartiges Recht durch Vereinbarung begründet haben (insb iR von Anpassungsklauseln; Bilda DB 69, 427). Änderungsvorbehalte zugunsten einer Partei in **AGB** unterliegen aber der Kontrolle und können insb gegen §§ 308 Nr 4, 309 Nr 1 verstoßen.

cc) Rechtsfolgen: Der Änderungsvertrag verändert als **Verfügungsvertrag** (Vor §§ 311– 6
319 Rn 10) unmittelbar den Inhalt des Schuldverhältnisses und ist im allg ggü der Parteivereinbarung über den Rechtsgrund abstrakt. Da die Inhaltsänderung die Identität des Schuldverhältnisses nicht aufhebt, bleiben Sicherungsrechte unberührt; sie erstrecken sich allerdings nicht auf eine erweiterte Schuld (§§ 767 I 3, 1210 I 2).

b) aa) Neben dem Änderungsvertrag nicht in Abs 1 erwähnt, aber aufgrund der Ver- 7
tragsfreiheit zulässig ist der **Aufhebungsvertrag.** Durch seinen ausdrücklichen oder konkludenten Abschluss können die Parteien ein Schuldverhältnis insgesamt auflösen. Gesetzlichen **Formerfordernissen,** die für die Begr des Schuldverhältnisses gelten, unterfällt er grds nicht. Auch Formvereinbarungen der Parteien für den aufzuhebenden Vertrag erfassen iZw nicht den Aufhebungsvertrag (§ 125 Rn 7). Die vertragliche Einigung über eine Vertragsaufhebung ist aber wegen der weit reichenden Folgen stets sorgfältig zu prüfen, insb wenn aufgrund der Aufhebungsvereinbarung Schutzvorschriften, die das Gesetz für die einseitige Vertragsbeendigung durch Kündigung vorsieht (etwa im Arbeitsrecht), nicht zum Zuge kommen.

Der Aufhebungsvertrag richtet sich auf die Auflösung des gesamten **Schuldverhältnis-** 8
ses iwS (Vor §§ 241–853 Rn 15) und nicht nur einer einzelnen Forderung (wie der Erlass, § 397). Ob ein Vertrag ex nunc oder rückwirkend aufgelöst werden soll, ist ggf durch Auslegung zu ermitteln (BGH NJW 78, 2198). Für die Rückgewähr von Leistungen sind iZw §§ 346 ff entspr anzuwenden (BGH NJW-RR 96, 336; nach aA §§ 812 ff).

bb) Verbinden die Parteien die Aufhebung des alten Schuldverhältnisses mit der Begr 9
eines neuen Vertrages, der an dessen Stelle treten soll, handelt es sich um eine **Novation** (Schuldersetzung). Sie ist aufgrund der Vertragsfreiheit zulässig und liegt zB vor bei der Hingabe eines Prolongationswechsels unter Rückgabe des Erstwechsels (RGZ 107, 35); bei der Anerkennung des Kontokorrentsaldos (§ 355 HGB; BGHZ 26, 150) und bei der Leistung an Erfüllungs Statt. Um keine Novation handelt es sich dag im Sparkassenkontokorrent bei der Zusendung des Tagesauszuges (BGHZ 73, 210), bei dem deklaratorischen Schuldanerkenntnis, beim Jahresabrechnungsabschluss (BGH NZM 12, 562) und idR beim Vergleich (BGH ZIP 03, 1554). Die Vereinbarung einer Novation ist wegen der einschneidenden Folgen nur anzunehmen, wenn ein entspr Wille der Parteien deutlich hervortritt (BGH NJW 86, 1490); iZw ist vom Abschluss eines Änderungsvertrages auszugehen (BGH NJW 87, 3126).

Bei der Novation kann das Entstehen des neuen Schuldverhältnisses davon abhängig 10
gemacht werden, dass das frühere Schuldverhältnis bestanden hat (sog Schuldumschaffung oder **kausale Novation**; RGZ 62, 52). Das neue Schuldverhältnis kann aber auch unabhängig vom Bestand des früheren Verhältnisses geschaffen werden (sog Schuldneuschaffung oder **abstrakte Novation**; BGHZ 28, 167). Während die kausale Novation idR keiner Form bedarf, sind für die abstrakte Novation die §§ 780, 781 zu berücksichtigen (soweit nicht § 782; § 350 HGB greifen). Besteht das ursprüngliche Schuldverhältnis nicht, kommt bei einer abstrakten Novation für den Schuldner nur eine Kondiktion gem § 812 II oder die Einrede des § 821 in Betracht. Selbst dies kann ihm aber bei der Abgabe eines Anerkenntnisses ohne Rücksicht auf das Bestehen der alten Schuld verwehrt sein.

11 Weil bei der Novation das ursprüngliche Schuldverhältnis aufgehoben wird, entfallen die **Sicherungsrechte** und die **Einwendungen** aus diesem Schuldverhältnis. Nach § 355 HGB führt jedoch ausnahmsweise die Anerkennung des Kontokorrentsaldos nicht zum Erlöschen der Sicherheiten.

12 **2. Vorvertragliches Schuldverhältnis (Abs 2, 3); culpa in contrahendo: a) aa)** Bei der Aufnahme einer Verbindung in Hinblick auf einen möglichen Vertragsschluss (**Vertragsanbahnung**) und dem Eintritt in **Vertragsverhandlungen** entsteht mit dem geschäftlichen Kontakt ein **Vertrauensverhältnis**, das den Beteiligten entspr Sorgfalts- und Schutzpflichten auferlegt (RGZ 95, 58; BGHZ 6, 333). Früher war die Haftung für die Verletzung vorvertraglicher Pflichten nur in einzelnen Vorschriften (§§ 179, 307 aF, 309 aF, 523 I, 524 I, 600, 694) gesetzlich geregelt. Weit darüber hinaus hatte aber die Rspr eine Haftung für die schuldhafte Verletzung von Pflichten im vorvertraglichen Verhältnis aufgrund der Lehre von der culpa in contrahendo (Verschulden bei Vertragsverhandlung) anerkannt. Begründet hatte diese Lehre Rudolph von Ihering (Iherings Jahrbücher 4 [1861], 1). Nach der Fortgestaltung und ständigen Anwendung durch Wissenschaft und Rspr verfestigte sich diese Lehre zum Gewohnheitsrecht (BGH NJW 79, 1983). Nachdem die Gesetzgebung das Bestehen der cic seit längerem in § 11 Nr 7 AGBG aF (jetzt § 309 Nr 7 b) vorausgesetzt hatte, hat das SMG diese mit Abs 2 und 3 in das BGB aufgenommen. Die amtliche Überschrift des § 311 stellt klar, dass es sich – iU zu den rechtsgeschäftlich begründeten Schuldverhältnissen gem Abs 1 – bei Abs 2, 3 nicht um rechtsgeschäftlich begründete Schuldverhältnisse handelt. Während dieses vorvertragliche Verhältnis durch die Aufnahme von Vertragsverhandlungen, die Anbahnung eines Vertrages oder ähnlichen geschäftlichen Kontakt aufgrund des Vertrauensschutzgedankens im Vorfeld des Vertragsschlusses kraft Gesetzes entsteht und den Beteiligten Schutzpflichten im Verhältnis zueinander gem § 241 II auferlegt, kommen rechtsgeschäftliche Ansprüche erst mit einem Vertragsschluss in Betracht. Zugleich bringt aber die Regelung iRd § 311 (statt bei § 241) die **Schutzfunktion** dieses Schuldverhältnisses für die Vorbereitung des Vertragsschlusses und insofern für das rechtsgeschäftliche Handeln zum Ausdruck, so dass uU spezifische Grundsätze des Vertragsrechts auf die cic anwendbar sein können (s Rn 26).

13 Besondere **Bedeutung** kommt der Haftung für Schutzpflichtverletzungen aus dem vorvertraglichen Verhältnis gem §§ 311 II, III, 241 II, 280 I (Haftung für vorvertragliches Verschulden; vorvertragliche Haftung; cic) im deutschen Recht – mehr als in den meisten anderen Rechtsordnungen – ua deswegen zu, weil beim Handeln von Gehilfen die deliktische Haftung durch § 831 eng begrenzt ist, während iR der cic das Verschulden von Gehilfen nach § 278 zuzurechnen ist. IU zu deliktischen Ansprüchen erfordert die Haftung aus cic zudem keine Verletzung eines absoluten Rechts bzw Schutzgesetzes (§ 823) oder sittenwidrige vorsätzliche Schädigung (§ 826) und verbessert die Beweislage des Geschädigten entspr § 280 I 2.

14 **bb) Anwendbar** sind die Regeln über die Haftung für vorvertragliches Verschulden im gesamten Privatrecht sowie grds entspr auch im öffentlichen Recht (BGHZ 71, 392; BGH NJW-RR 92, 1436; zum Rechtsweg vgl BVerwG NJW 02, 2894). Ihre Anwendung wird nicht durch das Vorliegen der Voraussetzungen einer Anfechtung nach §§ 119 ff ausgeschlossen (BGH NJW-RR 02, 308 zur früheren Rechtslage bei arglistiger Täuschung und Drohung; zur Rechtslage nach Inkrafttreten des SMG iE Mertens AcP 203, 844 ff). Allerdings sind diese Grundsätze neben § 179 I wohl nicht anwendbar, weil sonst die spezielle Regelung des § 179 III S 1 umgangen wird (in diese Richtung tendierend OLG Celle RNotZ 05, 301; dag Palandt/Heinrichs § 179 Rn 4; str). Das Vorliegen eines deliktischen Tatbestandes steht ihrer Anwendung nicht entgg. Für die Vertragsanbahnung eines Unternehmers mit einem Verbraucher durch die Zusendung unbestellter Waren ist aber § 241 a Spezialvorschrift. Str iRd früheren Rechtslage und aufgrund der Neuregelung des Leistungsstörungsrechts durch das SMG erneut zu überdenken ist ihr Verhältnis zum **Gewährleistungsrecht** einzelner Vertragsarten. Ihren Ausschluss angenommen haben zB für die jetzigen §§ 536 a ff BGH NJW 80, 780; BGHZ 136, 106 und für §§ 633 ff BGH DB 76, 958. Für das Kaufrecht hat die Rspr einen Ausschluss der cic durch das Gewährleistungsrecht bei Vorsatz des Verkäufers abgelehnt (BGH NJW 09, 2120; 02, 211). Bei Fahrlässigkeit hat sie den Ausschluss zT angenommen (so BGHZ 114, 266 für Fehlinformationen über die Kaufsache, und zwar auch hins nicht zugesicherter, aber zusicherungsfähiger Eigenschaften), zT abgelehnt (BGH NJW 00, 804). Bei (ggf konkludenter) Übernahme einer Beratungspflicht hat die hM das Bestehen von Schadensersatzansprüchen wegen der Fehlinformation neben den Gewährleistungsansprüchen zwar anerkannt, jedoch nicht auf vorvertragliches Verschulden gestützt, sondern gem den damaligen Grundsätzen der pVV auf die Verletzung eines Beratungsvertrages oder einer unselbständigen kaufrechtlichen Nebenverpflichtung des Verkäufers zur Beratung (BGH NJW 04, 2302). Nach **neuem Recht** bleibt die Abgrenzung insofern erforderlich, als die cic für Fehlinformationen nicht zur Anwendung kommt, soweit das Kaufgewährleistungsrecht eingreift und die verletzte Pflicht damit eine vertragliche Grundlage hat. Gegen die Auffassung, dass cic und Kaufgewährleistungsrecht in kumulativer Anspruchskonkurrenz selbständig nebeneinander stehen (Häublein NJW 03, 388 ff) spricht nicht nur die grds, schon für das alte Schuldrecht vertretene Wertung, dass die spezifischen Regelungen für die Kaufgewährleistung (Vorrang der Nacherfüllung sowie §§ 438, 442, 445) nicht unterlaufen werden sollen. Vielmehr hat die Fortentwicklung des Gewährleistungsrechts durch das SMG das Bedürfnis nach zusätzlichem Schutz des Käufers durch Ansprüche aus cic noch gemindert. Denn nach neuem Recht haftet der Verkäufer auf Schadensersatz statt der Leistung nicht nur bei Zusicherung einer Eigenschaft (§ 463 S 1 aF) und arglistigem Verschweigen eines Mangels (§ 463 S 2 aF), sondern gem §§ 280 ff bzw § 311 a II für jede Fahrlässigkeit. Grds ist daher von einer **Sperrwirkung des Kaufgewährleistungsrechts** ggü der Haftung aus cic auszugehen (BGH NJW-RR 11, 462; Schulze/Ebers JuS 04, 463 mwN). Im Einzelfall kann der Verkäufer allerdings aus einem Beratungsvertrag oder einer unselbständigen kaufvertraglichen Nebenpflicht zur Aufklärung und Beratung verpflichtet sein (vgl §§ 276 Rn 14, 433 Rn 11). – Die Haftung für die **Werbung** von Verkäufern bzw Herstellern ist auf Grundlage der Verbrauchsgüterkauf-RL jetzt in § 434 I 3 (dort Rn 14 ff) geregelt; auch insofern ist neben dem Kaufgewährleistungsrecht ein eigenständiger zusätzlicher Vertrauensschutz durch die cic nicht erforderlich. Von der Neuregelung nicht erfasst ist die entspr Frage der Haftung für die Werbung von Dienstleistern. Auch insoweit ist Werbeaussagen über die Qualität der (künftigen) Vertragsleistungen der Charakter des vorvertraglichen Versprechens beizumessen, so dass die Haftung dafür nicht auf cic, sondern auf dem Gedanken der Garantiehaftung aus gegebenem Versprechen beruht (Köndgen in: Schulze/Schulte-Nölke, Schuldrechtsreform, 239; Entwicklung von Lehre und Rspr aber noch offen). – Zu einzelnen Fallgruppen, in denen die vorvertragliche Haftung eingreift, Rn 29 ff.

b) Voraussetzungen des vorvertraglichen Schuldverhältnisses gem Abs 2: Das Entstehen eines Schuldverhältnisses ist in Abs 2 für drei Sachlagen vorgesehen. aa) Die **Aufnahme von Vertragsverhandlungen** (Nr 1) führt stets zum Entstehen eines vorvertraglichen Schuldverhältnisses mit wechselseitigen Schutzpflichten. Es genügen bereits einseitige Maßnahmen eines Vertragsteils, die den anderen zu einem Vertragsschluss veranlassen sollen. 15

bb) Auch ohne den Eintritt in die Vertragsverhandlungen kann die **Anbahnung eines Vertrages** (Nr 2) das Schuldverhältnis begründen, weil auch insoweit die Vorbereitung der potentiellen Vertragsbeziehung ein Vertrauensverhältnis mit wechselseitigen Pflichten zur Rücksichtnahme auf die Rechte, die Rechtsgüter und Interessen des anderen Teils erfordert. Ausreichend ist allerdings nicht jeder soziale Kontakt, der die Möglichkeit zur Einwirkung auf Rechte, Rechtsgüter und Interessen des anderen eröffnet. Vielmehr muss der eine Partner in der in Betracht stehenden rechtsgeschäftlichen Beziehung dem anderen Teil gerade im Hinblick auf diese etwaige Beziehung die Einwirkungsmöglichkeit gewährt oder ihm seine Rechte, Rechtsgüter und Interessen anvertraut haben. Entscheidend ist damit, dass die Eröffnung der Einwirkungsmöglichkeiten und deren Gebrauch durch die andere Seite in einem Zusammenhang mit einem evtl Vertragsschluss stehen. Es genügt zB das Betreten von Verkaufsräumen zur Information für einen evtl Kauf, ohne dass bereits ein Kaufentschluss gefasst sein muss. Nicht ausrei- 16 chend ist hingegen das Betreten zu geschäftsfremden Zwecken (wie Aufwärmen im Winter oder Diebstahl von Waren; str; offengelassen in BGHZ 75, 231).

17 **cc) Ähnliche geschäftliche Kontakte** (Nr 3) können insb bestehen, wenn potentielle Vertragspartner im Hinblick auf ein denkbares Geschäft noch im Vorfeld der Vertragsanbahnung in Berührung kommen (zB durch das Einholen erster Auskünfte über einen möglichen Vertragsgegenstand). Auch erfasst werden die Beteiligten einer Verkäufergemeinschaft, bei denen untereinander kein besonderes Rechtsverhältnis besteht (BGH NJW 80, 2464). Eine scharfe Abgrenzung ggü der Vertragsanbahnung ist häufig weder möglich noch erforderlich. Nicht ausreichend sind demgegenüber bloße soziale Näheverhältnisse ohne Bezug zu einem evtl rechtsgeschäftlichen Handeln. Inwieweit derartige außergeschäftliche Näheverhältnisse in besonderen Ausnahmelagen – wie etwa bei einer Seilschaft befreundeter Bergsteiger – oder darüber hinaus bei Gefälligkeitsverhältnissen ebenfalls Schutzpflichten begründen können, ist str. ZT wird dies auf eine entspr Anwendung von Abs 2 Nr 3 gestützt; s Vor §§ 241–853 Rn 27.

18 **dd)** In allen Fällen des Abs 2 sind die **Parteien** des vorvertraglichen Schuldverhältnisses grds die Partner des möglicherweise zustande kommenden Vertrages. Dritte können aber Berechtigte entspr den Grundsätzen über den Vertrag mit Schutzwirkung zugunsten Dritter sein (§ 328 Rn 12 ff; zB Familienangehörige, die den Kaufinteressenten beim Warenhausbesuch begleiten; BGHZ 66, 57 f). Unter besonderen Voraussetzungen können Dritte gem Abs 3 ausnahmsweise auch Verpflichtete sein (Rn 19). **Beendet** wird das vorvertragliche Schuldverhältnis mit Aufgabe der Vertragsverhandlungen oder des geschäftlichen Kontakts; bei wirksamem Vertragsschluss geht es nach hM im Vertragsverhältnis auf. Bereits entstandene Schadensersatzansprüche aus cic bleiben dag bestehen.

19 **c) Voraussetzungen des Schuldverhältnisses mit Dritten gem Abs 3: aa)** Unter den besonderen Voraussetzungen des **Abs 3** entsteht ein Schuldverhältnis, aus dem sich Schutzpflichten gem § 241 II ergeben, auch zwischen einer Partei eines in Aussicht genommenen Vertrages und einem anderen als dem vorgesehenen Vertragspartner. Mit dieser Bestimmung hat das SMG die von Rspr und Lehre entwickelte **Haftung Dritter aus cic** in das BGB eingefügt. Die Rspr hat zunächst für den Vertreter eine derartige Eigenhaftung anerkannt und sie später als **Sachwalterhaftung** auch auf andere Hilfspersonen, die in die Vertragsverhandlungen eingeschaltet sind, ausgedehnt (iE Koch AcP 204, 60 ff). Trotz ihrer rechtlichen Bewertung als Hilfspersonen bzw Verhandlungsgehilfen können diese Dritten uU wirtschaftlich die Initiatoren und Hauptnutznießer des Vertragsvorhabens sein und das Verhandlungsgeschehen beherrschen. Zusätzlich zu den allg Voraussetzungen (Rn 15–17) hat die Rspr für die vorvertragliche Haftung Dritter zwei Erfordernisse entwickelt: Der Dritte muss entweder ein erhebliches unmittelbares wirtschaftliches Eigeninteresse am Vertragsschluss haben, so dass er „gleichsam in eigener Sache" tätig wird (BGHZ 56, 83; BGH NJW 90, 506), oder er muss bei den Verhandlungen in besonderem Maße persönliches Vertrauen in Anspruch genommen und dadurch die Vertragsverhandlungen oder den Vertragsschluss erheblich beeinflusst haben (BGHZ 79, 283 f; 129, 170). Der zweite Ansatz steht in der neueren Rspr im Mittelpunkt und ist als typischer Fall des Entstehens eines vorvertraglichen Schuldverhältnisses mit einem Dritten in Abs 3 S 2 aufgenommen worden, ohne aber die Fälle des wirtschaftlichen Eigeninteresses und ggf weitere Fallgruppen grds auszuschließen (vgl in Abs 3 S 2 „insb"). Die Hauptfallgruppe der **Inanspruchnahme von Vertrauen für sich** gem Abs 3 S 2 erfordert, dass der Dritte das Vertrauen der einen Partei des erstrebten Vertrages gerade für seine Person und in stärkerem Maße, als allg bei Vertragsverhandlungen vorauszusetzen ist, in Anspruch nimmt. Dies kann unter Berücksichtigung der Gesamtumstände zB der Fall sein aufgrund von Erklärungen über eine persönliche Gewähr für die erfolgreiche Vertragsdurchführung (vgl BGH NJW-RR 02, 1309) oder für die Seriosität des Geschäftes (OLG Hamm WM 93, 241), aufgrund der besonderen, herausragenden Funktion und Sachkunde im Hinblick auf Vorbereitung und Durchführung des geplanten Vertrages oder – häufig damit verbunden – aufgrund einer beruflichen Stellung, durch die besonderes Vertrauen in Anspruch genommen wird (zB BGH NJW 90, 1908 für den Unternehmenssanierer; BGHZ 94,

359 für den Versicherungsmakler; OLG Düsseldorf OLGZ 78, 317 f für den Kunstauktionator). Der Dritte nimmt das Vertrauen „für sich" in Anspruch, wenn er nicht nur als „Sprachrohr" einer Partei fremdes Wissen weiterleitet, sondern an das Vertrauen in seine eigene Zuverlässigkeit und Sachkunde appelliert (zum Unterschied zur früheren Rspr über die Inanspruchnahme „persönlichen" Vertrauens Canaris JZ 01, 520 f; Koch AcP 204, 73). Fälle eines erheblichen **wirtschaftlichen Eigeninteresses**, bei denen ebenfalls ein Schuldverhältnis nach Abs 3 entstehen kann, liegen zB vor, wenn ein Gebrauchtwagenhändler für den Kunden dessen Pkw, den er in Zahlung genommen hat, verkauft (BGHZ 79, 286; 87, 304) oder wenn das Geschäft des einen Ehegatten vom anderen wie ein eigenes geführt wird (BGHZ 14, 318). Es genügt jedoch nicht allein die Erwartung einer üblichen Provision oder ähnlichen Vergütung (BGH NJW 90, 506) oder die bloße Einbeziehung des Ehegatten in die Verhandlungen (BGH NJW 87, 2512).

bb) Auch bei einem **schuldhaften Verhalten nach Vertragsschluss** kann eine Partei uU 20 Schadensersatz von einem Dritten verlangen, wenn dieser bei den Vertragsverhandlungen ihr besonderes persönliches Vertrauen auch im Hinblick auf die Vertragsdurchführung in Anspruch genommen hat (BGHZ 70, 344 – „Chartervertrag"). Dieser Anspruch beruht auf der Fortentwicklung der cic-Dritthaftung als einer Form der Vertrauenshaftung. Das „nachvertragliche" Verhalten führt nur deshalb und insoweit zu einer Haftung, als der Dritte bei den Verhandlungen vor Vertragsschluss einen Vertrauenstatbestand nach den Maßstäben für die Sachwalter- bzw Dritthaftung aus cic gesetzt hat. IU zu diesem Anspruch aufgrund gesetzlichen Schuldverhältnisses kommen Ansprüche mit vertraglicher Grundlage nicht ggü dem Dritten, sondern nur im Verhältnis der Vertragsparteien untereinander in Betracht.

cc) Ob aus Abs 3 auch eine **Eigenhaftung** des **Sachverständigen** für **unrichtige Auskünf-** 21 te und **Gutachten** hergeleitet werden kann, ist str (dafür Stoppel AcP 04, 59; Koch AcP 204, 59; aA Palandt/Grüneberg § 311 Rn 60): Eine Haftung von Sachverständigen ist in der früheren Rspr va unter dem Gesichtspunkt eines stillschweigend geschlossenen Auskunftsvertrages (BGH WM 03, 672; vgl § 675 Rn 8) oder eines Vertrages mit Schutzwirkung für Dritte (BGH NJW 01, 3116; 02, 1197; vgl § 328 Rn 16) angenommen worden. Nach der Gesetzesbegr (BT-Drucks 14/6040, 163) können diese Fälle künftig aber auch über das Rechtsinstitut der Dritthaftung nach Maßgabe des Abs 3 S 2 gelöst werden (iE MK/Emmerich § 311 Rn 232, 257 ff).

dd) Für den Vertrieb von Kapitalanlagen hat sich aus den Grundsätzen der cic eine 22 spezifische **Prospekthaftung** als wichtiger Unterfall des Abs 3 entwickelt, die ergänzend neben die gesetzlichen Prospekthaftungsregelungen (zB aus §§ 45 ff BörsenG, 17 VerkaufsprospektG; dazu Holzborn/Foelsch NJW 03, 932) tritt. Geschäftsführer, Initiatoren und Gründer einer Anlagegesellschaft haften dem Kapitalanleger, wenn er durch falsche oder unvollständige Prospektangaben zum Vertragsschluss bestimmt worden ist (BGHZ 79, 340 ff; 115, 217 f; 126, 169). Entspr gilt für Personen, die hinter einer Anlagegesellschaft stehen und auf deren Geschäfte entscheidenden Einfluss nehmen („Hintermänner"; BGHZ 115, 218; BGH NJW 01, 436, 437); für die sog Garanten des Prospektes, die als Wirtschaftsprüfer oder aufgrund einer ähnlichen Stellung einen Vertrauenstatbestand für die Richtigkeit des Prospektes geschaffen haben (BGHZ 77, 176 f; 111, 319; BGH NJW 01, 360, 363); für den Treuhänder (BGH NJW-RR 91, 599); selbständige Vermittler (BGH NJW 84, 2524); uU Finanzierungsbanken (BGH NJW 92, 2149; BGH NJW-RR 92, 882). Bei der Prospekthaftung tritt damit eine **typisierte Vertrauenshaftung** an die Stelle des Erfordernisses einer Inanspruchnahme besonderen persönlichen Vertrauens und des Nachw der Kausalität (ausf dazu Assmann NJW 91, 528; Gehrlein BB 95, 1965).

d) **Weitere Voraussetzungen für die Haftung wegen cic:** Bei Bestehen eines Schuldver- 23 hältnisses nach Abs 2, 3 erfordert die Haftung auf Schadensersatz wegen cic zusätzlich das Vorliegen der Voraussetzungen der §§ 241 II, 280. aa) Es muss somit eine **Schutzpflicht** iSd § 241 II aus dem vorvertraglichen Schuldverhältnis **verletzt** sein. Aus dem vorvertraglichen Schuldverhältnis erwachsen keine primären Leistungspflichten, sondern stets nur Schutzpflichten, deren Inhalt und Umfang von der Art des jeweiligen vorvertraglichen Schuldverhältnisses abhängig ist. Dadurch, dass § 241 II auch von „Interessen" spricht, auf die Rücksicht zu nehmen ist, wird klargestellt, dass nicht nur Rechte und Rechtsgüter iSv § 823 I und auch nicht nur Vermögensinteressen, sondern Interessen aller Art einschließlich der Entscheidungsfreiheit gemeint sind (zB zu Offenbarungspflichten eines Anwalts, dessen Sozietät häufig auch vom Gegner des Mandanten beauftragt wird, BGH NJW 08, 1307).

24 **bb)** Die Pflicht muss gem § 280 I **schuldhaft** verletzt worden sein. Neben eigenem Verschulden gem § 276 genügt auch das Verschulden von Hilfspersonen, das über § 278 zugerechnet wird (BGHZ 72, 97; 104, 397). Gesetzliche Haftungsbeschränkungen für das angestrebte Vertragsverhältnis (zB §§ 521, 690) gelten für die Haftung aus cic nur, soweit die verletzte Pflicht mit dem Vertragsgegenstand in Zusammenhang steht, nicht aber allg zB für alle Schutzpflichten (BGHZ 93, 27; str). Einschränkungen der Haftung können durch Individualvereinbarung oder in den Grenzen von § 309 Nr 7 b durch AGB festgelegt werden. Wirksam vereinbarte Haftungsbeschränkungen kommen Dritten, die ausnahmsweise selbst haften, regelmäßig zugute (BGHZ 63, 388; 79, 287). Zur Umkehr der **Beweislast** für Verschulden und Kausalität § 280 Rn 15.

25 **cc)** Durch die Pflichtverletzung muss ein **Schaden** entstanden sein, zB ein Personenschaden oder ein Sachschaden durch Verletzung von Sorgfalts-, Obhuts- oder anderen Schutzpflichten; sonstige Vermögensschäden infolge des Nichtzustandekommens des Vertrages, dessen Unwirksamkeit oder uU des Abschlusses eines inhaltlich nachteiligen Vertrages (str; vgl Rn 26).

26 **e) Rechtsfolgen:** Der Geschädigte hat **Anspruch auf Schadensersatz** aus Abs 2 (ggü Dritten iVm Abs 3), §§ 241 II, 280 I. Der Umfang bemisst sich nach §§ 249 ff (BGH NJW 88, 2236), so dass der Geschädigte so zu stellen ist, wie er ohne das schädigende Verhalten gestanden hätte. Regelmäßig geht der Anspruch daher auf Ersatz des Verletzungs- und **Vertrauensschadens** (Vor §§ 249–253 Rn 12). Dieser Anspruch ist der Höhe nach nicht auf das Erfüllungsinteresse begrenzt (BGHZ 136, 105). Das **Erfüllungsinteresse** ist ausnahmsweise zu ersetzen, wenn der Vertrag ohne das pflichtwidrige Verhalten wirksam zustande gekommen oder mit günstigerem Inhalt abgeschlossen worden wäre (BGHZ 120, 284; BGH NJW 88, 2236). Der Ersatz ist bei Formnichtigkeit des erstrebten Vertrages in Geld zu leisten. Ist zB der Kaufvertrag über ein Grundstück durch Verschulden des Verkäufers nicht beurkundet worden und deshalb formnichtig, kann der Geschädigte als Ersatz den Kaufpreis eines gleichwertigen Grundstücks verlangen, nicht jedoch den Abschluss des Kaufvertrages oder Übereignung des Grundstücks (BGH NJW 65, 814; str). **Aufhebung** des Vertrages kann der Geschädigte nach der bisherigen Rspr verlangen, sofern der Schaden im Zustandekommen eines nachteiligen Vertrages besteht (BGHZ 115, 221; BGH NJW 97, 254; BGH NJW 00, 1254, 1256; str; nach aA bedarf es für die Vertragsaufhebung im Wege der Naturalrestitution keines Vermögensschadens; Fleischer AcP 200, 111; Grigoleit NJW 99, 900). Der Aufhebungsanspruch begründet ggü dem Erfüllungsverlangen ein dauerndes Leistungsverweigerungsrecht (BGH NJW 82, 1983). Bei Rückabwicklung des Vertrages ist ggf Aufwendungsersatz zu leisten (BGHZ 126, 173). Aufwendungen, die auch ohne die Pflichtverletzung des Schuldners ihren Zweck nicht erreicht hätten, müssen jedoch entspr der Wertung des § 284 nicht ersetzt werden. Hält der Geschädigte trotz des nachteiligen Vertragsinhaltes am Vertrag fest, kommt nach BGH NJW 06, 3139 eine **Vertragsanpassung** nicht in Betracht, wohl aber ein Ersatz des verbliebenen Vertrauensschadens (str). Infolge der Pflichtverletzung überhöhte Leistungsverpflichtungen sind herabzusetzen; bereits bewirkte Gegenleistungen können zurückgefordert werden (BGHZ 111, 82; 114, 94). Aufgrund der cic entstandene Mehraufwendungen sind zu ersetzen (BGH NJW 94, 664; BGH NJW-RR 91, 600).

27 Auf den Schadensersatzanspruch aus cic ist § **254 anwendbar** (BGHZ 99, 108 f). Nicht entspr heranzuziehen sind die §§ 122 II, 179 III. Auch die Einschränkungen der §§ 122 I, 179 II sind nach hM nicht entspr auf den Ersatz des Vertrauensschadens bei der cic anwendbar (BGHZ 49, 82).

28 **f)** Für die **Verjährung** von Ansprüchen aus cic sind grds §§ 195, 199 maßgeblich. Abhängig von der Art des angestrebten Geschäfts können im Einzelfall aber andere Fris-

ten gelten, zB nach § 438 (dort Rn 3), §§ 634 a, 651 a oder § 37 a WpHG (KG NJW 04, 2755). Bei der Eigenhaftung von Vertretern und Sachwaltern kann eine zwischen den Parteien wirksam vereinbarte verkürzte Verjährung eingreifen (BGHZ 87, 37). Ansprüche aus Prospekthaftung verjähren entspr § 127 V InvestG in einem Jahr ab dem Zeitpunkt, zu dem der Käufer von der Unrichtigkeit oder Unvollständigkeit der Verkaufsprospekte Kenntnis erlangt hat, spätestens jedoch in drei Jahren seit dem Abschluss des Kaufvertrages (str; zur früheren Rechtslage aufgrund § 20 V KAGG und § 12 V AuslInstmG BGHZ 83, 22).

3. Einzelne Fallgruppen: Bei **Körper- und Eigentumsschäden** aufgrund der Verletzung 29 vorvertraglicher Schutzpflichten konkurriert der Anspruch aus cic regelmäßig mit deliktischen Ansprüchen; zB wenn der Kunde durch Verschulden des Angestellten von einer umstürzenden Linoleumrolle verletzt wird (RGZ 78, 240 f); die Kundin oder ihr Kind im Geschäftsraum auf einem Gemüseblatt (BGHZ 66, 54) oder einer Bananenschale (BGH NJW 62, 32) ausrutscht; das Kfz während der Probefahrt vom Kaufinteressenten beschädigt wird (BGH NJW 68, 1473).

Bei den häufigen und vielfältigen Fällen einer pflichtwidrigen **Bestimmung zum Ab-** 30 **schluss eines nachteiligen Vertrages** wirkt eine Pflichtverletzung auf die Willensbildung der anderen Partei so ein, dass ein Vertrag mit einem für diese nachteiligen Inhalt zustande kommt (BGH NJW 98, 302; allg zu dieser Fallgruppe Mertens ZGS 04, 67 ff). Ohne die Pflichtverletzung wäre der Vertrag entweder gar nicht oder nicht mit diesem Inhalt zustande gekommen. Regelmäßig besteht die Pflichtverletzung in der **falschen** oder **unvollständigen Information** des Verhandlungspartners. Auch wenn keine Offenbarungspflicht besteht, liegt in der Übermittlung falscher Informationen im vorvertraglichen Verhältnis eine Pflichtverletzung (BGH NJW-RR 97, 145; BGH NJW 98, 302). Hingegen liegt nicht stets ein Pflichtverstoß vor, wenn Informationen bewusst zurückgehalten, verschwiegen oder sonst **nicht vermittelt** werden (§ 241 Rn 7). Es besteht keine allg Aufklärungs- bzw Informationspflicht. Nur wenn der andere Teil nach Treu und Glauben unter Berücksichtigung der Verkehrssitte Aufklärung erwarten durfte, ist das Zurückhalten von Informationen pflichtwidrig (BGH NJW 12, 846). Im Verhältnis einer Bank zu ihrem Kunden ist dies uU anzunehmen, wenn sie hins eines speziellen Vorhabens über konkrete Kenntnisse verfügt, die dem Kunden zumindest nicht ohne weiteres zugänglich sind, und diesen Wissensvorsprung auch erkennen kann (BGH NJW 00, 3559). Der Anspruch aus Abs 2 auf Rückgängigmachung des Vertrages wegen Irreführung oder Verletzung einer Aufklärungspflicht besteht neben einer möglichen Anfechtung nach § 123; das Anfechtungsrecht schützt die freie Betätigung des Willens und ist daher nicht spezieller als die den Vermögensschutz bezweckende cic (stRspr, vgl BAG NZA-RR 12, 148; krit zur Wertungslage bei Fahrlässigkeit – die für die Vertragsaufhebung aufgrund von cic ausreicht – Grigoleit in: Schulze/Schulte-Nölke, Schuldrechtsreform, 272).– **Beispiele** für eine pflichtwidrige Bestimmung zum Vertragsabschluss sind die unzulängliche Aufklärung über die Risiken einer Kapitalanlage (BGH NJW 98, 2899); fahrlässiges Verschweigen der desolaten wirtschaftlichen Situation der Gesellschaft beim Kauf eines Unternehmens oder von GmbH-Geschäftsanteilen (BGH NJW 01, 2163); unvollständige und falsche Prospektangaben (BGHZ 123, 109 f; BGH NJW-RR 98, 1272); unzutreffende Angaben zur Zuteilungsreife beim Bausparvertrag (BGH NJW 91, 695); Fehlinformationen über die Rentabilität des Franchise-Systems (OLG München NJW 94, 667); unzulängliche Aufklärung über die Erstattungsfähigkeit von Unfallersatztarifen, die über dem Normaltarif liegen (BGH NJW 06, 2618; 07, 2759).

Bei dem **Nichtzustandekommen von Verträgen** kann in mehreren unterschiedlichen 31 Sachlagen eine Haftung aus cic bestehen: In den Fällen des **unwirksamen Vertragsschlusses** kommt ein scheinbar geschlossener Vertrag wegen der Pflichtverletzung einer Partei nicht wirksam zustande und die andere Partei erleidet einen Schaden, weil sie auf die Wirksamkeit des Vertrages vertraut hat. Eine Haftung aus cic kommt hier insb wegen Verletzung von Sorgfalts- und Aufklärungspflichten in Betracht, zB bei schuldhaft herbeigeführtem Dissens (RGZ 104, 268); Verwendung unwirksamer AGB (BGHZ 99, 107); schuldhafter Verursachung des Abschlusses eines Vertrages, der formnichtig (BGHZ 116, 257 f; BGH NJW 65, 814), gesetzes- oder sittenwidrig (BGHZ 99, 106; KG MDR 98, 761) oder nicht genehmigungsfähig (BGHZ 18, 252) ist. Voraussetzung des Anspruchs aus cic ist dabei jeweils, dass das Wirksamkeitshindernis dem Verantwortungsbereich der anderen Partei zuzuordnen ist. Insb bei der Nichtigkeit wegen eines Formmangels nach § 311 b I ist wegen des Schutzzwecks dieser Formvorschrift zudem eine besonders schwerwiegende Verletzung der Treuepflicht für eine Haftung aus cic erforderlich (BGH NJW 96, 1885; str).

32 Kommt ein Vertrag durch den **Abbruch der Vertragsverhandlungen** seitens einer Partei nicht zustande, so begründet dies grds keine Haftung aus cic. Bis zum Vertragsschluss sind die Parteien allg in ihrer Entschließung frei. Dies gilt grds auch, wenn die andere Seite in Erwartung des Vertragsschlusses auf einen anderweitigen Vertragsabschluss verzichtet oder bereits Aufwendungen gemacht hat (BGH NJW 75, 44; 96, 1885; NJW-RR 01, 382). Ebenso führt die Ausübung des Widerrufsrechts aus § 312 und § 495 nicht zur Haftung aus cic (BGHZ 131, 7). Lediglich ausnahmsweise entsteht beim Abbruch von Vertragsverhandlungen unter folgenden Voraussetzungen ein Anspruch aus cic: Die andere Partei muss die Verhandlungen **ohne triftigen Grund** abgebrochen haben, nachdem sie das **Vertrauen** auf das Zustandekommen des Vertrages geweckt oder erheblich bestärkt hat und der Berechtigte infolgedessen **Aufwendungen** getätigt hat (BGHZ 71, 395; 76, 349; iE Wertenbruch ZIP 04, 1525 ff). Zur Haftung kann zB führen, dass das Vertrauen auf den Vertragsschluss trotz Kenntnis der fehlenden Vertretungsmacht (BGHZ 6, 333) oder trotz bereits fehlenden Abschlusswillens (BGH NJW 75, 43) geweckt wird. Ohne Verschulden bei der Verhandlungsführung selbst kann der Abbruch der Vertragsverhandlungen eine Haftung aus cic begründen, wenn die abbrechende Partei während der Vertragsverhandlungen einen sog qualifizierten Vertrauenstatbestand geschaffen hat, insb den Vertragsschluss als ganz sicher dargestellt oder den anderen Teil zu Vorleistungen veranlasst hat (BGHZ 92, 176; BGH NJW-RR 89, 629; str).

33 Bei **öffentlichen Ausschreibungen** kann die andere Partei eines nicht zustande gekommenen Vertrages einen Schadensersatzanspruch gegen den Ausschreibenden ua haben, sofern dieser zu Unrecht auf die fehlende finanzielle Sicherung des Vorhabens nicht hingewiesen (OLG Düsseldorf NJW 77, 1065) oder die Ausschreibung aufgehoben (BGH NJW 98, 3637) hat. Seit der Schuldrechtsmodernisierung ist dieser Anspruch nach BGH ZIP 11, 2026 nicht mehr an das schutzwürdige Vertrauen geknüpft. Vielmehr ist dafür auf die Verletzung von Rücksichtnahmepflichten durch Missachtung von Vergabevorschriften abzustellen. Zum Ersatz des negativen Interesses gem § 126 GWB bei Verletzung von Vergabegrundsätzen Jebens DB 99, 1741.

§ 311 a Leistungshindernis bei Vertragsschluss

(1) Der Wirksamkeit eines Vertrags steht es nicht entgegen, dass der Schuldner nach § 275 Abs. 1 bis 3 nicht zu leisten braucht und das Leistungshindernis schon bei Vertragsschluss vorliegt.
(2) ¹Der Gläubiger kann nach seiner Wahl Schadensersatz statt der Leistung oder Ersatz seiner Aufwendungen in dem in § 284 bestimmten Umfang verlangen. ²Dies gilt nicht, wenn der Schuldner das Leistungshindernis bei Vertragsschluss nicht kannte und seine Unkenntnis auch nicht zu vertreten hat. ³§ 281 Abs. 1 Satz 2 und 3 und Abs. 5 findet entsprechende Anwendung.

1 I. § 311 a regelt die Rechtsfolgen bei **anfänglichem Ausschluss der Leistungspflicht** nach § 275 I–III. Abs 1 stellt klar, dass dieser Ausschluss **keine Nichtigkeit** des Vertrages zur Folge hat. Nach Abs 2 kann der Gläubiger wahlweise Aufwendungsersatz (§ 284) oder Schadensersatz statt der Leistung verlangen, es sei denn, der Schuldner kannte das Leistungshindernis bei Vertragsschluss nicht und musste es auch nicht kennen. Das **SMG** hat somit bei anfänglicher objektiver Unmöglichkeit die Nichtigkeitsfolge des § 306 aF und die Beschränkung der Haftung auf das negative Interesse (§ 307 aF) aufgegeben. Ebenso wurde für die anfängliche subjektive Unmöglichkeit die

Abschnitt 3 | Schuldverhältnisse aus Verträgen § 311 a

bislang nach hM bestehende Garantiehaftung (BGH NJW 00, 2101) beseitigt (zu Ausn Rn 6). Stattdessen ordnet Abs 2 für beide Formen der anfänglichen Unmöglichkeit (in der Ausprägung, die die Tatbestände der Unmöglichkeit durch § 275 I–III erhalten haben) eine **Haftung für vermutetes Verschulden** an.

Grundlage der Haftung auf Schadensersatz nach Abs 2, 1. Alt ist das gem Abs 1 **wirksame Vertragsversprechen** zur Leistung (iE Canaris DB 01, 1818). Das dem Schuldner vorzuwerfende Verhalten liegt va darin, dass dieser die Leistungspflicht übernimmt, obwohl er weiß oder wissen muss, dass er sie nicht erfüllen kann (BT-Drucks 14/7052, 190). Der Schuldner haftet dementspr nicht auf das negative, sondern auf das positive Interesse, weil er Erfüllung versprochen hat. Dag sanktioniert Abs 2 nicht etwa lediglich die Verletzung einer vor Vertragsschluss bestehenden Informationspflicht über die Leistungsfähigkeit. Unzutreffend ist daher die Auffassung, der Schadensersatzanspruch dürfe nur auf das negative Interesse gehen, weil der Vertrag nicht zustande gekommen wäre, wenn der Schuldner den Gläubiger vor Vertragsschluss über das Leistungshindernis aufgeklärt hätte (so aber Altmeppen DB 01, 1399 ff; Knütel NJW 01, 2520 mit der Folgerung, mangels Kausalität zwischen Pflichtverletzung und Erfüllungsschaden verstoße die Erfüllungshaftung des Abs 2 gegen Grundregeln der Schadensdogmatik). 2

Anwendbar ist die Vorschrift grds auf sämtliche Verträge, die eine Verpflichtung zu einer Leistung begründen. Zusätzliche Voraussetzungen gelten im Kauf- und Werkvertragsrecht (§§ 437 Nr 3, 634 Nr 4). Auf einseitige Rechtsgeschäfte ist § 311 a entspr anzuwenden. Auf Verfügungen findet die Vorschrift dag keine Anwendung. Für anfängliche Mietmängel ist § 536 a I lex specialis, denn das SMG wollte im Interesse des Mieterschutzes an der besonderen Garantiehaftung des Vermieters unabhängig vom Verschulden festhalten (BT-Drucks 14/6857, Anlage 3, 66; 14/7052, 203; vgl aber auch Canaris in: Schulze/Schulte-Nölke, Schuldrechtsreform, 58, der angesichts der fortgefallenen Garantiehaftung im allg Leistungsstörungsrecht eine Anpassung des Mietrechts befürwortet). 3

II. 1. a) Nach **Abs 1** steht es der Gültigkeit eines Vertrages nicht entgg, dass der Schuldner nach § 275 I, II oder III nicht zu leisten braucht und das Leistungshindernis schon bei Vertragsschluss vorliegt (s hierzu Art 4:102 der Lando-Grundregeln). IU früher (§ 306 aF) ist der Vertrag also nicht nur bei anfänglicher subjektiver, sondern auch bei anfänglicher objektiver Unmöglichkeit wirksam (BGH NJW 11, 756). Dies gilt grds selbst dann, wenn der Vertrag auf eine generell unsinnige Leistung gerichtet ist (zB die Herstellung eines perpetuum mobile; str; iE Canaris JZ 01, 505; Windel ZGS 03, 466 ff). Als **Rechtsfolge des Abs 1** entsteht ein **Vertrag ohne primäre Leistungspflicht**, der die Grundlage für Ersatzansprüche nach Abs 2 (s Rn 2) und etwaige Surrogationsansprüche gem § 285 bildet (BT-Drucks 14/6040, 164 f). 4

b) Abs 1 schließt nicht aus, dass der Vertrag **aus anderen Gründen nichtig** ist. Verstößt der Vertrag zB gegen ein gesetzliches Verbot (§ 134), so ändert Abs 1 nichts an dessen Nichtigkeit. Auch einer **Anfechtung** des Vertrags steht Abs 1 grds nicht entgg. Im Einzelfall kann allerdings die Anfechtung durch den Schuldner ausgeschlossen sein, wenn sie nur zum Ziel hat, sich etwaigen Schadensersatzansprüchen zu entziehen (BGH NJW 88, 2597, 2598). Daher kann der Schuldner den Vertrag zB nicht gem § 119 II mit der Begr anfechten, das Leistungshindernis stelle eine verkehrswesentliche Eigenschaft dar, die ihm bei Vertragsschluss unbekannt gewesen sei (BT-Drucks 14/6040, 165). 5

2. a) Abs 2 regelt die **Schadensersatzansprüche des Gläubigers**. Die Vorschrift enthält eine **eigene Anspruchsgrundlage** und ist nicht nur ein Unterfall des allg Pflichtverletzungstatbestandes (§ 280; iE Vor §§ 275–293 Rn 11). **Voraussetzung** ist zunächst ein wirksames Schuldverhältnis iSd Abs 1. Ferner muss der Schuldner gem § 275 I, II oder III von seiner primären Leistungspflicht befreit worden sein. Das Leistungshindernis muss bereits zum Zeitpunkt des Vertragsschlusses vorgelegen haben. Ausgeschlossen ist der Schadensersatzanspruch, wenn der Schuldner gem **Abs 2 S 2** nachweist, dass er das Leistungshindernis bei Vertragsschluss weder kannte noch kennen musste (§ 276). Unerheblich ist dabei, ob er die Unmöglichkeit der Leistung schuldhaft herbeigeführt hat, da ihn vor Vertragsschluss noch keine Sorgfaltspflichten im Umgang mit der Sache 6 ggü seinem Vertragspartner treffen konnten. Eine verschärfte Haftung kann sich gem § 276 I 1 insb aus der Übernahme einer Garantie (zB bei Eigenschaftszusicherungen) oder der Übernahme eines Beschaffungsrisikos (zB bei Gattungsschulden) ergeben (§ 276 Rn 23). Mildere Haftungsrahmen einiger Vertragstypen (zB §§ 521, 599, 690) sind ebenfalls zu beachten, da die Verträge jetzt trotz anfänglicher Unmöglichkeit wirksam sind.

7 b) Nach **Abs 2 S 1** kann der Gläubiger wahlweise Schadensersatz statt der Leistung oder Aufwendungsersatz gem § 284 verlangen. Entscheidet sich der Gläubiger für den **Schadensersatz statt der Leistung**, so ist das positive Interesse (s Vor §§ 249–253 Rn 12) zu ersetzen. Im Gegenzug kann der Schuldner gem Abs 2 S 3 iVm § 281 V bereits erbrachte Leistungen gem §§ 346 ff zurückfordern. Wird der Schuldner nur **teilweise** von seiner Leistungspflicht befreit, setzt der Anspruch auf Schadensersatz statt der **ganzen** Leistung gem Abs 2 S 3 iVm § 281 I 2 zusätzlich voraus, dass der Gläubiger an der Teilleistung kein Interesse mehr hat (§ 281 Rn 17). Im Falle einer **Schlechtleistung** muss entspr die Pflichtverletzung gem Abs 2 S 3 iVm § 281 I 3 erheblich sein (§ 281 Rn 18).

8 Alternativ kann der Gläubiger **Aufwendungsersatz** nach Maßgabe des § 284 verlangen. Dieser Anspruch umfasst sämtliche Aufwendungen, die der Gläubiger im Vertrauen auf den Erhalt der Leistung gemacht hat und billigerweise machen durfte (iE § 284). Der Gläubiger kann auch nach § 285 vorgehen. Zu weiteren Rechtsfolgen vgl Vor §§ 275–292 Rn 7 ff.

9 c) Ungeregelt sind die Rechtsfolgen für den Fall, dass der Schuldner seine Unkenntnis vom Leistungshindernis **nicht zu vertreten** hat. Der Gesetzgeber hat diese Frage ausdrücklich offen gelassen (BT-Drucks 14/6040, 166). Vorzugswürdig erscheint, den Gläubiger über eine **entspr Anwendung des § 122** zu schützen: Hierfür spricht, dass der Irrtum über die eigene Leistungsfähigkeit ebenso wie der Eigenschaftsirrtum (§ 119 II) ein Motivirrtum ist und idR auch einen Eigenschaftsirrtum begründet. Angesichts der vergleichbaren Interessenlage müssen Wertungswidersprüche zwischen dem Anfechtungs- und dem Unmöglichkeitsrecht überwunden werden. Daher muss der Gläubiger ebenso wie im Anfechtungsrecht bei anfänglichen Leistungshindernissen analog § 122 geschützt werden (wie hier Canaris JZ 01, 507; aA die wohl hM; MK/Ernst § 311 a Rn 41).

10 III. Der Schuldner trägt die **Beweislast** dafür, dass er das Leistungshindernis bei Vertragsschluss weder kannte noch kennen musste, OLG Karlsruhe ZGS 04, 479.

§ 311 b Verträge über Grundstücke, das Vermögen und den Nachlass

(1) ¹Ein Vertrag, durch den sich der eine Teil verpflichtet, das Eigentum an einem Grundstück zu übertragen oder zu erwerben, bedarf der notariellen Beurkundung. ²Ein ohne Beachtung dieser Form geschlossener Vertrag wird seinem ganzen Inhalt nach gültig, wenn die Auflassung und die Eintragung in das Grundbuch erfolgen.
(2) Ein Vertrag, durch den sich der eine Teil verpflichtet, sein künftiges Vermögen oder einen Bruchteil seines künftigen Vermögens zu übertragen oder mit einem Nießbrauch zu belasten, ist nichtig.
(3) Ein Vertrag, durch den sich der eine Teil verpflichtet, sein gegenwärtiges Vermögen oder einen Bruchteil seines gegenwärtigen Vermögens zu übertragen oder mit einem Nießbrauch zu belasten, bedarf der notariellen Beurkundung.
(4) ¹Ein Vertrag über den Nachlass eines noch lebenden Dritten ist nichtig. ²Das Gleiche gilt von einem Vertrag über den Pflichtteil oder ein Vermächtnis aus dem Nachlass eines noch lebenden Dritten.
(5) ¹Absatz 4 gilt nicht für einen Vertrag, der unter künftigen gesetzlichen Erben über den gesetzlichen Erbteil oder den Pflichtteil eines von ihnen geschlossen wird. ²Ein solcher Vertrag bedarf der notariellen Beurkundung.

I. Überblick 1	4. Vertrag über den Nachlass
II. Einzelfragen........................... 3	eines noch lebenden Dritten
1. Vertrag über Grundstücke	(Abs 4) 35
(Abs 1) 3	5. Vertrage unter künftigen
2. Vertrag über künftiges Ver-	gesetzlichen Erben (Abs 5) ... 39
mögen (Abs 2) 28	
3. Vertrag über gegenwärtiges	
Vermögen (Abs 3) 32	

I. 1. Abs 1 (Verträge über Grundstücke; vgl Rn 3 ff) bezweckt mit der **Beurkundungspflicht** des S 1 den Schutz der Vertragsparteien vor übereilten und unüberlegten Verpflichtungen (**Warnfunktion**) sowie die Gewährleistung des Beweises der getroffenen Vereinbarung (**Beweisfunktion**), der sachgemäßen Beratung der Parteien (§ 17 BeurkG; **Belehrungsfunktion**) und der Gültigkeit des Rechtsgeschäftes (**Gewährfunktion**). Diese Schutzzwecke sind aber keine Tatbestandsmerkmale; der Formzwang besteht daher auch, wenn die Parteien im Einzelfall gar nicht schutzbedürftig sind. Die **Heilung** nach S 2 bewirkt im Interesse der Rechtssicherheit den Bestand der trotz fehlender Verpflichtung sachenrechtlich bereits geschaffenen Lage. **Abs 2** enthält für Verträge über die Übertragung künftigen Vermögens einen selbständigen Nichtigkeitsgrund (Rn 28 ff), während **Abs 3** für Verträge über die Übertragung gegenwärtigen Vermögens eine Beurkundungspflicht vorschreibt (Rn 32 ff). **Abs 4** richtet sich dag als selbständiger Nichtigkeitsgrund gegen Verträge über den künftigen Nachlass eines noch lebenden Dritten (Rn 35 ff); Sondervorschriften nach **Abs 5** gelten demgegenüber für Verträge unter künftigen Erben (Rn 39 ff).

2. § 311 b wurde durch das **SMG neu eingefügt** und fasst die früheren Vorschriften der §§ 310 bis 313 unter wörtlicher Übernahme der bisherigen Regelungsinhalte zusammen. Abs 1 entspricht § 313 aF, Abs 2 übernimmt die Regelung des § 310 aF, Abs 3 integriert § 311 aF und Abs 4, 5 entsprechen dem früheren § 312 I, II aF. Inhaltliche Änderungen sollen sich laut Regierungsbegr nicht ergeben (BT-Drucks 14/6040, 166).

II. 1. a) Voraussetzungen der Beurkundungspflicht nach Abs 1 S 1: aa) Dem Formerfordernis unterliegen **schuldrechtliche Verträge**, die mind für eine Partei die Verpflichtung zur Übertragung oder zum Erwerb eines Grundstücks begründen. Derartige Verträge sind zB Kauf, Tausch und Schenkung (bei der nach S 1 der Vertrag, nicht nur das Versprechen wie nach § 518 I 1 formbedürftig ist). Dag fallen die dinglichen Verfügungsgeschäfte nicht unter Abs 1, sondern die Formerfordernisse für sie sind in §§ 925, 873 festgelegt. Auch die Abtretung eines Übereignungs- oder eines Auflassungsanspruchs hins eines Grundstücks fällt als Verfügungsvertrag nicht unter die Formvorschrift des S 1; Gleiches gilt für den Eigentumsverschaffungsanspruch (BGHZ 103, 179).

bb) Vertragsgegenstand muss ein (eigenes oder fremdes) **Grundstück** sein. Gleichgestellt sind Miteigentumsanteile (BayObLG DNotZ 99, 212). Entspr gilt Abs 1 für WEG (§ 4 III WEG), Erbbaurechte (§ 11 II ErbbauVO) und Sondereigentum an Gebäuden nach dem ZGB (Art 231 § 5 EGBGB). Vom Formerfordernis des S 1 erfasst werden aufgrund des Normzwecks auch Veräußerungs- und Erwerbsverpflichtungen hins **Anwartschaftsrechten** an Grundstücken, da das Anwartschaftsrecht als „wesensgleiches Minus" ggü dem Vollrecht zu betrachten ist (BGHZ 83, 400). Nicht unter S 1 fallen dag Verträge über Scheinbestandteile iSd § 95 oder wesentliche Bestandteile des Grundstücks iSd § 94.

cc) Der Vertrag muss für mind eine Partei die schuldrechtliche **Verpflichtung zur Übertragung oder zum Erwerb eines Grundstücks begründen**. Die Veräußerungs- oder Erwerbspflicht kann vertragliche Haupt- oder Nebenpflicht sein; sie kann ggü dem Vertragspartner oder einem Dritten bestehen (BGHZ 92, 170). Es reicht aus, dass das Grundstück einer von mehreren möglichen Leistungsgegenständen bei einer Wahlschuld bzw facultas alternativa ist (OLG Köln VersR 93, 321). Grds formfrei ist dag zwar ein Vertrag mit der **negativen Verpflichtung**, ein Grundstück nicht zu veräußern oder nicht zu erwerben (BGHZ 31, 19; OLG Hamm OLGZ 74, 126 für die Verpflichtung, kein Gebot in der Zwangsversteigerung abzugeben). Eine Beurkundungspflicht kann aber entstehen, wenn diese negative Verpflichtung zugleich die Erfüllung einer formbedürftigen Verpflichtung absichern soll.

6 dd) Dem Formerfordernis des S 1 unterliegen auch **bedingte** Erwerbs- oder Veräußerungsverpflichtungen (allgM), sofern es sich nicht um Potestativbedingungen handelt (dazu § 158 Rn 5; str). Ein **Vorvertrag**, der auf den Abschluss eines Vertrages iSd Abs 1 gerichtet ist, ist aufgrund des Schutzzwecks der Vorschrift ebenfalls formbedürftig (BGHZ 69, 263), nicht jedoch ein sog **Letter of Intent** (Wolf DNotZ 95, 194). Das Formerfordernis gilt auch für die Verpflichtung zur Bestellung eines dinglichen **Vorkaufsrechts** (BGH NJW-RR 91, 206), nicht jedoch bei rechtsgeschäftlichen Vorkaufsrechten (§ 505 I 2); Abs 1 gilt weiterhin für die Begr eines **Ankaufsrechts** beim Sale-and-Lease-back-Vertrag (LG Düsseldorf WM 89, 1127) und die Vereinbarung einer **Ausbietungsgarantie** (BGHZ 110, 321). Nur unter weiteren Voraussetzungen formbedürftig ist die Vereinbarung eines Optionsrechts (BGH NJW-RR 96, 1167; str).

7 Selbst ohne Festlegung einer (unbedingten oder bedingten) Erwerbs- bzw Veräußerungspflicht kann ein Vertrag formbedürftig nach Abs 1 S 1 sein, wenn in ihm **wirtschaftliche Nachteile** für den Fall des Nichterwerbs bzw der Nichtveräußerung vorgesehen sind. Sie müssen so erheblich sein, dass sie einen Zwang begründen können. Insb kommt dies in Betracht bei **Maklervergütungen** für den Fall der Nichtveräußerung oder des Nichterwerbs (BGH NJW-RR 92, 818) und bei **Vertragsstrafeversprechen** (BGH NJW 70, 1916). Auch die Vereinbarung eines Entgelts für einen Umbau vor Abschluss des Vertrages kann einen derartigen Zwang begründen (OLG Hamm DNotZ 92, 423). **Pauschalierungen von Aufwendungen** sind formbedürftig, wenn sie sich nicht am tatsächlichen Aufwand orientieren. Nicht mehr formfrei sind jedenfalls Entschädigungen von 30 % der üblichen Provision (BGH NJW 80, 1622; schon bei 10 % OLG Dresden BB 97, 2342; zu Betragshöchstgrenzen vgl BGH NJW 87, 54; OLG Frankfurt/M NJW-RR 86, 597). **Zahlungsverpflichtungen**, die als Gegenleistung für die Verlängerung von Annahmefristen für Verkaufsangebote (ggf unter späterer Anrechnung auf den Kaufpreis) übernommen werden, sind ebenfalls formbedürftig (BGH NJW 04, 3626). Ein Druck zum Erwerb kann auch von einer **Reservierungsvereinbarung** für ein Grundstück mit einem Bindungsentgelt, das 10 % der üblichen Maklerprovision übersteigt, ausgehen. Ein Vertrag über den Erwerb eines **Fertighauses** ist nur formbedürftig, wenn ein rechtlicher Zusammenhang mit einem Grundstückskaufvertrag besteht, in dem etwa der Fertighausvertrag mit dem Kauf eines Grundstücks „stehen und fallen" soll (OLG Hamm NJW-RR 95, 1045) oder so auf ein bestimmtes Grundstück abgestellt ist, dass er einen Druck zu dessen Erwerb begründet (BGH NJW 94, 722). Ebenfalls beurkundungsbedürftig ist die **Übernahme** einer Veräußerungs- oder Erwerbsverpflichtung gem §§ 414 ff. Die Bürgschaft oder die Übernahme einer Garantie für eine Verpflichtung iSd Abs 1 ist dag idR formfrei (BGH NJW-RR 88, 1197; zur Ausn bei der Bürgschaft bzw Garantie als Bestandteil des Veräußerungsvertrages aber BGH NJW 62, 586).

8 ee) Die Verpflichtung muss sich auf die Übertragung oder den Erwerb von **Eigentum** richten. Verpflichtet sich eine Vertragspartei nur zur Belastung eines Grundstücks, fällt dieser Vertrag nicht unter Abs 1 (sofern nicht ein dingliches Vorkaufsrecht vereinbart wird; Rn 6; zur Ausn bei der Bestellung eines Erbbaurechts § 11 ErbbauVO). Als Änderung der Eigentumszuordnung gilt aber die Vereinbarung einer Umwandlung von Gesamthands- in Bruchteils- oder Alleineigentum (RGZ 57, 433). Für die Eigentumsänderung braucht auch nicht notwendig eine Auflassung vorgesehen zu sein; sie kann auch durch Zuschlag iR einer Zwangsversteigerung stattfinden (BGHZ 85, 250). Verpflichtet sich ein Gesellschafter im **Gesellschaftsvertrag** zur Einbringung eines Grundstücks in die Gesellschaft, unterliegt der Gesellschaftsvertrag der Form des S 1, sofern das Grundstück nicht nur seinem Werte nach oder zur Nutzung durch die Gesellschaft eingebracht werden soll (BGH WM 67, 952). Bei Gründung einer reinen Innengesellschaft besteht das Beurkundungserfordernis nur, wenn zugleich eine Übereignungspflicht für den Fall der Gesellschaftsauflösung vereinbart wird. Wird eine Gesellschaft zum Zwecke der Verwaltung und Verwertung von Grundstücken gegründet, unterliegt der Gesellschaftsvertrag dem Formerfordernis des S 1 nur, wenn in diesem der Verkauf der Gesellschaftsgrundstücke bindend festgelegt wird (BGH NJW 96, 1280). Erfolgt der Eigentumsübergang im Wege der Anwachsung (§ 738 I 1), gilt die Formvorschrift des S 1 mangels rechtsgeschäftlicher Übertragung nicht.

Die Übertragung eines Grundstücks von einer Gesellschaft auf eine andere (auch perso- 9 nengleiche) Gesellschaft ist beurkundungsbedürftig, ebenso die Übertragung von einer Erbengemeinschaft auf eine Gesellschaft. Nicht unter Abs 1 fällt jedoch die Umwandlung einer OHG in eine GbR (RGZ 155, 86).

ff) Die (Übertragungs- bzw Erwerbs-)Verpflichtung muss **durch Vertrag** begründet 10 sein. Auch für öffentlich-rechtliche Verträge mit entspr Verpflichtung gilt S 1 (§ 62 VwVfG). Aus Sondervorschriften wie § 110 BauGB kann sich aber die Formfreiheit des Vertrages ergeben. **Nicht** anzuwenden ist Abs 1 dag, sofern Verpflichtungen zum Erwerb oder zur Veräußerung nicht durch Rechtsgeschäft der Parteien, sondern **kraft Gesetzes** oder aus einem selbstständigen Rechtsgrund entstehen. Bei einem **Auftrag** oder einem **Geschäftsbesorgungsvertrag** zur Beschaffung eines Grundstücks vermag die Pflicht des Auftragnehmers zur Übereignung des Grundstücks an den Auftraggeber die Beurkundungspflicht nicht zu begründen, weil diese Pflicht lediglich gesetzliche Folge (§ 667) des Auftrages bzw Geschäftsbesorgungsvertrages ist. Die Formbedürftigkeit nach Abs 1 S 1 besteht jedoch dann, wenn zugleich eine Erwerbspflicht des Auftragnehmers und eine bedingte Erwerbspflicht des Auftraggebers für den Fall eines vorherigen Erwerbs durch den Auftragnehmer begründet wird (BGHZ 85, 250; BGH NJW 96, 1960).

gg) Auf einige **einseitige Rechtsgeschäfte** ist Abs 1 entspr anwendbar, so auf die Stif- 11 tung (§ 82) und die Auslobung (§ 657) (iE str). Die Erklärung, ein Wiederkaufsrecht bzw Vorkaufsrecht auszuüben (§§ 456 I 2, 464 I 2) unterfällt grds nicht Abs 1 (str im Falle des § 577). Doch ist die Ausübung eines Wiederkaufsrechts immer dann formbedürftig, wenn das Wiederkaufsrecht nach dem Vertragsinhalt ein schuldrechtlicher Anspruch auf Abschluss eines Rückkaufvertrages ist (BGH ZIP 99, 143). Nicht beurkundungsbedürftig sind die Einwilligung bzw Genehmigung (§ 182 II), die Fristsetzung gem § 323 I, die Anfechtung und die Ausübung eines Bestimmungsrechts (§§ 315 ff).

Auch die Erteilung einer **Vollmacht** für den Erwerb oder die Veräußerung eines Grund- 12 stücks ist grds formfrei möglich (§ 167 II). Handelt es sich jedoch um eine **unwiderrufliche Vollmacht** (auch wenn sie zeitlich begrenzt ist), unterliegt ihre Erteilung dem Formerfordernis des Abs 1 S 1, weil bereits eine bindende Verpflichtung hins der Veräußerung bzw des Erwerbs des Grundstücks entsteht (BGH WM 67, 1039). Das Gleiche gilt für die Vereinbarung einer Pflicht zur Erteilung einer unwiderruflichen Vollmacht (BGH NJW-RR 88, 351). Unterliegt die Vollmacht dem Beurkundungserfordernis, ist auch das zugrunde liegende Rechtsgeschäft formbedürftig (BayObLG NJW-RR 96, 848). Auch die Erteilung einer **widerruflichen** Vollmacht ist formbedürftig, wenn sie nach den Umständen des Falles eine rechtliche oder tatsächliche Bindung für den Vollmachtgeber begründet, insb weil der Bevollmächtigte den Weisungen des Geschäftsgegners Folge zu leisten hat (RGZ 108, 126). Daneben kann die Erteilung einer Vollmacht dem Formerfordernis unterliegen, weil sie Teil eines von dieser Vorschrift erfassten **einheitlichen Veräußerungs- oder Erwerbsvertrages** ist. Die Formbedürftigkeit erstreckt sich sodann auch auf die Vollmacht (BGH NJW-RR 89, 1100), sofern diese nicht gerade dazu dient, die Vollziehung des Vertrages zu sichern (BGH NJW 90, 1722).

hh) **Nachträgliche Änderungen** und Ergänzungen des Grundstückskaufvertrages unter- 13 liegen grds dem Formerfordernis des Abs 1 S 1, auch wenn sie nur unwesentlich sind (BGH NJW 82, 434). Ausnahmsweise formfrei sind Änderungsverträge aber, wenn die Änderungen die Veräußerungs- oder Erwerbspflicht nicht verschärfen oder erweitern, zB bei einer Fristverlängerung für ein vertragliches Rücktrittsrecht (BGHZ 66, 272), oder nur der Beseitigung von Schwierigkeiten, die bei der Abwicklung des Geschäftes aufgetreten sind, dienen, ohne den Inhalt der Leistungspflicht im Kern zu verändern (BGH NJW 73, 37; 01, 1933; str; aA MK/Kanzleiter § 311 b Rn 57 ff). Nicht formbedürftig ist daher eine kurzfristige Stundung des Kaufpreises oder die Vereinbarung ei-

§ 311 b

nes anderen Zahlungsweges. Nicht formbedürftig sind Änderungen **nach der Auflassung**, da die Übereignungs- und Erwerbspflicht mit der Auflassung erloschen ist (BGH NJW 85, 266; zu Ausn bei Vereinbarung einer Rückkaufspflicht BGHZ 104, 277 und bei Änderung der Abrede über den Vollzug der Eintragung OLG Düsseldorf DNotZ 98, 949). Die Nichtigkeit einer Änderungsvereinbarung mangels notarieller Beurkundung berührt grds nicht die Wirksamkeit des ursprünglichen Vertrages; es sei denn, ein noch schwebend unwirksamer Vertrag sollte geändert werden (BGH NJW 88, 3263).

14 ii) Formbedürftig ist auch ein **Aufhebungsvertrag**, soweit der Kaufvertrag bereits durch Auflassung und Eintragung des Erwerbers vollzogen ist. Denn die Aufhebung begründet sodann erneut eine Verpflichtung zur Übertragung und zum Erwerb des Grundstücks. Aber selbst wenn dem Erwerber nur ein Anwartschaftsrecht zusteht (aufgrund der Eintragung einer Auflassungsvormerkung oder der Stellung des Eintragungsantrags durch den Erwerber), ist der Aufhebungsvertrag hins des Anwartschaftsrechts wegen der Gleichstellung des Anwartschaftsrechts mit dem Vollrecht (Rn 4) beurkundungsbedürftig (BGHZ 83, 398; dies soll nach BGHZ 127, 173 aber nur gelten, sofern zugleich vertragliche Pflichten zur Rückabwicklung begründet werden, aA Eckardt JZ 96, 934 ff). Wird jedoch zunächst das Anwartschaftsrecht aufgegeben (etwa durch Rücknahme des Eintragungsantrages) oder erfolgt die Aufgabe des Anwartschaftsrechts gleichzeitig mit der Aufhebung des Kaufvertrages, entfällt das Beurkundungserfordernis (BGH NJW 93, 3325). Ist dag noch kein Anwartschaftsrecht für den Erwerber begründet und der Vertrag auch noch nicht vollzogen worden, unterliegt ein Aufhebungsvertrag ebenso wenig dem Formerfordernis des Abs 1 S 1 wie ein Erlass des Auflassungsanspruches (RGZ 127, 298; BGHZ 83, 398).

15 b) aa) Die von Abs 1 S 1 vorgeschriebene **notarielle Beurkundung** ist in § 128 und im BeurkG näher geregelt (zum Ersatz durch gerichtlichen Vergleich § 127 a). Die Beurkundungspflicht erfasst den **Vertrag im ganzen** (BGH NJW 74, 271) unter Einschluss von Nebenabreden und Vereinbarungen über aufschiebende oder auflösende Bedingungen (BGH ZIP 99, 32). Zu beurkunden sind daher alle Vereinbarungen, aus denen sich das schuldrechtliche Veräußerungsgeschäft nach dem Willen der Parteien zusammensetzt (BGHZ 63, 361; stRspr). Es reicht dafür aus, dass eine Partei die Regelung zum Vertragsbestandteil machen will und die andere Partei dies anerkennt oder zumindest hinnimmt (BGHZ 76, 49). Bloße Erläuterungen, die keine Rechtswirkungen erzeugen, sind aber nicht beurkundungsbedürftig (BGH NJW 79, 1498). Der Vertragsgegenstand muss **hinreichend bestimmt** bezeichnet sein. Eine ungenaue Formulierung kann aber nach den Umständen des Einzelfalles zur Wahrung des Formerfordernisses genügen, wenn sie das Gewollte zumindest andeutungsweise zum Ausdruck bringt (BGH NJW 96, 2793). Allein die Angabe der Grundstücksgröße oder die Aussage, dass die Parteien sich über den Grenzverlauf einig seien, genügt idR aber nicht. Die Verweisung auf einen maßstabsgetreuen Lageplan ist aber zulässig (BGH NJW-RR 99, 1030; krit hierzu Kanzleiter NJW 00, 1919). Bei WE genügt die Angabe des Wohnungsgrundbuchs (BGHZ 125, 237). Die Abreden über die **Gegenleistung** sind ebenfalls vom Formerfordernis umfasst. Auch insofern genügt nicht die Angabe, es bestehe Einigkeit (BGH DNotZ 68, 481). Zu beurkunden sind daher zB Vereinbarungen über Vorauszahlungen, über eine Verrechnung von Gegenforderungen (BGH NJW 00, 2100), über Zahlungsmodalitäten oder über ein Leistungsbestimmungsrecht einer Vertragspartei oder eines Dritten (§§ 315, 317; zur formfreien Ausübung des Bestimmungsrechts aber Rn 11). Bei **zusammengesetzten Verträgen** (dazu Vor §§ 311–319 Rn 20) unterliegt der gesamte Vertrag dem Formerfordernis, wenn die darin enthaltenen Vereinbarungen nach dem Willen der Parteien eine rechtliche Einheit bilden, also „miteinander stehen und fallen" sollen (BGHZ 101, 396; BGH NJW 02, 2560). Auch insoweit genügt es, dass ein entspr Wille der einen Partei von der anderen erkannt und hingenommen wurde (BGHZ 78, 349). Ohne entspr Willen zumindest einer Vertragspartei genügt das Vorliegen eines tatsächlichen oder rechtlichen Zusammenhanges jedoch nicht für die Ausdehnung der Beurkundungspflicht auf Vereinbarungen, die für sich genommen nicht der Form des S 1 bedürfen (OLG Hamm DNotZ 96, 1050). Die Niederlegung in einer einheitlichen Urkunde spricht für die Abhängigkeit der einen

Vereinbarung von der anderen und damit für die Einheitlichkeit des Geschäftes; eine gesonderte Urkunde oder mündliche Abrede deutet eher auf eine Selbständigkeit der Vereinbarungen hin (BGH NJW 87, 1069; Staud/Hertel § 125 Rn 61). **Vereinbarungen mit Dritten** sind zumeist nicht nach dem Parteiwillen mit dem Verpflichtungsvertrag über Veräußerung bzw Erwerb des Grundstücks zu einer rechtlichen Einheit verbunden (anders aber zB in den Fällen BGHZ 11, 101 bei dem Recht des Verkäufers, Leistung an den Dritten zu verlangen, und BGH NJW-RR 89, 199).

bb) Nicht beurkundete Abreden, die dem Formerfordernis des Abs 1 S 1 unterliegen, 16 sind gem § 125 **nichtig**. Dies gilt auch, wenn die Parteien den Vertrag als wirksam behandeln wollen (BGH LM § 125 Nr 29) oder auf den Einwand verzichten (BGH NJW 69, 1169); die Nichtigkeit ist vAw zu beachten. Soweit keine Heilung nach S 2 eingetreten ist, können einer Vertragspartei Ansprüche aus cic (§§ 280, 311 II) erwachsen (iE § 311 Rn 31). Aufgrund des Vertrages erbrachte Leistungen können nach Bereicherungsrecht herausverlangt werden (zB vor der Eintragung in das Grundbuch auch eine bereits erteilte Auflassung). Ob dies trotz § 814 uU auch bei Kenntnis des Formmangels gelten kann, ist str (vgl RGZ 133, 277; BGH NJW 76, 238). Nur in seltenen Fällen kann ausnahmsweise der Grundsatz von Treu und Glauben der Berücksichtigung der Formnichtigkeit entgegenstehen (vgl BGHZ 127, 175; BGH NJW 96, 2504).

Ist der Vertrag **zT nicht beurkundet** worden, sind die formbedürftigen unbeurkundeten 17 Abreden nichtig; die Gültigkeit der formgerechten Teile bemisst sich nach § 139. Kannten die Parteien die Formnichtigkeit eines Teiles ihrer Abreden, ist iZw der beurkundete Teil gültig (BGHZ 45, 379). Für den formnichtigen Teil kommt aber uU eine Heilung gem Abs 1 S 2 in Betracht.

cc) Bei bewusst unrichtiger Beurkundung (zB Angabe eines niedrigeren Kaufpreises in 18 der Urkunde als des tatsächlich vereinbarten; „**Schwarzkauf**") ist der beurkundete Vertrag als Scheingeschäft gem § 117 und der wirklich gewollte Vertrag wegen Formmangels gem §§ 311 b I 1, 125 nichtig (hM). Der wirklich gewollte Vertrag kann jedoch unter den Voraussetzungen des S 2 wirksam werden. Dag ist der Vertrag von vornherein gültig, wenn die Parteien das gemeinsam Gewollte bei der Beurkundung lediglich **unbewusst unrichtig** bezeichnen (falsa demonstratio non nocet; BGHZ 87, 152; BGH NJW 02, 103). Eine falsche Katasterbezeichnung (BGH NJW 69, 2045), eine falsche Beschreibung der Grenzlinie (BGH WM 71, 1085) oder eine fehlerhafte Angabe der Anzahl der zum WE gehörenden Räume (OLG Hamm NJW-RR 93, 786) hindert so nicht bereits die Wirksamkeit des Vertrages.

c) aa) Durch die **Heilung nach Abs 1 S 2** wird ein formnichtiges Rechtsgeschäft aus- 19 nahmsweise ohne formgerechte Neuvornahme (§ 141 I) gültig. Voraussetzung ist, dass der Formmangel der einzige Grund der Ungültigkeit ist. Die Heilung nach S 2 erfasst keine anderen Mängel, etwa Einigungsmängel, mangelnde Vertretungsmacht oder fehlende behördliche Genehmigung. Neben der Formnichtigkeit eines Vertrages iSd S 1 setzt S 2 die wirksame Auflassung des Grundstücks und die Eintragung im Grundbuch voraus.

Die **Auflassung** muss in Erfüllung des Vertrages und daher gleichzeitig mit Abschluss 20 des Vertrages oder nachträglich (nicht vorher) erklärt werden. Sind die Auflassungserklärung oder die Erteilung einer Auflassungsvollmacht zusammen mit dem formgültigen Veräußerungsvertrag in einer Urkunde enthalten, führt dies iZw nicht zu ihrer Formungültigkeit. Die Auflassung muss sich auf den gesamten Vertragsgegenstand beziehen und daher bei einem Tauschvertrag beide Grundstücke und bei einem Kaufvertrag über mehrere Grundstücke diese alle umfassen. Bei Auflassung eines Teiles der Grundstücke kann sich jedoch uU eine Teilwirksamkeit des Vertrages aus dem Rechtsgedanken des § 139 ergeben (BGH NJW 96, 397). Ist die Auflassung ihrerseits von der Erteilung einer behördlichen Genehmigung abhängig, setzt die Heilung die Erteilung dieser Genehmigung voraus (BGH DNotZ 69, 350). Zum Zeitpunkt der Auflassung muss zudem die im Vertrag niedergelegte Willensübereinstimmung der Parteien hins des ganzen Vertragsinhaltes noch bestehen. Dies wird – widerlegbar – vermutet.

Die **Eintragung im Grundbuch** muss vollzogen sein und sich auf das veräußerte Grund- 21 stück beziehen. Eine Fehleintragung (etwa auf einem falschen Grundbuchblatt) bewirkt keine Heilung (RGZ 60, 340); die Eintragung einer Auflassungsvormerkung genügt nicht. Die Rechtshängigkeit einer Klage des Veräußerers auf Kondiktion der Auflassung hindert die Eintragung und die Heilung zwar nicht. Der Veräußerer kann aber durch einstweilige Verfügung ein **Erwerbsverbot** erwirken (auch nach Eingang des Eintragungsantrags); eine nachfolgende Eintragung ist analog §§ 135, 136 ihm ggü unwirksam und bewirkt keine Heilung (OLG Hamm DNotZ 70, 662); im Fall der Aufhebung des Erwerbsverbots tritt Heilung ex tunc ein (OLG München OLGZ 69, 198).

22 bb) Die **Wirkung** der Heilung erstreckt sich auf den gesamten Inhalt des Vertrages einschließlich aller Nebenabreden. Formunwirksame Nebenabreden, die erst nach der Auflassung getroffen wurden, werden nicht geheilt (BGHZ 104, 278).

23 Durch die Heilung wird der Vertrag in dem **Zeitpunkt** gültig, zu dem Auflassung und Eintragung erfolgt sind. Rückwirkung hat die Heilung nicht (hM). Eine zuvor eingetragene Auflassungsvormerkung bleibt daher wirkungslos (BGH NJW 83, 1545); für die Vergangenheit tritt kein Verzug ein. Macht der Erwerber Gewährleistungsrechte gem §§ 437 ff geltend, soll für die Frage der Kenntnis bei § 442 nach OLG Hamm NJW 86, 136 zu § 460 aF der Zeitpunkt der Heilung maßgeblich sein; krit § 442 Rn 3. Auch für die Verjährung der vertraglichen Ansprüche ist der Zeitpunkt der Heilung maßgeblich, selbst wenn das Grundstück früher übergeben wurde (RGZ 134, 87). Sehr begrenzt ist damit die Bedeutung der tatsächlichen Vermutung, dass die Parteien einander gewähren wollten, was sie bei Wirksamkeit des Vertrages von Anfang an gehabt hätten (BGHZ 82, 406).

24 cc) **Entspr anwendbar** ist Abs 1 S 2 in einzelnen Sachlagen: Ein formungültiger **Vorvertrag** kann so durch den formgemäßen Abschluss eines inhaltlich entspr, nicht weiter gehenden Vertrages geheilt werden (BGHZ 82, 404). Heilbar ist auch ein formungültiger **Maklervertrag** durch Abschluss des notariellen Kaufvertrages (BGH NJW 87, 1628) und ein formungültiger Kaufvertrag über ein **ausländisches Grundstück** durch den Eigentumserwerb nach dem Ortsrecht (BGHZ 52, 243). Keine entspr Anwendung ist mangels Erfüllungszusammenhangs bei Veräußerung und Übereignung an einen Dritten möglich (BGH NJW 04, 3626). Ein allg Rechtsgedanke lässt sich aus S 2 iVm §§ 518 II, 766 S 2; § 15 IV 2 GmbHG nicht ableiten. Auf Formvorschriften wie § 2348 oder § 2371 ist daher S 2 nicht entspr anwendbar.

25 d) aa) Für notarielle Verträge, die **vor dem 27.2.1980** geschlossen wurden, sind die Heilungsmöglichkeiten nach dem **Beurkundungsänderungsgesetz** zu beachten. Ein Vertrag ist trotz eines Beurkundungsmangels gem §§ 1 I, 5 Beurkundungsänderungsgesetz rückwirkend wirksam, wenn einer der beiden Heilungstatbestände eingreift (iE Dietlein DNotZ 80, 195 ff; Nieder BB 80, 1130 ff).

26 bb) Das am 22.7.1992 in Kraft getretene **Vermögensrechtsänderungsgesetz** enthält zudem Heilungsvorschriften für notarielle Verträge, die **vor dem 3.10.1990** über Grundstücke im **Gebiet der damaligen DDR** abgeschlossen wurden.

27 cc) Hat der schuldrechtliche Vertrag über den Erwerb bzw die Veräußerung des Grundstücks **Auslandsbezug** iSd Art 3 I 1 EGBGB gilt die Formvorschrift gem Art 11 I, 1. Alt EGBGB für alle im Inland gelegenen Grundstücke bei inländischem Vertragsstatut. Wird der Vertrag jedoch im Ausland abgeschlossen, genügt gem Art 11 I, 2. Alt EGBGB die Ortsform, weil Abs 1 S 1 keine zwingende Formvorschrift iSd Art 11 IV EGBGB ist.

28 2. a) Abs 2 enthält für Verträge über die Übertragung künftigen Vermögens einen **selbständigen Nichtigkeitsgrund**, der dem Schutz vor übermäßiger Einschränkung der wirtschaftlichen Bewegungsfreiheit, der Erhaltung der Motivation für die erwerbswirtschaftliche Betätigung (Mot II, 186) und damit letztlich der Gewährleistung der freien Entfaltung der Persönlichkeit dient. Die Nichtigkeit von Verträgen über Bruchteile des künftigen Vermögens zielt zudem auch auf die Vermeidung praktischer Schwierigkeiten.

29 b) **Voraussetzungen:** Erforderlich ist zunächst das Vorliegen eines **Verpflichtungsvertrages**. Die Vereinbarung einer Gegenleistung ist nicht erforderlich. In Betracht kommen zB Kauf, Schenkung und Leibrentenversprechen. Nicht erfasst werden allerdings familienrechtliche und erbrechtliche Verträge (zB §§ 1415 ff, 1941, 2274 ff). Ein Verfügungsgeschäft über das künftige Vermögen ist schon wegen des sachenrechtlichen

Bestimmtheitsgrundsatzes nicht möglich. Abs 2 gilt auch für **juristische Personen**, sofern keine Sondervorschriften bestehen.
Vertragsgegenstand muss das **künftige eigene Vermögen** oder ein Bruchteil dieses Vermögens sein. Als Vermögen sind dabei alle Aktiva des Versprechenden zu verstehen. Die Verpflichtung hins einzelner Vermögensgegenstände genügt selbst dann nicht, wenn diese fast das gesamte Vermögen ausmachen (str). Nicht gem Abs 2 nichtig ist daher eine Verpflichtung zur Abtretung aller künftigen Forderungen oder des künftigen pfändbaren Arbeitseinkommens (BGHZ 107, 100). Auch die Verpflichtung zur Übertragung von **Sondervermögen** wie etwa einem Unternehmen oder dem Vermögen einer OHG ist nicht von Abs 2 erfasst. Der Anwendung der Vorschrift steht allerdings nicht entgg, dass einzelne, wenig bedeutsame Gegenstände von der Übertragung ausgeschlossen sind, sofern iÜ nach dem Willen der Vertragsparteien (§§ 133, 157) das Vermögen in „Bausch und Bogen" übertragen werden soll (RGZ 69, 420). – Neben der Verpflichtung zur **Übertragung** des künftigen Vermögens und zur **Bestellung eines Nießbrauchs** an diesem fällt auch die Verpflichtung zur Sicherungsübereignung des künftigen Vermögens unter Abs 2, nicht jedoch die Verpflichtung zur Verpfändung oder zur Betrauung eines Treuhänders mit der Verwaltung. 30

c) Als **Rechtsfolge** des Abs 2 ist der Verpflichtungsvertrag nichtig. Wenn das Vermögen erst mit dem Tode des Verpflichtenden übergehen soll, kann aber uU eine Umdeutung (§ 140) in einen Erbvertrag in Betracht kommen (BGHZ 8, 34). Die Geschäfte zur Erfüllung des nichtigen Vertrages sind idR wirksam. § 812 I 1, 1. Alt ermöglicht allerdings die Rückforderung des Geleisteten, soweit nicht § 814 entgegensteht. Ein Schadensersatzanspruch gem §§ 280 I, 311 II, 241 II kommt in Betracht, wenn der Schuldner die Gesetzeswidrigkeit des Vertrages kannte oder kennen musste (bei Kenntnis des Gläubigers: § 254). Verpflichtet ein Vertrag zur Übertragung des gegenwärtigen und des künftigen Vermögens, so kann sich uU aus § 139 die Gesamtnichtigkeit ergeben. 31

3. a) Die Pflicht zur **notariellen Beurkundung** gem Abs 3 hat **Warnfunktion** angesichts der besonders weit reichenden Verpflichtung durch den Vertragsschluss und soll daneben die sachkundige **Beratung** gewährleisten (§ 17 BeurkG). 32

b) Die **Voraussetzungen** der Formvorschrift des Abs 3 sind die gleichen wie die des Abs 2 (s dort Rn 29 f), außer dass Abs 3 das **gegenwärtige** Vermögen betrifft (während Abs 2 sich auf das künftige Vermögen bezieht). Wie Abs 2 erfasst Abs 3 den Vertragsschluss sowohl von natürlichen als auch juristischen Personen (Eickelberg/Mühlen NJW 11, 2476) über ihr gesamtes Vermögen oder einen Bruchteil davon. Bei juristischen Personen ist seine Anwendung insb durch die Sondervorschriften für die Umwandlung in §§ 6, 125, 176 UmwG zT ausgeschlossen. 33

Ein Verpflichtungsvertrag, der Abs 3 unterfällt, ist **ohne notarielle Beurkundung** gem § 125 S 1 **nichtig**. Hins einzelner Gegenstände kann jedoch uU eine Umdeutung (§ 140) in gesonderte Rechtsgeschäfte in Betracht kommen (RGZ 76, 3). Eine Heilung durch Erfüllung des Vertrages entspr §§ 311 b I 2, 518 II, 766 S 2 lehnt die hM ab. Leistungen, die im Hinblick auf den nichtigen Vertrag bereits erbracht worden sind, können gem § 812 I 1, 1. Alt zurückgefordert werden, sofern nicht § 814 entgegensteht. – Unterliegt der Vertrag neben der Formvorschrift des Abs 3 noch einer **anderen Formvorschrift** (zB § 518 I oder § § 311 b I 1), ist der Vertrag insgesamt beurkundungsbedürftig. Der Vollzug des Vertrages heilt nach hM ggf nur den Mangel aus der anderen Formvorschrift, nicht jedoch den Formmangel des Abs 3. 34

4. a) Die Vorschrift des **Abs 4** richtet sich als selbständiger **Nichtigkeitsgrund** gegen die Gefahr leichtfertiger **Vermögensverschleuderung** und gefährlicher Geschäfte unter Ausnutzung des Leichtsinns (BGH NJW 95, 448). Die ursprünglich mit ihr verbundene negative sittliche Bewertung von Verträgen in Erwartung des Todes eines anderen steht demgegenüber heute als Zweck der Vorschrift nicht mehr im Vordergrund. 35

b) Voraussetzung des Abs 4 ist ein schuldrechtlicher **Verpflichtungsvertrag** über den **künftigen Nachlass** eines anderen im Ganzen oder in einem Bruchteil. Dem Nachlass sind in Abs 4 S 2 der Pflichtteil und das Vermächtnis gleichgestellt. Verträge, die sich auf einzelne Nachlassgegenstände beziehen, unterfallen Abs 4 nur, wenn diese Gegenstände zZ des Vertragsschlusses faktisch den Nachlass insgesamt ausmachen (BGH 36

LM § 312 Nr 3). Dag erfasst Abs 4 nicht Verträge über das Anwartschaftsrecht des Nacherben (BGHZ 37, 326). Verfügungen über den Nachlass eines noch lebenden Dritten scheitern schon an den allg Grundsätzen für dingliche Geschäfte.

37 **Parteien** eines Vertrages gem Abs 4 müssen andere Personen als der künftige Erblasser (der „Dritte" iSd Vorschrift) sein. Für Verpflichtungen des künftigen Erblassers bestimmen sich die Wirksamkeit und Rechtsfolgen nach erbrechtlichen Vorschriften (zB über den Erbvertrag, §§ 1941, 2274 ff, oder den Erbverzichtsvertrag, §§ 2346 ff). Gehört eine der Parteien zu den gem §§ 1924 ff möglicherweise berufenen Erben, unterfällt der Vertrag Abs 5.

38 Als **Rechtsfolge** des Abs 4 ist der Vertrag **nichtig**. Dies gilt auch bei einer Zustimmung des Dritten (BGH NJW 95, 448); in Betracht kommt aber uU eine Umdeutung (§ 140) in einen Verzicht gem § 2352.

39 **5.** Unter **künftigen gesetzlichen Erben** gestattet **Abs 5** im Hinblick auf eine vorzeitige Erbauseinandersetzung Verträge iSd Abs 4 und schreibt zugleich deren notarielle Beurkundung vor. Vertragsgegenstand kann nach dem Wortlaut der Vorschrift nur ein gesetzlicher Erbteil oder Pflichtteil sein. Gleichgestellt werden aber der testamentarische Erbteil und das Vermächtnis bis zur Höhe des gesetzlichen Erbteils (BGHZ 104, 285; aA noch BGH NJW 56, 1152) sowie der Erbersatzanspruch gem § 1934 a, b, der für Erbfälle vor dem 1.4.1998 möglich war. Die Vertragsparteien sind künftige gesetzliche Erben, wenn sie zu den gem §§ 1924 ff möglicherweise berufenen Erben gehören (BGH NJW 56, 1152). Liegt danach eine künftige Erbenstellung vor, schadet auch ein Erbverzicht iSd § 2346 nicht (BGH NJW 95, 448). Maßgeblich ist der Zeitpunkt des Vertragsschlusses. Der Verpflichtete muss zudem später auch tatsächlicher oder durch Verfügung von Todes wegen bestimmter (str) Erbe bzw Pflichtteilsberechtigter werden. Wird er weder Erbe noch Pflichtteilsberechtigter, entfällt die Geschäftsgrundlage für die übernommene Verpflichtung.

40 Der Vertrag unter den künftigen gesetzlichen Erben bedarf nach Abs 5 S 2 der **notariellen Beurkundung** iSd § 128, und zwar auch wenn der Erblasser ihm zustimmt (BGH NJW 95, 448). Bei Vorliegen dieser Voraussetzung erlangt der Berechtigte mit Eintritt des Erbfalls einen **schuldrechtlichen Anspruch**. Der Vertrag führt mithin nicht bereits zur Übertragung des Vermögensgegenstandes, sondern erfordert noch ein Vollzugsgeschäft, zB die Übertragung des Erbanteils nach dem Erbfall gem § 2033 I 1.

§ 311c Erstreckung auf Zubehör

Verpflichtet sich jemand zur Veräußerung oder Belastung einer Sache, so erstreckt sich diese Verpflichtung im Zweifel auch auf das Zubehör der Sache.

1 Die **Auslegungsregel** des § 311c gilt für **schuldrechtliche Verpflichtungen** aus Vertrag oder einseitigem Rechtsgeschäft zur Veräußerung (Kauf, Tausch, Schenkungsversprechen) oder Belastung einer Sache sowie nach hM in entspr Anwendung zur Gebrauchsüberlassung (Miete, Pacht, Leihe). Als Ausdruck eines allg Gedankens ist die Vorschrift zudem zB bei der Veräußerung einer Eigentumswohnung hins der anteiligen Instandhaltungsfonds anwendbar (OLG Düsseldorf NJW-RR 94, 1038; anders aber für die Freistellung von Erschließungskosten BGH NJW 93, 2232). Str ist die entspr Anwendbarkeit auf Rechte, die mit dem veräußerten Gegenstand eine wirtschaftliche Einheit bilden. Dag gelten für die dinglichen Geschäfte §§ 926, 1031 und für das Vermächtnis § 2164.

2 **Inhalt** der Auslegungsregel ist, dass das Verpflichtungsgeschäft sich iZw auch auf Zubehör (§§ 97, 98), das zum Zeitpunkt des Vertragsschlusses zur veräußerten oder belasteten Sache (§ 90) gehört, erstreckt. Dies gilt unabhängig davon, ob der Verpflichtete Eigentümer ist (OLG Düsseldorf DNotZ 93, 345). Da es sich um eine Auslegungsregel handelt, ist im Prozess der **Gegenbeweis** zulässig.

Untertitel 2
Grundsätze bei Verbraucherverträgen und besondere Vertriebsformen
Kapitel 1
Anwendungsbereich und Grundsätze bei Verbraucherverträgen

Vorbemerkung zu §§ 312–312 k

Die zur Umsetzung der **Verbraucherrechte-RL** geschaffenen Vorschriften treten am 13.6.14 in Kraft und setzen gleichzeitig die Fernabsatz-Finanzdienstleistungs-RL und die E-Commerce-RL um. Die §§ 312–312 i aF gelten noch bis zum 12.6.14. Zusammen mit der Definition der Begriffe Verbraucher in § 13 und Unternehmer in § 14 bilden die neuen §§ 312–312 k nun den Allgemeinen Teil des deutschen, freilich überwiegend durch EU-Vorgaben geprägten **Verbraucherrechts**. Weitere Teile des Verbraucherrechts finden sich ua in den §§ 305–310 (Allgemeine Geschäftsbedingungen), §§ 355–361 (Widerruf und Rückabwicklung) sowie bei etlichen besonderen Schuldverhältnissen (zB Kauf, Kredit, Teilzeit-Wohnrechte, Reise). Die Besonderheit des nun weiter ausgebauten, europäisch geprägten Verbraucherrechts liegt darin, dass der Schutzradius nicht im Wege einer konkreten Einzelfallprüfung der individuellen Schutzbedürftigkeit, sondern durch abstrahierende Tatbestandsmerkmale bestimmt wird. Liegen die Voraussetzungen vor, so greifen die Verbraucherschutzvorschriften auch in Fällen ein, in denen evident kein individuelles Schutzbedürfnis besteht. Wie bei jeder **Typisierung** werden dabei auch Fälle erfasst, in denen die **generelle Annahme einer gestörten Vertragsparität** im konkreten Fall kaum zutreffen wird (zB wenn ein Rechtsanwalt zu einem privaten Zweck ein Fernabsatzgeschäft abschließt oder wenn der Verbraucher den Unternehmer selbst zu einem Besuch auffordert (an der Schutzbedürftigkeit insoweit zweifelnd Grundmann, JZ 13, 57; diese bejahend Schwab/Giesemann, EuZW 12, 254). Insgesamt erscheinen die Tatbestandsmerkmale von §§ 312ff aber als geeignet, den Kreis schutzbedürftiger Personen und Situationen mit ausreichender Trennschärfe abzugrenzen.

Die den neuen §§ 312–312 h, 312 k zugrunde liegende Verbraucherrechte-RL ist Teil einer **Reform des EU-Verbraucherrechts**, deren Kern darin besteht, die bisherige Mindestharmonisierung durch eine sog **Vollharmonisierung** abzulösen. Wenig verändert sind hingegen die §§ 312 i, 312 j, die der Umsetzung der E-Commerce-RL dienen. Durch die Verbraucherrechte-RL wurden die RL über den Widerruf von Haustürgeschäften und die Fernabsatz-RL, beides Mindestharmonisierungsrichtlinien, ersetzt. Die Verbraucherrechte-RL und die Fernabsatz-Finanzdienstleistungs-RL sind hingegen, von einigen Ausn abgesehen, Vollharmonisierungsmaßnahmen. Art 4 Verbraucherrechte-RL verbietet den Mitgliedstaaten abweichende innerstaatliche Rechtsvorschriften aufrechtzuerhalten oder einzuführen: „dies gilt auch für strengere oder weniger strenge Rechtsvorschriften zur Gewährleistung eines anderen Verbraucherschutzniveaus". Damit hat die Verbraucherrechte-RL wesentlich weiter reichende Wirkungen für die Auslegung der Umsetzungsbestimmungen in §§ 312ff als ihre Vorgänger. Die Verbraucherrechte-RL und die Fernabsatz-Finanzdienstleistungs-RL verbieten nicht nur Unterschreitungen des unionsrechtlich vorgeschriebenen Mindestniveaus an Verbraucherschutz, sondern auch jegliche Überschreitung. Dies hat Folgen für die Vorlage von Vorabentscheidungsersuchen an den EuGH. Bei Minimumharmonisierung konnten die letztinstanzlich entscheidenden deutschen Gerichte immer dann von einer Vorlage absehen, wenn ihre Entscheidung zugunsten des Verbrauchers ausfiel (zB BGH NJW 2003, 1665 mit Anm Schulte-Nölke in LMK 2003, 181). Nun besteht auch in diesem Fall eine Vorlagepflicht, wenn für die Entscheidung des deutschen Gerichts die Auslegung von Gemeinschaftsrecht erforderlich ist. Wichtige **sachliche Änderungen durch die Verbraucherrechte-RL** sind die Einführung von bestimmten Pflichten des Unternehmers bei allen Verbraucherverträgen (§ 312 a), erweiterte Informationspflichten, insb bei außerhalb von Geschäftsräumen geschlossenen Verträgen (§ 312 d), ein genereller Beginn der Widerrufsfrist (auch bei außerhalb von Geschäftsräumen geschlossenen Verträgen) nicht vor Erhalt der Ware (§ 356 II Nr 1) und die Einführung einer Pflicht des Verbrauchers zur Tragung der Rücksendekosten (§ 357 VI) anstelle der bisherigen Kostentragungspflicht des Unternehmers.

3 Das Übergangsrecht ist relativ einfach gestaltet. Die zum 13.6.2014 in Kraft tretenden Änderungen des BGB sind nicht auf Schuldverhältnisse anzuwenden, die vor dem 13.6.2014 entstanden sind, Art 229 § 32 I EGBGB. Lediglich ein nach dem früheren Recht mögliches ewiges Widerrufsrecht erlischt spätestens mit Ablauf des 27.5.2015, Art 229 § 32 II EGBGB.

§ 312 Anwendungsbereich

(1) Die Vorschriften der Kapitel 1 und 2 dieses Untertitels sind nur auf Verbraucherverträge im Sinne des § 310 Absatz 3 anzuwenden, die eine entgeltliche Leistung des Unternehmers zum Gegenstand haben.

(2) Von den Vorschriften der Kapitel 1 und 2 dieses Untertitels ist nur § 312 a Absatz 1, 3, 4 und 6 auf folgende Verträge anzuwenden:

1. notariell beurkundete Verträge
   a) über Finanzdienstleistungen, die außerhalb von Geschäftsräumen geschlossen werden,
   b) die keine Verträge über Finanzdienstleistungen sind; für Verträge, für die das Gesetz die notarielle Beurkundung des Vertrags oder einer Vertragserklärung nicht vorschreibt, gilt dies nur, wenn der Notar darüber belehrt, dass die Informationspflichten nach § 312 d Absatz 1 und das Widerrufsrecht nach § 312 g Absatz 1 entfallen,
2. Verträge über die Begründung, den Erwerb oder die Übertragung von Eigentum oder anderen Rechten an Grundstücken,
3. Verträge über den Bau von neuen Gebäuden oder erhebliche Umbaumaßnahmen an bestehenden Gebäuden,
4. Verträge über Reiseleistungen nach § 651 a, wenn diese
   a) im Fernabsatz geschlossen werden oder
   b) außerhalb von Geschäftsräumen geschlossen werden, wenn die mündlichen Verhandlungen, auf denen der Vertragsschluss beruht, auf vorhergehende Bestellung des Verbrauchers geführt worden sind,
5. Verträge über die Beförderung von Personen,
6. Verträge über Teilzeit-Wohnrechte, langfristige Urlaubsprodukte, Vermittlungen und Tauschsysteme nach den §§ 481 bis 481 b,
7. Behandlungsverträge nach § 630 a,
8. Verträge über die Lieferung von Lebensmitteln, Getränken oder sonstigen Haushaltsgegenständen des täglichen Bedarfs, die am Wohnsitz, am Aufenthaltsort oder am Arbeitsplatz eines Verbrauchers von einem Unternehmer im Rahmen häufiger und regelmäßiger Fahrten geliefert werden,
9. Verträge, die unter Verwendung von Warenautomaten und automatisierten Geschäftsräumen geschlossen werden,
10. Verträge, die mit Betreibern von Telekommunikationsmitteln mit Hilfe öffentlicher Münz- und Kartentelefone zu deren Nutzung geschlossen werden,
11. Verträge zur Nutzung einer einzelnen von einem Verbraucher hergestellten Telefon-, Internet- oder Telefaxverbindung,
12. außerhalb von Geschäftsräumen geschlossene Verträge, bei denen die Leistung bei Abschluss der Verhandlungen sofort erbracht und bezahlt wird und das vom Verbraucher zu zahlende Entgelt 40 Euro nicht überschreitet, und
13. Verträge über den Verkauf beweglicher Sachen auf Grund von Zwangsvollstreckungsmaßnahmen oder anderen gerichtlichen Maßnahmen.

(3) Auf Verträge über soziale Dienstleistungen, wie Kinderbetreuung oder Unterstützung von dauerhaft oder vorübergehend hilfsbedürftigen Familien oder Personen, ein-

schließlich Langzeitpflege, sind von den Vorschriften der Kapitel 1 und 2 dieses Untertitels nur folgende anzuwenden:
1. die Definitionen der außerhalb von Geschäftsräumen geschlossenen Verträge und der Fernabsatzverträge nach den §§ 312 b und 312 c,
2. § 312 a Absatz 1 über die Pflicht zur Offenlegung bei Telefonanrufen,
3. § 312 a Absatz 3 über die Wirksamkeit der Vereinbarung, die auf eine über das vereinbarte Entgelt für die Hauptleistung hinausgehende Zahlung gerichtet ist,
4. § 312 a Absatz 4 über die Wirksamkeit der Vereinbarung eines Entgelts für die Nutzung von Zahlungsmitteln,
5. § 312 a Absatz 6,
6. § 312 d Absatz 1 in Verbindung mit Artikel 246 a § 1 Absatz 2 und 3 des Einführungsgesetzes zum Bürgerlichen Gesetzbuche über die Pflicht zur Information über das Widerrufsrecht und
7. § 312 g über das Widerrufsrecht.
(4) ¹Auf Verträge über die Vermietung von Wohnraum sind von den Vorschriften der Kapitel 1 und 2 dieses Untertitels nur die in Absatz 3 Nummer 1 bis 7 genannten Bestimmungen anzuwenden. ²Die in Absatz 3 Nummer 1, 6 und 7 genannten Bestimmungen sind jedoch nicht auf die Begründung eines Mietverhältnisses über Wohnraum anzuwenden, wenn der Mieter die Wohnung zuvor besichtigt hat.
(5) ¹Bei Vertragsverhältnissen über Bankdienstleistungen sowie Dienstleistungen im Zusammenhang mit einer Kreditgewährung, Versicherung, Altersversorgung von Einzelpersonen, Geldanlage oder Zahlung (Finanzdienstleistungen), die eine erstmalige Vereinbarung mit daran anschließenden aufeinanderfolgenden Vorgängen oder eine daran anschließende Reihe getrennter, in einem zeitlichen Zusammenhang stehender Vorgänge gleicher Art umfassen, sind die Vorschriften der Kapitel 1 und 2 dieses Untertitels nur auf die erste Vereinbarung anzuwenden. ²§ 312 a Absatz 1, 3, 4 und 6 ist daneben auf jeden Vorgang anzuwenden. ³Wenn die in Satz 1 genannten Vorgänge ohne eine solche Vereinbarung aufeinanderfolgen, gelten die Vorschriften über Informationspflichten des Unternehmers nur für den ersten Vorgang. ⁴Findet jedoch länger als ein Jahr kein Vorgang der gleichen Art mehr statt, so gilt der nächste Vorgang als der erste Vorgang einer neuen Reihe im Sinne von Satz 3.
(6) Von den Vorschriften der Kapitel 1 und 2 dieses Untertitels ist auf Verträge über Versicherungen sowie auf Verträge über deren Vermittlung nur § 312 a Absatz 3, 4 und 6 anzuwenden.

[Fassung bis 12.6.14:]

§ 312 Widerrufsrecht bei Haustürgeschäften

(1) ¹Bei einem Vertrag zwischen einem Unternehmer und einem Verbraucher, der eine entgeltliche Leistung zum Gegenstand hat und zu dessen Abschluss der Verbraucher
1. *durch mündliche Verhandlungen an seinem Arbeitsplatz oder im Bereich einer Privatwohnung,*
2. *anlässlich einer vom Unternehmer oder von einem Dritten zumindest auch im Interesse des Unternehmers durchgeführten Freizeitveranstaltung oder*
3. *im Anschluss an ein überraschendes Ansprechen in Verkehrsmitteln oder im Bereich öffentlich zugänglicher Verkehrsflächen*

bestimmt worden ist (Haustürgeschäft), steht dem Verbraucher ein Widerrufsrecht gemäß § 355 zu. ²Dem Verbraucher kann anstelle des Widerrufsrechts ein Rückgaberecht nach § 356 eingeräumt werden, wenn zwischen dem Verbraucher und dem Unternehmer im Zusammenhang mit diesem oder einem späteren Geschäft auch eine ständige Verbindung aufrechterhalten werden soll.

(2) ¹Der Unternehmer ist verpflichtet, den Verbraucher gemäß § 360 über sein Widerrufs- oder Rückgaberecht zu belehren. ²Die Belehrung muss auf die Rechtsfolgen des § 357 Abs. 1 und 3 hinweisen. ³Der Hinweis ist nicht erforderlich, soweit diese Rechtsfolgen tatsächlich nicht eintreten können.

(3) Das Widerrufs- oder Rückgaberecht besteht unbeschadet anderer Vorschriften nicht bei Versicherungsverträgen oder wenn
1. im Falle von Absatz 1 Nr. 1 die mündlichen Verhandlungen, auf denen der Abschluss des Vertrags beruht, auf vorhergehende Bestellung des Verbrauchers geführt worden sind oder
2. die Leistung bei Abschluss der Verhandlungen sofort erbracht und bezahlt wird und das Entgelt 40 Euro nicht übersteigt oder
3. die Willenserklärung des Verbrauchers von einem Notar beurkundet worden ist.

[Die Kommentierung basiert auf der ab 13.6.14 geltenden Fassung.]

1 I. Die Vorschrift regelt in Abs 1 den generellen Anwendungsbereich von Kapitel 1 und 2 dieses Untertitels (§§ 312 a–312 h) und enthält in Abs 2–6 Ausn vom sachlichen Anwendungsbereich. Für Kapitel 3 (§§ 312 i, 312 j) gelten diese Ausn nicht. Sie betreffen also insb die in § 312 a neu in das BGB eingeführten **allg Pflichten bei Verbraucherverträgen** sowie die in §§ 312 b-312 h novellierten Regelungen über besondere Vertriebsformen, va Informationspflichten und Widerrufsrecht bei **außerhalb von Geschäftsräumen geschlossenen Verträgen** und **Fernabsatzverträgen**.

2 II. 1. Abs 1 stellt zunächst klar, dass die §§ 312–312 h nur für **Verbraucherverträge iSd § 310 III** gelten. Die Begriffe **Unternehmer** und **Verbraucher** verweisen auf die Definitionen in §§ 13, 14. Der Verbraucherbegriff nach § 13 geht in einem Punkt etwas weiter als die Definition in Art 2 Nr 1 der Verbraucherrechte-RL, da nach § 13, anders als wohl nach der RL, auch Geschäfte erfasst werden, die ein Arbeitnehmer zu beruflichen Zwecken vornimmt (zB Kauf von Arbeitskleidung). Dies ist – trotz Vollharmonisierung – eine zulässige Ausweitung des Verbraucherschutzes, weil dieser Fall außerhalb des Anwendungsbereichs der Verbraucherrechte-RL liegt und die RL deshalb dem nationalen Gesetzgeber keine Vorgaben macht. In Erwägungsgrund 17 stellt die Verbraucherrechte-RL überdies klar, dass bei einem Geschäft mit **gemischtem, teilweise gewerblichen, teilweise privaten Zweck** ein Verbrauchervertrag dann vorliegt, wenn der gewerbliche Zweck nicht überwiegt. § 13 ist dementsprechend dahin geändert worden, dass bei überwiegendem gewerblichen oder selbständig beruflichen Zweck kein Verbrauchergeschäft vorliegt. Wenn feststeht, dass ein gemischter Zweck vorliegt, das Verhältnis aber nicht aufzuklären ist, liegt im Zweifel ein Verbrauchervertrag vor.

3 Unternehmerische Geschäfte zum Zwecke der **Existenzgründung** fallen nicht unter §§ 312 ff (zu § 312 aF BGH NJW 05, 1273; aA in diesem Band, Dörner § 14 Rn 3). Wird jedoch ein Rechtsgeschäft geschlossen, das nicht einer Existenzgründung dient, sondern lediglich der Entscheidung über eine mögliche Existenzgründung vorbereiten soll, liegt (noch) ein Verbrauchergeschäft vor (BGH NJW 08, 435). Bei einem Kreditsicherungsgeschäft (zB **Bürgschaft**, Verpfändung) kommt es allein darauf an, ob für den Sicherungsgeber (zB Bürge, Verpfänder) ein Verbrauchergeschäft vorliegt; dass die Sicherheit für einen gewerblichen Kredit bestellt wird, hindert – entgegen einer früheren Rspr des BGH – nicht das Entstehen eines Widerrufsrechts (BGH NJW 06, 845). Arbeitsverträge fallen grds unter Abs 1 (str), nicht aber unter § 312 b, wenn am Arbeitsplatz zB ein Aufhebungs- oder Änderungsvertrag geschlossen wird (s § 312 b Rn 10). Ein Arbeitnehmer, der an seinem Arbeitsplatz zum Abschluss eines Bürgschafts- oder Schuldmitübernahmevertrages für Verbindlichkeiten seines Arbeitgebers bestimmt worden ist, ist Verbraucher und kann, wenn alle anderen Voraussetzungen vorliegen, den Vertrag widerrufen (BGH ZGS 07, 267).

4 2. Die Legaldefinition des Verbrauchervertrages in § 310 III („Verträge zwischen einem Unternehmer und einem Verbraucher") schließt auch Fälle ein, bei denen der Verbraucher an den Unternehmer eine Ware liefert (zB Ankauf eines Gebrauchtwagens durch einen Autohändler außerhalb von Geschäftsräumen) oder eine Dienstleistung erbringt. Nach Auffassung der Regierungsbegründung (BT-Drucks 17/12637, 45) sollen diese **Fälle umgekehrter Leistungsrichtung** jedoch nicht unter §§ 312 ff fallen, weil insb die Pflichten des Unternehmers, über die wesentlichen Merkmale der Ware oder Dienstleistung zu informieren, nicht passen. Freilich ist schon die Verbraucherrechte-RL, obwohl primär für den Fall formuliert, dass der Unternehmer Waren oder Dienste

an den Verbraucher leistet, nicht eindeutig (vgl Art 1 und Art 3 I der RL: „jegliche Verträge"). Allein deshalb spricht mehr dafür, die §§ 312 ff grds auch auf Verbraucherverträge anzuwenden, bei denen der Verbraucher Waren oder Dienste an den Unternehmer leistet (aA Palandt/Grüneberg § 312 Rn 2). Hinzu kommt, dass aufgrund einer zur Haustürwiderrufs-RL ergangenen Rspr des EuGH bei zu Hause eingegangenen **Bürgschaften** (EuGH NJW 98, 1295 – „Dietzinger") eines Verbrauchers ein Widerrufsrecht besteht, also jedenfalls für diesen Fall einer Leistung des Verbrauchers ein Verbrauchervertrag zu bejahen ist. Im praktischen Ergebnis ist der Unterschied nicht sehr groß, da in der Tat die meisten der dem Unternehmer in §§ 312 ff auferlegten Informationspflichten für diesen Fall nicht passen, so dass letztlich nur wenige Bestimmungen anwendbar sind wie zB die Pflicht des Unternehmers, den Verbraucher über seine Identität zu informieren (§ 312 a I, II iVm Art 246 I Nr 2 EGBGB), oder die Pflicht, dem Verbraucher bei außerhalb von Geschäftsräumen geschlossenen Verträgen eine Abschrift oder Bestätigung auf Papier zu überlassen (§ 312 f). Die interessanteste Frage ist, ob in solchen Fällen ein **Widerrufsrecht des Verbrauchers** besteht; denn die Gefahr einer Überrumpelung oder übereilter Vertragsschlüsse besteht auch, wenn Unternehmer systematisch außerhalb von Geschäftsräumen oder im Fernabsatz zB Gebrauchtwagen oder Sammlerstücke ankaufen. Diese Frage dürfte in Anlehnung an EuGH NJW 98, 1295 – „Dietzinger" zu bejahen sein. Da jedoch manche der Widerrufsfolgen (§ 357) eindeutig nicht auf diesen Fall zugeschnitten sind, bedarf es insoweit einer ergänzenden Auslegung durch die Gerichte, die sich am Zweck des Widerrufsrechts (s dazu § 312 g Rn 1) orientieren muss.

3. Ferner ist es nach Abs 1 erforderlich, dass der Verbrauchervertrag eine **entgeltliche Leistung** des Unternehmers zum Gegenstand hat. Ausdrücklich enthält die Verbraucherrechte-RL diese Einschränkung nicht; freilich setzt sie die Entgeltlichkeit des Vertrages an vielen Stellen voraus. Sowohl dieser Befund als auch die bisherige Rspr zur Entgeltlichkeit geben Anlass, das Merkmal sehr weit auszulegen. Der Begriff des Entgelts umfasst nicht nur Geldzahlungen, sondern jede geldwerte Gegenleistung. Es muss nicht unbedingt ein gegenseitiger Vertrag sein. Zum früheren Recht war streitig, ob § 312 aF auf **Vereinsmitgliedschaften** (OLG Karlsruhe NJW 91, 433: grds nein) anwendbar war. Dies dürfte zu bejahen sein, wenn der Beitritt vorwiegend mit Blick auf Leistungen des Vereins erfolgt, die mit dem Beitrag abgegolten werden (zB Luftrettungsverein; Automobilclub, der Pannenhilfe leistet). Durch Urteil des EuGH geklärt ist, dass der **Beitritt zu einer Personengesellschaft** (hier: BGB-Gesellschaft) unter das Verbraucherschutzrecht fällt, wenn der Zweck eines solchen Beitritts vorrangig nicht darin besteht, Mitglied dieser Gesellschaft zu werden, sondern Kapital anzulegen. (EuGH NJW 10, 1511 – „Friz"; zu den Besonderheiten der Rückabwicklung von Gesellschaftsbeitritten s BGH NJW 10, 3096). Diese Rspr ist auf sämtliche Formen einer Publikumsgesellschaft zu übertragen, insb auch auf einen Verein oder eine Genossenschaft (BGH NJW 08, 2464, BGH, Urt. v. 1.3.2011 – II ZR 93/09). Probleme bereitet das Merkmal der Entgeltlichkeit bei **Bürgschaften**, für die der BGH nach einigen Schwankungen aufgrund eines Urteils des EuGH (EuGH NJW 98, 1295 – „Dietzinger") ein Widerrufsrecht bejaht hat, obwohl es sich schwerlich um einen entgeltlichen Vertrag im Wortsinne handelt (BGH NJW 06, 845). Das Tatbestandmerkmal der Entgeltlichkeit ist für diesen Fall deshalb EU-rechtskonform so weit auszulegen, dass es im Ergebnis genügt, wenn ein Vertrag im Rahmen einer entgeltlichen Tätigkeit geschlossen wird und Pflichten des Verbrauchers begründet, auch wenn diese Pflichten ohne Entgelt übernommen werden. Über den Wortlaut („Vertrag") hinaus können auch **einseitige Rechtsgeschäfte** unter Abs 1 fallen, zB eine Vollmachterteilung (str, offengelassen in BGH NJW 00, 2268).

III. 1. Abs 2 regelt zahlreiche **Bereichsausn vom Anwendungsbereich** der §§ 312 a II, V; 312 b–312 h. Die zugrunde liegende Verbraucherrechte-RL enthält ebenfalls zahlreiche Ausn in Art 3 III, IV. In vielen Fällen stimmen diesen Ausn überein. In einigen Punkten bleibt der Ausnahmekatalog in Abs 2 aber hinter den in der Verbraucherrechte-RL geregelten Ausn zurück, dh das deutsche Recht ist auf Fälle anwendbar, die nicht von der Verbraucherrechte-RL erfasst werden. Diese Abweichungen verstoßen

§ 312

nicht gegen die von der Verbraucherrechte-RL geforderte Vollharmonisierung, denn das **Vollharmonisierungsgebot reicht nur soweit, wie der Anwendungsbereich der Verbraucherrechte-RL** reicht. Außerhalb des Anwendungsbereichs der Verbraucherrechte-RL, also auch im Bereich der in Art 3 III, IV geregelten Bereichsausn, ist Deutschland frei darin, ob und auf welchem Niveau Verbraucherschutz gewährt werden soll.

7 2. Die **Gründe** für die einzelnen Ausn variieren und können sich überschneiden. Obwohl viele Ausn das Ergebnis der Lobbyarbeit bestimmter Branchen sind, können sie ihr Dasein meist auch auf unterschiedlich zu gewichtende Sachgründe stützen. So betreffen die Ausn etwa Rechtsgebiete, in denen speziellere Instrumente zum Schutze einer Vertragspartei bestehen (zB bei notariell beurkundeten Verträgen und Grundstückskaufverträgen Abs 2 Nr 1, Nr 2), sowie Geschäfte, bei denen die praktische Umsetzung insb der Informationspflichten oft unangemessen aufwendig werden würde (zB Warenautomaten, Telefonzellen, Call-by-Call-Telefonate, Abs 2 Nr 9, 10, 11) oder um Geschäfte von relativ geringfügigem Wert (zB Abs 2 Nr 12).

8 3. Auch bei Vorliegen einer der Bereichsausn des Abs 2 bleiben § 312 a I, III, IV und VI anwendbar. Damit geht das deutsche Recht zulässigerweise über den von der Verbraucherrechte-RL geforderten Verbraucherschutz hinaus. Im deutschen Recht besteht also für alle Verbraucherverträge, die unter Abs 1 fallen, insb die Pflicht, bei Telefonanrufen die Identität und den geschäftlichen Zweck des Anrufs offenzulegen (§ 312 a I), sowie die besonderen Anforderungen für die Vereinbarung von Zusatzentgelten (§ 312 a III) und von Entgelten für die Benutzung bestimmter Zahlungsmittel (§ 312 a IV) einzuhalten.

9 4. Praktisch wichtig ist die Ausn für **notariell beurkundete Verträge** in Abs 2 Nr 1, denn das Beurkundungszimmer des Notars wird in aller Regel nicht ein Geschäftsraum des Unternehmers sein, so dass ohne die Bereichsausn ein außerhalb von Geschäftsräumen geschlossener Vertrag iSv § 312 b vorläge. Die Verbraucherrechte-RL nimmt in Art 3 III lit i notariell beurkundete Verträge ganz von ihrem Anwendungsbereich aus. Diese Ausn gilt **nicht für bloße Beglaubigungen**. Über den Wortsinn hinaus gilt die Ausn auch für Verträge, bei denen nicht die Erklärungen beider Parteien, sondern **nur die vertragsschließende Erklärung des Verbrauchers** beurkundet ist, da für diesen Fall die Amtspflichten des Notars ebenfalls eingreifen. Ebenfalls gilt die Ausn, wenn der Verbraucher durch einen **Bevollmächtigten** vertreten wird, denn in diesem Fall ist der Notar nach § 17 II a Nr 1 BeurkG verpflichtet darauf hinzuwirken, dass die rechtsgeschäftlichen Erklärungen des Verbrauchers von diesem persönlich oder durch eine Vertrauensperson vor dem Notar abgegeben werden. Diese gesetzliche Amtspflicht des Notars erfüllt Art 3 III lit i der Verbraucherrechte-RL, die eine gesetzliche Verpflichtung des Notars dahingehend verlangt, durch umfassende rechtliche Aufklärung sicherzustellen, dass der Verbraucher den Vertrag nur aufgrund gründlicher rechtlicher Prüfung und in Kenntnis seiner rechtlichen Tragweite abschließt.

10 Die Bereichsausn für notariell beurkundete Verträge ist kompliziert geraten. Sie ist zusammen mit § 312 g II Nr 13 zu lesen, der Ausn vom Widerrufsrecht regelt. Zu unterscheiden sind nach Abs 2 Nr 1 a zunächst Verträge über Finanzdienstleistungen (Definition in Abs 5) und andere Verbraucherverträge (Nr 1 b). Der Grund für diese Unterscheidung ist, dass für Finanzdienstleistungen nicht die Verbraucherrechte-RL, sondern die **Fernabsatz-Finanzdienstleistungs-RL** gilt, die den Mitgliedstaaten in Artikel 6 III lit c mit gewissen Einschränkungen die **Option** einräumt, notariell beurkundete Erklärungen des Verbrauchers vom Fernabsatzrecht auszunehmen. Von dieser Option hatte Deutschland bei der Umsetzung der Fernabsatz-Finanzdienstleistungs-RL keinen Gebrauch gemacht, was bei der Umsetzung der Verbraucherrechte-RL nicht in Frage gestellt werden sollte. Deshalb nimmt Abs 2 Nr 1 a nur diejenigen Finanzdienstleistungen, die außerhalb von Geschäftsräumen geschlossen werden, von den § 312–312 h aus (außer von § 312 a I, III, IV und VI).

11 a) Für notariell beurkundete **Verbraucherverträge über Finanzdienstleistungen** sind drei Unterfälle zu unterscheiden:

- außerhalb von Geschäftsräumen geschlossen (Abs 2 Nr 1 a): §§ 312–312 h sind nicht anwendbar (außer § 312 a I, III, IV und VI);

- als Fernabsatzvertrag geschlossen: §§ 312–312 h sind anwendbar; es besteht aber kein Widerrufsrecht, wenn der der Notar bestätigt, dass die Informationspflichten aus § 312 d II gewahrt sind (§ 312 g II Nr 13);
- weder außerhalb von Geschäftsräumen noch im Fernabsatz geschlossen (also zB bei Beurkundung im Geschäftsraum des Unternehmers): §§ 312–312 h sind anwendbar; da §§ 312 b–312 g aber voraussetzen, dass ein außerhalb von Geschäftsräumen oder im Fernabsatz geschlossener Vertrag vorliegt, betrifft dies lediglich § 312 a (alle Absätze, nicht nur § 312 a I, III, IV und VI) sowie § 312 h.

Für die Rechtsfolgen der § 312–312 h bedeutet dies im Kern folgendes (wenn nicht eine der anderen Ausn vom Anwendungsbereich vorliegt):

Notariell beurkundete Verbraucherverträge über **Finanzdienstleistungen**	(Informations-)Pflichten aus § 312 a II	Informationspflichten aus § 312 d	Widerrufsrecht nach § 312 g	Formbedürftigkeit der Kündigung nach § 312 h
außerhalb von Geschäftsräumen geschlossen	(-)	(-)	(-)	(-)
als Fernabsatzvertrag geschlossen	(+)	(+)	(+) oder (-)[1]	(+)
weder außerhalb von Geschäftsräumen noch im Fernabsatz geschlossen	(+)	(-)	(-)	(+)

b) Bei notariell beurkundeten **Verbraucherverträgen, die nicht Verträge über Finanzdienstleistungen** sind, sind ebenfalls drei Unterfälle zu unterscheiden: 12
- Verträge, für die eine Beurkundungspflicht bestand: §§ 312–312 h sind nicht anwendbar (außer § 312 a I, III, IV und VI);
- Verträge, die nicht beurkundungspflichtig waren (§ 312 II Nr 1 b): §§ 312–312 h sind nicht anwendbar (außer § 312 a I, III, IV und VI), wenn der Notar darüber belehrt, dass die Informationspflichten nach § 312 d I und das Widerrufsrecht nach § 312 g I entfallen;
- Verträge, die nicht beurkundungspflichtig waren (§ 312 II Nr 1 b) und bei denen der Notar nicht darüber belehrt, dass die Informationspflichten nach § 312 d I und das Widerrufsrecht nach § 312 g I entfallen: §§ 312–312 h sind anwendbar, es besteht aber kein Widerrufsrecht (§ 312 g II Nr 13).

Für die Rechtsfolgen der § 312–312 h bedeutet dies im Kern folgendes (wenn nicht eine der anderen Ausn vom Anwendungsbereich vorliegt):

---

1 Je nachdem, ob der Notar bestätigt, dass die Informationspflichten aus § 312 d II gewahrt sind.

Notariell beurkundete Verbraucherverträge, die **nicht Finanzdienstleistungen** sind	(Informations-)Pflichten aus § 312 a II	Informationspflichten aus § 312 d	Widerrufsrecht nach § 312 g	Formbedürftigkeit der Kündigung nach § 312 h
Verträge, für die eine Beurkundungspflicht bestand	(-)	(-)	(-)	(-)
Verträge, die nicht beurkundungspflichtig waren, wenn der Notar darüber belehrt, dass Informationspflichten nach § 312 d I und Widerrufsrecht entfallen	(-)	(-)	(-)	(-)
Verträge, die nicht beurkundungspflichtig waren, wenn der Notar **nicht** darüber belehrt, dass Informationspflichten nach § 312 d I und Widerrufsrecht entfallen	(+)	(+)	(-)	(+)

13 c) Die praktische Wirkung der §§ 312ff ist damit vor allem eine **Konkretisierung der Amtspflichten des Notars zur Belehrung**. Notariell beurkundete Verbraucherverträge werden nur **äußerst selten** nach § 312 g widerruflich sein. Dies ist nur möglich bei Verträgen über Finanzdienstleistungen (Abs 5), für die die Voraussetzungen eines Fernabsatzvertrages nach § 312 c vorliegen (denkbar zB bei einer nach § 128 grds zulässigen Sukzessivbeurkundung) und der Notar die Bestätigung, dass die Informationspflichten aus § 312 d II gewahrt sind, unterlässt. Praktisch bedeutsamer ist die Anwendbarkeit der §§ 312–312 h für die Frage, ob **Informationspflichten nach § 312 a II oder § 312 d** bestehen. Notare werden vorsorglich darauf hinwirken, dass diese Pflichten erfüllt werden. Die nach Abs 2 Nr 1 b erforderliche **Beurkundungspflichtigkeit** des Vertrages kann sich nicht nur aus gesetzlichen Bestimmungen (zB §§ 311 b, 518 oder § 15 GmbHG), sondern auch aus der Rspr ergeben, nach der an sich nicht formbedürftige Vereinbarungen dann beurkundet werden müssen, wenn sie mit einem beurkundungspflichtigen Vertrag rechtlich zusammenhängen (zB BGH NJW 88, 132; 02, 142).

14 Bei **gemischten Verträgen**, die zB teilweise beurkundungspflichtig sind und teilweise freiwillig beurkundet werden, oder die – neben anderen Vertragsteilen – eine Finanzdienstleistung enthalten, ist für die einzelnen Vertragsbestandteile gesondert zu beurteilen, ob die §§ 312–312 h (über die stets anwendbaren § 312 a I, III, IV und VI hinaus) anwendbar sind. Die möglicherweise bestehenden Informationspflichten nach §§ 312 a II und 312 d beziehen sich dann nur auf Informationen zu dem Vertragsteil, auf den die §§ 312-312 h grds anwendbar sind, also zB die mitbeurkundete Finanzdienstleistung oder den freiwillig beurkundeten Vertragsbestandteil. Bei einem Widerrufsrecht kann nicht nur der widerrufliche Vertragsbestandteil (also die mitbeurkundete Finanzdienstleistung) isoliert widerrufen werden, sondern nach dem Rechtsgedanken der §§ 358–360 auch die mit der Finanzdienstleistung verbundenen oder zusammenhängenden Vertragsbestandteile.

5. a) Für **Immobilienverträge**, Abs 2 Nr 2, auf die die Verbraucherrechte-RL nach Art 3 III lit e nicht anwendbar ist, passen die Schutzinstrumente der § 312ff, also zB Informationspflichten und Widerrufsrecht, kaum. Außerdem sind im nationalen Recht andere Schutzmaßnahmen vorgesehen. Im deutschen Recht ist dies ua die vorgeschriebene Belehrung durch den Urkundsnotar. Überdies ist in § 17 II a Nr 2 BeurkG für nach § 311 b beurkundungspflichtige Verbraucherverträge eine Art Überlegungsfrist vorgesehen, da der Notar im Regelfall dem Verbraucher den beabsichtigten Text des Rechtsgeschäfts zwei Wochen vor der Beurkundung zur Verfügung stellen muss. Bei **gemischten Verträgen** können die §§ 312ff jedoch anwendbar bleiben. Dies gilt etwa für Verträge, die ein dingliches Teilzeit-Wohnrecht und einen Dienstleistungsanteil enthalten, wenn der **Wert der Dienstleistung überwiegt** (vgl EuGH, EWiR 00, 695 – „Travel VAC"). Enthält der Immobilienvertrag eine **Finanzdienstleistung** sind (auch wegen Art 6 III lit c der Fernabsatz-Finanzdienstleistungs-RL) die Wertungen von Nr 1 a übertragbar, so dass zB die Informationspflicht aus § 312 d II hins der Finanzdienstleistung anwendbar bleibt. 15

b) Neu ist die Ausn für Verträge über den **Bau von neuen Gebäuden oder erhebliche Umbaumaßnahmen** an bestehenden Gebäuden (Nr 3), die auf Art 3 III lit f der Verbraucherrechte-RL zurückgeht. In besonderem Maße ausfüllungsbedürftig ist der Rechtsbegriff „erhebliche" Umbaumaßnahmen, der in Erwägungsgrund 26 der Verbraucherrechte-RL sehr eng ausgelegt wird. Erhebliche Umbaumaßnahmen sind danach nur solche, die dem Bau eines neuen Gebäudes vergleichbar sind, zB Baumaßnahmen, bei denen nur die Fassade eines alten Gebäudes erhalten bleibt. Bloße Anbauten (zB Garage, Wintergarten), eine wenn auch grundlegende Renovierung von Gebäuden oder das Neueindecken des Daches (BT-Drucks. 17/12637, 46) sind nicht erheblich. 16

c) Nach Art 3 III lit g Verbraucherrechte-RL sind **Pauschalreisen** vom Anwendungsbereich der Verbraucherrechte-RL ausgenommen. Grund hierfür ist der bereits bestehende besondere Schutz durch die Pauschalreise-RL. Die Ausn für im Fernabsatz abgeschlossene Verträge über Pauschalreisen (Nr 4 a) entspricht dem bisherigen Recht. Bei außerhalb von Geschäftsräumen geschlossenen Verträgen über Pauschalreisen (Nr 4 b) ist die Umsetzung in das deutsche Recht teilweise überschießend. Nur wenn die mündlichen Verhandlungen, auf denen der Vertragsschluss beruht, sind die §§ 312ff (außer § 312 a I, III, IV und VI) nicht anwendbar. Bei Abschluss des Pauschalreisevertrages nach überraschendem Besuch bestehen hingegen grds die Informationspflichten und ein Widerrufsrecht nach §§ 312ff (vgl auch § 312 g S 2). Zum Begriff der vorhergehenden Bestellung hat die Rspr schon zu § 312 aF eine Rückausn dahin entwickelt, dass bei einer durch den Unternehmer **provozierten Bestellung** diese Ausn nicht gilt (BGHZ 109, 127; BGH NJW 01, 509). 17

d) Die Ausn für **Beförderungsverträge** (Nr 5) folgt Art 3 III lit k der Verbraucherrechte-RL. Grund sind ua andersartige Schutzinstrumente bei Beförderungsleistungen (zB Passagierrechte bei Flügen, Eisenbahnfahrten oder Fähren aufgrund von EU-VOen). Anders als im früheren Recht ist die im Fernabsatz erfolgte Miete eines Autos für einen bestimmten Zeitraum (EuGH NJW 05, 3055 – „EasyCar") nun nicht mehr ausgenommen (aA Palandt/Grüneberg § 312 Rn 13); s aber zur Ausn vom Widerrufsrecht § 312 g II Nr 9. **Teilzeit-Wohnrechteverträge** iSd §§ 481–481 b sind nach wie vor ausgeschlossen (Nr 6), weil für sie speziellere Regelungen aufgrund der Timesharing-RL 2008/122/EG bestehen. Hins anderer Reiseleistungen wie **Beherbergung, Versorgung mit Speisen und Getränken und Freizeitbetätigungen** bringt die Umsetzung der Verbraucherrechte-RL eine Ausweitung des Verbraucherschutzes mit sich, da diese nun anders als früher nicht mehr generell vom Recht der besonderen Vertriebsformen ausgenommen sind, sondern nur noch vom Widerrufsrecht (vgl § 312 g II Nr 9). 18

19 e) Die Ausn für medizinische **Behandlungsverträge** nach § 630 a (Nr 7) macht Gebrauch von Art 3 III lit b der Verbraucherrechte-RL. Grund ist, dass in §§ 630 c, 630 e und 630 f besondere Informations-, Aufklärungs- und Dokumentationspflichten geregelt sind, die ein besser zu diesen Verträgen passendes Schutzinstrumentarium bilden. Ein Widerrufsrecht steht dem Verbraucher freilich – anders als bei sozialen Dienstleistungen nach Abs 3 – nicht zu, weil Ärzte nicht unaufgefordert Hausbesuche machen und telefonische Behandlungen idR auf die Initiative des Patienten zurückgehen. Verträge über Arzneimittel und Medizinprodukte fallen jedoch nicht unter § 630 a, so dass darauf die §§ 312–312 h anwendbar sind.

20 f) Die Ausn für **Lieferungen im Rahmen regelmäßiger Fahrten** (Nr 8) übernimmt vollständig Art 3 III lit j der Verbraucherrechte-RL. Zugeschnitten worden ist diese Ausn ursprünglich wohl auf den britischen Milchmann. Für Fernabsatzgeschäfte galt sie schon bisher in Deutschland, neu ist diese Ausn für das deutsche Recht freilich für außerhalb von Geschäftsräumen geschlossene Verträge. Hier droht eine Schutzlücke, da nun an der Haustür vertriebene langfristige Belieferungsverträge für Lebensmittel (zB tägliche Mahlzeiten) oder Getränke (zB „Whiskey-Abo") von erheblichem finanziellem Umfang ohne Informationspflichten und Widerrufsrecht möglich werden. Der Begriff Haushaltsgegenstände des täglichen „Bedarfs" stimmt zwar wörtlich mit der deutschen Fassung von Art 3 III lit j der Verbraucherrechte-RL überein, ist aber ein **Übersetzungsfehler**. Aus den anderen Sprachfassungen folgt, dass es „andere Waren, die zum täglichen (oder laufenden) **Verbrauch** im Haushalt bestimmt sind" heißen muss. Der Begriff ist deshalb so auszulegen. Waren, die täglich gebraucht, aber nicht verbraucht werden (zB Reinigungsgerätschaften, die sich erst über längere Zeiträume abnutzen, Zeitungen und Zeitschriften, BGH WM 12, 221) fallen daher nicht unter Nr 8. Die Ausn setzt außerdem voraus, dass die Lieferung von dem Unternehmer selbst ausgeführt wird. Es genügt nicht, dass der Unternehmer die Post oder ein vergleichbares Logistikunternehmen, welches Aufträge von jedermann entgegen nimmt, mit der Auslieferung beauftragt (BGH WM 12, 221).

21 g) Die Bereichsausn für **Warenautomaten** (Nr 9), **öffentliche Münz- und Kartentelefone** (Nr 10) sowie **Call-by-Call-Telekommunikationsverbindungen** (Nr 10) entsprechen der Verbraucherrechte-RL (Art 3 III lit l, m) und dem bisherigen Recht. Für Call-by-Call-Verbindungen bestehen verbraucherschützende Sonderregelungen im TKG (ua eine Preisansagepflicht nach § 66 b TKG).

22 h) In Nr 12 (**sofort durchgeführte Bagatellgeschäfte**) hat Deutschland von einer weitergehenden Option der Verbraucherrechte-RL teilweise Gebrauch gemacht. In Art 3 IV erlaubt die Verbraucherrechte-RL generell eine Ausn für außerhalb von Geschäftsräumen geschlossene Verträge, bei denen das vom Verbraucher zu zahlende Entgelt 50 EUR nicht überschreitet. Die Wertgrenze von 40 EUR in Abs 2 Nr 12 bleibt etwas darunter. Überdies gilt im deutschen Recht die Bereichsausn nur für Fälle, in denen sowohl die Leistung des Unternehmers als auch die Bezahlung durch den Verbraucher sofort erfolgen.

23 IV. 1. Abs 3 stellt zunächst klar, dass §§ 312–312 h auch auf **Verträge über soziale Dienstleistungen**, also insb Kinderbetreuung und Pflege, anwendbar sind, nimmt aber einige Vorschriften aus. Nach Art 3 III der Verbraucherrechte-RL sind derartige Verträge gänzlich vom Anwendungsbereich ausgenommen. Grund für die Ausn ist insb, dass die Informationspflichten nicht passen. Das deutsche Recht setzt die Verbraucherrechte-RL – zulässigerweise – überschießend um, gewährt also Verbraucherschutz für Verträge, die nicht unter die RL fallen. Anwendbar sind ua die Pflicht bei Telefonanrufen die Identität und den geschäftlichen Zweck des Anrufs offenzulegen (§ 312 a I), die besonderen Anforderungen für die Vereinbarung von Zusatzentgelten (§ 312 a III) sowie von besonderen Entgelten für die Benutzung bestimmter Zahlungsmittel (§ 312 a IV). Außerdem besteht bei außerhalb von Geschäftsräumen und im Fernabsatz geschlossenen Verträgen ein Widerrufsrecht (§ 312 g), über das der Unternehmer informieren muss (§ 312 d I). Nicht anwendbar sind zahlreiche weitere Informationspflichten, insb aus § 312 a II und § 312 d.

2. Der neue **Begriff der sozialen Dienstleistung** ist nicht definiert, sondern lediglich 24
durch die Beispiele Kinderbetreuung oder Unterstützung hilfsbedürftiger Familien oder
Personen erläutert. In Erwägungsgrund 29 der Verbraucherrechte-RL sind unter anderem Dienstleistungen für besonders benachteiligte, schutzbedürftige oder einkommensschwache Personen genannt. Umfasst sind auch Dienstleistungen für Kinder und Jugendliche, zur Unterstützung von Familien, Alleinerziehenden, älteren Menschen und Migranten, sowie häusliche Pflegedienste und betreute Wohnformen, insb auch Sozialdienstleistungen privater Anbieter (BR-Drucks 817/12). Nur klarstellende Bedeutung hat die Erwähnung von Langzeitpflege; eingeschlossen ist ebenfalls die Kurzzeitpflege. Eine Dienstleistung ist also sozial, wenn sie vorübergehend oder dauerhaft **Hilfe bei der alltäglichen Lebensführung** leistet und typischerweise (aber nicht notwendig im konkreten Fall) für **hilfs- oder schutzbedürftige Dienstempfänger** (nicht unbedingt den Vertragspartner) erbracht wird. Aus § 312 II Nr 7 folgt, dass Behandlungsverträge nicht zu den sozialen Dienstleistungen zählen. „Essen auf Rädern" fällt unter Abs 2 Nr 8 und nicht unter Abs 3. Welche sonstige Dienstleistungen als „sozial" zu qualifizieren sind, muss die Rspr klären. In Betracht kommen zB Au-Pairs, Haushaltshilfen, Gesellschafter(innen), nicht jedoch Wellnessangebote oder gar Prostitution, da diese Dienstleistungen nicht typischerweise für Hilfs- oder Schutzbedürftige erbracht werden. Bei gemischten Verträgen (zB Hausmeister, der auch auf die Kinder aufpasst) gilt die Bereichsausn grds nur für den die sozialen Dienstleistungen betreffenden Teil. Der Rechtsgedanke der verbundenen Verträge findet jedoch Anwendung.

V. Für **Wohnraummietverträge**, die in Art 3 III lit f Verbraucherrechte-RL ganz von 25
deren Anwendungsbereich ausgenommen sind und für die das Mietrecht in §§ 535ff
zahlreiche besondere Schutzvorschriften enthält, regelt Abs 4 die Anwendbarkeit einiger Vorschriften der §§ 312ff, namentlich ua die Pflicht bei Telefonanrufen die Identität und den geschäftlichen Zweck des Anrufs offenzulegen (§ 312 a I), die besonderen Anforderungen für die Vereinbarung von Zusatzentgelten (§ 312 a III) sowie von besonderen Entgelten für die Benutzung bestimmter Zahlungsmittel (§ 312 a IV). Voraussetzung ist nach Abs 1 jedoch, dass der Vermieter Unternehmer iSv § 14 ist. Abs 4 gilt auch für Sozialwohnungen. Aus Abs 4 S 2 ergibt sich, dass ein **Widerrufsrecht** nach § 312 g und eine Pflicht zur Widerrufsbelehrung nur in bestimmten Fällen besteht, nämlich zum einen bei der Begründung eines Mietverhältnisses, wenn der Mieter die Wohnung nicht zuvor besichtigt hat, und zum anderen bei Änderungs- oder Aufhebungsverträgen. Dies hat vor allem den Zweck, Mieterhöhungen oder Aufhebungsverträge, die durch Überrumpelung bei einem Besuch des Vermieters in der Mietwohnung zustande gekommen sind, widerruflich zu machen. Wegen dieses Zwecks ist sind §§ 312 b, 312 g auf eine Kündigungserklärung, die der Mieter bei einem Besuch des Vermieters in seiner Wohnung abgibt, **analog** anzuwenden.

VI. 1. Für **wiederkehrende Finanzdienstleistungen** regelt Abs 5 Ausn von den Informa- 26
tionspflichten und vom Widerrufsrecht. Die **Legaldefinition der Finanzdienstleistung** folgt Art 2 lit b Fernabsatz-Finanzdienstleistungs-RL und Art 2 Nr 12 Verbraucherrechte-RL. Der hier definierte Begriff ist damit weiter als der Begriff Finanzdienstleistung in § 1 Ia KWG, da Bankgeschäfte eingeschlossen sind. Der Begriff ist weit auszulegen; Beispiele sind Verbraucherdarlehensverträge, Zahlungsdiensteverträge und Wertpapierdienstleistungen. Ebenso sind Versicherungen Finanzdienstleistungen; für sie besteht jedoch eine besondere Bereichsausn in Abs 6, die Abs 5 vorgeht. Die Vorschrift dient der Umsetzung von Art 1 II Fernabsatz-Finanzdienstleistungs-RL, hat aber einen weiteren Anwendungsbereich, da alle Verbraucherverträge, insb auch außerhalb von Geschäftsräumen geschlossen, erfasst werden. Insoweit ist dies eine überschießende Umsetzung, da die Verbraucherrechte-RL in Art 3 III lit d Finanzdienstleistungen ganz ausnimmt.

2. S 1 und 2 betreffen den Fall, dass außerhalb von Geschäftsräumen oder im Fernab- 27
satz ein Dauerschuldverhältnis über Finanzdienstleistungen abgeschlossen wird, zB die Eröffnung eines Wertpapierdepots. In diesem Fall soll **nur die erste Vereinbarung** zur Begr des Vertragsverhältnisses unter §§ 312–312 h fallen. Auf spätere Verträge in Ausfüllung der Vereinbarung, etwa Überweisungsverträge oder Wertpapierorders, sind die

§§ 312–312 h (außer § 312 a I, III, IV) dann nicht mehr anwendbar, dh es bestehen weder Informationspflichten noch ein Widerrufsrecht für die Ausfüllungsakte. Die zeitliche Grenze von einem Jahr in Abs 5 S 4 gilt nicht für diesen Fall.

28 3. Diese Erleichterung für den Unternehmer erweitert Abs 5 S 3 und 4 teilweise für den Fall, dass eine erstmalige Vereinbarung fehlt, aber trotzdem in einem zeitlichen Zusammenhang stehende **Vorgänge der gleichen Art durchgeführt** werden. Ein Bsp ist etwa die regelmäßige Ausführung von Zahlungsdienstleistungen, ohne dass ein zugrunde liegender Rahmenvertrag geschlossen worden ist. In diesem Fall sind die §§ 312–312 h zwar grds anwendbar, die Informationspflichten gelten aber nur für den ersten dieser Vorgänge. Bei den Folgevorgängen besteht also ein Widerrufsrecht, aber keine Informationspflichten. § 312 a I, III, IV sind aber auf jeden Folgevorgang anwendbar. Wie S 4 klarstellt, wird der zeitliche Zusammenhang unterbrochen, wenn länger als ein Jahr kein gleichartiger Vorgang mehr stattfindet.

29 **VI. Versicherungsverträge** sind nach Abs 6 nahezu ganz von den §§ 312–312 h ausgenommen. Der Grund ist, dass die – zT nach der Fernabsatz-Finanzdienstleistungs-RL erforderlichen – Verbraucherschutzvorschriften im VVG konzentriert sind. Lediglich die in § 312 a III, IV geregelten Erschwerungen für Zusatzentgeltvereinbarungen sind anwendbar.

§ 312 a Allgemeine Pflichten und Grundsätze bei Verbraucherverträgen; Grenzen der Vereinbarung von Entgelten

(1) Ruft der Unternehmer oder eine Person, die in seinem Namen oder Auftrag handelt, den Verbraucher an, um mit diesem einen Vertrag zu schließen, hat der Anrufer zu Beginn des Gesprächs seine Identität und gegebenenfalls die Identität der Person, für die er anruft, sowie den geschäftlichen Zweck des Anrufs offenzulegen.

(2) ¹Der Unternehmer ist verpflichtet, den Verbraucher nach Maßgabe des Artikels 246 des Einführungsgesetzes zum Bürgerlichen Gesetzbuche zu informieren. ²Der Unternehmer kann von dem Verbraucher Fracht-, Liefer- oder Versandkosten und sonstige Kosten nur verlangen, soweit er den Verbraucher über diese Kosten entsprechend den Anforderungen aus Artikel 246 Absatz 1 Nummer 3 des Einführungsgesetzes zum Bürgerlichen Gesetzbuche informiert hat. ³Die Sätze 1 und 2 sind weder auf außerhalb von Geschäftsräumen geschlossene Verträge noch auf Fernabsatzverträge noch auf Verträge über Finanzdienstleistungen anzuwenden.

(3) ¹Eine Vereinbarung, die auf eine über das vereinbarte Entgelt für die Hauptleistung hinausgehende Zahlung des Verbrauchers gerichtet ist, kann ein Unternehmer mit einem Verbraucher nur ausdrücklich treffen. ²Schließen der Unternehmer und der Verbraucher einen Vertrag im elektronischen Geschäftsverkehr, wird eine solche Vereinbarung nur Vertragsbestandteil, wenn der Unternehmer die Vereinbarung nicht durch eine Voreinstellung herbeiführt.

(4) Eine Vereinbarung, durch die ein Verbraucher verpflichtet wird, ein Entgelt dafür zu zahlen, dass er für die Erfüllung seiner vertraglichen Pflichten ein bestimmtes Zahlungsmittel nutzt, ist unwirksam, wenn

1. für den Verbraucher keine gängige und zumutbare unentgeltliche Zahlungsmöglichkeit besteht oder
2. das vereinbarte Entgelt über die Kosten hinausgeht, die dem Unternehmer durch die Nutzung des Zahlungsmittels entstehen.

(5) ¹Eine Vereinbarung, durch die ein Verbraucher verpflichtet wird, ein Entgelt dafür zu zahlen, dass der Verbraucher den Unternehmer wegen Fragen oder Erklärungen zu einem zwischen ihnen geschlossenen Vertrag über eine Rufnummer anruft, die der Unternehmer für solche Zwecke bereithält, ist unwirksam, wenn das vereinbarte Entgelt das Entgelt für die bloße Nutzung des Telekommunikationsdienstes übersteigt. ²Ist eine Vereinbarung nach Satz 1 unwirksam, ist der Verbraucher auch gegenüber dem Anbieter des Telekommunikationsdienstes nicht verpflichtet, ein Entgelt für den Anruf zu zahlen. ³Der Anbieter des Telekommunikationsdienstes ist berechtigt, das Entgelt

für die bloße Nutzung des Telekommunikationsdienstes von dem Unternehmer zu verlangen, der die unwirksame Vereinbarung mit dem Verbraucher geschlossen hat.
(6) Ist eine Vereinbarung nach den Absätzen 3 bis 5 nicht Vertragsbestandteil geworden oder ist sie unwirksam, bleibt der Vertrag im Übrigen wirksam.

Artikel 246 EGBGB Informationspflichten beim Verbrauchervertrag

(1) Der Unternehmer ist, sofern sich diese Informationen nicht aus den Umständen ergeben, nach § 312 a Absatz 2 des Bürgerlichen Gesetzbuchs verpflichtet, dem Verbraucher vor Abgabe von dessen Vertragserklärung folgende Informationen in klarer und verständlicher Weise zur Verfügung zu stellen:
1. die wesentlichen Eigenschaften der Waren oder Dienstleistungen in dem für den Datenträger und die Waren oder Dienstleistungen angemessenen Umfang,
2. seine Identität, beispielsweise seinen Handelsnamen und die Anschrift des Ortes, an dem er niedergelassen ist, sowie seine Telefonnummer,
3. den Gesamtpreis der Waren und Dienstleistungen einschließlich aller Steuern und Abgaben oder in den Fällen, in denen der Preis auf Grund der Beschaffenheit der Ware oder Dienstleistung vernünftigerweise nicht im Voraus berechnet werden kann, die Art der Preisberechnung sowie gegebenenfalls alle zusätzlichen Fracht-, Liefer- oder Versandkosten oder in den Fällen, in denen diese Kosten vernünftigerweise nicht im Voraus berechnet werden können, die Tatsache, dass solche zusätzlichen Kosten anfallen können,
4. gegebenenfalls die Zahlungs-, Liefer- und Leistungsbedingungen, den Termin, bis zu dem sich der Unternehmer verpflichtet hat, die Waren zu liefern oder die Dienstleistungen zu erbringen, sowie das Verfahren des Unternehmers zum Umgang mit Beschwerden,
5. das Bestehen eines gesetzlichen Mängelhaftungsrechts für die Waren und gegebenenfalls das Bestehen und die Bedingungen von Kundendienstleistungen und Garantien,
6. gegebenenfalls die Laufzeit des Vertrags oder die Bedingungen der Kündigung unbefristeter Verträge oder sich automatisch verlängernder Verträge,
7. gegebenenfalls die Funktionsweise digitaler Inhalte, einschließlich anwendbarer technischer Schutzmaßnahmen für solche Inhalte, und
8. gegebenenfalls, soweit wesentlich, Beschränkungen der Interoperabilität und der Kompatibilität digitaler Inhalte mit Hard- und Software, soweit diese Beschränkungen dem Unternehmer bekannt sind oder bekannt sein müssen.
(2) Absatz 1 ist nicht anzuwenden auf Verträge, die Geschäfte des täglichen Lebens zum Gegenstand haben und bei Vertragsschluss sofort erfüllt werden.
(3) [1]Steht dem Verbraucher ein Widerrufsrecht zu, ist der Unternehmer verpflichtet, den Verbraucher in Textform über sein Widerrufsrecht zu belehren. [2]Die Widerrufsbelehrung muss deutlich gestaltet sein und dem Verbraucher seine wesentlichen Rechte in einer dem benutzten Kommunikationsmittel angepassten Weise deutlich machen. [3]Sie muss folgendes enthalten:
1. einen Hinweis auf das Recht zum Widerruf,
2. einen Hinweis darauf, dass der Widerruf durch Erklärung gegenüber dem Unternehmer erfolgt und keiner Begründung bedarf,
3. den Namen und die ladungsfähige Anschrift desjenigen, gegenüber dem der Widerruf zu erklären ist, und
4. einen Hinweis auf Dauer und Beginn der Widerrufsfrist sowie darauf, dass zur Fristwahrung die rechtzeitige Absendung der Widerrufserklärung genügt.

[Fassung bis 12.6.14:]

§ 312 a Verhältnis zu anderen Vorschriften

Steht dem Verbraucher zugleich nach Maßgabe anderer Vorschriften ein Widerrufs- oder Rückgaberecht nach § 355 oder § 356 dieses Gesetzes, nach § 126 des Investmentgesetzes in der bis zum 21. Juli 2013 geltenden Fassung oder § 305 Absatz 1 bis 6 des Kapitalanlagegesetzbuchs zu, ist das Widerrufs- oder Rückgaberecht nach § 312 ausgeschlossen.

[Die Kommentierung basiert auf der ab 13.6.14 geltenden Fassung.]

1 **I.** § 312 a setzt einzelne Bestimmungen der Verbraucherrechte-RL und der Fernabsatz-Finanzdienstleistungs-RL um. Anders als §§ 312 b–312 h ist § 312 a grds **für alle Verbraucherverträge anwendbar**, nicht nur für im Fernabsatz und außerhalb von Geschäftsräumen geschlossene Verträge. Geregelt sind **Informationspflichten** und besondere Anforderungen an die **Vereinbarung von Zusatzentgelten** für Nebenleistungen. Insb Abs 1, Abs 3, Abs 4 und Abs 6 sind auch auf Verträge anwendbar, die im Übrigen durch die Bereichsausn in § 312 vom Anwendungsbereich der §§ 312ff ausgenommen sind. Damit hat der deutsche Gesetzgeber den Anwendungsbereich von § 312 a in mehrfacher Hinsicht über die Vorgaben der RL hinaus ausgedehnt.

2 **II. 1.** Abs 1 setzt Art 8 V Verbraucherrechte-RL sowie Art 3 III Fernabsatz-Finanzdienstleistungs-RL um. Geregelt sind Informationspflichten bei **Telefonanrufen durch Unternehmer**. Die Vorschrift gilt sowohl bei erlaubten als auch bei unerlaubten Anrufen. Sie selbst erlaubt nicht unverlangte Anrufe. Sog „cold calling" verstößt normalerweise gegen das UWG. Wenn der Unternehmer den Verbraucher zum Anruf aufgefordert hat, gilt Abs 1 dem Wortlaut nach nicht, ist aber analog anzuwenden, wenn die Aufforderung die geschuldeten Informationen nicht enthielt. Die erforderliche Information muss folgende Bestandteile enthalten, die gleich zu Beginn des Gesprächs angegeben werden: Identität des Unternehmers, bei Anruf durch eine beauftragte Person, Identität des Anrufers und der Person für die er anruft, geschäftlicher Zweck des Anrufs. Die Identität muss so eindeutig angegeben werden, dass der Angerufene ohne größere Mühe (zB durch Nachschlagen im Telefonbuch) mit dem Unternehmer in Kontakt treten kann. Eine zivilrechtliche **Rechtsfolge** ist nicht ausdrücklich geregelt; in Betracht kommt Schadensersatz nach §§ 280, 311 II und vor allem ein Unterlassungsanspruch nach UKlaG und UWG. Denkbar ist auch 356 III analog anzuwenden mit der Folge, dass ein Widerrufsrecht erst nach 12 Monaten und 14 Tagen erlischt.

3 **2.** Abs 2 setzt Art 5 Verbraucherrechte-RL um. Die Vorschrift schafft **Informationspflichten nur für innerhalb von Geschäftsräumen geschlossene Verträge**, die nicht Finanzdienstleistungen sind (Abs 2 S 3). Für Finanzdienstleistungen sowie für außerhalb von Geschäftsräumen und im Fernabsatz geschlossene Verträge bestehen weitergehende Sonderregelungen in § 312 d und zB §§ 31 ff WertpapierhandelsG. Die einzelnen Informationspflichten ergeben sich aus Art 246 EGBGB. Abs 2 S 2 enthält eine Sonderregel für die Rechtsfolge, wenn der Unternehmer nicht nach Art 246 I Nr 3 EGBGB über Fracht-, Liefer- oder Versandkosten und sonstige Kosten informiert: Es besteht kein Anspruch auf diese Kosten; der Vertrag bleibt im Übrigen wirksam (vgl Abs 6). Diese Rechtsfolge ist in Art 5 der Verbraucherrechte-RL nicht vorgegeben (vgl Art 6 VI der RL); insoweit ist die RL – in zulässiger Weise – überschießend umgesetzt. Die Rechtsfolge eines Verstoßes ist je nachdem ein Anspruch auf die unterbliebene Information ein Schadensersatzanspruch wegen Pflichtverletzung nach §§ 280 I, 311 II.

4 **3. a)** Abs 3 setzt Art 22 Verbraucherrechte-RL um und erschwert Vereinbarungen über **Extrazahlungen**. Zweck ist mehr Preistransparenz. Der Verbraucher soll eine besser informierte Entscheidung treffen können. Er soll vor Verpflichtungen geschützt werden, die er bei Vertragsschluss nur mit Mühe erkennen kann und die ihn später überraschen können. Entgelt für die Hauptleistung ist nur das plakativ vor Vertragsschluss oder im Vertrag herausgestellte Entgelt für die den Vertrag prägende Leistung (zB Kaufpreis, monatliche Abo-, Telefon- oder Kontoführungskosten). Beispiele für unter Abs 3 fallende Vereinbarungen sind Kosten für zusätzliche Leistungen wie Upgrades oder Versicherungen. Auch Zusatzentgelte für die Hauptleistung wie Anschluss- oder Bearbeitungskosten fallen nach diesem Zweck unter Abs 3. Nach Art 22 Verbraucherrechte-RL muss der Unternehmer die „ausdrückliche Zustimmung" des Verbrauchers für die Extrazahlung einholen. Anders als der Wortlaut von Abs 3 vermuten lässt, verbietet die Vorschrift nicht lediglich stillschweigende Vereinbarungen. Verboten sind auch zB ausdrückliche Vereinbarungen in AGB, die pauschal einbezogen werden. Die vertragschließende Willenserklärung des Verbrauchers muss die Vereinbarung der zusätzlichen Entgelte in einer Weise zum Ausdruck bringen, dass er diese **Entgelte mit großer Wahrscheinlichkeit wahrnimmt.**

b) Abs 3 S 2 verbietet bei Verträgen im elektronischen Geschäftsverkehr **Voreinstellungen** für Vereinbarungen von zusätzlichen Leistungen (zB bei Flugbuchungen, Komfortleistungen oder Reiseversicherungen). Die Beschränkung von S 2 auf den elektronischen Geschäftsverkehr verstößt gegen Art 22 der Verbraucherrechte-RL. In richtlinienkonformer Auslegung ist Abs 3 S 2 deshalb auch auf andere Verträge anwendbar (zB im Versandhandel). Voreinstellungen sind Eintragungen in ein Bestellformular, die der Verbraucher aktiv ablehnen muss, um nicht zusätzliche entgeltliche Leistungen mitzubestellen (sog **pre-ticked-box** oder opt-out). Zusatzangebote, die nicht voreingestellt sind, sondern die der Verbraucher aktiv ankreuzen oder anklicken muss (opt-in) sind zulässig. Keine Voreinstellung ist die (nach § 312 d iVm Art 246 a I Nr 4 EGBGB erforderliche) Angabe der gewöhnlichen Fracht-, Liefer- oder Versandkosten, da diese nicht abgewählt werden können. Hingegen darf eine hinzuwählbare besondere Versandart, die mit einem Mehrpreis ggü der gewöhnlichen verbunden ist, nicht voreingestellt sein. Die Beweislast dafür, dass keine Voreinstellung vorlag, trägt der Unternehmer.

c) Die **Rechtsfolge** eines Verstoßes gegen Abs 3 S 1 ist die Unwirksamkeit der Vereinbarung über die Zusatzleistung. Bei Verstoß gegen Abs 3 S 2 wird die mit Voreinstellung vereinbarte Leistung nicht Vertragsbestandteil. Der Vertrag bleibt nach Abs 6 im Übrigen wirksam. Der Unternehmer muss die Zusatzleistung nicht erbringen, außer wenn der Verbraucher die Vereinbarung bestätigt (§ 141). Ist die Zusatzleistung bereits erbracht, kann der Verbraucher wegen der Wertung in Art 22 Verbraucherrechte-RL das Entgelt nach § 812 zurückverlangen, ohne zum Wertersatz für die erbrachte Leistung verpflichtet zu sein und ohne dass sich der Unternehmer auf § 818 III berufen kann.

4. a) Abs 4 Nr 1 ist eine – zulässige – überschießende Umsetzung von Art 19 Verbraucherrechte-RL, die BGH NJW 10, 2719 kodifiziert. Zweck ist, dass Verbraucher regelmäßig jedenfalls eine realistische Möglichkeit haben sollen, **ohne Zusatzkosten zu bezahlen.** Zahlungsmittel ist jede Art der Zahlung, die der Schuldner mit dem Gläubiger für die Erfüllung einer Geldschuld vereinbaren kann. Beispiele für gängige und zumutbare Zahlungsmöglichkeiten sind Barzahlung in der am Zahlungsort geltenden Währung, Zahlung mit EC-Karte, Überweisung auf ein Bankkonto oder Einziehung vom Bankkonto des Verbrauchers. Kreditkarten sind nur dann eine gängige und zumutbare Zahlungsmöglichkeit, wenn in der fraglichen Situation die Zahlung mit Kreditkarte weithin üblich ist und mehrere am Markt verbreitete Kredit- und Zahlungskarten unentgeltlich eingesetzt werden können. Innerhalb des einheitlichen europäischen Zahlungsraums (SEPA) ist auch eine grenzüberschreitende Überweisung bzw Einziehung gängig und zumutbar. Die Möglichkeit zur Barzahlung darf ausgeschlossen werden, wenn es um Verträge geht, bei denen die Buchung über das Internet die gängigste Form des Vertragsschlusses darstellt und eine andere gängige und zumutbare unentgeltliche Zahlungsmöglichkeit (zB durch Kreditkarten der großen Anbieter) besteht (BGH NJW 10, 2719).

b) Abs 4 Nr 2 setzt Art 19 Verbraucherrechte-RL um; Sinn und Zweck sind Förderung des Wettbewerbs und Nutzung effizienter Zahlungsmittel. Zu den **Kosten des Zahlungsmittels** gehören nicht nur die vom Zahlungsdiensteanbieter erhobenen Kosten, sondern auch die internen Verwaltungskosten des Unternehmers; zB Mehrkosten für den Umgang mit Bargeld oder Kostenvorteile bei Einziehung vom Konto des Verbrauchers. Die Beweislast für die Kosten des Zahlungsmittels trägt der Unternehmer.

5. Abs 5 setzt Art 21 der Verbraucherrechte-RL um. Zweck ist es zu verhindern, dass der Unternehmer eine **kostenpflichtige Hotline zur Vertragabwicklung** einrichtet und auf diese Weise seinen Gewinn erhöht oder Verbraucher von der Geltendmachung von Rechten abhält. Es muss ein Vertrag geschlossen sein. Abs 5 gilt nicht, wenn die eigentliche Leistung telefonisch erbracht wird (zB Beratung durch Rechtsanwalt unter Vorwahl 0900). Abs 5 gilt auch nicht für Warteschleifen, für die § 66 g TKG spezieller ist. Fragen oder Erklärungen des Verbrauchers zum Vertrag sind zB Fragen nach dem Lieferdatum, Beschwerden, Anzeige eines Mangels, Widerruf, Rücktritt, Kündigung. Unwirksam ist sowohl die Vereinbarung eines an den Unternehmer für den Anruf zu zahlenden Extra-Entgelts als auch die Verwendung eines sog Premium-Dienstes (idR Vorwahl 0900), bei dem ein Mehrpreis vom Telekommunikationsanbieter zusammen mit dem Preis für die Telefonverbindung eingezogen wird. Im Falle eines Premium-Dienstes stellt Abs 5 S 2 klar, dass der Verbraucher **den gesamten Preis für die Verbindung nicht bezahlen muss**, also auch nicht den Preis für die bloße Nutzung des Telekommunikationsdienstes. Grund ist, dass der Verbraucher auf der Rechnung seines Telekommunikationsanbieters nicht erkennen kann, welcher Teil des Entgelts für den Anruf zB bei einer 0900er Nummer an den Unternehmer weitergeleitet wird. Diese aus praktischen Gründen sinnvolle Befreiung des Verbrauchers auch von den Kosten für die bloße Nutzung des Telekommunikationsdienstes ist so nicht in Art 21 Verbraucherrechte-RL geregelt. Sie **verstößt nicht gegen das Vollharmonisierungsgebot** der RL, weil diese Befreiung des Verbrauchers idR nur sehr gering ausfällt, aber eine zur Durchsetzung der Verbraucherrechte-RL erforderliche Maßnahme iSd Art 24 ist. Abs 5 S 3 schafft einen gesetzlichen Anspruch des Telekommunikationsanbieters gegen den Unternehmer wegen der Kosten für die bloße Nutzung des Telekommunikationsdienstes.

10 6. Abs 6 stellt sicher, dass, wenn eine Vereinbarung nach den Abs 3 bis 5 unwirksam oder nicht Vertragsbestandteil ist, der **Vertrag im Übrigen wirksam** bleibt. Dies schützt sowohl den Verbraucher vor dem ungewollten Verlust seines Anspruchs auf die Hauptleistung als auch den Unternehmer davor, dass der Verbraucher sich von dem gesamten Vertrag lösen kann. Anders als bei § 306 fehlt freilich eine Härtefallregelung zugunsten des Unternehmers wie in § 306 III, was dem verbraucherschützenden Charakter der Vorschrift entspricht.

Kapitel 2
Außerhalb von Geschäftsräumen geschlossene Verträge und Fernabsatzverträge

§ 312 b Außerhalb von Geschäftsräumen geschlossene Verträge

(1) Außerhalb von Geschäftsräumen geschlossene Verträge sind Verträge,
1. die bei gleichzeitiger körperlicher Anwesenheit des Verbrauchers und des Unternehmers an einem Ort geschlossen werden, der kein Geschäftsraum des Unternehmers ist,
2. für die der Verbraucher unter den in Nummer 1 genannten Umständen ein Angebot abgegeben hat,
3. die in den Geschäftsräumen des Unternehmers oder durch Fernkommunikationsmittel geschlossen werden, bei denen der Verbraucher jedoch unmittelbar zuvor außerhalb der Geschäftsräume des Unternehmers bei gleichzeitiger körperlicher Anwesenheit des Verbrauchers und des Unternehmers persönlich und individuell angesprochen wurde, oder
4. die auf einem Ausflug geschlossen werden, der von dem Unternehmer oder mit seiner Hilfe organisiert wurde, um beim Verbraucher für den Verkauf von Waren oder die Erbringung von Dienstleistungen zu werben und mit ihm entsprechende Verträge abzuschließen.

Dem Unternehmer stehen Personen gleich, die in seinem Namen oder Auftrag handeln.
(2) ¹Geschäftsräume im Sinne des Absatzes 1 sind unbewegliche Gewerberäume, in denen der Unternehmer seine Tätigkeit dauerhaft ausübt, und bewegliche Gewerberäume, in denen der Unternehmer seine Tätigkeit für gewöhnlich ausübt. ²Gewerberäume, in denen die Person, die im Namen oder Auftrag des Unternehmers handelt, ihre Tätigkeit dauerhaft oder für gewöhnlich ausübt, stehen Räumen des Unternehmers gleich.

[Fassung bis 12.6.14:]

§ 312 b Fernabsatzverträge

(1) ¹Fernabsatzverträge sind Verträge über die Lieferung von Waren oder über die Erbringung von Dienstleistungen, einschließlich Finanzdienstleistungen, die zwischen einem Unternehmer und einem Verbraucher unter ausschließlicher Verwendung von Fernkommunikationsmitteln abgeschlossen werden, es sei denn, dass der Vertragsschluss nicht im Rahmen eines für den Fernabsatz organisierten Vertriebs- oder Dienstleistungssystems erfolgt. ²Finanzdienstleistungen im Sinne des Satzes 1 sind Bankdienstleistungen sowie Dienstleistungen im Zusammenhang mit einer Kreditgewährung, Versicherung, Altersversorgung von Einzelpersonen, Geldanlage oder Zahlung.

(2) Fernkommunikationsmittel sind Kommunikationsmittel, die zur Anbahnung oder zum Abschluss eines Vertrags zwischen einem Verbraucher und einem Unternehmer ohne gleichzeitige körperliche Anwesenheit der Vertragsparteien eingesetzt werden können, insbesondere Briefe, Kataloge, Telefonanrufe, Telekopien, E-Mails sowie Rundfunk, Tele- und Mediendienste.

(3) Die Vorschriften über Fernabsatzverträge finden keine Anwendung auf Verträge

1. *über Fernunterricht (§ 1 des Fernunterrichtsschutzgesetzes),*
2. *über die Teilzeitnutzung von Wohngebäuden, langfristige Urlaubsprodukte sowie auf Vermittlungsverträge oder Tauschsystemverträge (§§ 481 bis 481 b),*
3. *über Versicherungen sowie deren Vermittlung,*
4. *über die Veräußerung von Grundstücken und grundstücksgleichen Rechten, die Begründung, Veräußerung und Aufhebung von dinglichen Rechten an Grundstücken und grundstücksgleichen Rechten sowie über die Errichtung von Bauwerken,*
5. *über die Lieferung von Lebensmitteln, Getränken oder sonstigen Haushaltsgegenständen des täglichen Bedarfs, die am Wohnsitz, am Aufenthaltsort oder am Arbeitsplatz eines Verbrauchers von Unternehmern im Rahmen häufiger und regelmäßiger Fahrten geliefert werden,*
6. *über die Erbringung von Dienstleistungen in den Bereichen Unterbringung, Beförderung, Lieferung von Speisen und Getränken sowie Freizeitgestaltung, wenn sich der Unternehmer bei Vertragsschluss verpflichtet, die Dienstleistungen zu einem bestimmten Zeitpunkt oder innerhalb eines genau angegebenen Zeitraums zu erbringen,*
7. *die geschlossen werden*
   a) *unter Verwendung von Warenautomaten oder automatisierten Geschäftsräumen oder*
   b) *mit Betreibern von Telekommunikationsmitteln auf Grund der Benutzung von öffentlichen Fernsprechern, soweit sie deren Benutzung zum Gegenstand haben.*

(4) ¹Bei Vertragsverhältnissen, die eine erstmalige Vereinbarung mit daran anschließenden aufeinander folgenden Vorgängen oder eine daran anschließende Reihe getrennter, in einem zeitlichen Zusammenhang stehender Vorgänge der gleichen Art umfassen, finden die Vorschriften über Fernabsatzverträge nur Anwendung auf die erste Vereinbarung. ²Wenn derartige Vorgänge ohne eine solche Vereinbarung aufeinander folgen, gelten die Vorschriften über Informationspflichten des Unternehmers nur für den ersten Vorgang. ³Findet jedoch länger als ein Jahr kein Vorgang der gleichen Art mehr statt, so gilt der nächste Vorgang als der erste Vorgang einer neuen Reihe im Sinne von Satz 2.

(5) Weitergehende Vorschriften zum Schutz des Verbrauchers bleiben unberührt.

[Die Kommentierung basiert auf der ab 13.6.14 geltenden Fassung.]

I. Die Vorschrift geht auf Art 2 Nr 8, 9 Verbraucherrechte-RL zurück. Die in der 1 RL enthaltene Definition von außerhalb von Geschäftsräumen geschlossenen Verträgen hat der Gesetzgeber in Abs 1 S 1 fast wörtlich übernommen. Die neue Definition ist erheblich weiter als in § 312 aF (zu mögl Einschränkungen s Rn 2). Der Verbraucherschutz ist dadurch in mehrfacher Hinsicht ausgeweitet worden, namentlich grds auf sämtliche außerhalb von Geschäftsräumen geschlossene Verträge, dh ua auch bei vom Verbraucher bestellten Besuchen des Unternehmers. Der Grund für den besonderen Verbraucherschutz bei den in Abs 1 Nr 1–4 genannten **Schutzsituationen** ist va die mögliche **Überrumpelung** des Verbrauchers bei Vertragsabschlüssen an der Haustür oder in seiner Privatwohnung, sowie der an diesen Orten mögliche **psychische Verkaufsdruck**. Die Informationspflichten nach § 312 d sollen eine informierte Auswahl und Entscheidung des Verbrauchers ermöglichen. Vor allem soll dem Verbraucher durch das Widerrufsrecht nach § 312 g die Möglichkeit gegeben werden, den **Vertragsschluss** noch einmal in Ruhe zu **überdenken** und sich ggf wieder vom Vertrag zu lösen.

2 **II.** Zentrales Tatbestandmerkmal ist der **Geschäftsraum**, der in Abs 2 definiert wird. Die Definition entspricht Art 2 Nr 9 Verbraucherrechte-RL. Zweck der Definition ist es, Orte zu bezeichnen, an denen Verbraucher einen besonderen Schutz gegen geschäftliche **Überrumpelung oder psychischen Verkaufsdruck** haben sollen. Die Rechtsordnung stellt also unterschiedliche **Anforderungen an die geschäftliche Aufmerksamkeit** und Wachsamkeit des Verbrauchers je nachdem, ob er in einem Geschäftsraum handelt oder außerhalb. Die Auslegung des Begriffs Geschäftsraum muss deshalb das Kriterium leiten, ob der fragliche Ort hinreichend deutlich als ein Ort erkennbar ist, der dazu bestimmt ist, dass dort **Geschäfte angebahnt und abgeschlossen werden**. Denn an einem solchen Ort kann der Verbraucher nicht dadurch überrumpelt werden, dass jemand unerwartet an ihn herantritt und Geschäfte abzuschließen versucht. Die im Gesetzeswortlaut angelegten Unterscheidungen zwischen unbeweglichen und beweglichen Räumen sowie dauerhafter und gewöhnlicher Ausübung der unternehmerischen Tätigkeit sind nicht besonders hilfreich. Verkauft etwa ein Unternehmer nur ein paar Stunden lang in einem sonst leerstehenden Ladengeschäft Sonderposten, handelt es sich um einen Geschäftsraum dieses Unternehmers (aA wohl Pal/Grüneberg § 312 b Rn 2). Ebenfalls ist ein Marktstand eines Unternehmers, der nur ein einziges Mal auf einem Wochenmarkt steht, ein Geschäftsraum. Denn dies sind Orte, die leicht erkennbar dem Abschluss von Geschäften dienen, die Verbraucher aus eigenem Antrieb betreten haben, sie jederzeit wieder verlassen können und es für sie nicht überraschend sein kann, wenn dort Vertragsschlüsse angeboten werden. Je klarer der geschäftliche Zweck eines Ortes erkennbar ist, desto geringere Anforderungen sind an die Merkmale „dauerhaft" oder „gewöhnlich" zu stellen. Eine Zeitspanne von einigen Stunden kann deshalb ausreichen.

3 **Beispiele für Geschäftsräume** sind sowohl unbewegliche Gewerberäume (Ladengeschäfte) als auch bewegliche (ua Stände auf Messen, Marktstände, Verkaufswagen). Messen, Märkte und ähnliche Orte sind aber dann kein Geschäftsraum, wenn dort dem Verbraucher überraschend nicht mit dem Thema des Marktes oder der Messe verbundene Waren angeboten werden. Der Öffentlichkeit zugängliche Orte wie Straßen, Plätze, Gänge in Einkaufspassagen, Strände etc sind keine Geschäftsräume. Hotelfoyers, Flugzeuge, Schiffe sind Geschäftsräume des Betreibers für dort typische Angebote (zB Bordverkauf von Alkohol, Zigaretten, Mitbringsel), nicht aber für untypische Angebote oder Angebote Dritter.

4 **III. 1.** Der **Tatbestand** setzt sich zusammen aus den persönlichen Anwendungsvoraussetzungen (Unternehmer, Verbraucher), dem Vorliegen einer bestimmten Schutzsituation (Abs 1 S 1 Nr 1–4) und dass ein Vertrag (dazu Rn 9) geschlossen worden ist. Die Aufzählung der Schutzsituationen ist abschließend; eine Analogie ist deshalb ausgeschlossen.

5 **a)** Nr 1 ist der Kerntatbestand. Voraussetzung ist ein **Vertragsschluss außerhalb eines Geschäftsraums** (Rn 2) des Unternehmers unter gleichzeitiger körperlicher Anwesenheit beider Seiten. Typische Orte sind die Privatwohnung des Verbrauchers, eine andere Privatwohnung (insb auch Verkaufspartys) und die Privatwohnung des Unternehmers; ferner zB der Arbeitsplatz des Verbrauchers, öffentliche Orte wie Straßen oder Strände sowie der Geschäftsraum eines anderen Unternehmers. Es muss sich um einen **Geschäftsraum des Unternehmers** handeln; daher ist zB das Beurkundungszimmer eines Notars nicht Geschäftsraum (außer des Notars). Orte, die zu einem Unternehmen gehören wie zB Restaurants, Hotels, Campingplätze, Flugzeuge, Schiffe sind Geschäftsraum für an diesen Orten übliche Vertragsschlüsse dieses Unternehmers, nicht aber Geschäftsraum für untypische Geschäfte oder für Geschäfte Dritter. Im Gegensatz zu § 312 III Nr 1 aF besteht keine Ausn vom Anwendungsbereich für vom Verbraucher bestellte Besuche des Unternehmers mehr. Einen solchen Ausnahmetatbestand lässt die

RL nicht mehr zu (zur früheren Rückausn für durch den Unternehmer provozierte Bestellungen BGHZ 109, 127). Zudem stellt der Tatbestand nunmehr ausdrücklich klar, dass die gleichzeitige persönliche Anwesenheit des Verbrauchers und des Unternehmers oder seines Gehilfen iSv Abs 1 S 2 erforderlich ist (so bereits zum früheren Recht BGHZ 132, 1). Ein telefonischer Vertragsschluss fällt nicht unter Nr 1, wohl aber möglicherweise unter § 312 c.

b) Nr 2 erweitert in Übernahme der RL den Anwendungsbereich auf Situationen, in 6 denen der Verbraucher in einer von Nr 1 erfassten Situation ein **bindendes Angebot abgegeben** hat. Angebot ist nicht nur ein Vertragsangebot (Antrag) iSv § 145, sondern die vertragschließende Willenserklärung des Verbrauchers, gleich ob Antrag oder Annahme. Freilich muss der Verbraucher seine bindende Erklärung **in Anwesenheit des Unternehmers** oder seines Gehilfen iSv Abs 1 S 2 abgegeben haben. Nicht ausreichend ist, dass nur Verhandlungen oder die Vertragsanbahnung in der von Nr 1 erfassten Situation erfolgten (s aber Rn 7 zu Nr 3). Für die Anwendung der §§ 312 b–312 h ist unerheblich, ob auch die Annahme des Vertragsangebots durch den Unternehmer in einer von Abs 1 erfassten Situation erfolgte. Schon vor Vertragsschluss kann ein Vertragsangebot nach § 312 g widerrufen werden.

c) Nr 3 erweitert den Anwendungsbereich auf Fälle, in denen der eigentliche Vertrags- 7 schluss nicht außerhalb von Geschäftsräumen erfolgt, aber der Verbraucher unmittelbar zuvor an einem solchen Ort **persönlich und individuell angesprochen** wurde. Darunter fällt insb das – wettbewerbsrechtlich idR verbotene – Ansprechen von Verbrauchern vor einem Ladenlokal, um diese hineinzulocken („Anreißen"). Dieses Ansprechen muss durch den Unternehmer oder seinen Gehilfen iSv Abs 1 S 2 erfolgen und kann auch von der Übergabe eines Werbeflyers begleitet sein. Die bloße Übergabe von Flyern ist kein Ansprechen. Lautes Rufen an eine Menschenmenge (Marktschreier) ist kein individuelles und persönliches Ansprechen. Da das Ansprechen unmittelbar zuvor erfolgt sein muss, darf nur eine kurze Zeitspanne bis zum Vertragsschluss vergangen sein. Die Länge dieser Zeitspanne hängt von den Umständen des Einzelfalls ab, insb davon, wie lange die Wirkung einer möglichen Überrumpelung durch das Ansprechen typischerweise anhält und ob der Verbraucher, ohne fortdauernde Anwesenheit des Unternehmers, einen ausreichenden Zeitraum hatte, seine Entscheidung zu überdenken. Vergehen bis zum Vertragsschluss mehr als einige Minuten, insb mehr als eine Stunde ohne Anwesenheit des Unternehmers, fand das Ansprechen nicht mehr unmittelbar zuvor statt. Nach Erwägungsgrund 21 der RL nicht erfasst ist in jedem Fall eine Situation, in der der Unternehmer in die Wohnung des Verbrauchers kommt, um Maße aufzunehmen oder eine Schätzung abzugeben, jedoch erst zu einem späteren Zeitpunkt ein Vertragsschluss erfolgt.

d) Nr 4 (**Ausflug**) hat nur Bedeutung für innerhalb von Geschäftsräumen geschlossene 8 Verträge, denn für außerhalb von diesen geschlossene Verträge greift bereits Nr 1. Grund ist, dass ein Ausflug mit Freizeit- oder Urlaubstimmung verbunden sein kann, die unüberlegte Abschlüsse möglicherweise begünstigt. Außerdem ermöglichen bestimmte Vertriebsformen, zB Kaffeefahrten mit Verkaufsveranstaltung, die Schaffung von Situationen mit hohem Sozialdruck und psychologischem Kaufzwang. Ausflug setzt seinem Wortsinn nach eine gewisse Fortbewegung voraus, wobei auch eine kurze Entfernung ausreicht (zB Stadtführung). Eine bloße Verkaufsparty innerhalb eines Geschäftsraums des Unternehmers fällt – anders als unter § 312 aF – nicht unter Nr 4, wohl aber ein organisierter Ausflug zu einem Geschäftsraum (zB Besuch eines Teppichbasars im Rahmen einer Pauschalreise). Dass der Ausflug einen hohen Freizeitwert hat, ist nach dem Wortlaut nicht Voraussetzung; auch reine Bildungsreise oder eine Reise zum ehrenamtlichen Arbeitseinsatz ist Ausflug. Nach Art 2 Nr 8 lit d der Verbraucherrechte-RL muss der Ausflug vom Unternehmer organisiert sein. Der deutsche Gesetzgeber hat in Nr 4 insoweit die Worte „oder mit seiner Hilfe" hinzugefügt, um klarzustellen, dass auch ein **Dritter Veranstalter des Ausflugs** sein kann. Wenn die RL nicht ohnehin in diesem Sinne zu verstehen ist, wäre dies eine – zulässige – Ausweitung des Anwendungsbereichs über die RL hinaus. Der Dritte muss aber zumindest wissen und dulden, dass der Ausflug in einen Geschäftsraum führt. Umgekehrt muss sich der Unternehmer den Ausflug zumindest wissentlich zunutze machen.

9 2. a) Der Vertrag muss, außer bei Nr 3 **während des Andauerns der Schutzsituation** geschlossen worden sein. Im Gegensatz zur früheren Wertung des Gesetzes endet die Überrumpelungswirkung mit dem Ende der in Abs 1 Nr 1, 2 und 4 genannten Schutzsituationen (…Verträge, die … geschlossen werden). Daher reicht es im Gegensatz zur früheren Rspr nicht mehr aus, wenn der Verbraucher in einer der Schutzsituationen zum Vertragsschluss „bestimmt worden ist", den Vertrag aber erst später abschließt (so früher BGH NJW 94, 262; 96, 3416). Ebenso wenig lässt sich die frühere Rspr aufrechterhalten, nach der die Einwirkung auf den Verbraucher in einer der Schutzsituationen **ursächlich** für den Vertragsschluss gewesen sein muss (BGH NJW 09, 431).

10 b) Art und Typ des Vertrages sind gleichgültig, soweit nicht eine der Bereichsausn (§ 312 II–VI) greift. Die Änderung oder die **Aufhebung eines Arbeitsvertrages** am Arbeitsplatz des Verbrauchers fallen nicht unter § 312 b (BAG ZGS 04, 232; LAG Hamm NZA-RR 03, 401; str). Zwar ist der Arbeitnehmer Verbraucher (BAG NJW 05, 3305), gegen die Anwendung auf die Aufhebung oder Änderung eines Arbeitsvertrages spricht aber, dass § 312 b gegen die typischen Gefahren einer besonderen Vertriebsform, nämlich dem Ansprechen von Verbrauchern außerhalb von Geschäftsräumen, schützt (vgl die Überschrift dieses Untertitels „besondere Vertriebsformen"). Arbeitsverträge und ihre Aufhebung oder Änderung werden aber typischerweise im Betrieb des Arbeitgebers geschlossen; es handelt sich weder um einen Vertrieb, noch findet der Vertragsschluss außerhalb eines Geschäftsraums statt. Anders liegt es aber, wenn ein Arbeitnehmer an seinem Arbeitsplatz einen Bürgschafts- oder Schuldmitübernahmevertrag für Verbindlichkeiten seines Arbeitgebers abschließt (BGH ZGS 07, 267).

11 3. a) Handelt auf Seiten des Unternehmers ein Vertreter oder Gehilfe, so kommt es auf dessen persönliche Anwesenheit an, Abs 1 S 2. Auch Freunde, Angehörige, Ehepartner des Verbrauchers können Vertreter oder Gehilfe des Unternehmers sein. Bei einem **Vermittler**, der etwa mit Hilfe von Kreditformularen einer Bank außerhalb von Geschäftsräumen Darlehensverträge vermittelt, sollte die Widerruflichkeit des vermittelten Vertrages nach der früheren Rspr des BGH davon abhängen, ob das Handeln des Vermittlers dem Vertragspartner nach den Grundsätzen von § 123 II zugerechnet werden kann (BGH NJW 03, 424). Diese Rspr ist vom BGH aufgegeben worden (BGH NJW 06, 1340).

12 b) Handelt ein **Stellvertreter des Verbrauchers**, so kommt es grds nicht auf die Situation des Vertretenen bei der Vollmachterteilung, sondern auf die Situation des Vertreters bei Abschluss des Vertrages an (BGH NJW 00, 2268). Ist der Stellvertreter Unternehmer, liegt also § 312 b schon aus diesem Grund nicht vor. Eine in einer geschützten Situationen abgegebene **Vollmacht** ist erfasst, obwohl es sich nicht um einen „Vertrag" handelt (offengelassen von BGH NJW 00, 2269; str) und kann zB widerrufen werden. Wenn eine Vollmachturkunde vorgelegt worden ist, gilt § 172 nicht (aA Pal/Grüneberg § 312 b Rn 8). Wenn sich der Verbraucher in einer der geschützten Situationen über einen Treuhänder mittelbar an einer Publikums-BGB-Gesellschaft beteiligt, ist § 312 b anwendbar (BGH NJW 01, 2718).

§ 312 c Fernabsatzverträge

(1) Fernabsatzverträge sind Verträge, bei denen der Unternehmer oder eine in seinem Namen oder Auftrag handelnde Person und der Verbraucher für die Vertragsverhandlungen und den Vertragsschluss ausschließlich Fernkommunikationsmittel verwenden, es sei denn, dass der Vertragsschluss nicht im Rahmen eines für den Fernabsatz organisierten Vertriebs- oder Dienstleistungssystems erfolgt.

(2) Fernkommunikationsmittel im Sinne dieses Gesetzes sind alle Kommunikationsmittel, die zur Anbahnung oder zum Abschluss eines Vertrags eingesetzt werden können, ohne dass die Vertragsparteien gleichzeitig körperlich anwesend sind, wie Briefe,

Kataloge, Telefonanrufe, Telekopien, E-Mails, über den Mobilfunkdienst versendete Nachrichten (SMS) sowie Rundfunk und Telemedien.

[Fassung bis 12.6.14:]

§ 312 c Unterrichtung des Verbrauchers bei Fernabsatzverträgen

(1) Der Unternehmer hat den Verbraucher bei Fernabsatzverträgen nach Maßgabe des Artikels 246 §§ 1 und 2 des Einführungsgesetzes zum Bürgerlichen Gesetzbuche zu unterrichten.

(2) Der Unternehmer hat bei von ihm veranlassten Telefongesprächen seine Identität und den geschäftlichen Zweck des Kontakts bereits zu Beginn eines jeden Gesprächs ausdrücklich offenzulegen.

(3) Bei Finanzdienstleistungen kann der Verbraucher während der Laufzeit des Vertrags jederzeit vom Unternehmer verlangen, dass ihm dieser die Vertragsbestimmungen einschließlich der Allgemeinen Geschäftsbedingungen in einer Urkunde zur Verfügung stellt.

(4) Weitergehende Einschränkungen bei der Verwendung von Fernkommunikationsmitteln und weitergehende Informationspflichten auf Grund anderer Vorschriften bleiben unberührt.

[Die Kommentierung basiert auf der ab 13.6.14 geltenden Fassung.]

I. Die Vorschriften über Fernabsatzverträge dienen der **Umsetzung der Verbraucherrechte-RL** und der **Fernabsatz-Finanzdienstleistungs-RL**. Die beiden RL machen dem mitgliedstaatlichen Recht die Vorgabe, bei Fernabsatzverträgen eine Reihe von Verbraucherschutzinstrumenten vorzusehen, darunter va zahlreiche Informationspflichten und ein Widerrufsrecht. Das deutsche Fernabsatzrecht hält sich sowohl vom Anwendungsbereich her als auch bei der Ausgestaltung der Verbraucherrechte eng an die Vorgaben der Richtlinien; die Definition entspricht Art 2 Nr 7 Verbraucherrechte-RL. Bei der Auslegung kann deshalb häufig direkt auf die Richtlinien zurückgegriffen werden. Grund für den Verbraucherschutz im Fernabsatz ist va, dass sowohl Anbieter als auch Vertragsgegenstand wegen der Distanz zum Verbraucher für diesen kaum überprüfbar sind. Bei der inzwischen das Fernabsatzgeschäft dominierenden elektronischen Bestellung ist die Gefahr überdies groß, dass Verbraucher im Internet unüberlegte Bestellungen abgeben und die nur online einsehbaren Informationen nicht verkörpert sind.

II. 1. Der **persönliche Anwendungsbereich** des Fernabsatzrechts wird bestimmt durch das Erfordernis eines Vertragsschlusses zwischen einem **Unternehmer** (§ 14) oder eine **in seinem Namen oder Auftrag handelnde Person** und **Verbraucher** (§ 13). Wer im Internet-Auktionshaus eBay als „Powerseller" auftritt, muss im Streit darüber, ob ein Fernabsatzvertrag geschlossen wurde, beweisen, dass er kein Unternehmer iSv § 14 ist. Die Besonderheiten derartiger Geschäfte rechtfertigen eine Beweislastumkehr zugunsten des Verbrauchers (OLG Koblenz NJW 06, 1438). Da der Unternehmer in vielen Fällen nicht sicher erkennen kann, ob er den Vertrag mit einem Verbraucher schließt, wird er häufig in seine Vertragsbedingungen alle Vorgaben des Fernabsatzrechts vorsorglich aufnehmen. In diesem Fall findet das Fernabsatzrecht aufgrund vertraglicher Vereinbarung auch auf Verträge zwischen Unternehmern Anwendung.

2. a) Der **sachliche Anwendungsbereich** des Fernabsatzrechts wird durch zwei Elemente umrissen: Die Definition des Begriffs „Fernabsatzvertrag" (Abs 1) und die nähere Konkretisierung der „Fernkommunikationsmittel" (Abs 2). Die charakteristischen Merkmale eines **Fernabsatzvertrages** sind zum einen die **ausschließliche Verwendung von Fernkommunikationsmitteln** zum Abschluss des Vertrages und zum anderen, dass der Vertragsschluss iR eines für den Fernabsatz organisierten **Vertriebs- oder Dienstleistungssystems** erfolgt. Während das frühere Recht noch eine Einschränkung des Vertragsgegenstandes auf die Lieferung von Waren oder die Erbringung von Dienstleistungen vorgenommen hat, wurde dies mit Umsetzung der Verbraucherrechte-RL ersatzlos gestrichen. Einschränkungen bestehen nur noch nach § 312. Erfasst sind nicht nur zB Kauf-, Werk-, Geschäftsbesorgungs- (zB Weiterleitung eines Lottotipps: OLG Karls-

§ 312 c   Buch 2 | Recht der Schuldverhältnisse

ruhe CR 02, 682), Makler- oder Partnerschaftsverträge, sondern auch Bürgschaftsverträge (vgl EuGH NJW 98, 1295 – „Dietzinger"; aA OLG Dresden OLGR 09, 521).

4 b) **Fernkommunikationsmittel** sind in Abs 2 definiert und durch einige Beispiele erläutert. Deutlich wird dabei, dass sowohl traditionelle als auch neue Fernkommunikationsmittel erfasst sind. Die Aufzählung der Beispiele ist nicht abschließend; auch ein **Bote**, der keine näheren Auskünfte zum Vertrag geben kann, ist ein Fernkommunikationsmittel (BGH NJW 04, 3699). Es ist nicht notwendig, dass der Vertragsschluss durch ein einziges Fernkommunikationsmittel herbeigeführt wird; es reicht aus, wenn der Vertrag mit einem Fernkommunikationsmittel (zB Fernsehen) angebahnt und mit Hilfe eines anderen Fernkommunikationsmittels (zB Telefon oder SMS) geschlossen wird.

5 Der Vertrag muss unter **ausschließlicher Verwendung von Fernkommunikationsmitteln** geschlossen werden. Schwierigkeiten bereitet die Erfassung von **Mischfällen**, in denen auch, aber nicht ausschließlich durch Fernkommunikationsmittel der Vertrag geschlossen worden ist. Wenn der Verbraucher unmittelbar vor Vertragsschluss individuell und persönlich außerhalb von Geschäftsräumen angesprochen worden ist, greift § 312 b I Nr 3 ein. Wenn aber der Vertrag zB im Ladengeschäft schon weitgehend vorbesprochen wurde und dann über Fernkommunikationsmittel geschlossen wird, ist das Fernabsatzrecht nicht anwendbar (Erwägungsgrund 20 Verbraucherrechte-RL). Anders liegt es, wenn die Parteien unter Anwesenden lediglich über Unwesentliches gesprochen haben und der Vertrag später allein durch Fernkommunikationsmittel geschlossen wird (zB Besuch des Verbrauchers im Kaufhaus, wo er nur fragt, wo eine bestimmte Ware steht, um sie sich anzuschauen; anschließende Bestellung über die Homepage). Auch wenn ein Bote dem Verbraucher im unmittelbaren persönlichen Kontakt gegenübertritt, jedoch über den Vertrag keine näheren Auskünfte geben kann und soll, liegt der ausschließliche Einsatz von Fernkommunikationsmitteln vor (BGH NJW 04, 3699). Ein Vertrag, der über ein Fernkommunikationsmittel angebahnt, aber erst in den Geschäftsräumen des Unternehmers geschlossen wird (zB Terminvereinbarung bei einem Friseur), ist kein Fernabsatzvertrag (Erwägungsgrund 20 Verbraucherrechte-RL). Die **Beweislast** dafür, dass Vertragsangebot und Annahme ausschließlich durch Fernkommunikationsmittel erfolgt sind, trägt nach allg Grundsätzen der Verbraucher. Verteidigt sich der Unternehmer damit, dass zuvor schon ein Fernabsatzgeschäft ausschließende Kontakte, Gespräche oÄ unter Anwesenden stattgefunden haben, trägt er die Beweislast.

6 c) Das Erfordernis eines für den Fernabsatz organisierten **Vertriebs- und Dienstleistungssystems** hat va den Zweck, zufällig oder nur gelegentlich geschlossene Distanzverträge aus dem Anwendungsbereich auszunehmen. Der gelegentliche Vertragsschluss mithilfe von Fernkommunikationsmitteln findet nicht im Rahmen eines derartigen Systems statt. Der Grund für diese Einschränkung des Anwendungsbereichs liegt darin, dass Unternehmer, deren Unternehmen auf Geschäfte unter Anwesenden zugeschnitten sind (zB im Ladenlokal), nicht durch die hohen Anforderungen des Fernabsatzrechts davon abgehalten werden sollen, ausnahmsweise doch zB auf telefonische Bestellung hin zu liefern. Durch die Fassung von Abs 1 am Ende („es sei denn") ist klargestellt, dass der **Unternehmer darlegen und beweisen** muss, dass ein unter ausschließlicher Verwendung von Fernkommunikationsmitteln geschlossener Vertrag **nicht** iR eines organisierten Vertriebs- oder Dienstleistungssystems erfolgt ist. Der Verbraucher muss mithin nur beweisen, dass der Vertrag unter ausschließlicher Verwendung von Fernkommunikationsmitteln geschlossen worden ist (dazu näher Rn 5). Die Anforderungen an das Vorliegen eines organisierten Vertriebs- oder Dienstleistungssystems sind freilich nicht sehr hoch; zB sind Zeitungsanzeigen mit Angabe einer Bestell-Telefonnummer ausreichend (BGH NJW 04, 3699). Erfasst sind ebenfalls vom Unternehmer genutzte Online-Plattformen (Erwägungsgrund 20 Verbraucherrechte-RL). Internetseiten, die lediglich Informationen über den Unternehmer, seine Waren oder Dienstleistungen und seine Kontaktdaten anbieten, sind dag nicht erfasst (Erwägungsgrund 20 Verbraucherrechte-RL).

§ 312 d Informationspflichten

(1) ¹Bei außerhalb von Geschäftsräumen geschlossenen Verträgen und bei Fernabsatzverträgen ist der Unternehmer verpflichtet, den Verbraucher nach Maßgabe des Artikels 246 a des Einführungsgesetzes zum Bürgerlichen Gesetzbuche zu informieren. ²Die in Erfüllung dieser Pflicht gemachten Angaben des Unternehmers werden Inhalt des Vertrags, es sei denn, die Vertragsparteien haben ausdrücklich etwas anderes vereinbart.

(2) Bei außerhalb von Geschäftsräumen geschlossenen Verträgen und bei Fernabsatzverträgen über Finanzdienstleistungen ist der Unternehmer abweichend von Absatz 1 verpflichtet, den Verbraucher nach Maßgabe des Artikels 246 b des Einführungsgesetzes zum Bürgerlichen Gesetzbuche zu informieren.

Artikel 246 a EGBGB Informationspflichten bei außerhalb von Geschäftsräumen geschlossenen Verträgen und Fernabsatzverträgen mit Ausnahme von Verträgen über Finanzdienstleistungen

§ 1 Informationspflichten

(1) Der Unternehmer ist nach § 312 d I des Bürgerlichen Gesetzbuchs verpflichtet, dem Verbraucher folgende Informationen zur Verfügung zu stellen:
1. die wesentlichen Eigenschaften der Waren oder Dienstleistungen in dem für das Kommunikationsmittel und für die Waren und Dienstleistungen angemessenen Umfang,
2. seine Identität, beispielsweise seinen Handelsnamen sowie die Anschrift des Ortes, an dem er niedergelassen ist, seine Telefonnummer und gegebenenfalls seine Telefaxnummer und E-Mail-Adresse sowie gegebenenfalls die Anschrift und die Identität des Unternehmers, in dessen Auftrag er handelt,
3. zusätzlich zu den Angaben gemäß Nummer 2 die Geschäftsanschrift des Unternehmers und gegebenenfalls die Anschrift des Unternehmers, in dessen Auftrag er handelt, an die sich der Verbraucher mit jeder Beschwerde wenden kann, falls diese Anschrift von der Anschrift unter Nummer 2 abweicht,
4. den Gesamtpreis der Waren oder Dienstleistungen einschließlich aller Steuern und Abgaben, oder in den Fällen, in denen der Preis auf Grund der Beschaffenheit der Waren oder Dienstleistungen vernünftigerweise nicht im Voraus berechnet werden kann, die Art der Preisberechnung sowie gegebenenfalls alle zusätzlichen Fracht-, Liefer- oder Versandkosten und alle sonstigen Kosten, oder in den Fällen, in denen diese Kosten vernünftigerweise nicht im Voraus berechnet werden können, die Tatsache, dass solche zusätzlichen Kosten anfallen können,
5. im Falle eines unbefristeten Vertrags oder eines Abonnement-Vertrages den Gesamtpreis; dieser umfasst die pro Abrechnungszeitraum anfallenden Gesamtkosten und, wenn für einen solchen Vertrag Festbeträge in Rechnung gestellt werden, ebenfalls die monatlichen Gesamtkosten; wenn die Gesamtkosten vernünftigerweise nicht im Voraus berechnet werden können, ist die Art der Preisberechnung,
6. die Kosten für den Einsatz des für den Vertragsabschluss genutzten Fernkommunikationsmittels, sofern dem Verbraucher Kosten berechnet werden, die über die Kosten für die bloße Nutzung des Fernkommunikationsmittels hinaus gehen,
7. die Zahlungs-, Liefer- und Leistungsbedingungen, den Termin, bis zu dem der Unternehmer die Waren liefern oder die Dienstleistung erbringen muss, und gegebenenfalls das Verfahren des Unternehmers zum Umgang mit Beschwerden,
8. das Bestehen eines gesetzlichen Mängelhaftungsrechts für die Waren,
9. gegebenenfalls das Bestehen und die Bedingungen von Kundendienst, Kundendienstleistungen und Garantien,
10. gegebenenfalls bestehende einschlägige Verhaltenskodizes gemäß Artikel 2 Buchstabe f der Richtlinie 2005/29 EG des Europäischen Parlaments und des Rates vom 11. Mai 2005 über unlautere Geschäftspraktiken im binnenmarktinternen Geschäftsverkehr zwischen Unternehmen und Verbrauchern und zur Änderung der Richtlinie 84/450/EWG

§ 312 d   Buch 2 | Recht der Schuldverhältnisse

und 2002/65/EG des Europäischen Parlaments und des Rates sowie der Verordnung (EG) Nr. 2006/2004 des Europäischen Parlaments und des Rates (ABl. L 149 vom 11.6.2005, S. 22) und wie Exemplare davon erhalten werden können,

11. gegebenenfalls die Laufzeit des Vertrags oder die Bedingungen der Kündigung unbefristeter Verträge oder sich automatisch verlängernder Verträge,
12. gegebenenfalls die Mindestdauer der Verpflichtungen, die der Verbraucher mit dem Vertrag eingeht,
13. gegebenenfalls die Tatsache, dass der Unternehmer vom Verbraucher die Stellung einer Kaution oder die Leistung anderer finanzieller Sicherheiten verlangen kann, sowie deren Bedingungen,
14. gegebenenfalls die Funktionsweise digitaler Inhalte, einschließlich anwendbarer technischer Schutzmaßnahmen für solche Inhalte,
15. gegebenenfalls, soweit wesentlich, Beschränkungen der Interoperabilität und der Kompatibilität digitaler Inhalte mit Hard- und Software, soweit diese Beschränkungen dem Unternehmer bekannt sind oder bekannt sein müssen, und
16. gegebenenfalls, dass der Verbraucher ein außergerichtliches Beschwerde- und Rechtsbehelfsverfahren, dem der Unternehmer unterworfen ist, nutzen kann, und dessen Zugangsvoraussetzungen.

Wird der Vertrag im Rahmen einer öffentlich zugänglichen Versteigerung geschlossen, können anstelle der Angaben nach Satz 1 Nummer 2 und 3 die entsprechenden Angaben des Versteigerers zur Verfügung gestellt werden.

(2) Steht dem Verbraucher ein Widerrufsrecht nach § 312 g Absatz 1 des Bürgerlichen Gesetzbuchs zu, ist der Unternehmer verpflichtet, den Verbraucher zu informieren

1. über die Bedingungen, die Fristen und das Verfahren für die Ausübung des Widerrufsrechts nach § 355 Absatz 1 des Bürgerlichen Gesetzbuchs sowie das Muster-Widerrufsformular in der Anlage 2,
2. gegebenenfalls darüber, dass der Verbraucher im Widerrufsfall die Kosten für die Rücksendung der Waren zu tragen hat, und bei Fernabsatzverträgen zusätzlich über die Kosten für die Rücksendung der Waren, wenn die Waren auf Grund ihrer Beschaffenheit nicht auf dem normalen Postweg zurückgesendet werden können, und
3. darüber, dass der Verbraucher dem Unternehmer bei einem Vertrag über die Erbringung von Dienstleistungen oder über die nicht in einem bestimmten Volumen oder in einer bestimmten Menge vereinbarte Lieferung von Wasser, Gas, Strom oder die Lieferung von Fernwärme einen angemessenen Betrag nach § 357 Absatz 8 des Bürgerlichen Gesetzbuchs für die vom Unternehmer erbrachte Leistung schuldet, wenn der Verbraucher das Widerrufsrecht ausübt, nachdem er auf Aufforderung des Unternehmers von diesem ausdrücklich den Beginn der Leistung vor Ablauf der Widerrufsfrist verlangt hat

Der Unternehmer kann diese Informationspflichten dadurch erfüllen, dass er das in Anlage 1 vorgesehene Muster für die Widerrufsbelehrung zutreffend ausgefüllt in Textform übermittelt.

(3) Der Unternehmer hat den Verbraucher auch zu informieren, wenn

1. dem Verbraucher nach § 312 g Absatz 2 Satz 1 Nummer 1, 2, 5 und 7 bis 13 des Bürgerlichen Gesetzbuchs ein Widerrufsrecht nicht zusteht, dass der Verbraucher seine Willenserklärung nicht widerrufen kann, oder
2. das Widerrufsrecht des Verbrauchers nach § 312 g Absatz 2 Satz 1 Nummer 3, 4 und 6 sowie § 356 Absatz 4 und 5 des Bürgerlichen Gesetzbuchs vorzeitig erlöschen kann, über die Umstände, unter denen der Verbraucher ein zunächst bestehendes Widerrufsrecht verliert.

§ 2 Erleichterte Informationspflichten bei Reparatur- und Instandhaltungsarbeiten

(1) Hat der Verbraucher bei einem Vertrag über Reparatur- und Instandhaltungsarbeiten, der außerhalb von Geschäftsräumen geschlossen wird, bei dem die beiderseitigen Leistungen sofort erfüllt werden und die vom Verbraucher zu leistende Vergütung 200 Euro nicht übersteigt, ausdrücklich die Dienste des Unternehmers angefordert, muss der Unternehmer dem Verbraucher lediglich folgende Informationen zur Verfügung stellen:

1. die Angaben nach § 1 Absatz 1 Satz 1 Nummer 2 und
2. den Preis oder die Art der Preisberechnung zusammen mit einem Kostenvoranschlag über die Gesamtkosten.

(2) Ferner hat der Unternehmer dem Verbraucher folgende Informationen zur Verfügung zu stellen:
1. die wesentlichen Eigenschaften der Waren oder Dienstleistungen in dem für das Kommunikationsmittel und die Waren oder Dienstleistungen angemessenen Umfang
2. gegebenenfalls die Bedingungen, die Fristen und das Verfahren für die Ausübung des Widerrufsrechts sowie das Muster-Widerrufsformular in der Anlage 2 und
3. gegebenenfalls die Information, dass der Verbraucher seine Willenserklärung nicht widerrufen kann, oder die Umstände, unter denen der Verbraucher ein zunächst bestehendes Widerrufsrecht vorzeitig verliert.

(3) Eine vom Unternehmer zur Verfügung gestellte Abschrift oder Bestätigung des Vertrags nach § 312 f Absatz 1 des Bürgerlichen Gesetzbuchs muss alle nach § 1 zu erteilenden Informationen enthalten.

§ 3 Erleichterte Informationspflichten bei begrenzter Darstellungsmöglichkeit

¹Soll ein Fernabsatzvertrag mittels eines Fernkommunikationsmittels geschlossen werden, das nur begrenzten Raum oder begrenzte Zeit für die dem Verbraucher zu erteilenden Informationen bietet, ist der Unternehmer verpflichtet, dem Verbraucher mittels dieses Fernkommunikationsmittels zumindest folgende Informationen zur Verfügung zu stellen:
1. die wesentlichen Eigenschaften der Waren oder Dienstleistungen,
2. die Identität des Unternehmers,
3. den Gesamtpreis oder in den Fällen, in denen der Preis auf Grund der Beschaffenheit der Waren oder Dienstleistungen vernünftigerweise nicht im Voraus berechnet werden kann, die Art der Preisberechnung,
4. gegebenenfalls das Bestehen eines Widerrufsrechts und
5. gegebenenfalls die Vertragslaufzeit und die Bedingungen für die Kündigung eines Dauerschuldverhältnisses

²Die weiteren Angaben nach § 1 hat der Unternehmer dem Verbraucher in geeigneter Weise unter Beachtung von § 4 Absatz 3 zugänglich zu machen.

§ 4 Formale Anforderungen an die Erfüllung der Informationspflichten

(1) Der Unternehmer muss dem Verbraucher die Informationen nach den §§ 1 bis 3 vor Abgabe von dessen Vertragserklärung in klarer und verständlicher Weise zur Verfügung stellen.

(2) ¹Bei einem außerhalb von Geschäftsräumen geschlossenen Vertrag muss der Unternehmer die Informationen auf Papier oder, wenn der Verbraucher zustimmt, auf einem anderen dauerhaften Datenträger zur Verfügung stellen. ²Die Informationen müssen lesbar sein. ³Die Person des erklärenden Unternehmers muss genannt sein. ⁴Der Unternehmer kann die Information nach § 2 Absatz 2 in anderer Form zur Verfügung stellen, wenn sich der Verbraucher hiermit ausdrücklich einverstanden erklärt hat.

(3) ¹Bei einem Fernabsatzvertrag muss der Unternehmer dem Verbraucher die Informationen in einer den benutzten Fernkommunikationsmitteln angepassten Weise zur Verfügung stellen. ²Soweit die Informationen auf einem dauerhaften Datenträger zur Verfügung gestellt werden, müssen sie lesbar sein, und die Person des erklärenden Unternehmers muss genannt sein. ³Abweichend von Satz 1 kann der Unternehmer dem Verbraucher die in § 3 Satz 2 genannten Informationen in geeigneter Weise zugänglich machen.

Artikel 246 b EGBGB Informationspflichten bei außerhalb von Geschäftsräumen geschlossenen Verträgen und Fernabsatzgeschäften über Finanzdienstleistungen

§ 1 Informationspflichten

(1) Der Unternehmer ist nach § 312 d Absatz 2 des Bürgerlichen Gesetzbuchs verpflichtet, dem Verbraucher rechtzeitig vor Abgabe von dessen Vertragserklärung klar und verständlich

und unter Angabe des geschäftlichen Zwecks, bei Fernabsatzverträgen in einer dem benutzten Fernkommunikationsmittel angepassten Weise, folgende Informationen zur Verfügung zu stellen:
1. seine Identität, anzugeben ist auch das öffentliche Unternehmensregister, bei dem der Rechtsträger eingetragen ist, und die zugehörige Registernummer oder gleichwertige Kennung,
2. die Hauptgeschäftstätigkeit des Unternehmers und die für seine Zulassung zuständige Aufsichtsbehörde,
3. die Identität des Vertreters des Unternehmers in dem Mitgliedstaat, in dem der Verbraucher seinen Wohnsitz hat, wenn es einen solchen Vertreter gibt, oder die Identität einer anderen gewerblich tätigen Person als dem Anbieter, wenn der Verbraucher mit dieser Person geschäftlich zu tun hat, und die Eigenschaft, in der diese Person gegenüber dem Verbraucher tätig wird,
4. die ladungsfähige Anschrift des Unternehmers und jede andere Anschrift, die für die Geschäftsbeziehung zwischen diesem, seinem Vertreter oder einer anderen gewerblich tätigen Person nach Nummer 3 und dem Verbraucher maßgeblich ist, bei juristischen Personen, Personenvereinigungen oder Personengruppen auch den Namen des Vertretungsberechtigten,
5. die wesentlichen Merkmale der Finanzdienstleistung sowie Informationen darüber, wie der Vertrag zustande kommt,
6. den Gesamtpreis der Finanzdienstleistung einschließlich aller damit verbundenen Preisbestandteile sowie alle über den Unternehmer abgeführten Steuern oder, wenn kein genauer Preis angegeben werden kann, seine Berechnungsgrundlage, die dem Verbraucher eine Überprüfung des Preises ermöglicht,
7. gegebenenfalls zusätzlich anfallende Kosten sowie einen Hinweis auf mögliche weitere Steuern und Kosten, die nicht über den Unternehmer abgeführt oder von ihm in Rechnung gestellt werden,
8. gegebenenfalls den Hinweis, dass sich die Finanzdienstleistung auf Finanzinstrumente bezieht, die wegen ihrer spezifischen Merkmale oder der durchzuführenden Vorgänge mit speziellen Risiken behaftet sind oder deren Preis Schwankungen auf dem Finanzmarkt unterliegt, auf die der Unternehmer keinen Einfluss hat, und dass in der Vergangenheit erwirtschaftete Erträge kein Indikator für künftige Erträge sind,
9. eine Befristung der Gültigkeitsdauer der zur Verfügung gestellten Informationen, beispielsweise die Gültigkeitsdauer befristeter Angebote, insbesondere hinsichtlich des Preises,
10. Einzelheiten hinsichtlich der Zahlung und der Erfüllung,
11. alle spezifischen zusätzlichen Kosten, die der Verbraucher für die Benutzung des Fernkommunikationsmittels zu tragen hat, wenn solche zusätzlichen Kosten durch den Unternehmer in Rechnung gestellt werden,
12. das Bestehen oder Nichtbestehen eines Widerrufsrechts sowie die Bedingungen, Einzelheiten der Ausübung, insbesondere Name und Anschrift desjenigen, gegenüber dem der Widerruf zu erklären ist, und die Rechtsfolgen des Widerrufs einschließlich Informationen über den Betrag, den der Verbraucher im Falle des Widerrufs nach § 357 a des Bürgerlichen Gesetzbuchs für die erbrachte Leistung zu zahlen hat,
13. die Mindestlaufzeit des Vertrags, wenn dieser eine dauernde oder regelmäßig wiederkehrende Leistung zum Inhalt hat,
14. die vertraglichen Kündigungsbedingungen einschließlich etwaiger Vertragsstrafen,
15. die Mitgliedstaaten der Europäischen Union, deren Recht der Unternehmer der Aufnahme von Beziehungen zum Verbraucher vor Abschluss des Vertrages zugrunde legt,
16. eine Vertragsklausel über das auf den Vertrag anwendbare Recht oder über das zuständige Gericht,
17. die Sprachen, in welchen die Vertragsbedingungen und die in dieser Vorschrift genannten Vorabinformationen mitgeteilt werden, sowie die Sprachen, in welchen sich der Unternehmer verpflichtet, mit Zustimmung des Verbrauchers die Kommunikation während der Laufzeit dieses Vertrages zu führen,

18. gegebenenfalls, dass der Verbraucher ein außergerichtliches Beschwerde- und Rechtsbehelfsverfahren, dem der Unternehmer unterworfen ist, nutzen kann, und dessen Zugangsvoraussetzungen und
19. das Bestehen eines Garantiefonds oder anderer Entschädigungsregelungen, die weder unter die Richtlinie 94/19/EG des Europäischen Parlaments und des Rates vom 30. Mai 1994 über Einlagensicherungssysteme (ABl. L 135 vom 31.5.1994, S. 5) noch unter die Richtlinie 97/9/EG des Europäischen Parlaments und des Rates vom 3. März 1997 über Systeme für die Entschädigung der Anleger (ABl. L 84 vom 26.3.1997, S. 22) fallen.

(2) ¹Bei Telefongesprächen hat der Unternehmer nur folgende Informationen zur Verfügung zu stellen:
1. die Identität der Kontaktperson des Verbrauchers und deren Verbindung zum Unternehmer,
2. die Beschreibung der Hauptmerkmale der Finanzdienstleistung,
3. den Gesamtpreis, den der Verbraucher dem Unternehmer für die Finanzdienstleistung schuldet, einschließlich aller über den Unternehmer abgeführten Steuern, oder, wenn kein genauer Preis angegeben werden kann, die Grundlage für die Berechnung des Preises, die dem Verbraucher eine Überprüfung des Preises ermöglicht,
4. mögliche weitere Steuern und Kosten, die nicht über den Unternehmer abgeführt oder von ihm in Rechnung gestellt werden, und
5. das Bestehen oder Nichtbestehen eines Widerrufsrechts sowie für den Fall, dass ein Widerrufsrecht besteht, auch die Widerrufsfrist und die Bedingungen, Einzelheiten der Ausübung und die Rechtsfolgen des Widerrufs einschließlich Informationen über den Betrag, den der Verbraucher im Falle des Widerrufs nach § 357 a des Bürgerlichen Gesetzbuchs für die erbrachte Leistung zu zahlen hat.

²Satz 1 gilt nur, wenn der Unternehmer den Verbraucher darüber informiert hat, dass auf Wunsch weitere Informationen übermittelt werden können und welcher Art diese Informationen sind, und der Verbraucher ausdrücklich auf die Übermittlung der weiteren Informationen vor Abgabe seiner Vertragserklärung verzichtet hat.

§ 2 Weitere Informationspflichten

(1) ¹Der Unternehmer hat dem Verbraucher rechtzeitig vor Abgabe von dessen Vertragserklärung die folgenden Informationen auf einem dauerhaften Datenträger mitzuteilen:
1. die Vertragsbestimmungen einschließlich der Allgemeinen Geschäftsbedingungen und
2. die in § 1 Absatz 1 genannten Informationen.

²Wird der Vertrag auf Verlangen des Verbrauchers telefonisch oder unter Verwendung eines anderen Fernkommunikationsmittels geschlossen, das die Mitteilung auf einem dauerhaften Datenträger vor Vertragsschluss nicht gestattet, hat der Unternehmer dem Verbraucher abweichend von Satz 1 die Informationen unverzüglich nach Abschluss des Fernabsatzvertrags zu übermitteln.

(2) Der Verbraucher kann während der Laufzeit des Vertrags vom Unternehmer jederzeit verlangen, dass dieser ihm die Vertragsbedingungen einschließlich der Allgemeinen Geschäftsbedingungen in Papierform zur Verfügung stellt.

(3) Zur Erfüllung seiner Informationspflicht nach Absatz 1 Satz 1 Nummer 2 in Verbindung mit § 1 Absatz 1 Nummer 12 über das Bestehen eines Widerrufsrechts kann der Unternehmer dem Verbraucher das in der Anlage 3 vorgesehene Muster für die Widerrufsbelehrung bei Finanzdienstleistungsverträgen zutreffend ausgefüllt in Textform übermitteln.

[Fassung bis 12.6.14:]

§ 312 d Widerrufs- und Rückgaberecht bei Fernabsatzverträgen

(1) ¹Dem Verbraucher steht bei einem Fernabsatzvertrag ein Widerrufsrecht nach § 355 zu. ²Anstelle des Widerrufsrechts kann dem Verbraucher bei Verträgen über die Lieferung von Waren ein Rückgaberecht nach § 356 eingeräumt werden.
(2) Die Widerrufsfrist beginnt abweichend von § 355 Abs. 3 Satz 1 nicht vor Erfüllung der Informationspflichten gemäß Artikel 246 § 2 in Verbindung mit § 1 Abs. 1 und 2 des Ein-

§ 312 d

führungsgesetzes zum Bürgerlichen Gesetzbuche, bei der Lieferung von Waren nicht vor deren Eingang beim Empfänger, bei der wiederkehrenden Lieferung gleichartiger Waren nicht vor Eingang der ersten Teillieferung und bei Dienstleistungen nicht vor Vertragsschluss.
(3) Das Widerrufsrecht erlischt bei einer Dienstleistung auch dann, wenn der Vertrag von beiden Seiten auf ausdrücklichen Wunsch des Verbrauchers vollständig erfüllt ist, bevor der Verbraucher sein Widerrufsrecht ausgeübt hat.
(4) Das Widerrufsrecht besteht, soweit nicht ein anderes bestimmt ist, nicht bei Fernabsatzverträgen
1. *zur Lieferung von Waren, die nach Kundenspezifikation angefertigt werden oder eindeutig auf die persönlichen Bedürfnisse zugeschnitten sind oder die auf Grund ihrer Beschaffenheit nicht für eine Rücksendung geeignet sind oder schnell verderben können oder deren Verfalldatum überschritten würde,*
2. *zur Lieferung von Audio- oder Videoaufzeichnungen oder von Software, sofern die gelieferten Datenträger vom Verbraucher entsiegelt worden sind,*
3. *zur Lieferung von Zeitungen, Zeitschriften und Illustrierten, es sei denn, dass der Verbraucher seine Vertragserklärung telefonisch abgegeben hat,*
4. *zur Erbringung von Wett- und Lotterie-Dienstleistungen, es sei denn, dass der Verbraucher seine Vertragserklärung telefonisch abgegeben hat,*
5. *die in der Form von Versteigerungen (§ 156) geschlossen werden,*
6. *die die Lieferung von Waren oder die Erbringung von Finanzdienstleistungen zum Gegenstand haben, deren Preis auf dem Finanzmarkt Schwankungen unterliegt, auf die der Unternehmer keinen Einfluss hat und die innerhalb der Widerrufsfrist auftreten können, insbesondere Dienstleistungen im Zusammenhang mit Aktien, Anteilen an offenen Investmentvermögen im Sinne von § 1 Absatz 4 des Kapitalanlagegesetzbuchs und anderen handelbaren Wertpapieren, Devisen, Derivaten oder Geldmarktinstrumenten, oder*
7. *zur Erbringung telekommunikationsgestützter Dienste, die auf Veranlassung des Verbrauchers unmittelbar per Telefon oder Telefax in einem Mal erbracht werden, sofern es sich nicht um Finanzdienstleistungen handelt.*
(5) ¹Das Widerrufsrecht besteht ferner nicht bei Fernabsatzverträgen, bei denen dem Verbraucher bereits auf Grund der §§ 495, 506 bis 512 ein Widerrufs- oder Rückgaberecht nach § 355 oder § 356 zusteht. ²Bei Ratenlieferungsverträgen gelten Absatz 2 und § 312 e Absatz 1 entsprechend.

[Die Kommentierung basiert auf der ab 13.6.14 geltenden Fassung.]

1 I. Die Vorschrift schafft Informationspflichten des Unternehmers bei außerhalb von Geschäftsräumen geschlossenen Verträgen und Fernabsatzverträgen. **Abs 2 ist eine Spezialregelung** für Verträge über Finanzdienstleistungen, Abs 1 gilt für alle übrigen von § 312ff erfassten außerhalb von Geschäftsräumen geschlossenen Verträge und Fernabsatzverträge. Abs 1 setzt Art 6 Verbraucherrechte-RL um; Abs 2 ist, soweit es sich um Fernabsatzverträge handelt, die Umsetzung von Art 3 und 5 der Fernabsatz-Finanzdienstleistungs-RL. Für Verträge außerhalb von Geschäftsräumen ist Abs 2 eine, von Erwägungsgrund 32 der Verbraucherrechte-RL zugelassene, Erstreckung des Schutzes bei Finanzdienstleistungen auf außerhalb von Geschäftsräumen geschlossene Verträge durch den deutschen Gesetzgeber. Der Inhalt der Informationspflichten ist aus Gründen der Gesetzesästhetik nicht im BGB, sondern für Abs 1 in Art 246 a EGBGB, für Abs 2 in Art 246 b EGBGB geregelt. Die Umsetzung ist, schon wie die RL, von dem Versuch geprägt, die sehr zahlreichen und für Unternehmer nicht einfach handhabbaren Informationspflichten übersichtlich zu präsentieren.

2 Die Informationen müssen nun **zur Verfügung gestellt** werden. Der Unternehmer ist nicht verpflichtet, einen Informationserfolg dergestalt, dass der Verbraucher die Informationen tatsächlich zur Kenntnis nimmt, sicherzustellen. Es reicht, wenn der Verbraucher die Informationen zur Kenntnis nehmen kann, um eine informierte Entscheidung zu treffen. Der Unternehmer trägt die Beweislast für die Erfüllung der Informationspflichten, § 312 k II.

3 Die in Art 246 a und 246 b EGBGB geregelten Pflichten betreffen va die **vorvertragliche Information**; zu Abschriften, Bestätigungen sowie anderen im Vertrag oder nach

Vertragsschluss geschuldeten Informationen s § 312 f sowie Art 246 a § 2 III, Art 264 b § 2 I S 2, II. Nach Art 246 § 4 I muss der Verbraucher die Informationen **vor Abgabe seiner Vertragserklärung** erhalten. Mit dem im BGB relativ neuen Begriff der Vertragserklärung ist die auf den Abschluss des Vertrages gerichtete Willenserklärung des Verbrauchers gemeint, unabhängig davon, ob es sich um das Vertragsangebot (Antrag) oder die Annahme handelt. In Art 246 b § 1 I EGBGB ist dies weiter dahin konkretisiert, dass der Verbraucher die Informationen „**rechtzeitig**" vor Abgabe seiner Vertragserklärung erhalten muss. In Art 246 a § 1 I EGBGB fehlt das Wort „rechtzeitig". Die Anforderungen an die Rechtzeitigkeit der vorvertraglichen Informationen ergeben sich unabhängig von diesem Unterschied aus dem Zweck der vorvertraglichen Informationen, dem Verbraucher eine bessere Auswahl- und Entscheidungsgrundlage zu verschaffen. Eine Mindestfrist, während der der Verbraucher Gelegenheit haben muss, die Informationen aufzunehmen, lässt sich daraus aber nicht ableiten (str). Die Informationen sind rechtzeitig, wenn dem Verbraucher ausreichend Zeit zur Entschlussfassung bleibt. Ob der Verbraucher diese Zeit nutzt und ob der die Informationen überhaupt zur Kenntnis nehmen will, ist seine Sache. Unzulässig wären aber Vertriebspraktiken, bei denen dem Verbraucher, nachdem er die Informationen erhalten hat, eine zu kurze Frist zur Entscheidung über den Vertragsschluss bleibt.

Für alle Informationen gilt, dass sie **klar und verständlich** sein müssen, Art 246 a § 4 I, 4 Art 246 b § 1 I EGBGB. Das Maß der geforderten **Transparenz** der vorvertraglichen Informationen hängt von den Möglichkeiten in der jeweiligen Situation ab. Bei einem außerhalb von Geschäftsräumen geschlossenen Vertrag muss der Unternehmer die – lesbaren – Informationen **grds auf Papier** oder, wenn der Verbraucher zustimmt, auf einem anderen dauerhaften Datenträger zur Verfügung stellen, Art 246 a § 4 II EGBGB. Bei einem Fernabsatzvertrag muss der Unternehmer dem Verbraucher die Informationen grds nur in einer den benutzten Fernkommunikationsmitteln angepassten Weise zur Verfügung stellen, Art 246 a § 4 III EGBGB. Ziel dieser Einschränkung des Transparenzgebots ist es, den Fernabsatz zu fördern und nicht durch zu hohe Anforderungen an die Transparenz in der vorvertraglichen Phase zu hemmen. Insb bei Einsatz des Telefons oder anderer Fernkommunikationsmittel, die nur eingeschränkte Möglichkeiten zur Information bieten (zB bei Mobiltelefonen Kurznachrichten [SMS] oder WAP-Internet-Anwendungen), reicht eine vorvertragliche summarische Information aus. Nach Vertragsschluss bestehen freilich auch im Fernabsatz weiter gehende Transparenzpflichten, s § 312 f III. Die Anforderungen an die Transparenz der Informationen und die Regeln über die Einbeziehung von AGB sind nebeneinander anwendbar (Grigoleit NJW 02, 1156). Der Unternehmer muss also, wenn er mit der vorvertraglichen Information zugleich seine AGB in den Vertrag einbeziehen will, den Anforderungen der §§ 305ff genügen. Ob er auch den Informationspflichten aus § 312 d oder § 312 f genügt, ist für die Frage der Einbeziehung der AGB ohne Bedeutung (str).

II. Die einzelnen **Informationspflichten**, die außerhalb von Geschäftsräumen oder im 5 Fernabsatz vor der Abgabe der Vertragserklärung durch den Verbraucher grds erfüllt werden müssen, ergeben sich (außer bei Finanzdienstleistungen) aus Art 246 a § 1 I Nr 1–16 II, III EGBGB. Für einige Sonderfälle wird die Zahl der Informationspflichten reduziert, namentlich für außerhalb von Geschäftsräumen geschlossene, beiderseits sofort zu erfüllende Verträge über Reparatur- und Instandhaltungsarbeiten von bis zu 200 EUR (Art 246 a § 2 EGBGB), sowie für Fernabsatzverträge, wenn das Fernkommunikationsmittel nur begrenzten Raum oder begrenzte Zeit für die dem Verbraucher zu erteilenden Informationen bietet (Art 246 a § 3 EGBGB). Für außerhalb von Geschäftsräumen oder im Fernabsatz geschlossene Verträge über Finanzdienstleistungen regelt Art 246 b § 1 I Nr 1–19, § 2 I Nr 1 EGBGB etwas abweichende, den Besonderheiten von Finanzdienstleistungen angepasste Informationspflichten. Für Telefongespräche regelt Art 246 b § 1 II EGBGB reduzierte Informationspflichten.

Besondere Bedeutung hat bei allen unter § 312 d BGB fallenden Verträgen die **Informa-** 6 **tion über das Widerrufsrecht**, die in Art 246 a § 1 II, III, § 2 II Nr 2, § 3 Nr 4 bzw Art 246 b § 1 I Nr 12, II Nr 5 geregelt ist. Der Unternehmer kann, muss sich aber nicht zu dieser Information der Musterwiderrufsbelehrungen in Anlagen 1–3 zu Art 246 a und

Art 246 b EGBGB bedienen. Bei zutreffend ausgefüllten Mustern in Textform ist der Unternehmer dadurch **privilegiert**, dass dann Einwände gegen die Vereinbarkeit der Widerrufsbelehrung mit den gesetzlichen Anforderungen in § 246 a und 246 b EBGB abgeschnitten sind. Zu beachten ist, dass bei bestimmten Fernabsatzgeschäften eine **doppelte Information** über das Widerrufsrecht erforderlich ist, nämlich dann, wenn das Fernkommunikationsmittel nur begrenzten Raum oder begrenzte Zeit für die dem Verbraucher zu erteilenden Informationen bietet und nur in einer dem benutzten Fernkommunikationsmittel angepassten Weise erfolgt (Art 246 a § 3 S 1 EGBGB). In diesem Fall muss die Information nach § 312 f II auf einem dauerhaften Datenträger nochmals erteilt werden. Nach dem Wortlaut von § 356 III S 1 beginnt die Widerrufsfrist schon mit der ersten, formfreien Information. Nach dem Sinn und Zweck des § 312 f II erscheint jedoch vorzugswürdig, dass die Frist erst dann beginnt, wenn die Widerrufsbelehrung auf einem dauerhaften Datenträger erteilt wird.

7 In welchen Fällen der Unternehmer auch über das **Nichtbestehen eines Widerrufsrechts zu belehren** hat, ist in Art 246 a § 1 III; Art 246 b § 1 I Nr 12, II Nr 5 EGBGB geregelt. Grds gilt, dass eine solche Belehrungspflicht nur in Betracht kommt, wenn die §§ 312ff anwendbar sind und entweder ein außerhalb von Geschäftsräumen geschlossener Vertrag oder ein Fernabsatzvertrag vorliegt. Wenn also zB kein Verbrauchervertrag vorliegt, eine der Bereichsausn in § 312 II–VI greift oder weder ein Fall von § 312 b noch § 312 c vorliegt, besteht keine Belehrungspflicht über das Nichtbestehen eines Widerrufsrechts. Praktisch bedeutet dies, dass nur in Fällen, in denen allein wegen einer der Ausn vom Widerrufsrecht in §§ 312 g II Nr. 1–13, 356 IV, V kein Widerrufsrecht besteht bzw ein Widerrufsrecht erlischt, über das Nichtbestehen des Widerrufsrechts bzw über dessen Erlöschen informiert werden muss.

8 Nicht geregelt ist, in welcher **Sprache** die Informationen gegeben werden müssen. Da § 312 d nur zur Anwendung kommt, wenn deutsches Recht anwendbar ist, wird in vielen Fällen, insb in aller Regel bei Angeboten eines deutschen Anbieters für den deutschen Markt, eine wirksame Information nur in deutscher Sprache möglich sein. Bei speziellen Angeboten, die zB im Internet weltweit unterbreitet werden, kann aber ausnahmsweise eine nur fremdsprachige Information ausreichen (idR englisch). Wer sich auf einen Vertrag in einer ihm fremden Sprache einlässt, ist insoweit nicht schutzbedürftig. Auch bei grenzüberschreitenden Verträgen reicht die Informationserteilung in der **Verhandlungssprache** aus. Bietet der Unternehmer mehrsprachige Versionen der zu erteilenden Informationen an, müssen alle den Anforderungen des § 312 d genügen.

9 **III.** Soweit die Informationspflichten Leistungspflichten begründen (zB Art 246 b § 2 II EGBGB) besteht ein **Anspruch auf Erfüllung**. Als weitere **Rechtsfolge** von Verletzungen von Informationspflichten kommen Schadensersatzansprüche aus § 280 I, bei den vorvertraglichen Pflichten iVm § 311 II, in Betracht. Verstöße gegen Informationspflichten zur Mitteilung von AGB haben als solche keine Wirkung für die Frage, ob die AGB nach § 305 einbezogen sind; dies richtet sich ausschließlich nach §§ 305ff (str). Als weitere Rechtsfolge eines Verstoßes beginnt eine **Widerrufsfrist** erst, wenn der Unternehmer seinen Pflichten zur Information über das Widerrufsrecht nach Art 246 a § 1 II Nr 1 oder Art 246 b § 2 I EGBGB vollständig nachgekommen ist (§ 356 III S 1). Verstöße gegen die anderen Informationspflichten haben keinen Einfluss auf den Beginn der Widerrufsfrist. Außer bei Finanzdienstleistungen erlischt das Widerrufsrecht allerdings spätestens nach 12 Monaten und 14 Tagen (§ 356 III S 2). Ein nach dem früheren Recht mögliches ewiges Widerrufsrecht erlischt spätestens mit Ablauf des 27.5.15, Art 229 § 32 II EGBGB. Hins Versandkosten etc sowie sonstiger Kosten trifft § 312 e eine weitere Sanktion. Schließlich begründen Verstöße gegen Informationspflichten idR **Unterlassungsansprüche** nach § 2 UKlaG und nach § 8 UWG.

10 **IV.** Im **Verhältnis zu anderen Vorschriften** über Informationspflichten ist § 312 d nicht lex specialis; ebenso wenig umgekehrt. Die Vorschriften sind grds nebeneinander anwendbar. Eine Ausn regelt § 312 a II S 3. Informationspflichten auf Grund anderer Vorschriften finden sich zB in § 312 i (E-Commerce), §§ 482 ff (Teilzeit-Wohnrechte), § 492 (Verbraucherdarlehen), § 651 a (Reise) sowie in Sondergesetzen, zB FernUSG, TKG.

§ 312 e Verletzung von Informationspflichten über Kosten

Der Unternehmer kann von dem Verbraucher Fracht-, Liefer- oder Versandkosten und sonstige Kosten nur verlangen, soweit er den Verbraucher über diese Kosten entsprechend den Anforderungen aus § 312 d Absatz 1 in Verbindung mit Artikel 246 a § 1 Absatz 1 Satz 1 Nummer 4 des Einführungsgesetzes zum Bürgerlichen Gesetzbuche informiert hat.

[Fassung bis 12.6.14:]

§ 312 e Wertersatz bei Fernabsatzverträgen

(1) ¹Bei Fernabsatzverträgen über die Lieferung von Waren hat der Verbraucher abweichend von § 357 Absatz 1 Wertersatz für Nutzungen nach den Vorschriften über den gesetzlichen Rücktritt nur zu leisten,
1. *soweit er die Ware in einer Art und Weise genutzt hat, die über die Prüfung der Eigenschaften und der Funktionsweise hinausgeht, und*
2. *wenn er zuvor vom Unternehmer auf diese Rechtsfolge hingewiesen und nach § 360 Absatz 1 oder 2 über sein Widerrufs- oder Rückgaberecht belehrt worden ist oder von beidem anderweitig Kenntnis erlangt hat.*

²§ 347 Absatz 1 Satz 1 ist nicht anzuwenden.

(2) Bei Fernabsatzverträgen über Dienstleistungen hat der Verbraucher abweichend von § 357 Absatz 1 Wertersatz für die erbrachte Dienstleistung nach den Vorschriften über den gesetzlichen Rücktritt nur zu leisten,
1. *wenn er vor Abgabe seiner Vertragserklärung auf diese Rechtsfolge hingewiesen worden ist und*
2. *wenn er ausdrücklich zugestimmt hat, dass der Unternehmer vor Ende der Widerrufsfrist mit der Ausführung der Dienstleistung beginnt.*

[Die Kommentierung basiert auf der ab 13.6.14 geltenden Fassung.]

Die Vorschrift setzt Art 6 VI Verbraucherrechte-RL um. Wegen des Bezugs auf § 312 d **1** I gilt sie nur für außerhalb von Geschäftsräumen geschlossene Verträge und Fernabsatzverträge, die nicht Finanzdienstleistungen sind. Für Verbraucherverträge, die nicht außerhalb von Geschäftsräumen oder im Fernabsatz geschlossen sind, gilt jedoch § 312 a II S 2. Die Vorschrift regelt die **Sanktion für einen Verstoß gegen die Informationspflicht** hins Fracht-, Liefer- oder Versandkosten und sonstiger Kosten, § 312 d I iVm Art 246 a § 1 I S 1 Nr 4 EGBGB. Zu beachten ist auch § 312 a III S 1, wonach solche Kosten nur bei ausdrücklicher Vereinbarung geschuldet sind. Ein Anspruch des Unternehmers auf Fracht-, Liefer- oder Versandkosten sowie sonstiger Kosten setzt also voraus, dass **kumulativ** sowohl eine ausdrückliche Vereinbarung nach § 312 a III S 1 vorliegt, als auch die nach § 312 d I iVm Art 246 a § 1 I S 1 Nr 4 EGBGB erforderliche vorvertragliche Information erfolgt ist. Die praktische Bedeutung von § 312 e ist daher gering, da die Sanktion nur in dem zwar denkbaren, aber fernliegenden Fall greift, dass eine ausdrückliche Vereinbarung nach § 312 a III S 1 vorliegt, aber die vorvertragliche Information über Fracht-, Liefer- oder Versandkosten sowie sonstige Kosten fehlt oder nicht ordnungsgemäß ist (zB wegen Nichtbeachtung der formalen Anforderungen in Art 246 a § 4 EGBGB).

§ 312 f Abschriften und Bestätigungen

(1) ¹Bei außerhalb von Geschäftsräumen geschlossenen Verträgen ist der Unternehmer verpflichtet, dem Verbraucher alsbald auf Papier zur Verfügung zu stellen
1. eine Abschrift eines Vertragsdokuments, das von den Vertragsschließenden so unterzeichnet wurde, dass ihre Identität erkennbar ist, oder
2. eine Bestätigung des Vertrags, in der der Vertragsinhalt wiedergegeben ist.

²Wenn der Verbraucher zustimmt, kann für die Abschrift oder die Bestätigung des Vertrags auch ein anderer dauerhafter Datenträger verwendet werden. ³Die Bestätigung nach Satz 1 muss die in Artikel 246 a des Einführungsgesetzes zum Bürgerlichen Gesetzbuche genannten Angaben nur enthalten, wenn der Unternehmer dem Verbraucher diese Informationen nicht bereits vor Vertragsschluss in Erfüllung seiner Informationspflichten nach § 312 d Absatz 1 auf einem dauerhaften Datenträger zur Verfügung gestellt hat.

(2) ¹Bei Fernabsatzverträgen ist der Unternehmer verpflichtet, dem Verbraucher eine Bestätigung des Vertrags, in der der Vertragsinhalt wiedergegeben ist, innerhalb einer angemessenen Frist nach Vertragsschluss, spätestens jedoch bei der Lieferung der Ware oder bevor mit der Ausführung der Dienstleistung begonnen wird, auf einem dauerhaften Datenträger zur Verfügung zu stellen. ²Die Bestätigung nach Satz 1 muss die in Artikel 246 a des Einführungsgesetzes zum Bürgerlichen Gesetzbuche genannten Angaben enthalten, es sei denn, der Unternehmer hat dem Verbraucher diese Informationen bereits vor Vertragsschluss in Erfüllung seiner Informationspflichten nach § 312 d Absatz 1 auf einem dauerhaften Datenträger zur Verfügung gestellt.

(3) Bei Verträgen über die Lieferung von nicht auf einem körperlichen Datenträger befindlichen Daten, die in digitaler Form hergestellt und bereitgestellt werden (digitale Inhalte), ist auf der Abschrift oder in der Bestätigung des Vertrags nach den Absätzen 1 und 2 gegebenenfalls auch festzuhalten, dass der Verbraucher vor Ausführung des Vertrags
1. ausdrücklich zugestimmt hat, dass der Unternehmer mit der Ausführung des Vertrags vor Ablauf der Widerrufsfrist beginnt, und
2. seine Kenntnis davon bestätigt hat, dass er durch seine Zustimmung mit Beginn der Ausführung des Vertrags sein Widerrufsrecht verliert.

(4) Diese Vorschrift ist nicht anwendbar auf Verträge über Finanzdienstleistungen.

[Fassung bis 12.6.14:]

§ 312 f Zu Fernabsatzverträgen über Finanzdienstleistungen hinzugefügte Verträge

¹Hat der Verbraucher seine Willenserklärung, die auf den Abschluss eines Fernabsatzvertrags über eine Finanzdienstleistung gerichtet ist, wirksam widerrufen, so ist er auch nicht mehr an seine Willenserklärung hinsichtlich eines hinzugefügten Fernabsatzvertrags gebunden, der eine weitere Dienstleistung des Unternehmers oder eines Dritten auf der Grundlage einer Vereinbarung zwischen dem Unternehmer und dem Dritten zum Gegenstand hat. ²§ 357 gilt für den hinzugefügten Vertrag entsprechend; § 312 e gilt entsprechend, wenn für den hinzugefügten Vertrag ein Widerrufsrecht gemäß § 312 d besteht oder bestand.

[Die Kommentierung basiert auf der ab 13.6.14 geltenden Fassung.]

1 I. Die Vorschrift setzt Art 7 II und 8 VII der Verbraucherrechte-RL um. Es handelt sich um Informationspflichten, deren Zweck es ist, dass der Verbraucher **nach Vertragsschluss** alle für die Vertragsdurchführung, insb auch für die Geltendmachung von Verbraucherrechten erforderlichen Informationen hat. Es geht also um die Dokumentation der Informationen mit dem Ziel der **Schaffung eines Referenzwerks**, das der Verbraucher hins aller Fragen zu dem geschlossenen Vertrag konsultieren kann. **Anwendungsbereich** sind außerhalb von Geschäftsräumen geschlossene Verträge (Abs 1) und Fernabsatzverträge (Abs 2), nicht aber Verträge über Finanzdienstleistungen (Abs 4).

2 II. 1. Bei außerhalb von Geschäftsräumen geschlossenen Verträgen (außer bei Finanzdienstleistungen) muss der Unternehmer eine beiderseits unterzeichnete **Vertragsabschrift** (Nr 1) oder eine **Vertragsbestätigung** (Nr 2) grds auf Papier, ausnahmsweise auf einem anderen dauerhaften Datenträger (Begriff § 126 b), zur Verfügung stellen. Das **Wahlrecht** zwischen Abschrift und Bestätigung liegt beim Unternehmer. Zur Verfügung stellen bedeutet, dass Abschrift oder Bestätigung dem Verbraucher **zugehen** müssen. Ein bloßer Verweis auf zB eine Abhol- oder eine Downloadmöglichkeit von einer Webseite reicht nicht. Erforderlich ist also zB die Zusendung per Briefpost oder, wenn ein anderer dauerhafter Datenträger ausreicht, per E-Mail. Die Abschrift oder die Be-

stätigung muss dem Verbraucher alsbald, also in engem zeitlichem Zusammenhang mit dem Vertragsschluss zugehen. Die für die Verwendung eines anderen dauerhaften Datenträgers erforderliche Zustimmung des Verbrauchers kann nicht in AGB vorab erteilt werden. Der Unternehmer trägt die Beweislast für die Zustimmung.

a) Nicht ausdrücklich geregelt ist, welche **Angaben die Abschrift** des Vertragsdokuments (Nr 1) enthalten muss. Aus dem Umkehrschluss zu Nr 2 folgt jedoch, dass dies nicht alle in Art 246 a EGBGB genannten Angaben in der dort genannten Weise (ua „klar und verständlich") sein müssen. Der Mindestinhalt ergibt sich jedenfalls aus dem Begriff Vertragsdokument und dem Zweck der Vorschrift. Es muss also mindestens erkennbar sein, dass ein Vertrag geschlossen worden ist, die Parteien des Vertrages und der konkrete Vertragsgegenstand. Das Dokument (nicht die Abschrift) muss von beiden Vertragsschließenden unterzeichnet sein. Nr 1 begründet **kein Schriftformerfordernis**. Erforderlich ist insb keine vollständige Unterschrift; ein, auch unleserliches, Kürzel oä reicht aus, solange die Identität der Vertragschließenden erkennbar ist (zB durch Hinzusetzen des Namens der Unterzeichnenden und ggf des durch sie Vertretenen). Liegt kein in dieser Weise unterzeichnetes Vertragsdokument vor, muss der Unternehmer den Vertrag iSv Nr 2 bestätigen. 3

b) Eine **Vertragsbestätigung** nach Nr 2 muss grds den gesamten in Art 246 a EGBGB gestellten Anforderungen entsprechen. Auch nach § 305 I 1 wirksam in den Vertrag einbezogene AGB sind in die Bestätigung aufzunehmen (BT-Drucks 17/12637, 55). Allerdings ist der Unternehmer von der Einhaltung dieser Informationspflichten befreit, wenn er seine Informationspflicht aus § 312 d I bereits vor Vertragsschluss auf einem dauerhaften Datenträger erfüllt hat (Abs 1 S 2). Dies setzt voraus, dass die Informationen mit konkretem Bezug auf den später geschlossenen Vertrag zur Verfügung gestellt worden sind. Werbe-E-Mails, zugeschickte Werbeprospekte oder Kataloge mit Informationen, die nicht auf den konkreten Vertrag Bezug zu nehmen, reichen nicht. 4

2. Die bei Fernabsatzverträgen (Abs 2) erforderliche Vertragsbestätigung muss nicht auf Papier, sondern kann auf einem **anderen dauerhaften Datenträger** erfolgen. Im Übrigen gilt dasselbe wie bei Abs 1 Nr 2 (Rn 4). Auch bei Fernabsatzverträgen ist der Unternehmer von der Einhaltung dieser Informationspflichten befreit, soweit er seine Informationspflicht aus § 312 d I bereits vor Vertragsschluss auf einem dauerhaften Datenträger erfüllt hat (Abs 2 S 2). Diese Befreiung gilt nicht, wenn der Unternehmer von Art 246 § 4 III Gebrauch gemacht, also die vorvertraglichen Informationen nicht auf einem dauerhaften Datenträger zur Verfügung gestellt hat. In diesem Fall müssen die Informationen somit **doppelt gegeben** werden (zum Beginn der Widerrufsfrist s § 312 d Rn 6). Die Bestätigung muss **innerhalb angemessener Frist** erfolgen. Die Abweichung zu Abs 1 („alsbald") könnte ein redaktionelles Versehen sein; auch hier muss in enger zeitlicher Zusammenhang zum Vertragsschluss bestehen. Die Bestätigung muss spätestens bis zur Lieferung der Ware bzw bis Dienstleistungsbeginn erfolgen. Dieses Erfordernis ist bei bestimmten Telekommunikationsdienstleistungen (zB Telefonauskunft, Video-Streaming) nicht praktisch umsetzbar oder würde den Verbraucher verärgern; Abs 2 S 1 ist insoweit einschränkend auszulegen. Überdies ist fraglich, ob die Pflicht zur Vertragsbestätigung mit allen Informationen mit Art 6 I Verbraucherrechte-RL vereinbar ist, der keine derartige Pflicht kennt. Hier dürfte eine **unzulässige Überschreitung** des Verbraucherschutzes durch das deutsche Recht vorliegen. Diese Frage sollte schnell dem EuGH vorgelegt werden. 5

Die Sonderregelung für **digitale Inhalte** in Abs 3 setzt Art 8 VII lit b iVm Art 16 lit m Verbraucherrechte-RL um. Die **Legaldefinition** folgt Art 2 Nr 11 der RL. Darunter fallen zB Computerprogramme, Apps, Spiele, Musik, Videos oder Texte. Unerheblich ist, ob die Inhalte heruntergeladen und auf dem Rechner des Verbrauchers gespeichert werden oder dort nur sichtbar gemacht und dabei allenfalls vorübergehend und nicht dauerhaft gespeichert werden (Streaming). Abs 3 steht in Zusammenhang mit dem in § 356 V geregelten Erlöschen des Widerrufsrechts. Die Vorschrift soll helfen sicherzustellen, dass der Verbraucher nur dann der Ausführung des Vertrags vor Ablauf der Widerrufsfrist zustimmt, wenn er über das damit verbundene Erlöschen des Widerrufsrechts informiert worden ist. Durch die in Abs 3 vorgeschriebene Dokumentation von 6

Zustimmung und Kenntnis des Verbrauchers wird überdies dem Unternehmer der Beweis dieser von ihm nach § 312 k II zu beweisenden Tatsachen ermöglicht. Aus dem Gebot wirksamer, angemessener und abschreckender **Sanktionen** in Art 24 Verbraucherrechte-RL folgt, dass bei Nichterfüllung der Pflichten aus Abs 3 der Unternehmer **unwiderlegbar beweisfällig** bleibt, also der Vertrag in der regelmäßigen Widerrufsfrist widerruflich ist. Die Gegenansicht, nach der der Unternehmer die Voraussetzungen des Erlöschens des Widerrufsrechts anderweit beweisen kann (BT-Drucks 17/12637, 56; Palandt/Grüneberg § 312 f Rn 4) würde die Pflichtverletzung praktisch sanktionslos lassen.

7 Als **Rechtsfolge einer Verletzung** der Pflichten aus Abs 1–3 kommt ein **Schadensersatzanspruch** aus §§ 280 I, 241 II in Betracht. Ausnahmsweise denkbar ist auch ein **Rücktrittsrecht** nach § 324, wenn dem Verbraucher wegen der Pflichtverletzung ein Festhalten am Vertrag nicht mehr zumutbar ist (BT-Ds 17/12637, 55). Zur Sanktion bei Verletzungen von Abs 3 s Rn 6. Bei Abweichungen von Vertragsbestätigung und dem tatsächlich geschlossenen Vertrag hat der Verbraucher ein **Wahlrecht**, da der Unternehmer sich nicht zu seinen Gunsten auf die unter Verletzung seiner Pflichten entstandene Abweichung berufen kann. Im praktischen Ergebnis gilt die also für den Verbraucher günstigste Version. Die die Grundsätze über das kaufmännische Bestätigungsschreiben sind – selbstverständlich – nicht anwendbar (BT-Drucks 17/12637, 55). Insb bei systematischer Verletzung liegt auch ein Wettbewerbsverstoß vor, so dass auch **Unterlassungsansprüche** nach § 2 UKlaG und nach § 8 UWG in Betracht kommen.

§ 312 g Widerrufsrecht

(1) Dem Verbraucher steht bei außerhalb von Geschäftsräumen geschlossenen Verträgen und bei Fernabsatzverträgen ein Widerrufsrecht gemäß § 355 zu.

(2) ¹Das Widerrufsrecht besteht, soweit die Parteien nichts anderes vereinbart haben, nicht bei folgenden Verträgen:
1. Verträge zur Lieferung von Waren, die nicht vorgefertigt sind und für deren Herstellung eine individuelle Auswahl oder Bestimmung durch den Verbraucher maßgeblich ist oder die eindeutig auf die persönlichen Bedürfnisse des Verbrauchers zugeschnitten sind,
2. Verträge zur Lieferung von Waren, die schnell verderben können oder deren Verfallsdatum schnell überschritten würde,
3. Verträge zur Lieferung versiegelter Waren, die aus Gründen des Gesundheitsschutzes oder der Hygiene nicht zur Rückgabe geeignet sind, wenn ihre Versiegelung nach der Lieferung entfernt wurde,
4. Verträge zur Lieferung von Waren, wenn diese nach der Lieferung auf Grund ihrer Beschaffenheit untrennbar mit anderen Gütern vermischt wurden,
5. Verträge zur Lieferung alkoholischer Getränke, deren Preis bei Vertragsschluss vereinbart wurde, die aber frühestens 30 Tage nach Vertragsschluss geliefert werden können und deren aktueller Wert von Schwankungen auf dem Markt abhängt, auf die der Unternehmer keinen Einfluss hat,
6. Verträge zur Lieferung von Ton- oder Videoaufnahmen oder Computersoftware in einer versiegelten Packung, wenn die Versiegelung nach der Lieferung entfernt wurde,
7. Verträge zur Lieferung von Zeitungen, Zeitschriften oder Illustrierten mit Ausnahme von Abonnement-Verträgen,
8. Verträge zur Lieferung von Waren oder zur Erbringung von Dienstleistungen, einschließlich Finanzdienstleistungen, deren Preis von Schwankungen auf dem Finanzmarkt abhängt, auf die der Unternehmer keinen Einfluss hat und die innerhalb der Widerrufsfrist auftreten können, insbesondere Dienstleistungen im Zusammenhang mit Aktien, mit Anteilen an offenen Investmentvermögen im Sinne

von § 1 Absatz 4 des Kapitalanlagegesetzbuchs und mit anderen handelbaren Wertpapieren, Devisen, Derivaten oder Geldmarktinstrumenten,
9. vorbehaltlich des Satzes 2 Verträge zur Erbringung von Dienstleistungen in den Bereichen Beherbergung zu anderen Zwecken als zu Wohnzwecken, Beförderung von Waren, Kraftfahrzeugvermietung, Lieferung von Speisen und Getränken sowie zur Erbringung weiterer Dienstleistungen im Zusammenhang mit Freizeitbetätigungen, wenn der Vertrag für die Erbringung einen spezifischen Termin oder Zeitraum vorsieht,
10. Verträge, die im Rahmen einer Vermarktungsform geschlossen werden, bei der der Unternehmer Verbrauchern, die persönlich anwesend sind oder denen diese Möglichkeit gewährt wird, Waren oder Dienstleistungen anbietet, und zwar in einem vom Versteigerer durchgeführten, auf konkurrierenden Geboten basierenden transparenten Verfahren, bei dem der Bieter, der den Zuschlag erhalten hat, zum Erwerb der Waren oder Dienstleistungen verpflichtet ist (öffentlich zugängliche Versteigerung),
11. Verträge, bei denen der Verbraucher den Unternehmer ausdrücklich aufgefordert hat, ihn aufzusuchen, um dringende Reparatur- oder Instandhaltungsarbeiten vorzunehmen; dies gilt nicht hinsichtlich weiterer bei dem Besuch erbrachter Dienstleistungen, die der Verbraucher nicht ausdrücklich verlangt hat, oder hinsichtlich solcher bei dem Besuch gelieferter Waren, die bei der Instandhaltung oder Reparatur nicht unbedingt als Ersatzteile benötigt werden,
12. Verträge zur Erbringung von Wett- und Lotteriedienstleistungen, es sei denn, dass der Verbraucher seine Vertragserklärung telefonisch abgegeben hat oder der Vertrag außerhalb von Geschäftsräumen geschlossen wurde, und
13. notariell beurkundete Verträge; dies gilt für Fernabsatzverträge über Finanzdienstleistungen nur, wenn der Notar bestätigt, dass die Rechte des Verbrauchers aus § 312 d Absatz 2 gewahrt sind.
²Die Ausnahme nach Satz 1 Nummer 9 gilt nicht für Verträge über Reiseleistungen nach § 651 a, wenn diese außerhalb von Geschäftsräumen geschlossen worden sind, es sei denn, die mündlichen Verhandlungen, auf denen der Vertragsschluss beruht, sind auf vorhergehende Bestellung des Verbrauchers geführt worden.
(3) Das Widerrufsrecht besteht ferner nicht bei Verträgen, bei denen dem Verbraucher bereits auf Grund der §§ 495, 506 bis 512 ein Widerrufsrecht nach § 355 zusteht, und nicht bei außerhalb von Geschäftsräumen geschlossenen Verträgen, bei denen dem Verbraucher bereits nach § 305 Absatz 1 bis 6 des Kapitalanlagegesetzbuchs ein Widerrufsrecht zusteht.

[Fassung bis 12.6.2014:]

§ 312 g Pflichten im elektronischen Geschäftsverkehr

(1) ¹Bedient sich ein Unternehmer zum Zwecke des Abschlusses eines Vertrags über die Lieferung von Waren oder über die Erbringung von Dienstleistungen der Telemedien (Vertrag im elektronischen Geschäftsverkehr), hat er dem Kunden
1. *angemessene, wirksame und zugängliche technische Mittel zur Verfügung zu stellen, mit deren Hilfe der Kunde Eingabefehler vor Abgabe seiner Bestellung erkennen und berichtigen kann,*
2. *die in Artikel 246 § 3 des Einführungsgesetzes zum Bürgerlichen Gesetzbuche bestimmten Informationen rechtzeitig vor Abgabe von dessen Bestellung klar und verständlich mitzuteilen,*
3. *den Zugang von dessen Bestellung unverzüglich auf elektronischem Wege zu bestätigen und*
4. *die Möglichkeit zu verschaffen, die Vertragsbestimmungen einschließlich der Allgemeinen Geschäftsbedingungen bei Vertragsschluss abzurufen und in wiedergabefähiger Form zu speichern.*

²*Bestellung und Empfangsbestätigung im Sinne von Satz 1 Nr. 3 gelten als zugegangen, wenn die Parteien, für die sie bestimmt sind, sie unter gewöhnlichen Umständen abrufen können.*
(2) ¹Bei einem Vertrag im elektronischen Geschäftsverkehr zwischen einem Unternehmer und einem Verbraucher, der eine entgeltliche Leistung des Unternehmers zum Gegenstand hat, muss der Unternehmer dem Verbraucher die Informationen gemäß Artikel 246 § 1 Absatz 1 Nummer 4 erster Halbsatz und Nummer 5, 7 und 8 des Einführungsgesetzes zum Bürgerlichen Gesetzbuche, unmittelbar bevor der Verbraucher seine Bestellung abgibt, klar und verständlich in hervorgehobener Weise zur Verfügung stellen. ²Diese Pflicht gilt nicht für Verträge über die in § 312 b Absatz 1 Satz 2 genannten Finanzdienstleistungen.
(3) ¹Der Unternehmer hat die Bestellsituation bei einem Vertrag nach Absatz 2 Satz 1 so zu gestalten, dass der Verbraucher mit seiner Bestellung ausdrücklich bestätigt, dass er sich zu einer Zahlung verpflichtet. ²Erfolgt die Bestellung über eine Schaltfläche, ist die Pflicht des Unternehmers aus Satz 1 nur erfüllt, wenn diese Schaltfläche gut lesbar mit nichts anderem als den Wörtern „zahlungspflichtig bestellen" oder mit einer entsprechenden eindeutigen Formulierung beschriftet ist.
(4) Ein Vertrag nach Absatz 2 Satz 1 kommt nur zustande, wenn der Unternehmer seine Pflicht aus Absatz 3 erfüllt.
(5) ¹Absatz 1 Satz 1 Nr. 1 bis 3 und die Absätze 2 bis 4 finden keine Anwendung, wenn der Vertrag ausschließlich durch individuelle Kommunikation geschlossen wird. ²Absatz 1 Satz 1 Nr. 1 bis 3 und Satz 2 findet keine Anwendung, wenn zwischen Vertragsparteien, die nicht Verbraucher sind, etwas anderes vereinbart wird.
(6) ¹Weitergehende Informationspflichten auf Grund anderer Vorschriften bleiben unberührt. ²Steht dem Kunden ein Widerrufsrecht gemäß § 355 zu, beginnt die Widerrufsfrist abweichend von § 355 Abs. 3 Satz 1 nicht vor Erfüllung der in Absatz 1 Satz 1 geregelten Pflichten.

[Die Kommentierung basiert auf der ab 13.6.14 geltenden Fassung.]

1 **I. 1.** Die Vorschrift setzt Art 9 I und 16 Verbraucherrechte-RL sowie Art 6 Fernabsatz-Finanzdienstleistungs-RL um. Sie gewährt dem Verbraucher ein **Widerrufsrecht**. Wirkung, Frist, Ausübung und Rechtsfolgen des Widerrufs sind in §§ 355ff geregelt. Der **Zweck des Widerrufsrechts** kann je nach dem Grund seiner Gewährung variieren. Bei außerhalb von Geschäftsräumen geschlossenen Verträgen dient das Widerrufsrecht vor allem dem Schutz vor **Überrumpelung** des Verbrauchers bei Vertragsabschlüssen zB an der Haustür oder an öffentlichen Orten, an denen der Verbraucher typischerweise in Freizeitstimmung und deshalb weniger geschäftlich aufmerksam ist. Bei Vertriebsaktivitäten in der Privatwohnung, aber auch etwa bei Ausflügen, spielt auch der Schutz vor dem an diesen Orten möglichen **psychischen Verkaufsdruck** mit. Grund für den Verbraucherschutz im Fernabsatz ist va, dass sowohl Anbieter als auch Vertragsgegenstand wegen der Distanz zum Verbraucher für diesen kaum überprüfbar sind. Bei der inzwischen das Fernabsatzgeschäft dominierenden elektronischen Bestellung ist die Gefahr überdies groß, dass Verbraucher im Internet unüberlegte Bestellungen abgeben. Durch das Widerrufsrecht nach § 312 g soll dem Verbraucher die Möglichkeit gegeben werden, den **Vertragsschluss** noch einmal in Ruhe zu **überdenken** möglicherweise auch bezogene **Ware zu überprüfen** und sich dann ohne wesentliche nachteilige Folgen wieder vom Vertrag zu lösen.

2 Abs 2 enthält einige **Ausn nur vom Widerrufsrecht**. Die Informationspflichten nach § 312 d bleiben auf die in Abs 2 genannten Verträge uneingeschränkt anwendbar. Nr 1–7 und 9–11 sind nahezu wörtlich aus Art 16 lit b–l Verbraucherrechte-RL übernommen. Nr 8 dient der Umsetzung von Art 16 II lit a Fernabsatz-Finanzdienstleistungs-RL. Abs 3 regelt das Verhältnis zu den in § 495 (auch iVm §§ 506ff) sowie in § 305 KapitalAnlGB geregelten spezielleren Widerrufsrechten.

3 **2.** Das **Widerrufsrecht** besteht auch bei Nichtigkeit des Vertrages, ua weil die Rechtsfolgen des Widerrufs nach §§ 357ff günstiger sein können als nach §§ 812ff. Bei gleichzeitigem Bestehen eines Rücktrittsrechts ist eine Rücktrittserklärung des Verbrauchers dahin auszulegen, ob nicht mit Blick auf die Unterschiede bei der Rückabwicklung Wi-

derruf gemeint ist. Ein Widerrufsrecht kann uU auch **anderen Personen,** die nicht notwendiger Weise selbst Verbraucher sein müssen, zustehen oder von diesen ausgeübt werden. Das Widerrufsrecht kann zwar **nicht isoliert übertragen** werden, wohl aber zB nach § 413 zusammen mit dem Anspruch auf Übereignung einer Sache abgetreten werden, die der Abtretende durch widerruflichen Vertrag erworben hat. Übereignet der Verbraucher die durch widerruflichen Vertrag erworbene Sache, kann er auch das Widerrufsrecht nach § 413 übertragen (str). Dabei kommt es nicht darauf an, ob der Abtretungsempfänger selbst Verbraucher ist (vgl BGH NJW 1996, 2094, 2095). Dem nach § 179 I auf Erfüllung haftenden Vertreter ohne Vertretungsmacht oder dem nach § 1357 mithaftenden Ehegatten steht ein eigenes Widerrufsrecht zu, wenn der Verbraucher den Vertrag widerrufen kann bzw könnte.

II. 1. Die Fälle von **Nr 1–7** haben gemeinsam, dass ein Widerruf den Unternehmer unangemessen belasten würde, zB weil die zurückzunehmende Sache schwer verkäuflich oder wertlos ist oder, insb bei Software, der Verbraucher eine Kopie anfertigen und sich damit den wirtschaftlichen Wert trotz Rückgabe zu eigen machen könnte. So besteht nach **Nr 1** das Widerrufsrecht nicht bei **nach Verbraucherspezifikation angefertigten oder auf ihn zugeschnittenen Waren** (zB nach Maß gefertigte Vorhänge, mit Namensgravur versehener iPod). Diese Ausn greift aber nicht bei Waren ein, die nach Kundenwünschen aus Standardkomponenten zusammengefügt sind. Der Verbraucher kann auch dann widerrufen, wenn sich die Ware mit verhältnismäßig geringem Aufwand ohne Beeinträchtigung ihrer Substanz wieder trennen lässt (BGH NJW 2003, 1665: Computer, zu dem der Käufer verschiedene Zusatzkomponenten bestellt hatte). Unter **Nr 4** fällt nach der Gesetzesbegründung (BR-Drucks 817/12, 91) zB Heizöl, das im Tank des Verbrauchers mit dem Restvorrat vermischt wird. Zur **leitungsgebundenen Lieferung von Strom, Gas und Wasser** war zu § 312 d Nr 1 aF str ob die – nun abgeschaffte – Ausn („auf Grund ihrer Beschaffenheit nicht für eine Rücksendung geeignet") vorliegt. Der BGH hatte dem EuGH diese Frage vorgelegt (BGH ZGS 09, 277 = EuGH C-146/09 – „Stadtwerke Aachen AG"), der aber wegen anderweitiger Erledigung nicht entschieden hatte. Da sich normalerweise bei Gas und Wasser nur eine geringe Menge im Leitungssystem vermischt, diese Stoffe aber nicht gelagert, sondern typischerweise kurz nach Lieferung verbraucht werden, passt Nr 4 nicht. Bei Trinkwasser liegt Nr 2 vor. Da für Gas und Strom (und Brauchwasser) keine andere Ausn greift, ist ein Widerrufsrecht nicht ausgeschlossen (aA Palandt/Grüneberg § 312 g Rn 5: Ausschluss nach Nr 2). Unter **Nr 5** fallen zB Verträge über die Lieferung von Wein, sofern die Lieferung frühestens 30 Tage nach Vertragsschluss erfolgen kann („vin en primeur", Erwägungsgrund 49 Verbraucherrechte-RL). Der Unternehmer soll hierbei nicht das Spekulationsrisiko des Verbrauchers tragen müssen. Das Verpacken von Datenträgern in einer Zellophanhülle erfüllt nicht die notwendige Prüf- und Besinnungsfunktion einer Versiegelung iSv **Nr 6** (OLG Hamm ZGS 10, 330; aA Föhlisch, MMR 10, 684, 686). Möglich ist allerdings eine elektronische Versiegelung, zB in Form einer Lizenzvereinbarung, die zwingend zu bestätigen ist, bevor die Software nutzbar wird (Staud/Thüsing, § 312 d Rn 60).

2. Die Ausn in **Nr 8** für Waren oder **Finanzdienstleistungen, deren Preis auf dem Finanzmarkt Schwankungen unterliegt,** ist aufgrund von Art 6 II lit a Fernabsatz-Finanzdienstleistungs-RL geschaffen worden. Bei außerhalb von Geschäftsräumen geschlossenen Verträgen ist diese Ausn nicht europarechtlich vorgegeben, sondern autonome Gestaltung des deutschen Rechts, da Finanzdienstleistungen nach Art 3 III lit d ganz von der Verbraucherrechte-RL ausgenommen sind. Die Einräumung eines Widerrufsrechts wäre in den Fällen der Nr 8 unbillig, da anderenfalls der Verbraucher auf Risiko des Unternehmers gefahrlos spekulieren könnte. Umfasst wird von Nr 8 auch der Handel mit Rohstoffen, der eigentlich unter den Anwendungsbereich der Verbraucherrechte-RL fällt, aber schon im Zuge der Umsetzung der Fernabsatz-Finanzdienstleistungs-RL vom Widerrufsrecht ausgenommen wurde. Die Aufzählung der erfassten Verträge dient nur der Verdeutlichung des abstrakten Gesetzestextes und hat nicht abschließenden Charakter. **Nr 9** schafft eine Ausn für solche Dienstleistungen, bei denen der Vertragsschluss die Bereitstellung und Reservierung von Kapazitäten zur Folge hat. In solchen Fällen würde ein Widerrufsrecht den Unternehmer unangemessen belasten, da er die bereitgestellten Kapazitäten möglicherweise nicht mehr anderweitig nutzen kann (Erwägungsgrund 49 Verbraucherrechte-RL). Voraussetzung ist daneben, dass der Vertrag für die Erbringung einen **spezifischen Termin oder Zeitraum** vorsieht. Darunter fällt auch die Miete eines Autos für einen bestimmten Zeitraum (EuGH NJW 05, 3055 – „EasyCar"). Eine Bahnfahrkarte, die den Käufer innerhalb eines Zeitraums von 11 Wochen zu zwei einfachen Bahnfahrten seiner Wahl berechtigt, fällt demnach nicht unter Nr 9 (OLG Frankfurt MDR 10, 1039 zu § 312 b III Nr 6 aF). Der Begriff der Ware erfordert in Anlehnung an die Legaldefinition in § 241 a nicht, dass die bewegliche Sache handelbar ist (BT-Drucks 17/12637, 57). Beförderungen zum Zwecke des Umzugs oder der Entsorgung sind somit von Nr 9 erfasst. Der Erwerb von **Eintrittskarten** fällt unter den Begriff **Dienstleistungen in der Freizeitgestaltung**, da der Unternehmer in diesem Fall aufgrund des Planungsrisikos ein ähnlich hohes Schutzbedürfnis hat wie zB der Hotelier (Staud/Thüsing, § 312 b Rn 82).

6 **3.** Die Teilausn in **Nr 10** gilt nur für eine **echte Versteigerung iSv § 156**, bei der durch den Zuschlag die Annahme des Vertrages erfolgt. Sog Kaufverträge gegen Höchstgebot, bei denen sich der Verkäufer die Annahme noch vorbehält, fallen, wenn die anderen Voraussetzungen vorliegen, vollständig unter das Fernabsatzrecht. Dies gilt gleichermaßen bei (eBay-) „**Internet-Auktionen**", bei denen der Vertrag nicht durch den Zuschlag, sondern durch vorweggenommene Annahme des Höchstgebots durch den Anbieter zustande kommt (BGH ZGS 05, 30; BGH ZIP 04, 2334, zum Vertragsschluss schon der „Ricardo-Fall", BGH NJW 02, 363). Die Ausn in Nr 10 hat ihren Ursprung in Erwägungsgrund 24 und Art 16 lit k Verbraucherrechte-RL und geht vom Leitbild einer traditionellen Versteigerung aus, die häufig als einmaliges Verwertungsereignis konzipiert ist und bei der im Regelfall die Möglichkeit einer Besichtigung besteht. Nr 10 soll ermöglichen, dass bei einer derartigen Versteigerung auch Fernbieter zugelassen werden. Bei (eBay-) Internet-Auktionen ist die Interessenlage gänzlich anders, da derartige Verkäufe ständig stattfinden und grds keine Besichtigung möglich ist. Erwägungsgrund 24 Verbraucherrechte-RL stellt zudem ausdrücklich klar, dass die Verwendung von Online-Plattformen, die Verbraucher und Unternehmer zu Versteigerungszwecken nutzen können, nicht als Versteigerung iSd RL zu verstehen ist.

7 **4. Nr 11** schafft eine Ausn für im Fernabsatz oder außerhalb von Geschäftsräumen geschlossene Verträge über **dringende Reparatur- und Instandhaltungsarbeiten**, sofern der Verbraucher den Unternehmer zum Tätigwerden ausdrücklich aufgefordert hat. Der Ausschluss des Widerrufsrechts gilt nicht für solche Dienstleistungen oder Waren, die mit dem ursprünglichen Grund des Vertragsschlusses nicht in Zusammenhang stehen (zB der Einbau einer neuen Alarmanlage nach gewollter Türöffnung). **Wett- und Lotteriedienstleistungen** sind nach **Nr 12** vom Widerrufsrecht ausgeschlossen. Entscheidend ist nicht die konkrete Bezeichnung als „Lotterie", „Gewinnspiel" oder „Wette", sondern ob der Verbraucher als Gegenleistung für einen Einsatz eine gewisse Gewinnchance erhält, die sich zu einem bestimmten Zeitpunkt durch Ziehung, Spieldurchführung oder ähnlich in einen Anspruch auf den Gewinn umwandeln kann (MüKo/Wendehorst § 312 d Rn 38). Gibt der Verbraucher seine Vertragserklärung telefonisch ab oder schließt er den Vertrag außerhalb von Geschäftsräumen, so bleibt das Widerrufsrecht bestehen. Verträge nach Nr 12 unterliegen nicht dem Anwendungsbereich der Verbraucherrechte-RL (Art 3 III lit c).

8 **5.** Nach **Nr 13** sind **notariell beurkundete Verträge** vom Widerrufsrecht ausgeschlossen. Da die notarielle Beurkundung selbst eine verbraucherschützende Wirkung entfaltet, besteht für ein Widerrufsrecht keine Notwendigkeit (BT-Drucks 17/12637, 57). Bedeutung hat die Ausn ohnehin nur für Verträge, die ohne entspr Pflicht beurkundet werden. Beurkundungspflichtige Verträge sind nach § 312 II Nr 1 schon vom Anwendungsbereich der Kapitel 1 und 2 ausgeschlossen. Fernabsatzverträge über Finanzdienstleistungen unterliegen zwar dem Anwendungsbereich, in diesem Fall gilt die Ausn jedoch nur dann, wenn der Notar bestätigt, dass der Unternehmer seine Informationspflichten nach § 312 d II erfüllt hat. Die Ausn für Fernabsatzverträge über Finanzdienstleistungen ist aufgrund von Art 6 III lit c Fernabsatz-Finanzdienstleistungs-

RL und Art 14 VI Verbraucherkredit-RL geschaffen worden. Sollte die Bestätigung des Notars falsch sein, so hat dies keine Auswirkungen auf den Ausschluss des Widerrufsrechts. Allerdings haftet in diesem Fall der Notar für die dem Verbraucher entstandenen Schäden nach § 19 BNotO, sofern die weiteren Voraussetzungen (insb die Kausalität) vorliegen.

III. S 2 stellt im Einklang mit § 312 II Nr 4 (dazu § 312 Rn 14) klar, dass bei außerhalb 9 von Geschäftsräumen geschlossenen **Verträgen über Reiseleistungen** iSd § 651 a ein Widerrufsrecht besteht, sofern die mündlichen Vertragsverhandlungen nicht auf Veranlassung des Verbrauchers außerhalb der Geschäftsräume stattfanden (zB beim Vertrieb von Reiseverträgen auf sog Kaffeefahrten). Um keine neue Gesetzeslücke zu schaffen und den Sinn und Zweck der Vorschrift zu erfassen, ist die Ausn entspr restriktiv auszulegen (das Anmelden zur Kaffeefahrt ist keine vorhergehende Bestellung des Verbrauchers).

IV. Abs 3 regelt das Verhältnis des Widerrufsrechts aus § 312 g zu den **spezielleren Wi-** 10 **derrufsrechten** des Verbraucherkreditrechts und des Kapitalanlagegesetzbuchs. § 312 g tritt zurück, wenn der Verbraucher in concreto ein Widerrufsrecht aus § 495 (auch iVm §§ 506ff) oder § 305 KAGB hat. Wenn aber zB aufgrund der Bagatellgrenze in § 491 II Nr 1 kein Widerrufsrecht nach diesen Vorschriften besteht, bleibt es bei dem Widerrufsrecht aus § 312 g BGB.

§ 312 h Kündigung und Vollmacht zur Kündigung

Wird zwischen einem Unternehmer und einem Verbraucher nach diesem Untertitel ein Dauerschuldverhältnis begründet, das ein zwischen dem Verbraucher und einem anderen Unternehmer bestehendes Dauerschuldverhältnis ersetzen soll, und wird anlässlich der Begründung des Dauerschuldverhältnisses von dem Verbraucher
1. die Kündigung des bestehenden Dauerschuldverhältnisses erklärt und der Unternehmer oder ein von ihm beauftragter Dritter zur Übermittlung der Kündigung an den bisherigen Vertragspartner des Verbrauchers beauftragt oder
2. der Unternehmer oder ein von ihm beauftragter Dritter zur Erklärung der Kündigung gegenüber dem bisherigen Vertragspartner des Verbrauchers bevollmächtigt,

bedarf die Kündigung des Verbrauchers oder die Vollmacht zur Kündigung der Textform.

[Der Wortlaut des § 312 h nF ist identisch mit dem Wortlaut des § 312 h aF]

I. Die Vorschrift soll dem Schutz von Verbrauchern vor bestimmten unseriösen Ge- 1 schäftspraktiken bei **Dauerschuldverhältnissen** dienen. Hintergrund ist, dass insb für Telekommunikationsdienstleistungen Verbraucher teilweise aggressiver Werbung etwa am Telefon oder an der Haustür ausgesetzt sind. Typischerweise wird dabei nicht nur ein neuer Vertrag geschlossen, sondern auch die Kündigung eines bestehenden Vertrags erklärt oder der Unternehmer bevollmächtigt, diese Kündigung zu erklären. In Bezug auf den neuen Vertrag ergeben sich keine Probleme, da die entspr Vertragserklärung regelmäßig widerrufen werden kann (§§ 312 g I, 355 I 1). Dies gilt aber nicht für die **Kündigung des ursprünglich bestehenden Vertrages.** Die Kündigungserklärung kann nach ihrem Zugang nicht mehr widerrufen werden (§ 130 I). Das ursprünglich bestehende Dauerschuldverhältnis lebt daher bei Widerruf des neuen Vertrages nicht wieder auf. Zur Vermeidung einer Versorgungslücke könnte sich ein Verbraucher daher veranlasst sehen, von seinem Widerrufsrecht keinen Gebrauch zu machen. Die neue Vorschrift soll sicherstellen, dass sich Verbraucher bei Abgabe ihrer Willenserklärungen über die Reichweite gerade der Kündigungserklärung bewusst sind. Unternehmer, die mit Verbrauchern unter Verwendung besonderer Vertriebsformen ein Dauerschuldverhältnis begründen, das ein bestehendes Dauerschuldverhältnis ersetzt, waren bislang nicht verpflichtet, die von Seiten des Verbrauchers erfolgende Kündigung ggü den bisherigen Vertragspartnern in einer bestimmten Form nachzuweisen. Gleiches gilt für die Vollmacht zur Kündigung. Daher ordnet die Vorschrift die **Textform** für die Kündigung und die Vollmacht zur Kündigung an. Mit dem Textformerfordernis soll das „Unterschieben" von Verträgen erschwert und Verbrauchern deutlicher als bisher vor Augen geführt werden (Warnfunktion), dass sie bei Widerruf des neu abgeschlossenen Vertrages an die Kündigung des bestehenden Dauerschuldverhältnisses gebunden bleiben, sie also weder den alten noch den neuen Vertrag haben (BT-Drucks 16/10734, 12).

2 II. Der Anwendungsbereich umfasst die Begründung eines **Dauerschuldverhältnisses** zwischen einem Unternehmer (§ 14) und einem Verbraucher (§ 13) nach diesem Untertitel (§§ 312–312 k), das ein bereits bestehendes Dauerschuldverhältnis mit einem anderen Unternehmer ersetzen soll. Die Begründung eines neuen Dauerschuldverhältnisses mit einer Tochtergesellschaft des bisherigen Anbieters oder einer dritten, in eine Konzernstruktur integrierten Gesellschaft, reicht nicht aus. Es muss sich um einen vollständigen Anbieterwechsel handeln (BT-Drucks 16/10734, 12). Das neu begründete Dauerschuldverhältnis muss ferner ausweislich der Gesetzesbegründung „gleichartig" mit dem ersetzten Dauerschuldverhältnis sein (s BT-Drucks 16/10734, 12).

3 § 312 h erfasst sowohl die Fälle, in denen der Verbraucher die Kündigung des bestehenden Dauerschuldverhältnisses **selbst erklärt** und der Unternehmer oder eine beauftragte dritte Person als Bote mit der Übermittlung der Kündigungserklärung an den bisherigen Vertragspartner des Verbrauchers beauftragt wird (Nr 1), als auch die Fälle, in denen der Unternehmer oder eine beauftragte dritte Person zur **Erklärung der Kündigung ggü dem bisherigen Vertragspartner** bevollmächtigt wird (Nr 2). Die Vorschrift gilt nur im Verhältnis zwischen Unternehmer und Verbraucher.

4 III. Die Kündigungserklärung des Verbrauchers bzw die durch den Verbraucher erteilte Vollmacht zur Kündigung bedarf der **Textform** (§ 126 b). Es genügt also etwa ein Computerfax, eine E-Mail, aber – anders als vor der Änderung von § 126 b – nicht mehr zB ein elektronisches Formular auf einer Internetseite. Es ist nicht erforderlich, dass der Verbraucher die Kündigungserklärung bzw die Vollmacht selbst erstellt. Dass diese durch den Unternehmer für eine Vielzahl von Fällen vorformuliert werden und dem Verbraucher im Einzelfall zur Unterzeichnung vorgelegt wird, ist unbedenklich, da die beabsichtigte Warnfunktion der Textform erhalten bleibt. § 174 ist aber neben § 312 h anwendbar. Darüber hinaus kann der bisherige Vertragspartner des Verbrauchers von dem Unternehmer oder der beauftragten dritten Person die Vorlage der Kündigung oder der Vollmacht zur Kündigung in der von § 312 h vorgeschriebenen Form verlangen (BT-Drucks 16/10734, 12). Wird die Textform nicht eingehalten, hat dies die Unwirksamkeit der Kündigungserklärung bzw der Vollmacht zur Folge (§ 125). Der Formmangel kann auch **nicht durch Erfüllung des Geschäfts geheilt** werden, da es an einer entspr gesetzlichen Bestimmung fehlt und dies darüber hinaus den Schutzzweck des § 312 h unterlaufen würde. Ist die Kündigungserklärung (Nr 1) formnichtig, bleibt das ursprüngliche Dauerschuldverhältnis bestehen. Ist die Vollmacht (Nr 2) formnichtig, so ist das Vertretergeschäft hier grds auch nichtig (§ 180). Beanstandet jedoch der Altanbieter die behauptete Vertretungsmacht nicht oder ist er gar damit einverstanden, dass der Neuanbieter vollmachtlos handelt, so ist das Vertretergeschäft nach Maßgabe des § 177 schwebend unwirksam. Der Vertretene kann es genehmigen. Die Genehmigung bedarf nicht der durch § 312 h vorgeschriebenen Textform (§ 182 II). Der Unternehmer bzw der beauftragte Dritte haftet dem anderen Teil ggü ggf nach § 179.

Kapitel 3
Verträge im elektronischen Geschäftsverkehr

§ 312 i Allgemeine Pflichten im elektronischen Geschäftsverkehr

(1) ¹Bedient sich ein Unternehmer zum Zwecke des Abschlusses eines Vertrags über die Lieferung von Waren oder über die Erbringung von Dienstleistungen der Telemedien (Vertrag im elektronischen Geschäftsverkehr), hat er dem Kunden

1. angemessene, wirksame und zugängliche technische Mittel zur Verfügung zu stellen, mit deren Hilfe der Kunde Eingabefehler vor Abgabe seiner Bestellung erkennen und berichtigen kann,
2. die in Artikel 246 c des Einführungsgesetzes zum Bürgerlichen Gesetzbuche bestimmten Informationen rechtzeitig vor Abgabe von dessen Bestellung klar und verständlich mitzuteilen,
3. den Zugang von dessen Bestellung unverzüglich auf elektronischem Wege zu bestätigen und
4. die Möglichkeit zu verschaffen, die Vertragsbestimmungen einschließlich der Allgemeinen Geschäftsbedingungen bei Vertragsschluss abzurufen und in wiedergabefähiger Form zu speichern.

²Bestellung und Empfangsbestätigung im Sinne von Satz 1 Nummer 3 gelten als zugegangen, wenn die Parteien, für die sie bestimmt sind, sie unter gewöhnlichen Umständen abrufen können.

(2) ¹Absatz 1 Satz 1 Nummer 1 bis 3 ist nicht anzuwenden, wenn der Vertrag ausschließlich durch individuelle Kommunikation geschlossen wird. ²Absatz 1 Satz 1 Nummer 1 bis 3 und Satz 2 ist nicht anzuwenden, wenn zwischen Vertragsparteien, die nicht Verbraucher sind, etwas anderes vereinbart wird.

(3) Weitergehende Informationspflichten auf Grund anderer Vorschriften bleiben unberührt.

Artikel 246 c EGBGB Informationspflichten bei Verträgen im elektronischen Geschäftsverkehr

Bei Verträgen im elektronischen Geschäftsverkehr muss der Unternehmer den Kunden unterrichten
1. über die einzelnen technischen Schritte, die zu einem Vertragsschluss führen,
2. darüber, ob der Vertragstext nach dem Vertragsschluss von dem Unternehmer gespeichert wird und ob er dem Kunden zugänglich ist,
3. darüber, wie er mit den nach § 312 i Absatz 1 Satz 1 Nummer 1 des Bürgerlichen Gesetzbuchs zur Verfügung gestellten technischen Mitteln Eingabefehler vor Abgabe der Vertragserklärung erkennen und berichtigen kann,
4. über die für den Vertragsschluss zur Verfügung stehenden Sprachen und
5. über sämtliche einschlägigen Verhaltenskodizes, denen sich der Unternehmer unterwirft, sowie über die Möglichkeit eines elektronischen Zugangs zu diesen Regelwerken.

[Fassung bis 12.6.14:]

§ 312 i Abweichende Vereinbarungen

¹Von den Vorschriften dieses Untertitels darf, soweit nicht ein anderes bestimmt ist, nicht zum Nachteil des Verbrauchers oder Kunden abgewichen werden. ²Die Vorschriften dieses Untertitels finden, soweit nicht ein anderes bestimmt ist, auch Anwendung, wenn sie durch anderweitige Gestaltungen umgangen werden.

[Die Kommentierung basiert auf der ab 13.6.14 geltenden Fassung.]

I. Aus Gründen der Übersichtlichkeit werden die bisher in § 312 g aF niedergelegten Regelungen auf zwei Paragrafen verteilt. § 312 i regelt diejenigen Pflichten im elektronischen Geschäftsverkehr, die der Unternehmer immer zu erfüllen hat, egal ob ein Verbrauchervertrag vorliegt oder nicht. § 312 j enthält spezielle Regelungen für den elektronischen Geschäftsverkehr mit Verbrauchern. Die Vorschrift dient der **Umsetzung** von Art 10, 11 **E-Commerce-RL**. Die Vorgaben der RL legen einem Unternehmer, der Waren und Dienste über bestimmte elektronische Medien (va über das Internet) anbietet, eine Reihe von besonderen Pflichten auf. Zweck der RL ist es, den elektronischen Geschäftsverkehr zu fördern, da er – nicht zuletzt für den Ausbau des Binnenmarkts – erhebliche Chancen verspricht. Die §§ 312 i, 312 j bilden nur einen Ausschnitt der Maßnahmen zur Umsetzung der E-Commerce-RL. Die RL wird außerdem durch das

Gesetz über rechtliche Rahmenbedingungen für den elektronischen Geschäftsverkehr (Elektronischer Geschäftsverkehr-Gesetz, BGBl I 01, 3721) und das Gesetz zur Anpassung der Formvorschriften des Privatrechts und anderer Vorschriften an den modernen Rechtsgeschäftsverkehr (BGBl I 01, 1542) sowie das Signaturgesetz (BGBl I 01, 876) umgesetzt. Charakteristisch für diese Vorschriften ist, dass sie keine Anforderungen an die Waren und Dienste, über die im elektronischen Geschäftsverkehr ein Vertrag geschlossen wird, stellen, sondern lediglich einige den Vertragsschluss und die Vertragsdurchführung begleitende Modalitäten vorschreiben (zB Informationspflichten, Zugangsbestätigung etc).

2 **II. 1.** Der **Anwendungsbereich** wird in Abs 1 als **Vertrag im elektronischen Geschäftsverkehr** definiert. Ein solcher liegt vor, wenn sich ein Unternehmer zum Zwecke des Abschlusses eines Vertrages eines **Telemediens** bedient. Dieser in § 1 I TMG definierte Begriff umfasst alle elektronischen Informations- und Kommunikationsdienste, soweit sie nicht Telekommunikationsdienste nach § 3 Nr 24 TKG, die ganz in der Übertragung von Signalen über Telekommunikationsnetze bestehen, telekommunikationsgestützte Dienste nach § 3 Nr 25 TKG oder Rundfunk nach § 2 des Rundfunkstaatsvertrages sind. Unter § 312 i fallen zB Telebanking, Datenaustausch, Datendienste wie Verkehrs-, Wetter- oder Börsendaten, Podcasts, Chatrooms, Dating-Communities, Webportale, sonstige Angebote zur Nutzung des Internet oder anderer Netze sowie va Angebote von Waren und Dienstleistungen in elektronisch abrufbaren Datenbanken mit interaktivem Zugriff und unmittelbarer Bestellmöglichkeit (Internet-Shopping).

3 Unter § 312 i fallen nur solche Telemedien, die der Nutzer bzw Empfänger **individuell elektronisch und zum Zwecke einer Bestellung abrufen kann**. Bloße Verteildienste, also Telemedien, die im Wege einer Übertragung von Daten ohne individuelle Anforderung gleichzeitig für eine unbegrenzte Zahl von Nutzern erbracht werden, sollen dag nicht in den Anwendungsbereich fallen (BT-Drucks 14/6040, 171). Diese **Reduktion** des Anwendungsbereichs schließt also alle Telemedien aus, die Angebote an eine unbestimmte Zahl von Empfängern richten, wie zB Fernsehen, Hörfunk oder Teletext. Beim derzeitigen Stand der Technik und ihrer Verbreitung erfasst der Anwendungsbereich von § 312 i also va das Internet und andere Netze mit ähnlicher Funktion.

4 Das Telemedium muss **zum Zwecke des Abschlusses eines Vertrages** eingesetzt werden. Damit kommt es also gerade nicht darauf an, dass die vereinbarte Ware oder Dienstleistung mit Hilfe eines Telemediums erbracht wird. Unter die Vorschrift fallen also auch und insb die über einen Internet-Bestellservice geschlossenen Kaufverträge, wenn die Ware auf traditionellem Wege durch Versand an den Kunden geliefert wird. Der Begriff der **Dienstleistung** iSd § 312 i BGB ist weit zu fassen. In Anlehnung an § 312 g II Nr 12 können auch Wetten und Lotterien als Dienstleistungen iS dieser Vorschrift betrachtet werden (LG Koblenz, Urt. v. 26.6.07 – 6 S 342/06; offengelassen in BGH NJW 08, 2026).

5 Ausgenommen vom Anwendungsbereich sind nach Abs 2 S 1 jedoch Verträge, die **ausschließlich durch individuelle Kommunikation** geschlossen werden. Diese Aus bezieht sich nicht auf den Telefonverkehr, da die Sprachtelefonie ohnehin kein Telemedium iSv § 1 I TMG ist. Gemeint ist va ein durch Austausch von E-Mails geschlossener Vertrag, der sich in seinem Zustandekommen kaum von einem durch Briefe geschlossenen unterscheidet. In Abs 2 S 1 zeigt sich, dass die Vorschrift auf die Besonderheiten des Online-Einkaufs zugeschnitten ist, bei dem der Unternehmer sich durch Verwendung eines Telemediendienstes an eine unbegrenzte Zahl nicht individualisierter Kunden wendet.

6 Der **Anbieter** muss ein **Unternehmer** (§ 14) sein. Hingegen stellt die Vorschrift keine Anforderungen an den anderen Vertragspartner, der übergreifend als **Kunde** bezeichnet wird. Die Vorschrift gilt also sowohl für Verbraucherverträge als auch für Verträge unter Unternehmern (zur Abdingbarkeit vgl Rn 13).

7 **2.** Die **Pflichten des Unternehmers** im elektronischen Geschäftsverkehr ergeben sich aus dem Katalog in Abs 1 Nr 1–4. Nach Nr 1 muss der Unternehmer eine **Korrekturmöglichkeit für Eingabefehler** bereitstellen. Dieser Verpflichtung kann der Unternehmer zB genügen, wenn er ein Internet-Bestellfenster so einrichtet, dass vor der endgültigen Absendung der Bestellung (Abgabe) alle Angaben noch einmal zur Überprüfung

zusammen im Bildschirm erscheinen und der Kunde darauf hingewiesen wird, wie er unrichtige Angaben ändern kann (OLG Hamburg VuR 10, 357). Der in dieser Verwendung neue Begriff der **Bestellung** erfasst nicht nur die auf den Vertragsschluss gerichtete Willenserklärung des Kunden, sondern auch den Vertragsschluss lediglich vorbereitende Erklärungen, die aber von nicht rechtskundigen Kunden für eine vertragsschließende Erklärung gehalten werden könnten (BT-Drucks 14/7052, 192). Die Verpflichtung zur Eröffnung einer Korrekturmöglichkeit für Eingabefehler hat nicht den Zweck und die Wirkung, die Vertragsschlussdogmatik zu verändern. Die Frage, wann ein Vertrag zustande kommt, ist davon unabhängig. Die Pflicht greift ohnehin lange vor Vertragsschluss ein. Sie entsteht als **gesetzliche Pflicht** bereits **mit der Eröffnung einer Bestellmöglichkeit** durch den Unternehmer. Diese Verpflichtung wird flankiert durch Art 246 c Nr 3 EGBGB, nach dem der Unternehmer bei Verträgen im elektronischen Geschäftsverkehr den Kunden auch darüber zu informieren hat, wie er mit der nach Nr 1 zur Verfügung gestellten Korrekturmöglichkeit Eingabefehler erkennen und berichtigen kann.

Die in Abs 1 Nr 2 verlangten **Informationen** sind in Art 246 c Nr 1–5 EGBGB aufgeführt. Diese Informationen müssen **rechtzeitig vor Abgabe der Bestellung** gegeben werden. Die Information erfolgt rechtzeitig, wenn dem Kunden die Möglichkeit verbleibt, die Informationen ausreichend zur Kenntnis zu nehmen. Das Erfordernis klarer und verständlicher Informationen ist eine Ausprägung des allg Transparenzgebots, das sowohl für Informationspflichten als auch für Allgemeine Geschäftsbedingungen gilt. Nicht ausreichend ist hierfür, wenn der Unternehmer durch Flaggensymbole auf eine Wechselmöglichkeit zur jeweils passenden Sprachversion hinweist, sofern daraus nicht hervorgeht, dass auch der Vertragsschluss in anderer Sprache erfolgen kann (OLG Hamm MMR 11, 586 f). Zur **Sprache**, in der die Informationen erteilt werden müssen, s § 312 d Rn 1. 8

Nach Abs 1 Nr 3 muss der Unternehmer dem Kunden den **Zugang** der Bestellung unverzüglich (§ 121 I) auf elektronischem Wege **bestätigen**. Dies erfolgt üblicherweise durch eine E-Mail. Auch diese Zugangsbestätigung hat keinen Einfluss auf das Zustandekommen des Vertrages. Sie ist insb keine Annahmeerklärung, so dass sich der Unternehmer trotz Zugangsbestätigung die Annahme weiter offenhalten kann. Der Unternehmer kann jedoch den Vertrag auch unmittelbar annehmen. In diesem Fall ist keine eigenständige Zugangsbestätigung erforderlich, wenn der Kunde aus der Annahmeerklärung des Unternehmers erkennen kann, dass seine Bestellung zugegangen ist. Eine Erklärung mit dem Inhalt, der erteilte Auftrag werde bald ausgeführt, ist idR als Annahmeerklärung auszulegen (str). Eine derartige Erklärung ist auch dann, wenn sie automatisiert aufgrund vorheriger Programmierung („Auto-Reply") abgegeben wird, dem Unternehmer als eigene Willenserklärung zuzurechnen. Denn der eingesetzte Rechner führt Befehle aus, die zuvor durch Programmierung festgelegt wurden und die ihren Ursprung in einer vom Unternehmer veranlassten Handlung haben, die auf seinen Geschäftswillen schließen lässt (BGHZ 195, 126). 9

Die in Abs 1 Nr 4 geregelte Verpflichtung zur Verschaffung einer **Möglichkeit, die Vertragsbestimmungen einschließlich der AGB abzurufen und zu speichern**, setzt – ebenso wie Abs 1 Nr 1–3 – nicht voraus, dass der Vertrag bereits geschlossen ist. Vielmehr muss diese Möglichkeit schon **bei Vertragsschluss** bestehen. Der Unternehmer ist nicht verpflichtet, seinerseits die Initiative zu ergreifen und die Vertragsbestimmungen einschließlich der AGB an den Kunden zu senden. Er muss dem Kunden lediglich die Möglichkeit verschaffen, die Vertragsbestimmungen und AGB abzurufen und in wiedergabefähiger Form zu speichern. Bei AGB sind die Anforderungen von Abs 1 Nr 4 etwas strenger als nach § 305 II, weil die AGB nicht nur abrufbar, sondern in wiedergabefähiger Form speicherbar sein müssen. Die allg Anforderungen an die Einbeziehung von AGB in § 305 II bleiben aber unberührt. Die AGB werden auch dann einbezogen, wenn nur § 305 II, nicht aber I Nr 4 gewahrt ist (zur Sanktion bei Verstößen gegen Abs 1 Nr 4 Rn 12). Bei Verträgen unter Unternehmern geht Abs 1 Nr 4 sogar deutlich über die Anforderungen des AGB-Rechts hinaus, da § 305 II nicht ggü Unter- 10 nehmern gilt (§ 310 I), aber Abs 1 Nr 4 auch im unternehmerischen Verkehr nicht abdingbar ist (dazu Rn 13).

11 **3.** In Abs 3 ist klargestellt, dass weiter gehende Informationspflichten **aufgrund anderer Vorschriften** unberührt bleiben. Dies bezieht sich va auf die Vorschriften über Fernabsatzverträge und außerhalb von Geschäftsräumen geschlossene Verträge (§§ 312 b ff). Die sehr umfangreichen Kataloge von Informationspflichten für Verträge im elektronischen Geschäftsverkehr, bei außerhalb von Geschäftsräumen geschlossenen Verträgen und bei Fernabsatzverträgen sind also nebeneinander anwendbar. Dies stellt den Unternehmer vor erhebliche Anforderungen und kann dazu führen, dass der Kunde mit Informationen überhäuft wird.

12 **III.** Eine **Sanktion** für die Verletzung der Pflichten nach Abs 1 sieht § 312 g nicht vor. Ein Verstoß begründet jedenfalls kein Leistungsverweigerungsrecht ggü dem Zahlungsanspruch des E-Commerce-Unternehmers (BGH NJW 08, 2026 Tz. 25). In Betracht kommt aber eine Haftung aus §§ 311 II, 241 II, 280 I wegen einer vorvertraglichen Pflichtverletzung. Zu erwägen ist auch, jedenfalls für die in Abs 1 Nr 4 geregelte Pflicht, dem Kunden einen Anspruch auf nachträgliche Unterrichtung einzuräumen. Überdies haben diese Pflichten wettbewerbsrechtliche Bedeutung und können Unterlassungsansprüche nach § 8 UWG und nach § 2 UKlaG auslösen.

13 **IV.** Die Pflichten nach Abs 1 Nr 1–4 sind nur **teilweise abdingbar**. Nicht abdingbar ist, wie sich aus Abs 2 ergibt, Nr 4. Es handelt sich also um ein zwingendes Recht auch unter Unternehmern. Nicht abdingbar sind die Vorschriften auch für Verhältnisse, bei denen auf Anbieterseite ein Unternehmer und auf Kundenseite ein Verbraucher steht (§ 312 k). Lediglich die in Abs 1 Nr 1–3 geregelten Pflichten sind abdingbar, soweit zwischen Unternehmern etwas anderes vereinbart wird (Abs 2 S 2).

14 **V.** Etwas unvermittelt enthält Abs 1 aE eine **Sonderregel für den Zugang** von Bestellung und Empfangsbestätigung. Eine derartige Regelung ist durch Art 11 I 2. Spiegelstrich E-Commerce-RL vorgegeben und auch wohl deshalb erforderlich, weil es noch keine ausreichende Klarheit in der deutschen Rspr über den Zugang elektronischer Erklärungen gibt. In der Sache ist es eine Ergänzung und Klarstellung zu § 130, die nur wegen des Sachzusammenhangs hier eingestellt worden ist. Außerdem wird durch den Regelungsort auch die von der E-Commerce-RL vorgegebene Unabdingbarkeit für Verbrauchergeschäfte sichergestellt, da auf diese Weise § 312 k anwendbar wird.

§ 312 j Besondere Pflichten im elektronischen Geschäftsverkehr gegenüber Verbrauchern

(1) Auf Webseiten für den elektronischen Geschäftsverkehr mit Verbrauchern hat der Unternehmer zusätzlich zu den Angaben nach § 312 i Absatz 1 spätestens bei Beginn des Bestellvorgangs klar und deutlich anzugeben, ob Lieferbeschränkungen bestehen und welche Zahlungsmittel akzeptiert werden.

(2) Bei einem Verbrauchervertrag im elektronischen Geschäftsverkehr, der eine entgeltliche Leistung des Unternehmers zum Gegenstand hat, muss der Unternehmer dem Verbraucher die Informationen gemäß Artikel 246 a § 1 Absatz 1 Satz 1 Nummer 1, 4, 5, 11 und 12 des Einführungsgesetzes zum Bürgerlichen Gesetzbuche, unmittelbar bevor der Verbraucher seine Bestellung abgibt, klar und verständlich in hervorgehobener Weise zur Verfügung stellen.

(3) [1]Der Unternehmer hat die Bestellsituation bei einem Vertrag nach Absatz 2 so zu gestalten, dass der Verbraucher mit seiner Bestellung ausdrücklich bestätigt, dass er sich zu einer Zahlung verpflichtet. [2]Erfolgt die Bestellung über eine Schaltfläche, ist die Pflicht des Unternehmers nach Satz 1 nur erfüllt, wenn diese Schaltfläche gut lesbar mit nichts anderem als den Wörtern „zahlungspflichtig bestellen" oder mit einer entsprechenden eindeutigen Formulierung beschriftet ist.

(4) Ein Vertrag nach Absatz 2 kommt nur zustande, wenn der Unternehmer seine Pflicht aus Absatz 3 erfüllt.

(5) [1]Die Absätze 2 bis 4 sind nicht anzuwenden, wenn der Vertrag ausschließlich durch individuelle Kommunikation geschlossen wird. [2]Die Pflichten aus den Absätzen 1

und 2 gelten weder für Webseiten, die Finanzdienstleistungen betreffen, noch für Verträge über Finanzdienstleistungen.

I. Die Vorschrift setzt Art 8 II, III Verbraucherrechte-RL um. Sie gilt nur für Webseiten, die sich (auch) an Verbraucher richten und ist – anders als teilweise § 312 i – nicht abdingbar. Abs 1 regelt spezifische Informationspflichten. **Lieferbeschränkungen** sind zB ein erschöpfter Warenvorrat, Höchst- und Mindestbestellmengen oder geografische Einschränkungen. **Zahlungsmittel** sind zB Kauf auf Rechnung, Nachnahme, (Sofort-)Überweisung, Kreditkarten, Paypal. Abs 1 gilt nicht für Finanzdienstleistungen (Abs 5 S 2). 1

II. Abs 2 soll dazu beitragen, dass dem Verbraucher bei einem entgeltlichen Vertrag besonders **wichtige Informationen** noch einmal in unmittelbarem zeitlichen und räumlichen Zusammenhang mit der Bestellung (zu diesem Begriff § 312 i Rn 7) vor Augen geführt werden. Praktisch bedeutet dies, dass diese Informationen bei normaler Bildschirmauflösung gut lesbar in unmittelbarer Nähe des Bestellbuttons nach Abs 3 Satz 2 angezeigt müssen, ohne dass ein Scrollen erforderlich ist. Eine bloße Verlinkung genügt nicht. Ebenso wenig dürfen die hier herausgehobenen Informationen zwischen anderen Informationen versteckt werden. Abs 2 gilt nicht für Finanzdienstleistungen und nicht für ausschließlich durch individuelle Kommunikation geschlossene Verträge (Abs 5). 2

III. Abs 3 und Abs 4 schaffen bei entgeltlichen Verträgen eine **formale Anforderung** für die Wirksamkeit des Vertrages. Hintergrund waren Missbräuche, insb sog Abo-Fallen, bei denen die Anbieter die Entgeltlichkeit von Vertragsschlüssen verschleierten. Praktisch wichtig ist vor allem S 2. Fehlt es an einer solchen **eindeutig gekennzeichneten Schaltfläche** (und sind auch die Voraussetzungen von S 1 nicht gewahrt), soll der Vertrag nach Abs 4 unwirksam sein. Diese Rechtsfolge ist dysfunktional für den Fall, dass der Verbraucher am Unternehmer am Vertrag festhalten will. Sie **verstößt außerdem gegen die in Art 8 II Verbraucherrechte-RL** angeordnete Rechtsfolge, dass der Verbraucher durch den Vertrag nicht gebunden ist. Abs 4 ist daher richtlinienkonform so auszulegen, dass **nur der Verbraucher nicht gebunden ist**, der Unternehmer aber wohl (aA Palandt/Grüneberg § 312 j, Rn 8). Abs 3 und 4 gelten nicht für ausschließlich durch individuelle Kommunikation geschlossene Verträge (Abs 5). 3

IV. Zur **Rechtsfolge** von Verstößen gegen Abs 3 und Abs 4 s Rn 3. Bei Verstößen gegen die Informationspflichten aus Abs 1 und Abs 2 kommt eine Haftung aus §§ 311 II, 241 II, 280 I wegen einer vorvertraglichen Pflichtverletzung in Betracht. Überdies haben diese Pflichten wettbewerbsrechtliche Bedeutung und können Unterlassungsansprüche nach § 8 UWG und nach § 2 UKlaG auslösen. 4

Kapitel 4
Abweichende Vereinbarungen und Beweislast

§ 312 k Abweichende Vereinbarungen und Beweislast

(1) ¹Von den Vorschriften dieses Untertitels darf, soweit nichts anderes bestimmt ist, nicht zum Nachteil des Verbrauchers oder Kunden abgewichen werden. ²Die Vorschriften dieses Untertitels finden, soweit nichts anderes bestimmt ist, auch Anwendung, wenn sie durch anderweitige Gestaltungen umgangen werden.
(2) Der Unternehmer trägt gegenüber dem Verbraucher die Beweislast für die Erfüllung der in diesem Untertitel geregelten Informationspflichten.

I. Abs 1 regelt in S 1 entspr der Vorgabe in Art 25 Verbraucherrechte-RL die Unabdingbarkeit und überdies ein Umgehungsverbot in S 2. Das BGB-Verbraucher- und Vertriebsrecht in §§ 312–312 j („die Vorschriften dieses Untertitels") wird durch § 312 k S 1 grds **einseitig zwingendes Recht**. Damit werden Vorgaben der zugrunde liegenden RL umgesetzt. Abweichungen zum Vorteil des Verbrauchers oder Kunden sind zulässig. Abweichungen zum Nachteil des Verbrauchers sind immer unwirksam; Abweichungen zum Nachteil des Kunden auch, soweit nicht § 312 i II 2 Vereinbarungen 1 ausnahmsweise auch zulasten eines Kunden, der nicht Verbraucher ist, zulässt (dazu auch § 312 i Rn 13). Das eigens in S 2 geregelte Umgehungsverbot ist überflüssig, da es sich auch schon aus S 1 ergibt.

II. Abs 2 setzt Art 6 IX Verbraucherrechte-RL um. Die Vorschrift gilt nur für Verbraucherverträge (also insb nicht, soweit §§ 312 i und 312 j auch andere Verträge erfassen). Sie hat insb Bedeutung, wenn Verbraucher **Ansprüche oder sonstige Rechte wegen Verletzung von Informationspflichten** geltend machen, also zB eine Verlängerung der Widerrufsfrist nach § 356 II oder einen Schadenersatzanspruch aus §§ 280 I, 241 II. Da Art 6 IX Verbraucherrechte-RL nicht nur im Vertragsrecht, sondern generell gilt, ist Abs 2 – insoweit über den Wortlaut („gegenüber dem Verbraucher") hinaus – auch auf Unterlassungsansprüche nach § 8 UWG und nach § 2 UKlaG anwendbar.

Untertitel 3
Anpassung und Beendigung von Verträgen

§ 313 Störung der Geschäftsgrundlage

(1) Haben sich Umstände, die zur Grundlage des Vertrags geworden sind, nach Vertragsschluss schwerwiegend verändert und hätten die Parteien den Vertrag nicht oder mit anderem Inhalt geschlossen, wenn sie diese Veränderung vorausgesehen hätten, so kann Anpassung des Vertrags verlangt werden, soweit einem Teil unter Berücksichtigung aller Umstände des Einzelfalls, insbesondere der vertraglichen oder gesetzlichen Risikoverteilung, das Festhalten am unveränderten Vertrag nicht zugemutet werden kann.
(2) Einer Veränderung der Umstände steht es gleich, wenn wesentliche Vorstellungen, die zur Grundlage des Vertrags geworden sind, sich als falsch herausstellen.
(3) ¹Ist eine Anpassung des Vertrags nicht möglich oder einem Teil nicht zumutbar, so kann der benachteiligte Teil vom Vertrag zurücktreten. ²An die Stelle des Rücktrittsrechts tritt für Dauerschuldverhältnisse das Recht zur Kündigung.

I. 1. § 313 ist durch das SMG eingefügt worden, um die **Störung der Geschäftsgrundlage** ohne wesentliche sachliche Änderungen aufgrund der früheren Rspr und hL zum **Fehlen oder Wegfall der Geschäftsgrundlage** zu regeln (BT-Drucks 14/6040, 175; zur Veränderung durch die Ausgestaltung als **Anspruch auf Anpassung** aber Rn 20). Zuvor war dieses Rechtsinstitut aus dem Grundsatz von Treu und Glauben (§ 242) abgeleitet worden. Mit dem Begriff der Störung fasst § 313 die früher üblicherweise als Fehlen und als Wegfall der Geschäftsgrundlage bezeichneten Tatbestände zusammen. Bei ihrem Vorliegen kann die benachteiligte Partei unter den näher festgelegten Voraussetzungen (Rn 12 ff) verlangen, den Inhalt des Vertrags anzupassen, oder vom Vertrag zurücktreten. Der Rechtsgrundsatz „pacta sunt servanda" wird damit zugunsten einer **Vertragsanpassung** oder **Vertragsauflösung** eingeschränkt. ZT übernimmt § 313 die Funktion der älteren gemeinrechtlichen Lehre, nach der jeder Vertrag stillschweigend unter dem Vorbehalt des Fortbestandes der zugrunde liegenden maßgeblichen Umstände geschlossen wird (clausula rebus sic stantibus). Diese ältere Lehre wirkt im BGB noch in einzelnen Vorschriften fort (zB §§ 321, 519, 528, 530, 610), ist aber bei und nach Erl des BGB nicht als allg Grundsatz für das Bürgerliche Recht anerkannt worden. Angesichts der wirtschaftlichen Erschütterungen nach dem ersten Weltkrieg setzte sich jedoch rasch die von Oertmann 1921 begründete Lehre von der Geschäftsgrundlage in der Rspr und Wissenschaft durch. Sie eröffnet nunmehr im Vertragsrecht des BGB mit der Vertragsanpassung eine besonders flexible Reaktionsmöglichkeit auf Störungen im Vertragsverhältnis.

Der **Begriff der Geschäftsgrundlage** ist allerdings umstritten. Nach dem **subjektiven** Verständnis, das die frühere Rspr in erster Linie zugrunde gelegt hat, besteht die Geschäftsgrundlage in den Vorstellungen, die eine Partei oder beide Parteien über das Vorhandensein oder den künftigen Eintritt bestimmter Umstände haben und auf denen ihr Geschäftswille aufbaut. Diese Vorstellungen müssen bei Vertragsschluss zutage tre-

dd) Für den Anwendungsbereich der Vorschriften über die **Gewährleistung** (ua 10 §§ 434 ff, 536 ff, 633 ff) ist nach der Rspr die Anwendung der Regeln über die Störung der Geschäftsgrundlage ausgeschlossen (BGHZ 98, 103; BGH NJW 92, 1385), auch wenn im Einzelfall der Gewährleistungsanspruch abbedungen (BGH NJW 12, 373) oder verjährt ist oder aus sonstigen Gründen nicht greift (zur Abgrenzung vgl auch BGH NJW 00, 1716).

ee) Ggü dem **Bereicherungsanspruch wegen Nichteintritts des mit der Leistung be-** 11 **zweckten Erfolges** (condictio ob rem; § 812 I 2, 2. Fall) räumt die Rspr der Störung der Geschäftsgrundlage als vertraglichem Rechtsbehelf Vorrang ein (BGHZ 108, 149; NJW 92, 2690). Die beiden Ansprüche werden aber idR gar nicht in Konkurrenz stehen: Während die conditio ob rem voraussetzt, dass der Leistungszweck Inhalt und Bestandteil des Rechtsgeschäftes geworden ist, erstreckt sich die Geschäftsgrundlage gerade nicht auf diejenigen Umstände, die Inhalt des Vertrages geworden sind (Rn 5). Nur sofern sich die betr Umstände der Geschäftsgrundlage zuordnen lassen, können die flexibleren Rechtsfolgen der Störung der Geschäftsgrundlage statt derjenigen des Bereicherungsrechts zum Zuge kommen.

II. 1. a) Voraussetzung einer Störung der Geschäftsgrundlage ist nach **Abs 1** zunächst 12 das Vorliegen von **Umständen**, die zur **Grundlage eines Vertrages** geworden sind. Zwischen den Parteien muss daher ein wirksamer Vertrag bestehen. Die in Betracht kommenden Umstände müssen als Grundlage des Vertrages von dessen Inhalt unterschieden werden (Rn 5). Sie müssen nicht notwendig von den Vorstellungen beider Parteien bei Vertragsschluss umfasst worden sein, sondern können rein objektiv sein (str; Rn 2).

Diese Umstände müssen sich **nach Vertragsschluss schwerwiegend verändert** haben 13 (wesentliche Störung der Geschäftsgrundlage). Die schwerwiegende Veränderung kann auch darin liegen, dass Umstände, die bei Vertragsschluss bestanden hatten, ganz entfallen sind oder (ohne dass es iErg auf eine Abgrenzung zu Abs 2 ankommt) dass erwartete zukünftige Umstände nicht eingetreten sind (zB wurde die Genehmigung für ein zu errichtendes Haus nicht erteilt, BGH JZ 66, 409; zum Scheitern einer Ehe als Veränderung der Grundlage bei ehebezogenen Zuwendungen BGH NJW 03, 510; entspr bei gemeinschaftsbezogenen Zuwendungen bei nichtehelichen Lebensgemeinschaften BGH NJW 08, 3277; 08, 3282 zur leiblichen Abstammung eines Kindes vom Ehemann als Geschäftsgrundlage der Zuwendung BGH NJW 12, 2728). Eine schwerwiegende Veränderung kann auch im Entstehen eines groben Missverhältnisses zwischen den Leistungen, die die Parteien zu erbringen haben, liegen (wesentliche Äquivalenzstörung; Rn 23).

b) Neben diesen tatsächlichen Gegebenheiten („reales Element" des Tatbestandes) setzt 14 § 313 eine hypothetische Betrachtung voraus: Die Parteien müssten den **Vertrag nicht** oder **mit anderem Inhalt geschlossen** haben, wenn sie die **Änderung vorausgesehen** hätten. Maßgeblich ist dabei der Zeitpunkt des Vertragsschlusses.

c) Zudem muss das **Festhalten am unveränderten Vertrag** für den einen Teil **unzumut-** 15 **bar** sein („normatives Element"). Für die **Unzumutbarkeit** der unveränderten Vertragsdurchführung ist grds erforderlich, dass das Festhalten an der ursprünglichen Regelung zu untragbaren Härten und einem mit Recht und Gerechtigkeit nicht mehr zu vereinbarenden Ergebnis führen würde (BGHZ 128, 238; BGH NJW 95, 48; BAG NJW 01, 1300). Dabei sind **alle Umstände des Einzelfalls** zu berücksichtigen und die **beiderseitigen Interessen** abzuwägen.

Für die Unzumutbarkeit ist **insb die vertragliche oder gesetzliche Risikoverteilung** (zu 16 letzterer BGH NJW 12, 2733) im jeweiligen Einzelfall zu berücksichtigen. Eine Störung der Geschäftsgrundlage liegt daher nur vor, wenn die **Grenzen der Risikozuweisung** überschritten sind. Die Risikoverteilung zwischen den Vertragsparteien ergibt sich aus Vertragsinhalt, Vertragszweck und gesetzlichen Bestimmungen. Nur soweit danach die in Frage stehenden Umstände nicht dem Risikobereich einer Partei angehören und sich auch sonst durch die Störung kein Risiko verwirklicht, das die betr Partei zu tragen hat, kann eine Störung der Geschäftsgrundlage vorliegen (BGHZ 101, 151 f; BGH NJW 92, 2691). Für eine Berücksichtigung von Störungen der Geschäftsgrundlage ist kein Raum, wenn nach der vertraglichen oder gesetzlichen Regelung derjenige das Risiko zu tragen hat, der sich nunmehr auf die Störung beruft (OLG Dresden NJW 00, 3433; BGH NJW 00, 1716). Ausgeschlossen sind deshalb Ansprüche wegen Störung der Geschäftsgrundlage nicht nur, wenn die Parteien insoweit bewusst ein **Risikogeschäft** durchführen, wenn eine Partei ausdrücklich oder stillschweigend die **Risikoübernahme** hins der betr Umstände erklärt hat (BGHZ 129, 253; BGH NJW-RR 93, 881) oder wenn sie die Störungen der Geschäftsgrundlage, auf die sie sich beruft, selbst **willentlich herbeigeführt oder sonst verschuldet** hat (BGH NJW 11, 989). Vielmehr trägt darüber hinaus zB regelmäßig der Schuldner einer Sachleistung das Beschaffungsrisiko und der Gläubiger einer Geldleistung das Risiko der Geldentwertung (iE Rn 24); erst bei ganz außergewöhnlichen, unvorhersehbaren Veränderungen kann der Wegfall der „großen Geschäftsgrundlage" dies ausnahmsweise einschränken. Beim Mietvertrag trägt grds der Vermieter das Risiko der Gebrauchstauglichkeit der Mietsache (BGH NJW 81, 2406; bei der Bürgschaft der Bürge das Risiko der Zahlungsfähigkeit des Hauptschuldners (BGHZ 104, 242). Ebenfalls idR im Risikobereich der betroffenen Partei liegt es zB, wenn eine geplante Finanzierung scheitert (BGH NJW 83, 1490; BGH NJW 05, 2071), die Mietsache sich nicht in dem erwarteten Maß vom Mieter nutzen lässt (BGH NJW 81, 2406; einschränkend OLG Koblenz NJW-RR 89, 401) oder Schwiegereltern große Aufwendungen auf eine „Traumhochzeit" vornehmen, die Ehe aber nach wenigen Tagen scheitert (OLG Schleswig MDR 98, 1033). Dass ein Arbeitnehmer eine Karenzentschädigung erhält, obwohl er wg Berufsunfähigkeit keinen Wettbewerb mehr leisten kann, fällt in den Risikobereich des ehemaligen Arbeitgebers (BAG NJW 05, 2734).

17 Nur unter besonderen Umständen nicht zumutbar ist die Fortsetzung des Vertrages regelmäßig in dem (nicht eigens gesetzlich geregelten) Fall, dass die Vertragsparteien die eingetretene Änderung hätten voraussehen können (**vorhersehbare Änderungen**) und entspr Vorkehrungen hätten treffen können (vgl aber BGHZ 112, 261). Anders verhält es sich jedoch auch bei objektiv vorhersehbaren Änderungen, wenn die Parteien insoweit gar keine Vorsorge treffen konnten (BGHZ 2, 188).

18 d) Einer Veränderung der Umstände steht unter den Voraussetzungen des Abs 2 das **ursprüngliche Fehlen der subjektiven Geschäftsgrundlage** gleich (vor dem SMG zT str). Dies betrifft insb Fälle des gemeinschaftlichen Motivirrtums. Erforderlich ist, dass wesentliche Vorstellungen zur Grundlage des Vertrags geworden sind und sich sodann als falsch herausstellen. Die **wesentlichen Vorstellungen** müssen bei Vertragsschluss bestanden haben und sich auf das abzuschließende Geschäft beziehen, insb auf dessen Gegenstand, Voraussetzungen und Zweck (zB bei einer Gaststättenpacht auf den zu erzielenden Bierumsatz; BGH NJW 90, 569). Diese Vorstellungen müssen **zur Grundlage des Vertrages geworden** sein. Sie dürfen daher nicht zum Vertragsinhalt selbst gehören (Rn 2, 5), sondern lediglich eine Grundlage für den Geschäftswillen der Parteien beim Vertragsschluss bilden. Diese Grundlage des Vertrages muss für **beide Parteien gemeinsam** bestehen. Einseitige Erwartungen einer Partei, die nicht zur gemeinsamen Vertragsgrundlage geworden sind, sind unbeachtlich. Zur Einbeziehung in die Vertragsgrundlage ist die Kenntnis und Nichtbeanstandung seitens der anderen Partei erforderlich, aber nicht ausreichend. Hinzutreten müssen Umstände, die das Verhalten dieser anderen Seite nach Treu und Glauben als Aufnahme der Erwartungen des Vertragspartners in die Grundlage des Geschäftswillens werten lassen. Nicht zur Einbeziehung in die Geschäftsgrundlage genügen daher idR die bloße Erwähnung der beabsichtigten Verwendung des Kauf- oder Mietgegenstandes durch den Käufer oder Mieter und die Mitteilung der steuerlichen Erwartungen, die eine Partei mit dem Geschäft verbindet (BGH NJW-RR 86, 708). – Die zur Vertragsgrundlage gewordenen Vorstellungen müssen sich schließlich **als falsch herausstellen**. Die Parteien dürfen daher erst nach Vertragsschluss erkannt haben, dass ihre Vorstellungen unzutreffend gewesen sind. Der Irrtum kann sich zB beziehen auf die Höhe übernommener Aufwendungen (BGH WM 76, 1353); auf den Verkaufswert eines Grundstücks (BGH NJW 72, 153); auf die Finanzierung eines Krankenhausaufenthaltes durch einen Versicherungsträger (BGH NJW 05, 2069); auf den Umrechnungskurs (RGZ 105, 407); uU auch auf die Rechtsnatur des Vertrages, den die Parteien schließen, zB BAG NJW 87, 918 zum Fehlverständnis eines Gesellschaftsvertrages als Arbeitsvertrag.

2. a) Rechtsfolge der Störung der Geschäftsgrundlage ist vorrangig der Anspruch auf 19 die interessengerechte **Anpassung des Vertrages** an die tatsächlich bestehenden Verhältnisse nach dem Maßstab der Zumutbarkeit für die Parteien und unter weitestmöglicher Berücksichtigung ihres Vertragswillens. Der Eingriff in die bestehende vertragliche Regelung ist möglichst gering zu halten. Anders als nach früherer Rechtslage tritt die Anpassung nicht kraft Gesetzes ein. Die benachteiligte Partei erhält vielmehr gem Abs 1 einen **Anspruch** auf Anpassung des Vertrags. Diese Anspruchslösung hat zur Folge, dass Geschäftsgrundlagenstörungen nicht mehr vAw, sondern nur noch auf Einrede der betroffenen Partei zu berücksichtigen sind. Die Parteien haben damit die Möglichkeit, zunächst über eine Anpassung zu verhandeln (iE Rn 26). Über diese Änderung hinaus wollte der Gesetzgeber die bisherige Rechtslage nicht modifizieren (BT-Drucks 14/6040, 176). Die **Vertragsanpassung** vorzunehmen bleibt damit zunächst Angelegenheit der Parteien, die dafür insb die erforderlichen Neuverhandlungen führen können, aber nicht müssen; iE str; s Rn 26. Als Instrumente der Vertragsanpassung kommen je nach den Umständen des Falles ua in Betracht: die Herabsetzung oder Aufhebung einer Verbindlichkeit (BGHZ 132, 332; BGH NJW 58, 758); die Gewährung von Teilzahlungen oder eine Stundung der Zahlungsverpflichtung; die Erhöhung einer entwerteten Gegenleistung; die Begr von Ansprüchen auf Rückübertragung der Kaufsache, Ersatz des entgangenen Gewinns oder Ersatz von Aufwendungen (BGH NJW 92, 2283); die Änderung der Risikoverteilung zwischen den Parteien (BGHZ 109, 229; BGH WM 95, 2073). Wenn beim Empfänger einer gewährten Leistung ein besonderer Vertrauenstatbestand geschaffen worden ist, kann die Anpassung an die neue Sachlage jedoch nicht abrupt erfolgen (OVG Bautzen NJW 00, 1059). Zur Vertragsanpassung in einer Lieferkette zugunsten von (mittelbaren) Kartellopfern siehe Al-Deb'i/Krause ZGS 06, 20, 24 f.

b) Ist die Vertragsanpassung nicht möglich oder der Partei, die von der Störung betrof- 20 fen ist, nicht zumutbar, gewährt **Abs 3 S 1** als Ultima Ratio die Möglichkeit zur **Vertragsauflösung** durch ein **Rücktrittsrecht** (BGH NJW 12, 373). Erforderlich ist eine Rücktrittserklärung der benachteiligten Partei. Für die Unzumutbarkeit eines Festhaltens am Vertrag reicht nicht allein aus, dass die Partei bei Kenntnis der tatsächlichen Umstände bzw bei Vorhersehen der Änderung den Vertrag nicht geschlossen hätte. Hinzutreten müssen vielmehr besondere Umstände des Einzelfalles. Für die Rückabwicklung nach dem wirksamen Rücktritt sind die §§ 346 ff maßgeblich (demgegenüber zur Anwendung des Bereicherungsrechts aufgrund der früheren Rechtslage BGHZ 109, 144). Zu Besonderheiten bei der Rückabwicklung vgl § 346 Rn 16.

c) Bei **Dauerschuldverhältnissen** tritt gem **Abs 3 S 2** an die Stelle des Rücktrittsrechts 21 das Recht zur **Kündigung** (zum entspr Kündigungsrecht nach früherer Rechtslage BGH ZIP 97, 259). Dauerschuldverhältnisse sind auf zeitlich aufeinander folgende Leistungen gerichtet; iU zu Ratenlieferungsverträgen als sog echten Sukzessivlieferungsverträgen entstehen dabei während der Laufzeit jeweils neue Leistungspflichten (u damit verbunden ggf Schutzpflichten), ohne dass die Parteien von vornherein den Leistungsgegenstand durch die Festlegung des Gesamtvolumens mengenmäßig bestimmt haben (§ 314 Rn 3). Ist beim Finanzierungsleasing der Kaufvertrag unwirksam oder gem §§ 437 Nr 2, 346 ff rückabzuwickeln, so entfallen die Verpflichtungen aus dem Leasingvertrag iU zu früher (BGH NJW 90, 314) nicht mehr von selbst; vielmehr muss der Leasingvertrag als Dauerschuldverhältnis nach Abs 3 S 2 gekündigt werden (Dauner-Lieb/Dötsch NJW 03, 921 f; aA Gebler/Müller ZGS 02, 113; Reinking ZGS 02, 233). Neben der Kündigung nach Abs 3 S 1 ist für Dauerschuldverhältnisse in § 314 die Kündigung aus wichtigem Grund vorgesehen (zum Verhältnis beider Vorschriften § 314 Rn 2).

3. Die vielfältige Kasuistik zum Fehlen und Wegfall der Geschäftsgrundlage aufgrund 22 der früheren Rechtslage behält iRd § 313 weithin ihre Bedeutung; nur zT lässt sie sich durch **einzelne Fallgruppen** erfassen. Einen wichtigen Bereich bildet die Judikatur zum **gemeinsamen Irrtum der Parteien** über Umstände, die für ihre Willensbildung wesentlich sind (zB BGHZ 25, 392 f; BGH NJW 76, 566). Soweit der Irrtum sich auf Umstände, die bereits bei Vertragsschluss bestehen, bezieht, fasst Abs 2 die Ergebnisse dieser Rspr jetzt verallgemeinernd zusammen (Rn 18). Daneben können im Einklang mit der bisherigen Rspr auch irrige gemeinsame Vorstellungen über erst künftig eintretende Umstände zur Geschäftsgrundlage iSd § 313 gehören. Bei einer Fehlvorstellung in Bezug auf den Eintritt oder Nichteintritt eines zukünftigen Ereignisses ist jedoch nicht Abs 2, sondern nur Abs 1 anzuwenden (Looschelders, SR AT, Rn 793). Eine Störung der Geschäftsgrundlage kann zB vorliegen, wenn eine versprochene Verfügung von Todes wegen nicht vorgenommen oder aufgehoben wird (BGH NJW 77, 950); wenn ein zweiter Vertrag, mit dem ein enger wirtschaftlicher oder rechtlicher Zusammenhang bestand, nicht zustande kommt (BGH DNotZ 70, 540 f); wenn ein Vergleich wegen eines im Ausland erlassenen Verbotes nicht durchzuführen ist (BGH NJW 84, 1747); wenn sich Gesetze oder die bisherige Rspr, deren Fortbestand dem Vertrag zugrunde gelegt waren, ändern (BGHZ 58, 362; 89, 232). Entspr gilt für die Fälle der Nichtgewährung einer erwarteten behördlichen Genehmigung oder öffentlichen Förderung zB für ein Bauvorhaben (BGH NJW-RR 90, 602).

23 In den Fällen der **Leistungserschwerung** führen Umstände, von denen die Parteien bei Vertragsschluss nicht ausgegangen sind, bei der Vertragsdurchführung zu Hindernissen und unerwarteten Belastungen einer Partei. Abw von der grds Zuordnung dieser Risiken zum Bereich des Schuldners (Rn 16) können nur ausnahmsweise einschneidende Leistungserschwerungen als **wesentliche Äquivalenzstörung** zum Wegfall der Geschäftsgrundlage führen. Grds ist so der Sachleistungsschuldner auch bei erheblichem, unerwartetem Anstieg der Selbstkosten an den vereinbarten Festpreis gebunden; nur unter außergewöhnlichen Umständen („wirtschaftliche Unmöglichkeit"; Rn 8, § 275 Rn 20) kommt eine Anpassung in Betracht (bei Steigerung der Herstellungskosten auf ein Vielfaches RGZ 101, 81 ff; bei erheblichem Kostenaufwand infolge höherer Gewalt BGH NJW-RR 95, 1119; Koller NJW 96, 300 ff). Ebenso kann dem Geldschuldner das Risiko unvorhergesehener Finanzierungsschwierigkeiten nur in seltenen Ausnahmefällen wegen Wegfalls der Geschäftsgrundlage abgenommen werden (so uU bei Übernahme der Kreditvermittlung durch den Gläubiger oder engen persönlichen Beziehungen der Parteien; BGH NJW-RR 86, 946). Darüber hinaus können sich Ausn von der generellen Risikoverteilung insb bei Leistungserschwerungen infolge der Veränderung der „großen Geschäftsgrundlage" ergeben (so durch den politischen und wirtschaftlichen Einschnitt in der ehemaligen DDR und Osteuropa 1989/90; BGHZ 120, 23; 127, 218; 131, 214 ff).

24 Das Risiko der **Geldentwertung** trägt grds der Gläubiger. Mit Hilfe des Wegfalls der Geschäftsgrundlage können Geldforderungen nicht etwa mit einem Wertsicherungsanspruch ausgestattet werden; dies wäre mit dem generell geltenden Nominalwertprinzip (§ 244 Rn 8) unvereinbar. Keinesfalls bei normalem Kaufkraftverlust, sondern nur bei extremen inflationsbedingten Äquivalenzstörungen, die die Interessen einer Partei tiefgreifend beeinträchtigen und die Grenze des übernommenen Risikos deutlich überschreiten, kommt eine Vertragsanpassung wegen Wegfalls der Geschäftsgrundlage in Betracht (BGHZ 77, 198 f). Abgesehen von den Veränderungen der „großen Geschäftsgrundlage" kann dies insb bei **langfristigen Verträgen** eintreten (so für den Erbbauzins bei einer Entwertung von 60 % ergänzend zu § 9 a ErbbauVO BGHZ 97, 175; für eine Kleingartenpacht vor Inkrafttreten des Bundeskleingartengesetzes BGH NJW-RR 99, 237 f; für einen langfristigen Mietvertrag OLG Hamburg OLGZ 90, 66). Darüber hinaus sind Ausn anerkannt bei **Schadensersatzansprüchen** (BGHZ 79, 194) und bei der Berechnung von **Ausgleichsansprüchen** (BGHZ 109, 94 f). Auch bei **Verträgen mit Versorgungscharakter** und insb **Unterhaltsverträgen** hat die Rspr (zB BGHZ 105, 245; 129, 309; 128, 329) die Berufung auf die Störung der Geschäftsgrundlage zugebilligt, ohne dass spezialgesetzliche Regelungen dafür bestehen (wie in § 1612 a für den Minderjährigenunterhalt und in § 16 BetrAVG für Betriebsrenten).

25 In den Fällen der **Zweckstörung** bzw **Zweckverfehlung** (Rn 7) setzt die Störung der Geschäftsgrundlage nicht nur voraus, dass der (später verfehlte) Verwendungszweck der anderen Partei bei Vertragsschluss mitgeteilt oder zumindest erkennbar war. Vielmehr

müssen auf diesem Verwendungszweck beide Parteien ihren Geschäftswillen (zB ihre Nutzungs-, Gewinn- oder sonstigen Vorteilserwartungen) so aufbauen, dass das Verlangen nach Durchführung trotz der Zweckstörung treuwidrig und nicht zumutbar wäre. Anzunehmen ist dies insb, wenn die geplante Verwendung für die Preisbemessung maßgeblich war. Bei der Fensterplatzmiete für den später ausfallenden Festumzug ist dem Vermieter so nicht nur die Besichtigung des Umzuges als Verwendungszweck bewusst, sondern sein Preisverlangen beruht gerade auf der geplanten Durchführung des Umzuges (ohne dass er diese aber selbst schuldete). Ähnl verhält es sich zB bei der Vermietung einer Ferienwohnung oder eines Hotelzimmers an einem Badestrand, der durch ein Unwetter unbenutzbar wird (BGHZ 85, 57). In Betracht kommt eine Störung der Geschäftsgrundlage zB auch, wenn nach der Miete eines Bootshauses auf dem angrenzenden See die Schifffahrt eingeschränkt wird (BGH WM 71, 1303); wenn der Käufer, auf dessen Person der Vertrag ausschließlich abgestellt war, verstirbt (OLG Frankfurt/M MDR 74, 401); wenn bei einem Vertrag über Bierlieferungen im Empfängerland (Iran) nach der islamischen Revolution die Abnehmer verloren gehen (BGH NJW 84, 1747); und wenn die vorgesehene gewerbliche Nutzung von Mieträumen durch ein allg behördliches Verbot scheitert. Stets ist der Wegfall der Geschäftsgrundlage aber von den Umständen des jeweiligen Einzelfalles abhängig; er muss die Ausn bleiben ggü dem Grundsatz, dass bei mangelfreien Leistungen der Gläubiger das **Risiko der Verwendung** bzw der Verwertbarkeit trägt (BGHZ 74, 374). IdR trägt daher der Käufer das Risiko, dass er die Kaufsache wegen unerwarteten Umsatzrückganges (BGHZ 17, 327) oder wegen einer Planungsänderung (BGH NJW-RR 98, 589 für einen Grundstückskauf zur Anlage einer Parkfläche) nicht wie vorgesehen verwenden kann oder dass Bauerwartungsland nicht bebaubar wird (BGHZ 74, 374). Für Mietsachen trägt entspr der Mieter grds das Verwendungsrisiko (BGH NJW 81, 2406). Ein Wegfall der Geschäftsgrundlage liegt nicht bereits vor, weil die Nutzung der Mietsache dem Mieter Verluste und nicht die erwarteten Gewinne bringt (BGH NJW 81, 2406; OLG Celle NJW-RR 96, 1099; einschränkend für die Miete eines Geschäfts im Einkaufszentrum OLG Koblenz NJW-RR 89, 401). Beim Darlehen führt es grds nicht zum Wegfall der Geschäftsgrundlage, dass sich dem Darlehensnehmer die Möglichkeit einer anderweitigen Finanzierung bietet oder er aus sonstigen Gründen das Darlehen nicht (weiter) benötigt (BGH NJW 90, 981); ein subjektives Ausübungshindernis führt grds nicht zur Umwandlung eines Wohnrechts in einen Zahlungsanspruch (BGH NJW 07, 1884).

III. Im **Prozess** hat sich durch § 313 eine neue Lage insofern ergeben, als früher nach hM die Anpassung wegen Störung der Geschäftsgrundlage als ipso iure eintretende Folge galt, die vom Richter lediglich noch auszusprechen war (BGH NJW 72, 153). Demgegenüber erfordert Abs 1 das **Verlangen** einer Partei **nach Anpassung** (und entspr Abs 3 die Ausübung des Rücktrittsrechts bzw bei Dauerschuldverhältnissen der Kündigung). Diese Gewährung eines **Anspruchs** auf Vertragsanpassung (in der Konstruktion angelehnt an § 60 I 1 VwVfG) legt es in die Hand der benachteiligten Partei, ob sie gleichwohl (etwa mit Rücksicht auf sonstige geschäftliche Interessen) am ursprünglichen Vertragsinhalt festhalten oder sich auf die Störung der Geschäftsgrundlage berufen und den Anspruch auf Vertragsanpassung geltend machen möchte. Im letzteren Fall kann sie unmittelbar auf Leistung aus dem veränderten Vertrag klagen (iE Wieser JZ 04, 654 ff), zB auf Zahlung eines höheren oder geringeren Betrages als ursprünglich vereinbart (ähnl wie früher nach der Herstellungstheorie bei der kaufrechtlichen Wandelung; vgl 1. Aufl § 462 Rn 4). Für eine Klage auf Zustimmung der anderen Partei zur Vertragsanpassung besteht dag grds kein Rechtsschutzbedürfnis (aA Eidenmüller Jura 01, 830 f; zur Verbindung der Klage auf die angepasste Leistung im Wege der Stufenklage analog § 254 ZPO Dauner-Lieb/Dötsch NJW 03, 921 ff). Nach hM ergibt sich aus § 313 **keine Neuverhandlungspflicht** (Dauner-Lieb/Dötsch NJW 03, 925 mwN); verweigert der andere Teil hartnäckig seine Mitwirkung an der Anpassung, so entstehen daher allein Rücktritts- bzw Kündigungsrechte gem Abs 3, nicht aber Schadensersatzansprüche gem § 280 I). Die **Beweislast** für die Störung der Geschäftsgrundlage trägt die Partei, die sich darauf beruft (BGH NJW 03, 510); sie hat auch zu beweisen, dass dem Vertrag bestimmte Vorstellungen zugrunde lagen (BGH GRUR 90, 1006). Die **Verjährung** richtet sich nach §§ 195, 199; jedoch kann vor Ablauf der Verjährungsfrist ein langes Abwarten der benachteiligten Partei uU gegen die Unzumutbarkeit des Festhaltens am Vertrag oder für eine Verwirkung sprechen.

§ 314 Kündigung von Dauerschuldverhältnissen aus wichtigem Grund

(1) ¹Dauerschuldverhältnisse kann jeder Vertragsteil aus wichtigem Grund ohne Einhaltung einer Kündigungsfrist kündigen. ²Ein wichtiger Grund liegt vor, wenn dem kündigenden Teil unter Berücksichtigung aller Umstände des Einzelfalls und unter Abwägung der beiderseitigen Interessen die Fortsetzung des Vertragsverhältnisses bis zur vereinbarten Beendigung oder bis zum Ablauf einer Kündigungsfrist nicht zugemutet werden kann.
(2) ¹Besteht der wichtige Grund in der Verletzung einer Pflicht aus dem Vertrag, ist die Kündigung erst nach erfolglosem Ablauf einer zur Abhilfe bestimmten Frist oder nach erfolgloser Abmahnung zulässig. ²Für die Entbehrlichkeit der Bestimmung einer Frist zur Abhilfe und für die Entbehrlichkeit einer Abmahnung findet § 323 Absatz 2 Nummer 1 und 2 entsprechende Anwendung. ³Die Bestimmung einer Frist zur Abhilfe und eine Abmahnung sind auch entbehrlich, wenn besondere Umstände vorliegen, die unter Abwägung der beiderseitigen Interessen die sofortige Kündigung rechtfertigen.
[Abs 2 gilt bis 12.6.14 in folgender Fassung:]
(2) ¹Besteht der wichtige Grund in der Verletzung einer Pflicht aus dem Vertrag, ist die Kündigung erst nach erfolglosem Ablauf einer zur Abhilfe bestimmten Frist oder nach erfolgloser Abmahnung zulässig. ²§ 323 Abs. 2 findet entsprechende Anwendung.
(3) Der Berechtigte kann nur innerhalb einer angemessenen Frist kündigen, nachdem er vom Kündigungsgrund Kenntnis erlangt hat.
(4) Die Berechtigung, Schadensersatz zu verlangen, wird durch die Kündigung nicht ausgeschlossen.

[Die Kommentierung basiert auf der ab 13.6.14 geltenden Fassung.]

1 I. Für **Dauerschuldverhältnisse** gewährt § 314 ein Recht zur **Kündigung aus wichtigem Grund**. Das SMG hat diese Regelung zT auf der Grundlage vorheriger richterlicher Rechtsfortbildung in das BGB aufgenommen. Ihr **Zweck** ist es, unzumutbare Auswirkungen der langfristigen Bindung bei Dauerschuldverhältnissen unter Berücksichtigung der beiderseitigen Interessen zu vermeiden. Die Vorschrift trägt insofern Erfordernissen des Grundsatzes von Treu und Glauben Rechnung. Sie ist durch AGB nicht zu Lasten des Berechtigten abdingbar (BGH NJW 12, 1431; zu den iE noch klärungsbedürftigen Grenzen der individualvertraglichen Abdingbarkeit BGH WM 73, 694).

2 § 314 enthält die allg Regelung für die außerordentliche Kündigung von Dauerschuldverhältnissen. Das Kündigungsrecht aus wichtigem Grund tritt bei in Vollzug gesetzten Dauerschuldverhältnissen nach hM grds an die Stelle des Rücktrittsrechts nach §§ 323 ff (MK/Gaier § 314 Rn 3, 11; vgl BGH NJW 87, 2006; str aber im Verhältnis zu § 324; MK/Ernst § 324 Rn 3). Ist die vollständige Rückabwicklung unschwer möglich und sachgerecht, so kann ausnahmsweise aber auch bei einem bereits in Vollzug gesetzten Dauerschuldverhältnis ein Rücktritt erfolgen (vgl BGH NJW 02, 1870). **Sonderregeln** wie zB § 490 für den Darlehensvertrag, §§ 543, 569 für die Miete, § 626 für den Dienstvertrag und § 723 für die Gesellschaft haben als leges speciales ihr ggü **Vorrang**. Str ist das Verhältnis von § 314 zu § 313. Störungen der Geschäftsgrundlage können die tatbestandlichen Voraussetzungen eines wichtigen Grundes erfüllen. Aus § 313 III soll sich nach einer im Gesetzgebungsverfahren vertretenen Auffassung ergeben, dass die Vorschriften für die Störung der Geschäftsgrundlage Vorrang haben (BT-Drucks 14/6040, 177). Demgegenüber erscheint es jedoch weder durch Wortlaut oder Zweck der beiden Vorschriften noch durch sonstige Sachgründe geboten, bei dem Bestehen eines wichtigen Grundes iSd § 314 dem Berechtigten das Kündigungsrecht nur deshalb für den Regelfall zugunsten der Vertragsanpassung abzuschneiden (und es ihm

nur im gesetzlichen Ausnahmefall fehlender Möglichkeit oder Zumutbarkeit der Anpassung gem § 313 III einzuräumen), weil zugleich eine Störung der Geschäftsgrundlage vorliegt (auch wenn sich das Problem in der Praxis dadurch entschärfen dürfte, dass in den Fällen, in denen ein wichtiger Grund zur Kündigung nach § 314 berechtigen würde, zumeist auch die Voraussetzungen für die Kündigung nach § 313 III trotz deren Ausnahmecharakter iRd Geschäftsgrundlagenrechts vorliegen werden). Ebenso wenig braucht dem Berechtigten unter der entgegengesetzten Annahme eines Vorrangs von § 314 (so aber Eidenmüller Jura 01, 832) die Möglichkeit genommen zu werden, sich bei gleichzeitigem Vorliegen einer Geschäftsgrundlagenstörung mit der Vertragsanpassung nach § 313 I, II zu begnügen. Beide Vorschriften stehen vielmehr selbständig nebeneinander, ohne sich auszuschließen.

II. 1. Die allg **Voraussetzungen** für die Kündigung von Dauerschuldverhältnissen ergeben sich aus Abs 1 und 3. Bei einem **Dauerschuldverhältnis** erbringen die Parteien während der Laufzeit zeitlich aufeinanderfolgende Leistungen. Sie bewirken dabei nicht lediglich eine Gesamtleistung in Raten, sondern erfüllen jeweils in den Zeitabschnitten entstehende Leistungspflichten (s § 313 Rn 21). Um Dauerschuldverhältnisse handelt es sich zB bei Miet-, Pacht-, Leih-, Dienst-, Verwahrungs-, Gesellschafts- und Versicherungsverträgen, sowie bei atypischen Vertragsverhältnissen wie Leasing-, Belegarzt- und Bezugsverträgen. Für die Kündigung ist nach Abs 1 S 1 ein **wichtiger Grund** erforderlich. Die Voraussetzungen für das Vorliegen eines wichtigen Grundes legt **Abs 1 S 2** in Entsprechung zu § 626 I fest. Erforderlich ist danach die Berücksichtigung aller Umstände des Einzelfalles und die Abwägung der beiderseitigen Interessen; unter Einschluss dieser Gesichtspunkte muss die Fortsetzung des Vertragsverhältnisses bis zu dessen regulärer Beendigung (aufgrund der vereinbarten Laufzeit oder aufgrund der Frist einer ordentlichen Kündigung) dem kündigenden Teil **nicht zumutbar** sein. Ein wichtiger Grund kann nach diesem Maßstab – abhängig von den Umständen des Einzelfalls – ua bestehen bei schweren Störungen der Vertrauensgrundlage und vergleichbaren sonstigen Gefährdungen der Durchführung des Vertrages sowie bei weitreichender Verletzung von Schutzpflichten. Ein Verschulden des anderen Teils ist (wie schon nach früherer Rechtslage) weder erforderlich noch ausreichend (BT-Drucks 14/6040, 178). Störungen aus dem eigenen Risikobereich begründen grds kein Kündigungsrecht (zB Umzug des Inhabers eines DSL-Anschlusses in einen Ort, in dem dafür keine Leitungen verlegt sind; BGH ZGS 11, 83). Die Annahme der Unzumutbarkeit für die kündigende Partei muss sich stets auf eine Abwägung der Interessen beider Vertragsteile stützen; es genügt nicht, allein auf die Schwere der Belastung für den Kündigenden abzustellen. In die Interessenabwägung einzubeziehen sind ua die Zwecke des Vertrages und ggf die Besonderheiten des jeweiligen Vertragstyps. Strenge Anforderungen sind an eine außerordentliche Kündigung zu stellen, zB bei der substitutiven Krankenversicherung, für die § 206 I VVG die ordentliche Kündigung ausschließt (BGH NJW 12, 376).

Gem **Abs 3** ist zudem erforderlich, dass die Kündigung **innerhalb einer angemessenen Zeit** seit Kenntnis vom Kündigungsgrund erfolgt. Dadurch wird gewährleistet, dass die andere Partei nicht zu lange im Ungewissen bleibt, ob der Berechtigte von der Kündigungsmöglichkeit Gebrauch macht. Zudem ist nach einer längeren Zeitspanne nicht mehr anzunehmen, dass die Fortsetzung des Vertragsverhältnisses wirklich unzumutbar ist. Angesichts der Vielgestaltigkeit der Dauerschuldverhältnisse hat der Gesetzgeber (anders als in § 626 II) auf eine bestimmte einheitliche Zeitangabe verzichtet. Nach BGH NJW 11, 1438 kann daher § 626 II auch nicht als Anknüpfungspunkt herangezogen werden. Die Bestimmung des angemessenen Zeitrahmens hängt vielmehr von der Art des Dauerschuldverhältnisses und anderen Umständen des Einzelfalls ab. Sofern Spezialvorschriften Kündigungsfristen für einzelne Dauerschuldverhältnisse festlegen, sind diese vorrangig.

Während grds nach Abs 1 unter den vorgenannten Voraussetzungen die Kündigung fristlos erfolgen kann, stellt **Abs 2** für die **Verletzung von Pflichten aus einem Vertrag** die **zusätzliche Voraussetzung** auf, dass die Kündigung aus wichtigem Grund (ebenso wie der Rücktritt nach § 323) erst nach **Ablauf einer zur Abhilfe bestimmten Frist** oder nach erfolgloser **Abmahnung** zulässig ist (s dazu § 323 Rn 5, 11). Zu den Pflichten aus einem Vertrag gehören neben den leistungsbezogenen Haupt- und Nebenpflichten auch die Schutzpflichten iSd § 241 II. Für die Voraussetzungen, unter denen es einer Fristbestimmung oder Abmahnung nicht bedarf, führt der Verweis auf § 323 II zu einer weitgehend übereinstimmenden Regelung mit dem Rücktritt. Im Unterschied zum Rücktritt ist gem Abs 2 S 3 für die sofortige Kündigung jedoch nicht erforderlich, dass die Leistung nicht vertragsgemäß erbracht wurde (vgl § 323 Rn 8).

6 **2.** Abs 4 stellt – ähnl wie § 325 für den Rücktritt – klar, dass die nach anderen Vorschriften (insb nach den §§ 280, 281) bestehenden Möglichkeiten, **Schadensersatz** zu verlangen, durch die Kündigung **unberührt** bleiben.

Untertitel 4
Einseitige Leistungsbestimmungsrechte

§ 315 Bestimmung der Leistung durch eine Partei

(1) Soll die Leistung durch einen der Vertragschließenden bestimmt werden, so ist im Zweifel anzunehmen, dass die Bestimmung nach billigem Ermessen zu treffen ist.
(2) Die Bestimmung erfolgt durch Erklärung gegenüber dem anderen Teil.
(3) ¹Soll die Bestimmung nach billigem Ermessen erfolgen, so ist die getroffene Bestimmung für den anderen Teil nur verbindlich, wenn sie der Billigkeit entspricht. ²Entspricht sie nicht der Billigkeit, so wird die Bestimmung durch Urteil getroffen; das Gleiche gilt, wenn die Bestimmung verzögert wird.

1 **I. 1.** Gegenstand eines wirksamen Schuldverhältnisses ist eine bestimmte oder zumindest **bestimmbare** Leistung (§ 241 Rn 2 f). Hinreichend bestimmbar ist eine Leistung nicht nur, wenn objektive Kriterien wie der Marktwert zur Bestimmung dienen sollen, sondern auch, wenn die Bestimmung einer Vertragspartei (§§ 315, 316) oder einem Dritten (§§ 317–319) als einseitiges Gestaltungsrecht übertragen ist. Ist einer Vertragspartei ein derartiges **Leistungsbestimmungsrecht** eingeräumt, ohne dass ein Bestimmungsmaßstab festgelegt ist, greift die **Auslegungsregel des Abs 1** ein. Die **Ausübung** des Bestimmungsrechts regelt **Abs 2**. Abs 3 regelt die Rechtsfolgen einer **fehlerhaften oder verzögerten Bestimmung**, die nach billigem Ermessen erfolgen sollte. Indem § 315 die Ausübung des Bestimmungsrechts dem Maßstab der **Billigkeit** und einer entspr gerichtlichen Kontrolle unterwirft, gewährleistet die Vorschrift den Schutz der nicht bestimmungsberechtigten Vertragspartei, die regelmäßig beim Vertragsschluss wie bei der Vertragsdurchführung in einer schwächeren Position ist. Dieser „**Schutzgedanke**" des § 315 (BGHZ 38, 186) dient gemeinsam mit § 242 auf vielen Gebieten zur Verhinderung des Missbrauchs der privaten Gestaltungsmacht durch richterliche Inhaltskontrolle, insb im Gesellschaftsrecht. Vgl zur Anwendung als Billigkeitskontrolle von einseitig festgelegten Vertragsbedingungen BGH NJW-RR 05, 1496 (Vertragshändlervertrag), BGH NJW-RR 06, 133 (Bestimmungen über Baukostenzuschüsse), BGH NJW 05, 1188 (Mietvertragsklauseln) und BGH NJW 05, 2919 (Tarife von Versorgungsunternehmen), BGH NJW 07, 2540 (einseitige Tariferhöhung eines Gasversorgers), BGH NJW 07, 210 (zur Billigkeitskontrolle bei Preisgleitklauseln) und BGH NJW 07, 1672 (keine Billigkeitskontrolle bei anfänglich vereinbartem Strompreis), generell zur Anwendung von § 315 in der Energiewirtschaft Büdenbender NJW 07, 2945; zur Anwendung von § 315 in der Lebensversicherung s Ebers, 257 ff. Entspr anwendbar ist § 315 auf die einseitige Festsetzung von Pauschalpreisen durch **öffentliche Monopolunternehmen** (BGHZ 115, 316; BGH NJW 05, 1772). Im Arbeitsrecht ist dag hins der Direktionsbefugnis nicht mehr § 315 (so noch BAG DB 96, 1931), sondern § 106 GewO anzuwenden.

2 **2.** Als **Sondervorschriften** zT ähnliche Regelungen enthalten ua § 14 RVG, § 16 Gesetz zur Verbesserung der betrieblichen Altersversorgung; zum Spezifikationskauf § 375 HGB.

II. 1. a) § 315 setzt zunächst die **Vereinbarung eines Bestimmungsrechts** zugunsten 3
einer Vertragspartei (Gläubiger oder Schuldner) voraus. Die zu erbringende Leistung
darf daher nicht bereits abschließend festgelegt oder durch ergänzende Vertragsauslegung (§§ 133, 157) zu ermitteln sein (BGH NJW 75, 1117). Besondere Auslegungsregeln hins der zu erbringenden Leistung (§§ 612 II, 632 II, 653 II) gehen den §§ 315 ff
vor. Häufig ist die Anwendung der §§ 315 ff auch dadurch ausgeschlossen, dass die
Parteien konkludent einen objektiven Bestimmungsmaßstab vereinbaren, zB den ortsüblichen Preis beim Kauf einer vertretbaren Sache oder einen angemessenen Mietzins
(BGH NJW-RR 92, 517). Soll das Bestimmungsrecht durch eine Vertragspartei gemeinsam mit einem Dritten ausgeübt werden, sind statt § 315 die §§ 317 ff anzuwenden. Die Parteien können das Bestimmungsrecht ausdrücklich oder konkludent vereinbaren (bestimmt bspw eine Partei über die gesamte Dauer eines Vertragsverhältnisses
die Leistung, so gilt das Recht zur Leistungsbestimmung als in ihren Gunsten konkludent vereinbart und die Bestimmung ist verbindlich, BGH NJW-RR 05, 762). Bei erkennbarem Willen der Parteien, sich vertraglich zu binden, können trotz eines Einigungsmangels gem § 154 uU Lücken der Vereinbarung mit Hilfe der §§ 315 ff geschlossen werden (BGHZ 41, 275). **AGB** enthalten häufig Bestimmungsrechte hins des
Preises (zB Vorbehalt endgültiger Preisfestsetzung oder „Preis freibleibend") oder des
genauen Leistungsinhalts (insb Vorbehalte zur näheren Bestimmung von Leistungsgegenstand oder -umfang). Ihre Wirksamkeit bemisst sich nach den §§ 307, 308 Nr 4
und 309 Nr 1 (dazu Art 3 III iVm Anh Nr 1 j, Anh Nr 2 b, c Klausel-RL). Die einseitige
Mietanpassung für Wohnraum ist durch §§ 557 ff beschränkt.
b) Gegenstand des Bestimmungsrechts können insb die Leistung bzw Gegenleistung 4
selbst (vgl zB die Leistungs- und Preisvorbehalte Rn 3), Modalitäten der Leistung (wie
Ort, Zeit oder Art; zB Leistung auf Abruf) und auch die Feststellung von Anspruchsvoraussetzungen sein, nicht aber allg der Vertragsinhalt und die Vertragsdauer (BGHZ
89, 213 für AGB).
c) Die Vereinbarung kann für die Leistungsbestimmung einen **Maßstab** festlegen (zB in 5
Form von RL oder Orientierungsdaten) oder dem Berechtigten freies Ermessen einräumen. Nicht wirksam ist jedoch die Festlegung reiner Willkür als Bestimmungsgrundlage. Wird sie dem Gläubiger als Bestimmungsberechtigten gestattet, verstößt der Vertrag gegen § 138. Wird sie dem Schuldner eingeräumt, ist dieser als nicht gebunden anzusehen, so dass mangels vereinbarten Maßstabes Abs 1 greift (RGZ 40, 199).
d) Sofern die Parteien keine inhaltliche Festlegung für das Bestimmungsrecht getroffen 6
haben, ergibt sich der **Maßstab aus der Auslegungsregel des Abs 1**. Ist jedoch das Bestimmungsrecht einer Vertragspartei durch AGB zugewiesen, hat sie die Bestimmung
nicht nur „iZw", sondern aufgrund von § 307 I, II Nr 1 stets nach billigem Ermessen
zu treffen. Die Entscheidung entspricht **billigem Ermessen**, wenn die festgelegte Leistung unter Berücksichtigung der beiderseitigen Interessen und des in ähnl Fällen Üblichen angemessen erscheint (BGHZ 41, 279). Bei der Festsetzung eines Entgeltes ist
insb der Wert der zu entgeltenden Leistung maßgeblich, bei einem Gutachten neben
der aufgewandten Arbeit auch die wirtschaftliche Bedeutung (BGH NJW 66, 540).
Auch Grundrechte (zB Art 4 GG) sind bei der Bestimmung zu berücksichtigen (BAG
NJW 90, 204 f; BAG NJW 03, 1686 f).
2. a) Die **Ausübung** des Bestimmungsrechts (**Abs 2**) ist durch einseitige, empfangsbe- 7
dürftige Willenserklärung ggü dem Vertragspartner formlos (selbst bei formbedürftigem Rechtsgeschäft) und damit auch konkludent möglich. Sie ist unwiderruflich, kann
aber vom Berechtigten gem §§ 119 ff angefochten werden. Die Parteien können auch
vereinbaren, dass die Bestimmung durch Verfügung von Todes wegen getroffen werden soll (BGH NJW-RR 86, 165).
b) Als **Rechtsfolge** der wirksamen Ausübung des Bestimmungsrechts gem Abs 2 erhält 8
das Schuldverhältnis den Inhalt, der mit der Bestimmung festgelegt wird. Nach hM
handelt es sich dabei um eine **Rechtsgestaltung**, nicht lediglich um eine Rechtsfeststellung.
c) Auf die Ausübung des Bestimmungsrechts besteht **kein Anspruch**. Die Verzögerung 9
der Bestimmung berechtigt jedoch nach Abs 1 S 2 zur Ersetzung durch Urt (Rn 11). Ist

der Schuldner Bestimmungsberechtigter, hat der Gläubiger zudem unter den Voraussetzungen der §§ 280 I, II, 286 einen Schadensersatzanspruch. Wegen der Möglichkeit einer gerichtlichen Bestimmung nach Abs 3 S 1 berechtigt die Verzögerung dag nicht zum Rücktritt gem § 323. Steht das Bestimmungsrecht dem Gläubiger zu, gerät dieser in Annahmeverzug, wenn er es nicht ausübt, obwohl der Schuldner sich zur Leistung bereit erklärt bzw ihn zur Leistungsbestimmung auffordert (str).

10 **3. a)** Nach **Abs 3 S 1** ist die **Bestimmung unverbindlich**, wenn sie nach billigem Ermessen zu treffen war, aber nicht der Billigkeit entspricht. Auch wenn die Bestimmung mit behördlicher Genehmigung getroffen wurde, ist sie unverbindlich. Sie hat damit keine gestaltende Wirkung für das Schuldverhältnis, so dass weder Schuldner- noch Annahmeverzug eintreten kann. Die Unverbindlichkeit iSd Abs 3 S 1 ist allerdings nicht mit einer Nichtigkeit gleichzusetzen. Vielmehr muss sie durch Einrede oder Klage (Abs 3 S 2) von der anderen Vertragspartei geltend gemacht werden. Bis dahin wird der Bestimmung eine vorläufige Bindungswirkung zugesprochen (BAG NJW 12, 2605; OLG Frankfurt/M NJW-RR 99, 379; schwer vereinbar mit dem Wortlaut des Abs 3 ist allerdings die Einordnung der Unverbindlichkeit als Sonderform der Anfechtbarkeit, iE Staud/Rieble § 315 Rn 136).

11 **b)** Die Bestimmung seitens des Berechtigten kann nach **Abs 3 S 2** durch ein – ebenfalls rechtsgestaltendes – **Urt** ersetzt werden, wenn eine getroffene Bestimmung nicht der Billigkeit entspricht oder die Ausübung des Bestimmungsrechts verzögert wird. Eine Verzögerung liegt auch ohne die Voraussetzungen des Verzugs (§ 286) vor (BGH NJW 98, 1390). Die Leistung wird idR erst mit der Rechtskraft des leistungsbestimmenden Urteils fällig. Auch für den Verjährungsbeginn und den Schuldnerverzug ist die Rechtskraft des Urteils maßgeblich, sofern die Parteien nicht eine Rückwirkung der Festsetzung vereinbaren (BGH NJW 96, 1058).

12 **c)** Haben die Parteien einen **anderen Maßstab** als das billige Ermessen vereinbart, wird zT Abs 3 für entspr anwendbar und damit die Klage auf Leistungsbestimmung für zulässig gehalten (Soergel/Wolf § 315 Rn 50).

13 **III.** Die Vertragspartei, die das Recht zur Leistungsbestimmung für sich beansprucht, ist **beweispflichtig** für die Vereinbarung des Bestimmungsrechts sowie für die Billigkeit der von ihr vorgenommenen Bestimmung bzw für eine Freistellung von dem Billigkeitserfordernis (BGHZ 115, 1687; BGH WM 03, 1732). Hat der Schuldner das Recht zur Leistungsbestimmung, kann der Gläubiger bei einer Unverbindlichkeit gem Abs 3 die **Klage unmittelbar auf** eine bestimmte, der Billigkeit entspr **Leistung** richten (BGH NJW 96, 1055). Die Klage unterliegt keiner Ausschlussfrist (zur möglichen Verwirkung BGHZ 97, 220). Ist der Gläubiger bestimmungsberechtigt, kann der Schuldner die Unverbindlichkeit der Leistungsbestimmung **einredeweise** geltend machen (BGH NJW 83, 1778).

§ 316 Bestimmung der Gegenleistung

Ist der Umfang der für eine Leistung versprochenen Gegenleistung nicht bestimmt, so steht die Bestimmung im Zweifel demjenigen Teil zu, welcher die Gegenleistung zu fordern hat.

1 Die Ergänzungs- und **Auslegungsregel** des § 316 vervollständigt den Vertrag um eine fehlende Bestimmungsvereinbarung und um die Festlegung des Bestimmungsberechtigten. Sie setzt einen **entgeltlichen**, nicht notwendig gegenseitigen **Vertrag** voraus. In ihm muss die eine **Leistung** umfassend (nach Art und Umfang) **bestimmt** sein. Die **Gegenleistung** muss der Art nach festgelegt sein, darf jedoch hins des Umfangs weder ausdrücklich noch konkludent bestimmt sein. Der Umfang der Gegenleistung darf sich auch nicht aufgrund dispositiven Rechts (zB § 612 II) nach objektiven Maßstäben ermitteln lassen. Das Bestimmungsrecht steht sodann dem **Gläubiger** der Gegenleistung zu. Auf Inhalt, Ausübung und Rechtsfolgen des Bestimmungsrechts ist § 315 anzuwenden. In Betracht kommt § 316 zB beim Vergütungsanspruch des Gutachters (BGH NJW 66, 539). Der Gläubiger trägt die **Beweislast** dafür, dass die Gegenleistung dem

Umfang nach nicht bestimmt ist. Zur Abrede, über den genauen Umfang der Gegenleistung werde man sich schon einigen, BGH NJW-RR 88, 971; zur Vereinbarung einvernehmlicher Preisanpassung BGHZ 71, 284. Entspr anwendbar ist § 316, wenn die Art der Gegenleistung nicht bestimmt ist. – Im Anwendungsbereich des UN-Kaufrechts verdrängt Art 55 CISG den § 316.

§ 317 Bestimmung der Leistung durch einen Dritten

(1) Ist die Bestimmung der Leistung einem Dritten überlassen, so ist im Zweifel anzunehmen, dass sie nach billigem Ermessen zu treffen ist.
(2) Soll die Bestimmung durch mehrere Dritte erfolgen, so ist im Zweifel Übereinstimmung aller erforderlich; soll eine Summe bestimmt werden, so ist, wenn verschiedene Summen bestimmt werden, im Zweifel die Durchschnittssumme maßgebend.

I. Den Parteien eines Schuldverhältnisses steht es frei, die Bestimmung der geschuldeten 1
Leistung einem oder mehreren **Dritten** zu überlassen (zB im Hinblick auf deren Sachkunde und auf eine neutrale Festlegung unter Berücksichtigung der beiderseitigen Interessen); zum Recht des Dritten, die Leistung zu bestimmen, als Gestaltungsrecht s Joussen AcP 203, 429 ff. Für den Inhalt bei der Leistungsbestimmung durch Dritte und das Vorgehen bei einer Bestimmung durch mehrere Dritte gibt § 317 **Auslegungsregeln** (ähnl wie § 315 I für die Leistungsbestimmung durch eine Partei).

II. 1. a) Die Auslegungsregel des Abs 1 setzt voraus, dass die Parteien **vertraglich die** 2
Bestimmung der Leistung einem Dritten übertragen haben. Die Vereinbarung wird zumeist ausdrücklich iR des Schuldvertrages der Parteien durch eine **Schiedsgutachtenklausel** getroffen. Sie kann aber auch nachträglich als isolierte Abrede zustande kommen (insb um eine Meinungsverschiedenheit über den Leistungsinhalt beizulegen). Formerfordernisse bestehen grds nicht (iU zur Schiedsvereinbarung gem §§ 1029, 1031 ZPO; Rn 6). Da Abs 1 nur eine Auslegungsregel enthält, steht es den Parteien auch grds frei, einen anderen Bestimmungsmaßstab als den, der nach Abs 1 iZw anzunehmen ist, festzulegen und dabei zB einzelne zu berücksichtigende Umstände zu nennen oder die Bestimmung in das freie Ermessen bzw Belieben des Dritten (vgl § 319 II) zu stellen. In **AGB** ist die Vereinbarung nur wirksam, wenn nach strengem Maßstab den Interessen des Verwendungsgegners hinreichend Rechnung getragen ist (die Wirksamkeit abl zB BGHZ 101, 319; 115, 331).

Dritter iSd §§ 317 ff kann insb ein Sachverständiger sein, aber auch eine Behörde, sofern sie nicht schon kraft Gesetzes für die Bestimmung zuständig ist (BGH NJW 55, 665), ein Schiedsgericht und im Einzelfall auch ein staatliches Gericht außerhalb seiner gesetzlichen Zuständigkeit (BGH NJW 98, 1390). Es genügt die Bestimmbarkeit des Dritten; die Parteien können die Auswahl zB einem neutralen Verbandsgremium oder einer Handwerkskammer überlassen. Für Honorare von Rechtsanwälten ist nach § 4 III RVG nur der Rechtsanwaltskammer die Bestimmung zu übertragen.

b) Nach der Art der vereinbarten Aufgabe des Dritten ist der Schiedsgutachtenvertrag 4
iwS vom Schiedsgutachtenvertrag ieS zu unterscheiden. Auf den **Schiedsgutachtenvertrag iwS** sind die §§ 317–319 unmittelbar anwendbar. Bei ihm ersetzt der Dritte eine fehlende Parteivereinbarung hins der Leistung und ergänzt damit rechtsgestaltend den Vertrag (entspr der ergänzenden Gestaltung durch eine Vertragspartei gem § 315). ZB legt er die (von den Parteien offen gelassene) Vergütung oder Lieferzeit fest oder passt bei einem Dauerschuldverhältnis die Leistungspflicht veränderten Umständen an.

Auf den **Schiedsgutachtenvertrag ieS** sind die §§ 317 ff entspr anwendbar (str). Bei ihm 5
soll nach dem Willen der Vertragsparteien ein sachverständiger Dritter bindend die Feststellung von Tatsachen oder die Klärung von Umständen hins der Art und des Umfangs der Leistung übernehmen. Dem Dritten kann dabei auch die Beurteilung rechtlicher Vorfragen zur Klarstellung des Vertragsinhaltes übertragen werden, zB die Feststellung von Verschulden, Kausalität oder Schaden (BGH NJW 71, 1456); die Beurteilung der Mangelhaftigkeit; die Wertermittlung oder -schätzung; die Feststellung der ortsüblichen oder angemessenen Miete.

6 **Abzugrenzen** sind beide Formen des Schiedsgutachtenvertrags (iwS und ieS) von der **Schiedsvereinbarung** nach § 1029 ZPO. Letztere richtet sich auf die abschließende Entscheidung über das Rechtsverhältnis insgesamt durch einen Schiedsspruch des Schiedsrichters (bzw mehrerer Schiedsrichter) anstelle des ordentlichen Gerichts. Demgegenüber kann der Schiedsgutachter zwar auch bindend über rechtliche Vorfragen entscheiden; sein Gutachten unterliegt aber der inhaltlichen Kontrolle durch das Gericht gem § 319 I 2. Für die Unterscheidung ist ausschlaggebend, ob eine gerichtliche Überprüfung auf offenbare Unrichtigkeit bzw Unbilligkeit möglich sein soll. Wenn dies der Fall ist, handelt es sich um ein Schiedsgutachten; sonst um einen Schiedsvertrag iSd §§ 1029 ff ZPO. Da der Schiedsgutachtenvertrag einen geringeren Eingriff in die Rechtsschutzmöglichkeiten bedeutet, ist iZw sein Vorliegen anzunehmen (BGH MDR 82, 37).

7 c) Den **Schiedsgutachtenvertrag** schließen die beiden Parteien und der Schiedsgutachter idR als Geschäftsbesorgungsvertrag (§ 675). Der Gutachter ist in der Gestaltung des Verfahrens grds frei. Die §§ 1025 ff ZPO sind auf den Schiedsgutachtenvertrag nicht anzuwenden. Auch ein Ablehnungsrecht iSd § 1036 ZPO besteht nur, wenn die Parteien es vereinbaren (BGH NJW 72, 827). Befangenheit berechtigt uU zur Kündigung des Schiedsgutachtenvertrages (BGH DB 80, 968). Der Schiedsgutachter haftet nur bei offenbarer Unrichtigkeit bzw Unbilligkeit und damit Unverbindlichkeit (§ 319 I 1) seines Gutachtens (BGHZ 43, 376; str).

8 2. Sollen **mehrere Dritte** die Leistungsbestimmung vornehmen, ist gem Abs 2 **Einstimmigkeit** erforderlich, wenn sich aus der Vereinbarung der Parteien nichts anderes ergibt. Kommt eine erforderliche Einigung nicht zustande, kann die Bestimmung durch rechtsgestaltendes Urt gem § 319 I 2 getroffen werden. In der Praxis wird allerdings weithin das Mehrheitsprinzip bevorzugt. Ist nach dem Mehrheitsprinzip zu entscheiden, muss ein überstimmter Schiedsgutachter uU die Parteien auf eine nach seiner Ansicht bestehende offensichtliche Unbilligkeit hinweisen (BGHZ 22, 346). Haben die Gutachter eine **Geldsumme** zu bestimmen, ist jedoch nach Abs 2, 2. Halbs abw vom Grundsatz des 1. Halbs iZw nicht das Einstimmigkeitserfordernis anzunehmen, sondern das **Durchschnittsprinzip**. Weichen aber die Schiedsgutachten so erheblich voneinander ab, dass mind eines von ihnen offenbar unbillig iSd § 319 sein muss, ist dieses Prinzip nicht anwendbar, sondern die Leistungsbestimmung hat durch Urt zu erfolgen (BGH NJW 64, 2401).

§ 318 Anfechtung der Bestimmung

(1) Die einem Dritten überlassene Bestimmung der Leistung erfolgt durch Erklärung gegenüber einem der Vertragschließenden.
(2) ¹Die Anfechtung der getroffenen Bestimmung wegen Irrtums, Drohung oder arglistiger Täuschung steht nur den Vertragschließenden zu; Anfechtungsgegner ist der andere Teil. ²Die Anfechtung muss unverzüglich erfolgen, nachdem der Anfechtungsberechtigte von dem Anfechtungsgrund Kenntnis erlangt hat. ³Sie ist ausgeschlossen, wenn 30 Jahre verstrichen sind, nachdem die Bestimmung getroffen worden ist.

1 Die **Bestimmungserklärung** des Dritten (Abs 1) ist eine einseitige, empfangsbedürftige und unwiderrufliche Willenserklärung (wie bei § 315 II; s dort Rn 7). Sie ist für die Parteien verbindlich (OLG Frankfurt/M NJW-RR 99, 379), sofern sie nicht angefochten (Abs 2) oder durch Urt aufgehoben (§ 319) ist. Zur **Anfechtung** berechtigt sind die Vertragsparteien (nicht der Dritte) aus den Anfechtungsgründen der §§ 119, 120, 123 I. § 123 II ist nicht anwendbar. Die Anfechtung muss unverzüglich nach Kenntniserlangung erklärt werden. Sie hat gem § 142 die rückwirkende Nichtigkeit der Bestimmung durch den Dritten zur Folge. Wenn im Fall des § 317 II der Anfechtungsgrund nur in der Person eines Dritten vorliegt, tritt Gesamtwirkung ein (RG SeuffA 97, 15). Die Bestimmung ist von dem oder den Dritten erneut vorzunehmen, sonst erfolgt sie durch Urt (§ 319 I 2).

§ 319 Unwirksamkeit der Bestimmung; Ersetzung

(1) ¹Soll der Dritte die Leistung nach billigem Ermessen bestimmen, so ist die getroffene Bestimmung für die Vertragschließenden nicht verbindlich, wenn sie offenbar unbillig ist. ²Die Bestimmung erfolgt in diesem Falle durch Urteil; das Gleiche gilt, wenn der Dritte die Bestimmung nicht treffen kann oder will oder wenn er sie verzögert.
(2) Soll der Dritte die Bestimmung nach freiem Belieben treffen, so ist der Vertrag unwirksam, wenn der Dritte die Bestimmung nicht treffen kann oder will oder wenn er sie verzögert.

I. Abs 1 enthält für die Leistungsbestimmung durch einen Dritten eine ähnl Regelung wie § 315 III für die Leistungsbestimmung durch eine Vertragspartei, sieht jedoch iU dazu die Unverbindlichkeit der Leistungsbestimmung nicht schon bei einfacher, sondern erst bei **offenbarer Unbilligkeit** vor. Der Unterschied beruht auf der größeren Richtigkeitsgewähr einer Bestimmung durch einen Dritten. Abs 2 betrifft dag nicht die Leistungsbestimmung nach billigem Ermessen, sondern nach **freiem Belieben** des Dritten. – Sonder- bzw **Parallelvorschriften** sind § 9 a ErbbauVO und §§ 84, 87, 189 VVG. 1

II. 1. a) Eine **Leistungsbestimmung**, die ein Dritter nach billigem Ermessen zu treffen hat (vgl § 317 Rn 2, 3), ist gem Abs 1 bei offenbarer Unbilligkeit unverbindlich. **Offenbar unbillig** ist die Bestimmung, wenn sie objektiv in grober Weise gegen die Grundsätze von Treu und Glauben verstößt und sich ihre Unrichtigkeit einem sachkundigen und unbefangenen Beobachter – nicht notwendig aber jedermann – sofort aufdrängt (BGH NJW 91, 2761; 01, 3777). Verschulden des Dritten ist nicht erforderlich. Eine Beweiserhebung muss sich darauf richten, ob die Unbilligkeit für einen Sachkundigen offenbar ist (RGZ 96, 62). Offenbare Unbilligkeit liegt zB vor, wenn der Dritte den Vertragsinhalt außer Acht gelassen und einseitig die Interessen einer Partei zugrunde gelegt hat (BGHZ 62, 316); wenn wesentliche Umstände gar nicht berücksichtigt sind, insb die Entwicklung am betr Markt völlig außer Betracht bleibt oder die Erhöhung des Bodenwertes bei der Anpassung des Erbbauzinses für ein gewerbliches Grundstück gar nicht berücksichtigt wird (BGH NJW 96, 454). Fehleinschätzungen führen erst zur offenbaren Unbilligkeit, wenn weit zu fassende Toleranzgrenzen überschritten sind (abhängig von den Umständen des Einzelfalles; zB 20 bis 25 % bei BGH NJW 91, 2761). Ausschlaggebend für die Verbindlichkeit ist grds das Ergebnis, nicht der Ablauf der Bestimmung. Nicht bereits zur Unbilligkeit führt daher die Übertragung von Ermittlungen durch den Gutachter auf eine Hilfsperson oder das Fehlen rechtlichen Gehörs für die Parteien. Auch Fehler im Bewertungsmaßstab sind nur erheblich, wenn sie sich iErg niedergeschlagen haben; nicht dag, wenn sie durch andere, entgegenwirkende Fehler ausgeglichen wurden (BGHZ 9, 198). **Schwerwiegende Begründungsmängel** können allerdings unabhängig vom Ergebnis zur Unverbindlichkeit des Gutachtens führen (BGH NJW 01, 1929). Ein Gutachten kann daher unverbindlich sein, wenn ungeeignete Bewertungsverfahren oder nicht aussagekräftige Überprüfungsprogramme verwandt wurden (BGH WM 98, 629) oder erhebliche Begründungslücken eine Überprüfung ausschließen (BGH NJW-RR 91, 228). **Maßgeblicher Zeitpunkt** für die Beurteilung der offenbaren Unbilligkeit ist derjenige der Gutachtenerstellung. Bei der Überprüfung ist daher von der Sachlage und den Erkenntnismöglichkeiten zu dieser Zeit aufgrund des Sach- und Streitstandes, den die Parteien dem Gutachter unterbreitet haben, auszugehen (BGH NJW 79, 1885). 2

Abdingbar ist Abs 1 nur durch Individualvereinbarung, nicht durch AGB. An die Vereinbarung eines Ausschlusses sind zudem strenge Anforderungen zu stellen. Sie kann grds nur angenommen werden, wenn die Parteien in Kenntnis der Gesetzeslage bereit waren, sich einer offenbar unbilligen Bestimmung zu unterwerfen (RGZ 150, 9). 3

b) Abs 1 ist unmittelbar auf **Schiedsgutachten** iwS und entspr auf Schiedsgutachten ieS anwendbar (vgl § 317 Rn 4, 5). Da letztere nicht rechtsgestaltend wirken, ist nicht die Billigkeit der Bestimmung, sondern die Richtigkeit maßgeblich für die Verbindlichkeit: Die Bestimmung durch den Dritten ist unverbindlich, wenn sie **offenbar unrichtig** ist (BGHZ 43, 376). Die Unrichtigkeit ist offenbar, wenn sie sich einem sachkundigen und unbefangenen Beobachter zumindest nach einer Überprüfung aufdrängt (BGH 4

NJW 79, 1885), zB bei fehlender Berücksichtigung von Vergleichspreisen oder Verwendung falscher Bewertungsmaßstäbe (BGHZ 9, 198).

5 c) Ist die Leistungsbestimmung aufgrund offenbarer Unbilligkeit bzw Unrichtigkeit unverbindlich, kann sie nach Abs 1 S 2, 2. Halbs durch ein **rechtsgestaltendes Urteil** ersetzt werden. Zur Leistungsbestimmung durch Urt kommt es nach Abs 1 S 2, 2. Halbs auch, wenn der Dritte die Bestimmung nicht vornehmen kann oder will oder wenn er die Bestimmung verzögert. Der Dritte kann die Bestimmung zB bei Wegfall seiner Existenz (BGHZ 57, 52) oder seiner Eignung (BGH NJW-RR 94, 1314) nicht vornehmen. Er will sie nicht vornehmen, wenn er sich zB weigert, einen zwingend vorgesehenen Sühneversuch durchzuführen (BGH NJW 78, 632). Eine Verzögerung setzt nur die objektive Verspätung, nicht den Verzug iSd § 286 voraus. Sie kann auch dadurch entstehen, dass der Fortgang des Verfahrens von den Parteien nicht gefördert oder der Dritte von der zuständigen Stelle nicht ernannt wurde. Für die Klage gem Abs 1 S 2 gilt entspr wie bei § 315 Rn 13. Es besteht keine Ausschlussfrist; der Berechtigte kann sein Recht aber gem § 242 verwirken. Im Falle einer unverbindlichen Bestimmung kann sich die Klage des Gläubigers unmittelbar auf die Leistung richten, die bei verbindlicher Bestimmung geschuldet wird. Klagt der Gläubiger auf die durch den Dritten bestimmte Leistung, kann der Schuldner die Unverbindlichkeit einredeweise geltend machen.

6 **2.** Eine Bestimmung, die nach **freiem Belieben** zu treffen ist (**Abs 2**), ist auch bei offenbarer Unbilligkeit für die Parteien verbindlich. Erst bei einem Verstoß gegen §§ 134, 138 ist sie unwirksam. Anders als bei der Bestimmung nach billigem Ermessen gem Abs 1 ist nach Abs 2 bei der Bestimmung nach freiem Belieben **keine Ersetzung durch Urteil** möglich, wenn der Dritte die Bestimmung nicht treffen kann oder will oder sie verzögert. Der Grund dafür ist das Fehlen eines objektiven Maßstabes. In diesen Fällen ist der Vertrag vielmehr unwirksam.

7 **III. Beweispflichtig** für die offenbare Unbilligkeit oder Unrichtigkeit der Leistungsbestimmung durch den Dritten ist die Partei, die sich darauf beruft. Sie hat substantiiert Tatsachen darzulegen, aus denen sich schlüssig die offenbare Unbilligkeit bzw Unrichtigkeit ergibt (BGH NJW 84, 45). Sofern die Überprüfung des Schiedsgutachtens von Informationen der Gegenseite abhängig ist, kann ein Auskunftsanspruch aus § 242 bestehen.

Titel 2
Gegenseitiger Vertrag

Vorbemerkung zu §§ 320–326

1 §§ 320 ff enthalten Vorschriften nur für **gegenseitige Verträge**. Davon zu unterscheiden sind **einseitig verpflichtende Verträge**, die nur für eine Partei eine Leistungspflicht begründen (zB Schenkungsversprechen, § 518), und **unvollkommen zweiseitige Verträge**, bei denen die Leistungspflicht nur einer Partei für den Vertragstyp bestimmt ist und Leistungspflichten der anderen Partei zwar bestehen können, aber keine Gegenleistung für die vertragsbestimmten Leistung bilden. Unvollkommen zweiseitige Verträge sind ieS die unentgeltlichen Verträge, zB Leihe (§§ 598 ff), unverzinsliche Gelddarlehen (§ 488), Sachdarlehen (§ 607), Auftrag (§§ 662 ff) und unentgeltliche Verwahrung (§ 690).

2 Demgegenüber besteht bei gegenseitigen („vollkommen zweiseitigen") Verträgen iSd § 320 ein Abhängigkeitsverhältnis zwischen den Verpflichtungen beider Parteien: Jede Partei geht ihre Verpflichtung zur eigenen Leistung nur im Hinblick auf die Leistung der anderen Seite ein und schuldet entspr ihre Leistung als Entgelt für die Leistung des Vertragspartners (BGHZ 15, 105; 77, 363; **synallagmatische Verknüpfung**). Infolge des Abhängigkeitsverhältnisses zwischen den Leistungspflichten entsteht die eine Pflicht nur wirksam, wenn auch die andere entsteht (**genetisches Synallagma**). Gesetzes- und Sittenwidrigkeit (§§ 134, 138) einer Leistung führen daher zur Nichtigkeit des Vertrages insgesamt. Auf die Durchsetzung der Ansprüche aus dem gegenseitigen Ver-

trag wirkt sich das Abhängigkeitsverhältnis der Leistungen gem §§ 320 (Rn 3, § 320 Rn 10), 322 aus (**funktionelles Synallagma**). Auswirkungen von nachträglichen Störungen einer Leistungspflicht, die im Gegenseitigkeitsverhältnis steht, auf die Verpflichtung zur Gegenleistung regeln die §§ 323 ff (**konditionelles Synallagma**). Da die Parteien bei Abschluss des Vertrages idR von der Gleichwertigkeit der Leistungen ausgehen, bildet zudem grds die Vorstellung einer Äquivalenz die Geschäftsgrundlage. Bei schwerwiegenden Störungen kommt daher eine Anpassung nach den Grundsätzen über die Störung der Geschäftsgrundlage in Betracht (§ 313 Rn 13).

Im Regelfall handelt es sich bei gegenseitigen Verträgen um **Austauschverträge**, zB 3 Kauf, Tausch, Miete, Pacht, Dienst- und Werkvertrag. Beim Kauf- und Werkvertrag erfassen die §§ 320 ff auch **Ansprüche auf Nacherfüllung** (§§ 439 I, 635 I; s dort), beim Mietvertrag auch die Rechte des Mieters gem §§ 536 ff (BGH NJW 89, 3224; str; § 536 Rn 3). Darüber hinaus können die Parteien auch für andere Verträge eine Gegenseitigkeit der Leistungspflichten vereinbaren, etwa eine Bürgschaftsleistung gegen Entgelt (RGZ 66, 426). Für das Gegenseitigkeitsverhältnis ist aber nicht zwingend erforderlich, dass die Leistung dem Vertragspartner zu erbringen ist. Auch **Verträge zugunsten Dritter** (§ 328), **mehrseitige Verträge** und Gestaltungen, bei denen der Schuldner die Gegenforderung ggü einem Dritten geltend macht, können synallagmatischen Charakter haben.

§ 320 ist daher zB auf den typischen **Leasingvertrag** anwendbar, bei dem der Leasing- 4 geber zwar für den Kaufpreis einzustehen hat, die Gewährleistungsrechte aber dem Leasingnehmer zustehen (BGH NJW 95, 187; iE zum Leasingvertrag Vor §§ 535–580 a Rn 10 ff). Daneben sind die §§ 320 ff mit erheblichen Einschränkungen auch auf **Gesellschaftsverträge** anwendbar (iE str; § 705 Rn 10). Beim **Dienstvertrag** ermöglicht § 320 dem Arbeitnehmer im Falle erheblicher Lohnrückstände, seine Arbeitsleistung zurückzuhalten (LAG Baden-Württemberg BB 84, 785). Der Arbeitgeber kann jedoch bei mangelhafter Arbeitsleistung nicht die Einrede des § 320 geltend machen (LAG Baden-Württemberg BB 68, 423; OLG Hamburg VersR 89, 1170).

§ 320 Einrede des nichterfüllten Vertrags

(1) ¹Wer aus einem gegenseitigen Vertrag verpflichtet ist, kann die ihm obliegende Leistung bis zur Bewirkung der Gegenleistung verweigern, es sei denn, dass er vorzuleisten verpflichtet ist. ²Hat die Leistung an mehrere zu erfolgen, so kann dem einzelnen der ihm gebührende Teil bis zur Bewirkung der ganzen Gegenleistung verweigert werden. ³Die Vorschrift des § 273 Abs. 3 findet keine Anwendung.
(2) Ist nur der einen Seite teilweise geleistet worden, so kann die Gegenleistung insoweit nicht verweigert werden, als die Verweigerung nach den Umständen, insbesondere wegen verhältnismäßiger Geringfügigkeit des rückständigen Teils, gegen Treu und Glauben verstoßen würde.

I. § 320 gibt bei gegenseitigen Verträgen (Vor §§ 320–326 Rn 2) aufgrund des funktio- 1 nellen Synallagmas den Parteien die **Einrede des nicht erfüllten** bzw nicht vollständig oder nicht wie geschuldet erfüllten **Vertrages**. Der Schuldner kann daher die eigene Leistung bis zur Erbringung der Gegenleistung verweigern; der Gläubiger kann nicht schlechthin die Leistung, sondern nur Leistung Zug-um-Zug gegen Erbringung seiner Gegenleistung fordern. Das Leistungsverweigerungsrecht des § 320 versetzt den Schuldner in die Lage, auf den Vertragspartner Druck auszuüben, damit dieser bald seine eigene Leistung erbringt (BGH NJW-RR 14, 447). Zugleich dient es der Sicherung der Gegenforderung (vgl zB § 103 InsO). Da es als prozessualer Rechtsbehelf ausgestaltet ist, verbleibt dem Berechtigten damit die Möglichkeit uneingeschränkter Klage, ohne dass er die eigene Erfüllung oder eine Vorleistungspflicht des Beklagten behaupten muss. Eine **Abbedingung** ist idR nur durch Individualvereinbarung, nicht jedoch durch AGB möglich (§ 309 Nr 2 a, 8 b, dd). Zu den **Besonderheiten beim Kauf- und Werkvertrag** §§ 437 Rn 23, 640 Rn 9.

§ 320 Buch 2 | Recht der Schuldverhältnisse

2 **II. 1. Voraussetzungen: a)** Ein **gegenseitiger Vertrag** muss wirksam geschlossen sein und zumindest als Abwicklungsverhältnis – zB aufgrund eines Rücktritts (§ 348) – noch bestehen. Insb darf der Vertrag nicht durch Zeitablauf oder Kündigung beendet sein. Hat eine Partei den Vertrag wirksam angefochten, ist nicht § 320, sondern § 273 einschlägig.

3 **b)** Die Einrede erfasst nur **Leistungspflichten**, die aufgrund ihrer synallagmatischen Abhängigkeit im **Gegenseitigkeitsverhältnis** stehen. In einem Gegenseitigkeitsverhältnis befinden sich alle **Hauptleistungspflichten**. Nebenleistungspflichten und Schutzpflichten (§ 241 II) stehen dag idR nicht im Gegenseitigkeitsverhältnis, so dass § 320 auf sie nicht anwendbar ist. Maßgeblich für die Abgrenzung ist der Wille der Parteien, der durch Auslegung (§§ 133, 157) zu ermitteln ist. Auf Vertragsleistungen, denen nach den Umständen des Falles wesentliche Bedeutung für den Vertragszweck zukommt, ist § 320 ebenfalls anwendbar. § 320 bleibt anwendbar, wenn sich der Gegenanspruch in einen **sekundären** Anspruch (zB aus §§ 326 III, 285 oder §§ 439, 635) umgewandelt hat. Ist dag der Gläubiger gem § 326 I 1 von seiner Leistungspflicht frei geworden, greift zwar § 273, nicht aber § 320. Bei einem Streit über das Vorliegen der Unmöglichkeit kann der Schuldner aber die Einrede des § 320 erheben, um dadurch den Gläubiger zum Nachw der Möglichkeit seiner Leistung zu zwingen.

4 **c)** Die Gegenforderung des Gläubigers muss **vollwirksam** und **fällig** sein. An der Fälligkeit der Gegenforderung fehlt es idR, wenn der Schuldner vorleistungspflichtig ist (Rn 7). Ist der Gegenanspruch bereits **verjährt**, besteht gem § 215 die Einrede des § 320 gleichwohl, sofern die Verjährung erst nach dem Entstehen der Hauptforderung eingetreten ist.

5 **d)** Die **Gegenleistung** darf noch **nicht vollständig erbracht** sein oder gleichzeitig bewirkt werden. Der Grund für das Ausstehen der Gegenleistung ist gleichgültig; ein Verschulden des anderen Teiles ist nicht erforderlich. Ebenso berechtigt grds eine mangelhafte (nicht vertragsgemäße), aber noch mögliche Gegenleistung zur Leistungsverweigerung. ZT wird das Leistungsverweigerungsrecht des § 320 aber durch **Sonderregelungen für Sachmängel** eingeschränkt, zB durch §§ 434 ff, §§ 633 ff und §§ 651 c ff; für das Verhältnis zum Mietrecht s § 536 Rn 2 ff. Liegt beim Kauf- oder Werkvertrag ein unbehebbarer Mangel (§ 275 Rn 17) oder ein Fall der berechtigten Leistungsverweigerung iSd §§ 439 III, 635 III vor, so steht dem Käufer bzw Besteller dag keine allg Mängeleinrede zu (Lorenz/Riehm, Rn 501; aA Huber/Faust, Kap 13 Rn 153); der Käufer bzw Besteller muss vielmehr ggü dem fortbestehenden Entgeltanspruch seine Gestaltungsrechte (Rücktritt, Minderung) ausüben.

6 **e)** Ungeschriebene Voraussetzung ist die **eigene Vertragstreue** des Schuldners. Schon aufgrund der Zweckbestimmung des § 320, dem Schuldner zur Verwirklichung des eigenen Anspruchs zu verhelfen, ist vom Schuldner zu verlangen, dass er selbst am Vertrag festhalten will, wenn er das Leistungsverweigerungsrecht geltend macht. Lehnt er dag die Erbringung der eigenen Leistung endgültig ab, muss er sich auf andere Rechtsbehelfe als auf die lediglich dilatorische Einrede des § 320 stützen (BGHZ 50, 177; BGH NJW 02, 3541), zB auf § 280. Auch wenn der Schuldner sich im **Schuldnerverzug** gem § 286 befindet, fehlt die von seiner Seite erforderliche Vertragstreue, so dass er mit danach eingetretenen Umständen, ein Leistungsverweigerungsrecht nicht begründen kann (BGH NJW-RR 95, 564). Unschädlich ist hingegen, wenn eine Partei sich im **Annahmeverzug** gem §§ 293 ff befindet (BGHZ 116, 248; BGH NJW 02, 1262; hM), denn eine Benachteiligung der anderen Vertragspartei verhindern die §§ 372, 383, 322 III, 326 II, 274 II.

7 **f)** Das Leistungsverweigerungsrecht ist nach Abs 1 S 1 aE ausgeschlossen, wenn der Schuldner **vorleistungspflichtig** ist. Eine **Vorleistungspflicht** besteht, wenn die eigene Leistung früher als die andere Leistung fällig wird. Vorleistungspflichten können auf vertraglicher Vereinbarung oder auf Gesetz (zB §§ 556 b I, 614, 641 I, 699) beruhen. Bei einer Vereinbarung in AGB sind aber die Grenzen der §§ 307, 309 Nr 2 a zu beachten (BGH NJW 01, 294; BGH NJW 02, 140). Vorleistungspflichten für den Käufer enthalten zB Vereinbarungen wie „Zahlung gegen Dokumente" oder „Kauf unter Nachnahme". Die gesetzlich bestimmten Vorleistungspflichten sind idR **abdingbar**.

scher Annahmen, begeht er selbst eine Pflichtverletzung (§§ 280 I, II, 286); bei einem entschuldbaren Irrtum kann er sich aber ggf auf §§ 280 I 2, 286 IV berufen. Ursächlich für die **mangelnde Leistungsfähigkeit** können sowohl die Vermögensverhältnisse des Vorleistungsberechtigten als auch sonstige drohende Leistungshindernisse sein (zB aufgrund von Export- oder Importverboten, Kriegsereignissen, Zusammenbrüchen von Zulieferern, krankheitsbedingten Ausfällen zur Leistung notwendiger Mitarbeiter oder des Schuldners selbst). – Für den **Nachw der Gefährdung** der Gegenleistung kommt es nicht notwendig auf die Gesamtlage beim Vorleistungsberechtigten an; vielmehr können bestimmte signifikante Vorkommnisse ausreichend sein, so zB Zwangsvollstreckungsmaßnahmen (BGH WM 58, 1546), Austeilung ungedeckter Schecks (BGH WM 61, 1372), Ablehnung eines in Aussicht gestellten Kredits (BGH NJW 64, 99). **Kein Fall des § 321** ist demgegenüber gegeben, wenn bei einer Geldforderung eine ausreichende Sicherheit für den Anspruch vorhanden ist (RGZ 53, 246). Bei Erfüllungsverlangen des Insolvenzverwalters (§ 103 InsO) besteht die Unsicherheitseinrede nur, wenn die Masse nicht ausreicht (OLG Düsseldorf MDR 70, 1009).

c) Die mangelnde Leistungsfähigkeit darf zudem dem Vorleistungspflichtigen erst **nach Vertragsschluss erkennbar** geworden sein. Im Unterschied zu § 321 aF sind somit nicht nur Sachlagen erfasst, in denen sich die Leistungsfähigkeit nachträglich verschlechtert hat, sondern auch die Fälle, in denen sich der Vorleistungspflichtige über eine bereits bei Vertragsschluss vorhandene schlechte Vermögenslage **unverschuldet geirrt** hat. Inwieweit die mangelnde Leistungsfähigkeit bei Vertragsschluss erkennbar war, beurteilt sich aus der Perspektive eines **objektiven Beobachters** in der Lage des Vorleistungspflichtigen. Je nach den Umständen kann der Vorleistungspflichtige auch zu Nachforschungen verpflichtet sein (BT-Drucks 14/6040, 179).

d) **Das Leistungsverweigerungsrecht** entfällt nach **Abs 1 S 2**, wenn die Gegenleistung bewirkt oder Sicherheit (§ 232) für sie geleistet wird. Ein Bewirken der Gegenleistung erfordert, dass der Vorleistungsberechtigte seine Leistung vollständig erbringt (§ 362). Ein bloßes Angebot, die Gegenleistung Zug-um-Zug gegen die Vorleistung zu erbringen, lässt die Unsicherheitseinrede nicht entfallen. Ebenso wenig liegt ein Ausschlussgrund iSd Abs 1 S 2 vor, wenn die eingetretene Leistungsgefährdung auf ein Verhalten des Vorleistungspflichtigen zurückzuführen ist (BT-Drucks 14/6040, 180). Der Vorleistungspflichtige kann daher die Einrede nach § 321 auch dann erheben, wenn er sich bereits im Schuldnerverzug (§ 286) befindet. In besonderen Fällen kann die Berufung auf die Unsicherheitseinrede allerdings rechtsmissbräuchlich sein.

2. Rechtsfolgen: a) Der Vorleistungspflichtige hat gem **Abs 1 S 1** nach Erhebung der Unsicherheitseinrede ein **Leistungsverweigerungsrecht**. Zum Ausschluss des Verzugs reicht allerdings schon das Bestehen der Unsicherheitseinrede (BGH NJW 10, 1272; Looschelders, SR AT, Rn 356). Nach Erhebung der Unsicherheitseinrede entfällt die Vorleistungspflicht. Der ursprünglich Vorleistungspflichtige hat seine Leistung gem §§ 320 I 1, 322 nur noch Zug-um-Zug gegen Bewirkung der Gegenleistung zu erbringen. Befindet sich seine Ware bereits auf dem Transport zur anderen Vertragspartei, kann er sie zurückrufen (sog **Stoppungsrecht**; für den Anwendungsbereich des UN-Kaufrechts ausdrücklich geregelt in Art 71 II CISG). Die Unsicherheitseinrede begründet dag keinen Anspruch des Vorleistungspflichtigen auf die Gegenleistung oder die Sicherheitsleistung. Der Vorleistungspflichtige kann insb nicht Zug-um-Zug auf Erfüllung klagen, denn der Vorleistungsberechtigte soll geschützt werden, wenn er möglicherweise erst durch die Vorleistung die Gegenleistung erbringen kann (BT-Drucks 14/6040, 180).

b) Zur Verhinderung eines Schwebezustands nach Erhebung der Unsicherheitseinrede sieht **Abs 2** ein **Rücktrittsrecht** zugunsten des Vorleistungspflichtigen vor. Der Rücktritt setzt nach **S 1, 2** voraus, dass der Vorleistungspflichtige dem Vorleistungsberechtigten zur Bewirkung der Gegenleistung oder zur Leistung der Sicherheit Zug-um-Zug gegen die Vorleistung eine angemessene Frist gesetzt hat und diese erfolglos verstrichen ist. S 3 verweist als Rechtsgrundverweisung iÜ auf § 323. Unter bestimmten Umständen kann daher die Fristsetzung entbehrlich (§ 323 II–IV) oder der Rücktritt ausgeschlossen (§ 323 V) sein.

8 3. § 321 ist individualvertraglich **abdingbar**; eine Einschränkung durch AGB verstößt aber gegen § 309 Nr 2 b (str; iE Wolf/Lindacher/Pfeiffer § 309 Nr 2 Rn 31-32; dazu Art 3 III iVm Anh Nr 1 o Klausel-RL).

9 III. Der Vorleistungspflichtige muss im **Prozess** die Unsicherheitseinrede des Abs 1 S 1 zumindest konkludent geltend machen. Er trägt die **Beweislast** für sein Sicherungsbedürfnis gem Abs 1 S 1; der Vorleistungsberechtigte hat dag den Fortfall des Leistungsverweigerungsrechts nach Abs 1 S 2 zu beweisen.

§ 322 Verurteilung zur Leistung Zug-um-Zug

(1) Erhebt aus einem gegenseitigen Vertrag der eine Teil Klage auf die ihm geschuldete Leistung, so hat die Geltendmachung des dem anderen Teil zustehenden Rechts, die Leistung bis zur Bewirkung der Gegenleistung zu verweigern, nur die Wirkung, dass der andere Teil zur Erfüllung Zug um Zug zu verurteilen ist.

(2) Hat der klagende Teil vorzuleisten, so kann er, wenn der andere Teil im Verzug der Annahme ist, auf Leistung nach Empfang der Gegenleistung klagen.

(3) Auf die Zwangsvollstreckung findet die Vorschrift des § 274 Abs. 2 Anwendung.

1 I. Abs 1 und 3 legen verfahrens- und vollstreckungsrechtliche **Folgen der Einrede des nichterfüllten Vertrages** aus § 320 fest. Abs 1 entspricht iErg § 274 I, III verweist auf § 274 II. Gewährleistet wird dadurch va, dass die Leistungen **Zug-um-Zug** ausgetauscht werden, wenn der Beklagte die Einrede des nichterfüllten Vertrages erhoben hat. Abs 2 beinhaltet eine Sonderregelung für die Klage des **Vorleistungspflichtigen**.

2 II. 1. Die **Einrede des nichterfüllten Vertrages** wird nicht vAw beachtet (BGH NJW 99, 53). Erhebt sie der Schuldner im Prozess, kommt es nach Abs 1 zur **Verurteilung Zugum-Zug**. Bei ihr handelt es sich um ein Minus ggü der uneingeschränkten Verurteilung. Hält der Kläger seinen Antrag auf uneingeschränkte Verurteilung des Beklagten nach Erhebung der Einrede des nichterfüllten Vertrages aufrecht, ergeht daher ein Urt auf Leistung Zug um Zug unter Abweisung der Klage iÜ (BGHZ 117, 3). Die Einrede braucht nicht in einem formellen Antrag enthalten zu sein, sondern es genügt im Prozess der Hinweis darauf, dass die Einrede außergerichtlich erhoben wurde. Auch ein Klageabweisungsantrag kann uU genügen (BGH NJW 99, 54). Die Einrede erst in der Revisionsinstanz zu erheben, ist nicht zulässig; uU kann sie aber in einer Vollstreckungsabwehrklage (§ 767 ZPO) geltend gemacht werden (vgl BGH NJW-RR 97, 1272).

3 2. Besteht eine **Vorleistungspflicht**, ist im Prozess zu unterscheiden: Ist der **Beklagte** zur Vorleistung verpflichtet, kann er uneingeschränkt verurteilt werden. Hat dag der **Kläger** vorzuleisten, wird seine Klage mangels Fälligkeit des Anspruchs abgewiesen, sofern er seine Leistung nicht bereits bewirkt oder zumindest angeboten hat (BGHZ 61, 44). Befindet sich aber der vorleistungsberechtigte Beklagte im **Annahmeverzug**, kann der vorleistungspflichtige Kläger gem **Abs 2** die Verurteilung „auf Leistung nach Empfang der Gegenleistung" beantragen. Nur wenn der Vorleistungsberechtigte die Leistungsannahme unberechtigt endgültig verweigert, ist er aufgrund des Rechtsgedankens des § 162 I unbedingt zu verurteilen.

4 3. Der Verweis für die **Zwangsvollstreckung** in Abs 3 auf § 274 II gilt für Abs 1 und Abs 2. Befindet sich der Beklagte im Annahmeverzug, kann der Kläger daher die Zwangsvollstreckung ohne vorherige Erbringung seiner Leistung betreiben. Zur Feststellung des Annahmeverzugs im Urt § 274 Rn 3.

Vorbemerkung zu §§ 323–326

1 Für **gegenseitige Verträge** werden die allg Regeln über Pflichtverletzungen (§§ 280 ff) durch §§ 323–326 ergänzt. Diese Vorschriften passen die Rechtsfolgen dem Umstand an, dass Leistung und Gegenleistung in wechselseitiger Abhängigkeit stehen (Synallagma; § 320 Rn 3). § 323 ist die **zentrale Rücktrittsvorschrift** für die Fälle der nicht vertragsgemäßen Leistung und Verzögerung. Weitere Rücktrittsrechte ergeben sich aus

§ 324 bei Verletzung von nicht leistungsbezogenen Nebenpflichten und § 326 V bei Vorliegen eines Leistungshindernisses iSd § 275. In der Regelungsstruktur entsprechen §§ 323, 324, 326 V insofern den §§ 281–283. Ggü der Rechtslage vor dem SMG bestehen erhebliche Unterschiede. So setzt das Rücktrittsrecht nicht mehr ein Vertretenmüssen des Schuldners und eine Ablehnungsandrohung des Gläubigers (§ 326 I aF) voraus. § 325 stellt ferner klar, dass Rücktritt und Schadensersatz sich nicht gegenseitig ausschließen; die Voraussetzungen von Schadensersatz und Rücktritt sind weitgehend aufeinander abgestimmt worden (iE § 325 Rn 1 ff). § 326 I–IV regelt das **Schicksal der Gegenleistung,** wenn der Schuldner von seiner primären Leistungspflicht gem § 275 befreit wird.

Anwendbar sind die §§ 323–326 grds auf Pflichtverletzungen jeder Art bei allen **gegenseitigen** Verträgen (§ 320 Rn 2). Sie gelten dag nicht für Verträge, bei denen ein solches Gegenseitigkeitsverhältnis nicht besteht, so zB bei der Bürgschaft, dem Auftrag oder der Leihe. **Sondervorschriften** bestehen für den Kauf-, Werk-, Miet- und Dienstvertrag (§ 323 Rn 2; § 326 Rn 2). 2

Die **von beiden Parteien zu vertretende Unmöglichkeit** ist gesetzlich auch nach Inkrafttreten des SMG ungeregelt geblieben (zur Rechtslage bei „weit überw" Mitverantwortung des Gläubigers vgl § 326 Rn 9). Bereits nach früherer Rechtslage war umstritten, inwieweit der Schuldner in diesen Fällen den Anspruch auf die Gegenleistung behält und der Gläubiger Schadensersatz verlangen kann; vgl Hk-BGB 3. Aufl, Vor §§ 323–326 Rn 3. Nach Inkrafttreten des SMG hat ein Teil der Lehre zunächst angenommen, dass sich die zum alten Schuldrecht entwickelten Lösungsansätze ohne weiteres auf das neue Schuldrecht übertragen lassen. Aus dieser Sicht will eine Lehrrichtung im Anschluss an die frühere Rspr (BGH NJW 69, 1845) den Schadensersatzanspruch des Gläubigers (§§ 280 I, III, 283) dem Anspruch des Schuldners auf die Gegenleistung gegenüberstellen und um den jeweiligen Verschuldensanteil kürzen (Medicus/Lorenz SchR I Rn 448 f). Nach aA ist an der Gegenmeinung festzuhalten, dass der nach der Surrogationsmethode ermittelte Schadensersatzanspruch des Gläubigers (§§ 280 I, III, 283) gem § 254 zu kürzen sei und dem ungekürzten Gegenleistungsanspruch des Schuldners (§ 326 II) gegenüberstehe (Lorenz/Riehm, Rn 351). Gegen diesen Ansatz spricht jedoch die Entstehungsgeschichte des § 326: Während die Diskussionsentwurf des BMJ die beiderseitige Unmöglichkeit noch im Gesetzestext verankern wollte (vgl § 323 III Nr 3 des Diskussionsentwurfs, abgedr bei Canaris, Forum Karlsruhe 2002, 3 ff), wurde im Laufe des Gesetzgebungsverfahrens durch das Hinzufügen der Worte „weit überw" in § 326 II 1 klargestellt, dass der Schuldner den Anspruch auf die Gegenleistung nur behält, wenn sein Verschulden einer Alleinverantwortung gleichkommt (BT-Drucks 14/6040, 187). **Vorzugswürdig** erscheint daher im Anschluss an Hadding (AcP 168, 166 ff) eine andere Lösung (Rauscher ZGS 02, 336 ff; Schulze/Ebers JuS 04, 368): Der Gläubiger hat gem §§ 280 I, III, 283 einen Schadensersatzanspruch, der gem § 254 zu kürzen ist. Demgegenüber verliert der Schuldner zwar gem § 326 I seinen Anspruch auf die Gegenleistung. Der Verlust dieses Anspruchs ist jedoch ein Schaden, den der Gläubiger wegen der Verletzung einer Nebenpflicht mit zu verantworten hat. Der Schuldner kann daher Schadensersatz wegen der Verletzung einer Nebenpflicht gem §§ 280 I, 254 verlangen. Bei einer von beiden Seiten zu vertretenden Unmöglichkeit ist daher der um das jeweilige Mitverschulden gekürzte Schadensersatzanspruch des Gläubigers (§§ 280 I, III, 283, 254) mit dem Schadensersatzanspruch des Schuldners (§§ 280 I, 254) zu saldieren. 3

§ 323 Rücktritt wegen nicht oder nicht vertragsgemäß erbrachter Leistung[1]

(1) Erbringt bei einem gegenseitigen Vertrag der Schuldner eine fällige Leistung nicht oder nicht vertragsgemäß, so kann der Gläubiger, wenn er dem Schuldner erfolglos

---

[1] Diese Vorschrift dient auch der Umsetzung der Richtlinie 1999/44/EG des Europäischen Parlaments und des Rates vom 25. Mai 1999 zu bestimmten Aspekten des Verbrauchsgüterkaufs und der Garantien für Verbrauchsgüter (ABl. EG Nr. L 171 S. 12).

eine angemessene Frist zur Leistung oder Nacherfüllung bestimmt hat, vom Vertrag zurücktreten.
(2) Die Fristsetzung ist entbehrlich, wenn
1. der Schuldner die Leistung ernsthaft und endgültig verweigert,
2. der Schuldner die Leistung bis zu einem im Vertrag bestimmten Termin oder innerhalb einer im Vertrag bestimmten Frist nicht bewirkt, obwohl die termin- und fristgerechte Leistung nach einer Mitteilung des Gläubigers an den Schuldner vor Vertragsschluss oder auf Grund anderer den Vertragsabschluss begleitenden Umstände für den Gläubiger wesentlich ist, oder
[Abs 2 Nr 2 gilt bis 12.6.14 in folgender Fassung:]
2. *der Schuldner die Leistung zu einem im Vertrag bestimmten Termin oder innerhalb einer bestimmten Frist nicht bewirkt und der Gläubiger im Vertrag den Fortbestand seines Leistungsinteresses an die Rechtzeitigkeit der Leistung gebunden hat oder*
3. im Falle einer nicht vertragsgemäß erbrachten Leistung besondere Umstände vorliegen, die unter Abwägung der beiderseitigen Interessen den sofortigen Rücktritt rechtfertigen.
[Abs 2 Nr 3 gilt bis 12.6.14 in folgender Fassung:]
3. *besondere Umstände vorliegen, die unter Abwägung der beiderseitigen Interessen den sofortigen Rücktritt rechtfertigen.*
(3) Kommt nach der Art der Pflichtverletzung eine Fristsetzung nicht in Betracht, so tritt an deren Stelle eine Abmahnung.
(4) Der Gläubiger kann bereits vor dem Eintritt der Fälligkeit der Leistung zurücktreten, wenn offensichtlich ist, dass die Voraussetzungen des Rücktritts eintreten werden.
(5) ¹Hat der Schuldner eine Teilleistung bewirkt, so kann der Gläubiger vom ganzen Vertrag nur zurücktreten, wenn er an der Teilleistung kein Interesse hat. ²Hat der Schuldner die Leistung nicht vertragsgemäß bewirkt, so kann der Gläubiger vom Vertrag nicht zurücktreten, wenn die Pflichtverletzung unerheblich ist.
(6) Der Rücktritt ist ausgeschlossen, wenn der Gläubiger für den Umstand, der ihn zum Rücktritt berechtigen würde, allein oder weit überwiegend verantwortlich ist oder wenn der vom Schuldner nicht zu vertretende Umstand zu einer Zeit eintritt, zu welcher der Gläubiger im Verzug der Annahme ist.

[Die Kommentierung basiert auf der ab 13.6.14 geltenden Fassung.]

1 I. Die durch das SMG neu gefasste Vorschrift regelt das gesetzliche **Rücktrittsrecht** des Gläubigers bei einem Ausbleiben der Leistung (**Nichtleistung**) und bei **nicht vertragsgemäßer (mangelhafter) Leistung**. Für die Verletzung von nicht leistungsbezogenen Schutzpflichten gilt dag § 324, für die Fälle der Unmöglichkeit der Leistung § 326 V (auch für qualitative Unmöglichkeit bei unbehebbaren Mängeln; § 275 Rn 17). Das Rücktrittsrecht setzt iU zu § 326 aF weder eine Ablehnungsandrohung noch ein Vertretenmüssen des Schuldners voraus. Ein Grund für diese Neuerung ist, dass die alte Rechtslage für den rechtsunkundigen Gläubiger eine Überforderung darstellte; insb konnten die hohen Anforderungen, die die Rspr an die Ablehnungsanforderung stellte, idR nur von einer rechtskundig beratenen Partei wahrgenommen werden. Zudem wurde es als unbefriedigend empfunden, dass mit fruchtlosem Fristablauf der Anspruch auf die Primärleistung von selbst erlosch (BT-Drucks 14/6040, 139, 185).

2 Die grds **Anwendbarkeit** bei gegenseitigen Verträgen wird durch **Sondervorschriften** für einzelne Vertragstypen eingeschränkt oder ausgeschlossen, insb bei der Miete durch §§ 536 f, 542 f; beim Dienst- und Arbeitsvertrag durch §§ 626 f; beim Verbraucherteilzahlungsdarlehen durch § 498. Für den Kauf legt § 440 Modifikationen fest, für Werkverträge gilt § 634. Zur str Frage, ob das in Abs 1 festgelegte Fristsetzungserfordernis auch beim Verbrauchsgüterkauf Anwendung findet, vgl § 437 Rn 17. § 323 ist zudem **abdingbar**. Abw Festlegungen in AGB über das Rücktrittsrecht setzen aber §§ 307 II Nr 1, 308 Nr 3, 7, 309 Nr 4, 8, enge Grenzen. Bei in Vollzug gesetzten **Dauerschuldverhältnissen** tritt an die Stelle des Rücktritts die Kündigung aus wichtigem Grund gem § 314 (s dort Rn 2).

II. 1. Rücktrittsvoraussetzungen nach Abs 1: a) Zwischen den Parteien muss ein **gegen-** 3 **seitiger Vertrag** (Vor § 320 Rn 1 ff) bestehen. IU zu früher (vgl BGH NJW 72, 99) muss die verletzte Pflicht dabei allerdings nicht im synallagmatischen Verhältnis zur Gegenleistung stehen (BT-Drucks 14/6040, 183); die Vorschrift kann vielmehr auch für leistungsbezogene Nebenpflichten Anwendung finden, sofern die Pflichtverletzung nicht unerheblich (s Rn 14) ist (hM; aA MK/Ernst § 323 Rn 13). Bsp: Abnahmepflicht (§ 433 II), Montage der Kaufsache, Abruf von Ware (zur früheren Rechtslage BGH NJW 72, 99). Nicht anwendbar ist sie aber auf Schutzpflichten iSd § 241 II und nicht unmittelbar anwendbar bei Vorliegen der Voraussetzungen der §§ 326, 275.

b) Der Schuldner muss eine **fällige Leistung** (§ 271) **nicht** bzw **nicht vertragsgemäß** er- 4 bracht haben (zur Möglichkeit des Rücktritts bei noch nicht fälliger Leistung vgl Rn 12). Eine **Nichtleistung** liegt vor, wenn der Schuldner trotz Fälligkeit und Möglichkeit seine Leistung nicht erbringt. Die Verzugsvoraussetzungen des § 286 müssen dag nicht vorliegen (s § 281 Rn 4). Der Begriff der **nicht vertragsgemäßen Leistung** umfasst die Verletzung von vertraglichen **Hauptpflichten** sowie die Verletzung von **leistungsbezogenen Nebenpflichten** (zur Abgrenzung § 241 Rn 8).

c) Zur Ausübung des Rücktritts ist der Gläubiger grds nur berechtigt, wenn er erfolg- 5 los eine angemessene Frist zur Leistung oder Nacherfüllung bestimmt hat (**erfolglose Nachfristsetzung**). **Fristsetzung** ist die Aufforderung zur Leistungsbewirkung durch den Gläubiger nach Fälligkeit. Regelmäßig liegt in der Fristsetzung zugleich eine Mahnung iSv § 286 I. Die Fristsetzung ist eine einseitige empfangsbedürftige Willenserklärung. An den Inhalt sind keine weiteren Voraussetzungen zu stellen. Insb muss der Gläubiger keine besonderen Maßnahmen ergreifen, um die Ernsthaftigkeit seiner Aufforderung zu unterstreichen. Der Schuldner muss nach Ablauf der Frist grds mit dem Rücktritt des Gläubigers rechnen (Ausn hierzu ergeben sich nur aus § 242; vgl iE BT-Drucks 14/7052, 185). IU zu früher ist neben der Fristsetzung keine Bestimmung des Gläubigers erforderlich, dass er die Leistung nach Ablauf der Frist ablehne (Ablehnungsandrohung). Entgg OLG Köln ZGS 03, 393 muss er daher bei der Fristsetzung nicht bereits unmissverständlich zum Ausdruck bringen, dass der Schuldner mit der Aufforderung eine letzte Gelegenheit zur Leistungserbringung erhält (Mankowski ZGS 03, 451). Die Fristsetzung muss **nach Fälligkeit** (ggf zusammen mit der Fälligkeitsbegründung, Derleder/Zänker NJW 03, 2778) und Undurchsetzbarkeit des Anspruchs erfolgen (BGH NJW 12, 3714). Eine Fristsetzung vor Fälligkeit ist unwirksam. Verbindet der Gläubiger die Fristsetzung mit einer Zuvielforderung, so ist die Fristsetzung nur dann unwirksam, wenn diese ein beträchtliches Maß erreicht; so BGH NJW 91, 1823 zur Forderung der vierfachen Summe des fälligen Betrages. Die **Angemessenheit** ist einzelfallorientiert anhand der beiderseitigen Interessenlage zu ermitteln. Die Frist soll einerseits so lang bemessen sein, dass der Schuldner die Chance hat, etwas fertig zu stellen, was bereits nahezu vollendet ist (BGH NJW 82, 1280). Andererseits braucht sie aber nicht so lang zu sein, dass der Schuldner eine noch gar nicht begonnene Leistung rechtzeitig fertig stellen kann (BGH NJW 85, 323). Wird ein **Geldbetrag** geschuldet, so ist auch eine **kurze Nachfrist** angemessen, denn die eigenen finanziellen Schwierigkeiten dürfen sich für den Schuldner nicht entlastend auswirken (BGH NJW 85, 2640). Vom Schuldner können nach Fristsetzung auch größere Anstrengungen und schnelleres Handeln erwartet werden, da er seiner ursprünglichen Leistungspflicht nicht hinreichend entsprochen hat. Über die Länge der Frist können vertragliche Abreden getroffen werden. Festsetzungen in AGB sind aber nur in den Grenzen des § 308 Nr 2 wirksam (s dort Rn 8). **Unterbleibt** eine Fristsetzung, besteht **kein Rücktrittsrecht**, anderenfalls wäre der (uU ahnungslose) Schuldner unangemessen benachteiligt. Bei einer **zu kurzen Frist** wird dag eine angemessene Frist in Lauf gesetzt (BT-Drucks 14/6040, 138; OLG Celle ZGS 04, 473), denn der Zweck der Fristsetzung, zu warnen, ist auch bei zu kurz bemessener Frist erreicht. **dd)** Nach dem fruchtlosen Ablauf der angemessenen Frist entsteht bis zur Erklärung des Rücktritts eine „Schwebelage" (dazu Hanau NJW 07, 2806). Während dieser Zeit ist der Gläubiger nicht mehr verpflichtet, ein Angebot des Schuldners zur Leistungserbringung anzunehmen (BGH NJW 03, 1526).

6 **2. Entbehrlichkeit der Fristsetzung gem Abs 2: a)** Nach **Nr 1** ist eine Fristsetzung entbehrlich, wenn eine **ernsthafte** und **endgültige Erfüllungsverweigerung** seitens des Schuldners vorliegt. An die Voraussetzungen einer Erfüllungsverweigerung sind strenge Anforderungen zu stellen. Dazu genügen nicht bloße Meinungsverschiedenheiten über den Vertragsinhalt (BGH NJW 71, 798) oder vom Schuldner geäußerte rechtliche Zweifel an der Wirksamkeit des Vertrages. Auch stellt die Nichtleistung trotz ständigen Drängens des Gläubigers keine Verweigerung dar, wenn dieser statt Erfüllung die Rückabwicklung des Vertrages verlangt (BGH NJW 96, 1814). Es muss vielmehr deutlich sein, dass sich der Schuldner über das Erfüllungsverlangen des Gläubigers klar ist und gewissermaßen als „letztes Wort" seine Erfüllungsverweigerung zum Ausdruck gebracht hat (BGH NJW 86, 661). Es müssen also Umstände vorliegen, nach denen es ausgeschlossen erscheint, dass sich der Schuldner von einer Fristsetzung umstimmen lassen wird (BGH NJW 11, 2872). Die **Erfüllungsverweigerung** muss grds **nach Fälligkeit** erklärt worden sein (zu Ausn Rn 12). Der Erfüllungsverweigerung steht es gleich, wenn der Schuldner die Leistung zu einem Zeitpunkt ankündigt, der erst nach Ablauf einer angemessenen Frist liegen würde. Es reicht jedoch nicht, wenn er erklärt, dass er nicht wisse, ob er in der Nachfrist noch liefern kann (BGH NJW 92, 235).

7 **b)** Nr 2 wurde im Zuge der Umsetzung der Verbraucherrechte-RL neu gefasst und dient der Umsetzung von Art 18 II 2 Verbraucherrechte-RL. Art 18 II 2 Verbraucherrechte-RL gilt zwar nur für Kaufverträge zwischen Unternehmern als Verkäufer und Verbrauchern als Käufer. Die Vorschrift wurde jedoch richtlinienüberschießend umgesetzt und gilt nun für alle Verträge. Die Änderung dient hauptsächlich der Anpassung an die Begrifflichkeit der Richtlinie. So ist das Merkmal „wesentlich" eingeführt worden. Auf die Fristsetzung kann danach gem **Nr 2** bei einer vertraglichen Bindung des Fortbestandes des Leistungsinteresses an die Rechtzeitigkeit der Leistung verzichtet werden, wenn der Schuldner die Leistung nicht zum bestimmten Termin oder innerhalb der bestimmten Frist bewirkt, obwohl dies für den Gläubiger wesentlich ist. Nr 2 erfasst weiterhin das **relative Fixgeschäft**, nicht dag das **absolute Fixgeschäft**. Die Erfüllungszeit ist wesentlich und es liegt damit ein Fixgeschäft vor, wenn das Geschäft mit der zeitgerechten Leistung „stehen und fallen" soll (BGHZ 110, 96). Die Wesentlichkeit der Erfüllungszeit muss der Gläubiger dem Schuldner vor Vertragsschluss mitgeteilt haben (1. Fall) oder diese muss aufgrund anderer den Vertragsschluss begleitender Umstände für den Schuldner zum Ausdruck gekommen sein (2. Fall). Gebräuchliche Klauseln für eine Fixzeitabrede sind zB „genau", „präzis", „fix", „prompt", „spätestens" mit Bezug auf eine bestimmte Leistung (vgl BGH MDR 83, 307). Demgegenüber genügen die cif-Klauseln oder die Formulierung „ohne Nachfrist" allein nicht (BGH NJW 59, 933). Für die **Abgrenzung** zwischen absolutem und relativem Fixgeschäft ist entscheidend, ob das Interesse des Gläubigers an der Leistung mit dem Ablauf der Frist schlechthin wegfällt (absolutes Fixgeschäft mit der Folge des § 275), oder ob der Gläubiger ein Interesse an der verspäteten Leistung haben kann und deshalb selbst darüber entscheiden soll, ob er den Schuldner an der Verpflichtung festhält (relatives Fixgeschäft). Ein absolutes Fixgeschäft liegt zB idR vor bei der Reisebuchung oder Hotelreservierung für die Urlaubszeit; zum Linienflug OLG Frankfurt/M NJW-RR 97, 1136. Bei Dauerschuldverhältnissen liegt nach Verstreichen des Zeitraums idR wegen fehlender Nachholbarkeit Unmöglichkeit vor. Sondervorschriften enthalten § 376 HGB; § 104 InsO.

8 **c)** Nr 3 eröffnet als **Auffangtatbestand** für die in Nr 1, 2 nicht erfassten Fälle die Möglichkeit des sofortigen Rücktritts, wenn **besondere Umstände** vorliegen, die unter Abwägung der beiderseitigen Interessen den Rücktritt rechtfertigen. Im Rahmen der Umsetzung des Art 18 Verbraucherrechte-RL wurde Nr 3 um das Merkmal „im Falle einer nicht vertragsgemäß erbrachten Leistung" erweitert. Der Anwendungsbereich wurde damit eingeschränkt. In schwerwiegenden Fällen soll ein sofortiges Rücktrittsrecht unter Rückgriff auf § 242 aber unabhängig von der Vertragsmäßigkeit möglich sein (vgl BT-Drucks 17/12637, S 59; kritisch hierzu Palandt/Grüneberg § 323 Rn 36). Die Vorschrift soll der Rspr entspr Bewertungsspielräume geben (BT-Drucks 14/6040, 186). Besondere Umstände, welche nach Interessenabwägung den sofortigen Rücktritt rechtfertigen, können insb Pflichtverletzungen seitens des Schuldners sein, die das Vertrauen des Gläubigers derart erschüttern, dass ihm ein Festhalten am Vertrag unzumutbar erscheinen muss, zB wenn der Gläubiger entdeckt, dass bei dem von ihm bestellten Neuwagen neue gegen gebrauchte Teile ausgetauscht wurden (BGH NJW 78, 260), wenn der Verkäufer bei Abschluss des Kaufvertrags einen Mangel arglistig verschwiegen hat (BGH NJW 08, 1371) oder wenn der Lieferant die Erfüllung einer Vorleistungspflicht vortäuscht (BGH NJW 10, 2503). Darüber hinaus deckt Nr 3 die früher in § 326 II aF geregelten Fälle ab, in denen infolge Zeitablaufs das Interesse des Gläubigers entfallen ist. Zwischen der Verzögerung und dem Interessewegfall muss ein Kausalzusammenhang bestehen (RGZ 70, 129). Hingegen ist nicht erforderlich, dass der Schuldner den Interessewegfall voraussehen konnte (RGZ 94, 326). IdR anzunehmen ist ein **Interessewegfall** zB, wenn der Abnehmer des Gläubigers die Vertragsdurchführung wegen einer Verzögerung abgelehnt hat oder sich ein bestimmter in Aussicht genommener Abnehmer wegen der Verzögerung auf andere Weise eingedeckt hat (vgl BGH NJW-RR 97, 623); wenn sich die Risiken bei dem geplanten Weiterverkauf oder die Preise beim Lieferanten des Gläubigers für den Bezug der Ware wesentlich erhöht haben; wenn der Verkäufer bei der Lieferung von Saisonware nicht rechtzeitig geleistet hat oder eine Betriebsschließung polizeilich angedroht wird (BGH WM 02, 881). Nicht ausreichend sind zB bloße Preisschwankungen (etwa die Chance des Gläubigers, die Ware zu einem höheren Preis liefern oder anderweitig verkaufen zu können; BGH NJW 80, 449).

d) **Über den Wortlaut** des Abs 2 **hinaus** ist ein sofortiger Rücktritt auch dann möglich, 9 wenn der Gläubiger zunächst eine Frist gesetzt hat und im Anschluss hieran die Fristsetzung nach Abs 2 entbehrlich wird (BT-Drucks 14/6040, 186; RGZ 89, 124). Setzt der Gläubiger dagegen dem Schuldner eine Frist, obwohl er die Umstände kennt, die eine Fristsetzung nach Abs 2 entbehrlich machen, so ist ein sofortiger Rücktritt nach dem Rechtsgedanken des venire contra factum proprium (§ 242 Rn 36 ff) ausgeschlossen. Denn in diesem Fall wird der Schuldner in das Vertrauen gesetzt, dass der Gläubiger seine Leistung noch bis zum Fristablauf akzeptieren wird.

e) Ferner sehen das **Kauf- und Werkvertragsrecht** in §§ 440 S 1, 636 weitere Sonderfäl- 10 le vor, in denen die Fristsetzung entbehrlich ist. Dort werden die allg Grenzen des § 323 II um drei Tatbestände erweitert, die ebenfalls ein Fristsetzung zur Nacherfüllung durch den Verkäufer entbehrlich machen (Verweigerung, Fehlschlagen und Unzumutbarkeit der Nacherfüllung; Bitter/Meidt ZIP 01, 2116; §§ 440 Rn 2; 636 Rn 2).

3. Nach **Abs 3** tritt an die Stelle der Fristsetzung eine **Abmahnung**, wenn nach der Art 11 der Pflichtverletzung eine Fristsetzung nicht in Betracht kommt. Dies ist va der Fall, wenn die Hauptpflicht des Schuldners in einem Unterlassen besteht (zB bei Unterlassungsverträgen im Wettbewerbsrecht oder vertraglichen Bauverboten; vgl iE § 241 Rn 11). Unter Abs 3 fällt darüber hinaus die auf Unterlassung gerichtete **vertragliche Nebenpflicht**, den Leistungserfolg nicht durch aktives Tun zu gefährden. So hat zB der Zedent alles, was die Forderungseinziehung durch den Zessionar beeinträchtigen könnte (RGZ 111, 303), oder der Handelsvertreter jede Tätigkeit für ein Konkurrenzunternehmen zu unterlassen (BGHZ 42, 61). Für Schutzpflichten, die auf die Unterlassung einer das Integritätsinteresse des Gläubigers gefährdenden Handlung zielen, gilt dag § 324. Zu den Besonderheiten bei Dauerschuldverhältnissen vgl § 314 Rn 1; zur Abmahnungspflicht im Arbeitsrecht § 626 Rn 6.

4. Nach dem Art 72 CISG nachgebildeten **Abs 4** kann der Gläubiger auch schon **vor** 12 **Fälligkeit** zurücktreten, wenn offensichtlich ist, dass die Voraussetzungen des Rücktritts eintreten werden (sog vorweggenommener Vertragsbruch, BGH NJW 12, 3714). Erfasst wird va die ernsthafte und endgültige Erfüllungsverweigerung vor Fälligkeit (BT-Drucks 14/6040, 186). Diese hat dieselben tatbestandlichen Voraussetzungen wie die Weigerung nach Fälligkeit (iE Rn 6). Auch hier ist an die Endgültigkeit der Weigerung ein strenger Maßstab anzulegen (vgl BGH NJW 74, 1080 für die Ablehnung der Ausführung von geschuldeten Bauarbeiten vor Erteilung der Baugenehmigung).

5. Abs 5 S 1 schränkt das Rücktrittsrecht für Teilleistungen und nicht vertragsgemäße 13 Leistungen ein. a) Bei einer **bewirkten Teilleistung** kann der Gläubiger vom ganzen Vertrag nur zurücktreten, wenn er an dieser kein Interesse hat. Teilleistungen stellen grds alle Leistungen dar, die in objektiver Betrachtung ggü der geschuldeten Leistung unvollständig sind (§ 266 Rn 4). Im **Kaufrecht** gelten dag aufgrund § 434 III Besonderheiten. Nach dieser Vorschrift stellt die Lieferung einer zu geringen Menge einen Sachmangel dar. Daher ergibt sich das Rücktrittsrecht des Käufers bei einer Zuweniglieferung nicht aus Abs 5 S 1, sondern aus Abs 5 S 2. Gleiches gilt, wenn nur ein Teil der Gesamtmenge mangelhaft ist; auch in diesem Fall richtet sich das Rücktrittsrecht nach Abs 5 S 2 (aA Grigoleit/Riehm ZGS 02, 120). Die Teilleistung muss **bewirkt** worden sein; hat der Gläubiger dag die Teilleistung gem § 266 zurückgewiesen, so findet Abs 1 Anwendung. Liegen diese Voraussetzungen vor, so ist ein Rücktritt vom ganzen Vertrag nur möglich, wenn der Gläubiger an der Teilleistung **kein Interesse** hat. Wann dies der Fall ist, ist durch Wertung im Einzelfall zu ermitteln. Regelmäßig liegt ein Interessenwegfall vor, wenn der Gläubiger mit der Teilleistung allein nichts anfangen kann, die Leistung also unteilbar ist (zur Teilbarkeit vgl § 266 Rn 4), so zB, wenn der Vermieter eines Computers den dazu gehörenden Monitor nicht bis zum Fristablauf iSd Abs 1 zur Verfügung stellt. Kein Interessenwegfall liegt dag vor, wenn der Schuldner von den gemieteten fünf Computern nur vier zur Verfügung stellt, die alle voll gebrauchstüchtig sind. Ausnahmsweise kann ein Gesamtrücktritt aber möglich sein, auch wenn das Interesse an der Teilleistung des Schuldners nicht entfallen ist, weil die Leistung des Gläubigers nicht teilbar ist (BGH NJW 10, 146).

14 b) Nach **Abs 5 S 2** ist der Rücktritt bei einer **nicht vertragsgemäßen Leistung** ausgeschlossen, wenn die Pflichtverletzung unerheblich ist. Die Vorschrift erfasst va Fälle der Schlechtleistung sowie – im Kaufrecht – die Zuweniglleistung (§ 434 III; str). **Unerheblich** ist die Pflichtverletzung, wenn durch sie das Leistungsinteresse des Gläubigers bei einer umfassenden Interessenabwägung (Beseitigungsaufwand, Beeinträchtigungen, uU auch Garantie) nicht spürbar gestört wird (vgl BT-Drucks 14/6040, 187; s auch § 281 Rn 18). Dies ist unter Berücksichtigung des Umfangs der geschuldeten Leistung zu bewerten. Auch bei hochpreisigen Gegenständen sind dabei grds die Kosten der Mängelbeseitigung zum Kaufpreis ins Verhältnis zu setzen (BGH NJW 11, 2872). . Wenn der Verkäufer über das Vorhandensein eines Mangels arglistig getäuscht hat, ist stets von einer erheblichen Pflichtverletzung auszugehen (BGH ZGS 06, 236). Wenn ein Mangel zum Zeitpunkt der Rücktrittserklärung als erheblich anzusehen ist, wird er nicht dadurch zu einem geringfügigen, dass sich später herausstellt, dass er mit verhältnismäßig geringem Aufwand beseitigt werden kann (BGH NJW 11, 3708). - Bei einem Gebrauchtwagenkauf gelten Mängel idR als unerheblich, wenn der Kostenaufwand für die Beseitigung unter 3 % des Kaufpreises liegt (OLG Düsseldorf ZGS 04, 197; ausf Andreae NJW 07, 3457, vgl auch BGH NJW 08, 1517). Für Abweichungen von der in Prospekten angegebenen Höchstgeschwindigkeit eines Pkw gilt eine Wesentlichkeitsgrenze von 5 %, OLG Düsseldorf NJW 05, 3504. Einen Kraftstoffmehrverbrauch ggü Herstellerangaben von weniger als 10% betrachtet BGH NJW 07, 2111 als eine unerhebliche Pflichtverletzung (krit Anm Redeker CR 07, 559). Die etwaige Unerheblichkeit eines Mangels richtet sich hier nicht zwangsläufig danach, ob der Mangel mit geringem Aufwand beseitigt werden kann; auch nicht behebbare Mängel können unerheblich sein, wenn sie nur zu einer geringfügigen Beeinträchtigung der Sache und zu einer Einschränkung der Gebrauchstauglichkeit unterhalb der Wesentlichkeitsgrenze führen (OLG Düsseldorf NJW 05, 2236).

15 6. Gem **Abs 6** ist der **Rücktritt ausgeschlossen**, wenn der Gläubiger für den Umstand, der ihn zum Rücktritt berechtigen würde, allein oder weit überw verantwortlich ist, oder wenn der vom Schuldner nicht zu vertretende Umstand zu einer Zeit eintritt, zu welcher der Gläubiger im Verzug der Annahme ist. Der Käufer kann bei Mangelhaftigkeit der Kaufsache allerdings gem §§ 437 Nr 2, 326 V selbst dann zurücktreten, wenn die Kaufsache ohne sein Verschulden untergegangen ist (Dauner-Lieb/Arnold, FS Hadding, 25 ff). Gegen die Auffassung, dass in diesen Fällen das Rücktrittsrecht gem Abs 6 ausgeschlossen sei, da der Käufer die Nacherfüllung des Verkäufers unmöglich gemacht habe (Lorenz NJW 02, 2499; Kohler AcP 203, 539 ff) spricht bereits, dass nicht der Käufer, sondern der Verkäufer durch seine Schlechtleistung die erste Ursache für das Rücktrittsrecht des Käufers gesetzt hat. Eine derartige Beschränkung ließe sich

zudem nicht mit dem Unionsrecht in Einklang bringen; denn Art 3 VI Verbrauchsgüterkauf-RL schließt das Recht des Käufers zur Vertragsauflösung lediglich bei geringfügigen Vertragswidrigkeiten aus. Zu den weiteren Voraussetzungen des Abs 6 iE § 326 Rn 9 ff. Als ungeschriebene Voraussetzung setzt ein Rücktritt nach § 323 schließlich die **Vertragstreue des Gläubigers** voraus (OLG Celle ZGS 04, 74).

7. Rechtsfolgen: Liegen die Rücktrittsvoraussetzungen vor, so kann der Gläubiger gem §§ 346 ff vom Vertrag zurücktreten. Ein einmal begründetes Rücktrittsrecht geht nicht dadurch unter, dass der Gläubiger zunächst weiterhin Erfüllung verlangt (BGH NJW 06, 1198). Ist nach **Abs 5 S 1** nur ein Teilrücktritt möglich, so zerfällt der Vertrag in zwei selbständige Teile (BGHZ 36, 318). Der Gläubiger hat dann für die bewirkte Teilleistung einen entspr Teil der Gegenleistung zu erbringen. Zur Verwirkung des Rücktrittsrechts § 242 Rn 42 ff. 16

III. Verfahrensrechtliches: Der Gläubiger hat zu beweisen, dass er vom Vertrag wirksam zurückgetreten ist und die Voraussetzungen des Rücktritts vorliegen. Bzgl des Ausschlusses des Rücktrittsrechts nach **Abs 5, 6** trifft die Beweislast den Schuldner. 17

§ 324 Rücktritt wegen Verletzung einer Pflicht nach § 241 Abs. 2

Verletzt der Schuldner bei einem gegenseitigen Vertrag eine Pflicht nach § 241 Abs. 2, so kann der Gläubiger zurücktreten, wenn ihm ein Festhalten am Vertrag nicht mehr zuzumuten ist.

I. § 324 regelt das Rücktrittsrecht bei Verletzung einer Schutzpflicht iSd § 241 II als einer nicht leistungsbezogenen Nebenpflicht. Für die Verletzung von Leistungsnebenpflichten ist dag § 323 einschlägig (zur Abgrenzung s § 241 Rn 8). Die Vorschrift erfasst von der Rspr entwickelte Fallgruppen der pVV, bei denen die Pflichtverletzung zu einem Rücktrittsrecht führte. Zur str Frage der Anwendbarkeit auf Dauerschuldverhältnisse § 314 Rn 2. 1

II. 1. Voraussetzungen des Rücktrittsrechtes aus § 324 sind die Verletzung einer Pflicht aus § 241 II sowie die Unzumutbarkeit des Festhaltens am Vertrag. Bei den Pflichten aus § 241 II handelt es sich um Schutzpflichten, die auf den Schutz der Integritätsinteressen des Gläubigers gerichtet sind (iE § 241 Rn 4 ff). Die Verletzung **vorvertraglicher Schutzpflichten**, insb die fahrlässige Irrtumserregung, fällt dag nicht unter § 324, sondern unter §§ 311 II, 280 I (aA AnwaltK/Krebs § 311 Rn 38), denn das SMG wollte die frühere Rechtslage zur cic beibehalten und nicht etwa über § 324 die Unzumutbarkeit der Vertragsfortsetzung zur zusätzlichen Voraussetzung erheben (Mankowski ZGS 03, 91 ff). Ein **Festhalten am Vertrag** ist für den Gläubiger **unzumutbar**, wenn die Pflichtverletzung die Vertrauensgrundlage zwischen den Vertragsparteien schwerwiegend stört bzw zerstört (vgl § 282 Rn 3). Die Unzumutbarkeit setzt grds keine Abmahnung durch den Gläubiger entspr § 314 II voraus, denn das Rücktrittsrecht nach § 324 soll bereits bei einem einmaligen schweren Vertrauensbruch und nicht erst bei einer Wiederholung des Pflichtenverstoßes bestehen (aA Palandt/Grüneberg § 324 Rn 4; Ramming ZGS 03, 113 ff). 2

2. Als **Rechtsfolge** steht dem Gläubiger ein Rücktrittsrecht zu. Das Rücktrittsrecht ist zwar nicht befristet, jedoch kann nach hM der Rechtsgedanke des § 314 III entspr Anwendung finden (MK/Ernst § 324 Rn 14). 3

III. Verfahrensrechtliches: Die Pflichtverletzung hat im Falle des § 324 der Gläubiger zu beweisen; Ausn kommen allenfalls nach der „Sphärentheorie" in Betracht (Canaris JZ 01, 512; zur Sphärentheorie Larenz, SchR I, § 24 I b). 4

§ 325 Schadensersatz und Rücktritt

Das Recht, bei einem gegenseitigen Vertrag Schadensersatz zu verlangen, wird durch den Rücktritt nicht ausgeschlossen.

1 I. § 325 stellt klar, dass entgg der früheren Rechtslage **neben** der Ausübung des **Rücktrittsrechts** auch **Schadensersatz** geltend gemacht werden kann. Damit beseitigt die Vorschrift die frühere missliche Lage, dass, wenn der Rücktritt einmal erklärt war, wegen dessen Rechtsnatur als Gestaltungsrecht der Rückgriff auf den alternativ vorhandenen Schadensersatzanspruch gesperrt war. Diese Regelung traf insb juristisch nicht beratene Personen, die durch ungeschickte Wortwahl vom Vertrag zurücktraten und somit das mitunter für sie günstigere Recht auf Schadensersatz ausschlossen. Die Rspr versuchte diesem Problem entgg zu wirken, indem Rücktrittserklärungen großzügig als Schadensersatzverlangen ausgelegt wurden und der Gläubiger den Ersatzanspruch durch die Differenzmethode berechnen konnte (dazu BT-Drucks 14/6040, 188).

2 II. Dadurch, dass der Rücktritt den Anspruch auf Schadensersatz nicht mehr ausschließt und die tatbestandlichen Voraussetzungen der §§ 281–282 mit denen der §§ 323–324 abgestimmt sind, bieten sich dem Gläubiger für den Fall, dass der Schuldner die Pflichtverletzung zu vertreten hat (§ 280 I), mehrere **Möglichkeiten**: Der Gläubiger kann seine erbrachte Gegenleistung durch Ausübung des Rücktrittes herausverlangen, seine nicht erbrachte Leistung einbehalten oder aber, wenn er ein Interesse an der Leistungserbringung hat, iR der §§ 280 I, III, 281–283, 311 a II (Schadensersatz statt der Leistung) die Sache dem Schuldner zwecks Erfüllung überlassen und daneben Schadensersatz verlangen. Ist der Rücktritt erfolgt (§ 349), müssen bei der Berechnung des Schadensersatzes allerdings die Wirkungen des Rücktritts berücksichtigt werden. Denn aufgrund des schadensrechtlichen Bereicherungsverbots ist zu vermeiden, dass der Gläubiger Posten, die sich in wirtschaftlicher Betrachtung entsprechen, sowohl als Schadensersatz als auch iR der rücktrittsrechtlichen Rückabwicklung und damit doppelt erhält. Der Gläubiger kann daher nach einem Rücktritt Schadensersatz nur noch im Wege der Differenztheorie verlangen (Emmerich, 205; Lorenz/Riehm, Rn 214; aA Derleder NJW 03, 1001). Entspr gilt für die Fälle der **nicht vertragsgemäßen Leistung** (Schlechtleistung): Hat der Gläubiger den Rücktritt erklärt, so muss er die empfangene mangelhafte Sache herausgeben, so dass iErg nur noch ein „großer Schadensersatz" (Schadensersatz statt der ganzen Leistung; s § 281 Rn 18) in Betracht kommt (MK/Ernst § 325 Rn 28; Gsell JZ 04, 643 ff; aA Derleder NJW 03, 1001). Der Rücktritt schließt auch nicht den Ersatz eines Nutzungsausfallschaden, der durch den Mangel oder infolge der Rückgabe der mangelhaften Sachen entstanden ist (BGH NJW 08, 911; 10, 2426).

3 Der Gläubiger kann ggf auch Ansprüche aus § **284 (Aufwendungsersatz)**, §§ 280 II, 286 (Ersatz der bis zum Rücktritt entstandenen Verzögerungsschäden; AnwaltK/Dauner-Lieb § 286 Rn 2) und § 280 I **(Begleitschäden)** geltend machen und in diesem Rahmen Verzugszinsen (§ 288) oder entgangene Nutzungen verlangen (MK/Ernst § 325 Rn 2; Gsell JZ 04, 644 sowie – zur Anwendbarkeit des § 284 neben §§ 346 ff – BGH NJW 05, 2848; aA Gaier WM 02, 4; Huber/Faust, Kap 3 Rn 89 f). Hiergegen sprechen nicht die gesetzlichen Wertungen der §§ 346 I, II, 347. Denn dem Gläubiger ist nach § 325 schadensrechtlich ungeachtet des Rücktritts ein Geldausgleich zu gewähren, mit dem seinem positiven Interesse an rechtzeitiger und einwandfreier Erfüllung Rechnung getragen wird. In Hinblick auf § 284 würde die gegenteilige Auffassung, die von einer Verdrängung dieser Norm durch § 347 II ausgeht, dazu führen, dass ein zurücktretender Gläubiger mangels Ersatzes seiner Aufwendungen schlechter gestellt würde, als ein solcher, der sich auf den Aufwendungsersatzanspruch beschränkt. Dies würde dem Zweck des § 325 zuwider verlaufen (BGH NJW 05, 2849). Hat der Gläubiger den Rücktritt erklärt, so verringert sich jedoch der Schaden um die Summe, die der Schuldner gem §§ 346 II, 347 I als Entschädigung für die Nutzung der Gegenleistung zahlen muss (Gsell JZ 04, 645; Huber/Faust, Kap 3 Rn 194; Arnold ZGS 03, 429).

4 Str ist, ob der Gläubiger an einen **ausgeübten Rücktritt gebunden** ist oder auch noch nachträglich durch einseitige Erklärung zum Schadensersatz statt der Leistung nach der Surrogationsmethode übergehen kann bzw eine empfangene mangelhafte Leistung iRd sog „kleinen Schadensersatzes" behalten darf. Entspr der Rspr zum früheren Schuldrecht (BGH NJW 95, 450 mwN) ist nach wohl überw Meinung der Gläubiger an einen

Rücktritt gebunden, da die Rücktrittserklärung den Vertrag in ein Rückgewährschuldverhältnis umwandelt (MK/Ernst §§ 323 Rn 187, 325 Rn 23). Nach aA soll der Gläubiger dag selbst bei erfolgtem Rücktritt noch ein Wahlrecht haben (Gsell JZ 04, 648 f), weil § 325 den Gläubiger vor den Folgen eines übereilten Rücktritts schützen soll und die Bindungswirkung an einen erklärten Rücktritt daher nach neuem Recht einzuschränken sei. Das Wahlrecht des Gläubigers endet nach dieser Auffassung erst, wenn sich der Schuldner in schützenswerter Weise auf die Wahl des Gläubigers eingestellt hat.

§ 326 Befreiung von der Gegenleistung und Rücktritt beim Ausschluss der Leistungspflicht[1]

(1) [1]Braucht der Schuldner nach § 275 Abs. 1 bis 3 nicht zu leisten, entfällt der Anspruch auf die Gegenleistung; bei einer Teilleistung findet § 441 Abs. 3 entsprechende Anwendung. [2]Satz 1 gilt nicht, wenn der Schuldner im Falle der nicht vertragsgemäßen Leistung die Nacherfüllung nach § 275 Abs. 1 bis 3 nicht zu erbringen braucht.
(2) [1]Ist der Gläubiger für den Umstand, auf Grund dessen der Schuldner nach § 275 Abs. 1 bis 3 nicht zu leisten braucht, allein oder weit überwiegend verantwortlich oder tritt dieser vom Schuldner nicht zu vertretende Umstand zu einer Zeit ein, zu welcher der Gläubiger im Verzug der Annahme ist, so behält der Schuldner den Anspruch auf die Gegenleistung. [2]Er muss sich jedoch dasjenige anrechnen lassen, was er infolge der Befreiung von der Leistung erspart oder durch anderweitige Verwendung seiner Arbeitskraft erwirbt oder zu erwerben böswillig unterlässt.
(3) [1]Verlangt der Gläubiger nach § 285 Herausgabe des für den geschuldeten Gegenstand erlangten Ersatzes oder Abtretung des Ersatzanspruchs, so bleibt er zur Gegenleistung verpflichtet. [2]Diese mindert sich jedoch nach Maßgabe des § 441 Abs. 3 insoweit, als der Wert des Ersatzes oder des Ersatzanspruchs hinter dem Wert der geschuldeten Leistung zurückbleibt.
(4) Soweit die nach dieser Vorschrift nicht geschuldete Gegenleistung bewirkt ist, kann das Geleistete nach den §§ 346 bis 348 zurückgefordert werden.
(5) Braucht der Schuldner nach § 275 Abs. 1 bis 3 nicht zu leisten, kann der Gläubiger zurücktreten; auf den Rücktritt findet § 323 mit der Maßgabe entsprechende Anwendung, dass die Fristsetzung entbehrlich ist.

I. Die durch das SMG eingefügte Vorschrift regelt für gegenseitige Verträge in den Abs 1–4 das **Schicksal der Gegenleistung**, wenn der Schuldner nach § 275 I–III nicht zu leisten braucht. Sie erfasst dementspr die anfängliche und die nachträgliche Unmöglichkeit (vgl § 275 Rn 1). Abs 5 gewährt dem Gläubiger für diesen Fall zudem ein Rücktrittsrecht (wie § 325 aF, jedoch mit anderen Voraussetzungen und Folgen; s Rn 17) und betrifft damit den Vertrag insgesamt. 1

Die grds **Anwendbarkeit** bei gegenseitigen Verträgen wird durch **Sondervorschriften** für einzelne Vertragstypen eingeschränkt oder ausgeschlossen, insb bei der Miete durch § 537; beim Dienst- und Arbeitsvertrag durch §§ 615, 616; beim Werkvertrag durch §§ 644, 645 sowie § 7 Ziff 1 VOB/B und beim Reisevertrag durch §§ 651 c ff. Für den Kauf legen §§ 446, 447 Modifikationen fest. § 326 ist zudem **abdingbar** (zB BGH JZ 11, 631 zur Abbedingung von Abs 1 bei einer unmöglichen, weil auf Einsatz „übernatürlicher" Kräfte gerichteten Leistung). Abw Festlegungen in AGB über Gefahrtragung und Rücktrittsrecht setzen aber §§ 307 II Nr 1, 308 Nr 7, 309 Nr 8 enge Grenzen; grds wirksam sind dag Klauseln zur bloßen Abgrenzung der beiderseitigen Risikobereiche im Einklang mit Zweck und Inhalt der jeweiligen Vertrages. 2

II. Gemeinsame **Voraussetzung** für die Abs 1–5 ist, dass der **Schuldner** bei einem gegenseitigen Vertrag von einer im **Gegenseitigkeitsverhältnis** stehenden Leistungspflicht 3

---
1 Diese Vorschrift dient auch der Umsetzung der Richtlinie 1999/44/EG des Europäischen Parlaments und des Rates vom 25. Mai 1999 zu bestimmten Aspekten des Verbrauchsgüterkaufs und der Garantien für Verbrauchsgüter (ABl. EG Nr. L 171 S. 12).

(§ 320 Rn 3) gem § 275 I–III befreit wird. Soweit die primäre Leistungspflicht erst durch Erhebung der Einrede erlischt (§ 275 II, III), setzt die Vorschrift voraus, dass der Schuldner die Einrede auch erhoben hat; nur dann „braucht" er nicht iSd § 326 zu leisten (BT-Drucks 14/6040, 188).

4 1. a) Nach Abs 1 S 1 erlischt die **Pflicht** des Gläubigers zur Gegenleistung **kraft Gesetzes**, wenn der Schuldner gem § 275 I–III nicht zu leisten braucht. Die Vorschrift weist als **Gefahrtragungsregel** dem Schuldner grds das Risiko zu, die Gegenleistung nicht zu erhalten (**Gegenleistungs-** oder **Preisgefahr**). Der Grund dafür liegt in der wechselseitigen Abhängigkeit von Leistung und Gegenleistung beim gegenseitigen Vertrag (Vor §§ 320–326 Rn 2).

5 b) Abs 1 S 1 setzt voraus, dass **keine der Vertragsparteien** oder der **Schuldner allein** das Leistungshindernis iSd §§ 276 ff zu vertreten hat. Ist dag der Gläubiger für das Leistungshindernis allein oder weit überw verantwortlich, so findet Abs 2 Anwendung. Ist der **Schuldner weit überw verantwortlich**, so ist Abs 1 S 1 entspr anwendbar, denn nach dem Rechtsgedanken des Abs 2 S 1 ist in derartigen Fällen von einer Alleinverantwortlichkeit des Handelnden auszugehen (s Rn 9). Zur beiderseitigen Unmöglichkeit vgl Vor §§ 323–326 Rn 3.

6 c) Abs 1 S 1 bezieht sich auch auf Konstellationen, in denen der Schuldner **nur teilweise** von seiner Leistungspflicht frei geworden ist. **Nicht anwendbar** ist die Vorschrift dag gem **Abs 1 S 2** in Fällen der qualitativen Unmöglichkeit (hierzu § 275 Rn 17). Eine nicht vertragsgemäße Leistung, bei der eine Nacherfüllung ausgeschlossen ist, kann daher insb nicht als Teilunmöglichkeit qualifiziert werden. Durch Abs 1 S 2 wird verhindert, dass bei einer Schlechtleistung die Gegenleistung kraft Gesetzes gem § 441 III gemindert wird. Eine Minderung der Gegenleistung soll erst dann erfolgen, wenn eine solche für den betr Vertragstyp vorgesehen ist (zB §§ 437 Nr 2, 638), die hierfür geregelten Voraussetzungen vorliegen und sich der Gläubiger auf das Minderungsrecht beruft (BT-Drucks 14/6040, 189). Der Gläubiger kann deshalb im Falle einer nicht vertragsgemäßen Leistung grds nur nach Abs 5 iVm § 323 zurücktreten.

7 d) Als **Rechtsfolge vollständiger Unmöglichkeit** nach **Abs 1 1. Halbs** verliert der Schuldner seinen Anspruch auf die Gegenleistung (Vergütung). Das Schuldverhältnis selbst bleibt aber bestehen. Als **Rechtsfolge der Teilunmöglichkeit** nach **Abs 1 2. Halbs** mindert sich die Verpflichtung zur Gegenleistung nach Maßgabe des § 441 III. Sie ist im Verhältnis des Wertes der möglich gebliebenen Teilleistung zum Wert der vollständigen Leistung zu berechnen. Der Zeitpunkt des Vertragsschlusses ist dabei maßgeblich für die Bestimmung des Wertverhältnisses.

8 2. a) Abw von Abs 1 behält der Schuldner nach **Abs 2** den Anspruch auf die Gegenleistung, wenn der Gläubiger für den Eintritt des Leistungshindernisses allein bzw „weit überw" verantwortlich ist (Rn 9) oder sich im Annahmeverzug befindet, während das Leistungshindernis eintritt (Rn 12). Abs 2 verlagert für diese Fälle die **Gegenleistungsgefahr auf den Gläubiger**, weil diesem aus einem von ihm zu vertretenden, pflichtwidrigen Verhalten keine rechtlichen Vorteile erwachsen sollen. Er soll vielmehr in gleicher Weise verpflichtet bleiben wie bei einer Erfüllung durch den Schuldner und muss daher seine Gegenleistung erbringen, ohne die Leistung des Schuldners beanspruchen zu können (§ 275).

9 b) **Voraussetzungen** des Abs 2 S 1, 1. Alt: Der Umstand, aufgrund dessen der Schuldner nach § 275 I–III nicht zu leisten braucht, muss **vom Gläubiger** der im Gegenseitigkeitsverhältnis stehenden Leistung **allein** oder **weit überw** zu verantworten sein. Eine Mitverantwortung des Gläubigers ist dann als „weit überw" anzusehen, wenn man diese auch iR des § 254 der Alleinverantwortung gleichstellen würde (Canaris JZ 01, 511). Das Ausmaß der Verantwortung des Gläubigers muss daher idR 80–90 % übersteigen (Palandt/Grüneberg § 326 Rn 9). Ungeregelt ist dag die Frage, wie von **beiden Parteien zu vertretende Unmöglichkeit** zu behandeln ist. Vorzugswürdig erscheint, in diesen Fällen den um das jeweilige Mitverschulden gekürzten Schadensersatzanspruch des Gläubigers (§§ 280 I, III, 283, 254) mit dem Schadensersatzanspruch des Schuldners (§§ 280 I, 254) zu saldieren (iE Vor §§ 323–326 Rn 3).

Abschnitt 3 | Schuldverhältnisse aus Verträgen § 326

Einen Maßstab dafür, was der Gläubiger zu **verantworten** hat, legt die Vorschrift nicht 10
eigens fest. Unter entspr Anwendung der §§ 276 ff hat der Gläubiger iR des Abs 1 grds
eigenes pflichtwidriges schuldhaftes Verhalten sowie Verschulden von gesetzlichen
Vertretern und Erfüllungsgehilfen zu verantworten, soweit dieses adäquat-kausal für
das Leistungshindernis ist. Zu verantworten haben kann der Gläubiger Leistungshindernisse, die aus seiner Sphäre kommen. Oder für die er ausdrücklich oder konkludent
die Gefahr übernommen hat (BGH JZ 11, 633). Seine Verantwortlichkeit begründen
können zudem Sondervorschriften (Rn 2), die auch entspr anwendbar sein können.
Insb gilt dies für die vermittelnde Risikoaufteilung des § 645 (s dort Rn 1 ff). Eine generelle Einbeziehung jedweder Leistungshindernisse aus der Risikosphäre des Gläubigers (so Beuthien JZ 72, 248) lehnt die hM jedoch ab (Rückert ZfA 83, 5).
Zu verantworten hat der Gläubiger das Leistungshindernis insb in drei Konstellatio- 11
nen: **Verstoß gegen vertragliche Haupt- oder Nebenpflichten**, zB durch unberechtigte
Lossagung vom Vertrag (BGH NJW 87, 1693) oder Missachtung von Schutzpflichten
(zB bei Arbeitsunfähigkeit des Arbeitnehmers, die der Arbeitgeber verschuldet hat; Untergang der Mietsache durch unsorgfältiges Verhalten des Mieters, BGHZ 66, 351);
Verstoß gegen Mitwirkungspflichten oder Obliegenheiten, deren Beachtung für die Erbringung der Leistung erforderlich ist (BGHZ 38, 192); **unerlaubte Handlungen**, die
zum Leistungshindernis führen (aber häufig zugleich Vertragspflichtverletzungen beinhalten und insofern auch zur erstgenannten Fallkonstellation gehören; beispielsweise
die Beschädigung des Leistungsgegenstandes durch den Gläubiger). – Der Gläubiger
kann zudem durch **vertragliche Risikovereinbarung** die Gefahr für weitere Leistungshindernisse übernehmen (BGH NJW 98, 2286; BGH NJW 02, 595). Für eine stillschweigende Gefahrübernahme müssen besondere Anhaltspunkte vorliegen; iE § 276
Rn 23.
c) **Voraussetzungen** für den Übergang der Gegenleistungsgefahr auf den Gläubiger 12
nach **Abs 2 S 1, 2. Alt:** Der Gläubiger einer im Gegenseitigkeitsverhältnis stehenden
Leistung muss sich im **Annahmeverzug** gem §§ 293 ff befinden und der Umstand, der
zum Ausschluss der Leistungspflicht nach § 275 I–III führt, zu dieser Zeit eintreten.
Der Annahmeverzug braucht für das Leistungshindernis nicht kausal zu sein. Das Leistungshindernis darf jedoch **nicht vom Schuldner zu vertreten** sein. Aufgrund der Haftungserleichterung des § 300 belastet ihn dabei nur Vorsatz und grobe Fahrlässigkeit.
Bei leichter Fahrlässigkeit des Schuldners bleibt dag der Gläubiger verpflichtet, die Gegenleistung zu erbringen.
Abs 2 S 1 gilt auch für **Gattungsschulden**; erforderlich ist aber stets die Konkretisie- 13
rung der Leistung, selbst wenn diese für den Annahmeverzug nicht notwendig war (etwa bei §§ 295, 296; § 300 Rn 4). **Sonderregelungen** ggü Abs 2 enthalten §§ 615, 642,
644 I 2; § 373 HGB. Im Arbeitsrecht gelangen zudem die Vertreter der Betriebsrisikolehre zu einer besonderen Risikoverteilung (vgl § 615 Rn 6).
d) **Rechtsfolge des Abs 2 S 1:** Liegen die Voraussetzungen des Abs 2 vor, behält der 14
Schuldner den Anspruch auf die Gegenleistung, obwohl er seine Leistung gem § 275
nicht zu erbringen braucht. Sein Anspruch wird aber gem **Abs 2 S 2** durch **Anrechnung**
von Vorteilen, die er durch die Befreiung von der Leistung erlangt hat, gekürzt. Diese
Anrechnung bedarf (anders als die Aufrechnung nach § 387) keiner entspr Erklärung
des Gläubigers. Nach Abs 2 S 2 aE ist der böswillig unterlassene Erwerb durch anderweitige Verwendung der Arbeitskraft ebenfalls anzurechnen. Die Böswilligkeit erfordert dabei keine Schädigungsabsicht, sondern nur das vorsätzliche Untätigbleiben trotz
Kenntnis einer zumutbaren Arbeitsmöglichkeit (BAGE 50, 176 ff). Ersparte Nacherfüllungskosten sind nicht gem Abs 2 S 2 (auch nicht analog) anzurechnen, wenn der Käufer den Mangel der Kaufsache im Wege der Selbstvornahme beseitigt (BGH NJW 05,
1348; Dauner-Lieb ZGS 05, 169 ff; aA Lorenz NJW 05, 1321 ff; Katzenstein ZGS 04,
144 ff, 349 ff; für die Anrechnung ersparter Nacherfüllungsaufwendungen analog
§ 326 II 2 bei auf einem anderen Grund als dem Mangel beruhender Unmöglichkeit
der Nacherfüllung OLG München ZGS 07, 80). Der Schuldner trägt die **Beweislast**
dafür, dass der Gläubiger das Leistungshindernis zu verantworten hat (BGHZ 116,
288); § 280 I 2 ist nicht entspr anwendbar (str; Jauernig/Stadler § 326 Rn 23; aA Pa-

landt/Grüneberg § 326 Rn 14). Ausn ergeben sich jedoch für einzelne Schuldverhältnisse, zB beim Mietvertrag (BGHZ 116, 289; 126, 129).

15 3. Nach Abs 3 bleibt der Gläubiger zur Gegenleistung verpflichtet, wenn er nach § 285 einen Ersatz oder Ersatzanspruch, den der Schuldner anstelle des geschuldeten Gegenstandes erlangt hat, für sich beansprucht. Wenn dieser Ersatz oder Ersatzanspruch einen geringeren Wert hat als die ursprünglich geschuldete Leistung, mindert sich jedoch die Gegenleistung, die der Gläubiger zu erbringen hat, nach Maßgabe des § 441 III. Der Gegenleistungsanspruch erhöht sich jedoch nicht, wenn der Wert des Ersatzes oder des Ersatzanspruchs über dem Wert der geschuldeten Leitung liegt.

16 4. Gem Abs 4 hat der Gläubiger einen Anspruch auf Rückgewähr, wenn er seine Gegenleistung (vor)geleistet hat, sie aber nach Abs 1 nicht zu erbringen brauchte. Hins der **Rechtsfolgen** verweist Abs 4 im Ggs zu früher (§ 323 III aF) nicht mehr auf das Bereicherungsrecht mit der Möglichkeit des Einwandes der Entreicherung (§ 818 III), sondern auf das wesentlich strenger ausgestaltete Rücktrittsrecht (§ 346 III Nr 3). Inwieweit Abs 4 in besonderen Konstellationen **teleologisch reduziert** und § 818 III entspr angewendet werden muss, ist bislang ungeklärt (befürwortend für den Fall eines Arbeitnehmers, der das im Voraus erhaltene Entgelt verbraucht hat und aus einem unverschuldeten Grund nicht zur Arbeit kommen kann: Canaris JZ 01, 509).

17 5. Abs 5 räumt dem **Gläubiger** ein **Rücktrittsrecht** ein, wenn der Schuldner gem § 275 I–III von seiner Leistungspflicht befreit wird. Im Ggs zu früher (§ 325 aF) wird ein evtl Schadensersatzanspruch des Gläubigers (zB gem §§ 280 I, III, 283; 311 a II) nicht mehr durch die Ausübung des Rücktritts ausgeschlossen (§ 325 nF). Darüber hinaus ist das Rücktrittsrecht nunmehr **unabhängig von** einem **Vertretenmüssen** des Schuldners. Ausgeübt wird das Rücktrittsrecht durch **Erklärung ggü dem Vertragspartner**. Wählt der Gläubiger den Rücktritt, so wandelt sich das vertragliche Schuldverhältnis in ein **Rückgewährschuldverhältnis** (§§ 346 ff) um. Zum Verhältnis zur Kündigung bei Dauerschuldverhältnissen § 314 Rn 2.

18 Voraussetzung für den Rücktritt des Gläubigers ist zunächst die Befreiung des Schuldners von der Leistungspflicht gem § 275 I–III. Hins der weiteren Voraussetzungen ergibt sich aus dem Verweis des Abs 5 auf § 323, dass es sich um eine Pflicht im Gegenseitigkeitsverhältnis (s § 320 Rn 3) handeln muss. Anders als bei § 323 ist aber für den Rücktritt nach Abs 5 **keine Fristsetzung** erforderlich. Der Verweis des Abs 5 bezieht sich daher iÜ allein auf § 323 V–VI. Wird der Schuldner nur teilweise von seiner Leistungspflicht befreit (s § 275 Rn 16), so kann der Gläubiger vom ganzen Vertrag gem § 323 V 1 nur dann zurücktreten, wenn er an der Teilleistung kein Interesse hat (iE § 323 Rn 13). Beruht die Unmöglichkeit darauf, dass ein Mangel unbehebbar ist (qualitative Unmöglichkeit § 275 Rn 17), muss die Pflichtverletzung zudem gem § 323 V 2 erheblich sein. Schließlich darf der Gläubiger gem § 323 VI nicht für den Eintritt des Leistungshindernisses verantwortlich sein oder sich zu diesem Zeitpunkt im Annahmeverzug befinden. Zur Frage, ob ein Käufer zurücktreten kann, wenn eine mangelhafte Kaufsache durch sein Verschulden untergegangen ist, § 323 Rn 15.

§ 327 (weggefallen)

Titel 3
Versprechen der Leistung an einen Dritten

§ 328 Vertrag zugunsten Dritter

(1) Durch Vertrag kann eine Leistung an einen Dritten mit der Wirkung bedungen werden, dass der Dritte unmittelbar das Recht erwirbt, die Leistung zu fordern.
(2) In Ermangelung einer besonderen Bestimmung ist aus den Umständen, insbesondere aus dem Zwecke des Vertrags, zu entnehmen, ob der Dritte das Recht erwerben, ob das Recht des Dritten sofort oder nur unter gewissen Voraussetzungen entstehen und ob den Vertragschließenden die Befugnis vorbehalten sein soll, das Recht des Dritten ohne dessen Zustimmung aufzuheben oder zu ändern.

I. 1. Regelmäßig begründet ein Vertrag Rechte und Pflichten für die beiden vertragsschließenden Parteien, zwischen denen sich zumeist auch der Leistungsaustausch vollzieht. Den Parteien steht es aber gem § 328 frei, einen **Vertrag zugunsten eines Dritten** zu schließen. In diesem Fall hat der Schuldner (Versprechender) die Leistung nicht – wie üblich – an den Gläubiger (Versprechensempfänger), sondern an einen Dritten zu erbringen. Zweck einer derartigen vertraglichen Regelung kann insb die **Verkürzung des Leistungsweges** (Leistung unmittelbar an den Dritten anstelle des Umweges über den Versprechensempfänger) oder aber auch die **Versorgung des Dritten** (zB durch Versicherungsleistungen) sein.

Die Ausgestaltung der **Rechtsstellung des Dritten** bleibt grds der **Disposition der Vertragsschließenden** überlassen. Erhält der Dritte nach dem Inhalt des Vertrages ein eigenes Forderungsrecht ggü dem Versprechenden, handelt es sich um einen **echten Vertrag zugunsten Dritter**. Hingegen liegt ein sog **unechter (oder ermächtigender) Vertrag zugunsten Dritter** vor, wenn die Parteien vereinbaren, dass allein der Gläubiger zur Forderung der Leistung berechtigt bleibt und der Schuldner lediglich ermächtigt sein soll, an den Dritten mit befreiender Wirkung zu leisten. **Beispielsfälle** sind der Grundstückskaufvertrag mit Maklerklausel (BGH NJW 05, 3778), der zugunsten des Empfängers wirkende Frachtvertrag (BGH NJW 99, 1110) sowie die Versicherung für fremde Rechnung, bei der die Rechte aus dem Vertrag der mitversicherten Person zustehen (RGZ 130, 241 f). In diesem Fall erfüllt der Schuldner seine Leistungspflicht mit Bewirken der Leistung an den Dritten gem § 362 II iVm § 185 I. – Während sich der Vertrag zugunsten Dritter auf eine primäre Leistungspflicht des Schuldners bezieht, erstreckt der **Vertrag mit Schutzwirkung zugunsten Dritter** die Schutz- und Sorgfaltspflichten des Schuldners aus dem Vertrag auf einen Dritten und begründet bei deren Verletzung Sekundäransprüche für den Dritten (Rn 12).

2. Der Vertrag zugunsten eines Dritten ist ein **zweiseitiger Vertrag**; der Dritte wird nicht Vertragspartei. Jedoch sind **drei verschiedene Rechtsbeziehungen** zu unterscheiden: Zwischen Versprechendem (Schuldner) und Versprechensempfänger (Gläubiger) besteht das **Deckungsverhältnis**. Das Verhältnis zwischen dem Versprechensempfänger und dem Dritten heißt **Zuwendungs- oder Valutaverhältnis**. Es bildet den Rechtsgrund für die Leistung an den Dritten (BGHZ 91, 290). Zwischen dem Versprechenden und dem Dritten schließlich besteht das **Vollzugsverhältnis**. Es handelt sich um eine vertragsähnliche Rechtsbeziehung, aus der sich für beide Seiten Nebenpflichten, wie zB Schutz- oder Sorgfaltspflichten, ergeben können.

Durch eine entspr Parteivereinbarung kann grds jeder schuldrechtliche Verpflichtungsvertrag als Vertrag zugunsten eines Dritten ausgestaltet werden (zB Kauf-, Miet-, Dienst- oder Werkvertrag zugunsten eines Dritten). Dem Wortlaut nach bezieht sich § 328 nur auf **Verpflichtungsverträge**. Bei der Beurteilung der umstrittenen Frage einer entspr Anwendung auf **Verfügungsverträge** zugunsten Dritter ist zwischen **dinglichen** (zB Übereignung) und **schuldrechtlichen** Verfügungen zugunsten Dritter (zB Erlass, Abtretung) zu unterscheiden: Dingliche Verfügungen zugunsten Dritter sind jedenfalls insoweit unwirksam, als es an der Publizität des Rechtserwerbs fehlt (BGH NJW 93, 2617). Nach Auffassung eines Teiles der Lehre ist § 328 dag auf schuldrechtliche Verfügungen entspr anwendbar, weil kein derartiges Publizitätserfordernis besteht, und auf dingliche Verfügungen insoweit entspr anwendbar, als die erforderliche Publizität im Einzelfall besteht (zB durch Besitzerlangung oder Grundbucheintragung des Dritten als Erwerber); jedoch mit Ausn der Auflassung wegen §§ 333, 925 II; vgl Larenz, SchR I, § 17 IV, 232; Westermann, SachenR I, § 3 II 4, 26. Demgegenüber ist nach hM § 328 mit Rücksicht auf Wortlaut und systematische Stellung auf schuldrechtliche und dingliche Verfügungen durchweg nicht anwendbar.

3. Die Vertragsfreiheit der Vertragsparteien findet ihre **Grenze in der Freiheit und Selbstbestimmung des Dritten**: Damit ihm nicht ungewollt ein Recht aufgedrängt werden kann, hat er ein Zurückweisungsrecht (§ 333). Die allg Handlungsfreiheit und das Recht zur Selbstbestimmung als vom GG geschützte Prinzipien der Rechtsordnung erfordern auch die **Unwirksamkeit von Verträgen zu Lasten Dritter**. Jede Person muss im Rechtsverkehr selbst entscheiden können, ob für sie durch einen Vertrag Pflichten entstehen sollen (BVerfGE 73, 270 f; BGHZ 78, 374 f). Daher sind zB Nachfolgeklauseln, die einen selbsttätigen Eintritt Dritter in Personengesellschaften bewirken, wegen der mit der Mitgliedschaft verbundenen persönlichen Haftung unwirksam.

6 **II. Vertrag zugunsten Dritter. 1. Voraussetzungen: a)** Abs 1 legt als Voraussetzung eines echten Vertrages zugunsten Dritter fest, dass aufgrund der Vereinbarung der Vertragsparteien ein Dritter unmittelbar das Recht erwerben muss, die Leistung zu fordern. Dies erfordert zunächst einen **wirksamen Vertragsschluss im Deckungsverhältnis** zwischen dem Schuldner (als Versprechendem in Hinblick auf die Leistung an den Dritten) und dem Gläubiger (als Versprechensempfänger im Hinblick auf diese Leistung). Lediglich dieses Vertragsverhältnis (und nicht das Valutaverhältnis zwischen Versprechensempfänger und Drittem) ist für die Formerfordernisse maßgeblich. Beispielsweise ist im Deckungsverhältnis § 518 zu beachten, wenn der Versprechende seine Leistung an den Dritten dem Versprechensempfänger schenkweise zusagt.

7 **b) Dritter** kann sowohl eine natürliche als auch eine juristische Person sein. Wie sich aus § 331 II ergibt, braucht der Dritte zum Zeitpunkt des Vertragsschlusses noch nicht einmal existent zu sein (BGHZ 129, 305). Die Bestimmbarkeit des Dritten reicht aus (BGHZ 93, 274). Geschäftsfähig muss der Dritte grds nicht sein; ggf kann aber nur der gesetzliche Vertreter nach § 333 den Rechtserwerb zurückweisen.

8 **c)** Ob der Dritte das **Recht erwirbt, die Leistung zu fordern,** ist durch Auslegung zu ermitteln. Bei Fehlen einer besonderen Bestimmung ist dies gem **Abs 2** den Umständen unter besonderer Berücksichtigung des Vertragszwecks zu entnehmen. Die Forderungsberechtigung des Dritten ist ausschlaggebend für die **Abgrenzung zum unechten Vertrag zugunsten eines Dritten.** Auslegungsregeln enthalten die §§ 329, 330. Ein echter Vertrag zugunsten Dritter ist zB der von den Krankenkasse abgeschlossene Krankenhausvertrag zugunsten des Patienten (BGHZ 89, 253; 96, 363). Dag lässt die Einrichtung eines Kontos auf den Namen eines anderen noch nicht ohne weiteres den Schluss auf dessen eigene Forderungsberechtigung zu (BGHZ 21, 150; 28, 369 f). Zur Garantie des Herstellers und Importeurs beim Kaufvertrag vgl § 443 Rn 3, zu Verträgen zwischen Reiseveranstalter und Leistungsträgern (zB Fluggesellschaft/Hotel) § 651 a Rn 7.

9 **d) Unmittelbarkeit** idS Abs 1 erfordert, dass der Dritte das Forderungsrecht originär aufgrund des Vertrages und nicht im Wege der Rechtsnachfolge (etwa durch Abtretung) erlangt. Bei einem echten Vertrag zugunsten Dritter findet daher kein Durchgangserwerb über das Vermögen des Gläubigers statt.

10 **2. Rechtsfolge:** Der **Dritte** erwirbt einen (originär in seiner Person entstehenden) **Primäranspruch auf die Leistung** (mit dem Recht zur Zurückweisung nach § 333). Der Versprechende ist zur Leistung an den Dritten verpflichtet. Gem § 334 kann er dem Dritten im Vollzugsverhältnis jedoch alle **Einwendungen** aus dem Deckungsverhältnis entgegenhalten (iE bei § 334). Der Versprechensempfänger hat gem § 335 das Recht, Leistung an den Dritten zu fordern.

11 **3.** Bei **Leistungsstörungen** hat der **Dritte** ggf Ansprüche nach §§ 280 I (uU iVm 311 II bzw III); 280 I, II, 286; 280 I, III, 283; 311 a II (**Sekundäransprüche**). Da er nicht selbst Vertragspartei ist, kann er indes nicht Rechte geltend machen, die den Vertrag im Deckungsverhältnis umgestalten würden, wie Schadensersatzansprüche statt der Leistung gem §§ 280 I, III, 281 bzw 282, Rücktritt (§ 323 ff) oder Kündigung. Die Ausübung derartiger Gestaltungsrechte bleibt den Vertragsparteien vorbehalten. Sie ist jedoch grds von der Zustimmung des Dritten abhängig, sobald sein Recht betroffen wird, dh sobald er eine nicht mehr entziehbare, unwiderrufliche Rechtsposition erlangt hat (RGZ 101, 276 f). Eine Ausn bildet die Anfechtung des Vertrages durch den Versprechensempfänger, da dessen Freiheit der Willensentschließung idR schützenswerter ist als die Rechtsposition des Dritten (aA Staud/Jagmann § 335 Rn 9 f). Bei einer Störung der Geschäftsgrundlage kann regelmäßig der Dritte selbst eine nach § 313 I angepasste Leistung fordern (BGH NJW 72, 152 f; 92, 428). Im Verhältnis zwischen dem Versprechenden und dem Versprechensempfänger muss sich der Versprechensempfänger das Verschulden des Dritten gem § 278 zurechnen lassen. Aus der Verletzung von Nebenrechten im Vollzugsverhältnis können sich Ersatzansprüche des Versprechenden gegen den Dritten ergeben.

III. Vertrag mit Schutzwirkung zugunsten Dritter: 1. Zunächst gestützt auf § 328, später als besondere Vertragsgestaltung aufgrund richterlicher Fortbildung des dispositiven Rechts (Bayer JuS 96, 475) oder aufgrund ergänzender Vertragsauslegung (BGHZ 56, 273) haben Rspr und Lehre den Vertrag mit Schutzwirkung zugunsten Dritter entwickelt. Auch bei ihm erstrecken sich die Wirkungen eines zwischen Schuldner und Gläubiger geschlossenen Vertrages ebenso wie bei § 328 auf einen Dritten. Jedoch folgt aus diesem Vertrag kein Primäranspruch des Dritten. Vielmehr führt die **Einbeziehung des Dritten in den Schutzbereich des Vertrags** dazu, dass die vertraglichen Schutz- und Sorgfaltspflichten für den Schuldner nicht nur ggü dem Gläubiger als seinem Vertragspartner, sondern auch ggü dem Dritten bestehen. Bei einer Verletzung dieser Pflichten ist der Dritte dementspr nicht auf die Geltendmachung deliktischer Ansprüche beschränkt (mit den Nachteilen insb der Exkulpationsmöglichkeit des Schuldners für Gehilfen nach § 831 I 2 und des fehlenden umfassenden Vermögensschutzes). Vielmehr kann er auch eigene vertragliche Schadensersatzansprüche geltend machen.

2. a) Voraussetzung dafür ist das Bestehen eines **Schuldverhältnisses zwischen dem Schädiger und dem Gläubiger** mit Schutzwirkung für den Dritten. Unerheblich ist, ob es sich dabei um ein vertragliches oder um ein gesetzliches Schuldverhältnis handelt. Auch vorvertragliche Schuldverhältnisse (§ 311 II) kommen in Betracht (BT-Drucks 14/6040, 163).

b) Die **Schutzwirkung für den Dritten** ist dem Schuldverhältnis – aufgrund der auf § 242 gestützten Rechtsfortbildung oder aufgrund ergänzender Vertragsauslegung – unter folgenden Voraussetzungen zuzusprechen:

aa) Der Dritte muss bestimmungsgemäß mit der geschuldeten Leistung in Kontakt kommen und daher den Gefahren einer Schlechtleistung in gleichem Maße ausgesetzt sein wie der Gläubiger (**Leistungsnähe des Dritten**; BGHZ 70, 329; NJW 96, 2928). Dies ist zB der Fall bei den zur Hausgemeinschaft des Mieters gehörenden Personen wie den Familienangehörigen (BGHZ 49, 279), dem Lebensgefährten (OLG Hamburg NJW-RR 88, 1482) oder den Hausangestellten (BGHZ 61, 233). Dritte, die sich nur zufällig in Leistungsnähe befinden, sind dag vom Schutz ausgeschlossen.

bb) Am Schutz des Dritten muss ein **berechtigtes Interesse des Gläubigers** bestehen. Haben die Parteien hierzu nichts vereinbart, kann sich ein solches Interesse im Wege einer ergänzenden Vertragsauslegung ergeben; etwa wenn die Leistung auch im Hinblick auf die Interessen des Dritten erbracht wird (BGH NJW 96, 2928). Ein berechtigtes Interesse ist insb zu bejahen, wenn der Gläubiger aufgrund eines Fürsorgeverhältnisses (zB familien-, arbeits-, oder mietrechtlicher Art) für das **Wohl und Wehe des Dritten (mit) verantwortlich** ist (BGHZ 56, 273). Abw von diesen Grundsätzen geht der BGH allerdings speziell bei der Haftung von Experten für erteilte Auskünfte davon aus, dass selbst eine bestehende Gegenläufigkeit von Interessen die Schutzwirkung nicht ausschließt, sofern die zu schützende Personengruppe objektiv abgrenzbar bleibt (BGH NJW 84, 356; 98, 1062; BGH NJW-RR 03, 1035).

cc) Damit der Schuldner sein Haftungsrisiko überschauen kann, müssen zudem die Leistungsnähe des Dritten und das Interesse des Gläubigers am Schutz des Dritten für den Schuldner **erkennbar** gewesen sein. Die Schutzpflicht beschränkt sich daher jeweils auf eine überschaubare, klar abgrenzbare Personengruppe, ohne dass der Schuldner aber iE Zahl und Namen der zu schützenden Dritten kennen muss.

dd) Der Dritte ist schließlich nur dann **schutzbedürftig**, wenn er keine eigenen gleichwertigen vertraglichen Ersatzansprüche – gleich gegen wen – hat, die denselben oder zumindest einen gleichwertigen Inhalt haben wie diejenigen Ansprüche, die ihm über eine Einbeziehung in den Schutzbereich eines Vertrages zukämen (BGHZ 70, 330; NJW 96, 2929; aA Schwarze AcP 03, 348). Dementspr sind zB Untermieter nicht in den Schutz des Hauptmietvertrages einbezogen. Ob die anderweitigen Ansprüche realisierbar sind, spielt keine Rolle. Selbst ein Gewährleistungsausschluss oder die Insolvenz des Vertragspartners führt nicht zur Schutzbedürftigkeit. Ungeklärt ist, ob zwischen den Schadensersatzansprüchen aus Kauf- und Werkvertrag Gleichwertigkeit besteht (dag BGH NJW 93, 656 nach altem Recht).

19 **3. Rechtsfolge:** Der Dritte kann **Schadensersatz** verlangen, sofern die weiteren Voraussetzungen eines Schadensersatzanspruchs erfüllt sind (zB aus §§ 280 ff). Gem §§ 249 ff zu erstatten sind Personen-, Sach- und Vermögensschäden sowie ggf Schmerzensgeld. **Gesetzliche und vertragliche Haftungsbeschränkungen** entfalten auch zum Nachteil des Dritten Wirkung (BGHZ 56, 272 ff). Auch ohne Vorliegen der Voraussetzungen des § 278 muss der Dritte seinem Ersatzanspruch nicht nur sein eigenes Mitverschulden nach § 254 anspruchsminderd entgegenhalten lassen, sondern auch ein etwaiges **Mitverschulden des Gläubigers.** Dem geschädigten Dritten sollen nicht mehr Rechte zustehen, als sie dem Gläubiger zustehen würden (Rechtsgedanke des § 334; vgl auch BGHZ 33, 250).

20 **4. Beispielsfälle:** Ein Vertrag mit Schutzwirkung zugunsten des Ehepartners ist der Behandlungsvertrag der schwangeren Ehefrau (BGHZ 96, 368). Die Eltern werden in den **Behandlungsvertrag** des zu behandelnden Kindes einbezogen (BGH NJW 92, 2962). Der Ehegatte genießt die Schutzwirkung des Vertrags über die Sterilisation des Ehepartners (BGH NJW 95, 2408 f); in den Schutzbereich eines auf Schwangerschaftsverhütung gerichteten Vertrages zwischen Arzt und Patientin ist auch der nichteheliche Partner einbezogen (BGH NJW 07, 989). Bei einem **Mietvertrag** über Wohnraum sind zB die zur Hausgemeinschaft des Mieters gehörenden Familienangehörigen (BGHZ 77, 124 mN) in den Schutzbereich einbezogen, nicht hingegen aber Besucher und Gäste (BGHZ 2, 97). Einbezogen wurde auch das minderjährige Kind, das auf einem von den Eltern gemieteten Pony reiten sollte (OLG Köln OLGZ 93, 200). Hingegen kann sich der Jahrmarktbesucher weder auf den Schutzbereich des Mietvertrags zwischen Organisator und Standbetreiber noch auf den Vertrag zw Veranstalter und Organisator berufen (OLG Düsseldorf NJW-RR 97, 1315). Ein **Anwaltsvertrag** entfaltet ggü den Personen Schutzwirkung, deren Vermögensinteressen durch die Rechtsberatung gewahrt werden sollen. Die Rspr hat dies zB zugunsten von Kindern in den Fällen anerkannt, in denen ihr Unterhalt gesichert werden sollte (BGH NJW 77, 2074). In einen **Dienstvertrag** werden Familienangehörige (BGH NJW 75, 868) und auch die Arbeitnehmer des Dienstverpflichteten (BGHZ 26, 371 f) miteinbezogen. **Werkverträge** können ebenfalls dritte Personen schützen, die bei der Ausführung des Werkes gefährdet werden (BGHZ 55, 18). Bei **Kreditauskünften** von Bank zu Bank im Kundeninteresse besteht zumeist eine Schutzpflicht zugunsten des letztlich anfragenden Kunden, nicht aber ggü dem Lieferanten des Bankkunden (BGH NJW-RR 91, 1265). Der **Beförderungsvertrag** zwischen Polizei und Abschleppunternehmen entfaltet Schutzwirkung für den Pkw-Halter (BGH NJW 78, 2503). **Sachverständige** haften aus Vertrag mit Schutzwirkung, wenn ihre Vertragsleistungen von vornherein erkennbar zum Gebrauch ggü Dritten bestimmt sind und nach dem Willen des Auftraggebers mit einer entspr Beweiskraft ausgestattet sein sollen (BGH NJW 04, 3036; zur Beschränkung des Kreises der einbezogenen Dritten im Fall einer Wirtschaftsprüfergesellschaft BGH JZ 10, 414, 415), etwa bei Echtheitsgutachten. In den Schutzbereich eines öffentlich-rechtlichen Schuldverhältnisses zwischen Gemeinde und Anschlussnehmer ist auch der Mieter des angeschlossenen Grundstücks einbezogen (BGH NJW 07, 1061 für Abwasserkanalanschluss).

§ 329 Auslegungsregel bei Erfüllungsübernahme

Verpflichtet sich in einem Vertrag der eine Teil zur Befriedigung eines Gläubigers des anderen Teils, ohne die Schuld zu übernehmen, so ist im Zweifel nicht anzunehmen, dass der Gläubiger unmittelbar das Recht erwerben soll, die Befriedigung von ihm zu fordern.

1 **I.** § 329 enthält für die **Erfüllungsübernahme** die **widerlegbare Vermutung**, dass der Gläubiger ggü dem Übernehmer kein eigenes Forderungsrecht erhält. Bei der Erfüllungsübernahme handelt es sich damit im Regelfall um einen **unechten Vertrag zugunsten Dritter.**

2 **II. 1.** Eine **vertragliche Erfüllungsübernahme** liegt vor, wenn ggü dem Schuldner einer Forderung ein Dritter (Übernehmer) die Verpflichtung eingeht, den Gläubiger zu be-

friedigen, ohne dass dieser Dritte die Schuld übernimmt oder der Gläubiger zusätzliche Rechte erhält. Der Erfüllungsübernahmevertrag kann **formfrei** abgeschlossen werden, wenn nicht die Erfüllungsübernahme als abstraktes Schuldversprechen oder -anerkenntnis (§§ 780, 781) oder schenkweise (§ 518) erfolgt. Die Erfüllungsübernahme ggü einem Bürgen ist formlos möglich, da § 766 nur auf die Bürgschaftserklärung selbst Anwendung findet (BGH NJW 72, 577).

2. Rechtsfolge: Der Schuldner der Forderung erhält einen **Befreiungsanspruch** ggü dem Übernehmer. Wenn nichts anderes vereinbart ist, erstreckt sich dieser Befreiungsanspruch inhaltlich nur auf den Umfang und die Höhe der Schuld zum Zeitpunkt der Erfüllungsübernahme. Abgesehen von der Abtretung an den Gläubiger, durch die sich der Anspruch in einen Zahlungsanspruch umwandelt (BGHZ 12, 141), ist der Befreiungsanspruch nicht abtretbar und nicht pfändbar (§§ 399, 1. Alt, 400). 3

§ 330 Auslegungsregel bei Leibrentenvertrag

¹Wird in einem Leibrentenvertrag die Zahlung der Leibrente an einen Dritten vereinbart, ist im Zweifel anzunehmen, dass der Dritte unmittelbar das Recht erwerben soll, die Leistung zu fordern. ²Das Gleiche gilt, wenn bei einer unentgeltlichen Zuwendung dem Bedachten eine Leistung an einen Dritten auferlegt oder bei einer Vermögens- oder Gutsübernahme von dem Übernehmer eine Leistung an einen Dritten zum Zwecke der Abfindung versprochen wird.

I. § 330 ist wie §§ 328 II, 329, 331, 332 **Auslegungsregel** und begründet eine (widerlegbare) **Vermutung** für das Vorliegen eines **echten Vertrags zugunsten Dritter**. 1

II. 1. Früher waren die **Hauptanwendungsfälle** der Vorschrift alle Arten von **Lebensversicherungsverträgen** (§§ 150 ff VVG). Nach Einf des § 166 VVG aF war die Vorschrift in der Rechtspraxis ohne Bedeutung. Wegen der nun in § 159 II und III VVG vorgesehenen Unterscheidung zwischen unwiderruflicher und widerruflicher Benennung des Bezugsberechtigten sind Zweifelsfälle iSd § 330 in Zukunft praktisch ausgeschlossen. Der unwiderruflich als Bezugsberechtigter Benannte erwirbt ein eigenes Recht auf die zukünftige Leistung bereits mit seiner Bezeichnung als Bezugsberechtigter, der nur widerruflich Eingesetzte dag erst mit Eintritt des Versicherungsfalls. 2

2. Jetzt gilt die Vermutung des § 330 für **Leibrentenverträge** sowie **unentgeltliche Zuwendungen unter Lebenden**. Maßgeblich für die Unentgeltlichkeit der Zuwendung ist das Deckungs-, nicht das Valutaverhältnis (§ 328 Rn 3). In Betracht kommen va Rechtsgeschäfte wie Schenkung (idR § 525), Schenkung von Todes wegen (§ 2301), aber auch Leihe und unverzinsliche Darlehen. Schließlich erfasst § 330 **Vermögens- oder Gutsübernahmeverträge** (§ 311 b II, III). 3

§ 331 Leistung nach Todesfall

(1) Soll die Leistung an den Dritten nach dem Tode desjenigen erfolgen, welchem sie versprochen wird, so erwirbt der Dritte das Recht auf die Leistung im Zweifel mit dem Tode des Versprechensempfängers.
(2) Stirbt der Versprechensempfänger vor der Geburt des Dritten, so kann das Versprechen, an den Dritten zu leisten, nur dann noch aufgehoben oder geändert werden, wenn die Befugnis dazu vorbehalten worden ist.

I. § 331 I begründet für den Vertrag zugunsten eines Dritten auf den Todesfall als **Auslegungsregel** eine **Vermutung** über den **Zeitpunkt des Rechtserwerbs des Dritten**. Praktische Bedeutung hat die Vorschrift insb für Lebensversicherungen auf den Todesfall, Versorgungszusagen des Arbeitgebers für den Todesfall des Arbeitnehmers zugunsten dessen Angehörigen und verschiedenartige Verträge, die Banken mit ihren Kunden zugunsten Dritter auf den Todesfall abschließen. Abs 2 betrifft den Fall, dass der Versprechensempfänger vor der Geburt des Dritten stirbt. 1

2 **II. 1.** Ein **Vertrag zugunsten eines Dritten auf den Todesfall** ist ein Vertrag iSd § 328 I mit der Besonderheit, dass der Dritte das Forderungsrecht nicht mit Vertragsabschluss, sondern mit dem Tode des Versprechensempfängers erwirbt. Ob ein derartiger Vertragsinhalt von den Parteien gewollt ist, muss ggf durch Auslegung ermittelt werden (Abs 1, § 328 II). Der Abschluss des Vertrages ist – unabhängig von der Formbedürftigkeit des Rechtsgeschäfts im Valutaverhältnis – formlos möglich.

3 Erfolgt die **Zuwendung** im Valutaverhältnis **unentgeltlich**, liegt nach hM eine Schenkung unter Lebenden nach §§ 518 ff und keine Schenkung von Todes wegen iSv § 2301 vor (BGHZ 46, 201; 66, 12 f; BGH JZ 04, 519). Verstößt der Schenkungsvertrag gegen die Formvorschrift des § 518 I, tritt Heilung mit dem Forderungserwerb des Dritten nach § 518 II ein (BGH NJW 75, 383). Ist der Schenkungsvertrag nicht zu Lebzeiten des Versprechensempfängers geschlossen worden, kommt dieser regelmäßig dadurch zustande, dass der Versprechensempfänger bei Abschluss des Vertrags zugunsten des Dritten dem Versprechenden den Auftrag erteilt, nach seinem Tode als Stellvertreter eine Schenkungsofferte ggü dem Dritten abzugeben. Der Dritte nimmt das nach § 130 II noch wirksame Angebot an. Der Zugang der Annahme ist gem § 153 entbehrlich (BGH NJW 75, 383).

4 **2. Rechtsfolgen: a) Nach Eintritt des Todesfalls** erlangt **der Dritte** einen unmittelbaren Leistungsanspruch gegen den Schuldner (also gegen den Versprechenden; zB bei der Lebensversicherung gegen den Versicherer). Endgültig ist dieser Rechtserwerb aber nur, wenn ein Rechtsgrund in Form eines wirksamen Rechtsgeschäfts im Valutaverhältnis gegeben ist. Fehlt ein Rechtsgrund im Valutaverhältnis, können **die Erben** Bereicherungsansprüche (§§ 812 ff) geltend machen. Fragen nach dem Bestehen des Rechtsgrundes (Anfechtung, Form) beurteilen sich allein nach dem Schuldrecht (BGH JZ 04, 519; Rn 3). Zwar kann als Rechtsgrund zB ein Schenkungsvertrag auch noch nach dem Tode des Versprechensempfängers wirksam zustande kommen (Rn 2). Bis zum Zugang der Offerte an den Dritten können jedoch die Erben das Zustandekommen dieses Vertrages durch einen Widerruf (§ 130 I 2) der Willenserklärung des Gläubigers verhindern.

5 **b) Vor Eintritt des Todesfalls** ist die Rechtsstellung der Parteien von der Ausgestaltung der Bezugsberechtigung des Dritten abhängig. Besteht nach dem Inhalt des Vertrags das Recht zum **Widerruf der Bezugsberechtigung**, erlangt der Dritte vor dem Tod des Versprechensempfängers eine bloße **Erwerbsaussicht** (BGH NJW 82, 1808). Der Versprechensempfänger bleibt in vollem Umfang verfügungsbefugt. Ist der Forderungserwerb hingegen **unwiderruflich** vereinbart worden oder liegt ein wirksamer Verzicht auf ein bestehendes Widerrufsrecht vor, erlangt der Dritte bereits **mit Vertragsabschluss ein Forderungsrecht**. Dieses kann ihm jedoch durch Aufhebung oder Kündigung des Vertrages im Deckungsverhältnis wieder entzogen werden.

6 **3. Abs 2:** Ist der Begünstigte zum Zeitpunkt des Todes des Versprechensempfängers noch nicht geboren, kann er zwar noch keine Forderung gegen den Versprechenden erwerben. Sofern nichts anderes vereinbart ist, erwirbt der ungeborene Dritte jedoch ein **Anwartschaftsrecht** auf den Rechtserwerb, das im Zeitpunkt seiner Geburt zum Vollrecht erstarkt.

§ 332 Änderung durch Verfügung von Todes wegen bei Vorbehalt

Hat sich der Versprechensempfänger die Befugnis vorbehalten, ohne Zustimmung des Versprechenden an die Stelle des in dem Vertrag bezeichneten Dritten einen anderen zu setzen, so kann dies im Zweifel auch in einer Verfügung von Todes wegen geschehen.

1 Die Vorschrift hält eine **Auslegungsregel** für den Fall bereit, dass sich der Versprechensempfänger (vertraglich) vorbehalten hat, die Bestimmung des Dritten einseitig zu ändern. Danach kann die Erklärung auch im Wege einer **Verfügung von Todes wegen** (also einer einseitigen, nicht empfangsbedürftigen Willenserklärung) erfolgen, soweit keine abw Vereinbarung getroffen wurde. Die Regel des § 332 kann durch Individualvereinbarung oder durch AGB ausgeschlossen werden. In dem wichtigen Fall einer Lebensversicherung greift die Bestimmung regelmäßig nicht ein, weil die Begr eines Drittrechts (ebenso wie der Widerruf) einer schriftlichen Anzeige des Versicherungsnehmers ggü dem Versicherer bedarf und die Vorlage einer Verfügung von Todes wegen insoweit nicht ausreicht (BGHZ 81, 98; NJW 93, 3134).

§ 333 Zurückweisung des Rechts durch den Dritten

Weist der Dritte das aus dem Vertrag erworbene Recht dem Versprechenden gegenüber zurück, so gilt das Recht als nicht erworben.

I. Dem Dritten soll das ihm zugewandte Recht nicht aufgezwungen werden können. 1 Um einen Rechtserwerb gegen seinen Willen zu verhindern, hat er nach § 333 ein Zurückweisungsrecht. Ein dem § 333 entspr Rechtsgedanke liegt auch §§ 516 II (Schenkung), 1942 (Erbschaftsausschlagung) zugrunde.

II. 1. Die Zurückweisung ist eine einseitige, empfangsbedürftige Willenserklärung ggü 2 dem Versprechenden, die keiner Form bedarf. Als **Gestaltungsrecht** ist die Zurückweisung unwiderruflich. Im bargeldlosen Zahlungsverkehr besteht kein allg Zurückweisungsrecht des Kontoinhabers ggü der Bank auf der Grundlage von § 333. Ein solches Recht kann sich in Ausnahmefällen allein aus dem Giroverhältnis (§ 675 f) ergeben. Umstände aus dem Valutaverhältnis können dabei das Zurückweisungsrecht nur dann rechtfertigen, wenn es an einem Rechtsgrund für die Kontogutschrift fehlt (BGHZ 128, 138 f; BGH WM 89, 1562).

2. Macht der Dritte von seinem Recht Gebrauch, dh weist er den Forderungserwerb 3 zurück, gilt das Recht (rückwirkend) als nicht erworben. Die konkreten **Rechtsfolgen für den Vertrag im Deckungsverhältnis** sind vom Einzelfall abhängig und ggf durch Auslegung zu ermitteln. Möglich ist, dass der Versprechensempfänger berechtigt ist, einen neuen Dritten zu bestimmen. Denkbar ist auch, dass der Versprechensempfänger Leistung an sich fordern kann (vgl zB §§ 159, 185 VVG). Schließlich kommt in Betracht, dass die Leistung durch die Zurückweisung nachträglich unmöglich geworden ist (vgl § 275). In letzterem Fall ergibt sich die Folge für den Vergütungsanspruch aus § 326.

§ 334 Einwendungen des Schuldners gegenüber dem Dritten

Einwendungen aus dem Vertrag stehen dem Versprechenden auch gegenüber dem Dritten zu.

I. Sinn und Zweck des in § 334 enthaltenen **Einwendungsdurchgriffs** ist die Sicherung 1 der Rechtsstellung des Versprechenden: Ihm sollen keine rechtlichen Nachteile daraus entstehen, dass er die Leistung an einen Dritten zu erbringen hat. Eine vergleichbare Regelung enthält § 404 für die Forderungsabtretung. Auf den Vertrag mit Schutzwirkung zugunsten Dritter (vgl § 328 Rn 12 ff) findet § 334 entspr Anwendung.

II. 1. Dem Versprechenden stehen grds **alle Einwendungen aus dem Deckungsverhält-** 2 **nis** auch ggü dem Dritten zu. Unter den weiten Einwendungsbegriff des § 334 fallen **rechtshindernde** (zB Nichtigkeit gem §§ 105 I, 125, 134, 138) sowie **rechtsvernichtende** (zB Anfechtung, Minderung, Rücktritt) **Einwendungen**. Gleichermaßen erfasst werden alle **Einreden** (zB §§ 214 I, 273, 320). Die Einwendungen müssen aus dem Vertrag im Deckungsverhältnis herrühren. **Nicht entgegenhalten kann der Versprechende dem Dritten** daher zB eine nachträglich mit dem Versprechensempfänger getroffene **Stundungsvereinbarung oder einen Erlass** der Schuld. Ebenso wenig kann sich der Versprechende auf **Einwendungen aus dem Valutaverhältnis** berufen. Eine Ausn gilt für den Fall, dass das Rechtsgeschäft im Valutaverhältnis ausnahmsweise Geschäftsgrundlage des Vertrags zugunsten des Dritten ist. Eine **Aufrechnung** ggü dem Dritten ist nur möglich, soweit der Versprechende eine Gegenforderung gegen den Dritten hat. Mit Ansprüchen gegen den Versprechensempfänger kann er hingegen nicht aufrechnen (BGH MDR 61, 481).

3 2. § 334 ist **dispositiv**; die Parteien können abw Regelungen treffen (BGHZ 127, 385). Möglich ist sowohl die Beschränkung der dem Versprechenden zustehenden Einwendungen als auch eine Erweiterung zB auf Einwendungen aus anderen Rechtsverhältnissen zwischen Versprechendem und Versprechensempfänger.

§ 335 Forderungsrecht des Versprechensempfängers

Der Versprechensempfänger kann, sofern nicht ein anderer Wille der Vertragschließenden anzunehmen ist, die Leistung an den Dritten auch dann fordern, wenn diesem das Recht auf die Leistung zusteht.

1 § 335 betrifft die **Rechtsstellung des Versprechensempfängers** beim echten Vertrag zugunsten Dritter. Nach der in § 335 enthaltenen **Auslegungsregel** wird vermutet, dass der Versprechensempfänger neben dem Dritten berechtigt ist, vom Versprechenden die Leistung an den Dritten zu verlangen. Das Forderungsrecht des Versprechensempfängers erstreckt sich auch auf etwaige Folgeansprüche, wie zB Schadensersatzansprüche nach §§ 280 ff (BGH NJW 74, 502). Die Forderungsrechte von Versprechensempfänger und Drittem sind rechtlich selbständig, dh der Versprechensempfänger hat einen **eigenen Anspruch** und ist nicht lediglich zur Einziehung der Forderung des Dritten ermächtigt. Aufgrund des unterschiedlichen Forderungsinhalts liegt keine Gesamtgläubigerschaft iSv § 428 vor; nach hM handelt es sich vielmehr um eine **Forderungsmehrheit eigener Art**. Das Forderungsrecht des Versprechensempfängers ist vererblich und an den Dritten abtretbar (RGZ 150, 133); sofern es auf eine dingliche Rechtsänderung gerichtet ist, kann es durch eine Vormerkung gesichert werden (BGH NJW 83, 1544 f; OLG Oldenburg NJW-RR 90, 274).

Titel 4
Draufgabe, Vertragsstrafe

§ 336 Auslegung der Draufgabe

(1) Wird bei der Eingehung eines Vertrags etwas als Draufgabe gegeben, so gilt dies als Zeichen des Abschlusses des Vertrags.
(2) Die Draufgabe gilt im Zweifel nicht als Reugeld.

1 Die heute kaum noch gebräuchliche **Draufgabe** (Angeld, Handgeld) ist ein **Beweiszeichen für den Abschluss eines Vertrages** in Form der Hingabe einer Leistung (regelmäßig eines Geldbetrages). Sie begründet eine (widerlegbare) **Vermutung iSd § 292 ZPO** für den Abschluss des Vertrags. Soweit Formerfordernisse bestehen, ersetzt sie diese jedoch nicht. Nach der Auslegungsregel des Abs 2 ist die Draufgabe iZw nicht zugleich ein **Reugeld**, bei dem der Leistende gegen Verfall des Geleisteten zum Rücktritt vom Vertrag berechtigt ist (§ 353). Im Unterschied zur Draufgabe ist die **Anzahlung** kein Beweiszeichen für den Vertragsschluss, das nachträglich auf die Erfüllung anzurechnen ist (§ 337 I), sondern bereits Teilerfüllung, uU auch Vorausleistung, die die Erfüllung unmittelbar bei Entstehen des Anspruchs des Empfängers herbeiführt.

§ 337 Anrechnung oder Rückgabe der Draufgabe

(1) Die Draufgabe ist im Zweifel auf die von dem Geber geschuldete Leistung anzurechnen oder, wenn dies nicht geschehen kann, bei der Erfüllung des Vertrags zurückzugeben.
(2) Wird der Vertrag wieder aufgehoben, so ist die Draufgabe zurückzugeben.

1 Die Draufgabe ist gem Abs 1 keine **Zugabe**, dh eine über die Vertragsleistung hinausgehende Zusatzleistung, sondern ein **Angeld**. Sie ist grds auf die geschuldete Leistung anzurechnen. Ist dies nicht möglich, ist sie bei Erfüllung des Vertrags zurückzugewähren. Eine derartige **Rückgewährpflicht** entsteht gem Abs 2 ebenfalls bei der Aufhebung des Vertrages. In beiden Fällen ist die Rückgewähr eine vertragliche Pflicht, so dass §§ 275 ff, 280 ff und nicht §§ 812 ff anzuwenden sind (hM).

§ 338 Draufgabe bei zu vertretender Unmöglichkeit der Leistung

¹Wird die von dem Geber geschuldete Leistung infolge eines Umstands, den er zu vertreten hat, unmöglich oder verschuldet der Geber die Wiederaufhebung des Vertrags, so ist der Empfänger berechtigt, die Draufgabe zu behalten. ²Verlangt der Empfänger Schadensersatz wegen Nichterfüllung, so ist die Draufgabe im Zweifel anzurechnen oder, wenn dies nicht geschehen kann, bei der Leistung des Schadensersatzes zurückzugeben.

Nach S 1 darf der Empfänger die Leistung ausnahmsweise behalten, wenn der Geber 1 die Unmöglichkeit der Erfüllung bzw die Aufhebung des Vertrages zu vertreten hat (**Verfall der Draufgabe**). In diesen Fällen dient die Draufgabe als **Mindestentschädigung** der Schadloshaltung des Gläubigers. Nach S 2 ist die Draufgabe jedoch iZw anzurechnen oder zurückzugewähren, wenn der Empfänger **Schadensersatz wegen Nichterfüllung** verlangt. Denn in diesem Fall soll die Ersatzleistung einen Ausgleich für die ausgebliebene Erfüllung schaffen, so dass es bei dem Grundsatz des § 337 bleiben kann.

§ 339 Verwirkung der Vertragsstrafe

¹Verspricht der Schuldner dem Gläubiger für den Fall, dass er seine Verbindlichkeit nicht oder nicht in gehöriger Weise erfüllt, die Zahlung einer Geldsumme als Strafe, so ist die Strafe verwirkt, wenn er in Verzug kommt. ²Besteht die geschuldete Leistung in einem Unterlassen, so tritt die Verwirkung mit der Zuwiderhandlung ein.

I. 1. Die Vereinbarung einer **Vertragsstrafe (Konventionalstrafe)** beinhaltet ein **beding-** 1 **tes Leistungsversprechen**: Eine Vermögensleistung (meist eine Geldleistung) wird für den Fall der Nicht- (§ 340) oder nicht gehörigen Erfüllung (§ 341) der Hauptverbindlichkeit zugesagt. Mit dieser Vereinbarung verfolgen die Parteien idR eine doppelte Zielrichtung (BGHZ 105, 27): Die drohende Strafe dient als **Druckmittel**, um den Schuldner zur ordnungsgemäßen Erfüllung des Vertrags anzuhalten; sie bindet ihn also an den bestehenden Vertrag. Durch diese Intention unterscheidet sich die Vertragsstrafe von einem **Reugeld**, das dem Schuldner die Möglichkeit einräumt, sich vom Vertrag zu lösen (§ 353). Zugleich bietet die Vereinbarung der Vertragsstrafe dem Gläubiger den Vorteil, dass er bei einer Vertragsverletzung den ihm entstandenen Schaden nicht iE nachzuweisen braucht (vgl §§ 340 II, 341 II).

Mit Blick auf diese **Schadloshaltung des Gläubigers** wird eine Vertragsstrafe besonders 2 häufig vereinbart, wenn der Schaden nicht oder nur schwer nachweisbar ist, so zB bei Konkurrenzverboten und wettbewerbsrechtlichen Unterlassungspflichten (vgl BGHZ 130, 292) sowie in der Bauwirtschaft (vgl BGH NJW-RR 89, 916). Daneben treten die Fälle, in denen der Schaden (zB wegen § 253 I) nicht ersatzfähig ist.

2. Abgrenzungen: a) Ein echtes (**unselbständiges**) **Vertragsstrafeversprechen** liegt nur 3 vor, wenn die Wirksamkeit der Vertragsstrafe vom Bestand der zu sichernden Hauptverbindlichkeit abhängig ist (**Akzessorietät der Vertragsstrafe**). Inhalt der Hauptverbindlichkeit kann grds jede Art der Verpflichtung (Tun oder Unterlassen) sein. Auch gesetzliche Pflichten können durch ein Strafversprechen gesichert werden (BGH NJW 93, 1787). Es muss sich lediglich um eine rechtliche Verpflichtung handeln. Im Unterschied dazu handelt es sich um ein **selbständiges Strafversprechen**, wenn jemand eine Leistung für den Fall verspricht, dass er eine Handlung vornimmt oder unterlässt, ohne sich aber zur Vornahme oder Unterlassung dieser Handlung zu verpflichten. Kennzeichen des selbständigen Strafversprechens ist damit das Fehlen einer Hauptverbindlichkeit; die §§ 339 ff sind dementspr grds nicht anwendbar (außer §§ 343 II, 344). In Betracht kommen selbständige Strafversprechen zB zur Bekräftigung rein gesellschaftlicher, rechtlich nicht verbindlicher Zusagen („Aufhören zu rauchen").

4 b) Unter dem Gesichtspunkt der Schadloshaltung des Gläubigers weist das Vertragsstrafeversprechen Ähnlichkeiten mit einer vertraglichen Abrede zur **Schadenspauschalierung** auf. Während die Vereinbarung einer Schadenspauschale aber allein auf die Einsparung des Schadensbeweises abzielt, hat das Vertragsstrafeversprechen stets die Funktion eines Druckmittels zur ordnungsgemäßen Erfüllung (BGH NJW-RR 88, 41).

5 c) Die Vertragsstrafe soll vertragskonformes Verhalten sichern und ist insofern auf **zukünftiges Verhalten** gerichtet. Demgegenüber können Garantie und garantieähnliches Versprechen (BGHZ 105, 27) dem Vertragspartner Sicherheit auch wegen eines in der Vergangenheit liegenden Verhaltens geben; auf diese sind die §§ 339 ff nicht anwendbar (BGHZ 82, 401 f).

6 d) Durch das Entstehen einer **zusätzlichen Leistungspflicht** unterscheidet sich die Vertragsstrafe von sog **Verfallklauseln**, die bei Nicht- oder nicht gehöriger Erfüllung zu einem **Rechtsverlust** führen. Hinsichtlich der Anwendung der §§ 339 ff auf derartige Verfallklauseln ist zu unterscheiden. Zielt die Klausel nur auf den Wegfall einzelner Rechte, finden die §§ 339 ff entspr Anwendung (BGHZ 95, 371 f; BGH NJW-RR 93, 246). Betrifft die Klausel demgegenüber den Wegfall sämtlicher Rechte, gilt sie als Rücktrittsvorbehalt (§ 354) und die §§ 339 ff sind nicht anwendbar. Auch auf Vereinbarungen über eine **vorzeitige Fälligkeit** sind die §§ 339 ff nicht anwendbar.

7 e) Nicht um eine Vertragsstrafe iSd §§ 339 ff, sondern um ein eigenständiges verbandsrechtliches Institut (BGHZ 21, 372) handelt es sich bei der **Vereinsstrafe**, die wegen einer Verletzung von Mitgliedspflichten auf Grund der Vereinssatzung entstehen. Auch **Betriebsstrafen**, die auf der Grundlage eines Tarifvertrags oder einer Betriebsvereinbarung verhängt werden, sind von den – auch im Arbeitsrecht möglichen (§ 611 Rn 17) – echten Vertragsstrafen zu unterscheiden.

8 II. 1. § 339 bestimmt die **Voraussetzungen** für das **Entstehen des Strafanspruchs** („Verwirkung der Strafe").

9 Die Parteien müssen eine wirksame Vereinbarung über eine echte Vertragsstrafe (s soeben Rn 3) getroffen haben. Dies erfordert zunächst die **Einigung der Parteien** über die Bedingung für das Entstehen des Strafanspruchs sowie über Höhe und Gegenstand der Strafe. Evtl Formerfordernisse richten sich nach den Regelungen für den Hauptvertrag. Bei der Vereinbarung mittels AGB sind die Grenzen der §§ 307, 309 Nr 6 (s dazu Art 3 und 3 III iVm Anh Nr 1 e, f Klausel-RL) zu beachten (BGH NJW 98, 3489). Ausgeschlossen oder eingeschränkt wird die Dispositionsfreiheit der Parteien ferner durch zT zwingende **Sondervorschriften**, zB §§ 555, 1297 II; §§ 75 c, 75 d HGB; § 2 V Nr 1 FernUSG; § 4 WoVermRG.

10 Aufgrund der Akzessorietät der Vertragsstrafe ist zudem die **Wirksamkeit der Hauptverbindlichkeit** erforderlich. Der Hauptanspruch muss entstanden sein und zum Zeitpunkt der Geltendmachung des Anspruchs noch bestehen. Nicht nur die anfängliche Nichtigkeit der Hauptverbindlichkeit (zB wegen §§ 125, 134, 138 etc), sondern auch ein Entfallen zB aufgrund eines Rücktritts oder einer Kündigung schließt daher den Strafanspruch aus.

11 Für die weitere Voraussetzung einer **Verletzung der gesicherten Verpflichtung** unterscheidet § 339: Wird als Hauptverbindlichkeit ein **Handeln** geschuldet, entsteht nach **S 1** der Strafanspruch, wenn der Schuldner in Verzug kommt. Da der Schuldnerverzug gem § 286 IV Verschulden voraussetzt, ist das Entstehen des Vertragsstrafanspruchs in dieser Variante verschuldensabhängig, sofern die Parteien nicht eine abw Regelung treffen (BGH NJW-RR 97, 688). Dem Verzug stehen verschuldete Leistungshindernisse (zB §§ 275 IV, 283) gleich. Bei Verschulden von Hilfspersonen ist § 278 anzuwenden (BGH NJW 88, 1908). Die Beweislast für die rechtzeitige Erfüllung (§ 345) bzw für das fehlende Verschulden (§ 286 IV) trägt der Schuldner. – Wird ein **Unterlassen** geschuldet, führt nach dem Wortlaut des **S 2** die Zuwiderhandlung zum Entstehen des Strafanspruchs, ohne dass Verschulden gefordert ist. In Abkehr von der Entstehungsgeschichte der Vorschrift (Mot II, 278) und der früheren Rspr ist jedoch nach heute hM in Angleichung an S 1 auch bei S 2 ein Verschulden des Schuldners erforderlich (BGH

NJW 72, 1894 f; 85, 191), sofern die Parteien keine abw Regelung getroffen haben. Die Beweislast für die Zuwiderhandlung liegt beim Gläubiger (§ 345 aE).
Ungeschriebene Voraussetzung ist die **eigene Vertragstreue des Gläubigers**. Als eine 12 Konsequenz der Verzugsvoraussetzungen kann der Gläubiger den Strafanspruch nicht geltend machen, wenn der Schuldner seine Vertragspflichten infolge des eigenen vertragswidrigen Verhaltens des Gläubigers nicht eingehalten hat (BGH NJW-RR 91, 569).
2. Rechtsfolge ist das Entstehen des Strafanspruchs. Inhalt und Höhe der Strafe bestim- 13 men sich nach der Vereinbarung, die ggf auszulegen ist (§§ 133, 157). Häufig durch Auslegung zu entscheiden ist insb die Frage, ob bei mehrmaliger Verletzung der gesicherten Verpflichtung jeder Verstoß einen Strafanspruch auslöst (BGH NJW 01, 2622). Die Verjährung des Strafanspruchs richtet sich nach der Hauptverbindlichkeit, soweit das Erfüllungsinteresse gesichert wird; andernfalls gelten §§ 195, 199 (BGHZ 130, 295 f). Der Anspruch auf die verwirkte Strafe ist selbständig abtretbar. Vor der Verwirkung ist indessen aufgrund der Akzessorietät eine isolierte Abtretung nicht möglich (vgl § 401; str).
III. Der Gerichtsstand bestimmt sich nach dem Gerichtsstand für die Hauptverbind- 14 lichkeit. Die Sicherung durch ein Vertragsstrafeversprechen schließt ein **Rechtsschutzbedürfnis für eine Unterlassungsklage** und den Antrag gem § 890 ZPO nicht aus (BGH NJW 80, 1843). Zu Vertragsstrafen im grenzüberschreitenden Verkehr vgl Berger RIW 99, 401 ff.

§ 340 Strafversprechen für Nichterfüllung

(1) ¹Hat der Schuldner die Strafe für den Fall versprochen, dass er seine Verbindlichkeit nicht erfüllt, so kann der Gläubiger die verwirkte Strafe statt der Erfüllung verlangen. ²Erklärt der Gläubiger dem Schuldner, dass er die Strafe verlange, so ist der Anspruch auf Erfüllung ausgeschlossen.
(2) ¹Steht dem Gläubiger ein Anspruch auf Schadensersatz wegen Nichterfüllung zu, so kann er die verwirkte Strafe als Mindestbetrag des Schadens verlangen. ²Die Geltendmachung eines weiteren Schadens ist nicht ausgeschlossen.

I. Gegenstand der §§ 340, 341 ist das **Verhältnis zwischen den Ansprüchen auf Erfül-** 1 **lung, Schadensersatz und Vertragsstrafe**. Das Gesetz unterscheidet danach, ob die Strafe für den Fall der Nichterfüllung (§ 340) oder der nicht gehörigen Erfüllung (§ 341) versprochen ist. Bei Zweifeln ist durch Auslegung zu ermitteln, ob die Strafe die Erfüllung als solche oder in erster Linie die Ordnungsgemäßheit der Erfüllung sichern sollte (RGZ 112, 366; BAG NJW 71, 08). Als maßgebliches Kriterium muss dabei häufig auf die Strafhöhe zurückgegriffen werden. Die §§ 340, 341 sind **dispositiv**. Bei Abbedingung durch AGB gelten indes Einschränkungen insb für § 340 II (vgl BGH NJW 92, 1097).
II. 1. Dem Gläubiger wird in Abs 1 ein **Wahlrecht zwischen der Erfüllung und der be-** 2 **reits verwirkten Vertragsstrafe** eingeräumt (elektive Konkurrenz; dazu § 262 Rn 3). Erst durch die Ausübung des Wahlrechts des Gläubigers, dh durch eine einseitige, rechtsgeschäftliche Erklärung, wird der Strafanspruch erfüllbar (BAG NJW 70, 1147). Wählt der Gläubiger die Strafe, hat dies das Erlöschen des Erfüllungsanspruchs zur Folge (Abs 1 S 2). Bezieht sich bei einem Unterlassungsanspruch die verwirkte Strafe nur auf einen Zeitabschnitt, so erlischt der Erfüllungsanspruch nur insoweit und besteht für die verbleibende Zeit fort (BAG NJW 73, 1718). Bei gegenseitigen Verträgen ergibt die Auslegung idR, dass der Ausschluss des Erfüllungsanspruchs zum Erlöschen auch des Gegenleistungsanspruchs führt. Verlangt der Gläubiger nicht die Strafe, sondern Erfüllung, bindet ihn diese Erklärung regelmäßig noch nicht; erst die Annahme der Leistung als Erfüllung lässt den Strafanspruch erlöschen.
2. Ein **Wahlrecht** besteht für den Gläubiger auch **zwischen Strafe und Schadensersatzan-** 3 **sprüchen statt der Leistung** (zB aus §§ 280 I, III, 281–283). Der Strafanspruch besteht auch in den Fällen, in denen kein Schaden entstanden ist (BGHZ 63, 260). Wählt der

Gläubiger die **Strafe als Mindestentschädigung**, bleibt es ihm nach Abs 2 S 2 unbenommen, daneben einen weiter gehenden Schaden geltend zu machen.

§ 341 Strafversprechen für nicht gehörige Erfüllung

(1) Hat der Schuldner die Strafe für den Fall versprochen, dass er seine Verbindlichkeit nicht in gehöriger Weise, insbesondere nicht zu der bestimmten Zeit, erfüllt, so kann der Gläubiger die verwirkte Strafe neben der Erfüllung verlangen.
(2) Steht dem Gläubiger ein Anspruch auf Schadensersatz wegen der nicht gehörigen Erfüllung zu, so findet die Vorschrift des § 340 Abs. 2 Anwendung.
(3) Nimmt der Gläubiger die Erfüllung an, so kann er die Strafe nur verlangen, wenn er sich das Recht dazu bei der Annahme vorbehält.

1 § 341 regelt die **Konkurrenzen zwischen Erfüllungs-, Straf- und Schadenersatzansprüchen** für den Fall, dass die Vertragsstrafe an die Bedingung einer **nicht gehörigen Erfüllung** durch den Schuldner geknüpft ist. Dies erfasst insb die Fälle der verspäteten Leistung und der Schlechtleistung. Abw von § 340 kann der Gläubiger hier die Vertragsstrafe neben der Erfüllung verlangen (**Kumulation**). Denn die Strafe soll nur die Ordnungsgemäßheit der Erfüllung sichern und tritt daher nicht an die Stelle der Erfüllung. Im Verhältnis von Strafe und Schadensersatz gelten die Ausführungen in § 340 Rn 3 entspr. Abs 3 regelt den **Vorbehalt bei Annahme der Erfüllung**. Grds führt die Annahme der Leistung zum Erlöschen des Strafanspruchs (vgl § 340 Rn 2), und zwar kraft Gesetzes, ohne dass es auf einen Verzichtswillen des Gläubigers ankommt (BGHZ 97, 227). Nach Abs 3 kann der Gläubiger im Fall der Erfüllungsannahme die Strafe dennoch verlangen, wenn er sich das Recht dazu bei der Annahme vorbehalten hat. Voraussetzung ist, dass der Vorbehalt „bei" Annahme als Erfüllung erklärt wird. Dieses Erfordernis wird – anders als bei § 640 II – streng ausgelegt (BGHZ 33, 237; 85, 244; stRspr). Ein früher oder später erklärter Vorbehalt ist unzulänglich. Die Erklärung muss grds ausdrücklich abgegeben werden; ein stillschweigender Vorbehalt genügt nur in eng begrenzten Ausnahmefällen (BGHZ 73, 246), zB wenn der Strafanspruch bereits rechtshängig ist (BGHZ 62, 330). Ein Vorbehalt ist auch dann erforderlich, wenn über den Strafanspruch eine vollstreckbare Urkunde errichtet worden ist (BGHZ 73, 246).

§ 342 Andere als Geldstrafe

Wird als Strafe eine andere Leistung als die Zahlung einer Geldsumme versprochen, so finden die Vorschriften der §§ 339 bis 341 Anwendung; der Anspruch auf Schadensersatz ist ausgeschlossen, wenn der Gläubiger die Strafe verlangt.

1 Die Vorschrift legt fest, dass die §§ 339–341 ebenfalls angewandt werden, wenn nicht eine Geldzahlung, sondern eine **andere Leistung** als Strafe vorgesehen ist. Zugleich bestimmt sie aber, dass in diesem Fall anders als nach §§ 340 II, § 341 II das Strafverlangen den Ersatz weiteren Schadens ausschließt. Im Einzelfall kann zwar die **Abgrenzung ggü Verfallklauseln** Schwierigkeiten bereiten, ohne dass sich dies aber iErg auswirkt, soweit auf die Klauseln §§ 339 ff entspr anwendbar sind (§ 339 Rn 6).

§ 343 Herabsetzung der Strafe

(1) [1]Ist eine verwirkte Strafe unverhältnismäßig hoch, so kann sie auf Antrag des Schuldners durch Urteil auf den angemessenen Betrag herabgesetzt werden. [2]Bei der Beurteilung der Angemessenheit ist jedes berechtigte Interesse des Gläubigers, nicht bloß das Vermögensinteresse, in Betracht zu ziehen. [3]Nach der Entrichtung der Strafe ist die Herabsetzung ausgeschlossen.
(2) Das Gleiche gilt auch außer in den Fällen der §§ 339, 342, wenn jemand eine Strafe für den Fall verspricht, dass er eine Handlung vornimmt oder unterlässt.

I. 1. Die Vorschrift zielt auf den **Schuldnerschutz** durch richterliche **Billigkeitskontrolle**. Sie durchbricht damit die im Vertragsrecht vorherrschende Beschränkung der Gerichte auf die Rechtmäßigkeitskontrolle. Aufgrund ihrer Schutzfunktion ist sie **zwingendes Recht**; nach der Verwirkung kann der Schuldner aber wirksam einen Verzicht auf die Herabsetzung erklären.

2. Anwendbar ist § 343 auch auf andere als Geldstrafen (§ 342), selbständige Strafversprechen (Abs 2), Verfallklauseln (§ 339 Rn 6) und Schadenspauschalen (§ 339 Rn 4; str). **Nicht anzuwenden** ist § 343 dag auf Vollkaufleute (§ 348 HGB); bei ihnen kommt aber eine Herabsetzung der Strafe nach § 242 in Betracht. Ebenfalls nicht anwendbar ist § 343 bei Klauseln, die der AGB-Kontrolle unterliegen; bei ihnen hat die unverhältnismäßige Höhe der Strafe nach § 307 die Unwirksamkeit der Strafklausel insgesamt zur Folge (BGHZ 85, 315; zur Begrenzung von Vertragsstrafen in Bauverträgen BGH NJW-RR 89, 916). Auch auf das Reugeld, Betriebsbußen und Vereinsstrafen ist § 343 nicht anwendbar. Sonderregelungen enthalten §§ 75 c I 2, 75 d HGB.

II. 1. Voraussetzungen sind ein wirksames Strafversprechen (Rn 4); eine verwirkte Strafe, die aber noch nicht entrichtet ist (Abs 1 S 3); eine unverhältnismäßige Höhe der Strafe (Rn 5) und ein Antrag des Schuldners, für den jede auf Herabsetzung oder Aufhebung der Strafe zielende Willensäußerung genügt (auch eine Einrede oder bloße Anregung; BGH NJW 68, 1625) und der nicht beziffert zu sein braucht.

Am Erfordernis eines wirksamen Vertragsstrafeversprechens fehlt es, wenn die Hauptverbindlichkeit unwirksam ist (§ 344) oder wenn bei an sich wirksamer Hauptverbindlichkeit das Strafversprechen selbst nichtig ist; letzteres kann jedoch unter den Voraussetzungen des § 139 die Hauptverbindlichkeit ebenfalls nichtig werden lassen. Eine Nichtigkeit des Strafversprechens selbst kann va auf §§ 134, 138 beruhen. **Gesetzliche Verbote** ergeben sich ua aus §§ 555, 723 III, 1297 II. Für die **Sittenwidrigkeit** der Strafabrede reicht eine unverhältnismäßige Strafhöhe nicht aus, sondern es müssen besondere Umstände hins des Zwecks und Inhalts der Abrede oder der Motive der Parteien hinzukommen. Unter Berücksichtigung der Gegebenheiten kommt dies zB in Betracht bei starker Gefährdung der wirtschaftlichen Existenz (RGZ 85, 102); unangemessener Verknüpfung mit familienrechtlichen Verpflichtungen (RGZ 158, 300) und Klauseln, deren Ausgestaltung offenkundig nicht mit den Zwecken einer Vertragsstrafe vereinbar ist (BGH NJW-RR 93, 247). Die Unwirksamkeit von Strafabreden kann sich zudem ua aus §§ 309 Nr 6, 307 (Rn 2) ergeben. Ein wirksames Strafversprechen kann überdies im Einzelfall nicht geltend gemacht werden, wenn darin eine **unzulässige Rechtsausübung** (§ 242) liegt (etwa bei nur unbedeutendem Verstoß oder bei eigenem Vertragsbruch des Gläubigers; BGH NJW-RR 91, 569).

2. Rechtsfolge ist die **Herabsetzung** der Strafe durch **richterliches Gestaltungsurteil** auf eine angemessene Höhe. Die Angemessenheit ist unter Abwägung aller Umstände des Falles festzulegen. Zu berücksichtigen sind insb auf Seiten des Gläubigers die Erfordernisse der Sicherung seines Erfüllungsinteresses einschließlich der Funktion der Strafe als Druck- und Abschreckungsmittel sowie ggf als pauschalierter Schadensersatz; auf Seiten des Schuldners Art und Schwere des Verstoßes, Verschuldensgrad und wirtschaftliche Lage. Dabei rechtfertigt das Fehlen eines Schadens allein die Herabsetzung nicht. Ebenfalls idR nicht gerechtfertigt ist eine Herabsetzung, wenn die Strafe nicht höher als der entstandene Schaden ist. Unverhältnismäßig kann aber zB ein Strafbetrag von 25 Euro sein, wenn der Kunde bei der Bezahlung des Fahrpreises einige Pfennig zu wenig entrichtet hat (AG Hannover NJW-RR 91, 883). Für die Beurteilung der Angemessenheit ist der **Zeitpunkt** maßgeblich, zu dem der Gläubiger die Strafe geltend macht (Sieg NJW 51, 508; aA: Zeitpunkt der Verwirkung).

III. 1. Ebenso wie die Festlegung der Vertragsstrafe können die Parteien die Entscheidung über ihre Herabsetzung einem **Schiedsgericht** übertragen.

2. Der Schuldner trägt die **Beweislast** für die Umstände, aus sich die Unverhältnismäßigkeit ergeben soll (BGH GRUR 53, 264). Zur unverhältnismäßigen Höhe der Strafe als (nicht revisible) **Tatfrage** s BAG NJW 71, 2007.

§ 344 Unwirksames Strafversprechen

Erklärt das Gesetz das Versprechen einer Leistung für unwirksam, so ist auch die für den Fall der Nichterfüllung des Versprechens getroffene Vereinbarung einer Strafe unwirksam, selbst wenn die Parteien die Unwirksamkeit des Versprechens gekannt haben.

1 Die Vorschrift trägt der **Akzessorietät der Vertragsstrafe** (§ 339 Rn 3) Rechnung, indem sie die Unwirksamkeit der Hauptverbindlichkeit auch dann auf das Strafversprechen durchschlagen lässt, wenn die Parteien die Unwirksamkeit der Hauptleistung kannten. Sie erfasst grds auch selbständige Strafversprechen (BGH NJW 80, 1623; hM).

§ 345 Beweislast

Bestreitet der Schuldner die Verwirkung der Strafe, weil er seine Verbindlichkeit erfüllt habe, so hat er die Erfüllung zu beweisen, sofern nicht die geschuldete Leistung in einem Unterlassen besteht.

1 § 345 ist (ebenso wie § 358 aF) Ausdruck des Grundsatzes, dass der Schuldner bei Verpflichtungen zu einem Tun die Erfüllung auch dann beweisen muss, wenn der Gläubiger aus der **Nichterfüllung** Rechte herleiten will. Dies gilt auch für die **nichtgehörige Erfüllung**, jedoch unter Berücksichtigung von § 363. Dag trägt bei einem Unterlassen der Gläubiger die Beweislast für die Zuwiderhandlung.

Titel 5
Rücktritt; Widerrufsrecht bei Verbraucherverträgen

Untertitel 1
Rücktritt[1]

§ 346 Wirkungen des Rücktritts

(1) Hat sich eine Vertragspartei vertraglich den Rücktritt vorbehalten oder steht ihr ein gesetzliches Rücktrittsrecht zu, so sind im Falle des Rücktritts die empfangenen Leistungen zurückzugewähren und die gezogenen Nutzungen herauszugeben.
(2) ¹Statt der Rückgewähr oder Herausgabe hat der Schuldner Wertersatz zu leisten, soweit
1. die Rückgewähr oder die Herausgabe nach der Natur des Erlangten ausgeschlossen ist,
2. er den empfangenen Gegenstand verbraucht, veräußert, belastet, verarbeitet oder umgestaltet hat,
3. der empfangene Gegenstand sich verschlechtert hat oder untergegangen ist; jedoch bleibt die durch die bestimmungsgemäße Ingebrauchnahme entstandene Verschlechterung außer Betracht.

²Ist im Vertrag eine Gegenleistung bestimmt, ist sie bei der Berechnung des Wertersatzes zugrunde zu legen; ist Wertersatz für den Gebrauchsvorteil eines Darlehens zu leisten, kann nachgewiesen werden, dass der Wert des Gebrauchsvorteils niedriger war.
(3) ¹Die Pflicht zum Wertersatz entfällt,
1. wenn sich der zum Rücktritt berechtigende Mangel erst während der Verarbeitung oder Umgestaltung des Gegenstandes gezeigt hat,

---

1 Dieser Untertitel dient auch der Umsetzung der Richtlinie 1999/44/EG des Europäischen Parlaments und des Rates vom 25. Mai 1999 zu bestimmten Aspekten des Verbrauchsgüterkaufs und der Garantien für Verbrauchsgüter (ABl. EG Nr. L 171 S. 12).

2. soweit der Gläubiger die Verschlechterung oder den Untergang zu vertreten hat oder der Schaden bei ihm gleichfalls eingetreten wäre,
3. wenn im Falle eines gesetzlichen Rücktrittsrechts die Verschlechterung oder der Untergang beim Berechtigten eingetreten ist, obwohl dieser diejenige Sorgfalt beobachtet hat, die er in eigenen Angelegenheiten anzuwenden pflegt.
²Eine verbleibende Bereicherung ist herauszugeben.
(4) Der Gläubiger kann wegen Verletzung einer Pflicht aus Absatz 1 nach Maßgabe der §§ 280 bis 283 Schadensersatz verlangen.

I. 1. Die Vorschrift regelt die **Wirkungen** des Rücktritts. Vorausgesetzt sind das Bestehen und die Ausübung eines **Rücktrittsrechts**, das entweder auf einer **vertraglichen Vereinbarung** (sog Rücktrittsvorbehalt) oder auf einer **gesetzlichen Grundlage** beruhen kann. Der Rücktritt hat zum Ziel, die vor Vertragsschluss bestehende Rechtslage wieder herzustellen. Er lässt die durch den Vertrag begründeten primären Leistungspflichten, soweit sie nicht erfüllt sind, erlöschen (Befreiungswirkung) und begründet zugleich für beide Vertragsteile eine Pflicht zur Rückgewähr der empfangenen Leistungen. – Seit der Schuldrechtsmodernisierung hat sich der **Anwendungsbereich der §§ 346 ff** erheblich erweitert. Gem Abs 1 S 1 gelten die Rücktrittsvorschriften nicht nur für die vertraglichen, sondern auch für die gesetzlichen Rücktrittsrechte. Auf das Rücktrittsrecht wird in weiterem Umfang als früher verwiesen (Rn 6). Ferner kann der Gläubiger Rücktritt und Schadensersatz miteinander kombinieren (§ 325) und vom Vertrag auch dann zurücktreten, wenn der Schuldner die Leistungsstörung nicht zu vertreten hat (§§ 323 f). Der Berechtigte darf darüber hinaus trotz Unmöglichkeit der Rückgewähr vom Vertrag zurücktreten (Rn 7). Schließlich verweisen die Rücktrittsvorschriften nicht mehr wie früher auf die Regelungen zum EBV. Durch diese Änderungen werden die §§ 346 ff zu den **zentralen Rückabwicklungsregelungen** innerhalb des Schuldrechts. Auch die **Gefahrtragungsregeln** haben sich durch die Schuldrechtsmodernisierung geändert. Die Rücktrittsregeln differenzieren nunmehr zwischen dem vertraglichen und dem gesetzlichen Rücktrittsrecht (iE BT-Drucks 14/6040, 191 ff sowie 14/7052, 193 f; krit Kohler JZ 01, 331 ff; Kaiser JZ 01, 1060; Gaier WM 02, 11): Bei einem vertraglich begründeten Rücktrittsrecht kann der Berechtigte nur ohne Wertersatz vom Vertrag zurücktreten, soweit der Schaden gleichfalls beim Gläubiger eingetreten wäre (Abs 3 S 1 Nr 2, 2. Alt). Der gesetzlich zum Rücktritt Berechtigte schuldet dag bei zufälliger Verschlechterung oder zufälligem Sachuntergang nie Wertersatz (Abs 3 S 1 Nr 3). – Ungeklärt ist, wie sich die geänderten Gefahrtragungsregeln auf die bereicherungsrechtliche Rückabwicklung gegenseitiger Verträge nach der Saldotheorie (§ 818 Rn 13 ff) auswirken werden. Früher war hins der zufallsbedingten Entreicherung die Frage maßgeblich, inwieweit das Bereicherungsrecht die Wertung des § 350 aF zu respektieren habe. Nach Wegfall dieser Vorschrift wird es nunmehr darauf ankommen, inwieweit die Wertung des Abs 3 S 1 Nr 3 zu berücksichtigen ist (iE Lorenz in: Schulze/Schulte-Nölke, Schuldrechtsreform, 346 f).

2. Mit der Aufnahme eines Rücktrittsvorbehalts in einen Vertrag verfolgen die Parteien den Zweck, nachträglich eine Möglichkeit zur **Lösung von den Vertragspflichten** zu schaffen. In einigen Fällen soll dadurch bereits das Eingehen der Verbindlichkeiten – der Vertragsschluss – erleichtert werden. In anderen Fällen geht es um die Sicherung der Durchführung des Vertrages (vgl zB § 449). Der gesetzliche Rücktritt bewirkt va eine **Erweiterung der Rechte des Gläubigers** bei Leistungsstörungen. – Der **Rechtsnatur** nach ist das Rücktrittsrecht ein **Gestaltungsrecht**. Als solches ist es zwar im Wege der Abtretung (§§ 398, 413) übertragbar (BGH NJW 73, 1794); jedoch unterliegt das vertragliche Rücktrittsrecht nicht der Verjährung (§ 194 Rn 3), sondern allenfalls der Verfristung (vgl § 350) oder Verwirkung (§ 242). Für gesetzliche Rücktrittsrechte gilt zudem § 218 (s dort sowie § 349 Rn 1).

Sonderregelungen für den Rücktritt, die den §§ 346 ff vorgehen, bestehen zB beim Verbraucherwiderruf (§§ 357, 503 II), Wohnungsmiet- (§ 572 I), Reise- (§ 651 i) und Versicherungsvertrag (§§ 19 II, 37 I VVG), beim Verlöbnis (§§ 1298 ff) und beim Erbvertrag (§§ 2293 ff). § 13 a UWG aF, der im Falle eines Vertragsschlusses aufgrund unwahrer und irreführender Werbung ein Rücktrittsrecht vorsah, wurde durch die Novellierung des UWG ersatzlos gestrichen, da dieses Recht in der Praxis keine Bedeutung erlangt hat und Konkurrenzprobleme mit § 434 I 3 und §§ 651 a ff vermieden werden sollen (hierzu BT-Drucks 15/1487, 14 f). Die str Frage, ob beim **Kauf- und Werkvertrag** der Käufer bzw Besteller iR der Nacherfüllung gem §§ 439 IV, 635 IV, 346 II 1 Nr 1 Wertersatz für gezogene Nutzungen (§ 100) leisten muss, hat der Gesetzgeber für den Verbrauchsgüterkauf durch die Einführung des § 474 II zugunsten des Käufers entschieden (ausf § 439 Rn 9 sowie § 474 Rn 5); zu einer entsprechenden Lösung im Werkvertragsrecht vgl Edler/Reiner ZAP 09 Fach 3, 255, 258. Darüber hinaus hat der EuGH in der Rs Pia Messner (EuGH NJW 09, 3015) entschieden, dass eine Regelung, welche dem Verbraucher infolge des Widerrufs eines Fernabsatzvertrags generell eine Pflicht zum Nutzungsersatz auferlegt, europarechtswidrig ist. Wenn der Verbraucher allerdings die Sache in einer Art und Weise, die mit Grundsätzen des bürgerlichen Rechts – wie Treu und Glauben oder Grundsätzen der ungerechtfertigten Bereicherung – unvereinbar ist, nutzt, widerspricht ein Anspruch auf Nutzungsersatz nicht dem Europarecht. Der deutsche Gesetzgeber hat auf diese Entscheidung mit den neuen §§ 312 e und f reagiert (s § 357 Rn 7). Auch die Kosten für die Hinsendung der Ware an den Verbraucher dürfen diesem nach einem Widerruf nicht auferlegt werden (EuGH NJW 10, 1941 – Heinrich Heine; s § 357 Rn 5). Im Falle der Rückabwicklung eines Verbrauchsgüterkaufs aufgrund **Rücktritts** steht Europarecht einer Anwendung von § 346 jedoch nicht entgegen (BGH NJW 10, 148).

5 II. 1. Voraussetzungen: a) Erste Voraussetzung für den Rücktritt ist ein **schuldrechtlicher (verpflichtender) Vertrag**. Von einem Verfügungsgeschäft ist ein Rücktritt nicht möglich. Der Vertrag muss zudem **wirksam** sein. Die §§ 346 ff sind nicht anwendbar, wenn das Rechtsgeschäft bereits aufgrund einer wirksamen Anfechtung nichtig ist (§ 142 I). Entspr gilt für andere Erlöschensgründe, wie zB den Eintritt einer auflösenden Bedingung (§ 158 II).

6 b) Unter welchen Voraussetzungen eine **Berechtigung zum Rücktritt** von diesem Vertrag besteht, ergibt sich für den Fall eines **gesetzlichen Rücktrittsrechts** aus der entspr Vorschrift (vgl zB §§ 281 V, 313 III, 323, 324, 326 IV und V, 357 I 1, 437 Nr 2, 439 IV, 441 IV, 634 Nr 3, 635 IV, 638 IV 2). Bei einem **vertraglichen Rücktrittsrecht** sind die Voraussetzungen anhand der getroffenen Vereinbarung zu bestimmen (BGH NJW 82, 1036). Generelles Erfordernis ist in diesem Fall die wirksame Einigung über den Rücktrittsvorbehalt. Eine derartige Vereinbarung können die Parteien auch noch nach Abschluss des schuldrechtlichen Vertrags treffen (§ 311 I). Sie kann auch stillschweigend erfolgen. Ggf ist durch Auslegung (§§ 133, 157) zu ermitteln, ob ein Rücktrittsvorbehalt Vertragsinhalt geworden ist. Unter Kaufleuten kann sich ein Rücktrittsrecht auch aus einem Handelsbrauch (§ 346 HGB) ergeben (BGH NJW 77, 386). Bei der Verwendung bestimmter Klauseln wie zB „freibleibend" oder „höhere Gewalt" ist dies häufig der Fall. Bei einem Rücktrittsrecht in AGB ist § 308 Nr 3, 7 zu berücksichtigen: Zur Wirksamkeit ist – jedenfalls im nichtkaufmännischen Verkehr – die Angabe eines sachlichen Grundes erforderlich. Die **Beweislast** für die wirksame Vereinbarung des Rücktrittsvorbehalts trägt der Zurücktretende (BGH NJW 86, 919 f).

7 c) IU zu §§ 351–353 aF ist eine Partei auch dann zum Rücktritt berechtigt, wenn sie zur **Rückgewähr der empfangenen Leistung** außerstande ist (arg e Abs 2). Sogar wenn der Rücktrittsberechtigte die zurück zugewährende Sache vorsätzlich zerstört, bleibt das Rücktrittsrecht bestehen (str; vgl iE § 323 Rn 15). Da sich der Zurücktretende grds vertragstreu verhalten muss, kann dem Rückgewähranspruch jedoch im Einzelfall der Einwand des **Rechtsmissbrauches** entgegengehalten werden (OLG Düsseldorf NJW 89, 3163; aA Gaier WM 02, 3). Bei einem vertraglichen Rücktrittsrecht können die Parteien zudem in den Grenzen der §§ 305 ff bestimmen, dass der Rücktritt ausgeschlossen sein soll, wenn der Berechtigte die empfangene Sache nicht zurückgewähren kann. Eine Vereinbarung dieses Inhalts kann auch konkludent getroffen oder einer ergänzenden Vertragsauslegung entnommen werden (BT-Drucks 14/6040, 195).

8 d) Erst die **Ausübung** des Rücktrittsrechts durch den Berechtigten führt die Rechtsfolgen des Rücktritts herbei. Ausgeübt wird das Recht zum Rücktritt durch eine **einseiti-**

ge, empfangsbedürftige **Willenserklärung** ggü dem Rücktrittsgegner (§ 349). Dadurch unterscheidet sich der Rücktritt von einem Aufhebungsvertrag (§ 311 I), der als zweiseitiges Rechtsgeschäft einen übereinstimmenden Willen der Parteien erfordert.

2. Rechtsfolgen: a) Nach heute hM wird das ursprüngliche Schuldverhältnis durch die 9 wirksame Ausübung des Rücktrittsrechts nicht aufgehoben, sondern nur inhaltlich verändert: Es entsteht ein **Abwicklungs- und Rückgewährschuldverhältnis** (BGH NJW 98, 3268) mit dem Ziel, den ursprünglichen Zustand – oder zumindest einen dem ursprünglichen Zustand wirtschaftlich gleichwertigen Zustand – wieder herzustellen. Welche konkreten Verpflichtungen der Parteien sich aus dem Rücktritt ergeben, hängt davon ab, in welchem Stadium der Vertragsdurchführung der Rücktritt erfolgt. Noch nicht erfüllte Leistungsansprüche erlöschen (**Befreiungswirkung** des Rücktritts), hins bereits erbrachter Leistungen entsteht eine **Pflicht zur Rückgewähr** und zur **Herausgabe gezogener Nutzungen**. Sind bspw empfangene Geldleistungen zurückzugewähren, so ist der Gegenseite der Geldwert zurück zu zahlen (eine Gutschrift genügt zur Rückgewähr nicht, weil lediglich eine neue Verbindlichkeit eingegangen wird, BGH ZGS 06, 36). Zur Nutzungsherausgabe s Rn 13.

aa) Ebenso wie eine Kündigung wirkt der Rücktritt lediglich **ex nunc** (BGH NJW 98, 10 3268; aA Canaris NJW 82, 310). Während die Kündigung das Vertragsverhältnis aber allein mit Wirkung für die Zukunft beendet, hat der Rücktritt auch eine retrospektive Ausrichtung, indem die Rückabwicklung die in der Vergangenheit liegenden Leistungen erfasst.

bb) Der Rücktritt hat **keine dingliche Wirkung**; die Leistungspflichten der Parteien sind 11 rein schuldrechtlicher Natur. Allerdings können die Parteien – soweit das Verfügungsgeschäft nicht ausnahmsweise bedingungsfeindlich ist (vgl § 925 II) – eine Verknüpfung zwischen Verfügungs- und Verpflichtungsgeschäft dadurch erzielen, dass sie das dingliche Rechtsgeschäft unter der auflösenden Bedingung (§ 158 II) des Rücktritts von dem Verpflichtungsgeschäft schließen.

cc) Leistungsort für die Pflichten zur Rückgewähr ist bei einem vertraglich vorbehalte- 12 nen Rücktritt der Ort, an dem die zurück zugewährende Leistung zu erbringen war (OLG Hamm MDR 82, 141; str). Beim gesetzlichen Rücktritt sind die Leistungshandlungen regelmäßig einheitlich dort vorzunehmen, wo sich die Sache bestimmungsgemäß befindet (BGHZ 87, 109 f; BGH WM 74, 1073).

b) Nach Abs 1 aE haben die Rückgewährschuldner die Pflicht zur **Herausgabe tatsäch-** 13 **lich gezogener Nutzungen.** Zu den Nutzungen gehören Früchte und sonstige Gebrauchsvorteile (§§ 99, 100). Maßgeblich für den Inhalt des Anspruchs ist bei Gütern des täglichen Gebrauchs der Umfang der Nutzung im Verhältnis zur voraussichtlichen Gesamtnutzungsdauer. In den Anspruch einbezogen ist auch die durch den bestimmungsgemäßen Gebrauch eingetretene Wertminderung (BGHZ 115, 54 f; BGH NJW 96, 252; iE Kaiser JZ 01, 1066). Zur Herausgabe schuldhaft nicht gezogener Nutzungen s § 347.

c) Gem Abs 2 hat der Rückgewährschuldner **Wertersatz** zu leisten, wenn er zur Rück- 14 gewähr der empfangenen Leistung oder zur Herausgabe gezogener Nutzungen außerstande ist. **aa)** S 1 Nr 1 betrifft den Fall, dass die Rückgewähr oder die Herausgabe nach der Natur des Erlangten ausgeschlossen ist. Dies gilt va für unkörperliche Werkleistungen wie Konzerte, Reisen oder Architektenleistungen (iE Kaiser JZ 01, 1059), aber auch für die infolge einer Darlehensgewährung entstandenen Gebrauchsvorteile, die als Ersparnis sonst entstandener Verzugszinsen nicht in natura herausgegeben werden können. **Nr 2** setzt voraus, dass der Schuldner den empfangenen Gegenstand verbraucht, veräußert, belastet, verarbeitet oder umgestaltet (§ 950) hat. Bei einer Veräußerung oder Belastung tritt die Wertersatzpflicht erst ein, wenn der Rückgewährschuldner in entspr Anw des § 275 nicht mehr in der Lage ist, den Gegenstand zurückzubekommen bzw die Belastung zu beseitigen (BGH NJW 09, 63; Schwab JuS 02, 632; Schulze/Ebers JuS 04, 369; aA Huber/Faust, Kap 10 Rn 19). Nach **Nr 3** hat der Schuldner Wertersatz zu leisten, wenn sich der empfangene Gegenstand verschlechtert hat oder untergegangen ist. Wie sich aus **Nr 3 2. Halbs** ergibt, ist allerdings für Verschlechterungen, die durch die bestimmungsgemäße Ingebrauchnahme entstanden sind (zB durch Erstzulassung eines Pkws; BT-Drucks 14/6040, 193) kein Wertersatz zu leisten. Der Wertersatz nach Nr 3 erfasst daher nur weiter gehende Verschlechterungen, insb Substanzverletzungen oder Abnutzungen infolge eines übermäßigen Gebrauchs (BT-Drucks 14/6040, 196). Gegen die Auffassung, dass sich die in Nr 3 2. Halbs festgelegte Einschränkung auch auf den iR eines bestimmungsgemäßen Gebrauchs eingetretenen Sachuntergang beziehe (so Kaiser JZ 01, 1061 für den Fall eines Kfz-Totalschadens, der bei dem bloßen Gebrauch unverschuldeterweise beim Rückgewährschuldner eintritt), sprechen indes der Wortlaut der Vorschrift und die vom SMG allg vorgesehene Risikoverteilung (s Rn 2): Die Gefahr des zufälligen Untergangs der Sache liegt beim vertraglichen Rücktritt iU zu früher (§ 350 aF) grds beim Rückgewährschuldner, beim gesetzlichen Rücktritt dag beim Rücktrittsgegner (Abs 3 S 1 Nr 3). Eine ggü Nr 3 abw Sonderregel trifft § 357 III für den Verbraucherwiderruf (s dort Rn 5).

15 **bb)** Gem **Abs 2 S 2, 1. Halbs** richtet sich die **Berechnung des Wertersatzes** in erster Linie nach der **vertraglich bestimmten Gegenleistung**. Soweit eine solche Bestimmung fehlt, ist der objektive Wert der Leistung maßgeblich (BT-Drucks 14/6040, 196). Nach BGH NJW 10, 2868 ist auch für die Bemessung des Wertersatzes nach dem Widerruf eines Partnervermittlungsvertrags, der als Haustürgeschäft geschlossen wurde, nicht das vertraglich vereinbarte Entgelt, sondern der objektive Wert der Unternehmerleistung maßgeblich, soweit dieser das vertragliche Entgelt nicht übersteigt. Die in Abs 2 S 2 erwähnte Berechnungsmethode kommt va in Betracht, wenn von vornherein feststeht, dass die erbrachte Leistung ihrer Natur nach nicht zurückgewährt werden kann und ist auch im Falle des Rücktritts wegen Zahlungsverzugs des Schuldners anzuwenden (BGH NJW 09,1068). Wird der Vertrag dag wegen eines Mangels rückabgewickelt (zB gem §§ 437 Nr 2, 323 bzw § 326 V), so versagt die Berechnungsmethode, denn in diesem Fall ist gerade das gestörte Äquivalenzverhältnis zwischen der mangelhaften Leistung und der an einer mangelfreien Leistung ausgerichteten Gegenleistung Anlass, den Vertrag rückgängig zu machen. Gleiches gilt, wenn Wertersatz wegen der Verschlechterung des empfangenen Gegenstandes gem Abs 2 S 1 Nr 3 geschuldet wird. Die Gegenleistung dient daher in diesen Fällen nur als **Ausgangspunkt** für die Wertersatzberechnung (BT-Drucks 14/6857, Anlage 2, 22) und muss insoweit korrigiert werden, als Wertersatz bei mangelhaften Sachen nur in Höhe eines entspr § 441 III geminderten Kaufpreises zu leisten ist. Für **Nutzungen** kann der Wertersatz berechnet werden, in dem der (ggf wegen Mängeln zu mindernde) Kaufpreis durch die voraussichtliche Gesamtnutzungsdauer (neue Sache) bzw Restnutzungsdauer (gebrauchte Sache) dividiert und mit der tatsächlichen Nutzungszeit multipliziert wird (BGHZ 115, 54; iE MK/Gaier § 346 Rn 27 f). Bei Kfz kann auf eine entspr Laufleistung abgestellt werden (OLG Karlsruhe NJW 03, 1950). Zu Berechnungsproblemen bei einem Neuwagenkauf unter Inzahlungnahme des Gebrauchtwagens: Faust NJW 09, 3696). Ist Wertersatz für den Gebrauchsvorteil eines **Darlehens** zu leisten, so ist dieser gem Abs 2 S 2, 1. Halbs grds zum Vertragszins zu verzinsen. Gem **Abs 2 S 2, 2. Halbs** kann der Schuldner aber in diesen Fällen nachweisen, dass er einen niedrigeren oder gar keinen Gebrauchsvorteil hatte (iE BT-Drucks 14/9266, 45). Ungeklärt ist, ob Abs 2 S 2, 2. Halbs im Einklang mit dem Gesetzeswortlaut auf sämtliche Darlehensverträge anwendbar ist oder – wie die Gesetzesbegründung (aaO) nahe legt – nur für Verbraucherdarlehensverträge (§ 491 I) gilt.

16 **d)** Abs 3 hebt in S 1 die Pflicht zum Wertersatz nach Abs 2 für bestimmte Fälle wieder auf und beschränkt in S 2 die Haftung auf die verbliebene Bereicherung. **aa)** Nach **S 1 Nr 1** entfällt die Pflicht zum Wertersatz, wenn sich der zum Rücktritt berechtigende Mangel erst während der **Verarbeitung** oder **Umgestaltung** des erlangten Gegenstandes zeigt. In diesen Konstellationen geht das Gesetz davon aus, dass die Verarbeitung bzw Umgestaltung wegen des Mangels typischerweise nicht den bezweckten Mehrwert schafft. Die Vorschrift ist entspr auf den **Verbrauch mangelhafter Sachen** anwendbar (Brox/Walker, SchuldR AT § 18 Rn 23; aA Kaiser JZ 01, 1062). Hierfür spricht, dass auch der durch den Verbrauch einer mangelhaften Kaufsache entstehende Vorteil wegen des Mangels idR hinter dem objektiven Wert der Sache zurückbleibt. Ausgeschlos-

sen ist der Wertersatzanspruch ferner gem **Nr 2**, soweit der Gläubiger die Verschlechterung bzw den Untergang zu vertreten hat oder der Schaden bei ihm gleichfalls eingetreten wäre. Die Vorschrift erfasst va die Fälle, in denen der Untergang oder die Verschlechterung auf dem zum Rücktritt berechtigenden Sachmangel beruht. Schließlich ordnet **Nr 3** für den **gesetzlichen Rücktritt** an, dass der Berechtigte als Rückgewährschuldner bei einer Verschlechterung oder einem Untergang der Sache nur für die Sorgfalt in eigenen Angelegenheiten (§ 277) haftet. Nr 3 bedeutet damit eine **Privilegierung des Berechtigten im Falle gesetzlicher Rücktrittsrechte**. Die Vorschrift findet **keine Anwendung** auf ein **vertragliches Rücktrittsrecht** (aA AnwaltK/Hager § 346 Rn 49). Der Gesetzgeber wollte nur den gesetzlich zum Rücktritt Berechtigten privilegieren, da der andere Vertragsteil in diesen Fällen eine Pflichtverletzung begangen und den Rücktritt ausgelöst hat. Nr 3 erstreckt sich aber nach teleologischer Auslegung auch auf die im Gesetz neben der Verschlechterung und dem Untergang nicht ausdrücklich genannten Fälle des Verbrauchs sowie der Veräußerung, Belastung, Verarbeitung und Umgestaltung (wie hier AnwaltK/Hager § 346 Rn 51; aA Palandt/Grüneberg § 346 Rn 13). Hatte der Rücktrittsberechtigte **Kenntnis vom Rücktrittsgrund**, so kann er sich nicht auf die Privilegierung des Nr 3 berufen (MK/Gaier § 346 Rn 57; str; aA Palandt/Grüneberg § 346 Rn 13). Bei einer **Störung der Geschäftsgrundlage** (§ 313 III 1) ist Nr 3 modifiziert anzuwenden: Da das Rücktrittsrecht nach § 313 III 1 nicht auf einer Pflichtverletzung, sondern auf der Veränderung äußerer Umstände bzw auf einem gemeinschaftlichen Irrtum beruht, erscheint es vorzugswürdig, dass sich beide Vertragsparteien auf Nr 3 berufen können (str; iE Schulze/Ebers JuS 04, 370).

bb) Abs 3 S 2 legt fest, dass der Schuldner eine etwa verbleibende Bereicherung herauszugeben hat. Dabei handelt es sich um eine **Rechtsfolgenverweisung** auf §§ 812 ff (BT-Drucks 14/6040, 196; iE Kohler JZ 02, 682 ff).

e) **Abs 4** stellt klar, dass neben den schuldunabhängigen Wertersatzansprüchen nach Abs 2 konkurrierend auch **Schadensersatzansprüche** der Rückgewährschuldner untereinander gem §§ 280–283 bestehen können. Ein Schadensersatzanspruch kommt in Betracht, wenn eine Pflicht aus dem Rückgewährschuldverhältnis schuldhaft verletzt wird. Der Gläubiger kann sodann im Falle der Beschädigung der Sache Schadensersatz gem §§ 280 ff verlangen oder unter den Voraussetzungen des Verzuges (§§ 280 II, 286) den Ersatz seines Verzögerungsschadens fordern. Für vertragliche und gesetzliche Rücktrittsrechte gilt dabei ein **unterschiedlicher Haftungsmaßstab** (BT-Drucks 14/6040, 195): Bei einem **vertraglichen Rücktrittsvorbehalt** müssen die Vertragsparteien jederzeit mit dem Rücktritt der Gegenseite rechnen und daher die Sache im Interesse des anderen pfleglich behandeln. Ferner ist ein Anspruch nach Abs 4 iVm §§ 280–283 gegeben, wenn der Rückgewährschuldner durch sein Verhalten gegen eine vor Erklärung des Rücktritts bestehende Verpflichtung zum sorgfältigen Umgang mit dem Leistungsgegenstand verstößt, bis das Rücktrittsrecht erloschen ist. Bei einem **gesetzlichen Rücktrittsrecht** entsteht die Rechtspflicht zur sorgsamen Behandlung dag erst, wenn die betr Partei weiß oder wissen muss, dass die Rücktrittsvoraussetzungen vorliegen, spätestens also, wenn der Rücktritt erklärt wird. Vor diesem Zeitpunkt gilt demgegenüber § 277 (str; vgl iE Kamanabrou NJW 03, 30 ff; Rheinländer ZGS 04, 178 ff).

§ 347 Nutzungen und Verwendungen nach Rücktritt

(1) ¹Zieht der Schuldner Nutzungen entgegen den Regeln einer ordnungsmäßigen Wirtschaft nicht, obwohl ihm das möglich gewesen wäre, so ist er dem Gläubiger zum Wertersatz verpflichtet. ²Im Falle eines gesetzlichen Rücktrittsrechts hat der Berechtigte hinsichtlich der Nutzungen nur für diejenige Sorgfalt einzustehen, die er in eigenen Angelegenheiten anzuwenden pflegt.

(2) ¹Gibt der Schuldner den Gegenstand zurück, leistet er Wertersatz oder ist seine Wertersatzpflicht gemäß § 346 Abs. 3 Nr. 1 oder 2 ausgeschlossen, so sind ihm notwendige Verwendungen zu ersetzen. ²Andere Aufwendungen sind zu ersetzen, soweit der Gläubiger durch diese bereichert wird.

§ 347

1 **I.** § 347 enthält in Abs 1 eine Regelung über die Vergütung **nicht gezogener Nutzungen** und regelt in Abs 2, inwieweit dem Rückgewährschuldner ein Anspruch auf Ersatz von **Verwendungen** zustehen soll. Über den Wortlaut der amtlichen Überschrift („Nutzungen und Verwendungen **nach** Rücktritt") hinaus erfasst die Vorschrift auch den Nutzungs- bzw Verwendungszeitraum **vor** Ausübung des Rücktrittsrechts. Im Unterschied zu § 347 S 2 aF verweist die durch das **SMG** neu gefasste Bestimmung nicht mehr auf die Vorschriften zum EBV. Zudem legt sie anders als § 347 S 3 aF nicht eigens eine Verzinsungspflicht fest. Stattdessen kommt es iR des Abs 1 nunmehr darauf an, welche Verzinsung nach den Regeln einer ordnungsmäßigen Wirtschaft dem Schuldner als Nutzung zu erzielen möglich gewesen wäre. Die Bestimmung trägt damit dem Umstand Rechnung, dass der Schuldner vielfach – va bei kleineren Beträgen und bei kürzerer Nutzungsdauer – nicht in der Lage ist, für das empfangene Geld eine Verzinsung in Höhe des gesetzlichen Zinssatzes zu erzielen, und erscheint insofern interessengerecht (Hager in: Schulze/Schulte-Nölke, Schuldrechtsreform, 452; aA Kohler JZ 01, 335).

2 **II. 1. Abs 1 S 1** erlegt dem Rückgewährschuldner eine **Vergütungspflicht für nicht gezogene Nutzungen** auf, sofern er diese nach den Regeln einer ordnungsgemäßen Wirtschaft hätte ziehen können. Die Verpflichtung des Rückgewährschuldners, die tatsächlich gezogenen Nutzungen herauszugeben, ergibt sich dag bereits aus § 346 I (dort Rn 13). **Nutzungen** sind die Früchte einer Sache oder eines Rechtes (§ 99) sowie die Vorteile, welche der Gebrauch der Sache oder des Rechtes gewährt (§ 100). Abs 1 S 1 setzt ebenso wie § 987 II (dort Rn 4) voraus, dass die **Nutzziehung** nach den Regeln einer ordnungsgemäßen Wirtschaft **möglich** gewesen wäre. Der Anspruch ist daher ausgeschlossen, wenn die Muttersache verbraucht oder verarbeitet wird. Im Unterschied zu früher (§ 347 S 2 aF iVm § 987 II) ist **nicht erforderlich**, dass der Rückgewährschuldner die Nutzziehung **schuldhaft** (§ 276) unterlassen hat. Die Vorschrift ist jedoch ggü ihrem Wortlaut **einschränkend** auszulegen, soweit der Schuldner Nutzungen zwar nach den Regeln ordnungsgemäßer Wirtschaft hätte ziehen können, diese Nutzungen aber gar nicht dem vertragsgemäßen (bestimmungsgemäßen) Gebrauch der Sache entsprochen hätten. Eine Vergütungspflicht auch für derartige nicht gezogene, aber auch **nicht zum bestimmungsgemäßen Gebrauch** der Sache gehörende Nutzungen ginge über den vom Gesetz bezweckten sachgerechten Interessenausgleich hinaus und ist daher abzulehnen (str).

3 **Abs 1 S 2** sieht für den Fall des **gesetzlichen Rücktritts** vor, dass der Rücktrittsberechtigte entspr dem in § 346 III Nr 3 zu Grunde gelegten Rechtsgedanken nur bei einem Verstoß gegen die eigenübliche Sorgfalt (§ 277) zum Nutzungsersatz verpflichtet ist.

4 **2. Abs 2 S 1** gibt dem Rückgewährschuldner in Übereinstimmung mit dem früheren Recht einen Anspruch auf **Ersatz notwendiger Verwendungen.** Voraussetzung ist, dass der Schuldner den empfangenen Gegenstand zurückgegeben hat, Wertersatz iSd § 346 II leistet oder von der Wertersatzpflicht gem § 346 III 1 Nr 1, 2 befreit ist. **Keinen Verwendungsersatz** erhält dag der gesetzlich zum Rücktritt Berechtigte, der die Sache nicht oder nur verschlechtert zurückgeben kann und den Sach- bzw Minderwert wegen § 346 III 1 Nr 3 nicht ersetzen muss. **Verwendungen** sind sämtliche Vermögensaufwendungen, die der Sache selbst unmittelbar zugute kommen sollen. IU zu § 994 (s dort Rn 2) werden auch solche Verwendungen erfasst, die die Sache grdlg (zB durch Verarbeitung, § 950) verändern (arg e Abs 2 iVm § 346 III Nr 2). **Notwendig** sind Verwendungen, wenn sie zur Erhaltung oder ordnungsgemäßen Bewirtschaftung einer Sache objektiv erforderlich sind. Hierzu zählen auch die gewöhnlichen Erhaltungskosten. Soweit die Verwendungen bereits bei der Ermittlung der Nutzungsentschädigung als Minderungsposten berücksichtigt worden sind, kommt ein Verwendungsersatz nicht in Betracht. **Abs 2 S 2** begründet einen **Ersatzanspruch für nützliche Verwendungen**, soweit der Gläubiger durch diese bereichert ist. Nützlich sind Maßnahmen, die den Wert der Sache steigern oder ihre Gebrauchstauglichkeit erhöhen (iE § 994 Rn 4).

5 **Weitergehende Ansprüche auf Verwendungsersatz** bestehen nicht. Da Abs 2 eine **abschließende Regelung ist,** kann der Schuldner andere Aufwendungen (zB Luxusaufwendungen) nicht in Abzug bringen (BT-Drucks 14/6040, 197). **Sonstige Ansprüche, insb Schadensersatzansprüche** (§ 325) werden demgegenüber nicht ausgeschlossen (s § 325

Rn 3). Hat der Rücktrittsgegner den Rücktrittsgrund zu vertreten, so kann der rücktrittsberechtigte Gläubiger zB gem §§ 280 I, II, 286; 280 I, III, 281 oder 284 Schadensersatz bzw Aufwendungsersatz (BGH NJW 05, 2848; str) verlangen und den Vorenthaltungsschaden liquidieren (str; wie hier Arnold/Dötsch BB 03, 2250; aA Huber/Faust, Kap 4 Rn 18).

§ 348 Erfüllung Zug-um-Zug

¹Die sich aus dem Rücktritt ergebenden Verpflichtungen der Parteien sind Zug um Zug zu erfüllen. ²Die Vorschriften der §§ 320, 322 finden entsprechende Anwendung.

Das Rückgewährschuldverhältnis ist **kein gegenseitiges Vertragsverhältnis**. An die Stelle der Regeln für gegenseitige Verträge (§§ 320–326) treten eigene Regelungen. Gem S 2 finden lediglich §§ 320, 322 entspr Anwendung. Zwar ist § 348 dispositiv; doch kann die entspr Anwendung des § 320 I 1 gem § 309 Nr 2 a nicht in AGB ausgeschlossen werden (BGH NJW 80, 1632). 1

§ 349 Erklärung des Rücktritts

Der Rücktritt erfolgt durch Erklärung gegenüber dem anderen Teil.

Das Rücktrittsrecht ist Gestaltungsrecht (§ 346 Rn 3) und wird **durch einseitige, empfangsbedürftige Willenserklärung** ausgeübt. Die Erklärung bedarf keiner Form; das vertragliche Rücktrittsrecht ist nicht an die Einhaltung einer Frist gebunden (BGH NJW-RR 89, 625; vgl aber § 350). Bei einem Rücktritt wegen nicht oder nicht vertragsgemäß erbrachter Leistung ist die Erklärung gem § 218 I 1 unwirksam, wenn der Anspruch auf die Leistung oder der Nacherfüllungsanspruch (zB gem §§ 438, 634 a) verjährt ist und sich der Schuldner hierauf beruft. Gleiches gilt gem § 218 I 2, wenn der Schuldner nach §§ 275, 439 III, 635 III nicht zu leisten braucht (s ferner § 216 II 2). Der Rücktritt kann darüber hinaus verwirkt sein (BGH NJW 02, 670). Die Erklärung kann auch konkludent erfolgen, etwa durch Rücknahme der gelieferten Sache (BGH NJW 88, 2877). Das Verhalten des Rücktrittsberechtigten muss lediglich erkennen lassen, dass das Erlöschen noch nicht erfüllter Leistungspflichten und die Rückgängigmachung bereits erbrachter Leistungen gewollt ist (BGH NJW 88, 2879). Die Rücktrittserklärung ist grds bedingungsfeindlich (BGHZ 97, 267; anders aber, wenn keine unzumutbare Ungewissheit für den Rücktrittsgegner eintritt, BGHZ 97, 264) und bindend. Die Angabe von Gründen ist ebenso wenig erforderlich wie eine vorherige Androhung des Rücktritts (vgl BGHZ 99, 192). 1

§ 350 Erlöschen des Rücktrittsrechts nach Fristsetzung

¹Ist für die Ausübung des vertraglichen Rücktrittsrechts eine Frist nicht vereinbart, so kann dem Berechtigten von dem anderen Teil für die Ausübung eine angemessene Frist bestimmt werden. ²Das Rücktrittsrecht erlischt, wenn nicht der Rücktritt vor dem Ablauf der Frist erklärt wird.

Die Rechtsnatur des Rücktritts als Gestaltungsrecht (keine Verjährung) macht § 350 (§ 355 aF) erforderlich. Die Vorschrift gibt dem Rücktrittsgegner die Möglichkeit, durch eine Fristsetzung klare Verhältnisse darüber zu schaffen, ob das Rücktrittsrecht ausgeübt wird oder nicht. **Voraussetzungen** sind das Fehlen einer vertraglich vereinbarten Rücktrittsfrist und das Vorliegen der Rücktrittsvoraussetzungen (BGH NJW-RR 89, 626). Die vom Rücktrittsgegner gesetzte Frist muss angemessen sein. Welcher Zeitraum angemessen ist, hängt von den Umständen des Einzelfalls ab. **Rechtsfolge** eines fruchtlosen Ablaufs dieser Frist ist das Erlöschen des Rücktrittsrechts (§ 350 S 2). 1

§ 351 Unteilbarkeit des Rücktrittsrechts

¹Sind bei einem Vertrag auf der einen oder der anderen Seite mehrere beteiligt, so kann das Rücktrittsrecht nur von allen und gegen alle ausgeübt werden. ²Erlischt das Rücktrittsrecht für einen der Berechtigten, so erlischt es auch für die übrigen.

1 § 351 (§ 356 aF) betrifft den Fall der **Beteiligung mehrerer** an einem Vertrag. Er erfasst Mehrheiten ebenso auf Seiten der Rücktrittsberechtigten wie der Rücktrittsgegner oder auf beiden Seiten, ohne dass es grds auf die Art der Beteiligung (§§ 420, 427, 428, 709, 747, 2039, 2040) ankommt. § 351 gilt auch bei **Vertragsverbindungen** (BGH NJW 76, 1932). Die Vorschrift ist dispositiv (RGZ 153, 398; BGHZ 116, 333).

2 Ausreichend ist, dass der Rücktrittsgrund bei einem der Beteiligten vorliegt (BGH NJW 76, 1932). Die Ausübung des Rücktritts erfordert die gemeinsame, nicht zwingend gleichzeitige Erklärung des Rücktritts durch die Berechtigten. Nach S 2 hat ein Verlust des Rücktrittsrechts **Gesamtwirkung**. Besteht das Rücktrittsrecht ggü mehreren, erlischt es bereits durch einen Verzicht ggü einem Vertragspartner (BGH NJW 89, 2388).

§ 352 Aufrechnung nach Nichterfüllung

Der Rücktritt wegen Nichterfüllung einer Verbindlichkeit wird unwirksam, wenn der Schuldner sich von der Verbindlichkeit durch Aufrechnung befreien konnte und unverzüglich nach dem Rücktritt die Aufrechnung erklärt.

1 § 352 wurde durch das SMG neu gefasst und übernimmt die Vorschrift des § 357 aF. IU zu dieser erfasst er allerdings nicht nur das vertragliche, sondern auch das gesetzliche Rücktrittsrecht (BT-Drucks 14/6040, 198). Er gilt für den Fall der **Nichterfüllung** sowie gleichermaßen für den Fall der **nicht gehörigen Erfüllung** (vgl BGH NJW 81, 2404). Die in der Vorschrift vorgesehene Möglichkeit zur **Herbeiführung der Unwirksamkeit** durch eine unverzügliche (§ 121) Nachholung der Aufrechnungserklärung trägt dem Umstand Rechnung, dass der Rücktrittsgegner bei bestehender Aufrechnungslage nicht mit dem Rücktritt zu rechnen brauchte.

§ 353 Rücktritt gegen Reugeld

¹Ist der Rücktritt gegen Zahlung eines Reugelds vorbehalten, so ist der Rücktritt unwirksam, wenn das Reugeld nicht vor oder bei der Erklärung entrichtet wird und der andere Teil aus diesem Grunde die Erklärung unverzüglich zurückweist. ²Die Erklärung ist jedoch wirksam, wenn das Reugeld unverzüglich nach der Zurückweisung entrichtet wird.

1 Die Vereinbarung eines **Reugeldes** berechtigt den Begünstigten gem § 353 (§ 359 aF) gegen Zahlung einer bestimmten Geldsumme von dem Vertrag zurückzutreten. Das Reugeld ist keine Vertragsstrafe (vgl § 339 Rn 1) und kann daher nicht gem § 343 herabgesetzt werden. Ohne Zahlung des Reugeldes vor oder bei der Erklärung des Rücktritts ist der Rücktritt unwirksam, wenn der andere Teil die Erklärung unverzüglich zurückweist. S 2 enthält eine Heilungsmöglichkeit. Fehlt es an einer unverzüglichen (§ 121) Zurückweisung, ist der Rücktritt wirksam mit der Folge, dass der Rücktrittsgegner neben der Erfüllung der Rückgewährpflichten auch die Reugeldzahlung verlangen kann. Die **Beweislast** für die Zahlung des Reugeldes trägt der Zurücktretende.

§ 354 Verwirkungsklausel

Ist ein Vertrag mit dem Vorbehalt geschlossen, dass der Schuldner seiner Rechte aus dem Vertrag verlustig sein soll, wenn er seine Verbindlichkeit nicht erfüllt, so ist der Gläubiger bei dem Eintritt dieses Falles zum Rücktritt von dem Vertrag berechtigt.

Abschnitt 3 | Schuldverhältnisse aus Verträgen § 355

I. § 354 (§ 360 aF) bestimmt im Interesse des Schuldners, dass eine umfassende **Verfall- 1 bzw Verwirkungsklausel** entgg ihrem Wortlaut lediglich einen **Rücktrittsvorbehalt** darstellt. Die Regelung ist dispositiv (BGH NJW 72, 1894). Schranken ergeben sich aus § 308 Nr 3 und § 309 Nr 6 (vgl dazu Art 3 III iVm Anh Nr 1 c, f Klausel-RL), §§ 498, 503, 506 (vgl dazu Art 14 VerbrKr-RL).

II. 1. **Voraussetzung** ist eine Parteivereinbarung des Inhalts, dass der Schuldner bei 2 Nichterfüllung alle seine Rechte verliert. Sollen demgegenüber nach dem Inhalt der Klausel nur einzelne Rechte verfallen, kann darin die Vereinbarung einer Vertragsstrafe oder eine Vertragsgestaltung, auf die die §§ 339 ff entspr anwendbar sind, liegen (BGH NJW 72, 1894). Auf Klauseln, die die nicht rechtzeitige oder nicht gehörige Erfüllung betreffen, findet § 354 entspr Anwendung. Wegen der weit reichenden Folgen reichen allerdings geringfügige Pflichtverletzungen nicht aus; §§ 323 V 2, 324 sind analog anzuwenden. Das Rücktrittsrecht des Gläubigers setzt nicht voraus, dass der Schuldner die Vertragsverletzung zu vertreten hat, denn nach der Konzeption des SMG soll es hierauf nicht mehr ankommen (vgl § 323 Rn 1). In analoger Anwendung des § 323 VI kann das Rücktrittsrecht aber ausgeschlossen sein, wenn der Gläubiger für die Nichterfüllung überw verantwortlich ist (anders zu § 360 aF BGH NJW 81, 1601).

2. Als **Rechtsfolge** erhält der Gläubiger ein Wahlrecht zwischen Erfüllung, Rücktritt 3 und ggf Schadensersatz statt der Leistung. Das Rücktrittsrecht ist verwirkt, wenn der Gläubiger es nicht innerhalb einer angemessenen Frist geltend macht.

III. Die **Beweislast** für die ordnungsgemäße Erfüllung und ein etwaiges Verschulden 4 des Gläubigers trägt der Schuldner.

Untertitel 2
Widerrufsrecht bei Verbraucherverträgen

§ 355 Widerrufsrecht bei Verbraucherverträgen

(1) ¹Wird einem Verbraucher durch Gesetz ein Widerrufsrecht nach dieser Vorschrift eingeräumt, so sind der Verbraucher und der Unternehmer an ihre auf den Abschluss des Vertrags gerichteten Willenserklärungen nicht mehr gebunden, wenn der Verbraucher seine Willenserklärung fristgerecht widerrufen hat. ²Der Widerruf erfolgt durch Erklärung gegenüber dem Unternehmer. ³Aus der Erklärung muss der Entschluss des Verbrauchers zum Widerruf des Vertrags eindeutig hervorgehen. ⁴Der Widerruf muss keine Begründung enthalten. ⁵Zur Fristwahrung genügt die rechtzeitige Absendung des Widerrufs.

(2) ¹Die Widerrufsfrist beträgt 14 Tage. ²Sie beginnt mit Vertragsschluss, soweit nichts anderes bestimmt ist.

(3) ¹Im Falle des Widerrufs sind die empfangenen Leistungen unverzüglich zurückzugewähren. ²Bestimmt das Gesetz eine Höchstfrist für die Rückgewähr, so beginnt diese für den Unternehmer mit dem Zugang und für den Verbraucher mit der Abgabe der Widerrufserklärung. ³Ein Verbraucher wahrt diese Frist durch die rechtzeitige Absendung der Waren. ⁴Der Unternehmer trägt bei Widerruf die Gefahr der Rücksendung der Waren.

[Fassung bis 12.6.14:]

§ 355 Widerrufsrecht bei Verbraucherverträgen

(1) ¹Wird einem Verbraucher durch Gesetz ein Widerrufsrecht nach dieser Vorschrift eingeräumt, so ist er an seine auf den Abschluss des Vertrags gerichtete Willenserklärung nicht mehr gebunden, wenn er sie fristgerecht widerrufen hat. ²Der Widerruf muss keine Begründung enthalten und ist in Textform oder durch Rücksendung der Sache innerhalb der Widerrufsfrist gegenüber dem Unternehmer zu erklären; zur Fristwahrung genügt die rechtzeitige Absendung.

(2) ¹Die Widerrufsfrist beträgt 14 Tage, wenn dem Verbraucher spätestens bei Vertragsschluss eine den Anforderungen des § 360 Abs. 1 entsprechende Widerrufsbelehrung in

Textform mitgeteilt wird. ²*Bei Fernabsatzverträgen steht eine unverzüglich nach Vertragsschluss in Textform mitgeteilte Widerrufsbelehrung einer solchen bei Vertragsschluss gleich, wenn der Unternehmer den Verbraucher gemäß Artikel 246 § 1 Abs. 1 Nr. 10 des Einführungsgesetzes zum Bürgerlichen Gesetzbuche unterrichtet hat.* ³*Wird die Widerrufsbelehrung dem Verbraucher nach dem gemäß Satz 1 oder Satz 2 maßgeblichen Zeitpunkt mitgeteilt, beträgt die Widerrufsfrist einen Monat.* ⁴*Dies gilt auch dann, wenn der Unternehmer den Verbraucher über das Widerrufsrecht gemäß Artikel 246 § 2 Abs. 1 Satz 1 Nr. 2 des Einführungsgesetzes zum Bürgerlichen Gesetzbuche zu einem späteren als dem in Satz 1 oder Satz 2 genannten Zeitpunkt unterrichten darf.*

(3) ¹*Die Widerrufsfrist beginnt, wenn dem Verbraucher eine den Anforderungen des § 360 Abs. 1 entsprechende Belehrung über sein Widerrufsrecht in Textform mitgeteilt worden ist.* ²*Ist der Vertrag schriftlich abzuschließen, so beginnt die Frist nicht, bevor dem Verbraucher auch eine Vertragsurkunde, der schriftliche Antrag des Verbrauchers oder eine Abschrift der Vertragsurkunde oder des Antrags zur Verfügung gestellt wird.* ³*Ist der Fristbeginn streitig, so trifft die Beweislast den Unternehmer.*

(4) ¹*Das Widerrufsrecht erlischt spätestens sechs Monate nach Vertragsschluss.* ²*Diese Frist beginnt bei der Lieferung von Waren nicht vor deren Eingang beim Empfänger.* ³*Abweichend von Satz 1 erlischt das Widerrufsrecht nicht, wenn der Verbraucher nicht entsprechend den Anforderungen des § 360 Abs. 1 über sein Widerrufsrecht in Textform belehrt worden ist, bei Fernabsatzverträgen über Finanzdienstleistungen ferner nicht, wenn der Unternehmer seine Mitteilungspflichten gemäß Artikel 246 § 2 Abs. 1 Satz 1 Nr. 1 und Satz 2 Nr. 1 bis 3 des Einführungsgesetzes zum Bürgerlichen Gesetzbuche nicht ordnungsgemäß erfüllt hat.*

[Die Kommentierung basiert auf der ab 13.6.14 geltenden Fassung.]

1 I. § 355–361 enthalten Vorschriften für die **Ausübung** und die **Wirkungen von Widerrufsrechten** bei Verbraucherverträgen. Die Widerrufsrechte, die weitgehend auf europäischen RL beruhen, verfolgen den Zweck, sowohl den Verbraucher innerhalb des jeweiligen Vertragsverhältnisses individuell zu schützen (Individualschutz) als auch allg das Marktverhalten von Unternehmern zu beeinflussen (Verhaltensregulierung). Die zugrundeliegenden RL sollen regelmäßig zugleich ein hohes Verbraucherschutzniveau gewährleisten und den Binnenmarkt fördern (allg zum Rechtscharakter der Widerrufsrechte Schulze, Die Widerrufsrechte im Vorschlag für ein Gemeinsames Europäisches Kaufrecht, in Schulte-Nölke/Zoll/Jansen/Schulze, Europäisches Kaufrecht, S 151 ff). §§ 355 ff umfassen allg Bestimmungen, die grds auf alle im Gesetz vorgesehenen Widerrufsrechte anwendbar sind (zB § 355), und spezifische Vorschriften für die Widerrufsrechte bei bestimmten einzelnen Vertriebs- oder Vertragsarten (zB §§ 356, 356 a, 356 b, 356 c). Bei der **Umsetzung der Verbraucherrechte-RL** sind diese Vorschriften neu gestaltet worden. Sie treten in dieser Fassung am **13.6.14 in Kraft** (zu den bis dahin geltenden Bestimmungen s Vorauflage). Der deutsche Gesetzgeber musste dabei auch berücksichtigen, dass die Verbraucherrechte-RL, die an die Stelle der HausTW-RL und der Fernabsatz-RL getreten ist, im Unterschied zu diesen früheren RL nicht mehr eine Mindestharmonisierung, sondern eine Vollharmonisierung vorsieht (Schwab/Giesemann, EuZW 12, 253).

2 Im Rahmen dieser Vorschriften enthält § 355 grundlegende Regeln für das **Widerrufsrecht**. Abs 1 S 1 legt als **primäre Folge** des fristgerechten Widerrufs fest, dass die Vertragsparteien nicht mehr an ihre auf den Abschluss des Vertrages gerichteten Willenserklärungen gebunden sind. Daneben enthält Abs 1 S 1 Grundregeln für die **Ausübung** des Widerrufs. Die Grundregeln für Dauer und Beginn der **Widerrufsfrist** sind Abs 2 und die Grundregeln für die **Rückgewähr** empfangener Leistungen Abs 3 zu entnehmen. Bis zur Ausübung des Widerrufsrechts ist der Vertrag **schwebend wirksam**, so dass vor Ablauf der Widerspruchsfrist ein wirksamer Schuldvertrag besteht (iE Koppenfels WM 01, 1362; Ebers VuR 04, 154; krit zum Konzept der schwebenden Wirksamkeit Mankowski, 36 ff). Erst die Ausübung des Widerrufsrechts lässt die Bindung an die am Vertragsschluss gerichteten Erklärungen und damit auch an die durch den Vertragsschluss begründeten Pflichten entfallen (vgl. Abs 1 S 1: „nicht mehr gebun-

den") und ein **Rückabwicklungsverhältnis** entstehen (grdlg schon iR der früheren Rechtslage Gernhuber WM 98, 1797 ff; vgl zu Rechtsfolgen des Widerrufs im Gesellschaftsrecht und der Berechnung des Auseinandersetzungsguthabens BGH NJW 10, 3096). Aufgrund der Schutzfunktion des Widerrufsrechts für den Verbraucher enthält § 355 einseitig **zwingendes Recht** (§ 361 Rn 2). Der Verbraucher kann somit nicht auf das Widerrufsrecht verzichten; und Vereinbarungen, die zu seinen Ungunsten von den Bestimmungen des § 355 abweichen, sind unwirksam.

II. Voraussetzungen des Widerrufsrechts nach Abs 1 und 2 – 1. Widerrufsrecht: a) Abs 1 enthält nicht selbst eine vollständige Regelung der Voraussetzungen, sondern erfordert stets die Anwendung iVm einer **Verweisungsvorschrift**: Nach Abs 1 muss durch Gesetz ein **Widerrufsrecht** eingeräumt sein. Derartige Widerrufsrechte enthalten mehrere verbraucherrechtliche Vorschriften, die RL der Europäischen Union umsetzen, so zB § 312 g, § 485, § 495 I und § 510 II. Ebenfalls auf § 355 verweist § 4 I 1 FernUSG. § 355 gilt nicht für das in §§ 8, 9 VVG geregelte Widerrufsrecht. Abs 1 legt die Einräumung eines Widerrufsrechts für einen **Verbraucher** (§ 13) durch das verweisende Gesetz zugrunde. Über diesen normierten Regelfall hinaus kann die Verweisungsnorm aber das Widerrufsrecht uU einem weiteren Personenkreis zusprechen wollen (zB § 4 I FernUSG allg den „Teilnehmern"); insoweit ist § 355 aufgrund der gesetzgeberischen Anordnung in der Verweisungsnorm (entspr) anwendbar. Die einheitliche Verweisung spricht dafür, dass auch der zwingende Charakter des § 355 für den gesamten im Verweisungsgesetz geschützten Personenkreis gelten soll.

b) Für das Widerrufsrecht setzt Abs 1 weiterhin die Konstellation eines (zumindest geplanten) **Vertragsabschlusses** voraus: Zumindest die eine Partei (Verbraucher, § 13) muss eine Willenserklärung abgegeben haben, die sich auf den Abschluss eines Vertrages mit der anderen Partei (Unternehmer, § 14) richtet. Der Verbraucher kann den Widerspruch unter dieser Voraussetzung grds sowohl vor als auch nach dem Vertragsabschluss erklären. Nicht erforderlich ist dementspr, dass der Vertragsabschluss wirksam zustande gekommen ist. Auch bei einem nichtigen Vertrag muss aufgrund der Schutzzwecke der Verbrauchervorschriften grds die Ausübung des Widerrufsrechts bei Vorliegen der allg Voraussetzungen möglich sein, um in der Schutzkonstellation, die die jeweilige Verweisungsnorm regelt, dem Verbraucher nicht aufgrund einer möglicherweise noch stärkeren Beeinträchtigung (zB Gesetzes- oder Sittenverstoß) die Möglichkeit einer Rückabwicklung nach dem Widerrufsrecht zu entziehen und ihn auf das (idR für ihn ungünstigere) Bereicherungsrecht zu verweisen (vgl auch BGH NJW 10, 610).

2. Widerrufserklärung: a) Die berechtigte Partei (Verbraucher) muss den **Widerruf erklärt** haben. Der Widerruf nach Abs 1 ist eine einseitige empfangsbedürftige Willenserklärung. Mit dieser Erklärung übt der Berechtigte ein **Gestaltungsrecht** aus (anders für die frühere Rechtslage BGH NJW 96, 57 f), da der Widerruf eine zunächst bestehende vertragliche Pflichtenlage beseitigt und durch ein Rückabwicklungsverhältnis ersetzt. Der Widerrufsberechtigte muss gem Abs 1 S 3 durch die Erklärung **eindeutig** seinen Entschluss zum Widerruf des Vertrages zum Ausdruck bringen (zur Möglichkeit der Verwendung eines Muster-Widerrufsformulars bei außerhalb von Geschäftsräumen geschlossenen Verträgen und Fernabsatzverträgen s § 356 I). Ob der Entschluss zum Widerruf aus der Erklärung eindeutig hervorgeht, ist ggf durch Auslegung zu ermitteln. Auch ohne eine ausdrückliche Bezeichnung als „Widerruf" kann die Erklärung eindeutig sein, wenn auf andere Weise unmissverständlich zum Ausdruck bringt, dass der Verbraucher nicht mehr an seine auf den Vertragsschluss gerichtete Willenserklärung gebunden sein will. Allein in der Rückgabe bzw Rücksendung der Waren ist zwar keine hinreichende (konkludente) Erklärung des Widerrufs zu sehen (anders als nach § 355 I 2 aF; dazu BT-Drucks 17/12637, 60). Insb muss erkennbar sein, dass sich die Erklärung auf den Widerruf bezieht und nicht etwa auf Nachlieferung, Rücktritt oder Anfechtung. In der Gesamtwürdigung der Umstände des Einzelfalls können dazu aber bereits Aussagen in der Art genügen, dass der Verbraucher es sich anders überlegt habe und die Ware nicht behalten wolle. Ausreichend kann auch zB sein, wenn er erklärt, nach erneuter Überlegung vom Vertrag Abstand zu nehmen oder vom Vertrag nichts mehr wissen zu wollen. Selbst die Verwendung einer unzutreffenden Bezeichnung (etwa als „Vertragsaufhebung" oder „Anfechtung") durch einen rechtsunkundigen Verbraucher schließt das Vorliegen einer Widerrufserklärung nicht aus, wenn sich aus weiteren Umständen unter Berücksichtigung der Schutzzwecke des Verbraucherrechts und des mutmaßlichen Willens des Erklärenden, die günstigeren Rechtsfolgen des Widerrufsrechts zu erlangen, ein entspr Erklärungsinhalt hinreichend deutlich ergibt.

6 **b) Nicht** erforderlich ist, dass der Berechtigte den Widerruf in **Textform** erklärt (anders als bisher nach § 355 I 2 ff). Abs 1 setzt insofern die Vorgabe des Art 11 I lit b) Verbraucherrechte-RL um, dass der Verbraucher die Erklärung „in beliebiger Form abgeben" kann, wenn nur der Entschluss zum Widerruf eindeutig daraus hervorgeht. Dieser Verzicht auf das Textformerfordernis kann zwar die Abgabe der Willenserklärung in vielen Fällen erleichtern. Er erhöht aber die Gefahr von Beweisschwierigkeiten für den Verbraucher hins der rechtzeitigen Erklärung des Widerrufs (Rn 8; § 361 Rn 3) IdR ist es daher für den Verbraucher vorzugswürdig, den Widerruf in Textform zu erklären (vgl Erwägungsgrund 44 der Verbraucherrechte-RL).

7 **c)** Der Widerruf bedarf **keiner Begr** (Abs 1 S 4). Die Bestimmung, dass eine Begr nicht erforderlich ist, bringt über die Klarstellung der notwendigen Gestaltung der Widerrufserklärung hinaus zum Ausdruck, dass die Ausübung des Widerrufs nicht auf das Vorliegen bestimmter Gründe beschränkt ist.

8 **3. Widerrufsfrist:** Für die **fristgerechte Erklärung** des Widerrufs enthalten Abs 1 S 5 und Abs 2 die grundlegenden Bestimmungen. Insoweit abweichend vom Zugangsprinzip (vgl § 130 Rn 3) genügt für die Widerrufserklärung nach Abs 1 S 5 aufgrund entspr Vorgaben der europäischen RL die rechtzeitige **Absendung** zur Fristwahrung. Der Zugang bei der anderen Partei innerhalb der Widerrufsfrist ist daher nicht erforderlich. Nach OLG Dresden NJW RR 00, 356 darf der Verbraucher seine Erklärung unverzüglich fristwahrend wiederholen, wenn diese auf dem Weg zum Empfänger verloren gegangen ist.

9 Die **Dauer** der Widerrufsfrist legt Abs 2 S 1 mit **14 Tagen** fest. Die Berechnung der Frist richtet sich nach §§ 187 I, 188 II. Vor Ablauf der 14 Tage kann das Widerrufsrecht aber bei der Erbringung von Dienstleistungen oder der Lieferung digitaler Inhalte unter den Voraussetzungen des § 356 IV, V erlöschen (s dort Rn 8, 9).

10 Den **Beginn der Widerrufsfrist** knüpft Abs 2 S 2 an den Vertragsschluss, soweit nichts anderes bestimmt ist. Eine Reihe anderer Vorschriften legt aber zusätzliche Voraussetzungen für den Beginn der Widerrufsfrist fest, so dass in vielen Fällen die Widerrufsfrist erst nach Vertragsschluss zu laufen beginnt. Insb kann der Beginn der Widerrufsfrist nach Maßstabe der §§ 356 ff zusätzlich die ordnungsgemäße Belehrung des Verbrauchers über sein Widerrufsrecht, die Erfüllung weiterer Informationspflichten sowie den Erhalt der Ware bei außerhalb von Geschäftsräumen geschlossenen Verträgen und Fernabsatzverträgen (§ 356 II) oder den Übergabe von Urkunden bei Teilzeit-Wohnrechteverträgen, Verbraucherdarlehnsverträgen und Ratenlieferungsverträgen (§§ 356 a I, 356 b I, II, 356 c II) voraussetzen. Diese Bestimmungen über den Beginn der Widerrufsfrist schließen es nicht aus, dass der Widerruf bereits zu einem früheren Zeitpunkt wirksam ausgeübt werden kann. Auch ist die Festlegung eines späteren Fristbeginns oder einer längeren Frist durch Parteivereinbarung grds zulässig (BGH NJW-RR 09, 709, 710). Dag ist eine Vereinbarung, die zur Verkürzung der Widerrufsfrist führt gem § 361 II unzulässig. Zur Beweislast für das Vorliegen der Voraussetzungen des Fristbeginns s § 361 III (dort Rn 3).

11 **III. Rechtsfolgen:** Die Festlegung des Abs 1 S 1, dass beide Parteien an ihre auf den Abschluss des Vertrages gerichteten Willenserklärungen **nicht mehr gebunden** sind, entspricht der bisherigen Rechtslage. Der veränderte Wortlaut ggü § 355 aF stellt lediglich das Entfallen der Bindung auch für den Unternehmer klar.

12 Abs 3 regelt die Widerrufsfolgen hinsichtlich der Rückgewähr empfangener Leistungen. Abs 3 S 1 stellt eine eigene Anspruchsgrundlage für das Rückgewährverlangen sowohl des Widerrufsberechtigten (Verbraucher) als auch der anderen Partei (Unternehmer) dar (vgl BT-Drucks 17/12637, 60). Beide Parteien sind zur **unverzüglichen** (vgl. § 121 Rn 3) **Rückgewähr** verpflichtet. Für den Fall, dass durch (andere) gesetzliche Bestimmungen eine **Höchstfrist für die Rückgewähr** festgelegt ist, enthalten S 2

und S 3 nähere Regelungen. Für den Unternehmer beginnt diese Frist mit dem Zugang der Widerrufserklärung, für den Verbraucher aber bereits mit deren Abgabe. Zur Fristwahrung genügt für den Verbraucher die rechtzeitige Absendung der Waren. Allerdings ist er nicht zur Zurücksendung verpflichtet, wenn der Unternehmer angeboten hat, die Waren abzuholen (§ 357 V). Nach S 4 trägt die **Gefahr der Rücksendung** der Unternehmer.

Diese allg Bestimmungen des Abs. 3 über die Widerrufsfolgen werden allerdings durch eine Reihe **spezieller Festlegungen** für einzelne Arten von Widerrufsrechten in den folgenden Vorschriften zT erheblich modifiziert. Ausführlich geregelt sind insb die Rechtsfolgen des Widerrufs von außerhalb von Geschäftsräumen geschlossenen Verträgen und Fernabsatzverträgen in § 357 (s dort). 13

§ 356 Widerrufsrecht bei außerhalb von Geschäftsräumen geschlossenen Verträgen und Fernabsatzverträgen

(1) ¹Der Unternehmer kann dem Verbraucher die Möglichkeit einräumen, das Muster-Widerrufsformular nach Anlage 2 zu Artikel 246 a § 1 Absatz 2 Satz 1 Nummer 1 des Einführungsgesetzes zum Bürgerlichen Gesetzbuche oder eine andere eindeutige Widerrufserklärung auf der Webseite des Unternehmers auszufüllen und zu übermitteln. ²Macht der Verbraucher von dieser Möglichkeit Gebrauch, muss der Unternehmer dem Verbraucher den Zugang des Widerrufs unverzüglich auf einem dauerhaften Datenträger bestätigen.

(2) Die Widerrufsfrist beginnt
1. bei einem Verbrauchsgüterkauf,
    a) der nicht unter die Buchstaben b bis d fällt, sobald der Verbraucher oder ein von ihm benannter Dritter, der nicht Frachtführer ist, die Waren erhalten hat,
    b) bei dem der Verbraucher mehrere Waren im Rahmen einer einheitlichen Bestellung bestellt hat und die Waren getrennt geliefert werden, sobald der Verbraucher oder ein von ihm benannter Dritter, der nicht Frachtführer ist, die letzte Ware erhalten hat,
    c) bei dem die Ware in mehreren Teilsendungen oder Stücken geliefert wird, sobald der Verbraucher oder ein vom Verbraucher benannter Dritter, der nicht Frachtführer ist, die letzte Teilsendung oder das letzte Stück erhalten hat,
    d) der auf die regelmäßige Lieferung von Waren über einen festgelegten Zeitraum gerichtet ist, sobald der Verbraucher oder ein von ihm benannter Dritter, der nicht Frachtführer ist, die erste Ware erhalten hat,
2. bei einem Vertrag, der die nicht in einem begrenzten Volumen oder in einer bestimmten Menge angebotene Lieferung von Wasser, Gas oder Strom, die Lieferung von Fernwärme oder die Lieferung von nicht auf einem körperlichen Datenträger befindlichen digitalen Inhalten zum Gegenstand hat, mit Vertragsschluss.

(3) ¹Die Widerrufsfrist beginnt nicht, bevor der Unternehmer den Verbraucher entsprechend den Anforderungen des Artikels 246 a § 1 Absatz 2 Satz 1 Nummer 1 oder des Artikels 246 b § 2 Absatz 1 des Einführungsgesetzes zum Bürgerlichen Gesetzbuche unterrichtet hat. ²Das Widerrufsrecht erlischt spätestens zwölf Monate und 14 Tage nach dem in Absatz 2 oder § 355 Absatz 2 Satz 2 genannten Zeitpunkt. ³Satz 2 ist auf Verträge über Finanzdienstleistungen nicht anwendbar.

(4) ¹Das Widerrufsrecht erlischt bei einem Vertrag zur Erbringung von Dienstleistungen auch dann, wenn der Unternehmer die Dienstleistung vollständig erbracht hat und mit der Ausführung der Dienstleistung erst begonnen hat, nach dem der Verbraucher dazu seine ausdrückliche Zustimmung gegeben hat und gleichzeitig seine Kenntnis davon bestätigt hat, dass er sein Widerrufsrecht bei vollständiger Vertragserfüllung durch den Unternehmer verliert. ²Bei einem Vertrag über die Erbringung von Finanzdienstleistungen erlischt das Widerrufsrecht abweichend von Satz 1, wenn der Vertrag von beiden Seiten auf ausdrücklichen Wunsch des Verbrauchers vollständig erfüllt ist, bevor der Verbraucher sein Widerrufsrecht ausübt.

(5) Das Widerrufsrecht erlischt bei einem Vertrag über die Lieferung von nicht auf einem körperlichen Datenträger befindlichen digitalen Inhalten auch dann, wenn der Unternehmer mit der Ausführung des Vertrags begonnen hat, nachdem der Verbraucher
1. ausdrücklich zugestimmt hat, dass der Unternehmer mit der Ausführung des Vertrags vor Ablauf der Widerrufsfrist beginnt, und
2. seine Kenntnis davon bestätigt hat, dass er durch seine Zustimmung mit Beginn der Ausführung des Vertrags sein Widerrufsrecht verliert.

[Fassung bis 12.6.14:]

§ 356 Rückgaberecht bei Verbraucherverträgen

(1) ¹Das Widerrufsrecht nach § 355 kann, soweit dies ausdrücklich durch Gesetz zugelassen ist, beim Vertragsschluss auf Grund eines Verkaufsprospekts im Vertrag durch ein uneingeschränktes Rückgaberecht ersetzt werden. ²Voraussetzung ist, dass
1. *im Verkaufsprospekt eine den Anforderungen des § 360 Abs. 2 entsprechende Belehrung über das Rückgaberecht enthalten ist und*
2. *der Verbraucher den Verkaufsprospekt in Abwesenheit des Unternehmers eingehend zur Kenntnis nehmen konnte.*

(2) ¹Das Rückgaberecht kann innerhalb der Widerrufsfrist, die jedoch nicht vor Erhalt der Sache beginnt, und nur durch Rücksendung der Sache oder, wenn die Sache nicht als Paket versandt werden kann, durch Rücknahmeverlangen ausgeübt werden. ²Im Übrigen sind die Vorschriften über das Widerrufsrecht entsprechend anzuwenden. ³An die Stelle von § 360 Abs. 1 tritt § 360 Abs. 2.

[Die Kommentierung basiert auf der ab 13.6.14 geltenden Fassung.]

1 I. § 356 ergänzt die allg Regeln des § 355 über das Widerrufsrecht durch spezielle Vorschriften für **außerhalb von Geschäftsräumen geschlossene Verträge und Fernabsatzverträge**. Er dient der Umsetzung der Verbraucherrechte-RL und ersetzt zT Bestimmungen des § 312 d aF im früheren Untertitel über „Besondere Vertriebsformen". Die neue Fassung dieses Untertitels unter der Bezeichnung „Widerrufsrecht bei Verbraucherverträgen" bildet aber nunmehr insofern die Grundlage für die Anwendung des § 356, als sie ua die Definitionen der außerhalb von Geschäftsräumen geschlossenen Verträge (§ 312 b) und der Fernabsatzverträge (§ 312 c) sowie die Voraussetzungen für das Bestehen eines Widerrufsrechts bei diesen Verträgen (§ 312 g) enthält. § 356 ist nur **anwendbar**, wenn nach Maßgabe dieser Vorschriften ein Widerrufsrecht bei einem außerhalb von Geschäftsräumen geschlossenen Vertrag oder einem Fernabsatzvertrag besteht.

2 II. 1. Abs 1 legt ergänzend zur allg Bestimmung des § 355 I S 2, dass der Widerruf durch **Erklärung ggü dem Unternehmer** erfolgt, fest, dass zur **Ausübung des Widerrufs** ein Muster-Widerrufsformular oder eine eindeutige Erklärung auf der Website des Unternehmers dienen kann. Das Muster-Widerrufsformular ist in Anlage 2 zu Art 246 a § 1 Abs 2 EGBGB enthalten (hier abgedr bei Vor §§ 241-853 Rn 33). Der Unternehmer kann dem Verbraucher eine oder beide dieser Möglichkeiten gewähren, ist aber nicht dazu verpflichtet. Der Verbraucher ist ebenfalls nicht verpflichtet, eine derartige Möglichkeit zu nutzen, sondern kann den Widerruf auch auf andere Weise wirksam erklären, wenn dabei sein Entschluss zum Widerruf deutlich hervorgeht (vgl § 355 I 2, 3). Macht er von der Möglichkeit Gebrauch, den Widerruf auf der Website des Unternehmers zu erklären, ist der Unternehmer aber verpflichtet, ihm den Zugang des Widerrufs unverzüglich (vgl § 121 Rn 3) auf einem dauerhaften Datenträger(s § 126 b S 2 und Art 2 Nr 10 Verbraucherrechte-RL) zu bestätigen. Diese Bestimmungen dienen der Umsetzung des Art 11 III Verbraucherrechte-RL.

3 2. a) Abs 2 Nr 1 enthält für den **Verbrauchsgüterkauf** (vgl § 474 I 1) spezifische Festlegungen zum **Beginn der Widerrufsfrist**. Abweichend von § 355 II 2 beginnt die Widerrufsfrist bei einem Verbrauchsgüterkauf nicht bereits bei Vertragsschluss, sondern grds erst, wenn der Verbraucher die Ware erhalten hat (Abs 2 Nr 1 a). Das Gleiche gilt,

wenn ein vom Verbraucher benannter Dritter die Ware erhält. Dieser Dritte darf allerdings im Einklang mit der Risikozuordnung beim Versendungskauf (vgl § 474 II 2) nicht der Frachtführer sein. Der Verbraucher bzw der Dritte hat die Ware erhalten, sobald er physischen Besitz an ihr erlangt hat (BT-Drucks 17/12637, 61).

Diese Grundregel des Abs 2 Nr 1 a ergänzen die folgenden Bestimmungen aufgrund des detaillierten Katalogs des Art 9 II Verbraucherrechte-RL für besondere Sachlagen nach lit b beginnt die Widerrufsfrist bei **einheitlicher Bestellung** und getrennter Lieferung mehrerer Waren bei Erhalt der letzten Ware. Bei der Lieferung der Ware in mehreren **Teilsendungen** oder Stücken ist nach lit c der Erhalt der letzten Teilsendung oder des letzten Stückes maßgeblich. Dagegen beginnt die Widerrufsfrist nach lit d bereits bei Erhalt der ersten Ware, wenn der Kauf auf die **regelmäßige Lieferung** von Waren über einen festgelegten Zeitraum gerichtet ist. Stets vorausgesetzt ist, dass es sich um einen außerhalb von Geschäftsräumen oder im Fernabsatz geschlossenen Verbrauchsgüterkauf handelt. 4

b) Dag beginnt die Widerrufsfrist nach Abs 2 Nr 2 bei Verträgen über die Lieferung von **Wasser, Gas oder Strom**, sofern diese nicht in begrenztem Volumen oder bestimmter Menge angeboten werden, sowie die Lieferung von Fernwärme bereits entspr der allg Regel des § 355 II 2 mit Vertragsschluss. Diese Verträge unterfallen somit nicht Abs 2 Nr 1 c (unabhängig davon, ob man sie als Warenlieferungsverträge ansieht). Ebenfalls bereits bei Vertragsschluss beginnt die Widerrufsfrist bei Verträgen über die Lieferung von nicht auf einem körperlichen Datenträger befindlichen **digitalen Inhalten** (s § 312 f III und Art 2 Nr 11 Verbraucherrechte-RL); nicht anwendbar auf derartige Verträge ist Abs 2 Nr 1 d (BT-Drucks 17/12637, S 61). 5

3. Nach Abs 3 S 1 beginnt die Widerrufsfrist zudem bei allen außerhalb von Geschäftsräumen geschlossenen Verträgen und Fernabsatzverträgen nicht, bevor der Unternehmer seine **Informationspflichten** gemäß Art 246 a § 1 II 1 Nr 1 oder Art 246 b § 2 I EGBGB erfüllt hat. Die Erfüllung sonstiger Informationspflichten (vgl § 312 d; Art 246 a EGBGB) wird aber nicht wie bei § 312 d II aF vorausgesetzt (abgesehen von Verträgen über Finanzdienstleistungen, bei denen weiterhin die Erfüllung zusätzlicher Informationspflichten gem Art 246 b § 2 I EGBGB Voraussetzung für den Beginn der Widerrufsfrist ist; dazu BT-Drucks 17/12637, 61). Soweit bei Fernabsatzverträgen eine doppelte Information über das Widerrufsrecht erforderlich ist (s § 312 d Rn 6), beginnt die Widerrufsfrist erst, wenn die Widerrufsbelehrung auf einem dauerhaften Datenträger erteilt worden ist. 6

4. Abs 3 S 2 legt eine **Höchstfrist** zur Ausübung des Widerrufsrechts bei außerhalb von Geschäftsräumen geschlossenen Verträgen und Fernabsatzverträgen fest. Spätestens zwölf Monate und vierzehn Tage nach dem Erhalt der Ware bzw dem sonst in Abs 2 festgelegten Zeitpunkt für den Beginn der Widerrufsfrist oder nach dem in § 355 II 2 genannten Zeitpunkt erlischt das Widerrufsrecht. Im Unterschied zur bisherigen Rechtslage hindert daher auch die unterbliebene oder nicht ordnungsgemäße Belehrung des Verbrauchers über sein Widerrufsrecht nicht dessen Erlöschen mit Ablauf dieser Frist. Diese Bestimmung dient der Umsetzung des Art 10 I Verbraucherrechte-RL und gewährleistet mit der zeitlichen Begrenzung der schwebenden Wirksamkeit des Vertrages während der Widerrufsfrist (§ 355 Rn 2) den Übergang zu einer gesicherten Rechtslage nach dem Ablauf eines regelmäßig zur Wahrung der Verbraucherinteressen hinreichenden Zeitraums. Sie gilt jedoch gem Abs 3 S 3 nicht für Verträge über Finanzdienstleistungen. 7

5. Haben außerhalb von Geschäftsräumen geschlossene Verträge oder Fernabsatzverträge die Erbringung von **Dienstleistungen** zum Gegenstand, ist als zusätzlicher Tatbestand für das **Erlöschen** des Widerrufsrechts Abs 4 S 1 zu berücksichtigen. Der Inhalt des aus dem Unionsrecht stammenden Begriffs Dienstleistung ist noch nicht vollständig konkretisiert. Als Anhalt kann Art 2 Nr 6 der Verbraucherrechte-RL dienen. Danach ist ein Dienstleistungsvertrag ein Vertrag, bei dem der Unternehmer für den Verbraucher eine Dienstleistung erbringt oder deren Erbringung zusagt und dieser dafür einen Preis zahlt oder dessen Zahlung zusagt. Aus dieser weiten Formulierung sowie aus der Rspr des EuGH (NJW 98, 1295 – „Dietzinger") und den Erwägungsgründen der ein- 8 schlägigen Richtlinien (ua Verbraucherrechte-RL, Klausel-RL, Zahlungsverzugs-RL, früher HausTW-RL, Fernabsatz-RL) lässt sich entnehmen, dass keine einschränkende Funktion beabsichtigt ist. Der Begriff ist wesentlich weiter auszulegen, als ihr Wortsinn vor dem Hintergrund der deutschen Rechtssprache annehmen lässt. Nicht nur zB Werk-, Geschäftsbesorgungs- (zB Weiterleitung eines Lottotipps: OLG Karlsruhe CR 02, 682), Makler-, Partnerschaftsverträge, sowie Bürgschaftsverträge können darunter fallen (EuGH aaO; a.A. OLG Dresden OLGR 09, 521). Erbringt der Unternehmer derartige Dienstleistungen mit Zustimmung des Verbrauchers vor Ablauf der Widerrufsfrist, soll er grds dag geschützt sein, dass ihm durch Ausübung des Widerrufsrechts sein Vergütungsanspruch entzogen wird. Abs 4 S 1 sieht daher auf der Grundlage von Art 16 lit a Verbraucherrechte-RL das Erlöschen des Widerrufsrechts bei Dienstleistungsverträgen unter zwei Voraussetzungen vor: Der Unternehmer muss die Dienstleistung bereits vollständig erbracht haben. Er darf aber mit der Ausführung der Dienstleistung erst begonnen haben, nachdem der Verbraucher sowohl seine ausdrückliche Zustimmung dazu gegeben hat als auch seine Kenntnis vom Verlust des Widerrufsrechts bei vollständiger Vertragserfüllung durch den Unternehmer bestätigt hat. Erforderlich ist somit, dass sich der Verbraucher vor Beginn der Ausführung der Dienstleistung in doppelter Hinsicht erklärt hat: Er muss dem Beginn der Dienstleistung ausdrücklich zugestimmt und gleichzeitig die Kenntnis des drohenden Rechtsverlusts bestätigt haben. Hins der Vertragserfüllung ist allein die vollständige Leistungserbringung durch den Unternehmer maßgeblich (an der es auch bei einer Schlechtleistung fehlt). Unerheblich ist dag, ob der Verbraucher seinerseits den Vertrag erfüllt hat (anders als nach § 312 d III aF). Abweichend davon setzt aber bei **Finanzdienstleistung** das Erlöschen des Widerrufsrechts nach Abs 4 S 2 voraus, dass der Vertrag auf ausdrücklichen Wunsch des Verbrauchers beiderseits vollständig erfüllt ist (vgl Art 6 II lit c Fernabsatz-RL FDL).

9   6. Das Erlöschen des Widerrufsrechts bei einem Vertrag über die Lieferung von **digitalen Inhalten**, die sich nicht auf einem körperlichen Datenträger befinden, regelt Abs 5. In Umsetzung von Art 16 lit m Verbraucherrechte-RL erlischt das Widerrufsrecht, wenn der Unternehmer nach ausdrücklicher Zustimmung des Verbrauchers mit der Ausführung des Vertrages vor Ablauf der Widerrufsfrist begonnen (Nr 1) und der Verbraucher bestätigt hat, Kenntnis davon zu haben, dass er durch diese Zustimmung sein Widerrufsrecht mit Beginn der Vertragsausführung verliert (Nr 2). Anders als bei Erbringung von Dienstleistungen nach Abs 4 S 1 ist damit bei derartigen digitalen Inhalten nicht erforderlich, dass der Unternehmer die Leistung vollständig erbracht hat.

§ 356 a Widerrufsrecht bei Teilzeit-Wohnrechteverträgen, Verträgen über ein langfristiges Urlaubsprodukt, bei Vermittlungsverträgen und Tauschsystemverträgen

(1) ¹Die Widerrufsfrist beginnt mit dem Zeitpunkt des Vertragsschlusses oder des Abschlusses eines Vorvertrags. ²Erhält der Verbraucher die Vertragsurkunde oder die Abschrift des Vertrags erst nach Vertragsschluss, beginnt die Widerrufsfrist mit dem Zeitpunkt des Erhalts.
(2) ¹Sind dem Verbraucher die in § 482 Absatz 1 bezeichneten vorvertraglichen Informationen oder das in Artikel 242 § 1 Absatz 2 des Einführungsgesetzes zum Bürgerlichen Gesetzbuche bezeichnete Formblatt vor Vertragsschluss nicht, nicht vollständig oder nicht in der in § 483 Absatz 1 vorgeschriebenen Sprache überlassen worden, so beginnt die Widerrufsfrist abweichend von Absatz 1 erst mit dem vollständigen Erhalt der vorvertraglichen Informationen und des Formblatts in der vorgeschriebenen Sprache. ²Das Widerrufsrecht erlischt spätestens drei Monate und 14 Tage nach dem in Absatz 1 genannten Zeitpunkt.
(3) ¹Ist dem Verbraucher die in § 482 a bezeichnete Widerrufsbelehrung vor Vertragsschluss nicht, nicht vollständig oder nicht in der in § 483 Absatz 1 vorgeschriebenen Sprache überlassen worden, so beginnt die Widerrufsfrist abweichend von Absatz 1

erst mit dem vollständigen Erhalt der Widerrufsbelehrung in der vorgeschriebenen Sprache. ²Das Widerrufsrecht erlischt gegebenenfalls abweichend von Absatz 2 Satz 2 spätestens zwölf Monate und 14 Tage nach dem in Absatz 1 genannten Zeitpunkt.
(4) ¹Hat der Verbraucher einen Teilzeit-Wohnrechtevertrag und einen Tauschsystemvertrag abgeschlossen und sind ihm diese Verträge zum gleichen Zeitpunkt angeboten worden, so beginnt die Widerrufsfrist für beide Verträge mit dem nach Absatz 1 für den Teilzeit-Wohnrechtevertrag geltenden Zeitpunkt. ²Die Absätze 2 und 3 gelten entsprechend.

Vgl hierzu die Kommentierung zu § 485 a. 1

§ 356 b Widerrufsrecht bei Verbraucherdarlehensverträgen

(1) Die Widerrufsfrist beginnt auch nicht, bevor der Darlehensgeber dem Darlehensnehmer eine für diesen bestimmte Vertragsurkunde, den schriftlichen Antrag des Darlehensnehmers oder eine Abschrift der Vertragsurkunde oder seines Antrags zur Verfügung gestellt hat.
(2) ¹Enthält die dem Darlehensnehmer nach Absatz 1 zur Verfügung gestellte Urkunde die Pflichtangaben nach § 492 Absatz 2 nicht, beginnt die Frist erst mit Nachholung dieser Angaben gemäß § 492 Absatz 6. ²In diesem Fall beträgt die Widerrufsfrist einen Monat.
(3) Die Widerrufsfrist beginnt im Falle des § 494 Absatz 7 erst, wenn der Darlehensnehmer die dort bezeichnete Abschrift des Vertrags erhalten hat.

I. § 356 b regelt die Besonderheiten des **Fristbeginns bei Verbraucherdarlehensverträ-** 1
gen. Zum Schutz des Verbrauchers unterliegt dieser Vertrag verschiedenen Formerfordernissen, insb der Schriftform (vgl § 492 I) sowie Informationspflichten (vgl § 492 II). Ein Verstoß gegen diese Vorgaben führt grds zur Nichtigkeit, kann jedoch unter bestimmten Voraussetzungen geheilt werden. Die Verletzung der Informationspflichten führt zu einer verbrauchergünstigen Anpassung des Vertrages, über die der Unternehmer den Verbraucher wiederum zu unterrichten hat. An die Erfüllung dieser unterschiedlichen Erfordernisse knüpft § 356 b unterschiedliche Zeitpunkte für den Fristbeginn.
II. 1. Abs 1 entspricht weitgehend dem § 355 III 2 aF, ist allerdings anders als dieser 2
auf Verbraucherdarlehensverträge beschränkt. Bei **Verbraucherdarlehensverträgen** kommt als weiteres Erfordernis für den Fristbeginn das **Zurverfügungstellen der Vertragsurkunde** an den Widerspruchsberechtigten hinzu. Die Formulierung „zur Verfügung stellen" statt des im VerbrKrG üblichen „aushändigen" soll klarstellen, dass es dem Darlehensgeber freigestellt bleibt, ob er dem Verbraucher die Vertragserklärungen aushändigt oder mit der Post übersendet (BT-Drucks 14/7052, 201). Anstelle der Vertragsurkunde kann dem Verbraucher auch sein schriftlicher Antrag zum Vertragsschluss oder eine Abschrift der Vertragsurkunde zur Verfügung gestellt werden.
2. Abs 2 regelt den Beginn der Widerrufsfrist bei **nachgeholten Pflichtangaben** und ent- 3
spricht dem § 495 II Nr 2 b aF iVm § 492 VI. Die Widerrufsfrist beträgt dann einen Monat.
3. Abs 3 regelt den **Fristbeginn im Falle des** § 494 VII, also den Fall, dass die nachge- 4
holten Informationen zu einer **Änderung der Vertragskonditionen** führen. Die Frist beginnt dann, sobald der Darlehensnehmer eine Abschrift des Vertrages erhält, in der die Vertragsänderungen berücksichtigt sind.

§ 356 c Widerrufsrecht bei Ratenlieferungsverträgen

(1) Bei einem Ratenlieferungsvertrag, der weder im Fernabsatz noch außerhalb von Geschäftsräumen geschlossenen wird, beginnt die Widerrufsfrist nicht, bevor der Unternehmer den Verbraucher gemäß Artikel 246 Absatz 3 des Einführungsgesetzes zum Bürgerlichen Gesetzbuche über sein Widerrufsrecht unterrichtet hat.

(2) ¹§ 356 Absatz 1 gilt entsprechend. ²Das Widerrufsrecht erlischt spätestens zwölf Monate und 14 Tage nach dem in § 355 Absatz 2 Satz 2 genannten Zeitpunkt.

1 **I.** § 356 c regelt das Widerrufsrecht bei Verträgen, die weder außerhalb von Geschäftsräumen noch im Fernabsatz geschlossen wurden. Ratenlieferungsverträge, die außerhalb von Geschäftsräumen oder im Fernabsatz geschlossen wurden, sind von der Richtlinie mit umfasst. Das Widerrufsrecht und die Widerrufsfolgen ergeben sich bereits aus §§ 356, 357. Folglich betrifft § 356 c Verträge, die nicht vom Anwendungsbereich der Richtlinie umfasst sind. § 510 Abs 2 räumt für diese Fälle ein von der Vertriebsform unabhängiges Widerrufsrecht ein. Durch die Regelung von § 356 c soll ein **Gleichlauf der Ratenlieferungsverträge** erreicht werden.

2 **II.** Abs 1 regelt den Beginn der Widerrufsfrist. Grundsätzlich beginnt die Widerrufsfrist mit Vertragsschluss, vgl § 355 II. Abweichend hiervon beginnt bei Ratenlieferungsverträgen, die nicht außerhalb von Geschäftsräumen oder im Fernabsatz geschlossen werden, nicht bevor der Unternehmer den Verbraucher über sein **Widerrufsrecht gemäß Art 246 III EGBGB-E** unterrichtet hat. Für eine Regelung wie in § 356 II, nach der die Widerrufsfrist erst mit Erhalt der Ware beginnt, besteht hier kein Bedürfnis. Es handelt sich meist um Verträge im stationären Handel (vgl BT-Drucks 17/12637, 62).

3 **III. 1.** Nach Abs 2 S 1 gilt die Regelung des § 356 Abs 1 entsprechend. Sofern der Unternehmer dem Verbraucher die Möglichkeit auf seiner Website einräumt, kann der Verbraucher zur Ausübung seines Widerrufs das Muster-Widerrufsformulars nach Anlage 2 zu Art 246 a § 1 II des EGBGB oder eine andere eindeutige Widerrufserklärung ausfüllen und absenden. Der Unternehmer ist dann verpflichtet dem Verbraucher den Zugang des Widerrufs unverzüglich auf einen dauerhaften Datenträger zu bestätigen.

4 **2.** § 356 c II 2 regelt eine Höchstfrist für das Widerrufsrecht. Es erlischt demnach spätestens zwölf Monate und 14 Tage nach dem in § 355 II 2 genannten Zeitpunkt. Die Regelung ist an § 356 VI angelehnt, der ebenfalls eine Regelung zum regelmäßigen Erlöschen des Widerrufsrechts enthält.

§ 357 Rechtsfolgen des Widerrufs von außerhalb von Geschäftsräumen geschlossenen Verträgen und Fernabsatzverträgen mit Ausnahme von Verträgen über Finanzdienstleistungen

(1) Die empfangenen Leistungen sind spätestens nach 14 Tagen zurückzugewähren.

(2) ¹Der Unternehmer muss auch etwaige Zahlungen des Verbrauchers für die Lieferung zurückgewähren. ²Dies gilt nicht, soweit dem Verbraucher zusätzliche Kosten entstanden sind, weil er sich für eine andere Art der Lieferung als die vom Unternehmer angebotene günstigste Standardlieferung entschieden hat.

(3) ¹Für die Rückzahlung muss der Unternehmer dasselbe Zahlungsmittel verwenden, das der Verbraucher bei der Zahlung verwendet hat. ²Satz 1 gilt nicht, wenn ausdrücklich etwas anderes vereinbart worden ist und dem Verbraucher dadurch keine Kosten entstehen.

(4) ¹Bei einem Verbrauchsgüterkauf kann der Unternehmer die Rückzahlung verweigern, bis er die Waren zurückerhalten hat oder der Verbraucher den Nachweis erbracht hat, dass er die Waren abgesandt hat. ²Dies gilt nicht, wenn der Unternehmer angeboten hat, die Waren abzuholen.

(5) Der Verbraucher ist nicht verpflichtet, die empfangenen Waren zurückzusenden, wenn der Unternehmer angeboten hat, die Waren abzuholen.

(6) ¹Der Verbraucher trägt die unmittelbaren Kosten der Rücksendung der Waren, wenn der Unternehmer den Verbraucher nach Artikel 246 a § 1 Absatz 2 Satz 1 Nummer 2 des Einführungsgesetzes zum Bürgerlichen Gesetzbuche von dieser Pflicht unterrichtet hat. ²Satz 1 gilt nicht, wenn der Unternehmer sich bereit erklärt hat, diese Kosten zu tragen. ³Bei außerhalb von Geschäftsräumen geschlossenen Verträgen, bei denen die Waren zum Zeitpunkt des Vertragsschlusses zur Wohnung des Verbrauchers geliefert worden sind, ist der Unternehmer verpflichtet, die Waren auf eigene Kosten

rife deutlich übersteigen) möglich ist. Wenn eine Abholpflicht des Unternehmers besteht, tritt an die Stelle der Schickschuld eine Holschuld. Mit Ablauf der Frist gem Abs 1 kommt der Unternehmer nach § 296 in Annahmeverzug.

6. Abs 7 ist eine Anspruchsgrundlage, die auf **Wertersatz** des Unternehmers gegen den Verbraucher gerichtet ist, wenn sich der Wert der Sache verringert hat. Der Begriff des Wertverlusts umfasst grds sowohl die Abnutzung infolge des normalen Gebrauchs der Sache als auch darüber hinausgehende Verschlechterungen einschließlich Beschädigungen der Sache durch unsachgemäße Handhabung oder übermäßige Inanspruchnahme (vgl BT-Drucks 17/12637, 63). Vom Ersatz des Wertverlusts ist aber insb der Nutzungsersatz zu unterscheiden (vgl dazu Art 14 I Verbraucherrechte-RL, in dem der bisherige Art 6 II Fernabsatz-RL aufgegangen ist. Nach Art 14 I hat der Verbraucher grds nur die unmittelbaren Kosten der Rücksendung zu tragen. Art 14 I steht damit einem generellen Wertersatz für die Nutzung entgegen, EuGH NJW 09, 3015 – „Messner", noch zu Art 6 II Fernabsatz-RL). Der Ersatzanspruch besteht nach Nr 1 nur, wenn der Wertverlust nicht auf einem Umstand beruht, der zur Untersuchung der Sache notwendig war. Diese Bestimmung dient der Umsetzung von Art 14 II Verbraucherrechte-RL. Selbst wenn eine notwendige Untersuchung zum vollständigen Wertverlust führt, entfällt somit zwar der Ersatzanspruch (BGH NJW 11, 56). Für jede darüber hinaus gehende Werteinbuße muss der Verbraucher jedoch grds Wertersatz leisten. Was alles von der Prüfung der Ware umfasst ist, hängt vom Einzelfall ab. Grds darf der Verbraucher die Sache soweit in Augenschein nehmen und untersuchen, wie er dazu auch in einem Ladengeschäft berechtigt wäre. ZB darf der Verbraucher ein Kleidungsstück anprobieren, nicht jedoch darüber hinaus tragen (BT-Drucks 17/12637, 63). Im Einzelfall kann eine weitergehende Untersuchung insofern erforderlich sein, als eine bei einem Kauf im Ladengeschäft mögliche Beratung fehlt und diese ersetzt werden muss (Palandt/Grüneberg § 357 nF Rn 9). Auch die bestimmungsgemäße Ingebrauchnahme kann zur Prüfung der Ware notwendig sein. Beim Erwerb eines Pkws ist die Zulassung als Form der bestimmungsgemäßen Ingebrauchnahme allerdings zur Prüfung idR nicht notwendig, weil ein Auto zunächst auch mit roten Kennzeichen getestet werden kann; der aus der Zulassung entstehende Wertverlust ist vom Verbraucher zu ersetzen. Weiterhin hat dieser einen solchen Wertverlust zu ersetzen, wenn die bestimmungsgemäße Ingebrauchnahme nach der Verkehrssitte unüblich ist. Gleiches gilt für das Öffnen der Packung, zB bei Medikamenten oder Kosmetik (vgl BT-Drucks 17/12637, 63).

Ein Wertverlust, der nicht auf die Prüfung der Sache zurückgeführt werden kann, ist jedoch gem Nr 2 nur zu ersetzen, wenn der Unternehmer den Verbraucher nach Art. 246 a § 1 II 1 Nr 1 über sein **Widerrufsrecht** unterrichtet hat. Da der Verbraucher während der Widerrufsfrist die Rückabwicklung selbst herbeiführen kann, soll er mit der Sache in dieser Zeit pfleglich umgehen. Dazu muss dem Verbraucher aber die Möglichkeit bewusst sein, sich ohne Gründe vom Vertrag lösen zu können. Hat der Unternehmer ihn über das Widerrufsrecht nicht ordnungsgemäß informiert und ihn damit nicht zum sorgsamen Umgang mit der Sache angehalten, soll der Verbraucher in diesem Fall auch keinen Wertersatz leisten müssen.

7. Abs 8 regelt als eigene Anspruchsgrundlage die **Wertersatzpflicht** des Verbrauchers bei Verträgen über die Erbringung von **Dienstleistungen und Energielieferungen**, die regelmäßig sofort verbraucht werden. Die genannten Leistungen haben gemein, dass sie grds nicht in Natur zurückgewährt werden können. Im Falle der Rückabwicklung kommt es daher zu Schwierigkeiten bzgl der Bemessung des Wertersatzes; dieser wird bei den genannten Leistungen häufig mit dem Einkaufspreis gleichgesetzt werden, so dass das Widerrufsrecht für den Verbraucher leer liefe, da er letztlich doch den vereinbarten Preis zahlen müsste. Abs 8 knüpft die Wertersatzpflicht deshalb an spezifische Voraussetzungen. Zum einen muss die Leistung vor Ablauf der Widerrufsfrist auf ausdrücklichen Wunsch des Verbrauchers erfolgt sein. Eine bloß konkludente Leistungsaufforderung oder eine Fiktion des Leistungsverlangens in AGB genügt nicht. Im Falle eines außerhalb von Geschäftsräumen geschlossenen Vertrags muss das Verlangen auf einem dauerhaften Datenträger übermittelt werden, S 3. Zum anderen muss der Verbraucher diese Leistung in Kenntnis seiner potentiellen Wertersatzpflicht im Falle des

Widerrufs verlangen. Dazu muss ihn der Unternehmer nach Art. 246 a § 1 II 1 Nr 1 und 3 EGBGB ordnungsgemäß informiert haben. Gem S 4 ist zur Bemessung des Wertersatzes der vereinbarte Gesamtpreis zu Grunde zu legen und die erbrachte Leistung auf dieser Basis zu bewerten. Auf diese Weise sollen dem Verbraucher Vorteile eines für ihn günstigen Geschäfts erhalten bleiben. Gleichzeitig soll aber auch der Unternehmer davor bewahrt werden, im Falle des Widerrufs doch nur den marktüblichen Preis zu erhalten, wenn das vereinbarte Entgelt darüber lag. Dies würde den Unternehmer, der sich völlig korrekt verhalten hat, unangemessen benachteiligen. S 5 sieht zum Schutz des Verbrauchers davon jedoch eine Ausnahme vor, wenn der vereinbarte Gesamtpreis unverhältnismäßig hoch ist. Der Begriff „unverhältnismäßig hoch" entspricht dem der § 309 Nr 8 lit b dd), § 343 I und § 655. Der Gesamtpreis dürfte regelmäßig als unverhältnismäßig hoch anzusehen sein, sofern er mehr als 20 % über dem üblichen Entgelt liegt. In diesem Fall ist der Wertersatz auf Grundlage des Marktwertes der erbrachten Leistung zu bemessen.

12   8. Abs 9 enthält einen **Wertersatzausschluss** für Verträge über die **Lieferung digitaler Inhalte**, die nicht auf einem dauerhaften Datenträger gespeichert sind. Auch hier tritt regelmäßig mit der Lieferung eine Art von „Verbrauch" der Leistung ein. Gleichwohl soll der Verbraucher hierfür keinen Wertersatz leisten. Nach Art. 14 IV lit b, auf dem Abs 9 beruht, und Art. 16 lit m der Verbraucherrechte-RL fallen die Voraussetzungen für ein Widerrufsrecht und für den Ausschluss von Wertersatz bei digitalen Inhalten zusammen. Besteht also ein Widerrufsrecht, ist auch der Wertersatz stets ausgeschlossen. Dieser Gleichlauf wird durch Abs 9 Geltung verschafft.

§ 357 a   Rechtsfolgen des Widerrufs von Verträgen über Finanzdienstleistungen

(1) Die empfangenen Leistungen sind spätestens nach 30 Tagen zurückzugewähren.
(2) ¹Im Falle des Widerrufs von außerhalb von Geschäftsräumen geschlossenen Verträgen oder Fernabsatzverträgen über Finanzdienstleistungen ist der Verbraucher zur Zahlung von Wertersatz für die vom Unternehmer bis zum Widerruf erbrachte Dienstleistung verpflichtet, wenn er
1. vor Abgabe seiner Vertragserklärung auf diese Rechtsfolge hingewiesen worden ist und
2. ausdrücklich zugestimmt hat, dass der Unternehmer vor Ende der Widerrufsfrist mit der Ausführung der Dienstleistung beginnt.

²Im Falle des Widerrufs von Verträgen über eine entgeltliche Finanzierungshilfe, die von der Ausnahme des § 506 Absatz 4 erfasst sind, gilt auch § 357 Absatz 5 bis 8 entsprechend. ³Ist Gegenstand des Vertrags über die entgeltliche Finanzierungshilfe die Lieferung von nicht auf einem körperlichen Datenträger befindlichen digitalen Inhalten, hat der Verbraucher Wertersatz für die bis zum Widerruf gelieferten digitalen Inhalte zu leisten, wenn er
1. vor Abgabe seiner Vertragserklärung auf diese Rechtsfolge hingewiesen worden ist und
2. ausdrücklich zugestimmt hat, dass der Unternehmer vor Ende der Widerrufsfrist mit der Lieferung der digitalen Inhalte beginnt.

⁴Ist im Vertrag eine Gegenleistung bestimmt, ist sie bei der Berechnung des Wertersatzes zu Grunde zulegen. ⁵Ist der vereinbarte Gesamtpreis unverhältnismäßig hoch, ist der Wertersatz auf der Grundlage des Marktwerts der erbrachten Leistung zu berechnen.
(3) ¹Im Falle des Widerrufs von Verbraucherdarlehensverträgen hat der Darlehensnehmer für den Zeitraum zwischen der Auszahlung und der Rückzahlung des Darlehens den vereinbarten Sollzins zu entrichten. ²Ist das Darlehen durch ein Grundpfandrecht gesichert, kann nachgewiesen werden, dass der Wert des Gebrauchsvorteils niedriger war als der vereinbarte Sollzins. ³In diesem Fall ist nur der niedrigere Betrag geschuldet. ⁴Im Falle des Widerrufs von Verträgen über eine entgeltliche Finanzierungshilfe, die nicht von der Ausnahme des § 506 Absatz 4 erfasst sind, gilt auch Absatz 2 entsprechend mit der Maßgabe, dass an die Stelle der Unterrichtung über das Widerrufs-

recht die Pflichtangaben nach Artikel 247 § 12 Absatz 1 in Verbindung mit § 6 Absatz 2 des Einführungsgesetzes zum Bürgerlichen Gesetzbuche, die das Widerrufsrecht betreffen, treten. ⁵Darüber hinaus hat der Darlehensnehmer dem Darlehensgeber nur die Aufwendungen zu ersetzen, die der Darlehensgeber gegenüber öffentlichen Stellen erbracht hat und nicht zurückverlangen kann.

I. Im Rahmen der Umsetzung der Verbraucherrechte-RL wurde der § 357 a neu eingefügt und regelt die Rechtsfolgen für den **Widerruf von Finanzdienstleistungsverträgen**. Diese sind aus dem Anwendungsbereich des § 357 ausgenommen. Abs 1 sieht zur Umsetzung von Art 7 IV und V Fernabsatz-RL FDL eine **30-tägige Frist zur Rückgewährung** der empfangenen Leistungen vor. Der Fristbeginn bestimmt sich nach der allg Regelung (§ 355 III 2). Die Abs 2 und 3 bestimmen, unter welchen Voraussetzungen der Unternehmer im Falle eines Widerrufs Wertersatz verlangen kann. Dabei wird zwischen Finanzdienstleistungsverträgen, die im Fernabsatz oder außerhalb von Geschäftsräumen geschlossen wurden (Abs 2 S 1), entgeltlichen Finanzierungshilfen (Abs 2 S 3) und Verbraucherdarlehensverträgen (Abs 3) unterschieden, um die Voraussetzungen des Wertersatzanspruchs an die jeweiligen Gegebenheiten anzupassen. 1

II. 1. Abs 2 S 1 regelt, wann der Verbraucher zur **Zahlung von Wertersatz** verpflichtet ist, wenn der Finanzdienstleistungsvertrag außerhalb von Geschäftsräumen oder im Fernabsatz geschlossen wurde. Voraussetzung der Wertersatzpflicht ist nach S 1 Nr 1, dass der Verbraucher noch vor Abgabe seiner Vertragserklärung auf diese **Rechtsfolge hingewiesen** wurde. Es genügt also nicht, dass der Verbraucher erst vor Ausführung der Leistung entsprechend informiert wird. S 1 Nr 2 verlangt darüber hinaus eine **ausdrückliche Zustimmung** zur Ausführung der Finanzdienstleistung noch **vor Ablauf der Widerrufsfrist**. Diese Voraussetzungen entsprechen der bisher für Fernabsatzverträge geltenden Rechtslage (§§ 312 e II aF, 357 I 1 aF, 346 II 2 aF) und wurden nun aufgrund der für den Verbraucher vergleichbaren Situation auf Verträge, die außerhalb von Geschäftsräumen geschlossen wurden, erweitert (vgl BT-Drucks 17/12637, 64). 2

2. Abs 2 S 2 verweist für **entgeltliche Finanzierungshilfen**, die von der Ausnahme des § 506 IV erfasst sind (also gem § 491 II, III nicht als Verbraucherdarlehensverträge gelten), auf § 357 V bis VIII. Dabei wird insb dem Umstand Rechnung getragen, dass mit der Finanzierungshilfe regelmäßig eine Sache erworben wurde, die bei der Rückabwicklung berücksichtigt werden muss. Wurde die Finanzierungshilfe nicht zum Erwerb einer Sache, sondern Lieferung digitaler Inhalte gewährt, kann der Unternehmer unter den Voraussetzungen des S 3 Nr 1 und 2 Wertersatz verlangen. Die Voraussetzungen entsprechen denen des Abs 2 S 1. S 4 und 5 regeln die **Bemessung des Wertersatzes**. Diesem ist wie bei § 357 VIII 4 und 5 der Wert der Gegenleistung zugrunde zu legen. Zum Schutz des Verbrauchers ist nur bei einem unverhältnismäßig hohen Gesamtpreis der Marktwert der Leistung maßgeblich (siehe hierzu § 357 Rn 11). 3

3. Abs 3 regelt die Folgen des Widerrufs eines **Verbraucherdarlehensvertrages**. S 1 verpflichtet den Darlehensnehmer von der Auszahlung bis zur Rückzahlung des Darlehens den vereinbarten Sollzins zu zahlen. Bereits angefallene Zinsen kann der Unternehmer also trotz des Widerrufs verlangen. Dies dient der Umsetzung von Art. 14 III lit b der VerbrKr-RL. S 2 und 3 machen davon eine Ausnahme, wenn das Darlehen durch ein Grundpfandrecht gesichert ist. Der Verbraucher darf in diesem Fall nachweisen, dass der Wert des Gebrauchsvorteils ggf geringer ist als der vereinbarte Sollzins. In diesem Fall schuldet er gem S 3 nur den geringeren Betrag. Eine solche Ausnahme ist möglich, weil die VerbrKr-RL nach ihrem Art 2 II lit a nicht für Darlehen gilt, die durch ein **Grundpfandrecht** gesichert sind (vgl BT-Drucks 17/12637, S 65). S 4 berücksichtigt wie schon Abs 2 S 1 die Situation einer entgeltlichen Finanzierungshilfe. S 4 betrifft dabei solche Finanzierungshilfen, die nicht der Ausnahme des § 506 IV unterfallen, auf die also gem § 506 I das Widerrufsrecht für Verbraucherdarlehensverträge gem § 495 Anwendung findet. S 4 verweist auf Abs 2 und über dessen S 2 wiederum auf § 357 V bis VIII, so dass die finanzierte Sache im Rahmen der Rückabwicklung berücksichtigt wird. S 4 ordnet an, dass der Unternehmer nur Wertersatz verlangen kann, wenn er den Verbraucher nach Art. 247 § 12 I iVm § 6 II EGBGB unterrichtet. Da § 357 VII 4

Nr 2, auf den S 4 iVm Abs 2 S 2 verweist, für den Wertersatz aufgrund eines Wertverlustes der Sache eine Unterrichtung nach § 246 a § 1 II 1 vorsieht, muss der Unternehmer auch im Rahmen einer als Verbraucherdarlehensvertrag zu behandelnden entgeltlichen Finanzierungshilfe dieser Unterrichtung nachkommen. Damit er bei Abschluss dieses Vertrags dennoch das Muster der Anlage 7 verwenden kann, eröffnet der Gestaltungshinweis 6 d dem Verbraucher die Möglichkeit, einen entspr Hinweis zu geben (BT-Drucks 17/12637, 65). S 5 übernimmt die Regelung, die bisher in § 495 II 1 Nr 3 HS 1 aF enthalten war. Danach ist ein **Aufwendungsersatzanspruch** des Unternehmers auf solche Aufwendungen beschränkt, die er ggü einer öffentlichen Stelle erbracht hat und nicht zurückverlangen kann.

§ 357 b Rechtsfolgen des Widerrufs von Teilzeit-Wohnrechteverträgen, Verträgen über ein langfristiges Urlaubsprodukt, Vermittlungsverträgen und Tauschsystemverträgen

(1) ¹Der Verbraucher hat im Falle des Widerrufs keine Kosten zu tragen. ²Die Kosten des Vertrags, seiner Durchführung und seiner Rückabwicklung hat der Unternehmer dem Verbraucher zu erstatten. ³Eine Vergütung für geleistete Dienste sowie für die Überlassung von Wohngebäuden zur Nutzung ist ausgeschlossen.
(2) Der Verbraucher hat für einen Wertverlust der Unterkunft im Sinne des § 481 nur Wertersatz zu leisten, soweit der Wertverlust auf einer nicht bestimmungsgemäßen Nutzung der Unterkunft beruht.

1 Vgl hierzu die Kommentierung zu § 485.

§ 357 c Rechtsfolgen des Widerrufs von weder im Fernabsatz noch außerhalb von Geschäftsräumen geschlossenen Ratenlieferungsverträgen

¹Für die Rückgewähr der empfangenen Leistungen gilt § 357 Absatz 1 bis 5 entsprechend. ²Der Verbraucher trägt die unmittelbaren Kosten der Rücksendung der empfangenen Sachen, es sei denn, der Unternehmer hat sich bereit erklärt, diese Kosten zu tragen. ³§ 357 Absatz 7 ist mit der Maßgabe entsprechend anzuwenden, dass an die Stelle der Unterrichtung nach Artikel 246 a § 1 Absatz 2 Satz 1 Nummer 1 des Einführungsgesetzes zum Bürgerlichen Gesetzbuche die Unterrichtung nach Artikel 246 Absatz 3 des Einführungsgesetzes zum Bürgerlichen Gesetzbuche tritt.

1 § 357 c regelt die **Rechtsfolgen des Widerrufs von Ratenlieferungsverträgen**, die weder im Fernabsatz noch außerhalb von Geschäftsräumen geschlossen wurden. Die Vorschrift bezieht sich auf das Widerrufsrecht gem § 510 und enthält einzelne Ergänzungen und Abweichungen ggü den allg Regeln des § 355 I 1, III über die Widerrufsfolgen.
2 S 1 ordnet die **entspr Anwendung** der Bestimmungen über die Rechtsfolgen des Widerrufs von in § 357 I bis V an. Für die Rückabwicklung widerrufener Ratenlieferungsverträge gelten damit weitgehend die gleichen Regelungen wie für Verträge, die im Fernabsatz und außerhalb von Geschäftsräumen geschlossen werden (vgl BT-Drucks 17/12637, 66).
3 Keine entsprechende Anwendung findet dag die Bestimmung über die **unmittelbaren Kosten der Rücksendung** der Waren in § 357 VI. Nach S 2 hat der Verbraucher stets die unmittelbaren Kosten der Rücksendung der empfangenen Sache zu tragen, es sei denn, der Unternehmer hat sich bereit erklärt, die Kosten selbst zu tragen. Es kommt also anders als in § 357 VI nicht darauf an, dass der Unternehmer den Verbraucher über seine Pflicht zur Kostentragung informiert hat. Dementspr legt S 3 für die entspr Anwendung des § 357 VII fest, dass anstelle der Unterrichtung nach Art. 246 a § 1 II 1 Nr 1 die Informationspflicht nach Art. 246 III EGBGB tritt, bei der eine Unterrichtung über die Kostentragungspflicht nicht vorgesehen ist.

§ 358 Mit dem widerrufenen Vertrag verbundener Vertrag

(1) Hat der Verbraucher seine auf den Abschluss eines Vertrags über die Lieferung einer Ware oder die Erbringung einer anderen Leistung durch einen Unternehmer gerichtete Willenserklärung wirksam widerrufen, so ist er auch an seine auf den Abschluss eines mit diesem Vertrag verbundenen Darlehensvertrags gerichtete Willenserklärung nicht mehr gebunden.

(2) Hat der Verbraucher seine auf den Abschluss eines Verbraucherdarlehensvertrags gerichtete Willenserklärung auf Grund des § 495 Absatz 1 wirksam widerrufen, so ist er auch an seine auf den Abschluss eines mit diesem Verbraucherdarlehensvertrag verbundenen Vertrags über die Lieferung einer Ware oder die Erbringung einer anderen Leistung gerichtete Willenserklärung nicht mehr gebunden.

(3) [1]Ein Vertrag über die Lieferung einer Ware oder über die Erbringung einer anderen Leistung und ein Darlehensvertrag nach den Absätzen 1 oder 2 sind verbunden, wenn das Darlehen ganz oder teilweise der Finanzierung des anderen Vertrags dient und beide Verträge eine wirtschaftliche Einheit bilden. [2]Eine wirtschaftliche Einheit ist insbesondere anzunehmen, wenn der Unternehmer selbst die Gegenleistung des Verbrauchers finanziert, oder im Falle der Finanzierung durch einen Dritten, wenn sich der Darlehensgeber beider Vorbereitung oder dem Abschluss des Darlehensvertrags der Mitwirkung des Unternehmers bedient. [3]Bei einem finanzierten Erwerb eines Grundstücks oder eines grundstücksgleichen Rechts ist eine wirtschaftliche Einheit nur anzunehmen, wenn der Darlehensgeber selbst dem Verbraucher das Grundstück oder das grundstücksgleiche Recht verschafft oder wenn er über die Zurverfügungstellung von Darlehen hinaus den Erwerb des Grundstücks oder grundstücksgleichen Rechts durch Zusammenwirken mit dem Unternehmer fördert, indem er sich dessen Veräußerungsinteressen ganz oder teilweise zu Eigen macht, bei der Planung, Werbung oder Durchführung des Projekts Funktionen des Veräußerers übernimmt oder den Veräußerer einseitig begünstigt.

(4) [1]Auf die Rückabwicklung des verbundenen Vertrags sind unabhängig von der Vertriebsform § 355 Absatz 3 und, je nach Art des verbundenen Vertrags, die §§ 357 bis 357 b entsprechend anzuwenden. [2]Ist der verbundene Vertrag ein Vertrag über die Lieferung von nicht auf einem körperlichen Datenträger befindlichen digitalen Inhalten und hat der Unternehmer dem Verbraucher eine Abschrift oder Bestätigung des Vertrags nach § 312 f zur Verfügung gestellt, hat der Verbraucher abweichend von § 357 Absatz 9 unter den Voraussetzungen des § 356 Absatz 5 zweiter und dritter Halbsatz Wertersatz für die bis zum Widerruf gelieferten digitalen Inhalte zu leisten. [3]Ist der verbundene Vertrag ein im Fernabsatz oder außerhalb von Geschäftsräumen geschlossener Ratenlieferungsvertrag, ist neben § 355 Absatz 3 auch § 357 entsprechend anzuwenden; im Übrigen gelten für verbundene Ratenlieferungsverträge § 355 Absatz 3 und § 357 c entsprechend. [4]Im Falle des Absatzes 1 sind jedoch Ansprüche auf Zahlung von Zinsen und Kosten aus der Rückabwicklung des Darlehensvertrags gegen den Verbraucher ausgeschlossen. [5]Der Darlehensgeber tritt im Verhältnis zum Verbraucher hinsichtlich der Rechtsfolgen des Widerrufs in die Rechte und Pflichten des Unternehmers aus dem verbundenen Vertrag ein, wenn das Darlehen dem Unternehmer bei Wirksamwerden des Widerrufs bereits zugeflossen ist.

(5) Die Absätze 2 und 4 sind nicht anzuwenden auf Darlehensverträge, die der Finanzierung des Erwerbs von Finanzinstrumenten dienen.

I. § 358 bleibt durch die Umsetzung der Verbraucherrechte-RL im Wesentlichen unberührt. Das SMG hat diese Regelung als eine **einheitliche Vorschrift für verbundene Verträge** mit Verbrauchern geschaffen. Der Paragraph fasst die zuvor geltenden §§ 9 I, II VerbrKrG, 4 FernAbsG und 6 TzWrG zusammen. Dadurch führt er zu einer weiteren Vereinheitlichung der Rechtsfolgen des Widerrufs. Zweck der Norm ist der Schutz des Verbrauchers vor den Risiken, die ihm durch die Aufspaltung eines Teilzahlungsgeschäfts in ein Bargeschäft über die Warenlieferung oder eine sonstige Leistung einerseits und einen der Finanzierung dieses Geschäftes dienenden Verbraucherdarlehensvertrag (§ 491) andererseits drohen. Die wirksame Ausübung des Widerrufsrechts soll grds beide Verträge erfassen (sog **Widerrufsdurchgriff**).

2 **Anwendbar** ist § 358 grds auf sämtliche Verträge zwischen Unternehmern und Verbrauchern über eine Warenlieferung oder die Erbringung einer anderen Leistung, die mit einem Verbraucherdarlehensvertrag iSd § 491 verbunden sind. Darüber hinaus gilt die Vorschrift auch für Verträge, durch die ein Unternehmer einem Verbraucher einen entgeltlichen Zahlungsaufschub von mehr als drei Monaten oder eine sonstige entgeltliche Finanzierungshilfe gewährt (§ 506) sowie für Teilzahlungsgeschäfte (§ 507).

3 **II. 1. Abs 1** regelt die Auswirkungen eines **Widerrufs des finanzierten Vertrages** auf den damit verbundenen Darlehensvertrag in entspr Weise wie früher §§ 4 FernAbsG aF, 6 TzWrG aF. Er setzt zunächst voraus, dass ein Verbraucher (§ 13) eine **Willenserklärung** abgegeben hat, die sich **auf den Abschluss eines Vertrages** über eine Warenlieferung oder über eine sonstige Leistungserbringung durch einen Unternehmer (§ 14) richtet. Gegenstand des Vertrages können zB Kaufverträge oder Dienstleistungen jeder Art sein. Der Vertrag muss nicht notwendig wirksam zustandegekommen sein (§ 355 Rn 4). Der Verbraucher muss diese Willenserklärung zudem **wirksam widerrufen** haben, zB gem § 312 g (außerhalb von Geschäftsräumen geschlossener Vertrag und Fernabsatzvertrag) oder § 485 (Teilzeit-Wohnrechtevertrag). Die Anforderungen an einen wirksamen Widerruf ergeben sich aus §§ 355 (dort Rn 3 ff), 356 bis 356 c. Weiterhin setzt Abs 1 voraus, dass mit dem Vertrag, auf dessen Abschluss sich die widerrufene Willenserklärung gerichtet hat, ein Verbrauchervertrag **verbunden** ist (Rn 5).

4 **2. Abs 2** erfasst den umgekehrten Fall, dass der Verbraucher den **Verbraucherdarlehensvertrag** gem § 495 widerruft. Für diese Konstellation ordnet **Abs 2** an, dass ein wirksamer Widerruf (zu den Voraussetzungen soeben Rn 3) ebenfalls auf den verbundenen Vertrag durchschlägt und der Verbraucher somit auch an seine Willenserklärung zum Abschluss des finanzierten Warenlieferungs- oder sonstigen Leistungsvertrags nicht mehr gebunden ist. Nach Abs 2 S 2 aF war der Widerruf gem § 495 ausgeschlossen, wenn der Verbraucher auch den finanzierten Vertrag (zB gem § 312 d aF) widerrufen konnte. Dieser Satz wurde wegen Art 14 der VerbrKr-RL 2008 aufgehoben.

5 **3.** Nach **Abs 3 S 1** liegen **verbundene Verträge** vor, wenn das Darlehen ganz oder teilweise der Finanzierung des anderen Vertrages dient und beide Verträge eine wirtschaftliche Einheit bilden. Das Tatbestandsmerkmal des Darlehenszwecks (Rn 6) steht dabei nach dem Wortlaut des Gesetzes gleichberechtigt neben dem zweiten Merkmal der wirtschaftlichen Einheit (Rn 7). Beide müssen daher vorliegen, wenn die Annahme eines verbundenen Geschäfts gerechtfertigt sein soll.

6 **a) Darlehenszweck:** Die Annahme eines verbundenen Geschäfts setzt voraus, dass der Kredit der Finanzierung des Kaufpreises bzw des Entgelts für eine andere Leistung „dient". Nach hM ist dies der Fall, wenn der Abschluss des finanzierten Vertrages **wirtschaftlicher Grund** für den Abschluss des Kreditvertrags ist. Bereits der objektive Einsatz der Kreditvaluta zum Zwecke der Finanzierung ist ausreichend. So lange dieses Erfordernis erfüllt ist, ist die zeitliche Reihenfolge der Verträge unerheblich.

7 **b) Wirtschaftliche Einheit:** Über das Mittel-Zweck-Verhältnis hinaus müssen beide Verträge aus der Sicht des Verbrauchers als eine wirtschaftliche Einheit anzusehen sein. Durch das Zusammenwirken von Darlehensgeber und Unternehmer muss subjektiv beim Darlehensnehmer der Eindruck erweckt worden sein, beide Parteien stünden ihm gemeinsam als Vertragspartner ggü (BGHZ 91, 341; 95, 354 f; OLG Köln ZIP 95, 22). Nach aA ist die wirtschaftliche Einheit zwischen dem Darlehensvertrag und dem hierdurch finanzierten Vertrag ausschließlich objektiv zu bestimmen (Martis MDR 99, 65 f). Danach soll es ausreichen, wenn die besondere personelle Verbindung objektiv gegeben ist, während es auf die Erkennbarkeit für den Verbraucher nicht ankommt.

8 **c)** Nach **Abs 3 S 2** wird ein **verbundenes Geschäft** in zwei Fällen **unwiderleglich vermutet:** Wenn der Unternehmer selbst die Gegenleistung des Verbrauchers finanziert (**Personenidentität**), besteht diese Vermutung stets. Unerheblich ist dabei, ob die Finanzierung ganz oder teilweise in den Erwerbsvertrag integriert oder gesondert vereinbart wird. Wird der Verbrauchervertrag dag durch einen Dritten finanziert (**Personenverschiedenheit**), so wird ein verbundenes Geschäft vermutet, wenn sich der Darlehensge-

ber bei der Vorbereitung oder dem Abschluss des Verbraucherdarlehensvertrags der Mitwirkung des Unternehmers bedient, dh ein arbeitsteiliges Zusammenwirken vorliegt. Gleichgültig ist, ob das Zusammenwirken auf einer Vereinbarung zwischen Darlehensgeber und Unternehmer beruht oder ob es sich im tatsächlichen Ablauf spontan ergibt. Auch der Beitritt zu einer Personen- oder Kapitalgesellschaft fällt unter Abs 3 S 2, wenn der Erwerb der Anteile durch ein Darlehen finanziert wurde und der Vertriebsbeauftragte der Gesellschaft dem Interessenten mit den Beitrittsunterlagen einen Kreditantrag eines finanzierungswilligen Finanzinstituts vorgelegt hat (BGHZ 156, 46 zu geschlossenen Immobilienfonds).

d) Für **Immobiliardarlehensverträge** stellt der durch das OLG-VertretÄndG 2002 eingefügte **Abs 3 S 3** erhöhte Anforderungen an das Vorliegen eines verbundenen Geschäftes auf. Darlehensvertrag und finanziertes Grunderwerbsgeschäft sind nur dann als eine **wirtschaftliche Einheit** zu betrachten, wenn entweder der Darlehensgeber selbst das zu finanzierende Objekt anbietet oder durch Zusammenwirken mit dem Verkäufer den Erwerb der Immobilie fördert. Bliebe es auch beim Immobiliardarlehensvertrag bei den Anforderungen des Abs 3 S 2, so wären die meisten Verträge verbundene Geschäfte, da die in der Immobilienfinanzierung tätigen Kreditinstitute in der Mehrzahl der Fälle darauf angewiesen sind, sich in irgendeiner Form der Mitwirkung des Veräußerers zu bedienen (iE BT-Drucks 14/9266, 46). Abs 3 S 3 verlangt daher für das Vorliegen einer wirtschaftlichen Einheit ein Verhalten des Darlehensgebers, das über die bloße Zurverfügungstellung des Darlehens hinausgehen muss (zur früheren Rspr vgl BGH NJW 02, 1884). Nach Ansicht des Bankrechtssenats des BGH (XI. Senat), der insofern nunmehr mit dem Gesellschaftsrechtssenat (II. Senat) übereinstimmt, soll es sich in den Fällen der Anlage in nicht rentable Immobilien, die va in Ostdeutschland gehäuft aufgetreten sind, bei Immobilienkaufvertrag und Realkreditvertrag aufgrund der Eigenart der jeweiligen Vertriebsstruktur regelmäßig nicht um verbundene Geschäfte iSd Abs 3 handeln (BGHZ 150, 263; NJW 03, 199; NJW 03, 423; WM 06, 1008; sog **Schrottimmobilien**, vgl Lange, ZAP 06, 147). Dies gilt auch, wenn nicht der Erwerber, sondern der Fonds das Grundpfandrecht bestellt hat (BGH WM 06, 1008). Dag handelt es sich bei dem Beitritt zu einer Anlagegesellschaft und dem diesen Beitritt finanzierenden Kreditgeschäft um ein verbundenes Geschäft, wenn der Realkreditvertrag nicht aufgrund eigener Initiative des Kreditnehmers zustande kommt, sondern aufgrund Vorlage der Kreditantragsunterlagen durch den Vertriebsbeauftragten des Anlagevertreibers (BGH NJW 06, 1788), und sich Fondsgesellschaft und Bank somit derselben Vertriebsorganisation bedienen (so bereits der II. Zivilsenat in BGH NJW-RR 05, 986). Auch ein Darlehensvertrag und ein Restschuldversicherungsvertrag können ein verbundenes Geschäft bilden (BGH NJW 10, 531).

Der Verbraucher, der vor der Umsetzung der Verbraucherrechte-RL einen als Haustürgeschäft (§ 312 aF) abgeschlossenen Darlehensvertrag widerrief (§ 355), war in der Konsequenz der Rspr zu den „Schrottimmobilien" zur sofortigen Rückzahlung des Kredits nebst einer marktüblichen Verzinsung verpflichtet, ohne zugleich den Immobilienkaufvertrag auflösen zu können (so auch BGH WM 06, 1194). In der sich daraus ergebenden Rückzahlungspflicht lag nach Ansicht des EuGH kein Verstoß gegen die HausTW-RL (NJW 05, 3551; NJW 05, 3555). An dieser Rechtslage dürfte sich durch die Umsetzung der Verbraucherrechte-RL, die an die Stelle der HausTW-RL getreten ist, nichts geändert haben. Vielmehr dürfte weiterhin maßgeblich sein, was der EuGH für die HausTW-RL ausgeführt hat: Die RL gebiete weder die Anwendung nationaler Vorschriften, nach denen sich der Widerruf eines Darlehensvertrages auch auf die Gültigkeit eines Kaufvertrags über eine Immobilie auswirkt, noch schließe sie deren Anwendung aus. Entscheidend sei vielmehr, dass die Rechtsvorschriften der Mitgliedstaaten den Verbraucher bei fehlender Belehrung über das Widerrufsrecht auch vor der Verwirklichung der Risiken der Verwendung des Darlehens (Kauf einer überbewerteten Immobilie; mangelnde Realisierung von Mieteinnahmen) schützen (EuGH NJW 05, 3551; EuGH NJW 05, 3555). Wie dies zu geschehen hat, lässt der EuGH offen. Das vorgegebene Ziel eines effektiven Verbraucherschutzes kann nach oben dargestellter BGH-Rspr nicht über die Anwendung der im Verbraucherkreditrecht geltenden

Grundsätze für verbundene Verträge erreicht werden. Allerdings kann ein vorvertraglicher oder vertraglicher Schadensersatzanspruch des Verbrauchers gegen die Bank aus § 280 I in Betracht gezogen werden. Dieser ist aber mangels Kausalität zw unterlassener Widerrufsbelehrung und dem Schaden in der Gestalt der Realisierung von Anlagerisiken ausgeschlossen, wenn der Verbraucher schon vor Abschluss des Darlehensvertrages an den Kaufvertrag gebunden ist (BGH NJW 06, 2099); in den anderen Fällen hat der Anleger zu beweisen, dass er das Darlehen bei korrekt vorliegender Widerrufsbelehrung auch tatsächlich widerrufen hätte (BGH NJW 08, 1585). Anleger können sich jedoch in Fällen eines **institutionalisierten Zusammenwirkens** der kreditgebenden Bank mit dem Verkäufer oder dem Vertreiber des finanzierten Objekts unter erleichterten Voraussetzungen mit Erfolg auf einen die Aufklärungspflicht auslösenden Wissensvorsprung der finanzierenden Bank im Zusammenhang mit einer arglistigen Täuschung des Anlegers durch unrichtige Angaben der Vermittler oder Verkäufer über das Anlageobjekt berufen (BGH NJW 06, 2099; NJW 07, 361, NJW 08, 644). Zur Diskussion vgl Habersack, JZ 06, 91; Schoppmeyer, WM 09, 10; Limbach, ZGS 06, 66; Hoffmann, ZIP 05, 1985.

11 **4. Rechtsfolgen:** Abs 4 S 1 stellt klar, dass die Rückabwicklung des verbundenen Vertrags ebenso wie die Rückabwicklung des widerrufenen Vertrags nach § 355 Abs 3 und, je nach Art des verbundenen Vertrages, entsprechend den §§ 357 bis 357 b erfolgt (s dort). Auch der Kreditvertrag wandelt sich somit ein **Rückgewährschuldverhältnis** um. Abs 4 S 2 regelt die Rückabwicklung für Verträge über die Lieferung von nicht auf einem körperlichen Datenträger befindlichen **digitalen Inhalten**. Hat das Unternehmer dem Verbraucher eine Abschrift oder Bestätigung des Vertrags nach § 312 f zur Verfügung gestellt, hat der Verbraucher abweichend von § 357 Abs 9 unter den Voraussetzungen des § 356 V HS 2, 3 Wertersatz für die bis zum Widerruf gelieferten digitalen Inhalte zu leisten. Dem liegt folgender Gedanke zugrunde: § 357 Abs 9 schließt den Wertersatz für diese Verträge aus, weil nach Art. 16 lit m und Art. 14 Abs 4 lit b der Verbraucherrechte-RL ein Widerrufsrechts stets mit dem Ausschluss des Wertersatzes einhergeht (BT-Drucks 17/12637, 64). Dies kann jedoch anders sein, wenn die Rückabwicklung nicht auf einem Widerruf des Vertrages über die digitalen Inhalte, sondern auf dem Widerrufsdurchgriff nach Abs 2 beruht. In diesem Fall soll der Wertersatz nicht schlechthin ausgeschlossen sein. Liegen die Voraussetzungen des § 356 V Halbs 2 und 3 vor, muss der Verbraucher Wertersatz leisten. In diesem Falle wäre der Vertrag über die Lieferung der nicht auf einem Datenträger gespeicherten digitalen Inhalte nämlich nicht isoliert widerrufbar, so dass es unbillig wäre, dem Unternehmer jeglichen Wertersatz abzusprechen. Handelt es sich bei dem verbundenen Vertrag um einen im Fernabsatz oder außerhalb von Geschäftsräumen abgeschlossenen **Ratenlieferungsvertrag**, so verweist Abs 4 S 3 auf § 355 III und 357 für die Rückabwicklung. Für alle anderen Ratenlieferungsverträge sollen § 355 III und § 357 c gelten. Nach **Abs 4 S 4** hat der Darlehensgeber bei der Rückabwicklung des Verbraucherdarlehensvertrages ggü dem Verbraucher, der sein Widerrufsrecht gem Abs 1 ausübt, **keinen Anspruch auf Zinsen oder Kosten** aus der Rückabwicklung des Darlehensvertrages. Der Unternehmer kann vom Verbraucher insb nicht die Zahlung von Zinsen als Wertersatz für die vorübergehende Überlassung der Kreditmittel verlangen.

12 **5.** Eine weitere Modifikation ggü § 355 III, 357 ff enthält **Abs 4 S 5:** Ist das **Darlehen dem Unternehmer bei Wirksamwerden des Widerrufs oder der Rückgabe bereits zugeflossen**, so tritt der Darlehensgeber im Verhältnis zum Verbraucher hins der Rechtsfolgen in die Rechte und Pflichten des Unternehmers aus dem verbundenen Vertrag ein. Abs 4 S 5 soll sowohl im Fall des Abs 1 als auch in dem des Abs 2 eine bilaterale Rückabwicklung zwischen Verbraucher und Darlehensgeber gewährleisten und es dem Verbraucher ersparen, den Darlehensbetrag dem Darlehensgeber zunächst erstatten und sich sodann seinerseits an den Verkäufer wegen der Rückzahlung des Kaufpreises halten zu müssen. **Voraussetzung des Abs 4 S 5** ist, dass der Darlehensbetrag dem Unternehmer bei Wirksamwerden des Widerrufs oder der Rückgabe bereits zugeflossen ist. Dies ist zB der Fall, wenn der Betrag ausbezahlt, gutgeschrieben oder (insb durch Scheckeinlösung) verrechnet wurde (BGHZ 131, 74). Für den **Zeitpunkt des Zuflusses**

ist auf den Zugang (§ 130) des Widerrufs beim Unternehmer und nicht auf den Zeitpunkt der Absendung abzustellen (BGHZ 131, 75). Um zu verhindern, dass sich der Verbraucher im Widerrufsfall sowohl mit dem Unternehmer als auch mit dem Kreditgeber auseinander zu setzen hat, wird es genügen müssen, wenn der Darlehensbetrag dem Unternehmer nur teilweise zugeflossen ist. Ist das verbundene Geschäft nicht vollständig fremdfinanziert worden, muss der Darlehensgeber dem Verbraucher auch den Eigenanteil, den dieser aus eigenen Mitteln an den Unternehmer gezahlt hat, zurückerstatten (BGH NJW 09, 3572). Dies ergibt sich aus dem Ziel des § 358, den Verbraucher vor Risiken zu schützen, die ihm durch die Aufspaltung eines wirtschaftlich einheitlichen Vertrags in ein Bargeschäft und einen damit verbundenen Darlehensvertrag drohen.

In seinen **Rechtsfolgen** ordnet Abs 4 S 5 keinen Schuldbeitritt (BGHZ 131, 66, 72), **13** sondern einen **Übergang** der sich aus dem Abwicklungsverhältnis ergebenden **Rechte und Pflichten** des Unternehmers auf den Darlehensgeber an. Der Verbraucher hat das vom Unternehmer Erlangte an den Kreditgeber herauszugeben. Im Gegenzug hat der Darlehensgeber alle geleisteten Teilzahlungen (ggf auch eine an den Unternehmer geleistete Anzahlung) sowie die auf das Darlehen geleisteten Zins- und Tilgungsleistungen zurück zu vergüten. Demgegenüber bleibt das valutierte Darlehen bei der Rückabwicklung im Verhältnis zwischen Verbraucher und Kreditgeber außer Betracht (BGHZ 91, 17 f). Der Kreditgeber hat stattdessen gegen den Unternehmer des finanzierten Geschäfts – soweit keine vertraglichen Ansprüche bestehen – einen direkten Bereicherungsanspruch (Durchgriffskondiktion) aus § 812 I, 1. Alt 2 (BGHZ 133, 254; str; nach aA hat der Kreditgeber in entspr Anwendung des Abs 4 S 5 gegen den Unternehmer einen Anspruch auf Rückzahlung des Nettodarlehensbetrags sowie der vom Verbraucher an den Unternehmer geleisteten und vom Darlehensgeber nach Abs 4 S 5 zurückerstatteten Anzahlung; MK/Habersack § 358 Rn 89 ff mwN).

6. Abs 5 bestimmt Ausnahmen für die Anwendung des § 358. Damit übernimmt Abs 5 **14** die Funktion des nun weggefallenen § 359 a III. Abs 5 legt eine Ausnahme fest, bei der die Vorschriften über ein verbundenes Geschäft nicht gelten, obwohl die Voraussetzungen des Abs 3 erfüllt sind. Das Risiko von Kursschwankungen bei einem finanzierten Erwerb von **Finanzinstrumenten** (definiert in § 1 XI KWG) soll durch den Widerruf des Darlehensvertrages dem Darlehensgeber nicht aufgezwungen werden können (BT-Drucks 17/12637, 66). Dem Erwerber sind die Risiken solcher Geschäfte regelmäßig bekannt; daher ist er nicht schutzwürdig. Diese Regelung galt bislang nur für die in § 491 III Nr 2 aF genannten Verträge. In Umsetzung der Vorgabe aus Art 2 II der VerbrKr-RL 2008/48/EG wird der Ausnahmetatbestand auf alle Finanzinstrumente iSd KWG ausgedehnt.

Die Festlegung der Belehrungsfrist über die Rechtsfolgen der Abs 1 und 2 in § 358 V **15** aF ist bei der Umsetzung der Verbraucherrechte-RL entfallen. Für Verbraucherdarlehensverträge muss jedoch noch der Hinweis nach Art. 247 § 12 I S 2 Nr 2 lit b EGBGB bzw. Art. 10 II lit q der VerbrKr-RL gegeben werden (BT-Drucks 17/12637, 66).

III. Die **Beweislast** für das Vorliegen eines verbundenen Vertrages trägt – soweit nicht **16** eine unwiderlegbare Vermutung (Rn 8) vorliegt – nach allg Grundsätzen derjenige, der sich hierauf beruft, idR also der Verbraucher. Da der Verbraucher das Verhältnis zwischen Unternehmer und Darlehensgeber aber idR nicht iE kennt, ist eine Beweislastumkehr angebracht, wenn im betr Fall deutliche Anhaltspunkte eine wirtschaftliche Einheit indizieren (ähnlich, aber ohne ausdrückliche Stellungnahme für Beweislastumkehr Staud/Kessal-Wulf, § 358 Rn 27).

§ 359 Einwendungen bei verbundenen Verträgen

(1) ¹Der Verbraucher kann die Rückzahlung des Darlehens verweigern, soweit Einwendungen aus dem verbundenen Vertrag ihn gegenüber dem Unternehmer, mit dem er den verbundenen Vertrag geschlossen hat, zur Verweigerung seiner Leistung berechtigen würden. ²Dies gilt nicht bei Einwendungen, die auf einer zwischen diesem Unternehmer und dem Verbraucher nach Abschluss des Verbraucherdarlehensvertrags ver-

einbarten Vertragsänderung beruhen. ³Kann der Verbraucher Nacherfüllung verlangen, so kann er die Rückzahlung des Darlehens erst verweigern, wenn die Nacherfüllung fehlgeschlagen ist.
(2) Absatz 1 ist nicht anzuwenden auf Darlehensverträge, die der Finanzierung des Erwerbs von Finanzinstrumenten dienen, oder wenn das finanzierte Entgelt weniger als 200 Euro beträgt.

1 **I.** § 359 hat im Wesentlichen die vorangegangenen Regelungen zum **Einwendungsdurchgriff** übernommen (§ 9 II, IV VerbrKrG aF) und berechtigt den Verbraucher, Einwendungen aus dem verbundenen finanzierten Vertrag ggü dem Unternehmer auch den Darlehensrückforderungen des Darlehensgebers entgegenzuhalten. Auf diese Weise soll der Verbraucher davor geschützt werden, das Darlehen auch dann in voller Höhe zurückzahlen zu müssen, wenn der Unternehmer seine Leistung nicht oder nicht vertragsgemäß erbringt. Die Vorschrift dient zugleich der Umsetzung von Art 11 II 1 VerbrKr-RL.

2 **II. Anwendbar** ist § 359 grds auf sämtliche zwischen Verbrauchern (§ 13) und Unternehmern (§ 14) geschlossenen Verträge iSd § 358 I (s dort Rn 2), die mit einem Verbraucherdarlehensvertrag (§ 491), einer sonstigen entgeltlichen Finanzierungshilfe (§ 506) oder einem Teilzahlungsgeschäft (§ 507) verbunden sind. In Frage kommen sämtliche rechtshindernden, -vernichtenden und -hemmenden **Einwendungen**, die dem Verbraucher ggü dem Unternehmer zustehen (BGH NJW 02, 137). Ein Darlehensnehmer kann sich ggü der seine Fondsbeteiligung finanzierenden Bank in Fällen eines verbundenen Geschäfts mit Erfolg auf einen Einwendungsdurchgriff berufen, wenn er durch vorsätzlich falsche Angaben des Vermittlers zu dem Fondsbeitritt bewogen worden ist, nicht hingegen, wenn sein Beitritt durch eine nur fahrlässige Aufklärungspflichtverletzung verursacht wurde (BGH ZGS 11, 34). Die Darlegungs- und Beweislast für die Einwendung trifft nach allg Beweisgrundsätzen den Verbraucher.

3 S 2 schließt den Einwendungsdurchgriff aus, wenn die Einwendungen auf nachträglichen, nach Abschluss des Darlehensvertrags zwischen Verbraucher und Unternehmer vereinbarten Änderungen des finanzierten Geschäfts beruhen. Für den Fall, dass der Verbraucher einen **Nacherfüllungsanspruch** (zB gem §§ 439, 635) hat, ordnet S 3 zudem an, dass der Verbraucher die Rückzahlung des Darlehens erst bei einer fehlgeschlagenen Nacherfüllung verweigern kann. Im neu geschaffenen Abs 2 gehen die Regelungen des § 359 a III und IV aF auf. Danach wird eine weitere Ausnahme vom Einwendungsdurchgriff gemacht, wenn das **finanzierte Entgelt** weniger als 200 EUR beträgt. Somit sind Verträge von genau 200 EUR im Einklang mit Art 2 II der VerbrKr-RL 2008/48/EG vom Anwendungsbereich erfasst. Wie bereits im Rahmen des § 358 so sind auch hier Verträge zum finanzierten Erwerb von **Finanzinstrumenten** aus den oben angegebenen Gründen ausgenommen (s § 358 Rn 14).

4 **Rechtsfolgen:** Der Verbraucher kann Einwendungen, die ihm aus dem verbundenen Vertrag zustehen, ggü dem Darlehensgeber geltend machen und die Rückzahlung des Darlehens verweigern (**Einwendungsdurchgriff**). Welche Rechtsfolgen der Einwendungsdurchgriff für das Schicksal des finanzierten Geschäfts und den Kreditvertrag hat, legt § 359 nicht fest. Nach BGHZ 156, 46 sind vom Verbraucher bereits erbrachte Leistungen in entspr Anwendung des § 358 IV 3 (iVm §§ 357 I, 346 I) bzw. nunmehr nach § 358 IV 5 (iVm §§ 355 III, 357 ff) rückabzuwickeln (**Rückforderungsdurchgriff**; vgl iE Schäfer JZ 04, 260). Der Verbraucher kann gem § 813 I 1 die in Unkenntnis seines Leistungsverweigerungsrechts bereits geleistete Raten zur Rückführung seiner Kreditverbindlichkeiten vom Kreditgeber kondizieren (BGH NJW 08, 845). Allerdings kommt ein solcher Rückforderungsdurchgriff nur beim Bestehen rechtshindernder Einwendung aus dem finanzierten Vertragsverhältnis in Betracht; steht dem Verbraucher zum maßgeblichen Zeitpunkt der Leistungserbringung aus dem finanzierten Vertragsverhältnis keine den Anspruch dauernd ausschließende Einrede im Sinne des § 813 I 1 zu, scheidet ein Rückforderungsdurchgriff aus (BGH ZGS 10, 30).

§ 359 a Anwendungsbereich [aufgehoben mWv 13.6.2014]

(1) Liegen die Voraussetzungen für ein verbundenes Geschäft nicht vor, ist § 358 Abs. 1 und 4 entsprechend anzuwenden, wenn die Ware oder die Leistung des Unternehmers aus dem widerrufenen Vertrag in einem Verbraucherdarlehensvertrag genau angegeben ist.
(2) Liegen die Voraussetzungen für ein verbundenes Geschäft nicht vor, ist § 358 Absatz 2 und 4 entsprechend auf Verträge über Zusatzleistungen anzuwenden, die der Verbraucher in unmittelbarem Zusammenhang mit dem Verbraucherdarlehensvertrag geschlossen hat.
(3) § 358 Abs. 2, 4 und 5 sowie § 359 sind nicht anzuwenden auf Darlehensverträge, die der Finanzierung des Erwerbs von Finanzinstrumenten dienen.
(4) § 359 ist nicht anzuwenden, wenn das finanzierte Entgelt weniger als 200 Euro beträgt.

§ 359 a entfällt mit der Umsetzung der Verbraucherrechte-RL zum 13.6.14. Sein Regelungsinhalt geht in anderen Vorschriften auf. So findet die Regelung zum „angegebenen Vertrag" nach Abs 1 in § 360 II 2 nF ihren Niederschlag. Abs 2 ist in § 360 I 1, II nF enthalten. Abs 3 geht nach der Umsetzung der Verbraucherrechte-RL in §§ 358 V nF und 359 II Halbs 1 nF auf. Abs 4 wird zu § 359 II Halbs 2 nF.

§ 360 Zusammenhängende Verträge

(1) ¹Hat der Verbraucher seine auf den Abschluss eines Vertrags gerichtete Willenserklärung wirksam widerrufen und liegen die Voraussetzungen für einen verbundenen Vertrag nicht vor, so ist er auch an seine auf den Abschluss eines damit zusammenhängenden Vertrags gerichtete Willenserklärung nicht mehr gebunden. ²Auf die Rückabwicklung des zusammenhängenden Vertrags ist § 358 Absatz 4 Satz 1 bis 3 entsprechend anzuwenden. ³Widerruft der Verbraucher einen Teilzeit-Wohnrechtevertrag oder einen Vertrag über ein langfristiges Urlaubsprodukt, hat er auch für den zusammenhängenden Vertrag keine Kosten zu tragen; § 357 b Absatz 1 Satz 2 und 3 gilt entsprechend.
(2) ¹Ein zusammenhängender Vertrag liegt vor, wenn er einen Bezug zu dem widerrufenen Vertrag aufweist und eine Leistung betrifft, die von dem Unternehmer des widerrufenen Vertrags oder einem Dritten auf der Grundlage einer Vereinbarung zwischen dem Dritten und dem Unternehmer des widerrufenen Vertrags erbracht wird. ²Ein Verbraucherdarlehensvertrag ist auch dann ein zusammenhängender Vertrag, wenn das Darlehen ausschließlich der Finanzierung des widerrufenen Vertrags dient und die Leistung des Unternehmers aus dem widerrufenen Vertrag in dem Verbraucherdarlehensvertrag genau angegeben ist.

I. § 360 erweitert den Widerrufsdurchgriff über verbundene Verträge hinaus auf sog 1 **zusammenhängende Verträge**. Er bündelt die bislang auf die §§ 312 f aF, 359 a I, II aF sowie 485 III aF verteilten Regelungen über zusammenhängende Verträge und setzt Art. 15 Verbraucherrechte-RL um (BT-Drucks 17/12637, 66).

II. 1. Abs 2 S 1 vereint bisherige Regelungen zum Schutz des Verbrauchers bei Teil- 2 zeitnutzungsverträgen, Verträgen über langfristige Urlaubsprodukte sowie Wiederverkaufs- und Tauschverträgen (vgl BT-Drucks 17/12637, S 67) und fasst diese unter der allgemeinen Definition des **zusammenhängenden Vertrages** zusammen. Dieser Begriff geht auf den des „akzessorischen Vertrages" aus Art. 2 Nr. 15 der Verbraucherrechte-RL zurück. Die Regelung verfolgt denselben Zweck wie die bisherigen Vorschriften der §§ 312 f, 359 a I, II und 485. Der Verbraucher soll nicht vor dem Widerruf zurückschrecken, weil er meint, ohnehin an den zusammenhängenden Vertrag gebunden zu sein.

Abs 2 bestimmt den Begriff des zusammenhängenden Vertrags durch zwei Kernele- 3 mente: Der Vertrag muss einen **Bezug zu dem widerrufenen Vertrag** aufweisen. Er muss zudem **Leistung betreffen**, die von dem Unternehmer des widerrufenen Vertrags oder einem Dritten auf der Grundlage einer Vereinbarung zwischen dem Dritten und dem Unternehmer des widerrufenen Vertrags erbracht wird. Vielfach werden dabei die Voraussetzungen eines verbundenen Vertrags vorliegen (§ 358); § 360 will aber gerade einen darüber hinausreichenden Kreis von Verträgen erfassen. Eine Leistung kann zB auch dann einen Bezug zu einem Verbraucherdarlehen aufweisen, wenn sie nicht unmittelbar aus diesem finanziert wurde (s zB Rn 4). Die betreffende Leistung muss darüber hinaus vom Unternehmer selbst oder einem Dritten auf Grundlage einer Vereinbarung zwischen diesen erbracht worden sein. Auf diese Weise soll gewährleistet sein, dass die Folgen des Widerrufs nicht einen Dritten treffen, der keinen Einblick in die Vertragsbeziehung des Unternehmers und des Verbrauchers hatte und mit dem Widerrufsdurchgriff nicht rechnen konnte.

4 3. a) Der Begriff des zusammenhängenden Vertrages umfasst ua den bisher in § 359 a II aF geregelten Vertrag über eine Zusatzleistung, der in unmittelbarem Zusammenhang mit einem Verbraucherdarlehensdarlehensvertrag geschlossen wurde (BT-Drucks 17/12637, S 67). Der Widerruf erstreckt sich danach auch auf Verträge über Zusatzleistungen, die in unmittelbarem Zusammenhang mit dem Darlehensvertrag abgeschlossen werden. Zusatzleistungen sind auch dann **in unmittelbarem Zusammenhang** mit dem Darlehensvertrag abgeschlossen, wenn die Leistung nicht aus dem Darlehen finanziert wird und der Zusatzvertrag damit kein verbundenes Geschäft iSd § 358 III darstellt. Eine solche Konstellation liegt zB vor, wenn die Parteien die Regelung getroffen haben, dass der Verbraucher die zusätzliche Leistung bei Vertragsabschluss voll bezahlt. Nach Art 14 IV der VerbrKr-RL 2008/48/EG ist auch für diese Fälle eine Auflösung des Zusatzvertrages vorgeschrieben, wenn der Verbraucher den Darlehensvertrag widerruft. Der Begriff der **Zusatzleistung** entspricht dem aus Art 247 § 8 I EGBGB. Er umfasst als Oberbegriff verschiedene Arten von Zusatzleistungen und -verträgen iSd VerbrKr-RL 2008/48/EG (vgl Art 5 I 4 lit i und k, Art 10 II lit k); zB ein Vertrag über eine Restschuldversicherung oder ein Vertrag über ein Girokonto, der im Zusammenhang mit dem Darlehensvertrag abzuschließen ist (iE Rott WM 08, 1104). Art 247 § 8 EGBGB fasst diese unterschiedlichen Vertragsarten zusammen, die von den Parteien vereinbart werden, um die Rahmenbedingungen für den Darlehensvertrag zu gestalten. Durch die Einbeziehung dieser Verträge in Abs 2 wird der Widerrufsdurchgriff in § 358 II sowie die Rechtsfolgen des § 358 IV in Umsetzung des Art 14 IV VerbrKr-RL 2008/48/EG auf derartige Zusatzleistungen und -verträge übertragen.

5 b) Abs 2 S 2 knüpft an die bisher in § 359 a I aF enthaltene Regelung über „angegebene Verträge" an. Ein Verbraucherdarlehensvertrag ist danach ein zusammenhängender Vertrag, wenn das Darlehen ausschließlich der Finanzierung des widerrufenen Vertrags dient und im Verbraucherdarlehensvertrag der entspr Verwendungszweck bereits genau angegeben wurde.Dazu genügt eine bloße Typenbezeichnung nicht. Vielmehr ist die eindeutige **Identifizierbarkeit** iSd sachenrechtlichen Bestimmtheit erforderlich (Rösler BKR 09, 1, 4; vgl RegE BT-Drucks 16/11643, 111). Häufig wird in derartigen Fällen bereits ein verbundenes Geschäft gem § 358 III vorliegen, ohne dass dies aber der Fall sein muss. Beispielsweise handelt es sich nicht um ein verbundenes Geschäft, wenn trotz bereits konkreter Bezeichnung des Verwendungszwecks im Darlehensvertrag der Verbraucher sich erst nach Auszahlung des Darlehens für einen bestimmten Vertragspartner entscheidet, der die zu finanzierende Sache liefert. In diesem Fall liegt nämlich keine wirtschaftliche Einheit vor. Der Darlehensgeber soll sich in diesem Fall dem Widerrufsdurchgriff ausgesetzt sehen. Er ist nicht schützenswert, weil wusste, dass das Darlehen zur Finanzierung eines zum Widerruf berechtigten Geschäfts verwendet werden sollte und mit der Rückabwicklung rechnen musste.

6 c) Abs 1 S 1 ordnet im Falle des Widerrufs den **Durchgriff auf den zusammenhängenden Vertrag** an. Dies gilt jedoch nur, wenn nicht ohnehin schon die Voraussetzungen eines verbundenen Vertrages vorliegen. Abs 1 S 2 verweist als Rechtsfolge auf die Rückabwicklungsregelung des § 358 IV 1 bis 3. Ausgenommen ist damit der Ausschluss des Wertersatzes nach § 358 IV 4. Dieser soll gem Abs 1 S 3 nur für den Teilzeit-Wohnrechtevertrag oder einen Vertrag über ein langfristiges Urlaubsprodukt gelten. Auch kommt es nicht zu einem Übergang der Rechte und Pflichten im Abwick-

lungsverhältnis vom Verbraucher auf den Darlehensgeber bzw. den Unternehmer gem. § 358 V 5. Ebenfalls findet § 359 keine Anwendung auf zusammenhängende Verträge, so dass auch bei sog „angegebenen Verträgen" der Darlehensgeber nicht Einwendungen ausgesetzt wird, die aus einem für ihn fremden, nicht als wirtschaftliche Einheit anzusehenden Vertragsverhältnis stammen.

§ 361 Weitere Ansprüche, abweichende Vereinbarungen und Beweislast

(1) Über die Vorschriften dieses Untertitels hinaus bestehen keine weiteren Ansprüche gegen den Verbraucher infolge des Widerrufs.
(2) Von den Vorschriften dieses Untertitels darf, soweit nicht ein anderes bestimmt ist, nicht zum Nachteil des Verbrauchers abgewichen werden. Die Vorschriften dieses Untertitels finden, soweit nichts anderes bestimmt ist, auch Anwendung, wenn sie durch anderweitige Gestaltungen umgangen werden.
(3) Ist der Beginn der Widerrufsfrist streitig, so trifft die Beweislast den Unternehmer.

§ 361 soll den **Verbraucher von einer weiteren Inanspruchnahme** über die in den 1 §§ 355 ff hinaus geregelten Fälle **schützen**. Der Verbraucher soll nicht aus Furcht vor möglichen Belastungen aus Ansprüchen, die der Unternehmer infolge des Widerrufs erlangen könnte, von der Ausübung des Widerrufsrechts abgehalten werden. Ausgeschlossen sind daher jedenfalls weitergehende Ansprüche des Unternehmers hins der Rückabwicklung (auch auf Nutzungsentschädigung) aufgrund von vertraglichen Strafbestimmungen. Nicht ausgeschlossen sind dag Ansprüche des Unternehmers, die keine Folge des Widerrufs sind, sondern unabhängig von diesem ihren Grund in der Verletzung von Schutzpflichten aus dem Vertrag oder auf vorvertraglichem Schuldverhältnis (cic) oder im Deliktsrecht haben. Die Abgrenzung im Einzelnen wird noch weiterer Klärung bedürfen. Ansprüche des Verbrauchers sind von der Vorschrift nicht umfasst.
Nach Abs 2 S 1 darf von dieser Regelung nur zugunsten des Verbrauchers abgewichen 2 werden; Abs 2 S 2 statuiert ein **Umgehungsverbot**.
Während grds die allg **Grundsätze zur Beweislast** für den Widerruf gelten, trifft gem 3 Abs 3 den Unternehmer die Beweislast, wenn der Beginn der Widerrufsfrist streitig ist (wie bisher gem § 355 III 3 aF). Auch diese Regelung soll dem Verbraucher die Durchsetzung seines Widerrufsrechts erleichtern und den Unternehmer zu einem ordnungsgemäßen Umgang mit den Verbraucherrechten anhalten. – Der Präklusion eines erstmals im Berufungsrechtszug ausgeübten Widerrufsrechts steht entgegen, dass dieses Recht ein **Gestaltungsrecht** und daher kein Angriffs- und Verteidigungsmittel im prozessrechtlichen Sinn ist (Rohlfing NJW 10, 1787; str).

Abschnitt 4
Erlöschen der Schuldverhältnisse

Vorbemerkung zu §§ 362–397

I. 1. Das **Erlöschen** eines Schuldverhältnisses bedeutet dessen unmittelbaren und voll- 1 ständigen Untergang. Als rechtsvernichtende Einwendung hat es das Gericht vAw zu berücksichtigen. Untergehen kann sowohl eine einzelne schuldrechtliche Forderung (Schuldverhältnis ieS) als auch das Schuldverhältnis iwS (Vor §§ 241–853 Rn 15). Die §§ 362–397 beziehen sich auf die einzelne Forderung (BGHZ 97, 199) und haben nur mittelbar Auswirkungen auf das Schuldverhältnis iwS. Sie beschränken sich auf die Regelung des Erlöschens durch **Befriedigung des Leistungsinteresses** des Gläubigers in Form der Erfüllung (§§ 362 ff), der Hinterlegung (§§ 372 ff), der Aufrechnung (§§ 387 ff) und des Erlasses (§ 397). Ohne Befriedigung des Leistungsinteresses des Gläubigers erlischt das Schuldverhältnis bei Eintritt einer auflösenden Bedingung (§ 158 II), Zeitablauf (§ 163), bestimmten Leistungsstörungen (§§ 275, 326 I 1) und Verwirkung (§ 242 Rn 30).

2 Darüber hinaus erlischt das Schuldverhältnis grds, wenn sich Forderung und Schuld in einer Person vereinigen (**Konfusion**), etwa durch Abtretung der Forderung an den Schuldner. Die Personenverschiedenheit von Gläubiger und Schuldner ist regelmäßig eine Voraussetzung des Schuldverhältnisses; grds kann man nicht sein eigener Schuldner sein (BGHZ 115, 122). Nur ausnahmsweise führt die Vereinigung von Forderung und Schuld in einer Person nicht zum Erlöschen, sofern gesetzliche Bestimmungen den Fortbestand der Forderung festlegen bzw fingieren (zB §§ 1976, 1991 II, 2143, 2175, 2377 S 1) oder sofern besondere Interessenlagen das Fortbestehen der Forderung rechtfertigen (so OLG Hamm VRS 89, 410 für einen Schadensersatzanspruch bei Haftpflichtversicherungsschutz; Wacke DNotZ 01, 302 gegen BGH NJW 00, 1033 für ein schuldrechtliches Vorkaufsrecht des Erben, das durch Vormerkung gesichert war). Das Erlöschen der Forderung durch Konfusion bewirkt zugleich den Untergang aller akzessorischen Sicherheiten (wie Bürgschaft und Pfandrechte). Hingegen werden andere Rechte Dritter durch das Erlöschen der Forderung nicht beeinträchtigt. Zugunsten eines Nießbrauchberechtigten oder Pfandgläubigers wird daher die Forderung als bestehend fingiert (BGH NJW 95, 2288).

3 Auch der **Wegfall des Schuldners** führt zum Erlöschen des Schuldverhältnisses. Wegen der Erbenhaftung aus §§ 1922, 1967 betrifft dies nur juristische Personen. Erforderlich ist das vollständige Erlöschen der Rechtspersönlichkeit; die (deklaratorisch wirkende) Löschung im Register reicht nicht aus (BGHZ 48, 307). Nach dem Wegfall der Rechtspersönlichkeit kann jedoch (anders als bei der Konfusion) eine Bürgschaft fortbestehen (BGHZ 82, 326).

4 2. Das Schuldverhältnis iwS endet erst mit dem Erlöschen aller von ihm umfassten Schuldverhältnisse ieS. Auch die Pflichten zur Abwicklung und Ersatzleistung, die in seinem Rahmen entstanden sind, müssen erloschen sein. Nach der Beendigung können aber sog nachvertragliche Treuepflichten fortwirken (§ 242 Rn 20).

5 3. Sowohl zur Beendigung des Schuldverhältnisses ex nunc als auch zur rückwirkenden Beseitigung können die Parteien einen **Aufhebungsvertrag** schließen. Er beruht auf dem Grundsatz der Vertragsfreiheit, bedarf nicht der Form des aufgehobenen Vertrages und erstreckt sich auf das Schuldverhältnis im weiteren Sinne (iU zum Erlassvertrag für die einzelne Forderung, § 397). Häufig verbinden die Parteien die Aufhebung des alten Schuldverhältnisses mit der Begr eines neuen (Rn 6). – Durch den **Rücktritt** (§§ 346 ff) endet das Schuldverhältnis in der bisherigen Gestalt; die vertraglichen Beziehungen zwischen den Parteien bestehen jedoch idR aufgrund der Umwandlung in ein Rückgewährschuldverhältnis fort.

6 II. Ein erloschenes Schuldverhältnis kann nicht durch einen vertraglichen Verzicht auf das Erlöschen wiedererstehen. Erforderlich ist vielmehr eine vertragliche **Neubegründung** (**Novation**). Dabei sind ggf Formerfordernisse zu beachten. Akzessorische Sicherheiten leben nur wieder auf, wenn der Tatbestand, der das Erlöschen bewirkte, rückwirkend beseitigt wird (zB durch Anfechtung, § 142 I).

Titel 1
Erfüllung

§ 362 Erlöschen durch Leistung

(1) Das Schuldverhältnis erlischt, wenn die geschuldete Leistung an den Gläubiger bewirkt wird.
(2) Wird an einen Dritten zum Zwecke der Erfüllung geleistet, so findet die Vorschrift des § 185 Anwendung.

1 I. Der Begriff **Erfüllung** bezeichnet die bestimmungsgemäße Beendigung eines Schuldverhältnisses ieS durch Bewirken der geschuldeten Leistung. § 362 regelt die Erfüllung durch Erbringen der geschuldeten Leistung an den Gläubiger (Abs 1) oder einen Dritten (Abs 2). Nimmt der Gläubiger eine nicht geschuldete Leistung an Erfüllungs statt

an, erlischt das Schuldverhältnis ebenfalls (§ 364 I). Wenn er sie nur erfüllungshalber annimmt, besteht dag das Schuldverhältnis fort (§ 364 Rn 1).

II. 1. Voraussetzungen der Erfüllung: **a)** Dem Gläubiger muss die geschuldete **Leistung** erbracht werden. Als Leistung ist dabei der **Leistungserfolg** zu verstehen; die Leistungshandlung allein genügt nicht (BGHZ 87, 162; BGH NJW 94, 2948). Auch wenn der Leistungserfolg ausbleibt, weil der Gläubiger eine erforderliche Mitwirkung verweigert, tritt keine Erfüllung ein; die Interessen des Schuldners werden in diesem Fall durch die §§ 293 ff geschützt. Nicht erforderlich ist aber, dass der Leistungserfolg allein auf dem Verhalten des Leistenden beruht, sofern überhaupt nur eine Leistungshandlung vorliegt. Auch wenn der Gläubiger das zu übertragende Eigentum gutgläubig gem §§ 932 ff erwirbt, kann daher Erfüllung eintreten.

b) Welches die **geschuldete** Leistung ist, ergibt sich aus dem jeweiligen Schuldverhältnis. Entspr dem Inhalt dieses Schuldverhältnisses muss die Leistung zur **richtigen Zeit** (§ 271), am **richtigen Ort** (§§ 269 f) und in der **richtigen Art und Weise** (§§ 242 f) erbracht werden. Die Erfüllung kann daher grds nicht bewirkt werden, solange die Forderung nicht in vollem Maße entstanden und **fällig** ist. Einer **Vorausleistung** kommt nur Erfüllungswirkung zu, wenn die Parteien eine entspr Vereinbarung getroffen haben (BGHZ 85, 318); es genügt mithin nicht schon die Tilgungsbestimmung des vorausleistenden Schuldners, sondern der Gläubiger muss zumindest konkludent zustimmen.

c) Über den **Leistenden** enthält der Wortlaut von § 362 keine Festlegung. Grds kann die Leistung vom Schuldner selbst, seinem Erfüllungsgehilfen (§ 278) oder einem Dritten (§§ 267, 268) erbracht werden, soweit sich nichts anderes aus dem betr Schuldverhältnis ergibt (insb wegen des Bestehens einer höchstpersönlichen Verpflichtung).

d) Leistungsempfänger ist idR gem Abs 1 der **Gläubiger** der Forderung. Der Empfang der Leistung führt aber nach hM nur zur Erfüllung, wenn der Gläubiger die **Empfangszuständigkeit** hat. Diese setzt seine **Geschäftsfähigkeit** und **Verfügungsbefugnis** über die Forderung voraus. Auch dem beschränkt Geschäftsfähigen fehlt die Empfangszuständigkeit. Daher kann er zwar an geleisteten Sachen gem § 107 Eigentum erwerben; jedoch tritt ohne die Zustimmung des gesetzlichen Vertreters keine Erfüllung und damit kein Verlust des Anspruchs aus dem Schuldverhältnis ein. Ebenso befreit die Leistung an den Gläubiger nicht, wenn diesem die Verfügungsmacht über die Forderung fehlt (zB aufgrund § 136; § 80 I InsO). Als Leistung an den Gläubiger gem Abs 1 (und nicht als Leistung an einen Dritten gem Abs 2) gilt auch die Leistung an einen **Empfangsboten** oder -vertreter.

e) Die **Leistung an einen Nichtgläubiger** hat gem Abs 2 Erfüllungswirkung, wenn dieser iSd § 185 **empfangsermächtigt** ist. Die Genehmigung gem § 185 II hat dabei wegen § 816 II besondere Bedeutung. Daneben genügt die Leistung an einen Dritten auch dann, wenn diesem ein **eigenes Forderungsrecht** aufgrund von § 328 oder ein Nießbrauch- oder Pfandrecht an der Forderung gem §§ 1074 I, 1282 I; §§ 835 I, 1. Alt, 836 I ZPO zusteht. Hingegen ist die Bank des Gläubigers bei der Zahlung durch **Überweisung** kein Dritter iSd Abs 2 (BGH NJW 85, 2700; s § 364 Rn 4).

f) Nach hM ist die Erfüllung **objektive Folge** der Leistungsbewirkung (**Theorie der realen Leistungsbewirkung**; BGH NJW 91, 1295; stRspr). Ein subjektives Erfüllungsmerkmal, insb ein Erfüllungsvertrag, ist nicht erforderlich; es genügt, dass die Leistung dem betr Schuldverhältnis zugeordnet werden kann (BGH NJW 07, 3488; zur Drittleistung vgl § 267 Rn 2). Auch ein nicht geschäftsfähiger Schuldner kann daher die Leistung mit befreiender Wirkung erbringen. – Im Unterschied zu der heute hM verlangt die früher herrschende **Vertragstheorie** neben der realen Herbeiführung des Leistungserfolges einen auf die Aufhebung des Schuldverhältnisses gerichteten Erfüllungsvertrag. Die **eingeschränkte Vertragstheorie** hält einen das Schuldverhältnis aufhebenden Erfüllungsvertrag für notwendig, wenn zur Herbeiführung des Leistungserfolges ein (meist dinglicher) Vertrag erforderlich ist. Demgegenüber verlangt die **Zweckvereinbarungstheorie** zwar keinen Aufhebungsvertrag, aber eine rechtsgeschäftliche Einigung über den Zweck der Leistung. Diesen Theorien, die die Erfüllung mit einer Vereinbarung verknüpfen, steht jedoch insgesamt ua entgg, dass der Schuldner aus § 366 zur einseitigen Tilgungsbestimmung berechtigt ist. Die **Theorie der finalen Leistungsbe-**

wirkung beschränkt demgegenüber das subjektive Erfüllungsmerkmal auf die einseitige Zweckbestimmung durch den Schuldner (Bülow JuS 91, 531); selbst gegen dieses einseitige subjektive Erfordernis spricht aber die Regelung des § 366 II, nach der eine Zweckbestimmung des Schuldners gerade nicht Erfüllungsvoraussetzung ist.

8 Obgleich somit die objektive Zuordnungsmöglichkeit genügt, kann der Schuldner allerdings freiwillig eine **Tilgungsbestimmung** gem § 366 I treffen, wenn mehrere Forderungen bestehen. Zulässig ist auch eine doppelte Tilgungsbestimmung (zB die Leistung zugleich auf die persönliche und die dingliche Schuld; BGHZ 105, 157) oder der Ausschluss einer Forderung von der Erfüllungswirkung (BGH NJW 72, 1750).

9 **2. Rechtsfolgen: a)** Durch die Erfüllung **erlischt** die Forderung. Auch die Befriedigung des Gläubigers im Wege der **Zwangsvollstreckung** führt zum Erlöschen der Forderung (als Erfüllung gem § 362 oder gem §§ 815 III, 819, 897 ZPO; vgl Schünemann JZ 85, 49; BayObLG NJW-RR 89, 1291). Bei der Zahlung zur Abwendung der Zwangsvollstreckung aus einem Vorbehaltsurteil tritt die Erfüllung aber erst mit Rechtskraft ein (BGHZ 86, 269). Bei der Leistung iR eines **Dauerschuldverhältnisses** tritt Erfüllung nur hins der erbrachten Teilleistung ein.

10 **b)** Hat der Schuldner **unter Vorbehalt geleistet**, tritt die Erfüllung mit der Folge des Erlöschens der Forderung ein, wenn er nur die Wirkung des § 814 ausschließen will, um sich seinen Rückgewähranspruch aus § 812 für den Fall zu erhalten, dass ihm der Beweis des Nichtbestehens der Forderung gelingt (BGH NJW 84, 2826). Dag liegt keine Erfüllung vor, wenn der Schuldner die Leistung nur unter der Bedingung erbringt, dass die Forderung besteht, und damit den Übergang der Beweislast für das Bestehen der Forderung auf sich verhindern will (BGH NJW 99, 494).

11 **c) Keine Erfüllung** tritt grds ein, wenn eine andere als die geschuldete, eine unvollständige oder mangelhafte Leistung erbracht wird (Rn 3). Allerdings trifft den Gläubiger bei Annahme einer derartigen Leistung gem § 363 die Beweislast für die fehlende Erfüllungswirkung. § 433 I 2 stellt klar, dass im Falle einer mangelhaften Leistung keine Erfüllung eintritt; der Käufer hat dementspr auch beim Stückkauf einen Anspruch auf Nacherfüllung, sofern der Mangel ohne weiteres behebbar ist (§§ 437 Nr 1, 439; iE Westermann, in Schulze/Schulte-Nölke, Schuldrechtsreform, 111 f). Auch bei fehlender Empfangszuständigkeit (Rn 5) oder Leistung an einen nicht berechtigten Dritten tritt keine Erfüllung ein; das Erlangte ist gem § 812 I 1, 1. Alt herauszugeben. Nur ausnahmsweise wird der Schuldner uU kraft Gesetzes von seiner Verbindlichkeit frei, obwohl er an einen **Nichtberechtigten** geleistet hat (§§ 370, 407, 408, 893 iVm 892, 2367 iVm 2366; § 354 a S 2 HGB).

12 **III.** Die **Beweislast** für das Bestehen des Anspruchs trifft bis zur Erfüllung den Gläubiger; der Schuldner hat mit Ausn des § 363 die ordnungsgemäße Erfüllung als rechtsvernichtende Einrede zu beweisen. Verlangt der Schuldner die Rückgewähr seiner Leistung, trifft ihn dag die Beweislast für das Fehlen des Rechtsgrundes.

§ 363 Beweislast bei Annahme als Erfüllung

Hat der Gläubiger eine ihm als Erfüllung angebotene Leistung als Erfüllung angenommen, so trifft ihn die Beweislast, wenn er die Leistung deshalb nicht als Erfüllung gelten lassen will, weil sie eine andere als die geschuldete Leistung oder weil sie unvollständig gewesen sei.

1 **I.** Die **Beweislast für die Erfüllung** trägt grds der Schuldner. Er hat zu beweisen, dass die Leistung überhaupt und ordnungsgemäß erbracht wurde. § 363 ordnet eine Beweislastumkehr an, wenn der Gläubiger die Leistung als Erfüllung angenommen hat. Ausn hiervon gelten beim Verbrauchsgüterkauf (§ 474 I 1) gem § 476, wenn sich der Sachmangel innerhalb von 6 Monaten nach Gefahrübergang zeigt. Für diesen Fall wird grds zugunsten des Gläubigers (Käufers) vermutet, dass die Sache bereits bei Gefahrübergang mangelhaft war (iE § 476 Rn 1).

2 **II. 1. Voraussetzungen:** Der Gläubiger muss die angebotene Leistung **als Erfüllung angenommen** haben. Ausreichend ist, dass das Verhalten des Gläubigers darauf schließen

lässt, dass er die Leistung als im Wesentlichen schuldgerechte Erfüllung ansieht (BGH NJW 58, 1724). Einzelne Vorbehalte schließen eine Annahme daher nicht zwingend aus; eine Entgegennahme zur Prüfung genügt jedoch nicht. Eine ausdrückliche Annahmeerklärung ist nicht erforderlich. Damit ähnelt die Annahme der Abnahme iSv § 640, beschränkt sich jedoch auf ein rein tatsächliches Verhalten. Eine **formularmäßige Annahmeerklärung** iSd § 363 ist wegen § 309 Nr 12 b unwirksam (OLG Koblenz NJW 95, 3392).

2. **Rechtsfolgen:** Die Beweislastumkehr betrifft sowohl die **Erbringung der Leistung** an sich als auch ihre **Mängelfreiheit** (BGH NJW 85, 2329; str). Zwar nennt § 363 nur die falsche und die unvollständige Leistung und nicht die mangelhafte Leistung, jedoch folgt aus der Entstehungsgeschichte, dass den Gläubiger ab Annahme der Leistung als Erfüllung die Beweislast für den Sachmangel treffen soll (so auch BT-Drucks 14/6040, 217). § 363 gilt darüber hinaus auch für Rechtsmängel, denn § 442 aF, der dem Gläubiger auch für den Zeitraum bis zur Annahme als Erfüllung die Beweislast auferlegte, wurde im Zuge des SMG aufgehoben (iE BT-Drucks 14/6040, 202 f). Die Beweislastumkehr entfällt jedoch, wenn wegen einer Mängelrüge eine Nachlieferung vereinbart worden ist (OLG Hamm MDR 81, 756). § 363 führt nicht zu einem Verlust der Gewährleistungsansprüche. Diese sind nur unter zusätzlichen Voraussetzungen ausgeschlossen (zB § 640 II; §§ 377 HGB).

3. Lehnt der Gläubiger die Annahme als Erfüllung ab, tritt keine Beweislastumkehr 4 ein. Sofern es sich aber um die vertragsgemäße Leistung handelte, kommt der Gläubiger evtl gem §§ 293 ff in Annahmeverzug.

III. Beruft sich der Gläubiger auf die Verletzung von **Aufklärungs- oder Beratungs-** 5 **pflichten**, trägt er unabhängig von § 363 die Beweislast (BGH NJW 92, 1697; BGH NJW 96, 2571). Bei **Unterlassungspflichten** muss ebenfalls der Gläubiger deren Verletzung beweisen (arg § 345). Demgegenüber trägt grds der Schuldner die Beweislast für die Mängelfreiheit der von ihm erbrachten Leistung, wenn er Ansprüche geltend macht, die die Erfüllungsbereitschaft des Gläubigers voraussetzen, wie zB in den Fällen der §§ 433 II, 322 (anders aber im Falle der Vorleistungspflicht des Gläubigers; BGH NJW 65, 1270).

§ 364 Annahme an Erfüllungs statt

(1) Das Schuldverhältnis erlischt, wenn der Gläubiger eine andere als die geschuldete Leistung an Erfüllungs statt annimmt.
(2) Übernimmt der Schuldner zum Zwecke der Befriedigung des Gläubigers diesem gegenüber eine neue Verbindlichkeit, so ist im Zweifel nicht anzunehmen, dass er die Verbindlichkeit an Erfüllungs statt übernimmt.

I. Nach Abs 1 führt die Annahme einer anderen Leistung als der geschuldeten **an Erfül-** 1 **lungs statt** zum **Erlöschen des Schuldverhältnisses**. Davon zu unterscheiden ist die Leistung **erfüllungshalber**, die den Bestand der ursprünglichen Forderung nicht berührt. Eine neue Verpflichtung des Schuldners zur Befriedigung des Gläubigers ist bei der Auslegung iZw nicht als an Erfüllungs statt eingegangen zu betrachten (Abs 2).

II. **Leistung an Erfüllungs statt:** 1. **Voraussetzung** der Leistung an Erfüllungs statt ist 2 eine ausdrückliche oder stillschweigende **vertragliche Einigung** zwischen Gläubiger und Schuldner über die Erfüllungswirkung einer anderen als der geschuldeten Leistung (Erfüllungsvertrag oder Schuldänderungsvertrag besonderer Art; str). Bei einer konkludenten Vereinbarung muss der Wille des Gläubigers, die andere Leistung als Erfüllung anzunehmen, hinreichend deutlich werden (BAG DB 76, 60). IdR wird diese Vereinbarung bei der Leistungserbringung getroffen. Möglich ist aber auch eine frühere Einigung, die dem Schuldner eine Ersetzungsbefugnis eröffnet. Grds kommt die Vereinbarung einer Leistung an Erfüllungs statt hins jeder Art von Leistung in Betracht.

2. **Rechtsfolge** des Erbringens der Leistung an Erfüllungs statt ist ebenso wie bei der 3 Erfüllung das **Erlöschen des Schuldverhältnisses**. Rechtsgrund der Leistung bleibt das ursprüngliche Schuldverhältnis (hM). Bestand die Forderung des Gläubigers nicht

wirksam, ist er zur Rückgewähr der erbrachten Leistung nach Bereicherungsrecht verpflichtet. Stellt die an Erfüllungs statt erbrachte Leistung im Verhältnis zu der ursprünglich geschuldeten dem Wert nach eine Mehr- oder Minderleistung dar, so setzt ein Anspruch auf Wertausgleich eine entspr Parteivereinbarung voraus. Leistungsstörungen auf Schuldnerseite regelt § 365.

4 3. a) Leistung an Erfüllungs statt ist auch die **Banküberweisung** (§§ 675 c ff) im Giroverkehr (BGH NJW 53, 897; OLG Hamm NJW 88, 2115; aA Pal/Grüneberg § 362 Rn 9). Die erforderliche Parteivereinbarung kommt regelmäßig dadurch zustande, dass der Gläubiger mit der Angabe seiner Bankverbindung sein Einverständnis mit der Leistung an Erfüllungs statt auf diesem Wege zum Ausdruck bringt. Die Erfüllung tritt erst mit der Gutschrift auf dem Konto des Gläubigers ein (BGHZ 6, 122; BGH NJW 99, 210). Bei Zahlung im **Lastschriftverfahren** ist für die Erfüllung erforderlich, dass die Schuldnerbank das Konto des Schuldners bereits wirksam belastet und die Gläubigerbank den Betrag gutgeschrieben hat (LG Regensburg NJW-RR 92, 718); die Schuldnerbank kann aber auch das Einlösungsrisiko übernehmen (BGHZ 79, 385).

5 b) Nimmt der Verkäufer beim Neuwagenkauf den **Gebrauchtwagen** des Käufers **in Zahlung**, kommen in der Praxis va zwei Vertragsgestaltungen vor, die sich insb hins der Behandlung von Leistungsstörungen unterscheiden.

6 Übernimmt der Verkäufer den gebrauchten Wagen sofort endgültig unter Anrechnung des für die übernommene Sache vereinbarten Preises, handelt es sich nach der Rspr und hL um einen **einheitlichen Kaufvertrag** mit Ersetzungsbefugnis nach §§ 364 I, 365 für den Käufer (BGHZ 89, 126). Ist der Neuwagen mangelhaft, kann der Käufer seine allg Rechte geltend machen. Tritt er vom Kaufvertrag gem §§ 437 Nr 2, 323 I zurück, erhält er neben dem bar entrichteten Kaufpreis den in Zahlung gegebenen Altwagen zurück. Er erhält nur dann den Verrechnungspreis statt der Herausgabe des Gebrauchtwagens, wenn er den großen Schadensersatzanspruch (§ 281 Rn 18) iR der §§ 437 Nr 3, 281 bzw 283 wählt. Entspr gilt für die Inzahlunggabe eines Gebrauchtwagens beim **Finanzierungsleasing** (BGH NJW 03, 506; s auch Vor §§ 535–580 a Rn 16). Ist demgegenüber der Gebrauchtwagen mangelhaft, kann der Verkäufer gem § 365 iVm §§ 437 Nr 2, 323 den Rücktritt beschränkt auf die Erfüllungsvereinbarung erklären. Der Käufer muss dann den vollen Kaufpreis bar entrichten.

7 In der anderen Gestaltung, die in der Praxis im Hinblick auf § 25 a UStG an Bedeutung gewonnen hat, kommt es zum Abschluss **zweier Verträge**; eines Kaufvertrages über den Neuwagen und eines sog **Agenturvertrages** oder Kommissionsvertrages über die gebrauchte Sache. Der Agenturvertrag enthält zugleich die Vereinbarung eines Mindesterlöses für den Gebrauchtwagen sowie eine Stundungsvereinbarung hins des Neuwagenpreises in dieser Höhe und eine Verrechnungsabrede für den Verkaufserlös (BGH NJW 82, 1699). Der Verkäufer kann den Agenturvertrag nur aus wichtigem Grund kündigen, so dass dann die Stundungsvereinbarung entfällt und der Käufer den Restkaufpreis zahlen muss. Tritt der Käufer vom Vertrag wegen Mangelhaftigkeit des Neuwagens zurück, erhält er neben dem von ihm gezahlten Barpreis nur dann den vereinbarten Mindestpreis, wenn der Altwagen bereits verkauft ist. Ansonsten ist der Altwagen an den Käufer zurückzugeben, der Agenturvertrag entfällt im Wege der Kündigung bzw nach den Grundsätzen über die Störung der Geschäftsgrundlage (§ 313).

8 **III. 1.** Im Ggs zur Leistung an Erfüllungs statt bewirkt die Annahme einer anderen als der geschuldeten Leistung **erfüllungshalber** nicht das Erlöschen der Forderung. Vielmehr bleibt das ursprüngliche **Schuldverhältnis mit allen Sicherheiten** bestehen, und der Gläubiger erhält daneben eine **weitere Befriedigungsmöglichkeit**. Entspr der Parteiabrede erlangt der Gläubiger dabei zumeist treuhänderisch das Eigentum bzw ein sonstiges Vollrecht an dem erfüllungshalber geleisteten Gegenstand, um diesen vor dem Zugriff anderer Gläubiger des Schuldners zu sichern (Köhler WM 77, 246). Er ist verpflichtet, sich vorrangig und mit verkehrsüblicher Sorgfalt aus dieser Leistung zu befriedigen (BGHZ 96, 193); damit verbundene Kosten gehen gem § 670 zulasten des Schuldners (BGHZ 92, 127). Soweit der Gläubiger aus der erfüllungshalber angenommenen Leistung befriedigt ist, erlischt die ursprüngliche Forderung. Soweit dies misslingt, kann er auf die ursprüngliche Forderung zurückgreifen. Regelmäßig vereinbaren

die Parteien (konkludent) eine Stundung der ursprünglichen Forderung bis zum Scheitern der Befriedigung aus der erfüllungshalber angenommenen Leistung (vgl BGH NJW 92, 684).

Ob es sich um eine Leistung an Erfüllungs statt oder nur erfüllungshalber handelt, ist durch **Auslegung** zu ermitteln. Die Auslegung hat zunächst den allg Grundsätzen zu folgen (BGHZ 116, 283). Ergibt sich daraus kein Aufschluss, ist nach Abs 2 anzunehmen, dass die neue Verbindlichkeit zur Befriedigung des Gläubigers erfüllungshalber vereinbart wurde. Leistungen erfüllungshalber sind regelmäßig zB die Hingabe eines Wechsels (BGHZ 96, 186) oder eines Schecks (BGH NJW 96, 1961). Die Erfüllungswirkung tritt erst mit der vorbehaltlosen Gutschrift des Schecks auf dem Gläubigerkonto ein (BGH JZ 96, 804). Dag handelt es sich bei der Annahme eines Prolongationswechsels unter gleichzeitiger Rückgabe des ursprünglichen Wechsels idR um eine Leistung an Erfüllungs statt hins der Wechselverbindlichkeit (aber nicht hins der Grundforderung). 9

2. Der Wortlaut des Abs 2 bezieht sich auf Fälle, in denen der Gläubiger eine neue Forderung gegen seinen Schuldner erhält. Wenn der Schuldner einen **Anspruch des Gläubigers gegen einen Dritten** zur Befriedigung des Gläubigers begründet, ergibt die Auslegung jedoch ebenfalls idR die Festlegung einer Leistung nur **erfüllungshalber**. Dafür spricht insb, dass der Gläubiger regelmäßig nicht das Risiko der Insolvenz des Dritten übernehmen will. Um Leistungen erfüllungshalber handelt es sich so idR bei der Zahlung mit Kreditkarte (Vor §§ 675c-676 c Rn 4), mit ec-Karte im POS-System und mit Geldkarte (Pfeiffer NJW 97, 1036; Gößmann WM 98, 1270); bei der Bestellung eines Akkreditivs (BGH NJW 81, 1905); bei der Hingabe eines Wechsels oder Schecks eines Dritten (BGH NJW 92, 1380); bei der Abtretung von Versicherungsansprüchen (BGH NJW 93, 1579). Zum unechten Factoring § 398 Rn 26. 10

§ 365 Gewährleistung bei Hingabe an Erfüllungs statt

Wird eine Sache, eine Forderung gegen einen Dritten oder ein anderes Recht an Erfüllungs statt gegeben, so hat der Schuldner wegen eines Mangels im Recht oder wegen eines Mangels der Sache in gleicher Weise wie ein Verkäufer Gewähr zu leisten.

§ 365 ordnet als Erg zu § 364 I zum **Schutz des Gläubigers**, der eine Leistung **an Erfüllungs statt** annimmt, die Haftung des Schuldners für Leistungsstörungen nach dem Kaufrecht an. Leistet der Schuldner eine Sache, eine Forderung gegen einen Dritten oder ein anderes Recht an Erfüllungs statt, treffen ihn daher die gleichen Gewährleistungspflichten wie den Verkäufer (§§ 434 ff). Bei Rechts- oder Sachmängeln der als Erfüllung angenommenen Leistung lebt die ursprüngliche Forderung des Gläubigers damit zwar nicht unmittelbar wieder auf (hM); der Schuldner ist aber zu ihrer Wiederherstellung verpflichtet. Im Prozess kann der Gläubiger unmittelbar auf Erfüllung der wieder einzuräumenden, ursprünglichen Forderung klagen (BGHZ 46, 342). Leistet ein **Dritter**, gelten die Gewährleistungsrechte des Gläubigers auch diesem gegü. Eine **Haftungsbeschränkung** im ursprünglichen Schuldverhältnis (zB bei der Schenkung; §§ 523, 524) ist auch bei der Leistung an Erfüllungs statt hins der Gewährleistung zu berücksichtigen. Der auf eine volle Haftung im ursprünglichen Schuldverhältnis zugeschnittene § 365 ist insoweit nicht anwendbar (str). Wird ein **Gebrauchtwagen in Zahlung** genommen (§ 364 Rn 5 ff), kann ein stillschweigender Haftungsverzicht für nicht erkennbare Mängel vorliegen (BGHZ 83, 338). 1

§ 366 Anrechnung der Leistung auf mehrere Forderungen

(1) Ist der Schuldner dem Gläubiger aus mehreren Schuldverhältnissen zu gleichartigen Leistungen verpflichtet und reicht das von ihm Geleistete nicht zur Tilgung sämtlicher Schulden aus, so wird diejenige Schuld getilgt, welche er bei der Leistung bestimmt.

(2) Trifft der Schuldner keine Bestimmung, so wird zunächst die fällige Schuld, unter mehreren fälligen Schulden diejenige, welche dem Gläubiger geringere Sicherheit bietet,

unter mehreren gleich sicheren die dem Schuldner lästigere, unter mehreren gleich lästigen die ältere Schuld und bei gleichem Alter jede Schuld verhältnismäßig getilgt.

1 **I.** Wenn der Schuldner dem Gläubiger aus mehreren Forderungen verpflichtet ist und die erbrachte Leistung nicht zur Erfüllung aller Forderungen ausreicht, ist eine Zuordnung erforderlich, damit insoweit Erfüllung eintreten kann. Nach Abs 1 kann der Schuldner für jede Leistung bestimmen, auf welche Forderung sie erbracht werden soll. Nimmt der Schuldner keine Leistungsbestimmung vor, greift die gesetzliche Reihenfolge der Tilgung nach Abs 2 ein.

2 **II. 1. Voraussetzung** einer Leistungszuordnung nach § 366 ist die Verpflichtung des Schuldners ggü dem Gläubiger aus mehreren Schuldverhältnissen zu gleichartigen Leistungen. Bei nicht **gleichartigen Leistungen** kann sich bereits aus der Art der erbrachten Leistung ergeben, welche Forderung erfüllt werden soll. Das Bestehen **mehrerer Schuldverhältnisse** erfordert die Selbständigkeit der einzelnen Forderungen im Verhältnis zueinander. Als selbständig gelten die Forderungen auch, wenn sie auf demselben Schuldverhältnis iwS beruhen, wie zB mehrere Mietzinsraten (BGHZ 91, 379). Heilungskosten und Schmerzensgeld wegen des gleichen Unfalls sind nach der Neuregelung des § 253 durch das SchÄG (§ 253 Rn 12 ff) nur noch verschiedene Rechnungsposten innerhalb eines einheitlichen Anspruchs, so dass eine Zurechnung von Teilleistungen über § 366 jetzt nicht mehr notwendig ist. Entspr anwendbar ist § 366, wenn mehrere rechtlich verselbständigte Teile einer Forderung bestehen (BGH NJW-RR 91, 170 für eine Teilklage). Ein Wahlrecht des Verbrauchers, stattdessen die den gesetzlichen Zinssatz übersteigenden, in den vereinbarten Ratenzahlungen enthaltenen Zinsen zur Tilgung des Darlehensrückzahlungsanspruchs zu verrechnen, besteht nicht (BGH NJW 09, 2046).Dag ist für die Zuordnung der Leistung im Verhältnis von Hauptforderung zu Kosten und Zinsen § 367 maßgeblich. Der **Gläubiger** der verschiedenen Forderungen muss **identisch** sein. Bei Leistungen an unterschiedliche Gläubiger wird § 366 nur entspr angewandt, wenn der Schuldner an verschiedene Gläubiger mit befreiender Wirkung ggü allen Gläubigern leisten kann, zB nach einer stillen Teilabtretung bei verlängertem Eigentumsvorbehalt gem §§ 362 II, 185, 407 (BGHZ 47, 170).

3 **2.** Die **Tilgungsbestimmung** nach Abs 1 ist eine einseitige empfangsbedürftige Willenserklärung. Sie kann ausdrücklich oder konkludent erfolgen (BGH NJW-RR 91, 565) und ist nach allg Regeln auszulegen. Die Anfechtung wegen Irrtums ist nicht ausgeschlossen (BGHZ 106, 166). Der Widerspruch des Gläubigers gegen die Tilgungsbestimmung ist grds unerheblich, sofern nicht der Schuldner zustimmt. Nimmt der Gläubiger unter Widerspruch gegen die Tilgungsbestimmung die Leistung nicht an, so gerät er bei Vorliegen der weiteren Voraussetzungen gleichwohl in Annahmeverzug gem §§ 293 ff.

4 Das **Bestimmungsrecht** steht dem Schuldner oder einem gem § 267 leistenden Dritten zu. Bei Zahlungen eines Dritten zur Ablösung einer Grundschuld ist aber die Bestimmung durch den Eigentümer bzw Schuldner maßgeblich (BGH NJW 97, 2047). Die Tilgungsbestimmung muss **bei der Leistung** erfolgen. Festlegungen nach dem Zeitpunkt der Leistung sind wirksam, wenn die Parteien eine nachträgliche Tilgungsbestimmung vertraglich zugelassen haben (BGH NJW 91, 1606); zu den Voraussetzungen der nachträglichen Tilgungsbestimmung bei mehreren Gläubigern und bei Zahlung auf teilweise vorab abgetretene Werklohnforderung BGH NJW 08, 985. Eine vorherige Vereinbarung kann aber bereits die Tilgungsreihenfolge des Abs 2 ausschließen und eine endgültige Bestimmung treffen, so dass der Schuldner im Zeitpunkt der Leistung nicht mehr davon abweichen kann (BGHZ 91, 379). Die Bestimmungserklärung kann auch konkludent erfolgen (BGH NJW-RR 95, 1257 f; BGH NJW 01, 3781). **Formularmäßige Vereinbarungen** sind wegen Verstoßes gegen § 307 I unwirksam, wenn sie dem Gläubiger das Recht geben, die Leistung nach seiner Wahl mit einer Forderung zu verrechnen (BGH NJW 99, 2043). In AGB kann aber eine konkrete Reihenfolge für die Tilgung festgelegt werden, sofern diese auf die Belange beider Parteien Rücksicht nimmt (BGHZ 91, 380).

3. Fehlt es an einer Tilgungsvereinbarung oder an einer einseitigen Tilgungsbestim- 5
mung gem Abs 1, kommt die **gesetzliche Tilgungsreihenfolge** des Abs 2 zur Anwendung. Sie soll die Interessen beider Parteien aufgrund eines vermuteten vernünftigen Parteiwillens zu einem gerechten Ausgleich führen. Diesem Zweck entspr ist Abs 2 ausnahmsweise nicht anwendbar, wenn seine Tilgungsreihenfolge von dem vernünftigen Willen des Schuldners, der für den Gläubiger ohne weiteres erkennbar ist, abweicht. Maßgeblich ist in diesem Ausnahmefall vielmehr auch ohne Tilgungsbestimmung iSd Abs 1 der Wille des Schuldners, so dass zB die Prämienzahlung auf einen Versicherungsvertrag so anzurechnen ist, dass der Versicherungsschutz begründet oder aufrechterhalten wird (BGH NJW 78, 1524).
Nach der Reihenfolge des Abs 2 ist zunächst die **fällige** Schuld zu tilgen. Maßgeblich 6
ist damit die Fälligkeit, nicht die Erfüllbarkeit der Forderung. An zweiter Stelle ist auf die **geringere Sicherheit** in wirtschaftlicher Beurteilung abzustellen. Eine Forderung kann zB sicherer sein, wenn sie bereits tituliert ist (BGH WM 83, 1338), später verjähren wird, zusätzlich dinglich abgesichert ist oder wenn ein Dritter gesamtschuldnerisch mithaftet. **Lästiger** kann eine Forderung für den Schuldner wegen eines höheren Zinssatzes, des Verzugseintritts, der Bewehrung mit der Vertragsstrafe oder der bereits eingetretenen Rechtshängigkeit sein. Für das **Alter** der Forderung ist der Zeitpunkt des Entstehens und nicht die Fälligkeit maßgeblich (BGH NJW 91, 2630).
III. Die **Beweislast** für das Bestehen einer anderen Forderung als derjenigen, auf die der 7
Schuldner anrechnen möchte, trägt der Gläubiger. Der Schuldner hat bei Bestehen mehrerer Forderungen die Voraussetzungen dafür zu beweisen, dass die Leistung auf die streitige Forderung anzurechnen ist. In der **Zwangsvollstreckung** ist nur Abs 2 anwendbar (BGH NJW 99, 1704).

§ 367 Anrechnung auf Zinsen und Kosten

(1) Hat der Schuldner außer der Hauptleistung Zinsen und Kosten zu entrichten, so wird eine zur Tilgung der ganzen Schuld nicht ausreichende Leistung zunächst auf die Kosten, dann auf die Zinsen und zuletzt auf die Hauptleistung angerechnet.
(2) Bestimmt der Schuldner eine andere Anrechnung, so kann der Gläubiger die Annahme der Leistung ablehnen.

§ 367 legt die Reihenfolge der Tilgung für das Verhältnis von **Hauptforderung und ihr** 1
zugehörigen Nebenforderungen fest. Für mehrere selbständige Forderungen untereinander und für das Verhältnis einer selbständigen Forderung zu den Nebenforderungen einer anderen Hauptschuld gilt dag § 366. § 367 bestimmt die Tilgungsreihenfolge unabhängig vom Willen des Schuldners. Diese Reihenfolge gilt zwar bei einer **Parteivereinbarung über eine andere Anrechnungsfolge** nicht (OLG Hamm NJW 74, 1952). Eine **einseitige Tilgungsbestimmung** des Schuldners, die von Abs 1 abweicht, ist jedoch nur maßgeblich, wenn der Gläubiger die Leistung annimmt (arg Abs 2). Nimmt der Gläubiger die Leistung zunächst widerspruchslos an und erklärt erst nachträglich seinen Widerspruch gegen die Tilgungsbestimmung des Schuldners, ist gleichwohl die Bestimmung des Schuldners maßgeblich und nicht Abs 1 (BGH NJW 83, 2774; str).
Voraussetzung des § 367 ist, dass der Gläubiger neben dem **Hauptanspruch** auch **Zin-** 2
sen oder **Kosten** als zugehörige Nebenleistungen beanspruchen kann und dass die ihm erbrachte Leistung **nicht ausreicht**, um diese Forderungen insgesamt zu tilgen. Die Leistungen können vom Schuldner oder einem Dritten erbracht worden sein (§ 366 Rn 4). Für die Anrechnung legt Abs 1 die **Reihenfolge Kosten-Zinsen-Hauptforderung** fest. Als Kosten sind alle Aufwendungen des Gläubigers zur Durchsetzung seines Anspruchs zu berücksichtigen, sofern der Gläubiger aus irgendeinem Rechtsgrund zum Ersatz verpflichtet ist (einschließlich Prozess- und Vollstreckungskosten). Für die Zinsen ist der allg Zinsbegriff maßgeblich (§ 246 Rn 3). Kreditgebühren werden jedoch idR abw von § 367 nur pro rata mit der Kreditsumme getilgt (BGHZ 91, 59). **Entspr anzuwenden** ist die Festlegung des § 367 auf Erlöse aus der Zwangsvollstreckung und der Verwertung von Sicherheiten, nicht jedoch auf das Kontokorrentverhältnis (BGHZ 77, 262).

3 Für **Verbraucherdarlehensverträge** bestimmt § 497 III 1 eine andere Reihenfolge der Tilgung als § 367. Danach sind Leistungen zunächst auf die Kosten der Rechtsverfolgung, dann auf die Hauptforderung und erst danach auf die Zinsen anzurechnen; die nach Verzugseintritt auflaufenden Zinsen müssen zudem gem § 497 II auf einem gesonderten Konto verbucht werden. Gem § 506 sind diese Festlegungen nicht abdingbar. Ist der Kreditvertrag gem § 138 unwirksam, ist jede Rate, die der Verbraucher in Unkenntnis der Unwirksamkeit zahlt, anteilig auf das Kapital und auf die Kreditkosten anzurechnen (BGH NJW 87, 831; str).

§ 368 Quittung

¹Der Gläubiger hat gegen Empfang der Leistung auf Verlangen ein schriftliches Empfangsbekenntnis (Quittung) zu erteilen. ²Hat der Schuldner ein rechtliches Interesse, dass die Quittung in anderer Form erteilt wird, so kann er die Erteilung in dieser Form verlangen.

1 I. § 368 gibt dem Schuldner einen Anspruch auf **Erteilung einer Quittung** Zug-um-Zug gegen Erbringung der geschuldeten Leistung. Der Schuldner hat dadurch die Möglichkeit, ein Beweismittel für die (von ihm zu beweisende) Erfüllung zu erlangen.

2 II. 1. **Die Quittung** ist die Bestätigung des Gläubigers, dass er die geschuldete Leistung empfangen hat. Ihre Erteilung ist kein Rechtsgeschäft, sondern bloße Wissenserklärung. Im Einzelfall kann sich zwar mit ihr die Vornahme von Rechtsgeschäften verbinden, insb der Abschluss eines Erlassvertrages oder eines negativen Schuldanerkenntnisses (§ 397). Dies ist jedoch nur ausnahmsweise und bei eindeutiger Formulierung anzunehmen (BGH NJW 75, 409); die bei Beendigung eines Arbeitsverhältnisses übliche **Ausgleichsquittung** enthält allerdings idR zugleich ein negatives Schuldanerkenntnis (str). Aus der Quittung muss erkennbar sein, auf welche Forderung sie sich bezieht. Sie ist **schriftlich**, also in der Form des § 126 (BGH NJW-RR 88, 881) oder gem §§ 126 III, 126 a in elektronischer Form zu erteilen. Erforderlich ist eine eigenhändige Unterschrift oder eine qualifizierte elektronische Signatur. Der Schuldner kann aber die Erteilung der Quittung **in anderer Form** verlangen, wenn er ein rechtliches Interesse hat (Abs 2). Ein derartiges Interesse besteht insb hins der Quittung in öffentlicher oder öffentlich beglaubigter Form zur Löschung einer Hypothek gem §§ 1144, 1167 iVm § 29 GBO (sog löschungsfähige Quittung).

3 2. **Voraussetzungen des Anspruchs auf Quittung:** Der Anspruch setzt nicht notwendig eine Geldleistung voraus, sondern besteht zB auch bei der Rückgabe von Arbeitspapieren und anderen Unterlagen. Die Annahme von **Teilleistungen** genügt ebenfalls. Erforderlich ist aber stets, dass es sich um eine Erfüllung (§ 362) oder eine Leistung an Erfüllungs statt (§ 364 I) handelt. Bei dem Erlöschen der Forderung durch Hinterlegung oder Aufrechnung hat der Schuldner dag keinen Quittungsanspruch. Als weitere Voraussetzung für die Verpflichtung des Gläubigers zur Quittungserteilung muss ein entspr **Verlangen des Schuldners** hinzutreten (sog verhaltener Anspruch).

4 3. **Verweigert** der Gläubiger die Quittung, kann der Schuldner auf Erteilung der Quittung klagen. Er hat zudem ein ZbR hins seiner Leistung. Selbst bei einer Vorleistungspflicht gerät dadurch nicht er in (Schuldner-)Verzug, sondern der Gläubiger in Annahmeverzug. Auch wenn der Schuldner die Leistung bereits erbracht hat, kann er seinen Anspruch auf Quittungserteilung noch geltend machen. Ggüber einer Klage auf Quittungserteilung ist allerdings zumeist die negative Feststellungsklage gem § 256 ZPO der günstigere Weg. – Der **Gläubiger** hat hins der Quittung hingegen kein ZbR aufgrund anderer Forderungen gegen den Schuldner (mit Ausn des Vorschussanspruchs aus § 369).

5 III. Die **Bedeutung** der Quittung ergibt sich va aus dem **Prozessrecht**. Gem § 416 ZPO erbringt sie als privatschriftliche Urkunde den vollen Beweis für die Abgabe der Erklärung (**formelle Beweiskraft**). Hins ihrer **materiellen Beweiskraft** gilt zwar der Grundsatz der freien Beweiswürdigung (§ 286 ZPO). Eine Quittung lässt aber idR den Schluss zu, dass der Schuldner bereits geleistet hat (BGH NJW 88, 206). Dieser Schluss kann bei einer Bankquittung auch zulässig sein, wenn sie keine eigenhändige Unterschrift enthält (BGH NJW-RR 88, 881). Für den Gegenbeweis reicht es aus, dass der Gläubiger hins des Empfangs der Leistung die Überzeugung des Gerichts erschüttert (BGH WM 78, 849 f). Ist die Quittung jedoch im Voraus erteilt worden (**Vorausquittung**), muss der Gläubiger lediglich den Beweis der Vorauserteilung erbringen, damit der Schuldner die volle Beweislast der späteren Erfüllung trägt (vgl aber einschränkend zum Vorliegen einer Vorausquittung OLG München NJW-RR 93, 123).

§ 369 Kosten der Quittung

(1) Die Kosten der Quittung hat der Schuldner zu tragen und vorzuschießen, sofern nicht aus dem zwischen ihm und dem Gläubiger bestehenden Rechtsverhältnis sich ein anderes ergibt.
(2) Treten infolge einer Übertragung der Forderung oder im Wege der Erbfolge an die Stelle des ursprünglichen Gläubigers mehrere Gläubiger, so fallen die Mehrkosten den Gläubigern zur Last.

§ 369 erlegt die **Kosten der Quittung** dem Schuldner auf, da die Quittung als Beweismittel für die Leistungserbringung dessen Interesse dient. Der **Schuldner** muss nur die tatsächlich entstandenen oder entstehenden Kosten tragen. Einen Anspruch auf Vergütung eigener Arbeitsleistung kann der Gläubiger nicht auf § 369 stützen (BGHZ 114, 333). Nach Abs 1 2. Halbs ist jedoch der **Gläubiger** mit den Kosten insb belastet, wenn das betr Rechtsverhältnis ausschließlich in seinem Interesse besteht, zB bei Auftrag oder unentgeltlicher Verwahrung. Mehrkosten durch eine **Vergrößerung der Gläubigerzahl** haben nach Abs 2 ebenfalls die Gläubiger zu tragen. Diese Regelung ist entspr auf sonstige Kostenvermehrungen, die ausschließlich in der Gläubigersphäre entstehen, anzuwenden (str). 1

§ 370 Leistung an den Überbringer der Quittung

Der Überbringer einer Quittung gilt als ermächtigt, die Leistung zu empfangen, sofern nicht die dem Leistenden bekannten Umstände der Annahme einer solchen Ermächtigung entgegenstehen.

I. § 370 schützt den leistenden Schuldner durch die Fiktion, dass ein Dritter, der die Quittung überbringt, empfangsermächtigt sei, auch wenn dieser tatsächlich weder iSd §§ 362 II, 185 I zum Empfang der Leistung ermächtigt noch ein Empfangsbote ist oder Inkassovollmacht besitzt. Grundlage und Grenze dieser Fiktion ist der **Rechtsschein** einer derartigen Ermächtigung, den der Gläubiger mit der Quittung gesetzt hat. 1
II. 1. § 370 setzt daher die **Echtheit** der Quittung voraus. Leistet der Schuldner bei Vorlage einer gefälschten oder verfälschten Quittung, wird er nicht frei. Die Schutzwirkung des § 370 entfällt jedoch nicht bereits, wenn dem Schuldner eine echte, aber gestohlene oder dem Gläubiger sonst abhanden gekommene Quittung vorgelegt wird (hM). Ebenso ist der Schuldner geschützt, wenn ein vom Gläubiger unterschriebenes Blankett abredewidrig ausgefüllt und als Quittung vorgelegt wird (BGHZ 40, 304 f). Der Rechtsschein ist dem Aussteller der Quittung nur zuzurechnen, wenn er **geschäftsfähig** ist. Eine Anfechtung der Quittung beseitigt dag nicht den mit der Ausstellung gesetzten Rechtsschein nicht. 2
Des Weiteren setzt § 370 voraus, dass die Leistung an den **Überbringer der Quittung** erfolgt. Dazu muss die Quittung zumindest vorgelegt, nicht notwendig aber übergeben werden. Es genügt nicht, dass sich der Dritte auf eine bereits dem Schuldner zugegangene Quittung bezieht oder dass die Quittung nachträglich übersandt wird. Die Schutzwirkung des § 370 erfasst auch nur das **Erbringen der geschuldeten Leistung**, nicht aber eine Leistung an Erfüllungs statt oder andere Erfüllungssurrogate. Sie erstreckt sich aber auch auf einen **Dritten**, der für den Schuldner leistet. 3

4 Hins der fehlenden Ermächtigung des Überbringers der Quittung darf der Leistende zudem **nicht bösgläubig** sein (§ 370 2. Halbs). Das bloße Kennenmüssen der Umstände – sei es auch grob fahrlässig – beseitigt nach dem Wortlaut der Norm den Rechtsschein nicht. Maßgeblich ist vielmehr die **Kenntnis der entgegenstehenden Tatsachen**, unabhängig davon, ob die Schlussfolgerungen des Leistenden zutreffend sind. Bei Leistung eines Dritten für den Schuldner ist nur die Kenntnis des Dritten ausschlaggebend.

5 2. Bei dem Vorliegen der Voraussetzungen des § 370 führt die Leistung an den Überbringer der Quittung zum **Erlöschen der Forderung**. Wird der Schuldner dag bei der Leistung auf Vorlage einer gefälschten Quittung von seiner Verbindlichkeit nicht frei, kann er uU einen Gegenanspruch aus § 280 I gegen den Gläubiger erlangen, wenn dieser zB die Quittungsvordrucke unsorgfältig aufbewahrt hat.

§ 371 Rückgabe des Schuldscheins

¹Ist über die Forderung ein Schuldschein ausgestellt worden, so kann der Schuldner neben der Quittung Rückgabe des Schuldscheins verlangen. ²Behauptet der Gläubiger, zur Rückgabe außerstande zu sein, so kann der Schuldner das öffentlich beglaubigte Anerkenntnis verlangen, dass die Schuld erloschen sei.

1 Ein **Schuldschein** ist eine Urkunde, die die Schuld begründet oder bestätigt und formelle Beweiskraft gem § 416 ZPO hat. Sie dient dem Interesse des Gläubigers, das Bestehen der Schuld beweisen zu können, so dass der wesentliche Inhalt der Verpflichtung aus ihr erkennbar sein muss. Schuldschein iSd § 371 ist zB auch die Urkunde über eine Sicherungsabtretung oder eine Bürgschaft (OLG München NJW-RR 98, 992). Für das Bestehen einer Schuld ist ein gewichtiges **Indiz**, dass der Gläubiger in Besitz eines Schuldscheins ist. Der Besitz des Schuldners am Schuldschein indiziert dag das Erlöschen der Schuld.

2 § 371 trägt dem Interesse des Schuldners Rechnung, beim Erbringen der Leistung den Schuldschein zu erhalten und dessen weitere Verwendung als Beweismittel für das Bestehen der Schuld auszuschließen. Da dem Gläubiger das Eigentum am Schuldschein gem § 952 zusteht und er es nicht unmittelbar durch die Tilgung der Forderung verliert (hM), erhält er einen **schuldrechtlichen Anspruch auf Herausgabe** des Schuldscheins. Der Anspruch richtet sich auch gegen einen Dritten, der den Schuldschein besitzt (hM), nicht jedoch gegen den Prozessbevollmächtigten des Gläubigers. Leistet ein Dritter für den Schuldner an den Gläubiger, kann er den Anspruch aus § 371 nur bei einem gesetzlichen Forderungsübergang geltend machen. In entspr Anwendung von § 371 hat der Schuldner nach Erfüllung auch einen Anspruch auf **Herausgabe des Vollstreckungstitels**, wenn die Unzulässigkeit der Vollstreckung unstreitig ist oder aufgrund einer Vollstreckungsgegenklage (§ 767 ZPO) rechtskräftig feststeht (BGHZ 127, 148).

3 S 2 gibt dem Schuldner einen Anspruch auf ein öffentlich beglaubigtes **Anerkenntnis**. Dabei handelt es sich um ein negatives Schuldanerkenntnis iSd § 397 II. Die Kosten dafür fallen dem Gläubiger zur Last.

Titel 2
Hinterlegung

Vorbemerkung zu §§ 372–386

1 Die **Hinterlegung** gem §§ 372 ff ermöglicht es dem Schuldner, sich von seiner Verbindlichkeit **vorläufig** (§ 379 I) oder **endgültig** (§ 378) zu befreien. Sie ist damit ein **Erfüllungssurrogat**. Das Interesse des Schuldners an der Hinterlegung beruht regelmäßig darauf, dass ihn Umstände, die sich seiner Einwirkung entziehen, an der Erfüllung hindern, aber die Erfüllung oder ein Erfüllungssurrogat erforderlich ist, damit er die Gegenleistung erhält. Aus welchen Gründen der Schuldner zur Hinterlegung welcher Gegenstände **berechtigt** ist, regelt § 372. Für eine **Verpflichtung** zur Hinterlegung besteht keine allg Regelung. Sie ist lediglich in einer Reihe spezieller Vorschriften vorgesehen

(§§ 432 I 2, 660 II, 1077 I 2, 1281 S 2 2. Halbs, 2039 S 2). In diesen Fällen setzt die Hinterlegung regelmäßig ein entspr Verlangen des Gläubigers voraus und führt als Leistung des Geschuldeten zum Erlöschen der Forderung gem § 362; die §§ 372 ff sind zT analog anwendbar (insb idR unter Ausschluss von § 376). Von der Hinterlegung als Erfüllungssurrogat iSd §§ 372 ff streng zu unterscheiden sind die Hinterlegung zur Sicherheitsleistung gem §§ 232 ff oder gem §§ 707 I, 709 S 2, 108 ff ZPO sowie die Hinterlegung bei einem Treuhänder, insb einem Notar gem § 23 BNotO. §§ 372 ff sind hier grds auch nicht entspr anwendbar. Die Zahlung auf das Notaranderkonto führt so noch nicht zur Erfüllung der Forderung. Vielmehr erlischt diese erst mit Auszahlung an den Gläubiger, sofern die Parteien nicht etwas anderes vereinbart haben (BGHZ 87, 162).

Die §§ 372 ff regeln nur die **privatrechtlichen Wirkungen** der Hinterlegung. Ggü der **Hinterlegungsstelle** werden durch die Hinterlegung zudem **öffentlich-rechtliche Beziehungen** begründet. Diese werden landesrechtlich näher geregelt, seitdem die Hinterlegungsordnung des Bundes (zu dieser Bülow/Mecke/Schmidt, HintO) am 1.12.10 außer Kraft getreten ist.). Hinterlegungsstelle ist nach den Bestimmungen der Hinterlegungsgesetze der Länder das AG (zB § 1 II HintG NRW). Das öffentlich-rechtliche Verwahrungsverhältnis zwischen ihr und dem Hinterleger hat Drittwirkung zugunsten des Gläubigers. 2

Die **dingliche Rechtslage** an dem hinterlegten Gegenstand ändert sich nicht bereits durch die Hinterlegung. Mit der Hinterlegung bringt der Schuldner zwar das Angebot zur Übereignung zum Ausdruck; er bleibt aber bis zu dessen Annahme durch den Gläubiger Eigentümer. Ausgenommen davon sind lediglich Zahlungsmittel; an ihnen erwirbt das Land Eigentum (zB gem § 11 I HintG NRW). 3

Ist eine Sache aufgrund der Voraussetzungen, die § 372 festlegt, **nicht hinterlegungsfähig**, kommt für den Schuldner eine öffentliche Versteigerung in Betracht, sofern die Voraussetzungen des § 383 vorliegen. Durch Hinterlegung des Erlöses kann er sich sodann von der Schuld befreien (§ 386 Rn 4). 4

§ 372 Voraussetzungen

¹Geld, Wertpapiere und sonstige Urkunden sowie Kostbarkeiten kann der Schuldner bei einer dazu bestimmten öffentlichen Stelle für den Gläubiger hinterlegen, wenn der Gläubiger im Verzug der Annahme ist. ²Das Gleiche gilt, wenn der Schuldner aus einem anderen in der Person des Gläubigers liegenden Grund oder infolge einer nicht auf Fahrlässigkeit beruhenden Ungewissheit über die Person des Gläubigers seine Verbindlichkeit nicht oder nicht mit Sicherheit erfüllen kann.

I. § 372 bestimmt als **Voraussetzungen der Hinterlegung** die hinterlegungsfähigen Gegenstände und die Hinterlegungsgründe. 1

II. 1. **Hinterlegungsfähige Gegenstände** sind nur **Geld** (auch ausländisches), **Wertpapiere**, **Urkunden** und **Kostbarkeiten**. Urkunden sind auch Handakten und Vollmachtsurkunden (BGH NJW 57, 755; str). Kostbarkeiten sind bewegliche Sachen, die unverderblich und leicht aufzubewahren sind und deren Wert nach der Verkehrsauffassung im Verhältnis zu Größe und Gewicht verglichen mit anderen Sachen besonders hoch ist. Darunter fallen insb Schmuckstücke, Edelsteine, Kunstgegenstände und seltene Bücher, nicht aber ein Pelzmantel. Dag eröffnet § 373 HGB für den Handelskauf dem Verkäufer eine Hinterlegungsmöglichkeit für Waren aller Art. 2

2. a) In § 372 genannte **Hinterlegungsgründe** sind der **Annahmeverzug des Gläubigers** (§§ 293 ff) sowie zwei weitere Sachlagen, in denen dem Schuldner die Erfüllung nicht oder nicht sicher möglich ist: Der Erfüllung können entweder **in der Person des Gläubigers liegende Gründe** entgegenstehen (zB Geschäftsunfähigkeit oder beschränkte Geschäftsfähigkeit bei Fehlen eines gesetzlichen Vertreters, unbekannter Aufenthalt oder Verschollenheit); oder die Erfüllung kann durch **Ungewissheit über die Person des Gläubigers** gehindert bzw gefährdet sein. Im letzteren Fall darf die Ungewissheit nicht auf Fahrlässigkeit des Schuldners beruhen und kann sich auf tatsächliche oder rechtli- 3

che Umstände beziehen (zB unsichere Erbfolge, Mehrfachabtretung oder zweifelhafte Wirksamkeit einer Abtretung). Es reicht aber nicht bereits aus, dass die Inhaberschaft einer Forderung str ist. Vielmehr müssen bei einer Prüfung mit verkehrsüblicher Sorgfalt objektiv verständliche Zweifel über die Person des Gläubigers bestehen, und für den Schuldner muss es aufgrund der Gesamtumstände nicht zumutbar sein, die Zweifel auf eigene Gefahr zu beheben (BGH NJW 97, 1502). Kein Hinterlegungsgrund sind Zweifel des Schuldners, welche die unterschiedlichen Forderungen mehrerer Gläubiger über den gleichen Betrag tatsächlich besteht (BGH NJW 93, 55), oder Ungewissheit beim Scheckaussteller über den Gläubiger des Grundgeschäftes (BGH WM 84, 1467). Hingegen kann bei unklaren, außerhalb des Einflussbereichs des Schuldners liegenden Abtretungsvorgängen ein Hinterlegungsgrund gegeben sein (zB Unsicherheit über das Rangverhältnis zwischen Pfändung und Abtretung, BGH NJW 05, 712).

4 b) Darüber hinaus ist der Schuldner zur Hinterlegung berechtigt, wenn Vorschriften, die die **gutgläubige Leistung an einen Nichtberechtigten** schützen, zu seinen Gunsten anwendbar sind (zB §§ 370, 407, 409, 893; Art 16 WG). Er kann in diesen Fällen unabhängig davon hinterlegen, ob er überhaupt der konkreten Gefahr einer erneuten Inanspruchnahme ausgesetzt ist (BGH NJW 01, 232). Andernfalls würde der Schuldner mittelbar zur Leistung an den Scheinberechtigten gedrängt.

5 3. Die **Rechtsfolgen** im Verhältnis zwischen Schuldner und Gläubiger ergeben sich aus den §§ 373 ff. Der Schuldner hat aus § 812 I einen Freigabeanspruch gegen den Gläubiger, wenn entweder die zu erfüllende Forderung von vornherein nicht besteht (S 1 1. Alt) oder später wegfällt (S 2 1. Alt). Bei einem Streit zwischen zwei Forderungsprätendenten ist § 812 I 1 2. Alt anzuwenden (BGH NJW 00, 294). Zum öffentlich-rechtlichen Verwahrungsverhältnis aufgrund der Hinterlegung Vor § 372–386 Rn 2.

§ 373 Zug-um-Zug-Leistung

Ist der Schuldner nur gegen eine Leistung des Gläubigers zu leisten verpflichtet, so kann er das Recht des Gläubigers zum Empfang der hinterlegten Sache von der Bewirkung der Gegenleistung abhängig machen.

1 Der Schuldner kann nach § 373 bei **jedem ZbR** die Herausgabe des hinterlegten Gegenstandes davon abhängig machen, dass die Gegenleistung erbracht wird (also nicht nur bei gegenseitigen Verträgen, sondern zB auch bei § 273; §§ 369, 370 HGB). Er kann diesen Vorbehalt bei der Hinterlegung in dem Hinterlegungsauftrag aufnehmen oder später erklären, solange sein Rücknahmerecht noch nicht ausgeschlossen ist (§ 376 II). Die Hinterlegung berührt nicht das Recht des Schuldners, die von ihm beanspruchte Gegenleistung einzuklagen. Die Hinterlegungsstelle überprüft nicht, ob das ZbR tatsächlich besteht. Andere Vorbehalte als die in § 373 genannten sind unzulässig und von der Hinterlegungsstelle zurückzuweisen. Nimmt sie sie trotzdem an, sind sie zu beachten, ohne dass aber die Wirkung der §§ 378, 379 eintritt.

§ 374 Hinterlegungsort; Anzeigepflicht

(1) Die Hinterlegung hat bei der Hinterlegungsstelle des Leistungsorts zu erfolgen; hinterlegt der Schuldner bei einer anderen Stelle, so hat er dem Gläubiger den daraus entstehenden Schaden zu ersetzen.
(2) ¹Der Schuldner hat dem Gläubiger die Hinterlegung unverzüglich anzuzeigen; im Falle der Unterlassung ist er zum Schadensersatz verpflichtet. ²Die Anzeige darf unterbleiben, wenn sie untunlich ist.

1 Der Schuldner muss den Gegenstand nach Abs 1 bei dem zuständigen Amtsgericht des **Leistungsortes** hinterlegen. Dieser bestimmt sich nach § 269, so dass der Wohnsitz des Schuldners bei einer Holschuld und einer Schickschuld maßgeblich ist. Ein Verstoß durch die Hinterlegung bei einem anderen Amtsgericht führt dag nicht zur Unwirksamkeit der Hinterlegung; jedoch ist der Schuldner dem Gläubiger zum Ersatz des daraus entstehenden Schadens verpflichtet (2. Halbs).

Abs 2 verpflichtet den Schuldner zur **unverzüglichen** (§ 121 I 1) **Anzeige** der Hinterlegung ggü dem Gläubiger. Kommen als Gläubiger mehrere Personen in Betracht, besteht die Anzeigepflicht ggü allen Prätendenten. Als Anerkenntnis iSd § 212 I Nr 1 lässt die Anzeige die Verjährung neu beginnen. Unterlässt der Schuldner die Anzeige, macht er sich schadensersatzpflichtig; die Wirksamkeit der Hinterlegung wird aber nicht beeinträchtigt. Die Anzeigepflicht entfällt nach Abs 2 S 2, wenn eine Anzeige **untunlich** ist. Dies ist insb bei unverhältnismäßig großen Schwierigkeiten zur Feststellung der Anschrift des Gläubigers der Fall. – Eine Pflicht der Hinterlegungsstelle zur Anzeige an den Gläubiger besteht unter den landesrechtlich geregelten Voraussetzungen (zB § 15 HintG NRW). 2

§ 375 Rückwirkung bei Postübersendung

Ist die hinterlegte Sache der Hinterlegungsstelle durch die Post übersendet worden, so wirkt die Hinterlegung auf die Zeit der Aufgabe der Sache zur Post zurück.

Übermittelt der Schuldner die Sache mit der Post oder einem anderen Zustellunternehmen (str), treten die Schuldbefreiung gem § 378 und die Folgen des § 379 bereits **rückwirkend** für den Zeitpunkt der Aufgabe ein, sofern die Sache tatsächlich bei der Hinterlegungsstelle eintrifft. Die Gefahr der Verschlechterung während des Transportes trägt wegen der Rückwirkung der Gläubiger (§ 379 II). Bis zum Eintreffen der zu hinterlegenden Sache trägt jedoch der Schuldner die Gefahr für den Untergang der Sache, sofern sich aus den §§ 300 II, 326 II nichts anderes ergibt. 1

§ 376 Rücknahmerecht

(1) Der Schuldner hat das Recht, die hinterlegte Sache zurückzunehmen.
(2) Die Rücknahme ist ausgeschlossen:
1. **wenn der Schuldner der Hinterlegungsstelle erklärt, dass er auf das Recht zur Rücknahme verzichte,**
2. **wenn der Gläubiger der Hinterlegungsstelle die Annahme erklärt,**
3. **wenn der Hinterlegungsstelle ein zwischen dem Gläubiger und dem Schuldner ergangenes rechtskräftiges Urteil vorgelegt wird, das die Hinterlegung für rechtmäßig erklärt.**

I. Der Schuldner kann die hinterlegte Sache zurücknehmen, sofern dies nicht gem Abs 2 ausgeschlossen ist. Das **Rücknahmerecht** ist ein **Gestaltungsrecht**; seine Ausübung gibt dem Schuldner einen Anspruch gegen die Hinterlegungsstelle auf Rückgabe der Sache. 1

II. 1. Den **Ausschluss der Rücknahme** sieht Abs 2 in drei Fällen vor: Nach Nr 1 kann der Schuldner die Sache nicht zurücknehmen, wenn er ggü der Hinterlegungsstelle darauf **verzichtet** hat. Der Verzicht ist einseitige empfangsbedürftige Willenserklärung. Der Schuldner verliert durch ihn seine Stellung als Hinterlegungsbeteiligter, so dass für die Herausgabe der Sache an den Gläubiger seine Einwilligung nicht mehr erforderlich ist (s zB § 22 I HintG NRW); er bleibt jedoch berechtigt, weitere mögliche Gläubiger zu benennen (BGH NJW 60, 1003). Abs 2 Nr 2 schließt die Rücknahme nach der **Annahme der Sache** durch den Gläubiger aus. Wer Gläubiger ist, ergibt sich aus der Bestimmung des Schuldners in der Hinterlegungserklärung. Hat der Schuldner die Sache wegen einer Ungewissheit über die Person des Gläubigers zugunsten mehrerer hinterlegt, tritt die Ausschlusswirkung bereits durch die Annahme seitens eines der Prätendenten ein. Die Annahme erklärt der Gläubiger durch einseitige empfangsbedürftige Willenserklärung ggü der Hinterlegungsstelle. Der Ausschluss nach Abs 2 Nr 3 setzt ein **rechtskräftiges Urt**, das die **Hinterlegung für rechtmäßig** erklärt, voraus. In Betracht kommt neben einem Feststellungs- und einem Zwischenfeststellungsurteil auch 2 ein abweisendes Urt auf eine Klage des Gläubigers gem § 379. Es muss aber stets in einem Rechtsstreit zwischen Schuldner und Gläubiger ergangen sein; ein Urt aus einem Prätendentenstreit reicht nicht aus.

3 **2.** Ist die Rücknahme nicht gem Abs 2 ausgeschlossen und erklärt der Schuldner die Rücknahme, entfällt das durch die Hinterlegung begründete Recht des Gläubigers auf Herausgabe. Zugleich erlangt der Schuldner einen **Anspruch auf Herausgabe** gegen die Hinterlegungsstelle. Ist dag die Rücknahme ausgeschlossen, hat die Hinterlegung schuldbefreiende Wirkung (§ 378).

4 **III.** Im Streit mehrerer angeblicher Gläubiger um die hinterlegte Sache (**Prätendentenstreit**), kann der wahre Gläubiger im Wege der Leistungsklage seinen Freigabeanspruch aus § 812 I 1, 2. Alt gegen den unberechtigten Gläubiger geltend machen, da dieser seine Beteiligtenstellung (vgl zB § 22 HintG NRW) auf Kosten des wahren Gläubigers erlangt hat (iE Peters NJW 96, 1246).

§ 377 Unpfändbarkeit des Rücknahmerechts

(1) Das Recht zur Rücknahme ist der Pfändung nicht unterworfen.
(2) Wird über das Vermögen des Schuldners das Insolvenzverfahren eröffnet, so kann während des Insolvenzverfahrens das Recht zur Rücknahme auch nicht von dem Schuldner ausgeübt werden.

1 § 377 soll die bereits begonnene Befriedigung des Gläubigers sichern. Das Rücknahmerecht des Schuldners gem § 376 I ist daher nach Abs 1 **unpfändbar**. Damit ist es nach §§ 413, 400 auch **nicht abtretbar** und fällt bei Insolvenz des Schuldners gem § 36 I InsO **nicht** in die **Insolvenzmasse**, so dass dem Insolvenzverwalter kein Verfügungsrecht nach § 80 I InsO zusteht. Ergänzend verhindert Abs 2 die Ausübung des Rücknahmerechts durch den Schuldner selbst. Die Eröffnung des Insolvenzverfahrens berührt jedoch nicht die Möglichkeit, das Rücknahmerecht durch Verzicht des Schuldners oder durch die Annahme des Gläubigers auszuschließen (§ 376 II Nr 1, 2). **Nicht anwendbar** ist § 377, wenn der Schuldner die Sache aus einem anderen rechtlichen Grund als § 376 I herausverlangen kann und die Befriedigung des Gläubigers daher nicht erreichbar ist. Der Herausgabeanspruch des Schuldners, der durch die Rücknahmeerklärung begründet wird, ist daher pfändbar und übertragbar (RG HRR 40 Nr 419). Dies gilt auch für das Rücknahmerecht des Schuldners aus § 382, 2. Halbs und den Bereicherungsanspruch des Schuldners bei Nichtbestehen der Forderung.

§ 378 Wirkung der Hinterlegung bei ausgeschlossener Rücknahme

Ist die Rücknahme der hinterlegten Sache ausgeschlossen, so wird der Schuldner durch die Hinterlegung von seiner Verbindlichkeit in gleicher Weise befreit, wie wenn er zur Zeit der Hinterlegung an den Gläubiger geleistet hätte.

1 § 378 bestimmt die Wirkungen der Hinterlegung im Verhältnis zwischen Schuldner und Gläubiger, wenn die Rücknahme ausgeschlossen ist (§ 376 II): Die Hinterlegung wirkt **schuldbefreiend**. Sie gilt rückwirkend vom Zeitpunkt der Hinterlegung an, selbst wenn der Schuldner der Hinterlegungsstelle den wahren Gläubiger erst später benennt (BGH NJW-RR 89, 200). Die Forderung erlischt; akzessorische Sicherungen werden frei; Zinsen, Vertragsstrafen und andere Verzugsfolgen fallen weg (auch rückwirkend vom Zeitpunkt der Hinterlegung an). Die Beweislast für die Erfüllung (§ 363) trägt der Schuldner jedoch bis zur Aushändigung der Sache an den Gläubiger. – § 378 bezieht sich auf die rechtmäßige Hinterlegung unter den Voraussetzungen des § 372. Liegen diese Voraussetzungen nicht vor, tritt die Erfüllungswirkung erst bei Annahme der Hinterlegung durch den Gläubiger ein. Ebenso kann eine vorherige Erklärung des Gläubigers, eine Hinterlegung trotz Fehlens der Voraussetzungen zu akzeptieren, die Wirkung des § 378 herbeiführen (BGH NJW 93, 55).

§ 379 Wirkung der Hinterlegung bei nicht ausgeschlossener Rücknahme

(1) Ist die Rücknahme der hinterlegten Sache nicht ausgeschlossen, so kann der Schuldner den Gläubiger auf die hinterlegte Sache verweisen.
(2) Solange die Sache hinterlegt ist, trägt der Gläubiger die Gefahr und ist der Schuldner nicht verpflichtet, Zinsen zu zahlen oder Ersatz für nicht gezogene Nutzungen zu leisten.
(3) Nimmt der Schuldner die hinterlegte Sache zurück, so gilt die Hinterlegung als nicht erfolgt.

Solange dem Schuldner die Rücknahme der hinterlegten Sache möglich ist (§ 376 I), bestimmen sich in seinem Verhältnis zum Gläubiger die Wirkungen der Hinterlegung nach § 379. Der Schuldner kann gem Abs 1 den Gläubiger auf die hinterlegte Sache verweisen und hat insofern ein **Leistungsverweigerungsrecht**. Dieses steht auch Bürgen oder Verpfändern zu (§§ 768 I 1, 1137 I 1, 1211 I 1). Im Prozess muss es als **Einrede** geltend gemacht werden. Sein Bestehen bewirkt, dass der Verzug nicht eintritt bzw entfällt. 1

Nach Abs 2 trägt der Gläubiger die Preis- bzw **Gegenleistungsgefahr**; er hat daher die Gegenleistung auch bei einer Verschlechterung oder dem Untergang der Sache während der Hinterlegung zu erbringen. Zudem ist der Schuldner nach Abs 2 von Zinszahlungen und dem Ersatz nicht gezogener Nutzungen befreit, solange die Sache hinterlegt ist. Befand sich der Gläubiger im Zeitpunkt der Hinterlegung im Annahmeverzug, treten die gleichen Wirkungen bereits gem §§ 326 II, 301, 302 ein. 2

Macht der Schuldner von seinem Rücknahmerecht durch Erklärung ggü der Hinterlegungsstelle Gebrauch, entfallen die Rechtsfolgen der Hinterlegung gem Abs 3 **rückwirkend**. Dadurch entsteht grds der Zustand wieder, der vor der Hinterlegung bestand. Wirksam bleibt allerdings das Anerkenntnis aufgrund der Anzeige gem § 374 II und der damit verbundene Neubeginn der Verjährung (§ 212 I Nr 1). 3

§ 380 Nachweis der Empfangsberechtigung

Soweit nach den für die Hinterlegungsstelle geltenden Bestimmungen zum Nachweis der Empfangsberechtigung des Gläubigers eine diese Berechtigung anerkennende Erklärung des Schuldners erforderlich oder genügend ist, kann der Gläubiger von dem Schuldner die Abgabe der Erklärung unter denselben Voraussetzungen verlangen, unter denen er die Leistung zu fordern berechtigt sein würde, wenn die Hinterlegung nicht erfolgt wäre.

Ob eine **Freigabeerklärung** des Schuldners erforderlich ist, richtet sich nach den landesrechtlichen Bestimmungen über das formelle Hinterlegungsrecht. In ihnen ist dieses Erfordernis zwar grds vorgesehen, sofern der Schuldner **nicht auf sein Rücknahmerecht verzichtet** hat (zB § 22 III Nr 1 HintG NRW). Mit der Bezeichnung eines bestimmten Gläubigers bei der Hinterlegung erklärt sich der Schuldner aber idR zugleich mit der Herausgabe an diesen Gläubiger einverstanden. Die Freigabeerklärung des Schuldners ist daher nur erforderlich, wenn die Empfangsberechtigung des Gläubigers zweifelhaft ist. Hat der Schuldner dag auf sein **Rücknahmerecht verzichtet**, bedarf es grds ohnehin keiner Freigabeerklärung, weil er nicht mehr Hinterlegungsbeteiligter ist (§ 376 Rn 2), es sei denn, er hat ein ZbR nach § 373 geltend gemacht. Daneben kann der Gläubiger eine Erklärung iSd § 380 aber auch verlangen, wenn der Schuldner das Bestehen der Forderung nach der Hinterlegung bestreitet (RGZ 87, 382). 1

§ 381 Kosten der Hinterlegung

Die Kosten der Hinterlegung fallen dem Gläubiger zur Last, sofern nicht der Schuldner die hinterlegte Sache zurücknimmt.

1 Während § 381 im Verhältnis von Gläubiger und Schuldner für die **Kostenpflicht** maßgeblich ist, bestimmt sich nach den Justizverwaltungskostengesetzen der Länder, wer die Kosten ggü der Hinterlegungsstelle zu tragen hat.

§ 382 Erlöschen des Gläubigerrechts

Das Recht des Gläubigers auf den hinterlegten Betrag erlischt mit dem Ablauf von 30 Jahren nach dem Empfang der Anzeige von der Hinterlegung, wenn nicht der Gläubiger sich vorher bei der Hinterlegungsstelle meldet; der Schuldner ist zur Rücknahme berechtigt, auch wenn er auf das Recht zur Rücknahme verzichtet hat.

1 Der **Herausgabeanspruch** des Gläubigers gegen die Hinterlegungsstelle **erlischt** mit dem Ablauf von 30 Jahren nach dem Zugang der Hinterlegungsanzeige oder, wenn diese untunlich war (§ 374 II 2), von 30 Jahren nach der Hinterlegung. Damit erlischt nach hM zugleich auch die Forderung gegen den Schuldner (sofern dies nicht schon zuvor nach § 378 eingetreten ist). Auch der Schuldner, der auf die Rücknahme verzichtet hat, kann danach unter Wahrung der landesrechtlich festgelegten Frist (vgl zB § 28 HintG NRW) die Herausgabe der hinterlegten Sache verlangen.

§ 383 Versteigerung hinterlegungsunfähiger Sachen

(1) ¹Ist die geschuldete bewegliche Sache zur Hinterlegung nicht geeignet, so kann der Schuldner sie im Falle des Verzugs des Gläubigers am Leistungsort versteigern lassen und den Erlös hinterlegen. ²Das Gleiche gilt in den Fällen des § 372 Satz 2, wenn der Verderb der Sache zu besorgen oder die Aufbewahrung mit unverhältnismäßigen Kosten verbunden ist.
(2) Ist von der Versteigerung am Leistungsort ein angemessener Erfolg nicht zu erwarten, so ist die Sache an einem geeigneten anderen Orte zu versteigern.
(3) ¹Die Versteigerung hat durch einen für den Versteigerungsort bestellten Gerichtsvollzieher oder zu Versteigerungen befugten anderen Beamten oder öffentlich angestellten Versteigerer öffentlich zu erfolgen (öffentliche Versteigerung). ²Zeit und Ort der Versteigerung sind unter allgemeiner Bezeichnung der Sache öffentlich bekannt zu machen.
(4) Die Vorschriften der Absätze 1 bis 3 gelten nicht für eingetragene Schiffe und Schiffsbauwerke.

§ 384 Androhung der Versteigerung

(1) Die Versteigerung ist erst zulässig, nachdem sie dem Gläubiger angedroht worden ist; die Androhung darf unterbleiben, wenn die Sache dem Verderb ausgesetzt und mit dem Aufschub der Versteigerung Gefahr verbunden ist.
(2) Der Schuldner hat den Gläubiger von der Versteigerung unverzüglich zu benachrichtigen; im Falle der Unterlassung ist er zum Schadensersatz verpflichtet
(3) Die Androhung und die Benachrichtigung dürfen unterbleiben, wenn sie untunlich sind.

§ 385 Freihändiger Verkauf

Hat die Sache einen Börsen- oder Marktpreis, so kann der Schuldner den Verkauf aus freier Hand durch einen zu solchen Verkäufen öffentlich ermächtigten Handelsmäkler oder durch eine zur öffentlichen Versteigerung befugte Person zum laufenden Preis bewirken.

§ 386 Kosten der Versteigerung

Die Kosten der Versteigerung oder des nach § 385 erfolgten Verkaufs fallen dem Gläubiger zur Last, sofern nicht der Schuldner den hinterlegten Erlös zurücknimmt.

§§ 383–386

I. Nach den §§ 383–385 gibt der **Selbsthilfeverkauf** dem Schuldner die Möglichkeit, sich durch Hinterlegung des Erlöses von seiner Verbindlichkeit zu befreien oder – wenn er nicht auf die Rücknahme verzichtet – den Gläubiger auf den hinterlegten Erlös zu verweisen.

II. 1. **Voraussetzungen:** Der Selbsthilfeverkauf ist bei **nicht hinterlegungsfähigen beweglichen Sachen** gem § 383 I 1 zulässig, wenn der Gläubiger sich im **Annahmeverzug** befindet. Der Annahmeverzug muss bei Verkauf der Sache, nicht notwendig noch bei der Hinterlegung des Erlöses bestehen. Liegt dagegen nicht Annahmeverzug, sondern ein Hinterlegungsgrund nach § 372 S 2 vor, ist der Selbsthilfeverkauf gem § 383 I 2 nur bei **drohendem Verderb** oder **unverhältnismäßig hohen Kosten** der Aufbewahrung zulässig. Daneben muss die Versteigerung dem Gläubiger grds **angedroht** werden (§ 384 I). Die Benachrichtigung von der Versteigerung (§ 384 II) ist hingegen keine Voraussetzung für die Rechtmäßigkeit des Selbsthilfeverkaufs; ihr Unterlassen löst lediglich eine Schadensersatzpflicht des Schuldners aus.

2. Bei Vorliegen der Voraussetzungen eines Selbsthilfeverkaufs ist der Schuldner zur **öffentlichen Versteigerung** berechtigt. Eine Legaldefinition der öffentlichen Versteigerung enthält § 383 III 1; die §§ 156, 450, 451 sind anwendbar. Ein **freihändiger Verkauf** ist nur unter den zusätzlichen Voraussetzungen des § 385 zulässig.

3. Den **Erlös** des Selbsthilfeverkaufs kann der Schuldner mit gleicher Wirkung hinterlegen wie die geschuldete Sache selbst; unter den Voraussetzungen des § 378 wird er damit von seiner Schuld frei. Zudem bewirkt der Selbsthilfeverkauf nach hM die Umwandlung des ursprünglichen Anspruchs des Gläubigers in eine **Geldforderung** auf den Verkaufserlös. Statt den Erlös zu hinterlegen, kann der Schuldner auch diese Forderung durch Auszahlung des Erlöses oder Aufrechnung erfüllen (RGZ 64, 373).

4. Bei einem **unrechtmäßigen Selbsthilfeverkauf** macht sich der Schuldner unter den Voraussetzungen der §§ 280 I, III, 283 schadensersatzpflichtig (ohne dass die Haftungsmilderung nach § 300 I eingreift; OLG Köln NJW-RR 95, 53). Daneben kann er gem § 285 I verschuldensunabhängig zur Herausgabe des Erlöses als stellvertretendes commodum verpflichtet sein.

III. Für den **Handelskauf** enthält § 373 HGB eine Sonderregelung des Selbsthilfeverkaufs. Für **Grundstücke**, eingetragene Schiffe und Schiffsbauwerke gelten die Vorschriften über den Selbsthilfeverkauf nicht (vgl § 383 IV); stattdessen besteht bei Annahmeverzug ein Recht zur Besitzaufgabe gem § 303.

Titel 3
Aufrechnung

§ 387 Voraussetzungen

Schulden zwei Personen einander Leistungen, die ihrem Gegenstand nach gleichartig sind, so kann jeder Teil seine Forderung gegen die Forderung des anderen Teiles aufrechnen, sobald er die ihm gebührende Leistung fordern und die ihm obliegende Leistung bewirken kann.

I. Stehen sich gleichartige gegenseitige Forderungen, die einredefrei und fällig bzw erfüllbar sind, ggü, wäre die jeweilige Erfüllung der beiden Forderungen oft unpraktisch und unwirtschaftlich. Die §§ 387 ff ermöglichen daher die **wechselseitige Tilgung** dieser Forderung durch ein **einseitiges Rechtsgeschäft**. Die aufrechnende Partei erklärt dazu der anderen Partei als dem Aufrechnungsgegner die Aufrechnung. Die Forderung des Aufrechnungsgegners, gegen die aufgerechnet wird, heißt die **Hauptforderung** (Pas-

§ 387

sivforderung). Die eigene Forderung des Aufrechnenden, mit der er aufrechnet, ist die **Gegenforderung** (Aktivforderung). Die Aufrechnung führt damit als **Erfüllungssurrogat** zur vereinfachten Abwicklung. Zudem gestattet sie dem Schuldner der Hauptforderung, seine Gegenforderung ohne Inanspruchnahme staatlicher Hilfe selbst durchzusetzen („Selbstvollstreckungsrecht") und erhält damit besonders beim Vermögensverfall des Aufrechnungsgegners Bedeutung (BGH NJW 95, 1967).

2 **Abzugrenzen** ist die Aufrechnung, bei der sich zwei selbständige Forderungen gegenüberstehen, von der **Anrechnung**, bei der lediglich von einer Forderung unselbständige Rechnungsposten abgezogen werden. Die Anrechnung ist ua in §§ 326 II 2, 537 I 2, 615 S 2, 649 S 2 2. Halbs vorgesehen und kommt darüber hinaus insb bei der Vorteilsausgleichung (dazu Vor §§ 249–253 Rn 31 ff), der Schadensberechnung nach der Differenztheorie (§ 281 Rn 13) und der Saldoberechnung im Bereicherungsrecht (§ 818 Rn 13) zum Zuge. – Von der einseitig erklärten Aufrechnung zu unterscheiden ist zudem die vertraglich vereinbarte Verrechnung (**Aufrechnungsvertrag**); dazu § 388 Rn 4.

3 **II. 1. Voraussetzung** einer Aufrechnung ist, dass eine **Aufrechnungslage** (§ 387) und kein **Ausschluss** der Aufrechnung sowie eine **Aufrechnungserklärung** (§ 388) vorliegen.

4 **2. Aufrechnungslage: a)** Voraussetzung einer Aufrechnungslage ist zunächst die **Gegenseitigkeit** der Forderungen. Es muss sich um Forderungen zwischen denselben Parteien handeln. Der Aufrechnende muss zugleich Gläubiger der Gegenforderung und Schuldner der Hauptforderung sein; der Aufrechnungsgegner muss zugleich Gläubiger der Hauptforderung und Schuldner der Gegenforderung sein. Bei der Gegenforderung muss es sich um eine **eigene Forderung des Schuldners** handeln. Denn dem Gläubiger ist die Aufrechnung mit einer fremden Forderung unabhängig davon nicht zumutbar, ob der Forderungsinhaber zustimmt oder der Aufrechnende Verfügungsmacht hat (BGH NJW-RR 88, 1150). ZB kann ein Gesamtschuldner nicht mit der Forderung eines Mitschuldners aufrechnen; der eine Ehegatte nicht mit der Forderung des anderen; der Gesamthänder nicht mit der Forderung der Gesamthand (§§ 719 I, 2040 I). Auch der Bürge kann nicht mit der Forderung des Hauptschuldners aufrechnen (hat aber das Leistungsverweigerungsrecht aus § 770 II). Nur wenn der Dritte seine Forderung an den Schuldner abtritt, ist das Gegenseitigkeitserfordernis erfüllt.

5 Da sich die Gegenforderung stets **gegen den Gläubiger der Hauptforderung** richten muss, ist bei einer unteilbaren Leistung iSd § 432 I, die mehrere Gläubiger schulden, eine Aufrechnung nicht mit einer Gegenforderung gegen nur einen der Gläubiger möglich (BGH NJW 69, 839 f). Gegen eine Gesellschaftsforderung kann der Schuldner lediglich mit einer Forderung gegen die Gesellschaft, nicht jedoch mit einer Forderung gegen einen der Gesellschafter aufrechnen (§ 719 II). Zulässig ist dag die Aufrechnung gegen eine Gesamtforderung gem § 428 mit der Forderung gegen einen der Gesamtgläubiger (BGHZ 55, 33), soweit keine abw Abrede getroffen ist (BGH NJW 79, 2038 f).

6 **Ausnahmen** vom Erfordernis der Gegenseitigkeit sind in §§ 406, 409, 566 d geregelt und ergeben sich daneben aus dem Grundsatz von Treu und Glauben (§ 242). Der Schuldner kann so gegen eine Hauptforderung, die zu Inkassozwecken abgetreten wurde, auch mit einer Forderung gegen den Zedenten aufrechnen; entspr gilt bei Treuhandverhältnissen mit strenger Weisungsbindung (BGHZ 25, 367; 110, 81). Die Rspr hält trotz § 392 II HGB die Aufrechnung des Vertragspartners eines Kommissionärs gegen eine Kommissionsforderung für zulässig (BGH NJW 69, 276; str). Gegen eine Forderung einer AG oder GmbH kann mit einer Forderung gegen ihren Alleingesellschafter nur im Fall einer Durchgriffshaftung aufgerechnet werden (BGHZ 26, 33 f).

7 **b)** Die Aufrechnungslage setzt daneben die **Gleichartigkeit** der gegenseitigen Forderungen in dem Sinn voraus, dass die beiden geschuldeten Leistungen ihrem Gegenstand nach gleichartig sind. Die Aufrechnung kommt daher va bei Geldschulden sowie daneben bei Gattungsschulden vertretbarer Sachen in Betracht. Gleichartig mit Geldforderungen sind auch die Ansprüche auf Herausgabe von Geld (etwa eines erlangten Geldbetrages gem § 667; BGHZ 71, 382; BGH NJW 95, 1426) und auf Einwilligung in die Auszahlung von hinterlegtem Geld (BGH NJW-RR 89, 174). Nicht gleichartig sind Geldforderungen in verschiedenen Währungen (KG NJW 88, 2181; str); jedoch ist die

Aufrechnung zulässig, soweit die Ersetzungsbefugnis des § 244 I greift (OLG Frankfurt/M OLGZ 67, 17). Ebenfalls nicht gleichartig mit Zahlungsansprüchen sind Befreiungsansprüche (zB aus § 426 I 1; anders aber, wenn der Befreiungsanspruch sich bei Übergang auf den Gläubiger in einen Zahlungsanspruch wandelt; vgl BGHZ 35, 325; 12, 144); Ansprüche gegen eine Bank auf Gutschrifterteilung; Ansprüche auf Befriedigung aus einem Grundstück (aber Aufrechnungsbefugnis des Eigentümers aus § 1142 II). Der Anspruch auf Darlehensauszahlung ist dag nach hM zwar mit einer Geldforderung gleichartig, schließt aber im Regelfall eine Aufrechnung durch den Darlehensgeber aus (§ 488 Rn 2).

Die Gleichartigkeit der Forderungen muss grds zum **Zeitpunkt der Aufrechnungserklärung** bestehen. Nur ausnahmsweise genügt die Gleichartigkeit im Zeitpunkt der Aufrechnungslage (BGHZ 2, 308; 35, 253). Unterschiede zwischen den Forderungen in den **Modalitäten der Leistung** (zB unterschiedliche Erfüllungsorte) schließen die Gleichartigkeit hingegen nicht aus. Grds hindert die Aufrechnung auch nicht, dass eine der Forderungen zweckgebunden ist (wie zB der Vorschussanspruch aus § 637 III) oder dass sich eine privatrechtliche und eine öffentlich-rechtliche Forderung gegenüberstehen. Anders als beim ZbR nach § 273 ist **keine Konnexität** der Forderungen erforderlich, soweit sich nicht ausnahmsweise aus der Natur des Schuldverhältnisses etwas anderes ergibt (dazu Rn 13). 8

c) Die **Gegenforderung**, mit der aufgerechnet wird, muss zudem **vollwirksam und fällig** sein. Sie muss daher einklagbar und frei von Einreden (dazu § 390) sein. Nicht aufrechenbar sind Ansprüche aus Spiel oder Wette, aufschiebend bedingte, zukünftige oder gestundete Ansprüche sowie erloschene Ansprüche (zB nach Fristablauf oder nach Eintritt einer auflösenden Bedingung; BAG NJW 68, 813; BAG DB 74, 586). Nicht ausgeschlossen ist die Aufrechnung dag bei einer auflösenden Bedingung vor deren Eintritt (zum Kostenerstattungsanspruch aus einem vorläufig vollstreckbaren Urt Schmitz NJW 94, 567). Führte eine Leistung nicht zum Erlöschen einer Forderung, weil die Zahlung auf ein nicht vereinbartes Konto des Gläubigers erfolgte, kann der Schuldner gegen eine erneute Inanspruchnahme gleichwohl grds mit dem Anspruch aus ungerechtfertigter Bereicherung gem § 812 aufrechnen, der aufgrund der unwirksamen Zahlung entstand (OLG Hamburg NJW 11, 3524). Der Gebührenanspruch eines Rechtsanwalts ist erst von der Rechnungserteilung gem § 10 I RVG an aufrechenbar. Die Anfechtbarkeit allein hindert die Aufrechnung nicht. Wird die Anfechtung aber erklärt, entfällt rückwirkend mit der Gegenforderung auch die Aufrechnungslage. Eine Anfechtung nach der Aufrechnung führt daher zur Unwirksamkeit der Aufrechnung ex tunc (hM). Hat der Anfechtende die Aufrechnung erklärt, kann jedoch seine Aufrechnung als Bestätigung iSd § 144 anzusehen sein, so dass ihm die Anfechtungsbefugnis fehlt. 9

d) Die **Hauptforderung** muss **erfüllbar** iSd § 271 (dort Rn 2) sein. Anders als für die Gegenforderung ist ihre Klagbarkeit und Fälligkeit nicht erforderlich. Aufgerechnet werden kann so gegen Forderungen aus Spiel und Wette oder gegen gestundete Forderungen. Auch dass die Hauptforderung auflösend bedingt oder einredebehaftet ist, hindert die Aufrechnung nicht. Hat der Schuldner die Aufrechnung in Unkenntnis einer dauernden Einrede erklärt, kommt jedoch eine Rückabwicklung nach § 813 I in Betracht. Mangels Erfüllbarkeit nicht möglich ist hingegen die Aufrechnung gegen aufschiebend bedingte oder künftige Forderungen. Abw von § 387 ergibt sich aus Art 40 I WG für die Aufrechnung gegen Wechselforderungen das Erfordernis der Fälligkeit der Wechselforderung (BGH NJW 70, 42). Zum Schutz des Unterhaltsberechtigten ist zudem eine Aufrechnung gegen nachehelichen Unterhalt, Versorgungsrenten und Ruhegehalt nur für einen angemessenen Zeitraum im Voraus zulässig (sechs Monate in BGHZ 123, 55). Im Insolvenzverfahren wird eine angemeldete Forderung erst mit ihrer Feststellung zur Insolvenztabelle erfüllbar (BGHZ 100, 227; str insb aufgrund der §§ 94 ff InsO). 10

3. Aus Gesetz, Vertrag und Eigenart des Schuldverhältnisses darf sich **kein Ausschluss** der Aufrechnung ergeben. **Kraft Gesetzes** ist die Aufrechnung ua durch §§ 390, 392 11

§ 387

bis 394 (s dort); § 66 I 2 AktG; § 19 II 2 GmbHG; § 22 V GenG; § 96 InsO ausgeschlossen.

12 Der Ausschluss der Aufrechnung durch **Vertrag** hat verfügende Wirkung (BGH NJW 84, 357). Vertragliche Aufrechnungsverbote können ausdrücklich oder konkludent vereinbart werden. Sie sind in Klauseln enthalten wie „Kasse gegen Verladedokumente" (BGH NJW 76, 852), „cash on delivery" (BGH NJW 85, 550), „netto Kasse gegen Rechnung". Die Vereinbarung der Scheckhingabe Zug-um-Zug gegen Lieferung und Übereignung beinhaltet ebenfalls ein Aufrechnungsverbot, wenn keine entgegenstehenden Umstände erkennbar sind (OLG Köln NJW 87, 262). Bei unklarer Regelung können Aufrechnungsverbote nicht umgangen werden, indem man durch Auslegung anstelle einer Aufrechnungslage eine Verrechnungslage annimmt, weil die Verrechnung kein gesetzlich vorgesehenes Rechtsinstitut ist (BGH NJW 05, 2772). **Schranken** für vertragliche Aufrechnungsverbote ergeben sich zB aus § 556 b II und § 392 II HGB (s aber Rn 6). Gegen Treu und Glauben (§ 242) verstößt die Berufung auf ein Aufrechnungsverbot uU, wenn die Gegenforderung auf einer vorsätzlichen unerlaubten Handlung beruht. Ein Aufrechnungsverbot iR eines Dauerschuldverhältnisses kann bei dessen Abwicklung unmaßgeblich sein (str; BGH WM 82, 1333). Aufgrund einschränkender Auslegung sind von vertraglichen Aufrechnungsverboten idR auch Sachlagen ausgenommen, in denen die Durchsetzung der Gegenforderung erheblich gefährdet ist, insb bei Insolvenz, Vermögensverfall oder Vereitelungsversuchen des Gläubigers. In **AGB** ist das Verbot einer Aufrechnung mit einer unbestrittenen oder rechtskräftig festgestellten Forderung unwirksam (§ 309 Nr 3; dazu Art 3 III iVm Anh Nr 1 b KlauselRL; für Kaufleute § 307 I; BGHZ 107, 189; Aufrechnungsverbote für Sekundäransprüche auf Schadensersatz verstoßen gegen § 307 I; OLG Düsseldorf NJW-RR 97, 629).

13 Aus der **Eigenart des Schuldverhältnisses**, insb dem Zweck der geschuldeten Leistung, ergeben sich Aufrechnungsverbote zB für den Treuhänder: Er kann gegen Forderungen aus der Abwicklung des Treuhandvertrages nur aufrechnen, wenn Haupt- und Gegenforderung konnex iSd § 273 sind (BGHZ 71, 383) oder wenn der Treugeber kein rechtlich schützenswertes Interesse an der Einhaltung der Zweckbindung hat (BGH NJW 93, 2041). Banken können grds ggü ihren Kunden nur mit Gegenforderungen aufrechnen, die sie im bankmäßigen Geschäftsverkehr erworben haben (BGH NJW 87, 2998). Der Leistungszweck hindert auch die Aufrechnung ggü dem Anspruch des Leasingnehmers gegen den Leasinggeber auf Herausgabe von Leistungen des Kaskoversicherers, die zur Reparatur erforderlich sind (BGHZ 93, 396 ff). Entspr verhält es sich bei dem Anspruch des Auftraggebers auf Herausgabe des durch die Ausführung Erlangten gem § 667 (BGHZ 54, 247). Ggü dem Anspruch auf Auszahlung des Mehrerlöses aus der Verwertung von Sicherungsgut ist dem Sicherungsnehmer die Aufrechnung mit einer ungesicherten Forderung idR nicht möglich; die Berufung auf den Ausschluss der Aufrechnung ist jedoch treuwidrig, wenn die Gegenforderung abredewidrig nicht gesichert worden ist (BGH NJW 99, 57). Gegen Ansprüche auf Kautionsrückzahlung ist eine Aufrechnung zwar grds möglich (BGHZ 101, 252), nicht jedoch zB bei einer überhöhten Mietkaution (LG Bremen NJW-RR 93, 19; iE str). Bei Fehlen einer anderweitigen ausdrücklichen Vereinbarung ist zudem dem Treuhandcharakter der Mietkaution ein stillschweigendes Aufrechnungsverbot im Hinblick auf Forderungen zu entnehmen, die nicht aus dem Mietverhältnis stammen (BGH NJW 12, 3300).

14 **4.** Die **Aufrechnungserklärung** regelt § 388. Zum Zeitpunkt ihres Wirksamwerdens müssen grds die Voraussetzungen des § 387 vorliegen (Ausn Rn 8).

15 **5.** Als **Rechtsfolge** der Aufrechnung erlöschen die aufgerechneten Forderungen **ex tunc**, soweit sie sich decken (§ 389).

16 **6.** Vom anspruchsvernichtenden Einwand, die Klageforderung sei durch (frühere) Aufrechnung erloschen, ist die im **Prozess** selbst erklärte Aufrechnung zu unterscheiden. Diese **Prozessaufrechnung** ist zugleich materielles Rechtsgeschäft und Prozesshandlung (BGHZ 23, 23); sie hat insofern eine **Doppelnatur**. Die materiell-rechtlichen Wirkungen treten nur ein, wenn die Prozesshandlung wirksam ist (BGH NJW-RR 91, 157). Häufig erklärt der Schuldner im Prozess die Aufrechnung hilfsweise für den Fall, dass das Gericht die Hauptforderung als begründet ansieht. Diese **Eventualaufrechnung** ist

nach stRspr und allgM trotz § 388 S 2 zulässig (zur entspr Absicht des Gesetzgebers bei Erl des BGB Mot I, 108); das Bestehen der Hauptforderung wird als verfahrensrechtlich zulässige Rechtsbedingung von einer echten Bedingung iSd § 388 S 2 unterschieden.

Die Prozessaufrechnung entfaltet keine Wirkungen, wenn die materiell-rechtlichen Voraussetzungen der Aufrechnung fehlen. Ist die Aufrechnung aus prozessualen Gründen unzulässig, wird sie aufgrund des Rechtsgedankens des § 139 auch materiell-rechtlich unwirksam. Der Aufrechnende kann daher seine Gegenforderung noch anderweitig verwenden. **Unzulässig** kann die Aufrechnung zB gem §§ 296, 533 ZPO und nach § 767 II ZPO (str) sein. **Unterschiedliche Rechtswegzuständigkeiten** stehen der Entscheidung über die Aufrechnung bei unstreitigen Gegenforderungen nicht entgg. Bei streitigen Gegenforderungen führen sie jedoch im Verhältnis zwischen Zivilgerichten und Gerichten der Verwaltungsgerichtsbarkeit zur Aussetzung des Verfahrens gem §§ 148, 302 ZPO, um das Urt des zuständigen Gerichts abzuwarten (dazu iE Musielak JuS 94, 823). – Wenn dag die Aufrechnung prozessual **zulässig** ist und auch ihre materiell-rechtlichen Voraussetzungen vorliegen, werden Klageforderung (Hauptforderung) und Gegenforderung getilgt, soweit sie sich der Höhe nach decken (§ 389). 17

Die **Rechtskraft des Urteils** erstreckt sich gem § 322 II ZPO auch auf die Entscheidung über das Bestehen oder Nichtbestehen der Gegenforderung bis zur Höhe des aufgerechneten Betrages (BGHZ 36, 319). Jedoch begründet die Prozessaufrechnung **keine Rechtshängigkeit** der Gegenforderung (BGHZ 57, 243 f), so dass diese in einem anderen Prozess eingeklagt werden kann, ohne dass § 261 III Nr 1 ZPO entgegensteht. Entspr kann im Prozess auch eine Forderung, die in einem anderen Prozess rechtshängig ist, zur Aufrechnung verwandt werden (BGH NJW 99, 1180). 18

§ 388 Erklärung der Aufrechnung

¹Die Aufrechnung erfolgt durch Erklärung gegenüber dem anderen Teil. ²Die Erklärung ist unwirksam, wenn sie unter einer Bedingung oder einer Zeitbestimmung abgegeben wird.

I. Die **Aufrechnungserklärung** gem § 388 ist ein **Gestaltungsrecht**, dessen Ausübung bei einer Aufrechnungslage (§ 387) die Wirkungen des § 389 auslöst. 1

II. Die Aufrechnungserklärung ist ein **einseitiges Rechtsgeschäft**. Sie kann ausdrücklich oder konkludent (BGHZ 37, 244; BVerfG NJW-RR 93, 765) abgegeben werden und ist empfangsbedürftig. Aufgrund ihrer rechtsgestaltenden Wirkung ist sie unwiderruflich, bedingungsfeindlich und darf nicht befristet abgegeben werden (S 2). Im Prozess ist jedoch eine Eventualaufrechnung möglich (§ 387 Rn 16). Sofern eine behördliche Genehmigung erforderlich ist, führt deren Fehlen zur Unwirksamkeit der Aufrechnung (BGHZ 11, 37). **Inhaltlich** müssen sowohl Hauptforderung als auch Gegenforderung hinreichend konkret bezeichnet werden (OLG Köln NJW 05, 1129). 2

Die Aufrechnung ist vom **Schuldner der Hauptforderung** zu erklären. Ein Dritter kann die Schuld zwar für den Schuldner erfüllen (§ 267), nicht aber die Forderung durch Aufrechnung tilgen. Ein Bürge kann daher mit einer eigenen Forderung zwar seine Bürgschaftsverpflichtung, nicht aber gegen den Anspruch des Gläubigers aus der Hauptschuld aufrechnen. Ausnahmsweise kommt eine Aufrechnung durch Dritte in Betracht, sofern ihnen ein Ablösungsrecht zusteht; zB gem §§ 268 III, 1142 II, 1150, 1249 S 2. 3

III. 1. Statt durch einseitige Erklärung kann die Aufrechnung auch durch einen **Aufrechnungsvertrag** (sog Verrechnung) herbeigeführt werden. Als ein dinglicher Vertrag bewirkt er das Erlöschen der sich gegenüberstehenden Forderungen. Die Parteien brauchen dabei nicht die Voraussetzungen des § 387 zugrunde zu legen; vielmehr können sie zB vom Erfordernis der Einredefreiheit, der Fälligkeit der Gegenforderung oder der Gegenseitigkeit absehen (str für die Gleichartigkeit). Bei der sog **Skontration** wird die Verrechnung der Forderungen einer Vielzahl von Beteiligten durch Vereinbarung zwischen ihnen allen festgelegt. Auch **künftige Forderungen** können Gegenstand eines Auf- 4 rechnungsvertrages sein (antizipierte Aufrechnung). Das **Kontokorrentverhältnis** (§§ 355 ff HGB) enthält einen antizipierten Aufrechnungsvertrag, nach dem die gegenseitigen Forderungen bei Ablauf einer Rechnungsperiode selbsttätig verrechnet werden (näher dazu Canaris, Handelsrecht § 25 III Rn 15 ff). Aufrechnungsverträge können auch konkludent geschlossen werden. Allein die bisherige Übung, gegenseitige Forderungen zu verrechnen, genügt aber nicht für die Annahme eines Vertragsschlusses (BGH VersR 70, 368). Die Wirksamkeit einer Aufrechnung durch Vertrag setzt zudem voraus, dass die zu verrechnenden Forderungen rechtsgültig bestehen (BGH NJW 98, 979) und die Parteien zur Verfügung über sie befugt sind. Mit Eröffnung des Insolvenzverfahrens über das Vermögen einer Partei ist die Aufrechnung daher mangels Verfügungsbefugnis nicht mehr möglich (§ 80 I InsO).

5 **Aufrechnungsverbote** gelten grds für den Aufrechnungsvertrag, sofern sie Drittinteressen schützen; zB § 19 II 2 GmbHG oder § 66 I 2 AktG. Dem **Pfändungsgläubiger** ggü ist ein Aufrechnungsvertrag entspr § 392 unwirksam, wenn er nach der Beschlagnahme geschlossen wurde. Wurde er aber vor der Pfändung geschlossen, ist die Aufrechnung nach dem Prioritätsprinzip wirksam, ohne dass die Beschränkung entspr § 392 eingreift (BGH NJW 68, 835). Bei Lohnpfändungen wird aber auf den Rechtsgedanken des § 850 h ZPO die Ausn gestützt, dass der Arbeitnehmer seine Lohnforderung nicht mehr mit Geldern verrechnen darf, die er für den Arbeitgeber vereinnahmt hat. Hat ein Kellner mit seinem Arbeitgeber vereinbart, dass er das Bedienungsgeld, das er für diesen einnimmt, mit seinem Lohnanspruch verrechnen kann, muss er nach einer Lohnpfändung gleichwohl die Bedienungseinnahmen an den Arbeitgeber abführen (BAG NJW 66, 469).

6 **2.** Vom Aufrechnungsvertrag zu unterscheiden ist der **Aufrechnungsvorvertrag**. Mit ihm verpflichten sich die Parteien lediglich, künftig einen Aufrechnungsvertrag zu schließen. Rechtlich unzutreffend als Aufrechnungsvorverträge werden zuweilen auch aufschiebend bedingte Aufrechnungsverträge bezeichnet (insb mit dem Inhalt, dass künftige Forderungen bei ihrem Entstehen sogleich verrechnet werden und damit erlöschen sollen); unbeschadet der falschen Bezeichnung gelten für sie die allg Regeln für den (dinglichen) Aufrechnungsvertrag.

7 **3.** Mit **Konzernverrechnungsklauseln** legen die Parteien fest, dass die Forderungen aller Konzernunternehmen mit der Forderung des Gläubigers eines Unternehmers verrechnet werden. Dadurch wird das Gegenseitigkeitserfordernis der Aufrechnung (§ 387 Rn 4) abbedungen, so dass eine Drittaufrechnung möglich wird. In AGB ist eine Konzernverrechnungsklausel idR unwirksam (Wolf/Lindacher/Pfeiffer § 305 c Rn 78; offen gelassen in BGHZ 81, 18; str). Im Fall der Insolvenz des Aufrechnungsgegners ist die Konzernverrechnungsklausel wirksam (OLG Frankfurt/M ZIP 03, 1408; abw Rendels ZIP 03, 1583).

§ 389 Wirkung der Aufrechnung

Die Aufrechnung bewirkt, dass die Forderungen, soweit sie sich decken, als in dem Zeitpunkt erloschen gelten, in welchem sie zur Aufrechnung geeignet einander gegenübergetreten sind.

1 Bei Bestehen einer Aufrechnungslage (§ 387) und Fehlen von Ausschlussgründen für die Aufrechnung hat die Aufrechnungserklärung (§ 388) die **rechtsgestaltende Wirkung**, dass die Haupt- und Gegenforderung endgültig **erloschen** sind, und zwar **rückwirkend** zu dem Zeitpunkt, in dem sie sich erstmals aufrechenbar gegenüberstanden. Wegen des Erlöschens ex tunc entfallen rückwirkend auch etwaige Verzugsfolgen, Vertragsstrafen oder Zinspflichten (BGHZ 80, 278 f); der Schuldner kann hierauf Geleistetes gem § 812 I 1, 2. Alt zurückfordern. Steht dag dem Aufrechnungsgegner ein **Zurückweisungsrecht** zu (§§ 111 S 2, 174; 182 III iVm 111 S 2; 1831 S 2) und macht er davon unverzüglich Gebrauch, entfallen die Aufrechnungswirkungen rückwirkend; die Aufrechnung gilt als nicht erfolgt. Bei einem **Widerruf** der Aufrechnung ist zur Wiederherstellung der Forderungen regelmäßig deren vertragliche Neubegründung erforder-

lich. Die materiellrechtlichen Wirkungen einer Prozessaufrechnung entfallen jedoch mit der Rücknahme der prozessualen Erklärung (BGH NJW-RR 91, 157). Bei **Wertsteigerungen der Gegenforderung** zwischen dem Eintritt der Aufrechnungslage und der Aufrechnungserklärung ist zu unterscheiden: Der Wert zZ der Aufrechnungserklärung ist maßgeblich, wenn nur der Gläubiger der Gegenforderung aufrechnen konnte, zB wegen § 393. Dag ist der Wert bei Entstehen der Aufrechnungslage maßgeblich, wenn beide Teile zur Aufrechnung berechtigt waren (BGHZ 27, 125; str).

Bei Bestehen der **Aufrechnungslage ohne Aufrechnungserklärung** treten hing die Wirkungen des § 389 nicht ein. Allein die Aufrechnungslage hindert daher auch nicht den Verzug. Leistet der Schuldner trotz Aufrechnungsmöglichkeit, gibt ihm dies keinen Rückgewähranspruch, da die bloße Aufrechnungsmöglichkeit keine Einrede iSd § 813 darstellt. Die Aufrechnungslage begründet aber uU ein Leistungsverweigerungsrecht für Dritte, zB gem §§ 770 II, 1137 I 1, 1211 I 1; § 129 III HGB; nach BGHZ 38, 127 auch für Miterben. An das Bestehen einer Aufrechnungslage knüpft das Gesetz daneben Rechtsfolgen ua in §§ 215, 352, 392, 406, 543 II 3; § 94 InsO. 2

§ 390 Keine Aufrechnung mit einredebehafteter Forderung

Eine Forderung, der eine Einrede entgegensteht, kann nicht aufgerechnet werden.

§ 390 präzisiert die Voraussetzung der Aufrechnung, dass die **Gegenforderung vollwirksam** sein muss (§ 387 Rn 9). Der Gläubiger einer einredebehafteten Forderung soll diese nicht durch Aufrechnung im Wege der Selbsthilfe durchsetzen können. Hingegen ist die Aufrechnung gegen eine einredebehaftete Hauptforderung zulässig; das Bestehen einer Einrede hindert nicht die Erfüllbarkeit. 1

Die Vorschrift bezieht sich auf **materielle Einreden**, nicht jedoch auf prozessuale. Der Aufrechnungsausschluss setzt nach hM nur das Bestehen der Einrede, nicht jedoch ihre Geltendmachung voraus (BGH NJW 00, 288). ZB schließt ein ZbR aus § 273 die Aufrechnung aus, es sei denn, der Zurückhaltende befindet sich im Annahmeverzug (BGH MDR 59, 386) oder das ZbR sichert die Forderung, die durch die Aufrechnung erfüllt werden soll (BGH NJW 90, 3212). Ebenso ist die Aufrechnung durch die Einrede des § 320 gehindert (sofern diese nicht von beiden Parteien gleichermaßen erhoben werden kann; RGZ 119, 4 f). Erklärt der Schuldner ggü dem Zessionar die Aufrechnung gegen die abgetretene Forderung (§ 406), ist die Aufrechnung auch ausgeschlossen, wenn Einreden iSd § 390 dem Zedenten zustehen (BGHZ 35, 327). 2

§ 391 Aufrechnung bei Verschiedenheit der Leistungsorte

(1) ¹Die Aufrechnung wird nicht dadurch ausgeschlossen, dass für die Forderungen verschiedene Leistungs- oder Ablieferungsorte bestehen. ²Der aufrechnende Teil hat jedoch den Schaden zu ersetzen, den der andere Teil dadurch erleidet, dass er infolge der Aufrechnung die Leistung nicht an dem bestimmten Orte erhält oder bewirken kann.
(2) Ist vereinbart, dass die Leistung zu einer bestimmten Zeit an einem bestimmten Orte erfolgen soll, so ist im Zweifel anzunehmen, dass die Aufrechnung einer Forderung, für die ein anderer Leistungsort besteht, ausgeschlossen sein soll.

Abs 1 S 1 stellt klar, dass auch Forderungen mit unterschiedlichen Leistungs- oder Ablieferungsorten aufrechenbar sind. Derartige Unterschiede in den Leistungsmodalitäten beeinträchtigen die erforderliche **Gleichartigkeit** nicht (§ 387 Rn 7). Gem Abs 1 S 2 muss der Aufrechnende aber dem Aufrechnungsgegner den **Schaden** ersetzen, den die Abweichung von dem ursprünglich bestimmten Leistungsort adäquat kausal herbeigeführt hat. 1

Abs 2 enthält eine **Auslegungsregel** für die Fälle, in denen Leistungszeit und Leistungsort **vertraglich** festgelegt sind. Die Regelung gilt dag nicht, wenn sich Leistungszeit und -ort aus dispositivem Recht ergeben (BGH NJW 99, 1180). 2

§ 392 Aufrechnung gegen beschlagnahmte Forderung

Durch die Beschlagnahme einer Forderung wird die Aufrechnung einer dem Schuldner gegen den Gläubiger zustehenden Forderung nur dann ausgeschlossen, wenn der Schuldner seine Forderung nach der Beschlagnahme erworben hat oder wenn seine Forderung erst nach der Beschlagnahme und später als die in Beschlag genommene Forderung fällig geworden ist.

1 Mit der **Beschlagnahme der Hauptforderung**, gegen die aufgerechnet werden soll, ist dem Schuldner nicht nur die Erfüllung gem § 362, sondern auch die Aufrechnung verboten. Vom Verbot der Aufrechnung ausgenommen sind jedoch die Fälle, in denen zum Zeitpunkt der Beschlagnahme bereits die Aufrechnungslage bestand oder der Schuldner zumindest eine begründete Aussicht auf Aufrechnung hatte (in Parallele zu § 406). Die Aufrechnung gegen eine beschlagnahmte Hauptforderung ist daher zulässig, wenn der Schuldner die Gegenforderung bereits vor der Beschlagnahme der Hauptforderung erworben hat oder seine Gegenforderung vor der Beschlagnahme und spätestens mit der Hauptforderung fällig geworden ist. Zur Erhaltung des Aufrechnungsrechts reicht es dabei aus, dass die Gegenforderung zZ der Beschlagnahme der Hauptforderung ihrem rechtlichen Grund nach bestanden hat (zB in Form eines Vertragsverhältnisses, auf das sich die späteren Schadensersatzansprüche gründen; BGH NJW 80, 585). – **Sonderregelungen** enthalten §§ 1124, 1125; für das Insolvenzverfahren §§ 94–96 InsO und zum Aufrechnungsvertrag § 388 Rn 5.

§ 393 Keine Aufrechnung gegen Forderung aus unerlaubter Handlung

Gegen eine Forderung aus einer vorsätzlich begangenen unerlaubten Handlung ist die Aufrechnung nicht zulässig.

1 Der Gläubiger eines **Schadensersatzanspruches aus vorsätzlicher unerlaubter Handlung** soll in angemessener Zeit Wiedergutmachung erlangen können, ohne sich mit Gegenansprüchen iR einer Aufrechnung auseinander setzen zu müssen. Daneben soll vermieden werden, dass der Gläubiger einer nicht beibringbaren Forderung zivilrechtlich sanktionslos private Vergeltung übt, indem er dem Schuldner vorsätzlichen Schaden in gleicher Höhe zufügt und die Aufrechnung erklärt. § 393 schließt daher die Aufrechnung **gegen** eine Hauptforderung aus vorsätzlicher unerlaubter Handlung aus. **Unerlaubte Handlungen** sind dabei alle deliktischen Tatbestände des BGB oder anderer zivilrechtlicher Gesetze. Dag fallen Schadensersatzansprüche aus der Verletzung vertraglicher Verpflichtungen nicht unter § 393, solange nicht daneben ein deliktsrechtlicher Anspruch zumindest dem Grunde nach besteht. Konkurriert aber der vertragliche mit einem deliktischen Anspruch, steht die Verjährung des deliktischen Anspruchs oder die fehlende Berufung des Geschädigten auf ihn der Anwendbarkeit des § 393 nicht entgg (BGH NJW 77, 529). Der Schuldner muss zudem **vorsätzlich** (§ 276) gehandelt haben. Auch wenn der Schuldner für die vorsätzliche unerlaubte Handlung eines anderen einzustehen hat (zB die juristische Person für ihre Organe gem § 31), gilt das Aufrechnungsverbot. Das Aufrechnungsverbot des § 393 umfasst die Ersatzansprüche wegen Folgeschäden einschließlich der Kostenerstattungsansprüche (OLG Karlsruhe MDR 69, 483). Ist der Geschädigte Gläubiger der Haupt- und damit Schuldner der Gegenforderung, steht § 393 der Aufrechnung nicht entgg (auch nicht in entspr Anwendung). Vielmehr verstößt in diesem Fall selbst die Berufung auf ein vertragliches Aufrechnungsverbot gegen Treu und Glauben (§ 242). Das Aufrechnungsverbot gilt auch, wenn sowohl die Haupt- als auch die Gegenforderung aus einem einheitlichen Lebensverhältnis (zB Schlägerei) beruht (BGH NJW 09, 3508). – Die **Beweislast** für den Vorsatz und die weiteren Voraussetzungen des § 393 trägt die Partei, die sich auf diesen Ausnahmetatbestand beruft (BGH NJW 94, 253).

§ 394 Keine Aufrechnung gegen unpfändbare Forderung

¹Soweit eine Forderung der Pfändung nicht unterworfen ist, findet die Aufrechnung gegen die Forderung nicht statt. ²Gegen die aus Kranken-, Hilfs- oder Sterbekassen, insbesondere aus Knappschaftskassen und Kassen der Knappschaftsvereine, zu beziehenden Hebungen können jedoch geschuldete Beiträge aufgerechnet werden.

I. § 394 dient als **zwingende Vorschrift** wie die Pfändungsverbote der Sicherung des Existenzminimums. Er verbietet die Aufrechnung gegen eine unpfändbare Forderung, um deren Erfüllung in natura zu gewährleisten. Wenn die Hauptforderung auf einen Sozialversicherungsträger übergegangen ist (§ 116 I SGB X), greift der Schutzzweck des § 394 nicht mehr, so dass der Aufrechnungsausschluss entfällt (BGHZ 35, 326 f; aA BAG DB 79, 1850 zu § 182 X RVO). 1

II. **Voraussetzung** des Aufrechnungsverbotes ist das Bestehen eines Pfändungsverbotes im Zeitpunkt der Fälligkeit der Forderung. Pfändungsverbote ergeben sich insb aus §§ 850 bis 850 k, 851 ZPO. Die bedingt pfändbaren Forderungen des § 850 b ZPO stehen dabei den unpfändbaren Forderungen nur gleich, bis das Vollstreckungsgericht die Pfändung zulässt (BGHZ 31, 217). Höchstpersönliche Ansprüche sind aufgrund § 399 iVm § 851 II ZPO unpfändbar. **Ausn** vom Aufrechnungsverbot enthalten S 2, § 51 II BeamtVG, § 11 II BBesG, §§ 51 II, 52 SGB I. Daneben kann die Berufung auf ein Aufrechnungsverbot uU gegen Treu und Glauben verstoßen; insb bei der Aufrechnung mit Schadensersatzansprüchen aus demselben Lebensverhältnis wegen vorsätzlicher unerlaubter Handlung (so beim Arbeitsverhältnis, BAG NJW 60, 1591; und bei Unterhaltsansprüchen, BGHZ 123, 57; zur Aufrechnung gegen einen Unterhaltsanspruch mit Forderungen wegen zu viel gezahlten Unterhalts OLG Hamm FamRZ 99, 436). 2

III. § 394 hat den Ausschluss der Aufrechnung nicht nur bei der einseitig erklärten Aufrechnung (§§ 387, 388) zur Folge, sondern grds auch entspr bei **Aufrechnungsvereinbarungen** (BGH ZIP 99, 666). Mit dem Abschluss einer Aufrechnungsvereinbarung nach Fälligkeit der Hauptforderung verzichtet der Gläubiger der Hauptforderung uU aber auf den Schutz des § 394 (BAG NJW 77, 1168). 3

§ 395 Aufrechnung gegen Forderungen öffentlich-rechtlicher Körperschaften

Gegen eine Forderung des Bundes oder eines Landes sowie gegen eine Forderung einer Gemeinde oder eines anderen Kommunalverbands ist die Aufrechnung nur zulässig, wenn die Leistung an dieselbe Kasse zu erfolgen hat, aus der die Forderung des Aufrechnenden zu berichtigen ist.

Eine Aufrechnung ist grds unabhängig davon möglich, ob es sich bei Haupt- und Gegenforderung um privatrechtliche oder öffentlich-rechtliche Forderungen handelt. § 395 erhöht aber die Anforderungen an die **Gegenseitigkeit** für die **Aufrechnung gegen Forderungen öffentlich-rechtlicher Körperschaften**: Der Schuldner kann nur bei **Kassenidentität** von Haupt- und Gegenforderung aufrechnen. Kassen sind Amtsstellen der öffentlich-rechtlichen Körperschaft, die selbständig Geldbestände zu bestimmten Zwecken verwalten. Die Identität muss grds zum Zeitpunkt der Aufrechnungserklärung vorliegen. 1

Die Vorschrift ist unmittelbar anwendbar, wenn die Hauptforderung bei der Aufrechnung eine privatrechtliche Forderung des Bundes, eines Bundeslandes, einer Gemeinde oder eines sonstigen Kommunalverbandes ist. Auf öffentlich-rechtliche Haupt- und Gegenforderungen sind die §§ 387 ff und damit auch § 395 entspr anwendbar, soweit nicht Sondervorschriften gelten oder die Rechtsnatur der betr Forderung entgegensteht. Eine Sonderregelung enthält zB § 226 III AO für Steuerforderungen. Hingegen schränkt § 395 die Aufrechnungsmöglichkeit des Fiskus nicht ein. 2

§ 396 Mehrheit von Forderungen

(1) ¹Hat der eine oder der andere Teil mehrere zur Aufrechnung geeignete Forderungen, so kann der aufrechnende Teil die Forderungen bestimmen, die gegeneinander aufgerechnet werden sollen. ²Wird die Aufrechnung ohne eine solche Bestimmung erklärt oder widerspricht der andere Teil unverzüglich, so findet die Vorschrift des § 366 Abs. 2 entsprechende Anwendung.
(2) Schuldet der aufrechnende Teil dem anderen Teil außer der Hauptleistung Zinsen und Kosten, so findet die Vorschrift des § 367 entsprechende Anwendung.

1 § 396 übernimmt die Regelungen der §§ 366, 367 für die Aufrechnung. Abs 1 betrifft grds alle Sachlagen, in denen mehrere aufrechenbare selbständige Forderungen des Aufrechnenden, der anderen Partei oder beider Seiten bestehen. In erster Linie bestimmt sich die **Reihenfolge der Aufrechnung** gem Abs 1 S 1 nach der **Erklärung des Aufrechnenden**. Fehlt eine derartige Erklärung oder widerspricht der Aufrechnungsgegner unverzüglich (§ 121 I 1), gilt gem Abs 1 S 2 die Reihenfolge des § 366 II entspr. Zum Widerspruch ist der Aufrechnungsgegner jedoch nur berechtigt, wenn er selbst hätte aufrechnen können (str bei mehreren Gegenforderungen). Schuldet der Aufrechnende dem Aufrechnungsgegner neben der Hauptforderung noch **Zinsen und Kosten**, ist gem Abs 2 der § 367 entspr anwendbar. Nicht wirksam ist daher bei Zurückweisung durch den Aufrechnungsgegner eine Aufrechnung unter der Aufrechnungsbestimmung, dass abw von § 367 II vorrangig die Hauptforderung getilgt werden solle. Auf Aufrechnungsverträge ist § 396 nach RGZ 132, 221 nicht anwendbar.

Titel 4
Erlass

§ 397 Erlassvertrag, negatives Schuldanerkenntnis

(1) Das Schuldverhältnis erlischt, wenn der Gläubiger dem Schuldner durch Vertrag die Schuld erlässt.
(2) Das Gleiche gilt, wenn der Gläubiger durch Vertrag mit dem Schuldner anerkennt, dass das Schuldverhältnis nicht bestehe.

1 **I.** Der **Erlass** (Abs 1) und das **negative Schuldanerkenntnis** (Abs 2) sind spezielle Formen des vertraglichen Verzichts, die als Erfüllungssurrogate zum Erlöschen einer Schuld führen. Durch den Erlass können die Parteien eine bestehende Forderung aufheben. Das Gleiche können sie bei Zweifeln oder Streit über das Bestehen einer Forderung durch das negative Schuldanerkenntnis bewirken.

2 **II. 1. a) Voraussetzung des Erlasses** ist der Abschluss eines Vertrages über die Aufhebung einer Forderung zwischen Gläubiger und Schuldner. Ohne **Vertrag** ist der Erlass einer Forderung nicht möglich. Ein einseitiger Verzicht kommt dag in Betracht für Einreden (zB § 768 II), Gestaltungsrechte (zB §§ 376 II Nr 1, 671 III) oder im Sachenrecht (zB §§ 875 I 1, 928 I, 959, 1064). Gegenstand des Erlassvertrages ist die einzelne **Forderung**, also ein Schuldverhältnis iwS (Vor §§ 241–853 Rn 15). Wollen die Parteien das Schuldverhältnis iwS zum Erlöschen bringen, müssen sie einen Aufhebungsvertrag schließen. Die Forderung muss bereits bestehen oder zumindest ihrem Rechtsgrund nach angelegt sein. Es schadet nicht, wenn sie bedingt oder befristet ist. Vereinbaren die Parteien den Erlass einer künftigen Forderung, entsteht diese erst gar nicht. Nur **Gläubiger und Schuldner** der Forderung können nach hM den Erlassvertrag abschließen; ein Erlass zugunsten Dritter ist nicht möglich (grds aber ein pactum de non petendo; Rn 7). Der Gläubiger muss zudem befugt sein, auf die Forderung zu verzichten. Hins **unverzichtbarer Ansprüche** kann daher ein Erlass nicht wirksam geschlossen werden. Verzichtseinschränkungen für Unterhaltsansprüche enthalten §§ 1360 a III, 1614 I, 1615; weitere Verzichtsverbote ergeben sich aus §§ 2 III BBesG; 12 EFZG; 13 I 3 BUrlG; 50 AktG; 9 b I 1, 19 II 1, 25, 43 III 2 GmbHG; 34 V 2 GenG. Ein in **AGB** erklärter Verzicht ist uU wegen Verstoßes gegen § 307 I unwirksam.

Der **Abschluss des Erlassvertrages** bedarf grds keiner Form und ist auch konkludent 3
möglich. Für den konkludenten Vertragsschluss ist aber erforderlich, dass das Verhalten des Gläubigers eindeutig dessen Willen erkennen lässt, seine Forderung aufzugeben. Die Rückgabe eines Schuldscheins lässt idR auf diesen Aufgabewillen schließen, die Rücksendung einer Bürgschaftsurkunde jedoch nur bei weiteren Anhaltspunkten (OLG Dresden BB 99, 497). Die Annahmeerklärung des Schuldners ist in diesen Fällen gem § 151 nicht empfangsbedürftig. Übermittelt der Schuldner ein Angebot über einen Teilerlass und sendet er gleichzeitig einen Scheck über den Betrag, den er zu zahlen bereit ist, kommt uU hins des Restbetrages durch die vorbehaltlose Einlösung des Schecks konkludent ein Teilerlassvertrag zustande (abl bei krassem Missverhältnis zw unstreitiger Forderung und angebotenem Scheckbetrag BGH NJW 01, 2324). Der Gläubiger kann diese „**Erlassfalle**" vermeiden, indem er vor Einlösung des Schecks die Ablehnung des Erlassangebots erklärt (OLG Koblenz NJW 03, 758).
b) Rechtsfolge des Erlasses als eines Verfügungsvertrages ist unmittelbar die Schuldtilgung. Diese Rechtsfolge tritt auch ein, wenn das dem Erlassvertrag zugrunde liegende Kausalgeschäft unwirksam ist, da der Erlass ein **abstraktes** (Verfügungs-)Geschäft ist. Der Gläubiger der aufgehobenen Forderung hat in diesem Fall aber einen Bereicherungsanspruch auf Wiederbegründung der Forderung. Liegt dem Erlass als Kausalgeschäft eine Schenkung zugrunde, bewirkt allerdings die Erfüllung des Schenkungsversprechens durch den Erlass die Heilung eines Formmangels des Schenkungsvertrages (§ 518 II). 4

2. Das **negative Schuldanerkenntnis** nach Abs 2 erfordert ebenfalls einen **Vertrag** zwischen Gläubiger und Schuldner und bedarf ebenso wie der Erlass keiner Form (anders als das positive Schuldanerkenntnis gem § 781). Enthalten sein kann ein negatives Schuldanerkenntnis zB in der Ausgleichsquittung bei Beendigung eines Arbeitsverhältnisses oder in der Gutschrift auf einem Kontoauszug. Demgegenüber ist die Entlastung im Gesellschafts- oder Vereinsrecht ein einseitiges Rechtsgeschäft. ZT hat es für Forderungen, die dem entlastenden Beschlussorgan bekannt oder erkennbar sind, ebenfalls die Erlöschenswirkung eines negativen Schuldanerkenntnisses (BGHZ 97, 384); eingeschränkt bzw ausgeschlossen ist dies jedoch durch §§ 9 b I 1, 43 III 2 GmbHG; § 120 II 2 AktG sowie bei öffentlich-rechtlichen Körperschaften (BGHZ 106, 201). 5

Rechtsfolge des negativen Schuldanerkenntnisses ist das Erlöschen der Forderung. Bei einem unwirksamen Kausalgeschäft (zB infolge Anfechtung) kann der Gläubiger das Schuldanerkenntnis kondizieren. Hatte der Gläubiger jedoch Kenntnis von dem Bestehen oder möglichen Bestehen der Forderung, beruht das Anerkenntnis regelmäßig auf Schenkung (§ 516) oder Vergleich (§ 779), als dessen Rechtsgrund das Anerkenntnis die Rückabwicklung nach § 812 ausschließen; ansonsten greift § 814 ein. 6

III. Anders als der Erlassvertrag richtet sich ein Stillhalteabkommen (**pactum de non petendo**) nicht auf das Erlöschen der Forderung, sondern gibt lediglich eine Einrede, die der Klagbarkeit der Forderung entgegensteht. Das pactum de non petendo ist zugunsten Dritter zulässig. Es kann auch unbefristet sein; jedoch liegt bei Parteiabreden, die unbefristet den Verzicht auf die Einforderung des Anspruches festlegen, iZw die Annahme eines Erlassvertrages nahe. – Ebenfalls nicht zum Erlöschen der Forderung führt iU zum Erlass die **Restschuldbefreiung** nach §§ 286 ff InsO; vielmehr wandelt sich die Forderung hier in eine unvollkommene, nicht mehr einklagbare (aber erfüllbare) Verbindlichkeit. 7

Abschnitt 5
Übertragung einer Forderung

§ 398 Abtretung

¹Eine Forderung kann von dem Gläubiger durch Vertrag mit einem anderen auf diesen übertragen werden (Abtretung). ²Mit dem Abschluss des Vertrags tritt der neue Gläubiger an die Stelle des bisherigen Gläubigers.

§ 398 Buch 2 | Recht der Schuldverhältnisse

1 I. Durch **Abtretung** können grds alle privatrechtlichen Forderungen gem §§ 398 ff vom bisherigen Gläubiger (Altgläubiger, **Zedent**) an einen neuen Gläubiger (**Zessionar**) übertragen werden. Forderungen können damit als umlauffähige Bestandteile des Vermögens am Güteraustausch teilhaben. Der Gläubigerwechsel durch Abtretung ist ein **Verfügungsgeschäft.** Er verändert nicht den Inhalt der Forderung und ist unabhängig vom jeweiligen schuldrechtlichen Grundgeschäft wirksam (**Abstraktionsprinzip**). Grundgeschäft ist häufig ein (Forderungs-) Kauf, eine Geschäftsbesorgung oder ein Treuhandverhältnis; in Betracht kommen aber zB auch Tausch oder Schenkung.

2 Die Abtretung erfordert gem § 398 lediglich einen **Vertrag**, also eine rechtsgeschäftliche Einigung, zwischen Zedenten und Zessionar; anders als bei der Übertragung von Eigentum (§§ 929 ff; 925, 873) muss kein Publizitätstatbestand (wie Besitzerlangung oder Eintragung) hinzutreten. Für den Gläubigerwechsel ist auch keine Mitwirkung oder Benachrichtigung des Schuldners notwendig. Abgesehen von wenigen Ausn (§ 405) ist allerdings auch kein gutgläubiger Erwerb einer Forderung möglich.

3 II. 1. Voraussetzung einer wirksamen Abtretung ist gem § 398 ein Vertrag des bisherigen Gläubigers mit einem anderen über den Übergang der Forderung auf diesen. Der **Vertrag** ist grds **formfrei** und daher konkludent möglich. Dies gilt auch, wenn die abgetretene Forderung auf einem formbedürftigen Rechtsgeschäft beruht (BGHZ 89, 46) oder der Abtretung ein formbedürftiges Kausalgeschäft zugrunde liegt. Einzuschränken ist der Grundsatz jedoch für die **Anweisung** gem § 792 I und für **verbriefte Forderungen. Inhaberpapiere** unterliegen dem Primat des Sachenrechts. Sie werden gem §§ 929 ff übertragen; das Recht an dem Papier folgt dem Recht am Papier. Das Sparkassenbuch ist kein Wertpapier ieS, so dass Sparkassenguthaben ohne Übergabe des Buches abgetreten werden können. **Orderpapiere** wie zB Wechsel und Scheck können durch Indossament, aber auch durch Abtretung und Übergabe des Papiers übertragen werden. Lediglich **Rektapapiere** (Namenspapiere) werden ausschließlich durch Abtretung übertragen. Bei Abtretung einer Briefhypothek oder Briefgrundschuld ist die Erklärung des Zedenten jedoch formbedürftig und die Übergabe des Papiers erforderlich (§§ 1154 I, 1192). **Inhalt** des Vertrages ist der Übergang der vollen Gläubigerstellung auf den Zessionar. Die Abtretung kann jedoch aufschiebend oder auflösend bedingt sein. Zulässig ist auch eine **stille Zession.** Bei ihr übernimmt der Zessionar zwar voll die Gläubigerstellung; er verpflichtet sich aber, davon nur im Sicherungsfall Gebrauch zu machen, und ermächtigt den Zedenten, die Forderung einzuziehen.

4 Den Vertrag muss der **bisherige Gläubiger** als Berechtigter mit dem **Zessionar** schließen. Eine Abtretung zugunsten eines Dritten ist wegen der Unzulässigkeit von Verfügungen zugunsten Dritter nach hM unwirksam. Der Zedent kann aber eine Abtretungsurkunde blanko ausstellen und den Empfänger dieser Urkunde ermächtigen, sich selbst oder einen Dritten als Zessionar zu bestimmen (**Blankozession**; dazu iE Staud/ Busche Einl zu §§ 398 ff Rn 29 ff). Der Zessionar wird jedoch erst mit dem Ausfüllen des Blanketts ex nunc Forderungsinhaber (str), bis dahin ist idR der Blankettempfänger als Treuhänder Inhaber der Forderung, wenn die Inhaberschaft nicht aufgrund der besonderen Interessenlage beim Zedenten verbleiben soll. Insb bei einer formbedürftigen Blankoabtretung (zB bei Übertragung einer Hypothek) geht die Forderung unmittelbar vom Zedenten auf den Zessionar über; mangels formwirksamer Zession kann der Blankettempfänger für die Zwischenzeit nicht Forderungsinhaber werden.

5 Gegenstand des Vertrages muss eine **bestimmte oder bestimmbare Forderung** sein. Eine **teilweise Abtretung** ist zulässig, sofern die Forderung teilbar ist. Unselbständige Rechnungsposten, zB Aktivposten einer Schlussrechnung, können dag als solche nicht einzeln abgetreten werden (BGH NJW 99, 418). Die abgetretene Forderung kann auch bedingt oder befristet sein oder sogar erst aus einem künftig entstehenden Rechtsverhältnis hervorgehen (zB Abtretung der Lohnforderungen vor Beginn des Arbeitsverhältnisses). Erforderlich ist nur, dass das Entstehen der Forderung zZ der Abtretung zumindest möglich erscheint und die abgetretene Forderung zumindest bestimmbar bezeichnet ist. Dag braucht der künftige Schuldner noch nicht festzustehen (BAG NJW 67, 752). Eindeutig feststellbar muss im Zeitpunkt des Entstehens der Forderung – ggf durch erheblichen Arbeits- und Zeiteinsatz – sein, ob die Forderung von der Abtretung erfasst ist. Hängt der Umfang der Abtretung von einer anderen Forderung ab, ist die Abtretung nur bestimmt genug, wenn im Verhältnis der Abtretungsparteien der Umfang der Abtretung ermittelbar ist und auch der Schuldner in zumutbarer Weise herausfinden kann, an wen er leisten muss (BGH NJW 65, 2198). Diesen Voraussetzungen genügt es, wenn die Abtretung von Forderungen in einer bestimmten oder variablen Höhe an die Übergabe von Aufstellungen der jeweils abgetretenen Forderungen zu bestimmten Zeitpunkten geknüpft ist (**Mantelzession**). Die Abtretung wird hier erst mit Übergabe der jeweiligen Aufstellung der abgetretenen Forderungen wirksam. Bei Forderungen aufgrund **konkurrierender Ansprüche** kann der Gläubiger eine Forderung einzeln nicht abtreten, ohne dass der Schuldner zustimmt (BGH NJW 99, 716); andernfalls käme es ohne Mitwirkung des Schuldners zu einer Gesamtgläubigerschaft gem § 428.

2. a) Als **Rechtsfolge** der Abtretung erhält der Zessionar nicht nur die Inhaberschaft 6 der Forderung und damit die volle Gläubigerstellung, sondern es entsteht zwischen ihm und dem Schuldner auch ein Schuldverhältnis iwS. Bei Leistungsstörungen kann der Zessionar daher die Rechte aus §§ 280 ff geltend machen. Die Höhe des Schadens bestimmt sich grds nach der Person des Zessionars, wird aber durch den hypothetischen Schadensumfang des Zedenten begrenzt (Junker AcP 195, 5 ff; str). Der Inkassozessionar kann einen Schaden des Zedenten aber im Wege der Drittschadensliquidation (Vor §§ 249–253 Rn 27 ff) geltend machen (RGZ 107, 135). Ebenso soll auch bei der Sicherungszession, sofern nur in der Person des Sicherungsgebers ein Verzugsschaden vorhanden ist, nach den Grundsätzen der Drittschadensliquidation der Zedentenschaden zu ersetzen sein (BGHZ 128, 377; str; aA Palandt/Grüneberg § 398 Rn 19). Zum Schadensersatz kann den Zessionar auch eine unrichtige Mitteilung über die Abtretung verpflichten (OLG Frankfurt ZIP 89, 1133). Tritt der Gläubiger die Forderung an den Schuldner ab, führt dies idR zum Erlöschen der Forderung (**Konfusion**); Vor §§ 362–397 Rn 2.

Gestaltungserklärungen aufgrund der Gläubigerstellung (zB die Fristsetzung gem 7 § 281 I 1) kann der Zessionar erst von dem Zeitpunkt an abgeben, zu dem die Abtretung wirksam geworden ist. Eine nachträgliche Genehmigung iSd § 185 II genügt wegen der rechtsgestaltenden Wirkung nicht. Selbständige Gestaltungsrechte (zB Anfechtung, Rücktritt, Kündigung) kann der Zessionar nur bei ausdrücklicher oder konkludenter Mitübertragung geltend machen (BGH NJW 85, 2641); der Zedent darf sie aber nur mit Zustimmung des Zessionars ausüben (str). Insb bei gegenseitigen Verträgen muss gewährleistet sein, dass der Schuldner der abgetretenen Forderung aus der Abtretung keine Rechtsnachteile erleidet. Die Einrede nach § 320 verbleibt daher dem Zedenten (BGHZ 55, 356). Dieser behält auch nach Abtretung des Nachbesserungsanspruchs das Recht zur Verweigerung seiner Leistung, bis der Schuldner die Gegenleistung an den Zessionar erbringt (BGH NJW 83, 1059).

Aufgrund der Abstraktheit der Abtretung ggü dem zu Grunde liegenden Geschäft haben 8 Mängel im Kausalgeschäft keine Auswirkung auf die Abtretung. Wenn Grundgeschäft und Abtretung insb durch die gemeinsame Abfassung auf einer Urkunde zu einer Einheit verknüpft sind, kann aber die Nichtigkeit des Grundgeschäfts uU die Abtretung gem § 139 erfassen (BAG NJW 67, 751; str). Die **Haftung des Zedenten** bestimmt sich nach dem Kausalgeschäft. Liegt der Abtretung zB ein Kaufvertrag zugrunde, haftet der Zedent gem §§ 453 I, 433 ff für das Bestehen der Forderung (iE § 453 Rn 4 f).

b) Tritt der Zedent nur eine **Teilforderung** ab, entstehen mit der Abtretung zwei selb- 9 ständige Forderungen, die iZw gleichrangig nebeneinander stehen. Die Verjährung läuft für beide Forderungen getrennt. Bei der Zahlung nur eines Teiles trifft der Schuldner die Tilgungsbestimmung; eine Minderung muss er verhältnismäßig geltend machen (BGHZ 46, 244). Die Teilforderungen entfallen jedoch als solche und sind nur noch als Rechnungsposten zu betrachten, wenn dem Schuldner ein Schadensersatzanspruch aus §§ 280 I, III, 281 entsteht.

c) Bei der Abtretung einer **künftigen Forderung** wird die Abtretung mit dem Entstehen 10 der Forderung wirksam (RGZ 55, 334). Es kommt nicht darauf an, ob zu diesem Zeitpunkt die Willensübereinstimmung zwischen den Vertragsparteien noch besteht. Nach der **Durchgangstheorie** wird der Zedent beim Entstehen der Forderung zunächst in einem logischen Zwischenschritt (für eine „juristische Sekunde") Inhaber der Forderung, bevor diese auf den Zessionar übergeht. Demgegenüber geht die **Theorie vom Direkterwerb** (Unmittelbarkeitstheorie; Esser/Schmidt, § 37 I 3 a) vom Entstehen der Forderung unmittelbar in der Person des Zessionars aus. Vorzugswürdig ist die Annahme eines Direkterwerbs des Zessionars, sofern der Rechtsgrund der Forderung bereits bei deren Abtretung und noch bei ihrem Entstehen vorhanden war (wohl hM).

11 Wenn es zu **einander widersprechenden Verfügungen** über die Forderung kommt, insb der Zedent dieselbe Forderung (bzw denselben Forderungsteil) mehrfach abtritt, gilt der Grundsatz der **Priorität**: Wirksam ist die zeitlich erste Abtretung; die späteren Abtretungen sind unwirksam (zur Ausgestaltung bei Sicherungsabtretungen Rn 14). Entsteht die Forderung gar nicht oder nicht in der Person des Zedenten (BGH NJW 97, 3370), wird die **Abtretung gegenstandslos**. Wird zwischen Abtretung und Entstehen der Forderung das **Insolvenzverfahren** über das Vermögen des Zedenten eröffnet, ist die Abtretung gem § 91 InsO ggü dem Insolvenzgläubiger unwirksam, sofern nicht ein Fall des § 91 II InsO vorliegt oder der Zessionar im Zeitpunkt der Eröffnung des Insolvenzverfahrens bereits Anwartschaftsberechtigter ist (BGH NJW 55, 544; str).

12 **3. a) Zuständigkeiten**, die durch **Gerichtsstandsvereinbarung** begründet sind, werden durch eine Abtretung nicht beeinflusst; entspr gilt für die Zuständigkeit des Arbeitsgerichts (BAG ZIP 93, 848). Dag entfällt infolge der Abtretung an einen „Nicht-Verbraucher" der an die Person des **Verbrauchers** geknüpfte Gerichtsstand des Art 13 EuGVÜ (EuGH, Shearson Lehmann Hutton ZIP 93, 828; EuGH, Benincasa, Schulze/Schulte-Nölke, Casebook Europ VerbrR, 46 f).

13 **b) Die Beweislast** für die Abtretung trägt der Zessionar. Er hat auch zu beweisen, dass die Abtretung zeitlich einem Abtretungsverbot voranging (BGH NJW 86, 1926). Einen Grund für die Unwirksamkeit der Abtretung hat dag derjenige zu beweisen, der sich darauf beruft.

14 **III. Besondere Formen der Abtretung; Abgrenzung zu Einziehungsermächtigung und Vertragsübernahme: 1. a)** In der Praxis häufig sind fiduziarische Abtretungen, insb in Form der **Sicherungsabtretung**. Ebenso wie bei anderen fiduziarischen Rechtsverhältnissen ist der Zessionar im Innenverhältnis an die Vereinbarung, die er mit dem Zedenten getroffen hat, gebunden und erlangt nach außen die volle Gläubigerstellung. Bei der Sicherungsabtretung lässt sich der Zessionar eine Forderung des Zedenten gegen einen Dritten abtreten, um seine Ansprüche ggü dem Zedenten zu sichern.

15 Im **Verhältnis zum Schuldner** erlangt der Zessionar und Sicherungsnehmer damit alle Gläubigerrechte. Eine Weiterabtretung durch ihn ist selbst dann wirksam, wenn sie die Vereinbarung mit dem Zedenten verletzt. Auch gerichtlich kann er die Forderung geltend machen. Aus der Sicherungsabrede, die der Abtretung zugrunde liegt, hat der Schuldner keine Einwendungen; allerdings kann diese uU ein konkludentes pactum de non cedendo (§ 399 Rn 5) zu seinen Gunsten enthalten. Bei einer stillen Zession (Rn 3) bleibt der Zedent und Sicherungsgeber aber gem §§ 185 I, 362 II berechtigt, Leistung an sich zu verlangen und als gewillkürter Prozessstandschafter gerichtlich vorzugehen (BGH ZIP 99, 927). Auch bei offener Zession kann der Sicherungsgeber aber auf Leistung an den Sicherungsnehmer klagen. Im **Innenverhältnis** zum Zedenten ist der Zessionar an die **Sicherungsabrede** gebunden und zu Verfügungen über die Forderung daher nur iR des Sicherungszwecks berechtigt. IdR legt die Sicherungsabrede fest, dass der Sicherungsnehmer (Zessionar) die Forderung nur bei Fälligkeit und bei Verzug des Sicherungsgebers (Zedenten) einziehen darf und dabei die Interessen des Sicherungsgebers berücksichtigen muss. Insb muss er daher den eingezogenen Betrag, soweit dieser die gesicherte Forderung übersteigt, an den Sicherungsgeber herausgeben und endgültig nicht mehr benötigte Sicherheiten freigeben (BGH NJW 98, 671).

16 In der **Zwangsvollstreckung** kann der **Zessionar** zwar der Forderungspfändung durch einen Gläubiger des Zedenten mit einer Drittwiderspruchsklage gem § 771 ZPO entgegentreten. Nach Eröffnung des Insolvenzverfahrens über das Vermögen des Zedenten hat er aber nur ein Absonderungsrecht aus § 51 Nr 1 InsO. Dem **Zedenten** steht dag

nach der Befriedigung der gesicherten Forderung bei Insolvenz des Zessionars ein Aussonderungsrecht aus § 47 InsO zu. Gegen Pfändungen durch Zessionarsgläubiger kann er gem § 771 ZPO vorgehen. Vor Befriedigung kann er der Pfändung aber nur gem § 771 ZPO widersprechen, wenn noch keine Verwertungsreife eingetreten ist. Im Insolvenzverfahren gegen den Zessionar ist er gem § 47 InsO erst nach Befriedigung aussonderungsberechtigt.

b) Wichtige Formen der Sicherungsabtretung sind die Globalzession und der verlängerte Eigentumsvorbehalt. Bei der **Globalzession** lässt sich ein Geldkreditgeber alle gegenwärtigen und zukünftigen Forderungen des Zedenten zur Sicherung eines Darlehens abtreten. Der **verlängerte Eigentumsvorbehalt** ist typisches Sicherungsmittel des Warenkreditgebers: Der Verkäufer von Waren vereinbart zur Sicherung seines Kaufpreisanspruches mit dem Käufer neben dem Eigentumsvorbehalt die Abtretung aller durch den Weiterverkauf der Waren entstehenden Forderungen. Bei der **Vorausabtretung** dieser Forderungen genügt für die Bestimmtheit (Rn 5) eine Eingrenzung auf Forderungen „in Höhe des Rechnungswertes der Kaufpreisforderung" oder „entspr dem Wert der Vorbehaltsware" (BGH NJW 64, 150); nicht bestimmt genug ist der pauschale Bezug auf alle Forderungen, die an die Stelle der Kaufsache treten (BGHZ 7, 369). 17

Bei einer **Kollision von Globalzession und verlängertem Eigentumsvorbehalt** ist zwar vom **Prioritätsgrundsatz** auszugehen (BGHZ 32, 363; stRspr), so dass nur die zeitlich erste wirksame Abtretung maßgeblich ist. Eine Teilung entspr Wertquoten bzw Kredithöhen oder einen Vorrang des verlängerten Eigentumsvorbehalts wegen dessen Nähe zur Forderung lehnt die hM ab (iE Picker JuS 88, 375). Voraussetzung ist jedoch, dass beide Abtretungen wirksam sind. Daran kann es insb für die Globalzession wegen § 138 bzw § 307 fehlen. Aufgrund dieser Vorschriften ist eine Globalzession wegen **Verleitung des Zedenten zum Vertragsbruch** nichtig, soweit sie sich auf Forderungen erstreckt, die branchenüblich einem verlängertem Eigentumsvorbehalt unterfallen, sofern nicht dem verlängerten Eigentumsvorbehalt durch eine **dingliche Teilverzichtsklausel**, die insoweit die Globalzession einschränkt, der Vorrang eingeräumt wird (BGH NJW 99, 940). Denn eine uneingeschränkte Globalzession treibt den Zedenten geradezu in den Vertragsbruch ggü seinen Warenlieferanten, wenn er üblicherweise ohne verlängerten Eigentumsvorbehalt keine Waren erhält. Die Branchenüblichkeit des verlängerten Eigentumsvorbehalts begründet auch die tatsächliche Vermutung der Kenntnis als subjektive Voraussetzung der Nichtigkeit (BGH NJW 95, 1669). Zur Vermeidung der Nichtigkeit genügt auch nicht die Vereinbarung einer Verpflichtung des Schuldners zur Befriedigung des Vorbehaltsverkäufers (sog Verpflichtungsklausel) oder eines teilweisen Freigabeanspruchs für den Vorbehaltsverkäufer (schuldrechtliche Teilverzichtsklausel). Diese Klauseln bürden iU zur dinglichen Verzichtsklausel dem Eigentumsvorbehaltsverkäufer das Insolvenzrisiko des Zessionars auf. 18

Die **Unwirksamkeit einer Globalzession** kann außer auf der Verleitung zum Vertragsbruch und unabhängig von der Kollision mit einem verlängerten Eigentumsvorbehalt auch auf weiteren Gründen beruhen, insb auf einer **Knebelung** des Vertragspartners (§ 138 Rn 11) oder auf einer **Übersicherung**. Bei grobem Missverhältnis zwischen der gesicherten Forderung und dem Wert, den der Zessionar als Sicherungsnehmer aufgrund der Abtretung im Sicherungsfall realisieren kann, kann die Abtretung wegen anfänglicher Übersicherung gem § 138 I sittenwidrig (BGH NJW 98, 2047) oder gem § 307 I unwirksam sein. Zur Vermeidung einer Unwirksamkeit wegen nachträglicher Übersicherung hatte die Rspr bei revolvierenden Globalsicherheiten zunächst eine ausdrückliche schuldrechtliche Freigabeklausel mit bestimmter Deckungsgrenze verlangt (BGHZ 109, 246) und später fehlerhafte Freigabeklauseln gem § 306 durch einen richterrechtlichen Freigabeanspruch ersetzt (BGHZ 133, 30). Nach der Entscheidung des Großen Senats (BGH GS NJW 98, 671) geht sie jetzt davon aus, dass bei nachträglicher Übersicherung ein **ermessensunabhängiger Freigabeanspruch** des Zedenten besteht, unabhängig davon, ob der Sicherungsvertrag eine derartige Freigabeklausel enthält. Die Deckungsgrenze beträgt **110 %** der gesicherten Forderung, wenn bei Bestellung der Sicherheiten keine oder eine unangemessene Deckungsgrenze festgelegt wurde. Unter Berücksichtigung des Verwertungsrisikos liegt die Übersicherungsgrenze damit 19 idR bei 150 % des **Schätzwertes** des Sicherungsgutes (§ 237 S 1 analog); dieser bestimmt sich bei der Globalzession aus dem Nennwert der abgetretenen Forderungen. Die Wirksamkeit der Globalzession setzt damit weder eine ausdrückliche Freigabevereinbarung noch eine zahlenmäßige Festlegung der Deckungsgrenze oder eine bestimmte Bewertungsvereinbarung voraus. **Rechtsfolgen:** Soweit die Globalzession unwirksam ist und ein Drittschuldner an den Globalzessionar als Nichtberechtigten zahlt, kann der Warenlieferant die Erfüllung gem §§ 362 II, 185 I genehmigen und gem § 816 II gegen den Globalzessionar vorgehen (§ 816 Rn 13).

20 2. Wie bei der Sicherungsabtretung handelt es sich bei der **Inkassozession** um ein fiduziarisches Verhältnis. Der Abtretung liegt hier im Innenverhältnis eine Geschäftsbesorgung gem §§ 675, 677 zugrunde. Der Zessionar soll die Forderung nur einziehen, um anschließend den Erlös an den Zedenten weiterzuleiten. Die Inkassozession ist formfrei; bei geschäftsmäßiger Inkassozession ist aber eine Erlaubnis nach Art 1 § 1 I 2 Nr 5 RBerG erforderlich. § 46 IV AO enthält eine Sonderregelung für Steuererstattungsansprüche.

21 Der Inkassozessionar wird **Vollgläubiger** (ebenso wie der Sicherungsnehmer bei der Sicherungsabtretung; Rn 14). Verfügungen des Zessionars sind auch bei Verstoß gegen Vereinbarungen im Innenverhältnis wirksam (allerdings nicht bei kollusivem Zusammenwirken des durch die Verfügung Begünstigten mit dem Zessionar). Der Zessionar kann die Forderung gerichtlich geltend machen, ohne ein Eigeninteresse nachweisen zu müssen (BGH NJW 80, 991).

22 In der **Zwangsvollstreckung** können der Zedent und der Zessionar (BGHZ 11, 41; str) **Drittwiderspruchsklage** gem § 771 ZPO erheben, wenn Gläubiger des jeweils anderen die Forderung pfänden. Die Gläubiger des Zedenten können aber dessen Rückübertragungsanspruch pfänden. In der **Insolvenz** des Zessionars steht dem Zedenten ein Aussonderungsrecht gem § 47 InsO zu. Dag kann sich der Zessionar in der Insolvenz des Zedenten nur auf § 116 InsO berufen.

23 3. a) Im Unterschied zur Inkassozession überträgt der Auftraggeber bei der **Einziehungsermächtigung** dem Beauftragten nur das **Recht zur Geltendmachung** der Forderung, bleibt aber Forderungsinhaber. Der einziehungsermächtigte Beauftragte ist entspr § 185 (str) befugt, die Forderung im eigenen Namen geltend zu machen und entspr dem Inhalt der Ermächtigung Leistung an sich oder den Gläubiger zu verlangen. IdR ist er auch zur Abgabe derjenigen Erklärungen befugt, die für die Geltendmachung der Forderung erforderlich sind. Rechtshandlungen zwischen dem Schuldner und dem Ermächtigten muss der Ermächtigende grds ebenso gegen sich gelten lassen, wie wenn er sie selbst mit dem Schuldner vorgenommen hätte (OLG Karlsruhe NJW-RR 96, 752). Der Schuldner kann dem Ermächtigten alle **Einwendungen**, die ihm gegen den Gläubiger zustehen, entgegenhalten und sich auch auf Einwendungen aus dem Innenverhältnis zwischen Gläubiger und Ermächtigtem stützen (RGZ 53, 419). Einwendungen aus seiner Beziehung zum Ermächtigten kann er dag der Forderung nicht entgegensetzen. Bei einem Widerruf der Einziehungsermächtigung sind zum Schutz des gutgläubigen Schuldners die §§ 170 ff entspr anzuwenden. Zur **gerichtlichen Geltendmachung** der Forderung ist für den Einziehungsermächtigten neben der Ermächtigung durch den Forderungsinhaber ein eigenes schutzwürdiges Interesse an der Geltendmachung erforderlich (**gewillkürte Prozessstandschaft**, BGH NJW 89, 1933; stRspr). Bei Vermögenslosigkeit des Ermächtigten liegt dies idR nicht vor. Ausnahmsweise ist es jedoch zB anzunehmen, wenn der zwischenzeitlich vermögenslos gewordene Einziehungsermächtigte ursprünglich selbst Inhaber der Forderung war und diese zur Sicherheit abgetreten hatte (BGH NJW 99, 2589; zur Ausn der Sicherheitsleistung für Prozesskosten BGH NJW 95, 3186). Das Urt entfaltet Rechtskraft für und gegen den Forderungsinhaber, der die Einziehungsermächtigung erteilt hat.

24 Die Einziehungsermächtigung ist **widerruflich** (BGHZ 82, 290). Ihre Erteilung ist **ausgeschlossen**, wenn die Forderung wegen ihres höchstpersönlichen Charakters gem § 399, 1. Alt oder gem § 400 nicht abtretbar ist (BGH NJW 69, 1111). Dag führt die Nichtübertragbarkeit eines vermögensrechtlichen Anspruchs grds nicht bereits dazu, dass die Erteilung einer Einziehungsermächtigung ausgeschlossen ist (BGHZ 68, 125).

3 Neben dem völligen Ausschluss ist auch eine **Beschränkung** der Abtretbarkeit von Forderungen möglich. So können Forderungen nur an einen **bestimmten Zessionar** abtretbar sein. ZB kann der Beihilfeanspruch gegen den Dienstherren nur an den Gläubiger der zu erstattenden Kosten abgetreten werden (BAG DB 70, 1327). Auch die **Zweckbindung einer Leistung** kann uU zu einer Beschränkung der Abtretbarkeit führen, zB bei Rückforderungsansprüchen aus § 528, Ausgleichsforderungen gem § 8 III 2 HausratsVO (OLG Köln NJW-RR 93, 1031) oder zweckgebundenen Ansprüchen des Treuhänders gegen den Treugeber (BGH NJW 91, 2906). Uneingeschränkt abtretbar sind dag trotz ihrer Zweckgebundenheit Ansprüche auf das Tagesguthaben iR eines Girovertrages (BGHZ 84, 374) sowie Ansprüche auf Arbeitnehmersparzulagen.

4 **Akzessorische Nebenrechte** und unselbständige **Hilfsrechte** (§ 401 Rn 2) gehen bei der Abtretung mit der Hauptforderung gem § 401 auf den Zessionar über. Ergänzend ergibt sich aus § 399, 1. Alt das Verbot der selbständigen Abtretung dieser Nebenrechte.

5 **2.** Gem § 399, 2. Alt kann eine **Vereinbarung** zwischen Gläubiger und Schuldner die Abtretbarkeit der Forderung mit absoluter Wirkung (Rn 7) ausschließen (**Pactum de non cedendo**). Entspr können die Parteien auch die Abtretbarkeit der Forderung beschränken zB auf bestimmte Zessionare oder die Wirksamkeit zB von der Zustimmung des Schuldners oder von einer Anzeige an den Schuldner abhängig machen. Die Vereinbarung kann ausdrücklich oder konkludent, bei Begr der Forderung oder später getroffen werden. Sie kann auch die Abtretung künftiger Forderungen betreffen. Ein Abtretungsverbot in **AGB** verstößt idR nicht gegen § 307 und § 138 (in einem Wartungs- und Reparaturvertrag BGH NJW 97, 3435; anders aber für das Abtretungsverbot in allg Reisebedingungen für Ansprüche, die der Anmelder geltend machen kann, BGHZ 108, 55). Wegen der Verschwiegenheitspflicht der Ärzte, Steuerberater und Vertreter vergleichbarer Berufe, die Kenntnis von privaten und persönlichen Geheimnissen ihrer Vertragspartner haben (vgl § 203 I StGB), ergibt sich ein Abtretungsverbot aus § 134 (BGH NJW 93, 1638; BGH NJW 96, 2087) und ggf § 242; für Rechtsanwälte besteht eine Ausn zum Abtretungsverbot in den Grenzen des § 49 b IV 1 BRAO, der eine Strafbarkeit nach § 203 I StGB ausschließt (BGH NJW 07, 1196, 1197). Weder das Bankgeheimnis noch das BDSG stehen einer wirksamen Abtretung von Darlehensforderungen eines Kreditinstituts entgg (BGH NJW 07, 2106 unter ausdr Ablehnung von OLG Frankfurt/M NJW 04, 3266).

6 Kollidieren ein vertraglich vereinbartes Abtretungsverbot und ein **verlängerter Eigentumsvorbehalt,** verhindert das Abtretungsverbot den gutgläubigen Eigentumserwerb (BGH NJW 99, 426) und kann eine Schadensersatzpflicht begründen (BGHZ 77, 279).

7 **3. a) Rechtsfolge** eines Verstoßes gegen § 399 ist die Unwirksamkeit der Abtretung nicht nur im Verhältnis der Parteien, sondern für und gegen jeden (**absolute Wirkung,** str für das vereinbarte Abtretungsverbot; dazu im internationalen Vergleich: Goergen). Diese dingliche Wirkung bildet eine Ausn zu § 137. Die Forderung verbleibt damit im Vermögen des Zedenten und kann somit von dessen Gläubigern gepfändet werden (BGHZ 102, 301). Eine Genehmigung des Schuldners kann die unwirksame Abtretung auch dann nicht ex tunc heilen, wenn die Abtretung von der Zustimmung des Schuldners abhängig war (BGHZ 108, 176; str). Sie kann lediglich als Angebot auf Aufhebung des Abtretungsverbotes betrachtet werden, so dass die Abtretung bei Annahme des Aufhebungsangebotes ex nunc wirksam wird (BGHZ 70, 302). Vereinbaren die Parteien ein Abtretungsverbot hins **künftiger Forderungen,** so werden die Forderungen auch von einer früheren Vorausabtretung nicht erfasst (BGHZ 27, 309; str).

8 **b)** Abw von § 399, 2. Alt ist bei einem **beiderseitigen Handelsgeschäft** gem § 354 a HGB die Abtretung einer Geldforderung trotz eines vereinbarten Abtretungsverbots wirksam; gleiches gilt, wenn es sich bei dem Schuldner um eine juristische Person des öffentlichen Rechts oder ein öffentlich-rechtliches Sondervermögen handelt. Diese Sondervorschrift erfasst auch vereinbarte Beschränkungen der Abtretbarkeit, zB die Zustimmungsbedürftigkeit (OLG Celle NJW-RR 99, 618). Sie wurde 1994 in das HGB eingefügt und erfasst Abtretungsverbote, die nach dem 29.7.1994 vereinbart wurden (OLG Schleswig NJW-RR 01, 818; nach aA ist das Entstehen der Forderung nach diesem Stichtag ausreichend; so OLG Köln DB 97, 2169; offen gelassen von BGH NJW

01, 1724). Nach § 354 a S 2 HGB kann der Schuldner trotz der wirksamen Abtretung jedoch infolge des Abtretungsverbots befreiend an den Zedenten leisten, auch wenn er die Abtretung kennt (also unabhängig von den Voraussetzungen des § 407 I; einschränkend bei drohender Insolvenz des Zedenten Derleder BB 99, 1565). Der Leistung gleichzustellen sind ersetzende Erfüllungshandlungen wie die Aufrechnung und Verrechnung (Saar ZIP 99, 991).

9 **4.** Als **unzulässige Rechtsausübung** kann eine Abtretung unabhängig von den Voraussetzungen des § 399 nach Treu und Glauben (§ 242) ausnahmsweise unwirksam sein, wenn sie den Schuldner in ganz unverhältnismäßigem Maße belasten und daher für ihn unzumutbar sein würde, zB bei der Stückelung einer Forderung durch vielfache teilweise Abtretung mit entspr Belastung des Schuldners bei der Begleichung der Rechnungen oder bei der Aufrechnung mit einer seit vielen Jahren anhängigen Forderung (OLG Düsseldorf MDR 81, 669). Umgekehrt kann Treu und Glauben aber auch der Berufung auf eine Unwirksamkeit nach § 399 entgegenstehen (BGHZ 56, 176). Ist die Versicherungsleistung dem Leasinggeber ausgezahlt worden, so kann sich dieser in Bezug auf die Abtretung des Anspruchs durch den Leasingnehmer an die Reparaturwerkstatt nicht auf ein vertragliches Abtretungsverbot berufen (BGHZ 93, 399).

10 **5.** Gem § 412 gilt § 399 entspr für den **gesetzlichen Forderungsübergang**. Aus der Spezialvorschrift für die Legalzession kann sich jedoch ergeben, dass auch nach § 399 unabtretbare Forderungen übergehen sollen. So wirkt ein Abtretungsausschluss nicht ggü dem Sozialversicherungsträger, der den Unterhalt des Arbeitnehmers für den Lohnzeitraum getragen hat (BAG NJW 66, 1727).

§ 400 Ausschluss bei unpfändbaren Forderungen

Eine Forderung kann nicht abgetreten werden, soweit sie der Pfändung nicht unterworfen ist.

1 Das **Abtretungsverbot für unpfändbare Forderungen** dient ebenso wie die Pfändungsverbote selbst dem allg Interesse an der Erhaltung eines Mindestlebensunterhalts für den Einzelnen. § 400 ist daher zwingendes Recht. **Pfändungsverbote** (dazu § 394 Rn 2) ergeben sich insb aus §§ 850 ff ZPO. Neben der Abtretung einer unpfändbaren Forderung fallen auch entspr Einziehungsermächtigungen oder Vereinbarungen über die „Verwaltung" von unpfändbarem Einkommen aufgrund des Zwecks von § 400 unter das Verbot. Folge eines Verstoßes ist die Nichtigkeit gem § 134.

2 Nach dem Zweck des § 400 ist die Vorschrift aber nicht anzuwenden, wenn der Zessionar dem Zedenten eine wirtschaftlich **gleichwertige Leistung** verschafft, unabhängig davon, ob er dazu gesetzlich verpflichtet ist (BAG NJW 01, 1443 mwN). Abtretbar ist so der Rückforderungsanspruch aus § 528 I an den Sozialhilfeträger, der Hilfe zum Lebensunterhalt gewährt (BGHZ 127, 356). Das Insolvenzgeld kann mit Zustimmung des Arbeitsamtes an die Bank abgetreten werden, die die Lohnzahlung vorfinanziert hat (Zwanziger ZIP 98, 2135).

3 § 400 gilt gem § 412 entspr für den **gesetzlichen Forderungsübergang**. Da der Gedanke des Gläubigerschutzes die entspr Anwendung trägt und begrenzt, steht § 400 einer Abtretung aber nicht entgg, sofern der Gläubiger nicht schutzwürdig ist. Nicht entspr anwendbar ist § 400 daher auf den Forderungsübergang nach § 116 SGB X, § 90 BSHG und § 6 EFZG.

§ 401 Übergang der Neben- und Vorzugsrechte

(1) Mit der abgetretenen Forderung gehen die Hypotheken, Schiffshypotheken oder Pfandrechte, die für sie bestehen, sowie die Rechte aus einer für sie bestellten Bürgschaft auf den neuen Gläubiger über.
(2) Ein mit der Forderung für den Fall der Zwangsvollstreckung oder des Insolvenzverfahrens verbundenes Vorzugsrecht kann auch der neue Gläubiger geltend machen.

I. Nach § 401 sollen dem Zessionar zusammen mit der Forderung die dazu gehörenden **1**
Neben- und Vorzugsrechte zukommen. Die Vorschrift ist aber durch die Parteien des
Abtretungsvertrages **abdingbar**.
II. 1. Gem Abs 1 S 1 gehen mit der Forderung folgende Rechte aufgrund ihrer **Akzesso- 2
rietät** auf den Zessionar über: Hypotheken (§ 1153), Schiffshypotheken, Pfandrechte
an beweglichen Sachen (§ 1250) und an Rechten (§ 1273) sowie Registerpfandrechte
(§ 98 II Gesetz über Rechte an Luftfahrzeugen) und Bürgschaften. Wird der Übergang
für eine Bürgschaft abbedungen, erlischt sie analog § 1250 II. Ohne besondere Vereinbarung beschränkt sich der Übergang der Bürgschaft auf die Haftung für die Verbindlichkeiten auf dem Stand bei der Abtretung und erfasst keine weiteren Kredite aus der
Geschäftsbeziehung mit dem Zessionar (BGHZ 26, 147; anders uU bei Gesamtrechtsnachfolge, BGHZ 77, 170). Entspr anzuwenden ist § 401 auf weitere **unselbständige
Sicherungsrechte** wie die sichernde Schuldmitübernahme (BGH NJW 00, 575), die
Vormerkung, den Anspruch auf Bestellung einer Hypothek oder eines sonstigen akzessorischen Sicherungsrechts (OLG Hamm OLGZ 81, 21), den Auszahlungsanspruch
für den Kaufpreis auf einem Notaranderkonto (BGH NJW 98, 2135) und das kaufmännische ZbR (str). Auch auf **Hilfsrechte**, die zur Geltendmachung der Forderung erforderlich sind, ist § 401 entspr anwendbar, zB grds auf Ansprüche auf Auskunftsoder Rechnungslegung (str für die Zession gem § 116 SGB X); die Genehmigungsbefugnis (§ 185 II) bei der Abtretung einer Forderung gem § 816 I; die Rechte zur Fristsetzung in §§ 281 I, 323 I. Keine Hilfsrechte und daher nicht von der entspr Anwendung des § 401 erfasst sind dag Gestaltungsrechte, die das Schuldverhältnis iwS betreffen (wie die Anfechtungs- und das Rücktrittsrecht, sowie das ZbR gem § 273). Das
Rücktritts- oder Kündigungsrecht kann jedoch uU konkludent bei der Abtretung der
Hauptforderung in die Übertragung einbezogen worden sein. Bereits entstandene fällige Zinsansprüche, Vertragsstrafen und Schadensersatzansprüche verbleiben bei dem
Zedenten, sofern sie nicht ausdrücklich oder konkludent mit abgetreten werden. Für
künftige Zins- oder Vertragsstrafeansprüche wird die Auslegung der Abtretungsvereinbarung idR ergeben, dass sie dem Zessionar zustehen sollen (vgl BGHZ 35, 173).
Nicht unter § 401 fallen auch selbständige Sicherungsrechte wie die Sicherungsgrundschuld, das Sicherungs- bzw Vorbehaltseigentum oder eine zur Sicherung abgetretene
Forderung. IZw ist der Zedent aber schuldrechtlich zur Übertragung auf den Zessionar
verpflichtet, soweit dies nicht der Sicherungsabrede zuwiderläuft (BGHZ 80, 232).
Gem Abs 2 erfasst die Abtretung auch **Vorzugsrechte**, die mit der Forderung rechtlich **3**
verbunden sind (zB §§ 804 II, 850 d ZPO; §§ 49 ff InsO).
2. Auf den **gesetzlichen Forderungsübergang** ist § 401 gem § 412 entspr anwendbar. **4**
Bei der Befriedigung des Gläubigers durch einen von mehreren **gleichrangig haftenden
Sicherungsgebern**, auf die §§ 774 II, 1225 nicht anzuwenden sind, führt die Anwendung des § 426 aber zu einer Einschränkung (vgl BGHZ 108, 183; str; iE §§ 774
Rn 9 f, 1225 Rn 6).

§ 402 Auskunftspflicht; Urkundenauslieferung

**Der bisherige Gläubiger ist verpflichtet, dem neuen Gläubiger die zur Geltendmachung
der Forderung nötige Auskunft zu erteilen und ihm die zum Beweis der Forderung dienenden Urkunden, soweit sie sich in seinem Besitz befinden, auszuliefern.**

§ 402 knüpft typisierte **Nebenleistungspflichten** aus dem Kausalgeschäft an die Abtre- **1**
tung (also an das Verfügungsgeschäft). Trotz dieser Anknüpfung entfallen die Ansprüche aus § 402 und ebenso aus § 403, wenn das Kausalgeschäft nichtig ist (str) – auf
den gesetzlichen Forderungsübergang ist § 402 gem § 412 anzuwenden.
Die **Auskunftspflicht** des Zedenten aus § 402 umfasst jeden Umstand, über den Kennt- **2**
nis erforderlich ist, um die Forderung einziehen zu können, selbst wenn der Zedent die
Information erst nach der Abtretung erhält. Der Zedent ist insb verpflichtet, dem Zessionar Leistungsort, Leistungszeit sowie den Wohnsitz oder Aufenthaltsort des Schuldners zu nennen und Kenntnisse über die wirtschaftlichen Verhältnisse des Schuldners

weiterzugeben. Der Zedent muss dem Zessionar jedoch grds nicht im Voraus mitteilen, welche Einwendungen der Schuldner ihm ggü bereits erhoben hat; idR hat der Zedent erst auf gezielte Anfrage mitzuteilen, was er zur Entgegnung auf Einwendungen, die der Schuldner erhoben hat, beitragen kann (BGH NJW 00, 3780). Ein Ausschluss der Auskunftspflicht erfordert grds eine ausdrückliche Vereinbarung (BGH NJW 93, 2796).

3 Die **Auslieferungspflicht** betrifft alle Urkunden, die beweiserheblich für die Forderung sind und die der Zedent im unmittelbaren oder mittelbaren Besitz hat. Bei Abtretung eines Gewährleistungsanspruchs ist der Zedent daher zur Herausgabe der Ausschreibungsunterlagen, Zeichnungen, Korrespondenz und Schlussrechnungen verpflichtet (BGH NJW-RR 89, 467). Die Verpflichtung aus § 402 richtet sich auf die Übergabe der Urkunden, nicht auf ihre Übereignung; jedoch kann sich eine Pflicht zur Übereignung aus dem Grundsatz von Treu und Glauben ergeben. Erstreckt sich der Inhalt der Urkunde auch auf andere Angelegenheiten oder handelt es sich um eine Teilabtretung, beschränkt sich die Auslieferungspflicht auf die Pflicht zur Übergabe einer beglaubigten Abschrift.

§ 403 Pflicht zur Beurkundung

¹Der bisherige Gläubiger hat dem neuen Gläubiger auf Verlangen eine öffentlich beglaubigte Urkunde über die Abtretung auszustellen. ²Die Kosten hat der neue Gläubiger zu tragen und vorzuschießen.

1 Die Vorschrift ermöglicht dem Zessionar die **eindeutige Legitimation**, die § 410 vorsieht. Die Ausstellung einer öffentlich beglaubigten Urkunde (§ 129) kann der Zessionar aber trotz § 410 II auch verlangen, wenn dem Schuldner die Abtretung gem § 409 angezeigt wurde. Dag entfällt das Recht aus § 403 nach rechtskräftiger Feststellung der Abtretung. Da die Ausstellung der Urkunde dem Interesse des Zessionars dient, hat dieser nach S 2 die Kosten zu tragen. Bis zur Zahlung des Kostenvorschusses hat der Zedent ein ZbR. – Auf den gesetzlichen Forderungsübergang ist § 403 entspr anzuwenden (§ 412).

§ 404 Einwendungen des Schuldners

Der Schuldner kann dem neuen Gläubiger die Einwendungen entgegensetzen, die zur Zeit der Abtretung der Forderung gegen den bisherigen Gläubiger begründet waren.

1 I. Die Vorschrift gewährleistet, dass der Schuldner durch die Abtretung, die ohne seine Zustimmung vorgenommen wird, nicht schlechter gestellt wird. Dem Schuldner bleiben daher die Einwendungen, die er bei der Abtretung ggü dem Altgläubiger hatte, ggü dem Neugläubiger erhalten. Dies entspricht auch dem Grundsatz, dass sich der Inhalt der Forderung durch den Gläubigerwechsel nicht ändert.

2 II. 1. a) § 404 betrifft Einwendungen aus der **Rechtsbeziehung zwischen dem Zedenten und dem Schuldner**. Daneben kann der Schuldner unmittelbar ggü dem Zessionar die **Unwirksamkeit der Abtretung** geltend machen; dag kann er sich infolge des Abstraktionsgrundsatzes grds nicht auf Einwendungen aus dem Kausalverhältnis zwischen Zedent und Zessionar, das der Abtretung zugrunde liegt, stützen (abgesehen von Ausn wie der Fehleridentität oder der Doppelnichtigkeit; vgl BAG NJW 67, 751). Der Begriff der „**Einwendungen**" ist bei § 404 weit zu fassen; dazu gehören alle rechtshindernden Einwendungen (wie §§ 104, 125, 134, 138) und alle rechtsvernichtenden Einwendungen (wie Anfechtung, Rücktritt, Erfüllung, Aufrechnung). Auch der Einwand unzulässiger Rechtsausübung aufgrund von Treu und Glauben wird erfasst (zB bei Verwirkung, BGH NJW 06, 220); möglich ist aber, dass eine Forderung, deren Ausübung durch den Zedenten missbräuchlich gewesen wäre, in der Hand des Zessionars wieder inhaltswirksam ist und umgekehrt (BGH NJW 01, 1862 f; BB 02, 1830). Umfasst sind auch materielle und prozessuale **Einreden**, zB aufgrund von §§ 273 und 320

oder aufgrund der Verjährung. Gutgläubigkeit des Zessionars hins der betr Einwendung lässt das Recht des Schuldners nicht entfallen (anders bei § 405).

Die Einwendung muss zZ der Abtretung begründet sein. Ausreichend ist, wenn sie dem Rechtsgrunde nach in dem Schuldverhältnis angelegt war (BGHZ 25, 29); Tatsachen, die zur Wirksamkeit der Einwendung erforderlich sind, können sodann der Abtretung noch folgen. Das ZbR gem § 273 kann der Schuldner dem Zessionar auch dann entgegenhalten, wenn der Gegenanspruch bei der Abtretung zwar dem Rechtgrund nach schon gegeben, aber noch nicht fällig war, sofern dieser Anspruch spätestens zugleich mit der abgetretenen Forderung fällig geworden ist (BGHZ 58, 331). Für die Einrede noch erforderliche rechtsgestaltende Erklärungen (zB Anfechtung) und rechtsgeschäftsähnliche Handlungen (zB Fristsetzung bei § 281) muss der Schuldner grds ggü dem Zedenten abgeben bzw ausüben (Ausn: § 406). Hindern tatsächliche Gegebenheiten (zB Unerreichbarkeit des Zedenten) die Ausübung eines Anfechtungs- oder sonstigen Gestaltungsrechts, kann der Schuldner dem Zessionar die Einrede der Anfechtbarkeit bzw die entspr Einrede entgegenhalten. 3

b) Grds zulässig ist ein **Einwendungsverzicht** des Schuldners. Er kann einzelvertraglich oder in AGB mit dem Zedenten oder mit dem Zessionar auch vor der Abtretung vereinbart werden (BGH BB 64, 1396). Anderes gilt jedoch aufgrund von § 496 für Verbraucherdarlehensverträge iSd § 491 (dazu Art 9 VerbrKr-RL). Häufig gibt der Schuldner auf Verlangen des Zessionars eine Erklärung ab, er bestätige die Abtretung bzw nehme sie an oder er erkenne die Forderung an. Durch Auslegung ist unter Berücksichtigung der Interessenlage der Parteien zu ermitteln, ob es sich bei einer derartigen **Abtretungsbestätigung** um eine bloße Wissenserklärung oder um ein deklaratorisches Schuldanerkenntnis handelt; uU kann auch ein Auskunftsvertrag zwischen dem Zessionar und dem Schuldner zustande gekommen sein (vgl BGH NJW 90, 513). Eine bloße Wissenserklärung löst bei unvollständiger oder falscher Antwort eine Haftung des Schuldners aus. Sie ist insb anzunehmen, wenn der Schuldner lediglich zum Ausdruck gebracht hat, dass er die Abtretung zur Kenntnis genommen hat. Gibt der Schuldner dag ein deklaratorisches, also das Bestehen der Schuld bestätigendes Schuldanerkenntnis ab, ist es hins des Ausschlusses von Einwendungen eng auszulegen. IdR schließt es nur Einwendungen aus, die der Schuldner kannte oder mit denen er rechnete (BGH NJW 83, 1904). 4

2. Rechtsfolge des § 404 ist, dass der Schuldner dem Zessionar die Einwendung entgegenhalten kann, wenn dieser die Forderung geltend macht. Leistet der Schuldner trotz seiner Einwendungen an den Zessionar, steht ihm uU ein Anspruch aus §§ 812, 813 zu. 5

Die **Verjährungsfrist** läuft unbeeinflusst von der Abtretung weiter, da die Verjährung eine Einwendung iSd § 404 ist. Auch wenn der Lauf der Verjährungsfrist von der Kenntnis des Verletzten abhängt, berührt die Abtretung den Fristlauf nicht, nachdem diese durch Kenntnis des Zedenten eingesetzt hat (BGH NJW 73, 702). 6

§ 405 Abtretung unter Urkundenvorlegung

Hat der Schuldner eine Urkunde über die Schuld ausgestellt, so kann er sich, wenn die Forderung unter Vorlegung der Urkunde abgetreten wird, dem neuen Gläubiger gegenüber nicht darauf berufen, dass die Eingehung oder Anerkennung des Schuldverhältnisses nur zum Schein erfolgt oder dass die Abtretung durch Vereinbarung mit dem ursprünglichen Gläubiger ausgeschlossen sei, es sei denn, dass der neue Gläubiger bei der Abtretung den Sachverhalt kannte oder kennen musste.

Die Vorschrift ermöglicht in begrenztem Maß den **gutgläubigen Erwerb** einer Forderung, weil der Schuldner mit der Ausstellung der Beweisurkunde einen entspr Rechtsschein gesetzt hat: Zugunsten eines gutgläubigen Zessionars sind in diesem Fall die Einwendungen eines **Scheingeschäfts** (§ 117) und einer **Vereinbarung der Unabtretbarkeit** (§ 399) ausgeschlossen. Einem Scheingeschäft gleich zu erachten ist es, wenn eine Forderung unmittelbar nach ihrem Entstehen durch Abtretung an den Schuldner im 1

Wege der Konfusion erloschen ist und der Zessionar sie sodann unter Urkundenvorlage erwirbt (OLG Frankfurt/M NJW-RR 92, 684). Die **Urkunde** muss zum Beweis des Bestehens der Forderung und der Gläubigerstellung des Zedenten bestimmt sein; eine nur gelegentliche Erwähnung dieser Umstände in einem Schriftstück anderer Bestimmung genügt nicht. Zudem muss die Urkunde vom Schuldner ausgestellt und mit seinem Willen in den Rechtsverkehr eingeführt sein. Nicht ausreichend ist zB die Vorlage einer gestohlenen oder verlorenen Urkunde. Eine Übergabe der Urkunde an den Zessionar ist nicht erforderlich; er ist bereits geschützt, wenn ihm die Urkunde vorgelegt wird. Die Vorlage muss aber **bei Abtretung** stattfinden; dazu muss zeitlich zumindest ein enger Zusammenhang mit der Abtretung gewahrt sein. Eine Vorlage zu früherer Zeit ist unzureichend (RGZ 111, 47).

2 Die **Gutgläubigkeit** des Zessionars wird nach der Fassung des § 405 vermutet. Wenn der Zessionar dag die Einwendung kannte oder infolge von Fahrlässigkeit nicht kannte (§ 122 II), entfällt der Schutz des § 405. Bereits einfache Fahrlässigkeit führt hier zur **Bösgläubigkeit.**

§ 406 Aufrechnung gegenüber dem neuen Gläubiger

Der Schuldner kann eine ihm gegen den bisherigen Gläubiger zustehende Forderung auch dem neuen Gläubiger gegenüber aufrechnen, es sei denn, dass er bei dem Erwerb der Forderung von der Abtretung Kenntnis hatte oder dass die Forderung erst nach der Erlangung der Kenntnis und später als die abgetretene Forderung fällig geworden ist.

1 I. Die Vorschrift will hins der **Aufrechnung** gewährleisten, dass der Schuldner durch die Abtretung grds nicht schlechter gestellt wird; sie schützt das Vertrauen des Schuldners in eine schon bestehende oder zukünftig realisierbare Aufrechnungsmöglichkeit (iE Schwarz AcP 203, 241 ff). § 406 ermöglicht dem Schuldner die Aufrechnung ggü dem Zessionar trotz fehlender Gegenseitigkeit, wenn ihm **zZ der Abtretung** eine gleichartige und fällige Forderung gegen den Zedenten zustand (zu den Voraussetzungen der Aufrechnung allg § 387 Rn 3 ff). Aufgrund ihrer weiten Fassung ist zudem eine Aufrechnung mit einer **nach der Abtretung** erworbenen oder fällig gewordenen Gegenforderung möglich, sofern kein Ausschlussgrund (Rn 3 f) eingreift.

2 **II. 1. a)** § 406 erfasst nur die Aufrechnung des Schuldners mit einer Forderung **gegen den Zedenten.** Rechnet der Schuldner gegen die abgetretene Forderung gegen den Zessionar auf, kommen die Vorschriften über die Aufrechnung (§§ 387 ff) ohne die Modifikation des § 406 zur Anwendung. Der Schuldner muss die Aufrechnung zudem in **Kenntnis der Abtretung** erklären. Eine Aufrechnung in Unkenntnis der Abtretung unterfällt § 407 (BGH NJW-RR 86, 538).

3 **b)** Die Aufrechnung darf auch **nicht** aus einem der beiden in § 406 angeführten Gründe **ausgeschlossen** sein: **aa)** Der Schuldner darf nicht **beim Erwerb der Gegenforderung Kenntnis von der Abtretung** gehabt haben. Dies gilt auch für eine Vorausabtretung, etwa beim Factoring (BGH NJW 02, 2865). Bei Kenntnis ist er nicht schutzwürdig, weil ihm bewusst sein musste, dass sich abgetretene Forderung und Gegenforderung mangels Gegenseitigkeit nie aufrechenbar ggü gestanden haben, so dass ein berechtigtes Vertrauen auf eine Aufrechnungsmöglichkeit gar nicht entstehen konnte. Für den Zeitpunkt des Erwerbs der Gegenforderung ist maßgeblich, dass der Rechtsgrund für diese Forderung gelegt ist. Für vertragliche Forderungen ist daher der Zeitpunkt des Vertragsschlusses maßgeblich (BGH NJW 96, 1057). Hat der Schuldner seine Forderung zur Sicherheit abgetreten, so kann er ggü dem neuen Gläubiger auch dann aufrechnen, wenn er beim Rückerwerb von der Abtretung Kenntnis hatte, da die übertragene Forderung wirtschaftlich nie endgültig aus seinem Vermögen ausgeschieden ist (BGH NJW 03, 1183). Die Forderungen brauchen noch nicht unbedingt oder gleichartig zu sein (BGHZ 12, 144). Wenn die abgetretene Forderung und die Gegenforderung auf demselben Vertragsverhältnis beruhen, steht die Kenntnis von der Abtretung der Forderung im Zeitpunkt des Vertragsabschlusses jedoch der Aufrechnung nicht entgg (BGHZ 56, 114). Allg ist der Kenntnis von der Abtretung die Kenntnis einer Voraus-

abtretung gleichzusetzen (BGHZ 66, 386). **bb)** Die Gegenforderung darf nicht **nach Kenntnis von der Abtretung und später als die abgetretene Forderung fällig** werden. Unter diesen Voraussetzungen ist der Schuldner nicht schutzwürdig, weil er stets damit rechnen musste, ohne Aufrechnungsmöglichkeit erfüllen zu müssen. Beide Elemente dieses Ausschlussgrundes müssen **kumulativ** vorliegen. Eine Aufrechnung ist also möglich, wenn die Gegenforderung bei Kenntniserlangung bereits fällig war, oder wenn sie vor bzw mit der Hauptforderung fällig wird. Nicht als fällig gilt eine Forderung dabei, wenn ihr ein ZbR entgegensteht (BGHZ 58, 331). Der Schuldner kann daher auch aufrechnen, wenn seine Forderung zwar später fällig wird als die abgetretene Forderung, aber ein ZbR hins dieser abgetretenen Forderung begründet (BGH NJW 96, 1057).

c) Zudem darf kein gesetzliches oder vertragliches **Aufrechnungsverbot** bestehen. Darüber hinaus kann der Zessionar der Aufrechnung alle Gegenrechte, die dem Zedenten zustehen, entgegenhalten, sofern sie ihrem Zweck nach auch für das Verhältnis zwischen Schuldner und Zessionar gelten (BGHZ 35, 327). 4

2. Rechtsfolgen: Bei Vorliegen der Voraussetzungen des § 406 ist der Schuldner zur Aufrechnung **nach der Abtretung** durch eine **Erklärung ggü dem Zessionar** berechtigt. Die auf den Zessionar übergegangene Forderung erlischt gemeinsam mit der Gegenforderung gegen den Zedenten. Der Zessionar kann gegen den Zedenten Ansprüche aus dem Kausalverhältnis, das der Abtretung zugrunde liegt (zB aus § 453 iVm § 437), sowie analog § 816 II geltend machen. 5

3. Grds ist § 406 **abdingbar**, jedoch im Anwendungsbereich des § 491 nicht zulasten des Verbrauchers (§ 496 I; dazu Art 9 VerbrKr-RL). § 43 RVG verdrängt den § 406. Im Falle des § 354 a HGB sind die Einschränkungen des § 406 2. Halbs nicht anwendbar (BGH NJW-RR 05, 624). 6

4. Auf den gesetzlichen **Forderungsübergang** ist § 406 gem § 412 entspr anwendbar. Dies gilt auch für den **Aufrechnungsvertrag** (§ 388 Rn 4). 7

III. Die **Beweislast** für die Ausschlussgründe des § 406 trägt der Zessionar; der Schuldner hat die Voraussetzungen der Aufrechnung zu beweisen. 8

§ 407 Rechtshandlungen gegenüber dem bisherigen Gläubiger

(1) Der neue Gläubiger muss eine Leistung, die der Schuldner nach der Abtretung an den bisherigen Gläubiger bewirkt, sowie jedes Rechtsgeschäft, das nach der Abtretung zwischen dem Schuldner und dem bisherigen Gläubiger in Ansehung der Forderung vorgenommen wird, gegen sich gelten lassen, es sei denn, dass der Schuldner die Abtretung bei der Leistung oder der Vornahme des Rechtsgeschäfts kennt.

(2) Ist in einem nach der Abtretung zwischen dem Schuldner und dem bisherigen Gläubiger anhängig gewordenen Rechtsstreit ein rechtskräftiges Urteil über die Forderung ergangen, so muss der neue Gläubiger das Urteil gegen sich gelten lassen, es sei denn, dass Schuldner die Abtretung bei dem Eintritt der Rechtshängigkeit gekannt hat.

I. Dem Schuldner sollen dadurch keine Schäden entstehen, dass die Abtretung ohne seine Beteiligung oder Information möglich ist. **Abs 1** schützt daher den Schuldner, wenn er in Unkenntnis der Abtretung an den bisherigen und den falschen Gläubiger leistet oder mit diesem Rechtsgeschäfte vornimmt. **Abs 2** erweitert den Schutz auf einen Rechtsstreit, der nach der Abtretung anhängig geworden ist. 1

II. 1. a) Abs 1 setzt zunächst eine **wirksame Abtretung** der Forderung und eine **Leistung des Schuldners an den Zedenten** oder ein **Rechtsgeschäft des Schuldners mit dem Zedenten** voraus. Nicht umfasst sind Ansprüche aus Wertpapieren, da der Schuldner, der nur gegen Vorlage des Papiers zu leisten braucht, durch die Leistung an den Inhaber des Papiers frei wird und somit nicht schutzbedürftig ist. ISd Abs 1 die **Leistung bewirken** kann der Schuldner nicht nur durch Erfüllung gem § 362 an den bisherigen Gläubiger selbst oder dessen Bank, sondern auch durch Leistung an Erfüllungs statt sowie durch eine Leistung erfüllungshalber, sobald der Gläubiger aus dem erfüllungshalber hingegebenen Gegenstand die Leistung erhält. Die Hingabe eines Wechsels oder Schecks, der später eingelöst wird, genügt daher. Der Schutz des § 407 erlischt aber, 2 wenn der Scheck gesperrt wird und der Schuldner ihn erst in Kenntnis der Abtretung wieder frei gibt (BGH NJW 76, 1843). Auch in der Verschaffung eines Garantieanspruchs kann das Bewirken einer Leistung liegen (OLG Schleswig NJW-RR 97, 1416; str). Geschützt ist grds nur der Schuldner. Ausnahmsweise erstreckt sich der Schutz auf einen **Dritten**, der die Leistung gem § 267 für den Schuldner erbringt, wenn er ein Ablösungsrecht besitzt, Erwerber eines Handelsgeschäfts nach § 25 I HGB ist oder als Bürge leistet.

3 **Rechtsgeschäfte** des Schuldners mit dem Zedenten müssen **in Ansehung der Forderung** vorgenommen sein, um unter den Schutz des § 407 zu fallen. Dazu gehören insb Erlass, Stundung, Abschluss eines Vergleichs, Kündigung, Aufrechnung und Aufrechnungsvertrag, sowie Aufhebungs- und Änderungsvertrag zum Nachteil des Zessionars (BGHZ 111, 91). Unerheblich ist, ob es sich um ein- oder zweiseitige Rechtsgeschäfte handelt und ob sie vom Zedenten oder vom Schuldner ausgehen. Nicht geschützt sind aber aufgrund der schuldnerschützenden Funktion des § 407 Rechtsgeschäfte oder rechtsgeschäftsähnliche Handlungen des Zedenten, die die Rechtsstellung des Schuldners verschlechtern. Eine Mahnung oder eine nachteilige Kündigung des Zedenten nach der Abtretung ist daher infolge der fehlenden Gläubigerstellung nicht wirksam. – Zur ausnahmsweisen Erweiterung des Schutzes beim Lohnanspruch des Arbeitnehmers vgl BAG NJW 81, 1059.

4 b) Zudem darf der Schuldner von der Abtretung **keine Kenntnis** haben. Ihm schadet dabei bereits die positive Kenntnis der Tatsachen, die den Übergang der Forderung bewirken; eine entspr rechtliche Würdigung muss er nicht vorgenommen haben. Dag ist fahrlässige Unkenntnis der Abtretung unschädlich. Der Schuldner ist auch nicht verpflichtet, bei Zweifeln an der Forderungsinhaberschaft des Zedenten Nachforschungen anzustellen. Nach einer Abtretungsanzeige des Zedenten ist der Schuldner idR bösgläubig. Eine Anzeige durch den Zessionar führt bei dessen Vertrauenswürdigkeit ebenfalls zur Bösgläubigkeit (BGHZ 102, 74). Trotz Kenntnis der Abtretung kann der Schuldner aber gutgläubig sein, wenn er annehmen durfte, die Beteiligten hätten die Abtretung rückgängig gemacht (BGH NJW 82, 2372). Zweifel des Schuldners an der Abtretung können die Kenntnis nur ausschließen, wenn sie objektiv begründbar sind. Für die Kenntnis von der Abtretung genügt es nicht, dass der Schuldner vom Streit zwischen Zedenten und Zessionar über die Wirksamkeit der Abtretung weiß, sofern nicht für ihn offensichtlich ist, dass die von dem Zedenten erhobenen Einwendungen abwegig sind (BGH NJW-RR 04, 1145). Maßgeblicher **Zeitpunkt** für die Kenntnis ist derjenige der Leistungshandlung. Die spätere Kenntnis bei Eintritt des Leistungserfolgs schadet nicht. Der Schuldner ist auch nicht verpflichtet, den Eintritt des Erfolgs zu verhindern, wenn er zwischen Leistungshandlung und Leistungserfolg Kenntnis erlangt (BGHZ 105, 360).

5 Erforderlich ist die **Kenntnis des Schuldners**. Bei Kenntnis einer **Hilfsperson** von der Abtretung entfällt die Schutzwirkung des § 407 grds nur, wenn diese Hilfsperson zur Vertretung bei der Erfüllung der Forderung befugt (BGH NJW 60, 1805) oder in sonstiger Weise gerade mit der Erfüllung betraut war. Der Schuldner muss sich aber als bösgläubig behandeln lassen, wenn ein Mitarbeiter schuldhaft den Eingang der Abtretungsanzeige nicht an den zuständigen Sachbearbeiter weiterleitet (BGHZ 135, 44) oder der zuständige Mitarbeiter aufgrund von Mängeln der Betriebsorganisation keine Kenntnis von der Abtretung erlangt hat. Eine Berufung auf die Unkenntnis kann auch treuwidrig sein, wenn der Schuldner durch die Automatisierung seines Zahlungswesens eine Kenntnisnahme im herkömmlichen Sinn unmöglich gemacht hat (BGH NJW 77, 582).

6 c) Da § 407 ausschließlich dem Schutz des Schuldners dient, bleibt diesem die **Wahlmöglichkeit**: Er kann sich gem Abs 1 ggü dem Zessionar auf die Wirksamkeit der Leistung bzw der Rechtshandlung berufen. Er kann aber auch davon absehen und stattdessen die Leistung, die er dem Zedenten erbracht hat, gem § 812 I 1, 1. Alt kondizieren (BGH NJW 01, 232; aA OLG Dresden NJW-RR 96, 444). Beruft sich der Schuldner auf die Wirksamkeit der Leistung bzw des Rechtsgeschäfts, kann der Zessionar von

dem Zedenten ggf Schadensersatz aus §§ 280 ff und Herausgabe des Erlangten gem § 816 II verlangen.

2. **Abs 2** schützt den Schuldner im Fall eines Rechtsstreits **nach Abtretung** der Forderung. Der Rechtsstreit darf erst **nach der Abtretung rechtshängig** geworden sein. Bei einer Abtretung vor der Rechtshängigkeit sind stattdessen §§ 265, 325 ZPO maßgeblich, so dass der Zedent nach der Abtretung aktivlegitimiert bleibt und seinen Antrag nach hM auf Leistung an den Zessionar umstellen muss. Entspr anwendbar ist Abs 2 auf ein Schiedsverfahren zwischen dem Zedenten und dem Schuldner sowie auf eine rechtskräftig im Insolvenzverfahren des Zedenten festgestellte aufrechenbare Gegenforderung gegen den Zedenten (OLG Hamm ZIP 93, 445; anders bei rechtskräftig titulierter Gegenforderung gegen den Zedenten). Zudem darf der Schuldner hins der Abtretung **bei Eintritt der Rechtshängigkeit nicht bösgläubig** sein. Kenntnis nach Eintritt der Rechtshängigkeit schadet bei Abs 2 nicht; der Schuldner kann sich auf die Abtretung berufen oder dem Zessionar gem §§ 72, 75 ZPO den Streit verkünden. Hat der Schuldner nach Rechtshängigkeit von der Abtretung erfahren und lässt sich gleichwohl ohne Rüge der fehlenden Aktivlegitimation verurteilen, verbleibt ihm nach hM die Hinterlegung (BGHZ 86, 340).

Das **Urteil**, das in dem Rechtsstreit zwischen Schuldner und Zedenten über die Forderung ergeht, bindet bei Vorliegen der Voraussetzungen des Abs 2 den Zessionar in dem Umfang, wie es nach § 322 ZPO den Zedenten bindet (BGHZ 35, 168). Im Unterschied zu § 325 ZPO wirkt die Rechtskraft des Urteils nur **zugunsten des Schuldners**, nicht zugunsten des Zessionars. – Bei einer **Abtretung nach Rechtskraft** des Urteils schützen § 407 I, § 767 ZPO den Schuldner. Auch wenn der Schuldner erst nach Rechtskraft des Urteils davon erfährt, dass die Forderung **vor Rechtshängigkeit** abgetreten wurde, schließt nach hM § 767 II ZPO eine auf § 407 gestützte Vollstreckungsabwehrklage nicht aus.

3. Auf den **gesetzlichen Forderungsübergang** ist § 407 gem § 412 entspr anwendbar. Mit Rücksicht auf den Zweck des gesetzlichen Forderungsübergangs sind dabei idR weniger strenge Anforderungen an die Kenntnis des Schuldners zu stellen (BGHZ 127, 128). Bei § 116 SGB X ist der Schuldner so schon mit Kenntnis der Tatsachen, die die Versicherungspflicht begründen, bösgläubig.

III. Die **Beweislast** für die Kenntnis des Schuldners trägt schon nach der sprachlichen Fassung des Abs 1 der Zessionar. Für die Kenntnis spricht allerdings der Anscheinsbeweis, wenn der Schuldner eine Abtretungsanzeige oder eine Abtretungsurkunde erhalten hat (BGHZ 135, 41).

§ 408 Mehrfache Abtretung

(1) Wird eine abgetretene Forderung von dem bisherigen Gläubiger nochmals an einen Dritten abgetreten, so findet, wenn der Schuldner an den Dritten leistet oder wenn zwischen dem Schuldner und dem Dritten ein Rechtsgeschäft vorgenommen oder ein Rechtsstreit anhängig wird, zugunsten des Schuldners die Vorschrift des § 407 dem früheren Erwerber gegenüber entsprechende Anwendung.
(2) Das Gleiche gilt, wenn die bereits abgetretene Forderung durch gerichtlichen Beschluss einem Dritten überwiesen wird oder wenn der bisherige Gläubiger dem Dritten gegenüber anerkennt, dass die bereits abgetretene Forderung kraft Gesetzes auf den Dritten übergegangen sei.

Die Vorschrift schützt bei einer **mehrfachen Abtretung** einer Forderung den Schuldner, sofern er in Unkenntnis der vorherigen Abtretung an den Zweitzessionar leistet oder ein Rechtsgeschäft vornimmt (Abs 1) und wenn er aufgrund eines gerichtlichen Beschlusses oder eines Anerkenntnisses an den Scheinberechtigten leistet (Abs 2). Aufgrund des Prioritätsprinzips ist in dieser Konstellation der Erstzessionar berechtigter Gläubiger. Ist dem Schuldner die erste Abtretung unbekannt geblieben und leistet er an den scheinbar berechtigten Zweitzessionar (den „Dritten" im Wortlaut des § 408), muss der Erstzessionar diese Leistung gegen sich gelten lassen. Entspr gilt für Rechtsgeschäfte zwischen dem Schuldner und dem Zweitzessionar. Der Unkenntnis von der ersten Abtretung steht dabei die fehlende Kenntnis von der zeitlichen Priorität gleich. § 408 ist auch anwendbar, wenn die zweite Abtretung unter der aufschiebenden Bedingung stand, dass nicht bereits eine Abtretung vorangegangen ist (BGH NJW 89, 899). Entspr anwendbar ist die Vorschrift auf die Abtretung einer bereits gepfändeten Forderung bei Unkenntnis des Schuldners von der Pfändung (hM). Weiß der Schuldner allerdings von der Pfändung und meint lediglich irrig (etwa wegen einer rückdatierten Abtretungsurkunde), die Abtretung sei der Pfändung vorangegangen, wird sein Vertrauen in die vermeintliche Priorität nicht geschützt (BGHZ 100, 47).

2 Abs 2 schützt den Schuldner, wenn die Forderung abgetreten wurde und danach ein **gerichtlicher Beschluss** oder ein **Anerkenntnis** des Zedenten den Dritten zu Unrecht als Berechtigten ausweist und der Schuldner an diesen scheinbar berechtigten Dritten in Unkenntnis der Abtretung leistet. Das Anerkenntnis des Zedenten ggü dem Dritten kann mündlich oder schriftlich abgegeben werden (BGHZ 11, 302). Entspr anzuwenden ist Abs 2, wenn nach der Abtretung vermeintlich eine cessio legis stattfindet und der Zedent diese anerkennt.

§ 409 Abtretungsanzeige

(1) ¹Zeigt der Gläubiger dem Schuldner an, dass er die Forderung abgetreten habe, so muss er dem Schuldner gegenüber die angezeigte Abtretung gegen sich gelten lassen, auch wenn sie nicht erfolgt oder nicht wirksam ist. ²Der Anzeige steht es gleich, wenn der Gläubiger eine Urkunde über die Abtretung dem in der Urkunde bezeichneten neuen Gläubiger ausgestellt hat und dieser sie dem Schuldner vorlegt.
(2) Die Anzeige kann nur mit Zustimmung desjenigen zurückgenommen werden, welcher als der neue Gläubiger bezeichnet worden ist.

1 **I.** Die Vorschrift dient dem **Schutz des Schuldners**, wenn eine Abtretungsanzeige oder Abtretungsurkunde fälschlicherweise den Eindruck einer wirksamen Abtretung erweckt. – Auf den gesetzlichen Forderungsübergang ist § 409 gem § 412 anwendbar. Den erforderlichen Rechtsschein begründet dabei eine Erklärung des Zedenten, die die Abtretung anerkennt; nicht ausreichend ist die Anzeige des scheinbaren Legalzessionars (str).

2 **II. 1.** Die **Abtretungsanzeige** setzt als rechtsgeschäftsähnliche Handlung die Geschäftsfähigkeit des Scheinzedenten voraus (§§ 104 ff; str). Sie ist formfrei (so dass eine mündliche Anzeige möglich ist) und anfechtbar. Gleiche Wirkung hat auch eine **Abtretungsurkunde**. Sie muss vom wahren Gläubiger ausgestellt, willentlich in den Verkehr gebracht und vom Scheingläubiger dem Schuldner vorgelegt worden sein. Für die Urkunde genügt einfache Schriftform. Gutgläubigkeit des Schuldners ist nicht vorausgesetzt (vgl aber zu den Grenzen des Schuldnerschutzes BGH DB 55, 603).

3 **2.** § 409 setzt voraus, dass eine Zession nicht wirksam erfolgt ist (allerdings will die hM § 409 bei klarem gesetzlichen Abtretungsverbot nicht anwenden; BGHZ 56, 345). Mangels wirksamer Abtretung ist der Gläubiger weiterhin Forderungsinhaber, so dass nur er, nicht aber der Scheingläubiger ein **Forderungsrecht** hat. Der Schuldner kann die Leistung ihm ggü aber analog §§ 273, 274 grds bis zur Vorlage der Zustimmungserklärung nach Abs 2 verweigern. Die Zustimmung kann der Gläubiger vom Scheingläubiger aufgrund von § 812 I 1 verlangen. Ist eine Inanspruchnahme des Schuldners durch den Scheingläubiger sicher nicht mehr zu erwarten, fällt das ZbR weg (BGHZ 56, 349). Leistet der Schuldner an den (alten) Gläubiger, trägt er aufgrund von § 407 zwar das Risiko einer Fehleinschätzung. Die Leistung hat aber befreiende Wirkung, da nach hM die Abtretung nicht rechtsgestaltend-konstitutiv wirkt und daher dem Altgläubiger nicht die Aktivlegitimation nimmt. Auch die **Leistung an den Scheingläubiger** hat aber aufgrund des Rechtsscheins der Abtretungsanzeige bzw Abtretungsurkunde **befreiende Wirkung.** Klagt der Altgläubiger danach aus der Forderung, kann der Schuldner sich auf Erfüllung berufen. Ausgleich kann der Gläubiger vom Scheingläubi-

ger aufgrund von § 816 II verlangen. Einen Anspruch auf Leistung hat der Scheingläubiger ggü dem Schuldner aber nicht.
Bei einer **Rücknahme** der Abtretungsanzeige, die gem Abs 2 die Zustimmung des Scheingläubigers voraussetzt, entfällt der Schutz des § 409 für die Zukunft. Von der Rücknahme der Anzeige an muss der Schuldner an den Gläubiger leisten. 4
III. Die **Beweislast** für die Anzeige trägt der Schuldner. Der Gläubiger hat die Zurücknahme einschließlich der Zustimmung durch den Scheingläubiger zu beweisen. 5

§ 410 Aushändigung der Abtretungsurkunde

(1) ¹Der Schuldner ist dem neuen Gläubiger gegenüber zur Leistung nur gegen Aushändigung einer von dem bisherigen Gläubiger über die Abtretung ausgestellten Urkunde verpflichtet. ²Eine Kündigung oder eine Mahnung des neuen Gläubigers ist unwirksam, wenn sie ohne Vorlegung einer solchen Urkunde erfolgt und der Schuldner sie aus diesem Grunde unverzüglich zurückweist.
(2) Diese Vorschriften finden keine Anwendung, wenn der bisherige Gläubiger dem Schuldner die Abtretung schriftlich angezeigt hat.

Die Vorschrift dient der Absicherung des Schutzes für den Schuldner aus § 409. Der Schuldner hat zwar auf die Aushändigung einer Urkunde zu seiner Sicherung keinen Anspruch; Abs 1 S 1 gibt ihm jedoch ein **Leistungsverweigerungsrecht**, auf das § 274 entspr anwendbar ist. Dieses schließt ein Verzugseintritt nur aus, wenn es geltend gemacht wird (BGH NJW 07, 1269). Die Urkunde iSd Abs 1 S 1 muss den Anforderungen des § 126 oder § 126 a genügen; eine öffentliche Beglaubigung ist nicht erforderlich. Ist die Aushändigung einer Abtretungsurkunde nicht möglich, kann der Zessionar das Leistungsverweigerungsrecht durch eine andere Legitimationsurkunde, die den Schuldner vor der Gefahr einer zweifachen Inanspruchnahme schützt, beseitigen (BGH LM § 285 Nr 10). Hat der Schuldner durch eine schriftliche Abtretungsanzeige des Zedenten bereits eine beweisbare Absicherung erhalten, bedarf er keiner erneuten Sicherung und es steht ihm daher kein Leistungsverweigerungsrecht zu (Abs 2). 1
Nach Abs 1 S 2 kann der Schuldner einer **Kündigung** oder **Mahnung** durch unverzügliche (§ 121) Zurückweisung die Wirkung nehmen. Erklärt er nach einer Mahnung erst später die Verweigerung der Leistung aufgrund des Fehlens der Abtretungsurkunde, entfällt der Verzug ex nunc (BGH NJW 69, 1110). Entspr anzuwenden ist die Vorschrift auf andere Gestaltungsrechte, insb die Aufrechnung. Unter den Voraussetzungen des Abs 1 S 2 ist daher eine vom Zessionar erklärte Aufrechnung unwirksam, wenn der Schuldner sie unverzüglich zurückweist. Der Ausschlussgrund des Abs 2 gilt auch für Abs 1 S 2. 2
Die **Beweislast** für die Vorlage der Urkunde oder einer schriftlichen Anzeige trägt der Gläubiger. Der Schuldner hat die unverzügliche Zurückweisung zu beweisen. 3

§ 411 Gehaltsabtretung

¹Tritt eine Militärperson, ein Beamter, ein Geistlicher oder ein Lehrer an einer öffentlichen Unterrichtsanstalt den übertragbaren Teil des Diensteinkommens, des Wartegelds oder des Ruhegehalts ab, so ist die auszahlende Kasse durch Aushändigung einer von dem bisherigen Gläubiger ausgestellten, öffentlich oder amtlich beglaubigten Urkunde von der Abtretung zu benachrichtigen. ²Bis zur Benachrichtigung gilt die Abtretung als der Kasse nicht bekannt.

Die Vorschrift hindert nicht die Wirksamkeit der Abtretung. Sie verstärkt lediglich den **Schuldnerschutz**, indem S 1 erhöhte Anforderungen ggü § 410 an die auszuhändigende Urkunde festlegt und S 2 die von §§ 406, 407 geforderte Gutgläubigkeit fingiert. Über ihren Wortlaut hinaus wird sie auch auf Angestellte und Arbeiter des öffentlichen Dienstes angewandt (BAG DB 66, 1936), obgleich die in ihr enthaltene Privilegierung der öffentlichen Hand insgesamt fragwürdig ist. 1

§ 412 Gesetzlicher Forderungsübergang

Auf die Übertragung einer Forderung kraft Gesetzes finden die Vorschriften der §§ 399 bis 404, 406 bis 410 entsprechende Anwendung.

1 § 412 legt die entspr Anwendbarkeit der Abtretungsvorschriften auf den **gesetzlichen Forderungsübergang** fest; ausgenommen davon sind die spezifisch auf den rechtsgeschäftlichen Verkehr ausgerichteten §§ 405 und 411. Vorgesehen ist ein gesetzlicher Forderungsübergang zB in §§ 268 III, 426 II, 774 I, 1143 I, 1225, 1249, 1607 II 2, III; § 86 VVG; § 6 EFZG; § 59 RVG; § 116 SGB X; § 91 BSHG. Gleichgestellt sind dem gesetzlichen Forderungsübergang der **Forderungsübergang kraft Hoheitsakts** (zB § 835 ZPO, § 50 I SGB I, § 90 BSHG) und die **Gesamtrechtsnachfolge unter Lebenden** nach § 613 a, 1416. Dag sind die Abtretungsvorschriften nicht entspr auf die erbrechtliche Gesamtrechtsnachfolge (§ 1922) und auf den Eintritt in die Rechte und Pflichten aus dem Mietverhältnis gem § 566 (BGH NJW 00, 2346) anwendbar.

§ 413 Übertragung anderer Rechte

Die Vorschriften über die Übertragung von Forderungen finden auf die Übertragung anderer Rechte entsprechende Anwendung, soweit nicht das Gesetz ein anderes vorschreibt.

1 Die Vorschrift enthält zwei weit reichende Grundsätze: Auch andere **Rechte** als Forderungen sind **grds übertragbar**; und sie können – entspr der Regelung für Forderungen – **durch formlosen Vertrag** übertragen werden. Die Vorschriften für die Forderungen kommen auf die anderen Rechte allerdings gem § 413 2. Halbs nur **subsidiär** zur Anwendung. „Andere Rechte" sind insb Urheber- und gewerbliche Schutzrechte, Gestaltungs- und Mitgliedschaftsrechte und auch Rechte sachen-, familien- und erbrechtlicher Art. Für die Übertragung von Sachenrechten sind aber spezielle Vorschriften maßgeblich (§§ 873, 925, 929); auch für die Übertragung des Eigentumsanwartschaftsrechtes ist nicht § 413, sondern die sachenrechtliche Spezialregelung für das Vollrecht maßgeblich. Familienrechte und das ErbR als solches sind nicht übertragbar; für Verfügungen von Miterben über ihren Anteil enthält § 2033 eine spezielle Regelung. Auch für weitere Rechte bestehen zahlreiche Sondervorschriften (zB in § 68 AktG, § 15 GmbHG, § 29 UrhG). **Selbständige Gestaltungsrechte** sind dag idR gem § 413 übertragbar, zB das Wiederkaufs-, Vorkaufs- und Aneignungsrecht. **Unselbständige Gestaltungsrechte**, die zur Geltendmachung der Forderung dienen (zB Kündigungs-, Rücktritts- und Widerrufsrechte), stehen gerade dem Gläubiger zu und gehen daher mit der Forderung auf den Zessionar über (zB die Ersetzungsbefugnis und das Gläubigerwahlrecht). Sonstige unselbständige Gestaltungsrechte können mit der Forderung oder einer Teilforderung übertragen werden; die Rechte und Pflichten aus dem Vertragsverhältnis müssen dabei aber nicht insgesamt übergehen (etwa beim vertraglichen und gesetzlichen Rücktrittsrecht).

Abschnitt 6
Schuldübernahme

Vorbemerkung zu §§ 414–419

1 I. Die §§ 414 ff regeln die **befreiende** (privative) **Schuldübernahme**. Bei Fortbestand der gleichen Schuld (Schuldidentität) findet bei ihr ein **Schuldnerwechsel** statt: Der (alte) Schuldner wird von seiner Schuld befreit; an seine Stelle tritt der Übernehmer („Dritte") als neuer Schuldner. Für den **Übernahmevertrag** ist stets das Einverständnis des Gläubigers erforderlich, weil für diesen der Wert seiner Forderung maßgeblich von der Verlässlichkeit und Leistungsfähigkeit des Schuldners abhängt (BGH NJW-RR 01, 988 f). Den Übernahmevertrag schließen dementspr entweder der Gläubiger und der Übernehmer gem § 414 oder der Schuldner und der Übernehmer mit Zustimmung des

Gläubigers gem § 415. Er beinhaltet sowohl eine **Verfügung** über die Forderung als auch ein **Verpflichtungsgeschäft**, indem der Übernehmer eine Verbindlichkeit eingeht. Als rechtsgeschäftlicher Schuldnerwechsel bildet die befreiende Schuldübernahme das Gegenstück zum rechtsgeschäftlichen Gläubigerwechsel, der in §§ 398 ff geregelten Abtretung. §§ 414 f gelten nur für die Einzelrechtsnachfolge (BAG NJW 05, 3373).

II. 1. a) Von der befreienden Schuldübernahme ist der **Schuldbeitritt** (kumulative Schuldübernahme) zu unterscheiden. Bei einem Schuldbeitritt tritt der Mitübernehmer als weiterer Schuldner neben den bisherigen Schuldner und beide werden Gesamtschuldner iSd §§ 421 ff. Damit vergrößert sich für den Gläubiger die Haftungsmasse. **Gesetzlich** vorgesehen ist der Schuldbeitritt in §§ 546 II, 2382; §§ 25 I 1, 28 I 1, 130 HGB; Art 28 WG. Gesetzlich nicht geregelt, aber als reiner Verpflichtungsvertrag nach § 311 I zulässig, ist der **rechtsgeschäftliche Schuldbeitritt**. Er ist ebenso wie die Schuldübernahme **formfrei**, es sei denn, für die betr Schuldverpflichtung gilt eine Formvorschrift, die den Schutz des Schuldners bezweckt (aA Grigoleit/Herresthal Jura 02, 830 f: § 766 S 1 analog). Derartige Formvorschriften sind zB §§ 311 b II, 492 und 507 II (dazu Art 4 VerbrKr-RL), 518; § 4 I 1 RVG (vgl BGH NJW 91, 3098 zu § 3 I 1 BRAGO). Dag braucht nach BGHZ 121, 4 die Form des § 781 im Fall eines Schuldbeitritts nicht eingehalten zu werden, weil sie allein der Rechtssicherheit und nicht dem Schutz des Schuldners diene (str).

Der Schuldbeitritt kann sich auch auf künftige Forderungen (BGH NJW-RR 93, 308) oder auf ein Dauerschuldverhältnis beziehen. Im Falle künftiger Forderungen verstößt die Verpflichtung in AGB aber idR gegen §§ 305 c I, 307 (BGH NJW 96, 249). Ebenso wie bei der Bürgschaft kann der Schuldbeitritt eines Familienmitgliedes zu einem Bankkredit bei hohem Risiko sittenwidrig sein, wenn der Beitretende kein eigenes wirtschaftliches Interesse hat (BVerfG NJW 94, 38 f; 96, 2021; BGHZ 120, 272; BGHZ 146, 42 ff).

b) Der Beitretende kann den Schuldbeitritt mit dem Gläubiger oder mit dem Schuldner vereinbaren. Bei dem **Vertrag mit dem Gläubiger** über den Schuldbeitritt ist häufig die Abgrenzung zur (formbedürftigen) Bürgschaft schwierig (iE Grigoleit/Herresthal Jura 02, 828). Die ältere Rspr stellte auf das wirtschaftliche Interesse des Übernehmers ab und nahm einen Schuldbeitritt (stets, aber auch nur) an, wenn der Übernehmer ein eigenes Interesse an der Erfüllung der Hauptverbindlichkeit hat (OLG München MDR 65, 573). Dag ist nach heute hM ein unmittelbares wirtschaftliches Interesse nur ein Indiz für einen Schuldbeitritt (BGH NJW 81, 47). Entscheidend ist, ob sich aus der Erklärung des Dritten der Wille zur Begr einer selbständigen Schuld oder nur zum Einstehen für eine fremde Verpflichtung ergibt. IZw ist eine Bürgschaft anzunehmen. Die Umdeutung (§ 140) einer formnichtigen Bürgschaft in einen Schuldbeitritt ist durch § 766 ausgeschlossen (BGH LM § 133 Nr 7).

Mit dem Schuldner kann der Beitretende den Schuldbeitritt durch **Vertrag zugunsten des Gläubigers** vereinbaren. Dabei handelt es sich um einen Vertrag zugunsten Dritter iSd § 328. Anders als bei der befreienden Schuldübernahme (Rn 1) ist keine Zustimmung des Gläubigers erforderlich, weil dieser einen zusätzlichen Schuldner erhält und dadurch jedenfalls nicht schlechter gestellt wird. Mittels Auslegung ist dieser Vertrag zugunsten Dritter ggf von einer Erfüllungsübernahme (§ 329) zu unterscheiden. Auslegungskriterien sind dabei insb das Sicherungsinteresse des Gläubigers und das Übernahmeinteresse des Dritten.

2. Als **Rechtsfolge** des Schuldbeitritts haften der bisherige Schuldner und der Mitübernehmer dem Gläubiger als **Gesamtschuldner** iSd § 421 ff (BGHZ 109, 317; aA Bülow ZIP 99, 985: subsidiäre Haftung). Da die Verpflichtungen des Schuldners und des Mitübernehmers im Zeitpunkt des Beitritts inhaltsgleich sind, kann letzterer dem Gläubiger in entspr Anwendung des § 417 I alle Einwendungen aus dem Verhältnis zwischen Gläubiger und Schuldner entgegenhalten, die im Zeitpunkt seines Eintritts begründet waren; zB die Verjährungs- oder die Mängeleinrede (BGHZ 58, 254 f). Die Veränderung einer Verbindlichkeit nach dem Beitritt zieht nur bei einer gesamtwirkenden Tatsache iSd §§ 422–424 die Veränderung der anderen Verbindlichkeit nach sich; iÜ können die Verbindlichkeiten gem § 425 unterschiedliche Entwicklungen nehmen.

7   3. Bei einem Beitritt zu einem Vertrag, der unter § 491 fällt, steht dem Beitretenden ein eigenes **Widerrufsrecht** gem § 495 zu, sofern er Verbraucher ist (BGHZ 133, 220). Daneben erstreckt sich bei Teilzahlungsgeschäften (§ 507) auch der Schutz des § 508 II 5,6 auf den Beitretenden. Die entspr Anwendung dieser Vorschriften setzt nicht voraus, dass neben dem Beitretenden auch der Kreditnehmer Verbraucher ist (BGH NJW 00, 3497 mwN). Übernimmt ein Verkäufer ggü der Bank die gesamtschuldnerische Mithaftung für den Kredit des Käufers, haftet er im Falle des Widerrufs grds nur für die Rückzahlung des Kredits nebst Zinsen, ohne sich jedoch selbst auf den Schutz der §§ 491 ff berufen zu können (BGH NJW 93, 1913; anders bei einer Garantieübernahme). Zu den Problemen des Schuldbeitritts von Verbrauchern insb bei widerrufsfähigen Geschäften vgl iE Bülow/Artz ZIP 98, 629; Grigoleit/Herresthal Jura 02, 831 f.

§ 414 Vertrag zwischen Gläubiger und Übernehmer

Eine Schuld kann von einem Dritten durch Vertrag mit dem Gläubiger in der Weise übernommen werden, dass der Dritte an die Stelle des bisherigen Schuldners tritt.

1   I. § 414 regelt die befreiende **Schuldübernahme** durch einen **Übernahmevertrag** zwischen Gläubiger und Übernehmer (vgl Vor §§ 414–419 Rn 1); eine Mitwirkung des Schuldners ist nicht erforderlich.

2   II. 1. **Voraussetzungen:** Ggü dem Gläubiger muss eine **Verpflichtung** des Schuldners bestehen; diese kann sich auf ein Handeln oder Unterlassen richten und auch bedingt oder künftig sein. Gläubiger und Übernehmer müssen einen **Vertrag** geschlossen haben, dass der Übernehmer hins dieser Verpflichtung an die Stelle des (bisherigen) Schuldners tritt. Ggf ist durch Auslegung zu ermitteln, ob die Parteien dies oder einen Schuldbeitritt (kumulative Schuldübernahme; Vor §§ 414–419 Rn 2 ff) vereinbart haben. Sofern der Wille des Gläubigers, den Schuldner aus der Verpflichtung zu entlassen, nicht eindeutig feststellbar ist, ist zum Schutz des Gläubigers von einem Schuldbeitritt auszugehen (BGH NJW 83, 679). Konnte die übernommene Verpflichtung **form-frei** begründet werden, ist auch ihre Übernahme formfrei. Formvorschriften für die übernommene Verpflichtung gelten jedoch auch für die Schuldübernahme (Vor §§ 414–419 Rn 2). Der Übernahmevertrag kann auch konkludent geschlossen werden (zB durch Umschreibung eines Flugscheins; BGHZ 62, 76). Die Übernahme bedarf nicht der Zustimmung des Schuldners; dieser wird mithin ohne seine Mitwirkung von der Schuld befreit. Er hat auch nicht das Recht, die Befreiung zurückzuweisen, da § 333 nicht (auch nicht entspr) anwendbar ist (Grigoleit/Herresthal Jura 02, 395; str).

3   2. **Rechtsfolgen:** Durch den Übernahmevertrag tritt der Übernehmer an die Stelle des Schuldners. Er wird Schuldner der Forderung, während die Verpflichtung des bisherigen Schuldners entfällt. Der Inhalt der Forderung des Gläubigers ändert sich dadurch nicht. Der Gläubiger muss sich daher **Einwendungen** aus seinem Rechtsverhältnis mit dem bisherigen Schuldner entgegenhalten lassen, nicht aber aus dem Rechtsverhältnis des Übernehmers zum bisherigen Schuldner (§ 417). Daneben hat der Übernehmer die Einwendungen aus seinem Rechtsverhältnis zum Gläubiger. Der Übernehmer kann den Übernahmevertrag im Falle der Täuschung durch den Schuldner nur anfechten, wenn der Gläubiger bösgläubig hins der Täuschung ist (§ 123 II). Zum Erlöschen akzessorischer Sicherungsrechte hins der übernommenen Verpflichtung s § 418.

§ 415 Vertrag zwischen Schuldner und Übernehmer

(1) ¹Wird die Schuldübernahme von dem Dritten mit dem Schuldner vereinbart, so hängt ihre Wirksamkeit von der Genehmigung des Gläubigers ab. ²Die Genehmigung kann erst erfolgen, wenn der Schuldner oder der Dritte dem Gläubiger die Schuldübernahme mitgeteilt hat. ³Bis zur Genehmigung können die Parteien den Vertrag ändern oder aufheben.

(2) ¹Wird die Genehmigung verweigert, so gilt die Schuldübernahme als nicht erfolgt. ²Fordert der Schuldner oder der Dritte den Gläubiger unter Bestimmung einer Frist zur

Erklärung über die Genehmigung auf, so kann die Genehmigung nur bis zum Ablauf der Frist erklärt werden; wird sie nicht erklärt, so gilt sie als verweigert.
(3) ¹Solange nicht der Gläubiger die Genehmigung erteilt hat, ist im Zweifel der Übernehmer dem Schuldner gegenüber verpflichtet, den Gläubiger rechtzeitig zu befriedigen. ²Das Gleiche gilt, wenn der Gläubiger die Genehmigung verweigert.

I. § 415 ermöglicht den Schuldnerwechsel durch Vertrag zwischen Schuldner und Übernehmer mit Genehmigung des Gläubigers. 1

II. 1. **Voraussetzungen:** Neben dem Bestehen einer **Verpflichtung** des Schuldners ggü dem Gläubiger (§ 414 Rn 2) ist ein **Vertrag** zwischen dem (bisherigen) Schuldner und dem Übernehmer mit dem Inhalt erforderlich, dass letzterer diese Verpflichtung übernimmt, sowie eine **Genehmigung** dieser Vereinbarung durch den Gläubiger. Denn die Interessen des Gläubigers sind durch den Schuldnerwechsel insb wegen dessen möglichen Auswirkungen auf den Wert der Forderung nachhaltig berührt. Nach hM liegt dabei in der Vereinbarung zwischen Schuldner und Übernehmer bereits die vertragliche Übernahme der Schuld, indem diese beiden Parteien als Nichtberechtigte über die Forderung verfügen und gleichzeitig die schuldrechtliche Verpflichtung des Übernehmers mit gleichem Inhalt wie die bisherige Verpflichtung des Schuldners begründen (**Verfügungstheorie**; BGHZ 31, 326). Die Verfügung von Schuldner und Übernehmer genehmigt der Gläubiger anschließend gem § 185 II 1, 1. Fall. Dag sieht die **Angebotstheorie** in der Schuldübernahme nach § 415 einen dreiseitigen Vertrag zwischen Schuldner, Übernehmer und Gläubiger. Die Mitteilung über die Vereinbarung zwischen dem Schuldner und dem Übernehmer (Abs 1 S 2) ist danach das Angebot an den Gläubiger zum Vertragsschluss über die Schuldübernahme; die Genehmigung durch den Gläubiger wird als Annahme dieses Angebotes mit ex nunc-Wirkung angesehen (Heck, § 73). Auf die Genehmigung sind nach diesem Ansatz die §§ 145 ff anzuwenden (so dass ihr ex nunc-Wirkung zugesprochen wird), während nach hM die §§ 182 ff für die Genehmigung einer Verfügung einschlägig sind (so dass die Genehmigung gem § 184 I auf dem Vertragsschluss zurückwirkt). Bei einer Täuschung durch den bisherigen Schuldner muss der Übernehmer den Übernahmevertrag nach der Angebotstheorie sowohl ggü dem bisherigen Schuldner als auch ggü dem Gläubiger anfechten (BGH NJW 98, 532). Nach der Verfügungstheorie genügt grds die Anfechtungserklärung ggü dem bisherigen Schuldner; Bösgläubigkeit des Gläubigers ist daher nicht erforderlich (vgl BGHZ 31, 326; str). 2

2. Entgg dem Wortlaut des § 415 genügt neben der (nachträglichen) Genehmigung des Gläubigers nach § 184 auch eine **Einwilligung** iSd § 183 (BGH NJW-RR 96, 194); die Mitteilung gem Abs 1 S 2 ist in diesem Fall entbehrlich. Eine Einwilligung (Zustimmung) in AGB kann jedoch gegen §§ 309 Nr 10, 307 verstoßen. Wegen Art 3 III iVm Anh Nr 1 p Klausel-RL muss § 309 Nr 10 dahin gehend richtlinienkonform ausgelegt werden, dass der Schuldner der Zustimmung des Verbrauchers bedarf; ein bloßes Lösungsrecht, wie in § 309 Nr 10 b vorgesehen, genügt den Anforderungen der RL nicht (Wolf/Lindacher/Pfeiffer § 309 Nr 10 Rn 2 f). Die „Genehmigung" ist bei § 415 insofern als **Zustimmung** zu verstehen. Sie kann – auch konkludent – gem § 182 I ggü dem Schuldner oder dem Übernehmer erklärt werden und ist gem § 182 II auch dann formfrei, wenn der Übernahmevertrag selbst ausnahmsweise formbedürftig ist (aA die Angebotstheorie). Auch die Verweigerung der Genehmigung kann der Gläubiger durch schlüssiges Verhalten erklären (BGH NJW 96, 927). 3

§ 416 Übernahme einer Hypothekenschuld

(1) ¹Übernimmt der Erwerber eines Grundstücks durch Vertrag mit dem Veräußerer eine Schuld des Veräußerers, für die eine Hypothek an dem Grundstück besteht, so kann der Gläubiger die Schuldübernahme nur genehmigen, wenn der Veräußerer sie ihm mitteilt. ²Sind seit dem Empfang der Mitteilung sechs Monate verstrichen, so gilt die Genehmigung als erteilt, wenn nicht der Gläubiger sie dem Veräußerer gegenüber vorher verweigert hat; die Vorschrift des § 415 Abs. 2 Satz 2 findet keine Anwendung.

(2) ¹Die Mitteilung des Veräußerers kann erst erfolgen, wenn der Erwerber als Eigentümer im Grundbuch eingetragen ist. ²Sie muss schriftlich geschehen und den Hinweis enthalten, dass der Übernehmer an die Stelle des bisherigen Schuldners tritt, wenn nicht der Gläubiger die Verweigerung innerhalb der sechs Monate erklärt.
(3) ¹Der Veräußerer hat auf Verlangen des Erwerbers dem Gläubiger die Schuldübernahme mitzuteilen. ²Sobald die Erteilung oder Verweigerung der Genehmigung feststeht, hat der Veräußerer den Erwerber zu benachrichtigen.

1 § 416 erleichtert bei einem **Grundstückskauf** dem Erwerber die **Übernahme einer Verbindlichkeit**, für die an dem Grundstück eine Hypothek besteht. Denn zumeist übernimmt der Käufer die auf dem Grundstück lastende Hypothek unter Anrechnung auf den Kaufpreis (abw von § 442 II). Die dafür erforderliche Genehmigung des Gläubigers gilt bei dessen Schweigen unter den Voraussetzungen des § 416 als erteilt (Abs 1 S 2). Durch diese Fiktion wird der Gläubiger nicht benachteiligt, weil er durch die Hypothek gesichert ist.

2 Dem Wortlaut nach setzt § 416 eine Verbindlichkeit voraus, für die eine **Hypothek** besteht. Der Veräußerer des Grundstücks muss mit dem persönlichen Schuldner identisch sein (BGH LM § 416 Nr 1). Die Vorschrift ist aber für vorgemerkte Hypotheken und für Grundschulden, die eine Forderung sichern, entspr anwendbar (OLG Braunschweig MDR 62, 736; str). Die Schuldübernahme muss dem Gläubiger vom Veräußerer mitgeteilt werden (Abs 1 S 1). Die **Mitteilung** muss nach der zwingenden Vorschrift des Abs 2 dem Veräußerer zuzurechnen sein, schriftlich geschehen, den Hinweis auf die Genehmigungsfiktion gem Abs 2 S 2 enthalten und darf erst nach der Eintragung des Erwerbers im Grundbuch erfolgen.

3 Schweigt der Gläubiger auf die Mitteilung des Veräußerers, tritt mit Ablauf von sechs Monaten eine **Genehmigungsfiktion** rückwirkend ein (Abs 1 S 2). Lehnt der Gläubiger dag die Schuldübernahme durch den Erwerber ab, ist der Übernahmevertrag zwischen dem Erwerber und dem Veräußerer ebenso wie bei § 415 endgültig unwirksam. Diese Verweigerung kann jedoch nur ggü dem Veräußerer erklärt werden.

4 § 416 ergänzt damit § 415 auch im Anwendungsbereich des § 416; es ist aber (trotz der missverständlichen Formulierung „nur" in Abs 1 S 1) eine Schuldübernahme nach § 414 oder § 415 möglich, ohne dass die Voraussetzungen des § 416 vorliegen müssen. Anders als nach § 416 kann bei einer Übernahme nach § 415 die Mitteilung an den Gläubiger auch vom Erwerber ausgehen und der Erwerber kann bei einer Übernahme nach § 414 die Verpflichtung auch durch Vertrag mit dem Gläubiger übernehmen. In diesen Fällen entfällt indes die Erleichterung der Genehmigungsfiktion des Abs 1 S 2.

§ 417 Einwendungen des Übernehmers

(1) ¹Der Übernehmer kann dem Gläubiger die Einwendungen entgegensetzen, welche sich aus dem Rechtsverhältnis zwischen dem Gläubiger und dem bisherigen Schuldner ergeben. ²Eine dem bisherigen Schuldner zustehende Forderung kann er nicht aufrechnen.
(2) Aus dem der Schuldübernahme zugrunde liegenden Rechtsverhältnis zwischen dem Übernehmer und dem bisherigen Schuldner kann der Übernehmer dem Gläubiger gegenüber Einwendungen nicht herleiten.

1 I. § 417 bestimmt, welche **Einwendungen** der Übernehmer einer Schuld dem Gläubiger entgegenhalten kann. Abs 1 betrifft Einwendungen aus dem Verhältnis des Gläubigers zum bisherigen Schuldner, Abs 2 Einwendungen aus dem Verhältnis des Übernehmers zum bisherigen Schuldner. Nicht erfasst von § 417 sind die Einwendungen des Übernehmers aus dessen Beziehung zum Gläubiger, so dass der Übernehmer diese dem Gläubiger unabhängig von § 417 entgegenhalten kann (zB Erlass, Stundung, ZbR, Mängel eines Grundgeschäftes zwischen ihnen). Er kann auch mit einer eigenen Forderung gegen die übernommene Verpflichtung aufrechnen.

II. 1. Abs 1 bewahrt dem Übernehmer alle **Einwendungen des bisherigen Schuldners**, 2
so dass nicht der bloße Vorgang der Schuldübernahme den Gläubiger besser stellt. Die
Vorschrift setzt das Vorliegen einer befreienden **Schuldübernahme** gem §§ 414 ff voraus. Entspr anzuwenden ist er auf die Scheck- oder Wechselschuld, sofern ein Dritter
durch die Scheck- oder Wechselbegebung eine Leistung erfüllungshalber erbringt (BGH
NJW 86, 1873; str). Vom Tatbestand umfasst sind Einwendungen aller Art aus dem
Schuldverhältnis (rechtshindernde und rechtsvernichtende Einwendungen, auch zB
dauernde oder prozessuale Einreden). Die Einwendungen müssen aber im Zeitpunkte
der Schuldübernahme **begründet** sein. Dazu reicht es aus, dass sie vor der Übernahme
ihrem rechtlichen Grund nach im Schuldverhältnis bereits angelegt waren. **Gestaltungsrechte** gehen jedoch nur insoweit über, als sie sich ausschließlich auf die übernommene
Verbindlichkeit beziehen (zB das Wahlrecht nach § 262). Die meisten Gestaltungsrechte sind dag mit der Stellung des bisherigen Schuldners als Vertragspartei verbunden (zB
Kündigung oder Rücktritt) und verbleiben diesem daher, sofern er sie dem Übernehmer nicht eigens durch Vereinbarung (zusätzlich zur Schuldübernahme) übertragen
hat. Allenfalls hat der Übernehmer aus seinem Verhältnis zum bisherigen Schuldner
einen Anspruch auf Ausübung des Gestaltungsrechts. Solange das Gestaltungsrecht
nicht ausgeübt ist, kann er jedoch die Möglichkeit der Geltendmachung dem Gläubiger
nicht entgegenhalten (str; iE Grigoleit/Herresthal Jura 02, 398). Mit einer Forderung
des bisherigen Schuldners kann der Übernehmer zudem nicht aufrechnen (Abs 1 S 2).

2. Nach **Abs 2** kann der Übernehmer Einwendungen aus seinem Verhältnis zum bisherigen Schuldner dem Gläubiger nicht entgegenhalten. Die Abstraktheit der Schuldübernahme schließt es aber nicht aus, dass bei einer Fehleridentität der Mangel, der die
Nichtigkeit des Grundgeschäftes begründet, auch zur Nichtigkeit der Schuldübernahme führt. Darüber hinaus sollen Grundgeschäft und Übernahmevertrag bei entspr Parteiwillen eine Einheit iSd § 139 bilden können, so dass die Unwirksamkeit des Grundgeschäftes den Übernahmevertrag erfassen kann (BGHZ 31, 323; wegen der Abstraktheit der Schuldübernahme zweifelhaft und sehr str).

§ 418 Erlöschen von Sicherungs- und Vorzugsrechten

(1) ¹Infolge der Schuldübernahme erlöschen die für die Forderung bestellten Bürgschaften und Pfandrechte. ²Besteht für die Forderung eine Hypothek oder eine Schiffshypothek, so tritt das Gleiche ein, wie wenn der Gläubiger auf die Hypothek oder die
Schiffshypothek verzichtet. ³Diese Vorschriften finden keine Anwendung, wenn der
Bürge oder derjenige, welchem der verhaftete Gegenstand zur Zeit der Schuldübernahme gehört, in diese einwilligt.
(2) Ein mit der Forderung für den Fall des Insolvenzverfahrens verbundenes Vorzugsrecht kann nicht im Insolvenzverfahren über das Vermögen des Übernehmers geltend
gemacht werden.

§ 418 dient dem Schutz von Sicherungsgebern bei der befreienden Schuldübernahme. 1
Da die Person des Schuldners, insb seine Bonität, idR bei der Bestellung der Sicherheit
für den Sicherungsgeber von erheblicher Bedeutung ist, sollen beim Wechsel des
Schuldners Sicherungsrechte ohne Einwilligung des Sicherungsgebers nicht fortbestehen. Die Vorschrift erfasst alle **akzessorischen Sicherungsrechte**. Entspr anwendbar ist
sie auf die Vormerkung, die **Sicherungsgrundschuld** sowie auf weitere selbständige Sicherungsrechte, zB die **Sicherungsübereignung** (BGH WM 92, 1315), nicht jedoch auf
gesetzliche Pfandrechte (str; nach aA auf diese insoweit entspr anwendbar, als sie dem
Sichernden die freie Wahl des Schuldners lassen, zB § 566 II 1 [571 II aF]; Soergel/
Schreiber § 418 Rn 1 f). Zudem ist Abs 1 auf die **Vertragsübernahme** entspr anwendbar (OLG Hamm NJW-RR 91, 49).

Das Sicherungsrecht erlischt nur, wenn der Sicherungsgeber in die Schuldübernahme 2
nicht eingewilligt hat (Abs 1 S 3 iVm § 183). Für die Einwilligung eines Bürgen ist die
Form des § 766 erforderlich (OLG Hamm WM 90, 1155; str). Eine (nachträgliche)
Genehmigung gem § 184 führt dag nicht zum Fortbestand der Haftung (str). Ist eine

durch Grundschuld gesicherte Forderung Gegenstand der Schuldübernahme, ist nur die Einwilligung des Grundstückseigentümers erforderlich, auch wenn der Anspruch auf Rückgewähr der Grundschuld einem anderen zusteht (BGHZ 115, 245 f). Beim Erlöschen eines Grundpfandrechts rücken nachgehende Rechte nicht auf, weil das Grundpfandrecht auf den Grundstückseigentümer übergeht (Abs 1 S 2 iVm § 1168 I).

3 Abs 2 dient dem Schutz der anderen Gläubiger des Übernehmers. Die Regelung hat aber an praktischer Bedeutung verloren, seit die Vorrechte im Konkurs aus den früheren §§ 61 f KO durch §§ 38 f InsO abgeschafft sind.

§ 419 (weggefallen)

Abschnitt 7
Mehrheit von Schuldnern und Gläubigern

Vorbemerkung zu §§ 420–432

1 Die §§ 420–432 regeln nicht erschöpfend Rechtsformen der Beteiligung mehrerer Personen auf Gläubiger- oder Schuldnerseite. Bei einer **Mehrheit von Gläubigern** sind folgende Formen zu unterscheiden: Die **Teilgläubigerschaft** berechtigt bei teilbaren Leistungen jeden Gläubiger lediglich, für sich einen Teil der Leistung zu fordern (§ 420). Diese Forderung ist rechtlich selbständig ggü den Forderungen der anderen Gläubiger. Dag kann bei der **Gesamtgläubigerschaft** jeder Gläubiger von dem Schuldner die Leistung insgesamt fordern; und der Schuldner wird durch die einmalige Gesamtleistung an einen der Gläubiger ggü allen Gläubigern frei (§§ 428, 429). Zwischen den einzelnen Gläubigern findet sodann ein Ausgleich je nach ihrer Berechtigung im Innenverhältnis statt (§ 430). Größere praktische Bedeutung als diese beiden Formen hat die **Gläubigergemeinschaft** (zT auch Mitgläubigerschaft genannt). Bei ihr steht die Forderung den Gläubigern nur gemeinsam zu, so dass Leistung an alle Gläubiger verlangt werden kann und der Schuldner die Leistung nur an die Gläubiger gemeinsam erbringen kann. Eine Gläubigergemeinschaft besteht bei Forderungen, die auf unteilbare Leistungen gerichtet sind (§ 432) sowie bei gemeinsamen Empfangszuständigkeiten von Gläubigern, insb bei der Gesamthandsgläubigerschaft (zB eheliche Gütergemeinschaft; §§ 1422, 1450).

2 Unter den Formen einer **Mehrheit von Schuldnern** bildet die **Teilschuldnerschaft** das Gegenstück zur Teilgläubigerschaft. Sie ist bei teilbaren Leistungen iZw anzunehmen und verpflichtet jeden Schuldner eigenständig zu der von ihm zu erbringenden Teilleistung (§ 420). Die häufigste Form einer Schuldnermehrheit ist die **Gesamtschuldnerschaft** (§§ 421–427). Jeder Schuldner ist dabei zum Erbringen der gesamten Leistung verpflichtet, der Gläubiger kann die Leistung aber nur einmal beanspruchen (§ 421). Zwischen den Schuldnern findet sodann nach ihrer Verpflichtung im Innenverhältnis ein Ausgleich statt (§ 426). Die Verpflichtungen der einzelnen Schuldner sind in ihrem Verhältnis zum Gläubiger teilweise voneinander abhängig (§§ 422–424). Nicht im Gesetz geregelt ist die **gemeinschaftliche Schuldnerschaft** (Schuldnergemeinschaft). Bei ihr kann die geforderte Leistung nur von allen Schuldnern gemeinsam erbracht werden, die Erfüllung nur durch einen Schuldner ist nicht möglich (zB idR beim Engagement einer Artistengruppe oder Musikband). In der Form einer **Gesamthandschuld** besteht eine gemeinschaftliche Schuld bei Forderungen ggü den Gesamthändern, die das Gesamthandsvermögen als Sondervermögen betreffen (iE Wolf/Niedenführ JA 85, 369 ff). Dag bilden die Verpflichtungen mehrerer zur **Unterlassung** idR jeweils eigenständige Schuldverhältnisse und begründen keine Schuldnermehrheit (OLG Koblenz WRP 85, 45). Auch bei akzessorischer Haftung (zB im Verhältnis von Bürgen und Hauptschuldner) und bei subsidiärer Haftung (vgl § 421 Rn 4) besteht keine Schuldnermehrheit.

§ 420 Teilbare Leistung

Schulden mehrere eine teilbare Leistung oder haben mehrere eine teilbare Leistung zu fordern, so ist im Zweifel jeder Schuldner nur zu einem gleichen Anteil verpflichtet, jeder Gläubiger nur zu einem gleichen Anteil berechtigt.

I. Die Vorschrift betrifft die **Teilschuldner- und Teilgläubigerschaft**. Sie stellt für eine teilbare Leistung die Vermutung auf, dass bei mehreren Schuldnern oder Gläubigern jeder nur zT verpflichtet oder forderungsberechtigt ist und dass zudem die Anteile jeweils gleich sind. 1

II. 1. **Voraussetzung** für die Teilschuldner- und die Teilgläubigerschaft ist die **Teilbarkeit** der zu erbringenden oder zu fordernden Leistung. Sie liegt vor, wenn die Leistung ohne Wertverlust oder Beeinträchtigung des Leistungszwecks in mehrere Teile zerlegt werden kann (zB bei einer Geldforderung). 2

2. Bei mehreren Schuldnern besteht nach § 420 die Vermutung der **Teilschuldnerschaft**. Abw davon legen jedoch § 427 für vertragliche Ansprüche und § 840 für deliktische Ansprüche die Gesamtschuldnerschaft fest, so dass die Teilschuldnerschaft in Wirklichkeit nur selten vorkommt. Sie besteht zB bei der Verpflichtung mehrerer künftiger Wohnungseigentümer aus dem Bauvertrag nach gemeinsamer Auftragserteilung (BGHZ 75, 27; anders für eine Bauherrengemeinschaft BGH NJW-RR 89, 466). Die Verpflichtungen der Teilschuldner sind voneinander unabhängig, so dass jeder seine Schuld allein tilgen kann. IZw besteht dabei nach § 420 eine Verpflichtung der Schuldner zu gleichen Anteilen. Die Verpflichtungen beruhen aber auf einem gemeinsamen Schuldverhältnis, so dass nicht ein Schuldner allein ein Gestaltungsrecht, das das Schuldverhältnis insgesamt beseitigt, ausüben kann (vgl für den Rücktritt § 351). 3

3. Eine **Teilgläubigerschaft** liegt vor, wenn von mehreren Gläubigern jeder nur die Erbringung eines Teiles der Leistung vom Schuldner verlangen kann. Auch bei der Gläubigermehrheit sind jedoch die anderen Formen, insb die Gläubigergemeinschaft (Vor §§ 420–432 Rn 1), praktisch bedeutender als die Teilgläubigerschaft. Sofern diese besteht, hat jeder Gläubiger ein rechtlich eigenständiges, von den anderen Teilforderungen unabhängiges Forderungsrecht. Bei einer Leistungsstörung kann er auch Sekundäransprüche für seinen Teil selbständig geltend machen. Den Rücktritt vom Vertrag können aber auch Teilgläubiger nur gemeinsam erklären (§ 351). 4

§ 421 Gesamtschuldner

¹Schulden mehrere eine Leistung in der Weise, dass jeder die ganze Leistung zu bewirken verpflichtet, der Gläubiger aber die Leistung nur einmal zu fordern berechtigt ist (Gesamtschuldner), so kann der Gläubiger die Leistung nach seinem Belieben von jedem der Schuldner ganz oder zu einem Teil fordern. ²Bis zur Bewirkung der ganzen Leistung bleiben sämtliche Schuldner verpflichtet.

I. Die **Gesamtschuldnerschaft** gem § 421 ist die häufigste Form der Schuldnermehrheit. Sie sichert den Gläubiger am besten, weil ihm jeder Schuldner auf das ganze haftet. Die gesamtschuldnerische Haftung ist in zahlreichen Vorschriften gesetzlich angeordnet, zB in §§ 42 II 2. Halbs, 53 2. Halbs, 54 S 2 2. Halbs, 86 S 1, 88 S 3, 89 II, 427, 431, 546 II, 613 a II 1, 651 b II, 769, 840 I, 1108 II, 1357 I 2, 1437 II 1, 1459 II 1, 2058, 2382; § 128 S 1 HGB (dag zum Verhältnis von OHG und Gesellschafter BGHZ 104, 78); § 8 I 1 PartGG; § 78 I VVG; § 5 S 1 ProdHaftG. Ohne derartige gesetzliche Festlegung besteht ein Gesamtschuldverhältnis, wenn die allg § 421 entnommenen Voraussetzungen sowie weitere, umstrittene Erfordernisse erfüllt sind. 1

II. 1. a) Als **Voraussetzung** der Gesamtschuld muss zunächst ein Gläubiger einen Anspruch gegen **mehrere Schuldner** haben. Kein Gesamtschuldverhältnis liegt daher vor, wenn die Schuldner jeweils einem anderen Gläubiger ggü verpflichtet sind (BGH NJW 94, 443). Dag ist das Vorliegen einer Gesamtschuld nicht davon abhängig, dass jeder Schuldner die Leistung auch tatsächlich insgesamt erbringen kann, da selbst anfängliches Unvermögen das Entstehen einer Verpflichtung gem § 311 a I nicht hindert. Jeder 2 der Schuldner muss dabei zur Erbringung der **ganzen Leistung** verpflichtet sein (iU insb zur Teilschuld gem § 420). Der Gläubiger darf nur berechtigt sein, die Leistung **einmal zu fordern**. Nicht eine Gesamtschuld, sondern eine Kumulation von Schuldnern liegt daher zB vor, wenn der Gläubiger die benötigten Waren bei zwei Lieferanten bestellt. Als Schuldnerkumulation betrachtet es die Rspr auch, wenn sich sowohl der ausziehende als auch der einziehende Mieter ggü dem Vermieter zu Schönheitsreparaturen verpflichten (BGHZ 49, 61 f; str).

3 Zudem dürfen die Schuldner nur **eine Leistung** schulden. Die Verpflichtungen müssen aber auf **dasselbe Leistungsinteresse** gerichtet und inhaltlich sehr eng verwandt sein. Eine Gesamtschuldnerschaft ist zB möglich, wenn der eine Schuldner Naturalherstellung und der andere Geldersatz schuldet (BGH GrSZ 43, 232). Die erforderliche inhaltliche Nähe besteht auch zwischen den Mängelhaftungspflichten des Architekten und des Bauunternehmers wegen gemeinsam zu verantwortender Baumängel (BGHZ 51, 275), nicht jedoch zwischen den Pflichten dieser beiden zur Erstellung des Bauwerks (BGHZ 39, 264) oder zwischen einer persönlichen Schuld und einer Grundschuld (BGH DNotZ 89, 359 f). Es schadet nicht, wenn eine der Forderungen bedingt oder befristet ist. Auch ein unterschiedlicher Rechtsgrund für die Leistungspflicht schließt nicht bereits eine Gesamtschuld aus (BGHZ 58, 192), so dass beim Vorliegen der weiteren Voraussetzungen des § 421 auch Verbindlichkeiten aus verschiedenen Verträgen genügen, zB die Verbürgung mehrerer gem § 769 oder die Bestellung mehrerer Sicherheiten (BGHZ 108, 183), eine deliktische Haftung neben einer vertraglichen Verpflichtung (BGH LM § 426 Nr 9) oder selbst die Verpflichtung eines Diebes aus § 823 und die seines Abnehmers aus § 816 I (BGHZ 52, 43; str). Eine Gesamtschuld kann auch dann vorliegen, wenn mehrere gleichzeitig Beschenkte dem Rückgewähranspruch eines verarmten Schenkers nach § 528 I ausgesetzt sind (BGH NJW 98, 537) oder mehrere Unternehmer unterschiedliche, mangelhafte Werkleistungen erbringen und die Mängel nur einheitlich beseitigt werden können (BGH NJW 03, 2980 mit Anm Ehmann JZ 04, 250 ff).

4 b) Darüber hinaus ist nach heute hM die **Gleichstufigkeit der Verpflichtungen** erforderlich (BGHZ 106, 319; 137, 82). Die Gleichstufigkeit fehlt, wenn auch im Außenverhältnis zum Ausdruck kommt, dass einer der Schuldner nach der Art seiner Verpflichtung grds Primärverpflichteter ist und somit im Innenverhältnis nur er letztlich haftet; **gestörte Gesamtschuld** (s § 426 Rn 13 ff). Mangels Gleichstufigkeit liegt so keine Gesamtschuld in Fällen gesetzlichen Forderungsübergangs vor (BGHZ 13, 365 f), wenn zB ein Versicherer, Sozialversicherungsträger oder Arbeitgeber neben dem Schädiger aufgrund seiner Fürsorgepflicht zunächst zum Ersatz des Schadens verpflichtet ist, letztendlich aber der Schädiger den Schaden tragen soll (§ 86 I VVG, § 116 I SGB X, § 6 I EFZG). Eine Gesamtschuld scheidet auch bei der subsidiären Haftung gem § 839 I 2 oder iR eines Aufopferungsanspruchs aus (BGHZ 61, 354). – Nach einer Gegenauffassung enthält § 421 eine allg Festlegung der Gesamtschuld, ohne dass das Merkmal der Gleichstufigkeit hinzutreten muss, so dass auch die Fälle des gesetzlichen Forderungsübergangs umfasst sind (Esser/Schmidt § 39 I, 321 ff). Ein anderer Teil der Lehre hält am Bestehen einer **rechtlichen Zweckgemeinschaft** zwischen den Schuldnern als eigens zu prüfende Voraussetzung fest. Eine derartige Zweckgemeinschaft wird angenommen, wenn zwischen den einzelnen Verbindlichkeiten ein innerer Zusammenhang besteht (iE str). Die Rspr hat dieses Erfordernis zunächst aufgestellt (zB BGHZ 13, 365). Nachdem sie es so weit gefasst hatte, dass es sich in der Sache nahezu mit dem Erfordernis des gleichen Leistungsinteresses (Rn 3) deckte, hat sie es inzwischen aufgegeben. Neben den Voraussetzungen in Rn 2 ist damit nach heute hM die Gleichstufigkeit der Verpflichtungen das ausschlaggebende Kriterium für das Bestehen eines Gesamtschuldverhältnisses (zum Meinungsstand iE MK/Bydlinski § 421 Rn 12 ff; Boecken/von Sonntag Jura 97, 1 ff).

5 2. Als **Rechtsfolge** des Gesamtschuldverhältnisses kann der Gläubiger nach seiner freien Entscheidung jeden der Gesamtschuldner ganz oder teilweise in Anspruch nehmen („Paschastellung" des Gläubigers). Das Belieben des Gläubigers bei der Inanspruchnahme von Gesamtschuldnern ist nur in seltenen Ausnahmefällen aufgrund von Treu und Glauben eingeschränkt (OLG Hamm NJW-RR 93, 1071; BGH NJW-RR 08, 176). Ein Rechtsmissbrauch liegt aber nicht etwa schon vor, wenn der Gläubiger den einen Gesamtschuldner verklagt, während im Innenverhältnis nur der andere haftet (BGH NJW 91, 1289). Auch im **Insolvenzverfahren** eines Gesamtschuldners kann der Gläubiger seine Forderung bis zur vollständigen Befriedigung geltend machen (§ 43 InsO). Ein Gesamtschuldverhältnis besteht jedoch nur in dem Umfang, in dem sich die Pflichten der Schuldner decken (BGHZ 52, 45). – Im **Innenverhältnis** erfolgt ein Ausgleich zwischen den Gesamtschuldnern entspr ihrer Verpflichtung gem § 426.

III. Prozessuales: Der Gläubiger kann gegen mehrere Gesamtschuldner gemeinsam klagen; diese sind sodann einfache Streitgenossen gem § 59 ZPO. Der Gläubiger kann die Schuldner aber auch in getrennten Verfahren verklagen, obwohl dadurch Mehrkosten entstehen. Jeder Gesamtschuldner muss dabei aber nur für die Kosten der Rechtsverfolgung ihm selbst ggü einstehen (BGH NJW 90, 910). Geht der Gläubiger nur gegen einen Gesamtschuldner gerichtlich vor, hat die Mithaftung eines bisher nicht verklagten oder verurteilten Gesamtschuldners keine Auswirkungen auf die Verurteilung. Die Verurteilung wirkt nur inter partes, so dass sich die Rechtskraft nicht auf das Innenverhältnis zu Gesamtschuldnern, die nicht am Verfahren beteiligt sind, erstreckt (OLG Düsseldorf NJW-RR 92, 923). 6

§ 422 Wirkung der Erfüllung

(1) ¹Die Erfüllung durch einen Gesamtschuldner wirkt auch für die übrigen Schuldner. ²Das Gleiche gilt von der Leistung an Erfüllungs statt, der Hinterlegung und der Aufrechnung.

(2) Eine Forderung, die einem Gesamtschuldner zusteht, kann nicht von den übrigen Schuldnern aufgerechnet werden.

Bei der Gesamtschuld hat die Erfüllung durch einen Schuldner **Gesamtwirkung** für alle Schuldner. Dies ergibt sich bereits daraus, dass der Gläubiger die Leistung nur einmal fordern kann (§ 421) und wird von § 422 klargestellt. Abs 1 S 1 setzt neben dem Vorliegen einer Gesamtschuld die **Erfüllung** der Forderung durch einen der Schuldner voraus. Der Erfüllung gleichgestellt sind nach Abs 1 S 2 die **Erfüllungssurrogate**. Auch die Erfüllung durch einen Dritten (§§ 267 f) oder eine Teilerfüllung (§ 266) haben bei Vorliegen der allg Voraussetzungen Gesamtwirkung. Durch Vereinbarung des Gläubigers mit einem Gesamtschuldner kann die Gesamtwirkung nicht aufgehoben werden (str; für Abdingbarkeit BGH NJW 87, 375; dag Wolf NJW 87, 2473). Ein nachträglicher Verzicht auf die Gesamtwirkung zulasten der übrigen Gesamtschuldner ist unstreitig nicht möglich (BGH VersR 84, 327). Als Rechtsfolge der Erfüllung durch einen Gesamtschuldner geht die Forderung gem § 426 II auf diesen über, wenn er einen Ausgleichsanspruch gegen die anderen Gesamtschuldner hat (BGH NJW 91, 98). Besteht kein Ausgleichsanspruch, erlischt die Forderung. 1

Abs 2 bestätigt das Erfordernis der **Gegenseitigkeit** bei der Aufrechnung (§ 387 Rn 4) im Hinblick auf das Gesamtschuldverhältnis. 2

§ 423 Wirkung des Erlasses

Ein zwischen dem Gläubiger und einem Gesamtschuldner vereinbarter Erlass wirkt auch für die übrigen Schuldner, wenn die Vertragschließenden das ganze Schuldverhältnis aufheben wollten.

Auf eine **Erlassvereinbarung** (§ 397) des Gläubigers mit einem Gesamtschuldner können sich gem § 423 die anderen Gesamtschuldner nur berufen, wenn diese Vereinbarung nach dem Willen der Vertragsschließenden Gesamtwirkung haben sollte. Dies ist ggf durch Auslegung (§§ 133, 157) zu ermitteln. Der Vereinbarung mit einem Schuldner, der im Innenverhältnis allein haftet, ist dabei iZw Gesamtwirkung zuzusprechen (OLG Köln NJW-RR 92, 1398). Wenn bei einem Schadensersatzanspruch der Geschä- 1 digte dem Schädiger die Schuld erlässt, ist zugunsten des Haftpflichtversicherers idR ebenfalls von einer Gesamtwirkung auszugehen (OLG Köln VersR 69, 1027).

2 Wollten die Parteien des Erlassvertrages die **Gesamtwirkung** herbeiführen, erlöschen die Ansprüche des Gläubigers auch ggü den anderen Gesamtschuldnern. Es bestehen daher auch **keine Ausgleichspflichten** iSd § 426. Der Erlass wirkt damit als eine Verfügung zugunsten der anderen Schuldner, deren Zulässigkeit auf § 423 beruht.

3 Wenn die Parteien des Erlassvertrages dag diesem nur **Einzelwirkung** geben wollten, bleiben die Ansprüche gegen die anderen Gesamtschuldner bestehen. Diese können ihrerseits aufgrund von § 426 **Rückgriff** auch bei dem Schuldner nehmen, der den Erlassvertrag abgeschlossen hat (BGH NJW 86, 1098).

4 Daneben kann der Gläubiger mit einem Gesamtschuldner auch eine **beschränkte Gesamtwirkung** vereinbaren. Dadurch wird dieser Schuldner von seiner Verpflichtung ggü dem Gläubiger und seiner Ausgleichspflicht im Innenverhältnis ganz frei (BGH NJW 00, 1943). Die Schuld der anderen Gesamtschuldner verringert sich um den Anteil, den der kontrahierende Schuldner im Innenverhältnis als Ausgleichsleistung zu erbringen hätte. Eine derartige beschränkte Gesamtwirkung werden der Gläubiger und ein Gesamtschuldner häufig einem Vergleich geben wollen, mit dem die Verpflichtungen dieses Gesamtschuldners vollständig und endgültig erledigt werden sollen. Soweit ein Gesamtschuldner ggü dem Gläubiger rechtskräftig zur Zahlung verurteilt wird, hat ein später abgeschlossener Vergleich zwischen dem Gläubiger und dem anderen Gesamtschuldner iZw dag keine beschränkte Gesamtwirkung, sondern nur Einzelwirkung; denn der zu diesem Zeitpunkt bestehende Ausgleichsanspruch des einen Gesamtschuldners ggü dem anderen kann im Nachhinein nicht mehr entzogen werden (BGH NJW 03, 2981).

5 Auf das Verhältnis zwischen **OHG, KG** und persönlich haftenden Gesellschaftern ist § 423 nicht unmittelbar, sondern allenfalls zT entspr anwendbar, da es sich um kein Gesamtschuldverhältnis handelt. Zulässig ist der Erlass einer Forderung ggü dem Gesellschafter unter Fortbestand der Forderung gegen die Gesellschaft. Dag ist ein Erlass, der sich auf die Verpflichtung der Gesellschaft beschränkt und die Forderung gegen den Gesellschafter bestehen lässt, nur zulässig, wenn der Gesellschafter zustimmt (BGHZ 47, 378).

6 Die **Beweislast** für die Gesamtwirkung des Erlasses trägt der Gesamtschuldner, der sich darauf beruft.

§ 424 Wirkung des Gläubigerverzugs

Der Verzug des Gläubigers gegenüber einem Gesamtschuldner wirkt auch für die übrigen Schuldner.

1 Der **Gläubigerverzug** ist ebenso wie die Erfüllung (§ 422) eine gesamtwirkende Tatsache, die jeder Gesamtschuldner dem Gläubiger entgegenhalten kann. Liegen ggü einem Gesamtschuldner die Voraussetzungen des Annahmeverzuges (§§ 293 ff) vor, wirkt dieser damit für alle Gesamtschuldner. Der Gläubiger kann den Annahmeverzug mit Gesamtwirkung beenden, indem er sich ggü dem Schuldner, der den Annahmeverzug herbeigeführt hat, zur Annahme bereit erklärt (str). Hingegen hat die Annahmebereitschaft ggü einem anderen Gesamtschuldner nur Einzelwirkung.

§ 425 Wirkung anderer Tatsachen

(1) Andere als die in den §§ 422 bis 424 bezeichneten Tatsachen wirken, soweit sich nicht aus dem Schuldverhältnis ein anderes ergibt, nur für und gegen den Gesamtschuldner, in dessen Person sie eintreten.

(2) Dies gilt insbesondere von der Kündigung, dem Verzug, dem Verschulden, von der Unmöglichkeit der Leistung in der Person eines Gesamtschuldners, von der Verjährung, deren Neubeginn, Hemmung und Ablaufhemmung, von der Vereinigung der Forderung mit der Schuld und von dem rechtskräftigen Urteil.

I. In § 425 kommt zum Ausdruck, dass der Gläubiger gegen die einzelnen Gesamt- 1
schuldner **selbständige Forderungen** hat. Sie sind nur im Hinblick auf die Tilgungsgemeinschaft als Gesamtschuld miteinander verbunden, können sich iÜ aber selbständig entwickeln. Tatsachen, die nur in der Person eines Gesamtschuldners eintreten, beeinflussen gem § 425 daher nicht die Rechtsbeziehungen der übrigen Gesamtschuldner zum Gläubiger (Grundsatz der **Einzelwirkung**), sofern sich nicht aus §§ 422–424 oder aus dem Schuldverhältnis etwas anderes ergibt.

II. 1. Die Fälle der **Einzelwirkung** sind in Abs 2 nicht abschließend, sondern nur bei- 2
spielhaft aufgezählt. Eine Kündigung iSd Abs 2 ist nur die Fälligkeitskündigung (BGH NJW 89, 2383). Dag kann die Kündigung eines **Dauerschuldverhältnisses** grds nicht durch einen oder ggü einem Gesamtschuldner allein wirksam erklärt werden; erforderlich ist vielmehr idR eine einheitliche Kündigung; so beim Darlehensvertrag (BGH NJW 02, 2866; es genügt aber nach OLG München NJW-RR 96, 370 idR ein Kündigungsgrund gegen einen Darlehensnehmer), bei einem einheitlichen Arbeitsverhältnis mit mehreren Arbeitgebern (BAG NJW 84, 1705) und einem Mietvertrag mit mehreren Mietern oder von mehreren Vermietern (BGHZ 96, 310). Dementspr begründet die Insolvenz nur eines Mieters kein Kündigungsrecht des Vermieters (BGHZ 26, 104). Ein mit einem Mieter geschlossener Aufhebungsvertrag wird erst durch die Zustimmung der anderen Mieter wirksam. Auch **Verzugsvoraussetzungen** wie die Mahnung im Falle des § 286 I und das **Verschulden** eines Gesamtschuldners wirken nur im Verhältnis zum einzelnen Gesamtschuldner. Auf ein **Mitverschulden des Gläubigers** (§ 254) können sich dag alle Gesamtschuldner trotz des Fehlens einer ausdrücklichen Regelung in §§ 422 ff berufen, selbst wenn sie teils aus unerlaubter Handlung, teils aus §§ 280 I, 241 II haften (BGHZ 90, 90). Nur Einzelwirkung haben gem Abs 2 die subjektive Unmöglichkeit in der Person eines Gesamtschuldners (§ 275 I 1. Alt) sowie die Erhebung der Einrede gem § 275 II und III (hM); die Verjährung, deren Neubeginn, Hemmung und Ablaufhemmung; die Vereinigung der Forderung mit der Schuld (Konfusion); die Rechtskraft eines Urteils. Ebenfalls nur Einzelwirkung kommt der Rechtshängigkeit zu (OLG Celle OLGZ 70, 360); auch die Erfüllungsablehnung des Insolvenzverwalters (§ 103 II InsO) hat grds nur Einzelwirkung. Von der Einzelwirkung der Rechtskraft sieht § 129 HGB für die Gesellschafterhaftung eine Ausn vor (anders für das Verhältnis zwischen Gesellschaft und vor Klageerhebung ausgeschiedenem Gesellschafter; BGHZ 44, 233). § 3 Nr 2, 3, 8 PflVersG enthält eine von § 425 abw Regelung sowohl für die Rechtskraft als auch die Verjährung.

Die Beschränkung auf die Einzelwirkung tritt gem Abs 1 nur ein, soweit sich nicht aus 3
dem Schuldverhältnis etwas anderes ergibt. Eine **Gesamtwirkung** kann dabei aus der **Vereinbarung** oder dem **Inhalt und Zweck des Schuldverhältnisses** hervorgehen. So können die Gesamtschuldner sich in dem Vertrag mit dem Gläubiger verpflichten, für das Verschulden der anderen Gesamtschuldner zu haften. Auch ohne ausdrückliche Erklärung ist eine derartige Übernahme der **Mithaftung** insb bei Rechtsanwaltssozietäten, Steuerberater- und Arztpraxen anzunehmen (BGHZ 70, 249). Die Haftungsbeschränkung auf die Partner, die das Mandat bearbeiten, aus § 8 II PartGG oder aus § 51 a II 3 BRAO tritt nur bei Zustimmung des Mandanten in einer gesondert unterschriebenen Erklärung ein. Bei einer GbR kommt auch der Verjährungsunterbrechung durch Anerkenntnis (§ 208) idR Gesamtwirkung zu (BGH NJW-RR 96, 315). Die **Abtretung** der Forderung gegen nur einen Gesamtschuldner ist nur mit dessen Zustimmung möglich (OLG Hamm NJW-RR 98, 486).

2. **Rechtsfolgen:** Ergibt sich aus dem Schuldverhältnis eine **Gesamtwirkung**, wirkt die 4
eingetretene Tatsache für und gegen alle Gesamtschuldner. Besteht dag nur die **Einzelwirkung**, wird die Verpflichtung der anderen Gesamtschuldner nicht beeinflusst. Um mehrere Gesamtschuldner in **Verzug** zu setzen, muss der Gläubiger daher ggü jedem von ihnen die Verzugsvoraussetzungen schaffen. Selbst wenn sich sodann alle Schuldner in Verzug befinden, haftet jeder von ihnen nur für die **Kosten der eigenen Rechtsverfolgung** (BGH NJW 90, 910). Aufgrund der Einzelwirkung bleibt die Schuld auch in ihrer ursprünglichen Form ggü den nicht betroffenen Gesamtschuldnern bestehen, wenn der Gläubiger ggü einem Schuldner von seinem Recht Gebrauch macht, Scha-

densersatz statt der Leistung gem §§ 280 I, III, 281 ff zu fordern. Ein Rücktritt kann dag wirksam nur ggü allen Gesamtschuldnern erklärt werden (§ 351); ausreichend dafür ist, dass die Voraussetzungen in dem Verhältnis zu einem Gesamtschuldner vorliegen (BGH NJW 76, 1932). Ein Anspruch des Gläubigers aus § 280 richtet sich wegen der Einzelwirkung des **Verschuldens** gegen den Schuldner, der die Vertragsverletzung zu vertreten hat (anders hins des Mitverschuldens eines Erfüllungsgehilfen BGHZ 90, 90 f; str). Bei Unmöglichkeit in der Person eines Gesamtschuldners (Rn 2) haftet wegen der Einzelwirkung nur der betroffene Gesamtschuldner auf Schadensersatz, während die anderen Gesamtschuldner weiterhin die ursprüngliche Leistung schulden. Im Fall **objektiver Unmöglichkeit** (§ 275 I 2. Alt) werden wegen der Gesamtwirkung alle Gesamtschuldner frei; der Schuldner, der die Unmöglichkeit zu vertreten hat, haftet aber dem Gläubiger gem §§ 280 I, III, 283; 311 a II. Trotz der Einzelwirkung der **Verjährung** bleiben im Falle eines **Schuldbeitritts** die vor dem Beitritt eingetretenen Tatsachen, zB der Beginn oder Neubeginn der Verjährung, auch im Verhältnis zum Beitretenden wirksam (BGH NJW 84, 794). Die Klageerhebung ggü einer OHG unterbricht die Verjährung auch ggü den Gesellschaftern (BGHZ 73, 223). Bei einer **Konfusion** (zB aufgrund einer Abtretung) kann der Gesamtschuldner, der Rechtsnachfolger des Gläubigers geworden ist, die anderen Gesamtschuldner nur pro rata in Anspruch nehmen (BAG NJW 86, 3104; str), und muss von der Forderung den Betrag abziehen, für den er selbst im Innenverhältnis gem § 426 haften würde.

§ 426 Ausgleichungspflicht, Forderungsübergang

(1) ¹Die Gesamtschuldner sind im Verhältnis zueinander zu gleichen Anteilen verpflichtet, soweit nicht ein anderes bestimmt ist. ²Kann von einem Gesamtschuldner der auf ihn entfallende Beitrag nicht erlangt werden, so ist der Ausfall von den übrigen zur Ausgleichung verpflichteten Schuldnern zu tragen.
(2) ¹Soweit ein Gesamtschuldner den Gläubiger befriedigt und von den übrigen Schuldnern Ausgleichung verlangen kann, geht die Forderung des Gläubigers gegen die übrigen Schuldner auf ihn über. ²Der Übergang kann nicht zum Nachteil des Gläubigers geltend gemacht werden.

1 I. § 426 gewährleistet den **Innenausgleich** zwischen den Gesamtschuldnern durch den **Ausgleichsanspruch** nach Abs 1 und den **Übergang der Gläubigerforderung** auf den leistenden Schuldner nach Abs 2. Während der übergegangenen Forderung ggf Einwendungen gem §§ 404 ff entgegengehalten werden können, stehen dem Ausgleichsanspruch Einwendungen gegen die Forderung ohne entspr Vereinbarung nicht entgg (OLG Köln NJW-RR 93, 1475; str; aA Stamm NJW 04, 811 ff). Neben der doppelten Grundlage in § 426 kann sich der Rückgriff des leistenden Gesamtschuldners ggü den anderen Gesamtschuldnern vielfach zudem auf ein Vertragsverhältnis (zB Gesellschaft) oder eine vertragsähnliche Beziehung zwischen ihnen stützen. Von diesen vertraglichen oder vertragsähnlichen Beziehungen der Gesamtschuldner stets zu unterscheiden, ist aber das gesetzliche (Ausgleichs-) Schuldverhältnis, das eigens durch § 426 geschaffen wird. Auch die Verletzung von Pflichten in diesem Ausgleichsverhältnis kann zu Schadensersatzansprüchen aus §§ 280 ff führen.
2 II. 1. **Voraussetzung** des Innenausgleichs ist die Haftung für eine Forderung als **Gesamtschuldner** (§§ 421, 427). Zudem darf der Innenausgleich zwischen den Gesamtschuldnern **nicht vertraglich ausgeschlossen** sein. Ein Ausschluss des Innenausgleichs ist aber nicht bereits in einem Ausschluss der Gesamtwirkung nach §§ 422 ff enthalten. **Entspr anwendbar** ist § 426 auf das Verhältnis mehrerer Sicherungsgeber auf gleicher Stufe, zB Bürge und Besteller einer Grundschuld (BGHZ 108, 183; str).
3 2. a) Das Entstehen der **Ausgleichspflicht als selbständige Verpflichtung** aus Abs 1 ist nicht erst an die Befriedigung des Gläubigers, sondern schon an die Begr der Gesamtschuld geknüpft (BGHZ 114, 122). Ist die Gesamtschuld fällig, muss jeder Gesamtschuldner an der Befriedigung mitwirken. Dieser Mitwirkungsanspruch richtet sich auf die Befreiung von dem Teil der Schuld, für den der andere Gesamtschuldner im Innen-

verhältnis haftet (BGH NJW 86, 3132). Er kann eingeklagt und durch Zwangsvollstreckung durchgesetzt werden und führt bei Vorliegen der Voraussetzungen des § 273 zu einem ZbR. Verstößt ein Gesamtschuldner schuldhaft gegen diese Pflicht, ist er den anderen Gesamtschuldnern zu Schadensersatz verpflichtet (zB aus §§ 280 I, II, 286). Der Ausgleichsberechtigte kann als Schadensersatz uU auch Prozesskosten geltend machen (BGH NJW 74, 694; iE Ehmann JZ 04, 254).

b) Nach der Befriedigung des Gläubigers durch einen Gesamtschuldner richtet sich der 4 Anspruch aus Abs 1 auf **Ausgleich** des Geleisteten, soweit dieses über den Anteil hinausgeht, den der leistende Gesamtschuldner im Innenverhältnis zu den anderen Gesamtschuldnern zu tragen hat (BGH NJW 86, 1097; anders für Mitbürgen BGHZ 23, 364). Hat ein Dritter iSd § 267 auf die Forderung gezahlt, entsteht kein Ausgleichsanspruch, sondern lediglich ein bereicherungsrechtlicher Anspruch gem § 812. Haften die Schuldner in unterschiedlicher Höhe, beschränkt sich die Ausgleichspflicht auf den Teil der Leistung, auf den sich die Gesamtschuld erstreckt (BGHZ 12, 220). Hins der Ausgleichspflicht aus Abs 1 S 1 besteht zwischen den Gesamtschuldnern keine Gesamtschuld, sondern jeder von ihnen ist dem Ausgleichsberechtigten nur entspr seiner Haftung im Innenverhältnis zum Ausgleich verpflichtet (zur gemeinsamen Quote bei gesamtschuldnerischer Haftung von Schuldnern, die eine Haftungseinheit bilden s aber Rn 8). Einwände aus dem Grundverhältnis können nur aufgrund vertraglicher Vereinbarung oder eines Verstoßes gegen § 242 dem vorleistenden Gesamtschuldner entgegengehalten werden (zur Vorleistung trotz offensichtlicher und gravierender Einwände vgl OLG München NJW 08, 3505). Als selbständiger Anspruch unterliegt der Ausgleich nach Abs 1 S 1 grds einer eigenständigen dreijährigen **Verjährung** gem § 195 (dazu Pfeiffer NJW 10, 23); die Frist beginnt frühestens, wenn der begünstigte Gesamtschuldner an den Gläubiger geleistet hat (§ 199 I Nr 1; iE BT-Drucks 14/7052, 195). Erforderlich ist dafür die Kenntnis aller Umstände, die einen Ausgleichanspruch nach § 426 I begründen. Die Kenntnis muss sich also auf folgende Umstände beziehen: diejenigen, die einen Anspruch des Gläubigers gegen der Gesamtschuldner gg den Ausgleichsverpflichteten begründen, die einen Anspruch des Gläubigers gegen den Anspruchsberechtigten aus Abs 1 selbst begründen; die das Gesamtschuldverhältnis begründen und die im Innenverhältnis eine Ausgleichspflicht begründen (BGH NJW 10, 60). Nur ausnahmsweise kann eine anderweitige Verjährungsregelung für die Gläubigerforderung auf den Ausgleichsanspruch durchgreifen (zB nach Art 32 CMR; BGH NJW-RR 90, 1509). Auch kann der nach § 426 I in Anspruch genommene Gesamtschuldner dem Ausgleichsanspruch nicht entgegenhalten, der ausgleichsberechtigte Gesamtschuldner hätte mit Erfolg die Einrede der Verjährung ggü dem Gläubiger erheben können (BGH NJW 10, 435).

Befriedigt ein Gesellschafter einer GbR oder OHG/KG die Forderung eines Dritten, 5 muss er primär versuchen, Befriedigung aus dem Gesellschaftsvermögen zu erlangen. Die Mitgesellschafter kann er nur hilfsweise aus § 426 und zudem nur in Höhe ihrer jeweiligen Verlustbeteiligung (Haftung pro rata) in Anspruch nehmen (BGHZ 103, 76).

c) Für den **Umfang der Verpflichtung** greift die **Haftung zu gleichen Teilen** nach Abs 1 6 S 1 nur, wenn sich keine **andere Verteilungsquote** aus Gesetz, Vertrag oder sonst aus dem zugrunde liegenden Rechtsverhältnis ergibt. Tatsächlich überwiegen daher andere Verteilungsquoten bei Weitem (zB zu § 16 II WEG BGH NJW 07, 1869); aufgrund der Festlegung der Haftung zu gleichen Teilen als gesetzlichen Regelfall ist jedoch der Gesamtschuldner, der sich auf eine andere Verteilung im Innenverhältnis beruft, **beweispflichtig** (BGH NJW 88, 134).

Gesetzliche Regelungen über den Ausgleich zwischen den Gesamtschuldnern enthalten 7 zB §§ 840 II, III, 1833 II 2; § 46 S 2 BNotO; § 78 II VVG; § 24 II BBodSchG. Daneben sind im Verhältnis mehrerer Schadensersatzpflichtiger § 254 bzw die inhaltlich entspr § 17 StVG, § 5 ProdHaftG, § 41 LuftVG anzuwenden (hM). Maßgeblich für den Haftungsumfang des einzelnen Schädigers ist damit primär der Verursachungsbeitrag; erst danach ist auf das Maß des Verschuldens abzustellen (§ 254 Rn 10). Im Innenverhältnis hat daher ein Gesamtschuldner den Schaden allein zu tragen, wenn er ihn fast ausschließlich verursacht hat und der andere Gesamtschuldner lediglich zB seiner Aufsichtspflicht nicht Genüge getan hat (BGH NJW 80, 2348).

8 Aus dem **Vertrag** zwischen den Gesamtschuldnern ergibt sich eine andere Haftung als zu gleichen Teilen iZw bei Gesellschaftern (BGHZ 47, 165); das Verhältnis ihrer Gesellschaftsbeteiligung kann selbst dann maßgeblich sein, wenn sie im Gläubigerinteresse Bürgschaften eingegangen sind (BGH LM § 774 Nr 9; zum Ausgleich zwischen Mitbürgen bei unterschiedlich hoher Höchstbetragsbürgschaft BGH NJW 98, 894; zum internen Ausgleichsanspruch eines Ausfallbürgen gegen den Regelbürgen BGH NJW 12, 1946). Zwischen gesamtschuldnerisch haftenden **Ehegatten** verdrängen die ehegüterrechtlichen Vorschriften nicht die Ausgleichspflicht (zB BGH NJW 07, 3564; iE zur Rspr Weber NJW 01, 1327 f). Eine von der Regel des Abs 1 S 1 abw Bestimmung ist aufgrund der ehelichen Lebensgemeinschaft anzunehmen (BGH NJW 05, 2307). Wenn ein Ehegatte allein über Einkommen verfügt, kann er daher grds ggü dem anderen keinen Ausgleich geltend machen (BGH NJW 95, 653). Bei Erwerbstätigkeit beider Ehegatten ist der Umfang der Ausgleichspflicht von der Höhe der beiden Einkommen abhängig (BGH NJW-RR 89, 67). Mit der Trennung der Ehegatten oder einem Scheidungsantrag entfällt dag die Sonderbeziehung aufgrund der ehelichen Lebensgemeinschaft ex nunc. Für gemeinsame Verpflichtungen etwa hins des Hauses entsteht eine Ausgleichspflicht nach dem Verhältnis der Miteigentumsanteile (BGHZ 87, 269). Im Innenverhältnis trägt daher ein Ehepartner die Belastung allein, wenn er Alleineigentümer ist (BGH FamRZ 97, 487); hingegen ist eine konkludent getroffene anderweitige Bestimmung entgg diesem Grundsatz anzunehmen, wenn bspw der Nichteigentümer die Verpflichtungen über Jahre allein erfüllt (OLG Oldenburg NJW-RR 05, 1018). Ferner besteht keine Ausgleichspflicht bei der Tilgung eines Kredits, wenn ein Ehegatte diesen für seinen Gewerbebetrieb aufgenommen hat (OLG Hamm FamRZ 94, 960).

9 **d)** Als **Haftungseinheit** werden mehrere Schuldner betrachtet, wenn sie im Innenverhältnis der Gesamtschuldner aus rechtlichen oder tatsächlichen Gründen wie ein Beteiligter zu behandeln sind, so dass auf sie gemeinsam nur eine Quote entfällt. Eine Haftungseinheit bilden zB mehrere Erfüllungs- oder Verrichtungsgehilfen eines Geschäftsherrn; Schädiger, deren Verhalten sich in demselben Schadensbeitrag ausgewirkt hat (BGHZ 61, 218); Halter und Fahrer eines Fahrzeugs (BGH NJW 66, 1266); verschiedene Versicherungsgeber in Bezug auf das Kfz und den versicherungspflichtigen Anhänger (Doppelversicherung eines Gespanns; BGH NJW 11, 447); Miteigentümer einer Eigentumswohnung hins des Ausgleichs nach dem WEG (BayObLG NJW-RR 01, 158). Hins der Quote, die auf die Haftungseinheit entfällt, haften die Schuldner, die die Haftungseinheit bilden, den anderen Gesamtschuldnern im Innenverhältnis als Gesamtschuldner. Die Leistung eines Schuldners der Haftungseinheit bewirkt daher auch das Erlöschen der Ausgleichspflicht der anderen. Steht dag der Geschädigte mit einem Schuldner in einer Haftungseinheit, wird der Beitrag der Haftungseinheit schon iR des Schadensersatzes ggü dem Gläubiger berücksichtigt (BGH NJW 96, 2024). Der in Anspruch genommene Schuldner hat damit gegen den Ersatzpflichtigen in der Haftungseinheit keinen Ausgleichsanspruch mehr (iE Staud/Looschelders § 426 Rn 102 ff).

10 **e)** Im Rahmen der Haftung von Gesamtschuldnern auf Schadensersatz muss sich der Gläubiger bei seinem **Mitverschulden** gem § 254 den Anspruch, der ihm insgesamt gegen die Gesamtschuldner zusteht, um eine Verschuldensquote kürzen lassen („Gesamtschau", vgl § 840 Rn 8 ff). Der Gläubiger kann hins des verbleibenden Anspruchs den einzelnen Schädiger nur insoweit in Anspruch nehmen, als dieser den Gesamtschaden im Verhältnis zum Gläubiger verursacht hat. Im Innenverhältnis der Gesamtschuldner erfolgt ein Ausgleich entspr dem Verhältnis ihrer jeweiligen Verursachungsbeiträge zueinander (BGHZ 30, 211).

11 **f)** Nach Abs 1 S 2 erhöht sich bei dem **Ausfall eines Gesamtschuldners** der Anteil, der auf die verbleibenden Schuldner (einschließlich des Ausgleichsberechtigten) entfällt, entspr ihrer jeweiligen Verpflichtung im Innenverhältnis. Zur Anwendung kommt dies va bei Zahlungsunfähigkeit eines Schuldners.

12 **3.** Neben dem Ausgleichsanspruch erhält der leistende Gesamtschuldner nach **Abs 2 S 1** die Forderung des Gläubigers in der Höhe des Ausgleichsanspruchs durch **gesetzli-**

chen Forderungsübergang (cessio legis). In welcher Höhe die Forderung übergeht, bestimmt sich allein nach dem Ausgleichsanspruch. Parteiabreden über einen weiter gehenden Übergang der Gläubigerforderung sind aufgrund der gesetzlichen Festlegung des Forderungsübergangs unwirksam (BGHZ 17, 222). Gem § 412 sind die §§ 399 ff anwendbar. Dem ausgleichsberechtigten Schuldner steht es frei, ob er aus dem übergegangenen Anspruch oder aus der Ausgleichsforderung nach Abs 1 vorgehen will. Beide Ansprüche sind aber insoweit miteinander verknüpft, als der übergegangene Anspruch nicht losgelöst vom Ausgleichsanspruch des Abs 1 abgetreten werden kann (BGHZ 17, 222; Staud/Looschelders § 426 Rn 26). Leistet ein Gesamtschuldner an den Gläubiger nur teilweise, so ist sein Ausgleichsanspruch gegen den anderen Gesamtschuldner ggü dem verbliebenen Zahlungsanspruch des Gläubigers gem **Abs 2 S 2** nachrangig (iE BGH NJW 03, 1037).

III. Gestörtes Gesamtschuldverhältnis: Eine Störung des Gesamtschuldverhältnisses 13 liegt vor, wenn die Haftung eines Gesamtschuldners ggü dem Gläubiger durch Vertrag oder Gesetz eingeschränkt oder ausgeschlossen ist, während die anderen Gesamtschuldner dem Gläubiger uneingeschränkt haften. Insb bei Haftungsprivilegierungen eines von mehreren Schädigern ggü dem Geschädigten sind die Auswirkungen auf den Innenausgleich unter den Schädigern umstritten. Grds kommen vier Lösungsmöglichkeiten in Betracht: Erstens kann dem Geschädigten der volle Anspruch ggü dem nichtprivilegierten Schädiger zugebilligt werden, ohne dass dieser einen Ausgleichsanspruch aus § 426 gegen den privilegierten Schädiger erhält. Zweitens kann dem Geschädigten ein ungekürzter Anspruch gegen den nichtprivilegierten Schädiger zustehen, und dieser kann seinerseits einen Ausgleichsanspruch aus § 426 gegen den privilegierten Schädiger haben. Denkbar ist drittens, dass der Geschädigte einen ungekürzten Anspruch gegen den nichtprivilegierten Schädiger hat, dieser seinerseits vom privilegierten Schädiger Ausgleich gem § 426 verlangen kann und der privilegierte Schädiger schließlich für diese Inanspruchnahme zum Rückgriff beim Geschädigten berechtigt ist (sog **Regresskreisel**). Viertens kommt in Betracht, dass der Schadensersatzanspruch ggü dem Schädiger, der im Außenverhältnis allein haftet, unmittelbar um den Anteil gekürzt wird, den der privilegierte Schädiger ohne seine Privilegierung im Innenverhältnis tragen müsste (sog **beschränkte Gesamtwirkung**). Welche dieser Lösungsmöglichkeiten vorzuziehen ist, hängt von der Art des gestörten Gesamtschuldverhältnisses ab.

Die **vertragliche Vereinbarung** eines Haftungsausschlusses oder einer Haftungsbe- 14 schränkung **nach dem Entstehen der Gesamtschuld** berührt die Ausgleichspflicht zwischen den Schädigern nicht (allgM). **Vor Entstehen der Gesamtschuld** vereinbarte Freistellungen dürfen, weil Verträge zulasten Dritter unzulässig sind, nicht dazu führen, dass der nichtprivilegierte Schädiger letztlich den Schaden allein zu tragen hat. Auszuschließen ist hier daher nach allgM die soeben zuerst genannte Lösungsmöglichkeit einer vollen Inanspruchnahme des nichtprivilegierten Schädigers ohne Ausgleichsanspruch für ihn ggü dem privilegierten Schädiger. Vielmehr bleibt – entspr dem zweitgenannten Lösungsansatz – nach Auffassung der Rspr der im Außenverhältnis freigestellte Schädiger im Verhältnis zu dem anderen Schädiger ersatzpflichtig, weil eine vertragliche Vereinbarung nur zwischen den Beteiligten der Absprache wirken kann (BGH NJW 89, 2387). Die wohl hM belastet demgegenüber in den Fällen vertraglicher Freistellung den Geschädigten, weil dieser die Privilegierung herbeigeführt hat und kürzt den Ersatzanspruch des Geschädigten gegen den nichtprivilegierten Schädiger in Höhe des Verantwortungsteils des privilegierten Schädigers (Larenz, SchR I, § 37 III).

Bei einer **gesetzlichen Haftungsfreistellung** ist nach hM der Ersatzanspruch des Geschä- 15 digten um den Verantwortungsteil des freigestellten Schädigers zu kürzen (entspr der vierten Lösungsmöglichkeit aus Rn 13; vgl BGHZ 51, 40; 94, 176). Häufige Fälle einer gesetzlichen Haftungsfreistellung sind insb die Verursachung von Schäden durch einen gem §§ 104, 105 SGB VII freigestellten Arbeitgeber oder Arbeitnehmer und einen nichtprivilegierten Zweitschädiger (OLG Hamm VersR 98, 328) sowie die Verursachung von Schulunfällen durch einen gem § 106 I SGB VII privilegierten und einen nicht haftungsbegünstigten Schädiger. Gekürzt werden auch die Ersatzansprüche des Versicherers oder Sozialversicherungsträgers um den Verantwortungsteil des Angehörigen, der gem § 86 II VVG, § 15 II AKB, § 116 VI SGB X haftungsprivilegiert ist (BGHZ 54, 258), sowie die Ersatzansprüche des Arbeitgebers um den Verantwortungsteil, der auf den nach arbeitsrechtlichen Grundsätzen nicht haftenden Arbeitnehmer entfällt.

16 Bei den **gesetzlichen Haftungsbeschränkungen des Bürgerlichen Rechts** auf die eigenübliche Sorgfalt lehnt die Rspr zu **§ 1664** einen Rückgriff auf den haftungsbegünstigten Schädiger ab, weil mangels zurechenbaren Schadensbeitrags keine Grundlage für ein Gesamtschuldverhältnis gegeben ist. Der nichtprivilegierte Schädiger kann daher im Innenverhältnis keinen Ausgleich nehmen und muss den Schaden voll tragen (BGHZ 103, 346). Dies gilt wohl entspr für § 1359 und möglicherweise auch für § 708 (in der Rspr noch offen). Dag hat die Rspr früher die Wirkung der §§ 708, 1359, 1664 I auf das Verhältnis zwischen Geschädigtem und Privilegiertem beschränkt und daher einen Ausgleichsanspruch des nichtprivilegierten ggü dem haftungsbegünstigten Schädiger angenommen (BGHZ 35, 323). Auch nach der neueren Rspr des BGH sind jedoch diese Vorschriften nicht auf das Verhalten im Straßenverkehr anwendbar, so dass für den praktisch besonders wichtigen Bereich der Haftung bei **Verkehrsunfällen** ein ungestörtes Gesamtschuldverhältnis anzunehmen ist (BGHZ 46, 316).

17 Ein **Freistellungsversprechen** des privilegierten ggü dem nichtprivilegierten Schädiger berührt den Anspruch des Gläubigers gegen den letzteren nicht (BGHZ 110, 119). Dag bewirkt die **Übernahme der Verkehrssicherungspflichten** durch den privilegierten Schädiger bei dessen überw Verantwortung das Entfallen des Anspruchs gegen den nichtprivilegierten Schädiger (OLG Frankfurt/M VersR 88, 192).

§ 427 Gemeinschaftliche vertragliche Verpflichtung

Verpflichten sich mehrere durch Vertrag gemeinschaftlich zu einer teilbaren Leistung, so haften sie im Zweifel als Gesamtschuldner.

1 Nach § 427 haften mehrere Schuldner einer teilbaren Leistung iZw als Gesamtschuldner, wenn die Verpflichtung auf einem gemeinschaftlichen Vertrag beruht. Diese **Auslegungsregel** bildet eine Ausn zu § 420, den sie in der Praxis allerdings weitgehend verdrängt.

2 Die Vorschrift setzt voraus, dass sich die Schuldner gemeinschaftlich ggü einem Gläubiger zu der teilbaren Leistung wirksam verpflichtet haben (zur Teilbarkeit § 420 Rn 2). Eine **gemeinschaftliche** Verpflichtung liegt nicht nur bei gleichzeitigem Vertragsschluss vor; vielmehr können auch gesondert abgeschlossene Verträge ausreichen, wenn sie subjektiv eine wirtschaftliche oder rechtliche Einheit bilden (BGH NJW 59, 2161); zB der Verkauf mehrerer Gegenstände durch verschiedene Eigentümer sofern eine wirtschaftliche Einheit besteht und gewollt ist. Auch die Verpflichtungen der Parteien zur Vergütung des Schiedsrichters sind gemeinschaftliche Verpflichtungen iSd § 427, selbst wenn der Schiedsrichter lediglich von einer Partei ernannt wurde (BGHZ 55, 347); ebenso die Verpflichtungen aus Verträgen, die der Verwalter einer Wohnungseinrichtungsanlage zur laufenden Instandhaltung im Namen der Eigentümer schließt (BGHZ 67, 235). Mehrere Inhaber eines Kontos haften uU als gemeinschaftlich Verpflichtete gesamtschuldnerisch für Überziehungen durch einen Inhaber (OLG Köln WM 99, 1003). Entspr anzuwenden ist die Auslegungsregel des § 427 auf einseitige Schuldversprechen wie die Auslobung (§ 657) und auf die GoA für mehrere Geschäftsherren (BGH LM § 426 Nr 26). Im Fall einer nichtigen Verpflichtung besteht keine Gesamtschuldnerschaft, sondern jeder Schuldner haftet dem Gläubiger gem § 812 nur auf das von ihm Erlangte (OLG Hamm NJW 81, 878; str). Dies gilt auch bei rückwirkender Beseitigung des Vertrages durch Anfechtung. Dag beruhen Verpflichtungen aus Rücktritt und Minderung auf gemeinschaftlicher Verpflichtung durch wirksamen Vertrag und sind daher ebenfalls Gesamtschulden (hM).

3 § 427 greift als Auslegungsregel nur iZw ein und ist daher nicht anzuwenden, wenn die **Auslegung** des Vertrages die **Vereinbarung einer Teilschuldnerschaft** ergibt. Unter Berücksichtigung der Interessenlage der Vertragsparteien kann so aufgrund der Vertrags-

auslegung Teilschuldnerschaft anzunehmen sein, wenn die Ehefrau eines Gesellschafters, die sich für die Gesellschaft verbürgt hat, Regressansprüche geltend macht (BGH NJW-RR 93, 1378).

§ 428 Gesamtgläubiger

¹Sind mehrere eine Leistung in der Weise zu fordern berechtigt, dass jeder die ganze Leistung fordern kann, der Schuldner aber die Leistung nur einmal zu bewirken verpflichtet ist (Gesamtgläubiger), so kann der Schuldner nach seinem Belieben an jeden der Gläubiger leisten. ²Dies gilt auch dann, wenn einer der Gläubiger bereits Klage auf die Leistung erhoben hat.

I. Die **Gesamtgläubigerschaft** gem § 428 bildet das Gegenstück zur Gesamtschuld (§ 421). Jeder Gläubiger kann die Leistung ganz oder teilweise verlangen. Der Schuldner kann aber frei wählen, an welchen Gläubiger er leistet, selbst wenn ein anderer Gläubiger schon Klage erhoben hat (S 2) oder die Vollstreckung betreibt. 1

II. 1. **Voraussetzung** ist, dass ein Schuldner ggü **mehreren Gläubigern** zur Erbringung einer Leistung verpflichtet ist, die Leistung aber nur **einmal** bewirken muss und **jeder** der Gläubiger berechtigt ist, die **ganze Leistung** zu fordern. Gesetzlich angeordnet ist die Gesamtgläubigerschaft in § 2151 III 1. Gesamtgläubiger sind auch zB mehrere Vermieter bei § 546 I und II; Mitbürgen, die von einem anderen Bürgen Ausgleichsansprüche geltend machen (RGZ 117, 5); mehrere Kostengläubiger aus einem Kostenfestsetzungsbeschluss (BGH Rpfleger 85, 322; str) und mehrere Sozialversicherungsträger bei einem Anspruchsübergang gem § 116 I 1 SGB X (anders bei nur teilweisem Forderungsübergang gem § 86 VVG). Die **vertragliche Begr** der Gesamtgläubigerschaft muss sich aus der getroffenen Vereinbarung ergeben. Eine Vermutung zugunsten der Gesamtgläubigerschaft besteht nicht. IdR liegt eine Gesamtgläubigerschaft vor zB bei dem Abschluss eines Bausparvertrages, der Leistung einer Mietkaution durch beide Ehegatten oder dem Anspruch mehrerer Mieter auf Einräumung des Besitzes. Auch zwischen den Inhabern von Gemeinschaftskonten, die als „Oder-Konten" geführt werden, besteht Gesamtgläubigerschaft. Bei gemeinsamen Abschluss eines Bausparvertrags durch die Ehepartner ist davon auszugehen, dass ein Kontokorrentkonto ein „Oder-Konto" ist und die Ehepartner eine Gesamtgläubigerstellung mit Einzelverfügungsbefugnis haben (BGH NJW 09, 2054); doch muss der Schuldner dabei ausnahmsweise an den fordernden Gläubiger leisten (BGHZ 95, 187). Dag lehnt die Rspr heute hins der Honoraransprüche einer Rechtsanwaltssozietät Gesamtgläubigerschaft ab (BGH NJW 96, 2859; anders noch BGH NJW 80, 2407). 2

Auch an **dinglichen Rechten** kann eine Gesamtberechtigung iSd § 428 bestehen, zB an einer Hypothek (BGHZ 29, 365), einem Nießbrauch (BGH NJW 81, 177) oder einer Vormerkung (OLG Hamm NJW-RR 06, 162, sofern man darin ein dingliches Recht sieht, vgl § 883 Rn 2). Aufgrund von § 47 GBO ist aber eine entspr Kennzeichnung im Grundbuch erforderlich, zB als „Gesamtberechtigung nach § 428". 3

2. Die Gesamtgläubigerschaft hebt nicht die **Selbständigkeit** der Forderungen auf; insb kann jeder Gläubiger seine Forderung jeweils allein abtreten (BGHZ 29, 364). Auch die Verjährung läuft gegen jeden Gläubiger getrennt (BGH NJW 85, 1552). Nur gemeinsam können die Gläubiger jedoch **Gestaltungsrechte** ausüben (zB das Wahlrecht nach § 843 III) oder über das gesamte Recht verfügen (zB durch Erlass mit Gesamtwirkung). 4

3. Die selbständigen Forderungen der Gesamtgläubiger sind durch die **einheitliche Tilgungswirkung** miteinander verbunden. Bei Leistung des Schuldners an einen der Gläubiger tritt daher Tilgungswirkung hins aller Forderungen ein. Als Erfüllungsnachweis genügt bereits die Quittung eines Gläubigers. 5

§ 429 Wirkung von Veränderungen

(1) Der Verzug eines Gesamtgläubigers wirkt auch gegen die übrigen Gläubiger.
(2) Vereinigen sich Forderung und Schuld in der Person eines Gesamtgläubigers, so erlöschen die Rechte der übrigen Gläubiger gegen den Schuldner.
(3) ¹Im Übrigen finden die Vorschriften der §§ 422, 423, 425 entsprechende Anwendung. ²Insbesondere bleiben, wenn ein Gesamtgläubiger seine Forderung auf einen anderen überträgt, die Rechte der übrigen Gläubiger unberührt.

1 Als Gegenstück zu § 424 bestimmt § 429, welchen Tatsachen bei der Gesamtgläubigerschaft **Gesamtwirkung** zukommt. Gem Abs 1 kann der Schuldner allen Gesamtgläubigern den **Annahmeverzug**, der gegen einen Gläubiger begründet ist, entgegenhalten; denn die durch diesen Verzug verhinderte Erfüllung hat ebenfalls Gesamtwirkung. Auch die **Konfusion** hat nach Abs 2 Gesamtwirkung (anders als nach § 425). Da der Schuldner gem § 428 nach Belieben an einen der Gläubiger leisten kann, könnte er die Leistung an sich selbst wählen, nachdem er einer der Gesamtgläubiger geworden ist.

2 Bei **Befriedigung** eines Gläubigers durch Erfüllung, Leistung an Erfüllungs Statt, Hinterlegung oder Aufrechnung erlöschen die Forderungsrechte aller Gläubiger (Abs 3 iVm § 422), da der Schuldner nur einmal zu leisten hat. Aufgrund des Verweises von Abs 3 auf § 423 hat auch ein **Erlassvertrag** Gesamtwirkung, sofern der vereinbarende Gläubiger eine entspr Verfügungsbefugnis besitzt (BGH NJW 86, 1862) und nach dem Inhalt des Erlassvertrages das gesamte Schuldverhältnis aufgehoben werden soll. Andere in der Person eines Gläubigers eintretende Tatsachen haben wegen des Verweises auf § 425 nur Wirkung im Verhältnis zwischen diesem Gläubiger und dem Schuldner. Im **Prozess** sind Gesamtgläubiger **einfache Streitgenossen** (arg Abs 3).

§ 430 Ausgleichungspflicht der Gesamtgläubiger

Die Gesamtgläubiger sind im Verhältnis zueinander zu gleichen Anteilen berechtigt, soweit nicht ein anderes bestimmt ist.

1 Die Vorschrift gewährleistet (wie § 426 bei der Gesamtschuld) den **Ausgleich zwischen den Gläubigern**. In erster Linie sind die Gläubiger nach Maßgabe ihres **Innenverhältnisses** zum Ausgleich verpflichtet. Nur soweit sich aus dem Innenverhältnis keine andere Aufteilung ergibt, greift die von § 430 vorgesehene Berechtigung zu gleichen Teilen. Die Ausgleichspflicht entsteht grds erst, wenn ein Gesamtgläubiger mehr als den ihm insgesamt zustehenden Anteil erhalten hat. Ist eine Verbindlichkeit in Raten zu zahlen, so ist allerdings jeder Gesamtgläubiger an jeder einzelnen Rate zu beteiligen, damit das Ausfallrisiko entspr dem Rechtsgedanken des § 426 I 2 gleichermaßen auf die Gesamtgläubiger verteilt wird (MK/Bydlinski, § 430 Rn 3). Vollstreckt einer der Gesamtgläubiger gegen den Schuldner und pfändet dabei mehr, als ihm im Innenverhältnis zusteht, können die anderen Gesamtgläubiger Drittwiderspruchsklage gem § 771 ZPO erheben.

2 Eine Berechtigung der Gesamtgläubiger zu gleichen Anteilen gem § 430 besteht zB im Regelfall bei Oder-Konten von **Ehegatten**; jedoch sind die Eigentumsverhältnisse für das Oder-Depot maßgeblich, ohne dass sich aus § 430 eine Vermutung für hälftiges Eigentum von Ehegatten ergibt (BGH NJW 97, 1435). Eine andere Verteilung als die von § 430 vorgesehene wird nicht bereits durch den Umstand begründet, dass nur ein Ehegatte ein Einkommen erwirtschaftet (OLG Köln FamRZ 87, 1139). Überlässt ein Ehegatte dem anderen eine Wohnung, an der ihnen gemeinsam ein Wohnungsrecht iSd § 1093 zusteht, kann er jedoch keinen Ausgleich gem § 430 verlangen (BGH NJW 96, 2154). Zwischen Partnern einer **nichtehelichen Lebensgemeinschaft** bestehen idR entspr Ausgleichspflichten hins beigetriebener Forderungen (OLG Celle FamRZ 82, 63), bzw hins einer vor Trennung vom Gemeinschaftskonto durch einen abgehobenen

Betrag (OLG Düsseldorf NJW-RR 99, 1091). Dag ist der Gläubiger im Falle einer Gesamtgläubigerschaft gem § 2151 III 3 nicht zu einem Ausgleich nach § 430 verpflichtet.

§ 431 Mehrere Schuldner einer unteilbaren Leistung
Schulden mehrere eine unteilbare Leistung, so haften sie als Gesamtschuldner.

I. Anders als §§ 420, 427 für teilbare Leistungen stellt § 431 für **unteilbare Leistungen** 1
nicht nur eine Vermutung auf, sondern ist **zwingendes Recht**. Nicht eine Gesamtschuld iSd § 431, sondern eine gemeinschaftliche Schuld kann jedoch vorliegen, wenn unteilbare Leistungen nicht von jedem Schuldner einzeln, sondern nur von den Schuldnern gemeinsam erbracht werden können (Rn 3).

II. Die Schuldner einer unteilbaren Leistung (vgl § 420 Rn 2) haften unabhängig von 2
dem Rechtsgrund gem § 431 als Gesamtschuldner. So schulden bspw mehrere Mieter die Rückgabe der Mietsache gem § 546 I als gleiche unteilbare Leistung. Im Innenverhältnis hat wiederum jeder Mitmieter einen Anspruch gegen seine Mitschuldner aus § 426 I, ihrem Anteil entspr an der Befriedigung des Gläubigers mitzuwirken (BGH NJW 05, 3787). Die gesamtschuldnerische Haftung setzt sich auch bei einer nachträglichen Umwandlung in eine teilbare Leistung fort (zB Schadensersatz in Geld; RGZ 67, 275).

III. 1. Von der Gesamtschuld zu unterscheiden ist die **gemeinschaftliche Schuld**, bei der 3
die Leistung nur von **allen Schuldnern gemeinsam** erbracht werden kann (Vor §§ 420–432 Rn 2). Der gemeinschaftliche Schuldner ist verpflichtet, die Leistung im Zusammenwirken mit den anderen Schuldnern zu erbringen. Im Gesetz ist die gemeinschaftliche Schuld für **Gesamthandsgemeinschaften** vorgesehen. Bei einer Gesellschaft (§ 705), Gütergemeinschaft (§ 1415) und Erbengemeinschaft (§ 2032 I) sind die Beteiligten gemeinschaftliche Schuldner von Forderungen gegen das Sondervermögen, das ihnen zur gesamten Hand zusteht. Diese gemeinschaftliche Haftung mit Hilfe des Sondervermögens schließt grds nicht aus, dass daneben der Schuldner auch mit seinem gesamthänderisch nicht gebundenen Privatvermögen persönlich haftet, und zwar zumeist gesamtschuldnerisch (§§ 427, 431; 1437 II 1; 2058; § 128 S 1 HGB). Auch aus der Art der vertraglich begründeten Verpflichtungen kann sich (ggf durch Auslegung) ergeben, dass eine gemeinschaftliche Schuld besteht; zB wenn sich die Schuldner zur gemeinsamen Herstellung eines Werkes verpflichten (BGH NJW 52, 217; str) oder wenn mehrere Unternehmer eine Rechnungserstellung iSd § 14 UStG schulden (BGH NJW 75, 311). Auf die gemeinschaftliche Schuld sind die Vorschriften für die Gesamtschuld, die von einer Leistung durch einen Schuldner ausgehen, nicht anwendbar, da die gemeinschaftlichen Schuldner die primären Leistungspflichten nur gemeinsam schulden. Im Unterschied zur gemeinsamen Primärpflicht haftet jeder gemeinschaftliche Schuldner auf Schadensersatz nur, soweit ihn eigenes Verschulden trifft (BAG NJW 74, 2255) oder er sich auch für das Verschulden der anderen Schuldner mitverpflichtet hat (OLG Nürnberg NJW-RR 91, 28).

2. Im **Prozess** sind die gemeinschaftlichen Schuldner hins der Primärpflicht **notwendige** 4
Streitgenossen iSd § 62 ZPO. Bei einer Gesamthandsgemeinschaft benötigt der Gläubiger zur Vollstreckung in das Sondervermögen idR die Titulierung gegen alle Schuldner (§§ 736, 740 II, 747 ZPO); dabei reichen gesonderte Titel aus. Bei einer Gütergemeinschaft, in der ein Ehegatte das Vermögen allein verwaltet, genügt dag ein Titel gegen diesen Ehegatten (§§ 740 I, 745 ZPO).

§ 432 Mehrere Gläubiger einer unteilbaren Leistung
(1) ¹Haben mehrere eine unteilbare Leistung zu fordern, so kann, sofern sie nicht Gesamtgläubiger sind, der Schuldner nur an alle gemeinschaftlich leisten und jeder Gläubiger nur die Leistung an alle fordern. ²Jeder Gläubiger kann verlangen, dass der Schuldner die geschuldete Sache für alle Gläubiger hinterlegt oder, wenn sie sich nicht zur Hinterlegung eignet, an einen gerichtlich zu bestellenden Verwahrer abliefert.

(2) Im Übrigen wirkt eine Tatsache, die nur in der Person eines der Gläubiger eintritt, nicht für und gegen die übrigen Gläubiger.

1 **I.** Bei der **Gläubigergemeinschaft** steht die Forderung den Gläubigern gemeinsam zu. Das Forderungsrecht für jeden Gläubiger gem Abs 1 verhindert nachteilige Folgen, wenn ein Gläubiger sich nicht daran beteiligt, die Forderung geltend zu machen.

2 **II. 1. a) Voraussetzung** des § 432 ist die Berechtigung mehrerer Gläubiger zur Forderung einer unteilbaren Leistung (zur Teilbarkeit § 420 Rn 2). Die Vorschrift ist daneben grds anwendbar, wenn bei einer an sich teilbaren Forderung (insb auf Geld) aufgrund des Innenverhältnisses zwischen den Gläubigern eine gemeinsame Empfangszuständigkeit besteht (str); dabei sind jedoch die Eigenheiten der jeweiligen Gemeinschaft zu beachten. Dies betrifft va die Bruchteilsgemeinschaft und die Gesamthandsgemeinschaft. Bei der **Bruchteilsgemeinschaft** iSd § 741 erstreckt sich die anteilige Berechtigung auf die der Gemeinschaft zustehenden Forderungen (sog einfache Forderungsgemeinschaft). Die §§ 741 ff regeln nur das Innenverhältnis, während sich das Verhältnis zum Schuldner nach § 432 bestimmt. Eine Bruchteilsgemeinschaft besteht zB bei dem Kaufpreisanspruch mehrerer Verkäufer (BGH NJW 98, 1483); dem Mietzinsanspruch mehrerer Miteigentümer als Vermieter oder mehrerer Mieter ggü einem Untermieter; oder bei Schadensersatzansprüchen, die auf der Verletzung gemeinschaftlichen Eigentums beruhen. Aus der Zugehörigkeit zu einem **gesamthänderisch** gebundenen Sondervermögen ergibt sich eine gemeinsame Forderungsberechtigung (BGHZ 39, 15; str; zu den Besonderheiten bei der GbR vgl Rn 6). Eine gemeinschaftliche Gläubigerschaft kann bei einer unteilbaren Leistung aber auch ohne Bruchteils- oder Gesamthandsgemeinschaft entstehen, zB wenn eine unerlaubte Handlung sowohl den Besitzer als auch den Eigentümer einer Sache schädigt.

3 **b)** Auf **dingliche Rechte** ist § 432 anwendbar; die konkrete Art der gemeinschaftlichen Berechtigung muss dabei aus dem Grundbuch deutlich werden. Für gemeinschaftliche Forderungen von Wohnungseigentümern wird § 432 von § 21 I WEG verdrängt (BGH NJW 05, 2064).

4 **2. Rechtsfolgen: a)** Gem Abs 1 S 1 kann **jeder** Gläubiger **Leistung an alle** verlangen; er hat insoweit Verfügungs- und auch Prozessführungsbefugnis. Erfüllung tritt nur durch Leistung an alle Gläubiger ein; die Leistung an nur einen Gläubiger befreit den Schuldner grds nicht (anders ausnahmsweise gem § 242, wenn die Erbringung an einen Gläubiger eine ohnehin beabsichtigte Auseinandersetzung nur vorwegnimmt und die Leistung an alle Gläubiger bloßer Formalismus wäre, so für eine Erbengemeinschaft BGH LM § 2042 BGB Nr 4; OLG Koblenz NJW-RR 05, 1679). Die fehlende Gegenseitigkeit schließt eine Aufrechnung des Schuldners mit einem Anspruch gegen nur einen Gläubiger aus, sofern nicht ausnahmsweise dadurch das Leistungsinteresse aller Gläubiger befriedigt wird (OLG Zweibrücken NJW-RR 97, 973) oder der empfangene Gläubiger aufgrund seines Verhältnisses zu den anderen Gläubigern zur Entgegennahme der Leistung für alle befugt ist. Abs 1 S 2 gibt daneben jedem Gläubiger das Recht, **befreiende Hinterlegung** gem § 372 für alle Gläubiger zu fordern. Gestaltungsrechte, die das Rechtsverhältnis zu dem Schuldner ändern (zB Anfechtung oder Rücktritt), können nicht von einem Gläubiger allein ausgeübt werden. Das Recht ihrer Ausübung bestimmt sich nach dem Innenverhältnis zwischen den Gläubigern (§§ 719, 747 S 2, 1422, 1487 I, 2040 I). Gem Abs 2 haben andere Tatsachen, die nur in der Person eines Gläubigers eintreten, grds keine Gesamtwirkung. Die Rechtskraft eines Urteils gegen einen Mitgläubiger erstreckt sich daher nicht auf die anderen Mitgläubiger (RGZ 119, 169).

5 **b)** Bei einer **einfachen Forderungsgemeinschaft** unter den Gläubigern kann der einzelne Gläubiger auch hins seines Anteils nur Leistung an die Bruchteilsgemeinschaft fordern (str). Dies gilt unabhängig davon, ob die Leistung im natürlichen Sinne teilbar oder unteilbar ist (BGH NJW 58, 1723). Der gemeinschaftliche Verwendungszweck begründet insofern eine „rechtliche Unteilbarkeit", die zur Anwendung des § 432 führt.

6 **c)** Bei einer **Gesamthandsgläubigerschaft** sind die Rechtsfolgen des § 432 nur eingeschränkt anzuwenden. Der einzelne Gläubiger kann über die Forderung nicht verfügen;

der Schuldner kann nur an die Gemeinschaft leisten. Eine Gesamthandsgläubigerschaft besteht nur noch bei Forderungen einer ehelichen Gütergemeinschaft und Erbengemeinschaft, nicht daß bei der (teil-)rechtsfähigen GbR; Forderungsinhaber ist allein die (teil-) rechtsfähige GbR; iE § 705 Rn 18 ff.

Bei einer ehelichen Gütergemeinschaft ist nur der verwaltende Ehegatte einziehungs- und klageberechtigt (§ 1422 S 1 2. Halbs). Ein eigenes Klagerecht des anderen Ehegatten besteht nur in den Fällen der §§ 1428–1431, 1433. Bei einem Vertrag, durch den beide Ehegatten gem § 1357 I berechtigt sind, kann der Schuldner in Abweichung von § 432 an jeden Ehegatten mit befreiender Wirkung leisten, da ein Ehegatte nach § 1357 I auch für den anderen empfangszuständig ist. Bei der Erbengemeinschaft ist grds jeder Miterbe berechtigt, Leistungen an die Erbengemeinschaft zu verlangen; dies ergibt sich auch aus § 2039, der insoweit § 432 entspricht. 7

III. Im Prozess sind Mitgläubiger iSd § 432 aufgrund von § 62 I 1. Alt ZPO grds **notwendige Streitgenossen**. 8

Abschnitt 8
Einzelne Schuldverhältnisse

Titel 1
Kauf, Tausch[1]

Vorbemerkung zu §§ 433–480

I. Der **Kauf** ist ein gegenseitiger schuldrechtlicher Vertrag. Er verpflichtet den Verkäufer, dem Käufer einen Vermögensgegenstand (Kaufgegenstand) zu verschaffen, und den Käufer, den Kaufpreis zu zahlen und den Kaufgegenstand abzunehmen. **Wirtschaftlich** handelt es sich bei dem Austausch von Ware gegen Geld um einen Grundtypus der marktwirtschaftlichen Ordnung und um die häufigste Art des Warenabsatzes. Demzufolge stellen die kaufrechtlichen Regelungen grds auf den Sachkauf ab. Diese finden jedoch auf den Kauf von Rechten und sonstigen Gegenständen entspr Anwendung (§ 453). Als **gegenseitiger Vertrag** unterfällt der Kauf den §§ 320–326 hins der Hauptleistungspflichten. So ist der Käufer gem § 320 I nur Zug um Zug gegen Lieferung der Kaufsache zur Zahlung des Kaufpreises verpflichtet. 1

II. Das Kaufrecht gilt in dieser Fassung seit 1.1.2002 (s aber § 474 Rn 5). Auf vor diesem Stichtag geschlossene Verträge findet nach Art 229 § 4 EGBGB die frühere Gesetzesfassung (dazu 1. Aufl) Anwendung. In Umsetzung der Verbrauchsgüterkauf-RL durch das SMG wurde nicht nur der neue Untertitel „Verbrauchsgüterkauf" (§§ 474–479) eingefügt, sondern das Kaufrecht insgesamt novelliert. Dabei wurden die Vorgaben der RL weitgehend über den Anwendungsbereich des Verbrauchsgüterkaufs hinaus auf das gesamte Kaufrecht erstreckt. Vorbild der Regelung ist auch das UN-Kaufrecht (CISG), zu dem sich zahlreiche Parallelen ergeben (vgl nur Westermann NJW 02, 241). 2

Die Gewährleistungsrechte sind im Kaufrecht nicht eigenständig geregelt. Die Ansprüche des Käufers fügen sich in das **allg Leistungsstörungsrecht** ein. Die Mangelfreiheit der Lieferung ist nach § 433 I 2 primäre Verkäuferpflicht. An die Stelle der früheren Gewährleistungstheorie tritt damit die **Erfüllungstheorie**. Die Lieferung einer mangelhaften Sache stellt eine Pflichtverletzung mit den gleichen Rechtsfolgen dar, die sich auch aufgrund des allg Leistungsstörungsrechts ergeben, nämlich Rücktritt (§§ 323 ff) und Schadensersatz (§§ 280 ff). Daneben besteht als spezifischer Behelf für den Kauf die Minderung (§ 441). Die Mangelhaftigkeit der Ware beurteilt sich nach dem subjektiven Beschaffenheitsbegriff (§§ 434, 435). Dabei wird das Fehlen von in der Werbung herausgestellten Eigenschaften ebenso erfasst wie der fehlerhafte Zusammenbau des 3

---

1 Dieser Titel dient der Umsetzung der Richtlinie 1999/44/EG des Europäischen Parlaments und des Rates vom 25. Mai 1999 zu bestimmten Aspekten des Verbrauchsgüterkaufs und der Garantien für Verbrauchsgüter (ABl. EG Nr. L 171 S. 12).

Produkts. **Gleich behandelt** werden Sach- und Rechtsmängel, Stück- und Gattungskauf, Qualitäts- und Quantitätsmängel und ebenso die Falschlieferung (Aliud). Die schwierige Abgrenzung zwischen Mangelschäden und Mangelfolgeschäden ist weitestgehend entbehrlich (vgl Wagner JZ 02, 475 und 1092; Gsell JZ 02, 1089).

4 Grds steht dem Käufer ein Anspruch auf Nacherfüllung zu. Damit korrespondiert ein Recht des Verkäufers zur zweiten Andienung. Der Käufer kann idR erst mindern, zurücktreten, Schadens- oder Aufwendungsersatz verlangen, wenn er dem Verkäufer zuvor eine Frist zur **Nacherfüllung** in Form der Nachlieferung oder Nachbesserung eingeräumt hat (§§ 323 I, 281 I iVm 439). Die Gewährleistungsansprüche verjähren in Abhängigkeit von der Art des Mangels und des Kaufgegenstandes in 30, 5 oder zumeist 2 Jahren, § 438 (Leenen DStR 02, 34, 37 f; zur Überleitungsvorschrift des Art 229 § 6 EGBGB s Vor §§ 194-218 Rn 6). Die Vorschriften über den **Verbrauchsgüterkauf** enthalten insb die Vermutung der Mangelhaftigkeit der Ware bei Gefahrübergang, soweit sich der Mangel innerhalb von 6 Monaten zeigt (§ 476), sowie Regeln für Garantien (§ 477). Zahlreiche kaufrechtliche Bestimmungen sind aufgrund § 475 **zwingend**, weshalb die Inhaltskontrolle von AGB im Bereich des Verbrauchsgüterkaufs von geringer Bedeutung ist.

5 III. 1. Als schuldrechtlicher Vertrag ist der Kauf ausschließlich **Verpflichtungsgeschäft** (Kausalgeschäft). Er begründet lediglich Ansprüche auf die Leistung bzw Verschaffung des Kaufgegenstandes, nämlich für den Käufer auf Übergabe und Übereignung einer Sache oder Übertragung eines Rechts (§ 433 I) und für den Verkäufer auf Zahlung des Kaufpreises und Abnahme der Sache durch den Käufer (§ 433 II). Rechtlich streng davon getrennt sind die Erfüllungsgeschäfte, mit denen die Verpflichtungen aus dem Kaufvertrag vollzogen werden, also insb die Übereignung der Kaufsache (§ 929) oder die Abtretung des verkauften Rechts (§ 398) an den Käufer und die Übereignung oder Überweisung von Geld als Kaufpreis an den Verkäufer. Diese Erfüllungsgeschäfte sind rechtlich vom Kaufvertrag unabhängig und auch dann eigenständig zu betrachten (Trennungsprinzip, dazu Vor §§ 104–185 Rn 10 sowie Vor §§ 854–1296 Rn 20 f), wenn sie zeitlich mit dem Kauf zusammenfallen (Handkauf, Automatenkauf). Der Kaufvertrag und die Übereignungen von Ware und Geld als Verfügungsgeschäfte sind aufgrund des Abstraktionsprinzips auch hins ihrer Gültigkeit voneinander unabhängig. Selbst bei Nichtigkeit des Kaufvertrages kann die Übereignung wirksam sein. Dies gilt entspr für den Kaufvertrag über ein Recht und dessen Abtretung (§ 398) zu seiner Erfüllung. Bei einem **Doppelverkauf** (nochmaliger Verkauf einer bereits verkauften, aber nicht übereigneten Sache an einen Zweitkäufer) ist für den Eigentumserwerb nicht die Abfolge der Kaufverträge, sondern ausschließlich der Eigentumsübergang nach den sachenrechtlichen Vorschriften maßgeblich. Hat danach der Zweitkäufer das Eigentum erworben, bleiben dem Erstkäufer idR nur Schadensersatzansprüche gegen den Verkäufer, dem die Erfüllung seiner Übereignungspflicht nunmehr unmöglich ist, § 275 I (zu Ausnahmen vgl § 826 Rn 14).

6 2. a) Als **Hauptarten** des Kaufs sind nach dem Kaufgegenstand va der Sachkauf sowie der Kauf von Rechten und sonstigen Gegenständen zu unterscheiden. §§ 433 ff sind unmittelbar nur auf den Sachkauf anwendbar. Die Vorschriften finden aber aufgrund des Verweises in § 453 auch auf den Rechtskauf und ebenso auf den Kauf sonstiger Gegenstände (dazu § 453 Rn 2 f) entspr Anwendung. Beim Sachkauf werden weiterhin der Stück- und der Gattungskauf (vgl auch § 243) mit der besonderen Gestaltung des Spezifikationskaufs (§ 375 HGB) unterschieden, die aber in ihren Rechtsfolgen gleich behandelt werden. Dem Warenkauf lässt sich insb der Grundstückskauf (§§ 311 b, 442 II, 448 II) gegenüberstellen. Aus dem Bereich des Rechtskaufs ist der Forderungskauf mit der Sonderform des Factoring (dazu § 398 Rn 26) hervorzuheben. Hins der Zahlungsbedingungen sind neben den Grundformen des Bar- und Kreditkaufs insb die besonderen Gestaltungen des Kaufs unter Eigentumsvorbehalt gem § 449 sowie des Teilzahlungskaufs (§ 507) und des finanzierten Kaufs gem §§ 491, 358, 359 zu berücksichtigen. Eine Sonderstellung nimmt der Wertpapierkauf ein (§ 381 HGB, dazu § 453 Rn 2). Das BGB enthält zudem besondere Regelungen für den Kauf auf Probe

(§§ 454 f), den Wiederkauf (§§ 456 ff), den Vorkauf (§§ 463 ff) und den Erbschaftskauf (§§ 2371 ff).

b) Eine weitere im Wirtschaftsverkehr verbreitete Sonderform des Kaufs ist das **Konditionsgeschäft**. Dabei handelt es sich um Kaufverträge, durch die der Käufer die Sache zur Weiterveräußerung erwirbt und sich durch ein vertragliches Rückgaberecht gegen das Risiko der Unveräußerlichkeit schützt (zB Trödelvertrag). Dabei ist der Kauf aufschiebend (§ 158 I) oder auflösend (§ 158 II) bedingt; verbreitet ist insb das Rückgaberecht des Käufers bei Nichtweiterverkauf der Ware innerhalb bestimmter Zeit. Als **Streckengeschäft** bzw „**Kettenhandel**" wird der Weiterverkauf derselben Ware über einen oder mehrere Zwischenverkäufer und -käufer (auch vor der Konkretisierung gem § 243 II) bezeichnet. Kaufvertragliche Pflichten bestehen dabei nur jeweils zwischen den Parteien der einzelnen Verträge. Mit dem Kaufvertragsabschluss verbunden ist idR die (konkludente) Einigung über die Übereignung nach Konkretisierung (§ 243 II); zur Besitzübertragung wird der Erstverkäufer über die Kette der Käufer angewiesen, seinen Besitz dem Letztkäufer zu übertragen („Geheißerwerb", vgl § 929 Rn 20, 22 f).

c) Für den **Handelskauf** gelten die Sondervorschriften der §§ 343, 345, 373 ff HGB. Für den Kauf zwischen Unternehmer und **Verbraucher** (§ 13 f) bestehen neben §§ 474–479 Sondervorschriften betr AGB (§ 310 III), Haustürgeschäfte (§ 312 f), Fernabsatzverträge (§ 312 b f), Teilzahlungsgeschäfte (§ 507) sowie allg für Widerrufs- und Rückgaberecht (§§ 355–360); vgl dazu und zu den europarechtlichen Grundlagen Vor §§ 241–853 Rn 4 f. Für den **internationalen Warenkauf** ist heute im Verhältnis zu den meisten Staaten der Welt das **UN-Kaufrecht (CISG)** maßgeblich, welches mit Gesetz von 5.7.89, BGBl 1989 II 586, in deutsches nationales Recht umgesetzt wurde (Abdruck mit Übersicht über das Inkrafttreten in den Beitrittsstaaten in Basistexte II 5; ua Überblicksdarstellungen Daun JuS 97, 811; Schwenzer NJW 90, 602; Kommentare: Schlechtriem/Schwenzer, Kommentar zum Einheitlichen UN-Kaufrecht, 6. Aufl 2013; Saenger in Bamberger/Roth, Kommentar zum BGB, 3. Aufl 2012).

3. Unterscheidung ggü anderen Vertragsarten: a) Auf eine Reihe anderer Verträge ist das Kaufrecht **entspr anwendbar**. Dies betrifft nach § 453 neben dem Rechtskauf auch die **kaufähnlichen Verträge** über „sonstige Gegenstände" und die Fälle der §§ 365, 757, 915, 2182 f. Gleiches gilt für den **Tausch** (§ 480), bei dem die Gegenleistung nicht wie beim Kauf in einer Geldzahlung, sondern – ebenso wie die Leistung – in einem Vermögensgegenstand besteht (zumeist einer Sache oder einem Recht).

b) Die **Schenkung** (§ 516) ist iU zu Kauf und Tausch unentgeltlich. Der **Werkvertrag** (§ 631) verpflichtet den Unternehmer zur Herstellung eines Gegenstandes. Für den Vertrag über die Lieferung neu herzustellender oder zu erzeugender beweglicher Sachen (**Werklieferungsvertrag**) gilt jedoch gem § 651 Kaufrecht (vgl iE dort Rn 2 ff). Dabei kommt es nicht darauf an, ob dieser vertretbare oder nicht vertretbare (zu den Ausnahmen nach § 651 S 3 vgl dort Rn 4) Sachen zum Gegenstand hat. Verträge über die Lieferung von Geräten mit Montage sind als Kaufverträge anzusehen (BGH NJW 98, 3198); auf die Montage kann jedoch Werkvertragsrecht anzuwenden sein. Bei der Veräußerung eines Altbaus hängt die Anwendung von Kauf- oder Werkvertragsrecht davon ab, ob der Verkäufer eine Herstellungsverpflichtung übernommen hat, die insgesamt nach Umfang und Bedeutung mit Neubauarbeiten vergleichbar ist (BGHZ 164, 225; BGH NJW 05, 1115). Bei **Miete** und **Pacht** (§§ 535, 581) ist die Überlassung anders als beim Kauf nicht endgültig, sondern nur vorübergehend. Da durch einen **Lizenzvertrag** idR ein gewerbliches Schutzrecht (zB Patent, Gebrauchsmuster) nur zur Nutzung überlassen, aber nicht in vollem Umfang und endgültig übertragen wird, handelt es sich grds ebenfalls nicht um einen Kauf. Kommen allerdings Überlassungsumfang und -dauer einem vollen Übergang des Rechtes nahe, kann ein kaufähnlicher Vertrag vorliegen (Voraussetzungen und Rechtsfolgen iE str; vgl Soergel/Huber Vor § 433 Rn 242). Zu **Leasingverträgen** vgl Vor §§ 535–580 a Rn 10 ff. Der **Transfer eines Lizenzsportlers** (sog Spielerkauf) ist nach hM ein Vertrag eigener Art; zur rechtlichen Bewertung nach dem „Bosman"-Urt des EuGH vgl Arens, Sport und Recht 96, 39; Schulze/Engel/Jones, Casebook Europäisches Privatrecht, 2000, 271 (mit Urteilsauszug).

11 c) Bei der **Kommission** (§ 383 HGB) schließt der Kommissionär in eigenem Namen für Rechnung des Kommittenten Kaufverträge. Zwischen Kommissionär und Kommittent besteht ein Geschäftsbesorgungsvertrag (§ 675 I), sofern nichts anderes vereinbart ist. Auch der **Eigenhändlervertrag** ist kein Kaufvertrag, sondern ein Rahmenvertrag, der den Eigenhändler (Vertragshändler) in die Verkaufsorganisation der anderen Vertragspartei (Hersteller, Lieferant) eingliedert. Er verpflichtet den Eigenhändler, Waren des Herstellers bzw Lieferanten in eigenem Namen und auf eigene Rechnung zu vertreiben (BGHZ 124, 355). Die einzelnen Kaufabschlüsse innerhalb dieses Rahmens haben rechtlich eigenständigen Charakter.

Untertitel 1
Allgemeine Vorschriften

§ 433 Vertragstypische Pflichten beim Kaufvertrag

(1) ¹Durch den Kaufvertrag wird der Verkäufer einer Sache verpflichtet, dem Käufer die Sache zu übergeben und das Eigentum an der Sache zu verschaffen. ²Der Verkäufer hat dem Käufer die Sache frei von Sach- und Rechtsmängeln zu verschaffen.
(2) Der Käufer ist verpflichtet, dem Verkäufer den vereinbarten Kaufpreis zu zahlen und die gekaufte Sache abzunehmen.

1 I. Zu Bedeutung und **Begriff** des Kaufvertrags Vor §§ 433–480 Rn 1. Die Vorschrift ist unmittelbar nur auf den Sachkauf anwendbar. Sie findet aber aufgrund des Verweises in § 453 auch auf den Rechtskauf und ebenso auf den Kauf sonstiger Gegenstände (dazu § 453 Rn 2 f) entspr Anwendung. Die Regelung ist beim Verbrauchsgüterkauf (§ 474 Rn 2 f) gem § 475 I nicht zum Nachteil des Verbrauchers (§ 13) abdingbar.

2 II. 1. Das **Zustandekommen** des Kaufvertrags richtet sich nach den allg Regeln (§§ 145 ff). Mindestforderniss hins des Vertragsinhalts ist die rechtsgeschäftliche Einigung über Kaufgegenstand und Kaufpreis (Rn 3 ff, 7; bspw BGH NJW 11, 2871: mit Füllen des Tanks). Grds ist keine **Form** vorgeschrieben. Ausnahmen ergeben sich etwa aus §§ 311 b, 2371, 2385; § 15 IV 1 GmbHG; § 4 III WEG; § 11 II ErbbauVO, ferner für Teilzahlungsgeschäfte (§§ 492 I 1, 507 II) und Teilzeitwohnrechteverträge (§ 484 I), sowie allg bzgl der Informationspflichten bei Verbraucherverträgen (§ 355 II, s dort Rn 2, 10 ff). Kaum gezeigt haben sich bislang praktische Auswirkungen des wohl teilweise europarechtswidrigen (vgl zur Nachbesserungsaufforderung der Europäischen Kommission BT-Drucks 16/8461) Allgemeinen **Gleichbehandlungsgesetzes** (AGG), das darauf abzielt, Benachteiligungen aus Gründen der Rasse oder wegen ethnischer Herkunft, Geschlecht, Religion oder Weltanschauung, Behinderung, Alter oder sexueller Identität zu verhindern oder zu beseitigen (§ 1 AGG). Danach sind zum einen Benachteiligungen in Bezug auf den Zugang zu und die Versorgung mit Gütern und Dienstleistungen, die der **Öffentlichkeit zur Verfügung stehen**, unzulässig (§ 2 I Nr 8 AGG). Erfasst werden Fälle, in denen Angebote bspw durch Zeitungsanzeigen, Schaufensterauslagen oder Veröffentlichungen im Internet öffentlich gemacht werden. Es kommt nicht darauf an, wie groß die Öffentlichkeit ist; die Erklärung muss nur über die Privatsphäre des Anbietenden hinausgelangen (BT-Drucks 16/1780, 32). Zum anderen sind entspr Benachteiligungen unzulässig bei Begründung, Durchführung und Beendigung zivilrechtlicher Schuldverhältnisse, die typischerweise ohne Ansehen der Person zu vergleichbaren Bedingungen in einer Vielzahl von Fällen zustande kommen (sog **Massengeschäfte**) oder bei denen das Ansehen der Person nach der Art des Schuldverhältnisses eine nachrangige Bedeutung hat und die zu vergleichbaren Bedingungen in einer Vielzahl von Fällen zustande kommen (§ 19 I Nr 1 AGG). Das daraus folgende Erfordernis der Häufigkeit beurteilt sich aus Anbietersicht, weshalb die Vorschrift nur Anwendung findet, wenn der Benachteiligende Unternehmer iSv § 14 ist. Zudem wird nur der standardisierte Kauf erfasst, wie etwa im Einzelhandel (BT-Drucks 16/1780, 41). § 21 I 1 AGG gewährt bereits beim objektiven Verstoß gegen das Benachteiligungsverbot einen **Beseitigungsanspruch**. Ob sich hieraus im Einzelfall auch ein **Abschlusszwang** ergeben kann, lässt die Gesetzesbegründung (BT-Drucks 16/1780, 46) unbeantwortet, wird aber nach dem Wortlaut der Vorschrift zu bejahen sein (vgl Wendt/Schäfer JuS 09, 206; abl Armbrüster NJW 07, 1494). Ebenso wie der daneben in Betracht kommende Schadensersatzanspruch (§ 21 II AGG) ist der Beseitigungsanspruch nicht abdingbar (§ 21 IV AGG) und unterliegt einerseits einer Beweislastumkehr zugunsten desjenigen, der die Benachteiligung geltend macht (§ 22 AGG), sowie andererseits einer 2-monatigen Ausschlussfrist (§ 21 von AGG).

2. Kaufgegenstand können nach Abs 1 Sachen, darüber hinaus aber auch jedes andere 3 verkehrsfähige Vermögensgut (§ 453 I 2. Fall; vgl dort Rn 3) sein. Nicht notwendig ist, dass der Verkäufer Eigentümer der Kaufsache bzw Inhaber des Rechts ist.

Als **Sachen** (§ 90) sind sowohl bewegliche Sachen als auch Grundstücke zu verstehen; 4 über § 90 a S 3 sind Tiere gleichgestellt. Zwar gilt der Sachbegriff unabhängig vom Aggregatzustand; vorauszusetzen ist aber eine Abgrenzung im Raum (§ 90 Rn 2). Insoweit lässt sich allein in Behältnissen befindliches Wasser oder Gas als Sache und damit als Kaufgegenstand qualifizieren. Aber auch soweit Strom, Wasser, Gas und Fernwärme mangels Abgrenzung regelmäßig nicht dem Sachbegriff unterfallen, werden sie nach der Verkehrsanschauung doch als Waren behandelt, die den Gegenstand eines Kaufs bilden können (zur Anwendung des Kaufrechts bei der Lieferung durch öffentliche Versorgungseinrichtungen BGHZ 59, 309; zu beweisrechtlichen Schwierigkeiten bei Geltendmachung von Gewährleistungsansprüchen wegen Lieferung „schlechten Stroms" vgl Schöne ET 04, 113 ff). Von besonderer praktischer Bedeutung ist in der Rspr va der Autokauf (iE Reinking DAR 02, 15).

Die Kaufsache kann im Kaufvertrag individuell bestimmt sein (**Stückkauf**). Es genügt 5 aber auch eine Bezeichnung nach allg Merkmalen (**Gattungskauf**, § 243). Zulässig sind die Übertragung der **Bestimmung** an eine Partei oder einen Dritten (§§ 315 ff) und der Vorbehalt späterer näherer Bestimmung (§ 375 HGB). Die Kaufsache braucht zZ des Vertragsschlusses noch nicht zu existieren. Wenn das Entstehen der Kaufsache bei Vertragsschluss ungewiss ist, kann es sich um einen aufschiebend bedingten Vertrag (emtio rei speratae) oder um den (unbedingten) Kauf einer Erwerbschance („Hoffnungskauf", emtio spei, zB Kauf eines Loses) handeln. Davon zu unterscheiden ist der unbedingte Kauf einer Sache, deren Entstehen die Parteien für gewiss halten (zB eines abzutrennenden Teilgrundstücks, BGH NJW 95, 957; zur erforderlichen Bestimmtheit BGH NJW 08, 1658, 1659 f). Verpflichtet der Vertrag die eine Partei zur Herstellung der Sache (Lieferung aus künftiger Produktion), findet nach § 651 ebenfalls Kaufrecht Anwendung.

Mehrere Sachen können auch zusammengehörend Gegenstand eines einheitlichen 6 Kaufvertrags sein (**Sachgesamtheit**). In Erfüllung des Kaufvertrags müssen die Sachen aber jeweils einzeln durch eigenständigen dinglichen Vertrag (§§ 929 ff) übereignet werden. Bleibt die Übereignung oder Übergabe einzelner Sachen aus der Gesamtheit aus, ist dies idR als teilweise Nichterfüllung und nicht als Sachmangel (§ 434) anzusehen (BGH NJW 92, 3224; str). Nach dem Willen des Gesetzgebers finden die Vorschriften über den Sachkauf ausdrücklich auch auf den **Unternehmenskauf als Kauf eines sonstigen Gegenstands iSv § 435 I 2. Fall** Anwendung (BT-Drucks 14/6040, 208, vgl auch § 453 Rn 3, § 444 Rn 6 f und iE Kindl WM 03, 409).

3. Die Gegenleistung muss in Geld bestehen. Ist stattdessen eine Sache oder ein Recht 7 zu erbringen, handelt es sich um einen Tausch (§ 515). Ist als Kaufpreis der **Marktpreis** ohne nähere Bezeichnung des maßgeblichen Marktes vereinbart, ist der Durchschnittspreis maßgeblich, der sich für Leistungen oder Waren bestimmter Art und Beschaffenheit am jeweiligen Ort aufgrund der Marktlage herausbildet (zur Abgrenzung vom Listenpreis BGHZ 90, 72). Auch nach der Aufhebung der Auslegungsregel des § 453 aF gilt iZw der Marktpreis des Erfüllungsortes (§ 448 Rn 1) als vereinbart; maßgeblich ist dabei der Zeitpunkt, zu dem vertragsgemäß die Erfüllung zu erfolgen hat (so auch die Parallelregelung des Art 76 II CISG). **Nebenleistungen**, die der Käufer nicht in Geld zusätzlich zum Kaufvertrag zu erbringen hat, hindern die Einordnung als Kaufvertrag nicht. Auch die „**Inzahlungnahme**" (zB eines Gebrauchtwagens beim Neuwagenkauf) steht der Annahme eines Kaufpreises nicht entgg. Eine solche Vereinbarung begründet lediglich die Befugnis des Käufers, einen Teil des Kaufpreises nicht in Geld leisten zu müssen (sog Ersetzungsbefugnis, § 364 Rn 5 f). Im Hinblick auf den in Zahlung genommenen Gegenstand finden §§ 364 f entspr Anwendung. In diesen Fällen liegt regelmäßig ein einheitlicher Kaufvertrag vor, was bei der Rückabwicklung zu beachten ist (BGH NJW 08, 2028).

8 4. Die **Pflichten des Verkäufers** ergeben sich aus Abs 1. a) Die **Hauptpflichten** des Verkäufers **beim Sachkauf** sind zunächst die Pflicht zur Übergabe der Sache und zur Eigentumsverschaffung (Abs 1 S 1). Die **Übergabe** erfordert, dass der Verkäufer dem Käufer den unmittelbaren Besitz gem § 854 verschafft. Der Ersatz der Übergabe durch die Vereinbarung eines Besitzmittlungsverhältnisses (§ 868), durch Abtretung des Herausgabeanspruchs oder mittels kaufmännischer Traditionspapiere (Konnossement, Orderlagerschein, Ladeschein) ist nur bei entspr vertraglicher Vereinbarung ausreichend. Erst mit der Erlangung der tatsächlichen Sachherrschaft durch den Käufer oder seinen Besitzdiener (§ 855) ist die Übergabepflicht erfüllt. Dies gilt auch, wenn die geschuldete Handlung des Verkäufers lediglich in der Auslieferung an eine geeignete Transportperson besteht (Versendungskauf, § 447 I).

9 Die **Eigentumsverschaffung** erfordert den Übergang des uneingeschränkten Eigentums an der Kaufsache auf den Käufer. Der Verkäufer ist verpflichtet, die dafür erforderlichen Handlungen vorzunehmen und ggf Hindernisse zu beseitigen (zum Pflichtenumfang bei Grundstücksgeschäften BGH NJW 07, 3777). Der Eigentumsübergang richtet sich dabei nach den Vorschriften des Sachenrechts. Neben dem Erwerb vom Verkäufer als Berechtigtem (§§ 925, 873; 929–931) genügen zur Eigentumsverschaffung auch der gutgläubige Erwerb des Käufers vom Nichtberechtigten (§§ 892, 932 ff; § 366 HGB) sowie die Übertragung des Eigentums auf den Käufer durch einen Dritten auf Veranlassung des Verkäufers. Bei einem Eigentumsvorbehalt (§ 449) führen erst dessen Erlöschen und der Eigentumserwerb des Käufers zur Erfüllung der Eigentumsverschaffungspflicht des Verkäufers.

10 b) Zu den Hauptpflichten des Verkäufers gehört es nach Abs 1 S 2 weiter, dem Käufer den Kaufgegenstand **frei von Sach-** (§ 434) **und Rechtsmängeln** (§ 435) zu verschaffen. Damit ist der im Zusammenhang mit dem Rechtscharakter der Gewährleistungsrechte bestehende Streit zwischen Erfüllungs- und Gewährleistungstheorie (dazu 1. Aufl § 459 Rn 3) zugunsten ersterer entschieden. Regelmäßig ist der Käufer nicht zur **Zurückweisung** einer mangelhaften Kaufsache berechtigt (Jansen ZIP 02, 877; 02, 1794; aA Lorenz NJW 13, 1341, 1344; Lamprecht ZIP 02, 1790), was auch Auswirkungen auf den Annahmeverzug hat. Die **Rechtsfolgen** der Nichterfüllung von Hauptpflichten des Verkäufers ergeben sich vielmehr aus § 437, der auf das allg Recht der Leistungsstörungen verweist. Eine Zurückweisung der mangelhaften Kaufsache kommt deshalb nur bei Geltendmachung des Rechts auf **Nacherfüllung** aus §§ 437 Nr 1, 439 in Betracht (weiter gehend Jud JuS 04, 842, 843 ff), das ggü den weiteren Behelfen (Rücktritt, Minderung, Schadensersatz) vorrangig ist (s § 437 Rn 3). Die Nichtannahme stellt hier ein Nachlieferungsverlangen dar und unterliegt damit den Ausnahmen der §§ 275, 439 III (Jansen ZIP 02, 877, 878). Diese vom Gesetzgeber vorgesehene Stufung der Behelfe würde missachtet, wenn man ein allg Zurückweisungsrecht anerkennen wollte. Weil sich die Pflicht des Verkäufers auf die Sachmängelfreiheit erstreckt, kann ihn auch die **Schadensersatzpflicht** (§§ 437 Nr 3, 440 iVm §§ 280 ff) treffen, soweit er den Sachmangel iSv §§ 276, 278 zu vertreten hat. Dies ist etwa der Fall, wenn im Vertrag ausdrücklich oder konkludent bestimmt ist, dass der Verkäufer für eine bestimmte Beschaffenheit ohne Weiteres einzustehen hat, was der früheren Regelung über das Fehlen einer **zugesicherten Eigenschaft** (§ 463 S 1 aF) entspricht (dazu § 442 Rn 7). Greift die Sachmängelhaftung ein, was jedenfalls nach Gefahrübergang der Fall ist (BGHZ 34, 32, 37), kann der Vertrag vom Käufer **nicht** mehr nach § 119 II wegen Fehlens einer verkehrswesentlichen Eigenschaft **angefochten** werden. Dies gilt (anders als nach altem Recht) auch für den Bereich der Rechtsmängelhaftung, die der Sachmängelhaftung gleichgestellt ist.

11 c) **Nebenpflichten** des Verkäufers können sich aus dem Gesetz und aus dem Vertrag (auch ohne ausdrückliche Erwähnung) unter Berücksichtigung des Grundsatzes von

Treu und Glauben (§ 242) ergeben. Maßgeblich sind die **Umstände des Einzelfalls**. Von besonderer Bedeutung ist die Pflicht zur Verpackung und zur Überlassung einer Bedienungsanleitung. Ebenso kommt ein Anspruch auf Aushändigung von **Urkunden** in Betracht (zB Garantiepapiere des Herstellers, genehmigte Baupläne; str für Planungsunterlagen des Bauträgers), soweit der Verkäufer unmittelbaren oder mittelbaren Besitz an der Urkunde hat (im letzteren Fall ggf Abtretung des Herausgabeanspruchs). Sofern der Gebrauch der Kaufsache ohne die Auskunft oder Urkunde unmöglich ist, kann es sich bei diesen Pflichten jedoch ausnahmsweise um Hauptpflichten handeln (BGH NJW 53, 1347 für den Kfz-Brief). Für reparaturanfällige Sachen (zB serienmäßig hergestellte Maschinen, Software-Produkte und Kfz) hat der Verkäufer für einen begrenzten Zeitraum Ersatzteile bereitzuhalten (LG Köln NJW-RR 99, 1285, 1286). Weitere Nebenpflichten können **Auskunft** (insb über die rechtlichen Verhältnisse betr den Kaufgegenstand wie etwa das Bestehen und den Inhalt eines Mietverhältnisses), Aufklärung (insb über Gefahren; zu der Aufklärungsverpflichtung hins bestehender Risiken einer Fehlbedienung der erworbenen Sache bei lückenhafter Bedienungsanleitung OLG Düsseldorf NJW-RR 04, 672, 673; über Verluste aus den Vorjahren beim Unternehmenskauf BGH ZIP 02, 440; über Erfordernis besonderer Fachkenntnis bei Selbstmontage BGH NJW 07, 3057; über Herkunft eines Gebrauchtwagens vom nicht im Kfz-Brief eingetragenen Zwischenhändler BGH NJW 10, 858; über Nutzung eines Kfz als Mietwagen OLG Stuttgart NJW-RR 09, 551 aA LG Kaiserslautern NJW-RR 10, 634), Hinweise (etwa darauf, dass es sich bei dem verkauften Pkw um ein Importfahrzeug handelt, OLG Hamm NJW-RR 03, 1360, 1361) und Beratung betreffen (va bei besonderer Fachkunde des Verkäufers, Handelsüblichkeit sowie aufgrund verbraucherschützender Bestimmungen; dazu § 355 Rn 10 ff). Jedoch darf die Aufklärungs- und Beratungspflicht des Verkäufers nicht überspannt werden. Sie beschränkt sich (auch im Fachhandel) hins der dem Verkäufer bekannten Verwendungszwecke auf Informationen über solche Eigenschaften der Kaufsache, die er kennt oder kennen muss. Eine allg Erkundigungspflicht (etwa beim Hersteller) über Eigenschaften der Kaufsache trifft den Verkäufer daher nicht (BGH NJW 04, 2303, 2304). Gesteigerte Informationspflichten treffen den Verkäufer beim Verkauf via Internet. Hier muss er über Mängel, die für den Käufer sonst nicht sichtbar sind, aufklären (zu den Informationspflichten beim Internetkauf iE Heiderhoff BB 05, 2533 ff). Darüber hinaus kommen vielfältige **Schutzpflichten** hins des Kaufgegenstandes und der Integrität der Rechtsgüter des Käufers sowie weiterer in den Schutzbereich einbezogener Personen (§ 328 Rn 12 ff) in Betracht (ua Pflicht zur gefahrfreien Einrichtung der Verkaufsräume, BGH NJW 86, 2757). Insb beim Versendungskauf können die Schutzpflichten die sachgerechte Verwahrung und Lagerung der Kaufsache bis zum Gefahrübergang, die verkehrssichere Verpackung und Verladung sowie die Versicherung der Ware umfassen.

5. Die Pflichten des Käufers bestimmt **Abs 2. a)** Die Pflicht zur **Kaufpreiszahlung** ist Hauptpflicht des Käufers. Sie ist eine Geldschuld gem §§ 244 ff. Der Käufer muss die Zahlung grds bar erbringen, indem er dem Verkäufer Geldscheine und Geldstücke in der vereinbarten Höhe übereignet (§ 929). Weit verbreitet ist aber die (auch stillschweigende) Vereinbarung oder Gestattung bargeldloser Zahlung (etwa durch Angabe der Kontonummer oder die Annahme von Kreditkarten). 12

Die Zahlungspflicht des Käufers wird gem § 271 I grds mit Abschluss des Vertrags fällig. Jedoch ist der Käufer nicht vorleistungspflichtig und muss gem §§ 320 I, 322 nur Zug um Zug gegen Übereignung des Kaufgegenstandes zahlen. Von dieser Regelung weichen die Parteien allerdings oft durch die Vereinbarung von Vorleistungspflichten ab. Eine Vorleistungspflicht des Käufers begründen insb Akkreditiv- und Kassaklauseln (Baumbach/Hopt HGB § 346 Rn 40). Der Käufer muss etwa bei der Klausel „Kasse gegen Dokumente" bei Aushändigung der betr Papiere den Kaufpreis unabhängig vom Erhalt und Untersuchung der Ware zahlen. In der Hingabe und Entgegennahme eines noch nicht fälligen Wechsels liegt demgegenüber idR die Vereinbarung, dass die Kaufpreisforderung bis zur Fälligkeit des Wechsels gestundet wird. 13

b) Die Pflicht zur **Abnahme** nach Abs 2 betrifft nur den Sachkauf. Sie zielt auf die Befreiung des Verkäufers vom Besitz der Kaufsache und erfordert daher vom Käufer, 14 dass er die vom Verkäufer bereitgestellte Kaufsache an sich nimmt. Bei Grundstücken erstreckt sie sich auf die Entgegennahme der Auflassung. Sie setzt voraus, dass der Verkäufer zur Übergabe im Stande ist, indem dieser oder ein zur Herausgabe bereiter Dritter die Kaufsache in Besitz hat und dem Käufer anbietet. Zudem muss die Kaufsache vertragsgemäß, also nicht mit einem Sach- oder Rechtsmangel behaftet sein (s aber Rn 10). Bei geringfügigen Mängeln kann allerdings im Einzelfall gleichwohl aufgrund § 242 die Abnahmepflicht bestehen.

15 Die Abnahme ist nicht lediglich Obliegenheit, sondern **Schuldnerpflicht** des Käufers, die mit der Leistungsklage durchsetzbar ist. IdR handelt es sich um eine Nebenpflicht. Die Parteien können die Abnahme aber durch Vereinbarung (ggf konkludent) als Hauptpflicht begründen. Davon ist insb auszugehen, wenn der Verkäufer ein besonderes Interesse an der Weggabe des Kaufgegenstandes hat und dem Käufer dies erkennbar war (zB bei Lagerräumung oder leicht verderblicher Ware). Wenn der Käufer die vom Verkäufer bereitgestellte und vertragsgemäße (Rn 14) Kaufsache nicht abnimmt, gerät er unter den Voraussetzungen des § 286 in Schuldnerverzug. Der Verkäufer hat nach § 280 Anspruch auf Ersatz der Schäden infolge der Verzögerung bzw des Ausbleibens der Abnahme; sofern die Abnahme Hauptpflicht ist, kann er gem §§ 323, 325 vorgehen. Neben dem Schuldnerverzug besteht zugleich Gläubigerverzug des Käufers, so dass der Verkäufer auch die Rechte aus § 304 und ggf aus § 372 BGB bzw § 373 HGB hat.

16 c) Weitere **Nebenpflichten** des Käufers können sich (wie beim Verkäufer, Rn 11) aus der Parteivereinbarung und dem Gesetz (zB §§ 446, 448; § 353 HGB) ergeben. Hins der vertraglichen Nebenpflichten kommt der Berücksichtigung der Verkehrssitte (ggf der Handelsbräuche) besondere Bedeutung zu. Vertragliche Nebenabreden begründen häufig Nebenpflichten zur Übernahme von Kosten (zB für Versicherung und Transportleistungen), zum Abruf der Ware (der im Einzelfall aber als Hauptpflicht festgelegt werden kann, BGH WM 76, 125) sowie zur Rückgabe von Begleit- und Verpackungsmaterial (etwa Transportbehälter oder Pfandflaschen; zu den unterschiedlichen rechtlichen Gestaltungen des „Flaschenpfandes" Martinek JuS 87, 514). Auch die unberechtigte Geltendmachung von Rechten kann sich als Nebenpflichtverletzung darstellen (BGH NJW 09, 1262). IdR sind die gesetzlichen Nebenpflichten abdingbar.

17 III. Die **Beweislast** für den Abschluss des Kaufvertrags mit dem behaupteten Inhalt (zB Höhe des Kaufpreises einschließlich des Fehlens der Einräumung von Skonti bei Vertragsschluss, BGH NJW 83, 2944; str) trägt der **Verkäufer**, soweit er daraus Rechte herleitet. Bei einem Handkauf hat er zudem das Ausbleiben der Kaufpreiszahlung zu beweisen, da insoweit die Vermutung sofortiger Barzahlung besteht. Abgesehen vom Handkauf hat der Käufer die Kaufpreiszahlung zu beweisen. Er trägt auch die Beweislast für Vereinbarungen, die zu seinen Gunsten von der Verkehrssitte abweichen, sowie für die Stundung des Kaufpreises (str).

§ 434 Sachmangel

(1) ¹Die Sache ist frei von Sachmängeln, wenn sie bei Gefahrübergang die vereinbarte Beschaffenheit hat. ²Soweit die Beschaffenheit nicht vereinbart ist, ist die Sache frei von Sachmängeln,
1. wenn sie sich für die nach dem Vertrag vorausgesetzte Verwendung eignet, sonst
2. wenn sie sich für die gewöhnliche Verwendung eignet und eine Beschaffenheit aufweist, die bei Sachen der gleichen Art üblich ist und die der Käufer nach der Art der Sache erwarten kann.

³Zu der Beschaffenheit nach Satz 2 Nr. 2 gehören auch Eigenschaften, die der Käufer nach den öffentlichen Äußerungen des Verkäufers, des Herstellers (§ 4 Abs. 1 und 2 des Produkthaftungsgesetzes) oder seines Gehilfen insbesondere in der Werbung oder bei der Kennzeichnung über bestimmte Eigenschaften der Sache erwarten kann, es sei denn, dass der Verkäufer die Äußerung nicht kannte und auch nicht kennen musste, dass sie im Zeitpunkt des Vertragsschlusses in gleichwertiger Weise berichtigt war oder dass sie die Kaufentscheidung nicht beeinflussen konnte.

(2) ¹Ein Sachmangel ist auch dann gegeben, wenn die vereinbarte Montage durch den Verkäufer oder dessen Erfüllungsgehilfen unsachgemäß durchgeführt worden ist. ²Ein Sachmangel liegt bei einer zur Montage bestimmten Sache ferner vor, wenn die Montageanleitung mangelhaft ist, es sei denn, die Sache ist fehlerfrei montiert worden.
(3) Einem Sachmangel steht es gleich, wenn der Verkäufer eine andere Sache oder eine zu geringe Menge liefert.

I. Auch wenn sich die Rechtsfolgen bei Sachmängeln in das allg Leistungsstörungsrecht (§§ 280 ff, 320 ff) einfügen, treffen §§ 437 ff für die Rechtsbehelfe wegen Sachmängeln beim Kauf (Nacherfüllung, Rücktritt, Minderung, Schadens- oder Aufwendungsersatz) mehrere Sonderregelungen; insb unterliegen diese der kurzen Verjährung des § 438. Die Abgrenzung der Lieferung einer mangelhaften Sache von anderen Verletzungen vertraglicher Pflichten bleibt deshalb von Bedeutung. Demzufolge **definiert** § 434 den **Sachmangel** und nennt dessen **Voraussetzungen**. Bei der Beurteilung der Mangelhaftigkeit ist idR ein **subjektiver Maßstab** anzulegen (sog subjektiver Fehler- bzw Beschaffenheitsbegriff; iE Rn 7). Als Mangel wird nach Umsetzung der Verbrauchsgüterkauf-RL neben der Abweichung von der vereinbarten Beschaffenheit und der fehlenden Eignung zu der vertraglich vorausgesetzten oder gewöhnlichen Verwendung auch das Fehlen solcher Eigenschaften definiert, die der Käufer nach öffentlichen Äußerungen des Verkäufers oder Herstellers in der Werbung erwarten kann (Bernreuther MDR 03, 63 ff). Entspr gilt für den fehlerhaften Zusammenbau der Kaufsache durch Verkäufer oder Käufer bei fehlerhafter Anleitung. Diese Fälle wurden nach früherem Recht der positiven Vertragsverletzung zugeordnet. Dem Sachmangel stehen auch die Aliud-Lieferung und der Quantitätsmangel gleich. Einer besonderen Regelung für den Handelskauf (§ 378 HGB aF) bedarf es deshalb nicht. Allerdings kann bereits der Verdacht der Mangelhaftigkeit als solcher einen Sachmangel iSv § 434 I darstellen (zu § 434 I 2 Nr 1, LG Bonn NJW 04, 74 – Baumangelverdacht; zu § 463 S 2 aF, BGH WM 68, 1220 – Hausschwammverdacht; BGH NJW 01, 64 – Altlastenverdacht). Die Vorschrift des § 434 – die auf Art 2 Verbrauchsgüterkauf-RL beruht, aber über deren Anwendungsbereich hinaus für das gesamte Kaufrecht Geltung beansprucht – ist beim Verbrauchsgüterkauf (§ 474 Rn 2 f) gem § 475 I nicht zum Nachteil des Verbrauchers (§ 13) abdingbar.

II. 1. Übbl über die allg Voraussetzungen der Sachmängelhaftung gem §§ 434 ff: a) Die Parteien müssen einen wirksamen **Kaufvertrag über eine Sache** (§ 433 Rn 2 ff) geschlossen haben.
b) Die Kaufsache muss einen **Sachmangel** aufweisen. Der **Begriff** des Sachmangels steht im Zentrum der Gewährleistungsansprüche des Käufers. Sein Inhalt ergibt sich aus § 434. In Betracht kommen Beschaffenheitsabweichungen (Rn 7 ff), Montagefehler (Rn 17 ff) sowie Falsch- und Zuweniglieferung (Rn 20 ff). Die **Behebbarkeit** des Mangels ist keine Voraussetzung für die Anwendbarkeit des Sachmängelrechts; dies gilt selbst bei anfänglicher Unmöglichkeit der mangelfreien Lieferung (Schall NJW 11, 343; aA Heyers/Heuser NJW 10, 3057).
c) Der Sachmangel muss grds im **Zeitpunkt des Gefahrübergangs** vorliegen, also wenn das Risiko des zufälligen Untergangs der Kaufsache – die Preisgefahr – auf den Käufer übergeht (§ 446 Rn 1, 4; hingg für eine grds Anwendung der §§ 437 ff bereits ab Vertragsschluss Bachmann AcP 211 [2011], 395, 410 ff). Abw kann sich jedoch uU bei unsachgemäßer Montage nach § 434 II 1 ergeben (Büdenbender DStR 02, 361, 362). Maßgeblich ist damit nach § 446 im Regelfall die Übergabe der Sache. Sehr häufig findet der Gefahrübergang aber aufgrund besonderer Bestimmungen (§ 447 für den Versendungskauf) bereits früher statt. Zum Zeitpunkt des Gefahrübergangs muss zumindest die Ursache für den Sachmangel gesetzt sein. Es reicht also aus, wenn ein Mangel zZ des Gefahrübergangs bereits angelegt ist, sich aber erst später auswirkt (dies belegt iÜ auch § 434 II 2). Unerheblich ist dag, ob der Mangel bei Vertragsschluss bereits vorhanden war.
d) Zudem darf kein gesetzlicher oder vertraglicher **Ausschluss** der Sachmängelhaftung vorliegen. Als gesetzliche Ausschlussgründe kommen aus dem Kaufrecht insb die

Kenntnis des Mangels beim Kauf (§ 442) sowie der Verstoß gegen Untersuchungs- und Rügepflichten beim beiderseitigen Handelsgeschäft (§ 377 HGB) in Betracht. Weit verbreitet sind vertragliche Bestimmungen über den Ausschluss oder die Beschränkung von Gewährleistungsansprüchen (sog **Freizeichnungsklauseln**; zur Wirksamkeit derartiger Klauseln in den Grenzen der §§ 475, 138, 242, 309 Nr 8 b s § 444).

6 e) Den Gewährleistungsansprüchen des Käufers darf schließlich nicht die **Einrede der Verjährung** (§ 438) entgegenstehen.

7 **2. Beschaffenheitsabweichung:** Die Beurteilung der Mangelhaftigkeit der Sache erfolgt anhand eines **dreistufigen** Prüfungsrasters. Abzustellen ist zunächst auf die vereinbarte Beschaffenheit (subjektive Mangelbestimmung), hilfsweise auf die Eignung zur vertraglich vorausgesetzten Verwendung (subjektiv-objektive Mangelbestimmung) und höchst hilfsweise auf die Eignung zur gewöhnlichen Verwendung (objektive Mangelbestimmung). Auch eine geringfügige Minderung der Tauglichkeit ist beachtlich (OLG Karlsruhe NJW-RR 09, 777), eröffnet ggf aber nicht sämtliche Behelfe (vgl etwa Ausschluss des Rücktritts nach § 323 V 2 oder des Schadensersatzes statt der ganzen Leistung nach § 281 I 3). Maßgeblicher **Zeitpunkt** für die Beurteilung ist der Gefahrübergang, der regelmäßig mit Übergabe bzw Lieferung der Sache eintritt und in §§ 446, 447 iE geregelt ist.

8 **a) Vereinbarte Beschaffenheit:** In erster Linie ist darauf abzustellen, ob die Kaufsache die vereinbarte Beschaffenheit hat (**Abs 1 S 1**). Ein Mangel liegt vor, wenn die tatsächliche Beschaffenheit („Ist-Zustand") der Sache von der Beschaffenheit abweicht, die die Parteien bei Abschluss des Kaufvertrags (auch stillschweigend, Grigoleit/Herresthal JZ 03, 233) vorausgesetzt haben („Soll-Zustand"). Hierzu ist der Inhalt der getroffenen Vereinbarung zu ermitteln. Um die spezifischen Voraussetzungen des Abs 2 S 2 nicht zu unterlaufen, darf dabei die normale Beschaffenheit einer Sache nicht ohne Weiteres als vereinbart unterstellt werden (OLG Düsseldorf NJW 05, 2235). Beschreibt der Verkäufer aber die Eigenschaften der Ware und trifft der Käufer auf dieser Grundlage die Kaufentscheidung, liegt bereits hierin eine vertragliche Beschaffenheitsvereinbarung (OLG Koblenz NJW 04, 1670; vgl auch Schulte-Nölke ZGS 03, 184; zu den Anforderungen an eine Abrede s auch BGH NJW 09, 2807). Von der Beschaffenheitsvereinbarung ist die Wissenserklärung abzugrenzen. Bei dieser gibt der Erklärende lediglich Angaben einer anderen Person wieder ohne für die Richtigkeit dieser Angaben einstehen zu wollen (BGH NJW 08, 1517).

9 Der Begriff der **Beschaffenheit** ist nicht definiert. Nach der Begr des RegE (BT-Drucks 14/6040, 213) bleibt offen, ob er nur Eigenschaften umfasst, die der Kaufsache unmittelbar physisch (zB Alter bzw Baujahr; Härte des Materials; Kilometerleistung) und für eine gewisse Dauer (BGHZ 111, 75; BGH NJW 92, 2564) anhaften, oder ob auch Umstände heranzuziehen sind, die außerhalb der Sache selbst liegen (etwa das Eigentum an der verkauften Sache, BGHZ 34, 32; auch der Wert bzw Preis selbst, der auf den Marktverhältnissen beruht; ebenso Umsatz- und Ertragsangaben). Nach einer im Vordringen befindlichen Ansicht ist der Beschaffenheitsbegriff nicht allein auf physische Merkmale der Kaufsache beschränkt, sondern soll grds sämtliche von den Parteien als relevant vereinbarten Umstände umfassen (nach Schmidt-Räntsch AnwBl 09, 260, 261 genügt schon überhaupt ein Bezug zur Sache; s auch Redeker NJW 12, 2471; Berger JZ 04, 276, 278 ff; Schulze/Ebers JuS 04, 462, 463; demgegenüber für eine Fortschreibung des unter altem Recht Geltung beanspruchenden restriktiven Fehlerbegriffs OLG Hamm NJW-RR 03, 1360 f). Indes wird zu differenzieren sein: Der Beschaffenheitsvereinbarung sind sämtliche denkbaren Eigenschaften zugänglich. Zu berücksichtigen sind auch tatsächliche oder rechtliche Beziehungen der Sache zur Umwelt, soweit sie in der Beschaffenheit der Sache selbst ihren Grund haben und deren Brauchbarkeit oder Wert beeinflussen (BGH NJW 01, 65; zB fehlende Bebaubarkeit eines Grundstücks aufgrund öffentlichen Rechts; fehlende Betriebserlaubnis eines verkauften Kraftfahrzeuges; dag nicht in äußeren Umständen gründende Beeinträchtigungen wie zB die Beschlagnahme unverzollter Kaufsachen; vgl zu einer aufgrund von § 111 b StPO durchgeführten Beschlagnahme der Kaufsache im strafrechtlichen Ermittlungsverfahren und deren Einordnung als Rechtsmangel BGH NJW 04, 1802; Wertenbruch ZGS 04, 367). Der Be-

schaffenheitsbegriff erstreckt sich damit auf viele verschiedenartige wertbildende Faktoren (zB auch die Herkunft der Skulptur von einem bestimmten Künstler; beseitigter Schwammbefall bei einem Gebäude, wenn Verdacht auf erneutes Auftreten besteht; „Neuwagen"-Eigenschaft, die bei fabrikneuen **Kfz** vorliegt, solange das Modell im Zeitpunkt des Verkaufs noch unverändert hergestellt wird, keine durch längere Standzeit bedingten Mängel bestehen und zwischen Herstellung des Fahrzeugs und Abschluss des Kaufvertrags nicht mehr als zwölf Monate liegen, BGH NJW 04, 160 [LS]; dazu auch BGH NJW 03, 2824; 00, 2018; Roth NJW 04, 330; auch Tages- oder Kurzzulassungen sind unerheblich, sofern das Fahrzeug durchgehend ungenutzt geblieben ist, BGH NJW 05, 1422 f; hingegen entspricht ein als „Jahreswagen" verkaufter Gebrauchtwagen bei einem Zeitraum von mehr als zwölf Monaten zwischen Herstellung und Erstzulassung nicht der vereinbarten Beschaffenheit, BGH NJW 06, 2694; zur Üblichkeit der Standzeit eines Gebrauchtwagens s BGH NJW 09, 1588; zur Rspr zum Pkw-Sachmängelrecht s auch Fischinger/Lettmaier ZGS 09, 394). Soweit es dag um die Eignung zur vertraglich vorausgesetzten oder gewöhnlichen Verwendung geht, müssen außerhalb der Sache selbst liegende Umstände außer Betracht bleiben (str, aA Palandt/Weidenkaff Rn 23). Freilich kommt dieser Unterscheidung wegen der Einbeziehung der Sachmängelhaftung in das allg Leistungsstörungsrecht und der weitgehenden Übereinstimmung in den Rechtsfolgen keine besondere Bedeutung zu.

Die frühere **Differenzierung** zwischen fehlerbegründenden Beschaffenheitsmerkmalen und zusicherungsfähigen Eigenschaften ist **aufgegeben.** Die Zusicherung von Eigenschaften wird nicht mehr als eigenständiger Tatbestand erwähnt, weil sie (anders als nach §§ 459 II, 463 S 1 aF) keine besonderen Rechtsfolgen mehr auslöst (eine Zusicherung in Form der Garantie des § 276 I 1 kann nach § 442 I 2 aber für die Frage von Bedeutung sein, ob dem Käufer auch bei grob fahrlässiger Unkenntnis des Mangels Gewährleistungsrechte zustehen, dazu § 442 Rn 6 ff). Schadensersatz ist unter den Voraussetzungen von § 437 Nr 3 iVm §§ 440, 280, 281, 283, 311 a vielmehr bei jeder Art von Sach- oder Rechtsmangel zu leisten (dazu § 437 Rn 1, 7 ff). Allerdings kann der Verkäufer auch weiterhin eine unselbständige **Garantie** für bestimmte Merkmale der Kaufsache übernehmen, deren Nichteinhaltung ihn ohne Weiteres, insb auch **ohne Verschulden** des Mangels, zum Schadensersatz verpflichtet (vgl OLG Koblenz NJW 04, 1670 f; s auch § 443 Rn 2 ff). 10

b) Eignung zur vertraglichen Verwendung: Fehlt es an einer Vereinbarung über einzelne Beschaffenheitsmerkmale der Kaufsache, wie häufig bei alltäglichen Geschäften, ist die Eignung zu der nach dem Vertrag vorausgesetzten Verwendung (**Abs 1 S 2 Nr 1**) maßgeblich. Dabei **reicht** eine **konkludente** Übereinstimmung der Parteien aus, um einen bestimmten Verwendungszweck in den Vertrag einzubeziehen. Gerade in den Fällen der Vereinbarung eines besonderen Zwecks nach Abs 1 S 2 Nr 1 wird allerdings häufig gleichzeitig die Vereinbarung einer Beschaffenheit iSv Abs 1 S 1 gegeben sein. 11

c) Eignung zur gewöhnlichen Verwendung: Nur wenn die Parteien weder eine Beschaffenheit noch einen besonderen Verwendungszweck der Kaufsache vereinbart haben, kommt es darauf an, ob sich dieselbe zu der gewöhnlichen Verwendung eignet (**Abs 1 S 2 Nr 2**). Dabei sind auch **Erwartungen des Käufers** zu berücksichtigen, die sich auf öffentliche Äußerungen oder Werbung stützen. 12

aa) Die Sache ist nach **Abs 1 S 2 Nr 2** vertragsgemäß, wenn sie sich für **Zwecke eignet,** für die Güter der gleichen Art **gewöhnlich gebraucht** werden. Gleiches gilt, wenn sie eine **Beschaffenheit** aufweist, die **bei Sachen gleicher Art** üblich ist und die ein durchschnittlicher Käufer nach der Art der Sache erwarten kann (zum Vergleichsmaßstab s BGH NJW 08, 53; Grigoleit/Herresthal JZ 03, 233, 235). Dieser Vergleichsmaßstab ist va beim Kauf **gebrauchter Sachen** zu berücksichtigen. So ist etwa ein gebrauchtes Kfz nicht von der gleichen Art wie ein Neuwagen desselben Typs und darf daher mit diesem nicht verglichen werden (OLG Stuttgart NJW-RR 06, 1720). Beim **Tierkauf** ist zu berücksichtigen, dass nicht etwa die physiologische und biologische Idealnorm entscheidend für die Üblichkeit ist, sondern die objektiv berechtigte Käufererwartung (BGH NJW 07, 1351; zum Tierkauf s Wertenbruch NJW 12, 2065; Marx NJW 10, 2839). 13

14 bb) Abs 1 S 3 ordnet aber auch eine Haftung des Verkäufers für **öffentliche Äußerungen** und insb für **Werbeaussagen** an und trifft damit eine ergänzende Regelung für die Beschaffenheit, die der Käufer nach Abs 1 S 2 Nr 2 erwarten kann (s iE Weiler NJW 02, 1784). Auf Werbeaussagen des Verkäufers über konkrete Eigenschaften der Kaufsache wird indes regelmäßig iR des Verkaufsgesprächs Bezug genommen. In diesen Fällen wird daher häufig auch eine Beschaffenheitsvereinbarung anzunehmen sein, so dass die Abweichung der tatsächlichen Beschaffenheit von dieser bereits einen Sachmangel nach Abs 1 S 1 begründet.

15 Die Haftung für öffentliche Äußerungen ist deshalb va bei **Erklärungen Dritter**, insb des **Herstellers**, von Bedeutung, weil solche Erklärungen nicht ohne weiteres Bestandteil des Vertrags zwischen Käufer und Verkäufer werden. Der Verkäufer profitiert von der Werbung durch Dritte, die auch seinen Absatz fördert, so dass seine Position durch eine solche Haftung nicht in unzumutbarer Weise beeinträchtigt wird, zumal nur öffentliche Äußerungen über konkrete Eigenschaften der Kaufsache relevant sind (etwa fehlerhafte Angabe des Kraftstoffverbrauchs eines Kfz, BGHZ 132, 55; BGH NJW 97, 2590; zur Erheblichkeit BGH NJW 07, 2111 m Anm Reinking), also nicht reißerische Anpreisungen allg Art (vgl dazu die Bsp bei Bernreuther MDR 03, 63, 64). Der **Herstellerbegriff** bestimmt sich nach dem Verweis in Abs 1 S 3 nach § 4 I, II ProdHaftG. Hersteller ist danach nicht nur, wer die Kaufsache **produziert**, sondern auch, wer sie in das Gebiet der EU **importiert** oder wer seine Marke oder ein anderes Kennzeichen daran anbringt. Der Verkäufer haftet gleichermaßen für **Hilfspersonen**, die für ihn oder den Hersteller bei öffentlichen Äußerungen über Eigenschaften der Sache eingeschaltet werden.

16 Von der grds Haftung für öffentliche Äußerungen werden drei **Ausnahmen** gemacht: (1) Der Verkäufer haftet nicht, wenn er die Äußerung **weder kannte noch kennen musste**. Demzufolge ist der Verkäufer verpflichtet, sich über seine Produkte eingehend zu informieren. Was der Verkäufer kennen muss, hängt vom Einzelfall ab. Vom Hersteller im Ausland getätigte Äußerungen (zB Werbung in Zeitschriften oder auf der nationalen Internetpräsenz) werden ihm idR nicht zuzurechnen sein; hingegen fällt eine in einer fremden Sprache getätigte Aussage (etwa in einer ausschließlich englischsprachigen Produktpräsentation im Internet, auf die auf der nationalen Homepage des Herstellers verwiesen wird) nicht schon aus diesem Grund aus der Haftung heraus (aA AnwaltK/Büdenbender Rn 45). (2) Weil die Bezugnahme auf öffentliche Äußerungen das Haftungsrisiko des Verkäufers erheblich erweitert, muss es zu seinen Gunsten aber auch berücksichtigt werden, wenn Werbeaussagen wiederum durch öffentliche Äußerung korrigiert werden. Eine solche **Berichtigung** „in gleichwertiger Weise", welche grds die Verbreitung in demselben Medium mit der gleichen Reichweite und derselben Aufmachung voraussetzt, schließt ebenfalls die Haftung aus. Eine Kenntnisnahme der Berichtigung durch den Käufer ist nicht zu verlangen (AnwaltK/Büdenbender Rn 49). (3) Dies gilt ebenso, wenn eine öffentliche Äußerung die **Kaufentscheidung** aus anderen Gründen **nicht beeinflussen** konnte. Die Beweislast für diese Ausnahmetatbestände liegt beim Verkäufer.

17 3. Nach Abs 2 werden **Montagefehler** ausdrücklich einem Sachmangel gleichgestellt. Dabei betrifft S 1 die unsachgemäß durchgeführte Montage und S 2 den Fall der mangelhaften Montageanleitung.

18 a) Abs 2 S 1 betrifft die **Montage durch den Verkäufer oder seinen Erfüllungsgehilfen**. Die Vorschrift ist va bei Lieferung einer **mangelfreien** Sache von Bedeutung, die aber dadurch mangelhaft wird, dass der Verkäufer sie unsachgemäß montiert bzw aufstellt. Die Vorschrift ist aber auch anwendbar, wenn **allein die Montage fehlerhaft** ist, ohne dass dies gleichzeitig zu einer Beeinträchtigung der verkauften Sache führt. Dies ist zB der Fall, wenn gelieferte Möbel schief zusammengebaut werden, ohne dass dies die normale Gebrauchstauglichkeit mindert. Ausschlaggebend ist, dass der Verkäufer die **Montage** nach dem Inhalt des Kaufvertrags **schuldet**. Die Gewährleistungsansprüche des Käufers wegen fehlerhafter Montage bestimmen sich unter dieser Voraussetzung nach Kaufrecht, ohne dass es auf die Einordnung des Vertrags als Kauf-, Werk- oder gemischtem Vertrag ankommt (s auch Büdenbender DStR 02, 362, 361; aA Westermann NJW 02, 244 f). Dies entspricht der wirtschaftlichen Betrachtung des Vorgangs und dem Willen der Beteiligten. Bedient sich der Verkäufer bei der Montage Dritter, wird ihm das unsachgemäße Verhalten solcher Erfüllungsgehilfen (§ 278 S 1) zugerechnet.

b) Abs 2 S 2 dehnt die Haftung des Verkäufers auf den Fall der **mangelhaften Montageanleitung** aus, wenn die Kaufsache zur Montage bestimmt ist (zum Maßstab für die Beurteilung der Mangelhaftigkeit vgl Tiedtke/Schmitt DB 05, 1555). Damit wird der zunehmenden Verbreitung von Kaufverträgen Rechnung getragen, die den Zusammenbau der Kaufsache insb durch den Käufer vorsehen (zB bei Möbeln, deshalb auch als „IKEA-Klausel" bezeichnet). Ausnahmsweise greift die Haftung nicht ein, wenn die Sache trotz fehlerhafter Montageanleitung – aufgrund entspr Sachkunde oder durch Zufall – **richtig montiert** worden ist, was vom Verkäufer zu beweisen ist. IÜ ist auf zwei Situationen hinzuweisen, die nicht gesetzlich geregelt sind: So kann die Montageanleitung zwar tatsächlich einen Fehler aufweisen, der aber nicht für die fehlerhafte Montage durch den Käufer ursächlich geworden ist. In diesem Fall kann der Käufer nicht Nachlieferung der gekauften Sache verlangen, sondern beschränkt sich die Gewährleistung lediglich auf die Nachlieferung einer fehlerfreien Montageanleitung. Zum anderen ist es denkbar, dass es einem Käufer gelingt, den Kaufgegenstand bei der ersten Verwendung trotz der fehlerhaften Montageanleitung richtig zu montieren, ihm aber ein späterer Montageversuch misslingt. Unproblematisch stellt eine fehlerhafte Montageanleitung einen Sachmangel iSd Abs 1 S 2 Nr 2 dar, wenn es sich um eine Sache handelt, die zum wiederholten Auf- und Abbau bestimmt ist. Gerade wegen der bestimmungsgemäßen wiederholten Montage wird es sich hierbei eher um eine von der Montageanleitung zu unterscheidende fehlerhafte Bedienungsanleitung handeln, welche nicht dem Anwendungsbereich unterfällt (aA Büdenbender DStR 02, 361, 362). Aber auch darüber hinaus ist die Regelung des Abs 2 S 2, die auf die Verbrauchsgüterkauf-RL (Art 2 V) zurückgeht, im Lichte des Verbraucherschutzrechts grds weit auszulegen und kann nicht lediglich auf die erste Montage beschränkt werden (aA Brand ZGS 03, 96, 98). Dies muss wegen der einheitlichen Regelung für das gesamte Kaufrecht nicht nur im Anwendungsbereich des Verbrauchsgüterkaufs gelten. Keine Montageanleitung ist die **Bedienungsanleitung** für eine Sache. Fehlerhafte Bedienungsanleitungen schränken die bestimmungsgemäße Verwendung der Sache ein. Sie fallen daher schon unter den Mangel iSd § 434 I. **Fehlt** die Montageanleitung ganz oder wurde der Sache eine **falsche** Montageanleitung beigelegt, liegt ein Mangel entspr § 434 II 2 vor. Gelingt dennoch eine fehlerfreie Montage, muss aufgrund identischer Interessenlage wiederum der Haftungsausschluss gem § 434 II 2 erfolgen.

4. Ebenso wie nach Art 35 I CISG werden nunmehr Falsch- und Zuweniglieferung in **Abs 3** dem Sachmangel **gleichgestellt** und unterfallen damit ebenfalls der kurzen Verjährung des § 438 (iE Grigoleit/Riehm ZGS 02, 115; Thier AcP 203 [2003], 399). Str ist, ob die Gleichstellung von **Falschlieferung** und Schlechtlieferung allein die Gattungs- oder aber auch die Stückschuld erfasst (so Musielak NJW 03, 89). Wird beim Stückkauf ein Identitätsaliud geliefert, kommt indes keine Nacherfüllung in Betracht, sondern es besteht weiterhin der primäre Erfüllungsanspruch, also der Anspruch auf Lieferung der gekauften Sache (BT-Drucks 14/6040, 216; Schulze NJW 03, 1022, 1022; Lettl JuS 02, 866, 871; abl MK/Westermann Rn 45; Palandt/Weidenkaff Rn 52 a; Musielak NJW 03, 89; Dauner-Lieb/Arnold JuS 02, 1175 ff; offen gelassen OLG Frankfurt aM NJW-RR 07, 1423). Der Käufer wird so durch die längere Verjährung nach § 195 geschützt, ohne dass ihm ein gerechtfertigter Vorteil vorenthalten wird. Die entstehenden Abgrenzungsschwierigkeiten sind angesichts der andernfalls eröffneten Missbrauchsmöglichkeiten hinzunehmen: Der Käufer könnte bei Annahme eines Mangels iSv § 434 ein irrtümlich versandtes, wertvolleres Identitätsaliud der Rückforderung des Verkäufers entziehen, was selbst von den Vertretern einer umfassenden Gleichstellung als unbillig empfunden wird (Musielak aaO).

Hins der **Zuweniglieferung** ist zwischen der offenen und der verdeckten zu unterscheiden. Die **offene, erkennbare Teillieferung** kann der Käufer gem § 266 zurückweisen. Nimmt er sie an, behält er den ursprünglichen Erfüllungsanspruch wegen des Rests und kann insoweit nach §§ 280, 281, 286 bzw. § 323 vorgehen. Dabei sind §§ 281 I 2, 323 V 1 (fehlendes Interesse an der Teilleistung) zu beachten. Kommt es hingegen darauf an, dass die Gesamtlieferung aus einer Partie stammt, ist die gewährleistungsrechtliche Nacherfüllung (§ 439) durch völlige Neulieferung in der nunmehr richtigen Menge die geeignete Rechtsfolge. Im Fall der **verdeckten** Mankolieferung stehen dem Käufer die Rechtsbehelfe nach § 437 zu, weil die Lieferung einer zu geringen Menge mit Erfüllungswillen nach § 434 III einen Sachmangel darstellt. Die Qualifizierung der Zuweniglieferung als Sachmangel führt jedoch dazu, dass das Rücktrittsrecht und der Schadensersatz statt der Leistung von der Erheblichkeit der Pflichtverletzung iSv § 323 V 2 oder § 281 I 3 abhängen. Um Wertungswidersprüche zum allg Schuldrecht zu vermeiden, ist bei verdeckten Mankolieferungen vielmehr auch im Gewährleistungsrecht ein **Interessenwegfall** nach § 323 V 1 oder § 281 I 2 zu fordern. Beim Handelskauf ist die Genehmigungsfiktion des § 377 II, III HGB zu beachten; eine unterbliebene Anzeige schließt Ansprüche des Käufers wegen Zuweniglieferung aus. Die frühere handelskaufrechtliche Unterscheidung zwischen genehmigungsfähigen und nicht genehmigungsfähigen Abweichungen (§ 378 HGB aF) ist damit weitgehend hinfällig (zur Frage, ob diese Unterscheidung nach § 242 Berücksichtigung finden kann, vgl nur Oetker Handelsrecht, § 8 Rn 36).

22 Dag kommt bei einer **Zuviellieferung** kein Vertrag bzgl der Übermenge zustande. Diese ist vielmehr nach Bereicherungsrecht herauszugeben. Die Zuviellieferung wird von der Genehmigungsfiktion des § 377 Abs 2, 3 HGB nicht erfasst (aA Koller/Roth/Morck § 377 Rn 5 b). Bezahlung wegen einer Zuviellieferung kann der Verkäufer aber aufgrund einer Vertragsänderung verlangen, die auch konkludent in der Annahme einer offenen und damit für den Käufer erkennbaren Zuviellieferung gesehen werden kann (vgl Baumbach/Hopt HGB § 377 Rn 19; Koller/Roth/Morck § 377 Rn 5 b; Oetker aaO Rn 37).

23 5. Die **Rechtsfolge** ergibt sich für jede Form der Mangelhaftigkeit einheitlich aus § 437 und den weiteren Vorschriften, auf die dort verwiesen wird.

24 III. Grds gilt die Vermutung der Vertragsmäßigkeit der Sache für den Fall, dass sie mit der vom Verkäufer gegebenen Beschreibung übereinstimmt. Deshalb trägt der Käufer, der sich auf die Mangelhaftigkeit beruft, ab Annahme als Erfüllung die Darlegungs- und **Beweislast** für die einen Sachmangel begründenden Tatsachen (BGH NJW 04, 2299, 2300). Ebenso trägt der Käufer die Beweislast dafür, dass die Sache bereits bei Gefahrübergang mangelhaft war. Nur soweit es sich um einen Verbrauchsgüterkauf (§ 474) handelt, gilt die Beweislastumkehr des § 476 für den Fall, dass sich der Sachmangel innerhalb von 6 Monaten nach Gefahrübergang zeigt. Dabei wirkt die Vermutung des § 476 jedoch nur in zeitlicher Hinsicht, betrifft also nicht die Frage, ob überhaupt ein Sachmangel vorliegt (BGH NJW 04, 2299, 2300; str, vgl dazu iE § 476 Rn 2). Demgegenüber hat der Verkäufer die Ausnahmen von seiner Haftung zu beweisen, etwa die fehlende Kenntnis des Käufers von der Werbung (Abs 1 S 3 aE) oder die mangelfreie Montage durch den Käufer (Abs 2 aE).

§ 435 Rechtsmangel

¹Die Sache ist frei von Rechtsmängeln, wenn Dritte in Bezug auf die Sache keine oder nur die im Kaufvertrag übernommenen Rechte gegen den Käufer geltend machen können. ²Einem Rechtsmangel steht es gleich, wenn im Grundbuch ein Recht eingetragen ist, das nicht besteht.

1 I. Anders als die Haftung für Sachmängel war die Haftung für Rechtsmängel bereits nach altem Kaufrecht in das System des allg Leistungsstörungsrechts integriert. Entgg § 437 aF ist die Haftung für Rechtsmängel aber nicht verschuldensunabhängig ausgestaltet. Die Rechtsfolgen ergeben sich ebenso wie bei Sachmängeln aus § 437. Damit beschränkt sich § 435 auf die **Definition** des Rechtsmangels. Die Regelung erstreckt sich dabei gleichermaßen auf den Kauf von Sachen, Rechten und sonstigen Gegenständen. S 2 übernimmt die Regelung des § 435 aF, wonach Buchrechte, also eingetragene

2. Die Verkäuferpflichten aus §§ 433 I 2, 435 werden in **Abs 2** weiter eingegrenzt. Der 5
Verkäufer hat danach für die übrigen nicht eintragungsfähigen **öffentlichen** Abgaben
und **Lasten nicht einzustehen**. Die Regelung erfasst nur solche Leistungspflichten, die
aufgrund öffentlichen Rechts aus dem Grundstück zu erbringen sind (BGH NJW 83,
275), wie Grundsteuer, Erschließungskosten, Anliegerbeiträge, Kanalanschlussgebühren.
Nicht von § 436 erfasst werden dag die Grunderwerbsteuer, Müllabfuhrgebühren,
die Anliegerstreupflicht, öffentlich-rechtliche Vorkaufsrechte, Verpflichtungen zur
Übertragung des Eigentums und öffentlich-rechtliche Baubeschränkungen. Die Vorschrift
ist nur auf Grundstücke sowie entspr auf grundstücksgleiche Rechte und Rechte
an Grundstücken anwendbar, dag nicht auf Schiffe und bewegliche Sachen.

§ 437 Rechte des Käufers bei Mängeln

Ist die Sache mangelhaft, kann der Käufer, wenn die Voraussetzungen der folgenden
Vorschriften vorliegen und soweit nicht ein anderes bestimmt ist,
1. nach § 439 Nacherfüllung verlangen,
2. nach den §§ 440, 323 und 326 Abs. 5 von dem Vertrag zurücktreten oder nach
§ 441 den Kaufpreis mindern und
3. nach den §§ 440, 280, 281, 283 und 311 a Schadensersatz oder nach § 284 Ersatz
vergeblicher Aufwendungen verlangen.

I. Die zentrale Bestimmung des § 437 **fasst** die **Rechte und Ansprüche zusammen**, die 1
dem Käufer bei Lieferung einer mit einem Rechts- oder Sachmangel behafteten Sache
zustehen; hins Rücktritt und Schadens- bzw Aufwendungsersatz (Nr 2 und 3) enthält
sie eine Verweisung auf das allg Leistungsstörungsrecht, welches weiter gehende Anspruchsvoraussetzungen
aufstellt. Unterschiede zwischen der Sach- und Rechtsmängelhaftung
des Verkäufers sowie zwischen dem Stück- und Gattungskauf sind weitgehend
beseitigt. Die grundlegende Änderung ggü dem früheren Recht besteht darin, dass es –
mit Ausn der Minderung – kein besonderes Gewährleistungsrecht für den Kauf mehr
gibt. Die Lieferung einer mangelhaften Sache stellt eine Verletzung der Verkäuferpflicht
aus § 433 I 2 dar, die weitestgehend den sonstigen Pflichtverletzungen des Verkäufers
gleichgestellt wird. Die **Folgen** einer solchen Lieferung für die Verpflichtung
des Verkäufers und die Käuferrechte ergeben sich daher aus dem **allg Leistungsstörungsrecht**,
das durch §§ **439–441** lediglich einige **Modifikationen** erfährt. Demgegenüber
gelten für die Nichterfüllung von Pflichten des Käufers keine Besonderheiten, so
dass die allg Bestimmungen ohne Einschränkung Anwendung finden. § 437 ist grds abdingbar,
insb kann die Gewährleistung auf Nacherfüllung und Minderung beschränkt
werden. Die Vorschrift – die auf Art 3 Verbrauchsgüterkauf-RL beruht, aber über deren
Anwendungsbereich hinaus für das gesamte Kaufrecht Geltung beansprucht – kann
jedoch beim Verbrauchsgüterkauf (§ 474 Rn 2 f) gem § 475 I nicht zum Nachteil des
Verbrauchers (§ 13) abbedungen werden.

II. **Voraussetzung** der in § 437 genannten Käuferrechte ist zunächst die Verletzung der 2
Pflicht des Verkäufers aus § 433 I 2, dem Käufer den Kaufgegenstand frei von Sach-
und Rechtsmängeln zu verschaffen. Zu beurteilen ist, ob ein Sach- (§ 434) oder Rechtsmangel
(§ 435) vorliegt. Im Fall der Verletzung sonstiger Pflichten kann der Käufer nur
nach den allg Vorschriften, auf die § 437 Nr 2 u Nr 3 verweist, Schadensersatz verlangen
oder vom Vertrag zurücktreten. Grds ist eine **Stufung der Behelfe** vorgesehen. Vorrangig
besteht das Recht zur Nacherfüllung (§ 439). Nachrangig kommen Rücktritt
(§ 440) und Minderung (§ 441) einerseits sowie Schadensersatz (§ 440) und Ersatz vergeblicher
Aufwendungen (§ 284) andererseits in Betracht.

1. **Nr 1:** Entspr der bereits früher – durch die Einbeziehung von AGB – begründeten 3
Praxis steht dem Käufer **vorrangig** ein Anspruch auf **Nacherfüllung** (§ 437 Nr 1 iVm
§ 439; vgl iE dort) zu, welcher nicht auf die Gattungsschuld beschränkt ist und (anders
als nach § 459 I 2 aF) auch bei einem nur unerheblichen Mangel in Betracht kommt.
Der Vorrang der Nacherfüllung soll es dem Verkäufer ermöglichen, eigene Feststellungen
darüber zu treffen, ob die Sache bereits bei Gefahrübergang mangelhaft war, wel-

che Ursache der Mangel hat und wie er am besten behoben werden kann (BGH NJW 05, 1348, 1350). Der Käufer muss das **Verlangen** der Nacherfüllung durch Erklärung ggü dem Verkäufer geltend machen und hat dabei das Wahlrecht zwischen Nachbesserung und Neulieferung (vgl iE § 439 Rn 2 ff). Grds ist die Geltendmachung weiter gehender Behelfe (mit Ausn des Ersatzes von Mangelfolgeschäden, Rn 9 ff) davon abhängig, dass der Käufer dem Verkäufer zunächst eine angemessene **Frist** zur Nacherfüllung (vgl iE Rn 17 ff) gesetzt hat (§§ 323 I, 281 I), ohne dass es aber einer Ablehnungsandrohung (so noch § 326 I 1 aF) bedarf (Rn 19). Der Anspruch kann auf Nachbesserung oder Neulieferung einer mangelfreien Sache gerichtet sein. Wegen des Vorrangs der Nacherfüllung besteht faktisch ein Recht des Verkäufers zur zweiten Andienung.

4 2. **Nr 2:** Kaufrechtliche Besonderheiten sind insb bei **Rücktritt und Minderung** zu berücksichtigen. Wegen des Vorrangs der Nacherfüllung setzen die Behelfe regelmäßig den fruchtlosen Ablauf einer angemessenen Frist zur Nachbesserung oder Ersatzlieferung voraus.

5 a) Das allg Recht des Gläubigers zum **Rücktritt** (§ 437 Nr 2 iVm § 440 und §§ 323, 326 V) wird durch § 440 ergänzt und modifiziert. Aus der Verweisung ergibt sich, dass das Rücktrittsrecht des Käufers regelmäßig (vgl zu den Ausnahmen Rn 21) nur bei **Erheblichkeit** des Mangels in Betracht kommt (§ 323 V 2; zum **Interessenfortfall** nach § 323 V 1 bei verdeckter Teilleistung vgl § 434 Rn 21) und den Ablauf einer dem Verkäufer gesetzten **angemessenen Frist** (vgl Rn 17 ff) zur Nacherfüllung voraussetzt (§ 323 I 1). Für die Beurteilung von Vorliegen und Erheblichkeit des Mangels ist auf den Zeitpunkt der Rücktrittserklärung abzustellen (BGH NJW 09, 508; Rücktrittsrecht entfällt bei erfolgreicher Nacherfüllung auch, wenn Fristsetzung wegen Arglist entbehrlich war, BGH NJW 10, 1805). Dem Verkäufer wird durch das Fristsetzungserfordernis Gelegenheit zu einer zweiten Andienung in Form von Nachbesserung oder Neulieferung gegeben. Darüber hinaus ist das Recht zum Rücktritt (anders als die frühere Wandelung) ein Gestaltungsrecht. Der Käufer ist deshalb an die Erklärung des Rücktritts gebunden; er kann seine Erklärung nicht zurücknehmen und stattdessen Minderung verlangen. Dag eröffnet die Regelung dem Käufer ausdrücklich die Möglichkeit, nach erklärtem Rücktritt zudem auch Schadensersatz geltend zu machen (vgl § 325).

6 b) Ein spezieller kaufrechtlicher Behelf ist die **Minderung** (§ 437 Nr 2 iVm § 441). Diese ist als ein alternativ zum Rücktrittsrecht bestehendes Gestaltungsrecht des Käufers konzipiert. IU zum früheren Recht (§ 462 aF) kommt diese nicht nur bei Sachmängeln, sondern auch bei Rechtsmängeln in Betracht. Die Minderung, die (anders als nach § 459 I 2 aF) auch bei einem nur unerheblichen Mangel verlangt werden kann, setzt ebenfalls die erfolglose **Fristsetzung** zur Nacherfüllung voraus (dazu § 441 Rn 2), hängt aber anders als der Rücktritt nicht von einer Erheblichkeit des Mangels ab. Eine Regelung für den Fall der Beteiligung von mehr als zwei Vertragsparteien trifft § 441 II; die Berechnung des Minderungsbetrags richtet sich nach § 441 III; der Rückforderungsanspruch und die Modalitäten bei bereits gezahltem Kaufpreis ergeben sich aus § 441 IV. Zur Konkurrenz zum Schadensersatz statt der Leistung s § 441 Rn. 2.

7 3. **Nr 3:** Ebenso wie der Rücktritt ist auch der Anspruch des Käufers auf **Schadensersatz** (§ 437 Nr 3 iVm § 440 und §§ 280, 281, 283 sowie § 311 a) bei Mängeln der Kaufsache nicht im Kaufrecht speziell geregelt, sondern beurteilt sich nach den Vorschriften des allg Schuldrechts, auf die das Kaufrecht verweist. § 440 enthält lediglich Bestimmungen über die Entbehrlichkeit der Fristsetzung, die auf kaufrechtlichen Besonderheiten beruhen. Grds besteht eine **allg Schadensersatzpflicht** des Verkäufers. Verletzt er seine Pflicht aus § 433 I 2 zur Lieferung einer mangelfreien Sache, ist er immer zur Schadensersatzleistung verpflichtet. Diese weit reichende Verantwortlichkeit des Verkäufers erfährt aber zwei wichtige **Einschränkungen**. Zum einen haftet der Verkäufer – soweit er nicht ausnahmsweise eine verschuldensunabhängige Garantiehaftung (§ 276 I 1) übernommen hat (sog Eigenschaftszusicherung, vgl § 442 Rn 7; § 276 Rn 23) – nur wenn er die Pflichtverletzung zu vertreten hat (nach aA soll dieses Erfordernis auch bei Gattungsschulden entfallen, s dazu iE § 276 Rn 23). Das **Vertretenmüssen** wird nach § 280 I 2 regelmäßig **vermutet**; der Verkäufer vermag sich aber zu entlasten. Auch die Haftung für Rechtsmängel, die nach früherem Recht als Garantiehaftung ausgestaltet war, ist verschuldensabhängig. Zum anderen setzt die Haftung des Verkäufers grds eine erfolglos gebliebene vorherige **Fristsetzung zur Nacherfüllung** (dazu Rn 17 ff) voraus. Lediglich beim Schadensersatzanspruch wegen anfänglicher Unmöglichkeit (§§ 437 Nr 3, 311 a II) und beim Schadensersatz neben der Leistung (§§ 437 Nr 3, 280 I) ist eindeutig, was **Bezugspunkt für das Vertretenmüssen** des Verkäufers ist. Im ersten Fall kommt es auf die Kenntnis oder fahrlässige Unkenntnis des Leistungshindernisses im Zeitpunkt des Vertragsschlusses an. Im zweiten Fall hat sich das Vertretenmüssen auf die Lieferung der mangelhaften Sache zu beziehen. Im Fall des §§ 437 Nr 3, 281 ließe sich auf eine Kenntnis des Mangels im Zeitpunkt der Übergabe bzw auf die Verursachung der Mangelhaftigkeit der Leistung abstellen. Andererseits kommt auch eine ausschließliche Anknüpfung an die Nichtvornahme oder an das Fehlschlagen der Nacherfüllung in Betracht. Des Weiteren lässt sich das Exkulpationserfordernis auf beide Zeitpunkte erstrecken (die Frage bewusst offenlassend BGH NJW 05, 2852, 2853 ff). Richtigerweise muss sich der Verkäufer hins seines Verhaltens in beiden Zeitpunkten exkulpieren, um einer Haftung zu entgehen. Eine Exkulpation lediglich in Bezug auf einen Zeitpunkt zu verlangen, würde den Verkäufer, dem bzgl des anderen Zeitpunktes ein Verschulden vorgeworfen werden kann, ungerechtfertigt privilegieren. Im Fall des §§ 437 Nr 3, 283 könnte das Verschulden wiederum auf den Mangel selbst bezogen werden. Andererseits kann aber auch darauf abgestellt werden, ob der Verkäufer die Unmöglichkeit der Nacherfüllung zu vertreten hat. Nur so lässt sich vermeiden, den Verkäufer mit einer Schadensersatzpflicht statt der Leistung zu belasten, wenn ihn in Bezug auf die Unmöglichkeit kein Verschulden trifft. Hat er in einem solchen Fall aber die Lieferung der mangelhaften Sache zu vertreten, haftet er aus §§ 437 Nr 3, 280 I.

Verletzt der Verkäufer seine Pflicht aus § 433 I 2, dem Käufer eine Sache frei von Sach- und Rechtsmängeln zu verschaffen, können dem Käufer **Schäden aller Art** entstehen. Zunächst erleidet er schon dadurch einen Schaden, dass die Sache wegen des Mangels nicht den Wert hat, den sie ohne den Mangel hätte (**Mangelschaden**, Rn 12). Darüber hinaus kann der Mangel weitere Schäden im Vermögen des Käufers verursachen, zB wenn der Mangel einer gekauften Maschine zu einem Produktionsausfall führt oder Schäden an anderen Rechtsgütern des Käufers hervorruft (**Mangelfolgeschaden**, Rn 9 ff). Ein Schaden kann schließlich auch entstehen, wenn der Verkäufer die Nacherfüllung **verzögert** (Rn 13). Sämtliche dieser Schäden werden von der Schadensersatzpflicht des Verkäufers abgedeckt, wobei nach § 280 I 2 das Vertretenmüssen vermutet wird. IE gilt Folgendes, wobei fünf **Fallgruppen** zu unterscheiden sind: 8

a) Begleitender Mangelfolgeschaden (Schadensersatz **neben der Leistung**; zur Abgrenzung vom Schadensersatz statt der Leistung vgl OLG Saarbrücken NJW 07, 3503, 3504 f; Tiedtke/Schmitt BB 05, 615): Die Verletzung der Pflicht zur mangelfreien Leistung begründet zunächst regelmäßig die Verpflichtung des Verkäufers zum **Ersatz aller über das Erfüllungsinteresse hinausgehenden Vermögensnachteile** des Käufers außerhalb des Leistungsgegenstandes. Hins der Anspruchsgrundlage ist dabei zu differenzieren: 9

(1) Nach § 437 Nr 3 iVm **§ 280 I** werden mangelbedingte Folgeschäden ersetzt, wenn der Gläubiger bei Schadenseintritt einen Anspruch auf Nacherfüllung hat und **am Leistungsprogramm** weiterhin festhält. Für diesen Schadensersatzanspruch gelten die geringsten Voraussetzungen. Dementspr wird der Anspruch noch vor dem auf Schadensersatz statt der Leistung genannt. Bei Störung des Äquivalenzinteresses wird dem Verkäufer über § 437 Nr 3 iVm § 280 III zunächst grds eine Chance zur Nacherfüllung eingeräumt. Bei einer Störung des Integritätsinteresses – wie es bei Mangelfolgeschäden typischerweise der Fall ist – kann dag nach § 280 I direkt Schadensersatz geltend gemacht werden. Nach aA sind derartige Schäden dag nur bei Verletzung einer Schutzpflicht gem § 241 II ersatzfähig (Ehmann/Sutschet JZ 04, 64 ff). Zu Recht geht demgegenüber die **hM** in Einklang mit der Rspr (zum früheren Recht BGHZ 101, 339) davon aus, dass es für das Vorliegen einer Pflichtverletzung auf eine Schutzpflichtverletzung nicht ankommt, sondern bereits die Verletzung der Vertragspflicht zur mangel- 10

freien Leistung (§ 433 I 2) die Grundlage für die Haftung auf Schadensersatz bildet (Medicus/Lorenz SchR II, Rn 182). (2) Hingegen sind § 437 Nr 3 iVm §§ 280 I, III, 281 (bzw §§ 283 bzw 311 a II bei nicht behebbaren Mängeln) maßgeblich, wenn der Schaden **nach dem Scheitern des Leistungsprogramms** entstanden ist (insb, wenn der Gläubiger bereits Schadensersatz statt der Leistung gem § 281 IV verlangt hat oder der Schuldner von seiner Nacherfüllungspflicht gem § 275 I–III befreit ist).

11 Nach § 280 I 2 wird das Vertretenmüssen des Verkäufers vermutet. Von dem Anspruch werden damit die durch die Mangelhaftigkeit der Kaufsache an anderen Rechtsgütern eingetretenen Schäden erfasst, welche früher der pVV unterfielen, wie Körper-, Vermögens- und **Betriebsausfallschäden** (iE Schulze/Ebers JuS 04, 465 f). Nach aA sollen **Nutzungsausfallschäden** dag nur unter den zusätzlichen Voraussetzungen von §§ 280 II, 286 ersatzfähig sein und insb eine vorherige Mahnung erfordern (Arnold/Dötsch BB 03, 2253; AnwaltK/Büdenbender § 437 Rn 77; wie hier dag BGH NJW 09, 2674; Canaris ZIP 03, 321 ff; MK/Ernst § 280 Rn 55 ff; Lorenz/Riehm Rn 546 f; Medicus JuS 03, 528 und auch die Gesetzesbegründung, BT-Drucks 14/6040, 225; bei Rücktritt auch als Schadensersatz statt der Leistung, BGH NJW 08, 911; NJW 10, 2426). **Nicht** erfasst wird dag ein Schaden, der im Mangel der Sache selbst liegt; dieser kann nur iRv § 280 III (dazu Rn 12) berücksichtigt werden. Ersatz von Mangelfolgeschäden kann auch kumulativ neben dem Ersatz der Mangelschäden (Rn 12) verlangt werden und setzt – weil es sich um Schäden außerhalb der Kaufsache handelt – **keine Fristsetzung** zur Nacherfüllung voraus.

12 **b) Mangelschaden:** Schadensersatz **statt der Leistung** (bei behebbaren Mängeln), also Ersatz des früher sog **Nichterfüllungsschadens**, kann der Käufer – über evtl mangelbedingte Folgeschäden (Rn 9 ff) hinaus – nur unter den weiter gehenden Voraussetzungen von § 437 Nr 3 iVm §§ 280 I, III, 281 I (bzw 283 oder 311 a II bei nicht behebbaren Mängeln) verlangen. Hier wird der Schaden erfasst, der im **Mangel der Sache** selbst liegt, also der eigentliche Mangelschaden. Zum Vertretenmüssen s Rn 7 f. Voraussetzung ist – iU zum Anspruch aus § 437 Nr 3 iVm § 280 I – zudem der ergebnislose Ablauf einer zuvor gesetzten **Frist** zur Nacherfüllung (§ 281 I, zu den Ausnahmen vgl Rn 19). Die Geltendmachung des sog **großen Schadensersatzes** (Schadensersatz **statt der ganzen Leistung**), bei dem der Käufer den Ersatz des entstandenen Schadens unter Zurückweisung der Kaufsache verlangt, setzt voraus, dass die Pflichtverletzung **nicht unerheblich** ist (§ 281 I 3). Ob eine Pflichtverletzung nicht nur unerheblich ist, bestimmt sich nach den Umständen des Einzelfalls, gemessen an Inhalt und Zweck des Schuldverhältnisses (s iE § 281 Rn 18). Soweit dies nicht der Fall ist, beschränkt sich der Anspruch auf den kleinen Schadensersatz, also den Ersatz des durch den Mangel verursachten Minderwerts der Kaufsache, die der Käufer behält (vgl BT-Drucks 14/7052, 185). Auch bei einer Schlechtleistung in Form einer **verdeckten Teilleistung** iSd § 434 III wird nach § 281 I 1 zunächst nur der kleine Schadensersatz gewährt; der Anspruch auf den großen Schadensersatz setzt nach § 281 I 2 zusätzlich den **Interessenfortfall** voraus (vgl § 434 Rn 21). Mit dem Schadensersatzverlangen (aber nicht schon aufgrund der Nachfristsetzung) ist der **Primäranspruch** auf die Leistung **ausgeschlossen** (§ 281 IV).

13 **c) Verzugsschaden:** Schadensersatz wegen **Verzögerung der Leistung** kann der Käufer nach § 437 Nr 3 iVm §§ 280 II, 286 geltend machen, wenn der Verkäufer die den übrigen Behelfen vorausgehende **Nacherfüllung verzögert** und die weiteren Voraussetzungen des § 286, insb eine **Mahnung**, vorliegen. Nach der Gesetzesfassung bedarf es somit einer feinsinnigen Unterscheidung. Kommt es bereits aufgrund einer Schlechtleistung zu Schäden, etwa zu Betriebsausfallschäden wegen fehlender Verwendungsmöglichkeit der gelieferten Sache, sind diese nach § 280 I ersatzfähig (Rn 11). §§ 280 II, 286 erfassen demgegenüber nur weiter gehende Schäden infolge Verzugs mit der Nacherfüllungspflicht des § 439, also etwa die Kosten der Rechtsverfolgung zur Durchsetzung der Nacherfüllung.

14 **d) Schadensersatz bei nicht behebbaren Mängeln:** Schadensersatz statt der Leistung kann der Käufer auch verlangen, wenn eine **Nacherfüllung** iSv § 439 anfänglich (§ 437 Nr 3 iVm § 311 a II) oder nachträglich (§ 437 Nr 3 iVm § 283 S 1) **unmöglich**, der

Mangel also nicht behebbar ist. In diesen Fällen wird das Vertretenmüssen des Verkäufers vermutet und kann der Käufer auch **ohne Fristsetzung** Schadensersatz statt der Leistung (§ 283 S 1) beanspruchen. Auch hier setzt bei teilweiser Schlechtleistung der Anspruch auf den sog großen Schadensersatz nach § 281 I 2 Interessenfortfall voraus und scheidet dieser iU bei nur unerheblicher Pflichtverletzung aus (§ 281 I 3).

e) **Aufwendungsersatz:** Schließlich verweist § 437 Nr 3 auf die allg Regelung des § 284, 15 wonach der Käufer **alternativ** zum Schadensersatz statt der Leistung **Ersatz vergeblicher Aufwendungen** verlangen kann, die er im Vertrauen auf den Erhalt der Leistung gemacht hat und billigerweise machen durfte. Ersatzfähig sind damit etwa die Vertragskosten (§ 467 S 2 aF), die der Käufer im Vertrauen auf den Erhalt der Leistung billigerweise machen durfte. Der Anspruch tritt an die Stelle des Anspruchs auf Schadensersatz statt der Leistung, so dass die Voraussetzungen von § 437 Nr 3 iVm §§ 280 III, 281 I, 280 I (Rn 12) oder § 311 a II bzw § 283 S 1 (Rn 14) vorliegen müssen. Auch insoweit wird das Vertretenmüssen des Verkäufers vermutet (§ 280 I 2). Die Geltendmachung von Aufwendungsersatz schließt aber einen Anspruch auf Schadensersatz statt der Leistung nicht grds, sondern allein in Bezug auf die konkrete Aufwendungsposition aus (BGH ZIP 05, 1512, 1513 f).

f) **Weitere Gewährleistungsrechte** als die in § 437 genannten stehen dem Käufer nicht 16 zu. Insb wird dem Käufer – anders als im Werkvertragsrecht (§ 637) – **kein Recht auf Selbstvornahme** eingeräumt (BGHZ 162, 219 = NJW 05, 1348). Entgg der hM zum früheren Recht kann § 637 auch nicht analog angewendet werden (BT-Drucks 14/6040, 229; BGH aaO). Ebenso scheidet ein Ersatz der Selbstvornahmekosten über das allg Bereicherungsrecht aus. In Betracht kommt allein die Geltendmachung iR eines Schadensersatzanspruchs gem §§ 280 I, III, 281 oder § 283 (nach Fristablauf bzw bei Entbehrlichkeit der Frist; hierzu Dauner-Lieb/Dötsch ZGS 03, 250, 251). Auch der Wert der vom Verkäufer infolge der Selbstvornahme ersparten Aufwendungen kann nicht entspr § 326 II 2 (so aber Ebert NJW 04, 1761, 1763; Lorenz NJW 03, 1419; Lorenz NJW 05, 1321; Wall ZGS 11, 166) vom Verkäufer ersetzt verlangt werden. Die Vorschrift bezieht sich auf § 326 I 1, der aber bei Unmöglichkeit der Nacherfüllung gem § 326 I 2 keine Anwendung findet. Für eine analoge Anwendung des § 326 II 2 fehlt es an einer planwidrigen Regelungslücke (BGH NJW 06, 988; BGHZ 162, 219 = BGH NJW 05, 1348, 1349 f). Der abschließende Charakter der §§ 437 ff steht des Weiteren auch einem Ersatzanspruch aus §§ 684 S 1, 812 entgg (BGH NJW 05, 1348, 1349 f; aA Katzenstein ZGS 04, 144 und 300; Oechsler NJW 04, 1825, 1826).

4. Erfordernis der Nachfristsetzung: Der Nacherfüllung (§ 439) kommt ggü den übri- 17 gen Behelfen Vorrang zu. Der Käufer kann Rücktritt, Minderung oder Schadensersatz statt der Leistung (Rn 12, 14) bzw Aufwendungsersatz – wohl aber Ersatz der Mangelfolgeschäden (Rn 9 ff) – grds nicht sofort verlangen, weil dem Verkäufer eine letzte Chance gegeben werden soll, diese für ihn wirtschaftlich besonders nachteiligen Behelfe noch abzuwenden (ausf Zusammenstellung der Rspr bei Martis MDR 10, 1293). Auch ein auf einem Mangel beruhender Anspruch auf Schadensersatz statt der Leistung gegen einen Dritten unter dem Gesichtspunkt der Sachwalterhaftung (§ 311 III) scheidet aus, solange der Verkäufer aufgrund des Vorrangs der Nacherfüllung nicht schadensersatzpflichtig ist (BGH NJW-RR 11, 462, 464). Voraussetzung ist in diesen Fällen deshalb, dass dem Verkäufer vom Käufer gesetzte angemessene **Frist zur Nacherfüllung** erfolglos abgelaufen ist. Ein bestimmter Zeitraum oder Endtermin muss dabei nicht angegeben werden, solange deutlich wird, dass dem Schuldner nur eine begrenzte bestimmbare Zeit zur Leistung bleibt (BGH NJW 09, 3153 mAv Klein; krit Koch NJW 10, 1636, 1637 f). Das Fristsetzungserfordernis ergibt sich für den Schadensersatz aus § 281 I 1 (dazu dort Rn 7), für den Rücktritt aus § 323 I 1 (dazu dort Rn 5) und für die Minderung aus § 441, weil dieser Behelf dem Käufer statt des Rücktritts unter denselben Voraussetzungen zusteht. Dieser Systematik widerspricht die teilweise vertretene Ansicht, das in § 323 I festgelegte Fristsetzungserfordernis gelte nicht beim **Verbrauchsgüterkauf**. Dies wird mit einer zu engen Auslegung von Art. 3 V Verbrauchsgüterkauf-RL begründet, wonach Vertragsauflösung verlangt werden kann, „wenn der Verkäufer nicht innerhalb einer angemessenen Frist Abhilfe geschaffen hat". Diese Formulierung wird als Beleg dafür gewertet, dass Voraussetzung für den Rücktritt allein der „Ablauf" einer angemessenen Frist, nicht aber deren förmliche „Setzung" durch den Gläubiger sei und demzufolge § 323 I für den Verbrauchgüterkauf entspr richtlinienkonform auszulegen sei (AnwaltK/Dauner-Lieb/Dubovitskaya § 323 Rn 17; Koch NJW 10, 1636, 1638; Ernst/Gsell ZIP 00, 1410, 1418; Tröger ZEuP 03, 525, 535). Die Nachfristsetzung erfordert **keine Ablehnungsandrohung** (anders noch § 326 I 1 aF). Der Käufer muss dem Verkäufer aber Gelegenheit zur Nacherfüllung geben. Diese Obliegenheit umfasst auch die Bereitschaft, die Sache dem Verkäufer zur Überprüfung der Mängelrüge zur Verfügung zu stellen (BGH NJW 10, 1448). IÜ gilt, dass keine Alternativität von Rücktritt und Schadensersatz besteht. Schäden können aufgrund § 325 auch noch nach bereits erklärtem Rücktritt und auch neben der Minderung ersetzt verlangt werden (vgl OLG Stuttgart ZGS 08, 479 mAv Berscheid ZGS 09, 17). Hingegen ist es dem Käufer verwehrt, nach Erklärung des Rücktritts die Minderung geltend zu machen (Rn 5 aE).

18 a) Wegen des Vorrangs der Nacherfüllung kommt der Fristsetzung im Kaufrecht besondere Bedeutung zu. Bzgl der **Angemessenheit** der Nachfrist ergeben sich indes keine kaufrechtlichen Besonderheiten und gelten insoweit die allg Grundsätze (§ 323 Rn 5). Der Käufer muss selbst entscheiden, wann die angemessene Frist abgelaufen ist und er zur nächsten Stufe der Gewährleistungsrechte übergeht. Dabei gilt der Grundsatz, dass eine zu kurz bemessene Frist eine angemessene Frist in Lauf setzt (§ 323 Rn 5 aE). Gerade weil es Zweck der Nachfristsetzung ist, dem Verkäufer letztmalig die Gelegenheit zur Leistung zu geben, kann bei der Beurteilung der Angemessenheit der gesetzten Frist auch Berücksichtigung finden, dass der Käufer bereits zuvor ein Nachbesserungsverlangen gestellt hat, ohne dieses zunächst mit einer Fristsetzung zu verbinden. In diesem Fall ist aber auch zu prüfen, ob die Fristsetzung nicht ohnehin bereits nach § 323 II Nr 1 oder 3 bzw § 440 S 1 entbehrlich ist.

19 b) Ein Recht zum sofortigen Rücktritt bzw zur sofortigen Minderung besteht nur in Ausnahmefällen. Das Gesetz sieht die **Entbehrlichkeit der Fristsetzung** zunächst unter den allg Voraussetzungen vor, nämlich nach § 281 II und § 323 II Nr 1 und 3 bei ernsthafter und endgültiger **Leistungsverweigerung** bzw bei Vorliegen besonderer Umstände, die bei Abwägung der beiderseitigen Interessen den sofortigen Rücktritt rechtfertigen (vgl § 281 Rn 8 f; § 323 Rn 6 ff; zu den Besonderheiten bei einer tierärztlichen Notfallbehandlung BGH ZGS 05, 433 f). Indes begründet allein die Unsicherheit des Käufers, ob ein Mangel vorliegt, keinen derartigen besonderen Umstand und entbindet ihn nicht von der Obliegenheit zur Fristsetzung (BGH NJW 06, 1195). Entbehrlich ist eine Fristsetzung des Weiteren nach **§ 323 II Nr 2** bei Pflichtverletzung durch Terminüberschreitung beim einfachen **Fixgeschäft**. Auch bei anfänglicher oder nachträglicher **Unmöglichkeit** der Nacherfüllung bedarf es keiner Fristsetzung, wie sich aus **§ 326 V** iVm §§ 275, 323 ergibt, worauf § 437 Nr 2 verweist. Dies soll nach der Begr des RegE (BT-Drucks 14/6040, 222) unabhängig davon gelten, ob es sich um eine nur teilweise Unmöglichkeit iSv § 326 I 1 2. Halbs handelt. Zwar findet § 326 V hierauf keine Anwendung; indes soll diese Unterscheidung wegen der Gleichbehandlung von Qualitäts- und Quantitätsmängeln im Kaufrecht ausnahmsweise unbeachtlich sein, was aber mit dem Wortlaut der Regelung so nicht vereinbar ist. Daneben normiert § **440 S 1** für Rücktritt und Schadensersatz beim Kauf weitere Ausnahmetatbestände, nämlich die **Verweigerung der Nacherfüllung** nach § 439 III und das **Fehlschlagen** der Nacherfüllung, wovon nach § 440 S 2 regelmäßig nach dem zweiten erfolglosen Versuch auszugehen ist (§ 440 Rn 2; vgl auch § 309 Nr 8 b bb). Die Nachfristsetzung ist danach schließlich auch entbehrlich, wenn dem Käufer eine Nacherfüllung **unzumutbar** ist, etwa im Fall einer zusätzlichen Nebenpflichtverletzung. Ob dies der Fall ist, muss (ebenso wie bei §§ 281, 323 II Nr 3) aufgrund einer Interessenabwägung beurteilt werden (vgl § 440 Rn 2; regelmäßig bei Arglist BGH NJW 07, 835; NJW 10, 2502). Schließlich kann das Erfordernis der Nachfristsetzung auch iR des **Rückgriffs** des Unternehmers nach § 478 I entfallen (s dort Rn 3 ff).

20 5. Ausschlussgründe: Ein **Haftungsausschluss** des Käufers kommt in zwei Formen in Betracht. Den Fall der **Kenntnis** des Käufers vom Mangel regelt § **442**; die Zulässigkeit des Haftungsausschlusses aufgrund **Vereinbarung** beurteilt sich nach § 444 (vgl dort). Ob mit der rügelosen Entgegennahme einer als mangelhaft erkannten Sache eine den ursprünglichen Vertrag ändernde Vereinbarung über die Beschaffenheit der Sache verbunden ist, bedarf bei vorbehaltloser Annahme der Auslegung im Einzelfall (dazu § 442 Rn 4).

Das Rücktrittsrecht – aber wegen § 441 I 2 nicht die Minderung – ist nach **§ 323 V 2** 21 bei einer nur **unerheblichen Pflichtverletzung** des Verkäufers ausgeschlossen (zum Interessenfortfall nach § 323 V 1 bei verdeckter Teilleistung vgl § 434 Rn 21). Fehlt eine vom Verkäufer zugesicherte Eigenschaft (vgl dazu § 442 Rn 7 f) kann nicht von einer nur unerheblichen Pflichtverletzung ausgegangen werden. Denn die Zusicherung einer tatsächlich nicht vorhandenen Eigenschaft und die darin liegende Übernahme einer Garantie für ihr Vorhandensein ist auch dann eine beachtliche Pflichtverletzung, wenn der Wert oder die Tauglichkeit der Sache infolge des Fehlens nur unerheblich gemindert ist. Der Rücktritt ist nach § 323 VI schließlich auch ausgeschlossen, wenn der Käufer für den Umstand, der ihn zum Rücktritt berechtigen würde, allein oder weit überw **verantwortlich** ist oder wenn der vom Verkäufer nicht zu vertretende Umstand eintritt, während sich der Käufer in **Annahmeverzug** befindet. Auch wenn danach bei Geringfügigkeit der Pflichtverletzung ausnahmsweise ein überwiegendes Interesse des Schuldners am Bestand des Vertrages besteht, verdient dessen Vertrauen in den Bestand des Rechtsgeschäfts aber gerade dann keinen Schutz und ist der Rücktritt **nicht** ausgeschlossen, wenn der Verkäufer einen Mangel **arglistig** verschwiegen hat (BGH NJW 06, 1960 = BGH Report 06, 825 m Anm Saenger; aA Lorenz NJW 06, 1925).

III. Konkurrenzen: Der Anwendungsbereich von § 437 erstreckt sich grds auf die Zeit 22 nach Gefahrübergang; insoweit ist die Norm **abschließende Sonderregelung**. Nur ausnahmsweise wird die **Anwendbarkeit** des Gewährleistungsrechts zugunsten des Käufers zeitlich **vorverlagert**, wenn das Erfordernis einer Übergabe der Sache zum Zweck der Herbeiführung des Gefahrübergangs lediglich einen unnötigen Formalismus darstellen würde. Dies ist insb der Fall, wenn ein bereits vor Gefahrübergang vorhandener Sachmangel nicht behebbar ist (arg ex § 323 IV) oder der Verkäufer sich endgültig weigert, den Mangel zu beheben (BGH NJW 95, 1737; Soergel/Huber 12. Aufl Vor § 459 Rn 192; zu den Konkurrenzen im Übbl s Brors MM 02, 1780).

1. § 320 ist nach Gefahrübergang nicht mehr anwendbar (aA Palandt/Grüneberg § 320 23 Rn 2; Hofmann/Pammler ZGS 04, 293; Schroeter NJW 06, 1761, 1761). Zwar ist der Verkäufer verpflichtet, dem Käufer die Sache frei von Sach- und Rechtsmängeln zu verschaffen. Die in der speziellen Regelung des § 437 zusammengefassten Rechte des Käufers beinhalten indes keinen Verweis auf § 320, weshalb der Käufer nach Annahme einer mangelhaften Kaufsache die Bezahlung des Kaufpreises grds nicht unter Berufung auf die **Einrede des nicht erfüllten Vertrags** ablehnen kann. Allerdings kann dem Käufer eine Einrede nach § 438 IV zustehen (vgl iE dort Rn 13).

2. Nachdem die **pVV** in Form von § 241 II eine eigenständige Regelung erfahren hat, 24 kann ein Schadensersatzanspruch wegen schuldhafter Verletzung einer **Nebenleistungspflicht** (insb einer Aufklärungs-, Beratungs- oder Untersuchungspflicht) nach den allg Regeln bestehen; Konkurrenzprobleme ergeben sich hieraus nicht mehr.

3. Ebenso hat die frühere **cic** in § 311 II nunmehr eine gesetzliche Regelung gefunden. 25 Auf dieser Grundlage kommt die Geltendmachung eines Anspruchs nur wegen schuldhafter Verletzung einer **Beratungs-** oder **Aufklärungspflicht** hins außerhalb der Sache selbst liegender Umstände in Betracht, die nicht von der Beschaffenheitsangabe nach § 434 umfasst werden (etwa darüber, dass es sich bei dem verkauften Pkw um ein Importfahrzeug handelt, OLG Hamm NJW-RR 03, 1360, 1361; vgl zur Abgrenzung von Ansprüchen wegen Pflichtverletzungen bei Vertragsverhandlungen und Gewährleistungsrecht iE § 311 Rn 14). Wenn der Verkäufer über die Beschaffenheit der Sache vorsätzlich getäuscht hat, ist § 311 II jedoch neben dem Mängelrecht anwendbar (BGH NJW 09, 2120, NJW 10, 858; str).

4. Anstatt Schadensersatz zu verlangen, kann der Käufer im Fall einer **arglistigen Täu-** 26 **schung** aufgrund der fehlenden Schutzbedürftigkeit des Verkäufers in dieser Lage den

Kaufvertrag auch gem § 123 **anfechten** (zur Frage der Vorzugswürdigkeit der Anfechtung ggü dem Gewährleistungsrecht s Soergel/Huber 12. Aufl Vor § 459 Rn 204 ff).

27 5. Eine Anfechtung wegen **Irrtums** über eine **verkehrswesentliche Eigenschaft** gem § 119 II ist nach Gefahrübergang regelmäßig ausgeschlossen, da die kaufrechtlichen Spezialregeln (§§ 434 ff) genau für diese Sachlage der Anfechtung vorgehen (ganz hM, BGHZ 34, 32; differenzierend Heiderhoff BB 05, 2533, 2538). Dies gilt nicht nur für eine Anfechtung durch den Käufer, sondern grds auch für die des Verkäufers, da sich dieser seiner Gewährleistungspflicht nicht durch eine Anfechtung entziehen können soll (zu den Ausnahmen siehe Soergel/Huber 12. Aufl Vor § 459 Rn 202). Die Anfechtung wegen eines **Erklärungs- oder Inhaltsirrtums** gem § 119 I ist uneingeschränkt zulässig (allgM). Insoweit enthalten §§ 434 ff keine Sonderregeln.

28 6. Auf eine Störung der **Geschäftsgrundlage** (§ 313) kann der Käufer sich nicht berufen, wenn es sich bei den Umständen der Geschäftsgrundlage um Sachmängel handelt oder eine Freizeichnung von der Sachmängelhaftung besteht. IÜ ist § 313 neben §§ 434 ff anwendbar, zB im Fall der künftigen Behebbarkeit eines Mangels (BGHZ 47, 48).

29 7. Ansprüche aus unerlaubter Handlung (§§ 823 ff) werden durch §§ 434 ff weder ausgeschlossen noch modifiziert. Trotz § 438 gilt demnach die 3-jährige Verjährungsfrist des § 195 (BGHZ 66, 315). Bei der Anwendung des § 823 I ist aber insb zu berücksichtigen, dass eine Eigentumsverletzung nur vorliegt, wenn durch die Übereignung der mangelhaften Sache ein Schaden entstanden ist, der sich nicht mit dem bereits bei Gefahrübergang vorhandenen Mangelunwert der Sache deckt (BGHZ 86, 259; NJW 85, 2420; zu der Problematik der sog **weiterfressenden Mängel** s eingehend Vor §§ 823–853 Rn 13 sowie § 823 Rn 17 ff, 169, 194).

30 IV. Die **Beweislast** für das Vorliegen der anspruchsbegründenden Voraussetzungen trägt der Käufer. Dies gilt insb auch für die Angemessenheit einer gesetzten Nachfrist bzw deren Entbehrlichkeit. Hingegen muss der Verkäufer wegen der Vermutung des § 280 I 2 darlegen und beweisen, dass er die Pflichtverletzung (s Rn 7 a) nicht zu vertreten hat.

§ 438 Verjährung der Mängelansprüche

(1) Die in § 437 Nr. 1 und 3 bezeichneten Ansprüche verjähren
1. in 30 Jahren, wenn der Mangel
   a) in einem dinglichen Recht eines Dritten, aufgrund dessen Herausgabe der Kaufsache verlangt werden kann, oder
   b) in einem sonstigen Recht, das im Grundbuch eingetragen ist,
   besteht,
2. in fünf Jahren
   a) bei einem Bauwerk und
   b) bei einer Sache, die entsprechend ihrer üblichen Verwendungsweise für ein Bauwerk verwendet worden ist und dessen Mangelhaftigkeit verursacht hat, und
3. im Übrigen in zwei Jahren.
(2) Die Verjährung beginnt bei Grundstücken mit der Übergabe, im Übrigen mit der Ablieferung der Sache.
(3) [1]Abweichend von Absatz 1 Nr. 2 und 3 und Absatz 2 verjähren die Ansprüche in der regelmäßigen Verjährungsfrist, wenn der Verkäufer den Mangel arglistig verschwiegen hat. [2]Im Falle des Absatzes 1 Nr. 2 tritt die Verjährung jedoch nicht vor Ablauf der dort bestimmten Frist ein.
(4) [1]Für das in § 437 bezeichnete Rücktrittsrecht gilt § 218. [2]Der Käufer kann trotz einer Unwirksamkeit des Rücktritts nach § 218 Abs. 1 die Zahlung des Kaufpreises insoweit verweigern, als er auf Grund des Rücktritts dazu berechtigt sein würde. [3]Macht er von diesem Recht Gebrauch, kann der Verkäufer vom Vertrag zurücktreten.

(5) Auf das in § 437 bezeichnete Minderungsrecht finden § 218 und Absatz 4 Satz 2 entsprechende Anwendung.

I. Die in § 438 geregelte kurze Verjährung der in § 437 genannten Mängelansprüche **1** des Käufers bei Sach- wie Rechtsmängeln bezweckt eine rasche Abwicklung. Der Verkäufer soll vor einer späten Inanspruchnahme aufgrund von Mängeln, die ihm uU selbst nicht bekannt waren, geschützt werden. Weil mit der zeitnahen Abwicklung zugleich **Beweisschwierigkeiten** vermieden werden, ist ein weiteres Ziel der Regelung auch die Rechtssicherheit. Zur Abdingbarkeit der auf Art 5 Verbrauchsgüterkauf-RL beruhenden Vorschrift insb beim Verbrauchsgüterkauf vgl Rn 8.

II. 1. Vom **Anwendungsbereich** der objektiv zu bestimmenden Verjährungsfrist erfasst **2** werden die Ansprüche auf **Nacherfüllung, Schadensersatz** und **Ersatz vergeblicher Aufwendungen**. IU zu diesen Ansprüchen iSv § 194 I unterliegen Rücktritt und Minderung als Gestaltungsrechte nicht der Verjährung. Deshalb bestimmen § 218 und die hierauf verweisenden Regelungen in § 438 IV 1 und V, dass Rücktritt bzw Minderung unwirksam sind, wenn der Nacherfüllungsanspruch verjährt ist. Maßgeblich sind deshalb allein die Verjährungsfristen der dem Rücktritt und der Minderung zugrunde liegenden Mängelansprüche, ohne dass diese Differenzierung praktische Auswirkungen hat (vgl dazu im Übbl Wagner ZIP 02, 789; Krämer ZGS 03, 379, 381 f).

Demgegenüber ist § 438 **nicht anwendbar** auf Ansprüche im Zusammenhang mit **3** § 241 II, die unter Berufung auf die Verletzung einer mit dem Mangel in keinem unmittelbaren Zusammenhang stehenden **Nebenpflicht** geltend gemacht werden. Für sie gilt die Verjährungsfrist des § 195, für deren Lauf subjektive Gesichtspunkte maßgeblich sind. Auch auf Ansprüche wegen Pflichtverletzungen bei **Vertragsverhandlungen** (§ 311 II) ist die kurze Verjährung idR nicht anwendbar. Soweit ein derartiger Anspruch auf die Verletzung von allg Aufklärungs- und Hinweispflichten gestützt wird, erwächst er nicht unmittelbar aus der Mangelhaftigkeit der Kaufsache, so dass die Regelverjährung des § 195 gilt. Bezieht sich ein vorvertragliches Verschulden dag auf einen Sachmangel, beurteilen sich die Rechte des Käufers nach § 437 Nr 3; insoweit ist § 438 maßgeblich. Für **deliktische Ansprüche** gilt die 3-jährige Verjährungsfrist des § 195 selbst dann, wenn die unerlaubte Handlung sich in einem Sachmangel niederschlägt (BGHZ 66, 315 zu § 477 aF).

2. In Abweichung von der regelmäßigen 3-jährigen Verjährungsfrist nach § 195 gelten **4** **Sonderbestimmungen** für die Gewährleistungsrechte beim Kauf.

a) Besteht der Mangel in einem **dinglichen Recht eines Dritten**, aufgrund dessen die **5** Herausgabe der Kaufsache verlangt werden kann, oder in einem sonstigen (etwa zwischen Vertragsschluss und Gefahrübergang) im Grundbuch eingetragenen Recht, beträgt die Verjährung nach **Abs 1 Nr 1 30 Jahre**. Damit wird den Interessen des Käufers Rechnung getragen, der wegen Herausgabeansprüchen aus Eigentum und anderen dinglichen Rechten nach § 197 I Nr 1 seinerseits einer 30-jährigen Verjährungsfrist ausgesetzt ist.

b) Nach **Abs 1 Nr 2** beträgt die Verjährungsfrist **5 Jahre**, wenn es sich um ein Bauwerk **6** handelt oder die Sache entspr ihrer üblichen Verwendungsweise für ein Bauwerk verwendet worden ist und dessen Mangelhaftigkeit verursacht hat. Damit besteht ein Gleichklang zwischen kauf- und werkvertraglicher Mängelverjährung, weil nicht zwischen neu hergestellten oder bereits bestehenden Bauwerken unterschieden wird (zur Zulässigkeit abw Vereinbarungen aufgrund AGB für gebrauchte Sachen vgl aber § 309 Nr 8 b). Erfasst werden aber auch Sachen, die so eingebaut werden, dass sie mit einem Gebäude fest verbunden sind (BGHZ 53, 43, 45). Die Regelung trägt überdies den Interessen von Bauhandwerkern Rechnung, die ggü ihren Vertragspartnern nach § 634 a I Nr 2 einer 5-jährigen Verjährung ausgesetzt sind und nicht in der Regressmöglichkeiten ggü ihren Lieferanten beschränkt sein sollen; sie gilt aber ganz allg auch für Zwischenhändler und ebenso beim Kauf durch den Bauherrn selbst. Ob eine Sache **entspr ihrer üblichen Verwendungsweise für ein Bauwerk verwendet** worden ist, lässt sich nicht im Einzelfall, sondern nur objektiv beurteilen. Insb kommt es nicht auf die Kenntnis des Verkäufers von der konkreten Verwendung an. Als Bauwerk ist ebenso wie nach § 634 a I Nr 2 eine unbewegliche, durch Verwendung von Arbeit und Material iVm dem Erdboden hergestellte Sache anzusehen, wobei nicht nur die Herstellung eines neuen Gebäudes, sondern auch die Arbeiten an einem Bauwerk, die für dessen Erneuerung und Bestand von wesentlicher Bedeutung sind, erfasst werden, sofern die eingebauten Teile mit dem Gebäude fest verbunden sind (BGHZ 117, 19, 25; 53, 45). Weiterhin muss die Mangelhaftigkeit der Kaufsache auch die **Mangelhaftigkeit des Bauwerks verursacht** haben. Dabei kommt es allein auf die Fehlerhaftigkeit des Materials an; eine fehlerhafte Einbauleistung kann deshalb keine Berücksichtigung finden.

7 c) Soweit die Voraussetzungen von Abs 1 Nr 1 und 2 nicht vorliegen, beträgt nach **Abs 1 Nr 3** die Verjährungsfrist **2 Jahre**. Diese Vorgabe der Verbrauchsgüterkauf-RL wurde verallgemeinert, so dass die Frist auf sämtliche übrigen Ansprüche Anwendung findet, die im Zusammenhang mit Gewährleistungsrechten aus Kaufverträgen jeglicher Art stehen. Ausgenommen hiervon sind Ansprüche aus dem durch den Rücktritt entstehenden Rückgewährschuldverhältnis (BGH NJW 07, 674). Ob mit der Verlängerung der Verjährungsfrist im Vergleich zum früheren Recht eine Erweiterung der Käuferrechte einhergeht, bleibt abzuwarten. Weil der Käufer die Beweislast dafür trägt, dass die Sache bereits bei Gefahrübergang mangelhaft war, und nur für den Fall des Verbrauchsgüterkaufs (§ 474) eine Beweislastumkehr nach § 476 eingreift, wenn sich der Sachmangel innerhalb von 6 Monaten nach Gefahrübergang zeigt, bestehen insoweit durchaus Zweifel.

8 3. Eine **Verlängerung der Frist** kann ausdrücklich oder konkludent vereinbart werden. Eine **Verkürzung** der Gewährleistungsfrist ist zwar nach § 202 I grds möglich, soweit der Verkäufer nicht wegen Vorsatzes haftet. Ausnahmen gelten jedoch beim Verbrauchsgüterkauf. Nach § 475 II kommt eine Verkürzung dort nur bei gebrauchten Sachen und auch nur bis zu einem Jahr in Betracht (vgl § 475 Rn 2). Außerhalb des Verbrauchsgüterkaufs ist bei neu hergestellten Sachen eine Verkürzung der Gewährleistungsfrist aufgrund AGB am Maßstab von § 309 Nr 8 b ff zu messen.

9 4. Der **Beginn** der Verjährung setzt das Entstehen des Anspruchs voraus. Bevor der Kaufvertrag voll wirksam ist, beginnt daher die Verjährung nicht zu laufen. UU läuft die Verjährung erst mit Eintritt einer aufschiebenden Bedingung. Im Regelfall (zu den Ausnahmen vgl Abs 3) beginnt aber die Verjährungsfrist von Ansprüchen wegen Sach- und Rechtsmängeln nach **Abs 2** bei beweglichen Sachen mit der **Ablieferung** bzw beim Versendungskauf mit der Zurverfügungstellung am Bestimmungsort, bei Grundstücken mit der **Übergabe**, also der einverständlichen Übertragung des unmittelbaren Grundstücksbesitzes durch den Verkäufer an den Käufer. Hingegen beurteilt sich der Verjährungsbeginn bei Ansprüchen wegen sonstiger und nicht mit der Gewährleistung in Zusammenhang stehender Vertragsverletzungen nach § 199. Die Ablieferung (vgl auch § 377 I HGB) ist nicht mit dem Gefahrübergang identisch. Vielmehr setzt diese voraus, dass der Kaufgegenstand so in den Machtbereich des Käufers gelangt ist, dass dieser die Möglichkeit hat, diesen auf seine Vertragsmäßigkeit und Mangelfreiheit hin zu untersuchen (BGH 93, 338, 345; Saenger NJW 97, 1945). Dies gilt unabhängig von der Art des Kaufgegenstandes und der Frage, welchen Aufwand die Feststellung eines Mangels etwa bei einem so komplexen technischen Gerät wie dem Computer erfordert. Die von der Ablieferung zu unterscheidende Übergabe bei Grundstücken ist die einverständliche Übertragung des Besitzes durch den Verkäufer auf den Käufer (BGH NJW 96, 587; str). Beim **Rechtskauf** ist der Zeitpunkt maßgeblich, zu dem das Recht oder die Forderung übergehen soll. Stehen dem Käufer aufgrund **mangelhafter Nacherfüllung** die Rechte aus § 437 erneut zu, beginnt nur im Fall eines Anerkenntnisses (§ 212 I Nr 1) die Verjährung von neuem (OLG Celle NJW 06, 2634; ausf Auktor/Mönch NJW 05, 1686; s auch BGH NJW 12, 3229; NJW 06, 47, 48). Liegen dessen Voraussetzungen nicht vor, kann der Käufer über die Hemmung der Verjährung nach § 203 geschützt sein (Auktor NJW 03, 120; Regelungsvorschlag bei Wiedemann ZRP 13, 2).

10 Im Einzelfall kann der Verjährungsbeginn ua durch Einräumung einer **Garantie** hinausgeschoben sein. Zwar beschränkt sich der Inhalt einer Garantieerklärung des Verkäufers häufig auf eine Umkehr der Beweislast (mit der Folge, dass iZw die in der Ga-

rantiezeit auftretenden Mängel als bei Gefahrübergang vorhanden gelten); uU wird iR einer Garantieerklärung aber auch der Beginn der Verjährung des § 438 auf den Zeitpunkt der Entdeckung des Mangels hinausgeschoben. Dies ist insb dann anzunehmen, wenn die Garantiezeit länger als die Verjährungsfrist des § 438 ist (BGH NJW 84, 1526; Soergel/Huber 12. Aufl § 477 Rn 55 zu § 477 aF). Die weiter gehende Auffassung, der Beginn der Verjährung sei generell auf die Erkennbarkeit des Schadenseintritts hinauszuschieben (Larenz SchR II/1, § 41 II e), wird von der Rspr nicht geteilt (BGHZ 77, 221); zumeist gelangt die Rspr aber im Wege der Vertragsauslegung zu ähnlichen Ergebnissen (etwa BGH NJW 73, 845; OLG Celle BB 79, 859).

5. Die **Hemmung** der Verjährung beurteilt sich nach den allg Vorschriften der 11
§§ 203 ff; relevant wird diese insb bei Verhandlungen über das Bestehen der Gewährleistungsrechte (§ 203) und dem Antrag auf Durchführung eines **selbständigen Beweisverfahrens** gem § 485 ZPO (§ 204 I Nr 7).

6. Hat der Verkäufer den Mangel **arglistig** verschwiegen, gilt außer im Fall des ding- 12
lichen Rechts (Abs 1 Nr 1) nach **Abs 3 S 1** die regelmäßige 3-jährige Verjährungsfrist des § 195. Deren Beginn beurteilt sich nach § 199. Insb setzt der Verjährungsbeginn nach § 199 I Nr 2 voraus, dass der Anspruch fällig ist und der Käufer von dem Mangel Kenntnis erlangt hat oder ohne grobe Fahrlässigkeit erlangt haben müsste. Handelt es sich um ein **Bauwerk** oder ist die Sache für ein Bauwerk verwendet worden, tritt die Verjährung nach Abs 3 S 2 jedoch nicht vor Ablauf von 5 Jahren ein.

7. Den Erhalt der **Mängeleinrede** bei noch nicht erbrachter Gegenleistung regelt **Abs 4** 13
S 2. Liegen die Voraussetzungen des Rücktritts vor, ist der Käufer auch ungeachtet der Unwirksamkeit des Rücktritts nach § 218 infolge Verjährung des Leistungs- oder Nacherfüllungsanspruchs berechtigt, die Zahlung des Kaufpreises zu verweigern. Entspr gilt gem § 438 V für das in § 437 bezeichnete Minderungsrecht. Aber auch vor diesem Zeitpunkt kann – wie schon unter Geltung früheren Rechts – ein Bedürfnis zur Leistungsverweigerung aufgrund Mangelhaftigkeit der Kaufsache bestehen. Insoweit ist wie folgt zu differenzieren: **Vor Gefahrübergang** kommt – sofern der Mangel behebbar ist – § 320 zur Anwendung. Für die Zeit **nach Gefahrübergang** ist § 320 indes nicht anwendbar (str, vgl § 437 Rn 23); hier kann sich ein Leistungsverweigerungsrecht – soll der Käufer nicht zur übereilten Ausübung eines seiner Gestaltungsrechte gezwungen werden – allenfalls aus § 242 ergeben (so auch Hofmann/Pammler ZGS 04, 293, die die Einrede aus § 242 allerdings auf Fälle der Unbehebbarkeit des Mangels beschränken wollen). Bei der Einrede des Abs 4 S 2 kommt es (anders als nach § 478 aF) auf eine vorherige Mängelanzeige nicht an (aA v. Olshausen JZ 02, 385). Auf diese Weise wird die Benachteiligung des Käufers ausgeglichen, dessen Nacherfüllungsanspruch aufgrund Abs 1 Nr 3 bereits nach 2 Jahren verjährt, wohingegen der Kaufpreisanspruch des Verkäufers der 3-jährigen Regelverjährung des § 195 unterfällt. Als **Rechtsfolge** entsteht ein ZbR iSd § 273, das der Käufer dem Kaufpreiszahlungsanspruch des Verkäufers dauernd entgegenhalten kann (BGHZ 53, 126). Diese Einrede entsteht allerdings nur im Umfang des noch bestehenden Kaufpreisanspruchs. Soweit der Käufer bereits teilweise gezahlt hat, kann er nur noch die Erfüllung des Restkaufpreises verweigern. Die bereits geleistete Anzahlung kann er allenfalls im Wege des Rücktritts unter gleichzeitiger Rückgabe der Kaufsache zurückverlangen. Die Minderungseinrede steht dem Kaufpreisanspruch nur in Höhe des herabzusetzenden Betrags entgg. Um den Schwebezustand nach Geltendmachung des Zurückbehaltungsrechts aufzulösen und die beim Käufer befindliche und (teilweise) nicht bezahlte Sache zurückzuerhalten, räumt Abs 4 S 3 dem Verkäufer die Möglichkeit ein, seinerseits vom Vertrag zurückzutreten.

§ 439 Nacherfüllung

(1) Der Käufer kann als Nacherfüllung nach seiner Wahl die Beseitigung des Mangels oder die Lieferung einer mangelfreien Sache verlangen.
(2) Der Verkäufer hat die zum Zwecke der Nacherfüllung erforderlichen Aufwendungen, insbesondere Transport-, Wege-, Arbeits- und Materialkosten zu tragen.

(3) ¹Der Verkäufer kann die vom Käufer gewählte Art der Nacherfüllung unbeschadet des § 275 Abs. 2 und 3 verweigern, wenn sie nur mit unverhältnismäßigen Kosten möglich ist. ²Dabei sind insbesondere der Wert der Sache in mangelfreiem Zustand, die Bedeutung des Mangels und die Frage zu berücksichtigen, ob auf die andere Art der Nacherfüllung ohne erhebliche Nachteile für den Käufer zurückgegriffen werden könnte. ³Der Anspruch des Käufers beschränkt sich in diesem Fall auf die andere Art der Nacherfüllung; das Recht des Verkäufers, auch diese unter den Voraussetzungen des Satzes 1 zu verweigern, bleibt unberührt.
(4) Liefert der Verkäufer zum Zwecke der Nacherfüllung eine mangelfreie Sache, so kann er vom Käufer Rückgewähr der mangelhaften Sache nach Maßgabe der §§ 346 bis 348 verlangen.

1 **I.** Dem Käufer steht vorrangig ein Anspruch auf **Nacherfüllung** (§ 437 Nr 1 iVm § 439) zu, wobei der Käufer das Wahlrecht zwischen Nachbesserung und Neulieferung einer mangelfreien Sache hat (vgl iE Huber NJW 02, 1004; Spickhoff BB 03, 589; Kandler, Kauf und Nacherfüllung, 2004; Tröger AcP 212 [2012], 296). Grds ist die Geltendmachung weiter gehender Behelfe davon abhängig, dass der Käufer dem Verkäufer eine angemessene **Frist zur Nacherfüllung** gesetzt hat (§§ 323 I, 281 I, vgl iE dort und bei § 437 Rn 17 ff). Dem Verkäufer muss Gelegenheit zur Nacherfüllung gegeben werden. Dies umfasst auch die Bereitschaft des Käufers, ihm die Sache zur Prüfung der Mängelrüge zur Verfügung zu stellen (BGH NJW 10, 1448). Mit fruchtlosem Fristablauf treten die weiter gehenden Behelfe neben das Recht auf Nacherfüllung, das gleichermaßen für den Rechts- wie den Sachmangel besteht und nicht auf die Gattungsschuld beschränkt ist (BGH NJW 06, 2839).

1a Zwar wird der Nacherfüllungsanspruch beim Stückkauf (va gebrauchter) Sachen idR auf die Nachbesserung beschränkt sein. Gleichwohl kann die Nacherfüllung durch **Ersatzlieferung auch beim Stückkauf** in Betracht kommen, wenn es sich um eine Sache handelt, die einer vertretbaren Sache wirtschaftlich entspricht und das Ersatzstück geeignet ist, das Leistungsinteresse des Käufers zufrieden zu stellen („gleichartig und gleichwertig", idR aber nicht bei gebrauchten Sachen, BGH NJW 06, 2839; Übbl zum Meinungsstand bei Schulze/Ebers, JuS 04, 462, 463 f; s auch Musielak NJW 08, 2801).

1b Mit der Nacherfüllung soll nach der gesetzgeberischen Konzeption lediglich eine nachträgliche Erfüllung der Verkäuferpflichten aus § 433 I 1 u 2 durchgesetzt werden (BT-Drucks 14/6040, S 221). Der BGH (NJW 08, 2837, 2838) ging bislang davon aus, dass der **Inhalt** des Nacherfüllungsanspruchs hins der vom Verkäufer geschuldeten Leistung deckungsgleich mit dem Inhalt des Erfüllungsanspruchs sei (zur Reichweite der Leistungspflicht Stodolkowitz JA 10, 492; insb zu Weiterfresserschäden Schollmeyer NJOZ 09, 2729). Daher sei bei Nacherfüllung grds nur Beseitigung des Mangels oder Übergabe und Übereignung einer mangelfreien Sache geschuldet. Die Vornahme weiterer Handlungen oder Beseitigung weiterer Schäden – bspw Ausbau einer mangelhaften, verbauten Sache samt Einbau einer mangelfreien Sache – sollte dag nicht Gegenstand der Nacherfüllung sein (BGH NJW 08, 2837 „Parkettstäbe"; Skamel NJW 08, 2820, 2821). Dem ist der EuGH (ZIP 11, 1265) jedoch entgegengetreten (vgl ausf Rn 3).

1c Weil die Nacherfüllung Vorrang hat (§§ 281 I, 323 I), kann auch ein Recht des Verkäufers zur Nacherfüllung (**Recht zur zweiten Andienung**, vgl dazu Ebert NJW 04, 1761; abl Mankowski JZ 11, 781) bestehen. § 439 ist beim Verbrauchsgüterkauf (§ 474 Rn 2 f) gem § 475 I nicht zum Nachteil des Verbrauchers (§ 13) abdingbar. Ein unberechtigtes Mangelbeseitigungsverlangen nach § 439 I kann eine Vertragsverletzung seitens des Käufers darstellen, die diesen zum Schadensersatz verpflichtet (BGH NJW 08, 1147; dazu Kaiser NJW 08, 1709).

2 **II. 1.** Die **Voraussetzungen** des Anspruchs auf Nacherfüllung bestimmen sich nach § 437 (vgl auch dort Rn 3). Der Anspruch besteht bei Vorliegen eines Sachmangels iSv § 434 I und gewährt dem Käufer nach **Abs 1** das Wahlrecht, entweder die **Beseitigung des Mangels** (Nachbesserung/Reparatur) oder die **Nachlieferung** einer mangelfreien Sache (Umtausch) zu verlangen. Das Wahlrecht erlischt mit seiner Ausübung nicht; der

Käufer muss sich aber angesichts der Regelungsstruktur der §§ 437 ff zunächst daran festhalten lassen (zur umstr Frage, ob es sich um Wahlschuld oder elektive Konkurrenz handelt vgl MK/Westermann § 439 Rn 4 f). Bei der Ausübung des Wahlrechts ist der Käufer an die Grundsätze von Treu und Glauben, insb an das Verbot widersprüchlichen Verhaltens und des Rechtsmissbrauchs, gebunden. Diese können etwa verletzt sein, wenn der Käufer den Verkäufer, ohne ihm eine entspr Frist gesetzt zu haben, mit einer veränderten Wahl konfrontiert (OLG Saarbrücken NJW 09, 369, 371). Der Nacherfüllungsanspruch besteht als „modifizierte Fortsetzung" des Erfüllungsanspruchs unabhängig von dem Vertretenmüssen des Verkäufers. Die Geringfügigkeit eines Mangels steht der Geltendmachung des Anspruchs ebenfalls nicht entgg. Nach dem Wortlaut der Norm besteht das Nacherfüllungsrecht des Käufers unabhängig von einer Fristsetzung bereits mit der Geltendmachung des Mangels und der Aufforderung zur Behebung. Dennoch ist eine Fristsetzung empfehlenswert, um direkt nach einer misslungenen Nacherfüllung ohne Verzögerung die weiteren Rechte nach § 437 geltend machen zu können (näher Schubel JuS 02, 317). Im Fall der Nachlieferung kann der Verkäufer nach Abs 4 Rückgewähr der mangelhaften Sache nach rücktrittsrechtlichen Bestimmungen (§§ 346–348) verlangen (vgl Rn 9). Zum Zusammenspiel von Nacherfüllung und kaufmännischen Untersuchungs- und Rügeobliegenheiten (§ 377 HGB) vgl Mankowski, NJW 06, 865.

2. Rechtsfolge: Liegen die Voraussetzungen der Nacherfüllung vor, hat der Verkäufer 3 nach **Abs 2** deren **Kosten** zu tragen. Den Verkäufer trifft nicht nur die Pflicht, die Nachbesserung kostenlos durchzuführen; vielmehr hat dieser auch die hierzu erforderlichen **Aufwendungen** zu tragen (bei Zahlung einer Rechnung in Unkenntnis der Kostenfreiheit besteht Anspr aus § 812, BGH NJW 09, 580 mAv Fischinger NJW 09, 563). Eine Wertsteigerung oder sonstige Verbesserung der Kaufsache durch die Nacherfüllung muss der Käufer nicht vergüten (Mankowski NJW 11, 1025; str). Bei Verwendung von AGB sind die Klauselverbote des § 309 Nr 8 b cc und dd zu beachten. Zu den ersatzfähigen Aufwendungen gehören neben den in Abs 2 aufgezählten Positionen alle Kosten, die erforderlich waren, um die Nachbesserung zu ermöglichen, einschl Abschlepp-, Gutachter- oder Rechtsanwaltskosten (BGH NJW-RR 99, 814).

Bei bestimmungsgemäßem Einbau der mangelhaften Kaufsache sind im Fall der 3a Nachlieferung (§ 439 I 2. Alt) die Arbeits- und Materialkosten des **Ausbaus** und Abtransports der mangelhaften ebenso wie die des **Einbaus** der mangelfreien Sache nur beim Verbrauchsgüterkaufs nach § 439 II zu erstatten (BGH NJW 12, 1073 in richtlinienkonformer Auslegung im Anschluss an EuGH NJW 11, 2269 auf die Vorlage des BGH 09, 1660 „Fliesen"; dazu Lorenz NJW 11, 2241; Förster ZIP 11, 1493; ebenso bereits OLG Karlsruhe ZGS 04, 432; Witt ZGS 08, 369; zu den Folgen s Dietrich/Szalai DZWIR 12, 319 sowie Handlungsempfehlungen für Hersteller bei Rothermel GWR 12, 527). Das hatte der BGH (08, 2837 „Parkettstäbe") zunächst anders gesehen und dem EuGH zur Entscheidung vorgelegt. Hierfür ist ausschlaggebend, dass sonst keine „unentgeltliche" Herstellung des vertragsgemäßen Zustandes iSd Verbrauchsgüterkauf-RL vorläge und dem Verbraucher durch die Zusatzkosten „erhebliche Unannehmlichkeiten" iSd RL entstünden. Der Verkäufer ist demgegenüber durch die kurze Verjährungsfrist (§ 438) und die Möglichkeit des Unternehmerregresses (§ 478) ausreichend geschützt. Hingegen lassen sich diese Kosten außerhalb des Verbrauchsgüterkaufs, also bei Verträgen, an denen nur Unternehmer (BGH NJW 13, 220 „Granulat"; Lorenz NJW 13, 207) oder ausschließlich Verbraucher beteiligt sind, nur iR des vom Vertretenmüssen abhängigen Schadensersatzes berücksichtigen (BGH NJW 08, 2837 „Parkettstäbe"; OLG Karlsruhe NJW-RR 09, 777: §§ 437 Nr 3, 280 I, III, 281 bzw Aufwendungsersatzes nach § 284; nach Skamel NJW 08, 2820, 2822 u Lorenz NJW 09, 1633 folgt der Ersatzanspruch richtigerweise bereits aus § 280 I). 3 b § 439 trifft keine Aussage bzgl des **Ortes**, an dem der Nacherfüllungspflicht nachzukommen ist. Insoweit können nicht unerhebliche Mehrkosten entstehen, wenn die Sache zwischenzeitlich vom ursprünglichen Erfüllungsort an einen anderen Ort verbracht wurde. Nach Wegfall der diesen Fall einschränkend regelnden Vorschrift des § 476 a S 2 aF ist streitig, ob bei Fehlen einer vorrangigen Parteiabsprache auf den tatsächlichen bestimmungsgemäßen Belegenheitsort der Sache abzustellen ist (OLG Celle MDR 10, 372; OLG München NJW 06, 449, 450; Brors NJW 13, 3329; für werkvertragliche Nacherfüllungsansprüche auch BGH NJW-RR 08, 724, 725; aA Reinking NJW 08, 3608, 3609 f; OLG München NJW 07, 3214; insb für den Fall des Autokaufs Ball NVZ 04, 217, 220: urspr Erfüllungsort bzw Betriebsstätte). Der BGH (NJW 11, 2278 „Faltanhänger"; 13, 1074 „Motorkajütboot"; dazu Staud/Artz NJW 11, 3121; bzw Cziupka NJW 13, 1043) hat festgestellt, dass sich der Nacherfüllungsort gem § 269 I nach den jeweiligen Umständen des Einzelfalls bestimmt, wobei auf die Ortsgebundenheit und die Art der vorzunehmenden Leistung sowie auf das Ausmaß der Unannehmlichkeiten für den Käufer abzustellen sei. Die Nacherfüllung müsse ferner gem Art. 3 III Verbrauchsgüterkauf-RL ohne erhebliche Unannehmlichkeiten für den Verbraucher erfolgen. Diese Entscheidung dürfte mit erheblicher Rechtsunsicherheit für die Praxis verbunden sein. Die Ortsgebundenheit und Art der vorzunehmenden Leistung dürfte regelmäßig für den Betrieb des Verkäufers sprechen, während das Maß an Unannehmlichkeiten für den Belegenheitsort der Sache in die Waagschale zu werfen ist. De facto wird der Käufer meist gezwungen sein, die Sache zur Nacherfüllung beim Verkäufer abzugeben, will er nicht die Wirksamkeit der Ausübung seiner Mängelrechte riskieren.

4 **3. Ausnahmen von der Nacherfüllungspflicht:** Die Behebbarkeit des Mangels ist grds keine Voraussetzung für die Anwendbarkeit des Sachmängelrechts (s § 434 Rn 3). Dem Verkäufer stehen zunächst die allg **Leistungsbefreiungen** wegen Unmöglichkeit (§ 275 I, etwa bei Unmöglichkeit der Nachlieferung gebrauchter Sachen) und ähnl schweren Leistungshindernissen (§ 275 II, III: unzumutbarer Leistungsaufwand – das Fehlen einer eigenen Werkstatt ist dag grds kein persönliches Leistungshindernis; der Verkäufer hat die Sache in diesem Fall durch Dritte nachbessern zu lassen) zu. Der Begriff „soweit" in § 275 verdeutlicht dabei aber die isolierte Anwendung auf die unterschiedlichen Varianten der Nacherfüllung; die Regelungen enthalten also keine Sperrwirkung für die gesamte Nacherfüllung. Ist etwa die Nachlieferung unmöglich, kann der Käufer die weiterhin mögliche Nachbesserung verlangen. Beim Kauf von Tieren kann die Nachlieferung deshalb unmöglich werden, weil der Käufer eine enge emotionale Bindung zum Tier aufgebaut hat (BGH NJW 05, 2852, 2855). Handlungen, die einen Mangel nicht folgenlos beseitigen können, sondern einen neuen Sachmangel hervorrufen, stellen keine Mangelbeseitigung iSd § 439 I Var 1 dar (BGH NJW 05, 2852, 2854). Sofern kein anderer Weg zur endgültigen Mangelbehebung zur Verfügung steht, ist die Nachbesserung unmöglich, § 275 I. Lediglich bei geringfügigen und deshalb zu vernachlässigenden zwangsläufigen Folgemängeln besteht der Nachbesserungsanspruch weiter. Ergänzend zu den allg Vorschriften gewährt **Abs 3 S 1** dem Verkäufer unter weniger strengen Voraussetzungen eine weitere Verweigerungsmöglichkeit, die ähnl § 275 II und III – aber anders als § 275 I – als Einrede ausgestaltet ist (auf die sich der Verkäufer auch erst im Prozess berufen kann, BGH NJW 14, 213). Da der Verkäufer nach Abs 2 die zum Zweck der Nacherfüllung notwendigen Kosten zu tragen hat, wäre in Betracht gekommen, ihn als Sachkundigen über die Entstehung dieser Kosten durch Wahl der Art der Nacherfüllung mitentscheiden zu lassen. Der Vorgabe des Art 3 III 1 Verbrauchsgüterkauf-RL entspr, nach der dieses Wahlrecht ausdrücklich dem Käufer zustehen soll, hat der Gesetzgeber letztlich anstelle einer eigenen Bestimmung im Verbrauchsgüterkauf die Kompromissregelung des § 439 getroffen (zur mangelnden Schutzwürdigkeit des Verkäufers s BT-Drucks 14/6040, 231).

5 Danach steht das Wahlrecht allein dem Käufer zu. Weil es sich um keine Wahlschuld (§ 264) handelt, geht es auch nach erfolgloser Fristsetzung des Verkäufers nicht auf diesen über (Schroeter NJW 06, 1761, 1763 f). Der Verkäufer ist nur dann nicht zu der vom Käufer gewählten Form der Nacherfüllung verpflichtet, wenn diese mit **unverhältnismäßigen Kosten** verbunden ist. Unverhältnismäßigkeit kann jedenfalls dann vorliegen, wenn die Kosten der gewählten Art der Nacherfüllung außer Verhältnis zu den Kosten der anderen Art der Nacherfüllung stehen, soweit beide Arten der Nacherfüllung gleich effektiv sind (sog **relative Unverhältnismäßigkeit** bzw „interner Kostenvergleich"). Zur Berechnung sind insb die Kriterien des Abs 3 S 2 heranzuziehen. Ist danach die Unverhältnismäßigkeit zu bejahen, beschränkt sich der Anspruch des Käufers

auf die andere Art der Nacherfüllung (Abs 3 S 3 Halbs 1). Maßgeblich für das Verweigerungsrecht ist aber stets eine umfassende Beurteilung der Unverhältnismäßigkeit, wobei **Abs 3 S 2** beispielhaft mehrere Kriterien nennt, die einen weiten Spielraum lassen (s iE Gruber Jb.J.ZivRWiss. 01, S 187). So wird bei einem geringen Wert der Sache eine aufwendige Reparatur nicht in Betracht kommen. Ist der Mangel hingegen unbedeutend und bedarf es nur weniger Handgriffe, um die Sache in einen vertragsgemäßen Zustand zu versetzen, kann der Verkäufer eine Neulieferung verweigern. Berücksichtigt werden kann dabei auch etwaiges schuldhaftes Verhalten der Parteien (Huber NJW 02, 1004, 1107). Indes lässt sich die Verhältnismäßigkeit nicht allgemeingültig beziffern (LG Münster DAR 04, 226, 227; Mankowski EWiR 03, 315). Es sind stets die Umstände des Einzelfalls zu beachten. Insofern besteht eine erhebliche Rechtsunsicherheit, wobei Faustregeln nur Anhaltspunkte bieten können (vgl BGH NJW 09, 1660; s LG Ellwangen NJW 03, 517, wonach in Anlehnung an § 251 und § 632 II 3 aF eine Abweichung von mehr als 20 % der Kosten einer Nachlieferung ggü den Kosten einer Nachbesserung als unzumutbar angesehen wird; Bitter/Meidt ZIP 01, 2122 befürworten insoweit eine Grenze von 10 %). Maßgeblich ist aber immer, ob die andere Art der Nacherfüllung im Einzelfall tatsächlich den Anspruch des Käufers auf eine vollständig mangelfreie Kaufsache zu befriedigen vermag (vgl Rn 4). Wenn nicht die Kosten im internen Vergleich zur anderen Nacherfüllungsart unverhältnismäßig sind, sondern die Kosten der gewählten oder einzig möglichen Art der Nacherfüllung außer Verhältnis zum Wert der mangelfreien Sache (nicht: zum Kaufpreis, OLG Braunschweig NJW 03, 1053 [LS]) stehen, lässt sich von **absoluter Unverhältnismäßigkeit** sprechen. Sofern nur eine Art der Nacherfüllung verbleibt, kommt naturgemäß nur absolute Unverhältnismäßigkeit in Betracht. Auch insoweit lässt sich eine zahlenmäßige Grenze nur schwer pauschal ziehen (Huber NJW 02, 1004, 1008 hält Nacherfüllungskosten bis zu 100 % des Werts der mangelfreien Sache für zumutbar. Eine absolute Grenze wird in Abhängigkeit vom Vertretenmüssen des Mangels seitens des Verkäufers jedenfalls gezogen, wenn die Kosten der Nacherfüllung 150 % des Wertes der Sache in mangelfreiem Zustand übersteigen, BGH NJW 09, 1660). Zwar lässt der Wortlaut des § 439 III eine Verweigerung der Nacherfüllung wegen absoluter Unverhältnismäßigkeit zu. Unklar war aber, ob dies im Widerspruch zu Art 3 III Verbrauchsgüterkauf-RL steht, der nur die relative Unverhältnismäßigkeit im Blick hat. Auf Vorlage des BGH (NJW 09, 1660; umfassend hierzu Gärtner/Schön ZGS 09, 109) hat der EuGH (ZIP 11, 1265) festgestellt, dass die RL in ihrem Anwendungsbereich eine Berufung des Verkäufers auf die absolute Unverhältnismäßigkeit ausschließt. Somit lassen sich die Situationen grds auch nicht unter den von der RL gebrauchten Begriff der „Unmöglichkeit" einordnen. Der EuGH begründet seine Auffassung damit, dass nach der RL der Nacherfüllung der Vorzug vor den Sekundärrechten (Minderung, Rücktritt) zukomme. Das schließt freilich nicht aus, in Fällen, in denen der Verkäufer durch die Tragung der Ein- und Ausbaukosten (dazu Rn 3) erheblich belastet ist, den Anspruch des Verbrauchers auf einen „angemessenen Betrag" zu beschränken, solange dies nicht das Recht des Käufers auf Kostenerstattung praktisch aushöhlt. Da eine solche Beschränkung die teilweise Kostentragung durch den Verbraucher zur Folge hätte, sollen ihm dann aber die Möglichkeiten von Minderung und Rücktritt anstelle der Nacherfüllung offen stehen. Bei der Umsetzung des EuGH-Urteils in der deutschen Gerichtspraxis ist indes zu berücksichtigen, dass eine richtlinienkonforme Auslegung angesichts des recht eindeutigen Wortlauts von § 439 III 3 zumindest zweifelhaft erscheint. In Betracht kommen deshalb eine richtlinienkonforme Rechtsfortbildung (vgl BGH NJW 09, 427 – „Quelle", hierzu § 474 Rn 4 a; s auch Nitze/Grädler GPR 11, 20) sowie eine richtlinienkonforme, teleologische Reduktion des § 439 III (BGH NJW 12, 1073, 1076 „Fliesen"; Jaensch NJW 12, 1025, 1028). Unabhängig von der dogmatischen Lösung führt der Wegfall der absoluten Unverhältnismäßigkeit zu einer erheblichen Einschränkung des Anwendungsbereiches der Einrede des § 439 III, da die Unmöglichkeitstatbestände des § 275 II und III hohe Anforderungen aufweisen (BT-Drucks 14/6040, 232; s auch Gärtner/Schön ZGS 09, 109, 110).

6 Hingegen wird die Frage, wem das **Entscheidungsrecht bei mehreren Nachbesserungsmöglichkeiten** zusteht, vom Wortlaut der Norm nicht erfasst. Es erscheint aber mit den Wertungen des § 439 vereinbar, dem Verkäufer in diesem Fall als dem sachnäheren Vertragsteil die freie Entscheidung zuzugestehen (vgl Huber NJW 02, 1006), soweit hiermit keine unzumutbare Beeinträchtigung des Käufers verbunden ist.

7 Schließlich kann der Verkäufer sogar berechtigt sein, die **Nacherfüllung insgesamt zu verweigern.** Diese Möglichkeit, die in Abs 3 S 3 Halbs 2 ausdrücklich vorgesehen ist, setzt voraus, dass dem Verkäufer sämtliche Arten der Nacherfüllung unzumutbar sind. In diesem Fall ist der Käufer auf seine nachrangigen Rechte verwiesen. Verweigert der Verkäufer zu Unrecht die Nacherfüllung, muss der Käufer hierauf klagen, weil ihm in Ermangelung einer § 637 BGB vergleichbaren Norm kein Recht zur Selbstvornahme zusteht (ausf § 437 Rn 16; in Betracht kommt allein die Geltendmachung iR eines Schadensersatzanspruchs gem §§ 280 I, III, 281 oder § 283 nach Fristablauf bzw bei Entbehrlichkeit der Frist). Aufgrund der Ausgestaltung des Verweigerungsrechts als **Einrede** kann sich der Verkäufer auf § 439 III berufen, er muss es aber nicht. Deshalb kann der Käufer nicht unter Hinweis auf unverhältnismäßige Kosten der Nacherfüllung weitergehende Rechte geltend machen, ohne dem Verkäufer zuvor Gelegenheit zur Nacherfüllung gegeben zu haben (BGH NJW 06, 1195).

8 **III.** Die **Beweislast** für die Frage der Unverhältnismäßigkeit und die dieser Abwägung zugrunde liegenden Tatsachen trägt der Verkäufer, der sich hierauf beruft (LG Münster DAR 04, 226, 227; LG Ellwangen NJW 03, 517).

9 **IV.** Die **Rückabwicklung im Fall der Neulieferung** einer mangelfreien Sache folgt den Vorschriften über den Rücktritt (§§ 346–348), auf die **Abs 4** verweist. Der Verkäufer kann daher gem § 346 I Rückgabe und Rückübereignung der mangelhaften Sache verlangen. Ob der Käufer darüber hinaus verpflichtet ist, gem § 346 I die von ihm gezogenen **Nutzungen** herauszugeben bzw gem § 346 II 1 Nr 1 entspr Wertersatz zu leisten, war in Rspr und Lit lange str. Dies ist nach der nunmehr geltenden Regelung des § 474 II 1 zu verneinen, wenn es sich wegen Verbrauchereigenschaft (§ 13) des Käufers um einen Verbrauchsgüterkauf handelt. Bevor diese gesetzgeberische Klarstellung erfolgte, war die Vereinbarkeit der Nutzungsersatzpflicht bei einem Verbrauchsgüterkauf mit der Verbrauchsgüterkauf-RL umstr u Gegenstand der sog „Quelle"-Entscheidungen von EuGH und BGH (iE bei § 474 Rn 4 a). Der BGH erkannte, dass § 439 IV bei einem Verbrauchsgüterkauf einschränkend anzuwenden ist u die in § 439 IV in Bezug genommenen §§ 346–348 in diesen Fällen nur für die Rückgewähr der mangelhaften Sache selbst gelten. Ein Anspruch des Verkäufers gegen den Käufer auf Herausgabe der gezogenen Nutzungen oder auf Wertersatz für die Nutzung der mangelhaften Sache besteht hingegen nicht (BGH NJW 09, 427). Die Frage nach der Nutzungsersatzpflicht ist also „gespalten gelöst" (so Herrler/Tomasic ZIP 09, 181): Bei Verbrauchsgüterkäufen ist der Käufer von einer Nutzungsersatzpflicht befreit (§ 474 Rn 4 a), bei allen anderen Kaufverträgen verbleibt es bei der uneingeschränkten Anwendung der § 439 IV iVm §§ 346 – 348. Die Privilegierung des Verbrauchers erscheint angesichts der strukturellen Überlegenheit des Verkäufers beim Verbrauchsgüterkauf allerdings gerechtfertigt. Zum Verhältnis von § 439 IV und § 241 a vgl Kohler AcP 204 (2004), 606.

§ 440 Besondere Bestimmungen für Rücktritt und Schadensersatz

¹Außer in den Fällen des § 281 Abs. 2 und des § 323 Abs. 2 bedarf es der Fristsetzung auch dann nicht, wenn der Verkäufer beide Arten der Nacherfüllung gemäß § 439 Abs. 3 verweigert oder wenn die dem Käufer zustehende Art der Nacherfüllung fehlgeschlagen oder ihm unzumutbar ist. ²Eine Nachbesserung gilt nach dem erfolglosen zweiten Versuch als fehlgeschlagen, wenn sich nicht insbesondere aus der Art der Sache oder des Mangels oder den sonstigen Umständen etwas anderes ergibt.

1 **I.** Bei Mangelhaftigkeit bestimmen sich die Rechte des Käufers nach den allg Vorschriften. Demzufolge beschränkt sich § 440 auf die Regelung der weiteren Fälle neben §§ 281 II und § 323 II, in denen es vor der Geltendmachung von Schadensersatz und

dem Rücktritt **keiner Fristsetzung** bedarf. Das Gesetz orientiert sich an den Kriterien, welche die Rspr zu Klauseln in AGB (§ 309 Nr 8 b bb) entwickelt hat, die das Recht des Verkäufers zur zweiten Andienung betreffen (BGH NJW 94, 1005; BGHZ 93, 62). § 440 ist beim Verbrauchsgüterkauf (§ 474 Rn 2 f) gem § 475 I nicht zum Nachteil des Verbrauchers (§ 13) abdingbar. Bei Verwendung von AGB ist bzgl des Rücktritts das Klauselverbot des § 309 Nr 8 b bb zu beachten.

II. Schadensersatz (s auch § 437 Rn 7 ff) und Rücktritt (s § 437 Rn 5) setzen nach § 281 I bzw § 323 I die vorherige Fristsetzung zur Nacherfüllung (§ 437 Rn 17) voraus. Ausnahmen vom Erfordernis der Fristsetzung sind allg in §§ 281 II, 323 II geregelt (§ 437 Rn 19). Daneben normiert S 1 für das Kaufrecht drei weitere **Ausnahmetatbestände**: (1) Dies ist zum einen die eindeutige und endgültige **Verweigerung der Nacherfüllung** sowohl in Form der Mangelbeseitigung als auch in Form der Nachlieferung einer mangelfreien Sache nach § 439 III, auf die sich der Verkäufer beruft. Indes reicht das Bestreiten eines Mangels allein nicht aus (BGH NJW 06, 1195, 1197; NJW-RR 09, 667, 668). (2) Einer Fristsetzung bedarf es ebenso nicht bei **Fehlschlagen** der Nacherfüllung, für die den Käufer – wie grds für die Voraussetzungen des § 440 – die Beweislast trifft (BGH NJW 09, 1341). Hierzu genügt idR bereits der Nachweis, dass das gerügte Mangelsymptom weiter auftritt (BGH NJW 11, 1664). Wann eine Nacherfüllung fehlgeschlagen ist, definiert S 2. Hiervon ist regelmäßig nach dem **zweiten erfolglosen Versuch** auszugehen. Es handelt sich dabei indes um eine Richtgröße, von der aufgrund S 2 Halbs 2 bei entspr Interessenlage sowohl nach oben als nach unten abgewichen werden kann. Weitere Nachbesserungsversuche können etwa bei besonderer (technischer) Komplexität der Sache oder schwer behebbaren Mängeln geboten sein (BGH NJW 07, 404, 405). (3) Schließlich ist die Fristsetzung im Fall der **Unzumutbarkeit** der Nacherfüllung entbehrlich, etwa bei einer zusätzlichen Nebenpflichtverletzung. Entscheidende Bedeutung kommt deshalb auch dem Verhalten des Verkäufers bei den Vertragsverhandlungen und bei Vertragserfüllung zu (BGH NJW 08, 1371 für den Fall der arglistigen Täuschung bei Vertragsschluss; s auch OLG Köln ZGS 03, 392, 394; Lorenz NJW 04, 26 f). Unzumutbar kann dem Käufer die Nacherfüllung auch aufgrund einer objektiven Häufung von Mängeln der Kaufsache sein (OLG Köln ZGS 03, 392, 394; zum „Montagsauto" BGH NJW 13, 1523; dazu Erger NJW 13, 1485). Entscheidend für die Beurteilung der Unzumutbarkeit muss (ebenso wie bei §§ 281, 323 II Nr 3) stets die Abwägung der beteiligten Interessen sein. Dies gilt ebenso bei Alltagsgeschäften, bei denen eine Fristsetzung zwar nicht von vornherein entbehrlich ist, die aber gleichwohl häufig ein besonderes Interesse des Käufers begründen, keine zeitaufwendige zweite Andienung abwarten zu müssen (vgl iE Schubel JuS 02, 317).

§ 441 Minderung

(1) ¹Statt zurückzutreten, kann der Käufer den Kaufpreis durch Erklärung gegenüber dem Verkäufer mindern. ²Der Ausschlussgrund des § 323 Abs. 5 Satz 2 findet keine Anwendung.
(2) Sind auf der Seite des Käufers oder auf der Seite des Verkäufers mehrere beteiligt, so kann die Minderung nur von allen oder gegen alle erklärt werden.
(3) ¹Bei der Minderung ist der Kaufpreis in dem Verhältnis herabzusetzen, in welchem zur Zeit des Vertragsschlusses der Wert der Sache in mangelfreiem Zustand zu dem wirklichen Wert gestanden haben würde. ²Die Minderung ist, soweit erforderlich, durch Schätzung zu ermitteln.
(4) ¹Hat der Käufer mehr als den geminderten Kaufpreis gezahlt, so ist der Mehrbetrag vom Verkäufer zu erstatten. ²§ 346 Abs. 1 und § 347 Abs. 1 finden entsprechende Anwendung.

I. Die Minderung stellt einen besonderen kaufrechtlichen Behelf dar. Sie steht dem Käufer nach § 437 Nr 2 als ein alternativ zum Rücktrittsrecht bestehendes Gestaltungsrecht zu und berechtigt diesen zur Herabsetzung des Kaufpreises. Die Vorschrift regelt die **Durchführung** der Minderung. IU zum früheren Recht (§ 462 aF) kommt diese nicht nur bei Sachmängeln, sondern auch bei Rechtsmängeln in Betracht. § 441 ist beim Verbrauchsgüterkauf (§ 474 Rn 2 f) gem § 475 I nicht zum Nachteil des Verbrauchers (§ 13) abdingbar. Bei Verwendung von AGB ist das Klauselverbot des § 309 Nr 8 b bb zu beachten.

2 **II. 1.** Die Minderung kann nach **Abs 1** statt des Rücktritts verlangt werden. Es müssen deshalb dieselben Voraussetzungen vorliegen, die auch zum Rücktritt berechtigen (vgl § 437 Rn 6). Erforderlich sind ein wirksamer Kaufvertrag, das Vorliegen eines **Mangels** zum Zeitpunkt des Gefahrübergangs sowie die erfolglose **Fristsetzung** zur Nacherfüllung (vgl § 437 Rn 17 ff), soweit diese nicht nach § 440 entbehrlich ist. Die Minderung ist ein Gestaltungsrecht und erfolgt nach Abs 1 S 1 durch formlose einseitige Erklärung des Käufers, ohne dass es dabei auf eine bestimmte Wortwahl ankommt. Auch eine konkludente Erklärung kann ausreichend sein (zB durch Anfechtung gem § 123). Aus Abs 1 S 2, wonach § 323 V 2 unanwendbar ist, ergibt sich, dass der Käufer auch wegen eines nur unerheblichen Mangels die Minderung erklären kann. Nach erklärter Minderung kann der Minderwert nicht mehr als Schadensersatz statt der Leistung geltend gemacht werden (str). Dies gilt indes nicht, wenn die Minderung fehlschlägt, weil der Minderungsbetrag nicht bestimmt werden kann (BGH NJW 11, 1217).

3 **2.** Abs 2 betrifft die Minderung bei **mehreren Käufern oder Verkäufern**. Das Recht der Minderung kann dabei nur einheitlich mit Wirkung für und gegen alle erklärt werden.

4 **3.** Zentrale Bedeutung kommt **Abs 3** zu, der die **Berechnung der Minderung** regelt. Diese ist durch die verhältnismäßige Herabsetzung des Kaufpreises konkret zu ermitteln. Aufgrund dieser sog relativen Methode bleibt die vertragliche Preis-Wert-Relation erhalten. IE gilt folgende **Verhältnisrechnung**, bei der hins der Wertermittlung auf den Zeitpunkt des Vertragsschlusses abzustellen ist und Wertveränderungen im Zeitraum zwischen Vertragsschluss und Minderung außer Betracht bleiben: Der vereinbarte Kaufpreis verhält sich zum geminderten Preis wie der Wert der Kaufsache ohne Mangel im Verhältnis zum Wert der mangelhaften Sache. Der geminderte Preis ergibt sich danach aus dem Produkt des Wertes der Sache mit Mangel und dem vereinbarten Kaufpreis dividiert durch den Wert der Sache ohne Mangel. Um praktische Schwierigkeiten bei der Ermittlung des jeweiligen Wertes zu vermeiden, lässt Abs 3 S 2 ausdrücklich die Möglichkeit der richterlichen **Schätzung** nach § 287 II ZPO zu, wie dies auch der bisherigen Praxis entspricht (BGHZ 77, 326).

5 Bei einem Verkauf mehrerer Sachen zu einem **Gesamtpreis** wird die Herabsetzung des Kaufpreises in der gleichen Weise berechnet. Allerdings tritt an die Stelle des Preises der Gesamtpreis ebenso wie anstelle des Wertes der Gesamtwert tritt. Für den Fall, dass die **Gegenleistung nicht nur in Geld**, sondern daneben auch in der Leistung nicht vertretbarer Sachen besteht, ist entspr der früheren Regelung des § 473 aF für die verhältnismäßige Herabsetzung des Kaufpreises der objektive Wert der Nebenleistung in Geld zu veranschlagen. Nach Addition der Geldbeträge ist nach Abs 3 vorzugehen. Übersteigt aE die Höhe des Betrags, um den die Gegenleistung gemindert werden muss, die Höhe der Leistung, die nach dem Vertrag in Geld zu erfolgen hat, muss der Verkäufer dem Käufer den überschießenden Betrag vergüten. Auch wird man (wie früher in § 475 aF vorgesehen) bei einem **weiteren Mangel** die erneute Minderung nicht verweigern können, wenn der Kaufpreis bereits wegen eines anderen Mangels gemindert wurde. Denn die Gewährleistung betrifft jeweils einen konkreten Mangel. Voraussetzung für die Möglichkeit der erneuten Minderung ist, dass ein weiterer Mangel zu Tage tritt, der zum Zeitpunkt der ersten Minderung noch nicht bekannt gewesen sein darf, andernfalls kann die Gewährleistung verwirkt sein (§ 242). Bei der Herabsetzung des Kaufpreises aufgrund des zweiten Mangels ist der bereits wegen des ersten Mangels geminderte Kaufpreis zugrunde zu legen.

6 **4.** Eine **eigene Anspruchsgrundlage** für den Fall, dass der Käufer bereits mehr als den geminderten Kaufpreis **gezahlt** hat und nun den Überschuss zurückfordert, hält **Abs 4** S 1 bereit. Dabei finden nach S 2 ergänzend die Rücktrittsregeln der §§ 346 I, 347 I entspr Anwendung. Anders als die Minderung, die als Gestaltungsrecht zwar nicht verjähren, deren Erklärung aber unwirksam sein kann (§ 438 IV, vgl dort Rn 2), unterliegt der Anspruch aus § 441 IV 1 der Regelverjährung des § 195.

§ 442 Kenntnis des Käufers

(1) ¹Die Rechte des Käufers wegen eines Mangels sind ausgeschlossen, wenn er bei Vertragsschluss den Mangel kennt. ²Ist dem Käufer ein Mangel infolge grober Fahrlässigkeit unbekannt geblieben, kann der Käufer Rechte wegen dieses Mangels nur geltend machen, wenn der Verkäufer den Mangel arglistig verschwiegen oder eine Garantie für die Beschaffenheit der Sache übernommen hat.
(2) Ein im Grundbuch eingetragenes Recht hat der Verkäufer zu beseitigen, auch wenn es der Käufer kennt.

I. Die Vorschrift, welche die Voraussetzungen bestimmt, unter denen die Kenntnis bzw 1 grob fahrlässige Unkenntnis des Käufers den Ausschluss der Gewährleistungsrechte zur Folge hat, gilt (entgg §§ 460, 439 aF) gleichermaßen für Sach- und Rechtsmängel. Der Grund für den **Haftungsausschluss** liegt in der fehlenden Schutzwürdigkeit des Käufers (BGH NJW 89, 2050). Zugleich sollen Aufwand und Risiken der Vertragsdurchführung für den Käufer und für den Verkäufer möglichst gering gehalten werden (Köhler JZ 89, 763). Der Ausschluss gilt bis zur Grenze der Arglist auch für Ansprüche, die ein Vertretenmüssen des Verkäufers voraussetzen (etwa § 437 Nr 3). Im Fall des Übersehens eines Mangels durch beide Parteien wird damit der (zur mangelfreien Lieferung verpflichtete) Verkäufer ggü dem Käufer privilegiert. Die Regelung ist beim Verbrauchsgüterkauf (§ 474 Rn 2 f) gem § 475 I nicht zum Nachteil des Verbrauchers (§ 13) abdingbar.

II. 1. Die **Kenntnis** iSd Abs 1 S 1 vom Mangel der Kaufsache besteht nicht schon bei 2 einem dringenden Verdacht, sondern erfordert **positives Wissen.** Der Käufer (oder sein Vertreter, § 166) muss den Mangel in seinem ganzen Umfang und seiner Tragweite erkannt haben. Bei einem Rechtsmangel darf sich die Kenntnis nicht auf die Tatsachen beschränken, sondern muss sich auf die Folgerung erstrecken, dass ein Recht nicht besteht oder beschränkt ist (BGHZ 13, 341), ohne dass der Käufer aber die rechtliche und wirtschaftliche Tragweite iE überblicken muss (vgl BGH NJW 91, 2700). **Rechtsfolge** ist der **Ausschluss** der Gewährleistungshaftung des Verkäufers. Dies gilt selbst bei arglistigem Verschweigen (§ 444 Rn 5) des Mangels durch den Verkäufer (BGH NJW 78, 2240).

Maßgeblicher Zeitpunkt für die Kenntnis des Käufers ist der Vertragsschluss. Bei 3 einem Grundstückskaufvertrag ist dies der Zeitpunkt der Beurkundung gem § 311 b I (BGH NJW 12, 2793), und zwar auch im Fall einer Heilung gem § 311 b I 2 (vgl Köhler JZ 89, 765, 767). Wurde der Vertrag aufschiebend bedingt (§ 158 I) geschlossen, ist auf den Zeitpunkt des Bedingungseintritts abzustellen, es sei denn, der Eintritt der Bedingung hängt allein vom Willen des Käufers ab.

Weil allein die Kenntnis des Käufers im Zeitpunkt des Vertragsschlusses maßgeblich 4 ist, verliert er seine Rechte wegen eines Mangels grds nicht bei **rügeloser Annahme** in Kenntnis der Mangelhaftigkeit (anders früher nach § 464 aF für den Fall vorbehaltloser Annahme; zu den Folgen des Wegfalls von § 464 aF s Wendlandt ZGS 04, 88). Diese Regelung beruht auf der Vorgabe der Verbrauchsgüterkauf-RL, welche als Grundsatz für das Kaufrecht insgesamt übernommen wurde; von der Ermächtigung der Richtlinie zur Einf einer Rügepflicht wurde kein Gebrauch gemacht. Gleichwohl kann mit der rügelosen Entgegennahme einer als mangelhaft erkannten Sache eine den ursprünglichen Vertrag ändernde Vereinbarung über die Beschaffenheit der Sache verbunden sein, was durch Auslegung im Einzelfall zu ermitteln und vom Verkäufer zu beweisen ist (hierzu auch Wendlandt ZGS 04, 88, 89).

2. a) Auch die **grob fahrlässige Unkenntnis** führt nach **Abs 1 S 2** zum Ausschluss der 5 Gewährleistungsansprüche. Dies gilt (anders als nach § 439 aF) auch im Fall des Rechtsmangels. Maßgeblicher Zeitpunkt für die Beurteilung ist wie bei S 1 der Vertragsschluss. Infolge grober Fahrlässigkeit kennt der Käufer einen Fehler nicht, wenn er die im konkreten Fall zu beobachtende Sorgfalt, wie sie generell von einem Verkehrsteilnehmer erwartet werden kann, in besonders schwerem Maße vernachlässigt hat. IdR besteht zwar keine Pflicht zur Einsichtnahme in (Grundbuch-) Akten oder zur Untersuchung der Kaufsache. Nach den Umständen des Einzelfalls kann aber ein gewisser

Informationsaufwand geboten sein und unter besonderen Umständen auch eine Untersuchungspflicht bestehen, so bei besonderer Sachkunde des Käufers – zB beim Fahrzeugankauf durch einen Gebrauchtwagenhändler – sowie bei Verkehrsüblichkeit einer eingehenden Besichtigung oder eines Probelaufs derartiger Kaufgegenstände. Abzulehnen ist die Annahme einer entspr Verkehrssitte insb im in der Praxis wichtigen Fall der **due diligence** beim Unternehmenskauf (Müller NJW 04, 2196 ff; Fleischer/Körber BB 01, 841, 846; aA Vogt DStR 01, 2027, 2031; sa Böttcher, ZGS 07, 20, 24 f). Zieht der Käufer einen Sachverständigen hinzu, ist nach § 166 I auf dessen ggf erhöhten Fahrlässigkeitsmaßstab abzustellen.

6 b) Es gelten allerdings in zwei Fällen **Ausnahmen**: Zum einen muss der Verkäufer, der einen Mangel **arglistig verschwiegen** hat (dazu § 444 Rn 5), wegen dieses missbilligten Verhaltens für den Mangel einstehen, obwohl sich der Käufer grob fahrlässig verhielt. Zum anderen bestehen Gewährleistungsansprüche trotz grober Fahrlässigkeit des Käufers, wenn der Verkäufer eine **Garantie** für die Beschaffenheit der Sache übernommen hat. In diesen Fällen ist auch ein Gewährleistungsausschluss unwirksam (§ 444, vgl dort Rn 5–9).

7 Der Begriff der **Garantie**, den § 276 I 1 (dazu dort Rn 23) im Zusammenhang mit dem Vertretenmüssen des Schuldners und ebenso §§ 444, 445 verwenden (hiervon ist jedoch die unselbständige Garantie des § 443 zu unterscheiden, vgl iE dort Rn 2), entspricht der **Zusicherung** einer Eigenschaft früheren Rechts (BT-Drucks 14/6040, 132 u 236); BGH NJW 07, 1346, 1348); geringere Anforderungen stellt dag Bamberger/Roth/Faust Rn 26). Deshalb sind die hierzu entwickelten Kriterien heranzuziehen und kommen als **Eigenschaft** alle Merkmale in Betracht, die der Kaufsache mit gewisser Dauer anhaften und für den Käufer erheblich sind (sei es hins des Wertes oder vertraglich vorausgesetzten Gebrauchs der Kaufsache, sei es aus sonstigem Grund wie etwa einem Affektionsinteresse an der Herkunft). Auch rechtliche oder tatsächliche Bezüge der Sache zur Umwelt können Eigenschaften sein (BGH NJW 01, 65). Zusicherbare Eigenschaften sind auch der Mieterrag eines Grundstücks (BGH NJW 98, 535), die sachliche Richtigkeit von Druckwerken (BGH NJW 73, 844) oder die hohe Feuchtigkeitsempfindlichkeit eines Klebstoffs (BGHZ 88, 134).

8 Die Übernahme einer **Garantie** ist anzunehmen, wenn eine (auch nur konkludente; BGH NJW 07, 1346, 1348) Erklärung des Verkäufers Inhalt des Vertrags geworden ist, dafür einzustehen, dass die Kaufsache bei Gefahrübergang eine bestimmte Eigenschaft habe. Die Erklärung muss dabei den Willen des Verkäufers erkennen lassen, für alle Folgen des Fehlens der Eigenschaft verschuldensunabhängig einstehen zu wollen (BGH NJW 07, 1346, 1348; aA Bamberger/Roth/Faust Rn 26). Eine stillschweigende Garantie ist jedoch wegen ihrer weitreichenden Folgen eher selten anzunehmen (BGH NJW 07, 1346, 1348). Bedarf der Kaufvertrag der Form, unterliegt auch die Zusicherung diesem Formerfordernis. Der Zusicherung einer Eigenschaft gleichgestellt ist die Zusicherung, dass ein bestimmter Fehler nicht bestehe. Ob eine Zusicherung vorliegt, ist im Einzelfall durch **Auslegung** zu ermitteln. Sorgfältig zu unterscheiden ist die Zusicherung aber von einer bloßen Beschreibung oder Anpreisung der Kaufsache, auch wenn dieser nach § 434 I 3 Bedeutung zukommt. Gleichwohl kann an der bisherigen Rspr festgehalten und im **Gebrauchtwagenhandel** wegen der besonderen Schutzbedürftigkeit des Käufers eher eine Garantie angenommen werden (Saenger/Klockenbrink ZGS 06, 61, 64; zu Angaben über die TÜV-Untersuchung BGHZ 103, 275; über den Kilometerstand BGH NJW 75, 1694; über den Austauschmotor BGH NJW 81, 1269; zur „Generalüberholung" des Motors vgl BGH NJW 95, 956; dag zur Entspr von Motor und Fahrzeugtyp BGH NJW 85, 967).

9 3. Abs 2 legt als **Ausn** ggü Abs 1 eine Pflicht des Verkäufers fest, im Grundbuch eingetragene Rechte (Hypothek, Grundschuld, Rentenschuld, Pfandrecht; aber auch Dienstbarkeit, Vorkaufsrecht, Reallast sowie die Vormerkung; vgl BT-Drucks 14/6040, 237) auch bei Kenntnis des Käufers von der Belastung zu beseitigen.

10 III. Die **Beweislast** für die Kenntnis des Käufers ebenso wie für die Umstände, die die grob fahrlässige Unkenntnis begründen, trägt der Verkäufer. Hingegen trägt für das arglistige Verschweigen des Mangels (§ 444 Rn 5) bzw die Übernahme einer Garantie für die Beschaffenheit der Sache durch den Verkäufer die Beweislast der Käufer, der sich hierauf beruft.

§ 443 Garantie

(1) Geht der Verkäufer, der Hersteller oder ein sonstiger Dritter in einer Erklärung oder einschlägigen Werbung, die vor oder bei Abschluss des Kaufvertrags verfügbar war, zusätzlich zu der gesetzlichen Mängelhaftung insbesondere die Verpflichtung ein, den Kaufpreis zu erstatten, die Sache auszutauschen, nachzubessern oder in ihrem Zusammenhang Dienstleistungen zu erbringen, falls die Sache nicht diejenige Beschaffenheit aufweist oder andere als die Mängelfreiheit betreffende Anforderungen nicht erfüllt, die in der Erklärung oder einschlägigen Werbung beschrieben sind (Garantie), stehen dem Käufer im Garantiefall unbeschadet der gesetzlichen Ansprüche die Rechte aus der Garantie gegenüber demjenigen zu, der die Garantie gegeben hat (Garantiegeber).

(2) Soweit der Garantiegeber eine Garantie dafür übernommen hat, dass die Sache für eine bestimmte Dauer eine bestimmte Beschaffenheit behält (Haltbarkeitsgarantie), wird vermutet, dass ein während ihrer Geltungsdauer auftretender Sachmangel die Rechte aus der Garantie begründet.

[bis 12.6.2014 gilt § 443 in folgender Fassung:]

§ 443 Beschaffenheits- und Haltbarkeitsgarantie

(1) Übernimmt der Verkäufer oder ein Dritter eine Garantie für die Beschaffenheit der Sache oder dafür, dass die Sache für eine bestimmte Dauer eine bestimmte Beschaffenheit behält (Haltbarkeitsgarantie), so stehen dem Käufer im Garantiefall unbeschadet der gesetzlichen Ansprüche die Rechte aus der Garantie zu den in der Garantieerklärung und der einschlägigen Werbung angegebenen Bedingungen gegenüber demjenigen zu, der die Garantie eingeräumt hat.

(2) Soweit eine Haltbarkeitsgarantie übernommen worden ist, wird vermutet, dass ein während ihrer Geltungsdauer auftretender Sachmangel die Rechte aus der Garantie begründet.

I. Die Vorschrift über die Garantie war im Rahmen der Umsetzung in innerstaatliches Recht den Vorgaben der Begriffsbestimmung der „gewerblichen Garantie" in Art 2 Nr 14 der Verbraucherrechte-RL (RL 2011/83/EU) anzupassen. **Abs 1** beinhaltet die Legaldefinition von Garantie und **Garantiegeber**. Erfasst wird eine solche des Verkäufers, Herstellers oder sonstiger Dritter, wie etwa eines Importeurs. Die frühere Unterscheidung von Haltbarkeits- und Beschaffenheitsgarantie wurde aufgegeben. Gleichwohl bleibt sie von Bedeutung, weil **Abs 2** weiterhin eine Beweislastregel für den Fall der Haltbarkeitsgarantie enthält. 1

Anders als zuvor werden von der Regelung nicht nur unselbständige **Garantien** erfasst. Dieses sind die als Momentaufnahme begriffene Beschaffenheitsgarantie (vgl zur Abgrenzung von der Beschaffenheitsangabe iSd § 434 I 1 BGH NJW 07, 1346, 1348) und die auf eine bestimmte Dauer gerichtete und in Abs 2 definierte Haltbarkeitsgarantie. Weitergehend bezieht die Regelung aber auch die Garantie für den Fall ein, dass die Sache andere als die Mängelfreiheit betreffende Anforderungen nicht erfüllt. Damit erstreckt sie sich auch auf die selbständige, einen über die Sachmängelfreiheit hinausgehenden Erfolg bezweckende Garantie. Die frühere Unterscheidung zwischen selbständiger und unselbständiger Garantie verliert deshalb ihre Bedeutung. Eine Begründung für diese Erweiterung ist weder der RL noch der Gesetzesbegründung zu entnehmen. Letztere hebt nur die Einbeziehung „zukünftige[r] Umstände" hervor, „bei denen es sich nicht um Eigenschaften der Kaufsache selbst handelt", und nennt das Beispiel des Grundstücksverkäufers, der den zukünftigen Erlass eines Bebauungsplans zusagt (BT-Drucks 17/12637, 68). 1a

§ 443 Buch 2 | Recht der Schuldverhältnisse

1b Auf der Rechtsfolgenseite sind für den **Garantiefall** Kaufpreiserstattung, Austausch der Sache, Nachbesserung oder Erbringung von Dienstleistungen im Zusammenhang mit der Sache vorgesehen. Diese Aufzählung dieser Verpflichtungen ist im Anwendungsbereich von § 443 – ungeachtet des Wortes „insbesondere" im Gesetzestext – abschließend. Dies ergibt sich aus der Gesetzesbegründung (BT-Drucks 17/12637, 68) und entspricht auch der Vorgabe von Art 2 Nr 14 der RL. Indes ist anerkannt, dass die Vertragspartner weitergehende Vereinbarungen, zB über Schadensersatz, treffen können (Palandt/Weidenkaff Rn 26). Deshalb dürfte die Abweichung letztlich nur „begrifflicher Natur" (BT-Drucks 17/12637, 68) sein.

1c § 443 ist beim **Verbrauchsgüterkauf** (§ 474 Rn 2 f) gem § 475 I nicht zum Nachteil des Verbrauchers (§ 13) abdingbar und wird zudem durch die Regelung des § 477 durch besondere inhaltliche und formale Anforderungen an die Garantieerklärung modifiziert. Zu Beschaffenheitsgarantien beim Unternehmenskauf s Stöber, Beschaffenheitsgarantien des Verkäufers, 2006, S 194–249.

2 Der Begriff „Garantie" findet sich im BGB an verschiedenen Stellen und in unterschiedlichen Zusammenhängen (vgl auch § 442 Rn 7). Die in §§ 276 I 1, 442 und 444 geregelte Garantie bewirkt, dass der Verkäufer aufgrund einer möglicherweise auch als Beschaffenheitsvereinbarung nach § 434 aufzufassenden Erklärung eine Pflichtverletzung unabhängig von einem Verschulden zu vertreten hat. Denkbar ist auch eine Beschaffenheitsgarantie des Verkäufers für die Beschaffenheit bei Gefahrübergang, die nicht nur für das Vertretenmüssen des Verkäufers iR des § 276 I 1 von Bedeutung ist, sondern auch zu einer anderen Rechtsfolge führt als die allg Gewährleistungsrecht (so zB Versprechen, Maschine bei fehlender Tauglichkeit für Verwendungszweck gegen anderes Modell auszutauschen, vgl BT-Drucks 14/6857, 61). Die weit gefasste Definition in § 443 soll es ermöglichen „alle denkbaren Bezugspunkte einer Garantie nach den sonstigen Vorschriften" zu umfassen (BT-Drucks 17/12637, 69). Dies gilt ungeachtet der unterschiedlichen Rechtsfolgen der Garantie des § 443, die neben die – mitunter durch die Garantie der §§ 442, 444, 276 modifizierten – Gewährleistungsansprüche treten (Hammen NJW 03, 2588, 2589). Die Garantie des § 443 verändert nicht bestehende Ansprüche, sondern erweitert die Gewährleistungsrechte des Käufers.

3 II. 1. Abs 1 erfasst als Gegenstand der Garantie die **Beschaffenheitsgarantie** (zum Begriff der Beschaffenheit vgl § 434 Rn 9) sowie aufgrund der Verweisung in **Abs 2** die dort definierte **Haltbarkeitsgarantie**. Letztere bezieht sich darauf, dass die Kaufsache während eines bestimmten Zeitraums die vereinbarte Beschaffenheit behält und keine Mängel aufweist. Nach der Neuregelung kann sich die Garantie aber auch auf **andere als die Mängelfreiheit betreffende Anforderungen** beziehen. Das beinhaltet jede denkbare selbständige Garantie (vgl Rn 1 a). Anders als die Verkäufergarantie, die unmittelbar von Verkäufer und Käufer vereinbart wird, beruht die **Vereinbarung** der Garantie eines Herstellers oder eines Importeurs häufig auf einer der vom Händler ausgehändigten Ware beigefügten schriftlichen Garantieerklärung, die als ein durch den Händler als Vertreter oder Boten vermitteltes Vertragsangebot angesehen wird, das der Käufer stillschweigend annimmt (BGHZ 104, 85 f). Die Vereinbarung der Garantie muss aber in jedem Fall vor oder spätestens bei Vertragsschluss zustande kommen. Ob ein **Verbraucher** indes auch künftig Rechte aus einer Erklärung eines Importeurs oder sonstigen Dritten wird herleiten können, erscheint fraglich. Denn die Definition des „Garantiegebers" in Art 2 Nr 14 RL erfasst nur den Unternehmer als Verkäufer sowie den Hersteller. Auch mit der Öffnungsklausel in Erwägungsgrund 13 der RL lässt sich die Einbeziehung „sonstiger Dritter" in § 443 I nicht rechtfertigen (so aber BT-Drucks 17/12637, 68). Danach können Bestimmungen der RL im Wege überschießender Umsetzung im nationalen Recht zwar auch auf andere Anwendungsfälle erstreckt, nicht aber die verbraucherrechtlichen Bestimmungen modifiziert werden. Es kommt allenfalls ein Rückgriff auf den weiten Herstellerbegriff nach Art 1 II d der Verbrauchsgüterkauf-RL in Betracht, der auch den Importeur umfasst.

4 Der **Inhalt** der Garantie bestimmt sich nach den vertraglichen Vereinbarungen im Einzelfall und ist durch Auslegung zu ermitteln. Darüber hinaus sind auch die in der einschlägigen Werbung angegebenen Bedingungen maßgebend. Der Gegenstand der Garantie muss über die ohnehin bestehende gesetzliche Gewährleistung hinausgehen. Die Vereinbarung muss sich auf die garantierten **Beschaffenheitsmerkmale** oder **anderen Anforderungen**, ihren Beginn und die **Geltungsdauer** sowie die **Rechtsbehelfe** im Garantiefall erstrecken. Dabei muss die Garantie nicht notwendig alle Eigenschaften der Kaufsache umfassen und kann sich auch nur auf einzelne Teile (etwa bei Kfz nur die Karosserie) beziehen, was insb Auswirkungen auf den Haftungsausschluss nach § 444 haben kann (vgl § 444 Rn 8). Sie kann sich auch auf eine bestimmte Nutzungsdauer (etwa km-Leistung bei Kfz, OLG Rostock NJW 07, 3290) erstrecken. Jedoch kann nicht bereits in der Aussage des Verkäufers, ein Kfz sei „fahrbereit", eine Haltbarkeitsgarantie erblickt werden (BGH NJW 07, 759). Soweit der Beginn der Garantiedauer nicht bestimmt ist, beurteilt sich dieser entspr § 438 II nach der Ablieferung bzw Übergabe. Häufig dient die Verkäufergarantie lediglich der zeitlichen Ausdehnung der allg Gewährleistungsrechte über die gesetzliche Verjährungsfrist hinaus. Da die **gesetzlichen Ansprüche** von der Garantie **unberührt** bleiben, beginnt dann die Verjährung nach § 438 erst mit dem Garantiefall, also der Entdeckung des Mangels (BGH NJW 79, 645).

2. Rechtsfolge: Dem Käufer stehen im Garantiefall bzw während der Garantiefrist die **besonders vereinbarten** Ansprüche ggü demjenigen zu, der die Garantie übernommen hat. Welche konkreten Pflichten des Verkäufers bestehen, hängt vom Einzelfall ab. Sind keine besonderen Rechtsfolgen vorgesehen, stehen dem Käufer alle gesetzlichen Gewährleistungsrechte zu. Soweit nichts anderes vereinbart ist, übernimmt der Verkäufer die Garantie für die Dauer der Verjährungsfrist des § 438. Denkbar und üblich ist indes eine Klausel wie „Drei Jahre Garantie"; hierin wird regelmäßig die Haftung des Verkäufers für alle während dieser Frist auftretenden Mängel zu sehen sein (BGH NJW 96, 2504, 2505). Davon zu trennen ist die Frage der Verjährung der Ansprüche aus der Garantie. Die Ansprüche wegen einer Garantie unterliegen der regelmäßigen **Verjährung** des § 195 (aA Bamberger/Roth/Faust Rn 31). Hierfür spricht ua der Gleichlauf mit der in § 443 Abs 1 ausdrücklich enthaltenen Garantie eines Dritten, der keinen Kaufvertrag mit dem begünstigten geschlossen hat. Die Verjährungsfrist beginnt mit der Entdeckung des Mangels innerhalb der Garantiefrist (BGH NJW 79, 645; str bei Garantiefristen, welche die gesetzlichen Verjährungsfristen nicht übersteigen). 5

III. Die **Beweislastregel** des **Abs 2** trifft eine widerlegbare Vermutung zugunsten des Käufers. Der Käufer hat lediglich die Tatsache der Gewährung einer Haltbarkeitsgarantie und den Eintritt eines von der Garantie erfassten Mangels während der Garantiedauer zu beweisen. Hingegen trägt der Verkäufer die Beweislast für die Behauptung, dass der Mangel nicht auf den Zustand der Sache bei Gefahrübergang, sondern etwa auf unsachgemäße Behandlung zurückzuführen ist. 6

§ 444 Haftungsausschluss

Auf eine Vereinbarung, durch welche die Rechte des Käufers wegen eines Mangels ausgeschlossen oder beschränkt werden, kann sich der Verkäufer nicht berufen, soweit er den Mangel arglistig verschwiegen oder eine Garantie für die Beschaffenheit der Sache übernommen hat.

I. Die **zwingende** Vorschrift, welche die früher getrennten Bestimmungen der §§ 443, 476 aF für den Rechts- bzw Sachkauf sowie den früheren § 11 Nr 11 AGBG betr zugesicherter Eigenschaften zusammenfasst, gewährleistet einen Mindestschutz des Käufers vor einer **unangemessenen Haftungsfreizeichnung** des Verkäufers. Aus ihr ergibt sich zugleich die **grds Zulässigkeit** vertraglicher Vereinbarungen zur Beschränkung oder zum Ausschluss der gesetzlichen Gewährleistungspflicht des Verkäufers. Gesetzlich geregelt ist der Haftungsausschluss in § 445 für die öffentliche Versteigerung. 1

II. 1. Voraussetzungen: a) Die Vorschrift wird nur bedeutsam, wenn wirksam eine ausdrückliche oder stillschweigende **Vereinbarung über den Haftungsausschluss** oder die Beschränkung der Rechte des Käufers ggü § 437 getroffen wurde. UU kann sich die 2

Freizeichnung auch aus der Verkehrssitte (§ 157) oder einem Handelsbrauch (§ 346 HGB) ergeben (OLG Koblenz NJW-RR 88, 1306). Bestehen für den Kaufvertrag selbst Formerfordernisse, gelten diese auch für die Freizeichnung von der Gewährleistung. Einem Haftungsausschluss sind jedoch enge Grenzen gezogen: Beim **Verbrauchsgüterkauf** (§ 474 I) vermag der Käufer auf die ihm zustehenden Gewährleistungsrechte nach § 475 I regelmäßig nicht zu verzichten; lediglich die Ansprüche auf Schadensersatz können auch beim Kaufvertrag zwischen Unternehmer und Verbraucher durch Individualabrede ausgeschlossen oder beschränkt werden (§ 475 III, s § 475 Rn 3). Weitere Grenzen der Haftungsfreizeichnung umschreiben etwa §§ 138, 242 und bei Verwendung von AGB §§ 307–309 (insb § 309 Nr 5, 7, 8).

3 In einer Vielzahl von Fällen bedürfen Freizeichnungsklauseln der **Auslegung** (§§ 133, 157), insb hins des Umfangs des Haftungsausschlusses. IZw sind sie zugunsten des Käufers eng auszulegen (BGHZ 22, 96; 64, 359). Ein vereinbarter Haftungsausschluss umfasst idR nicht solche Mängel, die zwischen Vertragsschluss und Gefahrübergang entstehen; diese fallen in den Gefahrenbereich des Verkäufers (BGH NJW 03, 1316 für Gebrauchtimmobilien; hierzu auch Zimmermann/Bischoff NJW 03, 2506; vgl dag früher BGHZ 114, 34, 39). Auch muss die Erstreckung auf Nebenpflichten deutlich zum Ausdruck kommen. Die Klausel „**ohne Garantie**" beinhaltet idR noch keinen Haftungsausschluss, sondern stellt lediglich die Ablehnung einer Eigenschaftszusicherung (Rn 6) dar. Dag werden durch den Verkauf einer Sache „**wie besichtigt**" sämtliche Mängel von der Gewährleistung ausgeschlossen, die ohne Hinzuziehung eines Sachverständigen wahrnehmbar waren (zB auch Rost- und Schadstellen an schwer zugänglichen Stellen, wie der Unterseite eines Kfz; OLG Köln NJW-RR 92, 50). Wird einem formularmäßigen Gewährleistungsausschluss der handschriftliche Zusatz „gekauft wie gesehen" hinzugefügt, ist dies als Bekräftigung und nicht als Einschränkung des Gewährleistungsausschlusses auszulegen (BGH NJW 05, 3205). Ist eine Beschaffenheitsvereinbarung getroffen worden, die Haftung aber zugleich pauschal ausgeschlossen worden, bezieht sich der Haftungsausschluss nur auf Mängel nach § 434 I 2 und nicht auf das Fehlen der vereinbarten Beschaffenheit (BGH NJW 07, 1346; aA Emmert NJW 06, 1765). Aufgrund der besonderen wirtschaftlichen Bedeutung von **Grundstückskäufen** kann die Gewährleistungspflicht des Verkäufers selbst durch Individualabrede nur bei Altbauten (BGH NJW 86, 2825) sowie bei neuen oder noch zu errichtenden Gebäuden unter der zusätzlichen Voraussetzung einer umfassenden Belehrung über die Folgen des Gewährleistungsausschlusses (BGHZ 74, 209) abbedungen werden.

4 b) Bei Abschluss des Kaufvertrags muss der **Käufer in Unkenntnis** des Mangels sein (§ 442). Beruht die Unkenntnis auf grober Fahrlässigkeit, bleiben ihm Gewährleistungsrechte nach § 442 nur erhalten, soweit der Verkäufer den Mangel arglistig verschwiegen oder eine Garantie für die Beschaffenheit übernommen hat (vgl § 442 Rn 5–8). Unerheblich ist es, wenn der Käufer später Kenntnis erlangt.

5 c) Trotz wirksamer Vereinbarung eines Haftungsausschlusses kann sich der Verkäufer hierauf bei arglistigem Verschweigen des Mangels oder bei Übernahme einer Beschaffenheitsgarantie (Rn 6) nicht berufen. **Arglistiges Verschweigen** erfordert, dass der Verkäufer bei Abschluss der Vereinbarung über den Haftungsausschluss bzw die Haftungsbegrenzung den Mangel kannte oder zumindest mit der Möglichkeit seines Bestehens rechnete und zudem wusste oder wenigstens damit rechnete, dass der Käufer den Mangel nicht kannte. Voraussetzung ist zudem, dass ein verständiger Verkäufer damit rechnen muss, dass der verschwiegene Mangel Einfluss auf die Entscheidung des Käufers hat. Dies begründet bereits die Wesentlichkeit des Mangels und damit die Pflicht zu seiner Offenbarung, ohne dass es darüber hinaus auf die Ursächlichkeit für den Kaufentschluss ankommt (BGH NJW 11, 3640). Das Verschweigen des Mangels kann außer im Unterlassen der Aufklärung trotz bestehender Offenbarungspflicht auch in einem aktiven Tun zur Verdeckung des Mangels liegen; gleiches gilt für das arglistige Vorspiegeln nicht vorhandener Eigenschaften. Besonderheiten können sich beim Kauf im Internet ergeben; dort werden Mängel zwar oft in der Produktbeschreibung angesprochen, die Mangelinformation ist aber gleichwohl in einer Fülle anderer Informationen versteckt. Ob diese Überinformation ein arglistiges Verschweigen darstellt, ist im

Einzelfall aus der Perspektive eines Durchschnittskäufers zu beurteilen (Heiderhoff BB 05, 2533, 2538). Dem Verkäufer zuzurechnen ist das arglistige Verhalten von Vertretern und Verhandlungsgehilfen (§ 166; § 278 str, nach aA § 831). IÜ haftet der Verkäufer bei arglistigem Verschweigen durch **Dritte** (zB Makler) nur, soweit er dieses bewusst ausnutzt. Bei einer Mehrheit von Vertragsparteien genügt die Arglist einer Partei. Die Darlegungs- und **Beweislast** für sämtliche Umstände, die den Arglisttatbestand ausfüllen, trägt grds der Käufer. Jedoch können ihm bei Täuschung durch Verschweigen (negative Tatsache) Erleichterungen nach den Grundsätzen der sekundären Darlegungslast zugutekommen (BGH ZIP 11, 383).

d) Eine Garantie für die Beschaffenheit der Sache setzt die **Zusicherung** einer Eigenschaft durch den Verkäufer voraus (BGH NJW 07, 1346, 1348). Der Begriff der Garantie stimmt mit der in § 276 I 1 und § 442 überein (vgl iE § 442 Rn 7 f). Durch das Gesetz zur Änderung der Vorschriften über Fernabsatzverträge bei Finanzdienstleistungen v. 2.12.2004, BGBl 04 I, 3102, wurde das Wort „wenn" durch „soweit" ersetzt (zur Begr vgl BT-Drucks 15/3483, 7), um bestehende Rechtsunsicherheiten va beim **Unternehmenskauf zu beseitigen** (vgl dazu 5. Aufl Rn 6 f; zur Neufassung BT-Drucks 15/3483, 22 f; Seibt NZG 04, 801 ff). 6

Bei dem für den **Unternehmenskauf** in Form eines asset deals typischen Erwerb einer Vielzahl von materiellen und immateriellen Vermögensgegenständen und Rechtsverhältnissen – auf den die Vorschriften über den Kauf von Einzelgütern nicht zugeschnitten sind – wird üblicherweise ein Gewährleistungskatalog vereinbart, wobei einerseits Beschaffenheitsgarantien gegeben werden und andererseits die Haftung aus diesen Garantien regelmäßig beschränkt wird. Mit der Ersetzung des Wortes „wenn" durch „soweit" ist klargestellt, dass § 444 auf der Voraussetzungsseite inhaltliche Begrenzungen der Garantie nach Art und Höhe ausdrücklich gestattet und auf der Rechtsfolgenseite einen Ausschluss oder eine Beschränkung der Haftung nur in dem Umfang untersagt, in dem die Garantie tatsächlich übernommen wurde (BT-Drucks 15/3483, 23). 7

3. Rechtsfolge ist die **Unwirksamkeit des Gewährleistungsausschlusses**, auf den sich der Verkäufer nicht berufen kann. § 139 ist insoweit nicht anzuwenden; der Kaufvertrag ist also nicht insgesamt nichtig, wenn ihn der Verkäufer ohne den Haftungsausschluss nicht abgeschlossen hätte. Auch bleibt der Haftungsausschluss für andere Mängel als die arglistig verschwiegenen grds wirksam. 8

III. Der Verkäufer trägt die **Beweislast** für den Gewährleistungsausschluss. Hingegen hat der Käufer zu beweisen, dass der Verkäufer den Mangel arglistig verschwiegen oder eine Beschaffenheitsgarantie übernommen hat. 9

§ 445 Haftungsbegrenzung bei öffentlichen Versteigerungen

Wird eine Sache auf Grund eines Pfandrechts in einer öffentlichen Versteigerung unter der Bezeichnung als Pfand verkauft, so stehen dem Käufer Rechte wegen eines Mangels nur zu, wenn der Verkäufer den Mangel arglistig verschwiegen oder eine Garantie für die Beschaffenheit der Sache übernommen hat.

I. § 445 enthält eine Ausnahmebestimmung zum **Schutz des Pfandgläubigers** vor Gewährleistungsansprüchen des Käufers. Vielfach kennt der Gläubiger als Verkäufer die Sache nämlich gar nicht, weshalb er auch nicht für ihre Beschaffenheit einstehen soll. Die gleiche Regelung treffen § 806 ZPO und § 56 S 3 ZVG. Die Vorschrift findet aufgrund § 474 II beim Verbrauchsgüterkauf keine Anwendung. 1

II. 1. **Voraussetzung** ist ein **Pfandverkauf** nach § 1235 I. Bei einem freihändigen Pfandverkauf nach §§ 1235 II, 1221, 1240 II, 1245, 1246 ist die Vorschrift nicht anwendbar. Dies gilt ebenso für die Versteigerung nicht hinterlegungsfähiger Sachen, den sog Selbsthilfeverkauf nach § 383 III. Dieser wird zwar in der Stellungnahme des Bundesrates (BT-Drucks 14/6857, 31) neben der Versteigerung von Fundsachen (§ 979) ausdrücklich als Bsp für das Erfordernis eines Haftungsausschlusses genannt. Gleichwohl ist zu berücksichtigen, dass der Selbsthilfeverkäufer als Eigentümer die verkaufte Sache kennt oder diese zumindest ohne weiteres einer näheren Untersuchung unterziehen 2 kann und deshalb weniger schutzbedürftig ist als ein Gläubiger, der eine ihm unbekannte Sache verwertet (vgl zum alten Recht etwa Soergel/Huber 12. Aufl § 461 Rn 3; Staud/Beckmann Rn 4).

3 **2.** Die Sache muss zudem **in einer öffentlichen Versteigerung** verkauft werden, an ihr muss ein **Pfandrecht bestehen** und sie muss unter der **Bezeichnung Pfand** verkauft werden. Schließlich darf die Berufung auf § 445 nicht ausnahmsweise gegen Treu und Glauben (§ 242) verstoßen (vgl BGHZ 96, 218 zu § 461 aF).

4 **3.** Eine Haftungsbegrenzung kommt schließlich nur in Betracht, wenn der Pfandgläubiger als Verkäufer den Mangel **nicht arglistig verschwiegen** (dazu bei § 444 Rn 5) und auch **keine Garantie** für die Beschaffenheit der Sache übernommen hat. Letzteres setzt die Zusicherung einer Eigenschaft durch den Verkäufer voraus; dabei stimmt der Begriff der Garantie mit dem in § 276 I 1 und §§ 442, 444 überein (vgl iE § 442 Rn 7 f). **Rechtsfolge** ist der Ausschluss der in § 437 genannten Gewährleistungsrechte bei Mangelhaftigkeit der Kaufsache.

5 **III.** Der Käufer trägt die **Beweislast** dafür, dass der Verkäufer den Mangel arglistig verschwiegen oder eine Beschaffenheitsgarantie übernommen hat.

§ 446 Gefahr- und Lastenübergang

¹Mit der Übergabe der verkauften Sache geht die Gefahr des zufälligen Untergangs und der zufälligen Verschlechterung auf den Käufer über. ²Von der Übergabe an gebühren dem Käufer die Nutzungen und trägt er die Lasten der Sache. ³Der Übergabe steht es gleich, wenn der Käufer im Verzug der Annahme ist.

1 **I.** § 446 S 1, 3 und § 447 I bewirken eine **Vorverlegung** des Übergangs der **Vergütungsgefahr** (auch Preis- oder Gegenleistungsgefahr) bei Übergabe der Kaufsache, Annahmeverzug und Auslieferung der Kaufsache an eine Transportperson. Dabei bezeichnet die Vergütungsgefahr das Risiko des Käufers, trotz Ausbleibens der Leistung zur Zahlung verpflichtet zu sein. Im Allgemeinen trifft die Gefahr des Sachverlustes (Sachgefahr) den Eigentümer („casum sentit dominus"). IR der schuldrechtlichen Verpflichtung wird der Verkäufer bei Untergang der Sache von seiner Pflicht zur Verschaffung von Besitz und Eigentum gem § 275 I befreit, wenn es sich um eine Stückschuld oder eine konkretisierte Gattungsschuld handelt (dazu iE § 275 Rn 2; § 243 Rn 8) und noch keine Erfüllung (§ 362 I) eingetreten ist. Gleichzeitig verliert der Verkäufer gem § 326 I 1 seinen Anspruch auf den Kaufpreis. Dieses Ergebnis ist va dann unbillig, wenn der Käufer den Untergang der Kaufsache zu verantworten hat. In diesem Fall ordnet bereits § 326 II 1 1. Fall an, dass der Verkäufer seinen Kaufpreisanspruch behält. Es ist aber angemessen, dass dem Verkäufer der Kaufpreisanspruch auch dann erhalten bleibt, wenn die bereits im Macht- und Einwirkungsbereich des Käufers befindliche Sache durch Zufall untergeht. Daher bestimmt S 1, dass die Preisgefahr mit Übergabe der Sache auf den Käufer übergeht und er nicht die Zahlung des Kaufpreises nach § 320 I verweigern kann. Die Vorschrift ist also ebenso wie § 326 II 1 **Ausnahmetatbestand zum Grundsatz des § 326 I 1.**

2 S 2 verknüpft den Übergang der Gefahr mit dem Übergang der **Nutzungen** und der **Lastentragung** entspr dem Grundsatz „cuius est periculum, eius est commodum". Eine weitere Konstellation, nämlich den Annahmeverzug des Käufers, betrifft S 3; die Regelung hat jedoch nur deklaratorische Bedeutung, da dieser Fall bereits von § 326 II 1 2. Fall erfasst wird. Die va **Grundstücke** betr Sonderbestimmung des § 446 II aF wurde wegen ihrer geringen praktischen Bedeutung aufgehoben; deshalb trägt auch der Grundstückskäufer die Preisgefahr ab dem Zeitpunkt der Übergabe.

3 **II. 1. Voraussetzungen der S 1, 3:** a) Zwischen den Parteien muss im Zeitpunkt der Übergabe ein **wirksamer Kaufvertrag** bestehen. Daran fehlt es zB, wenn der Käufer wirksam vom Kaufvertrag zurückgetreten ist (§ 437 Nr 2 1. Fall), berechtigt den Widerruf (§ 355) erklärt hat oder eine aufschiebende Bedingung endgültig ausgefallen bzw eine auflösende Bedingung eingetreten ist. Sofern nach der Parteivereinbarung allerdings der Bedingungseintritt auf den Zeitpunkt der Übergabe zurückzubeziehen ist

(§ 159; uU bei einem Gebrauchsrecht des Käufers an der Sache), ist § 446 S 1 bei einem Eintritt der aufschiebenden Bedingung nach dem Untergang der Sache beim Käufer anwendbar (vgl BGHZ 138, 206; str). Ebenso steht eine wirksame Anfechtung dem Gefahrübergang entgg (nach hM auch die Anfechtung des Käufers wegen arglistiger Täuschung; BGHZ 57, 143; str).

b) Das Erfordernis der **Übergabe** ist nur bei Verschaffung des unmittelbaren Besitzes der Kaufsache iSv § 854 I erfüllt, wie etwa bei der Lieferung unter Eigentumsvorbehalt (s § 449 Rn 1 ff). Eine Einschränkung dieses Erfordernisses kann sich aber (ggf durch Auslegung) aus der Parteivereinbarung ergeben. Insb kommt dies in Betracht, wenn die Parteien eine Übereignung nach §§ 929, 930; 931 angestrebt haben. Die Übergabe an den Käufer muss in Erfüllung des Kaufvertrags, aber nicht notwendig zum Zweck der Übereignung vorgenommen werden. Der Übergabe steht es gem § 446 S 3 gleich, wenn der Käufer im **Verzug der Annahme** ist. Dies beurteilt sich nach §§ 293 ff. Eine über § 326 II 1 2. Fall hinausreichende Bedeutung kommt der Vorschrift nicht zu (s Rn 2). 4

c) Der **Untergang** der verkauften Sache ist nach dem Zweck der Vorschrift ausweitend als Eintritt der objektiven Unmöglichkeit zu verstehen und umfasst neben der körperlichen Vernichtung auch den endgültigen Besitzverlust der Sache (insb durch Diebstahl; str für Beschlagnahme). Als **Verschlechterung** ist jede Minderung der Qualität, va die Beschädigung anzusehen. Die objektive Unmöglichkeit oder Verschlechterung ist **zufällig**, wenn sie von keiner Partei zu vertreten ist. 5

2. Als **Folge des Gefahrübergangs** ist der Käufer zur Zahlung des Kaufpreises verpflichtet, auch wenn dem Verkäufer die Verschaffung des Eigentums unmöglich geworden ist. Bei einer Verschlechterung der Sache nach Gefahrübergang stehen dem Käufer insoweit keine Gewährleistungsansprüche zu und er muss den Kaufpreis ebenfalls voll zahlen. 6

3. Mit dem Gefahrübergang nach S 1 und 3 ist nach S 2 der **Übergang der Nutzungen und Lasten** (§§ 100, 103) verbunden. Diese Regelung bezieht sich nur auf das Innenverhältnis zwischen Verkäufer und Käufer, also nicht auf das Verhältnis zu Dritten. Wegen ihrer systematischen Stellung gilt sie nicht für den Gefahrübergang nach § 447 I. 7

§ 447 Gefahrübergang beim Versendungskauf

(1) Versendet der Verkäufer auf Verlangen des Käufers die verkaufte Sache nach einem anderen Ort als dem Erfüllungsort, so geht die Gefahr auf den Käufer über, sobald der Verkäufer die Sache dem Spediteur, dem Frachtführer oder der sonst zur Ausführung der Versendung bestimmten Person oder Anstalt ausgeliefert hat.

(2) Hat der Käufer eine besondere Anweisung über die Art der Versendung erteilt und weicht der Verkäufer ohne dringenden Grund von der Anweisung ab, so ist der Verkäufer dem Käufer für den daraus entstehenden Schaden verantwortlich.

I. Die Vorschrift verlegt für den Versendungskauf den Zeitpunkt, zu dem die **Vergütungsgefahr** (vgl § 446 Rn 1) auf den Käufer übergeht, ggü § 446 S 1 noch weiter vor: Bei Untergang oder Verschlechterung der Kaufsache auf dem Transport vom Verkäufer zum Käufer ohne Verschulden einer der Parteien muss der Käufer unter den Voraussetzungen des Abs 1 den vollen Kaufpreis zahlen, obgleich noch keine Übergabe oder Übereignung stattgefunden hat. Der Regelung liegt (ebenso wie Art 67 I CISG) die Wertung zugrunde, dass die Versendung im Interesse des Käufers geschieht und daher dieser mit der Auslieferung der Sache an die Transportperson die Vergütungsgefahr zu tragen hat. 1

§ 447 gilt grds für **alle Arten des Versendungskaufs** und nach hM entspr bei vereinbarter innerörtlicher Versendung mithilfe von Transportpersonen (sog Platzkauf; s iE Wertenbruch JuS 03, 625, 628 mwN). Sie findet jedoch **keine Anwendung** auf den **Verbrauchsgüterkauf**, bei dem ein Unternehmer als Verkäufer einem Verbraucher als Käufer gegenübertritt (§ 474 II; dazu Lorenz JuS 04, 105, 106; s auch § 474 Rn 6). Die Vorschrift ist damit va beim Kaufvertrag zwischen Unternehmern von Bedeutung. IÜ 2 genießen Verbraucher doppelten Schutz: Bei Kaufverträgen, die als Fernabsatzverträge iSv § 312 b anzusehen sind, ist aus § 312 d II (Beginn der Widerrufsfrist mit Eingang der Ware beim Empfänger) die Wertung zu entnehmen, dass § 447 nicht anwendbar sein soll. In diesen Fällen ist also von einer Bringschuld auszugehen. Zur Anwendung des § 447 und dem Erfüllungsort im Versandhandel BGH NJW 03, 3341; Borges DB 04, 1815. § 447 ist grds abdingbar; abw Klauseln über die Gefahrtragung sind verbreitet.

3 **II. Voraussetzungen des Abs 1: 1.** Die Vorschrift setzt voraus, dass der Verkäufer die Nebenpflicht übernimmt, die verkaufte Sache an einen anderen Ort als den Erfüllungsort zu versenden (sog **Versendungskauf**). Der auch als Leistungsort bezeichnete Erfüllungsort ist idR der Wohnort oder die Niederlassung des Verkäufers (§§ 269 I, II). Die Versendung von einem anderen Ort aus (zB dem Sitz eines Zwischenhändlers) genügt nur, wenn die Parteien dies vereinbart haben (aA LG Köln NJW-RR 89, 1457, 1458; s auch Wertenbruch JuS 03, 625, 627 mwN). Andernfalls würde die Versendung nicht entspr dem Zweck des § 447 nur im Interesse des Käufers, sondern auch im Interesse des Verkäufers liegen. Der Ziel- oder Bestimmungsort der Versendung (Ablieferungsort) ist idR der Wohnort oder die Niederlassung des Käufers. Mit der Versendung vereinbaren die Parteien eine Schickschuld (§ 269 Rn 2). Im Handelsverkehr handelt es sich bei Warenschulden zumeist um Schickschulden und damit um Versendungskäufe (vgl BGH NJW 91, 915). Von den Umständen des Einzelfalls abhängig ist dies bei alltäglichen Zuschickungsgeschäften (vgl BGH NJW 91, 916; iE str). Von der Vereinbarung eines Versendungskaufs soll nach der Rspr im Versandhandel (BGH ZGS 03, 438) und auch im Fall des Kaufs über Internet-Handelsplattformen auszugehen sein (LG Berlin NJW 03, 3493 [LS] zu „ebay"; aA Cichon/Pighin CR 03, 435, 437 f).

4 **2.** Zudem ist die **Auslieferung der Sache an eine Transportperson** erforderlich. Sie besteht in der tatsächlichen Übergabe des Kaufgegenstandes an den Beförderer zur Übermittlung an den Käufer. Nicht ausreichend, sondern nur Vorbereitungshandlung ist der Abschluss des Transportvertrags oder die Übergabe eines kaufmännischen Traditionspapiers an das Transportunternehmen. Transportpersonen sind neben Spediteuren und Frachtführern insb Bahn und Post. Nach hM können nicht nur selbständige Dritte, sondern auch **Mitarbeiter** des Verkäufers Transportpersonen sein (str). Da der Verkäufer jedoch für das Verschulden seiner Mitarbeiter gem § 278 haftet, verbleibt dem Käufer nach überw Ansicht (nur) das Risiko zufälligen Untergangs oder zufälliger Verschlechterung während des Transports. Nach aA ist dag beim Transport durch eigene Leute nicht § 447 I, sondern § 446 S 1 anzuwenden (Übbl bei Esser/Weyers § 8 III 3 c sowie Wertenbruch JuS 03, 625, 628 f).

5 **3.** Da § 447 I die Vergütungsgefahr regelt, erfasst die Vorschrift nur den **zufälligen** (also von keiner Partei verursachten) Untergang bzw entspr die Verschlechterung der Kaufsache (§ 446 S 1; vgl dort Rn 1). Deswegen greift § 447 I nicht ein, wenn der Untergang der Sache auf einem Verschulden des Verkäufers (§§ 276 I 1, 278 S 1) beruht (zB bei unsorgfältiger Auswahl der Transportperson oder falschen Informationen und Anweisungen; ebenso uU bei Absendung der Kaufsache zur ungeeigneten Zeit oder auf ungeeignetem Weg). Für ein Verschulden der Transportperson muss der Verkäufer jedoch grds nicht nach § 278 S 1 2. Fall einstehen, weil er diese im Interesse des Käufers und nicht zur Erfüllung einer eigenen Verbindlichkeit ggü dem Käufer eingeschaltet hat (BGHZ 50, 35). Anders verhält es sich nach hM allerdings beim Einsatz eigener Leute (vgl Rn 4).

6 **4.** Nach hM ist die Anwendung von § 447 I auf **typische Transportschäden** zu beschränken. Das Ereignis, das zum Untergang oder zur Verschlechterung der Kaufsache führt, muss danach dem spezifischen Gefahrenbereich des Transports zuzurechnen sein (zB Beschädigung der Ware bei einem Verkehrsunfall; Verlust von Teilen der Lieferung beim Verladen oder Abladen). Es genügt aber, dass das transportbedingte Ereignis für den Schaden lediglich mitursächlich ist. Praktisch gelangt die hM daher in den meisten Fällen zum gleichen Ergebnis wie die vordringende Gegenauffassung, dass § 447 I jeden auf dem Transport eintretenden Untergang (bzw Verschlechterung) erfasse (Reinicke/Tiedtke Rn 165 mwN zum Meinungsstand).

5. **Rechtsfolge** des Abs 1 ist der Übergang der Vergütungsgefahr auf den Käufer (s 7
Rn 1 und § 446 Rn 1). Der Gefahrübergang erfolgt zum Zeitpunkt der Auslieferung
der Sache an die Transportperson (Rn 4). Ebenfalls zu diesem Zeitpunkt konkretisiert
sich beim Gattungskauf die Gattungsschuld zur Stückschuld (§ 243 Rn 8 f). Da der
Käufer nach §§ 425, 421 I 2 HGB Ansprüche aus dem Frachtvertrag im eigenen Namen gegen den Frachtführer geltend machen kann, ist er regelmäßig nicht auf die Abtretung von Rechten des Verkäufers nach § 285 I angewiesen. Aufgrund der handelsrechtlichen Regelung erfordert die obligatorische Gefahrentlastung des Verkäufers – außer etwa beim privaten Transport – keinen Rückgriff auf die allg Grundsätze der Drittschadensliquidation (ausf Oetker JuS 01, 833).

6. **Abweichungen von Anweisungen** des Käufers über die Art der Versendung ändern 8
nichts am Gefahrübergang gem Abs 1. Der Käufer kann jedoch nach **Abs 2** unter folgenden Voraussetzungen **Schadensersatz** verlangen: Bei einem Versendungskauf (Rn 3)
hat der Käufer eine besondere Anweisung über eine Art der Versendung (zB über Verpackung oder Transportmittel) erteilt. In Kenntnis dieser Anweisung hat der Verkäufer eine abw Art der Versendung gewählt, ohne sich auf einen dringenden Grund stützen zu können. Ein dringender Grund zur Abweichung ist anzunehmen, wenn die Befolgung der Anweisung wegen außergewöhnlicher Schwierigkeiten unzumutbar oder sinnwidrig ist. Im ersten Fall muss die Anweisung zudem grds nicht bereits bei Vertragsschluss zugrunde gelegt, sondern erst nachträglich gegeben worden sein. Der Verkäufer hat unter diesen Voraussetzungen Ersatz für den Schaden zu leisten, der aufgrund der abw Art der Versendung eingetreten ist und bei weisungsgemäßer Versendung nicht entstanden wäre.

§ 448 Kosten der Übergabe und vergleichbare Kosten

(1) Der Verkäufer trägt die Kosten der Übergabe der Sache, der Käufer die Kosten der Abnahme und der Versendung der Sache nach einem anderen Ort als dem Erfüllungsort.
(2) Der Käufer eines Grundstücks trägt die Kosten der Beurkundung des Kaufvertrags und der Auflassung, der Eintragung ins Grundbuch und der zu der Eintragung erforderlichen Erklärungen.

I. Häufig müssen zur Durchführung des Kaufes verschiedene Handlungen vorgenom- 1
men werden. § 448 regelt, welche der Kaufvertragsparteien deren **Kosten** zu tragen hat. Die Vorschrift geht dabei von dem Grundsatz aus, dass der Verkäufer die Kaufsache so anzubieten hat, dass der Käufer sie zur Erfüllungszeit am Erfüllungsort nur noch anzunehmen braucht. Ergänzt wird die Regelung von §§ 403 S 2, 439 II (dort Rn 3) und insb § 453 II (§ 448 II aF), der für den Rechtskauf bestimmt, dass dem Verkäufer die Kosten der Begr und Übertragung des Rechts zur Last fallen (s § 453 Rn 7). Im Verhältnis zu Dritten (etwa Notaren oder Behörden) gilt § 448 nicht (RGZ 96, 48).
II. 1. Der **Verkäufer** hat gem **Abs 1 1. Halbs** beim Sachkauf die Kosten der Übergabe 2
zu tragen. Hierunter fallen nach hM nicht nur die Kosten für die Übergabe selbst, sondern alle Kosten, die bis zur Ermöglichung der Annahme der Kaufsache entstanden sind. Dazu gehören insb Kosten der Lagerung, der Verpackung, des Transports bis zum Erfüllungsort sowie des Messens und Wägens (vgl § 448 I aF), wenn dieses zur Sonderung der Kaufsache aus einem größeren Vorrat notwendig ist (zB Wärmemessung beim Bezug von Fernwärme; zur Geltung des Kaufrechts s insoweit § 453 Rn 3). Dies gilt auch für die Anschlusskosten bei der Stromlieferung (BGH NJW-RR 94, 175, 177; 04, 453, 454) und der Vermessung eines Teilgrundstückes, nicht jedoch für Messungen, die allein der Kontrolle der Lieferung durch den Käufer dienen (s Rn 3).
2. a) Dem **Käufer** fallen gem **Abs 1 2. Halbs** beim **Sachkauf** zunächst die Kosten der 3
Abnahme zur Last, also diejenigen Kosten, die durch die Übernahme der Kaufsache in seine Verfügungsgewalt anfallen, einschließlich der Kosten für die Untersuchung der Sache auf den vertragsgemäßen Zustand. Ihn treffen zudem die Versendungskosten ab

Erfüllungsort unter Einschluss der Steuern und Abgaben, die durch die Versendung vom Erfüllungsort an entstehen.

4 b) Gem Abs 2 hat der **Käufer** ferner die Kosten zu tragen, die bei der Durchführung eines **Grundstückskaufs** entstehen. Neben den ausdrücklich genannten Fällen obliegen dem Käufer die Kosten für die Eintragung einer Auflassungsvormerkung oder einer Kaufpreishypothek sowie die Grunderwerbsteuer (jeweils str), daß nicht Vermessungs- und Maklerkosten. Die Pflicht des Käufers zur Kostentragung besteht auch, wenn die Beurkundung nicht notwendig war, der Kaufvertrag wegen Formmangels oder mangels Genehmigung nicht wirksam wurde oder die Parteien ihn später wieder aufgehoben haben.

5 III. § 448 ist **abdingbar**. Verbreitet sind zB Klauseln wie „ab Lager" (Übernahme sämtlicher Transportkosten durch den Käufer) sowie Vereinbarungen über die Belastung des Käufers mit Sachverständigen-, Beurkundungs- und weiteren Vertragskosten. Für den internationalen Verkehr sind va die Incoterms zu berücksichtigen (abgedr bei Baumbach/Hopt HGB Anh 6; s auch Piltz IHR 11, 1).

§ 449 Eigentumsvorbehalt

(1) Hat sich der Verkäufer einer beweglichen Sache das Eigentum bis zur Zahlung des Kaufpreises vorbehalten, so ist im Zweifel anzunehmen, dass das Eigentum unter der aufschiebenden Bedingung vollständiger Zahlung des Kaufpreises übertragen wird (Eigentumsvorbehalt).
(2) Auf Grund des Eigentumsvorbehalts kann der Verkäufer die Sache nur herausverlangen, wenn er vom Vertrag zurückgetreten ist.
(3) Die Vereinbarung eines Eigentumsvorbehalts ist nichtig, soweit der Eigentumsübergang davon abhängig gemacht wird, dass der Käufer Forderungen eines Dritten, insbesondere eines mit dem Verkäufer verbundenen Unternehmens, erfüllt.

1 I. Der **Eigentumsvorbehalt** ist das am häufigsten verwendete Mittel zur Sicherung von Kaufpreisforderungen. Er gibt dem Verkäufer eine dingliche Sicherheit, wenn der Käufer den Kaufpreis nicht im Voraus oder Zug um Zug bei Übergabe der Kaufsache zahlt, sondern der Verkäufer durch die Übergabe der Kaufsache in Vorleistung tritt. Ausgehend von dem einfachen Eigentumsvorbehalt des § 449 haben sich verschiedene **besondere Arten** des Eigentumsvorbehalts entwickelt, insb der verlängerte, weitergeleitete, nachgeschaltete und erweiterte Eigentumsvorbehalt (dazu § 929 Rn 38 ff). Beim Eigentumsvorbehalt stellen sich sowohl auf sachenrechtlicher (Rn 2 ff) als auch auf schuldrechtlicher Ebene (Rn 6 ff) zahlreiche Fragen, die teilweise von § 449 geregelt werden. Der Anwendungsbereich der Vorschrift wird durch § 651 S 1 auch auf den Werklieferungsvertrag erstreckt.

2 II. **Dingliche** Seite: 1. Der Eigentumsvorbehalt beruht auf der **Vereinbarung der Parteien**, dass das Eigentum erst auf den Käufer übergehen soll, wenn der gesamte Kaufpreis gezahlt ist. Die für das Verfügungsgeschäft erforderliche Einigung über die Übereignung (§ 929 S 1) steht damit unter der aufschiebenden Bedingung (§ 158 I) der vollständigen Kaufpreiszahlung. Bis zum Eintritt dieser Bedingung bleibt der Verkäufer Eigentümer der Kaufsache; mit dem Eintritt der Bedingung geht sodann das Eigentum ohne weiteres auf den Käufer über (zu den sachenrechtlichen Folgen iE § 929 Rn 33 ff). Kaufgegenstand müssen bewegliche Sachen (einschließlich unwesentlicher Bestandteile gem §§ 93 ff und Zubehör gem §§ 97, 98) oder Tiere (§ 90 a) sein. Bei dem Verkauf von Sachgesamtheiten und Unternehmen kann sich der Eigentumsvorbehalt nicht auf den Kaufgegenstand im Ganzen, sondern aufgrund des Spezialitätsgrundsatzes des Sachenrechts nur jeweils auf die einzelnen beweglichen Sachen aus der Gesamtheit bzw dem Unternehmen beziehen.

3 a) Die Vereinbarung kann **ausdrücklich oder stillschweigend** getroffen werden. Letzteres kann insb bei Fortführung der Geschäftsverbindung nach Lieferungen unter schriftlich vereinbartem Eigentumsvorbehalt und bei entspr Branchenüblichkeit (§ 157; § 346 HGB) anzunehmen sein, ohne dass jedoch allg beim Kreditkauf eine Vermutung zu-

gunsten der Vereinbarung eines Eigentumsvorbehalts besteht. Für Verträge zwischen **Verbrauchern** und Unternehmern (§§ 13, 14) kann sich ein Schriftformerfordernis aus §§ 492 I iVm 507 ergeben. Zumeist wird der Eigentumsvorbehalt mithilfe von **AGB** vereinbart. Bei einander widersprechenden AGB des Verkäufers (Festlegung des Eigentumsvorbehalts) und des Käufers (Ausschluss des Eigentumsvorbehalts) gilt grds keine der beiden AGB (BGHZ 61, 288), so dass kein Eigentumsvorbehalt vereinbart ist. IdR kann der Käufer aber bei Kenntnis der AGB des Verkäufers in der Übersendung der Ware nur das Angebot zur Übertragung bedingten Eigentums sehen, so dass eine Einigung über einen unbedingten Eigentumsübergang nicht zustande kommt (BGH NJW 82, 1751; zur Verwendung von Abwehrklauseln BGH NJW-RR 91, 357). Die **nachträgliche** Begründung eines Eigentumsvorbehaltes ist durch Abänderungsvertrag möglich. Einseitig kann der Verkäufer nach hM bei hinreichend deutlichem und rechtzeitigem Hinweis mit einem einseitigen Eigentumsvorbehalt den Eigentumsübergang auf den Käufer hindern (etwa durch die Erklärung des Eigentumsvorbehalts in AGB, die nicht wirksam in den Kaufvertrag einbezogen, aber dem Käufer rechtzeitig bekannt wurden; ebenso durch Zurückbehalten des Fahrzeugbriefs beim Autokauf, BGH NJW 06, 3488, 3489; aA Tiedtke JZ 08, 452, 459 f; dag nicht durch Erklärung auf der Rechnung nach der vorbehaltlosen Lieferung und idR nicht durch einfachen Vermerk auf Begleitpapieren bei der Warenlieferung; BGH NJW 79, 213; iE Soergel/Mühl 12. Aufl § 455 Rn 18).

b) Lässt sich nicht feststellen, dass die Beteiligten die dingliche Einigung unter die Bedingung gestellt haben, dass das Eigentum erst mit Kaufpreiszahlung übergehen soll, kann die **Auslegungsregel** des **Abs 1** zum Zuge kommen. Sie ordnet an, dass die Vereinbarung einer solchen Bedingung iZw anzunehmen ist, wenn sich der Verkäufer einer beweglichen Sache das Eigentum – im Kaufvertrag – vorbehalten hat. 4

2. Die Vereinbarung des Eigentumsvorbehalts ist gem **Abs 3** nichtig, wenn der Eigentumsvorbehalt **Forderungen Dritter** sichert. Diese Regelung richtet sich insb gegen die Erstreckung des Eigentumsvorbehalts auf Forderungen von Unternehmen, die mit dem Vorbehaltseigentümer verbunden sind (sog Konzernvorbehalt), gilt aber auch für Forderungen anderer Dritter. 5

III. Schuldrechtliche Folgen: 1. Verkäuferpflichten: Die Verkäuferpflichten aus § 433 I 1 sind dahin gehend modifiziert, dass der Verkäufer zwar die Kaufsache übergeben, dem Käufer aber nur **aufschiebend bedingt Eigentum verschaffen** muss. Er hat damit seine geschuldeten Leistungshandlungen vollständig vorgenommen. Der Übergang des Eigentums auf den Käufer vollzieht sich danach unabhängig von Handlungen des Verkäufers durch den Bedingungseintritt bei vollständiger Kaufpreiszahlung. Nutzungsberechtigung, Lastentragung und Preisgefahr gehen gem § 446 S 1 mit der Übergabe der Kaufsache auf den Käufer über. Zur Verschaffung der Kaufsache frei von Rechten Dritter gem § 433 I 2 2. Fall ist der Verkäufer aber grds erst zum Zeitpunkt des Eigentumsübergangs verpflichtet (RGZ 83, 215; MK/Westermann § 435 Rn 6). 6

2. Rücktrittsrecht des Verkäufers: Auch wenn der Verkäufer die geschuldeten Leistungshandlungen erbracht hat, ist der Kaufvertrag bis zum Bedingungseintritt nach hM noch nicht vollständig erfüllt (BGH NJW 54, 1326; str). Bei Verzug des Käufers mit der Kaufpreiszahlung (§§ 286 f) ist der Verkäufer **nach den allg Vorschriften** rücktrittsberechtigt (§ 323). Die Regelung des § 455 I 2. Fall aF, derzufolge der Vorbehaltsverkäufer iZw ohne Fristsetzung zum Rücktritt berechtigt war, wurde nicht in § 449 I übernommen. Eine solche Privilegierung des Vorbehaltsverkäufers wurde weitgehend als ungerechtfertigt angesehen, zumal insb die Fristsetzung den Verkäufer nicht wesentlich belastet und unter den allg in § 323 II geregelten Voraussetzungen auch unnötig ist. 7

3. Einen **Herausgabeanspruch** hat der Vorbehaltsverkäufer nach § 216 II 2 trotz fehlenden Verzugs, wenn die (restliche) Kaufpreisforderung **verjährt** ist (zur Abwicklung, insb der Frage einer Nutzungsvergütung BGH NJW 79, 2196; Tiedtke, DB 80, 1477). Abgesehen von der besonderen Sachlage der Verjährung der Kaufpreisforderung steht dem Verkäufer jedoch gem **Abs 2 kein Anspruch auf Herausgabe** oder einstweilige Rückforderung der Kaufsache zu (etwa wegen unsachgemäßer Behandlung oder 8 pflichtwidriger Weitergabe der Kaufsache), **sofern nicht** der **Rücktritt gem** § 323 wirksam ausgeübt ist (so bereits BGHZ 54, 216 zu § 455 aF). Dies entspricht der Regelung des § 508 II 5 für das Teilzahlungsgeschäft. Es kann allerdings eine abw Vereinbarung getroffen werden (Zulässigkeit in AGB zweifelhaft; vgl BGHZ 96, 189).

9 **IV.** Durch einen wirksamen Rücktritt des Vorbehaltsverkäufers vom Kaufvertrag entfällt auch das **Recht** des Käufers **zum Besitz** aus § 986 I 1 1. Fall ggü dem Herausgabeanspruch des Verkäufers aus § 985. Vor Ausübung des Rücktritts ist der Käufer dag berechtigter Besitzer. Der Verkäufer kann daher von einem nicht berechtigt besitzenden Dritten die Herausgabe der Kaufsache gem § 986 I 2 nur an den Käufer verlangen. Zur **Anwartschaft** des Vorbehaltskäufers und den weiteren **dinglichen Folgen** des Eigentumsvorbehalts s § 929 Rn 33 ff.

§ 450 Ausgeschlossene Käufer bei bestimmten Verkäufen

(1) Bei einem Verkauf im Wege der Zwangsvollstreckung dürfen der mit der Vornahme oder Leitung des Verkaufs Beauftragte und die von ihm zugezogenen Gehilfen einschließlich des Protokollführers den zu verkaufenden Gegenstand weder für sich persönlich oder durch einen anderen noch als Vertreter eines anderen kaufen.
(2) Absatz 1 gilt auch bei einem Verkauf außerhalb der Zwangsvollstreckung, wenn der Auftrag zu dem Verkauf auf Grund einer gesetzlichen Vorschrift erteilt worden ist, die den Auftraggeber ermächtigt, den Gegenstand für Rechnung eines anderen verkaufen zu lassen, insbesondere in den Fällen des Pfandverkaufs und des in den §§ 383 und 385 zugelassenen Verkaufs, sowie bei einem Verkauf aus einer Insolvenzmasse.

§ 451 Kauf durch ausgeschlossenen Käufer

(1) ¹Die Wirksamkeit eines dem § 450 zuwider erfolgten Kaufs und der Übertragung des gekauften Gegenstandes hängt von der Zustimmung der bei dem Verkauf als Schuldner, Eigentümer oder Gläubiger Beteiligten ab. ²Fordert der Käufer einen Beteiligten zur Erklärung über die Genehmigung auf, so findet § 177 Abs. 2 entsprechende Anwendung.
(2) Wird infolge der Verweigerung der Genehmigung ein neuer Verkauf vorgenommen, so hat der frühere Käufer für die Kosten des neuen Verkaufs sowie für einen Mindererlös aufzukommen.

§§ 450, 451

1 **I.** §§ 450, 451 bezwecken die **Unparteilichkeit** des Verfahrens va beim Verkauf im Wege der Zwangsvollstreckung oder aus der Insolvenzmasse sowie beim Pfandverkauf.
2 **II. 1.** § 450 I ist **anwendbar** beim Verkauf gem §§ 814–817 a, 821, 825, 844, 857, 866 I ZPO. Für den Personenkreis, auf den sich das Erwerbsverbot erstreckt, sind §§ 814, 825 ZPO und § 1 ZVG maßgeblich; eingeschlossen sind alle Vertreter und Hilfspersonen. § 450 II erweitert das **Erwerbsverbot** auf die Fälle der §§ 383, 385, 753, 966, 979, 983, 1003, 1219, 1221, 1228 ff, 2042, §§ 368, 371, 376, 379, 388, 391, 441 HGB und § 159 InsO. Für andere Verwertungsmaßnahmen des Insolvenzverwalters und für freiwillige Versteigerungen gilt § 450 nicht. Ähnliche Verbote sehen § 34 b VI GewO für gewerbsmäßige Versteigerungen und §§ 20 III, 16 BnotO für Versteigerungen durch Notare vor.
3 **2. Rechtsfolge** eines Verstoßes gegen § 450 ist gem § 451 I 1 die **schwebende Unwirksamkeit** des Kaufs und der Übereignung bzw des sonstigen Erfüllungsgeschäftes (anders als bei § 134 also keine Nichtigkeit). Die Wirksamkeit hängt gem § 451 I 1 von der Zustimmung (Einwilligung oder Genehmigung, §§ 183, 184) aller Beteiligten ab. Verweigert einer der Beteiligten die Zustimmung, werden Kauf und Erfüllungsgeschäft nichtig. Die Erklärung über die Genehmigung (§§ **451 I 2**, 177 II) kann nur der Erwerber herbeiführen. Die **Haftung** des Käufers gem § **451 II** besteht unabhängig von einem

Verschulden. Bei Verschulden kommen daneben Ansprüche aus § 823 II iVm §§ 450 I, II als Schutzgesetze und aus § 839 iVm Art 34 GG in Betracht.

§ 452 Schiffskauf
Die Vorschriften dieses Untertitels über den Kauf von Grundstücken finden auf den Kauf von eingetragenen Schiffen und Schiffsbauwerken entsprechende Anwendung.

§ 452 erstreckt den Anwendungsbereich der Vorschriften über den Kauf von Grund- 1 stücken auf im Schiffsregister eingetragene Schiffe sowie Schiffsbauwerke (va Docks). Das frühere Recht berücksichtigte diese besonderen Kaufgegenstände nicht allg, sondern nur im Zusammenhang mit einzelnen Vorschriften. Die Regelungstechnik des § 452 hat den Vorzug größerer Übersichtlichkeit, wirft aber die Frage auf, ob wirklich alle für Grundstücke geltenden Vorschriften auch für Schiffe und Schiffsbauwerke gelten sollen. Über § 452 kommen insb die für den Grundstückskauf getroffenen Bestimmungen über die Haftung des Verkäufers für **Rechtsmängel** (§ 436) und für die Schiffsregisterkosten (§ 448 II) entspr zur Anwendung. Hingegen finden Vorschriften außerhalb dieses Titels (wie etwa die Formvorschrift des § 311 b I) keine entspr Anwendung auf den Schiffskauf.

§ 453 Rechtskauf
(1) Die Vorschriften über den Kauf von Sachen finden auf den Kauf von Rechten und sonstigen Gegenständen entsprechende Anwendung.
(2) Der Verkäufer trägt die Kosten der Begründung und Übertragung des Rechts.
(3) Ist ein Recht verkauft, das zum Besitz einer Sache berechtigt, so ist der Verkäufer verpflichtet, dem Käufer die Sache frei von Sach- und Rechtsmängeln zu übergeben.

I. Die Regelungen der §§ 433 ff erfassen lediglich den Kauf von Sachen (bewegliche Sa- 1 chen und Grundstücke). Nicht geregelt sind dort der Rechtskauf und der Kauf sonstiger Gegenstände, die nicht als Sachen oder Rechte qualifiziert werden können, wie etwa Sachgesamtheiten oder bestimmte Immaterialgüter. Aufgrund der Verweisungsnorm des § 453 ist das **Kaufrecht** hierauf **entspr anwendbar** (Abs 1). Zusätzlich hält die Vorschrift für diese Arten des Kaufs **besondere Regeln** über die Kosten (Abs 2) und die Gewährleistung (Abs 3) bereit.
II. 1. Anwendungsbereich: a) **Rechte** können Kaufgegenstand sein, soweit sie übertrag- 2 bar sind. Dies gilt auch für bedingte und künftige Rechte sowie für Rechte, deren Inhaber nicht der Verkäufer ist. In Betracht kommt auch die **Belastung**, also die Begründung eines Rechts an einem Grundstück. Verkauft werden können zB Forderungen, Grundpfand-, Erbbau-, Nutzungs- und Anwartschaftsrechte, gewerbliche Schutzrechte (s hierzu Haedicke GRUR 04, 124), **Anteile an Gesellschaften** sowie allg an Sachen und Rechten sowie übertragbare subjektive öffentliche Rechte (etwa Konzessionen). Der Kauf von **Wertpapieren** ist in erster Linie Rechtskauf. Soweit zur Ausübung des Rechts die Vorlage des Papiers erforderlich ist (§ 793 Rn 1), verbindet sich damit aber zugleich ein Sachkauf, der den Verkäufer zur Übergabe und Übereignung des Wertpapiers verpflichtet. Rechtsmängel bestehen bei Wertpapieren zB bei der Unwirksamkeit der Verpflichtung aus dem Papier, einer Zahlungssperre gem § 1019 ZPO oder der Formungültigkeit eines Schecks oder Wechsels. Bei der **Wechseldiskontierung** ist die in dem Wertpapier verkörperte Forderung Kaufgegenstand und insofern die Regelung für den Rechtskauf maßgeblich (BGHZ 19, 292). Keine Gegenstände des Rechtskaufs sind der Besitz (§ 854) und höchstpersönliche Rechte wie das Namensrecht (§ 12; für die Firma § 23 HGB).
b) Zu den **sonstigen verkehrsfähigen Gütern**, die Kaufgegenstand sein können, gehören 3 zB spezifische Kenntnisse und Informationen („Know-how", Werbeideen, Herstellungsverfahren, auch noch nicht geschützte Erfindungen), Adressen, Erwerbs- und Gewinnchancen, auch Elektrizität und Fernwärme sowie Gesamtheiten von Rechten, Sa-

chen und weiteren Vermögenswerten wie das gegenwärtige Vermögen einer Person (§ 311 b III), der Nachlass (§ 2371) oder ein **Unternehmen** im Wege der Einzelrechtsnachfolge (asset deal) oder des Erwerbs aller oder der Mehrheit der Anteile (share deal) – einschließlich „goodwill", Kundenbeziehungen und Firma (s auch Begr RegE, BT-Drucks 14/6040, 208; dazu iE Eidenmüller ZGS 02, 290; Kindl WM 03, 409, Knott NZG 02, 249); ebenso **freiberufliche Praxen**, wie Arzt- oder Anwaltspraxis (Verkauf grds zulässig, soweit bei der Arztpraxis insb nicht mit Veräußerung der Patientenkartei ohne Zustimmung der Patienten und bei der Anwaltskanzlei insb nicht mit unzulässiger Abtretung von Gebührenforderungen an Nicht-Anwälte verbunden; vgl BGH NJW 96, 774; 97, 188). Das Angebot des Gesetzgebers, den Unternehmenskauf den gesetzlichen Bestimmungen des Kaufrechts zu unterwerfen, wird von der Praxis allerdings kaum angenommen (vgl dazu Saenger/Klockenbrink ZGS 06, 61, 65). Unternehmenskaufverträge zeichnen sich nach wie vor durch detaillierte, umfangreiche Vertragswerke aus, in denen die Käufer- und Verkäuferpflichten abw von den kaufrechtlichen Regeln des BGB festgelegt werden.

4 2. Beim Rechtskauf besteht die **Hauptpflicht** des Verkäufers gem §§ 453 I, 433 I 1 darin, dem Käufer das **Recht** uneingeschränkt **zu verschaffen**. Zur Erfüllung dieser Pflicht muss er den Käufer nach den für die Übertragung des Rechts maßgeblichen Vorschriften zum Inhaber des Rechts machen (bei einer Forderung durch Abtretung gem § 398; bei anderen Rechten grds gem §§ 413, 398; ggf unter Beachtung von Formerfordernissen, zB bei einer Hypothekenforderung gem §§ 1154 III, 873 oder § 1154 I, II). Der Verkäufer verletzt seine Hauptpflicht, wenn das Recht gar nicht entstanden oder (zB aufgrund von Anfechtung oder Aufrechnung) wieder erloschen ist. Häufig fällt die Einigung über den Rechtsübergang zeitlich mit dem Abschluss des Kaufvertrags zusammen; rechtlich ist sie (ebenso wie die Übereignung beim Sachkauf) als Verfügungsgeschäft zur Erfüllung der kaufvertraglichen Pflicht vom Kaufvertrag als Verpflichtungsgeschäft zu unterscheiden und nach dem Abstraktionsprinzip (Vor § 104–185 Rn 10; Vor §§ 854–1296 Rn 21) eigenständig zu behandeln. Die Rechtsverschaffung ist auch durch gutgläubigen Erwerb des Käufers möglich, soweit dieser in besonderen Fällen für ein Recht gesetzlich vorgesehen ist (§ 892; § 16 WG).

5 3. Der Verkäufer ist lediglich verpflichtet, dem Käufer das Recht als solches zu verschaffen, hat also nur **für den Bestand** des Rechts **einzustehen** (Verität). Daher verletzt er seine Pflichten, wenn sich das Recht nicht durchsetzen lässt, weil ihm eine Einrede (etwa Verjährung) entgegensteht (entspr für Beschlagnahme BGH NJW 63, 1971). Hingegen hat der Verkäufer nicht dafür einzustehen, dass der Schuldner einer verkauften Forderung zahlungsfähig ist (Bonität). Gegenteiliges kann allerdings vereinbart werden, insb durch eine Garantie nach § 276 I. Der Verkäufer haftet des Weiteren nicht, wenn die Forderung anfechtbar ist, aber nicht angefochten wurde (BGH ZIP 04, 2384, 2388). Nach § 438 aF bezog sich eine Vereinbarung, mit der der Verkäufer einer Forderung die Haftung für die Zahlungsunfähigkeit des Schuldners übernimmt, lediglich auf den Zeitpunkt der Abtretung. Diese Vorschrift ist wegen ihrer geringen praktischen Bedeutung aufgehoben worden. Im Fall von AGB lässt sich dieses Ergebnis über § 305 c II erreichen. Die **Rechtsfolgen** der Nichterfüllung der Hauptpflichten des Verkäufers ergeben sich aus § 437 (dort Rn 2 ff).

6 4. Berechtigt das verkaufte Recht zum **Besitz** einer Sache, so trifft den Verkäufer gem **Abs 3** ferner die Pflicht, die Sache dem Käufer **zu übergeben**, und zwar frei von Sach- (§ 434) und Rechtsmängeln (§ 435). Derartige Rechte sind zB der Nießbrauch (§§ 1030, 1036 I), das Wohnungsrecht (§ 1093), das Erbbaurecht (§ 1 ErbbauVO), das Dauerwohnrecht (§ 31 ff WEG) und die durch Pfand gesicherte Forderung (§§ 401, 1251).

7 5. Etwaige **Kosten**, die im Zusammenhang mit der Begründung oder der Übertragung des Rechts entstehen (etwa Beurkundungen), hat vorbehaltlich gegenteiliger Regelung im Vertrag nach **Abs 2** der Verkäufer zu tragen (vgl § 448).

8 III. Die **Beweislastverteilung** hins des Vorliegens eines Rechtsmangels richtet sich auch beim Rechtskauf nach allg Grundsätzen, insb § 363 (anders § 442 aF). Für den Zeitraum ab Annahme als Erfüllung hat daher der **Käufer** das Vorliegen eines Mangels zu

beweisen. Anderes gilt dag für den Zeitraum bis zur Annahme als Erfüllung; hier muss der Käufer lediglich einen bestimmten Rechtsmangel behaupten und hat der Verkäufer dessen Nichtbestehen zu beweisen.

Untertitel 2
Besondere Arten des Kaufs

Vorbemerkung zu §§ 454–473

§§ 454–473 entspr im Wesentlichen dem früheren III. Untertitel (§§ 494–514 aF). **Auf- 1 gehoben wurde** jedoch § 494 aF (**Kauf nach Probe**), der dem Verkäufer eine Haftung für eine durch die Beschaffenheit einer Probe bzw eines Musters zugesicherte Eigenschaft (§ 463 aF) auferlegte. Nach der neuen Gesetzeskonzeption soll eine spezielle kaufrechtliche Haftung für zugesicherte Eigenschaften aber entfallen. Vielmehr haftet der Verkäufer nach allg Grundsätzen auf Schadensersatz nach § 276 I 1 nur, wenn er eine Garantie für das Vorhandensein bestimmter Eigenschaften der Kaufsache abgegeben hat (vgl § 442 Rn 7). Zudem ergibt sich bereits aus § 434 I, dass die Beschaffenheit der Probe bzw des Musters als für die Kaufsache vereinbart anzusehen ist. Die allg Regeln reichen daher aus, um den Kauf nach Probe sachgerecht zu erfassen. Eine spezielle Regelung würde nur den (unzutreffenden) Eindruck erwecken, dass der Verkäufer regelmäßig strenger haftet, wenn bei einem Kauf eine Probe vorgelegen hat.

Kapitel 1
Kauf auf Probe

§ 454 Zustandekommen des Kaufvertrags

(1) ¹Bei einem Kauf auf Probe oder auf Besichtigung steht die Billigung des gekauften Gegenstandes im Belieben des Käufers. ²Der Kauf ist im Zweifel unter der aufschiebenden Bedingung der Billigung geschlossen.
(2) Der Verkäufer ist verpflichtet, dem Käufer die Untersuchung des Gegenstandes zu gestatten.

§ 455 Billigungsfrist

¹Die Billigung eines auf Probe oder auf Besichtigung gekauften Gegenstandes kann nur innerhalb der vereinbarten Frist und in Ermangelung einer solchen nur bis zum Ablauf einer dem Käufer von dem Verkäufer bestimmten angemessenen Frist erklärt werden. ²War die Sache dem Käufer zum Zwecke der Probe oder der Besichtigung übergeben, so gilt sein Schweigen als Billigung.

§§ 454, 455

I. Bei einem **Kauf auf Probe** oder auf **Besichtigung** nach §§ 454, 455 steht der Kaufver- 1 trag (§ 433) unter der aufschiebenden oder auflösenden Bedingung (§ 158), dass der Käufer den Kaufgegenstand durch eine gesonderte Willenserklärung ggü dem Verkäufer billigt oder missbilligt. Verbreitet ist dies insb im Versandhandel und beim sog Testkauf (OLG Köln NJW-RR 96, 499). Die Billigung des gekauften Gegenstandes liegt dabei im Belieben des Käufers (§ 454 I 1). Die Billigung ist nach der Auslegungsregel des § 454 I 2 iZw aufschiebende Bedingung.

§ 454 II sichert dem Käufer die Möglichkeit zur **Untersuchung** des Kaufgegenstandes, 2 damit er seine Entscheidung über die **Billigung** treffen kann. § 455 S 1 gibt dem Verkäufer die Möglichkeit, durch Fristsetzung eine Entscheidung herbeizuführen, wenn kein Termin vereinbart war. Bei Fristablauf gilt das Schweigen des Käufers nach der Fiktion des § 455 S 2 als Billigung, wenn die Sache dem Käufer zur Probe oder zur Besichtigung übergeben war.

3　**II. 1. Voraussetzungen: a)** Die Parteien müssen einen **Kaufvertrag** unter der **Bedingung** geschlossen haben, dass die Billigung (aufschiebende Bedingung, § 158 I) oder die Missbilligung (auflösende Bedingung, § 158 II) im Belieben des Käufers steht (hM; nach aA wegen der fehlenden Bindung des Käufers bei bloßer „Wollensbedingung" bedenklich; Larenz SchR II 1, § 44 I). Izw ist bei der Auslegung nach § 454 I 2 eine aufschiebende Bedingung anzunehmen. Indiz für eine auflösende Bedingung kann aber sein, dass der Kaufpreis bereits gezahlt ist.

4　**b)** Die **Billigung** bzw Missbilligung ist vom Käufer ggü dem Verkäufer ohne Formerfordernis innerhalb der vertraglich vereinbarten oder vom Verkäufer gem § 455 S 1 gesetzten Frist zu erklären. Es handelt sich um eine rechtsgestaltende, auf die Herbeiführung der Vertragsfolgen gerichtete Willenserklärung. Die Angabe von Gründen ist nicht erforderlich. Beim Kauf auf Probe kann es bei einer Kombination mit Fernabsatzgeschäften oder Haustürgeschäften zu einer **Konkurrenz von Billigungs- und Widerrufsfrist** (§ 355 I 2) kommen. Der Widerruf ist ein besonders ausgestaltetes Rücktrittsrecht, so dass zunächst durch Billigung ein wirksamer Vertrag zustande kommen muss, der dann in ein Rückgewährschuldverhältnis umgestaltet werden kann. Folglich laufen die Fristen nacheinander (BGH NJW-RR 04, 1058, 1059; vgl auch Erman/Saenger, § 360 Rn 5 und krit Schulte-Nölke LMK 04, 138). Das Widerrufsrecht erlischt gem § 355 III 3 wegen unzutreffender Unterrichtung nicht, wenn der Verkäufer bei einem Verkauf auf Probe einen früheren Zeitpunkt als Widerrufsfristbeginn angibt.

5　**2. Rechtsfolgen:** Die **Gefahr des zufälligen Untergangs** geht beim aufschiebend bedingten Kauf nicht schon gem § 446 bei der Übergabe der Kaufsache, sondern erst mit der Billigung auf den Käufer über (BGH NJW 75, 776, 777 f; BGH NJW-RR 04, 1058, 1059). Die **Gewährleistung** für Sachmängel bestimmt sich nach § 437; in der Billigung gem § 454 I liegt kein Verzicht auf die Gewährleistung. Jedoch ist für § 442 neben dem Zeitpunkt des Kaufvertragsschlusses auch derjenige der Billigung maßgeblich, so dass der Verkäufer nur für die Mängel haftet, die dem Käufer auch bei der Billigung weder bekannt noch infolge grober Fahrlässigkeit unbekannt waren (BGH NJW-RR 04, 1058, 1059). **Schadensersatzansprüche** stehen dem Verkäufer bei schuldhafter Verletzung der Obhuts- und Rückgabepflicht des Käufers aus § 280 I iVm § 241 II bzw § 311 II (früher cic) zu (BGHZ 119, 37). Sie verjähren entspr §§ 548, 606. Der Käufer kann bei Verzug des Verkäufers mit der Andienung vertragsgemäßer Ware bei Vorliegen der weiteren Voraussetzungen über §§ 280 ff Schadensersatz verlangen. Die **Gestattung der Untersuchung** gem § 454 II kann selbständig eingeklagt und nach § 888 ZPO vollstreckt werden.

6　**III.** Vom Kauf auf Probe zu unterscheiden sind **weitere besondere Arten des Kaufs**; ggf ist durch Vertragsauslegung zu ermitteln, welche dieser Arten die Parteien vereinbart haben. Bei einem **Kauf zur Probe** stellt der Käufer unverbindlich in Aussicht, weitere Waren der betr Art zu kaufen. Hins des „Probe"-Gegenstandes ist anders als bei § 454 ein unbedingter Kaufvertrag geschlossen. Diesem Gegenstand als Probe bzw Muster kann aber bei einer Folgebestellung die Bedeutung zukommen, dass seine Beschaffenheit als vereinbart gilt und dementspr eine Abweichung einen Sachmangel iSd § 434 I darstellt. ZT wird allerdings die Bezeichnung „Kauf zur Probe" auch für den Prüfungskauf (Rn 7) verwandt; der tatsächliche Parteiwille ist ggf durch Auslegung festzustellen.

7　Auch der **Kauf mit Umtauschberechtigung** ist iU zum Kauf nach § 454 unbedingt und der Käufer ist lediglich berechtigt, gegen Rückgabe der unversehrten Kaufsache eine andere, etwa gleichwertige Sache aus dem Sortiment des Verkäufers innerhalb einer vereinbarten bzw angemessenen Frist zu verlangen. Das Umtauschbegehren führt damit nur zu einer Veränderung des Kaufgegenstandes. Dag ist der **Prüfungskauf** (Erprobungskauf) ebenso wie der Kauf auf Probe ein bedingter Kauf. Die Billigung ist jedoch nicht dem freien Belieben des Käufers überlassen, sondern an nachprüfbare Maßstäbe gebunden (zB Tauglichkeit der gekauften Maschine für bestimmte Aufgaben im Betrieb des Käufers). Bei objektiv positivem Prüfungsergebnis muss der Käufer daher billigen. Ist ihm die Kaufsache übergeben und bleibt die Billigung innerhalb angemessener Frist aus, wird der Kauf entspr § 455 endgültig wirksam (vgl BGH WM 70, 877).

Kapitel 2
Wiederkauf

§ 456 Zustandekommen des Wiederkaufs

(1) ¹Hat sich der Verkäufer in dem Kaufvertrag das Recht des Wiederkaufs vorbehalten, so kommt der Wiederkauf mit der Erklärung des Verkäufers gegenüber dem Käufer, dass er das Wiederkaufsrecht ausübe, zustande. ²Die Erklärung bedarf nicht der für den Kaufvertrag bestimmten Form.
(2) Der Preis, zu welchem verkauft worden ist, gilt im Zweifel auch für den Wiederkauf.

I. 1. Das **Wiederkaufsrecht** ist das Recht des Verkäufers zum Rückkauf des Kaufgegenstandes. Die Parteien können es durch Vereinbarung im Kaufvertrag oder auch später begründen. Es verpflichtet den Käufer aufschiebend bedingt, bei einer entspr Erklärung des Verkäufers diesem den Kaufgegenstand gegen Zahlung des Wiederkaufspreises zurückzuübereignen. Während nach hM die Ausübung des Wiederkaufsrechts aufschiebende Bedingung für den (mit der Vereinbarung des Wiederkaufsrechts bereits bindend abgeschlossenen) Rückkaufvertrag ist, handelt es sich nach aA beim Wiederkaufsrecht um ein Gestaltungsrecht. Durch die Ausübung dieses Gestaltungsrechts soll der Verkäufer das Rückkaufverhältnis zustandebringen und aus diesem vom Käufer Rückübereignung verlangen können (Esser/Weyers § 10, 2). Da das Wiederkaufsrecht übertragbar ist (BGH NJW-RR 91, 526), kann es auch gepfändet und verpfändet werden.

2. Wirtschaftlich kann das Wiederkaufsrecht in ähnlicher **Funktion** wie ein Pfandrecht oder ein Eigentumsvorbehalt zur Sicherung der Forderungen des Verkäufers eingesetzt werden. Dementspr unterfällt die gewerbsmäßige Gewährung von Rück- oder Wiederkaufsrechten als Pfandleihgewerbe §§ 34, 38 GewO. Das Wiederkaufsrecht kann aber auch anderen Zwecken dienen, insb der Gewährleistung einer bestimmten Zweckfindung der Kaufsache.

II. 1. a) **Voraussetzungen** des Wiederkaufsrechts sind ein **Kaufvertrag** (§ 433) und eine **Wiederkaufsvereinbarung** (Rn 1), die bei Abschluss des Kaufvertrags oder nachträglich getroffen werden kann. Sie muss den Formerfordernissen für den Kaufvertrag entspr (zB § 311 b I) und kann den Rückkauf über die Ausübung des Wiederkaufsrechts hinaus an weitere Bedingungen binden (etwa an den Weiterverkauf der Kaufsache durch den Käufer an einen Dritten; BGH NJW 94, 3299).

b) Zur **Ausübung** des Wiederkaufsrechts muss der Verkäufer eine entspr (einseitige empfangsbedürftige) Willenserklärung ggü dem Käufer innerhalb der vertraglich oder gesetzlich (§ 462) festgelegten Frist abgeben. Die Erklärung bedarf gem Abs 1 S 2 nicht der Form des Kaufvertrags (BGH NJW 99, 941; str).

2. Als **Rechtsfolge** der Ausübung des Wiederkaufsrechts werden die Pflichten des Käufers als Wiederverkäufer und die Pflichten des Verkäufers als Wiederkäufer schuldrechtlich wirksam. Entspr dieser Rollenumkehr hat der Wiederverkäufer die Pflicht, dem Wiederkäufer das Eigentum (wieder) zu verschaffen; die schuldhafte Erfüllungsverweigerung begründet einen Schadensersatzanspruch (BGH NJW 02, 506). Der Wiederkäufer ist zur Zahlung des Wiederkaufspreises verpflichtet. Sofern keine Vereinbarung über dessen Höhe getroffen wird, ist nach der Auslegungsregel des Abs 2 der Kaufpreis des Ausgangsverkaufs auch beim Rückkauf zu leisten. Maßgeblich ist dabei der tatsächlich empfangene (str) unverzinste Preis. Bietet der Wiederverkäufer den Kaufgegenstand in einem dem Wiederkäufer offen zutage tretenden Irrtum über die Wertverhältnisse in einem deutlich unter dem Wert liegenden Preis an, hat der Wiederkäufer den Wiederverkäufer über seinen Irrtum aufzuklären (BGH NJW 01, 284). Wird ein Wiederkaufsverhältnis beendet (zB durch Rücktritt), lebt der ursprüngliche Kaufvertrag wieder auf (BGH NJW 00, 1332).

3. Vom Wiederkaufsrecht des Verkäufers zu unterscheiden ist das **Wiederverkaufsrecht** des Käufers. Es berechtigt diesen, den Verkäufer zum Rückkauf des gekauften Gegenstandes zu verpflichten. Gebräuchlich ist es zB für den Eigenhändler und den Leasing-

geber ggü dem Hersteller. §§ 456 ff sind grds entspr anzuwenden, jedoch nicht § 457 II (BGHZ 110, 191; NJW 99, 942; str). Während beim Wiederverkaufsrecht die Rückkaufverpflichtung des Verkäufers bereits durch die (einseitige) Ausübung des Rechts seitens des Käufers entsteht, begründen andere Vertragsgestaltungen lediglich eine Verpflichtung des Verkäufers, unter bestimmten Voraussetzungen auf Verlangen des Käufers einen Vertrag über den Rückkauf der Kaufsache abzuschließen (sog **Rückkaufverpflichtung**); in diesen Fällen ist auch § 456 I nicht anzuwenden (BGH NJW 99, 941).

§ 457 Haftung des Wiederverkäufers

(1) Der Wiederverkäufer ist verpflichtet, dem Wiederkäufer den gekauften Gegenstand nebst Zubehör herauszugeben.
(2) [1]Hat der Wiederverkäufer vor der Ausübung des Wiederkaufsrechts eine Verschlechterung, den Untergang oder eine aus einem anderen Grund eingetretene Unmöglichkeit der Herausgabe des gekauften Gegenstandes verschuldet oder den Gegenstand wesentlich verändert, so ist er für den daraus entstehenden Schaden verantwortlich. [2]Ist der Gegenstand ohne Verschulden des Wiederverkäufers verschlechtert oder ist er nur unwesentlich verändert, so kann der Wiederkäufer Minderung des Kaufpreises nicht verlangen.

§ 458 Beseitigung von Rechten Dritter

[1]Hat der Wiederverkäufer vor der Ausübung des Wiederkaufsrechts über den gekauften Gegenstand verfügt, so ist er verpflichtet, die dadurch begründeten Rechte Dritter zu beseitigen. [2]Einer Verfügung des Wiederverkäufers steht eine Verfügung gleich, die im Wege der Zwangsvollstreckung oder der Arrestvollziehung oder durch den Insolvenzverwalter erfolgt.

§ 459 Ersatz von Verwendungen

[1]Der Wiederverkäufer kann für Verwendungen, die er auf den gekauften Gegenstand vor dem Wiederkauf gemacht hat, insoweit Ersatz verlangen, als der Wert des Gegenstandes durch die Verwendungen erhöht ist. [2]Eine Einrichtung, mit der er die herauszugebende Sache versehen hat, kann er wegnehmen.

§ 460 Wiederkauf zum Schätzungswert

Ist als Wiederkaufpreis der Schätzungswert vereinbart, den der gekaufte Gegenstand zur Zeit des Wiederkaufs hat, so ist der Wiederverkäufer für eine Verschlechterung, den Untergang oder die aus einem anderen Grund eingetretene Unmöglichkeit der Herausgabe des Gegenstandes nicht verantwortlich, der Wiederkäufer zum Ersatz von Verwendungen nicht verpflichtet.

§§ 457–460

1 §§ 457 bis 460 regeln als dispositives Recht die **Haftung des Wiederverkäufers**. Ihnen liegt die Wertung zugrunde, dass der Käufer (Wiederverkäufer) in der Zeit zwischen dem Vertragsschluss bzw der Übergabe der Kaufsache einerseits und einer Ausübung des Wiederkaufsrechts durch den Verkäufer den Kaufgegenstand grds im bestehenden Zustand zu erhalten hat und nach der Übereignung über ihn verfügen kann (bei Sicherung des Anspruchs auf Rückübereignung durch eine Vormerkung allerdings begrenzt durch § 883 II). Bei Verfügungen über den Gegenstand handelt er aber auf eigenes Risiko.

2 Beim Wiederkauf haftet der ursprüngliche Käufer als Wiederverkäufer daher für Verschulden hins der **Verschlechterung** oder der Unmöglichkeit der Herausgabe sowie verschuldensunabhängig für wesentliche Veränderungen des Gegenstandes auf Schadens-

ersatz (§ 457 II 1). Für beeinträchtigende **Verfügungen** legt ihm § 458 eine verschuldensunabhängige Haftung auf. Dag muss er bei unverschuldeter Verschlechterung oder unwesentlicher Veränderung der Kaufsache keine Minderung des (Wieder-)Kaufpreises hinnehmen (§ 457 II 2). Hat er auf den Kaufgegenstand werterhöhende **Verwendungen** gemacht, kann er nach § 459 S 1 Ersatz verlangen. Wegen dieser Verwendungen steht ihm das ZbR nach § 273 II zu (zum ZbR auch des Dritterwerbers ggü dem Anspruch des Wiederkäufers aus § 888 bei der Sicherung durch eine Vormerkung BGHZ 75, 293). Nach § 459 S 2 hat der Wiederverkäufer zudem ein **Wegnahmerecht** hins der Einrichtungen, mit denen er die Kaufsache versehen hat.

§ 461 Mehrere Wiederkaufsberechtigte

¹Steht das Wiederkaufsrecht mehreren gemeinschaftlich zu, so kann es nur im Ganzen ausgeübt werden. ²Ist es für einen der Berechtigten erloschen oder übt einer von ihnen sein Recht nicht aus, so sind die übrigen berechtigt, das Wiederkaufsrecht im Ganzen auszuüben.

Die Vorschrift regelt die **Ausübung des Wiederkaufsrechts** (§ 456 Rn 4), wenn dieses 1
mehreren gemeinschaftlich zusteht. Sie erfasst gemeinschaftliche Berechtigungen aller Art, selbst wenn erst nach der Vereinbarung des Wiederkaufsrechts eine Mehrheit von Berechtigten entstanden ist. Nach hM erfasst die Vorschrift auch Gesamthandsgemeinschaften, wobei aber bzgl der GbR seit Anerkennung ihrer Rechtsfähigkeit durch den BGH (BGHZ 146, 341, dazu § 705 Rn 4) zu beachten ist, dass als Wiederkaufsberechtigte nur noch die (rechtsfähige) GbR selbst und nicht mehr die einzelnen Gesellschafter in Betracht kommen. § 461 kann damit auf die GbR nicht mehr angewendet werden.

§ 462 Ausschlussfrist

¹Das Wiederkaufsrecht kann bei Grundstücken nur bis zum Ablauf von 30, bei anderen Gegenständen nur bis zum Ablauf von drei Jahren nach der Vereinbarung des Vorbehalts ausgeübt werden. ²Ist für die Ausübung eine Frist bestimmt, so tritt diese an die Stelle der gesetzlichen Frist.

Die **Ausschlussfrist** des § 462 betrifft nur die Ausübung des Wiederkaufsrechts (§ 456 1
Rn 4), aber nicht den Herausgabeanspruch aus § 457 I. Die Parteien können abw Vereinbarungen treffen, zB den Beginn der Frist an ein künftiges Ereignis wie den Bestand einer juristischen Person knüpfen (OLG Schleswig NJW-RR 99, 284) oder eine erstmalige Ausübungsmöglichkeit nach 90 Jahren verabreden (BGH NJW 11, 515 – zulässig, wenn die Bedingungen des Rückkaufs den Käufer nicht unangemessen benachteiligen). Sie können die Frist grds auch nachträglich ändern. Bei einer aufschiebenden Bedingung muss aber ein Endtermin festgelegt werden; nicht zulässig ist die Vereinbarung eines unbefristeten Wiederkaufsrechts. Zu Fristproblemen beim Wiederkaufsrecht s auch Klühs ZfIR 10, 265.

Kapitel 3
Vorkauf

§ 463 Voraussetzungen der Ausübung

Wer in Ansehung eines Gegenstandes zum Vorkauf berechtigt ist, kann das Vorkaufsrecht ausüben, sobald der Verpflichtete mit einem Dritten einen Kaufvertrag über den Gegenstand geschlossen hat.

I. Das **Vorkaufsrecht** der §§ 463 ff wird teils als Gestaltungsrecht, teils als doppelt auf- 1
schiebend bedingter Kaufvertrag angesehen (ausf zur rechtlichen Konstruktion MK/

Westermann Rn 7). Es gibt dem Vorkaufsberechtigten die Befugnis, einen Gegenstand durch Kauf von einem anderen (dem Vorkaufsverpflichteten) zu erwerben, wenn dieser den Gegenstand an einen Dritten verkauft. Übt der Vorkaufsberechtigte dieses Recht aus, kommt zwischen ihm und dem Vorkaufsverpflichteten ein Kaufvertrag mit gleichem Inhalt zustande wie der Vertrag zwischen dem Vorkaufsverpflichteten (als Verkäufer) und dem Dritten (als Käufer des Gegenstandes). Weil der Kaufvertrag mit dem Dritten auch bei Ausübung des Vorkaufsrechts bestehen bleibt, empfiehlt sich zur Vermeidung nicht erfüllbarer Doppelverpflichtungen der Vertragsschluss mit einem Dritten unter der aufschiebenden Bedingung der Nichtausübung des Vorkaufsrechts durch den Vorkaufsberechtigten (vgl § 464 Rn 4). Von dem schuldrechtlichen Vorkaufsrecht der §§ 463 ff ist das dingliche Vorkaufsrecht der §§ 1094 ff zu unterscheiden. Die §§ 1094 ff sind nicht auf das Vorkaufsrecht gem §§ 463 ff anwendbar (während §§ 463 ff für das dingliche Vorkaufsrecht ergänzend gelten; § 1098). Das schuldrechtliche Vorkaufsrecht der §§ 463 ff kann bei Grundstücken lediglich mithilfe einer Vormerkung dinglich gesichert werden. Dag enthält das dingliche Vorkaufsrecht bereits unmittelbar eine Belastung, die ggü jedermann wirkt (dazu § 1094 Rn 1 ff).

2 Schuldrechtliche Vorkaufsrechte können durch Vertrag oder Gesetz begründet werden; auf beide Arten sind §§ 463 ff grds **anwendbar** (BGH NJW 00, 2665). Gesetzliche Vorkaufsrechte bestehen zB für Mieter, deren Wohnungen in Wohnungseigentum umgewandelt werden (§ 577), für Miterben (§ 2034) und für Gemeinden nach §§ 24–29 BauGB. Entspr anwendbar sind §§ 463 ff auf die Vorpacht und Vormiete.

3 **II. 1. Voraussetzung** für die Begründung eines vertraglichen Vorkaufsrechts ist eine Einigung zwischen Vorkaufsberechtigtem und Vorkaufsverpflichtetem über die Einräumung des Rechts (zu dessen Inhalt Rn 1). Die Vereinbarung kann weitere Festlegungen enthalten (zB Preisgrenzen). Die Parteien können das Vorkaufsrecht auch für einen Dritten begründen (§ 328). Bei Grundstücken ist für die Begründung des Vorkaufsrechts die Form des § 311 b I zu wahren (hM, da schon eine bedingte Verpflichtung zur Veräußerung entsteht).

4 **2.** Für die **Ausübung** des Vorkaufsrechts ist neben dessen Begründung durch Vertrag oder Gesetz der Eintritt einer Bedingung (des sog **Vorkaufsfalls**) erforderlich. Sie besteht im wirksamen Zustandekommen eines Kaufvertrags zwischen dem Vorkaufsverpflichteten und einem Dritten über den betr Gegenstand. Eine spätere Aufhebung des wirksam geschlossenen Kaufvertrags ist unbeachtlich, auch wenn das Vorkaufsrecht zu diesem Zeitpunkt noch nicht ausgeübt wurde (BGH NJW 11, 213). Ausreichend ist auch ein (auflösend oder aufschiebend) bedingter Kaufvertrag (zur Begrenzung bei einem „Ringtausch" BGHZ 49, 10) oder ein Kauf mit Rücktrittsvereinbarung zugunsten des Dritten (BGHZ 67, 398). Trotz § 142 I ist der Kaufvertrag mit dem Dritten auch bei einer späteren Anfechtung durch den Dritten als zustande gekommen anzusehen, weil eine endgültige Bindung des Vorkaufsverpflichteten bereits eingetreten ist (anders aber uU nach BGH NJW 87, 893 bei anfänglichem Fehlen der Geschäftsgrundlage; str). Etwas anderes gilt jedoch, wenn der Drittkäufer die Anfechtung erklärt, bevor der Vorkaufsberechtigte sein Vorkaufsrecht ausgeübt hat (OLG Hamm OLGR 01, 172). Hängt die Wirksamkeit des Kaufvertrags von einer behördlichen Genehmigung ab, setzt die Ausübung des Vorkaufsrechts die Erteilung der Genehmigung voraus (BGHZ 14, 1); die Ausübung kann aber bereits vor der Genehmigung mit Wirkung zum Zeitpunkt der Genehmigung erklärt werden (BGH NJW 98, 2352).

5 Dem Kaufvertrag gleichzustellen sind grds **kaufähnliche Verträge** (BGHZ 115, 339; NJW 03, 3769; str). Dag kann das Vorkaufsrecht idR bei anderen Veräußerungsverträgen (zB Schenkung, Tausch) nicht ausgeübt werden (so für den Fall der Einbringung eines vorkaufsbelasteten Grundstücks als Sacheinlage in eine neue Gesellschaft im Tausch gegen Anteile an der neuen Gesellschaft OLG Stuttgart DB 01, 854). Etwas anderes gilt jedoch, wenn statt eines Kaufvertrags gezielt ein anderer Veräußerungsvertrag gewählt wurde, um das Vorkaufsrecht zu umgehen (OLG Stuttgart DB 01, 854; zum fehlenden Umgehungscharakter bei Bestellung einer beschränkten persönlichen Dienstbarkeit s BGH DnotZ 04, 448 mit Anm Hertel, der zugleich einen Übbl über die bisherige Rspr gibt). Trotz wirksam zustande gekommenen Kaufvertrags ist die Aus-

übung des Vorkaufsrechts in den Fällen der §§ 470, 471 sowie uU bei Verpflichtungen des Käufers zu nicht in Geld abschätzbaren Nebenleistungen (§ 466 S 2) ausgeschlossen. Zur Erklärung der Ausübung und ihren Rechtsfolgen § 464.

§ 464 Ausübung des Vorkaufsrechts

(1) ¹Die Ausübung des Vorkaufsrechts erfolgt durch Erklärung gegenüber dem Verpflichteten. ²Die Erklärung bedarf nicht der für den Kaufvertrag bestimmten Form.
(2) Mit der Ausübung des Vorkaufsrechts kommt der Kauf zwischen dem Berechtigten und dem Verpflichteten unter den Bestimmungen zustande, welche der Verpflichtete mit dem Dritten vereinbart hat.

I. Zum Inhalt des Vorkaufsrechts und den Voraussetzungen seiner Ausübung s § 463 Rn 1 ff. 1

II. 1. Die **Ausübung** des Vorkaufsrechts (**Abs 1**) erfordert eine empfangsbedürftige und 2 unbedingte Willenserklärung des Vorkaufsberechtigten ggü dem Vorkaufsverpflichteten. Nach Abs 1 S 2 unterliegt die Erklärung nicht der für den Kaufvertrag bestimmten Form (zB § 311 b I). Dies gilt für **gesetzliche Vorkaufsrechte** grds entspr (BGH NJW 00, 2665 zu § 577 = § 570 b aF); im Einzelfall können die Besonderheiten des jeweiligen Sachzusammenhangs zu einem anderen Ergebnis führen (BT-Drucks 14/6857, 62). Die Ausübung des Vorkaufsrechts muss innerhalb der **Ausschlussfrist** des § 469 II erfolgen, sofern die Parteien nichts anderes vereinbart haben. Die Frist wird durch die vollständige Mitteilung des Inhalts des Vertrags zwischen dem Vorkaufsverpflichteten und dem Dritten (vgl § 469) in Gang gesetzt. Bei einer Änderung des Vertragsinhalts beginnt sie von neuem. Bei Falschbezeichnung beginnt die Frist erst mit Mitteilung des berichtigten Inhalts (BGH NJW 06, 1449). Lehnt der Berechtigte die Erfüllung der Verpflichtungen, die für den Dritten aus dem Kaufvertrag mit dem Vorkaufsverpflichteten bestehen, ganz oder zT ab, ist seine Erklärung über die Ausübung des Vorkaufsrechts widersprüchlich und daher unwirksam (BGHZ 102, 240). Bei einer schuldrechtlichen Verpflichtung, von dem Vorkaufsrecht keinen Gebrauch zu machen, ist die Erklärung unzulässig (BGHZ 37, 147).

2. a) Als **Rechtsfolge** der wirksamen Ausübung des Vorkaufsrechts kommt der Kauf- 3 vertrag zwischen dem Vorkaufsberechtigten und dem Vorkaufsverpflichteten **mit dem gleichen Inhalt** zustande, wie er im Vertrag zwischen dem Dritten und dem Vorkaufsverpflichteten vereinbart ist (**Abs 2**). Für den Vorkaufsberechtigten entstehen damit alle Rechte und Pflichten, die für den Dritten in dessen Vertrag mit dem Vorkaufsverpflichteten vorgesehen waren. Ggü dem Vorkaufsberechtigten unwirksam sind aber unübliche Vereinbarungen, die lediglich im Hinblick auf den Vorkaufsfall zulasten des Vorkaufsberechtigten in den Kaufvertrag aufgenommen wurden (vgl BGH NJW 95, 318), insb nicht mehr vom Äquivalenzverhältnis umfasste Leistungsverpflichtungen ggü weiteren Personen (BGHZ 77, 362; zu sog. „Maklerklauseln" BGHZ 131, 318, 321; BGH WM 07, 696). Ebenfalls unwirksam sind aus dem § 465 zugrunde liegenden allg Gedanken Vereinbarungen mit dem Ziel, das Vorkaufsrecht zu vereiteln (BGHZ 110, 233).

b) Das Zustandekommen des Kaufvertrags zwischen dem Vorkaufsberechtigten und 4 dem Vorkaufsverpflichteten durch die Ausübung des Vorkaufsrechts berührt nicht den **Vertrag zwischen dem Dritten und dem Vorkaufsverpflichteten**. Beide Kaufverträge sind rechtlich eigenständig; der Vorkaufsberechtigte tritt nicht etwa an die Stelle des Dritten in dessen Vertrag mit dem Vorkaufsverpflichteten ein. Der Vorkaufsverpflichtete muss daher entspr Vorsorge in seinem Vertrag mit dem Dritten treffen, damit er nicht zur Erfüllung beider Verträge verpflichtet und sodann wegen der Nichterfüllung eines der beiden Verträge schadensersatzpflichtig ist. Er kann dazu seine Verpflichtung im Vertrag mit dem Dritten unter die Bedingung stellen, dass der Vorkaufsberechtigte sein Recht nicht ausübt, oder sich ein Rücktrittsrecht für den Fall der Ausübung des Vorkaufsrechts vorbehalten. Ggü dem Vorkaufsberechtigten wirken diese Vereinbarungen im Vertrag mit dem Dritten gem § 465 nicht.

5 c) Die Ausübung des Vorkaufsrechts gibt dem Vorkaufsberechtigten **keine Rechte ggü dem Dritten**, der den Gegenstand vom Vorkaufsverpflichteten gekauft hat. Das schuldrechtliche Vorkaufsrecht der §§ 463 ff wirkt nur im Verhältnis zwischen dem Vorkaufsberechtigten und dem Vorkaufsverpflichteten (anders als das dingliche Vorkaufsrecht bei Grundstücken gem §§ 1094 ff). Übereignet der Vorkaufsverpflichtete also an den Dritten und kann seine Verpflichtung ggü dem Vorkaufsberechtigten daher nicht mehr erfüllen (§ 275 I), ist dieser auf Schadensersatzansprüche gegen den Vorkaufsverpflichten beschränkt.

§ 465 Unwirksame Vereinbarungen

Eine Vereinbarung des Verpflichteten mit dem Dritten, durch welche der Kauf von der Nichtausübung des Vorkaufsrechts abhängig gemacht oder dem Verpflichteten für den Fall der Ausübung des Vorkaufsrechts der Rücktritt vorbehalten wird, ist dem Vorkaufsberechtigten gegenüber unwirksam.

1 Die Vorschrift bezweckt den **Schutz des Vorkaufsberechtigten vor Umgehungsgeschäften**. Das Interesse des Vorkaufsverpflichteten, im Vertrag mit dem Dritten eine auflösende Bedingung oder ein Rücktrittsrecht für den Vorkaufsfall zu vereinbaren, ist zwar anzuerkennen (§ 464 Rn 4); doch dürfen derartige Vereinbarungen nicht zur Vereitelung oder Umgehung des Vorkaufsrechts führen, so dass sie ggü dem Vorkaufsberechtigten unwirksam sind. Zu weiteren Anwendungsfällen des § 465 zugrunde liegenden Rechtsgedankens § 464 Rn 3. Die **Beweislast** trägt der Vorkaufsberechtigte (BGHZ 110, 234).

§ 466 Nebenleistungen

¹Hat sich der Dritte in dem Vertrag zu einer Nebenleistung verpflichtet, die der Vorkaufsberechtigte zu bewirken außerstande ist, so hat der Vorkaufsberechtigte statt der Nebenleistung ihren Wert zu entrichten. ²Lässt sich die Nebenleistung nicht in Geld schätzen, so ist die Ausübung des Vorkaufsrechts ausgeschlossen; die Vereinbarung der Nebenleistung kommt jedoch nicht in Betracht, wenn der Vertrag mit dem Dritten auch ohne sie geschlossen sein würde.

§ 467 Gesamtpreis

¹Hat der Dritte den Gegenstand, auf den sich das Vorkaufsrecht bezieht, mit anderen Gegenständen zu einem Gesamtpreis gekauft, so hat der Vorkaufsberechtigte einen verhältnismäßigen Teil des Gesamtpreises zu entrichten. ²Der Verpflichtete kann verlangen, dass der Vorkauf auf alle Sachen erstreckt wird, die nicht ohne Nachteil für ihn getrennt werden können.

§ 468 Stundung des Kaufpreises

(1) Ist dem Dritten in dem Vertrag der Kaufpreis gestundet worden, so kann der Vorkaufsberechtigte die Stundung nur in Anspruch nehmen, wenn er für den gestundeten Betrag Sicherheit leistet.
(2) ¹Ist ein Grundstück Gegenstand des Vorkaufs, so bedarf es der Sicherheitsleistung insoweit nicht, als für den gestundeten Kaufpreis die Bestellung einer Hypothek an dem Grundstück vereinbart oder in Anrechnung auf den Kaufpreis eine Schuld, für die eine Hypothek an dem Grundstück besteht, übernommen worden ist. ²Entsprechendes gilt, wenn ein eingetragenes Schiff oder Schiffsbauwerk Gegenstand des Vorkaufs ist.

§§ 466–468

1 Die §§ 466–468 konkretisieren die Verpflichtung des Vorkaufsberechtigten, im Vorkaufsfall die gleichen Leistungen zu erbringen, wie sie der Dritte aufgrund seines Ver-

trags mit dem Vorkaufsverpflichteten schuldet (§ 464 Rn 3). Sofern dazu außer der Kaufpreiszahlung **Nebenleistungen** gehören und der Vorkaufsberechtigte zu deren Erfüllung nicht im Stande ist, verpflichtet ihn § 466 S 1 zum Wertersatz. Ist die Schätzung der Nebenleistung in Geld nicht möglich, hängt der Ausschluss der Ausübung des Vorkaufsrechts nach § 466 S 2 davon ab, ob der Vertrag mit dem Dritten ohne die Vereinbarung der Nebenleistung nicht geschlossen worden wäre. Bei der Vereinbarung eines **Gesamtkaufpreises** für den Vorkaufsgegenstand und weitere Gegenstände verpflichtet § 467 S 1 den Vorkaufsberechtigten zur Zahlung des verhältnismäßigen Teils. Diese Regelungen sind ebenso wie die Übernahmeverpflichtung des Vorkaufsberechtigten gem § 467 S 2 auf ein Vorkaufsrecht, das sich nur auf einen Teil des verkauften Gesamtgrundstücks bezieht, entspr anzuwenden (BGH NJW 06, 1449). Für die **Stundung des Kaufpreises** berücksichtigt § 468, dass uU der Vorkaufsberechtigte weniger kreditwürdig ist als der Dritte. Um in den Genuss der Stundung zu kommen, muss der Vorkaufsberechtigte daher gem § 468 I Sicherheit leisten, sofern nicht gem § 468 II ausreichende Sicherheit besteht.

§ 469 Mitteilungspflicht, Ausübungsfrist

(1) ¹Der Verpflichtete hat dem Vorkaufsberechtigten den Inhalt des mit dem Dritten geschlossenen Vertrags unverzüglich mitzuteilen. ²Die Mitteilung des Verpflichteten wird durch die Mitteilung des Dritten ersetzt.
(2) ¹Das Vorkaufsrecht kann bei Grundstücken nur bis zum Ablauf von zwei Monaten, bei anderen Gegenständen nur bis zum Ablauf einer Woche nach dem Empfang der Mitteilung ausgeübt werden. ²Ist für die Ausübung eine Frist bestimmt, so tritt diese an die Stelle der gesetzlichen Frist.

Die **Mitteilungspflicht** des Abs 1 soll dem Vorkaufsberechtigten die Entscheidung über 1
die Ausübung seines Vorkaufsrechts (§ 464) ermöglichen. Die Mitteilung ist eine Wissenserklärung, bedarf keiner Form und muss den Vorkaufsberechtigten vollständig und richtig über den Vertrag unterrichten (§ 464 Rn 2).
Bei der **Frist** des Abs 2 handelt es sich um eine Ausschlussfrist, die durch die vollständi- 2
ge Mitteilung gem Abs 1 in Gang gesetzt wird. Abw Vereinbarungen sind möglich. Übt der Vorkaufsberechtigte bis zum Fristablauf das Vorkaufsrecht nicht aus, erlischt dieses.

§ 470 Verkauf an gesetzlichen Erben

Das Vorkaufsrecht erstreckt sich im Zweifel nicht auf einen Verkauf, der mit Rücksicht auf ein künftiges Erbrecht an einen gesetzlichen Erben erfolgt.

§ 470 enthält eine **Auslegungsregel**. Ausreichend ist, dass das künftige ErbR ein Motiv 1
unter mehreren ist (BGH NJW 87, 891).

§ 471 Verkauf bei Zwangsvollstreckung oder Insolvenz

Das Vorkaufsrecht ist ausgeschlossen, wenn der Verkauf im Wege der Zwangsvollstreckung oder aus einer Insolvenzmasse erfolgt.

Die Vorschrift erstreckt sich auch auf das Vorkaufsrecht des Mieters aus § 577 (vgl 1
BGH NJW 99, 2045 zum aufgehobenen § 2 b I Wohnungsbindungsgesetz). Nicht anzuwenden ist sie bei der Zwangsversteigerung zur Aufhebung der Gemeinschaft (§ 753; §§ 180 ff ZVG; iE Stöber NJW 88, 3121).

§ 472 Mehrere Vorkaufsberechtigte

¹Steht das Vorkaufsrecht mehreren gemeinschaftlich zu, so kann es nur im Ganzen ausgeübt werden. ²Ist es für einen der Berechtigten erloschen oder übt einer von ihnen sein Recht nicht aus, so sind die übrigen berechtigt, das Vorkaufsrecht im Ganzen auszuüben.

1 Die Vorschrift für die Ausübung des Vorkaufsrechts (§ 464) bei einer **Mehrheit von Berechtigten** (zB bei § 2034 I) entspricht der Bestimmung des § 461 für das Wiederkaufsrecht. Die Ausnahmeregelung des S 2 ist eng auszulegen (vgl OLG Frankfurt NJW-RR 99, 17). Die unwirksame Ausübung des Vorkaufsrechts kann der Nichtausübung gleichstehen (BGH NJW-RR 09, 1172).

§ 473 Unübertragbarkeit

¹Das Vorkaufsrecht ist nicht übertragbar und geht nicht auf die Erben des Berechtigten über, sofern nicht ein anderes bestimmt ist. ²Ist das Recht auf eine bestimmte Zeit beschränkt, so ist es im Zweifel vererblich.

1 Die Vorschrift sichert den Vorkaufsverpflichteten ggü einem möglicherweise für ihn nachteiligen Wechsel des Vorkaufsberechtigten. Sie enthält ein **relatives Veräußerungsverbot** (§ 135; str) und ist **abdingbar** (S 1 aE; zu den Formerfordernissen vgl RGZ 148, 108). § 473 ist nur anzuwenden, solange das Vorkaufsrecht noch nicht ausgeübt ist. – Nach S 2 geht ein Vorkaufsrecht auf den Erben über, sofern es auf eine bestimmte Zeit beschränkt ist und die Parteien nichts anderes vereinbart haben („iZw"). Diese Vermutung gilt nur für die Vererblichkeit, daß nicht für die Übertragbarkeit.

Untertitel 3
Verbrauchsgüterkauf

§ 474 Begriff des Verbrauchsgüterkaufs; anwendbare Vorschriften

(1) ¹Verbrauchsgüterkäufe sind Verträge, durch die ein Verbraucher von einem Unternehmer eine bewegliche Sache kauft. ²Um einen Verbrauchsgüterkauf handelt es sich auch bei einem Vertrag, der neben dem Verkauf einer beweglichen Sache die Erbringung einer Dienstleistung durch den Unternehmer zum Gegenstand hat.
(2) ¹Für den Verbrauchsgüterkauf gelten ergänzend die folgenden Vorschriften dieses Untertitels. ²Dies gilt nicht für gebrauchte Sachen, die in einer öffentlich zugänglichen Versteigerung verkauft werden, an der der Verbraucher persönlich teilnehmen kann.
(3) ¹Ist eine Zeit für die nach § 433 zu erbringenden Leistungen weder bestimmt noch aus den Umständen zu entnehmen, so kann der Gläubiger diese Leistungen abweichend von § 271 Absatz 1 nur unverzüglich verlangen. ²Der Unternehmer muss die Sache in diesem Fall spätestens 30 Tage nach Vertragsschluss übergeben. ³Die Vertragsparteien können die Leistungen sofort bewirken.
(4) § 447 Absatz 1 gilt mit der Maßgabe, dass die Gefahr des zufälligen Untergangs und der zufälligen Verschlechterung nur dann auf den Käufer übergeht, wenn der Käufer den Spediteur, den Frachtführer oder die sonst zur Ausführung der Versendung bestimmte Person oder Anstalt mit der Ausführung beauftragt hat und der Unternehmer dem Käufer diese Person oder Anstalt nicht zuvor benannt hat.
(5) ¹Auf die in diesem Untertitel geregelten Kaufverträge ist § 439 Absatz 4 mit der Maßgabe anzuwenden, dass Nutzungen nicht herauszugeben oder durch ihren Wert zu ersetzen sind. ²Die §§ 445 und 447 Absatz 2 sind nicht anzuwenden.

[bis 12.6.2014 gilt § 474 in folgender Fassung:]

§ 474 Begriff des Verbrauchsgüterkaufs

(1) ¹Kauft ein Verbraucher von einem Unternehmer eine bewegliche Sache (Verbrauchsgüterkauf), gelten ergänzend die folgenden Vorschriften. ²Dies gilt nicht für gebrauchte Sachen, die in einer öffentlichen Versteigerung verkauft werden, an der der Verbraucher persönlich teilnehmen kann.
(2) ¹Auf die in diesem Untertitel geregelten Kaufverträge ist § 439 Abs. 4 mit der Maßgabe anzuwenden, dass Nutzungen nicht herauszugeben oder durch ihren Wert zu ersetzen sind. ²Die §§ 445 und 447 sind nicht anzuwenden.

I. Durch das SMG wurde dem Kaufrecht der Untertitel „Verbrauchsgüterkauf" angefügt. Weil der deutsche Gesetzgeber die meisten Vorgaben der Verbrauchsgüterkauf-RL allg für das Kaufrecht übernommen hat, fasst dieser Untertitel lediglich einige **Ergänzungsbestimmungen** zusammen, die spezifischen Verbraucherschutzgesichtspunkten Rechnung tragen. Grundlegende Vorschrift ist dabei § 474, der den Anwendungsbereich der Bestimmungen über den Verbrauchsgüterkauf definiert. Die Verbraucherrechte-RL (RL 2011/83/EU) machte Anpassungen in Bezug auf die Definition des „Kaufvertrags" (Art 2 Nr 5), die Fälligkeit der Lieferung (Art 18) und den Risikoübergang (Art 20) erforderlich. Die Definition des Verbrauchsgüterkaufs wurde daher um die Variante des Verkaufs einer beweglichen Sache unter Einbeziehung einer Dienstleistung erweitert (Abs 1). Die Ausschlussgründe (gebrauchte Sachen, Versteigerungen, früher Abs 1 S 2) finden sich in Abs 2, die Regelung der Fälligkeit (Art 18 RL) in Abs 3 und die Bestimmung über die Einschränkung des Nutzungsersatz (zuvor Abs 2 S 1) in Abs 5. Die Regelung über die Gefahrtragung beim Versendungskauf (Art 20 RL) enthält Abs 4.

II. 1. Ein **Verbrauchsgüterkauf** liegt nach **Abs 1 S 1** vor, wenn ein Verbraucher von einem Unternehmer eine bewegliche Sache kauft. Der **persönliche Anwendungsbereich** ist also eröffnet, soweit auf der Verkäuferseite ein Unternehmer (§ 14) und auf der Käuferseite ein Verbraucher (§ 13) auftritt. §§ 474 ff finden deshalb keine Anwendung auf Kaufverträge von Unternehmern oder Verbrauchern untereinander und ebenso nicht, wenn ein Verbraucher eine Sache an einen Unternehmer verkauft. Weil es sich bei einem abhängig Beschäftigten um einen Verbraucher iSv § 13 handelt, finden die Bestimmungen über den Verbrauchsgüterkauf insb auch Anwendung, wenn ein Arbeitnehmer eine Sache kauft, die (auch) der beruflichen Tätigkeit dient (zB Computer; vgl zum Verbraucher- bzw Unternehmerbegriff iE §§ 13, 14). Für das Vorliegen eines Verbrauchsgüterkaufs, insb den Nachw seiner Verbrauchereigenschaft (§ 13, „überwiegend"), ist der Käufer beweispflichtig (BGH NJW 07, 2619). Handelt ein Käufer tatsächlich zu privaten Zwecken, während er nach außen vorgibt Unternehmer zu sein, scheidet eine Anwendung des Verbrauchsgüterkaufrechts nach Treu und Glauben aber aus (venire contra factum proprium, BGH NJW 05, 1045). Zu der problematischen Fallgestaltung eines Verkaufs von Privat an Privat unter Einschaltung eines unternehmerisch tätigen Vermittlers (sog Agenturgeschäft) sowie zu Haftungsausschlüssen beim Leasing s § 475 Rn 2.

Der **sachliche Anwendungsbereich** der Vorschriften über den Verbrauchsgüterkauf erfasst nach Abs 1 S 1 den Kauf beweglicher Sachen (§ 90; s iE dort), also nicht den Grundstückskauf. Einbezogen sind nach der Vorgabe von Art 2 Nr 3 Verbraucherrechte-RL (RL 2011/83/EU) auch Wasser, Gas und Strom, soweit diese in einem begrenzten Volumen oder in einer bestimmten Menge zum Verkauf angeboten werden. Im Übrigen sind Elektrizität, Gas, Wasser, Fernwärme etc mangels Körperlichkeit keine Sachen (zur Anwendbarkeit des Kaufrechts s § 453 Rn 3; s auch Niederdruckanschluss-VO u AVBWasserV). Nach Umsetzung der Verbraucherrechte-RL werden von Abs 1 S 2 zudem alle Verträge erfasst, die neben dem Kauf beweglicher Sachen die Erbringung einer **Dienstleistung** beinhalten (Art 2 Nr 5 RL). Das beschränkt sich nicht auf bloße Nebenleistungen des Unternehmers, wie Montage, Installation, Anpassung oder sonstige Handreichungen, denen neben dem Kauf keine eigenständige oder gleichrangige Bedeutung zukommt (BT-Drucks 17/12637, 69). Das gilt in gleicher Weise für die Fälle, in denen die Dienstleistung im Verhältnis zur Übereignung der Ware nicht nur von untergeordneter Bedeutung ist. Das folgt schon aus der RL („sowohl ... als auch", Art 2 Nr 5) und erklärt sich aus dem Zweck, mit dem Begriff des Verbrauchgüterkaufs den auf die Besitzerlangung ausgerichteten Beginn der Widerrufsfrist (§ 356 II, Art 18 I RL) zu steuern (BT-Drucks 17/12637, 69). Als Bsp nennt die Gesetzesbegr etwa den Fernunterrichtsvertrag, bei dem auch die Lieferung von Schulungsunterlagen wesentlicher Vertragsinhalt ist, soweit diese nicht im Vergleich zur Dienstleistung nur eine völlig untergeordnete Rolle spielen (BT-Drucks 17/12637, 60 f). Auch der Kauf gebrauchter, öffentlich versteigerter Sachen stellt in sachlicher Hinsicht einen Verbrauchsgüterkauf dar; Abs 2 S 2 ordnet insoweit lediglich an, dass die Rechtsfolge von Abs 2 S 1 – die ergänzende Geltung der Vorschriften dieses Untertitels – nicht eingreifen soll, was etwa die Möglichkeit eines Haftungsausschlusses eröffnet (vgl Rn 5). Der Begriff der öffentlichen Versteigerung entspricht § 383 III (BGH NJW 06, 613), wobei der öffentlich bestellte Versteigerer nicht zugleich Veranstalter der Auktion sein muss (BGH NJW-RR 10, 1210).

4 2. Für den Verbrauchsgüterkauf gelten nach **Abs 2 S 1** zunächst die **allg kaufrechtlichen Bestimmungen** der §§ 433–453 und die Normen betr die besonderen Arten des Kaufs der §§ 454–473. Die Vorschriften der §§ 474 III–479 greifen nur ergänzend ein, insb indem sie allg Regelungen zugunsten des Verbrauchers modifizieren.

5 a) Hinsichtlich der **Fälligkeit (Abs 3)** steht es den Parteien frei, ihre Leistungen sofort zu bewirken (Abs 3 S 3). Bei fehlender Bestimmung der Leistungszeit können „Gläubiger" – also sowohl Verkäufer wie Käufer – abweichend von § 271 I Ware oder Gegenleistung nicht sofort, sondern nach Abs 3 S 1 nur **unverzüglich** verlangen (Art 18 I RL). Die als Primärpflicht geschuldete Leistung muss also ohne ein subjektiv zu beurteilendes schuldhaftes Zögern erfolgen, wobei dem Leistenden anders als iRv § 121 kein Prüfungsbedarf zuzubilligen ist (BT-Drucks 17/12637, 70). Im Interesse von Verbraucherschutz und Rechtssicherheit (BT-Drucks 17/12637, 70) findet dies für den Unternehmer seine Grenze in Abs 3 S 2, wonach dieser die Sache spätestens 30 Tage nach Vertragsschluss übergeben muss. Indes soll der Unternehmer die Ware so bald wie möglich liefern (Erwägungsgrund 52 der RL) und handelt es sich dabei lediglich um eine Höchstfrist. Im Einzelfall kann deshalb schon früher schuldhaftes Zögern vorliegen und ihm die Lieferung zumutbar sein. Für den Verbraucher fehlt eine derartige Frist, weshalb der Zeitpunkt seiner Leistung jeweils individuell zu bestimmen ist. Nachteile ergeben sich hieraus nicht, weil auch der Verbraucher lediglich unverzüglich und nicht sofort leisten muss. Auch muss er den Kaufpreis nach § 320 nur Zug um Zug leisten.

6 b) Anders als zuvor bleibt die Vorschrift des § 447 I über die **Gefahrtragung beim Versendungskauf** nach **Abs 4** iRd Verbrauchsgüterkaufs in einem Ausnahmefall anwendbar. Danach geht die Gefahr zufälligen Untergangs oder Verschlechterung der Sache nur dann auf den Käufer über, wenn er den Spediteur, Frachtführer oder sonst mit der Versendung Betrauten beauftragt hat und ihm dieser nicht zuvor vom Unternehmer benannt worden ist. In dieser Situation ist es gerechtfertigt, die Transportperson der Sphäre des Käufers zuzurechnen und ihm die Gefahrtragung aufzuerlegen (BT-Drucks 17/12637, 70). Außerhalb dieses Sonderfalls findet § 447 zwingend (§ 475 I; BGH NJW 03, 3341) keine Anwendung (nach aA wird § 474 IV nicht vom Verbot abw Vereinbarung des 475 I erfasst, vgl Lorenz ZGS 03, 421, 423). Das bedeutet, dass die **Preisgefahr** (vgl § 446 Rn 1) erst auf den Käufer übergeht, wenn er den **Besitz** der Sache erlangt hat (§ 446 S 1). Keine Auswirkungen hat die Nichtanwendbarkeit von § 447 jedoch auf die Bestimmung des Leistungsortes nach § 269 (vgl BGH NJW 03, 3341, 3342). Bei Verbrauchsgüterkäufen ist also nicht von vornherein von der Vereinbarung einer Bringschuld auszugehen (str; wie hier Lorenz ZGS 03, 421, 422 mwN; aA etwa Borges DB 04, 1815 ff). Zahlreiche Streitfragen im Zusammenhang mit § 447 (Transport auf Verlangen des Käufers, Transport durch eigene Leute usw, s auch § 447 Rn 3), sind durch die Regelung des § 474 IV im wichtigen Fall des Verbrauchsgüterkaufs nicht von Bedeutung. Der Ausschluss von § 447 gründet sich va auf die Überlegung, dass das Risiko des zufälligen Untergangs oder der zufälligen Verschlechterung der Ware von der Vertragspartei getragen werden soll, die eher als die andere imstande ist, dieses Risiko abzuwenden bzw zu verringern oder Vorsorge gegen die Schadensfolgen eines Untergangs oder einer Verschlechterung der Ware zu treffen. Das ist regelmäßig der Verkäufer, weil er über die Art und den Weg der Beförderung entscheiden, den Beförderer auswählen und die Ware aufgrund seiner Vertragsbeziehungen zu diesem noch während des Transports umdisponieren kann. Va ist der Verkäufer besser als der Käufer in der Lage, das Beförderungsrisiko zu versichern. Obwohl diese Erwägungen über den Verbrauchsgüterkauf hinaus Geltung beanspruchen, wurde § 447 auch mit Blick auf Art 67 CISG nicht vollständig aufgehoben, sondern lediglich der Anwendungsbereich eingeschränkt.

c) Von der grds Geltung der §§ 433 ff macht **Abs 5 weitere Ausnahmen. aa)** Nach Abs 5 S 1 ist § 439 IV auf Verbrauchsgüterkaufverträge mit der Maßgabe anzuwenden, dass Nutzungen nicht herauszugeben oder durch ihren Wert zu ersetzen sind. Dies betrifft die **Rückabwicklung im Fall der Neulieferung** einer mangelfreien Sache nach §§ 439 IV iVm 346–348. Nach einer Entscheidung des EuGH (NJW 08, 1433, dazu BGH Vorlagebeschl NJW 06, 3200 u Urt NJW 09, 427 „Quelle") sah sich der Gesetzgeber zur richtlinienkonformen Umsetzung der Verbrauchsgüterkauf-RL veranlasst (BGBl I 08, 2399). Umstr war, ob der Käufer im Wege der Rückabwicklung eines Verbrauchsgüterkaufvertrages verpflichtet ist, gem §§ 474 I 1, 439 IV iVm 346 I die von ihm gezogenen Nutzungen herauszugeben bzw gem § 346 II 1 Nr 1 entspr Wertersatz zu leisten (zusammenfassend Tiedtke JZ 08, 395, 400, sa § 346 Rn 4). Hierzu stellte der EuGH fest, dass die Verbrauchsgüterkauf-RL einem Wertersatz bei Verbrauchsgüterkäufen entgegensteht (EuGH NJW 08, 1433; so bereits OLG Nürnberg NJW 05, 3000 f; Saenger/Zurlinden EWiR § 439 1/05, 819 f). Die von der RL intendierte Unentgeltlichkeit der Nacherfüllung schließe jegliche finanzielle Forderung des Verkäufers iRd Erfüllung seiner Verpflichtung zur Herstellung des vertragsgemäßen Zustands aus. Den Interessen des Verkäufers sei durch den Einwand der Unverhältnismäßigkeit (§ 439 III) hinreichend Rechnung getragen. Mit Blick auf den eindeutigen gesetzgeberischen Willen (BT-Drucks 14/6040, 232 f) war eine teleologische Reduktion des § 439 IV nicht möglich. Dennoch erkannte der BGH erstmalig aufgrund des Gebotes richtlinienkonformer Auslegung die Pflicht zur richtlinienkonformen Rechtsfortbildung nationalen Rechts im Wege teleologischer Reduktion contra legem an (BGH NJW 09, 427). Der vom EuGH geprägte Grundsatz richtlinienkonformer Auslegung verlange von nationalen Gerichten mehr als bloße Auslegung im engeren Sinne, nämlich Rechtsfortbildung dort, wo dies nötig und möglich sei (BGH NJW 09, 427, 429; zust Herrler/Tomasic, ZIP 09, 181). Daraus folge das Gebot richtlinienkonformer Rechtsfortbildung durch teleologische Reduktion des § 439 IV für Fälle des Verbrauchsgüterkaufs (§ 474 I 1) auf einen mit Art 3 Verbrauchsgüterkauf-RL zu vereinbarenden Inhalt. § 439 IV erweise sich als planwidrig unvollständig. Der Gesetzgeber hätte einerseits beabsichtigt, dem Verkäufer Nutzungsersatz zuzubilligen, andererseits hingegen die RL korrekt umzusetzen (BGH NJW 09, 427, 429; Schulte-Nölke, ZGS 09, 49 spricht vom „mehrdeutigen Willen" des Gesetzgebers, der einen „abstrakten" Willen zur korrekten Umsetzung gehabt habe, zugleich jedoch einen „konkreten" Willen zur Erteilung eines Befehls, der ungewollt im Widerspruch zur RL stand; s auch Lorenz LMK 09, 273611). Daher sei § 439 IV einschränkend dahin gehend anzuwenden, dass §§ 346–348 nur für die Rückgewähr der mangelhaften Sache selbst gelten, hingegen nicht zu einem Anspruch auf Gewährung von Nutzungswertersatz oder -herausgabe führen. Der BGH gab damit seine vorhergehende Beurteilung (BGH NJW 06, 3200) auf, dass eine einschränkende Auslegung „unter Berücksichtigung der Bindung der Rechtsprechung an Recht und Gesetz (Art. 20 III GG) nicht zulässig" sei. Fragwürdig ist insb, ob iR der verfassungsmäßigen Kompetenzordnung die Rspr überhaupt ein Umsetzungsgesetz richtlinienkonform, jedoch contra legem, auslegen bzw fortbilden darf (zust Lorenz LMK 09, 273611: Grenze zur contra-legem-Auslegung nicht überschritten, falls andere Auslegungskriterien eine vom Wortlaut abweichende Auslegung zuließen; Pfeiffer NJW 09, 412 hält dies sogar für gemeinschaftsrechtlich zwingend) oder ob die Klärung einer solchen Widersprüchlichkeit nicht einem Änderungsgesetzgeber vorbehalten sein muss (Schulte-Nölke, ZGS 09, 49 spricht von einer „Reparaturzuständigkeit" der Rechtsprechung). RL entfalten idR gerade keine Direktwirkung, so dass nationale Gesetze Richter unabhängig davon binden, was eine RL als Rahmen vorgibt. Mit seiner Entscheidung hat der BGH jedoch Staatshaftungsansprüchen vorgebeugt. Unter Anwendung des § 439 IV hätte konsequent Nutzungsersatz nach nationalem Recht zugesprochen und sodann auf Staatshaftungsansprüche wegen fehlerhafter Richtlinienumsetzung verwiesen werden müssen. Bei Rückabwicklung eines Verbrauchsgüterkaufs aufgrund **Rücktritts** steht Europarecht einer Anwendung von § 346 allerdings nicht entgg (BGH NJW 10, 148 mAv Höpfner NJW 10, 127).

8 **bb)** Nach Abs 5 S 2 ist die Vorschrift des § 445 über die Haftungsbegrenzung bei öffentlichen Versteigerungen nicht auf den Verbrauchsgüterkauf anzuwenden (insb zu öffentlichen Kunstversteigerungen Wertenbruch NJW 04, 1977). Für den Begriff der öffentlichen Versteigerung gilt die Legaldefinition des § 383 III 1 (BGH NJW 06, 613). Da Abs 2 S 2 insoweit nicht den Begriff des Verbrauchsgüterkaufs einschränkt, sondern lediglich die Rechtsfolge des Abs 2 S 1 ausschließt (nämlich die ergänzende Geltung der Vorschriften dieses Untertitels, was die Möglichkeit des Haftungsausschlusses eröffnet), kann auch der Verkauf im Wege öffentlicher Versteigerung Verbrauchsgüterkauf iSv § 474 I 1 sein; die Vorschrift findet also nicht etwa nur auf die praktisch kaum relevante Versteigerung neuer Sachen Anwendung.

9 **cc)** Ferner wird § 447 **Abs 2** aufgrund der neuen Sonderregelung in Abs 4 gesondert in Abs 5 S 2 für nicht anwendbar erklärt (vgl zum Ausschluss von § 447 auch Rn 6).

§ 475 Abweichende Vereinbarungen

(1) ¹Auf eine vor Mitteilung eines Mangels an den Unternehmer getroffene Vereinbarung, die zum Nachteil des Verbrauchers von den §§ 433 bis 435, 437, 439 bis 443 sowie von den Vorschriften dieses Untertitels abweicht, kann der Unternehmer sich nicht berufen. ²Die in Satz 1 bezeichneten Vorschriften finden auch Anwendung, wenn sie durch anderweitige Gestaltungen umgangen werden.
(2) Die Verjährung der in § 437 bezeichneten Ansprüche kann vor Mitteilung eines Mangels an den Unternehmer nicht durch Rechtsgeschäft erleichtert werden, wenn die Vereinbarung zu einer Verjährungsfrist ab dem gesetzlichen Verjährungsbeginn von weniger als zwei Jahren, bei gebrauchten Sachen von weniger als einem Jahr führt.
(3) Die Absätze 1 und 2 gelten unbeschadet der §§ 307 bis 309 nicht für den Ausschluss oder die Beschränkung des Anspruchs auf Schadensersatz.

1 **I.** § 475 I 1 ergänzt die Bestimmungen über die Inhaltskontrolle von AGB (§§ 307–309) und ordnet für den Verbrauchsgüterkauf (zum Begriff § 474 Rn 2 f) die **grds Unabdingbarkeit** von §§ 433–435, 437, 439–443 zum Nachteil des Verbrauchers an. Hierbei handelt es sich um Vorschriften, die unmittelbar auf der Verbrauchsgüterkauf-RL beruhen und nach Art 7 I der RL grds zwingend ausgestaltet sein müssen. Abs 1 S 1 erfasst alle Arten von Vereinbarungen, also nicht nur AGB wie §§ 307–309. Aufgrund § 475 I können Haftungsausschlüsse nicht mehr wirksam vereinbart werden. Dies steigert die Bedeutung der Beschaffenheitsvereinbarung, § 434 Rn 7 ff (s Schmidt-Räntsch AnwBl 09, 260, 261). Die Vorschrift gilt nur für Vereinbarungen, die **vor Mitteilung eines Mangels** getroffen wurden. Sie steht daher insb nicht Vergleichen entgg, die im Hinblick auf einen angezeigten Mangel geschlossen werden. **Abs 1 S 2** enthält ein **Umgehungsverbot**. Liegen die Voraussetzungen einer Umgehung vor, kann sich der Verkäufer auf die Vereinbarung nicht berufen. Die auf den Rechtsausschluss zurückgehende Formulierung von zweifelhaftem Wert, da es sich hierbei um eine rechtlich kaum fassbare Rechtsfolgenkategorie handelt; die Unwirksamkeit rechtswidriger Vereinbarungen ergibt sich vielmehr bereits aus allg Grundsätzen (Müller NJW 03, 1975). Auch ist die Regelung nicht zur Abgrenzung von Zweifelsfällen geeignet, etwa zwischen einem – nach §§ 475 I, 443 auch aufgrund Individualvertrags beim Kauf gebrauchter Sachen – unzulässigen Haftungsausschluss und einer zulässigen Beschaffenheitsvereinbarung nach § 434 (vgl auch Westermann JZ 01, 536). So entfallen die Ge-

währleistungsrechte des Käufers nicht allein aufgrund der pauschalen Bezeichnung eines gebrauchten Pkw als „Bastlerfahrzeug", weil dies eine nach § 475 I unzulässige Einschränkung der Verbraucherrechte darstellen würde (OLG Oldenburg DAR 04, 92; AG Marsberg ZGS 03, 119; zur Zulässigkeit solcher haftungseinschränkenden Beschaffenheitsvereinbarungen beim Verbrauchsgüterkauf s ausf Schulte-Nölke ZGS 03, 184; Schinkels ZGS 03, 310).

II. Abs 2 konkretisiert in Umsetzung von Art 7 I 2, 5 I Verbrauchsgüterkauf-RL die Regelung des § 475 I 1. Die Vorschrift betrifft Vereinbarungen über die Erleichterung der **Verjährung** und markiert damit den verbraucherrechtlichen Mindestschutz. Vor Mitteilung des Mangels kann wirksam keine Vereinbarung getroffen werden, die bei **Neuwaren** zu einer Verjährung von weniger als 2 und bei **gebrauchten Sachen** von weniger als einem Jahr führt. Dieses Verbot erfasst nicht nur die ausdrückliche Verkürzung der Verjährungsfrist, sondern ebenso jegliche Form der Erleichterung der Verjährung wie etwa die Vorverlegung des Verjährungsbeginns. Im praktisch relevanten Fall des Neuwagenkaufs, bei dem regelmäßig langfristige Haltbarkeitsgarantien in Rede stehen, wird die sog Formal- bzw Tageszulassung den Kaufgegenstand nur zum **Gebrauchtwagen** machen, wenn dieser tatsächlich bereits zum Zweck der Teilnahme am Straßenverkehr in Gebrauch genommen wurde (Reinking DAR 01, 10; s auch BGH NJW 05, 1422, 1423). Verkauft ein Händler ein gebrauchtes Fahrzeug nicht im eigenen Namen, sondern iR eines **Agenturgeschäfts**, handelt es sich grds nicht um einen Verbrauchsgüterkauf, wenn der Vorbesitzer Verbraucher ist (BGH NJW 05, 1039). Soll jedoch trotz der formalen Ausgestaltung als Agenturgeschäft das wirtschaftliche Risiko des Verkaufs beim Händler liegen, was darauf hindeutet, dass es diesem ausschließlich um die Vermeidung der Gewährleistungsfolgen geht, kann ein Umgehungsgeschäft iSv § 475 I 2 vorliegen, auf welches die Bestimmungen über den Verbrauchsgüterkauf gleichwohl Anwendung finden (BGH NJW 05, 1039, 1040; Katzenmeier NJW 04, 2632, 2633; Müller NJW 2003, 1975, 1978 f; einen Umgehungscharakter regelmäßig verneinend Ziegler/Rieder ZIP 01, 1789, 1797). Die Mängelrechte richten sich in diesem Fall gegen den Unternehmer (BGH NJW 07, 759; weiter gehend OLG Celle ZGS 07, 79: Vertrag kommt mit Händer zustande). Ein Haftungsausschluss zwischen Lieferant und **Leasinggeber** stellt keine Umgehung der Verbrauchsgüterkaufrechts dar, auch wenn der Leasinggeber seine Ansprüche gegen den Lieferanten an den Leasingnehmer abtritt. Der Leasingnehmer erhält dann zwar nicht die Rechte, die ihm beim Verbrauchsgüterkauf zustünden, wird aber durch seine mietrechtlichen Ansprüche ggü dem Leasinggeber hinreichend geschützt. Dessen Haftungsfreizeichnung ist nämlich bei Scheitern der sog. leasingtypischen Abtretungskonstruktion unwirksam. Der Leasingnehmer kann sich daher ggü dem Lieferanten trotz Verbrauchereigenschaft nicht auf die Verbraucherschutzvorschriften berufen (BGH NJW 06, 1066; aA Tiedtke/Peterek DB 08, 335). Zur Frage, wann ein **Tier** „gebraucht" ist BGH NJW 07, 674. Einschneidende Konsequenzen können sich aus Abs 2 va im Anwendungsbereich des früheren Viehkaufs ergeben, der bei der Verjährungsfrist einen Spielraum eröffnete; auch insoweit wird nun – wie auch sonst beim Kauf eines Tieres – die Unterscheidung zwischen Neu- (Jungtier) und Gebrauchtkauf bedeutsam (dazu etwa BGH NJW-RR 86, 53; OLG Düsseldorf ZGS 04, 271, 273 f; Brückner/Böhme MDR 02, 1406).

Aus dem verbraucherrechtlichen Mindestschutz werden nach **Abs 3 Schadensersatzansprüche** ausgenommen. Die einschränkenden Bestimmungen der Abs 1 und 2 gelten danach nämlich nicht für Vereinbarungen, die den Anspruch des Käufers auf Schadensersatz ausschließen oder beschränken. Dies ist gemeinschaftsrechtlich unbedenklich, weil die Verbrauchsgüterkauf-RL den Schadensersatzanspruch des Käufers nicht regelt. Hier bleibt es bei einer Kontrolle nach §§ 307–309. Soweit Schadensersatzansprüche nach Abs 3 gänzlich abdingbar sind, ist – bei Verwendung von AGB in den von § 309 Nr 8 b ff markierten Grenzen – auch eine Verkürzung der Verjährung möglich.

§ 476 Beweislastumkehr

Zeigt sich innerhalb von sechs Monaten seit Gefahrübergang ein Sachmangel, so wird vermutet, dass die Sache bereits bei Gefahrübergang mangelhaft war, es sei denn, diese Vermutung ist mit der Art der Sache oder des Mangels unvereinbar.

1 **I.** Das Vorliegen eines Sachmangels setzt voraus, dass die Sache bei Gefahrübergang nicht die vereinbarte Beschaffenheit aufweist (§ 434 I 1). Da es sich hierbei um eine dem Käufer günstige Voraussetzung handelt, ist sie nach allg Grundsätzen (s auch § 363) im Prozess von ihm zu beweisen. Wird ihm entgegengehalten, der Mangel sei erst durch den eigenen und möglicherweise auch unsachgemäßen Gebrauch eingetreten, muss er dies entkräften. Diese für den Käufer ungünstige **Beweislastverteilung** wird von § 476 beim Verbrauchsgüterkauf (§ 474 Rn 2 f) zugunsten des Käufers auf den Verkäufer verlagert, wie dies der Vorgabe von Art 5 III Verbrauchsgüterkauf-RL entspricht. Obwohl die Beweislastumkehr auch darin begründet liegt, dass der Verkäufer bessere Erkenntnismöglichkeiten als der Käufer hat (BT-Drucks 25/6040, S 245), kommt es aufgrund der typisierenden Betrachtung nicht darauf an, ob dies im Einzelfall tatsächlich zutrifft (BGH NJW 07, 2619). Die Beweislastumkehr ist auf sämtliche Ansprüche zwischen Verbraucher und Unternehmer zu erstrecken, bei denen es im Zusammenhang mit Sachmängelgewährleistungsrechten auf die Frage der Mangelhaftigkeit der Sache bei Gefahrübergang ankommt und zwar unabhängig davon, ob dies nur Vorfrage für andere Ansprüche – bspw § 812 – ist (BGH NJW 09, 580, 582; Fischinger NJW 09, 563, 564).

2 **II. 1.** Die Vermutung, dass die Kaufsache bereits bei Gefahrübergang mit dem Mangel behaftet war, setzt voraus, dass sich dieser innerhalb von **6 Monaten** danach gezeigt hat, was freilich vom Käufer zu beweisen ist. Dies ergibt sich schon daraus, dass die Vermutung des § 476 nur in zeitlicher Hinsicht wirkt, mithin nicht die Frage betrifft, ob überhaupt ein Sachmangel vorliegt (BGHZ 159, 219 = NJW 04, 2299, 2300; BGH NJW 07, 2621; NJW 09, 580; aA Tiedtke JZ 08, 452, 454). Wenn ein Schaden (bspw Motorschaden eines Gebrauchtwagens) bei Gefahrübergang zwar unstr noch **nicht vorlag**, aber möglicherweise auf eine in der Beschaffenheit der Kaufsache selbst angelegte Ursache zurückzuführen ist (zB zu schwacher Zahnriemen, vgl § 434 Rn 4), sind alternative Ursachen (zB Fahrfehler des Käufers) nicht erst iR des § 476, sondern bereits bei der zuvor zu entscheidenden Frage zu berücksichtigen, ob überhaupt eine negative Abweichung der Ist- von der Soll-Beschaffenheit vorliegt (zu den missverständlichen Ausführungen des BGH vgl Saenger/Klockenbrink ZGS 06, 61, 62 Fn 10; das Gericht desh nicht richtig interpretierend Lorenz NJW 04, 3020; von Westphalen ZGS 04, 341; für die Geltung des § 476 auch für solche Fragen Fischinger NJW 09, 563, 565). Folglich muss der Käufer in solchen Zweifelsfällen beweisen, dass die **Schadensanlage** bereits bei Gefahrübergang vorhanden war. Anders verhält es sich dag, wenn die **Ursache** für die negative Abweichung der Ist- von der Soll-Beschaffenheit **feststeht** (zB eine seitliche Krafteinwirkung, die zu einer Karosserieverformung geführt hat). Wird in diesem Fall darüber gestritten, ob die Schadensursache schon vor Gefahrübergang oder aber danach – uU durch Einwirkung des Käufers – eingetreten ist, handelt es sich um die **typische Konstellation** der zeitlich wirkenden Vermutung des § 476 (BGH NJW 05, 3490 ff; 07, 2621, 2622 f m Anm Lorenz). Es ist hierbei unschädlich, dass der Schaden jederzeit aufgetreten sein kann, und daher kein sicherer Rückschluss auf das Vorhandensein bei Gefahrübergang möglich ist (BGH NJW 05, 3490, 3492); die Beweislast ist insoweit gerade dem Verkäufer zugewiesen. Zu den Parallelen zwischen § 476 und der gesetzlichen Haltbarkeitsgarantie s Saenger/Veltmann, ZGS 05, 450 ff.

3 **2.** Für den **Fristbeginn** stellt § 476 auf den Zeitpunkt des Gefahrübergangs ab. Dieser tritt im Regelfall mit Übergabe der Sache ein (§ 446 S 1, vgl dort Rn 4). Zu berücksichtigen ist, dass der Annahmeverzug gem § 446 S 3 iVm S 1 die Gefahr auf den Käufer übergehen lässt. Dies ist bedeutsam, weil einerseits zwar Annahmeverzug begründet werden kann, wenn der Verkäufer eine mangelhafte Sache anbietet, es dem Käufer aber andererseits auch nicht möglich sein soll, den Fristbeginn durch Verweigerung der Annahme zum Nachteil des Verkäufers hinauszuzögern. Für den Fall der Nacherfüllung in Form der Nachlieferung steht dem Käufer hins einer etwaigen Mangelhaftigkeit der nachgelieferten Kaufsache die Vergünstigung des § 476 in vollem Umfang erneut zu; dh die Frist von 6 Monaten beginnt ab dem Zeitpunkt des abermaligen Gefahrübergangs erneut zu laufen (Reinking ZGS 04, 130, 132). Dieser Fall ist nicht nur nach Sinn und Zweck der Vorschrift, sondern auch nach ihrem Wortlaut ohne Weiteres erfasst (aA Reinking ZGS 04, 130, 132, der von einer ausfüllungsbedürftigen Regelungslücke ausgeht). Im Fall der Nachbesserung bleibt es dag beim ursprünglichen Fristlauf (vgl iE Reinking ZGS 04, 130, 133 f).

3. Die Vermutung des § 476 greift nicht ein, wenn sie **mit der Art der Sache oder des Mangels unvereinbar** ist. Damit obliegt dem Käufer im Einzelfall auch innerhalb von 6 Monaten die Beweislast für die Mangelhaftigkeit bei Gefahrübergang. Indes wird man nicht davon ausgehen können, eine Beweislastumkehr nach § 476 sei beim Kauf gebrauchter Sachen ganz allg ausgeschlossen, weil hierbei entspr Erfahrungssätze grds fehlten (vgl zum Gebrauchtwagenkauf BGH NJW 04, 2299, 2300; OLG Köln ZGS 04, 40; so auch von Westphalen ZGS 04, 341 mit Hinweis auf die Vorgaben der Verbrauchsgüterkauf-RL). Auch bei mangelanfälligen Kaufgegenständen wie Tieren (dazu BGHZ 167, 40, 48 ff = NJW 06, 2250; OLG Hamm NJW-RR 05, 1369; von Westphalen ZGS 04, 341) oder Gebrauchtwagen ist nicht in erster Linie auf die Art des Kaufgegenstandes, sondern va auf die Besonderheit des Mangels abzustellen, der erfahrungsgemäß kurzfristig auftritt (etwa Erkrankung eines Tieres ohne längere Inkubationszeit, LG Aurich ZGS 05, 40; altersabhängige und typischerweise kurzfristig auftretende Verschleißerscheinungen bei Fahrzeugen). § 476 greift jedoch auch dann ein, wenn der Mangel bei einer näheren Untersuchung schon während der Übergabe hätte erkannt werden können. Die Vermutung ist aber dann mit der Art des Mangels unvereinbar, wenn eine **äußerliche Beschädigung** vorliegt, die selbst einem fachlich nicht versierten Käufer **hätte auffallen müssen** (BGH NJW 05, 3490, 3492). Der Umstand, dass der Käufer die Kaufsache durch **Dritte** hat einbauen lassen, schließt die Anwendung des § 476 nicht aus (BGH NJW 05, 283 f).

4

§ 477 Sonderbestimmungen für Garantien

(1) ¹Eine Garantieerklärung (§ 443) muss einfach und verständlich abgefasst sein. ²Sie muss enthalten
1. den Hinweis auf die gesetzlichen Rechte des Verbrauchers sowie darauf, dass sie durch die Garantie nicht eingeschränkt werden, und
2. den Inhalt der Garantie und alle wesentlichen Angaben, die für die Geltendmachung der Garantie erforderlich sind, insbesondere die Dauer und den räumlichen Geltungsbereich des Garantieschutzes sowie Namen und Anschrift des Garantiegebers.

(2) Der Verbraucher kann verlangen, dass ihm die Garantieerklärung in Textform mitgeteilt wird.
(3) Die Wirksamkeit der Garantieverpflichtung wird nicht dadurch berührt, dass eine der vorstehenden Anforderungen nicht erfüllt wird.

I. Entspr der Vorgabe des Art 6 Verbrauchsgüterkauf-RL **modifiziert** § 477 die Vorschrift des § 443 über die Garantie (vgl iE dort Rn 1 ff), indem sie für den Verbrauchsgüterkauf (§ 474 Rn 2) besondere inhaltliche und formale Anforderungen an die Garantieerklärung stellt. Sie gilt für alle Garantieerklärungen, also nicht nur für die des Verkäufers, sondern auch für Garantien des Herstellers oder Dritter, nicht hingegen für die Werbung mit Garantien (BGH NJW 11, 2653).

1

II. **1.** Abs 1 S 1 bestimmt zunächst, dass eine Garantieerklärung **einfach und verständlich** formuliert sein muss. Sprachliche Unklarheiten müssen zugunsten des Verbrauchers ausgelegt werden und treffen damit den Unternehmer als Garanten (vgl Rn 4). Dies gilt insb für Missverständnisse aufgrund von Formulierungen in fremder Sprache, soweit nicht die Vertragsverhandlungen beiderseits in dieser Fremdsprache geführt

2

wurden. In Deutschland wird idR die Abfassung der Garantie in deutscher Sprache erforderlich und auch ausreichend sein. Das Verständlichkeitsgebot wird in **Abs 1 S 2** weiter konkretisiert. Nach Abs 1 S 2 Nr 1 muss die Garantie zum einen den **Hinweis auf** die gesetzlichen **Rechte des Verbrauchers** enthalten und zum anderen auch klarstellen, dass diese durch die Garantie nicht eingeschränkt, dem Käufer vielmehr zusätzliche Rechte eingeräumt werden. Diese Anordnung ist vor dem Hintergrund zu sehen, dass teilweise Garantieerklärungen Verwendung finden, deren Gestaltung den Verbraucher von der Wahrnehmung seiner gesetzlichen Rechte abhalten soll. Abs 1 S 2 Nr 2 beinhaltet zwei Anforderungen an die eigentliche Garantie: Zunächst muss deren Inhalt näher bezeichnet werden, wobei hierfür die Form des Abs 2 maßgeblich werden kann. Weiterhin sind alle für die Geltendmachung der Garantie erforderlichen Angaben, die beispielhaft genannt sind, in die Garantieerklärung aufzunehmen.

3 2. Nach **Abs 2** hat der Verbraucher Anspruch darauf, dass ihm die Garantieerklärung in **Textform** mitgeteilt wird. Hiermit wird auf § 126 b Bezug genommen (s iE dort).

4 3. a) Die **Rechtsfolgen** eines Verstoßes gegen § 477 I, II regelt **Abs 3** nur teilweise: Die Nichteinhaltung der Vorgaben führt nicht zur Unwirksamkeit der Garantieverpflichtung; jedes andere Ergebnis wäre widersinnig. Die weiteren Rechtsfolgen müssen aus dem **allg Recht** gewonnen werden. Zunächst können die Bestimmungen des § 477 I, II als gesetzliche Konkretisierung der Aufklärungspflichten verstanden werden, die dem Verkäufer als vertragliche Nebenpflichten (§ 241 II) obliegen. Eine Verletzung dieser Pflichten kann einen Schadensersatzanspruch gem § 280 I nach sich ziehen, ggf iVm § 311 II, der ausnahmsweise (bei Ursächlichkeit der fehlerhaften Unterrichtung für den Abschluss des Vertrags) auch auf die Aufhebung des Vertrags gerichtet sein kann (§ 249 I). Bei einem Verstoß gegen § 477 I 1 kann in dieser Vorschrift eine Erweiterung der (nur für AGB geltenden) Unklarheitenregel des § 305 c II bzw des aus § 307 I 2 folgenden Transparenzgebots zu sehen sein; unklare Formulierungen müssen dann zugunsten des Verbrauchers ausgelegt werden.

5 b) Hiervon zu trennen sind **wettbewerbsrechtliche Konsequenzen** der Nichtbeachtung von § 477 I, II. Zum einen können unrichtige Garantieerklärungen als irreführende Werbung iSv § 5 UWG anzusehen sein. Daneben kommt ein Verstoß gegen die Generalklausel des § 3 UWG in Betracht, und zwar unter dem Gesichtspunkt des „Vorsprungs durch Rechtsbruch". Ferner besteht ein Unterlassungsanspruch nach § 2 I iVm § 2 II Nr 1 c) des **Unterlassungsklagengesetzes**. Dieser Anspruch setzt lediglich die Verletzung des § 477 I, II voraus und besteht daher unabhängig von den einschränkenden Voraussetzungen der wettbewerbsrechtlichen Anspruchsgrundlagen.

§ 478 Rückgriff des Unternehmers

(1) Wenn der Unternehmer die verkaufte neu hergestellte Sache als Folge ihrer Mangelhaftigkeit zurücknehmen musste oder der Verbraucher den Kaufpreis gemindert hat, bedarf es für die in § 437 bezeichneten Rechte des Unternehmers gegen den Unternehmer, der ihm die Sache verkauft hatte (Lieferant), wegen des vom Verbraucher geltend gemachten Mangels einer sonst erforderlichen Fristsetzung nicht.
(2) Der Unternehmer kann beim Verkauf einer neu hergestellten Sache von seinem Lieferanten Ersatz der Aufwendungen verlangen, die der Unternehmer im Verhältnis zum Verbraucher nach § 439 Abs. 2 zu tragen hatte, wenn der vom Verbraucher geltend gemachte Mangel bereits beim Übergang der Gefahr auf den Unternehmer vorhanden war.
(3) In den Fällen der Absätze 1 und 2 findet § 476 mit der Maßgabe Anwendung, dass die Frist mit dem Übergang der Gefahr auf den Verbraucher beginnt.
(4) ¹Auf eine vor Mitteilung eines Mangels an den Lieferanten getroffene Vereinbarung, die zum Nachteil des Unternehmers von den §§ 433 bis 435, 437, 439 bis 443 sowie von den Absätzen 1 bis 3 und von § 479 abweicht, kann sich der Lieferant nicht berufen, wenn dem Rückgriffsgläubiger kein gleichwertiger Ausgleich eingeräumt wird. ²Satz 1 gilt unbeschadet des § 307 nicht für den Ausschluss oder die Beschrän-

kung des Anspruchs auf Schadensersatz. ³Die in Satz 1 bezeichneten Vorschriften finden auch Anwendung, wenn sie durch anderweitige Gestaltungen umgangen werden.
(5) Die Absätze 1 bis 4 finden auf die Ansprüche des Lieferanten und der übrigen Käufer in der Lieferkette gegen die jeweiligen Verkäufer entsprechende Anwendung, wenn die Schuldner Unternehmer sind.
(6) § 377 des Handelsgesetzbuchs bleibt unberührt.

§ 479 Verjährung von Rückgriffsansprüchen

(1) Die in § 478 Abs. 2 bestimmten Aufwendungsersatzansprüche verjähren in zwei Jahren ab Ablieferung der Sache.
(2) ¹Die Verjährung der in den §§ 437 und 478 Abs. 2 bestimmten Ansprüche des Unternehmers gegen seinen Lieferanten wegen des Mangels einer an einen Verbraucher verkauften neu hergestellten Sache tritt frühestens zwei Monate nach dem Zeitpunkt ein, in dem der Unternehmer die Ansprüche des Verbrauchers erfüllt hat. ²Diese Ablaufhemmung endet spätestens fünf Jahre nach dem Zeitpunkt, in dem der Lieferant die Sache dem Unternehmer abgeliefert hat.
(3) Die vorstehenden Absätze finden auf die Ansprüche des Lieferanten und der übrigen Käufer in der Lieferkette gegen die jeweiligen Verkäufer entsprechende Anwendung, wenn die Schuldner Unternehmer sind.

§§ 478, 479

I. §§ 478, 479 regeln entspr den Vorgaben des Art 4 Verbrauchsgüterkauf-RL den **Rückgriff** des sog **Letztverkäufers** in einer Lieferkette, dh derjenigen Person, die an einen Verbraucher verkauft hat. Bei Inanspruchnahme durch einen Verbraucher kann sich der Letztverkäufer an seinen Verkäufer – den Lieferanten (etwa Großhändler, Hersteller) – halten. Entspr gilt für die weiteren Glieder der Vertriebskette (vgl § 478 V). § 478 begründet indes – mit Ausn des Anspruchs auf Ersatz der Nacherfüllungskosten nach § 478 II – keine eigenständigen Ansprüche, sondern setzt das Bestehen der Rechte aus § 437 gerade voraus. Diese allg Behelfe werden vielmehr durch § 478 **modifiziert**, um auf diese Weise trotz unterschiedlicher vertraglicher Voraussetzungen in der Vertriebskette die Regressmöglichkeit zu erleichtern, wenn der Mangel, wie häufig, seine Ursache nicht in der Sphäre des Letztverkäufers hat. So soll verhindert werden, dass allein der Einzelhandel die besonderen Verkäuferrisiken des Verbrauchsgüterkaufs trägt. Obwohl sich die Norm im Abschnitt über den Verbrauchsgüterkauf findet, hat diese weitreichende Auswirkungen auf den Geschäftsverkehr. Zugleich entfaltet sie auch eine verbraucherschützende Wirkung, weil die Regressmöglichkeit die Bereitschaft des Letztverkäufers zur Erfüllung seiner Pflichten aus §§ 437 ff erhöht (vgl iE auch Matthes NJW 02, 2505; Böhle, Der Rückgriff in der Lieferkette, 2004; Sendmeyer, Der Unternehmerregress nach Maßgabe der §§ 478, 479 BGB, 2008).

II. 1. **Rechte des Letztverkäufers nach § 437.** Der Rückgriff des Letztverkäufers gegen den Lieferanten setzt das Bestehen eines der Rechte nach § 437 voraus. Zugleich werden die dort aufgestellten Voraussetzungen modifiziert.

a) Die Rechtsbehelfe des Letztverkäufers nach § 437 gegen den Lieferanten setzen zT eine **Fristsetzung** voraus (insb § 323 I; vgl iE § 437 Rn 17). § 478 I lässt dieses Erfordernis unter bestimmten Voraussetzungen **entfallen**. Bedeutung hat dies va, wenn der Letztverkäufer die Kaufsache zurückgenommen hat. In diesem Fall kann er unmittelbar danach zurücktreten, ohne dem Lieferanten noch Gelegenheit zu einer in dieser Situation meist sinnlosen Nacherfüllung geben zu müssen. Die Sache kann auf diese Weise an den Lieferanten durchgereicht werden, ohne dass es einer sonst erforderlichen Nachfristsetzung bedarf.

aa) Voraussetzung ist zunächst, dass auf beiden Seiten des Vertrags **Unternehmer** (§ 14) beteiligt sind. Der Käufer muss Letztverkäufer sein und an einen **Verbraucher** (§ 13) verkauft haben (BT-Drucks 14/6040, 247). Es muss eine ununterbrochene Lieferkette bestanden haben, die deutschem Recht (einschließlich dem CISG) unterliegt (iE Gruber NJW 02, 1180). Soweit kein Verbrauchsgüterkauf mit dem Letztverkäufer vorliegt (unterbrochene Lieferkette), kommt eine analoge Anwendung nicht in Betracht (aA Westermann NJW 02, 241, 252; vgl zum Streitstand Jacobs JZ 04, 225 f). Eine entspr vertragliche Ausweitung der Rechte des Letztverkäufers ist jedenfalls in AGB unzulässig (BGH NJW 06, 47, 50). Gegenstand des Vertrags muss eine **neu hergestellte Sache** sein. Hintergrund hierfür ist, dass es bei gebrauchten Sachen an einer geordneten Vertriebskette regelmäßig fehlt (hierzu krit Westermann NJW 02, 241, 252; ebenso Jacobs JZ 04, 225, 227).

5 bb) Handelt es sich um eine **zurückgenommene Kaufsache** (§ 478 I 1. Fall), ist weiter erforderlich, dass der Letztverkäufer die Sache zurücknehmen **musste** (etwa iR der Nachlieferung, § 439 IV, nach Rücktritt, § 437 Nr 2 iVm § 440 und §§ 323, 326 V, oder iR des großen Schadensersatzes § 437 Nr 3 iVm § 440 und §§ 280 I, III, 281). Die Vorschrift gilt folglich nicht, wenn der Letztverkäufer die Sache freiwillig zurückgenommen hat, etwa aus Kulanzgründen. Erforderlich ist weiter, dass die Rücknahme **mit Rücksicht auf die Mangelhaftigkeit** der Kaufsache erfolgt ist. Die Bestimmung ist deshalb nicht anwendbar, wenn der Vertrag infolge Widerrufs nach § 355 rückabgewickelt oder die Sache in Ausübung eines vertraglich eingeräumten Rücktrittsrechts zurückgegeben wurde. Über den Wortlaut hinaus ist Abs 1 **analog anzuwenden** auf die Fälle, in denen der Letztverkäufer den Mangel im Wege der Nachbesserung beseitigt hat (nach aA geht die Regelung des Abs 2 hier vor, so etwa Maultzsch JuS 02, 1171, 1172; wie hier Böhle WM 04, 1616, 1618) bzw sich einem Schadensersatzanspruch in Gestalt des sog kleinen Schadensersatzes ausgesetzt sieht (Böhle WM 04, 1616, 1617; Jacobs JZ 04, 225, 229 f mwN; aA Sendmeyer, Der Unternehmerregress nach Maßgabe der §§ 478, 479 BGB, 2008, S 179 f).

6 b) Sämtliche Rechtsbehelfe des Letztverkäufers ggü dem Lieferanten, die aufgrund von § 437 bestehen können, setzen einen **Mangel der Kaufsache** voraus. Dessen Vorliegen hat grds der Letztverkäufer als Käufer zu beweisen (s § 476 Rn 1). Nach § 478 III erfasst jedoch die für den Verbrauchsgüterkauf geltende **Beweislastumkehr** des § 476 hins der Mangelhaftigkeit auch den Vertrag zwischen Letztverkäufer und Lieferant; dabei ist für den Beginn der 6-monatigen Frist nicht der Zeitpunkt des Gefahrübergangs im Verhältnis zwischen Letztverkäufer und Lieferant, sondern der Moment maßgeblich, in dem die Gefahr auf den Verbraucher übergeht. Greifen §§ 478 III, 476 nicht ein oder wird diese Vermutung widerlegt, ist das Vorliegen eines Mangels nach allg Grundsätzen festzustellen. Dabei ist zu beachten, dass die Beurteilung der Mangelhaftigkeit in Abhängigkeit von dem betroffenem Vertragsverhältnis unterschiedlich ausfallen kann; dabei können insb unterschiedliche Beschaffenheitsvereinbarungen (§ 434 I 1) zu abw Ergebnissen führen.

7 c) Den Rechten des Letztverkäufers kann beim Handelskauf die **Genehmigungsfiktion** des § 377 II HGB wegen Nichteinhaltung der Untersuchungs- und Rügepflicht entgegenstehen. § 478 VI stellt klar, dass diese Vorschrift auf den Vertrag zwischen Letztverkäufer und Lieferant Anwendung findet. Auch der Letztverkäufer hat also die Sache gem den Vorgaben von § 377 I, III HGB zu untersuchen und etwaige Mängel anzuzeigen. Dies ist sachgerecht, da zu dem Zeitpunkt, zu dem der Lieferant die Ware beim Letztverkäufer abliefert, deren weitere Verwendung häufig noch nicht feststeht.

8 d) Weiterhin können die Rechte des Letztverkäufers durch **Vereinbarung mit dem Lieferanten** beschränkt oder ausgeschlossen sein. Insoweit begrenzt § 478 IV 1 aber zum Schutz des sich idR ggü dem Vorlieferanten in einer schwächeren Position befindlichen Letztverkäufers die Gestaltungsmöglichkeiten der Parteien erheblich. Die Vorschrift erlaubt eine Beschränkung der Rechte des Letztverkäufers nur, wenn diesem ein gleichwertiger Ausgleich eingeräumt wird. Wegen des damit einhergehenden, im Verhältnis zwischen Unternehmern beispiellosen Einschnitts in den Grundsatz der Vertragsfreiheit begegnet die Vorschrift grds Bedenken.

9 aa) § 478 IV 1 gilt nicht nur für die Beschränkung einzelner Rechte des Letztverkäufers. Vielmehr wird durch die Bezugnahme auf §§ 433–435, 437, 439–443, 478 I–III und 479 dessen **gesamte Rechtsstellung** erfasst. Hierdurch erhält die Vorschrift einen

außerordentlich weiten Anwendungsbereich, von dem nur der Ausschluss oder die Beschränkung des Schadensersatzanspruchs ausgenommen ist (§ 478 IV 2), wobei insoweit eine Kontrolle nach § 307 I in Betracht kommt.

bb) Von den Beschränkungen des § 478 IV 1 wird nur eine Vereinbarung erfasst, die **vor Mitteilung des Mangels** an den Lieferanten getroffen worden ist. Ebenso wie § 475 I 1 (dort Rn 1) ist § 478 IV 1 folglich nicht auf im Nachhinein getroffene Vereinbarungen (insb einen Vergleich) anwendbar. **10**

cc) Die wirksame Beschränkung der Rechte des Letztverkäufers ist von der Einräumung eines **angemessenen Ausgleichs** abhängig. Die offene Formulierung soll der Vielgestaltigkeit denkbarer Vertragsgestaltungen Rechnung tragen. Insb steht § 478 IV 1 im Handelsverkehr verbreiteten pauschalen Abrechnungssystemen nicht grds entgg. **11**

e) Schließlich kann die Durchsetzbarkeit der Rechte des Letztverkäufers va aufgrund der **Einrede der Verjährung** (§ 214 I) gehindert sein. Dabei bestimmt sich die Verjährungsfrist, die mit der Ablieferung der Sache durch den Lieferanten beginnt, nach den allg kaufrechtlichen Regelungen der §§ 438 I, III und beträgt idR 2 Jahre. Die verjährungsrechtliche Bestimmung des § 479 nimmt hieran keine Änderungen vor. Für den im Wege des Rückgriffs nach Inanspruchnahme durch den Verbraucher geltend zu machenden **Aufwendungsersatzanspruch** des § 478 II (Rn 13ff) sieht § 479 I eine 2-jährige Verjährung vor. § 479 II modifiziert aber die Berechnung der Verjährungsfrist. Um Transport- und Lagerzeiten in der Lieferkette Rechnung zu tragen ist eine missverständlich als „Ablaufhemmung" bezeichnete **Verlängerung der Verjährung** bestimmt, weshalb Ansprüche des Letztverkäufers gegen den Lieferanten erst frühestens 2 Monate nach dem Zeitpunkt verjähren, in dem der Letztverkäufer die Ansprüche des Verbrauchers erfüllt hat (§ 479 II 1). Dabei muss der Kaufvertrag zwischen Letztverkäufer und Verbraucher auch nicht innerhalb der allg Verjährungsfrist geschlossen worden sein (so aber Sendmeyer NJW 08, 1914, 1915 f). In einer vielgliedrigen Lieferkette könnte § 479 II dann nämlich nicht den bezweckten Schutz entfalten, weil ein Verkäufer, der keinen Einfluss darauf nehmen kann, dass ein nachgelagerter Einzelhändler an einen Verbraucher weiterverkauft, bevor die Ansprüche gegen seinen eigenen Lieferanten verjährt sind, Gefahr liefe, dass die Regresskette hier endet und nicht zum ursprünglichen Lieferanten durchläuft (im Erg ebenso MK/Lorenz § 479 Rn 11; Bamberger/Roth/Faust § 479 Rn 10; Erman/Grunewald § 479 Rn 4). **12**

Die Hemmung endet gem § 479 II 2 aber spätestens 5 Jahre nach Ablieferung (s § 438 Rn 9) durch den Lieferanten. Sie entfaltet ihre Wirkung va, wenn die Verjährung zwischen Letztverkäufer und Verbraucher gem § 203 gehemmt wird oder neu beginnt. Von dieser Regelung kann nur bei Gewährung eines angemessenen Ausgleichs abgewichen werden (§ 478 IV 1, dazu Rn 11). **13**

2. Aufwendungsersatzanspruch des Letztverkäufers nach § 478 II. Wurde der Letztverkäufer vom Verbraucher gem § 439 II auf **Nacherfüllung** in Anspruch genommen, kann er nach § 478 II vom Lieferanten Ersatz sämtlicher der dabei entstandenen Kosten verlangen (iE Tröger ZGS 03, 296). **14**

a) IU zu § 478 I begründet § 478 II einen **eigenständigen Anspruch** des Letztverkäufers gegen den Lieferanten (vgl § 479 I). Da sich die aufgrund von § 439 II geleisteten Zahlungen des Letztverkäufers an den Verbraucher im Verhältnis zum Lieferanten auch als Schaden iSv §§ 249 ff qualifizieren lassen, kann der Anspruch aus § 478 II mit einem Schadensersatzanspruch des Letztverkäufers (§§ 437 Nr 3, 280 I, 440) konkurrieren. Letzterer ist im Ggs zu § 478 II freilich verschuldensabhängig. **15**

b) § 478 II setzt ebenso wie § 478 I den Verkauf einer neuen Sache unter Unternehmern voraus und erfasst die **Aufwendungen für die Nacherfüllung** (§ 439 II) ggü dem Verbraucher, also insb Transport-, Wege-, Arbeits- und Materialkosten (s iE § 439 Rn 3). Wie bei § 478 I 1. Fall (vgl Rn 3) ist es erforderlich, dass der Letztverkäufer im Verhältnis zum Verkäufer **verpflichtet** war, diese Aufwendungen zu ersetzen. Freiwillige Leistungen an den Verbraucher können den Anspruch aus § 478 II daher nicht auslösen. Schließlich muss der Mangel bereits **vorhanden** gewesen sein, als die **Gefahr** vom Lieferanten auf den Letztverkäufer **übergegangen** ist. Auch hier hilft dem Letztverkäufer die Beweislastumkehr des § 476 (§ 478 III, s Rn 6). **16**

17 c) Für die **Verjährung** (§ 214 I) enthalten §§ 479 I, II zwingende (§ 478 IV 1) Sonderbestimmungen. Die Verjährungsfrist beträgt 2 Jahre (§ 479 I). Sie beginnt mit der Ablieferung der Sache. Insoweit entspricht § 479 I der allg Vorschrift des § 438 II; der Ablauf ist allerdings gem § 479 II gehemmt (vgl Rn 12).

18 **3. Ansprüche des Lieferanten und der übrigen Käufer in der Lieferkette.** Wird der Lieferant vom Letztverkäufer in Anspruch genommen, kann dieser wiederum bei seinem Vertragspartner Regress nehmen. Entspr gilt für die etwaigen weiteren Glieder der Lieferkette. § 478 V ordnet an, dass die Modifikationen der §§ 478 I bis IV auch diese Verhältnisse erfassen. Dasselbe bestimmt § 479 III für die verjährungsrechtlichen Regelungen des § 479 I, II. Stets ist es erforderlich, dass die vom Letztverkäufer verkaufte konkrete Sache und nicht nur Teile derselben betroffen sind; vom Anwendungsbereich ausgeschlossen ist damit typischerweise der Teilezulieferer (Matthes NJW 02, 2505, 2506; s iE Jacobs JZ 04, 225, 227 f mwN).

Untertitel 4
Tausch

§ 480 Tausch

Auf den Tausch finden die Vorschriften über den Kauf entsprechende Anwendung.

1 I. Bei einem Tausch verpflichten sich beide Parteien wechselseitig zur Leistung von Sachen, Rechten oder anderen Vermögenswerten iR eines gegenseitigen Vertrags (§ 320). IU zum Kaufvertrag (auch zum sog Doppelkauf, BGHZ 49, 7, und der Inzahlungnahme, BGHZ 89, 129; zum Gebrauchtwagenkauf vgl § 433 Rn 7) verpflichtet sich keine Partei zu einer Preiszahlung in Geld. Eine besondere Gestaltung bildet der **Ringtausch** durch die Einschaltung eines Dritten oder mehrerer Dritter; dazu sowie zum **Tauschring** mit zentraler Vermittlung („Barter-System"; BGH NJW 99, 635, 636) näher Heermann JZ 99, 183.

2 II. 1. **Voraussetzung** eines Tauschvertrags ist die Vereinbarung von Tauschleistungen im Gegenseitigkeitsverhältnis (§ 320). Die Vereinbarung kann vorsehen, dass eine Wertdifferenz zwischen den ausgetauschten Leistungen in Geld auszugleichen ist, sofern darin nicht die Hauptleistung liegt.

3 2. **Rechtsfolge** des § 480 ist die Anwendung der Vorschriften über den Kauf (§§ 433 ff); jedoch sind die Vorschriften, die den Kaufpreis betreffen (insb §§ 445, 447, 449, 450, 451), nicht anwendbar. Jede Partei des Tauschvertrags hat daher ggü der anderen die Leistungs- bzw Rechtsverschaffungspflichten aus § 433 I und die Abnahmepflicht aus § 433 II. Für Rechts- und Sachmängel haftet sie gem §§ 480, 437, 280 ff, 323 ff. Das Rücktrittsrecht (§§ 480, 437 I Nr 2 iVm § 440 und §§ 323, 326 V) tritt an die Stelle der früheren Wandlung und führt zur Rückgängigmachung des Tausches. Bei der Minderung ist ein Geldausgleich entspr § 437 Nr 2 iVm § 441 zu leisten.

Titel 2
Teilzeit-Wohnrechteverträge, Verträge über langfristige Urlaubsprodukte, Vermittlungsverträge und Tauschsystemverträge

§ 481 Teilzeit-Wohnrechtevertrag

(1) ¹Ein Teilzeit-Wohnrechtevertrag ist ein Vertrag, durch den ein Unternehmer einem Verbraucher gegen Zahlung eines Gesamtpreises das Recht verschafft oder zu verschaffen verspricht, für die Dauer von mehr als einem Jahr ein Wohngebäude mehrfach für einen bestimmten oder zu bestimmenden Zeitraum zu Übernachtungszwecken zu nutzen. ²Bei der Berechnung der Vertragsdauer sind sämtliche im Vertrag vorgesehenen Verlängerungsmöglichkeiten zu berücksichtigen.

(2) Das Recht kann ein dingliches oder anderes Recht sein und insbesondere auch durch eine Mitgliedschaft in einem Verein oder einen Anteil an einer Gesellschaft eingeräumt werden. Das Recht kann auch darin bestehen, aus einem Bestand von Wohngebäuden ein Wohngebäude zur Nutzung zu wählen.
(3) Einem Wohngebäude steht ein Teil eines Wohngebäudes gleich, ebenso eine bewegliche, als Übernachtungsunterkunft gedachte Sache oder ein Teil derselben.

I. Die Vorgaben der ersten Timesharing-RL 94/47/EG (ABl. EG 94 Nr L 280, 83 [s 1 zum Timesharing die Kommentierung von Staud/Martinek; Gebauer/Wiedmann/ Staudinger Kap 11; Kelp, Time-Sharing-Verträge]) wurden seinerzeit im TzWrG umgesetzt. Dessen Vorschriften überführte der Gesetzgeber infolge der Schuldrechtsreform zum Teil an verschiedenen Stellen in das BGB (§§ 355 ff; §§ 481 ff), zum Teil – dies gilt mit Blick auf § 4 TzWrG – in die auf Art 242 EGBGB gestützte BGB-Informationspflicht-VO. Die Ablösung des alten Sekundärrechtsaktes (in der Folge als RL 94/47/EG bzw als alte Fassung bezeichnet) durch die neue **Timesharing-RL 08/122/EG** (Abl. EU 09 Nr L 33, 10) – vgl deren Art 18 – führte zu einer Novellierung der §§ 481-487 durch das Gesetz zur Modernisierung der Regelungen über Teilzeit-Wohnrechteverträge, Verträge über langfristige Urlaubsprodukte sowie Vermittlungsverträge und Tauschsystemverträge. Ebenfalls im Rahmen dieser Änderungen wurde der Abschnitt 1 der BGB-Informationspflicht-VO aufgehoben und bezüglich seines Inhalts durch den neu gefassten Art 242 EGBGB ersetzt (BT-Drucks 17/2764, 10), (s auch die Anpassung von Art 46 b III, IV EGBGB; vgl hierzu Staudinger NZM 11, 601 ff). Die §§ 481-487 sowie Art 242 EGBGB dienen mithin der Umsetzung der aktuellen **Timesharing-RL 08/122/EG** (alle Verweise auf die Timesharing-RL sind im Folgenden als solche auf diese Version zu verstehen; sofern Textidentität zwischen dem alten und neuen Richtlinien- bzw Gesetzeswortlaut besteht, wird teilweise weiterhin auf die Literatur sowie die Materialien zur alten RL und den Vorschriften alter Fassung verwiesen). Bei der am 14.1.09 verabschiedeten RL 08/122/EG handelt es sich um eine (Voll-)Harmonisierungsmaßnahme (vgl Erwägungsgrund 3 der RL), durch welche insb Regelungslücken im Hinblick auf timesharing-ähnliche Geschäftspraktiken von „Travel Discount Clubs" und andere neuartige Urlaubsprodukte sowie sog mobiles Timesharing geschlossen werden (s zum vorangegangenen Vorschlag der Kommission (KOM[07] 303 entg) auch Busch GPR 08, 13 ff; Gaedtke VuR 08, 130 ff; Schubert NZM 07, 665 ff; Staud/Gsell Eckpfeiler des Zivilrechts Rn 67 ff; einen Überblick über die am 23.2.11 in Kraft getretenen geänderten Vorschriften des BGB zum Timesharing verschaffen Franzen NZM 11, 217 ff; Leible/Leitner IPRax 13, 37 ff; Martinek in: FS Wolf, 91 ff; Tacou NJOZ 11, 793 ff). Neben dieser Erweiterung des sachlichen Anwendungsbereichs wurde die Mindestlaufzeit der Verträge auf ein Jahr verkürzt sowie die Mindestnutzungsdauer von einer Woche pro Jahr aufgegeben. Abs 1 S 2 bestimmt nunmehr außerdem, dass bei der Berechnung der Laufzeit sämtliche im Vertrag vorgesehenen Verlängerungsmöglichkeiten zu berücksichtigen sind, wodurch eine Umgehung der Anwendbarkeit der §§ 481 ff durch den Unternehmer verhindert werden soll (BT-Drucks 17/2764, 15; Franzen NZM 11, 271 ff). Auch wurde der Nutzungszweck „Urlaub und Erholung" durch die erweiterte Zielsetzung der „Übernachtung" ersetzt. Die Widerrufsfrist erfährt eine harmonisierende Verlängerung auf 14 Tage (Art 6 I RL). Unter Abstimmung auf die einzelnen Time-Share-Produkte werden die vorvertraglichen Informationspflichten aktualisiert und in Anhängen zur RL benannt (Art 4 RL). Zudem erfährt die Sprachregelung eine Vereinfachung (vgl Art 4 III, 5 I RL) und das für die Laufzeit der Widerrufsfrist geltende Anzahlungsverbot wird konkretisiert (vgl Art 9 RL). Als weitere verbraucherfreundliche Änderung erweist sich Art 8 II RL, welcher im Gegensatz zu Art 5 III, IV der alten RL im Falle des Widerrufs jegliche Kosten für den Verbraucher ausschließt, dh nun auch solche einer etwaigen notariellen Beurkundung. Kritisiert wird hingegen neben der Aufgabe des Mindestharmonisierungskonzepts im Widerrufsrecht auch der Zeitpunkt der Überarbeitung der RL im Hinblick auf andere europäische Projekte (Gebauer/Wiedmann/Staudinger Kap 11; Busch GPR 08, 14 ff; Pfeiffer ZGS 07, 361; Schubert NZM 07, 669 f) sowie die vergleichsweise geringe Verlängerung der Widerrufsfrist (vgl zu den Argumenten Gaedtke VuR 08, 135; Schulte-Nölke/Twigg-Flesner/Ebers, EC Consumer Law Compendium, 264). Beachte auch den Vorschlag für eine RL über Rechte der Verbraucher als horizontales Instrument im Rahmen der Konsolidierung des Verbraucheracquis (KOM[08] 614 endg, aktuellste Version: Europäischer Rat 16933/10 vom 24.03.11. Am 23.6.11 stimmte das Europäische Parlament der RL zu, vgl Philipp EuZW 11, 534), durch welchen ursprünglich vier bereits geltende Richtlinien überarbeitet und in einem Rechtsinstrument zusammengeführt werden sollten (Haustürwiderrufs- 85/577/EWG, Klausel- 93/13/EWG, Fernabsatz- 97/77/EG und Verbrauchsgüterkauf-RL 99/44/EG). Mit der aktuellsten Überarbeitung des Vorschlags sind nur noch die Fernabsatz- und die Haustürwiderrufs-RLals Regelungsinhalte verblieben.

1a Die europarechtliche Herkunft der Transformationsnormen ist mittlerweile durch die Bekanntmachung des BGB vom 2.1.02 hinreichend kenntlich gemacht; zum „Zitiergebot": Schulze/Schulte-Nölke/Staudinger, Die Schuldrechtsreform vor dem Hintergrund des Gemeinschaftsrechts, 305 ff; dem folgend: BR-Drucks 338/01, 26; BT-Drucks 14/6857, 51. Angesichts ihres supranationalen Ursprungs sind die Vorschriften richtlinienkonform auszulegen (EuGH EWS 01, 329 ff m Anm Staudinger). Entscheidungserhebliche Zweifelsfragen bzgl der Interpretation der RL kann ein mitgliedstaatliches Gericht nach Art 267 AEUV (ex-Art 234 I EGV) dem EuGH vorlegen (zum Vorabentscheidungsverfahren: Gebauer/Wiedmann/Gebauer Kap 4 Rn 11). Für einen letztinstanzlichen Spruchkörper besteht diesbezüglich gem Art 267 III AEUV sogar eine Vorlagepflicht. Da Teilzeit-Wohnrechteverträge sowie die in den Art 481 a und b geregelten Verträge vielfach grenzüberschreitende Aspekte aufweisen, kommt dem **Internationalen Privat- und Zivilverfahrensrecht** eine überragende Bedeutung zu (s hierzu Gebauer/Wiedmann/Staudinger Kap 11) unter D. VI.; Ferrari/Staudinger Internationales Vertragsrecht, Art 46 c EGBGB sowie Rom I-VO; s ferner die Angaben bei § 483 Rn 6, § 484 Rn 12; Vor §§ 823–853 Rn 15 sowie die Kommentierung des EGBGB; zum IZVR s BGH NZM 08, 658; hierzu Leible/Müller NZW 09, 18 ff; OLG Brandenburg NZM 08, 660; OLG Saarbrücken NZM 07, 703; EuGH RIW 06, 58 = IPRax 06, 159; hierzu Hellwig EWS 11, 406 ff; Hüßtege IPRax 06, 124 ff; Mankowski NZM 07, 671 ff; beachte insoweit auch Rauscher, Europäisches Zivilprozessrecht; Schulze/Zuleeg/Kadelbach/Staudinger, Europarecht, Handbuch für die deutsche Rechtspraxis; zur Entwicklung im Spiegel des Europäischen Privatrechts s Basedow/Staudinger, Handwörterbuch des Europäischen Privatrechts, Teilzeitwohnrechteverträge). Auf Schuldverhältnisse, die vor dem 23.2.11 geschlossen wurden (abzustellen ist auf das formale Kriterium des Vertragsschlusses; ein Widerrufsrecht steht dem nicht entgg), sind gem Art 229 § 25 I EGBGB die §§ 481 bis 487 BGB in der bis zu diesem Tag geltenden Fassung anzuwenden. Auf die neu in das Gesetz aufgenommenen Rechtsgeschäfte iSd §§ 481 a, 481 b I, 481 b II, die vor dem 23.2.11 zustande gekommen sind, finden gem Art 229 § 25 II EGBGB die §§ 481 bis 487 BGB keine Anwendung. Für Verträge, die vor dem 1.1.02 geschlossen wurden, greift nach Art 229 § 5 S 1 EGBGB zunächst das **TzWrG**. Beachte jedoch die **intertemporale Regelung** in Art 229 § 5 S 2 EGBGB: Ein Vertrag über ein obligatorisches Nutzungsrecht ist als Dauerschuldverhältnis (LG Frankfurt aM VuR 98, 133) einzustufen, das erst mit der Zur-Verfügung-Stellung des Appartements im letzten Vertragsjahr erfüllt wird (OLG Düsseldorf VuR 00, 113; das Widerrufsrecht erlischt nicht mit Übergabe einer „Ferienbesitzurkunde" oder Eintragung des Verbrauchers in einer von der Genossenschaft geführten „Wohnregisterrolle": BGH NJW 97, 1070). Handelt es sich aber um ein Dauerschuldverhältnis (zum Begriff: Heß NJW 02, 256), so untersteht es mit dem Stichtag des 1.1.03 jedenfalls den Vorschriften der Schuldrechtsmodernisierung (vgl auch Staud/Löwisch, Art 229 § 5 EGBGB Rn 41). Eine entspr Regelung gilt für das Verhältnis von Verträgen, die vor dem Stichtag des 23.2.11 und ab diesem Tag geschlossen wurden aufgrund des Vollharmonisierungskonzepts der RL nicht. Vor diesem Datum zustande gekommene Rechtsgeschäfte unterliegen entspr Art 16 Unterabs 2 der RL mithin auch als Dauerschuldverhältnisse den §§ 481 ff aF. Das gilt ebenso im Hinblick auf die allgemeinen Bestimmungen zum Widerruf, sodass für „Altverträge" nach wie vor ein unendliches Widerrufsrechts gem § 355 IV 3 in Betracht kommen kann, während für Schuldverhältnisse, die nach dem 23.2.11 zur Anwendung gelangt sind, die speziellere Regelung des § 485 a II, III greift. Insoweit wird sowohl die sechsmonatige Kappungsgrenze als auch das unendliche Widerrufsrecht des § 355 IV verdrängt (vgl dazu die Kommentierung zu § 485 a, insb Rn 4 ff).

II. 1. Der **persönliche Anwendungsbereich** beschränkt sich auf Teilzeit-Wohnrechteverträge zwischen einem „Verbraucher" (§ 13) und „Unternehmer" (§ 14). Beim Verbraucherbegriff ist zu beachten, dass am 13.6.2014 das Gesetz zur Umsetzung der RL 11/83/EU – sog Verbraucherrechte-RL – und zur Änderung des Gesetzes zur Regelung der Wohnungsvermittlung in Kraft tritt (BR-Drs. 498/13). Dadurch erfährt der Begriff des Verbrauchers iSv § 13 eine Veränderung, derjenige des Unternehmers (§ 14) bleibt indes unberührt. Gem der Neufassung des § 13 ist folglich jede natürliche Person Verbraucher, die ein Rechtsgeschäft zu Zwecken abschließt, welche überwiegend weder ihrer gewerblichen noch ihrer selbstständig beruflichen Tätigkeit zuzurechnen sind. Der pers Anwendungsbereich der Teilzeit-Wohnrechteverträge wird somit erweitert. Vom persönlichen Regelungsbereich ausgenommen bleiben damit Rechtsgeschäfte zwischen zwei Gewerbetreibenden sowie reine Privatgeschäfte unter Verbrauchern (dem Verbraucherbegriff in § 13 unterfällt auch eine BGB-Gesellschaft, die hins des Vertragsschlusses zu einem nicht-kommerziellen Zweck handelt; dem steht die beschränkte Rechtsfähigkeit der GbR nicht entgg: BGHZ 149, 83; vgl auch Staud/Martinek § 481 Rn 23; nicht indes eine juristische Person, vgl zur Klausel-RL: EuGH NJW 02, 205; zum Problemkreis Bülow/Artz/Artz Handbuch Verbraucherprivatrecht, S 23 ff; Staudinger DnotZ 02, 170). Auf den Abschluss eines Vertrages iSd Abs 1 finden § **1357** und § 8 II LpartG keine Anwendung (zur Schlüsselgewalt: Ch. Berger FamRZ 05, 1129; Harke FamRZ 06, 88). Der Qualifikation als Geschäft zur angemessenen Deckung des Lebensbedarfes stehen regelmäßig die Vertragsdauer von mind einem Jahr sowie der Nutzungszweck als Ferienimmobilie entgg. Aus einem Timesharingvertrag wird mithin nur der handelnde Ehegatte bzw Lebenspartner berechtigt und verpflichtet. Ihm allein ggü müssen die Formvorgaben und Informationspflichten erfüllt werden. Etwas anderes gilt, wenn die Ehegatten bzw Lebenspartner gemeinsam als Interessenten den Unternehmer aufsuchen (s § 483 Rn 2) und einen Vertrag schließen.

2. a) Der sachliche Anwendungsbereich ist bewusst „weit gefasst, um möglichst alle Varianten von Time-share-Produkten zu erfassen" (BT-Drucks 13/4185, 10). Nach Wortlaut, Sinn und Zweck des Abs 1 sowie entspr dem Richtlinientext (vgl Art 6 II RL, wonach die Widerrufsfrist ab dem Tag des Abschlusses des Vertrags oder verbindlichen Vorvertrags bzw ab dem Tag zu laufen beginnt, an dem der Verbraucher den Vertrag oder verbindlichen Vorvertrag erhält) werden auch Vorverträge einbezogen. Das Teilzeit-Wohnrecht muss nach **Abs 1 S 1** gegen **Zahlung eines Preises gewährt werden, der die gesamte Nutzungsdauer** abdeckt. Vertragsgestaltungen, bei denen der Verbraucher eine Ferienwohnung jährlich wiederkehrend belegt, allerdings jeweils allein für einen konkreten Nutzungszeitraum zahlt, scheiden tatbestandlich aus (BT-Drucks 13/4185, 10). Die **Mindestdauer** des Vertrages beträgt nunmehr **ein Jahr** (vgl. zum Erfordernis einer 3-jährigen Mindestlaufzeit in § 481 I 1 aF: OLG Karlsruhe VuR 01, 382). Nach Abs 1 S 1 wird „**jedes periodisch wiederkehrende Nutzungsrecht erfasst**" (BT-Drucks 13/4185, 10). Klarstellend weist der Gesetzgeber in **Abs 2 S 1** darauf hin, dass das Teilzeit-Wohnrecht dinglich – etwa als Miteigentum oder Dauernutzungsrecht iSd § 31 WEG – ausgestaltet (hierzu Tonner/Tonner WM 98, 313 ff) oder ein „anderes Recht" sein kann. In Betracht kommt ein schuldrechtlicher Anspruch, der auch aus „der Mitgliedschaft in einem Verein oder einem Anteil an einer Gesellschaft (zB Hapimag-Aktie) oder Genossenschaft" resultieren kann (BT-Drucks 17/2764, 16; BT-Drucks 13/4185). Dies deckt sich mit den Richtlinienvorgaben, da sämtliche schuldvertrags-, eigentums- sowie gesellschaftsrechtliche Modelle dem Sekundärrechtsakt unterfallen (so zur RL alter Fassung Staud/Martinek § 481 Rn 2; anders Krohn/Schäfer WM 00, 112, 123; zum Vorrang der Grundsätze über den fehlerhaften Gesellschaftsbeitritt zu § 3 HWiG s bejahend BGH WM 01, 1465; zust Edelmann DB 01, 2436 f; Louven BB 01, 1808 f; abw OLG Rostock WM 01, 1415, zur Anwendung der

Grundsätze der fehlerhaften Gesellschaft im Hinblick auf das europäische Gemeinschaftsrecht s die Entscheidung des EuGH NJW 10, 1511 ff sowie das im Nachgang erlassene Urt des BGH NJW 10, 3096; zur Vorlagefrage vgl BGH DStR 08, 1100 m Anm Goette; Oechsler NJW 08 2471 ff; K-R Wagner NZG 08, 447 ff; zur Anwendung der Haustürwiderrufs-RL bei Widerruf eines Beitritts zum geschlossenen Immobilienfonds s auch von Weschpfennig BKR 09, 99 ff; Hammen WM 08, 233 ff; s ferner EuGH DB 01, 2710; zu diesem Problemkreis OLG Jena ZIP 03, 1444; Althammer BKR 03, 280 ff; Lenenbach WM 04, 501 ff; BGH NJW-RR 05, 1217; BGH NJW 06, 1788; beachte ebenfalls Schubent WM 06, 1328 ff; zur Anwendung österreichischen Rechts auf Ferienwohnrechte in einer österreichischen Hotelanlage s OLG Brandenburg Urt v 30.11.2011 – Az 3 U 84/07; beachte in diesem Zusammenhang Hau GPR 11, 303 f zum mitgliedschaftlich organisierten Timesharing).

4 b) Das Nutzungsrecht braucht sich gem Abs 2 S 2 nicht auf ein „bestimmtes" Wohngebäude zu beziehen. Erfasst wird auch das „flexible" Timesharing, bei dem das Teilzeit-Wohnrecht aus einem Bestand von verschiedenen Wohnobjekten ausgewählt wird.

5 c) Nach Abs 3 Halbs 1 genügt es, wenn sich das Nutzungsrecht auf einen Teil eines Wohngebäudes (Zimmer, Appartement, Ferienwohnung) beschränkt. Durch den neu eingefügten Abs 3 Halbs 2 wird der Anwendungsbereich der §§ 481-487 gleichermaßen auf Wohnrechte an beweglichen Übernachtungsunterkünften (Hausboote, Wohnmobile, Kabinen auf Kreuzfahrtschiffen) erstreckt.

§ 481 a Vertrag über ein langfristiges Urlaubsprodukt

¹Ein Vertrag über ein langfristiges Urlaubsprodukt ist ein Vertrag für die Dauer von mehr als einem Jahr, durch den ein Unternehmer einem Verbraucher gegen Zahlung eines Gesamtpreises das Recht verschafft oder zu verschaffen verspricht, Preisnachlässe oder sonstige Vergünstigungen in Bezug auf eine Unterkunft zu erwerben. ²§ 481 Absatz 1 Satz 2 gilt entsprechend.

1 I. Durch die RL 08/122/EG erfährt der Anwendungsbereich bezüglich von Teilzeit-Wohnrechten ggü der RL 94/47/EG eine Erweiterung und es werden erstmals auch Verträge über langfristige Urlaubsprodukte, Vermittlungs- und Tauschsystemverträge (dazu s § 481 b) erfasst, was zu einer Verbesserung des Verbraucherschutzes führt. Grund für diese Erweiterung ist die Tatsache, dass sich der Markt für Timesharing-Produkte flexibel entwickelt hat und nach immer neuen Ausweichmodellen gesucht wurde, um die Eröffnung des Anwendungsbereichs der RL bzw der sie umsetzenden Vorschriften zu vermeiden (vgl Erwägungsgrund 1 der RL; so auch Franzen NZM 11, 219; vgl ebenfalls die Ausführungen zum Kollisionsrecht des Timesharings nach der RL 2008/122/EG bei Leible/Leitner IPRax 13, 37 ff).

2 II. 1. Von § 481 a erfasst werden Verträge, deren Hauptzweck es ist, dem Verbraucher gegen Zahlung eines bestimmten Entgelts für einen bestimmten Zeitraum den Zugriff auf besonders günstige Reiseangebote zu ermöglichen (etwa in Form einer Mitgliedschaft in einem Reise-Rabatt-Club), wobei alle Arten von Leistungen mit Bezug auf eine Unterkunft einbezogen sind (BT-Drucks 17/2764, 16). Zu beachten ist, dass Hauptzweck des Vertrages die Gewährung von Preisnachlässen und sonstigen Vergünstigungen sein muss, weshalb herkömmliche Treueprogramme für Hotelkunden oder Mitglieder von Automobilclubs, welche Rabatte auf Reiseleistungen gewähren idR nicht unter den § 481 a fallen (BT-Drucks 17/2764, 16; Franzen NZM 11, 217, 219; Martinek in: FS Wolf, 100). Die Gegenleistung des Verbrauches für die Einräumung des Rechts auf Vergünstigungen besteht in der Zahlung eines Gesamtpreises, mit der folglich noch nicht die eigentliche Sachleistung abgegolten ist. Diese hat der Verbraucher gesondert zu vergüten (vgl auch Franzen NZM 11, 217, 219).

3 2. Abs 1 S 2 macht deutlich, dass auch Verträge mit Laufzeiten von weniger als einem Jahr erfasst werden, soweit diese Verlängerungsmöglichkeiten vorsehen.

§ 481 b Vermittlungsvertrag, Tauschsystemvertrag

(1) Ein Vermittlungsvertrag ist ein Vertrag, durch den sich ein Unternehmer von einem Verbraucher ein Entgelt versprechen lässt für den Nachweis der Gelegenheit zum Abschluss eines Vertrags oder für die Vermittlung eines Vertrags, durch den die Rechte des Verbrauchers aus einem Teilzeit-Wohnrechtevertrag oder einem Vertrag über ein langfristiges Urlaubsprodukt erworben oder veräußert werden sollen.
(2) Ein Tauschsystemvertrag ist ein Vertrag, durch den sich ein Unternehmer von einem Verbraucher ein Entgelt versprechen lässt für den Nachweis der Gelegenheit zum Abschluss eines Vertrags oder für die Vermittlung eines Vertrags, durch den einzelne Rechte des Verbrauchers aus einem Teilzeit-Wohnrechtevertrag oder einem Vertrag über ein langfristiges Urlaubsprodukt getauscht oder auf andere Weise erworben oder veräußert werden sollen.

I. Die Einführung der Regelungen über Vermittlungsverträge iSd **Abs 1** (in der RL als 1 „Wiederverkaufsvertrag" bezeichnet, Art 2 I lit c) ist den Fällen geschuldet, in denen der Erwerber sein erworbenes Teilzeitnutzungsrecht oder seine Rechte aus einem Rechtsgeschäft über ein langfristiges Urlaubsprodukt wieder veräußern möchte. Nimmt er bei der Suche nach einem Käufer die Hilfe eines Unternehmers in Anspruch, dem es in der Regel leichter fällt, Interessenten zu finden, und vermittelt dieser ihm die Möglichkeit zum Abschluss eines entspr Schuldverhältnisses, ist der Abs 1 einschlägig. Laut Gesetzesbegründung handelt es sich bei dem Vermittlungsvertrag um einen Unterfall des Mäklervertrags iSv §§ 652 ff. (BT-Drucks 17/2764, 16; nähere Ausführungen finden sich bei Franzen NZM 11, 217, 221). Ein Vermittlungsvertrag liegt vor, wenn ein Unternehmer für einen Verbraucher handelt. Der letztendliche Käufer oder Verkäufer kann aber Verbraucher sein. Sachlich werden sowohl der An- als auch der Weiterverkauf eines Rechts aus einem Teilzeit-Wohnrechtevertrag oder aus einem Vertrag über ein langfristiges Urlaubsprodukt erfasst (vgl hierzu Leible/Leitner IPRax 13, 37, 39).

II. Der Tauschsystemvertrag (in der RL als „Tauschvertrag" bezeichnet, Art 2 Abs 1 2 lit d; vgl hierzu Leible/Leitner IPRax 13, 37, 39) ist ein Rechtsgeschäft, in dem sich der Unternehmer verpflichtet, einen Tausch von Rechten aus einem Teilzeitwohnrechtevertrag oder einem Vertrag über ein langfristiges Urlaubsprodukt zu vermitteln. Er erfasst ua Schuldverhältnisse, bei denen dem Verbraucher gegen Zahlung eines bestimmten Entgelts der Zugang zu einem Tauschpool eingeräumt wird, in dem ihm die Möglichkeit eröffnet wird, sein Teilzeitnutzungsrecht mit einem anderen zu tauschen. Der Verbraucher bietet in diesen Fällen die vorübergehende Nutzung seines Teilzeit-Wohnrechts durch einen Dritten an und im Gegenzug dazu wird er berechtigt, eine – nicht notwendigerweise von diesem Dritten zur Verfügung gestellte – Übernachtungsunterkunft oder andere Leistung zu nutzen (BT-Drucks 17/2764; Martinek in: FS Wolf, 91, 102). Der spätere Vertragsschluss über das tatsächliche Nutzungsrecht an einem bestimmten anderen Objekt unterfällt dem § 481 b II jedoch nicht (vgl Franzen NZM 11, 217, 222; s dazu auch Horst MDR 12, 264).

§ 482 Vorvertragliche Informationen, Werbung und Verbot des Verkaufs als Geldanlage

(1) ¹Der Unternehmer hat dem Verbraucher rechtzeitig vor Abgabe von dessen Vertragserklärung zum Abschluss eines Teilzeit-Wohnrechtevertrags, eines Vertrags über ein langfristiges Urlaubsprodukt, eines Vermittlungsvertrags oder eines Tauschsystemvertrags vorvertragliche Informationen nach Artikel 242 § 1 des Einführungsgesetzes zum Bürgerlichen Gesetzbuche in Textform zur Verfügung zu stellen. ²Diese müssen klar und verständlich sein.
(2) ¹In jeder Werbung für solche Verträge ist anzugeben, dass vorvertragliche Informationen erhältlich sind und wo diese angefordert werden können. ²Der Unternehmer hat bei der Einladung zu Werbe- oder Verkaufsveranstaltungen deutlich auf den gewerbli-

§ 482

chen Charakter der Veranstaltung hinzuweisen. ³Dem Verbraucher sind auf solchen Veranstaltungen die vorvertraglichen Informationen jederzeit zugänglich zu machen.
(3) Ein Teilzeit-Wohnrecht oder ein Recht aus einem Vertrag über ein langfristiges Urlaubsprodukt darf nicht als Geldanlage beworben oder verkauft werden.

1 I. Dem Unternehmer obliegen nach § 482 (s auch § 483 I 3) **vorvertragliche Informationspflichten** (dazu s auch Staud/Gsell, Eckpfeiler Rn 12, 13; Franzen NZM 11, 217, 222; krit hierzu Wendlandt VuR 04, 117 ff). Dieses Erfordernis geht auf Art 4 RL zurück. Werbeanzeigen in Zeitungen oder Zeitschriften müssen zwar nicht den Informationspflichten nach Art 242 § 1 EGBGB entsprechen (noch zur BGB-InfoV s LG Frankfurt aM RRa 07, 238), jedoch bedarf es eines Hinweises darauf, dass vorvertragliche Informationen erhältlich sind und wo diese angefordert werden können (Abs 2 S 1). Zu den einzelnen Sanktionen bei Informationspflichtverletzungen s § 485 a.

2 II. 1. Nach **Abs 1 S 1** muss der Unternehmer **jedem Verbraucher** vor Vertragsschluss vorvertragliche Informationen gem Art 242 § 1 EGBGB zur Verfügung stellen [vgl Kommissionsbericht, COD (07) 303 endg, S 11: Laut Kommission entspricht Art 4 I RL im Wesentlichen dem Inhalt der RL 94/47/EG. Demnach hat die im Kommissionsbericht (SEC [99] 1795 final) geäußerte Ansicht, dass die Informationspflichten der Information der Verbraucher und nicht der Konkurrenz dienen, so dass als „Interessent" ein Wettbewerber ausscheide, nach wie vor Bedeutung; Abweichendes gilt aber wohl für einen Verbraucherschutzverein bzw eine „qualifizierte Einrichtung" iSd § 3 I Nr 1, § 4 UKlaG.]. Die Informationen sind dem Verbraucher in Textform zur Verfügung zu stellen. Dies muss nicht mehr notwendigerweise anhand eines zusammenhängenden Druckwerks in einem Prospekt (der in den alten Timesharing-Regelungen enthaltene „Prospektzwang" wurde aufgehoben), sondern kann auch durch Aushändigung eines Datenträgers, wie etwa einer CD-ROM, geschehen (BT-Drucks, 17/2764, 17; zum Ausschluss von Online-Prospekten s Staud/Martinek § 482 Rn 3). Seiner Belehrungspflicht hat der Unternehmer nachzukommen, indem er dem Verbraucher die die entspr Informationen konkretisierenden Formblätter aus den Anhängen der RL zugänglich macht. Im Gegensatz zu den Vorgaben in Art 3 der RL 94/47/EG müssen diese Ausführungen nicht nur dem interessierten Kunden, der Unterrichtung über die Immobilie wünscht, zur Verfügung gestellt werden, sondern jeder Verbraucher ist vor Vertragsschluss zu informieren. Anders als in § 482 aF, der weder nach seinem Wortlaut noch Sinn und Zweck voraussetzte, dass zwischen Prospektübergabe als vorvertragliche Information und Vertragsschluss eine gewisse Zeitraum iS einer „cooling-off" Periode lag (so von Schwaller, 46 f; für eine Bedenkzeit aber Drasdo § 2 Rn 6; Staud/Martinek § 482 Rn 8 f; Tonner Rn 187), kommt nunmehr eindeutig zum Ausdruck, dass die Informationen „rechtzeitig" vor Abgabe der Vertragserklärung durch den Verbraucher erfolgen müssen. Das bedeutet, dass der Verbraucher ausreichend Zeit gehabt haben muss, den Inhalt der Informationsmaterialien mit der notwendigen Gründlichkeit zu studieren (BT-Drucks 17/2764, 17; aA Martinek in: FS Wolf, 104). Diese Vorgabe ist der Komplexität und Fülle der Informationen bei solchen Verträgen geschuldet. Zur Sprache, in der die vorvertr Informationen zu erbringen sind s § 483 I a.

3 2. Die Formblätter in den Anhängen der RL legen die Mindestangaben fest, die dem Verbraucher zur Verfügung gestellt werden müssen (zu etwaigen Sanktionen s § 485 a). Die Angaben in Anhang I der RL gelten danach für Teilzeit-Wohnrechteverträge, diejenigen in Anhang II für Verträge über langfristige Urlaubsprodukte, in Anhang III bei Vermittlungs- und in Anhang IV für Tauschsystemverträge. Die Formblätter sind jeweils in 3 Abschnitte aufgeteilt. Der erste Teil enthält Informationen über die Vertragsparteien, das Produkt, die Vertragsdauer und den Preis, während der folgende Abschnitt mit den Angaben zu Widerrufsrecht, -frist und Anzahlungsverbot befasst. Schließlich sieht der letzte Abs Informationen vor, auf welche der Verbraucher zwar Anspruch hat, die jedoch nicht explizit im Vertrag aufgeführt werden müssen. Sie können auch in einer allgemeinen Broschüre enthalten sein, auf die jedoch der Unternehmer im Formblatt unter der genauen Angabe der Fundstelle hinzuweisen hat (vgl auch Franzen NZM 11, 217, 222). Gemäß **Teil 1, Rubrik 1** aller Formblätter ist der Ver-

braucher vor Vertragsschluss über Identität, Wohnsitz und Rechtsstellung des oder der Gewerbetreibenden, welche(r) Vertragspartei(en) sein wird bzw sein werden, zu informieren (dieses Erfordernis entspricht dem § 2 I Nr 1 BGB-InfoV aF). Bei Gesellschaften, Vereinen und juristischen Personen müssen demnach Firma, Sitz und Name des gesetzlichen Vertreters angegeben werden. Anzuführen ist – soweit nicht identisch – neben dem in der Satzung festgelegten auch der Verwaltungssitz. Dies soll dem Verbraucher die Rechtsverfolgung im Klagewege erleichtern. Zudem trägt die hier vertretene Auslegung auch der Entwicklung auf europäischer Ebene Rechnung. Nach der Legaldefinition in Art 60 I Brüssel I-VO (ABl. EG 01 Nr L 12, 13) kann der Kläger – sofern nicht Art 22 Nr 2 eingreift – wählen, ob er die Gesellschaft an ihrem satzungsmäßigen Sitz, ihrer Hauptverwaltung oder ihrer -niederlassung verklagt (vgl zum mitgliedschaftlich organisierten Timesharing und der ausschließlichen internationalen Zuständigkeit Hau GPR 11, 303 f). Entspr der **Rubrik 2** im Teil 1 der einzelnen Formblätter ist eine „**kurze Beschreibung**" des Produkts (zB der Immobilie) bzw. der Dienstleistung bei Vermittlungsverträgen erforderlich aufgrund europäischer Formulierung in § 482 II aF und § 2 I Nr 4 BGB-InfoV aF). Diesbezüglich befürworten Teile der Literatur eine Analogie zur Makler- und Bauträger-VO (Drasdo § 2 Rn 11) von Reiseveranstaltern (Hildenbrand/Kappus/Mäsch/Kappus § 2 Rn 14). Die genannten Rechtsquellen bieten allerdings nur einen ersten Anhaltspunkt. Im Ergebnis erscheint daher eine auf das Timesharing zugeschnittene Kumulierung der Angaben vorzugswürdig (vgl Kappus in: FS Merle, 197). **Teil 1, Rubrik 3** erfordert – abgesehen von den Vermittlungsverträgen – eine zutreffende tatsächliche Beschreibung sowie juristische Definition von Art und Inhalt des Rechts bzw der Rechte (Hildenbrand/Kappus/Mäsch/Hildenbrand § 4 Rn 10; vgl BGHZ 130, 154), was § 2 I Nr 2 BGB-InfoV aF entspricht. Man muss wohl davon ausgehen, dass dies einen Hinweis an den Verbraucher einschließt, wenn dieser kein Eigentum oder dingliches Wohn-/Nutzungsrecht erwirbt (wie es noch in § 2 I Nr 3 BGB-InfoV aF ausdrücklich vorgeschrieben war). Vor allem bei Treuhandkonstruktionen besteht die Gefahr, dass dem Verbraucher mit Hilfe des Begriffs „Dauerwohnrecht gem § 31 WEG" suggeriert wird, eine dingliche Rechtsposition zu erhalten (BT-Drucks 13/5865, 2, 4). Ebenso ist ein Hinweis auf die bloße Stellung als Miteigentümer geboten (Palandt/Weidenkaff, 69 Aufl 10, § 2 BGB-InfoV Rn 3). In den **Rubriken 4 und 5** (bzw. in der Rubrik 3 des Anhangs III) wird bestimmt, dass der Verbraucher über den genauen Zeitraum zu informieren ist, in dem das im Vertrag vorgesehene Recht ausgeübt werden kann, sowie ggfs seine Geltungsdauer (in der Rubrik 3 des Anhangs III wird von „Vertragslaufzeit" gesprochen) und den Zeitpunkt, ab dem er dieses Recht wahrnehmen kann. Bei Teilzeitwohnrechte-Verträgen über eine im Bau befindliche Immobilie ist außerdem ein Hinweis auf den Zeitpunkt erforderlich, ab dem die Unterkunft und die Versorgungsleistungen/Einrichtungen fertig gestellt/verfügbar sind (vgl Anhang I, Teil 1, **Rubrik 6**). **Anhang I, Teil 3, Nr 3 Spiegelstrich 4** verpflichtet den Unternehmer außerdem dazu, dem Verbraucher eine Garantie für die Fertigstellung der Unterkunft bzw die Rückzahlung aller getätigten Zahlungen für den Fall zu gewähren, dass die Unterkunft nicht fertiggestellt wird. Des Weiteren sind ggfs die Bedingungen für die Anwendung solcher Garantien anzugeben Die noch in § 2 I Nr 5 lit d BGB-InfoV vorgesehene Pflicht, den Verbraucher über bestehende Sicherheiten zu informieren, wurde in die Formblätter nicht aufgenommen. Aus diesem Grund stellen sich für ab dem 23.2.11 geschlossene Verträge die folgenden – vormals zweifelhaften – Fragen nicht mehr: zum einen die Problematik, ob auch eine Negativangabe vorgeschrieben wird und zum anderen, ob sich aus dieser Vorschrift gar eine Pflicht für den Unternehmer ergibt, etwaige Sicherheiten (Bankbürgschaften oder Versicherungen) zugunsten des Verbrauchers zu bestellen (abl Drasdo § 4 Rn 18; bejahend Hildenbrand/Kappus/Mäsch/Hildenbrand § 4 Rn 24; Tonner Rn 204). In den vorvertraglichen Informationen ebenfalls anzugeben sind der Gesamtpreis, den der Verbraucher für den Erwerb des Rechts (der Rechte) bzw der Dienstleistung bei Vermittlungsverträgen und für die Mitgliedschaft im Tauschsystemvertrag zu zahlen hat und uU zusätzliche obligatorische Kosten, die nach dem Vertrag zu übernehmen sind, wie etwa jährlich anfallende Gebühren, lokale Steuern oder sonstige wiederkehrende Gebühren (Anhang I, Teil 1,

Rubrik 7 u 8; Anhang II, Teil 1, Rubrik 6 u 9; Anhang III, Teil 1, Rubrik 4 u 5; Anhang 4, Teil 1, Rubrik 6 u 7). **Anhang I, Teil 3, Nr 4 Spiegelstrich 1** bestimmt, dass eine genaue und angemessene Beschreibung **sämtlicher** Kosten zu erfolgen hat, sodass sich eine pauschale Angabe der laufenden Kosten verbietet (so auch § 2 I Nr 9 Halbs 2 BGB-InfoV; dazu Hildenbrand/Kappus/Mäsch/Hildenbrand § 4 Rn 38; von Schwaller, 69 ff). Bei Teilzeitnutzungsverträgen, Verträgen über langfristige Urlaubsprodukte und Tauschsystemverträgen hat weiterhin eine Unterrichtung über die dem Verbraucher zur Verfügung gestellten Einrichtungen und Leistungen zu erfolgen. In diesem Zusammenhang ist der Kunde auch darüber zu informieren, ob die in Rede stehenden Einrichtungen und Leistungen in den anderen anzugebenden Kosten enthalten sind. Falls dies nicht der Fall ist, muss er über die Positionen in Kenntnis gesetzt werden, für die gesondert zu bezahlen ist (Anhang I u II, Teil 1, Rubrik 9-12, Anhang IV, Teil 1, Rubrik 8-10). Die vorvertraglichen Informationen bzgl von Teilzeitnutzungsverträgen müssen zudem Angaben dazu beinhalten, ob die Möglichkeit besteht, einem Tauschsystemvertrag beizutreten und für diesen Fall den Namen des Tauschsystems sowie die Kosten der Mitgliedschaft (Anhang I, Teil 1, Rubrik 13-15). Bei Verträgen über langfristige Urlaubsprodukte ist dem Verbraucher vor Vertragsschluss ein Ratenzahlungsplan mit gleichen Ratenbeträgen pro Jahr der Vertragsdauer vorzulegen. Dieser muss die Zeitpunkte ausweisen, zu denen die jeweiligen Teilzahlungen fällig werden. Der Kunde ist weiterhin darüber zu informieren, dass nach dem ersten Jahr die noch ausstehenden Beträge angepasst werden können, um sicherzustellen, dass der reale Wert dieser Raten beibehalten wird (zB um der Inflation Rechnung zu tragen). Schließlich ist bei allen Vertragsarten anzugeben, ob der Gewerbetreibende einen Verhaltenskodex (-kodizes) unterschrieben hat und, wenn dem so ist, wo diese(r) zu erhalten ist/sind (Anhänge I-IV, jeweils Teil 1, letzte Rubrik). Ziel dieser Angaben ist es, dem Verbraucher eine möglichst genaue Vorstellung von der Beschaffenheit des Wohngebäudes, den auf der Veräußererseite beteiligten Personen, der Ausgestaltung seines Nutzungsrechts, dem Preis und den laufenden Kosten sowie weiterer wichtiger Einzelheiten zu geben (BT-Drucks 13/4185, 11 f). **Art 242 § 2 EGBGB** verpflichtet den Unternehmer außerdem dazu, den Verbraucher bereits vor Vertragsschluss (dh in den vorvertraglichen Informationen) umfassend über sein Widerrufsrecht zu belehren.

4 3. a) Nach **Abs 2 S 1** ist der Unternehmer verpflichtet, in seiner Werbung anzugeben, dass vorvertragliche Informationen erhältlich sind und wo der Verbraucher diese anfordern kann.

5 b) Mit der in **Abs 2 S 2** aufgestellten Anforderung, dass der Unternehmer bei der Einladung zu Werbe- und Verkaufsveranstaltungen deutlich auf den gewerblichen Charakter der Leistung hinzuweisen hat, soll laut Gesetzesbegründung die verbreitete Praxis unterbunden werden, Teilzeit-Wohnrechteverträge und ähnliche Produkte „auf festartigen Veranstaltungen zu vermarkten, bei denen der Verbraucher bewusst in eine entspannte, unkritische Stimmung versetzt wird" (BT-Drucks 17/2764, 17).

6 c) Abs 2 S 3 stellt sicher, dass der Verbraucher bei entspr Verkaufsveranstaltungen jederzeit mit den Informationen versorgt werden kann, die er wünscht.

7 4. Abs 3 dient dazu, den Verbraucher nicht in der irrigen Erwartung von Gewinnerzielungen zu einem Vertragsabschluss zu verleiten.

§ 482 a Widerrufsbelehrung

¹Der Unternehmer muss den Verbraucher vor Vertragsschluss in Textform auf das Widerrufsrecht einschließlich der Widerrufsfrist sowie auf das Anzahlungsverbot nach § 486 hinweisen. ²Der Erhalt der entsprechenden Vertragsbestimmungen ist vom Verbraucher schriftlich zu bestätigen. ³Die Einzelheiten sind in Artikel 242 § 2 des Einführungsgesetzes zum Bürgerlichen Gesetzbuche geregelt.

1 1. Entspr dieser Vorschrift hat der Unternehmer den Verbraucher vor Vertragsschluss über das diesem durch § 485 eingeräumte Widerrufsrecht, die Widerrufsfrist und das Anzahlungsverbot während der Frist zu belehren. Die Belehrung hat in Textform zu er-

folgen und ist in der Sprache des Vertrags abzufassen (§ 483 I 3). Nähere Angaben zum Inhalt der Belehrung finden sich in Art 242 § 2 EGBGB, welcher auf das Formblatt in Anh 5 der RL verweist. Dieses enthält die notwendigen Informationen zum Bestehen des Widerrufsrechts, zur -frist, dem -gegner, zur Art und Weise der Ausübung sowie zu den Widerrufsfolgen. Außerdem schließt es einen Hinweis auf das Anzahlungsverbot ein. Zu den Folgen der fehlerhaften oder der Nichtbelehrung s § 485 a III.

2. Durch das in S 2 zum Ausdruck gebrachte Erfordernis der Bestätigung des Erhalts der Belehrung durch den Verbraucher wird sichergestellt, dass dieser die Informationen tatsächlich zur Kenntnis nehmen konnte. Gleichzeitig erleichtert es dem Unternehmer den Nachweis über die ordnungsgemäße Belehrung.

§ 483 Sprache des Vertrags und der vorvertraglichen Informationen

(1) ¹Der Teilzeit-Wohnrechtevertrag, der Vertrag über ein langfristiges Urlaubsprodukt, der Vermittlungsvertrag oder der Tauschsystemvertrag ist in der Amtssprache oder, wenn es dort mehrere Amtssprachen gibt, in der vom Verbraucher gewählten Amtssprache des Mitgliedstaats der Europäischen Union oder des Vertragsstaats des Abkommens über den Europäischen Wirtschaftsraum abzufassen, in dem der Verbraucher seinen Wohnsitz hat. ²Ist der Verbraucher Angehöriger eines anderen Mitgliedstaats, so kann er statt der Sprache seines Wohnsitzstaats auch die oder eine der Amtssprachen des Staats, dem er angehört, wählen. ³Die Sätze 1 und 2 gelten auch für die vorvertraglichen Informationen und für die Widerrufsbelehrung.

(2) Ist der Vertrag von einem deutschen Notar zu beurkunden, so gelten die §§ 5 und 16 des Beurkundungsgesetzes mit der Maßgabe, dass dem Verbraucher eine beglaubigte Übersetzung des Vertrags in der von ihm nach Absatz 1 gewählten Sprache auszuhändigen ist.

(3) Verträge, die Absatz 1 Satz 1 und 2 oder Absatz 2 nicht entsprechen, sind nichtig.

I. **Abs 1 S 1 und 2** bestimmt, in welcher Sprache der Vertrag abgefasst werden muss. Die Vorgaben gelten nach **Abs 1 S 3** ebenso für die vorvertraglichen Informationen und die Widerrufsbelehrung (zur Kritik an den fehlenden Vorgaben für eine Kommunikations- und Abwicklungssprache s Staud/Martinek § 483 Rn 3, 6 – zwar beziehen sich die Ausführungen noch auf die alte Fassung von Gesetz und RL, jedoch hat sich durch die Reform diesbezüglich nichts geändert).

II. 1. a) Der Vertrag ist nach **Abs 1 S 1** in der Sprache desjenigen EU- bzw EWR-Staates auszuhändigen, in dem der Verbraucher seinen Wohnsitz hat. Bei Staaten mit mehreren Amtssprachen steht ihm die Wahl zwischen diesen zu. Soweit der Verbraucher die Staatsangehörigkeit eines anderen Mitgliedstaates besitzt, kann er gem **Abs 1 S 2** die Abfassung in der Sprache seines Heimatstaates wählen (die noch in der Voraufl geäußerte Ansicht, dass im Hinblick auf EWR-Staaten von einem Redaktionsversehen auszugehen ist, kann wohl aufgrund der Beibehaltung des Wortlauts des § 483 I 2 nicht mehr aufrechterhalten werden). Ein in Südtirol wohnender belgischer Staatsangehöriger kann etwa verlangen, dass ihm die vorvertraglichen Informationen, sowie der Vertrag wahlweise in italienischer, deutscher, französischer oder flämischer Sprache ausgehändigt werden. Dem Doppel- oder Mehrstaater steht ein Wahlrecht bzgl jeder EU-Staatsangehörigkeit zu. Sind auf Erwerberseite mehrere Personen – etwa Ehegatten oder Lebenspartner – beteiligt, hat jeder von ihnen die Wahl zwischen der Sprache des jeweiligen Wohnsitz- oder Heimatstaats. Dem Unternehmer obliegt nach den Gesetzesmotiven (BT-Drucks 13/4185, 10 f, zwar zu den Umsetzungsvorschriften bzgl der RL 94/47/EG, jedoch ist der § 483 I auch nach dem am 23.2.11 in Kraft getretenen Modernisierungsgesetz bis auf die Ergänzung um die neuen Vertragstypen unverändert geblieben) die Pflicht, den Verbraucher über sein Wahlrecht zu informieren (abw Hildenbrand/Kappus/Mäsch/Kappus § 2 Rn 11).

b) Ein Verstoß gegen Abs 1 S 1 und 2 führt nach **Abs 3** zur **Nichtigkeit der in Abs 1 aufgeführten Verträge**. Angesichts der einseitigen Schutzausrichtung zugunsten des Verbrauchers kann im Einzelfall eine Korrektur der Nichtigkeitsfolge gem § 242 in Betracht kommen, wenn der Verbraucher am Vertrag festhalten will und sich der Unternehmer in missbräuchlicher Weise auf den Formmangel beruft (krit zur Sanktion auch Kaufhold DNotZ 98, 267; Grabitz/Hilf/Martinek Sekundärrecht A 13 Art 4 Rn 138; abw von Schwaller, 95). Zum späteren Beginn der Widerrufsfrist als Sanktion bei Verstoß gegen die Sprachenregelung s § 485 a II 1.

4 **2. a) Abs 2** enthält bzgl der Vertragssprache eine Sonderregel für diejenigen Verträge, welche der notariellen Beurkundung bedürfen. Nach § 5 I BeurkG ist der Vertrag in deutscher Sprache zu beurkunden. Auf Verlangen einer Partei kann der Notar jene auch in einer anderen Sprache vornehmen, wenn er ihrer hinreichend kundig ist (§ 5 II BeurkG). Nach Abs 2 ist dem Verbraucher eine beglaubigte Übersetzung des Vertrages in einer der in Abs 1 genannten, von ihm zu wählenden Sprache auszuhändigen. Für die Niederschrift ist § 16 BeurkG zu beachten.

5 **b)** Jeder Verstoß gegen die Vorgaben in Abs 2 – sei es die fehlende Übersetzung des Vertrages oder eine Missachtung der §§ 5 oder 16 BeurkG – bedingt nach **Abs 3** zwingend die Nichtigkeit des Vertrages.

6 **III. IPR:** Zur Qualifikation der Frage der Vertragssprache im vorliegenden Kontext, welche weniger kulturellen Besonderheiten Rechnung tragen soll, sondern im weitesten Sinne Formzwecke verfolgt, als Ausschnitt des Formstatuts und zu ihrer Anknüpfung s Rauscher/v Hein Art 11 Rom I-VO Rn 11; MK/Spellenberg Art 10 Rom I-VO Rn 35; PWW/Mörsdorf-Schulte Art 11 EGBGB Rn 5; Reithmann/Martiny/Reithmann Rn 742; Staud/Martinek § 484 Rn 10; Freitag IPRax 99, 142 ff; Downes/Heiss ZVglRWiss (98) 99, 41; Czernich/Heiss/Heiss, Das Europäische Schuldvertragsübereinkommen, Art 9 EVÜ Rn 8; Palandt/Thorn ist hingegen der Ansicht, die Sprache unterliege dem Vertragsstatut, Art 11 Rom I-VO Rn 3 eingehend zur Formanknüpfung unter § 484 Rn 12.

§ 484 Form und Inhalt des Vertrags

(1) Der Teilzeit-Wohnrechtevertrag, der Vertrag über ein langfristiges Urlaubsprodukt, der Vermittlungsvertrag oder der Tauschsystemvertrag bedarf der schriftlichen Form, soweit nicht in anderen Vorschriften eine strengere Form vorgeschrieben ist.
(2) [1]Die dem Verbraucher nach § 482 Absatz 1 zur Verfügung gestellten vorvertraglichen Informationen werden Inhalt des Vertrags, soweit sie nicht einvernehmlich oder einseitig durch den Unternehmer geändert wurden. [2]Der Unternehmer darf die vorvertraglichen Informationen nur einseitig ändern, um sie an Veränderungen anzupassen, die durch höhere Gewalt verursacht wurden. [3]Die Änderungen nach Satz 1 müssen dem Verbraucher vor Abschluss des Vertrags in Textform mitgeteilt werden. [4]Sie werden nur wirksam, wenn sie in die Vertragsdokumente mit dem Hinweis aufgenommen werden, dass sie von den nach § 482 Absatz 1 zur Verfügung gestellten vorvertraglichen Informationen abweichen. [5]In die Vertragsdokumente sind aufzunehmen:
1. die vorvertraglichen Informationen nach § 482 Absatz 1 unbeschadet ihrer Geltung nach Satz 1,
2. die Namen und ladungsfähigen Anschriften beider Parteien sowie
3. Datum und Ort der Abgabe der darin enthaltenen Vertragserklärungen.

(3) [1]Der Unternehmer hat dem Verbraucher die Vertragsurkunde oder eine Abschrift des Vertrags zu überlassen. [2]Bei einem Teilzeit-Wohnrechtevertrag hat er, wenn die Vertragssprache und die Amtssprache des Mitgliedstaats der Europäischen Union oder des Vertragsstaats des Abkommens über den Europäischen Wirtschaftsraum, in dem sich das Wohngebäude befindet, verschieden sind, eine beglaubigte Übersetzung des Vertrags in einer Amtssprache des Staats beizufügen, in dem sich das Wohngebäude befindet. [3]Die Pflicht zur Beifügung einer beglaubigten Übersetzung entfällt, wenn sich der Teilzeit-Wohnrechtevertrag auf einen Bestand von Wohngebäuden bezieht, die sich in verschiedenen Staaten befinden.

I. 1. a) Nach **Abs 1** bedarf der Teilzeit-Wohnrechtevertrag, der Vertrag über ein langfristiges Urlaubsprodukt, der Vermittlungsvertrag oder der Tauschsystemvertrag der **Schriftform**, sofern andere Bestimmungen keine strengeren Formvorgaben enthalten. 1

b) Die **elektronische Form** iSd § 126 a ist anders als im bisherigen **Abs 1 S 2** nicht mehr ausgeschlossen (BT-Drucks 17/2764, 18). Schuldrechtlich ausgestaltete Timesharingmodelle unterliegen somit § 126 bzw § 126 a. Bei Veräußerung eines beschränkt dinglichen Rechts – etwa eines Dauerwohnrechts iSd § 31 WEG – genügt für das schuldrechtliche Verpflichtungsgeschäft entgg der Gesetzesbegründung (BT-Drucks 13/4185, 11) die Schriftform nach Abs 1 S 1 (Hildenbrand/Kappus/Mäsch/Kappus § 3 Rn 2; abw Drasdo § 3 Rn 2). Wird ein unbeschränkt dingliches Recht – bspw eines Miteigentumsanteils – veräußert, unterfällt das Verpflichtungsgeschäft der notariellen Beurkundung gem § 311 b I. Dies ist trotz der Vollharmonisierung der RL wegen ihrer Öffnungsklausel in Art 1 II lit b nicht zu beanstanden. 2

c) Ein **Verstoß gegen das Schriftformgebot** führt nach § 125 S 1 zur Nichtigkeit des Vertrages. Das TzWrG bestimmte in § 3 I 5 die entspr Anwendung des § 125. Nach den Motiven galt dies selbst bei mietrechtlicher Ausgestaltung, so dass § 3 I 5 TzWrG als „lex specialis" ggü dem früheren § 566 S 2 eingestuft wurde (BT-Drucks 13/4185, 11; abl Drasdo § 3 Rn 7). Auch wenn eine entspr Vorschrift in § 484 fehlt, ist weiterhin davon auszugehen, dass der Rückgriff auf § 550 S 2 versperrt ist. 3

d) Eine **Heilung** sieht § 484 nicht vor. Der Verbraucher kann angesichts des Formmangels nicht einseitig auf Vertragserfüllung bestehen (Drasdo § 3 Rn 6). Soweit § 311 b tatbestandlich einschlägig ist, erstreckt sich die Heilung der Formnichtigkeit gem § 311 b I 2 auf die notarielle Beurkundung unter Einschluss der Schriftform aus Abs 1 S 1 (abw von Schwaller, 81; Staud/Martinek § 484 Rn 6). 4

2. a) Nach **Abs 2 S 1 Halbs 1** werden die **vorvertraglichen Informationen aus § 482 zum Vertragsinhalt.** Der Unternehmer bleibt also grds an diese Angaben gebunden. Dies gilt gem **Abs 2 S 1 Halbs 2** lediglich dann nicht, wenn die Parteien sie einvernehmlich bzw der Unternehmer sie einseitig abändern. Dies darf er gem **S 2** jedoch nur, um sie an Veränderungen anzupassen, die durch höhere Gewalt verursacht wurden. Nach den Motiven wird der Prospekt bzw werden die vorvertraglichen Informationen zu keiner „vertragskonstitutiven Willenserklärung" im Sinne eines Angebots seitens des Unternehmers (BT-Drucks 13/4185, 10; vgl auch Staud/Martinek § 484 Rn 7). Sie stellen lediglich eine invitatio ad offerendum dar und schaffen keinen Kontrahierungszwang. Jedoch haben sie insoweit **wettbewerbsrechtliche Bedeutung**, als ihre Unrichtigkeit zu Sanktionen führen kann. Zum Inhalt des Rechtsgeschäfts werden die Prospektangaben gemäß § 484 II 1 schließlich mit Vertragsschluss, es sei denn, dass eine einvernehmliche oder einseitige Abänderung stattgefunden hat. Sinn und Zweck der Regelung ist, dass der Unternehmer „zu zutreffenden und wahrheitsgemäßen Prospektangaben angehalten werden" soll (BT-Drucks 13/4185, 10). **Wettbewerbsrechtlich unbedenklich** iSd Abs 2 sind allein solche einseitigen Abweichungen vom Prospektinhalt, die durch den Eintritt von Umständen veranlasst sind, die sich dem Einfluss des Unternehmers entziehen (Nichterteilung behördlicher Genehmigung, Steueränderung, Hervortreten unvorhersehbarer Hindernisse für geplante Baumaßnahmen; BT-Drucks 13/4185, 10; vgl auch Grabitz/Hilf/Martinek Sekundärrecht A 13 Art 3 Rn 120). Abs 2 S 1 ist restriktiv auszulegen. So muss der Unternehmer die Genehmigungsfähigkeit des Objekts eingehend prüfen, bevor er mit dem Vertrieb von Nutzungsrechten beginnt. Angesichts der strengen Vorgaben verbietet sich eine Klausel am Anfang des Vertragswerks, in der ganz allg auf mögliche Abweichungen vom Prospektinhalt hingewiesen wird (von Schwaller, 83). Um dem Verbraucher eine inhaltliche Kontrolle der inhaltlichen Änderungen zu ermöglichen, bestimmt **Abs 2 S 3**, dass der Unternehmer den Verbraucher von den Änderungen vor Vertragsschluss in Textform in Kenntnis setzen muss. Eine gewisse Mindestfrist zwischen Mitteilung und Vertragsschluss schreibt das Gesetz indes nicht vor (für eine angemessene Bedenkfrist: Staud/Martinek § 482 Rn 10 noch zum alten Recht; dafür spricht – nun auch im neuen Recht – der aktualisierte § 482 I 1, der ausdrücklich bestimmt, dass die vorvertraglichen Informationen **rechtzeitig** vor Vertragsschluss zu erfolgen haben, vgl oben § 482 Rn 2). Da- 5 rüber hinaus muss der Vertrag ausdrücklich auf die Änderung ggü den vorvertraglichen Informationen hinweisen (BT-Drucks 17/2764, 19).

6 **b) Divergieren Prospekt- und Vertragsangaben**, ohne dass die Voraussetzungen in Abs 2 S 2 vorliegen, kommt der Vertrag vom Grundsatz her mit dem Inhalt der vorvertraglichen Informationen zustande. Der Unternehmer kann sich in diesem Fall nicht auf die entspr abweichende Vereinbarung berufen (BT-Drucks 17/2764, 19). Entspr der ratio als Verbraucherschutzvorschrift verdrängt allerdings eine im Vertrag enthaltene, für den Verbraucher günstigere Angabe den abw Inhalt der vorvertraglichen Informationen (vgl Hildenbrand/Kappus/Mäsch/Kappus § 2 Rn 16, § 3 Rn 9; Mäsch DNotZ 97, 196; mit anderer Begr auch von Schwaller, 88).

7 **3. a)** Abs 2 S 5 legt den **Mindestinhalt der Vertragsurkunde** fest. Die Aufnahme der Angaben in den Vertrag nach Abs 2 S 5 erfolgt ungeachtet der Tatsache, dass ein Teil von ihnen bereits in den vorvertraglichen Informationen enthalten ist und nach Abs 2 S 1 Halbs 1 kraft Gesetzes Vertragsinhalt wird. Nach der Intention des Gesetzgebers soll der Erwerber „den Inhalt des Vertrages zusammenhängend und zur Gänze zu Gesicht bekommen und nicht wegen Einzelpunkten auf die vorvertraglichen Informationen zurückgreifen müssen" (BT-Drucks 13/4185, 11). Demnach kann der Unternehmer die vertraglichen Mindestangaben nicht durch einen Verweis auf die vorvertraglichen Informationen ersetzen.

8 **b) Fehlen einzelne Pflichtangaben**, liegt hierin kein Formmangel, der nach §§ 125 S 1, 139 zwingend zur Nichtigkeit des Vertrages führt (BT-Drucks 13/4185, 11; Grabitz/Hilf/Martinek Sekundärrecht A 13 Art 4 Rn 128; abw im Fall der notariellen Beurkundung: Kaufhold DNotZ 98, 266). Andernfalls ergäbe sich ein Widerspruch zu § 485 a II. Hiernach bedingt das Fehlen der Pflichtangaben nicht die Nichtigkeit des gesamten Vertrages. Vielmehr bestimmt diese Vorschrift, dass die Frist zur Ausübung des Widerrufs erst beginnt, wenn der Unternehmer die Angaben schriftlich mitteilt. Der Verbraucher kann sich jedoch auf die Ungültigkeit des Vertrages berufen, wenn wesentliche Vertragsbestandteile, wie etwa die genaue Beschreibung des Nutzungsrechts iSd zu verwendenden Formblätter fehlen (BT-Drucks 13/4185, 11). Die Nichtigkeit des Vertrages folgt dann aber aus den allg Grundsätzen der Rechtsgeschäftslehre. Enthält der Vertrag etwa keine Angabe des Gesamtpreises iSd § 481 I 1 als eine der essentialia negotii, kommt mangels hinreichender Bestimmtheit der Hauptleistungspflichten kein Rechtsgeschäft zustande (zutreffend von Schwaller, 91 f; den Kreis der wesentlichen Vertragsbestandteile ziehen indes bedenklich weit: Hildenbrand/Kappus/Mäsch/Hildenbrand § 4 Rn 55; Hildenbrand/Kappus/Mäsch/Kappus § 3 Rn 1 Fn 8: Hierzu zählen ihrer Ansicht nach mit Ausn von § 4 I Nr 1 und Nr 5 c TzWrG alle Pflichtangaben; damit liefe § 485 a II jedoch weitgehend leer; vgl auch Staud/Martinek § 484 Rn 2).

9 **4.** Gem Abs 3 S 1 muss der Unternehmer dem Verbraucher **zumindest eine Abschrift der Vertragsurkunde aushändigen**. An die Erfüllung dieser Pflicht ist nach § 485 a I 2 der Beginn der Widerrufsfrist geknüpft (grundsätzlich beginnt die Frist zwar gem § 485 a I 1 mit dem Vertragsschluss oder dem Abschluss eines Vorvertrages, jedoch gem S 2 in keinem Fall vor Erhalt der Urkunde bzw einer Abschrift derselben).

10 **5. a)** Nach **Abs 3 S 2** ist der Unternehmer bei einem Teilzeit-Wohnrechtevertrag verpflichtet, eine beglaubigte Übersetzung des Vertrags in der (bzw einer der) **Amtssprache(n) desjenigen Mitglied- oder Vertragsstaates der/s EU/EWR** auszuhändigen, in dem das Timeshareobjekt belegen ist. Nach der Intention des Gesetzgebers „soll dem Verbraucher die Wahrnehmung seiner Rechte vor Ort erleichtert werden" (BT-Drucks 17/2764, 19). Verstößt der Unternehmer gegen diese Vorschrift, führt dies nicht etwa zur Nichtigkeit des Teilzeit-Wohnrechtevertrages nach § 125 S 1 (so aber Tonner, Rn 226). Hiergegen spricht zum einen der Umkehrschluss zu § 483 III, der ausdrücklich die Sanktion der Nichtigkeit vorsieht. Zum anderen weicht Abs 3 S 2 insofern von klassischen Formvorschriften iSd § 125 ab, als die beglaubigte Übersetzung allein den Vertragsvollzug erleichtern soll, sie hingegen nicht etwa eine Klarstellungs- bzw Beweis-, Beratungs- oder Warnfunktion erfüllt (Staud/Martinek § 484 Rn 14). Diese werden vielmehr bereits durch Abs 1 S 1 sowie § 483 II, III sichergestellt.

b) Die Pflicht zur Aushändigung entfällt nach Abs 3 S 2 wenn Vertragssprache und **11** Sprache des Belegenheitsstaates übereinstimmen (BT-Drucks 17/2764, 19). Eine weitere mit der ratio der RL vereinbare Ausn statuiert Abs 3 S 3 für den Fall des „flexiblen" Timesharings iSd § 481 II 2, wenn sich das Nutzungsrecht auf Objekte erstreckt, die in verschiedenen Staaten belegen sind.

II. IPR: Bzgl der Anknüpfung der Formfragen sind gem Art 11 IV 1 Rom I-VO dessen **12** Abs 1, 2 und 3 nicht auf Verträge anwendbar, die in den Anwendungsbereich des Art 6 Rom I-VO (Verbraucherverträge) fallen (insb zur Problematik d Verbrauchergerichtsstandes s Hellwig EWS 11, 406 ff; s ua zum Anwendungsbereich des Art 6 Rom I-VO auch Leible/Leitner IPRax 13, 37, 40 f). Für die Form dieser Rechtsgeschäfte ist gem Art 11 IV 2 Rom I-VO das Recht des Staates maßgebend, in dem der Verbraucher seinen gewöhnlichen Aufenthalt hat. Für Schuldverhältnisse, die vor dem 17.12.09 geschlossen wurden, bestimmt Entspr Art 29 III EGBGB aF, welcher Vorrang vor Art 29 a I und III EGBGB aF (unklar Jauernig/Berger § 483 Rn 1) genießt. Dasselbe gilt für das Verhältnis von Art 6 Rom I-VO und Art 46 b I, III EGBGB (s Art 6 IV lit c; vgl auch die Kommentierung zu Art 6 Rom I-VO Rn 3 in diesem Band sowie Ferrari/Staudinger Art 6 Rn 5; Martiny RIW 2009, 737, 745; Palandt/Thorn Art 6 Rom I-VO Rn 2). Greift allerdings Art 6 Rom I-VO von seinem Regelungsbereich nicht ein, bestimmt sich die Formanknüpfung bei Timesharingverträgen, die einem vereinbarten Drittstaatenrecht unterliegen, nach Art 46 b I EGBGB. Der Anwendungsbefehl bezieht sich hier wohl im Hinblick auf einen Gleichlauf mit Art 3 IV Rom I-VO und auf die Wahrung des Regel-Ausnahme-Verhältnisses innerhalb der VO nicht auf die „strengeren" bzw „überschießenden" Umsetzungsvorschriften in den Rechtsordnungen der Mitgliedstaaten bzw Vertragsstaaten des EWR (vgl Staudinger NZM 11, Heft 17). Etwas anderes kann nur insoweit gelten, als die überschießenden bzw strengeren Formvorgaben vom Erlass-Staat als international zwingend iSd Art 9 Rom I-VO ausgestaltet sind. Dies ist etwa bei § 311 b I 1 nicht der Fall. Art 46 b IV EGBGB beruft demnach allein die §§ 481 ff zur Anwendung, nicht indes bspw § 311 b I 1.

§ 485 Widerrufsrecht

[bis 12.6.2014: (1)] Dem Verbraucher steht bei einem Teilzeit- Wohnrechtevertrag, einem Vertrag über ein langfristiges Urlaubsprodukt, einem Vermittlungsvertrag oder einem Tauschsystemvertrag ein Widerrufsrecht nach § 355 zu.
[Fassung bis 12.6.14:]
(2) ¹Der Verbraucher hat im Falle des Widerrufs keine Kosten zu tragen. ²Die Kosten des Vertrags, seiner Durchführung und seiner Rückabwicklung hat der Unternehmer dem Verbraucher zu erstatten. ³Eine Vergütung für geleistete Dienste sowie für die Überlassung von Wohngebäuden zur Nutzung ist abweichend von § 357 Absatz 1 und 3 ausgeschlossen.
(3) ¹Hat der Verbraucher einen Teilzeit-Wohnrechtevertrag oder einen Vertrag über ein langfristiges Urlaubsprodukt wirksam widerrufen, ist er an eine seine Willenserklärung zum Abschluss eines Tauschsystemvertrags, der sich auf diesen Vertrag bezieht, nicht mehr gebunden. ²Satz 1 gilt entsprechend für Willenserklärungen des Verbrauchers zum Abschluss von Verträgen, welche Leistungen an den Verbraucher im Zusammenhang mit einem Teilzeit- Wohnrechtevertrag oder einem Vertrag über ein langfristiges Urlaubsprodukt zum Gegenstand haben, die von dem Unternehmer oder auf Grund eines Vertrags des Unternehmers mit einem Dritten erbracht werden. ³§ 357 gilt entsprechend. ⁴Der Verbraucher hat jedoch keine Kosten auf Grund der fehlenden Bindung an seine Willenserklärung zu tragen.

I. Ab dem 13.6.2014 ist die RL 11/83/EU – sog Verbraucherrechte-RL – im deutschen **1** Recht umzusetzen. Das Gesetz zur Transformation des Rechtsakts und damit die Änderung des Gesetzes zur Regelung der Wohnungsvermietung tritt an jenem Tag in Kraft (BR-Drucks 498/13). Demgemäß werden § 485 Abs. 2 und Abs. 3 mit diesem Stichtag aufgehoben, weil die Widerrufsfolgen ab dann einheitlich im Allg Teil des

Schuldrechts geregelt sind. Die Vorgaben über die Kosten im Fall des Widerrufs eines Teilzeit-Wohnrechtevertrags, eines Vertrags über ein langfristiges Urlaubsprodukt, eines Vermittlungsvertrags und eines Tauschsystemvertrags finden sich fortan in § 357 b. Die Wirkung des Widerrufs normiert § 360 Abs. 1. Für Verträge die vor dem 13.6.2014 geschlossen wurden, gilt auch nach der Reform gem Art 229 § 32 EGBGB die jetzige Fassung fort.

1a § 485 dient der Umsetzung von Art 6 RL und normiert ein form- und fristgebundenes **gesetzliches Widerrufsrecht** (zur Kritik an den Formerfordernissen s Gebauer/Wiedmann/Staudinger Kap 11 D. III. Rn 31 f; zu konkurrierenden Widerrufsrechten Rn 10 f). Da die in Abs 1 aufgeführten Verträge regelmäßig kompliziert und schwer durchschaubar sind, vielfach einem dem Erwerber fremden Recht unterliegen (beachte Art 46 b EGBGB) und die Grundstücke oft im Ausland belegen sind, soll dem Verbraucher die Möglichkeit gewährt werden, die aus dem Vertrag folgenden Rechte und Pflichten ohne zeitlichen und psychologischen Druck zu überprüfen und uU vom Vertrag wieder Abstand zu nehmen (BT-Drucks. 13/4185, 12; s auch Erwägungsgrund 11 RL). Infolge des Widerrufs entsteht ein **Rückgewährschuldverhältnis** nach Maßgabe des § 357 I 1. Soweit nichts Abw bestimmt ist, finden die §§ 346 ff entspr Anwendung. Nach §§ 346 I, 348 S 1 sind Verbraucher und Unternehmer verpflichtet, Zug um Zug ihre jeweils empfangenen Leistungen zurückzugewähren. Der Verbraucher muss hiernach etwa ein ihm eingeräumtes Nutzungsrecht oder einen erworbenen Kapitalanteil (Aktie) zurückübertragen, der Unternehmer geleistete Zahlungen an ihn auskehren (vgl BT-Drucks 17/2764, 19). Die Rückerstattungsforderung des Verbrauchers wird nach § 271 I mit Zugang des Widerrufs beim Unternehmer fällig. Nach § 357 I 2 iVm § 286 III 1 kommt der Unternehmer mit seiner Erstattungspflicht spätestens 30 Tage nach Zugang der Widerrufserklärung in Verzug. Eine Mahnung seitens des Verbrauchers ist nicht erforderlich. Der Verbraucher kann den Unternehmer aber auch vor Ablauf dieser Frist durch Mahnung nach § 286 I 1, IV in Verzug setzen.

2 **II. 1. Abs 1** verweist auf die einheitliche Regelung über das Widerrufsrecht bei Verbraucherverträgen in § 355. Dieses Gestaltungsrecht steht dem Verbraucher auch bei **notariell beurkundeten Verträgen** zu, da der Gesetzgeber – anders als etwa in §§ 312 III Nr 3 und 491 III Nr 2 – insoweit keine Bereichsausnahme vorsieht. Übt der Verbraucher sein Gestaltungsrecht (bedingungsfeindlich, aber nicht höchstpersönlich) – etwa durch Rücksendung des ihm ausgehändigten Formblatts (vgl Martinek in: FS Wolf, 91, 106) – aus, so wird der von Anfang an (schwebend) wirksame Vertrag ex nunc unwirksam. Der Widerruf erstreckt sich nach § 358 I (zu § 358 beachte: Art 229 § 9 I 1 Nr 2 EGBGB) von seinen Wirkungen her auf **Verträge, die der Finanzierung des Nutzungsrechts** dienen (§ 358 ist – bei Vorliegen seiner Voraussetzungen – trotz der Neuregelung des § 485 III weiterhin anwendbar: BT-Drucks 17/2764, 20; zum Rückforderungsdurchgriff: OLG Dresden NZM 00, 207 mit zustimmendem Aufsatz Staudinger NZM 00, 689 ff; Palandt/Putzo, 61. Aufl, § 6 TzWrG Rn 11, § 9 VerbrKrG Rn 19; beachte zum Rückforderungsdurchgriff: BGH NJW 03, 2821; hierzu Bülow WM 04, 1257 ff). Haben mehrere Verbraucher – etwa Ehegatten bzw Lebenspartner (zu § 1357 s § 481 Rn 2) – den Vertrag gemeinsam geschlossen, so ist jeder von ihnen isoliert zum Widerruf berechtigt. § 351, der die Unteilbarkeit des Widerrufsrechts vorsieht, findet über § 357 I keine entspr Anwendung (vgl Bülow WM 00, 2364). Eine Begr des Widerrufs ist laut § 355 I 2 Halbs 1 nicht erforderlich. Zur Widerrufsfrist s die Ausführungen zu § 485 a.

3 **2.** Den Unternehmer trifft die Rechtspflicht, den Verbraucher gem § 482 a vor Vertragsschluss über dessen Widerrufsrecht zu belehren. Der **Inhalt der Widerrufsbelehrung** folgt **zunächst aus Art 242 § 2 EGBGB** (über den Verweis in § 482 a S 3), welcher auf das Formblatt gemäß dem Muster in Anhang V der RL 08/122/EG verweist. Erforderlich sind etwa Informationen über die Möglichkeit zum Widerruf, über den exakten Fristbeginn (vgl Anhang V, Rubrik 1 und 2 zum Widerrufsrecht; vgl auch LG Mainz NJW-RR 00, 508 zu § 5 II TzWrG), und die Art und Weise, wie der Verbraucher von seinem Widerrufsrecht Gebrauch machen kann. Ebenso ist der Verbraucher über das Anzahlungsverbot sowie Name und Anschrift (vgl Anhang V, 1. Spiegelstrich zur Mit-

teilung über die Wahrnehmung des Widerrufsrechts; vgl auch BGH NJW 02, 2391) des Gewerbetreibenden zu informieren. Als ladungsfähige Anschrift genügt nicht eine Postfachadresse (so das LG Frankfurt aM Urt v 24.3.04, Az 2/6 O 551/03) des Widerrufsempfängers (der Widerrufsempfänger muss nicht zwingend der Unternehmer, sondern kann auch gem § 164 III ein Stellvertreter sein; LG Hanau NJW 98, 2983; OLG Frankfurt aM NJW 99, 296). Zu den Folgen einer unterbliebenen oder nicht ordnungsgemäßen, also unvollständigen, fehlerhaften oder nicht der vorgeschriebenen Form entspr Widerrufsbelehrung s die Ausführungen zu § 485 a. Die Belehrung muss gem § 482 a S 1 in **Textform** erfolgen (§ 126 b; dazu s insb BGH NJW 10, 3566; eine nur auf der Internetseite des Anbieters befindliche Belehrung genügt dieser Voraussetzung mangels Perpetuierungsfunktion nicht, s dazu EFTA-Gerichtshof, VersR 10, 793; OLG Naumburg CR 08, 247; OLG Stuttgart ZGS 08, 198; zum Verhältnis der Textform zum Begriff des „dauerhaften Datenträgers" s BT-Drucks 14/7052, 191, 195 und BT-Drucks 17/2764, 17; vgl dazu auch Buchmann MMR 07, 349 f). Der Teilzeit-Wohnrechtevertrag, Vertrag über ein langfristiges Urlaubsprodukt, Vermittlungsvertrag sowie der Tauschsystemvertrag unterliegen zwar nach § 484 I der strengen Schriftform (dies folge – so die Regierungsbegründung [BT-Drucks 17/2764, 18] – aus den Vorgaben in Art 5 I Unterabs 1 iVm III lit a RL, der ein Schriftformgebot statuiere), jedoch bestimmt § 482 a, dass für die Belehrung vor Vertragsschluss die Textform ausreicht. Bezüglich der Widerrufsbelehrung **im Vertrag** entspr dem Muster des Anhangs V der RL bleibt es bei dem Schriftformerfordernis des § 484. Hinsichtlich der Sprache der Widerrufsbelehrung legt § 483 I 3 die entspr Geltung der S 1 und 2 fest, sodass die Belehrung in der Sprache desjenigen EU- bzw EWR-Staates auszuhändigen ist, in dem der Verbraucher seinen Wohnsitz hat. Bei Staaten mit mehreren Amtssprachen steht ihm die Wahl zwischen diesen zu. Soweit der Verbraucher die Staatsangehörigkeit eines anderen Mitgliedstaates besitzt, kann er eine Belehrung in der Sprache seines Heimatstaates verlangen (vgl § 483 Rn 2). Im Gegensatz zur aufgehobenen Timesharing-RL (94/47/EG) sieht die neue RL (08/122/EG) in ihrem Art 5 IV Unterabs 2 eine gesonderte Unterschrift der den Widerruf betreffenden Vertragsbestimmungen durch den Verbraucher vor. Dieses Erfordernis wurde in § 482 a S 2 umgesetzt und soll sicherstellen, dass der Verbraucher die wichtigen Informationen tatsächlich zur Kenntnis genommen hat (BT-Drucks 17/2764, 17). Erfolgt die Information verspätet, wird sie also „nachgeschoben" darf dies wohl nicht in einer Form und in einem Rahmen erfolgen, der die rechtliche Relevanz der Widerrufsbelehrung zu verdecken geeignet ist.

3. a) Gemäß **Abs 2 S 1** hat der Verbraucher im Falle des Widerrufs keine Kosten mehr 4 zu tragen (BT-Drucks 17/2764, 19). Diese Regelung bezieht sich sowohl auf die Zahlungen bzgl der Vertragsabwicklung, einschließlich anfallender Notargebühren, als auch auf die Vergütung für geleistete Dienste sowie die Überlassung von Wohngebäuden oder diesen gleichgestellten Sachen (dazu s auch unten Rn 6). Kosten, die nicht aus dem Widerruf oder der vertragsgemäßen Nutzung bis zu diesem Zeitpunkt resultieren, wie etwa Schadensersatzansprüche wegen einer vorsätzlichen Beschädigung der Sache sind jedoch von der Freistellung nicht erfasst.

b) Abs 2 S 2 verpflichtet den Unternehmer, dem Verbraucher **die Kosten der notariel-** 5 **len Beurkundung** zu erstatten, sofern der Vertrag der notariellen Beurkundung bedurfte und der Verbraucher die notwendigen Notarkosten ganz oder teilweise übernommen hat (BT-Drucks 17/2764, 19).

c) Nach **Abs 2 S 3 scheidet** – abw von § 357 I, III – **eine Vergütung für geleistete Dien-** 6 **ste** sowie für die **Überlassung der Nutzung von Wohngebäuden aus,** selbst wenn der Verbraucher das Wohnnutzungsrecht in der Vergangenheit bereits zeitweise ausgeübt hat. Im Einklang mit Art 8 II RL soll der Verbraucher im Falle des Widerrufs mit keinen Kosten belastet werden (BT-Drucks 17/2764, 19). Mithin ist der Verbraucher weder zu einer Abstandszahlung bzw Pauschale (zu § 5 VI 2 TzWrG: LG Mainz NJW-RR 00, 508) verpflichtet, noch obliegt ihm die Erstattung laufender Kosten iSd der Muster der Formblätter in den Anhängen der RL.

4. Abs 3 soll sicherstellen, dass der widerrufende Verbraucher auch nicht mehr an 7 Rechtsgeschäfte gebunden bleibt, die er vor dem Hintergrund des Abschlusses eines

Teilzeitwohnrechtevertrags oder eines Vertrags über ein langfristiges Urlaubsprodukt eingegangen ist bzw die mit diesen im Zusammenhang stehen und die für den Verbraucher nach dem Widerruf des „Hauptschuldverhältnisses" keine Bedeutung mehr haben (BT-Drucks 17/2764, 19; Franzen NZM 11, 217, 224; Martinek in: FS Wolf, 91, 108). Explizit genannt wird in S 1 der Tauschsystemvertrag, jedoch ergibt sich aus S 2, dass Entspr auch für sonstige durch den Verbraucher abgeschlossene Rechtsgeschäfte gilt, welche in einem „tatsächlichen und wirtschaftlichen Näheverhältnis zum widerrufenen Kontrakt" stehen, wie bspw die entgeltliche Mitgliedschaft in einem Fitnessclub der dem Teilzeit-Wohnrecht unterliegenden Ferienanlage (BT-Drucks 17/2764, 19). Bezüglich der Rechtsfolgen wird in S 3 auf § 357 verwiesen. S 4 bekräftigt den Grundsatz, nach dem der Widerruf mit keinerlei Kosten für den Verbraucher verbunden sein darf, indem klargestellt wird, dass dies auch im Hinblick auf die fehlende Bindung an „akzessorische Verträge" gilt (vgl Art 11, 2 I lit g RL).

8 III. 1. Konkurrierende Widerrufsrechte: § 312 b III Nr 2 nimmt (kreditfinanzierte) Verträge iSd §§ 481 – 481 b von den Vorschriften über Fernabsatzverträge aus (vgl BT-Drucks 17/2764, 15). Eine Konkurrenz von § 312 d zu § 485 scheidet damit bereits tatbestandlich aus. Nach der **Subsidiaritätsregel in § 312 a aF** fanden auf einen Teilzeit-Wohnrechtevertrag, der in einer „Überrumpelungssituation" iSd § 312 I (zum Begriff der Freizeitveranstaltung: BGH JA 03 177 m Anm von Herbert; BGH NJW 04, 362; BGH NJW 05, 1513; BGH NJW 02, 3100; zum Merkmal „Privatwohnung": BGH WM 05, 124; keine Haustürsituation liegt vor, wenn der Verbraucher bereits aufgrund vorausgegangener Verhandlungen zum Vertragsschluss bestimmt wurde und nur die Unterzeichnung in einer Privatwohnung erfolgt, s OLG Frankfurt MDR 08, 495; zur Kausalität der Vertragsverhandlungen am Ort der Überrumpelung allg s Rohlfing MDR 08, 305 f) angebahnt wurde, allein die §§ 481 bis 487 Anwendung. Dieser Vorrang beschränkte sich indes ausschließlich auf die konkurrierenden Widerrufsregeln. Zwar war der Wortlaut im Vergleich zu § 5 III HWiG weiter gefasst. Eine veränderte Rechtslage war aber nach den Motiven nicht intendiert (BT-Drucks 14/6040, 168). Somit griff auch der im Vergleich zu § 7 HWiG veränderte § 29 c ZPO (Verbraucher kann nun ebenso am allg Gerichtsstand der anderen Vertragsseite und am Erfüllungsort klagen; zur Reichweite: BGH NJW 03, 1190; LG Landshut NJW 03, 1197; LG Berlin VersR 05, 1259; im Hinblick auf die VVG-Reform entspricht der für alle Klagen aus dem Versicherungsvertrag geltende § 215 VVG nF indes nunmehr dem § 29 c ZPO) bei einem Teilzeit-Wohnrechtevertrag ein, der in einer „Haustürsituation" zustande gekommen war (BT-Drucks 14/7052, 191). Die vorangehenden Ausführungen gelten entspr für die **Subsidiaritätsregel des § 312 a im Gewande des** OLG-Vertretungs-Änderungs- und Investmentmodernisierungsgesetzes. Besteht ein Widerrufsrecht nach § 485, ist ein Widerruf nach § 312 ausgeschlossen, da dieses Gestaltungsrecht lediglich eine Auffangfunktion hat. Unberührt bleibt demggü die Gerichtsstandsregel in § 29 c ZPO (BT-Drucks 14/7052, 191). **Zweifelhaft ist, ob die Subsidiaritätsregel in § 5 II HWiG aF bzw § 312 a aF im Einklang mit dem supranationalen Recht steht.** Die Timesharing-RL enthält keine ausdrückliche Regelung über ihr Konkurrenzverhältnis zu anderen Sekundärrechtsakten, bis auf die Erwähnung in Erwägungsgrund 8, dass die Bestimmungen der RL 90/314/EWG des Rates vom 13.6.1990 über Pauschalreisen unberührt bleiben. Daraus kann jedoch nicht im Umkehrschluss angenommen werden, dass alle anderen Richtlinien verdrängt werden. Vielmehr lässt sich die Entscheidung des EuGH vom 22.4.99 (EuGH Slg 99, I-2195; hierauf nimmt der Gerichtshof im Urt Schulte Bezug: EuGH NJW 05, 3553) wohl dahin verallgemeinern, dass im Grundsatz von einer parallelen Geltung der Verbraucherschutzrichtlinien auszugehen ist (Rott, Die Umsetzung der Haustürwiderrufs-RL in den Mitgliedstaaten, 00, 7 f). Das Verfahren betraf das Verhältnis von Haustürwiderrufs- (ABl. EG 85 Nr L 372, 31) und Timesharing-RL aF (zur parallelen Anwendung der Haustür- und Verbraucherkredit-RL: EuGH DB 01, 2710; Staudinger NJW 02, 653 ff). Während erste ein situationsbedingtes Widerrufsrecht vorsieht und sich auf bestimmte Formen des Vertragsschlusses bezieht, erfasst letztere besonders missbrauchsanfällige Vertragsformen und statuiert ein inhaltsbezogenes Widerrufsrecht. Nach Ansicht des EuGH unterfallen Timesharingverträge der

Haustürwiderrufs-RL, wenn sie nicht nur die Übertragung von Teilzeitnutzungsrechten, sondern auch die Erbringung gesonderter Dienstleistungen zum Gegenstand haben. Der Ausschluss in Art 3 II lit a der Haustürwiderrufs-RL greife nicht ein, sofern der Wert der Dienstleistungen denjenigen der Teilzeitnutzungsrechte übersteige. Jedenfalls für diese Konstellation bedarf der § 5 II HWiG aF bzw § 312 a aF einer **richtlinienkonformen Reduktion** mit der Folge, dass neben § 485 ein Widerrufsrecht aus § 312 besteht. Die Frage, inwieweit diese Vorschriften richtlinienkonform ausgelegt werden können, ist streitbefrachtet (s BGH BB 03, 388; Staudinger JuS 02, 955). Da sich der Gesetzgeber auch im Zuge des OLG-Vertretungs-Änderungs- sowie Investmentmodernisierungsgesetzes und nun erneut im Rahmen des Timesharing-Modernisierungsgesetzes trotz der Kritik im Schrifttum erneut gegen eine Parallelität von Widerrufsrechten ausgesprochen hat, dürften sich die methodischen Zweifel zumindest im Hinblick auf § 312 a in seiner aktuellen Fassung mehren (zur Möglichkeit der richtlinienkonformen Auslegung für den Fall, dass der Gesetzgeber eine richtlinienkonforme Regelung schaffen wollte, diese aber entgegen seiner Annahme nicht mit den Vorgaben des Sekundärrechtsakts übereinstimmt, s auch die „Quelle-Ofen-Entscheidung" des BGH NJW 09, 427).

2. Das Widerrufsrecht aus § 312 I erlosch nach § 355 III 1 in der Fassung vom 23.7.02 9 spätestens nach sechs Monaten. Diese Kappung, die eine erhebliche Verkürzung des Verbraucherschutzes im Vergleich zu § 2 HWiG bedeutete, **ist mit den Vorgaben der Haustürwiderrufs-RL unvereinbar** (EuGH DB 01, 2710; BGH BB 03, 387; Staudinger NJW 02, 653 ff; ders JuS 02, 953 ff; zur Heininger-Doktrin: Franzen JZ 03, 321 ff; beachte die weiteren Vorlagen des OLG Bremen NJW 04, 2238; LG Bochum NJW 03, 2612; hierzu etwa Deutsch NJW 03, 2881; Edelmann BKR 03, 710; Ehricke ZIP 04, 1025; Fischer VuR 04, 8; Häublein ZBB 04, 1; ders NJW 06, 1553; Hoffmann ZIP 04, 49; Lange EWiR 03, 869; Schwesig ZGS 03, 447; Rott VuR 03, 409; Stamm ZBB 05, 35; Staudinger GPR 03, 21; Westermann ZflR 03, 680; Urt des EuGH NJW 05, 3551; 3555; hierzu Derleder BKR 05, 442; Ehricke ZBB 05, 443; Fischer VuR 06, 53; Freitag WM 06, 61; Habersack JZ 06, 91; Hoffmann ZIP 05, 1985; Hoppe/Linz ZBB 06, 24; Käseberg/Richter EuZW 06, 46; Knops WM 06, 70; Lang/Rösler WM 06, 513; Oechsler NJW 06, 1399; Piekenbrock WM 06, 466; Staudinger NJW 05, 3521; Schwintowski VuR 06, 5; Tonner/Tonner WM 06, 505; Volmer DNotZ 06, 274; Wielsch ZBB 06, 16; Woitkewitsch MDR 06, 241; im Nachgang zur Judikatur des EuGH v 25.10.05 ergingen die folgenden Entscheidungen: BGH NJW 06, 497; ZIP 06, 652; NJW 06, 1788; NZM 06, 478; NJW 06, 1952; VersR 06, 1409; beachte ferner BGH EuZW 06, 440; OLG Bremen ZIP 06, 654; hierzu Artz/Kessens VuR 06, 153 f; Häublein NJW 06, 1553 ff; Limbach ZGS 06, 216 ff; s BGH NJW 08, 1585; zur Neufassung des Musters für Widerrufsbelehrungen: Masuch BB 05, 344; ders NJW 08, 1700 ff; s auch OLG Schleswig MDR 08, 254; krit Faustmann ZGS 08, 147 f; ebenso Rohlfing MDR 08, 307; zur Frage der Präklusion des Widerrufsrechts nach § 767 II ZPO: Staudinger ZGS 02, 137; ders FS Kollhosser, 347 ff; s aber auch BGH NJW 04, 1253; hierzu Rimmelspacher JuS 04, 560 ff; BGH VersR 04, 126 m Anm Luckey; JZ 04, 414 ff m Anm Wolf/Lange sowie BGH NJW 05, 2926; hierzu Beck NJW 06, 336; beachte BVerfG WM 06, 23 zur analogen Anwendung des § 79 II BVerfGG; diese Entscheidung lässt sich von ihrer ratio indes nicht auf die Vollstreckungsabwehrklage übertragen, um hierdurch unter Ausschluss der Präklusionsschranke in § 767 II ZPO die Judikatur Hamilton (EuGH EWS 08, 202) und den danach anschließenden Wandel in der Rspr des II. und XI. Zivilsenats des BGH ggü bereits rechtskräftigen Titeln fruchtbar zu machen. Zwar erstreckt sich das Gebot der richtlinienkonformen Interpretation zweifelsohne über reine Umsetzungsvorschriften ebenso auf § 767 ZPO. Indes dürfte eine Missachtung der Schranke in § 767 II ZPO über das von gemeinschafts- bzw. nun unionsrechtlicher Seite Geforderte hinausgehen, zumal der EuGH die Bedeutung hervorhebt, welche dem Grundsatz der Rechtskraft ebenso auf supranationaler Ebene wie in den mitgliedstaatlichen Rechtsordnungen zukommt: EuGH EuZW 06, 241 m Anm Schmidt-Westphal/Sander; ferner Schwab JZ 06, 170; s zu den durch das supranationale Recht gesetzten Grenzen der Rechtskraft gerichtlicher Entscheidungen

auch EuGH EuZW 07, 511; s dazu Anm Hatje EuR 07, 654 ff; Kremer EuR 07, 470 ff; Poelzig JZ 07, 858 ff; zu den vorangehenden Themenkreisen auch Staudinger in: Artz (Hrsg), Entwicklungen im Verbraucherprivatrecht – Deutschland und Europa, 11, 21 ff). Im Fall Hamilton (EuGH EWS 08, 202; dazu Anm von Looschelders GPR 08, 187 ff sowie Besprechung von Mankowski, JZ 08, 1141 ff; s auch die Schlussanträge des Generalanwalts Maduro VuR 08, 18 ff m Anm von Kulke sowie den Vorlagebeschl des OLG Stuttgart NJW 07, 379) hat der EuGH zur Frage nach der Rechtmäßigkeit einer zeitlichen Begrenzung des Widerrufs bei Haustürgeschäften entschieden, die Haustürwiderrufs-RL verbiete es dem nationalen Gesetzgeber nicht, das Gestaltungsrecht nach vollständiger Leistungserbringung zu befristen (s dazu die Kritik von Kroll NJW 08, 1999 ff; beachte im Lichte der Hamilton-Doktrin zu § 8 IV VVG aF: BGH Urt v 16.10.13 Az IV ZR 52/12; zur Europarechtskonformität von § 5 a II 4 VVG aF: BGH VersR 12, 608; beachte auch das EuGH-Urteil im Verfahren C-209/12, BB 2014, 65; allgemein hierzu Brand, VersR 13, 1; Looschelders VersR 13, 657; keine Bedenken hat ungeachtet der abweichenden Schlussanträge: OLG München Urt v 10.10.13 Az 14 U 1804/13). Bezogen auf die Timesharing-RL ist nunmehr in § 485 a II, III ausdrücklich eine zeitliche Begrenzung des Widerrufsrechts vorgesehen.

§ 485 a Widerrufsfrist [aufgehoben mWv 13.6.14]

(1) ¹Abweichend von § 355 Absatz 3 beginnt die Widerrufsfrist mit dem Zeitpunkt des Vertragsschlusses oder des Abschlusses eines Vorvertrags. ²Erhält der Verbraucher die Vertragsurkunde oder die Abschrift des Vertrags erst nach Vertragsschluss, beginnt die Widerrufsfrist mit dem Zeitpunkt des Erhalts.
(2) ¹Sind dem Verbraucher die in § 482 Absatz 1 bezeichneten vorvertraglichen Informationen oder das in Artikel 242 § 1 Absatz 2 des Einführungsgesetzes zum Bürgerlichen Gesetzbuche bezeichnete Formblatt vor Vertragsschluss nicht, nicht vollständig oder nicht in der in § 483 Absatz 1 vorgeschriebenen Sprache überlassen worden, so beginnt die Widerrufsfrist abweichend von Absatz 1 erst mit dem vollständigen Erhalt der vorvertraglichen Informationen und des Formblatts in der vorgeschriebenen Sprache. ²Das Widerrufsrecht erlischt abweichend von § 355 Absatz 4 spätestens drei Monate und zwei Wochen nach dem in Absatz 1 genannten Zeitpunkt.
(3) ¹Ist dem Verbraucher die in § 482 a bezeichnete Widerrufsbelehrung vor Vertragsschluss nicht, nicht vollständig oder nicht in der in § 483 Absatz 1 vorgeschriebenen Sprache überlassen worden, so beginnt die Widerrufsfrist abweichend von Absatz 1 erst mit dem vollständigen Erhalt der Widerrufsbelehrung in der vorgeschriebenen Sprache. ²Das Widerrufsrecht erlischt abweichend von § 355 Absatz 4 sowie gegebenenfalls abweichend von Absatz 2 Satz 2 spätestens ein Jahr und zwei Wochen nach dem in Absatz 1 genannten Zeitpunkt.
(4) ¹Hat der Verbraucher einen Teilzeit-Wohnrechtevertrag und einen Tauschsystemvertrag abgeschlossen und sind ihm diese zum gleichen Zeitpunkt angeboten worden, so beginnt die Widerrufsfrist für beide Verträge mit dem nach Absatz 1 für den Teilzeit-Wohnrechtevertrag geltenden Zeitpunkt. ²Die Absätze 2 und 3 gelten entsprechend.

1 I. Mit Wirkung des Umsetzungsgesetzes der RL 11/83/EU – sog Verbraucherrechte-RL – ist § 485 a am 13.6.14 aufzuheben. Der Beginn und das Erlöschen der Widerrufsfrist sind fortan in § 356 a Abs. 1–4 geregelt. Die Abs 1–4 stimmen weithin mit § 485 a überein, allerdings ergeben sich leichte Unterschiede in der Formulierung („zwei Wochen" anstelle von nunmehr „14 Tage").

1a § 485 a regelt zum einen den Beginn der Widerrufsfrist und zum anderen das Erlöschen des Widerrufsrechts für den Fall, dass die Voraussetzungen für den Fristbeginn dauerhaft nicht vorliegen. Es werden einige von § 355 abweichende Regelungen aufgestellt. Die Widerrufsfrist beträgt gemäß § 355 II 1 14 Tage und beginnt nach dem Grundsatz des § 355 III 1, wenn dem Verbraucher eine den Anforderungen des § 360 I entspr Widerrufsbelehrung zur Verfügung gestellt wird. Für den Fall, dass der Vertrag schriftlich abzuschließen ist, beginnt die Frist allerdings nicht, bevor dem Verbraucher eine Vertragsurkunde, der schriftliche Antrag des Verbrauchers oder eine Abschrift der Vertragsurkunde bzw des Antrags zur Verfügung gestellt wird (§ 355 III 2). § 485 a I bestimmt einen abweichenden Fristbeginn ab dem Zeitpunkt des Vertragsschlusses oder des Abschlusses eines Vorvertrags, jedoch nicht vor Erhalt der Vertragsurkunde oder einer Kopie. Zur Widerrufsbelehrung s § 482 a sowie die Formblätter aus dem Anhang zur RL und die Kritik von Bodendieck MDR 03, 3; Woitkewitsch MDR 07, 630 ff und Masuch NJW 02, 2932, ders zur entspr Korrektur durch das neue Muster für Widerrufsbelehrungen, NJW 08, 1700 ff.

II. 1. Die Abs 2 und 3 sehen einen abweichenden Fristbeginn für die Fälle vor, in denen 2 die vorvertraglichen Informationen bzw die Belehrung über das Widerrufsrecht nicht ordnungsgemäß erfolgt sind.

2. a) Abs 2 bestimmt, dass der Beginn der Widerrufsfrist über die Vorgaben des Abs 1 3 hinaus erfordert, dass dem Verbraucher die in § 482 I bezeichneten vorvertraglichen Informationen sowie das in Art 242 § 1 II EGBGB bezeichnete Formblatt vollständig ausgefüllt in der nach § 483 I vorgeschriebenen Amtssprache der EU bzw des EWR überlassen (zur Nichtigkeit bei Verstoß gegen die Vertragssprachenregelung vgl § 483 III) werden. Die Sanktion der unterbliebenen Ingangsetzung der Widerrufsfrist greift nicht nur ein, wenn dem Verbraucher überhaupt keine vorvertraglichen Informationen ausgehändigt werden. Gleichzustellen ist nach dem Wortlaut des Gesetzes auch der Fall, dass die Informationen nicht den gesetzlichen Vorgaben in § 482 genügen, etwa von den inhaltlichen Anforderungen der dem Verbraucher auszuhändigenden Formblätter abweichen (vgl ähnliche Ausführungen zur noch nicht reformierten Fassung Staud/Martinek § 485 Rn 21 f). Nach § 5 IV TzWrG galt diese Sanktion nur beim Fehlen einiger bedeutsamer, im Einzelnen aufgeführter Pflichtangaben. Die Verschärfung wird durch die Kappungsgrenze in Abs 2 S 2 kompensiert (vgl zum ähnlich gelagerten Fall die Kappungsgrenze in § 355 IV 1: § 355 Rn 17; Artz BKR 02, 605; Bülow/Artz/Artz, Handbuch Verbraucherprivatrecht, 433; Bülow/Artz, Verbraucherprivatrecht, Rn 95; Meinhof NJW 02, 2274; Schmidt-Kessel ZGS 02, 312). Die vorvertraglichen Informationen sind dem Verbraucher zwar gem § 482 I 1 in Textform zur Verfügung zu stellen, jedoch hat die nachträgliche Mitteilung grds in Schrift- bzw elektronischer Form zu erfolgen (vgl § 484 I für die Form des Vertrages). Einem **Nachschieben der Informationen** durch den Unternehmer etwa im Wege einer einfachen E-Mail steht der Gesetzeswortlaut demnach entgg, da kein Grund ersichtlich ist, weshalb die strenge Schriftform iSd § 126 bzw die elektronische Form in § 126 a über § 484 I richtlinienkonform auf die Pflichtangaben im Vertrag erstreckt wird, der Unternehmer hingegen bei einer nachträglichen Mitteilung privilegiert werden soll. Genügt die E-Mail jedoch den Vorgaben des § 126 a, ist sie als formgerecht anzusehen (vgl auch § 484 Rn 2; BT-Drucks 17/2764, 18). Weigert sich ein Verbraucher, vorvertragliche Informationen entgegenzunehmen, so ist ihm die Berufung auf Abs 2 nach § 242 verwehrt.

b) Auch bestimmt Abs 2 S 2, dass das Widerrufsrecht abweichend von § 355 IV 1 spä- 4 testens 3 Monate und 2 Wochen nach dem regulären Fristbeginn erlischt. Dies soll der Rechtssicherheit dienen und wird damit begründet, dass der Verbraucher etwa durch ein Anfechtungsrecht wegen arglistiger Täuschung nach § 123 I oder Gewährleistungsansprüche hinreichend geschützt sei (BT-Drucks 17/2764, 20). Zu den sonstigen Rechten des Verbrauchers su Rn 9 ff.

3. a) Entspr Abs 3 S 1 ist für den Beginn der Widerrufsfrist zudem erforderlich, dass 5 dem Verbraucher das in § 482 a bezeichnete Formblatt zur Widerrufsbelehrung vollständig ausgefüllt und in der gemäß § 483 I vorgeschriebenen Sprache überlassen wird. Kommt der Unternehmer dieser Verpflichtung nicht nach, erlischt das Widerrufsrecht jedoch abweichend von § 355 IV 3 spätestens 1 Jahr und 2 Wochen nach dem regulären Fristbeginn des Abs 1.

b) Nach dem Grundsatz des § 355 IV 3 unterläge der Widerruf gar keiner zeitlichen 6 Kappung, wenn die Belehrung unterbleibt oder nicht ordnungsgemäß erfolgt, also unvollständig, fehlerhaft oder in nicht hinreichend deutlicher Form gestaltet ist (BT-Drucks 14/9266, 46) – etwa, wenn die Belehrung lediglich über die Pflichten des Verbrauchers im Falle des Widerrufs, nicht aber über seine Rechte informiert (BGH ZfIR 07, 575 m Anm Kulke; s auch Witt NJW 07, 3759 f; zu den Gestaltungsanforderungen s etwa LG Paderborn NJW-RR 07, 499). Relevanz hat dies jedoch nur noch für Altverträge (vgl Art 229 § 25 I EGBGB), da § 485 a III 2 abweichend von § 355 IV 3 bestimmt, dass das Widerrufsrecht spätestens 1 Jahr und 2 Monate nach Vertragsschluss bzw Aushändigung der Vertragsurkunde erlischt.

7 4. Die fehlende Belehrung hat zur Folge, dass der Vertrag schwebend wirksam ist, solange die Widerrufsbelehrung nicht nach Maßgabe des Abs 3 S 1 nachgeholt wird. Im Fall Hamilton (EuGH EWS 08, 202; dazu Anm von Looschelders GPR 08, 187 ff sowie Besprechung von Mankowski JZ 08, 1141 ff) hat der EuGH zur Frage nach der Rechtmäßigkeit einer zeitlichen Begrenzung des Widerrufs bei Haustürgeschäften entschieden, die Haustürwiderrufs-RL verbiete es dem nationalen Gesetzgeber nicht, das Gestaltungsrecht nach vollständiger Leistungserbringung zu befristen (s dazu die Kritik von Kroll NJW 08, 1999 ff). Auch der zeitlichen Schranke des § 485 a III 1 steht die neue Timesharing-RL nicht entgg (die Kappung nach einem Jahr und 14 Kalendertagen wird vielmehr in dieser Form durch Art 6 III lit a der vollharmonisierenden RL vorgeschrieben).

8 5. Der in den Abs 2 und 3 vorgeschriebene spätere Beginn der Widerrufsfrist führt faktisch zu einer Verlängerung der Frist und stellt eine Sanktion für den Unternehmer dar, der seinen Verpflichtungen nicht nachkommt. Bei einem **Zusammentreffen verschiedener Sanktionen** in Abs 2, Abs 3 ist im Hinblick auf den Beginn der Frist von einer Kumulation auszugehen (str; wie hier Staud/Martinek § 485 Rn 20).

9 **III. 1. Weitere Sanktionen und Rechtsbehelfe:** Neben den §§ 481 ff resultieren weitergehende Schutzmöglichkeiten zugunsten des Verbrauchers etwa aus solchen Normen, welche die jeweiligen Vertriebsmöglichkeiten betreffen oder ordnungspolitische Funktion haben (Drasdo NJW-Spezial 05, 290). Dies verlangt explizit auch Art 6 III 2 der RL zum Schutze des Verbrauchers nach dem Erlöschen des Widerrufsrechts (s auch Martinek in: FS Wolf, 95).

10 2. a) Eine Nichtigkeit des Teilzeit-Wohnrechtevertrages kann sich aus § 142 I (etwa infolge einer Anfechtung wegen arglistiger Täuschung nach §§ 123, 124) ergeben. Die Rückabwicklung bestimmt sich insoweit nach den §§ 812 ff.

11 b) Nach dem Willen des Gesetzgebers (BT-Drucks 17/2764, 20; zu § 5 IV TzWrG: BT-Drucks 13/4185, 12 f; zust Grabitz/Hilf/Martinek Sekundärrecht A 13 Art 4 Rn 128) sperrt die in § 485 a II, III verankerte Sanktion nicht mögliche Ansprüche des Verbrauchers gegen den Unternehmer nach den **allg Vorschriften zB über Kauf oder Miete**. Anhand des konkreten Einzelfalls ist zu ermitteln, ob aus Informationsangaben eine strengere Haftung aus der Übernahme einer Garantie iSd § 276 I 1 folgt („zugesicherte Eigenschaft"). Angaben in der Werbung können sich auf die Beschaffenheit nach § 434 I 2 Nr 2 auswirken, § 434 I 3.

12 c) Weitere Sanktionen können sich aus der **Klauselkontrolle nach den §§ 305 ff** ergeben (hM; Grabitz/Hilf/Martinek Sekundärrecht A 13 Art 13 Rn 264 aE; einschränkend mit Blick auf § 5 IV TzWrG: Reinkenhof Jura 98, 568 f). Die §§ 481 ff entfalten insoweit keine Sperrwirkung. Jedoch ist zu beachten, dass eine Abweichung von den halbzwingenden Vorschriften der §§ 481 ff (vgl § 487 S 1) zum Nachteil des Verbrauchers bereits kraft Gesetzes zu ihrer Unwirksamkeit führt (vgl Staud/Coester § 307 Rn 19). Bei Anwendung der §§ 305 ff ist etwa die Kontrolle der Vertragslaufzeit möglich. Zu beachten ist, dass bei schuldrechtlichen Timeshare-Gestaltungen § 309 Nr 9 idR als Prüfungsmaßstab ausscheidet. Abzustellen ist insofern auf § 307 I 1 unter Beachtung der Investitionskosten und des Amortisationsinteresses des Unternehmers (vgl BGH WM 00, 633). Besondere Bedeutung erlangt bei Teilzeit-Wohnrechteverträgen eine Klauselkontrolle anhand des **Transparenzgebotes**, das nunmehr ausdrücklich in § 307 I 2 kodifiziert ist (zu § 138 su Rn 13). Intransparente Klauseln sind hiernach per se unwirksam (BT-Drucks 14/6040, 154; zu § 3 AGBG: BGHZ 130, 153; bestätigt in BGH NJW-RR 96, 1034: Während dem Kunden im Vertrag der Erwerb einer dinglichen Rechtsposition versprochen wurde, war er aufgrund einer Treuhandkonstruktion indes nur schuldrechtlich beteiligt; zu § 9 AGBG: BGH RIW 99, 965; vgl Ulmer/Brandner/Hensen/Christensen Teil 2 (32) Rn 1). Unterlässt der Unternehmer bestimmte Pflichtangaben im Vertrag, greift demnach nicht nur die Fristverlängerung nach § 485 a II ein. Hieraus kann sich mitunter auch die Intransparenz der Hauptleistungspflicht nach § 307 I 2 ergeben. Soweit die infolge einer unwirksamen Klausel entstehende Lücke weder durch dispositives Recht oder im Wege ergänzender Vertragsauslegung geschlossen werden kann, folgt aus § 306 III die Gesamtnichtigkeit des Teilzeit-Wohnrechtevertrages (vgl BGHZ 130, 155; BGH WM 00, 635; RIW 99, 966). Diese weiter gehende Rechtsfolge ist vor dem Hintergrund sachgerecht, dass der Unternehmer mit Hilfe von AGB seine Transaktionskosten minimiert, während er für den Verbraucher durch die Vorformulierung ein zusätzliches Gefahrenmoment schafft. Missbraucht der Unternehmer aber einseitig zulasten des Verbrauchers seine Vertragsgestaltungsfreiheit, ist zum Schutz des Klauselgegners auch eine schärfere Sanktion geboten. Im Fall der Verwendung oder Empfehlung von Klauseln, die im Widerspruch zu den §§ 307 bis 309 stehen, kommt ein **Unterlassungs- und Widerrufsanspruch nach § 1 UKlaG** in Betracht (beachte §§ 3, 4 UKlaG).

d) Die **Nichtigkeit** des Teilzeit-Wohnrechtevertrages kann sich aus § 138 ergeben. Der rechtshindernde Einwand aus § 138 wird nicht dadurch ausgeschlossen, dass einzelne Klauseln des Vertrages einer Inhaltskontrolle nach den §§ 307 bis 309 unterliegen (zum AGBG: BGHZ 136, 355). Ebenso wenig verbietet sich die Prüfung der Nichtigkeit kraft § 138 im Lichte eines etwaigen Widerrufs laut § 485 (zum HWiG noch: BGH NJW 97, 1070). Dies gilt umso mehr, als § 138 als rechtshindernder Einwand, der Widerruf mittlerweile in § 485 indes als rechtsvernichtender Einwand konzipiert ist. Vielmehr lässt sich die Judikatur des BGH aus dem Fernabsatzrecht mit der Folge übertragen, dass in Anlehnung hieran sogar ein nach Maßgabe des § 138 sittenwidriger und folglich nichtiger Teilzeit-Wohnrechtevertrag dennoch widerrufen werden kann (BGH NJW 10, 610 – „Radarwarngerät"). Die Sittenwidrigkeit kann etwa aus einem groben Missverhältnis von Leistung und Gegenleistung resultieren (BGHZ 125, 218, 227 f; OLG Frankfurt aM NZM 99, 383; Wolf/Lindacher/Pfeiffer § 307 Rn 23; zur Frage, wie der objektive Wert des Timeshare-Rechts zu ermitteln ist: Kind, Die Grenzen des Verbraucherschutzes durch Information – aufgezeigt am Teilzeitwohnrechtegesetz, 243 ff; zur Sittenwidrigkeit von Timeshare-Verträgen wegen Intransparenz: OLG Dresden NZM 00, 207).

e) Verstößt der Unternehmer schuldhaft gegen seine Informationspflichten, kommt vom Grundsatz her ein Anspruch aus §§ 311 II, 280 I in Betracht (Staud/Martinek Vor §§ 481–487 Rn 61, § 485 Rn 33; zur früheren cic: einschränkend Bütter ZMR 99, 74; krit auch H Roth JZ 99, 533; eine Parallele lässt sich zur Haftung aus §§ 311 II, 280 I bei Verletzung der besonderen Pflichten beim elektronischen Geschäftsverkehr nach § 312 e ziehen: BT-Drucks 14/6040, 173). Erforderlich ist die Kausalität der Pflichtverletzung für den (ungünstigen) Vertragsschluss und dass auf Seiten des Verbrauchers ein Schaden vorliegt (BGH NJW 01, 438; str; vgl zum Vermögensschaden auch Staudinger BKR 04, 260; Steuervorteile des Käufers sind nicht schadensmindernd zu berücksichtigen, s BGH NZM 08, 179). Der Anspruch zielt von seiner Rechtsfolge her nach § 249 I auf Vertragsaufhebung bzw -anpassung. Bei einer Vertragsaufhebung muss sich der Verbraucher Vorteile – etwa eine zeitanteilige Nutzung des Timeshareobjekts – nach schadensersatzrechtlichen Grundsätzen anrechnen lassen. Die Literatur verwies in der Vergangenheit auf den angeblichen Wertungswiderspruch (so etwa H Roth JZ 99, 533), dass der Widerruf befristet sei, der Schadensersatzanspruch hingegen nach § 195 aF erst in 30 Jahren verjähre (Hildenbrand NJW 98, 2941). Nunmehr unterliegt der Anspruch aus §§ 311 II, III, 280 I nach § 195 einer lediglich 3-jährigen Verjährungsfrist (zum Beginn s § 199), während die Widerrufsfrist nach § 485 II 2 maximal 3 Monate und 2 Wochen (bzw nach § 355 IV 1 6 Monate) und nach § 485 a III 3 maximal 1 Jahr und 2 Wochen beträgt (bzw nach § 355 IV 3 keiner zeitlichen Schranke unterliegt). Davon losgelöst ist jedoch zu beachten, dass sich Widerruf und Schadensersatzanspruch nicht nur von ihren tatbestandlichen Voraussetzungen, sondern auch hins ihrer Rechtsfolgen unterscheiden. Vor diesem Hintergrund vermag ein divergierender zeitlicher Rahmen bei den beiden Sanktionen keinen Wertungswiderspruch hervorzurufen. Nicht jeder Verstoß des Unternehmers begründet allerdings einen Schadensersatzanspruch nach § 280 I.

15 Dasselbe gilt im Fall der **unterlassenen bzw fehlerhaften Widerrufsbelehrung**. Insb aus der Judikatur zur Haustürwiderrufs-RL folgt zweifelsohne der Charakter der Widerrufsbelehrung als echte Rechtspflicht: EuGH NJW 05, 3551; Staudinger NJW 05, 3524; auf Grundlage des Urteils des EuGH in der Rechtssache Crailsheimer Volksbank (EuGH NJW 05, 3555) entschied der BGH, dass ein Fehlen der Widerrufsbelehrung ein Vertragsabschlussverschulden begründet und ein Schadensersatzanspruch gem § 2 HWiG auch dann in Betracht kommt, wenn die Haustürsituation nur bei Anbahnung des Vertrags vorgelegen hat (BGH NJW 08, 1585); s insofern außerdem das Berufungsurt des OLG Bremen ZIP 06, 654; hierzu Häublein NJW 06, 1553 f; zur Entscheidung auch Artz/Kessens VuR 06, 153 f; Limbach ZGS 06, 216 ff; s auch Martens VuR 08, 121). Der Verbraucher hat einen Rechtsanspruch darauf, ordnungsgemäß belehrt zu werden (Palandt/Grüneberg § 355 Rn 16; MK/Franzen § 485 Rn 28).

16 Mit der Aushändigung der vorvertraglichen Informationen entsteht zwischen Unternehmer und Verbraucher ein Vertragsanbahnungsverhältnis, so dass unterlassene oder fehlerhafte Angaben in den vorvertraglichen Informationen einen Schadensersatzanspruch aus §§ 311 II (III), 280 I auslösen können. Ein solcher Anspruch dürfte jedoch idR ausscheiden, wenn die Informationen im Vertrag nachgeholt werden und der Verbraucher die Möglichkeit hatte, sein Widerrufsrecht auszuüben (vgl Fuchs ZIP 00, 1280).

17 Bei unterlassenen oder unrichtigen Pflichtangaben im Vertrag kommt ein Anspruch nach §§ 311 II, 280 I in Betracht (vgl zur früheren Rechtslage: Hildenbrand/Kappus/Mäsch/Hildenbrand § 1 Rn 3, § 4 Rn 55; von Schwaller, 92 ff). § 485 a steht dem nicht entgg. Hätte ein weitergehendes Vertragslösungsrecht ausgeschlossen werden sollen, hätte es nahe gelegen, das Konkurrenzverhältnis wie etwa im Fall des Zusammentreffens verschiedener Widerrufsrechte nach § 312 a ausdrücklich zu regeln. Der Schadensersatzanspruch greift unabhängig davon ein, ob eine wesentliche Pflichtangabe fehlt (s zum Widerruf nach neuer Rechtslage Rn 5) oder ob die Widerrufsfrist bereits abgelaufen ist. Allerdings dürfte im Regelfall bei Falschangaben, die lediglich Nebensächlichkeiten betreffen, die Pflichtverletzung für den Vertragsabschluss nicht kausal geworden sein (Kind, Die Grenzen des Verbraucherschutzes durch Information – aufgezeigt am Teilzeitwohnrechtegesetz, 335).

18 f) Denkbar ist überdies ein **Anspruch auf Schadensersatz nach §§ 823 II, 249 I** gerichtet auf Vertragsaufhebung, sofern man § 2 BGB-InfoV die Qualität eines Schutzgesetzes beimisst. Zu einer Haftung aus § 826: LG Hanau NJW-RR 01, 1500.

19 g) Bei **verbraucherschutzgesetzwidrigen Praktiken** des Unternehmers kommt eine Unterlassungsklage nach § 2 I, II Nr 1, III UKlaG in Betracht, die bestimmte in §§ 3 und 4 UKlaG aufgeführte Stellen und Verbände erheben können (zu beachten sind die Einschränkungen in § 2 III sowie die Verjährung nach §§ 195, 199).

20 h) Informationspflichtverletzungen können ferner **wettbewerbsrechtliche Sanktionen** nach Maßgabe der §§ 8, 9 UWG nach sich ziehen (vgl Hildenbrand/Kappus/Mäsch/Hildenbrand § 1 Rn 4; vgl überdies OLG Stuttgart ZGS 08, 198). Im Hinblick auf den Anwendungsbereich von § 4 Nr 11 UWG ist zu beachten, dass nicht jede verbraucherschützende Norm zugleich dazu bestimmt ist, das Marktverhalten zu regeln (OLG Hamburg NJW 07, 2265; vgl insofern auch OLG Stuttgart ZGS 08, 200; s zum Verbraucherschutz im Wettbewerbsrecht ebenso Stillner VuR 08, 47 ff). Des Weiteren liegt nach der Rspr zumindest kein erheblicher Wettbewerbsverstoß iSd § 3 UWG vor, wenn die Belehrung über den Beginn der Widerrufsfrist dem gesetzlichen Mustertext folgt. Dies gilt selbst für den Fall, dass dieser unvollständig ist (so mit Blick auf die § 312 d II BGB nicht berücksichtigende Musterwiderrufsbelehrung gem Anlage 2 zu § 14 BGB-InfoV: OLG Hamburg CR 08, 116; aA Buchmann MMR 07, 350; s ebenfalls zur **Dritten VO zur Änderung der BGB-Informationspflicht-VO** vom 4.3.08 (abgedruckt in ZGS 08, 144 ff) Faustmann ZGS 08, 147 f sowie Masuch NJW 08, 1700 ff). Verstößt der Unternehmer etwa gegen die ihm obliegenden Vorgaben bei der Widerrufsbelehrung, liegt hierin eine Irreführung und Ausnutzung der Rechtsunkennt-

nis der betroffenen Verbraucher, die den Vorwurf der Wettbewerbswidrigkeit begründen (zu § 5 II TzWrG: OLG Karlsruhe VuR 01, 382; LG Frankfurt aM NJW-RR 00, 508; zum HWiG: BGHZ 109, 127; 110, 308). Dies gilt entspr, wenn der Unternehmer seine in §§ 483, 484 sowie § 2 BGB-InfoV verankerten Pflichten verletzt.

Der Einwand der **Verwirkung** nach § 242 kommt allenfalls (s aber auch OLG Frankfurt aM NJW-RR 01, 1279) in krassen Ausnahmefällen in Betracht, wenn der Verbraucher nach anderweitig erlangter positiver Kenntnis vom Widerrufsrecht über einen längeren Zeitraum hin der gegnerischen Vertragsseite signalisiert hat, an dem Vertrag festhalten zu wollen (zum Problemkreis: Schmidt-Kessel ZGS 02, 313; zur Verwirkung des Widerrufsrechts bei unterbliebener Belehrung s Martens VuR 08, 124 f). 21

IV. Abs 4 sieht einen einheitlichen Fristbeginn für gemeinsam abgeschlossene Teilzeit-Wohnrechteverträge und Tauschsystemverträge vor, um Fehler bei der Anwendung des Widerrufsrechts zu vermeiden (BT-Drucks 17/2764, 20). 22

§ 486 Anzahlungsverbot

(1) Der Unternehmer darf Zahlungen des Verbrauchers vor Ablauf der Widerrufsfrist nicht fordern oder annehmen.
(2) Es dürfen keine Zahlungen des Verbrauchers im Zusammenhang mit einem Vermittlungsvertrag gefordert oder angenommen werden, bis der Unternehmer seine Pflichten aus dem Vermittlungsvertrag erfüllt hat oder diese Vertragsbeziehung beendet ist.

I. Das in Abs 1 normierte **Anzahlungsverbot** geht auf Art 9 RL zurück und soll das Widerrufsrecht flankieren. Bei Leistungen vor Ablauf der Widerrufsfrist müsse der Verbraucher damit rechnen, dass Zahlungen zumindest nicht freiwillig zurückgewährt werden und deshalb uU eine Klage im Ausland zu erheben sei. Dies könne den Verbraucher veranlassen, „von der Ausübung seines Widerrufsrechtes Abstand zu nehmen" (BT-Drucks 17/2764, 21, BT-Drucks 13/4185). Während dem Verbraucher folglich ein Anspruch auf Erfüllung aus dem (schwebend) wirksamen Vertrag zusteht, darf der Unternehmer innerhalb einer bestimmten Zeitspanne keine Anzahlung auf seine Gegenleistung fordern bzw annehmen. 1

II. 1. a) Das **Anzahlungsverbot nach Abs 1** besteht während der gesamten Widerrufsfrist. Die Vorschrift erfasst damit auch die Fälle eines späteren Fristbeginns oder einer verlängerten Widerrufsfrist (so auch Martinek in: FS Wolf, 91, 107). Sofern § 355 IV 3 intertemporal einschlägig ist (§ 481 Rn 1), bleibt der Unternehmer – solange er die Belehrung nicht nachholt (s § 485 Rn 3; § 355 Rn 14) – dauerhaft dem Anzahlungsverbot unterworfen. Abs 1 ist weder auf bestimmte Zahlungen des Verbrauchers noch bestimmte Erfüllungsmodalitäten beschränkt (BT-Drucks 17/2764, 20; LG Hanau NJW 98, 2984; OLG Frankfurt aM NJW 99, 296). Untersagt bleibt vielmehr jedwede Leistung an den Unternehmer, losgelöst davon, ob es sich um den nach § 481 I 1 bzw § 481 a geschuldeten Gesamtpreis, Teile hiervon oder um laufende Kosten handelt. Unerheblich ist ferner, ob Erfüllung nach § 362 I oder II eintritt oder die Zahlung gem § 364 II etwa im Fall der Scheck- oder Wechselhingabe erfüllungshalber erfolgt. 2

b) Der Wortlaut von Abs 1 steht einer **Zahlung an einen Treuhänder** nicht unmittelbar entgg. Sinn und Zweck dieser Bestimmung führen jedoch zu dem Ergebnis, dass allein solche Treuhandkonstruktionen mit dem Anzahlungsverbot vereinbar sind, die dem Verbraucher die uneingeschränkte Dispositions- bzw Verfügungsbefugnis bis zum Ablauf der Widerrufsfrist einräumen. Dies gilt etwa für die Zahlung auf ein Notaranderkonto (Palandt/Weidenkaff § 486 Rn 2 f; abw Hildenbrand/Kappus/Mäsch/Hildenbrand § 7 Rn 10; von Schwaller, 131 ff; Jauernig/Berger § 486 Rn 2). Hat der Unternehmer dag bereits vor Ablauf dieses Zeitraums Zugriff auf das Treuhandkonto, verstößt dies gegen das Anzahlungsverbot. Dies folgt bereits aus der teleologischen sowie richtlinienkonformen Interpretation von S 1, nicht erst aus § 487 S 2. 3

c) Der Unternehmer muss **freiwillige Zahlungen** des Verbrauchers ablehnen bzw den Betrag unverzüglich zurückerstatten. Er darf während der Frist nach Abs 1 ebenfalls 4 keine Zahlung vom Verbraucher fordern. Unbedenklich ist es, wenn der Unternehmer im Vertrag einen Fälligkeitszeitpunkt für die Zahlung festlegt, vorausgesetzt, dieser Termin liegt nach Ablauf der in Abs 1 geregelten Frist (Hildenbrand/Kappus/Mäsch-Hildenbrand § 7 Rn 20; abw Drasdo § 7 Rn 3; von Schwaller, 127).

5 **d)** Steht eine im Vertrag vereinbarte Anzahlung im Widerspruch zu Abs 1, ist eine solche Abrede nach § 487 S 1, § 134 unwirksam. Wie auch bei §§ 306 I, 312 f S 1, 506 S 1, 655 e I 1 findet § 139 keine Anwendung, so dass der Teilzeit-Wohnrechtevertrag iÜ von der Nichtigkeit der Anzahlungsabrede nicht berührt wird (so zu § 7 TzWrG aF auch BGH, Urt v 15.2.05 Az XI ZR 172/04).

6 **e) Verstößt** der Unternehmer gegen Abs 1, kann der Verbraucher etwa im Anschluss an den Widerruf Rückgewähr des Betrages gem §§ 485 I, 355, 357 I 1, 346 I verlangen. Hält der Verbraucher am Vertrag fest, kann er die Anzahlung kondizieren (zu den denkbaren Anspruchsgrundlagen Artz, in: Bülow/Artz, Handbuch Verbraucherprivatrecht, 05, 434 f; Bülow/Artz Verbraucherprivatrecht, Rn 483; vgl auch Staud/Martinek § 486 Rn 5). Dem Unternehmer ist es verwehrt, sich auf § 818 III zu berufen. Die Verletzung des Anzahlungsverbots ist überdies dadurch schadensersatzbewehrt, dass Abs 1 als Schutzgesetz iSd § 823 II gilt (s dort Rn 156). In Betracht kommen schließlich Unterlassungsklagen nach §§ 1, 2 I, II Nr 1 UKlaG bzw § 8 I UWG oder die klageweise Geltendmachung etwa durch den Bundesverband der Verbraucherzentralen (vzbv) nach Art 1 § 3 Nr 8 Rechtsberatungsgesetz (hierzu Heidemann-Peuser VuR 02, 455 ff).

7 **2.** Nach **Abs 2** gilt das Anzahlungsverbot auch im Rahmen von Vermittlungsverträgen, solange der Unternehmer seine Pflichten aus diesem Schuldverhältnis noch nicht erfüllt hat oder diese Rechtsbeziehung beendet ist. Dies soll verhindern, dass der Unternehmer den Verbraucher hinhält, welcher wiederum aus Angst vor eine ausbleibenden Rückzahlung am Vertrag festhält. Dies muss wohl nunmehr entspr dem eindeutigen Wortlaut der Vorschrift auch für **Reisebüros** gelten, die Teilzeitwohnrechte vermitteln (entgegen noch BGH NJW-RR 05, 780).

§ 486 a Besondere Vorschriften für Verträge über langfristige Urlaubsprodukte

(1) ¹Bei einem Vertrag über ein langfristiges Urlaubsprodukt enthält das in Artikel 242 § 1 Absatz 2 des Einführungsgesetzes zum Bürgerlichen Gesetzbuche bezeichnete Formblatt einen Ratenzahlungsplan. ²Der Unternehmer darf von den dort genannten Zahlungsmodalitäten nicht abweichen. ³Er darf den laut Formblatt fälligen jährlichen Teilbetrag vom Verbraucher nur fordern oder annehmen, wenn er den Verbraucher zuvor in Textform zur Zahlung dieses Teilbetrags aufgefordert hat. ⁴Die Zahlungsaufforderung muss dem Verbraucher mindestens zwei Wochen vor Fälligkeit des jährlichen Teilbetrags zugehen.

(2) Ab dem Zeitpunkt, der nach Absatz 1 für die Zahlung des zweiten Teilbetrags vorgesehen ist, kann der Verbraucher den Vertrag innerhalb von zwei Wochen ab Zugang der Zahlungsaufforderung zum Fälligkeitstermin gemäß Absatz 1 kündigen.

1 **I.** § 486 a enthält Spezialregelungen für Verträge über langfristige Urlaubsprodukte. Bei diesen Verträgen hat der Unternehmer dem Verbraucher vor Vertragsschluss einen Ratenzahlungsplan vorzulegen, von dem er später nicht mehr abweichen darf. Die jährlichen Raten können zudem nur gefordert und angenommen werden, wenn der Unternehmer den Verbraucher mindestens 2 Wochen vor Fälligkeit zur Zahlung der Raten aufgefordert hat.

2 **II.** Gem Abs 2 steht dem Verbraucher nach Begleichung der zweiten Jahresrate das Recht zu, den Vertrag innerhalb von 2 Wochen nach Zugang der Zahlungsaufforderung zu kündigen. Das Kündigungsrecht aus wichtigem Grund nach § 314 wird davon nicht berührt (BT-Drucks 17/2764, 21).

§ 487 Abweichende Vereinbarungen

¹Von den Vorschriften dieses Titels darf nicht zum Nachteil des Verbrauchers abgewichen werden. ²Die Vorschriften dieses Titels finden, soweit nicht ein anderes bestimmt ist, auch Anwendung, wenn sie durch anderweitige Gestaltungen umgangen werden.

1. a) S 1 bestimmt, dass die §§ 481 ff **halbzwingenden Charakter** haben, mithin lediglich zugunsten des Verbrauchers abdingbar sind (vgl §§ 312 f S 1, 506 S 1, 655 e I 1). S 1 verbietet abw **Vereinbarungen** der Vertragsparteien. Hierunter fallen nach dem Wortlaut bspw ein Erlassvertrag oder negatives Schuldanerkenntnis (§ 397 I, II). Ausgeschlossen ist auch ein **einseitiger Verzicht** des Verbrauchers auf sein Widerrufsrecht. Nach der veränderten dogmatischen Konstruktion des Widerrufsrechts (vgl § 355 Rn 6) ist der Vertrag von Anfang an wirksam und es entstehen mit Vertragsschluss Erfüllungsansprüche zwischen Verbraucher und Unternehmer (beachte § 486 S 1). Folglich besteht kein Grund, S 1 einschränkend auszulegen (vgl auch Bülow/Artz NJW 00, 2052). S 1 greift unabhängig davon ein, ob die **Vereinbarung vor, bei oder nach Abschluss des Vertrages** erfolgt und ob sie **individuell ausgehandelt** oder in Form einer **Standard- oder Einmalklausel** (§ 310 III Nr 2) seitens des Unternehmers gestellt wird. S 1 verdrängt nicht etwa die Kontrolle anhand der §§ 305 ff, da andernfalls die Verbandsklage nach § 1 UKlaG ausgeschlossen würde. 1

b) Ob eine Vereinbarung **zulasten** des Verbrauchers vorliegt, beurteilt sich nicht anhand einer Gesamtabwägung des Vertrages. Abzustellen ist vielmehr auf die konkrete Einzelnorm. Daher kann ein Nachteil durch eine für den Verbraucher günstigere Regelung an anderer Stelle des Vertrages nicht kompensiert werden. Entscheidend ist überdies allein eine rechtliche, nicht etwa eine wirtschaftliche Betrachtungsweise. 2

c) Unwirksam sind nach dem Wortlaut Vereinbarungen, die von den Vorschriften „dieses Titels" abweichen. Erfasst werden damit auch Vorschriften, die kraft (ausdrücklicher) Verweisung – wie etwa Art 242 EGBGB oder § 355 einbezogen werden (vgl zu § 18 S 1 VerbrKrG: Staud/Kessal-Wulf, Bearbeitung 01, § 18 VerbrKrG Rn 2). Durch S 1 erhalten damit etwa auch §§ 355, 346 ff, 357 einen halbzwingenden Charakter (vgl MK/Franzen § 487 Rn 2). Unzulässig ist hiernach etwa die Vereinbarung einer verkürzten Widerrufsfrist. Gleichermaßen verstoßen erhöhte Form- sowie Zugangserfordernisse für den Widerruf gegen S 1. Somit können die Parteien weder über § 127 I die gesetzliche Schriftform in § 126 vereinbaren, noch vermag der Unternehmer einseitig durch Formularabrede festlegen, dass der Widerruf nur durch eingeschriebenen Brief erfolgen darf. Bei der Klauselkontrolle (sofern eine solche aufgrund der durch § 487 S 1 angeordneten Unwirksamkeit ex lege überhaupt durchgeführt wird, vgl § 485 a Rn 12) greift insofern § 307 II Nr 1 ein (§ 309 Nr 13 ist dag nicht einschlägig, wenn der Klauselsteller einen „schriftlichen" Widerruf vorschreibt; der Gesetzgeber sollte dieses Klauselverbot an den veränderten Formenkanon in den §§ 126 ff anpassen). Verstößt eine Vereinbarung gegen S 1, ist sie **unwirksam** nach § 134. Der Vertrag bleibt iÜ bestehen. Der Anwendbarkeit des § 139 steht der Schutzzweck von S 1 entgg. Wird eine kürzere Widerrufsfrist vereinbart, ist somit allein diese Abrede nichtig. In die Lücke tritt die gesetzliche Widerrufsfrist aus §§ 485 I, 355 II. Der Vertrag bleibt iÜ wirksam. Dies gilt ebenso bei einer Formularabrede (§§ 307 II Nr 1, 306 I, II). 3

2. S 2 normiert ein **Umgehungsverbot** (vgl §§ 306 a, 312 f S 2, § 506 S 2, 655 e I 2; zu Kettenverträgen: Staud/Martinek 487 Rn 2). Der Bestimmung kommt eine rein **deklaratorische Funktion** zu, da sie den Rechtsanwender auf die Möglichkeit hinweist, Gesetzeslücken im Wege der Rechtsfortbildung (Analogie, teleologische Reduktion) zu schließen. S 2 greift daher erst dann ein, wenn den Umgehungsversuchen nicht bereits durch (richtlinienkonforme) Interpretation der §§ 481 ff begegnet werden kann. In einem solchen Ausnahmefall setzt S 2 allein das Vorliegen eines Umgehungstatbestandes voraus. Einer Umgehungsabsicht seitens des Unternehmers bedarf es indes nicht (OLG Karlsruhe VuR 01, 383). Als **Rechtsfolge** bestimmt S 2 die Anwendung der §§ 481 ff unter Einschluss der in Bezug genommenen Vorschriften. 4

Titel 3
Darlehensvertrag; Finanzierungshilfen und Ratenlieferungsverträge zwischen einem Unternehmer und einem Verbraucher[1]

Untertitel 1
Darlehensvertrag
Kapitel 1
Allgemeine Vorschriften

§ 488 Vertragstypische Pflichten beim Darlehensvertrag

(1) ¹Durch den Darlehensvertrag wird der Darlehensgeber verpflichtet, dem Darlehensnehmer einen Geldbetrag in der vereinbarten Höhe zur Verfügung zu stellen. ²Der Darlehensnehmer ist verpflichtet, einen geschuldeten Zins zu zahlen und bei Fälligkeit das zur Verfügung gestellte Darlehen zurückzuzahlen.

(2) Die vereinbarten Zinsen sind, soweit nicht ein anderes bestimmt ist, nach dem Ablauf je eines Jahres und, wenn das Darlehen vor dem Ablauf eines Jahres zurückzuzahlen ist, bei der Rückzahlung zu entrichten.

(3) ¹Ist für die Rückzahlung des Darlehens eine Zeit nicht bestimmt, so hängt die Fälligkeit davon ab, dass der Darlehensgeber oder der Darlehensnehmer kündigt. ²Die Kündigungsfrist beträgt drei Monate. ³Sind Zinsen nicht geschuldet, so ist der Darlehensnehmer auch ohne Kündigung zur Rückzahlung berechtigt.

1 I. § 488 ist die **Zentralnorm** des durch die Schuldrechtsreform umfassend **neu geregelten Gelddarlehensrechts**. Dieses basiert gleichermaßen auf dem früheren Verbraucherkreditgesetz und den iS einer Annäherung an die Rechtswirklichkeit modifizierten §§ 607 ff aF.

2 II. 1. Abs 1 legt in der für das BGB typischen Diktion die **Hauptpflichten der Parteien** eines Darlehensvertrages fest. Danach hat der Darlehensgeber dem Darlehensnehmer den vereinbarten Geldbetrag zur Verfügung zu stellen, während der Darlehensnehmer vertraglich oder gesetzlich geschuldete Zinsen zahlen muss (zur Abgrenzung v Mitdarlehensnehmern und bloßen Mithaftenden, die kein eigenes Interesse am Darlehensvertrag haben, über Auszahlung und Verwendung des Darlehens nicht mitentscheiden dürfen und daher dem Darlehensgeber nicht als gleichberechtigter Vertragspartner gegenüberstehen, vgl BGHZ 146, 37; BGH NJW-RR 04, 924). Bei verzinslichen Darlehen trifft den Darlehensnehmer grds die Pflicht zur Abnahme des Darlehens. Eine Verletzung dieser Pflicht kann zu Schadensersatzansprüchen des Darlehensnehmers aus §§ 280 ff („Nichtabnahmeentschädigung") führen (BGH NJW 01, 510). Außerdem hat der Darlehensnehmer bei Fälligkeit des Darlehens dieses dem Darlehensgeber zurückzuerstatten. Zwischen mehreren Darlehensnehmern besteht Gesamtschuldnerschaft (Erm/Saenger § 488 Rn 4). Somit hat sich der Gesetzgeber nunmehr auch beim Darlehensvertrag eindeutig dafür entschieden, diesen als beidseitig verpflichtenden **Konsensualvertrag** auszugestalten (Jauernig/Mansel § 488 Rn 5), statt, wie es der Gesetzeswortlaut der §§ 607 ff aF vermuten ließ, als Realvertrag (BT-Drucks 14/6040, 252). Die **Beweislast** für die Auszahlung des Darlehens und für die Auszahlung als Darlehen liegt grds beim Darlehensgeber (BGH WM 76, 975; einschränkend BGH WM 86, 601). Dies gilt selbst dann, wenn der die Hingabe bestreitende Schuldner den Empfang als Darlehen in notarieller Urkunde bestätigt und sich der Zwangsvollstreckung unterwor-

---

1 Dieser Titel dient der Umsetzung der Richtlinie 87/102/EWG des Rates zur Angleichung der Rechts- und Verwaltungsvorschriften der Mitgliedstaaten über den Verbraucherkredit (ABl. EG Nr. L 42 S. 48), zuletzt geändert durch die Richtlinie 98/7/EG des Europäischen Parlaments und des Rates vom 16. Februar 1998 zur Änderung der Richtlinie 87/102/EWG zur Angleichung der Rechts- und Verwaltungsvorschriften der Mitgliedstaaten über den Verbraucherkredit (ABl. EG Nr. L 101 S. 17).

fen hat (BGHZ 147, 203; unter Aufgabe der älteren Rspr, zu dieser vgl BGH NJW 81, 2756; BGH NJW 86, 2571). Die **verspätete Auszahlung** des Darlehens kann zu Schadensersatzansprüchen des Darlehensnehmers aus §§ 280 ff führen. Für die Rückzahlung des Darlehens ist der Darlehensnehmer beweispflichtig (Palandt/Weidenkaff § 488 Rn 38). Die **Aufrechnung** durch den Darlehensnehmer ist uneingeschränkt möglich, eine Aufrechnung durch den Darlehensgeber widerspricht hingegen idR dem Zweck des Darlehensvertrages (BGHZ 71, 20 f; Palandt/Weidenkaff § 488 Rn 9). Zu den Informationspflichten einer kreditgebenden Bank ggü Anlageinteressenten hins einer fälligen Provision vgl BGH NJW 04, 2378.

a) Abgrenzung zu anderen Vertragstypen: Anwendbar sind die §§ 488 ff ausschließlich auf Gelddarlehen. Für Sachdarlehen bleiben dag weiterhin die §§ 607 ff maßgeblich. Im Ggs zum Gegenstand eines Leih- oder Mietvertrages geht das Darlehen in das Eigentum des Darlehensnehmers über. Bei den Einlagengeschäften der Banken handelt es sich jedenfalls immer dann um einen Darlehens- und nicht um einen Verwahrungsvertrag, wenn das Geldaufnahmeinteresse der Bank und das Geldanlageinteresse des Kunden im Vordergrund steht (so zB bei Spar- und Termineinlagen, vgl iÜ aber ohnehin die Rückverweisung auf das Darlehensrecht in § 700). Bei anderen Bankgeschäften kann uU auch das Recht der Geschäftsbesorgung (§ 675) anzuwenden sein (zur Abgrenzung: MK/Berger Vor § 488 Rn 19 ff). Zu verbundenen Verträgen vgl §§ 358 f. 3

b) Anders als noch die §§ 607, 608 aF geht § 488 v **Regelfall des entgeltlichen Darlehens** aus (MK/Berger § 488 Rn 55; Jauernig/Mansel § 488 Rn 19). Zugleich stellt Abs 1 S 2 jedoch klar, dass auch unentgeltliche Darlehen v den §§ 488 ff erfasst werden (vgl Rn 6). 4

2. Abs 2 legt für **Darlehenszinsen** abw v § 271 als Regelfall die nachträgliche Fälligkeit fest. 5

a) Voraussetzung für die Zinszahlungspflicht des Darlehensnehmers ist, soweit es insofern an einer gesetzlichen Grundlage fehlt (vgl BT-Drucks 14/7052, 200), deren zumindest stillschweigende **Vereinbarung** zwischen den Parteien (Jauernig/Mansel § 488 Rn 19). Allerdings ist nach § 488 das entgeltliche Darlehen anders als nach § 608 aF nicht mehr nur als besondere Qualifizierung des Regelfalls des unentgeltlichen Darlehens anzusehen, sondern als mind gleichberechtigte, wenn nicht sogar üblichere Variante des Gelddarlehens (vgl Rn 4), (BT-Drucks 14/6040, 253). Zur Verzinsung v Darlehen iR v Handelsgeschäften vgl §§ 353 f HGB. 6

b) Ist der Darlehensvertrag und damit auch die Zinsvereinbarung zwischen den Parteien **nichtig**, zB wegen Sittenwidrigkeit (§ 138 I) oder Kreditwuchers (§ 138 II), entsteht kein Zinsanspruch des Darlehensgebers (zu den Voraussetzungen einer Nichtigkeit v Darlehensverträgen nach § 138 vgl Kommentierung zu § 138 Rn 14 ff). Der Darlehensnehmer kann das (Wucher-)Darlehen gem § 817 S 2 aber dennoch bis zum Ablauf der vereinbarten Laufzeit behalten (vgl hierzu Kommentierung zu § 817 Rn 7). 7

c) Der Zinsanspruch **verjährt** regulär nach drei Jahren (§ 195). Zur Verjährung v Zinsansprüchen, die vor dem 1.1.2002 entstanden sind, vgl Art 229 § 6 EGBGB, zur Verjährung bei Verbraucherdarlehen vgl § 497 III 3. 8

d) Die **Beweislast** für den Inhalt der Zinsvereinbarung trägt der Darlehensgeber (BGH WM 83, 448; Jauernig/Mansel § 488 Rn 19; einschränkend [Beweislast für Nichtvorliegen einer Zinsvereinbarung beim Darlehensnehmer, nur iÜ Beweislast für Inhalt Zinsvereinbarung bei Darlehensgeber]: Palandt/Weidenkaff § 488 Rn 39). 9

e) Abs 2 ist **abdingbar** (Palandt/Weidenkaff § 488 Rn 2). 10

f) Die **Zinszahlungspflicht entsteht** idR mit der Auszahlung des Darlehens. Oft wird dieser Termin aber vorverlegt (Bereitstellungszins oder -provision), etwa auf den Zeitpunkt der Bereitstellung des Kredits (hierzu: BGH NJW-RR 89, 949). Die vertragliche Zinszahlungspflicht **endet** mit der Fälligkeit des Rückerstattungsanspruchs (Abs 3), spätestens mit Eintritt des Verzugs des Darlehensnehmers (BGHZ 104, 339). Nach diesem Zeitpunkt tritt an die Stelle des Zinsanspruchs des Darlehensgebers ein gesetzlicher Anspruch auf (Verzugs-)Zinsen aus § 288 sowie ggf auf Schadensersatz aus §§ 280 ff. Wird das Darlehen aufgrund einer Kündigung vorzeitig zurückgezahlt, erlischt damit die Zinspflicht des Darlehensnehmers (MK/Berger § 488 Rn 198). 11

12 g) Abs 2 sieht als Regelfall die **Fälligkeit der Zinsen** nach Ablauf eines Jahres bzw bei kürzerer Laufzeit des Darlehensvertrages bei Rückzahlung des Darlehens vor. Die Vereinbarung unterjähriger Zinszahlungen ist jedoch in der Praxis üblich und auch durch AGB zulässig (BGH NJW 93, 3261).

13 h) Die **Höhe** des v Darlehensnehmer zu entrichtenden **Zinses** unterliegt in den Grenzen des § 138 freier Vereinbarung. Statt eines Prozentsatzes kann auch ein bestimmter Betrag festgesetzt werden, der zB in (einem Teil) der Differenz zwischen Auszahlungs- und Rückzahlungsbetrag (Disagio) bestehen kann (Palandt/Weidenkaff § 488 Rn 20, 34). Zinsanpassungsklauseln iSv § 315 sind auch durch AGB generell zulässig (BGHZ 97, 216). Wurde lediglich die Verzinsung des Darlehens, nicht jedoch die Zinshöhe vereinbart, beträgt diese gem § 246 4 %, bei Handelsgeschäften nach § 352 HGB 5 %.

14 3. Abs 3 regelt die **Fälligkeit des Rückzahlungsanspruchs** des Darlehensgebers. Er ist auf alle Darlehensverträge anwendbar, die keine abw Bestimmungen zur Fälligkeit oder Kündigung enthalten. Ein im Darlehensvertrag vereinbartes Sondertilgungsrecht begründet grds ein kündigungsunabhängiges Teilleistungsrecht des Darlehensnehmers ohne Verpflichtung zur Zahlung einer Vorfälligkeitsentschädigung, das bei Ablauf der für die Ausübung des Sondertilgungsrechts vorgesehenen Frist erlischt: BGH NJW 12, 445.

15 a) Durch die Fälligkeit des Rückzahlungsanspruchs wandelt sich das Dauerschuldverhältnis zwischen den Parteien des Darlehensvertrages in ein **Abwicklungsverhältnis**, das bis zur vollständigen Rückerstattung des Darlehens andauert. Zur Zinszahlungspflicht des Darlehensnehmers während dieses Zeitraums vgl oben, Rn 11. Zur Grenzen des Rückzahlungsanspruchs, die sich aus § 242 ergeben können, vgl BGH DStR 10, 1899.

16 b) Auch nach der Neugestaltung des Darlehensrechts in den §§ 488 ff steht die Pflicht zur **Rückzahlung** des Darlehens in **keinem Gegenseitigkeitsverhältnis** iSd §§ 320 ff, sondern ist reine Abwicklungspflicht (Jauernig/Mansel § 488 Rn 3).

17 c) Nach Auszahlung des Darlehens kommen als **Beendigungsgründe** für den Darlehensvertrag in Betracht: Zeitablauf, ordentliche Kündigung (§ 489), außerordentliche Kündigung (§ 490 sowie, wie bei allen Dauerschuldverhältnissen, § 314), Anfechtung (§§ 119, 123), Bedingungseintritt (§ 158), Rückerstattung ohne Kündigung bei unentgeltlichem Darlehen (Abs 3 S 3) und Aufhebungsvertrag. Vor Auszahlung kann das Darlehen daneben auch durch Widerruf (§ 495) oder Rücktritt (§§ 323 ff) beendet werden. Der bloße Ablauf der vereinbarten Kontokorrentfrist oder die Fälligstellung eines solchen Kredits führt allerdings nicht ohne weiteres zur Beendigung des Kontokorrentverhältnisses. Maßgeblich hierfür sind vielmehr ausdrückliche und insb auch konkludente Vereinbarungen der Parteien (BGH NJW-RR 03, 1351).

18 d) Macht der Darlehensgeber seinen Rückzahlungsanspruch geltend, trägt er die **Beweislast** für die Auszahlung der Valuta, die Einigung der Parteien über die Hingabe als Darlehen und die Beendigung des Darlehensvertrages (BGH jurisPR extra 2008, 1). Ein **Rechtsschutzinteresse** des Darlehensgebers an einer Klage auf Darlehensrückzahlung besteht auch, wenn der Darlehensnehmer in notarieller Urkunde eine Vollstreckungsunterwerfungserklärung abgegeben hat (BGH VersR 2007, 1278).

19 e) Abs 3 ist **abdingbar**, soweit dadurch das Kündigungsrecht des Darlehensnehmers aus wichtigem Grund (§ 314) nicht dauerhaft ausgeschlossen wird (vgl MK/Berger § 488 Rn 243).

20 f) aa) Eine bestimmte **Laufzeit** des Darlehensvertrages kann sich entweder aus einer ausdrücklichen Vereinbarung zwischen den Parteien oder stillschweigend aus besonderen Umständen, zB dem festgelegten Darlehenszweck, ergeben (vgl dazu BGH NJW 95, 2283).

21 bb) Bei der **Kündigung** eines Darlehensvertrages handelt es sich um eine empfangsbedürftige, unwiderrufliche, bedingungsfeindliche, mangels anderweitiger vertraglicher Vereinbarung formfreie Willenserklärung (§ 130), die erst nach Auszahlung des Darlehens zulässig ist (BGH NJW 83, 1543). Sind an einem Darlehensvertrag mehrere Darlehensnehmer beteiligt, kann diesen die Kündigung nur einheitlich erklärt werden (BGH NJW 02, 2866).

cc) Eine **ordentliche Kündigung** ist bei zeitlich unbestimmten Darlehensverträgen nach Abs 3 S 1 sowie bei allen Darlehensverträgen in den Grenzen des § 489 möglich. Schranken des Kündigungsrechts können sich für den Darlehensgeber aus § 242 ergeben (BGH NJW-RR 87, 1184). Bei einem Sanierungsdarlehen ist die ordentliche Kündigung durch den vereinbarten Sanierungszweck mind konkludent ausgeschlossen (BGH WM 04, 1676). Die Kündigungsfrist beträgt drei Monate (Abs 3 S 2). Bei einer wirksamen Kündigung durch den Darlehensnehmer kann dieser ein vereinbartes Disagio anteilig nach § 812 zurückfordern (BGH NJW 96, 3337). Dabei ist idR nicht die Gesamtlaufzeit des Darlehens, sondern die Zinsfestschreibung zugrunde zu legen (BGH NJW 95, 2778).

dd) Ein Recht zur **außerordentlichen (fristlosen) Kündigung** besteht außer in den vertraglich vereinbarten Fällen auch nach Maßgabe der §§ 313 III, 314 und 490.

4. Wichtige **Sondervorschriften** zum Darlehensrecht enthalten ua die InsO, das BBankG sowie die umfassenden AGB der Banken und Sparkassen. Schließen die gesetzlichen Vertreter eines Minderjährigen für diesen einen Darlehensvertrag, bedarf dieser der Genehmigung des Familien- bzw Vormundschaftsgerichts (§§ 1643 I, 1822 Nr 8). Die Genehmigung des Vormundschaftsgerichts ist auch erforderlich, wenn ein Betreuer ein Darlehen für den v ihm Betreuten aufnimmt (§ 1908 i iVm § 1822 Nr 8). Zum Umfang der quotalen Haftung von Gesellschaftern einer GbR für Darlehensschulden der GbR vgl BGHZ 188, 233; NZG 12, 701; GWR 13, 116.

§ 489 Ordentliches Kündigungsrecht des Darlehensnehmers

(1) Der Darlehensnehmer kann einen Darlehensvertrag mit gebundenem Sollzinssatz ganz oder teilweise kündigen,
1. wenn die Sollzinsbindung vor der für die Rückzahlung bestimmten Zeit endet und keine neue Vereinbarung über den Sollzinssatz getroffen ist, unter Einhaltung einer Kündigungsfrist von einem Monat frühestens für den Ablauf des Tages, an dem die Sollzinsbindung endet; ist eine Anpassung des Sollzinssatzes in bestimmten Zeiträumen bis zu einem Jahr vereinbart, so kann der Darlehensnehmer jeweils nur für den Ablauf des Tages, an dem die Sollzinsbindung endet, kündigen;
2. in jedem Fall nach Ablauf von zehn Jahren nach dem vollständigen Empfang unter Einhaltung einer Kündigungsfrist von sechs Monaten; wird nach dem Empfang des Darlehens eine neue Vereinbarung über die Zeit der Rückzahlung oder den Sollzinssatz getroffen, so tritt der Zeitpunkt dieser Vereinbarung an die Stelle des Zeitpunkts des Empfangs.

(2) Der Darlehensnehmer kann einen Darlehensvertrag mit veränderlichem Zinssatz jederzeit unter Einhaltung einer Kündigungsfrist von drei Monaten kündigen.

(3) Eine Kündigung des Darlehensnehmers gilt als nicht erfolgt, wenn er den geschuldeten Betrag nicht binnen zwei Wochen nach Wirksamwerden der Kündigung zurückzahlt.

(4) ¹Das Kündigungsrecht des Darlehensnehmers nach den Absätzen 1 und 2 kann nicht durch Vertrag ausgeschlossen oder erschwert werden. ²Dies gilt nicht bei Darlehen an den Bund, ein Sondervermögen des Bundes, ein Land, eine Gemeinde, einen Gemeindeverband, die Europäischen Gemeinschaften oder ausländische Gebietskörperschaften.

(5) ¹Sollzinssatz ist der gebundene oder veränderliche periodische Prozentsatz, der pro Jahr auf das in Anspruch genommene Darlehen angewendet wird. ²Der Sollzinssatz ist gebunden, wenn für die gesamte Vertragslaufzeit ein Sollzinssatz oder mehrere Sollzinssätze vereinbart sind, die als feststehende Prozentzahl ausgedrückt werden. ³Ist für die gesamte Vertragslaufzeit keine Sollzinsbindung vereinbart, gilt der Sollzinssatz nur für diejenigen Zeiträume als gebunden, für die er durch eine feste Prozentzahl bestimmt ist.

I. Die weitgehend § 609 a aF entspr Vorschrift zielt auf einen **Interessenausgleich** zwischen den Parteien des Darlehensvertrages. Insb soll einerseits der Darlehensnehmer durch die Erleichterung v Umschuldungsmaßnahmen vor einer Bindung an nicht mehr marktgerechte Konditionen geschützt, andererseits die Bank bei der Refinanzierung v Darlehen mit längerer Laufzeit nicht übermäßig mit dem Risiko v Zinsänderungen belastet werden. Die Vorschrift wurde durch das VerbrKr- u Zahlungsd-RL-UmsetzungsG v 29.7. 2009 (BGBl I, 2355) neu gefasst und ergänzt.

2 II. 1. a) Der **Anwendungsbereich** der Vorschrift umfasst, wie nunmehr die Überschrift ausdrücklich klarstellt, nur ordentliche Kündigungen v Darlehensverträgen durch den Darlehensnehmer. Dabei regelt Abs 1 die Kündigung v fest verzinslichen, Abs 2 die v variabel verzinslichen Darlehen. Das Recht zur außerordentlichen Kündigung des Darlehensnehmers und Kündigungen durch den Darlehensgeber werden demgegenüber durch § 489 nicht berührt.

3 b) Das in Abs 1 und 2 festgelegte Kündigungsrecht des Darlehensnehmers kann nur zu dessen Lasten **abbedungen** oder eingeschränkt werden, wenn Darlehensnehmer die öffentliche Hand ist (Abs 3, § 506). Dem entgegenstehende Vertragsklauseln sind nichtig (§ 134).

4 2. a) Darlehen, für die zumindest für einen bestimmten Zeitraum ein fester Zinssatz vereinbart wurde (**fest verzinsliche Darlehen**), sind durch den Darlehensnehmer kündbar, wenn sie einer der drei in Abs 1 genannten Fallgruppen zuzuordnen sind:

5 aa) **Unterschreitet** die Dauer der **Zinsbindung** die **Laufzeit des Darlehens**, kann der Darlehensnehmer dieses mit einmonatiger Kündigungsfrist für den Zeitpunkt des Ablaufs der Zinsbindung oder zu einem beliebigen späteren Termin kündigen, wenn für diesen Zeitraum keine neue Zinssatzvereinbarung zwischen den Parteien getroffen wurde (Nr 1, 1. Alt). Sieht der Darlehensvertrag eine **periodische Zinsanpassung** in Intervallen v bis zu einem Jahr vor, kann der Darlehensnehmer sein Kündigungsrecht nur jeweils zu diesen Zinsanpassungsterminen ausüben (Nr 1, 2. Alt).

6 bb) **Darlehen an Verbraucher** (§ 13), die nicht durch Schiffs- oder Grundpfandrechte gesichert sind, können mit dreimonatiger Kündigungsfrist gekündigt werden (Nr 2). Der Begriff des Verbraucherdarlehens entspricht dabei nicht dem der §§ 491 ff (Erm/Saenger § 489 Rn 10). Vielmehr erfasst § 489 I Nr 2 auch solche Darlehen eines Arbeitnehmers, die dieser zu beruflichen Zwecken aufnimmt (zB zum Kauf eines Autos für die Fahrt zur Arbeit, vgl hierzu die Gegenäußerung der BReg zur Stellungnahme des Bundesrats, BT-Drucks 14/6857, Anlage 3, 64).

7 cc) Jedes **fest verzinsliche** Darlehen ist mit sechsmonatiger Kündigungsfrist kündbar, wenn seit der vollständigen **Auszahlung des Darlehens** oder der letzten darauf folgenden Zinssatzvereinbarung mind **zehn Jahre vergangen** sind (Nr 3).

8 b) Unter Wahrung einer dreimonatigen Kündigungsfrist können **variabel verzinsliche Darlehen** ab Auszahlung (Staud/Hopt/Mülbert § 609 a Rn 43; aA [ab Vereinbarung]: Pal/Weidenkaff § 489 Rn 15) jederzeit gekündigt werden (Abs 2). Hierzu zählen sowohl Darlehensverträge, bei denen der Zinssatz dem einseitigen Bestimmungsrecht des Darlehensgebers unterliegt (§ 315), als auch solche, bei denen der Zinssatz an einen anderen, v den Parteien nicht beeinflussbaren Zinssatz gekoppelt ist. Keine Anwendung findet Abs 2 hingegen auf Darlehensverträge, bei denen auch nur für kurze Zeit ein fester Zinssatz vereinbart wurde (Staud/Hopt/Mülbert § 609 a Rn 42). Eine **Teilkündigung** des Darlehens ist, bei einer Kündigung iSv Abs 1, nach Abs 2 nicht zulässig (Palandt/Weidenkaff § 489 Rn 15).

9 c) Durch die Fiktion des Abs 3 stehen Kündigungen des Darlehensnehmers nach Abs 1 oder 2 unter der **auflösenden Bedingung der Nichtrückzahlung** des Darlehens innerhalb v zwei Wochen nach ihrem Wirksamwerden (vgl Jauernig/Mansel § 489 Rn 12). Durch diese der Regelung des Widerrufs bei Darlehensverträgen nach § 495 II entspr Bestimmung soll vermieden werden, dass der Darlehensnehmer den Darlehensvertrag allein deshalb kündigt, um statt des (höheren) vertraglichen Zinssatzes nur die (niedrigeren) gesetzlichen Verzugszinsen zahlen zu müssen (so zu § 609 a aF: BGH NJW 88, 1969).

§ 490 Außerordentliches Kündigungsrecht

(1) Wenn in den Vermögensverhältnissen des Darlehensnehmers oder in der Werthaltigkeit einer für das Darlehen gestellten Sicherheit eine wesentliche Verschlechterung eintritt oder einzutreten droht, durch die die Rückzahlung des Darlehens, auch unter Verwertung der Sicherheit, gefährdet wird, kann der Darlehensgeber den Darlehensvertrag vor Auszahlung des Darlehens im Zweifel stets, nach Auszahlung nur in der Regel fristlos kündigen.

(2) ¹Der Darlehensnehmer kann einen Darlehensvertrag, bei dem der Sollzinssatz gebunden und das Darlehen durch ein Grund- oder Schiffspfandrecht gesichert ist, unter Einhaltung der Fristen des § 488 Abs. 3 Satz 2 vorzeitig kündigen, wenn seine berechtigten Interessen dies gebieten und seit dem vollständigen Empfang des Darlehens sechs Monate abgelaufen sind. ²Ein solches Interesse liegt insbesondere vor, wenn der Darlehensnehmer ein Bedürfnis nach einer anderweitigen Verwertung der zur Sicherung des Darlehens beliehenen Sache hat. ³Der Darlehensnehmer hat dem Darlehensgeber denjenigen Schaden zu ersetzen, der diesem aus der vorzeitigen Kündigung entsteht (Vorfälligkeitsentschädigung).

(3) Die Vorschriften der §§ 313 und 314 bleiben unberührt.

I. § 490 regelt zwei besonders wichtige Fälle, in denen die **außerordentliche Kündigung** 1 eines Darlehensvertrages zulässig ist. So kann nach Abs 1 der Darlehensgeber außerordentlich kündigen, wenn sich die **Vermögensverhältnisse** des Darlehensnehmers **wesentlich verschlechtern**. Umgekehrt steht nach Abs 2 dem Darlehnsnehmer ein Recht zur außerordentlichen Kündigung eines durch ein Grund- oder Schiffspfandrecht gesicherten Darlehens zu, wenn er ein berechtigtes Interesse an der **anderweitigen Verwertung des Pfandgegenstandes** hat. Abs 1 ist dabei weitgehend an § 610 aF angelehnt, wobei allerdings das dort geregelte Widerrufsrecht durch das eher dem Verständnis des Darlehensvertrags als eines zweiseitig verpflichtenden Konsensualvertrags entspr Kündigungsrecht ersetzt wird, während Abs 2 die Rspr des BGH zur Vorfälligkeitsentschädigung kodifiziert, ohne dadurch eine inhaltliche Änderung herbeiführen zu wollen (BT-Drucks 14/6040, 254 f; BT-Drucks 14/7052, 200). Die aus den allg Vorschriften folgenden Rechte zu einer außerordentlichen Kündigung (§§ 313, 314) bleiben hiervon ebenso unberührt (Abs 3) wie die Rechte der Parteien eines Darlehensvertrags zu dessen ordentlicher Kündigung (BT-Drucks 14/6040, 254).

II. 1. Voraussetzungen des außerordentlichen Kündigungsrechts des Darlehensgebers 2 nach Abs 1:

a) Die Vermögensverhältnisse des Darlehensnehmers oder die Werthaltigkeit einer für 3 das Darlehen gestellten Sicherheit haben sich **wesentlich verschlechtert** oder **drohen sich wesentlich zu verschlechtern**. Der Darlehensgeber ist also einerseits nicht gezwungen, die Verschlechterung der Vermögensverhältnisse abzuwarten, da dann idR seine Kündigung ihren Zweck verfehlen würde (BT-Drucks 14/6040, 254). Andererseits muss die Verschlechterung wesentlich sein, darf also nicht lediglich die Regelmäßigkeit der Rückzahlung oder der Zahlung der vereinbarten Zinsen betreffen (Staud/Hopt/Müller § 610 Rn 18; Jauernig/Mansel § 490 Rn 4; Erm/Saenger § 490 Rn 5 ff; zu den Anforderungen an einen wichtigen Grund bei einem Sanierungsdarlehen: BGH WM 04, 1676; BGH NJW 04, 3782).

b) Die **Rückzahlung des Darlehens** wird dadurch, auch unter Berücksichtigung der Si- 4 cherheit, **gefährdet**.

c) **Vor Auszahlung** des Darlehens kann der Darlehensgeber den Darlehensvertrag unter 5 den in Rn 3 und 4 genannten Voraussetzungen **stets** außerordentlich kündigen, da ihm die Auszahlung „schlechterdings nicht zugemutet werden kann", wenn sich zu diesem Zeitpunkt bereits abzeichnet, dass er sein Geld nicht zurückerhalten wird. **Nach Auszahlung** des Darlehens bedarf es hingegen stets einer **Einzelfallprüfung**, ob dem Darlehensgeber unter Preisgabe der Interessen des Darlehensnehmers an der Beibehaltung der vereinbarten Rückzahlungsmodalitäten zu gestatten ist, unter Abweichung hiervon wegen der drohenden Insolvenz des Darlehensnehmers die Rückgewähr des Darlehens vorzeitig zu betreiben (BT-Drucks 14/6040, 254).

6　2. **Voraussetzungen und Folgen** des außerordentlichen Kündigungsrechts des **Darlehensnehmers** nach Abs 2:

7　a) In dem Darlehensvertrag wurde für einen **bestimmten Zeitraum** ein **fester Zinssatz** vereinbart.

8　b) Das Darlehen ist durch ein **Grund- oder Schiffspfandrecht** gesichert.

9　c) **Berechtigte Interessen** des Darlehensnehmers gebieten es, ihm das Recht zur außerordentlichen Kündigung zu gewähren. Als Regelbeispiel hierfür nennt Abs 2 S 2 das Bedürfnis des Darlehensnehmers, die zur Sicherung des Darlehens beliehene Sache anderweitig zu verwerten (vgl hierzu BGHZ 136, 161; BGH NJW 97, 2876; BGH NJW 03, 2230; BGH NJW 04, 1730). Der Anlass für diesen anderweitigen Verwertungswunsch kann privater Art sein (Scheidung, Umzug, Arbeitslosigkeit, vgl BT-Drucks 14/6040, 255), kann aber auch in einer besonders günstigen Verkaufsgelegenheit bestehen (BGH NJW 97, 2877). Eine Einwilligung des Darlehensgebers ist nicht mehr erforderlich (Erm/Saenger § 490 Rn 11; anders noch BGH NJW 97, 2876 f).

10　d) Seit dem vollständigen Empfang des Darlehens sind sechs Monate vergangen.

11　Liegen die in Rn 7 bis 9 genannten Voraussetzungen vor, kann der Darlehensnehmer in den **Fristen** des § 488 III Nr 2 den Darlehensvertrag außerordentlich kündigen. Der Darlehensgeber hat dann einen Anspruch auf Ersatz des Schadens, der ihm durch die vorzeitige Kündigung des Darlehensnehmers entstanden ist, also auf die sog **Vorfälligkeitsentschädigung** (Abs 2 S 3). Beides entspricht der bisherigen Rspr (vgl va BGHZ 136, 161 ff; BGH NJW 97, 2875 ff; NJW 97, 2978 f).

Kapitel 2
Besondere Vorschriften für Verbraucherdarlehensverträge

§ 491 Verbraucherdarlehensvertrag

(1) Die Vorschriften dieses Kapitels gelten für entgeltliche Darlehensverträge zwischen einem Unternehmer als Darlehensgeber und einem Verbraucher als Darlehensnehmer (Verbraucherdarlehensvertrag), soweit in den Absätzen 2 oder 3 oder in den §§ 503 bis 505 nichts anderes bestimmt ist.

(2) Keine Verbraucherdarlehensverträge sind Verträge,

1. bei denen der Nettodarlehensbetrag (Artikel 247 § 3 Abs. 2 des Einführungsgesetzes zum Bürgerlichen Gesetzbuche) weniger als 200 Euro beträgt,
2. bei denen sich die Haftung des Darlehensnehmers auf eine dem Darlehensgeber zum Pfand übergebene Sache beschränkt,
3. bei denen der Darlehensnehmer das Darlehen binnen drei Monaten zurückzuzahlen hat und nur geringe Kosten vereinbart sind,
4. die von Arbeitgebern mit ihren Arbeitnehmern als Nebenleistung zum Arbeitsvertrag zu einem niedrigeren als dem marktüblichen effektiven Jahreszins (§ 6 der Preisangabenverordnung) abgeschlossen werden und anderen Personen nicht angeboten werden,
5. die nur mit einem begrenzten Personenkreis aufgrund von Rechtsvorschriften in öffentlichem Interesse abgeschlossen werden, wenn im Vertrag für den Darlehensnehmer günstigere als marktübliche Bedingungen und höchstens der marktübliche Sollzinssatz vereinbart sind.

(3) § 358 Abs. 2und 4 sowie die §§ 491 a bis 495 sind nicht auf Darlehensverträge anzuwenden, die in ein nach den Vorschriften der Zivilprozessordnung errichtetes gerichtliches Protokoll aufgenommen oder durch einen gerichtlichen Beschluss über das Zustandekommen und den Inhalt eines zwischen den Parteien geschlossenen Vergleichs festgestellt sind, wenn in das Protokoll oder den Beschluss der Sollzinssatz, die bei Abschluss des Vertrags in Rechnung gestellten Kosten des Darlehens sowie die Voraussetzungen aufgenommen worden sind, unter denen der Sollzinssatz oder die Kosten angepasst werden können.

I. § 491 definiert den **Anwendungsbereich** für die v den allg Vorschriften über den 1 Gelddarlehensvertrag (§§ 488–490) abw Bestimmungen über den Verbraucherdarlehensvertrag (§§ 492–498). Einheitliches Ziel dieser meist dem früheren VerbrKrG entstammenden Sonderregelungen ist der Schutz des Verbrauchers vor den mit der Aufnahme v Krediten oder mit Umschuldungsmaßnahmen verbundenen Risiken (MK/Schürnbrand § 491 Rn 3). Wichtigste Instrumente dieses **Verbraucherschutzes** sind der Ausbau der Informationspflichten des Darlehensgebers ggü dem Verbraucher (§ 492), die im Vergleich zu den allg Vorschriften flexibler ausgestalteten Rechtsfolgen bei Formmängeln (§ 494) und notleidend gewordenen Darlehen (§§ 497 f) sowie das Recht zum Widerruf der auf Abschluss des Darlehensvertrags gerichteten Willenserklärung des Verbrauchers (§ 495). Die §§ 491 ff wurden durch das VerbrKr- u Zahlungsd-RL-UmsetzungsG v 29.7. 2009 (BGBl I, 2355) umfassend neu gestaltet.

II. 1. Verbraucherdarlehensvertrag iSd §§ 491 ff ist nach der Legaldefinition des 2 § 491 I grds jeder entgeltliche Darlehensvertrag zwischen einem Unternehmer, der das Darlehen iR seiner gewerblichen oder selbständigen beruflichen Tätigkeit vergibt (§ 14), ohne dass sich seine unternehmerische Tätigkeit auf die Kreditvergabe beziehen muss (BGH WM 09, 262), als Darlehensgeber und einem Verbraucher, der den Darlehensvertrag zu außerberuflichen Zwecken abschließt (§ 13), als Darlehensnehmer (zur Gleichsetzung des Schuldbeitritts zu einem Darlehensvertrag mit einem Darlehensvertrag iR der §§ 492 ff vgl BGHZ 133, 74; Jauernig/Mansel § 491 Rn 4). Eine Gesellschaft (§ 705) kann Verbraucher iSd §§ 491 ff sein, wenn sie nur aus natürlichen Personen besteht (BGH NJW 02, 368; vgl auch BGH NJW-RR 12, 166). **Existenzgründer** werden hins der §§ 491–506 Verbrauchern gleichgestellt, soweit das v ihnen aufgenommene Darlehen den Betrag v 50.000 EUR nicht überschreitet (§ 507). Sind mehrere Darlehensnehmer Gesamtschuldner des Darlehens, ist für jeden einzeln zu entscheiden, ob dieser als Verbraucher bzw Existenzgründer anzusehen ist (Erm/Saenger § 491 Rn 17).

2. Bestimmte Darlehensverträge, die für den Verbraucher nur mit deutlich geringeren 3 Risiken verbunden sind als gewöhnliche Verbraucherdarlehensverträge, werden v der Anwendbarkeit der §§ 491 ff **vollständig ausgenommen**: Bei Bagatelldarlehen bis zu einem Nettodarlehensbetrag v 200 EUR (Abs 2 Nr 1, nicht entspr anwendbar auf Fernabsatzverträge: BGH WM 12,221), bei Darlehen, bei denen sich die Haftung des Darlehensnehmers auf eine dem Darlehensgeber zum Pfand übergebene Sache beschränkt (**Leih- und Pfandhäuser**) Abs 2 Nr 2), bei zinsfreien oder besonders kostengünstigen Darlehen (Abs 2 Nr 3) sowie bei **Arbeitgeberdarlehen und** solche Darlehen, die mit einem begrenzten Personenkreis aufgrund v Rechtsvorschriften im öffentlichen Interesse (zB **Förderdarlehen** zur Berufsausbildung oder zum Wohnungsbau) zu Zinssätzen unterhalb der marktüblichen Sätze, idR also ohne Gewinnerzielungsabsicht, abgeschlossen wurden (Abs 2 Nr 4 und 5), bleibt es daher bei den allg Vorschriften. Es handelt sich bei diesen Darlehen nicht um Verbraucherdarlehen iSd §§ 491 ff.

3. Zu **einzelnen Einschränkungen** der Anwendbarkeit der §§ 358, 491 a ff für bestimm- 4 te Verbraucherdarlehensverträge vgl daneben Abs 3.

§ 491 a Vorvertragliche Informationspflichten bei Verbraucherdarlehensverträgen

(1) Der Darlehensgeber hat den Darlehensnehmer bei einem Verbraucherdarlehensvertrag über die sich aus Artikel 247 des Einführungsgesetzes zum Bürgerlichen Gesetzbuche ergebenden Einzelheiten in der dort vorgesehenen Form zu unterrichten.
(2) ¹Der Darlehensnehmer kann vom Darlehensgeber einen Entwurf des Verbraucherdarlehensvertrags verlangen. ²Dies gilt nicht, solange der Darlehensgeber zum Vertragsabschluss nicht bereit ist.
(3) ¹Der Darlehensgeber ist verpflichtet, dem Darlehensnehmer vor Abschluss eines Verbraucherdarlehensvertrags angemessene Erläuterungen zu geben, damit der Darlehensnehmer in die Lage versetzt wird, zu beurteilen, ob der Vertrag dem von ihm verfolgten Zweck und seinen Vermögensverhältnissen gerecht wird. ²Hierzu sind gegebenenfalls die vorvertraglichen Informationen gemäß Absatz 1, die Hauptmerkmale der

vom Darlehensgeber angebotenen Verträge sowie ihre vertragstypischen Auswirkungen auf den Darlehensnehmer, einschließlich der Folgen bei Zahlungsverzug, zu erläutern.

1 I. Die Vorschrift begründet umfangreiche **vorvertragliche Informationspflichten** des Darlehensgebers beim Abschluss v Verbraucherdarlehensverträgen, die im EGBGB näher ausgestaltet werden.

2 II. 1. Abs 1 regelt die **Informationspflichten** des Darlehensgebers iSd Art 247 EGBGB.

3 2. Nach Abs 2 hat der Darlehensnehmer einen Anspruch auf **Aushändigung eines Entwurfs** des Verbraucherdarlehensvertrags, um sich über die v Abs 1 erfassten Pflichten hinaus über den Vertragsinhalt informieren zu können (zB über die Auszahlungsbedingungen). Dieser Anspruch besteht, sobald der Darlehensgeber zum Abschluss eines Darlehensvertrages mit diesem Darlehensnehmer bereit ist (also zB nach der Bonitätsprüfung).

4 3. Nach Abs 3 muss der Darlehensgeber durch geeignete **Erläuterungen** sicherstellen, dass der Darlehensnehmer in der Lage versetzt wird, beurteilen zu können, ob der Vertrag dem v ihm verfolgten Zweck und seinen Vermögensverhältnissen gerecht wird. Wie dies im Einzelfall zu erfolgen hat, hängt v der Komplexität des Vertrages und dem Verständnis des Darlehensnehmers, soweit dieses für den Darlehensgeber erkennbar ist, ab.

§ 492 Schriftform, Vertragsinhalt

(1) ¹Verbraucherdarlehensverträge sind, soweit nicht eine strengere Form vorgeschrieben ist, schriftlich abzuschließen. ²Der Schriftform ist genügt, wenn Antrag und Annahme durch die Vertragsparteien jeweils getrennt schriftlich erklärt werden. ³Die Erklärung des Darlehensgebers bedarf keiner Unterzeichnung, wenn sie mit Hilfe einer automatischen Einrichtung erstellt wird.

(2) Der Vertrag muss die für den Verbraucherdarlehensvertrag vorgeschriebenen Angaben nach Artikel 247 §§ 6 bis 13 des Einführungsgesetzes zum Bürgerlichen Gesetzbuche enthalten.

(3) ¹Nach Vertragsschluss stellt der Darlehensgeber dem Darlehensnehmer eine Abschrift des Vertrags zur Verfügung. ²Ist ein Zeitpunkt für die Rückzahlung des Darlehens bestimmt, kann der Darlehensnehmer vom Darlehensgeber jederzeit einen Tilgungsplan nach Artikel 247 § 14 des Einführungsgesetzes zum Bürgerlichen Gesetzbuche verlangen.

(4) ¹Die Absätze 1 und 2 gelten auch für die Vollmacht, die ein Darlehensnehmer zum Abschluss eines Verbraucherdarlehensvertrags erteilt. ²Satz 1 gilt nicht für die Prozessvollmacht und eine Vollmacht, die notariell beurkundet ist.

(5) Erklärungen des Darlehensgebers, die dem Darlehensnehmer gegenüber nach Vertragsabschluss abzugeben sind, müssen auf einem dauerhaften Datenträger erfolgen *[bis 12.6.14: bedürfen der Textform]*.

(6) ¹Enthält der Vertrag die Angaben nach Absatz 2 nicht oder nicht vollständig, können sie nach wirksamem Vertragsschluss oder in den Fällen des § 494 Absatz 2 Satz 1 nach Gültigwerden des Vertrags auf einem dauerhaften Datenträger *[bis 12.6.14: in Textform]* nachgeholt werden. ²Hat das Fehlen von Angaben nach Absatz 2 zu Änderungen der Vertragsbedingungen gemäß § 494 Absatz 2 Satz 2 bis Absatz 6 geführt, kann die Nachholung der Angaben nur dadurch erfolgen, dass der Darlehensnehmer die nach § 494 Absatz 7 erforderliche Abschrift des Vertrags erhält. ³In den sonstigen Fällen muss der Darlehensnehmer spätestens im Zeitpunkt der Nachholung der Angaben eine der in § 356 b Absatz 1 *[bis 12.6.14: § 355 Absatz 3 Satz 2]* genannten Unterlagen erhalten. ⁴Werden Angaben nach diesem Absatz nachgeholt, beträgt die Widerrufsfrist abweichend von § 495 einen Monat. *[mWv 13.6.14 wird S 4 aufgehoben]* ⁴[bis 12.6.14: S 5]Mit der Nachholung der Angaben nach Absatz 2 ist der Darlehensnehmer auf einem dauerhaften Datenträger *[bis 12.6.14: in Textform]* darauf hinzuweisen,

dass die Widerrufsfrist von einem Monat nach Erhalt der nachgeholten Angaben beginnt.
[Die Kommentierung basiert auf der ab 13.6.14 geltenden Fassung.]

I. Um dem Verbraucher die v ihm eingegangenen Verpflichtungen zu verdeutlichen und ihm dadurch eine Grundlage für den Vergleich mit anderen Kreditangeboten zu verschaffen, werden dem Darlehensgeber bei Abschluss eines Verbraucherdarlehensvertrages v § 492 umfassende **Informationspflichten** auferlegt. Diese sollen dem Verbraucher insb auch ermöglichen, sinnvoll darüber zu entscheiden, ob er v seinem Widerrufsrecht nach § 495 Gebrauch machen will (MK/Schürnbrand § 492 Rn 1; ebenso Staud/Kessal-Wulf § 492 Rn 1). 1

II. Anders als bisher können Verbraucherdarlehensverträge nunmehr auch in elektronischer Form abgeschlossen werden. Grds unterliegen sie aber der Schriftform (Abs 1). Eine Blankounterschrift genügt dem Erfordernis der Schriftform nicht (BGH NJW-RR 05, 1141). Zudem muss der Vertrag die Angaben nach Art 247 §§ 6–13 EGBGB enthalten (Abs 2), also insb auch zum **effektiven Jahreszins** (Art 247 § 6 I Nr 1 EGBGB iVm § 3 I Nr 3 EGBG, vgl dazu auch Art 10 VerbrKr-RL 2008). Die Berechnung des effektiven Jahreszinses richtet sich für Verbraucherkredite gem Art 247 § 3 II 3 EGBGB nach § 6 der PAngV, der den effektiven Jahreszins als jährlichen Vomhundertsatz des Kredits definiert und in Abs 2 auf die Berechnungsformel der Anlage zur PAngV verweist (zu Einzelheiten der Berechnungsmethode vgl Rink, VuR 2011, 12; Wimmer/Rösler, BKR, 2011, 6). 2
Der Darlehensgeber muss dem Verbraucher eine **Abschrift** der Vertragserklärungen zur Verfügung stellen (Abs 3). Dabei handelt es sich um einen bei Vertragsschluss fälligen, klagbaren Anspruch des Verbrauchers (MK/Schürnbrand § 492 Rn 85). Abschrift iSd Abs 3 ist nur ein Schriftstück, das den gesamten Inhalt des Vertrags, nicht etwa nur seine wesentlichen Bestandteile, wiedergibt, idR also eine Durchschrift oder Fotokopie des Originals (MK/Schürnbrand § 492 Rn 87), sofern dem Verbraucher nicht sogar das Vertragsoriginal überlassen wird. Durch die Formulierung „zur Verfügung stellen" statt des im VerbrKrG üblichen „aushändigen" sollte klargestellt werden, dass es dem Darlehensgeber freigestellt bleibt, ob er dem Verbraucher die Vertragserklärungen aushändigt oder mit der Post übersendet (BT-Drucks 14/7052, 201). 3

§ 492a (aufgehoben)

§ 493 Informationen während des Vertragsverhältnisses

(1) ¹Ist in einem Verbraucherdarlehensvertrag der Sollzinssatz gebunden und endet die Sollzinsbindung vor der für die Rückzahlung bestimmten Zeit, unterrichtet der Darlehensgeber den Darlehensnehmer spätestens drei Monate vor Ende der Sollzinsbindung darüber, ob er zu einer neuen Sollzinsbindungsabrede bereit ist. ²Erklärt sich der Darlehensgeber hierzu bereit, muss die Unterrichtung den zum Zeitpunkt der Unterrichtung vom Darlehensgeber angebotenen Sollzinssatz enthalten.
(2) ¹Der Darlehensgeber unterrichtet den Darlehensnehmer spätestens drei Monate vor Beendigung eines Verbraucherdarlehensvertrags darüber, ob er zur Fortführung des Darlehensverhältnisses bereit ist. ²Erklärt sich der Darlehensgeber zur Fortführung bereit, muss die Unterrichtung die zum Zeitpunkt der Unterrichtung gültigen Pflichtangaben gemäß § 491a Abs. 1 enthalten.
(3) ¹Die Anpassung des Sollzinssatzes eines Verbraucherdarlehensvertrags mit veränderlichem Sollzinssatz wird erst wirksam, nachdem der Darlehensgeber den Darlehensnehmer über die Einzelheiten unterrichtet hat, die sich aus Artikel 247 § 15 des Einführungsgesetzes zum Bürgerlichen Gesetzbuche ergeben. ²Abweichende Vereinbarungen über die Wirksamkeit sind im Rahmen des Artikels 247 § 15 Abs. 2 des Einführungsgesetzes zum Bürgerlichen Gesetzbuche zulässig.
(4) Wurden Forderungen aus dem Darlehensvertrag abgetreten, treffen die Pflichten aus den Absätzen 1 bis 3 auch den neuen Gläubiger, wenn nicht der bisherige Darle-

hensgeber mit dem neuen Gläubiger vereinbart hat, dass im Verhältnis zum Darlehensnehmer weiterhin allein der bisherige Darlehensgeber auftritt.

1 Der neue § 493 ersetzt den früheren § 492 a, der durch das RisikobegrenzungsG v 12.8.08 (BGBl I, 1666) in das BGB eingefügt wurde. Die Regelungen des § 493 aF finden sich nunmehr in §§ 504, 505. Die Vorschrift geht mit den Informationspflichten der Abs 1, 2 und 4 im Interesse des Verbraucherschutzes noch über die europarechtlichen Vorgaben hinaus.

2 Abs 1–3 regeln drei **Informationspflichten des Verbraucherdarlehensgebers**: 1. Endet die Bindung für einen Sollzinssatz vor der für die Rückzahlung festgelegten Zeit, muss er den Darlehensnehmer min drei Monate vor Ende der Bindung darüber informieren, ob und ggf zu welchen Konditionen er zu einer neuen Zinssatzabrede bereit ist (Abs 1). 2. Min drei Monate vor Beendigung des Vertrags muss er den Darlehensnehmer darüber informieren, ob er zur Fortführung des Darlehensverhältnisses bereit ist (Abs 2). 3. Damit bei Verträgen mit einem veränderlichen Sollzinssatz die Anpassung des Sollzinssatzes wirksam wird, muss er, soweit nichts Abweichendes vereinbart wurde, den Darlehensnehmer über die in Art 247 § 15 EGBGB festgelegten Einzelheiten informieren (Abs 3).

3 Kommt es zu einer **Abtretung** der Forderungen aus dem Darlehensvertrag durch den Darlehensgeber, treffen die in Rn 2 genannten Pflichten auch den neuen Gläubiger, sofern alter und neuer Gläubiger nicht vereinbart haben, dass ggü dem Darlehensnehmer weiterhin allein der ursprüngliche Darlehensgeber auftreten soll (Abs 4).

§ 494 Rechtsfolgen von Formmängeln

(1) Der Verbraucherdarlehensvertrag und die auf Abschluss eines solchen Vertrags vom Verbraucher erteilte Vollmacht sind nichtig, wenn die Schriftform insgesamt nicht eingehalten ist oder wenn eine der in Artikel 247 §§ 6 und 9 bis 13 des Einführungsgesetzes zum Bürgerlichen Gesetzbuche für den Verbraucherdarlehensvertrag vorgeschriebenen Angaben fehlt.
(2) ¹Ungeachtet eines Mangels nach Absatz 1 wird der Verbraucherdarlehensvertrag gültig, soweit der Darlehensnehmer das Darlehen empfängt oder in Anspruch nimmt. ²Jedoch ermäßigt sich der dem Verbraucherdarlehensvertrag zugrunde gelegte Sollzinssatz auf den gesetzlichen Zinssatz, wenn die Angabe des Sollzinssatzes, des effektiven Jahreszinses oder des Gesamtbetrags fehlt.
(3) Ist der effektive Jahreszins zu niedrig angegeben, so vermindert sich der dem Verbraucherdarlehensvertrag zugrunde gelegte Sollzinssatz um den Prozentsatz, um den der effektive Jahreszins zu niedrig angegeben ist.
(4) ¹Nicht angegebene Kosten werden vom Darlehensnehmer nicht geschuldet. ²Ist im Vertrag nicht angegeben, unter welchen Voraussetzungen Kosten oder Zinsen angepasst werden können, so entfällt die Möglichkeit, diese zum Nachteil des Darlehensnehmers anzupassen.
(5) Wurden Teilzahlungen vereinbart, ist deren Höhe vom Darlehensgeber unter Berücksichtigung der verminderten Zinsen oder Kosten neu zu berechnen.
(6) ¹Fehlen im Vertrag Angaben zur Laufzeit oder zum Kündigungsrecht, ist der Darlehensnehmer jederzeit zur Kündigung berechtigt. ²Fehlen Angaben zu Sicherheiten, können sie nicht gefordert werden. ³Satz 2 gilt nicht, wenn der Nettodarlehensbetrag 75 000 Euro übersteigt.
(7) ¹Der Darlehensgeber stellt dem Darlehensnehmer eine Abschrift des Vertrags zur Verfügung, in der die Vertragsänderungen berücksichtigt sind, die sich aus den Absätzen 2 bis 6 ergeben. ²*Abweichend von § 495 beginnt die Widerrufsfrist in diesem Fall,*

wenn der Darlehensnehmer diese Abschrift des Vertrags erhalten hat. [S 2 aufgehoben mWv 13.6.14]

[Die Kommentierung basiert auf der ab 13.6.14 geltenden Fassung.]

I. § 494 sieht für Verbraucherdarlehensverträge im Interesse des Verbraucherschutzes strenge Form- und Informationspflichten vor. Nach den allg Vorschriften (§ 125) würde ein Verstoß gegen diese zur Nichtigkeit des Vertrags führen. Diese **Rechtsfolge** entspricht aber spätestens nach Auszahlung des Darlehens in aller Regel weder dem wohlverstandenen Interesse des Verbrauchers, der dann das v ihm benötigte Kapital nach den §§ 812 ff zurückzuerstatten hätte, noch dem Interesse des Darlehensgebers (Staud/Kessal-Wulf § 494 Rn 3). § 494 bemüht sich daher um ein **differenzierteres Lösungsmodell**, das die Heilung v Formmängeln zulässt, ohne den Verbraucher dadurch der Gefahr einer Benachteiligung durch den Formverstoß auszusetzen. 1

II. 1. Wurde das **Darlehen noch nicht ausgezahlt**, ist ein Verbraucherdarlehensvertrag, der nicht den Formerfordernissen des § 492 I Nr 1 bis 6 genügt, **nichtig** (Abs 1). Sofern die erforderlichen Angaben zwar nicht fehlen, aber unzutreffend sind, führt dieser Mangel nur zur Unwirksamkeit des Vertrages, wenn den Angaben jeglicher Informationsgehalt fehlt (BGH NJW 04, 154; Jauernig/Mansel § 494 Rn 2). 2

2. Durch die **Inanspruchnahme des Darlehens** durch den Verbraucher wird der Formmangel hins des ausgezahlten Betrages grds **geheilt** (Abs 2). Allerdings wird der vereinbarte Darlehensvertrag kraft Gesetzes dergestalt umgeformt, dass Vertragsbestandteile, hins derer der Darlehensgeber seine Informationspflichten verletzt hat, als nicht vereinbart gelten oder auf die gesetzlichen Regelvorgaben zurückgeführt werden (Abs 2 S 2, Abs 3–6). Daraus folgt iE: 3

a) **Fehlt** die **Angabe** des vereinbarten Sollzinssatzes, ds effektiven Jahreszinses oder des Gesamtbetrages, reduziert sich der dem Vertrag zugrunde zu legende Zinssatz auf den gesetzlichen Zinssatz, also auf 4 % (Abs 2 S 2 iVm § 246). 4

b) Fehlen Angaben über sonstige **Kosten**, werden diese nicht geschuldet (Abs 4). 5

c) Vereinbarte **Teilzahlungen** sind unter Berücksichtigung der dadurch (vgl Rn 4 und 5) geminderten Zinsen und Kosten neu zu berechnen (Abs 5). 6

d) Fehlen Angaben über die Möglichkeit v **Änderungen** über preisbestimmende Faktoren, sind Änderungen nur zugunsten des Verbrauchers zulässig (Abs 4). 7

e) Fehlen Angaben über **Sicherheiten**, zur **Laufzeit** oder zum **Kündigungsrecht** können diese nur verlangt werden, wenn der Nettodarlehensbetrag 75.000 EUR übersteigt (Abs 6). 8

f) Enthielt der Vertrag zwar Angaben zum effektiven **Jahreszins,** waren diese aber **zu niedrig**, so vermindert sich der dem Vertrag zugrunde gelegte Zinssatz um den gleichen Prozentsatz, um den der effektive bzw anfängliche effektive Jahreszins zu niedrig angegeben wurde. Es wird dann also nur der angegebene – niedrigere – Zinssatz geschuldet (Abs 3). 9

g) Der Darlehensgeber hat dem Darlehensnehmer eine **Abschrift des Vertrags** zur Verfügung zu stellen, aus der sich die aus Abs 2–6 folgenden Änderungen ergeben (Abs 7). 10

§ 495 Widerrufsrecht

(1) Dem Darlehensnehmer steht bei einem Verbraucherdarlehensvertrag ein Widerrufsrecht nach § 355 zu.
[Abs 2 (alt) aufgehoben mWv 13.6.14]
(2) ¹Die §§ 355 bis 359 a gelten mit der Maßgabe, dass
1. *an die Stelle der Widerrufsbelehrung die Pflichtangaben nach Artikel 247 § 6 Absatz 2 des Einführungsgesetzes zum Bürgerlichen Gesetzbuche treten,*
2. *die Widerrufsfrist auch nicht beginnt*
    a) *vor Vertragsabschluss und*
    b) *bevor der Darlehensnehmer die Pflichtangaben nach § 492 Absatz 2 erhält, und*

3. der Darlehensnehmer abweichend von § 346 Absatz 1 dem Darlehensgeber auch die Aufwendungen zu ersetzen hat, die der Darlehensgeber an öffentliche Stellen erbracht hat und nicht zurückverlangen kann; § 346 Absatz 2 Satz 2 zweiter Halbsatz ist nur anzuwenden, wenn das Darlehen durch ein Grundpfandrecht gesichert ist.
²§ 355 Absatz 2 Satz 3 und Absatz 4 ist nicht anzuwenden.
(2) [bis 12.6.14: (3)] Ein Widerrufsrecht besteht nicht bei Darlehensverträgen,
1. die einen Darlehensvertrag, zu dessen Kündigung der Darlehensgeber wegen Zahlungsverzugs des Darlehensnehmers berechtigt ist, durch Rückzahlungsvereinbarungen ergänzen oder ersetzen, wenn dadurch ein gerichtliches Verfahren vermieden wird und wenn der Gesamtbetrag (Artikel 247 § 3 des Einführungsgesetzes zum Bürgerlichen Gesetzbuche) geringer ist als die Restschuld des ursprünglichen Vertrags,
2. die notariell zu beurkunden sind, wenn der Notar bestätigt, dass die Rechte des Darlehensnehmers aus den §§ 491 a und 492 gewahrt sind, oder
3. die § 504 Abs. 2 oder § 505 entsprechen.

[Die Kommentierung basiert auf der ab 13.6.14 geltenden Fassung.]

1 **I.** Das **Widerrufsrecht** des Verbrauchers nach § 495 ist das **Kernstück des Verbraucherschutzes** innerhalb der Vorschriften über das Verbraucherdarlehen. Es zielt darauf, dem Verbraucher die Gelegenheit zu verschaffen, nach Abschluss eines Verbraucherdarlehensvertrages die darin v ihm eingegangenen Verpflichtungen in Ruhe überprüfen und mit Angeboten anderer Darlehensgeber vergleichen zu können (MK/Schürnbrand § 495 Rn 2; Palandt/Weidenkaff § 495 Rn 2). Zur zeitlichen Begrenzung des Widerrufsrechts bei langfristigen Darlehensverträgen, die außerhalb v Geschäftsräumen geschlossen wurden, vgl EuGH NJW 08, 1865. Zu den **Ausnahmen des Widerrufsrechts** nach Abs 1 vgl Abs 2 .

2 **II. 1. Voraussetzungen eines wirksamen Widerrufs:** Der Widerruf der auf den Abschluss eines Verbraucherdarlehensvertrags gerichteten Willenserklärung des Verbrauchers erfolgt durch **Erklärung** ggü dem Darlehensgeber. Er muss in **Textform** (§ 126 b) erfolgen und bedarf keiner Begr (§ 355 I). Auf die Motive des Verbrauchers, seine Schutzbedürftigkeit oder seine Gewandtheit in geschäftlichen Angelegenheiten kommt es nicht an (BGHZ 129, 376; BGH WM 91, 1424). Das Widerrufsrecht erlischt **zwei Wochen**, nachdem der Darlehensgeber den Verbraucher in Textform über sein Widerrufsrecht belehrt (§ 355 II) und ihm den Vertrag schriftlich ausgehändigt hat (§ 492 I iVm § 355 II), spätestens aber sechs Monate nach Vertragsschluss (§ 355 III 1). Ein Widerrufsrecht des Verbrauchers iR verbundener Verträge (§ 358 I, III, zu den Voraussetzungen für das Vorliegen eines verbundenen Vertrages vgl die Kommentierung zu § 358 Rn 5 ff) schließt einen Widerruf nach § 495 grdsl aus (§ 358 II 2, zu Ausnahmen insb im Hinblick auf Immobiliardarlehensverträge vgl § 491 III). Erklärt der Verbraucher dennoch den Widerruf des Verbraucherdarlehensvertrags, gilt dies als Widerruf des verbundenen Vertrags gem § 358 I (§ 358 II 3). Dient ein Darlehen nur teilweise der Finanzierung eines verbundenen Vertrags, ist § 358 IV nur auf diesen Teil, nicht auf den an den Darlehensnehmer selbst ausgezahlten Restbetrag des Darlehens anwendbar: BGH NJW 11, 1063. Das Bestehen eines Widerrufsrechts nach § 495 schließt einen Widerruf nach § 312 aus (§ 312 a, vgl zum Widerruf v als Haustürgeschäft geschlossenen Darlehensverträgen EuGH NJW 05, 3551; NJW 05, 3555; BGH NJW 06, 497; BGH ZIP 06, 652). Bei verbunden Verträgen ist eine Pflichtenteilung der Unternehmer, wonach der Darlehensgeber über den Ausschluss des § 495 wegen eines vorrangigen Widerrufsrechts in Bezug auf das Verbundgeschäft zu belehren habe und allein der Vertragspartner des finanzierten Geschäfts über die Erstreckungswirkung des § 358 Abs 1, ist mit dem Schutzweck der qualifizierten Widerrufsbelehrung gemäß §§ 355 Abs 2, § 358 Abs 1 nicht zu vereinbaren (NJW 09, 3020). Vgl zum Widerruf bei verbunden Verträgen auch BGH NJW 09, 3572. Bei der **Schuldübernahme** hat der Übernehmer hins des Übernahmevertrags ein eigenes Widerrufsrecht (so zu § 7 VerbrKrG BGHZ 129, 380). Stand dem Übertragenden ein Widerrufsrecht zu, geht dieses auf den Übernehmer über, unabhängig davon, ob dieser ebenfalls Verbraucher ist (BGH NJW 96, 2095 zu § 7 VerbrKrG). **Kein Widerrufsrecht** nach § 495 steht dem Verbraucher zu, wenn bei einer unechten Abschnittsfinanzierung nach Ablaufen der Zinsbindungsfrist mit der darlehensgebenden Bank lediglich neue Konditionen für die Zukunft vereinbart werden und die Konditionenanpassung entspr dem ursprünglich geschlossenen Darlehensvertrag vollzogen wird (BGH MDR 13, 922).

2. Rechtsfolge: Durch einen wirksamen Widerruf wird der Vertrag in ein Abwicklungsverhältnis umgewandelt, auf das die Vorschriften über den **Rücktritt** (§§ 346 ff) Anwendung finden (§ 357 I). Zu den Besonderheiten bei der Rückabwicklung verbundener Verträge vgl die Kommentierung zu § 358 Rn 10 ff. Zur Rückabwicklung v Verträgen zur Finanzierung des Kaufs nicht rentabler Immobilien („Schrottimmobilien"), die durch ein institutionalisiertes Zusammenwirken der kreditgebenden Bank mit dem Verkäufer oder Vertreiber der Immobilie zustande gekommen sind und den Erleichterungen bei der Anfechtung solcher Verträge nach § 123 nunmehr BGH NJW 06, 1788; BGH ZIP 06, 1187. Zur Bemessung des v Verbraucher zu zahlenden Wertersatzes nach dem Rückruf eines Teilzahlungsgeschäfts über Maklerleistungen: BGHZ 194, 150. 3

3. Bei Teilzahlungsgeschäften kann dem Verbraucher v Unternehmer statt eines Widerrufsrechts nach § 355 auch ein **Rückgaberecht** nach § 356 eingeräumt werden (§ 503 I). 4

§ 496 Einwendungsverzicht, Wechsel- und Scheckverbot

(1) Eine Vereinbarung, durch die der Darlehensnehmer auf das Recht verzichtet, Einwendungen, die ihm gegenüber dem Darlehensgeber zustehen, gemäß § 404 einem Abtretungsgläubiger entgegenzusetzen oder eine ihm gegen den Darlehensgeber zustehende Forderung gemäß § 406 auch dem Abtretungsgläubiger gegenüber aufzurechnen, ist unwirksam.

(2) ¹Wird eine Forderung des Darlehensgebers aus einem Darlehensvertrag an einen Dritten abgetreten oder findet in der Person des Darlehensgebers ein Wechsel statt, ist der Darlehensnehmer unverzüglich darüber sowie über die Kontaktdaten des neuen Gläubigers nach Artikel § 246 b Absatz 1 Nummer 1, 3 und 4 *[bis 12.6.14: 246 § 1 Abs. 1 Nr. 1 bis 3]* des Einführungsgesetzes zum Bürgerlichen Gesetzbuche zu unterrichten. ²Die Unterrichtung ist bei Abtretungen entbehrlich, wenn der bisherige Darlehensgeber mit dem neuen Gläubiger vereinbart hat, dass im Verhältnis zum Darlehensnehmer weiterhin allein der bisherige Darlehensgeber auftritt. ³Fallen die Voraussetzungen des Satzes 2 fort, ist die Unterrichtung unverzüglich nachzuholen.

(3) ¹Der Darlehensnehmer darf nicht verpflichtet werden, für die Ansprüche des Darlehensgebers aus dem Verbaucherdarlehensvertrag eine Wechselverbindlichkeit einzugehen. ²Der Darlehensgeber darf vom Darlehensnehmer zur Sicherung seiner Ansprüche aus dem Verbaucherdarlehensvertrag einen Scheck nicht entgegennehmen. ³Der Darlehensnehmer kann vom Darlehensgeber jederzeit die Herausgabe eines Wechsels oder Schecks, die entgegen Satz 1 oder 2 begeben worden sind, verlangen. ⁴Der Darlehensgeber haftet für jeden Schaden, der dem Darlehensnehmer aus einer solchen Wechsel- oder Scheckbegebung entsteht.

[Die Kommentierung basiert auf der ab 13.6.14 geltenden Fassung.]

I. Ziel v § 496 ist es, den Darlehensnehmer bei einem Verbraucherdarlehensvertrag **vor dem Verlust** seiner **Einwendungen** aus dem Darlehensvertrag durch Abtretung der Forderungen des Darlehensgebers an einen Dritten oder wegen der Verkehrsfähigkeit v Wechseln und Schecks nach Art 17 WechselG, 22 ScheckG zu **schützen**. 1

II. 1. Abs 1 soll den Darlehensnehmer durch die **Unabdingbarkeit der** §§ **404, 407** davor bewahren, trotz nicht ordnungsgemäßer Erfüllung des Darlehensvertrags durch den Darlehensgeber seine Ratenzahlungsverpflichtung ggü dem Zessionar zunächst erfüllen zu müssen, um anschließend auf die Geltendmachung v Schadensersatz- oder Rückgewähransprüchen gegen den Darlehensgeber angewiesen zu sein. Daher ist jede 2

Vereinbarung unwirksam, die die Geltung der §§ 404, 407 zulasten des Darlehensnehmers einschränkt. Daraus folgt für den Darlehensnehmer:

3 a) Dem Darlehensnehmer stehen bei einer Abtretung der Ansprüche des Darlehensgebers an einen Dritten diesem ggü stets **alle Einreden und Einwendungen** zu, die zZ der Abtretung gegen den Darlehensgeber begründet waren (§ 404).

4 b) Der Darlehensnehmer kann mit einer ihm gegen den Darlehensgeber zustehenden Forderung auch dem Zessionar ggü **aufrechnen**, soweit er nicht schon bei dem Erwerb der Forderung v der Abtretung Kenntnis hatte oder die Forderung erst nach seiner Kenntniserlangung v der Abtretung und später als die abgetretene Forderung fällig wurde (§ 406).

5 2. a) Der Darlehensnehmer darf nicht verpflichtet werden, wegen der Ansprüche des Darlehensgebers eine **Wechselverbindlichkeit** einzugehen (Abs 3 S 1). Dieses **Verbot** bezieht sich auf sämtliche Ansprüche des Darlehensgebers aus dem Darlehensvertrag und greift auch ein, wenn der Darlehensnehmer die Wechselbegebung v sich aus anbietet (MK/Habersack § 496 Rn 14). Eine verbotswidrige Wechselbegebung hat weder Einfluss auf die Wirksamkeit des Darlehensvertrages noch (wegen der insofern zwingenden Vorgaben des Genfer Abkommens v 7.6.1930 über das Einheitliche Wechselgesetz) auf die Wirksamkeit der Wechselverbindlichkeit. Nach § 134 entfällt aber der Rechtsgrund für die Wechselverpflichtung. Der Darlehensnehmer kann daher dem ersten Wechselnehmer den Verstoß gegen das Wechselverbot als persönliche Einwendung iSv Art 17 WechselG entgegenhalten (wenn auch im Urkundenprozess nach § 598 ZPO nur, wenn er die Voraussetzungen hierfür durch Beweismittel iSv § 595 II ZPO nachweisen kann). Ähnliches gilt ggü dem iSv Art 10, 16 II WechselG bösgläubigen Zweiterwerber. Zu den sonstigen Rechten des Darlehensnehmers bei verbotswidriger Wechselbegebung vgl Rn 7.

6 b) Die **Begebung v Schecks** durch den Darlehensnehmer ist nur verboten, soweit sie der Sicherung der Ansprüche des Darlehensgebers dient (Abs 3 S 1). Der Einsatz v Schecks als Zahlungsmittel, also zur Erfüllung fälliger Zahlungsverpflichtungen des Darlehensnehmers, ist dag zulässig (MK/Habersack § 496 Rn 22).

7 c) **Rechtsfolge** einer verbotswidrig iSv Abs 3 S 1 oder 2 erfolgten Scheck- oder Wechselbegebung: Dem Darlehensnehmer erwächst neben seinem wegen des fehlenden Rechtsgrunds der Scheck- bzw Wechselbegebung bestehenden Herausgabeanspruch aus § 812 I 1, 1. Alt ein zusätzlicher **Anspruch auf Herausgabe** des Schecks oder Wechsels aus Abs 3 S 3. Dadurch soll ihm ermöglicht werden, einer Übertragung des Wertpapiers v Darlehensgeber auf einen (gutgläubigen) Dritten oder einer Klage des Darlehensgebers im Urkundenprozess (§ 598 ZPO) zuvorzukommen (MK/Habersack § 496 Rn 24). Ist es für die Geltendmachung dieses auf Schadensabwendung zielenden Anspruchs zu spät, insb weil das Wertpapier bereits an einen gutgläubigen Dritten übertragen wurde, ist der Darlehensgeber dem Darlehensnehmer zum **Ersatz jeden Schadens** verpflichtet, der diesem aus der verbotswidrigen Hingabe des Schecks oder Wechsels entstanden ist (Abs 3 S 4).

§ 497 Verzug des Darlehensnehmers

(1) ¹Soweit der Darlehensnehmer mit Zahlungen, die er auf Grund des Verbraucherdarlehensvertrags schuldet, in Verzug kommt, hat er den geschuldeten Betrag nach § 288 Abs. 1 zu verzinsen. ²Im Einzelfall kann der Darlehensgeber einen höheren oder der Darlehensnehmer einen niedrigeren Schaden nachweisen.
(2) ¹Die nach Eintritt des Verzugs anfallenden Zinsen sind auf einem gesonderten Konto zu verbuchen und dürfen nicht in ein Kontokorrent mit dem geschuldeten Betrag oder anderen Forderungen des Darlehensgebers eingestellt werden. ²Hinsichtlich dieser Zinsen gilt § 289 Satz 2 mit der Maßgabe, dass der Darlehensgeber Schadensersatz nur bis zur Höhe des gesetzlichen Zinssatzes (§ 246) verlangen kann.
(3) ¹Zahlungen des Darlehensnehmers, die zur Tilgung der gesamten fälligen Schuld nicht ausreichen, werden abweichend von § 367 Abs. 1 zunächst auf die Kosten der Rechtsverfolgung, dann auf den übrigen geschuldeten Betrag (Absatz 1) und zuletzt

auf die Zinsen (Absatz 2) angerechnet. ²Der Darlehensgeber darf Teilzahlungen nicht zurückweisen. ³Die Verjährung der Ansprüche auf Darlehensrückzahlung und Zinsen ist vom Eintritt des Verzugs nach Absatz 1 an bis zu ihrer Feststellung in einer in § 197 Abs. 1 Nr. 3 bis 5 bezeichneten Art gehemmt, jedoch nicht länger als zehn Jahre von ihrer Entstehung an. ⁴Auf die Ansprüche auf Zinsen findet § 197 Abs. 2 keine Anwendung. ⁵Die Sätze 1 bis 4 finden keine Anwendung, soweit Zahlungen auf Vollstreckungstitel geleistet werden, deren Hauptforderung auf Zinsen lautet.

I. § 497 soll den Verbraucher bei einsetzenden Zahlungsschwierigkeiten durch verschiedene Abweichungen v den allg Vorschriften, insb die Möglichkeit zur **vorrangigen Leistung auf die Hauptforderung**, davor bewahren, wegen der anlaufenden Verzugszinsen trotz einzelner Teilzahlungen immer tiefer in die Verschuldung hinab zu gleiten. Zugleich dient die Verzugsschadenspauschalierung des § 497 der Wahrung des berechtigten Interesses des Darlehensgebers an einem **Ausgleich** seines **Verzugsschadens** sowie der **Erleichterung** der **Schadensberechnung** und damit der Entlastung der Gerichte (MK/Habersack § 497 Rn 1, BT-Drucks 14/6040, 256). 1

II. 1. § 497 ist auf **bereicherungsrechtliche Ansprüche des Darlehensgebers**, die diesem wegen der Unwirksamkeit eines Verbraucherdarlehensvertrages oder einer Überzahlung gegen den Verbraucher zustehen, entspr anwendbar. Nur so kann vermieden werden, dass der Verbraucher insb auch dann aufgrund der Unwirksamkeit des Vertrages nicht schlechter gestellt ist als bei dessen Wirksamkeit, wenn die Unwirksamkeit gerade seinem Schutz dienen sollte (zB bei Nichtigkeit wegen § 138 I, vgl MK/Habersack § 497 Rn 7). 2

2. Kommt der Verbraucher mit den v ihm aufgrund eines Verbraucherdarlehensvertrags geschuldeten Zahlungen in Verzug, hat er diese **pauschal mit 5 %** (§ 288 I) zu verzinsen (Abs 1 S 1). Damit sollen einerseits die Folgen eines Verzugs für beide Parteien wirtschaftlich überschaubarer werden, andererseits wird ermöglicht, die Zinsen flexibel an das jeweilige Zinsniveau anzupassen (BT-Drucks 14/6040, 256). Die Berechtigung des Darlehensgebers zum konkreten Nachw eines höheren Schadens bzw des Verbrauchers zum Nachw eines niedrigeren Schadens bleibt davon unberührt (Abs 1 S 3). 3

3. Um den durch Abs 2 S 2 und Abs 3 bezweckten Schutz des Verbrauchers verwirklichen zu können, sind alle nach Eintritt des Verzugs anfallenden Zinsen, insb also die Pauschalen des Abs 1 (MK/Habersack § 497 Rn 25), v Darlehensgeber auf einem **gesonderten Konto** zu verbuchen (Abs 2 S 1). Außerdem ist der Verbraucher deshalb, abw v § 266, **zu Teilleistungen berechtigt** (Abs 3 S 2). 4

4. Der Verzugsschaden des Darlehensgebers unterliegt hins des Schadensersatzes für die Zinsen (**Zinseszins**) der Kappungsgrenze des Zinssatzes nach § 246, darf also 4 % nicht übersteigen (Abs 2 S 2). 5

5. Abs 3 S 1 ändert die **Anrechnungsreihenfolge** des § 367 I dahin ab, dass Teilzahlungen des Verbrauchers zunächst zur Tilgung der Kosten der Rechtsverfolgung beitragen, dann auf die Hauptforderung angerechnet werden müssen und erst zuletzt auf die Zinsen. Damit soll dem Verbraucher die Reduzierung der Hauptforderung erleichtert werden (MK/Habersack § 497 Rn 1). Ausgenommen hiervon sind lediglich Zahlungen des Verbrauchers auf einen Vollstreckungstitel, dessen Hauptforderung auf Zinsen lautet (Abs 3 S 5). 6

6. Die **Verjährung** v Ansprüchen auf Darlehensrückerstattung und Zinsen ist ab Eintritt des Verzugs, jedoch längstens für zehn Jahre ab ihrer Entstehung, gehemmt. Diese Verjährungshemmung erfasst sowohl die in den Darlehensraten enthaltenen Tilgungsanteile, Vertragszinsen und Bearbeitungsgebühren als auch die Verzugszinsen (BGHZ 189, 104). Die Anwendbarkeit v § 197 II auf Zinsen ist insoweit ausgeschlossen (Abs 3 S 3 und 4). 7

§ 498 Gesamtfälligstellung bei Teilzahlungsdarlehen

¹Wegen Zahlungsverzugs des Darlehensnehmers kann der Darlehensgeber den Verbraucherdarlehensvertrag bei einem Darlehen, das in Teilzahlungen zu tilgen ist, nur kündigen, wenn
1. der Darlehensnehmer mit mindestens zwei aufeinander folgenden Teilzahlungen ganz oder teilweise und mit mindestens 10 Prozent, bei einer Laufzeit des Verbraucherdarlehensvertrags von mehr als drei Jahren mit mindestens 5 Prozent des Nennbetrags des Darlehens in Verzug ist und
2. der Darlehensgeber dem Darlehensnehmer erfolglos eine zweiwöchige Frist zur Zahlung des rückständigen Betrags mit der Erklärung gesetzt hat, dass er bei Nichtzahlung innerhalb der Frist die gesamte Restschuld verlange.

²Der Darlehensgeber soll dem Darlehensnehmer spätestens mit der Fristsetzung ein Gespräch über die Möglichkeiten einer einverständlichen Regelung anbieten.

1 I. Die Vorschrift entspricht § 12 des früheren VerbrKrG. Ihr Ziel ist es, als „Mittel im Kampf gegen den modernen Schuldturm" (BT-Drucks 11/5462, 13 f) das **verzugsbedingte Kündigungsrecht des Darlehensgebers** bei Verbraucherdarlehensverträgen soweit **einzuschränken**, wie dies ohne eine Gefährdung des berechtigten Interesses des Darlehensgebers, bei einer sich abzeichnenden Zahlungsunfähigkeit des Verbrauchers das Restdarlehen sofort fällig zu stellen, vertretbar erscheint.

2 II. 1. **Anwendungsbereich:** § 498 ist auf alle Verbraucherdarlehensverträge anzuwenden, für deren Rückzahlung mind drei Ratenzahlungen vorgesehen sind (vgl Abs 1 Nr 1), auf Immobiliardarlehensverträge jedoch nur unter den Voraussetzungen des Abs 3 und auch dann nur, wenn der Vertrag nach dem 18.8.2008 geschlossen oder v Darlehensgeber übertragen wurde (Art 229 § 18 EGBGB).

3 2. **Voraussetzungen der Kündigung** des Teilzahlungsdarlehens:

4 a) Der Verbraucher befindet sich mit mind **zwei aufeinander folgenden Teilzahlungen in Verzug.** Zahlt er mit entsprechender Tilgungsbestimmung (§ 366 I) nur jede zweite Rate voll, um die Rechtsfolge des § 498 zu vermeiden, ist eine solche Tilgungsbestimmung allerdings nach § 242 unwirksam (str, wie hier: Jauernig/Mansel § 498 Rn 4).

5 b) Die Gesamtsumme der rückständigen Raten entspricht bei einer vorgesehenen Laufzeit des Darlehens v bis zu drei Jahren mind **10 %**, bei einer längeren Laufzeit mind 5 % des **Nennbetrags** des Darlehens oder des Teilzahlungsbetrages (Abs 1 Nr 1). Führt der Verbraucher vor Ausspruch der im angedrohten Kündigung den rückständigen Betrag durch eine Teilzahlung unter die Rückstandsquote v 5 bzw 10 % zurück, schließt dies die Kündigung des Verbraucherkreditvertrages nicht aus. Anderseits ist die Kündigung des Verbraucherkreditvertrages wegen Zahlungsverzugs unwirksam, wenn der Kreditgeber mit der Kündigungsandrohung einen höheren als den tatsächlich rückständigen Betrag einfordert (BGH NJW-RR 05, 1410).

6 c) Der Darlehensgeber hat dem Verbraucher eine **zweiwöchige Nachfrist** zur Zahlung des rückständigen Betrags gesetzt, verbunden mit der Androhung der Fälligstellung der gesamten Restschuld bei Nichtzahlung (Abs 1 Nr 2) und unter genauer Angabe des rückständigen Betrags (MK/Habersack § 498 Rn 15 f).

7 d) Diese **Frist** ist fruchtlos **abgelaufen.**

8 e) Der Darlehensgeber hat in einer gesonderten Erklärung das Darlehen **gekündigt** (MK/Habersack, § 498 Rn 20).

9 3. Keine Wirksamkeitsvoraussetzung der Kündigung, sondern lediglich ein Appell des Gesetzgebers an den Darlehensgeber, ist dag das Gebot in Abs 1 S 2, dem Verbraucher spätestens mit der Fristsetzung ein Gespräch über die Möglichkeiten einer einverständlichen Regelung anzubieten (Palandt/Weidenkaff § 498 Rn 8). Im Einzelfall kann das Unterlassen eines solchen **Gesprächsangebots** jedoch zu Schadensersatzansprüchen des Verbrauchers (va aus § 280 I) führen (MK/Habersack § 498 Rn 19).

10 3. **Rechtsfolgen** der wirksamen Kündigung des Teilzahlungsdarlehens:

11 a) Die Tilgungszahlungsabrede entfällt und das **restliche Darlehen** wird insgesamt fällig.

b) V dem bei regulärer Laufzeit des Darlehens v Verbraucher zu zahlenden Gesamtbetrag hat der Darlehensgeber diesem alle **laufzeitabhängigen Kosten** des Darlehens (zB Zinsen, Disagio) gutzuschreiben, die bei staffelmäßiger Berechnung auf die Zeit nach Wirksamwerden der Kündigung entfallen (Abs 2). 12

§ 499 Kündigungsrecht des Darlehensgebers; Leistungsverweigerung

(1) In einem Verbraucherdarlehensvertrag ist eine Vereinbarung über ein Kündigungsrecht des Darlehensgebers unwirksam, wenn eine bestimmte Vertragslaufzeit vereinbart wurde oder die Kündigungsfrist zwei Monate unterschreitet.
(2) ¹Der Darlehensgeber ist bei entsprechender Vereinbarung berechtigt, die Auszahlung eines Darlehens, bei dem eine Zeit für die Rückzahlung nicht bestimmt ist, aus einem sachlichen Grund zu verweigern. ²Beabsichtigt der Darlehensgeber dieses Recht auszuüben, hat er dies dem Darlehensnehmer unverzüglich mitzuteilen und ihn über die Gründe möglichst vor, spätestens jedoch unverzüglich nach der Rechtsausübung zu unterrichten. ³Die Unterrichtung über die Gründe unterbleibt, soweit hierdurch die öffentliche Sicherheit oder Ordnung gefährdet würde.

I. Die Vorschrift fasst die **Optionen** zusammen, die der **Darlehensgeber** hat, wenn er den **Verbraucherdarlehensvertrag** ordentlich beenden oder die Leistung verweigern will. 1

II. 1. Voraussetzung für eine wirksame Kündigung durch den Darlehensgeber ist die Vereinbarung (und Einhaltung) einer min **zweimonatigen Kündigungsfrist** (Abs 1). 2

2. Der Darlehensgeber kann die **Leistung nur verweigern**, wenn sachliche Gründe, die zu diesem Recht führen, zwischen den Parteien vereinbart und wurden und diese Gründe auch eingetreten sind (Abs 2). Ein derartiger sachlicher Grund kann zB die Verschlechterung der Vermögensverhältnisse des Darlehensnehmers zwischen Vertragsschluss und (vollständiger) Auszahlung des Darlehens sein oder auch die missbräuchliche Verwendung des für einen bestimmten Verwendungszwecks gedachten Darlehens. 3

§ 500 Kündigungsrecht des Darlehensnehmers; vorzeitige Rückzahlung

(1) ¹Der Darlehensnehmer kann einen Verbraucherdarlehensvertrag, bei dem eine Zeit für die Rückzahlung nicht bestimmt ist, ganz oder teilweise kündigen, ohne eine Frist einzuhalten. ²Eine Vereinbarung über eine Kündigungsfrist von mehr als einem Monat ist unwirksam.
(2) Der Darlehensnehmer kann seine Verbindlichkeiten aus einem Verbraucherdarlehensvertrag jederzeit ganz oder teilweise vorzeitig erfüllen.

I. § 500 regelt spiegelbildlich zu § 499 das **Kündigungsrecht des Darlehensnehmers**. 1
II. Anders als der Darlehensnehmer ist das Kündigungsrecht des Darlehensnehmers nicht an eine bestimmte Frist gebunden. Eine **Kündigungsfrist** v mehr als einem Monat kann aber nicht wirksam vereinbart werden (Abs 1). Der Darlehensnehmer kann daher seine Pflichten aus dem Darlehensvertrag jederzeit ganz oder teilweise erfüllen (Abs 2). 2

§ 501 Kostenermäßigung

Soweit der Darlehensnehmer seine Verbindlichkeiten vorzeitig erfüllt oder die Restschuld vor der vereinbarten Zeit durch Kündigung fällig wird, vermindern sich die Gesamtkosten (§ 6 Abs. 3 der Preisangabenverordnung) um die Zinsen und sonstigen laufzeitabhängigen Kosten, die bei gestaffelter Berechnung auf die Zeit nach der Fälligkeit oder Erfüllung entfallen.

I. Die Vorschrift regelt die **Konsequenzen**, die eine **vorzeitige Erfüllung** des Darlehensvertrages durch den Darlehensnehmer hat, für die Gesamtkosten. 1

2 II. Hat der Darlehensnehmer seine Verbindlichkeiten vorzeitig erfüllt, vermindern sich die Gesamtkosten um die **Zinsen und sonstigen laufzeitabhängigen Kosten**, die auf die Zeit nach der Erfüllung entfallen. Die Vorschrift gilt für alle Formen der vorzeitigen Rückzahlung und Kündigung. § 501 ist jedoch keine Anspruchsgrundlage, sondern ist lediglich iR der Abwicklung eines beendeten Darlehensvertrages als Rechnungsposten zu berücksichtigen.

§ 502 Vorfälligkeitsentschädigung

(1) ¹Der Darlehensgeber kann im Fall der vorzeitigen Rückzahlung eine angemessene Vorfälligkeitsentschädigung für den unmittelbar mit der vorzeitigen Rückzahlung zusammenhängenden Schaden verlangen, wenn der Darlehensnehmer zum Zeitpunkt der Rückzahlung Zinsen zu einem bei Vertragsabschluss vereinbarten, gebundenen Sollzinssatz schuldet. ²Die Vorfälligkeitsentschädigung darf folgende Beträge jeweils nicht überschreiten:
1. 1 Prozent beziehungsweise, wenn der Zeitraum zwischen der vorzeitigen und der vereinbarten Rückzahlung ein Jahr nicht übersteigt, 0,5 Prozent des vorzeitig zurückgezahlten Betrags,
2. den Betrag der Sollzinsen, den der Darlehensnehmer in dem Zeitraum zwischen der vorzeitigen und der vereinbarten Rückzahlung entrichtet hätte.

(2) Der Anspruch auf Vorfälligkeitsentschädigung ist ausgeschlossen, wenn
1. die Rückzahlung aus den Mitteln einer Versicherung bewirkt wird, die aufgrund einer entsprechenden Verpflichtung im Darlehensvertrag abgeschlossen wurde, um die Rückzahlung zu sichern, oder
2. im Vertrag die Angaben über die Laufzeit des Vertrags, das Kündigungsrecht des Darlehensnehmers oder die Berechnung der Vorfälligkeitsentschädigung unzureichend sind.

1 I. Die Vorschrift regelt Zulässigkeit und Umfang der v Darlehensgeber bei einer vorzeitigen Vertragserfüllung durch den Darlehensnehmer zu beanspruchenden **Vorfälligkeitsentschädigung**, also die Rechte des Darlehensgebers bei einer solchen vorzeitigen Vertragserfüllung.

2 II. 1. Voraussetzung für den Anspruch auf die Vorfälligkeitsentschädigung ist die vorzeitige Rückzahlung zu einem Zeitpunkt, zu dem im Darlehensvertrag Zinsen zu einem gebundenen Sollzinssatz vereinbart waren.

3 2. Zweck der Vorfälligkeitsentschädigung ist es, den Darlehensgeber dafür zu entschädigen, dass er Kosten zur Refinanzierung des Darlehens hat, während ihm die Zinsen, auf die er wegen der festen Laufzeit und dem gebundenen Sollzinssatz vertrauen durfte, entgehen.

§ 503 Immobiliardarlehensverträge

(1) § 497 Abs. 2 und 3 Satz 1, 2, 4 und 5 sowie die §§ 499, 500 und 502 sind nicht anzuwenden auf Verträge, bei denen die Zurverfügungstellung des Darlehens von der Sicherung durch ein Grundpfandrecht abhängig gemacht wird und zu Bedingungen erfolgt, die für grundpfandrechtlich abgesicherte Verträge und deren Zwischenfinanzierung üblich sind; der Sicherung durch ein Grundpfandrecht steht es gleich, wenn von einer solchen Sicherung nach § 7 Abs. 3 bis 5 des Gesetzes über Bausparkassen abgesehen wird.

(2) Der Verzugszinssatz beträgt abweichend von § 497 Abs. 1 für das Jahr 2,5 Prozentpunkte über dem Basiszinssatz.

(3) § 498 Satz 1 Nr. 1 gilt mit der Maßgabe, dass der Darlehensnehmer mit mindestens zwei aufeinander folgenden Teilzahlungen ganz oder teilweise und mit mindestens 2,5 Prozent des Nennbetrags des Darlehens in Verzug sein muss.

§ 503 fasst die bisher auf verschiedene Vorschriften verteilten **Sonderregelungen für Immobiliardarlehensverträge** zusammen.

§ 504 Eingeräumte Überziehungsmöglichkeit

(1) ¹Ist ein Verbraucherdarlehen in der Weise gewährt, dass der Darlehensgeber in einem Vertragsverhältnis über ein laufendes Konto dem Darlehensnehmer das Recht einräumt, sein Konto in bestimmter Höhe zu überziehen (Überziehungsmöglichkeit), hat der Darlehensgeber den Darlehensnehmer in regelmäßigen Zeitabständen über die Angaben zu unterrichten, die sich aus Artikel 247 § 16 des Einführungsgesetzes zum Bürgerlichen Gesetzbuche ergeben. ²Ein Anspruch auf Vorfälligkeitsentschädigung aus § 502 ist ausgeschlossen. ³§ 493 Abs. 3 ist nur bei einer Erhöhung des Sollzinssatzes anzuwenden und gilt entsprechend bei einer Erhöhung der vereinbarten sonstigen Kosten. ⁴§ 499 Abs. 1 ist nicht anzuwenden.

(2) ¹Ist in einer Überziehungsmöglichkeit vereinbart, dass nach der Auszahlung die Laufzeit höchstens drei Monate beträgt oder der Darlehensgeber kündigen kann, ohne eine Frist einzuhalten, sind § 491 a Abs. 3, die §§ 495, 499 Abs. 2 und § 500 Abs. 1 Satz 2 nicht anzuwenden. ²§ 492 Abs. 1 ist nicht anzuwenden, wenn außer den Sollzinsen keine weiteren laufenden Kosten vereinbart sind, die Sollzinsen nicht in kürzeren Zeiträumen als drei Monaten fällig werden und der Darlehensgeber dem Darlehensnehmer den Vertragsinhalt spätestens unverzüglich nach Vertragsabschluss in Textform *[bis 12.6.2014: auf einem dauerhaften Datenträger]* mitteilt.

[Die Kommentierung basiert auf der ab 13.6.14 geltenden Fassung.]

§ 504 fasst die Sonderregelungen für **Dispositionskredite** („eingeräumte Überziehungsmöglichkeit") zusammen. Die Vorschrift wurde durch das VerbrKr- u Zahlungsd-RL-UmsetzungsG v 29.7.09 (BGBl I, 2355) neu in das BGB eingefügt.

§ 505 Geduldete Überziehung

(1) ¹Vereinbart ein Unternehmer in einem Vertrag mit einem Verbraucher über ein laufendes Konto ohne eingeräumte Überziehungsmöglichkeit ein Entgelt für den Fall, dass er eine Überziehung des Kontos duldet, müssen in diesem Vertrag die Angaben nach Artikel 247 § 17 Abs. 1 des Einführungsgesetzes zum Bürgerlichen Gesetzbuche in Textform *[bis 12.6.14: auf einem dauerhaften Datenträger]* enthalten sein und dem Verbraucher in regelmäßigen Zeitabständen in Textform mitgeteilt werden. ²Satz 1 gilt entsprechend, wenn ein Darlehensgeber mit einem Darlehensnehmer in einem Vertrag über ein laufendes Konto mit eingeräumter Überziehungsmöglichkeit ein Entgelt für den Fall vereinbart, dass er eine Überziehung des Kontos über die vertraglich bestimmte Höhe hinaus duldet.

(2) Kommt es im Fall des Absatzes 1 zu einer erheblichen Überziehung von mehr als einem Monat, unterrichtet der Darlehensgeber den Darlehensnehmer unverzüglich in Textform *[bis 12.6.2014: auf einem dauerhaften Datenträger]* über die sich aus Artikel 247 § 17 Abs. 2 des Einführungsgesetzes zum Bürgerlichen Gesetzbuche ergebenden Einzelheiten.

(3) Verstößt der Unternehmer gegen Absatz 1 oder Absatz 2, kann der Darlehensgeber über die Rückzahlung des Darlehens hinaus Kosten und Zinsen nicht verlangen.

(4) Die §§ 491 a bis 496 und 499 bis 502 sind auf Verbraucherdarlehensverträge, die unter den in Absatz 1 genannten Voraussetzungen zustande kommen, nicht anzuwenden.

[Die Kommentierung basiert auf der ab 13.6.14 geltenden Fassung.]

I. § 505 regelt die Anwendbarkeit der §§ 491 ff auf „geduldete Überziehungen".

II. Abw v Dispositionskredit (§ 504) fehlt es bei bloß geduldeten Überziehungen an einem Rahmenvertrag. Der Darlehensvertrag kommt daher erst mit der Auszahlung des Darlehens zustande („**Handdarlehen**"). Voraussetzung für die Anwendung des

§ 505 ist daher eine Rahmenvereinbarung zwischen den Parteien (ein „laufendes Konto"), die zumindest die Möglichkeit einer entgeltlichen Saldoüberschreitung vorsieht und den Verbraucher über den Sollzinssatz und sonstige damit verbundene Kosten informiert.

Untertitel 2
Finanzierungshilfen zwischen einem Unternehmer und einem Verbraucher

§ 506 Zahlungsaufschub, sonstige Finanzierungshilfe

(1) Die Vorschriften der §§ 358 bis 360 *[bis 12.6.2014: 359 a]* und 491 a bis 502 sind mit Ausnahme des § 492 Abs. 4 und vorbehaltlich der Absätze 3 und 4 auf Verträge entsprechend anzuwenden, durch die ein Unternehmer einem Verbraucher einen entgeltlichen Zahlungsaufschub oder eine sonstige entgeltliche Finanzierungshilfe gewährt.

(2) ¹Verträge zwischen einem Unternehmer und einem Verbraucher über die entgeltliche Nutzung eines Gegenstandes gelten als entgeltliche Finanzierungshilfe, wenn vereinbart ist, dass
1. der Verbraucher zum Erwerb des Gegenstandes verpflichtet ist,
2. der Unternehmer vom Verbraucher den Erwerb des Gegenstandes verlangen kann oder
3. der Verbraucher bei Beendigung des Vertrags für einen bestimmten Wert des Gegenstandes einzustehen hat.

²Auf Verträge gemäß Satz 1 Nr. 3 sind § 500 Abs. 2 und § 502 nicht anzuwenden.

(3) Für Verträge, die die Lieferung einer bestimmten Sache oder die Erbringung einer bestimmten anderen Leistung gegen Teilzahlungen zum Gegenstand haben (Teilzahlungsgeschäfte), gelten vorbehaltlich des Absatzes 4 zusätzlich die in den §§ 507 und 508 geregelten Besonderheiten.

(4) ¹Die Vorschriften dieses Untertitels sind in dem in § 491 Abs. 2 und 3 bestimmten Umfang nicht anzuwenden. ²Soweit nach der Vertragsart ein Nettodarlehensbetrag (§ 491 Abs. 2 Nr. 1) nicht vorhanden ist, tritt an seine Stelle der Barzahlungspreis oder, wenn der Unternehmer den Gegenstand für den Verbraucher erworben hat, der Anschaffungspreis.

[Die Kommentierung basiert auf der ab 13.6.14 geltenden Fassung.]

1 **I.** Außer Verbraucherdarlehensverträgen wurden v früheren VerbrkrG auch entgeltliche Zahlungsaufschübe (zB Teilzahlungsgeschäfte) oder sonstige entgeltliche Finanzierungshilfen (zB Finanzierungsleasingverträge) erfasst (vgl § 1 II VerbrKrG). Im Interesse einer besseren Übersichtlichkeit sind die diese Verträge betr Bestimmungen nunmehr in einem eigenen Untertitel zusammengefasst worden (BT-Drucks 14/6040, 256). Als Basisnorm für alle Vertragstypen dieser Kategorie enthält § 506 einige Regelungen zur Abgrenzung des Anwendungsbereichs dieses Untertitels.

2 **II. 1.** Mit Ausn des § 492 IV sind nach Abs 1 die **Vorschriften über Verbraucherdarlehensverträge** auch auf Verträge über Zahlungsaufschübe oder sonstige Finanzierungshilfen **anwendbar**, sofern diese die hierfür erforderlichen Kriterien erfüllen (Verbrauchervertrag, Entgeltlichkeit). Die vertraglich vereinbarte unterjährige Zahlungsweise von Versicherungsprämien ist hingegen keine Kreditgewährung in Form eines entgeltlichen Zahlungsaufschubs (BGHZ 196, 150).

3 **2.** Abs 3 definitiert den Begriff **Teilzahlungsgeschäft** und verweist auf die in den §§ 507 und 508 für derartige Vereinbarungen sowie **Finanzierungsleasingverträge** getroffenen speziellen Regelungen. Damit sollen diese beiden Vertragstypen nicht etwa in einen Ggs zu den in Abs 1 beschriebenen Vertragsarten gesetzt, sondern vielmehr als praktisch besonders wichtige Unterfälle der v 2. Untertitel erfassten Verträge hervorgehoben werden (BT-Drucks 14/6040, 257).

3. Ausgenommen v besonderen Verbraucherschutz der §§ 491 ff sind v den Verträgen 4
iSd Abs 1 solche, bei denen der Verbraucher wegen der geringen Bedeutung des Vertrags oder aus bestimmten anderen Gründen weniger schutzbedürftig als im Regelfall ist (Abs 4 S 2 iVm § 491 II und III). Ob der Vertragsumfang die Geringfügigkeitsgrenze v 200 EUR des § 491 II Nr 1 überschreitet, ergibt sich für Teilzahlungsgeschäfte dabei aus dem im Vertrag vorgesehenen Barzahlungspreis (Abs 4 S 2).

§ 507 Teilzahlungsgeschäfte

(1) ¹§ 494 Abs. 1 bis 3 und 6 Satz 3 ist auf Teilzahlungsgeschäfte nicht anzuwenden. ²Gibt der Verbraucher sein Angebot zum Vertragsabschluss im Fernabsatz auf Grund eines Verkaufsprospekts oder eines vergleichbaren elektronischen Mediums ab, aus dem der Barzahlungspreis, der Sollzinssatz, der effektive Jahreszins, ein Tilgungsplan anhand beispielhafter Gesamtbeträge sowie die zu stellenden Sicherheiten und Versicherungen ersichtlich sind, ist auch § 492 Abs. 1 nicht anzuwenden, wenn der Unternehmer dem Verbraucher den Vertragsinhalt spätestens unverzüglich nach Vertragsabschluss *auf einem dauerhaften Datenträger [bis 12.6.2014: in Textform]* mitteilt.
(2) ¹Das Teilzahlungsgeschäft ist nichtig, wenn die vorgeschriebene Schriftform des § 492 Abs. 1 nicht eingehalten ist oder im Vertrag eine der in Artikel 247 §§ 6, 12 und 13 des Einführungsgesetzes zum Bürgerlichen Gesetzbuche vorgeschriebenen Angaben fehlt. ²Ungeachtet eines Mangels nach Satz 1 wird das Teilzahlungsgeschäft gültig, wenn dem Verbraucher die Sache übergeben oder die Leistung erbracht wird. ³Jedoch ist der Barzahlungspreis höchstens mit dem gesetzlichen Zinssatz zu verzinsen, wenn die Angabe des Gesamtbetrags oder des effektiven Jahreszinses fehlt. ⁴Ist ein Barzahlungspreis nicht genannt, so gilt im Zweifel der Marktpreis als Barzahlungspreis. ⁵Ist der effektive Jahreszins zu niedrig angegeben, so vermindert sich der Gesamtbetrag um den Prozentsatz, um den der effektive Jahreszins zu niedrig angegeben ist.
(3) ¹Abweichend von den §§ 491 a und 492 Abs. 2 dieses Gesetzes und von Artikel 247 §§ 3, 6 und 12 des Einführungsgesetzes zum Bürgerlichen Gesetzbuche müssen in der vorvertraglichen Information und im Vertrag der Barzahlungspreis und der effektive Jahreszins nicht angegeben werden, wenn der Unternehmer nur gegen Teilzahlungen Sachen liefert oder Leistungen erbringt. ²Im Fall des § 501 ist der für die Berechnung der Kostenermäßigung der gesetzliche Zinssatz (§ 246) zugrunde zu legen. ³Ein Anspruch auf Vorfälligkeitsentschädigung ist ausgeschlossen.

[Die Kommentierung basiert auf der ab 13.6.14 geltenden Fassung.]

I. § 507 regelt iVm § 508 abschließend die **Sondervorschriften** über Teilzahlungsgeschäfte. 1

II. Abs 1 S 2 mildert für Teilzahlungsgeschäfte im **Fernabsatzhandel** vgl (§ 312 b) die 2
Schriftform des § 492 I, sofern der Verbraucher v sich aus den Vertragsabschluss eingeleitet hat. Dabei muss das Vertragsangebot des Verbrauchers auf der Grundlage eines Verkaufsprospekts oder ähnlichen Informationsmaterials abgegeben worden sein, das bestimmte Mindestangaben enthielt.

§ 508 Rückgaberecht, Rücktritt bei Teilzahlungsgeschäften
[ab 13.6.14: Rücktritt bei Teilzahlungsgeschäften]

[mWv 13.6.14 wird Abs 1 aufgehoben]
(1) ¹Anstelle des dem Verbraucher gemäß § 495 Abs. 1 zustehenden Widerrufsrechts kann dem Verbraucher bei Verträgen über die Lieferung einer bestimmten Sache ein Rückgaberecht nach § 356 eingeräumt werden. ²§ 495 Abs. 2 gilt für das Rückgaberecht entsprechend.
*[bis 12.6.14: (2)] ¹Der Unternehmer kann von einem Teilzahlungsgeschäft wegen Zahlungsverzugs des Verbrauchers nur unter den in § 498 Satz 1 bezeichneten Voraussetzungen zurücktreten. ²Dem Nennbetrag entspricht der Gesamtbetrag. ³Der Verbraucher hat dem Unternehmer auch die infolge des Vertrags gemachten Aufwendungen zu

ersetzen. ⁴Bei der Bemessung der Vergütung von Nutzungen einer zurückzugewährenden Sache ist auf die inzwischen eingetretene Wertminderung Rücksicht zu nehmen. ⁵Nimmt der Unternehmer die auf Grund des Teilzahlungsgeschäfts gelieferte Sache wieder an sich, gilt dies als Ausübung des Rücktrittsrechts, es sei denn, der Unternehmer einigt sich mit dem Verbraucher, diesem den gewöhnlichen Verkaufswert der Sache im Zeitpunkt der Wegnahme zu vergüten. ⁶Satz 5 gilt entsprechend, wenn ein Vertrag über die Lieferung einer Sache mit einem Verbraucherdarlehensvertrag verbunden ist (§ 358 Absatz 3) und wenn der Darlehensgeber die Sache an sich nimmt; im Falle des Rücktritts bestimmt sich das Rechtsverhältnis zwischen dem Darlehensgeber und dem Verbraucher nach den Sätzen 3 und 4.

[Die Kommentierung basiert auf der ab 13.6.14 geltenden Fassung.]

1 I. § 508 eröffnet den an einem Teilzahlungsgeschäft beteiligten Parteien für den Warenkredit im Regelfall passendere **Alternativen zum Widerrufsrecht** des Verbrauchers nach § 495 **und zum Kündigungsrecht** des Unternehmers nach § 498. Insb soll durch § 508 das Interesse des Verbrauchers an der Nutzung der gelieferten Sache bzw der erbrachten Leistung des Unternehmers besser gewahrt werden, als dies nach den allg Verbraucherdarlehensbestimmungen möglich wäre (MK/Habersack § 503 Rn 1).

2 II. 1. Das Widerrufsrecht des Verbrauchers nach § 495 I kann unter den in § 356 I Nr 1 bis 3 genannten Voraussetzungen durch ein uneingeschränktes **Rückgaberecht** iS dieser Vorschrift ersetzt werden (Abs 1, vgl hierzu die Kommentierung zu § 356).

3 2. Statt das Teilzahlungsgeschäft nach § 498 zu kündigen, kann der Unternehmer bei Zahlungsverzug des Verbrauchers **wahlweise** (vgl MK/Habersack § 503 Rn 5) auch von dem Teilzahlungsgeschäft **zurücktreten** (Abs 2 S 1).

4 a) Die **Voraussetzungen** für das Rücktrittsrecht des Unternehmers entsprechen denen für die Kündigung des Darlehensgebers wegen Zahlungsverzugs des Verbrauchers gem § 498 I (vgl § 498 Rn 3 ff), wobei an die Stelle der Kündigung die Rücktrittserklärung tritt. Die **Wiederansichnahme der gelieferten Sache** durch den Unternehmer gilt als Ausübung des Rücktrittsrechts, wenn dieser sich nicht verpflichtet, dem Verbraucher den gewöhnlichen Verkaufswert der Sache zZ der Wegnahme zu vergüten (S 4). Durch diese Fiktion soll der Verbraucher davor geschützt werden, den Besitz und die Möglichkeit zur Nutzung der Sache zu verlieren, ohne dass seine Pflicht zur weiteren Ratenzahlung entfällt (Palandt/Weidenkaff § 503 Rn 12). Das „Ansichnehmen" der Sache setzt voraus, dass dem Verbraucher die Nutzung der Sache und ihrer Surrogate auf Veranlassung des Unternehmers entzogen wird (BGH NJW 84, 2294; Jauernig/Mansel § 503 Rn 4).

5 b) Die **Rechtsfolgen** des Rücktritts ergeben sich grds aus den §§ 346 ff sowie Abs 2 S 3 und 4.

6 aa) **Ansprüche des Unternehmers**: Der Unternehmer kann v Verbraucher die **Rückgewähr** seiner Leistung (§ 346 I), den Ersatz seiner vertragsbedingten **Aufwendungen** (Abs 2 S 2, zum Aufwendungsbegriff vgl Erm/Saenger § 503 Rn 15 ff), die v Verbraucher aus der Sache gezogenen **Nutzungen** (§§ 346 I, 347) unter Berücksichtigung der während des Verbleibs beim Verbraucher eingetretenen Wertminderung der Sache (S 3) sowie ggf **Schadensersatz** nach § 346 IV iVm §§ 280 ff verlangen.

7 bb) **Ansprüche des Verbrauchers**: Der Verbraucher kann v Unternehmer die **Rückgewähr** seiner Leistung (§ 346 I) verlangen, wobei dieser Anspruch in aller Regel auf Wertersatz (§ 346 II 1 Nr 1) gerichtet sein wird. Die zurückzugewährenden Raten sind nicht zu verzinsen (Erm/Saenger § 503 Rn 58). Außerdem kann der Verbraucher Ersatz für notwendige **Verwendungen** (§ 347 II) beanspruchen.

8 c) Ein Rücktritt des Unternehmers iSv Abs 2 S 5 wird auch dann mit den Rechtsfolgen v Abs 2 S 3 und 4 (vgl Rn 6) fingiert, wenn der Vertrag über die Lieferung der Sache **mit einem Verbraucherdarlehensvertrag verbunden** ist und der Darlehensgeber, zB im Anschluss an eine Kündigung des Darlehensvertrages (Palandt/Weidenkaff § 503 Rn 17), die Sache an sich nimmt (Abs 2 S 6).

§ 509 Prüfung der Kreditwürdigkeit

¹Vor dem Abschluss eines Vertrags über eine entgeltliche Finanzierungshilfe hat der Unternehmer die Kreditwürdigkeit des Verbrauchers zu bewerten. ²Grundlage für die Bewertung können Auskünfte des Verbrauchers und erforderlichenfalls Auskünfte von Stellen sein, die geschäftsmäßig personenbezogene Daten, die zur Bewertung der Kreditwürdigkeit von Verbrauchern genutzt werden dürfen, zum Zweck der Übermittlung erheben, speichern oder verändern. ³Die Bestimmungen zum Schutz personenbezogener Daten bleiben unberührt.

I. Die Vorschrift wurde durch das VerbrKr- u Zahlungsd-RL-UmsetzungsG v 29.7.09 (BGBl I, 2355) neu in das BGB eingefügt. Sie verlangt v Unternehmern, die **Kreditwürdigkeit des Verbrauchers** vor Abschluss eines Vertrages über eine entgeltliche Finanzierungshilfe zu **prüfen**, also seine Fähigkeit, seine Zahlungsverpflichtungen aus dem Vertrag zu erfüllen. 1

II. **Grundlage der Bewertung** der Kreditwürdigkeit des Verbrauchers können dessen eigene Angaben sein sowie Auskünfte v Stellen, die geschäftsmäßig personenbezogene Daten, die zur bewertung der Kreditwürdigkeit v Verbrauchern genutzt werden dürfen (S 2). 2

Untertitel 3
Ratenlieferungsverträge zwischen einem Unternehmer und einem Verbraucher

§ 510 Ratenlieferungsverträge

(1) Der Vertrag zwischen einem Verbraucher und einem Unternehmer bedarf der schriftlichen Form, wenn der Vertrag
1. die Lieferung mehrerer als zusammengehörend verkaufter Sachen in Teilleistungen zum Gegenstand hat und das Entgelt für die Gesamtheit der Sachen in Teilzahlungen zu entrichten ist,
2. die regelmäßige Lieferung von Sachen gleicher Art zum Gegenstand hat oder
3. die Verpflichtung zum wiederkehrenden Erwerb oder Bezug von Sachen zum Gegenstand hat.

¹Dies gilt nicht, wenn dem Verbraucher die Möglichkeit verschafft wird, die Vertragsbestimmungen einschließlich der Allgemeinen Geschäftsbedingungen bei Vertragsschluss abzurufen und in wiedergabefähiger Form zu speichern. ²Der Unternehmer hat dem Verbraucher den Vertragsinhalt in Textform mitzuteilen.

(2) Dem Verbraucher steht vorbehaltlich des Absatzes 3 bei Verträgen nach Absatz 1, die weder im Fernabsatz noch außerhalb von Geschäftsräumen geschlossen werden, ein Widerrufsrecht nach § 355 zu.

(3) ¹Das Widerrufsrecht nach Absatz 2 gilt nicht in dem in § 491 Absatz 2 und 3 bestimmten Umfang. ²Dem in § 491 Absatz 2 Nummer 1 genannten Nettodarlehensbetrag entspricht die Summe aller vom Verbraucher bis zum frühestmöglichen Kündigungszeitpunkt zu entrichtenden Teilzahlungen.

[Fassung bis 12.6.14:]

§ 510 Ratenlieferungsverträge

(1) ¹Dem Verbraucher steht vorbehaltlich des Satzes 2 bei Verträgen mit einem Unternehmer, in denen die Willenserklärung des Verbrauchers auf den Abschluss eines Vertrags gerichtet ist, der
1. die Lieferung mehrerer als zusammengehörend verkaufter Sachen in Teilleistungen zum Gegenstand hat und bei dem das Entgelt für die Gesamtheit der Sachen in Teilzahlungen zu entrichten ist oder

§ 510

2. die regelmäßige Lieferung von Sachen gleicher Art zum Gegenstand hat oder
3. die Verpflichtung zum wiederkehrenden Erwerb oder Bezug von Sachen zum Gegenstand hat,
ein Widerrufsrecht gemäß § 355 zu. ²Dies gilt nicht in dem in § 491 Abs. 2 und 3 bestimmten Umfang. ³Dem in § 491 Abs. 2 Nr. 1 genannten Nettodarlehensbetrag entspricht die Summe aller vom Verbraucher bis zum frühestmöglichen Kündigungszeitpunkt zu entrichtenden Teilzahlungen.
(2) ¹Der Ratenlieferungsvertrag nach Absatz 1 bedarf der schriftlichen Form. ²Satz 1 gilt nicht, wenn dem Verbraucher die Möglichkeit verschafft wird, die Vertragsbestimmungen einschließlich der Allgemeinen Geschäftsbedingungen bei Vertragsschluss abzurufen und in wiedergabefähiger Form zu speichern. ³Der Unternehmer hat dem Verbraucher den Vertragsinhalt in Textform mitzuteilen.

[Die Kommentierung basiert auf der ab 13.6.14 geltenden Fassung.]

1 I. § 510 definiert den Begriff **Ratenlieferungsvertrag** und regelt, welche der Bestimmungen über Verbraucherdarlehnsverträge (§§ 491 ff) auf Ratenlieferungsverträge, an denen ein Verbraucher beteiligt ist, anwendbar sind. Die Vorschrift wurde zuletzt durch das Gesetz vom 20.9.13 zur Umsetzung der EU-VerbraucherrechteRL RL 2011/83/EU neu gefasst (BGBl I, 3642) und gilt in dieser nF ab 13.6.14. Für Verträge, die vor diesem Termin geschlossen wurden, bleibt es gem Art 229 § 32 EGBGB bei der bisherigen Rechtslage (zu dieser vgl die Kommentierung zur 7. Aufl).

2 II. 1. Der Anwendungsbereich v § 510 umfasst nur Ratenlieferungsverträge (zu den drei denkbaren Ausgestaltungen dieses Vertragstyps vgl Abs 1 Nr 1 bis 3, Erm/Saenger § 505 Rn 8 ff), zwischen einem Verbraucher (oder Existenzgründer, § 507) und einem Unternehmer. Nicht erfasst werden also insb Ratenlieferungsverträge zwischen Unternehmern (zu deren Verbreitung vgl BT-Drucks 14/7052, 203) oder (auch nicht im Wege einer analogen Anwendung v § 505) Werkverträge, selbst wenn diese mit einer Teilzahlungsabrede verbunden sind (BGH NJW 06, 904). Auch werden v § 510 nur Verträge über die Lieferung oder den Erwerb v Sachen erfasst. Auf Pay-TV-Abonnements ist § 510 dag auch nicht analog anwendbar (BGH NJW 03, 1932; allg zur entsprechenden Anwendung v § 510: Erm/Saenger § 505 Rn 6). Erfüllt ein Ratenlieferungsvertrag iSv § 510 zugleich die Voraussetzungen für ein Haustürgeschäft (§ 312) oder ein Fernabsatzgeschäft (§ 312 b), stehen dem Verbraucher oder Existenzgründer gem § 312 a bzw § 312 d V nur die Rechte aus § 510 zu.

3 2. Für Ratenlieferungsverträge der v § 510 erfassten Art (vgl Rn 2) gelten **drei Abweichungen** v den allg Bestimmungen:

4 a) Dem Verbraucher steht ein **Widerrufsrecht** nach § 355 zu (Abs 2). Dies gilt nicht für Ratenlieferungsverträge, die wegen der geringen Schutzbedürftigkeit des Verbrauchers oder sonstiger Besonderheiten nach § 491 II oder III v Anwendungsbereich der §§ 491 ff ausgenommen sind. Ob die Grenze v 200 EUR des § 492 II Nr 1 überschritten ist, richtet sich dabei nach der Summe aller v Verbraucher bis zum frühestmöglichen Kündigungszeitraum zu entrichtenden Teilzahlungen (Abs 1, zu den Abgrenzungskriterien vgl BGH NJW-RR 04, 841). Das Widerrufsrecht nach § 355 besteht auch bei einem Schuldbeitritt durch einen Dritten, da dieser in gleicher Weise schutzwürdig ist wie der ursprüngliche Alleinschuldner (BGHZ 109, 317 f; BGH NJW 91, 2903).

5 b) Der Vertrag bedarf der **Schriftform** (Abs 2 S 1). Anders als bei anderen Verbraucherkreditverträgen iSd §§ 491 ff ist ein Vertragsschluss in elektronischer Form aber möglich (Abs 2 S 2 iVm § 126 b).

6 c) Der Unternehmer muss dem Verbraucher den **Vertragsinhalt in Textform** (§ 126 b) mitteilen (Abs 1 S 3).

7 3. Genügt ein v § 510 erfasster Ratenlieferungsvertrag nicht den Formerfordernissen des Abs 1, führt dies nach § 125 zur **Nichtigkeit** des Vertrages. Ein danach unwirksamer Vertrag wird auch nicht dadurch gültig, dass die vereinbarte Leistung erbracht wurde, § 494 ist nicht anwendbar (Erm/Saenger § 505 Rn 21).

Untertitel 4
Unabdingbarkeit, Anwendung auf Existenzgründer

§ 511 Abweichende Vereinbarungen

¹Von den Vorschriften der §§ 491 bis 510 darf, soweit nicht ein anderes bestimmt ist, nicht zum Nachteil des Verbrauchers abgewichen werden. ²Diese Vorschriften finden auch Anwendung, wenn sie durch anderweitige Gestaltungen umgangen werden.

I. Die Vorschrift (bis zum VerbrKr- u Zahlungsd-RL-UmsetzungsG v 29.7.09 (BGBl I, 2355): § 506) entspricht dem früheren § 18 VerbrKrG und, zusammen mit § 5012, dem jetzigen § 655 e. Sie soll sicherstellen, dass dem Darlehensnehmer der ihm in den §§ 491 bis 510 gewährte Schutz nicht durch **Umgehungsversuche** entzogen werden kann. Die früheren Abs 2–4 sind zum 1.7.2005 außer Kraft getreten (BGBl 2002 I, 2850, vgl hierzu EuGH NJW 02, 281). 1

II. Folge des § 511 ist ein (vorbehaltlich anderweitiger Regelung) **halbzwingender Charakter** der §§ 491 bis 510. V ihnen darf daher nur zugunsten des am Darlehensvertrag beteiligten Verbrauchers abgewichen werden. Das Umgehungsverbot in Abs 1 S 2 führt zudem dazu, dass die Verbraucherschutzregelungen der §§ 491 ff auch auf alle mit den dort geregelten Vertragsgestaltungen wirtschaftlich vergleichbaren Konstruktionen (entspr) anzuwenden sind. Eine Umgehung iSv Abs 1 S 2 liegt etwa vor, wenn ein einheitlicher Darlehensvertrag in mehrere Einzelverträge aufgespalten wird, damit die Obergrenze für Bagatelldarlehen in § 491 II Nr 1 nicht überschritten wird (Erm/Saenger § 506 Rn 4). 2

Eine v den §§ 491–510 zum Nachteil des Verbrauchers **abweichende Vereinbarung** ist gem § 134 **nichtig**. An ihre Stelle treten die §§ 491 ff. Der Vertrag iÜ bleibt wirksam (Erm/Saenger § 506 Rn 5). 3

§ 512 Anwendung auf Existenzgründer

Die §§ 491 bis 511 gelten auch für natürliche Personen, die sich ein Darlehen, einen Zahlungsaufschub oder eine sonstige Finanzierungshilfe für die Aufnahme einer gewerblichen oder selbständigen beruflichen Tätigkeit gewähren lassen oder zu diesem Zweck einen Ratenlieferungsvertrag schließen, es sei denn, der Nettodarlehensbetrag oder Barzahlungspreis übersteigt 75 000 Euro.

I. § 512 dehnt den **Anwendungsbereich** der Bestimmungen zum Verbraucherschutz in den §§ 491 bis 5011 über den Kreis der Verbraucher (vgl § 13) hinaus auf **Existenzgründer** aus, die ein Darlehen v maximal 75.000 EUR aufnehmen. Die Vorschrift entspricht weitgehend § 507 idF vor dem VerbrKr- u Zahlungsd-RL-UmsetzungsG v 29.7.2009 (BGBl I, 2355). 1

II. **Existenzgründer** sind nach der Legaldefinition des § 512 natürliche Personen, die zur Aufnahme einer gewerblichen oder selbständigen beruflichen Tätigkeit ein Darlehen aufnehmen, sich eine sonstige Finanzierungshilfe gewähren lassen oder einen Ratenlieferungsvertrag abschließen. Auf den sonst bei Legaldefinitionen üblichen Klammerzusatz wurde in § 512 lediglich verzichtet, um bei Verweisungen anderer Vorschriften auf § 512 (zB § 655 e II) nicht den Eindruck zu erwecken, diese bezögen sich generell, also ohne die Einschränkung hins der Höhe des Darlehensbetrages in § 512, auf alle Existenzgründer (BT-Drucks 14/7052, 203). Existenzgründer ist auch, wer zwar bereits ein Unternehmen betreibt, mit den Kreditmitteln aber ein neues, mit dem bereits betriebenen Unternehmen nicht in Zusammenhang stehendes Zweitunternehmen begründen will (BGH NJW 98, 540; Jauernig/Mansel § 507 Rn 2). Die bloße Erweiterung einer bereits betriebenen gewerblichen oder selbständigen beruflichen Tätigkeit genügt hingegen nicht (BGH NJW-RR 00, 719; 00, 1221). Für die Entscheidung der Frage, ob ein Darlehensnehmer noch in der **Existenzgründerphase** ist, oder ob er die Tätigkeit, der das Darlehen dienen soll, bereits aufgenommen hat, ist der Zeitpunkt 2 des Abschlusses des Vertrages über das Darlehen bzw die Finanzierungshilfe ausschlaggebend (BGHZ 128, 162). Das Ende der Existenzgründerphase wird idR erreicht sein, wenn nach außen hin die Bereitschaft signalisiert wird, am Markt aufzutreten, etwa durch die Eröffnung eines Ladenlokals oder durch die Aufnahme der Produktion (weitere Beispiele und Rspr-Nachw bei: Erm/Saenger § 507 Rn 4; MK/Habersack § 507 Rn 4 f).

§§ 513 bis 515 (weggefallen)

Titel 4
Schenkung

§ 516 Begriff der Schenkung

(1) Eine Zuwendung, durch die jemand aus seinem Vermögen einen anderen bereichert, ist Schenkung, wenn beide Teile darüber einig sind, dass die Zuwendung unentgeltlich erfolgt.
(2) ¹Ist die Zuwendung ohne den Willen des anderen erfolgt, so kann ihn der Zuwendende unter Bestimmung einer angemessenen Frist zur Erklärung über die Annahme auffordern. ²Nach dem Ablauf der Frist gilt die Schenkung als angenommen, wenn nicht der andere sie vorher abgelehnt hat. ³Im Falle der Ablehnung kann die Herausgabe des Zugewendeten nach den Vorschriften über die Herausgabe einer ungerechtfertigten Bereicherung gefordert werden.

1 **I.** Die **Schenkung** ist ein einseitig verpflichtender Schuldvertrag über eine unentgeltliche Zuwendung der einen Partei (Schenker) an die andere (Beschenkter). Zum Schutz des Schenkers vor einer voreiligen Bindung bedarf dessen Schenkungsversprechen der notariellen Beurkundung (§ 518 I). Wird die Schenkung aber bereits mit dem Abschluss des Schenkungsvertrages vollzogen (Handschenkung), ist dieser Schutz ebenso entbehrlich wie bei der späteren Erfüllung eines formlos gegebenen Schenkungsversprechens (§ 518 II); die Handschenkung ist daher formfrei wirksam. Die Unentgeltlichkeit der Zuwendung führt zu einer Schwächung der Rechtsstellung des Beschenkten (vgl §§ 816 I 2, 822 BGB; §§ 134, 143 II, 39 I Nr 4 InsO; §§ 4, 11 II AnfG). – Zur **Schenkung von Todes wegen** § 2301 Rn 2 ff; **zur unbenannten Zuwendung unter Ehegatten** (die keine Schenkung ist, BGHZ 116, 178; BGH NJW 12, 3374; Poelzig JZ 2012, 425) vgl § 1374 Rn 11; zu Zuwendungen der **Schwiegereltern**, BGH NJW 12, 523; NJW 10, 2202, 2884; Schulz FPR 2012, 79; zur **nichtehelichen Lebensgemeinschaft**, BGH NJW 08, 3277, 3282; NJW 10, 868; Schulz FPR 10, 373; zu Grundstücksschenkungen, die in der ehemaligen DDR beurkundet, aber erst später ins Grundbuch eingetragen wurden, BGH NJW-RR 07, 1463; zu Zuwendungen einer **Stiftung** an Destinatäre, BGH NJW 10, 234 mAv Muscheler NJW 10, 341.

2 **II. 1. Voraussetzungen: a)** Durch **Einigung** der Parteien muss ein Schenkungsvertrag zustande kommen. In einer Zuwendung ohne den Willen der anderen Partei liegt ein Angebot (§ 145), an das der Zuwendende gem § 146 gebunden ist. Den Schwebezustand kann der Zuwendende durch Fristsetzung beenden; bei Fristablauf wird das Schweigen der anderen Partei gem **Abs 2 S 2** als Annahme fingiert.

3 **b)** Der Gegenstand des Vertrages muss eine **Zuwendung** des Schenkers an den Beschenkten sein. Unter Zuwendung ist die Hingabe von Vermögenswerten zu verstehen; sie erfordert damit eine Vermögensminderung (Entreicherung) auf Seiten des Schenkers und eine Vermögensmehrung (Bereicherung) auf Seiten des Beschenkten. Eine Bereicherungsabsicht ist nicht erforderlich. Nicht notwendig ist ferner, dass sich der Schenkungsgegenstand selbst zunächst im Vermögen des Schenkers befindet. Vielmehr reicht eine mittelbare Zuwendung in der Weise aus, dass der Schenker den Gegenstand mit seinen Mitteln beschafft. Häufig geschieht die Zuwendung durch die Übereignung von Sachen, die Bestellung von dinglichen Rechten an Sachen, die Übertragung von Rechten, die Befreiung von Verbindlichkeiten ggü Dritten oder den Erl einer Schuld. Die un-

entgeltliche Zuwendung eines Kommanditanteils stellt eine Schenkung dar (BGHZ 112, 40). Dies gilt nicht für die Aufnahme als persönlich haftender Gesellschafter in eine KG oder OHG ohne Erbringung einer Kapitaleinlage (BGH NJW 81, 1956). Ob diese Rspr auch auf die GbR, die nur Vermögen verwaltet, übertragen werden kann, ist – nicht zuletzt aus erbrechtlicher Sicht wegen der möglichen Gefahr, dass bei GbR-Aufnahme und Vereinbarung von Abfindungsausschlussklauseln das Pflichtteilsrecht umgangen werden könnte – str (krit OLG Schleswig NZG 12, 1423; R. Werner ZEV 13, 66). Keine Zuwendung iSd Abs 1 sind dag Leistungen, die sich lediglich auf eine zeitweise Gebrauchsüberlassung von Vermögensgütern richten (so für die unentgeltliche Gebrauchsüberlassung einer Wohnung auf Lebenszeit BGH NJW 82, 820; OLG Hamm NJW-RR 96, 717; str); in Betracht kommt in diesen Fällen vielmehr ein Leihvertrag (§ 598). Entspr kann es sich bei einem Vertrag über die „Zuwendung" eigener Arbeitsleistungen um einen Auftrag (§ 662), nicht aber um eine Schenkung handeln. Nicht erforderlich ist, dass der Empfänger der Zuwendung völlig frei über diese verfügen kann. Dies gilt jedenfalls, solange er nicht lediglich "Durchlaufstation" ist. Deshalb begründet die Spende oder Zustiftung (s Muscheler WM 08, 1669) an eine gemeinnützige Stiftung auch dann keine Bereicherung, wenn die Stiftung aufgrund ihrer Satzung in der Verwendung der Mittel gebunden ist (BGH NJW 04, 1382; Kollhosser ZEV 04, 117 f); zur Abgrenzung ggü einem Treuhandvertrag s Rawert NJW 02, 3151, 3152; MK/Koch § 516 Rn 100. Zur Einordnung von verdeckten Einlagen als Schenkung s Strnad NZG 04, 28 ff.

c) Die Einigung der Parteien muss die **Unentgeltlichkeit** der Zuwendung vorsehen. Eine 4 objektive Unentgeltlichkeit genügt nicht, sondern es muss auch ein entspr Parteiwille bestehen. Die Unentgeltlichkeit liegt nur dann vor, wenn die Zuwendung nicht von einer Gegenleistung abhängig ist, die auch immaterieller Art sein kann (BGH NJW 09, 2737). Eine solche Abhängigkeit besteht nicht nur bei einer synallagmatischen Verknüpfung (§ 320). Entgeltlichkeit ist vielmehr auch anzunehmen, wenn die Zuwendung unter der Bedingung einer Gegenleistung steht (konditionale Verknüpfung), der Entlohnung besonderer Bemühungen dient und dabei den Eintritt eines bestimmten Erfolgs voraussetzt (BGH NJW 09, 2737 mAv Grunewald ZGS 10, 164) oder wenn sie zu dem erkennbaren Zweck erfolgt, ein bestimmtes Verhalten als Gegenleistung für die eigene Leistung zu veranlassen (kausale Verknüpfung, BGH NJW 02, 2469; zur Unterscheidung von der Zweckschenkung §§ 525–527 Rn 6). Als unentgeltlich anzusehen sind demgegenüber etwa die belohnende (remuneratorische) Schenkung (OLG Hamm NJW-RR 95, 567) und die Spende zugunsten gemeinnütziger oder privater Zwecke. Dag handelt es sich zB bei freiwilligen Sonderzahlungen des Arbeitgebers an den Arbeitnehmer idR um ein Entgelt für erbrachte Leistungen und nicht um eine Schenkung. Das Trinkgeld des Gastes ist im Verhältnis zwischen Gast und Kellner als Schenkung (str), aber im Verhältnis zwischen dem Kellner und seinem Arbeitgeber als Entgelt anzusehen. Entstehen für den Erwerber Kosten (Notargebühren etc), schließt dies die Unentgeltlichkeit der Zuwendung nicht aus. Hingegen ist Schenkungsrecht auf freiwillige Zuwendungszusagen unter Gesellschaftern bzw Gesellschaftern und Gesellschaft im Hinblick auf die Mitgliedschaft („**causa societatis**") nicht anwendbar (BGH NZG 06, 543; zum Idealverein BGH NJW 08, 1569). Dies gilt auch für Verpflichtungen oder Zuwendungen der Gesellschaft an ihre Gesellschafter (BGH NZG 13, 53, 55). Unabhängig von der Vereinbarung einer unmittelbaren Gegenleistung dienen die Leistungen regelmäßig der gesellschaftsvertraglich verabredeten gemeinsamen Zweckverfolgung.

d) Ist der Beschenkte **minderjährig** (§§ 106, 2), hindert dies die Wirksamkeit der 5 Schenkung zumeist nicht, da die Schenkung wegen ihrer Unentgeltlichkeit idR lediglich rechtlich vorteilhaft iSv § 107 ist. Dies gilt für die schenkweise Übertragung eines Miteigentumsanteils (§§ 1008 ff) auch dann, wenn der Schenker das Recht auf Auseinandersetzung (§ 749 I) für eine bestimmte Zeit ausschließt (vgl § 749 II 1; LG Münster FamRZ 99, 739). In besonderen Fällen kann aber auch eine Schenkung nicht lediglich rechtlich vorteilhaft sein (hierzu § 107 Rn 4). Sie bedarf dann der Einwilligung des gesetzlichen Vertreters (§ 107), also regelmäßig der Eltern (§§ 1626 I 1, 1629 I 1). Ferner kann es nach § 1643 I, II (iVm §§ 1821, 1822) erforderlich sein, eine vormundschaftsgerichtliche Genehmigung einzuholen. IÜ kann bis zum 16. Lebensjahr das Erfordernis der Einwilligung der Erziehungsberechtigten nach § 11 c TierschutzG zu beachten sein.

2. Rechtsfolgen: Der Schenkungsvertrag ist als schuldrechtliches **Verpflichtungsgeschäft** von den Verfügungsgeschäften zu seinem Vollzug (zB Übereignung der geschenkten Sache) zu unterscheiden. Auch bei der Handschenkung, bei der der Vollzug zeitgleich erfolgt, ist von einem Schenkungsvertrag als (schuldrechtlichem) Kausalgeschäft und einem dinglichen Erfüllungsgeschäft auszugehen (str). Aus dem Schenkungsvertrag ist der Schenker zur Verschaffung des geschenkten Gegenstandes verpflichtet, soweit er nicht bereits erfüllt hat. Aufgrund der Unentgeltlichkeit kommen dem Schenker jedoch einige besondere Erleichterungen zugute (so im Sonderfall des Notbedarfs die Einrede nach § 519 ggü dem Erfüllungsanspruch sowie die Haftungserleichterung der §§ 521 ff).

III. Bei Zahlungsklagen aus Darlehen (§ 488) und Kauf (§ 433 II) trägt der Kläger die **Beweislast** ggü dem Einwand des Beklagten, es handle sich um eine Schenkung (Schenkungseinwand). Bei einheitlichen Verträgen, bei denen die Parteien einen überschießenden Wert unentgeltlich geben wollten (**gemischte Schenkung**; dazu BGH ZEV 13, 213; NJW 12, 605; NJW-RR 96, 754; OLG Brandenburg NJW 08, 2720; MK/Koch § 516 Rn 34 ff), trägt die Partei, die sich auf die Schenkung beruft, die Beweislast. Bei einem objektiven Missverhältnis zwischen Leistung und Gegenleistung, das ein geringes Maß deutlich übersteigt, ist der Beweis aber durch eine tatsächliche Vermutung erleichtert (BGH NJW 02, 2469, 2470; NJW 10, 998, 1001).

§ 517 Unterlassen eines Vermögenserwerbs

Eine Schenkung liegt nicht vor, wenn jemand zum Vorteil eines anderen einen Vermögenserwerb unterlässt oder auf ein angefallenes, noch nicht endgültig erworbenes Recht verzichtet oder eine Erbschaft oder ein Vermächtnis ausschlägt.

§ 517 enthält nicht lediglich eine Auslegungsregel, sondern schränkt den Begriff der Schenkung (§ 516 Rn 1) für drei Tatbestände ein: den **unterlassenen Vermögenserwerb**, den **Verzicht auf ein angefallenes Recht** (zB Anwartschaftsrechte, str; dazu MK/Koch § 517 Rn 4), die **Ausschlagung einer Erbschaft** (§ 1953) oder eines Vermächtnisses (§ 2180); nach hM nicht entspr anwendbar auf den Pflichtteilsanspruch (§ 2317).

§ 518 Form des Schenkungsversprechens

(1) ¹Zur Gültigkeit eines Vertrags, durch den eine Leistung schenkweise versprochen wird, ist die notarielle Beurkundung des Versprechens erforderlich. ²Das Gleiche gilt, wenn ein Schuldversprechen oder ein Schuldanerkenntnis der in den §§ 780, 781 bezeichneten Art schenkweise erteilt wird, von dem Versprechen oder der Anerkennungserklärung.

(2) Der Mangel der Form wird durch die Bewirkung der versprochenen Leistung geheilt.

I. Die Formvorschrift des Abs 1 gilt für Schenkungsversprechen aller Art, auch für Handelsgeschäfte (§ 343 HGB) und gemischte Schenkungen (§ 516 Rn 7), nicht aber für die Handschenkung (§ 516 Rn 1) und die Schenkung von Todes wegen (§ 2301). Zweck des Formerfordernisses ist in erster Linie der Schutz des Schenkers vor übereilten Schenkungsversprechen sowie daneben die Klarstellung hins des Bindungswillens und die Vermeidung der Umgehung von Formvorschriften für Verfügungen von Todes wegen.

II. 1. Abs 1 S 1 schreibt für das **Schenkungsversprechen** (s § 516 Rn 1) die Form der notariellen Beurkundung vor (§ 1 BeurkG; ersetzbar durch die Aufnahme in den Prozessvergleich, § 127 a). Das Formerfordernis betrifft mit dem Schenkungsversprechen nur die Willenserklärung des Schenkers zum Abschluss des Schenkungsvertrages, nicht dag die Willenserklärung des Beschenkten zur Annahme des Versprechens (vgl § 516

Rn 2). Besteht allerdings aufgrund anderer Vorschriften (zB §§ 311 b, 2033) ein Formerfordernis für den ganzen Vertrag, muss die Annahmeerklärung des Beschenkten dieser Form entsprechen. Führt eine Änderung des Schenkungsversprechens zu einer Erweiterung der Verpflichtung des Schenkers, ist sie ebenfalls formbedürftig.

2. Nach **Abs 1 S 2** ist die Form notarieller Beurkundung auch für die Versprechens- oder Anerkennungserklärung (§§ 780, 781 S 1) bei der schenkweisen Erteilung eines **Schuldversprechens** oder **Schuldanerkenntnisses** erforderlich. Dies gilt entspr auch bei anderen **abstrakten Versprechen** für die schenkweise Hingabe (zum Wechselakzept RGZ 71, 289, 291; zum Scheck BGHZ 64, 340). 3

3. Abs 2 sieht die **Heilung** des Formmangels nach Abs 1 durch die Bewirkung der versprochenen Leistung vor. Voraussetzungen sind iE der **Fortbestand der Einigung** und der **Vollzug** der Schenkung. Der Vollzug ist eingetreten, wenn der Schenker freiwillig das seinerseits Erforderliche zur Bewirkung der versprochenen Leistung getan hat (BGHZ 191, 354 m Anm Saenger ZStV 12, 61). Erforderlich ist also die Vornahme der Leistungshandlung, nicht der Eintritt des Leistungserfolges (hM). Ausreichend sind zB bei einer Grundstücksschenkung die Auflassung und der Umschreibungsantrag gem § 13 GBO. Bei der versprochenen Schenkung eines Geldbetrags tritt Vollzug auch durch Gutschrift des Betrages auf dem Konto des Beschenkten ein (OLG Saarbrücken ZEV 00, 240). Gleiches gilt für die Abhebung des Schenkers, die der Beschenkte mit dessen Wissen und Wollen tätigt (BGH NJW 99, 2887; dort auch zu den Substantiierungsanforderungen bei der Behauptung eines Schenkungsversprechens). Mittels Vollmacht ist Schenkungsvollzug durch Abhebung noch nach dem Tod des Schenkers möglich (BGH NJW 86, 2108). Auch ein aufschiebend oder auflösend bedingter Vollzug genügt (BGH NJW 70, 1639; str). Dies gilt auch für eine Forderung. Dag reicht nach hM die Einziehungsermächtigung nicht aus. Wer die Vollziehung eines formnichtigen Schenkungsversprechens mittels auf ihn ausgestellter Bankvollmacht behauptet, trägt hierfür die Beweislast (BGH NJW-RR 07, 488). 4

§ 519 Einrede des Notbedarfs

(1) Der Schenker ist berechtigt, die Erfüllung eines schenkweise erteilten Versprechens zu verweigern, soweit er bei Berücksichtigung seiner sonstigen Verpflichtungen außerstande ist, das Versprechen zu erfüllen, ohne dass sein angemessener Unterhalt oder die Erfüllung der ihm kraft Gesetzes obliegenden Unterhaltspflichten gefährdet wird.
(2) Treffen die Ansprüche mehrerer Beschenkter zusammen, so geht der früher entstandene Anspruch vor.

I. Die aufschiebende **Einrede des Notbedarfs** ggü dem Erfüllungsanspruch des Beschenkten nach **Abs 1** ist ein Sonderfall der Störung der Geschäftsgrundlage (§ 313). Ein Verzicht auf die Einrede im Voraus ist unwirksam. Sie steht auch einem Mitschuldner, als sog höchstpersönliches Recht, nach hM jedoch nicht dem Erben oder Bürgen zu (MK/Koch § 519 Rn 4). 1

II. 1. Voraussetzungen der Notbedarfseinrede: Die Schenkung darf noch **nicht vollzogen** (hierzu § 518 Rn 4) sein (vgl §§ 528, 529) und es muss eine **Gefährdung** des eigenen angemessenen Unterhalts (§ 1610) oder gesetzlicher Unterhaltspflichten (zB aus §§ 1360 ff, 1570 ff, 1601 ff) bestehen. Ausreichend dafür ist die begründete Besorgnis zukünftiger Unzulänglichkeit. Zu berücksichtigen sind **sonstige Verpflichtungen** mit Bezug auf das Vermögen des Schenkers. 2

2. Beim Zusammentreffen **mehrerer Schenkungen** gilt nach Abs 2 die Rangfolge nach der Zeit des Entstehens des Schenkungsanspruchs. Gleichzeitig entstandene Ansprüche sind gleichmäßig zu kürzen (hM, aA Wahl des Schenkers). 3

§ 520 Erlöschen eines Rentenversprechens

Verspricht der Schenker eine in wiederkehrenden Leistungen bestehende Unterstützung, so erlischt die Verbindlichkeit mit seinem Tode, sofern nicht aus dem Versprechen sich ein anderes ergibt.

1 § 520 enthält eine **Auslegungsregel** für die Schenkung einer Rente. Die Vorschrift ist nur auf Renten (§ 759), nicht auf Kapital, das in Teilzahlungen zu erbringen ist, anzuwenden.

§ 521 Haftung des Schenkers

Der Schenker hat nur Vorsatz und grobe Fahrlässigkeit zu vertreten.

1 § 521 schränkt wegen der Uneigennützigkeit des Schenkers die Haftung ggü § 276 I 1 ein. Der persönliche Anwendungsbereich umfasst neben dem Schenker in analoger Anwendung dessen Rechtsnachfolger, Mitschuldner und Bürgen. Sachlich gilt die Vorschrift für alle Arten der Leistungsstörung, sofern keine Sonderbestimmungen eingreifen. Hierzu zählen va §§ 523, 524 sowie aus dem allg Schuldrecht §§ 287, 292 iVm §§ 987 ff. Nach den vor Inkrafttreten des SMG geltenden Grundsätzen haftete der Schuldner für **anfängliches Unvermögen** verschuldensunabhängig, weshalb die Haftungserleichterung des § 521 in diesen Fällen nicht zur Anwendung kam. Das Garantieversprechen des Schenkers war vielmehr hins eines „verschuldensunabhängigen Einstehens" auszulegen (BGH NJW 00, 2101). Diese Rspr ist durch das SMG aufgrund § 311 a II 1 überholt. Die Folgen des anfänglichen Unvermögens werden von § 311 a II 1 bestimmt, der keine Garantiehaftung statuiert, sondern einen Fall der Haftung für vermutetes Verschulden darstellt (vgl § 311 a II 2). Bei der Verletzung von **Schutzpflichten** ist § 521 nur anzuwenden, wenn die Verletzung im Zusammenhang mit dem Gegenstand der Schenkung steht (BGHZ 93, 23; str).

§ 522 Keine Verzugszinsen

Zur Entrichtung von Verzugszinsen ist der Schenker nicht verpflichtet.

1 Die Vorschrift betrifft die **Verzugszinsen** gem § 288; dag ist sie nicht auf §§ 286, 291 (hM), 292 anwendbar.

§ 523 Haftung für Rechtsmängel

(1) Verschweigt der Schenker arglistig einen Mangel im Recht, so ist er verpflichtet, dem Beschenkten den daraus entstehenden Schaden zu ersetzen.
(2) ¹Hatte der Schenker die Leistung eines Gegenstandes versprochen, den er erst erwerben sollte, so kann der Beschenkte wegen eines Mangels im Recht Schadensersatz wegen Nichterfüllung verlangen, wenn der Mangel dem Schenker bei dem Erwerb der Sache bekannt gewesen oder infolge grober Fahrlässigkeit unbekannt geblieben ist. ²Die für die Haftung des Verkäufers für Rechtsmängel geltenden Vorschriften des § 433 Abs. 1 und der §§ 435, 436, 444, 452, 453 finden entsprechende Anwendung.

1 Grds haftet der Schenker nicht für Rechts- und Sachmängel (hierzu näher § 521 Rn 1); die **Ausnahmen** davon regeln § 523 für Rechtsmängel und § 524 für Sachmängel abschließend. Die Vorschriften sind also Sonderbestimmungen im Verhältnis zu §§ 280 I, 276 I 1. Bei **arglistigem Verschweigen** (§ 444 Rn 5) **eines Rechtsmangels** verpflichtet **Abs 1** den Schenker zum Ersatz des Vertrauensschadens (BGH NJW 82, 819; hM). Diese Bestimmung kommt zur Anwendung, wenn der verschenkte Gegenstand sich im Vermögen des Schenkers befindet. Muss der Schenker dag das Eigentum bzw die Inhaberschaft erst erwerben, schadet ihm bei einem Mangel gem **Abs 2 S 1** bereits Kenntnis

oder grob fahrlässige Unkenntnis; seine Gewährleistungspflichten entsprechen sodann gem **Abs 2 S 2** denen eines Verkäufers.

§ 524 Haftung für Sachmängel

(1) Verschweigt der Schenker arglistig einen Fehler der verschenkten Sache, so ist er verpflichtet, dem Beschenkten den daraus entstehenden Schaden zu ersetzen.
(2) ¹Hatte der Schenker die Leistung einer nur der Gattung nach bestimmten Sache versprochen, die er erst erwerben sollte, so kann der Beschenkte, wenn die geleistete Sache fehlerhaft und der Mangel dem Schenker bei dem Erwerb der Sache bekannt gewesen oder infolge grober Fahrlässigkeit unbekannt geblieben ist, verlangen, dass ihm anstelle der fehlerhaften Sache eine fehlerfreie geliefert wird. ²Hat der Schenker den Fehler arglistig verschwiegen, so kann der Beschenkte statt der Lieferung einer fehlerfreien Sache Schadensersatz wegen Nichterfüllung verlangen. ³Auf diese Ansprüche finden die für die Gewährleistung wegen Fehler einer verkauften Sache geltenden Vorschriften entsprechende Anwendung.

Wie § 523 regelt § 524 als Sonderbestimmung im Verhältnis zu §§ 280 I, 276 I 1 die Haftung des Schenkers für Sachmängel abschließend. **Abs 1** betrifft **individuell** bestimmte Schenkungsgegenstände und Gattungssachen, soweit sich diese bereits im Eigentum des Schenkers befinden. Auch nach dem SMG ist der Begriff des Fehlers unter Rückgriff auf das Kaufrecht zu bestimmen. Wie für Rechtsmängel (s § 523 Rn 1) ist die Haftung des Schenkers auf arglistiges Verschweigen (§ 444 Rn 5) beschränkt und richtet sich auf den Ersatz des Vertrauensschadens. Die Beschränkung der Haftung auf Arglist erfasst auch Mangelfolgeschäden (str, aA MK/Koch § 521 Rn 7 mwN), nicht jedoch deliktische Ansprüche. Das **Fehlen einer zugesicherten Eigenschaft** regelt die Vorschrift nicht. Eine solche selbstständige Garantie (dazu § 442 Rn 7 f) ist aber möglich und erfordert die Einhaltung der Formvorschrift des § 518 (hM). Die konkreten Rechtsfolgen des Fehlens der Eigenschaft sind vom jeweiligen Inhalt des Schenkungsversprechens abhängig; iZw kommt entspr Abs 1 der Ersatz des Vertrauensschadens in Betracht. 1

Abs 2 regelt die Haftung des Schenkers bei **Gattungssachen**, die sich zZ des Schenkungsversprechens noch nicht im Vermögen des Schenkers befinden. Weist eine derartige Sache zZ des Erwerbs einen Fehler auf, schadet dem Schenker (wie bei § 523 II) Kenntnis oder grob fahrlässige Unkenntnis des Fehlers. Er ist gem Abs 2 S 1 zur Nachlieferung einer fehlerfreien Sache verpflichtet; bei arglistigem Verschweigen kann der Beschenkte wahlweise auch Ersatz des Nichterfüllungsschadens (genauer: Schadensersatz statt der Leistung) verlangen (Abs 2 S 2). § 519 bleibt aber anwendbar. Für die Durchführung der Haftung sind gem Abs 2 S 3 die Vorschriften für die Gewährleistung des Verkäufers entspr anwendbar. 2

§ 525 Schenkung unter Auflage

(1) Wer eine Schenkung unter einer Auflage macht, kann die Vollziehung der Auflage verlangen, wenn er seinerseits geleistet hat.
(2) Liegt die Vollziehung der Auflage im öffentlichen Interesse, so kann nach dem Tod des Schenkers auch die zuständige Behörde die Vollziehung verlangen.

§ 526 Verweigerung der Vollziehung der Auflage

¹Soweit infolge eines Mangels im Recht oder eines Mangels der verschenkten Sache der Wert der Zuwendung die Höhe der zur Vollziehung der Auflage erforderlichen Aufwendungen nicht erreicht, ist der Beschenkte berechtigt, die Vollziehung der Auflage zu verweigern, bis der durch den Mangel entstandene Fehlbetrag ausgeglichen wird. ²Vollzieht der Beschenkte die Auflage ohne Kenntnis des Mangels, so kann er von dem

Schenker Ersatz der durch die Vollziehung verursachten Aufwendungen insoweit verlangen, als sie infolge des Mangels den Wert der Zuwendung übersteigen.

§ 527 Nichtvollziehung der Auflage

(1) Unterbleibt die Vollziehung der Auflage, so kann der Schenker die Herausgabe des Geschenkes unter den für das Rücktrittsrecht bei gegenseitigen Verträgen bestimmten Voraussetzungen nach den Vorschriften über die Herausgabe einer ungerechtfertigten Bereicherung insoweit fordern, als das Geschenk zur Vollziehung der Auflage hätte verwendet werden müssen.

(2) Der Anspruch ist ausgeschlossen, wenn ein Dritter berechtigt ist, die Vollziehung der Auflage zu verlangen.

§§ 525–527

1 **I.** §§ 525–527 regeln die **Schenkung unter Auflage**. Bei dieser Sonderform der Schenkung hat der Schenker nach Erbringung seiner Leistung einen Anspruch gegen den Beschenkten auf Vollziehung einer Auflage, die an die Schenkung geknüpft war (vgl § 525 I). Die Verpflichtung des Schenkers steht dabei nicht unter der Bedingung, dass der Beschenkte die ihm auferlegte Leistung erbringt, sondern ist unabhängig davon zu erfüllen. Erst wenn der Schenker geleistet hat, muss der Beschenkte seinerseits die Verpflichtung aus der Auflage erfüllen. Zwischen der Verpflichtung des Schenkers und der Verpflichtung des Beschenkten aus der Auflage besteht mithin kein Gegenseitigkeitsverhältnis iSd §§ 321 ff.

2 **II. 1. Voraussetzung** für das Zustandekommen einer Schenkung unter Auflage ist ein Schenkungsvertrag (§ 516 I), der als Nebenbestimmung eine **Auflage** enthält. Das Formerfordernis des § 518 gilt auch für die Auflage. Als Gegenstand der Auflage kommt grds jede Verpflichtung des Beschenkten zu einer Leistung iSd § 241 in Betracht. Nicht maßgeblich ist, ob die Auflage im Interesse des Schenkers, des Beschenkten oder eines Dritten liegt. Die Leistung des Beschenkten ist häufig, aber nicht notwendig aus dem Wert des Zugewendeten zu erbringen. Soll die Leistung des Zuwendungsempfängers aus dessen eigenem Vermögen erfolgen, liegt keine Schenkung unter Auflage, sondern ein entgeltlicher Vertrag vor, sofern unter Berücksichtigung der Gesamtumstände in der Leistung des Empfängers ein entgeltartiger Ausgleich für die Zuwendung zu sehen ist (str). Als Indiz zu berücksichtigen sind dabei die zur Erfüllung der Auflage erforderlichen Aufwendungen, ohne dass aber Gleichwertigkeit stets Entgeltlichkeit bedeuten muss (vgl § 526). Zur Einordnung einer Zustiftung s Muscheler WM 08, 1669.

3 **2.** Der Anspruch des Schenkers auf **Erfüllung der Auflage** aus § 525 I setzt außer dem Schenkungsvertrag mit Auflage (Rn 2) die (Vor-)Leistung des Schenkers voraus. Gläubiger des Anspruchs kann nach dem Tod des Schenkers dessen Erbe oder unter den Voraussetzungen des § 525 II (auch gegen den Willen des Erben) die zuständige Behörde sein.

4 **3.** Gegen den Anspruch des Schenkers auf Vollziehung der Auflage kann dem Beschenkten unter den Voraussetzungen des § 526 S 1 ein **Leistungsverweigerungsrecht** zustehen. Zum Schutz des Beschenkten gewährleistet die Vorschrift, dass dieser nicht mehr leisten muss, als ihm zugewendet ist. Voraussetzung ist, dass der Wert der Zuwendung infolge eines Sach- oder Rechtsmangels des Schenkungsgegenstandes geringer ist als der Aufwand für die Auflagenerfüllung. Hat der Beschenkte unter dieser Voraussetzung in Unkenntnis des Mangels die Auflage bereits erfüllt, hat er gem § 526 S 2 Anspruch auf **Ersatz der Aufwendungen**, die über den Wert der Zuwendung hinausgehen.

5 **4.** Die **Herausgabe des Geschenkes** kann der Schenker gem § 527 I verlangen, wenn die Auflage ganz oder teilweise nicht vollzogen ist und die Rücktrittsvoraussetzungen für gegenseitige Verträge (§ 323) vorliegen. Das Rückforderungsrecht ist aber ausgeschlossen, wenn ein Dritter (§ 527 II) oder die Behörde (§ 525 II) die Vollziehung der Auflage

verlangen kann. Der Umfang des Herausgabeanspruchs richtet sich aufgrund der Verweisung in § 527 I nach Bereicherungsrecht (§§ 812 I 1, 818, 819 I) und ist auf das begrenzt, was zum Vollzug der Auflage einzusetzen wäre. IR des § 819 ist die Kenntnis des Rückforderungsbegehrens entscheidend. Zum Rückgriff auf die Regeln über die Störung der Geschäftsgrundlage (§ 313) außerhalb des Anwendungsbereichs von §§ 527, 528, 530 s BGH NJW 91, 831; NJW-RR 06, 699.

III. IU zur Schenkung unter Auflage verfolgt der Schenker bei der **Zweckschenkung** mit 6 der Zuwendung einen bestimmten, für den Beschenkten erkennbaren Zweck, ohne dass nach der Parteivereinbarung eine einklagbare Verpflichtung des Beschenkten zur Vollziehung dieser Zweckbestimmung begründet werden soll. Ein derartiger (über ein bloßes Motiv hinausreichender) Zweck kann insb die Veranlassung des Beschenkten zu einem bestimmten Verhalten sein, wie etwa der Fortbestand der Lebensgemeinschaft (BGH NJW 08, 3277, 3282) oder bei Schenkungen der Schwiegereltern auch der Ehe von Sohn bzw Tochter (BGH NJW 10, 2202, 2884 mAv Schmitz). Tritt er nicht ein, kann der Schenker nach hM unter den Voraussetzungen des § 812 I 2, 2. Alt das Geschenk wegen Verfehlung des Schenkungszwecks zurückverlangen (vgl BGH NJW 84, 233; aA § 313). IU zur **gemischten Schenkung** (§ 516 Rn 7) wird bei der Schenkung unter Auflage der gesamte Gegenstand geschenkt.

§ 528 Rückforderung wegen Verarmung des Schenkers

(1) ¹Soweit der Schenker nach der Vollziehung der Schenkung außerstande ist, seinen angemessenen Unterhalt zu bestreiten und die ihm seinen Verwandten, seinem Ehegatten, seinem Lebenspartner oder seinem früheren Ehegatten oder Lebenspartner gegenüber gesetzlich obliegende Unterhaltspflicht zu erfüllen, kann er von dem Beschenkten die Herausgabe des Geschenkes nach den Vorschriften über die Herausgabe einer ungerechtfertigten Bereicherung fordern. ²Der Beschenkte kann die Herausgabe durch Zahlung des für den Unterhalt erforderlichen Betrags abwenden. ³Auf die Verpflichtung des Beschenkten findet die Vorschrift des § 760 sowie die für die Unterhaltspflicht der Verwandten geltende Vorschrift des § 1613 und im Falle des Todes des Schenkers auch die Vorschrift des § 1615 entsprechende Anwendung.
(2) Unter mehreren Beschenkten haftet der früher Beschenkte nur insoweit, als der später Beschenkte nicht verpflichtet ist.

§ 529 Ausschluss des Rückforderungsanspruchs

(1) Der Anspruch auf Herausgabe des Geschenkes ist ausgeschlossen, wenn der Schenker seine Bedürftigkeit vorsätzlich oder durch grobe Fahrlässigkeit herbeigeführt hat oder wenn zur Zeit des Eintritts seiner Bedürftigkeit seit der Leistung des geschenkten Gegenstandes zehn Jahre verstrichen sind.
(2) Das Gleiche gilt, soweit der Beschenkte bei Berücksichtigung seiner sonstigen Verpflichtungen außerstande ist, das Geschenk herauszugeben, ohne dass sein standesmäßiger Unterhalt oder die Erfüllung der ihm kraft Gesetzes obliegenden Unterhaltspflichten gefährdet wird.

§§ 528, 529

I. §§ 528, 529 regeln das Recht des Schenkers zur **Rückforderung wegen Notbedarfs** 1 und seines Ausschlusses.

II. 1. Voraussetzung für die **Rückforderung** ist nach § 528 I 1, dass die Schenkung be- 2 reits vollzogen (vgl § 518 Rn 4; § 519 Rn 2) und der Schenker insofern bedürftig geworden ist, als er seinen eigenen **angemessenen Unterhalt** und seine gesetzlichen Unterhaltspflichten **nicht bestreiten** kann (BGHZ 147, 288, 290). Dabei verweist die Anknüpfung an den „angemessenen" Unterhalt den Schenker auf einen Unterhalt, der nicht zwingend seinem früheren individuellen Lebensstil entsprechen muss, sondern objektiv seiner Lebensstellung nach der Schenkung angemessen ist (BGH NJW 03,

1384, 1387). Anders als bei § 519 reicht allein die Gefährdung nicht aus. Hins des eigenen Vermögens ist der Zugriff auf die Substanz, aber keine ganz unwirtschaftliche Verwertung abzuverlangen. Unerheblich ist, ob der Notbedarf vor oder nach Vollzug der Schenkung entstanden ist und ob der Schenkungswert zeitweise nicht realisiert werden kann (BGH NJW 07, 60). Auch die Möglichkeit, selbst Unterhaltsansprüche wegen der Bedürftigkeit zu erheben, hindert den Anspruch nicht (BGH NJW 91, 1824). An einem Notbedarf fehlt es, wenn der Schenker zumutbare Erwerbsmöglichkeiten nicht nutzt. Der Anspruch kann nach § 93 SGB XII auf den Sozialhilfeträger **übergehen** (hierzu Ludyga NZS 12, 121). Umstritten ist, ob der Anspruch mit dem Tod des Schenkers erlischt (hierzu BGHZ 147, 288, 292; BGH NJW 95, 2287; MK/Koch § 528 Rn 11 ff) und ob er **abtretbar** ist (BGH NJW 95, 323; MK/Koch § 528 Rn 17). Für die **Herausgabe** des Geschenks sind gem § 528 I 1 die Vorschriften des Bereicherungsrechts maßgeblich. Dabei findet § 822 selbst dann Anwendung, wenn ein Dritter vom Beschenkten nur ein Surrogat des ursprünglichen Schenkungsgegenstands unentgeltlich erhalten hat; der Dritte kann sich aber durch Herausgabe des Surrogates von der Verbindlichkeit befreien (BGHZ 158, 63, 65 ff; vgl auch Kopp JR 12, 491).

3 2. Nach § 528 I 2 kann der Beschenkte die **Herausgabe abwenden**, indem er den für den Unterhalt erforderlichen Betrag zahlt, bis der Wert der Schenkung erreicht ist (BGH NJW-RR 03, 53, 54). Bei unteilbaren Gegenständen kann der Anspruch von vornherein auf Wertersatz (§ 818 II) gerichtet sein, wobei der Beschenkte zur Befreiung von der Zahlungspflicht die Rückübertragung des Geschenks anbieten kann (BGH NJW 10, 2655). Besteht ein durch Vormerkung gesicherter Anspruch aus einem Schenkungsversprechen, kann der verarmte Schenker in entspr Anwendung des § 528 I 1 Zahlung eines Notbedarfs Zug um Zug gegen Übereignung des Grundstückes verlangen (OLG Celle NJW-RR 07, 891).

4 3. Das **Rangverhältnis** unter mehreren Schenkungen bestimmt § 528 II. Das Entfallen der Verpflichtung kann sich aus § 529 II, Entreicherung oder Herausgabe ergeben. Bei gleichzeitigen Schenkungen haften die Beschenkten gesamtschuldnerisch (§ 421) und sind untereinander zum Ausgleich entspr § 426 verpflichtet (BGHZ 137, 82; str).

5 III. Der Rückforderungsanspruch ist **nach § 529 I ausgeschlossen**, wenn der Schenker die Bedürftigkeit vorsätzlich oder grob fahrlässig herbeigeführt hat oder wenn bei Eintritt der Bedürftigkeit bereits 10 Jahre seit der Leistung des Schenkungsgegenstandes vergangen sind. Bei der Grundstücksschenkung beginnt die Frist, wenn die Auflassung formgerecht erklärt und die Eintragung des Rechtswechsels beim Grundbuchamt beantragt ist; der Vorbehalt eines lebenslangen Nutzungsrechts hindert den Fristbeginn nicht (BGH NJW 11, 3082). Die **Einrede** greift nur, wenn für den Beschenkten die nachträgliche Herbeiführung der Bedürftigkeit durch den Schenker nicht vorhersehbar war (BGH NJW 03, 1384, 1386). Es steht dem Beschenkten frei, die Einrede geltend zu machen (BGH NJW 01, 1207, 1208). Weitere Ausschlussgründe ergeben sich aus § 529 II (Gefährdung gesetzlicher Unterhaltspflichten, vgl § 519 Rn 2) und § 534 (Pflicht- und Anstandsschenkungen). Die Einrede besteht nur soweit und solange, wie die Voraussetzungen des § 529 II vorliegen (BGH NJW 05, 3638). Zur Bemessung des standesmäßigen – also angemessenen – Unterhalts iSv § 529 II ist auf familienrechtliche Vorschriften und Grundsätze zurückzugreifen (BGH NJW 00, 3488; zum Verhältnis zum Elternunterhalt Wedemann NJW 11, 571). Ist statt einer Herausgabe Wertersatz nach § 818 II zu leisten, bemisst sich dieser nach dem Wert zum Zeitpunkt der Anspruchsentstehung (BGH NJW 03, 1384, 1388). Bei Schenkung von Grundstücken findet § 196 auch für die **Verjährung** des Wertersatzanspruchs Anwendung (BGH NJW 11, 218).

§ 530 Widerruf der Schenkung

(1) Eine Schenkung kann widerrufen werden, wenn sich der Beschenkte durch eine schwere Verfehlung gegen den Schenker oder einen nahen Angehörigen des Schenkers groben Undanks schuldig macht.

(2) Dem Erben des Schenkers steht das Recht des Widerrufs nur zu, wenn der Beschenkte vorsätzlich und widerrechtlich den Schenker getötet oder am Widerruf gehindert hat.

§ 531 Widerrufserklärung

(1) Der Widerruf erfolgt durch Erklärung gegenüber dem Beschenkten.
(2) Ist die Schenkung widerrufen, so kann die Herausgabe des Geschenks nach den Vorschriften über die Herausgabe einer ungerechtfertigten Bereicherung gefordert werden.

§ 532 Ausschluss des Widerrufs

¹Der Widerruf ist ausgeschlossen, wenn der Schenker dem Beschenkten verziehen hat oder wenn seit dem Zeitpunkt, in welchem der Widerrufsberechtigte von dem Eintritt der Voraussetzungen seines Rechts Kenntnis erlangt hat, ein Jahr verstrichen ist. ²Nach dem Tode des Beschenkten ist der Widerruf nicht mehr zulässig.

§ 533 Verzicht auf Widerrufsrecht

Auf das Widerrufsrecht kann erst verzichtet werden, wenn der Undank dem Widerrufsberechtigten bekannt geworden ist.

§ 534 Pflicht- und Anstandsschenkungen

Schenkungen, durch die einer sittlichen Pflicht oder einer auf den Anstand zu nehmenden Rücksicht entsprochen wird, unterliegen nicht der Rückforderung und dem Widerruf.

§§ 530–534

I. §§ 530–534 regeln – als Sonderfall der Störung der Geschäftsgrundlage nach § 313 (§ 527 Rn 5; BGH NJW-RR 06, 699) – das **Rückforderungsrecht** des Schenkers bei grobem Undank des Beschenkten. Unter den Voraussetzungen des § 530 I hat der Schenker ein Widerrufsrecht, dessen Ausübung nach § 531 I den Beschenkten zur Herausgabe des Geschenkes gem § 531 II verpflichtet. §§ 532 ff legen für besondere Fälle den Ausschluss des Widerrufsrechts fest; § 534 erfasst dabei neben dem Widerruf des § 530 auch die Rückforderung gem § 528. 1

II. 1. a) Der Anwendungsbereich erfasst vollzogene Schenkungen, Schenkungsversprechen und ebenso gemischte Schenkungen. **Voraussetzung des Widerrufs** ist ein **Widerrufsgrund** gem § 530 I. Dieser erfordert objektiv eine **schwere Verfehlung des Beschenkten** und subjektiv eine zu missbilligende Gesinnung, die in grobem Maße einen Mangel an Dankbarkeit ausdrückt (**grober Undank**). Das Vorliegen dieser Voraussetzungen ist in einer Gesamtwürdigung unter Berücksichtigung auch des Verhaltens des Schenkers zu beurteilen (BGHZ 46, 394). Das Verhalten Dritter ist dem Beschenkten nicht zuzurechnen; § 166 ist nicht anwendbar (BGHZ 91, 277). Bei einer sittlichen Verpflichtung zum Handeln kann die Verfehlung auch in einem Unterlassen bestehen. Als schwere Verfehlungen kommen je nach den Umständen des Einzelfalles ua in Betracht: körperliche Misshandlungen; schwere Beleidigungen; grundlose Strafanzeigen (BGHZ 112, 263); belastende Zeugenaussagen trotz Zeugnisverweigerungsrechts; die grundlose Anregung einer Betreuung (OLG Düsseldorf NJW-RR 98, 1433); **ehewidriges Verhalten** unter besonderen Umständen (BGH NJW-RR 13, 618; NJW 99, 1623; OLG Düsseldorf NJW-RR 05, 300; zur str Frage der Indizwirkung eines Ehebruchs für eine schwere Verfehlung BGH FamRZ 85, 351); die zielgerichtete Verdrängung aus dem Familienunternehmen (BGHZ 112, 49); Versagen eines Nutzungsrechts (BGH NJW 99, 16n27); nicht ausreichend: Verkauf des geschenkten Gegenstandes ohne 2

Rücksprache mit dem Schenker (BGH FamRZ 05, 511). Betroffen sein muss jeweils der **Schenker** oder ein **naher Angehöriger** des Schenkers (OLG Koblenz NJW-RR 02, 630). Der Kreis der nahen Angehörigen ist nicht fest durch den Grad der Verwandtschaft oder Schwägerschaft bestimmt; maßgeblich ist vielmehr das tatsächliche persönliche Verhältnis zum Schenker. Auch Pflegekinder oder Lebensgefährten können daher nahe Angehörige sein. Nicht zum Widerruf berechtigt sind idR Schwiegereltern bei Eheverfehlungen und Streitigkeiten iR der Scheidung (OLG Köln NJW-RR 95, 585).

3 b) Einen **Ausschluss** des Widerrufs legt § 534 für Schenkungen aufgrund einer **sittlichen Pflicht** und für **Anstandsschenkungen** fest. Bei den ersteren liegt der Grund der Schenkung nicht nur in der besonderen persönlichen Verbundenheit, sondern in einem sittlichen Gebot (zB Unterstützung bedürftiger Geschwister). Anstandsschenkungen sind insb übliche Geschenke zu besonderen Gelegenheiten wie Geburtstagen, Weihnachtsfeiern oder Hochzeiten.

4 2. a) Das **Widerrufsrecht** ist ein höchstpersönliches Recht, weil nur der Schenker selbst einen Anspruch auf Dankbarkeit hat; es ist nicht abtretbar oder pfändbar und nur im Ausnahmefall des § 530 II vererblich. Besondere Tatbestände regeln ua § 1301 und § 2287. Zum **Erlöschen** des Widerrufsrechts vor der Ausübung führen der Verzicht iR der zwingenden Grenze des § 533, die Verzeihung gem § 532 S 1 als tatsächlicher Vorgang (nicht Rechtsgeschäft), der den Wegfall der Kränkungsempfindung zum Ausdruck bringt (BGHZ 91, 280; hingegen ist der bloße Versöhnungsversuch nicht hinreichend, BGH NJW 99, 1626, 1628), der Ablauf der Ausschlussfrist (was aber nicht ohne weiteres für schenkungsvertraglich vereinbarte Widerrufsgründe gilt, OLG Hamm NJW 12, 2528) und gem § 532 S 2 der Tod des Beschenkten. Verzeihung ist Einrede, Ausschlussfrist und Tod sind Einwendungen (hM, vgl MK/Koch § 532 Rn 6).

5 b) Die **Ausübung** des Widerrufsrechts erfordert gem § 531 I die (nicht formbedürftige) Erklärung ggü dem Beschenkten, die einen bestimmten Widerrufsgrund erkennen lassen muss.

6 c) **Rechtsfolge** des Widerrufs ist gem § 531 II ein Herausgabeanspruch des Schenkers nach Maßgabe der §§ 812 ff (zum Ausschluss des Herausgabeanspruchs durch § 817 S 2 BGHZ 35, 107). Dem Beschenkten kann ein Gegenanspruch nach § 812 I 2, 2. Fall (Verwendungskondiktion) zustehen (BGHZ 140, 275).

7 III. Die **Beweislast** für den Widerrufsgrund trägt der Schenker (OLG Koblenz NJW-RR 02, 630), für Ausschlussgründe der Beschenkte.

Titel 5
Mietvertrag, Pachtvertrag

Untertitel 1
Allgemeine Vorschriften für Mietverhältnisse

Vorbemerkung zu §§ 535–580 a

1 I. Das BGB regelt in den §§ 535–609 die auf **Gebrauchsüberlassung** zielenden Schuldverhältnisse. Dabei unterscheidet es zwischen Miete (§§ 535–580 a), Pacht (§§ 581–584 b), Landpacht (§§ 585–597), Leihe (§§ 598–606) und Sachdarlehen (§§ 607–609). Kennzeichen dieser Verträge ist die Gebrauchsüberlassung **auf Zeit**. Die letzte umfassende Neuregelung erfolgte durch das **Mietrechtsreformgesetz** von 2001 (vgl BT-Drucks 14/4553 u 14/5663 sowie BR-Drucks 282/01), 20 ergänzt durch das MietRÄndG (BGBl 20 I 434). Ziel der Reform war es, das Mietrecht einfacher und verständlicher zu regeln. Auch sollte die Gestaltung des Mietrechts den veränderten schutzwürdigen Interessen v Mietern und Vermietern angepasst werden.

2 II. **Miete** ist die zeitweilige Gewährung des Gebrauchs einer Sache durch Vertrag gegen Entgelt (MK/Häublein § 535 Rn 1). Die **Abgrenzung** zu anderen Verträgen ist nach dem gesamten Inhalt des Vertrages und unabhängig v der durch die Parteien gewählten Bezeichnung vorzunehmen (§§ 133, 157).

1. V der **Pacht** unterscheidet sich die Miete dadurch, dass der Mieter nur zum Gebrauch, der Pächter hingegen auch zur Fruchtziehung (§§ 581 I, 99) berechtigt ist. Miete und Pacht stimmen also in der entgeltlichen Gebrauchsüberlassung überein und unterscheiden sich darin, ob aus der vermieteten oder verpachteten Sache „bestimmungsgemäß" (§ 99 I) Früchte gezogen werden sollen oder nicht. Insoweit ist die Abgrenzung im Einzelfall problematisch, wenn zB Praxisräume oder eine Gaststätte zum Gebrauch auf Zeit überlassen werden sollen. Entscheidend ist insoweit, ob der v Berechtigten angestrebte wirtschaftliche Erfolg in erster Linie Resultat seiner eigenen Leistung ist – dann Miete (zB bei einer Arztpraxis oder bei einem Ladengeschäft) – oder in der Sache angelegt ist, also aus dieser „bestimmungsgemäß gewonnen wird" – dann Pacht (zB bei einer Gastwirtschaft oder einem Kino). Abgrenzungskriterium ist dabei, ob der wirtschaftliche Erfolg wegen der Beschaffenheit und Ausstattung der Sache v jeder geeigneten Person erzielt werden kann (Pacht) oder lediglich Hilfsmittel für die persönliche Leistung des individuellen Berechtigten ist (Miete; vgl BGH WM 81, 226). Gegenstand der Miete können zudem nur bewegliche und unbewegliche Sachen, Sachteile oder Sachgesamtheiten sein, während als Gegenstand der Pacht auch Rechte in Betracht kommen.

2. V der **Leihe** unterscheidet sich die Miete durch die Entgeltlichkeit der Gebrauchsüberlassung (§ 535 II). Bei einem unverhältnismäßig niedrigen Entgelt kann es sich um einen Gefälligkeitsmietvertrag, Leihe oder einen gemischten Vertrag handeln (BGH WM 1970, 854 f).

3. Die **Verwahrung** verpflichtet anders als die Miete nicht zur vorübergehenden Gebrauchsüberlassung einer Sache, sondern zur Obhut des Verwahrers über die bewegliche Sache des Hinterlegers in seinen Räumen. Diese Obhutspflicht ist Hauptpflicht des Verwahrers, während den Vermieter eine Obhutspflicht nur als Schutzpflicht iSd § 241 II trifft. Das Einstellen eines Fahrzeugs in einem gewöhnlichen Parkhaus ist daher ein Mietvertrag über den Stellplatz und nicht Verwahrung, weil der Unternehmer keine Bewachungspflicht hat (OLG Düsseldorf NJW-RR 01, 1607). Anders ist dies beim bewachten Parkplatz (OLG Köln NJW-RR 94, 25).

4. Beim **Sachdarlehen** werden die überlassenen vertretbaren Sachen Eigentum des Darlehensnehmers. Dieser muss daher nicht sie, sondern nur Sachen gleicher Art, Güte und Menge zurückgeben (§ 607 I; zur Abgrenzung vgl iÜ MK/Häublein Vor § 535 Rn 21).

III. Die Vertragsfreiheit erlaubt es, entspr den Bedürfnissen des Wirtschaftslebens **Mischformen** zwischen Mietvertrag und anderen Vertragsformen zu schaffen. Bei diesen ist jeweils zu klären, welches Recht bei Vertragslücken gilt und inwieweit der zwingende Charakter einzelner Mietrechtsvorschriften sich auf diese erstreckt (Jauernig/Teichmann Vor § 535 Rn 8).

1. Der **Mietkauf** ist ein Mietvertrag, bei dem der Mieter berechtigt ist, die Sache innerhalb einer bestimmten Zeit zu einem vorher bestimmten Preis zu kaufen, wobei die bis dahin gezahlten Mieten ganz oder teilweise auf den Kaufpreis angerechnet werden (BGH WM 90, 1307). Es handelt sich also um eine Kombination aus Miete und Kauf.

2. Beim **Automatenaufstellvertrag** verpflichtet sich der Kunde (zB ein Gastwirt) ggü dem Aufsteller, die Aufstellung und den Betrieb eines Automaten (zB Zigarettenautomat, Spielautomat) an bestimmter Stelle in seinen Räumen zu gestatten und den Gästen sowie dem Aufsteller den Zutritt zu gewähren; der Aufsteller ist verpflichtet, den Automaten aufzustellen, ihn zu warten und nachzufüllen (vgl MK/Häublein Vor § 535 Rn 39). Als Entgelt zahlt der Aufsteller dem Kunden meist einen Umsatzanteil. Es handelt sich um keinen Mietvertrag, sondern um ein Austauschverhältnis eigener Art, das durch die Eingliederung des Automaten in den fremden gewerblichen Betrieb charakterisiert ist, weshalb die §§ 578 I iVm 550, 566 nicht anwendbar sind (vgl BGHZ 47, 205; vgl iE Staud/Emmerich Vor § 535 Rn 42 ff).

3. Unter der Bezeichnung **Leasing** werden ganz unterschiedliche Vertragsarten zusammengefasst, deren Ausgestaltungsformen v reinen Mietverträgen bis zu kaufähnliche Verträgen reichen (vgl Jauernig/Teichmann Vor § 535 Rn 5; Pal/Weidenkaff Einf v § 535 Rn 37). Praktisch bekanntestes Bsp ist das Leasing v Kraftfahrzeugen. Es können aber nicht nur bewegliche Sachen, sondern auch Immobilien, unkörperliche Gegenstände und sogar Personen (Leih-Arbeitsverhältnisse: Personalleasing) geleast werden. Die Vorteile des Leasing liegen für den Leasingnehmer va darin, dass er nicht das volle Anschaffungskapital benötigt und alle Leasingraten, die für betriebsnotwendige Sachen aufgewendet werden, steuerlich als Betriebsausgaben berücksichtigt werden.

11 a) **Operatingleasing** ist die entgeltliche Überlassung v Investitionsgütern entweder für eine im Voraus festgelegte kurze Laufzeit oder auf unbestimmte Zeit mit der Möglichkeit jederzeitiger Kündigung durch den Leasingnehmer (BGHZ 111, 95; Jauernig/Teichmann Vor § 535 Rn 5; BGH NJW 03, 505). Diese Verträge sind reine Mietverträge.

12 b) Beim **Herstellerleasing** handelt es sich um eine Sonderform des Operatingleasing, bei dem der Hersteller selbst als Leasinggeber fungiert, um den Absatz seiner Produkte zu fördern. Es handelt sich entweder um einen Mietkauf (vgl Rn 8) oder um einen normalen Mietvertrag, wenn der Leasingnehmer kein Kaufoptionsrecht hat (Palandt/Weidenkaff Vor § 535 Rn 42).

13 c) Die praktisch wichtigste Art des Leasing ist das **Finanzierungsleasing** (vgl hierzu auch § 500). Dabei erwirbt der Leasinggeber ein Investitionsgut beim Lieferanten (Hersteller, Händler), um es anschließend dem Leasingnehmer, der häufig eine Verlängerungs- oder Kaufoption hat, für eine fest bestimmte Zeit zum Gebrauch und zur Nutzung zu überlassen. Der Leasingnehmer zahlt monatliche Leasingraten an den Leasinggeber, die den Anschaffungspreis, Zinsen, Kosten und den Geschäftsgewinn des Leasinggebers umfassen. Diese Leasingraten führen je nach Vertragsdauer zur vollen (**Vollamortisationsvertrag**) oder teilweisen (**Teilamortisationsvertrag**) Amortisation der Kosten des Leasinggebers (vgl BGH NJW 95, 1021). Bleibt ein Restwert offen, wird dieser dadurch aufgebracht, dass entweder der Leasingnehmer das Leasinggut nach Ablauf der Vertragszeit zu einem vorher festgelegten Preis kauft oder dass der Leasinggeber das Leasinggut an einen Dritten veräußert und der Erlös zwischen den Parteien geteilt wird. Sonderformen des Finanzierungsleasings sind das **sale-and-lease-back**, bei dem der Leasingnehmer eine ihm gehörende Sache an den Leasinggeber veräußert, um sie sofort wieder zurück zu leasen (BGH WM 90, 103), sowie das im Kfz-Handel verbreitete **Null-Leasing**, bei dem für die Gebrauchsüberlassung lediglich feste, periodisch fällig werdende Raten, aber keine Zinsen verlangt werden und der Kunde die geleaste Sache nach Ablauf der Vertragsdauer gegen Zahlung des Restwerts erwerben kann (Palandt/Weidenkaff Vor § 535 Rn 43).

14 aa) Die **Rechtsnatur** des Finanzierungsleasings ist str. Es wird zT als atypischer Kaufvertrag, zT als gemischter Vertrag mit Elementen des Kredit- und des Geschäftsbesorgungsvertrages (Canaris NJW 82, 305 ff), nach zutreffender Auffassung aber als atypischer Mietvertrag aufgefasst (BGHZ 68, 123; 96, 106; 109, 372 f). Allerdings gebieten die Eigenarten des Finanzierungsleasings vielfach Abweichungen v den §§ 535 ff. Grds schuldet danach der Leasinggeber die Gewährung des Gebrauchs der Leasingsache während der Laufzeit des Vertrages (§ 535 I 1) gegen Zahlung der vereinbarten Leasingraten durch den Leasingnehmer (§ 535 II).

15 bb) IU zur Miete, bei welcher der Leasingnehmer keine Leasingraten mehr zahlen müsste, wenn die Leasingsache durch Zufall untergeht (§ 326 I 1 iVm § 535 I), trägt nach den Vertragsbestimmungen meist der Leasingnehmer die **Gegenleistungsgefahr**, so dass dieser auch bei einem v ihm nicht zu vertretenden Untergang oder einer Verschlechterung der Sache zur Zahlung der Leasingraten verpflichtet bleibt, ohne die Lieferung einer neuen Sache verlangen zu können (BGH NJW 88, 198).

16 cc) Der Leasinggeber haftet für **Nichtlieferung** und **verzögerte Lieferung** der Leasingsache (Palandt/Weidenkaff Vor § 535 Rn 55). Übergibt er dem Leasingnehmer die Leasingsache nicht, so kann dieser die Zahlung der Leasingraten gem § 320 verweigern. Der Leasingnehmer kann aber auch Schadensersatz statt der Leistung gem § 280 III, 281 bzw 283 verlangen oder den Vertrag gem § 543 I iVm II Nr 1 u 3 kündigen (BGH NJW 88, 199; 93, 123 f). Die Pflicht des Leasinggebers, dem Leasingnehmer die Sache in ordnungsgemäßem Zustand zur Verfügung zu stellen, ist Hauptleistungspflicht. Der Leasinggeber kann in seinen Vertragsbedingungen weder das Risiko der Nichtlieferung

(§ 307 II) noch das der Lieferungsverzögerung (§§ 307 II Nr 1, 309 Nr 2 a u Nr 8 a) auf den Leasingnehmer abwälzen (BGH NJW 93, 123 f).

dd) Die Rechte des Leasingnehmers gegen den Leasinggeber aus §§ 535 I, 536 bis 536 d, 543 wegen **Sachmängeln** des Leasingguts kommen idR nicht in Betracht, da die Leasinggeber diese in ihren AGB meist (und zulässig, da kein Verstoß gegen § 309 Nr 8 b aa: BGHZ 94, 44; 144, 61; aA Emmerich JuS 91, 7) durch die Abtretung ihrer Ansprüche gegen die Lieferanten aus dem Kauf- bzw Werkvertrag ersetzen. Der Leasingnehmer muss diese Ansprüche daher zunächst gegen den Lieferanten geltend machen. Kommt es dort zum Rücktritt (§ 323 iVm § 437 Nr 2 Alt 1), führt dies zum WGG des Leasingvertrages und damit zu einem Kündigungsrecht des Leasingnehmers nach § 313 III 2. Dabei entfällt die Geschäftsgrundlage *ex tunc*, so dass der Leasingnehmer seine Zahlungen einstellen und die bereits gezahlten Leasingraten abzüglich einer Entschädigung für die Nutzung der Leasingsache (§§ 812 ff) zurückfordern kann (BGHZ 68, 126; 114, 61).

IV. Das Mietrechtsreformgesetz brachte eine Vereinfachung und systematische Neuordnung des Mietrechts, indem es das private Wohnraummietrecht im BGB zusammenfasste und zugleich die Regelungen des Mietrechts im BGB neu gestaltete. Das Mietrecht ist gegliedert in (1) **allg Vorschriften**, die unabhängig v der Art der gemieteten Sache für alle Arten v Mietverhältnissen gelten (§§ 535–548), (2) Vorschriften, die für **Mietverhältnisse über Wohnraum** gelten (§§ 549–577 a) sowie (3) Vorschriften für **Mietverhältnisse über andere Sachen** (§§ 578–580 a). Innerhalb des Untertitels 2 „Mietverhältnisse über Wohnraum" sind die Vorschriften nach dem typischen zeitlichen Ablauf eines Mietverhältnisses angeordnet, untergliedert und mit entsprechenden Untergliederungsüberschriften versehen worden. Auf Mietverhältnisse, die am 1.9.2001 bereits bestanden, bleibt allerdings zT weiterhin das alte Mietrecht anwendbar (vgl Art 229 § 3 EGBGB).

§ 535 Inhalt und Hauptpflichten des Mietvertrags

(1) ¹Durch den Mietvertrag wird der Vermieter verpflichtet, dem Mieter den Gebrauch der Mietsache während der Mietzeit zu gewähren. ²Der Vermieter hat die Mietsache dem Mieter in einem zum vertragsgemäßen Gebrauch geeigneten Zustand zu überlassen und sie während der Mietzeit in diesem Zustand zu erhalten. ³Er hat die auf der Mietsache ruhenden Lasten zu tragen.

(2) Der Mieter ist verpflichtet, dem Vermieter die vereinbarte Miete zu entrichten.

I. § 535 regelt in Abs 1 S 1 u Abs 2 die für den Mietvertrag charakteristischen **Hauptpflichten** des Vermieters und des Mieters. Inhalt der Miete ist danach die entgeltliche Gewährung des Sachgebrauchs auf Zeit. Abs 1 S 2 konkretisiert die Pflicht des Vermieters zum Gewähren des Sachgebrauchs dahin, dass der Vermieter die Mietsache in einem zum vertragsgemäßen Gebrauch geeigneten Zustand **überlassen** und während der Mietdauer in diesem Zustand **erhalten** muss. Die Regelung des Abs 1 S 3 beruht auf dem Gedanken, dass die der Mietsache ruhende Vermieter die hierfür anfallenden Lasten am ehesten kalkulieren kann. Deshalb wird ihm auferlegt, diese bei der **Festlegung der Miete v vornherein zu berücksichtigen** oder eine abweichende Vereinbarung zu treffen. Beim Wohnraummietvertrag ist die Abwälzung der gesamten Lasten durch Formularvertrag auf den Mieter gem § 307 II Nr 1 unwirksam. Dies gilt nicht für die Betriebskosten (vgl § 556 I).

II. 1. Für das **Zustandekommen** des Mietvertrages ist eine Einigung der Mietparteien (§§ 145 ff) über die Mietsache, die Mietzeit, die Miete sowie darüber erforderlich, dass die Überlassung zum Gebrauch erfolgt (Palandt/Weidenkaff § 535 Rn 1). Der Vertrag ist grds formlos gültig. Mietverträge über Wohnungen, Grundstücke und andere Räume als Wohnräume, die für längere Zeit als ein Jahr geschlossen werden, sollten allerdings in schriftlicher Form geschlossen werden, da sonst das Mietverhältnis als auf unbestimmte Zeit geschlossen gilt (§§ 550 S 1, 578). Das Gesetz zur Verwirklichung des Grundsatzes der Gleichbehandlung (**Allgemeines GleichbehandlungsG** – AGG) soll in

Umsetzung v vier EU-Antidiskriminierungs-RL einen umfassenden Diskriminierungsschutz auch im Mietrecht gewährleisten (vgl die Kommentierung zum AGG). Vermieter werden sich bei der **Auswahl ihrer Mieter** grds dem Risiko einer Schadensersatzpflicht ausgesetzt sehen, wenn es zu einer Benachteiligung v Interessenten wegen deren ethnischer Herkunft, Geschlecht, Religion, Behinderung, Alter oder sexueller Identität kommt. Dabei sieht der Gesetzentwurf für unterschiedliche Vermieter abweichende Stufen des Diskriminierungsverbots vor. Ist die Vermietung für den Vermieter ein **Massengeschäft** (§ 19 I Nr 1 AGG), wäre eine Benachteiligung aus den oben genannten Gründen unzulässig. Ein Massengeschäft idS liegt idR nicht vor, wenn der Vermieter insg max 50 Wohnungen vermietet (§ 19 V 3). Keine Anwendung findet das AGG außerdem auf Mietverhältnisse, bei denen ein **besonderes Nähe- oder Vertrauensverhältnis** der Parteien oder ihrer Angehörigen begründet wird (§ 19 V AGG). Dies ist zB der Fall, wenn der Vermieter selbst oder seine eigenen Angehörigen in demselben Haus wohnen, in dem auch die Wohnung vermietet werden soll. Dabei kommt es nicht darauf an, ob sich die Wohnung in einem Einfamilienhaus oder in einem Mehrfamilienhaus befindet. **Vermietern**, die nicht in dem Haus wohnen, in dem sie eine Wohnung vermieten wollen, für die die Vermietung der Wohnung aber auch kein Massengeschäft darstellt, soll allein eine Benachteiligung aus rassistischen Gründen oder aufgrund der ethnischen Herkunft untersagt werden (§ 19 II AGG). Zudem sollen bei der Vermietung v Wohnraum Ausnahmen v Diskriminierungsverbot zulässig sein, um die Schaffung und Erhaltung sozial stabiler Bewohnerstrukturen und ausgewogener Siedlungsstrukturen sowie ausgeglichener wirtschaftlicher, sozialer und kultureller Verhältnisse zu ermöglichen (§ 19 III AGG).

3 2. Der Mietvertrag ist ein gegenseitiger Vertrag. Aus ihm ergeben sich **Haupt- und Nebenpflichten** der Parteien. Die Hauptpflichten stehen zueinander im Gegenseitigkeitsverhältnis und können bei ihrer Verletzung Rechte aus §§ 320 ff begründen.

4 a) aa) **Hauptpflichten** des **Vermieters**:

5 (1) Der Vermieter hat dem Mieter den **vertragsmäßigen Gebrauch** der Mietsache **zu gewähren**. § 535 ordnet nicht ausdrücklich an, dass der Vermieter dafür zu sorgen hat, dass die Mietsache frei v Sach- und Rechtsmängeln ist. Dies ergibt sich aber aus § 535 I 1 u 2. Zur „Opfergrenze" bei der Mangelbeseitigung zuletzt BGH NJW 05, 3284; VersR 10, 2050). Der Vermieter muss dem Mieter die Mietsache **überlassen**, ihm also idR den unmittelbaren Besitz an ihr verschaffen (BGHZ 65, 139 f). Er hat weiter dafür zu sorgen, dass sich die Mietsache zum Zeitpunkt der Überlassung in einem zum vertragsmäßigen Gebrauch geeigneten Zustand befindet. Die Grenzen des vertragsmäßigen Gebrauchs ergeben sich aus dem Mietvertrag, der Art des Mietobjekts und der Verkehrssitte. Danach ist der Vermieter nicht nur dazu verpflichtet, den vertragsmäßigen Gebrauch durch den Mieter zu dulden (zB kurzfristige Aufnahme v Besuchern in die Mietwohnung, Installierung eines Telefonanschlusses, Einbau v Haushaltsgeräten, uU auch teilgewerbliche Nutzung: BGH NJW 09, 3157), sondern er muss auch Mängel der Mietsache beseitigen, Störungen des Mietgebrauchs durch Dritte (zB Lärmstörungen durch Mitmieter) verhindern sowie dem Mieter alle mitvermieteten Sachen und Räume einschließlich der Zubehörteile (§§ 311 c, 97) überlassen (Staud/Emmerich §§ 535 Rn 7 ff., 36, 44). Zu Mindeststandards bei der Wohnraummiete: BGH NJW-RR 10, 737. Zur Unzulässigkeit des generellen Verbots der Hunde- und Katzenhaltung durch AGB: BGH NJW 13, 1526 (vgl hierzu auch § 307); NJW-RR 13, 584; zur Irrelevanz der Möglichkeit einer artgerechten Haltung in der Mietwohnung: BGH NJW-RR 13, 522. Zur Pflicht eines Vermieters, eine vertragswidrige Nutzung der Wohnung zu gestatten, wenn von dieser keine weitergehenden Einwirkungen auf die Mietsache oder Mitmieter ausgehen als bei einer üblichen Wohnnutzung (Gitarrenunterricht in der Wohnung): BGH MDR 13, 1806.

6 (2) Daneben ist der Vermieter während der gesamten Vertragsdauer zur **Erhaltung der Mietsache** in einem zu dem vertragsmäßigen Gebrauch geeigneten Zustand verpflichtet. Er muss also Störungen des Mieters im vertragsmäßigen Gebrauch unterlassen (zB Schutz des gewerblichen Mieters gegen Konkurrenz im selben Haus), Störungen Dritter abwehren und die vermietete Sache regelmäßig auf Mängel untersuchen. Treten an der

Mietsache Mängel auf, die der Mieter nicht zu vertreten hat (§§ 326 II, 538), muss er diese beseitigen (Instandsetzungspflicht; KG MDR 00, 447). Der Mieter hat also einen Erfüllungsanspruch auf Mängelbeseitigung (§ 535 S 2), dh er kann bei Nichterfüllung nach §§ 280 ff, 320 ff vorgehen (Staud/Emmerich § 535 Rn 21). In der Praxis wird die Instandhaltungspflicht des Vermieters allerdings üblicherweise dadurch eingeschränkt, dass die sog Schönheitsreparaturen (zB Tapezieren und Anstreichen der Wände und Decken, Streichen der Heizkörper und Heizrohre, der Innentüren und Innenseiten der Fenster und Außentüren) auf den Mieter abgewälzt werden. Dies ist auch in Formularmietverträgen zulässig. § 307 steht dem grds nicht entgg (BGHZ 105, 71), jedoch sind viele in der Praxis üblichen Klauseln unzulässig, da sie den Mieter unangemessen benachteiligen, zB durch starre Fristen, unangemessen enge Vorgaben hins der akzeptablen Farben oder die Verpflichtung zur Entfernung der Bodenbeläge: BGH NJW 09, 510; NJW 09, 1408; NJW 09, 2199; BGHZ 178, 158; BGH WuM 10, 184; WuM 10, 231; NJW 10, 674; NJW 10, 1877; NJW-RR 10, 666; NJW 10, 2877; NJW 11, 514; NJW 12, 1280; ZMR 13, 108; NJW 13, 2505. Zu den Auswirkungen einer salvatorischen Klausel („soweit gesetzlich zulässig") bei Unwirksamkeit der Schönheitsreparaturklausel: BGH WuM 13, 293. Die Unwirksamkeit der Klausel über die Vornahme der Schönheitsreparaturen berechtigt den Vermieter nicht zu einer Mieterhöhung (BGH NJW 09, 1410). Zur Wirksamkeit einer durch Individualabrede vereinbarten Endrenovierungsklausel in einem Gewerbemietvertrag: BGH NJW-RR 09, 947.

bb) Der Vermieter hat weiterhin eine Reihe v **Nebenpflichten**, die sich aus der Verpflichtung zur Gewährung des vertragsmäßigen Gebrauchs ergeben. Hierzu gehört die **Pflicht zur Lastentragung** (§ 535 I 3). 7

(1) Der **Begriff der Lasten** in § 535 I 3 umfasst sowohl solche privatrechtlicher (zB Hypotheken- und Grundschuldzinsen) wie öffentlich-rechtlicher (zB Grundsteuer, sonstige Gebühren), nicht jedoch solche persönlicher (zB Einkommens- oder Vermögenssteuer) Art (MK/Häublein § 535 Rn 169). Zur Verteilung der Lasten vgl iÜ § 103. 8

(2) Die Pflicht des Vermieters zur Lastentragung ist **abdingbar** (MK/Häublein § 535 Rn 170). Wird eine Übernahme der Lasten durch den Mieter vereinbart, hat dies aber nur Auswirkungen auf das Innenverhältnis zwischen den Parteien (Palandt/Weidenkaff § 535 Rn 69; einschränkend: Jauernig/Teichmann § 535 Rn 15). Zudem sind solche Übernahmevereinbarungen eng auszulegen (Staud/Emmerich § 535 Rn 66), sofern sich die Parteien über den Inhalt der Übernahmeklausel nicht einig sind (BGH ZMR 84, 337 f). Ist zweifelhaft, ob bestimmte Lasten auf den Mieter abgewälzt wurden, ist v Grundsatz des § 535 I 3 auszugehen (OLG Köln NJW-RR 91, 1234; OLG Celle ZMR 90, 410). Zweifel an der Wirksamkeit der Vereinbarung einer Lastenübernahme durch den Mieter v Wohnräumen iR v Formularverträgen können sich aus § 307 II Nr 1 ergeben (OLG Düsseldorf NJW-RR 91, 1354; Staud/Emmerich § 535 Rn 67). 9

Zu den Nebenpflichten des Vermieters gehören weiter die Pflichten zum Ersatz bestimmter Verwendungen des Mieters auf die Mietsache (§§ 536 a, 539 I) und zur Duldung der Wegnahme v Einrichtungen, mit denen der Mieter die Mietsache versehen hat (§§ 539 II, 552). Ferner treffen ihn **Schutzpflichten** (§§ 241 II, 242), deren Inhalt sich nach dem Inhalt des Mietvertrages und der Art der Mietsache richten. So muss er den Mieter über nicht erkennbare Gefahren bei der Benutzung der Mietsache aufklären und für die Sicherheit der Mietsache selbst sowie der Zu- und Abgänge, der Treppen und Hausflure, der Fahrstühle usw sorgen (Verkehrssicherungspflicht; vgl Staud/Emmerich § 535 Rn 28 f). Verletzt er diese Pflichten schuldhaft, hat der Mieter einen Anspruch aus pFV gem §§ 280 I iVm 241 II. 10

b) aa) Hauptleistungspflicht des Mieters ist die **Mietzahlung** (§ 535 II). Die Miete für **Wohnraum und andere Räume** ist **im Voraus**, also zu Beginn der Mietzeit bzw bei einer nach Zeitabschnitten bemessenen Miete zu Beginn der jeweiligen Zeitabschnitts zu entrichten (§ 556 b I, 579 II). Dabei reicht es aus, wenn der Mieter die Miete bis zum dritten Werktag des jeweiligen Zeitabschnittes entrichtet. Die Miete für **Grundstücke, Schiffe und bewegliche Sachen** ist dg **im Nachhinein** fällig, dh sie ist nach Ablauf der Mietzeit bzw bei einer nach Zeitabschnitten bemessenen Miete nach Ablauf des jeweiligen Zeitabschnitts zu entrichten (§ 579 I 1 u 2). Dabei ist die Miete für Grundstü- 11 cke, sofern sie nicht nach kürzeren Zeitabschnitten bemessen ist, jeweils nach Ablauf eines Vierteljahres am ersten Werktag des Folgemonats zu zahlen (§ 579 I 3). In der Praxis wird diese für andere als Wohnraummietverhältnisse geltende Regelung des § 579 I aber häufig abbedungen und auch insoweit die Vorauszahlung der Miete vereinbart. Eine entspr Klausel in den AGB des Vermieters (Formularmietvertrag) verstößt nicht gegen § 307 (MK/Häublein § 579 Rn 3). Die Mietzahlungspflicht besteht grds auch, wenn der Mieter aus persönlichen Gründen (zB Krankheit) an der Ausübung des Mietgebrauchs verhindert ist (vgl § 537 I 1). Die Miete wird idR in Geld gezahlt, es können aber auch Dienstleistungen vereinbart werden (Hausmeisterwohnung). Die **Höhe** richtet sich nach der vertraglichen Vereinbarung, doch ist die Vertragsfreiheit bei der Wohnraummiete durch zahlreiche Sonderregelungen begrenzt. Eine **Mieterhöhung** ist entweder einverständlich durch vertragliche Vereinbarung oder einseitig im Wege der Änderungskündigung möglich. Bei der Wohnraummiete ist die Änderungskündigung mit dem Ziel der Mieterhöhung jedoch ausgeschlossen (§ 573 I 2). Ob und in welchem Umfang **Nebenkosten** v Mieter zu zahlen sind, unterliegt der vertraglichen Vereinbarung. Kosten für Wasser, Kanalisation, Schornstein-, Innenhaus- und Straßenreinigung hat iZw der Vermieter zu tragen, während Wärme, Strom und Gemeinschaftsantennen v Mieter zu bezahlen sind. Kommt der Mieter mit der Zahlung der Miete in Verzug, kann sich für den Vermieter daraus neben den Ansprüchen aus §§ 280 I u II, 286, 288 ein Recht zur fristlosen Kündigung des Mietverhältnisses ergeben (vgl §§ 543 II 1 Nr 3, 569 III).

12 **bb)** Den Mieter treffen darüber hinaus eine Reihe v **Nebenpflichten**. So muss er die Grenzen des vertragsmäßigen Gebrauchs der Mietsache einhalten, Obhutspflichten ggü der Mietsache beachten und ist verpflichtet, dem Vermieter etwaige Mängel anzuzeigen (§ 536 c). Ferner hat er Erhaltungs- und Modernisierungsmaßnahmen zu dulden (§§ 555 a ff) sowie die Mietsache nach Beendigung des Mietverhältnisses zurückzugeben (§ 546). Zudem ist der Mieter eines Gewerbemietvertrages verpflichtet, den Vermieter vor Vertragsschluss über außergewöhnliche bedeutsame Umstände aufzuklären: BGH NJW 10, 3361; JurBüro 11, 108. Zur Nutzung der Mietsache ist der Mieter dagegen lediglich berechtigt, grds aber nicht verpflichtet (BGH NZM 11, 151).

§ 536 Mietminderung bei Sach- und Rechtsmängeln

(1) ¹Hat die Mietsache zur Zeit der Überlassung an den Mieter einen Mangel, der ihre Tauglichkeit zum vertragsgemäßen Gebrauch aufhebt, oder entsteht während der Mietzeit ein solcher Mangel, so ist der Mieter für die Zeit, in der die Tauglichkeit aufgehoben ist, von der Entrichtung der Miete befreit. ²Für die Zeit, während der die Tauglichkeit gemindert ist, hat er nur eine angemessen herabgesetzte Miete zu entrichten. ³Eine unerhebliche Minderung der Tauglichkeit bleibt außer Betracht.
(1 a) Für die Dauer von drei Monaten bleibt eine Minderung der Tauglichkeit außer Betracht, soweit diese auf Grund einer Maßnahme eintritt, die einer energetischen Modernisierung nach § 555 b Nummer 1 dient. (2) Absatz 1 Satz 1 und 2 gilt auch, wenn eine zugesicherte Eigenschaft fehlt oder später wegfällt.
(3) Wird dem Mieter der vertragsmäße Gebrauch der Mietsache durch das Recht eines Dritten ganz oder zum Teil entzogen, so gelten die Absätze 1 und 2 entsprechend.
(4) Bei einem Mietverhältnis über Wohnraum ist eine zum Nachteil des Mieters abweichende Vereinbarung unwirksam.

1 **I.** Gem Abs 1 S 1 steht bei einem **Mangel der Mietsache** dem Begehren des Vermieters auf Mietzahlung die Einwendung des Wegfalls bzw der Minderung dieses Anspruchs kraft Gesetzes entgg (MK/Häublein § 536 Rn 26). Ein Mangel der Mietsache ist sowohl bei einem Fehler (**Mangel** iSd Abs 1 S 1) als auch beim **Fehlen einer zugesicherten Eigenschaft** (Abs 2) und bei einem **Rechtsmangel** (Abs 3) gegeben. Da der Vermieter nach § 535 I 2 dazu verpflichtet ist, die Mietsache in vertragsmäßigem, dh mangelfreiem Zustand zu überlassen und zu erhalten, liegt im Mietrecht bei Sach- und Rechtsmängeln gleichermaßen Nichterfüllung vor. Die Rechtsfolgen richten sich also in bei-

den Fällen nach den §§ 536 ff, 543 II Nr 1. Daraus folgt, dass der Mieter seinen Erfüllungsanspruch (§ 535 I 2) auch bei Mangelhaftigkeit der Mietsache behält. Der Mieter kann daher nach § 320 die Mietzahlung zurückhalten. Die Rechtsbehelfe des Mieters nach §§ 536 ff, 543 II Nr 1 treten neben den Erfüllungsanspruch auf Überlassung einer mangelfreien Mietsache (Palandt/Weidenkaff § 536 Rn 6).

II. 1. Für das **Verhältnis der §§ 536 ff zu den allg Vorschriften** gilt grds ein Vorrang 2 der §§ 536 ff (Jauernig/Teichmann § 536 Rn 2). Daraus folgt:

a) Ist der Mangel **behebbar**, ist § 320 anwendbar, weil die Mangelbeseitigung gegenseitige Hauptleistungspflicht des Vermieters ist (BGHZ 84, 45). Wird der Mangel behoben, so kann der Mieter gem § 280 I u II, 286 Ersatz des **Verzögerungsschadens** verlangen. Ist der Mangel dag **nicht behebbar**, so finden bei Mängeln vor Gebrauchsüberlassung die §§ **320 ff** Anwendung, nach Gebrauchsüberlassung werden sie v den §§ 536 ff verdrängt (BGHZ 136, 102), die daher allein anwendbar sind (BGH NJW 63, 804). Ist dag die Unmöglichkeit keine Folge eines Mangels (zB Zerstörung der Mietsache), so gelten allein die §§ 275, 280, 283 ff, 311 a, 326 (BGHZ 116, 336).

b) Das Recht zur Anfechtung (§§ **119, 123**) wird jedenfalls nach Gebrauchsüberlas- 4 sung durch die §§ 536 ff ausgeschlossen (Jauernig/Teichmann § 536 Rn 2; aA Palandt/Weidenkaff § 536 Rn 12).

c) Zur Anwendbarkeit v Ansprüchen aus **pFV** (§ 280 I iVm § 241 II) und **cic** (§ 280 I 5 iVm § 311 II) vgl § 536 a, Rn 2 ff.

2. Voraussetzungen der Gewährleistungsrechte: 6

a) Es besteht ein **wirksamer Mietvertrag**. Der Wirksamkeit des Mietvertrages können 7 die **allg Regeln** – zB §§ 104, 134, 138, 142 I – entgegenstehen. Liegen die Voraussetzungen dieser Vorschriften vor, so ist der Mietvertrag nichtig. Dies führt auch dann zur Unwirksamkeit des Vertrages **ex tunc**, wenn der Mietvertrag bereits in Vollzug gesetzt wurde (KG NJW-RR 02, 155; Staud/Emmerich zu § 535 Rn 70).

b) Es liegt ein **Sach- oder Rechtsmangel** vor. 8

aa) Ein Sachmangel liegt bei einem **Fehler** vor, der die Tauglichkeit der Sache zum ver- 9 tragsmäßigen Gebrauch aufhebt (Abs 1 S 1) oder nicht bloß unerheblich (Abs 1 S 3) mindert (Abs 1 S 2). Diese Definition des Sachmangels stellt auf die Vereinbarungen der Vertragsparteien ab, so dass im Mietrecht ein **subjektiver Fehlerbegriff** gilt. Ein Rückgriff auf **objektive Kriterien** zur Ermittlung der v Vermieter geschuldeten Beschaffenheit der Mietsache ist dann erforderlich, wenn die Parteien keine Absprachen über die Beschaffenheit der Sache oder über deren Gebrauch getroffen haben. Insoweit ist auf die **Verkehrssitte** abzustellen. Es kommt also auf den üblichen Gebrauch an, aus dem auf die Beschaffenheit der Mietsache zu schließen ist. Zur Beschaffenheit der Mietsache zählen deren **physische Eigenschaften** (zB Feuchtigkeit einer Wohnung, abgefahrene Reifen eines gemieteten Kfz). Aber auch öffentlich-rechtliche Beschränkungen (zB Verbot des Betriebs einer Gaststätte wegen Geräuschbelästigung), Verletzungen einer Konkurrenzschutzklausel (BGH NJW 13, 44) oder äußere Einwirkungen Dritter (zB Lärmbelästigung des Mieters durch Großbaustelle) können einen Fehler darstellen (vgl MK/Häublein § 536 Rn 9).

bb) Ebenso wird das **Fehlen einer zugesicherten Eigenschaft** als Sachmangel behandelt 10 (Abs 2). Dies gilt selbst dann, wenn die Minderung der Tauglichkeit der Mietsache nur unerheblich ist (Abs 1 S 3 gilt ausdrücklich nicht). Diese Bestimmung passt nicht mehr in das System der schuldrechtlichen Sachmängelgewährleistung, die sowohl im Kauf- als auch im Werkrecht nur noch an tauglichkeitsaufhebende oder -mindernde Fehler anknüpft (§§ 434, 633) und damit bewusst auf die zugesicherte Eigenschaft als zweiten Anknüpfungspunkt verzichtet. Für eine entspr Regelung im Mietrecht hätte umso mehr Anlass bestanden, als hier die zugesicherte Eigenschaft wegen der Geltung des subjektiven Fehlerbegriffs ohnehin tatsächlich nur eine geringe eigenständige Bedeutung hat. Die Regelung des Abs 2 kann daher nur als Fehlleistung des Gesetzgebers verstanden werden.

Eine Eigenschaftszusicherung setzt die Übernahme einer **verschuldensunabhängigen** 11 **Einstandspflicht** durch den Vermieter für das Vorhandensein oder Fehlen einer bestimmten Eigenschaft der Mietsache voraus. Während sich Mängel iSd Abs 1 auf die vertraglich vorausgesetzten oder vereinbarten Eigenschaften der Mietsache beziehen, erfordert eine Zusicherung weiter gehend die Übernahme einer über die normale Haftung hinausgehenden besonderen Gewähr durch den Vermieter.

12 **Eigenschaft** ist jedes der Mietsache auf gewisse Dauer anhaftende Merkmal, das für den Wert, den vertraglich vorausgesetzten Gebrauch oder aus sonstigen Gründen für den Mieter erheblich ist. Hierzu zählen sämtliche Umstände, welche die **vertragsgemäße Beschaffenheit** der Mietsache ausmachen, also einen Fehler begründen können (zB Größe eines Grundstücks oder einer Wohnung: BGH NJW12, 3173; Tragfähigkeit einer Decke, Trittschallschutz: BGH NJW 09, 2441; 10, 3088; 13, 2417; Nutzbarkeit einer Plattform als Dachterrasse: BGH NJW 10, 1133; Lärm: BGH NJW 12, 1647; NJW-RR 12, 908, Schadstoffbelastung durch mangelhafte Parkettkleber: BGH Grundeigentum 13, 609). Eine Eigenschaft können aber auch solche tatsächlichen oder rechtlichen Verhältnisse sein, die dem Mieter bedeutsam sind, ohne dass sie den Wert oder die Tauglichkeit der Mietsache erheblich schmälern. **Keine Eigenschaften** sind dag der Preis oder der Marktwert einer Sache, für die Zukunft erwartete Verhältnisse und Umstände sowie unrichtige Angaben rein tatsächlicher oder rechtlicher Art. Ebenso scheidet eine Mietminderung aus, wenn der Mangel der Sphäre des Mieters zuzurechnen ist (zB Unterbrechung der Stromlieferung wegen Zahlungsrückstand des Mieters): BGH MDR 11, 216.

13 Die **Zusicherung** muss **Vertragsbestandteil** geworden sein und den **Verpflichtungswillen** des Vermieters zum Ausdruck bringen. Dies setzt voraus, dass der Vermieter in vertragsmäßig bindender Weise die Gewähr für das Vorhandensein einer Eigenschaft übernimmt und damit seine Bereitschaft zu erkennen gibt, für alle Folgen des Fehlens dieser Eigenschaft einstehen zu wollen. Daran fehlt es bei einer bloßen Beschreibung der Sache (BGH NJW 00, 1714). Einseitige Erklärungen anlässlich der Vertragsverhandlungen, die nicht in den Vertrag eingehen, genügen nicht. Dies gilt zB für die Angabe eines Verwendungszwecks oder einer Umsatzhöhe (Palandt/Weidenkaff § 536 Rn 25). Eine **stillschweigende** Eigenschaftszusicherung ist grds möglich. Eine ausdrückliche Erklärung ist nicht erforderlich. Es genügt jede Erklärung, die v Standpunkt des Mieters aus den Verpflichtungswillen des Vermieters erkennen lässt, für das Vorhandensein bestimmter Eigenschaften einstehen zu wollen. Ob eine stillschweigende Zusicherung vorliegt, ist eine Frage des Einzelfalls und durch Auslegung (§§ 157, 242) zu ermitteln. Auslegungskriterien sind: Verkehrsübung und Handelsbrauch, besonderes Vertrauen des Mieters in die Sachkunde des Vermieters, Bedeutung der Eigenschaft für den besonderen, dem Vermieter bekannten Verwendungszweck, die Intensität der abgegebenen Erklärung und die für das Geschäft angemessene Risikoverteilung.

14 **cc)** Nach Abs 3 genügt aber auch das Vorliegen eines **Rechtsmangels**. Die Vorschrift stellt damit **Rechtsmängel** den Sachmängeln gleich. **Voraussetzung** hierfür ist, dass dem Mieter durch das Recht eines Dritten der vertragsgemäße Gebrauch der Mietsache ganz oder teilweise entzogen wird. Hierfür kommen sowohl **dingliche** (zB Eigentum, Nießbrauch) als auch **obligatorische** (zB Doppelvermietung) Rechte Dritter in Betracht. Das bloße Bestehen des Rechts eines Dritten genügt aber nicht. Vielmehr ist erforderlich, dass der Mieter durch die nachdrückliche Geltendmachung seiner Rechte durch den Dritten im Gebrauch der Mietsache gestört wird (BGH NJW 91, 3278).

15 **c)** Die **Gewährleistung** darf **nicht ausgeschlossen** sein. In Betracht kommt sowohl ein **vertraglicher** (Grenze: § 536 d) als auch ein **gesetzlicher** Ausschluss der Gewährleistung nach §§ 536 b, 536 c II (s dort).

16 **3. Rechtsfolgen v Mängeln der Mietsache.** Der Mieter kann folgende Rechte geltend machen (wobei während der Mietzeit sein Anspruch auf Mangelbeseitigung unverjährbar ist: BGH NJW 10, 1292):

17 **a)** Er kann Erfüllung durch **Mängelbeseitigung** verlangen (§ 535 I 2) und bis zur Beseitigung des Mangels die Miete ganz oder teilweise **zurückbehalten** (§ 320).

18 **b)** Die Miete **mindert** sich oder **entfällt** kraft Gesetzes (Abs 1 S 1 u 2). Die Minderung setzt also keine einseitige gestaltende Erklärung des Mieters voraus.

19 **c)** Der Mieter kann nach § 536 a **Schadensersatz** verlangen (§ 536 a I).

d) Ist der Vermieter mit der Mängelbeseitigung im Verzug (§ 286) oder ist die umgehende Beseitigung des Mangels zur Erhaltung oder Wiederherstellung des Bestands der Mietsache notwendig und beseitigt der Mieter den Mangel selbst (**Notmaßnahmen** des Mieters), kann er **Aufwendungsersatz** verlangen (§ 536 a II). 20

e) Schließlich steht ihm bei nicht unerheblichen Sach- und Rechtsmängeln ein **Recht zur fristlosen Kündigung** zu, bei behebbaren Mängeln aber erst nach Ablauf einer Nachfrist (§§ 543 II 1 Nr 1, 569 I). 21

f) Der **Erfüllungsanspruch** des Mieters und sein Recht zur Kündigung schließen sich gegenseitig aus. IÜ kann der Mieter seine Rechte auch nebeneinander geltend machen (vgl MK/Häublein Vor § 536 Rn 2). 22

4. Liegen die Voraussetzungen der Gewährleistung vor (vgl Rn 6 ff), wird der Mieter ganz v seiner Pflicht zur Mietzahlung befreit, wenn die Sache zum vertragsmäßigen Gebrauch völlig untauglich ist (Abs 1 S 1). Ist die Tauglichkeit dag nur eingeschränkt, wird die Mietzahlungspflicht gemindert (Abs 1 S 2). Insoweit gibt die Praxis den Minderungsbetrag regelmäßig in geschätzten Prozentsätzen an und kürzt die Miete entspr (Bub/Treier/Kraemer, III.B Rn 1364). Die **Höhe der Minderungsquote** hängt dabei v den Umständen des Einzelfalls ab. v besonderer Bedeutung sind die Schwere des Mangels sowie der Grad und die Dauer der Tauglichkeitsminderung. So ist zB eine leichte Minderungsquote v 5–10 % bei undichten Fenstern, Lärmstörungen infolge mangelnden Trittschallschutzes oder unterdimensionierten Heizkörpern angemessen, eine Minderungsquote v 10–20 % bei erheblichen Lärmstörungen, Belästigung durch Tauben oder Ausfall des Warmwasserboilers, v 20–60 % bei fortgesetzter Ruhestörung durch Nachbarn, Beeinträchtigungen durch Dachgeschossausbau oder Ausfall der Heizung in den Wintermonaten. Eine Minderung v 60 % kommt bei Störungen durch umfangreiche Bauarbeiten in einem Mietshaus oder aufsteigender, erheblicher Feuchtigkeit in einer Erdgeschosswohnung in Betracht, eine solche v 100 % bei unzumutbarer Nutzung der Räume während Modernisierungsarbeiten, ständiger Durchfeuchtung der Außenwände und Rattenplage im Hof oder ständiger Behinderung der Zufahrt zu einem vermieteten Stellplatz (vgl eingehend Bub/Treier/Kraemer, III.B Rn 1366 mwN). Zur Minderungsquote bei Minderflächen zuletzt BGH NJW 12, 3173. Wirkt sich einem Gewerbemietvertrag ein Mangel nur zeitweise erheblich auf die Gebrauchstauglichkeit der Mietsache aus, ist der Mietzins auch nur für diesen Zeitraum kraft Gesetz herabgesetzt: BGH NJW 11, 514. Grundlage für die Bemessung der Mietminderung ist dabei stets die Bruttomiete, also der Mietzins einschließlich aller Nebenkosten (BGH NJW 05, 1713; NJW 05, 2773). Der **Wegfall** bzw die **Minderung der Mietzahlungspflicht** tritt **kraft Gesetzes** ein. Der Mieter kann zu viel gezahlte Miete nach § 812 I 1, 1. Alt zurückfordern (MK/Häublein § 536 Rn 27). 23

§ 536 a Schadens- und Aufwendungsersatzanspruch des Mieters wegen eines Mangels

(1) Ist ein Mangel im Sinne des § 536 bei Vertragsschluss vorhanden oder entsteht ein solcher Mangel später wegen eines Umstands, den der Vermieter zu vertreten hat, oder kommt der Vermieter mit der Beseitigung eines Mangels in Verzug, so kann der Mieter unbeschadet der Rechte aus § 536 Schadensersatz verlangen.

(2) Der Mieter kann den Mangel selbst beseitigen und Ersatz der erforderlichen Aufwendungen verlangen, wenn
1. der Vermieter mit der Beseitigung des Mangels in Verzug ist oder
2. die umgehende Beseitigung des Mangels zur Erhaltung oder Wiederherstellung des Bestands der Mietsache notwendig ist.

I. Die Vorschrift regelt die Ansprüche des Mieters auf **Schadensersatz** und **Aufwendungsersatz** bei Sach- und Rechtsmängeln. 1

II. Der Mieter kann nach Abs 1 neben den Rechten aus § 536 **Schadensersatz** fordern. 2

1. Für das **Verhältnis v § 536 a zu den allg Vorschriften** gelten daher dieselben Regeln wie bei § 536 (s dort Rn 2 ff). Schadensersatzansprüche aus cic nach § 280 I iVm 3

§ 311 II kommen wegen der Sonderregelung des § 536 a nur bei Arglist des Vermieters in Betracht (BGH NJW 97, 2813; Palandt/Weidenkaff § 536 a Rn 6). Schadensersatzansprüche aus pVV nach § 280 I iVm § 241 II sind neben § 536 a nur bei Pflichtverletzungen denkbar, die keinen Mangel der Mietsache zur Folge haben (Staud/Emmerich Vor zu § 536 Rn 13). Eine fristlose Kündigung des Mietverhältnisses (zB wegen Schimmelbefalls) steht Schadensersatzansprüchen des Mieters wegen der Kosten für das Mieten einer neuen Wohnung nicht entgegen (BGH NJW 13, 2660).

4   2. Der Schadensersatzanspruch nach Abs 1 hat folgende **Voraussetzungen**:
5   a) Es besteht ein **wirksamer Mietvertrag** (s § 536 Rn 7).
6   b) aa) Bei Vertragsschluss lag ein **Sach- oder Rechtsmangel** (vgl § 536 Rn 8 ff) vor (Abs 1, 1. Alt). Hierfür genügt, dass die Ursache für die spätere schädigende Handlung bei Vertragsschluss bereits in der Mietsache angelegt war. Eine Erkennbarkeit des Mangels oder gar der Eintritt der schädigenden Wirkung zu diesem Zeitpunkt ist nicht erforderlich. Auch auf ein Vertretenmüssen des Mangels durch den Vermieter kommt es wegen dessen **Garantiehaftung** für anfängliche Mängel nicht an (Staud/Emmerich § 536 a Rn 2). Oder:
7   bb) Nach **Vertragsschluss** entsteht infolge eines v Vermieter **zu vertretenden** Umstandes ein Mangel (Abs 1, 2. Alt, zur Beweislast hierbei und der Möglichkeit eine Beweislastumkehr zulasten des Vermieters, wenn die Schadensursache im Herrschafts- und Einflussbereich des Vermieters gesetzt wurde: BGH NJW 06, 1061). Oder:
8   cc) Der Vermieter ist mit der Beseitigung eines Mangels in **Verzug** (Abs 1, 3. Alt). Dies setzt grds eine Mahnung des Mieters iSv § 286 I voraus (Palandt/Weidenkaff § 536 a Rn 12). Ist der Vermieter nicht in Verzug und beseitigt der Mieter dennoch eigenmächtig einen Mangel, steht ihm dag weder ein Anspruch nach § 539 noch nach § 536 a zu (BGH NJW 08, 1218).
9   c) Die Gewährleistung ist **nicht ausgeschlossen** (§§ 536 b, 536 c II).
10 3. **Rechtsfolge** v Abs 1 ist ein Anspruch des Mieters auf **Schadensersatz** nach §§ 249, 252. Dieser umfasst alle Schäden (Erfüllungs- und Integritätsinteresse). Auf die Unterscheidung v Mangel- und Mangelfolgeschäden kommt es daher nicht an. Ansprüche aus pVV nach § 280 I iVm § 241 II scheiden neben Abs 1 aus (BGHZ 92, 180; BGH NJW-RR 91, 970). Die Schadensersatzpflicht des Vermieters nach § 536 a umfasst also zB auch Gesundheitsschäden des Mieters (Staud/Emmerich § 536 a Rn 19). Nach zutreffender Auffassung erstreckt sich die Garantiehaftung auch auf Mangelfolgeschäden (BGHZ NJW 71, 424; Palandt/Weidenkaff § 536 a Rn 14). Dies entspricht am ehesten dem Ziel der Garantiehaftung, den Mieter in seinem Vertrauen auf die Mangelfreiheit der Mietsache bei deren Übernahme zu schützen (zu den unterschiedlichen Funktionen der Garantiehaftung im Mietrecht einerseits und im Kauf- bzw Werkrecht andererseits vgl BT-Drucks 14/6857, Anlage 3, Gegenäußerung der BReg, S 66 f). Zur Berechnung des entgangenen Gewinns des gewerbemieters bei Nichtgewährung des vertragsgemäßen Gebrauchs: BGH Grundeigentum 10, 1741.
11 4. Befindet sich der Vermieter mit der Mängelbeseitigung in **Verzug**, ist der Mieter berechtigt, alle zur Herstellung des vertragsmäßigen Zustands der Mietsache erforderlichen Maßnahmen vorzunehmen und v Vermieter **Aufwendungsersatz** zu verlangen (Abs 2 Nr 1). Gleiches gilt für Verwendungen des Mieters wegen der Notwendigkeit zur umgehenden Beseitigung eines Mangels zur Erhaltung oder Wiederherstellung des Bestands der Mietsache (Abs 2 Nr 2). Hierunter fallen iU zu Abs 2 Nr 1 nur **Notmaßnahmen des Mieters**, die keinerlei Aufschub dulden und daher v diesem auch ohne vorherige Mahnung vorgenommen werden dürfen (zB bei einem Hausbrand BT-Drucks 14/4553, 42). Bei dem Aufwendungsersatzanspruch des Abs 2 handelt es sich nach hM um ein selbständiges Recht aus dem Mietverhältnis, nicht um einen Fall der GoA (Jauernig/Teichmann § 538 Rn 6; Palandt/Weidenkaff § 536 a Rn 18).

§ 536 b Kenntnis des Mieters vom Mangel bei Vertragsschluss oder Annahme

¹Kennt der Mieter bei Vertragsschluss den Mangel der Mietsache, so stehen ihm die Rechte aus den §§ 536 und 536 a nicht zu. ²Ist ihm der Mangel infolge grober Fahrläs-

sigkeit unbekannt geblieben, so stehen ihm diese Rechte nur zu, wenn der Vermieter den Mangel arglistig verschwiegen hat. ³Nimmt der Mieter eine mangelhafte Sache an, obwohl er den Mangel kennt, so kann er die Rechte aus den §§ 536 und 536 a nur geltend machen, wenn er sich seine Rechte bei der Annahme vorbehält.

I. Die Vorschrift regelt **Ausschlussgründe** für die Geltendmachung der **Gewährleistungsrechte** aus §§ 536, 536 a durch den Mieter. Der Gewährleistungsausschluss besteht sowohl für Sach- als auch für Rechtsmängel. Der Erfüllungsanspruch aus § 535 I 2 bleibt davon jedoch ebenso unberührt (BGH NJW-RR 07, 484) wie deliktische Ansprüche wegen Mangelfolgeschäden (Jauernig/Teichmann § 536 a Rn 2). 1

II. **Voraussetzung** ist entweder, dass der Mieter die Mietsache **vorbehaltlos** (S 3) angenommen hat, obwohl er deren Sach- oder Rechtsmangel **bei Vertragsschluss oder Annahme der Mietsache positiv kannte** (S 1), oder dass er den Sach- oder Rechtsmangel, ohne v Vermieter arglistig getäuscht worden zu sein, infolge **grober Fahrlässigkeit** nicht kannte (S 2). Die hM hatte die dem § 536 b nF entspr Vorschrift des § 539 aF darüber hinaus **analog** auf den Fall angewandt, dass der Mieter einen Mangel erst **nach der Gebrauchsüberlassung** erkennt oder grob fahrlässig nicht erkennt, gleichwohl das Mietverhältnis ohne Beanstandungen fortsetzt und die Miete vorbehaltlos in voller Höhe weiter zahlt (BGH NJW 97, 2674; 00, 2663). Diese Analogie war und ist methodisch nicht haltbar, der Fall nachträglich erkannter oder erkennbarer Mängel ist in § 536 c (§ 545 aF) geregelt. Die analoge Anwendung des § 536 b auf später erkannte Mängel ist daher überflüssig (BT-Drucks 14/4553, 41). Dieser Auffassung hat sich auch der BGH angeschlossen: BGH NJW 03, 2603; ZMR 05, 770; NJW 07, 147. Daneben lassen sich hins der weiter gezahlten Miete durch Anwendung des § 242 (Verwirkung) und des § 814 interessengerechte Ergebnisse erzielen. § 536 b greift also nur dann ein, wenn der Mieter den Mangel bereits bei Vertragsschluss oder Annahme der Mietsache kannte oder grob fahrlässig nicht kannte. Erkennt der Mieter den Mangel dag erst danach oder entsteht ein Mangel erst danach, ist grds § 536 c anzuwenden. 2

§ 536 c Während der Mietzeit auftretende Mängel; Mängelanzeige durch den Mieter

(1) ¹Zeigt sich im Laufe der Mietzeit ein Mangel der Mietsache oder wird eine Maßnahme zum Schutz der Mietsache gegen eine nicht vorhergesehene Gefahr erforderlich, so hat der Mieter dies dem Vermieter unverzüglich anzuzeigen. ²Das Gleiche gilt, wenn ein Dritter sich ein Recht an der Sache anmaßt.
(2) ¹Unterlässt der Mieter die Anzeige, so ist er dem Vermieter zum Ersatz des daraus entstehenden Schadens verpflichtet. ²Soweit der Vermieter infolge der Unterlassung der Anzeige nicht Abhilfe schaffen konnte, ist der Mieter nicht berechtigt,
1. die in § 536 bestimmten Rechte geltend zu machen,
2. nach § 536 a Abs. 1 Schadensersatz zu verlangen oder
3. ohne Bestimmung einer angemessenen Frist zur Abhilfe nach § 543 Abs. 3 Satz 1 zu kündigen.

I. Die **Anzeigepflicht** des Mieters folgt aus seiner allgemeinen **Obhutspflicht**, da er meist unmittelbarer Besitzer der Mietsache ist. Der Vermieter, der während der ganzen Mietzeit zur Erhaltung der Mietsache verpflichtet ist, ist hierzu nach deren Überlassung an den Mieter auf dessen Unterrichtung über auftretende Mängel angewiesen. 1

II. 1. Der Mieter hat dem Vermieter unverzüglich (§ 121 I 1) alle objektiv wahrnehmbaren (BGHZ 68, 281) **Sachmängel** und **nicht vorhersehbaren Gefahren**, die Maßnahmen zum Schutz der Mietsache erforderlich machen, sowie jede **Anmaßung eines Rechts** an der Sache durch einen Dritten anzuzeigen (vgl BGH ZMR 11, 107). Diese Pflicht erstreckt sich bei vermieteten Räumen nicht nur auf diese selbst, sondern auch auf Mängel im Bereich der v Mieter mitgenutzten Treppen, Hausflure und Zugänge (MK/Häublein § 536 c Rn 5). Die Anzeigepflicht des Mieters entfällt, wenn der Vermieter bereits auf andere Weise v dem Mangel Kenntnis erlangt hat oder eine Beseiti- 2 gung des Mangels nicht möglich ist (Palandt/Weidenkaff § 536 c Rn 8), das Unterlassen bzw die Verzögerung der Anzeige also für das Nichtbeheben des Mangels durch den Vermieter nicht **kausal** war. Zu den Voraussetzungen der Anzeigepflicht des Mieters vgl BGH NJW-RR 06, 1157.

3 2. Bei **schuldhafter Verletzung** der Anzeigepflicht haftet der Mieter auf **Schadensersatz** (Abs 2 S 1). Daneben verliert er das Recht zur Minderung nach § 536 (Abs 2 S 2 Nr 1). Seine Rechte aus §§ 536 a u 543 III 1 werden deutlich eingeschränkt (Abs 2 S 2 Nr 2 u 3; vgl Staud/Emmerich § 536 c Rn 19 f). Unberührt bleiben jedoch das Kündigungsrecht des Mieters aus § 569 und etwaige Ansprüche aus § 823 (bei diesen erfolgt eine Berücksichtigung der Verletzung der Anzeigepflicht aber idR iR des § 254).

§ 536 d Vertraglicher Ausschluss von Rechten des Mieters wegen eines Mangels

Auf eine Vereinbarung, durch die die Rechte des Mieters wegen eines Mangels der Mietsache ausgeschlossen oder beschränkt werden, kann sich der Vermieter nicht berufen, wenn er den Mangel arglistig verschwiegen hat.

1 Die zwingende Vorschrift entspricht § 444 1. Alt. Sie ordnet bei arglistigem Verschweigen eines Sach- oder Rechtsmangels durch den Vermieter nicht die Nichtigkeit der Vereinbarung des Haftungsausschlusses an, sondern nur, dass sich der Vermieter nicht auf die Ausschlussvereinbarung berufen kann. Dadurch sollen Auslegungsprobleme hins der Auswirkungen einer nichtigen Ausschlussvereinbarung auf den übrigen Mietvertrag vermieden und die Anwendbarkeit des § 139 im Interesse des Mieters ausgeschlossen werden (BT-Drucks 14/6040, 157). Für Haftungsausschlüsse und -beschränkungen in Formularmietverträgen und AGB vgl auch die engeren Zulässigkeitsschranken in § 309 Nrn 7 b u 8 b.

§ 537 Entrichtung der Miete bei persönlicher Verhinderung des Mieters

(1) ¹Der Mieter wird von der Entrichtung der Miete nicht dadurch befreit, dass er durch einen in seiner Person liegenden Grund an der Ausübung seines Gebrauchsrechts gehindert wird. ²Der Vermieter muss sich jedoch den Wert der ersparten Aufwendungen sowie derjenigen Vorteile anrechnen lassen, die er aus einer anderweitigen Verwertung des Gebrauchs erlangt.
(2) Solange der Vermieter infolge der Überlassung des Gebrauchs an einen Dritten außerstande ist, dem Mieter den Gebrauch zu gewähren, ist der Mieter zur Entrichtung der Miete nicht verpflichtet.

1 I. 1. Der Mieter ist zum Gebrauch berechtigt, aber grds nicht verpflichtet. Die Miete schuldet er für die Gewährung des Gebrauchs, nicht für den Gebrauch selbst (MK/Bieber § 537 Rn 1). Dementspr besteht die Mietzahlungspflicht auch, wenn der Mieter aus **persönlichen Gründen** (zB Krankheit) an der Ausübung seines Gebrauchsrechts an der Mietsache verhindert ist (Abs 1 S 1). Diese Vorschrift hat nur **deklaratorische Bedeutung**, wenn und soweit dem Mieter die Mietsache bereits überlassen worden ist. Das folgt daraus, dass der Vermieter seine Pflicht aus § 535 I 1 bereits erfüllt hat, wenn er dem Mieter die **Gebrauchsmöglichkeit** einräumt. Dag hat Abs 1 S 1 **eigenständige Bedeutung**, wenn das Leistungshindernis dazu führt, dass dem Mieter die Mietsache nicht überlassen werden kann, ihm also **keine Gebrauchsmöglichkeit** eingeräumt wird. Hier ist Abs 1 S 1 eine weitere **Ausnahmevorschrift zu** § 326 I 1. Der Mieter trägt danach das Risiko für alle Leistungshindernisse, die in seiner Person liegen. Auf ein **Verschulden** des Mieters kommt es **nicht** an, da dann bereits die Voraussetzungen v § 326 II 1 Alt 1 vorlägen (zB Erkrankung des Künstlers, der in einer angemieteten Halle ein Konzert geben soll; vgl Oetker/Maultzsch S 331 f; aA OLG Bremen NJW 53, 1393).

2 2. Da dem Vermieter aus der Verhinderung des Mieters aber auch kein Vorteil erwachsen soll (Palandt/Weidenkaff § 537 Rn 6), muss er sich jedoch die durch die Nichtausübung des Gebrauchs ersparten Aufwendungen bzw die durch eine anderweitige Verwendung der Mietsache erlangten Vorteile auf seine Mietforderung **anrechnen** lassen (Abs 1 S 2).

II. 1. Die Mietzahlungspflicht besteht nicht, solange der Vermieter die Mietsache einem **Dritten überlässt** (Abs 2), selbst wenn dieser weniger Miete zahlt. Dies kann allerdings nicht gelten, wenn der Mieter endgültig ausgezogen ist und die Zahlung der Miete verweigert. In diesem Fall darf der Vermieter, um Leerstand zu vermeiden, die Sache zum Marktpreis weiter vermieten und ggf v Mieter die Differenz zwischen Marktpreis und vereinbarter Miete verlangen (BGHZ 122, 166 ff). Dies folgt daraus, dass Abs 2 in Fällen grober Vertragsverletzung des Mieters eine Einschränkung durch den Gesichtspunkt v Treu und Glauben (§ 242) dahin erfahren muss, dass sich der Mieter nicht auf diese Bestimmung berufen kann. Allerdings gilt dies nur, wenn der Mieter seine Vertragspflichten grob verletzt hat, also zB nicht, wenn er davon ausgehen konnte, eine Kündigung oder eine Vertragsaufhebung sei wirksam erfolgt. 3

2. Eine Pflicht des Vermieters, auf Verlangen des Mieters den Vertrag mit diesem aufzuheben, besteht grds nicht. Dies gilt in den Grenzen v § 242 auch dann, wenn der Mieter einen zumutbaren **Ersatzmieter** stellt (Palandt/Weidenkaff § 537 Rn 8, BGH NJW 03, 1246). 4

3. Abs 2 ist auch dann anwendbar, wenn der **Vermieter** die Mietsache **selbst nutzt** (Staud/Emmerich § 537 Rn 34). 5

§ 538 Abnutzung der Mietsache durch vertragsgemäßen Gebrauch

Veränderungen oder Verschlechterungen der Mietsache, die durch den vertragsgemäßen Gebrauch herbeigeführt werden, hat der Mieter nicht zu vertreten.

I. Die Vorschrift beruht auf dem Gedanken, dass der Vermieter die Veränderungen oder Verschlechterungen der Mietsache durch den vertragsmäßigen Gebrauch aufgrund seiner **Erhaltungspflicht** nach § 535 I 2 (vgl § 535 Rn 6) zu beheben hat und dass diese **Abnutzungen** bereits durch die Miete abgegolten sind (MK/Bieber § 538 Rn 1; zur Abgrenzung: BGH NJW 08, 2432). 1

II. 1. Für **vertragsmäßige** Abnutzungen der Mietsache **haftet der Mieter nicht**. Schäden des Vermieters durch schuldhaften vertragswidrigen Gebrauch muss er nach den Grundsätzen der pVV gem § 280 I iVm § 241 II ersetzen (Jauernig/Teichmann § 548 Rn 2). Zur Schadensersatzpflicht des Mieters wegen Rauchens in der Wohnung: BGH NJW 06, 2915; 08, 1439. Zur Schadensersatzpflicht des Mieters, wenn eine „neutral" (zB weiß) gestrichen übernommene Wohnung in ausgefallenen Farben (zB rot, gelb, blau) gestrichen zurückgegeben wird: BGH NJW 14, 143. 2

2. Die Vorschrift ist abdingbar. Verbreitet ist die Übernahme der **Schönheitsreparaturen** durch den Mieter bei der Raummiete (vgl § 535 Rn 6). 3

3. Ersatzansprüche des Vermieters **verjähren** in sechs Monaten (§ 548 I). 4

§ 539 Ersatz sonstiger Aufwendungen und Wegnahmerecht des Mieters

(1) Der Mieter kann vom Vermieter Aufwendungen auf die Mietsache, die der Vermieter ihm nicht nach § 536 a Abs. 2 zu ersetzen hat, nach den Vorschriften über die Geschäftsführung ohne Auftrag ersetzt verlangen.
(2) Der Mieter ist berechtigt, eine Einrichtung wegzunehmen, mit der er die Mietsache versehen hat.

Die Vorschrift regelt den Anspruch des Mieters auf Ersatz sonstiger Aufwendungen in den v § 536 a II nicht erfassten Fällen (Abs 1) sowie das Wegnahmerecht des Mieters (Abs 2). 1

I. 1. **Abs 1** ist eine **Rechtsgrundverweisung** auf die §§ 677 ff (Jauernig/Teichmann Rn 2). Ersatz für **sonstige Aufwendungen** kann der Mieter daher nur verlangen, wenn alle Voraussetzungen v §§ 683, 684 oder 687 II 2 vorliegen, der Vermieter die Verwen- 2 dungen also genehmigt hat oder sie seinem Willen bzw dem öffentlichen Interesse (§ 679) entsprechen (§§ 670, 683, 684 S 2). Fehlt es hieran, können sich Ansprüche des Mieters allenfalls aus Bereicherungsrecht in den Grenzen des § 818 III ergeben (§ 684 S 1). Zum Umfang der Bereicherung eines Vermieters durch wertsteigernde Investitionen des Mieters vgl BGH WuM 06, 169; Grundeigentum 06, 1224. Der Mieter muss die Aufwendungen auf die Mietsache mit **Fremdgeschäftsführungswillen** vorgenommen haben. Daran fehlt es, wenn der Mieter Einbauten vornimmt, die in erster Linie im eigenen Interesse liegen, zB Einbau v Jalousien, Einbauküchen usw. In diesem Fall kann vielmehr v einem konkludenten Ausschluss eines Aufwendungsersatzanspruchs ausgegangen werden (BGH NJW-RR 97, 1309).

3　2. Der Aufwendungsersatzanspruch des Mieters **verjährt** in 6 Monaten nach der Beendigung des Mietverhältnisses (§ 548 II).

4　**II. Abs 2** regelt einen **Sonderfall des Verwendungsersatzes**. Der Mieter, der an der Mietsache Einrichtungen angebracht hat, die er wieder abtrennen will, erhält ein **Wegnahmerecht** iSd § 258. Bei der Vermietung v Räumen gelten die Spezialvorschriften der §§ 552, 578 II.

5　**1. Einrichtungen** sind bewegliche Sachen, die v Mieter mit der Mietsache verbunden werden und die dem wirtschaftlichen Zweck der Mietsache als Hauptsache dienen sollen (BGHZ 101, 41 f; zB Einbauherd, Waschbecken). Unerheblich ist, ob die Sache durch die Verbindung nach §§ 946, 947 **Eigentum** des Vermieters geworden oder im Eigentum des Mieters geblieben ist, weil die Verbindung (meist) nur zu vorübergehenden Zwecken dienen soll (§ 95 II). Ist die Sache Eigentum des Vermieters geworden, ist das Wegnahmerecht der einzige Rechtsbehelf des Mieters. Ist er dag Eigentümer geblieben, so bewirkt Abs 2, dass der Vermieter die Einrichtung nicht herausgeben – zB nach § 985 –, sondern lediglich ihre Wegnahme dulden muss (§ 258 S 2).

6　**2.** Der Mieter muss sein **Wegnahmerecht** selbst und auf eigene Kosten ausüben (MK/Bieber § 539 Rn 17). Er kann dies eigenmächtig tun, solange er im Besitz der Mietsache ist. Insb ist keine vorherige Ankündigung seiner Wegnahmeabsicht ggü dem Vermieter erforderlich (Palandt/Weidenkaff § 539 Rn 10). Nach Rückgabe der Mietsache hat er keinen Herausgabe-, sondern nur einen **Duldungsanspruch** gegen den Vermieter (§ 258 S 2).

7　**3.** Im Anschluss an die Wegnahme hat der Mieter den **früheren Zustand der Mietsache wiederherzustellen** (§ 258 S 1).

8　**4.** Der Wegnahmeanspruch **verjährt** 6 Monate nach der Beendigung des Mietverhältnisses (§ 548 II). Veräußert der Vermieter nach der Verjährung die Mietsache mit den eingebauten Einrichtungen an einen Dritten, sollen dem Mieter nach der Rspr des BGH weder Schadensersatz- noch Bereicherungsansprüche zustehen (BGHZ 101, 37; aA Eckert MDR 89, 135; ähnl MK/Bieber § 539 Rn 16).

§ 540 Gebrauchsüberlassung an Dritte

(1) ¹Der Mieter ist ohne die Erlaubnis des Vermieters nicht berechtigt, den Gebrauch der Mietsache einem Dritten zu überlassen, insbesondere sie weiter zu vermieten. ²Verweigert der Vermieter die Erlaubnis, so kann der Mieter das Mietverhältnis außerordentlich mit der gesetzlichen Frist kündigen, sofern nicht in der Person des Dritten ein wichtiger Grund vorliegt.

(2) Überlässt der Mieter den Gebrauch einem Dritten, so hat er ein dem Dritten bei dem Gebrauch zur Last fallendes Verschulden zu vertreten, auch wenn der Vermieter die Erlaubnis zur Überlassung erteilt hat.

1　**I.** Das **Gebrauchsrecht des Mieters** erstreckt sich idR **nicht** auf das Recht, die Sache einem anderen ohne Erlaubnis des Vermieters ganz oder zT zum selbständigen Gebrauch zu überlassen (Abs 1 S 1). Hierdurch soll verhindert werden, dass dem Vermieter, der die Mietsache einer Person seines Vertrauens überlassen hat, die Pflicht aufgedrängt wird, deren unkontrollierten **Gebrauch durch Dritte** hinnehmen zu müssen (vgl Staud/Emmerich § 540 Rn 1). Als Ausgleich wird dem Mieter ein **besonderes Kündi-**

gungsrecht bei Verweigerung der Erlaubnis zur Untervermietung ohne hinreichenden Grund (Abs 1 S 2) gewährt.

II. 1. Eine **Gebrauchsüberlassung** iSv Abs 1 S 1 setzt voraus, dass der Mieter dem Dritten die Sache ganz oder teilweise zum **selbständigen** Allein- oder Mitgebrauch überlässt. Es kommt nicht darauf an, ob dies entgeltlich (Untermiete) oder unentgeltlich erfolgt (Palandt/Weidenkaff § 540 Rn 4; Jauernig/Teichmann § 540 Rn 2; aA [auch unselbständiger Gebrauch]: BGHZ 92, 216 ff; [analoge Anwendung v § 549 aF = § 540 nF bei unselbständigem Gebrauch]: MK/Bieber § 540 Rn 3). Eine Ehegatte ist, auch wenn er nicht Partei des Mietvertrages ist, nicht Dritter iSd § 540, solange es sich bei der Wohnung um eine Ehewohnung handelt (BGH NJW 13, 2507). 2

2. Auf die für eine selbständige Gebrauchsüberlassung erforderliche **Erlaubnis** des Vermieters (Abs 1 S 1) hat der Mieter grds keinen Anspruch. Wird sie verweigert, ohne dass in der Person des Dritten ein wichtiger Grund vorliegt (zB Streitsucht und Unverträglichkeit des Dritten, Konkurrenzverhältnis zum Vermieter oder zu anderen Mietern), kann der Mieter aber außerordentlich mit der gesetzlichen Frist (vgl §§ 573 d II 1, 580 a IV) **kündigen** (Abs 1 S 2). Fehlt die Erlaubnis des Vermieters, hat dies jedoch keinen Einfluss auf die Wirksamkeit des Untermietvertrages (BGH Grundeigentum 07, 1627). 3

3. Verursacht der **Untermieter** schuldhaft **Schäden** an der Mietsache, haftet er dem Vermieter aus § 823. Daneben hat der Vermieter vertragliche Schadensersatzansprüche gegen den Mieter, der das schuldhafte Verhalten des Untermieters wie nach § 278 zu vertreten hat (Abs 2). Hat der Mieter die Mietsache ohne die erforderliche Erlaubnis (vgl Rn 2 f) einem Dritten überlassen, haftet er verschuldensunabhängig für jeden Schaden, der durch diesen entsteht, sofern der Schaden nicht auch ohne die unbefugte Gebrauchsüberlassung eingetreten wäre (Palandt/Weidenkaff § 540 Rn 15). 4

§ 541 Unterlassungsklage bei vertragswidrigem Gebrauch

Setzt der Mieter einen vertragswidrigen Gebrauch der Mietsache trotz einer Abmahnung des Vermieters fort, so kann dieser auf Unterlassung klagen.

I. Der Mieter darf sein Gebrauchsrecht hins der Mietsache nur in den Grenzen des vertragsmäßigen Gebrauchs ausüben (vgl § 535 Rn 9, zur Pflicht des Vermieters, die Anbringung einer Parabolantenne durch den Mieter zu dulden vgl BGH NJW 06, 1062; NJW 13, 2180). Der Unterlassungsanspruch des § 541 sichert den hierauf gerichteten **Erfüllungsanspruch** des Vermieters (Jauernig/Teichmann § 541 Rn 1). Bei einer erheblichen Beeinträchtigung der Rechte des Vermieters infolge des vertragswidrigen Gebrauchs der Mietsache durch den Mieter kann der Vermieter, statt nach § 541 vorzugehen, diesem auch fristlos kündigen (§ 543). Hat der Vermieter einen Schaden erlitten, kommen darüber hinaus Schadensersatzansprüche aus pVV (§ 280 I) oder Delikt in Betracht (vgl Palandt/Weidenkaff § 541 Rn 3). 1

II. Der Unterlassungsanspruch hat folgende **Voraussetzungen**: 2

1. Es liegt objektiv ein **vertragswidriger Gebrauch** vor, dh der Mieter überschreitet bei Ausübung seines Gebrauchsrechts die diesem durch Gesetz, Vertrag und Verkehrssitte gezogenen Grenzen (Staud/Emmerich § 541 Rn 2; zur Abgrenzung: BGH NZM 11, 151). Nicht erforderlich ist, dass der vertragswidrige Gebrauch unmittelbar durch den Mieter selbst erfolgt. Es genügt, wenn dies durch Dritte mit Wissen des Mieters geschieht (MK/Bieber § 541 Rn 4). 3

2. V Vermieter ist eine **Abmahnung** ausgegangen, die das beanstandete Verhalten genau bezeichnet und zu dessen Unterlassen auffordert (Palandt/Weidenkaff § 541 Rn 8). **Entbehrlich** ist eine solche Abmahnung analog § 543 III 2 Nr 1, wenn sie offensichtlich keinen Erfolg verspricht, weil der Mieter die Beendigung des vertragswidrigen Gebrauchs endgültig und ernsthaft verweigert, ihm diese nicht möglich ist oder er den vertragswidrigen Gebrauch arglistig verschleiert hat (Jauernig/Teichmann § 541 Rn 2). 4

5 3. Der Mieter setzt den vertragswidrigen Gebrauch ungeachtet der Abmahnung fort. Dies setzt kein Verschulden des Mieters voraus, wohl aber seine Kenntnis v der Abmahnung (Staud/Emmerich § 541 Rn 11).

§ 542 Ende des Mietverhältnisses

(1) Ist die Mietzeit nicht bestimmt, so kann jede Vertragspartei das Mietverhältnis nach den gesetzlichen Vorschriften kündigen.
(2) Ein Mietverhältnis, das auf bestimmte Zeit eingegangen ist, endet mit dem Ablauf dieser Zeit, sofern es nicht
1. in den gesetzlich zugelassenen Fällen außerordentlich gekündigt oder
2. verlängert wird.

1 I. Die Vorschrift regelt die Beendigung des Mietverhältnisses durch **ordentliche Kündigung** (Abs 1) oder **Zeitablauf** (Abs 2). Außer diesen beiden wichtigsten Beendigungsgründen kann das Mietverhältnis durch Abschluss eines Aufhebungsvertrages, Eintritt einer auflösenden Bedingung (§ 158 II; vgl aber § 572 II), Rücktritt (vgl aber § 572 I), außerordentliche Kündigung mit der gesetzlichen Frist (zB §§ 540 I 2, 544, 554 III 2, 561, 563 IV, 563 a II, 564 S 2, 580) oder fristlose Kündigung (§§ 543, 569) enden (Abs 2 Nr 1).

2 II. 1. Mietverhältnisse auf unbestimmte Zeit können durch **ordentliche Kündigung** einer Partei beendet werden (Abs 1). Die Kündigung ist eine einseitige empfangsbedürftige Willenserklärung, die das Mietverhältnis zu einem bestimmten Termin beendet. Sie muss regelmäßig unter Einhaltung der gesetzlichen oder vertraglichen Kündigungsfrist (§ 580 a) erklärt werden. Sind an dem Vertrag mehrere Mieter oder Vermieter beteiligt, können analog § 351 nur alle ggü allen gemeinsam kündigen, wobei aber Stellvertretung zulässig ist (vgl iE Staud/Rolfs § 542 Rn 8 ff). Kündigt ein Insolvenzverwalter ein gewerbliches Mietverhältnis, beendet diese Kündigung den Mietvertrag im Interesse der Rechtssicherheit auch mit Wirkung gegen etwaige Mitmieter (BGH NJW 13, 3232). Die Kündigung ist grds bedingungsfeindlich. Eine bedingte Kündigung kann aber ausnahmsweise wirksam sein, wenn der Eintritt des maßgeblichen Ereignisses allein durch den Empfänger der Kündigung beeinflussbar ist (Potestativbedingung, vgl Jauernig/Teichmann § 542 Rn 3). Eine unwirksame außerordentliche Kündigung kann nur in eine ordentliche Kündigung umgedeutet werden, wenn für den Empfänger der Kündigung zweifelsfrei erkennbar ist, dass die Gegenseite den Vertrag auf jeden Fall beenden will (MK/Bieber § 542 Rn 12).

3 2. Bei **Wohnraummietverhältnissen** bedarf die Kündigung der **Schriftform** (§ 568 I). Zusätzlich wird das ordentliche Kündigungsrecht des Vermieters dadurch eingeschränkt, dass er ein **berechtigtes Interesse** an der Kündigung haben muss (§ 573).

4 3. Die Mietvertragsparteien können ein Mietverhältnis auch v vornherein nur für **bestimmte Zeit** eingehen. Dann endet das Mietverhältnis mit Ablauf der vereinbarten Zeit v selbst (Abs 2). Dies gilt nur dann nicht, wenn das Mietverhältnis außerordentlich gekündigt (Abs 2 Nr 1) oder verlängert (Abs 2 Nr 2) wird oder eine andere der in Rn 1 S 2 genannten Voraussetzung vorliegt. Eine ordentliche Kündigung ist nicht möglich (Palandt/Weidenkaff § 542 Rn 11).

§ 543 Außerordentliche fristlose Kündigung aus wichtigem Grund

(1) ¹Jede Vertragspartei kann das Mietverhältnis aus wichtigem Grund außerordentlich fristlos kündigen. ²Ein wichtiger Grund liegt vor, wenn dem Kündigenden unter Berücksichtigung aller Umstände des Einzelfalls, insbesondere eines Verschuldens der Vertragsparteien, und unter Abwägung der beiderseitigen Interessen die Fortsetzung des Mietverhältnisses bis zum Ablauf der Kündigungsfrist oder bis zur sonstigen Beendigung des Mietverhältnisses nicht zugemutet werden kann.

(2) ¹Ein wichtiger Grund liegt insbesondere vor, wenn
1. dem Mieter der vertragsgemäße Gebrauch der Mietsache ganz oder zum Teil nicht rechtzeitig gewährt oder wieder entzogen wird,
2. der Mieter die Rechte des Vermieters dadurch in erheblichem Maße verletzt, dass er die Mietsache durch Vernachlässigung der ihm obliegenden Sorgfalt erheblich gefährdet oder sie unbefugt einem Dritten überlässt oder
3. der Mieter
   a) für zwei aufeinander folgende Termine mit der Entrichtung der Miete oder eines nicht unerheblichen Teils der Miete in Verzug ist oder
   b) in einem Zeitraum, der sich über mehr als zwei Termine erstreckt, mit der Entrichtung der Miete in Höhe eines Betrages in Verzug ist, der die Miete für zwei Monate erreicht.
²Im Falle des Satzes 1 Nr. 3 ist die Kündigung ausgeschlossen, wenn der Vermieter vorher befriedigt wird. ³Sie wird unwirksam, wenn sich der Mieter von seiner Schuld durch Aufrechnung befreien konnte und unverzüglich nach der Kündigung die Aufrechnung erklärt.
(3) ¹Besteht der wichtige Grund in der Verletzung einer Pflicht aus dem Mietvertrag, so ist die Kündigung erst nach erfolglosem Ablauf einer zur Abhilfe bestimmten angemessenen Frist oder nach erfolgloser Abmahnung zulässig. ²Dies gilt nicht, wenn
1. eine Frist oder Abmahnung offensichtlich keinen Erfolg verspricht,
2. die sofortige Kündigung aus besonderen Gründen unter Abwägung der beiderseitigen Interessen gerechtfertigt ist oder
3. der Mieter mit der Entrichtung der Miete im Sinne des Absatzes 2 Nr. 3 in Verzug ist.
(4) ¹Auf das dem Mieter nach Absatz 2 Nr. 1 zustehende Kündigungsrecht sind die §§ 536 b und 536 d entsprechend anzuwenden. ²Ist streitig, ob der Vermieter den Gebrauch der Mietsache rechtzeitig gewährt oder die Abhilfe vor Ablauf der hierzu bestimmten Frist bewirkt hat, so trifft ihn die Beweislast.

I. Die Vorschrift präzisiert die Voraussetzungen für das bei jedem Dauerschuldverhältnis bestehende (§ 314) fristlose Kündigungsrecht beider Vertragsparteien **aus wichtigem Grund**. Abs 1 regelt das allgemeine und unabdingbare Recht von Vermieter und Mieter zur fristlosen Kündigung im Grundsatz. S 1 enthält das Kündigungsrecht an sich (vgl § 314 I 1), während S 2 dessen Voraussetzungen in Anlehnung an § 314 I 2 festlegt. **Abs 2** zählt die wichtigsten Gründe für eine fristlose Kündigung auf, **Abs 3** verlangt als weitere Voraussetzung für eine fristlose Kündigung grds eine Abmahnung oder Fristsetzung zur Abhilfe und regelt die Ausnahmen v dieser Voraussetzung. **Abs 4** verweist für das Kündigungsrecht des Mieters nach Abs 2 Nr 1 auf die §§ 536 b u d und enthält in S 2 eine Beweislastregel für die rechtzeitige Gebrauchsgewährung bzw die fristgerechte Abhilfe bei einer Beeinträchtigung.

II. Die Parteien eines Mietverhältnisses können den Mietvertrag jederzeit fristlos aus wichtigem Grund kündigen (Abs 1 S 1). Die Vorschrift ist lex specialis zu § 314, der den **allgemeinen Rechtsgrundsatz** ausdrückt, dass jedes Dauerschuldverhältnis v jedem Vertragspartner aus wichtigem Grund ohne Einhaltung einer Kündigungsfrist gekündigt werden kann. § 543 hat daher Vorrang vor § 314. Für Mietverhältnisse über **Wohnraum** enthält § 569 eine im Verhältnis zu § 543 speziellere Regelung.

1. Voraussetzungen der außerordentlichen fristlosen Kündigung:
a) Die **Kündigungserklärung** muss den Willen zur außerordentlichen Kündigung erkennen lassen. Dazu reicht die Bezugnahme auf den wichtigen Grund.
b) Es muss ein **wichtiger Grund** vorliegen (Abs 1 S 2). Dafür sind Tatsachen erforderlich, aufgrund derer dem Kündigenden unter Berücksichtigung aller Umstände des Einzelfalls, insb aber eines Verschuldens der Vertragsparteien, und unter Abwägung der beiderseitigen Interessen die Fortsetzung des Mietverhältnisses bis zum Ablauf der Kündigungsfrist oder bis zur vereinbarten Beendigung des Mietverhältnisses nach Treu und Glauben nicht mehr zugemutet werden kann. Als wichtige Gründe kommen **für den Vermieter** zB in Betracht: wiederholte gravierende Verstöße des Mieters gegen die

Hausordnung, andauernde unzumutbare Belästigung anderer Hausbewohner durch Kinder des Mieters (vgl § 569 II), Nichtzahlung der vereinbarten Mietkaution bzw fortdauernde unpünktliche Zahlung der Miete oder von Betriebskostenvorauszahlungen nach wirksamer Abrechnung (BGH NJW 12, 3089; WuM 12, 681) oder Misshandlung des Vermieters (BGH NJW 10, 3015; NJW 10, 3020), Verweigerung der vertraglich festgelegten Pflicht des Mieters, dem Vermieter Zutritt zur Wohnung zu gestatten (BGH WuM 11, 13). Beruht der Zahlungsverzug des Mieters auf einer unberechtigten Minderung der Miete, hindert dies eine fristlose Kündigung nicht, wenn dieser bei verkehrsübl Sorgfalt hätte erkennen können, dass das von ihm in Anspruch genommene Minderungsrecht nicht bestand (BGH NJW 12, 2882). Wichtige Gründe **für den Mieter** sind zB das Bestreiten des Zugangs einer ordentlichen Kündigungserklärung durch den Vermieter wider besseren Wissens, öffentliche Beleidigungen oder Verdächtigungen des Mieters; geschäftsschädigende Behauptungen des Vermieters über den Gewerbemieter (BGH NJW-RR 11, 89). Vgl zum wichtigen Grund bei Mietverhältnissen über Wohnraum § 569.

6 Als **bedeutsamste Gründe** für eine fristlose Kündigung sind in Abs 2 die Nichtgewährung des vertragsmäßigen Gebrauchs durch den Vermieter (Nr 1), der vertragswidrige Gebrauch durch den Mieter (Nr 2) und der Zahlungsverzug des Mieters (Nr 3) aufgezählt.

7 **aa)** Nach Abs 2 S 1 Nr 1 hat der Mieter ein **außerordentliches Kündigungsrecht,** wenn der Vermieter seiner Pflicht zur Gewährung des vertragsmäßigen Gebrauchs nicht nachkommt. Dies gilt auch, wenn einem Gewerberaummieter durch Ordnungsverfügung die vertragsgemäße Nutzung des Mietobjekts untersagt wird (BGH ZMR 08, 274). Die Kündigung wirkt nur für die Zukunft, lässt also die **anderen Gewährleistungsrechte** des Mieters (zB eine eingetretene Minderung der Miete nach § 536) für die Zeit bis zur Wirksamkeit der Kündigung unberührt. Dem Mieter bleiben auch Schadensersatzansprüche aus § 536 a I oder pVV (§ 280 I) erhalten. Das Kündigungsrecht setzt voraus, dass dem Mieter der **vertragsmäßige Gebrauch** (vgl § 535 Rn 5 f) der gemieteten Sache ganz oder zT **nicht gewährt** oder wieder entzogen wird. Hierzu gehören va Sach- oder Rechtsmängel sowie die verzögerte Gebrauchsüberlassung.

8 **bb)** Abs 2 S 1 Nr 2 gibt dem Vermieter bei einem vertragswidrigen Gebrauch der Mietsache durch den Mieter oder einen Dritten, dem die Mietsache v Mieter überlassen wurde, neben dem Unterlassungsanspruch aus § 541 ein Recht zur **außerordentlichen fristlosen Kündigung** des Mietvertrages. **Voraussetzung** des Abs 2 S 1 Nr 2 ist, dass der Mieter die Rechte des Vermieters dadurch verletzt, dass er die Mietsache durch Vernachlässigung der ihm obliegenden Sorgfalt erheblich gefährdet oder sie unbefugt einem Dritten überlässt und dieses vertragswidrige Verhalten ungeachtet einer **Abmahnung** durch den Vermieter (Abs 3) fortsetzt. Ein **Verschulden** des Mieters ist nicht erforderlich (Jauernig/Teichmann § 553 Rn 2). Bei der **Wohnraummiete** muss die Kündigung schriftlich erfolgen (§ 568 I) und der Kündigende muss dem anderen Teil den Kündigungsgrund schriftlich mitteilen (Begründungspflicht, § 569 IV).

9 **cc)** Abs 2 S 1 Nr 3 gewährt dem Vermieter ein Kündigungsrecht wegen Zahlungsverzugs des Mieters. **Voraussetzung** dieses Kündigungsrechts ist, dass der Mieter sich entweder mit zwei aufeinander folgenden Mietzahlungen ganz oder zu einem nicht unerheblichen Teil in **Verzug** (§§ 286 ff) befindet (lit a) oder dass er im Laufe eines längeren Zeitraums bei seinen Mietzahlungen mit einem Betrag, der insgesamt zwei Monatsmieten entspricht, in Verzug gerät (lit b). Bei der Vermietung v Wohnräumen zum nicht nur vorübergehenden Gebrauch ist der Mieter nur mit einem nicht unerheblichen Teil der Miete iSv lit a in Verzug, wenn an den beiden aufeinander folgenden Terminen zusammen weniger als eine volle Monatsmiete gezahlt wurde (§ 569 III Nr 1). Die Miete (oder Pacht) iSd Abs 2 S 1 umfasst auch geschuldete Nebenkostenzahlungen des Mieters (BGH NJW 14, 52). Die Kündigung nach Abs 2 S 1 Nr 3 ist **ausgeschlossen,** wenn der Vermieter rechtzeitig (dh vor Zugang der Kündigung beim Mieter, vgl MK/Bieber § 543 Rn 54) befriedigt wird (Abs 2 S 2). Sie wird **unwirksam,** wenn bei Zugang der Kündigung die Voraussetzungen für eine Aufrechnung durch den Mieter vorlagen und dieser unverzüglich (§ 121) eine entspr Erklärung abgibt (Abs 2 S 3). Bei der **Wohn-**

raummiete wird die Kündigung auch noch unwirksam, wenn der Mietrückstand binnen zwei Monaten nach Rechtshängigkeit der Räumungsklage gezahlt wird oder eine öffentliche Stelle (idR das Sozialamt) sich zur Befriedigung des Vermieters verpflichtet, sofern nicht der Mieter in den letzten zwei Jahren vor Zugang der Kündigung bereits v dieser Möglichkeit Gebrauch gemacht hat (§ 569 III Nr 2).
c) Nach **Abs 3 S 1** ist dann, wenn der wichtige Grund für eine fristlose Kündigung in der Verletzung einer mietvertraglichen Pflicht besteht, grds eine **Abmahnung oder Fristsetzung zur Abhilfe** erforderlich. Diese muss das beanstandete Verhalten genau bezeichnen und zu dessen Unterlassen auffordern (vgl § 541 Rn 4). **Ausnahmsweise entbehrlich** ist eine solche Abmahnung oder Fristsetzung, wenn sie offensichtlich keinen Erfolg verspricht (Abs 3 S 2 Nr 1), zB weil der Vertragspartner die Beendigung des vertragswidrigen Verhaltens endgültig und ernsthaft verweigert oder ihm diese nicht möglich ist. Gleiches gilt, wenn die sofortige Kündigung aus besonderen Gründen unter Abwägung der beiderseitigen Interessen gerechtfertigt ist (Abs 3 S 2 Nr 2) oder der Mieter mit der Zahlung der Miete iSd Abs 2 S 1 Nr 3 in Verzug ist (Abs 3 S 2 Nr 3).
d) Das **Kündigungsrecht des Mieters** aus § 543 Abs 2 S 1 Nr 1 ist **ausgeschlossen**, wenn dieser den **Mangel** bereits bei Vertragsschluss **gekannt** hat (Abs 4 S 1 iVm § 536 b). Das Recht zur fristlosen Kündigung nach Abs 2 S 1 Nr 1 kann, außer bei Arglist des Vermieters (Abs 4 S 1 iVm § 536 d), grds vertraglich eingeschränkt oder ganz abbedungen werden (Palandt/Weidenkaff § 543 Rn 3). Dies gilt jedoch nicht für die Kündigung v **Wohnraummietverträgen** (§ 569 V 1). Der Mieter trägt die **Beweislast** für die Kündigung und die Fristsetzung. Der Vermieter hat nach der Beweislastregel in **Abs 4 S 2** rechtzeitige Gebrauchsgewährung bzw die Abhilfe vor Fristablauf zu beweisen.
2. **Rechtsfolge** der berechtigten fristlosen Kündigung ist die **Auflösung** des Mietverhältnisses **mit sofortiger Wirkung**.

§ 544 Vertrag über mehr als 30 Jahre

¹Wird ein Mietvertrag für eine längere Zeit als 30 Jahre geschlossen, so kann jede Vertragspartei nach Ablauf von 30 Jahren nach Überlassung der Mietsache das Mietverhältnis außerordentlich mit der gesetzlichen Frist kündigen. ²Die Kündigung ist unzulässig, wenn der Vertrag für die Lebenszeit des Vermieters oder des Mieters geschlossen worden ist.

I. § 544 soll die vertragliche Schaffung v „**Erbmietern**" verhindern (BGH NJW 96, 2029). Die Vorschrift gilt für alle Mietsachen und ist **zwingend** (Staud/Emmerich § 544 Rn 1).
II. 1. **Voraussetzung** für die Anwendbarkeit v § 544 ist die mietvertragliche Bindung mind einer der Parteien für eine längere Zeit als 30 Jahre. Derartige Verträge sind wirksam, können aber v beiden Vertragsteilen nach Ablauf der 30 Jahre unter Einhaltung der in § 580 a IV iVm I Nr 3, II u 3 Nr 2 vorgesehenen Frist gekündigt werden. Dies bedeutet, dass die Kündigung erst nach Ablauf v 30 Jahren, gerechnet ab dem Zeitpunkt der vertraglich vereinbarten Überlassung, möglich ist. Kündigt der Vermieter, sind bei der Wohnraummiete dabei allerdings die allg Mieterschutzvorschriften (§ 575 a iVm §§ 573 f, 574 ff) zu berücksichtigen (vgl Jauernig/Teichmann § 544 Rn 2).
2. Außer auf Miet- ist § 544 auch auf **Pachtverträge** anwendbar (§ 581 II, zur Landpacht vgl § 594 b). Daneben kann eine entspr Anwendung auf miet- oder pachtähnliche Verträge in Betracht kommen (MK/Bieber § 544 Rn 2).
3. Nach S 2 ist die Kündigung unzulässig, wenn der Mietvertrag für die Lebenszeit einer der Vertragsparteien abgeschlossen worden ist. Die Vorschrift ist zwangsläufig nur auf natürliche Personen anwendbar (Palandt/Weidenkaff § 544 Rn 3).

§ 545 Stillschweigende Verlängerung des Mietverhältnisses

¹Setzt der Mieter nach Ablauf der Mietzeit den Gebrauch der Mietsache fort, so verlängert sich das Mietverhältnis auf unbestimmte Zeit, sofern nicht eine Vertragspartei

ihren entgegenstehenden Willen innerhalb von zwei Wochen dem anderen Teil erklärt. ²Die Frist beginnt
1. für den Mieter mit der Fortsetzung des Gebrauchs,
2. für den Vermieter mit dem Zeitpunkt, in dem er von der Fortsetzung Kenntnis erhält.

1 **I.** Zweck der in § 545 getroffenen Regelung ist die Verhinderung eines vertragslosen Zustands bei Fortsetzung des Mietgebrauchs durch den Mieter nach Ablauf der Mietzeit. Die Abwicklung eines derartigen vertragslosen Zustands nach Bereicherungsrecht oder den Grundsätzen des Eigentümer-Besitzer-Verhältnisses wäre nicht sachgerecht und widerspräche in den meisten Fällen dem mutmaßlichen Willen der Parteien. Vermieden wird ein vertragsloser Zustand dadurch, dass das Gesetz eine **stillschweigende Verlängerung des Mietverhältnisses unwiderleglich vermutet**, wodurch die weitere Anwendung des Mietrechts ermöglicht wird (Staud/Emmerich § 545 Rn 2).

2 **II. 1.** Die unwiderlegliche Vermutung der Verlängerung des Mietvertrages hat folgende **Voraussetzungen:**

3 a) Der **Mieter setzt** den **Gebrauch der Mietsache nach Ablauf der Mietzeit fort**. Gibt der Mieter die Mietsache nicht an den Vermieter heraus, nutzt sie aber auch selbst nicht mehr, greift nicht § 545 ein, sondern es kommen die §§ 546 a und bei der Wohnraummiete 571 zur Anwendung (Jauernig/Teichmann § 545 Rn 2).

4 b) Der **Vermieter** oder der **Mieter** erklären **keinen der Verlängerung des Mietverhältnisses entgegenstehenden Willen**. Dies kann der Vermieter insb dadurch tun, dass er der Fortsetzung des Mietgebrauchs durch den Mieter widerspricht (vgl dazu BGH NJW 10, 2124). Eine derartige Widerspruchserklärung kann auch konkludent erfolgen. Sie liegt regelmäßig im **Rückgabeverlangen** des Vermieters oder in der Zustellung der Räumungsklage (Staud/Emmerich § 545 Rn 11).

5 c) Die der Verlängerung entgegenstehende Willenserklärung muss dem anderen Vertragsteil **binnen zwei Wochen** zugehen. **Fristbeginn** ist für den Mieter der Zeitpunkt der Fortsetzung des Gebrauchs (S 2 Nr 1), also das Ende des Mietvertrages, während für den Vermieter auf den Zeitpunkt abzustellen ist, in dem er v der Fortsetzung des Gebrauchs Kenntnis erhält (S 2 Nr 2).

6 **2. Rechtsfolge** des § 545 ist eine Verlängerung des Mietvertrages auf unbestimmte Zeit. Anstelle der vereinbarten Kündigungsfristen gelten nun jedoch die **gesetzlichen Kündigungsfristen** (MK/Bieber § 545 Rn 9). Der Eintritt dieser Rechtsfolge erfolgt unabhängig v Willen der Parteien, etwaige **Willensmängel** eines Beteiligten sind daher unerheblich (Palandt/Weidenkaff § 545 Rn 10).

§ 546 Rückgabepflicht des Mieters

(1) Der Mieter ist verpflichtet, die Mietsache nach Beendigung des Mietverhältnisses zurückzugeben.
(2) Hat der Mieter den Gebrauch der Mietsache einem Dritten überlassen, so kann der Vermieter die Sache nach Beendigung des Mietverhältnisses auch von dem Dritten zurückfordern.

1 **I.** Die Vorschrift regelt in Abs 1 die wichtigste Rechtsfolge der Beendigung des Mietverhältnisses, die Pflicht des Mieters zur **Rückgabe** der Mietsache. Diese steht **nicht** mit der Pflicht des Vermieters aus § 535 I im **Synallagma**. Zur Herausgabepflicht des Insolvenzverwalters des Mieters: BGH NJW 08, 2580; NJW 07, 1594.

2 **II. 1. Rückgabe** bedeutet die Verschaffung des unmittelbaren Besitzes. Dabei muss sich die Sache in einem ordnungsgemäßen Zustand befinden (vgl § 538), dh eine Mietwohnung muss geräumt und gereinigt, die v Mieter angebrachten Einrichtungen (§ 539 II) müssen entfernt sein (MK/Bieber § 546 Rn 7).

3 **2.** Hat der Mieter die Mietsache einem **Dritten** überlassen (zB einem Untermieter), kann der Vermieter sie idR sowohl v dem Mieter als auch v dem Dritten zurückfordern (Abs 2). Abs 2 ordnet damit einen **gesetzlichen Schuldbeitritt** des Dritten zur Rückga-

bepflicht des Mieters aus Abs 1 an (Staud/Rolfs § 546 Rn 50). Ausgenommen v Abs 2 sind jedoch die Fälle gewerblicher Untervermietung (§ 565). Zur Rechtskraft der gegen den Mieter ergangenen Entscheidung über den Rückgabeanspruch des Vermieters für eine spätere Entscheidung gegen den Dritten: BGH NJW 10, 2208.
3. Die Folgen einer verspäteten Rückgabe ergeben sich aus § 546 a. 4

§ 546 a Entschädigung des Vermieters bei verspäteter Rückgabe

(1) Gibt der Mieter die Mietsache nach Beendigung des Mietverhältnisses nicht zurück, so kann der Vermieter für die Dauer der Vorenthaltung als Entschädigung die vereinbarte Miete oder die Miete verlangen, die für vergleichbare Sachen ortsüblich ist.
(2) Die Geltendmachung eines weiteren Schadens ist nicht ausgeschlossen.

I. Die Vorschrift gewährt dem Vermieter einen **verschuldensunabhängigen Entschädigungsanspruch** gegen den Mieter. Sie verbessert die Rechtsposition des Vermieters, indem sie ihm einen **Mindestbetrag** als Nutzungsentschädigung sichert, wenn der Mieter ihm die Mietsache nach Ende des Mietverhältnisses vorenthält, obwohl die Voraussetzungen für eine stillschweigende Verlängerung (§ 545) nicht erfüllt sind (Abs 1). Dadurch werden indessen etwaige Ansprüche des Vermieters auf **Ersatz eines weiter gehenden Schadens** nicht ausgeschlossen (Abs 2). Für **Wohnraummietverhältnisse** findet sich eine Spezialregelung in § 571. 1

II. 1. Solange der Mieter seine Rückgabepflicht aus § 546 nicht erfüllt hat, ist er zur Zahlung einer **Nutzungsentschädigung** in Höhe der Miete verpflichtet (Abs 1). 2

a) Eine **Vorenthaltung** der Mietsache liegt vor, wenn der Mieter die Sache gegen den Willen des Vermieters nicht vollständig zurückgibt, obwohl ihm dies möglich wäre (BGHZ 90, 148). Auf die Rechtswidrigkeit der Vorenthaltung oder ein Verschulden des Vermieters kommt es nicht an (Jauernig/Teichmann § 546 a Rn 2). Eine Vorenthaltung liegt daher auch dann vor, wenn dem Mieter eine Räumungsfrist (§§ 721, 794 a ZPO) oder Vollstreckungsschutz (§ 765 a ZPO) bewilligt wurde (Palandt/Weidenkaff § 546 a Rn 8). Dag wird die Mietsache nicht vorenthalten, wenn sie untergegangen ist, in nicht vertragsgemäßem Zustand zurückgegeben wird, ohne dass darin eine iSv § 266 unzulässige Teilleistung zu sehen ist, oder wenn der Vermieter die angebotene Rückgabe ablehnt (MK/Bieber § 546 a Rn 6; zu den zeitlichen Schranken des Anspruchs auf Nutzungsentschädigung nunmehr auch BGH ZMR 06, 32). Ebenso liegt keine Vorenthaltung der Mietsache vor, wenn der Mieter die Wohnung ohne die ihm obliegenden Schönheitsreparaturen zurückgibt oder nur Besitz an der ansonsten geräumten Wohnung behält, um auf Wunsch des Vermieters Mängelbeseitigungsarbeiten durchzuführen (BGH NJW-RR 10, 1521). 3

b) Der Vermieter kann grds die **vereinbarte** (Abs 1 Halbs 1) oder die **ortsübliche** Miete (Abs 1 S 2 Halbs 2) verlangen. Entgg der früher hL kann der Vermieter damit ohne besondere rechtsgestaltende Willenserklärung v vornherein auch die im Einzelfall höhere ortsübliche Vergleichsmiete als Mindestentschädigung verlangen. Dies war auch vor der Änderung des Gesetzes die Auffassung des BGH (NJW 99, 2808 f). Sie ist sachgerecht, da der Mieter mit dem Wirksamwerden der Kündigung verpflichtet ist, die Mietsache zurückzugeben. Tut er dies nicht und setzt stattdessen den Gebrauch der Mietsache fort, so muss er damit rechnen, dass er dem Vermieter auch mehr als die vereinbarte Miete zu zahlen hat, wenn diese unter dem ortsüblichen Wert liegt. Dabei ist zu berücksichtigen, dass dem Vermieter durch die Nichterfüllung der Rückgabepflicht des Mieters die Weitervermietung der Sache zum ortsüblichen Preis unmöglich gemacht wird. Es ist daher nicht einzusehen, dass der Vermieter in diesem Fall nur die – niedrigere – vertraglich vereinbarte Miete verlangen können soll. **Mehrere Mieter** haften als Gesamtschuldner, solange auch nur einer v ihnen dem Vermieter die Mietsache vorenthält (Palandt/Weidenkaff § 546 a Rn 14). 4

2. Der Vermieter kann neben der Nutzungsentschädigung einen **weiteren Schaden** geltend machen (Abs 2). Solche Schadensersatzansprüche können sich va aus **Verzug** des Mieters mit der Rückgabe (§§ 286, 280 II) und aus **pVV** (§ 280 I) ergeben (vgl Beispie- 5

le bei MK/Bieber § 546 a Rn 18). Auch ein Bereicherungsanspruch (§§ 812 I 1, 1. Alt, 818 I, II) wegen der Vorenthaltung der Mietsache kann in Betracht kommen (BGHZ 44, 242 f; 68, 309 f).

§ 547 Erstattung von im Voraus entrichteter Miete

(1) ¹Ist die Miete für die Zeit nach Beendigung des Mietverhältnisses im Voraus entrichtet worden, so hat der Vermieter sie zurückzuerstatten und ab Empfang zu verzinsen. ²Hat der Vermieter die Beendigung des Mietverhältnisses nicht zu vertreten, so hat er das Erlangte nach den Vorschriften über die Herausgabe einer ungerechtfertigten Bereicherung zurückzuerstatten.
(2) Bei einem Mietverhältnis über Wohnraum ist eine zum Nachteil des Mieters abweichende Vereinbarung unwirksam.

1 I. Die Vorschrift regelt, nach welchen Grundsätzen der Vermieter bei der Beendigung des Mietverhältnisses **noch nicht verbrauchte Mietvorauszahlungen** zurückzuzahlen hat.

2 II. 1. Mietvorauszahlung iSv § 547 ist nicht nur die reine Miete, sondern es gehören zB auch Umlagen, Nebenkosten, Mieterdarlehen und abwohnbare Baukostenzuschüsse (BGHZ 71, 249 ff) dazu. Keine Mietvorauszahlungen sind dag verlorene, noch nicht als getilgt anzusehene Baukostenzuschüsse. Deren Rückerstattung iR v Wohnraummietverträgen ist außerhalb des BGB geregelt; bei sonstigen Mietverträgen richtet sich die Abwicklung nach Bereicherungsrecht (vgl dazu Staud/Rolfs § 547 Rn 11).

3 2. Hat der Vermieter den zur Beendigung des Mietverhältnisses führenden Umstand **zu vertreten** (zB §§ 543, 569), so hat er die vorausgezahlte Miete zurückzuerstatten, soweit diese noch nicht verbraucht (abgewohnt) ist (Abs 1 S 1). Die zurückzuzahlende Geldsumme ist seit ihrem Empfang mit 4 % zu verzinsen (Abs 1 S 1 iVm § 246).

4 3. Hat der Vermieter dag die Beendigung **nicht zu vertreten** (zB §§ 540, 544, 580), haftet er nur nach Bereicherungsrecht (Abs 1 S 2). Bei dieser Verweisung handelt es sich um eine **Rechtsfolgenverweisung** (MK/Bieber § 547 Rn 7). Es ist daher unerheblich, ob der Vermieter durch Leistung des Mieters oder einen eigenen Eingriff bereichert ist (Staud/Rolfs § 547 Rn 29). Der Vermieter muss nach § 818 I grds das Erlangte als ungerechtfertigte Bereicherung herausgeben. Ist ihm dies nicht möglich, weil er das Geld verbraucht hat, muss der Vermieter nach § 818 II den Wert seiner Bereicherung ersetzen, soweit dieser sich wirtschaftlich noch in seinem Vermögen befindet (Palandt/ Weidenkaff § 547 Rn 8). § 818 III ist anwendbar.

5 4. Für Wohnraummietverträge ist § 547 nicht zu Ungunsten des Mieters **abdingbar** (Abs 2). Dies schließt auch eine Vereinbarung aus, die den Mieter lediglich berechtigt, einen Nachfolger für die Übernahme noch nicht getilgter Mietvorauszahlungen zu bestimmen, statt v Vermieter die Rückerstattung der Miete nach Abs 1 verlangen zu können (MK/Bieber § 547 Rn 12 u 7).

6 5. Die **Verjährung** des Rückerstattungsanspruchs des Mieters richtet sich nicht nach § 548, sondern nach den §§ 195, 199 (BGHZ 54, 347).

§ 548 Verjährung der Ersatzansprüche und des Wegnahmerechts

(1) ¹Die Ersatzansprüche des Vermieters wegen Veränderungen oder Verschlechterungen der Mietsache verjähren in sechs Monaten. ²Die Verjährung beginnt mit dem Zeitpunkt, in dem er die Mietsache zurückerhält. ³Mit der Verjährung des Anspruchs des Vermieters auf Rückgabe der Mietsache verjähren auch seine Ersatzansprüche.
(2) Ansprüche des Mieters auf Ersatz von Aufwendungen oder auf Gestattung der Wegnahme einer Einrichtung verjähren in sechs Monaten nach der Beendigung des Mietverhältnisses.

1 I. **Zweck** der Vorschrift ist es, die Parteien zu einer **schnellen Auseinandersetzung** ihrer Rechtsbeziehungen zu veranlassen und **Beweisschwierigkeiten** darüber, ob eine Verän-

derung oder Verschlechterung der Mietsache auf einer Pflichtverletzung des Mieters beruht, zu vermeiden (BGHZ 98, 237). § 548 regelt in Abs 1 die Verjährung v Ansprüchen des Vermieters und in Abs 2 die Verjährung v Ansprüchen des Mieters.

II. § 548 ist sehr **weit auszulegen** (vgl dazu auch BGH NJW 10, 2652; NJW 12, 3031). 2

1. Die kurze Verjährung gilt dementspr nicht nur für Ansprüche aus mietrechtlichen 3 Vorschriften, sondern auch für Ansprüche aus dem Eigentum, aus unerlaubter Handlung (BGHZ 66, 320; 98, 237; NJW 06, 2399), ungerechtfertigter Bereicherung, Auftrag oder Geschäftsführung ohne Auftrag (MK/Bieber § 548 Rn 3). Auch **Ansprüche Dritter** können v Anwendungsbereich der Vorschrift erfasst werden (Beispiele bei Staud/Emmerich § 548 Rn 14). So kann sich zB der Mieter ggü Ansprüchen des Eigentümers aus § 1004 auf die kurze Verjährung berufen, wenn zwischen Eigentümer und Vermieter ein auf das Mietverhältnis zwischen Vermieter und Mieter abgestimmtes Gestattungsverhältnis besteht (BGH NJW 97, 1984). § 548 I ist aber auch auf Ansprüche des Vermieters **gegen Dritte** anzuwenden, soweit diese in den Schutzbereich des Mietvertrages einbezogen sind (BGHZ 61, 233; 71, 178 f). Dies gilt zB, wenn die Kinder des Mieters einen Wohnungsbrand verursachen. **Entspr anwendbar** ist § 548 auf mit der Miete vergleichbare Rechtsverhältnisse, etwa bei Beschädigungen der Kaufsache iR einer Kfz-Probefahrt des Kaufinteressenten oder beim Kauf auf Probe (Staud/Emmerich § 548 Rn 3).

2. Nicht in den Anwendungsbereich des § 548 fallen hingegen die Erfüllungsansprüche 4 des Vermieters, etwaige Ersatzansprüche wegen der völligen Zerstörung der Mietsache (Pal/Weidenkaff § 548 Rn 10) sowie Ansprüche wegen der Beschädigung v Sachen, die nicht mehr zur Mietsache gehören (BGHZ 124, 189 ff; zur Abgrenzung vgl Staud/Emmerich § 548 Rn 11 f). Auch die Ansprüche des Mieters aus § 547 unterliegen nach der Rspr des BGH nicht der kurzen Verjährungsfrist des § 548 (vgl Kommentierung zu § 557 a Rn 6).

3. a) Beginn der Verjährungsfrist für Ansprüche des **Vermieters** wegen Veränderungen 5 oder Verschlechterungen der Mietsache ist der Zeitpunkt, in dem er diese zurückerhält (Abs 1 S 2). Dies gilt auch dann, wenn der Mietvertrag erst später endet (BGH NJW 06, 1588, Urt v 15.3.06). Entscheidend für den Fristbeginn ist dabei nicht die Rückgabe iSv § 546 (Palandt/Weidenkaff § 548 Rn 11), sondern die Möglichkeit für den Vermieter, die Mietsache ungestört auf Veränderungen zu untersuchen (BGH NJW 89, 1854). Abs 1 erfasst die Ansprüche des Vermieters auf Vornahme fälliger Schönheitsreparaturen ebenso wie die durch deren Nichtvornahme begründeten Schadensersatzansprüche aus §§ 280, 281. Daraus folgt, dass auch die Verjährung des Schadensersatzanspruchs sofort mit der Rückgabe der Mietsache beginnt. Die Verjährungsregelung ist insoweit lex specialis zu § 199 I, der grds auf die Entstehung des Anspruchs abstellt. Für voraussehbare künftige Mietausfälle, die aus der Verletzung vertraglicher Instandsetzungspflichten folgen, beginnt die Verjährung daher einheitlich, ohne Rücksicht auf den jeweiligen monatlichen Entstehungszeitpunkt der Mietausfälle (BGHZ 138, 51).

b) Die Verjährung der Ansprüche des **Mieters** auf Aufwendungsersatz oder Gestattung 6 der Wegnahme v Einrichtungen beginnt mit der rechtlichen Beendigung des Mietverhältnisses (Abs 2). Auf die Rückgabe der Mietsache kommt es nicht an. Da sich Verwendungs- und Aufwendungsersatzansprüche (§§ 536 a II, 539) des Mieters gegen denjenigen richten, der zZ der Vornahme der Verwendung oder Aufwendung Vermieter ist, beginnt die Verjährung bei einer Veräußerung des Mietgrundstücks mit der Kenntnis des Mieters v der Eintragung des Erwerbers im Grundbuch (BGH NJW 08, 2256).

Untertitel 2
Mietverhältnisse über Wohnraum
Kapitel 1
Allgemeine Vorschriften

§ 549 Auf Wohnraummietverhältnisse anwendbare Vorschriften

(1) Für Mietverhältnisse über Wohnraum gelten die §§ 535 bis 548, soweit sich nicht aus den §§ 549 bis 577 a etwas anderes ergibt.

(2) Die Vorschriften über die Mieterhöhung (§§ 557 bis 561) und über den Mieterschutz bei Beendigung des Mietverhältnisses sowie bei der Begründung von Wohnungseigentum (§ 568 Abs. 2, §§ 573, 573 a, 573 d Abs. 1, §§ 574 bis 575, 575 a Abs. 1 und §§ 577, 577 a) gelten nicht für Mietverhältnisse über

1. Wohnraum, der nur zum vorübergehenden Gebrauch vermietet ist,
2. Wohnraum, der Teil der vom Vermieter selbst bewohnten Wohnung ist und den der Vermieter überwiegend mit Einrichtungsgegenständen auszustatten hat, sofern der Wohnraum dem Mieter nicht zum dauernden Gebrauch mit seiner Familie oder mit Personen überlassen ist, mit denen er einen auf Dauer angelegten gemeinsamen Haushalt führt,
3. Wohnraum, den eine juristische Person des öffentlichen Rechts oder ein anerkannter privater Träger der Wohlfahrtspflege angemietet hat, um ihn Personen mit dringendem Wohnungsbedarf zu überlassen, wenn sie den Mieter bei Vertragsschluss auf die Zweckbestimmung des Wohnraums und die Ausnahme von den genannten Vorschriften hingewiesen hat.

(3) Für Wohnraum in einem Studenten- oder Jugendwohnheim gelten die §§ 557 bis 561 sowie die §§ 573, 573 a, 573 d Abs. 1 und §§ 575, 575 a Abs. 1, §§ 577, 577 a nicht.

1 **I.** § 549 stellt in **Abs 1** den **Grundsatz** auf, dass die Vorschriften des Untertitels 1 (§§ 535–548) auch für Wohnraummietverhältnisse gelten, soweit der Untertitel 2 (§§ 549–577 a) keine abweichenden Regelungen enthält. **Abs 2 u 3** beschränken für bestimmte Arten v Wohnraum den Anwendungsbereich der Vorschriften des Untertitels 2 (§§ 549–577 a). Diese **Ausnahmen** beziehen sich va auf die **Mieterschutzvorschriften** über die Mieterhöhung und die Beendigung des Mietverhältnisses sowie das Vorkaufsrecht.

2 **II. 1.** Die §§ 549–577 a gelten gem Abs 1 nur für Mietverhältnisse über **privaten Wohnraum**. Für anderen Wohnraum sowie für die Miete v Grundstücken gelten die Spezialvorschriften für die Wohnraummiete nur insoweit, als § 578 ausdrücklich auf sie verweist. Problematisch ist die Abgrenzung v Wohn- und Geschäftsraummiete va dann, wenn Geschäftsräume wie Anwalts- oder Arztpraxen zusammen mit Wohnraum vermietet werden. Hier ist die Anwendung der Mieterschutzvorschriften der §§ 549–577 a nur dann gerechtfertigt, wenn die Vermietung der Wohnung den Schwerpunkt des Vertrages bildet (BGH NJW-RR 86, 877). In allen anderen Fällen sind nur die §§ 535–548 sowie 578 anwendbar (Oetker/Maultzsch S 394 f). **Abs 2** nimmt bestimmte **Fallgruppen** v Mietverhältnissen v der Anwendung einzelner, abschließend aufgezählter Mieterschutzvorschriften aus.

3 **a)** Diese sind nicht anwendbar auf:

4 **aa)** Wohnraum, der nur zu **vorübergehendem Gebrauch** vermietet ist (Nr 1). Hierunter kann insb Wohnraum in **Ferienhäusern** und **Ferienwohnungen** fallen, soweit diese dem Mieter nur zum vorübergehenden Gebrauch überlassen wurden. Wird ein Ferienhaus oder eine Ferienwohnung dag langfristig vermietet, so hängt die Anwendbarkeit dieser Ausnahmevorschrift wie bei Zweitwohnungen v den Umständen des Einzelfalls ab.

5 **bb)** Möblierten Wohnraum, der Teil der v Vermieter selbst bewohnten Wohnung ist und dem Mieter nicht zum dauernden Gebrauch mit seiner Familie oder mit Personen überlassen wurde, mit denen er einen auf Dauer angelegten Haushalt führt (**möblierter**

Einliegerwohnraum; Nr 2). Letzteres liegt dann vor, wenn zwischen den Partnern eine Lebensgemeinschaft besteht, die auf Dauer angelegt ist, keine weiteren Bindungen gleicher Art zulässt und sich durch innere Bindungen auszeichnet, die ein gegenseitiges Füreinandereinstehen begründen, die über reine Wohn- und Wirtschaftsgemeinschaften hinausgehen (zB hetero- und homosexuelle Partnerschaften, dauerhaftes Zusammenleben alter Menschen als Alternative zum Alters- und Pflegeheim).

cc) Wohnraum, den eine **juristische Person des öffentlichen Rechts** oder ein **anerkannter privater Träger der Wohlfahrtspflege** gemietet hat, um ihn Personen mit dringendem Wohnungsbedarf zu überlassen. Diese Vermieter müssen allerdings den Mieter bei Abschluss des Mietvertrages auf die Zweckbestimmung des Wohnraums und die Ausnahmen v den Mieterschutzvorschriften hingewiesen haben (Nr 3). Diese Fallgruppe soll es erleichtern, solchen Personen Wohnraum zur Verfügung zu stellen, die auf dem freien Wohnungsmarkt nur schwer ein Mietverhältnis begründen können, weil die Vermieter Probleme mit ihnen befürchten (zB Haftentlassene, Nichtsesshafte, Obdachlose, Suchtkranke). 6

b) Mietverhältnisse, die zu einer dieser Fallgruppen gehören, sind v den Vorschriften des Mieterhöhungsrechts (§§ 557–548), bestimmten Vorschriften zum Kündigungsschutz des Mieters (§§ 568 II, 573, 573 a, 573 d I, 574–575, 575 a) sowie den Schutzvorschriften beim Verkauf der vermieteten Wohnung (§§ 577, 577 a) ausgenommen (zum Begriff des Studentenwohnraums vgl BGH NJW-Spezial 12, 513). 7

2. Abs 3 bildet weitere Ausnahmen für Mietverhältnisse über **Wohnraum in Studenten- und Jugendwohnheimen**. Diese werden wie die in Abs 2 genannten Fallgruppen v den Mieterschutzvorschriften über die Mieterhöhung (§§ 557–561), die Beendigung des Mietverhältnisses (§§ 573, 573 a, 573 d I, 575, 575 a I) sowie den Schutzvorschriften beim Verkauf der vermieteten Wohnung (§§ 577, 577 a) ausgenommen. Anders als bei den in Abs 2 erfassten Fallgruppen gelten hier jedoch die Vorschriften über das **Widerspruchsrecht des Mieters** gegen eine Kündigung („Sozialklausel"; §§ 568 II, 574–574 c). 8

§ 550 Form des Mietvertrags

¹Wird der Mietvertrag für längere Zeit als ein Jahr nicht in schriftlicher Form geschlossen, so gilt er für unbestimmte Zeit. ²Die Kündigung ist jedoch frühestens zum Ablauf eines Jahres nach Überlassung des Wohnraums zulässig.

I. Die Vorschrift bezweckt va den **Schutz des Wohnungserwerbers**, der nach § 566 anstelle des Vermieters in bestehende Mietverhältnisse eintritt und sich deshalb über den Inhalt der bestehenden mietvertraglichen Bindungen ein klares Bild verschaffen können soll (BGH NJW 08, 2178; MK/Bieber § 550 Rn 2). Die Vorschrift gilt auch für die Miete v Grundstücken und anderen Räumen als Wohnräumen (§ 578 I). Die nachträgliche Vereinbarung einer Herabsetzung des Mietzinses bedarf dagegen jedenfalls dann nicht der Schriftform, wenn der Vermieter sie zumindest mit Wirkung für die Zukunft jederzeit widerrufen darf (BGHZ 163, 27). Vereinbaren die Parteien die Fortgeltung des bisherigen Mietvertrages bei Auswechselung des Mietgegenstandes, ist die Schriftform des § 550 nur gewahrt, wenn sich die wesentlichen Vertragsbedingungen, insbes auch der Mietgegenstand, aus der Urkunde ergeben (BGH NZM 12, 502). 1

II. 1. Mietverträge unterliegen auch dann nicht dem **Schriftformerfordernis** (§ 126 I), wenn sie für längere Zeit als ein Jahr geschlossen werden. Wird beim Abschluss solcher Verträge allerdings die Schriftform nicht beachtet, gelten sie als auf **unbestimmte Zeit** abgeschlossen (S 1). Dies gilt auch für Änderungen des ursprünglichen Mietvertrages, soweit sie wesentlich sind und sich auch für einen längeren Zeitraum als ein Jahr Auswirkungen entfalten sollen (Jauernig/Teichmann § 566 Rn 9). § 550 ist damit auf alle Mietverträge anwendbar, die für eine **bestimmte Zeit** v mehr als einem Jahr oder auf **unbestimmte Zeit** geschlossen sind, soweit sie nicht vor Ablauf eines Jahres gekündigt werden können. Bei bedingten Verträgen gilt die Vorschrift, wenn das maßgeb- 2 liche Ereignis nach der Vorstellung der Parteien frühestens nach einem Jahr eintreten wird (MK/Bieber § 550 Rn 6).

3   2. Der Mietvertrag kann durch **Kündigung** beendet werden, die jedoch frühestens zum Schluss des ersten Jahres nach der Überlassung des Wohnraums zulässig ist (S 2).

§ 551 Begrenzung und Anlage von Mietsicherheiten

(1) Hat der Mieter dem Vermieter für die Erfüllung seiner Pflichten Sicherheit zu leisten, so darf diese vorbehaltlich des Absatzes 3 Satz 4 höchstens das Dreifache der auf einen Monat entfallenden Miete ohne die als Pauschale oder als Vorauszahlung ausgewiesenen Betriebskosten betragen.
(2) ¹Ist als Sicherheit eine Geldsumme bereitzustellen, so ist der Mieter zu drei gleichen monatlichen Teilzahlungen berechtigt. ²Die erste Teilzahlung ist zu Beginn des Mietverhältnisses fällig. ³Die weiteren Teilzahlungen werden zusammen mit den unmittelbar folgenden Mietzahlungen fällig.
(3) ¹Der Vermieter hat eine ihm als Sicherheit überlassene Geldsumme bei einem Kreditinstitut zu dem für Spareinlagen mit dreimonatiger Kündigungsfrist üblichen Zinssatz anzulegen. ²Die Vertragsparteien können eine andere Anlageform vereinbaren. ³In beiden Fällen muss die Anlage vom Vermögen des Vermieters getrennt erfolgen und stehen die Erträge dem Mieter zu. ⁴Sie erhöhen die Sicherheit. ⁵Bei Wohnraum in einem Studenten- oder Jugendwohnheim besteht für den Vermieter keine Pflicht, die Sicherheitsleistung zu verzinsen.
(4) Eine zum Nachteil des Mieters abweichende Vereinbarung ist unwirksam.

1   I. Ziel der Vorschrift ist es, für **Wohnraummietverhältnisse** Rechtssicherheit über die zulässigen Modalitäten bei der Vereinbarung v Mietsicherheiten (idR **Kautionen**) zu schaffen. Dabei wird gleichermaßen das Sicherungsinteresse des Vermieters und das Schutzbedürfnis des Mieters berücksichtigt.

2   II. 1. a) Die Vorschrift gilt für alle Arten der **Sicherheitsleistung** (zB Bürgschaft, Barkaution). Sie ist jedoch nicht anwendbar auf Sicherheiten, die dem Vermieter zur Abwendung einer Kündigung wegen Zahlungsverzugs gewährt werden: BGH NJW 13, 1876. Ein Anspruch des Vermieters auf Leistung einer Mietsicherheit kann bei fortbestehendem Sicherungsbedürfnis auch nach der Beendigung des Mietverhältnisses fortbestehen: BGH NJW 12, 996.

3   b) Die **Höhe** der Mietsicherheit darf das Dreifache der Monatsmiete (Nettomiete ohne Nebenkosten) nicht übersteigen (Abs 1). Hierbei handelt es sich um einen Höchstbetrag, v dem nach unten abgewichen werden kann. In der Praxis legt allerdings meist der Vermieter die Sicherheit fest und verlangt dabei regelmäßig den rechtlich zulässigen Höchstbetrag.

4   c) Hat der Mieter eine Geldsumme als Sicherheit bereitzustellen, so ist er berechtigt, die Summe in drei gleichen monatlichen **Teilleistungen** zu erbringen (Abs 2 S 1). Dies soll dem Mieter, für den ein Wohnungswechsel meist mit hohen Kosten (Maklerprovision, Umzugskosten) verbunden ist, den Wechsel in eine neue Wohnung erleichtern. Die erste Rate ist zu Beginn des Mietverhältnisses fällig.

5   2. a) Den Vermieter trifft hins einer ihm überlassenen **Barkaution** eine **Anlagepflicht** (Abs 3). Die Anlage hat grds bei einem Kreditinstitut zu dem für Spareinlagen mit dreimonatiger Kündigungsfrist üblichen Zinssatz zu erfolgen (Abs 3 S 1). Der Mieter darf die Zahlung der Kaution an den Vermieter von der Benennung eines insolvenzfesten Kontos abhängig machen: BGH NJW 11, 59, Die Parteien können aber auch eine andere Anlageform vereinbaren (Abs 3 S 2), um höhere Erträge (zB Zinsen oder Dividenden) zu erzielen. Damit gehen sie indessen auch ein Verlustrisiko ein. Insoweit ist der Mieter, der den als Sicherheit geleisteten Betrag dem Verlustrisiko aussetzt, nicht schutzwürdiger als der Vermieter, der seine Sicherheit verlieren kann. Daher haben beide Parteien das Verlustrisiko gemeinsam zu tragen, so dass der Mieter bei einem geringeren als dem erwarteten Gewinn oder einem Verlust weder die Mietsicherheit noch einen Mindestzinssatz v Vermieter zurückverlangen kann. Unabhängig v der Form der

Anlage hat der Vermieter das Geld getrennt v seinem Vermögen anzulegen (Abs 3 S 3). Gläubiger des Vermieters sollen keinen Zugriff auf Mietsicherheiten haben. Diesem Zweck genügt ein Sammelkonto des Vermieters, so dass es nicht nötig ist, für jede Mietsicherheit ein eigenes Konto einzurichten. Die **Zinsen** und die sonstigen Erträge, die das nach Abs 3 S 1 oder 2 angelegte Kapital abwirft, erhöhen die Sicherheit und stehen daher in vollem Umfang dem Mieter zu (Abs 3 S 4). v der Verzinsungspflicht (nicht der Anlagepflicht, vgl Palandt/Weidenkaff § 551 Rn 13) sind die Vermieter v **Studenten- und Jugendwohnheimen** ausgenommen (Abs 3 S 5), um ihnen eine effektivere Anlage der Sicherheitsleistungen und dadurch eine Senkung der Miethöhe zu ermöglichen (Jauernig/Teichmann § 551 Rn 1; abl Staud/Emmerich § 551 Rn 24).

b) Der **Rückzahlungsanspruch des Mieters** wird erst nach Ablauf einer angemessenen 6 Überlegungs- und Abrechnungsfrist im Anschluss an die Beendigung des Mietverhältnisses fällig. Die Angemessenheit der Frist richtet sich nach den Umständen des Einzelfalls, die Obergrenze dürfte bei ca neun Monaten liegen (BGH WuM 06, 197). Für die Verjährung des Rückzahlungsanspruchs ist nicht § 548, sondern § 195 maßgeblich. Ist nicht ausdrückl anderes vereinbart, unterliegt die Mietkaution einem stillschweigenden Aufrechnungsverbot im Hinblick auf Forderungen, die nicht aus dem Mietverhältnis stammen: BGH NJW 12, 3300.

c) § 551 ist nicht zum Nachteil des Mieters **abdingbar** (Abs 4). 7

§ 552 Abwendung des Wegnahmerechts des Mieters

(1) Der Vermieter kann die Ausübung des Wegnahmerechts (§ 539 Abs. 2) durch Zahlung einer angemessenen Entschädigung abwenden, wenn nicht der Mieter ein berechtigtes Interesse an der Wegnahme hat.
(2) Eine Vereinbarung, durch die das Wegnahmerecht ausgeschlossen wird, ist nur wirksam, wenn ein angemessener Ausgleich vorgesehen ist.

I. Die Vorschrift enthält für die Wohnraummiete Sonderregelungen zu dem in § 539 1 geregelten **Wegnahmerecht** des Mieters.

II. 1. Bei der Wohnraummiete kann der Vermieter die Ausübung des Wegnahmerechts 2 durch Zahlung einer angemessenen Entschädigung **abwenden**, es sei denn, der Mieter hat ein berechtigtes Interesse an der Wegnahme (Abs 1). Das Interesse des Mieters an der Wegnahme der Einrichtung muss nicht wirtschaftlich begründet sein, es genügt auch ein bloßes Affektionsinteresse (Jauernig/Teichmann § 552 a Rn 2). Die **Angemessenheit** der Entschädigung beurteilt sich nach dem Zeitwert der Einrichtung abzüglich des durch die Trennung entstehenden Wertverlustes und der v Mieter ersparten Kosten der Wiederherstellung des früheren Zustandes der Mietsache (Staud/Emmerich § 552 Rn 6).

2. Ein **vertraglicher Ausschluss** des Wegnahmerechts ist bei der Wohnraummiete nur 3 gegen angemessenen Ausgleich möglich (Abs 2).

§ 553 Gestattung der Gebrauchsüberlassung an Dritte

(1) ¹Entsteht für den Mieter nach Abschluss des Mietvertrags ein berechtigtes Interesse, einen Teil des Wohnraums einem Dritten zum Gebrauch zu überlassen, so kann er von dem Vermieter die Erlaubnis hierzu verlangen. ²Dies gilt nicht, wenn in der Person des Dritten ein wichtiger Grund vorliegt, der Wohnraum übermäßig belegt würde oder dem Vermieter die Überlassung aus sonstigen Gründen nicht zugemutet werden kann.
(2) Ist dem Vermieter die Überlassung nur bei einer angemessenen Erhöhung der Miete zuzumuten, so kann er die Erlaubnis davon abhängig machen, dass der Mieter sich mit einer solchen Erhöhung einverstanden erklärt.
(3) Eine zum Nachteil des Mieters abweichende Vereinbarung ist unwirksam.

I. Die Vorschrift **präzisiert** für die Wohnraummiete die in § 540 allg geregelten **Rechte** 1 **und Pflichten** der Vertragspartner hins einer Gebrauchsüberlassung an Dritte.

2 II. 1. Abw v § 540 hat der Mieter bei der **Wohnraummiete** bei einem **nach** Abschluss des Mietvertrages entstandenen berechtigten Interesse an einer Untervermietung v Teilen der Wohnung einen **Anspruch** auf Erteilung der Erlaubnis (Abs 1 S 1), wenn nicht einer der in Abs 1 S 2 genannten Ausschlussgründe vorliegt. Der Vermieter kann unter den Voraussetzungen v Abs 2 seine Erlaubniserteilung v Einverständnis des Mieters mit einer angemessenen **Erhöhung der Miete** abhängig machen. Für die Aufnahme v Ehepartnern, eingetragenen Lebenspartnern, nahen **Familienangehörigen, nichtehelichen** (hetero- wie homosexuelle) Lebenspartnern oder **Hausbediensteten** in die Mietwohnung ist die Erlaubnis des Vermieters jedoch nicht erforderlich. Erfolgt die Aufnahme nicht nur vorübergehend, ist sie aber dem Vermieter anzuzeigen. Der Anspruch des Mieters auf Erteilung der Erlaubnis zur Untervermietung setzt nicht voraus, dass er in der Wohnung seinen Lebensmittelpunkt hat (BGH NJW 06, 1200). Aus § 553 ergibt sich aber auch kein Anspruch des Mieters auf Erteilung einer generellen, nicht personenbezogenen Untermieterlaubnis (BGH Grundeigentum 12, 825).

3 2. Die Vorschrift ist nicht zum Nachteil des Mieters **abdingbar** (Abs 3).

§ 554 (aufgehoben)

§ 554 a Barrierefreiheit

(1) [1]Der Mieter kann vom Vermieter die Zustimmung zu baulichen Veränderungen oder sonstigen Einrichtungen verlangen, die für eine behindertengerechte Nutzung der Mietsache oder den Zugang zu ihr erforderlich sind, wenn er ein berechtigtes Interesse daran hat. [2]Der Vermieter kann seine Zustimmung verweigern, wenn sein Interesse an der unveränderten Erhaltung der Mietsache oder des Gebäudes das Interesse des Mieters an einer behindertengerechten Nutzung der Mietsache überwiegt. [3]Dabei sind auch die berechtigten Interessen anderer Mieter in dem Gebäude zu berücksichtigen.

(2) [1]Der Vermieter kann seine Zustimmung von der Leistung einer angemessenen zusätzlichen Sicherheit für die Wiederherstellung des ursprünglichen Zustandes abhängig machen. [2]§ 551 Abs. 3 und 4 gilt entsprechend.

(3) Eine zum Nachteil des Mieters von Absatz 1 abweichende Vereinbarung ist unwirksam.

1 I. Die Vorschrift eröffnet mit der Regelung der Barrierefreiheit für behinderte Mieter oder behinderte Angehörige des Haushalts eines nicht behinderten Mieters die Möglichkeit, im Bedarfsfall die Wohnung **behindertengerecht umbauen** zu können. Der Mieter kann bei Vorliegen eines berechtigten Interesses v Vermieter die Zustimmung zu entsprechenden **baulichen Veränderungen** verlangen (Abs 1 S 1). Der Vermieter kann die Zustimmung nur dann verweigern, wenn sein Interesse oder das Interesse anderer Mieter an der unveränderten Erhaltung der Wohnung dasjenige des behinderten Mieters überwiegen (Abs 1 S 2 u 3). Damit wird die Rechtsstellung behinderter Mieter entscheidend gestärkt. Zum Ausgleich kann der Vermieter eine zusätzliche Sicherheit für die voraussichtlichen **Kosten des Rückbaus** verlangen (Abs 2).

2 II. 1. Der Anspruch des Mieters auf Zustimmung des Vermieters zur Vornahme behindertengerechter Umbauten nach Abs 1 S 1 setzt voraus, dass der **Mieter ein berechtigtes Interesse** an einer behindertengerechten Nutzung der gemieteten Wohnräume hat.

3 a) Dabei ist der **Begriff der Behinderung** nicht iSd Sozialrechts zu verstehen. Es reicht vielmehr jede erhebliche bzw dauerhafte Einschränkung der Bewegungsfähigkeit aus. Dabei ist unerheblich, ob diese Behinderung bereits bei Abschluss des Mietvertrages bestand oder erst später entsteht. Den Anspruch auf Zustimmung haben daher auch alte Mieter, die durch einen altersgerechten Umbau ihrer Mietwohnung den sonst notwendigen Umzug ins Alters- und Pflegeheim vermeiden wollen.

4 b) Durch § 554 a wird nicht nur der **behinderte Mieter** selbst geschützt, sondern jede in ihrer Bewegungsfähigkeit eingeschränkte Person, die der Mieter berechtigterweise in seine Wohnung aufgenommen hat (behinderte Familienangehörige, Lebenspartner und sonstige Angehörige des Haushalts des Mieters). Dabei kommt es nicht darauf an, ob

(4) Die Absätze 1 bis 3 gelten nicht für Modernisierungsmaßnahmen, die nur mit einer unerheblichen Einwirkung auf die Mietsache verbunden sind und nur zu einer unerheblichen Mieterhöhung führen.
(5) Eine zum Nachteil des Mieters abweichende Vereinbarung ist unwirksam.

§ 555 d Duldung von Modernisierungsmaßnahmen, Ausschlussfrist

(1) Der Mieter hat eine Modernisierungsmaßnahme zu dulden.
(2) ¹Eine Duldungspflicht nach Absatz 1 besteht nicht, wenn die Modernisierungsmaßnahme für den Mieter, seine Familie oder einen Angehörigen seines Haushalts eine Härte bedeuten würde, die auch unter Würdigung der berechtigten Interessen sowohl des Vermieters als auch anderer Mieter in dem Gebäude sowie von Belangen der Energieeinsparung und des Klimaschutzes nicht zu rechtfertigen ist. ²Die zu erwartende Mieterhöhung sowie die voraussichtlichen künftigen Betriebskosten bleiben bei der Abwägung im Rahmen der Duldungspflicht außer Betracht; sie sind nur nach § 559 Absatz 4 und 5 bei einer Mieterhöhung zu berücksichtigen.
(3) ¹Der Mieter hat dem Vermieter Umstände, die eine Härte im Hinblick auf die Duldung oder die Mieterhöhung begründen, bis zum Ablauf des Monats, der auf den Zugang der Modernisierungsankündigung folgt, in Textform mitzuteilen. ²Der Lauf der Frist beginnt nur, wenn die Modernisierungsankündigung den Vorschriften des § 555 c entspricht.
(4) ¹Nach Ablauf der Frist sind Umstände, die eine Härte im Hinblick auf die Duldung oder die Mieterhöhung begründen, noch zu berücksichtigen, wenn der Mieter ohne Verschulden an der Einhaltung der Frist gehindert war und er dem Vermieter die Umstände sowie die Gründe der Verzögerung unverzüglich in Textform mitteilt. ²Umstände, die eine Härte im Hinblick auf die Mieterhöhung begründen, sind nur zu berücksichtigen, wenn sie spätestens bis zum Beginn der Modernisierungsmaßnahme mitgeteilt werden.
(5) ¹Hat der Vermieter in der Modernisierungsankündigung nicht auf die Form und die Frist des Härteeinwands hingewiesen (§ 555 c Absatz 2), so bedarf die Mitteilung des Mieters nach Absatz 3 Satz 1 nicht der dort bestimmten Form und Frist. ²Absatz 4 Satz 2 gilt entsprechend.
(6) § 555 a Absatz 3 gilt entsprechend.
(7) Eine zum Nachteil des Mieters abweichende Vereinbarung ist unwirksam.

§ 555 e Sonderkündigungsrecht des Mieters bei Modernisierungsmaßnahmen

(1) ¹Nach Zugang der Modernisierungsankündigung kann der Mieter das Mietverhältnis außerordentlich zum Ablauf des übernächsten Monats kündigen. ²Die Kündigung muss bis zum Ablauf des Monats erfolgen, der auf den Zugang der Modernisierungsankündigung folgt.
(2) § 555 c Absatz 4 gilt entsprechend.
(3) Eine zum Nachteil des Mieters abweichende Vereinbarung ist unwirksam.

§ 555 f Vereinbarungen über Erhaltungs- oder Modernisierungsmaßnahmen

Die Vertragsparteien können nach Abschluss des Mietvertrags aus Anlass von Erhaltungs- oder Modernisierungsmaßnahmen Vereinbarungen treffen, insbesondere über die
1. zeitliche und technische Durchführung der Maßnahmen,
2. Gewährleistungsrechte und Aufwendungsersatzansprüche des Mieters,
3. künftige Höhe der Miete.

§§ 555 a – 555 f

1 I. Die §§ 555 a–f wurden durch das MietRÄndG v 11.3.13 (BGBl I, 434) ins BGB eingefügt (in Kraft getreten zum 1.5.13). Ziel der Reform war es, **energiesparende und klimafreundliche Modernisierungen** zu erleichtern. Zudem sollten Klimaschutz und Energiewende unterstützt werden. Die Regelungen zur energetischen Modernisierung sollen alle Maßnahmen erfassen, die letztlich dazu beitragen in Bezug auf die Mietsache Energie einzusparen (§ 555 b), zB durch den Einsatz von Solartechnik.

2 II. Um Modernisierungen der Mietsache zu ermöglichen, wird eine umfassende **Duldungspflicht** des Mieters festgelegt (§§ 555 a, 555 d). Umgekehrt ist der Vermieter verpflichtet, dem Mieter die Modernisierungsmaßnahmen und die in der Folge zu erwartenden Mieterhöhungen spätestens drei Monate vor ihrem Beginn in Textform anzukündigen (§ 555 c). Dem Mieter steht dann ein **Sonderkündigungsrecht** zum Ablauf des übernächsten Monats zu (§ 555 e).

Kapitel 2
Die Miete

Unterkapitel 1
Vereinbarungen über die Miete

§ 556 Vereinbarungen über Betriebskosten

(1) ¹Die Vertragsparteien können vereinbaren, dass der Mieter Betriebskosten trägt. ²Betriebskosten sind die Kosten, die dem Eigentümer oder Erbbauberechtigten durch das Eigentum oder das Erbbaurecht am Grundstück oder durch den bestimmungsmäßigen Gebrauch des Gebäudes, der Nebengebäude, Anlagen, Einrichtungen und des Grundstücks laufend entstehen. ³Für die Aufstellung der Betriebskosten gilt die Betriebskostenverordnung vom 25. November 2003 (BGBl. I S. 2346, 2347) fort. ⁴Die Bundesregierung wird ermächtigt, durch Rechtsverordnung ohne Zustimmung des Bundesrates Vorschriften über die Aufstellung der Betriebskosten zu erlassen.

(2) ¹Die Vertragsparteien können vorbehaltlich anderweitiger Vorschriften vereinbaren, dass Betriebskosten als Pauschale oder als Vorauszahlung ausgewiesen werden. ²Vorauszahlungen für Betriebskosten dürfen nur in angemessener Höhe vereinbart werden.

(3) ¹Über die Vorauszahlungen für Betriebskosten ist jährlich abzurechnen; dabei ist der Grundsatz der Wirtschaftlichkeit zu beachten. ²Die Abrechnung ist dem Mieter spätestens bis zum Ablauf des zwölften Monats nach Ende des Abrechnungszeitraums mitzuteilen. ³Nach Ablauf dieser Frist ist die Geltendmachung einer Nachforderung durch den Vermieter ausgeschlossen, es sei denn, der Vermieter hat die verspätete Geltendmachung nicht zu vertreten. ⁴Der Vermieter ist zu Teilabrechnungen nicht verpflichtet. ⁵Einwendungen gegen die Abrechnung hat der Mieter dem Vermieter spätestens bis zum Ablauf des zwölften Monats nach Zugang der Abrechnung mitzuteilen. ⁶Nach Ablauf dieser Frist kann der Mieter Einwendungen nicht mehr geltend machen, es sei denn, der Mieter hat die verspätete Geltendmachung nicht zu vertreten.

(4) Eine zum Nachteil des Mieters von Absatz 1, Absatz 2 Satz 2 oder Absatz 3 abweichende Vereinbarung ist unwirksam.

1 I. Die Vorschrift betrifft Vereinbarungen der Vertragsparteien über Betriebskosten für vermieteten Wohnraum. Sie setzt damit voraus, dass sich die Miete grds aus den Elementen **Grundmiete** und **Betriebskosten** zusammensetzt. Die Grundmiete ist die Gegenleistung des Mieters für die Überlassung des vermieteten Wohnraums an sich, während die Betriebskosten die Gegenleistung für sonstige Nebenleistungen des Vermieters darstellen. Abs 1 stellt in Konkretisierung zu § 535 I 3 klar, dass die Parteien vereinbaren können, dass die Betriebskosten gesondert abzugelten und damit v Mieter zu tragen sind. **Abs 2** regelt die Möglichkeit und die Grenzen der Vereinbarung v Betriebskostenvorauszahlungen, während **Abs 3** deren Abrechnung betrifft.

II. 1. Nach Abs 1 können die Parteien des Mietvertrages vereinbaren, dass der Mieter die Betriebskosten trägt. Treffen sie keine derartige Vereinbarung, so sind die Betriebskosten durch die vereinbarte Miete abgegolten (vgl § 535 I 3). Zur Pflicht des dinglich Wohnungsberechtigten zur Zahlung von Vorauszahlungen auf die Betriebskosten ohne entsprechende Vereinbarung: BGH NJW-RR 10, 1311. **Betriebskosten** iSd Abs 1 sind nur die in § 27 der Zweiten Berechnungsverordnung (BV 2; BGBl 1990 A, 2178) iVm Anlage 3 zu § 27 BV 2 abschließend aufgezählten Kosten. Betriebskosten sind danach die Kosten, die dem Eigentümer bzw Erbbauberechtigten durch das Eigentum am Grundstück bzw Erbbaurecht oder durch den bestimmungsmäßigen Gebrauch des Gebäudes oder der Wirtschaftseinheit laufend entstehen. Dazu gehören nach Anlage 3 zu § 27 BV 2 die laufenden öffentlichen Lasten des Grundstücks wie insb die Grundsteuer (Nr 1), die Kosten der Wasserversorgung (Nr 2) und Entwässerung (Nr 3), die Heizkosten (Nr 4), die Kosten einer zentralen Warmwasserversorgungsanlage (Nr 5) oder der gemeinsamen Herstellung und Lieferung v Heizung und Warmwasser (Nr 6), die Kosten für Personen- und Lastenaufzüge (Nr 7), die Straßenreinigungs- und Müllabfuhrkosten (Nr 8), die Kosten der Hausreinigung und Ungezieferbekämpfung (Nr 9), der Gartenpflege (Nr 10), Beleuchtung (Nr 11) und Schornsteinreinigung (Nr 12), die Kosten der Sach- und Haftpflichtversicherung des Gebäudes (Nr 13), Hauswartskosten (Nr 14), die Kosten für den Betrieb einer Gemeinschafts-Antennenanlage und einer mit einem Breitbandkabelnetz verbundenen privaten Verteilanlage (Nr 15), die Kosten des Betriebs einer Waschmaschine (Nr 16) und sonstige mit der Bewirtschaftung unmittelbar zusammenhängende Kosten (Nr 17) wie zB Wartungskosten für Feuerlöscher oder Kosten des Betriebs eines Schwimmbades. Andere Kosten wie insb allgemeine Verwaltungskosten sind keine Betriebskosten und können nicht auf den Mieter umgelegt werden (zur Umlagefähigkeit dieser Kosten bei der Gewerberaummiete: BGHZ 183, 299). Zur Umlagefähigkeit wiederkehrender Kosten für die Betriebssicherheit einer technischen Anlage: BGH NJW 07, 1356; zur Umlage der Grundsteuer: BGH NJW-RR 13, 785. Den Vermieter trifft die vertragliche Nebenpflicht, bei Maßnahmen, die Einfluss auf die Höhe der v Mieter zu tragenden Betriebskosten haben, auf ein angemessenes Kosten-Nutzen-Verhältnis zu achten (Wirtschaftlichkeitsgebot): BGH NJW 08, 440; zu Fragen der Wirtschaftlichkeit beim Wärmecontracting: BGH ZMR 07, 768, WuM 13, 540.

2. Die Parteien haben die Möglichkeit, zur gesonderten Abgeltung der Betriebskosten eine **Pauschale** oder eine **Vorauszahlung** zu vereinbaren (Abs 2 S 1). Um eine Pauschale handelt es sich, wenn im Mietvertrag für die Betriebskosten ein Betrag ausgewiesen wird, den der Mieter unabhängig v den tatsächlich angefallenen Kosten zu zahlen hat. Bei einer Vorauszahlung erfolgt dag eine spätere Abrechnung über die Betriebskosten, doch zahlt der Mieter hierauf einen bestimmten Betrag – meist monatlich – im Voraus. Der Unterschied zwischen beiden Abgeltungsarten besteht also darin, dass bei der Pauschale keine spätere Abrechnung der Betriebskosten erfolgt, während diese bei der Vorauszahlung noch vorgenommen wird (zur Abgrenzung: BGH NJW 08, 1302). Die Vereinbarung einer Bruttowarmmiete ist wegen § 2 HeizkV nur in Gebäuden mit nicht mehr als zwei Wohnungen zulässig, v denen eine der Vermieter selbst bewohnt (BGH NJW-RR 06, 1305). **Betriebskostenvorauszahlungen** dürfen nur in **angemessener Höhe** vereinbart werden (Abs 2 S 2). Dies setzt voraus, dass sie an den tatsächlich zu erwartenden Betriebskosten ausgerichtet werden. In der Praxis wird dazu v den Erfahrungswerten der vergangenen Jahre ausgegangen, die wegen möglicher Kostensteigerungen etwas überschritten werden dürfen. Zu den Wirksamkeitsvoraussetzungen einer Betriebskostenvereinbarung: BGH NJW-RR 12, 1034.

3. Der Vermieter muss über die Vorauszahlungen **jährlich abrechnen** (Abs 3 S 1). Dabei genügt es, wenn die Abrechnung der Betriebskosten nur einem von mehreren Mietern gegenüber erfolgt und lediglich dieser auf Nachzahlungen in Anspruch genommen wird: BGH NJW 10, 1965. Die Abrechnung muss bei den verbrauchsabhängigen Betriebskosten den tatsächlichen Verbrauch richtig ermitteln. Zur Zulässigkeit der Zusammenfassung mehrerer Gebäude zu einer Abrechnungseinheit: BGH NJW 10, 3229; NJW 11, 368; Grundeigentum 12, 824, GuT 12, 163; zur Relevanz falscher Flächenangaben: BGH NJW 10, 3228; NJW-RR 11, 90; zur Abrechnung nach dem Abflussprinzip: BGH NJW 12, 1141. Erfolgt die Abrechnung vertragswidrig nach Wohnfläche statt nach Verbrauch, kann sich daraus ein Recht des Mieters zur Kürzung des zu zahlenden Betrags um 15 % analog § 12 HeizkostenV ergeben: BGH WuM 12, 316. Die Abrechnung ist spätestens zwölf Monate nach dem Ende der Abrechnungsperiode fällig (Abs 3 S 2). Maßgebend für die Fristwahrung ist nicht der Zeitpunkt der Absendung der Abrechnung durch den Vermieter, sondern derjenige des Zugangs beim Mieter. Diese Frist ist auf die Gewerberaummiete nicht übertragbar: BGHZ 184, 117; zu den dort geltenden Fristen: BGH NJW 11, 445, Lässt der Vermieter dem Mieter die Abrechnung v der Post zustellen, wird diese insofern als sein Erfüllungsgehilfe tätig, der Vermieter hat daher ein Verschulden der Post nach § 278 auch dann zu vertreten, wenn auf dem Postweg auf dem Postweg für ihn unerwartete, nicht vorhersehbare Verzögerungen oder Postverluste auftreten (BGH NZM 09, 274). Zur Zumutbarkeit der Einsichtnahme in die Belege der Betriebskostenabrechnung beim Vermieter: BGH WuM 10, 296; NJW 10, 2288. Besteht ein Wärmelieferungsvertrag mit einem Contractor, muss der Vermieter dem Mieter hingegen nicht die Rechnung vorlegen, die diesem von seinem Vorlieferanten gestellt wurde: BGH NJW 13, 3234. Rechnet der Vermieter nicht fristgerecht ab, kann der Mieter auf Vorlage einer ordnungsgemäßen Abrechnung klagen. Nach Fälligkeit der Abrechnung kann der Vermieter weder rückständige Vorauszahlungen für den betr Abrechnungszeitraum verlangen noch **Nachzahlungsansprüche** wegen eines tatsächlich höheren Verbrauchs geltend machen; etwas anderes gilt nur dann, wenn er die verspätete Geltendmachung der Nachzahlung nicht zu vertreten hat (Abs 3 S 3; zur Frage des Verschuldens der Nichteinhaltung der Jahresfrist: BGH NJW 06, 3350; zu den Voraussetzungen der Verwirkung eines Nachforderungsanspruchs: BGH NJW-RR 12, 1227). Zu den Voraussetzungen von Ansprüchen des Mieters auf Rückzahlung der geleisteten Abschlagszahlungen wegen der unterlassenen Betriebskostenabrechnung: BGH NJW-RR 10, 1598; wegen fehlender Vorlage der Belege: BGH NZM 10, 857. Bei verspäteter Auszahlung eines Betriebskostenguthabens des Gewerbemieters wegen einer verspäteten Abrechnung des Vermieters steht dem Mieter kein Anspruch auf Verzugszinsen (analog) § 288 zu (BGHZ 196, 1). Der Vermieter ist nicht zu **Teilabrechnungen** verpflichtet, zB wenn bereits einige seiner Versorgungsunternehmen mit ihm abgerechnet haben (Abs 3 S 4). Zu den notwendigen Formalien und dem erforderlichen Inhalt der Betriebskostenabrechnung vgl BGH NJW 10, 3363; WuM 12, 405; WuM 13, 305; NJW 12, 1502; zur Unwirksamkeit der Abrechnung wegen Unverständlichkeit des Verteilerschlüssels: BGH NJW 08, 2258. Zum Umfang des Anspruchs des Mieters auf Rückzahlung von Betriebskostenvorauszahlungen bei Beendigung des Mietverhältnisses: BGH NJW 12, 3508.

5 **4.** Der Mieter hat **Einwendungen gegen die Abrechnung** ebenfalls spätestens zwölf Monate nach Zugang der Abrechnung geltend zu machen (Abs 3 S 5; vgl auch BGH MDR 11, 287). Danach ist er mit seinen Einwendungen grds ausgeschlossen, es sei denn, dass er die verspätete Geltendmachung der Einwendungen nicht zu vertreten hat (Abs 3 S 6). Dies gilt auch dann, wenn der Mieter bereits gegen eine frühere Abrechnung gleiche Einwände (zB fehlende Umlagefähigkeit der Grundsteuer) erhoben hat: BGH NJW 10, 2275. Die Ausschlussfrist gilt auch für den Einwand, dass es an einer vertraglichen Vereinbarung über die Umlage bestimmter Kosten fehlt: BGH NJW 08, 283; NJW 08, 1521. Ebenso kann die vorbehaltlose Bezahlung der Betriebskosten Rückforderungen des Mieters ausschließen: BGH MDR 11, 214; NJW 13, 2885. Der Zugang einer den formellen Anforderungen nicht genügenden Betriebskostenabrechnung setzt die Frist des Abs 3 S 5 daß nicht in Gang: BGH WuM 11, 101.

6 **III.** Abs 4 erklärt die Regelungen über die Angemessenheit v Betriebskostenvorauszahlungen und über die jährliche Abrechnungsperiode für zum Nachteil des Mieters **unabdingbar**. Daß können die Parteien abweichende Reglungen über die Abrechnungs- und Ausschlussfrist treffen.

§ 556 a Abrechnungsmaßstab für Betriebskosten

(1) ¹Haben die Vertragsparteien nichts anderes vereinbart, sind die Betriebskosten vorbehaltlich anderweitiger Vorschriften nach dem Anteil der Wohnfläche umzulegen. ²Betriebskosten, die von einem erfassten Verbrauch oder einer erfassten Verursachung durch die Mieter abhängen, sind nach einem Maßstab umzulegen, der dem unterschiedlichen Verbrauch oder der unterschiedlichen Verursachung Rechnung trägt.

(2) ¹Haben die Vertragsparteien etwas anderes vereinbart, kann der Vermieter durch Erklärung in Textform bestimmen, dass die Betriebskosten zukünftig abweichend von der getroffenen Vereinbarung ganz oder teilweise nach einem Maßstab umgelegt werden dürfen, der dem erfassten unterschiedlichen Verbrauch oder der erfassten unterschiedlichen Verursachung Rechnung trägt. ²Die Erklärung ist nur vor Beginn eines Abrechnungszeitraums zulässig. ³Sind die Kosten bislang in der Miete enthalten, so ist diese entsprechend herabzusetzen.

(3) Eine zum Nachteil des Mieters von Absatz 2 abweichende Vereinbarung ist unwirksam.

I. Die Vorschrift regelt in Abs 1 den **Umlagemaßstab** für die Betriebskosten bei fehlender vertraglicher Vereinbarung und in Abs 2 die Möglichkeit des Vermieters, eine **verbrauchsabhängige Abrechnung** aller verbrauchs- und verursachungsabhängig erfassten Betriebskosten einzuführen. 1

II. 1. Mangels vertraglicher Vereinbarung eines Abrechnungsmaßstabes ist eine Umlage 2 entweder nach dem Flächenmaßstab oder nach der Personenzahl denkbar. Nach Abs 1 S 1 gilt grds der **Flächenmaßstab**, da die Abrechnung nach diesem wesentlich praktikabler ist. Führt diese Abrechnung im Einzelfall zu einer groben Unbilligkeit, so kann der Mieter einen Anspruch auf Umstellung des Abrechnungsmaßstabes aus § 242 herleiten. Bloße Zweifel des Mieters an der Billigkeit des Maßstabs genügen jedoch nicht, um eine Änderung des Umlageschlüssels zu rechtfertigen (BGH NJW 08, 1876). Dag sollen alle verbrauchs- und verursachungsabhängig erfassten Betriebskosten nach **Verbrauch oder Verursachung** abgerechnet werden (Abs 1 S 2). Dieser Maßstab geht demjenigen des Abs 1 S 1 vor. Der Vermieter muss also verbrauchsabhängig abrechnen, wenn er den Verbrauch erfasst. Dag hat der Mieter keinen Anspruch auf den Einbau v Geräten zur Erfassung des Verbrauchs (ein solcher kann sich aber aus den LBOen ergeben). Ist eine Abrechnung nach Personen vereinbart, kann bei Leerstand einzelner Wohnungen das Ansetzen fiktiver Personen geboten sein, um eine Beteiligung des Vermieters an den Leerstandskosten zu erreichen (BGH NJW-RR 13, 718).

2. Zur Schaffung v mehr Abrechnungsgerechtigkeit und zur Förderung des sparsamen 3 und kostenbewussten Umgangs mit Energie erleichtert **Abs 2** die Möglichkeiten des Vermieters, durch einseitige Erklärung in Textform (§ 126 b) eine verbrauchsabhängige Abrechnung aller verbrauchs- und verursachungsabhängig erfassten Betriebskosten einzuführen (S 1). Dies gilt nicht nur dann, wenn die Parteien einen anderen Abrechnungsmaßstab vereinbart haben, sondern auch dann, wenn sie bislang gar keine oder eine nur zT gesonderte Umlage vereinbart haben. Die Erklärung ist nur bis zum Beginn des jeweiligen Abrechnungszeitraums zulässig (Abs 2 S 2). Waren die Betriebskosten bislang ganz oder zT in der Miete enthalten, so ist diese nunmehr entspr herabzusetzen (Abs 2 S 3). Zu den Anforderungen an die Verbrauchserfassung: BGH NJW 11, 598.

III. Die Regelung des Abs 2 ist nicht zum Nachteil des Mieters **abdingbar** (Abs 3). 4

§ 556 b Fälligkeit der Miete, Aufrechnungs- und Zurückbehaltungsrecht

(1) Die Miete ist zu Beginn, spätestens bis zum dritten Werktag der einzelnen Zeitabschnitte zu entrichten, nach denen sie bemessen ist.

(2) ¹Der Mieter kann entgegen einer vertraglichen Bestimmung gegen eine Mietforderung mit einer Forderung auf Grund der §§ 536 a, 539 oder aus ungerechtfertigter Bereicherung wegen zu viel gezahlter Miete aufrechnen oder wegen einer solchen Forderung ein Zurückbehaltungsrecht ausüben, wenn er seine Absicht dem Vermieter min-

destens einen Monat vor der Fälligkeit der Miete in Textform angezeigt hat. ²Eine zum Nachteil des Mieters abweichende Vereinbarung ist unwirksam.

1 I. 1. Die Vorschrift regelt die **Fälligkeit** der Wohnraummiete (Abs 1) und zieht den Möglichkeiten des Vermieters Grenzen, das **Aufrechnungsrecht** des Mieters oder die Geltendmachung eines **Zurückbehaltungsrechts** durch diesen vertraglich auszuschließen oder einzuschränken (Abs 2).

2 2. Die Miete für **Wohnraum und andere Räume** ist **im Voraus**, also zu Beginn der Mietzeit bzw bei einer nach Zeitabschnitten bemessenen Miete zu Beginn des jeweiligen Zeitabschnitts zu entrichten (Abs 1, § 579 II). Dabei reicht es aus, wenn der Mieter die Miete bis zum dritten Werktag des jeweiligen Zeitabschnittes entrichtet. Die Vorschrift ist nicht zwingend, die Parteien können also eine abweichende Fälligkeitsregel vereinbaren. Die Miete für **Grundstücke, Schiffe und bewegliche Sachen** ist dag im **Nachhinein** fällig, dh sie ist nach Ablauf der Mietzeit bzw bei einer nach Zeitabschnitten bemessenen Miete nach Ablauf des jeweiligen Zeitabschnitts zu entrichten (§ 579 I 1 u 2).

3 3. Grds ist bei Mietverhältnissen die Vereinbarung v Aufrechnungsverboten (§§ 390 ff) und Einschränkungen des Zurückbehaltungsrechts (§§ 273 f, 320) zulasten des Mieters zulässig (Jauernig/Teichmann § 556 b Rn 1) und praktisch auch weit verbreitet. Für die **Wohnraummiete** schränkt Abs 2 diese Möglichkeit jedoch zugunsten eines **angemessenen Interessenausgleichs** zwischen Vermieter- und Mieterinteressen ein.

4 II. Auch individualvertragliche Ausschlüsse oder Beschränkungen des Aufrechnungs- und Zurückbehaltungsrechts des Wohnraummieters wegen Schadensersatzansprüchen aus § 536 a I, Aufwendungsersatzansprüchen aus § 536 a II oder § 539 sowie Bereicherungsansprüchen wegen zu viel gezahlter Miete sind unwirksam (MK/Artz § 556 b Rn 3; zur Unwirksamkeit solcher Ausschlussklauseln in Formularmietverträgen vgl bereits § 309 Nr 2 u 3). Eine entspr Vereinbarung zwischen den Mietparteien führt vielmehr lediglich dazu, dass der Mieter verpflichtet wird, die v ihm beabsichtigte Ausübung dieser Rechte einen Monat vor Fälligkeit der Miete dem Vermieter **schriftlich anzuzeigen** (Abs 2 Halbs 2).

5 III. Die Vorschrift ist nicht zum Nachteil des Mieters **abdingbar** (Abs 1).

§ 556 c Kosten der Wärmelieferung als Betriebskosten, Verordnungsermächtigung

(1) ¹Hat der Mieter die Betriebskosten für Wärme oder Warmwasser zu tragen und stellt der Vermieter die Versorgung von der Eigenversorgung auf die eigenständig gewerbliche Lieferung durch einen Wärmelieferanten (Wärmelieferung) um, so hat der Mieter die Kosten der Wärmelieferung als Betriebskosten zu tragen, wenn
1. die Wärme mit verbesserter Effizienz entweder aus einer vom Wärmelieferanten errichteten neuen Anlage oder aus einem Wärmenetz geliefert wird und
2. die Kosten der Wärmelieferung die Betriebskosten für die bisherige Eigenversorgung mit Wärme oder Warmwasser nicht übersteigen.
²Beträgt der Jahresnutzungsgrad der bestehenden Anlage vor der Umstellung mindestens 80 Prozent, kann sich der Wärmelieferant anstelle der Maßnahmen nach Nummer 1 auf die Verbesserung der Betriebsführung der Anlage beschränken.
(2) Der Vermieter hat die Umstellung spätestens drei Monate zuvor in Textform anzukündigen (Umstellungsankündigung).
(3) ¹Die Bundesregierung wird ermächtigt, durch Rechtsverordnung ohne Zustimmung des Bundesrates Vorschriften für Wärmelieferverträge, die bei einer Umstellung nach Absatz 1 geschlossen werden, sowie für die Anforderungen nach den Absätzen 1 und 2 zu erlassen. ²Hierbei sind die Belange von Vermietern, Mietern und Wärmelieferanten angemessen zu berücksichtigen.
(4) Eine zum Nachteil des Mieters abweichende Vereinbarung ist unwirksam.

1 I. Die Vorschrift dient der Förderung der Umstellung der Wärmelieferung auf ein darauf spezialisiertes Unternehmen (sog **Contracting**). Diese Maßnahme dient der Ener-

gieeinsparung und kann einen Beitrag zu Klimaschutz und Ressourcenschonung leisten.

II. § 556 c regelt, unter welchen Voraussetzungen der Vermieter die Kosten der Wärmelieferung als **Betriebskosten** auf den Mieter umlegen kann. Wichtigste Voraussetzung ist dabei, dass die Umstellung für den Mieter kostenneutral ist (Abs 1 Nr 2). Darüber hinaus muss der Vermieter die Umstellung drei Monate zuvor in Textform ankündigen (Abs 2). 2

Unterkapitel 2
Regelungen über die Miethöhe

§ 557 Mieterhöhungen nach Vereinbarung oder Gesetz

(1) Während des Mietverhältnisses können die Parteien eine Erhöhung der Miete vereinbaren.
(2) Künftige Änderungen der Miethöhe können die Vertragsparteien als Staffelmiete nach § 557 a oder als Indexmiete nach § 557 b vereinbaren.
(3) Im Übrigen kann der Vermieter Mieterhöhungen nur nach Maßgabe der §§ 558 bis 560 verlangen, soweit nicht eine Erhöhung durch Vereinbarung ausgeschlossen ist oder sich der Ausschluss aus den Umständen ergibt.
(4) Eine zum Nachteil des Mieters abweichende Vereinbarung ist unwirksam.

I. Die Vorschrift, die das Unterkapitel 2 über die Miethöhe einleitet, fasst die Möglichkeiten, die Miete zu erhöhen, zusammen. Dabei betreffen die Abs 1 u 2 die Mieterhöhungen durch **Parteivereinbarung**, während Abs 3 den Anspruch des Vermieters auf Mieterhöhung iR des **Vergleichsmietensystems** enthält. 1

II. 1. Die Parteien können während des laufenden Mietverhältnisses **freiwillige Vereinbarungen** über dauerhafte Mieterhöhungen um einen bestimmten Betrag treffen (Abs 1). Bei einer solchen Vereinbarung handelt es sich um eine **Vertragsänderung**. 2

2. Die Parteien können künftige Änderungen der Miethöhe durch Vereinbarung einer kontinuierlichen Mietsteigerung in Gestalt einer gestaffelten Miete (**Staffelmiete**, § 557 a) oder einer **Indexmiete** (§ 557 b) regeln (Abs 2). Dies kann sowohl vor als auch nach Beginn des Mietverhältnisses erfolgen. 3

3. Haben die Parteien keine anderweitige Vereinbarung getroffen, so hat der Vermieter unter den Voraussetzungen der §§ 558–560 einen Anspruch auf Mieterhöhung bis zur **ortsüblichen Vergleichsmiete** (Abs 3 Halbs 1). Dies gilt nicht, wenn eine Erhöhung durch Vereinbarung ausgeschlossen ist oder der Ausschluss sich aus den Umständen des Einzelfalls ergibt (Abs 3 Halbs 2). 4

III. Die Vorschrift ist nicht zum Nachteil des Mieters **abdingbar** (Abs 4). 5

§ 557 a Staffelmiete

(1) Die Miete kann für bestimmte Zeiträume in unterschiedlicher Höhe schriftlich vereinbart werden; in der Vereinbarung ist die jeweilige Miete oder die jeweilige Erhöhung in einem Geldbetrag auszuweisen (Staffelmiete).
(2) ¹Die Miete muss jeweils mindestens ein Jahr unverändert bleiben. ²Während der Laufzeit einer Staffelmiete ist eine Erhöhung nach den §§ 558 bis 559 b ausgeschlossen.
(3) ¹Das Kündigungsrecht des Mieters kann für höchstens vier Jahre seit Abschluss der Staffelmietvereinbarung ausgeschlossen werden. ²Die Kündigung ist frühestens zum Ablauf dieses Zeitraums zulässig.
(4) Eine zum Nachteil des Mieters abweichende Vereinbarung ist unwirksam.

I. Die Vorschrift regelt die Vereinbarung einer Staffelmiete. Abs 1 enthält die **Begriffsbestimmung** der Staffelmiete und die **Voraussetzungen** ihrer Vereinbarung, Abs 2 re- 1 gelt den **Zeitraum** der jeweiligen Mieterhöhung und den **Ausschluss anderweitiger Mieterhöhungen**, während Abs 3 das **Sonderkündigungsrecht des Mieters** enthält.

2 **II. 1. Voraussetzungen:**

3 a) Eine **Staffelmiete** liegt nach Abs 1 vor, wenn die Miete für bestimmte Zeiträume in unterschiedlicher Höhe vereinbart wird. Dabei muss in der Vereinbarung die für jeden Zeitraum insgesamt zu zahlende Miete oder die jeweilige Erhöhung betragsmäßig angegeben werden.

4 b) Die Staffelmiete kann entweder bei Neuabschluss eines Mietvertrages oder bei bestehendem Mietvertrag durch Vertragsänderung **vereinbart** werden.

5 c) Für die Vereinbarung ist die **Schriftform** (§ 126) vorgeschrieben.

6 d) Die Miete muss für jeweils min **ein Jahr** unverändert bleiben (Abs 2 S 1).

7 2. **Rechtsfolgen** der wirksamen Vereinbarung einer Staffelmiete sind:

8 a) Nach Ablauf des jeweils festgelegten Zeitraums tritt die vereinbarte **Mieterhöhung** ein.

9 b) Während der Laufzeit der Staffelmiete ist eine **Mieterhöhung** nach den §§ 558–559 b **ausgeschlossen** (Abs 2 S 2).

10 c) Das ordentliche **Kündigungsrecht des Mieters** kann höchstens für vier Jahre seit Abschluss der Staffelmietvereinbarung ausgeschlossen werden (Abs 3 S 1). Dies kann auch im Wege eines formularmäßigen, einseitig erklärten Verzichts des Mieters auf sein Kündigungsrecht wirksam erfolgen (BGH NJW 06, 1059). Ein formularmäßig vereinbarter Kündigungsverzicht des Mieters für einen längeren Zeitraum als vier Jahre ist dagegen nach § 307 I insgesamt unwirksam, dh es findet keine Reduzierung des Kündigungsverzichts auf vier Jahre statt (BGH NJW 06, 1059).

11 d) Frühestmöglicher Kündigungszeitpunkt ist der Ablauf dieses Zeitraums (Abs 3 S 2).

12 III. Die Vorschrift ist nicht zum Nachteil des Mieters **abdingbar** (Abs 4).

§ 557 b Indexmiete

(1) Die Vertragsparteien können schriftlich vereinbaren, dass die Miete durch den vom Statistischen Bundesamt ermittelten Preisindex für die Lebenshaltung aller privaten Haushalte in Deutschland bestimmt wird (Indexmiete).

(2) ¹Während der Geltung einer Indexmiete muss die Miete, von Erhöhungen nach den §§ 559 bis 560 abgesehen, jeweils mindestens ein Jahr unverändert bleiben. ²Eine Erhöhung nach § 559 kann nur verlangt werden, soweit der Vermieter bauliche Maßnahmen auf Grund von Umständen durchgeführt hat, die er nicht zu vertreten hat. ³Eine Erhöhung nach § 558 ist ausgeschlossen.

(3) ¹Eine Änderung der Miete nach Absatz 1 muss durch Erklärung in Textform geltend gemacht werden. ²Dabei sind die eingetretene Änderung des Preisindexes sowie die jeweilige Miete oder die Erhöhung in einem Geldbetrag anzugeben. ³Die geänderte Miete ist mit Beginn des übernächsten Monats nach dem Zugang der Erklärung zu entrichten.

(4) Eine zum Nachteil des Mieters abweichende Vereinbarung ist unwirksam.

1 I. Die Vorschrift regelt die Vereinbarung einer Indexmiete. Abs 1 enthält die **Begriffsbestimmung** der Indexmiete und die **Voraussetzungen** ihrer Vereinbarung, Abs 2 regelt den **Zeitraum** der jeweiligen Mieterhöhung und den **Ausschluss anderweitiger Mieterhöhungen**, während Abs 3 das **Änderungsbegehren**, seine Form und Wirkung regelt.

2 II. 1. **Voraussetzungen:** a) Eine **Indexmiete** liegt nach Abs 1 vor, wenn die Entwicklung der Miete durch die Änderung des v Statistischen Bundesamt ermittelten Preisindexes für die Lebenshaltungskosten aller privaten Haushalte in Deutschland bestimmt wird.

3 b) Die Indexmiete kann entweder bei Neuabschluss eines Mietvertrages oder bei bestehendem Mietvertrag durch Vertragsänderung **vereinbart** werden.

4 c) Für die Vereinbarung ist die **Schriftform** (§ 126) vorgeschrieben.

2. Rechtsfolgen der wirksamen Vereinbarung einer Staffelmiete sind:
a) Der Vermieter oder Mieter muss nach Abs 3 S 1 die Änderung der Miete durch **Erklärung in Textform** (§ 126 b) geltend machen (Abs 3 S 1). Die Änderungserklärung muss zum **Inhalt** haben, dass eine Änderung des Lebenshaltungsindexes eingetreten ist und dass sich die Miete um einen bestimmten Betrag auf einen bestimmten Betrag erhöht oder ermäßigt (Abs 3 S 2).
b) Die geänderte Miete ist mit Beginn des übernächsten Monats nach dem Zugang der Änderungserklärung zu zahlen (Abs 3 S 3).
c) Die geänderte Miete muss für jeweils min **ein Jahr** unverändert bleiben (Abs 2 S 1). Ausgenommen sind nur Veränderungen infolge v Modernisierungen, die der Vermieter nicht zu vertreten hat, oder der Erhöhung der Betriebskosten nach §§ 559–560 (Abs 2 S 1 u 2). Während der Geltung der Indexmiete ist eine **Mieterhöhung** nach den § 558 **ausgeschlossen** (Abs 2 S 3).
III. Die Vorschrift ist nicht zum Nachteil des Mieters **abdingbar** (Abs 4).

§ 558 Mieterhöhung bis zur ortsüblichen Vergleichsmiete

(1) ¹Der Vermieter kann die Zustimmung zu einer Erhöhung der Miete bis zur ortsüblichen Vergleichsmiete verlangen, wenn die Miete in dem Zeitpunkt, zu dem die Erhöhung eintreten soll, seit 15 Monaten unverändert ist. ²Das Mieterhöhungsverlangen kann frühestens ein Jahr nach der letzten Mieterhöhung geltend gemacht werden. ³Erhöhungen nach den §§ 559 bis 560 werden nicht berücksichtigt.
(2) ¹Die ortsübliche Vergleichsmiete wird gebildet aus den üblichen Entgelten, die in der Gemeinde oder einer vergleichbaren Gemeinde für Wohnraum vergleichbarer Art, Größe, Ausstattung, Beschaffenheit und Lage einschließlich der energetischen Ausstattung und Beschaffenheit in den letzten vier Jahren vereinbart oder, von Erhöhungen nach § 560 abgesehen, geändert worden sind. ²Ausgenommen ist Wohnraum, bei dem die Miethöhe durch Gesetz oder im Zusammenhang mit einer Förderzusage festgelegt worden ist.
(3) ¹Bei Erhöhungen nach Absatz 1 darf sich die Miete innerhalb von drei Jahren, von Erhöhungen nach den §§ 559 bis 560 abgesehen, nicht um mehr als 20 vom Hundert erhöhen (Kappungsgrenze). ²Der Prozentsatz nach Satz 1 beträgt 15 vom Hundert, wenn die ausreichende Versorgung der Bevölkerung mit Mietwohnungen zu angemessenen Bedingungen in einer Gemeinde oder einem Teil einer Gemeinde besonders gefährdet ist und diese Gebiete nach Satz 3 bestimmt sind. ³Die Landesregierungen werden ermächtigt, diese Gebiete durch Rechtsverordnung für die Dauer von jeweils höchstens fünf Jahren zu bestimmen.
(4) ¹Die Kappungsgrenze gilt nicht,
1. wenn eine Verpflichtung des Mieters zur Ausgleichszahlung nach den Vorschriften über den Abbau der Fehlsubventionierung im Wohnungswesen wegen des Wegfalls der öffentlichen Bindung erloschen ist und
2. soweit die Erhöhung den Betrag der zuletzt zu entrichtenden Ausgleichszahlung nicht übersteigt.
²Der Vermieter kann vom Mieter frühestens vier Monate vor dem Wegfall der öffentlichen Bindung verlangen, ihm innerhalb eines Monats über die Verpflichtung zur Ausgleichszahlung und über deren Höhe Auskunft zu erteilen. ³Satz 1 gilt entsprechend, wenn die Verpflichtung des Mieters zur Leistung einer Ausgleichszahlung nach den §§ 34 bis 37 des Wohnraumförderungsgesetzes und den hierzu ergangenen landesrechtlichen Vorschriften wegen Wegfalls der Mietbindung erloschen ist.
(5) Von dem Jahresbetrag, der sich bei einer Erhöhung auf die ortsübliche Vergleichsmiete ergäbe, sind Drittmittel im Sinne des § 559 a abzuziehen, im Falle des § 559 a Abs. 1 mit 11 vom Hundert des Zuschusses.
(6) Eine zum Nachteil des Mieters abweichende Vereinbarung ist unwirksam.

I. § 558 ist die zentrale Vorschrift für Mieterhöhungen des Vermieters bis zur ortsüblichen Vergleichsmiete. Sie soll dem Vermieter einen angemessenen, an den marktüblichen Preisen orientierten Ertrag bringen, andererseits aber den Mieter vor überhöhten Mietforderungen des Vermieters schützen. Abs 1 regelt den **Anspruch des Vermieters auf Zustimmung** des Mieters zu einer entsprechenden Mieterhöhung, während Abs 2 den Begriff der ortsüblichen Vergleichsmiete definiert. Die weiteren Abs regeln die Höhe der Kappungsgrenze (Abs 3), deren Unanwendbarkeit (Abs 4) sowie die Anrechnung v Drittmitteln (Abs 5).

2 **II. 1.** Der Vermieter kann v Mieter die Zustimmung zu einer Erhöhung der Miete bis zur ortsüblichen Vergleichsmiete nur verlangen, wenn die Miete zum Zeitpunkt des Eintritts der Mieterhöhung mind **15 Monate unverändert** geblieben ist (Abs 1 S 1). Dabei bleiben Erhöhungen der Miete nach §§ 559–560 unberücksichtigt (Abs 1 S 3), auch wenn diese einvernehmlich v den Parteien vereinbart wurden (BGH NJW 08, 2031; NJW 07, 3122). Das Mieterhöhungsverlangen kann **frühestens ein Jahr** nach der letzten Mieterhöhung geltend gemacht werden (Abs 1 S 2). Diese Wartefrist soll den Mieter vor allzu schnell aufeinander folgenden Mieterhöhungen schützen. Andererseits steht einem Mieterhöhungsverlangen nicht entgg, dass sich die Ausgangsmiete (bereits) innerhalb der Bandbreite der festgestellten örtlichen Vergleichsmiete befindet (BGH NJW 05, 2621).

3 **2.** Die **ortsübliche Vergleichsmiete** wird anhand der üblichen Entgelte ermittelt, die in der Gemeinde oder in vergleichbaren Gemeinden für nicht preisgebundenen Wohnraum vergleichbarer Art, Größe, Ausstattung, Beschaffenheit und Lage in den letzten vier Jahren vereinbart oder, v Erhöhungen nach § 560 abgesehen, geändert worden sind (Abs 2 S 1, vgl hierzu zuletzt BGH NJW 12, 1351). Zur Ermittlung der ortsüblichen Vergleichsmiete durch Sachverständigengutachten oder Mietspiegel: BGH NJW 13, 2963. Nicht zu berücksichtigen ist Wohnraum, dessen Miethöhe iR v Förderprogrammen festgelegt wurde (Abs 2 S 2), da seine Miethöhe iR der Förderzusagen unterhalb der Marktmiete festgelegt zu werden pflegt (zur Rechtslage nach Wegfall der Preisbindung: WuM 10, 430; BGH NJW 11, 145; bei Irrtum über eine bestehende Mietpreisbindung: BGH WuM 10, 384). Ebenso bleibt eine vom Mieter auf eigene Kosten geschaffene Ausstattung der Mietsache unberücksichtigt (BGH NJW-RR 10, 1384).

4 **3.** Die in Abs 3 festgelegte **Kappungsgrenze** dient neben der ortsüblichen Vergleichsmiete als zweite Obergrenze für zulässige Mieterhöhungen (zu ihren Auswirkungen: BGH NJW 09, 1737). Sie bewirkt, dass die Mieterhöhung, selbst wenn die Vergleichsmiete an sich höher ist, auf keinen Fall mehr als einen bestimmten Prozentsatz der Ausgangsmiete vor drei Jahren betragen darf. Dadurch soll ein schneller Anstieg solcher Mieten, die bislang deutlich unterhalb der Vergleichsmiete lagen, zum Schutz der Mieter vermieden werden. Die Kappungsgrenze beträgt 20 %. Sie ist **nicht anwendbar**, wenn der Mieter zur Zahlung einer Fehlbelegungsabgabe verpflichtet war und die Mieterhöhung nach § 558 den Betrag dieser Abgabe nicht übersteigt (Abs 4 S 1). Damit der Vermieter diese Voraussetzungen überprüfen kann, trifft den Mieter eine entspr **Auskunftspflicht** (Abs 4 S 2).

5 **4.** V Jahresbetrag der ortsüblichen Vergleichsmiete sind **Drittmittel** iSd § 559 a abzuziehen, damit auch der Mieter in den Genuss dieser Mittel zur Wohnungsmodernisierung kommt (Abs 5).

6 **III.** Die Vorschrift ist nicht zum Nachteil des Mieters **abdingbar** (Abs 6).

§ 558 a Form und Begründung der Mieterhöhung

(1) Das Mieterhöhungsverlangen nach § 558 ist dem Mieter in Textform zu erklären und zu begründen.
(2) Zur Begründung kann insbesondere Bezug genommen werden auf
1. einen Mietspiegel (§§ 558 c, 558 d),
2. eine Auskunft aus einer Mietdatenbank (§ 558 e),

3. ein mit Gründen versehenes Gutachten eines öffentlich bestellten und vereidigten Sachverständigen,
4. entsprechende Entgelte für einzelne vergleichbare Wohnungen; hierbei genügt die Benennung von drei Wohnungen.
(3) Enthält ein qualifizierter Mietspiegel (§ 558 d Abs. 1), bei dem die Vorschrift des § 558 d Abs. 2 eingehalten ist, Angaben für die Wohnung, so hat der Vermieter in seinem Mieterhöhungsverlangen diese Angaben auch dann mitzuteilen, wenn er die Mieterhöhung auf ein anderes Begründungsmittel nach Absatz 2 stützt.
(4) ¹Bei der Bezugnahme auf einen Mietspiegel, der Spannen enthält, reicht es aus, wenn die verlangte Miete innerhalb der Spanne liegt. ²Ist in dem Zeitpunkt, in dem der Vermieter seine Erklärung abgibt, kein Mietspiegel vorhanden, bei dem § 558 c Abs. 3 oder § 558 d Abs. 2 eingehalten ist, so kann auch ein anderer, insbesondere ein veralteter Mietspiegel oder ein Mietspiegel einer vergleichbaren Gemeinde verwendet werden.
(5) Eine zum Nachteil des Mieters abweichende Vereinbarung ist unwirksam.

I. Die Vorschrift regelt die **formellen Anforderungen**, die an ein wirksames Mieterhöhungsverlangen und dessen Begr zu stellen sind. Diese sind v der nicht v dieser Norm erfassten Frage der Berechtigung des Mieterhöhungsverlangens zu unterscheiden. 1

II. Das Erhöhungsverlangen muss in Textform (§ 126 b) **erklärt und begründet** werden (Abs 2), vgl dazu BGH NJW 11, 117. Dem Mieter sollen dadurch Hinweise auf die Berechtigung der Mieterhöhung gegeben werden, damit er sich darüber schlüssig werden kann, ob er dem Erhöhungsverlangen zustimmen soll oder nicht (BGHZ 89, 284, 291 ff). Zur Begr kann insb auf die in Abs 2 aufgezählten **Begründungsmittel** – Mietspiegel, qualifizierter Mietspiegel, Mietdatenbank, Sachverständigengutachten, drei Vergleichswohnungen – Bezug genommen werden (zu den Anforderungen an die Begründung vgl BGH NJW 13, 2963. Die Angaben eines **qualifizierten Mietspiegels** (§ 558 d) muss der Vermieter in das Mieterhöhungsverlangen aufnehmen, wenn dieser Angaben für die betreffende Wohnung enthält (Abs 3). Dies soll das Mieterhöhungsverlangen transparenter machen. Allerdings ist der Vermieter durch Abs 3 nicht gehindert, sein Erhöhungsverlangen auf eines der anderen in Abs 2 aufgezählten Begründungsmittel zu stützen, zB wenn er meint, der Mietspiegel gebe für die betreffende Wohnung nicht die ortsübliche Vergleichsmiete wieder und deshalb eine weitergehende Mieterhöhung geltend machen will. Der qualifizierte Mietspiegel begründet allerdings für beide Vertragsparteien eine widerlegliche Vermutung dahin, dass die in ihm angegebenen Entgelte die ortsübliche Vergleichsmiete wiedergeben (vgl § 558 d III). Keiner besonderen Begr bedarf ein Erhöhungsverlangen, wenn die verlangte Miete bei einem **Mietspiegel mit Spannen** innerhalb der jeweiligen Spanne liegt (Abs 4 S 1). Die **zeitliche Überholung** eines Mietspiegels beeinträchtigt dessen Eignung als Begründungsmittel grds nicht (Abs 4 S 2). Stützt der Vermieter sein Mieterhöhungsverlangen auf einen allg zugänglichen Mietspiegel, muss er den Mieter grds nicht darauf hinweisen, wo dieser Mietspiegel erhältlich ist: BGH NZM 11, 120, Zur Begründung des Mieterhöhungsverlangens mit einem sog Typengutachten vgl BGH NJW-RR 10, 1162. Zur Indizwirkung von örtlichen Interessenvertretern gemeinsam erstellten Mietspiegels: BGH NJW 10, 2946. Benennt der Vermieter mehr als drei Vergleichswohnungen, ist es für die Wirksamkeit der Begründung deines Mieterhöhungsverlangens unschädlich, wenn diese weiteren Wohnungen nicht den Kriterien des § 558 a genügen: BGH MDR 12, 631. Zu den Voraussetzungen, unter denen Drittmittel, die für die Modernisierungsmaßnahmen gewährt wurden, anzugeben sind: BGH MDR 12, 956. 2

III. Die Vorschrift ist nicht zum Nachteil des Mieters **abdingbar** (Abs 5). 3

§ 558 b Zustimmung zur Mieterhöhung

(1) Soweit der Mieter der Mieterhöhung zustimmt, schuldet er die erhöhte Miete mit Beginn des dritten Kalendermonats nach dem Zugang des Erhöhungsverlangens.
(2) ¹Soweit der Mieter der Mieterhöhung nicht bis zum Ablauf des zweiten Kalendermonats nach dem Zugang des Verlangens zustimmt, kann der Vermieter auf Erteilung

der Zustimmung klagen. ²Die Klage muss innerhalb von drei weiteren Monaten erhoben werden.
(3) ¹Ist der Klage ein Erhöhungsverlangen vorausgegangen, das den Anforderungen des § 558 a nicht entspricht, so kann es der Vermieter im Rechtsstreit nachholen oder die Mängel des Erhöhungsverlangens beheben. ²Dem Mieter steht auch in diesem Fall die Zustimmungsfrist nach Absatz 2 Satz 1 zu.
(4) Eine zum Nachteil des Mieters abweichende Vereinbarung ist unwirksam.

1 I. Die Vorschrift regelt die Rechtsfolgen einer Zustimmung des Mieters zu einem Mieterhöhungsverlangen des Vermieters (Abs 1) und enthält Regelungen über den Mieterhöhungsprozess (Abs 2 u 3).

2 II. 1. Der Vermieter hat nach § 558 I einen Anspruch gegen den Mieter auf Zustimmung zur Mieterhöhung. Die Zustimmung zu der darin liegenden Vertragsänderung stellt rechtlich die Annahme des Angebots des Vermieters iSd §§ 145 ff dar. Sie ist formlos, also auch konkludent, zB durch vorbehaltlose Zahlung der verlangten höheren Miete, möglich (Erm/Jendrek § 558 b Rn 2). Der Mieter schuldet die erhöhte Miete **mit Beginn des dritten Monats** nach Zugang des Erhöhungsverlangens (Abs 1).

3 2. Dem Mieter steht nach Zugang des Erhöhungsverlangens eine zweimonatige **Überlegungsfrist** zu (Abs 2 S 1). Der Vermieter ist erst nach Ablauf dieser Frist berechtigt, die Zustimmungsklage zu erheben, um die Zustimmung des Mieters durch das Gericht ersetzen zu lassen (§ 894 ZPO). Er muss die Klage innerhalb einer **Klagefrist** v weiteren drei Monaten erheben (Abs 2 S 2). Unterlässt er dies, so büßt er seinen Anspruch auf Zustimmung zur gewünschten Mieterhöhung aufgrund des vorausgegangenen Erhöhungsverlangens ein. Der Vermieter kann eine Mieterhöhung aber auch zu einem späteren als dem in Abs 1 bestimmten Zeitraum geltend machen (BGH NJW 13, 3641).

4 3. Die Überlegungs- und die Klagefrist werden nur durch ein wirksames Mieterhöhungsverlangen ausgelöst. Genügt dieses dag nicht den Anforderungen des § 558 a und ist es deshalb unwirksam, so ist eine gleichwohl erhobene Zustimmungsklage unzulässig. Aus Gründen der Prozessökonomie ist aber die Heilung des Mangels durch **Nachholung** eines wirksamen – vollständig neuen – Erhöhungsverlangens oder **Behebung der Mängel** des vorausgegangenen Erhöhungsverlangens – durch Nachbesserung einzelner Mängel – im Rechtsstreit möglich (Abs 3 S 1); vgl dazu BGH NJW-RR 10, 735. Voraussetzung ist allerdings, dass überhaupt ein in welcher Form auch immer abgegebenes Mieterhöhungsverlangen vorausgegangen ist. Nachholung und Mängelbehebung lösen außerdem wieder die volle Überlegungsfrist nach Abs 2 S 1 aus (Abs 3).

5 III. Die Vorschrift ist nicht zum Nachteil des Mieters **abdingbar** (Abs 4).

§ 558 c Mietspiegel

(1) Ein Mietspiegel ist eine Übersicht über die ortsübliche Vergleichsmiete, soweit die Übersicht von der Gemeinde oder von Interessenvertretern der Vermieter und der Mieter gemeinsam erstellt oder anerkannt worden ist.
(2) Mietspiegel können für das Gebiet einer Gemeinde oder mehrerer Gemeinden oder für Teile von Gemeinden erstellt werden.
(3) Mietspiegel sollen im Abstand von zwei Jahren der Marktentwicklung angepasst werden.
(4) ¹Gemeinden sollen Mietspiegel erstellen, wenn hierfür ein Bedürfnis besteht und dies mit einem vertretbaren Aufwand möglich ist. ²Die Mietspiegel und ihre Änderungen sollen veröffentlicht werden.
(5) Die Bundesregierung wird ermächtigt, durch Rechtsverordnung mit Zustimmung des Bundesrates Vorschriften über den näheren Inhalt und das Verfahren zur Aufstellung und Anpassung von Mietspiegeln zu erlassen.

1 I. Die Vorschrift fasst die für alle Arten v Mietspiegeln geltenden allg Regelungen zusammen. Der Mietspiegel hat eine Doppelfunktion als **Parteigutachten** im Mieterhö-

hungsprozess und als **Begründungsmittel** für das außergerichtliche Mieterhöhungsverlangen.
II. Der Mietspiegel ist eine Übersicht über die ortsübliche Vergleichsmiete, die v den 2 Gemeinden oder den Interessenvertretern der Vermieter und der Mieter gemeinsam erstellt oder anerkannt worden ist (Abs 1). Zur Vergleichbarkeit der Mieten wird im Mietspiegel die **Nettomiete** (Grundmiete) ausgewiesen. Mietspiegel können für unterschiedliche **Gebiete**, eine Gemeinde, mehrere Gemeinden oder Gemeindeteile erstellt werden (Abs 2). Mietspiegel sollen im Abstand v **zwei Jahren** der Marktentwicklung angepasst werden (Abs 3). Unterbleibt dies, so ist der Mietspiegel gleichwohl weiterhin als Begründungsmittel geeignet (§ 558 a IV 2). Die Gemeinden sollen bei entsprechendem Bedarf einen Mietspiegel erstellen, doch besteht **keine Mietspiegelerstellungspflicht** (Abs 4 S 1). Der Mietspiegel und seine Änderungen sollen **veröffentlicht** werden (Abs 4 S 2). Abs 5 enthält eine **Rechtsverordnungsermächtigung**, v der aber bislang kein Gebrauch gemacht wurde. Zur Vereinheitlichung der Erstellung v Mietspiegeln dienen die v Bundesministerium für Verkehr, Bau- und Wohnungswesen herausgegebenen „Hinweise zur Erstellung v Mietspiegeln".

§ 558 d Qualifizierter Mietspiegel

(1) Ein qualifizierter Mietspiegel ist ein Mietspiegel, der nach anerkannten wissenschaftlichen Grundsätzen erstellt und von der Gemeinde oder von Interessenvertretern der Vermieter und der Mieter anerkannt worden ist.
(2) ¹Der qualifizierte Mietspiegel ist im Abstand von zwei Jahren der Marktentwicklung anzupassen. ²Dabei kann eine Stichprobe oder die Entwicklung des vom Statistischen Bundesamt ermittelten Preisindexes für die Lebenshaltung aller privaten Haushalte in Deutschland zugrunde gelegt werden. ³Nach vier Jahren ist der qualifizierte Mietspiegel neu zu erstellen.
(3) Ist die Vorschrift des Absatzes 2 eingehalten, so wird vermutet, dass die im qualifizierten Mietspiegel bezeichneten Entgelte die ortsübliche Vergleichsmiete wiedergeben.

I. § 558 d regelt ggü der allg Vorschrift des § 558 c die **besonderen Voraussetzungen** 1 und Rechtsfolgen des neu eingeführten qualifizierten Mietspiegels. Dieser unterscheidet sich v einfachen Mietspiegel dadurch, dass er wegen der Erstellung nach anerkannten wissenschaftlichen Grundsätzen eine höhere Gewähr für die Richtigkeit und Aktualität der Angaben zur ortsüblichen Vergleichsmiete bietet. Aus diesem Grund können an ihn die **weiter gehenden Rechtsfolgen** des § 558 a III und des Abs 3 geknüpft werden.
II. 1. Auch der qualifizierte Mietspiegel ist eine Übersicht über die ortsübliche Ver- 2 gleichsmiete, die v der Gemeinde oder v Interessenvertretern der Vermieter und der Mieter anerkannt worden ist. Er muss aber darüber hinaus nach **anerkannten wissenschaftlichen Methoden** erstellt werden, die sicherstellen, dass ein wirklichkeitsgetreues Bild des Wohnungsmarktes gezeichnet wird (Abs 1). Der Gesetzgeber setzte insoweit die Ziehung einer repräsentativen Zufallsstichprobe aus der Grundgesamtheit voraus, verzichtete aber auf eine Entscheidung zugunsten einer bestimmten Erstellungsmethode – Tabellen- oder Regressionsmethode – (BR-Drucks 439/00, 143 f). Die Anwendung wissenschaftlicher Methoden muss aber dokumentiert und damit überprüfbar sein (zu den Anforderungen an die Überprüfung des Mietspiegels durch den Tatrichter: BGH NJW 13, 775).
2. Der qualifizierte Mietspiegel ist nach zwei Jahren **fortzuschreiben** und nach vier Jah- 3 ren **neu zu erstellen** (Abs 2 S 1 u 3). Dies soll sicherstellen, dass der Mietspiegel die Wohnungsmarktverhältnisse zeitnah widerspiegelt. Der Fortschreibung kann eine Stichprobe oder der Lebenshaltungsindex für Privathaushalte (vgl § 557 b) zugrunde gelegt werden (Abs 2 S 2).
3. Der qualifizierte Mietspiegel ist nicht nur **zwingendes Begründungsmittel** 4 (§ 558 a III), sondern ihm kommt auch eine **Vermutungswirkung im Mieterhöhungsprozess** zu; diese Vermutung geht dahin, dass die im Mietspiegel angegebenen Entgelte die ortsübliche Vergleichsmiete wiedergeben (Abs 3). Die Vermutung des Abs 3 ist wi-

derleglich, so dass den Prozessparteien der Beweis des Gegenteils möglich bleibt (§ 292 ZPO). Diese Rechtsfolgen hat nur der nach Abs 2 aktualisierte qualifizierte Mietspiegel. Ein veralteter qualifizierter Mietspiegel hat nur die Bedeutung eines einfachen Mietspiegels.

§ 558 e Mietdatenbank

Eine Mietdatenbank ist eine zur Ermittlung der ortsüblichen Vergleichsmiete fortlaufend geführte Sammlung von Mieten, die von der Gemeinde oder von Interessenvertretern der Vermieter und der Mieter gemeinsam geführt oder anerkannt wird und aus der Auskünfte gegeben werden, die für einzelne Wohnungen einen Schluss auf die ortsübliche Vergleichsmiete zulassen.

1 Die Vorschrift regelt die in § 558 a II Nr 2 als Begründungsmittel neu eingeführte Mietdatenbank. Darunter ist eine fortlaufend geführte Sammlung v Angaben zu Mietvereinbarungen und Mietänderungen zu verstehen, die für einzelne Wohnungen einen Schluss auf die ortsübliche Vergleichsmiete zulässt. Der wesentliche Unterschied zum Mietspiegel, der immer nur eine Momentaufnahme der Wohnungsmarktverhältnisse darstellt, besteht in der **fortlaufenden Datenerfassung**.

§ 559 Mieterhöhung nach Modernisierungsmaßnahmen

(1) Hat der Vermieter Modernisierungsmaßnahmen im Sinne des § 555 b Nummer 1, 3, 4, 5 oder 6 durchgeführt, so kann er die jährliche Miete um 11 Prozent der für die Wohnung aufgewendeten Kosten erhöhen.
(2) Kosten, die für Erhaltungsmaßnahmen erforderlich gewesen wären, gehören nicht zu den aufgewendeten Kosten nach Absatz 1; sie sind, soweit erforderlich, durch Schätzung zu ermitteln.
(3) Werden Modernisierungsmaßnahmen für mehrere Wohnungen durchgeführt, so sind die Kosten angemessen auf die einzelnen Wohnungen aufzuteilen.
(4) [1]Die Mieterhöhung ist ausgeschlossen, soweit sie auch unter Berücksichtigung der voraussichtlichen künftigen Betriebskosten für den Mieter eine Härte bedeuten würde, die auch unter Würdigung der berechtigten Interessen des Vermieters nicht zu rechtfertigen ist. [2]Eine Abwägung nach Satz 1 findet nicht statt, wenn
1. die Mietsache lediglich in einen Zustand versetzt wurde, der allgemein üblich ist, oder
2. die Modernisierungsmaßnahme auf Grund von Umständen durchgeführt wurde, die der Vermieter nicht zu vertreten hatte.
(5) [1]Umstände, die eine Härte nach Absatz 4 Satz 1 begründen, sind nur zu berücksichtigen, wenn sie nach § 555 d Absatz 3 bis 5 rechtzeitig mitgeteilt worden sind. [2]Die Bestimmungen über die Ausschlussfrist nach Satz 1 sind nicht anzuwenden, wenn die tatsächliche Mieterhöhung die angekündigte um mehr als 10 Prozent übersteigt.
(6) Eine zum Nachteil des Mieters abweichende Vereinbarung ist unwirksam.

1 I. Die Vorschrift erlaubt es dem Vermieter, die Kosten v Modernisierungsmaßnahmen jedenfalls teilweise auf den Mieter abzuwälzen. Dadurch soll ein **wirtschaftlicher Anreiz** zur Wohnungsmodernisierung gegeben werden. Die Frage, ob der Mieter diese Modernisierungsarbeiten zu dulden hat, ist in § 554 geregelt. § 559 regelt nur die Berechtigung des Vermieters, wegen der durchgeführten Modernisierung die Miete zu erhöhen.

2 II. Abs 1 enthält den Grds, dass der Vermieter die Kosten bestimmter Modernisierungsmaßnahmen im Wege der Mieterhöhung auf den Mieter umlegen kann. Der Kreis der nach Abs 1 **umlagefähigen Modernisierungsmaßnahmen** entspricht dem der nach § 554 II duldungspflichtigen Maßnahmen (vgl § 554 Rn 3). Der Vermieter kann die jährliche Miete um **11 %** der für die Wohnung aufgewendeten **Kosten** erhöhen. Abs 1 begründet aber anders als § 558 I nicht lediglich einen Anspruch des Vermieters auf

Zustimmung des Mieters zur Mieterhöhung, sondern die Mieterhöhung kann durch **rechtsgestaltende Erklärung** des Vermieters einseitig herbeigeführt werden. Betreffen Modernisierungsmaßnahmen gleichzeitig mehrere Wohnungen eines Hauses, so sind die umlagefähigen Kosten angemessen, dh nach sachlichen Kriterien, auf alle betroffenen Wohnungen aufzuteilen (Abs 2). Unnötige, unzweckmäßige oder sonstwie überhöhte Modernisierungsaufwendungen hat der Mieter hingegen nicht zu tragen, weshalb in einem solchen Fall auch keine Mieterhöhung nach Abs 1 zulässig ist (BGH NJW 09, 839).

III. Die Vorschrift ist nicht zum Nachteil des Mieters **abdingbar** (Abs 3). 3

§ 559 a Anrechnung von Drittmitteln

(1) Kosten, die vom Mieter oder für diesen von einem Dritten übernommen oder die mit Zuschüssen aus öffentlichen Haushalten gedeckt werden, gehören nicht zu den aufgewendeten Kosten im Sinne des § 559.

(2) ¹Werden die Kosten für die Modernisierungsmaßnahmen ganz oder teilweise durch zinsverbilligte oder zinslose Darlehen aus öffentlichen Haushalten gedeckt, so verringert sich der Erhöhungsbetrag nach § 559 um den Jahresbetrag der Zinsermäßigung. ²Dieser wird errechnet aus dem Unterschied zwischen dem ermäßigten Zinssatz und dem marktüblichen Zinssatz für den Ursprungsbetrag des Darlehens. ³Maßgebend ist der marktübliche Zinssatz für erstrangige Hypotheken zum Zeitpunkt der Beendigung der Modernisierungsmaßnahmen. ⁴Werden Zuschüsse oder Darlehen zur Deckung von laufenden Aufwendungen gewährt, so verringert sich der Erhöhungsbetrag um den Jahresbetrag des Zuschusses oder Darlehens.

(3) ¹Ein Mieterdarlehen, eine Mietvorauszahlung oder eine von einem Dritten für den Mieter erbrachte Leistung für die Modernisierungsmaßnahmen stehen einem Darlehen aus öffentlichen Haushalten gleich. ²Mittel der Finanzierungsinstitute des Bundes oder eines Landes gelten als Mittel aus öffentlichen Haushalten.

(4) Kann nicht festgestellt werden, in welcher Höhe Zuschüsse oder Darlehen für die einzelnen Wohnungen gewährt worden sind, so sind sie nach dem Verhältnis der für die einzelnen Wohnungen aufgewendeten Kosten aufzuteilen.

(5) Eine zum Nachteil des Mieters abweichende Vereinbarung ist unwirksam.

Die nicht zum Nachteil des Mieters abdingbare (Abs 5) Vorschrift verwehrt es einem 1 Vermieter, dessen Modernisierungskosten durch öffentliche oder private Zuschüsse oder Darlehen verbilligt worden sind, die ersparten Kosten auf die Mieter umzulegen. Daher müssen bestimmte **Kürzungsbeträge** v den Baukosten abgezogen werden und vermindern damit den Erhöhungsbetrag nach § 559 (vgl dazu BGH WuM 11, 110).

§ 559 b Geltendmachung der Erhöhung, Wirkung der Erhöhungserklärung

(1) ¹Die Mieterhöhung nach § 559 ist dem Mieter in Textform zu erklären. ²Die Erklärung ist nur wirksam, wenn in ihr die Erhöhung auf Grund der entstandenen Kosten berechnet und entsprechend den Voraussetzungen der §§ 559 und 559 a erläutert wird. ³§ 555 c Absatz 3 gilt entsprechend.

(2) ¹Der Mieter schuldet die erhöhte Miete mit Beginn des dritten Monats nach dem Zugang der Erklärung. ²Die Frist verlängert sich um sechs Monate, wenn
1. der Vermieter dem Mieter die Modernisierungsmaßnahme nicht nach den Vorschriften des § 555 c Absatz 1 und 3 bis 5 angekündigt hat oder
2. die tatsächliche Mieterhöhung die angekündigte um mehr als 10 Prozent übersteigt.

(3) Eine zum Nachteil des Mieters abweichende Vereinbarung ist unwirksam.

Die nicht zum Nachteil des Mieters abdingbare (Abs 3) Vorschrift regelt das Mieterhö- 1 hungsverfahren im Falle des § 559. § 559 I verleiht dem Vermieter ein Gestaltungsrecht, durch dessen Ausübung er die Mieterhöhung einseitig vornehmen kann. Dieses übt er durch die **Erhöhungserklärung** aus, die erst **nach Durchführung** der baulichen Maßnahmen wirksam abgegeben werden kann (Erm/Jendrek § 559 b Rn 4). Sie ist eine einseitige empfangsbedürftige Willenserklärung, die der Textform (§ 126 b) unterliegt (Abs 1 S 1). Die Erklärung bedarf einer Begr, die die Berechnung des auf die einzelne Wohnung entfallenden Erhöhungsbetrages und die Erläut des Grundes der Mieterhöhung, also der Art der durchgeführten Modernisierungsmaßnahmen, enthalten muss (Abs 1 S 2). Zum Umfang der Begründungspflicht vgl BGH NJW 06, 1126, zum Zeitpunkt des Entstehens umlagefähiger Kosten: BGH WuM 12, 285. Durch eine wirksame Erhöhungserklärung wird die Miete v Beginn des dritten Monats nach Zugang an erhöht (Abs 2 S 1). Diese Frist verlängert sich um weitere sechs Monate, wenn der Vermieter dem Mieter die zu erwartende Mieterhöhung nicht nach § 554 III 1 mitgeteilt hat oder wenn die tatsächliche Mieterhöhung ggü der Mitteilung um mehr als 10 % nach oben abweicht (Abs 2 S 2).

§ 560 Veränderungen von Betriebskosten

(1) ¹Bei einer Betriebskostenpauschale ist der Vermieter berechtigt, Erhöhungen der Betriebskosten durch Erklärung in Textform anteilig auf den Mieter umzulegen, soweit dies im Mietvertrag vereinbart ist. ²Die Erklärung ist nur wirksam, wenn in ihr der Grund für die Umlage bezeichnet und erläutert wird.
(2) ¹Der Mieter schuldet den auf ihn entfallenden Teil der Umlage mit Beginn des auf die Erklärung folgenden übernächsten Monats. ²Soweit die Erklärung darauf beruht, dass sich die Betriebskosten rückwirkend erhöht haben, wirkt sie auf den Zeitpunkt der Erhöhung der Betriebskosten, höchstens jedoch auf den Beginn des der Erklärung vorausgehenden Kalenderjahres zurück, sofern der Vermieter die Erklärung innerhalb von drei Monaten nach Kenntnis von der Erhöhung abgibt.
(3) ¹Ermäßigen sich die Betriebskosten, so ist eine Betriebskostenpauschale vom Zeitpunkt der Ermäßigung an entsprechend herabzusetzen. ²Die Ermäßigung ist dem Mieter unverzüglich mitzuteilen.
(4) Sind Betriebskostenvorauszahlungen vereinbart worden, so kann jede Vertragspartei nach einer Abrechnung durch Erklärung in Textform eine Anpassung auf eine angemessene Höhe vornehmen.
(5) Bei Veränderungen von Betriebskosten ist der Grundsatz der Wirtschaftlichkeit zu beachten.
(6) Eine zum Nachteil des Mieters abweichende Vereinbarung ist unwirksam.

1 I. Die nicht zum Nachteil des Mieters abdingbare (Abs 6) Vorschrift regelt für Mietverträge mit einer vereinbarten **Betriebskostenpauschale** das Mieterhöhungsverfahren im Falle der Erhöhung v Betriebskosten (Abs 1–3). Abs 4 betrifft **Betriebskostenvorauszahlungen**. Veränderungen der Betriebskosten unterliegen dem Gebot der Wirtschaftlichkeit (Abs 5).

2 II. 1. Nach Abs 1 kann der Vermieter bei einer Betriebskostenpauschale (nicht bei Bruttomietverträgen u Teilinklusivverträgen) Erhöhungen der Betriebskosten anteilig auf den Mieter umlegen, soweit dies im Mietvertrag **vereinbart** ist. Die Umlegung der Erhöhung ist durch Erklärung des Vermieters in Textform (§ 126 b) ggü dem Mieter geltend zu machen (Abs 1 S 1). Die Wirksamkeit der Erklärung setzt voraus, dass in ihr der **Grund** für die Umlage bezeichnet und erläutert wird (Abs 1 S 2). Letzteres setzt die Bezeichnung der die Kostensteigerung verursachenden Stelle sowie die Angabe des Datums des Gebührenbescheids bzw der Rechnung voraus.

3 2. Die Erklärung des Vermieters wird mit dem **Zugang** beim Mieter wirksam (§ 130). Bei einer **künftigen Erhöhung** der Betriebskosten schuldet der Mieter den auf ihn entfallenden Teil der Umlage ab Anfang des übernächsten Monats nach der Erklärung (Abs 2 S 1). Bei einer **rückwirkenden Erhöhung** lässt Abs 2 S 2 eine Rückwirkung der Umlage auf den Zeitpunkt der Erhöhung, höchstens jedoch auf den Beginn des der Erklärung vorausgehenden Jahres zu. Der Vermieter muss zudem seine Erklärung innerhalb v drei Monaten nach Kenntnis der konkreten Erhöhung abgeben.

3. Der Vermieter ist verpflichtet, bei einer **Ermäßigung der Betriebskosten** die Miete v 4
diesem Zeitpunkt ab entspr herabzusetzen und die Ermäßigung dem Mieter unverzüglich mitzuteilen (Abs 3).
4. Jede Vertragspartei hat das Recht, bei Änderungen der Betriebskosten v der anderen 5
Partei die Zustimmung zu einer angemessenen (vgl § 556 II 2) **Anpassung der Betriebskostenvorauszahlungen** vorzunehmen (Abs 4). Dies setzt eine formell u inhaltl korrekte Abrechnung voraus (BGH NJW 12, 2186), zu den Voraussetzungen für eine Anpassung durch den Mieter vgl BGH NJW 13, 1595.

§ 561 Sonderkündigungsrecht des Mieters nach Mieterhöhung

(1) ¹Macht der Vermieter eine Mieterhöhung nach § 558 oder § 559 geltend, so kann der Mieter bis zum Ablauf des zweiten Monats nach dem Zugang der Erklärung des Vermieters das Mietverhältnis außerordentlich zum Ablauf des übernächsten Monats kündigen. ²Kündigt der Mieter, so tritt die Mieterhöhung nicht ein.
(2) Eine zum Nachteil des Mieters abweichende Vereinbarung ist unwirksam.

Die nicht zum Nachteil des Mieters abdingbare (Abs 2) Vorschrift regelt das Sonder- 1
kündigungsrecht des Mieters bei einer Mieterhöhung nach §§ 558 oder 559. Der Mieter hat nach Abs 1 ein **außerordentliches Kündigungsrecht**, sobald der Vermieter die Mieterhöhung erklärt hat. Dabei kommt es nicht darauf an, ob das Mieterhöhungsverlangen wirksam ist oder nicht. Dem Mieter steht eine **Überlegungsfrist** bis zum Ablauf des zweiten Monats nach dem Zugang der Erklärung des Vermieters zu. Die **Kündigungsfrist** selbst beträgt nochmals mind zwei Monate bis zum Ablauf des übernächsten Monats. Macht der Vermieter die Mieterhöhung erst zu einem späteren als dem in § 558 b bezeichneten Zeitraum geltend, kann der Mieter von seinem außerordentlichen Kündigungsrecht nach § 561 bis unmittelbar vor dem Zeitpunkt des Eintritts der Mieterhöhung Gebrauch machen (BGH NJW 13, 3641).

Kapitel 3
Pfandrecht des Vermieters

§ 562 Umfang des Vermieterpfandrechts

(1) ¹Der Vermieter hat für seine Forderungen aus dem Mietverhältnis ein Pfandrecht an den eingebrachten Sachen des Mieters. ²Es erstreckt sich nicht auf die Sachen, die der Pfändung nicht unterliegen.
(2) Für künftige Entschädigungsforderungen und für die Miete für eine spätere Zeit als das laufende und das folgende Mietjahr kann das Pfandrecht nicht geltend gemacht werden.

I. Die Vorschrift gewährt dem Vermieter v Wohnraum zur Sicherung aller Forderun- 1
gen aus dem Mietverhältnis an den eingebrachten Sachen des Mieters ein **besitzloses, gesetzliches Pfandrecht** iSv § 1257 (Abs 1 S 1). § 562 ist auch auf Mietverhältnisse über Grundstücke und Räume, die nicht Wohnräume sind, anwendbar (§ 578). Die Vorschrift ist nur zugunsten des Mieters abdingbar (MK/Artz § 562 Rn 21).
II. 1. Die **Entstehung** des Vermieterpfandrechts setzt voraus: 2
a) Es besteht eine **Forderung** des Vermieters aus dem Mietverhältnis. Dazu gehören ne- 3
ben der Mietforderung zB Ansprüche auf Entschädigung, Schadensersatz und Vertragsstrafe (vgl Staud/Emmerich § 562 Rn 25 ff). Die Forderungen müssen nicht unbedingt fällig sein. Ein Pfandrecht kann auch für **künftige Mietforderungen** bestehen, allerdings nur, soweit diese das laufende und das folgende Mietjahr betreffen (Abs 2). Das Gleiche gilt für **künftige Entschädigungsforderungen** des Vermieters, zB wegen Vorenthaltung der Mietsache nach § 546 a.
b) Das Pfandrecht entsteht nur **an Sachen** (§ 90), nicht dag an Forderungen. Dem 4
Pfandrecht unterfallen daher zwar Geld und Wertpapiere, nicht jedoch Legitimations-

papiere wie Sparkassenbücher oder Kfz-Briefe (MK/Artz § 562 Rn 11). Tiere (§ 90 a) sind grds in den Grenzen v § 811 Nr 3 ZPO pfändbar. v Wohnraummietern gehaltene Tiere dürften aber nahezu ausnahmslos v Pfändungsverbot des § 811 c ZPO erfasst werden.

5 c) Es muss sich um Sachen **des Mieters** handeln. Dies setzt idR dessen Alleineigentum voraus. Bei Miteigentum erstreckt sich das Pfandrecht nur auf den Miteigentumsanteil des Mieters (Staud/Emmerich § 562 Rn 18). Bei Gesamthandseigentum entsteht das Pfandrecht nur, wenn alle Gesamthänder Mieter sind (MK/Artz § 562 Rn 15). Ein **gutgläubiger Erwerb** des besitzlosen Vermieterpfandrechts an mieterfremden Sachen kommt **nicht** in Betracht, da § 1257 voraussetzt, dass das Pfandrecht bereits entstanden ist, so dass sich die Verweisung dieser Bestimmung nicht auf den gutgläubigen Erwerb nach § 1207, also die Entstehung selbst, bezieht (Staud/Emmerich § 562 Rn 3). Hingegen ist umgekehrt ein gutgläubiger, lastenfreier Erwerb der mit dem Vermieterpfandrecht belasteten Sachen durch Dritte in den Grenzen des § 936 möglich (Staud/Emmerich § 562 Rn 21). Hat der Mieter Sachen unter EV erworben, erstreckt sich das Pfandrecht zunächst auf das dingliche **Anwartschaftsrecht** des Mieters (Jauernig/Teichmann § 562 Rn 3). Mit Eintritt der Bedingung (Kaufpreiszahlung) setzt es sich an der Sache selbst fort (BGHZ 35, 87). Ist eine Sache bereits vor ihrer Einbringung sicherungsübereignet worden, erwirbt der Vermieter kein Pfandrecht, auch wenn er v der **Sicherungsübereignung** keine Kenntnis hatte. Eine nach Einbringung der Sache erfolgende Sicherungsübereignung ändert an dem bereits entstandenen Vermieterpfandrecht jedoch nichts (Palandt/Weidenkaff § 562 Rn 10). Der Dritte erlangt also das Sicherungseigentum nur belastet mit dem Vermieterpfandrecht.

6 d) Die Sache muss **eingebracht** sein. Dies setzt voraus, dass der Mieter die Sachen willentlich und nicht nur zu einem vorübergehenden Zweck in die Mieträume hineingeschafft hat (Staud/Emmerich § 562 Rn 11). Eingebracht sind auch Sachen, die das Mietgrundstück immer wieder kurzfristig verlassen, sofern sie im Zusammenhang mit dem vertragsmäßigen Gebrauch auf ihm abgestellt werden, wie zB Kraftfahrzeuge oder Fahrräder (Staud/Emmerich § 562 Rn 11). Das Einbringen ist ein **Realakt**, weshalb es auf die Geschäftsfähigkeit des Mieters nicht ankommt und Willensmängel unbeachtlich sind (MK/Artz § 562 Rn 12).

7 e) Die eingebrachte Sache darf **nicht** gem §§ 811, 811 c, 812 ZPO **unpfändbar** sein (Abs 1 S 2).

8 2. Das Vermieterpfandrecht hat folgende **Wirkungen** (vgl Palandt/Weidenkaff § 562 Rn 19):

9 a) Der Vermieter hat ein Recht auf **Verwertung** der eingebrachten Sachen durch Pfandverkauf (§§ 1257, 1228, 1233 ff). Dies setzt die Fälligkeit des Anspruchs aus dem Mietverhältnis voraus (§ 1228 II). Da der Pfandverkauf den Besitz des Pfandgläubigers voraussetzt, hat der Vermieter einen Anspruch auf **Herausgabe** der Sache zur Versteigerung (§ 1231).

10 b) Vollstrecken andere Gläubiger in die Sache, kann der Vermieter in den Grenzen des § 562 d **vorzugsweise Befriedigung** verlangen (§ 805 ZPO). Im Insolvenzverfahren gegen den Mieter hat der Vermieter einen Anspruch auf **abgesonderte Befriedigung** (§ 50 InsO).

11 c) Bei einer **unberechtigten Entfernung** der seinem Pfandrecht unterliegenden Sachen steht dem Vermieter ein **Selbsthilferecht** (§ 562 b I) bzw ein **Herausgabeanspruch** (§ 562 b II 1) zu.

§ 562 a Erlöschen des Vermieterpfandrechts

¹Das Pfandrecht des Vermieters erlischt mit der Entfernung der Sachen von dem Grundstück, außer wenn diese ohne Wissen oder unter Widerspruch des Vermieters erfolgt. ²Der Vermieter kann nicht widersprechen, wenn sie den gewöhnlichen Lebensverhältnissen entspricht oder wenn die zurückbleibenden Sachen zur Sicherung des Vermieters offenbar ausreichen.

I. § 562 a regelt einen **besonderen Erlöschensgrund** für das Vermieterpfandrecht, der damit neben die **Erlöschensgründe** der §§ 1242 II, 1252 ff, 936 tritt. 1
II. **Voraussetzungen** für das Erlöschen des Vermieterpfandrechts: 2
1. Die Pfandsache ist v Grundstück entfernt worden. **Entfernung** ist jedes willentliche Wegschaffen der Sache durch den Mieter oder einen Dritten (Staud/Emmerich § 562 a Rn 3). Wie beim Einbringen (vgl § 562 a Rn 6) handelt es sich um einen Realakt. Die Entfernung muss auf **Dauer** berechnet sein, ein nur **zeitweiliges Wegschaffen** (zB des Kfz zur Reparatur) lässt das Pfandrecht nicht erlöschen (Jauernig/Teichmann § 562 a Rn 2; aA MK/Artz § 562 a Rn 5; Staud/Emmerich § 562 a Rn 5). 3
2. Der Vermieter weiß v der Entfernung (S 1). Erforderlich ist insoweit positive Kenntnis, grob fahrlässige Unkenntnis reicht nicht (MK/Artz § 562 a Rn 9). Auf die Kenntnis des Vermieters kommt es nicht an, wenn ein Widerspruch nach S 2 unbeachtlich wäre (Jauernig/Teichmann § 562 a Rn 3). 4
3. Der Vermieter hat der Entfernung der Sache **nicht widersprochen**. Ein Widerspruch des Vermieters ist allerdings nur beachtlich, wenn er in unmittelbarem zeitlichen Zusammenhang mit der Wegschaffung erfolgt. **Unbeachtlich** ist der Widerspruch, wenn die Entfernung iR der gewöhnlichen Lebensverhältnisse des Mieters (zB Wegschaffung zur Reparatur, Mitnahme auf eine Reise) erfolgt oder wenn die zurückbleibenden Sachen zur Sicherung des Vermieters offenbar ausreichen (S 2). Gleiches gilt bei der Gewerbemiete (vgl § 578), wenn die Entfernung iR des regelmäßigen Geschäftsbetriebs (übliche Verkäufe, Sommerschlussverkauf) erfolgt. Dies ist der Fall, wenn der Wert der zurückbleibenden Sachen ohne nähere Prüfung den Eindruck erweckt, ihre Verwertung werde eine vollständige Befriedigung des Vermieters ermöglichen (Staud/Emmerich § 562 a Rn 15). 5

§ 562 b Selbsthilferecht, Herausgabeanspruch

(1) ¹Der Vermieter darf die Entfernung der Sachen, die seinem Pfandrecht unterliegen, auch ohne Anrufen des Gerichts verhindern, soweit er berechtigt ist, der Entfernung zu widersprechen. ²Wenn der Mieter auszieht, darf der Vermieter diese Sachen in seinen Besitz nehmen.
(2) ¹Sind die Sachen ohne Wissen oder unter Widerspruch des Vermieters entfernt worden, so kann er die Herausgabe zum Zwecke der Zurückschaffung auf das Grundstück und, wenn der Mieter ausgezogen ist, die Überlassung des Besitzes verlangen. ²Das Pfandrecht erlischt mit dem Ablauf eines Monats, nachdem der Vermieter von der Entfernung der Sachen Kenntnis erlangt hat, wenn er diesen Anspruch nicht vorher gerichtlich geltend gemacht hat.

I. Nach § 562 b steht dem Vermieter zum Schutz seines Pfandrechts (§ 562) neben dem Recht zum Widerspruch (§ 562 a) auch ein v den engen Voraussetzungen des § 229 unabhängiges **Selbsthilferecht** (Abs 1) zu. Abs 1 ist lex specialis zu § 229. Nach einer rechtswidrig erfolgten Entfernung eingebrachter Sachen hat der Vermieter einen **Herausgabeanspruch** gegen den Besitzer (Abs 2). 1
II. 1. Der Vermieter darf die unberechtigte **Entfernung** der seinem Pfandrecht unterliegenden Sachen v Grundstück, solange sie sich noch auf diesem befinden, eigenhändig verhindern (Abs 1 S 1) und dabei notfalls auch Gewalt anwenden (einschränkend Palandt/Weidenkaff § 562 b Rn 6; aus rechtspolitischen Gründen hierzu krit MK/Artz § 562 b Rn 1 ff). Dies gilt selbst dann, wenn obrigkeitliche Hilfe rechtzeitig zu erlangen gewesen wäre (MK/Artz § 562 b Rn 1). Beim Auszug des Mieters ist der Vermieter befugt, die Sachen in Besitz zu nehmen (Abs 1 S 2). Überschreitet er die Grenzen seines Selbsthilferechts, haftet er nicht verschuldensunabhängig nach § 231, sondern nur bei **Verschulden** nach § 823 (Jauernig/Teichmann § 562 b Rn 1). 2
2. Sind die Sachen bereits unberechtigt entfernt worden, kann der Vermieter ihre **Zurückschaffung** verlangen (Abs 2 S 1). Der Herausgabeanspruch des Vermieters richtet sich gegen den Mieter sowie jeden anderen Besitzer der Sachen, der kein vorrangiges Besitzrecht an diesen hat (Staud/Emmerich § 562 b Rn 13). Er ist auf Rückführung der 3

Sachen auf das Grundstück gerichtet, wenn dieses v Mieter noch nicht geräumt wurde, anderenfalls auf Überlassung des Besitzes an den Vermieter (MK/Artz § 562 b Rn 7). Der Zurückschaffungsanspruch unterliegt einer **Ausschlussfrist** v einem Monat ab Kenntnis des Vermieters v der Entfernung der Sache (Abs 2 S 2). Wird es nicht rechtzeitig gerichtlich im Wege der Klage oder der einstweiligen Verfügung geltend gemacht, **erlischt das Pfandrecht** (Abs 2 S 2).

§ 562 c Abwendung des Pfandrechts durch Sicherheitsleistung

¹Der Mieter kann die Geltendmachung des Pfandrechts des Vermieters durch Sicherheitsleistung abwenden. ²Er kann jede einzelne Sache dadurch von dem Pfandrecht befreien, dass er in Höhe ihres Wertes Sicherheit leistet.

1 I. § 562 c eröffnet dem Mieter die Möglichkeit, durch Sicherheitsleistung die Geltendmachung des Pfandrechts nach § 562 durch seinen Vermieter zu **verhindern**.
2 II. 1. Das Vermieterpfandrecht kann nicht nur v Mieter, sondern auch v Dritten, insb dem **Eigentümer der Sache**, durch Sicherheitsleistung abgewendet werden (BGH WM 71, 1087).
3 2. Die **Höhe der zu erbringenden Sicherheitsleistung** richtet sich nach den Ansprüchen des Vermieters gegen den Mieter, für deren Sicherung ihm ein Pfandrecht nach § 562 zusteht bzw nach dem Wert der Sache(n), die v Pfandrecht befreit werden soll(en) (Palandt/Weidenkaff § 562 c Rn 1). Zur Leistung der Sicherheit vgl iÜ §§ 232 ff.
4 3. § 562 c ist **nicht abdingbar** (allgM, vgl MK/Artz § 562 c Rn 2).
5 4. Hat der Mieter oder ein Dritter gem § 562 c Sicherheit geleistet, darf der Vermieter die aus seinem **Pfandrecht** folgenden Rechte, va sein Selbsthilferecht nach § 562 b I, **nicht ausüben** (Palandt/Weidenkaff § 562 c Rn 2). Ob das Pfandrecht darüber hinaus erlischt, ist str (dafür: Staud/Emmerich § 562 c Rn 5; aA: Jauernig/Teichmann § 562 c Rn 1).
6 5. Der Mieter kann die Beträge, die er als Sicherheitsleistung hinterlegt hat, nicht gegen die Mietforderungen des Vermieters **aufrechnen**.

§ 562 d Pfändung durch Dritte

Wird eine Sache, die dem Pfandrecht des Vermieters unterliegt, für einen anderen Gläubiger gepfändet, so kann diesem gegenüber das Pfandrecht nicht wegen der Miete für eine frühere Zeit als das letzte Jahr vor der Pfändung geltend gemacht werden.

1 **Pfänden Dritte** Sachen, die dem Pfandrecht des Vermieters unterliegen, sich aber nicht in dessen Besitz befinden, so kann der Vermieter dem nicht widersprechen. Er kann vielmehr nur verlangen, **vorzugsweise aus dem Erlös befriedigt** zu werden (§ 805 I ZPO, vgl auch schon § 562 Rn 10). Im Interesse der Drittgläubiger beschränkt § 562 d den Umfang dieses Rechts aber auf Mietforderungen des Vermieters für das letzte Jahr vor der Pfändung.

Kapitel 4
Wechsel der Vertragsparteien

§ 563 Eintrittsrecht bei Tod des Mieters

(1) ¹Der Ehegatte, der mit dem Mieter einen gemeinsamen Haushalt führt, tritt mit dem Tod des Mieters in das Mietverhältnis ein. ²Dasselbe gilt für den Lebenspartner.
(2) ¹Leben in dem gemeinsamen Haushalt Kinder des Mieters, treten diese mit dem Tod des Mieters in das Mietverhältnis ein, wenn nicht der Ehegatte eintritt. ²Der Eintritt des Lebenspartners bleibt vom Eintritt der Kinder des Mieters unberührt. ³Andere Familienangehörige, die mit dem Mieter einen gemeinsamen Haushalt führen, treten mit dem Tod des Mieters in das Mietverhältnis ein, wenn nicht der Ehegatte oder der

Lebenspartner eintritt. ⁴Dasselbe gilt für Personen, die mit dem Mieter einen auf Dauer angelegten gemeinsamen Haushalt führen.
(3) ¹Erklären eingetretene Personen im Sinne des Absatzes 1 oder 2 innerhalb eines Monats, nachdem sie vom Tod des Mieters Kenntnis erlangt haben, dem Vermieter, dass sie das Mietverhältnis nicht fortsetzen wollen, gilt der Eintritt als nicht erfolgt. ²Für geschäftsunfähige oder in der Geschäftsfähigkeit beschränkte Personen gilt § 210 entsprechend. ³Sind mehrere Personen in das Mietverhältnis eingetreten, so kann jeder die Erklärung für sich abgeben.
(4) Der Vermieter kann das Mietverhältnis innerhalb eines Monats, nachdem er von dem endgültigen Eintritt in das Mietverhältnis Kenntnis erlangt hat, außerordentlich mit der gesetzlichen Frist kündigen, wenn in der Person des Eingetretenen ein wichtiger Grund vorliegt.
(5) Eine abweichende Vereinbarung zum Nachteil des Mieters oder solcher Personen, die nach Absatz 1 oder 2 eintrittsberechtigt sind, ist unwirksam.

§ 563 a Fortsetzung mit überlebenden Mietern

(1) Sind mehrere Personen im Sinne des § 563 gemeinsam Mieter, so wird das Mietverhältnis beim Tod eines Mieters mit den überlebenden Mietern fortgesetzt.
(2) Die überlebenden Mieter können das Mietverhältnis innerhalb eines Monats, nachdem sie vom Tod des Mieters Kenntnis erlangt haben, außerordentlich mit der gesetzlichen Frist kündigen.
(3) Eine abweichende Vereinbarung zum Nachteil der Mieter ist unwirksam.

§ 563 b Haftung bei Eintritt oder Fortsetzung

(1) ¹Die Personen, die nach § 563 in das Mietverhältnis eingetreten sind oder mit denen es nach § 563 a fortgesetzt wird, haften neben dem Erben für die bis zum Tod des Mieters entstandenen Verbindlichkeiten als Gesamtschuldner. ²Im Verhältnis zu diesen Personen haftet der Erbe allein, soweit nichts anderes bestimmt ist.
(2) Hat der Mieter die Miete für einen nach seinem Tod liegenden Zeitraum im Voraus entrichtet, sind die Personen, die nach § 563 in das Mietverhältnis eingetreten sind oder mit denen es nach § 563 a fortgesetzt wird, verpflichtet, dem Erben dasjenige herauszugeben, was sie infolge der Vorausentrichtung der Miete ersparen oder erlangen.
(3) Der Vermieter kann, falls der verstorbene Mieter keine Sicherheit geleistet hat, von den Personen, die nach § 563 in das Mietverhältnis eingetreten sind oder mit denen es nach § 563 a fortgesetzt wird, nach Maßgabe des § 551 eine Sicherheitsleistung verlangen.

§ 564 Fortsetzung des Mietverhältnisses mit dem Erben, außerordentliche Kündigung

¹Treten beim Tod des Mieters keine Personen im Sinne des § 563 in das Mietverhältnis ein oder wird es nicht mit ihnen nach § 563 a fortgesetzt, so wird es mit dem Erben fortgesetzt. ²In diesem Fall ist sowohl der Erbe als auch der Vermieter berechtigt, das Mietverhältnis innerhalb eines Monats außerordentlich mit der gesetzlichen Frist zu kündigen, nachdem sie vom Tod des Mieters und davon Kenntnis erlangt haben, dass ein Eintritt in das Mietverhältnis oder dessen Fortsetzung nicht erfolgt sind.

§§ 563–564

I. Die Vorschriften der §§ 563 bis 564 sind durch Art 2 des LPartG neu gefasst bzw geändert worden. Durch die Neuregelung sollte die schon nach altem Recht bestehende Sonderrechtsnachfolge für bestimmte Personen in das Mietverhältnis über Ehegatten und Familienangehörige hinaus auch auf gleich- oder andersgeschlechtliche Lebensgefährten ausgedehnt und dadurch den veränderten gesellschaftlichen Verhältnissen angepasst werden. Das MietrechtsreformG hat die Bestimmungen erneut sprachlich und inhaltlich überarbeitet, um sie „an die veränderten gesellschaftlichen Verhältnisse und die Entwicklung der Rechtsprechungr" anzupassen (BR-Drucks 439/00, 152 f). Der **Tod des Vermieters** oder **Mieters** berührt grds das Mietverhältnis nicht. Die Erben treten in die Rechte und Pflichten des Erblassers aus dem Mietvertrag ein (§§ 1922 I, 1967 I). Das Mietrecht enthält hins des Todes des Vermieters keine Sonderregelungen. Beim **Tod des Mieters** gewährt dag § 564 I 2 dem Vermieter und den Erben des Mieters ein außerordentliches befristetes Kündigungsrecht (§ 573 II 1), das innerhalb eines Monats nach der Kenntnis v Tod des Mieters auszuüben ist. Dadurch wird berücksichtigt, dass der Vermieter die Mietsache idR nur einer bestimmten Person überlassen wollte. Dies gilt grds für alle Mietverhältnisse (vgl § 580). Für die **Wohnraummiete** enthalten die §§ 563–564 spezielle Regelungen. Hierbei handelt es sich um Schutzvorschriften zugunsten solcher dem Mieter nahe stehender Personen (Ehegatten, Lebenspartner, Kinder, andere Familienangehörige), die mit dem Verstorbenen bei seinem Tod einen **gemeinsamen Haushalt** geführt haben (§ 563 I, II).

2 II. 1. § 563 regelt das sog **Eintrittsrecht** v bestimmten, eng mit dem verstorbenen Mieter verbundenen Personen, die mit ihm in dem gemieteten Wohnraum bislang einen gemeinsamen Haushalt geführt haben, ohne aber Partei des Mietvertrages zu sein (für diese gilt § 563 a). Hat der Mieter bei seinem Tod in der Wohnung mit seinem Ehegatten, Lebenspartner, Kind oder anderen Familienangehörigen einen **gemeinsamen Haushalt** geführt, so treten diese unabhängig v der Erbfolge in das Mietverhältnis ein (§§ 563, 564 S 1). Es findet also eine **Sonderrechtsnachfolge** in das Mietverhältnis statt (Medicus, SchR II Rn 216).

3 a) Eintrittsberechtigt sind **Ehegatten** (§ 563 I 1) sowie **Lebenspartner** iSd LPartG (§ 563 I 2), **Kinder** (§ 563 II 1) und **andere Familienangehörige** (alle nach dem BGB mit dem Mieter verwandten oder verschwägerten Personen, vgl MK/Häublein, § 563 Rn 13) des Mieters, sowie sonstige Personen, die mit diesem einen auf Dauer angelegten **gemeinsamen Haushalt** geführt hatten (§ 563 II 4). Dabei gehen hins der Nachfolge in das Mietverhältnis der Ehegatte und die Kindern und der Ehegatte oder der Lebenspartner den anderen Familien- oder Haushaltsangehörigen vor (§ 563 II). Partner einer **nichtehelichen Lebensgemeinschaft** waren nach der bisherigen Rechtslage grds **nicht** eintrittsberechtigt. Eine Ausn machte die Rspr jedoch für die auf Dauer angelegte, heterosexuelle **eheähnliche Lebensgemeinschaft** (BVerfG JZ 90, 812; BGH 121, 116). Nunmehr enthält § 563 II 4 ein generelles Eintrittsrecht für Personen, die in den gemieteten Räumen mit dem Mieter einen auf Dauer angelegten gemeinsamen Haushalt führen. Damit ist neben den Familienangehörigen auch ein gleich- oder andersgeschlechtlicher Lebensgefährte eintrittsberechtigt. Sein Eintrittsrecht steht gleichrangig neben dem der Familienangehörigen und wird nicht durch dieses verdrängt. Haben Familienangehörige und Lebensgefährten bislang mit dem verstorbenen Mieter gemeinsam in der Wohnung gelebt und dort einen gemeinsamen Haushalt geführt, so steht jedem v ihnen gleichberechtigt ein Eintrittsrecht zu. Daher können auch alle gemeinsam eintreten und auf diese Weise die bisher bestehende Lebensgemeinschaft in der Wohnung fortsetzen. Zum Eintrittsrecht Angehöriger bei Genossenschaftswohnungen: BGH WuM 10, 431.

4 b) Die eintrittsberechtigten Personen haben ein **Ablehnungsrecht** (§ 563 III). Dieses ist innerhalb eines Monats nach Kenntniserlangung v Tod des Mieters durch Erklärung ggü dem Vermieter auszuüben. Bei Personen, die gem § 563 II nachrangig eintrittsberechtigt sind, beginnt die Ablehnungsfrist erst mit Kenntnis v der Ablehnungserklärung der Bevorrechtigten zu laufen (Staud/Rolfs § 563 Rn 38). Mit der Ablehnung gilt der Eintritt als nicht erfolgt. Nach dem Erbfall entstandene Forderungen des Vermieters gelten in diesem Fall als reine Nachlassverbindlichkeiten: BGH NJW 13, 933.

5 c) Dem Vermieter steht ein außerordentliches befristetes **Kündigungsrecht** zu, wenn in der Person des Eintretenden ein wichtiger Grund (§ 540 I 2) hierfür vorliegt (§ 563 IV). Er hat eine einmonatige Überlegungsfrist, innerhalb derer er sich entscheiden kann, ob er das Mietverhältnis mit dem Eingetretenen kündigen will. Die Frist beginnt, nachdem der Vermieter Kenntnis v Tod des Mieters und davon erlangt hat, dass der Eintritt endgültig ist (also spätestens mit Ablauf der Frist nach § 563 III). Macht der Vermieter v seinem Kündigungsrecht Gebrauch, so gelten die in § 573 d vorgesehenen Fristen. Ein solches Kündigungsrecht besteht jedoch nicht, wenn der überlebende Ehegatte die Wohnung gemeinsam mit dem Verstorbenen gemietet hatte (§ 563 a). In diesem Fall kann der überlebende Mieter vielmehr lediglich innerhalb der Frist des § 573 d die Wohnung kündigen (§ 563 a II).

d) Die Vorschrift ist zum Schutz des Mieters und der Eintrittsberechtigten **unabdingbar** (§ 563 V). 6

2. a) § 563 a regelt das sog **Fortsetzungsrecht** des Mitmieters, betrifft also anders als § 563 den Fall, dass neben dem verstorbenen Mieter noch weitere Personen Mieter der Wohnung waren. Durch diese Regelung soll verhindert werden, dass nach den allgemeinen erbrechtlichen Grundsätzen der Erbe in die mietvertragliche Stellung des verstorbenen Mieters einrückt. Demgegenüber ordnet § 563 a für solche Mitmieter, die zum Kreis der Eintrittsberechtigten (Rn 3) gehören, eine Sonderrechtsnachfolge in diese Rechtsposition an, welche die allgemeine Erbfolge verdrängt. Die überlebenden Mitmieter setzen nach § 563 a I das Mietverhältnis ohne den Erben fort. 7

b) Nach § 563 a II haben die überlebenden Mitmieter ein Recht zur **außerordentlichen Kündigung** mit gesetzlicher Frist. Das Kündigungsrecht können mehrere Mitmieter nur gemeinsam ausüben. Zur zeitlichen Ausübung des Kündigungsrechts sowie den Rechtsfolgen der Kündigung gilt das oben Gesagte vgl Rn 4. 8

c) Die relative **Unabdingbarkeit** der Vorschrift folgt aus § 563 a III. 9

3. a) § 563 b regelt einzelne Rechtsfolgen im Falle eines Eintritts nach § 563 oder einer Fortsetzung nach § 563 a. **Mehrere** eintritts- oder folgeberechtigte Personen haften neben den **Erben** für alle bis zum Tod entstandenen Verbindlichkeiten aus dem Mietvertrag als **Gesamtschuldner** (§ 563 b I 1). Im Innenverhältnis zu diesen Personen haftet der Erbe grds allein. Da insb bei einer Fortsetzung des Mietverhältnisses mit den überlebenden Mitmietern (§§ 563 a, 563 b) im Innenverhältnis eine Haftung der Erben für frühere Verbindlichkeiten nicht in jedem Fall sachgerecht ist (vgl MK/Häublein § 564 Rn 6), steht sie gem § 563 b I 2 in Anlehnung an § 426 I 1 unter dem Vorbehalt einer anderweitigen Bestimmung. 10

b) Bei einer **Mietvorauszahlung** des Mieters für einen nach seinem Tode liegenden Zeitpunkt hat der Erbe einen **Herausgabeanspruch** gegen die eingetretenen oder fortsetzenden Personen in Höhe der durch die Vorauszahlung Ersparten bzw Erlangten (§ 563 b II). 11

c) Nach § 563 b III hat der Vermieter einen Anspruch auf **Leistung einer Sicherheit**. Dieser Anspruch soll den durch Tod des Mieters und Eintritt oder Fortsetzung geänderten Umständen in wirtschaftlicher Hinsicht im Interesse des Vermieters Rechnung tragen. 12

4. a) § 564 grenzt die Sonderrechtsnachfolge gem §§ 563–563 b zur Gesamtrechtsnachfolge ab. Dabei wird zunächst klargestellt, dass das Eintritts- und Fortsetzungsrecht einer Fortsetzung des Mietverhältnisses mit dem Erben vorgeht (§ 564 S 1). Nur für den Fall, dass weder ein Eintritt noch eine Fortsetzung erfolgen, wird also das Mietverhältnis mit dem Erben weitergeführt. 13

b) Im Falle der Weiterführung des Mietverhältnisses mit dem Erben gewährt § 564 S 2 sowohl dem **Vermieter** als auch dem **Erben** ein einmaliges außerordentliches befristetes **Kündigungsrecht**. Die Fristen hierfür ergeben sich aus § 573 d. Beide Seiten haben für die Ausübung des Kündigungsrechts eine **Überlegungsfrist** v einem Monat. 14

c) Auf andere Mietverhältnisse als Wohnraummietverhältnisse finden die Regelungen zum Eintritts- und Fortsetzungsrecht keine Anwendung. Für die Weiterführung des Mietverhältnisses mit dem Erben gilt in diesen Fällen vielmehr allein § 580. 15

§ 565 Gewerbliche Weitervermietung

(1) ¹Soll der Mieter nach dem Mietvertrag den gemieteten Wohnraum gewerblich einem Dritten zu Wohnzwecken weitervermieten, so tritt der Vermieter bei der Beendigung des Mietverhältnisses in die Rechte und Pflichten aus dem Mietverhältnis zwischen dem Mieter und dem Dritten ein. ²Schließt der Vermieter erneut einen Mietver-

trag zur gewerblichen Weitervermietung ab, so tritt der Mieter anstelle der bisherigen Vertragspartei in die Rechte und Pflichten aus dem Mietverhältnis mit dem Dritten ein.
(2) Die §§ 566 a bis 566 e gelten entsprechend.
(3) Eine zum Nachteil des Dritten abweichende Vereinbarung ist unwirksam.

1 I. Die Vorschrift dient dem **Kündigungsschutz** v Wohnraummietern, die ihre Wohnung nicht direkt v Eigentümer, sondern v einem **gewerblichen Zwischenvermieter** gemietet haben. Vor Einf des jetzigen § 565 waren solche **Untermieter** bei einem Wegfall des Mietverhältnisses zwischen Eigentümer und Zwischenvermieter nach § 546 II zur Herausgabe der Mietsache an den Eigentümer verpflichtet, ohne sich auf die §§ 574 bis 574 c, 573 ff, 575 f berufen zu können. Die ältere Rspr des BGH hatte dieser Regelungslücke im Mieterschutz des BGB nur unzureichend Rechnung getragen, indem sie dem Untermieter in Ausnahmefällen den Einwand des Rechtsmissbrauchs (§ 242) zubilligte (vgl Nachw bei MK/Häublein § 565 Rn 2). Der heutige § 565 setzt die Vorgaben des BVerfG um (BVerfGE 84, 197), das die Gesetzesauslegung des BGH 1991 für unvereinbar mit Art 3 I GG erklärt hatte.

2 II. 1. Die Vorschrift gilt nur für **gewerbliche Zwischenmietverhältnisse**. Es muss also ein wirksamer Vertrag zwischen Eigentümer und Zwischenvermieter über Räume bestanden haben, die der Zwischenvermieter zum Zwecke der Gewinnerzielung wirksam als Wohnräume an den Untermieter weitervermietet hat. Str ist, ob eine analoge Anwendung v § 565 in Betracht kommt, wenn es sich bei dem Zwischenvermieter um eine **karitative Organisation** handelt, die Zwischenvermietung also geschäftlich, aber nicht zur Gewinnerzielung erfolgt (dag: BGH NJW 96, 2862; Palandt/Weidenkaff § 565 Rn 2; Staud/Emmerich § 565 Rn 4; dafür: Jauernig/Teichmann § 566 a Rn 2; MK/Häublein § 565 Rn 7; offen gelassen: BGH NJW 03, 3054).

3 2. a) Kommt es im Anschluss an die Beendigung des Mietverhältnisses zwischen dem Eigentümer und dem Zwischenvermieter nicht nahtlos zu einer erneuten gewerblichen Zwischenvermietung der v Untermieter gemieteten Wohnräume, tritt der **Vermieter** gem **Abs 1 S 1** kraft Gesetzes mit Beendigung des Zwischenmietverhältnisses in die Rechte und Pflichten des Zwischenvermieters aus dem Mietverhältnis mit dem Untermieter ein (Jauernig/Teichmann § 566 Rn 3; MK/Häublein § 565 Rn 14; aA [kraft Gesetzes neuer Mietvertrag gleichen Inhalts]: Staud/Emmerich § 565 Rn 11). Damit wird der Untermieter (zumindest vorübergehend, vgl unter Rn 5) zum (Haupt-)Mieter (Staud/Emmerich § 565 Rn 12).

4 b) Wird sogleich ein **neuer Zwischenvermieter** zwischen Eigentümer und Untermieter geschaltet, gehen die Rechte und Pflichten aus dem Untermietvertrag direkt v alten auf den neuen Zwischenvermieter über (**Abs 1 S 2**).

5 c) Kommt es erst **später zu einer erneuten gewerblichen Zwischenvermietung**, übernimmt der neue Zwischenvermieter v Eigentümer die Rechte und Pflichten aus dem Vertrag mit dem zeitweilig zum (Haupt-)Mieter (vgl Rn 3) erhobenen früheren Untermieter (Jauernig/Teichmann § 566 Rn 3), der dadurch wieder zum Untermieter wird (Staud/Emmerich § 565 Rn 12).

6 3. In allen drei Fallkonstellationen finden die §§ **566 a–566 e** entspr Anwendung (Abs 2), wobei der Eigentümer (Rn 3) oder der neue Zwischenvermieter (Rn 4 und 5) an die Stelle des Erwerbers tritt.

7 4. Die Vorschrift kann **nicht** zum Nachteil des Untermieters **abbedungen** werden (Abs 3).

§ 566 Kauf bricht nicht Miete

(1) Wird der vermietete Wohnraum nach der Überlassung an den Mieter von dem Vermieter an einen Dritten veräußert, so tritt der Erwerber anstelle des Vermieters in die sich während der Dauer seines Eigentums aus dem Mietverhältnis ergebenden Rechte und Pflichten ein.
(2) ¹Erfüllt der Erwerber die Pflichten nicht, so haftet der Vermieter für den von dem Erwerber zu ersetzenden Schaden wie ein Bürge, der auf die Einrede der Vorausklage

verzichtet hat. ²Erlangt der Mieter von dem Übergang des Eigentums durch Mitteilung des Vermieters Kenntnis, so wird der Vermieter von der Haftung befreit, wenn nicht der Mieter das Mietverhältnis zum ersten Termin kündigt, zu dem die Kündigung zulässig ist.

I. 1. Die Vorschrift bezweckt den **Schutz des Mieters** vor Rechtsnachteilen infolge der Veräußerung des vermieteten Wohnraums durch den Vermieter (Staud/Emmerich § 571 Rn 4). Während der besitzende Mieter einer beweglichen Sache bei deren Veräußerung durch den Eigentümer (die idR nur nach §§ 929, 931 möglich ist) durch § 986 II gegen den Erwerber weitgehend geschützt ist, gilt dieser Schutz für die Veräußerung einer vermieteten Wohnung nicht. Der Mieter hat grds aus dem Mietvertrag nur Rechte gegen den Vermieter, nicht gegen einen dritten Erwerber oder Inhaber eines dinglichen Rechts an der Mietsache (zB einem Nießbrauch nach §§ 1030 ff). Bei einer Nichterfüllung dieser Ansprüche gegen den Vermieter stehen dem Mieter nur Ansprüche gem §§ 280 ff zu. Das Gesetz ordnet daher zum Schutz des Mieters bei der Miete v Wohnraum einen **gesetzlichen Vertragsübergang** an: Der Erwerber tritt in alle Rechte und Pflichten aus dem Mietverhältnis ein (Abs 1). Hierbei handelt es sich um eine **gesetzlich angeordnete Vertragsübernahme** (MK/Häublein § 566 Rn 23). 1

2. Die Vorschrift ist unmittelbar nur auf Mietverhältnisse über Wohnräume **anwendbar**. Kraft ausdrücklicher gesetzlicher Anordnung gilt sie entspr für andere Räume und Grundstücke (§ 578) sowie bei der Pacht (§ 581 II), Landpacht (§ 593 b) und bei einer Vermietung durch den Erbbauberechtigten (§ 30 ErbbauVO), Nießbraucher (§ 1056) oder Vorerben (§ 2135). Ebenso findet die Vorschrift entspr Anwendung, wenn der neue Eigentümer das Eigentum nicht durch ein Veräußerungsgeschäft sondern kraft Gesetzes erworben hat (BGH NJW 08, 2773). Zu den Grenzen einer entspr Anwendbarkeit, wenn der Vermieter nicht Eigentümer der Mietsache ist u auf der Eigentümerseite lediglich eine identitätswahrende Firmenänderung erfolgt: BVerfG NJW 13, 3774. Ein über ein Gebäude und ein Grundstück geschlossener Mietvertrag wird durch eine getrennte Veräußerung des Flurstücks mit dem Gebäude und des umliegenden Flurstücks nicht in mehrere Mietverhältnisse aufgespalten, vielmehr treten die Erwerber nach Maßgabe der Regeln über die Bruchteilsgemeinschaft in den einheitlichen Mietvertrag ein (BGH ZMR 12, 692). 2

II. 1. Der Eintritt des Erwerbers in den Mietvertrag hat folgende **Voraussetzungen**: 3
a) Es besteht ein **wirksames Mietverhältnis** zwischen Mieter und Wohnungseigentümer. Vermieter und Eigentümer müssen also identisch sein (Palandt/Weidenkaff § 566 Rn 7). Zur Möglichkeit des Übergangs eines mit dem Zwangsverwalter geschlossenen Mietvertrags auf einen späteren Erwerber vgl BGH WuM 13, 496. 4
b) Die Wohnung wird an einen Dritten **veräußert**. Unter Veräußerung ist jeder rechtsgeschäftliche Eigentumsübergang zu verstehen. Maßgebender Zeitpunkt ist daher die Eintragung des Erwerbers ins Grundbuch (Staud/Emmerich § 566 Rn 26). Das zugrunde liegende Kausalgeschäft (zB Kauf, Schenkung, Tausch) spielt demgegenüber keine Rolle (Jauernig/Teichmann § 566 Rn 2). 5
c) Die Veräußerung erfolgt **nach Überlassung** der Wohnung an den Mieter (vgl zur Abgrenzung MK/Häublein § 566 Rn 14). Für einen Eigentumsübergang **vor** Überlassung gilt § 567 a. Wird vor der Überlassung der Wohnung an den Mieter lediglich eine **Auflassungsvormerkung** zugunsten des Erwerbers bestellt, so hindert dies ebenfalls den Eintritt der Rechtsfolgen des Abs 1. Zwar ist die Überlassung der Wohnung keine Verfügung iSd § 883 II, so dass diese Vorschrift nicht unmittelbar anwendbar ist (BGHZ 13, 3). Da der Schutz des Vormerkungsberechtigten gegen vormerkungswidrige Verfügungen aber erst recht gegen die Folgen obligatorischer Verpflichtungen zum Zuge kommen muss, ist eine **analoge Anwendung des § 883 II 1** auf die Überlassung der Wohnung geboten. Anderenfalls würde dem Erwerber über § 566 der unmittelbare Besitz an der Wohnung für lange Zeit entzogen (str; dafür: Staud/Gursky § 883 Rn 139; aA BGHZ 13, 5; Jauernig/Jauernig § 883 Rn 17; vgl ausf § 883 Rn 44 ff). Erfolgt der Grundstückserwerb erst nach Beendigung eines Mietverhältnisses und dem Auszug des Mieters, tritt der Erwerber nicht in die Rechte und Pflichten aus dem Mietvertrag ein. 6

Vielmehr bleibt der Alteigentümer zur Rückzahlung der Mietkaution und zur Abrechnung der Nebenkosten verpflichtet (BGH NJW 07, 1818).

7 2. **Rechtsfolgen** des § 566 sind:

8 a) Der **Erwerber** tritt im Zeitpunkt des Eigentumsübergangs kraft Gesetzes in **alle Rechte und Pflichten** des Vermieters aus dem Mietvertrag ein. Dabei kommt es nicht auf die Kenntnis des Erwerbers v Mietvertrag und den daraus resultierenden Pflichten an (MK/Häublein § 566 Rn 23). Der Erwerber hat daher alle Ansprüche aus dem Mietverhältnis, soweit diese **nach dem Eigentumsübergang** auf ihn **fällig** wurden; die **vorher** begründeten Ansprüche und Rechte bleiben dag grds beim bisherigen Vermieter (Staud/Emmerich § 566 Rn 48 f; anders der bereits vor Eigentumsübergang entstandene Anspruch auf Leistung einer Kaution: BGH NJW 12, 3032). Dem Erwerber stehen also zB die nach dem Erwerb fällig gewordenen Mietansprüche (vgl aber §§ 566 b ff) sowie der Herausgabeanspruch aus § 546 zu. Andererseits treffen ihn v diesem Zeitpunkt an auch die Pflichten aus dem Mietverhältnis, zB zur Rückzahlung v Baukostenzuschüssen (BGH WM 60, 1127 f), zur Vertragsverlängerung (BGHZ 55, 71, 73 ff) oder zur Duldung einer Untervermietung (Staud/Emmerich § 566 Rn 52). Befand sich der Vermieter mit der Beseitigung v Mängeln der Mietsache in Verzug, wirkt diese Verzugslage nach dem Eigentumsübergang in der Person des Erwerbers fort (BGH NJW 05, 1187; ZMR 06, 761). Dag trifft den Erwerber die verschuldensunabhängige **Garantiehaftung** aus § 536 a I hins solcher Schäden, die erst nach dem Eigentumsübergang eingetreten sind, nur dann, wenn der Mangel bereits bei Abschluss des Mietvertrages vorhanden war. Denn in diesem Fall sollen dem Mieter die Vorteile der Garantiehaftung des Vermieters für anfängliche Mängel durch die Grundstücksveräußerung nicht verloren gehen (BGHZ 49, 352). Ist der Mangel hingegen erst zwischen Vertragsschluss und Übergang des Eigentums an den Erwerber entstanden, haftet dieser nur bei Verschulden, das sich allerdings häufig aus einer Verletzung der dem Erwerber beim Erwerb des Grundstücks obliegenden Verkehrssicherungs- und Prüfungspflicht ergeben wird (Staud/Emmerich § 566 Rn 54).

9 b) Der **bisherige Vermieter** (Veräußerer) scheidet mit dem Eigentumsübergang aus dem Mietverhältnis aus. Er behält aber alle Ansprüche und Rechte, die bereits **vor** dem Eigentumsübergang fällig geworden sind. In diesem Umfang haftet er auch allein weiter. Daneben haftet er zur Sicherheit des Mieters, dem ohne seine Mitwirkung ein möglicherweise zahlungsunfähiger Vertragspartner aufgedrängt wird, für Schadensersatzansprüche, die sich wegen des Abs 1 gegen den Erwerber richten, wie ein **selbstschuldnerischer Bürge** (Abs 2 S 1), dh als Gesamtschuldner neben dem Erwerber (§ 773 I Nr 1). Diese Haftung besteht aber nur für eine **Übergangszeit**: Sie erlischt, wenn der bisherige Vermieter dem Mieter den Eigentumsübergang anzeigt und der Mieter daraufhin nicht zum nächstmöglichen Termin kündigt (Abs 2 S 2).

§ 566 a Mietsicherheit

¹Hat der Mieter des veräußerten Wohnraums dem Vermieter für die Erfüllung seiner Pflichten Sicherheit geleistet, so tritt der Erwerber in die dadurch begründeten Rechte und Pflichten ein. ²Kann bei Beendigung des Mietverhältnisses der Mieter die Sicherheit von dem Erwerber nicht erlangen, so ist der Vermieter weiterhin zur Rückgewähr verpflichtet.

1 Nach § 566 a tritt der Erwerber mit dem Erwerb des Eigentums an der Wohnung kraft Gesetzes in alle Rechte ein, die sich aus **Mietsicherheiten** (zB Bürgschaft, Sicherungsübereignung, Barkaution) ergeben, die der Mieter zuvor dem Vermieter geleistet hat (S 1). Kann der Mieter bei Beendigung des Mietverhältnisses die Sicherheit nicht v Erwerber zurückerlangen – zB bei dessen Insolvenz –, so bleibt der frühere Vermieter dem Mieter ggü weiterhin zur Rückerstattung verpflichtet (S 2), zu den Grenzen der vertragl Abweichung v dieser Regelung vgl BGH NZM 13, 230. Damit wird dem Grds Rechnung getragen, dass eine Partei – hier der Mieter – nur das Insolvenzrisiko des eigenen Vertragspartners – hier des früheren Vermieters und nicht des Erwerbers – zu tragen hat. Der Vermieter, der sich den Erwerber der Wohnung selbst ausgesucht hat, hat danach das Risiko v dessen Insolvenz auch allein zu tragen (vgl BGHZ 141, 160 ff). Diese **fortdauernde Haftung** des früheren Vermieters nach S 2 ist naturgemäß subsidiär ggü der Haftung des Erwerbers. Der Mieter muss danach zunächst versuchen, die Sicherheit v Erwerber rückerstattet zu bekommen. Die Vorschrift gilt auch für Mietverhältnisse über andere als Wohnräume und Grundstücke (§ 578).

§ 566 b Vorausverfügung über die Miete

(1) ¹Hat der Vermieter vor dem Übergang des Eigentums über die Miete verfügt, die auf die Zeit der Berechtigung des Erwerbers entfällt, so ist die Verfügung wirksam, soweit sie sich auf die Miete für den zur Zeit des Eigentumsübergangs laufenden Kalendermonat bezieht. ²Geht das Eigentum nach dem 15. Tag des Monats über, so ist die Verfügung auch wirksam, soweit sie sich auf die Miete für den folgenden Kalendermonat bezieht.
(2) Eine Verfügung über die Miete für eine spätere Zeit muss der Erwerber gegen sich gelten lassen, wenn er sie zur Zeit des Übergangs des Eigentums kennt.

§ 566 c Vereinbarung zwischen Mieter und Vermieter über die Miete

¹Ein Rechtsgeschäft, das zwischen dem Mieter und dem Vermieter über die Mietforderung vorgenommen wird, insbesondere die Entrichtung der Miete, ist dem Erwerber gegenüber wirksam, soweit es sich nicht auf die Miete für eine spätere Zeit als den Kalendermonat bezieht, in welchem der Mieter von dem Übergang des Eigentums Kenntnis erlangt. ²Erlangt der Mieter die Kenntnis nach dem 15. Tag des Monats, so ist das Rechtsgeschäft auch wirksam, soweit es sich auf die Miete für den folgenden Kalendermonat bezieht. ³Ein Rechtsgeschäft, das nach dem Übergang des Eigentums vorgenommen wird, ist jedoch unwirksam, wenn der Mieter bei der Vornahme des Rechtsgeschäfts von dem Übergang des Eigentums Kenntnis hat.

§ 566 d Aufrechnung durch den Mieter

¹Soweit die Entrichtung der Miete an den Vermieter nach § 566 c dem Erwerber gegenüber wirksam ist, kann der Mieter gegen die Mietforderung des Erwerbers eine ihm gegen den Vermieter zustehende Forderung aufrechnen. ²Die Aufrechnung ist ausgeschlossen, wenn der Mieter die Gegenforderung erworben hat, nachdem er von dem Übergang des Eigentums Kenntnis erlangt hat, oder wenn die Gegenforderung erst nach der Erlangung der Kenntnis und später als die Miete fällig geworden ist.

§§ 566 b–566 d

I. Nach dem Grundsatz des § 566 I stehen die nach der Wohnungsveräußerung fällig werdenden Mietansprüche dem Erwerber zu. An sich wären daher Verfügungen des bisherigen Vermieters über die Miete, die über den Zeitpunkt des Eigentumsübergangs an der Wohnung hinauswirken, Verfügungen eines Nichtberechtigten (vgl MK/Häublein § 566 b Rn 2). Dieser Grundsatz wird aber in den §§ 566 b-566 d für **Vorausverfügungen** des bisherigen Vermieters über die künftige Miete sowie für **Mietvorauszahlungen** des Mieters modifiziert. Einerseits wird der Verfügungsempfänger bzw der Mieter dadurch begünstigt, dass den genannten Verfügungen überhaupt Rechtswirkung zuerkannt wird; andererseits wird aber das Interesse des Erwerbers dadurch gewahrt, dass derartige Verfügungen seinen Mietanspruch nur in sehr eingeschränktem Umfang berühren (Staud/Emmerich § 566 b Rn 1 f).

II. 1. **Vorausverfügungen** des Vermieters über die Miete sind **Rechtsgeschäfte** zwischen dem bisherigen **Vermieter** und einem **Dritten** (zB Abtretung, nach hM auch Verpfändung; so Jauernig/Teichmann §§ 566 b–566 e Rn 2; Palandt/Weidenkaff § 566 b Rn 4; aA MK/Häublein § 566 b Rn 8), die **vor dem Eigentumsübergang** vorgenommen wurden. Sie wirken nur insoweit gegen den Erwerber, als sie den zZ des Eigentumsübergangs laufenden Monat oder bei einem Eigentumserwerb in der zweiten Monatshälfte die Miete des folgenden Monats betreffen (§ 566 b I). Weitergehende Verfügungen muss der Erwerber nur gegen sich gelten lassen, wenn er sie zZ des Eigentumsübergangs kannte (§ 566 b II).

3 2. **Mietvorauszahlungen** und andere **Rechtsgeschäfte** des Mieters mit dem bisherigen Vermieter **über die Miete** (zB Erl, Stundung) sind dem Erwerber ggü nur wirksam, wenn sie sich auf die Miete bis zum Ablauf des Monats, in dem der Mieter Kenntnis v Eigentumsübergang erlangt hat, beziehen. Bei Erlangung der Kenntnis in der zweiten Monatshälfte sind sie darüber hinaus auch wirksam, wenn durch sie die Miete für den folgenden Monat geleistet werden soll (§ 566 c S 1). Entfaltet danach eine Mietvorauszahlung Wirkungen zulasten des Erwerbers, kann der Mieter gegen dessen Ansprüche auch mit einer Forderung gegen den bisherigen Vermieter aufrechnen (§ 566 d S 1). Dabei gelten allerdings die Einschränkungen des § 406 (§ 566 d S 2).

§ 566 e Mitteilung des Eigentumsübergangs durch den Vermieter

(1) Teilt der Vermieter dem Mieter mit, dass er das Eigentum an dem vermieteten Wohnraum auf einen Dritten übertragen hat, so muss er in Ansehung der Mietforderung dem Mieter gegenüber die mitgeteilte Übertragung gegen sich gelten lassen, auch wenn sie nicht erfolgt oder nicht wirksam ist.
(2) Die Mitteilung kann nur mit Zustimmung desjenigen zurückgenommen werden, der als der neue Eigentümer bezeichnet worden ist.

1 Die Vorschrift entspricht § 409. Sie schützt den Mieter, der sich auf die Richtigkeit der Anzeige des Vermieters v Eigentumsübergang verlassen dürfen soll (Jauernig/Teichmann § 566 b–566 e Rn 5). Die Anzeige bewirkt daher, dass der Mieter die Miete **mit befreiender Wirkung** an den Erwerber leisten kann. Sie kann nur mit Zustimmung des in ihr als Erwerber bezeichneten Dritten zurückgenommen werden (Abs 2).

§ 567 Belastung des Wohnraums durch den Vermieter

¹Wird der vermietete Wohnraum nach der Überlassung an den Mieter von dem Vermieter mit dem Recht eines Dritten belastet, so sind die §§ 566 bis 566 e entsprechend anzuwenden, wenn durch die Ausübung des Rechts dem Mieter der vertragsgemäße Gebrauch entzogen wird. ²Wird der Mieter durch die Ausübung des Rechts in dem vertragsgemäßen Gebrauch beschränkt, so ist der Dritte dem Mieter gegenüber verpflichtet, die Ausübung zu unterlassen, soweit sie den vertragsgemäßen Gebrauch beeinträchtigen würde.

1 § 567 dehnt den Schutz des Mieters bei Veräußerungen der Mietwohnung (§ 566) auf nachträgliche **Belastungen** der Mietsache durch den Vermieter aus. Hat dieser die Wohnung zugunsten eines Dritten mit einem Recht belastet, dessen Ausübung dem Mieter den vertragsmäßigen **Gebrauch** entzieht (zB Nießbrauch, vgl MK/Häublein § 567 Rn 6), gelten die §§ 566–566 e entspr (S 1). Beschränkt die Belastung dag nur den Gebrauch durch den Mieter (zB Dienstbarkeit, vgl Jauernig/Teichmann § 567 Rn 2), sind die §§ 566–566 e nicht anwendbar. Der Mieter hat dann lediglich einen Anspruch gegen den Dritten auf Unterlassung einer gebrauchsbeeinträchtigenden Ausübung seines Rechts (S 2).

§ 567 a Veräußerung oder Belastung vor der Überlassung des Wohnraums

Hat vor der Überlassung des vermieteten Wohnraums an den Mieter der Vermieter den Wohnraum an einen Dritten veräußert oder mit einem Recht belastet, durch dessen Ausübung der vertragsgemäße Gebrauch dem Mieter entzogen oder beschränkt wird, so gilt das Gleiche wie in den Fällen des § 566 Abs. 1 und des § 567, wenn der

Erwerber dem Vermieter gegenüber die Erfüllung der sich aus dem Mietverhältnis ergebenden Pflichten übernommen hat.

I. Die Vorschrift regelt die Auswirkungen, die die **Veräußerung** oder Belastung einer vermieteten Wohnung **zwischen** dem **Abschluss des Mietvertrages** und der **Überlassung** der Mietsache an den Mieter auf das Mietverhältnis hat. 1

II. Die Mieterschutzbestimmungen in den §§ **566, 567** sind grds **nur** anwendbar, wenn die **Mietsache** dem Mieter zum Zeitpunkt der Veräußerung bzw Belastung bereits v Vermieter **überlassen** worden war (MK/Häublein § 56 a Rn 1). **Anderenfalls** stehen dem Mieter gegen den Erwerber Rechte aus dem Mietvertrag nur zu, wenn dieser v Veräußerer die Erfüllung v dessen Verpflichtungen aus dem Mietverhältnis mit dem Mieter übernommen hat. Bei einer solchen **Erfüllungsübernahme** handelt es sich um eine Schuldübernahme iSv § 415. Entgg der dortigen Regelung ist eine Genehmigung des Mieters aber entbehrlich (allgM, vgl Palandt/Weidenkaff § 567 a Rn 4). Fehlt es an einer Übernahmevereinbarung zwischen Veräußerer und Erwerber, kommen Ansprüche des Mieters gegen den Erwerber allenfalls unter den Voraussetzungen des § 826 in Betracht, iÜ ist der Mieter auf seine Rechte ggü dem Veräußerer (Vermieter) aus §§ 536 a, 536 III, 280 ff beschränkt (Palandt/Weidenkaff § 567 a Rn 6). 2

§ 567 b Weiterveräußerung oder Belastung durch Erwerber

¹Wird der vermietete Wohnraum von dem Erwerber weiterveräußert oder belastet, so sind § 566 Abs. 1 und die §§ 566 a bis 567 a entsprechend anzuwenden. ²Erfüllt der neue Erwerber die sich aus dem Mietverhältnis ergebenden Pflichten nicht, so haftet der Vermieter dem Mieter nach § 566 Abs. 2.

I. Die Vorschrift stellt klar, dass jeder Erwerber oder dinglich Berechtigte einer vermieteten Wohnung grds **nur für die Dauer seines Eigentums** oder seiner dinglichen Berechtigung die Vermieterrechte und -pflichten übernimmt (vgl § 566 I). 1

II. 1. Wird eine vermietete Wohnung v Erwerber erneut veräußert oder belastet, finden hierauf weitgehend die **Regelungen für die erstmalige Veräußerung** oder Belastung entspr Anwendung (§§ 566 I, 566 a–567 a). Die Vermieterrechte und -pflichten gehen daher gem § 566 I v früheren Erwerber bzw dinglich Berechtigten auf den neuen Erwerber oder dinglich Berechtigten über (BGH NJW-RR 89, 77; zu den Konsequenzen hieraus iE: Staud/Emmerich § 567 b Rn 1 ff). 2

2. Entspr Anwendung findet § 567 b nach § 14 BJagdG auf die Jagdpacht. 3

3. Die **bürgenähnliche Haftung des Vermieters** ggü dem Mieter **nach** § 566 II 1 trifft bei einer erneuten Veräußerung oder Belastung idR nicht den früheren Erwerber bzw dinglich Berechtigten, sondern bleibt beim Vermieter (S 2). Ist dessen Haftung bereits nach § 566 II 2 erloschen, tritt allerdings der frühere Erwerber insofern über die Dauer seines Eigentums bzw seiner dinglichen Berechtigung an der vermieteten Wohnung hinaus an die Stelle des Vermieters und haftet daher dem Mieter selbst nach § 566 II 1 (Palandt/Weidenkaff § 567 b Rn 2; Staud/Emmerich § 567 b Rn 7). Ebenso haftet der frühere Erwerber oder dinglich Berechtigte und nicht der (frühere) Vermieter dem Mieter nach § 566 II 1, wenn beide miteinander einen neuen Mietvertrag abgeschlossen haben (dazu: Staud/Emmerich § 567 b Rn 7). 4

Kapitel 5
Beendigung des Mietverhältnisses
Unterkapitel 1
Allgemeine Vorschriften

§ 568 Form und Inhalt der Kündigung

(1) Die Kündigung des Mietverhältnisses bedarf der schriftlichen Form.
(2) Der Vermieter soll den Mieter auf die Möglichkeit, die Form und die Frist des Widerspruchs nach den §§ 574 bis 574 b rechtzeitig hinweisen.

1 I. Nach § 568 bedarf die Kündigung eines Mietverhältnisses über Wohnraum durch den Vermieter oder Mieter im Interesse der Rechtsklarheit und des Mieterschutzes (Palandt/Weidenkaff § 568 Rn 1) der **Schriftform** iSv § 126 (Abs 1). Wird diese nicht beachtet, ist die Kündigung nach § 125 nichtig.

2 II. 1. a) Bei einer fristgemäßen Kündigung des Mietverhältnisses durch den Vermieter aus berechtigtem Interesse hat dieser in dem Kündigungsschreiben die **Kündigungsgründe** anzugeben (§ 573 III). Dies kann auch durch Bezugnahme auf ein früheres Kündigungsschreiben geschehen. Unterbleibt die Angabe der Kündigungsgründe bei einer ordentlichen Kündigung des Vermieters, ist diese idR wegen § 573 III unwirksam. Hiervon ausgenommen sind lediglich Kündigungen, die Wohnungen in kleinen, auch v Vermieter selbst bewohnten Wohneinheiten betreffen (§ 573 a). Die unvollständige Benennung der Kündigungsgründe kann bei einem Widerspruch des Mieters darüber hinaus für den Vermieter Nachteile nach § 574 III auslösen. Bei außerordentlichen Kündigungen oder Kündigungen des Mieters bleibt der Verzicht auf die Angabe der Kündigungsgründe hingegen folgenlos (MK/Häublein § 568 Rn 7).

3 b) Zudem soll der Vermieter den Mieter auf die **Möglichkeit und die formalen Voraussetzungen eines Widerspruchs** nach §§ 574–574 a hinweisen (Abs 2). Dieser Hinweis muss allerdings nicht im Kündigungsschreiben selbst enthalten sein (Jauernig/Teichmann § 568 a Rn 2). Unterlässt der Vermieter einen entsprechenden Hinweis, führt dies nicht zur Unwirksamkeit der Kündigung, sondern lediglich zu einer Verlängerung der Widerspruchsfrist bis zum ersten Termin des Räumungsrechtsstreits (§ 574 b II 2).

4 2. Ausnahmen v der Hinweispflicht des Abs 2 – nicht v Erfordernis der Schriftform – bestehen bei Kündigungen v Wohnraum, der nur zu vorübergehendem Gebrauch vermietet ist, bei möbliertem Wohnraum in der v Vermieter selbst bewohnten Wohnung, soweit dieser dem Mieter nicht zum dauernden Gebrauch mit seiner Familie und anderen Personen überlassen wurde, mit denen er einen auf Dauer angelegten gemeinsamen Haushalt führt, sowie bei Wohnraum, den eine juristische Person des öffentlichen Rechts oder ein anerkannter privater Träger der Wohlfahrtspflege angemietet hat, um ihn Personen mit dringendem Wohnungsbedarf zu überlassen (§ 549 II).

§ 569 Außerordentliche fristlose Kündigung aus wichtigem Grund

(1) [1]Ein wichtiger Grund im Sinne des § 543 Abs. 1 liegt für den Mieter auch vor, wenn der gemietete Wohnraum so beschaffen ist, dass seine Benutzung mit einer erheblichen Gefährdung der Gesundheit verbunden ist. [2]Dies gilt auch, wenn der Mieter die Gefahr bringende Beschaffenheit bei Vertragsschluss gekannt oder darauf verzichtet hat, die ihm wegen dieser Beschaffenheit zustehenden Rechte geltend zu machen.
(2) Ein wichtiger Grund im Sinne des § 543 Abs. 1 liegt ferner vor, wenn eine Vertragspartei den Hausfrieden nachhaltig stört, so dass dem Kündigenden unter Berücksichtigung aller Umstände des Einzelfalls, insbesondere eines Verschuldens der Vertragsparteien, und unter Abwägung der beiderseitigen Interessen die Fortsetzung des Mietverhältnisses bis zum Ablauf der Kündigungsfrist oder bis zur sonstigen Beendigung des Mietverhältnisses nicht zugemutet werden kann.

(2 a) ¹Ein wichtiger Grund im Sinne des § 543 Absatz 1 liegt ferner vor, wenn der Mieter mit einer Sicherheitsleistung nach § 551 in Höhe eines Betrages im Verzug ist, der der zweifachen Monatsmiete entspricht. ²Die als Pauschale oder als Vorauszahlung ausgewiesenen Betriebskosten sind bei der Berechnung der Monatsmiete nach Satz 1 nicht zu berücksichtigen. ³Einer Abhilfefrist oder einer Abmahnung nach § 543 Absatz 3 Satz 1 bedarf es nicht. ⁴Absatz 3 Nummer 2 Satz 1 sowie § 543 Absatz 2 Satz 2 sind entsprechend anzuwenden.
(3) Ergänzend zu § 543 Abs. 2 Satz 1 Nr. 3 gilt:
1. Im Falle des § 543 Abs. 2 Satz 1 Nr. 3 Buchstabe a ist der rückständige Teil der Miete nur dann als nicht unerheblich anzusehen, wenn er die Miete für einen Monat übersteigt. Dies gilt nicht, wenn der Wohnraum nur zum vorübergehenden Gebrauch vermietet ist.
2. Die Kündigung wird auch dann unwirksam, wenn der Vermieter spätestens bis zum Ablauf von zwei Monaten nach Eintritt der Rechtshängigkeit des Räumungsanspruchs hinsichtlich der fälligen Miete und der fälligen Entschädigung nach § 546 a Abs. 1 befriedigt wird oder sich eine öffentliche Stelle zur Befriedigung verpflichtet. Dies gilt nicht, wenn der Kündigung vor nicht länger als zwei Jahren bereits eine nach Satz 1 unwirksam gewordene Kündigung vorausgegangen ist.
3. Ist der Mieter rechtskräftig zur Zahlung einer erhöhten Miete nach den §§ 558 bis 560 verurteilt worden, so kann der Vermieter das Mietverhältnis wegen Zahlungsverzugs des Mieters nicht vor Ablauf von zwei Monaten nach rechtskräftiger Verurteilung kündigen, wenn nicht die Voraussetzungen der außerordentlichen fristlosen Kündigung schon wegen der bisher geschuldeten Miete erfüllt sind.
(4) Der zur Kündigung führende wichtige Grund ist in dem Kündigungsschreiben anzugeben.
(5) ¹Eine Vereinbarung, die zum Nachteil des Mieters von den Absätzen 1 bis 3 dieser Vorschrift oder von § 543 abweicht, ist unwirksam. ²Ferner ist eine Vereinbarung unwirksam, nach der der Vermieter berechtigt sein soll, aus anderen als den im Gesetz zugelassenen Gründen außerordentlich fristlos zu kündigen.

I. Die Vorschrift ergänzt § 543 und enthält **besondere Regelungen zum außerordentlichen fristlosen Kündigungsrecht aus wichtigem Grund** bei Mietverhältnissen über Wohnraum. 1

II. 1. Abs 1 gewährt dem Mieter ein ggü § 543 II 1 Nr 1 **verstärktes Kündigungsrecht**. 2
Insb kann der Mieter nach § 569 I 1 auch kündigen, wenn er die gesundheitsgefährdende Beschaffenheit der Wohnung bei Vertragsschluss **kannte** (§§ 543 IV 1, 536 b gelten nicht) oder auf das Kündigungsrecht **verzichtet** hat (§ 569 I 2).

2. Voraussetzung für eine Kündigung nach § 569 I 1 ist, dass aufgrund einer dauerhaften Eigenschaft der Wohnung bzw der zum Aufenthalt v Menschen bestimmten Räume (vgl § 578 II 2, zB Büros, Werkstätten) deren Gebrauch mit einer **erheblichen Gesundheitsgefährdung** (etwa durch Einsturzgefahr, Schimmelpilzbefall, übermäßige Formaldehydkonzentration) verbunden ist. Nicht erforderlich ist hingegen der tatsächliche Eintritt einer gesundheitlichen Schädigung (Palandt/Weidenkaff § 569 Rn 10). Auf ein Verschulden des Vermieters kommt es insoweit nicht an. Grdsl ist keine **Fristsetzung zur Abhilfe** oder Abmahnung des Vermieters **erforderlich** (BGH NJW 07, 2177; NZM 11, 32). Die gesundheitsgefährdende Beschaffenheit der Wohnung muss außerdem v Mieter begründet werden (BGH WuM 05, 584). 3

3. **Abs 2** nennt als weiteres Bsp eines wichtigen Grundes iSd § 543 I die **Störung des Hausfriedens**. Diese muss aber so nachhaltig sein, der **Vermieter oder Mieter** also seine Verpflichtungen aus dem Mietvertrag **schuldhaft** in einem solchen Maße verletzen, dass der Gegenseite die Fortsetzung des Mietverhältnisses unter Abwägung der beiderseitigen Interessen und derjenigen der anderen Mieter nicht mehr zuzumuten ist (vgl § 543 Rn 5). 4

4. Der durch das MietRÄndG von 13 (BGBl I, 434) neu eingefügte Abs 2 a soll dem Kampf gegen das sog **Mietnomadentum** unterstützen. Rückstände bei der Leistung von Sicherheit iSv § 551 wird dafür als zusätzlicher wichtiger Grund iSd § 543 I anerkannt. 4a

5 5. **Abs 3** enthält ergänzend zu § 543 II 1 Nr 3 Sonderregelungen für die fristlose Kündigung v Wohnraum wegen **Zahlungsverzuges des Mieters** (zu den Grenzen dieses Kündigungsrechts vgl BGH NJW 05, 1715; NJW 06, 51; WuM 06, 193). Die Regelung ist auf Anpassungen der Kostenmiete bei preisgebundenem Wohnraum nicht analog anwendbar (BGH NJW 12, 2270). Zur Abgrenzung zu § 543 vgl BGHZ 195, 64.

6 a) Abw v § 543 II 1 Nr 3 ist bei der Vermietung v Wohnräumen zum nicht nur vorübergehenden Gebrauch der Mieter nur dann mit einem nicht **unerheblichen Teil** der Miete iSv § 543 II 1 Nr 3 a) in Verzug, wenn an den beiden aufeinander folgenden Terminen zusammen weniger als eine volle Monatsmiete gezahlt wurde (Abs 3 Nr 1).

7 b) Die fristlose Kündigung wird über § 543 II 2 hinaus auch dann unwirksam, wenn der Mietrückstand einschließlich der fälligen Entschädigung nach § 546 a I binnen einer **Schonfrist** v zwei Monaten nach Rechtshängigkeit der Räumungsklage gezahlt wird oder eine öffentliche Stelle (idR das Sozialamt) sich zur Befriedigung des Vermieters verpflichtet, sofern nicht der Mieter in den letzten zwei Jahren vor Zugang der Kündigung bereits v dieser Möglichkeit Gebrauch gemacht hat (Abs 3 Nr 2). Die Wirksamkeit einer hilfsweise erklärten fristgemäßen Kündigung wird dadurch nicht berührt. Die nachträgliche Zahlung ist jedoch bei der Prüfung, ob eine schuldhafte, nicht unerhebliche Pflichtverletzung des Mieters vorliegt (§ 573 II), zu berücksichtigen (BGH JR 06, 28).

8 c) Schließlich wird das Kündigungsrecht des Vermieters aus § 543 II 1 Nr 3 wegen Zahlungsverzugs des Mieters in den Fällen einer rechtskräftigen Verurteilung des Mieters zur Zahlung einer **erhöhten Miete** nach §§ 568–560 dahin eingeschränkt, dass dem Vermieter das Kündigungsrecht erst nach Ablauf v zwei Monaten zusteht (Abs 3 Nr 3). Eine vorher erklärte Kündigung ist nach § 134 nichtig. Das Kündigungsrecht des Vermieters aus § 543 II 1 Nr 3 wird durch Abs 3 Nr 3 dag nicht eingeschränkt, soweit der Mieter mit der bisher geschuldeten Miete in Verzug gerät.

9 6. Der zur Kündigung führende **wichtige Grund** ist in dem Kündigungsschreiben anzugeben (Abs 4).

10 7. Die §§ 569 I bis III, 543 sind nur zugunsten des Mieters **abdingbar** (Abs 5 S 1). IÜ sind Abänderungen möglich, wegen § 307 II zu Ungunsten des Mieters idR aber nur durch Individualabrede. Abs 5 S 2 verbietet zum **Schutz des Mieters** die vertragliche Ausdehnung der gesetzlich fixierten Gründe für eine fristlose Kündigung v Wohnraummietverträgen (§§ 543, 569) durch den Vermieter. Diese Regelung bezieht sich nur auf das Kündigungsrecht des Vermieters und ist ausschließlich auf Mietverträge über Wohnräume **anwendbar**. Vertragliche Erweiterungen des Kündigungsrechts des Mieters sind uneingeschränkt möglich (Staud/Emmerich § 554 b Rn 2). Vertragsklauseln, die Abs 5 S 2 widersprechen, sind **unwirksam**. Die Wirksamkeit des Mietvertrages iÜ bleibt davon unberührt (Palandt/Weidenkaff § 569 Rn 4).

§ 570 Ausschluss des Zurückbehaltungsrechts

Dem Mieter steht kein Zurückbehaltungsrecht gegen den Rückgabeanspruch des Vermieters zu.

1 Bei Mietverhältnissen über Wohnraum, andere Räume und Grundstücke (vgl § 578) sind die Ansprüche des Mieters, zB auf Verwendungs- oder Schadensersatz, meist wesentlich weniger wert als die Wohnung, die anderen Räume oder das Grundstück. Zugleich bietet das Eigentum des Vermieters an der Mietsache dem Mieter idR eine hinreichende Sicherheit für die Durchsetzbarkeit seiner Forderungen (Jauernig/Teichmann § 570 Rn 1). Daher ist das ZbR des Mieters nach § 273 ggü dem **Rückgabeanspruch** des Vermieters nach § 546 I bei Mietverträgen über Wohnraum ausgeschlossen. Die Berufung auf diesen Ausschluss kann allerdings eine unzulässige Rechtsausübung darstellen, wenn die Ansprüche des Mieters auf einem vorsätzlichen Verhalten des Vermieters beruhen (MK/Häublein § 570 Rn 6).

§ 571 Weiterer Schadensersatz bei verspäteter Rückgabe von Wohnraum

(1) ¹Gibt der Mieter den gemieteten Wohnraum nach Beendigung des Mietverhältnisses nicht zurück, so kann der Vermieter einen weiteren Schaden im Sinne des § 546 a Abs. 2 nur geltend machen, wenn die Rückgabe infolge von Umständen unterblieben ist, die der Mieter zu vertreten hat. ²Der Schaden ist nur insoweit zu ersetzen, als die Billigkeit eine Schadloshaltung erfordert. ³Dies gilt nicht, wenn der Mieter gekündigt hat.

(2) Wird dem Mieter nach § 721 oder § 794 a der Zivilprozessordnung eine Räumungsfrist gewährt, so ist er für die Zeit von der Beendigung des Mietverhältnisses bis zum Ablauf der Räumungsfrist zum Ersatz eines weiteren Schadens nicht verpflichtet.

(3) Eine zum Nachteil des Mieters abweichende Vereinbarung ist unwirksam.

Bei der **Wohnraummiete** sind die Rechte des Vermieters, einen über die Nutzungsentschädigung hinausgehenden Schaden nach § 546 ersetzt verlangen zu können, eingeschränkt: Hat der Vermieter das Mietverhältnis gekündigt, haftet der Mieter insofern nur, wenn er die Nichtrückgabe **zu vertreten** hat (Abs 1 S 1 Halbs 1). Außerdem braucht der Wohnungsmieter Schadensersatz nur zu leisten, wenn und soweit **Billigkeitserwägungen** dies erfordern (Abs 1 S 2). Hierbei sind alle Umstände des Einzelfalls zu berücksichtigen, insb aber die Höhe des Schadens, der Verschuldensgrad des Mieters und die Vermögensverhältnisse beider Parteien (Staud/Sonnenschein § 557 Rn 59). Wurde dem Mieter eine **Räumungsfrist** (§§ 721, 794 a ZPO) gewährt, braucht er bis zu deren Ablauf keinen weiteren Schaden zu ersetzen (Abs 2). Diese Mieterschutzvorschriften sind nicht zum Nachteil des Mieters **abdingbar** (Abs 3). 1

§ 572 Vereinbartes Rücktrittsrecht; Mietverhältnis unter auflösender Bedingung

(1) Auf eine Vereinbarung, nach der der Vermieter berechtigt sein soll, nach Überlassung des Wohnraums an den Mieter vom Vertrag zurückzutreten, kann der Vermieter sich nicht berufen.

(2) Ferner kann der Vermieter sich nicht auf eine Vereinbarung berufen, nach der das Mietverhältnis zum Nachteil des Mieters auflösend bedingt ist.

I. Ziel des Abs 1 ist es, **Umgehungen des Kündigungsschutzes** für Wohnraummieter durch die Vereinbarung vertraglicher Rücktrittsrechte zu **verhindern**. Abs 2 trifft eine vergleichbare Regelung für Mietverträge, die zum Nachteil des Mieters unter einer **auflösenden Bedingung** geschlossen worden sind. Die Vorschrift ist ausschließlich auf Wohnraummietverträge anwendbar. 1

II. 1. a) Abs 1 ist erst ab Überlassung des Wohnraums an den Mieter **anwendbar**. Gesetzliche Rücktrittsrechte, insb nach §§ 323 ff, werden v Abs 1 nicht erfasst, idR aber v Recht der Parteien zur Kündigung aus wichtigem Grund verdrängt (BGHZ 50, 315; Staud/Emmerich § 572 Rn 6). Der Vermieter kann sich nicht auf eine Vereinbarung berufen, nach der er nach der Überlassung des Wohnraums zum Rücktritt berechtigt sein soll. Will der Vermieter das Mietverhältnis durch einseitige Erklärung beenden, so kann er dies nur, wenn die Voraussetzungen eines Kündigungsrechts vorliegen. 2

b) Abs 1 ist – auch zugunsten des Mieters – **nicht abdingbar** (MK/Häublein § 572 Rn 1). 3

2. a) Der Vermieter kann sich nach **Abs 2** auch nicht auf eine Vereinbarung berufen, nach der das Mietverhältnis zum Nachteil des Mieters unter einer **auflösenden Bedingung** steht. Anderenfalls könnte der Vermieter ebenfalls den Kündigungsschutz des Mieters umgehen. 4

b) Die Regelung des Abs 2 lässt eine auflösende Bedingung **zugunsten des Mieters** zu. 5

Unterkapitel 2
Mietverhältnisse auf unbestimmte Zeit

§ 573 Ordentliche Kündigung des Vermieters

(1) ¹Der Vermieter kann nur kündigen, wenn er ein berechtigtes Interesse an der Beendigung des Mietverhältnisses hat. ²Die Kündigung zum Zwecke der Mieterhöhung ist ausgeschlossen.
(2) Ein berechtigtes Interesse des Vermieters an der Beendigung des Mietverhältnisses liegt insbesondere vor, wenn
1. der Mieter seine vertraglichen Pflichten schuldhaft nicht unerheblich verletzt hat,
2. der Vermieter die Räume als Wohnung für sich, seine Familienangehörigen oder Angehörige seines Haushalts benötigt oder
3. der Vermieter durch die Fortsetzung des Mietverhältnisses an einer angemessenen wirtschaftlichen Verwertung des Grundstücks gehindert und dadurch erhebliche Nachteile erleiden würde; die Möglichkeit, durch eine anderweitige Vermietung als Wohnraum eine höhere Miete zu erzielen, bleibt außer Betracht; der Vermieter kann sich auch nicht darauf berufen, dass er die Mieträume im Zusammenhang mit einer beabsichtigten oder nach Überlassung an den Mieter erfolgten Begründung von Wohnungseigentum veräußern will.
(3) ¹Die Gründe für ein berechtigtes Interesse des Vermieters sind in dem Kündigungsschreiben anzugeben. ²Andere Gründe werden nur berücksichtigt, soweit sie nachträglich entstanden sind.
(4) Eine zum Nachteil des Mieters abweichende Vereinbarung ist unwirksam.

1 **I.** § 573 beschränkt das **Kündigungsrecht des Vermieters v Wohnraum** ggü dem vertragstreuen Mieter in einer Weise, die der **Abschaffung** seines ordentlichen Kündigungsrechts nahekommt. Der Vermieter v Wohnraum muss grds jede Kündigung **begründen** (§ 573 III). Anderenfalls ist die Kündigung unwirksam. Eine Kündigung ist ferner nur möglich, wenn der Vermieter ein **berechtigtes Interesse** an der Beendigung des Mietverhältnisses hat (Abs 1 S 1). Selbst dann kann der Mieter nach der Sozialklausel des § 574 a aber noch der Kündigung widersprechen, wenn diese für ihn eine übermäßige Härte bedeuten würde. Eine Kündigung zum Zwecke der Mieterhöhung ist ausgeschlossen (Abs 1 S 2). Die Vorschrift des § 573 gilt unmittelbar nur für die ordentliche Kündigung des Vermieters bei Wohnraummietverhältnissen auf unbestimmte Zeit. Sie ist aber auch auf die außerordentliche Kündigung mit gesetzlicher Frist des Vermieters bei Mietverhältnissen auf unbestimmte (§ 573 d I) und bestimmte Zeit (§ 575 a I) entspr anwendbar.

2 **II. 1.** Ein berechtigtes Interesse hat der Vermieter insb (zu den Kriterien für die Berücksichtigung anderer Kündigungsgründe als der im Gesetz aufgezählten Beispiele vgl Staud/Sonnenschein § 573 Rn 20 ff), wenn der Mieter seine Pflichten aus dem **Mietvertrag schuldhaft** (selbst oder durch einen Erfüllungsgehilfen: BGH NJW 07, 428) **nicht unerheblich verletzt** (Abs 2 Nr 1), zB durch fortlaufend unpünktliche Mietzahlungen (BGH NJW 10, 2879; NJW 10, 2882), wenn der Vermieter die Räume für sich, die zu seinem Hausstand gehörenden Personen oder seine Familie als Wohnung benötigt (**Eigenbedarf**, Abs 2 Nr 2) oder wenn er durch die Fortsetzung des Mietverhältnisses an einer **angemessenen wirtschaftlichen Verwertung** des Grundstücks **gehindert** würde und ihm dadurch erhebliche Nachteile drohen (Abs 2 S 1 Nr 3). Für die Berechtigung zur Kündigung eines Rauchers wegen der v seinem Tabakkonsum ausgehenden Geruchsbelästigung: AG Düsseldorf 24 C 1355/13. Eine KG hat nur dann ein berechtigtes Interesse daran, das Mietverhältnis mit einem Betriebsfremden zu beenden, um einen Mitarbeiter in der Wohnung unterzubringen, wenn gerade dessen Unterbringung in dieser Wohnung für den Betriebsablauf von nennenswertem Vorteil ist (BGH ZNR 07, 767). Einer **Abmahnung** durch den Vermieter bedarf es bei einer auf § 573 Abs 2 Nr 1 gestützten Kündigung nur, wenn die Vertragsverletzung durch den Mieter erst durch deren Missachtung das für eine Kündigung erforderliche Gewicht erlangt (BGH NJW

08, 508). Der generalklauselartige Kündigungstatbestand des Abs 1 ist mit den in Abs 2 genannten Kündigungsgründen gleichberechtigt (BGH NJW 12, 2342).

2. a) Praktisch wichtigster Kündigungsgrund des Vermieters ist der **Eigenbedarf** (Abs 2 Nr 2). Die Absicht des Eigentümers, die bislang vermieteten Räume selbst zu bewohnen oder v einem Familienangehörigen (wozu auch Nichten und Neffen des Vermieters gehören: BGHZ 184, 138) bzw einer zum Hausstand gehörenden Person bewohnen zu lassen, reicht als Eigenbedarf grds aus, wenn sie auf **vernünftigen, nachvollziehbaren Gründen** beruht (BVerfGE 68, 371; 79, 302 ff; BGHZ 103, 99 f). Dabei ist kein zu hoher Maßstab anzulegen. Als hinreichend anzusehen ist etwa die Verkürzung des Arbeitsweges, erhöhter Platzbedarf wegen der geplanten Aufnahme eines Au-pair-Mädchens oder gestiegener Kinderzahl, aber auch schon allein die Absicht des Vermieters, statt zur Miete künftig in der eigenen Wohnung zu wohnen (vgl Übersicht bei Staud/Rolfs § 573 Rn 72 ff). Die Kündigung einer Personenhandelsgesellschaft wegen Eigenbedarfs eines Gesellschafters ist nicht gerechtfertigt (BGH MDR 11, 215; anders noch BGH NJW 07, 2845), bei einer KG kommt dag schon begrifflich kein Eigenbedarf in Betracht (BGH ZMR 07, 767), zu den Voraussetzungen für eine Eigenbedarfskündigung einer juristischen Person: BGH NJW 12, 2342. Entgegenstehende Interessen des Mieters sind nur auf dessen Widerspruch hin iR des § 574 zu berücksichtigen. Fällt der Grund für den Eigenbedarf des Vermieters weg, ist dies nur zu berücksichtigen, wenn der Wegfall vor dem Ablauf der Kündigungsfrist erfolgte. In diesem Fall ist der Vermieter verpflichtet, den Mieter über den Wegfall des Eigenbedarfs zu informieren (BGH NJW 06, 220). Zur Pflicht des Vermieters, dem Mieter bei einer Eigenbedarfskündigung eine Alternativwohnung anzubieten: BGH WuM 08, 497; BGH NJW 10, 3775. Eine Eigenbedarfskündigung ist auch kurz nach Abschluss des Mietvertrags nicht rechtsmissbräuchlich, wenn der Eigenbedarf bei Vertragsschluss nicht absehbar war (BGH NJW 13, 1596). Zur Hinweispflicht des Vermieters auf möglicherweise drohenden Eigenbedarf bei Abschluss des Mietvertrags: BGH WuM 10, 512.

b) Etwas anderes gilt jedoch, wenn der Vermieter den Eigenbedarf nur **vorgetäuscht** hat oder sonst **missbräuchlich** handelt: Eine iSv § 242 rechtsmissbräuchliche Kündigung ist unwirksam (MK/Häublein § 573 Rn 72). Zieht der Mieter in diesem Fall aus der Wohnung aus, macht sich der Vermieter nach §§ 280 I, 241 II (BGHZ 89, 302 f; BGH GuT 12, 384) sowie uU auch aus Delikt (§ 826) schadensersatzpflichtig (MK/Häublein § 573 Rn 103). Als Schaden des Mieters kommen dabei va seine Umzugskosten und eine umzugsbedingt v ihm zu entrichtende höhere Miete in Betracht. ZT wird ein Schadensersatzanspruch aus §§ 280 I, 241 II auch bejaht, wenn der Vermieter den Mieter die Wohnung räumen lässt, ohne ihn über den zwischen Kündigung und Räumung eingetretenen Wegfall des Kündigungsgrundes zu informieren (so Jauernig/Teichmann § 573 Rn 4; aA MK/Häublein § 573 Rn 105). Veräußert oder vermietet der Vermieter die v Mieter geräumte Wohnung zu einer höheren Miete, können daneben bereicherungsrechtliche Ansprüche des Mieters bestehen (Jauernig/Teichmann § 573 Rn 4). Zur Beweislastverteilung bei der Eigenbedarfskündigung vgl BGH NJW 05, 2395.

3. Die in **Abs 3** vorgeschriebene Angabe der Kündigungsgründe ist **Wirksamkeitsvoraussetzung** für die Kündigung des Vermieters (zu den formellen Anforderungen einer Eigenbedarfskündigung: BGH NJW-RR 10, 809).

4. Die Vorschrift kann nicht zum Nachteil des Mieters **abbedungen** werden (Abs 4).

§ 573 a Erleichterte Kündigung des Vermieters

(1) ¹Ein Mietverhältnis über eine Wohnung in einem vom Vermieter selbst bewohnten Gebäude mit nicht mehr als zwei Wohnungen kann der Vermieter auch kündigen, ohne dass es eines berechtigten Interesses im Sinne des § 573 bedarf. ²Die Kündigungsfrist verlängert sich in diesem Fall um drei Monate.

(2) Absatz 1 gilt entsprechend für Wohnraum innerhalb der vom Vermieter selbst bewohnten Wohnung, sofern der Wohnraum nicht nach § 549 Abs. 2 Nr. 2 vom Mieterschutz ausgenommen ist.

(3) In dem Kündigungsschreiben ist anzugeben, dass die Kündigung auf die Voraussetzungen des Absatzes 1 oder 2 gestützt wird.
(4) Eine zum Nachteil des Mieters abweichende Vereinbarung ist unwirksam.

1 I. § 573 a enthält die Sonderregelung für die erleichterte Vermieterkündigung v sog **Einliegerwohnungen**.

2 II. 1. Nach **Abs 1** kann der Vermieter ein Wohnungsmietverhältnis auch dann kündigen, wenn kein berechtigtes Interesse iSd § 573 vorliegt. Voraussetzung ist, dass die gemietete Wohnung in einem v Vermieter selbst bewohnten Gebäude mit nicht mehr als zwei Wohnungen liegt (Abs 1 S 1). Erfasst wird also **Einliegerwohnraum in Zweifamilienhäusern**. Die Vorschrift ist auch anwendbar, wenn sich die zwei Wohnungen in einem gewerblich genutzten Haus befinden, unabhängig davon, ob die Gewerberäume v Vermieter selbst oder v einem Dritten genutzt werden (BR-Drucks 439/00, 168). Hingegen ist ein Wohnhaus, in dem sich insg drei Wohnungen befinden, auch dann kein Gebäude „mit nicht mehr als zwei Wohnungen", wenn zwei der Wohnungen vom Vermieter genutzt werden: BGH NJW-RR 11, 158. Der Mieterschutz wird hier dadurch gewährleistet, dass sich die Kündigungsfrist um drei Monate verlängert (Abs 1 S 2).

3 2. Auch ein Mietverhältnis über **Wohnraum innerhalb der Vermieterwohnung** kann der Vermieter ohne die Voraussetzungen des § 573 kündigen, soweit dieser Wohnraum nicht nach § 549 Abs 2 Nr 2 v Mieterschutz ausgenommen ist (**Abs 2**). Erfasst werden Leerzimmer und nicht überw v Vermieter mit Einrichtungsgegenständen auszustattende Räume, die nicht zu nur vorübergehendem Gebrauch an Einzelpersonen oder Familien vermietet sind. Weiter gehören hierzu möblierte Wohnräume, die zum dauernden Gebrauch für eine Familie oder dem Mieter und anderen Personen, mit denen er einen auf Dauer angelegten gemeinsamen Haushalt führt, überlassen sind. Ob Räume dem Sonderkündigungsrecht des § 573 a Abs 2 unterliegen, entzieht sich letztlich jedoch einer allg Betrachtung und kann nur vom Tatrichter unter Würdigung des Einzelfalls entschieden werden (BGH WuM 10, 575),

4 3. Im Kündigungsschreiben muss der Vermieter die Voraussetzungen des Abs 1 und 2 angeben (Abs 3).

5 4. Die Vorschrift kann nicht zum Nachteil des Mieters **abbedungen** werden (Abs 4).

§ 573 b Teilkündigung des Vermieters

(1) Der Vermieter kann nicht zum Wohnen bestimmte Nebenräume oder Teile eines Grundstücks ohne ein berechtigtes Interesse im Sinne des § 573 kündigen, wenn er die Kündigung auf diese Räume oder Grundstücksteile beschränkt und sie dazu verwenden will,
1. Wohnraum zum Zwecke der Vermietung zu schaffen oder
2. den neu zu schaffenden und den vorhandenen Wohnraum mit Nebenräumen oder Grundstücksteilen auszustatten.

(2) Die Kündigung ist spätestens am dritten Werktag eines Kalendermonats zum Ablauf des übernächsten Monats zulässig.
(3) Verzögert sich der Beginn der Bauarbeiten, so kann der Mieter eine Verlängerung des Mietverhältnisses um einen entsprechenden Zeitraum verlangen.
(4) Der Mieter kann eine angemessene Senkung der Miete verlangen.
(5) Eine zum Nachteil des Mieters abweichende Vereinbarung ist unwirksam.

1 I. § 573 b lässt die Teilkündigung v **Nebenräumen und Grundstücksteilen** durch den Vermieter ohne die Voraussetzungen des § 573 zu, damit zusätzlicher Wohnraum zur Verfügung gestellt werden kann. Gedacht wurde dabei in erster Linie an den Ausbau v Dachgeschossen und Kellerräumen sowie die Bebauung großer Grundstücke. Die Vorschrift gilt **nicht für befristete Mietverhältnisse**, da bei ihnen dem Vermieter zugemutet werden kann, das Ende des Mietverhältnisses abzuwarten, bis er seine Umbaupläne verwirklicht (BR-Drucks 439/00, 169).

II. 1. Gegenstand der Teilkündigung können nicht zum Wohnen bestimmte Nebenräume oder Grundstücksteile sein. Abs 1 lässt dabei **zwei Verwendungszwecke** zu, nämlich die Schaffung v Wohnraum zum Zwecke der Vermietung (Abs 1 Nr 1) oder die Ausstattung des neu zu schaffenden und des vorhandenen Wohnraums mit Nebenräumen oder Grundstücksteilen (Abs 1 Nr 2).

2. Der Vermieter hat unter den Voraussetzungen des Abs 1 das Recht zur teilweisen Beendigung des Mietverhältnisses. Die **Kündigung** ist spätestens am dritten Werktag eines Monats zum Ablauf des übernächsten Monats zulässig (**Abs 2**). Die Vorschriften der §§ 574–574 c gelten auch für diese Teilkündigung.

3. Wenn sich der Beginn der Bauarbeiten verzögert, kann der Mieter eine Verlängerung des Mietverhältnisses um einen entsprechenden Zeitraum verlangen (**Abs 3**). Dieser richtet sich danach, wann die Bauarbeiten des Vermieters voraussichtlich beginnen werden. Da die **Verlängerung des Mietverhältnisses** hins der Nebenräume und Grundstücksteile zu einem befristeten Mietverhältnis führt, ist eine erneute Kündigung überflüssig.

4. Der Mieter kann eine angemessene **Senkung der Miete** verlangen, soweit die Teilkündigung durchgreift (**Abs 4**). Die Angemessenheit richtet sich nach dem Miet- oder Nutzwert der gekündigten Nebenräume oder Grundstücksteile.

III. Die Vorschrift kann nicht zum Nachteil des Mieters **abbedungen** werden (Abs 5).

§ 573 c Fristen der ordentlichen Kündigung

(1) ¹Die Kündigung ist spätestens am dritten Werktag eines Kalendermonats zum Ablauf des übernächsten Monats zulässig. ²Die Kündigungsfrist für den Vermieter verlängert sich nach fünf und acht Jahren seit der Überlassung des Wohnraums um jeweils drei Monate.
(2) Bei Wohnraum, der nur zum vorübergehenden Gebrauch vermietet worden ist, kann eine kürzere Kündigungsfrist vereinbart werden.
(3) Bei Wohnraum nach § 549 Abs. 2 Nr. 2 ist die Kündigung spätestens am 15. eines Monats zum Ablauf dieses Monats zulässig.
(4) Eine zum Nachteil des Mieters von Absatz 1 oder 3 abweichende Vereinbarung ist unwirksam.

I. Die Vorschrift regelt in Abs 1 die **gesetzlichen Kündigungsfristen** für die ordentliche Kündigung v Wohnraummietverhältnissen auf unbestimmte Zeit. Seit 1.6.05 gilt diese Frist auch für Mietverträge, die vor dem 1.9.01 geschlossen wurden (BGBl I 05, 1425). Abs 3 regelt die Kündigungsfrist für möbliertes Wohnraum iSd § 549 Abs 2 Nr 2 und Abs 3 lässt die Vereinbarung kürzerer Fristen bei nur zu vorübergehendem Gebrauch vermietetem Wohnraum zu.

II. 1. Abs 1 S 1 regelt die gesetzliche Kündigungsfrist für unbefristete Mietverhältnisse über Wohnraum in der Weise, dass die Kündigung spätestens am dritten Werktag eines Kalendermonats zum Ablauf des übernächsten Monats zulässig ist. Bei der Berechnung der dreitägigen Karenzzeit zählen Sonnabende als Werktages mit, sofern der Sonnabend nicht der letzte Tag der Karenzzeit ist (BGH (3. Senat) NJW 05, 2154; vgl auch § 193; generell gegen eine Anwendung des § 193 auf Kündigungsfristen demgegenüber der 8. Senat; BGH NJW 05, 1354). Diese Regelung gilt indessen nur für die **Mieterkündigung** absolut. Dag verlängert Abs 1 S 2 die gesetzliche Kündigungsfrist des S 1 für die **Vermieterkündigung** erheblich. Die Länge der Fristen hängt dabei v der **Dauer der Überlassung** des vermieteten Wohnraums ab, berechnet sich also nach der Länge des Zeitraums zwischen Einräumung des unmittelbaren Besitzes an den Wohnräumen und dem Zugang der Kündigung (MK/Häublein § 573 c Rn 7). Diese Fristen gelten nur für den Vermieter. Der Mieter hat damit die Möglichkeit, auch unabhängig v der Dauer des Mietverhältnisses stets schon nach drei Monaten das Mietverhältnis beenden zu können.

2. Die Kündigungsfristen des Abs 1 können vertraglich verkürzt werden, wenn die Räume lediglich zum **vorübergehenden Gebrauch** des Mieters bestimmt sind (Abs 2).

Eine besondere Kündigungsfrist v zwei Wochen gilt für **möblierten Wohnraum** iSd § 549 II Nr 2 (Abs 3). Dies gilt allerdings nur, sofern dieser Wohnraum dem Mieter nicht mit seiner Familie oder anderen Personen, mit denen er dauerhaft einen gemeinsamen Haushalt führt, zum dauernden Gebrauch überlassen worden ist.

4 III. Die Kündigungsfristen nach Abs 1 u 3 sind nicht zum Nachteil des Mieters **abdingbar** (Abs 4).

§ 573 d Außerordentliche Kündigung mit gesetzlicher Frist

(1) Kann ein Mietverhältnis außerordentlich mit der gesetzlichen Frist gekündigt werden, so gelten mit Ausnahme der Kündigung gegenüber Erben des Mieters nach § 564 die §§ 573 und 573 a entsprechend.
(2) ¹Die Kündigung ist spätestens am dritten Werktag eines Kalendermonats zum Ablauf des übernächsten Monats zulässig, bei Wohnraum nach § 549 Abs. 2 Nr. 2 spätestens am 15. eines Monats zum Ablauf dieses Monats (gesetzliche Frist). ²§ 573 a Abs. 1 Satz 2 findet keine Anwendung.
(3) Eine zum Nachteil des Mieters abweichende Vereinbarung ist unwirksam.

1 I. Die Vorschrift regelt für Wohnraummietverhältnisse auf unbestimmte Zeit die außerordentliche Kündigung mit gesetzlicher Frist, die das Gesetz an verschiedenen Stellen (zB §§ 540 I 2, 544 S 1, 563 IV, 563 a II, 564 S 2) zulässt. Für die außerordentliche Kündigung mit gesetzlicher Frist v Wohnraummietverhältnissen auf bestimmte Zeit gilt § 575 a, für die außerordentliche Kündigung mit gesetzlicher Frist v Mietverhältnissen über andere Sachen § 580 a IV. Auf die außerordentliche Kündigung mit gesetzlicher Frist sind die §§ 574–574 c anwendbar.

2 II. 1. Der Vermieter v Wohnraum auf unbestimmte Zeit kann auch die außerordentliche Kündigung mit gesetzlicher Frist nur dann vornehmen, wenn er ein **berechtigtes Interesse** an der Kündigung hat (Abs 1 iVm § 573). Etwas anderes gilt dann, wenn die Voraussetzungen der Sonderregelung des § 573 a für die erleichterte Vermieterkündigung v sog **Einliegerwohnungen** vorliegen (Abs 1 iVm § 573 a). Ausgenommen v diesem Grundsatz ist die Kündigung des Vermieters ggü dem **Erben** nach § 564 S 2, der seinen Lebensmittelpunkt nicht in der Wohnung des verstorbenen Mieters hat (anderenfalls hat er ein Eintritts- oder Fortsetzungsrecht nach §§ 563, 563 a).

3 2. Die **Kündigungsfristen** für die außerordentliche Kündigung mit gesetzlicher Frist entsprechen denen der ordentlichen Kündigung nach § 573 c Abs 1 u 3 (Abs 2 S 1). Allerdings gilt für die außerordentliche Kündigung mit gesetzlicher Frist eines Mietverhältnisses über eine Wohnung in einem v Vermieter selbst bewohnten Zweifamilienhaus die in § 573 a I 2 angeordnete Verlängerung der Kündigungsfrist nicht (Abs 2 S 2).

4 III. Die Vorschrift kann nicht zum Nachteil des Mieters **abbedungen** werden (Abs 3).

§ 574 Widerspruch des Mieters gegen die Kündigung

(1) ¹Der Mieter kann der Kündigung des Vermieters widersprechen und von ihm die Fortsetzung des Mietverhältnisses verlangen, wenn die Beendigung des Mietverhältnisses für den Mieter, seine Familie oder einen anderen Angehörigen seines Haushalts eine Härte bedeuten würde, die auch unter Würdigung der berechtigten Interessen des Vermieters nicht zu rechtfertigen ist. ²Dies gilt nicht, wenn ein Grund vorliegt, der den Vermieter zur außerordentlichen fristlosen Kündigung berechtigt.
(2) Eine Härte liegt auch vor, wenn angemessener Ersatzwohnraum zu zumutbaren Bedingungen nicht beschafft werden kann.
(3) Bei der Würdigung der berechtigten Interessen des Vermieters werden nur die in dem Kündigungsschreiben nach § 573 Abs. 3 angegebenen Gründe berücksichtigt, außer wenn die Gründe nachträglich entstanden sind.
(4) Eine zum Nachteil des Mieters abweichende Vereinbarung ist unwirksam.

§ 574 a Fortsetzung des Mietverhältnisses nach Widerspruch

(1) ¹Im Falle des § 574 kann der Mieter verlangen, dass das Mietverhältnis so lange fortgesetzt wird, wie dies unter Berücksichtigung aller Umstände angemessen ist. ²Ist dem Vermieter nicht zuzumuten, das Mietverhältnis zu den bisherigen Vertragsbedingungen fortzusetzen, so kann der Mieter nur verlangen, dass es unter einer angemessenen Änderung der Bedingungen fortgesetzt wird.

(2) ¹Kommt keine Einigung zustande, so werden die Fortsetzung des Mietverhältnisses, deren Dauer sowie die Bedingungen, zu denen es fortgesetzt wird, durch Urteil bestimmt. ²Ist ungewiss, wann voraussichtlich die Umstände wegfallen, auf Grund derer die Beendigung des Mietverhältnisses eine Härte bedeutet, so kann bestimmt werden, dass das Mietverhältnis auf unbestimmte Zeit fortgesetzt wird.

(3) Eine zum Nachteil des Mieters abweichende Vereinbarung ist unwirksam.

§ 574 b Form und Frist des Widerspruchs

(1) ¹Der Widerspruch des Mieters gegen die Kündigung ist schriftlich zu erklären. ²Auf Verlangen des Vermieters soll der Mieter über die Gründe des Widerspruchs unverzüglich Auskunft erteilen.

(2) ¹Der Vermieter kann die Fortsetzung des Mietverhältnisses ablehnen, wenn der Mieter ihm den Widerspruch nicht spätestens zwei Monate vor der Beendigung des Mietverhältnisses erklärt hat. ²Hat der Vermieter nicht rechtzeitig vor Ablauf der Widerspruchsfrist auf die Möglichkeit des Widerspruchs sowie auf dessen Form und Frist hingewiesen, so kann der Mieter den Widerspruch noch im ersten Termin des Räumungsrechtsstreits erklären.

(3) Eine zum Nachteil des Mieters abweichende Vereinbarung ist unwirksam.

§ 574 c Weitere Fortsetzung des Mietverhältnisses bei unvorhergesehenen Umständen

(1) Ist auf Grund der §§ 574 bis 574 b durch Einigung oder Urteil bestimmt worden, dass das Mietverhältnis auf bestimmte Zeit fortgesetzt wird, so kann der Mieter dessen weitere Fortsetzung nur verlangen, wenn dies durch eine wesentliche Änderung der Umstände gerechtfertigt ist oder wenn Umstände nicht eingetreten sind, deren vorgesehener Eintritt für die Zeitdauer der Fortsetzung bestimmend gewesen war.

(2) ¹Kündigt der Vermieter ein Mietverhältnis, dessen Fortsetzung auf unbestimmte Zeit durch Urteil bestimmt worden ist, so kann der Mieter der Kündigung widersprechen und vom Vermieter verlangen, das Mietverhältnis auf unbestimmte Zeit fortzusetzen. ²Haben sich die Umstände verändert, die für die Fortsetzung bestimmend gewesen waren, so kann der Mieter eine Fortsetzung des Mietverhältnisses nur nach § 574 verlangen; unerhebliche Veränderungen bleiben außer Betracht.

(3) Eine zum Nachteil des Mieters abweichende Vereinbarung ist unwirksam.

§§ 574–574 c

I. Die Vorschriften über das Recht des Mieters zum Widerspruch gegen eine Kündigung, die sog **Sozialklausel**, gehören neben § 573 zum **Kern des sozialen Mietrechts** im BGB (Staud/Rolfs § 574 Rn 1 ff). Sie gewähren dem Wohnraummieter bei einem Mietverhältnis auf unbestimmte Zeit Schutz sowohl ggü einer **ordentlichen** als auch ggü einer **außerordentlichen Kündigung mit gesetzlicher Frist** des Vermieters. Da wegen §§ 573, 573 d ordentliche und außerordentliche Kündigungen mit gesetzlicher Frist bei der Wohnungsmiete nur zulässig sind, wenn der Vermieter ein berechtigtes Interesse an der Beendigung des Mietverhältnisses hat, beschränkt sich der Anwendungsbereich der Sozialklausel auf die Fälle, in denen dies bejaht wird (vgl MK/Häublein § 574 Rn 8). Bei **Zeitmietverträgen** gelten die §§ 574–574 c nach Eintritt der vertraglich vereinbarten Beendigung nicht. Eine Ausn gilt nur für die außerordentliche Kündigung mit gesetzlicher Frist eines noch laufenden Zeitmietvertrages (§ 575 a II).

2 **II. 1.** Wird ein Mietverhältnis auf unbestimmte Zeit über Wohnraum durch ordentliche oder außerordentliche **Kündigung** mit gesetzlicher Frist des Vermieters (§§ 573, 573 d) beendet, kann der Mieter der Kündigung **widersprechen** und eine angemessen lange **Fortsetzung** des Mietverhältnisses verlangen, wenn dessen Beendigung für ihn, seine Familie oder einen anderen Angehörigen seines Haushalts eine übermäßige **Härte** bedeuten würde (§§ 574 I 1, 574 a I 1). Der Widerspruch ist ausgeschlossen, wenn ein Grund vorliegt, der den Vermieter zur außerordentlichen fristlosen Kündigung berechtigt (§ 574 I 2).

3 **2. a)** Der Vermieter soll den Mieter bei der Kündigung über die Möglichkeit des Widerspruchs, die nach § 574 b I zu beachtende Schriftform sowie die Widerspruchsfrist (§ 574 b II 1) **belehren** (§ 574 b II 2). Hat er dies rechtzeitig getan, muss der Mieter den Widerspruch und sein Verlangen, das Mietverhältnis fortzusetzen, spätestens zwei Monate vor Beendigung des Mietverhältnisses erklären (§ 574 b II 1) und dem Vermieter auf dessen Verlangen die Widerspruchsgründe mitteilen (§ 574 b I 2). Eine Verweigerung der Mitteilung der Widerspruchsgründe führt allerdings nicht zur Unwirksamkeit des Widerspruchs, sondern kann lediglich bei einem etwaigen Prozess iR der Kostenentscheidung (§ 93 b ZPO) berücksichtigt werden (Palandt/Weidenkaff § 574 b Rn 7).

4 **b)** Hat der Vermieter den Mieter **nicht rechtzeitig** vor Ablauf der Widerspruchsfrist belehrt, darf dieser den Widerspruch noch im ersten Räumungsprozesstermin erklären (§ 574 b II 2).

5 **3.** Der Mieter kann die **Fortsetzung** des Mietverhältnisses verlangen, wenn bei der **Abwägung** der für den Mieter, seine Familie oder andere Angehörige seines Haushalts mit der Beendigung des Mietverhältnisses verbundenen Härte gegen die berechtigten Interessen des Vermieters die Belange des Mieters überwiegen.

6 **a)** Zu berücksichtigende **Belange des Mieters** sind ua fortgeschrittene Schwangerschaft, hohes Alter oder Krankheit (vgl Staud/Rolfs § 574 Rn 39 ff) sowie insb das Fehlen zumutbaren Ersatzwohnraums (§ 574 II), soweit sich der Mieter rechtzeitig und nachdrücklich um dessen Beschaffung bemüht hat (Palandt/Weidenkaff § 574 Rn 9). Bei der Angemessenheit des Ersatzwohnraums ist zu beachten, dass der Umzug nicht zu einer einschneidenden Beschränkung der bisherigen Lebensverhältnisse des Mieters führen darf, die Zumutbarkeit der Bedingungen richtet sich va nach der Höhe der Miete (MK/Häublein § 574 Rn 11 f).

7 **b)** Als **Belange des Vermieters** kommen zB Eigenbedarf hins der Mietwohnung, Verzug des Mieters mit der Mietzahlung sowie unverschuldeter Streit mit dem Mieter oder seinen Angehörigen in Betracht (vgl Staud/Rolfs § 574 Rn 61 ff). Bei der Würdigung der berechtigten Interessen des Vermieters sind nur die in dem Kündigungsschreiben nach § 573 III angeführten Gründe heranzuziehen, soweit nicht nachträglich weitere Gründe entstanden sind (§ 574 IV).

8 **4.** Können sich die Parteien über die Fortsetzung des Mietverhältnisses nicht einigen, entscheidet hierüber das **Gericht** durch **Gestaltungsurteil** (§ 574 a II) iR der Räumungsklage des Vermieters oder der Fortsetzungsklage des Mieters (MK/Häublein § 574 a Rn 9). Das Urt verlängert das Mietverhältnis im Regelfall auf **bestimmte Zeit** (§ 574 a II 1). Eine Verlängerung auf **unbestimmte Zeit** kommt nur ausnahmsweise in Betracht, wenn ungewiss ist, wann die Härtegründe wegfallen werden (§ 574 a II 2). Bis zur Entscheidung des Gerichts über den Widerspruch müssen beide Parteien ihre vertraglichen Pflichten aus dem Mietverhältnis uneingeschränkt erfüllen (MK/Häublein § 574 Rn 27).

9 **5. a)** Die Sozialklausel ist bei **befristeten Mietverhältnissen** unanwendbar, soweit es um den Zeitraum nach dem Eintritt der vertraglich vereinbarten Beendigung geht. Etwas anderes gilt nur dann, wenn ein noch laufender Zeitmietvertrag durch außerordentliche Kündigung mit gesetzlicher Frist vorzeitig beendet werden soll. Hier gilt die Sozialklausel entspr, allerdings mit zeitlich eingeschränkter Fortsetzungsmöglichkeit (§ 575 a II).

10 **b)** Die Fortsetzungsmöglichkeit besteht auch für ein nach §§ 574–574 b **befristet verlängertes** Mietverhältnis (§ 574 c I). Die Sozialklausel kann aber nur **wiederholt angewendet** werden, wenn eine wesentliche Änderung der Umstände, die für die Dauer der ersten Verlängerung maßgebend waren, eingetreten ist (zB wenn der Mieter trotz intensiver Bemühungen in der zunächst für ausreichend gehaltenen Zeit keine Ersatzwohnung findet, vgl Staud/Rolfs § 574 c Rn 13).

c) Wurde dag das Mietverhältnis nach § 574 a II 2 durch Urt **auf unbestimmte Zeit** 11 **verlängert** und kündigt der Vermieter, so ist zu unterscheiden:

aa) Haben sich in der Zwischenzeit die für die Verlängerung maßgebenden **Umstände** 12 **nicht oder nur unerheblich** (§ 574 c II 2 Halbs 2) **verändert**, kann der Mieter der Kündigung form- und fristfrei widersprechen (Staud/Rolfs § 574 Rn 74) und Fortsetzung des Mietverhältnisses auf unbestimmte Zeit verlangen (§ 574 c II 1).

bb) Bei **nicht unerheblichen Veränderungen** gelten hingegen die allg Regeln. Der Mieter muss nach § 574 widersprechen, es kommt zu einer erneuten Interessenabwägung (§ 574 c II 2 Halbs 1). 13

III. Die Vorschriften können nicht zum Nachteil des Mieters **abbedungen** werden 14 (§§ 574 IV, 574 a III, 574 b III, 574 c III).

Unterkapitel 3
Mietverhältnisse auf bestimmte Zeit

§ 575 Zeitmietvertrag

(1) ¹Ein Mietverhältnis kann auf bestimmte Zeit eingegangen werden, wenn der Vermieter nach Ablauf der Mietzeit
1. die Räume als Wohnung für sich, seine Familienangehörigen oder Angehörige seines Haushalts nutzen will,
2. in zulässiger Weise die Räume beseitigen oder so wesentlich verändern oder instand setzen will, dass die Maßnahmen durch eine Fortsetzung des Mietverhältnisses erheblich erschwert würden, oder
3. die Räume an einen zur Dienstleistung Verpflichteten vermieten will

und er dem Mieter den Grund der Befristung bei Vertragsschluss schriftlich mitteilt. ²Anderenfalls gilt das Mietverhältnis als auf unbestimmte Zeit abgeschlossen.

(2) ¹Der Mieter kann vom Vermieter frühestens vier Monate vor Ablauf der Befristung verlangen, dass dieser ihm binnen eines Monats mitteilt, ob der Befristungsgrund noch besteht. ²Erfolgt die Mitteilung später, so kann der Mieter eine Verlängerung des Mietverhältnisses um den Zeitraum der Verspätung verlangen.

(3) ¹Tritt der Grund der Befristung erst später ein, so kann der Mieter eine Verlängerung des Mietverhältnisses um einen entsprechenden Zeitraum verlangen. ²Entfällt der Grund, so kann der Mieter eine Verlängerung auf unbestimmte Zeit verlangen. ³Die Beweislast für den Eintritt des Befristungsgrundes und die Dauer der Verzögerung trifft den Vermieter.

(4) Eine zum Nachteil des Mieters abweichende Vereinbarung ist unwirksam.

I. Die Vorschrift regelt das Mietverhältnis auf bestimmte Zeit. Damit ist nur der **echte** 1 **Zeitmietvertrag** gemeint, der nach Ablauf der vertraglich vereinbarten Mietzeit zur Beendigung des Mietverhältnisses führt (vgl § 542 Rn 3). Der Mieter hat daher nach Ablauf der vereinbarten Mietzeit keinen Verlängerungsanspruch und kann der Kündigung auch nicht nach §§ 574–574 c (Sozialklausel) widersprechen. Zum Schutz des Mieters kann ein Zeitmietvertrag grds nur bei Vorliegen eines der in Abs 1 abschließend aufgezählten **Befristungsgründe** abgeschlossen werden. So soll einerseits dem Interesse des Vermieters Rechnung getragen werden, Sicherheit über die tatsächliche Beendigung des Mietverhältnisses nach Ablauf der vereinbarten Mietzeit zu haben, andererseits aber im Interesse des Mieters eine missbräuchliche Umgehung der dem Mieterschutz dienenden Kündigungsschutz- und Mieterhöhungsvorschriften ausgeschlossen werden. Diese eingeschränkte Zulässigkeit des Abschlusses eines Zeitmietvertrages gilt daher nicht für die in § 549 II u III genannten Mietverhältnisse ohne Bestandsschutz. Bei ihnen sind Zeitmietverhältnisse uneingeschränkt zulässig (BR-Drucks 439/00, 177).

2 **II. 1.** Abs 1 nennt die **Voraussetzungen**, unter denen der Abschluss eines Zeitmietvertrages zulässig ist.
3 a) Es muss einer der in Abs 1 S 1 Nr 1–3 **abschließend aufgezählten Befristungsgründe** vorliegen: der Vermieter will die Wohnung für sich, seine Familienangehörigen oder Angehörige seines Haushalts nutzen (Nr 1), sie beseitigen oder in einer mit der weiteren Vermietung an den Mieter nur schwer zu vereinbarenden Weise wesentlich verändern (Nr 2) oder die Räume an einen zur Dienstleistung Verpflichteten vermieten (Nr 3). Ein nachträglicher **Wechsel** zwischen den Befristungsgründen ist **nicht zulässig**.
4 b) Der Vermieter hatte dem Mieter bei **Vertragsschluss** einen der in Rn 3 aufgeführten **Befristungsgründe schriftlich mitgeteilt** (Abs 1 S 1 aE). Dies setzt voraus, dass der Vermieter den konkreten Lebenssachverhalt darlegt, der eine Überprüfung ermöglicht.
5 **2.** Sind diese Voraussetzungen nicht erfüllt, lag also bei Vertragsschluss keiner der Befristungsgründe vor oder hat der Vermieter dem Mieter keinen Befristungsgrund schriftlich mitgeteilt, so gilt das Mietverhältnis als auf **unbestimmte Zeit** abgeschlossen (Abs 1 S 2). Zur ergänzenden Vertragsauslegung bei einer unwirksamen Befristung des Mietvertrags: BGH NJW 13, 2820.
6 **3.** Abs 2 gewährt dem Mieter frühestens vier Monate vor dem Ablauf der vereinbarten Mietzeit einen Anspruch gegen den Vermieter auf **Auskunft** darüber, ob der Befristungsgrund noch besteht. Der Vermieter hat dem Mieter dies binnen eines Monats mitzuteilen (S 1). Erfolgt die Mitteilung erst nach Ablauf dieser Frist, verlängert sich das Mietverhältnis um den Zeitraum der Verspätung (S 2).
7 **4. Verzögert** sich der Eintritt des v Vermieter angeführten Befristungsgrundes, so hat der Mieter einen Anspruch auf Verlängerung des Mietverhältnisses um den entsprechenden Zeitraum (Abs 3 S 1). **Fällt der Befristungsgrund** dag ganz **weg**, so hat der Mieter einen Anspruch auf Verlängerung des Mietverhältnisses auf unbestimmte Zeit (Abs 3 S 2). Der Vermieter trägt die **Beweislast** für den Eintritt des Befristungsgrundes und die Dauer der Verzögerung (Abs 3 S 3).
8 **III.** Die Vorschrift kann nicht zum Nachteil des Mieters **abbedungen** werden (Abs 4).

§ 575 a Außerordentliche Kündigung mit gesetzlicher Frist

(1) Kann ein Mietverhältnis, das auf bestimmte Zeit eingegangen ist, außerordentlich mit der gesetzlichen Frist gekündigt werden, so gelten mit Ausnahme der Kündigung gegenüber Erben des Mieters nach § 564 die §§ 573 und 573 a entsprechend.
(2) Die §§ 574 bis 574 c gelten entsprechend mit der Maßgabe, dass die Fortsetzung des Mietverhältnisses höchstens bis zum vertraglich bestimmten Zeitpunkt der Beendigung verlangt werden kann.
(3) [1]Die Kündigung ist spätestens am dritten Werktag eines Kalendermonats zum Ablauf des übernächsten Monats zulässig, bei Wohnraum nach § 549 Abs. 2 Nr. 2 spätestens am 15. eines Monats zum Ablauf dieses Monats (gesetzliche Frist). [2]§ 573 a Abs. 1 Satz 2 findet keine Anwendung.
(4) Eine zum Nachteil des Mieters abweichende Vereinbarung ist unwirksam.

1 **I.** Die Vorschrift regelt für Zeitmietverträge die außerordentliche Kündigung mit gesetzlicher Frist in Anlehnung an § 573 d.
2 **II. 1.** Abs 1 stellt einerseits klar, dass auch ein Zeitmietvertrag außerordentlich mit der gesetzlichen Frist gekündigt werden kann. Andererseits macht die Verweisung deutlich, dass der Vermieter auch bei Zeitmietverträgen die außerordentliche Kündigung mit gesetzlicher Frist nur dann vornehmen kann, wenn er ein **berechtigtes Interesse** an der Kündigung hat (Abs 1 iVm § 573). Etwas anderes gilt hier, wenn die Voraussetzungen der Sonderregelung des § 573 a für die erleichterte Vermieterkündigung v sog **Einliegerwohnungen** vorliegen (Abs 1 iVm § 573 a). Ausgenommen v diesem Grundsatz ist wie bei § 573 d I die Kündigung des Vermieters ggü einem **Erben** nach § 564 S 2, der seinen Lebensmittelpunkt nicht in der Wohnung des verstorbenen Mieters hat (anderenfalls hat er ein Eintritts- oder Fortsetzungsrecht nach §§ 563, 563 a).

2. Nach Abs 2 gilt die **Sozialklausel** der §§ 574–574 c grds auch bei der außerordentlichen Kündigung befristeter Mietverhältnisse mit der gesetzlichen Frist. Allerdings kann hier die Fortsetzung des Mietverhältnisses höchstens bis zum vereinbarten **Zeitpunkt des Vertragsablaufs** verlangt werden. Anderenfalls könnte sich der Mieter bei normalem Ablauf des Zeitmietverhältnisses nicht auf die Sozialklausel berufen, während er bei einer uneingeschränkten Geltung der Sozialklausel bei der außerordentlichen Kündigung mit gesetzlicher Frist auch eine Fortsetzung über diesen Zeitpunkt hinaus erreichen könnte. Dementspr ist es folgerichtig, den Schutz des Mieters auch beim **gerichtlichen Räumungsschutz** (§§ 721 VII, 794 a V ZPO) abzukürzen.

3. Die **Kündigungsfristen** für die außerordentliche Kündigung mit gesetzlicher Frist bei Zeitmietverhältnissen entsprechen denen der ordentlichen Kündigung nach § 573 c Abs 1 u 3 und der außerordentlichen Kündigung mit gesetzlicher Frist bei Mietverhältnissen auf unbestimmte Zeit nach § 573 d II (Abs 3 S 1). Wie bei § 573 d II 2 gilt für die außerordentliche Kündigung mit gesetzlicher Frist eines Mietverhältnisses über eine Wohnung in einem v Vermieter selbst bewohnten Zweifamilienhaus die in § 573 a I 2 angeordnete Verlängerung der Kündigungsfrist nicht (Abs 3 S 2).

III. Die Vorschrift kann **nicht** zum Nachteil des Mieters **abbedungen** werden (Abs 4).

Unterkapitel 4
Werkwohnungen

§ 576 Fristen der ordentlichen Kündigung bei Werkmietwohnungen

(1) Ist Wohnraum mit Rücksicht auf das Bestehen eines Dienstverhältnisses vermietet, so kann der Vermieter nach Beendigung des Dienstverhältnisses abweichend von § 573 c Abs. 1 Satz 2 mit folgenden Fristen kündigen:
1. bei Wohnraum, der dem Mieter weniger als zehn Jahre überlassen war, spätestens am dritten Werktag eines Kalendermonats zum Ablauf des übernächsten Monats, wenn der Wohnraum für einen anderen zur Dienstleistung Verpflichteten benötigt wird;
2. spätestens am dritten Werktag eines Kalendermonats zum Ablauf dieses Monats, wenn das Dienstverhältnis seiner Art nach die Überlassung von Wohnraum erfordert hat, der in unmittelbarer Beziehung oder Nähe zur Arbeitsstätte steht, und der Wohnraum aus dem gleichen Grund für einen anderen zur Dienstleistung Verpflichteten benötigt wird.

(2) Eine zum Nachteil des Mieters abweichende Vereinbarung ist unwirksam.

§ 576 a Besonderheiten des Widerspruchsrechts bei Werkmietwohnungen

(1) Bei der Anwendung der §§ 574 bis 574 c auf Werkmietwohnungen sind auch die Belange des Dienstberechtigten zu berücksichtigen.
(2) Die §§ 574 bis 574 c gelten nicht, wenn
1. der Vermieter nach § 576 Abs. 1 Nr. 2 gekündigt hat;
2. der Mieter das Dienstverhältnis gelöst hat, ohne dass ihm von dem Dienstberechtigten gesetzlich begründeter Anlass dazu gegeben war, oder der Mieter durch sein Verhalten dem Dienstberechtigten gesetzlich begründeten Anlass zur Auflösung des Dienstverhältnisses gegeben hat.
(3) Eine zum Nachteil des Mieters abweichende Vereinbarung ist unwirksam.

§§ 576, 576 a

I. Die Vorschriften enthalten Sonderregelungen für Werkmietwohnungen. Sie modifizieren insb die **Kündigungsfristen** (§ 576) und die Anwendung der **Sozialklausel** (§ 576 a).

2 **II. 1.** Die §§ 576 u 576 a gelten nur für **Werkmietwohnungen**. Eine solche liegt unter folgenden **Voraussetzungen** vor:
3 a) Es besteht ein selbständiger Miet- oder Untermietvertrag zwischen einem Dienstverpflichteten und seinem Dienstberechtigten oder einem mit diesem verbundenen Dritten (Staud/Rolfs § 576 Rn 10).
4 b) Das Dienstverhältnis hat einen so maßgeblichen Einfluss auf die Begr oder Fortführung des Mietvertrages, dass das **Dienstverhältnis als Geschäftsgrundlage** (Staud/Rolfs § 576 Rn 13), wenn auch nicht zwingend als einziger Anlass für den Mietvertrag anzusehen ist.
5 **2.** Ist eine Werkmietwohnung Gegenstand eines Mietvertrages, so finden die **allg mietrechtlichen Vorschriften** nur Anwendung, soweit die §§ 576, 576 a keine abweichenden Bestimmungen enthalten. Für Werkmietwohnungen gelten während des **Bestehens des Dienstverhältnisses** grds die allg Vorschriften über Wohnraummietverhältnisse.
6 a) Nach Ende des Dienstvertrages erleichtert § 576 die **ordentliche Kündigung** v Werkmietverhältnissen auf unbestimmte Zeit. Für diese gelten verkürzte Kündigungsfristen, auf die der Vermieter wahlweise neben den normalen Kündigungsfristen des § 573 c zurückgreifen kann. Danach gilt:
aa) für die Kündigung bei **Betriebsbedarf** v Werkmietwohnungen mit einer Überlassungsdauer v weniger als zehn Jahren eine Kündigungsfrist v drei Monaten (§ 576 I Nr 1) und
bb) für die Kündigung v sog **funktionsbedingten Werkmietwohnungen** bei Betriebsbedarf eine Kündigungsfrist v einem Monat (§ 576 I Nr 2).
7 b) Besonderheiten ergeben sich weiter für die Anwendung der **Sozialklausel** (§§ 574–574 c): Bei dieser sind auch die Belange des Dienstberechtigten zu berücksichtigen (§ 576 a I), unabhängig davon, ob dieser mit dem Vermieter der Wohnung identisch ist (Palandt/Weidenkaff § 576 a Rn 4). Ferner ist die Anwendung der Sozialklausel auch dann ausgeschlossen, wenn der Vermieter eine funktionsbedingte Werkmietwohnung nach § 576 I Nr 2 gekündigt hat (§ 576 a II Nr 1) oder der Mieter ohne gesetzlich begründeten Anlass das Dienstverhältnis gelöst bzw gekündigt hat oder wenn er durch sein Verhalten dem Dienstberechtigten gesetzlich begründeten Anlass zur Auflösung des Dienstverhältnisses gegeben hat (§ 576 a II Nr 2).
8 **III.** Die Vorschriften sind **nicht** zum Nachteil des Mieters **abdingbar** (§§ 576 II, 576 a III).

§ 576 b Entsprechende Geltung des Mietrechts bei Werkdienstwohnungen

(1) Ist Wohnraum im Rahmen eines Dienstverhältnisses überlassen, so gelten für die Beendigung des Rechtsverhältnisses hinsichtlich des Wohnraums die Vorschriften über Mietverhältnisse entsprechend, wenn der zur Dienstleistung Verpflichtete den Wohnraum überwiegend mit Einrichtungsgegenständen ausgestattet hat oder in dem Wohnraum mit seiner Familie oder Personen lebt, mit denen er einen auf Dauer angelegten gemeinsamen Haushalt führt.
(2) Eine zum Nachteil des Mieters abweichende Vereinbarung ist unwirksam.

1 **I.** Bei Werkdienstwohnungen, die **ohne eigenen Mietvertrag** iR eines gemischten Vertrages mit dienstvertraglichem Schwerpunkt überlassen werden (zB Hausmeisterwohnung), hätte der Dienstverpflichtete nach den allg Regeln mit dem Ende des Dienstverhältnisses mangels Mietvertrages keinen Anspruch auf Benutzung der Wohnung mehr (Staud/Rolfs § 576 b Rn 3). Dies erscheint jedenfalls dann unangemessen, wenn er die Wohnung überw mit eigenen Einrichtungsgegenständen ausgestattet hat oder in dem Wohnraum mit seiner Familie oder Personen lebt, mit denen er einen auf Dauer angelegten gemeinsamen Haushalt geführt hat.
2 **II. 1.** Für das gesetzliche Abwicklungsschuldverhältnis zwischen dem früheren Dienstberechtigten und dem früheren Dienstverpflichteten gelten daher in diesen Fällen **die Vorschriften über** die Beendigung des Nutzungsverhältnisses bei **Werkmietwohnungen** (§§ 574, 574 a).

2. **Bis zum Auszug** des früheren Dienstverpflichteten aus der Wohnung sind für die Bestimmung der gegenseitigen Rechte und Pflichten der Parteien, insb der Höhe des Nutzungsentgelts, §§ 546 a, 571 entspr heranzuziehen (Staud/Rolfs § 576 b Rn 16).

Kapitel 6
Besonderheiten bei der Bildung von Wohnungseigentum an vermieteten Wohnungen

§ 577 Vorkaufsrecht des Mieters

(1) ¹Werden vermietete Wohnräume, an denen nach der Überlassung an den Mieter Wohnungseigentum begründet worden ist oder begründet werden soll, an einen Dritten verkauft, so ist der Mieter zum Vorkauf berechtigt. ²Dies gilt nicht, wenn der Vermieter die Wohnräume an einen Familienangehörigen oder an einen Angehörigen seines Haushalts verkauft. ³Soweit sich nicht aus den nachfolgenden Absätzen etwas anderes ergibt, finden auf das Vorkaufsrecht die Vorschriften über den Vorkauf Anwendung.
(2) Die Mitteilung des Verkäufers oder des Dritten über den Inhalt des Kaufvertrags ist mit einer Unterrichtung des Mieters über sein Vorkaufsrecht zu verbinden.
(3) Die Ausübung des Vorkaufsrechts erfolgt durch schriftliche Erklärung des Mieters gegenüber dem Verkäufer.
(4) Stirbt der Mieter, so geht das Vorkaufsrecht auf diejenigen über, die in das Mietverhältnis nach § 563 Abs. 1 oder 2 eintreten.
(5) Eine zum Nachteil des Mieters abweichende Vereinbarung ist unwirksam.

§ 577 gibt dem Mieter ein **persönliches Vorkaufsrecht**, wenn die Wohnräume, an denen nach der Überlassung an den Mieter WE begründet worden ist oder werden soll, an einen Dritten verkauft werden (Abs 1 S 1). Das Vorkaufsrechts des Mieters besteht allerdings nur beim ersten Verkauf nach der Umwandlung in WE (BGH NJW 07, 2699). Auch gilt es nur, wenn der Dritte weder zum Hausstand des Vermieters gehört noch sein Familienangehöriger ist (Abs 1 S 2). Auf das Vorkaufsrecht des Mieters sind die §§ 463 ff entspr anwendbar (Abs 1 S 3; vgl Staud/Rolfs § 577 Rn 1). Die **Mitteilungspflicht** des § 469 erstreckt sich dabei auch auf eine Unterrichtung des Mieters über sein Vorkaufsrecht (Abs 2). Die Ausübung des Vorkaufsrechts erfolgt durch schriftliche Erklärung des Mieters ggü dem Verkäufer (Abs 3). Beim **Tod des Mieters** ist das Vorkaufsrecht entgg § 473 S 1 auf die Personen, die in das Mietverhältnis nach § 563 I oder II eintreten (Ehegatten, Kinder, sonstige Familienangehörige und Lebenspartner des Mieters, die mit diesem einen gemeinsamen Haushalt in der Wohnung geführt haben), **übertragbar** (Abs 4). §§ 577, 577 a finden auf die Realteilung eines mit zu Wohnzwecken vermieteten Einfamilienhäusern bebauten Grundstücks entspr Anwendung (BGH NJW 08, 2257). Die Vorschriften sind **nicht** zum Nachteil des Mieters **abdingbar** (Abs 5).

§ 577 a *Kündigungsbeschränkung bei Wohnungsumwandlung*

(1) Ist an vermieteten Wohnräumen nach der Überlassung an den Mieter Wohnungseigentum begründet und das Wohnungseigentum veräußert worden, so kann sich ein Erwerber auf berechtigte Interessen im Sinne des § 573 Abs. 2 Nr. 2 oder 3 erst nach Ablauf von drei Jahren seit der Veräußerung berufen.
(1 a) ¹Die Kündigungsbeschränkung nach Absatz 1 gilt entsprechend, wenn vermieteter Wohnraum nach der Überlassung an den Mieter
1. an eine Personengesellschaft oder an mehrere Erwerber veräußert worden ist oder
2. zu Gunsten einer Personengesellschaft oder mehrerer Erwerber mit einem Recht belastet worden ist, durch dessen Ausübung dem Mieter der vertragsgemäße Gebrauch entzogen wird.

²Satz 1 ist nicht anzuwenden, wenn die Gesellschafter oder Erwerber derselben Familie oder demselben Haushalt angehören oder vor Überlassung des Wohnraums an den Mieter Wohnungseigentum begründet worden ist.
(2) ¹Die Frist nach Absatz 1 oder nach Absatz 1 a beträgt bis zu zehn Jahre, wenn die ausreichende Versorgung der Bevölkerung mit Mietwohnungen zu angemessenen Bedingungen in einer Gemeinde oder einem Teil einer Gemeinde besonders gefährdet ist und diese Gebiete nach Satz 2 bestimmt sind. ²Die Landesregierungen werden ermächtigt, diese Gebiete und die Frist nach Satz 1 durch Rechtsverordnung für die Dauer von jeweils höchstens zehn Jahren zu bestimmen.
(2 a) Wird nach einer Veräußerung oder Belastung im Sinne des Absatzes 1 a Wohnungseigentum begründet, so beginnt die Frist, innerhalb der eine Kündigung nach § 573 Absatz 2 Nummer 2 oder 3 ausgeschlossen ist, bereits mit der Veräußerung oder Belastung nach Absatz 1 a.
(3) Eine zum Nachteil des Mieters abweichende Vereinbarung ist unwirksam.

1 Die Vorschrift ordnet zum Schutz des Mieters bei der Veräußerung v in WE umgewandelten Mietwohnungen an, dass eine ordentliche Kündigung wegen eines berechtigten Interesses des Vermieters iSd § 573 Abs 2 Nr 2 u 3 erst nach Ablauf einer **Wartefrist v drei Jahren** zulässig ist (Abs 1). Abs 2 lässt unter bestimmten Voraussetzungen eine Verlängerung der Kündigungssperrfrist des Abs 1 bis zur **Obergrenze v zehn Jahren** zu (S 1) und enthält insoweit eine **Rechtsverordnungsermächtigung** für die Landesregierungen (S 2). Die Vorschrift ist ausschließlich auf Eigenbedarfs- oder Verwertungskündigungen (§ 573 Abs 2 Nr 2 oder 3) anwendbar und kann nicht analog auf andere Kündigungsgründe iSd § 573 a ausgedehnt werden (BGH NJW 10, 3571).
2 Die Abs 1 a und 2 a wurden durch das MietRÄndG von 13 (BGBl I, 434) neu in das BGB eingefügt. Ziel ist die Unterbindung des sog „**Münchener Modells**" und damit ein Ausbau des Schutzes des Mieters vor Eigenbedarfskündigungen.

Untertitel 3
Mietverhältnisse über andere Sachen

§ 578 Mietverhältnisse über Grundstücke und Räume

(1) Auf Mietverhältnisse über Grundstücke sind die Vorschriften der §§ 550, 562 bis 562 d, 566 bis 567 b sowie 570 entsprechend anzuwenden.
(2) ¹Auf Mietverhältnisse über Räume, die keine Wohnräume sind, sind die in Absatz 1 genannten Vorschriften sowie § 552 Abs. 1, § 555 a Absatz 1 bis 3, §§ 555 b, 555 c Abs. 1 bis 4, § 555 d Absatz 1 bis 6, § 555 e Absatz 1 und 2, § 555 f und § 569 Abs. 2 entsprechend anzuwenden. ²§ 556 c Absatz 1 und 2 sowie die auf Grund des § 556 c Absatz 3 erlassene Rechtsverordnung sind entsprechend anzuwenden, abweichende Vereinbarungen sind zulässig. ³Sind die Räume zum Aufenthalt von Menschen bestimmt, so gilt außerdem § 569 Abs. 1 entsprechend.

1 I. Durch § 578 werden die genannten **Sondervorschriften über die Wohnraummiete** auf die Grundstücks- (Abs 1) und Raummiete (Abs 2) erstreckt, soweit dem keine speziellen Regelungen zur Grundstücks- oder Raummiete entgegenstehen (§§ 579–580 a).
2 II. 1. **Grundstück** iSv § 578 I ist ein abgegrenzter Teil der Erdoberfläche, der im Grundbuch als Grundstück eingetragen ist, einschließlich des darüber befindlichen Raumes und des darunter befindlichen Erdkörpers (§ 905).
3 2. **Raum** iSv § 578 II ist jedes durch Wände, Boden und Decke umschlossene Gebäude oder Gebäudeteil, das sich für den Aufenthalt v Menschen oder Tieren oder für die Unterbringung v Sachen eignet, ohne Wohnraum zu sein. Nicht hierzu zählen bewegliche Sachen und deren Innenräume (zB Wohnwagen, Schiffe), leicht demontierbare Holzhäuser (OLG Düsseldorf WM 92, 112) sowie Stände und Stellplätze in Räumen.

§ 578 a Mietverhältnisse über eingetragene Schiffe

(1) Die Vorschriften der §§ 566, 566 a, 566 e bis 567 b gelten im Falle der Veräußerung oder Belastung eines im Schiffsregister eingetragenen Schiffs entsprechend.
(2) ¹Eine Verfügung, die der Vermieter vor dem Übergang des Eigentums über die Miete getroffen hat, die auf die Zeit der Berechtigung des Erwerbers entfällt, ist dem Erwerber gegenüber wirksam. ²Das Gleiche gilt für ein Rechtsgeschäft, das zwischen dem Mieter und dem Vermieter über die Mietforderung vorgenommen wird, insbesondere die Entrichtung der Miete; ein Rechtsgeschäft, das nach dem Übergang des Eigentums vorgenommen wird, ist jedoch unwirksam, wenn der Mieter bei der Vornahme des Rechtsgeschäfts von dem Übergang des Eigentums Kenntnis hat. ³§ 566 d gilt entsprechend.

I. Ziel der Vorschrift ist eine **Angleichung** der Regelungen über die Vermietung v Schiffen an die über die Vermietung v **Grundstücken**. 1
II. Unmittelbar ist § 578 a auf alle ins Schiffsregister eingetragenen Schiffe, entspr auf eingetragene **Luftfahrzeuge (vgl § 98 LuftfahrzeugG)** anwendbar (MK/Artz § 578 a Rn 1). Auf Mietverträge über Schiffsdocks ist hingegen keine entspr Anwendung der Norm möglich (BGHZ 32, 90). 2

§ 579 Fälligkeit der Miete

(1) ¹Die Miete für ein Grundstück und für bewegliche Sachen ist am Ende der Mietzeit zu entrichten. ²Ist die Miete nach Zeitabschnitten bemessen, so ist sie nach Ablauf der einzelnen Zeitabschnitte zu entrichten. ³Die Miete für ein Grundstück ist, sofern sie nicht nach kürzeren Zeitabschnitten bemessen ist, jeweils nach Ablauf eines Kalendervierteljahrs am ersten Werktag des folgenden Monats zu entrichten.
(2) Für Mietverhältnisse über Räume gilt § 556 b Abs. 1 entsprechend.

Die Vorschrift regelt in Abs 1 die Fälligkeit der Miete für **Grundstücksmietverhältnisse** und Mietverhältnisse über **bewegliche Sachen** abw v dem für Wohnraummietverhältnisse geltenden § 556 b I. Der Mietzins ist danach im **Nachhinein**, also nach Ablauf der Mietzeit bzw bei einem nach Zeitabschnitten bemessenen Mietzins nach Ablauf des jeweiligen Zeitabschnitts zu entrichten (Abs 1 S 1 u 2). Bei der Grundstücksmiete ist die Miete spätestens nach Ablauf eines Kalendervierteljahres am ersten Werktag des Folgemonats zu entrichten (Abs 1 S 3). In der Praxis wird diese Regelung aber regelmäßig abbedungen und die Vorauszahlung des Mietzinses vereinbart. Eine entspr Klausel in den AGB des Vermieters verstößt nicht gegen § 307 (MK/Artz § 579 Rn 3). Bei der **Raummiete** ist die Miete dag wie bei der Wohnraummiete im Voraus zu zahlen (Abs 2). 1

§ 580 Außerordentliche Kündigung bei Tod des Mieters

Stirbt der Mieter, so ist sowohl der Erbe als auch der Vermieter berechtigt, das Mietverhältnis innerhalb eines Monats, nachdem sie vom Tod des Mieters Kenntnis erlangt haben, außerordentlich mit der gesetzlichen Frist zu kündigen.

Bei einer Weiterführung des Mietverhältnisses mit dem Erben des Mieters gewährt § 580 sowohl dem **Vermieter** als auch dem **Erben** ein einmaliges außerordentliches befristetes **Kündigungsrecht**. Die Fristen hierfür ergeben sich aus § 580 a IV iVm I Nr 3, II u III Nr 2. Beide Seiten haben für die Ausübung des Kündigungsrechts eine **Überlegungsfrist** v einem Monat (vgl iÜ § 564). 1

§ 580 a Kündigungsfristen

(1) Bei einem Mietverhältnis über Grundstücke, über Räume, die keine Geschäftsräume sind, ist die ordentliche Kündigung zulässig,

1. wenn die Miete nach Tagen bemessen ist, an jedem Tag zum Ablauf des folgenden Tages;
2. wenn die Miete nach Wochen bemessen ist, spätestens am ersten Werktag einer Woche zum Ablauf des folgenden Sonnabends;
3. wenn die Miete nach Monaten oder längeren Zeitabschnitten bemessen ist, spätestens am dritten Werktag eines Kalendermonats zum Ablauf des übernächsten Monats, bei einem Mietverhältnis über gewerblich genutzte unbebaute Grundstücke jedoch nur zum Ablauf eines Kalendervierteljahrs.

(2) Bei einem Mietverhältnis über Geschäftsräume ist die ordentliche Kündigung spätestens am dritten Werktag eines Kalendervierteljahrs zum Ablauf des nächsten Kalendervierteljahres zulässig.

(3) Bei einem Mietverhältnis über bewegliche Sachen ist die ordentliche Kündigung zulässig,
1. wenn die Miete nach Tagen bemessen ist, an jedem Tag zum Ablauf des folgenden Tages;
2. wenn die Miete nach längeren Zeitabschnitten bemessen ist, spätestens am dritten Tag vor dem Tag, mit dessen Ablauf das Mietverhältnis enden soll.

(4) Absatz 1 Nr. 3, Absatz 2 und 3 Nr. 2 sind auch anzuwenden, wenn ein Mietverhältnis außerordentlich mit der gesetzlichen Frist gekündigt werden kann.

1 I. Die Vorschrift regelt die **gesetzlichen Kündigungsfristen** für die ordentliche Kündigung unbefristeter Mietverhältnisse (Abs 1–3) sowie die außerordentliche befristete Kündigung (Abs 4).

2 II. 1. Abs 1 regelt die Kündigungsfristen für Mietverhältnisse über **Grundstücke und Räume**, die keine Geschäftsräume sind. Die Kündigungsfrist richtet sich nach dem Bemessungszeitraum des Mietzinses (Abs 1 Nr 1–3). Für **Geschäftsräume** gelten die längeren Kündigungsfristen des Abs 2. Geschäftsräume iSv Abs 2 sind dabei alle Räume, die geschäftlichen Zwecken dienen, also der gewerblichen, freiberuflichen oder sonstigen Berufstätigkeit (Staud/Rolfs § 580 a Rn 29), nicht aber zB v nichtwirtschaftlichen Vereinen genutzte Räume (Palandt/Weidenkaff § 580 a Rn 14).

3 2. Abs 3 regelt die Kündigungsfristen für Mietverhältnisse über **bewegliche Sachen**.

4 3. Für die **außerordentliche Kündigung mit gesetzlicher Frist** gelten die Kündigungsfristen der Abs 1 Nr 3, Abs 2 u Abs 3 Nr 2.

Untertitel 4
Pachtvertrag

§ 581 Vertragstypische Pflichten beim Pachtvertrag

(1) ¹Durch den Pachtvertrag wird der Verpächter verpflichtet, dem Pächter den Gebrauch des verpachteten Gegenstands und den Genuss der Früchte, soweit sie nach den Regeln einer ordnungsmäßigen Wirtschaft als Ertrag anzusehen sind, während der Pachtzeit zu gewähren. ²Der Pächter ist verpflichtet, dem Verpächter die vereinbarte Pacht zu entrichten.

(2) Auf den Pachtvertrag mit Ausnahme des Landpachtvertrags sind, soweit sich nicht aus den §§ 582 bis 584 b etwas anderes ergibt, die Vorschriften über den Mietvertrag entsprechend anzuwenden.

1 I. 1. Bei der Pacht handelt es sich um einen gegenseitigen, entgeltlichen, eng mit der Miete verwandten Vertrag. Dieser verpflichtet iR eines **Dauerschuldverhältnisses** den Verpächter, dem Pächter die Möglichkeit zur Nutzung des Pachtgegenstandes zu gewährleisten (MK/Harke § 581 Rn 2 ff).

2 a) Soweit Pachtverträge über Grundstücke und Räume mit einer Laufzeit v über einem Jahr nicht **schriftlich** abgeschlossen wurden, richtet sich die Laufzeit des Vertrags nach §§ 581 II, 550, 578.

b) Durch den Pachtvertrag erwirbt der Pächter lediglich einen Anspruch auf die Früchte, nicht das **Eigentum** an diesen. Hierzu bedarf es vielmehr eines dinglichen Aneignungsvertrages, der idR aber stillschweigend mit dem Pachtvertrag abgeschlossen wird (MK/Harke § 581 Rn 3; daraus folgt Eigentumserwerb nach § 956, ggf auch § 957).

c) § 581 ist grds **abdingbar**. Die Fruchtziehung durch den Pächter kann allerdings nur eingeschränkt, nicht ganz ausgeschlossen werden, da es sich hierbei um das wesensbestimmende Merkmal des Pachtvertrages handelt (Staud/Sonnenschein/Veit § 581 Rn 467).

d) Die Pachtrechtsvorschriften des BGB finden auch auf Pachtverträge Anwendung, die noch unter der Herrschaft des **DDR-Rechts** abgeschlossen wurden (Art 232 § 3 I EGBGB, § 52 I LandwirtschaftsanpassungsG, Art 1 SchuldrechtsanpassungsG; zu Einzelheiten vgl Staud/Emmerich Vor zu § 581 Rn 167 ff).

2. Einzelne Pachtformen sind **spezialgesetzlich** geregelt (vgl Übersicht bei Staud/Emmerich/Veit Vor zu § 581 Rn 49 ff). Zur Apothekenpacht § 9 ApothekenG, zur Kleingartenpacht das BKleingartenG, zur Jagdpacht §§ 11–14 BJagdG und zur Fischereipacht landesrechtliche Bestimmungen sowie das LPachtVG. Für das landwirtschaftliche Pachtrecht finden sich Sonderregelungen in den §§ 585 ff.

3. Verbreitet sind **Mischverträge**, die pachtrechtliche Elemente mit solchen anderer Vertragstypen verbinden. Praktisch bedeutsam sind insb der Franchisevertrag (Mischform aus Pacht-, Kauf-, Dienst-, Werk-, Miet-, Gesellschafts- und Geschäftsbesorgungsvertrag, vgl Staud/Emmerich/Veit Vor zu § 581 Rn 134 ff) sowie der Lizenzvertrag (Pacht-, Gesellschafts- und Kaufvertrag, vgl BGH NJW 70, 1503).

4. Abgrenzung des Pachtvertrages v anderen Vertragstypen: v Mietvertrag unterscheidet sich die Pacht dadurch, dass der v Pächter angestrebte wirtschaftliche Erfolg bereits im Pachtgegenstand angelegt ist und grds v jedem Geeigneten erzielt werden könnte, der den Pachtgegenstand entspr seiner Anlage einsetzte, ohne dass es vorrangig auf die originäre, eigene Leistung des Nutzers ankäme (BGH NJW 68, 693). Anders als beim Werkvertrag wird nicht ein bestimmter Erfolg, sondern lediglich die Überlassung einer produktionsfähigen Einrichtung geschuldet, die der Pächter auf eigenes Risiko nutzen kann. Im Ggs zum Gesellschaftsvertrag verbindet die Parteien des Pachtvertrages nicht notwendig ein gemeinsamer Zweck oder eine den Gesellschaftswillen verkörpernde Gemeinschaftsorganisation (Staud/Emmerich/Veit Vor zu § 581 Rn 46). Vielmehr kann der Pächter den Pachtgegenstand unabhängig v Verpächter nutzen und bewirtschaften. Dies kann selbst bei einer Verknüpfung des Pachtzinses mit dem erzielten Gewinn der Fall sein (Palandt/Weidenkaff Einf v § 581 Rn 6). IU zum Dienstvertrag untersteht der Pächter nicht der Aufsicht oder Weisungsbefugnis des Verpächters. Bilden verbrauchbare Sachen den Vertragsgegenstand, liegt idR ein Kaufvertrag vor. Wird hingegen nur das Recht zur Gewinnung verbrauchbarer Sachen, meist über einen längeren Zeitraum, übertragen, handelt es sich regelmäßig um ein Pachtverhältnis (vgl BGH NJW 85, 1025 [Bims]; BGH WM 83, 532 [Kies]; BGH WM 73, 386 [Sand]; BGH NJW 66, 105 [Kali]).

II. 1. Hauptpflicht des Verpächters ist die Gewährleistung des unbeeinträchtigten Gebrauchs des Pachtgegenstandes sowie der Möglichkeit zur Ziehung v Früchten und Nutzungen (§§ 99 f) aus diesem durch den Pächter. Zu Sachmängeln bei der Jagdpacht wegen fehlenden Rotwilds vgl. BGH MDR 08, 615. Ein gesetzliches Rauchverbot stellt keinen Mangel einer verpachteten Gaststätte dar. Der Verpächter ist auch nicht verpflichtet, durch bauliche Maßnahmen die Voraussetzungen für die Einrichtung eines Raucherbereichs zu schaffen: BGH NJW 11, 3151.

2. Die **Nebenpflichten des Verpächters** entsprechen grds denen des Vermieters (dazu § 535 Rn 7 ff).

III. 1. Die **Pflichten des Pächters** entsprechen weitgehend denen des Mieters (dazu § 535 Rn 11 ff; vgl daneben Übersicht bei Staud/Sonnenschein/Veit § 581 Rn 182 ff).

2. Der **Pachtzins** muss nicht durch regelmäßig zu entrichtende Geldzahlungen erfolgen, sondern kann auch in einer einmaligen Zahlung, der Übernahme bestimmter sonstiger Leistungen oder der Beteiligung am Umsatz oder Ertrag aus dem Pachtgegenstand bestehen (BGH NJW-RR 94, 971). Zur Ermittlung der ortsüblichen Pacht anhand vergleichbarer Pachtobjekte vgl BGHZ 141, 257; BGH NJW-RR 02, 1521; BGH NZM 04, 741. Die Verjährung des Pachtzinsanspruchs richtet sich nach §§ 195, 199. Zahlt der Pächter eines Kleingartens, gestützt auf seinen Vertrag mit dem früheren Eigentümer der Kleingartenanlage, an den Rechtsnachfolger, hat dieser keinen Grund für eine fristlose Kündigung des Pachtvertrags: BGH NZM 13, 545.

13 3. V der iR des Pachtverhältnisses zulässigen Fruchtziehung durch den Pächter kann auch der volle Substanzabbau des Pachtgegenstandes umfasst sein (zB Kiesgrube), jedoch nur, soweit die so erzielten Erträge einer ordnungsgemäßen Bewirtschaftung entsprechen und keinen Raubbau darstellen (MK/Harke § 581 Rn 15, 12). An den gezogenen Früchten erwirbt der Pächter nach §§ 956 f Eigentum.

14 4. Eine unmittelbare Pflicht zur Nutzung des Pachtgegenstandes durch den Pächter besteht nicht (Staud/Sonnenschein/Veit § 581 Rn 228; aA MK/Harke § 581 Rn 12). Eine solche Nutzungspflicht kann sich aber aus seiner Obhutspflicht ergeben oder daraus, dass die Höhe des Pachtzinses v erzielten Ertrag abhängt (Palandt/Weidenkaff § 581 Rn 11). Zur Verbesserung des Pachtgegenstandes ist der Pächter hingegen idR nicht verpflichtet.

15 IV. 1. Gegenstand eines Pachtvertrages können Sachen, Rechte (ua Patentrecht, Jagdrecht) oder aus beidem zusammengesetzte Vermögenseinheiten (Handelsgeschäfte, Unternehmen) sowie Teile davon sein (Pal/Weidenkaff § 581 Rn 3).

16 2. Der Pachtgegenstand muss nach seiner vertragsgemäßen Beschaffenheit zum Erzielen v wirtschaftlichen Erträgen unmittelbar geeignet sein (st Rspr, vgl BGH WM 81, 226).

17 V. Auf andere Pachtverhältnisse als die über landwirtschaftliche Grundstücke sind die Vorschriften des Mietrechts entspr anzuwenden, soweit sich aus den §§ 582 bis 584 b nicht abw ergibt (Abs 2). Dies führt va zur entsprechenden Anwendung der mietrechtlichen Regelungen zu Wettbewerbsverboten, Kautionen, Vertragsstrafen, zur Wertsicherung und zum Vermieterpfandrecht (§§ 562 bis 562 d). Bei der Pacht beweglicher Sachen gelten auch die §§ 537 ff zur Mängelgewährleistung und die §§ 542 f zur Kündigung entspr, ebenso bei der Raumpacht die §§ 554 f, 569 (zur Anwendbarkeit mietrechtlicher Vorschriften vgl Staud/Sonnenschein/Veit § 581 Rn 280 ff). Keine Anwendung finden hingegen die Bestimmungen zum Schutz des Wohnraummieters bei einer Kündigung durch den Vermieter (§§ 573 ff), auch wenn zum Pachtgegenstand eine v Pächter bewohnte Wohnung gehört (Jauernig/Teichmann § 581 Rn 6). Zum Ersatz v Verwendungen vgl die Einschränkungen des Mietrechts durch §§ 582, 582 a. Die §§ 566 bis 567 b finden bei Grundstückspachtverhältnissen entspr Anwendung, nicht jedoch bei der Rechtspacht (BGH MDR 68, 234; Ausnahmen: Jagdrecht [§ 14 BJagdG], Fischereipacht). Eine zwischen dem Verpächter und einer GbR als Pächterin getroffene Vereinbarung, durch die die Haftung der Gesellschafter der Pächterin auf das Gesellschaftsvermögen beschränkt wird, stellt aber keine Vorausverfügung über den Pachtzins (§§ 581 II, 566 b) dar (BGH MDR 03, 1408 f).

§ 582 Erhaltung des Inventars

(1) Wird ein Grundstück mit Inventar verpachtet, so obliegt dem Pächter die Erhaltung der einzelnen Inventarstücke.
(2) ¹Der Verpächter ist verpflichtet, Inventarstücke zu ersetzen, die infolge eines vom Pächter nicht zu vertretenden Umstands in Abgang kommen. ²Der Pächter hat jedoch den gewöhnlichen Abgang der zum Inventar gehörenden Tiere insoweit zu ersetzen, als dies einer ordnungsmäßigen Wirtschaft entspricht.

1 I. Die Vorschrift regelt die Verteilung der Erhaltungspflichten bei der sog schlichten Mitverpachtung v Inventar.

2 II. 1. a) Unmittelbar ist § 582 auf alle Pachtverträge über Grundstücke anwendbar, einschließlich der landwirtschaftlich genutzten (§ 585 II). Entspr Anwendung findet die Norm bei der Unternehmenspacht (Staud/Emmerich/Veit § 582 Rn 3). Hat der Pächter das Inventar nicht mitgepachtet, sondern zum Schätzwert übernommen, gilt § 582 a.

Ist es hingegen endgültig in das Eigentum des Pächters übergegangen und besteht allenfalls ein Wiederkaufsrecht des Verpächters, ist § 582 unanwendbar (Palandt/Weidenkaff § 582 Rn 1).

b) Der Begriff des **Inventars** umfasst unabhängig v der Eigentumslage alle beweglichen 3 Sachen, die zur Nutzung des Grundstücks iR seiner zweckgemäßen Bewirtschaftung bestimmt sind (vgl § 98) und zu diesem in einem räumlichen Verhältnis stehen. Neben Zubehör (§ 97) des Grundstücks können daher auch Bestandteile desselben zu seinem Inventar gehören.

c) § 582 ist uneingeschränkt **abdingbar**. 4

2. a) Die Pflicht zum Erhalt der einzelnen Inventarstücke, insb die Durchführung v 5 Wartungsarbeiten und das Füttern der Tiere (Beispiele bei Staud/Emmerich/Veit § 582 Rn 7), obliegt unter Abweichung v § 535 I dem **Pächter** (Abs 1). Dieser ist daneben in den Grenzen der ordnungsgemäßen Wirtschaft zum Ersatz des gewöhnlichen Abgangs unter den zum Inventar gehörenden Tieren verpflichtet (Abs 2 S 2), nicht jedoch zum Ersatz außergewöhnlicher Abgänge aufgrund v Seuchen uä. Eigentum an den ergänzten Tieren erwirbt zunächst der Pächter (§ 956), dieses kann aber später nach § 930 auf den Verpächter übergehen (vgl Staud/Emmerich/Veit § 582 Rn 16). Die Beweislast für einen solchen Eigentumsübergang trägt der Verpächter (BGH WM 60, 1149).

b) IÜ hat der **Verpächter** Inventarstücke zu ersetzen, bei denen dies ohne Verschulden 6 des Pächters erforderlich wird (Abs 2 S 1), und trägt die Gefahr des zufälligen Untergangs sowie der zufälligen Verschlechterung des Inventars. Im Ggs zum Nießbrauch (§ 1045) ist daher auch dessen Versicherung Aufgabe des Verpächters (MK/Harke § 582 Rn 3).

§ 582 a Inventarübernahme zum Schätzwert

(1) ¹Übernimmt der Pächter eines Grundstücks das Inventar zum Schätzwert mit der Verpflichtung, es bei Beendigung des Pachtverhältnisses zum Schätzwert zurückzugewähren, so trägt er die Gefahr des zufälligen Untergangs und der zufälligen Verschlechterung des Inventars. ²Innerhalb der Grenzen einer ordnungsmäßigen Wirtschaft kann er über die einzelnen Inventarstücke verfügen.
(2) ¹Der Pächter hat das Inventar in dem Zustand zu erhalten und in dem Umfang laufend zu ersetzen, der den Regeln einer ordnungsmäßigen Wirtschaft entspricht. ²Die von ihm angeschafften Stücke werden mit der Einverleibung in das Inventar Eigentum des Verpächters.
(3) ¹Bei Beendigung des Pachtverhältnisses hat der Pächter das vorhandene Inventar dem Verpächter zurückzugewähren. ²Der Verpächter kann die Übernahme derjenigen von dem Pächter angeschafften Inventarstücke ablehnen, welche nach den Regeln einer ordnungsmäßigen Wirtschaft für das Grundstück überflüssig oder zu wertvoll sind; mit der Ablehnung geht das Eigentum an den abgelehnten Stücken auf den Pächter über. ³Besteht zwischen dem Gesamtschätzwert des übernommenen und dem des zurückzugewährenden Inventars ein Unterschied, so ist dieser in Geld auszugleichen. ⁴Den Schätzwerten sind die Preise im Zeitpunkt der Beendigung des Pachtverhältnisses zugrunde zu legen.

I. Zweck des sog **Eiserninventarvertrages** ist es, dass der Verpächter nach Ablauf des 1 Pachtverhältnisses einen voll funktionsfähigen Betrieb zurückerlangt (Staud/Emmerich/Veit § 582 a Rn 4).

II. 1. a) Unmittelbar ist § 582 a auf alle Grundstückspachtverträge, insb im Bereich der 2 Landwirtschaft, **anwendbar**. Entspr ist die Vorschrift für die Unternehmenspacht heranzuziehen, wenn dabei die Firma unter Einschluss der Urheberrechte und „**good will**" verpachtet wird, sowie für die Verpachtung v Viehherden (MK/Harke § 581 Rn 6 ff).

b) Das sog **eiserne Inventar** muss bei Pachtbeginn v Pächter zum Schätzwert übernom- 3 men worden sein. Außerdem muss der Pachtvertrag vorsehen, dass der Pächter das Inventar nach Vertragsende zum dann aktuellen Schätzwert an den Verpächter zurückgibt (Palandt/Weidenkaff § 582 a Rn 3).

4 c) § 582 a ist **abdingbar**. Zu Pachtverträgen, die vor dem 1.7.1986 geschlossen wurden, vgl Art 219 EGBGB.

5 2. a) Rechtsfolgen während des **Pachtverhältnisses**:

6 aa) Der Pächter trägt bis zu dessen Rückgabe die **Gefahr des zufälligen Untergangs** und der zufälligen Verschlechterung (Abs 1 S 1) sowie des technischen Veraltens (Staud/Emmerich/Veit § 582 a Rn 11) der Inventarstücke.

7 bb) Das v Pächter übernommene Inventar bleibt **Eigentum** des Verpächters. Ergänzt der Pächter das Inventar um neue Stücke oder Jungtiere, erwirbt der Verpächter durch diesen Realakt kraft Gesetzes Eigentum daran (Abs 2 S 2). Unerheblich ist dabei, ob die Ergänzung den Regeln der ordnungsgemäßen Wirtschaft entsprach oder ob der Eigentumserwerb v Willen des Verpächters gedeckt ist. Voraussetzung ist aber die Geschäftsfähigkeit des Verpächters (Staud/Emmerich/Veit § 582 a Rn 26), die räumliche und wirtschaftliche Einfügung des Stücks in das Inventar, idR unter Einbringung in das Grundstück, und das Fehlen v Eigentümerrechten Dritter (MK/Harke § 582 a Rn 5). Gutgläubiger Eigentumserwerb des Verpächters an den ergänzten Inventarstücken ist ausgeschlossen. Stand dem Pächter bei Einverleibung der Stücke in das Inventar lediglich ein Anwartschaftsrecht an diesen zu, geht dieses damit auf den Verpächter über (Staud/Emmerich/Veit § 582 a Rn 27).

8 cc) Der Pächter ist während der gesamten Pachtdauer über alle einzelnen Inventarstücke innerhalb der Grenzen einer ordnungsgemäßen Wirtschaft **verfügungsbefugt** (Abs 1 S 2), nicht jedoch über das Inventar als Ganzes (Palandt/Weidenkaff § 582 a Rn 6).

9 dd) Die Pflicht zur **Erhaltung und Ersetzung** des Inventars nach Maßgabe der Erfordernisse einer ordnungsgemäßen Wirtschaft trifft abw v § 582 II ausschließlich den Pächter (Abs 2 S 2). Sie umfasst auch die Pflicht zur Modernisierung und Anpassung an den jeweils aktuellen Standard und technischen Fortschritt (MK/Harke § 582 a Rn 5).

10 b) Rechtsfolgen bei Beendigung des Pachtverhältnisses:

11 aa) Die Pflicht des Pächters zur **Rückgewähr** des Inventars (Abs 3 S 1) entspricht der Rückgabepflicht des § 546 und umfasst das gesamte Inventar, einschließlich der dem Ablehnungsrecht unterliegenden Stücke (MK/Harke § 582 a Rn 6).

12 bb) Das **Ablehnungsrecht** des Verpächters (Abs 3 S 2) kann v diesem durch Abgabe einer empfangsbedürftigen Willenserklärung (§ 130) ausgeübt werden. Ob Inventarstücke überflüssig oder zu wertvoll sind (sog Überinventar), ist nicht nach dem persönlichen Interesse des Verpächters, sondern nach objektiven Kriterien zu beurteilen (Staud/Emmerich/Veit § 582 a Rn 37). Für deren Vorliegen ist der Verpächter beweispflichtig. Lehnt der Verpächter die Übernahme ab, scheidet das abgelehnte Stück mit Zugang der Ablehnungserklärung aus dem Inventar aus und geht in das Eigentum des Pächters über (Abs 3 S 2 2. Halbs).

13 cc) Deckt sich der Schätzwert des v Pächter übernommenen Inventars nicht mit dem bei Beendigung der Pacht, ist die Differenz v der dadurch begünstigten Partei auszugleichen (Abs 3 S 3). Die Frist für die Verjährung dieses **Wertausgleichsanspruchs** ergibt sich aus § 548 I. Bei Landpachtverträgen besteht die Möglichkeit zum vorzeitigen Wertausgleich gem § 590 III. Maßgeblich für die Berechnung des Schätzwertes ist der Wert des Inventars bei Pachtende (Abs 3 S 4). Dabei müssen die Schätzwerte für totes Inventar bei Pachtbeginn auf das Pachtverhältnis bei Pachtende umgerechnet werden. Unterschiede, die sich allein aus dem Kaufkraftschwund während der Pachtdauer ergeben, bleiben unberücksichtigt (Staud/Emmerich/Veit § 582 a Rn 41 ff). Für die Schätzung v Inventar im Bereich der Landwirtschaft vgl die Schätzungsordnung für das landwirtschaftliche Pachtwesen v 1982, die Landpachtverträgen oft als AGB zugrunde gelegt wird (auszugsweise abgedr bei MK/Voelskow[3] § 582 a nach Rn 10).

§ 583 Pächterpfandrecht am Inventar

(1) Dem Pächter eines Grundstücks steht für die Forderungen gegen den Verpächter, die sich auf das mitgepachtete Inventar beziehen, ein Pfandrecht an den in seinen Besitz gelangten Inventarstücken zu.

(2) ¹Der Verpächter kann die Geltendmachung des Pfandrechts des Pächters durch Sicherheitsleistung abwenden. ²Er kann jedes einzelne Inventarstück dadurch von dem Pfandrecht befreien, dass er in Höhe des Wertes Sicherheit leistet.

I. Die Vorschrift begründet ein **gesetzliches Pfandrecht** des Pächters an den Inventarstücken. Dieses soll seine Ansprüche gegen den Verpächter wegen des Inventars sichern. Weiteres Ziel der Regelung ist der Schutz des Pächters vor Beeinträchtigungen seiner Nutzungs- und Verfügungsrechte über das Inventar während der Pachtzeit durch Herausgabeansprüche oder Pfändungen Dritter (Mugdan II S 885). 1

II. 1. a) Zum **Anwendungsbereich** vgl § 582 Rn 2. 2

b) Als **Ansprüche des Pächters** kommen Forderungen auf Rückzahlung einer auf das Inventar bezogenen Kaution in Betracht, daneben bei der schlichten Mitverpachtung Forderungen auf Erg des Inventars nach § 582 II sowie bei einer Verpachtung zum Schätzwert auf Wertausgleich nach § 582 a III S 3 und 4. 3

c) Das Pächterpfandrecht erstreckt sich auf alle in seinen Besitz (§ 854) gelangten Inventarstücke, auch wenn nicht der Verpächter, sondern ein **Dritter deren Eigentümer** ist (BGHZ 34, 157). 4

d) § 583 ist abdingbar. 5

2. a) Das **Pfandrecht des Pächters** lässt sein ZbR am Inventar nach § 273 unberührt (Staud/Emmerich/Veit § 583 Rn 7). Gutgläubiger Erwerb ist nach § 1207 möglich. Zu den Rechten des Pächters bei Insolvenz des Verpächters vgl § 50 II InsO, zur Anwendung pfandrechtlicher Vorschriften § 1257. 6

b) Das **Abwendungsrecht des Verpächters** (Abs 2) entspricht dem des Mieters in § 562 c. Es kann auch v Dritten geltend gemacht werden (MK/Harke § 583 Rn 2). Die Sicherheitsleistung kann notfalls durch die Stellung eines Bürgen erfolgen (§ 232 II), soweit der Gläubiger durch die Sicherheitsleistung nicht auch das ZbR des Pächters abwenden will (§ 273 III 2). 7

§ 583 a Verfügungsbeschränkungen bei Inventar

Vertragsbestimmungen, die den Pächter eines Betriebs verpflichten, nicht oder nicht ohne Einwilligung des Verpächters über Inventarstücke zu verfügen oder Inventar an den Verpächter zu veräußern, sind nur wirksam, wenn sich der Verpächter verpflichtet, das Inventar bei der Beendigung des Pachtverhältnisses zum Schätzwert zu erwerben.

I. Zweck des § 583 a ist der **Schutz des Pächters** vor der Vereinbarung unangemessener Verfügungsbeschränkungen über das Pachtinventar (MK/Harke § 583 a Rn 1). 1

II. 1. a) Der **Anwendungsbereich** des § 583 a umfasst nur die Verpachtung v Betrieben (einschließlich landwirtschaftlicher Betriebe, vgl § 585 II), also einer organisierten Zusammenfassung v Sachen und Rechten, die es ermöglicht, eine gewerbliche, freiberufliche oder künstlerische Tätigkeit auszuüben (Palandt/Weidenkaff § 583 a Rn 1). 2

b) Das Inventar muss **Eigentum** des Pächters oder eines Dritten sein, nicht das des Verpächters (dann §§ 582, 582 a). Praktisch häufigster Fall des § 583 a ist der käufliche Erwerb des Inventars durch den Pächter (hierzu: Staud/Emmerich/Veit Vor §§ 582 ff Rn 8 ff). 3

c) Eine Abrede, die den Pächter verpflichtet, das **Inventar an einen Nachfolger** zu veräußern, wird v § 583 a nicht erfasst und ist daher grds unbedenklich (Staud/Emmerich/Veit § 583 a Rn 4). 4

d) § 583 ist **nicht abdingbar**. Zu vor dem 1.7.1986 geschlossenen Pachtverträgen vgl Art 219 EGBGB. 5

2. Fehlt es an der Abnahmeverpflichtung des Verpächters zum Schätzwert, sind die v der Vorschrift umfassten Abreden gem § 134 **nichtig**. Die Auswirkungen dieser Nichtigkeit auf den restlichen Pachtvertrag richten sich nach § 139, idR ist v einer Teilnichtigkeit auszugehen (Staud/Emmerich/Veit § 583 a Rn 5). 6

§ 584 Kündigungsfrist

(1) Ist bei dem Pachtverhältnis über ein Grundstück oder ein Recht die Pachtzeit nicht bestimmt, so ist die Kündigung nur für den Schluss eines Pachtjahrs zulässig; sie hat spätestens am dritten Werktag des halben Jahres zu erfolgen, mit dessen Ablauf die Pacht enden soll.
(2) Dies gilt auch, wenn das Pachtverhältnis außerordentlich mit der gesetzlichen Frist gekündigt werden kann.

1 I. Die Vorschrift regelt und vereinheitlicht unter Abweichung v §§ 580 a, 573 c die Frist für die ordentliche oder befristete **außerordentliche Kündigung** bestimmter, nicht befristeter Pachtverhältnisse. Damit trägt sie den im Vergleich zur Miete aufwendigeren Maßnahmen Rechnung, die v beiden Parteien eines Pachtverhältnisses bei dessen Ende regelmäßig durchzuführen sind (Staud/Sonnenschein/Veit § 584 Rn 5).
2 II. 1. § 584 findet **Anwendung** auf Pachtverträge über Grundstücke, Räume (BGH ZMR 57, 264), Pächterwohnungen und Rechte. Bei der Verpachtung v beweglichen Sachen oder den Rechten an diesen verbleibt es hingegen bei der entsprechenden Geltung der §§ 581 II, 580 a III.
3 2. Das **Pachtjahr** iSd § 584 bestimmt sich vorrangig nach der vertraglichen Regelung oder regionalem Gewohnheitsrecht. Fehlt es an beidem, ist nicht das Kalenderjahr, sondern der Beginn des Pachtverhältnisses maßgeblich.
4 3. Die Kündigung nach § 584 unterliegt nicht der **Schriftform** (anders bei Landpachtverträgen, vgl §§ 594, 594 a).
5 4. Die Angabe eines **Kündigungstermins** ist nicht notwendig. Wurde dieser falsch angegeben, wird dadurch die Kündigung grds nicht unwirksam (BGH NJW-RR 96, 144). Wurde die Kündigung verspätet abgegeben, wirkt sie zum nächstzulässigen Termin, sofern dies dem Willen des Kündigenden entspricht und dieser Wille für den anderen Vertragsteil hinreichend erkennbar war.
6 5. Die Norm ist **abdingbar** (MK/Harke § 584 Rn 5).

§ 584 a Ausschluss bestimmter mietrechtlicher Kündigungsrechte

(1) Dem Pächter steht das in § 540 Abs. 1 bestimmte Kündigungsrecht nicht zu.
(2) Der Verpächter ist nicht berechtigt, das Pachtverhältnis nach § 580 zu kündigen.

1 I. Die Vorschrift schließt die **Anwendung** einzelner mietrechtlicher Kündigungsregeln auf Pachtverhältnisse aus.
2 II. 1. a) Die Bestimmungen des § 584 a gelten für Pachtverträge über Grundstücke und Räume, Abs 1 und 2 auch für die Verpachtung beweglicher Sachen, Abs 2 zusätzlich für die Rechtspacht (Palandt/Weidenkaff § 584 a Rn 1). Nicht **anwendbar** ist § 584 a auf Landpachtverhältnisse (dort: §§ 585 II, 589, 594 d).
3 b) Wegen des hohen Stellenwertes, der der Person des Pächters für den Abschluss des Pachtvertrages durch den Verpächter meist zukommt (Jauernig/Teichmann § 584 a Rn 1; MK/Harke § 584 a Rn 1), entspricht eine Unterverpachtung idR nicht dessen Interesse. Um das Vertrauen des Verpächters auf die Kontinuität der Bewirtschaftung der Pachtsache durch den Pächter zu schützen, begründet eine Verweigerung der Zustimmung zur Unterverpachtung nach **Abs 1** daher kein außerordentliches Kündigungsrecht des Pächters (Staud/Sonnenschein/Veit § 584 a Rn 8, 11), ebenso hat dieser keinen Anspruch auf Zustimmung zur Unterverpachtung (Palandt/Weidenkaff § 584 a Rn 2).
4 c) Beim Tod des Pächters steht dessen Erben ein außerordentliches Kündigungsrecht nach § 580 zu, damit diese die Gelegenheit zur kurzfristigen Lösung v Pachtvertrag haben, wenn sie den Pachtgegenstand nicht selbst bewirtschaften können oder wollen. Umgekehrt schließt **Abs 2** ein entsprechendes Kündigungsrecht des Verpächters aus, um das oft erhebliche Vermögensinteresse der Erben am Fortbestehen der Pacht zu

schützen (Staud/Sonnenschein/Veit § 584 a Rn 9; dies als Widerspruch zu Abs 1 wertend und daher abl: MK/Harke § 584 a Rn 3).
d) § 584 a ist **abdingbar**. 5
2. Wird ein Pachtverhältnis entgg den Ausschlussregeln des § 584 a gekündigt, ist die 6
Kündigung wirkungslos.

§ 584 b Verspätete Rückgabe

¹Gibt der Pächter den gepachteten Gegenstand nach der Beendigung des Pachtverhältnisses nicht zurück, so kann der Verpächter für die Dauer der Vorenthaltung als Entschädigung die vereinbarte Pacht nach dem Verhältnis verlangen, in dem die Nutzungen, die der Pächter während dieser Zeit gezogen hat oder hätte ziehen können, zu den Nutzungen des ganzen Pachtjahrs stehen. ²Die Geltendmachung eines weiteren Schadens ist nicht ausgeschlossen.

I. Die Vorschrift regelt unter Abweichung v § 546 a die Höhe der v Pächter bei verspä- 1
teter Rückgabe des Pachtgegenstandes an den Verpächter zu leistenden **Entschädigung**.
II. 1. a) § 584 b findet auf alle Pachtverträge mit Ausn der Landpacht (dort: § 597) 2
Anwendung, soweit eine Rückgabe des Pachtgegenstandes in Betracht kommt. Die Entschädigungspflicht des Pächters entfällt jedoch, wenn dieser gekündigt hat, der Verpächter aber v ihm die Fortsetzung des Pachtverhältnisses verlangt.
b) **Voraussetzung für den Entschädigungsanspruch** des Verpächters ist die Beendigung 3
des Pachtverhältnisses durch Zeitablauf, Kündigung oder Aufhebungsvertrag sowie das Vorenthalten des Pachtgegenstandes durch den Pächter ggü dem Verpächter. Neben dem Unterbleiben der Rückgabe des Pachtgegenstandes muss zumindest ein grundsätzlicher Rückerlangungswille des Verpächters bestehen (BGH NJW 83, 112; BGH NZM 06, 820). Auf seinen Willen zur anderweitigen Nutzung der Sache kommt es hingegen nicht an. Hat der Pächter die fehlende Rückgabe verursacht, ist ein Verschulden (§§ 276, 278) seinerseits nicht erforderlich. Ebenso ist eine Weiternutzung des Pachtgegenstandes nicht Bedingung für den Entschädigungsanspruch des Verpächters (Palandt/Weidenkaff § 584 b Rn 3). Der Entschädigungsanspruch des Verpächters besteht auch für den Zeitraum, für den er eine Räumungsfrist gewährt hat (BGH NZM 06, 820).
c) § 584 b ist **abdingbar** (MK/Harke § 584 b Rn 9). Eine Klausel in einem Formular- 4
Kleingartenpachtvertrag, wonach der abgebende Pächter verpflichtet ist, beim Fehlen eines Nachpächters den Kleingarten bis zu dessen Neuverpachtung unter Fortzahlung der vereinbarten Entgelte und Gebühren zu bewirtschaften oder die Baulichkeiten und Anpflanzungen zu entfernen und den Kleingarten im umgegrabenen Zustand zu übergeben hat, ist wirksam: BGH NJW-RR 13, 910.
2. a) Die **Höhe** der v Pächter zu zahlenden **Entschädigung** ist gem S 1 zu berechnen 5
(zur Einbeziehung der Umsatzsteuer vgl BGH NJW-RR 96, 460). Wegen des unterschiedlichen Wertes der Nutzungen im Jahresverlauf muss die Höhe der Entschädigung nicht der des Pachtzinses entsprechen. Insgesamt darf allerdings der Verpächter nicht schlechter und der Pächter nicht besser gestellt werden, als wenn das Pachtverhältnis fortbestanden hätte (Palandt/Weidenkaff § 584 b Rn 4; krit. hierzu MK/Harke § 584 b Rn 6).
b) **Nach der Beendigung** des Pachtverhältnisses ist der Verpächter grds nicht mehr zur 6
Erhaltung des Pachtgegenstandes oder zur Ersatzbeschaffung v Inventarstücken verpflichtet (MK/Harke § 584 b Rn 6).
c) Neben der in S 1 festgelegten Entschädigung kann der Verpächter gem **S 2** auch 7
einen darüber hinaus gehenden Schaden geltend machen (zB aus §§ 280 ff, vgl Staud/Sonnenschein/Veit § 584 b Rn 24 f, 27). Ebenso bleiben weiter gehende Ansprüche des Verpächters wegen ungerechtfertigter Bereicherung oder aus §§ 987 ff unberührt (BGH NJW 68, 197). Bei wertsteigernden Investitionen des Pächters bemisst sich der Umfang seiner bereicherungsrechtlichen Ansprüche gegen den Verpächter bei einer vorzeitigen Vertragsbeendigung danach, welchen höheren Pachtzins der Verpächter deshalb erlangen kann (BGH MietPrax-AK § 812 BGB Nr 4).

Untertitel 5
Landpachtvertrag

§ 585 Begriff des Landpachtvertrags

(1) ¹Durch den Landpachtvertrag wird ein Grundstück mit den seiner Bewirtschaftung dienenden Wohn- oder Wirtschaftsgebäuden (Betrieb) oder ein Grundstück ohne solche Gebäude überwiegend zur Landwirtschaft verpachtet. ²Landwirtschaft sind die Bodenbewirtschaftung und die mit der Bodennutzung verbundene Tierhaltung, um pflanzliche oder tierische Erzeugnisse zu gewinnen, sowie die gartenbauliche Erzeugung.
(2) Für Landpachtverträge gelten § 581 Abs. 1 und die §§ 582 bis 583 a sowie die nachfolgenden besonderen Vorschriften.
(3) Die Vorschriften über Landpachtverträge gelten auch für Pachtverhältnisse über forstwirtschaftliche Grundstücke, wenn die Grundstücke zur Nutzung in einem überwiegend landwirtschaftlichen Betrieb verpachtet werden.

1 I. § 585 grenzt die Landpacht v allg Pachtvertrag der §§ 581 ff ab. Ziel der **Sonderregelung der Landpacht** ist va eine Stärkung der Unabhängigkeit des landwirtschaftlichen Pächters v seinem Verpächter (Jauernig/Teichmann § 585 Rn 1; zum Zweck landwirtschaftlichen Sonderrechts allg: BVerfG AgrarR 85, 15 f).

2 II. 1. a) aa) Nach der Legaldefinition in Abs 1 ist ein Landpachtvertrag durch die Verpachtung eines Grundstücks zur überw landwirtschaftlichen (also nicht gewerbsmäßigen oder Hobby-)Nutzung gekennzeichnet. Um **Landwirtschaft** iSd Landpachtrechts handelt es sich bei der Bodenbewirtschaftung, der gartenbaulichen Erzeugung sowie der mit der Bodennutzung verbundenen, auf die Gewinnung pflanzlicher oder tierischer Produkte zielenden Tierhaltung (Abs 1 S 2). Wird auf dem verpachteten Grundstück Massentierhaltung (Schweinemast, Legebatterien, Pelztiere) betrieben, ohne dass das hierfür erforderliche Tierfutter vollständig oder überw selbst produziert wird, kommt die Anwendung v Landpachtrecht daher mangels landwirtschaftlicher Nutzung nicht in Betracht (MK/Harke § 585 Rn 4). Ebenso stellt die Zurverfügungstellung v Flächen für die Gewinnung v Windenergie keine landwirtschaftliche Nutzung dar (BGHZ 180, 285).

3 bb) v der Landpacht sind Mischverträge mit landpachtvertraglichen (und dienstvertraglichen) Elementen **abzugrenzen**, wie zB Heuerlings- und Deputatverträge. Leihe, nicht Landpacht, liegt vor, wenn landwirtschaftliche Grundstücke zur unentgeltlichen Nutzung überlassen werden. Dient die Grundstücksüberlassung lediglich der Aberntung landwirtschaftlicher Produkte, ist Kaufrecht anwendbar. Auf die Vereinbarung eines Pflugtauschs können die §§ 585 ff entspr Anwendung finden: BGH NJW-RR 08, 172.

4 cc) Die Vorschriften über das allg Pachtrecht sind auf Landpachtverträge nur **anwendbar**, soweit Abs 2 darauf verweist (§§ 581 I, 582–583 a). Mietrechtliche Bestimmungen sind heranzuziehen, wenn dies im Landpachtrecht angeordnet wird.

5 dd) Die Einhaltung einer bestimmten Form ist bei Landpachtverträgen nicht Wirksamkeitsvoraussetzung. Bei Verträgen mit einer Laufzeit v über zwei Jahren führt die Nichteinhaltung der **Schriftform** jedoch dazu, dass sie gem § 585 a als auf unbestimmte Zeit geschlossen gelten. Für die Einhaltung der Schriftform genügt es, wenn dem Landpachtvertrag ein Katasterauszug der verpachteten Einzelgrundstücke beigefügt ist (BGH GuT 11, 86).

6 ee) Landpachtverträge sind grds **anzeigepflichtig** (§ 2 LPachtVG). Ausnahmen regelt § 3 LPachtVG. Unterlassen es die Parteien, den Abschluss oder die Änderung eines Landpachtverhältnisses der zuständigen Behörde anzuzeigen, obwohl keine solche Ausn vorliegt, ist der Vertrag nicht unwirksam. Gegen die Parteien können aber Ordnungsmaßnahmen nach § 10 LPachtVG verhängt werden.

7 b) aa) **Gegenstand eines Landpachtvertrages** muss stets ein Grundstück sein, dessen gewinnorientierte landwirtschaftliche Nutzung beabsichtigt und möglich ist (Staud/v

Jeinsen § 585 Rn 17 f). Werden zusätzlich Wohn- oder Wirtschaftsgebäude verpachtet, die der Bewirtschaftung des Grundstücks dienen, liegt Betriebspacht vor (Abs 1 S 1). Zur Überprüfbarkeit der in formularmäßigen Landpachtverträgen vereinbarten Pflichten des Pächters im Rahmen des § 307 vgl BGH NJW-RR 10. 1497.

bb) Auf **Forstflächen** ist Landpachtrecht dann anwendbar, wenn diese entweder als 8 Teil eines überw der Landwirtschaft dienenden Pachtgegenstandes verpachtet (Abs 1) oder zu einem überw landwirtschaftlich genutzten Betrieb hinzugepachtet werden (Abs 3).

cc) Milchquoten sind streng flächenakzessorisch und können daher nur in engen zeitli- 9 chen Grenzen Gegenstand eines selbständigen Pachtvertrages sein, auf den dann Landpachtrecht nicht anwendbar ist (Staud/v Jeinsen § 585 Rn 31).

c) Die **Rechte und Pflichten** der Parteien ergeben sich insb aus den §§ 581 I, 586, 587. 10

d) § 585 ist grds **abdingbar**. Die wesensbestimmenden Merkmale der Landpacht (land- 11 wirtschaftliche Nutzung, Fruchtziehungsrecht und Pachtzinszahlungspflicht des Pächters) müssen dabei aber in ihrem Kern erhalten bleiben (Staud/v Jeinsen § 585 Rn 46).

2. Für Rechtsstreitigkeiten, die sich aus Landpachtverträgen ergeben, ist in erster In- 12 stanz das Amtsgericht als **Landwirtschaftsgericht** zuständig (§ 1 Nr 1 u 1 a LwVG). Dieses entscheidet idR im Verfahren der freiwilligen Gerichtsbarkeit (§ 9 iVm § 1 Nr 1 LwVG), teilweise aber auch im streitigen Verfahren nach der ZPO (§ 48 iVm § 1 Nr 1 a LwVG).

§ 585 a Form des Landpachtvertrags

Wird der Landpachtvertrag für längere Zeit als zwei Jahre nicht in schriftlicher Form geschlossen, so gilt er für unbestimmte Zeit.

I. Die Vorschrift **modifiziert** § 550 im Hinblick auf die zweijährige Kündigungsfrist des 1 § 594 a I dahin, dass nur Landpachtverträge mit einer vorgesehenen Laufzeit v mehr als zwei Jahren der Schriftform bedürfen, wenn sie nicht auf unbestimmte Zeit gelten sollen. Ziel dieser Regelung ist neben der Beweissicherung va die Erleichterung der Möglichkeiten des Grundstückserwerbers, sich über den Umfang der bestehenden Pachtverhältnisse zu informieren (Staud/v Jeinsen § 585 a Rn 3).

II. 1. a) Der **Anwendungsbereich** des § 585 a umfasst sowohl Verträge, die für einen 2 festen Zeitraum v mehr als zwei Jahren abgeschlossen wurden, als auch solche, bei denen eine Überschreitung dieser Dauer nach dem Willen der Parteien (nur) möglich ist, etwa aufgrund v Verlängerungsoptionen für eine Partei oder einer Koppelung der Laufzeit an die Lebensdauer eines Beteiligten (Staud/v Jeinsen § 585 a Rn 7). Nicht der Schriftform unterliegen Vertragsänderungen, die nur bis zu zwei Jahre gelten sollen.

b) Soweit der Pachtvertrag nach § 585 a Schriftform erfordert (zu dieser vgl § 126), um 3 nicht auf unbestimmte Zeit zu gelten, umfasst dies den **gesamten Vertragsinhalt**, also mind die Bezeichnung der Vertragsparteien, des Pachtgegenstandes, der Pachtzeit und des Pachtzinses (Staud/v Jeinsen § 585 a Rn 12). Für die Einhaltung der Schriftform genügt es, wenn dem Landpachtvertrag ein Katasterauszug der verpachteten Einzelgrundstücke beigefügt ist (BGH GuT 11, 86). Neben dem schriftlichen Vertrag v den Parteien getroffene **mündliche Abreden** können zur Vertragsauslegung herangezogen werden, sofern der darin zum Ausdruck gekommene rechtsgeschäftliche Wille in dem schriftlichen Pachtvertrag zumindest angedeutet wurde (sog Andeutungslehre, vgl hierzu: BGH NJW 83, 1610 f).

c) Ist der Vertrag ohne Beachtung der erforderlichen Schriftform geschlossen worden, 4 ist eine spätere **Heilung**, etwa durch Erfüllung, nicht möglich.

d) Die Pflicht zur Einhaltung einer formunwirksam vereinbarten Laufzeit unter dem 5 Aspekt v **Treu und Glauben** wird bei Landpachtverträgen wegen der Sozialklausel in § 595 und der durch § 585 a im Vergleich zu einer Unwirksamkeit des Vertrages deutlich abgemilderten Folge des Formmangels kaum in Betracht kommen.

e) § 585 a ist **nicht abdingbar**. 6

2. Bei **Nichteinhaltung der Schriftform** ist der Vertrag nicht nichtig, sondern gilt als auf unbestimmte Zeit geschlossen (zu den Anforderungen für das formlose Zustandekommen: BGH NJW 94, 1651). Für die Kündigung eines solchen Vertrages gelten daher die Fristen des § 594 a I.

§ 585 b Beschreibung der Pachtsache

(1) ¹Der Verpächter und der Pächter sollen bei Beginn des Pachtverhältnisses gemeinsam eine Beschreibung der Pachtsache anfertigen, in der ihr Umfang sowie der Zustand, in dem sie sich bei der Überlassung befindet, festgestellt werden. ²Dies gilt für die Beendigung des Pachtverhältnisses entsprechend. ³Die Beschreibung soll mit der Angabe des Tages der Anfertigung versehen werden und ist von beiden Teilen zu unterschreiben.
(2) ¹Weigert sich ein Vertragsteil, bei der Anfertigung einer Beschreibung mitzuwirken, oder ergeben sich bei der Anfertigung Meinungsverschiedenheiten tatsächlicher Art, so kann jeder Vertragsteil verlangen, dass eine Beschreibung durch einen Sachverständigen angefertigt wird, es sei denn, dass seit der Überlassung der Pachtsache mehr als neun Monate oder seit der Beendigung des Pachtverhältnisses mehr als drei Monate verstrichen sind; der Sachverständige wird auf Antrag durch das Landwirtschaftsgericht ernannt. ²Die insoweit entstehenden Kosten trägt jeder Vertragsteil zur Hälfte.
(3) Ist eine Beschreibung der genannten Art angefertigt, so wird im Verhältnis der Vertragsteile zueinander vermutet, dass sie richtig ist.

1 I. **Zweck** der v § 585 b geforderten Beschreibung der Pachtsache ist die Vermeidung v Streitigkeiten über deren Zustand bei Pachtbeginn oder -ende.

2 II. 1. a) Eine Beschreibung iSv § 585 b muss Angaben über **Umfang und Zustand der Pachtsache** bei deren Überlassung bzw bei Beendigung des Pachtverhältnisses enthalten. Sie muss schriftlich (§ 126) abgefasst und bei Anfertigung durch die Parteien v beiden Seiten unterschrieben werden (Abs 1). Die Angabe des Datums (Abs 1 S 3) ist hingegen nicht Wirksamkeitsvoraussetzung.

3 b) Verweigert eine Partei die Mitwirkung bei der Erstellung einer Beschreibung, kann die andere diese nicht erzwingen (anders als nach § 1035 beim Nießbrauch oder nach § 1377 II 1 bei der Ermittlung des Anfangsvermögens iR der Berechnung des Zugewinnausgleichs). Jeder Vertragsteil ist jedoch in den zeitlichen Schranken des Abs 2 berechtigt, beim Landwirtschaftsgericht die Bestellung eines **Sachverständigen** zu beantragen, der dann eine Beschreibung anfertigt. Für diese gelten die Formvorschriften des Abs 1 entspr, insb ist sie v Sachverständigen zu unterschreiben (Staud/v Jeinsen § 585 b Rn 9). Die Kosten hierfür tragen die Parteien zu gleichen Teilen (Abs 2 S 2). Gleiches gilt, wenn sich die Parteien nicht auf eine gemeinsame Beschreibung iSv Abs 1 einigen können.

4 c) Um die Erstellung der Beschreibung der Pachtsache zu ermöglichen, muss deren Besitzer ihre **Besichtigung** durch die andere Partei, ggf den Sachverständigen sowie deren jeweilige Hilfspersonen dulden (Palandt/Weidenkaff § 585 b Rn 3). Diese Pflicht trifft den späteren Pächter der Pachtsache nur, wenn sie ihm durch eine Vereinbarung zugunsten Dritter auferlegt worden ist (MK/Harke § 585 b Rn 4).

5 d) Abs 1 enthält lediglich eine **Sollvorschrift**; das Unterlassen der Anfertigung einer Beschreibung führt daher nicht zur Unwirksamkeit des Landpachtvertrages (Staud/v Jeinsen § 585 b Rn 21). Die Regelungen der Abs 2 u 3 sind zwingend.

6 2. a) Wurde eine Beschreibung der Pachtsache gem Abs 1 oder 2 angefertigt, spricht im Verhältnis zwischen den Vertragsparteien eine **Vermutung für deren Richtigkeit** (Abs 3). Diese Vermutung ist aber widerleglich, insb durch den Nachw der fehlenden Geschäftsfähigkeit oder bei Vorliegen eines Willensmangels (MK/Harke § 585 b Rn 5; Staud/v Jeinsen § 585 b Rn 20).

7 b) Keine Vermutungswirkung iSv Abs 3 entfaltet hingegen eine Beschreibung, die lediglich den Umfang der Pachtsache, nicht auch deren Zustand festlegt. In diesem Fall, wie auch generell ggü Dritten, handelt es sich bei der Beschreibung vielmehr um eine ge-

wöhnliche Privaturkunde, die gem § 416 ZPO zu Beweiszwecken im Prozess herangezogen werden kann (MK/Harke § 585 b Rn 2).

§ 586 Vertragstypische Pflichten beim Landpachtvertrag

(1) ¹Der Verpächter hat die Pachtsache dem Pächter in einem zu der vertragsmäßigen Nutzung geeigneten Zustand zu überlassen und sie während der Pachtzeit in diesem Zustand zu erhalten. ²Der Pächter hat jedoch die gewöhnlichen Ausbesserungen der Pachtsache, insbesondere die der Wohn- und Wirtschaftsgebäude, der Wege, Gräben, Dränungen und Einfriedigungen, auf seine Kosten durchzuführen. ³Er ist zur ordnungsmäßigen Bewirtschaftung der Pachtsache verpflichtet.
(2) Für die Haftung des Verpächters für Sach- und Rechtsmängel der Pachtsache sowie für die Rechte und Pflichten des Pächters wegen solcher Mängel gelten die Vorschriften des § 536 Abs. 1 bis 3 und der §§ 536 a bis 536 d entsprechend.

I. Die Vorschrift regelt die wechselseitigen Pflichten der Vertragsparteien bei der Landpacht. Dabei wird abw v der **Pflichtenverteilung** des § 535 die Vornahme gewöhnlicher Ausbesserungsarbeiten dem Pächter übertragen. 1

II. 1. Die **Überlassungs- und Erhaltungspflichten des Verpächters** entsprechen weitgehend denen des Vermieters nach § 535. Ausnahmen hiervon sieht Abs 1 S 2 vor. Außerdem ist der Verpächter anders als der Vermieter zur Gewährleistung der Nutzungs-, nicht bloß der Gebrauchsmöglichkeit der Sache verpflichtet (Abs 1 S 1). Dem Verpächter obliegen also alle außergewöhnlichen Ausbesserungen, die – zB durch Brand oder ungewöhnliche Witterungsbedingungen (Beispiele bei: Staud/v Jeinsen § 586 Rn 29) – erforderlich werden. Maßgeblich für die Erforderlichkeit ist das Ziel, die Pachtsache in einem Zustand zu erhalten, der dem Pächter deren ordnungsgemäße Bewirtschaftung in den vertraglich vereinbarten Grenzen erlaubt. Daher ist der Verpächter zB nicht zum Wiederaufbau eines zerstörten Gebäudes verpflichtet, wenn die Nutzung des Anwesens auch ohne dieses möglich bleibt (BGHZ 116, 336). Nutzt der Pächter die Pachtsache ganz oder teilweise nicht, entfällt insoweit die Erhaltungspflicht des Verpächters (BGH AgrarR 92, 341 f). 2

2. a) Die v Pächter durchzuführenden **gewöhnlichen Ausbesserungen** (Abs 1 S 2) umfassen alle durch normale Abnutzung im Lauf der Pachtzeit wirtschaftlich notwendig werdenden Maßnahmen (Beispiele bei: BGH NJW-RR 93, 521), die dazu dienen, das Pachtobjekt in seinem Wert zu erhalten. Der Verpächter hat das Recht, in größeren Abständen sowie in besonderen Ausnahmefällen die Pachtsache zu besichtigen. Dies insb bei den begründeten Verdacht, wegen den Nichterfüllung der Erhaltungspflichten durch den Pächter könne eine substantielle Schädigung der Pachtsache zu besorgen sein (Staud/v Jeinsen § 586 Rn 51). 3

b) Die **Bewirtschaftungspflicht** des Pächters (Abs 1 S 3) dient nicht nur dem Verpächter, sondern daneben – wie andere landwirtschaftliche Sonderrechtsregeln auch – dem Interesse der Allgemeinheit am Erhalt ertragsfähiger landwirtschaftlicher Betriebe in bäuerlicher Hand (BGH NJW 89, 1223). 4

3. Hins der Gewährleistung für **Sach- und Rechtsmängel** finden auf Landpachtverträge die in Abs 2 genannten mietrechtlichen Bestimmungen entspr Anwendung, insb § 536 a I (BGH NJW-RR 93, 521 zu § 538 I aF), § 536 a II (BGH NJW-RR 91, 76 zu § 538 II aF) und § 536 III (BGH NJW 91, 3277 zu § 541 aF). 5

4. Die Regelungen des § 586 sind in den Grenzen der §§ 305 ff, 138, 242 **abdingbar** (Palandt/Weidenkaff § 586 Rn 1). 6

§ 586 a Lasten der Pachtsache
Der Verpächter hat die auf der Pachtsache ruhenden Lasten zu tragen.

1 **I.** Die Vorschrift stellt den Landpächter, anders als den Nießbraucher (vgl § 1047), hins der **Verteilung** der auf der Pachtsache ruhenden **Lasten** (§ 103) dem Mieter (vgl § 535 I 3) gleich.

2 **II. 1. a) Lasten** iSd § 586 a sind alle privat- oder öffentlich-rechtlichen Verbindlichkeiten, die auf der Sache selbst ruhen oder den Eigentümer, Besitzer oder Rechtsinhaber als solchen treffen (BGH NJW 80, 2466). Nicht hierzu zählen persönliche Lasten des Pächters wie zB Beiträge zur landwirtschaftlichen Berufsgenossenschaft, Prämien für die Feuerversicherung, Nebenkosten (Staud/v Jeinsen § 586 a Rn 7) oder die Vermögenssteuer.

3 **b)** Die Bestimmung ist **abdingbar**.

4 **2. a)** Übernimmt der Pächter abw v § 586 a die auf der Pachtsache ruhenden öffentlichen Lasten, erstreckt sich die **Wirkung** dieser **Vereinbarung** nur auf das **Innenverhältnis**. Die Lastentragungspflicht des Verpächters im Außenverhältnis bleibt unberührt.

5 **b)** V der Verpflichtung eines Pächters zur **Übernahme der Lasten eines Gebäudes** werden Kosten, die unabhängig v der Bebauung des Grundstücks anfallen, Anlieger- und Erschließungsbeiträge sowie die persönlichen Steuern des Verpächters nicht erfasst.

§ 587 Fälligkeit der Pacht; Entrichtung der Pacht bei persönlicher Verhinderung des Pächters

(1) ¹Die Pacht ist am Ende der Pachtzeit zu entrichten. ²Ist die Pacht nach Zeitabschnitten bemessen, so ist sie am ersten Werktag nach dem Ablauf der einzelnen Zeitabschnitte zu entrichten.

(2) ¹Der Pächter wird von der Entrichtung der Pacht nicht dadurch befreit, dass er durch einen in seiner Person liegenden Grund an der Ausübung des ihm zustehenden Nutzungsrechts verhindert ist. ²§ 537 Abs. 1 Satz 2 und Abs. 2 gilt entsprechend.

1 **I.** § 587 regelt in Abs 1 die **Fälligkeit der Pacht** unter Abweichung v der in § 556 b für die Miete getroffenen Regelung, in Abs 2 die Folgen einer Verhinderung des Pächters, die Pachtsache zu nutzen.

2 **II. 1.** Bei der vereinbarten **Pacht** muss es sich nicht um eine Geldzahlung handeln, vielmehr kommen hierfür geldwerte Leistungen jeglicher Art in Betracht.

3 **2.** Wurde die **Höhe der Pacht** v den Parteien nicht wirksam festgelegt, wird die übliche Pacht geschuldet. Änderungen der Pachthöhe nach Vertragsschluss sind zulässig und üblich, aber gem § 2 LPachtVG der Landwirtschaftsbehörde anzuzeigen, soweit nicht die Voraussetzungen des § 3 LPachtVG vorliegen.

4 **3.** Bei fehlender anderweitiger vertraglicher Regelung ist der Pachtzins nach Ende der Pachtzeit bzw nach Ablauf des vereinbarten Zeitabschnitts **fällig** (Abs 1).

5 **4.** Die **Verjährung** des Pachtzinses berechnet sich nach §§ 195, 199.

6 **5.** Das **Unvermögen des Pächters zum Gebrauch** der Pachtsache führt unabhängig v seinem Verschulden nicht zum Wegfall seiner Zahlungspflicht, sofern der Verhinderungsgrund seinem Risikobereich zuzurechnen ist (Abs 2). In den Risikobereich des Pächters fallen grds ua Beeinträchtigungen durch Wetter, Fehlbewirtschaftung, Umweltschutzbestimmungen und staatliche Bewirtschaftungsverbote. Hat hingegen der Verpächter oder keine Vertragspartei den Hinderungsgrund zu vertreten, ist der Pächter v seiner Leistungspflicht frei (Beispiele bei: Staud/v Jeinsen § 587 Rn 20 ff). Zum Sonderkündigungsrecht des Pächters bei Berufsunfähigkeit vgl § 594 c.

7 **6.** Der Verpächter ist bei Verhinderung des Pächters grds nicht verpflichtet, einen v diesem vorgeschlagenen **Ersatzpächter** zu akzeptieren (Staud/v Jeinsen § 587 Rn 22).

8 **7.** Zieht der Verpächter aus der Verhinderung des Pächters an der Nutzung der Pachtsache Vorteile, indem er sie **anderweitig nutzt oder Aufwendungen erspart**, muss er sich diese auf seinen Pachtzinsanspruch anrechnen lassen (Abs 2 S 2 iVm § 537 I S 2).

8. Beruht die Verhinderung des Pächters an der Nutzung der Pachtsache darauf, dass 9 der Verpächter diese einem **Dritten** überlassen hat, entfällt seine Leistungspflicht (Abs 2 S 2 iVm § 537 II). Hierfür ist unerheblich, ob die Überlassung an den Dritten entgeltlich erfolgte (Staud/v Jeinsen § 587 Rn 24).
9. Die Vorschrift ist **abdingbar**. 10

§ 588 Maßnahmen zur Erhaltung oder Verbesserung

(1) Der Pächter hat Einwirkungen auf die Pachtsache zu dulden, die zu ihrer Erhaltung erforderlich sind.
(2) ¹Maßnahmen zur Verbesserung der Pachtsache hat der Pächter zu dulden, es sei denn, dass die Maßnahme für ihn eine Härte bedeuten würde, die auch unter Würdigung der berechtigten Interessen des Verpächters nicht zu rechtfertigen ist. ²Der Verpächter hat die dem Pächter durch die Maßnahme entstandenen Aufwendungen und entgangenen Erträge in einem den Umständen nach angemessenen Umfang zu ersetzen. ³Auf Verlangen hat der Verpächter Vorschuss zu leisten.
(3) Soweit der Pächter infolge von Maßnahmen nach Absatz 2 Satz 1 höhere Erträge erzielt oder bei ordnungsmäßiger Bewirtschaftung erzielen könnte, kann der Verpächter verlangen, dass der Pächter in eine angemessene Erhöhung der Pacht einwilligt, es sei denn, dass dem Pächter eine Erhöhung der Pacht nach den Verhältnissen des Betriebs nicht zugemutet werden kann.
(4) ¹Über Streitigkeiten nach den Absätzen 1 und 2 entscheidet auf Antrag das Landwirtschaftsgericht. ²Verweigert der Pächter in den Fällen des Absatzes 3 seine Einwilligung, so kann sie das Landwirtschaftsgericht auf Antrag des Verpächters ersetzen.

I. Die Vorschrift trifft v den § 554 abweichende, die speziellen Bedürfnisse der Land- 1 pacht berücksichtigende Sonderregelungen über die Zulässigkeit und Folgen v **Maßnahmen** des Verpächters zur **Erhaltung und Verbesserung** der Pachtsache.
II. 1. a) Die **Erforderlichkeit** v Erhaltungsmaßnahmen nach Abs 1 ist nach objektiven 2 Kriterien zu beurteilen. Wegen der Pflicht des Pächters, alle gewöhnlichen Ausbesserungen auf eigene Kosten vorzunehmen (§ 586 I 2), kann sich eine Pflicht zur Duldung v Maßnahmen des Verpächters insoweit nur ergeben, wenn außergewöhnliche Ausbesserungen notwendig werden oder der Pachtvertrag eine v § 586 I 2 abweichende Pflichtenverteilung vorsieht.
b) aa) Die Pflicht des Pächters zur Duldung v Verbesserungsmaßnahmen des Verpäch- 3 ters (Abs 2) bezweckt, die **rechtzeitige Modernisierung** der Pachtsache auch dann zu ermöglichen, wenn ein Wechsel des zu ihrem Gebrauch Berechtigten in Kürze bevorsteht (vgl zur erforderlichen Interessenabwägung MK/Harke § 588 Rn 3).
bb) **Maßnahme** iSv Abs 2 ist jede objektive Erhöhung des Gebrauchs- oder Substanz- 4 wertes der Pachtsache, die nicht Erhaltungsmaßnahme iSv Abs 1 ist. Eine Steigerung der Ertragsfähigkeit ist hierfür nicht erforderlich (vgl Abs 3); eine Minderung der Ertragsfähigkeit kann jedoch zu einer Unzumutbarkeit der Maßnahme (hierzu unten, Rn 5) führen (Staud/v Jeinsen § 588 Rn 13 ff).
cc) Würde die Verbesserungsmaßnahme für den Pächter eine **Härte** bedeuten, die ihm 5 auch bei einer Abwägung seiner Interessen mit denen des Verpächters nicht zuzumuten ist, entfällt seine Duldungspflicht (Abs 2 S 1). Als Kriterien für die Annahme einer solchen Härte kommen ua die mit der Verbesserung verbundene Steigerung der dem Pächter gem § 586 I 2 obliegenden Unterhaltungskosten (MK/Harke § 588 Rn 3) oder die Kürze der Zeit zwischen Ankündigung und geplanter Vornahme der Maßnahme durch den Verpächter in Betracht (Staud/v Jeinsen § 588 Rn 14).
c) Dient eine Maßnahme des Verpächters untrennbar **sowohl der Erhaltung als auch** 6 **der Verbesserung** der Pachtsache, ist für ihre Einordnung das wirtschaftliche Schwergewicht der Maßnahme ausschlaggebend (Staud/v Jeinsen § 588 Rn 9).
d) § 588 ist grds **abdingbar** (MK/Harke § 588 Rn 6). 7
2. a) Muss der **Pächter** Erhaltungsmaßnahmen des Verpächters nach Abs 1 dulden, be- 8 schränken sich seine **Ansprüche** gegen diesen auf die Wiederherstellung des vertragsge-

mäßen Zustandes nach deren Abschluss (Staud/v Jeinsen § 588 Rn 12). Bei Verbesserungsmaßnahmen nach Abs 2 hat der Pächter hingegen einen Anspruch auf angemessenen Ersatz seiner Aufwendungen und der ihm entgangenen Erträge (Abs 2 S 2). Hierfür muss der Verpächter auf Verlangen des Pächters Vorschuss leisten (Abs 2 S 3).

9 b) Zur Möglichkeit v Ansprüchen des zur Duldung v Erhaltungs- oder Verbesserungsmaßnahmen des Verpächters verpflichteten Pächters aus §§ **536 ff** iVm § **586 II** vgl Staud/v Jeinsen § 588 Rn 5, 12.

10 c) Ermöglichen Verbesserungen iSv Abs 2 bei ordnungsgemäßer Bewirtschaftung der Pachtsache erhöhte Erträge, hat der Verpächter gegen den Pächter einen Anspruch auf Einwilligung in eine angemessene **Erhöhung des Pachtzinses**. Der Anspruch ist ausgeschlossen, soweit eine solche Erhöhung dem Pächter nach den konkreten Verhältnissen des Betriebes nicht zugemutet werden kann (Abs 3), etwa wegen der Kürze der verbleibenden Pachtzeit oder ungünstiger Marktbedingungen (MK/Harke § 588 Rn 5).

11 d) Bei Streitigkeiten über die sich aus Abs 1 bis 3 ergebenen Ansprüche entscheidet das LwG, sofern durch die Vermittlung der Pachtschlichtungsstellungen keine Einigung zwischen den Parteien erzielt werden konnte (Abs 4). Ersetzt das LwG die fehlende Einwilligung des Pächters zur Pachtzinserhöhung, führt dies zu einer Vertragsänderung. Die **Ersetzung der Einwilligung** erfolgt im FGG-Prozess, die Durchsetzung des Zahlungsanspruchs hingegen im streitigen Verfahren nach § 45 LwVG. Kommt es aufgrund eines verbundenen Antrags über beide Fragen zunächst zu einem einheitlichen Verfahren, ist dieses daher zu trennen.

§ 589 Nutzungsüberlassung an Dritte

(1) Der Pächter ist ohne Erlaubnis des Verpächters nicht berechtigt,
1. die Nutzung der Pachtsache einem Dritten zu überlassen, insbesondere die Sache weiter zu verpachten,
2. die Pachtsache ganz oder teilweise einem landwirtschaftlichen Zusammenschluss zum Zwecke der gemeinsamen Nutzung zu überlassen.

(2) Überlässt der Pächter die Nutzung der Pachtsache einem Dritten, so hat er ein Verschulden, das dem Dritten bei der Nutzung zur Last fällt, zu vertreten, auch wenn der Verpächter die Erlaubnis zur Überlassung erteilt hat.

1 I. § 589 soll sicherstellen, dass die Nutzung der Pachtsache durch denjenigen erfolgt, dem der Verpächter sie übertragen hat. Grund hierfür ist das besondere **Vertrauensverhältnis** zwischen den Parteien eines Pachtvertrages.

2 II. 1. a) In Anlehnung an die mietrechtliche Bestimmung in § 540 knüpft § 589 das Recht des Pächters, die **Pachtsache einem Dritten zu überlassen**, an die Erlaubnis des Verpächters. Dies gilt auch für die Einbringung der Pachtsache in eine landwirtschaftliche Kooperation (Abs 1 Nr 2). Hierzu zählt ein Pächterwechsel infolge einer Umwandlung durch Verschmelzung iSd § 2 UmwG allerdings nur, wenn die Umwandlung zu einer konkreten Gefährdung der Ansprüche des Verpächters geführt hat, wofür dieser die Beweislast trägt (BGH NJW 02, 2168). Im Ggs zum Mieter (§ 540 I 2) steht dem Pächter bei einer Verweigerung der Erlaubnis kein Kündigungsrecht zu (Ausn: § 594 c). Ist Pächterin zunächst eine BGB-Gesellschaft und wird diese später in eine GmbH umgewandelt, die nunmehr als Pächterin auftritt, stellt dies keine Überlassung der Pachtsache an einen Dritten dar (BGH MDR 10, 377).

3 b) Überlässt der Pächter iR einer sog **gleitenden Hofübergabe** ohne die Erlaubnis des Verpächters seinem Nachfolger einzelne Grundstücke zur Unterpacht, liegt dadurch nicht zwingend ein Fall der verbotenen Unterverpachtung vor. Ebenso kann ein Pächter, auch wenn er die Pachtflächen keinem Dritten zur Nutzung überlassen darf, die Aneignung getrennter Früchte nach § 956 II gestatten (BGHReport 02, 516).

4 c) § 589 ist **abdingbar** (Palandt/Weidenkaff § 589 Rn 1).

5 2. a) Erteilt der Verpächter dem Pächter die Erlaubnis zur Unterverpachtung, werden davon nur solche **Nutzungen durch den Dritten** umfasst, die auch dem Pächter selbst gestattet gewesen wären.

b) Bei unerlaubter Gebrauchsüberlassung an einen Dritten hat der Pächter jeden **Scha-** **den an der Pachtsache** zu vertreten, sofern er nicht nachweisen kann, dass dieser auch ohne die Gebrauchsüberlassung entstanden wäre. Entspr § 287 S 2 haftet der Pächter also auch für Zufall (Staud/v Jeinsen § 589 Rn 33). Bei erlaubter Gebrauchsüberlassung haftet der Pächter hingegen gem Abs 2 nur bei einem Verschulden des Dritten.

c) Ein **ohne Erlaubnis des Verpächters geschlossener Unterpachtvertrag** ist wirksam (so zum Mietrecht: BGH NJW 72, 1267). Hat der Pächter dem Dritten bereits die Nutzung der Pachtsache überlassen, berechtigt dies den Verpächter jedoch zur fristlosen Kündigung nach § 594 e iVm § 543.

§ 590 Änderung der landwirtschaftlichen Bestimmung oder der bisherigen Nutzung

(1) Der Pächter darf die landwirtschaftliche Bestimmung der Pachtsache nur mit vorheriger Erlaubnis des Verpächters ändern.

(2) ¹Zur Änderung der bisherigen Nutzung der Pachtsache ist die vorherige Erlaubnis des Verpächters nur dann erforderlich, wenn durch die Änderung die Art der Nutzung über die Pachtzeit hinaus beeinflusst wird. ²Der Pächter darf Gebäude nur mit vorheriger Erlaubnis des Verpächters errichten. ³Verweigert der Verpächter die Erlaubnis, so kann sie auf Antrag des Pächters durch das Landwirtschaftsgericht ersetzt werden, soweit die Änderung zur Erhaltung oder nachhaltigen Verbesserung der Rentabilität des Betriebs geeignet erscheint und dem Verpächter bei Berücksichtigung seiner berechtigten Interessen zugemutet werden kann. ⁴Dies gilt nicht, wenn der Pachtvertrag gekündigt ist oder das Pachtverhältnis in weniger als drei Jahren endet. ⁵Das Landwirtschaftsgericht kann die Erlaubnis unter Bedingungen und Auflagen ersetzen, insbesondere eine Sicherheitsleistung anordnen sowie Art und Umfang der Sicherheit bestimmen. ⁶Ist die Veranlassung für die Sicherheitsleistung weggefallen, so entscheidet auf Antrag das Landwirtschaftsgericht über die Rückgabe der Sicherheit; § 109 der Zivilprozessordnung gilt entsprechend.

(3) Hat der Pächter das nach § 582 a zum Schätzwert übernommene Inventar im Zusammenhang mit einer Änderung der Nutzung der Pachtsache wesentlich vermindert, so kann der Verpächter schon während der Pachtzeit einen Geldausgleich in entsprechender Anwendung des § 582 a Abs. 3 verlangen, es sei denn, dass der Erlös der veräußerten Inventarstücke zu einer zur Höhe des Erlöses in angemessenem Verhältnis stehenden Verbesserung der Pachtsache nach § 591 verwendet worden ist.

I. Ziel des § 590 ist es, einerseits dem Pächter während der Pachtzeit die **flexible Anpassung der Bewirtschaftung** der Pachtsache an die Bedürfnisse des Marktes zu ermöglichen, andererseits den Verpächter vor risikoreichen Änderungen und für ihn nicht rentablen Investitionen des Pächters zu schützen.

II. 1. a) Die **Änderung der landwirtschaftlichen Bestimmung** der Pachtsache, etwa mit dem Ziel der gewerblichen Nutzung, bedarf unabhängig v ihrer Reversibilität der vorherigen Erlaubnis des Verpächters (Abs 1). Verweigert der Verpächter die Erlaubnis, kann diese nicht durch das Landwirtschaftsgericht ersetzt werden (MK/Harke § 590 Rn 1).

b) Behält der Pächter zwar die landwirtschaftliche Nutzung bei, ändert diese aber so, dass die **Änderung über die Pachtzeit hinaus** wirkt (zB Aufgabe des Milchkontingents: BGHZ 118, 351 ff), bedarf er hierfür ebenfalls der vorherigen Erlaubnis des Verpächters (Abs 2 S 1). Dies gilt insb, wenn der Pächter auf der Pachtsache Gebäude errichtet (Abs 2 S 2). Anders als bei einer Bestimmungsänderung iSv Abs 1 kann bei einer Änderung nach Abs 2 die v Verpächter verweigerte Erlaubnis aber in den in Abs 2 S 4 bis 6 aufgeführten Grenzen durch das Landwirtschaftsgericht ersetzt werden, wenn sie der Erhaltung oder nachhaltigen Steigerung der Rentabilität des Betriebs dient und dem Verpächter zumutbar ist (Abs 2 S 3).

c) Nutzungsänderungen, die sich **nicht über das Pachtende hinaus** auswirken, setzen keine Erlaubnis des Verpächters voraus (Abs 2 S 1).

5 d) Vermindert der Pächter iR einer Nutzungsänderung (Abs 2) in größerem Umfang (idR ab 10 %: Palandt/Weidenkaff § 590 Rn 11) das v ihm **zum Schätzwert übernommene Inventar** (§ 582 a), ohne den daraus erzielten Erlös in wertsteigernde Verwendungen iSv § 591 zu investieren, kann der Verpächter v ihm hierfür bereits während der Pachtzeit einen Geldausgleich entspr § 582 a III verlangen (Abs 3).

6 e) Die Vorschrift ist **abdingbar**. Ein völliger Ausschluss der in § 590 geregelten Pächterrechte durch Formularvertrag ist aber unangemessen iSv § 307 und daher unwirksam (MK/Harke § 590 Rn 6).

7 2. a) Die **Änderung** der landwirtschaftlichen Bestimmung iSv Abs 1 oder der Nutzung der Pachtsache iSv Abs 2 **ohne die erforderliche Erlaubnis** stellt einen vertragswidrigen Gebrauch der Pachtsache dar. Aus diesem folgt für den Verpächter (nach Abmahnung) ein Unterlassungsanspruch gem § 590 a, ein Recht zur fristlosen Kündigung nach § 594 e I iVm § 543 und ggf ein Schadensersatzanspruch aus § 280 I (Palandt/Weidenkaff § 590 Rn 5).

8 b) Erfolgte die **Änderung mit Erlaubnis** des Verpächters oder wurde diese durch das Landwirtschaftsgericht ersetzt, entspricht der veränderte Zustand der Pachtsache dem vertragsgemäßen, der damit zum Maßstab für die Pflichten der Vertragsparteien gem § 586 wird (Staud/v Jeinsen § 590 Rn 31).

§ 590 a Vertragswidriger Gebrauch

Macht der Pächter von der Pachtsache einen vertragswidrigen Gebrauch und setzt er den Gebrauch ungeachtet einer Abmahnung des Verpächters fort, so kann der Verpächter auf Unterlassung klagen.

1 I. Die Norm gewährt in Anlehnung an § 541 dem Verpächter einen speziellen **Unterlassungsanspruch** gegen den die Pachtsache vertragswidrig gebrauchenden Pächter.

2 II. 1. a) Als **vertragswidriger Gebrauch** der Pachtsache kommt jeder Verstoß des Pächters gegen vertragliche oder gesetzliche Nutzungspflichten und -beschränkungen in Betracht. Hauptanwendungsfälle des § 590 a sind die unbefugte Überlassung der Pachtsache an Dritte (§ 589) und die unbefugte Bestimmungs- oder Nutzungsänderung iSv § 590 (hierzu MK/Harke § 590 a Rn 1). Duldet der Verpächter einen ursprünglich vertragswidrigen Gebrauch der Pachtsache über längere Zeit, kann dies dazu führen, dass dieser dadurch vertragsgemäß wird.

3 b) Voraussetzung für den Unterlassungsanspruch des Verpächters ist grds die vorherige **Abmahnung**. Diese muss dem Pächter zugehen und eine genaue Beschreibung des beanstandeten Verhaltens enthalten. Schriftform ist nicht erforderlich. Entbehrlich ist die Abmahnung nur, wenn der Pächter zu erkennen gegeben hat, dass auch eine Mahnung ihn nicht an seinem vertragswidrigen Verhalten hindern würde (Staud/v Jeinsen § 590 a Rn 6).

4 c) § 590 a ist **abdingbar**.

5 2. Stellt der Pächter das beanstandete vertragswidrige Verhalten nicht unverzüglich ein, entsteht ein Unterlassungsanspruch des Verpächters. Unterbricht der Pächter auf eine Mahnung des Pächters hin zwar sein vertragswidriges Verhalten, nimmt es aber später wieder auf, bedarf es zur **Entstehung des Unterlassungsanspruchs** keiner erneuten Mahnung.

§ 590 b Notwendige Verwendungen

Der Verpächter ist verpflichtet, dem Pächter die notwendigen Verwendungen auf die Pachtsache zu ersetzen.

1 I. Die Vorschrift überträgt dem Verpächter die **Pflicht zum Ersatz** der v Pächter aufgewendeten notwendigen **Verwendungen**. Die Regelungen v § 539 (Ersatz sonstiger Verwendungen) werden durch die §§ 582 f, 591 modifiziert.

II. 1. a) § 590 b ist nur **anwendbar**, wenn ein Verpächter iR eines Landpachtverhältnisses mit der Vornahme einer ihm obliegenden, notwendigen (sonst evtl § 591) Verwendung in Verzug ist (Staud/v Jeinsen § 590 b Rn 6). Steht dem Pächter kein Besitzrecht an der Pachtsache zu, greift § 994.
b) Verwendungen iSv § 590 b sind Aufwendungen für die Pachtsache, die der Pächter erbringt, um deren Bestand zu erhalten, wiederherzustellen oder ihren Zustand zu verbessern. Dabei kann es sich um geldwerte Leistungen jeder Art handeln. Nicht hierzu zählen gewöhnliche Ausbesserungsarbeiten, die nach § 586 I 2 dem Pächter obliegen, sowie solche Aufwendungen, die den vertragsgemäßen Zustand der Pachtsache erstmals herstellen sollen (dann: §§ 586 II, 538 II; hierzu: BGH NJW-RR 91, 76).
c) Notwendig sind Verwendungen, die iR der ordnungsgemäßen Bewirtschaftung der Pachtsache geboten sind, insb dann, wenn sie darauf zielen, die Pachtsache vor einer unmittelbar bevorstehenden Verschlechterung zu bewahren (Staud/v Jeinsen § 590 b Rn 8).
d) § 590 b ist **abdingbar**.
2. Der Ersatzanspruch des Pächters entsteht grds mit Vornahme der Verwendung (BGHZ 5, 199). Der Pächter kann aber schon vor Vornahme der Verwendung v Verpächter einen Vorschuss verlangen (BGHZ 47, 273 f; 56, 141). Bei Gefahr im Verzug muss der Pächter uU die notwendige Verwendung auch dann veranlassen, wenn sich der Verpächter noch nicht im Verzug befindet (Staud/v Jeinsen § 589 b Rn 15).

§ 591 Wertverbessernde Verwendungen

(1) Andere als notwendige Verwendungen, denen der Verpächter zugestimmt hat, hat er dem Pächter bei Beendigung des Pachtverhältnisses zu ersetzen, soweit die Verwendungen den Wert der Pachtsache über die Pachtzeit hinaus erhöhen (Mehrwert).
(2) [1]Weigert sich der Verpächter, den Verwendungen zuzustimmen, so kann die Zustimmung auf Antrag des Pächters durch das Landwirtschaftsgericht ersetzt werden, soweit die Verwendungen zur Erhaltung oder nachhaltigen Verbesserung der Rentabilität des Betriebs geeignet sind und dem Verpächter bei Berücksichtigung seiner berechtigten Interessen zugemutet werden können. [2]Dies gilt nicht, wenn der Pachtvertrag gekündigt ist oder das Pachtverhältnis in weniger als drei Jahren endet. [3]Das Landwirtschaftsgericht kann die Zustimmung unter Bedingungen und Auflagen ersetzen.
(3) [1]Das Landwirtschaftsgericht kann auf Antrag auch über den Mehrwert Bestimmungen treffen und ihn festsetzen. [2]Es kann bestimmen, dass der Verpächter den Mehrwert nur in Teilbeträgen zu ersetzen hat, und kann Bedingungen für die Bewilligung solcher Teilzahlungen festsetzen. [3]Ist dem Verpächter ein Ersatz des Mehrwerts bei Beendigung des Pachtverhältnisses auch in Teilbeträgen nicht zuzumuten, so kann der Pächter nur verlangen, dass das Pachtverhältnis zu den bisherigen Bedingungen so lange fortgesetzt wird, bis der Mehrwert der Pachtsache abgegolten ist. [4]Kommt keine Einigung zustande, so entscheidet auf Antrag das Landwirtschaftsgericht über eine Fortsetzung des Pachtverhältnisses.

I. Ziel der Vorschrift ist es, dem Pächter eine günstigere Position zu verschaffen als nach Mietrecht, um ihm dadurch **Investitionen in die Pachtsache zu erleichtern** und somit die Rentabilität der landwirtschaftlichen Betriebe zu erhöhen (MK/Harke § 591 Rn 1). Gleichzeitig soll vermieden werden, dass dem Verpächter übertriebene, risikobehaftete Investitionen aufgedrängt werden (Palandt/Weidenkaff § 591 Rn 1).
II. 1. a) Der Ersatz **notwendiger Verwendungen** richtet sich nicht nach § 591, sondern nach § 590 b.
b) Der Begriff der **Verwendung** in § 591 entspricht dem in § 994. Wertsteigerungen, die nicht auf Investitionen des Pächters beruhen, also etwa die v Pächter erworbene (Milch-)Produktionsquote (BGHZ 115, 166 f; vgl dazu auch BGH NZM 12, 157) oder das Wiederbepflanzungsrecht des Pächters im Weinanbau (BGH NJW-RR 01, 273)

sind daher keine Verwendungen iSv § 591, sondern gehen nach Pachtende entschädigungslos auf den Verpächter über.

4 c) Der **Mehrwert** iSv § 591 entspricht grds der Differenz zwischen dem vor der Verwendung des Pächters und dem nach der Beendigung des Pachtverhältnisses erzielbaren Ertragswert der Pachtsache. Wird die Pachtsache nach dem Ende des Pachtverhältnisses nicht mehr landwirtschaftlich genutzt, ist die Steigerung des Verkehrswerts der Pachtsache maßgeblich (MK/Harke § 591 Rn 3). Die Obergrenze des Ersatzanspruchs nach Abs 1 bildet jedenfalls der Betrag der v Pächter tatsächlich getätigten Aufwendungen (BGH NJW 06, 1729).

5 d) § 591 ist **abdingbar**.

6 2. Hat der Verpächter der Verwendung des Pächters zugestimmt oder wurde seine Zustimmung durch das Landwirtschaftsgericht ersetzt (Abs 2), hat er dem Pächter den durch die Verwendung erlangten Mehrwert der Pachtsache zu ersetzen. Hins der **Höhe des Mehrwerts und der Zahlungsmodalitäten** kann das Landwirtschaftsgericht nähere Bestimmungen treffen (Abs 3 S 1–2). Ist dem Verpächter ein Ersatz des Mehrwerts auch in Raten nicht zumutbar, wandelt sich der Ersatzanspruch des Pächters in einen Anspruch auf Fortsetzung des Pachtverhältnisses bis zur Abgeltung des Mehrwerts (Abs 3 S 3).

§ 591a Wegnahme von Einrichtungen

¹Der Pächter ist berechtigt, eine Einrichtung, mit der er die Sache versehen hat, wegzunehmen. ²Der Verpächter kann die Ausübung des Wegnahmerechts durch Zahlung einer angemessenen Entschädigung abwenden, es sei denn, dass der Pächter ein berechtigtes Interesse an der Wegnahme hat. ³Eine Vereinbarung, durch die das Wegnahmerecht des Pächters ausgeschlossen wird, ist nur wirksam, wenn ein angemessener Ausgleich vorgesehen ist.

1 I. Die Vorschrift regelt das **Wegnahmerecht** des Pächters in Übereinstimmung mit dem Wegnahmerecht des Mieters nach § 539 II.

2 II. 1. a) Das Wegnahmerecht des Pächters umfasst alle Einrichtungen, bei denen es sich nicht um **notwendige Verwendungen** handelt. Kein Wegnahmerecht besteht daher hins eingefügter Sachen, die der dem Pächter gem § 586 I 2 obliegenden Ausbesserung der Pachtsache dienen oder bei denen es sich um sonstige Erhaltungsmaßnahmen handelt, für die dem Pächter ein Anspruch auf Verwendungsersatz aus § 590 b zusteht (MK/Harke § 591 a Rn 1).

3 b) **Einrichtungen** iSv § 591 a sind alle beweglichen Gegenstände, mit denen der Pächter die Pachtsache während der Pachtzeit verbunden hat und die dazu bestimmt sind, dieser zu dienen (BGHZ 101, 41).

4 c) Der Pächter muss die Einrichtung **eingebracht**, dh auf eigene Kosten veranlasst haben.

5 d) Das Wegnahmerecht des Pächters ist unabhängig davon, ob es sich bei der Einrichtung um sein **Eigentum** handelt oder ob dieses durch Verbindung mit der Pachtsache gem §§ 946 f auf den Verpächter übergegangen ist (Staud/v Jeinsen § 591 a Rn 6).

6 e) Der Abwendungsbefugnis des Verpächters steht insb dann ein **berechtigtes Interesse** des Pächters entgg, wenn er auf die Weiternutzung der Einrichtung aus betriebswirtschaftlichen Gründen dringend angewiesen ist (Staud/v Jeinsen § 591 a Rn 14).

7 f) § 591 a ist **abdingbar**, soweit an die Stelle des Wegnahmerechts des Pächters ein angemessener Ausgleich tritt (S 3), zB durch Herabsetzung des Pachtzinses (Palandt/Weidenkaff § 591 a Rn 2).

8 2. a) Mit der Wegnahme erlischt der Verwendungsersatzanspruch des Pächters nach § 591.

9 b) Die **Verjährung** v Ansprüchen aus § 591 a bestimmt sich nach § 591 b.

§ 591 b Verjährung von Ersatzansprüchen

(1) Die Ersatzansprüche des Verpächters wegen Veränderung oder Verschlechterung der verpachteten Sache sowie die Ansprüche des Pächters auf Ersatz von Verwendungen oder auf Gestattung der Wegnahme einer Einrichtung verjähren in sechs Monaten.
(2) ¹Die Verjährung der Ersatzansprüche des Verpächters beginnt mit dem Zeitpunkt, in welchem er die Sache zurückerhält. ²Die Verjährung der Ansprüche des Pächters beginnt mit der Beendigung des Pachtverhältnisses.
(3) Mit der Verjährung des Anspruchs des Verpächters auf Rückgabe der Sache verjähren auch die Ersatzansprüche des Verpächters.

I. Um nach der Beendigung des Vertragsverhältnisses möglichst **schnell eine abschließende Klärung** der gegenseitigen Ansprüche der Parteien herbeizuführen, erstreckt § 591 b die kurze Verjährungsfrist v Miete (§ 548) und Pacht (§ 581 II iVm § 548) auch auf die Landpacht (MK/Harke § 591 b Rn 1). 1

II. 1. a) Die Regelung findet nicht nur auf Ansprüche der Vertragsparteien selbst Anwendung, sondern auch auf Ersatzansprüche der durch diesen Vertrag betroffenen **Dritten**. Dies gilt insb für Angehörige und Mitarbeiter des Pächters, aber auch für solche Personen, denen der Pächter die Pachtsache mit Zustimmung des Verpächters ganz oder teilweise überlassen hat. 2

b) Wichtigste **Beispiele für Ersatzansprüche**, die der kurzen Verjährung des § 591 b unterliegen, sind die des Verpächters nach § 590 (hierzu: BGH NJW 97, 2316; zur Verjährung der Ansprüche des Verpächters auf Auskehr der sog Milchaufgabevergütung nach § 591 b: BGHZ 135, 284; BGH NJW-RR 01, 194) oder § 586 I 2, sowie Verwendungsersatz- bzw Wegnahmeansprüche des Pächters nach den §§ 590 b, 591 I, 591 a. 3

c) Maßgeblicher Zeitpunkt für den **Beginn der Verjährungsfrist** für Ansprüche des Verpächters ist die Rückgabe der Pachtsache. Entscheidend ist, dass der Verpächter den Besitz an der Pachtsache erlangt hat und diese ungehindert auf Mängel oder Veränderungen untersuchen konnte (BGH NJW 80, 390). Für Ansprüche des Pächters ist hingegen die rechtliche Beendigung des Pachtverhältnisses ausschlaggebend (so zum Mietrecht: BGH NJW 86, 254). 4

2. Verhandlungen der Parteien über ihre gegenseitigen Ersatzansprüche nach Beendigung des Pachtverhältnisses führen zu einer **Hemmung der Verjährung** (BGH NJW 85, 799, vgl jetzt auch § 203). 5

§ 592 Verpächterpfandrecht

¹Der Verpächter hat für seine Forderungen aus dem Pachtverhältnis ein Pfandrecht an den eingebrachten Sachen des Pächters sowie an den Früchten der Pachtsache. ²Für künftige Entschädigungsforderungen kann das Pfandrecht nicht geltend gemacht werden. ³Mit Ausnahme der in § 811 Abs. 1 Nr. 4 der Zivilprozessordnung genannten Sachen erstreckt sich das Pfandrecht nicht auf Sachen, die der Pfändung nicht unterworfen sind. ⁴Die Vorschriften der §§ 562 a bis 562 c gelten entsprechend.

I. Durch § 592 wird das **Vermieterpfandrecht** des § 562 zugunsten des Verpächters ausgeweitet. 1

II. 1. a) Beim Verpächterpfandrecht handelt es sich um ein **gesetzliches, besitzloses Pfandrecht**, auf das nach § 1257 die allg Bestimmungen über das rechtsgeschäftliche Pfandrecht entspr anwendbar sind, soweit diese nicht den Besitz der Pfandsache voraussetzen (Staud/v Jeinsen § 592 Rn 3). 2

b) Der Verpächter kann sein Pfandrecht zur **Sicherung aller Forderungen** geltend machen, die auf dem Pachtverhältnis beruhen, ohne dabei den zeitlichen Schranken des § 562 II zu unterliegen. Neben Pachtzinsforderungen kommen hierfür va Schadensersatz- oder Kautionsansprüche in Betracht. Wegen künftiger Entschädigungsforderungen steht dem Verpächter hingegen kein Pfandrecht zu (S 2). Ebenso wenig dient das Verpächterpfandrecht der Sicherung solcher Ansprüche des Verpächters gegen den Pächter, die auf einem anderen Rechtsverhältnis als der Pacht beruhen, etwa einem 3 dem Pächter für den Erwerb v Inventar gewährten Darlehen (BGHZ 60, 22 ff; MK/Harke § 592 Rn 2).

4 c) Gegenstand des Verpächterpfandrechts sind die im Eigentum des Pächters stehenden, v diesem während der Vertragsdauer willentlich in den durch das Pachtverhältnis vermittelten Machtbereich des Verpächters eingebrachten Sachen einschließlich des nach § 811 Nr 4 ZPO unpfändbaren landwirtschaftlichen Inventars, sowie die Früchte der Pachtsache (S 1). Das Pfandrecht an den Früchten entsteht schon vor deren Trennung, sofern bereits im natürlichen Sinne v Früchten gesprochen werden kann, und geht jedem etwaigen anderen Pfandrecht an den ungetrennten Früchten nach § 810 ZPO vor (Staud/v Jeinsen § 592 Rn 12). Zu den v Verpächter pfändbaren Früchten der Pachtsache gehören auch Rechtsfrüchte, also die dem Pächter aus der Pachtsache erwachsenden Ansprüche (§ 99 III).

5 d) § 592 ist, mit Ausn v S 3, **abdingbar**.

6 **2. a)** Werden die zuvor dem Verpächterpfandrecht unterliegenden Gegenstände v der Pachtsache entfernt, **erlischt das Pfandrecht** nach Maßgabe der §§ 564 a f (S 4). Weitere Erlöschensgründe ergeben sich aus den §§ 1242 II 1, 1250 II, 1252 und 1255 f.

7 b) Der Pächter kann die Geltendmachung des Pfandrechts durch den Verpächter durch **Sicherheitsleistung** abwenden (§ 592 S 4 iVm § 562).

8 c) Zahlt ein **Dritter** die Pachtzinsen für den Pächter, geht das Verpächterpfandrecht des § 592 in gleichem Umfang auf diesen über (§ 268 III 1). Das übergegangene Pfandrecht ist jedoch ggü dem beim Verpächter verbleibenden Pfandrecht nachrangig (§ 268 III 2), soweit dieses zZ des Übergangs bereits bestand (OLG Celle NJW 68, 1140).

§ 593 Änderung von Landpachtverträgen

(1) ¹Haben sich nach Abschluss des Pachtvertrags die Verhältnisse, die für die Festsetzung der Vertragsleistungen maßgebend waren, nachhaltig so geändert, dass die gegenseitigen Verpflichtungen in ein grobes Missverhältnis zueinander geraten sind, so kann jeder Vertragsteil eine Änderung des Vertrags mit Ausnahme der Pachtdauer verlangen. ²Verbessert oder verschlechtert sich infolge der Bewirtschaftung der Pachtsache durch den Pächter deren Ertrag, so kann, soweit nichts anderes vereinbart ist, eine Änderung der Pacht nicht verlangt werden.
(2) ¹Eine Änderung kann frühestens zwei Jahre nach Beginn des Pachtverhältnisses oder nach dem Wirksamwerden der letzten Änderung der Vertragsleistungen verlangt werden. ²Dies gilt nicht, wenn verwüstende Naturereignisse, gegen die ein Versicherungsschutz nicht üblich ist, das Verhältnis der Vertragsleistungen grundlegend und nachhaltig verändert haben.
(3) Die Änderung kann nicht für eine frühere Zeit als für das Pachtjahr verlangt werden, in dem das Änderungsverlangen erklärt wird.
(4) Weigert sich ein Vertragsteil, in eine Änderung des Vertrags einzuwilligen, so kann der andere Teil die Entscheidung des Landwirtschaftsgerichts beantragen.
(5) ¹Auf das Recht, eine Änderung des Vertrags nach den Absätzen 1 bis 4 zu verlangen, kann nicht verzichtet werden. ²Eine Vereinbarung, dass einem Vertragsteil besondere Nachteile oder Vorteile erwachsen sollen, wenn er die Rechte nach den Absätzen 1 bis 4 ausübt oder nicht ausübt, ist unwirksam.

1 **I.** Die Vorschrift soll im Interesse der Funktionsfähigkeit landwirtschaftlicher Betriebe eine zügige **Anpassung des Vertragsinhalts** an grundlegende Veränderungen der Marktverhältnisse ermöglichen. Eine Vertragsanpassung nach Abs 3 kommt dabei auch in Betracht, wenn durch gesetzliche Neuregelungen die Grundlagen, die für die Bemessung der wechselseitigen Vertragsleistungen in den vorher abgeschlossenen Altverträgen maßgebend waren, geändert werden (BGH BLw 20/08 v 28.11.08).

2 **II. 1. a)** Da § 593 eine Sonderregelung für die Behandlung des **Wegfalls der Geschäftsgrundlage** trifft, ist insoweit ein Rückgriff auf §§ 242, 313 ausgeschlossen.

3 b) Änderungen der Verhältnisse iSd § 593 können alle objektiven rechtlichen und tatsächlichen Umstände betreffen, die das Nutzungsinteresse an der Pachtsache bestim-

men, sowohl der Landwirtschaft allg als auch der Pachtsache selbst (BGH NJW 97, 1067). Sie müssen nach Vertragsschluss eingetreten sein und nachhaltig, über das laufende Wirtschaftsjahr hinaus, auf die dem Pachtvertrag zugrunde liegenden Verhältnisse einwirken (Abs 1 S 1). Enthält der Landpachtvertrag eine mit dem Wortlaut des § 593 übereinstimmende Anpassungsklausel, kann ein Erhöhungsverlangen mit der Entwicklung der Pachtpreise begründet werden (BGH GuT 11, 85).

c) Bei der Abwägung, ob ein **grobes Missverhältnis** zwischen den gegenseitigen Vertragspflichten besteht, sind etwaige Mängelgewährleistungsansprüche des Pächters (§ 586 II) zu berücksichtigen. Eine Minderung des Pachtzinses nach §§ 586 II, 536 hat dabei Vorrang vor dessen Herabsetzung nach § 593 (MK/Harke § 593 Rn 3). Eine Änderung des Pachtvertrages nach § 593 kommt nur in Betracht, wenn sich die Verhältnisse so geändert haben, dass für die die Vertragsanpassung anstrebende Partei die Grenze des noch Zumutbaren überschritten ist (Staud/v Jeinsen § 593 Rn 15). 4

d) Für Vertragsanpassungen, die nicht auf grundlegenden, nachhaltigen Veränderungen durch verwüstende Naturereignisse beruhen, gegen die üblicherweise kein Versicherungsschutz gegeben ist, besteht eine **Sperrfrist** v zwei Jahren ab Beginn des Pachtvertrages bzw ab der letzten Änderung der Vertragsleistungen (Abs 2). 5

e) § 593 ist abdingbar, soweit die Abweichung auf eine Erleichterung oder Konkretisierung der Möglichkeit zur Vertragsänderung zielt (Jauernig/Teichmann § 593 Rn 1), iÜ ist die Vorschrift **zwingend** (Abs 5). 6

2. Liegen die in Abs 1–3 festgelegten Voraussetzungen vor, hat jeder Vertragsteil einen Anspruch darauf, dass die beiderseitigen Vertragsleistungen in ein ausgewogenes Verhältnis gebracht werden (Abs 1 S 1). Dies erfolgt idR durch Neufestsetzung des Pachtzinses. Verweigert ein Vertragsteil die Abgabe der hierfür erforderlichen Willenserklärung, kann diese durch das Landwirtschaftsgericht ersetzt werden (Abs 4). Die Obergrenze für die mögliche **Anpassung des Vertragsinhalts** ergibt sich aus § 4 I Nr 3 LPachtVG (BGH NJW 97, 1067). Außerdem darf die Vertragsanpassung nicht zu einer Änderung der Vertragsdauer führen (Abs 1 S 1), da insoweit die speziellere Regelung des § 595 Vorrang hat. Die Veränderung des aus der Pachtsache erzielten Ertrags darf grds nur zu einer Anpassung des Pachtzinses führen, wenn diese nicht allein auf der Bewirtschaftung durch den Pächter beruht (Abs 1 S 2). Hatten die Parteien vor der Vertragsänderung nach § 593 einen niedrigeren als den ortsüblichen Pachtzins vereinbart, muss dieser Vorteil dem Pächter bei einer Erhöhung des Pachtzinses nicht zwangsläufig erhalten bleiben. 7

§ 593 a Betriebsübergabe

¹Wird bei der Übergabe eines Betriebs im Wege der vorweggenommenen Erbfolge ein zugepachtetes Grundstück, das der Landwirtschaft dient, mit übergeben, so tritt der Übernehmer anstelle des Pächters in den Pachtvertrag ein. ²Der Verpächter ist von der Betriebsübergabe jedoch unverzüglich zu benachrichtigen. ³Ist die ordnungsmäßige Bewirtschaftung der Pachtsache durch den Übernehmer nicht gewährleistet, so ist der Verpächter berechtigt, das Pachtverhältnis außerordentlich mit der gesetzlichen Frist zu kündigen.

I. Ziel der Regelung ist die **Erleichterung der vorweggenommenen Erbfolge**. Zugunsten einer rechtzeitigen, geordneten Betriebsübergabe wird daher der Grundsatz durchbrochen, dass ohne Zustimmung des Pächters die Pachtsache nicht Dritten überlassen werden (§ 589), geschweige denn ein Parteiwechsel auf der Pächterseite erfolgen darf (vgl MK/Harke § 593 a Rn 1). 1

II. 1. a) Unter einer **vorweggenommenen Erbfolge** iSv § 593 a versteht man eine Schenkung unter Auflagen, bei der ein landwirtschaftlicher Betrieb zu Lebzeiten des Eigentümers auf die nächste Generation übertragen wird, die sich im Gegenzug zu bestimmten Versorgungsleistungen verpflichtet (Staud/v Jeinsen § 593 a Rn 7). 2

b) Unterbleibt die **Benachrichtigung** des Verpächters v der Betriebsübergabe (S 2) durch den (bisherigen oder neuen) Pächter, führt dies nicht zur Unwirksamkeit der Be- 3 triebsübernahme (Staud/v Jeinsen § 593 a Rn 18). Je nach Einzelfall kann sich aus der verspäteten oder unterlassenen Anzeige aber ein Recht des Verpächters zur Kündigung nach § 594 e I iVm § 543 oder nach S 3 ergeben.

4 c) § 593 a ist – abgesehen v der Benachrichtigungspflicht in S 2 – **abdingbar** (BGH NJW-RR 02, 1205).

5 **2. a)** Mit der **Übergabe** des landwirtschaftlichen Zupachtgrundstücks scheidet der bisherige Pächter aus dem Pachtverhältnis aus und der Übernehmer tritt in dieses ein (S 1). Für die während seiner Pachtzeit entstandenen Ansprüche des Verpächters bleibt der bisherige Pächter als Gesamtschuldner neben dem neuen Pächter weiterhin nur haftbar, wenn der Verpächter später v seinem Kündigungsrecht nach S 3 Gebrauch macht (MK/Harke § 593 a Rn 4; Staud/v Jeinsen § 593 a Rn 15).

6 **b)** Gewährleistet der Übernehmer nicht die ordnungsgemäße Bewirtschaftung der Pachtsache, kann der Verpächter ihm unter Einhaltung der Fristen des § 594 a II **kündigen** (S 3). Eine Fortsetzung des Pachtverhältnisses zur Vermeidung besonderer Härten (§ 595 I) kann der Übernehmer dann nicht verlangen (§ 595 III Nr 2).

§ 593 b Veräußerung oder Belastung des verpachteten Grundstücks

Wird das verpachtete Grundstück veräußert oder mit dem Recht eines Dritten belastet, so gelten die §§ 566 bis 567 b entsprechend.

1 **I.** Die Vorschrift schreibt für die Veräußerung und Belastung v Grundstücken iR der Landpacht die entspr Anwendung der hierauf bezogenen mietrechtlichen Regelungen vor. Hauptzweck ist der **Schutz des Pächters** bei einem Eigentumswechsel (Staud/v Jeinsen § 593 b Rn 1).

2 **II. 1.** Da der Erwerber eines Landpachtgrundstücks kraft Gesetzes in das bestehende Vertragsverhältnis eintritt, ohne dass es zum Neuabschluss eines Pachtvertrages kommt, handelt es sich nicht um einen **anzeigebedürftigen Vorgang** iSv § 2 LPachtG.

3 **2.** Die Anwendbarkeit v § 566 kann **abbedungen** werden. Eine solche Vereinbarung zwischen Verpächter und Erwerber bedarf aber der Zustimmung des Pächters. Die Einhaltung der in § 585 a vorgesehenen Form ist hingegen nicht erforderlich. Eine derartige Abrede stellt auch keinen Verstoß gegen § 595 VIII dar (Staud/v Jeinsen § 593 b Rn 5).

§ 594 Ende und Verlängerung des Pachtverhältnisses

¹Das Pachtverhältnis endet mit dem Ablauf der Zeit, für die es eingegangen ist. ²Es verlängert sich bei Pachtverträgen, die auf mindestens drei Jahre geschlossen worden sind, auf unbestimmte Zeit, wenn auf die Anfrage eines Vertragsteils, ob der andere Teil zur Fortsetzung des Pachtverhältnisses bereit ist, dieser nicht binnen einer Frist von drei Monaten die Fortsetzung ablehnt. ³Die Anfrage und die Ablehnung bedürfen der schriftlichen Form. ⁴Die Anfrage ist ohne Wirkung, wenn in ihr nicht auf die Folge der Nichtbeachtung ausdrücklich hingewiesen wird und wenn sie nicht innerhalb des drittletzten Pachtjahrs gestellt wird.

1 **I.** Zweck der Regelung ist es, jeder Partei eines befristeten Landpachtvertrages die **frühzeitige Klärung** zu ermöglichen, ob die Gegenseite das Pachtverhältnis über den vereinbarten Zeitraum hinaus fortzusetzen beabsichtigt. Damit soll der Notwendigkeit langfristiger Planung im Bereich der Landwirtschaft Rechnung getragen werden (MK/Harke § 594 Rn 2).

2 **II. 1. a)** S 1 stellt in Übereinstimmung mit § 542 klar, dass bei befristeten Pachtverträgen das Pachtverhältnis durch Ablauf der vereinbarten Zeit endet, ohne dass es hierfür einer Kündigung bedarf. Zur Möglichkeit der konkludenten Vertragsverlängerung durch Weiterbewirtschaftung der Pachtsache vgl OLG Köln AgrarR 90, 264.

3 **b)** Die Verlängerung des Pachtvertrages auf unbestimmte Zeit gem S 2 setzt einen auf einen bestimmten Zeitraum v mind drei Jahren abgeschlossenen Landpachtvertrag vor-

aus sowie die schriftliche Anfrage einer Seite bei der anderen innerhalb des drittletzten Pachtjahres, ob diese zur Fortsetzung des Pachtverhältnisses über diesen Zeitraum hinaus bereit ist. Bei dieser Anfrage ist darauf hinzuweisen, dass das Unterlassen einer schriftlichen Ablehnung innerhalb v drei Monaten ab Zugang der Anfrage zur Folge hat, dass die Annahme des in der Anfrage enthaltenen Antrags auf Vertragsverlängerung v Gesetzes wegen fingiert wird (S 2–4).

c) Zu einer Verlängerung des Pachtvertrages kommt es nicht, wenn der Anfrageempfänger zwar grds seine Bereitschaft zur Fortsetzung des Pachtverhältnisses erklärt, hierzu aber nur **unter anderen als den bisherigen Bedingungen** bereit ist (§ 150 II, dazu: Jauernig/Teichmann § 594 Rn 2). 4

d) Für das Vorliegen der Voraussetzungen der S 2–4 ist der Anfragende darlegungspflichtig. Macht die Gegenseite geltend, die Anfrage sei ihr verspätet zugegangen oder v ihr rechtzeitig abgelehnt worden, ist sie insofern beweispflichtig. IÜ trägt der Anfragende die **Beweislast** (Jauernig/Teichmann § 594 Rn 2). 5

e) § 594 ist **abdingbar** (MK/Harke § 594 Rn 4; aA hins S 2: Palandt/Weidenkaff § 594 Rn 2). 6

2. Unter den Voraussetzungen der S 2 bis 4 wandelt sich das zuvor befristete Pachtverhältnis mit Ablauf dieser Frist in ein **auf unbestimmte Zeit abgeschlossenes Pachtverhältnis**. Dieses kann nach § 594 a gekündigt werden. Die Vereinbarung der Fortsetzung des Pachtverhältnisses auf bestimmte Zeit muss dag schriftlich erfolgen (§ 585 a S 1). Ist eine Befristung des Pachtverhältnisses lediglich mündlich vereinbart worden, bleibt es bei der Fortsetzung des Pachtverhältnisses auf unbestimmte Zeit (§ 585 a S 2). 7

§ 594 a Kündigungsfristen

(1) ¹Ist die Pachtzeit nicht bestimmt, so kann jeder Vertragsteil das Pachtverhältnis spätestens am dritten Werktag eines Pachtjahrs für den Schluss des nächsten Pachtjahrs kündigen. ²Im Zweifel gilt das Kalenderjahr als Pachtjahr. ³Die Vereinbarung einer kürzeren Frist bedarf der Schriftform.

(2) Für die Fälle, in denen das Pachtverhältnis außerordentlich mit der gesetzlichen Frist vorzeitig gekündigt werden kann, ist die Kündigung nur für den Schluss eines Pachtjahrs zulässig; sie hat spätestens am dritten Werktag des halben Jahres zu erfolgen, mit dessen Ablauf die Pacht enden soll.

I. Durch die **lange Kündigungsfrist** des § 594 a soll der Pächter davor geschützt werden, den Pachtvertrag überstürzt und unter vermeidbaren Verlusten abwickeln zu müssen. 1

II. 1. Zum **Inhalt** der Kündigung vgl die Kommentierung zu § 542, zur Fristberechnung die §§ 186 ff, zur Erforderlichkeit der Schriftform § 594 f. 2

2. Die Vermutung der Maßgeblichkeit des Kalenderjahres für die Bestimmung des **Pachtjahres** (Abs 1 S 2) entspricht wegen der im Herbst v Pächter für die folgende Wachstumsperiode regelmäßig zu treffenden umfangreichen Vorbereitungen nicht den Bedürfnissen der Praxis. Auch ohne ausdrückliche Vereinbarung beginnt das Pachtjahr landesüblich daher meist am 1.10. oder 1.11. eines Jahres. 3

3. Die Grundlage für eine **vorzeitige fristgebundene Kündigung** iSv Abs 2 kann sich ua aus den §§ 593 a f, 594 b bis 594 d, 1056, 2135 ergeben (weitere Beispiele bei: Staud/v Jeinsen § 594 a Rn 14). Zur vorzeitigen fristlosen Kündigung vgl § 594 e. 4

4. Die Vorschrift ist **abdingbar**, doch bedarf die Vereinbarung einer kürzeren Kündigungsfrist der Schriftform (Abs 1 S 3). 5

§ 594 b Vertrag über mehr als 30 Jahre

¹Wird ein Pachtvertrag für eine längere Zeit als 30 Jahre geschlossen, so kann nach 30 Jahren jeder Vertragsteil das Pachtverhältnis spätestens am dritten Werktag eines Pachtjahrs für den Schluss des nächsten Pachtjahrs kündigen. ²Die Kündigung ist nicht

zulässig, wenn der Vertrag für die Lebenszeit des Verpächters oder des Pächters geschlossen ist.

1 I. Ziel der Regelung ist eine Verhinderung erbpachtähnlicher Landpachtverträge (MK/Harke § 594 b Rn 1). Die mietrechtliche Bestimmung des § 544 wird daher für Landpachtverhältnisse übernommen, allerdings mit der Einschränkung, dass die gesetzliche Kündigungsfrist (§ 594 a II) durch die längere Frist des § 594 a I ersetzt wird.

2 II. 1. a) Der Ausschluss des Kündigungsrechts in S 2 ist auf **juristische Personen** nicht entspr anwendbar (Staud/v Jeinsen § 594 b Rn 9).

3 b) Die Vorschrift ist grds **nicht abdingbar**. Mit dem Normzweck ist lediglich eine Verkürzung der Frist zur Kündigung des Pachtverhältnisses nach Ablauf v dreißig Jahren vereinbar (Staud/v Jeinsen § 594 b Rn 3).

4 2. Ein Landpachtvertrag, der gegen § 594 b verstoßende Bestimmungen enthält, ist weder insgesamt noch teilweise **nichtig**. An die Stelle der unwirksamen Regelung tritt vielmehr die Kündigungsfrist des § 594 b (BGH LM Nr 2 u 31 zu § 581).

§ 594 c Kündigung bei Berufsunfähigkeit des Pächters

¹Ist der Pächter berufsunfähig im Sinne der Vorschriften der gesetzlichen Rentenversicherung geworden, so kann er das Pachtverhältnis außerordentlich mit der gesetzlichen Frist kündigen, wenn der Verpächter der Überlassung der Pachtsache zur Nutzung an einen Dritten, der eine ordnungsmäßige Bewirtschaftung gewährleistet, widerspricht. ²Eine abweichende Vereinbarung ist unwirksam.

1 I. Die Vorschrift dient dem **Schutz des Pächters**, dem sein Verpächter die Überlassung der Pachtsache an einen Dritten verweigert (vgl § 589), obwohl ihm während der Laufzeit des Pachtvertrages die Ausübung seines Nutzungsrechts wegen Erwerbsunfähigkeit unmöglich geworden ist. Die Vorschrift ist auf die flächenlose Pacht einer Milchquote entsprechend anwendbar, wobei es dem Widerspruch des Verpächters gegen eine Unterverpachtung gleichsteht, wenn die Unterverpachtung gesetzlich nicht mehr zulässig ist (BGH NJW-RR 10, 198).

2 II. 1. a) Zu den **Voraussetzungen für eine Erwerbsunfähigkeit** iSd gesetzlichen Rentenversicherung vgl §§ 43 II, 240 ff SGB VI. Für § 594 c ist allein die Berufsunfähigkeit als Landwirt maßgeblich, eine anderweitige Erwerbsfähigkeit des Pächters ist unerheblich (Staud/v Jeinsen § 594 c Rn 2).

3 b) Der **Dritte**, dem der erwerbsunfähige Pächter die Pachtsache überlassen wollte, muss aufgrund seiner Kenntnisse und Erfahrungen die Gewähr einer ordnungsgemäßen Bewirtschaftung bieten (zum Maßstab hierfür: Staud/v Jeinsen § 594 c Rn 4).

4 c) Zulasten des Pächters ist § 594 c **nicht abdingbar** (S 2); abweichende Vereinbarungen zu seinen Gunsten sind hingegen wirksam (MK/Harke § 594 c Rn 3).

5 2. Abw v § 589 steht dem erwerbsunfähig gewordenen Pächter bei Verweigerung des Rechts zur Überlassung der Pachtsache an einen Dritten durch den Verpächter ein **Kündigungsrecht** zu. Die Kündigung muss schriftlich erfolgen (§ 594 f) und unterliegt der Frist des § 594 a II. Übt der Pächter sein Kündigungsrecht auch nach Ablauf einer angemessenen Überlegungsfrist nicht aus, kann dies zu einer Verwirkung seines Rechts führen (MK/Harke § 594 c Rn 2).

§ 594 d Tod des Pächters

(1) Stirbt der Pächter, so sind sowohl seine Erben als auch der Verpächter innerhalb eines Monats, nachdem sie vom Tod des Pächters Kenntnis erlangt haben, berechtigt, das Pachtverhältnis mit einer Frist von sechs Monaten zum Ende eines Kalendervierteljahrs zu kündigen.
(2) ¹Die Erben können der Kündigung des Verpächters widersprechen und die Fortsetzung des Pachtverhältnisses verlangen, wenn die ordnungsmäßige Bewirtschaftung der Pachtsache durch sie oder durch einen von ihnen beauftragten Miterben oder Dritten

gewährleistet erscheint. ²Der Verpächter kann die Fortsetzung des Pachtverhältnisses ablehnen, wenn die Erben den Widerspruch nicht spätestens drei Monate vor Ablauf des Pachtverhältnisses erklärt und die Umstände mitgeteilt haben, nach denen die weitere ordnungsmäßige Bewirtschaftung der Pachtsache gewährleistet erscheint. ³Die Widerspruchserklärung und die Mitteilung bedürfen der schriftlichen Form. ⁴Kommt keine Einigung zustande, so entscheidet auf Antrag das Landwirtschaftsgericht.
(3) Gegenüber einer Kündigung des Verpächters nach Absatz 1 ist ein Fortsetzungsverlangen des Erben nach § 595 ausgeschlossen.

I. § 594 d schafft beim Tod des Pächters unter Abweichung v der entsprechenden mietrechtlichen Regelung in §§ 563, 564 einen **Interessenausgleich** zwischen seinen Erben und dem Verpächter. 1

II. 1. a) Die **ordnungsgemäße Bewirtschaftung** der Pachtsache erscheint iSv § 594 d gewährleistet, wenn aufgrund rechtlicher Merkmale oder praktischer Erfahrung zu erwarten steht, dass mind einer der Erben selbst oder durch Hilfskräfte hierzu in der Lage ist (vgl iE Staud/v Jeinsen § 594 d Rn 16 f). 2

b) Sowohl die Kündigung nach Abs 1 (§ 594 f) als auch der Widerspruch hiergegen (Abs 2 S 3) müssen **schriftlich** erfolgen. 3

c) § 594 d ist **abdingbar** (MK/Harke § 594 d Rn 4; ebenso nunmehr auch: Palandt/Weidenkaff § 594 d Rn 1). 4

2. a) Nach dem Tod des Pächters steht sowohl seinen Erben wie auch dem Verpächter ein **vorzeitiges Kündigungsrecht** zu (Abs 1). 5

b) Wollen die Erben selbst oder vertreten durch einen Dritten das Pachtverhältnis fortsetzen und können sie die ordnungsgemäße Bewirtschaftung der Pachtsache gewährleisten (die Beweislast hierfür tragen die Erben: BGH NJW 02, 2168), haben sie einen Anspruch gegen den Verpächter auf Zustimmung zur Fortsetzung des Pachtverhältnisses bis zum Ende der vereinbarten Pachtzeit zu den bisherigen Bedingungen. Kündigt der Verpächter trotzdem und erklären die Erben hiergegen fristgerecht unter Darlegung ihrer Befähigung zur ordnungsgemäßen Bewirtschaftung der Pachtsache ihren **Widerspruch** (Abs 2), werden sie dadurch wieder in die Rechtsposition versetzt, die ihnen der Erbfall verschafft hatte (MK/Harke § 594 d Rn 3). Ist die ordnungsgemäße Bewirtschaftung der Pachtsache hingegen nicht zu erwarten oder beruft sich der Verpächter zu Recht auf die Nichtbeachtung der Frist- oder Formvorschriften des Abs 2 durch die Erben, können diese eine Fortsetzung des Pachtverhältnisses nach einer Kündigung des Verpächters weder nach § 594 d noch nach § 595 (Abs 3) verlangen. 6

§ 594 e Außerordentliche fristlose Kündigung aus wichtigem Grund

(1) Die außerordentliche fristlose Kündigung des Pachtverhältnisses ist in entsprechender Anwendung der §§ 543, 569 Abs. 1 und 2 zulässig.
(2) ¹Abweichend von § 543 Abs. 2 Nr. 3 Buchstaben a und b liegt ein wichtiger Grund insbesondere vor, wenn der Pächter mit der Entrichtung der Pacht oder eines nicht unerheblichen Teils der Pacht länger als drei Monate in Verzug ist. ²Ist die Pacht nach Zeitabschnitten von weniger als einem Jahr bemessen, so ist die Kündigung erst zulässig, wenn der Pächter für zwei aufeinander folgende Termine mit der Entrichtung der Pacht oder eines nicht unerheblichen Teils der Pacht in Verzug ist.

I. Nach Abs 1 finden die Regeln über die **fristlose Kündigung** v Mietverträgen wegen Nichtgewährung des Gebrauchs, Gesundheitsgefährdung, vertragswidrigen Gebrauchs und Unzumutbarkeit (§§ 543, 569 Abs 1 u 2) auf Landpachtverträge entspr Anwendung. Abs 2 passt die in §§ 543, 569 III getroffenen Bestimmungen über die fristlose Kündigung wegen Zahlungsverzugs den idR längeren Zahlungsintervallen bei der Landpacht an. 1

II. 1. Wie stets bei Landpachtverträgen (§ 594 f), muss auch eine auf § 594 e gestützte Kündigung **schriftlich** erfolgen. Zudem muss sie innerhalb einer angemessenen Frist 2 nach dem Eintritt des Kündigungsgrundes und Kenntnis des Kündigungsberechtigten hiervon beim anderen Teil zugehen (BGH NJW-RR 10, 1500).

3 2. Für die Zulässigkeit einer Kündigung wegen vertragswidrigen Gebrauchs entspr § 543 II Nr 2 ist regelmäßig eine vorherige, erfolglose **Abmahnung** erforderlich (OLG Rostock OLG-NL 97, 144).

4 3. Ist bei Abwägung der beiderseitigen Interessen die Fortsetzung des Landpachtverhältnisses für eine Partei **unzumutbar**, kommt über den Wortlaut des § 569 II hinaus eine fristlose Kündigung in engen Grenzen auch bei fehlendem Verschulden der anderen Seite in Betracht (vgl § 314), so zB bei Schuldunfähigkeit wegen Geisteskrankheit. Unzumutbarkeit aus spezifisch landpachtrechtlichen Gründen wird va bei der Verletzung der wechselseitigen Informationspflichten anzunehmen sein (weitere Beispiele bei Staud/v Jeinsen § 594 e Rn 27).

5 4. Die Regelung des § 569 ist auch im Hinblick auf seine entspr Anwendung auf Landpachtverträge zwingend (BGH NJW 92, 2629), Abs 2 ist dag **abdingbar** (Palandt/Weidenkaff § 594 e Rn 1). Insb ist die Vereinbarung weiterer Gründe für die Zulässigkeit einer fristlosen Kündigung möglich (MK/Harke § 594 e Rn 2).

§ 594 f Schriftform der Kündigung

Die Kündigung bedarf der schriftlichen Form.

1 I. § 594 f schreibt in Anlehnung an § 568 im Interesse der **Rechtssicherheit** für die Kündigung v Landpachtverträgen die Schriftform vor.

2 II. 1. a) Die Regelung findet bei allen Landpachtverhältnisse auf Kündigungen jeder Art **Anwendung**. Sie gilt jedoch nicht für Aufhebungsverträge oder (bis zur Überlassung des Pachtobjekts zulässige) Anfechtungs- oder Rücktrittserklärungen (Staud/v Jeinsen § 594 f Rn 6).

3 b) Die Vorschrift ist **nicht abdingbar**.

4 2. Eine Kündigung, die nicht schriftlich abgegeben wurde, ist **nichtig** (§ 125). Ausnahmen können sich in engen Grenzen aus § 242 ergeben.

§ 595 Fortsetzung des Pachtverhältnisses

(1) ¹Der Pächter kann vom Verpächter die Fortsetzung des Pachtverhältnisses verlangen, wenn
1. bei einem Betriebspachtverhältnis der Betrieb seine wirtschaftliche Lebensgrundlage bildet,
2. bei dem Pachtverhältnis über ein Grundstück der Pächter auf dieses Grundstück zur Aufrechterhaltung seines Betriebs, der seine wirtschaftliche Lebensgrundlage bildet, angewiesen ist

und die vertragsmäßige Beendigung des Pachtverhältnisses für den Pächter oder seine Familie eine Härte bedeuten würde, die auch unter Würdigung der berechtigten Interessen des Verpächters nicht zu rechtfertigen ist. ²Die Fortsetzung kann unter diesen Voraussetzungen wiederholt verlangt werden.
(2) ¹Im Falle des Absatzes 1 kann der Pächter verlangen, dass das Pachtverhältnis so lange fortgesetzt wird, wie dies unter Berücksichtigung aller Umstände angemessen ist. ²Ist dem Verpächter nicht zuzumuten, das Pachtverhältnis nach den bisher geltenden Vertragsbedingungen fortzusetzen, so kann der Pächter nur verlangen, dass es unter einer angemessenen Änderung der Bedingungen fortgesetzt wird.
(3) Der Pächter kann die Fortsetzung des Pachtverhältnisses nicht verlangen, wenn
1. er das Pachtverhältnis gekündigt hat,
2. der Verpächter zur außerordentlichen fristlosen Kündigung oder im Falle des § 593 a zur außerordentlichen Kündigung mit der gesetzlichen Frist berechtigt ist,
3. die Laufzeit des Vertrags bei einem Pachtverhältnis über einen Betrieb, der Zupachtung von Grundstücken, durch die ein Betrieb entsteht, oder bei einem Pachtverhältnis über Moor- und Ödland, das vom Pächter kultiviert worden ist, auf

mindestens 18 Jahre, bei der Pacht anderer Grundstücke auf mindestens zwölf Jahre vereinbart ist,
4. der Verpächter die nur vorübergehend verpachtete Sache in eigene Nutzung nehmen oder zur Erfüllung gesetzlicher oder sonstiger öffentlicher Aufgaben verwenden will.

(4) ¹Die Erklärung des Pächters, mit der er die Fortsetzung des Pachtverhältnisses verlangt, bedarf der schriftlichen Form. ²Auf Verlangen des Verpächters soll der Pächter über die Gründe des Fortsetzungsverlangens unverzüglich Auskunft erteilen.

(5) ¹Der Verpächter kann die Fortsetzung des Pachtverhältnisses ablehnen, wenn der Pächter die Fortsetzung nicht mindestens ein Jahr vor Beendigung des Pachtverhältnisses vom Verpächter verlangt oder auf eine Anfrage des Verpächters nach § 594 die Fortsetzung abgelehnt hat. ²Ist eine zwölfmonatige oder kürzere Kündigungsfrist vereinbart, so genügt es, wenn das Verlangen innerhalb eines Monats nach Zugang der Kündigung erklärt wird.

(6) ¹Kommt keine Einigung zustande, so entscheidet auf Antrag das Landwirtschaftsgericht über eine Fortsetzung und über die Dauer des Pachtverhältnisses sowie über die Bedingungen, zu denen es fortgesetzt wird. ²Das Gericht kann die Fortsetzung des Pachtverhältnisses jedoch nur bis zu einem Zeitpunkt anordnen, der die in Absatz 3 Nr. 3 genannten Fristen, ausgehend vom Beginn des laufenden Pachtverhältnisses, nicht übersteigt. ³Die Fortsetzung kann auch auf einen Teil der Pachtsache beschränkt werden.

(7) ¹Der Pächter hat den Antrag auf gerichtliche Entscheidung spätestens neun Monate vor Beendigung des Pachtverhältnisses und im Falle einer zwölfmonatigen oder kürzeren Kündigungsfrist zwei Monate nach Zugang der Kündigung bei dem Landwirtschaftsgericht zu stellen. ²Das Gericht kann den Antrag nachträglich zulassen, wenn es zur Vermeidung einer unbilligen Härte geboten erscheint und der Pachtvertrag noch nicht abgelaufen ist.

(8) ¹Auf das Recht, die Verlängerung eines Pachtverhältnisses nach den Absätzen 1 bis 7 zu verlangen, kann nur verzichtet werden, wenn der Verzicht zur Beilegung eines Pachtstreits vor Gericht oder vor einer berufsständischen Pachtschlichtungsstelle erklärt wird. ²Eine Vereinbarung, dass einem Vertragsteil besondere Nachteile oder besondere Vorteile erwachsen sollen, wenn er die Rechte nach den Absätzen 1 bis 7 ausübt oder nicht ausübt, ist unwirksam.

I. § 595 dient dem **Schutz der Existenzgrundlage** v Pächtern landwirtschaftlicher Betriebe und Grundstücke. Die Regelung ist § 574 nachgebildet. 1

II. 1. a) Die Vorschrift findet sowohl **Anwendung**, wenn bei einem auf bestimmte Zeit geschlossenen Pachtvertrag der Ablauf dieser Frist bevorsteht, als auch zwischen Kündigung und darauf beruhender Beendigung eines Pachtverhältnisses (Palandt/Weidenkaff § 595 Rn 5). Pachtgegenstand muss entweder ein landwirtschaftlicher Betrieb oder ein v Pächter für einen solchen Betrieb benötigtes Grundstück sein (Abs 1). In beiden Fällen muss der Pachtgegenstand zwar nicht die alleinige wirtschaftliche Existenzgrundlage des Pächters bilden, wohl aber einen wesentlichen Anteil seiner Lebensgrundlage ausmachen (Palandt/Weidenkaff § 595 Rn 5). 2

b) Die sich aus dem Entzug der Lebensgrundlage für den Pächter und seine Familie ergebenden Härten sind gegen die berechtigten Interessen des Verpächters **abzuwägen** (Abs 1). Als Härten für den Pächter kommen va besondere Schwierigkeiten bei der Suche nach einem vergleichbaren Pachtgegenstand oder noch nicht hinreichend genutzte, erhebliche Investitionen zu dessen Gunsten in Betracht, nicht jedoch der Verlust des Milchkontingents. Überwiegende, berechtigte Interessen des Verpächters können sich zB aus einer geplanten Eigenbewirtschaftung ergeben, insb dann, wenn diese für die Sicherung der Lebensgrundlage des Verpächters erforderlich ist (MK/Harke § 595 Rn 4) oder wenn der Verpächter den Pachtgegenstand künftig anders als landwirtschaftlich nutzen oder pachtfrei verkaufen will (Staud/v Jeinsen § 595 Rn 29). 3

c) Das Fortsetzungsverlangen des Pächters unterliegt der **Schriftform** des § 126 (Abs 4 S 1). Eine Begr soll auf Verlangen des Verpächters unverzüglich – formlos (Palandt/ 4

Weidenkaff § 595 Rn 6) – nachgereicht werden (Abs 4 S 2). Unterlässt der Pächter dies, entstehen daraus aber keine Folgen für die Wirksamkeit des Fortsetzungsverlangens.

5 d) Gem Abs 3 ist eine **Fortsetzung des Pachtverhältnisses** nach Abs 1 bei vier Fallgruppen **ausgeschlossen**: bei dessen Kündigung durch den Pächter (Nr 1), bei einer fristlosen Kündigung oder einer Kündigung nach § 593 a (Nr 2), bei Pachtverträgen mit besonders langer Laufzeit (Nr 3) sowie wenn der Verpächter eine für den Pächter bei Vertragsschluss erkennbar nur vorübergehend verpachtete Sache selbst nutzen oder zur Erfüllung gesetzlicher oder anderer öffentlicher Aufgaben verwenden will (Nr 4). Darüber hinaus scheidet eine Vertragsverlängerung nach § 595 bei einer auf § 594 d gestützten Kündigung aus (§ 594 d III).

6 e) V § 595 **abweichende Vereinbarungen** sind nur wirksam, wenn diese die Fortsetzung des Pachtverhältnisses erleichtern. Der Pächter kann auf seine Rechte aus § 595 nur verzichten, wenn dies zur Beilegung eines Pachtstreits durch einen gerichtlichen Vergleich oder eine berufsständische Pachtschlichtungsstelle führt. Die Verknüpfung der Geltendmachung oder Nichtgeltendmachung der Rechte aus § 595 durch eine der Vertragsparteien mit besonderen Vor- oder Nachteilen ist unwirksam (Abs 8).

7 2. a) Liegen die in Abs 1–4 geregelten Voraussetzungen vor, hat der Pächter einen **Anspruch auf Zustimmung** des Verpächters zur Fortsetzung des Vertrages auf angemessene Zeit (Abs 2 S 1). Ist die Fortsetzung des Pachtverhältnisses unter den bisherigen Bedingungen dem Verpächter nicht zumutbar, beschränkt sich der Anspruch des Pächters auf die Fortsetzung des Pachtverhältnisses unter angemessen abgeänderten Bedingungen (Abs 2 S 2). Der Fortsetzungsanspruch des Pächters entfällt (Palandt/Weidenkaff § 595 Rn 11), wenn der Verpächter v seinem Recht zur Ablehnung des Fortsetzungsverlangens Gebrauch macht, weil der Pächter die Frist hierfür versäumt oder auf eine frühere Anfrage des Verpächters (§ 594) die Fortsetzung des Pachtverhältnisses abgelehnt hat (Abs 5).

8 b) Kommt es aufgrund des Fortsetzungsverlangens des Pächters zu einer Vertragsverlängerung um eine bestimmte Zeit v mehr als zwei Jahren, ist hierfür **Schriftform** erforderlich (§ 585 a), soweit die Einigung nicht in einem gerichtlichen Vergleich erfolgt (§ 127 a iVm § 126 III).

9 c) Einigen sich die Parteien nicht, kann jede Vertragspartei in den Fristen der Abs 6 u 7 beantragen, dass das **Landwirtschaftsgericht** über die Fortsetzung des Pachtverhältnisses entscheidet (hierzu: Staud/v Jeinsen § 595 Rn 64 ff).

§ 595 a Vorzeitige Kündigung von Landpachtverträgen

(1) Soweit die Vertragsteile zur außerordentlichen Kündigung eines Landpachtverhältnisses mit der gesetzlichen Frist berechtigt sind, steht ihnen dieses Recht auch nach Verlängerung des Landpachtverhältnisses oder Änderung des Landpachtvertrags zu.
(2) ¹Auf Antrag eines Vertragsteils kann das Landwirtschaftsgericht Anordnungen über die Abwicklung eines vorzeitig oder eines teilweise beendeten Landpachtvertrags treffen. ²Wird die Verlängerung eines Landpachtvertrags auf einen Teil der Pachtsache beschränkt, kann das Landwirtschaftsgericht die Pacht für diesen Teil festsetzen.
(3) ¹Der Inhalt von Anordnungen des Landwirtschaftsgerichts gilt unter den Vertragsteilen als Vertragsinhalt. ²Über Streitigkeiten, die diesen Vertragsinhalt betreffen, entscheidet auf Antrag das Landwirtschaftsgericht.

1 I. § 595 a regelt verschiedene Einzelfragen zum Verfahren bei **vorzeitig oder teilweise beendeten Pachtverhältnissen** sowie bei gerichtlich angeordneten Vertragsverlängerungen.

2 II. 1. Der Begriff der **vorzeitigen Kündigung** in Abs 1 entspricht dem in § 594 a II. Das Recht zur vorzeitigen Kündigung wird durch eine Änderung (§ 593) oder Verlängerung (§ 595) des Pachtverhältnisses ebenso wenig ausgeschlossen wie das Recht zur außerordentlichen Kündigung nach § 594 e.

2. Kommt es zB durch Kündigung eines Landpachtvertrages zur vorzeitigen (teilweisen) Beendigung des Pachtverhältnisses, kann das Landwirtschaftsgericht **Abwicklungsbedingungen**, über die die Parteien sich nicht einigen können, auf Antrag durch Anordnung regeln (Abs 2 S 1). Sind sich die Parteien darüber einig, dass das Pachtverhältnis teilweise fortgesetzt werden soll, streiten aber über die Höhe des nunmehr zu entrichtenden Pachtzinses, oder ordnet das Landwirtschaftsgericht die Teilfortsetzung des Pachtverhältnisses an (§ 595 VI), umfasst diese Regelungsbefugnis auch die Festsetzung der Pachtzinshöhe (Abs 2 S 2).

3. Abs 3 stellt die landwirtschaftsgerichtlichen Anordnungen zum Inhalt eines Pachtvertrages (Abs 2) den Parteivereinbarungen gleich (Abs 3 S 1). Dies ist insb v Bedeutung, wenn das Landwirtschaftsgericht den Pachtvertrag nach § 594 d II oder § 595 verlängert, da in diesen Fällen ein schriftlicher Verlängerungsvertrag nicht erforderlich ist (MK/Harke § 595 a Rn 1). Kommt es nach einer den Inhalt eines Landpachtvertrages betr Entscheidung des Landwirtschaftsgerichts zu einer Änderung der tatsächlichen Verhältnisse, kann der Vertragsinhalt in einer weiteren Entscheidung des Gerichts gem S 2 auf Antrag dieser neuen Sachlage angepasst werden (Palandt/Weidenkaff § 595 a Rn 4).

4. Die **Abdingbarkeit** v Abs 1 richtet sich nach der Abdingbarkeit der das jeweilige Recht zur vorzeitigen Kündigung regelnden Vorschrift (§§ 593 a S 3, 594 c S 1, 594 d I). Die Bestimmungen in Abs 2 und 3 sind zwingend (Palandt/Weidenkaff § 595 a Rn 1).

§ 596 Rückgabe der Pachtsache

(1) Der Pächter ist verpflichtet, die Pachtsache nach Beendigung des Pachtverhältnisses in dem Zustand zurückzugeben, der einer bis zur Rückgabe fortgesetzten ordnungsmäßigen Bewirtschaftung entspricht.
(2) Dem Pächter steht wegen seiner Ansprüche gegen den Verpächter ein Zurückbehaltungsrecht am Grundstück nicht zu.
(3) Hat der Pächter die Nutzung der Pachtsache einem Dritten überlassen, so kann der Verpächter die Sache nach Beendigung des Pachtverhältnisses auch von dem Dritten zurückfordern.

I. Durch Abs 1 wird die **Rückgabepflicht** des Pächters im Vergleich zu der des Mieters nach § 546 I **erweitert**. Dadurch wird klargestellt, dass der Pächter seiner Pflicht zur ordnungsgemäßen Bewirtschaftung der Pachtsache (§ 586 I 3) bis zur endgültigen Abwicklung des Pachtverhältnisses genügen muss.

II. 1. a) Die Pflicht des Pächters zur Rückgabe der Pachtsache in dem Zustand, der einer ordnungsgemäßen Wirtschaft entspricht, besteht unabhängig v **Zustand der Pachtsache** bei Pachtbeginn. Daher kann weder der Pächter Ersatz v Verpächter verlangen, wenn er wegen § 596 verpflichtet ist, die Pachtsache in einem besseren Zustand zu übergeben als dem, in dem er sie übernommen hat, noch umgekehrt der Verpächter, wenn die Pachtsache in einem schlechteren, aber noch ordnungsgemäßer Wirtschaft entsprechenden Zustand zurückgegeben wird (MK/Harke § 596 Rn 2). Bei einem gepachteten Weinberg kann dies nach der Rodung etwa die Wiederbepflanzung des Weinbergs mit Rebstöcken erfordern (BGH GuT, 110). Vgl zum Umfang der Rückgabepflicht bei einer Veränderung des Systems der landwirtschaftlichen Beihilfen auch BGH NJW-RR 09, 1714. Hat dag der Verpächter dem Pächter v rübenanbaufähigem Ackerland keine Rübenlieferrechte übertragen, steht ihm bei der Beendigung des Vertrages auch kein Anspruch aus § 596 auf Übertragung von Lieferrechten zu, die der Pächter von Dritten erworben oder von der Zuckerfabrik zugeteilt bekommen hat: BGH NZM 12, 157. Zu den Ansprüchen des Pächters wegen notwendiger Verwendungen vgl § 590 b, zur Ersetzbarkeit nützlicher Verwendungen vgl § 591.

b) Bei **Kreispachtverträgen** findet zwischen Eigentümer und LPG Abs 3 keine Anwendung (BGHZ 129, 290; Bamberger/Roth/Wagner § 596 Rn 10). Zu Abs 2 u 3 vgl iÜ die Kommentierung zu § 546 II. Auf den Pächtern nach Art. 43 ff. der VO (EG)

Nr 1782/2003 zugewiesene Zahlungsansprüche, die Ansprüche auf Beihilfen zur Stärkung der Einkommenssituation des Betriebsinhabers begründen, ist § 596 Abs 1 nicht anwendbar.

4 c) Die Vorschrift ist **abdingbar** (Staud/v Jeinsen § 596 Rn 39; ebenso nunmehr: Palandt/Weidenkaff § 596 Rn 1).

5 2. a) Der Rückgabeanspruch des Verpächters ist gem § 193 am Tage nach Pachtende **fällig**.

6 b) Die Rückgabe der Pachtsache setzt grds den vollen Besitzverlust des Pächters und die Kenntnis des Verpächters hiervon voraus (BGH NJW 04, 774). Hatte zuvor ein Dritter den Besitz an der Pachtsache inne, muss der Pächter dem Verpächter den unmittelbaren Besitz an der Pachtsache einräumen. Die Abtretung des Herausgabeanspruchs genügt nicht (BGHZ 56, 311).

7 c) Verletzt der Pächter iR der Rückgabe der Pachtsache seine Pflichten, können sich hieraus **Schadensersatzansprüche des Verpächters** aus §§ 280 ff ergeben (zur Schadensersatzpflicht des Pächters bei Verletzung seiner Bewirtschaftungspflicht: BGH NZM 02, 987, zum Umfang des Schadensersatzanspruchs des Verpächters allg: BGH GuT 07, 153).

8 d) Die **Verjährung** der Ansprüche aus § 596 richtet sich nach §§ 195, 199, nicht nach § 591 b (Palandt/Weidenkaff § 596 Rn 2).

§ 596 a Ersatzpflicht bei vorzeitigem Pachtende

(1) ¹Endet das Pachtverhältnis im Laufe eines Pachtjahrs, so hat der Verpächter dem Pächter den Wert der noch nicht getrennten, jedoch nach den Regeln einer ordnungsmäßigen Bewirtschaftung vor dem Ende des Pachtjahrs zu trennenden Früchte zu ersetzen. ²Dabei ist das Ernterisiko angemessen zu berücksichtigen.

(2) Lässt sich der in Absatz 1 bezeichnete Wert aus jahreszeitlich bedingten Gründen nicht feststellen, so hat der Verpächter dem Pächter die Aufwendungen auf diese Früchte insoweit zu ersetzen, als sie einer ordnungsmäßigen Bewirtschaftung entsprechen.

(3) ¹Absatz 1 gilt auch für das zum Einschlag vorgesehene, aber noch nicht eingeschlagene Holz. ²Hat der Pächter mehr Holz eingeschlagen, als bei ordnungsmäßiger Nutzung zulässig war, so hat er dem Verpächter den Wert der die normale Nutzung übersteigenden Holzmenge zu ersetzen. ³Die Geltendmachung eines weiteren Schadens ist nicht ausgeschlossen.

1 I. Zweck der Vorschrift ist die **Entschädigung des Pächters** für den Verlust, den er durch die Zurücklassung noch nicht erntereifer Früchte bei der vorzeitigen Rückgabe der Pachtsache an den Verpächter (zB wegen fristloser Kündigung) erleidet.

2 II. 1. a) Der **Anwendungsbereich** des § 596 a umfasst unmittelbar alle Landpachtverträge, ist aber auch entspr für die Rückgabepflicht des Nießbrauchers (§ 1055 II), die Herausgabepflicht des Vorerben im Nacherbfall (§ 2130 I 2) sowie bei der Kleingartenpacht (Staud/v Jeinsen § 596 a Rn 28) heranzuziehen.

3 b) Voraussetzung der Ersatzanspruch des Pächters ist stets die **vorzeitige Beendigung** des Pachtverhältnisses, unabhängig davon, ob der Pächter diese zu vertreten hat. Endet das Pachtverhältnis mit Ablauf des Pachtjahres, besteht daher kein Ersatzanspruch des Pächters (MK/Harke § 596 a Rn 2).

4 c) § 596 a ist **abdingbar**.

5 2. a) Maßgeblich für die **Höhe des Ersatzanspruchs** des Pächters (sog Halmtaxe) ist grds der Wert der noch nicht geernteten Früchte bei Pachtende (Abs 1 S 1), abzüglich der für die Ernte ersparten Aufwendungen (MK/Harke § 596 a Rn 3). Nur wenn sich dieser Wert jahreszeitlich bedingt noch nicht schätzen lässt, beschränkt sich der Anspruch des Pächters auf die Kosten, die ihm insgesamt durch die Feldbestellung entstanden sind (Abs 2). Diese umfassen auch seine Eigenleistungen (Staud/v Jeinsen § 596 a Rn 18), nicht jedoch den v ihm entrichteten Pachtzins (OLG Oldenburg AgrarR 93, 251 f). Da erst zu diesem Zeitpunkt endgültig feststeht, in welchem Um-

fang der Pächter Früchte zurücklassen muss, ist unter Pachtende iSv Abs 1 S 1 die Rückgabe der Pachtsache zu verstehen. Das Ernterisiko ist nicht nur bei Ersatzansprüchen des Pächters nach Abs 1 (vgl dort S 2), sondern auch bei solchen nach Abs 2 angemessen zu berücksichtigen (MK/Harke § 596 a Rn 3).

b) Dem Pächter **forstwirtschaftlich genutzter Grundstücke**, auf die wegen der gemeinsamen Verpachtung mit landwirtschaftlichen Grundstücken Landpachtrecht anwendbar ist (§ 585 III), steht der Ersatzanspruch nach Abs 1 auch für das für den weiteren Verlauf des Pachtjahres zum Einschlag vorgesehene Holz zu (Abs 3 S 1). Gem Abs 3 S 2 bis 3 haftet der Pächter für übermäßigen Holzeinschlag verschuldensunabhängig (Staud/v Jeinsen § 596 a Rn 24). 6

c) Die Ansprüche des Pächters werden mit der Rückgabe der Pachtsache **fällig**. Ein ZbR hins der Pachtsache steht ihm deswegen aber nicht zu (§ 596 II). 7

§ 596 b Rücklassungspflicht

(1) Der Pächter eines Betriebs hat von den bei Beendigung des Pachtverhältnisses vorhandenen landwirtschaftlichen Erzeugnissen so viel zurückzulassen, wie zur Fortführung der Wirtschaft bis zur nächsten Ernte nötig ist, auch wenn er bei Beginn des Pachtverhältnisses solche Erzeugnisse nicht übernommen hat.
(2) Soweit der Pächter nach Absatz 1 Erzeugnisse in größerer Menge oder besserer Beschaffenheit zurückzulassen verpflichtet ist, als er bei Beginn des Pachtverhältnisses übernommen hat, kann er vom Verpächter Ersatz des Wertes verlangen.

I. Die Vorschrift trifft eine Sonderregelung für die Rückgabe landwirtschaftlicher Betriebe. Ziel ist die Ermöglichung einer ordnungsgemäßen **Betriebsfortführung bis zur nächsten Ernte**. 1

II. 1. a) **Landwirtschaftliche Erzeugnisse** iSv § 596 b sind alle durch die Bewirtschaftung v Grund und Boden oder Viehbestand erzielbaren Produkte (Futter, Saatgut, Früchte, Jungtiere, Milch ua), unabhängig davon, durch wen oder wo diese gewonnen wurden. Nicht hierunter fallen Betriebsmittel (zB Treibstoffe, Pflanzenschutzmittel) sowie (auch landwirtschaftlich erzeugter) Dünger (zur Abgrenzung vgl MK/Harke § 596 b Rn 1). 2

b) Wurde die ursprünglich vereinbarte **Pachtdauer verlängert** oder wurden mehrere aufeinander folgende Pachtverträge abgeschlossen, ist unter Pachtantritt der Zeitpunkt des Beginns der ersten Pachtperiode zu verstehen (BGHZ 9, 107). 3

c) § 596 b ist **abdingbar**. 4

2. a) Sind bei Rückgabe des Betriebes weniger landwirtschaftliche Erzeugnisse vorhanden, als zur Fortführung des Betriebes bis zur nächsten Ernte objektiv erforderlich wären, trifft den Pächter **keine Zukaufspflicht**. Dem Verpächter steht dann aber ein Anspruch in Höhe der Differenz zu (Erm/Jendrek § 596 b Rn 2). 5

b) Ergibt sich aus Abs 1 für den Pächter die Pflicht zur Zurücklassung v Erzeugnissen, die nach Menge oder Qualität die v ihm bei Pachtantritt übernommenen übersteigen, steht ihm gegen den Verpächter insoweit ein **Wertersatzanspruch** zu (Abs 2). 6

§ 597 Verspätete Rückgabe

¹Gibt der Pächter die Pachtsache nach Beendigung des Pachtverhältnisses nicht zurück, so kann der Verpächter für die Dauer der Vorenthaltung als Entschädigung die vereinbarte Pacht verlangen. ²Die Geltendmachung eines weiteren Schadens ist nicht ausgeschlossen.

I. Anders als bei sonstigen Pachtverträgen (vgl § 584 b) entsprechen die Ansprüche des Verpächters bei der Landpacht denen des Vermieters nach § 546 a. 1

II. Die Vorschrift ist **abdingbar**. 2

Titel 6
Leihe

§ 598 Vertragstypische Pflichten bei der Leihe
Durch den Leihvertrag wird der Verleiher einer Sache verpflichtet, dem Entleiher den Gebrauch der Sache unentgeltlich zu gestatten.

1 **I.** § 598 legt die wesentlichen **Kennzeichen des Leihvertrages** fest.

2 **II. 1. a)** Beim Leihvertrag handelt es sich nach heute allg Meinung entgg der älteren Theorie v Realvertrag um einen **Konsensualvertrag** (vgl statt aller: MK/Häublein § 598 Rn 1). Die Gebrauchsüberlassung der Sache an den Entleiher ist daher zur Vertragsentstehung nicht erforderlich (BGH NJW-RR 12, 1007). Neben der v Gesetz geregelten Handleihe ist also auch die Versprechensleihe, bei der die Sache erst nach Vertragsschluss übergeben wird, möglich.

3 **b)** Die Pflicht des Verleihers zur Gebrauchsgestattung und die des Entleihers zur Rückgabe der Sache stehen zueinander in **keinem Gegenseitigkeitsverhältnis**. Die §§ 320 ff finden auf den somit unvollkommen zweiseitigen Leihvertrag daher keine Anwendung (Jauernig/Mansel § 598 Rn 1).

4 **c) Abgrenzung zu anderen Verträgen:** v der Miete unterscheidet sich die Leihe durch ihre Unentgeltlichkeit, v der Schenkung durch den Verbleib der Sache im Vermögen des Verleihers (zur Abgrenzung, wa bei lebenslanger, unentgeltlicher Überlassung des Gebrauchs an einer Wohnung: BGHZ 82, 356 ff; Staud/Reuter § 598 Rn 2 ff). Im Ggs zum Sachdarlehensvertrag muss bei der Leihe dieselbe Sache zurückgegeben werden und anders als beim Verwahrungsvertrag wird die Sache zum Gebrauch überlassen. Zu den Abgrenzungsproblemen bei Mehrwegverpackungen vgl MK/Häublein § 598 Rn 13. Keine Leihe, sondern eine Maßnahme zur Anbahnung eines anderen Vertrages (zB Kauf), ist die Überlassung eines Pkw für eine Probefahrt (BGH NJW 68, 1472 f), je nach Einzelfall können aber einzelne Vorschriften des Leiherechts hierauf angewendet werden (BGHZ 119, 38 f). Zur Abgrenzung v Leihverträgen und reinen Gefälligkeitsverhältnissen ist va auf den Anlass der Gebrauchsüberlassung und deren wirtschaftliche Bedeutung für die Parteien abzustellen (BGHZ 21, 107). Indiz für ein bloßes Gefälligkeitsverhältnis, bei dem keine Besitzübertragung an den Verwender der Sache erfolgt, sondern dieser lediglich Besitzdiener ist, wa, vgl Palandt/Weidenkaff Einf v § 598 Rn 7; einschränkend: MK/Häublein § 598 Rn 6), ist das ganz kurzfristige Überlassen der Gebrauchsmöglichkeit (auch dann für Leihe, wenn auch unter Verbleib des unmittelbaren Besitzes beim Verleiher: Staud/Reuter Vor §§ 598 ff Rn 9; zur Abgrenzung Leihe/Gefälligkeit bei kurzfristiger Überlassung: BGH NJW-RR 04, 1566). Zeichen für einen Leihvertrag ist hingegen das Interesse des Entleihers an einer nicht willkürlich abkürzbaren Dauer der Gebrauchsüberlassung (BGHZ 125, 298).

5 **2. a)** Der Verleiher muss nicht **Eigentümer** der Sache sein. Eine Veräußerung der Sache hat keinen Einfluss auf den Leihvertrag (MK/Häublein § 598 Rn 23). § 566 ist nicht entspr anwendbar (BGH NJW 64, 766). Durch die Überlassung der Leihsache an den Entleiher erlangt dieser unmittelbaren **Besitz**, der Verleiher bleibt mittelbarer Besitzer (Jauernig/Mansel § 598 Rn 6). Ist der Entleiher für die v ihm beabsichtigte Nutzung nicht auf den unmittelbaren Zugriff auf die Leihsache angewiesen, gehört seine körperliche Zugriffsmöglichkeit auf diese nicht zu den wesensprägenden Merkmalen eines Leihvertrages (BGH GuT 04, 152 ff).

6 **b) Gegenstand der Leihe** können bewegliche und unbewegliche Sachen (BGH NJW 85, 313; 1553; zur Qualifizierung der schuldrechtlichen Gestattung, ein Grundstück unentgeltlich als Zufahrt zu nutzen: OLG Saarbrücken NJW-RR 02, 1385), Teile davon oder Sachgesamtheiten sein. Entspr Anwendung finden die §§ 598 ff auf Tiere (§ 90 a) sowie Rechte und Forderungen (hM, vgl Staud/Reuter § 598 Rn 9; aA [entspr Anwendung der §§ 581 ff] Palandt/Weidenkaff § 598 Rn 3). Verbrauchbare Sachen können ausnahmsweise verliehen werden, müssen dann aber ebenfalls zurückgegeben werden (zB Verleihen v Lebensmitteln zu Dekorationszwecken: MK/Häublein § 598 Rn 3).

c) Prägendes Merkmal der Leihe ist die **Unentgeltlichkeit** der Gebrauchsüberlassung. 7
Wird für diese ein noch so geringes Entgelt oder eine sonstige Gegenleistung erbracht,
handelt es sich entgg des umgangssprachlichen Gebrauchs des Wortes Leihe um einen
Miet-, keinen Leihvertrag. Unschädlich für die Annahme eines Leihvertrages sind lediglich symbolische Zeichen der Dankbarkeit des Entleihers (Staud/Reuter § 598 Rn 2)
oder die gelegentlich des Leihvertrages erfolgende Übernahme v Pflichten durch diesen,
die v den Parteien nicht als Gegenleistung für die Leihe angesehen wird.

d) Der **Gebrauch einer Sache** umfasst deren Verwendung und Benutzung ohne Eingriff 8
in ihre Substanz (Palandt/Weidenkaff § 598 Rn 5). Das Recht zum Gebrauch der Sache
schließt daher nicht das Recht zur Verfügung über die Sache ein (MK/Häublein § 598
Rn 16). Ein Recht zur Fruchtziehung besteht nur, wenn dies ausnahmsweise vereinbart
wurde (BGH NJW-RR 12, 1007; bei Fruchtziehungsbefugnis für Mischvertrag aus Leihe und Schenkung: Palandt/Weidenkaff § 598 Rn 5). Eine Gebrauchspflicht setzt voraus, dass diese vereinbart wurde oder sich aus der Obhutspflicht des Entleihers herleiten lässt, da der Gebrauch zum Erhalt des Leihobjekts (zB Reitpferd) erforderlich ist
(Staud/Reuter § 598 Rn 13).

e) Der Verleiher ist lediglich verpflichtet, dem Entleiher den Gebrauch der Leihsache zu 9
gestatten, ihn also zu dulden. Dies schließt nicht die Gewährleistung der Gebrauchsfähigkeit der Sache durch deren Instandhaltung ein. Da es sich bei der **Gebrauchsüberlassungspflicht** um eine Holschuld handelt, obliegen die Kosten hierfür dem Entleiher
(Staud/Reuter § 598 Rn 13).

f) Bei Kfz und Tieren bleibt idR der Verleiher deren **Halter** (BGHZ 37, 309). Bei länge- 10
rer Leihdauer kann aber der Entleiher Mit-, ausnahmsweise auch Alleinhalter werden
(MK/Häublein § 598 Rn 23).

§ 599 Haftung des Verleihers

Der Verleiher hat nur Vorsatz und grobe Fahrlässigkeit zu vertreten.

I. Die Vorschrift trägt wie die entsprechenden Regelungen der §§ 521, 680, 968 der 1
Uneigennützigkeit des Verleihers durch einen **Ausschluss** seiner **Haftung** bei einfacher
Fahrlässigkeit Rechnung (vgl Staud/Reuter § 599 Rn 1).

II. 1. Das Haftungsprivileg des § 599 bezieht sich jedenfalls auf das **Erfüllungsinteresse** 2
des Entleihers. Für Rechtsmängel und Fehler der Sache wird die Haftung des Verleihers
dabei durch § 600 noch weiter eingeschränkt. Inwieweit sich die Haftungsbeschränkung des § 599 darüber hinaus auf Ansprüche gegen den Verleiher oder seinen Erfüllungsgehilfen wegen der Verletzung sonstiger Rechtsgüter erstreckt, ist str (dag ua:
Jauernig/Mansel § 599 Rn 2). Nach hM ist dies zumindest dann der Fall, wenn die
Schutzpflichtverletzung in engem Zusammenhang mit der Leihe erfolgt ist (Staud/
Reuter § 599 Rn 2; ebenso zu § 521: BGHZ 93, 27 ff; uneingeschränkt für die Anwendung v § 599: OLG Düsseldorf OLGZ 91, 86). In den Grenzen, in denen § 599 hiernach hins der Verletzung (vor-)vertraglicher Schutzpflichten zu berücksichtigen ist,
schlägt die damit verbundene Haftungsmilderung auch auf Ansprüche des Entleihers
aus unerlaubter Handlung durch (BGH NJW 92, 2475). In allen anderen Fällen v
Schutzpflichtverletzungen bleibt es beim Haftungsmaßstab des § 276.

2. § 599 ist auch iR des § 278 anwendbar (Palandt/Weidenkaff § 599 Rn 3). 3
3. Die Regelung ist auf andere gesetzlich geregelte Gefälligkeitsschuldverhältnisse nicht 4
entspr anwendbar (BGH NJW 92, 2475).
4. § 599 ist **abdingbar**. Allerdings kann die Haftung für Vorsatz nicht ausgeschlossen 5
werden (§ 276 II).
5. Die **Haftung des Entleihers** wird durch § 599 nicht berührt. Dieser hat daher gem 6
§§ 276, 278 grds Vorsatz und jede Form der Fahrlässigkeit, bei Verzug (§ 287 S 2)
oder vertragswidrigem Gebrauch der Sache (vgl § 603 Rn 2, 5) auch Zufall zu vertreten (zur Zurechenbarkeit des Verschuldens Dritter bei der Entwendung entliehener
Kunstwerke aus einer Schulausstellung: OLG Brandenburg NJW 04, 620 f). Im Einzelfall kann aber eine dem § 599 entspr stillschweigende Beschränkung der Haftung des

Entleihers auf Vorsatz und grobe Fahrlässigkeit in Betracht kommen, etwa wenn ein Kfz-Händler einem Kunden ein nicht vollkaskoversichertes Fahrzeug für eine Probefahrt (BGH NJW 86, 1099 f) oder als Ersatzwagen während einer Garantiereparatur überlässt (BGH NJW 79, 760).

§ 600 Mängelhaftung

Verschweigt der Verleiher arglistig einen Mangel im Recht oder einen Fehler der verliehenen Sache, so ist er verpflichtet, dem Entleiher den daraus entstehenden Schaden zu ersetzen.

1 I. Durch § 600 wird die **Haftung des Verleihers** für Sach- und Rechtsmängel noch über § 599 hinaus (entspr §§ 523, 524) auf Fälle des arglistigen Verschweigens **beschränkt**.
2 II. 1. a) § 600 bezieht sich **nur auf Mangelschäden**. Für Mangelfolgeschäden haftet der Verleiher nach den allg Regeln aus § 280 I (hM, vgl Staud/Reuter § 600 Rn 3).
3 b) Maßgeblicher **Zeitpunkt für das Verschweigen** ist der Abschluss des Vertrages. Kannte der Entleiher hierbei den Mangel, ist eine Haftung des Verleihers auch bei Arglist ausgeschlossen (entspr §§ 442 I, 536 b). Verschuldet der Verleiher den Mangel erst nach Abschluss des Vertrages, haftet er nach den allg Regeln aus § 280 I (MK/Häublein § 600 Rn 2).
4 c) Die Norm ist **abdingbar**. Ein vertraglicher Ausschluss der Haftung des Verleihers auch bei Arglist ist jedoch nicht zulässig (§ 276 II, vgl auch §§ 444, 536 d).
5 2. Rechtsfolge des arglistigen Verschweigens eines Sach- oder Rechtsmangels ist wie nach §§ 523, 524 die Pflicht zum Ersatz des **Vertrauensschadens** (vgl nur MK/Häublein § 600 Rn 3).

§ 601 Verwendungsersatz

(1) Der Entleiher hat die gewöhnlichen Kosten der Erhaltung der geliehenen Sache, bei der Leihe eines Tieres insbesondere die Fütterungskosten, zu tragen.
(2) ¹Die Verpflichtung des Verleihers zum Ersatz anderer Verwendungen bestimmt sich nach den Vorschriften über die Geschäftsführung ohne Auftrag. ²Der Entleiher ist berechtigt, eine Einrichtung, mit der er die Sache versehen hat, wegzunehmen.

1 I. Die Norm regelt die Verteilung der **Kosten für Verwendungen** zugunsten der Leihsache.
2 II. 1. a) Abs 1 begündet für den Entleiher während der gesamten Leihzeit eine **Pflicht zum Erhalt** der Leihsache (MK/Häublein § 601 Rn 1). Die gewöhnlichen Erhaltungskosten (vgl § 994) hat er dabei selbst zu tragen. Erst recht ist der Entleiher iR seiner allg Obhutspflicht verpflichtet, zumutbare und erforderliche, aber kostenfreie Erhaltungsmaßnahmen zu ergreifen (Bsp bei: MK/Häublein § 601 Rn 1).
3 b) **Erhaltungskosten** sind Aufwendungen, die erforderlich sind, um die Sache in ihrem bisherigen Zustand zu erhalten. Die Gewöhnlichkeit richtet sich nach der Verkehrsanschauung (Staud/Reuter § 601 Rn 2).
4 c) **Außergewöhnliche Erhaltungskosten** muss weder der Verleiher noch der Entleiher aufbringen. Den Entleiher trifft nach § 242 aber die Pflicht, den Verleiher auf deren Notwendigkeit hinzuweisen (Staud/Reuter, § 601 Rn 4).
5 d) Kosten zur **Beseitigung v Schäden** der Sache sind, auch bei geringem Umfang, keine Erhaltungskosten. Soweit sie nicht aufgrund vertragswidrigen Gebrauchs der Sache entstanden sind, hat der Entleiher sie daher nicht zu tragen (MK/Häublein § 601 Rn 3).
6 e) Kosten, die den **Gebrauch der Sache erst ermöglichen** (zB Betriebsmittelkosten), sind jedenfalls v Entleiher zu tragen (so iErg: Staud/Reuter, § 601 Rn 2 f).
7 f) Die Vorschrift ist uneingeschränkt **abdingbar**.
8 2. Für Verwendungen, die die gewöhnlichen Erhaltungskosten übersteigen, kann der Entleiher Ersatz nach GoA (§§ 683 ff) verlangen (hierzu BGH NJW 85, 313 f). § 273 II ist, anders als bei der Grundstücksmiete, anwendbar.

3. Für das **Wegnahmerecht des Entleihers** (Abs 2 S 2) ist es unerheblich, ob es sich bei 9
den Einrichtungen um wesentliche Bestandteile oder Zubehör der Leihsache handelt
(so für § 547 a aF: BGHZ 81, 150 f). Das Wegnahmerecht entfällt jedoch, wenn der
Entleiher zur Anbringung der Einrichtungen verpflichtet war (BGH NJW 58, 2110 [zu
§ 547 a aF]). Die Durchführung der Wegnahme erfolgt nach § 258; § 539 ist entspr anwendbar. Eine Wegnahmepflicht kann aus § 604 I folgen (Pal/Weidenkaff § 601 Rn 3).

§ 602 Abnutzung der Sache

Veränderungen oder Verschlechterungen der geliehenen Sache, die durch den vertragsmäßigen Gebrauch herbeigeführt werden, hat der Entleiher nicht zu vertreten.

I. Die Vorschrift **konkretisiert** die Regelung des § 276 im Hinblick auf die Haftung des 1
Entleihers. Sie entspricht der in § 538 getroffenen Bestimmung über die Haftung des
Mieters.
II. 1. a) Welcher Gebrauch der Sache **vertragsgemäß** ist, richtet sich zunächst nach dem 2
Inhalt der getroffenen Vereinbarung, daneben nach Art und Zweckbestimmung der Sache sowie nach der Verkehrsanschauung (Palandt/Weidenkaff § 602 Rn 1).
b) Nicht anwendbar ist § 602, wenn die **Leihsache** durch ihren vertragsgemäßen Ge- 3
brauch nicht nur beschädigt wurde, sondern **untergegangen** ist. In diesen Fällen bleibt
es bei den allg Regeln (§§ 275 ff). Dies gilt auch (anders als bei § 606), wenn die Sache
zwar noch vorhanden ist, aber ein Fall des wirtschaftlichen Totalschadens vorliegt
(MK/Häublein §§ 602, 603 Rn 2).
c) Die Vorschrift ist uneingeschränkt **abdingbar**. 4
2. a) Ist die Leihsache durch ihren vertragsgemäßen Gebrauch beschädigt worden, ist 5
der Entleiher **weder** zur **Instandsetzung noch** zur Leistung v **Schadensersatz** verpflichtet.
b) Die **Beweislast** für die Beschädigung der Leihsache trägt der Verleiher. Der Entleiher 6
ist dafür beweispflichtig, dass der Schaden auf den vertragsgemäßen Gebrauch der Sache zurückzuführen ist (BGHZ 66, 351).

§ 603 Vertragsmäßiger Gebrauch

¹Der Entleiher darf von der geliehenen Sache keinen anderen als den vertragsmäßigen Gebrauch machen. ²Er ist ohne die Erlaubnis des Verleihers nicht berechtigt, den Gebrauch der Sache einem Dritten zu überlassen.

I. § 603 regelt die **Grenzen des Gebrauchsrechts** des Entleihers. 1
II. 1. a) **Vertragswidrig** ist jeder Gebrauch der Sache, der nicht vertragsgemäß ist (hier- 2
zu § 602). Eine Fortsetzung des Gebrauchs nach Ablauf der Leihzeit ist stets vertragswidrig (Staud/Reuter § 602 Rn 2).
b) Die Überlassung der Sache an einen Dritten ist vertragswidrig, sofern der Verleiher 3
diese nicht erlaubt hat. Bei der **Erlaubnis des Verleihers** handelt es sich um eine einseitige empfangsbedürftige Willenserklärung, die zur Erweiterung der Befugnisse des Entleihers führt (BGHZ 59, 7; einschränkend: MK/Häublein §§ 602, 603 Rn 7).
c) Die Vorschrift ist uneingeschränkt **abdingbar**, insb sind Haftungsbeschränkungen 4
hins durch vertragswidrigen Gebrauch herbeigeführter Schäden zulässig (BGH NJW
79, 760).
2. a) **Rechtsfolgen** eines vertragswidrigen Gebrauchs durch den Entleiher sind das 5
Recht des Verleihers zur sofortigen Kündigung (§ 605 Nr 2), sein Anspruch auf Unterlassung (entspr § 541) sowie, bei hieraus folgender schuldhafter (§§ 276, 278) Beschädigung der Sache, auf Schadensersatz aus § 280 I. Ist der Schaden an der Sache zufällig
eingetreten, haftet der Entleiher ebenfalls aus § 280 I, wenn der Schaden durch vertragsmäßen Gebrauch vermieden worden wäre und die Vertragswidrigkeit des Gebrauchs auf einem Verschulden des Entleihers beruht (BGHZ 37, 310; Staud/Reuter
§ 602 Rn 3).

6 b) Hat der Entleiher die Sache ohne Erlaubnis des Verleihers einem **Dritten** überlassen, ist dieser dem Entleiher zur Herausgabe der Sache verpflichtet (§ 604 IV). Erfolgte die Gebrauchsüberlassung mit der Erlaubnis des Verleihers, hat der Entleiher ein Verschulden des Dritten nach § 278 zu vertreten, soweit nicht ein Fall der Vertragsübernahme vorliegt (hierzu MK/Häublein §§ 602, 603 Rn 4). Außerdem haftet der Entleiher für eigenes Verschulden bei der Auswahl des Dritten. Im Rahmen einer Gebrauchsüberlassung aus Gefälligkeit ergibt sich aus § 603 S 2 jedoch, anders als bei einem Leihvertrag, keine verschuldensunabhängige Haftung des Begünstigten (BGH NJW 10, 3087).

§ 604 Rückgabepflicht

(1) Der Entleiher ist verpflichtet, die geliehene Sache nach dem Ablauf der für die Leihe bestimmten Zeit zurückzugeben.
(2) ¹Ist eine Zeit nicht bestimmt, so ist die Sache zurückzugeben, nachdem der Entleiher den sich aus dem Zweck der Leihe ergebenden Gebrauch gemacht hat. ²Der Verleiher kann die Sache schon vorher zurückfordern, wenn so viel Zeit verstrichen ist, dass der Entleiher den Gebrauch hätte machen können.
(3) Ist die Dauer der Leihe weder bestimmt noch aus dem Zweck zu entnehmen, so kann der Verleiher die Sache jederzeit zurückfordern.
(4) Überlässt der Entleiher den Gebrauch der Sache einem Dritten, so kann der Verleiher sie nach der Beendigung der Leihe auch von dem Dritten zurückfordern.
(5) Die Verjährung des Anspruchs auf Rückgabe der Sache beginnt mit der Beendigung der Leihe.

1 I. Durch § 604 wird die Dauer des Leiheverhältnisses und die aus dessen Ende folgende Pflicht des Entleihers zur **Rückgabe der Leihsache** geregelt.
2 II. 1. a) Das **Leiheverhältnis endet** in sechs Fällen: wenn die im Leihvertrag hierfür vorgesehene Zeit abgelaufen ist (Abs 1), die Sache den Zweck erfüllt hat, zu dem sie dem Entleiher überlassen wurde (Abs 2 S 1), die Erreichung dieses Zwecks nicht mehr möglich ist (MK/Häublein § 604 Rn 2), wenn der Verleiher die Sache zurückfordert und entweder so viel Zeit abgelaufen ist, wie objektiv für die Zweckerreichung erforderlich gewesen wäre (Abs 2 S 2), unabhängig davon, ob der Entleiher subjektiv in der Lage war, diese herbeizuführen (MK/Häublein § 604 Rn 3), oder für das Leiheverhältnis weder eine Dauer bestimmt wurde noch diese aus dem Leihzweck zu entnehmen ist (Abs 3), mit einer ordentlichen Kündigung nach Maßgabe der zwischen den Parteien getroffenen Vereinbarung sowie mit einer außerordentlichen Kündigung des Verleihers (vgl § 605).
3 b) Auch bei einer **Rückforderung** der Leihsache durch den Verleiher gem Abs 2 S 2 oder Abs 3 ist zur Beendigung des Leiheverhältnisses eine Kündigung erforderlich. Diese ergibt sich allerdings konkludent aus dem Rückgabeverlangen (Mot II 452). Der Rückforderungsanspruch des Verleihers darf nicht zur Unzeit erhoben werden (Staud/Reuter § 604 Rn 3). Außerdem darf ihm kein unter den Gesichtspunkten v Treu und Glauben (§ 242) überwiegendes Interesse des Entleihers entgegenstehen.
4 c) Die **Beweislast** für die Vereinbarung einer bestimmten Dauer des Leiheverhältnisses und damit für den Ausschluss v Abs 3 trägt der Entleiher.
5 2. a) Die **Leihsache** ist dem Verleiher in dem **Zustand** zurückzugeben, der ihrem vertragsgemäßen Gebrauch (§ 602) entspricht. Dabei ist dem Verleiher der unmittelbare Besitz (§ 854) an der Sache zu verschaffen (BGHZ 56, 310), sofern sich nicht aus der Natur der Sache anderes ergibt. Die Abtretung eines Herausgabeanspruchs gegen einen Dritten genügt nicht (Palandt/Weidenkaff § 604 Rn 1).
6 b) Soweit die Parteien keine abw Vereinbarungen getroffen haben, umfasst die Rückgabepflicht auch das Zubehör der Leihsache und die aus dieser erlaubt gezogenen **Früchte** (Staud/Reuter § 604 Rn 1; einschränkend: MK/Häublein § 604 Rn 5). Bzgl unerlaubt gezogener Früchte kommt kein vertraglicher Herausgabeanspruch des Verleihers, sondern allenfalls ein Anspruch entspr § 816 I 1 in Betracht (so MK/Häublein § 604 Rn 5; abl: BGH NJW 64, 1853; Staud/Reuter § 604 Rn 1).

c) Bei der Rückgabepflicht des Entleihers handelt es sich um eine **Bringschuld** (BGH 7
NJW-RR 02, 1027; Staud/Reuter § 604 Rn 2). Die Rückgabe hat daher am Wohnsitz
des Verleihers zu erfolgen. Hierbei entstehende Kosten gehen zulasten des Entleihers.
d) Der Rückgabeanspruch des Verleihers wird mit dem Ende des Leiheverhältnisses **fäl-** 8
lig (Palandt/Weidenkaff § 604 Rn 2). Sofern hierfür eine Kündigung erforderlich ist,
wird der Anspruch mit deren Zugang (§ 130) bzw zu dem v Verleiher darin genannten
späteren Zeitpunkt fällig.
e) Hat der Entleiher die **Sache einem Dritten überlassen**, kann der Verleiher sie nach 9
Ende des Leiheverhältnisses auch v diesem herausverlangen (Abs 4), unabhängig davon, ob die Gebrauchsüberlassung mit oder ohne Zustimmung des Verleihers erfolgte
(Jauernig/Mansel § 604 Rn 5). Weitere Herausgabeansprüche des Verleihers ggü dem
Dritten (zB § 985) bleiben davon unberührt.
f) Sofern der Verleiher kein eigenes Interesse an der Einhaltung der vereinbarten Dauer 10
des Leiheverhältnisses hat, ist der Entleiher berechtigt, die Sache auch **vorzeitig zurückzugeben** (§ 271 II). Stehen dem Entleiher Ansprüche wegen Verwendungen für die Sache aus § 601 II zu, kann ihm hins des Rückgabeanspruchs des Verleihers ein ZbR
(§ 273) zustehen. Zum Recht des Entleihers zur Wegnahme v Einrichtungen, mit denen
er die Leihsache versehen hat, vgl § 601 II 2.
g) Ist der **Entleiher Eigentümer** der Leihsache (geworden) und steht dem Verleiher kein 11
weiteres Recht zum Besitz der Leihsache zu, kann der Entleiher den Rückgabeanspruch
des Verleihers aus § 604 durch die Arglisteinrede (,**dolo facit, qui petit, quod statim**
redditurus est') abwenden (MK/Häublein § 604 Rn 9).
h) Ist ein **Dritter Eigentümer** der Leihsache, kann der Entleiher dem Herausgabeanspruch des Verleihers aus § 604 nicht den Herausgabeanspruch des Eigentümers aus 12
§ 985 entgegenhalten (Palandt/Weidenkaff § 604 Rn 3; einschränkend Staud/Reuter
§ 604 Rn 5).
i) Bei **Unmöglichkeit** der Rückgabe sowie bei Verzug finden die allg Regeln (§§ 275, 13
280 ff) Anwendung (Staud/Reuter § 604 Rn 4).

§ 605 Kündigungsrecht

Der Verleiher kann die Leihe kündigen:
1. wenn er infolge eines nicht vorhergesehenen Umstandes der verliehenen Sache bedarf,
2. wenn der Entleiher einen vertragswidrigen Gebrauch von der Sache macht, insbesondere unbefugt den Gebrauch einem Dritten überlässt, oder die Sache durch Vernachlässigung der ihm obliegenden Sorgfalt erheblich gefährdet,
3. wenn der Entleiher stirbt.

I. Die Vorschrift konkretisiert für drei Fälle den allg Rechtssatz v der **Kündbarkeit v** 1
Dauerschuldverhältnissen (BGHZ 50, 314 f) aus wichtigem Grund (§ 314). Die Kündigung aus einem sonstigen wichtigen Grund wird dadurch nicht ausgeschlossen (BGHZ
82, 359).
II. 1. a) Die außerordentliche, formlose Kündigung nach § 605 ist grds fristlos möglich. 2
Aus § 242 kann sich aber im Einzelfall eine Pflicht des Verleihers zur Einräumung
einer **Abwicklungsfrist** ergeben (Staud/Reuter § 605 Rn 1).
b) Ein **Kündigungsrecht des Entleihers** lässt sich aus § 605 nicht herleiten. Dieser kann 3
das Leiheverhältnis idR aber jederzeit durch Rückgabe der Sache beenden (§ 271 II).
c) aa) Der Kündigungsgrund des **unvorhergesehenen Eigenbedarfs** legt die Kriterien für 4
eine Billigkeitsabwägung zwischen den Interessen des Verleihers und des Entleihers für
einen typischen Fall fest. Eine Einschränkung der Norm durch eine erneute Billigkeitsprüfung nach § 242 scheidet daher aus (Staud/Reuter § 605 Rn 2). Maßgeblich ist, dass
zum Zeitpunkt der Kündigung objektiv Eigenbedarf des Verleihers vorhanden ist. Dieser muss jedoch nicht dringend sein (BGH NJW 94, 3157). Eine Voraussehbarkeit des
Eigenbedarfs bei Abschluss des Leihvertrages ist unschädlich, solange der Eigenbedarf
v Verleiher nicht auch wirklich vorausgesehen wurde. Andererseits sind auch die Inter-

essen des Entleihers zu berücksichtigen, insb dann, wenn dieser zB im Vertrauen auf eine bestimmte Dauer des Leiheverhältnisses bereits Investitionen getätigt hat. Da sich der Verleiher jedoch idR aus bloßer Gefälligkeit zum Entleihen der Sachen verpflichtet hat, sind an seinen Eigenbedarf keine zu hohen Anforderungen zu stellen (MK/Häublein § 605 Rn 4).

5 bb) Der Rechtsgedanke des § 605 Nr 1 ist auf unentgeltliche Darlehen **entspr anwendbar**, sofern es sich dabei nicht um verdeckte Schenkungen handelt (Staud/Reuter § 605 Rn 4).

6 cc) Bei einer Kündigung wegen **vertragswidrigen Gebrauchs** der Sache bedarf es im Ggs zum Mietvertrag (vgl §§ 541, 543) keiner vorhergehenden Abmahnung (Mot II 452), da die besondere Schutzbedürftigkeit des Mieters beim Entleiher fehlt.

7 dd) Nr 3 trägt dem Umstand Rechnung, dass das Verleihen einer Sache meist auf einem besonderen Vertrauensverhältnis des Verleihers zum Entleiher beruht. Dem Verleiher wird daher bei dessen **Tod** das Recht eingeräumt, zu entscheiden, ob er auch den Erben des Entleihers dieses Vertrauen entgegenbringen will (Mot II 453). Der Tod des Verleihers hat auf den Leihvertrag hingegen idR keine Auswirkungen (Mot II 453). Je nach Einzelfall kann aber ein Kündigungsrecht seiner Erben nach § 605 Nr 1 in Betracht kommen.

8 **2. a) Rechtsfolge** der Kündigung nach § 605 ist ein sofort (zu Ausnahmen oben, Rn 2) fälliger Anspruch des Verleihers auf Rückgabe der Leihsache.

9 b) Wurde dem Entleiher wegen berechtigten Eigenbedarfs nach § 605 Nr 1 gekündigt, steht ihm gegen den Verleiher kein **Schadensersatzanspruch** zu, da dieses Kündigungsrecht immanenter Bestandteil v Leihverträgen ist (BGHZ 125, 300).

10 c) Der Verleiher trägt die **Beweislast** für das Vorliegen der Voraussetzungen der außerordentlichen Kündigung.

§ 606 Kurze Verjährung

¹Die Ersatzansprüche des Verleihers wegen Veränderungen oder Verschlechterungen der verliehenen Sache sowie die Ansprüche des Entleihers auf Ersatz von Verwendungen oder auf Gestattung der Wegnahme einer Einrichtung verjähren in sechs Monaten. ²Die Vorschriften des § 548 Abs. 1 Satz 2 und 3, Abs. 2 finden entsprechende Anwendung.

1 **I. Ziel der kurzen Verjährungsfrist** des § 606 ist die rasche, endgültige Abwicklung v beendeten Leihverträgen (BGHZ 119, 39). Damit soll den anderenfalls bei Gebrauchsüberlassungsverträgen leicht entstehenden Beweisschwierigkeiten entgegengewirkt werden (BGHZ 47, 56 f).

2 **II. 1. a) Direkt** findet die Norm **Anwendung** bei Ansprüchen des Entleihers auf Verwendungsersatz und Gestattung der Wegnahme v Einrichtungen sowie bei Ansprüchen des Verleihers wegen Sachbeschädigung.

3 b) Um den allg Rechtsgedanken des § 606 (vgl auch §§ 548, 581 II, 1057) nicht zu unterlaufen, ist eine weite Auslegung seines Anwendungsbereichs geboten. Die Norm ist daher nicht nur bei vertraglichen Schadensersatzansprüchen des Verleihers heranzuziehen (§ 280 I, §§ 602, 603), sondern auch **entspr anwendbar**, wenn diesem wegen der Beschädigung der Leihsache daneben Ansprüche aus Delikt (BGHZ 119, 41) oder Eigentum (BGHZ 54, 267 f) zustehen. Auf Schadensersatzansprüche aus anderen Gebrauchsüberlassungsverhältnissen ist § 606 ebenfalls entspr anwendbar (BGHZ 54, 267 [Probefahrten v Kfz]; BGHZ 119, 39 [Kauf auf Probe]; BGHZ 47, 56 f [Gebrauchsüberlassung aufgrund nichtigen Vertrages]). Keine entspr Anwendung soll § 606 hingegen auf Ansprüche v Arbeitgebern wegen der Beschädigung v Firmenwagen durch Arbeitnehmer finden, da iR v Arbeitsverhältnissen § 606 einen Fremdkörper darstelle (BAG NJW 85, 759 f; krit hierzu: MK/Häublein § 606 Rn 5).

4 c) Nicht anwendbar ist die Verjährungsfrist des § 606 auf **sonstige Ansprüche** aus dem Leiheverhältnis (§§ 598, 600, 604). Diese verjähren vielmehr gem §§ 195, 199 nach drei Jahren. Ebenso bleibt es bei den allg Verjährungsregeln, wenn die Rückgabe der

Leihsache durch deren Untergang unmöglich geworden ist, wofür aber der wirtschaftliche Totalschaden eines Pkw allein nicht ausreicht.
d) Hat der Entleiher befugtermaßen **Dritten** den Sachgebrauch (mit-)überlassen, so dass diese in den Schutzbereich des Vertrages miteinbezogen sind, gilt § 606 auch zu deren Gunsten (BGHZ 49, 280 f; 61, 232 ff; 71, 178 f).
2. Der **Beginn des Laufs der Verjährungsfrist** richtet sich nach § 548 I 2. Für Ansprüche des Verleihers ist daher dessen freier Zugang zur Leihsache, also die Möglichkeit, diese auf Mängel zu untersuchen, maßgeblich (BGH NJW 87, 2072). Die Verjährungsfrist v Ansprüchen des Entleihers läuft hingegen ab dem Ende des Leiheverhältnisses (§ 548 II), unabhängig v Zeitpunkt der Rückgabe der Sache.

Titel 7
Sachdarlehensvertrag

§ 607 Vertragstypische Pflichten beim Sachdarlehensvertrag

(1) ¹Durch den Sachdarlehensvertrag wird der Darlehensgeber verpflichtet, dem Darlehensnehmer eine vereinbarte vertretbare Sache zu überlassen. ²Der Darlehensnehmer ist zur Zahlung eines Darlehensentgelts und bei Fälligkeit zur Rückerstattung von Sachen gleicher Art, Güte und Menge verpflichtet.
(2) Die Vorschriften dieses Titels finden keine Anwendung auf die Überlassung von Geld.

I. Seit 2002 regeln die §§ 607 ff, wie durch Abs 2 klargestellt wird, **nur** noch das **Recht des Sachdarlehensvertrages**. Auf Gelddarlehen sind dag allein die §§ 488 ff anzuwenden.
1. Wesensbestimmendes Kennzeichen des Sachdarlehensvertrages ist die Begr eines **Dauerschuldverhältnisses**, in dessen Rahmen Eigentum an anderen vertretbaren Sachen (§ 91) als Geld v Darlehensgeber an den Darlehensnehmer übertragen wird, verbunden mit der Verpflichtung, Sachen gleicher Art, Güte und Menge zurückzuerstatten. Dem Sachdarlehensvertrag kommt in der Praxis nur geringe Bedeutung zu (vgl aber etwa BGH MDR 85, 753). Noch am ehesten findet er bei der sog Wertpapierleihe (vgl zu dieser die umfassenden AGB der Kreditinstitute), der zeitlich begrenzten entgeltlichen Überlassung v Wertpapieren zur freien Nutzung des Entleihers, und bei der Überlassung v Mehrwegverpackungen (Flaschen, Kisten, Paletten, Container) Verwendung (vgl BT-Drucks 14/6040, 259; Jauernig/Mansel Anm zu §§ 607–609 Rn 3; Erm/Saenger § 507 Rn 2; MK/Berger § 607 Rn 6 ff).
2. a) Durch die Neufassung des § 607 I wird jetzt auch schon durch den Wortlaut der Vorschrift deutlich, dass es sich beim Sachdarlehensvertrag um einen beidseitig verpflichtenden **Konsensualvertrag** handelt. Die Formulierung des § 607 I aF hatte demgegenüber noch auf eine Ausgestaltung als Realvertrag schließen lassen (vgl dazu BGH NJW 83, 1543; MK/H.P. Westermann [3. Aufl.] Vor § 607 Rn 7; Staud/Hopt/Mülbert § 607 Rn 12 ff). Wird ein Darlehensentgelt geschuldet, stehen die Pflicht des Darlehensgebers zur Verschaffung und Belassung des Darlehens und die Pflicht zur Entrichtung des Entgelts zueinander in einem Gegenseitigkeitsverhältnis iSd §§ 320 ff. Zur sich aus dem Wortlaut des § 607 I nicht ohne weiteres ergebenden Möglichkeit der Vereinbarung eines **unentgeltlichen Sachdarlehens** vgl § 609 Rn 2.
b) Hauptpflicht des Sachdarlehensgebers ist es, dem Darlehensnehmer die vereinbarte vertretbare Sache zu überlassen. „Überlassen" ist dabei nicht nur iS einer Überlassung zum Gebrauch zu verstehen, sondern schließt die Übertragung des Eigentums an der Sache ein (BT-Drucks 14/6040, 259). Der Darlehensnehmer hat dafür ein etwa geschuldetes Darlehensentgelt zu entrichten (Abs 1 iVm § 609). Außerdem muss er bei Fälligkeit dem Darlehensgeber Sachen gleicher Art, Güte und Menge erstatten (Abs 1 iVm § 608).
c) Abgrenzung zu anderen Vertragstypen: Im Ggs zum Gegenstand eines Leih- oder Mietvertrages geht das Darlehen in das Eigentum des Darlehensnehmers über. Dieser

muss dem Darlehensgeber daher nicht dieselben Sachen zurückerstatten, sondern lediglich solche gleicher Art, Güte und Menge (zur Abgrenzung bei Pfandflaschen: BGH NJW 56, 298).

6   3. Die **Nichtigkeit** des Darlehensvertrages führt zu dessen Rückabwicklung nach den §§ 812 ff.

7   4. Eine **Aufrechnung** durch den Darlehensnehmer ist uneingeschränkt möglich, eine Aufrechnung durch den Darlehensgeber widerspricht hingegen idR dem Zweck des Darlehensvertrages (BGHZ 71, 20 f).

8   5. Bis zur Auszahlung des Darlehens durch den Darlehensgeber besteht für beide Parteien die Möglichkeit zum **Rücktritt** v Darlehensvertrag, wenn dies vertraglich vereinbart wurde oder v Gesetz vorgesehen ist (§§ 323, 346).

9   6. Die Vereinbarung einer **Mehrheit v Darlehensnehmern** begründet idR eine Gesamtschuld iSv § 421. Die Auszahlung des Darlehens an einen der Darlehensnehmer gilt dabei als Gewährung des Darlehens an alle (OLG Hamm WM 92, 261).

10 7. Für die Hingabe des Darlehens und die Hingabe als Darlehen liegt die **Beweislast** grds beim Darlehensgeber (BGH WM 76, 975; einschränkend hins der Beweislast für den Rechtsgrund: BGH WM 86, 601). Bestätigt ein dem Darlehensgeber v Darlehensnehmer ausgehändigter Schuldschein die Auszahlung des Darlehens, führt dies jedoch zu einer Beweislastumkehr (BGH NJW 86, 2571). Darüber hinaus ist der Darlehensnehmer für die Rückerstattung des Darlehens beweispflichtig (MK/Berger § 607 Rn 33 iVm § 488 Rn 152 ff).

11 8. Die verspätete Auszahlung des Darlehens kann zu **Schadensersatzansprüchen** des Darlehensnehmers aus §§ 280 ff führen (zur Berechnung der Anspruchshöhe: BGHZ 104, 341).

§ 608 Kündigung

(1) Ist für die Rückerstattung der überlassenen Sache eine Zeit nicht bestimmt, hängt die Fälligkeit davon ab, dass der Darlehensgeber oder der Darlehensnehmer kündigt.
(2) Ein auf unbestimmte Zeit abgeschlossener Sachdarlehensvertrag kann, soweit nicht ein anderes vereinbart ist, jederzeit vom Darlehensgeber oder Darlehensnehmer ganz oder teilweise gekündigt werden.

1   I. Die Vorschrift regelt abw v § 271 die Voraussetzungen für die **Fälligkeit des Rückerstattungsanspruchs** des Darlehensgebers. Sie entspricht, abgesehen v der Einschränkung des Anwendungsbereichs auf Sachdarlehen, weitgehend § 609 aF.

2   II. 1. a) § 608 ist auf alle Sachdarlehensverträge **anwendbar**, die keine abw Bestimmungen zur Fälligkeit und Kündigung enthalten.

3   b) Durch die Fälligkeit des Rückerstattungsanspruchs wandelt sich das Dauerschuldverhältnis zwischen den Parteien des Darlehensvertrages in ein **Abwicklungsverhältnis**, das bis zur vollständigen Rückerstattung des Darlehens andauert.

4   c) Die Pflicht zur Rückerstattung des Darlehens steht **in keinem Gegenseitigkeitsverhältnis** iSd §§ 320 ff.

5   d) Nach Hingabe des Darlehens kommen als **Beendigungsgründe** für den Darlehensvertrag in Betracht: Zeitablauf, ordentliche Kündigung, außerordentliche Kündigung, Anfechtung (§§ 119, 123), Bedingungseintritt (§ 158) und Aufhebungsvertrag. Vor Hingabe des Darlehens kann der Sachdarlehensvertrag darüber hinaus auch durch Rücktritt (§§ 323 ff) beendet werden.

6   e) Macht der Darlehensgeber seinen Rückerstattungsanspruch geltend, trägt er die **Beweislast** für die Beendigung des Darlehensvertrages.

7   f) § 608 ist **abdingbar**, soweit dadurch das Kündigungsrecht des Darlehensnehmers aus wichtigem Grund (§ 314) nicht dauerhaft ausgeschlossen wird (MK/Berger § 608 Rn 1).

8   2. a) Eine bestimmte **Laufzeit** des Darlehensvertrages kann sich entweder aus einer ausdrücklichen Vereinbarung zwischen den Parteien oder stillschweigend aus besonderen Umständen, zB dem festgelegten Darlehenszweck, ergeben (BGH NJW 95, 2283).

b) Bei der **Kündigung** eines Darlehensvertrages handelt es sich um eine empfangsbedürftige, unwiderrufliche, bedingungsfeindliche, mangels anderweitiger vertraglicher Vereinbarung formfreie Willenserklärung (§ 130), die erst nach Hingabe des Darlehens zulässig ist (BGH NJW 83, 1543). 9

aa) Eine **ordentliche** Kündigung ist bei zeitlich unbestimmten Darlehensverträgen nach Abs 2, sofern keine abw Vereinbarungen getroffen wurden, jederzeit möglich. Schranken des Kündigungsrechts können sich für den Darlehensgeber aus § 242 ergeben (BGH NJW-RR 87, 1184). 10

bb) Eine **außerordentliche** (fristlose) Kündigung ist außer in den vertraglich vereinbarten Fällen (Beispiele bei MK/Berger § 608 Rn 8) gem § 314 auch aus wichtigem Grund zulässig. 11

§ 609 Entgelt

Ein Entgelt hat der Darlehensnehmer spätestens bei Rückerstattung der überlassenen Sache zu bezahlen.

I. Die Vorschrift legt für die **Fälligkeit des Darlehensentgelts** in Anlehnung an § 608 aF den spätest möglichen Zeitpunkt, den der Rückerstattung der überlassenen Sache, fest. Anderweitige Vereinbarungen der Parteien haben aber Vorrang (vgl dazu BT-Drucks 14/6040, 259). 1

II. Für das Darlehensentgelt gelten grds die gleichen Regelungen wie für die Darlehenszinsen bei Gelddarlehen (vgl § 488 II sowie § 488 Rn 4 ff). Insb ist trotz des v § 488 I, II abw Wortlauts in §§ 607 I, 609 weiterhin v der **Möglichkeit eines unentgeltlichen Sachdarlehens** auszugehen. Dies ergibt sich bereits aus der Formulierung "Ein Entgelt" statt "Das Entgelt", lässt sich auch eindeutig der Begr des Fraktionsentwurfs zu § 607 entnehmen ("zur Zahlung eines vereinbarten Darlehensentgelts verpflichtet", vgl BT-Drucks 14/6040, 259). Beim Sachdarlehensvertrag handelt es sich also weiterhin um einen wahlweise entgeltlichen oder unentgeltlichen Vertrag, nicht um ein entgeltlichen Vertrag, bei dem die Entgeltpflicht lediglich abbedungen werden kann (so aber Erm/Saenger § 609 Rn 1). 2

§ 610 (weggefallen)

Titel 8
Dienstvertrag und ähnliche Verträge

Untertitel 1
Dienstvertrag

§ 611 Vertragstypische Pflichten beim Dienstvertrag

(1) Durch den Dienstvertrag wird derjenige, welcher Dienste zusagt, zur Leistung der versprochenen Dienste, der andere Teil zur Gewährung der vereinbarten Vergütung verpflichtet.
(2) Gegenstand des Dienstvertrags können Dienste jeder Art sein.

I. Die Vorschrift regelt in Abs 1 die für den Dienstvertrag charakteristischen **Hauptleistungspflichten**. Der Dienstvertrag ist ein **gegenseitiger** Vertrag iSd §§ 320 ff, in dem sich der Dienstverpflichtete zur Leistung v Diensten, also zu einer beliebigen Tätigkeit, der Dienstberechtigte zur Zahlung einer Vergütung verpflichtet. **Gegenstand** eines Dienstvertrags können nach Abs 2 Dienste jeder Art sein. Darunter fallen selbstständige wie unselbstständige, unabhängige wie abhängige, eigenbestimmte wie fremdbestimmte Dienstleistungen (Jauernig/Mansel Vor § 611 Rn 2). 1

II. 1. Die **Abgrenzung** des Dienstvertrags zu anderen Verträgen über Tätigkeiten für einen anderen ist mitunter schwierig. 2

3 **a)** Da das Dienstvertragsrecht nicht nur **selbstständige**, sondern auch **abhängige Dienstverträge** erfasst, stellen die **Arbeitsverträge** eine Untergruppe der Dienstverträge dar. Wegen der sozialen **Schutzbedürftigkeit der Arbeitnehmer** hat das Arbeitsrecht eine umfangreiche Regelung außerhalb des BGB erfahren (zB ArbSchG, ArbPlSchG, BetrVG, BBiG, KSchG, JArbSchG, MuSchG, SGB IX, TVG; vgl Übersicht bei Jauernig/Mansel Vor § 611 Rn 32 ff). Für Arbeitsverträge gelten die §§ 611–630 nur subsidiär. Die meisten Bestimmungen des Dienstvertragsrechts sind auf selbstständige Dienstverträge zugeschnitten. Einzelne Vorschriften sind aber ausschließlich auf Arbeitsverträge anzuwenden (§§ 612 a, 613 a, 615 S 3, 619 a, 620 III, 622, 623) und dürfen nicht ohne weiteres auf selbstständige Dienstverträge übertragen werden.

4 Die Abgrenzung zwischen einem selbstständigen Dienstvertrag und einem **Arbeitsvertrag** richtet sich nach den tatsächlichen Umständen. Die Bezeichnung des Vertrags durch die Parteien ist unerheblich. Entscheidende Bedeutung kommt dem **Arbeitnehmerbegriff** zu (dazu im Übbl Schreiber JURA 08, 21). Nach der Rspr des BAG ist Arbeitnehmer, wer auf Grund eines privatrechtlichen Vertrags im Dienste eines anderen zur Leistung weisungsgebundener fremdbestimmter Arbeit in **persönlicher Abhängigkeit** verpflichtet ist. Die wirtschaftliche Abhängigkeit ist hingegen nicht relevant (BAG AP Nr 59, 73 zu § 611 BGB Abhängigkeit; vgl aber zum Arbeitnehmerähnlichen BAG NZA 01, 285, 286). Die Rspr orientiert sich bei der Prüfung der persönlichen Abhängigkeit an § 84 I 2 HGB. Im Umkehrschluss zu § 84 I 2 HGB ist abhängig beschäftigt, wer Vorgaben hins seiner Tätigkeit erhält und dabei seine Arbeitszeit nicht frei bestimmen kann (BAG AP Nr 123 zu § 611 BGB Abhängigkeit). Darüber hinaus ist zu berücksichtigen, ob der Mitarbeiter weisungsabhängig und in eine fremde Arbeitsorganisation eingebunden ist. Abschließend ist iR einer einzelfallbezogenen Gesamtbetrachtung zu prüfen, ob die Merkmale überwiegen, die für bzw. gegen die (persönliche) Abhängigkeit des Dienstnehmers sprechen (umf HK-Arbeitsrecht/Boemke/Ulrici § 611 Rn 16 ff; MK/Müller-Glöge § 611 Rn 171 ff).

5 **b)** Bei **selbstständigen Dienstleistungen** ergeben sich Abgrenzungsprobleme zu anderen auf Arbeitsleistungen gerichteten Vertragstypen des BGB.

6 **aa)** V **Werkvertrag** (§§ 631 ff) unterscheidet sich der Dienstvertrag dadurch, dass er nicht auf die Herbeiführung eines bestimmten Ergebnisses oder Erfolgs, sondern allein auf die Tätigkeit als solche gerichtet ist. Der Unternehmer schuldet beim Werkvertrag einen außerhalb der Tätigkeit selbst gelegenen Erfolg, für dessen rechts- und sachmangelfreien Eintritt er gem §§ 634 ff einzustehen hat, während der Dienstverpflichtete beim Dienstvertrag gem § 611 I ausschließlich die Dienste schuldet (BGHZ 54, 106, 107). Die Abgrenzung kann jedoch im Einzelfall schwierig sein. Sie ist durch Auslegung des Vertrags nach §§ 157, 133 vorzunehmen. Entscheidend ist letztlich, wer das **Risiko** des mit der Tätigkeit angestrebten **Erfolgs**, also die **Leistungs- und Vergütungsgefahr** trägt (Soergel/Kraft Vor § 611 Rn 37). Liegt dieses Risiko beim Leistenden, handelt es sich um einen Werkvertrag, trägt es hingegen der Leistungsempfänger, ist ein Dienstvertrag gegeben. Die Parteien haben demnach einen Werkvertrag geschlossen, wenn der Schuldner des Vertrags verpflichtet ist, solange Herstellungsversuche zu unternehmen, bis der Erfolg eintritt (§§ 631 I, 633, 635), und der Schuldner bei Nichteintritt des Erfolges keine Vergütung erhält (§ 644 I 1). Dag handelt es sich um einen Dienstvertrag, wenn der Eintritt des Erfolges außerhalb seines Einflussbereichs liegt, also v Schuldner nicht zu beherrschen ist (Oetker/Maultzsch,§ 7 Rn 11). Dienstverträge sind danach zB die Verträge mit einem Arzt, Tierarzt, Zahnarzt, Spediteur, Rechtsanwalt, Steuerberater und Wirtschaftsprüfer (vgl MK/Müller-Glöge § 611 Rn 77 ff). Bei einem gemischten Vertrag, der sowohl dienstvertragl als auch werkvertragl Elemente enthält, kommt es für die Einordnung des Vertrags auf den Schwerpunkt des Rechtsgeschäfts an (BGH NJW 10, 150, 151, auch zur Einordnung von Verträgen im Zusammenhang mit einer Partnerschaftsvermittlung oder -anbahnung).

7 **bb)** V **Auftrag** (§§ 662 ff) unterscheidet sich der Dienstvertrag dadurch, dass der Beauftragte zur unentgeltlichen Tätigkeit verpflichtet ist, während der Dienstvertrag ein entgeltlicher Austauschvertrag ist. Allerdings sind einzelne Auftragsregeln entspr anwend-

bar, wenn ein Dienstvertrag eine entgeltliche **Geschäftsbesorgung** zum Gegenstand hat (§ 675).

cc) Der **Dienstverschaffungsvertrag** unterscheidet sich v Dienstvertrag dadurch, dass er 8 nicht auf die Leistung der persönlichen Dienste eines Vertragspartners, sondern darauf abzielt, dass die eine Partei der anderen die Dienste eines Dritten verschafft (zB Personal-Leasing; vgl MK/Müller-Glöge § 611 Rn 35). Beim Dienstverschaffungsvertrag bestehen vertragliche Beziehungen zwischen dem Dienstverschaffenden und dem Dienstbegünstigten einerseits und zwischen dem Dienstverschaffenden und dem Dienstleistung Erbringenden andererseits (Dienst- oder Arbeitsvertrag). Dag besteht idR keine Vertragsbeziehung zwischen dem Dienstbegünstigten und dem Dienstleistenden (BAG DB 79, 2282 f). Daraus folgt, dass der Dienstverschaffende die Erbringung der Dienste selbst nicht schuldet. Er haftet allein für die sorgfältige Auswahl und die Dienstbereitschaft des Dienstleistenden, nicht dag gem § 278 für Mängel der Dienstausführung (BGH NJW 75, 1695, 1696; OLG Celle NJW-RR 97, 469; Oetker/Maultzsch, Vertragliche Schuldverhältnisse, § 7 Rn 16).

2. Für den **Abschluss** des Dienstvertrags gelten grds die allg Bestimmungen (§§ 104 ff, 9 116 ff, 145 ff). Die Parteien müssen sich darüber einigen, dass der Dienstverpflichtete bestimmte Dienste leisten und der Dienstberechtigte ihm hierfür eine Vergütung gewähren soll. Fehlt eine Vereinbarung über die Vergütung, greift § 612 ein. Daneben sind folgende Besonderheiten zu beachten:

a) Arbeitsverträge, die unter einem **Abschlussmangel** (zB §§ 105, 134, 138) leiden oder 10 angefochten (§§ 142 I, 119, 123) wurden, sind **regelmäßig** nicht ex tunc, sondern **nur ex nunc unwirksam** (BAG AP Nr 2 zu § 123 BGB; Bamberger/Roth/Fuchs § 611 Rn 59). Voraussetzung ist, dass das **Arbeitsverhältnis bereits in Vollzug gesetzt** wurde. In diesen Fällen würde eine rückwirkende Nichtigkeit nämlich zu unangemessenen Rechtsfolgen führen: Die Rückabwicklung des Vertrags richtete sich dann nach den §§ 812 ff, die in § 818 III nur einen unvollständigen Schutz des Arbeitnehmers bieten. Unwirksamkeit und Nichtigkeit infolge Anfechtung des Arbeitsvertrags gelten daher, wenn der Arbeitnehmer die Arbeit bereits aufgenommen hat, erst ab dem Zeitpunkt, in dem sich der Arbeitgeber auf sie beruft bzw die Anfechtung erklärt (BAG NJW 58, 397). Der Dienstvertrag entfaltet dann zwar für die Zukunft keine Bindung mehr, wird jedoch für die abgelaufene Zeit als wirksam behandelt (**faktisches o auch fehlerhaftes Arbeitsverhältnis**, vgl MK/Müller-Glöge § 611 Rn 638 ff). Insb behält der Arbeitgeber für die abgelaufene Zeit seine vertraglichen Ansprüche. Dies gilt grds auch dann, wenn der Arbeitnehmer den Arbeitgeber arglistig getäuscht (§ 123) hat (BAG AP Nr 24 zu § 123 BGB; vgl Löwisch/Kaiser JURA 98, 360, 362). Wird der ursprünglich in Vollzug gesetzte Arbeitsverhältnis hingegen zu einem Zeitpunkt angefochten, zu dem der Arbeitnehmer aus Krankheitsgründen arbeitsunfähig ist (Außerfunktionssetzung), so wirkt die Anfechtung auf den Zeitpunkt zurück, seit dem der Kl. nicht mehr gearbeitet hat (BAG NZA 99, 584, 585 f). Diese Grundsätze gelten **nicht** für **selbstständige Dienstverträge**. Bei diesen Verträgen ist der Dienstverpflichtete nicht so stark in die Organisation des Dienstberechtigten eingegliedert, so dass ihm eine erhöhte soziale Schutzbedürftigkeit fehlt. Daher besteht kein Grund, v § 142 I abzuweichen. Nur ausnahmsweise ist auch bei selbstständigen Dienstverträgen die rückwirkende Abwicklung ausgeschlossen, und zwar dann, wenn der Dienstverpflichtete ähnl einem Arbeitnehmer organisationsrechtlich in den Bereich des Dienstberechtigten integriert ist (Oetker/Maultzsch, Vertragliche Schuldverhältnisse, § 7 Rn 30 f). Dies hat der BGH beim Vorstand einer AG (BGHZ 41, 282, 286 ff) und bei arbeitnehmerähnlichen Personen – zB Heimarbeiter, Handelsvertreter, freie Mitarbeiter – (BGHZ 53, 152, 157 f) angenommen.

b) Der Dienstvertrag bedarf idR keiner **Form**. Er kann also auch durch schlüssiges Ver- 11 halten, zB die einverständliche Arbeitsaufnahme, zustande kommen. Im **Arbeitsrecht** sind einige Besonderheiten zu beachten. So setzt die wirksame Befristung eines Arbeitsvertrags zwar keinen schriftlichen Arbeitsvertrag voraus, die Befristungsabrede muss aber schriftlich vor der Arbeitsaufnahme getroffen worden sein (§ 14 IV TzBfG; BAG NZA-RR 06, 464). Für befristete wie unbefristete Arbeitsverhältnisse gilt § 2 NachwG, wonach der Arbeitgeber, wenn nicht v vornherein ein schriftlicher Arbeitsvertrag abgeschlossen worden ist, spätestens einen Monat nach dem vereinbarten Beginn des Arbeitsverhältnisses die wesentlichen Vertragsbedingungen schriftlich niederzulegen, zu unterzeichnen und dem Arbeitnehmer auszuhändigen hat. Gleiches gilt für Änderungen wesentlicher Vertragsbedingungen (§ 3 NachwG). Dies sind nach § 2 I 2 NachwG ua die Zusammensetzung und Höhe des Lohns, die vereinbarte Arbeitszeit, die Dauer des Erholungsurlaubs und Kündigungsfristen. Bei geringfügig Beschäftigten ist § 2 I 4 NachwG zu beachten. Die Nachweispflichten des Arbeitgebers aus §§ 2, 3 NachwG kann der Arbeitnehmer im Klagewege durchsetzen. Außerdem kann er sich bis zu ihrer Erfüllung auf ein Zurückbehaltungsrecht gem § 273 berufen. In diesem Fall gerät der Arbeitgeber in Annahmeverzug. Die Nichterfüllung der Nachweispflicht stellt zudem eine Pflichtverletzung des Arbeitgebers iSd § 280 I dar, die diesen ggü dem Arbeitnehmer zum Schadensersatz (zB Ersatz v Anwaltskosten) verpflichtet (Löwisch ArbR Rn 1219). Auch die Änderung eines Dienstvertrags bedarf grds keiner besonderen Form. Das gilt selbst bei sog doppelten Schriftformklauseln, wenn sie AGB darstellen. Solche Klauseln verstoßen idR gegen §§ 305 b, 307 und sind daher unwirksam (BAG NZA 08, 1233, 1236; vgl auch Bauer BB 09, 1588). Zu den Anforderungen an eine konkludente Vertragsänderung vgl BAG AP Nr 51 zu § 611 Mehrarbeitsvergütung.

12 c) Für Arbeitsverträge gelten vielfältige **Abschlussverbote, Abschlussgebote** und **Zustimmungserfordernisse**, welche die Abschlussfreiheit der Parteien einschränken (vgl Staud/Richardi/Fischinger § 611 Rn 66 ff). Gesetzliche **Abschlussverbote** dienen dem Schutz bestimmter Arbeitnehmergruppen. So dürfen Kinder grds nicht beschäftigt werden (§§ 2, 5, 7 JArbSchG), Arbeitsverträge mit ihnen sind gem § 134 nichtig (ErfK/Preis § 611 Rn 329). Jugendliche (vgl § 2 II JArbSchG) darf der Arbeitgeber hingegen anstellen. Allerdings sind die Beschäftigungsverbote aus §§ 22 ff JArbSchG zu beachten. Im Ausbildungsrecht ist die fachliche und persönliche Eignung des Ausbilders erforderlich (§§ 28 ff BBiG). Fehlt diese Eignung, ist der Ausbildungsvertrag dennoch wirksam. Allerdings kann die Ausbildung behördlich untersagt werden (§ 33 BBiG) und kann der Auszubildende Schadensersatzansprüche gegen seinen Arbeitgeber geltend machen. Die Abschlussfreiheit des Arbeitgebers wird auch durch **Abschlussgebote** eingeschränkt. So darf er gem Art 9 III GG keinen Bewerber wegen dessen Mitgliedschaft oder Nichtmitgliedschaft in einer Gewerkschaft ablehnen. Auch hat er die Diskriminierungsverbote des Art 3 II, III GG sowie des AGG zu beachten. Werden Bewerber wegen eines in § 1 AGG genannten Merkmals nicht eingestellt, so können sie nach § 15 I, II AGG iVm § 6 I 2 AGG Schadensersatz oder Entschädigung verlangen (vgl auch Böhm DB 08, 2193). Einen Einstellungsanspruch haben sie hingegen nicht (§ 15 VI AGG; Übersicht zu einem AGG-konformen Einstellungsverfahren bei Ohlendorf/Schreier BB 08, 2458). Zudem setzt ein Anspruch aus § 15 I, II AGG voraus, dass der Betroffene sich subjektiv ernsthaft beworben hat und er objektiv für die Stelle geeignet ist (BAG NZA 13, 37, 39 f; Schreiber JURA 10, 499, 501 mwN); das Erfordernis der objektiven Eignung folgt aus § 3 I AGG (BAG NJW 10, 2970, 2972; NZA 11, 203, 205). Auf diese Weise soll das sog AGG-Hopping verhindert werden (hierzu Diller BB 06, 1968). Die Darlegungs- und Beweislast hierfür trägt der Arbeitgeber (Windel RdA 11, 193, 194 f). Besondere gesetzliche Abschlussgebote gelten zum Schutz Behinderter. Dementspr haben Arbeitgeber, die über mind 20 Arbeitsplätze verfügen, wenigstens 5 % ihrer Arbeitsplätze mit schwer behinderten Menschen zu besetzen (§ 71 SGB IX). Bei Nichterfüllung dieser Beschäftigungspflicht muss der Arbeitgeber für jeden unbesetzten Pflichtarbeitsplatz eine Ausgleichsabgabe zahlen (zu den Konsequenzen des AGG vgl Vor §§ 241–853 Rn 29 f). **Zustimmungserfordernisse** schränken die Abschlussfreiheit des Arbeitgebers ebenfalls ein. Nach § 99 I 1 u 2 BetrVG hat der Arbeitgeber den Betriebsrat vor jeder Einstellung umfassend zu unterrichten. Der Betriebsrat hat ein Zustimmungsverweigerungsrecht insb bei einem Verstoß gegen eine der in § 99 II Nr 1 BetrVG genannten Rechtsvorschriften. Dazu gehören Gesetze (zB AGG, BBiG, JArbSchG, MuSchG, auch § 9 TzBfG, nach dem der Arbeitgeber einen teilzeitbeschäftigten Arbeitnehmer, der ihm den Wunsch nach einer Verlängerung seiner vertraglich vereinbarten Arbeitszeit angezeigt hat, bei der Besetzung eines entsprechenden freien

Arbeitsplatzes bevorzugt zu berücksichtigen hat), Verordnungen, tarifvertragliche Bestimmungen (zB Besetzungsregelungen in den Tarifverträgen der Druckindustrie, die für bestimmte Tätigkeiten besondere Qualifikationen fordern) oder gerichtliche Entscheidungen (zB wenn der Arbeitgeber eine v Arbeitnehmer gerichtlich durchgesetzte Eingruppierung entgg der Gerichtsentscheidung ändern will).

d) Bei der Vertragsanbahnung kann den Dienstverpflichteten ggü dem Dienstberechtigten eine Wahrheits- und ausnahmsweise Offenbarungspflicht treffen. Auf zulässige Fragen muss der Arbeitnehmer wahrheitsgemäß antworten (**Wahrheitspflicht**). Welche Fragen überhaupt bei der Einstellung gestellt werden dürfen, richtet sich nach der Art des für den Bewerber vorgesehenen Arbeitsplatzes. IdR muss der Arbeitgeber ein berechtigtes und schützenswertes Interesse an der Beantwortung der Frage haben und muss sich die Frage auf die vorgesehene Tätigkeit beziehen. Unzulässig sind auch solche Fragen des Arbeitgebers, mit denen er unverhältnismäßig in die Privatsphäre des Arbeitnehmers eingreift. Insb ist die Intimsphäre des Arbeitnehmers zu wahren. Zulässig sind danach zB die Fragen nach **Schul- oder Berufsbildung**, Berufserfahrung und letzter Arbeitsstätte. Nach Alkohol- und Drogenkonsum darf grds nicht gefragt werden, nach einer diesbzgl Abhängigkeit hingegen dann, wenn der Arbeitnehmer mit gefährlichen Aufgaben betraut wird. Fragen zum Gesundheitszustand des Bewerbers sind nur zulässig, wenn bei Erkrankungen eine schwerwiegende Beeinträchtigung der Arbeitsfähigkeit des Arbeitnehmers oder eine erhebliche Ansteckungsgefahr für Kollegen und Kunden zu befürchten ist. Bei chronischen Krankheiten besteht zudem die Möglichkeit, den Bewerber als „behindert" anzusehen und somit auf die Vorschriften des AGG zurückzugreifen (Wisskirchen/Bissels NZA 07, 169, 171 f). Wegen des Schutzes vor Diskriminierungen darf der Arbeitgeber auch nicht nach einer Behinderung oder Schwerbehinderung fragen (§ 7 AGG iVm §§ 1, 6 I 2 AGG; § 81 II SGB IX; anders noch BAG NZA 01, 315). Nach **Vorstrafen** darf nur gefragt werden, soweit es die Art des zu besetzenden Arbeitsplatzes erfordert. So darf ein Kassierer nach Vorstrafen wegen Vermögens- und Eigentumsdelikten, ein Kraftfahrer nach Vorstrafen wegen Verkehrsdelikten gefragt werden. § 53 BZRG schränkt das Fragerecht des Arbeitgebers allerdings ein. Des Weiteren dürfen weibliche Arbeitnehmer wegen § 7 AGG iVm §§ 1, 6 I 2 AGG nicht nach einer bestehenden oder zu erwartenden **Schwangerschaft** (EuGH NJW 02, 123; BAG NZA 03, 848) oder intimen Beziehungen gefragt werden (LAG Bremen DB 60, 500). Die Frage nach einer Schwangerschaft ist auch dann unzulässig, wenn ein befristetes Arbeitsverhältnis angestrebt wird (EuGH NZA 01, 1241). Ungefragt muss der Arbeitnehmer regelmäßig keine Angaben machen. Nur ausnahmsweise besteht eine **Offenbarungspflicht** hins solcher Tatsachen, die den Bewerber für den angestrebten Arbeitsplatz völlig ungeeignet machen oder ausschlaggebende Bedeutung für das Arbeitsverhältnis haben (zB ein bestehendes Wettbewerbsverbot, aufgrund dessen der Arbeitnehmer nicht für die Konkurrenz seines bisherigen Arbeitgebers arbeiten darf, vgl BAG EzA § 626 BGB nF Nr 162). 13

Antwortet der Arbeitnehmer auf eine zulässige Frage wahrheitswidrig oder hätte er einen Umstand offenbaren müssen, so kann der Arbeitgeber den **Arbeitsvertrag gem § 123 anfechten** (zur Wirkung der Anfechtung Rn 9); bei unzulässigen Fragen darf der Arbeitnehmer lügen. Die Täuschung ist in diesem Fall nicht rechtswidrig. Schließlich kommen bei einer diskriminierenden Frage **Ansprüche nach § 15 AGG** in Betracht, da schon die Frage selbst eine Benachteiligung des Bewerbers darstellen kann und nicht erst die unterlassene Einstellung (ErfK/Preis § 611 Rn 272). Schließlich ist unter den Voraussetzungen der §§ 280 I, 311 II, 241 II BGB ein Schadensersatzanspruch aus cic gegeben (vgl Jauernig/Mansel Vor § 611 Rn 8). 14

3. Aus dem Dienstvertrag ergeben sich folgende **Pflichten des Dienstverpflichteten**: 15

a) Hauptpflicht des Dienstverpflichteten ist die **Dienstleistungspflicht** (Abs 1), deren Umfang und Inhalt sich aus dem Dienstvertrag ergibt. IR der vertraglichen Regelungen steht dem Dienstberechtigten das **Direktions- und Weisungsrecht** (§ 106 GewO) zu. Durch Ausübung des Rechts legt der **Arbeitgeber** insb fest, welche Tätigkeit der Arbeitnehmer konkret auszuüben hat. Das Direktionsrecht besteht grds in örtlicher, inhaltlicher und zeitlicher Hinsicht (vgl oben Rn 4). Auch die Anordnung von Sonn- und Fei- 16 ertagsarbeit ist – vorbehaltlich abweichender (kollektiv-)vertraglicher Regelungen – vom Weisungsrecht gedeckt (BAG AP Nr 7 zu § 106 GewO). Da das Direktionsrecht einen Unterfall des Leistungsbestimmungsrechts nach § 315 darstellt, ist eine unbillige Weisung des Arbeitgebers unverbindlich und kann gem § 315 III durch Urt ersetzt werden (Löwisch ArbR Rn 869). Im Rahmen der Billigkeitskontrolle sind alle Umstände des Einzelfalls zu berücksichtigen und die wechselseitigen Interessen des Arbeitgebers und des Arbeitnehmers abzuwägen (vgl BAG NJOZ 10, 2625 zur Billigkeitskontrolle einer Versetzung). Die Dienstleistung ist iZw **persönlich** zu erbringen (§ 613 S 1). Der Dienstverpflichtete ist weder berechtigt, sich vertreten zu lassen, noch verpflichtet, eine Ersatzkraft zu stellen (zB bei einer Erkrankung).

17 **b)** Erfüllt der Dienstverpflichtete seine Dienstleistungspflicht nicht, kann der Dienstberechtigte ihn auf **Erfüllung** verklagen. Handelt es sich bei der Dienstleistung um eine **vertretbare Handlung**, kann sich der Dienstberechtigte ermächtigen lassen, auf Kosten des verurteilten Verpflichteten die Arbeit durch einen Dritten vornehmen zu lassen (§ 887 ZPO). Bei **nicht vertretbaren Handlungen** steht § 888 III ZPO einer Zwangsvollstreckung aus dem Urt entgg. Der Dienstberechtigte kann aber jedenfalls die Erfüllung der Dienstleistungspflicht durch Vereinbarung einer **Vertragsstrafe** absichern (§ 339). Grds kann eine Vertragsstrafe auch in **Formulararbeitsverträgen** vereinbart werden; denn nach Maßgabe des § 310 IV 2 ist zu berücksichtigen, dass der Anspruch auf Erfüllung der Arbeitsleistung wegen § 888 III BGB nicht durchsetzbar ist. Grenzen für Vertragsstrafen in AGB ergeben sich insb aus §§ 307, 309 Nr 6 und § 12 II Nr 2 BBiG (zu § 307 vgl BAG NZA 11, 89 mwN). Daneben ist der Dienstberechtigte befugt, den **Lohn** nach § 320 I **zurückzubehalten** (vgl jedoch BAG NZA 85, 355, 356, wonach § 273 Anwendung findet). Hat der Dienstverpflichtete aus einem v ihm zu vertretenden Grund die Dienstleistung nicht oder verspätet erbracht, kann der Dienstberechtigte **Schadensersatz wegen Nichterfüllung** verlangen (§§ 280 I, III, 283 S 1). Hiernach kann der Arbeitgeber auch die Mehrkosten für eine Ersatzkraft beanspruchen. Dies gilt aber nur bis zu dem Zeitpunkt, in dem der Arbeitnehmer sein Arbeitsverhältnis fristgemäß kündigen konnte, da er sich für die Zeit danach auf sein Kündigungsrecht als rechtmäßiges Alternativverhalten berufen kann. Kosten einer Stellenanzeige kann der Arbeitgeber dann ersetzt verlangen, wenn sie ohne die Pflichtverletzung des Arbeitnehmers nicht entstanden wären, zB weil der Arbeitgeber ohne den Abschluss des Arbeitsvertrags mit dem nicht erfüllenden Arbeitnehmer einen Dritten eingestellt hätte, den er nun nicht mehr einstellen kann (BAG NZA 84, 122). Die Mehrkosten für eine Ersatzkraft kann der Arbeitgeber auch dann ersetzt verlangen, wenn er auf deren Einstellung verzichtet und den Ausfall des Arbeitnehmers durch zusätzliche eigene Arbeit kompensiert (BAG NJW 68, 221).

17a Ähnliches gilt bei einer schuldhaften Schlechterfüllung der Dienstpflicht (dazu Servatius JURA 05, 838 ff). Sofern diese Arbeit nicht mehr nachholbar ist, kann der Dienstberechtigte den Entgeltanspruch zwar nicht mindern, sie wohl aber mit einem Schadensersatzanspruch aus §§ 280 ff aufrechnen (BAG NZA 07, 1015). Das gezahlte Entgelt soll hier nach Auffassung des OLG Düsseldorf den Mindestschaden darstellen (NJW-RR 06, 1074; nach aA ist nur der tatsächliche Schaden ersatzfähig). Schließlich kann der Arbeitgeber v vertragsbrüchigen Arbeitnehmer gem § 284 Ersatz vergeblicher Aufwendungen verlangen. Dies ist zB der Fall, wenn infolge des Ausfalls des Arbeitnehmers dessen Kollegen nicht beschäftigt werden können (Löwisch, FS Wiedemann, 329 f). Nur in eng begrenzten Ausnahmefällen besteht die Möglichkeit, dass der Entgeltanspruch nach § 242 verwirkt ist (BGH NJW 81, 1211, 1212: Parteiverrat eines Rechtsanwalts, § 356 StGB).

18 **c)** Den Dienstverpflichteten treffen zudem zahlreiche auf §§ 242, 241 II beruhende **Nebenpflichten**, die unter dem Oberbegriff der **Treuepflicht** zusammengefasst werden. Sie verpflichten ua zur Wahrung der Interessen des Dienstberechtigten, zur Schadensanzeige und Schadensabwendung, zur Unterlassung v Konkurrenztätigkeiten, zur Verschwiegenheit sowie zur Nichtannahme v Schmiergeldern. Eine Verletzung der Treuepflicht führt zu Ansprüchen des Dienstberechtigten auf Schadensersatz neben (§§ 280 I, 241 II) oder statt der Leistung (§§ 280 I, III, 282).

d) Zur Haftung des Arbeitnehmers vgl. § 619 a Rn 4 ff. 19

4. Den **Dienstberechtigten** treffen folgende **Pflichten:** 20

a) **Hauptpflicht** des Dienstberechtigten ist die **Vergütungspflicht**. Art und Umfang der 21 Vergütung richten sich nach der Vereinbarung der Vertragsparteien. Fehlt eine solche Abrede oder ist die Abrede unwirksam, gilt § 612 (vgl § 612 Rn 2). Üblicherweise wird die Vergütung in Geld gezahlt. Die Art der Vergütung unterliegt allerdings der **Parteivereinbarung**. § 107 I GewO bestimmt lediglich, dass das **Arbeitsentgelt** in Euro zu berechnen und auszuzahlen ist. Nach § 108 GewO ist dem Arbeitnehmer bei Fälligkeit der Vergütung eine Abrechnung in Textform (§ 126 b) zu erteilen. Diese muss Angaben über den Abrechnungszeitraum und die Zusammensetzung enthalten (näher BAG NZA 10, 61, 62). Er kann nach § 82 II 1 BetrVG ferner verlangen, dass ihm Berechnung und Zusammensetzung seines Arbeitsentgelts erläutert werden. Die Vergütung kann in unterschiedlicher Form gezahlt werden. Üblich ist die Zahlung eines Zeitlohns, also einer Vergütung, die aufgrund der v Arbeitnehmer geleisteten Arbeitsstunden gezahlt wird. Die Parteien können zudem einen Prämienlohn oder die Zahlung einer Provision vereinbaren. Auch Mischformen sind möglich (zu den Einzelheiten HK-Arbeitsrecht/Boemke § 611 Rn 278 ff).

Gem § 614 S 1 ist die Vergütung erst nach Leistung der Dienste zu entrichten. Der 22 Dienstverpflichtete ist also **vorleistungspflichtig**. Wird die Vergütung nach Zeitabschnitten (zB Wochen, Monaten) bemessen, ist sie nach deren Ablauf zu erbringen (§ 614 S 2). Entspr den allg Regeln des gegenseitigen Vertrags bräuchte der Dienstberechtigte die Vergütung nur zu zahlen, wenn der Dienstverpflichte die versprochenen Dienste leistet (§§ 320, 326 I 1, II). V diesem Grundsatz macht das Dienstvertragsrecht jedoch Ausnahmen: Der Dienstberechtigte muss **trotz Nichtleistung der Dienste** die **Vergütung** entrichten, wenn er sich im Annahmeverzug befindet oder wegen einer v keiner Seite zu vertretenden Betriebsstörung das Risiko des Arbeitsausfalls trägt (§ 615), ferner bei vorübergehender und unverschuldeter Dienstverhinderung (§ 616). Im **Arbeitsrecht** gibt es weitere Ausnahmen v dem Grundsatz „Ohne Arbeit kein Lohn", nämlich § 1 BUrlG, §§ 2, 3 EFZG, § 37 VI, VII BetrVG (vgl auch die Arbeitnehmerweiterbildungsgesetze der Länder). Zum Gebot der Lohngleichheit vgl § 612 Rn 4.

b) Neben der Vergütungspflicht trifft den Dienstberechtigten eine Fürsorgepflicht ggü 23 dem Dienstverpflichteten. Die Fürsorgepflicht ist das Gegenstück zur Treuepflicht des Dienstverpflichteten. Sie ergibt sich aus der organisatorischen Eingliederung des Dienstverpflichteten in den Bereich des Dienstberechtigten, ist also insbes im durch persönliche Abhängigkeit gekennzeichneten Arbeitsverhältnis v Bedeutung. Allg folgen die Fürsorgepflichten aus §§ 242, 241 II. Einzelne Fürsorgepflichten sind ausdrücklich in den §§ 617 bis 619 und für das Arbeitsrecht in den §§ 81 bis 84 BetrVG normiert (Übersicht zum Arbeitsschutzrecht ErfK/Preis § 611 Rn 611). Die Fürsorgepflichten sind zT **Nebenleistungspflichten** (zB Pflichten zur Ausstellung eines Zeugnisses gem § 630, zur richtigen Errechnung des Lohns, zur Abführung der richtig errechneten Abzüge an die zuständigen Stellen), zT **Schutzpflichten** iSd § 241 II (Pflicht zum Schutz v Leben und Gesundheit des Dienstverpflichteten und zur Obhut der v ihm eingebrachten Sachen). Die aus der Fürsorgepflicht folgenden Einzelpflichten sind einklagbar. Verletzt der Dienstberechtigte seine Fürsorgepflicht, kann der Dienstverpflichtete unter den Voraussetzungen des § 280 I zudem Schadensersatz verlangen. Im **Arbeitsrecht** kann sich der Arbeitgeber regelmäßig auf die Haftungsprivilegierung aus §§ 104 ff SGB VII berufen (Jauernig/Mansel § 611 Rn 42).

c) Im **Arbeitsrecht** hat die **Gleichbehandlungspflicht** besondere Bedeutung (im Übbl 24 Schreiber JURA 10, 499). Diese Pflicht folgt aus dem allg Gleichbehandlungsgrundsatz (Art 3 I GG) und ist in zahlreichen Vorschriften ausdrücklich festgeschrieben (vgl Art 157 AEUV, § 612 a BGB; § 4 TzBfG; §§ 1, 7 AGG; speziell zum Gebot der Lohngleichheit § 612 Rn 4). Daneben ist der – ungeschriebene – allgemeine arbeitsrechtliche Gleichbehandlungsgrundsatz anerkannt (zur Herleitung dieses Grds ErfK/Preis § 611 Rn 574): Der Arbeitgeber darf vergleichbare Arbeitnehmer bzw. Gruppen v Arbeitnehmern ohne sachlichen Grund nicht unterschiedlich behandeln, wenn er bei der Leistungsgewährung einem erkennbaren und generalisierenden Prinzip folgt. Individuelle Einzelfallentscheidungen sind hingegen nicht erfasst, denn es gibt keine grundsätzliche Pflicht, alle Arbeitnehmer stets gleich zu behandeln. Betroffen sind also nur Entscheidungen, die einen **kollektiven Charakter** aufweisen (Einzelheiten bei HK-Arbeitsrecht/Boemke § 611 Rn 382 ff). Liegt eine unzulässige Ungleichbehandlung vor, ist hins der Rechtsfolge nach der Art der Maßnahme zu unterscheiden. Wurde dem Arbeitnehmer eine Leistung nicht gewährt, kann er – jedenfalls für die Vergangenheit – verlangen, so gestellt zu werden wie seine Kollegen (str hins der Gleichstellung für die Zukunft; zu Recht abl ErfK/Preis § 611 Rdn. 609; aA jedoch MkHdbArbR/Richardi § 9 Rn 51). Andere Rechtshandlungen, die den Arbeitnehmer unrechtmäßig benachteiligen (zB eine Kündigung), sind unwirksam (HK-Arbeitsrecht/Boemke § 611 Rn 387).

25 d) Weitere Pflichten des Dienstberechtigten sind die **Aufwendungsersatzpflicht** (§§ 675, 670) sowie im Arbeitsrecht die **Beschäftigungspflicht** und die **Urlaubsgewährungspflicht** (vgl MK/Müller-Glöge § 611 Rn 937, 973 ff).

§§ 611 a und 611 b (aufgehoben)

§ 612 Vergütung

(1) Eine Vergütung gilt als stillschweigend vereinbart, wenn die Dienstleistung den Umständen nach nur gegen eine Vergütung zu erwarten ist.
(2) Ist die Höhe der Vergütung nicht bestimmt, so ist bei dem Bestehen einer Taxe die taxmäßige Vergütung, in Ermangelung einer Taxe die übliche Vergütung als vereinbart anzusehen.

1 I. Die Vorschrift verhindert in Abs 1 und 2 die nach den allg Regeln bei Fehlen einer Einigung über die Vergütung eintretende Nichtigkeit des Dienstvertrags wegen Dissenses (§§ 154, 155), indem sie die Vertragslücke durch eine **fingierte Vergütungsregelung** schließt (vgl auch Staud/Richardi/Fischinger § 612 Rn 5 ff: atypische Fiktion). Dennoch kann die Unentgeltlichkeit v Diensten auch in einem Dienstvertrag vereinbart werden. § 612 steht dem nicht entgg. Im **Arbeitsverhältnis** ist hingegen zwingend ein Entgelt zu zahlen (ErfK/Preis § 612 Rn 1).

2 II. 1. Die **Vergütungspflicht** nach Abs 1 setzt voraus, dass ein Dienstvertrag besteht. Enthält dieser Vertrag zwar eine Vergütungsregelung, ist diese jedoch nichtig (zB wegen § 138; zu Lohnwucher vgl BAG AP Nr 64 zu § 138 BGB mAnm Bayreuther), greift § 612 insgesamt ebenfalls ein; § 139 findet keine Anwendung. Fehlt eine Vergütungsregelung ganz, so ist entscheidend, dass die Dienstleistung den Umständen nach nur gegen Vergütung zu erwarten ist. Derartige Umstände sind Art, Umfang und Dauer der Dienstleistung, Lebensstellung, Beruf und Erwerbsverhältnisse des Dienstleistenden sowie die Verkehrssitte. Im Allgemeinen sind daher hauptberufliche Dienste (zB durch einen Arzt oder Rechtsanwalt) entgeltlich, während Unentgeltlichkeit zB bei kleineren Hilfsdiensten im Freundes- oder Familienkreis vorliegen kann (MK/Müller-Glöge § 612 Rn 8). Auch bei Mehrarbeit, für die keine Vergütungsregelung besteht, ist Abs 1 anwendbar (BAG AP Nr 187 zu § 611 Lehrer, Dozenten; NZA 11, 1335, 1337 mwN).

3 2. Die **Höhe** einer vereinbarten oder nach Abs 1 fingierten Vergütung richtet sich in erster Linie nach einer bestehenden Taxe (zB das RVG für Rechtsanwälte oder die GoÄ für Ärzte), in zweiter Linie nach der Üblichkeit (Abs 2). Üblich ist die Vergütung, die am gleichen Ort in ähnlichen Gewerben oder Berufen für entspr Dienste im Durchschnitt gezahlt zu werden pflegt. Bestehen für eine bestimmte Branche und Region **tarifliche Vergütungsregelungen**, sind diese regelmäßig als übliche Vergütung idS anzusehen (BAG AP BGB § 612 Diskriminierung Nr 2). Das gilt jedoch nicht, wenn in der betroffenen Branche und Region in größerem Umfang höhere oder niedrigere Vergütungen als im Tarifvertrag vorgesehen gezahlt werden (BAG NZA 95, 178). Lässt sich die übliche Vergütung nicht ermitteln, kann der Dienstverpflichtete die Höhe der Vergütung nach billigem Ermessen bestimmen (§§ 315 I, III, 316).

III. Das **Gebot der Entgeltgleichheit** soll durch das AGG festgeschrieben sein. Allerdings wird dieses Gebot in § 8 II AGG lediglich vorausgesetzt und nicht ausdrücklich normiert. Zumindest hins der Ungleichbehandlung wegen des Geschlechts existiert jedenfalls eine ausdrückliche Regelung in Art 157 AEUV. Allg bedeutet das Gebot der Entgeltgleichheit, dass eine unterschiedliche Bezahlung nicht auf ein in § 1 AGG enthaltenes Merkmal gestützt werden darf. So rechtfertigt die Zugehörigkeit zu einer durch das AGG geschützten Gruppe nicht die Zahlung eines geringeren Entgeltes für gleiche oder gleichwertige Arbeit. Gem § 8 II AGG kann der Arbeitgeber eine unterschiedliche Bezahlung auch nicht damit rechtfertigen, dass für diese Gruppen besondere Schutzvorschriften bestehen, die für ihn höhere Kosten verursachen. 4

§ 612 a Maßregelungsverbot

Der Arbeitgeber darf einen Arbeitnehmer bei einer Vereinbarung oder einer Maßnahme nicht benachteiligen, weil der Arbeitnehmer in zulässiger Weise seine Rechte ausübt.

I. § 612 a konkretisiert die **Gleichbehandlungspflicht des Arbeitgebers**. Das Benachteiligungsverbot (vgl die Spezialregelung in § 84 III BetrVG) stellt einen **Sonderfall des Verbots sittenwidrigen Verhaltens** dar (Staud/Richardi/Fischinger § 612 a Rn 3). Für den Bereich des Allgemeinen Gleichbehandlungsgesetzes gilt die Sonderregelung des § 16 AGG (s Rn 5). 1

II. 1. Das Maßregelungsverbot bezweckt, die Willensfreiheit des Arbeitnehmers zu garantieren. Er soll frei in der Entscheidung sein, ein ihm zustehendes Recht wahrzunehmen, und soll keine Benachteiligungen durch den Arbeitgeber befürchten müssen. Daraus folgt, dass zwischen der Rechtsausübung und der Benachteiligung ein unmittelbarer Zusammenhang bestehen muss. Die zulässige Rechtsausübung des Arbeitnehmers hat **der tragende Beweggrund**, das wesentliche Motiv des Arbeitgebers für die benachteiligende Maßnahme zu sein. Es reicht nicht aus, dass die Rechtsausübung nur den äußeren Anlass der Maßnahme bildet (BAGE 101, 312; BAG NZA 10, 696, 698 mwN; zum Anscheinsbeweis in diesem Zusammenhang MK/Müller-Glöge § 612 a Rn 24 mwN). Eine Benachteiligung iSd § 612 a kann dann vorliegen, wenn der Arbeitnehmer eine bestehende Rechtsposition einbüßt (zB durch Kündigung). Darüber hinaus kann die Vorenthaltung v Vorteilen v Maßregelungsverbot erfasst sein. Erhält zB ein anderer Arbeitnehmer, der seine Rechte nicht wahrgenommen hat, als Belohnung eine Sonderzuwendung oder Erfolgsbeteiligung, verstößt diese Benachteiligung ebenfalls gegen § 612 a (BAG AP Nr 8 zu § 612 a BGB). 2

2. Die Vorschrift ist **nicht abdingbar**. 3

3. Willenserklärungen, die gegen § 612 a verstoßen, sind nach § 134 **nichtig** (MK/Müller-Glöge § 612 a Rn 20). Bei Kündigungen, die das Maßregelungsverbot verletzen, ist gleichwohl die Drei-Wochen-Frist des § 4 S 1 KSchG zu beachten. Realakte (zB verbotswidrige Anordnungen) sind rechtswidrig und somit für den Arbeitnehmer nicht verbindlich (ErfK/Preis § 612 a Rn 23). Außerdem können Verstöße gegen das Maßregelungsverbot Unterlassungs-, Beseitigungs- und Schadensersatzansprüche (§§ 280 I iVm 241 II, §§ 823 II iVm 612 a) des Arbeitnehmers auslösen (vgl Staud/Richardi/Fischinger § 612 a Rn 32). 4

III. Für das spezielle Maßregelungsverbot nach **§ 16 AGG** gelten die gleichen Grundsätze wie für § 612 a (s Rn 2–4). Für den Bereich des AGG stellt § 16 I 1 AGG klar, dass kein Arbeitnehmer benachteiligt werden darf, weil er v einem ihm nach diesem Gesetz zustehenden Recht Gebrauch macht. Voraussetzung ist stets, dass der Arbeitnehmer seine Rechte in zulässiger Weise ausübt. Rechtswidriges Verhalten braucht der Arbeitgeber nicht zu dulden; darauf darf er entspr reagieren. Ggü § 612 a reicht § 16 AGG insofern weiter, als der Schutz auf Personen ausgedehnt wird, die den Beschäftigten bei der Wahrnehmung seiner Rechte unterstützen (§ 16 I 2 AGG). 5

§ 613 Unübertragbarkeit

¹Der zur Dienstleistung Verpflichtete hat die Dienste im Zweifel in Person zu leisten. ²Der Anspruch auf die Dienste ist im Zweifel nicht übertragbar.

1 I. 1. Die Dienstleistungspflicht ist iZw **höchstpersönlich** zu erfüllen (S 1). Der Dienstverpflichtete kann daher dem Dienstberechtigten keinen anderen Dienstleistenden aufdrängen, ist aber auch nicht verpflichtet, bei persönlicher Verhinderung eine Ersatzkraft zu stellen. Er darf jedoch, soweit es nicht gerade auf seine speziellen Fähigkeiten ankommt, **Gehilfen** einsetzen (zB darf ein Chefarzt iR des medizinisch Notwendigen andere Ärzte hinzuziehen oder ein Rechtsanwalt sich im Termin durch einen Sozius, Assessor oder Referendar vertreten lassen; vgl MK/Müller-Glöge § 613 Rn 3 f). Wegen § 613 S 1 erlischt das Dienstverhältnis grds mit dem Tod des Dienstverpflichteten (zur Vererblichkeit von anderen aus dem Arbeitsverhältnis folgenden Ansprüchen ErfK/Preis § 613 Rn 5 f).

2 2. Nach S 2 ist der Anspruch auf die Dienstleistung iZw **nicht übertragbar**. Der Anspruch ist aber vererblich, so dass das Dienstverhältnis regelmäßig nicht mit dem Tod des Dienstberechtigten endet. Der Anspruch wird ausnahmsweise nicht vererbt, wenn die Dienstleistung ausschließlich oder überwiegend für die Person des Dienstberechtigten zu erbringen war (zB Krankenpflege; weitere Beispiele bei Staud/Richardi/Fischinger § 613 Rn 19).

3 II. V den Auslegungsregeln der Sätze 1 und 2 kann durch Parteivereinbarung abgewichen werden. Daneben sind im **Arbeitsrecht** gesetzliche Ausnahmen zu beachten. Im Ggs zu S 1 wird eine Teilung des Arbeitsplatzes durch § 13 TzBfG ermöglicht (sog „Job-Sharing"). V S 2 wird in den Fällen der Arbeitnehmerüberlassung abgewichen (AÜG).

§ 613 a Rechte und Pflichten bei Betriebsübergang

(1) ¹Geht ein Betrieb oder Betriebsteil durch Rechtsgeschäft auf einen anderen Inhaber über, so tritt dieser in die Rechte und Pflichten aus den im Zeitpunkt des Übergangs bestehenden Arbeitsverhältnissen ein. ²Sind diese Rechte und Pflichten durch Rechtsnormen eines Tarifvertrags oder durch eine Betriebsvereinbarung geregelt, so werden sie Inhalt des Arbeitsverhältnisses zwischen dem neuen Inhaber und dem Arbeitnehmer und dürfen nicht vor Ablauf eines Jahres nach dem Zeitpunkt des Übergangs zum Nachteil des Arbeitnehmers geändert werden. ³Satz 2 gilt nicht, wenn die Rechte und Pflichten bei dem neuen Inhaber durch Rechtsnormen eines anderen Tarifvertrags oder durch eine andere Betriebsvereinbarung geregelt werden. ⁴Vor Ablauf der Frist nach Satz 2 können die Rechte und Pflichten geändert werden, wenn der Tarifvertrag oder die Betriebsvereinbarung nicht mehr gilt oder bei fehlender beiderseitiger Tarifgebundenheit im Geltungsbereich eines anderen Tarifvertrags dessen Anwendung zwischen dem neuen Inhaber und dem Arbeitnehmer vereinbart wird.
(2) ¹Der bisherige Arbeitgeber haftet neben dem neuen Inhaber für Verpflichtungen nach Absatz 1, soweit sie vor dem Zeitpunkt des Übergangs entstanden sind und vor Ablauf von einem Jahr nach diesem Zeitpunkt fällig werden, als Gesamtschuldner. ²Werden solche Verpflichtungen nach dem Zeitpunkt des Übergangs fällig, so haftet der bisherige Arbeitgeber für sie jedoch nur in dem Umfang, der dem im Zeitpunkt des Übergangs abgelaufenen Teil ihres Bemessungszeitraums entspricht.
(3) Absatz 2 gilt nicht, wenn eine juristische Person oder eine Personenhandelsgesellschaft durch Umwandlung erlischt.
(4) ¹Die Kündigung des Arbeitsverhältnisses eines Arbeitnehmers durch den bisherigen Arbeitgeber oder durch den neuen Inhaber wegen des Übergangs eines Betriebs oder eines Betriebsteils ist unwirksam. ²Das Recht zur Kündigung des Arbeitsverhältnisses aus anderen Gründen bleibt unberührt.
(5) Der bisherige Arbeitgeber oder der neue Inhaber hat die von einem Übergang betroffenen Arbeitnehmer vor dem Übergang in Textform zu unterrichten über:

1. den Zeitpunkt oder den geplanten Zeitpunkt des Übergangs,
2. den Grund für den Übergang,
3. die rechtlichen, wirtschaftlichen und sozialen Folgen des Übergangs für die Arbeitnehmer und
4. die hinsichtlich der Arbeitnehmer in Aussicht genommenen Maßnahmen.

(6) ¹Der Arbeitnehmer kann dem Übergang des Arbeitsverhältnisses innerhalb eines Monats nach Zugang der Unterrichtung nach Absatz 5 schriftlich widersprechen. ²Der Widerspruch kann gegenüber dem bisherigen Arbeitgeber oder dem neuen Inhaber erklärt werden.

I. Die Vorschrift regelt die **Voraussetzungen und Rechtsfolgen** eines Betriebsübergangs. 1
Ihre heutige Fassung hat die Norm wesentlich durch die EG-Betriebsübergangsrichtlinie erhalten (RL 2001/23/EG). Somit ist die Norm **richtlinienkonform auszulegen**. Besteht Unklarheit über die Auslegung der Richtlinie, kann der EuGH angerufen werden. Das BAG trifft nach Art 267 AEUV sogar eine Vorlagepflicht. Durch § 613 a soll der Arbeitnehmer nach einem Betriebsübergang in mehrfacher Hinsicht geschützt werden: § 613 a schließt eine Lücke im KSchG, so dass der Arbeitnehmer nicht *wegen* des Betriebsübergangs seinen Arbeitsplatz verliert. Weiterhin wird die Kontinuität des Betriebsrats gesichert. Schließlich wird die Haftungsverteilung zwischen dem alten und dem neuen Arbeitgeber geregelt. Die Vorschrift ist **nicht abdingbar** (Jauernig/Mansel § 613 a Rn 12), und Umgehungsversuche sind unzulässig (s BAG AP Nr 369 zu § 613 a).

II. § 613 a ist nur auf **Arbeitsverhältnisse** anwendbar. Trotz der europäischen Prägung 2
der Vorschrift ist der **deutsche Arbeitnehmerbegriff** zu Grunde zu legen (vgl zu § 611 Rn 4). Neben Arbeitern und Angestellten erfasst die Vorschrift auch Auszubildende und leitende Angestellte.

Ein Betriebsübergang gem Abs 1 liegt unter folgenden Voraussetzungen vor:

1. Es muss ein **Betrieb oder Betriebsteil** übergehen. Der Betriebsbegriff ist europarecht- 3
lich geprägt. Danach ist ein Betrieb eine ihre Identität bewahrende wirtschaftliche Einheit iS einer organisierten Zusammenfassung v Ressourcen zur Verfolgung einer wirtschaftlichen Haupt- oder Nebentätigkeit (vgl Art. 1 I lit. b der RL 2001/23/EG). Entscheidend ist, dass die **Identität der betroffenen wirtschaftlichen Einheit gewahrt** bleibt (EuGH AP Nr 106 zu § 613 a BGB – „Chr. Schmidt"; BAG AP Nr 154 zu § 613 a BGB; zum Betriebsteilbegriff EuGH NZA 09, 251 – „Klarenberg"; zusammenfassend Salamon/Hoppe NZA 10, 989). Ob eine solche wirtschaftliche Einheit vorliegt, ist im Wesentlichen anhand eines **7-Punkte-Katalogs** zu prüfen: Art des betreffenden Unternehmens, Übergang materieller Aktiva, Wert der immateriellen Aktiva zum Zeitpunkt des Übergangs, Übernahme der Hauptbelegschaft, Übergang der Kundschaft, Grad der Ähnlichkeit der Tätigkeit vor und nach dem Übergang und ggf Dauer der Unterbrechung der Tätigkeit (vertiefend Schiefer DB 11, 54). Da es sich um einen **Typusbegriff** handelt, müssen nicht zwingend alle Merkmale erfüllt sein. Es ist vielmehr im Wege einer abschließenden Gesamtbetrachtung zu prüfen, ob die Kriterien überwiegen, die für die Wahrung der wirtschaftlichen Einheit sprechen (Schmidt/Wittig JURA 07, 568). Die Kriterien sind nicht abschließend und je nach Einzelfall unterschiedlich zu gewichten.

2. Der Betrieb muss des Weiteren „**durch Rechtsgeschäft**" übergehen, und zwar im 4
Wege der **Einzelrechtsnachfolge**. Übergänge, die auf Gesetz oder Hoheitsakt beruhen, sowie Übergänge im Wege der Gesamtrechtsnachfolge sind v § 613 a nicht erfasst (vgl aber BVerfG NZA 11, 400). Typischer Anwendungsfall des § 613 a ist der Übergang aufgrund eines Verkaufs; erfasst wird jedoch auch die Verpachtung des Betriebs (BAG AP Nr 24, 59 zu § 613 a BGB).

3. Weitere Voraussetzung ist, dass der Betrieb auf einen **anderen Betriebsinhaber** über- 5
geht. Die Rechtspersönlichkeit des Betriebsinhabers muss sich ändern. Veräußerer und Erwerber müssen unterschiedliche Rechtspersönlichkeiten sein. Darüber hinaus ist es erforderlich, dass der **Betrieb** durch den neuen Inhaber **tatsächlich fortgeführt** wird.

Das ist der Fall, wenn der Erwerber tatsächlich die wesentlichen materiellen und immateriellen Betriebsmittel nutzt und den Arbeitnehmern Weisungen erteilen kann.

6 4. a) Schließlich darf der Arbeitnehmer dem Übergang des Arbeitsverhältnisses nicht widersprochen haben (**Widerspruchsrecht gem Abs 6**; früher richterrechtlich anerkannt durch BAG AP Nr 1 zu § 613 a BGB). Dem Arbeitnehmer soll ein Vertragspartnerwechsel nicht gegen seinen Willen aufgezwungen werden. Der Widerspruch ist Ausübung eines **Gestaltungsrechts** in Form eines Rechtsfolgenverweigerungsrechts, also eine empfangsbedürftige Willenserklärung. Seine Wirksamkeit richtet sich nach den §§ 104 ff. Einer Begr oder eines sachlichen Grundes bedarf es nicht (BAG NZA 09, 1095). Zu beachten ist, dass der Widerspruch schriftlich innerhalb eines Monats ggü dem bisherigen oder dem neuen Arbeitgeber erklärt werden muss. Die Frist beginnt erst mit Zugang der ordnungsgemäßen Unterrichtung des Arbeitnehmers über den Betriebsübergang in Textform gem § 613 a V BGB zu laufen (s Rn 7). Wurde nicht ordnungsgemäß unterrichtet, kann der Arbeitnehmer auch noch Monate nach dem Betriebsübergang wirksam widersprechen. Die Grenze ist in diesem Fall die Verwirkung (zu den Anforderungen BAG NZA 10, 393, 396 mwN; umf Übbl bei Kittner NJW 12, 1180 ff; Nebeling/Kille NJA-RR 13, 1 ff). Der nachträgliche Widerspruch wirkt auf den Zeitpunkt des Betriebsübergangs zurück (BAG NZA 07, 682, 686 mwN; Neufeld/Beyer NZA 08, 1157; aA Rieble NZA 04, 1, 4 ff: ex nunc-Wirkung). Zum Kollektiv- oder Massenwiderspruch vKoppenfels-Spies RdA 10, 72.

7 b) Die **Unterrichtungspflicht nach Abs 5** ist keine Tatbestandsvoraussetzung des Betriebsübergangs; sie ist jedoch relevant im Hinblick auf die Widerspruchsfrist (s Rn 6). Der notwendige Inhalt der Unterrichtung wird in Nr 1–4 des Abs 5 näher bestimmt (Zeitpunkt des Übergangs, Grund für den Übergang, Folgen des Betriebsübergangs, in Aussicht genommene Maßnahmen; konkretisiert durch BAG NZA 06, 1266 ff; 06, 1273 ff; Darstellung der Rspr bei Gaul/Niklas DB 09, 452; Jacobsen/Menke NZA-RR 10, 393). Entscheidend ist der subjektive Kenntnisstand des Veräußerers und des Erwerbers zum Zeitpunkt der Unterrichtung (BAG NZA 06, 1268, 1270). Die Unterrichtungspflicht trifft sowohl den Veräußerer als auch den Erwerber; allerdings wirkt die Erfüllung der Pflicht durch einen auch zugunsten des anderen. Erfolgte die Unterrichtung nicht – wie vorgeschrieben – vor dem Übergang, kann sie nachgeholt werden (str). Hins der Form schreibt Abs 5 eine Unterrichtung in Textform (§ 126 b) vor.

8 III. 1. Liegt ein Betriebsübergang iSv Abs 1 vor, tritt der neue Betriebsinhaber automatisch in die Rechte und Pflichten aus den im Zeitpunkt des Übergangs bestehenden Arbeitsverhältnissen ein (I 1). Daneben knüpft § 613 a weitere (individual- und kollektivrechtliche) **Rechtsfolgen** an den Übergang eines Betriebs (s Rn 9 f).

9 2. Individualrechtlich bedeutsam ist zunächst das **Kündigungsverbot** des § 613 a IV. Wegen des Betriebsübergangs darf der Arbeitnehmer nicht gekündigt werden. Ansonsten könnte der Schutz des Arbeitnehmers nicht realisiert werden. Aus anderen Gründen kann das Arbeitsverhältnis hingegen aufgelöst werden. So beispielsweise, wenn der Betriebsübergang nur den äußeren Anlass, aber nicht den tragenden Grund für die Kündigung darstellt. Daneben hat der Betriebsübergang zur Folge, dass **der alte und der neue Arbeitgeber gesamtschuldnerisch** für arbeitsvertragliche Ansprüche **haften**, die bis zum Betriebsübergang fällig geworden sind. Für Ansprüche, die innerhalb eines Jahres nach dem Betriebsübergang fällig werden, beschränkt sich die gesamtschuldnerische Haftung beider Arbeitgeber zugunsten des früheren auf den Anteil, der auf die Zeit bis zum Betriebsübergang entfällt (Abs 2). Abs 3 enthält einen Haftungsausschluss für den Fall, dass eine juristische Person durch Umwandlung erlischt.

10 3. Die **kollektiv-rechtlichen Folgen** sind in den S 2 bis 4 des Abs 1 geregelt. Sie ergeben sich nicht bereits aus Abs 1 S 1 und sind deshalb gesondert geregelt. Tarifvertragliche und betriebsverfassungsrechtliche Regelungen (Tarifverträge, Betriebsvereinbarungen) gelten nach dem Betriebsübergang nur als arbeitsvertragliche Bestimmungen fort (Ausschluss der Weitergeltung in I 3). Sie verlieren ihre Rechtsnatur als tarifvertragliche und betriebsverfassungsrechtliche Regelungen (hM, vgl im Übbl ErfK/Preis § 613 a Rn 112) und damit ihren unmittelbaren und zwingenden Charakter (§ 4 I TVG; § 77

IV BetrVG). Sie dürfen allerdings grds nicht vor dem Ablauf eines Jahres geändert werden (I 2; Ausnahmen in I 4).

§ 614 Fälligkeit der Vergütung
¹Die Vergütung ist nach der Leistung der Dienste zu entrichten. ²Ist die Vergütung nach Zeitabschnitten bemessen, so ist sie nach dem Ablauf der einzelnen Zeitabschnitte zu entrichten.

Vgl § 611 Rn 22. 1

§ 615 Vergütung bei Annahmeverzug und bei Betriebsrisiko
¹Kommt der Dienstberechtigte mit der Annahme der Dienste in Verzug, so kann der Verpflichtete für die infolge des Verzugs nicht geleisteten Dienste die vereinbarte Vergütung verlangen, ohne zur Nachleistung verpflichtet zu sein. ²Er muss sich jedoch den Wert desjenigen anrechnen lassen, was er infolge des Unterbleibens der Dienstleistung erspart oder durch anderweitige Verwendung seiner Dienste erwirbt oder zu erwerben böswillig unterlässt. ³Die Sätze 1 und 2 gelten entsprechend in den Fällen, in denen der Arbeitgeber das Risiko des Arbeitsausfalls trägt.

I. Nach den allg Regelungen des gegenseitigen Vertrags (§§ 320, 326 I 1) bräuchte der Dienstberechtigte die Vergütung nur zu entrichten, wenn der Dienstverpflichtete die versprochenen Dienste leistet („**ohne Arbeit kein Lohn**"). V diesem Grundsatz macht § 615 zwei **Ausnahmen**: Der Dienstberechtigte muss im Falle seines **Annahmeverzugs** sowie dann, wenn er das **Risiko des Arbeitsausfalls** trägt, trotz Nichtleistung der Dienste die Vergütung entrichten, ohne dass der Dienstverpflichtete zur Nachleistung verpflichtet ist (S 1 u 3; im Übbl Schreiber JURA 09, 592). Diese Leistungsbefreiung tritt sonst gem § 326 II 1 Var 2 nur ein, wenn der Dienstverpflichtete während des Annahmeverzugs v seiner Leistungspflicht gem § 275 I–III befreit wird. Da der Dienstverpflichtete durch den Arbeitsausfall aber auch keinen Vorteil erlangen soll, muss er sich Ersparnisse sowie anderweitige, durch den Annahmeverzug ermöglichte oder böswillig unterlassene Verdienste anrechnen lassen (S 2; zur Berechnung vgl Staud/Richardi/Fischinger § 615 Rn 154 ff). § 615 S 1 hat insbes bei Kündigungen erhebliche praktische Bedeutung. Ist die Kündigungsfrist noch nicht abgelaufen und beschäftigt der Arbeitgeber den Arbeitnehmer nicht mehr, kann dieser nach §§ 611, 615 S 1 die Zahlung des Arbeitsentgelts verlangen. Gleiches gilt, wenn sich die Kündigung nachträglich als unwirksam erweist. 1

II. 1. **Voraussetzungen** des Vergütungsanspruchs aus §§ 611, 615 S 1 (s Rn 7) sind ein bestehendes **Dienstverhältnis** und **Annahmeverzug** des Dienstberechtigten iSv §§ 293 ff. Erforderlich ist daher grds ein erfolgloses tatsächliches Angebot am Dienstleistungsort (§ 294). Ausnahmsweise genügt ein wörtliches Angebot, wenn der Dienstberechtigte erklärt hat, dass er die Leistung nicht annehmen werde, oder wenn zur Bewirkung der Leistung eine Mitwirkungshandlung des Dienstberechtigten (zB Bereitstellung v Rohstoffen und Arbeitsgeräten) erforderlich ist (§ 295). Der Dienstverpflichtete muss weiterhin im Zeitpunkt des Angebots tatsächlich und rechtlich zur Dienstleistung in der Lage sein (§ 297) und der Dienstberechtigte darf die angebotene Leistung nicht angenommen haben (§ 293). Auf ein Vertretenmüssen des Dienstberechtigten kommt es nicht an (vgl bereits Mot II, 68 f). 2

2. Die **Abgrenzung v Unmöglichkeit und Annahmeverzug** ist v erheblicher Bedeutung, weil der Vergütungsanspruch des Dienstverpflichteten idR entfällt, soweit er nach § 275 I oder III nicht zu leisten braucht (§ 326 I 1). Dag behält der Dienstverpflichtete den Entgeltanspruch bei Annahmeverzug des Dienstberechtigten. Unmöglichkeit schließt aber gem § 297 den Annahmeverzug aus. 3

a) Dienstleistungen sind oftmals zeitgebunden und daher regelmäßig absolute **Fixschulden** (BAG NZA 02, 683, 686). Wenn die Dienstverpflichte die Leistungszeit versäumt, 4 könnte stets Unmöglichkeit eintreten. Dieser Umstand hätte zur Folge, dass der Dienstberechtigte v vornherein nicht in Annahmeverzug geraten könnte. Um § 615 in diesen Fällen einen Anwendungsbereich zu erhalten, ist **Unmöglichkeit** nur dann anzunehmen, **wenn der Dienstverpflichtete (Arbeitnehmer) nicht zur Leistung fähig und bereit ist** (Erman/Belling § 615 Rn 24; aA BAG AP Nr 18 zu § 615; zum Streitstand MK/Henssler § 615 Rn 4 ff). Demnach liegt Unmöglichkeit zB vor, wenn der Dienstverpflichtete arbeitsunfähig erkrankt ist. Der **Arbeitgeber** hat in diesem Fall keine Entgeltzahlungspflicht aus §§ 611, 615 S 1; im Einzelfall kann sich eine entspr Pflicht aber aus § 616 oder dem EFZG ergeben.

5 b) Beruht die Nichtleistung hingegen auf dem Fehlen einer Mitwirkungshandlung des Gläubigers (zB Bereitstellung v Arbeitsräumen), schließen sich Annahmeverzug und Unmöglichkeit nicht aus. Es handelt sich um einen Fall der **Annahmeunmöglichkeit**. Hier ist unerheblich, ob der Dienstberechtigte die Leistung nicht annehmen will oder nicht annehmen kann (ErfK/Preis § 615 Rn 7). Er gerät unter den Voraussetzungen der §§ 293 ff in Annahmeverzug. Der Dienstberechtigte trägt die **Substratsgefahr**, dh er trägt das Risiko, dass die Arbeit an v ihm bereit zu stellenden Betriebsmitteln nicht erbracht werden kann (Picker, FS Huber, 2006, 497, 537 f; str).

6 c) Für das **Arbeitsrecht** bestätigt S 3, dass die Fälle der Annahmeunmöglichkeit durch S 1 erfasst sind (str). Ob S 3 allerdings eine weiter gehende Bedeutung beizumessen ist, erscheint fraglich. Die Vorschrift erklärt die v der Rspr begründete **Betriebsrisikolehre** der Sache nach für anwendbar, ohne deren Inhalt zu konkretisieren. Die Betriebsrisikolehre wurde für diejenigen Fälle entwickelt, in denen der Arbeitgeber die zur Arbeit notwendigen Betriebsmittel nicht zur Verfügung stellen kann, ohne dass der Grund für den Arbeitsausfall v Arbeitgeber oder Arbeitnehmer zu vertreten ist (zB bei Stromunterbrechung, Naturkatastrophen, Rohstoffmangel, v Dritten verursachten Schäden). In diesen Fällen geht die Rspr davon aus, dass der Arbeitgeber grds das **Ausfallrisiko** tragen müsse, weil er für die Organisation des Betriebs verantwortlich sei. Abzugrenzen sei das Betriebsrisiko v Arbeitskampfrisiko, bei welchem wegen eines Arbeitskampfs im Betrieb nicht gearbeitet werden kann. Handele es sich um einen Teilstreik in demselben Betrieb, so entfalle die Entgeltzahlungspflicht auch für die nicht streikenden Arbeitnehmer (diff bei Streiks in einem fremden Betrieb mit „Fernwirkung" BAG AP Nr 70, 71 zu Art. 9 GG Arbeitskampf). Nach der hier vertretenen Ansicht (s Rn 4, 5) besteht für die Betriebsrisikolehre v vornherein kein Bedürfnis (ebenso Picker, FS Huber, 2006, 497, 538).

7 3. a) § 615 S 1 stellt keine Anspruchsgrundlage, sondern eine **Gefahrtragungsregel** dar. Sie bewirkt, dass der Erfüllungsanspruch aus § 611 BGB erhalten bleibt. Da es sich nicht um einen Schadensersatzanspruch handelt, ist § 254 **nicht anwendbar**, wenn der Dienstverpflichtete an der Entstehung des Annahmeverzugs mitverantwortlich ist. Es kommt aber eine Anrechnung nach S 2 in Betracht (vgl auch § 11 KSchG als lex specialis im Kündigungsschutzrecht; beide Normen sind nicht deckungsgleich [s BVerfG NZA 10, 1004, 1005 mwN zur Vereinbarkeit der Unterschiede mit Art 3 GG]). Der Anspruch ist im **Arbeitsrecht** auf **Zahlung des Bruttolohns** gerichtet, der ggf die unter normalen Umständen erarbeiteten Sonderzahlungen und Zulagen umfasst (vgl für das Weihnachtsgeld BAG AP BGB Nr 22 zu § 615). Neben dem Anspruch aus §§ 611, 615 S 1 kann der Dienstverpflichtete die allgemeinen Ansprüche wegen Annahmeverzugs geltend machen (zB Ersatz v Mehraufwendungen, Zinsen bzgl des Entgelts).

8 b) Hat der Dienstberechtigte die Vergütung an den Dienstverpflichteten bewirkt, obwohl er hierzu nach dem oben Gesagten nicht verpflichtet war, kann er die **vorgeleistete** Vergütung nach den §§ 346 bis 348 zurückfordern (§ 326 IV).

§ 616 Vorübergehende Verhinderung

[1]Der zur Dienstleistung Verpflichtete wird des Anspruchs auf die Vergütung nicht dadurch verlustig, dass er für eine verhältnismäßig nicht erhebliche Zeit durch einen in seiner Person liegenden Grund ohne sein Verschulden an der Dienstleistung verhindert wird. [2]Er muss sich jedoch den Betrag anrechnen lassen, welcher ihm für die Zeit der

Verhinderung aus einer auf Grund gesetzlicher Verpflichtung bestehenden Kranken- oder Unfallversicherung zukommt.

I. Die Vorschrift normiert – wie § 615 – aus sozialpolitischen Erwägungen eine Ausn v 1 Grundsatz „ohne Arbeit kein Lohn". Der Dienstverpflichtete behält danach trotz seiner Leistungsbefreiung, die aus §§ 275 I–III, 326 I 1 folgt, seinen Vergütungsanspruch. § 616 ist eine **Anspruchserhaltungsnorm**, die jedoch durch Individual- (BAG AP BGB Nr 118 zu § 611 Abhängigkeit) oder Tarifvertrag (BAG NZA 02, 47) **abdingbar** ist.

II. 1. Der Anspruch auf Vergütungsfortzahlung hat folgende **Voraussetzungen**: 2

a) Es besteht ein **Dienstverhältnis**. Erfasst sind sowohl selbstständige als auch unselbst- 3 ständige Dienstverhältnisse. Gegen eine Begrenzung auf unselbstständige Dienstverträge spricht der eindeutige Wortlaut des § 616 (iE ebenso MK/Henssler § 616 Rn 11; aA Bamberger/Roth/Fuchs § 616 Rn 2). Allerdings wird bei selbstständigen Dienstverträgen die Leistung regelmäßig nicht an eine ablaufende Zeitspanne geknüpft sein. Im **Arbeitsrecht** sind für Heimarbeiter § 10 EFZG und für Auszubildende § 19 I Nr 2 b BBiG als Sonderregeln vorrangig ggü § 616.

b) Es liegt ein **persönlicher Hinderungsgrund**, also kein objektives Leistungshindernis 4 vor. Entscheidend ist, dass der Hinderungsgrund aus der Sphäre des Dienstverpflichteten stammt. In der Person des Dienstverpflichteten liegende Gründe sind zB Krankheit (für Arbeitnehmer gilt als lex specialis das EFZG), Arztbesuche, Todesfälle v Familienangehörigen, die eigene Hochzeit oder die der Kinder (vgl MK/Henssler § 616 Rn 20 ff. Zur Pflege naher Angehöriger und zum PflegeZG ErfK/Gallner § 2 PflegeZG Rn 4; Steinau-Steinrück/Mosch NJW-Spezial 10, 178). Keine persönlichen Hinderungsgründe sind beispielsweise Glatteis, Hochwasser oder Verkehrsstau (zum Flugverbot wegen einer durch Vulkanausbruch verursachten Aschewolke Buchner/Schumacher DB 10, 1124; Forst BB 10, 1213, 1214; Gutzeit NZA 10, 618; zur Pandemie zB in Form der Schweinegrippe Felser/Winkel AiB 10, 14; Schuster AiB 10, 23; zur Wahrnehmung von Gerichtsterminen Künzl ArbR 10, 438). In diesen Fällen liegt ein objektives Leistungshindernis vor, das zur selben Zeit mehrere Dienstverpflichtete betrifft (ErfK/Preis § 616 Rn 3).

c) Der Dienstverpflichtete darf nur für eine **verhältnismäßig nicht erhebliche Zeit** an 5 der Dienstleistung verhindert sein. Es kommt auf das Verhältnis der Verhinderungszeit zur Gesamtdauer des Arbeitsverhältnisses unter Berücksichtigung der bereits verflossenen und noch zu erwartenden Verhinderungsdauer an (nicht erheblich sind zB 5 Tage für die Pflege eines erkrankten Kindes, vgl BAG NJW 78, 2317; zu Höchstgrenzen für Freistellungsansprüche aus diesem Grund vgl auch § 45 SGB V; dazu MK/Henssler § 616 Rn 32; zur Pflege naher Angehöriger weiterführend ErfK/Preis § 616 Rn 10 a mwN zum Streitstand). Wird diese Zeitspanne überschritten, entfällt der Vergütungsanspruch insgesamt und nicht nur für die Zeitspanne, welche die Erheblichkeitsgrenze überschreitet (BAG AP BGB Nr 7 zu § 616 Gefährdungshaftung des Arbeitgebers; ErfK/Preis § 616 BGB Rn 10). Bei mehreren aufeinander folgenden unerheblichen Verhinderungen erwächst der Anspruch jeweils neu, auch wenn die Gesamtdauer erheblich ist (MK/Henssler § 616 Rn 60).

d) Die Dienstverhinderung muss **ohne Verschulden** des Dienstverpflichteten eingetreten 6 sein. Da es um einen Umstand geht, der nicht Gegenstand der dienstvertraglichen Pflichten ist, gilt nicht § 276. Vielmehr stellt sich hier ähnl wie bei § 254 die Frage nach einem „Verschulden gegen sich selbst". Entscheidend ist danach allein, ob sich der Dienstverpflichtete so verhalten hat, wie es für einen verständigen Menschen im eigenen Interesse geboten ist (BAG NJW 84, 1707).

2. Als **Rechtsfolge** des S 1 behält der Dienstverpflichtete den Anspruch auf die Vergü- 7 tung, die er ohne die Verhinderung bezogen hätte. Dies ist im **Arbeitsverhältnis** der **Bruttolohn** einschließlich Tantiemen und Gratifikationen (zur Ermittlung der Höhe der Vergütung MK/Henssler § 616 Rn 62). Nach S 2 muss sich der Dienstverpflichtete **anrechnen** lassen, was er aus einer gesetzlichen Kranken- oder Unfall-(pflicht-)versicherung erhält. S 2 hat allerdings im **Arbeitsrecht** nur geringe praktische Bedeutung. Erfasst ist nämlich nur die Situation, dass ein selbstständiger Dienstverpflichteter (zB ein freier Mitarbeiter) aufgrund einer Krankheit verhindert ist. In allen anderen Fällen erfolgen regelmäßig keine anrechenbaren Versicherungsleistungen (ErfK/Preis § 616 Rn 12).

§ 617 Pflicht zur Krankenfürsorge

(1) ¹Ist bei einem dauernden Dienstverhältnis, welches die Erwerbstätigkeit des Verpflichteten vollständig oder hauptsächlich in Anspruch nimmt, der Verpflichtete in die häusliche Gemeinschaft aufgenommen, so hat der Dienstberechtigte ihm im Falle der Erkrankung die erforderliche Verpflegung und ärztliche Behandlung bis zur Dauer von sechs Wochen, jedoch nicht über die Beendigung des Dienstverhältnisses hinaus, zu gewähren, sofern nicht die Erkrankung von dem Verpflichteten vorsätzlich oder durch grobe Fahrlässigkeit herbeigeführt worden ist. ²Die Verpflegung und ärztliche Behandlung kann durch Aufnahme des Verpflichteten in eine Krankenanstalt gewährt werden. ³Die Kosten können auf die für die Zeit der Erkrankung geschuldete Vergütung angerechnet werden. ⁴Wird das Dienstverhältnis wegen der Erkrankung von dem Dienstberechtigten nach § 626 gekündigt, so bleibt die dadurch herbeigeführte Beendigung des Dienstverhältnisses außer Betracht.
(2) Die Verpflichtung des Dienstberechtigten tritt nicht ein, wenn für die Verpflegung und ärztliche Behandlung durch eine Versicherung oder durch eine Einrichtung der öffentlichen Krankenpflege Vorsorge getroffen ist.

§ 618 Pflicht zu Schutzmaßnahmen

(1) Der Dienstberechtigte hat Räume, Vorrichtungen oder Gerätschaften, die er zur Verrichtung der Dienste zu beschaffen hat, so einzurichten und zu unterhalten und Dienstleistungen, die unter seiner Anordnung oder seiner Leitung vorzunehmen sind, so zu regeln, dass der Verpflichtete gegen Gefahr für Leben und Gesundheit soweit geschützt ist, als die Natur der Dienstleistung es gestattet.
(2) Ist der Verpflichtete in die häusliche Gemeinschaft aufgenommen, so hat der Dienstberechtigte in Ansehung des Wohn- und Schlafraums, der Verpflegung sowie der Arbeits- und Erholungszeit diejenigen Einrichtungen und Anordnungen zu treffen, welche mit Rücksicht auf die Gesundheit, die Sittlichkeit und die Religion des Verpflichteten erforderlich sind.
(3) Erfüllt der Dienstberechtigte die ihm in Ansehung des Lebens und der Gesundheit des Verpflichteten obliegenden Verpflichtungen nicht, so finden auf seine Verpflichtung zum Schadensersatz die für unerlaubte Handlungen geltenden Vorschriften der §§ 842 bis 846 entsprechende Anwendung.

§ 619 Unabdingbarkeit der Fürsorgepflichten

Die dem Dienstberechtigten nach den §§ 617, 618 obliegenden Verpflichtungen können nicht im Voraus durch Vertrag aufgehoben oder beschränkt werden.

§§ 617–619

1 I. Die Vorschriften konkretisieren die **Fürsorgepflicht** des Dienstberechtigten.
2 II. 1. § 617 verpflichtet den Dienstberechtigten, für den Dienstpflichtigen **Versorgung und ärztliche Behandlung** sicherzustellen.
3 a) Der Anspruch hat folgende **Voraussetzungen**:
4 aa) Es besteht ein **dauerndes Dienstverhältnis**. Dauernde Dienstverhältnisse sind auf längere Zeit angelegt oder haben bereits längere Zeit gedauert. Die Dauerhaftigkeit kann sich demnach entweder aus dem Willen der Parteien oder aus den objektiven Umständen ergeben. Einmalige Leistungen fallen nicht unter § 617; Gleiches ist für eine sich mehrmals wiederholende Einzelleistung anzunehmen (Erman/Belling § 617 Rn 4).

bb) Das Dienstverhältnis umfasst die **gesamte Erwerbstätigkeit** des Dienstverpflichteten 5
oder doch jedenfalls einen so großen Anteil davon, dass er deswegen an einer Eigenvorsorge gehindert ist (MK/Henssler § 617 Rn 6).

cc) Der Dienstverpflichtete ist **in die häusliche Gemeinschaft aufgenommen**. Dafür ist 6
idR erforderlich, dass der Dienstverpflichtete Verpflegung und Wohnung im Haus des Dienstberechtigten erhält. Maßgeblich ist allein, dass der Dienstverpflichtete keinen eigenen Hausstand unterhält und an die Ordnung des Haushalts des Dienstberechtigten gebunden ist (MK/Henssler § 617 Rn 7).

dd) Der **Anspruch ist ausgeschlossen**, wenn die Erkrankung v Dienstverpflichteten vor- 7
sätzlich oder grob fahrlässig herbeigeführt worden ist (hierfür gelten die zu § 616 S 1 entwickelten Maßstäbe [vgl § 616 Rn 6]) oder wenn für Verpflegung und ärztliche Behandlung durch eine (gesetzliche oder private) Versicherung oder durch Einrichtungen der öffentlichen Krankenpflege Vorsorge getroffen ist (Abs 2).

b) Rechtsfolge ist die Pflicht zur Krankenpflege bzw zu deren Verschaffung, allerdings 8
nicht über die Beendigung des Dienstverhältnisses hinaus (Abs 1 S 1). Der Dienstverpflichtete erhält seinen Lohn weiter, muss sich aber die Kosten der Versorgung und Behandlung anrechnen lassen (Abs 1 S 3).

2. § 618 gilt für **Dienst- und Arbeitsverhältnisse** (auch kurzfristige Dienstverhältnisse 9
und den öffentlichen Dienst), jedoch nicht für Beamtenverhältnisse. Der Dienstberechtigte wird verpflichtet, den Dienstpflichtigen vor Gefahren für Leben und Gesundheit zu schützen (Abs 1). Für das **Arbeitsrecht** ist § 618 eine Teilausprägung der allgemeinen Fürsorgepflicht des Arbeitgebers und Teil des privatrechtlichen Arbeitsschutzrechts (ErfK/Wank § 618 Rn 3). Die Vorschrift hat insoweit geringe praktische Bedeutung, weil die Fürsorgepflicht aus § 618 durch zahlreiche öffentlich-rechtliche Normen des Arbeitsschutzrechts (zB ArbSchG, MuSchG, ArbeitsstättenVO, BildschirmarbeitsVO) und Unfallverhütungsvorschriften der Berufsgenossenschaften konkretisiert wird (vgl MK/Henssler § 618 Rn 6 f, 10 ff).

a) Abs 1 HS 1 verpflichtet den Dienstberechtigten zur sicheren Einrichtung und Unter- 10
haltung der v ihm zu stellenden Räume (zB Arbeits-, Pausen- und Lagerräume, Treppen, Zugänge), Vorrichtungen und Gerätschaften (zB Maschinen, Werkzeug, Kfz). Weiterhin hat der Dienstberechtigte die unter seiner Anordnung oder Leitung vorzunehmenden Dienstleistungen so zu regeln, dass der Dienstverpflichtete möglichst gegen Gefahren für Leben und Gesundheit geschützt ist (Abs 1 HS 2). Dies verlangt namentlich die Beachtung der einschlägigen Unfallverhütungsvorschriften (vgl MK/Henssler § 618 Rn 27 ff).

b) Ist der Dienstverpflichtete **in die häusliche Gemeinschaft aufgenommen** (s Rn 6), so 11
muss der Dienstberechtigte in gesteigertem Maße auf dessen Interessen Rücksicht nehmen. Die Fürsorgepflicht erstreckt sich in diesem Fall auch auf die Verpflegung, sowie die Arbeits- und die Erholungszeiten (Abs 2).

c) Kommt der Dienstberechtigte seinen Fürsorgepflichten aus § 618 nicht nach oder 12
verletzt er sie, so hat der Dienstberechtigte einen Erfüllungsanspruch und unter den Voraussetzungen des § 280 I einen Schadensersatzanspruch. Für den Umfang des Schadensersatzes gelten die §§ 842 – 846 entsprechend. Im **Arbeitsrecht** wird der Schadensersatzanspruch gegen den Arbeitgeber jedoch regelmäßig durch § 104 SGB VII ausgeschlossen, wenn es sich um einen durch Arbeitsunfall oder Betriebskrankheit verursachten Personenschaden handelt. Stattdessen greift die gesetzliche Unfallversicherung ein. Neben dem Erfüllungs- und Schadensersatzanspruch steht dem Dienstberechtigten ein Leistungsverweigerungsrecht aus § 273 und unter bestimmten Voraussetzungen ein Recht zur Arbeitseinstellung nach § 9 III 1 ArbSchG zu. Schließlich kann die Verletzung einer Pflicht aus § 618 einen wichtigen Grund zur Kündigung nach § 626 I darstellen.

3. Die Bestimmungen der §§ 617, 618 sind **nicht abdingbar** (§ 619), entgegenstehende 13
Vereinbarungen sind daher nach § 134 nichtig. Um den Schutzzweck der §§ 617, 618 nicht zu gefährden, bleibt die Wirksamkeit des Arbeits- oder Dienstvertrags iÜ unberührt (vgl § 139; dazu MK/Henssler § 619 Rn 9).

§ 619 a Beweislast bei Haftung des Arbeitnehmers

Abweichend von § 280 Abs. 1 hat der Arbeitnehmer dem Arbeitgeber Ersatz für den aus der Verletzung einer Pflicht aus dem Arbeitsverhältnis entstehenden Schaden nur zu leisten, wenn er die Pflichtverletzung zu vertreten hat.

1 **I.** Das BGB kennt keine spezielle Regelung für **Pflichtverletzungen im Arbeitsverhältnis**. Es gilt deshalb § 280 I 1 als allg Anspruchsgrundlage. Gem § 280 I 2 besteht die gesetzliche Vermutung, dass der Schuldner (Arbeitnehmer) die Pflichtverletzung auch zu vertreten hat. V dieser Vermutung macht § 619 a eine Ausn. Begeht der Arbeitnehmer eine Pflichtverletzung iR des Arbeitsverhältnisses, so wird nicht vermutet, dass der Arbeitnehmer diese Pflichtverletzung zu vertreten hat (str bei Arbeitnehmerähnlichen; vgl dazu im Übbl ErfK/Preis § 619 a Rn 19). Für dessen Vertretenmüssen trägt vielmehr nach der **Sonderregelung** des § 619 a der Arbeitgeber die Beweislast. Zur privilegierten Arbeitnehmerhaftung vgl Rn 3 ff.

2 **II.** § 619 a sieht keine Ausnahmen vor, sondern erfasst dem Wortlaut nach alle Pflichtverletzungen des Arbeitnehmers iR eines Arbeitsverhältnisses. In einigen Situationen ist jedoch **eine teleologische Restriktion des § 619 a** geboten: Bei Pflichtverletzungen, die durch eine nicht betrieblich veranlasste Tätigkeit verursacht werden, bleibt es bei der Grundregel des § 280 I 2 (BAG NZA 11, 345, 347; MK/Henssler § 619 a Rn 9, 22).

3 **III. 1.** Allg ist hins der Haftung im Arbeitsrecht zwischen der **Haftung des Arbeitgebers und des Arbeitnehmers** zu unterscheiden. In beiden Fällen ergeben sich Besonderheiten ggü den allg zivilrechtlichen Haftungsregelungen.

4 **2.** Wenn eine Schlechtleistung oder Nebenpflichtverletzung des Arbeitnehmers zu einem Schaden des Arbeitgebers führt, kommt grds eine **Haftungsbeschränkung** in Betracht (dazu im Übbl Schreiber JURA 09, 26). Es ist in diesen Fällen regelmäßig nicht gerechtfertigt, dass der **Arbeitnehmer** den gesamten Schaden – unabhängig v Grad seines Verschuldens – zu ersetzen hat. Eine unbeschränkte Haftung ggü seinem Arbeitgeber würde den Arbeitnehmer einem wirtschaftlich unzumutbaren Risiko aussetzen, zumal der Arbeitgeber die Organisationshoheit im Betrieb innehat und auf diese Weise das Schadensrisiko beeinflussen kann. Da der Arbeitgeber die Arbeitsumgebung prägt, hat er dementspr auch die damit verbundenen Risiken zu tragen (sog **Betriebsrisiko**).

5 **a)** Früher wurde in Rspr und Literatur dem Arbeitnehmer eine Haftungsprivilegierung nur bei **gefahrgeneigter Tätigkeit** gewährt. Dies war eine Tätigkeit, die typischerweise mit der Gefahr des konkreten Schadenseintritts behaftet war und bei der erfahrungsgemäß auch einem aufmerksamen Arbeitnehmer ein entsprechender Fehler leicht unterlaufen konnte. Dieses Kriterium hat das BAG inzwischen zu Recht aufgegeben (BAG NZA 94, 1083 ff). Heute ist allein entscheidend, ob die schadensverursachte Tätigkeit **betrieblich veranlasst** war, ob die Tätigkeit dem Arbeitnehmer arbeitsvertraglich übertragen wurde oder der Arbeitnehmer die Tätigkeit doch zumindest im Interesse des Arbeitgebers für den Betrieb ausführte (BAG NZA 94, 1083, 1086; NJW 03, 377, 378). Ausgeschlossen sind nunmehr nur noch diejenigen Fälle, in denen sich bloß das allg Lebensrisiko des Arbeitnehmers verwirklicht.

6 **b)** Haftungsprivilegierung bedeutet, dass der Arbeitnehmer bei betrieblich veranlassten Tätigkeiten nicht für jedes Verschulden einzustehen hat. Er haftet vielmehr für **leichte Fahrlässigkeit** überhaupt nicht, für **Vorsatz** dagegen voll. Hat der Arbeitnehmer **grob fahrlässig** gehandelt (zu den Kriterien BAG NJOZ 13, 709, 710 mwN), ist er grds ebenfalls unbeschränkt schadensersatzpflichtig; eine Ausn v diesem Grundsatz wird nur für den Fall gemacht, dass der Verdienst des Arbeitnehmers in einem deutlichen Missverhältnis zum verwirklichten Schadensrisiko der Tätigkeit steht (BAG NZA 02, 612). Bei **einfacher Fahrlässigkeit** wird der Schaden unter abwägender Berücksichtigung der Gesamtumstände nach Billigkeits- und Zumutbarkeitsgesichtspunkten zwischen Arbeitgeber und Arbeitnehmer aufgeteilt. Besondere Bedeutung kommt bei der dabei gebotenen Gesamtabwägung folgenden Gesichtspunkten zu: Grad des dem Arbeitnehmer zur Last fallenden Verschuldens, Gefahrgeneigtheit der ausgeübten Tätigkeit, Höhe des eingetretenen Schadens, Möglichkeit des Arbeitgebers, ein Risiko durch eine Versicherung abzudecken, Stellung des Arbeitnehmers im Betrieb und Höhe des

Arbeitsentgelts, in dem möglicherweise eine Risikogruppe enthalten ist (BAG NJW 95, 210, 213; 96, 1532). Die persönlichen Verhältnisse des Arbeitnehmers – wie Lebensalter und Familienstand – sind entgg der Ansicht des BAG (aaO) nicht zu berücksichtigen. Sie stehen in keinem Zusammenhang mit dem Schadensereignis und unterliegen nicht der Organisationsmacht des Arbeitgebers. Nach § 619 a trägt der Arbeitgeber die Darlegungs- und Beweislast auch für die den Grad des Verschuldens begründenden Tatsachen (LAG Rheinland-Pfalz BeckRS 10, 67049).

c) Die Grundsätze zur beschränkten Arbeitnehmerhaftung gelten auch bei der sog **7** **Mankohaftung** (Deinert RdA 00, 22, 26 f). Dazu gehören die Fälle, in denen ein Arbeitnehmer eine Kasse zu führen oder einen Warenbestand zu verwalten hat. Der Arbeitnehmer haftet nach § 280 I auf Schadensersatz, wenn durch eine Verletzung seiner Pflichten eine Fehlmenge entsteht und er diese Pflichtverletzung zu vertreten hat. Für beide Voraussetzungen trifft den Arbeitgeber die Darlegungs- und Beweislast (vgl für das Vertretenmüssen § 619 a). Um Beweisschwierigkeiten zu entgehen, können sog **Mankoabreden** geschlossen werden, die typischerweise eine verschuldensunabhängige Haftung des Arbeitnehmers bestimmen. Problematisch sind solche Abreden, weil sie zuungunsten des Arbeitnehmers v den allg haftungsrechtlichen Grundsätzen abweichen. Dennoch hat das BAG Mankoabreden ausnahmsweise für zulässig erachtet, wenn ein Mankogeld gezahlt wird und der Arbeitnehmer nur bis zur Höhe des gezahlten Betrags haftet. Darüber hinausgehende Abreden sind hingegen unwirksam (BAG NZA 00, 715). Ohne Abrede gelten die Grundsätze zur beschränkten Arbeitnehmerhaftung. Daneben kann Mitverschulden des Arbeitgebers (§ 254) zu berücksichtigen sein, wenn er die Kassengeschäfte und die Verwaltung v Waren- und Ersatzteilbeständen mangelhaft organisiert, die Kassen und Lager nicht regelmäßig kontrolliert oder eine Überlastung der Arbeitnehmer nicht verhindert.

d) Kommt ein **Dritter** bei Ausführung einer betrieblichen Tätigkeit zu Schaden, haftet **8** ihm der Arbeitnehmer im Außenverhältnis voll (zB nach § 823). Ggü seinem Arbeitgeber hat der Arbeitnehmer aber einen **Freistellungsanspruch** (aus dem Arbeitsvertrag iVm § 242), wenn er dem Arbeitgeber – unterstellt, der Arbeitgeber wäre der Geschädigte – nicht oder nicht voll haften würde (MK/Henssler § 619 a Rn 25). Es gelten also für das Innenverhältnis zwischen Arbeitgeber und Arbeitnehmer auch in dieser Konstellation die Grundsätze über die Einschränkung der Arbeitnehmerhaftung.

3. Hins der verschuldensabhängigen **Haftung des Arbeitgebers** ergeben sich regelmäßig **9** keine Besonderheiten (vgl ErfK/Preis § 619 a Rn 47 ff). Daneben hat das BAG allerdings eine **verschuldensunabhängige Haftung** des Arbeitgebers anerkannt: Für Eigenschäden des Arbeitnehmers muss der Arbeitgeber unabhängig v einem eigenen Verschulden aufkommen, wenn der Schaden in Ausführung einer betrieblichen Tätigkeit erlitten wird und sich hierdurch ein **tätigkeitsspezifisches Risiko**, nicht bloß das allgemeine Lebensrisiko des Arbeitnehmers verwirklicht (BAG NZA 12, 91, 92; zu Schäden am Kfz des Arbeitnehmers, wenn es für eine Dienstfahrt benutzt wird, BAG NJW 1981, 702 f). Als dogmatische Grundlage der Haftung bietet sich eine **Analogie zu § 670** an (BAG NJW 1962, 411, 414; str). Der Arbeitgeber hat die Möglichkeit, sich dieser Haftung zu entziehen, indem er dem Arbeitnehmer eine Gefahrenzulage zahlt (ErfK/Preis § 619 a Rn 88 f). Schließlich kann der Umfang der Haftung des Arbeitgebers analog § 254 gemindert sein, wenn den Arbeitnehmer eine Mitverantwortung trifft. Die Grundsätze zur privilegierten Arbeitnehmerhaftung (Rn 4 ff) sind jedoch auch in diesem Rahmen zu berücksichtigen.

§ 620 Beendigung des Dienstverhältnisses

(1) Das Dienstverhältnis endigt mit dem Ablauf der Zeit, für die es eingegangen ist.
(2) Ist die Dauer des Dienstverhältnisses weder bestimmt noch aus der Beschaffenheit oder dem Zwecke der Dienste zu entnehmen, so kann jeder Teil das Dienstverhältnis nach Maßgabe der §§ 621 bis 623 kündigen.
(3) Für Arbeitsverträge, die auf bestimmte Zeit abgeschlossen werden, gilt das Teilzeit- und Befristungsgesetz.

§ 621

1 I. Die §§ 620–628 regeln die **Beendigung** des Dienstverhältnisses. Im **Arbeitsrecht** sind zudem spezielle Regelungen zu beachten (zB KSchG, TzBfG). Ein Dienstverhältnis kann **rechtsgeschäftlich** durch die Parteien oder **selbsttätig**, dh unabhängig v ihrem Willen, beendet werden.

2 1. Rechtsgeschäftliche Beendigungsgründe sind der Aufhebungsvertrag, die Anfechtung des Dienstvertrags nach §§ 142 I, 119, 123 (vgl § 611 Rn 10), die ordentliche (§§ 620 II, 621, 622) oder außerordentliche (§§ 624, 626, 627, 313 III 2, 314) Kündigung und der Rücktritt (nur bis Dienstbeginn).

3 2. Selbsttätige Beendigungsgründe sind ua der Zeitablauf (§ 620 I), die Zweckerreichung sowie der Tod des Dienstverpflichteten (vgl § 613 Rn 1).

4 3. Mit der Beendigung enden nicht alle Rechte und Pflichten aus dem Dienstverhältnis. Es bestehen insbes **nachwirkende Abwicklungs- und Nebenpflichten** (zB zum Schadensersatz nach § 628 II, zur Zeugniserteilung nach § 630 oder zur Rückgabe der Arbeitsgeräte), deren schuldhafte Verletzung **Schadensersatzansprüche** gem §§ 280 I, II, 286, 276 auslösen kann.

5 II. Die Vorschrift regelt mit dem **Zeitablauf** bei befristeten (Abs 1) und der **ordentlichen Kündigung** bei unbefristeten Dienstverträgen (Abs 2) die **wichtigsten Beendigungsgründe** für Dienstverhältnisse.

6 1. Ist ein Dienstverhältnis **auf bestimmte Zeit** (zB Monat, Jahr, Saison) abgeschlossen worden, endet es mit dem Ablauf der vereinbarten Dienstzeit v selbst (Abs 1). Wird es anschließend fortgesetzt, gilt § 625. Bis zum Ablauf der vereinbarten Zeit kann das Dienstverhältnis nicht ordentlich, sondern nur außerordentlich (§§ 626, 627) gekündigt werden (vgl Abs 2). Die Vereinbarung befristeter Dienstverhältnisse ist zulässig. Für **Arbeitsverträge** gilt nach Abs 3 beschränkend das **TzBfG**. Befristete Arbeitsverhältnisse sind danach nur zulässig, wenn die Schriftform der Befristungsabrede gewahrt ist (§ 14 IV TzBfG) und ein sachlicher Grund für die Befristung vorliegt (§ 14 I TzBfG). Unter den Voraussetzungen des § 14 II, III TzBfG kann der sachliche Grund ausnahmsweise entbehrlich sein. Auch außerhalb des Anwendungsbereichs des TzBfG halten Rspr und hL die Befristung eines Arbeitsvertrags für wirksam, wenn für die Befristung als solche ein sachlicher Grund besteht (BAG AP Nr 16 zu § 620 Befristeter Arbeitsvertrag). Daneben sind Befristungsabreden an den §§ 305 ff zu messen. Zu Abs 1 gehören auch die Fälle, in denen sich die Befristung des Dienstverhältnisses aus dem Zweck (zB Schwangerschafts- oder Urlaubsvertretung) oder der Art der Dienstleistung (Pflege eines Todkranken) ergibt (**Zweckbefristung**). Mit der Zweckerreichung endet dann das Dienstverhältnis automatisch.

7 2. Wurde ein Dienstverhältnis hingegen auf **unbestimmte Zeit** eingegangen und ist auch dem Zweck der Dienste keine Befristung zu entnehmen, kann es v den Parteien unter Einhaltung der gesetzlichen Kündigungsfristen (§§ 621, 622) jederzeit **ordentlich gekündigt** werden (Abs 2). Allerdings sind die Form- und Fristerfordernisse der §§ 621–623 zu beachten. Die Kündigungsfristen sind für den selbstständigen Dienstvertrag in § 621, für den Arbeitsvertrag in § 622 geregelt.

§ 621 Kündigungsfristen bei Dienstverhältnissen

Bei einem Dienstverhältnis, das kein Arbeitsverhältnis im Sinne des § 622 ist, ist die Kündigung zulässig,
1. wenn die Vergütung nach Tagen bemessen ist, an jedem Tag für den Ablauf des folgenden Tages;
2. wenn die Vergütung nach Wochen bemessen ist, spätestens am ersten Werktag einer Woche für den Ablauf des folgenden Sonnabends;
3. wenn die Vergütung nach Monaten bemessen ist, spätestens am 15. eines Monats für den Schluss des Kalendermonats;
4. wenn die Vergütung nach Vierteljahren oder längeren Zeitabschnitten bemessen ist, unter Einhaltung einer Kündigungsfrist von sechs Wochen für den Schluss eines Kalendervierteljahrs;

5. wenn die Vergütung nicht nach Zeitabschnitten bemessen ist, jederzeit; bei einem die Erwerbstätigkeit des Verpflichteten vollständig oder hauptsächlich in Anspruch nehmenden Dienstverhältnis ist jedoch eine Kündigungsfrist von zwei Wochen einzuhalten.

I. Die abdingbare (Palandt/Weidenkaff § 621 Rn 2) Vorschrift regelt die Fristen für die ordentliche Kündigung v Dienstverhältnissen, die **keine Arbeitsverhältnisse** sind (zum persönlichen Anwendungsbereich der Norm vgl MK/Hesse § 621 Rn 4 f). Zu den Kündigungsfristen im Arbeitsverhältnis vgl § 622.

II. Die Fristen richten sich nach der Bemessung der Vergütung, nicht nach dem jeweiligen Auszahlungsmodus (Jauernig/Mansel § 621 Rn 2). Für die **Berechnung der Fristen** gelten die §§ 186 ff. Allerdings ist § 193 auf Kündigungsfristen und damit auf § 621 grds nicht anwendbar (BGHZ 162, 175; BAG AP Nr 1 zu § 193 BGB). Eine Ausn bildet § 621 Nr 2, weil diese Bestimmung ausdrücklich auf Werktage Bezug nimmt.

§ 622 Kündigungsfristen bei Arbeitsverhältnissen

(1) Das Arbeitsverhältnis eines Arbeiters oder eines Angestellten (Arbeitnehmers) kann mit einer Frist von vier Wochen zum Fünfzehnten oder zum Ende eines Kalendermonats gekündigt werden.
(2) ¹Für eine Kündigung durch den Arbeitgeber beträgt die Kündigungsfrist, wenn das Arbeitsverhältnis in dem Betrieb oder Unternehmen
1. zwei Jahre bestanden hat, einen Monat zum Ende eines Kalendermonats,
2. fünf Jahre bestanden hat, zwei Monate zum Ende eines Kalendermonats,
3. acht Jahre bestanden hat, drei Monate zum Ende eines Kalendermonats,
4. zehn Jahre bestanden hat, vier Monate zum Ende eines Kalendermonats,
5. zwölf Jahre bestanden hat, fünf Monate zum Ende eines Kalendermonats,
6. 15 Jahre bestanden hat, sechs Monate zum Ende eines Kalendermonats,
7. 20 Jahre bestanden hat, sieben Monate zum Ende eines Kalendermonats.

²Bei der Berechnung der Beschäftigungsdauer werden Zeiten, die vor der Vollendung des 25. Lebensjahrs des Arbeitnehmers liegen, nicht berücksichtigt.
(3) Während einer vereinbarten Probezeit, längstens für die Dauer von sechs Monaten, kann das Arbeitsverhältnis mit einer Frist von zwei Wochen gekündigt werden.
(4) ¹Von den Absätzen 1 bis 3 abweichende Regelungen können durch Tarifvertrag vereinbart werden. ²Im Geltungsbereich eines solchen Tarifvertrags gelten die abweichenden tarifvertraglichen Bestimmungen zwischen nicht tarifgebundenen Arbeitgebern und Arbeitnehmern, wenn ihre Anwendung zwischen ihnen vereinbart ist.
(5) ¹Einzelvertraglich kann eine kürzere als die in Absatz 1 genannte Kündigungsfrist nur vereinbart werden,
1. wenn ein Arbeitnehmer zur vorübergehenden Aushilfe eingestellt ist; dies gilt nicht, wenn das Arbeitsverhältnis über die Zeit von drei Monaten hinaus fortgesetzt wird;
2. wenn der Arbeitgeber in der Regel nicht mehr als 20 Arbeitnehmer ausschließlich der zu ihrer Berufsbildung Beschäftigten beschäftigt und die Kündigungsfrist vier Wochen nicht unterschreitet.

²Bei der Feststellung der Zahl der beschäftigten Arbeitnehmer sind teilzeitbeschäftigte Arbeitnehmer mit einer regelmäßigen wöchentlichen Arbeitszeit von nicht mehr als 20 Stunden mit 0,5 und nicht mehr als 30 Stunden mit 0,75 zu berücksichtigen. ³Die einzelvertragliche Vereinbarung längerer als der in den Absätzen 1 bis 3 genannten Kündigungsfristen bleibt hiervon unberührt.
(6) Für die Kündigung des Arbeitsverhältnisses durch den Arbeitnehmer darf keine längere Frist vereinbart werden als für die Kündigung durch den Arbeitgeber.

I. Die Vorschrift regelt die Fristen für die ordentliche Kündigung v **Arbeitsverhältnissen**. Auf arbeitnehmerähnliche Personen ist § 622 nicht – auch nicht entspr – anwendbar (BAG DB 07, 2268). Für Heimarbeiter hat der Gesetzgeber in § 29 HAG eine Sonderregelung geschaffen. Ausbildungsverhältnisse können schließlich nach § 22 I BBiG während der Probezeit jederzeit gekündigt werden. Obwohl keine Frist zu beachten ist, handelt es sich um eine ordentliche Kündigung (HK-Arbeitsrecht/Herrmann § 22 BBiG Rn 5). Nach Ende der Probezeit hat nur der Auszubildende die Möglichkeit der ordentlichen Kündigung. § 22 II Nr 2 BBiG bestimmt für den Fall, dass die Berufsausbildung aufgegeben wird, eine Kündigungsfrist v vier Wochen.

2 II. 1. Die gesetzliche Kündigungsfrist beträgt grds **vier Wochen** (also 28 Kalendertage; zu Sonderregelungen während der Probezeit vgl Abs 3). Das Arbeitsverhältnis kann nur zum 15. eines Monats oder zum Monatsende gekündigt werden (Abs 1). Für **Kündigungen des Arbeitgebers** erhöht sich die Kündigungsfrist mit zunehmender Beschäftigungsdauer auf bis zu 7 Monate (Abs 2). Nach § 622 II 2 sind Beschäftigungszeiten vor dem 25. Lebensjahr bei der Dauer der Betriebszugehörigkeit nicht zu berücksichtigen. Diese Regelung stellt eine unzulässige Altersdiskriminierung dar (RL 2000/78/EG; AGG) und ist aus diesem Grund nicht anzuwenden (EuGH NZA 10, 85 – „Kücükdeveci" mAnm Bauer/vMedem ZIP 10, 449; Stenslik RdA 10, 247; dem EuGH folgend BAG NZA 10, 1409, 1410; 11, 343, 344). Die Fristen können durch **Tarifverträge verlängert** oder **verkürzt** werden (Abs 4 S 1). **Einzelvertraglich** kann die Frist des Abs 1 nur für kurzfristige Aushilfsarbeitsverhältnisse und in Kleinbetrieben verkürzt werden (Abs 5 S 1), während eine Verlängerung der Fristen der Abs 1 bis 3 uneingeschränkt möglich ist (Abs 5 S 3). Die für eine Kündigung durch den Arbeitnehmer vorgesehene Frist darf jedoch nicht die für eine Kündigung durch den Arbeitgeber vereinbarte Frist überschreiten (Abs 6). Für die Berechnung der Frist gelten die §§ 186 ff. § 193 ist allerdings weder direkt noch analog anwendbar (ErfK/Müller-Glöge § 622 Rn 11; vgl auch § 621 Rn 2). Zur Falschberechnung siehe Rn 4.

3 2. Für arbeitgeberseitige Kündigungen sind zudem die Kündigungsschutzregeln außerhalb des BGB (zB das KSchG) zu beachten (vgl dazu MK/Hergenröder §§ 1–26 KSchG). Bestimmte Personengruppen wie beispielsweise Auszubildende (§ 22 BBiG), Betriebsratsmitglieder (§ 15 KSchG) und Schwerbehinderte (§§ 85 ff SGB IX) genießen darüber hinaus einen Sonderkündigungsschutz.

4 3. Berechnet der Arbeitgeber die Kündigungsfrist falsch und geht er v einer zu kurzen Kündigungsfrist aus, so ist die Kündigungserklärung regelmäßig dahingehend auszulegen (§§ 133, 157), dass der Arbeitgeber zum gesetzes-, tarif- oder arbeitsvertragskonformen Termin kündigen will. Einer Umdeutung (§ 140) bedarf es nicht (BAG AP Nr 55 zu § 4 KSchG 1969 mAnm Schreiber; vgl aber BAG NZA 10, 1409 zu einer Kündigungsfrist, die unter Berücksichtigung von § 622 II 2 berechnet wurde).

§ 623 Schriftform der Kündigung

Die Beendigung von Arbeitsverhältnissen durch Kündigung oder Auflösungsvertrag bedürfen zu ihrer Wirksamkeit der Schriftform; die elektronische Form ist ausgeschlossen.

1 I. Gem § 623 HS 1 (grammatikalisch missglückt) bedarf die **Beendigung eines Arbeitsverhältnisses** durch Kündigung oder Aufhebungsvertrag der **Schriftform** (§ 126). Das Schriftformerfordernis für Befristungen ergibt sich aus § 14 IV TzBfG, für auflösende Bedingungen aus § 21 TzBfG iVm § 14 IV TzBfG. Soweit ein befristetes oder bedingtes Arbeitsverhältnis gekündigt wird (vgl aber § 15 III TzBfG), unterliegt diese Kündigung ebenfalls § 623. Die Schriftform kann nicht durch die elektronische Form (§ 126 a I) ersetzt werden (§ 623 HS 2). Wird die Schriftform nicht eingehalten, ist das Rechtsgeschäft gem § 125 S 1 – ohne Möglichkeit der Heilung – nichtig; die Frist des § 4 KSchG ist dann nicht zu beachten, da nach § 4 KSchG Voraussetzung für den Fristbeginn der Zugang der schriftlichen Kündigungserklärung ist. Eine teleologische Reduktion des Schriftformerfordernisses kommt selbst bei einem Aufhebungsvertrag wegen der Warn- und Klarstellungsfunktion der Schriftform grds nicht in Betracht (BAG NZA 11, 874, 875). Nach dem Grundsatz venire contra factum proprium ist es dem Arbeitnehmer jedoch verwehrt, sich auf die fehlende Schriftform der eigenen Kündigung ggü dem Ar-

beitgeber zu berufen, wenn er nach der Erklärung längere Zeit der Arbeit fernbleibt (BAG NZA 98, 420; Kühn NZA 08, 1328, 1331 f).

II. 1. Das Schriftformerfordernis erfasst **arbeitgeber- und arbeitnehmerseitige Kündigungen** (zur Situation bei einer Änderungskündigung jurisPK/Weth § 623 Rn 9). Die Angabe der Kündigungsgründe – soweit überhaupt erforderlich – fällt hingegen nicht in den Anwendungsbereich des § 623 S 1. Aus Sonderregelungen (zB § 22 III BBiG ggf iVm § 26 BBiG, § 9 III 2 MuSchG, Tarifvertrag, Arbeitsvertrag) kann sich jedoch eine Pflicht zur schriftlichen Nennung des Kündigungsgrunds ergeben. 2

2. Die **Anfechtung eines Arbeitsvertrags** ist nicht schriftformbedürftig. Eine analoge Anwendung des § 623 ist nicht möglich, da die Anfechtungssituation nicht mit der Kündigungssituation vergleichbar ist (Preis/Gotthardt NZA 00, 348, 350; str): Die Anfechtung beruht auf einem Grund, der vor der Begr des Dienstverhältnisses vorlag; die Kündigung bezieht sich grds auf einen Umstand während eines bestehenden Vertragsverhältnisses. 3

III. Die Kündigung oder der Aufhebungsvertrag muss vom Aussteller eigenhändig durch Namensunterschrift oder mittels notariell beglaubigten Handzeichens unterzeichnet werden (§ 126 I). Ist der Arbeitgeber eine GbR, ist es grds erforderlich, dass alle Gesellschafter unterzeichnen. Es kann im Einzelfall ausreichen, wenn sich aus der Urkunde ergibt, dass der Unterzeichner die weiteren Gesellschafter vertritt (BAG NZA 08, 348, 350 mwN). Bei einer Kündigung durch einen Vertreter bedarf die Vollmacht selbst nicht der Schriftform (§ 167 II). Allerdings zwingt § 174 S 1 in der Praxis dazu, die schriftliche Originalvollmacht dem Kündigungsschreiben beizufügen. 4

§ 624 Kündigungsfrist bei Verträgen über mehr als fünf Jahre

¹Ist das Dienstverhältnis für die Lebenszeit einer Person oder für längere Zeit als fünf Jahre eingegangen, so kann es von dem Verpflichteten nach dem Ablauf von fünf Jahren gekündigt werden. ²Die Kündigungsfrist beträgt sechs Monate.

I. 1. Die Vorschrift bezweckt den Schutz des Dienstverpflichteten vor einer übermäßigen Bindung durch langfristige Dienstverträge. Sie gibt ihm ein **außerordentliches befristetes Kündigungsrecht**, um auf diese Weise eine übermäßige Einschränkung der persönlichen Freiheit des Dienstverpflichteten zu verhindern (ErfK/Müller-Glöge § 15 TzBfG Rn 14 mwN). 1

2. Der **Anwendungsbereich** der Norm umfasst alle Dienstverhältnisse, aber keine Arbeitsverhältnisse (hM, vgl MK/Henssler § 624 Rn 3 ff). Im Arbeitsrecht gilt als Sonderregelung § 15 IV TzBfG. Auf gemischte Verträge ist § 624 anwendbar, wenn die dienstvertraglichen Elemente überwiegen, es sich also in erster Linie um eine personenbezogene Tätigkeit handelt (BGH NJW-RR 93, 1460; LAG Schleswig-Holstein BeckRS 09, 66106 zu einem Personalüberleitungsvertrag). 2

3. § 624 S 1 ist **nicht abdingbar**. Es existiert zwar keine dem § 22 TzBfG entspr ausdrückliche Regelung, der zwingende Charakter des § 624 S 1 ist aber allg anerkannt. Die Frist des S 2 kann verkürzt, aber nicht verlängert werden (MK/Henssler § 624 Rn 11 f). 3

II. Wurde ein Dienstverhältnis auf **Lebenszeit** oder auf **mehr als 5 Jahre** eingegangen, kann es nach Ablauf v 5 Jahren mit sechsmonatiger Frist gekündigt werden. Dabei handelt es sich um ein außerordentliches Kündigungsrecht, neben dem § 622 keine Anwendung findet. Das Kündigungsrecht nach § 624 steht allein dem Dienstverpflichteten zu. Der Dienstberechtigte kann nur unter den Voraussetzungen des § 626 außerordentlich kündigen (ErfK/Müller-Glöge § 15 TzBfG Rn 14). 4

§ 625 Stillschweigende Verlängerung

Wird das Dienstverhältnis nach dem Ablauf der Dienstzeit von dem Verpflichteten mit Wissen des anderen Teiles fortgesetzt, so gilt es als auf unbestimmte Zeit verlängert, sofern nicht der andere Teil unverzüglich widerspricht.

1 **I. Die Vorschrift will,** entspr der Regelung des § 545 im Mietrecht, **Unklarheiten vermeiden,** die sich aus der Fortsetzung der Tätigkeit eines Dienstverpflichteten nach Ablauf der vereinbarten Dienstzeit ergeben könnten. Im **Arbeitsrecht** enthält § 15 V TzBfG eine Sonderregelung für (zweck-)befristete Arbeitsverhältnisse. Im Ausbildungsrecht greift vorrangig § 17 BBiG ein. Hauptanwendungsbereich des § 625 ist somit im Arbeitsrecht die Weiterarbeit nach Anfechtung oder Kündigung des Arbeitsverhältnisses (MK/Henssler § 625 Rn 3).
2 **II. Voraussetzungen** für die fingierte Verlängerung des Dienstvertrags auf unbestimmte Zeit sind, dass
3 1. die **Dienstzeit abgelaufen** ist,
4 2. die **Tätigkeit** durch den Dienstverpflichteten bewusst – auch an einem anderen Arbeitsplatz für denselben Dienstberechtigten – **fortgesetzt** wird,
5 3. der Dienstberechtigte hiervon **Kenntnis** hat und
6 4. nicht unverzüglich (§ 121 I 1) **widerspricht.** Die Frist für einen wirksamen Widerspruch ist knapp zu bemessen. Der Widerspruch kann auch schon kurz vor Ende der vereinbarten Dienstzeit und konkludent (zB durch Aushändigung der Arbeitspapiere, Angebot eines befristeten oder andersartigen Arbeitsvertrags) erfolgen (MK/Henssler § 625 Rn 16 f).

§ 626 Fristlose Kündigung aus wichtigem Grund

(1) Das Dienstverhältnis kann von jedem Vertragsteil aus wichtigem Grund ohne Einhaltung einer Kündigungsfrist gekündigt werden, wenn Tatsachen vorliegen, auf Grund derer dem Kündigenden unter Berücksichtigung aller Umstände des Einzelfalles und unter Abwägung der Interessen beider Vertragsteile die Fortsetzung des Dienstverhältnisses bis zum Ablauf der Kündigungsfrist oder bis zu der vereinbarten Beendigung des Dienstverhältnisses nicht zugemutet werden kann.
(2) ¹Die Kündigung kann nur innerhalb von zwei Wochen erfolgen. ²Die Frist beginnt mit dem Zeitpunkt, in dem der Kündigungsberechtigte von den für die Kündigung maßgebenden Tatsachen Kenntnis erlangt. ³Der Kündigende muss dem anderen Teil auf Verlangen den Kündigungsgrund unverzüglich schriftlich mitteilen.

1 **I.** Die Vorschrift ist **lex specialis zu** § 314, der den allg Rechtsgrundsatz ausdrückt, dass jedes Dauerschuldverhältnis v jedem Vertragspartner aus wichtigem Grund ohne Einhaltung einer Kündigungsfrist gekündigt werden kann. Als Konkretisierung dieses Rechtsgrundsatzes hat § 626 Vorrang vor § 314. Dasselbe gilt für das Verhältnis zum Rücktrittsrecht nach §§ 323, 324. Hingegen wird das Recht zur Anfechtung durch § 626 nicht berührt (BAG NZA-RR 12, 43, 46). § 626 gilt für alle Dienstverträge, also sowohl Dienstverträge über selbstständige Tätigkeiten als auch Arbeitsverhältnisse. Für ein Berufsausbildungsverhältnis ist als Sonderregelung § 22 II–IV BBiG, für einen Handelsvertretervertrag § 89 a HGB zu beachten.
2 **II. 1. Voraussetzungen** der außerordentlichen fristlosen Kündigung:
3 a) Die **Kündigungserklärung** muss den Willen zur außerordentlichen Kündigung **unmissverständlich** zum Ausdruck bringen. Kündigt der Arbeitgeber nicht fristlos, sondern gewährt er eine soziale Auslauffrist (vgl Rn 10), so muss er deutlich machen, dass gleichwohl eine außerordentliche Kündigung gewollt ist (zur Auslegung einer Kündigungserklärung BAG AP Nr 55 zu § 4 KSchG 1969 mAnm Schreiber).
4 b) Gem Abs 2 S 1 muss der Kündigende eine Frist v zwei Wochen einhalten. Die Frist beginnt, sobald der Kündigungsberechtigte diejenigen Tatsachen sicher kennt, die für die Kündigung maßgeblich sind (Abs 2 S 2). Ist der Grund für die Kündigung der Verdacht einer Straftat (**Verdachtskündigung**), ist die Zwei-Wochen-Frist ebenfalls zu beachten. Sobald der Kündigungsberechtigte Tatsachen kennt, die ihn zur Verdachtskündigung berechtigen (dazu Rn 5), beginnt die Frist des Abs 2 S 1. Eine Kündigung, die nach Ablauf der zwei Wochen erklärt wird, ist unwirksam. Liegen mehrere Kündigungsgründe vor, ist die Frist für jeden Kündigungsgrund einzeln zu berechnen. Ist sie

aber für einen der Gründe gewahrt, können später aufgedeckte Gründe nachgeschoben werden (Jauernig/Mansel § 626 Rn 19).

c) Ob die **außerordentliche Kündigung** berechtigt ist, wird durch eine **zweistufige Prüfung** ermittelt (BAG NZA 10, 1227, 1229; 13, 28 mwN; kritisch jedoch MK/Henssler § 626 Rn 76 ff). Zunächst muss – abstrakt betrachtet – ein **an sich geeigneter wichtiger Grund** für eine außerordentliche Kündigung vorliegen (Rn 6). Im zweiten Prüfungsschritt werden sodann **besondere Umstände des Einzelfalls** berücksichtigt und die jeweiligen Interessen der Vertragsparteien abgewogen (Rn 7).

aa) Es muss ein **wichtiger Grund** vorliegen, der grds geeignet ist, eine außerordentliche Kündigung zu rechtfertigen. Dafür sind Tatsachen erforderlich, aufgrund derer dem Kündigenden unter Berücksichtigung aller Umstände des Einzelfalls und unter Abwägung der beiderseitigen Interessen die Fortsetzung des Dienstverhältnisses bis zum Ablauf der Kündigungsfrist oder bis zur vereinbarten Beendigung des Dienstverhältnisses nach Treu und Glauben nicht mehr zugemutet werden kann (BGH NJW 93, 463, 464). Als wichtige Gründe **für den Dienstberechtigten** kommen zB in Betracht: Verschulden des Dienstverpflichteten bei Vertragsschluss, wiederholte Unpünktlichkeit, Straftaten, Vortäuschen v Erkrankungen, im **Arbeitsverhältnis** ferner beharrliche Arbeitsverweigerung, Urlaubsüberschreitung, sexuelle Belästigung am Arbeitsplatz, Verrat v Betriebsgeheimnissen (vgl eingehend MK/Henssler § 626 Rn 128 ff; Schulte Westenberg NZA-RR 12, 169). Auch diese Umstände genügen wegen des Ultima-ratio-Prinzips für außerordentliche Kündigungen aber nur, wenn mildere Mittel (zB Versetzung, ordentliche Kündigung) dem Arbeitgeber unmöglich oder unzumutbar sind. Bei verhaltensbedingten Gründen ist zusätzlich idR eine vorherige Abmahnung durch den Arbeitgeber erforderlich (MK/Henssler § 626 Rn 89 ff). Wichtige Gründe **für den Dienstverpflichteten** sind zB erhebliche Lohnrückstände, die Verletzung v Fürsorgepflichten, ferner Beleidigungen oder Verdächtigungen (vgl eingehend MK/Henssler § 626 Rn 267 ff).

bb) Da es keinen absoluten wichtigen Kündigungsgrund gibt (BAG NJW 11, 167), ist eine **Interessenabwägung** vorzunehmen. Anhand der besonderen Umstände des Einzelfalls und va unter Berücksichtigung der vertragsbezogenen Interessen der Parteien wird entschieden, ob der wichtige Grund auch im konkreten Fall die außerordentliche Kündigung rechtfertigt (beispielhaft zu einer Beleidigung LAG Mecklenburg-Vorpommern BeckRS 10, 71595). Entscheidend ist ein objektiver Maßstab. Einfließen können in die Beurteilung beispielsweise die betrieblichen oder wirtschaftlichen Auswirkungen eines Fehlverhaltens, der Grad des Verschuldens und die Dauer der Betriebszugehörigkeit (vgl eingehend ErfK/Müller-Glöge § 626 Rn 42 ff).

cc) Besondere – auch mediale – Aufmerksamkeit haben in letzter Zeit die sog Bagatellkündigungen erhalten. Die Rspr hatte sich beispielsweise mit Kündigungen zu beschäftigen, die ausgesprochen wurden wegen des Einlösens von Pfandbons im Wert von 1,30 Euro (BAG NZA 10, 1227 – „Emmely"- mAnm Walker NZA 11, 1), wegen des unerlaubten Aufladens eines Elektrorollers (LAG Hamm BB 10, 2300: Schaden ca 1,8 ct) und wegen des Verzehrs von Frikadellen (LAG Hamm BB 10, 2884). Diese Handlungen eines Arbeitnehmers sind grds geeignet, eine außerordentliche Kündigung zu rechtfertigen. Unbillige Ergebnisse lassen sich aber im Rahmen einer umfassenden Interessenabwägung verhindern. So ist zu prüfen, ob die sofortige Auflösung des Vertragsverhältnisses eine angemessene Reaktion auf die Pflichtverletzung darstellt. Insb bei langjährigen Arbeitsverhältnissen ist bei Straftaten gegen das Vermögen des Arbeitgebers idR eine vorherige Abmahnung erforderlich (BAG NZA 10, 1227).

d) Der Kündigende muss dem anderen Teil auf Verlangen den Kündigungsgrund unverzüglich schriftlich mitteilen (**Begründungspflicht**; Abs 2 S 3). Dabei handelt es sich aber nicht um eine Wirksamkeitsvoraussetzung der Kündigung. Begründet der Kündigende seine Kündigung nicht, macht er sich allenfalls schadensersatzpflichtig (vgl eingehend MK/Henssler § 626 Rn 66 f).

e) Ist eine **außerordentliche Kündigung unwirksam**, weil kein wichtiger Grund vorliegt, kann sie in eine ordentliche Kündigung umgedeutet (§ 140) werden. Die Umdeutung erfolgt durch das Gericht v Amts wegen. Ein Antrag ist nicht erforderlich, so dass die

Umdeutung auch iR eines Versäumnisverfahrens (§§ 330 ff ZPO) zu berücksichtigen ist (Bamberger/Roth/Fuchs § 626 Rn 51). Auf das Fehlen des wichtigen Grundes kann sich regelmäßig nur der Kündigungsgegner berufen, nicht hingegen der Kündigende selbst (BAG NZA 09, 840; vgl auch § 623 Rn 1).

10 **2. a)** Eine berechtigte außerordentliche Kündigung führt regelmäßig zur Auflösung des Dienstverhältnisses mit sofortiger Wirkung. Va im **Arbeitsrecht** ist jedoch die außerordentliche Kündigung mit Auslauffrist verbreitet. Wichtigster Anwendungsfall ist die sog Orlando-Kündigung (Kündigung eines aufgrund Gesetzes oder Tarifvertrags ordentlich nicht kündbaren Arbeitnehmers; dazu Bröhl, FS Schaub, S 55). Zu Vergütungs- und Schadensersatzansprüchen vgl § 628.

11 **b)** Das Recht des Dienstberechtigten zur außerordentlichen Kündigung kann dahin eingeschränkt werden, dass es nur v ihm persönlich ausgeübt werden darf. IÜ sind Ausweitungen oder Einschränkungen des außerordentlichen Kündigungsrechts unzulässig, dem zuwiderlaufende Vereinbarungen nach § 134 unwirksam (Bamberger/Roth/Fuchs § 626 Rn 2).

§ 627 Fristlose Kündigung bei Vertrauensstellung

(1) Bei einem Dienstverhältnis, das kein Arbeitsverhältnis im Sinne des § 622 ist, ist die Kündigung auch ohne die in § 626 bezeichnete Voraussetzung zulässig, wenn der zur Dienstleistung Verpflichtete, ohne in einem dauernden Dienstverhältnis mit festen Bezügen zu stehen, Dienste höherer Art zu leisten hat, die auf Grund besonderen Vertrauens übertragen zu werden pflegen.
(2) ¹Der Verpflichtete darf nur in der Art kündigen, dass sich der Dienstberechtigte die Dienste anderweit beschaffen kann, es sei denn, dass ein wichtiger Grund für die unzeitige Kündigung vorliegt. ²Kündigt er ohne solchen Grund zur Unzeit, so hat er dem Dienstberechtigten den daraus entstehenden Schaden zu ersetzen.

1 **I.** Für Dienstverhältnisse, die v einer **besonderen Vertrauensstellung** des Dienstverpflichteten ggü dem Dienstberechtigten geprägt sind, erleichtert die Vorschrift die außerordentliche fristlose Kündigung ggü § 626, indem sie auf das Vorliegen eines wichtigen Grundes verzichtet. Auch diese Bestimmung hat – wie § 626 selbst (s dort Rn 1) – Vorrang ggü § 314.

2 **II. 1.** Voraussetzung des Kündigungsrechts ist, dass der Dienstverpflichtete, ohne in einem dauernden Dienstverhältnis mit festen Bezügen zu stehen, **Dienste höherer Art** zu leisten hat, die aufgrund **besonderen Vertrauens** übertragen zu werden pflegen. Dienste höherer Art zeichnen sich dadurch aus, dass die Tätigkeit ein überdurchschnittliches Maß an Fachkenntnissen erfordert. Gleichfalls von Bedeutung sind besondere Kunstfertigkeit, wissenschaftliche Bildung und hohe geistige Phantasie. IdR verleihen höhere Dienste dem Dienstverpflichteten eine herausgehobene Stellung (zu den Kriterien ausf ErfK/Müller-Glöge § 627 Rn 5). Diese Voraussetzungen werden beispielsweise von einem Arzt (BGH NJW 11, 1674), Rechtsanwalt, Steuerberater, Wirtschaftsprüfer (vgl MK/Henssler § 627 Rn 18 ff) oder Partnerschaftsvermittler (BGH NJW 10, 150) erfüllt, dagegen nicht von einem Hausverwalter (LAG Hamburg, Urt v 15.10.10 – 14 U 141/10). Auch ein Boxvermittler soll keine höheren Dienste leisten, weil der Zeitraum für die Karriere eines Boxers eingeschränkt sei (LG Kleve Urt v 16.3.10 – 3 U 15/10). Nach Abs 1 ist die Vorschrift auf Arbeitsverhältnisse nicht anwendbar.

3 **2.** Der Dienstverpflichtete darf **nicht zur Unzeit** kündigen (Abs 2 S 1). Nur wenn ein wichtiger Grund vorliegt, ist die Kündigung zulässig, selbst wenn der Dienstberechtigte sich die Dienste nicht anderweit beschaffen kann. Ein wichtiger Grund idS muss die gleichen Anforderungen erfüllen wie bei § 626 (jurisPK/Weth § 627 Rn 12; aA Palandt/Weidenkaff § 627 Rn 7: rechtfertigender Grund genüge). Bei Verstoß gegen Abs 2 S 1 ist die Kündigung zwar nicht unwirksam (Palandt/Weidenkaff § 627 Rn 7), jedoch macht sich der Dienstverpflichtete **schadensersatzpflichtig** (Abs 2 S 2). Zu ersetzen ist

der Vertrauensschaden (ErfK/Müller-Glöge § 627 Rn 7). Der Dienstberechtigte ist nicht durch Abs 2 beschränkt.

3. **Rechtsfolge** der berechtigten fristlosen Kündigung ist die **Auflösung** des Dienstverhältnisses **mit sofortiger Wirkung**. Zu Vergütungs- und Schadensersatzansprüchen vgl § 628.

4. Das Kündigungsrecht kann durch AGB nicht wirksam ausgeschlossen werden. Ein solcher Ausschluss verstößt gegen § 307 II Nr 1 (BGH NJW 10, 1520, 1522 mwN). Versuche, das Kündigungsrecht mittelbar auszuschließen – zB durch willkürliche Gewichtung der Vertragsbestandteile –, sind ebenfalls unzulässig (BGH aaO). Im Übrigen ist § 627 dispositiv, so dass eine einzelvertragliche Abbedingung möglich ist (Palandt/Weidenkaff § 627 Rn 5; str beim Partnerschaftsvermittlungsvertrag [Staud/Preis § 626 Rn 6 mwN]). Der Ausschluss muss in der vertraglichen Regelung klar und eindeutig zum Ausdruck kommen. Daher reicht es nicht aus, eine feste Vertragslaufzeit zu vereinbaren (MK/Henssler § 627 Rn 36).

§ 628 Teilvergütung und Schadensersatz bei fristloser Kündigung

(1) ¹Wird nach dem Beginn der Dienstleistung das Dienstverhältnis auf Grund des § 626 oder des § 627 gekündigt, so kann der Verpflichtete einen seinen bisherigen Leistungen entsprechenden Teil der Vergütung verlangen. ²Kündigt er, ohne durch vertragswidriges Verhalten des anderen Teiles dazu veranlasst zu sein, oder veranlasst er durch sein vertragswidriges Verhalten die Kündigung des anderen Teiles, so steht ihm ein Anspruch auf der Vergütung insoweit nicht zu, als seine bisherigen Leistungen infolge der Kündigung für den anderen Teil kein Interesse haben. ³Ist die Vergütung für eine spätere Zeit im Voraus entrichtet, so hat der Verpflichtete sie nach Maßgabe des § 346 oder, wenn die Kündigung wegen eines Umstands erfolgt, den er nicht zu vertreten hat, nach den Vorschriften über die Herausgabe einer ungerechtfertigten Bereicherung zurückzuerstatten.

(2) Wird die Kündigung durch vertragswidriges Verhalten des anderen Teiles veranlasst, so ist dieser zum Ersatz des durch die Aufhebung des Dienstverhältnisses entstehenden Schadens verpflichtet.

I. Die Vorschrift regelt die **Abwicklung** der durch **außerordentliche Kündigung** beendeten Dienstverhältnisse. Str ist die analoge Anwendbarkeit der Norm auf andere Fälle der Beendigung eines Dienstverhältnisses. Wegen der Vergleichbarkeit der Interessenlage besteht sowohl der Teilvergütungsanspruch aus Abs 1 als auch der Schadensersatzanspruch aus Abs 2, wenn nicht außerordentlich gekündigt, sondern ein **Aufhebungsvertrag** geschlossen wird (vgl ErfK/Müller-Glöge § 628 Rn 6, 28; diff MK/Henssler § 628 Rn 6, 61: Abs 2 analog anwendbar, Abs 1 hingegen nicht). Im Falle einer **ordentlichen Kündigung** kann allerdings nur Abs 2 analog angewendet werden, weil hins des Vergütungsanspruchs keine Regelungslücke vorliegt. Hier ergibt sich der Teilvergütungsanspruch aus § 612. Für die vorzeitige Beendigung eines Berufsausbildungsverhältnisses nach einer Probezeit gilt als Sonderregelung § 23 BBiG.

II. 1. Mit dem **Teilvergütungsanspruch** (Abs 1) erhält der Dienstverpflichtete den Teil der Vergütung, der seinen bisherigen Leistungen entspricht (pro rata temporis). Hat der Dienstverpflichtete selbst ohne wichtigen Grund gekündigt oder durch sein vertragswidriges Verhalten die Kündigung des Dienstberechtigten veranlasst, besteht der Teilvergütungsanspruch nicht, wenn die bisherigen Leistungen für den Dienstberechtigten wertlos geworden sind (Abs 1 S 2). Die Leistung muss in der Weise nutzlos geworden sein, dass der Dienstberechtigte sie nicht mehr wirtschaftlich verwerten kann. Das ist zB der Fall, wenn ein Rechtsanwalt das Mandat vor Abschluss eines Verfahrens kündigt und die Partei einen neuen Anwalt beauftragt, um vor Gericht ordnungsgemäß vertreten zu sein. Die bereits erbrachten Leistungen haben dann für die Partei keinen Wert mehr (BGH NJW-RR 12, 294, 295). Zweifelhaft ist die Anwendung des Abs 1, wenn die Dienstleistung vollständig erbracht, aber mangelhaft ausgeführt worden ist (zu einer zahnärztlichen Fehlbehandlung OLG Frankfurt BeckRS 10, 21935; im Übbl

Teumer VersR 09, 333). Schließlich regelt Abs 1 S 3 die Rückabwicklung, wenn der Dienstberechtigte – entgg der Grundregel des § 614 – das Entgelt vor Leistung der Dienste gezahlt hat. Der Rückzahlungsumfang richtet sich danach, ob der Dienstverpflichtete den Umstand, der zur außerordentlichen Kündigung berechtigt, iSd § 276 zu vertreten hat. Diese Unterscheidung ist relevant, weil sich der nach Bereicherungsrecht Verpflichtete auf den Wegfall der Bereicherung (§ 818 III) berufen kann. Dieser Entreicherungseinwand steht nur demjenigen zu, der den Kündigungsgrund nicht zu vertreten hat. Andernfalls richtet sich die Rückabwicklung nach § 346.

3 **2.** Der **Schadensersatzanspruch** des Kündigenden (Abs 2) setzt ein schuldhaft vertragswidriges Verhalten (sog **Auflösungsverschulden**) des anderen Teils voraus. Ggü Ansprüchen aus § 280 und §§ 823 ff ist § 628 II vorrangig, soweit es um Schäden wegen der Auflösung des Dienstverhältnisses geht. § 89 a HGB geht dagegen § 628 II vor. Das Auflösungsverschulden muss die Bedeutung eines wichtigen Grundes iSd § 626 I aufweisen; eine nur geringfügige schuldhafte Vertragsverletzung vermag den Schadensersatzanspruch nicht zu rechtfertigen (BAG NZA 02, 325, 326). Der Anspruch entfällt, wenn auch der Kündigungsempfänger aus wichtigem Grund hätte kündigen können (BGHZ 44, 271, 277 f). Der Anspruchsberechtigte ist nach §§ 249, 252 so zu stellen, wie er bei Fortbestehen des Dienstverhältnisses gestanden hätte (Erfüllungsinteresse). Der Dienstberechtigte kann daher zB Geschäftsverluste oder die höheren Kosten für eine Ersatzkraft, der Dienstverpflichtete entgangenes Entgelt verlangen (Jauernig/Mansel § 628 Rn 6). Zusätzlich steht demjenigen **Arbeitnehmer**, der grds den Schutz des KSchG genießt, iR des § 628 II eine den §§ 9, 10 KSchG entspr Abfindung zu. Denn dieser Arbeitnehmer verzichtet durch die eigene Kündigung auf den Bestandsschutz nach dem KSchG und erfährt insoweit einen zusätzlichen wirtschaftlichen Verlust (BAG NZA 02, 325, 330).

§ 629 Freizeit zur Stellungssuche

Nach der Kündigung eines dauernden Dienstverhältnisses hat der Dienstberechtigte dem Verpflichteten auf Verlangen angemessene Zeit zum Aufsuchen eines anderen Dienstverhältnisses zu gewähren.

1 **I. 1.** Infolge seiner Fürsorgepflicht aus einem **dauernden Dienst- oder Arbeitsverhältnis** (dazu §§ 617–619 Rn 4) muss der Dienstberechtigte dem Dienstverpflichteten nach der **Kündigung** auf Verlangen angemessene Zeit zur Stellensuche gewähren (ausf Laber/Gerdom ArbRB 10, 255). Auszubildende können sich wegen der Verweisungsnorm in § 10 II BBiG auf § 629 berufen. Die Vorschrift findet keine Anwendung auf Probe- und Aushilfsarbeitsverhältnisse (ErfK/Müller-Glöge § 629 Rn 2; str). Dem Dienstverpflichteten soll es ermöglicht werden, möglichst unmittelbar im Anschluss an das alte Dienstverhältnis eine neue Beschäftigung aufzunehmen. Aus diesem Grund besteht – über den Wortlaut der Norm hinaus – ein Freistellungsanspruch auch bei einem befristeten oder bedingten, aber gleichwohl dauerhaften Dienstverhältnis. Der Zeitpunkt, in dem der Anspruch in diesem Fall entsteht, ist allerdings mitunter schwierig zu bestimmen (vgl ErfK/Müller-Glöge § 629 Rn 3).

2 **2.** Nach § 629 BGB geht es um die **Freistellung für eine angemessene Zeit**. Die Konkretisierung im Einzelfall obliegt dem Dienstberechtigten nach § 315 (Erman/Belling § 629 Rn 5). Entscheidend ist stets der Sinn und Zweck des § 629 (Rn 1). Die Zeit muss ausreichend und geeignet sein, um einen potentiellen neuen Dienstberechtigten oder die Arbeitsagentur aufzusuchen (zur Möglichkeit der Freistellung bei Qualifizierungsmaßnahmen AnwK-ArbR/Düwell § 629 Rn 18 mwN). Im Arbeitsrecht wird der Begriff der „angemessenen Zeit" häufig durch kollektivrechtliche Vereinbarungen konkretisiert.

3 **3.** Die Freizeit muss **auf Verlangen gewährt** werden. Eine eigenmächtige Durchsetzung des Anspruchs durch den Dienstverpflichteten („**Selbstbeurlaubung**") ist **nicht** v § 629 gedeckt (ErfK/Müller-Glöge § 629 Rn 8 mwN; str). Selbst wenn die Freistellung zu Unrecht verweigert wird, stellt die Selbstbeurlaubung grds einen Grund für eine außerordentliche Kündigung dar.

4. Der Dienstverpflichtete behält in der Freistellungszeit seinen **Anspruch auf Vergü-** 4
tung (Jauernig/Mansel § 629 Rn 3). Dieser Anspruch ergibt sich allerdings nicht direkt
aus § 629, sondern aus § 616 (BAG AP Nr 41 zu § 616; str). Nach dieser Vorschrift
besteht ein Vergütungsanspruch für eine verhältnismäßig nicht erhebliche Zeit. Dieser
Zeitraum stimmt nicht zwingend mit der Zeit der Freistellung nach § 629 BGB („angemessene Zeit") überein (dazu ErfK/Müller-Glöge § 629 Rn 11).
II. Der Freistellungsanspruch steht nicht zur Disposition der Parteien. Zulässig ist je- 5
doch die einzel- oder tarifvertragliche Konkretisierung der als angemessen anzusehenden Zeit. Zudem ist der Vergütungsanspruch aus § 616 abdingbar (BAG NJW 57,
1292; 60, 1686).

§ 630 Pflicht zur Zeugniserteilung

¹Bei der Beendigung eines dauernden Dienstverhältnisses kann der Verpflichtete von
dem anderen Teil ein schriftliches Zeugnis über das Dienstverhältnis und dessen Dauer
fordern. ²Das Zeugnis ist auf Verlangen auf die Leistungen und die Führung im Dienst
zu erstrecken. ³Die Erteilung des Zeugnisses in elektronischer Form ist ausgeschlossen.
⁴Wenn der Verpflichtete ein Arbeitnehmer ist, findet § 109 der Gewerbeordnung Anwendung.

I. 1. Der Dienstverpflichtete kann die Ausstellung eines Zeugnisses über die Art des 1
Dienstverhältnisses und dessen Dauer verlangen (S 1; **einfaches Zeugnis**, Arbeitsbescheinigung). Auf Wunsch des Dienstverpflichteten ist das Zeugnis auch auf die Leistungen und die dienstliche Führung des Dienstverpflichteten zu erstrecken (S 2; **qualifiziertes Zeugnis**). Der Dienstverpflichtete kann frei wählen, ob er ein einfaches oder ein
qualifiziertes Zeugnis verlangt. Mit Ausübung seines Wahlrechts beschränkt sich die
Verpflichtung des Dienstberechtigten auf die gewählte Form (vgl § 263 Abs 2).
2. Das Zeugnis dient zwei – mitunter gegenläufigen – Interessen. Zum einen soll sich 2
der zukünftige Dienstberechtigte ein möglichst wahrheitsgetreues Bild v beruflichen
Werdegang des Bewerbers machen können. Zum anderen hat das Zeugnis die Funktion, dem Dienstverpflichteten das berufliche Weiterkommen zu erleichtern. Vor dem
Hintergrund sind die inhaltlichen Anforderungen an das Zeugnis zu bestimmen: Bei
der Abfassung des Zeugnisses hat der Dienstberechtigte den **wohlwollenden Maßstab**
eines verständigen Arbeitgebers anzulegen, der seine Grenzen in der **Wahrheitspflicht** des Dienstberechtigten findet (MK/Henssler § 630 Rn 33 ff). Im Einzelfall liegt
an dieser Stelle ein hohes Konfliktpotential. Die formellen Anforderungen sind regelmäßig unproblematisch: Das Zeugnis ist nach S 1 in schriftlicher Form (§ 126 I) zu erteilen. Eine Erteilung in elektronischer Form (§ 126 a I) ist ausgeschlossen (S 3). Eine
besondere Kennzeichnung als „Zeugnis" ist nicht erforderlich. Der Anspruch auf
Zeugniserteilung stellt grds eine Holschuld dar (BAG AP Nr 21 zu § 630). Die Pflicht,
das Zeugnis zu übersenden, besteht nur, wenn die Abholung mit unverhältnismäßigen
Kosten verbunden wäre (§ 242; vgl LAG Schleswig-Holstein AuA 10, 553 zu § 109
GewO).
3. Der Anwendungsbereich des § 630 ist beschränkt auf **dauernde Dienstverhältnisse,** 3
die keine Arbeitsverhältnisse sind (S 4; zum Begriff des dauernden Dienstverhältnisses
§§ 617-619 Rn 4). Hierzu zählen auch Dienstverhältnisse v arbeitnehmerähnlichen Personen und Heimarbeitern. Der **Zeugnisanspruch des Arbeitnehmers** ergibt sich aus
§ 109 GewO iVm § 630 S 4 (umf Löw NJW 05, 3605). Für Auszubildende gilt § 16
BBiG. Dienstverpflichtete, die einen freien Beruf ausüben, haben regelmäßig überhaupt
keinen Zeugnisanspruch (ErfK/Müller-Glöge § 630 Rn 2).
4. § 630 ist während eines bestehenden Dienstverhältnisses zwingendes Recht und 4
nicht abdingbar (MK/Henssler § 630 Rn 5, 58). Nach dem Ende der Beschäftigung ist
ein Verzicht unter strengen Anforderungen jedoch möglich (str). Va muss der Ver-
zichtswille in der Erklärung unmissverständlich zum Ausdruck kommen (Erman/
Belling § 630 Rn 21).

5 **II.** Ein **mangelhaftes Zeugnis** stellt keine Erfüllung des Zeugnisanspruchs dar. Der Dienstverpflichtete kann in diesem Fall ein neues Zeugnis verlangen. Die Zwangsvollstreckung eines Urteils auf Erteilung eines (mangelfreien) Zeugnisses richtet sich nach § 888 ZPO (ausf Ostermaier FA 09, 297). Neben dem Erfüllungsanspruch kommt unter den Voraussetzungen des § 280 I iVm § 241 II ein Schadensersatzanspruch in Betracht. Eine verspätete Zeugniserteilung kann beispielsweise Grundlage eines solchen Schadensersatzanspruchs sein (LAG Schleswig-Holstein AuA 10, 553 zu § 109 GewO). Verlässt sich der neue Dienstberechtigte auf den Inhalt eines unrichtigen Zeugnisses, besteht für ihn die Möglichkeit, aus § 826 gegen den Zeugnisaussteller vorzugehen (MK/Henssler § 630 Rn 72 ff). Die Voraussetzungen des § 826 werden allerdings selten erfüllt sein. Allein der Umstand, dass ein Zeugnis eine objektiv unrichtige Leistungsbeurteilung enthält, reicht regelmäßig nicht aus (LAG Nürnberg AuR 19, 83).

6 **III.** Mitunter besteht schon in einem ungekündigten Dienstverhältnis das Bedürfnis nach einem Arbeitszeugnis. Der Anspruch auf Ausstellung eines Zwischenzeugnisses folgt allerdings nicht aus § 630, sondern aus der Fürsorgepflicht des Dienstberechtigten. Voraussetzung ist stets ein berechtigtes Interesse des Dienstverpflichteten (ausf MK/Henssler § 630 Rn 18). Ein solches Interesse wird regelmäßig anzunehmen sein, wenn die Beendigung des Dienstverhältnisses bereits in Aussicht gestellt wurde.

Untertitel 2
Behandlungsvertrag

Vorbemerkungen zu §§ 630a-630h

1 **I.** Die §§ 630 a–630 h wurden neu eingefügt durch das Gesetz zur Verbesserung der Rechte von Patientinnen und Patienten vom 20.2.13 (BGBl I S 277), in Kraft seit dem 26.2.13. Es kodifiziert den bisher im Dienstvertragsrecht nicht ausdrücklich geregelten **Behandlungsvertrag** durch Übernahme der in diesem Bereich bis dahin geltenden richterrechtlichen Grundsätze (BT-Drucks 17/10488, 9; zur Historie Spickhoff VersR 13, 267 f).

2 **II.** Ziele des Gesetzes sind die Schaffung von Transparenz und Rechtssicherheit für Patientinnen und Patienten sowie die Beseitigung von Unsicherheiten, die sich aus der bisherigen Rspr ergeben haben (BT-Drucks 17/10488, 9).

§ 630 a Vertragstypische Pflichten beim Behandlungsvertrag

(1) Durch den Behandlungsvertrag wird derjenige, welcher die medizinische Behandlung eines Patienten zusagt (Behandelnder), zur Leistung der versprochenen Behandlung, der andere Teil (Patient) zur Gewährung der vereinbarten Vergütung verpflichtet, soweit nicht ein Dritter zur Zahlung verpflichtet ist.
(2) Die Behandlung hat nach den zum Zeitpunkt der Behandlung bestehenden, allgemein anerkannten fachlichen Standards zu erfolgen, soweit nicht etwas anderes vereinbart ist.

1 **I. 1.** Durch die Schaffung des **Untertitels 2** innerhalb des Dienstvertragsrechts wird der Behandlungsvertrag grds als Dienstvertrag charakterisiert. Dies entspricht der bisherigen Ansicht in der Rspr und der überwiegenden Literatur (BGH NJW 80, 1452, 1453; MK/Müller-Glöge § 611 Rn 79 ff mwN; aA vGierke, Deutsches Privatrecht III, S 593).

2 **2.** Vertragsinhalt ist die **versprochene Behandlung**. Darunter ist die Heilbehandlung zu verstehen (BT-Drucks 17/10488, 17). Ausweislich der Gesetzesbegründung fallen darunter neben der Diagnose auch die Therapie sowie sämtliche Maßnahmen und Eingriffe am Körper einer natürlichen Person mit dem Zweck, Krankheiten, Leiden, Körperschäden, körperliche Beschwerden oder seelische Störungen nicht krankhafter Natur zu verhüten, zu erkennen, zu heilen oder zu lindern. Ebenfalls erfasst sind Eingriffe, die, wie etwa eine Schönheitsoperation, lediglich kosmetischen Zwecken dienen.

3. Abzugrenzen ist der Behandlungsvertrag vom **Werkvertrag**. Er ist dann anzuneh- 3
men, wenn die Parteien vereinbaren, dass mit der Behandlung ein bestimmter Behandlungs- oder medizinischer Erfolg geschuldet ist (BT-Drucks 17/10488, 17; Olzen/Kaya JURA 13, 661, 662; A. Schneider JuS 13, 104 f; Spickhoff VersR 13, 268 f; MK/Müller-Glöge § 611 Rn 79 ff). In diesem Fall gelten die Regelungen der §§ 631 ff.

II. 1. § 630 a I definiert den **Behandelnden** als denjenigen, der die medizinische Be- 4
handlung eines Patienten zusagt. Als Behandelnde sind sämtliche Angehörige von Heilberufen (etwa Ärzte, Psychologen), Gesundheitsfachberufen (zB Hebammen, Physiotherapeuten, Masseure) sowie Heilpraktiker zu qualifizieren. Apotheker und Veterinärmediziner fallen nicht unter diesen Begriff (BT-Drucks 17/10488, 18). Der die Behandlung Zusagende und der sie tatsächlich Durchführende werden häufig identisch sein, müssen es jedoch nicht. Sie fallen zB auseinander, wenn eine Praxisgemeinschaft, ein Krankenhausbetreiber, ein medizinisches Versorgungszentrum usw die Behandlung zusagt und eine natürliche Person sie anschließend ausführt. Abzustellen ist insoweit auf die konkrete Vertragsgestaltung (BT-Drucks 17/10488, 18; zu den Formen des Krankenhausvertrags zB Preis/A. Schneider NZS 13, 281, 282).

2. Patient ist diejenige Vertragspartei, die mit dem Behandelnden den Vertrag schließt. 5
Unerheblich ist, wie der Patient krankenversichert ist (BT-Drucks 17/10488, 18 f). Somit ist auch der gesetzlich Versicherte Patient nach dieser Vorschrift, selbst wenn er wegen der Übernahme durch die gesetzliche Krankenkasse keine Vergütung schuldet (u Rn 9). Dies kommt im Gesetz durch Abs 1 HS 2 zum Ausdruck.

III. Die Vorschrift regelt ferner die aus dem Behandlungsvertrag resultierenden **Haupt-** 6
pflichten der Vertragsparteien.

1. Die **Hauptpflicht des Behandelnden** besteht gem Abs 1 in der Leistung der verspro- 7
chenen und zugesagten Heilbehandlung. Er hat nach Abs 2 die **allgemein anerkannten fachlichen Standards** zu beachten, die zum Zeitpunkt der Behandlung bestehen, soweit nicht etwas anderes vereinbart ist. Für Ärzte ist der jeweilige aktuelle Stand der naturwissenschaftlichen Erkenntnisse und ärztlichen Erfahrung maßgebend. Abzustellen ist regelmäßig auf die aktuellen wissenschaftlichen Leitlinien von entsprechenden Fachgesellschaften, bei Fachärzten auf den jeweiligen Facharztstandard (BGH NJW 96, 780; Spickhoff VersR 13, 271; BT-Drucks 17/10488, 19). Angehörige der Gesundheitsfachberufe haben die medizinischen Sorgfaltsanforderungen und Standards der jeweiligen Berufsgruppe zu beachten. Bestehen keine allgemein anerkannten fachlichen Standards, ist die Sorgfalt eines vorsichtig und gewissenhaft handelnden Angehörigen der jeweiligen Berufsgruppe ausschlaggebend (BT-Drucks 17/10488, 19; Palandt/Weidenkaff § 630 a Rn 9). Vertragliche Abweichungen sind nach Abs 2 zulässig; sie ermöglichen zB die Vereinbarung neuer Behandlungsmethoden („Neulandverfahren"; Olzen/Kaya JURA 13, 661, 664).

Abs 2 HS 2 ermöglicht die **Vereinbarung** einer Behandlung, die von den allgemein an- 8
erkannten fachlichen Standards abweicht. Damit wird der Dispositionsbefugnis der Parteien Rechnung getragen und werden neue Behandlungsmethoden ermöglicht (dazu Olzen/Kaya JURA 13, 661, 664; o Rn 7).

2. Den Patienten trifft im Rahmen des Behandlungsvertrags lediglich die **Vergütungs-** 9
pflicht als Hauptpflicht. Sie entfällt jedoch, wenn er Mitglied einer gesetzlichen Krankenkasse ist. In diesem Fall richtet sich der Vergütungsanspruch des Behandelnden gegen die Krankenkasse, es sei denn, der Versicherte hat sich für die Kostenerstattung entschieden (vgl § 13 I, II SGB V; zu § 13 III a SGB V vgl Preis/A. Schneider NZS 13, 281, 284).

§ 630 b Anwendbare Vorschriften

Auf das Behandlungsverhältnis sind die Vorschriften über das Dienstverhältnis, das kein Arbeitsverhältnis im Sinne des § 622 ist, anzuwenden, soweit nicht in diesem Untertitel etwas anderes bestimmt ist.

1 I. Enthalten die §§ 630 a–630 h keine weitergehenden Regelungen, so sind die Vorschriften der §§ 611 ff anzuwenden.
2 Keine Berücksichtigung im Rahmen des Behandlungsvertrags finden hingegen diejenigen Vorschriften des Dienstvertragsrechts, die lediglich auf Dienstverträge in Form von **Arbeitsverträgen** Anwendung finden. Gegenstand des Vertrags ist das besondere **Beziehungsgeflecht** zwischen Patienten und Behandelndem. Arbeitsrechtliche Regelungen bleiben unberücksichtigt (BT-Drucks 17/10488, 21). Dementsprechend scheidet ein Rückgriff etwa auf die §§ 612 a, 619 a, 622, zudem auf die hier kuriosen Vorschriften der §§ 629, 630 aus (zu letzteren Preis/A. Schneider NZS 13, 281, 283).
3 II. Sind die §§ 611 ff auf den Behandlungsvertrag anwendbar, können die Vorschriften durch Parteiabrede **abgedungen** werden. Auch kann es vorkommen, dass die Grundsätze des Dienstvertragsrechts **hinter speziellen Regelungen** (etwa § 612 II iVm GOÄ bzw GOZ) **zurücktreten** müssen (BT-Drucks 17/10488, 20).

§ 630 c Mitwirkung der Vertragsparteien; Informationspflichten

(1) Behandelnder und Patient sollen zur Durchführung der Behandlung zusammenwirken.
(2) ¹Der Behandelnde ist verpflichtet, dem Patienten in verständlicher Weise zu Beginn der Behandlung und, soweit erforderlich, in deren Verlauf sämtliche für die Behandlung wesentlichen Umstände zu erläutern, insbesondere die Diagnose, die voraussichtliche gesundheitliche Entwicklung, die Therapie und die zu und nach der Therapie zu ergreifenden Maßnahmen. ²Sind für den Behandelnden Umstände erkennbar, die die Annahme eines Behandlungsfehlers begründen, hat er den Patienten über diese auf Nachfrage oder zur Abwendung gesundheitlicher Gefahren zu informieren. ³Ist dem Behandelnden oder einem seiner in § 52 Absatz 1 der Strafprozessordnung bezeichneten Angehörigen ein Behandlungsfehler unterlaufen, darf die Information nach Satz 2 zu Beweiszwecken in einem gegen den Behandelnden oder gegen seinen Angehörigen geführten Straf- oder Bußgeldverfahren nur mit Zustimmung des Behandelnden verwendet werden.
(3) ¹Weiß der Behandelnde, dass eine vollständige Übernahme der Behandlungskosten durch einen Dritten nicht gesichert ist oder ergeben sich nach den Umständen hierfür hinreichende Anhaltspunkte, muss er den Patienten vor Beginn der Behandlung über die voraussichtlichen Kosten der Behandlung in Textform informieren. ²Weitergehende Formanforderungen aus anderen Vorschriften bleiben unberührt.
(4) Der Information des Patienten bedarf es nicht, soweit diese ausnahmsweise aufgrund besonderer Umstände entbehrlich ist, insbesondere wenn die Behandlung unaufschiebbar ist oder der Patient auf die Information ausdrücklich verzichtet hat.

1 I. Abs 1 verpflichtet Behandelnden und Patienten zum einvernehmlichen Zusammenwirken bei der Behandlung. Die Vorschrift ist Ausfluss des dem Behandlungsvertrag zugrunde liegenden **Partnerschaftsgedankens** (BT-Drucks 17/10488, 21). Beide Parteien müssen notwendige Informationen austauschen und offenlegen sowie medizinisch notwendige Maßnahmen ermöglichen, vorbereiten und unterstützen. Kommt es zum Schadensfall und hat der Patient seine Mitwirkungspflicht verletzt, kann ihm dies als Mitverschulden nach § 254 angelastet werden (Jauernig/Mansel § 630 c Rn 1 f).
2 II. 1. Abs 2 S 1 dient der Kodifikation der von der Rspr entwickelten Grundsätze der „therapeutischen Aufklärung" oder auch der „Sicherungsaufklärung" (etwa BGH MedR 05, 226; weitergehend Spickhoff VersR 13, 273). Die Auflistung der verschiedenen zu erläuternden Umstände ist exemplarisch und nicht abschließend (Palandt/Weidenkaff § 630 c Rn 4). Vielmehr richten sich Art und Umfang der jeweiligen Aufklärung nach dem konkreten Einzelfall (BT-Drucks 17/10488, 21). Auf diese Weise soll der Heilungserfolg beim Patienten sichergestellt werden, indem er etwa auch darüber informiert wird, welche Maßnahmen nach der Behandlung zu treffen sind.
3 2. Abs 2 S 2 statuiert die Pflicht des Behandelnden, den Patienten über erkennbare **Behandlungsfehler** und **Organisationsfehler** (Spickhoff VersR 13, 273) zu informieren.

Sowohl eigene als auch fremde Behandlungsfehler werden von der Vorschrift erfasst. Diese Pflicht ist das Ergebnis der Abwägung der Interessen des Behandelnden am Schutz seiner Person und dem Interesse des Patienten an seiner Gesundheit. Abs 2 S 2 regelt zwei Fälle. Zum einen müssen Behandlungsfehler bei ausdrücklicher Nachfrage durch den Patienten offenbart werden. Zum anderen trifft den Behandelnden eine Offenbarungspflicht, wenn dies zur Abwendung von Gesundheitsgefahren für den Patienten erforderlich ist (BT-Drucks 17/10488, 21). Ein Verstoß dagegen stellt eine Pflichtverletzung iSv § 280 I BGB dar (Palandt/Weidenkaff § 630 a Rn 40). Darüber hinausgehende Informationspflichten hins vorliegender Behandlungsfehler treffen den Behandelnden nicht.

Informiert der Behandelnde den Patienten über einen eigenen Behandlungsfehler, darf 4 dies nach Abs 2 S 3 zu **Beweiszwecken** in einem Strafverfahren oder Verfahren nach dem OWiG nur mit Zustimmung des Behandelnden geschehen. Das ist Ausprägung des im Strafprozess herrschenden **nemo tenetur-Grundsatzes.**

III. Der Behandelnde ist gem Abs 3 S 1 verpflichtet, den Patienten zu informieren, 5 wenn er weiß, dass ein Dritter, in der Regel der gesetzliche oder private Krankenversicherung, die Behandlung nicht vollständig übernehmen wird. Die Pflicht wird vor allem bei sog individuellen Gesundheitsleistungen relevant (dazu Olzen/Kaya JURA 13, 661, 665), darüber hinaus bei Behandlungskosten, die nicht in den Leistungskatalog der gesetzlichen Krankenversicherung fallen. Voraussetzung ist, dass der Behandelnde positive Kenntnis von der Unsicherheit der Kostenübernahme hat oder sich aus den Umständen hinreichende Anhaltspunkte hierfür ergeben (BT-Drucks 17/10488, 22). In diesem Falle muss er den Patienten in Textform (§ 126 b) über die voraussichtlichen Kosten der Behandlung informieren. Verletzt der Arzt diese Pflicht, kann er seinen Vergütungsanspruch verlieren: Der Patient kann mit seinem Schadensersatzanspruch aufrechnen (§§ 388, 389), der durch die Pflichtverletzung des Arztes begründet wird (BGH NJW 00, 3429, 3431 f; Palandt/Weidenkaff § 630 c Rn 12). Die Informationspflicht dient dem Patientenschutz, indem sichergestellt werden soll, dass der Patient die **wirtschaftliche Tragweite** der Behandlung überschauen kann. Nach Abs 3 S 2 bleiben über das Textformerfordernis der Information nach dieser Vorschrift hinausgehende Formvorschriften unberührt. In Betracht kommen vor allem Formerfordernisse aus § 17 Abs 2 KHEntgG, § 3 Abs 1, § 18 VIII Nr 8 BMV-Ä.

IV. **Ausnahmen** von der Informationspflicht enthält Abs 4. Exemplarisch genannt wer- 6 den die unaufschiebbare Behandlung des Patienten (etwa im Notfall) sowie dessen freiwilliger Verzicht. Die Aufzählung ist nicht abschließend. Weitere Ausnahmen kommen in Betracht, so wenn erhebliche therapeutische Gründe entgegenstehen oder der Patient selbst Arzt ist und daher die Tragweite seiner Entscheidung beurteilen kann (BT-Drucks 17/10488, 23).

§ 630 d Einwilligung

(1) ¹Vor Durchführung einer medizinischen Maßnahme, insbesondere eines Eingriffs in den Körper oder die Gesundheit, ist der Behandelnde verpflichtet, die Einwilligung des Patienten einzuholen. ²Ist der Patient einwilligungsunfähig, ist die Einwilligung eines hierzu Berechtigten einzuholen, soweit nicht eine Patientenverfügung nach § 1901 a Absatz 1 Satz 1 die Maßnahme gestattet oder untersagt. ³Weitergehende Anforderungen an die Einwilligung aus anderen Vorschriften bleiben unberührt. ⁴Kann eine Einwilligung für eine unaufschiebbare Maßnahme nicht rechtzeitig eingeholt werden, darf sie ohne Einwilligung durchgeführt werden, wenn sie dem mutmaßlichen Willen des Patienten entspricht.

(2) Die Wirksamkeit der Einwilligung setzt voraus, dass der Patient oder im Fall des Absatzes 1 Satz 2 der zur Einwilligung Berechtigte vor der Einwilligung nach Maßgabe von § 630 e Absatz 1 bis 4 aufgeklärt worden ist.

(3) Die Einwilligung kann jederzeit und ohne Angabe von Gründen formlos widerrufen werden.

1 I. Das Erfordernis der **Einwilligung** trägt dem Umstand Rechnung, dass grds jede medizinische Maßnahme Auswirkungen auf Leben, Körper oder Gesundheit des Patienten haben kann. Es bezweckt die Wahrung des verfassungsrechtlich garantierten Selbstbestimmungsrechts des Patienten. Die Einwilligung ist Rechtfertigungsgrund, der im Zivilrecht vor allem für die Frage nach der Rechtswidrigkeit des Eingriffs im Schadensersatzrecht Bedeutung erlangen kann (vgl BT-Drucks 17/10488, 23)

2 II. 1. Der Behandelnde ist nach Abs 1 S 1 verpflichtet, vor Durchführung der medizinischen Behandlung die **Einwilligung** des Patienten einzuholen. Hierzu ist erforderlich, dass der Patient nach ordnungsgemäßer Aufklärung auf die **ausdrückliche und unmissverständliche Frage** durch den Behandelnden in die Behandlung **einwilligt**.

3 2. a) Ist der Patient selbst nicht in der Lage, in die Behandlung einzuwilligen, muss der Behandelnde die Einwilligung eines dazu **Berechtigten**, etwa des Vormunds, Betreuers, gesetzlichen Vertreters oder rechtsgeschäftlich Bevollmächtigten einholen. Das ist der Fall, wenn die Urteilskraft und das Einsichtsvermögen des Patienten nicht ausreichen, um die Tragweite der Aufklärung zu verstehen, Nutzen gegen Risiken der Behandlung abzuwägen und eine eigenverantwortliche Entscheidung zu treffen (BT-Drucks 17/10488, 23). Zur Einwilligungsfähigkeit Minderjähriger und zur Aufklärung Einwilligungsunfähiger sagt das Gesetz nichts (dazu zB Olzen/Metzmacher JR 12, 271, 275; Wagner VersR 12, 789, 793). Deswegen sollten starre Altersgrenzen (vgl §§ 104 Nr 1, 106, 828 II, III) letztendlich auch unbeachtet bleiben können (BT-Drucks 17/10488, 23); so ist Raum für eine flexible Handhabung gegeben.

4 b) Hat der Patient in einer **Patientenverfügung** nach § 1901 a I 1 bestimmte medizinische Behandlungen oder Maßnahmen gestattet oder untersagt, ist sie nach Abs 1 S 2 maßgebend. Die Wirksamkeit der Patientenverfügung setzt ihrerseits voraus, dass, soweit diese eine Einwilligung in eine bestimmte Behandlung enthält, der Patient zuvor ärztlich aufgeklärt wurde oder auf die Aufklärung ausdrücklich verzichtet hat (Jauernig/Mansel § 630 d Rn 4). Enthält die Patientenverfügung hingegen die Ablehnung einer bestimmten ärztlichen Behandlung, ist die Verfügung insoweit auch ohne vorherige Aufklärung wirksam (BT-Drucks 17/10488, 23). Darüber hinausgehende Anforderungen an die Einwilligung, die sich aus anderen Vorschriften ergeben (insb §§ 1904, 1905, 1906), bleiben nach Abs 1 S 3 unberührt.

5 c) Ist die Maßnahme **nicht aufschiebbar** und kann deswegen die Einwilligung des Patienten nicht mehr eingeholt werden, darf der Behandelnde sie nach Abs 1 S 4 auch dann durchführen, wenn dies dem **mutmaßlichen Willen** des Patienten entspricht. Dies kann etwa dann angenommen werden, wenn ein Aufschub mit einer Gefahr für Leben oder Gesundheit des Patienten einhergeht. Für die Bestimmung von dessen mutmaßlichem Willen dienen als Kriterien die persönlichen Umstände des Patienten sowie seine individuellen Interessen, Wünsche, Bedürfnisse und Wertvorstellungen (BGH NJW 77, 337, 338). Objektive Anhaltspunkte hingegen sind von zweitrangiger Bedeutung (BT-Drucks 17/10488, 24 mwN).

6 III. 1. Die Wirksamkeit der Einwilligung setzt gem Abs 2 voraus, dass der Patient oder ein zur Einwilligung Berechtigter zuvor nach § 630 e über sämtliche Umstände ordnungsgemäß aufgeklärt wurde, die für die Einwilligung von Belang sind. Ist dies nicht der Fall und führt der Behandelnde die Behandlung dennoch durch, kommt ein Schadensersatzanspruch in Betracht (Palandt/Weidenkaff § 630 d Rn 5).

7 2. Die wirksam erteilte Einwilligung kann nach Abs 3 **jederzeit** und **ohne Einhaltung einer bestimmten Form und ohne Angabe von Gründen** widerrufen werden. Die jederzeitige Widerrufbarkeit ist Ausfluss des Selbstbestimmungsrechts des Patienten (BT-Drucks 17/10488, 24).

§ 630 e Aufklärungspflichten

(1) [1]Der Behandelnde ist verpflichtet, den Patienten über sämtliche für die Einwilligung wesentlichen Umstände aufzuklären. [2]Dazu gehören insbesondere Art, Umfang, Durchführung, zu erwartende Folgen und Risiken der Maßnahme sowie ihre Notwendigkeit, Dringlichkeit, Eignung und Erfolgsaussichten im Hinblick auf die Diagnose

oder die Therapie. ³Bei der Aufklärung ist auch auf Alternativen zur Maßnahme hinzuweisen, wenn mehrere medizinisch gleichermaßen indizierte und übliche Methoden zu wesentlich unterschiedlichen Belastungen, Risiken oder Heilungschancen führen können.
(2) ¹Die Aufklärung muss
1. mündlich durch den Behandelnden oder durch eine Person erfolgen, die über die zur Durchführung der Maßnahme notwendige Ausbildung verfügt; ergänzend kann auch auf Unterlagen Bezug genommen werden, die der Patient in Textform erhält,
2. so rechtzeitig erfolgen, dass der Patient seine Entscheidung über die Einwilligung wohlüberlegt treffen kann,
3. für den Patienten verständlich sein.
²Dem Patienten sind Abschriften von Unterlagen, die er im Zusammenhang mit der Aufklärung oder Einwilligung unterzeichnet hat, auszuhändigen.
(3) Der Aufklärung des Patienten bedarf es nicht, soweit diese ausnahmsweise aufgrund besonderer Umstände entbehrlich ist, insbesondere wenn die Maßnahme unaufschiebbar ist oder der Patient auf die Aufklärung ausdrücklich verzichtet hat.
(4) Ist nach § 630 d Absatz 1 Satz 2 die Einwilligung eines hierzu Berechtigten einzuholen, ist dieser nach Maßgabe der Absätze 1 bis 3 aufzuklären.
(5) ¹Im Fall des § 630 d Absatz 1 Satz 2 sind die wesentlichen Umstände nach Absatz 1 auch dem Patienten entsprechend seinem Verständnis zu erläutern, soweit dieser aufgrund seines Entwicklungsstandes und seiner Verständnismöglichkeiten in der Lage ist, die Erläuterung aufzunehmen, und soweit dies seinem Wohl nicht zuwiderläuft. ²Absatz 3 gilt entsprechend.

I. Die Vorschrift kodifiziert die von der Rspr im Rahmen des Deliktsrechts entwickelten Grundsätze zur **Eingriffs- und Risikoaufklärung.** Sie ist wie § 630 d Ausdruck des verfassungsrechtlich garantierten Selbstbestimmungsrechts. Durch die Aufklärung sollen dem Patienten Schwere und Tragweite eines Eingriffs verdeutlicht werden, so dass er für seine Einwilligung nach § 630 d eine hinreichende Entscheidungsgrundlage erhält. 1

II. 1. Die **inhaltlichen Anforderungen** an die Aufklärung werden in Abs 1 geregelt. Danach muss der Behandelnde den Patienten über **sämtliche für die Einwilligung wesentlichen Umstände** aufklären. Hierzu werden in S 2 exemplarisch Art und Umfang, Durchführung, zu erwartende Folgen und Risiken der Maßnahme sowie ihre Dringlichkeit, Eignung und Erfolgsaussichten aufgezählt. Je nach Fall kann der Behandelnde verpflichtet sein, über weitere Umstände aufzuklären. Kommen Alternativen in Betracht, die zu unterschiedlichen Belastungen, Risiken oder Heilungschancen führen können, muss der Behandelnde darüber ebenfalls aufklären (S 3). 2

2. a) Abs 2 enthält die **formellen Anforderungen** an die Aufklärung. Gem S 1 Nr 1 hat sie **mündlich** zu erfolgen. Der Zweck des Gesprächs liegt darin, dass der Patient ggf Rückfragen hins der Behandlung stellen kann (BT-Drucks 17/10488, 24). Eine fernmündliche Aufklärung entspricht in einfach gelagerten Fällen diesem Erfordernis. Zu erfolgen hat die Aufklärung entweder durch den Behandelnden selber oder durch eine Person, die über die zur Durchführung der Behandlung notwendige fachliche Qualifikation verfügt. Das kann zur Folge haben, dass sich die aufklärende und die die Behandlung durchführende Person unterscheiden. 3

b) Gem Abs 2 S 1 Nr 2 muss die Aufklärung des Patienten über die in Abs 1 genannten Umstände **rechtzeitig** vor Beginn der Behandlung erfolgen. Auf diese Art und Weise wird sichergestellt, dass der Patient Nutzen und Lasten der Behandlung hinreichend miteinander abwägen kann (BGH NJW 94, 3010). Da je nach Einzelfall viele Umstände und Aspekte eine Rolle spielen können, lassen sich pauschale Fristen nicht aufstellen (BT-Drucks 17/10488, 25). Bei nicht nur gering belastenden operativen Eingriffen wird jedoch regelmäßig eine Vorlaufzeit von nur einem Tag nicht genügen (BGH NJW 98, 2734). 4

5 c) Die Aufklärung muss für den Patienten **verständlich** sein. Die Verständlichkeit richtet sich nach dem jeweiligen **Empfänger**. So darf die Aufklärung nicht überwiegend in der Fachsprache des Behandelnden erfolgen, wenn sie dem Patienten nicht geläufig ist. Ist der Patient der deutschen Sprache nicht mächtig oder hörbehindert, muss auf seine Kosten ein Dolmetscher hinzugezogen werden (BT-Drucks 17/10488, 25; Spickhoff VersR 13, 276 f).

6 3. Unterzeichnet der Patient im Zusammenhang mit der Aufklärung oder Einwilligung Unterlagen, sind ihm davon gem Abs 2 S 2 Abschriften auszuhändigen.

7 4. Eine **Ausnahme** vom Aufklärungserfordernis enthält Abs 3. Einer Aufklärung bedarf es danach nicht, wenn diese aufgrund besonderer Umstände entbehrlich ist. Beispielhaft werden etwa genannt die unaufschiebbare Maßnahme sowie der ausdrückliche Verzicht des Patienten. Es gelten die zu § 630 c IV (Rn 5) dargestellten Grundsätze.

8 5. Ist Einwilligender nicht der Patient selbst, sondern ein hierzu Berechtigter (§ 630 d I 2), so ist diese Person nach Maßgabe der Abs 1 u 2 aufzuklären (vgl Abs 4). Abs 3 findet mit der Einschränkung Anwendung, dass der zur Einwilligung Berechtigte nicht wirksam auf eine Aufklärung verzichten kann (BT-Drucks 17/10488, 25); denn er kann nicht in das Selbstbestimmungsrecht des Patienten eingreifen.

9 6. § 630 e V dient der Umsetzung der Rspr des BVerfG zur **Zwangsbehandlung Einwilligungsunfähiger** (BVerfG NJW 11, 2113). Der Einwilligungsunfähige muss nach seinen Verständnismöglichkeiten über das **Ob und Wie** der Behandlung und der damit verbundenen Folgen informiert werden. Allerdings kann diese Aufklärung nicht als Grundlage einer rechtfertigenden Einwilligung iSd Schadensersatzrechts herangezogen werden. Nach S 2 gilt Abs 3 (Rn 7) entsprechend.

10 Unterbleibt die Aufklärung durch den Behandelnden oder ist sie fehlerhaft bzw unvollständig, stellt das eine Pflichtverletzung iSv § 280 I dar (BT-Drucks 17/10488, 28).

§ 630 f Dokumentation der Behandlung

(1) ¹Der Behandelnde ist verpflichtet, zum Zweck der Dokumentation in unmittelbarem zeitlichen Zusammenhang mit der Behandlung eine Patientenakte in Papierform oder elektronisch zu führen. ²Berichtigungen und Änderungen von Eintragungen in der Patientenakte sind nur zulässig, wenn neben dem ursprünglichen Inhalt erkennbar bleibt, wann sie vorgenommen worden sind. ³Dies ist auch für elektronisch geführte Patientenakten sicherzustellen.

(2) ¹Der Behandelnde ist verpflichtet, in der Patientenakte sämtliche aus fachlicher Sicht für die derzeitige und künftige Behandlung wesentlichen Maßnahmen und deren Ergebnisse aufzuzeichnen, insbesondere die Anamnese, Diagnosen, Untersuchungen, Untersuchungsergebnisse, Befunde, Therapien und ihre Wirkungen, Eingriffe und ihre Wirkungen, Einwilligungen und Aufklärungen. ²Arztbriefe sind in die Patientenakte aufzunehmen.

(3) Der Behandelnde hat die Patientenakte für die Dauer von zehn Jahren nach Abschluss der Behandlung aufzubewahren, soweit nicht nach anderen Vorschriften andere Aufbewahrungsfristen bestehen.

1 I. Durch die Vorschrift werden die von der Rspr entwickelten Grundsätze zur **Dokumentation und Aufzeichnung** der Behandlung (BGH NJW 88, 762, 763) umgesetzt. Die Pflicht zur Dokumentation der Behandlung soll gewährleisten, dass eine sachgerechte therapeutische Behandlung und Weiterbehandlung sichergestellt wird. Auf diese Art und Weise können Erkenntnisse vorheriger Untersuchungen nicht verlorengehen und für die Weiterbehandlung des Patienten genutzt werden.

2 II. 1. Die Patientenakte muss durch den Behandelnden in einem **unmittelbaren zeitlichen Zusammenhang** mit der Behandlung des Patienten geführt werden (Abs 1 S 1). Dabei kann der Behandelnde sich sowohl einer Patientenakte in **Papierform oder in elektronischer Form** bedienen. So kann etwa die Behandlung in Form eines operativen Eingriffs mittels Videokamera aufgezeichnet und auf einem zur Wiedergabe des Filmmaterials geeigneten Datenträger gespeichert werden.

Änderungen, Berichtigungen und Ergänzungen der Dokumentation sind nach Abs 1 S 2 **kenntlich** zu machen. Dies gilt sowohl für Akten in Papierform als auch für elektronisch geführte Akten. Dadurch soll eine fälschungssichere Organisation der Dokumentation in Anlehnung an die Grundsätze ordnungsgemäßer Buchführung (vgl etwa § 239 III HGB, § 146 IV AO) sichergestellt werden (BT-Drucks 17/10488, 26). Dabei müssen die jeweiligen Eingriffe in die Patientenakte dergestalt vorgenommen werden, dass der ursprüngliche Akteninhalt weiterhin erkennbar ist.

2. Die **inhaltlichen Anforderungen** an die Patientenakte werden in Abs 2 S 1 bestimmt. Exemplarisch genannt werden Anamnese, Diagnosen, Untersuchungen, Untersuchungsergebnisse, Befunde, Therapien und ihre Wirkungen, Eingriffe und ihre Wirkungen, Einwilligungen und Aufklärungen. Diese Aufzählung ist nicht abschließend. So muss der Behandelnde auch andere wesentliche Maßnahmen und deren Ergebnisse in der Patientenakte dokumentieren, wenn sie aus seiner fachlichen Sicht für die Sicherstellung einer aktuellen oder zukünftigen Behandlung von Bedeutung sind (BT-Drucks 17/10488, 26). Arztbriefe (sog Transferdokumente, Abs 2 S 2), die der Kommunikation zwischen unterschiedlichen Ärzten dienen, oder elektronische Befundergebnisse (Videoaufnahmen eines operativen Eingriffs, elektronisch gespeicherte Röntgenaufnahmen; vgl BT-Drucks 17/10488, 26) sind ebenfalls in die Patientenakte aufzunehmen.

3. Nach Abschluss der Behandlung ist die Patientenakte durch den Behandelnden grds für die Dauer von **zehn Jahren** aufzubewahren (Abs 3). Diese Frist entspricht der von der Rspr vorgesehenen Aufbewahrungsfrist (OLG Hamm VersR 05, 412 f). Unberührt davon bleiben Vorschriften, die eine längere Frist vorsehen (zB § 28 III 1 RÖV, § 42 I StrlSchV). Eine längere Aufbewahrungsfrist kann sich im Einzelfall auch dann ergeben, wenn der Gesundheitszustand des Patienten oder andere Gegebenheiten dies erfordern. So können etwa verjährungsrechtliche Aspekte hins solcher zivilrechtlichen Ansprüche, die gem § 199 Abs 2 nach 30 Jahren verjähren können, eine längere Frist rechtfertigen (BT-Drucks 17/10488, 26).

§ 630 g Einsichtnahme in die Patientenakte

(1) ¹Dem Patienten ist auf Verlangen unverzüglich Einsicht in die vollständige, ihn betreffende Patientenakte zu gewähren, soweit der Einsichtnahme nicht erhebliche therapeutische Gründe oder sonstige erhebliche Rechte Dritter entgegenstehen. ²Die Ablehnung der Einsichtnahme ist zu begründen. ³§ 811 ist entsprechend anzuwenden.
(2) ¹Der Patient kann auch elektronische Abschriften von der Patientenakte verlangen. ²Er hat dem Behandelnden die entstandenen Kosten zu erstatten.
(3) ¹Im Fall des Todes des Patienten stehen die Rechte aus den Absätzen 1 und 2 zur Wahrnehmung der vermögensrechtlichen Interessen seinen Erben zu. ²Gleiches gilt für die nächsten Angehörigen des Patienten, soweit sie immaterielle Interessen geltend machen. ³Die Rechte sind ausgeschlossen, soweit der Einsichtnahme der ausdrückliche oder mutmaßliche Wille des Patienten entgegensteht.

I. Die Vorschrift dient der Umsetzung der Rspr des BVerfG hins des Patientenrechts auf **informationelle Selbstbestimmung** (BVerfG NJW 06, 1116). Es umfasst insb die Kenntnis des Patienten darüber, wie mit seiner Gesundheit umgegangen wurde, welche Daten sich dabei ergeben haben und welche Einschätzung hins der zukünftigen Behandlung besteht.

II. 1. Grds ist dem Patienten **unverzüglich auf sein Verlangen** Einsicht in seine Patientenakte zu gewähren (Abs 1 S 1). Unverzüglich ist iSv § 121 I 1 zu verstehen (BT-Drucks 17/10488, 26). Das Einsichtsrecht umfasst subjektive Eindrücke und Wahrnehmungen des Arztes (BT-Drucks 17/10488, 27; krit Preis/A. Schneider NZS 13, 281, 285). **Ausnahmen** von der Einsichtspflicht bestehen, wenn erhebliche therapeutische Gründe oder sonstige erhebliche Rechte Dritter entgegenstehen. Erforderlich ist, dass alle zu berücksichtigenden Belange des Einzelfalls sorgfältig gegeneinander **abgewogen** werden (Jauernig/Mansel § 630 g Rn 7). So kann der Behandelnde die Einsichtnahme des Patienten in seine Akte zB verweigern, wenn die Einsichtnahme mit einer erheblichen gesundheitlichen (Selbst-)Schädigung des Patienten verbunden sein kann oder wenn die Patientenakte Informationen über Dritte enthält, die ebenfalls schutzwürdig sind. Kann der Behandelnde die Einsichtnahme **verweigern**, muss er die Ablehnung gem Abs 1 S 2 begründen.

3 2. Abs 1 S 3 ordnet an, dass § 811 entsprechend anzuwenden ist. Die Einsichtnahme muss an dem Ort erfolgen, an dem sich die Patientenakte befindet. **Ausnahmen** von diesem Grundsatz können dann bestehen, wenn ein **wichtiger Grund** vorliegt. Das ist etwa der Fall, wenn eine erhebliche Erkrankung oder ein Umzug des Patienten die Einsichtnahme seiner Akte an einem anderen Ort erfordert (BT-Drucks 17/10488, 27).

4 3. Neben der Einsichtnahme kann der Patient nach Abs 2 S 1 verlangen, dass ihm **Abschriften** seiner Patientenakte ausgehändigt werden. Sie können je nach Art des Inhalts der Akte sowohl in Textform als auch in elektronischer Form anzufertigen sein. So kann ein Patient beispielsweise auch die Kopie der Videoaufzeichnung seiner Operation (o § 630 f Rn 4) verlangen. Die dadurch entstehenden Kosten trägt der Patient.

5 III. Abs 1 u 2 sind auf die **Erben** des Patienten entsprechend anwendbar, soweit vermögensrechtliche Interessen die Einsichtnahme erfordern (Abs 3 S 1). Sind immaterielle Interessen betroffen, können sich auch die nächsten Angehörigen des Patienten darauf berufen. Darunter fallen etwa Ehegatten, Lebenspartner, Kinder, Eltern, Geschwister und Enkel. Steht dem jedoch der ausdrückliche oder mutmaßliche Wille des Patienten entgegen, gilt nach Abs 3 S 1 etwas anderes. Auf diese Weise wird der grundrechtliche Schutz des Patienten in Bezug auf seine in der Patientenakte enthaltenen Informationen gewährleistet (BT-Drucks 17/10488, 27).

§ 630 h Beweislast bei Haftung für Behandlungs- und Aufklärungsfehler

(1) Ein Fehler des Behandelnden wird vermutet, wenn sich ein allgemeines Behandlungsrisiko verwirklicht hat, das für den Behandelnden voll beherrschbar war und das zur Verletzung des Lebens, des Körpers oder der Gesundheit des Patienten geführt hat.
(2) ¹Der Behandelnde hat zu beweisen, dass er eine Einwilligung gemäß § 630 d eingeholt und entsprechend den Anforderungen des § 630 e aufgeklärt hat. ²Genügt die Aufklärung nicht den Anforderungen des § 630 e, kann der Behandelnde sich darauf berufen, dass der Patient auch im Fall einer ordnungsgemäßen Aufklärung in die Maßnahme eingewilligt hätte.
(3) Hat der Behandelnde eine medizinisch gebotene wesentliche Maßnahme und ihr Ergebnis entgegen § 630 f Absatz 1 oder Absatz 2 nicht in der Patientenakte aufgezeichnet oder hat er die Patientenakte entgegen § 630 f Absatz 3 nicht aufbewahrt, wird vermutet, dass er diese Maßnahme nicht getroffen hat.
(4) War ein Behandelnder für die von ihm vorgenommene Behandlung nicht befähigt, wird vermutet, dass die mangelnde Befähigung für den Eintritt der Verletzung des Lebens, des Körpers oder der Gesundheit ursächlich war.
(5) ¹Liegt ein grober Behandlungsfehler vor und ist dieser grundsätzlich geeignet, eine Verletzung des Lebens, des Körpers oder der Gesundheit der tatsächlich eingetretenen Art herbeizuführen, wird vermutet, dass der Behandlungsfehler für diese Verletzung ursächlich war. ²Dies gilt auch dann, wenn es der Behandelnde unterlassen hat, einen medizinisch gebotenen Befund rechtzeitig zu erheben oder zu sichern, soweit der Befund mit hinreichender Wahrscheinlichkeit ein Ergebnis erbracht hätte, das Anlass zu weiteren Maßnahmen gegeben hätte, und wenn das Unterlassen solcher Maßnahmen grob fehlerhaft gewesen wäre.

1 I. Die Vorschrift regelt die **Beweislastverteilung** bei Behandlungs- und Aufklärungsfehlern im Rahmen des Behandlungsvertrags. Macht der Patient einen Schadensersatzanspruch geltend, hat er grds nach den allgemeinen Beweislastregeln den **Behandlungsfehler**, den **Schaden**, die **Kausalität** des Behandlungsfehlers sowie das **Verschulden** des Behandelnden zu beweisen. Mangels medizinischer Kenntnisse ist der Patient dazu jedoch häufig nicht in der Lage. Die Rspr hat daher im Hinblick auf die Waffengleichheit im Prozess besondere Regelungen hins der Beweislast entwickelt. Der Gesetzgeber

wollte diese zum **Arzthaftungsrecht** entwickelten Grundsätze systematisch in einer Norm zusammenfassen und auf alle medizinischen Behandlungsverträge erstrecken (BT-Drucks 17/10488,. 27; Spickhoff VersR 13, 278 f).

II. 1. Abs 1 setzt das von der Rspr entwickelte Institut des **voll beherrschbaren Risikos** 2 um (BGH VersR 91, 1058, 1059; NJW 95, 1618). Ist die Verletzung des Lebens, des Körpers oder der Gesundheit des Patienten Resultat einer Gefahr, die aus dem Herrschafts- und Organisationsbereich des Behandelnden stammt, wird ein **Behandlungsfehler** und damit eine Pflichtverletzung iSv § 280 I vermutet. Dies ist etwa der Fall bei unsachgemäßem Einsatz medizinisch-technischer Geräte oder Mängeln im Hygienebereich. Bei dieser Vermutung handelt es sich um eine **gesetzliche Vermutung** iSv § 292 ZPO (Katzenmeier NJW 13, 817, 821; Olzen/Kaya JURA 13, 661, 668). Sie kann der Behandelnde durch den Beweis des Gegenteils entkräften.

Die übrigen Anspruchsvoraussetzungen (**Vorliegen eines Behandlungsvertrags, Schaden, Kausalität** des Behandlungsfehlers und **Verschulden**) muss der Patient nach den 3 allgemeinen Grundsätzen im Prozess darlegen und beweisen (BGH NJW 94, 1594, 1595; Olzen/Kaya JURA 13, 661, 668).

2. a) Der Behandelnde trägt nach Abs 2 S 1 die **Beweislast** hins der **wirksamen Einwilli-** 4 **gung** (630 d) sowie der **ordnungsgemäßen Aufklärung** (§ 630 e). Diese Regelung ist notwendig, da die Nichteinholung der Einwilligung (vgl § 630 d Rn 2) sowie die fehlerhafte oder unterbliebene Aufklärung (vgl § 630 e Rn 10) ansonsten der Patient darlegen und beweisen müsste, obwohl doch der Behandelnde erheblich leichter als der Patient lückenlose Aufzeichnungen über Einwilligung und Aufklärung erstellen kann (BT-Drucks 17/10488, 28).

Wurde der Patient zwar insgesamt nicht ordnungsgemäß aufgeklärt, verwirklicht sich 5 jedoch im Zuge der Behandlung ein Risiko, über das er umfassend und ordnungsgemäß aufgeklärt wurde, kann sich der Patient nach dem **Schutzzweck der Aufklärung** nicht darauf berufen, eine ordnungsgemäße Aufklärung habe nicht vorgelegen (BGH NJW 00, 1784).

b) War die Aufklärung nach § 630 e zwar fehlerhaft, hätte sich der Patient aber auch 6 bei ordnungsgemäßer Aufklärung für die Behandlung entschieden, kann sich der Behandelnde nach Abs 2 S 2 darauf berufen (**hypothetische Einwilligung**). Hier sind jedoch **strenge** Beweisanforderungen zu stellen (Jauernig/Mansel § 613 h Rn 15 ff). Ihnen wird nicht bereits dann genügt, wenn der Patient lediglich plausibel und nachvollziehbar darlegen kann, dass er sich bei ordnungsgemäßer Aufklärung durch den Behandelnden in einem **ernsthaften Entscheidungskonflikt** über die Vornahme der Behandlung befunden hätte (BGH VersR 98, 766 f).

3. Verstößt der Behandelnde gegen seine **Dokumentationspflicht** (§ 630 f), wird gem 7 Abs 3 zu seinen Lasten vermutet, dass die dokumentationspflichtige Tatsache nicht vorgenommen wurde. Dabei handelt es sich um eine **gesetzliche Vermutung** iSv § 292 ZPO (BT-Drucks 17/10488, 29). Durch den Beweis des Gegenteils kann er sie entkräften.

4. Abs 4 kodifiziert die Rspr zu den **Anfängerfehlern** (BGH VersR 93, 1233). Weist der 8 Behandelnde entgegen § 630 a II nicht die **Befähigung** auf, die Behandlung unter Einhaltung der allgemein fachlich anerkannten Standards durchzuführen, wird **vermutet**, dass die fehlende Befähigung **ursächlich** für die eingetretene Verletzung geworden ist. In Betracht kommen insb solche Personen, die sich noch in der medizinischen Ausbildung befinden oder als Berufsanfänger nicht über die notwendige Erfahrung verfügen (BT-Drucks 17/10488, 30). Hierbei handelt es sich ebenfalls um eine **gesetzliche Vermutung** iSv § 292 ZPO. Im Übrigen verbleibt die Darlegungs- und Beweislast jedoch beim Patienten (Olzen/Kaya JURA 13, 661, 669).

Nicht zu dem Personenkreis des Abs 4 gehören Ärzte, die aus anderen Gründen (zB 9 Übermüdung) zu einer regelgerechten Behandlung nicht in der Lage sind (Olzen/Uzunovic JR 12, 447, 450; Olzen/Kaya JURA 13, 661, 669; abw A. Schneider JuS 13, 104, 108).

5. a) Eine weitere **Vermutung** stellt Abs 5 S 1 auf. Die Vorschrift greift die Rspr des 10 BGH zum **groben Behandlungsfehler** (BGH MedR 04, 561; BGHZ 159, 48, 54) auf.

Beweist der Patient dessen Vorliegen sowie das **Verschulden** und den **Schaden** (Olzen/ Kaya JURA 13, 661, 669), wird die **Ursächlichkeit** (haftungsbegründende Kausalität; vgl BGH NJW 11, 3441 mwN) zugunsten des Patienten **widerlegbar** vermutet. Es findet eine Beweislastumkehr statt (BT-Drucks 17/10488, 31).

11 Ein **grober Behandlungsfehler** liegt vor, wenn das medizinische Verhalten des Behandelnden aus objektiver Sicht unter Zugrundelegung geltender Ausbildungs- und Wissenschaftsstandards nicht mehr verständlich erscheint, weil dieses Verhalten gegen bewährte medizinische Erkenntnisse und Erfahrungen verstoßen hat und ein solcher Fehler nicht unterlaufen darf (BGH MedR 04, 561; BGHZ 159, 48, 54).

12 **Entkräften** kann der Behandelnde die Vermutung, indem er beweist, dass der von ihm begangene Behandlungsfehler generell **nicht geeignet** ist, einen Gesundheitsschaden in der eingetretenen Form herbeizuführen (BT-Drucks 17/10488, 31), oder dass ein Ursachenzusammenhang zwischen seinem Fehlverhalten und der Rechtsgutverletzung **äußerst unwahrscheinlich** ist (BGH VersR 11, 1148).

13 Auch grobe Verstöße gegen **die Befunderhebungs- oder Befundsicherungspflicht** können unter Abs 5 S 1 fallen und die entsprechenden Rechtsfolgen (vgl Rn 10-12) zeitigen.

14 **b)** Nach Abs 5 S 2 greift die Beweislastumkehr des S 1 (Rn 10) hins der Ursächlichkeit zulasten des Behandelnden bereits bei **einfachen Verstößen** gegen **die Befunderhebungs- oder Befundsicherungspflicht** (vgl BGH NJW 11, 2508 ff mwN; dazu Spickhoff VersR 13, 280 f). Ein solcher Verstoß liegt vor, wenn sich mit hinreichender Wahrscheinlichkeit im Rahmen der gebotenen Abklärung der Symptome ein reaktionspflichtiger Befund ergeben hätte und sich dessen Verkennung als fundamental oder die Nichtreaktion auf ihn als grob fehlerhaft darstellen würde (BGH NJW 11, 3441 mwN).

Titel 9
Werkvertrag und ähnliche Verträge

Untertitel 1
Werkvertrag

§ 631 Vertragstypische Pflichten beim Werkvertrag

(1) Durch den Werkvertrag wird der Unternehmer zur Herstellung des versprochenen Werkes, der Besteller zur Entrichtung der vereinbarten Vergütung verpflichtet.
(2) Gegenstand des Werkvertrags kann sowohl die Herstellung oder Veränderung einer Sache als auch ein anderer durch Arbeit oder Dienstleistung herbeizuführender Erfolg sein.

1 **I.** Die Vorschrift regelt in Abs 1 die **gegenseitigen Hauptpflichten** der Parteien des Werkvertrages: der Unternehmer (der nicht Unternehmer iSv § 14 sein muss) ist zur Herstellung eines Werks und der Besteller zur Zahlung der vereinbarten Vergütung verpflichtet. Abs 2 stellt klar, dass die Leistung des Unternehmers in einem körperlichen (zB Bau eines Hauses) oder unkörperlichen Werk (zB Erstellung eines Gutachtens) bestehen kann.

2 **II.** Beim Werkvertrag handelt es sich um einen gegenseitigen, idR (aber nicht zwingend, vgl Jauernig/Mansel Vor § 631 Rn 3; Erm/Schwenker § 631 Rn 40) entgeltlichen Vertrag. Typisches Kennzeichen ist die wirtschaftliche Selbständigkeit des Unternehmers (zur Möglichkeit v Weisungen vgl § 645), der das Werk in eigener Verantwortung, unter Einsatz eigener Arbeitsmittel (wenn auch meist aus v Besteller gestellten Stoffen, sonst grds Werklieferungsvertrag iSv § 651) und seiner besonderen Fachkenntnisse herstellt und aufgrund seiner Vorleistungspflicht allein das Risiko des Gelingens des Werks trägt (Palandt/Sprau Einf v § 631 Rn 1). Prägendes Merkmal des Werkvertrages ist darüber hinaus die Pflicht des Unternehmers, einen bestimmten **Erfolg** herbeizuführen (MK/Busche, § 631 Rn 1). Darin unterscheidet er sich v **Dienstvertrag** iSd § 611,

der zwar ebenfalls eine entgeltliche Tätigkeit zum Gegenstand hat, bei dem aber das Tätigsein als solches und nicht der Erfolg der Tätigkeit geschuldet wird (vgl § 611 Rn 3; zuletzt hierzu: BGHZ 151, 330). Der Werkvertrag ist erfolgsbestimmt, der Dienstvertrag zeitbestimmt. Werkverträge sind danach zB der Architektenvertrag, der Bauvertrag, der Vertrag über eine Kfz-Inspektion (dazu iE MK/Busche § 631 Rn 8 ff) oder der Winterdienstvertrag (BGH MDR 13, 960). Auch der **Reisevertrag** der §§ 651 a ff stellt einen Unterfall des Werkvertrages dar (vgl § 651 a Rn 2). Für die Abgrenzung v Werk- und Dienstvertrag ist der im Vertrag zum Ausdruck kommende Parteiwille maßgeblich. Bei dessen Ermittlung sind die gesamten Umstände des Einzelfalls zu berücksichtigen, die vertragliche Beschreibung eines Ziels genügt allein nicht für die Annahme eines Werkvertrags (BGHZ 151, 330 ff).

1. Für das **Zustandekommen** des Werkvertrages gelten die allg Regeln (§§ 104 ff, 145 ff). Die Parteien müssen sich über das v Unternehmer geschuldete Werk (zB mittels Leistungsbeschreibung) einigen. Für die Vergütung enthält § 632 eine ergänzende Regelung.   **3**

2. Der **Wirksamkeit** v Werkverträgen können insb das Koppelungsverbot des MR-VerbG (Art 10 § 3), sittenwidrige Schmiergeldabreden (§ 138 I) oder Verstöße gegen das Gesetz zur Bekämpfung verbotener Schwarzarbeit entgegenstehen (Beispiele bei Palandt/Sprau § 631 Rn 2 ff). Letztere führen allerdings nur zur Nichtigkeit des Werkvertrages nach § 134, wenn nicht nur dem Unternehmer ein Verstoß vorzuwerfen ist, sondern auch der Besteller entweder selbst hiergegen verstoßen hat (BGHZ 85, 43 f), den Verstoß des Unternehmers kannte oder ihn ausnutzte (BGHZ 89, 373; BGH NJW-RR 02, 557; BGH NJW 13, 3167). Zur Teilnichtigkeit v Werkverträgen aufgrund einer Ohne-Rechnung-Abrede zuletzt BGH NJW-RR 08, 1050 u 1051. Ein interner Kalkulationsirrtum führt, da es sich um einen bloßen Motivirrtum handelt, grds nicht zur Anfechtbarkeit und damit ggf zur Nichtigkeit (§ 142) des Werkvertrages, da jede Partei selbst das Risiko trägt, dass die eigene Kalkulation zutrifft (BGH NJW 02, 2312; BGH NJW-RR 86, 569). Legt ein Angebot neben dem Berechnungsergebnis dag auch die einzelnen Berechnungsposten offen (externer Kalkulationsirrtum), ist zunächst durch Auslegung (§§ 133, 157) der Inhalt des Angebots zu ermitteln. Kann hierdurch kein eindeutiges Ergebnis erzielt werden, liegt kein wirksames Angebot und damit auch kein wirksamer Werkvertrag vor (str, zur Behandlung des externen Kalkulationsirrtums vgl BGH BauR 95, 842; BGHZ 139, 177; Erm/Schwenker § 631 Rn 25). Handelt es sich bei dem Werkvertrag für den Unternehmer um ein Massengeschäft, das typischerweise ohne Ansehen der Person zu vergleichbaren Bedingungen in einer Vielzahl v Fällen zustande kommt (§ 19 I Nr 1 AGG), sind darüber hinaus, die Diskriminierungsverbote des AGG zu beachten. Hat der Unternehmer aufgrund eines unwirksamen Vertrages Leistungen erbracht, ergeben sich seine Ersatzansprüche aus den §§ 812 ff (BGH WM 82, 97). Ansprüche aus GoA kommen hingegen nur in Betracht, wenn die Unwirksamkeit des Werkvertrages nicht auf einem Gesetzesverstoß beruht (BGHZ 111, 311).   **4**

3. Für die **Durchführung** des Werkvertrages gelten neben den besonderen Vorschriften des Werkvertragsrechts die allg Regeln (zB §§ 195, 269 f).   **5**

4. Umfangreiche **Sonderregelungen** bestehen für Werkverträge über Beförderungsleistungen (Nachw bei Jauernig/Mansel Vor § 631 Rn 10) und für den Baubereich (ua VOB, VOL, VOF, vgl Übersicht bei Staud/Peters Vor §§ 631 ff Rn 76 ff).   **6**

III. Pflichten des Werkunternehmers: a) Hauptpflicht des Unternehmers ist die **rechtzeitige** und **mangelfreie** (§ 633 I) **Herstellung** (Abs 1) sowie die **Ablieferung** des versprochenen Werks (MK/Busche § 631 Rn 58 ff). Einen Anspruch auf Herstellung des Werks hat der Unternehmer dag grds nicht. Vielmehr kann der Besteller den Werkvertrag jederzeit grundlos kündigen (§ 649 S 1). Abw Vereinbarungen sind aber möglich (Jauernig/Mansel § 631 Rn 4). Der Unternehmer braucht das Werk idR **nicht persönlich** herzustellen, er kann hierfür auch **Erfüllungsgehilfen** einsetzen (Jauernig/Mansel § 631 Rn 2). Etwas anderes kann sich allerdings aus der Natur des geschuldeten Werks ergeben, va bei künstlerischen oder wissenschaftlichen Leistungen, aber auch dann, wenn der Vertrauenswürdigkeit oder den Fähigkeiten des Unternehmers aus sonstigen Gründen besondere Bedeutung zukommt (MK/Busche § 631 Rn 71). Als Erfüllungsge-   **7**

hilfen des Unternehmers, für die dieser nach § 278 einzustehen hat, sind dabei nur Personen anzusehen, die unmittelbar mit der Herstellung des Werks befasst sind, nicht auch solche, die lediglich in sonstiger Weise einzelne Leistungen hierzu beisteuern. Lieferanten v Materialien, die zur Herstellung des Werks benötigt werden, gehören daher meist nicht zu den Erfüllungsgehilfen des Unternehmers (Palandt/Sprau § 631 Rn 17).

8 b) Den Unternehmer treffen umfangreiche **Nebenpflichten**, die sich nach Treu und Glauben (§ 242) aus Inhalt und Zweck des Vertrages ergeben. Sie verpflichten den Unternehmer ua zur Aufklärung und Beratung des Bestellers, zur Obhut hins seines Eigentums sowie zu Schutz und Fürsorge für seine Person (vgl BGH NJW 11, 2644; Palandt/Sprau § 631 Rn 13 ff; Erm/Schwenker § 631 Rn 33 ff). Wurde eine Stundenvergütung vereinbart, begründet dies eine Nebenpflicht des Unternehmers zur wirtschaftlichen Betriebsführung (BGH NJW 09, 3426). Zur drittschützenden Wirkung eines Steuerberatermandats: BGHZ 193, 297.

9 **2. Pflichten des Bestellers:** a) **Hauptpflichten** des Bestellers sind die **Leistung der vereinbarten Vergütung** (Abs 1, zur **Fälligkeit** vgl §§ 641, 646) und die **Abnahme** des vertragsmäßig hergestellten Werks (§ 640 I). Die Vergütung muss nicht notwendig in Geld bestehen. In Betracht kommen auch Sach- und Werkleistungen (MK/Busche § 631 Rn 87). Ist das **Werk mangelhaft**, braucht der Besteller es nicht abzunehmen und daher (§ 641 I) auch keine Vergütung zu zahlen. Wird die Abnahme dag grundlos verweigert, kann der Unternehmer diese durch die Fertigstellungsbescheinigung ersetzen lassen (§ 641 a) oder dem Besteller eine Frist setzen, nach deren fruchtlosem Ablauf die Abnahme fingiert wird (§ 640 I 3). Zur Abgrenzung der Leistungen, die v der vereinbarten Vergütung erfasst werden und Leistungen, die gesondert zu vergüten sind: BGHZ 168, 368.

10 b) Auch die **Nebenpflichten** des Bestellers ergeben sich aus § 242. Sie dienen dem Schutz der Rechtsgüter des Unternehmers und können ihn zB zur Aufklärung, Beratung, Obhut, Sicherung und Fürsorge verpflichten (vgl BGH NJW 11, 3291; zur Fürsorgepflicht des Bestellers bei landwirtschaftl Arbeiten: BGH NJW-RR 13, 534; weitere Bsp bei: MK/Busche § 631 Rn 105 ff; Bamberger/Roth/Voit § 631 Rn 89 ff). Subunternehmer und Arbeitnehmer des Unternehmers werden in Schutzbereich der Nebenpflichten des Bestellers mitumfasst (Bamberger/Roth/Voit § 631 Rn 95). Eine Haftungsfreizeichnung ist hins der Arbeitnehmer des Unternehmers ausgeschlossen (BGHZ 26, 372), im Hinblick auf den Unternehmer und seine Subunternehmer dag möglich (BGHZ 56, 274).

11 c) Nicht zu den Nebenpflichten, sondern idR nur zu den **Obliegenheiten** des Bestellers gehört es hingegen, die für die Herstellung des Werks erforderlichen Mitwirkungshandlungen vorzunehmen (vgl §§ 642, 643).

§ 632 Vergütung

(1) Eine Vergütung gilt als stillschweigend vereinbart, wenn die Herstellung des Werkes den Umständen nach nur gegen eine Vergütung zu erwarten ist.
(2) Ist die Höhe der Vergütung nicht bestimmt, so ist bei dem Bestehen einer Taxe die taxmäßige Vergütung, in Ermangelung einer Taxe die übliche Vergütung als vereinbart anzusehen.
(3) Ein Kostenanschlag ist im Zweifel nicht zu vergüten.

1 I. Haben die Parteien hins der Vergütung keine Vereinbarung getroffen, wäre der Werkvertrag an sich wegen Dissenses nichtig (§§ 154, 155). § 632 vermeidet diese Rechtsfolge, indem er eine **Vergütungsregelung fingiert** (Abs 1) und eine **Auslegungsregel für die Höhe** der Vergütung vorgibt (Abs 2).

2 II. 1. a) Haben sich die Parteien zwar über die Herstellung eines bestimmten Werkes geeinigt, aber **keine Vergütungsabrede** getroffen, gilt eine Vergütung als vereinbart, wenn die Herstellung des Werkes nach den objektiv zu bewertenden Umständen nur gegen eine Vergütung zu erwarten ist (Abs 1). Diese gesetzliche Fiktion kann nicht wegen eines Irrtums über die Entgeltlichkeit des Vertrages nach § 119 angefochten werden (Staud/Peters § 632 Rn 35).

b) Umstritten ist, ob nach Abs 1 auch für **Vorarbeiten**, die lediglich die Grundlage für 3 einen Vertragsschluss bilden sollten (zB Pläne, Zeichnungen), eine Vergütung als stillschweigend vereinbart gelten kann. Wurde im weiteren Verlauf der eigentliche Werkvertrag abgeschlossen, ist mangels anderweitiger Vereinbarung davon auszugehen, dass durch die Vergütung hierfür auch die Vorarbeiten abgegolten sind (Staud/Peters § 632 Rn 48; Bamberger/Roth/Voit § 632 Rn 3 ff). Kam es hingegen nicht zur Erteilung des Hauptauftrages, hängt das Bestehen einer Vergütungspflicht für die Vorarbeiten entscheidend davon ab, ob diese wegen des mit Ihnen verbundenen Aufwandes Gegenstand eines eigenen Vertrages sein sollten oder nur der Konkretisierung des Angebots des Unternehmers dienten. Letzteres wird bei Vorarbeiten die Regel sein (vgl für Bauverträge hierzu § 20 Nr 2 VOB/A), weshalb deren Entgeltlichkeit grds einer besonderen Vereinbarung bedarf (MK/Busche § 632 Rn 7 ff). Anders verhält es sich insofern allerdings beim Architektenvertrag, da schon die Vorarbeiten v Architekten dem Auftraggeber regelmäßig Unterlagen verschaffen, die dieser für die weitere Verfolgung seiner Bauvorhaben nutzen kann. Hier ist daher eine Vergütungspflicht idR selbst dann anzunehmen, wenn der Vorentwurf v den Parteien als unverbindlich bezeichnet wurde (Jauernig/Mansel § 632 Rn 3). Im Ggs dazu sind **Kostenanschläge** idR nicht zu vergüten (Abs 3), da eine Vergütungspflicht insofern nach „allgemeinem Rechtsbewusstsein" einer eindeutigen Vereinbarung bedarf (BT-Drucks 14/6040, 260).

2. a) Haben die Parteien sich über eine Vergütung geeinigt, ohne deren Höhe festzule- 4 gen, oder wird die Vereinbarung eine Vergütung nach Abs 1 fingiert, richtet sich die **Höhe** der Vergütung in erster Linie nach einer etwaig behördlich festgesetzten **Taxe** (zB RVG für Rechtsanwälte oder GOÄ für Ärzte).

b) Fehlt es an einer solchen, gilt die **übliche Vergütung** als vereinbart (Abs 2). Üblich 5 ist die Vergütung, die zum Zeitpunkt des Vertragsschlusses am gleichen Ort nach allg Auffassung für Leistungen gleicher Art und Güte sowie gleichen Umfangs bezahlt werden muss (BGH NJW 01, 151; MK/Busche § 632 Rn 22). Bei Architekten- und Ingenieurverträgen kann hierfür die HOAI als Rahmen dienen (BGH NJW 98, 1228; BGH NJW-RR 00, 1333; BGHZ 136,1; Jauernig/Mansel § 632 Rn 11 Palandt/Sprau § 632 Rn 14). Die Üblichkeit der Vergütung kann sich auch auf eine im Markt verbreitete Berechnungsregel beziehen, wobei die übliche Vergütung idR nicht einen festen Betrag festlegt, sondern eine bestimmte Bandbreite (BGH NJW-RR 07, 123). Zu den Grenzen für die Sittenwidrigkeit einer Vergütung für Mehrmengen oder geänderte Leistungen beim VOB-Vertrag vgl BGHZ 196, 299 u 355.

c) Lässt sich die übliche Vergütung nicht ermitteln, greift § 316 (BGHZ 94, 100). Da- 6 nach kann der Unternehmer die Höhe der Vergütung nach billigem Ermessen bestimmen (MK/Busche § 632 Rn 23).

3. Die **Fälligkeit** des Vergütungsanspruchs richtet sich nach den §§ 632 a, 641 (vgl da- 7 zu BGHZ 89, 189; BGH NJW 02, 2640). Die Zahlung der Vergütung durch **Dritte** (§ 267) ist möglich, ebenso die **Abtretung** des Vergütungsanspruchs (Palandt/Sprau § 632 Rn 2), nicht jedoch die Abtretung einzelner Posten einer Schlussrechnung (BGH NJW 99, 417). Ein Architekt ist an eine Schlussrechnung gebunden, wenn der Auftraggeber auf die Endgültigkeit der Abrechnung vertrauen durfte und sich daher so eingerichtet hat, dass ihm Nachforderungen nicht mehr zumutbar sind (BGHZ 136, 1; BGH NJW 09, 435).

§ 632 a Abschlagszahlungen

(1) ¹Der Unternehmer kann von dem Besteller für eine vertragsgemäß erbrachte Leistung eine Abschlagszahlung in der Höhe verlangen, in der der Besteller durch die Leistung einen Wertzuwachs erlangt hat. ²Wegen unwesentlicher Mängel kann die Abschlagszahlung nicht verweigert werden. ³§ 641 Abs. 3 gilt entsprechend. ⁴Die Leistungen sind durch eine Aufstellung nachzuweisen, die eine rasche und sichere Beurteilung der Leistungen ermöglichen muss. ⁵Die Sätze 1 bis 4 gelten auch für erforderliche Stof-

fe oder Bauteile, die angeliefert oder eigens angefertigt und bereitgestellt sind, wenn dem Besteller nach seiner Wahl Eigentum an den Stoffen oder Bauteilen übertragen oder entsprechende Sicherheit hierfür geleistet wird.
(2) Wenn der Vertrag die Errichtung oder den Umbau eines Hauses oder eines vergleichbaren Bauwerks zum Gegenstand hat und zugleich die Verpflichtung des Unternehmers enthält, dem Besteller das Eigentum an dem Grundstück zu übertragen oder ein Erbbaurecht zu bestellen oder zu übertragen, können Abschlagszahlungen nur verlangt werden, soweit sie gemäß einer Verordnung auf Grund von Artikel 244 des Einführungsgesetzes zum Bürgerlichen Gesetzbuche vereinbart sind.
(3) [1]Ist der Besteller ein Verbraucher und hat der Vertrag die Errichtung oder den Umbau eines Hauses oder eines vergleichbaren Bauwerks zum Gegenstand, ist dem Besteller bei der ersten Abschlagszahlung eine Sicherheit für die rechtzeitige Herstellung des Werkes ohne wesentliche Mängel in Höhe von 5 vom Hundert des Vergütungsanspruchs zu leisten. [2]Erhöht sich der Vergütungsanspruch infolge von Änderungen oder Ergänzungen des Vertrages um mehr als 10 vom Hundert, ist dem Besteller bei der nächsten Abschlagszahlung eine weitere Sicherheit in Höhe von 5 vom Hundert des zusätzlichen Vergütungsanspruchs zu leisten. [3]Auf Verlangen des Unternehmers ist die Sicherheitsleistung durch Einbehalt dergestalt zu erbringen, dass der Besteller die Abschlagszahlungen bis zu dem Gesamtbetrag der geschuldeten Sicherheit zurückhält.
(4) Sicherheiten nach dieser Vorschrift können auch durch eine Garantie oder ein sonstiges Zahlungsversprechen eines im Geltungsbereich dieses Gesetzes zum Geschäftsbetrieb befugten Kreditinstituts oder Kreditversicherers geleistet werden.

1 I. Die Vorschrift gewährt dem Unternehmer in Anlehnung an § 16 VOB/B (zu den Unterschieden zwischen § 632 a und § 16 VOB/B: Erm/Schwenker § 632 a Rn 5 ff) einen **Anspruch auf Abschlagszahlungen**, sofern er in sich abgeschlossene Teile des Werks vertragsmäßig angefertigt hat. Der in § 641 festgelegte Grundsatz der Vorleistungspflicht des Unternehmers (vgl § 641 Rn 1) wird dadurch, anders als bei Vorauszahlungen des Bestellers, nicht eingeschränkt, da ohne einen entsprechenden Stand der Werkunternehmerleistung auch kein Anspruch auf Abschlagszahlungen entsteht (BGHZ 101, 357; Erm/Schwenker § 632 a Rn 3). Ziel des § 632 a ist es, dem Unternehmer schneller als bisher zumindest einen Teil seiner Vergütung zu sichern und ihm einen Gegenwert für den Vermögenszuwachs zu verschaffen, den der Besteller durch den Eigentumserwerb an Teilen des letztlich herzustellenden Werks erlangt hat.

2 II. 1. § 632 a ist in seiner jetzigen Form nur auf Verträge, die **ab dem 1.1.2009** geschlossen wurden (Art 229 § 18 EGBGB).

3 2. **Voraussetzungen** für den Anspruch auf Abschlagszahlungen gem § 632 a:

4 a) Der Unternehmer muss dem Besteller durch eine vertragsgemäß erbrachte Leistung einen **Wertzuwachs verschafft** und dies durch eine Aufstellung nachgewiesen haben (Abs 1).

5 b) **Sonderregelungen** gelten gem Abs 2 für die Errichtung oder den Umbau eines Hauses oder eines vergleichbaren Bauwerks (Anspruch auf Abschlagszahlungen nur nach Maßgabe einer aufgrund v Art 244 EGBGB erlassenen VO), im Hinblick auf derartige Verträge mit Verbrauchern ergänzt durch Abs 3. Eine Klausel, die isoliert die Fälligkeit und Höhe der ersten Abschlagszahlung in einem Werkvertrag mit einem **Verbraucher** über die Errichtung oder den Umbau eines Hauses regelt, ohne auf die nach Abs 3 gesetzl geschuldete Sicherheitsleistung des Unternehmers einzugehen, ist nach § 307 Abs 1 unwirksam (BGH NJW 13, 219).

6 3. Liegen die Voraussetzungen der Abs 1–3 vor, **folgt** daraus ein **Anspruch** des Unternehmers auf eine dem Umfang der v ihm bereits erbrachten Leistung entspr **Abschlagszahlung**. Ist eine Zahlungsvereinbarung (zB iSv §§ 3, 12 MaBV) dagegen nichtig (§ 134), tritt an ihre Stelle weder der Zahlungsplan des § 3 Abs 2 MaBV noch § 632 a, sondern § 641 (BGHZ 171, 364).

II. 1. Ist das v Unternehmer zur Erfüllung eines wirksamen Werkvertrages (zum grds Fehlen v Mängelansprüchen des Bestellers bei einem wegen Schwarzarbeit nichtigen Werkvertrag: BGH NJW 13, 3167) hergestellte Werk mangelhaft (zum Begriff des Mangels vgl § 633), kann der Besteller v ihm **Nacherfüllung** nach § 635 verlangen (Nr 1). Dieser Anspruch auf Nacherfüllung hat **Vorrang** vor allen anderen Gewährleistungsrechten, auf die der Besteller grds erst zurückgreifen darf, wenn die dem Unternehmer hierzu gesetzte angemessene Frist abgelaufen ist, ohne dass der Mangel vollständig behoben wurde (zu den Ausn vgl §§ 323 II, 281 II, 636; Beispiele für Ausnahmesituationen, die ohne Fristsetzung zur Selbstvornahme der Mangelbeseitigung berechtigen [ua Verzögerung der Eröffnung oder behördliche Androhung der Schließung eines Geschäftslokals] bei: BGH NJW-RR 02, 666). Er entfällt, wenn der Besteller das Werk trotz Kenntnis des Mangels abnimmt (§ 640 II). Scheitert die Fertigstellung des Werks (nur) daran, dass der Besteller die ihm angebotene Mängelbeseitigung ablehnt, kann der Unternehmer nach § 322 II vorgehen (BGH NJW 02, 1262).

2. Ist die **Nacherfüllungsfrist erfolglos** verstrichen, kann der Besteller zwischen bis zu **vier Vorgehensweisen** wählen:

a) Der Besteller kann, sofern er das Werk nicht in Kenntnis des Mangels vorbehaltlos abgenommen hat (§ 640 II), im Wege der **Selbstvornahme** den Mangel beheben und Ersatz der erforderlichen Aufwendungen verlangen (Nr 2, vgl dazu § 637).

b) Der Besteller kann die Vergütung des Unternehmers **mindern** (Nr 3, vgl dazu § 638).

c) Bei nicht unerheblichen Mängeln (§ 323 V) kann der Besteller v Werkvertrag zurücktreten (Nr 3, vgl dazu §§ 323 ff, 636). Dieses **Rücktrittsrecht** des Bestellers tritt an die Stelle der bis zum 31.12.2001 in § 634 aF vorgesehenen Möglichkeit zur Wandelung. Die nach erfolgtem Rücktritt gebotene Rückabwicklung des Werkvertrages (§§ 346 f) kann sich allerdings zT erheblich schwieriger gestalten als etwa die Rückabwicklung eines Kaufvertrages. Dies gilt insb für Verträge über die Errichtung v Bauwerken auf dem Grundstück des Bestellers (Näheres dazu BT-Drucks 14/6040, 262).

d) Der Besteller kann nach Maßgabe der allg Vorschriften (§§ 280 ff, ergänzt durch § 636) **Schadensersatz** (zum Umfang des Schadensersatzanspruchs wegen einer befundfehlerhaften Ankaufsuntersuchung: BGHZ 192, 182; BGH NJW-RR 12, 540) oder Ersatz seiner vergeblichen Aufwendungen verlangen (Nr 4). Im Ggs zu den anderen Gewährleistungsrechten setzt dies allerdings voraus, dass der Unternehmer den Mangel zu vertreten hat (§ 280 I 2). Veräußert der Besteller das Werk, bleibt sein Schadensersatzanspruch gegen den Unternehmer davon unberührt, soweit dessen Höhe der für die Mängelbeseitigung erforderlichen Kosten entspricht (BGH BauR 04, 1617; BGHZ 99, 81).

3. Sonderregelungen Bauvertrag: Das Recht des Bestellers zur Minderung wird durch § 13 Nr 6 VOB/B auf die Fälle begrenzt, in denen eine Mängelbeseitigung unmöglich oder mit unverhältnismäßig hohem Aufwand verbunden ist. Weitere Einschränkungen ergeben sich aus § 13 Nr 3 VOB/B. Zu den Schadensersatzansprüchen des Bestellers vor Abnahme des Bauwerks vgl § 4 Nr 7 S 2 VOB/B, zu denen nach Abnahme § 13 Nr 7 VOB/B, zu den Anforderungen an die ordnungsgemäße Mängelbeseitigung beim Bauvertrag: BGH NJW-RR 06, 1311; zu den Rückforderungsrechten des Auftragnehmers hinsichtlich eines Vorschusses auf die Mängelbeseitigung, wenn die Mängelbeseitigung nicht innerhalb einer angemessenen Frist durchgeführt wird: BGHZ 183, 366. Die zur Sekundärhaftung des Architekten entwickelten Grundsätze sind grds nicht auf Sonderfachleute anwendbar (BGH NJW 11, 3086). Zur Haftung v Vermessungsingenieuren vgl BGH NJW 13, 603.

§ 634 a Verjährung der Mängelansprüche

(1) Die in § 634 Nr. 1, 2 und 4 bezeichneten Ansprüche verjähren
1. vorbehaltlich der Nummer 2 in zwei Jahren bei einem Werk, dessen Erfolg in der Herstellung, Wartung oder Veränderung einer Sache oder in der Erbringung von Planungs- oder Überwachungsleistungen hierfür besteht,

2. in fünf Jahren bei einem Bauwerk und einem Werk, dessen Erfolg in der Erbringung von Planungs- oder Überwachungsleistungen hierfür besteht, und
3. im Übrigen in der regelmäßigen Verjährungsfrist.
(2) Die Verjährung beginnt in den Fällen des Absatzes 1 Nr. 1 und 2 mit der Abnahme.
(3) ¹Abweichend von Absatz 1 Nr. 1 und 2 und Absatz 2 verjähren die Ansprüche in der regelmäßigen Verjährungsfrist, wenn der Unternehmer den Mangel arglistig verschwiegen hat. ²Im Falle des Absatzes 1 Nr. 2 tritt die Verjährung jedoch nicht vor Ablauf der dort bestimmten Frist ein.
(4) ¹Für das in § 634 bezeichnete Rücktrittsrecht gilt § 218. ²Der Besteller kann trotz einer Unwirksamkeit des Rücktritts nach § 218 Abs. 1 die Zahlung der Vergütung insoweit verweigern, als er auf Grund des Rücktritts dazu berechtigt sein würde. ³Macht er von diesem Recht Gebrauch, kann der Unternehmer vom Vertrag zurücktreten.
(5) Auf das in § 634 bezeichnete Minderungsrecht finden § 218 und Absatz 4 Satz 2 entsprechende Anwendung.

1 **I.** § 634 a regelt, eng an § 438 angelehnt, den **Beginn und die Dauer** der Fristen, innerhalb derer die Gewährleistungsansprüche des Bestellers verjähren. Dabei werden die alten **Verjährungsfristen** (vgl §§ 638 f aF) zT ganz erheblich ausgedehnt. Ziel dieser Abweichungen v den §§ 195 ff ist es, den Besonderheiten der verschiedenen Arten v Werkverträgen angemessen Rechnung zu tragen.

2 **II. 1. a) Anwendungsbereich v § 634 a:** Die Verjährungsregelungen des § 634 a gelten nur für die in § 634 aufgezählten Gewährleistungsansprüche des Bestellers. Für alle anderen Ansprüche (zB aus den §§ 280 ff – mit Ausn der Schadensersatzansprüche iSd § 634 Nr 4 aufgrund v Schäden am Werk selbst – oder aus Delikt) bleibt es bei den allg Bestimmungen (§§ 195 ff; vgl hierzu BGH NJW 10, 1195). Nicht erfasst werden v den Verjährungsfristen der Abs 1 bis 3 darüber hinaus die Rechte des Bestellers auf Minderung des Werklohns und zum Rücktritt v Werkvertrag, da diese in den §§ 634, 636, 638, 323 als Gestaltungsrechte ausgeformt wurden (BT-Drucks 14/7052, 204, zu diesen vgl aber Abs 4, 5).

3 **b) Ansprüche,** die vor dem 1.1.2002 entstanden sind, verjähren nach Maßgabe der bis zu diesem Zeitpunkt geltenden Verjährungsfristen, falls diese – wie im werkvertraglichen Gewährleistungsrecht die Regel – kürzer als die seit dem 1.1.2002 geltenden sind (Art 229 § 6 III EGBGB). War für die Verjährung eines vor dem 1.1.2002 entstandenen Anspruchs hingegen eine längere Verjährungsfrist als nach dem seither geltenden Recht vorgesehen, tritt die Verjährung grds nach Ablauf der (neueren) kürzeren Frist, berechnet ab 1.1.2002, ein, jedoch spätestens mit dem Ablauf der vor dem 1.1.2002 für die Verjährung dieses Anspruchs vorgesehenen Frist (Art 229 § 6 IV EGBGB). Zur Verjährung v Schadensersatzansprüchen gegen Architekten nach Übergangsrecht vgl BGH NJW 11, 1224.

4 **2. a)** Der Beginn und die **Dauer der Verjährungsfristen** richten sich nach der **Art des Werks,** auf das sich die geltend gemachten Gewährleistungsansprüche beziehen: Mängelansprüche wegen eines Bauwerks oder eines Werks, dessen Erfolg in der Erbringung v Planungs- oder Überwachungsleistungen hierfür besteht, verjähren in fünf Jahren ab Abnahme (Abs 1 Nr 2, Abs 3). Der Begriff Bauwerk ist dabei weit auszulegen (BGH NJW-RR 02, 664). Er meint nicht nur Gebäude, sondern auch andere unbewegliche, durch Verwendung v Arbeit und Material iVm dem Erdboden hergestellte Sachen (zB auch die Erneuerung eines Trainingsplatzes mit Rollrasen: BGH NJW 13, 601; vgl auch BGH NJW-RR 03, 1320; zur Abgrenzung auch: BGH NJW 02, 2100). Andere Werke, die auf die Herstellung, Wartung oder Veränderung einer Sache oder der Erbringung v Planungs- und Überwachungsleistungen hierfür gerichtet sind (zB Reparatur eines Fahrzeugs, Arbeiten an *Grundstücken*), verjähren in zwei Jahren ab Abnahme *(Abs 1 Nr 1, Abs 3).* Bei allen anderen Werkverträgen (zB Risikoanalysen v Unternehmensberatern, Sach- und Personenbeförderung, die Erstellung v individueller Software oder Privatgutachten) bleibt es bei den allg Verjährungsbestimmungen (§§ 195, 199). Herrscht Streit über die Dauer der Verjährungsfrist, kann eine kürzere Frist nur angenommen werden, wenn auszuschließen ist, dass der Werkvertrag Bauwerke betrifft

(BGH NJW-RR 03, 1320). Die Verjährungsfrist für vor der Abnahme erkannte Mängel beginnt erst zu laufen, wenn die Abnahme erfolgt oder endgültig verweigert wird (BGH NJW-Spezial 11, 557).

b) Hat der Unternehmer dem Besteller den **Mangel arglistig verschwiegen**, bleibt es 5 nach Abs 3 bei der regelmäßigen Verjährungsfrist v grds drei Jahren ab Kenntnis oder grob fahrlässiger Unkenntnis des Bestellers v den anspruchsbegründenden Umständen (§§ 195, 199). Um auszuschließen, dass sich hierdurch die Verjährungsfrist bei Mängeln an Bauwerken oder darauf bezogenen Planungs- oder Überwachungsleistungen aufgrund der Arglist des Unternehmers iErg verkürzt (BT-Drucks 14/7052, 205), darf dies iR derartiger Werkverträge jedoch nicht zu einer Unterschreitung der iÜ (Abs 1 Nr 2) für Gewährleistungsansprüche wegen solcher Mängel vorgesehenen Frist führen (Abs 3 S 2). Arglist liegt vor, wenn bewusst Mängel oder andere für die Entschließung des Vertragspartners wichtige Umstände verschwiegen werden, die nach Treu und Glauben hätten offenbart werden müssen (BGHZ 117, 318; BGH VersR 11, 220; BGH NJW 12, 1653). Ein solches Bewusstsein fehlt, wenn der Mangel von seinem Verursacher nicht als Mangel wahrgenommen wird (BGH VersR 11, 220). Hat ein Werkunternehmer, der ein Bauwerk arbeitsteilig herstellen lässt, es unterlassen, die organisatorischen Voraussetzungen für die Erkennung v Mängeln bei Ablieferung eines Bauwerks zu schaffen, gelten die gleichen Verjährungsregeln wie bei einem arglistigen Verschweigen des Mangels, wenn der Mangel bei richtiger Organisation entdeckt worden wäre (BGHZ 174, 32; BGH NJW 09, 582; BGH NJW-RR 10, 1604).

c) Für die **Hemmung** der Verjährung gelten die allg Regeln (§§ 203 ff). Zu den Anfor- 6 derungen an die Geltendmachung v Werkmängeln zur Herbeiführung einer Verjährungshemmung vgl BGH NJW 08, 576, zum Ende der Verjährungshemmung BGH NJW-RR 13, 969. Macht ein Unternehmer bei einer Mängelbeseitigung auf Aufforderung des Bestellers deutlich, dass er sich hierzu nicht für verpflichtet hält, führt dies nicht zu einer Verjährungshemmung wegen Anerkenntnis nach § 212 Abs 1 (BGH NJW 12, 3229).

d) Die Fristen des Abs 1 können, außer bei Haftung wegen Vorsatzes, durch Rechtsge- 7 schäft verkürzt werden (§ 202 I). In AGB ist dies allerdings nur in den Grenzen v § 309 Nr 8 b ff zulässig (vgl hierzu BGH NJW-RR 02, 664). Ebenso ist eine vertragliche Verlängerung der Fristen auf bis zu 30 Jahre ab dem gesetzlichen Verjährungsbeginn möglich (§ 202 II). Erfolgt diese in AGB des Bestellers, setzt dies aber voraus, dass dies nicht als unangemessene Benachteiligung des Unternehmers iSd § 307 anzusehen ist (Staud/Peters § 634 a Rn 27). An die Stelle einer unwirksamen **Verjährungsvereinbarung** treten die Fristen des Abs 1, nicht die des § 195.

e) **Abw Bestimmungen** zur Verjährung sieht zB für den Baubereich § 13 VOB/B vor 8 (vgl Nachw bei Pal/Sprau § 634 a Rn 28 f; dazu BGH NJW 13, 1228). Weitere spezialgesetzliche Verjährungsregelungen existieren ua für Reiseverträge (§ 651 g); Fracht- u Speditionsgeschäfte (§§ 439, 463 HGB); Beförderungsverträge, Rechtsanwälte (§ 51 b BRAO; vgl hierzu: BGH NJW 96, 661) und Steuerberater (§ 68 StBerG).

3. Da die Rechte des Bestellers zum **Rücktritt oder zur Minderung** als Gestaltungsrech- 9 te nicht der Verjährung unterliegen, bedarf es insofern der Verweisung auf § 218. Danach ist der Rücktritt bzw die Minderung des Bestellers unwirksam, wenn sein Nacherfüllungsanspruch bereits verjährt ist oder verjährt wäre, wenn nicht der Unternehmer die Leistung schon wegen § 275 oder § 635 III verweigern könnte, und der Unternehmer sich hierauf beruft. Ungeachtet der Unwirksamkeit des Rücktritts oder der Minderung nach § 218 kann in der Besteller aber die Zahlung des Werklohns in gleichem Umfang verweigern, wie er dazu bei einem wirksamen Vollzug des Rücktritts oder der Minderung berechtigt gewesen wäre (Abs 4 S 2). Das Rücktrittsrecht des Unternehmers (Abs 4 S 3) soll in diesen Fällen verhindern, dass der Besteller das mangelhafte Werk behalten kann, obwohl er den Werklohn nicht zu entrichten braucht (vgl Gegenäußerung der BReg, BT-Drucks 14/6857, Anlage 3, 68; Näheres hierzu bei Kohler BauR 03, 1804 ff).

§ 635 Nacherfüllung

(1) Verlangt der Besteller Nacherfüllung, so kann der Unternehmer nach seiner Wahl den Mangel beseitigen oder ein neues Werk herstellen.
(2) Der Unternehmer hat die zum Zwecke der Nacherfüllung erforderlichen Aufwendungen, insbesondere Transport-, Wege-, Arbeits- und Materialkosten zu tragen.
(3) Der Unternehmer kann die Nacherfüllung unbeschadet des § 275 Abs. 2 und 3 verweigern, wenn sie nur mit unverhältnismäßigen Kosten möglich ist.
(4) Stellt der Unternehmer ein neues Werk her, so kann er vom Besteller Rückgewähr des mangelhaften Werkes nach Maßgabe der §§ 346 bis 348 verlangen.

1 I. § 635 regelt in Anlehnung an § 439 und weitgehend in Übereinstimmung mit § 633 aF den Anspruch des Bestellers auf Beseitigung der Mängel des v Unternehmer hergestellten Werks durch Nachbesserung oder Herstellung eines neuen (mangelfreien) Werks. Diese sog **Nacherfüllung** hat grds **Vorrang vor** allen **anderen Gewährleistungsrechten** des Bestellers, v denen dieser daher idR erst Gebrauch machen kann, wenn der Unternehmer die ihm zur Nacherfüllung gesetzte Frist hat ungenutzt verstreichen lassen (vgl §§ 281, 323, 637, 638). Ausgenommen v dieser Priorität des Rechts auf Nacherfüllung ist lediglich der Anspruch auf den „kleinen" Schadensersatz nach § 280 I, der auch neben der Nacherfüllung verlangt werden kann. Der Anspruch auf Nacherfüllung ist jedoch ausgeschlossen, wenn der Besteller das Werk trotz Kenntnis des Mangels vorbehaltlos abgenommen hat (§ 640 II).

2 II. 1. Alle mit der Nacherfüllung verbundenen **Kosten** hat wie schon bisher nach § 633 II 2 aF iVm § 476 a aF der Unternehmer zu tragen (Abs 2). Sofern ihm diese nicht zumutbar wären, kann der Unternehmer die Nacherfüllung ebenso verweigern (zu den Grenzen dieses Nachbesserungsverweigerungsrechts bei einem objektiv berechtigten Interesse des Bestellers an einer mangelfreien Vertragsleistung vgl BGH NJW-RR 06, 304 zu § 633 aF) wie nach den allg Regeln bei Unmöglichkeit (§ 275 I, vgl hierzu auch BGH NJW 01, 1642), grobem Missverhältnis des Aufwands zum Leistungsinteresse des Bestellers (§ 275 II) und Unzumutbarkeit (§ 275 III). So soll dem Unternehmer insb auch dann ein **Leistungsverweigerungsrecht** zustehen, wenn der Mangel des Werks v ihm nicht zu vertreten ist, sondern allein auf dem Verschulden eines seiner Lieferanten beruht (BT-Drucks 14/6040, 265; vgl dazu BGH NJW 12, 3371; BGH ZIP 13, 1824). Die Pflicht zur Tragung der Nacherfüllungskosten kann nicht durch **AGB** auf den Besteller abgewälzt werden (§ 309 Nr 8 b cc). Hiervon ausgenommen sind sog „Sowieso-Kosten" (notwendige Mehrkosten der ordnungsgemäßen Ausführung), die der Besteller zu tragen hat, soweit die Höhe der Herstellungskosten nicht v Unternehmer garantiert wurde (BGH NJW 94, 2826; Palandt/Sprau § 635 Rn 7).

3 2. Ob der Unternehmer den Mangel des Werks durch Nachbesserung oder Neuherstellung behebt, kann er grds frei wählen. Dem Besteller steht also nur das Recht zu, allg Nacherfüllung zu verlangen. Lediglich wenn ihm eine der **Arten der Nacherfüllung** nicht zumutbar ist, kann er diese nach Treu und Glauben (§ 242) ablehnen (BT-Drucks 14/6040, 265). Hintergrund dafür, dem Unternehmer und nicht – wie dies § 439 entsprochen hätte – dem Besteller das Recht zur Auswahl der Nacherfüllungsart zuzusprechen, ist die unterschiedliche Interessenlage bei beiden Vertragstypen: Beim Werkvertrag wird das Werk, anders als im Normalfall beim Kaufvertrag die Kaufsache, erst nach Vertragsschluss hergestellt. Dies geschieht durch den Unternehmer. Dieser steht daher dem Produktionsprozess näher und kann wegen seiner meist größeren Sachkunde besser als der Besteller beurteilen, wie der Mangel am leichtesten und kostengünstigsten behoben werden kann. Umgekehrt erschöpft sich das Interesse des Bestellers darin, ein mangelfreies Werk zu erhalten. Wie es zu diesem kommt, ist für ihn gleichgültig. Darüber hinaus wird dem Besteller durch die Übertragung des **Wahlrechts** an den **Unternehmer** das Risiko genommen, sich für die falsche Nacherfüllungsvariante zu entscheiden (BT-Drucks 14/6040, 265). Die Vorgaben der Verbrauchsgüterkaufrichtlinie (1999/44/EG v 25.5.1999, ABl EG L 171, 12) stehen einer solchen v § 439 abw Ausgestaltung des Wahlrechts der Nacherfüllungsart ebenfalls nicht im Wege, da auf

die v dieser Richtlinie erfassten Werkverträge über § 651 ohnehin Kaufrecht anzuwenden ist (BT-Drucks 14/6040, 265).

3. Kommt es iR der Nacherfüllung zur Herstellung eines neuen Werks, kann der Unternehmer die **Herausgabe des** (alten) **mangelhaften Werks** nach den §§ 346 ff verlangen (Abs 4). Damit soll klargestellt werden, dass insofern nicht etwa die §§ 812 ff heranzuziehen sind (BT-Drucks 14/6040, 265). 4

§ 636 Besondere Bestimmungen für Rücktritt und Schadensersatz

Außer in den Fällen der §§ 281 Abs. 2 und 323 Abs. 2 bedarf es der Fristsetzung auch dann nicht, wenn der Unternehmer die Nacherfüllung gemäß § 635 Abs. 3 verweigert oder wenn die Nacherfüllung fehlgeschlagen oder dem Besteller unzumutbar ist.

I. Grds ist der Besteller eines Werks wegen dessen Mängeln erst berechtigt, v Vertrag zurückzutreten (vgl §§ 634 Nr 3, 323) oder Schadensersatz zu verlangen (§§ 634 Nr 4, 280 ff), wenn er dem Unternehmer zuvor erfolglos eine angemessene Frist zur Nacherfüllung gesetzt hat. Für diese **Fristsetzungspflicht** sehen die §§ 281 II, 323 II jedoch eine Reihe v **Ausn** vor. Wie § 440 S 1 für das Kaufrecht ergänzt § 636 diese Ausnahmetatbestände für das Werkrecht. Zur Prüfung der Angemessenheit der Fristsetzung bei vorherigem Annahmeverzug des Bestellers vgl BGH NJW 07, 2761). 1

II. 1. Außer aufgrund der in den allg Bestimmungen (§§ 281 II, 323 II, 326 V) genannten Fälle kann der Besteller auch noch in **drei weiteren Fällen** ohne vorherige Fristsetzung v Werkvertrag zurücktreten oder Schadensersatz wegen eines Mangels des Werks verlangen: wenn der Unternehmer die Nacherfüllung nach § 635 III verweigert, weil sie für ihn mit **unverhältnismäßigen Kosten** verbunden wäre (dazu: BGH NJW 13, 370), wenn die **Nacherfüllung fehlgeschlagen** ist und wenn eine Nacherfüllung dem Besteller **nicht zuzumuten** wäre. Anders als im Kaufrecht (vgl dort § 440 S 2) fehlt es für das Werkrecht allerdings an einem klarstellenden Hinweis, **wann die Nacherfüllung als fehlgeschlagen** anzusehen ist. Eine einheitliche Beantwortung dieser Frage erscheint für das Werkrecht aber so wenig sinnvoll möglich wie für das Kaufrecht, weshalb auch hier, in Anlehnung an § 440 S 2, jeweils nach den Umständen des Einzelfalls zu entscheiden ist (für ein Fehlschlagen bei drei erfolglosen Nacherfüllungsversuchen: HansOLG Bremen OLGR Bremen 06, 37). Diese Interpretation des „Fehlschlagens" lässt sich auch am ehesten mit dem generellen Ziel der Schuldrechtsreform vereinbaren, die Regelung des Gewährleistungsrechts für Kauf- und Werkverträge zu vereinheitlichen (vgl BT-Drucks 14/6040, 94 f, 260), das insb auch im Zusammenhang mit der Beschränkung des Käufers bzw Bestellers auf Nacherfüllung in AGB zur einheitlichen Regelung der Rechtsfolgen bei „Fehlschlagen der Nacherfüllung" für beide Vertragstypen geführt hat (vgl § 309 Nr 8 b bb, der die Regelung des früheren § 11 Nr 8 b AGBG ohne inhaltliche Änderungen übernehmen sollte: BT-Drucks 14/6040, 158). Fehlgeschlagen ist die Nachbesserung daher erst dann, wenn anzunehmen ist, dass die Nachbesserung insgesamt nicht zu einem mangelfreien Werk führen wird (Bamberger/Roth/Voit § 636 Rn 24; Erm/Schwenker § 636 Rn 12). Die praktische Bedeutung dieser Abgrenzung ist allerdings gering, da die Entbehrlichkeit der Fristsetzung wegen einer fehlgeschlagenen Nachbesserung idR nur zum Tragen kommt, wenn der Unternehmer die Nachbesserung versucht hatte, ohne dass hierfür eine Frist gesetzt wurde, da nach Ablauf einer v Besteller gesetzten Nacherfüllungsfrist dieser ohnehin befugt ist, ohne erneute Fristsetzung Schadensersatz zu verlangen, v Vertrag zurückzutreten, zu mindern oder den Mangel selbst zu beheben (Bamberger/Roth/Voit § 636 Rn 24). 2

§ 637 Selbstvornahme

(1) Der Besteller kann wegen eines Mangels des Werkes nach erfolglosem Ablauf einer von ihm zur Nacherfüllung bestimmten angemessenen Frist den Mangel selbst beseitigen und Ersatz der erforderlichen Aufwendungen verlangen, wenn nicht der Unternehmer die Nacherfüllung zu Recht verweigert.

§ 638

(2) ¹§ 323 Abs. 2 findet entsprechende Anwendung. ²Der Bestimmung einer Frist bedarf es auch dann nicht, wenn die Nacherfüllung fehlgeschlagen oder dem Besteller unzumutbar ist.
(3) Der Besteller kann von dem Unternehmer für die zur Beseitigung des Mangels erforderlichen Aufwendungen Vorschuss verlangen.

1 **I.** § 637 regelt, wann der Besteller berechtigt ist, die **Mängel** des Werkes auf Kosten des Unternehmers **selbst zu beheben**. Dabei wird die entspr frühere Regelung in § 633 III aF sowohl ergänzt als auch konkretisiert.

2 **II. 1. Voraussetzungen:** Der Besteller muss dem Unternehmer erfolglos eine angemessene Frist zur Beseitigung des Mangels gesetzt haben (Abs 1 Halbs 1). Im Ggs zu § 633 III aF ist also nicht mehr erforderlich, dass sich der Unternehmer mit der Nacherfüllung in Verzug befindet. Auf ein Vertretenmüssen der Fristversäumnis durch den Unternehmer kommt es daher nicht an. Damit soll den Interessen des Bestellers Rechnung getragen werden, der nach erfolglosem Ablauf der Frist idR das Vertrauen in die ordnungsgemäße Beseitigung des Mangels durch den Unternehmer verloren haben wird, ohne überblicken zu können, inwieweit die Fristversäumnis auf dessen Verschulden zurückzuführen ist (BT-Drucks 14/6040, 266). Trotz fruchtlosem Fristablauf kann der Besteller den Ersatz seiner Aufwendungen für die Mängelbeseitigung allerdings **nicht** verlangen, wenn der Unternehmer die **Nacherfüllung** nach § 635 III **zu Recht verweigert**, weil sie für ihn mit unverhältnismäßig hohen Kosten verbunden wäre (Abs 1 Halbs 2). Anderenfalls könnte der Besteller die zum Schutz des Unternehmers in § 635 III getroffene Regelung umgehen und diesen dennoch zwingen, ihm durch die Übernahme unverhältnismäßiger Kosten zu einem mangelfreien Werk zu verhelfen. Außerdem darf der Besteller das Werk noch nicht trotz Kenntnis des Mangels **vorbehaltlos abgenommen** haben (§ 640 II).

3 **2.** In fünf Fällen kann der Besteller auch **ohne vorherige Fristsetzung** den Mangel selbst beseitigen und die ihm hierfür entstandenen Kosten v Unternehmer ersetzt verlangen: Wenn der Unternehmer die Nacherfüllung ernsthaft und endgültig **verweigert** (Abs 2 iVm § 323 II Nr 1; vgl zu den Anforderungen an eine solche endgültige Verweigerung der Mangelbeseitigung: BGH NJW 09, 354), bei **Fixgeschäften** (Abs 2 iVm § 323 II Nr 2) oder wenn absehbar ist, dass der Unternehmer bis zum Ablauf der ihm v Besteller für die Nacherfüllung gesetzten angemessenen Frist diese nicht wird leisten können (vgl Gegenäußerung der BReg, BT-Drucks 14/6857, Anlage 3, 68), wenn aufgrund **besonderer Umstände** und unter Abwägung der beiderseitigen Interessen die sofortige Selbstvornahme gerechtfertigt erscheint (Abs 2 iVm § 323 II Nr 3), wenn der **Nacherfüllungsversuch** des Unternehmers **fehlgeschlagen** ist (Abs 2, S 2, 1. Alt) sowie wenn dem Besteller eine Nacherfüllung durch den Unternehmer **nicht zuzumuten** ist (Abs 2, S 2, 2. Alt). Die Frage, wann ein Nacherfüllungsversuch als fehlgeschlagen zu betrachten ist, dürfte im Werkrecht so wenig einheitlich zu beantworten sein wie im Kaufrecht (vgl dort aber die Regelvorgaben in § 440 S 2), sondern ist jeweils nach den Umständen des Einzelfalls zu ermitteln (vgl § 636 Rn 2).

4 **3.** Schon auf der Grundlage v § 633 III aF gewährte die Rspr dem Besteller einen aus §§ 242, 669 abgeleiteten **Anspruch auf Vorschuss** für die zur Selbstvornahme erforderlichen Aufwendungen (BGHZ 47, 272; 68, 373, 378; 94, 332 ff). Diese Praxis hat nunmehr in Abs 3 ihre gesetzliche Absicherung gefunden, ohne dass dadurch eine inhaltliche Änderung herbeigeführt werden sollte (BT-Drucks 14/6040, 266). Beseitigt der Besteller die Mängel des Werks vor Abnahme, führt dies nicht zu einer Beweislastumkehr. Die Beweislast bleibt vielmehr beim Unternehmer (BGH NJW 09, 360).

§ 638 Minderung

(1) ¹Statt zurückzutreten, kann der Besteller die Vergütung durch Erklärung gegenüber dem Unternehmer mindern. ²Der Ausschlussgrund des § 323 Abs. 5 Satz 2 findet keine Anwendung.

(2) Sind auf der Seite des Bestellers oder auf der Seite des Unternehmers mehrere beteiligt, so kann die Minderung nur von allen oder gegen alle erklärt werden.
(3) ¹Bei der Minderung ist die Vergütung in dem Verhältnis herabzusetzen, in welchem zur Zeit des Vertragsschlusses der Wert des Werkes in mangelfreiem Zustand zu dem wirklichen Wert gestanden haben würde. ²Die Minderung ist, soweit erforderlich, durch Schätzung zu ermitteln.
(4) ¹Hat der Besteller mehr als die geminderte Vergütung gezahlt, so ist der Mehrbetrag vom Unternehmer zu erstatten. ²§ 346 Abs. 1 und § 347 Abs. 1 finden entsprechende Anwendung.

I. § 638 regelt, wann dem Besteller das Recht zusteht, bei Mangelhaftigkeit des Werks die Vergütung des Unternehmers zu mindern. Zugleich wird die **Minderung** des bisherigen Rechts (§ 634 I, IV aF) in ein Gestaltungsrecht umgeformt, der entsprechenden Bestimmung im Kaufrecht (§ 441) angeglichen und die Berechnung des Minderungsbetrags vereinfacht. 1

II. 1. a) Die **Voraussetzungen der Minderung** entsprechen denen des Rücktritts (vgl §§ 636, 323 ff). Der Besteller muss dem Unternehmer also grds erfolglos eine angemessene **Frist** zur Nacherfüllung gesetzt haben (§ 323 I). Angemessen ist grds die Frist, die ein zügig arbeitender Unternehmer benötigt, um in dem konkreten Einzelfall das mangelhafte Werk in einen mangelfreien Zustand zu versetzen (MK/Busche § 636 Rn 7; ähnl BGH NJW-RR 93, 310), daneben ist das Interesse des Bestellers an rascher Mängelbeseitigung zu berücksichtigen (MK/Busche § 636 Rn 7). Eine zu kurz bemessene Frist setzt eine im vorgenannten Sinne angemessene Frist in Lauf (BGH NJW 85, 2640; 96, 1814; Jauernig/Stadler § 323 Rn 8). Ausnahmsweise ist eine **Fristsetzung entbehrlich**, wenn der Unternehmer die Nacherfüllung ernsthaft und endgültig verweigert (Abs 1 iVm §§ 636, 323 II Nr 1, 635 III), bei Fixgeschäften (Abs 1 iVm §§ 636, 323 II Nr 2), wenn aufgrund besonderer Umstände und unter Abwägung der beiderseitigen Interessen die sofortige Selbstvornahme gerechtfertigt erscheint (Abs 1 iVm §§ 636, 323 II Nr 3) sowie wenn der Nacherfüllungsversuch des Unternehmers fehlgeschlagen ist oder dem Besteller eine Nacherfüllung durch den Unternehmer nicht zugemutet werden kann (Abs 1 iVm § 636). Die Frage, wann ein Nacherfüllungsversuch als fehlgeschlagen zu betrachten ist, dürfte im Werkrecht so wenig einheitlich zu beantworten sein wie im Kaufrecht (vgl dort aber die Regelvorgaben in § 440 S 2), sondern ist jeweils nach den Umständen des Einzelfalls zu ermitteln (vgl § 636 Rn 2). Eine **Ablehnungsandrohung**, wie sie § 634 I aF vorsah, ist **nunmehr überflüssig**. 2

b) Ausgeübt wird das Recht zur Minderung durch **Erklärung ggü dem Unternehmer** (Abs 1). Anders als das Recht zum Rücktritt (vgl § 323 V 2) setzt das Recht zur Minderung keine erhebliche Beeinträchtigung der Tauglichkeit des Werks voraus. Der Besteller kann also auch bei **unerheblichen Mängeln** mindern (Abs 1 S 2). 3

2. Sofern an einem Werkvertrag **mehrere Besteller oder** mehrere **Unternehmer** beteiligt sind, kann die Minderung als Konsequenz ihrer Ausformung als Gestaltungsrecht wie der Rücktritt (vgl jetzt § 351, ebenso auch schon § 356 aF) nur v allen bzw gegen alle Beteiligten erklärt werden (Abs 2). Das Innenverhältnis zwischen den Beteiligten einer Seite (zB Gesamthandsverhältnis, Wohnungseigentümergemeinschaft) bleibt hiervon unberührt (vgl BT-Drucks 14/6040, 266 f). 4

3. Als Gestaltungsrecht unterliegt das Recht zur Minderung nicht der **Verjährung**. Gemäß § 634 a IV, V iVm § 218 ist die Minderung des Bestellers aber unwirksam, wenn sein Nacherfüllungsanspruch bereits verjährt ist (oder verjährt wäre, wenn nicht der Unternehmer die Leistung schon wegen § 275 oder § 635 III verweigern könnte, und der Unternehmer sich hierauf beruft. Ungeachtet der Unwirksamkeit der Minderung nach § 218 kann der Besteller dann aber die Zahlung des Werklohns in gleichem Umfang verweigern, wie er dazu bei einem wirksamen Vollzug der Minderung berechtigt gewesen wäre. 5

4. Ziel der Umgestaltung der **Berechnung des Minderungsbetrags** war es, diese so weit wie möglich zu erleichtern (BT-Drucks 14/6040, 235) und den kaufrechtlichen Regelungen anzugleichen. Daher wird für die Ermittlung des Minderungsbetrags nicht mehr 6

an den zT nur schwer feststellbaren objektiven Wert der Sache angeknüpft (vgl § 634 aF iVm § 472 aF), sondern an die v den Parteien vereinbarte Vergütung (Abs 3). Damit entfällt auch die Notwendigkeit, anders als im Kaufrecht auf den Zeitpunkt der Abnahme statt auf den des Vertragsschlusses abzustellen (so aber noch der Fraktionsentwurf, vgl dazu BT-Drucks 14/6040, 267), da die vereinbarte Vergütung, anders als der Wert des zu diesem Zeitpunkt noch nicht hergestellten Werks, auch beim Werkvertrag bereits bei Vertragsschluss feststeht. Ein **Mitverschulden des Bestellers** an dem Mangel kann unter Heranziehung des Rechtsgedankens des § 254 berücksichtigt werden (BT-Drucks 14/6040, 267), soweit insofern nicht ohnehin die Geltendmachung v Gewährleistungsrechten nach §§ 651 S 2 iV, § 442 I ausgeschlossen ist, weil der Mangel auf einen v Besteller gelieferten Stoff zurückzuführen ist. Unberücksichtigt bleiben für die Minderung hingegen alle subjektiven Aspekte, also insb eine durch den Mangel etwa hervorgerufene Beeinträchtigung des Affektionsinteresses des Bestellers (BT-Drucks 14/6040, 267).

7 5. Hat der Besteller dem Unternehmer bereits eine höhere Vergütung gezahlt, als dieser unter Berücksichtigung der Minderung verlangen kann, ist ihm dieser **Mehrbetrag** v Unternehmer **entspr** den bei **Rücktritt** geltenden Regeln (§§ 346, 347), also einschließlich der gezogenen oder bei ordnungsgemäßer Wirtschaft zu ziehenden Nutzungen, **zu erstatten** (Abs 4).

8 6. Einschränkungen des Rechts zur Minderung ergeben sich für den Besteller beim **Bauvertrag** aus § 13 Nrn 3, 6 VOB/B.

§ 639 Haftungsausschluss

Auf eine Vereinbarung, durch welche die Rechte des Bestellers wegen eines Mangels ausgeschlossen oder beschränkt werden, kann sich der Unternehmer nicht berufen, soweit er den Mangel arglistig verschwiegen oder eine Garantie für die Beschaffenheit des Werkes übernommen hat.

1 I. § 639 übernimmt iW die Regelung des früheren § 637 und entspricht damit weitgehend den in § 444 für das Kauf- und in § 536 d für das Mietrecht getroffenen Regelungen. Durch die Vorschrift wird klargestellt, dass die Gewährleistungsrechte des Bestellers aufgrund v Mängeln des Werks zwar grds begrenzt oder ausgeschlossen werden können, v dieser **Freizeichnungsmöglichkeit** des Unternehmers aber alle Mängel ausgenommen sind, die dieser dem Besteller arglistig, also vorsätzlich und trotz bestehender Offenbarungspflicht (vgl BGH NJW 02, 2776; BGHZ 117, 318; Staud/Peters § 639 Rn 11 ff), verschwiegen hat (zum Arglistbegriff auch schon § 634 a Rn 5).

2 II. 1. Soweit die Beschränkungen der Unternehmerhaftung nicht durch Individualabrede, sondern durch **AGB** erfolgen, ergeben sich weitergehende Zulässigkeitsschranken va aus § 309 Nr 8 u 12. Daneben gelten die sonstigen v der Rspr zur Kontrolle v AGB entwickelten Grundsätze (vgl die Übersicht bei Palandt/Sprau § 639 Rn 7). Verwendet der Besteller AGB, dienen die §§ 305 ff auch dem Schutz des Unternehmers, zB vor dem Entzug des Nacherfüllungsrechts oder der alleinigen Belastung mit Sowieso-Kosten iR der Mangelbeseitigung (Bamberger/Roth/Voit § 639 Rn 31).

3 2. Bei Werkverträgen über noch zu errichtende oder neu errichtete **Häuser oder Eigentumswohnungen** sind darüber hinaus pauschale Freizeichnungsklauseln selbst iR eines notariellen Individualvertrages unwirksam, wenn der Notar den Besteller nicht ausf und eingehend über die daraus folgenden einschneidenden Konsequenzen belehrt hat (st Rspr, vgl BGHZ 101, 350 ff; anders beim Verkauf v Grundstücken, auf denen sich Altbauten befinden: BGHZ 98, 100 ff).

4 3. Verschweigt der Unternehmer nur einen Teil der Mängel **arglistig**, erstreckt sich die Unwirksamkeit einer vereinbarten Haftungsbeschränkung nach § 639 nur auf diese, nicht auch auf die anderen Mängel, wie der Wortlaut v § 639 idF v 8.12.2004 (BGBl I 3102) nunmehr ausdrücklich klarstellt. Dies gilt entspr, wenn sich die übernommene Garantie nur auf bestimmte Teile oder Eigenschaften des Werks bezieht.

4. Ein vertraglicher Ausschluss der Gewährleistungsrechte lässt eine etwaige **deliktische** **Haftung** des Unternehmers unberührt, sofern sich aus der Vereinbarung nicht mit hinreichender Deutlichkeit ein anderes ergibt (Palandt/Sprau § 639 Rn 3).

§ 640 Abnahme

(1) ¹Der Besteller ist verpflichtet, das vertragsmäßig hergestellte Werk abzunehmen, sofern nicht nach der Beschaffenheit des Werkes die Abnahme ausgeschlossen ist. ²Wegen unwesentlicher Mängel kann die Abnahme nicht verweigert werden. ³Der Abnahme steht es gleich, wenn der Besteller das Werk nicht innerhalb einer ihm vom Unternehmer bestimmten angemessenen Frist abnimmt, obwohl er dazu verpflichtet ist.
(2) Nimmt der Besteller ein mangelhaftes Werk gemäß Absatz 1 Satz 1 ab, obschon er den Mangel kennt, so stehen ihm die in § 634 Nr. 1 bis 3 bezeichneten Rechte nur zu, wenn er sich seine Rechte wegen des Mangels bei der Abnahme vorbehält.

I. Die **Abnahme des Werkes** ist im Werkvertragsrecht v zentraler Bedeutung. Sie führt zu einem Übergang der Preisgefahr auf den Besteller (§ 644 I 1), einer Umkehr der Beweislast für Mängel des Werks zugunsten des Unternehmers, zur Fälligkeit der Vergütung, die ab diesem Zeitpunkt zu verzinsen ist (§ 641), idR zum Beginn der Laufzeit der Verjährungsfristen (§ 634 a I Nr 1 u 2) sowie, bei fehlendem Vorbehalt des Bestellers, zu einer Beschränkung der Gewährleistungsansprüche (Abs 2) und zu einem Ausschluss v Ansprüchen auf Bezahlung einer Vertragsstrafe (§ 341 III).
II. 1. **Abnahme.** a) Die Abnahme des vertragsmäßig hergestellten Werks gehört neben der Vergütungspflicht zu den **Hauptpflichten** des Bestellers (MK/Busche § 640 Rn 36; Staud/Peters § 640 Rn 26 ff; ebenda § 631 Rn 59).
b) **Voraussetzung** für die **Abnahmepflicht** ist die Vollendung des Werks. Hierfür muss das Werk soweit fertig gestellt sein, dass es bei natürlicher Betrachtung als Erfüllung der vertraglich geschuldeten Leistung erscheint (BGH NJW 93, 1064; vgl auch § 646 Rn 2).
c) **Bestandteile** der Abnahme: aa) Soweit eine körperliche Entgegennahme des Werkes in Betracht kommt (also zB nicht bei Bauleistungen auf dem Grundstück des Bestellers), muss der Unternehmer das Werk dem Besteller **übergeben** haben (Erm/Schwenker § 640 Rn 3 ff; einschränkend Staud/Peters § 640 Rn 8 ff).
bb) Das **Werk** muss v Besteller **als iW vertragsgemäß gebilligt** worden sein (BGH NJW 93, 1974). Dies kann auch **stillschweigend** geschehen, etwa durch Bezahlung des Werklohns oder bestimmungsgemäße Ingebrauchnahme des Werks (Palandt/Sprau § 640 Rn 6). Eine Billigung durch schlüssiges Verhalten scheidet jedoch aus, wenn aus dem sonstigen Verhalten des Bestellers erkennbar ist, dass er das Werk nicht als vertragsgemäß anerkennt (BGHZ 132, 101 f). Eine konkludente Annahme durch Entgegennahme der Werkleistung kommt bereits idR nicht in Betracht, wenn die Leistung noch nicht vollständig erbracht wurde (BGH BauR 06, 396; BauR 11, 876). Ob der Anerkennung des Werks durch den Besteller eine Prüfung vorausgegangen ist, ist hingegen unerheblich (MK/Busche § 640 Rn 15). Bei Bauverträgen nach der VOB/B wird eine Abnahme des Werks **fingiert**, wenn der Besteller nicht innerhalb einer bestimmten Frist nach schriftlicher Mitteilung über die Fertigstellung des Werks eine Abnahme verlangt (§ 12 VOB/B). Eine auf § 119 II gestützte Anfechtung der Abnahme ist nicht möglich, da § 640 insofern als spezielleres Recht vor den Anfechtungsregelungen Vorrang zukommt. Die Möglichkeit, § 119 I oder § 123 gestützt die Abnahme anzufechten, bleibt davon unberührt (MK/Busche § 640 Rn 5).
cc) Ist nach der Beschaffenheit des Werkes eine **Abnahme ausgeschlossen**, treten die Abnahmewirkungen mit Vollendung des Werkes ein (§ 646).
2. Das Werk kann auch v einem Stellvertreter des Bestellers abgenommen werden. Eine entspr **Vertretungsmacht** des **Architekten** ist jedoch grds nicht zu vermuten (Staud/Peters § 640 Rn 11). Bei Eigentumswohnungen ist die Abnahme sowohl hins des Sonder- als auch des Gemeinschaftseigentums durch alle einzelnen Berechtigten erforderlich (BGH NJW 85, 1552; Staud/Peters § 640 Rn 21).

8 3. Die Abnahme einzelner, abtrennbarer Teile des Werks ist möglich. Einen Anspruch hierauf hat der Unternehmer aber nur, wenn die Parteien dies vereinbart haben (Jauernig/Mansel § 640 Rn 6). Eine Abschlagszahlung des Bestellers ist keine konkludente **Teilabnahme** des Werks (BGHZ 125, 111; Palandt/Sprau § 640 Rn 7). Nach Kündigung eines Bauvertrags wird die Werklohnforderung grds erst mit der Abnahme der bis dahin erbrachten Werkleistungen fällig (BGHZ 167, 345).

9 4. Bei nicht vertragsgemäßer Herstellung des Werks kann der Besteller die **Abnahme verweigern** (§ 320), sofern die Mängel wesentlich sind (Abs 1 S 2). Verweigert der Besteller die Abnahme ohne hinreichenden Grund, gerät er in Annahmeverzug, unter den Voraussetzungen v § 286 daneben auch in Schuldnerverzug (vgl MK/Busche § 640 Rn 40). Der Unternehmer kann daher Ersatz des Verzugsschadens nach den §§ 280 ff geltend machen, nach § 323 vorgehen oder auf Abnahme klagen (hierzu vgl BGH NJW 96, 1749; Jauernig/Mansel § 640 Rn 5). Darüber hinaus wird die Abnahme des Bestellers fingiert, wenn dieser das Werk nicht innerhalb einer ihm v Unternehmer bestimmten angemessenen Frist abnimmt, obwohl er dazu verpflichtet ist (Abs 1 S 3). Bei Werkverträgen, die vor dem 1.5.2000 geschlossen wurden, beginnt diese Frist erst an diesem Tag (Art 229 II 3 EGBGB; zur Entbehrlichkeit einer Fristsetzung bei solchen Altverträgen, wenn am 1.5.2000 bereits nach alter Rechtslage der Werklohn trotz fehlender Abnahme einklagbar war: BGH NJW 03, 200).

10 5. a) Nimmt der Besteller das Werk **in Kenntnis vorhandener Mängel** vorbehaltlos ab, verliert er seine (verschuldensunabhängigen) Gewährleistungsansprüche aus § 634 Nr 1 u 2 und seine Rechte aus § 634 Nr 3 (Abs 2). Dies gilt auch bei einer konkludenten Abnahme (BGH NJW-RR 10, 748). Fahrlässige Unkenntnis der Mängel beeinträchtigt die Rechte des Bestellers hingegen nicht (Staud/Peters § 640 Rn 55). Erfolgt die Abnahme während eines Prozesses oder Beweissicherungsverfahrens über etwaige Mängel des Werks, ist ein Vorbehalt bei der Abnahme zur Wahrung der Rechte aus § 634 Nr 1 bis 3 entbehrlich. Außerdem sind die Rechte des Bestellers nach § 634 Nr 1 bis 3 nicht ausgeschlossen, wenn seine Abnahme des Werks lediglich gem Abs 1 S 3 fingiert wird.

11 b) Auf (verschuldensabhängige) **Schadensersatzansprüche des Bestellers** gem §§ 634 Nr 4, 280 I, 636 bleibt die vorbehaltlose Abnahme des Werks grds ohne Einfluss (vgl Abs 2). Allenfalls kann sich aus dem fortgesetzten Gebrauch des Werks ein konkludenter Verzicht des Bestellers auf die Geltendmachung solcher Ansprüche ergeben (Palandt/Sprau § 640 Rn 13). Dies ist aber idR ausgeschlossen, wenn der Gebrauch des Werks zur Minderung des Nutzungsausfallschadens nach § 254 II geboten war (Jauernig/Mansel § 640 Rn 7). Jedenfalls unberührt bleiben deliktische Ansprüche des Bestellers (Staud/Peters § 640 Rn 84).

§ 641 Fälligkeit der Vergütung

(1) ¹Die Vergütung ist bei der Abnahme des Werkes zu entrichten. ²Ist das Werk in Teilen abzunehmen und die Vergütung für die einzelnen Teile bestimmt, so ist die Vergütung für jeden Teil bei dessen Abnahme zu entrichten.

(2) ¹Die Vergütung des Unternehmers für ein Werk, dessen Herstellung der Besteller einem Dritten versprochen hat, wird spätestens fällig,
1. soweit der Besteller von dem Dritten für das versprochene Werk wegen dessen Herstellung seine Vergütung oder Teile davon erhalten hat,
2. soweit das Werk des Bestellers von dem Dritten abgenommen worden ist oder als abgenommen gilt oder
3. wenn der Unternehmer dem Besteller erfolglos eine angemessene Frist zur Auskunft über die in den Nummern 1 und 2 bezeichneten Umstände bestimmt hat.

²Hat der Besteller dem Dritten wegen möglicher Mängel des Werks Sicherheit geleistet, gilt Satz 1 nur, wenn der Unternehmer dem Besteller entsprechende Sicherheit leistet.

(3) Kann der Besteller die Beseitigung eines Mangels verlangen, so kann er nach der Fälligkeit die Zahlung eines angemessenen Teils der Vergütung verweigern; angemes-

sen ist in der Regel das Doppelte der für die Beseitigung des Mangels erforderlichen Kosten.
(4) Eine in Geld festgesetzte Vergütung hat der Besteller von der Abnahme des Werkes an zu verzinsen, sofern nicht die Vergütung gestundet ist.

I. § 641 I S 1 verknüpft die **Fälligkeit** des Werklohns (zu dessen Entstehung und Höhe vgl § 632) mit der **Abnahme** des Werks. Der Unternehmer ist also vorleistungspflichtig, der Besteller nur zur Bezahlung **Zug um Zug** gegen Ablieferung des abnahmefähigen Werks verpflichtet. Bei nach ihrer Beschaffenheit **nicht abnahmefähigen Werken** tritt die Vollendung des Werks an die Stelle seiner Abnahme (§ 646). Abw Vereinbarungen der Parteien (zB Abschlagszahlungen) sind aber möglich und üblich (vgl BGH Report 02, 76; MK/Busche § 641 Rn 12). Sofern solche Abreden in AGB getroffen werden, verstoßen sie jedoch gegen § 307, wenn sie die Fälligkeit eines erheblichen Teils des Werklohns für längere Zeit hinausschieben, ohne dem Unternehmer hierfür einen angemessenen Ausgleich zu gewähren (BGHZ 136, 30). Für Verträge, die nach dem 1.1.2009 geschlossen wurden (Art. 229 § 18 EGBGB), gilt § 641 in der durch das FoSiG geregelten Fassung (Einfügung v Abs 2 Nrn 2 und 3, Ersatz der „Abnahme" durch die „Fälligkeit" sowie Beschränkung des Leistungsverweigerungsrechts des Bestellers auf das Doppelte der für die Beseitigung des Mangels erforderlichen Kosten in Abs 3). 1

II. 1. a) Neben der Abnahme wird für die Fälligkeit des Vergütungsanspruchs zT auch die Erstellung einer **prüffähigen Rechnung** verlangt (grds aA soweit nicht vereinbart MK/Busche § 641 Rn 12 f; Palandt/Sprau § 641 Rn 2 f, 9; Jauernig/Mansel § 641 Rn 1 f; Bamberger/Roth/Voit § 641 Rn 3; vgl zu den Anforderungen an eine prüffähige Rechnung: BGHZ 127, 254; 139, 111; 140, 365; BGH NJW-RR 02, 1177). Zu den Anforderungen an die Prüfbarkeit einer Rechnung bei Werkverträgen nach VOB/B vgl BGH NJW-RR 05, 1103; NJW-RR 06, 454. 2

b) Der Vergütungsanspruch eines **Subunternehmers** wird spätestens fällig, wenn und soweit sein Auftraggeber wegen der Herstellung des Werkes v einem **Dritten** vergütet wurde. Dies gilt auch, wenn der Dritte das Werk abgenommen hat, das Werk als abgenommen gilt oder wenn der Besteller dem Unternehmer fruchtlos eine Frist zur Auskunft über die erfolgte Abnahme gesetzt hat. Hat der Dritte den Auftraggeber des Subunternehmers nur gegen die Leistung einer Sicherheit vergütet, kann auch der Subunternehmer die Vergütung jedoch nur gegen die Leistung einer Sicherheit in gleicher Höhe verlangen (Abs 2). 3

c) Verweigert der Besteller die Abnahme des Werks aufgrund v wesentlichen Mängeln zu Recht (vgl § 640 I), wird der Vergütungsanspruch des Unternehmers nicht fällig (MK/Busche § 641 Rn 5; für eine Pflicht zur Zahlung der Vergütung Zug um Zug gegen Beseitigung der Mängel: Staud/Peters § 641 Rn 2, 7). Hat das abgenommene Werk Mängel, deren Beseitigung der Besteller verlangen kann, ist er berechtigt, einen angemessenen Teil der **Vergütung zurückzubehalten**, bis die Mängel v Unternehmen behoben wurden (vgl dazu Kohler BauR 03, 1804 ff). Dabei ist das Dreifache (bei Verträgen, die ab dem 1.1.2009 geschlossen wurden: das Doppelte, vgl Rn 1) der für die Beseitigung der Mängel erforderlichen Kosten jedenfalls noch als angemessen anzusehen (Abs 3). Zur Höhe der Mängelbeseitigungskosten muss der Besteller, der wegen eines Baumangels die Bezahlung des Werklohns verweigert, im Prozess nichts vortragen (BGH NJW-RR 2008, 401). 4

2. a) Haben die Parteien eine Abnahme des Werkes in Teilen verabredet, ändert dies grds nichts an der Fälligkeit der Vergütung erst nach Abnahme des gesamten Werkes (MK/Busche § 641 Rn 9). Anderes gilt in den Grenzen v § 242 (vgl Staud/Peters § 641 Rn 108) nur, wenn neben der Teilabnahme auch eine **Teilvergütung** vereinbart wurde (Jauernig/Mansel § 641 Rn 3), die dann jeweils mit der Abnahme des entsprechenden Teils fällig wird (Abs 1 S 2). 5

b) Kommt es nach Vertragsschluss zu einer **Verschlechterung der Vermögensverhältnisse** des Bestellers, die so wesentlich ist, dass der Vergütungsanspruch des Unternehmers hierdurch gefährdet erscheint, steht diesem nicht mehr, wie früher aus § 242 hergelei- 6 tet, ein Teilvergütungsanspruch zu. Er kann aber nach § 321 seine Leistung verweigern, bis der Besteller seine Leistung bewirkt oder Sicherheit geleistet hat.

7 c) Schließlich kann ein (Teil-)Vergütungsanspruch des Unternehmers auch in Betracht kommen, wenn der Unternehmer das Werk wegen einer **vorzeitigen Auflösung des Vertrages** nur zT fertigstellen konnte (MK/Busche § 641 Rn 9).

8 **3.** Die dem Unternehmer zustehende Vergütung ist nicht erst ab Verzug, sondern bereits ab Abnahme des Werks zu verzinsen (Abs 4 Halbs 1). Die **Zinspflicht** entfällt jedoch bei Stundung der Vergütung (Abs 4 Halbs 2) sowie in den Fällen, in denen dem Besteller aufgrund v Mängeln des Werks ein ZbR zusteht (Palandt/Sprau § 641 Rn 15). Die Höhe der Verzinsung richtet sich nach § 246 BGB (4 %) bzw § 352 HGB (5 %).

9 **4.** Werklohnforderungen **verjähren** nach § 195 in drei Jahren.

10 **III. Sonderregelungen** zur Fälligkeit v Werklohnforderungen sind va für den Bauvertrag (§ 16 VOB/B) und den Architektenvertrag (§ 8 HOAI) bedeutsam (vgl hierzu MK/Busche § 641 Rn 40 ff).

§ 641 a (aufgehoben)

§ 642 Mitwirkung des Bestellers

(1) Ist bei der Herstellung des Werkes eine Handlung des Bestellers erforderlich, so kann der Unternehmer, wenn der Besteller durch das Unterlassen der Handlung in Verzug der Annahme kommt, eine angemessene Entschädigung verlangen.
(2) Die Höhe der Entschädigung bestimmt sich einerseits nach der Dauer des Verzugs und der Höhe der vereinbarten Vergütung, andererseits nach demjenigen, was der Unternehmer infolge des Verzugs an Aufwendungen erspart oder durch anderweitige Verwendung seiner Arbeitskraft erwerben kann.

§ 643 Kündigung bei unterlassener Mitwirkung

¹Der Unternehmer ist im Falle des § 642 berechtigt, dem Besteller zur Nachholung der Handlung eine angemessene Frist mit der Erklärung zu bestimmen, dass er den Vertrag kündige, wenn die Handlung nicht bis zum Ablauf der Frist vorgenommen werde. ²Der Vertrag gilt als aufgehoben, wenn nicht die Nachholung bis zum Ablauf der Frist erfolgt.

§§ 642, 643

1 **I.** Zu den Obliegenheiten, wenn nicht sogar zu den Pflichten des Bestellers gehört es, für die Herstellung des Werks erforderliche Mitwirkungshandlungen vorzunehmen (vgl MK/Busche § 642 Rn 1 ff). Die §§ 642, 643 regeln die Folgen eines **Annahmeverzugs des Bestellers** (§ 295) durch Nichterfüllung einer Mitwirkungsobliegenheit.

2 **II. 1.** Die v Besteller im Vorfeld der Abnahme zu erbringenden Mitwirkungshandlungen gehören, anders als die Abnahme selbst (vgl § 640 Rn 2), grds nicht zu seinen Haupt- oder Nebenpflichten, sondern lediglich zu seinen **Obliegenheiten** (Jauernig/Mansel §§ 642, 643 Rn 1). Der Unternehmer kann daher deren Vornahme nicht einklagen (Staud/Peters § 642 Rn 18). Kommt der Besteller seinen Mitwirkungsobliegenheiten nicht nach, kann er vielmehr neben seinen Rechten aus den §§ 642, 643 je nach Einzelfall allenfalls Ansprüche aus §§ 280 f geltend machen oder auch ohne Fertigstellung des Werks seine Vergütung verlangen (BGHZ 50, 178 f). Eine nicht ordnungsgemäße Vornahme, die die fehlerfreie Herstellung des Werks verzögert oder gefährdet, ist dabei mit einem Unterlassen der Mitwirkungshandlung gleichzusetzen (Staud/Peters § 642 Rn 9).

3 **2.** Welche **Mitwirkungshandlungen** dem Besteller obliegen, richtet sich vorrangig nach etwa hierzu getroffenen Parteivereinbarungen, hilfsweise nach der Verkehrssitte bei gleichartigen Verträgen (Staud/Peters § 642 Rn 11). In Betracht kommen zB die Be-

schaffung v Baugenehmigungen oder die Bereitstellung v Materialien und Plänen (vgl Beispiele bei Palandt/Sprau § 642 Rn 1).
3. Folgen eines Annahmeverzugs des Bestellers iSd §§ 642, 643:
a) Der Unternehmer kann für die Beeinträchtigung seiner zeitlichen Dispositionen und die ihm durch die Bereithaltung v Arbeitskraft und Kapital entstandenen Nachteile (vgl Jauernig/Mansel §§ 642, 643 Rn 3) eine angemessene **Entschädigung** (keinen Schadensersatz iSd §§ 249 ff, vgl Staud/Peters § 642 Rn 24; so jetzt auch MK/Busche § 642 Rn 16; aA offenbar Jauernig/Mansel §§ 642, 643 Rn 3) verlangen (§ 642 I). Ein Verschulden des Bestellers ist hierfür nicht erforderlich (Jauernig/Mansel § 642 Rn 3). Die **Höhe** des Entschädigungsanspruchs ergibt sich aus § 642 Abs 2. Zu berücksichtigen sind demnach die Dauer des Verzugs, die Höhe der Vergütung sowie andererseits ersparte Aufwendungen und durch den Annahmeverzug des Bestellers möglich gewordene anderweitige Erwerbsgelegenheiten des Unternehmers (vgl MK/Busche § 642 Rn 17). Die Rechte des Unternehmers aus § 642 Abs 1 gehen also über die bei Annahmeverzug allg gegebenen Ansprüche (vgl § 304) deutlich hinaus. Weitergehende verschuldensabhängige Schadensersatzansprüche des Unternehmers werden durch § 642 nicht berührt (BGH NJW 72, 100). Ebenso wird der Vergütungsanspruch des Unternehmers bei einer Durchführung des Vertrages durch die Geltendmachung eines Entschädigungsanspruchs nach § 642 nicht eingeschränkt (MK/Busche § 642 Rn 16).
b) Will der Unternehmer sich wegen eines Annahmeverzugs des Bestellers iSv § 642 Abs 1 v Vertrag lösen, gewährt § 643 ihm ein in seiner Ausgestaltung an § 281 angelehntes **Kündigungsrecht**. Dies setzt voraus, dass der Besteller die ihm obliegende Mitwirkungshandlung auch nach einer ihm v Unternehmer iVm einer Kündigungsandrohung gesetzten Frist nicht erbringt. Die Dauer der Frist muss so bemessen sein, dass ein um Vertragstreue bemühter Besteller in dieser Zeit die erforderliche Handlung hätte vornehmen können (Jauernig/Mansel §§ 642, 643 Rn 6). Wurde eine zu kurze Frist festgelegt, gilt statt ihrer eine angemessene Frist (MK/Busche § 643 Rn 4). Bis zum Ablauf der Frist kann der Unternehmer die Fristsetzung zurücknehmen (Palandt/Sprau § 643 Rn 2). Eine Fristsetzung ist entbehrlich, wenn der Besteller nach Eintritt des Annahmeverzugs die durch ihn zu erbringende Handlung nicht mehr vornehmen kann (Jauernig/Mansel §§ 642, 643 Rn 5). Mit fruchtlosem Ablauf der Frist gilt der Vertrag als aufgehoben (§ 643 S 2). Der Unternehmer kann in diesem Fall gem § 643 iVm § 645 I Vergütung für die v ihm bereits geleistete Arbeit und Ersatz weitergehender Auslagen verlangen sowie für die Zeit bis zur Aufhebung des Vertrages seine Rechte aus § 642 geltend machen (MK/Busche § 643 Rn 8). Bei Verschulden des Bestellers können sich daneben weiter gehende Schadensersatzansprüche aus § 645 II ergeben (Jauernig/Mansel §§ 642, 643 Rn 7).
c) Bei **objektiver Unmöglichkeit** der Mitwirkungshandlung des Bestellers ist § 645 anwendbar.
d) Abw Vereinbarungen der Parteien sind zulässig (vgl ua § 9 Nr 1 bis 3 VOB/B), insb können Mitwirkungsobliegenheiten des Bestellers zu dessen Haupt- oder Nebenpflichten erhoben werden (Palandt/Sprau § 642 Rn 1).

§ 644 Gefahrtragung

(1) ¹Der Unternehmer trägt die Gefahr bis zur Abnahme des Werkes. ²Kommt der Besteller in Verzug der Annahme, so geht die Gefahr auf ihn über. ³Für den zufälligen Untergang und eine zufällige Verschlechterung des von dem Besteller gelieferten Stoffes ist der Unternehmer nicht verantwortlich.
(2) Versendet der Unternehmer das Werk auf Verlangen des Bestellers nach einem anderen Ort als dem Erfüllungsort, so findet die für den Kauf geltende Vorschrift des § 447 entsprechende Anwendung.

§ 645 Verantwortlichkeit des Bestellers

(1) ¹Ist das Werk vor der Abnahme infolge eines Mangels des von dem Besteller gelieferten Stoffes oder infolge einer von dem Besteller für die Ausführung erteilten Anweisung untergegangen, verschlechtert oder unausführbar geworden, ohne dass ein Umstand mitgewirkt hat, den der Unternehmer zu vertreten hat, so kann der Unternehmer einen der geleisteten Arbeit entsprechenden Teil der Vergütung und Ersatz der in der Vergütung nicht inbegriffenen Auslagen verlangen. ²Das Gleiche gilt, wenn der Vertrag in Gemäßheit des § 643 aufgehoben wird.
(2) Eine weitergehende Haftung des Bestellers wegen Verschuldens bleibt unberührt.

§§ 644, 645

1 **I.** Die §§ 644 u 645 regeln die **Verteilung der Vergütungsgefahr** beim Werkvertrag. Dabei werden Modifikationen der allg Vorschriften aber nur für den Fall vorgenommen, dass beide Seiten den Untergang bzw die Verschlechterung des Werks nicht zu vertreten haben. Trifft eine der Parteien hingegen hieran ein Verschulden, richten sich die Rechtsfolgen nach § 326 und §§ 280 ff (vgl MK/Busche § 644 Rn 12 ff).

2 **II. 1. a)** v den §§ 644 u 645 wird **ausschließlich die Vergütungsgefahr** erfasst (Palandt/Sprau §§ 644, 645 Rn 1). Es wird also nur festgelegt, inwieweit der Werklohnanspruch des Unternehmers erhalten bleibt, wenn das Werk untergeht, verschlechtert wird oder seine Herstellung nicht mehr durchführbar ist (MK/Busche § 644 Rn 1).

3 **b)** Für das Fortbestehen des Erfüllungsanspruchs des Bestellers (**Leistungsgefahr**) kommt es dag auf den Zeitpunkt des Untergangs oder der Verschlechterung an: Sofern die Herstellung eines Werks wie das geschuldete nicht objektiv unmöglich geworden ist (dann: § 275), trägt bis zur Abnahme (§ 640) oder Vollendung (§ 646) des Werks der Unternehmer das Risiko (§§ 631, 633), danach der Besteller (vgl § 633 Rn 4 bis 8).

4 **c)** Bei einem Untergang oder einer Verschlechterung v **Materialien**, die der Besteller dem Unternehmer zur Herstellung des Werks überlassen hat, haftet dieser – entspr den allg Regelungen – nur bei Verschulden (§ 644 Abs 1 S 3).

5 **2. Vergütungsgefahr vor Abnahme: a)** Grundsätzlich trägt bis zur Abnahme (oder Vollendung iSv § 646) des Werks der **Unternehmer** die Vergütungsgefahr (§ 644 Abs 1 S 1). Dies ist eine Konsequenz der Erfolgsbezogenheit des Werkvertrags (vgl § 631 Rn 2).

6 **b)** Ausnahmsweise geht die Vergütungsgefahr jedoch schon vor der Abnahme auf den **Besteller** über, wenn dieser sich im **Annahmeverzug** (§§ 293 ff) befindet (§ 644 Abs 1 S 2) oder die Beeinträchtigung des Werks erfolgte, nachdem der Unternehmer das Werk auf Verlangen des Bestellers an einen anderen Ort als den Erfüllungsort versandte (§§ 644 Abs 2 iVm § 447).

7 **c)** Aus **Billigkeitserwägungen** (BGHZ 83, 203) sieht § 645 Abs 1 daneben eine den Unternehmer begünstigende **Risikoaufteilung** zwischen den Parteien vor (MK/Busche § 645 Rn 1 f), wenn das Werk vor Abnahme infolge einer Anweisung des Bestellers oder eines Mangels des v diesem gestellten Stoffs unterging, verschlechtert oder unausführbar wurde.

8 **aa)** Eine **Anweisung** idS liegt nur bei einem ernstlichen Verlangen des Bestellers im Hinblick auf die Ausführung des Werks vor, das in der Erwartung geäußert wird, der Unternehmer müsse ihm Folge leisten. Bloße Wünsche oder Anregungen genügen hierfür nicht (Staud/Peters § 645 Rn 14).

9 **bb)** Die Mangelhaftigkeit des v Besteller gelieferten **Stoffs** richtet sich nach § 633 Abs 2–4 (MK/Busche § 645 Rn 7). Treten an grds geeigneten Baustoffen, die der Unternehmer auf Anweisung des Bestellers verwendet, im Einzelfall Fehler auf (Ausreißer), bleibt für diese allerdings der Unternehmer verantwortlich (BGHZ 132, 189). „Stoff" iSV § 645 sind alle Gegenstände oder Personen, aus denen bzw mit deren Hilfe das Werk herzustellen ist (Jauernig/Mansel §§ 644, 645 Rn 6).

10 **cc)** Eine **analoge Anwendung** v § 645 I kann bei vergleichbaren Risikolagen in Betracht kommen (BGHZ 137, 35), etwa wenn der Besteller durch sein Verhalten zur Gefahrerhöhung für das Werk beigetragen hat (BGHZ 40, 75) oder aus anderen Gründen dem

Anlass für die Beeinträchtigung des Werks näher steht (BGHZ 83, 203; die generelle Anwendung einer Sphärentheorie wird jedoch v der hM abgelehnt, vgl Palandt/Sprau §§ 644, 645 Rn 9; Jauernig/Mansel §§ 644, 645 Rn 10).

dd) Als **Folge der Risikoaufteilung** behält der Unternehmer seinen Vergütungsanspruch. Dieser reduziert sich jedoch – wie bei den Vergütungsansprüchen bei einer Vertragsaufhebung nach § 643 (vgl §§ 642, 643 Rn 4; § 645 Abs 1 S 2) oder einer Kündigung nach § 650 (vgl § 650 Rn 1) – auf die anteilige Vergütung für die bereits erbrachte Teilleistung sowie den Ersatz davon nicht abgedeckter Auslagen (§ 645 Abs 1 S 1, zur Berechnung der Teilvergütung vgl Staud/Peters § 645 Rn 22 ff). 11

3. **Ab Abnahme** bzw Vollendung des Werks trägt der **Besteller** die Vergütungsgefahr (§ 644 I S 1; vgl dazu auch Palandt/Sprau §§ 644, 645 Rn 5 f). Beruht die danach eintretende Beeinträchtigung des Werks auf einem Mangel, richten sich die Rechtsfolgen nach den §§ 633 ff. 12

4. Hat ein Dritter, der nicht als Erfüllungsgehilfe einer Partei anzusehen ist, die Verschlechterung oder den Untergang des Werks verschuldet, richtet sich die Vergütungsgefahr nach § 644. Geschah die schädigende Handlung vor Abnahme des Werks, kann dies dazu führen, dass der Unternehmer zur Leistung verpflichtet bleibt, obwohl er seinen Vergütungsanspruch verloren hat. Ist der Unternehmer nicht Eigentümer des Werks und steht ihm daher auch kein Anspruch aus Delikt gegen den Dritten zu, kann der Besteller den Schaden ggü dem Dritten nach den Grundsätzen der **Drittschadensliquidation** geltend machen bzw an den Unternehmer abtreten (Jauernig/Mansel §§ 644, 645 Rn 13). 13

5. Für den **Bauvertrag nach VOB/B** sieht § 7 VOB/B für bestimmte, v Unternehmer nicht zu vertretende Fälle der Beschädigung oder Zerstörung des Werks abw v § 644 bereits vor Abnahme den Übergang der Vergütungsgefahr auf den Besteller vor (vgl MK/Busche § 644 Rn 16 ff). 14

§ 646 Vollendung statt Abnahme

Ist nach der Beschaffenheit des Werkes die Abnahme ausgeschlossen, so tritt in den Fällen des § 634 a Abs. 2 und der §§ 641, 644 und 645 an die Stelle der Abnahme die Vollendung des Werkes.

I. Die Vorschrift setzt voraus, dass nicht bei jedem Werk eine Abnahme iSv § 640 möglich ist (dies abl: Staud/Peters § 646 Rn 7). Da die §§ 631 ff an die Abnahme jedoch eine Vielzahl v Rechtsfolgen knüpfen, bedarf es der Klarstellung, welcher Zeitpunkt bei **nicht abnahmefähigen Werken** insoweit an die Stelle der Abnahme tritt. Hierfür sieht § 646 die Vollendung des nichtabnahmefähigen Werkes vor. 1

II. 1. Gegenständlich verkörperte Werke sind stets **abnahmefähig** (RGZ 110, 406 ff). Bei immateriellen Werken richtet sich die Abnahmefähigkeit nach der Verkehrsanschauung (Larenz, SchR II/1, § 53 IIIa). Nicht abnahmefähig sind danach solche Werke, die ohne eine gegenständliche Verkörperung zu erfahren im Bereich des Immateriellen bleiben, wie ua Theateraufführungen oder Beförderungsleistungen. Im Ggs dazu werden zunächst rein geistige Leistungen abnehmbar, wenn sie in einem verkörperten Werk aufgegangen sind, also zB die Leistungen eines Architekten, Ingenieurs oder Statikers ihren Niederschlag in einem schriftlichen Entwurf gefunden haben (MK/Busche § 646 Rn 2 f). 2

2. Ein Werk ist **vollendet**, wenn es ungeachtet etwaiger Mängel oder fehlender zugesicherter Eigenschaften im Wesentlichen vertragsgemäß fertig gestellt ist (Jauernig/Mansel § 646 Rn 2) bzw wenn alle geschuldeten Leistungen erbracht wurden (MK/Busche § 646 Rn 3). 3

3. Die **Rechtsfolgen der Vollendung** eines aufgrund seiner Beschaffenheit nicht abnahmefähigen Werkes **entsprechen** hins der Fälligkeit der Vergütung, des Verjährungsbeginns und der Gefahrtragung denen der **Abnahme** bei abnahmefähigen Werken (vgl §§ 641, 644, 645). Diese Gleichsetzung erstreckt sich allerdings nicht auf § 640 II. Ein Vorbehalt des Bestellers wegen bekannter Mängel zur Wahrung seiner Rechte nach 4

§§ 633 f ist daher nur bei abnahmefähigen Werken erforderlich (MK/Busche § 646 Rn 5).

§ 647 Unternehmerpfandrecht

Der Unternehmer hat für seine Forderungen aus dem Vertrag ein Pfandrecht an den von ihm hergestellten oder ausgebesserten beweglichen Sachen des Bestellers, wenn sie bei der Herstellung oder zum Zwecke der Ausbesserung in seinen Besitz gelangt sind.

1 **I.** Zweck des **gesetzlichen Pfandrechts** des Unternehmers nach § 647 ist es, diesem als Ausgleich für das v ihm zu tragende **Vorleistungsrisiko** ein besonderes Sicherungsmittel für seine vertraglichen Ansprüche aus dem Werkvertrag zu gewähren.

2 **II. 1. a)** Das Unternehmerpfandrecht dient der **Sicherung aller werkvertraglichen Ansprüche** des Unternehmers gegen den Besteller, gleichgültig ob diese auf Vergütung (§§ 631 f, 649), Auslagen- oder Aufwendungsersatz (§ 645 I), Entschädigung (§ 642), Schadensersatz (§ 645 II, §§ 280 ff) oder Vertragsstrafe gerichtet sind. Außervertragliche Ansprüche des Unternehmers, zB aus Delikt, GoA oder Bereicherung, werden durch § 647 hingegen nicht geschützt (Jauernig/Mansel § 647 Rn 2).

3 **b)** V Unternehmerpfandrecht werden nur **bewegliche Sachen** umfasst. Baugrundstücke können durch Einräumung einer Sicherungshypothek gem § 648 zur Sicherung der Bauunternehmeransprüche herangezogen werden. Ähnliches gilt für größere Schiffe und Schiffsbauwerke (vgl § 648 II). Kleinere Schiffe, die weder im Schiffsregister eingetragen sind noch eingetragen werden könnten, unterliegen hingegen dem Pfandrecht des § 647 (MK/Busche § 647 Rn 4).

4 **2. Voraussetzungen** für die Entstehung des **Unternehmerpfandrechts:**

5 **a)** Der **Unternehmer** muss an den Sachen zum Zwecke der Herstellung oder Ausbesserung unmittelbaren (§ 854) oder mittelbaren (§ 868) **Besitz erlangt** haben. Dies ist auch bei Sachen, die sich in Räumen oder auf dem Grundstück des Bestellers befinden, jedenfalls dann der Fall, wenn der Unternehmer nach dem Inhalt des Vertrages und der Verkehrsanschauung berechtigt ist, für die Dauer der Arbeiten an dem Werk den Besteller bis hin zur Entfernung der Sachen aus dessen Machtbereich v Einwirkungen auf die Sache auszuschließen (Staud/Peters § 647 Rn 16).

6 **b)** Die Sachen müssen zum **Eigentum des Bestellers** gehören. Ein Pfandrecht des Unternehmers nach § 647 scheidet daher aus, wenn dieser (wie idR beim Werklieferungsvertrag des § 651) v vornherein selbst Eigentümer der Sache war oder es später wegen seiner Bearbeitung der Sache gem § 950 wurde (Jauernig/Mansel § 647 Rn 3). Ist ein Dritter Eigentümer der Sache, kommt lediglich der Erwerb eines vertraglichen Pfandrechts des Unternehmers nach § 185 (bei Zustimmung des Dritten) oder § 1207 (bei Gutgläubigkeit) in Betracht (BGHZ 68, 323). Ein gesetzliches Pfandrecht an der Sache erwirbt der Unternehmer hingegen selbst dann nicht, wenn der Eigentümer dem Reparaturauftrag des Bestellers zugestimmt hat (BGHZ 34, 127; einschr Staud/Peters § 647 Rn 10 ff; vgl auch Rn 7).

7 **c)** Ob sich aus den §§ 1207, 1257 die Möglichkeit des **gutgläubigen Erwerbs** eines Pfandrechts iSv § 647 herleiten lässt, ist str. Zutreffend wird dies v der hM jedoch verneint, da sich § 1257 nach seinem klaren Wortlaut nur auf bereits entstandene gesetzliche Pfandrechte bezieht und die wirtschaftlichen Interessen des Unternehmers durch die Zulässigkeit des gutgläubigen Erwerbs eines vertraglichen Pfandrechts (hierzu Rn 6) und etwaige Verwendungsersatzansprüche gegen den Eigentümer aus § 994 (vgl Rn 12) hinreichend geschützt sind (BGHZ 34, 127; 87, 278; MK/Busche § 647 Rn 11; Jauernig/Mansel § 647 Rn 3; Staud/Peters § 647 Rn 13 f; Palandt/Sprau § 647 Rn 3; aA Baur/Stürner, SachenR, § 55 Rn 40; MK/Damrau, § 1257 Rn 3). Im Ggs hierzu ist der gutgläubige Erwerb eines Unternehmerpfandrechts nach § 366 III HGB oder § 77 BinnSchG möglich.

8 **d)** Hat der Besteller dem Unternehmer v ihm unter **EV** gekaufte Sachen zur Bearbeitung oder Ausbesserung ausgehändigt, beschränkt sich das gesetzliche Pfandrecht des Unternehmers aus § 647 auf das Anwartschaftsrecht. Erlischt dieses (zB wegen eines

Rücktritts des Vorbehaltsverkäufers), erlischt damit auch das Unternehmerpfandrecht (Palandt/Sprau § 647 Rn 4).

e) Überlässt der Unternehmer eine seinem Pfandrecht unterstehende Sache einem **Sub-** 9 **unternehmer**, wird für diesen der Unternehmer zum Besteller des Werks. Da der Unternehmer aber nicht Eigentümer der Sache ist, entsteht beim Subunternehmer auch kein Unternehmerpfandrecht (Staud/Peters § 647 Rn 8).

3. Außer der **Tilgung** der zu sichernden Forderung (§ 1252) führt auch die **Rückgabe** 10 **der Sache** an den Besteller zu einem endgültigen **Erlöschen** des Unternehmerpfandrechts (§ 1253). Es lebt daher auch dann nicht wieder auf, wenn der Unternehmer zu einem späteren Zeitpunkt aus anderem Grund erneut Besitz an der Sache erlangt (BGHZ 87, 277 f). Ein unfreiwilliger Verlust des Besitzes an der Pfandsache führt hingegen nicht zum Erlöschen des Pfandrechts (MK/Busche § 647 Rn 15).

4. Die **Verwertung** der dem Unternehmerpfandrecht unterliegenden Sachen richtet sich 11 gem § 1257 nach den Vorschriften über vertragliche Pfandrechte (zB §§ 1228, 1235).

5. Ist ein Dritter Eigentümer der dem Unternehmer überlassenen Sache, hängt das Be- 12 sitzrecht des Unternehmers im Verhältnis zu diesem v Besitzrecht des Bestellers ggü dem Eigentümer ab (Palandt/Sprau § 647 Rn 7). Fehlt oder entfällt letzteres, zB wegen des Rücktritts eines Vorbehaltsverkäufers, kommen **Verwendungsersatzansprüche** des Unternehmers gegen den Eigentümer aus § 994 in Betracht. Diese umfassen auch Verwendungen, die der Unternehmer zu einem Zeitpunkt zugunsten der Sache gemacht hat, zu dem ihm noch ein Recht zum Besitz zustand (BGHZ 34, 132). Ggf kann der Unternehmer bis zur Befriedigung dieser Ansprüche dem Herausgabeanspruch des Eigentümers das ZbR des § 1000 entgegenhalten (Palandt/Sprau § 647 Rn 7).

§ 648 Sicherungshypothek des Bauunternehmers

(1) ¹Der Unternehmer eines Bauwerks oder eines einzelnen Teiles eines Bauwerks kann für seine Forderungen aus dem Vertrag die Einräumung einer Sicherungshypothek an dem Baugrundstück des Bestellers verlangen. ²Ist das Werk noch nicht vollendet, so kann er die Einräumung der Sicherungshypothek für einen der geleisteten Arbeit entsprechenden Teil der Vergütung und für die in der Vergütung nicht inbegriffenen Auslagen verlangen.

(2) ¹Der Inhaber einer Schiffswerft kann für seine Forderungen aus dem Bau oder der Ausbesserung eines Schiffes die Einräumung einer Schiffshypothek an dem Schiffsbauwerk oder dem Schiff des Bestellers verlangen; Absatz 1 Satz 2 gilt sinngemäß. ²§ 647 findet keine Anwendung.

I. Die Zielsetzung v § 648 entspricht weitgehend der des § 647 (vgl § 647 Rn 1). Aller- 1 dings dient § 648 speziell der **Sicherung der vertraglichen Ansprüche des Werkunternehmers bei Bauarbeiten** auf dem Grundstück des Bestellers sowie bei Ausbesserungsarbeiten an dessen Schiffen. Erreicht werden soll diese Absicherung durch die Gewährung eines schuldrechtlichen Anspruchs auf Einräumung einer Sicherungshypothek am Baugrundstück bzw einer Schiffshypothek am Schiff des Bestellers. Ergänzt wird der lückenhafte Schutz des § 648 (vgl Staud/Peters § 648 Rn 2) durch § 648 a.

II. 1. Voraussetzungen für den Anspruch auf Einräumung einer Sicherungshypothek: 2

a) Zwischen den Parteien muss ein wirksamer **Bauwerkvertrag** bestehen. Damit wer- 3 den v Schutzbereich des § 648 idR auch Architekten (BGHZ 51, 191), Statiker und Baubetreuer, nicht jedoch Baustofflieferanten oder Verpflichtete iR eines Dienstvertrages erfasst (MK/Busche § 648 Rn 13 ff).

b) Pfandobjekt kann nur ein Baugrundstück sein, dessen **Eigentümer** der Besteller ist. 4 Nicht sicherbar sind also die Ansprüche v Subunternehmern (Staud/Peters § 648 Rn 19) oder aus einem Werklieferungsvertrag (§ 651). Hat der Grundstückseigentümer jedoch lediglich einen Dritten (zB Mieter) als Besteller vorgeschoben, während er selbst die Vorteile aus dem Bauwerk zieht, kann sich aus § 242 für ihn die Pflicht ergeben, sich wie ein Besteller behandeln zu lassen (BGHZ 102, 99 f).

5 c) Die **zu sichernden Forderungen** des Unternehmers müssen sich aus dem Werkvertrag zwischen den Parteien ergeben. Neben Vergütungsansprüchen kommen hierfür insb vertragliche Schadensersatzansprüche, Vertragsstrafen sowie die Nebenkosten, die durch die Erwirkung der Sicherungshypothek entstanden sind (MK/Busche § 648 Rn 18), in Betracht (vgl dazu auch § 647 Rn 2). Die Fälligkeit der Ansprüche ist nicht erforderlich (Abs 1 S 2 iVm §§ 641, 646). Vor Vollendung des Werks ergibt sich die **Höhe** der sicherungsfähigen Vergütung aus dem auf die bereits geleistete Arbeit entfallenden Anteil der Gesamtvergütung und etwaigen dadurch noch nicht abgegoltenen sonstigen Auslagen. Allerdings muss die Leistung des Unternehmers wenigstens zT bereits dem Bauwerk zugutegekommen sein (Jauernig/Mansel § 648 Rn 11).

6 d) Soweit und solange das **Werk mangelhaft** ist, kann der Unternehmer weder die Einräumung einer Sicherungshypothek, noch die Eintragung einer entsprechenden Vormerkung verlangen (hM, vgl BGHZ 68, 183; MK/Busche § 648 Rn 21 ff; Palandt/Sprau § 648 Rn 4; Jauernig/Mansel § 648 Rn 10; einschränkend Staud/Peters § 648 Rn 33).

7 2. Der Unternehmer hat nur dann einen Anspruch auf Einräumung einer Sicherungshypothek aus § 648, wenn er nicht bereits zuvor eine hinreichende Sicherung seines Vergütungsanspruchs nach § 648 a erlangt hat (vgl § 648 a IV und § 648 a Rn 4).

8 3. § 648 ist **abdingbar** (MK/Busche § 648 Rn 4), durch AGB wegen § 307 II Nr 1 jedoch nur, sofern dem Unternehmer anderweitig hinreichende Sicherheit gewährt wird (BGHZ 91, 146).

9 4. **Sondervorschriften** über die Sicherung der zweckentsprechenden Verwendung v Baugeld enthält das BauFdG (vgl Staud/Peters § 648 Rn 46 ff).

§ 648 a Bauhandwerkersicherung

(1) ¹Der Unternehmer eines Bauwerks, einer Außenanlage oder eines Teils davon kann vom Besteller Sicherheit für die auch in Zusatzaufträgen vereinbarte und noch nicht gezahlte Vergütung einschließlich dazugehöriger Nebenforderungen, die mit 10 vom Hundert des zu sichernden Vergütungsanspruchs anzusetzen sind, verlangen. ²Satz 1 gilt in demselben Umfang auch für Ansprüche, die an die Stelle der Vergütung treten. ³Der Anspruch des Unternehmers auf Sicherheit wird nicht dadurch ausgeschlossen, dass der Besteller Erfüllung verlangen kann oder das Werk abgenommen hat. ⁴Ansprüche, mit denen der Besteller gegen den Anspruch des Unternehmers auf Vergütung aufrechnen kann, bleiben bei der Berechnung der Vergütung unberücksichtigt, es sei denn, sie sind unstreitig oder rechtskräftig festgestellt. ⁵Die Sicherheit ist auch dann als ausreichend anzusehen, wenn sich der Sicherungsgeber das Recht vorbehält, sein Versprechen im Falle einer wesentlichen Verschlechterung der Vermögensverhältnisse des Bestellers mit Wirkung für Vergütungsansprüche aus Bauleistungen zu widerrufen, die der Unternehmer bei Zugang der Widerrufserklärung noch nicht erbracht hat.

(2) ¹Die Sicherheit kann auch durch eine Garantie oder ein sonstiges Zahlungsversprechen eines im Geltungsbereich dieses Gesetzes zum Geschäftsbetrieb befugten Kreditinstituts oder Kreditversicherers geleistet werden. ²Das Kreditinstitut oder der Kreditversicherer darf Zahlungen an den Unternehmer nur leisten, soweit der Besteller den Vergütungsanspruch des Unternehmers anerkennt oder durch vorläufig vollstreckbares Urteil zur Zahlung der Vergütung verurteilt worden ist und die Voraussetzungen vorliegen, unter denen die Zwangsvollstreckung begonnen werden darf.

(3) ¹Der Unternehmer hat dem Besteller die üblichen Kosten der Sicherheitsleistung bis zu einem Höchstsatz von 2 vom Hundert für das Jahr zu erstatten. ²Dies gilt nicht, soweit eine Sicherheit wegen Einwendungen des Bestellers gegen den Vergütungsanspruch des Unternehmers aufrechterhalten werden muss und die Einwendungen sich als unbegründet erweisen.

(4) Soweit der Unternehmer für seinen Vergütungsanspruch eine Sicherheit nach den Absätzen 1 oder 2 erlangt hat, ist der Anspruch auf Einräumung einer Sicherungshypothek nach § 648 Abs. 1 ausgeschlossen.

(5) ¹Hat der Unternehmer dem Besteller erfolglos eine angemessene Frist zur Leistung der Sicherheit nach Absatz 1 bestimmt, so kann der Unternehmer die Leistung verweigern oder den Vertrag kündigen. ²Kündigt er den Vertrag, ist der Unternehmer berechtigt, die vereinbarte Vergütung zu verlangen; er muss sich jedoch dasjenige anrechnen lassen, was er infolge der Aufhebung des Vertrages an Aufwendungen erspart oder durch anderweitige Verwendung seiner Arbeitskraft erwirbt oder böswillig zu erwerben unterlässt. ³Es wird vermutet, dass danach dem Unternehmer 5 vom Hundert der auf den noch nicht erbrachten Teil der Werkleistung entfallenden vereinbarten Vergütung zustehen.

(6) ¹Die Vorschriften der Absätze 1 bis 5 finden keine Anwendung, wenn der Besteller
1. eine juristische Person des öffentlichen Rechts oder ein öffentlich-rechtliches Sondervermögen ist, über deren Vermögen ein Insolvenzverfahren unzulässig ist, oder
2. eine natürliche Person ist und die Bauarbeiten zur Herstellung oder Instandsetzung eines Einfamilienhauses mit oder ohne Einliegerwohnung ausführen lässt.

²Satz 1 Nr. 2 gilt nicht bei Betreuung des Bauvorhabens durch einen zur Verfügung über die Finanzierungsmittel des Bestellers ermächtigten Baubetreuer.

(7) Eine von den Vorschriften der Absätze 1 bis 5 abweichende Vereinbarung ist unwirksam.

I. Mit dem 1993 eingeführten § 648 a sollen Lücken bei der **Sicherung der Vergütungsansprüche v Bauhandwerkern** geschlossen werden, indem die Besteller solcher Werkleistungen zur Stellung v Sicherheiten verpflichtet werden. Damit trägt das Gesetz den erheblichen Vorleistungen Rechnung, die Bauhandwerker bis zur Fälligkeit ihres Werklohns regelmäßig zu erbringen haben. Auf eine Bürgschaft, die der Unternehmer zur Sicherung seiner Vergütungsforderung aufgrund einer vereinbarten Sicherungsabrede beanspruchen kann, findet die Vorschrift jedoch keine Anwendung (BGHZ 167, 345). Das FoSiG erweitert für alle Verträge, die seit dem 1.1.2009 geschlossen wurden (vgl Art 229 § 18 EGBGB), den Anwendungsbereich des § 648 a auf Vergütungsabreden in Zusatzvereinbarungen und Ansprüche, die an die Stelle der Vergütung treten. Außerdem wird nunmehr klargestellt, dass der Sicherungsanspruch des Unternehmers nicht dadurch ausgeschlossen wird, dass der Besteller Erfüllung verlangen kann oder das Werk abgenommen hat.

II. 1. **Voraussetzungen** für die Berechtigung des Verlangens nach Sicherheitsleistung:
a) **Berechtigt** aus § 648 a können alle Unternehmer sein, deren Tätigkeit sich auf ein Bauwerk, eine Außenanlage oder einen Teil davon bezieht (Abs 1 S 1). Im Ggs zu den §§ 647, 648 umfasst der Schutzbereich also neben Bauhandwerkern ieS, Architekten und Statikern **auch Subunternehmer** (Staud/Peters § 648 a Rn 3). Baustofflieferanten werden durch § 648 a hingegen allenfalls geschützt, wenn deren Leistungen ausnahmsweise nicht dem Kauf-, sondern dem Werkvertragsrecht unterfallen (MK/Busche § 648 a Rn 5; deren Berechtigung ausnahmslos abl: Palandt/Sprau § 648 a Rn 7).
b) **Die Sicherheitsleistung** obliegt dem Besteller der Bauleistung, auch wenn es sich bei diesem nicht um den Eigentümer des Grundstücks handelt (MK/Busche § 648 a Rn 9). Dem Subunternehmer hat daher der (Haupt-)Unternehmer Sicherheit zu leisten (Staud/Peters § 648 a Rn 5). Zwei Gruppen sind v der Obliegenheit (zur Rechtsnatur vgl Palandt/Sprau § 648 a Rn 5) zur Sicherheitsleistung jedoch ausgenommen: juristische Personen des öffentlichen Rechts und öffentlich-rechtliche Sondervermögen (Abs 6 Nr 1), da bei diesen kein Insolvenzrisiko besteht (Jauernig/Mansel § 648 a Rn 7), sowie natürliche Personen, die Besteller v Bauleistungen an einem Einfamilienhaus mit oder ohne Einliegerwohnung sind, sofern diese nicht die Dienste eines zu Verfügungen über die Finanzierungsmittel ermächtigten Baubetreuers in Anspruch nehmen (Abs 6 Nr 2), da man hierfür die lebenslängliche persönliche Haftung des Bestellers als genügend ansah (Palandt/Sprau § 648 a Rn 2; krit Staud/Peters § 648 a Rn 7).
c) Der Unternehmer kann für **alle Vergütungsansprüche** aus dem Werkvertrag Sicherheit verlangen, unabhängig davon, ob diese sich auf bereits geleistete oder erst künftig noch zu erbringende Bauarbeiten beziehen (Jauernig/Mansel § 648 a Rn 3). Neben der eigentlichen Vergütung zählen hierzu auch Ansprüche des Unternehmers aus den

§§ 642 und 649 (Staud/Peters § 648 a Rn 8) sowie zu den Vorleistungen des Unternehmers gehörige Nebenforderungen. Nicht sicherungsfähig sind hingegen Vergütungsansprüche, für die der Unternehmer eine Voraus- oder Abschlagszahlung bereits erhalten hat, da er insoweit nicht iSv Abs 1 S 1 zur Vorleistung verpflichtet ist (Palandt/Sprau § 648 a Rn 9). Verlangt der Besteller nach einer Kündigung noch Mängelbeseitigung, kann der Unternehmer hierfür nach § 648 a Sicherheit verlangen. Leistet der Besteller diese nicht, kann der Unternehmer die Mängelbeseitigung verweigern (BGH NJW 04, 1525; NJW-RR 09, 892).

6 d) Die **möglichen Arten der Sicherheitsleistung** ergeben sich aus den §§ 232 bis 239. Hinreichend ist aber auch eine Garantie oder ein sonstiges Zahlungsversprechen eines Kreditinstituts oder Kreditversicherers iSv Abs 2 S 1. Keine hinreichende Sicherheit stellt dag die Abtretung der durch Bürgschaft gesicherten Werklohnforderung des Bestellers gegen seinen Auftraggeber an den Unternehmer dar (BGH NJW-RR 06, 28). Ist ein Dritter Sicherungsgeber (zB Bankbürgschaft) wird die Sicherheitsleistung nicht durch dessen Vorbehalt beeinträchtigt, die Sicherheit bei einer wesentlichen Vermögensverschlechterung des Bestellers widerrufen zu können (Abs 1 S 3, vgl dazu § 321).

7 e) Die **Höhe** der zu erbringenden **Sicherheit** richtet sich nach dem voraussichtlichen Vergütungsanspruch des Unternehmers (Abs 1 S 2), der erforderlichenfalls nach § 287 ZPO zu schätzen ist (Staud/Peters § 648 a Rn 9). Mängel des Werks bleiben dabei unberücksichtigt, sofern sie durch Nachbesserung noch beseitigt werden können (Palandt/Sprau § 648 a Rn 10). Nebenforderungen können iHv 10 % des zu sichernden Vergütungsanspruchs abgesichert werden (Abs 1 S 2). Wurde Raten- oder Abschlagszahlung vereinbart, ist der Unternehmer nur insoweit berechtigt, Sicherung nach § 648 a zu verlangen, wie der damit zu sichernde Werklohn bereits erbrachten Leistungen zuzuordnen ist. Bei einem überhöhten Sicherungsverlangen kann der Besteller verpflichtet sein, in dem Umfang Sicherheit zu leisten, in dem das Verlangen berechtigt war, wenn dieser Teilbetrag für ihn feststellbar ist (BGHZ 146, 24 ff).

8 **2. Rechtsfolgen** des berechtigten Verlangens nach Sicherheitsleistung:

9 a) **Leistet der Besteller die Sicherheit** innerhalb der ihm v Unternehmer gesetzten und angemessenen Frist (für deren Ermittlung grds auf einen Besteller abzustellen ist, der sich in normalen finanziellen Verhältnissen befindet: BGH NJW 05, 1939) **nicht**, kann dieser die Stellung der Sicherheit zwar nicht erzwingen (BGHZ 146, 24, 28; Palandt/Sprau § 648 a Rn 5), ihm steht jedoch bis zu ihrer Erbringung ein an § 321 angelehntes (Staud/Peters § 648 a Rn 21) Leistungsverweigerungsrecht zu. Außerdem kann der Unternehmer, wenn die Frist zur Sicherheitsleistung fruchtlos abgelaufen ist (BGH NJW-RR 11, 235), durch eine vergebliche, mit einer Kündigungsandrohung verbundene Nachfristsetzung die Aufhebung des Vertrages mit dem Besteller herbeiführen (Abs 5). In diesem Fall kann er anteilige Vergütung für die v ihm bereits erbrachten Leistungen und Ersatz seiner darüber hinaus gehenden Auslagen (Abs 5) verlangen. Der Unternehmer selbst wird nach fruchtlosem Ablauf der Nachfrist v jeglicher Pflicht frei, den Vertrag zu erfüllen (BGHZ 169, 261; NJW-RR 09, 892). Um Streitigkeiten über die Höhe des Vertrauensschadens zu vermeiden, wird vermutet, dass die Höhe der anteiligen Vergütung 5 % der vereinbarten Vergütung beträgt (Abs 5).

10 b) Kommt es hingegen zur Sicherheitsleistung durch den Besteller, kann dieser v Unternehmer die hierfür anfallenden **Kosten** bis zu einem Höchstsatz v 2 % pro Jahr ersetzt verlangen (Abs 3).

11 c) Ist ein Dritter Sicherungsgeber, darf dieser aufgrund der Sicherheit nur an den Unternehmer leisten, wenn der Besteller den Vergütungsanspruch anerkannt hat oder in einem (vorläufig) vollstreckbaren Urt zur Zahlung verurteilt wurde und alle übrigen Voraussetzungen für eine Zwangsvollstreckung vorliegen (Abs 2 S 2). Leistet der Dritte ohne Beachtung dieser **Verwertungsmodalitäten**, steht ihm deswegen kein Rückgriffsrecht gegen den Besteller zu (MK/Busche § 648 a Rn 39).

12 **3.** Soweit sich Sicherheiten iSv Abs 1 oder 2 auf Vergütungsansprüche für bereits erbrachte Leistungen beziehen, kann es zu Überschneidungen mit dem **Anwendungsbereich** v § 648 kommen. Dies darf jedoch nicht zu einer Übersicherung des Unternehmers führen. In dem Umfang, in dem seine Forderungen bereits nach Abs 1 oder 2 ge-

sichert sind, verliert er daher seinen Anspruch auf Einräumung einer Sicherungshypothek aus § 648 I (Abs 4). Ebenso entfällt umgekehrt sein Anspruch auf Sicherheitsleistung nach Abs 1 oder 2, soweit seine Forderungen zuvor durch eine den Ansprüchen v § 648 a genügende Sicherungshypothek gesichert wurden (Palandt/Sprau § 648 a Rn 3).

4. Abs 6 ist grds abdingbar (vgl aber zu Bedenken gegen abweichende AGB-Klauseln 13 Staud/Peters § 648 a Rn 28), die Abs 1 bis 5 sind **zwingend** (Abs 7).

§ 649 Kündigungsrecht des Bestellers

¹Der Besteller kann bis zur Vollendung des Werkes jederzeit den Vertrag kündigen. ²Kündigt der Besteller, so ist der Unternehmer berechtigt, die vereinbarte Vergütung zu verlangen; er muss sich jedoch anrechnen lassen, was er infolge der Aufhebung des Vertrags an Aufwendungen erspart oder durch anderweitige Verwendung seiner Arbeitskraft erwirbt oder zu erwerben böswillig unterlässt. ³Es wird vermutet, dass danach dem Unternehmer 5 vom Hundert der auf den noch nicht erbrachten Teil der Werkleistung entfallenden vereinbarten Vergütung zustehen.

I. Nach § 649 hat der **Besteller das Recht**, den Werkvertrag jederzeit und **ohne Angabe** 1 **v Gründen zu kündigen** (S 1). Dieses Recht ist auch dann nicht ausgeschlossen, wenn der Vertrag ein außerordentliches Kündigungsrecht vorsieht (BGHZ 188, 149; BGH MDR 11, 648). Macht er v diesem Recht Gebrauch, behält der Unternehmer allerdings grds sein Vergütungsanspruch (S 2 Halbs 1), der sich nach S 2 Halbs 2 lediglich um die Vermögensvorteile mindert, die für den Unternehmer aus der Kündigung des Bestellers folgen. Der Vergütungsanspruch des Unternehmers besteht nur bei einer Kündigung des Bestellers nach § 649. Auf Kündigungen aus wichtigem Grund (§ 314) ist § 649 dag nicht übertragbar (BGHReport 05, 887).

II. 1. Der Besteller kann sein Kündigungsrecht nach S 1 zwischen Abschluss des Werk- 2 vertrages und Vollendung des Werks (vgl § 646 Rn 2) ausüben. Haben die Parteien hierzu nichts abw vereinbart, ist die Kündigung **formfrei und auch konkludent** möglich (anders beim Bauvertrag, vgl § 8 VOB/B [Schriftform]), zB durch Rückforderung der für die Errichtung des Werks zur Verfügung gestellten Materialien oder eigene Ausführung des Werks durch den Besteller (Jauernig/Mansel § 649 Rn 2). Die Kündigung kann sich auch auf **Teile des Werkvertrages** beschränken, soweit der Teil, auf den die Kündigung sich bezieht, v den übrigen trennbar ist (MK/Busche § 649 Rn 13).

2. Auf **Dienstverträge** ist § 649 nur **anwendbar**, wenn die Parteien dies so verabredet 3 haben (Palandt/Sprau § 649 Rn 1). Mit Rücksicht auf die Einheitlichkeit des bauvertraglichen Teils v **Bauträgerverträgen** ist bei diesem eine Kündigung nur aus wichtigem Grund, nicht auch darüber hinaus nach S 1 möglich (BGHZ 96, 275).

3. a) Die Kündigung des Bestellers führt zur **Beendigung des Werkvertrages ex nunc.** 4 Die Pflicht des Unternehmers zur Herstellung des Werks erlischt daher ebenso wie etwaige Mitwirkungspflichten des Bestellers (MK/Busche § 649 Rn 14). Als Rechtsgrund für bereits erbrachte Leistungen bleibt der Werkvertrag jedoch bestehen (Palandt/Sprau § 649 Rn 3).

b) Auch der **Vergütungsanspruch** des Unternehmers bleibt v der Kündigung grds unbe- 5 rührt (S 2 Halbs 1), soweit die Vergütung sich auf den bereits erbrachten Teil des Werks bezieht (BGH NJW-Spezial 11, 141). Im Gegenzug muss der Unternehmer das Werk in dem Zustand, indem es sich bei der Kündigung befindet, an den Besteller herausgeben (MK/Busche § 649 Rn 15). Ist das bis zu diesem Zeitpunkt hergestellte Werk aufgrund v Mängeln für den Besteller völlig wertlos, entfällt der Vergütungsanspruch des Unternehmers (BGHZ 136, 33). Eine Abnahme des bis zur Kündigung erstellten (Teil-)Werks iSv § 640 ist für die Fälligkeit des Vergütungsanspruchs nicht erforderlich (BGH NJW 93, 1973; aA MK/Busche § 649 Rn 20). Der Unternehmer muss hierfür jedoch eine prüffähige Schlussrechnung erstellen (BGH NJW 96, 1751; BGH NJW 11, 918), die die bereits erbrachten Leistungen v den noch nicht erbrachten deutlich abgrenzt (Palandt/Sprau § 649 Rn 4).

6 c) Die Bemessung der Vergütung richtet sich nach dem Betrag, der dem auf die erbrachte Leistung entfallenden Teil der vereinbarten Vergütung entspricht, unabhängig v etwa vereinbarten bes Zahlungmodalitäten (zB Ratenzahlung): BGHZ 188, 149. Die Darlegungslast hierfür und für ggf ersparte Leistungen obliegt dem Unternehmer (BGH MDR 11, 648). Bei der Ermittlung der **Höhe des Vergütungsanspruchs** sind zunächst v Besteller gezahlte Abschlagszahlungen v dem ursprünglich vereinbarten Betrag in Abzug zu bringen (BGH NJW 96, 1751). Danach wird vermutet, dass dem Unternehmer 5 % der auf den noch nicht erbrachten Teil der der Werkleistung entfallenden (und nicht der ursprünglich vereinbarten Gesamtvergütung: BGH NJW-RR 11, 1588) vereinbarten Vergütung zustehen (S 3).

7 aa) Um zu verhindern, dass der Unternehmer aus der Kündigung des Bestellers einen Vorteil ziehen kann (MK/Busche § 649 Rn 22 ff), ist die Vergütung um alle Aufwendungen zu mindern, die der Unternehmer durch die Aufhebung des Vertrags gespart hat (S 2 Halbs 2 1. Alt). Hätte die vollständige Durchführung des Werkvertrages für den Unternehmer einen Verlust bedeutet und konnte er aufgrund der Kündigung des Bestellers die verlustbringenden Aufwendungen einsparen, folgt daraus der völlige Wegfall des Vergütungsanspruchs (Jauernig/Mansel § 649 Rn 7). v Unternehmer für die Herstellung des Werks bereits angeschafftes, aber noch nicht verwendetes Material ist bei den **ersparten Aufwendungen** hingegen nur zu berücksichtigen, wenn es dem Unternehmer in absehbarer Zeit zuzumuten ist, dieses anderweitig zu verwenden (BGH NJW 96, 1282).

8 bb) Weiterhin ist der Vergütungsanspruch des Unternehmers um alle **Einkünfte** zu mindern, die dieser durch die ihm wegen der Kündigung mögliche anderweitige Verwendung seiner Arbeitskraft erzielt hat oder böswillig zu erzielen unterlassen hat (S 2 Halbs 2 2. Alt). Böswilligkeit idS liegt bereits vor, wenn der Unternehmer einen zumutbaren Auftrag ablehnt, eine zielgerichtete Schädigungsabsicht ggü dem Besteller ist dafür nicht erforderlich (MK/Busche § 649 Rn 27 ff).

9 cc) S 2 Halbs 2 ist **entspr anwendbar**, wenn der Unternehmer das Ergebnis seiner im Hinblick auf den Werkvertrag mit dem kündigenden Besteller erbrachten Arbeiten (zB Architektenpläne) anderweitig gewinnbringend verwerten kann (BGH NJW 69, 237) oder verwertet hat (Jauernig/Mansel § 649 Rn 6).

10 4. Andere Rechtsbehelfe des Bestellers werden durch sein Kündigungsrecht nach § 649 nicht beschränkt. Insb bleibt dem Besteller das Recht zur **Kündigung aus wichtigem Grund** (§ 314), wenn der Unternehmer oder seine Erfüllungsgehilfen den Vertragszweck schuldhaft so schwer gefährdet haben, dass dem Besteller eine Fortsetzung des Vertrages nicht zugemutet werden kann (Palandt/Sprau § 649 Rn 10; Beispiele hierfür bei Staud/Peters § 649 Rn 36 f). Dies gilt unabhängig davon, ob es sich bei dem Werkvertrag ausnahmsweise um ein Dauerschuldverhältnis ieS handelt (zB bei einem Architekten- oder Statikervertrag, dann § 314) oder nicht (Staud/Peters § 649 Rn 2). Bereits erbrachte Teilleistungen muss der Besteller hingegen grds vergüten, sofern diese für ihn nicht unbrauchbar sind oder ihre Verwendung ihm unzumutbar ist (BGHZ 136, 33).

11 5. **Vertragliche Modifikationen** des § 649 sind verbreitet und in Grenzen auch in AGB zulässig (BGHZ 87, 120, vgl zuletzt auch BGH NJW 06, 2551). Nichtig sind jedoch zB AGB-Klauseln, die entgg S 2 stets einen Anspruch des Unternehmers auf volle Vergütung ohne Rücksicht auf die tatsächlich erbrachten Leistungen gewähren (BGH NJW 73, 1190) oder jeden Entschädigungsanspruch des Unternehmers ausschließen (BGHZ 92, 244). Unbedenklich sind andererseits AGB-Regelungen, die eine pauschale Abgeltung der bis zur Kündigung erbrachten Leistungen und Aufwendungen des Unternehmers vorsehen, sich iR des § 308 Nr 7 halten (BGH NJW 11, 3030; BGHZ 87, 112: 5 % der Auftragssumme bei Kündigung vor Beginn der Bauausführung) und nicht den Gegenbeweis tatsächlich geringerer Leistungen und Aufwendungen (§ 309 Nr 5 b) ausschließen (BGH WM 85, 94 f).

§ 650 Kostenanschlag

(1) Ist dem Vertrag ein Kostenanschlag zugrunde gelegt worden, ohne dass der Unternehmer die Gewähr für die Richtigkeit des Anschlags übernommen hat, und ergibt sich, dass das Werk nicht ohne eine wesentliche Überschreitung des Anschlags ausführbar ist, so steht dem Unternehmer, wenn der Besteller den Vertrag aus diesem Grund kündigt, nur der im § 645 Abs. 1 bestimmte Anspruch zu.
(2) Ist eine solche Überschreitung des Anschlags zu erwarten, so hat der Unternehmer dem Besteller unverzüglich Anzeige zu machen.

I. Die Vorschrift modifiziert § 649 für den Fall, dass die Kündigung des Bestellers auf einer wesentlichen Überschreitung der im Kostenanschlag für die Erstellung des Werks vorgesehenen Beträge durch den Unternehmer beruht, indem dessen **Vergütungsanspruch** (vgl § 649 Rn 4) auf die Höhe der Ansprüche nach § 645 I **beschränkt** wird.
II. 1. **Voraussetzung** für ein Kündigungsrecht des Bestellers nach Abs 1 ist:
a) Die Parteien müssen bei Abschluss des Werkvertrages diesem einen **Kostenanschlag zugrunde gelegt** haben, der damit zu dessen Geschäftsgrundlage geworden ist (Palandt/Sprau § 650 Rn 1).
b) Hierbei darf der Unternehmer **nicht die Gewähr für die Richtigkeit** des Kostenanschlags übernommen haben, da er dann verpflichtet wäre, die Werkleistung zu diesem Betrag zu erbringen, wodurch § 650 unanwendbar würde (MK/Busche § 650 Rn 6).
c) Der Kostenanschlag muss sich auf ein Werk beziehen, das v **Unternehmer als eigenes zu erbringen** ist (Jauernig/Mansel § 650 Rn 2). Dies schließt zB die Anwendung v § 650 auf Architektenverträge grds aus, sofern der Kostenanschlag nicht lediglich die Architektenleistung als solche betrifft (MK/Busche § 650 Rn 4).
d) Eine **wesentliche Überschreitung** des im Kostenanschlag benannten **Endpreises** muss mit hinreichender Sicherheit zu erwarten stehen. Die Wesentlichkeit der Kostenüberschreitung ist jeweils unter Berücksichtigung der Umstände des Einzelfalls zu ermitteln, dürfte idR aber ab einer Überschreitung v 15–20 % zu bejahen sein (Palandt/Sprau § 650 Rn 2). Auf die Ursachen der Kostenüberschreitung, insb auf ein Vertretenmüssen des Unternehmers, kommt es nicht an (MK/Busche § 650 Rn 9; Bamberger/Roth/Voit § 650 Rn 8). Trifft den Unternehmer ein Verschulden, können aber Ansprüche des Bestellers aus §§ 311, 280 I in Betracht kommen, soweit den Mehrkosten keine Bereicherung des Bestellers entspricht (Palandt/Sprau § 650 Rn 2).
e) Die Kostenüberschreitung darf **nicht** darauf beruhen, dass nachträglich auf **Wunsch des Bestellers** Änderungen der ursprünglichen Planung vorgenommen wurden (Jauernig/Mansel § 650 Rn 3). Ebenso ist § 650 weder direkt noch analog anwendbar, wenn die Überschreitung einer Kostenangabe des Unternehmers darauf zurückzuführen ist, dass der Besteller diesem unzutreffende Angaben über den Umfang des herzustellenden Werks zur Verfügung gestellt hat (BGH NJW 11, 989).
f) Die Kündigung muss **vor Abnahme** bzw Vollendung des Werks ausgesprochen werden (Pal/Sprau § 650 Rn 2) und muss auf die Kostenüberschreitung gestützt werden (sonst Rechtsfolgen des § 649, vgl MK/Busche § 650 Rn 11).
2. a) Zweck der in Abs 2 geregelten **Anzeigepflicht** des Unternehmers ist es, dem Besteller die frühzeitige Ausübung seines Kündigungsrechts nach Abs 1 zu ermöglichen (Jauernig/Mansel § 650 Rn 6). Daher muss der Unternehmer, nachdem er den Besteller v der wesentlichen Kostenabweichung informiert hat, zunächst abwarten, wie dieser sich entscheidet (Staud/Peters § 650 Rn 10).
b) Verletzt der Unternehmer diese Pflicht, haftet er dem Besteller aus § 280 I auf Ersatz des Schadens, den dieser durch die unterlassene Kündigung erlitten hat (Palandt/Sprau § 650 Rn 3). Dieser beläuft sich idR auf die Differenz zwischen der nunmehr v Besteller an den Unternehmer zu zahlenden Vergütung, ggf abzüglich etwaiger auf der unterbliebenen Kündigung folgenden Wertsteigerungen am Werk, und dem Vergütungsanspruch nach Abs 1 unter Zugrundelegung einer fiktiven Kündigung zu dem Zeitpunkt, zu dem der Unternehmer den Besteller hätte informieren müssen (vgl zur Berechnung MK/Busche § 650 Rn 16 ff).

11 c) Die **Anzeigepflicht des Abs 2 entfällt**, wenn der Besteller bereits auf anderem Wege v der zu erwartenden Kostensteigerung erfahren hat, diese auf seinen eigenen Weisungen beruht (aA Jauernig/Mansel § 650 Rn 7) oder er auch bei rechtzeitiger Kenntniserlangung nachweislich nicht (früher) gekündigt hätte. Ein Mitverschulden des Bestellers an seiner fehlenden Kenntnis v den bevorstehenden Kosten ist entspr § 254 zu berücksichtigen (Staud/Peters § 650 Rn 11).

§ 651 Anwendung des Kaufrechts[1]

¹Auf einen Vertrag, der die Lieferung herzustellender oder zu erzeugender beweglicher Sachen zum Gegenstand hat, finden die Vorschriften über den Kauf Anwendung. ²§ 442 Abs. 1 Satz 1 findet bei diesen Verträgen auch Anwendung, wenn der Mangel auf den vom Besteller gelieferten Stoff zurückzuführen ist. ³Soweit es sich bei den herzustellenden oder zu erzeugenden beweglichen Sachen um nicht vertretbare Sachen handelt, sind auch die §§ 642, 643, 645, 649 und 650 mit der Maßgabe anzuwenden, dass an die Stelle der Abnahme der nach den §§ 446 und 447 maßgebliche Zeitpunkt tritt.

1 I. **Hintergrund** der Neufassung und deutlichen Vereinfachung des § 651 durch die Schuldrechtsreform ist zum einen die damit einher gehende Angleichung des Gewährleistungsrechts im Werk- und Kaufrecht, durch die die Bedeutung der Zuordnung der Werklieferverträge zu einem der beiden Vertragstypen weitgehend entfallen ist. Zum anderen wird dadurch die Konsequenz aus der Gleichsetzung v Verbrauchsgüterkauf- und Verbrauchsgüterwerklieferungsverträgen in Art 1 IV der EU-**Verbrauchsgüterkaufrichtlinie** (1999/44/EG v 25.5.1999, ABl EG L 171, 12) gezogen, die anderenfalls die Einf einer speziellen Vorschrift über Verbrauchsgüterwerklieferungsverträge erfordert hätte (vgl BT-Drucks 14/6040, 268; krit zur Erstreckung des Kaufrechts auf Werklieferungsverträge über andere als Verbrauchsgüter: Roth JZ 01, 543, 546).

2 II. 1. Die **Anwendbarkeit des Kaufrechts** ist auf bewegliche, v Unternehmer (neu) herzustellende oder zu erzeugende Sachen beschränkt. Unter Herstellen ist dabei die Schaffung einer neuen Sache aus eigener Kraft zu verstehen, während mit Erzeugen die Schaffung v etwas Neuem durch die Natur, also va v Tieren und Pflanzen, bezeichnet wird (Erm/Schwenker § 651 Rn 8 f). Die Herstellung **unkörperlicher Werke** (zB die Planungen eines Architekten oder die Erstellung eines Gutachtens) unterfällt demgegenüber stets dem Werkvertragsrecht. Ebenso bleibt es bei reinen **Reparaturarbeiten** an einer bereits vorhandenen Sache sowie bei der Herstellung einer **unbeweglichen Sache** (zB der Errichtung eines Bauwerks) bei der Anwendbarkeit der werkvertraglichen Vorschriften (BT-Drucks 14/6040, 268). Schiffe sind zwar bewegliche Sachen, doch spricht § 648 II dafür, den Schiffsbau dem Werkrecht zu unterstellen (Bamberger/Roth/Voit § 651 Rn 2).

3 2. Verpflichtet sich der Unternehmer zur Lieferung einer v ihm herzustellenden oder zu erzeugenden **beweglichen vertretbaren Sache**, gilt grds ausschließlich Kaufrecht (S 1). Dies gilt auch für Verträge zwischen Unternehmern und auch dann, wenn zum Gegenstand des Vertrags auch Planungsleistungen gehören, die der Herstellung der Sachen vorauszugehen haben, soweit dies nicht den Schwerpunkt des Vertrags darstellt (BGHZ 182, 140). Allenfalls wenn der Besteller vereinbarungsgemäß an der Herstellung des Werks mitzuwirken hat, kann eine Heranziehung der §§ 642, 643 in Betracht kommen (Bamberger/Roth/Voit § 651 Rn 15). Soweit ein Mangel eines solchen Werks auf Mängel des v Besteller gelieferten Stoffs zurückzuführen ist, findet § 442 I 1 Anwendung (S 2). Der Besteller kann sich in diesem Fall also nicht auf den Mangel des Werks berufen, sondern wird so behandelt, als ob er den Mangel beim Vertragsschluss kannte (idS auch Art 2 III Verbrauchsgüterkaufrichtlinie).

---

1 Diese Vorschrift dient der Umsetzung der Richtlinie 1999/44/EG des Europäischen Parlaments und des Rates vom 25. Mai 1999 zu bestimmten Aspekten des Verbrauchsgüterkaufs und der Garantien für Verbrauchsgüter (ABl. EG Nr. L 171 S. 12).

3. Hat sich der Unternehmer dag zur Lieferung einer v ihm herzustellenden oder zu erzeugenden **nicht vertretbaren Sache** verpflichtet (zur Abgrenzung, wenn die bestellte Sache nach den konkreten Vorstellungen und Vorgaben des Bestellers angefertigt wurde: BGH BB 10, 1561), sind kaufvertragliche und bestimmte werkvertragliche Bestimmungen (§§ 642, 643, 645, 649, 650) nebeneinander anwendbar (S 3). Damit soll der bei derartigen Verträgen bestehenden Möglichkeit Rechnung getragen werden, dass es während der Herstellung der Sache zu überraschenden Entwicklungen kommt, für die das Kaufrecht keine adäquaten Regelungen vorsieht (vgl die Stellungnahme des Bundesrates, Anlage 2 zu BT-Drucks 14/6857). So soll es zB bei der Pflicht des Unternehmers bleiben, den Besteller zu informieren, wenn der Kostenanschlag überschritten wird (vgl § 650 II). Soweit werkvertragliche Vorschriften Anwendung finden, ersetzt der Zeitpunkt der Übergabe bzw Versendung des Werks (vgl §§ 446, 447) den der Abnahme (S 3). 4

4. Neben den drei v § 651 erfassten Vertragsvarianten sind eine Vielzahl **weiterer Mischformen** v Kauf- und Werkverträgen denkbar und üblich (zB Verkauf v Grundstücken, auf denen sich neu errichtete Bauwerke befinden, vgl Staud/Peters § 651 Rn 3 ff; BGHZ 60, 363). Wie bei anderen im Gesetz geregelten gemischten Verträgen auch, ist bei diesen jeweils im Einzelfall zu ermitteln, welche Vorschriften anwendbar sind, sofern die Parteien hierzu nichts vereinbart haben. Für Montagekaufverträge folgt dag nunmehr aus § 434 II die prinzipielle Anwendbarkeit des Kaufrechts. 5

Untertitel 2
Reisevertrag

§ 651 a Vertragstypische Pflichten beim Reisevertrag

(1) ¹Durch den Reisevertrag wird der Reiseveranstalter verpflichtet, dem Reisenden eine Gesamtheit von Reiseleistungen (Reise) zu erbringen. ²Der Reisende ist verpflichtet, dem Reiseveranstalter den vereinbarten Reisepreis zu zahlen.

(2) Die Erklärung, nur Verträge mit den Personen zu vermitteln, welche die einzelnen Reiseleistungen ausführen sollen (Leistungsträger), bleibt unberücksichtigt, wenn nach den sonstigen Umständen der Anschein begründet wird, dass der Erklärende vertraglich vorgesehene Reiseleistungen in eigener Verantwortung erbringt.

(3) ¹Der Reiseveranstalter hat dem Reisenden bei oder unverzüglich nach Vertragsschluss eine Urkunde über den Reisevertrag (Reisebestätigung) zur Verfügung zu stellen. ²Die Reisebestätigung und ein Prospekt, den der Reiseveranstalter zur Verfügung stellt, müssen die in der Rechtsverordnung nach Artikel 238 des Einführungsgesetzes zum Bürgerlichen Gesetzbuche bestimmten Angaben enthalten.

(4) ¹Der Reiseveranstalter kann den Reisepreis nur erhöhen, wenn dies mit genauen Angaben zur Berechnung des neuen Preises im Vertrag vorgesehen ist und damit einer Erhöhung der Beförderungskosten, der Abgaben für bestimmte Leistungen, wie Hafen- oder Flughafengebühren, oder einer Änderung der für die betreffende Reise geltenden Wechselkurse Rechnung getragen wird. ²Eine Preiserhöhung, die ab dem 20. Tage vor dem vereinbarten Abreisetermin verlangt wird, ist unwirksam. ³§ 309 Nr. 1 bleibt unberührt.

(5) ¹Der Reiseveranstalter hat eine Änderung des Reisepreises nach Absatz 4, eine zulässige Änderung einer wesentlichen Reiseleistung oder eine zulässige Absage der Reise dem Reisenden unverzüglich nach Kenntnis von dem Änderungs- oder Absagegrund zu erklären. ²Im Falle einer Erhöhung des Reisepreises um mehr als fünf vom Hundert oder einer erheblichen Änderung einer wesentlichen Reiseleistung kann der Reisende vom Vertrag zurücktreten. ³Er kann stattdessen, ebenso wie bei einer Absage der Reise durch den Reiseveranstalter, die Teilnahme an einer mindestens gleichwertigen anderen Reise verlangen, wenn der Reiseveranstalter in der Lage ist, eine solche Reise ohne Mehrpreis für den Reisenden aus seinem Angebot anzubieten. ⁴Der Reisende hat diese Rechte unverzüglich nach der Erklärung durch den Reiseveranstalter diesem gegenüber geltend zu machen.

§ 651 a   Buch 2 | Recht der Schuldverhältnisse

1 I. Die §§ 651 a ff dienen vorrangig dem **Schutz des Verbrauchers bei Pauschalreisen**. Damit wird einerseits der hohen Bedeutung dieses Dienstleistungszweiges in Deutschland Rechnung getragen, zum anderen seiner spezifischen, durch die Dominanz weniger Großunternehmen geprägten Marktstruktur. Entwickelt hat sich das heutige Reisevertragsrecht teils aus der Rspr des BGH, va aber aus Richtlinienvorgaben der EU (Pauschalreise-Richtlinie 90/314/EWG, ABl EG L 158, 59, in Deutschland umgesetzt durch Gesetz v 29.6.1994, BGBl I, 1322). Zu möglichen Auswirkungen der Diskriminierungsverbote des AGG auf das Pauschalreiserecht vgl die Kommentierung Vor §§ 241–853 Rn 28 f.

2 II. 1. a) Der Reisevertrag ist auf die Herbeiführung eines Erfolges, die mangelfreie Durchführung der Reise, gerichtet. Beim Reisevertrag handelt es sich um einen **Unterfall des Werkvertrages** (Staud/Eckert § 651 a Rn 7; Erm/Seiler Vor § 651 a Rn 4; aA [eigenständiger Vertragstyp, der in Anlehnung an den Werkvertrag geschaffen wurde]: Führich, Rn 68; MK/Tonner Vor § 651 a Rn 16). Zur Schließung v Regelungslücken der §§ 651 a bis m können daher die §§ 631 ff herangezogen werden, sofern die dort getroffenen Bestimmungen nicht dem spezifischen Leitbild des Reisevertragsrechts widersprechen (BGH NJW 87, 1933; Jauernig/Teichmann § 651 a Rn 2; Palandt/Sprau Einf v § 651 a Rn 1). Prägend für das Leitbild des Reisevertrages ist die Verpflichtung des Reiseveranstalters zur entgeltlichen Durchführung einer **Gesamtheit** v mind zwei erheblichen Teilleistungen, die idR v unterschiedlichen Leistungsträgern (zB Hoteliers, Fluggesellschaften) erbracht werden.

3 b) Abzugrenzen ist der Reisevertrag v **Reisevermittlungsvertrag**, wie er idR zwischen Reisendem und Reisebüro abgeschlossen wird. Ziel des Reisevermittlungsvertrages ist die Herbeiführung eines Vertragsschlusses zwischen dem Reisenden und dem Anbieter einer Reiseleistung im Wege der Geschäftsbesorgung (§ 675). Typisches Zeichen für das Vorliegen eines Reisevertrages ist hingegen ein Pauschalangebot des Reiseveranstalters, wonach dieser **in eigener Verantwortung** zur ordnungsgemäßen Erbringung der verschiedenen Teilleistungen iR eines vorab festgelegten Planes verpflichtet wird (zur Abgrenzung: BGH NJW 85, 906 f; NJW 11, 371; NJW 11, 599; Staud/Eckert § 651 a Rn 58 ff). Im Hinblick auf nicht im Pauschalpreis enthaltene zusätzliche Reiseleistungen (zB Ausflug am Urlaubsort) kann der Reiseveranstalter aber auch als bloßer Vermittler tätig werden. Maßgeblich für die Anwendung des Reisevertragsrechts ist jedenfalls nicht die Bezeichnung des Vertrages, sondern sind die Umstände des tatsächlichen Auftretens des Anbieters der Reiseleistung (Abs 2; näher hierzu BGH NJW 11, 371; NJW 11, 599). Ein Reiseveranstalter kann sich der Haftung für ein Verschulden des Leistungsträgers daher nicht dadurch entziehen, dass er selbst den Vertrag mit dem Reisenden als Reisevermittlungsvertrag einstuft („**Vermittlerklausel**"). Insb ist eine ARB-Klausel, wonach die Beförderung des Reisenden im Linienverkehr als Fremdleistung anzusehen sei, soweit ein Beförderungsausweis ausgestellt und auf diese Konsequenz in der Reisebestätigung hingewiesen wurde, nach § 307 I unwirksam (BGH NJW 04, 681 ff).

4 2. Der Vertrag über die Teilnahme an einer **Kreuzfahrt** stellt einen Pauschalreisevertrag iSd §§ 651 a ff dar (BGH NJW 13, 1674). Entspr Anwendung finden die §§ 651 a ff auf Verträge über die Bereitstellung v **Ferienhäusern** oder Ferienwohnungen (BGHZ 119, 163; BGH NJW 13, 308; MK/Tonner § 651 a Rn 28 ff). Nicht Reisevertragsrecht, sondern Mietrecht ist jedoch anzuwenden, wenn lediglich ein Boot für Urlaubszwecke gechartert wird, die Gestaltung des Ablaufs der Reise iE aber nicht Vertragsgegenstand geworden ist (BGHZ 130, 131).

5 3. a) Für das **Zustandekommen** v Reiseverträgen gelten die allg Regeln (§§ 104 ff u 145 ff). Die Vertragspartner müssen sich also über die Hauptleistungspflichten des Reisevertrages einigen. Das Angebot besteht idR in der Anmeldung des Reisenden. Der Katalog des Reiseveranstalters (zu den Mindestanforderungen für diesen vgl § 4 InfoVO) oder EDV-Angebote sind hingegen nur als Aufforderung zur Abgabe eines Angebots durch den Reisenden zu bewerten. Zu den Voraussetzungen für die Änderung des im Katalog genannten Reisepreises bis zur Buchung der Reise vgl § 4 II 2 InfVO idF 1.11.2008. Die Annahme des Reiseveranstalters kann formfrei erfolgen. Gemäß Abs 3 muss dem Reisenden jedoch (ggf zusätzlich) eine schriftliche Reisebestätigung ausgehändigt werden.

b) Bucht jemand für sich und weitere Familienangehörige eine Reise, wird regelmäßig 6 lediglich der Anmeldende Vertragspartner des Reiseveranstalters. Hins der übrigen Familienmitglieder liegt ein **Vertrag zugunsten Dritter** (§ 328) vor (Staud/Eckert § 651 a Rn 81). Bei miteinander nicht verwandten Personen kommt dag zwischen jedem Reisenden und dem Reiseveranstalter ein Vertrag zustande, an dessen Abschluss der Anmeldende als Bote oder Stellvertreter mitwirkt (BGH NJW 02, 2239; Jauernig/Teichmann § 651 a Rn 8). Partei eines Reisevertrages kann auch sein, wer selbst nicht an der Reise teilnimmt (BGH NJW 02, 2238).

c) **aa)** Beim **Vertrag zwischen dem Reiseveranstalter und dem Leistungsträger** (zB Be- 7 förderungs- und Beherbergungsunternehmen) handelt es sich nicht um **einen echten Vertrag zugunsten Dritter** iSd § 328, der dem Reisenden unmittelbare Erfüllungsansprüche gegen den Leistungsträger gewährt (Staud/Eckert § 651 a Rn 56 f; LG Frankfurt NJW-RR 86, 852; aA [echter Vertrag zugunsten Dritter, bei dem das Recht des **Leistungsträgers**, Einwendungen gegen den Reiseveranstalter auch gem § 334 dem Reisenden ggü geltend zu machen, als stillschweigend abbedungen anzusehen ist]: BGHZ 93, 273 ff; Führich, Rn 84; MK/Tonner Vor § 651 a Rn 14). Dag spricht bereits, dass die Parteien dieses Vertrages nicht die Begünstigung des Reisenden, sondern ihre eigenen Gewinnerzielungsabsichten im Auge haben. Der Vertrag zwischen dem Reiseveranstalter und dem Leistungsträger entfaltet aber auch **keine Schutzwirkung** zugunsten des Reisenden (Staud/Eckert § 651 a Rn 57; aA [weil sich der Reisende während der Reise in weitem Umfang dem Reiseveranstalter anvertraut]: Jauernig/Teichmann § 651 a Rn 9). Gegen eine Anwendbarkeit der Regeln über den Vertrag mit Schutzwirkung zugunsten Dritter (vgl § 311 III) spricht dabei bereits, dass der Reisende eigene vertragliche Ansprüche gegen seinen Vertragspartner, den Reiseveranstalter, hat, so dass er gar nicht schutzbedürftig ist (Staud/Eckert § 651 a Rn 57).

bb) Im Verhältnis zum Reiseveranstalter sind die Leistungsträger und ihre Hilfsperso- 8 nen **Erfüllungsgehilfen** iSv § 278 (Palandt/Sprau § 651 a Rn 11), mangels Abhängigkeit und Weisungsgebundenheit idR jedoch keine Verrichtungsgehilfen (BGHZ 45, 313; 103, 303; Staud/Eckert § 651 a Rn 52).

d) Die §§ 651 a ff sind nur zugunsten des Reisenden **abdingbar** (§ 651 m). Den fast al- 9 len Reiseverträgen zugrunde liegenden AGB (meist auf der Grundlage der v Deutschen Reisebüro-Verband eV empfohlenen ARB 1997) kommt daher va die Funktion zu, die gesetzlichen Bestimmungen zu konkretisieren und Haftungsbeschränkungen nach § 651 h oder Stornopauschalen für den Rücktritt des Reisenden iSv § 651 i festzulegen.

4. a) Der Reiseveranstalter ist verpflichtet, die vereinbarten **Reiseleistungen** zu planen, 10 zu organisieren, durchzuführen sowie die dafür erforderlichen Leistungsträger sorgfältig auszuwählen und zu überwachen (Abs 1 S 1). Der Umfang dieser Pflicht ergibt sich va aus den Angaben des Reiseveranstalters in seinem Prospekt, in der Reisebestätigung und aus Individualabreden mit dem Reisenden.

b) Zu den Hauptpflichten des Reiseveranstalters gehören auch umfangreiche **Informa-** 11 **tionspflichten**. Insb muss der Reiseveranstalter bei Auslandsreisen den Reisenden auf Abweichungen der landesüblichen Maßstäbe v deutschen Standard hinweisen (BGHZ 100, 175). Konkretisiert werden die Informationspflichten durch die §§ 4–9 der VO *über Informationspflichten nach Bürgerlichem Recht* (InfoVO). Zur Abgrenzung der Informationspflichten v Reiseveranstalter und Reisebüro: BGH NJW 2006, 2321.

c) Nachträgliche **Erhöhungen des Reisepreises** durch den Reiseveranstalter sind bis 12 zum zwanzigsten Kalendertag vor dem vereinbarten Abreisetermin zulässig, sofern der Abschluss des Reisevertrages mind vier Monate vor dem Beginn der Reise erfolgte (§ 309 Nr 1), der Reiseveranstalter sich eine solche Preiserhöhung im Reisevertrag vorbehalten hat, die Erhöhung dem Ausgleich v Steigerungen der Beförderungskosten, Gebührenerhöhungen oder Wechselkursänderungen dient (Abs 4) und der Reiseveranstalter dem Reisenden die Preiserhöhung unverzüglich nach Kenntniserlangung v dem Änderungsgrund erklärt (Abs 5 S 1). Zu den Anforderungen an eine mit § 307 I vereinbare Preiserhöhungsklausel in den ARB vgl BGH NJW 03, 507 ff; 03, 746 ff.

13 d) **Erhebliche Änderungen wesentlicher Reiseleistungen** darf der Reiseveranstalter nur vornehmen, wenn der Reisevertrag eine entspr Vorbehaltsklausel enthält, die Änderung dem Reisenden zumutbar ist und der Reiseveranstalter dem Reisenden den Änderungsgrund unmittelbar nach Kenntnis mitgeteilt hat (Abs 5 S 1 iVm § 308 Nr 4).

14 e) Die Möglichkeit zur **Absage** einer Reise durch den Reiseveranstalter besteht ausschließlich bei höherer Gewalt (§ 651 j) sowie bei Unterschreitung der für die Durchführung der Reise vereinbarten Mindestteilnehmerzahl (§ 4 I g InfoVO iVm § 308 Nr 4). Auch in diesem Fall hat der Reiseveranstalter den Reisenden unverzüglich nach Kenntniserlangung v Absagegrund hiervon zu informieren (Abs 5 S 1).

15 5. a) Hauptpflicht des Reisenden ist es, den vereinbarten **Reisepreis** zu zahlen (Abs 1 S 2). Dies muss nach den ARB idR vor Beginn der Reise erfolgen. Vor dem damit verbundenen Insolvenzrisiko wird der Reisende durch § 651 k geschützt. Ein weiter gehender Schutz des Verbrauchers ergibt sich aus der Rspr des BGH. Danach darf der Reiseveranstalter grds den Großteil des Reisepreises erst kurz vor Antritt der Reise verlangen, vorher ist lediglich die Verpflichtung zur Leistung einer geringen Anzahlung v ca 20 % zulässig (BGHZ 100, 168; BGH NJW 2006, 3134).

16 b) Erhöht der Reiseveranstalter den Reisepreis nachträglich um mehr als 5 % oder ändert der Reiseveranstalter eine wesentliche Reiseleistung erheblich, steht dem Reisenden unverzüglich nach der Erklärung dieser Änderung durch den Reiseveranstalter (Abs 5 S 4) ein **Rücktrittsrecht** zu (Abs 5 S 2). Macht er v diesem Recht Gebrauch, sind ihm zu diesem Zeitpunkt bereits erbrachte Zahlungen auf den Reisepreis v Reiseveranstalter nach § 346 zurückzugewähren.

17 c) Steht dem Reisenden ein Rücktrittsrecht nach Abs 5 S 2 zu, kann er statt dessen, ebenso wie bei einer Absage der Reise durch den Reiseveranstalter, auch unverzüglich nach der Erklärung des Reiseveranstalters (Abs 5 S 4) die **Teilnahme an einer** mind gleichwertigen **anderen Reise** verlangen, sofern der Reiseveranstalter ihm eine solche ohne Mehrkosten für den Reisenden aus seinem Programm anbieten kann (Abs 5 S 3).

18 6. Das Reisebüro wirkt als Bote, zumindest aber als Stellvertreter des Reiseveranstalters am Vertragsschluss zwischen diesem und dem Reisenden mit (Jauernig/Teichmann § 651 a Rn 9; OLG Köln VersR 89, 52 f). Es ist daher unabhängig v den Grenzen seiner Abschlussvollmacht als zur Annahme v Vertragsangeboten Dritter ggü dem Reiseveranstalter ermächtigt anzusehen. Fehler des Reisebüros und Übermittlungsfehler zwischen Reisebüro und Reiseveranstalter gehen zulasten des Reiseveranstalters (BGHZ 82, 222; MK/Tonner § 651 a Rn 55).

§ 651 b Vertragsübertragung

(1) ¹Bis zum Reisebeginn kann der Reisende verlangen, dass statt seiner ein Dritter in die Rechte und Pflichten aus dem Reisevertrag eintritt. ²Der Reiseveranstalter kann dem Eintritt des Dritten widersprechen, wenn dieser den besonderen Reiseerfordernissen nicht genügt oder seiner Teilnahme gesetzliche Vorschriften oder behördliche Anordnungen entgegenstehen.

(2) Tritt ein Dritter in den Vertrag ein, so haften er und der Reisende dem Reiseveranstalter als Gesamtschuldner für den Reisepreis und die durch den Eintritt des Dritten entstehenden Mehrkosten.

1 I. § 651 b verschafft dem Reisenden, der die v ihm gebuchte Reise nicht wahrnehmen kann oder will, die Möglichkeit, durch **Stellung eines Ersatzreisenden** die Kosten eines Rücktritts nach § 651 i zu vermeiden. Hintergrund der Regelung ist die Überlegung, dass dem Reiseveranstalter die Person des Reisenden idR gleichgültig ist.

2 II. 1. Beim Eintritt des Dritten in den Reisevertrag handelt es sich zumindest seit der Neufassung des § 651 b v 1994 um eine **Vertragsübernahme** (Staud/Eckert § 651 b Rn 1, Jauernig/Teichmann § 651 b Rn 2; aA [Vertrag zugunsten Dritter] noch immer: MK/Tonner § 651 b Rn 5 f). Der Ersatzreisende tritt daher mit allen Rechten und Pflichten in den Vertrag des Reisenden ein.

2. Das Verlangen, statt seiner einen Dritten in den Vertrag eintreten zu lassen, kann 3
der Reisende bis **Reisebeginn** ggü dem Reiseveranstalter geltend machen. Im Hinblick auf das Widerspruchsrecht in Abs 1 S 2 wird man darunter grds den spätesten Zeitpunkt verstehen müssen, zu dem der Reiseveranstalter noch in der Lage ist, die Voraussetzungen der Vertragsübernahme zu prüfen und die Umschreibung der Reiseunterlagen bzw die Unterrichtung der Leistungsträger vorzunehmen. Dabei kann es sich um eine Frist v mehreren Tagen, bei Last-minute-Reisen aber auch nur um wenige Stunden handeln (Staud/Eckert § 651 b Rn 7; Führich, Rn 163).

3. Gegen die Vertragsübernahme durch den Ersatzreisenden hat der Reiseveranstalter 4
ein **Widerspruchsrecht**, wenn ihm der Wechsel nicht zumutbar ist. Dies ist nach Abs 1 S 2, der die Widerspruchsgründe abschließend aufzählt (Staud/Eckert § 651 b Rn 9), nur der Fall, wenn dem Ersatzreisenden spezielle Eigenschaften (zB Tropentauglichkeit, Zugehörigkeit zu einer bestimmten Altersgruppe) fehlen, die Voraussetzung für die Teilnahme an der Reise sind, oder wenn seiner Teilnahme staatliche Bestimmungen (zB Impfzwang) entgegenstehen.

4. a) Für den Reisepreis sowie für dem Reiseveranstalter durch den Wechsel etwa ent- 5
standene **Mehrkosten** haften Reisender und Ersatzreisender als Gesamtschuldner (Abs 2). Haben die Parteien eine Pauschalierung der Mehrkosten vereinbart, ist dies in engen Grenzen (§ 651 m, §§ 305 ff) zulässig (Staud/Eckert § 651 b Rn 28; Palandt/Sprau § 651 b Rn 3; aA [stets unzulässig]: MK/Tonner § 651 b Rn 15).

b) Der Reiseveranstalter trägt die **Beweislast** für die Voraussetzungen seines Wider- 6
spruchsrechts sowie für ihm wegen des Wechsels entstandene Mehrkosten.

§ 651 c Abhilfe

(1) Der Reiseveranstalter ist verpflichtet, die Reise so zu erbringen, dass sie die zugesicherten Eigenschaften hat und nicht mit Fehlern behaftet ist, die den Wert oder die Tauglichkeit zu dem gewöhnlichen oder nach dem Vertrag vorausgesetzten Nutzen aufheben oder mindern.
(2) ¹Ist die Reise nicht von dieser Beschaffenheit, so kann der Reisende Abhilfe verlangen. ²Der Reiseveranstalter kann die Abhilfe verweigern, wenn sie einen unverhältnismäßigen Aufwand erfordert.
(3) ¹Leistet der Reiseveranstalter nicht innerhalb einer vom Reisenden bestimmten angemessenen Frist Abhilfe, so kann der Reisende selbst Abhilfe schaffen und Ersatz der erforderlichen Aufwendungen verlangen. ²Der Bestimmung einer Frist bedarf es nicht, wenn die Abhilfe von dem Reiseveranstalter verweigert wird oder wenn die sofortige Abhilfe durch ein besonderes Interesse des Reisenden geboten wird.

I. 1. Die Vorschrift passt das werkvertragliche **Gewährleistungsrecht** des § 633 den be- 1
sonderen Bedürfnissen des Reisevertragsrechts an. Danach trifft den Reiseveranstalter eine umfassende, verschuldensunabhängige Einstandspflicht für Mängel der Reise. Ergänzt werden die Bestimmungen des § 651 c durch die §§ 651 d–651 f.

2. Neben dem reiserechtlichen Gewährleistungsrecht ist grds auch das allg Recht der 2
Leistungsstörungen (va §§ 275, 326) anwendbar. Str ist, wie das Verhältnis zwischen Gewährleistungsrecht und allg Leistungsstörungsregeln zu beurteilen ist. Ein Teil der Literatur vertritt die ‚Einheitslösung', nach der die Vorschriften des reisevertraglichen Gewährleistungsrechts für die Zeit ab Vertragsschluss die allg Leistungsstörungsregeln ausschließen (Führich, Rn 180; MK/Tonner § 651 c Rn 43 ff). Richtigerweise ist zu **differenzieren** (vgl Staud/Eckert Vor §§ 651 c ff Rn 18 ff):

a) **Anfängliches Leistungshindernis**: Wird die Reise wegen eines bereits bei Vertrags- 3
schluss bestehenden Leistungshindernisses aus der Sphäre des Reiseveranstalters nicht angetreten, so ist § 275 anwendbar. Stammt das Leistungshindernis dag aus der Sphäre des Reisenden, ist der Vertrag wirksam. Der Reisende kann aber vor Reisebeginn gem § 651 j jederzeit ohne besonderen Grund v Reisevertrag zurücktreten (Erm/Seiler § 651 c Rn 4).

§ 651 c   Buch 2 | Recht der Schuldverhältnisse

4 **b) Nachträgliches Leistungshindernis:** Wird die Reise wegen eines nach Vertragsschluss entstehenden Leistungshindernisses aus der Sphäre des Reiseveranstalters überhaupt nicht angetreten, liegt wegen des Zeitablaufs Unmöglichkeit iSd §§ 275, 326 vor (Staud/Eckert Vor §§ 651 c ff Rn 22; Teichmann JZ 1979, 738; aA [§§ 651 c ff]: BGHZ 97, 259 ff; Führich, Rn 180). Bleiben dag nach Reiseantritt einzelne Reiseleistungen ganz oder teilweise aus, gelten ausschließlich die §§ 651 c ff (BGHZ 97, 259 ff). Stammt das Leistungshindernis aus der Sphäre des Reisenden und wird die Reise deshalb nicht angetreten, wird der an sich anwendbare § 326 durch die Sonderregelung des § 651 i verdrängt (Wolter, AcP 183, 72). Kommt es dag nach Reiseantritt zu einem Abbruch der Reise aus Gründen, die in der Sphäre des Reisenden liegen, gilt § 326. § 651 i greift nach Reisebeginn nicht mehr ein (Staud/Eckert Vor §§ 651 c ff Rn 22; aA Jauernig/Teichmann Vor §§ 651 c–651 f Rn 3: § 645).

5 **II. 1.** Eine Reise ist **mangelhaft** iSv § 651 c, wenn sie mit einem **Fehler** behaftet ist, der den mit der Reise bezweckten Nutzen aufhebt oder mindert, oder wenn ihr eine **zugesicherte Eigenschaft** fehlt.

6 **a)** Eine Reise ist fehlerhaft, wenn die Ist-Beschaffenheit nachteilig v der vertraglich geschuldeten oder gewöhnlichen Soll-Beschaffenheit abweicht und dadurch ihr Wert oder ihre Tauglichkeit für den gewöhnlichen oder vertraglich vereinbarten Nutzen eingeschränkt oder aufgehoben ist (**subjektiv-objektiver Fehlerbegriff**, vgl BGHZ 97, 255; Staud/Eckert § 651 c Rn 5 ff; MK/Tonner § 651 c Rn 9). Dies ist jeweils im Einzelfall, insb auf der Grundlage der Angaben des Reiseveranstalters im Reiseprospekt, sonstiger Zusagen an den Reisenden, Art und Zweck der Reise sowie Landes- bzw Ortsüblichkeit zu ermitteln. Abweichungen zwischen Soll- und Ist-Beschaffenheit können sich dabei va hins des Transports des Reisenden und seines Gepäcks, der Unterbringung und Verpflegung, aber auch sonstiger Dienstleistungen ergeben (Übersicht bei: Staud/Eckert § 651 c Rn 58 ff; MK/Tonner Anh zu § 651 e). Der Mangel muss dabei nicht auf einer qualitativen Schlechtleistung beruhen, sondern kann sich auch daraus ergeben, dass quantitativ weniger als geschuldet geleistet wird (BGHZ 100, 174; 128, 132; BGH NJW 00, 1188), etwa wenn bei einer Besichtigungsreise einer v mehreren Zielorten nicht aufgesucht wird (Staud/Eckert § 651 c Rn 7). Kein Mangel iSv § 651 c liegt dag bei der Verwirklichung des allg Lebensrisikos (Beispiele bei Staud/Eckert § 651 c Rn 56 f; MK/Tonner § 651 c Rn 24) oder bei bloßen Unannehmlichkeiten vor, wie sie im heutigen Massentourismus unvermeidlich sind (OLG Düsseldorf NJW-RR 92, 1331).

7 **b) Eigenschaften** iSd Abs 1 1. Alt sind alle rechtlichen oder tatsächlichen Verhältnisse und Beziehungen, die wegen ihrer Art und Dauer nach der Verkehrsanschauung Einfluss auf die Wertschätzung oder Brauchbarkeit der Reise haben (Führich, Rn 214). Eine Zusicherung der Eigenschaft liegt wie im Werkvertragsrecht bereits in jeder vertraglichen Vereinbarung über Eigenschaften der Reise. Daher können auch konkrete Eigenschaftsangaben (nicht bloße Werbeaussagen) in Reiseprospekten und Katalogen eine Eigenschaftszusicherung darstellen (zu den Mindestvoraussetzungen für die Zusicherung einer Eigenschaft im Prospekt vgl Staud/Eckert § 651 c Rn 45 ff).

8 **2.** Der Reiseveranstalter trägt die **Beweislast** für die Unzumutbarkeit der Abhilfe wegen unverhältnismäßigen Aufwandes. IÜ ist der Reisende beweispflichtig (BGHZ 92, 183).

9 **3. a) aa)** Liegt ein Mangel der Reise iSv Abs 1 vor, kann der Reisende Abhilfe verlangen (Abs 2 S 1). Adressat des **Abhilfeverlangens** ist derjenige, den der Reiseveranstalter gem § 7 I c InfoVO hierfür benannt hat, idR der örtliche Reiseleitung (BGHZ 108, 62).

10 **bb)** Könnte Abhilfe nur durch **unverhältnismäßigen Aufwand** geschaffen werden, kann der Reiseveranstalter diese verweigern (Abs 2 S 2).

11 **cc)** Als **Abhilfe** kommt neben der Beseitigung der Mängel auch die Erbringung einer dem Reisenden subjektiv zumutbaren, objektiv etwa gleichwertigen, mangelfreien Ersatzleistung mit gleichem Nutzen für den Reisenden in Betracht (KG NJW-RR 93, 1210; Staud/Eckert § 651 c Rn 157 f). Für die Zeit bis zur Abhilfe mindert sich der Reisepreis, außerdem kann der Reisende ggf nach § 651 f Schadensersatz verlangen.

12 **b) aa)** Setzt der Reisende dem Reiseveranstalter für dessen Abhilfe eine angemessene Frist und verstreicht diese erfolglos, steht ihm ein **Selbstabhilferecht** zu. Der Reisende

kann daher dann selbst für Abhilfe sorgen und die ihm hierfür entstehenden Kosten v Reiseveranstalter ersetzt verlangen (Abs 3 S 1).
bb) Die Angemessenheit der **Frist** richtet sich unter Berücksichtigung der beiderseitigen Interessen nach den Umständen des Einzelfalls, va nach der Schwere des Mangels und der Dauer der Reise (Staud/Eckert § 651 c Rn 165 ff; MK/Tonner § 651 c Rn 69). Weigert sich der Reiseveranstalter, Abhilfe zu leisten, oder ist aufgrund eines besonderen Interesses des Reisenden sofortige Abhilfe geboten (mangelnde Erreichbarkeit des Reiseleiters, Eilbedürftigkeit), entfällt die Pflicht zur Fristsetzung (Abs 3 S 2). Wie § 637 für das allg Werkrecht stellt das Selbstabhilferecht des Abs 3 lediglich auf den Fristablauf als solchen ab, ein Verzug und damit ein Verschulden des Reiseveranstalters sind daher nicht Voraussetzung (Staud/Eckert § 651 c Rn 163). 13

cc) Erforderlich können auch **Kosten** einer höherwertigen als der vereinbarten Leistung sein, sofern eine gleichwertige Ersatzleistung nicht möglich ist und die Mehrkosten für die höherwertige Leistung nicht unverhältnismäßig sind (OLG Köln NJW-RR 93, 252; KG NJW-RR 93, 1210). 14

§ 651 d Minderung

(1) ¹Ist die Reise im Sinne des § 651 c Abs. 1 mangelhaft, so mindert sich für die Dauer des Mangels der Reisepreis nach Maßgabe des § 638 Abs. 3. ²§ 638 Abs. 4 findet entsprechende Anwendung.
(2) Die Minderung tritt nicht ein, soweit es der Reisende schuldhaft unterlässt, den Mangel anzuzeigen.

I. Die Vorschrift regelt das Recht des Reisenden, bei **Mängeln der Reise** den Reisepreis zu mindern. 1
II. 1. Der **Begriff des Mangels** in Abs 1 entspricht dem in § 651 c I (Staud/Eckert § 651 d Rn 7). 2
2. Die Minderung des Reisepreises nach § 651 d schließt die Geltendmachung v **Schadensersatz** nach § 651 f nicht aus. Allerdings kann bei erfolgter Minderung aus § 651 f nur noch Ersatz der Vermögensnachteile verlangt werden, die nicht bereits durch die Minderung abgegolten wurden (Staud/Eckert § 651 d Rn 5; MK/Tonner § 651 d Rn 5; Palandt/Sprau § 651 d Rn 2). 3
3. Liegt ein Reisemangel vor, tritt die Minderung des Reisepreises kraft Gesetzes und unabhängig v einem Verschulden des Reiseveranstalters ein (Staud/Eckert § 651 d Rn 1; MK/Tonner § 651 d Rn 2; Jauernig/Teichmann § 651 d Rn 1; Palandt/Sprau § 651 d Rn 4). Voraussetzung ist lediglich, dass der Reisende es nicht schuldhaft unterlässt, den Mangel unverzüglich beim Reiseveranstalter oder seinem Vertreter anzuzeigen (Abs 2). Eine solche **Mängelanzeige** ist in einem Abhilfeverlangen des Reisenden iSv § 651 c II 1 stets enthalten (MK/Tonner § 651 d Rn 7). Die Pflicht des Reisenden zur Anzeige des Mangels entfällt, wenn diese objektiv nicht notwendig ist, zB wegen fehlender Abhilfemöglichkeit oder Kenntnis bzw fahrlässiger Unkenntnis des Reiseveranstalters oder der örtlichen Reiseleitung v Mangel (Staud/Eckert § 651 d Rn 24 ff). Darüber hinaus ist eine Anzeige dann keine Voraussetzung für die Minderung, wenn diese aus in der Person des Reisenden liegenden Gründen nicht erfolgen konnte, etwa aufgrund einer Erkrankung oder weil der Reisende wegen fehlender Belehrung über seine Anzeigepflicht (vgl §§ 6 II g, 7 I c InfoVO) v dieser keine Kenntnis hatte (weitere Beispiele: MK/Tonner § 651 d Rn 12 f; Palandt/Sprau § 651 d Rn 4). 4
4. a) Die Höhe des Betrages, um den sich der Reisepreis mindert, ist gem Abs 1 nach § 441 III zu ermitteln. Der Reisepreis ist danach in dem Verhältnis herabzusetzen, in dem der Wert der Gesamtreise ohne Mangel zu ihrem tatsächlichen Wert steht. Hiervon weicht die Praxis idR ab, indem sie nach § 287 II ZPO auf der Grundlage v Dauer und Schwere der Beeinträchtigung durch Schätzung des Gesamtreisepreises festsetzt, um den dieser gemindert wird (MK/Tonner § 651 d Rn 7 ff; Palandt/Sprau § 651 d Rn 5). Bei besonderer Schwere des Ereignisses, das zu einem Mangel führt, kann aber auch eine Minderung gerechtfertigt sein, die nicht auf den anteiligen 5

Reisepreis für die Dauer des Ereignisses beschränkt ist (BGH NJW 08, 2775; NJW-RR 13, 3170). Ein Teil der Rspr orientiert sich dabei an der Tabelle des Frankfurter LG, die für typische Mängel v Pauschalreisen Richtwerte für die Höhe dieser **Minderungsquoten** vorsieht. Ein Reisemangel verliert dabei jedoch jedenfalls nicht dadurch an Gewicht, dass der Preis der Reise besonders gering war (NJW 12, 2107). Zur Minderung des Reisepreises bei einer Kreuzfahrt (nicht schematisch, sondern unter Berücksichtigung von Zweck u konkreter Ausgestaltung der Reise): BGH VersR 13, 1407.

6 b) Hat der Reisende den Reisepreis bereits bezahlt, kann er v Reiseveranstalter die **Rückzahlung** des Betrages verlangen, um den dieser wegen des Reisemangels gemindert wurde. Dieser Anspruch ergibt sich direkt aus § 651 d, ein Rückgriff auf das Bereicherungsrecht (mit dem Risiko des Wegfalls der Bereicherung, § 818 III) ist hierfür nicht erforderlich. Die Erstattung muss in Geld erfolgen, soweit die Parteien nicht eine abweichende Individualabrede getroffen haben. AGB, die dem Reisenden lediglich die Möglichkeit der Verrechnung des Minderungsbetrages mit den Kosten künftiger Reisen des Veranstalters eröffnen, sind nach § 307 II Nr 1 unwirksam (MK/Tonner § 651 d Rn 25).

§ 651 e Kündigung wegen Mangels

(1) ¹Wird die Reise infolge eines Mangels der in § 651 c bezeichneten Art erheblich beeinträchtigt, so kann der Reisende den Vertrag kündigen. ²Dasselbe gilt, wenn ihm die Reise infolge eines solchen Mangels aus wichtigem, dem Reiseveranstalter erkennbaren Grund nicht zuzumuten ist.
(2) ¹Die Kündigung ist erst zulässig, wenn der Reiseveranstalter eine ihm vom Reisenden bestimmte angemessene Frist hat verstreichen lassen, ohne Abhilfe zu leisten. ²Der Bestimmung einer Frist bedarf es nicht, wenn die Abhilfe unmöglich ist oder vom Reiseveranstalter verweigert wird oder wenn die sofortige Kündigung des Vertrags durch ein besonderes Interesse des Reisenden gerechtfertigt wird.
(3) ¹Wird der Vertrag gekündigt, so verliert der Reiseveranstalter den Anspruch auf den vereinbarten Reisepreis. ²Er kann jedoch für die bereits erbrachten oder zur Beendigung der Reise noch zu erbringenden Reiseleistungen eine nach § 638 Abs. 3 zu bemessende Entschädigung verlangen. ³Dies gilt nicht, soweit diese Leistungen infolge der Aufhebung des Vertrags für den Reisenden kein Interesse haben.
(4) ¹Der Reiseveranstalter ist verpflichtet, die infolge der Aufhebung des Vertrags notwendigen Maßnahmen zu treffen, insbesondere, falls der Vertrag die Rückbeförderung umfasste, den Reisenden zurückzubefördern. ²Die Mehrkosten fallen dem Reiseveranstalter zur Last.

1 I. § 651 e gewährt dem Reisenden bei erheblichen Mängeln der Reise ein Kündigungsrecht der besonderen Art (BGH NJW-RR 13, 3170), durch dessen Ausübung der Reisevertrag in ein gesetzliches **Rückabwicklungsverhältnis** überführt wird (BGHZ 85, 59 ff).

2 II. 1. Abgrenzung zu anderen Möglichkeiten der Vertragsauflösung: Beruht der Mangel der Reise auf **höherer Gewalt**, so hat § 651 j Vorrang vor § 651 e (Staud/Eckert § 651 e Rn 3; aA noch BGH NJW-RR 90, 1335: § 651 e als lex specialis zu § 651 j). § 651 e kommt also nur zum Zuge, wenn der Reisemangel durch andere Umstände als höhere Gewalt verursacht worden ist. **Bis Reiseantritt** kann der Reisende nach § 651 i ohne Angabe v Gründen v Vertrag zurücktreten, bei erheblichen Änderungen des Reisepreises oder einer wesentlichen Reiseleistung auch nach § 651 a V 2. Ist das Festhalten am Reisevertrag für eine Partei aus wichtigem Grund unzumutbar, ohne dass die Voraussetzungen für eine der in den §§ 651 a ff vorgesehenen Möglichkeiten zur Vertragsauflösung gegeben sind, besteht darüber hinaus wie bei allen Dauerschuldverhältnissen ein Kündigungsrecht nach § 314.

3 2. Die Kündigung nach § 651 e Abs 1 S 1 setzt voraus, dass die Reise durch einen **erheblichen Mangel** beeinträchtigt wird. Die Erheblichkeit richtet sich nicht nach einer bestimmten Minderungsquote. Sie ist vielmehr flexibel, an den Umständen des Einzel-

falls orientiert und unter Berücksichtigung v Zweck und konkreter Ausgestaltung der Reise, in Gesamtwürdigung aller Umstände zu ermitteln: BGH NJW 09, 287; NJW-RR 13, 3170. Nimmt ein Reisender einen erheblichen Mangel über einen längeren Zeitraum widerspruchslos hin, kann dies zu einer Verwirkung des Rechts, sich auf diesen Mangel zu berufen, führen (OLG Düsseldorf NJW-RR 98, 52 f). Auch ein nicht iSv Abs 1 S 1 erheblicher Mangel kann zur Kündigung berechtigen (Abs 1 S 2), wenn wegen diesem dem Reisenden die Reise aus subjektiven, dem Reiseveranstalter erkennbaren Gründen (zB Krankheit) objektiv nicht zugemutet werden kann.

3. Formelle Voraussetzungen für eine wirksame Kündigung sind: 4
a) ein **Abhilfeverlangen** des Reisenden ggü dem Reiseveranstalter oder der örtlichen 5 Reiseleitung, verbunden mit einer angemessenen Frist für die Behebung der Mängel (vgl § 651 c),
b) das erfolglose **Verstreichen** dieser **Frist**, 6
c) die Abgabe der **Kündigungserklärung** (Abs 2 S 1). Die Notwendigkeit der Fristset- 7 zung entfällt, wenn Abhilfe unmöglich ist, v Reiseveranstalter verweigert wird oder wenn der Reisende ein besonderes Interesse an der sofortigen Kündigung hat (Abs 2 S 2), zB weil die Beseitigung der Mängel aussichtslos erscheint oder der Reiseleiter nicht erreichbar ist (MK/Tonner § 651 e Rn 15). Auf die Obliegenheit des Reisenden zur Fristsetzung muss dieser in der Reisebestätigung hingewiesen worden sein (§ 6 II g InfoVO).

4. Der Reiseveranstalter trägt die **Beweislast** dafür, fristgerecht Abhilfe geschaffen zu 8 haben, ebenso für die Voraussetzungen seines Entschädigungsanspruchs nach Abs 3 S 2. IÜ ist der Reisende beweispflichtig (MK/Tonner § 651 e Rn 29; Staud/Eckert § 651 e Rn 73 ff).

5. a) Mit der Kündigung verliert der Reiseveranstalter seinen Vergütungsanspruch 9 (Abs 3 S 1). Hat der Reisende den **Reisepreis** bereits bezahlt, steht ihm deswegen ein Rückzahlungsanspruch direkt aus dem vertraglichen Rückabwicklungsverhältnis zu (BGHZ 85, 59 ff).

b) An die Stelle des Vergütungsanspruchs des Reiseveranstalters tritt grds ein **Entschä-** 10 **digungsanspruch** für bereits erbrachte oder bis zur Beendigung der Reise noch zu erbringende Reiseleistungen. Dieser ist nach § 638 III zu berechnen (Abs 3 S 2). Der Entschädigungsanspruch entfällt, wenn aufgrund der Vertragsauflösung die bereits erbrachten Leistungen für den Reisenden ohne Interesse sind (Abs 3 S 3), zB weil der Reisezweck insgesamt völlig verfehlt wurde. Ob dies so ist, muss jeweils im Einzelfall ermittelt werden, Pauschalierungsklauseln in den ARB sind nach § 651 m unwirksam (MK/Tonner § 651 e Rn 23).

c) Der Reiseveranstalter hat alle Maßnahmen zu treffen, die aufgrund der Vertragsauf- 11 lösung erforderlich werden. Hierzu zählt idR va die unverzügliche **Rückbeförderung** des Reisenden. Daraus entstehende Mehrkosten gehen (anders als nach § 651 j II 2 u 3) zulasten des Reiseveranstalters (Abs 4).

§ 651 f Schadensersatz

(1) Der Reisende kann unbeschadet der Minderung oder der Kündigung Schadensersatz wegen Nichterfüllung verlangen, es sei denn, der Mangel der Reise beruht auf einem Umstand, den der Reiseveranstalter nicht zu vertreten hat.
(2) Wird die Reise vereitelt oder erheblich beeinträchtigt, so kann der Reisende auch wegen nutzlos aufgewendeter Urlaubszeit eine angemessene Entschädigung in Geld verlangen.

I. § 651 f gewährt dem Reisenden für Nichterfüllungsschäden einschließlich Mangelfol- 1 geschäden einen verschuldensabhängigen **Schadensersatzanspruch** gegen den Reiseveranstalter. Dieser kann neben den verschuldensunabhängigen Gewährleistungsrechten nach §§ 651 c–651 e geltend gemacht werden.

II. 1. Der **Anwendungsbereich** des § 651 f wird v der Rspr in Abgrenzung zu Ansprü- 2 chen aus § 280 I weit gefasst (Übbl bei: MK/Tonner § 651 f Rn 4 ff). Ansprüche nach

§ 651 f

§§ 280 ff, 311, 241 II kommen daher nur bei der Verletzung v nicht leistungsbezogenen Nebenpflichten in Betracht, die nicht zu einem Reisemangel geführt haben, oder wenn es letztlich nicht zum Abschluss eines Reisevertrages gekommen ist (Staud/Eckert § 651 f Rn 4). Deliktische Ansprüche bleiben durch § 651 f unberührt (Staud/Eckert § 651 f Rn 5).

3 2. Ggü der Vermutung seines Verschuldens steht dem Reiseveranstalter der Entlastungsbeweis offen, dass weder er noch einer seiner Erfüllungsgehilfen den Mangel zu vertreten hat (Palandt/Sprau § 651 f Rn 4). IÜ ist der Reisende **beweispflichtig** (Staud/Eckert § 651 f Rn 80 ff).

4 3. Voraussetzung für den **Schadensersatzanspruch nach Abs 1** ist ein Mangel der Reise iSv § 651 c, den der Reisende dem Reiseveranstalter gem § 651 d II angezeigt hat oder der Gegenstand eines vergeblichen Abhilfeverlangens iSv §§ 651 c III oder 651 e II war (BGHZ 92, 179). Durch diesen Mangel muss der Reisende einen Schaden an seinem Körper, Eigentum oder Vermögen erlitten haben (Beispiele: Staud/Eckert § 651 f Rn 14 ff; MK/Tonner § 651 f Rn 31 ff). Für die Abgrenzung v Haftungsfällen und allg Lebensrisiko gelten die für das Deliktsrecht entwickelten Grds (vgl BGHZ 132, 164) für die Herausforderungs- und Verfolgungsfälle (BGH NJW 05, 1420). Neben eigenem Verschulden (§ 276) hat der Reiseveranstalter auch das seiner Erfüllungsgehilfen, insb also der Leistungsträger, zu vertreten (§ 278). Zum Umfang der Pflicht des Reiseveranstalters zur Überprüfung der Sicherheitsstandards seiner Erfüllungsgehilfen zuletzt: BGH NJW 06, 3268; zum Umfang seiner Verkehrssicherungspflichten allg: BGH NJW 2006, 2918. Für die Haftung des Reiseveranstalters genügt es dabei, dass er beim Reisenden den Eindruck einer Eigenleistung erweckt hat (BGH VersR 2008, 543). Für Haftungsbeschränkungen gelten die Grenzen des § 651 h, für die Geltendmachung des Anspruchs die Frist des § 651 g I. Dag ist weder nach dem Wortlaut des § 651 f noch nach Sinn und Zweck der Bestimmung eine Mängelanzeige iSv § 651 d II bzw ein fruchtloses Abhilfeverlangen geboten (MK/Tonner § 651 f Rn 29; Staud/Eckert § 651 f Rn 9 f; aA BGHZ 92, 177; Führich, Rn 337). Bei einer fehlenden Mängelanzeige kann aber eine Minderung der Schadensersatzhöhe nach § 254 in Betracht kommen, wenn der Schaden nur eingetreten oder größer ausgefallen ist, weil der Reisende die Anzeige des Schadens unterlassen hat (Staud/Eckert § 651 f Rn 9).

5 4. a) Ein Schadensersatzanspruch wegen **nutzlos aufgewandter Urlaubszeit** (Abs 2) setzt voraus, dass die Reise vereitelt oder erheblich beeinträchtigt wurde, der Reisende Urlaubszeit nutzlos aufgewendet hat und ihm dadurch ein Schaden entstanden ist.

6 b) Der Begriff der **erheblichen Beeinträchtigung** entspricht grds dem des § 651 e (Staud/Eckert § 651 f Rn 64). Daneben sind besondere Umstände in der Person des Reisenden, dessen Möglichkeiten, den Urlaub zu verschieben (BGHZ 82, 227) sowie Zweck und konkrete Ausgestaltung der Reise im Rahmen der gebotenen Gesamtwürdigung zu berücksichtigen (BGH NJW-RR 13, 3170).

7 c) **Nutzlos aufgewendet** wurde Urlaubszeit, wenn die im Reisevertrag hierfür vorgesehene Zeit verstrich, ohne dass der Reisende sie dem Vertragszweck (zB Erholung) nutzen konnte (MK/Tonner § 651 f Rn 53). Konnte der Reisende die Zeit, gleichgültig ob am Urlaubs- oder Heimatort, zT dem Vertragszweck entspr nutzen, ist der dadurch erzielte Resterholungswert als Schadensminderungsposten bei der Berechnung der Schadenshöhe zu berücksichtigen (BGHZ 77, 123; Staud/Eckert § 651 f Rn 67 ff; zur Entschädigungspflicht des Reiseveranstalters bei einer Vereitelung der Reise durch Überbuchung vgl jetzt BGHZ 161, 389).

8 d) Für die Berechnung der **Höhe des (Nichtvermögens-)Schadens** des Reisenden sind alle Umstände des Einzelfalls heranzuziehen, ua der Reisepreis, die Kosten eines zusätzlichen Urlaubs, die Schwere der Beeinträchtigung des Erholungszwecks und der Verschuldensgrad des Reiseveranstalters (Palandt/Sprau § 651 f Rn 5), nicht jedoch das Einkommen des Reisenden (BGHZ 161, 389). § 254 ist anwendbar (BGH WM 82, 94). Für Hausfrauen (BGHZ 77, 125), Schüler (BGHZ 85, 170 ff) sowie Arbeitslose und Rentner (LG München RRa 96, 78 f) hat die Rspr besondere Berechnungskriterien entwickelt. Teilweise wird auch ein für alle Reisenden einheitlicher Tagessatz zugrunde gelegt (zB max 72 EUR, vgl LG Frankfurt/M RRa 03, 26 f), für dessen Höhe va die

Minerungsquote nach § 651 d maßgeblich sein soll (Staud/Eckert § 651 f Rn 71 ff oder es wird vorgeschlagen, allein auf Reisepreis und Reisedauer abzustellen (MK/Tonner § 651 f Rn 76).

§ 651 g Ausschlussfrist, Verjährung

(1) ¹Ansprüche nach den §§ 651 c bis 651 f hat der Reisende innerhalb eines Monats nach der vertraglich vorgesehenen Beendigung der Reise gegenüber dem Reiseveranstalter geltend zu machen. ²§ 174 ist nicht anzuwenden. ³Nach Ablauf der Frist kann der Reisende Ansprüche nur geltend machen, wenn er ohne Verschulden an der Einhaltung der Frist verhindert worden ist.
(2) ¹Ansprüche des Reisenden nach den §§ 651 c bis 651 f verjähren in zwei Jahren. ²Die Verjährung beginnt mit dem Tage, an dem die Reise dem Vertrag nach enden sollte.

I. § 651 g unterwirft die Geltendmachung v Gewährleistungsansprüchen des Reisenden 1 **kurzen Ausschlussfristen**, um dem Reiseveranstalter alsbald nach dem vereinbarten Ende der Reise einen Übbl über etwa gegen ihn bestehende Forderungen zu ermöglichen. Darüber hinaus soll die Überprüfung der Berechtigung erhobener Mängelrügen und die Verfolgung v Regressansprüchen des Reiseveranstalters ggü seinen Leistungsträgern erleichtert werden. Die kurze **Verjährungsfrist** des Abs 2 hat durch ihre Annäherung an die regelmäßige Verjährungsfrist des § 195 deutlich an Bedeutung verloren.
II. 1. § 651 g findet ausschließlich auf die vertraglichen Ansprüche des Reisenden aus 2 §§ 651 c bis 651 f **Anwendung**, also zB nicht auch auf Ansprüche aus §§ 280 I, 311, 241 II (Staud/Eckert § 651 g Rn 6; Palandt/Sprau § 651 g Rn 1; aA Jauernig/Teichmann § 651 g Rn 5). Das Recht des Reisenden zur Geltendmachung deliktischer Ansprüche bleibt v § 651 g ebenfalls unberührt (BGHZ 103, 302; OLG Köln NJW-RR 92, 1186; OLG Düsseldorf VersR 92, 892; Jauernig/Teichmann § 651 g Rn 5; aA LG Frankfurt/M NJW 90, 520). Vereinbarungen in ARB, die die Erstreckung der Ausschlussfrist des § 651 g auf deliktische Ansprüche vorsehen, verstoßen gegen § 307 I und sind daher unwirksam (BGH NJW 04, 2965 f; so auch schon MK/Tonner § 651 g Rn 4; aA noch: OLG Frankfurt/M RRa 03, 21 ff; 03, 65 ff). Abs 1 ist auch dann nicht heranzuziehen, wenn der Reisende die Reise erst gar nicht angetreten hat (LG Frankfurt/M NJW-RR 94, 376; MK/Tonner § 651 g Rn 2; aA Palandt/Sprau § 651 g Rn 1 a).
2. Die **Berechnung** der Ausschlussfrist des Abs 1 und der Verjährungsfrist nach Abs 2 3 richtet sich nach §§ 187 I, 188 II, 1. Alt (OLG Karlsruhe NJW-RR 91, 54; Jauernig/Teichmann § 651 g Rn 4). Vereinbarungen zwischen den Parteien, die die Fristen verkürzen oder verlängern, sind nur in den Grenzen v § 651 m wirksam.
3. a) Die Geltendmachung v Gewährleistungsansprüchen durch den Reisenden unter- 4 liegt einer einmonatigen Ausschlussfrist (Abs 1 S 1). Adressat seiner Ansprüche ist der Reiseveranstalter oder das Reisebüro, das die Reise vermittelt hat (BGHZ 102, 83; MK/Tonner § 651 g Rn 10). Der Reiseveranstalter ist dazu verpflichtet, den Reisenden in der Reisebestätigung über diese Anforderungen zu informieren (§ 6 II h InfoVO). Eine bestimmte Form ist für die **Erhebung der Gewährleistungsansprüche** nicht erforderlich (BGHZ 90, 365). Fordern die AGB des Reiseveranstalters Schriftform, ist diese Klausel wegen § 651 m unwirksam (BGHZ 90, 365). Die Geltendmachung v Gewährleistungsrechten durch den Vertreter des geschädigten Reisenden ist unwirksam, wenn dieser dem Reiseveranstalter nicht die Originalvollmachtsurkunde vorlegt und dieser die Ansprüche des Reisenden deshalb unverzüglich zurückweist (BGHZ 145, 343). Wurde die Anspruchsanmeldung rechtzeitig durch einen vollmachtlosen Vertreter vorgenommen, kann die Genehmigung dieser Erklärung jedoch auch noch nach Ablauf der Ausschlussfrist erfolgen (BGH NJW 10, 2950). Sind die Schadensersatzansprüche des Reisenden nach § 116 I 1 SGB X auf einen Sozialversicherungsträger übergegangen, beginnt auch für diesen der Lauf der Ausschlussfrist mit dem Zeitpunkt der vertraglich vorgesehenen Beendigung der Reise, nicht erst mit der Kenntnis v der Schädigung oder der Person des Ersatzpflichtigen (BGH NJW 04, 3178), Dies gilt auch dann,

wenn der Reisende nicht übergangene, bei ihm verbliebene Ansprüche rechtzeitig geltend gemacht hat (BGH NJW 09, 2811). Entsprechendes gilt, wenn ein Bundesland einen Reiseveranstalter aus übergegangenem Recht (zB wegen der Verletzung v Beamten auf einer Studienreise) in Anspruch nimmt (BGH VersR 10, 914).

5 b) Aus dem **Inhalt der Erklärung** des Reisenden muss eindeutig hervorgehen, dass und aufgrund welcher einzeln zu bezeichnender Mängel er Gewährleistungsansprüche erhebt. Die bloße Ankündigung der Spezifizierung behaupteter Mängel genügt nicht, die Einreichung einer Mängelliste ist hingegen ausreichend (zu den Anforderungen an den Inhalt der Mängelrüge ausführlich: BGH NJW 05, 1420). Eine Bezifferung ist nicht erforderlich (MK/Tonner § 651 g Rn 24 ff). In einem Abhilfeverlangen iSv § 651 c II 1 ist idR nicht die Geltendmachung v Gewährleistungsansprüchen zu sehen (Palandt/Sprau § 651 g Rn 2 a). Im Einzelfall können aber beide Erklärungen zusammenfallen, sofern dies für den Reiseveranstalter hinreichend deutlich erkennbar ist (BGHZ 102, 87).

6 c) Trifft den Reisenden **kein Verschulden an der Nichteinhaltung der Frist** des Abs 1 S 1, zB weil er gesundheitliche Spätschäden geltend macht, die für ihn bis zum Fristablauf nicht vorhersehbar waren (BGH NJW 07, 2549), kann er seine Gewährleistungsansprüche noch nach Fristablauf geltend machen (Abs 1 S 2), sofern er sie unverzüglich nach Wegfall des Verhinderungsgrundes erhebt (Palandt/Sprau § 651 g Rn 3). Hat der Reiseveranstalter den Reisenden nicht auf die Ausschlussfrist hingewiesen, besteht eine widerlegliche Vermutung dafür, dass seine Fristversäumung entschuldigt ist. Der Reisende muss auch in diesem Fall aber die Anspruchsanmeldung unverzüglich nachholen, sobald der Reiseveranstalter ihn auf die Ausschlussfrist hinweist oder er diese anderweitig in Erfahrung gebracht hat (BGH NJW 07, 2549).

7 4. a) Die reisevertraglichen Gewährleistungsansprüche **verjähren nach zwei Jahren** ab dem Tag des vereinbarten Endes der Reise (Abs 2 S 1 u 2).

8 b) Bei der Verjährungsfrist des Abs 2 bleibt es auch dann, wenn der Reiseveranstalter den Mangel **arglistig verschwiegen hat**, soweit nicht ausnahmsweise ein „verdeckter Mangel" vorliegt (Staud/Eckert § 651 g Rn 30; aA [bei Arglist § 195]: BGH NJW 83, 2701; MK/Tonner § 651 g Rn 30; einschränkend [Treuwidrigkeit der Verjährungseinrede bei nicht erkennbaren Spätschäden]: Jauernig/Teichmann § 651 g Rn 6).

9 c) Während der Reiseveranstalter die Berechtigung der v Reisenden erhobenen Ansprüche prüft, ist der Lauf der Verjährungsfrist gehemmt (vgl jetzt § 203). Die **Hemmung** beginnt mit dem Zugang der die Geltendmachung der Gewährleistungsansprüche enthaltenden Erklärung des Reisenden beim Reiseveranstalter, ggf also noch vor dem vereinbarten Reiseende (BGHZ 102, 84). Sie endet mit dem Zugang der schriftlichen, eindeutigen Zurückweisung der Ansprüche beim Reisenden (Abs 2 S 3 iVm § 130). Der erforderlichen Eindeutigkeit steht ein gleichzeitiges Kulanzangebot des Reiseveranstalters nicht entgg (OLG Celle NJW-RR 96, 373), wohl aber idR eine Mitteilung über die Weiterleitung des Vorgangs an die eigene Haftpflichtversicherung (LG Frankfurt/M NJW-RR 94, 180). Nimmt der Reiseveranstalter nach erfolgter Zurückweisung die Überprüfung der Ansprüche des Reisenden noch einmal auf, führt dies zu einer erneuten Hemmung der Verjährungsfrist (OLG Celle NJW-RR 96, 373).

§ 651h Zulässige Haftungsbeschränkung

(1) Der Reiseveranstalter kann durch Vereinbarung mit dem Reisenden seine Haftung für Schäden, die nicht Körperschäden sind, auf den dreifachen Reisepreis beschränken,
1. soweit ein Schaden des Reisenden weder vorsätzlich noch grob fahrlässig herbeigeführt wird oder
2. soweit der Reiseveranstalter für einen dem Reisenden entstehenden Schaden allein wegen eines Verschuldens eines Leistungsträgers verantwortlich ist.

(2) Gelten für eine von einem Leistungsträger zu erbringende Reiseleistung internationale Übereinkommen oder auf solchen beruhende gesetzliche Vorschriften, nach denen ein Anspruch auf Schadensersatz nur unter bestimmten Voraussetzungen oder Beschränkungen entsteht oder geltend gemacht werden kann oder unter bestimmten Vor-

aussetzungen ausgeschlossen ist, so kann sich auch der Reiseveranstalter gegenüber dem Reisenden hierauf berufen.

I. Abs 1 eröffnet dem Reiseveranstalter die Möglichkeit, die **Schadensersatzansprüche** des Reisenden für Nichtpersonenschäden zu beschränken. Abs 2 schützt den Reiseveranstalter davor, für einen v einem Leistungsträger verursachten Schaden haften zu müssen, obwohl ihm der Regress bei diesem aufgrund internationaler Übereinkommen verwehrt ist.

II. 1. **Die Möglichkeit zur Haftungsbeschränkung** nach Abs 1 bezieht sich auf alle vertraglichen Schadensersatzansprüche des Reisenden, gleichgültig ob sich diese aus §§ 280 I, 311, 241 II oder § 651 f ergeben. Nicht erfasst werden hingegen die (Gewährleistungs-)Rechte des Reisenden aus den §§ 651 c III und 651 e III, IV (BGHZ 100, 180; Staud/Eckert § 651 h Rn 15). Ob sich vertragliche Haftungsbeschränkungen auch auf deliktische Ansprüche (§§ 823 ff) erstrecken können, ist str (dag die jedenfalls früher hM, vgl: BGHZ 100, 182; MK/Tonner § 651 h Rn 5; dafür: Staud/Eckert § 651 h Rn 16 f; Jauernig/Teichmann § 651 h Rn 1), erscheint seit der Begrenzung der Zulässigkeit v Haftungsbeschränkungen auf reine Sachschäden, gegen die sich der Reisende leicht versichern kann, aber angemessen (Staud/Eckert § 651 h Rn 7). Die Haftung für Personenschäden kann dag vertraglich nicht beschränkt werden. Ebenso ist ein völliger Haftungsausschluss für Nichtpersonenschäden, auch in den beiden v Abs 1 umfassten Fallgruppen, unwirksam (BGH NJW 83, 1613 f). In den Grenzen des Abs 1 ist die Vereinbarung v Haftungsbeschränkungen auch durch **ARB** möglich (BGHZ 100, 179). Wurde die Haftung des Reiseveranstalters vertraglich entspr beschränkt, haftet er bei einfacher Fahrlässigkeit oder bei alleinigem Verschulden eines Leistungsträgers für Nichtpersonenschäden nur bis zur Höhe des **dreifachen Reisepreises** (Abs 1).

2. a) Die Haftungsbeschränkung des **Abs 2** greift nur, wenn und soweit der Reiseveranstalter selbst den Schaden nicht zu vertreten hat, also insb kein Auswahl- oder Organisationsverschulden vorliegt (Staud/Eckert § 651 h Rn 39; Jauernig/Teichmann § 651 h Rn 2; Palandt/Sprau § 651 h Rn 5).

b) Als **internationale Übereinkommen** oder darauf beruhende gesetzliche Vorschriften, die zu Haftungsbeschränkungen oder -ausschlüssen des Leistungsträgers und damit auch des Reiseveranstalters führen können, kommen ua Art 24 des Warschauer Abkommens (OLG Frankfurt/M NJW-RR 93, 1147), das Montrealer Abkommen, das 2004 an dessen Stelle getreten ist, die Anlage zu § 664 HGB für den Seeverkehr, das Übereinkommen über den internationalen Eisenbahnverkehr (COTIF) und die Haftung des Gastwirts nach den §§ 701 ff in Betracht (Übersicht bei: MK/Tonner § 651 h Rn 25 ff).

§ 651 i Rücktritt vor Reisebeginn

(1) Vor Reisebeginn kann der Reisende jederzeit vom Vertrag zurücktreten.
(2) ¹Tritt der Reisende vom Vertrag zurück, so verliert der Reiseveranstalter den Anspruch auf den vereinbarten Reisepreis. ²Er kann jedoch eine angemessene Entschädigung verlangen. ³Die Höhe der Entschädigung bestimmt sich nach dem Reisepreis unter Abzug des Wertes der vom Reiseveranstalter ersparten Aufwendungen sowie dessen, was er durch anderweitige Verwendung der Reiseleistungen erwerben kann.
(3) Im Vertrag kann für jede Reiseart unter Berücksichtigung der gewöhnlich ersparten Aufwendungen und des durch anderweitige Verwendung der Reiseleistungen gewöhnlich möglichen Erwerbs ein Vomhundertsatz des Reisepreises als Entschädigung festgesetzt werden.

I. Die Vorschrift gewährt dem Reisenden vor Reisebeginn ein uneingeschränktes **Rücktrittsrecht** und regelt die dem Reiseveranstalter in diesem Fall zustehenden Entschädigungsansprüche.

2 **II. 1. a)** § 651 i ist nur **anwendbar**, wenn der Reisende **vor Beginn der Reise** v dieser zurücktritt. Eine entspr Anwendung auf die Fälle, in denen der Reisende **nach Reiseantritt** aus allein seiner Sphäre zuzurechnenden Gründen (eigene Krankheit, Tod eines Angehörigen) gezwungen ist, die Reise abzubrechen, ist abzulehnen (Palandt/Sprau § 651 i Rn 1; Staud/Eckert § 651 i Rn 12; MK/Tonner § 651 i Rn 6; aA Jauernig/Teichmann § 651 i Rn 1). Auf diesen Fall ist allein § 326 anwendbar.

3 **b)** Der Rücktritt setzt grds eine formfreie **Erklärung** ggü dem Reiseveranstalter oder dem Reisebüro, bei dem die Reise gebucht wurde, voraus (MK/Tonner § 651 i Rn 9; Palandt/Sprau § 651 i Rn 1). Als Rücktritt des Reisenden ist es aber auch zu bewerten, wenn dieser, ohne eine Rücktrittserklärung abgegeben zu haben, die Reise schlicht nicht antritt (Staud/Eckert § 651 i Rn 17; MK/Tonner § 651 i Rn 9).

4 **2. a)** Durch den Rücktritt verliert der Reiseveranstalter seinen **Vergütungsanspruch** (Abs 2 S 1), der Reisende seinen Anspruch auf die Reiseleistung. Übersteigt der v Reisenden bereits bezahlte Reisepreis den Entschädigungsanspruch des Reiseveranstalters nach Abs 2, steht ihm insoweit ein Rückzahlungsanspruch zu.

5 **b)** An die Stelle des Vergütungsanspruchs des Reiseveranstalters tritt mit dem Rücktritt des Reisenden ein **Entschädigungsanspruch** nach Abs 2 S 2. Die Höhe des Entschädigungsanspruchs ergibt sich aus dem Reisepreis. v diesem werden jedoch die v Reiseveranstalter durch den Rücktritt ersparten Aufwendungen sowie die v ihm durch anderweitige Verwertung der v Reisenden nicht in Anspruch genommenen Reiseleistungen erzielbaren Einkünfte abgezogen (Abs 2 S 3). Der Reiseveranstalter muss sich also nicht nur anrechnen lassen, was er durch die anderweitige Nutzung tatsächlich erworben oder böswillig zu erwerben unterlassen hat, sondern es genügt die bloße Möglichkeit des Erwerbs (MK/Tonner § 651 i Rn 12).

6 **c)** Aus Praktikabilitätsgründen kann der Entschädigungsanspruch des Reiseveranstalters abw v Abs 2 auch pauschaliert, als Prozentsatz des Reisepreises festgesetzt werden (Abs 3). Eine solche **pauschale Stornogebühr** muss die jeweilige Reiseart, die gewöhnlich v Reiseveranstalter durch den Rücktritt ersparten Aufwendungen sowie die v ihm durch anderweitige Verwertung der v Reisenden nicht in Anspruch genommenen Reiseleistungen gewöhnlich erzielbaren Einkünfte berücksichtigen. In der Praxis richtet sich der Prozentsatz va danach, wie lange vor Reiseantritt der Rücktritt erfolgt (vgl BGH NJW-RR 90, 115; Staud/Eckert § 651 i Rn 39 ff; MK/Tonner § 651 i Rn 15 ff). Die Vereinbarung einer zu hohen Entschädigungspauschale ist nach § 651 m unwirksam (Palandt/Sprau § 651 i Rn 4).

7 **d)** Eine Klausel, mit der der Reiseveranstalter sich ein **Wahlrecht** zwischen der Berechnung seines Entschädigungsanspruchs nach Abs 2 oder 3 vorbehält, ist wirksam (BGH NJW-RR 90, 114, 115; Staud/Eckert § 651 i Rn 37; Palandt/Sprau § 651 i Rn 4; aA MK/Tonner § 651 i Rn 11).

8 **e)** Der Reiseveranstalter trägt die volle Darlegungs- und **Beweislast** für die Voraussetzungen seines Entschädigungsanspruchs (MK/Tonner § 651 i Rn 27; Palandt/Sprau § 651 i Rn 3). Erhebt der Reiseveranstalter einen pauschalierten Entschädigungsanspruch nach Abs 3, obliegt der Gegenbeweis, dass dem Reiseveranstalter trotz grds angemessener Höhe des beanspruchten Prozentsatzes ein wesentlich geringerer oder kein Schaden entstanden ist, dem Reisenden (Staud/Eckert § 651 i Rn 73). ARB des Reiseveranstalters, die diesen Gegenbeweis ausschließen, sind nach § 309 Nr 5 b unwirksam (MK/Tonner § 651 i Rn 22).

§ 651 j Kündigung wegen höherer Gewalt

(1) Wird die Reise infolge bei Vertragsabschluss nicht voraussehbarer höherer Gewalt erheblich erschwert, gefährdet oder beeinträchtigt, so können sowohl der Reiseveranstalter als auch der Reisende den Vertrag allein nach Maßgabe dieser Vorschrift kündigen.

(2) ¹Wird der Vertrag nach Absatz 1 gekündigt, so findet die Vorschrift des § 651 e Abs. 3 Satz 1 und 2, Abs. 4 Satz 1 Anwendung. ²Die Mehrkosten für die Rückbeförde-

rung sind von den Parteien je zur Hälfte zu tragen. ³Im Übrigen fallen die Mehrkosten dem Reisenden zur Last.

I. Nach § 651 j können Reiseverträge aufgelöst werden, bei denen aufgrund höherer Gewalt die **Geschäftsgrundlage** des Vertrages entfallen ist (BGH NJW-RR 90, 1335) oder die Reise erheblich beeinträchtigt wird. Eine Kündigung nach § 651 j ist für den Reisenden auch dann möglich, wenn ihm die Anreise zum Ausgangsort einer Kreuzfahrt infolge höherer Gewalt unmöglich oder erheblich erschwert ist, unabhängig davon, ob die Anreise Bestandteil des Reisevertrags ist (BGH NJW 13, 1674). 1

II. 1. a) Höhere Gewalt iSv § 651 j ist ein v außen kommendes, unabwendbares, v beiden Vertragsparteien unverschuldetes Ereignis (BGHZ 100, 188), wie zB Krieg, Naturkatastrophen (BGHZ 85, 53; BGH NJW-RR 90, 1335), Atomreaktorunfälle (BGHZ 109, 226) oder der Ausbruch v Seuchen. Streiks können als höhere Gewalt bewertet werden, sofern sie nicht der Sphäre des Reiseveranstalters zuzurechnen sind (Staud/Eckert § 651 j Rn 21 ff; MK/Tonner § 651 j Rn 8 f; Jauernig/Teichmann § 651 j Rn 3; Palandt/Sprau § 651 j Rn 3). 2

b) Nicht vorhersehbar war der Eintritt der höheren Gewalt für den Reiseveranstalter nur, wenn er trotz Wahrung seiner umfassenden Informations- und Erkundungspflichten hins der Verhältnisse im Zielgebiet diese nicht absehen musste (Staud/Eckert § 651 j Rn 20; MK/Tonner § 651 j Rn 10 f). 3

c) § 651 j hat für auf höhere Gewalt gestützte Kündigungen als speziellere Norm Vorrang vor § 651 e (Staud/Eckert § 651 j Rn 7; MK/Tonner § 651 j Rn 18; Palandt/Sprau § 651 j Rn 1; aA noch [zu § 651 j aF] BGH NJW-RR 90, 1335). Bei einer Beeinträchtigung der Reise durch höhere Gewalt kann der Reisende daher auch dann nicht die für ihn günstigere **Kündigung nach § 651 e** wählen, wenn zugleich ein Mangel der Reise vorliegt (Staud/Eckert § 651 j Rn 7; MK/Tonner § 651 j Rn 18). 4

2. Als **Folge der Kündigung** einer Vertragspartei nach Abs 1 verliert der Reiseveranstalter seinen Vergütungsanspruch. Für bereits erbrachte Reiseleistungen (bei Kündigung vor Reiseantritt nach § 242 evtl auch für Stornokosten: BGHZ 109, 229) steht ihm jedoch ein nunmehr nach § 638 III (vgl §§ 651 d I, 651 e III 2) zu berechnender Entschädigungsanspruch zu. Dieser ist, anders als bei einer Kündigung nach § 651 e III 3, nicht v fortbestehenden Interesse des Reisenden an diesen Leistungen abhängig. Übersteigt die Vorauszahlung des Reisenden den Entschädigungsanspruch des Reiseveranstalters, hat er gegen diesen einen Rückforderungsanspruch unmittelbar aus § 651 j (Palandt/Sprau § 651 j Rn 5). Soweit dies infolge höherer Gewalt unmöglich ist, hat der Reiseveranstalter grds für die Rückbeförderung des Reisenden zu sorgen (MK/Tonner § 651 j Rn 24). Die durch die Rückbeförderung entstehenden Mehrkosten tragen die Parteien je zur Hälfte, sonstige Mehrkosten gehen zulasten des Reisenden (vgl Abs 2 iVm § 651 e III 1 u 2, IV 1). Zu Ansprüchen v Flugreisenden auf Betreuung nach einer Flugannullierung vgl auch VO (EG) Nr 261/2004 (dazu iE: EuGH NJW 13, 921). 5

§ 651 k Sicherstellung, Zahlung

(1) ¹Der Reiseveranstalter hat sicherzustellen, dass dem Reisenden erstattet werden
1. der gezahlte Reisepreis, soweit Reiseleistungen infolge Zahlungsunfähigkeit oder Eröffnung des Insolvenzverfahrens über das Vermögen des Reiseveranstalters ausfallen, und
2. notwendige Aufwendungen, die dem Reisenden infolge Zahlungsunfähigkeit oder Eröffnung des Insolvenzverfahrens über das Vermögen des Reiseveranstalters für die Rückreise entstehen.

²Die Verpflichtungen nach Satz 1 kann der Reiseveranstalter nur erfüllen
1. durch eine Versicherung bei einem im Geltungsbereich dieses Gesetzes zum Geschäftsbetrieb befugten Versicherungsunternehmen oder
2. durch ein Zahlungsversprechen eines im Geltungsbereich dieses Gesetzes zum Geschäftsbetrieb befugten Kreditinstituts.

(2) ¹Der Versicherer oder das Kreditinstitut (Kundengeldabsicherer) kann seine Haftung für die von ihm in einem Jahre insgesamt nach diesem Gesetz zu erstattenden Beträge auf 110 Millionen Euro begrenzen. ²Übersteigen die in einem Jahr von einem Kundengeldabsicherer insgesamt nach diesem Gesetz zu erstattenden Beträge die in Satz 1 genannten Höchstbeträge, so verringern sich die einzelnen Erstattungsansprüche in dem Verhältnis, in dem ihr Gesamtbetrag zum Höchstbetrag steht.
(3) ¹Zur Erfüllung seiner Verpflichtung nach Absatz 1 hat der Reiseveranstalter dem Reisenden einen unmittelbaren Anspruch gegen den Kundengeldabsicherer zu verschaffen und durch Übergabe einer von diesem oder auf dessen Veranlassung ausgestellten Bestätigung (Sicherungsschein) nachzuweisen. ²Der Kundengeldabsicherer kann sich gegenüber einem Reisenden, dem ein Sicherungsschein ausgehändigt worden ist, weder auf Einwendungen aus dem Kundengeldabsicherungsvertrag noch darauf berufen, dass der Sicherungsschein erst nach Beendigung des Kundengeldabsicherungsvertrags ausgestellt worden ist. ³In den Fällen des Satzes 2 geht der Anspruch des Reisenden gegen den Reiseveranstalter auf den Kundengeldabsicherer über, soweit dieser den Reisenden befriedigt. ⁴Ein Reisevermittler ist dem Reisenden gegenüber verpflichtet, den Sicherungsschein auf seine Gültigkeit hin zu überprüfen, wenn er ihn dem Reisenden aushändigt.
(4) ¹Reiseveranstalter und Reisevermittler dürfen Zahlungen des Reisenden auf den Reisepreis vor Beendigung der Reise nur fordern oder annehmen, wenn dem Reisenden ein Sicherungsschein übergeben wurde. ²Ein Reisevermittler gilt als vom Reiseveranstalter zur Annahme von Zahlungen auf den Reisepreis ermächtigt, wenn er einen Sicherungsschein übergibt oder sonstige dem Reiseveranstalter zuzurechnende Umstände ergeben, dass er von diesem damit betraut ist, Reiseverträge für ihn zu vermitteln. ³Dies gilt nicht, wenn die Annahme von Zahlungen durch den Reisevermittler in hervorgehobener Form gegenüber dem Reisenden ausgeschlossen ist.
(5) ¹Hat im Zeitpunkt des Vertragsschlusses der Reiseveranstalter seine Hauptniederlassung in einem anderen Mitgliedstaat der Europäischen Gemeinschaften oder in einem anderen Vertragsstaat des Abkommens über den Europäischen Wirtschaftsraum, so genügt der Reiseveranstalter seiner Verpflichtung nach Absatz 1 auch dann, wenn er dem Reisenden Sicherheit in Übereinstimmung mit den Vorschriften des anderen Staates leistet und diese den Anforderungen nach Absatz 1 Satz 1 entspricht. ²Absatz 4 gilt mit der Maßgabe, dass dem Reisenden die Sicherheitsleistung nachgewiesen werden muss.
(6) Die Absätze 1 bis 5 gelten nicht, wenn
1. der Reiseveranstalter nur gelegentlich und außerhalb seiner gewerblichen Tätigkeit Reisen veranstaltet,
2. die Reise nicht länger als 24 Stunden dauert, keine Übernachtung einschließt und der Reisepreis 75 Euro nicht übersteigt,
3. der Reiseveranstalter eine juristische Person des öffentlichen Rechts ist, über deren Vermögen ein Insolvenzverfahren unzulässig ist.

1 I. Durch § 651 k wurde der **Schutz v Pauschalreisenden vor der Zahlungsunfähigkeit oder Insolvenz des Reiseveranstalters** im deutschen Recht den Vorgaben der EU-Richtlinie v 1990 angepasst.
2 II. 1. a) Die **Insolvenzsicherung** des § 651 k umfasst einerseits den v Reisenden im Voraus bezahlten Reisepreis, andererseits notwendige Aufwendungen für die Rückreise (Kriterien hierfür bei: EuGH EuZW 98, 440 f; MK/Tonner § 651 k Rn 6 ff), die v Reisenden erbracht werden müssen, da der Reiseveranstalter aufgrund v Zahlungsunfähigkeit oder Insolvenz hierzu nicht in der Lage ist (Abs 1 S 1). Dies ist richtlinienkonform dahin auszulegen, dass der Reisende auch für den Fall abzusichern ist, dass ein Reiseveranstalter, der v einem Rücktrittsrecht Gebrauch gemacht und die Reise abgesagt hat, wegen Zahlungsunfähigkeit oder Eröffnung des Insolvenzverfahrens den gezahlten Reisepreis nicht erstattet (BGH NJW12, 997). Gewährleistungsansprüche des Reisenden aufgrund v Reisemängeln, die nach abgeschlossener Reise wegen einer erst danach

eingetretenen Insolvenz nicht durchgesetzt werden können, werden v Schutzbereich des § 651 k dagegen nicht erfasst (BGH NJW-RR 05, 782).

b) Die Sicherung des Reisenden durch den Reiseveranstalter muss entweder durch Abschluss einer Versicherung bei einem den deutschen versicherungsrechtlichen Bestimmungen entsprechenden Versicherer oder durch das Zahlungsversprechen eines in Deutschland zum Geschäftsbetrieb befugten Kreditinstituts erfolgen (Abs 1 S 2). Dieser **Kundengeldabsicherer** kann seine Haftung auf einen Höchstbetrag v 110 Mio EUR pro Jahr beschränken. In diesem Fall werden alle gegen ihn geltend gemachten Ansprüche anteilig gekürzt, wenn die v ihm nach Abs 1 zu erstattenden Beträge innerhalb eines Jahres diese Grenze überschreiten (Abs 2). Klauseln des Vertrags zwischen Reiseveranstalter und Kundengeldabsicherer, die den Versicherungsschutz des Reisenden auf Anzahlungen bis zu einer bestimmten Höhe oder innerhalb einer bestimmten Frist vor Reisebeginn beschränken, sind gem § 307 II Nr 1 unwirksam (so zu § 9 II Nr 1 AGBG: BGH NJW 01, 1934). 3

c) v der Pflicht zur Insolvenzsicherung sind neben den Veranstaltern v Tagesreisen mit einem Reisepreis bis 75 EUR (Abs 6 Nr 2) auch Reiseveranstalter **ausgenommen**, bei denen es sich um juristische Personen des öffentlichen Rechts handelt (Abs 6 Nr 3). Außerdem ist eine Insolvenzversicherung für solche Reiseveranstalter entbehrlich, die außerhalb einer gewerblichen Tätigkeit nur gelegentlich, also etwa 1 bis 2 mal jährlich (vgl BT-Drucks 12/5354, S 13), Reisen anbieten (Abs 6 Nr 1). 4

2. a) Der Reiseveranstalter muss dem Reisenden einen unmittelbaren Anspruch gegen den Kundengeldabsicherer verschaffen. Hierüber ist dem Reisenden eine v diesem oder auf dessen Veranlassung hin ausgestellte Bestätigung (**Sicherungsschein**) zu übergeben (Abs 3). Bei dem Vertrag zwischen Reiseveranstalter und Kundengeldabsicherer handelt es sich also um einen Vertrag zugunsten eines Dritten iSv § 328, bei dem allerdings die Anwendbarkeit v § 334 ausgeschlossen ist (Abs 3 S 2). Ohne die Übergabe des Sicherungsscheins darf der Reiseveranstalter vor Beendigung der Reise Zahlungen auf den Reisepreis weder fordern noch annehmen (Abs 4). Ob eine Übergabe des Sicherungsscheins erfolgt ist, hat auf die Ansprüche des Reisenden gegen den Sicherungsgeber aber keinen Einfluss. Dem Sicherungsschein kommt vielmehr allein eine beweiserleichternde Funktion zu (MK/Tonner § 651 k Rn 23). 5

b) Ein Reiseveranstalter, der seinen **Hauptsitz außerhalb Deutschlands** hat, aber innerhalb der EU oder eines Vertragsstaats des Abkommens über den Europäischen Wirtschaftsraum, genügt seiner Insolvenzsicherungspflicht nach Abs 1 bis 4 auch dann, wenn er dem Reisenden Sicherheit in Übereinstimmung mit dem Recht dieses Staates leistet und ihm dies vor der Forderung oder Entgegennahme v Vorauszahlungen auf den Reisepreis nachweist (Abs 5). 6

c) Verlangt oder akzeptiert ein Reiseveranstalter Vorauszahlungen auf den Reisepreis, ohne dem Reisenden einen Sicherungsschein iSv Abs 4 zu übergeben oder eine Sicherheitsleistung gem Abs 5 nachzuweisen, stellt dies einen Verstoß gegen § 147 b GewO und damit eine **Ordnungswidrigkeit** dar. Darüber hinaus kann eine solche Vorgehensweise idR als unlauterer Wettbewerb iSd UWG geahndet werden (BGH NJW 00, 1639). 7

Die **Beweislast** dafür, dass wegen der Zahlungsunfähigkeit bzw Insolvenz des Reiseveranstalters vereinbarte Reiseleistungen ausgefallen sind, trägt der Reisende (BGH NJW 02, 2238 ff). 8

§ 651 l Gastschulaufenthalte

(1) ¹Für einen Reisevertrag, der einen mindestens drei Monate andauernden und mit dem geregelten Besuch einer Schule verbundenen Aufenthalt des Gastschülers bei einer Gastfamilie in einem anderen Staat (Aufnahmeland) zum Gegenstand hat, gelten die nachfolgenden Vorschriften. ²Für einen Reisevertrag, der einen kürzeren Gastschulaufenthalt (Satz 1) oder einen mit der geregelten Durchführung eines Praktikums verbundenen Aufenthalt bei einer Gastfamilie im Aufnahmeland zum Gegenstand hat, gelten sie nur, wenn dies vereinbart ist.

(2) Der Reiseveranstalter ist verpflichtet,
1. für eine bei Mitwirkung des Gastschülers und nach den Verhältnissen des Aufnahmelands angemessene Unterbringung, Beaufsichtigung und Betreuung des Gastschülers in einer Gastfamilie zu sorgen und
2. die Voraussetzungen für einen geregelten Schulbesuch des Gastschülers im Aufnahmeland zu schaffen.
(3) Tritt der Reisende vor Reisebeginn zurück, findet § 651 i Abs. 2 Satz 2 und 3 und Abs. 3 keine Anwendung, wenn der Reiseveranstalter ihn nicht spätestens zwei Wochen vor Antritt der Reise jedenfalls über
1. Namen und Anschrift der für den Gastschüler nach Ankunft bestimmten Gastfamilie und
2. Namen und Erreichbarkeit eines Ansprechpartners im Aufnahmeland, bei dem auch Abhilfe verlangt werden kann,
informiert und auf den Aufenthalt angemessen vorbereitet hat.
(4) ¹Der Reisende kann den Vertrag bis zur Beendigung der Reise jederzeit kündigen. ²Kündigt der Reisende, so ist der Reiseveranstalter berechtigt, den vereinbarten Reisepreis abzüglich der ersparten Aufwendungen zu verlangen. ³Er ist verpflichtet, die infolge der Kündigung notwendigen Maßnahmen zu treffen, insbesondere, falls der Vertrag die Rückbeförderung umfasste, den Gastschüler zurückzubefördern. ⁴Die Mehrkosten fallen dem Reisenden zur Last. ⁵Die vorstehenden Sätze gelten nicht, wenn der Reisende nach § 651 e oder § 651 j kündigen kann.

1 I. § 651 l soll der wachsenden Bedeutung v Schüleraustauschprogrammen Rechnung tragen und zugleich die **Informationsmöglichkeiten** der Teilnehmer derartiger Reisen und ihrer Eltern **verbessern** sowie einen gewissen **Mindeststandard** der Austauschprogramme gewährleisten (Staud/Eckert § 651 l Rn 1 ff).
2 II. 1. Reiseveranstalter, die Schüleraustauschprogramme v mehr als dreimonatiger Länge anbieten, sind verpflichtet, dabei einen bestimmten Mindeststandard zu wahren. Insb muss ein **geregelter Schulbesuch** des an dem Programm teilnehmenden Schülers ermöglicht (Abs 2 Nr 2) und Sorge für eine angemessene **Unterbringung**, Betreuung und Beaufsichtigung des Schülers getragen werden. Der **Maßstab** für die Angemessenheit des Angebots ist nach den Verhältnissen des jeweiligen Gastlandes zu ermitteln (Abs 2 Nr 1). Dabei ist zu berücksichtigen, dass es zu den **Obliegenheiten des Gastschülers** gehört, durch seine Integration in die Gastfamilie und regelmäßigen Schulbesuch zum Erfolg seines Gastschulaufenthalts beizutragen. Kommt er diesen nicht nach, kann dies dazu führen, dass ein Reisemangel vorliegt und die Gewährleistungsrechte des Reisenden ausgeschlossen sind (Staud/Eckert § 651 l Rn 15 ff). Andererseits ist der Reiseveranstalter verpflichtet, die Eltern des Gastschülers mind zwei Wochen im Voraus über dessen Unterbringung und die Erreichbarkeit einer Kontaktperson im Gastland zu **informieren** und den Aufenthalt auch sonst angemessen **vorzubereiten** (vgl Abs 3).
3 2. Hat der Reiseveranstalter seinen Informations- und Vorbereitungspflichten (vgl Rn 2) nicht genügt, kann der Reisende bis Reisebeginn jederzeit v Reisevertrag **zurücktreten**, ohne dass der Reiseveranstalter deswegen v ihm den Reisepreis oder eine Entschädigung gem § 651 i II S 2 u 3, III verlangen kann (Abs 3). Auch ohne einen solchen Pflichtenverstoß ist der Reiseveranstalter darüber hinaus bei einer **Kündigung** des Reisenden nach Reisebeginn stets verpflichtet, den Gastschüler zurückzubefördern, sofern der gekündigte Reisevertrag die Rückbeförderung des Gastschülers vorsah. Die Kündigungserklärung muss v Vertragspartner des Reiseveranstalters, der nicht zwingend der Gastschüler ist, ggü dem Reiseveranstalter, also idR nicht ggü dem Ansprechpartner des Reiseveranstalters vor Ort oder ggü der Gastfamilie, abgegeben werden (Staud/ Eckert § 651 l Rn 24). Erfolgte die Kündigung, obwohl weder die Voraussetzungen des § 651 e noch die des § 651 j vorlagen, hat allerdings der Reisende die Kosten hierfür allein zu tragen (Abs 4). Hat der Reisende dag die Kündigung zwar auf § 651 l gestützt, lagen aber auch die Voraussetzungen v § 651 e oder § 651 j vor (vgl Abs 4 S 5), richten sich die Rechtsfolgen der Kündigung allein nach diesen Vorschriften, da § 651 l

gerade den Zweck verfolgt, den Reisenden ggü anderen Pauschalreisenden zu privilegieren, weshalb seine Anwendbarkeit nicht zu einer Benachteiligung des Reisenden führen darf (Staud/Eckert § 651 l Rn 24; Palandt/Sprau § 651 l Rn 7). Die **Beweislast** für eine Pflichtverletzung des Reiseveranstalters oder sonstige Reisemängel iSd Abs 2 sowie für die Abgabe und den Zugang der Rücktritts- bzw Kündigungserklärung trägt der Reisende, die Beweislast für eine etwaige Verletzung v Mitwirkungsobliegenheiten durch den Gastschüler der Reiseveranstalter (Staud/Eckert § 651 l Rn 25 ff).

§ 651 m Abweichende Vereinbarungen

¹Von den Vorschriften der §§ 651 a bis 651 l kann vorbehaltlich des Satzes 2 nicht zum Nachteil des Reisenden abgewichen werden. ²Die in § 651 g Abs. 2 bestimmte Verjährung kann erleichtert werden, vor Mitteilung eines Mangels an den Reiseveranstalter jedoch nicht, wenn die Vereinbarung zu einer Verjährungsfrist ab dem in § 651 g Abs. 2 Satz 2 bestimmten Verjährungsbeginn von weniger als einem Jahr führt.

I. Durch § 651 m S 1 werden die §§ 651 a bis 651 l zu **halbzwingenden Vorschriften**, v 1 denen die Parteien zwar zugunsten, abgesehen v den Einschränkungen in S 2 aber nicht zu Ungunsten des Reisenden abweichende Vereinbarungen treffen können. S 2 soll einen Gleichlauf der reisevertraglichen Verjährungsfristen mit denen des allg Werkrechts (§§ 634 a, 309 Nr 7 u 8) sicherstellen (Staud/Eckert § 651 m Rn 4).

II. 1. Der **Anwendungsbereich** des § 651 m umfasst neben den §§ 651 a bis 651 l über 2 Art 238 EGBGB auch die Bestimmungen der InfoVO (Staud/Eckert § 651 m Rn 3; MK/Tonner § 651 m Rn 2). Darüber hinaus sind alle ARB-Klauseln nichtig, die auf eine Umgehung des Verbots des § 651 m zielen (Staud/Eckert § 651 m Rn 6; MK/Tonner § 651 m Rn 8). Weichen die Parteivereinbarungen hingegen v anderen Vorschriften des BGB als den §§ 651 a bis 651 l ab, kommt nur eine Inhaltskontrolle nach den §§ 305 ff in Betracht (MK/Tonner § 651 m Rn 4; Palandt/Sprau § 651 m Rn 1). Danach ist etwa eine Verjährungsklausel in der ARB, die die Verjährungsfrist v Ansprüchen des Reisenden verkürzt, ohne Schadensersatzansprüche des Riesenden hiervon auszunehmen, gemäß § 309 Nr 7 a und b insgesamt unwirksam (BGH NJW 09, 1486).

2. Der Reisende kann auf den Schutz des § 651 m nicht verzichten. Dies gilt nach hM 3 auch dann, wenn er im Gegenzug für den **Verzicht** auf seine Gewährleistungsrechte am Urlaubsort eine Abfindungssumme erhält (OLG Düsseldorf NJW-RR 92, 245; 98, 922; MK/Tonner § 651 m Rn 5; aA, soweit der Reiseveranstalter auf den Reisenden keinen unzulässigen Druck ausgeübt hat: Staud/Eckert § 651 m Rn 11, da sich § 651 m nicht auf bereits entstandene Gewährleistungsrechte erstrecke; so iErg auch LG Hamburg RRa 94, 187; AG Frankfurt/M RRa 00, 9).

3. Eine für den Reisenden nachteilige, v den §§ 651 a bis 651 l oder der InfoVO abwei- 4 chende Vereinbarung der Parteien ist **nichtig** (dies unmittelbar aus § 651 m ableitend: Staud/Eckert § 651 m Rn 7; iErg ebenso, wenn auch unter Rückgriff auf § 134: BGHZ 90, 365; Palandt/Sprau § 651 m Rn 1). Die Wirksamkeit des restlichen Vertrags richtet sich nach § 139. IdR dürfte es den Interessen der Parteien entsprechen, den Vertrag iÜ aufrechtzuerhalten (Staud/Eckert § 651 m Rn 7; MK/Tonner § 651 m Rn 9). An die Stelle der nichtigen Vereinbarung tritt dabei die v Gesetz vorgesehene Regelung (Palandt/Sprau § 651 m Rn 1). Zur Nichtigkeit einer Verkürzung der Verjährungsfrist in den ARB, wenn hierbei Schadensersatzansprüche des Reisenden nicht ausgenommen sind: BGH NJW 09, 1486.

Titel 10
Mäklervertrag

Untertitel 1
Allgemeine Vorschriften

§ 652 Entstehung des Lohnanspruchs

(1) ¹Wer für den Nachweis der Gelegenheit zum Abschluss eines Vertrags oder für die Vermittlung eines Vertrags einen Mäklerlohn verspricht, ist zur Entrichtung des Lohnes nur verpflichtet, wenn der Vertrag infolge des Nachweises oder infolge der Vermittelung des Mäklers zustande kommt. ²Wird der Vertrag unter einer aufschiebenden Bedingung geschlossen, so kann der Mäklerlohn erst verlangt werden, wenn die Bedingung eintritt.
(2) ¹Aufwendungen sind dem Mäkler nur zu ersetzen, wenn es vereinbart ist. ²Dies gilt auch dann, wenn ein Vertrag nicht zustande kommt.

1 I. Die §§ 652 ff regeln das **Recht des Zivilmaklers**. Subsidiär können daneben die Vorschriften für den Handelsmakler (vgl §§ 93 ff HGB) herangezogen werden. Die Anwendbarkeit der Vorschriften über Fernabsatzverträge (§§ 312 b ff) auf Maklerverträge ist str und noch nicht höchstrichterlich geklärt (vgl zum Meinungsstand die Nachw bei BVerfG NJW 13, 2881).

2 II. 1. Durch den **Maklervertrag** verpflichtet sich der Kunde ggü dem Makler unter der Bedingung, dass es durch dessen Nachw oder Vermittlung zum Abschluss eines Vertrages zwischen dem Kunden und einem Dritten (Hauptvertrag) kommt, zur Zahlung einer Vergütung (zum Ausschluss des Anspruchs auf Provision bei einer engen Verflechtung des Makler und einer der Parteien: BGH NJW-RR 05, 1033; insb bei der Wohnungsvermittlung: BGH WuM 06, 212. Näheres hierzu bei § 654). Der Makler wird durch den Vertrag zum Tätigwerden nur berechtigt, nicht verpflichtet. Es handelt sich daher beim Maklervertrag nicht um einen gegenseitigen Vertrag. Dafür unterliegt der Kunde bis zum Abschluss des Hauptvertrages keiner Einschränkung seiner Entschließungs- oder Abschlussfreiheit (MK/Roth § 652 Rn 3; Staud/Reuter Vor §§ 652 ff Rn 1).

3 2. Mit Ausn der §§ 655, 656 sind die §§ 652 ff abdingbar (BGH NJW 83, 1131). Soweit dabei v **Leitbild** des Maklervertrages (Erfolgsvergütung, Entschließungsfreiheit des Kunden, notwendige Kausalität der Maklertätigkeit für den Abschluss des Hauptvertrages) abgewichen wird, kann dies jedoch nicht durch AGB, sondern nur durch Individualvereinbarung geschehen (§ 309 II; BGHZ 99, 382). Eine häufige Abwandlung des Maklervertrags ist der **Alleinauftrag**. Durch diesen wird der Makler für bestimmte Zeit zum Tätigwerden für den Kunden verpflichtet. Innerhalb dieses Zeitraums kann der Kunde den Maklervertrag nicht widerrufen und nicht die Dienste anderer Makler nutzen (vgl hierzu: Staud/Reuter Vor §§ 652 ff Rn 11 ff, §§ 652, 653 Rn 230 ff).

4 3. **Abgrenzung zu anderen Verträgen:** V Auftrag (§ 662) unterscheidet sich der Maklervertrag durch seine Entgeltlichkeit, uU auch schon durch das Fehlen der Geschäftsbesorgung für einen anderen. Anders als ein Dienstvertrag (§ 611) sieht er keine Pflicht des Maklers zum Tätigwerden vor. Im Ggs zum Werkvertrag (§ 631) hat der Makler den Vermittlungserfolg nicht zu gewährleisten. Die Vereinbarung eines Maklerdienst- oder Maklerwerkvertrages ist aber möglich (zu weiteren Abgrenzungsfragen vgl Staud/Reuter Vor §§ 652 ff Rn 15 ff mwN). Auch wenn ein Maklervertrag nicht zwingend Merkmale eines Geschäftsbesorgungsvertrages aufweisen muss, handelt es sich jedoch keineswegs grds um einen kaufähnlichen Vertragstyp (so aber Staud/Reuter Vorb §§ 652 ff Rn 4 ff; ebenda §§ 652, 653 Rn 66). Dies folgt schon aus der Vereinbarkeit eines erfolgsunabhängigen Aufwendungsersatzanspruchs des Maklers mit dem Leitbild des Maklervertrags (vgl dazu Abs 2; BGHZ 99, 374, 383; Jauernig/Mansel § 652 Rn 32). Zur Auslegung eines „selbständigen" Provisionsversprechens (BGH VersR 07, 243).

4. Sonderregeln sieht das BGB für die Arbeits-, Darlehens- und die Ehevermittlung vor 5 (§§ 655, 655 a ff, 656). Für einzelne Arten der Maklertätigkeit bestehen zusätzlich umfangreiche Regelungen außerhalb des BGB. Wichtig sind insb die va den Schutz des Kunden bezweckenden Vorschriften zur Wohnungsvermittlung (WoVermG). Bei der gewerbsmäßigen Vermittlung v Grundstücken, Wohn- und Geschäftsräumen, Darlehensverträgen, Kapitalanlagen und Arbeit hängt die Zulässigkeit der Maklertätigkeit v Vorliegen einer behördlichen Erlaubnis ab (§ 34 c I Nr 1 GewO, § 23 I AFG). Daneben kommt im Maklerrecht den AGB große Bedeutung zu. Diese unterliegen der Inhaltskontrolle des §§ 307 ff (hierzu Staud/Reuter §§ 652, 653 Rn 255 ff).

III. Der Maklervertrag. 1. Nicht jede Inanspruchnahme v Maklerdiensten in Kenntnis 6 der Maklereigenschaft des Leistenden führt zum **Zustandekommen eines Maklervertrages**. Insb wenn der Makler bereits für einen anderen Kunden tätig ist, sind für diese Annahme besonders strenge Anforderungen an den Verpflichtungswillen des weiteren Interessenten zu stellen (BGHZ 95, 395; BGH NJW-RR 91, 371; NJW 02, 817; NJW 02, 1945). Abschlusszweifel gehen zulasten des Maklers (BGH NJW 84, 232; NJW 05, 3779). Zu den Voraussetzungen für eine erlaubte Doppelvertretung vgl § 654. Zu den Anforderungen an den konkludenten Abschluss eines Maklervertrages: BGH VersR 07, 355, zum Abschluss eines Maklervertrages durch eine Maklerklausel im Grundstückskaufvertrag: BGH VersR 07, 392.

2. Die **Wirksamkeit** v Maklerverträgen setzt grds nicht die Einhaltung v Formvor- 7 schriften voraus. Ausgenommen hiervon sind Grundstücksgeschäfte des Kunden iSv § 311 b, die Auftragserteilung durch eine Gemeinde (BGH MDR 66, 753: dann § 126) und die Darlehensvermittlung (§§ 655 a ff). Als weiterer Nichtigkeitsgrund (§ 134) kommt der Verstoß gegen ein Verbot zur privaten Adoptionsvermittlung (§ 5 AdVermG), die Vermittlung v Ausbildungsstellen (hierfür Monopol der Bundesanstalt für Arbeit: §§ 4, 29 AFG), die Darlehensvermittlung im Reisegewerbe (§ 56 I Nr 6 GewO) oder die Vermittlung v Darlehensverträgen und Grundstücksgeschäften durch Notare (§ 14 IV BNotO) in Betracht, zumal bei Beurkundung des Hauptvertrages durch den vermittelnden Notar (BGH NJW-RR 90, 948). Verstöße gegen Berufsregelungen führen iÜ hingegen idR nicht zur Unwirksamkeit des Maklervertrages, so bei Steuerberatern (BGHZ 78, 263) und Rechtsanwälten (BGH NJW 95, 2357; zur Zulässigkeit gelegentlicher Maklertätigkeit eines Rechtsanwalts außerhalb seiner Anwaltstätigkeit: BGH NJW 96, 2500; BGH NJW 92, 681). Zu Fällen der Nichtigkeit v Maklerverträgen nach § 138 vgl BGHZ 94, 272; BGH NJW-RR 87, 42 (Schmiergeld); BGH NJW-RR 03, 699 (überhöhte Maklerprovision), zu den Schranken der zulässigen Rechtsberatung durch Makler im RBerG: BGHZ 37, 258; BGH NJW 74, 1328. **Fehlt es an einem wirksamen Maklervertrag**, kann auch der Umstand, dass der Vertragsinteressent durch den Nachweis oder die Vermittlung des Maklers zum Vertragsschluss gelangt ist, keinen Bereicherungsanspruch gegen den Interessenten auf Zahlung der Provision begründen (BGHZ 163, 332).

3. Maklerverträge werden idR auf unbestimmte **Dauer** geschlossen. Ein Widerruf des 8 Auftrags durch den Kunden ist bei fehlender anderweitiger Vereinbarung aber jederzeit möglich (BGH WM 86, 72 f), eine Kündigung durch den Makler hingegen nur in den Grenzen des § 626. Mit der Eröffnung des Insolvenzverfahrens gegen den Kunden (§§ 115 f InsO), oder dem Tod des Maklers endet das Vertragsverhältnis ohne weiteres (§ 673 S 1 analog, vgl BGH NJW 65, 964), nicht jedoch mit dem Tod des Kunden (§ 672 S 1 analog) oder der Eröffnung des Insolvenzverfahrens gegen den Makler (Jauernig/Mansel § 652 Rn 7). Die Beweislast für den Vertragsinhalt trägt der Makler (BGH NJW-RR 90, 629).

4. Die **Leistung des Maklers** besteht entweder im Nachw einer Gelegenheit zum Ab- 9 schluss des v Kunden angestrebten Hauptvertrages oder im Vermitteln dieses Vertrages. Ersteres setzt eine Benennung des Gegenstandes und möglichen Vertragspartners des Hauptvertrages durch den Makler voraus, die so präzise ist, dass der Kunde v sich aus die Vertragsverhandlungen mit dem ihm bis dahin (grds) unbekannten Interessenten aufnehmen kann (BGH NJW-RR 96, 114; BGHZ 112, 63 f). Die reine Objektangabe reicht hierfür nicht (BGHZ 119, 33). Ein Nachw ist auch vor Abschluss des Maklervertrages möglich (BGH NJW-RR 91, 686). Das Vermitteln eines Vertrages besteht im Herbeiführen (BGHZ 112, 63) oder Fördern (BGH NJW 76, 1844) des Abschlusses des Hauptvertrages durch den Makler (BGH NJW-RR 97, 884). Dies setzt die Einwirkung des Maklers auf den Dritten in Richtung auf einen Vertragsschluss voraus (BGHZ 114, 95; BGH NJW 90, 2745). Nicht erforderlich ist hingegen die Mitwirkung des Maklers beim Vertragsschluss selbst (BGH WM 74, 257) oder dass der Dritte dem Kunden zuvor unbekannt war (BGH NJW 81, 277; BGH DB 84, 980). Zum Provisionsanspruch eines Maklers, der den Namen des Vermieters nicht bekannt gegeben hat: BGH NJW 06, 3062.

10 **IV. Der Hauptvertrag. 1.** Kennzeichen des Maklergeschäfts ist die Beteiligung dreier selbständiger Parteien: des Maklers, des Kunden und des dem Kunden v Makler nachgewiesenen bzw vermittelten Dritten, mit dem der Kunde den **Hauptvertrag** schließt. Der Makler darf daher mit diesem Dritten weder wirtschaftlich noch rechtlich verflochten sein oder zu diesem in einem Abhängigkeitsverhältnis stehen (BGHZ 112, 241 f; BGH NJW 75, 1216; BGH NJW 85, 2473; BGH MDR 92, 562; BGH NJW 97, 2673; zur „unechten" Verflechtung bei Versicherungsmaklern: BGH NJW 12, 1504). Umgekehrt kann es genügen, wenn statt des Kunden selbst eine andere natürliche oder juristische Person Partner des Hauptvertrages wird, sofern dies für den Kunden als wirtschaftlich gleichwertig anzusehen ist, etwa weil diese mit ihm nah verwandt bzw wirtschaftlich oder rechtlich verflochten ist (Beispiele: BGH NJW 84, 359; BGH NJW 91, 490; BGH NJW 95, 3311; BGH NJW-RR 04, 851). Die erforderliche Kongruenz zwischen dem geschlossenen und dem nach dem Maklervertrag beabsichtigten Hauptvertrag kann auch bestehen, wenn der Kunde statt Alleineigentum nur Teil- oder Miteigentum erwirbt (BGH NJW 08, 651).

11 **2.** Die Tätigkeit des Maklers muss für den Abschluss des Hauptvertrages zumindest mitursächlich geworden sein (BGH DB 88, 1798), der Abschluss muss sich (auch) als Ergebnis einer wesentlichen Maklerleistung darstellen (BGH NJW-RR 96, 691). Dabei trägt der Makler die Beweislast für sein (mit-)ursächliches Angebot, den Abschluss des Hauptvertrages (BGH NJW 79, 869) und die Mitursächlichkeit seiner Tätigkeit bei Vorkenntnis des Kunden (BGH NJW 71, 1133; BGH NJW 77, 42), der Kunde für seine Vorkenntnis (BGH WM 84, 63). Beim Nachweismakler muss im Abschluss des Hauptvertrages bei wertender Betrachtung unter Berücksichtigung der Verkehrsauffassung eine Verwirklichung der durch den Nachw geschaffenen Gelegenheit gesehen werden können (BGH NJW-RR 96, 691; zu den Anforderungen an eine Nachweistätigkeit eines Wohnraumvermittlers vgl BGH NJW-RR 10, 1385; beim Immobilienverkauf BGH NJW-RR 09, 1282). War dem Kunden der ihm v Makler nachgewiesene Dritte bzw das in Betracht kommende Objekt bereits zuvor bekannt, steht dies der **Kausalität der Maklertätigkeit** für den Vertragsschluss nur dann nicht entgg, wenn der Makler dem Kunden weitere, für den Vertragsschluss wesentliche Zusatzinformationen zur Verfügung gestellt hat (BGH NJW-RR 96, 114). Die vorübergehende Aufgabe der Absicht des Kunden eines Nachweismaklers, das angebotene Objekt zu erwerben, führt, sofern der Vertragsschluss dennoch in angemessenem Zeitabstand zum Nachw erfolgt, nur ausnahmsweise zur Unterbrechung des notwendigen Ursachenzusammenhangs (BGH NJW 08, 651).

12 **3.** Der **Kunde** muss spätestens bei Abschluss des Hauptvertrages v der **Maklertätigkeit Kenntnis** erlangt haben (hM, vgl Staud/Reuter §§ 652, 653 Rn 107, 120). Bei Unkenntnis kann genügen, dass der Vertrag auch bei Kenntnis so geschlossen worden wäre (BGH NJW-RR 94, 1260). Selbstverschuldete Unkenntnis des Kunden wird mit Kenntnis gleichgesetzt (OLG München NJW 68, 895).

13 **4. Maßgeblich** ist nicht das Zustandekommen des dinglichen Erfüllungsgeschäfts (BGH NJW 97, 1582) zwischen dem Kunden und dem Dritten, sondern lediglich der Abschluss des **schuldrechtlichen Verpflichtungsvertrages** (BGH NJW 83, 1131), also lediglich das Zustandekommen, nicht die Ausführung des Hauptvertrages (BGH NJW-RR 01, 562; NJW-RR 05, 1506). Dieser muss nicht innerhalb der Laufzeit des Maklervertrages erfolgen. Unerheblich ist auch der Tod des Maklers vor Abschluss des Hauptvertrages.

5. Der **Hauptvertrag** darf weder bei seinem Abschluss **nichtig** noch wegen einer im 14
Vertragsschluss selbst liegenden Unvollkommenheit wieder beseitigt worden sein (BGH
NJW 97, 1581). Unschädlich ist hingegen die nachträgliche Beseitigung des zunächst
fehlerfrei und vollwirksam zustande gekommenen Hauptvertrages (Beispiele bei: Palandt/Sprau § 652 Rn 25 ff; BGH NJW 82, 2663 [auflösende Bedingung], BGH NJW
97, 1582 [vertragliches Rücktrittsrecht]). Hat sich die am Hauptvertrag beteiligte Gegenseite des Maklerkunden ein zeitlich befristetes, aber sonst an keine Voraussetzungen gebundenes Rücktrittsrecht vorbehalten, entsteht die Provisionspflicht des Kunden
aber erst nach Ablauf dieser Frist (BGH NJW-RR 00, 1302). Unschädlich für den Provisionsanspruch des Maklers ist es auch, wenn der Vertrag zwischen Auftraggeber und
Interessent erst zustande kommt, nachdem der Kaufvertrag mit einem anderen Interessenten daran gescheitert ist, dass dieser ein vertraglich vereinbartes Rücktrittsrecht ausgeübt hat (BGH VersR 07, 495). Ebenso bleibt der Provisionsanspruch des Maklers
unberührt, wenn sein Kunde wegen des nachgewiesenen oder vermittelten Kaufvertrags den Verkäufer wegen arglistig verschwiegener Mängel auf „großen Schadensersatz" iSv § 463 aF in Anspruch nimmt (BGH NJW 09, 2810).

V. 1. Die Höhe des Anspruchs des Maklers auf **Vergütung** (Provision, Courtage) rich- 15
tet sich nicht nach dem Ausmaß der v ihm entfalteten Tätigkeit, sondern nach dem Inhalt des Hauptvertrages. IdR steht dem Makler ein bestimmter Prozentsatz des Kaufpreises, Darlehensbetrages, der Miete oÄ zu (BGHZ 125, 139; zur Berechnung der
Vergütung des Verkäufermaklers bei Unternehmenskauf: BGH NJW 95, 1739). Maßgeblich ist der Maklervertrag, bei dort fehlender Vereinbarung § 653. Zur Herabsetzung überhöhter Vergütungsvereinbarungen vgl §§ 655, 138. Zur Ermittlung der Höhe
der ihm zustehenden Vergütung steht dem Makler ein Auskunftsanspruch ggü dem
Kunden zu (BGH NJW-RR 90, 137). Zur Eindeutigkeit des Provisionsverlangens des
Maklers in Internetanzeigen vgl BGH NJW 12, 2268. Zum Übergang des Provisionsanspruchs beim Wechsel in der Person des Versicherungsmaklers vgl BGH NJW-RR
05, 568.

2. Aufwendungsersatz kann der Makler nur verlangen, wenn dies vereinbart wurde 16
(Abs 2).

3. Die Verletzung v **Nebenpflichten** des Maklervertrages (Übersicht bei Staud/Reuter 17
§ 652 Rn 175 ff, 182 ff) führt zu Schadensersatzansprüchen aus § 280 I. Zu den Folgen
besonders schwerwiegender Pflichtverletzungen des Maklers vgl § 654 (zur Abgrenzung der Voraussetzungen v Schadensersatzansprüchen und § 654: BGH NJW-RR 05,
1425). Zu den Nebenpflichten eines Maklers bei Vermittlung eines Lebensversicherungsvertrages: BGH VersR 07, 1127, zu den Sorgfaltspflichten des Maklers bei der
Übernahme v Informationen des Verkäufers: BGH NJW-RR 07, 711.

4. Mangels Vertretungsmacht für seinen Kunden ist der Makler im Verhältnis zu die- 18
sem Dritter iSv § **123 II** (BGHZ 33, 309).

5. Beschränkt sich der Makler nicht auf reine Maklerdienste ieS, sondern überlässt ihm 19
der Kunde zB die Verhandlungsführung mit dem Partner des Hauptvertrages, ist der
Makler **Erfüllungsgehilfe** des Kunden (BGH NJW 96, 451). Dies hat zur Folge, dass
dem Kunden Erklärungen des Maklers, v denen er sich nicht bis zum Abschluss des
Hauptvertrages distanziert hat, zuzurechnen sind (BGH NJW 95, 2551).

§ 653 Mäklerlohn

(1) Ein Mäklerlohn gilt als stillschweigend vereinbart, wenn die dem Mäkler übertragene Leistung den Umständen nach nur gegen eine Vergütung zu erwarten ist.
(2) Ist die Höhe der Vergütung nicht bestimmt, so ist bei dem Bestehen einer Taxe der taxmäßige Lohn, in Ermangelung einer Taxe der übliche Lohn als vereinbart anzusehen.

I. Der erste Abs der Vorschrift schließt durch die Begr einer gesetzlichen **Vermutung** 1
für die **Entgeltlichkeit** v Maklerverträgen aus, dass das wirksame Zustandekommen
derartiger Verträge scheitert, nur weil die Parteien hierüber keine Abrede getroffen ha-

ben (zu den Anforderungen an das Zustandekommen des Maklervertrages iÜ vgl § 652 Rn 6). Außerdem wird eine auf § 119 I gestützte Anfechtbarkeit v Maklerverträgen wegen eines Irrtums über deren Entgeltlichkeit verhindert (MK/Roth § 653 Rn 1). Der zweite Abs enthält nähere Regelungen zur Bestimmung eines der **Höhe** nach v den Parteien nicht festgelegten Lohnanspruchs des Maklers. Die Zielsetzung der Norm entspricht damit der der §§ 612 I, II, 632, 689.

2 **II. 1. Voraussetzung** für die Anwendbarkeit v § 653 ist einerseits das Zustandekommen eines Maklervertrages und die Erbringung einer dem Makler durch den Kunden konkret übertragenen Leistung (st Rspr, vgl BGH NJW 70, 701; 81, 279; BGH NJW-RR 89, 1072; 91, 371; für eine – iErg konsequenzlose – begriffliche Sonderung v Vertragsschluss und Übertragung: MK/Roth § 653 Rn 7), anderseits das Fehlen einer Vereinbarung darüber, ob oder in welcher Höhe der Kunde hierfür eine Vergütung zu entrichten hat. Darüber hinaus müssen bei § 653 I die Umstände des Vertragsschlusses zu der Annahme zwingen, der Makler habe seine Leistung nur gegen eine Vergütung erbringen wollen (BGH NJW 81, 1444; BGH NJW-RR 88, 1198). Anzeichen hierfür sind etwa eine entspr Übung zwischen den Parteien, Art, Umfang und Dauer der Maklertätigkeit (BGH NJW 81, 1444) oder die gewerbsmäßige Erbringung derartiger Leistungen durch den Makler (BGH NJW 70, 701; 89, 1972). Anhaltspunkte für Unentgeltlichkeit sind hingegen verwandtschaftliche oder freundschaftliche Beziehungen zwischen den Parteien (MK/Roth § 653 Rn 1, 9).

3 **2. a)** Wurde zwischen den Parteien eine Vereinbarung über die Entgeltlichkeit der Maklertätigkeit oder deren Umfang getroffen, gilt diese. Fehlt eine solche Vereinbarung, wird bei Vorliegen der unter Rn 2 genannten Voraussetzungen die stillschweigende Einigung über die Entgeltlichkeit vermutet. Da feste (staatlich bestimmte) Taxen über die Höhe v Maklerlöhnen nicht bestehen, ist der als vereinbart anzusehende Betrag zunächst nach der **verkehrs- und ortsüblichen Vergütung** zZ des Vertragsschlusses zu bestimmen (BGHZ 125, 137; MK/Roth § 653 Rn 14). Sofern diese nicht zu ermitteln ist, legt das Gericht je nach den Umständen des Einzelfalls im Wege der ergänzenden Vertragsauslegung einen Prozentsatz innerhalb der üblichen Vergütungsspanne fest (BGHZ 94, 103 f). Die §§ 315, 316 werden hierdurch idR verdrängt, da § 653 gerade zu einer Beseitigung der dort vorausgesetzten Zweifel führt (BGHZ 94, 101 f; BGH WM 94, 1885; BGH NJW-RR 86, 51).

4 **b)** Der Makler trägt die **Beweislast** für das Vorliegen der tatsächlichen Voraussetzungen der Vermutung (BGH NJW 70, 701), der Kunde für die dennoch vereinbarte Unentgeltlichkeit (BGH NJW 81, 1444; NJW-RR 10, 257).

§ 654 Verwirkung des Lohnanspruchs

Der Anspruch auf den Mäklerlohn und den Ersatz von Aufwendungen ist ausgeschlossen, wenn der Mäkler dem Inhalt des Vertrags zuwider auch für den anderen Teil tätig gewesen ist.

1 **I.** Die Vorschrift regelt einen Sonderfall der **Verwirkung v Lohnansprüchen.** Ziel des § 654 ist es, Makler durch die Sanktionierung v treuwidrigem Verhalten zur Wahrung der ihnen ggü ihren Kunden obliegenden Treuepflichten anzuhalten. Der Norm, die somit einer kraft Gesetzes Vertragsbestandteil gewordenen Vertragsstrafe ähnelt, kommt daher nach zutreffender st Rspr **Strafcharakter** zu (BGHZ 36, 326; BGH NJW-RR 05, 1423; zust Palandt/Sprau § 654 Rn 1; Erm/Werner § 654 Rn 1; Bamberger/Roth/Kotzian-Marggraf § 654 Rn 4; Ebert, Pönale Elemente im deutschen Privatrecht, 04, 260 ff; einschr MK/Roth § 654 Rn 1: präventive Funktion; abl Staud/Reuter, § 654 Rn 2, der wegen der v ihm befürworteten Rechtsnatur des Maklervertrags als kaufähnlich besondere Treuepflichten des Maklers und damit die Möglichkeit einer Bestrafung der Verletzung solcher – aus seiner Sicht nicht bestehenden – Pflichten verneint und die Rechtsfolge des § 654 daher mit der fehlenden wirtschaftlichen Gleichwertigkeit des vermittelten Vertrages mit dem im Maklervertrag angestrebten begründet, vgl dazu § 652 Rn 4). Für die **Pönalfunktion** des § 654 spricht nicht nur die Unabhängigkeit des

Eintritts der Rechtsfolge der Verwirkung v einem durch den Auftraggeber erlittenen Nachteil, sondern insb auch die Erstreckung dieser Rechtsfolge auf einen etwa vereinbarten erfolgsunabhängigen Anspruch des Maklers auf Aufwendungsersatz, der sich jedenfalls nicht mit der fehlenden wirtschaftlichen Gleichwertigkeit des iR der unzulässigen Doppeltätigkeit des Maklers vermittelten oder nachgewiesenen Vertrages mit dem nach dem Maklervertrag v Auftraggeber angestrebten Vertrag erklären lässt.

II. 1. a) § 654 findet unmittelbar auf Fälle unerlaubter, treuwidriger **Doppeltätigkeit** 2 Anwendung. Erlaubt ist eine Doppeltätigkeit dem Makler nur, wenn beide Seiten dieser zugestimmt haben oder zumindest keine vertragswidrige Interessenkollision vorliegt (BGH NJW-RR 00, 1502; BGH NJW-RR 03, 991; BGH NJW 03, 1249; Palandt/Sprau § 654 Rn 4; Jauernig/Mansel § 654 Rn 11; einschränkend [stets Einverständnis beider Seiten erforderlich]: MK/Roth § 654 Rn 9). Hierfür ist nicht der Inhalt des Vertrages, sondern die tatsächlich entfaltete Tätigkeit des Maklers ausschlaggebend (BGH NJW 64, 1467). Verletzt ein Makler iR einer grds erlaubten Doppelvertretung seine dann bestehende Pflicht zu strikter Unparteilichkeit, handelt er ebenfalls treuwidrig und verwirkt daher seinen Lohnanspruch (st Rspr, vgl BGHZ 48, 349; 61, 17; BGH NJW 81, 280; zust Bamberger/Roth/Katzian-Marggraf § 654 Rn 15; Jauernig/Mansel § 654 Rn 11 f; aA [dann nur Ansprüche aus § 280 I]: Staud/Reuter § 654 Rn 7).

b) Nach st Rspr ist § 654 darüber hinaus **entspr anzuwenden**, wenn der Makler vor- 3 sätzlich oder mit der nahekommender grober Leichtfertigkeit unter Verletzung wesentlicher Vertragspflichten den Interessen seines Kunden in schwerwiegender Weise zuwidergehandelt hat und daher nach allgemeinem Rechts- und Billigkeitsempfinden lohnunwürdig erscheint (BGHZ 36, 326; 92, 185; BGH NJW-RR 92, 817; NJW-RR 05, 1423; Jauernig/Mansel § 654 Rn 10; dag und für eine Beschränkung auf Ansprüche aus § 280 I, soweit kein Fall der unechten Verflechtung vorliegt: MK/Roth § 654 Rn 2 f, 20). Jedoch reicht dafür nicht jede objektiv erhebliche Pflichtverletzung, sondern es muss va eine subjektiv schwerwiegende Treuepflichtverletzung vorliegen, die zu der Lohnunwürdigkeit des Maklers führt (BGH NJW 12, 3718; ähnl auch schon BGH NJW 81, 2297; NJW-RR 05, 1423). Der Rechtsgedanke des § 654 ist auch im Rahmen des Anlegerentschädigungsgesetzes (EAEG) zu berücksichtigen (BGH NJW-RR 12, 411). Bei der Ermittlung des Verschuldens des Maklers ist § 278 anwendbar (Palandt/Sprau § 654 Rn 2). Hingegen ist § 254 für die Frage der Verwirkung des Lohnanspruchs (anders als für etwaige Schadensersatzansprüche aus § 280 I) wegen des pönalen Charakters der Vorschrift nicht heranzuziehen (BGHZ 36, 326; BGH NJW 62, 735). Die Anforderungen an die Treuepflicht des Maklers sind umso höher, je enger das Vertrauensverhältnis zwischen Makler und Kunde, je größer die wirtschaftliche Bedeutung des Geschäfts für den Kunden und je unerfahrener dieser ist (OLG Karlsruhe NJW-RR 95, 500; Jauernig/Mansel § 654 Rn 3). Bei einem zwischen Unternehmern geschlossenem Vertrag bleibt ein selbständiges Provisionsversprechen zudem trotz einer Verflechtung zwischen Partei und Makler wirksam, wenn die zur Zahlung verpflichtete andere Partei v der Verflechtung wusste (BGH NJW 09, 1199). Ohnehin liegt eine (echte) Verflechtung nicht vor, wenn diese den aktuellen gesellschaftsrechtlichen und wirtschaftlichen Verhältnissen entspricht, unabhängig davon, ob etwa erforderliche Eintragungen im Handelsregister bereits erfolgt sind (BGH NJW 09, 1809).

c) Ein **Schaden** des Kunden ist für die Verwirkung des Lohnanspruchs des Maklers we- 4 gen der Straffunktion der Norm nicht erforderlich (BGHZ 36, 326; BGH NJW-RR 90, 372).

d) Eine Ausdehnung der Regeln des § 654 auf **andere Berufsgruppen** ist nur zurückhal- 5 tend zulässig, etwa auf Handelsvertreter, Steuerberater oder Rechtsanwälte bei vorsätzlichem Parteiverrat (BGH NJW-RR 11, 1426; NJW 81, 1212) oder auf Insolvenzverwalter (BGH WM 11, 1522). Zu den § 654 entsprechenden Regelungen für Zwangsverwalter (§ 152 a ZVG iVm §§ 18, 21 ZwVwV) vgl BGH NJW-RR 09, 1710. Zur Heranziehung des Rechtsgedankens des § 654 im Rahmen des Anlegerentschädigungsgesetzes (EAEG): BGH NJW-RR 12, 411.

6 e) Auf **treuwidriges Verhalten des Kunden** eines Maklers ist § 654 nicht entspr anwendbar. Dieses kann also keinen Lohnanspruch des Maklers, sondern allenfalls Ansprüche aus § 280 I begründen (BGH MDR 68, 405; MK/Roth § 654 Rn 26).

7 f) Eine Verwirkung des Lohnanspruchs ist durch ein Verhalten des Maklers **nach Abschluss** der ihm übertragenen **Tätigkeit und Zahlung** der Vergütung nicht mehr möglich (BGHZ 92, 187).

8 2. a) Liegen die Voraussetzungen des § 654 vor, hat der Makler **keinen Anspruch auf Lohn** oder Aufwendungsersatz. Eine Rückgewährpflicht des Maklers für bereits geleisteten Lohn besteht aber nur, soweit dieser nicht schon vor diesem Zeitpunkt v ihm verdient worden war (BGHZ 92, 186 f). § 222 II ist nicht entspr anwendbar (KG NJW-RR 86, 600). Neben § 654 können eine Anfechtbarkeit des Maklervertrages nach § 123 (OLG Frankfurt NJW-RR 88, 1199) oder, wenn der Kunde durch das treuwidrige Verhalten des Maklers einen Schaden erlitten hat, Schadensersatzansprüche aus § 280 I (BGH NJW 82, 1146 f) in Betracht kommen.

9 b) Hat der Makler seinen Lohnanspruch nach § 654 verwirkt, bestehen für ihn auch keine Ansprüche auf **Wertersatz für geleistete Dienste** aus §§ 812 ff (Palandt/Sprau § 654 Rn 3).

10 c) Hat sich der Makler treuwidrig verhalten und ist dem Kunden dadurch ein Schaden entstanden, ohne dass die Voraussetzungen des § 654 erfüllt sind, kann ein Schadensersatzanspruch des Kunden aus § 280 I bestehen. Der Vergütungsanspruch bleibt davon unberührt (BGH NJW 81, 2297), die §§ 273, 387 sind aber anwendbar (MK/Roth § 654 Rn 4).

11 d) Die **Beweislast** für die Voraussetzungen der Verwirkung trägt der Kunde. Hat allerdings der offenbarungspflichtige Makler falsche Angaben gemacht, spricht der Anscheinsbeweis dafür, dass er diese bis zum Vertragsschluss nicht korrigiert hat (MK/Roth § 654 Rn 25).

§ 655 Herabsetzung des Mäklerlohns

¹Ist für den Nachweis der Gelegenheit zum Abschluss eines Dienstvertrags oder für die Vermittlung eines solchen Vertrags ein unverhältnismäßig hoher Mäklerlohn vereinbart worden, so kann er auf Antrag des Schuldners durch Urteil auf den angemessenen Betrag herabgesetzt werden. ²Nach der Entrichtung des Lohnes ist die Herabsetzung ausgeschlossen.

1 I. Die Vorschrift ermöglicht in Anlehnung an § 343 die **geltungserhaltende Reduktion** unverhältnismäßig überhöhter Vergütungsvereinbarungen in Arbeitsvermittlungsverträgen durch den Richter.

2 II. 1. a) Wegen des früheren Vermittlungsmonopols der (damaligen) Bundesanstalt für Arbeit war die Regelung bis zur Neufassung v § 23 AFG 1993 bedeutungslos. Nunmehr ist die Vermittlung v Beschäftigungsverhältnissen auch Dritten erlaubt (vgl zu möglichen Beschränkungen v Auslandsvermittlungen § 292 SGB III). Grenzen für die Zulässigkeit der Arbeitsvermittlung und einer damit verbundenen Vergütungsabrede ergeben sich aus § 296 SGB III (idF 1.1.2004), vgl dazu BGH NJW 10, 3222. Für einzelne Berufsgruppen (Berufssportler, Fotomodelle, Künstler) gelten abweichende Regelungen, vgl § 1 VermittVergV v 27.3.2002. Unerheblich für die Anwendbarkeit v § 655 ist die Kaufmannseigenschaft des Arbeitgebers, ebenso die Gewerbsmäßigkeit der Vermittlung (Staud/Reuter § 655 Rn 1 f).

3 b) Die Zulässigkeit einer entsprechenden **Anwendung v § 655 auf sonstige Maklerverträge** ist str (hM dag, vgl Staud/Reuter § 655 Rn 14; Palandt/Sprau § 655 Rn 1; Erm/Werner, § 655 Rn 3; zT aA: MK/Roth § 655 Rn 5), jedenfalls aber wegen der Zurückhaltung der Rspr bei der Annahme v Unverhältnismäßigkeit bei Vergütungsvereinbarungen und der unabhängig davon bestehenden Korrekturmöglichkeit über § 138 und § 313 v geringer praktischer Relevanz. § 655 geht allerdings insofern über § 138 hinaus, als eine Reduktion des Vergütungsanspruchs bei Arbeitsvermittlungsverträgen al-

lein aufgrund der Höhe der vereinbarten Vergütung, ohne Vorliegen der daneben bei § 138 zusätzlich erforderlichen besonderen Umstände (vgl BGHZ 87, 309) möglich ist.
c) § 655 ist **nicht abdingbar** (MK/Roth § 655 Rn 1). 4
2. Wurde eine unverhältnismäßig hohe Vergütung vereinbart, setzt das Gericht diese 5 auf den angemessenen Betrag herab. Dies bedeutet keine Beschränkung auf die höchste gerade noch nicht unverhältnismäßige Vergütung, sondern der festzusetzende Betrag orientiert sich an dem „**üblichen Lohn**" des § 653 II (MK/Roth § 655 Rn 2). Eine Herabsetzung des Vergütungsanspruchs ist auch noch nach Abgabe eines Schuldanerkenntnisses oder nach Hingabe eines Wechsels möglich (MK/Roth § 655 Rn 3), nicht mehr jedoch nach Entrichtung der Vergütung (§ 655 S 2). Bei der Prüfung der Verhältnismäßigkeit des Vergütungsanspruchs ist das Vorliegen eines objektiven Leistungsmissverhältnisses zum Zeitpunkt der Geltendmachung des Anspruchs entscheidend (BGHZ 125, 137 ff), wobei einerseits die Höhe eines etwa zusätzlich erhobenen Aufwendungsersatzanspruchs zu berücksichtigen ist (MK/Roth § 655 Rn 4), andererseits die Notwendigkeit, mit der Provision auch die Fälle mitzufinanzieren, in denen die Vermittlungsversuche scheitern (MK/Roth § 655 Rn 5), evtl auch der v Makler tatsächlich betriebene Aufwand (dafür: Palandt/Sprau § 655 Rn 1; dag: Jauernig/Mansel § 655 Rn 1). Bereicherungsrechtliche Ansprüche des Maklers scheitern idR an § 817 S 2 (BGHZ 46, 27 f), Ansprüche aus GoA am Vorrang des Bereicherungsrechts (MK/Roth § 655 Rn 3).

Untertitel 2
Vermittlung von Verbraucherdarlehensverträgen

§ 655 a Darlehensvermittlungsvertrag

(1) ¹Für einen Vertrag, nach dem es ein Unternehmer unternimmt, einem Verbraucher gegen ein vom Verbraucher oder einem Dritten zu leistendes Entgelt einen Verbraucherdarlehensvertrag oder eine entgeltliche Finanzierungshilfe zu vermitteln oder ihm die Gelegenheit zum Abschluss eines solchen Vertrags nachzuweisen, gelten vorbehaltlich des Satzes 2 die folgenden Vorschriften. ²Dies gilt nicht in dem in § 491 Abs. 2 bestimmten Umfang.
(2) ¹Der Darlehensvermittler hat den Verbraucher über die sich aus Artikel 247 § 13 Absatz 2 des Einführungsgesetzes zum Bürgerlichen Gesetzbuche ergebenden Einzelheiten in der dort vorgesehenen Form zu unterrichten. ²Der Darlehensvermittler ist gegenüber dem Verbraucher zusätzlich wie ein Darlehensgeber gemäß § 491 a verpflichtet. ³Satz 2 gilt nicht für Warenlieferanten oder Dienstleistungserbringer, die in lediglich untergeordneter Funktion als Darlehensvermittler tätig werden, etwa indem sie als Nebenleistung den Abschluss eines verbundenen Verbraucherdarlehensvertrags vermitteln.

I. Die Vorschrift **definiert** den Begriff des **Darlehensvermittlungsvertrags**. 1
II. 1. Beim Darlehensvermittlungsvertrag handelt es sich um einen **Unterfall des Maklervertrags** (§ 652), für den aber im Interesse des **Verbraucherschutzes** eine Reihe v Sonderbestimmungen (§§ 655 b–655 e) gelten (Jauernig/Mansel Anm zu §§ 655 a– 655 e Rn 1).
2. **Vertragsparteien** des Darlehensvermittlungsvertrags sind ein Unternehmer (§ 14), 3 der iR seiner gewerblichen oder selbständigen beruflichen Tätigkeit entgeltlich Verbraucherdarlehensverträge (zum Begriff des Verbraucherdarlehensvertrags vgl § 491 I) nachweist oder vermittelt, und ein Verbraucher (§ 13) oder Existenzgründer iSv § 507 bzw ab 11.6.2010 § 512 (vgl § 655 e II). Bei dem Unternehmer kann es sich um einen Handels- oder einen Zivilmakler handeln (Palandt/Sprau § 655 a Rn 5; Jauernig/ Mansel, Anm zu §§ 655 a–655 e Rn 2; vgl auch § 652 Rn 1). Ist der Darlehensvermittler v einer Bank damit betraut worden, dieser ständig Darlehensgeschäfte zu vermitteln, handelt er jedoch nicht als Makler, sondern als Handelsvertreter iSv § 84 HGB (Erm/Saenger § 655 a Rn 5 f). Dag genügt bereits die Vereinbarung eines geringfügen

Entgelts, solange es sich nicht lediglich um Kleinstbeträge handelt (OLG Karlsruhe NJW-RR 00, 1442; Erm/Saenger § 655 a Rn 2). Zu den Informationspflichten des Darlehensvermittlers vgl ab 11.6.2010 Art 247 § 13.

4 3. **Keine Anwendung** finden die §§ 655 a ff auf Verbraucherdarlehensverträge, bei denen das auszuzahlende Darlehen 200 EUR nicht übersteigt sowie auf solche Darlehensverträge, die v einem Arbeitgeber mit seinem Arbeitnehmer oder iR der Förderung des Wohnungswesens und des Städtebaus aufgrund öffentlich-rechtlicher Bewilligungsbescheide oder aufgrund v Zuwendungen aus öffentlichen Haushalten unmittelbar zwischen der die Fördermittel vergebenden öffentlich-rechtlichen Anstalt und dem Darlehensnehmer zu Zinssätzen abgeschlossen werden, die unter den marktüblichen Sätzen liegen (§ 491 II).

§ 655 b Schriftform bei einem Vertrag mit einem Verbraucher

(1) ¹Der Darlehensvermittlungsvertrag mit einem Verbraucher bedarf der schriftlichen Form. ²Der Vertrag darf nicht mit dem Antrag auf Hingabe des Darlehens verbunden werden. ³Der Darlehensvermittler hat dem Verbraucher den Vertragsinhalt in Textform mitzuteilen.

(2) Ein Darlehensvermittlungsvertrag mit einem Verbraucher, der den Anforderungen des Absatzes 1 Satz 1 und 2 nicht genügt oder vor dessen Abschluss die Pflichten aus Artikel 247 § 13 Abs. 2 des Einführungsgesetzes zum Bürgerlichen Gesetzbuche nicht erfüllt worden sind, ist nichtig.

1 I. § 655 b soll sicherstellen, dass der **Verbraucher** bei Vertragsschluss umfassend über die ihm durch die Einschaltung eines Darlehensvermittlers entstehenden Mehrbelastungen **informiert** wird (Palandt/Sprau § 655 b Rn 1; Erm/Saenger § 655 b Rn 3). Da es sich um eine Spezialvorschrift für die Vermittlung v Verbraucherdarlehensverträgen handelt, ist sie mangels planwidriger Regelungslücke nicht auf die Vermittlung von Versicherungsverträgen entsprechend anwendbar (BGH NJW 12, 3718).

2 II. 1. **Wirksamkeitsvoraussetzungen** v Darlehensvermittlungsverträgen (Abs 1):

3 a) Darlehensvermittlungsverträge müssen grds **schriftlich** (§ 126) abgefasst werden (Abs 1 S 1). Da die Ersetzung der Schriftform durch die elektronische Form, anders als in § 492 I 2, aber nicht ausgeschlossen ist (vgl § 126 III), ist auch diese Form (vgl § 126 a) möglich. Das Formerfordernis erstreckt sich auf sämtliche Bestandteile des Vertrages, einschließlich nachträglicher Änderungen (MK/Habersack § 655 b Rn 4).

4 b) Der Darlehensvermittlungsvertrag darf nicht mit dem Antrag auf Hingabe des Darlehens verbunden werden (Abs 1 S 3, sog **Trennungsgebot**), damit die rechtliche Selbständigkeit beider Verträge für den Verbraucher auch äußerlich erkennbar wird (Palandt/Sprau § 655 b Rn 4). Verwendet ein Darlehensvermittler Auftragsformulare, die dieses Trennungsgebot missachten und die außerdem keine hinreichende Widerrufsbelehrung enthalten, stellt dies einen Verstoß gegen das UWG dar (LG Berlin EWiR 92, 197).

5 c) Zum **Inhalt** des Darlehensvermittlungsvertrags muss jedenfalls auch (zu den weiteren, den Darlehensvermittler je nach Fallgestaltung treffenden Informationspflichten vgl BT-Drucks 14/7052, 206, ab 11.6.2010 vgl Art 247 § 13 II EGBGB) die Angabe gehören, wie viel Prozent des Darlehens der Unternehmer als Vergütung für seine Vermittlertätigkeit beanspruchen kann (Abs 1 S 2 Halbs 1). Hat der Darlehensvermittler darüber hinaus auch mit dem Unternehmer, womit hier anders als in § 655 a der Darlehensgeber gemeint ist, eine Vergütungsabrede getroffen („packing"), ist auch dies offenzulegen (Abs 1 S 2 Halbs 2). Zur Pflicht, die einem weiteren Vermittler versprochene Vergütung anzugeben, vgl BGH NJW-RR 12, 1073.

6 2. **Rechtsfolge** eines Verstoßes gegen die unter Rn 3–5 genannten Anforderungen ist die Nichtigkeit des Darlehensvermittlungsvertrags (Abs 2). In diesem Fall kann der Darlehensvermittler Provisionsansprüche weder aus ungerechtfertigter Bereicherung noch aus § 354 HGB herleiten (BGHZ 163, 332). Die Wirksamkeit des Darlehensver-

trags bleibt v der Nichtigkeit des Darlehensvermittlungsvertrages unberührt (MK/Habersack § 655 b Rn 19).
Nicht Wirksamkeitsvoraussetzung, sondern lediglich Nebenpflicht des Darlehensvermittlers (vgl Abs 2), ist dag die **Mitteilung des Vertragsinhalts** an den Verbraucher in Textform (§ 126 b, vgl Abs 1 S 4).

§ 655 c Vergütung

¹Der Verbraucher ist zur Zahlung der Vergütung nur verpflichtet, wenn infolge der Vermittlung oder des Nachweises des Darlehensvermittlers das Darlehen an den Verbraucher geleistet wird und ein Widerruf des Verbrauchers nach § 355 nicht mehr möglich ist. ²Soweit der Verbraucherdarlehensvertrag mit Wissen des Darlehensvermittlers der vorzeitigen Ablösung eines anderen Darlehens (Umschuldung) dient, entsteht ein Anspruch auf die Vergütung nur, wenn sich der effektive Jahreszins nicht erhöht; bei der Berechnung des effektiven Jahreszinses für das abzulösende Darlehen bleiben etwaige Vermittlungskosten außer Betracht.

I. § 655 c **verschärft** zum Schutz des Verbrauchers den ohnehin zum Leitbild des Maklervertrags gehörenden (vgl § 652 Rn 3) **Grundsatz der erfolgsbezogenen Vergütung**.

II. 1. a) Der **Vergütungsanspruch** des Darlehensvermittlers hat zunächst die gleichen **Voraussetzungen** wie der anderer Makler auch (dazu § 652 Rn 10 ff). Eine Zahlungspflicht des Verbrauchers entsteht daher nur, wenn es aufgrund der dem Verbraucher bekannten Tätigkeit des Darlehensvermittlers zum Abschluss eines wirksamen Darlehensvertrages zwischen dem Verbraucher und einem Darlehensgeber gekommen ist, der als wirtschaftlich identisch mit dem Darlehensvertrag angesehen werden kann, den der Darlehensvermittler nach dem Darlehensvermittlungsvertrag vermitteln oder nachweisen sollte.

b) Zusätzlich muss das **Darlehen** an den Verbraucher **geleistet** worden sein (S 1). Dies ist der Fall, wenn der Darlehensgeber das Darlehen an den Verbraucher ausgezahlt oder rechtmäßig gegen dessen Auszahlungsanspruch aufgerechnet hat (Staud/Kessal-Wulf § 655 c Rn 4).

c) Darüber hinaus muss die zweiwöchige **Widerrufsfrist** gem § 355 **abgelaufen** sein, ohne dass der Verbraucher v seinem Widerrufsrecht (§ 495) Gebrauch gemacht hat (S 1).

d) Noch höher sind die für die Entstehung des Vergütungsanspruchs des Darlehensvermittlers zu erfüllenden Anforderungen, wenn dieser weiß, dass das v ihm zu vermittelnde oder nachzuweisende Darlehen – wie in der Praxis häufig der Fall – der **Umschuldung**, also der vorzeitigen Ablösung eines anderen Darlehens des Verbrauchers, dienen soll: Der Verbraucher muss die Vergütung in diesem Fall nur zahlen, wenn ungeachtet etwaiger Vermittlungskosten das neu vermittelte bzw nachgewiesene Darlehen für ihn nicht ungünstiger ist als das abzulösende, wenn also der effektive oder anfängliche effektive Jahreszins allenfalls dem des abzulösenden entspricht (S 2). Damit soll der Verbraucher vor für ihn wirtschaftlich sinnlosen Umschuldungen geschützt werden (MK/Habersack § 655 c Rn 2; Palandt/Sprau § 655 c Rn 1). Sollen mehrere Darlehen abgelöst werden, ist die zur Ermittlung des Vergütungsanspruchs des Darlehensvermittlers erforderliche Vergleichsberechnung für jeden einzeln zu erstellen (Palandt/Sprau § 655 c Rn 4). Ist das neu vermittelte bzw nachgewiesene Darlehen nur im Vergleich zu einem Teil der abzulösenden Darlehen ungünstiger, hindert § 655 c nur im Hinblick auf diesen Teilbetrag des neuen Darlehens die Entstehung des Vergütungsanspruchs (Staud/Kessal-Wulf § 655 c Rn 15 ff). Kein Fall einer „vorzeitigen Ablösung" iSv S 2 liegt vor, wenn der Darlehensgeber das Altdarlehen wirksam gekündigt hat und das neue Darlehen der Rückzahlung des Altdarlehens dienen soll: Da die Rückzahlung des Altdarlehens zu den unausweichlichen Pflichten des Darlehensnehmers gehört, handelt es sich hier nicht um eine der sinnlosen und verbraucherschädlichen Umschuldungen, die S 2 vermeiden will, sondern um eine für den Verbraucher sinnvolle und notwendige Maßnahme zur Schuldentilgung (Erm/Saenger § 655 c Rn 5).

6 2. V § 655 c darf nicht zulasten des Verbrauchers abgewichen werden (§ 655 e). Daraus folgt insb die **Unwirksamkeit** v **Vorauszahlungsvereinbarungen** und **Vorkenntnisklauseln** (Staud/Kessal-Wulf § 655 c Rn 1).

§ 655 d Nebenentgelte

¹Der Darlehensvermittler darf für Leistungen, die mit der Vermittlung des Verbraucherdarlehensvertrags oder dem Nachweis der Gelegenheit zum Abschluss eines Verbraucherdarlehensvertrags zusammenhängen, außer der Vergütung nach § 655 c Satz 1 ein Entgelt nicht vereinbaren. ²Jedoch kann vereinbart werden, dass dem Darlehensvermittler entstandene, erforderliche Auslagen zu erstatten sind. ³Dieser Anspruch darf die Höhe oder die Höchstbeträge, die der Darlehensvermittler dem Verbraucher gemäß Artikel 247 § 13 Absatz 2 Satz 1 Nummer 4 des Einführungsgesetzes zum Bürgerlichen Gesetzbuche mitgeteilt hat, nicht übersteigen.

1 I. Nach § 655 d ist es grds **unzulässig**, für die Darlehensvermittlung **Nebenentgelte** zu vereinbaren (S 1). Damit soll unseriösen Vermittlern die Möglichkeit genommen werden, auch durch die Entgegennahme aussichtsloser Darlehenswünsche Geld zu verdienen (Staud/Kessal-Wulf § 655 d Rn 1).
2 II. 1. Entgelt iSd § 655 d sind unabhängig v ihrer Bezeichnung insb Bearbeitungspauschalen, Schreibgebühren sowie alle sonstigen Geschäftskosten, die nicht aufgrund der konkreten Darlehensvermittlung angefallen sind (MK/Habersack § 655 d Rn 2). Nicht hierzu zählen neben der Vergütung nach § 655 c allein dem Darlehensvermittler nachweislich tatsächlich entstandene, konkret nachweisbare, erforderliche **Auslagen** (S 2) wie Porto- oder Telefonkosten (Palandt/Sprau § 655 d Rn 2). Die Vereinbarung der Erstattung einer Pauschale als Auslagenersatz ist unzulässig (Erm/Saenger § 655 d Rn 2). Zu den zulässigen Höchstgrenzen für Nebenentgelte vgl ab 11.6.2010 Art 247 § 13 Abs 2 Nr 4 EGBGB.
3 2. **Rechtsfolge** einer unzulässigen Abrede über Nebenentgelte ist deren Nichtigkeit (§ 134). Die Wirksamkeit des restlichen Darlehensvermittlungsvertrages richtet sich bei Nebenentgeltvereinbarungen in AGB nach § 306 I, bei entsprechenden Individualabreden nach § 139 (Palandt/Sprau § 655 d Rn 1; nach MK/Habersack § 655 d Rn 4, folgt die Teilunwirksamkeit des Darlehensvermittlungsvertrags dag aus dem Schutzzweck der Norm).

§ 655 e Abweichende Vereinbarungen, Anwendung auf Existenzgründer

(1) ¹Von den Vorschriften dieses Untertitels darf nicht zum Nachteil des Verbrauchers abgewichen werden. ²Die Vorschriften dieses Untertitels finden auch Anwendung, wenn sie durch anderweitige Gestaltungen umgangen werden.
(2) Existenzgründer im Sinne des § 512 stehen Verbrauchern in diesem Untertitel gleich.

1 I. § 655 e entspricht den §§ 511 f. Die **Erforderlichkeit der Vorschrift** neben den §§ 511 f folgt aus der **Aufspaltung** der Bestimmungen über den Verbraucherdarlehensvertrag in die §§ 491 ff und die §§ 655 a ff (vgl dazu BT-Drucks 14/6040, 269).
2 II. Folge des § 655 e ist ein **halbzwingender Charakter** der §§ 655 a ff. V ihnen darf daher nur zugunsten des am Darlehensvermittlungsvertrag beteiligten Verbrauchers oder Existenzgründers abgewichen werden. Vgl iÜ die Kommentierung zu den §§ 511 f.

Untertitel 3
Ehevermittlung

§ 656 Heiratsvermittlung

(1) ¹Durch das Versprechen eines Lohnes für den Nachweis der Gelegenheit zur Eingehung einer Ehe oder für die Vermittlung des Zustandekommens einer Ehe wird eine Verbindlichkeit nicht begründet. ²Das auf Grund des Versprechens Geleistete kann nicht deshalb zurückgefordert werden, weil eine Verbindlichkeit nicht bestanden hat.
(2) Diese Vorschriften gelten auch für eine Vereinbarung, durch die der andere Teil zum Zwecke der Erfüllung des Versprechens dem Mäkler gegenüber eine Verbindlichkeit eingeht, insbesondere für ein Schuldanerkenntnis.

I. Die rechtspolitisch umstrittene (vgl Staud/Reuter § 656 Rn 1 f), aber nicht verfassungswidrige (BVerfGE 20, 31, 33 f) Norm dient der **Vermeidung v Ehemaklerprozessen**, die wegen des damit verbundenen Eingriffs in die Intimsphäre der Ehepartner unerwünscht sind (BVerfGE 20, 33 f; BGHZ 106, 347). Ursprünglich sollte durch § 656 auch eine sittliche Missbilligung der entgeltlichen Ehevermittlung ausgedrückt werden (vgl BGHZ 87, 315 f). Heute kommt der Vorschrift vornehmlich die Aufgabe zu, die Kunden v Ehevermittlern vor den Folgen eines übereilten Vertragsschlusses zu schützen (MK/Roth § 656 Rn 3). 1

II. 1. Der v Wortlaut des § 656 unmittelbar erfasste Fall der eine Abwandlung des allg Maklervertrags bildenden Ehevermittlung ist heute praktisch bedeutungslos. Verbreiteter sind Dienstverträgen nachgebildete Eheanbahnungs- oder Partnerschaftsvermittlungsverträge, bei denen die Vergütung erfolgsunabhängig geschuldet wird. Hierauf finden die Regeln des § 656 **entspr Anwendung**, daneben aber auch die §§ 611 ff (BGHZ 112, 122 ff; BGH NJW-RR 04, 778 ff). Zur Sittenwidrigkeit v Partnervermittlungsverträgen, die aufgrund einer tatsächlich nicht vermittlungsbereiten Person (Lockvogelangebot) zustande gekommen sind: BGH NJW 2008, 982. 2

2. Ehevermittlungsverträge begründen lediglich **unvollkommene, nicht einklagbare Forderungen** (BGHZ 87, 314). Der Kunde hat daher keinen Anspruch auf ein Tätigwerden des Maklers oder auf Schadensersatz statt der Leistung (BGHZ 25, 126; 87, 313; BGH NJW 86, 928), der Makler keinen Anspruch auf Vergütung oder Aufwendungsersatz. Jedoch ist der Ehevermittlungsvertrag nicht nichtig. Erbrachte Leistungen können deshalb nicht zurückgefordert werden, sofern kein Unwirksamkeitsgrund vorliegt oder der Vertrag, zB durch Kündigung, beendet wurde (BGHZ 106, 347; 87, 316). Auch bei vorzeitiger Vertragskündigung durch den Kunden ist eine Rückforderung der Vergütung ausgeschlossen, wenn der Betreiber der Partnervermittlung die v ihm geschuldete Leistung zu diesem Zeitpunkt bereits vollständig erbracht hat (BGH NJW-RR 10, 410). Der Gläubiger kann über seine Ansprüche aus dem Ehevermittlungsvertrag in den Schranken des § 404 verfügen. Schadensersatzansprüche wegen pVV gem § 280 I sind möglich (BGHZ 25, 126). Eine Sicherung der Vergütungsforderung durch Bürgschaft, Pfand, Hypothek, Vertragsstrafe oder Sicherungsübereignung ist hingegen ausgeschlossen (§ 656 II). Nebenverträge des Maklers mit Dritten sind aber wirksam (BGH NJW 64, 546). Das Kündigungsrecht des Kunden gem § 627 kann durch AGB nicht beseitigt werden (BGHZ 106, 347). 3

3. Der Abschluss eines Ehevermittlungsvertrages ist meist mit einer hohen Vorschusszahlung verbunden. Diese wird oft drittfinanziert. Bahnt der Ehevermittler den **Kredit** an, handelt es sich um ein **verbundenes Geschäft** iSv §§ 358 f: Anders als der Vermittlungsvertrag unterliegt der Kreditvertrag daher der Schriftform (vgl § 492 I). Ein Widerruf des Darlehensvertrages ist auch nach vollständiger Auszahlung des Darlehens uneingeschränkt möglich und erstreckt sich zugleich auf den Vermittlungsvertrag (§§ 495 II, 355). Der Darlehensnehmer wird gestellt, als ob nur der Ehevermittler sein Vertragspartner wäre. Die Darlehensschuld wird durch die Verbindung ebenfalls zur unvollkommenen Verbindlichkeit nach § 656 I (hL, vgl MK/Roth § 656 Rn 33). Nach 4

Rückzahlung des Darlehens ist eine Rückforderung aber nicht mehr möglich (§ 656 I 2).

Titel 11
Auslobung

§ 657 Bindendes Versprechen

Wer durch öffentliche Bekanntmachung eine Belohnung für die Vornahme einer Handlung, insbesondere für die Herbeiführung eines Erfolges, aussetzt, ist verpflichtet, die Belohnung demjenigen zu entrichten, welcher die Handlung vorgenommen hat, auch wenn dieser nicht mit Rücksicht auf die Auslobung gehandelt hat.

1 I. §§ 657–661 regeln die Auslobung als **Versprechen einer Belohnung** für die Vornahme einer Handlung. Der Auslobende setzt durch öffentliche Bekanntmachung eine Belohnung dafür aus, dass jemand eine bestimmte Handlung vornimmt bzw einen bestimmten Erfolg bewirkt. Die Auslobung ist kein Vertragsangebot an einen unbestimmten Personenkreis, sondern ein **einseitiges, nicht empfangsbedürftiges Rechtsgeschäft** (§ 130 Rn 1), durch das eine schuldrechtliche Verpflichtung des Auslobenden entsteht. Der Handelnde muss nicht notwendig Kenntnis von der Auslobung haben, um einen Anspruch auf die Belohnung zu erhalten. Ob Handlungen vor der Auslobung erfasst sind, ist durch Auslegung zu ermitteln.

2 II. 1. In Einzelfällen schwer **abzugrenzen** ist die Auslobung von Schenkung (§ 516), Spiel und Wette (§ 762) (zB zum TV-Zuschauerquiz Ernst NJW 06, 186). Bei diesen Rechtsgeschäften handelt es sich um Verträge; sie bedürfen der Annahme durch den Erklärungsempfänger. Das Schenkungsversprechen zielt zudem regelmäßig nicht auf eine bestimmte Handlung des Beschenkten und wird nicht öffentlich bekannt gemacht. Bei der Wette kommt es dem Wettenden ebenfalls nicht in erster Linie auf die Vornahme einer bestimmten Handlung an, sondern auf die Richtigkeit einer von ihm aufgestellten Behauptung. Bei sehr leicht zu erfüllenden Bedingungen kann uU keine Auslobung, sondern eine Ausspielung vorliegen, die gem § 763 genehmigungsbedürftig ist (OLG Düsseldorf NJW 97, 2122).

3 2. **Voraussetzungen** der Auslobung: Als **Belohnung** ist jeder Vorteil anzusehen, der allerdings nicht notwendigerweise vermögenswert sein muss (BGH NJW 84, 1118). **Öffentliche Bekanntmachung** ist die Kundgabe ggü einem individuell unbestimmten Personenkreis; sie kann sich aber an festgelegte Personen- oder Berufskreise wenden (OLG München NJW 83, 759). Sie kann insb durch Anschläge, aber auch durch Presse oder Rundfunk erfolgen. Die Belohnung wird für die **Vornahme oder Unterlassung einer Handlung** bzw die **Herbeiführung eines Erfolges** ausgesetzt. Sie ist damit auf einen Realakt gerichtet. Die Geschäftsfähigkeit desjenigen, der die Handlung vornimmt und die Belohnung beansprucht, spielt keine Rolle. Regelfall ist die Herbeiführung eines Erfolges, insb die Wiedererlangung einer verlorenen Sache oder die Erbringung einer besonderen wissenschaftlichen, kulturellen oder sportlichen Leistung.

§ 658 Widerruf

(1) ¹Die Auslobung kann bis zur Vornahme der Handlung widerrufen werden. ²Der Widerruf ist nur wirksam, wenn er in derselben Weise wie die Auslobung bekannt gemacht wird oder wenn er durch besondere Mitteilung erfolgt.
(2) Auf die Widerruflichkeit kann in der Auslobung verzichtet werden; ein Verzicht liegt im Zweifel in der Bestimmung einer Frist für die Vornahme der Handlung.

1 Da die Auslobung eine einseitige Willenserklärung ist, kann sich der Auslobende durch **Widerruf** von seiner Verpflichtung lösen, solange die Handlung noch nicht vorgenommen ist. Der Widerruf ist nur wirksam, wenn er in der gleichen Weise wie die Auslobung öffentlich bekannt gemacht wird. Eine Ersatzpflicht für etwaige Vorbereitungs-

handlungen eines Dritten besteht bei einem wirksamen Widerruf nicht. Nach Abs 2 kann die Widerrufsmöglichkeit aufgrund einer **Verzichtserklärung** ausgeschlossen sein. Wird für die Vornahme der Handlung eine Frist bestimmt, ist iZw von einem Verzicht auszugehen (Abs 2 2. Halbs). Die Fristbestimmung ist bei Preisausschreiben gem § 661 I zwingend erforderlich.

§ 659 Mehrfache Vornahme

(1) Ist die Handlung, für welche die Belohnung ausgesetzt ist, mehrmals vorgenommen worden, so gebührt die Belohnung demjenigen, welcher die Handlung zuerst vorgenommen hat.
(2) [1]Ist die Handlung von mehreren gleichzeitig vorgenommen worden, so gebührt jedem ein gleicher Teil der Belohnung. [2]Lässt sich die Belohnung wegen ihrer Beschaffenheit nicht teilen oder soll nach dem Inhalt der Auslobung nur einer die Belohnung erhalten, so entscheidet das Los.

Der Auslobende will die Belohnung regelmäßig nur einmal erbringen. Dem tragen die 1 dispositiven Regelungen der §§ 659, 660 Rechnung. Nach § 659 I gilt der **Prioritätsgrundsatz**, so dass demjenigen die Belohnung zusteht, der die ganze Handlung zuerst vorgenommen hat. Gem Abs 2 wird bei gleichzeitiger Vornahme der Handlung durch mehrere Personen die Belohnung geteilt. Entsteht in diesen Fällen Streit darüber, wem die Belohnung zusteht, so muss der angeblich Berechtigte gegen den Auslobenden Klage erheben. Dieser darf die Belohnung hinterlegen (§ 372).

§ 660 Mitwirkung mehrerer

(1) [1]Haben mehrere zu dem Erfolg mitgewirkt, für den die Belohnung ausgesetzt ist, so hat der Auslobende die Belohnung unter Berücksichtigung des Anteils eines jeden an dem Erfolg nach billigem Ermessen unter sie zu verteilen. [2]Die Verteilung ist nicht verbindlich, wenn sie offenbar unbillig ist; sie erfolgt in einem solchen Fall durch Urteil.
(2) Wird die Verteilung des Auslobenden von einem der Beteiligten nicht als verbindlich anerkannt, so ist der Auslobende berechtigt, die Erfüllung zu verweigern, bis die Beteiligten den Streit über ihre Berechtigung unter sich ausgetragen haben; jeder von ihnen kann verlangen, dass die Belohnung für alle hinterlegt wird.
(3) Die Vorschrift des § 659 Abs. 2 Satz 2 findet Anwendung.

Führen mehrere Personen einen Erfolg gemeinsam herbei, ist die Belohnung unter ih- 1 nen nach **billigem Ermessen** zu teilen. Die Bestimmung trifft der Auslobende unter Berücksichtigung des Anteils jedes Einzelnen am Erfolg. Sein Entscheidungsspielraum ist großzügig zu bemessen und darf lediglich die Grenze zur offenbaren Unbilligkeit (§ 319 Rn 2) nicht überschreiten. IU ist § 659 ist Streit über die Höhe des Anteils an der Belohnung ohne Beteiligung des Auslobenden auszutragen. Dieser darf die Belohnung gem § 372 hinterlegen. Er muss sie hinterlegen, wenn ein Beteiligter dieses verlangt.

§ 661 Preisausschreiben

(1) Eine Auslobung, die eine Preisbewerbung zum Gegenstand hat, ist nur gültig, wenn in der Bekanntmachung eine Frist für die Bewerbung bestimmt wird.
(2) [1]Die Entscheidung darüber, ob eine innerhalb der Frist erfolgte Bewerbung der Auslobung entspricht oder welche von mehreren Bewerbungen den Vorzug verdient, ist durch die in der Auslobung bezeichnete Person, in Ermangelung einer solchen durch den Auslobenden zu treffen. [2]Die Entscheidung ist für die Beteiligten verbindlich.
(3) Bei Bewerbungen von gleicher Würdigkeit findet auf die Zuteilung des Preises die Vorschrift des § 659 Abs. 2 Anwendung.

(4) Die Übertragung des Eigentums an dem Werk kann der Auslobende nur verlangen, wenn er in der Auslobung bestimmt hat, dass die Übertragung erfolgen soll.

1 I. Eine besondere Form der Auslobung ist das **Preisausschreiben**. Die Bewerber sind Teilnehmer an einem Wettbewerb und erhalten daher den Preis nicht allein deshalb, weil sie die verlangte Leistung erbracht haben. Es entscheidet vielmehr ein Preisrichter, ob die Leistung den Anforderungen der Auslobung entspricht und welcher Bewerber den Preis erhält. Der Preisrichter ist in der Auslobung bezeichnet; andernfalls übernimmt der Auslobende seine Stellung, die der eines Schiedsrichters ähnelt. Sind die Anforderungen von jedermann ohne weiteres leicht zu erfüllen, handelt es sich nicht um ein Preisausschreiben, sondern um ein grds genehmigungsbedürftiges Spiel (§§ 762 ff).

2 II. Das Preisausschreiben ist nur gültig, wenn eine **Frist** für die Bewerbung bestimmt ist. Die Fristbestimmung soll möglichen Verzögerungen entgegenwirken. Sie beinhaltet zugleich den Verzicht auf den Widerruf der Auslobung (§ 658 II 2. Halbs). Die Entscheidung des **Preisrichters** bzw des Auslobenden ist nach Abs 2 S 2 bindend und gerichtlich nicht überprüfbar (BGH MDR 66, 572). Lediglich grobe Verfahrensfehler können nach Maßgabe des § 1059 II ZPO festgestellt werden. Eine Übereignung des Preiswerkes kann der Auslobende nach Abs 4 nur verlangen, wenn er dies in den Auslobungsbedingungen festgesetzt hat; entspr gilt für die Übertragung von Urheber- und Verwertungsrechten. Dies kann aber uU auch ohne ausdrückliche Erklärung aus den Sachgegebenheiten hervorgehen.

§ 661a Gewinnzusagen

Ein Unternehmer, der Gewinnzusagen oder vergleichbare Mitteilungen an Verbraucher sendet und durch die Gestaltung dieser Zusendungen den Eindruck erweckt, dass der Verbraucher einen Preis gewonnen hat, hat dem Verbraucher diesen Preis zu leisten.

1 I. Die Vorschrift wendet sich – mit ähnl generalpräventiver Zielrichtung wie § 241a – zugunsten des Verbrauchers gegen ein Marktverhalten, das bereits vor ihrem Erl wettbewerbsrechtlich unzulässig war, jedoch durch das UWG nicht hinreichend zurückgedrängt werden konnte. Sie soll insb die Wahlfreiheit des Verbrauchers vor irreführenden und aggressiven Gewinnzusagen schützen (Schröder/Thiessen NJW 04, 720; Meller-Hannich NJW 06, 2516). Dazu gewährt sie dem Verbraucher bei Mitteilungen über einen angeblichen Gewinn einen **Anspruch auf Erfüllung**. Dieser Anspruch beruht auf einem durch eine geschäftsähnliche Handlung (Versendung der Gewinnzusage oder vergleichbare Mitteilung an einen Verbraucher) begründeten gesetzlichen **Schuldverhältnis**, also anders als bei Auslobung und Preisausschreiben, §§ 657, 661, nicht auf einem einseitigen Rechtsgeschäft (str; wie hier BGH NJW 06, 232). Grund der Haftung ist dabei der vom Unternehmer zurechenbar gesetzte Rechtsschein (iE Lorenz NJW 00, 3305; BGH NJW 06, 2548). § 661a ist verfassungsgemäß (BVerfG NJW 04, 762; BGH NJW 03, 3620). Gem Art 229 § 2 I EGBGB gilt § 661a nur für Sachverhalte, die nach dem 29.6.2000 entstanden sind. Zum internationalen Anwendungsbereich und Gerichtsstand vgl BGH NJW 06, 230; Lorenz NJW 06, 472; Staudinger JZ 03, 852 ff.

2 II. 1. **Voraussetzungen**: Eine **Mitteilung eines Unternehmers an einen Verbraucher** (§§ 13, 14) muss **durch ihre Gestaltung den Anschein eines Preisgewinns** erwecken. Maßgeblich ist nicht die subjektive Vorstellung des konkreten Adressaten über einen Preisgewinn, sondern die generelle Eignung der Mitteilung, bei einem durchschnittlichen Verbraucher in der Lage des Empfängers den Eindruck eines Preisgewinns zu erwecken. Auch der Verbraucher, der die Gewinnzusage als bloßes Werbemittel durchschaut oder durchschauen könnte, kann nach § 661a den (angeblich) gewonnenen Preis verlangen; § 116 S 2 findet insoweit keine Anwendung (BGH NJW 04, 1653).

3 Die **Mitteilung** des Unternehmers an den Verbraucher ist eine geschäftsähnliche Handlung (BGH NJW 03, 3621: einseitiges Rechtsgeschäft oder geschäftsähnliche Handlung; Rn 1). Sie muss ihrem Inhalt und ihrer Gestaltung zufolge zum Ausdruck brin-

gen, dass der betr Empfänger einen Preis bereits gewonnen hat. Bei dem **Preis** kann es sich um jede Form der unentgeltlichen Leistungen handeln, zB Lieferung eines Gegenstandes, Erbringung einer Dienstleistung, die Einräumung einer Nutzungsmöglichkeit oder die Begr eines Anspruchs (OLG Koblenz VersR 03, 377). IdR werden sich derartige Mitteilungen als EDV-gefertigte Serienbriefe an namentlich angesprochene Verbraucher richten; eine persönliche Bezeichnung ist aber nicht notwendige Voraussetzung, um den Anschein eines Preisgewinns zu erwecken. Zudem genügt grds die Zusage eines Preisgewinns, ohne dass der Preis genau bestimmt sein muss (vgl Bericht des Rechtsausschusses, BT-Drucks 14/3195, 64; uU aber problematisch hins des Erfüllungsanspruchs aus § 661 a). **Hinweise auf die Unverbindlichkeit** der Mitteilung oder andere Einschränkungen hindern den Anschein eines Preisgewinns nicht, wenn sie nach der Gestaltung der Zusendung ggü den Aussagen über den angeblichen Gewinn zurücktreten, selbst wenn sie ihrem Wortlaut nach eindeutig gefasst sind (OLG Bremen NJW-RR 04, 348). Anscheinserweckend sind idR Aussagen wie „Sie haben bei unserer Verlosung einen Fernseher gewonnen, den Sie mit beiliegender Karte anfordern können". Nicht ausreichend sind dag ohne das Hinzutreten besonderer Umstände Formulierungen wie "Vielleicht sind Sie schon einer der glücklichen Gewinner eines X-Fernsehers".
Sender iSd § 661 a ist ein Unternehmer, den ein durchschnittlicher Verbraucher in der 4 Lage des Empfängers einer Gewinnzusage als Versprechenden ansieht (BGH NJW 04, 3555; BGH BB 05, 1762). Sender können ferner solche Unternehmer sein, die unter falscher (egal ob existierender oder nicht existierender) Bezeichnung auftreten (BGH NJW 05, 827; BGH NJW 04, 3555). Zur Haftung eines wissenden Mitversenders einer Gewinnzusage vgl OLG Frankfurt NJW-RR 05, 1366.
Ein **Widerruf** der Mitteilung analog § 658 I ist **unzulässig**. Aufgrund der Qualifizierung 5 der Mitteilung als geschäftsähnliche Handlung sind jedoch im Falle der **irrtümlichen Gewinnmitteilung** die §§ 119 ff entspr anwendbar. Eine Anfechtung wegen Inhaltsirrtums mit der Begr, dem Mitteilenden sei nicht bewusst gewesen, dass die Mitteilung den Eindruck eines Preisgewinns erwecke, ist nach der ratio des § 661 a jedoch ausgeschlossen (Lorenz JuS 00, 842).
2. Rechtsfolge ist der Anspruch des Verbrauchers gegen den Unternehmer auf Leistung 6 des Preises. Der Anspruch geht damit auf Erfüllung. Ob der Verbraucher im Einzelfall einen Vertrauensschaden erlitten hat, ist nicht erheblich. Ist dem Unternehmer die Leistung des Preises unmöglich bzw kommt er mit ihr in Verzug, kann der Verbraucher nach den allg Regeln Schadensersatz beanspruchen.

Titel 12
Auftrag, Geschäftsbesorgungsvertrag und Zahlungsdienste

Untertitel 1
Auftrag

§ 662 Vertragstypische Pflichten beim Auftrag

Durch die Annahme eines Auftrags verpflichtet sich der Beauftragte, ein ihm von dem Auftraggeber übertragenes Geschäft für diesen unentgeltlich zu besorgen.

I. 1. Der **Auftrag** ist ein Schuldvertrag, in dem sich die eine Partei zur unentgeltlichen 1 Besorgung eines Geschäfts der anderen Partei verpflichtet. Es handelt sich um einen unvollkommen zweiseitigen Vertrag, da nur die eine Partei (**Beauftragter**) notwendigerweise Pflichten übernimmt. Pflichten für die andere Partei (**Auftraggeber**) können, aber müssen nicht entstehen und bilden keine Gegenleistung für die Leistung des Beauftragten. Wegen der Unentgeltlichkeit ist der Auftrag ein sog **Gefälligkeitsvertrag**.
Dieser **Begriff** des Auftrages **als Schuldvertrag** unterscheidet sich von dem verbreiteten 2 allgemeinsprachlichen Gebrauch des Wortes für einen Antrag auf Abschluss eines Vertrages (zB „Auftrag" zur Lieferung einer Ware). Auch einige Gesetzesbestimmungen verwenden das Wort iSv Antrag (§§ 662, 663; §§ 166 II, 753 I ZPO).

3 2. Als **Schuldvertrag** ist der Auftrag eine besondere Art der Dienstleistungsverträge iwS und bildet ein Grundmuster für weitere Vertragsarten mit fremdnütziger Ausrichtung. Ein praktisch wichtiger **Unterschied ggü anderen Gefälligkeitsverträgen** besteht darin, dass der Haftungsmaßstab nicht gemindert ist (vgl §§ 521, 599, 690). Ggü der Leihe (§§ 598 ff) und der unentgeltlichen Verwahrung (§§ 688 ff) erfordert der Auftrag eine weitergehende Tätigkeit als eine bloße Gebrauchsüberlassung bzw Aufbewahrung einer Sache. Ggü der Schenkung (§§ 518 ff) ist der Beauftragte nicht zu einer Vermögensminderung verpflichtet, sofern man die Arbeitskraft des Beauftragten nicht zu dessen Vermögen rechnet. Vom **Geschäftsbesorgungsvertrag** (§ 675 I) unterscheidet sich der Auftrag durch seine Unentgeltlichkeit. Die Vorschriften über den Auftrag sind aber aufgrund der Verweisung in § 675 I in weitem Maße auf den Geschäftsbesorgungsvertrag entspr anzuwenden. Für die **GoA** verweisen die §§ 681 S 2, 683 S 1 auf das Auftragsrecht. Weitere Verweise enthalten zB §§ 27 III, 48 II, 86, 713. Ein **auftragsähnliches** Rechtsverhältnis besteht zwischen Ehegatten, von denen der eine das Vermögen des anderen verwaltet (§ 1413), es im eigenen Namen versichert (LG Köln NJW 77, 1969) oder dem anderen die Aufnahme von Bankkrediten durch Begebung von Sicherheiten ermöglicht (BGH NJW 89, 1920). Auf **öffentlich-rechtliche Auftragsverhältnisse**, die auf einer Vereinbarung zwischen der Verwaltung und dem Bürger beruhen, sind die §§ 662 ff entspr anwendbar (§ 62 S 2 VwVfG).

4 3. Vom Auftrag rechtlich strikt zu trennen ist die **Vollmacht** (§ 167), die uU auf seiner Grundlage erteilt wird. Der Auftrag betrifft das "innere" Verhältnis zwischen Beauftragtem und Auftraggeber; aus ihm ergibt sich, dass und in welchem Umfang der Beauftragte ggü dem Auftraggeber verpflichtet ist, dessen Geschäfte zu führen. Dag betrifft die Vollmacht das Außenverhältnis ggü Dritten, indem sie dem Bevollmächtigten die Befugnis verleiht, im Namen des Vollmachtgebers rechtsgeschäftliche Erklärungen abzugeben. Auftrag und Vollmacht sind daher hins Entstehung und Inhalt jeweils gesondert zu betrachten. Das Erlöschen der Vollmacht bestimmt sich jedoch nach dem zugrunde liegenden Auftrag (§§ 168, 169).

5 II. 1. **Voraussetzungen eines Auftrags: a)** Erforderlich ist die **Einigung** zwischen Auftraggeber und Beauftragtem über die unentgeltliche Besorgung eines Geschäfts für den Auftraggeber durch den Beauftragten. Der Abschluss des Vertrages folgt den allg Regeln (§§ 104 ff; 145 ff). Er ist auch konkludent möglich (zB zufällig am Unfallort anwesender Arzt OLG München NJW 06, 1883). Ein Auftragsverhältnis kann zwischen einem Strafverteidiger und einem Darlehensgeber des Beschuldigten entstehen, wenn das Geld zur Leistung der Kaution an den Rechtsanwalt ausgezahlt wurde, so dass der Verteidiger das Geld für diesen Zweck verwenden muss (BGH NJW 09, 840). Bloßes Schweigen auf ein Angebot stellt aber selbst im Fall des Erbietens zu bestimmten Geschäftsbesorgungen gem § 663 nicht bereits eine Annahme dar. Formerfordernisse bestehen grds nicht. Der Auftrag zur Grundstücksbeschaffung oder -veräußerung ist formbedürftig, sofern er bereits zu einer rechtlichen oder tatsächlichen Bindung des Auftraggebers führt (ebenso wie die entspr Abschlussvollmacht; § 311 b I Rn 12). Ebenso unterliegt ein unwiderruflicher Auftrag zur späteren Nachlassverwaltung der Form der letztwilligen Verfügung (RGZ 139, 43).

6 b) Gegenstand der Einigung ist die **Besorgung eines Geschäftes für den Auftraggeber** durch den Beauftragten. Bei entspr Vereinbarung kann anstatt eines Geschäftes des Auftraggebers auch das Geschäft eines **Dritten** zu besorgen sein. Die Geschäftsbesorgung umfasst dabei jede Tätigkeit im Interesse des Auftraggebers; dazu gehört rein tatsächliches ebenso wie rechtsgeschäftliches und geschäftsähnliches Handeln. Bloßes Unterlassen oder Dulden genügen aber nicht.

7 Die Besorgung eines Geschäftes für den Auftraggeber oder einen Dritten bedeutet stets eine Tätigkeit des Beauftragten **in fremdem Interesse**. Dafür ist nicht erforderlich, dass der andere die Tätigkeit sonst persönlich vornimmt; sie muss aber eigentlich seiner Sorge obliegen und in irgendeiner Weise sein Interesse fördern. Dass der Beauftragte zugleich eigene Interessen oder Interessen weiterer Personen verfolgt, steht nicht entgg. Geschäftsbesorgungen können daher zB vorliegen bei einem Kreditauftrag iSd § 778, bei einem Gefälligkeitsakzept, bei Sicherungsübereignungen und -zessionen und bei der

Durchsetzung abgetretener Gewährleistungsrechte, wenn das Risiko der Schadloshaltung beim Zedenten liegt (BGHZ 92, 126).

c) Die Geschäftsbesorgung muss bei einem Auftrag zudem **unentgeltlich** sein. Der Beauftragte darf daher keine Gegenleistung als Vergütung für seine Tätigkeit erhalten. Unentgeltlich heißt aber nicht notwendig kostenlos; insb steht die Vereinbarung eines Aufwendungsersatzes (§ 670) der Unentgeltlichkeit nicht entgg. Eine Zuwendung an den Beauftragten nach Vertragsschluss ist jedoch iZw iR der Auslegung nicht als Schenkung, sondern als nachträglich vereinbarte Vergütung zu verstehen und beseitigt damit die Unentgeltlichkeit. Sofern Umstände vorliegen, die die Voraussetzungen des § 612 erfüllen (und die der Beauftragte zu beweisen hat), trifft den Auftraggeber die **Beweislast** dafür, dass die Geschäftsbesorgung unentgeltlich ist (BGH MDR 75, 739). 8

2. Pflichten der Parteien: a) Der Auftrag begründet **für den Beauftragten die Hauptpflicht, das ihm übertragene Geschäft auszuführen.** Der nähere Inhalt ergibt sich aus der Vereinbarung der Parteien. Dabei hat der Beauftragte das Interesse des Auftraggebers mit der verkehrserforderlichen Sorgfalt wahrzunehmen. IZw kann der Beauftragte nach § 664 I die Ausführung nicht Dritten übertragen; er kann aber Gehilfen einsetzen. Neben den Pflichten aus §§ 662–668 entstehen für den Beauftragten im Einzelfall weitere Pflichten aufgrund des **persönlichen Vertrauensverhältnisses** (§ 241 II), das idR mit dem Auftrag verbunden ist. So kann der Beauftragte (insb als Sachverständiger oder bei besonderer Fachkenntnis oder Geschäftserfahrung) zur Aufklärung, Belehrung und ggf Warnung des Auftraggebers verpflichtet sein (zB eine Bank ggü ihren Kunden bei rechtlichen Bedenken hins eines Auftrags; BGHZ 23, 222; oder ein Steuerberater hins der Möglichkeiten von Steuerersparnissen; BGH WM 67, 72; der Steuerberater hat dabei seine Sorgfalt am „Prinzip des sichersten Weges" auszurichten, OLG Koblenz WM 06, 449). Aufträge im engeren Privatbereich verpflichten zu besonderer Diskretion (BGHZ 27, 246). Bei Treuhandverträgen können für den Treuhänder Pflichten zu Sicherungsmaßnahmen, zu denen der Treugeber außer Stande ist, erwachsen (BGHZ 32, 67). Zudem kann der Auftrag uU Schutzwirkung zugunsten Dritter (§ 328 Rn 12) entfalten, va ggü Angehörigen und Vertragspartnern des Auftraggebers. 9

b) Pflichten des Auftraggebers entstehen nicht notwendigerweise (Rn 1). Sie können sich aber insb aus §§ 669, 670 ergeben. Der Auftraggeber hat zudem gem § 241 II zum Schutz des Beauftragten vor vermeidbaren Schäden bei der Durchführung des Auftrages ggf die erforderlichen Informationen zu geben und für den ordnungsgemäßen Zustand überlassener Geräte zu sorgen. Wäre der Auftrag im Falle der Entgeltlichkeit als Dienstvertrag anzusehen, sind die §§ 618, 619 entspr anzuwenden (BGHZ 16, 265). 10

3. Schadensersatzpflichten des Beauftragten: Der Beauftragte haftet im Falle der Pflichtverletzung nach den allg Regeln der §§ 280 ff; bei Verletzung von Schutzpflichten (§ 241 II) ist der entstandene Schaden gem § 280 I zu ersetzen, bei Verletzung einer Leistungspflicht gelten §§ 280 I, II, 286; 280 I, III, 281 bzw 283 bzw § 311 a II (iE Oetker/Maultzsch, 698 f). Der **Haftungsmaßstab bei Pflichtverletzungen** ergibt sich aus § 276, sofern nichts anderes vereinbart ist. Für die Gehilfenhaftung sind die §§ 664 I 3, 278 maßgeblich. Bei Mitverschulden des geschädigten Vertragspartners gilt § 254. §§ 521, 599, 690, 708 sowie die arbeitsrechtlichen Grundsätze der Haftung für betrieblich veranlasste Tätigkeit sind nicht entspr anzuwenden (str), soweit nicht eine abweichende Vereinbarung zumindest konkludent getroffen wurde. Dag ist bei Aufträgen zur Abwehr dringender Gefahren der Maßstab des § 680 entspr anwendbar (str). 11

§ 663 Anzeigepflicht bei Ablehnung

¹Wer zur Besorgung gewisser Geschäfte öffentlich bestellt ist oder sich öffentlich erboten hat, ist, wenn er einen auf solche Geschäfte gerichteten Auftrag nicht annimmt, verpflichtet, die Ablehnung dem Auftraggeber unverzüglich anzuzeigen. ²Das Gleiche gilt, wenn sich jemand dem Auftraggeber gegenüber zur Besorgung gewisser Geschäfte erboten hat.

1 **I.** Die Vorschrift kommt va für die Anbahnung entgeltlicher Geschäftsbesorgungsverträge (§ 675 I) zur **Anwendung;** dabei tritt ggf die Informationspflicht über Entgelte und Auslagen für Standardgeschäfte nach § 675 a hinzu. Für Rechtsanwälte besteht mit § 44 BRAO eine Sondervorschrift. Für Handelsmakler, Spediteure und Kommissionäre gilt § 362 HGB bei Vorliegen seiner weiteren Voraussetzungen, andernfalls § 663.

2 **II. 1. Voraussetzungen:** Die **öffentliche Bestellung** erfordert lediglich die Bestellung durch die öffentliche Erklärung, die nicht notwendig von einer öffentlich-rechtlichen Stelle, sondern auch von einer privaten Einrichtung abgegeben werden kann. Das **öffentliche Sicherbieten** kann zB durch eine Presseanzeige, Einrichtung eines öffentlich zugänglichen Geschäftslokals oder Anbringen eines Schildes am Haus geschehen. Dabei handelt es sich nicht bereits um ein Vertragsangebot, sondern lediglich um eine Aufforderung zur Auftragserteilung. Entspr gilt für das individuelle **Sicherbieten** ggü dem **Auftraggeber** (S 2). Neben der Geschäftsanbahnung in einer dieser Formen setzt § 663 die **Ablehnung** eines Antrages voraus, ein von dieser Anbahnung erfasstes Geschäft zu besorgen.

3 **2. Rechtsfolge** des § 663 ist die Pflicht zur **unverzüglichen Anzeige der Ablehnung** des Auftrags. Unverzüglich bedeutet ohne schuldhaftes Zögern (§ 121). Die Mitteilung über die Ablehnung ist an den Auftraggeber zu senden. Eine Verletzung dieser Pflicht führt nicht zur Fiktion der Annahme (anders als bei § 362 I 1 HGB). Bei Verschulden kann der Auftraggeber jedoch gem §§ 280 I, 663 den Ersatz seines Vertrauensschadens verlangen (dh des Schadens, der ihm infolge der verspäteten oder ganz ausgebliebenen Ablehnung entstanden ist; vgl BGH NJW 84, 866).

§ 664 Unübertragbarkeit; Haftung für Gehilfen

(1) ¹Der Beauftragte darf im Zweifel die Ausführung des Auftrags nicht einem Dritten übertragen. ²Ist die Übertragung gestattet, so hat er nur ein ihm bei der Übertragung zur Last fallendes Verschulden zu vertreten. ³Für das Verschulden eines Gehilfen ist er nach § 278 verantwortlich.
(2) Der Anspruch auf Ausführung des Auftrags ist im Zweifel nicht übertragbar.

1 **I.** § 664 regelt wegen des persönlichen Vertrauensverhältnisses, das im Regelfall dem Auftrag zugrunde liegt, die **Einbeziehung Dritter.** Nach den Auslegungsregeln des Abs 1 S 1 und Abs 2 darf iZw der Beauftragte nicht die Ausführung und der Auftraggeber nicht den Anspruch auf Ausführung einem Dritten übertragen. Dag ist die Einschaltung von Gehilfen bei der Ausführung (Abs 1 S 3) grds gestattet.

2 **II. 1. a)** Eine **Übertragung der Ausführung** (Substitution) liegt vor, wenn der Beauftragte die Geschäftsbesorgung vollständig oder teilweise einem Dritten in eigener Verantwortung überlässt. Anders verhält es sich aber, wenn der Auftrag gerade zum Inhalt hat, dass der Beauftragte den Einsatz von Dritten für bestimmte Aufgaben organisieren und veranlassen soll (sog **weitergeleiteter Auftrag;** zB wenn ein Verwalter iR seines Verwaltungsauftrags die Gebäudereinigung durch ein Fachunternehmen veranlasst). In diesen Fällen erschöpft sich die Ausführung bereits in der Einschaltung des Dritten; es liegt weder Substitution noch Gehilfenschaft vor.

3 Nach **Abs 1 S 1** ist das **Verbot der Übertragung der Ausführung** der Regelfall. Die **Gestattung** (Abs 1 S 2) ist aber zulässig. Sie muss sich aus dem Auftragsvertrag ausdrücklich oder durch Auslegung ergeben (zur problematischen Gestattung durch AGB Kümpel WM 96, 1896). Darüber hinaus kann eine Befugnis zur Abweichung aus § 665 erwachsen (zB in Eilfällen bei persönlicher Verhinderung des Beauftragten). Den **Beweis** für die Gestattung hat der Beauftragte zu erbringen.

4 **b) Rechtsfolgen gestatteter Übertragung:** Der Auftraggeber tritt in eine unmittelbare Vertragsbeziehung mit dem Dritten. Der Beauftragte haftet nur für sein Verschulden bei der Übertragung (also bei Auswahl und Einweisung des Dritten), nicht aber für Verschulden des Substituten. IdR besteht ohne entspr Vereinbarung keine Überwachungspflicht des Erstbeauftragten hins des Substituten.

c) **Rechtsfolgen der verbotenen Übertragung:** Der Beauftragte ist dem Auftraggeber aus 5
§ 280 I zum Ersatz des Schadens, den die Weitergabe verursacht, verpflichtet. Ggü dem
Dritten ist der Beauftragte selbst (und nicht der Auftraggeber) berechtigt und verpflichtet. Der Beauftragte kann jedoch den Schaden des Auftraggebers gegen den Substituten
im Wege der Drittschadensliquidation (Vor §§ 249–253 Rn 27) geltend machen. Gem
§ 667 kann der Auftraggeber vom Beauftragten die Abtretung des Schadensersatzanspruches gegen den Substituten verlangen.

2. Bei dem **Einsatz von Gehilfen** (Abs 1 S 3) verbleibt iU zur Substitution die Verant- 6
wortung für die Ausführung beim Beauftragten. Er ist zulässig, sofern ihn nicht der
Vertrag oder besondere Eigenarten des zu besorgenden Geschäftes ausschließen. Eine
vertraglich verbotene Einschaltung von Gehilfen kann zudem unter den Voraussetzungen des § 665 zulässig sein.
Die **Haftung für die Gehilfen** bestimmt sich bei zulässigem Einsatz des Gehilfen nach 7
Abs 1 S 3 iVm § 278. Ist die Haftung des Auftraggebers vertraglich gemildert, erfasst
dies auch die Haftung für die Gehilfen. War dg der Einsatz der Gehilfen ausnahmsweise nicht gestattet, so haftet der Beauftragte für alle Schäden, die die Gehilfen verursacht haben. Das Verschulden des Beauftragten liegt hier bereits darin, dass er die Gehilfen hinzugezogen hat.

3. Soweit sich aus dem Vertrag nichts anderes ergibt, ist nach **Abs 2** der **Anspruch des** 8
Auftraggebers auf Ausführung des Auftrags nicht übertragbar. Er kann damit auch
nicht gepfändet, verpfändet oder Gegenstand eines Nießbrauchs werden oder in die Insolvenzmasse fallen (§ 36 I InsO). Dag sind die anderen aus dem Auftrag entstandenen
Ansprüche regelmäßig übertragbar (zB §§ 666, 667).

III. Außerhalb des Auftragsrechts findet § 664 **entspr** Anwendung auf den Vereinsvor- 9
stand (§ 27 III) und -liquidator (§§ 48 II, 28 II), auf Stiftungen (§§ 86, 28 II), auf den
geschäftsführenden Gesellschafter (§ 713) und auf den Testamentsvollstrecker
(§ 2218). Keinen Verweis auf § 664 enthält § 675 I. Dennoch ist die entspr Anwendung auf **entgeltliche Geschäftsbesorgungsverträge** nicht schlechthin ausgeschlossen;
sie kann vielmehr angebracht sein, soweit es auf ein enges persönliches Vertrauensverhältnis ankommt (BGH NJW 52, 257; für Einschränkungen hins Abs 1 S 2 Kümpel
WM 96, 1896). Keine Anwendung findet § 664 bei der GoA.

§ 665 Abweichung von Weisungen

¹Der Beauftragte ist berechtigt, von den Weisungen des Auftraggebers abzuweichen,
wenn er den Umständen nach annehmen darf, dass der Auftraggeber bei Kenntnis der
Sachlage die Abweichung billigen würde. ²Der Beauftragte hat vor der Abweichung
dem Auftraggeber Anzeige zu machen und dessen Entschließung abzuwarten, wenn
nicht mit dem Aufschub Gefahr verbunden ist.

I. Da der Beauftragte mit der Ausführung des Auftrags Interessen des Auftraggebers 1
wahrnimmt (§ 662 Rn 6), muss grds auch während der Ausführung der Auftraggeber
Herr des Geschäftes bleiben und der Beauftragte an dessen Weisungen gebunden sein.
§ 665 regelt eine **Ausn** von diesem Grundsatz der Weisungsgebundenheit des Beauftragten.

II. 1. a) Die **Weisung** ist eine einseitige, empfangsbedürftige Willenserklärung des Auf- 2
traggebers zur Konkretisierung von Pflichten bei der Auftragsausführung. Der Auftraggeber kann sie auch noch nach Vertragsschluss erteilen. Ihr Inhalt bestimmt sich nicht
allein nach dem Wortlaut. Der Beauftragte hat sie vielmehr ggf unter Berücksichtigung
des vermutlichen Willens des Auftraggebers und der Verkehrssitte auszulegen und
muss bei Zweifeln (auch etwa bei mehrdeutigen Angaben von Geldbeträgen) nachfragen (BGH NJW 91, 488). Das Risiko einer Fälschung trifft grds den Beauftragten
(BGH NJW 01, 2968), außer wenn er sich auf einen vom Auftraggeber geschaffenen
Vertrauenstatbestand verlassen durfte (BGH WM 94, 2073). Ein **Widerruf** ist nur
möglich, solange die Weisung noch nicht ausgeführt ist, und wirkt nur für die Zukunft

(BGHZ 103, 145). Herkömmliche Banküberweisungen sind nach der Einführung der §§ 675 c ff nunmehr als Weisung iSd § 665 einzustufen (s § 675 f Rn 4).

3 b) Der Beauftragte ist **zur Abweichung berechtigt,** wenn entweder der Auftraggeber ausdrücklich oder konkludent die **Erlaubnis** dazu erteilt hat oder die beiden folgenden Voraussetzungen des § 665 kumulativ vorliegen: Erstens muss er den Umständen nach annehmen dürfen, dass der Auftraggeber bei Kenntnis der Sachlage die Abweichung billigen würde (S 1). Zweitens muss er entweder den Auftraggeber von seinem Vorhaben unterrichten, ohne innerhalb angemessener Frist (§ 147 II) eine gegenteilige Entschließung zu erhalten (hM), oder es muss Gefahr im Verzuge sein (S 2). Darüber hinaus kann der Beauftragte unter besonderen Umständen eine **Pflicht aufgrund der** §§ 157, 242 **zur Abweichung** oder zumindest zu einer Warnung vor der Ausführung der Weisung haben. Dies gilt insb bei unvorhergesehenen Umständen und im Verhältnis eines fachlich kundigen Beauftragten (zB Bank, Rechtsanwalt) ggü einem bei derartigen Geschäften unkundigen Auftraggeber.

4 2. **Folge der berechtigten Abweichung** ist die Pflicht des Beauftragten, sich von dem vermuteten Willen bzw vom erkennbaren Interesse des Auftraggebers leiten zu lassen. Zudem ist der Auftraggeber zumindest nachträglich zu benachrichtigen (§ 666). Die schuldhafte Verletzung dieser Pflichten kann zu einem Schadensersatzanspruch gem § 280 I führen.

5 3. Bei **unberechtigter Abweichung** des Beauftragten kann der Auftraggeber ebenfalls gem § 280 I Schadensersatz verlangen. Grds muss der Auftraggeber das abw ausgeführte Geschäft nicht als Erfüllung gegen sich gelten lassen. Er ist damit nicht zum Aufwendungsersatz nach § 670 verpflichtet, kann aber selbst Rückerstattung gem § 667 verlangen (BGHZ 130, 91). Ausn ggü diesem Grundsatz können sich aus Treu und Glauben (§ 242) ergeben (insb wenn der erstrebte Erfolg eingetreten ist und auch sonst keine Interessen des Auftraggebers durch die Abweichung verletzt sind; BGH WM 80, 588). Ist der Auftraggeber für die Abweichung mitverantwortlich, kann der Anspruch aus § 667 entspr § 254 gemindert werden (BGHZ 130, 95).

6 III. Die **Beweislast** für Inhalt und Umfang der Weisung trägt der Auftraggeber. Die weisungsgemäße Erfüllung (BGHZ 130, 94) und eine Änderung der Weisung hat der Beauftragte zu beweisen.

§ 666 Auskunfts- und Rechenschaftspflicht

Der Beauftragte ist verpflichtet, dem Auftraggeber die erforderlichen Nachrichten zu geben, auf Verlangen über den Stand des Geschäfts Auskunft zu erteilen und nach der Ausführung des Auftrags Rechenschaft abzulegen.

1 I. Die Vorschrift enthält drei **Informationspflichten** des Beauftragten. Sie dienen vornehmlich der Gewährleistung des Anspruchs aus § 667 und sind nut zusammen mit dem Hauptanspruch übertragbar. Die Verpflichtung geht jedoch auf den Erben des Beauftragten über (BGH NJW 88, 2729). Bei mehreren Auftraggebern gilt grds § 432 (str; zu einer Ausn BGH NJW 96, 656). Die Informationspflichten aus § 666 sind grds **dispositiv.** Eine Freistellung von ihnen darf jedoch nicht gegen Treu und Glauben (§ 242) verstoßen und sie kann insb unwirksam sein, wenn sich nachträglich begründete Zweifel an der Zuverlässigkeit des Beauftragten ergeben (BGH MDR 85, 32). Der Erfüllungsort der Pflicht aus § 666 als Nebenpflicht richtet sich iZw nach dem Erfüllungsort der Hauptleistungspflicht; § 130 I 1 BGB ist nicht anwendbar (BGH JZ 03, 98 mit Anm Einsele 100 ff).

2 **Entspr Anwendung** findet § 666 auf entgeltliche Geschäftsbesorgungsverträge (§ 675 I; zur Auskunftspflicht der Vermietungsfirma ggü dem Eigentümer BGH NJW 07, 1528), Vorstand und Liquidator von Verein und Stiftung (§§ 27 III, 48 II, 86), geschäftsführende Gesellschafter (§ 713), Testamentsvollstrecker (§ 2218), Erben (§ 1978 I), sowie auf die GoA (§ 681 S 2) und die angemaßte Eigengeschäftsführung (§ 687 II).

3 II. 1. a) Die **Benachrichtigungspflicht** bestimmt sich in Inhalt und Umfang nach den Umständen des Einzelfalles. Sie besteht unabhängig von einem Verlangen des Auftrag-

gebers und setzt bereits vor Ausführung des Auftrags ein. Im Einzelfall kann sie sich zu einer Warnpflicht ausweiten (§ 665 Rn 3).
b) Die **Auskunftspflicht** besteht dag nur auf Verlangen des Auftraggebers und bezieht 4 sich idR auf den Stand des Geschäftes als Ganzes. Einen Sonderfall der Auskunftspflicht regelt § 260.
c) Auch die **Rechenschaftspflicht** erfordert das Verlangen des Auftraggebers. Sie ent- 5 steht idR nach Ausführung des Auftrags. Eine vorzeitige Beendigung ohne vollständige Ausführung befreit nicht von ihr. Inhalt der Rechenschaftspflicht ist die genaue Information für den Auftraggeber durch Vorlage einer geordneten Aufstellung der Einnahmen und Ausgaben (iE § 261 Rn 4 ff); damit geht sie über die bloße Auskunftspflicht hinaus. Der Beauftragte hat über die Einzelheiten der Auftragsausführung in verkehrsüblicher Weise zu informieren und dem Auftraggeber die notwendige Übersicht über die Besorgung zu verschaffen, und zwar auch, soweit eine Herausgabepflicht nach § 667 nicht besteht (BGHZ 109, 266). Nach der Rechnungslegung besteht keine Pflicht mehr zur Auskunftserteilung über denselben Gegenstand. Die **Beweislast** für die Richtigkeit der Rechnung trägt der Beauftragte.
2. Bei einer schuldhaften **Verletzung der Informationspflichten** hat der Beauftragte 6 Schadensersatz gem § 280 I (ggf II, § 286) zu leisten.

§ 667 Herausgabepflicht

Der Beauftragte ist verpflichtet, dem Auftraggeber alles, was er zur Ausführung des Auftrags erhält und was er aus der Geschäftsbesorgung erlangt, herauszugeben.

I. Der schuldrechtliche **Herausgabeanspruch des Auftraggebers** beruht auf der Fremd- 1 nützigkeit des Auftrags. Er ist grds abdingbar, übertragbar und vererblich. Die Folgen einer Verletzung der Pflicht bestimmen sich nach §§ 280 ff. Entspr anzuwenden ist die Vorschrift in den gleichen Fällen wie § 666 (dort Rn 2) sowie beim Pfleger (RGZ 164, 103). Konkurrenzen mit anderen Herausgabeansprüchen bestehen häufig; zB mit § 985 bei Eigentum des Auftraggebers am Erhaltenen oder Erlangten oder mit §§ 823 ff, 249.
II. 1. **Voraussetzung** des Anspruchs ist, dass der Beauftragte aufgrund eines wirksamen 2 Auftragsvertrages etwas zur Ausführung des Auftrags erhalten hat oder etwas aus der Geschäftsbesorgung erlangt hat (zur str Frage der Rückabwicklung bei nichtigem Auftragsvertrag § 677 Rn 8). **Zur Ausführung des Auftrags erhalten** ist alles, was der Auftraggeber oder auf seine Veranlassung ein Dritter dem Beauftragten zur Geschäftsbesorgung zur Verfügung gestellt hat, zB Materialien, Urkunden, Geld (auch als Vorschuss; BGH NJW 97, 48) oder Domainname bei treuhänderischer Registrierung (BGH ZGS 10, 524). Gleichgültig ist, ob der Beauftragte an den Gegenständen Eigentum erwerben sollte oder erworben hat (im Einzelfall nach den sachenrechtlichen Vorschriften zu beurteilen) und ob er sie bei der Ausführung verbrauchen sollte. **Aus der Geschäftsführung erlangt** sind alle Sachen und Rechte, die der Beauftragte in inneren Zusammenhang mit der Geschäftsbesorgung tatsächlich erhalten hat. Dazu gehören zB Urkunden, Unterlagen, Belege sowie Früchte, Zinsen und Nutzungen. Aus der Geschäftsführung erlangt sind auch „**Schmiergelder**" und Sondervergütungen, die der Beauftragte ohne Billigung des Auftraggebers erhalten hat und die eine Willensbeeinflussung zum Nachteil des Auftraggebers befürchten lassen. Dem steht nicht entgg, dass nach dem Willen des Dritten diese Sondervorteile gerade nicht dem Auftraggeber zukommen sollten (BGH NJW 01, 2477 mwN; zur Herausgabepflicht bzgl gesammelter Meilen im Vielfliegerprogramm BAG NJW 06, 3803). Dag fallen persönliche Geschenke, die keine Beeinflussung zulasten des Auftraggebers besorgen lassen, und allg übliche Trinkgelder nicht unter § 667. Ebenso wenig sind angelegte Gelder, die infolge Insolvenz der Anlagebank verloren gehen, aus der Geschäftsführung erlangt. Für deren Verlust haftet der Auftragnehmer vielmehr verschuldensabhängig aus §§ 280, 283 BGB (BGH BB 06, 291). ISd § 667 erlangt hat der Beauftragte einen Schadensersatzanspruch gegen den Unterbeauftragten oder Gehilfen und einen Restitutionsanspruch nach dem VermögensG (BGH DtZ 96, 28).

3 2. **Rechtsfolge** ist der Anspruch des Auftraggebers gegen den Beauftragten auf Herausgabe des Erhaltenen oder des Erlangten. Er erfasst alles, was dem Beauftragten zur Ausführung des Auftrages oder aus der Geschäftsführung tatsächlich zugeflossen ist. Nicht vom Herausgabeanspruch umfasst ist aber, was der Beauftragte vereinbarungsgemäß verbraucht hat (auch bei Zugrundeliegen eines nichtigen Vertrages, BGH NJW 97, 47; s auch § 677 Rn 8). Der Anspruch erstreckt sich auch nicht auf dasjenige, was bei ordnungsgemäßer Ausführung hätte erlangt werden können oder an Nutzungen hätte gezogen werden müssen. Insofern hat der Beauftragte aber uU Schadensersatz gem §§ 280 ff zu leisten.

4 Der nähere Inhalt des Herausgabeanspruchs richtet sich nach der Art des Herausgabeobjektes und der daran bestehenden Rechtslage. Hat der Auftraggeber bereits Eigentum erworben (zB durch antizipiertes Besitzkonstitut, § 930; Stellvertretung, § 164; Geschäft für den, den es angeht) und ist der Beauftragte (noch) Besitzer, hat er den Besitz zu übertragen. Ist der Beauftragte Eigentümer der erhaltenen oder erlangten Sache, hat er diese zudem zu übereignen (§§ 929 ff; 873, 925). Erlangte Forderungsrechte hat er an den Auftraggeber abzutreten (§§ 398 ff); für die Abtretung von Forderungen aus dem Kommissionsgeschäft gilt als (nicht analogiefähige) Sondervorschrift § 392 II HGB. Sofern die Parteien nichts anderes vereinbart haben, ist idR die Erfüllung oder Beendigung des Auftrags der maßgebliche **Zeitpunkt** für die Herausgabe. Der Auftraggeber kann jedoch eine frühere Herausgabe beanspruchen, wenn die begründete Besorgnis besteht, dass der Beauftragte zugunsten eigener Vorteile die Interessen des Auftraggebers bei der weiteren Ausführung außer Betracht lassen wird. Die **Gefahr** des zufälligen Untergangs des Erlangten (§ 275) trägt grds der Auftraggeber sowie die Versendungsgefahr bei Übermittlung von erlangtem Geld (da § 270 I keine Anwendung findet; s dort Rn 2). § 288 I ist auf den Anspruch aus Alt 2 anzuwenden (BGH NJW 05, 2238). Die **Verjährung** richtet sich nach §§ 195, 199.

5 Dem Beauftragten steht wegen eines Aufwendungsersatzanspruchs (§ 670) ein ZbR gem § 273 zu, soweit Treu und Glauben (§ 242) dieses nicht im Einzelfall aufgrund der Art des Auftragsverhältnisses ausschließen (insb bei Treuhandverhältnissen). Auch die **Aufrechnung** ist grds möglich; der Herausgabeanspruch des Auftraggebers hins eines Geldbetrages und der Anspruch des Beauftragten auf Zahlung des Aufwendungsersatzes sind gleichartig iSd § 387. Auch hier kann aber im Einzelfall Treu und Glauben entgegenstehen (BGHZ 14, 346). Die **Störung der Geschäftsgrundlage** (§ 313) für den Auftragsvertrag führt idR nicht dazu, dass der Beauftragte von der Verpflichtung zur Herausgabe befreit wird (BGH LM § 242 [Bb] Nr 13).

6 III. Der Auftraggeber trägt die **Beweislast** für den Abschluss des Auftragsvertrages sowie die Hingabe und den Wert der überlassenen Gegenstände bzw dafür, dass der Beauftragte etwas aus der Geschäftsführung erlangt hat (ggf mithilfe des Auskunftsanspruchs aus § 666). Der Auftraggeber trägt ferner die Beweislast für den Inhalt des Auftrags und die dem Beauftragten hierbei erteilten Weisungen (BGH NJW-RR 04, 927). Erst danach muss der Beauftragte beweisen, dass er das zur Ausführung des Auftrags Erhaltene bzw das aus der Geschäftsbesorgung Erlangte auch bestimmungsgemäß verwendet hat. Der Beauftragte trägt darüber hinaus die Beweislast für den Verbleib des Erhaltenen oder Erlangten sowie ggf die Beachtung erforderlicher Vorsichts- und Schutzmaßnahmen bei der Ausführung (BGH NJW-RR 93, 795).

§ 668 Verzinsung des verwendeten Geldes

Verwendet der Beauftragte Geld für sich, das er dem Auftraggeber herauszugeben oder für ihn zu verwenden hat, so ist er verpflichtet, es von der Zeit der Verwendung an zu verzinsen.

1 Die **Verzinsungspflicht** des Beauftragten aus § 668 besteht bei der **Eigenverwendung** (insb dem Verbrauch) von Geld, das Beauftragte dem Auftraggeber herauszugeben oder für ihn zu verwenden hat. Diese Pflicht ist nicht abhängig von einem Verschulden (auch nicht von einem Verzug) des Beauftragten oder von einem Schaden des Auftraggebers als Mindestfolge. Die Zinshöhe bestimmt sich nach § 246, § 352 HGB. Daneben bestehen häufig weitergehende Ansprüche, va aus § 280 und aus § 823 II iVm §§ 246, 266 StGB.

§ 669 Vorschusspflicht

Für die zur Ausführung des Auftrags erforderlichen Aufwendungen hat der Auftraggeber dem Beauftragten auf Verlangen Vorschuss zu leisten.

I. Die Vorschrift ist **dispositiv**. Eine Vorschusspflicht kann zudem durch die Natur des **1** Auftrags ausgeschlossen sein, insb beim Kreditauftrag (§ 778). Spezialregelungen bestehen für den Werkvertrag (§ 637 III) sowie für den Auftrag zur Bürgschaftsübernahme (§ 775). **Entspr anzuwenden** ist § 669 ua auf den Geschäftsbesorgungsvertrag (§ 675 I), auf den Vorstand und Liquidator des Vereins und die Stiftung (§§ 27 III, 48 II, 86) sowie auf geschäftsführende Gesellschafter (§ 713).
II. Die Vorschusspflicht entsteht nur **auf Verlangen** des Beauftragten. Sie richtet sich **2** ausschließlich auf Geldzahlung und umfasst (iU zum Aufwendungsersatz des § 670) nur die objektiv erforderlichen Aufwendungen. Der Beauftragte kann ihre Erfüllung grds **nicht einklagen**, da er auch keinen Anspruch hat, den Auftrag auszuführen (hM). Vielmehr hat er nur seinerseits das Recht, die Ausführung des Auftrags zu verweigern, wenn der Auftraggeber den Vorschuss nicht leistet. Anders verhält es sich aber bei einem Werkvertrag (§ 637 III) und einem Geschäftsbesorgungsvertrag (§ 675 I). – Bei nicht bestimmungsgemäßer Verwendung des Vorschusses ist der Beauftragte zur Herausgabe nach § 667 verpflichtet.

§ 670 Ersatz von Aufwendungen

Macht der Beauftragte zum Zwecke der Ausführung des Auftrags Aufwendungen, die er den Umständen nach für erforderlich halten darf, so ist der Auftraggeber zum Ersatz verpflichtet.

I. 1. Der Anspruch auf **Aufwendungsersatz** aus § 670 beruht darauf, dass der Beauf- **1** tragte nur die Tätigkeiten für die jeweilige Geschäftsbesorgung zu erbringen hat. Für diese unentgeltlichen fremdnützigen Tätigkeiten soll er nicht mit Vermögensopfern belastet werden. Dag richtet sich § 670 nicht auf Schadensersatz; zu den **Schadensersatzansprüchen** des Beauftragten s Rn 7 ff.
2. **Entspr anwendbar** ist § 670 ua auf die bei § 669 Rn 1 genannten Sachverhalte, auf **2** den Erben (§ 1978 I), den Testamentsvollstrecker (§ 2218) und die GoA (§ 683 S 1). Sondervorschriften für den Aufwendungsersatz enthalten § 775, §§ 46 f RVG für den Rechtsanwalt, §§ 87 d, 110, 369 II HGB für den Handelsvertreter, den Gesellschafter der OHG und den Kommissionär.
II. 1. **Voraussetzungen des Aufwendungsersatzanspruchs: a) Aufwendungen** sind Ver- **3** mögensopfer, die der Beauftragte freiwillig oder auf Weisung des Auftraggebers zur Ausführung des Auftrags erbracht hat oder die sich als notwendige Folge der Ausführung ergeben haben (zB Grunderwerbssteuer; Kosten eines Rechtsstreits). Aufwendungen können auch im Eingehen von Verbindlichkeiten zur Ausführung des Auftrags bestehen (BGH NJW-RR 05, 890; vgl auch § 257); ebenso zB in der Zahlung von Reparaturkosten, Vorstellungskosten (BAG NZA 89, 468), Verteidigerkosten (BGH NJW 95, 2372) und in der Ablösung eines Darlehens (OLG Bremen NJW 05, 3503); nicht jedoch in Kosten des Arbeitgebers zur Bearbeitung von Lohn- und Gehaltspfändungen (BAG NJW 07, 1302).
Keinen Aufwendungsersatz kann der Beauftragte idR für die eigene Arbeitsleistung zur **4** Ausführung des Auftrags verlangen, da beim Auftrag Unentgeltlichkeit vereinbart ist. Dies gilt auch für den entgangenen Verdienst und für die normale Abnutzung von Sachen des Beauftragten infolge der Ausführung des Auftrags (BAG MDR 99, 236). Auch wenn die Tätigkeit zum Beruf oder Gewerbe des Beauftragten gehört, schließt die

vereinbarte Unentgeltlichkeit in diesen Fällen grds einen Aufwendungsersatz aus (str). Eine Ausn kommt nur in Betracht, wenn die Notwendigkeit der zum Beruf oder Gewerbe des Beauftragten gehörenden Dienstleistungen erst während der Ausführung des Auftrags eintritt (Köhler JZ 85, 360). Dag sind die Aufwendungen bei der GoA (§ 683 S 1), bei der keine Vereinbarung über die Unentgeltlichkeit besteht, und bei § 637 III weiter zu fassen. Bei entgeltlichen Geschäftsbesorgungsverträgen (§ 675 I) können Aufwendungen nach den Umständen des Einzelfalles bereits von der vereinbarten Vergütung erfasst sein.

5 b) Den Ersatz der Aufwendungen kann der Beauftragte nur verlangen, wenn er diese **den Umständen nach für erforderlich halten durfte.** Maßgeblich ist dabei ein objektiver Maßstab mit objektivem Einschlag: Der Beauftragte muss die Aufwendungen nach verständigem Ermessen, bei dem er die Umstände des Falles sorgfältig berücksichtigt und sich am Interesse des Auftraggebers ausrichtet, für notwendig erachten können. Zu ersetzen sind daher nicht stets alle subjektiv für notwendig erachteten Aufwendungen. Die Ersatzfähigkeit beschränkt sich aber auch nicht in jedem Fall auf Aufwendungen, die objektiv den Auftragszweck gefördert haben. Nicht für erforderlich halten darf der Beauftragte grds Aufwendungen, denen ein Verbot des Auftraggebers entgegensteht. Ebenfalls nicht für erforderlich halten darf er Aufwendungen, die die Rechtsordnung missbilligt (BGH NJW 97, 49); zB Bestechungsgelder, selbst bei entspr Weisung des Auftraggebers; Schmiergeld, selbst bei damit bewirktem günstigen Geschäftsabschluss (uU anders bei auslandsbezogenen Geschäften aufgrund der Rechts- und Sittenwidrigkeitsmaßstäbe des jeweiligen Landes).

6 **2. Rechtsfolge** ist ein Anspruch auf **Wertersatz** in Geld. Er ist gem § 256 zu verzinsen. Besteht die Aufwendung in der Eingehung einer Verbindlichkeit, kann der Beauftragte Schuldbefreiung gem § 257 verlangen. Der Anspruch auf Wertersatz ist vom Erfolg der Tätigkeit des Beauftragten unabhängig und umfasst daher auch die sog nutzlosen Aufwendungen.

7 **III. Schadensersatz: 1.** Erleidet der Beauftragte bei der Ausführung des Auftrages infolge eines **Verschuldens** des Auftraggebers einen Schaden, kann er Schadensersatz nach den allg Regeln aus § 280 I verlangen. Das Verschulden von Erfüllungsgehilfen ist dem Auftraggeber nach § 278 zuzurechnen; bei einem Mitverschulden des Beauftragten ist § 254 anzuwenden.

8 **2.** Darüber hinaus ist der Auftraggeber **ohne Verschulden** dem Beauftragten zum Ersatz sog **risikotypischer Begleitschäden** verpflichtet (iE str). Diese Zufallshaftung für die Risiken der Auftragsdurchführung erfasst die Schäden, deren Eintrittswahrscheinlichkeit typischerweise durch die Erledigung des jeweiligen Auftrages erhöht wird. Zu unterscheiden sind diese Schäden insb von der bloßen Verwirklichung des allg Lebensrisikos (vgl BGH NJW 93, 2235).

9 **Die Rechtsgrundlage** der Zufallshaftung des Auftraggebers wurde früher in einem konkludent geschlossenen **Garantievertrag** oder in einer ergänzenden Auslegung des Auftragsvertrages gesehen. Dies entspricht jedoch häufig nicht dem Parteiwillen und bietet zudem keine tragfähige Lösung für die GoA. Nach verbreiteter Auffassung soll stattdessen § 670 **entspr** anzuwenden sein: Als unfreiwillig erlittene Vermögenseinbußen sind Schäden zwar keine Aufwendungen iSd § 670; das freiwillige Aufsichnehmen eines bestimmten Schadensrisikos stehe aber dem freiwilligen Vermögensopfer gleich (BGHZ 92, 271). Problematisch ist diese Ansicht jedoch insofern, als sie die Grenzen zwischen Schadensersatz und Aufwendungsersatz verwischt und sich ihrer Annahme einer Freiwilligkeit der Risikotragung die Fälle entziehen, in denen der Beauftragte die Gefahren nicht kannte. Vorzugswürdig ist daher die (zunehmend vertretene) Begr der Zufallshaftung des Auftraggebers durch den Gedanken der **Risikozurechnung bei schadensgeneigter Tätigkeit** in fremdem Interesse. Dieser Rechtsgedanke kommt insb im Arbeitsverhältnis sowie in § 110 I HGB zum Ausdruck. Der Auftraggeber hat danach das spezifische Schadensrisiko der Auftragsausführung zu tragen. Er hat dem Beauftragten mithin Schäden, die bei der Ausführung des Auftrages entstanden sind insoweit zu ersetzen, als sich durch diese eine Gefahr verwirklicht hat, die der Ausführung eigen

war oder durch sie erhöht wurde (zB Schussverletzung bei der Verfolgung eines Diebes; Bisswunde beim Ausbilden eines Wachhundes).
Der Umfang des Ersatzanspruchs richtet sich grds nach §§ 249 ff, ist aber nach § 242 einzuschränken, da sich die Begr der Zufallshaftung auf Billigkeitserwägungen stützt. Statt der Totalreparation (Vor §§ 249–253 Rn 10) kann somit in besonderen Einzelfällen nur eine angemessene Entschädigung geschuldet sein (vgl BGHZ 38, 279). **Schmerzensgeld** ist jedenfalls bei Pflichtverletzungen iSv § 280 I gem § 253 II zu leisten. Obgleich sich § 670 nur auf Vermögenseinbußen bezieht, umfasst nach hM auch der Ersatz risikotypischer Begleitschäden einen Anspruch auf Schmerzensgeld (Däubler JuS 02, 626). 10

§ 671 Widerruf; Kündigung

(1) Der Auftrag kann von dem Auftraggeber jederzeit widerrufen, von dem Beauftragten jederzeit gekündigt werden.
(2) ¹Der Beauftragte darf nur in der Art kündigen, dass der Auftraggeber für die Besorgung des Geschäfts anderweit Fürsorge treffen kann, es sei denn, dass ein wichtiger Grund für die unzeitige Kündigung vorliegt. ²Kündigt er ohne solchen Grund zur Unzeit, so hat er dem Auftraggeber den daraus entstehenden Schaden zu ersetzen.
(3) Liegt ein wichtiger Grund vor, so ist der Beauftragte zur Kündigung auch dann berechtigt, wenn er auf das Kündigungsrecht verzichtet hat.

I. Die Vorschrift ermöglicht den Parteien die **jederzeitige Lösung** vom Auftragsvertrag durch eine einseitige empfangsbedürftige Willenserklärung. Der Grund dafür liegt hins des Auftraggebers in dem regelmäßig erforderlichen besonderen Vertrauensverhältnis und hins des Auftragnehmers in der Fremdnützigkeit sowie der Unentgeltlichkeit des Auftrags. Nach Abs 1 heißt die Lösungserklärung von Seiten des Auftraggebers **Widerruf**, von Seiten des Auftragnehmers **Kündigung**. Widerruf und Kündigung (str) können grds unter einer Bedingung (§ 158) erklärt werden. Die einseitige Lösung vom Auftragsvertrag durch eine dieser beiden Erklärungen kommt nicht mehr in Betracht, wenn der Vertrag schon aus anderen Gründen beendet ist, insb durch Zweckerreichung infolge Ausführung oder aufgrund der §§ 672, 673. 1
Entspr anwendbar sind Abs 2 und 3 auf den geschäftsführenden Gesellschafter nach § 712 II und Abs 2 auf entgeltliche Geschäftsbesorgungsverträge nach § 675 I. Eine Sondervorschrift enthält § 775. Sachlich verwandte Regelungen treffen §§ 27 II, 48 II. 2
II. 1. Die einseitige Beendigung des Auftrags seitens des Auftraggebers durch **Widerruf** ist jederzeit möglich. Das Widerrufsrecht ist grds auch **unverzichtbar**, es sei denn, der Auftrag ist auch im Interesse des Beauftragten erteilt und dieses ist dem Interesse des Auftraggebers mind gleichwertig. Das Widerrufsrecht ist vererblich (vgl § 672 S 1). Bei einer Mehrheit von Auftraggebern ist grds jeder Einzelne zum Widerruf berechtigt. Nicht anwendbar auf den Widerruf ist § 671 (nur bei Verweis eingreifende) Regelung für Widerrufsrechte von Verbrauchern in § 355. 3
2. Die **Kündigung** seitens des Auftragnehmers ist ebenfalls jederzeit möglich und wirksam. Wenn die Kündigung aber dem Auftraggeber nicht die Möglichkeit anderweitiger Fürsorge zur Besorgung des Geschäfts lässt, handelt es sich um eine Kündigung **zur Unzeit**. Liegt kein wichtiger Grund (vgl § 626) für diese Kündigung vor, so ist die Kündigung zwar wirksam, jedoch macht sich der Beauftragte gem § 671 II 2 (Sonderregel zu § 280 I) schadensersatzpflichtig. Die Parteien können das Kündigungsrecht vertraglich (auch konkludent) einschränken. Dies gilt jedoch nicht für die Kündigung aus wichtigem Grund (Abs 3). 4
3. **Rechtsfolge** des Widerrufs und der Kündigung ist die Beendigung des Auftragsvertrages für die Zukunft. Die Ansprüche aus §§ 667, 670 werden fällig. Ist für die Auftragsausführung eine Vollmacht erteilt worden, erlischt diese gem § 168 S 1. 5

§ 672 Tod oder Geschäftsunfähigkeit des Auftraggebers

¹Der Auftrag erlischt im Zweifel nicht durch den Tod oder den Eintritt der Geschäftsunfähigkeit des Auftraggebers. ²Erlischt der Auftrag, so hat der Beauftragte, wenn mit dem Aufschub Gefahr verbunden ist, die Besorgung des übertragenen Geschäfts fortzusetzen, bis der Erbe oder der gesetzliche Vertreter des Auftraggebers anderweit Fürsorge treffen kann; der Auftrag gilt insoweit als fortbestehend.

1 I. Die Parteien können vereinbaren, dass der Auftrag durch den Tod oder die Geschäftsunfähigkeit des Auftraggebers erlischt. Die Auslegungsregel des S 1 enthält die **widerlegbare Vermutung**, dass dies nicht der Fall ist. S 2 legt dag für den Fall des Erlöschens eine **Notbesorgungspflicht** fest.

2 II. 1. Die **Vermutung** des S 1 erstreckt sich gem § 168 S 1 auch auf die mit dem Auftrag verbundene Vollmacht. Dies gilt auch für den Grundbuchverkehr, sofern der Auftrag nach § 29 GBO nachgewiesen ist. Entspr Anwendung findet S 1 auf die beschränkte Geschäftsfähigkeit und den Wegfall der gesetzlichen Vertretung sowie die Auflösung einer juristischen Person. Für den entgeltlichen Geschäftsbesorgungsvertrag verweist § 675 I auf § 672. **Widerlegbar** ist die Vermutung aufgrund des Inhalts der Parteivereinbarung. Auch ohne ausdrückliche Vereinbarung kann sich die Widerlegung aus den Umständen ergeben, insb aus einem höchstpersönlichen Inhalt des Auftrags.

3 Zulässig sind auch Aufträge unter Lebenden, die erst nach dem Tode des Auftraggebers auszuführen sind (**Aufträge auf den Todesfall**). Mit dem Tode des Auftraggebers geht das Widerrufsrecht (§ 671 I) uneingeschränkt auf die Erben über. War der Auftrag mit der Erteilung einer Vollmacht verbunden, so gilt diese für die rechtsgeschäftliche Vertretung der Erben fort (postmortale Vollmacht). Der Beauftragte kann von der Vollmacht in den Schranken der §§ 138, 242 Gebrauch machen, ohne dass er die Stellungnahme des Erben einholen muss (BGH NJW 69, 1245; str).

4 2. Ist der Auftrag entgg der Vermutung des S 1 erloschen, trifft den Beauftragten eine **Notbesorgungspflicht gem S 2**. Insoweit wird das Fortbestehen des Auftragsvertrages bis zu dem Zeitpunkt fingiert, zu dem der Erbe oder der gesetzliche Vertreter des Auftraggebers selbst Fürsorge treffen kann. Infolge dieser Fiktion gelten die §§ 662 ff und nicht die §§ 677 ff (GoA). Verletzt der Beauftragte schuldhaft die Notbesorgungspflicht, ist er aus § 280 I zum Ersatz des daraus entstehenden Schadens verpflichtet. Hat der Beauftragte keine Kenntnis vom Erlöschen des Auftragsvertrages, greifen § 674 und § 169 (Vollmacht) ein. Eine Sondervorschrift für die Insolvenz des Auftraggebers enthält § 115 II, III InsO.

§ 673 Tod des Beauftragten

¹Der Auftrag erlischt im Zweifel durch den Tod des Beauftragten. ²Erlischt der Auftrag, so hat der Erbe des Beauftragten den Tod dem Auftraggeber unverzüglich anzuzeigen und, wenn mit dem Aufschub Gefahr verbunden ist, die Besorgung des übertragenen Geschäfts fortzusetzen, bis der Auftraggeber anderweit Fürsorge treffen kann; der Auftrag gilt insoweit als fortbestehend.

1 S 1 enthält die **widerlegbare Vermutung**, dass bei dem Tod des Beauftragten – anders als nach § 672 beim Tod des Auftraggebers – der Auftragsvertrag erlischt. Der Grund dafür liegt in dem regelmäßig bestehenden besonderen Vertrauensverhältnis der Parteien.

2 Anders als § 672 nennt § 673 neben dem Tod **nicht** den Eintritt der **Geschäftsunfähigkeit**. Wird der Beauftragte geschäftsunfähig, greift daher keine spezielle Vorschrift des Auftragsrechts. Vielmehr wird ein Auftrag zu rechtsgeschäftlichem Handeln nach den allg Vorschriften (§§ 275, 105) unmöglich. Bei einem Auftrag zu rein tatsächlichen Handlungen ist durch Auslegung zu ermitteln, ob er erlöschen soll.

3 Erlischt der Auftrag durch den Tod des Beauftragten, trifft den Erben des Beauftragten nach S 2 eine **Anzeigepflicht** hins des Todes sowie eine **Notbesorgungspflicht**, sofern mit dem Aufschub Gefahr verbunden ist. Diese Pflichten entstehen unabhängig davon,

ob der Beauftragte die Ausführung des Auftrages bereits begonnen hatte. Auf den Erben gehen auch die Informationspflichten nach § 666 über. Trifft den Erben eine Notbesorgungspflicht, wird der Fortbestand des Auftrages bis zu dem Zeitpunkt, zu dem der Auftraggeber selbst Fürsorge treffen kann, fingiert. Bei einer schuldhaften Verletzung der Pflichten hat der Erbe aus § 280 I Schadensersatz zu leisten.
Entspr Anwendung findet die Vorschrift auf den entgeltlichen Geschäftsbesorgungsvertrag (§ 675 I) und das Erlöschen einer juristischen Person (mit Einschränkungen bei der Verschmelzung; vgl LG Koblenz NJW-RR 98, 39). Nach § 2218 I ist S 2 auch auf die Erben des Testamentsvollstreckers entspr anzuwenden. — 4

§ 674 Fiktion des Fortbestehens

Erlischt der Auftrag in anderer Weise als durch Widerruf, so gilt er zugunsten des Beauftragten gleichwohl als fortbestehend, bis der Beauftragte von dem Erlöschen Kenntnis erlangt oder das Erlöschen kennen muss.

I. **Zweck** der Vorschrift ist der Schutz des gutgläubigen Beauftragten vor Schäden aus — 1 der Durchführung eines bereits erloschenen Auftrages. Dazu wird das Fortbestehen des Auftragsvertrages zugunsten des Beauftragten fingiert. Der Auftraggeber und seine Rechtsnachfolger können hingegen aus dieser Fiktion keine Rechte herleiten.
II. 1. **Voraussetzungen** sind die **Beendigung des Auftragsvertrages** und die **unverschul-** — 2 **dete Unkenntnis des Beauftragten** davon. Einfache Fahrlässigkeit schadet bereits. Die Beweislast für die Kenntnis des Beauftragten oder dessen Fahrlässigkeit hins der Unkenntnis trägt der Auftraggeber. Zudem muss der Auftragsvertrag **in anderer Weise als durch Widerruf** beendet sein. Denn der Widerruf als empfangsbedürftige Willenserklärung wird grds erst mit Zugang beim Beauftragten wirksam (§ 130), so dass der Beauftragte bereits geschützt ist. Hat der Beauftragte ausnahmsweise nach einem Widerruf unverschuldet keine Kenntnis vom Erlöschen des Auftrags (zB bei einer Zugangsfiktion nach § 132), kommt nicht § 674, sondern die GoA (§§ 677 ff) zur Anwendung.
2. Als **Rechtsfolge** des § 674 greifen aufgrund der Fiktion des fortbestehenden Auf- — 3 tragsvertrages die Vorschriften des Auftragsrechts zugunsten des Beauftragten ein. Insb kann der Beauftragte aus § 670 Aufwendungsersatz für den Zeitraum beanspruchen, bis er vom Erlöschen des Auftrags Kenntnis erlangt oder erlangen musste. Insoweit besteht auch nach § 169 die Vollmacht ggü Gutgläubigen fort.
Entspr anzuwenden ist § 674 auf den entgeltlichen Geschäftsbesorgungsvertrag — 4 (§ 675 I; auch für den Rechtsanwalt, OLG Saarbrücken NJW 66, 2066; str) und die Testamentsvollstreckung (§ 2218). Ähnliche Regelungen enthalten §§ 729, 1698 a, 1893; § 115 III InsO.

Untertitel 2
Geschäftsbesorgungsvertrag[1]

§ 675 Entgeltliche Geschäftsbesorgung

(1) Auf einen Dienstvertrag oder einen Werkvertrag, der eine Geschäftsbesorgung zum Gegenstand hat, finden, soweit in diesem Untertitel nichts Abweichendes bestimmt wird, die Vorschriften der §§ 663, 665 bis 670, 672 bis 674 und, wenn dem Verpflichteten das Recht zusteht, ohne Einhaltung einer Kündigungsfrist zu kündigen, auch die Vorschrift des § 671 Abs. 2 entsprechende Anwendung.

---

1 Amtl. Anm.: Dieser Untertitel dient der Umsetzung
  1. der Richtlinie 97/5/EG des Europäischen Parlaments und des Rates vom 27. Januar 1997 über grenzüberschreitende Überweisungen (ABl. EG Nr. L 43 S. 25) und
  2. Artikel 3 bis 5 der Richtlinie 98/26/EG des Europäischen Parlaments und des Rates über die Wirksamkeit von Abrechnungen in Zahlungs- und Wertpapierliefer- und -abrechnungssystemen vom 19. Mai 1998 (ABl. EG Nr. L 166 S. 45).

(2) Wer einem anderen einen Rat oder eine Empfehlung erteilt, ist, unbeschadet der sich aus einem Vertragsverhältnis, einer unerlaubten Handlung oder einer sonstigen gesetzlichen Bestimmung ergebenden Verantwortlichkeit, zum Ersatz des aus der Befolgung des Rates oder der Empfehlung entstehenden Schadens nicht verpflichtet.
(3) Ein Vertrag, durch den sich der eine Teil verpflichtet, die Anmeldung oder Registrierung des anderen Teils zur Teilnahme an Gewinnspielen zu bewirken, die von einem Dritten durchgeführt werden, bedarf der Textform.

1 I. § 675 I ist die **Grundvorschrift** des durch das Überweisungsgesetz vom 21.7.99 (BGBl I, 1642ff) neu geschaffenen und durch das VerbrKr- u Zahlungsd-RL-UmsetzungsG mit Wirkung vom 31.10.09 umgestalteten Untertitels 2. Nach der früheren Systematik war § 675 I Bestandteil des Auftragsrechts, obwohl sich die Norm auf gegenseitige, entgeltliche Werk- bzw Dienstverträge bezog. Die neue Aufteilung des 10. Titels trägt der unterschiedlichen Rechtsnatur von Auftrag und Geschäftsbesorgung Rechnung und behandelt die Geschäftsbesorgungsverträge in einem gesonderten Untertitel.

2 Die Neufassung des Rechts der Geschäftsbesorgungen in Untertitel 2 (§§ 675–675 b) enthält etwas **disparate Regelungsmaterien**. Der allgemeinen, seit Inkrafttreten nahezu unveränderten Grundvorschrift des § 675 I folgt mit § 675 II eine Klarstellungsnorm, die früher in einem selbständigen Paragrafen (§ 676 aF) stand und nur, um Platz zu schaffen, durch das Überweisungsgesetz vom 21.7.99 (BGBl I, 1642 ff) nahezu unverändert als Abs 2 an § 675 angehängt worden ist. Zu den ebenfalls zu diesem Untertitel gehörenden §§ 675 a und 675 b, die der Umsetzung von EU-Richtlinien aus dem Politikbereich Finanzdienstleistungen dienen (s dort). Geschäftsbesorgungsverträge im Bereich von Zahlungsdiensten fallen nun unter die Spezialregelung in §§ 675 c ff. Für einen Rückgriff auf § 675 I bleibt daher kein Raum.

3 Alle **anderen Arten von Geschäftsbesorgungsverträge** iSv § 675 I unterfallen weiterhin den Vorschriften des Auftragsrechts, soweit Abs 1 auf diese verweist. Es bleibt damit für den größten Teil der Verträge bei der früheren Rechtslage. Von der Neuregelung der Zahlungsdienste unberührt bleiben also insb Architektenverträge, Baubetreuungsverträge sowie Verträge mit den beratenden Berufsgruppen wie etwa Rechtsanwälten, Steuerberatern und Wirtschaftsprüfern.

4 II. 1. a) Voraussetzung eines Geschäftsbesorgungsvertrages (Abs 1) ist ein **auf eine Geschäftsbesorgung gerichteter Dienst- oder Werkvertrag** (§§ 611 ff; 631ff). Aus dem Erfordernis eines Dienst- oder Werkvertrages ergibt sich, dass eine entgeltliche Tätigkeit vereinbart sein muss. Geschäftsbesorgung ist eine selbständige Tätigkeit wirtschaftlicher Art in fremdem Interesse (BGH NJW-RR 92, 560). Der Begriff der Geschäftsbesorgung ist damit hins der Art der Tätigkeit enger als in § 662 und § 677: Die Tätigkeit muss selbständig sein, dh der Handelnde muss die Möglichkeit haben, eigenverantwortlich Überlegungen anzustellen und die anfallenden Geschäfte entspr abzuwickeln. Die Tätigkeit ist nur dann wirtschaftlicher Art, wenn sie unmittelbar das Vermögen des Geschäftsherrn betrifft. Die Geschäftsbesorgung erfolgt im fremden Interesse, wenn das Geschäft an sich vom Geschäftsherrn selbst in Wahrnehmung seiner Vermögensinteressen zu besorgen war. Dazu gehören zB Tätigkeiten der Vermögensverwaltung, Rechtsberatung, Vornahme von Rechtsgeschäften für Rechnung eines anderen als mittelbarer Stellvertreter (insb Kommissionär), Treuhandverhältnisse, Prozessführung, die Vermittlung von Reiseleistungen (vgl BGH NJW 11, 599 sowie verschiedene Bankgeschäfte (iE Wernicke, Privates Bankvertragsrecht im EG-Binnenmarkt, 1996) und das Facility Management (Najork NJW 06, 2882); s auch Rn 3. Ein Geschäftsbesorgungsvertrag des Kunden mit einer Bank als Rahmenvertrag für die Geschäftsbeziehung kommt aber nicht allein durch den Abschluss eines ersten Giro- oder Darlehensvertrages zustande, selbst wenn gleichzeitig die AGB der Bank für künftige Verträge vereinbart werden (BGHZ 152, 114; iE Köndgen NJW 04, 1289 f; zur ablehnenden Haltung der Rspr und hL ggü einem allg Bankvertrag als Grundlage für die einzelnen Bankgeschäfte Petersen Jura 04, 627ff mwN).

b) Geschäftsbesorgungsverträge sind von den **sonstigen Austauschverträgen** abzugrenzen. So führt ein Handwerker bei der Erledigung einer Bestellung idR ein eigenes Geschäft, da er seine Verpflichtung aus einem Werkvertrag erfüllt. Abw von der vorherrschenden Zuordnung wendet die Rspr des BAG (NJW 62, 414; NJW 67, 414) allerdings die Auftragsvorschriften, auf die sich § 675 bezieht, auf alle Dienst- und Werkverträge an, soweit sie für die betr Art der Besorgung passen und zu angemessenen Ergebnissen führen (vgl § 670 Rn 2, § 669 Rn 1). Keine Geschäftsbesorgung ist die Tätigkeit öffentlich bestellter Personen wie etwa Gerichtsvollzieher und Notare (BGH NJW-RR 90, 630).

c) Rechtsfolge des Abs 1 ist die **entspr Anwendbarkeit des Auftragsrechts** (mit Ausn der §§ 662, 664 und 671 I, III). Vorrangig sind aber die Parteivereinbarungen und nach ihnen speziale Vorschriften für gesetzlich geregelte Typen der Geschäftsbesorgung maßgeblich; erst danach kommen subsidiär die Vorschriften des Auftragsrechts zur Anwendung. Soweit auch dieses keine Regelung enthält, ist nach Art der Geschäftsbesorgung auf Dienst- oder Werkvertragsrecht zurückzugreifen. Da das Auftragsrecht nur entspr anwendbar ist, ist in jedem Einzelfall zu prüfen, ob die Eigenheiten des Geschäftsbesorgungsvertrages der Anwendung des Auftragsrechts entgegenstehen.

2. a) Nach **Abs 2** haftet derjenige, der einen Rat oder eine Empfehlung erteilt, grds nicht für den daraus resultierenden Schaden. Entspr gilt für die nicht ausdrücklich genannte Auskunft. Die Vorschrift stellt klar, dass in der bloßen Erteilung von Rat, Empfehlung oder Auskunft nicht bereits ein Rechtsgeschäft liegt und konkretisiert insofern den allg Grundsatz, dass bei fehlendem Rechtsbindungswillen keine Ansprüche aus einer Erklärung hergeleitet werden können. Die Regel ist damit, dass keine Haftung besteht. Zugleich weist Abs 2 aber auf Vertrag, Delikt oder besondere gesetzliche Vorschriften als mögliche Anknüpfungspunkte für eine Ersatzpflicht hin. Tatsächlich haben sich die Ausn in der Praxis ggü dem gesetzlichen Regelfall ausgeweitet, insb soweit mit Rat und Auskunft in erheblichem Maße wirtschaftliche Interessen des Beraters oder Auskunftserteilers verbunden sind. Erteilen Personen mit besonderer beruflicher Fachkenntnis oder Sachkunde iR ihrer beruflichen oder gewerblichen Tätigkeit Rat oder Auskunft, sprechen diese besonderen Umstände iZw für das Entstehen eines Schuldverhältnisses mit Haftungsfolgen. Dabei kann es sich um einen Auskunftsvertrag (Rn 8ff) oder um ein vertragsähnliches Verhältnis (Rn 12) handeln. Darüber hinaus können bei falschen Auskünften auch deliktische Ansprüche in Betracht kommen (Rn 13).

b) Der Auskunftsvertrag ist seiner **Rechtsnatur** nach bei Unentgeltlichkeit ein Auftrag. Bei Entgeltlichkeit handelt es sich um einen Dienstvertrag, idR mit Geschäftsbesorgungscharakter (str), sofern die Informations- und Beratungstätigkeit als solche geschuldet ist, und um einen Werkvertrag, wenn eine spezifische Erteilung von Rat oder Auskunft den Vertragsgegenstand bildet (BGH NJW 99, 1541). Die Auskunftserteilung ist Hauptleistungspflicht (zB Rechtsgutachten durch einen Rechtsanwalt). Der Auskunftsgeber bzw Berater ist verpflichtet, die Auskunft gewissenhaft und vollständig zu erteilen (BGHZ 123, 129). Ihn kann im Einzelfall vor der Erteilung des Rates eine Nachforschungspflicht treffen (zB Prospektprüfung bei Beratung unerfahrener Anleger BGHZ 100, 122 f oder Einarbeitung in ein entlegenes Rechtsgebiet seitens des beratenden Rechtsanwalts BGH BB 05, 2602). Die Beratung soll den Auskunftsempfänger in die Lage versetzen, eigenverantwortlich seine Rechte und Interessen wahren und eine Fehlentscheidung vermeiden zu können (BGH BB 04, 178 mwN). Nicht hingegen muss der Berater auf die Befolgung seines Rates drängen, wenn der Mandant sich für seine Vorschläge nicht offen zeigt (BGH NJW-RR 06, 195). Der Auskunftsvertrag kann auch konkludent vereinbart werden (stRspr; BGHZ 140, 111). Allerdings kann – wie Abs 2 klarstellt – nicht allein aufgrund der bloßen Auskunftserteilung auf einen Rechtsbindungswillen des Erklärenden geschlossen werden. Für einen **konkludenten Vertragsschluss** spricht, wenn die Auskunft erkennbar von erheblicher Bedeutung für den Empfänger ist und dieser sie als Grundlage für eine wichtige Entscheidung heranziehen möchte. In erhöhtem Maße gilt dies, soweit der Beratende besondere Sachkunde oder ein wirtschaftliches Interesse an der Auskunftserteilung hat; zB wenn der Verkäufer den Käufer mit Hilfe einer Berechnung der Rentabilität der Anlage zum Ankauf einer Immobilie bewegt (BGH NJW 09, 1141: telefonische Auskünfte eines Steuerberaters); bei einer Anlageberatung und -empfehlung eines Anlagevermittlers (BGH NJW 07, 1362; BGH NJW-RR 05, 1120; BGHZ 74, 107; nicht aber ohne weiteres bei professioneller Anlageberatung durch Familienmitglieder BGH NJW 08, 80) oder der Beratung eines Handwerkers durch einen Produkthersteller (BGH NJW-RR 92, 1011). Besonders weit ausgedehnt hat die Rspr die Annahme eines konkludenten Vertragschlusses bei Bankauskünften; so bei der Kreditauskunft (BGH NJW 72, 1200) und der Anlageberatung (BGHZ 123, 128; BGH BB 04, 516). Bei einer Zusicherung der Richtigkeit der Auskunft unabhängig von einem Verschulden handelt es sich um einen Garantievertrag (§ 765 Rn 25).

9 Die **Auskunftspflicht** kann sich **auch** als **Nebenpflicht** aus einem anderen Vertragsverhältnis ergeben. So haftet der Verkäufer für Schäden aufgrund fehlerhafter Verarbeitungsrichtlinien, die er vorgegeben hatte (BGHZ 88, 135; s auch für einen Rechtsanwalt BGH NJW 94, 1406, für einen Steuerberater BGHZ 83, 333).

10 **Anspruchsberechtigter** aus einem Auskunftsvertrag ist ieS derjenige, der die Auskunft angefordert hat. Ein Auskunftsvertrag kann jedoch auch **zugunsten eines Dritten** abgeschlossen (§ 328) bzw ein Dritter nach dem Willen der Parteien in den Schutzbereich des Vertragsverhältnisses einbezogen werden (BGH NJW 98, 1060; 91, 352; str; krit Canaris JZ 98, 603).

11 Verstößt der Beratende **schuldhaft** gegen seine Vertragspflichten, hat er einen **dadurch verursachten Schaden** des Empfängers der Auskunft zu ersetzen. Es gilt grds eine Vermutung, dass der Beratene beratungsgemäß gehandelt hätte, wenn, bei unterstellter richtiger Beratung, im Hinblick auf die Interessenlage oder andere objektive Umstände eine bestimmte Entschließung mit Wahrscheinlichkeit zu erwarten war (BGH NJW 09, 1591). Leichte Fahrlässigkeit reicht grds bereits aus (BGH WM 70, 633). Der zu ersetzende Schaden umfasst das negative Interesse. Der Empfänger der Auskunft ist so zu stellen, als ob er keine falsche (also eine richtige oder gar keine) Auskunft erhalten hätte (BGH NJW 02, 593). Hat der Auskunftsempfänger ernsthafte Zweifel an der Richtigkeit der Auskunft oder ist diese offensichtlich unvollständig, so fehlt es am haftungsbegründenden Zurechnungszusammenhang (BGH NJW 01, 513). Ein Mitverschulden des Auskunftsempfängers ist gem § 254 zu berücksichtigen.

12 c) Ein **vertragsähnliches Schuldverhältnis** kann gem § 311 II bei der Erteilung von Auskunft und Rat durch den besonderen sozialen Kontakt (vgl BGHZ 74, 287) und die damit verbundene Inanspruchnahme von Vertrauen entstehen. Steht die Auskunftserteilung oder Beratung im Zusammenhang mit der Aufnahme von Vertragsverhandlungen, kommt als Schuldverhältnis, aus dem sich Ersatzansprüche gem § 280 ergeben können, § 311 II Nr 1 in Betracht. Unter den Voraussetzungen des § 311 III kann sich der Anspruch auch gegen Dritte (insb Sachwalter) richten, die nicht selbst Vertragspartei werden sollen (s dort Rn 19ff). Darüber hinaus kann sich aus dem Inhalt des Schuldverhältnisses (§ 241 II) eine nachvertragliche Informationspflicht ergeben, die zu einer Haftung gem § 280 I führt. Dies gilt insb bei einer Auskunftserteilung, die in einem inneren Zusammenhang mit einer auf Dauer angelegten Geschäftsverbindung steht, sofern sich in dieser Verbindung ein Vertrauensverhältnis entwickelt hat; zB bei Scheckauskünften zwischen Banken (BGHZ 61, 179), Auskünften zwischen Lieferanten über die Bonität von Kunden (BGH WM 69, 248), Bankauskünften an Kunden über Dritte (BGH WM 70, 632).

13 d) Eine **deliktsrechtliche Haftung für falsche Auskünfte** aufgrund von § 826 setzt grds die wissentliche Erteilung einer unzutreffenden Auskunft im Bewusstsein einer dadurch möglichen Schädigung voraus (BGH NJW 91, 33; zum ausnahmsweise ausreichenden Fall einer groben Leichtfertigkeit BGH NJW 92, 3174). Zudem kann sich eine deliktische Haftung aus **§ 823 II iVm einem Schutzgesetz** (insb § 263 StGB), aus § 824 und aus spezifischen Haftungsvorschriften va für das Wertpapier- und Anlagegeschäft (ua § 44 BörsG, § 31 WpHG) ergeben.

§ 675 a Informationspflichten

Wer zur Besorgung von Geschäften öffentlich bestellt ist oder sich dazu öffentlich erboten hat, stellt für regelmäßig anfallende standardisierte Geschäftsvorgänge (Standardgeschäfte) schriftlich, in geeigneten Fällen auch elektronisch, unentgeltlich Informationen über Entgelte und Auslagen der Geschäftsbesorgung zur Verfügung, soweit nicht eine Preisfestsetzung nach § 315 erfolgt oder die Entgelte und Auslagen gesetzlich verbindlich geregelt sind.

I. § 675 a regelt für bestimmte Geschäftsbesorgungen Informationspflichten. Die durch das VerbrKr- u Zahlungsd-RL-UmsetzungsG mit Wirkung vom 31.10.09 stark gekürzte Vorschrift diente der **Umsetzung von Art 3–5 Überweisungs-RL** (Informationspflichten der Kreditinstitute), die jedoch durch die **Zahlungsdienste-RL** mWv 1.11.2009 aufgehoben und deren Informationspflichten in Titel III, Art 30ff der neuen RL verankert und mit Wirkung vom 31.10.09 durch die Neuregelung in §§ 675 cff (insb § 675 d) umgesetzt sind. Der frühere § 676 S 3 ist nun nach § 675 b verschoben. 1

II. 1. Nach § 675 a sind die dort bezeichneten Personen oder Einrichtungen verpflichtet, unentgeltlich Informationen über die von ihnen erhobenen Entgelte und Auslagen für Geschäftsbesorgungen zur Verfügung zu stellen, soweit es sich um Standardgeschäfte handelt. Zur Verfügung stellen die Verpflichteten die Informationen, indem sie sie zur Kenntnisnahme für die Interessenten – zB im Internet und durch Aushang – bereithalten und Interessenten auf Anforderung mitteilen. **Erfüllungsort** ist der Ort der Niederlassung (§ 269). Eine individuelle Übermittlung per E-Mail, Fax oder Briefpost an den Interessenten ist nicht geschuldet (BGH NJW-RR 10, 1712). **Inhaber des Informationsanspruchs** sind nur Kunden und potenzielle Kunden des Auskunftspflichtigen im Rahmen einer Geschäftsanbahnung, nicht etwa ein Verbraucherschutzverband, der die Einhaltung der Informationspflicht überprüfen will (BGH NJW-RR 10, 1712). 2

Die Informationen müssen nach dem Zweck der Vorschrift und der ihr zugrunde liegenden RL **klar gefasst** und, soweit nach der Sachlage möglich, dem Kunden leicht verständlich sein. Kreditinstitute können die von ihnen zu erstellenden Angaben in das Leistungsverzeichnis, das in den Geschäftsräumen auszuhängen ist (§ 3 Preisangaben-VO), aufnehmen. Ersatz für Aufwendungen zur Informationsübermittlung steht den Verpflichteten aus § 670 nur zu, soweit Leistungen im Auftrag des Kunden über die Pflichten aus § 675 a hinausgehen (so die Portokosten für Informationen, die trotz § 269 zugesandt werden). 3

Der **Anwendungsbereich** der Bestimmung ist in zweierlei Hinsicht eingeschränkt: Sie erfasst nur Personen oder Einrichtungen, die zur Geschäftsbesorgung öffentlich bestellt worden sind oder sich öffentlich für Geschäftsbesorgungen erboten haben. Diese Einschränkung knüpft an § 663 an; dort ist bereits eine Informationspflicht für den Fall vorgesehen, dass derartige Anbieter einen Auftrag nicht ausführen wollen (s § 663 Rn 2). Darüber hinaus sind die Angaben nur bei Standardgeschäften zur Verfügung zu stellen. Es kann dem Anbieter nicht zugemutet werden, für besondere Geschäftsbesorgungen pauschale Entgelte zu kalkulieren. In diesem Bereich muss das Entgelt frei auszuhandeln sein. 4

2. Rechtsfolgen: Werden die in § 675 a geregelten Informationspflichten verletzt, so hat der (potenzielle) Kunde einen Anspruch auf Erfüllung und uU Schadensersatzansprüche gem §§ 280 I, 241 II, 311 II, III; 823 II; 826. 5

§ 675 b Aufträge zur Übertragung von Wertpapieren in Systemen

Der Teilnehmer an Wertpapierlieferungs- und Abrechnungssystemen kann einen Auftrag, der die Übertragung von Wertpapieren oder Ansprüchen auf Herausgabe von Wertpapieren im Wege der Verbuchung oder auf sonstige Weise zum Gegenstand hat, von dem in den Regeln des Systems bestimmten Zeitpunkt an nicht mehr widerrufen.

1 § 675 b enthält den früheren § 676 S 3 aF und regelt die **Widerruflichkeit eines Auftrags zur Übertragung von Wertpapieren in Systemen**. Die Vorschrift des § 676 aF wurde im Rahmen der Umsetzung der Zahlungssicherungs-RL eingeführt und enthielt in den S 1 und 2 weitgehendes Kündigungsrecht für Übertragungsverträge. Dieses Recht ist mit der Umsetzung der Zahlungsd-RL entfallen; eine einheitliche Regelung für den Widerruf von Zahlungsaufträgen ist in § 675 p enthalten. Die verbliebene Regelung ist für die Umsetzung von Art 5 der Zahlungssicherungs-RL erforderlich. Der Begriff des Wertpapierlieferungs- und Abrechnungssystems entspricht demjenigen in § 1 Abs 16 KWG.

Vorbemerkung zu §§ 675 c–676 c

1 I. Durch die Vorschriften des neuen Untertitels 3 wird der zivilrechtliche Teil des Rechts des bargeldlosen Zahlungsverkehrs geregelt. Sie wurden durch den Gesetzgeber im Zuge der Umsetzung der Vorgaben der **Zahlungsd-RL** (Rn 6) durch das VerbrKr- u Zahlungsd-RL-UmsetzungsG eingefügt und sind mit Wirkung vom 31.10.09 an die Stelle der §§ 676 a bis h aF getreten (s dazu die Kommentierung in der 5. Aufl sowie Rn 3, 4). Damit beruht fast das gesamte Recht des bargeldlosen Zahlungsverkehrs auf EU-rechtlichen Vorgaben, so dass für die überwiegende Zahl von **Auslegungsfragen** der **EuGH** zur Vorabentscheidung angerufen werden kann bzw – von letztinstanzlichen Gerichten – angerufen werden muss (Art 264 AEUV).

2 1. An einem bargeldlosen Zahlungsvorgang sind regelmäßig vier – wenn Schuldner und Gläubiger ihr Konto bei derselben Bank haben nur drei – Personen beteiligt: Schuldner (Zahler) und Gläubiger (Zahlungsempfänger) sowie Schuldnerbank und Gläubigerbank. Zwischen diesen bestehen **vier Rechtsverhältnisse**: das Verhältnis zwischen Schuldner und Gläubiger wird als **Valutaverhältnis** bezeichnet und ist Rechtsgrund für den Zahlungsvorgang (vgl § 812 Rn 27) und grds nicht Gegenstand der Regelungen des Zahlungsverkehrs. Zwischen dem Schuldner und seinem Kreditinstitut (Schuldnerbank) besteht das **Deckungsverhältnis**; hier besteht zumeist ein Dauerschuldverhältnis, zB in Form eines Girovertrags. Das Verhältnis zwischen dem Gläubiger und seinem Kreditinstitut (Gläubigerbank) bezeichnet man als **Zahlungsverhältnis** (auch Inkassoverhältnis). Hier besteht idR ebenfalls ein Girovertrag, aus welchem sich ein Anspruch auf Gutschrift des gezahlten Geldes ergibt. Das Rechtsverhältnis zwischen den am Zahlungsvorgang beteiligten Kreditinstituten nennt man **Interbankenverhältnis**, welches maßgeblich von Interbankenabkommen bestimmt wird.

3 2. §§ 676 a bis h aF waren in zweifacher Hinsicht lediglich Teilregelungen zu diesen drei am eigentlichen Zahlungsvorgang beteiligten Rechtsverhältnissen. Zum einen erstreckten sie sich nur auf bestimmte Arten bargeldlosen Zahlens, nämlich primär auf **Überweisungen**. Für die Zahlung durch **Lastschrift** (insb Einzugsermächtigungsverfahren) waren gar keine Regelungen vorgesehen; insoweit waren lediglich die §§ 675 iVm 662 ff anzuwenden. Ebenfalls nicht erfasst waren die bargeldlose Zahlung durch zB Scheck und Wechsel; insoweit bestanden (und bestehen) Sonderregelungen in ScheckG und WechselG. Zum anderen regelten die §§ 676 a bis h aF auch innerhalb ihres Anwendungsbereichs die bargeldlosen Zahlungen nur unvollkommen. Für Überweisungen regelten die §§ 676 a bis c aF den im Deckungsverhältnis bestehenden **Überweisungsvertrag** und in §§ 676 d und e aF den im Interbankenverhältnis vorliegenden **Zahlungsvertrag**. Der einer Überweisung in Regelfall zugrunde liegende Girovertrag war hingegen nur unvollständig erfasst, da mit dem in § 676 f und g aF geregelten Eingang von Zahlungen nur das Zahlungsverhältnis betroffen war. Bzgl **Zahlungskarten** regelte § 676 h aF nur einen Ausschluss des Aufwendungsersatzanspruches im Falle einer missbräuchlichen Verwendung.

4 II. Die neuen §§ 675 c–676 c gehen über die §§ 676 a–h aF hinaus, indem sie nicht nur für Überweisungen, sondern auch für sonstige Zahlungsinstrumente wie zB Online-Banking, Lastschriftverfahren oder Kartenzahlung (Geldautomatenauszahlung, ec/Maestro-Karten-Zahlung mit PIN, Kreditkartenzahlung) gelten. Ausgenommen sind insb Barzahlungen sowie papiergebundene Zahlungsinstrumente (Scheck, Wechsel).

Zusammengefasst werden die verschiedenen Zahlungsmittel durch den Begriff des **Zahlungsdienstes** (§ 675 c). Aus § 675 f ergibt sich, dass darunter jede Art von Vertrag zu verstehen ist, der Zahlungsvorgänge zwischen Zahler und Zahlungsempfänger unter Nutzung eines Zahlungsdienstes regelt. Es wird in § 675 f zwischen einem **Rahmenvertrag** (Abs 2) und einem **Einzelzahlungsvertrag** (Abs 1) unterschieden. Der Rahmenvertrag übernimmt Elemente des Girovertrages, der Einzelzahlungsvertrag ist als Nachfolger des Überweisungsvertrags zu verstehen. Der einzelne Zahlungsvorgang wird durch bloße Weisung (Zahlungsauftrag) angestoßen, so dass zB bei girokontogebundenen Überweisungen nicht mehr zwei Verträge vorliegen (s § 675 f Rn 4). Wesentlich erweitert ist der Katalog der **Informationen**, die dem Zahlungsdienstnutzer gewährt werden müssen. § 675 d I 1 verweist auf Art 248 §§ 1–16 EGBGB, die detailliert sowohl inhaltliche Anforderungen als auch Art und Weise der Informationserteilung regeln. Die §§ 675 j ff enthalten Vorschriften zur Erbringung und Ausführung von Zahlungsvorgängen. Eine Neuerung sind die erheblich **verkürzten Ausführungsfristen**. Während § 676 a II aF bei Überweisungen Fristen zwischen 2 und 5 Tagen vorsah, schreibt § 676 s I für alle Zahlungsvorgänge vor, dass der Zahlungsbetrag spätestens am Ende des auf den Zugangszeitpunkt des Zahlungsauftrags folgenden Geschäftstags beim Zahlungsdienstleister des Zahlungsempfängers einzugehen hat. In §§ 675 u–676 c wird die **Haftung** des Zahlungsdienstleisters und des Zahlers geregelt. Insb § 675 y bedeutet eine wesentliche Verschärfung ggü dem bisherigen Haftungsregime. Bei nicht erfolgter oder fehlerhafter Ausführung eines Zahlungsauftrags haftet der Zahlungsdienstleister bereits ohne Nachfristsetzung durch den Nutzer (anders § 676 b III aF). Neu ist auch die fehlende Begrenzung auf eine Haftungshöchstgrenze (s § 676 b III 1 aF: 12.500 EUR). Zu beachten ist, dass nicht alle Regelungen auf sämtliche Zahlungsinstrumente gleichermaßen anzuwenden sein werden. Manche **Vorschriften** sind **auf bestimmte Instrumente speziell zugeschnitten**, so zB die Regelungen zum Missbrauch (§§ 675 u ff) auf die Kartenzahlung oder das Genehmigungsrecht des § 675 j I auf das Lastschriftverfahren. Die Vorschriften über Zahlungsdienste dienen dem besonderen Interesse des Zahlers und sind daher überwiegend einseitig **zwingendes Recht** (vgl § 675 e Rn 1).

III. 1. Die Zahlungsd-RL, die die Überweisungs-RL ablöst und auf der die umfassende **5** Neuregelung basiert, hat das Ziel, zu einem einheitlichen Zahlungsraums innerhalb Europas (**Single Euro Payments Area – SEPA**) beizutragen. Mit Umsetzung der RL wird der notwendige gemeinsame Rechtsrahmen für einen einheitlichen Zahlungsverkehr geschaffen. Neben den umfassenden zivilrechtlichen Anforderungen enthält die Zahlungsd-RL einen aufsichtsrechtlichen Teil, der außerhalb des BGB im ZAG umgesetzt ist. Von den sehr detaillierten Regelungen der Zahlungsd-RL kann nur in den Fällen abgewichen werden, in denen die RL dies bestimmt (sog **Vollharmonisierung**). Der deutsche Gesetzgeber hat sich daher weitestgehend für eine 1:1-Umsetzung entschieden. Anders als bei der Überweisungs-RL sind die Regelungen der Zahlungsd-RL **nicht auf grenzüberschreitende Vorgänge beschränkt**, sondern finden auch für den innerstaatlichen Zahlungsverkehr Anwendung. Obwohl die RL nicht auf Zahlungen mit Drittstaatenbezug anwendbar ist, hat der Gesetzgeber den örtlichen Anwendungsbereich der §§ 675 c ff grds nicht beschränkt und die RL somit überschießend umgesetzt (s auch § 675 e Rn 2); einige Regelungen sind jedoch auf den Zahlungsverkehr innerhalb der EU bzw des EWR beschränkt (zB § 675 d I 2).

Untertitel 3
Zahlungsdienste
Kapitel 1
Allgemeine Vorschriften

§ 675 c Zahlungsdienste und elektronisches Geld

(1) Auf einen Geschäftsbesorgungsvertrag, der die Erbringung von Zahlungsdiensten zum Gegenstand hat, sind die §§ 663, 665 bis 670 und 672 bis 674 entsprechend anzuwenden, soweit in diesem Untertitel nichts Abweichendes bestimmt ist.
(2) Die Vorschriften dieses Untertitels sind auch auf einen Vertrag über die Ausgabe und Nutzung von elektronischem Geld anzuwenden.
(3) Die Begriffsbestimmungen des Kreditwesengesetzes und des Zahlungsdiensteaufsichtsgesetzes sind anzuwenden.

1 I. Als **Einführungsvorschrift** des neuen Untertitels stellt § 675 c klar, dass bestimmte Regelungen aus dem Auftragsrecht im Recht der Zahlungsdienste anwendbar bleiben und dehnt den Anwendungsbereich der nachstehenden Paragraphen auf das elektronische Geld aus. Mit einem Verweis auf das KWG und ZAG werden Begriffsbestimmungen des Untertitels festgelegt.

2 II. 1. § 675 c I stellt dar, dass es sich auch bei Verträgen über die Erbringung von **Zahlungsdiensten** um **Geschäftsbesorgungsverträge** handelt, auf welche bei Fehlen vertraglicher Vereinbarungen der Parteien oder spezieller gesetzlicher Bestimmungen (§§ 675 c–676 c) die Vorschriften des Auftrags- und Geschäftsbesorgungsrechts Anwendung finden. Für die §§ 676 a ff aF war diese Klarstellung unnötig, da diese im Untertitel 2 (Geschäftsbesorgungsvertrag) verortet waren.

3 2. Abs 2 verdeutlicht, dass die Vorschriften des neuen Untertitels 3 auch auf den Einsatz von **E-Geld** anwendbar sind. Nach Definition in der **E-Geld-RL** handelt es sich dabei um einen monetären Wert in Form einer Forderung gegen die ausgebende Stelle, der auf einem Datenträger gespeichert ist, gegen Entgegennahme eines Geldbetrags ausgegeben wird, dessen Wert nicht geringer ist als der ausgegebene monetäre Wert und von anderen Unternehmen als der ausgebenden Stelle als Zahlungsmittel akzeptiert wird. Umfasst sind sowohl kartengestütztes E-Geld (sog Kartengeld, zB GeldKarte) als auch softwarebasiertes E-Geld (sog Netzgeld, zB PayPal). Soweit E-Geld in Form eines Kleinbetragsinstruments gegeben ist, bestehen die in § 675 i III und Art 248 § 11 EGBGB vorgesehenen Erleichterungen.

4 3. Abs 3 regelt mit seinem Verweis auf das KWG, das ZAG und auf die dortigen Begriffsbestimmungen gleichzeitig den materiellen Anwendungsbereich der nachfolgenden Vorschriften. Der Anwendungsbereich wird insb durch den **Begriff des Zahlungsdienstes** bestimmt. Dieser und weitere im neuen Untertitel 3 verwendete spezielle Begriffe des Zahlungsverkehrs werden in den Begriffsbestimmungen des KWG und des ZAG definiert. Diese Legaldefinitionen haben durch den Verweis des § 675 c III auch für das BGB ihre Gültigkeit. Die Definition des Zahlungsdienstes ergibt sich aus der Zusammenschau von § 1 II und X ZAG, welcher die Begriffsbildung in der **Zahlungsd-RL** wiedergibt. Gemeint sind hauptsächlich alle Zahlungsverfahren des bargeldlosen Zahlungsverkehrs wie Überweisungen, Lastschriften und (Kredit-)Kartenzahlungen. Ist mit der Erbringung eines Zahlungsdienstes eine Kreditgewährung verbunden, bleiben die Regelungen zum Verbraucherkredit unberührt.

§ 675 d Unterrichtung bei Zahlungsdiensten

(1) [1]Zahlungsdienstleister haben Zahlungsdienstnutzer bei der Erbringung von Zahlungsdiensten über die in Artikel 248 §§ 1 bis 16 des Einführungsgesetzes zum Bürgerlichen Gesetzbuche bestimmten Umstände in der dort vorgesehenen Form zu unterrichten. [2]Dies gilt nicht für die Erbringung von Zahlungsdiensten in der Währung eines

Staates außerhalb des Europäischen Wirtschaftsraums oder die Erbringung von Zahlungsdiensten, bei denen der Zahlungsdienstleister des Zahlers oder des Zahlungsempfängers außerhalb des Europäischen Wirtschaftsraums belegen ist.
(2) Ist die ordnungsgemäße Unterrichtung streitig, so trifft die Beweislast den Zahlungsdienstleister.
(3) ¹Für die Unterrichtung darf der Zahlungsdienstleister mit dem Zahlungsdienstnutzer nur dann ein Entgelt vereinbaren, wenn die Information auf Verlangen des Zahlungsdienstnutzers erbracht wird und der Zahlungsdienstleister
1. diese Information häufiger erbringt, als in Artikel 248 §§ 1 bis 16 des Einführungsgesetzes zum Bürgerlichen Gesetzbuche vorgesehen,
2. eine Information erbringt, die über die in Artikel 248 §§ 1 bis 16 des Einführungsgesetzes zum Bürgerlichen Gesetzbuche vorgeschriebenen hinausgeht, oder
3. diese Information mithilfe anderer als der im Zahlungsdiensterahmenvertrag vereinbarten Kommunikationsmittel erbringt.
²Das Entgelt muss angemessen und an den tatsächlichen Kosten des Zahlungsdienstleisters ausgerichtet sein.
(4) Zahlungsempfänger und Dritte unterrichten über die in Artikel 248 §§ 17 und 18 des Einführungsgesetzes zum Bürgerlichen Gesetzbuche bestimmten Umstände.

I. § 675 d trägt dafür Sorge, dass Zahlungsdienstnutzern **transparente Vertragsbedingungen und -informationen** gegeben werden und stellt einen harmonisierten Anforderungskatalog an die Zahlungsdienstleister. Die Regelungen der §§ 12, 13 InfoVO, die bisher Informationspflichten der Kreditinstitute und ihnen gleichstehenden Einrichtungen enthielten, wurden in Art 248 §§ 1–16 EGBGB überführt und durch weitere Regelungen der Zahlungsd-RL ergänzt. Durch diese formell-gesetzliche Regelung soll die Rechtssicherheit erhöht werden, die bisher nicht gewährleistet wurde, da die Gerichte die InfoVO voll überprüfen und ggf für unwirksam erklären konnten (Prot 16/205, 22219).

II. 1. In **Art 248 §§ 1–16 EGBGB**, auf den Abs 1 S 1 verweist, werden die umfangreichen Informationspflichten der Art 30–48 der Zahlungsd-RL umgesetzt. Gem Art 248 § 2 sind sämtliche **Informationen klar und verständlich** zu erteilen. Die Informationen müssen nicht in einer Amtssprache eines EU- bzw EWR-Mitgliedstaats abgefasst sein, sondern können auch in einer anderen zwischen den Parteien vereinbarten Sprache erteilt werden. Art 248 §§ 4–11 EGBGB enthalten die Informationsanforderungen für Zahlungsdiensterahmenverträge (§ 675 f II), die gem Art 248 § 3 EGBGB in **Textform** (vgl § 126 b) mitzuteilen sind. Bei Einzelzahlungsverträgen (§ 675 f I), die nicht von einem Zahlungsdiensterahmenvertrag umfasst sind, genügt es, wenn die Informationen dem Zahlungsempfänger „in leicht zugänglicher Form" zur Verfügung gestellt werden (Art 248 § 12 EGBGB). So soll bei Anwesenheit beider Teile (zB am Bankschalter) der Zahlungsdienstleister die Möglichkeit haben, die notwendigen Informationen mündlich zu erteilen. Auf Verlangen des Zahlungsempfängers sind die Informationen jedoch in Textform mitzuteilen.

2. Abs 1 S 2 regelt den räumlich erweiterten Anwendungsbereich. Wie bisher auch für den Bereich der Überweisungen in Drittstaaten in § 675 a I 2 Halbs 2 aF, gelten die Informationspflichten nicht für Zahlungsvorgänge mit Drittstaatenbezug. Kommt es dabei auf den **Standort eines beteiligten Zahlungsdienstleisters** an, ist auf die **tatsächliche Belegenheit** der am Zahlungsvorgang auf Zahler- oder Zahlungsempfängerseite beteiligten Stelle abzustellen, nicht aber auf ihren satzungsmäßigen Sitz. Doch auch unselbstständige Niederlassungen oder Agenten sind erfasst. Da dieser Fall (Abs 1 S 2 aE) unabhängig von der Währung ist, in der ein Zahlungsdienst erbracht wird, erfasst sie auch Zahlungen in Euro oder EWR-Währungen.

3. Abs 2 regelt zugunsten des Zahlungsdienstnutzers, dass den Zahlungsdienstleister im Streitfall die **Beweislast** für die ordnungsgemäße Unterrichtung gem Abs 1 trifft. Deutschland übt damit die Option des Art 33 der Zahlungsd-RL aus, welcher es den Mitgliedstaaten freistellte, eine solche Beweislastregelung einzuführen.

5 4. Nach **Abs 3** hat ein Zahlungsdienstleister nur unter bestimmten Voraussetzungen einen **Anspruch auf ein Entgelt** wegen der Unterrichtung des Zahlungsdienstnutzers. Grds hat der Zahlungsdienstleister die ihm gesetzlich auferlegten Informations- und Aufklärungspflichten unentgeltlich zu erbringen; Nr 1–3 bestimmen Ausn zu diesem Grundsatz. Dies ist auch der Maßstab für die Überprüfung der Höhe des Entgelts für die Nacherstellung von Kontoauszügen, das angemessen und an den tatsächlichen eigenen Kosten des Zahlungsdienstleisters für die Erbringung der Leistung ausgelegt sein muss (OLG Frankfurt ZIP 13, 452). Die Informationspflichten dieser neuen Vorschrift treffen nicht nur Zahlungsdienstleister, sondern in bestimmten Fällen auch Zahlungsempfänger oder sogar Dritte.

§ 675 e Abweichende Vereinbarungen

(1) Soweit nichts anderes bestimmt ist, darf von den Vorschriften dieses Untertitels nicht zum Nachteil des Zahlungsdienstnutzers abgewichen werden.
(2) ¹Für Zahlungsdienste im Sinne des § 675 d Abs. 1 Satz 2 sind § 675 q Abs. 1 und 3, § 675 s Abs. 1, § 675 t Abs. 2, § 675 x Abs. 1 und § 675 y Abs. 1 und 2 sowie § 675 z Satz 3 nicht anzuwenden; soweit solche Zahlungsdienste in der Währung eines Staates außerhalb des Europäischen Wirtschaftsraums erbracht werden, ist auch § 675 t Abs. 1 nicht anzuwenden. ²Im Übrigen darf für Zahlungsdienste im Sinne des § 675 d Abs. 1 Satz 2 zum Nachteil des Zahlungsdienstnutzers von den Vorschriften dieses Untertitels abgewichen werden; soweit solche Zahlungsdienste jedoch in Euro oder in der Währung eines Mitgliedstaats der Europäischen Union oder eines anderen Vertragsstaats des Abkommens über den Europäischen Wirtschaftsraum erbracht werden, gilt dies nicht für § 675 t Abs. 1 Satz 1 und 2 sowie Abs. 3.
(3) Für Zahlungsvorgänge, die nicht in Euro erfolgen, können der Zahlungsdienstnutzer und sein Zahlungsdienstleister vereinbaren, dass § 675 t Abs. 1 Satz 3 und Abs. 2 ganz oder teilweise nicht anzuwenden ist.
(4) Handelt es sich bei dem Zahlungsdienstnutzer nicht um einen Verbraucher, so können die Parteien vereinbaren, dass § 675 d Abs. 1 Satz 1, Abs. 2 bis 4, § 675 f Abs. 4 Satz 2, die §§ 675 g, 675 h, 675 j Abs. 2 und § 675 p sowie die §§ 675 v bis 676 ganz oder teilweise nicht anzuwenden sind; sie können auch eine andere als die in § 676 b vorgesehene Frist vereinbaren.

1 I. Grds sind die Vorschriften über Zahlungsdienste **zwingend** und können nicht durch vertragliche Vereinbarung abbedungen werden. Aus dem Umkehrschluss zu **Abs 1** ergibt sich, dass Zahlungsdienstleister ihren Zahlungsdienstnutzern günstigere Bedingungen einräumen können. Für Sachverhalte ohne EU-/EWR-Bezug und für Fälle ohne Verbraucherbeteiligung sind in Abs 2 bis 4 Abweichungsmöglichkeiten vorgesehen.
2 II. 1. In **Abs 2** grenzt § 675 e den materiellen Anwendungsbereich der §§ 675 c ff für Drittstaatensachverhalte und Drittstaatenwährungen ein. Dem Grundsatz nach sind die Vorschriften des neuen Untertitels auch hierauf anwendbar, es darf jedoch von ihnen abgewichen werden (S 2 Halbs 1). Einige Vorschriften werden dagegen von vornherein für nicht anwendbar erklärt. Diese Ausn beruhen nicht auf Vorgaben der Zahlungsd-RL, welche Drittstaatensachverhalte ohnehin nicht erfasst (Art 2 Abs 1), sondern sind aufgenommen worden, um in Fällen ohne EU-/EWR-Bezug sachgerechte Ergebnisse zu erzielen. So erscheint insb nicht gerechtfertigt, die kurze Ausführungsfrist des § 675 s I auch auf Drittstaatensachverhalte zu erstrecken, da diese vielfach nicht einzuhalten sein wird (RegE, BT-Drucks 16/11643, 101).
3 2. **Abs 3** erlaubt bei Zahlungen in anderen EWR-Währungen als Euro, die innerhalb des EWR erbracht werden, ein Abweichen von den Vorschriften bezüglich der Verfügbarmachung von Zahlungsbeträgen, wenn der Zahlungsempfänger kein Zahlungskonto unterhält.
4 3. **Abs 4** enthält entsprechend dem Bedürfnis des Marktes die Möglichkeit der Abweichung von den aufgeführten Vorschriften bei Verträgen mit Zahlungsdienstleistern, die nicht mit Verbrauchern geschlossen werden. Dies entspricht der von Art 86 I Zah-

lungsd-RL aufgestellten Unterscheidung, wonach einige Regelungen im B2C-Verkehr zwingend, für B2B-Verträge aber dispositiv sind.

Kapitel 2
Zahlungsdienstevertrag

§ 675 f Zahlungsdienstevertrag

(1) Durch einen Einzelzahlungsvertrag wird der Zahlungsdienstleister verpflichtet, für die Person, die einen Zahlungsdienst als Zahler, Zahlungsempfänger oder in beiden Eigenschaften in Anspruch nimmt (Zahlungsdienstnutzer), einen Zahlungsvorgang auszuführen.

(2) ¹Durch einen Zahlungsdiensterahmenvertrag wird der Zahlungsdienstleister verpflichtet, für den Zahlungsdienstnutzer einzelne und aufeinander folgende Zahlungsvorgänge auszuführen sowie gegebenenfalls für den Zahlungsdienstnutzer ein auf dessen Namen oder die Namen mehrerer Zahlungsdienstnutzer lautendes Zahlungskonto zu führen. ²Ein Zahlungsdiensterahmenvertrag kann auch Bestandteil eines sonstigen Vertrags sein oder mit einem anderen Vertrag zusammenhängen.

(3) ¹Zahlungsvorgang ist jede Bereitstellung, Übermittlung oder Abhebung eines Geldbetrags, unabhängig von der zugrunde liegenden Rechtsbeziehung zwischen Zahler und Zahlungsempfänger. ²Zahlungsauftrag ist jeder Auftrag, den ein Zahler seinem Zahlungsdienstleister zur Ausführung eines Zahlungsvorgangs entweder unmittelbar oder mittelbar über den Zahlungsempfänger erteilt.

(4) ¹Der Zahlungsdienstnutzer ist verpflichtet, dem Zahlungsdienstleister das für die Erbringung eines Zahlungsdienstes vereinbarte Entgelt zu entrichten. ²Für die Erfüllung von Nebenpflichten nach diesem Untertitel hat der Zahlungsdienstleister nur dann einen Anspruch auf ein Entgelt, sofern dies zugelassen und zwischen dem Zahlungsdienstnutzer und dem Zahlungsdienstleister vereinbart worden ist; dieses Entgelt muss angemessen und an den tatsächlichen Kosten des Zahlungsdienstleisters ausgerichtet sein.

(5) In einem Zahlungsdiensterahmenvertrag zwischen dem Zahlungsempfänger und seinem Zahlungsdienstleister darf das Recht des Zahlungsempfängers, dem Zahler für die Nutzung eines bestimmten Zahlungsauthentifizierungsinstruments eine Ermäßigung anzubieten, nicht ausgeschlossen werden.

I. Mit § 675 f wird ein neuer Vertragstypus geschaffen. Der **Zahlungsdienstevertrag** 1 wird als Sonderform des Geschäftsbesorgungsvertrags eingeführt. Der in Abs 1 geregelte Einzelzahlungsvertrag ersetzt den Überweisungsvertrag und ist dabei umfassender, da er sich auf alle Arten von Zahlungsdienstleistungen bezieht. Der Rahmenzahlungsvertrag (Abs 2) übernimmt Elemente des Girovertrags (Verpflichtung, ein Konto zu führen). Bestehende Girokontenverträge sind nun als Rahmenzahlungsverträge einzuordnen. Mit Einführung des Zahlungsdienstevertrags wird die bisherige Unterscheidung von verschiedenen Verträgen in der Überweisungskette beendet. Statt durch Überweisungs- (§ 676 a aF), Zahlungs- (§ 676 d aF) und Girovertrag (§ 676 f aF) werden nun die jeweiligen Rechtsverhältnisse von Rahmenverträgen bestimmt.

II. 1. Abs 1 und 2 bestimmen die **Primärpflichten des Zahlungsdienstleisters**. Sowohl 2 beim Einzel- als auch beim Rahmenzahlungsvertrag ist dieser verpflichtet, Zahlungsvorgänge für den Nutzer durchzuführen. Geschuldet wird nicht nur das Bemühen um den Erfolg, also zB für das Erstbeauftragte Kreditinstitut die Weiterleitung an die Zwischenbank (so die früher hM), sondern – wie bereits nach der Umsetzung der Überweisungs-RL – der Erfolg selbst (Rösler/Werner, BKR 09, 7). Der Zahlungsdienstevertrag ist als **Werkvertrag** und **Geschäftsbesorgungsvertrag** einzuordnen.

a) Auf den Zahlungsdienstevertrag finden die allgemeinen Regeln über den **Vertrag-** 3 **schluss** Anwendung. Das Angebot auf Abschluss gibt regelmäßig der Nutzer ab, wobei beim **Einzelzahlungsvertrag** seine Erklärung häufig mit dem konkreten Zahlungsauftrag zusammenfallen wird. Fraglich kann die zeitliche Bestimmung der Annahme und

§ 675 f

damit des Vertragsschlusses sein. Die amtliche Begründung zu § 676 a aF verwies insoweit auf § 151. Vorteilhafter ist aber § 362 I HGB, nach dem der Vertrag schon zustande kommt, wenn das Kreditinstitut auf den Antrag des Nutzers schweigt. Nur eine unverzügliche Ablehnung des Antrags, die außerdem dem Nutzer anzuzeigen ist (§ 663), kann danach das Zustandekommen des Vertrags verhindern.

4 b) Der **Zahlungsdiensterahmenvertrag (Abs 2 S 1)** verpflichtet den Zahlungsdienstleister neben der Ausführung von Zahlungsvorgängen (dazu Rn 2) zur **Führung eines Kontos**. Anders als beim Girovertrag iSd § 676 f aF ist das Pflichtenprogramm des Rahmenvertrages somit weiter gefasst. Der Girovertrag verpflichtet das Kreditinstitut nur zur Abwicklung von „abgeschlossenen Überweisungsverträgen" (§ 676 f aF). Bei den weitaus häufigsten Überweisungen (nämlich denen, die im Rahmen eines Girovertrages erfolgen) bestanden somit zwei Verträge: der zugrundeliegende Girovertrag und der konkrete Überweisungsvertrag. Durch die Neuregelung wird diese **Vertragsdoppelung beendet**. Schon der Rahmenvertrag verpflichtet zur Ausführung von Zahlungsvorgängen. Einzelne Zahlungsvorgänge (zB Lastschriften, herkömmliche Überweisungen) sind bei einem zugrundeliegenden Rahmenvertrag nicht länger als Verträge konzipiert, sondern die die Zahlungsvorgänge anstoßenden Zahlungsaufträge (s Abs 3) sind als Weisungen iSd § 665 (iVm § 675 c) einzuordnen. Etwas anderes ergibt sich auch nicht aus Art 248 § 12 EGBGB, in dem von einem „Einzelzahlungsvertrag, der nicht Gegenstand eines Rahmenzahlungsvertrag ist" die Rede ist. Zwar scheint diese Formulierung anzudeuten, dass Einzel- und Rahmenvertrag zusammentreffen können, doch schließen sich beide Verträge gegenseitig aus. Zahlungsvorgänge erfolgen entweder im Rahmen eines ad hoc geschlossenen Einzel- oder auf Basis eines längerfristigen Rahmenvertrages.

5 c) **Abs 3** führt die Begriffe Zahlungsvorgang und Zahlungsauftrag ein. Mit dem **Zahlungsvorgang** ist der tatsächliche Geldfluss gemeint, also die Bereitstellung, der Transfer oder die Abhebung von Buch- oder Bargeldbeträgen. Ausgelöst wird der Zahlungsvorgang durch den **Zahlungsauftrag**, der die rechtliche Erklärung einschließlich der erforderlichen Zahlungsinformation (zB Betrags-, Zahler- und Zahlungsempfängerangaben) umfasst. Abs 3 macht damit deutlich, dass auch für Überweisungen dem auftragsrechtlichen Modell gefolgt wird, das schon früher, nämlich bis zum 1.1.02 (Inkrafttreten der §§ 676 a aF für Zahlungen innerhalb Deutschlands), Grundlage der Zahlung war. Liegt ein Zahlungsauftrag vor, ist die Ausführung eines Zahlungsvorgangs im Verhältnis vom Zahlungsdienstleister zum Zahler – in der Terminologie der neuen §§ 675 c–676 c – **autorisiert**. Ein Zahlungsauftrag ist daher immer (nur) die Weisung des Zahlers an seinen Zahlungsdienstleister. Jedoch kann der Zahlungsauftrag vom Zahler unmittelbar, als sog vom Zahler angestoßene Zahlung („Push"-Zahlung, wie zB bei einer Überweisung, einem Finanztransfer) oder mittelbar über den Zahlungsempfänger, als sog vom Empfänger angestoßene Zahlung („Pull"-Zahlung, wie zB bei Kreditkartenzahlungen) erteilt werden. In der Erteilung einer **Einzugsermächtigung** im deutschen Lastschrifteinzugsermächtigungsverfahren (zur die dieses Verfahren ablösenden SEPA-Lastschrift s § 675 j Rn 4) ist allerdings **kein Zahlungsauftrag** des Zahlers an seinen Zahlungsdienstleister zu sehen. Eine solche Zahlung wird nämlich nicht „mittelbar über den" sondern tatsächlich „vom" Zahlungsempfänger ausgelöst. Nach der herrschenden Literaturmeinung und der sog Genehmigungstheorie des BGH (stRspr, ua BGHZ 144, 349, 353 f; 161, 49, 53 f; für eine Abkehr von dieser Theorie BGHZ 177, 69 ff) liegt bei der Einzugsermächtigungslastschrift – solange der Zahler eine Belastung nicht genehmigt (§ 675 j I 2) – eine unautorisierte Zahlung vor.

6 2. Gem Abs 4 S 1 ist **Hauptleistungspflicht des Zahlungsdienstnutzers**, dem Zahlungsdienstleister das vereinbarte Entgelt für die Erbringung eines Zahlungsdienstes zu entrichten. Dies schließt nicht aus, dass auch Unentgeltlichkeit vereinbart sein kann. Bei der Höhe der vereinbarten Entgelte müssen die Vorgaben der VO (EG) Nr 2560/2001 über grenzüberschreitende Zahlungen in Euro (ABl EG 01 L 344, 13) beachtet werden. S 2 bringt zum Ausdruck, dass Zahlungsdienstleister bei der Erfüllung ihrer gesetzlichen Nebenpflichten nach diesem Untertitel von Zahlungsdienstnutzern grds kein Entgelt beanspruchen dürfen. Ausn hiervon sind in §§ 675 o I 3, 675 p IV 3, 675 y III 3

vorgesehen, sofern dies zw den Parteien zuvor im Zahlungsdiensterahmenvertrag vereinbart wurde. Ist eine solche Vereinbarung beabsichtigt, ist der Zahlungsdienstnutzer vorvertraglich über die Entgelthöhe gem Art 248 § 4 Abs 1 Nr 3 lit a EGBGB zu unterrichten.

3. Nach **Abs 5** darf in einem Rahmenvertrag zw einem Zahlungsempfänger und dessen 7
Zahlungsdienstleister nicht verboten werden, dass der Zahlungsempfänger dem Zahler für die Nutzung eines bestimmten **Zahlungsauthentifizierungsinstruments** einen Rabatt anbietet. Beispiele für Instrumente sind Gegenstände wie die Debitkarte mit PIN (electronic cash-Verfahren) oder die Kreditkarte mit Unterschrift oder PIN, vgl § 675 k Rn 1. Aus Abs 5 ergibt sich nicht, dass der Zahlungsdienstleister stets ein Entgelt für eine bestimmte Zahlungsart verlangen darf; derartige Praktiken unterliegen der AGB-Kontrolle (BGH NJW 10, 2719) und der lauterkeitsrechtlichen Kontrolle. Im Umkehrschluss zu Abs 5 ergibt sich aber, dass Zahlungsdienstleister mit dem Zahlungsempfänger eine Vereinbarung treffen können, durch die letzterem ggü dem Zahler untersagt wird, für bestimmte Zahlungsinstrumente ein erhöhtes Entgelt zu nehmen. Kreditkartengesellschaften können daher wie bisher ihren Händlern untersagen, bei Akzeptanz von Kreditkarten ein Zusatzentgelt vom Karteninhaber zu verlangen. Ob eine derartige Vereinbarung Wirkungen zugunsten des Zahlers entfaltet, ist str.

§ 675 g Änderung des Zahlungsdiensterahmenvertrags

(1) Eine Änderung des Zahlungsdiensterahmenvertrags auf Veranlassung des Zahlungsdienstleisters setzt voraus, dass dieser die beabsichtigte Änderung spätestens zwei Monate vor dem vorgeschlagenen Zeitpunkt ihres Wirksamwerdens dem Zahlungsdienstnutzer in der in Artikel 248 §§ 2 und 3 des Einführungsgesetzes zum Bürgerlichen Gesetzbuche vorgesehenen Form anbietet.
(2) ¹Der Zahlungsdienstleister und der Zahlungsdienstnutzer können vereinbaren, dass die Zustimmung des Zahlungsdienstnutzers zu einer Änderung nach Absatz 1 als erteilt gilt, wenn dieser dem Zahlungsdienstleister seine Ablehnung nicht vor dem vorgeschlagenen Zeitpunkt des Wirksamwerdens der Änderung angezeigt hat. ²Im Fall einer solchen Vereinbarung ist der Zahlungsdienstnutzer auch berechtigt, den Zahlungsdiensterahmenvertrag vor dem vorgeschlagenen Zeitpunkt des Wirksamwerdens der Änderung fristlos zu kündigen. ³Der Zahlungsdienstleister ist verpflichtet, den Zahlungsdienstnutzer mit dem Angebot zur Vertragsänderung auf die Folgen seines Schweigens sowie auf das Recht zur kostenfreien und fristlosen Kündigung hinzuweisen.
(3) ¹Änderungen von Zinssätzen oder Wechselkursen werden unmittelbar und ohne vorherige Benachrichtigung wirksam, soweit dies im Zahlungsdiensterahmenvertrag vereinbart wurde und die Änderungen auf den dort vereinbarten Referenzzinssätzen oder Referenzwechselkursen beruhen. ²Referenzzinssatz ist der Zinssatz, der bei der Zinsberechnung zugrunde gelegt wird und aus einer öffentlich zugänglichen und für beide Parteien eines Zahlungsdienstevertrags überprüfbaren Quelle stammt. ³Referenzwechselkurs ist der Wechselkurs, der bei jedem Währungsumtausch zugrunde gelegt und vom Zahlungsdienstleister zugänglich gemacht wird oder aus einer öffentlich zugänglichen Quelle stammt.
(4) Der Zahlungsdienstnutzer darf durch Vereinbarungen zur Berechnung nach Absatz 3 nicht benachteiligt werden.

I. § 675 g regelt, wie Vertragsbedingungen während eines Vertragsverhältnisses geän- 1
dert werden können. Abweichend von dem Grundsatz der **beiderseitigen Zustimmung** zu einer Vertragsänderung erlaubt Abs 2 eine **Fiktion** der Zustimmung des Zahlungsdienstnutzers bei Einhaltung bestimmter Bedingungen durch den Zahlungsdienstleister. Abs 3 erlaubt noch weitere Vereinfachungen hiervon für die Anpassung von Zinssätzen oder Wechselkursen.
II. 1. Grds können Vertragsbedingungen nach **Abs 1** seitens des Zahlungsdienstleisters 2
nur geändert werden, wenn die Änderungen dem Nutzer mindestens **2 Monate** vor

dem angestrebten Termin, zu dem sie wirksam werden sollen, vorgeschlagen werden. **Stimmt der Nutzer** diesen Änderungen **zu**, werden sie zu diesem Zeitpunkt **wirksam**. Der Verweis auf Art 248 §§ 2 und 3 EGBGB verdeutlicht, dass ein Angebot des Zahlungsdienstleisters auf Vertragsänderung mitgeteilt werden muss.

3 2. Abweichend von dem in Abs 1 genannten Grds kann nach Abs 2 S 1 zw den Parteien bereits bei Abschluss des Zahlungsdiensterahmenvertrags **vereinbart** werden, dass das **Schweigen** des Zahlungsdienstnutzers **als Zustimmung** gewertet wird, wenn der Zahlungsdienstnutzer dem Zahlungsdienstleister nicht seine Ablehnung des Vorschlags rechtzeitig mitteilt. Eine solche Vereinbarung wäre demnach nicht nach § 308 Nr 5 unwirksam. Wurde eine solche Zustimmungsfiktion vereinbart, hat der Zahlungsdienstnutzer nach Abs 2 S 2 außerdem das Recht, den Zahlungsdiensterahmenvertrag kostenfrei **fristlos zu kündigen**.

4 3. Erleichterte Voraussetzungen gelten gem Abs 3 für Änderungen von **vertraglich vereinbarten Zinssätzen und Wechselkursen**, sofern sie auf einer Änderung eines Referenzzinssatzes bzw -wechselkurses beruhen und eine solche Anpassungsmöglichkeit im Rahmenvertrag vereinbart wurde. Über für den Zahlungsdienstnutzer nachteilige Änderungen von Zinssätzen muss der Zahlungsdienstleister gem Art 248 § 9 Nr 2 EGBGB unverzüglich unterrichten. Eine Informationspflicht über für den Nutzer günstige Änderungen ist nicht vorgeschrieben. Abs 4 bestimmt, dass Vereinbarungen über Zinssatz- und Wechselkursänderungen nach Abs 3 den **Zahlungsdienstnutzer nicht benachteiligen** dürfen. Dazu gehört insb, dass Änderungen von Referenzzinssätzen oder Referenzwechselkursen in gleicher Weise zu Gunsten wie zu Lasten des Zahlungsdienstnutzers wirken müssen.

§ 675 h Ordentliche Kündigung eines Zahlungsdiensterahmenvertrags

(1) ¹Der Zahlungsdienstnutzer kann den Zahlungsdiensterahmenvertrag, auch wenn dieser für einen bestimmten Zeitraum geschlossen ist, jederzeit ohne Einhaltung einer Kündigungsfrist kündigen, sofern nicht eine Kündigungsfrist vereinbart wurde. ²Die Vereinbarung einer Kündigungsfrist von mehr als einem Monat ist unwirksam.

(2) ¹Der Zahlungsdienstleister kann den Zahlungsdiensterahmenvertrag nur kündigen, wenn der Vertrag auf unbestimmte Zeit geschlossen wurde und das Kündigungsrecht vereinbart wurde. ²Die Kündigungsfrist darf zwei Monate nicht unterschreiten. ³Die Kündigung ist in der in Artikel 248 §§ 2 und 3 des Einführungsgesetzes zum Bürgerlichen Gesetzbuche vorgesehenen Form zu erklären.

(3) ¹Im Fall der Kündigung sind regelmäßig erhobene Entgelte nur anteilig bis zum Zeitpunkt der Beendigung des Vertrags zu entrichten. ²Im Voraus gezahlte Entgelte, die auf die Zeit nach Beendigung des Vertrags fallen, sind anteilig zu erstatten.

1 I. § 675 h regelt die ordentliche Kündigung eines Rahmenvertrags durch Zahlungsdienstleister und -nutzer. Neben dieser ordentlichen Kündigung besteht für beide Parteien auch das Recht zur **außerordentlichen Kündigung**. Dieses richtet sich nach den allgemeinen Vorschriften, also insb § 314.

2 II. 1. Abs 1 regelt die **ordentliche Kündigung** des Zahlungsdiensterahmenvertrags **durch den Zahlungsdienstnutzer** und ermöglicht so dem Kunden den Wechsel von einem Zahlungsdienstleister zum anderen. Die Kündigung kann grds fristlos erfolgen, abweichend kann vertraglich eine Kündigungsfrist von höchstens einem Monat vereinbart werden. Die vom Zahlungsdienstnutzer ausgeübte Kündigung ist immer auch **kostenlos** und begründet daher keinen Entgeltanspruch.

3 2. Gem Abs 2 muss eine ordentliche Kündigung **durch den Zahlungsdienstleister** besonders vereinbart werden. Eine solche Vereinbarung kann auch in AGB getroffen werden, jedoch muss in jedem Falle die Kündigungsfrist für den Zahlungsdienstleister mind 2 Monate betragen. Ein Zahlungsdiensterahmenvertrag ohne entsprechende Vereinbarung kann vom Zahlungsdienstleister grds nicht ordentlich gekündigt werden. Es mag freilich Gründe geben, bei denen der Zahlungsdienstleister ohne besondere Kündigungsabrede ein besonderes Interesse an einer Kündigung hat (zB in Fällen, in denen

der Nutzer vorgeschlagene Änderungen von AGB ablehnt, vgl Grundmann WM 09, 1114). Hier lässt sich mit dem Rechtsgedanken aus § 314 I helfen, wenn etwa die Fortsetzung des Vertrages zu den ursprünglichen Bedingungen unzumutbar aufwändig würde, wobei freilich auch in diesem Fall in aller Regel – abw von § 314 I – kein Grund bestehen wird, von der 2-monatigen Mindestkündigungsfrist nach Abs 2 S 2 abzusehen. Auch die Formvorschrift nach Abs 2 S 3 iVm Art 248 §§ 2 und 3 EGBGB findet in diesem Fall Anwendung.

§ 675 i Ausnahmen für Kleinbetragsinstrumente und elektronisches Geld

(1) ¹Ein Zahlungsdienstevertrag kann die Überlassung eines Kleinbetragsinstruments an den Zahlungsdienstnutzer vorsehen. ²Ein Kleinbetragsinstrument ist ein Mittel,
1. mit dem nur einzelne Zahlungsvorgänge bis höchstens 30 Euro ausgelöst werden können,
2. das eine Ausgabenobergrenze von 150 Euro hat oder
3. das Geldbeträge speichert, die zu keiner Zeit 150 Euro übersteigen.

³In den Fällen der Nummern 2 und 3 erhöht sich die Betragsgrenze auf 200 Euro, wenn das Kleinbetragsinstrument nur für inländische Zahlungsvorgänge genutzt werden kann.

(2) Im Fall des Absatzes 1 können die Parteien vereinbaren, dass
1. der Zahlungsdienstleister Änderungen der Vertragsbedingungen nicht in der in § 675 g Abs. 1 vorgesehenen Form anbieten muss,
2. § 675 l Satz 2, § 675 m Abs. 1 Satz 1 Nr. 3, 4, Satz 2 und § 675 v Abs. 3 nicht anzuwenden sind, wenn das Kleinbetragsinstrument nicht gesperrt oder eine weitere Nutzung nicht verhindert werden kann,
3. die §§ 675 u, 675 v Abs. 1 und 2, die §§ 675 w und 676 nicht anzuwenden sind, wenn die Nutzung des Kleinbetragsinstruments keinem Zahlungsdienstnutzer zugeordnet werden kann oder der Zahlungsdienstleister aus anderen Gründen, die in dem Kleinbetragsinstrument selbst angelegt sind, nicht nachweisen kann, dass ein Zahlungsvorgang autorisiert war,
4. der Zahlungsdienstleister abweichend von § 675 o Abs. 1 nicht verpflichtet ist, den Zahlungsdienstnutzer von einer Ablehnung des Zahlungsauftrags zu unterrichten, wenn die Nichtausführung aus dem Zusammenhang hervorgeht,
5. der Zahler abweichend von § 675 p den Zahlungsauftrag nach dessen Übermittlung oder nachdem er dem Zahlungsempfänger seine Zustimmung zum Zahlungsauftrag erteilt hat, nicht widerrufen kann, oder
6. andere als die in § 675 s bestimmten Ausführungsfristen gelten.

(3) ¹Die §§ 675 u und 675 v sind für elektronisches Geld nicht anzuwenden, wenn der Zahlungsdienstleister des Zahlers nicht die Möglichkeit hat, das Zahlungskonto oder das Kleinbetragsinstrument zu sperren. ²Satz 1 gilt nur für Zahlungskonten oder Kleinbetragsinstrumente mit einem Wert von höchstens 200 Euro.

1. § 675 i enthält Sonderregelungen für sog Kleinbetragsinstrumente und E-Geld. **Kleinbetragsinstrumente** sind nach Abs 1 Mittel, mit denen nur einzelne Zahlungsvorgänge bis höchstens 30 EUR ausgelöst werden können, solche, die eine Ausgabenobergrenze von 150 EUR haben oder Geldbeträge bis höchstens 150 EUR speichern. Hiermit sind daher innerhalb der genannten Grenzen grds sog pre- und postpaid-Produkte sowie an ein Zahlungskonto gebundene als auch kontoungebundene Produkte erfasst.

2. Auch **E-Geld** (s § 675 c Rn 3) ist – innerhalb der Höchstbetragsgrenze – ein Kleinbetragsinstrument. Für E-Geld erklärt Abs 3 zusätzlich die Haftungsvorschriften für nicht autorisierte Zahlungsvorgänge der §§ 675 u und 675 v in bestimmten Fällen für nicht anwendbar. Erfasst sind zB vorausbezahlte Produkte, mit denen ohne Unterschrift oder andere personalisierte Sicherheitsmerkmale Zahlungsvorgänge ausgelöst und autorisiert werden können, insb also die in Deutschland weit verbreitete Geldkarte. Gerade weil sie eine besonders ausgeprägte **Bargeldersatzfunktion** haben, wurde zum bisherigen § 676 h aF diskutiert, ob diese Norm überhaupt auf solche Produkte anwendbar

sein könne (vgl MK/Casper § 676 h Rn 37; Werner, in Kahler/Werner, Electronic Banking und Datenschutz, 93). Nach Abs 3 trägt nun für diese E-Geld-Produkte der jeweilige Inhaber/Verwender genauso wie beim Einsatz von Bargeld das Verlust- und Missbrauchsrisiko.

Kapitel 3
Erbringung und Nutzung von Zahlungsdiensten
Unterkapitel 1
Autorisierung von Zahlungsvorgängen; Zahlungsauthentifizierungsinstrumente

§ 675j Zustimmung und Widerruf der Zustimmung

(1) ¹Ein Zahlungsvorgang ist gegenüber dem Zahler nur wirksam, wenn er diesem zugestimmt hat (Autorisierung). ²Die Zustimmung kann entweder als Einwilligung oder, sofern zwischen dem Zahler und seinem Zahlungsdienstleister zuvor vereinbart, als Genehmigung erteilt werden. ³Art und Weise der Zustimmung sind zwischen dem Zahler und seinem Zahlungsdienstleister zu vereinbaren. ⁴Insbesondere kann vereinbart werden, dass die Zustimmung mittels eines bestimmten Zahlungsauthentifizierungsinstruments erteilt werden kann.

(2) ¹Die Zustimmung kann vom Zahler durch Erklärung gegenüber dem Zahlungsdienstleister so lange widerrufen werden, wie der Zahlungsauftrag widerruflich ist (§ 675 p). ²Auch die Zustimmung zur Ausführung mehrerer Zahlungsvorgänge kann mit der Folge widerrufen werden, dass jeder nachfolgende Zahlungsvorgang nicht mehr autorisiert ist.

1 I. In der Vorschrift wird die **Wirksamkeit von Zahlungsvorgängen** geregelt. Als Schlüsselbegriff wird die Autorisierung des Zahlungsvorgangs als eine spezielle Art der Zustimmung (§ 182) für den Regelungsbereich der Zahlungsdienste festgelegt.

2 II. 1. Abs 1 stellt klar, dass ein Zahlungsvorgang ggü dem Zahler nur **wirksam** wird, wenn dessen Zustimmung – **Autorisierung** – vorliegt. Das bedeutet, dass der Zahlungsdienstleister nur für einen autorisierten Zahlungsvorgang einen Anspruch auf Aufwendungsersatz hat (s § 675 u S 1). Nach S 2 kann ein Zahlungsvorgang sowohl vor (Einwilligung) als auch nach (Genehmigung) seiner Ausführung vom Zahler autorisiert werden, letzteres jedoch nur, sofern dies vereinbart wurde.

3 2. Da die Zustimmung auch konkludent erfolgen kann (Abs 1 S 3), bleibt das **Einzugsermächtigungslastschriftverfahren** möglich: Bei diesem Verfahren handelt es sich um eine „rückläufige Überweisung" (BGHZ 69, 84): der Zahlungsempfänger wird ermächtigt, den Zahlungsvorgang über sein Institut anzustoßen, welches den Auftrag dann an die Schuldnerbank weitergibt. Insoweit kann die Zustimmung des Zahlers zum Zahlungsvorgang regelmäßig erst im Nachhinein ggü seinem Zahlungsdienstleister erfolgen. In der Praxis geschieht dies, indem der Zahler dem Rechnungsabschluss nicht innerhalb einer Frist von idR 6 Wochen widerspricht.

4 3. Bei dem auf Initiative der europäischen Kreditwirtschaft eingeführten **SEPA-Lastschriftverfahren** erfolgt die Autorisierung vor dem Zahlungsvorgang. Dieses Verfahren sollte mit Ablauf der Umsetzungsfrist der Zahlungsd-RL europaweit eingeführt werden und zum 1.2.14 an die Stelle mitgliedstaatlicher Lastschriftverfahren treten und somit auch die vor allem in Deutschland verbreitete Einzugsermächtigung ersetzen. Inzwischen wurde diese Übergangsfrist bis zum 1.8.14 verlängert. Bei der SEPA-Lastschrift erteilt der Zahler gleichzeitig dem Zahlungsempfänger eine Einzugsermächtigung und seinem Zahlungsdienstleister einen Zahlungsauftrag („Doppelweisung"), sodass eine Einwilligung vorliegt (Rösler/Werner BKR 09, 8). Die für die in Deutschland übliche Einzugsermächtigung überwiegend vertretene Genehmigungstheorie (§ 676 f Rn 5) hat für die SEPA-Lastschrift somit keine Bedeutung mehr (Jungmann ZBB 08, 416).

4. Nach Abs 2 kann eine Zustimmung des Zahlers jederzeit widerrufen werden, was grds auch dem bisherigen Auftragsrecht entspricht (s für die Überweisung nach altem Recht OLG Düsseldorf ZIP 03, 1140). Ein **Widerruf** der Zustimmung ist jedoch nicht mehr möglich, sobald der Zahlungsauftrag unwiderruflich geworden ist. Wann dies der Fall ist, wird in § 675 p unter Berücksichtigung der Besonderheiten der verschiedenen Zahlungsverfahren geregelt. Die Regelung in S 2 erfasst die Fälle, in denen eine einzelne Zustimmung die Ausführung mehrerer Zahlungsvorgänge erfasst, zB Daueraufträge oder SEPA-Lastschriftmandate für wiederkehrende Zahlungen (im Gegensatz zu Einmallastschriften). Bei diesen gilt der Widerruf für alle ihm zeitlich nachfolgenden Zahlungen.

§ 675 k Nutzungsbegrenzung

(1) In Fällen, in denen die Zustimmung mittels eines Zahlungsauthentifizierungsinstruments erteilt wird, können der Zahler und der Zahlungsdienstleister Betragsobergrenzen für die Nutzung dieses Zahlungsauthentifizierungsinstruments vereinbaren.
(2) ¹Zahler und Zahlungsdienstleister können vereinbaren, dass der Zahlungsdienstleister das Recht hat, ein Zahlungsauthentifizierungsinstrument zu sperren, wenn
1. sachliche Gründe im Zusammenhang mit der Sicherheit des Zahlungsauthentifizierungsinstruments dies rechtfertigen,
2. der Verdacht einer nicht autorisierten oder einer betrügerischen Verwendung des Zahlungsauthentifizierungsinstruments besteht oder
3. bei einem Zahlungsauthentifizierungsinstrument mit Kreditgewährung ein wesentlich erhöhtes Risiko besteht, dass der Zahler seiner Zahlungspflicht nicht nachkommen kann.

²In diesem Fall ist der Zahlungsdienstleister verpflichtet, den Zahler über die Sperrung des Zahlungsauthentifizierungsinstruments möglichst vor, spätestens jedoch unverzüglich nach der Sperrung zu unterrichten. ³In der Unterrichtung sind die Gründe für die Sperrung anzugeben. ⁴Die Angabe von Gründen darf unterbleiben, soweit der Zahlungsdienstleister hierdurch gegen gesetzliche Verpflichtungen verstoßen würde. ⁵Der Zahlungsdienstleister ist verpflichtet, das Zahlungsauthentifizierungsinstrument zu entsperren oder dieses durch ein neues Zahlungsauthentifizierungsinstrument zu ersetzen, wenn die Gründe für die Sperrung nicht mehr gegeben sind. ⁶Der Zahlungsdienstnutzer ist über eine Entsperrung unverzüglich zu unterrichten.

§ 675 l Pflichten des Zahlers in Bezug auf Zahlungsauthentifizierungsinstrumente

¹Der Zahler ist verpflichtet, unmittelbar nach Erhalt eines Zahlungsauthentifizierungsinstruments alle zumutbaren Vorkehrungen zu treffen, um die personalisierten Sicherheitsmerkmale vor unbefugtem Zugriff zu schützen. ²Er hat dem Zahlungsdienstleister oder einer von diesem benannten Stelle den Verlust, den Diebstahl, die missbräuchliche Verwendung oder die sonstige nicht autorisierte Nutzung eines Zahlungsauthentifizierungsinstruments unverzüglich anzuzeigen, nachdem er hiervon Kenntnis erlangt hat.

§ 675 m Pflichten des Zahlungsdienstleisters in Bezug auf Zahlungsauthentifizierungsinstrumente; Risiko der Versendung

(1) ¹Der Zahlungsdienstleister, der ein Zahlungsauthentifizierungsinstrument ausgibt, ist verpflichtet,
1. unbeschadet der Pflichten des Zahlungsdienstnutzers gemäß § 675 l sicherzustellen, dass die personalisierten Sicherheitsmerkmale des Zahlungsauthentifizierungsinstruments nur der zur Nutzung berechtigten Person zugänglich sind,
2. die unaufgeforderte Zusendung von Zahlungsauthentifizierungsinstrumenten an den Zahlungsdienstnutzer zu unterlassen, es sei denn, ein bereits an den Zahlungsdienstnutzer ausgegebenes Zahlungsauthentifizierungsinstrument muss ersetzt werden,

3. sicherzustellen, dass der Zahlungsdienstnutzer durch geeignete Mittel jederzeit die Möglichkeit hat, eine Anzeige gemäß § 675 l Satz 2 vorzunehmen oder die Aufhebung der Sperrung gemäß § 675 k Abs. 2 Satz 5 zu verlangen, und
4. jede Nutzung des Zahlungsauthentifizierungsinstruments zu verhindern, sobald eine Anzeige gemäß § 675 l Satz 2 erfolgt ist.

²Hat der Zahlungsdienstnutzer den Verlust, den Diebstahl, die missbräuchliche Verwendung oder die sonstige nicht autorisierte Nutzung eines Zahlungsauthentifizierungsinstruments angezeigt, stellt sein Zahlungsdienstleister ihm auf Anfrage bis mindestens 18 Monate nach dieser Anzeige die Mittel zur Verfügung, mit denen der Zahlungsdienstnutzer beweisen kann, dass eine Anzeige erfolgt ist.

(2) Die Gefahr der Versendung eines Zahlungsauthentifizierungsinstruments und der Versendung personalisierter Sicherheitsmerkmale des Zahlungsauthentifizierungsinstruments an den Zahler trägt der Zahlungsdienstleister.

1 **I.** §§ 675 k–m sehen verschiedene **Sicherungsmechanismen** für den Einsatz von Zahlungsauthentifizierungsinstrumenten vor, da der Einsatz dieser Instrumente einerseits störanfällig ist, andererseits aber große Erleichterungen im bargeldlosen Zahlungsverkehr mit sich bringt. **Zahlungsauthentifizierungsinstrumente** (dazu § 1 V ZAG) sind insb Gegenstände wie die Debitkarte mit PIN oder die Kreditkarte mit Unterschrift oder PIN. Beispiele für ein entspr Verfahren sind das Online-Banking unter Nutzung von PIN und TAN oder das Telefonbanking mit Passwort. Reine Zahlungsverfahren wie die Nutzung einer Kreditkarte, Überweisung oder Lastschrift sind hingegen keine Zahlungsauthentifizierungsinstrumente.

2 **II. 1.** § 675 k erlaubt die Vereinbarung von Obergrenzen zum Schutz von Missbrauch durch unberechtigte Dritte. Dies erfolgt zB durch Tagesbegrenzung für Überweisungen im Online-Banking oder für Kartenbargeldabhebungen. Nach § 675 k II können Zahlungsdienstleister und Zahlungsdienstnutzer vereinbaren, dass der Zahlungsdienstleister das Zahlungsauthentifizierungsinstrument unter bestimmten Voraussetzungen **sperren darf**. Davon ist auch der Einzug des Authentifizierungsinstruments umfasst.

3 **2.** § 675 l verpflichtet den Zahlungsdienstenutzer, personalisierte **Sicherheitsmerkmale** (zB PIN, TAN oder Passwort, nicht aber Konto- oder Kartennummer) **vor dem Zugriff Dritter zu schützen**. Daneben können sich weitere Pflichten aus der vertraglichen Vereinbarung zw Nutzer und Zahlungsdienstleister ergeben. Sowohl eine Verletzung der in § 675 l genannten als auch sonstiger vertraglich vereinbarter Pflichten kann eine Haftung des Zahlers im Falle einer missbräuchlichen Nutzung des Zahlungsauthentifizierungsinstruments nach § 675 v II begründen.

4 **3.** § 675 m normiert **Pflichten des Zahlungsdienstleisters** im Zusammenhang mit den Authentifizierungsinstrumenten. Insb hat der Zahlungsdienstleister dem Nutzer eine Verlust- oder Missbrauchsanzeige für ein Authentifizierungsinstrument zu ermöglichen, zu der dieser nach § 675 l S 2 verpflichtet ist, und ihm hierfür eine zuständige Stelle zu benennen (Nr 3). Nach Nr 4 ist der Zahlungsdienstleister verpflichtet, jede Nutzung des Zahlungsauthentifizierungsinstruments nach Sperrnachricht zu unterbinden. Dies ist jedoch, an den Rechtsgedanken des § 676 c anknüpfend, nur in der vom Dienstleister beherrschbaren Sphäre möglich. Eine weitergehende Verpflichtung ist aus der Kundensicht nicht erforderlich, da der Zahlungsdienstnutzer vor jeglicher Haftung nach Abgabe der Sperrnachricht gem § 675 v III freigestellt ist.

5 **4.** Gem § 675 m II trägt der Zahlungsdienstleister die **Gefahr für die Versendung** des Zahlungsauthentifizierungsinstruments und der personalisierten Sicherheitsmerkmale. Das bedeutet, dass der Zahlungsdienstleister des Zahlers bis zu dem Zeitpunkt, zu welchem der Zahler das Zahlungsauthentifizierungsinstrument und die personalisierten Sicherheitsmerkmale erhält, für etwaige Folgen ihrer missbräuchlichen Verwendung einzustehen hat. Erst nach Erhalt kann den Zahlungsdienstnutzer die Pflicht zum Schutz vor unbefugtem Zugriff treffen.

Unterkapitel 2
Ausführung von Zahlungsvorgängen

§ 675 n Zugang von Zahlungsaufträgen

(1) ¹Ein Zahlungsauftrag wird wirksam, wenn er dem Zahlungsdienstleister des Zahlers zugeht. ²Fällt der Zeitpunkt des Zugangs nicht auf einen Geschäftstag des Zahlungsdienstleisters des Zahlers, gilt der Zahlungsauftrag als am darauf folgenden Geschäftstag zugegangen. ³Der Zahlungsdienstleister kann festlegen, dass Zahlungsaufträge, die nach einem bestimmten Zeitpunkt nahe am Ende eines Geschäftstags zugehen, für die Zwecke des § 675 s Abs. 1 als am darauf folgenden Geschäftstag zugegangen gelten. ⁴Geschäftstag ist jeder Tag, an dem der an der Ausführung eines Zahlungsvorgangs beteiligte Zahlungsdienstleister den für die Ausführung von Zahlungsvorgängen erforderlichen Geschäftsbetrieb unterhält.

(2) ¹Vereinbaren der Zahlungsdienstnutzer, der einen Zahlungsvorgang auslöst oder über den ein Zahlungsvorgang ausgelöst wird, und sein Zahlungsdienstleister, dass die Ausführung des Zahlungsauftrags an einem bestimmten Tag oder am Ende eines bestimmten Zeitraums oder an dem Tag, an dem der Zahler dem Zahlungsdienstleister den zur Ausführung erforderlichen Geldbetrag zur Verfügung gestellt hat, beginnen soll, so gilt der vereinbarte Termin für die Zwecke des § 675 s Abs. 1 als Zeitpunkt des Zugangs. ²Fällt der vereinbarte Termin nicht auf einen Geschäftstag des Zahlungsdienstleisters des Zahlers, so gilt für die Zwecke des § 675 s Abs. 1 der darauf folgende Geschäftstag als Zeitpunkt des Zugangs.

I. Die Vorschriften des Unterkapitels 2 legen fest, wie Zahlungsvorgänge auszuführen 1
sind. Angestoßen wird ein Zahlungsvorgang durch einen Zahlungsauftrag, für den die §§ 675 n–p regeln, wann er wirksam wird und die Parteien bindet. §§ 675 r–t bestimmen, wie und innerhalb welcher Fristen die eigentliche Zahlung durchzuführen ist. Ggü § 676 a II aF wesentlich verschärft sind die **Ausführungsfristen** für einen Zahlungsvorgang (§ 675 s).

II. 1. Gem § 675 n I werden **Zahlungsaufträge mit Zugang wirksam**. Damit entspricht 2
Abs 1 der allgemeinen Wirksamkeitsregelung des § 130 I 1. Auf die Detailregelung des Abs 1 S 2 hätte verzichtet werden können, da sie der bisherigen Rechtslage in Deutschland entspricht (vgl § 130 Rn 4). Sie war allerdings nötig, da die bestehende Rspr nicht ausreicht, um den Erfordernis der klaren und bestimmten Umsetzung von Richtlinienvorgaben zu genügen (EuGH NJW 01, 2244 – „Kommission/Niederlande"). Für Zahlungsaufträge, die zu einem bestimmten Termin ausgeführt werden sollen, erklärt Abs 2 abweichend von Abs 1 den vom Zahlungsdienstnutzer bestimmten Termin für ausschlaggebend. Hierfür muss der Zahlungsauftrag bereits **vor dem Termin** beim Zahlungsdienstleister des Zahlers **eingegangen** sein; Terminüberweisungen bleiben somit nach der neuen Rechtslage weiterhin möglich. Als **nicht zugegangen** gilt in bestimmten Fällen ein Zahlungsauftrag, wenn dessen Ausführung berechtigt abgelehnt wurde (vgl § 675 o III).

2. Der Zeitpunkt des Zugangs löst mehrere **Rechtsfolgen** aus. Ab diesem Zeitpunkt 3
kann der Zahlungsauftrag grds **nicht mehr widerrufen** werden (§ 675 p I). Ebenfalls laufen mit Zugang die **Ausführungsfristen** des § 675 s. An die Ausführungsfrist gekoppelt ist die Frist zur Ablehnung eines eingegangenen Zahlungsauftrags (vgl § 675 o I).

§ 675 o Ablehnung von Zahlungsaufträgen

(1) ¹Lehnt der Zahlungsdienstleister die Ausführung eines Zahlungsauftrags ab, ist er verpflichtet, den Zahlungsdienstnutzer hierüber unverzüglich, auf jeden Fall aber innerhalb der Fristen gemäß § 675 s Abs. 1 zu unterrichten. ²In der Unterrichtung sind, soweit möglich, die Gründe für die Ablehnung sowie die Möglichkeiten anzugeben, wie Fehler, die zur Ablehnung geführt haben, berichtigt werden können. ³Die Angabe von Gründen darf unterbleiben, soweit sie gegen sonstige Rechtsvorschriften verstoßen würde. ⁴Der Zahlungsdienstleister darf mit dem Zahlungsdienstnutzer im Zahlungs-

diensterahmenvertrag für die Unterrichtung über eine berechtigte Ablehnung ein Entgelt vereinbaren.
(2) Der Zahlungsdienstleister des Zahlers ist nicht berechtigt, die Ausführung eines autorisierten Zahlungsauftrags abzulehnen, wenn die im Zahlungsdiensterahmenvertrag festgelegten Ausführungsbedingungen erfüllt sind und die Ausführung nicht gegen sonstige Rechtsvorschriften verstößt.
(3) Für die Zwecke der §§ 675 s, 675 y und 675 z gilt ein Zahlungsauftrag, dessen Ausführung berechtigterweise abgelehnt wurde, als nicht zugegangen.

1 I. Aus §§ 675 c I iVm 663 ergibt sich, dass die Ausführung eines Zahlungsauftrags durch den Zahlungsdienstleister grds abgelehnt werden kann. Gem § 675 o setzt dies einen **Ablehnungsgrund** sowie die **Unterrichtung** über die Ablehnung voraus.

2 II. 1. Ablehnungsgrund kann zB sein, wenn der Zahlungsauftrag nicht alle erforderlichen Angaben enthält bzw der Auftrag nicht gedeckt ist. Ebenfalls abgelehnt werden kann der Auftrag, wenn dieser gegen nationale Rechtsvorschriften oder solche des Gemeinschaftsrechts verstoßen würde, wie zB gegen § 11 V GeldwäscheG. Darüber hinaus können weitere Ablehnungsgründe vereinbart sein, zB die Ablehnung von Zahlungen in Drittstaaten. Für **Zahlungsdiensterahmenverträge** stellt Abs 2 klar, dass der Zahlungsdienstleister des Zahlers die Ausführung eines Zahlungsauftrags grds nicht ablehnen darf, wenn die vertraglich vereinbarten Ausführungsbedingungen erfüllt sind. Lediglich bei Gesetzesverstößen kann der Dienstleister einen Auftrag ablehnen.

3 2. Über eine Ablehnung hat der Zahlungsdienstleister seinen Zahlungsdienstnutzer **unverzüglich zu unterrichten**, spätestens innerhalb der Fristen des § 675 s I. Unterrichten bedeutet, dass der Zahlungsdienstleister dem Zahlungsdienstnutzer die Ablehnung und deren Gründe grds (Ausn in Abs 1 S 3) mitzuteilen hat. Ohne schuldhaftes Zögern (vgl § 121 I 1) handelt der Zahlungsdienstleister, wenn er innerhalb der Frist alles in seiner Macht stehende unternommen hat, um den Zahlungsdienstnutzer schnellstmöglich zu unterrichten (RegE, BT-Drucks 16/11643, 108). Haben die Parteien keine anderweitigen Abreden über die gegenseitigen Kommunikationsmittel getroffen, bleibt dem Zahlungsdienstleister nur die Zusendung der Information auf dem Postwege mit der Folge, dass der Zahlungsdienstnutzer aufgrund der Postlaufzeiten womöglich erst nach Ablauf der Frist des § 675 s I unterrichtet wird.

4 3. Für die Benachrichtigung über die Ablehnung von Zahlungsaufträgen kann der Zahlungsdienstleister ein **Entgelt verlangen**, sofern dies vereinbart ist (Abs 1 S 4). Bisher sah BGH solche Vereinbarungen als unwirksam gem § 307 II Nr 1 an (zu § 9 AGBG BGHZ 146, 377). Mit der Einf von Abs 1 S 4 hat der Gesetzgeber hier ein neues gesetzliches Leitbild geschaffen, so dass an der Unwirksamkeits-Rspr nicht mehr festgehalten werden kann. Zu dem Entgelt sollen nicht nur das Porto für die briefliche Benachrichtigung zählen, sondern auch die mit der Ablehnung verbundenen Verwaltungskosten (Grundmann WM 09, 1159).

§ 675 p Unwiderruflichkeit eines Zahlungsauftrags

(1) Der Zahlungsdienstnutzer kann einen Zahlungsauftrag vorbehaltlich der Absätze 2 bis 4 nach dessen Zugang beim Zahlungsdienstleister des Zahlers nicht mehr widerrufen.
(2) ¹Wurde der Zahlungsvorgang vom Zahlungsempfänger oder über diesen ausgelöst, so kann der Zahler den Zahlungsauftrag nicht mehr widerrufen, nachdem er den Zahlungsauftrag oder seine Zustimmung zur Ausführung des Zahlungsvorgangs an den Zahlungsempfänger übermittelt hat. ²Im Fall einer Lastschrift kann der Zahler den Zahlungsauftrag jedoch unbeschadet seiner Rechte gemäß § 675 x bis zum Ende des Geschäftstags vor dem vereinbarten Fälligkeitstag widerrufen.
(3) Ist zwischen dem Zahlungsdienstnutzer und seinem Zahlungsdienstleister ein bestimmter Termin für die Ausführung eines Zahlungsauftrags (§ 675 n Abs. 2) vereinbart worden, kann der Zahlungsdienstnutzer den Zahlungsauftrag bis zum Ende des Geschäftstags vor dem vereinbarten Tag widerrufen.

(4) ¹Nach den in den Absätzen 1 bis 3 genannten Zeitpunkten kann der Zahlungsauftrag nur widerrufen werden, wenn der Zahlungsdienstnutzer und sein Zahlungsdienstleister dies vereinbart haben. ²In den Fällen des Absatzes 2 ist zudem die Zustimmung des Zahlungsempfängers zum Widerruf erforderlich. ³Der Zahlungsdienstleister darf mit dem Zahlungsdienstnutzer im Zahlungsdiensterahmenvertrag für die Bearbeitung eines solchen Widerrufs ein Entgelt vereinbaren.

(5) Der Teilnehmer an Zahlungsverkehrssystemen kann einen Auftrag zugunsten eines anderen Teilnehmers von dem in den Regeln des Systems bestimmten Zeitpunkt an nicht mehr widerrufen.

I. § 675 p regelt den Zeitpunkt der Unwiderruflichkeit eines Zahlungsauftrags. Grds liegt der Zeitpunkt der Unwiderruflichkeit des Zahlungsauftrags erheblich früher als nach bisheriger Rechtslage gem § 676 a IV 1 aF für den Überweisungsvertrag. Der Überweisungsvertrag war bisher nicht mehr kündbar (und damit bindend), sobald dem Empfängerinstitut der Überweisungsbetrag zur Gutschrift zur Verfügung gestellt wird (BGHZ 170, 121). 1

II. 1. Nach neuem Recht kann der Nutzer schon ab dem Zugang des Zahlungsauftrags bei Zahlungsdienstleister nicht mehr widerrufen, außer wenn ein Widerruf ausdrücklich zugelassen ist. Über die Sondertatbestände in Abs 2 und 3 hinaus ist ein **Widerruf** nur wirksam, wenn die Parteien dies **vereinbart** haben (Abs 4). Eine solche Vereinbarung kann auch in AGB getroffen werden. Selbst in diesen Fällen ist ein Direktwiderruf des Nutzers an ein anderes als „sein" Institut grds unzulässig (so zum alten Recht BGHZ 103, 143, 145). 2

2. Die Besonderheiten von **den durch den Zahlungsempfänger ausgelösten Zahlungen** (§ 675 f Rn 5) werden in Abs 2 geregelt. Kreditkarten- oder „Point-of-Sale" (POS)-Zahlungen können danach nicht mehr widerrufen werden, sobald der Zahlungsauftrag an den Zahlungsempfänger (dh den Kreditkarten akzeptierenden Händler) übermittelt wird. Dies bedeutet eine wesentliche Vorverlegung der Unwiderruflichkeit. Für Lastschriftverfahren hingegen kann der Widerruf nach Abs 2 S 2 auch noch deutlich später möglich sein. Überdies können die Parteien beim Lastschriftverfahren ein nachträgliches Widerspruchsrecht vereinbaren (vgl § 675 x II). 3

3. Für **Überweisungen** besteht ein Widerrufsrecht kraft Gesetzes nur noch bei Aufträgen, die zu bestimmten Terminen ausgeführt werden sollen (Abs 3). Dieses Widerrufsrecht gilt auch für Daueraufträge (Grundmann, WM 09, 1115). 4

§ 675 q Entgelte bei Zahlungsvorgängen

(1) Der Zahlungsdienstleister des Zahlers sowie sämtliche an dem Zahlungsvorgang beteiligte zwischengeschaltete Stellen sind verpflichtet, den Betrag, der Gegenstand des Zahlungsvorgangs ist (Zahlungsbetrag), ungekürzt an den Zahlungsdienstleister des Zahlungsempfängers zu übermitteln.

(2) ¹Der Zahlungsdienstleister des Zahlungsempfängers darf ihm zustehende Entgelte vor Erteilung der Gutschrift nur dann von dem übermittelten Betrag abziehen, wenn dies mit dem Zahlungsempfänger vereinbart wurde. ²In diesem Fall sind der vollständige Betrag des Zahlungsvorgangs und die Entgelte in den Informationen gemäß Artikel 248 §§ 8 und 15 des Einführungsgesetzes zum Bürgerlichen Gesetzbuche für den Zahlungsempfänger getrennt auszuweisen.

(3) Bei einem Zahlungsvorgang, der mit keiner Währungsumrechnung verbunden ist, tragen Zahlungsempfänger und Zahler jeweils die von ihrem Zahlungsdienstleister erhobenen Entgelte.

I. Schon aus § 675 f IV 1 ergibt sich, dass für die Ausführung eines Zahlungsauftrags ein Entgelt vereinbart werden kann. Damit der Zahler sicher gehen kann, dass der zu transferierende dem Zahlungsempfänger in voller Höhe gutgeschrieben wird, dürfen diese Entgelte aber nicht vom transferierten Betrag abgezogen werden (Abs 1). Dies 1 war im alten Recht anders, da gem § 676 a I 2 aF die Parteien einen Entgeltabzug vereinbaren konnten.

2 **II. 1. Entgelte müssen grds getrennt in Rechnung gestellt** werden und dürfen nicht vom Zahlungsbetrag abgezogen werden (Ausn in Abs 2). Zudem dürfen Zahler und Zahlungsempfänger nur die jeweils von ihrem Zahlungsdienstleister erhobenen Entgelte auferlegt werden (Abs 3). Dies gilt für alle Zahlungen, die keine Währungsumrechnung erfordern, zB für alle Zahlungen in Euro. Insoweit ist die Regelung auch nicht abdingbar (vgl § 675 e I und IV). Werden dennoch Entgelte abgezogen, so hat der Zahlungsdienstleister des Zahlers hierfür einzustehen (§ 675 y I 3). In Drittstaatenfällen ist Abs 3 nicht anzuwenden (§ 675 e II 1), so dass zB dem Zahler auch Entgelte der Gläubigerbank auferlegt werden können.

3 **2.** Zu beachten ist, dass § 675 q keine Pflicht vorsieht, für die konkrete Ausführung einzelner Zahlungsaufträge Entgelte zu erheben. Die für innerdeutsche Zahlungsvorgänge verbreitete Praxis, eingehende Beträge kostenlos gutzuschreiben, kann damit aufrechterhalten werden.

§ 675 r Ausführung eines Zahlungsvorgangs anhand von Kundenkennungen

(1) ¹Die beteiligten Zahlungsdienstleister sind berechtigt, einen Zahlungsvorgang ausschließlich anhand der von dem Zahlungsdienstnutzer angegebenen Kundenkennung auszuführen. ²Wird ein Zahlungsauftrag in Übereinstimmung mit dieser Kundenkennung ausgeführt, so gilt er im Hinblick auf den durch die Kundenkennung bezeichneten Zahlungsempfänger als ordnungsgemäß ausgeführt.
(2) Eine Kundenkennung ist eine Abfolge aus Buchstaben, Zahlen oder Symbolen, die dem Zahlungsdienstnutzer vom Zahlungsdienstleister mitgeteilt wird und die der Zahlungsdienstnutzer angeben muss, damit der andere am Zahlungsvorgang beteiligte Zahlungsdienstnutzer oder dessen Zahlungskonto zweifelsfrei ermittelt werden kann.
(3) Ist eine vom Zahler angegebene Kundenkennung für den Zahlungsdienstleister des Zahlers erkennbar keinem Zahlungsempfänger oder keinem Zahlungskonto zuzuordnen, ist dieser verpflichtet, den Zahler unverzüglich hierüber zu unterrichten und ihm gegebenenfalls den Zahlungsbetrag wieder herauszugeben.

1 **I.** Abweichend vom bisherigen Recht erlaubt § 675 r den Zahlungsdienstleistern, Zahlungsvorgänge allein nach vom Nutzer angegebenen **Kundenkennungen** auszuführen. Damit soll die Effektivität der automatischen Abwicklung von Zahlungsvorgängen gesteigert werden.

2 **II. 1.** Nach altem Recht war es grds nicht zulässig, Zahlungen nur anhand der Kundenkennung durchzuführen. Im beleghaften Überweisungsverkehr (BGHZ 108, 386, 390; BGH NJW 03, 1389) sowie beim Online-Banking (Pauli NJW 08, 2230) durfte der transferierte Betrag erst nach einem Kontonummer-Namensvergleich gutgeschrieben werden. Die **Neuregelung** des Abs 1 erlaubt den beteiligten Zahlungsdienstleistern, einen Zahlungsvorgang ausschließlich auf Basis einer Kundenkennung auszuführen. Zahlungsdienstleister sind in Zukunft **nicht mehr verpflichtet, Kontonummer und Empfängernamen abzugleichen**. Verschreibt oder vertippt sich der Zahler und entspricht die unrichtige Kundenkennung einem anderen als dem beabsichtigten Zahlungsempfänger, so kann die Bank den Auftrag dennoch ausführen. Nur wenn die Kundenkennung gar keinem Empfängerkonto zugeordnet werden kann, hat die Schuldnerbank den Zahler zu unterrichten und den fehlgeschlagenen Zahlungsvorgang rückabzuwickeln (Abs 3). Analog Abs 3 ist die Bank zur Unterrichtung verpflichtet, wenn sie ausnahmsweise im Rahmen einer manuellen Prüfung die Divergenz zwischen Kundenkennung und Empfängerbezeichnung erkennt (OLG Schleswig, Beschluss vom 27.1.12 – 5 U 4/12).

3 **2.** Als **Rechtsfolge** bestimmt Abs 1 S 2, dass die auch allein anhand der Kundenkennung durchgeführte Zahlung als **ordnungsgemäß ausgeführt** gilt. Dies bedeutet eine deutliche Benachteiligung des Zahlers ggü der bisherigen Rechtslage. Danach wurde der Zahler im Valutaverhältnis von seiner Zahlungsverpflichtung ggü dem Gläubiger auch bei einer fehlerhaft angegebenen Kontonummer frei, da schon mit Eingang des Überweisungsbetrages bei der Empfängerbank die Erfüllung bewirkt war (vgl MK/Casper § 676 f aF Rn 15). Ordnete die Empfängerbank aufgrund der unrichtigen Kontonummer den Überweisungsbetrag einem anderen Konto zu, war der Schuldner im Valutaverhältnis vor einer erneuten Inanspruchnahme durch seinen Gläubiger geschützt. Die nun durch Abs 1 S 2 eingeführte **Fiktion** bewirkt, dass der durch die Kundenkennung identifizierte Kunde (und nicht der namentlich bezeichnete Empfänger) den Anspruch auf Gutschrift gem § 676 t I erwirbt. Damit sind im Valutaverhältnis die Voraussetzungen von § 362 nicht erfüllt und dem Schuldner droht die erneute Inanspruchnahme durch den Gläubiger (Rauhut ZBB 09, 43). Zugunsten des Zahlers sieht § 675 y III 2 lediglich vor, dass die Empfängerbank „im Rahmen [ihrer] Möglichkeiten" versucht, den Zahlungsbetrag wiederzuerlangen.

§ 675 s Ausführungsfrist für Zahlungsvorgänge

(1) ¹Der Zahlungsdienstleister des Zahlers ist verpflichtet sicherzustellen, dass der Zahlungsbetrag spätestens am Ende des auf den Zugangszeitpunkt des Zahlungsauftrags folgenden Geschäftstags beim Zahlungsdienstleister des Zahlungsempfängers eingeht; bis zum 1. Januar 2012 können ein Zahler und sein Zahlungsdienstleister eine Frist von bis zu drei Geschäftstagen vereinbaren. ²Für Zahlungsvorgänge innerhalb des Europäischen Wirtschaftsraums, die nicht in Euro erfolgen, können ein Zahler und sein Zahlungsdienstleister eine Frist von maximal vier Geschäftstagen vereinbaren. ³Für in Papierform ausgelöste Zahlungsvorgänge können die Fristen nach Satz 1 um einen weiteren Geschäftstag verlängert werden.

(2) ¹Bei einem vom oder über den Zahlungsempfänger ausgelösten Zahlungsvorgang ist der Zahlungsdienstleister des Zahlungsempfängers verpflichtet, den Zahlungsauftrag dem Zahlungsdienstleister des Zahlers innerhalb der zwischen dem Zahlungsempfänger und seinem Zahlungsdienstleister vereinbarten Fristen zu übermitteln. ²Im Fall einer Lastschrift ist der Zahlungsauftrag so rechtzeitig zu übermitteln, dass die Verrechnung an dem vom Zahlungsempfänger mitgeteilten Fälligkeitstag ermöglicht wird.

I. § 675 s schreibt **maximale Ausführungszeiten** für alle Zahlungsvorgänge vor, unabhängig davon, von wem sie angestoßen wurden. Die bisher in § 676 a II aF geregelten Fristen werden dadurch wesentlich verkürzt. 1

II. 1. Gem Abs 1 S 1 müssen alle Zahlungsvorgänge bis zum Ende des folgenden Geschäftstags (Definition in § 675 n I 4) ausgeführt werden. Diese Eintagesfrist gilt unabhängig davon, ob die Zahlung vom Zahler (Überweisung), vom Zahlungsempfänger (Lastschrift) oder über den Zahlungsempfänger (Kreditkartenzahlung) angestoßen wurde. Für beleggebundene und daher erst nach Umwandlung automatisiert zu verarbeitende Zahlungen können 2 Bankgeschäftstage vereinbart werden. Die Frist **beginnt** mit dem Zugang (§ 675 n) des Zahlungsauftrags beim Dienstleister des Zahlers. Bei Überweisungen läuft die Frist also mit Auftragserteilung. Bei Lastschriften und Kartenzahlungen besteht dagegen die Gefahr, dass die Frist nicht zu laufen beginnt, wenn das Kreditinstitut des Zahlungsempfängers Einzugsaufträge unbearbeitet liegen lässt. Das Empfängerinstitut ist daher verpflichtet, solche Aufträge innerhalb einer mit dem Zahlungsempfänger vereinbarten Frist an das Institut des Zahlers weiterzuleiten (Abs 2), so dass die Zahlungsfrist des Abs 1 beginnen kann. 2

2. Mit **Fristende** muss der Zahlungsbetrag beim Empfängerinstitut eingegangen sein. Dabei ist unerheblich, ob der Empfänger zu diesem Zeitpunkt schon über den Betrag verfügen kann (dazu § 675 t). Für die Eintagesfrist kommt es nicht darauf an, wie viele Institute zw Zahler- und Empfängerbank geschaltet sind. Ist an einem Zahlungsvorgang hingegen **nur ein Zahlungsdienstleister** beteiligt (zB Filialüberweisung), ist nicht § 675 s sondern § 675 t I anzuwenden. In diesem Fall bedarf es keiner Ausführungsregelung, da der Zahlungsdienstleister den Geldbetrag bereits mit der Entgegennahme durch den Zahler erhalten hat. 3

4 III. Die **Eintagesfrist** des Abs 1 S 1 ist erst ab dem 2.1.12 **unabdingbar**. Bis dahin können die Parteien Ausführungsfristen von bis zu drei, bei beleggebundenen Zahlungsvorgängen bis zu 4 Geschäftstagen vereinbaren.

§ 675 t Wertstellungsdatum und Verfügbarkeit von Geldbeträgen

(1) ¹Der Zahlungsdienstleister des Zahlungsempfängers ist verpflichtet, dem Zahlungsempfänger den Zahlungsbetrag unverzüglich verfügbar zu machen, nachdem er auf dem Konto des Zahlungsdienstleisters eingegangen ist. ²Sofern der Zahlungsbetrag auf einem Zahlungskonto des Zahlungsempfängers gutgeschrieben werden soll, ist die Gutschrift, auch wenn sie nachträglich erfolgt, so vorzunehmen, dass der Zeitpunkt, den der Zahlungsdienstleister für die Berechnung der Zinsen bei Gutschrift oder Belastung eines Betrags auf einem Zahlungskonto zugrunde legt (Wertstellungsdatum), spätestens der Geschäftstag ist, an dem der Zahlungsbetrag auf dem Konto des Zahlungsdienstleisters des Zahlungsempfängers eingegangen ist. ³Satz 1 gilt auch dann, wenn der Zahlungsempfänger kein Zahlungskonto unterhält.
(2) ¹Zahlt ein Verbraucher Bargeld auf ein Zahlungskonto bei einem Zahlungsdienstleister in der Währung des betreffenden Zahlungskontos ein, so stellt dieser Zahlungsdienstleister sicher, dass der Betrag dem Zahlungsempfänger unverzüglich nach dem Zeitpunkt der Entgegennahme verfügbar gemacht und wertgestellt wird. ²Ist der Zahlungsdienstnutzer kein Verbraucher, so muss dem Zahlungsempfänger der Geldbetrag spätestens an dem auf die Entgegennahme folgenden Geschäftstag verfügbar gemacht und wertgestellt werden.
(3) Eine Belastung auf dem Zahlungskonto des Zahlers ist so vorzunehmen, dass das Wertstellungsdatum frühestens der Zeitpunkt ist, an dem dieses Zahlungskonto mit dem Zahlungsbetrag belastet wird.

1 I. Während § 675 s die **Pflicht** von Zahlungsdienstleister des Zahlers und zwischengeschalteten Stellen zur raschen Ausführung von Zahlungen regelt, ist nach § 675 t auch das **Empfängerinstitut** verpflichtet, an der raschen und vollständigen Ausführung des Zahlungsvorgangs mitzuwirken. Dieses hat Gutschriften und Belastungen unverzüglich zu buchen und wertzustellen.

2 II. 1. Das Empfängerinstitut muss für den Zahlungsempfänger eingegangene Beträge unverzüglich buchen, also dem Zahlungsempfänger **verfügbar machen**. Damit erhält der Empfänger Buchgeld, das dem Empfang von Bargeld gleichsteht. „Unverzüglich" bedeutet, dass der Betrag tagleich, spätestens jedoch einen Geschäftstag nach dem Eingang der Zahlung beim Empfängerinstitut gebucht werden muss. Zw Zahlungsauftrag und Verfügbarkeit des Zahlungsbetrags beim Zahlungsempfänger liegen danach idR 2 Bankgeschäftstage (vgl § 675 s).

3 2. Weiterhin ist das Empfängerinstitut verpflichtet, den Betrag bzw die Belastung **wertzustellen** (Abs 1 S 2 und Abs 3). Ab diesem Zeitpunkt wird die Gutschrift oder die Belastung **zinswirksam**. Die Wertstellung (auch: Valutierung) von Gutschriften hat spätestens zu dem Geschäftstag zu erfolgen, an welchem dem Empfängerinstitut der Betrag gutgeschrieben wurde (sog **Pflicht zur taggleichen Wertstellung**). Die Wertstellung erfolgt daher idR einen Tag vor der tatsächlichen Buchung, so dass der Empfänger von den Zinsvorteilen profitiert, bevor er über die transferierten Betrag verfügen kann. Würde die Wertstellung erst mit der Buchung erfolgen, könnten die Empfängerbanken Zinsgewinne zu Lasten der Nutzer erzielen. Bei **Bareinzahlungen** fallen Wertstellungs- und Buchungsdatum zusammen. Hier sind die Beträge am auf den Zeitpunkt der Entgegennahme folgenden Tag wertzustellen und verfügbar zu machen. Bei Einzahlungen von Verbrauchern soll dies „unverzüglich", also wohl taggleich erfolgen (Grundmann WM 09, 1113).

4 III. Von der Zahlungsd-RL nicht erfasst ist die Frage, wie die Gutschrift rechtsdogmatisch aufzufassen ist. Die bisherige Einordnung als **abstraktes Zahlungsversprechen** (§ 780) des Empfängerinstituts ggü dem Zahlungsempfänger kann daher beibehalten werden.

Unterkapitel 3
Haftung

§ 675 u Haftung des Zahlungsdienstleisters für nicht autorisierte Zahlungsvorgänge

¹Im Fall eines nicht autorisierten Zahlungsvorgangs hat der Zahlungsdienstleister des Zahlers gegen diesen keinen Anspruch auf Erstattung seiner Aufwendungen. ²Er ist verpflichtet, dem Zahler den Zahlungsbetrag unverzüglich zu erstatten und, sofern der Betrag einem Zahlungskonto belastet worden ist, dieses Zahlungskonto wieder auf den Stand zu bringen, auf dem es sich ohne die Belastung durch den nicht autorisierten Zahlungsvorgang befunden hätte.

I. Im Unterkapitel 3 wird die Haftung zw Zahlungsdienstleister und -nutzer geregelt. 1 Grds wird bei einem Zahlungsvorgang der Erfolg, dh der Eingang der Zahlung beim Empfängerinstitut geschuldet. Tritt dieser ein, ist eine Haftung ausgeschlossen. Bleibt der Erfolg aus – in Fällen nicht autorisierter bzw nicht oder fehlerhaft ausgeführter Zahlungsvorgänge – sieht das Gesetz in §§ 675 u ff **verschuldensabhängige sowie verschuldensunabhängige Haftungstatbestände** vor. Anders als bisher (§§ 676 c I 5, 676 g III 4 aF) können die Parteien keine Haftungshöchstgrenzen mehr vereinbaren (Ausn: 675 z). Die Ansprüche unterliegen der materiellen **Ausschlussfrist** des § 676 b II. Zudem ist nach § 676 c eine Haftung bei **höherer Gewalt** ausgeschlossen.

II. Hat der Zahlungsdienstleister eine autorisierte Zahlung vorgenommen, steht ihm 2 ein Aufwendungsersatzanspruch nach §§ 675 c I iVm 670 zu. Fehlt es an der Autorisierung durch den Zahler, entsteht kein Aufwendungsersatzanspruch des Zahlungsdienstleisters gegen seinen Nutzer. § 675 u, der dies klarstellt, hat insoweit nur deklaratorischen Charakter. Wurde das Konto des Zahlers dennoch belastet, hat dieser gegen seinen Zahlungsdienstleister einen **Erstattungsanspruch** (S 2). Diese Regelung ist **abschließend**; Ansprüche des Zahlungsdienstnutzers, die auf dieselben Rechtsfolgen wie der Anspruch aus § 675 u gerichtet sind, bestehen daneben nicht (§ 675 z S 1). So sind insb Ansprüche aus §§ 812 ff, die für den Nutzer aufgrund der Regelverjährung nach §§ 195, 199 günstiger sind als der nach § 676 b II verjährende Erstattungsanspruch, ausgeschlossen.

§ 675 v Haftung des Zahlers bei missbräuchlicher Nutzung eines Zahlungsauthentifizierungsinstruments

(1) ¹Beruhen nicht autorisierte Zahlungsvorgänge auf der Nutzung eines verlorengegangenen, gestohlenen oder sonst abhanden gekommenen Zahlungsauthentifizierungsinstruments, so kann der Zahlungsdienstleister des Zahlers von diesem den Ersatz des hierdurch entstandenen Schadens bis zu einem Betrag von 150 Euro verlangen. ²Dies gilt auch, wenn der Schaden infolge einer sonstigen missbräuchlichen Verwendung eines Zahlungsauthentifizierungsinstruments entstanden ist und der Zahler die personalisierten Sicherheitsmerkmale nicht sicher aufbewahrt hat.

(2) Der Zahler ist seinem Zahlungsdienstleister zum Ersatz des gesamten Schadens verpflichtet, der infolge eines nicht autorisierten Zahlungsvorgangs entstanden ist, wenn er ihn in betrügerischer Absicht ermöglicht hat oder durch vorsätzliche oder grob fahrlässige Verletzung
1. einer oder mehrerer Pflichten gemäß § 675 l oder
2. einer oder mehrerer vereinbarter Bedingungen für die Ausgabe und Nutzung des Zahlungsauthentifizierungsinstruments
herbeigeführt hat.

(3) ¹Abweichend von den Absätzen 1 und 2 ist der Zahler nicht zum Ersatz von Schäden verpflichtet, die aus der Nutzung eines nach der Anzeige gemäß § 675 l Satz 2 verwendeten Zahlungsauthentifizierungsinstruments entstanden sind. ²Der Zahler ist auch nicht zum Ersatz von Schäden im Sinne des Absatzes 1 verpflichtet, wenn der Zahlungsdienstleister seiner Pflicht gemäß § 675 m Abs. 1 Nr. 3 nicht nachgekommen ist.

³Die Sätze 1 und 2 sind nicht anzuwenden, wenn der Zahler in betrügerischer Absicht gehandelt hat.

§ 675 w Nachweis der Authentifizierung

¹Ist die Autorisierung eines ausgeführten Zahlungsvorgangs streitig, hat der Zahlungsdienstleister nachzuweisen, dass eine Authentifizierung erfolgt ist und der Zahlungsvorgang ordnungsgemäß aufgezeichnet, verbucht sowie nicht durch eine Störung beeinträchtigt wurde. ²Eine Authentifizierung ist erfolgt, wenn der Zahlungsdienstleister die Nutzung eines bestimmten Zahlungsauthentifizierungsinstruments, einschließlich seiner personalisierten Sicherheitsmerkmale, mit Hilfe eines Verfahrens überprüft hat. ³Wurde der Zahlungsvorgang mittels eines Zahlungsauthentifizierungsinstruments ausgelöst, reicht die Aufzeichnung der Nutzung des Zahlungsauthentifizierungsinstruments einschließlich der Authentifizierung durch den Zahlungsdienstleister allein nicht notwendigerweise aus, um nachzuweisen, dass der Zahler
1. den Zahlungsvorgang autorisiert,
2. in betrügerischer Absicht gehandelt,
3. eine oder mehrere Pflichten gemäß § 675 l verletzt oder
4. vorsätzlich oder grob fahrlässig gegen eine oder mehrere Bedingungen für die Ausgabe und Nutzung des Zahlungsauthentifizierungsinstruments verstoßen

hat.

1 **I.** § 675 v und w kodifizieren – in Fortschreibung des § 676 h aF – in Deutschland weitgehend bereits übliche Zahlungskartenvertragsbedingungen. Während § 676 h aF noch vorsah, dass bei **missbräuchlicher Kartenverwendung** der Aufwendungsersatzanspruch des Kreditinstituts (aus §§ 675, 670) entfällt, ist die Haftung des Zahlers ggü dem Kreditinstitut nun als Schadensersatzanspruch ausgestaltet. Darüber hinaus erfasst die Vorschrift jetzt auch Missbrauchsfälle im Bereich des Online-Banking (PIN/TAN-Verfahren). Die Haftung des Zahlers ist von § 675 v **abschließend geregelt**; daneben besteht kein Raum für einen weitergehenden Schadensersatzanspruch des Zahlungsdienstleisters.

2 **II. 1.** Gemeinsame Voraussetzung des verschuldensunabhängigen (§ 675 v I) sowie des verschuldensabhängigen (Abs 2) Schadensersatzanspruchs des Kreditinstituts ist ein **nicht autorisierter Zahlungsvorgang**. Hierunter fallen vor allem Vorgänge, die nicht vom Zahler angestoßen wurden (vgl § 675 j I), sondern die ein Dritter missbräuchlich veranlasst hat. Ist die Autorisierung streitig, so ist der Zahlungsdienstleister nach den Vorgaben von § 675 w S 1 und 3 Nr 1 (anscheins-)beweispflichtig. Liegt eine nicht autorisierte Zahlung vor, hat der Zahlungsdienstleister keinen Anspruch aus §§ 675 c, 670, sondern ist gem § 675 u verpflichtet den Zahlungsbetrag zu erstatten. Ein so dem Kreditinstitut entstandener Schaden kann über § 675 v ggü dem Nutzer geltend gemacht werden.

3 **2.** Die **verschuldensunabhängige Haftung** nach § 675 v I 1 setzt voraus, dass der nicht autorisierte Zahlungsvorgang durch die Nutzung eines abhandengekommenen Zahlungsauthentifizierungsinstruments ausgelöst wurde. Dies ist zB der Fall, wenn der Dritte Debit- oder Kreditkarte mit zugehöriger PIN durch Diebstahl erlangt hat und damit einen Zahlungsvorgang einleitet. Da Verschulden des Zahlungsdienstenutzers nicht vorausgesetzt wird, haftet der Nutzer auch für Zufall. Die Haftung ist in zweifacher Hinsicht **beschränkt**: der Nutzer haftet zum einen nur für den vor Anzeige des Abhandenkommens entstandenen Schaden (§ 675 v Abs 3); zum anderen ist die Haftung auf 150 Euro beschränkt (§ 675 w I 1).

4 **3.** § 675 v II begründet eine Schadensersatzpflicht des Nutzers für Zahlungsvorgänge, die auf eine Verletzung von gesetzlichen (§ 675 l) oder vertraglichen **Sorgfaltspflichten** zurückgehen. Insb haftet der Nutzer, wenn er PIN und TAN nicht ordnungsgemäß verwahrt hat. Diese Sorgfaltspflichten muss der Nutzer **mind grob fahrlässig verletzt** haben (vgl § 276 Rn 19). Keine grobe Fahrlässigkeit liegt vor, wenn Zahlungskarte und Geheimnummer an verschiedenen Stellen der Wohnung des Karteninhabers verwahrt

wurden und ein Unbefugter beides nicht in einem Zugriff erlangen konnte, sondern nach dem Auffinden der einen Unterlage weiter nach der anderen suchen musste (BGH NJW 01, 287). Grob fahrlässig ist es hingegen, wenn der Benutzer eines iTAN-Verfahrens nach Aufforderung durch eine gefälschte Internetseite alle zur Verfügung gestellten TAN-Nummern eingibt und trotz Zweifeln nicht nachfragt (OLG München MMR 13, 163; vgl auch BGH NJW 12, 2422 zum Recht vor Umsetzung der ZahlungsdiensteRL). Nicht grob fahrlässig ist es hingegen, wenn der Bankkunde am Geldautomaten die (Nicht-)Ausgabe der EC- Karte übersieht (OLG Düsseldorf, NJW 12, 3381). § 675 w S 3 stellt differenzierte Anforderungen an den Zahlungsdienstleister, um Pflichtverletzung und Verschulden des Nutzers nachzuweisen. Die Haftung nach Abs 2 ist ebenfalls beschränkt auf den Zeitraum vor einer Verlust- oder Missbrauchsanzeige des Nutzers (§ 675 v III). Abweichend von Abs 1 hat der Zahler aber nicht nur eine Beteiligung, sondern den **vollen Schaden** zu tragen.

4. Nach § 675 v II und III 3 haftet der Nutzer ebenfalls unbeschränkt, wenn er den 5 nicht autorisierten Zahlungsvorgang **in betrügerischer Absicht** ermöglicht hat.

§ 675 x Erstattungsanspruch bei einem vom oder über den Zahlungsempfänger ausgelösten autorisierten Zahlungsvorgang

(1) ¹Der Zahler hat gegen seinen Zahlungsdienstleister einen Anspruch auf Erstattung eines belasteten Zahlungsbetrags, der auf einem autorisierten, vom oder über den Zahlungsempfänger ausgelösten Zahlungsvorgang beruht, wenn
1. bei der Autorisierung der genaue Betrag nicht angegeben wurde und
2. der Zahlungsbetrag den Betrag übersteigt, den der Zahler entsprechend seinem bisherigen Ausgabeverhalten, den Bedingungen des Zahlungsdiensterahmenvertrags und den jeweiligen Umständen des Einzelfalls hätte erwarten können; mit einem etwaigen Währungsumtausch zusammenhängende Gründe bleiben außer Betracht, wenn der zwischen den Parteien vereinbarte Referenzwechselkurs zugrunde gelegt wurde.

²Der Zahler ist auf Verlangen seines Zahlungsdienstleisters verpflichtet, die Sachumstände darzulegen, aus denen er sein Erstattungsverlangen herleitet.

(2) Im Fall von Lastschriften können der Zahler und sein Zahlungsdienstleister vereinbaren, dass der Zahler auch dann einen Anspruch auf Erstattung gegen seinen Zahlungsdienstleister hat, wenn die Voraussetzungen für eine Erstattung nach Absatz 1 nicht erfüllt sind.

(3) Der Zahler kann mit seinem Zahlungsdienstleister vereinbaren, dass er keinen Anspruch auf Erstattung hat, wenn er seine Zustimmung zur Durchführung des Zahlungsvorgangs unmittelbar seinem Zahlungsdienstleister erteilt hat und er, sofern vereinbart, über den anstehenden Zahlungsvorgang mindestens vier Wochen vor dem Fälligkeitstermin vom Zahlungsdienstleister oder vom Zahlungsempfänger unterrichtet wurde.

(4) Ein Anspruch des Zahlers auf Erstattung ist ausgeschlossen, wenn er ihn nicht innerhalb von acht Wochen ab dem Zeitpunkt der Belastung des betreffenden Zahlungsbetrags gegenüber seinem Zahlungsdienstleister geltend macht.

(5) ¹Der Zahlungsdienstleister ist verpflichtet, innerhalb von zehn Geschäftstagen nach Zugang eines Erstattungsverlangens entweder den vollständigen Betrag des Zahlungsvorgangs zu erstatten oder dem Zahler die Gründe für die Ablehnung der Erstattung mitzuteilen. ²Im Fall der Ablehnung hat der Zahlungsdienstleister auf die Beschwerdemöglichkeit gemäß § 28 des Zahlungsdiensteaufsichtsgesetzes und auf die Möglichkeit, eine Schlichtungsstelle gemäß § 14 des Unterlassungsklagengesetzes anzurufen, hinzuweisen. ³Das Recht des Zahlungsdienstleisters, eine innerhalb der Frist nach Absatz 4 geltend gemachte Erstattung abzulehnen, erstreckt sich nicht auf den Fall nach Absatz 2.

(6) Absatz 1 ist nicht anzuwenden auf Lastschriften, sobald diese durch eine Genehmigung des Zahlers unmittelbar gegenüber seinem Zahlungsdienstleister autorisiert worden sind.

1 I. Die Vorschrift gewährt dem Nutzer gegen seinen Zahlungsdienstleister **Ansprüche auf Erstattung bzw Wiedergutschrift des Zahlungsbetrags**, mit dem sein Konto zunächst belastet wurde. Damit dient der Erstattungsanspruchs der Rückgängigmachung des dem Zahlungsdienstleister grds zustehenden Aufwendungsersatzanspruchs (§§ 675 c, 670). Neben dem Haftungsgrundtatbestand des Abs 1 erlaubt Abs 2 den Parteien, weitergehende Erstattungsansprüche zu vereinbaren. Eine Zahlung, die mittels des SEPA-Lastschriftverfahrens bewirkt wird, ist insolvenzfest, dh der Anspruch des Zahlers aus § 675 x, binnen acht Wochen ab Belastung (vgl Abs 4) Erstattung des Zahlbetrages verlangen zu können, fällt in entsprechender Anwendung des § 377 Abs. 1 BGB nicht in die Insolvenzmasse (BGH NJW 10, 3510).

2 II. 1. Der Erstattungsanspruch ist begrenzt auf vom oder **über den Zahlungsempfänger angestoßene, autorisierte** Zahlungsvorgänge. Damit findet die Vorschrift Anwendung auf Kreditkartenzahlungen sowie das SEPA-Lastschriftverfahren. Hingegen gilt § 675 x nicht für die in Deutschland praktizierte herkömmliche Einzugsermächtigungslastschrift (zur Ablösung dieses Verfahrens durch die SEPA-Lastschrift s § 675 j Rn 4), denn diese ist nach hL und der sog Genehmigungstheorie des BGH (s § 675 f Rn 5) – bis zu dem Zeitpunkt ihrer Genehmigung – keine autorisierte Zahlung. Zwar wird auch die Lastschrift im herkömmlichen deutschen Lastschriftverfahren irgendwann vom Zahler autorisiert (Genehmigung nach § 675 j I 2), doch stellt Abs 6 klar, dass die Einzugsermächtigungslastschrift, die erst nach ihrer Ausführung autorisiert wird, nicht in den Anwendungsbereich des § 675 x fällt.

3 2. Nach Abs 1 ist ein Erstattungsanspruch gegeben, wenn bei der Autorisierung eines Zahlungsvorgangs der genaue **Betrag nicht angegeben** wurde und der Zahlungsbetrag den Betrag übersteigt, den der Zahler vernünftigerweise hätte erwarten können. Darunter fallen insb Hotelbuchungen und Autovermietungen, bei denen vor Beginn des Vertragsverhältnisses nur die Kartennummer (zB telefonisch) übermittelt wird und der Zahlungsbetrag erst durch den Zahlungsempfänger eingetragen wird. Kann der Zahler die Umstände hinreichend darlegen, aus denen sich der Erstattungsanspruch ergibt, so hat er einen Anspruch auf **Erstattung des vollständigen Betrags** und nicht nur den nach seiner Vorstellung zu hoch ausgefallenen Belastung. Gem Abs 4 muss der Zahler den Anspruch innerhalb einer Ausschlussfrist von acht Wochen geltend machen.

4 2. Abs 2 ermöglicht, dass Zahlungsdienstleister und ihre Nutzer ein noch **weitergehendes Erstattungsrecht** für Lastschriften **vereinbaren** können. Da die herkömmliche Einzugsermächtigungslastschrift ohnehin nicht in den Anwendungsbereich des § 675 x fällt, ist hier nur das sog SEPA-Lastschriftverfahren gemeint (s § 675 j Rn 3). Das vereinbarte Erstattungsrecht unterliegt nicht der Frist des Abs 4. Wird es ausgeübt, so wird dadurch ein „Regresskreisel" ausgelöst: zunächst erstattet der Zahlungsdienstleister dem Zahler den Zahlungsbetrag. Der Zahlungsdienstleister des Zahlers kann dann seinerseits aufgrund der SEPA-Interbanken-Regeln einen Anspruch auf Rückvergütung (und technische Rückabwicklung) gegen das Empfängerinstitut geltend machen. Dieses wiederum wird sich in der Inkasso-Vereinbarung ein Rückbelastungsrecht gegen den Zahlungsempfänger ausdrücklich vorbehalten haben und dann gegen den Empfänger vorgehen.

§ 675 y Haftung der Zahlungsdienstleister bei nicht erfolgter oder fehlerhafter Ausführung eines Zahlungsauftrags; Nachforschungspflicht

(1) ¹Wird ein Zahlungsvorgang vom Zahler ausgelöst, kann dieser von seinem Zahlungsdienstleister im Fall einer nicht erfolgten oder fehlerhaften Ausführung des Zahlungsauftrags die unverzügliche und ungekürzte Erstattung des Zahlungsbetrags verlangen. ²Wurde der Betrag einem Zahlungskonto des Zahlers belastet, ist dieses Zahlungskonto wieder auf den Stand zu bringen, auf dem es sich ohne den fehlerhaft ausgeführten Zahlungsvorgang befunden hätte. ³Soweit vom Zahlungsbetrag entgegen § 675 q Abs. 1 Entgelte abgezogen wurden, hat der Zahlungsdienstleister des Zahlers den abgezogenen Betrag dem Zahlungsempfänger unverzüglich zu übermitteln. ⁴Weist der Zahlungsdienstleister des Zahlers nach, dass der Zahlungsbetrag rechtzeitig und

ungekürzt beim Zahlungsdienstleister des Zahlungsempfängers eingegangen ist, entfällt die Haftung nach diesem Absatz.

(2) ¹Wird ein Zahlungsvorgang vom oder über den Zahlungsempfänger ausgelöst, kann dieser im Fall einer nicht erfolgten oder fehlerhaften Ausführung des Zahlungsauftrags verlangen, dass sein Zahlungsdienstleister diesen Zahlungsauftrag unverzüglich, gegebenenfalls erneut, an den Zahlungsdienstleister des Zahlers übermittelt. ²Weist der Zahlungsdienstleister des Zahlungsempfängers nach, dass er die ihm bei der Ausführung des Zahlungsvorgangs obliegenden Pflichten erfüllt hat, hat der Zahlungsdienstleister des Zahlers dem Zahler gegebenenfalls unverzüglich den ungekürzten Zahlungsbetrag entsprechend Absatz 1 Satz 1 und 2 zu erstatten. ³Soweit vom Zahlungsbetrag entgegen § 675 q Abs. 1 und 2 Entgelte abgezogen wurden, hat der Zahlungsdienstleister des Zahlungsempfängers den abgezogenen Betrag dem Zahlungsempfänger unverzüglich verfügbar zu machen.

(3) ¹Ansprüche des Zahlungsdienstnutzers gegen seinen Zahlungsdienstleister nach Absatz 1 Satz 1 und 2 sowie Absatz 2 Satz 2 bestehen nicht, soweit der Zahlungsauftrag in Übereinstimmung mit der vom Zahlungsdienstnutzer angegebenen fehlerhaften Kundenkennung ausgeführt wurde. ²In diesem Fall kann der Zahler von seinem Zahlungsdienstleister jedoch verlangen, dass dieser sich im Rahmen seiner Möglichkeiten darum bemüht, den Zahlungsbetrag wiederzuerlangen. ³Der Zahlungsdienstleister darf mit dem Zahlungsdienstnutzer im Zahlungsdiensterahmenvertrag für diese Wiederbeschaffung ein Entgelt vereinbaren.

(4) Ein Zahlungsdienstnutzer kann von seinem Zahlungsdienstleister über die Ansprüche nach den Absätzen 1 und 2 hinaus die Erstattung der Entgelte und Zinsen verlangen, die der Zahlungsdienstleister ihm im Zusammenhang mit der nicht erfolgten oder fehlerhaften Ausführung des Zahlungsvorgangs in Rechnung gestellt oder mit denen er dessen Zahlungskonto belastet hat.

(5) Wurde ein Zahlungsauftrag nicht oder fehlerhaft ausgeführt, hat der Zahlungsdienstleister desjenigen Zahlungsdienstnutzers, der einen Zahlungsvorgang ausgelöst hat oder über den ein Zahlungsvorgang ausgelöst wurde, auf Verlangen seines Zahlungsdienstnutzers den Zahlungsvorgang nachzuvollziehen und seinen Zahlungsdienstnutzer über das Ergebnis zu unterrichten.

I. § 675 y regelt im Falle von **Leistungsstörungen** bei der Ausführung von Zahlungsvorgängen die **verschuldensunabhängigen** Ansprüche des Nutzers gegen seinen Zahlungsdienstleister. Als Leistungsstörungen kommen dabei in Betracht die fehlerhafte Ausführung (insb gekürzte Weiterleitung des Zahlungsbetrags), die nicht erfolgte oder die gescheiterte Ausführung (kein Versuch einer Ausführung oder der gänzliche Verlust des Zahlungsbetrags bei Ausführung). Die Haftung des Zahlungsdienstleister nach § 675 y ist ggü § 676 b aF erheblich verschärft worden: Zum einen ist die Nachfrist von 14 Bankgeschäftstagen, zum anderen eine Haftungsbegrenzung auf 12.500 EUR nach § 676 b III 1 aF entfallen. 1

II. 1. Der Erstattungsanspruch des Zahlers nach Abs 1 findet nur auf **vom Zahler ausgelöste** (dh autorisierte) **Zahlungen** Anwendung. In Betracht kommen hier insb Überweisungen. Weiter wird vorausgesetzt, dass der Zahlungsbetrag nicht beim Empfängerinstitut eingegangen, beim Zahler jedoch abgeflossen ist. Der Anspruch ist **ausgeschlossen**, wenn der Zahlungsdienstleister nachweisen kann, dass die Zahlung rechtzeitig und ungekürzt ausgeführt wurde. Ebenfalls entfällt die Haftung, wenn die fehlerhafte Ausführung auf einer vom Nutzer fehlerhaft angegebenen Kundenkennung beruht (Abs 3), denn nach § 675 r I 2 gilt auch eine auf fehlerhafter Kennung beruhende Zahlung als korrekt ausgeführt. 2

2. Eine Spezialregelung enthält Abs 1 S 3 für den **gesetzeswidrigen Abzug von Entgelten** durch den Zahlungsdienstleister des Zahlers oder eine zwischengeschaltete Stelle (s § 675 q I). In diesem Falle ist der Zahlungsdienstleister des Zahlers verpflichtet, die abgezogenen Entgelte dem Empfänger zu übermitteln. Eine Wahl des Zahlers zw der Erstattung der abgezogenen Entgelte entweder an ihn selbst oder an den Zahlungsempfänger, wie es § 676 b II aF für Überweisungen vorsah, ist danach nicht mehr gegeben. 3

4 3. Für **Lastschriften** und **Kreditkartenzahlungen** sieht Abs 2 eine **gestufte Haftung** vor. Zunächst kann der Zahlungsempfänger von seinem Institut verlangen, dass der Zahlungsauftrag unverzüglich (bei einer Verletzung der Pflicht zur Weiterleitung aus § 675 t II) oder erneut an den Dienstleister des Zahlers übermittelt wird. Erst wenn das Empfängerinstitut nachweist, den Auftrag ordnungsgemäß übermittelt zu haben, haftet der Zahlungsdienstleister des Zahlers auf Erstattung des Zahlungsbetrags. Die Haftung für den richtigen Geldflusses **ab Eingang des Zahlungsauftrags** trifft damit den Zahlungsdienstleister, der hierfür dem Zahler haftbar ist. Auch hier greift der Ausschluss des Abs 3.

5 4. **Rechtsfolge** der Ansprüche ist die ungekürzte Erstattung des Zahlungsbetrags. Führt der Zahler bei seinem Zahlungsdienstleister ein **Zahlungskonto**, ist dieses im Falle einer Erstattung wieder auf den Stand zu bringen, auf dem es sich ohne den fehlerhaft ausgeführten Zahlungsvorgang befunden hätte, inklusive der Erstattung etwaiger vom Zahler gezahlter Sollzinsen oder ihm entgangener Habenzinsen. Des Weiteren kann der Anspruchsteller sämtliche Entgelte und Zinsen erstattet verlangen, die der Zahlungsdienstleister ihm ggü im Zusammenhang mit der – letztlich mangelhaften – Ausführung erhoben hat. Hierunter fallen beispielsweise die Entgelte aus § 675 f IV 1. **Verzugszinsen** sind hingegen nur im Rahmen der (verschuldensabhängigen) Folgeschadenshaftung nach § 675 z iVm §§ 280ff ersatzfähig.

6 III. Nicht von § 675 y erfasst wird der Fall einer beim Zahlungsdienstleister des Empfängers **verspätet eingegangenen Zahlung**. Zwar wurde der Zahlungsbetrag dann erst verspätet verfügbar gemacht, doch ist der Übermittlungserfolg eingetreten. Das bisherige Recht sah hier einen pauschalierten Verzinsungsanspruch vor (§ 676 b I aF). Eine vergleichbare Regelung findet sich im neuen Recht nicht mehr. Es ist daher nur noch ein Schadensersatzanspruch nach § 280 I, II, 286 iVm § 675 z möglich. Erbringt der Zahlungsdienstleister des Zahlers den Nachweis, dass der Zahlungsbetrag rechtzeitig und ungekürzt beim Zahlungsdienstleister des Empfängers eingegangen ist, ist er nach Abs 1 S 4 auch von der Haftung aus § 280 befreit.

§ 675 z Sonstige Ansprüche bei nicht erfolgter oder fehlerhafter Ausführung eines Zahlungsauftrags oder bei einem nicht autorisierten Zahlungsvorgang

¹Die §§ 675 u und 675 y sind hinsichtlich der dort geregelten Ansprüche eines Zahlungsdienstnutzers abschließend. ²Die Haftung eines Zahlungsdienstleisters gegenüber seinem Zahlungsdienstnutzer für einen wegen nicht erfolgter oder fehlerhafter Ausführung eines Zahlungsauftrags entstandenen Schaden, der nicht bereits von § 675 y erfasst ist, kann auf 12 500 Euro begrenzt werden; dies gilt nicht für Vorsatz und grobe Fahrlässigkeit, den Zinsschaden und für Gefahren, die der Zahlungsdienstleister besonders übernommen hat. ³Zahlungsdienstleister haben hierbei ein Verschulden, das einer zwischengeschalteten Stelle zur Last fällt, wie eigenes Verschulden zu vertreten, es sei denn, dass die wesentliche Ursache bei einer zwischengeschalteten Stelle liegt, die der Zahlungsdienstnutzer vorgegeben hat. ⁴In den Fällen von Satz 3 zweiter Halbsatz haftet die von dem Zahlungsdienstnutzer vorgegebene zwischengeschaltete Stelle anstelle des Zahlungsdienstleisters des Zahlungsdienstnutzers. ⁵§ 675 y Abs. 3 Satz 1 ist auf die Haftung eines Zahlungsdienstleisters nach den Sätzen 2 bis 4 entsprechend anzuwenden.

1 Hinsichtlich der Ansprüche wegen nicht autorisierter oder mangelhafter Ausführung eines Zahlungsauftrags sind die Vorschriften des Untertitels 3 **grds abschließend**. Neben den Ansprüchen nach §§ 675 u oder 675 y kann der Zahlungsdienstnutzer sich zusätzlich **nicht auf andere**, auf dieselben Rechtsfolgen gerichtete **Ansprüche** aufgrund anderer Vorschriften **berufen**. Dies gilt auch, wenn die jeweilige Anspruchsgrundlage, anders als die §§ 675 u und 675 y, ein Verschulden voraussetzt. Ausgenommen sind jedoch Schäden, die nicht von den §§ 675 u und y erfasst sind, wie zB **Folgeschäden** eines nicht autorisierten oder mangelhaften Zahlungsvorgangs, die nicht im Verhältnis zw Zahlungsdienstnutzer und Zahlungsdienstleister entstanden sind (zB Verzugsschäden, entgangener Gewinn). Hier bleiben insb §§ 280ff weiterhin anwendbar. Hinsichtlich dieser Ansprüche können die Parteien allerdings – wie schon nach § 676 c I 5 aF für Überweisungen – die **Haftung** vertraglich auf 12.500 EUR begrenzen.

§ 676 Nachweis der Ausführung von Zahlungsvorgängen

Ist zwischen dem Zahlungsdienstnutzer und seinem Zahlungsdienstleister streitig, ob der Zahlungsvorgang ordnungsgemäß ausgeführt wurde, muss der Zahlungsdienstleister nachweisen, dass der Zahlungsvorgang ordnungsgemäß aufgezeichnet und verbucht sowie nicht durch eine Störung beeinträchtigt wurde.

§ 676 enthält Mindestanforderungen an die **Beweislast** für die nicht ordnungsgemäße Ausführung von Zahlungsvorgängen. Ist str, ob ein Zahlungsvorgang korrekt ausgeführt wurde, hat der Zahlungsdienstleister zumindest nachzuweisen, dass dieser ordnungsgemäß aufgezeichnet und verbucht wurde. § 676 vervollständigt so die Haftungsregelung des § 675 y. 1

§ 676 a Ausgleichsanspruch

Liegt die Ursache für die Haftung eines Zahlungsdienstleisters gemäß den §§ 675 y und 675 z im Verantwortungsbereich eines anderen Zahlungsdienstleisters oder einer zwischengeschalteten Stelle, so kann er vom anderen Zahlungsdienstleister oder der zwischengeschalteten Stelle den Ersatz des Schadens verlangen, der ihm aus der Erfüllung der Ansprüche eines Zahlungsdienstnutzers gemäß den §§ 675 y und 675 z entsteht.

§ 676 a ersetzt den bisher nur für Überweisungen geltenden § 676 e aF. Die an einem Zahlungsvorgang beteiligten Zahlungsdienstleister und zwischengeschalteten Stellen haben **Regressansprüche**, wenn sie ggü ihrem Nutzer für Leistungsstörungen bei der Ausführung von Zahlungsvorgängen haften, obwohl die Ursache für die Leistungsstörung im Verantwortungsbereich eines anderen Zahlungsdienstleisters oder einer zwischengeschalteten Stelle lag. Dieser – verschuldensunabhängige – Regressanspruch besteht ggü nachgeschalteten Zahlungsdienstleistern auch dann, wenn der Zahlungsdienstleister des Zahlers selbst in keiner vertraglichen Beziehung zu diesen stand, etwa weil ein anderer Zahlungsdienstleister dazwischen geschaltet war (Sprungregress). Andere Ansprüche der Zahlungsdienstleister untereinander auf weitere finanzielle Entschädigung können sich entweder aus anderen Vorschriften oder den vertraglichen Vereinbarungen der Zahlungsdienstleister untereinander ergeben. 1

§ 676 b Anzeige nicht autorisierter oder fehlerhaft ausgeführter Zahlungsvorgänge

(1) Der Zahlungsdienstnutzer hat seinen Zahlungsdienstleister unverzüglich nach Feststellung eines nicht autorisierten oder fehlerhaft ausgeführten Zahlungsvorgangs zu unterrichten.
(2) ¹Ansprüche und Einwendungen des Zahlungsdienstnutzers gegen den Zahlungsdienstleister nach diesem Unterkapitel sind ausgeschlossen, wenn dieser seinen Zahlungsdienstleister nicht spätestens 13 Monate nach dem Tag der Belastung mit einem nicht autorisierten oder fehlerhaft ausgeführten Zahlungsvorgang hiervon unterrichtet hat. ²Der Lauf der Frist beginnt nur, wenn der Zahlungsdienstleister den Zahlungsdienstnutzer über die den Zahlungsvorgang betreffenden Angaben gemäß Artikel 248 §§ 7, 10 oder § 14 des Einführungsgesetzes zum Bürgerlichen Gesetzbuche unterrichtet hat; anderenfalls ist für den Fristbeginn der Tag der Unterrichtung maßgeblich.
(3) Für andere als die in § 675 z Satz 1 genannten Ansprüche des Zahlungsdienstnutzers gegen seinen Zahlungsdienstleister wegen eines nicht autorisierten oder fehlerhaft ausgeführten Zahlungsvorgangs gilt Absatz 2 mit der Maßgabe, dass der Zahlungs-

dienstnutzer diese Ansprüche auch nach Ablauf der Frist geltend machen kann, wenn er ohne Verschulden an der Einhaltung der Frist verhindert war.

1 I. § 676 b regelt die **Ausschlussfrist** für Ansprüche des Zahlungsdienstnutzers gegen seinen Zahlungsdienstleister wegen nicht autorisierter oder fehlerhaft ausgeführter Zahlungsvorgänge.

2 II. 1. Nach **Abs 1** ist ein Zahlungsdienstnutzer verpflichtet, seinem Zahlungsdienstleister die Feststellung eines nicht autorisierten oder fehlerhaft ausgeführten Zahlungsvorgangs unverzüglich anzuzeigen.

3 2. Der Zahlungsdienstnutzer kann gem **Abs 2** Ansprüche und Einwendungen gegen seinen Zahlungsdienstleister wegen nicht autorisierter oder fehlerhaft ausgeführter Zahlungsvorgänge dann nicht mehr geltend machen, wenn er diese Vorgänge nicht – gem Abs 1 unverzüglich, spätestens jedoch – innerhalb von 13 Monaten ab Belastung angezeigt hat. Durch den Ausschluss auch von Einwendungen kommt zum Ausdruck, dass der Zahlungsdienstnutzer nach Ablauf der Frist keine „Korrektur" mehr durch den Zahlungsdienstleister erwirken kann. In der Sache werden damit Buchungen, soweit der Zahlungsdienstnutzer sie nicht bereits im Rahmen des vierteljährlichen Rechnungsabschlusses genehmigt hat, **mit Ablauf der Ausschlussfrist als genehmigt** behandelt. Der **Beginn des Laufs der Anzeige- bzw. Ausschlussfrist** von 13 Monaten ist gem S 3 – zumindest für Verbraucher – nicht an die Belastung, sondern **an die Unterrichtung** des Zahlungsdienstnutzers über die Belastung gem Art 248 § 7 Nr 2 und § 14 Nr 2 EGBGB gekoppelt, wenn der Zahlungsdienstleister den Zahlungsdienstnutzer nicht fristgerecht informiert hat.

4 3. Die Ausschlussfrist des Abs 2 gilt nach **Abs 3** grds **auch** für Ansprüche auf den Ersatz von **Folgeschäden** eines nicht autorisierten oder fehlerhaft ausgeführten Zahlungsvorgangs, es sei denn, der Zahlungsdienstnutzer war ohne Verschulden an der Einhaltung dieser Frist gehindert, zB weil der Schaden ihm ggü erst nach Ablauf der 13 Monate geltend gemacht wurde.

§ 676 c Haftungsausschluss

Ansprüche nach diesem Kapitel sind ausgeschlossen, wenn die einen Anspruch begründenden Umstände
1. auf einem ungewöhnlichen und unvorhersehbaren Ereignis beruhen, auf das diejenige Partei, die sich auf dieses Ereignis beruft, keinen Einfluss hat, und dessen Folgen trotz Anwendung der gebotenen Sorgfalt nicht hätten vermieden werden können, oder
2. vom Zahlungsdienstleister auf Grund einer gesetzlichen Verpflichtung herbeigeführt wurden.

1 Gem § 676 c sind Ansprüche nach Kapitel 3 insb ausgeschlossen, wenn die sie begründenden Umstände auf **höherer Gewalt** beruhen. Da das Verständnis von höherer Gewalt in den Rechtsordnungen der EU-Mitgliedstaaten sehr unterschiedlich ist, hat man im Wortlaut des Art 78 Zahlungsd-RL, dessen Umsetzung § 676 c dient, auf die Verwendung dieses Begriffs verzichtet.

§§ 676 d bis 676 h (aufgehoben)

Titel 13
Geschäftsführung ohne Auftrag

Vorbemerkung zu §§ 677–687

1 I. Der **Begriff der Geschäftsführung ohne Auftrag** (GoA) ergibt sich aus der Definition des § 677: Eine GoA liegt vor, wenn jemand (Geschäftsführer) ein Geschäft für einen anderen (Geschäftsherrn) besorgt, ohne von ihm beauftragt oder ihm ggü sonst dazu

berechtigt zu sein. Missverständlich ist dabei allerdings das Wort „beauftragt": Nicht nur ein Auftragsvertrag, sondern jedwedes Rechtsverhältnis zwischen Geschäftsführer und Geschäftsherrn muss fehlen, damit eine GoA vorliegt. Die Geschäftsführung „für einen anderen" erfordert dabei stets auch den Willen des Geschäftsführers, das Geschäft für den anderen zu führen (Fremdgeschäftsführungswille). Fehlt der Fremdgeschäftsführungswille, handelt es sich um eine Eigengeschäftsführung gem § 687 (Rn 7).

Zweck der GoA ist es, einen schuldrechtlichen Ausgleich zwischen den Beteiligten so 2 zu schaffen, dass auf der einen Seite das fremdnützige Handeln des berechtigten Geschäftsführers ggü dem bloßen Bereicherungsausgleich begünstigt und auf der anderen Seite der Geschäftsherr vor unerwünschter Einmischung eines unberechtigten Geschäftsführers geschützt wird. Nach aA bezweckt die GoA in erster Linie eine Risiko-, Güter- und Lastenzuordnung bei Tätigkeiten für andere ohne vertragliche Grundlagen nach einem objektiv bestimmten Maßstab (krit dazu Schubert AcP 178, 428 mwN).

Die GoA begründet ein **gesetzliches Schuldverhältnis**. Die **Geschäftsübernahme** ist kein 3 Rechtsgeschäft; eine rechtsgeschäftliche Willenserklärung ist zur Begr des Schuldverhältnisses nicht erforderlich. ZT wird sie als rechtsgeschäftsähnliche Handlung angesehen, weil die Geschäftsübernahme den natürlichen Willen erfordert. Nach wohl hM sind aber die Vorschriften über das rechtsgeschäftliche Handeln schon wegen des überw rein tatsächlichen Charakters der Geschäftsübernahme grds nicht entspr anwendbar (MK/Seiler Vor § 677 Rn 5 mwN; zur Geschäftsfähigkeit Rn 5).

II. 1. a) Das Gesetz unterscheidet zwei **Arten der echten GoA**: die berechtigte und die 4 unberechtigte GoA. Eine **GoA** liegt vor, wenn der Geschäftsführer ein Geschäft des Geschäftsherrn besorgt, ohne von ihm beauftragt oder ihm ggü sonst dazu berechtigt zu sein (§ 677) und die Übernahme zudem dem Interesse sowie dem wirklichen oder mutmaßlichen Willen des Geschäftsherrn entspricht (§ 683 S 1 1. Halbs). Anstelle des Interesses und des wirklichen oder mutmaßlichen Willens des Geschäftsherrn genügt auch die Übernahme zur Erfüllung einer im öffentlichen Interesse liegenden Pflicht oder einer gesetzlichen Unterhaltspflicht des Geschäftsherrn (§§ 679, 683 S 2) sowie die Genehmigung einer unberechtigten GoA durch den Geschäftsherrn (§ 684 S 2). Der Geschäftsführer ist bei der berechtigten GoA aufgrund der entspr Anwendung des Auftragsrechts über §§ 681 S 2, 683 S 1 weitgehend **einem Beauftragten gleichgestellt**. Insb ist er berechtigt, gem §§ 683 S 1, 670 Aufwendungsersatz zu verlangen (außer bei einer Schenkungsabsicht nach § 685). Verpflichtet ist er insb zur ordnungsgemäßen Geschäftsführung (§ 677), zur alsbaldigen Anzeige der Geschäftsübernahme (§ 681 S 1), zur Auskunft und Rechenschaft (§§ 681 S 2, 666), zur Herausgabe des aus der Geschäftsführung Erlangten (§ 681 S 2, 667) und zur Verzinsung (§§ 681 S 2, 668). Vertretungsmacht erlangt er durch die berechtigte GoA jedoch nicht.

Insb setzt das Entstehen der berechtigten GoA nicht die **Geschäftsfähigkeit** des Ge- 5 schäftsführers voraus (str). Das Erfordernis der Geschäftsfähigkeit für die Geschäftsübernahme hätte eine nicht gerechtfertigte Schlechterstellung von Geschäftsunfähigen und beschränkt Geschäftsfähigen zur Folge, weil deren Geschäftsführung stets als unberechtigt gelten müsste und ihnen stets der Aufwendungsersatz nach § 683 versagt bliebe. Dem Schutzbedürfnis des Geschäftsherrn kann hinreichend Rechnung getragen werden, indem bei der Voraussetzung einer berechtigten GoA, dass die Übernahme seinem Interesse entsprechen muss, auch berücksichtigt wird, ob dies hins der Personen des Geschäftsführers anzunehmen ist. – Geschäftsunfähigkeit oder beschränkte Geschäftsfähigkeit des Geschäftsherrn stehen nach ganz hM der berechtigten GoA nicht entgg. Sofern der Wille des Geschäftsherrn maßgeblich ist (§§ 683, 684 S 2), ist nach dem Willen des gesetzlichen Vertreters zu fragen.

b) Bei der **unberechtigten GoA** entspricht die Übernahme nicht dem wirklichen oder 6 mutmaßlichen Willen des Geschäftsherrn und es liegen auch weder die Voraussetzungen des § 679 noch eine Genehmigung (§ 684 S 2) vor. Die anderen Voraussetzungen einer berechtigten GoA müssen aber bestehen. Bei dieser Sachlage wird die Geschäftsführung als unzulässiger Eingriff in die Angelegenheiten des Geschäftsherrn missbilligt. Das gesetzliche Schuldverhältnis der berechtigten GoA entsteht nicht; der Geschäftsführer hat daher keinen Anspruch auf Aufwendungsersatz nach § 683. Für die Beziehung der Beteiligten sind vielmehr die Bestimmungen über die ungerechtfertigte Bereicherung (§§ 812 ff) und über unerlaubte Handlungen (§§ 823 ff) maßgeblich (mit der Haftungsbeschränkung des § 680 bei Gefahr im Verzug). Als weitere Rechtsfolge der unberechtigten GoA erhält der Geschäftsherr unter den Voraussetzungen des § 678 einen selbständigen Schadensersatzanspruch gegen den Geschäftsführer. Allerdings darf der Geschäftsherr seinerseits nicht die Vorteile der unberechtigten Geschäftsführung behalten, sondern muss das durch die Geschäftsführung Erlangte gem § 684 S 1 nach den Vorschriften über die ungerechtfertigte Bereicherung herausgeben. Da der Geschäftsführer bei der unberechtigten GoA nicht besser stehen soll als bei der berechtigten, ist er seinerseits zur Herausgabe des aus der Geschäftsführung Erlangten gem §§ 681 S 2, 667 und zur ordnungsgemäßen Geschäftsführung gem § 677 verpflichtet (str; § 677 Rn 12, § 681 Rn 1).

7 **2.** Von der echten GoA zu unterscheiden ist die **Eigengeschäftsführung** (§ 687). Bei ihr fehlt dem Geschäftsführer der Wille, das (objektiv) fremde Geschäft für den anderen zu besorgen (Fremdgeschäftsführungswille); stattdessen behandelt er das Geschäft als eigenes. § 687 regelt zwei Arten der Eigengeschäftsführung: die irrtümliche und die wissentliche bzw angemaßte.

8 Bei der **irrtümlichen Eigengeschäftsführung** (§ 687 I) gelten die §§ 677 ff nicht. Sie kann daher nicht nach § 684 S 2 genehmigt werden. Die Abwicklung folgt den allg Regeln, insb dem Bereicherungsrecht, bei schuldhaftem Irrtum, uU auch dem Deliktsrecht.

9 Bei **angemaßter Eigengeschäftsführung** (§ 687 II) kann der Geschäftsherr die Ansprüche aus §§ 677, 678, 681, 682 gegen den Geschäftsführer geltend machen und ist diesem sodann seinerseits nach § 684 S 1 verpflichtet (iE § 687 Rn 5).

10 **III. Übbl über das Verhältnis der §§ 677 ff zu anderen gesetzlichen Schuldverhältnissen: 1. Sonderbestimmungen**, die die Anwendung der §§ 677 ff ausschließen, enthalten ua § 426 für den Ausgleich bei der Gesamtschuld; §§ 965 ff für das Verhältnis zwischen Finder und Eigentümer; § 12 I 2 UWG bzgl Abmahnungskosten bei unlauterem Wettbewerb; §§ 82, 83 VVG hins der Schadensminderung; § 89 ZPO für die Geschäftsführung des Prozessbevollmächtigten. Zum Ausschluss der GoA durch erschöpfende öffentlich-rechtliche Regelungen BGH MDR 99, 357 für § 2 II 1 SGB V und BGH NJW 03, 513 für polizei- und ordnungsrechtliche Ausgleichsregelungen bei staatlicher Ersatzvornahme.

11 **2.** Ansprüche aus **ungerechtfertigter Bereicherung** (§§ 812 ff) bestehen neben **berechtigter GoA** nicht, da die berechtigte Geschäftsführung einen **Rechtsgrund** iR des Bereicherungsrechts bildet (zur str Frage, ob für die Geschäftsbesorgung aufgrund eines nichtigen oder beendeten fremdnützigen Vertrages ausnahmsweise etwas anderes gilt § 677 Rn 8). Bei der **unberechtigten GoA** hat der Geschäftsführer gegen den Geschäftsherrn gem § 684 S 1 lediglich Ansprüche nach Bereicherungsrecht; § 683 ist nicht anwendbar (zur str Frage, ob auch der Geschäftsherr auf das Bereicherungsrecht angewiesen ist oder Ansprüche aus § 681 geltend machen kann § 681 Rn 1).

12 **3. Deliktsrechtliche Ansprüche** (§§ 823 ff) kommen neben der berechtigten GoA nicht in Betracht, da die Geschäftsführung nicht rechtswidrig ist. Dagegen besteht bei **unberechtigter GoA** und angemaßter Eigengeschäftsführung **Anspruchskonkurrenz**.

13 **4.** Die Vorschriften des **EBV** (§§ 987 ff) sind für die Geschäftsführung iR der **berechtigten GoA** nicht anwendbar, da die §§ 677 ff insoweit dem Geschäftsführer ein Recht zum Besitz iSv § 986 geben. Es fehlt damit an einer Vindikationslage als Voraussetzung für die Anwendung der §§ 987 ff. Dag werden die §§ 677 ff bei der **unberechtigten GoA** von der Sonderregelung der §§ 987 ff grds ausgeschlossen (hM; aA MK/Seiler Vor § 677 Rn 18). Bei angemaßter Eigengeschäftsführung stehen die Ansprüche aus § 687 II und aus §§ 987 ff dag in Anspruchskonkurrenz (hM; BGHZ 39, 188).

§ 677 Pflichten des Geschäftsführers

Wer ein Geschäft für einen anderen besorgt, ohne von ihm beauftragt oder ihm gegenüber sonst dazu berechtigt zu sein, hat das Geschäft so zu führen, wie das Interesse des

Geschäftsherrn mit Rücksicht auf dessen wirklichen oder mutmaßlichen Willen es erfordert.

I. Die Vorschrift enthält die **Voraussetzungen der GoA** und bestimmt die **Hauptpflicht** 1
des Geschäftsführers (Pflicht zur ordnungsgemäßen Geschäftsführung). Für den unberechtigten Geschäftsführer soll § 677 nach verbreiteter Auffassung nicht gelten und damit diese Pflicht nicht bestehen (Staud/Wittmann § 677 Rn 2). Diese Auffassung findet jedoch im Wortlaut der Vorschrift keine Stütze (zumal § 677 unstreitig die Grundvoraussetzungen für die berechtigte und die unberechtigte GoA enthält). Dem Zweck der GoA-Vorschriften, unberechtigten Eingriffen in fremde Angelegenheiten entgegenzuwirken (Vor §§ 677–687 Rn 2), liefe es zudem zuwider, den unberechtigten Geschäftsführer ggü dem berechtigten besser zu stellen. Auch und gerade bei der unberechtigten Übernahme eines fremden Geschäftes ist daher die Verpflichtung angebracht, dass der Geschäftsführer dieses im Interesse des Geschäftsherrn mit Rücksicht auf dessen wirklichen oder mutmaßlichen Willen ausführt. Dag scheidet eine GoA aus, wenn Aufwendungen im **Vorfeld des Vertragsschlusses** im Hinblick auf einen sodann nicht zustande gekommenen Vertrag getätigt werden, da aufgrund der Privatautonomie jede Partei das Risiko des Scheiterns von Vertragsverhandlungen grds selbst zu tragen hat (BGH NJW 00, 72).

II. 1. Voraussetzungen der GoA: a) Die **Geschäftsbesorgung** ist im gleichen, weiten 2
Sinn zu verstehen wie beim Auftrag (§ 662 Rn 6). Sie umfasst jede Tätigkeit rechtsgeschäftlicher oder tatsächlicher Art; es kann sich um einmaliges Tätigwerden oder lang andauernde Aktivitäten handeln. Der Geschäftsführer muss nicht persönlich tätig werden, sondern kann Mitarbeiter oder Dritte einsetzen. Dag ist das bloße Unterlassen, Gewährenlassen und Dulden keine Tätigkeit und damit keine Geschäftsbesorgung.

b) Das Geschäft eines anderen, also ein für den Geschäftsführer **fremdes Geschäft**, liegt 3
vor, wenn die betr Angelegenheiten zumindest auch dem Interessenbereich eines anderen angehören und (auch) von diesem zu besorgen wären. Die Zugehörigkeit zum fremden Interessenbereich kann sich bereits äußerlich erkennbar aus dem Inhalt des Geschäftes ergeben; in diesem Fall handelt es sich um ein **objektiv fremdes Geschäft**. Dazu gehören Fallgruppen wie die Hilfe in Notsituationen, die Warnung vor Gefahren, die Instandsetzung fremder Sachen, die Bezahlung fremder Schulden oder der Verkauf fremder Sachen. Nicht objektiv fremdes Geschäft, sondern vertragswidriger Gebrauch ist dag die unberechtigte Untervermietung (BGHZ 131, 306). Daneben liegt ebenfalls ein fremdes Geschäft vor, wenn das Geschäft zwar keinen objektiven Bezug zu einem fremden Bereich hat, aber nach der erkennbaren Bestimmung des Geschäftsführers für einen anderen vorgenommen wird (**subjektiv fremdes Geschäft**; zB Erwerb einer günstig angebotenen Sache für einen an derartigen Gegenständen interessierten Freund). Das Vorliegen eines fremden Geschäfts wird nicht dadurch ausgeschlossen, dass der Geschäftsführer mit der Geschäftsführung auch eigene Interessen verfolgt (sog **auch-fremdes Geschäft**; BGHZ 110, 314; str). Eine GoA wird dabei nicht dadurch gehindert, dass eines der Geschäfte (das eigene oder das fremde) zum öffentlichen Recht zu rechnen ist. Um „auch-fremde Geschäfte" handelt es sich zB beim Löschen eines Brandes durch die Feuerwehr als GoA für den Brandverursacher (BGHZ 40, 31); bei Bergungsmaßnahmen oder Gefahrenbeseitigung durch die Polizei als GoA für den Eigentümer des verunglückten Fahrzeugs bzw für den Störer und bei dem Abschleppen eines Fahrzeugs durch einen Privaten von einer Ausfahrt (iE str vgl Rn 9); bei fortdauernder Energielieferung durch einen Versorger nach Beendigung des Vertragsverhältnisses mit dem Kunden (BGH NJW-RR 05, 641). Eingrenzend zum „auch-fremden Geschäft" aber BGH NJW-RR 04, 81 zum Vorrang vertraglicher Abreden; BGH NJW 00, 72 zum Vorrang der Privatautonomie und Vertragsfreiheit 8 („Erbensucher", s Rn 4); BGH NJW 04, 513 zum Vorrang von verwaltungsrechtlichen Kostenerstattungsansprüchen; BGH NJW 09, 1080 mit Anm Molitoris, NJW 09, 1049 zum pflichtengebundenen Geschäftsführer; BGH NJW 09, 2590 zu rechtsgrundlosen Leistungen aufgrund von unwirksamen Schönheitsreparaturklauseln in Mietverträgen; gg die extensive Anwendung Thole, NJW 10, 1243.

4 c) Der Geschäftsführer muss das Bewusstsein und den Willen haben, die Angelegenheit eines anderen für diesen zu besorgen (**Fremdgeschäftsführungswille**). Erforderlich ist damit, dass er weiß und will, dass der andere den Vorteil aus dem Geschäft haben soll. Dabei kann der Geschäftsführer zugleich eigene Interessen verfolgen. Sofern er überhaupt für einen anderen handeln will, muss er auch nicht notwendig den Geschäftsherrn kennen oder kann sich über dessen Person irren (§ 686). Selbst bei einer reflexhaften Handlung im Straßenverkehr kann Fremdgeschäftsführungswillen vorliegen (zB spontanes Drehen des Lenkrades zum Ausweichen vor einem gefährdeten anderen Verkehrsteilnehmer, wenn für den sich dadurch selbst gefährdenden Fahrer der Zusammenprall auf höherer Gewalt iSd § 7 II StVG beruht hätte; BGHZ 38, 277 zu § 7 II StVG aF). Bei einem **objektiv fremden Geschäft** ist der Fremdgeschäftsführungswille (widerlegbar) zu vermuten. Diese Vermutung besteht nach hM ebenfalls für das „auchfremde" Geschäft (BGHZ 98, 240); dadurch hat sich der Anwendungsbereich der §§ 677 ff (insb hins des Aufwendungsersatzes nach § 683 S 1) erheblich geweitet. Erst das Vorliegen besonderer Umstände kann ausnahmsweise die Annahme begründen, dass lediglich der Wille zur Führung eines eigenen Geschäftes besteht (zB BGH NJW 09, 2590 für die Erbringung von Schönheitsreparaturen trotz unwirksamer Endrenovierungsklausel). Der Umstand allein, dass sich ein Geschäftsführer zur Leistung verpflichtet hat oder für verpflichtet hält, steht einer Fremdgeschäftsführung nicht bereits entgegen (stRspr, BGH NJW-RR 05, 641 und 1428 mwN).Bei Begleichung einer Verbindlichkeit durch einen von mehreren Schuldnern besteht Fremdgeschäftsführungswille für ein „auch-fremdes" Geschäft, wenn die Erfüllungswirkung allen Schuldnern zu Gute kommt (Looschelders, SR BT Rn 854). Dag liegen Aufwendung in Anbetracht eines künftigen Vertragsschlusses grds im Risikobereich des Handelnden, so dass idR kein Fremdgeschäftsführungswille vorliegt (vgl BGH NJW 00, 72, „Erbensucher", s Rn 3).

5 Dag besteht keine Vermutung für den Fremdgeschäftsführungswillen, wenn das Geschäft nicht objektiv fremd ist, sondern als lediglich **subjektiv fremdes Geschäft** gerade erst durch den erkennbaren Willen des Geschäftsführers zu einem fremden wird (Rn 3). Der Fremdgeschäftsführungswille muss in diesen Fällen stets in irgendeiner Weise – nicht notwendig ggü dem Geschäftsherrn – nach außen hervorgetreten sein (BGHZ 82, 331) und ist vom Geschäftsführer zu beweisen, wenn er Aufwendungsersatz geltend macht.

6 Der Fremdgeschäftsführungswille ist auch nicht dadurch ausgeschlossen, dass für den Geschäftsführer eine **öffentlich-rechtliche Pflicht** zum Tätigwerden für einen anderen besteht. Dies gilt jedenfalls für allg Pflichten (wie die Pflicht zur Hilfeleistung aus § 323 c StGB), nach der Rspr und einem Teil der Lehre aber grds auch für spezielle öffentlich-rechtliche Pflichtenlagen, insb die Verpflichtung als Mitstörer (zB behördlich verfügter Abriss einer gemeinsamen Giebelmauer durch einen Nachbarn als Geschäftsführung auch zugunsten des anderen Nachbarn; BGHZ 16, 12). Einbezogen wird dabei auch die Tätigkeit der öffentlichen Hand zur Gefahrenabwehr (zB Geschäftsführung der Feuerwehr für die Bahn durch Löschen eines Brandes, den der Funkenflug einer Lokomotive verursacht hat; BGHZ 40, 28). Dies ist jedoch ua insofern fragwürdig, als für die Kosten hoheitlicher Maßnahmen grds den Gesetzen über die Verwaltungsvollstreckung und -kosten abschließender Charakter zuzusprechen ist (BGH NJW 04, 513; Staud/Wittmann Vor §§ 677 ff Rn 62; weitere Bedenken bei Maurer JuS 1970, 563; Thole, NJW 10, 1243).

7 d) Der Geschäftsführer muss das fremde Geschäft **ohne Auftrag oder sonstige Berechtigung** besorgt haben. Die GoA ist damit ausgeschlossen, wenn die Rechte und Pflichten hins der Geschäftsführung zwischen den Parteien bereits durch ein vertragliches oder gesetzliches Rechtsverhältnis geregelt sind (zB vertraglich durch Auftrag, entgeltliche Geschäftsbesorgung gem § 675 I, Gesellschaft; gesetzlich aufgrund der Rechtsstellung als gesetzlicher Vertreter, Organ einer juristischen Person). Keine Berechtigung idS verleiht die allg Hilfeleistungspflicht aus § 323 c StGB.

8 Beruht die Geschäftsführung auf einem **nichtigen Vertrag** zwischen Geschäftsherrn und Geschäftsführer (zB Auftrag, entgeltlicher Geschäftsbesorgungs-, Werk- oder Dienstvertrag), hält die Rspr die Vorschriften über die GoA für anwendbar, da der Geschäftsführer „ohne Auftrag" iSd § 677 handle (BGH NJW 97, 48). Bei Nichtigkeit des Vertrages infolge eines Gesetzesverstoßes (§ 134) verwehrt sie allerdings idR den Aufwendungsersatzanspruch, da der Geschäftsführer die Aufwendungen nicht den Umständen nach für erforderlich (§ 670) halten durfte (BGHZ 111, 311). Dag lehnt die hL zu Recht die Anwendung der GoA-Vorschriften ab, da das Gesetz mit der Leistungskondiktion in § 812 eine vorrangige Regelung für die Rückabwicklung rechtsgrundloser Leistungen enthält.

Besteht für den Geschäftsführer eine **Verpflichtung ggü einem Dritten** zur Besorgung 9 des Geschäftes, ist nach hM eine GoA nicht ausgeschlossen, wenn der Geschäftsführer erkennbar auch für den Geschäftsherrn handeln will (BGHZ 61, 363; anders aber einige Instanzgerichte, vgl Weishaupt NJW 00, 1002 mwN). Nach BGH NJW-RR 04, 956 ist die GoA lediglich dann ausgeschlossen, wenn die Verpflichtung des Geschäftsführers auf einem mit einem Dritten wirksam geschlossenen Vertrag beruht, der die Rechte und Pflichten des Geschäftsführers und insb die Entgeltfrage umfassend regelt. Nach aA hat der Geschäftsführer nur Ansprüche ggü dem Dritten aufgrund des Vertrages, mit dem er sich diesem ggü verpflichtet hat (bzw bei Nichtigkeit des Vertrages aus der Leistungskondiktion nach § 812; Schubert AcP 178, 443). Entgg dieser Auffassung kann nach hM zB das Abschleppen eines unzulässig geparkten Fahrzeugs im Auftrag des Grundstückseigentümers eine GoA für den Fahrzeughalter sein (Janssen NJW 95, 624).

Die **Überschreitung vertraglich eingeräumter Befugnisse** begründet im Verhältnis zum 10 Vertragspartner grds keine GoA, sondern eine Vertragspflichtverletzung (str). Wenn der Geschäftsführer einer Gesellschaft die Grenzen seiner Geschäftsführungsbefugnis überschreitet, sind daher die §§ 677 ff nicht anwendbar (BGH WM 88, 970). Bei schuldhafter Pflichtverletzung ist er vielmehr aus §§ 280 ff zum Schadensersatz verpflichtet.

e) Die Übernahme der Geschäftsführung muss nach § 683 S 1 dem **Interesse** und dem 11 (daneben eigens festzustellenden) **wirklichen oder mutmaßlichen Willen** des Geschäftsherrn entsprechen oder es müssen die Voraussetzungen einer **Unbeachtlichkeit des Willens** des Geschäftsherrn nach §§ 683 S 2, 679 oder einer **Genehmigung** nach §§ 684 S 2, 184 I vorliegen (näher dazu jeweils dort).

2. Rechtsfolge der berechtigten GoA ist das Entstehen eines gesetzlichen Ausgleichs- 12 schuldverhältnisses zwischen Geschäftsherrn und Geschäftsführer. Es begründet gem § 677 die **Hauptpflicht** des Geschäftsführers zur **ordnungsgemäßen Ausführung** des übernommenen Geschäftes. Maßgeblich ist dabei aufgrund des Wortlautes von § 677 in erster Linie das objektive Interesse und erst daneben der Wille des Geschäftsherrn (str). Nebenpflichten bestimmt § 681. Bei schuldhafter **Verletzung der Pflichten** aus §§ 677, 681 steht dem Geschäftsherrn ein Schadensersatzanspruch aus § 280 I zu. Dieser Anspruch ist jedoch ausgeschlossen, wenn eine Genehmigung des Geschäftsherrn die betr Art der Ausführung deckt. **Haftungsmilderungen** enthalten §§ 680, 682; bei unberechtigter Übernahme der Geschäftsführung sieht § 678 eine **Haftungsverschärfung** vor.

Pflichten des Geschäftsherrn können, müssen aber nicht notwendig aus der GoA als 13 einem unvollkommen zweiseitigen Schuldverhältnis (Vor §§ 320–326 Rn 1) entstehen. Sie richten sich auf Aufwendungsersatz (§ 683 S 1) und Schadensersatz (§ 683 Rn 8).

3. Für die **Verjährung** der Ansprüche aus GoA sind grds §§ 195, 199 maßgeblich. Dies 14 gilt auch, wenn die Verjährungsfrist für das durchgeführte Geschäft selbst an sich kürzer ist.

§ 678 Geschäftsführung gegen den Willen des Geschäftsherrn

Steht die Übernahme der Geschäftsführung mit dem wirklichen oder dem mutmaßlichen Willen des Geschäftsherrn in Widerspruch und musste der Geschäftsführer dies erkennen, so ist er dem Geschäftsherrn zum Ersatz des aus der Geschäftsführung entstehenden Schadens auch dann verpflichtet, wenn ihm ein sonstiges Verschulden nicht zur Last fällt.

1 I. **Zweck** der verschärften Haftung nach § 678 ist der Schutz des Geschäftsherrn vor unberechtigten Einmischungen in seinen Geschäftskreis. **Anwendung** findet die Vorschrift auf die unberechtigte GoA (Vor §§ 677–687 Rn 6) und bei entspr Wahl des Geschäftsherrn auf die angemaßte Eigengeschäftsführung (§ 687 II). Die Vorschrift betrifft nur die unberechtigte Übernahme, dag nicht die Ausführung der Geschäftsbesorgung.

2 II. 1. a) **Objektive Voraussetzung** ist die Übernahme der Geschäftsführung entgg dem Willen des Geschäftsherrn. In erster Linie maßgeblich ist der wirkliche Wille, der äußerlich erkennbar geworden sein muss; sonst der mutmaßliche Wille. Es kommt dabei nur auf den Willen, nicht auf das Interesse des Geschäftsherrn an. Die Übernahme im Widerspruch zum Willen des Geschäftsherrn bildet die haftungsbegründende Pflichtverletzung.

3 b) **Subjektive Voraussetzung** ist das Übernahmeverschulden: Der Geschäftsführer muss den entgegenstehenden Willen des Geschäftsherrn erkannt oder fahrlässig nicht erkannt haben (§ 276). Zu berücksichtigen ist aber die Haftungsmilderung des § 680. Aufschluss über den erkennbaren Willen des Geschäftsherrn kann auch dessen objektives Interesse geben. Bei der Anwendung des § 678 iRd § 687 II ist das Übernahmeverschulden indiziert.

4 2. **Rechtsfolge** ist ein Ersatzanspruch des Geschäftsherrn für alle Schäden, die adäquat durch die Übernahme der Geschäftsführung entstanden sind, nach Maßgabe der §§ 249 ff. Der Geschäftsherr ist so zu stellen, wie er ohne die Übernahme des Geschäftes durch den Geschäftsführer stünde. Auf ein Verschulden des Geschäftsführers bei der Ausführung kommt es nicht an; die Haftung beruht vielmehr auf dem Übernahmeverschulden und umfasst auch Zufallsschäden bei der Ausführung. Dies gilt auch, wenn die Übernahme objektiv im Interesse des Geschäftsherrn stand.

5 III. Die **Beweislast** für die Anspruchsvoraussetzungen trägt der Geschäftsherr.

§ 679 Unbeachtlichkeit des entgegenstehenden Willens des Geschäftsherrn

Ein der Geschäftsführung entgegenstehender Wille des Geschäftsherrn kommt nicht in Betracht, wenn ohne die Geschäftsführung eine Pflicht des Geschäftsherrn, deren Erfüllung im öffentlichen Interesse liegt, oder eine gesetzliche Unterhaltspflicht des Geschäftsherrn nicht rechtzeitig erfüllt werden würde.

1 I. Die Vorschrift enthält eine **Ausn ggü § 678**, indem sie Tatbestände festlegt, bei denen der entgegenstehende Wille des Geschäftsherrn unbeachtlich ist. Regelmäßig liegt in diesen Fällen die Geschäftsbesorgung auch im objektiven Interesse des Geschäftsherrn, so dass der Geschäftsführer gem § 683 S 2 Aufwendungsersatz für seine berechtigte Geschäftsführung verlangen kann.

2 II. 1. **Voraussetzung** ist, dass ohne das Eingreifen des Geschäftsführers eine Pflicht des Geschäftsherrn, deren Erfüllung im öffentlichen Interesse liegt, oder eine gesetzliche Unterhaltspflicht des Geschäftsherrn **nicht rechtzeitig erfüllt** würde. Nicht rechtzeitig erfüllt ist die Pflicht nach dem Eintritt der Fälligkeit. Verzug des Geschäftsherrn ist nicht erforderlich. Die Erfüllung einer Pflicht und das Eingreifen des Geschäftsführers liegen **im öffentlichen Interesse**, wenn gerade die btr Verpflichtung durch den Geschäftsführer erfüllt werden muss, um eine Gefährdung oder Beeinträchtigung konkreter öffentlicher Interessen abzuwenden. Die bloße Gefährdung abstrakter Gemeinschaftsinteressen oder eine bloß sittliche Pflicht reichen nicht aus. Pflichten im öffentlichen Interesse sind zB Verkehrssicherungspflichten und die Beseitigung von Zustandsstörungen bei konkreten Gefahrenlagen; Versorgung und Transport von Verletzten; Rücktransport mittelloser Reisender aus dem Ausland; die Behandlung von Entgiftung eines Drogenkranken (BSG NJW 91, 2373). Im Sozialleistungsrecht besteht dag idR kein öffentliches Interesse, dass ein privater Dritter für den zuständigen Sozialleistungsträger Geldleistungen erbringt (BSG NJW-RR 01, 1282). Die alternative Voraussetzung, dass eine **gesetzliche Unterhaltspflicht** nicht rechtzeitig erfüllt würde, erfordert keine Prüfung des öffentlichen Interesses. Eine gesetzlich begründete Unterhaltspflicht verliert ihren gesetzlichen Charakter nicht dadurch, dass sie durch Vertrag anerkannt oder ausgestaltet ist. Sie erstreckt sich auch auf die Verschaffung einer Heilbehandlung (BGHZ 33, 256).

2. **Rechtsfolge** ist der Ausschluss der Haftung nach § 678 sowie regelmäßig (Rn 1) das 3 Vorliegen einer berechtigten GoA und der darauf beruhenden Ansprüche (insb auf Aufwendungsersatz für den Geschäftsführer; Vor §§ 677–687 Rn 4).

III. Bei **Sittenwidrigkeit** des entgegenstehenden Willens des Geschäftsherrn ist dieser 4 zumindest aufgrund **entspr Anwendung** des § 679 unbeachtlich. Nach aA beruht die Unbeachtlichkeit bereits auf § 138 (Staud/Wittmann § 679 Rn 10). Gleiches gilt bei einem Verstoß des entgegenstehenden Willens des Geschäftsherrn gegen § 134. Zu eng ist die Gegenmeinung, dass der entgegenstehende Wille trotz Verstoßes gegen §§ 134, 138 nur unter den Voraussetzungen der §§ 104 Nr 2, 105 unbeachtlich sein soll (Erman/Ehmann § 679 Rn 4). Sie hat insb die problematische Konsequenz, dass dem ungewollten Retter bei einem **Selbstmordversuch** kein Anspruch auf Aufwendungsersatz zustünde.

§ 680 Geschäftsführung zur Gefahrenabwehr

Bezweckt die Geschäftsführung die Abwendung einer dem Geschäftsherrn drohenden dringenden Gefahr, so hat der Geschäftsführer nur Vorsatz und grobe Fahrlässigkeit zu vertreten.

I. 1. **Zweck** der Haftungserleichterung für den Geschäftsführer ist es, die Bereitschaft 1 zur Hilfe in Gefahrenlagen zu fördern.

2. **Anwendbar** ist die Vorschrift sowohl auf das Übernahme- als auch auf das Ausfüh- 2 rungsverschulden; sie erfasst damit die unberechtigte und die berechtigte GoA. Zudem erstreckt sie sich auf konkurrierende Ansprüche des Geschäftsherrn aus §§ 823 ff (BGH NJW 72, 475). Erleidet der Geschäftsführer Schäden, so begrenzt § 680 die Berücksichtigung seines Mitverschuldens nach § 254 auf Vorsatz und grobe Fahrlässigkeit. Bei leichter Fahrlässigkeit des Geschäftsführers trägt daher der Geschäftsherr den vollen Schaden (BGHZ 43, 194). Nicht anwendbar ist die Vorschrift auf Drittschädigungen infolge der Geschäftsführung. Gegen die zT vertretene Einschränkung bei „professionellen" Nothelfern MK/Seiler § 680 Rn 6 mwN.

II. 1. **Voraussetzung** für die Abwendung einer drohenden dringenden Gefahr ist, dass 3 die Gefahr aktuell und unmittelbar für die Person oder das Vermögen des Geschäftsherrn oder eines nahen Angehörigen besteht. Die irrtümliche Annahme einer derartigen Gefahr reicht aus (wie sich aus der Formulierung „bezweckt" ergibt), sofern sie nicht auf grober Fahrlässigkeit beruht (str; wohl hM: nur bei unverschuldeter irrtümlicher Annahme). Nicht erforderlich ist ein Erfolg des Eingreifens.

2. Als **Rechtsfolge** des § 680 hat der Geschäftsführer nur Vorsatz und grobe Fahrläs- 4 sigkeit (§ 276 Rn 19) zu vertreten. Bei der Beurteilung des Grades der Fahrlässigkeit kann das Bestehen einer Gefahrenlage grds nicht erneut berücksichtigt werden, da darauf bereits die Haftungserleichterung beruht (anders aber bei darüber hinausreichenden Umständen, insb überraschendem Entscheidungsbedarf; BGH NJW 72, 476).

§ 681 Nebenpflichten des Geschäftsführers

¹*Der Geschäftsführer hat die Übernahme der Geschäftsführung, sobald es tunlich ist, dem Geschäftsherrn anzuzeigen und, wenn nicht mit dem Aufschub Gefahr verbunden ist, dessen Entschließung abzuwarten.* ²*Im Übrigen finden auf die Verpflichtungen des Geschäftsführers die für einen Beauftragten geltenden Vorschriften der §§ 666 bis 668 entsprechende Anwendung.*

1 **I.** Die Vorschrift legt **Nebenpflichten** fest, die der Geschäftsführer neben der Hauptleistungspflicht des § 677 zu erfüllen hat. Sie stellt dabei den Geschäftsführer weitgehend einem Beauftragten nach §§ 662 ff gleich. Anzuwenden ist sie auf die berechtigte GoA sowie bei entspr Wahl des Geschäftsherrn auf die angemaßte Eigengeschäftsführung (§ 687 II); zur str Frage der Anwendung bei unberechtigter GoA (insb hins der Herausgabe des aus der Geschäftsführung Erlangten nach §§ 681 S 2, 667) Staud/Wittmann § 681 Rn 2.

2 **II. 1.** § 681 enthält im S 1 eine dem § 665 S 2 entspr Anzeige- und Wartepflicht. Der S 2 verweist auf die Informations-, Herausgabe- und Verzinsungspflichten der §§ 666–668.

3 **2.** Bei einem schuldhaften **Verstoß** gegen die Nebenpflichten aus § 681 macht sich der Geschäftsführer aus § 280 I schadensersatzpflichtig. Haftungserleichterungen sind in §§ 680, 682 vorgesehen.

§ 682 Fehlende Geschäftsfähigkeit des Geschäftsführers

Ist der Geschäftsführer geschäftsunfähig oder in der Geschäftsfähigkeit beschränkt, so ist er nur nach den Vorschriften über den Schadensersatz wegen unerlaubter Handlungen und über die Herausgabe einer ungerechtfertigten Bereicherung verantwortlich.

1 **I.** Die Vorschrift bezweckt den **Schutz des geschäftsunfähigen oder beschränkt geschäftsfähigen Geschäftsführers.** Soweit entgg der hier vertretenen Auffassung §§ 104 ff auf die Übernahme der Geschäftsführung für anwendbar gehalten werden (Vor §§ 677–683 Rn 3), ist allerdings nicht § 682, sondern sind §§ 677, 678, 681 S 2 anzuwenden, wenn ein beschränkt geschäftsfähiger Geschäftsführer Geschäftsbesorgungen rechtsgeschäftlicher Art mit Zustimmung seines gesetzlichen Vertreters durchführt.

2 **II.** Die **Haftung** beschränkt sich nach der Rechtsgrundverweisung (str) des § 682 bei Ansprüchen auf **Schadensersatz** auf die Maßgabe der §§ 823 ff (statt der §§ 677, 678, 681 S 1) und unterliegt damit den Grenzen der §§ 827–829 sowie bei Ansprüchen auf **Herausgabe** nach Maßgabe der §§ 812 ff (statt der §§ 681 S 2, 667, 668).

3 **III.** Die **Geschäftsfähigkeit des Geschäftsherrn** ist nicht erheblich. Kommt es auf seinen Willen an (§§ 681 S 1, 683, 684 S 2), ist auf seinen gesetzlichen Vertreter abzustellen.

§ 683 Ersatz von Aufwendungen

¹Entspricht die Übernahme der Geschäftsführung dem Interesse und dem wirklichen oder dem mutmaßlichen Willen des Geschäftsherrn, so kann der Geschäftsführer wie ein Beauftragter Ersatz seiner Aufwendungen verlangen. ²In den Fällen des § 679 steht dieser Anspruch dem Geschäftsführer zu, auch wenn die Übernahme der Geschäftsführung mit dem Willen des Geschäftsherrn in Widerspruch steht.

1 **I.** In erster Linie nach dieser Vorschrift ist zu beurteilen, ob eine GoA **berechtigt** ist (Vor §§ 677–687 Rn 4). Für diesen Fall gewährleistet sie als Anspruchsgrundlage für den Geschäftsführer ggü dem Geschäftsherrn den erforderlichen schuldrechtlichen Ausgleich für die Belastungen des Geschäftsführers durch den Ersatz seiner Aufwendungen.

2 **II. 1. a) Voraussetzung** des Anspruchs aus § 683 ist eine berechtigte GoA. Diese erfordert neben den allg Voraussetzungen einer **GoA** (§ 677 Rn 2), dass die Übernahme der Geschäftsführung dem Interesse und dem wirklichen oder mutmaßlichen Willen des Geschäftsherrn entspricht. Diese Voraussetzungen sind unabhängig von subjektiven Gegebenheiten beim Geschäftsführer zu bestimmen. Bei einer schuldlosen Fehlbeurteilung bleibt daher der Anspruch aus § 683 dem Geschäftsführer versagt; er haftet jedoch nicht nach § 678. Maßgeblich ist allein der Zeitpunkt der Übernahme der Geschäftsführung. Eine spätere interessen- oder willenswidrige Ausführung (§§ 677, 681) lässt die Berechtigung der Übernahme und damit den Anspruch aus §§ 683 S 1, 670 unberührt. Es genügt allerdings nicht, dass eine Übernahme abstrakt im Interesse und Willen des Geschäftsführers liegt, sondern es muss die jeweils konkret in Frage stehende Geschäftsführung und die jeweilige Person des Geschäftsführers dem Interesse und dem Willen des Geschäftsherrn entsprechen (zB bei versehentlich im Auto verbliebenem Schlüssel während einer kurzzeitigen Abwesenheit Verwahrung des Schlüssels durch einen Nachbarn, nicht aber Fahrt des Autos auf einen gesicherten Hof durch einen Angetrunkenen ohne Führerschein).

b) Das von § 683 S 1 vorausgesetzte **Interesse** des Geschäftsherrn besteht, wenn diesem die Geschäftsführung in der konkreten Situation objektiv nützlich ist. Davon zu unterscheiden ist die subjektive Betrachtung, was der Geschäftsherr für vorteilhaft hält und wünscht; dies ist keine Frage des (allein objektiv gemeinten) Interesses, sondern des Willens (Rn 4). Vom Standpunkt eines objektiven Betrachters ist unter Berücksichtigung aller Umstände hins der Art der Geschäftsbesorgung, der Person des Geschäftsherrn und der Person des Geschäftsführers zu beurteilen, ob die Übernahme im wohlverstandenen Interesse des Geschäftsherrn liegt. Nicht erforderlich ist ein Vermögensinteresse. Ein daneben bestehendes Eigeninteresse des Geschäftsführers ist unschädlich. Nach der Rspr entspricht die berechtigte Abmahnung von Wettbewerbsverstößen auch dem Interesse des Störers (BGHZ 115, 210; aA Medicus/Petersen, BR, Rn 412; für den Schutz des ungerechtfertigt Abgemahnten mit Hilfe der cic Chudziak, GRUR 12, 113). Sofern die Person des Geschäftsherrn (zB zu gründender Verein) bei der Geschäftsübernahme noch nicht existiert, ist der Zeitpunkt ihres Entstehens maßgeblich (OLG Nürnberg NJW-RR 87, 406). 3

c) Neben dem Interesse ist der **Wille** des Geschäftsherrn erforderlich. Er muss darauf gerichtet sein, dass der Geschäftsführer die Besorgung für ihn übernimmt. Ein wirkliches oder mutmaßliches Einverständnis lediglich mit dem zu erlangenden Vorteil genügt nicht. 4

In erster Linie maßgeblich ist der **wirkliche Wille**. Als solcher zu berücksichtigen ist nur der Wille, den der Geschäftsherr tatsächlich zum Ausdruck gebracht hat und der daher nach außen erkennbar geworden ist. Nicht erforderlich ist aber, dass der Geschäftsherr diesen Willen ggü dem Geschäftsführer geäußert hat oder dass der Geschäftsführer überhaupt Kenntnis von diesem Willen hatte. 5

Hat der Geschäftsherr seinen wirklichen Willen nicht geäußert, ist der **mutmaßliche Wille** maßgeblich. Mutmaßlich gewollt ist die Geschäftsbesorgung, wenn der Geschäftsherr ihr bei objektiver Beurteilung der Sachlage zugestimmt hätte. Da dies regelmäßig der Fall ist, wenn ihm die Geschäftsbesorgung objektiv nützlich ist, indiziert das objektive Interesse idR den mutmaßlichen Willen. 6

d) Interesse und Wille müssen grds **kumulativ** vorliegen. Die objektiv interessengerechte, aber ungewollte Geschäftsbesorgung unterfällt daher nicht § 683. Dies entspricht auch der allg Aufgabe der Vorschriften über die GoA zu verhindern, dass ein anderer dem Einzelnen innerhalb seines Geschäftskreises gegen seinen Willen etwas aufzwingt. Str ist aber, ob die GoA auch unberechtigt ist, wenn die Geschäftsbesorgung dem geäußerten Willen, nicht jedoch dem (objektiven) Interesse des Geschäftsherrn entspricht. Dag lassen sich zwar der Wortlaut von S 1 und die Möglichkeit der Genehmigung nach § 684 S 2 anführen. Der Zweck der §§ 677, 683, den Geschäftsherrn vor unerwünschter Einmischung zu schützen, erfordert es indes nicht, bei einer seinem Willen entsprechenden, interessenwidrigen Geschäftsbesorgung den Geschäftsführer schlechter zu stellen und diesem den Aufwendungsersatz zu versagen. Daher ist insoweit ausnahmsweise der Wille des Geschäftsherrn als hinreichend anzusehen. 7

2. Rechtsfolge des § 683 iVm § 670 ist der Anspruch des Geschäftsführers auf Aufwendungsersatz. Er erstreckt sich auf alle freiwilligen Vermögensopfer, die der Geschäftsführer den Umständen nach für erforderlich halten konnte, auch auf erfolglose Aufwendungen. Anders als nach hM beim Auftragsvertrag umfasst er die übliche Vergütung für die Arbeitsleistung, wenn die Geschäftsbesorgung insoweit zum Beruf oder Gewerbe des Geschäftsführers gehört (BGH NJW 93, 3196; hM). Denn iU zum Auftrag ist bei der GoA keine Unentgeltlichkeit vereinbart worden. Daneben hat der Geschäftsführer Anspruch auf Ersatz der risikotypischen Schäden (hM; s § 670 Rn 8), zB 8 bei der sog Selbstaufopferung im Straßenverkehr (BGHZ 38, 270). Zu den weiteren Rechtsfolgen der berechtigten GoA Vor §§ 677–687 Rn 4.

§ 684 Herausgabe der Bereicherung

¹Liegen die Voraussetzungen des § 683 nicht vor, so ist der Geschäftsherr verpflichtet, dem Geschäftsführer alles, was er durch die Geschäftsführung erlangt, nach den Vorschriften über die Herausgabe einer ungerechtfertigten Bereicherung herauszugeben. ²Genehmigt der Geschäftsherr die Geschäftsführung, so steht dem Geschäftsführer der in § 683 bestimmte Anspruch zu.

1 1. Bei **unberechtigter GoA** (Vor §§ 677–687 Rn 6) hat der Geschäftsführer nach der Rechtsfolgenverweisung (str) des S 1 nur Anspruch auf Herausgabe des durch die Geschäftsführung Erlangten nach **Bereicherungsrecht**. Was der Geschäftsherr durch die GoA erlangt hat, kann demnach der Geschäftsführer nur insoweit herausverlangen, als dadurch das Vermögen des Geschäftsherrn noch gemehrt ist. Dazu gehört auch der Ersatz von werterhaltenden Aufwendungen, die später ebenso für den Geschäftsherrn unvermeidlich angefallen wären (OLG Düsseldorf NJW-RR 96, 913). Erfolglose Aufwendungen sind nicht zu ersetzen, da sie nicht zu einer Vermögensmehrung führen. Der zT vertretenen Begrenzung der Höhe des Wertersatzanspruchs aus §§ 684 S 1, 818 II durch § 670 (Wolf JZ 66, 470) steht die systematische Trennung von Bereicherungs- und Aufwendungsersatzanspruch entgg. Der Anspruch aus § 684 S 1 besteht jedoch nicht, wenn der Geschäftsführer mit der Aufwendung zugleich eine vertragliche Verpflichtung ggü einem Dritten erfüllt (OLG Hamm NJW 74, 952).

2 Die **Genehmigung** nach S 2 ersetzt die Voraussetzungen des § 683 (BGHZ 128, 213) und macht die interessen- und/oder willenswidrige Übernahme der Geschäftsbesorgung rückwirkend (§ 184 entspr) im Innenverhältnis zur berechtigten; sie lässt jedoch keinen Auftragsvertrag (§ 662) entstehen. Ansprüche aus § 678 entfallen; iÜ s Vor §§ 677–687 Rn 4.

3 2. Die Genehmigung kann, muss sich aber nicht auf die **Ausführung** des Auftrags erstrecken, so dass ggf Ansprüche aus § 280 I erhalten bleiben können. Nicht genehmigt werden kann die **irrtümliche Eigengeschäftsführung** gem § 687 I.

§ 685 Schenkungsabsicht

(1) Dem Geschäftsführer steht ein Anspruch nicht zu, wenn er nicht die Absicht hatte, von dem Geschäftsherrn Ersatz zu verlangen.
(2) Gewähren Eltern oder Voreltern ihren Abkömmlingen oder diese jenen Unterhalt, so ist im Zweifel anzunehmen, dass die Absicht fehlt, von dem Empfänger Ersatz zu verlangen.

1 I. Die Vorschrift enthält als Ausn ggü §§ 683, 684 S 1 einen **Ausschluss** der Ansprüche aus diesen Vorschriften auf Aufwendungsersatz und Bereicherungsausgleich (zum Verhältnis zu § 812 I 2, 1. Alt s aber BGHZ 111, 128).

2 II. 1. Nach **Abs 1** entstehen Ansprüche des Geschäftsführers nicht, sofern dieser im Zeitpunkt der Geschäftsübernahme nicht die Absicht hatte, Ersatz zu verlangen. Die Absicht, keinen Ersatz zu verlangen, muss nach außen erkennbar geworden sein. Die Beweislast trägt der Geschäftsherr.

3 2. **Abs 2** enthält eine gesetzliche Vermutung für das Fehlen der Absicht, Aufwendungsersatz zu verlangen, wenn sich Verwandte in gerader Linie Unterhalt gewähren. Die Vermutung gilt nur, soweit keine Pflicht zur Unterhaltsleistung besteht (sonst schon anderweitiger Ausschluss; § 1648 letzter Halbs; BGH NJW 98, 979). Sie ist nur im Verhältnis des Geschäftsführers zum Empfänger anwendbar, nicht jedoch im Verhältnis zu einem primär Unterhaltsverpflichteten (zB bei Aufwendungen der Großeltern für die Enkel, nicht im Verhältnis zu den Eltern).

§ 686 Irrtum über die Person des Geschäftsherrn

Ist der Geschäftsführer über die Person des Geschäftsherrn im Irrtum, so wird der wirkliche Geschäftsherr aus der Geschäftsführung berechtigt und verpflichtet.

Eine GoA setzt zwar das Wissen und Wollen voraus, für einen anderen tätig zu werden (§ 677 Rn 4); nicht notwendig muss der Geschäftsführer dabei aber eine bestimmte Person im Blick haben. Unschädlich sind daher nach § 686 auch **Personenverwechslungen** und **sonstige irrige Vorstellungen** über die Person des Geschäftsherrn. Aus der Geschäftsführung berechtigt und verpflichtet wird unabhängig von der Vorstellung des Geschäftsführers stets derjenige als Geschäftsherr, in dessen Rechts- und Interessenkreis das Geschäft tatsächlich fällt. Bei § 685 wirkt allerdings die Absicht des Geschäftsführers, von einer bestimmten Person als vermeintlichem Geschäftsherrn keinen Ersatz zu beanspruchen, nicht notwendig zugunsten des wahren Geschäftsherrn. 1

§ 687 Unechte Geschäftsführung

(1) Die Vorschriften der §§ 677 bis 686 finden keine Anwendung, wenn jemand ein fremdes Geschäft in der Meinung besorgt, dass es sein eigenes sei.
(2) ¹Behandelt jemand ein fremdes Geschäft als sein eigenes, obwohl er weiß, dass er nicht dazu berechtigt ist, so kann der Geschäftsherr die sich aus den §§ 677, 678, 681, 682 ergebenden Ansprüche geltend machen. ²Macht er sie geltend, so ist er dem Geschäftsführer nach § 684 Satz 1 verpflichtet.

I. Die Vorschrift behandelt zwei Arten der **Eigengeschäftsführung**: Bei der **irrtümlichen** Eigengeschäftsführung gem **Abs 1** hält der Handelnde ein fremdes Geschäft aufgrund eines Irrtums für sein eigenes. Dag erkennt er bei der **angemaßten** Eigengeschäftsführung nach **Abs 2** die Fremdheit des Geschäfts und behandelt dieses unberechtigterweise dennoch als eigenes. In beiden Fällen handelt es sich um keine (echte) GoA, da der Fremdgeschäftsführungswille fehlt. Abs 1 enthält dementspr für die irrtümliche Eigengeschäftsführung die Klarstellung, dass die §§ 677–686 nicht anwendbar sind. Für die angemaßte Eigengeschäftsführung bezweckt Abs 2 dag eine Verbesserung der Rechtsstellung des Geschäftsherrn ggü den allg Vorschriften, um unzulässigen Eingriffen in fremde Rechts- und Interessenbereiche entgg zu wirken: Der Geschäftsherr erhält die Möglichkeit, bestimmte Rechte, die bei einer GoA vorgesehen sind (§§ 677, 678, 681, 682), geltend zu machen. Abs 2 tritt damit als selbständige Anspruchsgrundlage in Form einer Rechtsfolgenverweisung neben die allg Anspruchsgrundlagen wegen der Verletzung des Rechts- und Interessenbereichs des Geschäftsherrn. Dazu gehören insb die §§ 823 ff und die §§ 812 ff, sofern letztere nicht durch §§ 987 ff ausgeschlossen sind (dazu BGHZ 41, 157; str) sowie spezielle Vorschriften va für einzelne Immaterialgüterrechte (zB § 97 UrhG; § 42 GeschmMG; §§ 14, 128 MarkenG). 1
II. 1. Eine **irrtümliche Eigengeschäftsführung** liegt vor, wenn ein objektiv fremdes Geschäft unwissentlich als eigenes geführt wird. Unerheblich ist, ob der Irrtum verschuldet war (anders jedoch für Ansprüche gegen den Geschäftsführer aus §§ 823 ff). Bei irrtümlicher Eigengeschäftsführung entsteht das gesetzliche Schuldverhältnis der GoA nicht. Ebenso wie die anderen Vorschriften der §§ 677–686 ist auch § 684 S 2 nicht anzuwenden, so dass keine Genehmigung nach dieser Bestimmung möglich ist. Die Haftung des Geschäftsführers richtet sich damit ausschließlich nach Vorschriften außerhalb des Rechts der GoA (insb §§ 823 ff, 812 ff; uU §§ 946 ff, 985 ff; Sondervorschriften für einzelne Ausschließlichkeits-, va Immaterialgüterrechte, s Rn 1). Für die Haftung des Geschäftsherrn kommen insb §§ 812 ff, 994 ff in Betracht. 2
2. a) Die **angemaßte Eigengeschäftsführung** hat nach Abs 2 zur **objektiven Voraussetzung**, dass der Geschäftsführer ein **objektiv fremdes Geschäft** unberechtigt führt. Dazu reichen grds alle Arten unbefugter Tätigkeit im Rechtskreis eines anderen aus. Hinzutreten müssen als **subjektive Voraussetzungen** die **positive Kenntnis** (Vorsatz), dass es sich um ein fremdes Geschäft handelt, und der **Wille**, dieses zum **eigenen Vorteil** auszuführen (im Ggs zum Fremdgeschäftsführungswillen bei der echten GoA). Nicht ausrei- 3

chend ist die fahrlässige Unkenntnis der Fremdheit. Die positive Kenntnis der Anfechtbarkeit des berechtigenden Rechtsgeschäfts steht jedoch nach § 142 II der Kenntnis der Nichtigkeit dieses Geschäftes und damit der Kenntnis der fehlenden Berechtigung gleich.

4 **Beispiele** sind die Veräußerung (BGHZ 75, 205), Verwertung und Nutzung (auch Vermietung) einer fremden Sache; Eingriffe in vermögenswerte Ausschließlichkeitsrechte (zB Urheberrechte, Patentrechte; zT unter Ausdehnung der Anwendung des Abs 2 auf die fahrlässige Rechtsverletzung, vgl Staud/Wittmann § 687 Rn 21). Auch bei Verletzung des Persönlichkeitsrechts, insb durch unbefugte Bildverwertung, hat der Verletzte Anspruch auf eine angemessene Lizenzgebühr bzw auf Herausgabe des erzielten Gewinns, soweit nicht die Genehmigung der Verwertung von vornherein ausgeschlossen ist (str; iE Beuthien NJW 03, 1220). **Nicht** anwendbar ist Abs 2 dag auf Eingriffe in den eingerichteten und ausgeübten Gewerbebetrieb (BGHZ 7, 218) und bei Eingriffen in vertraglich begründete Rechtspositionen; etwa durch unberechtigte Untervermietung (BGHZ 131, 306), durch die Verletzung eines Alleinvertriebsrechts (BGH NJW 84, 2411) oder durch die Verletzung eines vertraglichen Wettbewerbsverbots (BGH NJW 88, 3018). Dies gilt jedoch nicht, soweit in Vertragsbeziehungen des Berechtigten mit einem Dritten eingegriffen wird (BGH NJW-RR 89, 1257).

5 **b) Rechtsfolge des Abs 2** ist, dass der Geschäftsherr die Erfüllungs-, Informations- und Schadensersatzansprüche der §§ 677, 678, 681 S 1 und 681 S 2 iVm §§ 666–668 geltend machen kann. Auf die Beschränkungen der §§ 679, 680 verweist Abs 2 dabei nicht. Bei beschränkter Geschäftsfähigkeit oder Geschäftsunfähigkeit des Geschäftsführers ist § 682 maßgeblich. Der praktisch va bedeutsame Anspruch auf Herausgabe des Erlangten nach Abs 2 iVm §§ 681 S 2, 667 umfasst auch den Veräußerungserlös, der über den Verkehrswert hinausgeht, und entsteht unabhängig davon, ob das Erlangte noch vorhanden ist.

6 Der Geschäftsherr kann die ihm nach Abs 2 zustehenden Ansprüche ausdrücklich oder konkludent geltend machen. Macht er sie geltend, ist er gem **Abs 2 S 2** dem Geschäftsführer nach § 684 S 1 verpflichtet. Dem **Geschäftsführer** steht der **Anspruch aus § 684 S 1** damit nur zu, wenn der Geschäftsherr aufgrund des Abs 2 S 1 die dort genannten Ansprüche aus dem GoA-Recht geltend macht. Unter dieser Voraussetzung steht ihm Aufwendungsersatz im Umfang der Bereicherung des Geschäftsherrn zu. Diesen Betrag kann er ggf von dem erlangten Gewinn, den er nach Abs 2 S 1 iVm §§ 681 S 2, 667 an den Geschäftsherrn herauszugeben hat, abziehen.

Titel 14
Verwahrung

§ 688 Vertragstypische Pflichten bei der Verwahrung

Durch den Verwahrungsvertrag wird der Verwahrer verpflichtet, eine ihm von dem Hinterleger übergebene bewegliche Sache aufzubewahren.

1 **I.** Der **Verwahrungsvertrag** ist nach hM Konsensualvertrag. Er kommt daher mit der Einigung zustande. Die Übergabe der Sache setzt ihn in Vollzug und begründet ein Dauerschuldverhältnis. Er kann unentgeltlich sein. In diesem Fall handelt es sich um einen unvollkommen zweiseitigen Vertrag, da Verpflichtungen stets für den Verwahrer, aber nicht notwendig für den Hinterleger entstehen. Ist die Verwahrung dag entgeltlich, liegt ein gegenseitiger Vertrag (§§ 320 ff) vor. Als Hauptpflicht schuldet der Verwahrer die Aufbewahrung einer beweglichen Sache, die ihm der Hinterleger übergeben hat. Der Verwahrer übernimmt damit eine fremdnützige Tätigkeit im Interesse des Hinterlegers.

2 **II. 1.** Die **Hauptpflicht des Verwahrers** zur Aufbewahrung der Sache schließt die Gewährung von Raum und die Übernahme der Obhut für die Sache ein (OLG Hamm NJW-RR 05, 1335). Die Obhut umfasst den Schutz vor Schaden sowie Be- und Überwachung. Der Hinterleger muss seine Sachherrschaft aufgeben und der Verwahrer die

tatsächliche Verfügungsgewalt erlangen (BGH NJW 51, 957). Zum Gebrauch der Sache ist der Verwahrer grds nicht berechtigt. Ausnahmsweise kann ihm aber eine Gebrauchspflicht obliegen, wenn dies zur Erhaltung der Sache erforderlich ist (zB Bewegung eines Pferdes). Zur Instandsetzung der Sache ist er grds nicht verpflichtet. **Nebenpflicht** des Verwahrers ist die Rückgabe der Sache gem §§ 696, 697. Die Rückgabepflicht steht nicht im Gegenseitigkeitsverhältnis mit Pflichten des Hinterlegers.

Die **Haftung** des Verwahrers bei Verletzung seiner Pflichten richtet sich nach den allg 3 Vorschriften gem §§ 280 ff. Bei verspäteter Rückgabe greifen §§ 280 I, II, 286; bei Unmöglichkeit der Rückgabe sind §§ 280 I, III, 283 und bei Verletzung einer Schutzpflicht (§ 241 II) § 280 I bzw §§ 280 I, III, 282 anzuwenden. Ist die Sache allerdings wegen Verletzung der Obhutspflicht des Verwahrers beschädigt worden, so haftet der Verwahrer gem §§ 280 I, III, 281 (str; iE Oetker/Maultzsch, 632). Für die unentgeltliche Verwahrung beschränkt § 690 den Haftungsmaßstab aber auf die eigenübliche Sorgfalt. Eine Freizeichnung ist in den Schranken insb der §§ 276 III, 278 S 2, 134, 138, 242, 307, 309 Nr 7 und 8 möglich; jedoch darf der Haftungsausschluss die Obhutspflicht nicht fast vollständig aushöhlen (BGHZ 33, 216).

2. Bei entgeltlicher Verwahrung besteht die **Hauptpflicht** des Hinterlegers in der Zah- 4 lung der Vergütung (vgl § 689). Zu den Nebenpflichten des Hinterlegers gehören der Ersatz von Aufwendungen gem § 693, die Anzeigepflicht nach § 694 sowie die Pflicht zur Rücknahme der Sache nach §§ 696, 697. Zur Haftung des Hinterlegers s § 694.

3. **Sonderregelungen** bestehen für eine Reihe wirtschaftlich bedeutender Formen der 5 Verwahrung, insb für das Lagergeschäft (§§ 467–475 h HGB) und die Verwahrung von Wertpapieren durch einen Kaufmann (§ 1 II DepotG) sowie für die Sequestration (vgl §§ 432, 1217, 1281, 2039; §§ 410 ff FamFG). Soweit die speziellen Vorschriften nicht entgegenstehen, finden daneben die §§ 688 ff Anwendung.

Nicht im eigentlichen Sinne um Verwahrung handelt es sich bei der **unregelmäßigen** 6 **Verwahrung** des § 700 (s dort), bei der **Hinterlegung** nach der HinterlegungsO und bei der **öffentlich-rechtlichen Verwahrung**. Bei letzterer finden die §§ 688 ff entspr Anwendung mit Ausn des § 690 (BGHZ 4, 192). Die Einlagerung durch den Gerichtsvollzieher (§§ 808 ff ZPO) begründet uU einen Verwahrungsvertrag mit dem Justizfiskus (BGHZ 89, 82).

III. 1. Schwierigkeiten bereitet zuweilen die **Abgrenzung** des Verwahrungsvertrages. Bei 7 unbeweglichen Sachen scheidet eine Verwahrung nach dem Wortlaut des § 688 stets aus; ihre Bewachung oder sonstige Aufgaben der Obhut über sie können iR eines Dienstvertrages oder Auftrages übernommen werden. Bei der unentgeltlichen Übernahme der Aufbewahrung einer beweglichen Sache kann uU nach der Interessenlage der Parteien der Rechtsbindungswille des Verwahrenden fehlen und daher ein **reines Gefälligkeitsverhältnis** vorliegen (Vor §§ 241–853 Rn 26), zB bei einem bloßen Dulden des Ein- oder Abstellens. Wird über die bloße Verwahrung hinaus eine Tätigkeit geschuldet, kann ein **Auftrag** vorliegen (§ 662 Rn 3). Ist demjenigen, dem die Sache übergeben wird, ein Gebrauchsrecht eingeräumt, kommt eine **Leihe** oder **Miete** in Betracht. Dies gilt auch, wenn bei der Verbringung einer Sache in fremde Räume die Übernahme der Obhut nicht Haupt-, sondern allenfalls Nebenpflicht ist (zB Abstellen in einem Bank- oder Gepäckschließfach; anders aber uU bei einem bewachten Parkplatz oder Parkhaus; vgl BGH NJW 69, 789; OLG Köln NJW-RR 94, 25; OLG Düsseldorf NJW-RR 01, 1607 zur längerfristigen Parkhausnutzung als Mietvertrag unter Ablehnung einer Nebenpflicht des Parkhausbetreibers zur Diebstahlssicherung).

2. Auch bei weiteren Verträgen kann eine **Nebenpflicht zur Verwahrung** bestehen, so 8 beim Kauf-, Auftrags-, Dienst-, Werk-, Geschäftsbesorgungs-, Kommissions-, Speditions- und Frachtvertrag sowie darüber hinaus in den Fällen der §§ 362 II, 379 I HGB und beim Annahmeverzug gem § 293. In erster Linie gelten dann die Regeln des besonderen Vertragsverhältnisses; daneben können aber die §§ 688 ff mit Ausn des § 690 Anwendung finden. Keine Verwahrungspflicht wird bei der Garderobenablage in Wartezimmern und Geschäftsräumen begründet (BGH NJW 80, 1096), sofern kein Zwang zur Ablage besteht (zB im Theater). Ebenfalls keine Verwahrungspflicht soll nach OLG

Hamm NJW-RR 05, 1335 für den Saunabetreiber hins der Kleidung im Spind bestehen.

§ 689 Vergütung

Eine Vergütung für die Aufbewahrung gilt als stillschweigend vereinbart, wenn die Aufbewahrung den Umständen nach nur gegen eine Vergütung zu erwarten ist.

1 1. Ob der Verwahrungsvertrag **entgeltlich** oder unentgeltlich ist, muss bei Fehlen einer ausdrücklichen Vereinbarung durch **Auslegung** bestimmt werden. In der bloßen Zusage der Erstattung von Aufwendungen liegt nicht bereits die Vereinbarung eines Entgelts. Unter den Voraussetzungen des § 689 gilt eine Vergütung als stillschweigend vereinbart. Für das Vorliegen dieser Voraussetzungen spricht insb, wenn die Verwahrung großen Aufwand und besondere Intensität erfordert oder die zu verwahrende Sache einen hohen Wert hat.

2 2. Die **Höhe der Vergütung** bestimmt sich nach der Taxe oder der Üblichkeit entspr §§ 612 II, 632 II. Ist sie danach nicht zu ermitteln, gilt § 316. Besondere Regelungen für das Lagergeld enthalten §§ 354, 467 II HGB. Für die Sequestration (§ 688 Rn 5) s §§ 410 ff FamFG.

§ 690 Haftung bei unentgeltlicher Verwahrung

Wird die Aufbewahrung unentgeltlich übernommen, so hat der Verwahrer nur für diejenige Sorgfalt einzustehen, welche er in eigenen Angelegenheiten anzuwenden pflegt.

1 Bei unentgeltlicher Verwahrung haftet der Verwahrer aufgrund der **Haftungserleichterung** des § 690 nur nach Maßgabe des § 277. Dag gilt nicht diese Haftungserleichterung, sondern der allg Maßstab des § 276 bei der entgeltlichen Verwahrung, bei der Verwahrung als Nebenpflicht eines entgeltlichen Vertrages (§ 688 Rn 8) sowie bei der öffentlich-rechtlichen Verwahrung (BGHZ 4, 192). Die Einhaltung der eigenüblichen Sorgfalt liegt nahe, wenn der Verwahrer durch Fahrlässigkeit zugleich die Sache des Hinterlegers und seine eigenen Sachen schädigt (OLG Zweibrücken NJW-RR 02,1456).

§ 691 Hinterlegung bei Dritten

¹Der Verwahrer ist im Zweifel nicht berechtigt, die hinterlegte Sache bei einem Dritten zu hinterlegen. ²Ist die Hinterlegung bei einem Dritten gestattet, so hat der Verwahrer nur ein ihm bei dieser Hinterlegung zur Last fallendes Verschulden zu vertreten. ³Für das Verschulden eines Gehilfen ist er nach § 278 verantwortlich.

1 Aufgrund des besonderen **Vertrauensverhältnisses**, das idR bei der Verwahrung ähnl wie beim Auftrag (§ 664 Rn 1) besteht, ist iZw die Drittverwahrung nicht gestattet. Die Folgen der unbefugten wie der befugten Drittverwahrung (S 2) sowie der Einbeziehung eines Gehilfen (S 3) entsprechen denen des § 664 (dort Rn 4 ff). Sondervorschriften enthalten §§ 3, 5 DepotG.

§ 692 Änderung der Aufbewahrung

¹Der Verwahrer ist berechtigt, die vereinbarte Art der Aufbewahrung zu ändern, wenn er den Umständen nach annehmen darf, dass der Hinterleger bei Kenntnis der Sachlage die Änderung billigen würde. ²Der Verwahrer hat vor der Änderung dem Hinterleger Anzeige zu machen und dessen Entschließung abzuwarten, wenn nicht mit dem Aufschub Gefahr verbunden ist.

1 Der Verwahrer ist an einseitige **Weisungen** des Hinterlegers **nicht gebunden** (anders als beim Auftrag gem § 665). Bei unberechtigter Änderung macht er sich aber uU scha-

densersatzpflichtig (s § 688 Rn 3). Eine Pflicht zur Änderung kann sich im Einzelfall aus dem Verwahrungsvertrag aufgrund der §§ 157, 242 ergeben.

§ 693 Ersatz von Aufwendungen

Macht der Verwahrer zum Zwecke der Aufbewahrung Aufwendungen, die er den Umständen nach für erforderlich halten darf, so ist der Hinterleger zum Ersatz verpflichtet.

Zum Umfang des **Aufwendungsersatzanspruchs** vgl § 670. Der Verwahrer kann nicht 1 Ersatz für Aufwendungen verlangen, die er nach dem Inhalt des Verwahrungsvertrages zu übernehmen hat (wie insb die Raumgewährung). Der Anspruch aus § 693 gibt ein ZbR nach § 273 (nach dessen Ausübung der Verwahrer nicht die vereinbarte Vergütung, sondern Aufwendungsersatz nach §§ 987 ff beanspruchen kann; OLG Celle NJW 67, 1967).

§ 694 Schadensersatzpflicht des Hinterlegers

Der Hinterleger hat den durch die Beschaffenheit der hinterlegten Sache dem Verwahrer entstehenden Schaden zu ersetzen, es sei denn, dass er die Gefahr drohende Beschaffenheit der Sache bei der Hinterlegung weder kennt noch kennen muss oder dass er sie dem Verwahrer angezeigt oder dieser sie ohne Anzeige gekannt hat.

Die Vorschrift geht von der Verpflichtung des Hinterlegers aus, den Verwahrer auf Ge- 1 fahren aufgrund der Beschaffenheit der Sache bei der Hinterlegung hinzuweisen. Sie begründet bei risikotypischen Schäden als lex specialis einen eigenen Anspruch, der demjenigen aus §§ 280 I, 241 II (ggf iVm § 311 II) vorgeht (aber regelmäßig zum gleichen Ergebnis führt; vgl MK/Fehrenbacher, § 694 Rn 1). Der Hinterleger kann sich durch den Beweis seiner nicht zu vertretenden Unkenntnis, der Erstattung der Anzeige oder der Kenntnis des Verwahrers entlasten. Die fahrlässige Unkenntnis des Verwahrers befreit ihn nicht, kann aber iRd § 254 zu berücksichtigen sein.

§ 695 Rückforderungsrecht des Hinterlegers

¹Der Hinterleger kann die hinterlegte Sache jederzeit zurückfordern, auch wenn für die Aufbewahrung eine Zeit bestimmt ist. ²Die Verjährung des Anspruchs auf Rückgabe der Sache beginnt mit der Rückforderung.

1. Das Recht zur jederzeitigen **Rückforderung** gem S 1 entspricht dem Wesen der Ver- 1 wahrung als einer fremdnützigen Tätigkeit ohne Gebrauchsrecht des Verwahrers. Wird S 1 abbedungen, liegt daher kein Verwahrungsvertrag vor (str). Die Rückgabe kann allerdings nach § 242 nicht zu einer unangemessenen Zeit und uU nur mit einer angemessenen Frist verlangt werden. Der Vertrag endet nicht bereits mit der Ausübung des Rückforderungsrechts, sondern erst mit der Rückgabe der Sache (str).
2. Verletzt der Verwahrer seine Pflicht zur Rückgabe, **haftet** er nach den allg Vorschrif- 2 ten, zB nach §§ 280 I, III, 283 bei einer von ihm zu vertretenden Unmöglichkeit der Rückgabe (§ 688 Rn 2 f). Das Eigentum eines Dritten an der verwahrten Sache steht der Rückgabepflicht grds nicht entgg. Dies gilt auch für das Eigentum des Verwahrers selbst, sofern er die Sache nicht sogleich zurückfordern dürfte (§ 242 Rn 32). Dem Verwahrer können Gegenrechte insb aus §§ 273, 689, 693 zustehen.
3. Nach S 2, der durch das SMG neu eingefügt wurde, beginnt die **dreijährige Verjäh-** 3 **rungsfrist** (§ 195) erst mit der Rückforderung der Sache. § 695 zählt zu den sog verhaltenen Ansprüchen (vgl § 271 Rn 2), bei denen die Verjährung grds bereits mit der Entstehung des Schuldverhältnisses beginnt (vgl BT-Drucks 14/6040, 258). Während dies nach früherer Rechtslage angesichts der dreißigjährigen Verjährungsfrist nicht zu Unerträglichkeiten führte, hätte die neu eingeführte dreijährige Verjährungsfrist zur Folge

gehabt, dass auf unbestimmte Zeit verliehene Sachen nach Ablauf der drei Jahre nicht mehr zurückverlangt hätten werden können. Diese Rechtsfolge wird durch S 2 korrigiert.

§ 696 Rücknahmeanspruch des Verwahrers

¹Der Verwahrer kann, wenn eine Zeit für die Aufbewahrung nicht bestimmt ist, jederzeit die Rücknahme der hinterlegten Sache verlangen. ²Ist eine Zeit bestimmt, so kann er die vorzeitige Rücknahme nur verlangen, wenn ein wichtiger Grund vorliegt. ³Die Verjährung des Anspruchs beginnt mit dem Verlangen auf Rücknahme.

1 Die Vorschrift ist abdingbar (str für S 2). Eine Zeitbestimmung kann auch dem Vertragszweck und den Umständen des Einzelfalles entnommen werden. Auch wenn der Verwahrer die Rücknahme „jederzeit" verlangen kann, hat er auf einen angemessenen Zeitpunkt und ggf eine angemessene Frist Bedacht zu nehmen (s § 695 Rn 1). Die Nichtrücknahme führt zum Annahmeverzug (§§ 293 ff) und nach § 286 zum **Schuldnerverzug** und daher uU zu einer Schadensersatzpflicht aus §§ 280 I, II, 286. Für das handelsrechtliche Lagergeschäft enthält § 473 II HGB eine Sonderregelung. Zur Verjährungsregelung in S 3 vgl § 695 Rn 3.

§ 697 Rückgabeort

Die Rückgabe der hinterlegten Sache hat an dem Ort zu erfolgen, an welchem die Sache aufzubewahren war; der Verwahrer ist nicht verpflichtet, die Sache dem Hinterleger zu bringen.

1 Die Vorschrift bestimmt den vertragsgemäßen Ort der Verwahrung zum Rückgabeort. Die Rückgabepflicht ist damit **Holschuld**.

§ 698 Verzinsung des verwendeten Geldes

Verwendet der Verwahrer hinterlegtes Geld für sich, so ist er verpflichtet, es von der Zeit der Verwendung an zu verzinsen.

§ 699 Fälligkeit der Vergütung

(1) ¹Der Hinterleger hat die vereinbarte Vergütung bei der Beendigung der Aufbewahrung zu entrichten. ²Ist die Vergütung nach Zeitabschnitten bemessen, so ist sie nach dem Ablauf der einzelnen Zeitabschnitte zu entrichten.

(2) Endigt die Aufbewahrung vor dem Ablauf der für sie bestimmten Zeit, so kann der Verwahrer einen seinen bisherigen Leistungen entsprechenden Teil der Vergütung verlangen, sofern nicht aus der Vereinbarung über die Vergütung sich ein anderes ergibt.

§ 700 Unregelmäßiger Verwahrungsvertrag

(1) ¹Werden vertretbare Sachen in der Art hinterlegt, dass das Eigentum auf den Verwahrer übergehen und dieser verpflichtet sein soll, Sachen von gleicher Art, Güte und Menge zurückzugewähren, so finden bei Geld die Vorschriften über den Darlehensvertrag, bei anderen Sachen die Vorschriften über den Sachdarlehensvertrag Anwendung. ²Gestattet der Hinterleger dem Verwahrer, hinterlegte vertretbare Sachen zu verbrauchen, so finden bei Geld die Vorschriften über den Darlehensvertrag, bei anderen Sachen die Vorschriften über den Sachdarlehensvertrag von dem Zeitpunkt an Anwendung, in welchem der Verwahrer sich die Sachen aneignet. ³In beiden Fällen bestimmen sich jedoch Zeit und Ort der Rückgabe im Zweifel nach den Vorschriften über den Verwahrungsvertrag.

(2) Bei der Hinterlegung von Wertpapieren ist eine Vereinbarung der im Absatz 1 bezeichneten Art nur gültig, wenn sie ausdrücklich getroffen wird.

I. Der **unregelmäßige** (uneigentliche) Verwahrungsvertrag begründet ein **Schuldverhältnis eigener Art**. Sein Gegenstand können nur vertretbare Sachen sein. Der Unterschied zum Verwahrungsvertrag liegt in dem Eigentumsübergang der hinterlegten Sache auf den Verwahrer; insofern entspricht er dem Darlehen (§§ 488, 607). IU zum Darlehensvertrag dient er aber vornehmlich dem Verwahrungsinteresse des Hinterlegers (wie ein Verwahrungsvertrag; § 688). Dementspr besteht bei ihm zumeist ein geringerer Zinsfuß als beim Darlehen.

II. 1. Der unregelmäßige Verwahrungsvertrag kommt durch Einigung zwischen dem Hinterleger und dem Verwahrer zustande (**Konsensualvertrag**; § 688 Rn 1). Für die unregelmäßige Verwahrung von Wertpapieren ist nach **Abs 2** eine ausdrückliche Abrede erforderlich; § 15 II DepotG verschärft in seinem Anwendungsbereich dieses Formerfordernis noch.

2. Wie beim Darlehen geht das **Eigentum** vom Hinterleger auf den Verwahrer über. Zwischen den beiden Parteien entsteht ein **schuldrechtliches Verhältnis**, auf das grds die Vorschriften für das Darlehen (§§ 488, 607 ff) Anwendung finden. Jedoch bestimmen sich Zeit und Ort der Rückgabe iZw nach §§ 695–697 (Abs 1 S 3). Va hat der Hinterleger damit ein jederzeitiges Rückforderungsrecht. Dieses ist jedoch iU zum Verwahrungsvertrag aufgrund des Wortlautes von Abs 1 S 3 („iZw") abdingbar.

3. **Anwendungsfälle** des unregelmäßigen Verwahrungsvertrages sind va Spareinlagen und Eingänge auf Anderkonten. Auch bei Guthaben auf einem Girokonto wurde nach der alten Rechtslage eine vom Girovertrag (§ 676 f aF) streng zu trennende unregelmäßige Verwahrung iSd § 700 angenommen (BGHZ 124, 257 f). Dag erfasst die Vorschrift nicht die Hinterlegung von Geld bei den Hinterlegungsstellen (§§ 372 ff).

Titel 15
Einbringung von Sachen bei Gastwirten

§ 701 Haftung des Gastwirts

(1) Ein Gastwirt, der gewerbsmäßig Fremde zur Beherbergung aufnimmt, hat den Schaden zu ersetzen, der durch den Verlust, die Zerstörung oder die Beschädigung von Sachen entsteht, die ein im Betrieb dieses Gewerbes aufgenommener Gast eingebracht hat.
(2) ¹Als eingebracht gelten
1. Sachen, welche in der Zeit, in der der Gast zur Beherbergung aufgenommen ist, in die Gastwirtschaft oder an einen von dem Gastwirt oder dessen Leuten angewiesenen oder von dem Gastwirt allgemein hierzu bestimmten Ort außerhalb der Gastwirtschaft gebracht oder sonst außerhalb der Gastwirtschaft von dem Gastwirt oder dessen Leuten in Obhut genommen sind,
2. Sachen, welche innerhalb einer angemessenen Frist vor oder nach der Zeit, in der der Gast zur Beherbergung aufgenommen war, von dem Gastwirt oder seinen Leuten in Obhut genommen sind.

²Im Falle einer Anweisung oder einer Übernahme der Obhut durch Leute des Gastwirts gilt dies jedoch nur, wenn sie dazu bestellt oder nach den Umständen als dazu bestellt anzusehen waren.
(3) Die Ersatzpflicht tritt nicht ein, wenn der Verlust, die Zerstörung oder die Beschädigung von dem Gast, einem Begleiter des Gastes oder einer Person, die der Gast bei sich aufgenommen hat, oder durch die Beschaffenheit der Sachen oder durch höhere Gewalt verursacht wird.
(4) Die Ersatzpflicht erstreckt sich nicht auf Fahrzeuge, auf Sachen, die in einem Fahrzeug belassen worden sind, und auf lebende Tiere.

1 I. 1. §§ 701 ff begründen ein **gesetzliches Schuldverhältnis**, aus dem der Gastwirt für Schäden an eingebrachten Sachen verschuldensunabhängig haftet. Die Haftung ist grds unabdingbar (§ 702 a I), aber summenmäßig beschränkt (§ 702 I). Diese Haftung beruht auf der besonderen Schutzbedürftigkeit des Gastes und auf der Bewertung der zu ersetzenden Schäden als Verwirklichung einer Betriebsgefahr (vgl BGHZ 32, 150). Weitergehende vertragliche (§§ 280 ff) oder gesetzliche Ansprüche (zB §§ 823 ff) werden durch §§ 701 ff nicht ausgeschlossen (BGHZ 63, 336).

2 2. Die Haftung aus §§ 701 ff ist unabhängig vom Bestehen eines (wirksamen) Vertrages zwischen dem Gastwirt und dem Gast über die Beherbergung. IdR haben die Parteien aber einen **Beherbergungsvertrag** geschlossen. Es handelt sich dabei um einen gemischten Vertrag mit Elementen der Miete (Zimmernutzung), des Dienst-, Werk- und Kaufvertrages (Serviceleistungen, Heizungs- und Fernsehgebrauch, Verköstigung usw) sowie der Verwahrung (Obhut hins der eingebrachten Sachen). Zwischen den gesetzlichen Ansprüchen aus §§ 701 ff und den (weiter gehenden) vertraglichen Ansprüchen aus dem Beherbergungsvertrag besteht **Anspruchskonkurrenz**. Dies gilt ebenfalls für die deliktische Haftung des Gastwirts nach §§ 823 ff. Die §§ 701 ff bezwecken im Verhältnis zu diesen weiteren Anspruchsgrundlagen nur einen **Mindestschutz** des Gastes.

3 3. In der Systematik der §§ 701 ff enthalten § 701 I und II die Haftungsvoraussetzungen; § 701 III und IV bestimmen Ausn von der verschuldensunabhängigen Haftung (ua personenbezogen, gegenständlich). §§ 702, 702 a regeln den Umfang der Haftung und die Haftungsfreizeichnung; § 703 betrifft die Schadensanzeige und das Erlöschen des Anspruchs als Folge ihres Unterlassens. Zudem gibt § 704 dem Gastwirt – ähnl wie §§ 562, 578 dem Vermieter – für seine Forderungen ein gesetzliches **Pfandrecht** an den eingebrachten Sachen des Gastes.

4 II. 1. Voraussetzungen der Gastwirtshaftung: a) Der Anspruch muss sich gegen einen **Gastwirt** richten, der gewerbsmäßig Fremde zur Beherbergung aufnimmt. Gastwirt idS ist jeder Inhaber oder Pächter eines Beherbergungsbetriebes. Die Beherbergung erfordert über die bloße Gebrauchsüberlassung von Räumen hinaus zusätzliche Dienstleistungen iwS (nicht notwendig eine Verköstigung). Keine Beherbergung ist die bloße Zimmervermietung, idR das Vermieten eines Campingplatzes oder das Zurverfügungstellen lediglich von Tagungs- oder Arbeitsräumen in einem Hotel. Der Schank- oder Speisewirt ist mangels Gebrauchsüberlassung von Räumen nicht Beherbergungsgastwirt. Gleiches gilt für den Betreiber von Einrichtungen, bei denen der Beherbergungszweck ganz hinter einem anderen Zweck zurücktritt (zB Ausbildung bei Internaten; Heilung bei Sanatorien; Personenbeförderung bei Schiffen und Schlafwagen). Auch der Reiseveranstalter gem § 651 a I gilt nach der Rspr nicht als Gastwirt iSv § 701 (LG Frankfurt/M NJW-RR 94, 1477; str).

5 b) Erforderlich ist die **Aufnahme des Gastes** durch den Gastwirt **zur gewerblichen Beherbergung**. Die Aufnahme ist ein tatsächlicher Akt, der von der Wirksamkeit des Beherbergungsvertrages unabhängig ist; die §§ 104 ff finden keine Anwendung. Aufgenommen sind auch die Begleitpersonen des zahlenden Gastes, nicht jedoch dessen Besucher. Die Aufnahme des Gastes muss den Zweck einer Beherbergung haben; die Einkehr lediglich zu einem Umtrunk oder einer Mahlzeit reicht nicht aus. Vom Schutzzweck der Norm nicht erfasst sind unentgeltlich aufgenommene private Gäste des Wirts.

6 c) Es muss ein **Schaden durch Verlust, Beschädigung oder Zerstörung einer vom Gast eingebrachten Sache** eingetreten sein (Abs 1 und 2). Da die Sache lediglich vom Gast eingebracht sein muss, hat dieser auch einen Anspruch auf Schadensersatz, wenn er nicht Eigentümer ist (gesetzlicher Fall der Drittschadensliquidation; s Vor §§ 249–253 Rn 27). Der Eigentümer selbst hat in diesem Fall keinen Anspruch aus § 701.

7 Eingebracht ist eine Sache, wenn sie in die **Obhut des Gastwirts** gelangt ist. Unter welchen Voraussetzungen dies der Fall ist, bestimmt Abs 2 S 1 näher. Dabei unterscheidet er zwischen Schäden während der Beherbergungszeit (Nr 1) und Schäden vor oder nach diesem Zeitraum (Nr 2). Die Beherbergungszeit beginnt mit der Aufnahme des Gastes im Gasthaus und endet mit dem Verlassen des Gasthauses zur Abreise. **Während der Beherbergungszeit (Nr 1)** in die Gastwirtschaft eingebracht sind auch Kleider,

Schmuck und weitere Gegenstände, die der Gast bei sich führt. Die Gastwirtschaft umfasst auch zum Betrieb gehörende Erholungs-, Sport- und Tagungsräume. Orte außerhalb der Gastwirtschaft iSd 2. Falls von Abs 2 S 1 Nr 1 sind zB Lagerräume in einem gesonderten Gebäude. Nach dem 3. Fall sind zudem diejenigen Sachen eingebracht, die der Gastwirt oder seine Leute außerhalb der Gastwirtschaft auf sonstige Weise in Obhut genommen haben. Nach **Nr 2** gelten darüber hinaus diejenigen Sachen als eingebracht, die **vor oder nach der Beherbergungszeit** innerhalb einer angemessenen Frist von dem Gastwirt oder dessen Leute in Obhut genommen sind. Dies erfasst zB das Abholen eines Koffers vom (oder dessen Transport zum) Bahnhof. Ein vergessenes Gepäckstück steht jedoch nicht ohne Hinzutreten weiterer Umstände in der Obhut des Gastwirts. – **Leute des Gastwirts** iS dieser Regelung sind alle Hilfspersonen, derer sich der Gastwirt für seinen Betrieb bedient, auch wenn dies nur vorübergehend und nicht zur Erfüllung des Beherbergungsvertrages geschieht. Der Begriff ist somit weiter als der des Erfüllungsgehilfen (§ 278). Erforderlich ist aber nach Abs 2 S 2, dass die Personen vom Gastwirt bestellt oder den Umständen nach als bestellt anzusehen sind.

2. Zum **Haftungsausschluss** führt es nach **Abs 3**, wenn der Schaden durch den Gast, dessen Begleiter oder eine von ihm aufgenommene Person verursacht wird. Verschulden ist nicht erforderlich. Bei schuldhafter Mitverursachung oder unterlassener Schadensabwendung durch den Gast gilt § 254 (OLG Karlsruhe NJW-RR 05, 463). Ebenso ausgeschlossen ist nach Abs 3 die verschuldensunabhängige Haftung bei der Verursachung des Schadens durch die **Beschaffenheit der Sache** selbst oder durch **höhere Gewalt**. Letztere liegt bei einem äußeren, betriebsfremden Ereignis vor, wenn dieses trotz Aufwendung aller gebotenen Sorgfalt nicht voraussehbar und abwendbar war (zB Brandanschlag; nicht aber innerhalb des Gebäudes ausgebrochener Brand). 8

Aufgrund der **gegenständlichen Beschränkung** in Abs 4 umfasst die Haftung aus § 701 zudem nicht Fahrzeuge, in diesen belassene Sachen und lebende Tiere. Als Fahrzeuge sind neben den Kraftfahrzeugen (einschließlich Motorrädern) auch Fahrräder und mitgeführte Boote von der Haftung ausgenommen (ua wegen der Möglichkeiten des Gastes zur Versicherung der Risiken für Fahrzeuge). Keine Fahrzeuge sind Kinderwagen und Rollstühle. 9

III. Der Gast trägt die **Beweislast** für das Einbringen und für den Verlust, die Beschädigung oder die Zerstörung der Sache. Der Gastwirt hat die Verursachung durch höhere Gewalt zu beweisen. 10

§ 702 Beschränkung der Haftung; Wertsachen

(1) Der Gastwirt haftet auf Grund des § 701 nur bis zu einem Betrag, der dem Hundertfachen des Beherbergungspreises für einen Tag entspricht, jedoch mindestens bis zu dem Betrag von 600 Euro und höchstens bis zu dem Betrag von 3 500 Euro; für Geld, Wertpapiere und Kostbarkeiten tritt an die Stelle von 3 500 Euro der Betrag von 800 Euro.
(2) Die Haftung des Gastwirts ist unbeschränkt,
1. wenn der Verlust, die Zerstörung oder die Beschädigung von ihm oder seinen Leuten verschuldet ist,
2. wenn es sich um eingebrachte Sachen handelt, die er zur Aufbewahrung übernommen oder deren Übernahme zur Aufbewahrung er entgegen der Vorschrift des Absatzes 3 abgelehnt hat.
(3) ¹Der Gastwirt ist verpflichtet, Geld, Wertpapiere, Kostbarkeiten und andere Wertsachen zur Aufbewahrung zu übernehmen, es sei denn, dass sie im Hinblick auf die Größe oder den Rang der Gastwirtschaft von übermäßigem Wert oder Umfang oder dass sie gefährlich sind. ²Er kann verlangen, dass sie in einem verschlossenen oder versiegelten Behältnis übergeben werden.

I. Abs 1 enthält den Grundsatz der **summenmäßig beschränkten Haftung** des Gastwirts für eingebrachte Sachen; die Ausn einer unbeschränkten Haftung des Gastwirts sind in 1

Abs 2 geregelt. Abs 3 legt die Aufbewahrungspflicht des Gastwirts für bestimmte Gegenstände fest.

2 **II. 1.** Die **Haftungsgrenze** liegt nach **Abs 1** grds bei dem Hundertfachen des täglichen Beherbergungspreises innerhalb der Grenzen eines Mindest- und Höchstsatzes. Als Beherbergungspreis ist der Nettopreis (ohne Zuschläge für Bedienung, Frühstück, Heizung usw) zugrunde zu legen. Bei der Beherbergung mehrerer Personen in einem Zimmer haftet der Gastwirt jedem Einzelnen bis zum Höchstbetrag. Dies gilt auch bei einem Pauschal- oder Gesamtpreis; der Beherbergungspreis errechnet sich durch Teilung des Gesamtpreises durch die Anzahl der beteiligten Gäste. Für **Geld, Wertpapiere und Kostbarkeiten** ist ein geringerer Haftungshöchstsatz vorgesehen. Kostbarkeiten sind bewegliche Sachen, deren Wert im Vergleich zu ihrem Umfang und Gewicht besonders hoch ist.

3 Trifft den Gast ein **Mitverschulden** gem § 254, ist zunächst die Schadenssumme nach dem Verursachungsbeitrag zu teilen und sodann der Teil, der auf den Gastwirt entfällt, auf den Höchstbetrag nach Abs 1 zurückzuführen (BGHZ 32, 149).

4 **2. Ausnahmsweise unbeschränkt** haftet der Gastwirt nach **Abs 2**, wenn ihn oder seine Leute ein Verschulden trifft (Nr 1) oder wenn er die Aufbewahrung der betroffenen Sachen übernommen oder entg Abs 3 abgelehnt hat (Nr 2). Für die Übernahme der Aufbewahrung (Nr 2 1. Alt) genügt (anders bei § 701 II Nr 1) nicht die tatsächliche Übernahme der Obhut, sondern es muss eine echte Nebenabrede der Parteien mit entspr Inhalt wie bei einem Verwahrungsvertrag (§ 688) getroffen werden (str). Die Beweislast für die Voraussetzungen der unbeschränkten Gastwirthaftung trägt der Gast (OLG Karlsruhe NJW-RR 05, 462).

5 **3. Eine Pflicht zur Aufbewahrung** besteht nach **Abs 3** für Geld, Wertpapiere, Kostbarkeiten und andere Wertsachen, sofern nicht deren Wert oder Umfang außer Verhältnis zu Größe und Rang der Gastwirtschaft steht oder die Gegenstände gefährlich sind. Wenn der Gastwirt nach diesem Maßstab berechtigterweise die Aufbewahrung einer eingebrachten Sache ablehnt, haftet er nur in den Grenzen, die Abs 1 festlegt.

§ 702 a Erlass der Haftung

(1) ¹Die Haftung des Gastwirts kann im Voraus nur erlassen werden, soweit sie den nach § 702 Abs. 1 maßgeblichen Höchstbetrag übersteigt. ²Auch insoweit kann sie nicht erlassen werden für den Fall, dass der Verlust, die Zerstörung oder die Beschädigung von dem Gastwirt oder von Leuten des Gastwirts vorsätzlich oder grob fahrlässig verursacht wird oder dass es sich um Sachen handelt, deren Übernahme zur Aufbewahrung der Gastwirt entgegen der Vorschrift des § 702 Abs. 3 abgelehnt hat.
(2) Der Erlass ist nur wirksam, wenn die Erklärung des Gastes schriftlich erteilt ist und wenn sie keine anderen Bestimmungen enthält.

1 Nach **Abs 1 S 1** kann die **summenmäßig begrenzte Haftung** (§ 702 I) nicht zulasten des Gastes abbedungen werden. In diesem Rahmen hat der Gastwirt den Schaden stets zu ersetzen. Nach **Abs 1 S 2** ist zudem die **unbeschränkte Haftung** nach § 702 II zwingend, wenn der Sachschaden durch den Gastwirt oder seine Leute vorsätzlich oder grob fahrlässig verursacht wird oder der Gastwirt entgg seiner Verpflichtung aus § 702 III die Aufbewahrung der Sache abgelehnt hat. Eine **Freizeichnung** des Gastwirts ist nur in dem dadurch abgesteckten Rahmen möglich, also für einfache Fahrlässigkeit, zur Aufbewahrung übernommene Sachen und nur oberhalb der Haftungsgrenzen des § 702 I. Sie bedarf nach **Abs 2** der Schriftform (§ 126); bei Missachtung dieses Erfordernisses ist sie nichtig (§ 125).

§ 703 Erlöschen des Schadensersatzanspruchs

¹Der dem Gast auf Grund der §§ 701, 702 zustehende Anspruch erlischt, wenn nicht der Gast unverzüglich, nachdem er von dem Verlust, der Zerstörung oder der Beschädigung Kenntnis erlangt hat, dem Gastwirt Anzeige macht. ²Dies gilt nicht, wenn die

Sachen von dem Gastwirt zur Aufbewahrung übernommen waren oder wenn der Verlust, die Zerstörung oder die Beschädigung von ihm oder seinen Leuten verschuldet ist.

Die Vorschrift sieht in S 1 eine **Schadensanzeige** des Gastes vor, um dem Gastwirt die Möglichkeit zur Schadensermittlung und -überprüfung zu geben. Die Anzeige muss daher konkrete Angaben über den Schaden enthalten. Sie hat zudem **unverzüglich** (§ 121 I 1) zu erfolgen. Geht diese Anzeige des Gastes dem Gastwirt nicht zu, erlischt der Ersatzanspruch. 1

Ausnahmsweise ist nach S 2 die **Anzeige entbehrlich**, wenn die Sache vom Gastwirt zur Aufbewahrung übernommen war (§ 702 Rn 4) oder den Gastwirt oder seine Leute ein Verschulden trifft. Leichte Fahrlässigkeit reicht dabei aus. 2

§ 704 Pfandrecht des Gastwirts

¹Der Gastwirt hat für seine Forderungen für Wohnung und andere dem Gast zur Befriedigung seiner Bedürfnisse gewährte Leistungen, mit Einschluss der Auslagen, ein Pfandrecht an den eingebrachten Sachen des Gastes. ²Die für das Pfandrecht des Vermieters geltenden Vorschriften des § 562 Abs. 1 Satz 2 und der §§ 562 a bis 562 d finden entsprechende Anwendung.

§ 704 gibt dem Gastwirt ein **besitzloses gesetzliches Pfandrecht** (§ 1257) an den eingebrachten Sachen (§ 701 Rn 7), soweit diese im Eigentum des Gastes stehen (anders als bei § 701) und pfändbar sind (S 2 iVm § 562 I 2). Ein Vermieterpfandrecht (§ 562) besteht daneben nicht. Das Pfandrecht steht dem Gastwirt nur bei Beherbergung des Gastes zu (§ 701 Rn 4). Es besteht für alle Forderungen des Gastwirts aus der Beherbergung mit Einschluss der Auslagen. Dazu gehören die Forderungen aus dem Beherbergungsvertrag (für Übernachtung, Mahlzeiten usw), aber auch bereicherungsrechtliche Forderungen bei der Ungültigkeit dieses Vertrages und Schadensersatzforderungen wegen unerlaubter Handlungen (zB schuldhafte Beschädigung von Einrichtungsgegenständen). 1

Die **Durchsetzung** des Pfandrechts richtet sich nach S 2 iVm §§ 562 a ff. Der Mitnahme des ganzen Gepäcks bei der Abreise kann der Gastwirt gem S 2 iVm § 562 S 2 widersprechen, nicht aber der vorübergehenden Entfernung einzelner Gepäckstücke zB für einen Ausflug. 2

Titel 16
Gesellschaft

§ 705 Inhalt des Gesellschaftsvertrags

Durch den Gesellschaftsvertrag verpflichten sich die Gesellschafter gegenseitig, die Erreichung eines gemeinsamen Zweckes in der durch den Vertrag bestimmten Weise zu fördern, insbesondere die vereinbarten Beiträge zu leisten.

I. 1. In den §§ 705–740 ist mit der **GbR** (Gesellschaft bürgerlichen Rechts oder auch BGB-*Gesellschaft*) zugleich die Grundform der **Personengesellschaft** für das deutsche Privatrecht insgesamt geregelt. Dementspr gelten die Vorschriften nicht nur für die GbR, sondern kraft Verweisung hilfsweise auch für andere Personengesellschaften wie die Personenhandelsgesellschaften **OHG** und **KG** (§ 105 III, 161 III HGB), die **Partnerschaft** (§ 1 IV PartGG) und die **Europäische Wirtschaftliche Interessenvereinigung** (s § 1 EWIV-Ausführungsgesetz, BGBl I 88, 514; näher dazu Rn 40). Gem § 54 sind sie auch auf den nichtrechtsfähigen Verein entspr anwendbar; dieser missglückte Verweis ist aber durch die Rspr weitgehend korrigiert (s § 54 Rn 1). 1

2. Nach der **Begriffsbestimmung** des § 705 verpflichten sich durch einen **Gesellschaftsvertrag** mehrere Personen gegenseitig, die Erreichung eines gemeinsamen Zwecks zu fördern. Die **Pflicht zur Förderung des gemeinsamen Zwecks** ist damit wesentlicher In- 2 halt des Gesellschaftsvertrages. Auf welche Weise dies geschehen soll, bestimmt nach § 705 in erster Linie dieser. Besonders hervorgehoben ist dabei die Leistung der vereinbarten Beiträge. Die Ausrichtung auf die Erreichung eines gemeinsamen Zwecks unterscheidet den Gesellschaftsvertrag strukturell von Verträgen, die auf den Austausch von Leistungen gerichtet sind (Austauschverträge; Vor §§ 320–327 Rn 3). Dabei kann insb die Abgrenzung von partiarischen Rechtsverhältnissen im Einzelfall schwierig sein (s Rn 43).

3 Zwischen den **Gesellschaftern** als Vertragspartnern begründet der Gesellschaftsvertrag eine **auf Dauer** angelegte Rechtsbeziehung, aus der eine besondere **Treuepflicht** der Gesellschafter erwächst. Die Treuepflicht gebietet den Gesellschaftern, auf die Interessen der Mitgesellschafter Rücksicht zu nehmen.

4 3. a) Die §§ 705 ff haben die GbR nicht zur juristischen Person verselbständigt. Nach der früher hM galt sie mangels eigener Rechtspersönlichkeit als nicht rechtsfähig (so noch BGH NJW 98, 2904). Der BGH hat inzwischen aber die **Rechts- und Parteifähigkeit** der GbR anerkannt, soweit sie als Teilnehmer am Rechtsverkehr eigene (vertragliche) Rechte und Pflichten begründet (BGHZ 146, 341; vgl iE auch Pohlmann WM 02, 1421). Damit hat der BGH die GbR mit der OHG weitgehend gleichgestellt (krit aber Canaris ZGR 04, 69). Die OHG kann daher als GbR, die ein Handelsgewerbe betreibt, bezeichnet werden (zu den Konsequenzen vgl Rn 18 ff, insb Rn 40). Der Wandel in der Rspr verdient Zustimmung, da er den Bedürfnissen der Praxis entspricht und das Gesellschaftsrecht insgesamt harmonisiert. Mit dem Gesetzeswortlaut ist er freilich nicht an allen Stellen in Einklang zu bringen (vgl insb § 714; § 736 ZPO).

5 b) Gründung und Bestand einer GbR erfordern stets die Beteiligung von zumindest **zwei Gesellschaftern**; eine „Einmann-GbR" ist nicht zulässig (vgl BGHZ 24, 106; aA Baumann BB 98, 225). Zwischen den Gesellschaftern besteht ein besonderes persönliches **Vertrauensverhältnis**, das über die Treuepflichten hinaus im Grundsatz **personeller Geschlossenheit** der GbR Ausdruck findet. Gegen den Willen eines Gesellschafters ist danach ein Gesellschafterwechsel nicht möglich. Dieser Grundsatz ist allerdings nicht zwingend und wird in der Praxis vielfach durch abw Gestaltung des Gesellschaftsvertrages gelockert. Zudem kann ein Gesellschafter im Einzelfall infolge der gesellschafterlichen Treuepflicht zur Aufgabe seiner Gesellschafterstellung gehalten sein (BGHZ 183, 1; BGH NJW-RR 05, 263, 264; vgl auch Rn 12). Das **Gesellschaftsvermögen** ist allein der rechtsfähigen Gesellschaft zugeordnet (vgl § 719 Rn 2 ff). Den Gesellschaftern steht hins des Gesellschaftsvermögens ein in ihrem Mitgliedschaftsrecht verkörperter Kapitalanteil als Rechnungsziffer zu. Über dieses Mitgliedschaftsrecht kann jeder Gesellschafter nur mit Zustimmung der übrigen Gesellschafter verfügen.

6 c) Den **Gesellschaftszweck** fördern die Gesellschafter idR durch Leistung der vereinbarten Beiträge; uU kann bei einzelnen Gesellschaftern auch die bloße Beteiligung genügen. Die verfolgten Zwecke können sehr unterschiedlicher Art sein. Da die GbR insoweit keinen Beschränkungen unterliegt, kommen letztlich alle erlaubten Zwecke in Betracht, gleich ob wirtschaftlicher oder ideeller Art. In der Praxis erfordern sie zT wenig Aufwand, häufig aber auch beträchtliche Mittel und eine komplexe Gesellschaftsstruktur (vgl Rn 9).

7 Gewöhnlich werden verschiedene **Typen der GbR** in zeitlicher Hinsicht, nach dem Gesellschaftszweck und hins des Auftretens nach außen unterschieden. In zeitlicher Hinsicht stehen sich **Gelegenheits- und Dauergesellschaften** ggü. Die Gelegenheitsgesellschaft bildet die Ausn. Sie dient lediglich der Durchführung einer begrenzten Anzahl von Einzelgeschäften auf gemeinsame Rechnung; so die Fahrgemeinschaft oder die Arbeitsgemeinschaft in der Bauwirtschaft („ARGE" – diese betreibt idR kein Gewerbe und ist deshalb nicht OHG, BGH, Beschl. v. 21.1.09 – Xa ARZ 273/08, BeckRS 2009, 05200; KG NJW-RR 10, 1602; aA OLG Dresden NJW-RR 03, 257; zur ARGE s iÜ Jagenburg/Schröder, Der ARGE-Vertrag, 3. Aufl. 11). In der regelmäßigen Form eines dauerhaften Zusammenschlusses werden GbR häufig zur gemeinsamen Verfolgung wirtschaftlicher Zwecke gebildet (zB von Angehörigen freier Berufe, etwa die Gemeinschaftspraxis von Ärzten oder die Anwaltssozietät) und haben dabei die Funktion einer **Erwerbsgesellschaft**. Die Erwerbsgesellschaften bürgerlichen Rechts nehmen nachhaltig und in größerem Umfang am Rechtsverkehr teil (iE zu ihrer Abgrenzung von OHG und KG Rn 40). Hins des Auftretens nach außen ist zwischen **Außen- und Innengesellschaften** zu unterscheiden. Bei der **Außengesellschaft** nimmt die Gesellschaft am Außenrechtsverkehr mit Dritten teil. Dag entsteht bei der **Innengesellschaft** lediglich ein Innenverhältnis zwischen den Gesellschaftern; am Rechtsverkehr nimmt nur ein Gesellschafter im eigenen Namen teil. Er ist ggü seinen Mitgesellschaftern aus dem Gesellschaftsvertrag verpflichtet.

II. 1. a) Voraussetzung einer Gesellschaft ist gem § 705 ein **Gesellschaftsvertrag**. Die 8 Parteien können die weitgehend dispositiven Regelungen der §§ 705 ff den Bedürfnissen der jeweiligen Gesellschaftsstruktur anpassen. Bei **Vertragsschluss** ist Stellvertretung möglich (OLG München NZG 02, 623). Der Abschluss ist grds **formfrei**. Die Formbedürftigkeit kann sich aber aus anderen Vorschriften ergeben (zB § 311 b). Nach § 311 b I ist der Gesellschaftsvertrag nicht nur zu beurkunden, wenn sich ein Gesellschafter verpflichtet, ein Grundstück in das Gesellschaftsvermögen einzubringen. Das Erfordernis besteht vielmehr auch, wenn die Gesellschaft den Zweck verfolgt, Grundstücke zu erwerben und damit eine (evtl nur bedingte) Erwerbspflicht begründet wird (vgl § 311 b Rn 8). Die schenkweise Aufnahme eines Gesellschafters ist formfrei möglich, da der (formlose) Abschluss des Gesellschaftsvertrages den Vollzug der Schenkung gem § 518 II bewirkt. Das gilt auch für die schenkweise Einräumung einer Innengesellschafterstellung (aA BGHZ 7, 378). Soll ein **Minderjähriger** Gesellschafter werden, ist die Genehmigung gem §§ 1643 I, 1822 Nr 3 erforderlich und ggf gem §§ 1795 II, 181, 1629 II ein Pfleger zu bestellen. Die Vertragspartner und damit die **Gesellschafter** einer GbR sind zumeist natürliche Personen. Es können sich aber auch juristische Personen, Personenhandelsgesellschaften und andere GbR als Gesellschafter an einer GbR beteiligen. Für eine Miterbengemeinschaft ist es dag nicht möglich, Gesellschafter einer GbR zu werden (hM; iE § 727 Rn 3). – Bei **Abschlussmängeln** sind zum Schutz des Rechtsverkehrs die Grundsätze der fehlerhaften Gesellschaft anzuwenden (Rn 29). Als Entstehungsgrund kommen neben der Neugründung auch die Zweckänderung einer Personenhandelsgesellschaft (Rn 40) und die formwechselnde Umwandlung nach § 191 II Nr 1 UmwG in Betracht.

b) Gegenstand des Gesellschaftsvertrages muss die Förderung eines **gemeinsamen** 9 **Zwecks** sein. Gesellschaftszweck kann jeder erlaubte, dauernde oder vorübergehende, eigennützige oder fremdnützige Zweck sein, sofern sich mit ihm auf irgendeine Weise eine Förderung durch vermögenswerte Leistung verbindet (BGHZ 135, 387, 389). Eine gleichartige Beteiligung an einem Gegenstand reicht aber als Zweck für eine Gesellschaft nicht aus, sondern begründet lediglich eine Gemeinschaft (§ 741 Rn 1, 6). Gemeinsam ist der verfolgte Zweck, wenn jeder die Förderung von seinen Mitgesellschaftern beanspruchen kann (BGH WM 65, 795). Daran fehlt es zB bei partiarischen Verträgen (Rn 43) oder bei Verträgen mit aufeinander abgestimmten Leistungen unter Verfolgung jeweils eigener Zwecke (BGH WM 76, 1307). Der gemeinsame Zweck muss zudem durch das **Zusammenwirken** der Gesellschafter verfolgt werden, insb durch Leistung ihrer Beiträge. Haben die Beteiligten einen gesetzlich verbotenen oder sittenwidrigen Zweck vereinbart, ist der Gesellschaftsvertrag gem § 134 bzw § 138 nichtig (OLG Hamm NJW-RR 00, 1565; NZG 01, 747).

c) Der Gesellschaftsvertrag ist nach seiner **Rechtsnatur** ein **gegenseitiger Vertrag**, auch 10 wenn er sich nicht auf den Austausch von Leistungen, sondern auf die Förderung eines gemeinsamen Zwecks und dazu auf die Vereinigung von Leistungen richtet (stRspr; BGH NJW 51, 308; str). Die Vorschriften über den gegenseitigen Vertrag (§§ 320 ff) sind nur sehr eingeschränkt auf den Gesellschaftsvertrag anwendbar, insb bei Gesellschaften mit mehr als zwei Beteiligten (mehrgliedrige Gesellschaften). So kann das Leistungsverweigerungsrecht nach § 320 allein bei der zweigliedrigen Gesellschaft oder bei Säumnis sämtlicher Gesellschafter bestehen. Denn könnten bei einer mehrgliedrigen Gesellschaft alle Gesellschafter aufgrund der Säumnis nur eines Mitgesellschafters ihre Leistung zurückbehalten, würde dies zu einer Lähmung der Gesellschaft führen (BGH LM § 105 HGB Nr 11). Die Gesellschafter haben zudem kein Rücktrittsrecht gem § 323, sobald die Gesellschaft nach außen tätig geworden und damit in Vollzug gesetzt ist. Sie können vielmehr nur noch die Gesellschaft nach § 723 I kündigen (BGH WM 67, 420). Eine Störung der Geschäftsgrundlage (§ 313) führt ebenfalls nur zu einem Kündigungsrecht (BGH NJW 67, 1082), sofern sich nicht aus Anpassungsklauseln im Gesellschaftsvertrag etwas anderes ergibt.

11 d) Für die **Abänderung des Gesellschaftsvertrages** gilt der Grundsatz der **Einstimmigkeit**. Die Übereinstimmung kann aber uU stillschweigend durch langjährige Übung einer bestimmten Gesellschafterpraxis (BGHZ 132, 263, 271; einschränkend BGH NJW-RR 05, 1195) oder dadurch hergestellt werden, dass alle Gesellschafter eine Handhabung über lange Zeit widerspruchslos hinnehmen (OLG Köln NZG 98, 767; anders idR bei einer Publikumsgesellschaft, vgl BGH NJW 90, 2684). Der Grundsatz der Einstimmigkeit ist jedoch dispositiv. Die Gesellschafter können daher im Gesellschaftsvertrag vereinbaren, dass Entscheidungen auch mit **Stimmenmehrheit** getroffen werden können. Zum **Schutz der Gesellschafterminderheit** muss die entspr Vereinbarung iR des Gesellschaftsvertrages die Geschäfte bestimmen, für die eine Mehrheitsentscheidung ausreichen soll (**Bestimmtheitsgrundsatz**). Bei einer nur allg gehaltenen Mehrheitsklausel ist durch Auslegung zu ermitteln, ob der jeweilige konkrete Vorgang erfasst sein soll (BGHZ 170, 283; dazu K Schmidt ZGR 08, 1). IdR ist eine derartige Bestimmung nur auf Fragen der laufenden Geschäftsführung zu beziehen, nicht auf die **Gesellschaftsgrundlagen** (bzw „Grundlagengeschäfte"). Gesellschaftsgrundlage sind alle Regelungen, die den Zweck oder die Organisation der Gesellschaft betreffen. Dazu gehören die Art der Geschäftstätigkeit sowie die Bestimmungen zur Beitragshöhe, Gewinnbeteiligung, Auflösung, Ausschließung, Geschäftsführung und Vertretung. Die Feststellung des Jahresabschlusses kann hingegen von einer allg Mehrheitsklausel erfasst werden, da sie eine Angelegenheit der laufenden Verwaltung betrifft (BGHZ 170, 283; anders noch BGHZ 132, 263).

12 Selbst wenn ein Mehrheitsbeschluss zulässig ist (dazu Rn 11), darf dieser grds nicht ohne Zustimmung des Betroffenen in den **Kernbereich** der Rechte eines Gesellschafters eingreifen (BGHZ 170, 283, 287 f). Der Kernbereich umfasst insb die bereits entstandenen Ansprüche sowie Stimm-, Gewinnbeteiligungs-, Geschäftsführungs- und Informationsrechte des Gesellschafters (BGH NJW 95, 195; zur Kernbereichslehre im System des Minderheitenschutzes Bohlken/Sprenger BB 10, 263). Eine **Pflicht zur Zustimmung** auch zu Eingriffen in den Kernbereich kann aus der Treuepflicht der Gesellschafter erwachsen. Voraussetzung ist, dass die Vertragsänderung durch das überwiegende Gesellschaftsinteresse unter Berücksichtigung der Verhältnismäßigkeit geboten und dem Gesellschafter bei Beachtung seiner schutzwürdigen Belange zuzumuten ist (BGH NJW 95, 195). Bsp sind die Erhaltung der Liquidität (BGH NJW 85, 973), die Sanierung der Gesellschaft (BGHZ 183, 1; eingrenzend BGH NJW 11, 1667) oder die Abberufung eines Geschäftsführers aus wichtigem Grund (BGHZ 102, 176). Eine solche Zustimmungspflicht kann nach Maßgabe des § 894 ZPO auch im Wege der Klage gegen den betroffenen Gesellschafter durchgesetzt werden (BGHZ 48, 163). Aus §§ 706 I, 722, 734 ergibt sich der **Grundsatz gleichmäßiger Behandlung**, so dass Mehrheitsbeschlüsse dem Erfordernis einer Gleichbehandlung aller Gesellschafter entsprechen müssen, soweit der Gesellschaftsvertrag nicht eindeutig eine ungleiche Behandlung vorsieht. Lebens- und geschäftsunerfahrene Gesellschafter sind bei allen Vertragsänderungen über für sie nachteilige Folgen aufzuklären (BGH NJW 92, 302).

13 2. a) Als **Folge** des Gesellschaftsvertrages entstehen **schuldrechtliche Beziehungen** im Verhältnis der einzelnen Gesellschafter untereinander und zur Gesellschaft. Zum Großteil sind die Pflichten der Gesellschafter Ausdruck einer besonderen **Treuepflicht** iR des gegenseitigen Vertrauensverhältnisses. Die Gesellschafter haben daher bei der Ausübung von Befugnissen, die ihnen im Interesse der Gesellschaft verliehen sind (insb bei der Geschäftsführung) vorrangig die Belange der Gesellschaft zu verfolgen. Bei der Wahrnehmung der Mitgliedschaftsrechte, die ihnen im eigenen Interesse zustehen (wie Auskunfts- und Gewinnentnahmerecht) haben sie auf die Belange der Gesellschaft sowie die mitgliedschaftlichen Interessen der übrigen Gesellschafter Rücksicht zu nehmen. Daraus kann sich ua eine Verpflichtung zur Verschwiegenheit und uU zur Stimmenthaltung bei Interessenskollisionen sowie eine Beschränkung bei der Geltendma-

chung von Ansprüchen ergeben. Ein Konkurrenzverbot besteht zwar (anders als bei § 112 HGB) ohne vertragliche Vereinbarung grds nicht; ausnahmsweise kann es sich aber aus besonderen Umständen in der Stellung des Gesellschafters ergeben (BGHZ 89, 165). Nach Beendigung des Gesellschaftsverhältnisses besteht die Treuepflicht fort.

b) Häufiger als Ansprüche eines Gesellschafters gegen einen anderen entstehen aus dem Gesellschaftsvertrag Ansprüche der Gesellschaft gegen einen einzelnen Gesellschafter (**Sozialansprüche**), die von der Gesellschaft selbst eingeklagt werden können. Die Klagemöglichkeit der Gesellschaft ist auch für das Innenverhältnis zu bejahen (BGHZ 146, 341). Zu den Sozialansprüchen gehören insb die Ansprüche auf Beitragsleistung (§§ 705 f), auf Verlustausgleich (§ 735), aus der Geschäftsführung (§§ 713, 666, 667), auf Schadensersatz wegen Verletzung des Gesellschaftsvertrages (§§ 280, 241 II) und auf Rückzahlung unberechtigt entnommener Gewinne (§ 812). Jeder Gesellschafter ist berechtigt, im Interesse der Gesellschaft wegen des Sozialanspruchs allein und im eigenen Namen auf Leistung in das Gesellschaftsvermögen zu klagen (**actio pro socio**), sofern die Durchsetzung des Anspruchs nicht treuwidrig ist (BGHZ 25, 47; eingrenzend MK/Ulmer/Schäfer § 705 Rn 210). Von den Sozialansprüchen streng zu unterscheiden sind die (Dritt-) Ansprüche der Gesellschaft gegen einen Gesellschafter aus einem von dem Gesellschaftsvertrag unabhängigen Schuldverhältnis, das gleichermaßen zwischen der Gesellschaft und einem Dritten bestehen kann (**Drittgeschäft**; zB Ansprüche aus einem Kauf- oder Werkvertrag, grds auch aus Darlehen, aus Delikt, s § 706 Rn 5). 14

c) Das Gegenstück zu den Sozialansprüchen sind die Ansprüche einzelner Gesellschafter gegen die Gesellschaft (**Sozialverpflichtungen**). Sozialverpflichtungen sind insb die Feststellung und die Auszahlung des Gewinnanteils (§ 721), die Verpflichtung zum Aufwendungsersatz iR der Geschäftsführung (§§ 713, 669, 670), der Anspruch auf Auseinandersetzung und Zahlung des Auseinandersetzungsguthabens (§§ 733 f), der Abfindungsanspruch (§ 738) sowie Schadensersatzansprüche wegen der Verletzung des Gesellschaftsvertrages seitens der Gesellschaft (zB bei Beschädigung einer eingebrachten Sache durch den geschäftsführenden Gesellschafter). Soweit sich diese Ansprüche auf die Zahlung eines Geldbetrages richten, sind sie idR übertragbar, da sie nicht unmittelbar die gesellschaftsrechtliche Stellung der übrigen Gesellschafter berühren (§ 717 Rn 3). Auch diese Ansprüche der Gesellschafter sind gegen die Gesellschaft selbst gerichtet (BGHZ 146, 341). 15

Den Gesellschaftern stehen darüber hinaus Rechte bei der Verwaltung der Gesellschaft zu (**Verwaltungsrechte**; Rn 24). Dazu gehören insb die Teilhabe an der Willensbildung in der Gesellschaft (§§ 709 ff), das Recht zur Vertretung (§ 714), das Informationsrecht (§ 716) sowie das Kündigungsrecht (§ 723) und die Mitwirkungsrechte bei der Auseinandersetzung (§§ 730 ff). Diese Verwaltungsrechte sind nach § 717 nicht übertragbar. 16

d) Ansprüche eines einzelnen **Gesellschafters gegen einen anderen Gesellschafter** entstehen aus dem Gesellschaftsvertrag insb dann, wenn die Verletzung der vertraglichen Pflicht durch einen Gesellschafter nicht die Gesellschaft im Ganzen, sondern nur einen einzelnen anderen Gesellschafter schädigt (etwa bei der Veranlassung eines rechtswidrigen Ausschlusses, OLG Düsseldorf WM 83, 1320). Unmittelbar gegen einen einzelnen anderen Gesellschafter können sich auch Regressansprüche nach der Inanspruchnahme eines Gesellschafters für Gesellschaftsschulden richten, sofern eine Befriedigung aus dem Gesellschaftsvermögen nicht möglich ist (BGH NJW 81, 1096; vgl § 714 Rn 9). 17

e) Die Frage der **Rechtsfähigkeit** der GbR war lange umstritten (vgl zum früheren Meinungsstand 1. Aufl Rn 18 f) und wurde erst durch das Grundsatzurteil des BGH v 29.1.01 (BGHZ 146, 341) **anerkannt**. Die GbR begründet durch die Teilnahme am Rechtsverkehr eigene Rechte und Pflichten, stellt aber keine juristische Person iSd Zivilrechts dar. Vielmehr genießt die GbR lediglich den gleichen rechtlichen Status wie OHG und KG, wobei die Unterschiede zur juristischen Person allein dogmatischer Natur sind (eingehend Westermann WM 13, 441; K Schmidt NJW 01, 993; Hadding ZGR 01, 714; krit Beuthien NZG 11, 481; ZIP 11, 1589; Canaris ZGR 04, 69). 18

aa) IE ergeben sich für das **Außenrecht** der GbR folgende Konsequenzen: Die GbR kann als Teilnehmerin am Rechtsverkehr eigene Rechte und Pflichten begründen. Viele 19 der früher für jede Rechtsposition einzeln diskutierten Fragen (etwa Beteiligung an anderen juristischen Personen oder Fähigkeit, Bürge zu sein) haben sich mit dem Grundsatzurteil erledigt. Zwar kann die GbR nicht Verwalter nach dem WEG sein (BGH NJW 06, 2189), doch ist insb die Markenrechtsfähigkeit der GbR (BGH NJW-RR 01, 114) nun ebenso zu bejahen wie ihre Handelsregisterfähigkeit (BGH NJW 01, 3121, 3122). Auch kann die GbR Grundeigentum erwerben. Auf welche Weise die Eintragung in das Grundbuch zu erfolgen hat, war str und wurde vom BGH dahin entschieden, dass die GbR, falls der Gesellschaftsvertrag einen Namen vorsieht, unter diesem in das Grundbuch eingetragen werden kann (BGHZ 179, 102; aA noch OLG Schleswig NJW 08, 306 f). Der Gesetzgeber reagierte auf diese Rspr durch die Schaffung von § 47 GBO. Danach sind nunmehr wieder auch die Gesellschafter in das Grundbuch einzutragen ("GbR bestehend aus ..."). Flankiert wird dies durch § 899 a nF, wonach die Richtigkeit des aus dem Grundbuch hervorgehenden Gesellschafterbestandes vermutet wird, und somit in gewissem Umfang der gute Glaube an die Vertretungsbefugnis geschützt wird (zu diesen Regelungen s § 899 a Rn 1 ff; Miras DStR 10, 604; zu Folgeproblemen Krüger NZG 10, 801; Altmeppen NJW 11, 1905; Tolani JZ 13, 224; zur analogen Anwendbarkeit von § 1148 hins des Gesellschafterbestandes BGH NJW 11, 615). Höchst umstritten war va die Frage, auf welche Weise der Nachweis über Existenz und Vertretungsbefugnis einer grundstückserwerbenden GbR geführt werden kann (zum Meinungsstand Lehmann DStR 11, 1036). Der BGH hält es inzwischen bei der Eintragung des Eigentumswechsels in das Grundbuch für ausreichend, wenn die erwerbende GbR und ihre Gesellschafter in der notariellen Auflassungsverhandlung benannt sind und die für die GbR Handelnden erklären, dass sie deren alleinige Gesellschafter sind. Weiterer Nachweise der Existenz, der Identität und der Vertretungsverhältnisse der GbR bedarf es danach gegenüber dem Grundbuchamt nicht (BGH ZIP 11, 1003).

20 Die Anerkennung der Rechtsfähigkeit bedeutet, dass die GbR nicht nur **vertragliche** Rechtspositionen begründen, sondern auch Inhaberin **gesetzlicher** Rechte und Pflichten sein kann. Dies gilt insb für deliktische und bereicherungsrechtliche Ansprüche. Auch die früher von der Rspr abgelehnte Anwendbarkeit des § 31 auf die GbR ist zu bejahen (so ausdrücklich BGHZ 154, 88, 93 f; vgl auch K Schmidt NJW 01, 993, 998; aA aber Canaris ZGR 04, 69, 107 ff). Der BGH hat dargelegt, dass haftungsrechtlich auch für die GbR die **Akzessorietätstheorie** gilt, und somit die mit der Anerkennung der Rechtsfähigkeit der GbR nicht mehr zu vereinbarende Doppelverpflichtungstheorie aufgegeben (schon angelegt in BGHZ 142, 315). Dies hat zur Konsequenz, dass (entgg früherer Auffassung, BGHZ 74, 240) der in eine GbR eintretende Gesellschafter auch für Altverbindlichkeiten entspr § 130 HGB haftet, solange keine abw Absprachen mit dem Gläubiger bestehen (BGHZ 154, 370, 372; näher § 714 Rn 5). Zu Kritik an der neueren Rspr aus verfassungsrechtlicher Sicht s Canaris ZGR 04, 69, 116 ff; hiergegen Altmeppen NJW 04, 1563 f. In Altfällen, wenn also Gesellschafter zu Zeiten beigetreten sind, zu denen der BGH noch die Doppelverpflichtungstheorie vertrat, gilt diese aus Gründen des Vertrauensschutzes für eine Beschränkung der Höhe ihrer persönlichen Haftung fort, wenn diese für den Vertragspartner erkennbar war (BGH NZG 11, 1023, 1025 f). Auch die Erbfähigkeit der GbR ist zu bejahen (anders noch BayObLG FamRZ 99, 171).

21 bb) Auch hins des **Innenrechts** der GbR ergeben sich Konsequenzen aus der Anerkennung der Rechtsfähigkeit der GbR, weil damit auch das **Gesellschaftsvermögen** ausschließlich der Gesellschaft zugeordnet werden kann. Entgg dem Wortlaut des § 719 hält der einzelne Gesellschafter durch seinen Gesellschaftsanteil keinen Anteil am Gesellschaftsvermögen, sondern ein eigenständiges Mitgliedschaftsrecht, das einen Kapitalanteil beinhaltet. Auf dieser Grundlage lässt sich widerspruchsfrei begründen, dass bei **Übertragung des Gesellschaftsanteils** der Bestand der Gesellschaft als solcher nicht beeinträchtigt wird, da diese als Rechtsträgerin des Gesellschaftsvermögens fortbesteht und allein das Mitgliedschaftsrecht in der Gesellschaft als eigenständiges subjektives Recht übertragen wird (vgl iE bei § 719).

cc) Die Anerkennung der allg **Parteifähigkeit** der GbR gem § 50 ZPO (BGHZ 146, 22
341) ist die prozessuale Konsequenz der Anerkennung ihrer Rechtsfähigkeit. Folglich
ist der GbR auch die aktive und passive Parteifähigkeit im Arbeitsgerichtsverfahren zuzugestehen (BAG NJW 05, 1004). Die GbR ist auch als „parteifähige Vereinigung" iSv
§ 116 S 1 Nr 2 ZPO anzusehen (BGH NJW 11, 1595). Die Anerkennung der Parteifähigkeit hat zur Folge, dass eine Klage gegen den Geschäftsführer als Prozessstandsvertreter nicht in Betracht kommt (so aber noch BGH NJW-RR 03, 1392 f; dag Wertenbruch NZG 06, 408, 414). IE können jedoch beim prozessualen Vorgehen Zweifel bestehen, da für die GbR kein Register existiert und im Vorfeld eines Prozesses vielfach nicht einmal feststellbar ist, ob es sich um eine Außen- oder Innengesellschaft handelt. Deshalb können sich gerade bei Passivprozessen Schwierigkeiten ergeben, die der Kläger nur umgeht, wenn er zugleich auch die einzelnen (ihm bekannten) Gesellschafter der GbR verklagt (Lutz GWR 12, 30, 31). Hinsichtlich der Zwangsvollstreckung ist § 736 ZPO dahingehend zu verstehen, dass für eine Vollstreckung in das Gesellschaftsvermögen ein Titel gegen die GbR ebenso ausreicht wie ein solcher gegen sämtliche Gesellschafter; insoweit besteht ein Wahlrecht des Gläubigers (BGH NJW 04, 3632, 3634; Hk-ZPO/Kindl § 736 Rn 1; näher zum gewandelten Verständnis bzgl § 736 ZPO Lenenbach WM 11, 385). Die Rechtskraft eines im Prozess gegen sämtliche Gesellschafter ergangenen Urteils erstreckt sich allerdings nicht auf den nachfolgenden Prozess gegen die Gesellschaft (BGH NJW 11, 2048; ausf zu der Rechtskrafterstreckung zwischen GbR und ihren Gesellschaftern Weller ZZP 124 [2011] 491).
3. Auch zur **Führung eines Namens** im Rechtsverkehr ist die GbR berechtigt (zu Einzelheiten MK/Ulmer/Schäfer Rn 270 f). Dieser kann neben den Namen einiger oder aller Gesellschafter auch Zusätze (insb über Gesellschaftsverhältnis und Betätigungsbereich) enthalten, ohne dass sich aber die Gefahr einer Verwechslung mit einer kaufmännischen Firma oder einer Partnerschaft nach dem PartGG ergeben darf (BGHZ 135, 257; BGHZ 142, 315 zur Unzulässigkeit des Zusatzes „GbR mbH"). Auch Phantasienamen sind zulässig (Erman/Westermann Rn 69). Freilich können berufs- oder wettbewerbsrechtliche Einschränkungen zu beachten sein (Bamberger/Roth/Schöne Rn 149). 23
4. Die **Verwaltung** der Gesellschaft richtet sich nach den Vorschriften über die Geschäftsführung (§§ 709 ff) und die Vertretung (§§ 714 f), sofern der Gesellschaftsvertrag keine abw Bestimmungen enthält. Sie steht grds den Gesellschaftern gemeinschaftlich zu (§ 709 I); für einen Großteil der Verwaltungsrechte ist dies jedoch häufig durch den Gesellschaftsvertrag abgeändert. Die Wahrnehmung von Verwaltungsaufgaben (etwa die Geschäftsführung) kann zugleich Recht und Pflicht eines Gesellschafters sein. Aus ihr können sich Sozialverpflichtungen (etwa der Aufwendungsersatz bei der Geschäftsführung) und Sozialansprüche (zB auf Auskunft und Rechenschaft) ergeben (vgl Rn 14 f). 24
III. Sonderformen; fehlerhafte Gesellschaft; Verbraucherverträge; Abgrenzungsfragen. 25
1. Da §§ 705 ff weithin abdingbar sind, haben sich eine Vielzahl von **Sonderformen** und atypischen Gestaltungen der GbR entwickelt. So kann die GbR als eine bloße **Innengesellschaft** bestehen, ohne im Rechtsverkehr nach außen aufzutreten (BGH WM 62, 1086). Die Beteiligten verpflichten sich bei der Innengesellschaft wie stets bei einer GbR, einen gemeinsamen Zweck zu verfolgen. Im Rechtsverkehr tritt jedoch nur ein *Gesellschafter* im eigenen Namen auf. Dieser handelnde Gesellschafter ist allein Träger von Rechten und Pflichten. IdR entsteht damit kein Gesellschaftsvermögen (BGH WM 65, 793; dag Beuthien NZG 11, 161, der eine Zurückdrängung der Innen-GbR unter Hinweis auf deren Vermögensfähigkeit beklagt). Da im Innenverhältnis eine Gesellschaft besteht, sind §§ 705 ff sowie die zivilrechtlichen Spezialvorschriften, die an das Vorliegen eines Gesellschaftsverhältnisses anknüpfen, grds anzuwenden. Ausgenommen von der Anwendbarkeit sind jedoch die Vertretungs- und Vermögensvorschriften (§§ 714 ff und §§ 718 ff), da bei einer Innengesellschaft notwendigerweise keine Außenrechtsbeziehungen der Gesellschaft gegeben sind. Zudem wird die Innengesellschaft nicht nach §§ 730 ff liquidiert, da sie mit der Auflösung bereits vollständig been-

digt ist. Vielmehr entstehen lediglich Abrechnungs- und Zahlungsansprüche gegen den handelnden Gesellschafter entspr § 235 HGB, §§ 738 ff (BGH NJW 90, 573 f).

26 Eine besondere Art der Innengesellschaft ist die **stille Gesellschaft bürgerlichen Rechts**. Bei ihr verpflichtet sich der stille Gesellschafter, seine Einlage in das Vermögen des Unternehmensträgers zu leisten, und erhält als Gegenleistung eine Gewinnbeteiligung (zur Vertragsauslegung insoweit vgl § 722 Rn 1). Da der „Stille" in das Vermögen des Unternehmensträgers leistet, entsteht bei der stillen GbR kein Gesellschaftsvermögen. Ihm fehlt nicht nur die Vertretungsmacht, sondern er ist grds auch nicht an der Geschäftsführung beteiligt. Für die Anwendung der §§ 709, 711 f, 714 f, 718 f ist daher idR kein Raum. Beteiligen sich mehrere stille Gesellschafter an einem Unternehmen, entsteht regelmäßig zwischen jedem Einzelnen von ihnen und dem Unternehmensträger eine gesonderte stille GbR, ohne dass die stillen Gesellschafter untereinander rechtlich verbunden sein müssen (BGH NJW 82, 99, 100). Aber auch eine mehrgliedrige stille Gesellschaft ist bei entspr Ausgestaltung des Gesellschaftsvertrages zulässig (BGH BB 94, 592). Von der stillen Gesellschaft des Handelsrechts (§§ 230 ff HGB) unterscheidet sich die stille GbR nach den allg Kriterien zur Abgrenzung von Personenhandelsgesellschaften (Rn 40). Betreibt der Hauptgesellschafter ein Handelsgewerbe, liegt keine stille GbR, sondern eine stille Gesellschaft iSd § 230 HGB vor. Die §§ 230 ff HGB sind auf die stille GbR weitgehend entspr anwendbar (BGH NJW 92, 2697). Zur **Unterbeteiligung** als Innengesellschaft bürgerlichen Rechts gerichtet auf Beteiligung an einem Gesellschaftsanteil s BGH NJW 94, 2887; Paulick ZGR 74, 253.

27 Zwischen **Ehegatten** oder anderen Familienmitgliedern kann eine Innengesellschaft gebildet werden, um einen finanziellen Ausgleich für eine gemeinsame wirtschaftliche Betätigung außerhalb des Rahmens von Ehegüterrecht und ErbR zu gewährleisten. Der Gesellschaftsvertrag kann ausdrücklich (zB für den Bau eines Familienheims BGH NJW 82, 170) oder konkludent geschlossen werden. Für die Annahme einer konkludent vereinbarten Innengesellschaft ist aber im Einzelfall sorgfältig zu prüfen, ob die Parteien einen Zweck verfolgt haben, der über das übliche Zusammenwirken innerhalb der Ehe- bzw Familiengemeinschaft hinausgeht, und es sich um eine gleichgeordnete Tätigkeit iS einer gleichberechtigten Mitarbeit und Beteiligung an Gewinn und Verlust handelt (BGHZ 142, 137, 144). Eine konkludente Vereinbarung hat die Rspr angenommen zB bei der Beteiligung eines Ehegatten an der Errichtung eines Gebäudes zu Erwerbszwecken durch die Haftungsübernahme für Finanzierungskredite (BGH NJW 74, 2278) und bei der gleichrangigen Mitarbeit im Betrieb des Ehepartners unter Gewinn- und Verlustbeteiligung (BGHZ 31, 202). Dag hat sie eine konkludente Vereinbarung abgelehnt zB bei der gemeinsamen Finanzierung eines Familienheimes (BGH NJW 74, 1554) und bei der Mitwirkung zugunsten der Arztpraxis des Ehegatten (BGH NJW 74, 2045). Ein gesellschaftsrechtlicher Ausgleichsanspruch besteht neben einem Anspruch auf Zugewinnausgleich, ist also nicht subsidiär (BGHZ 155, 249, 255; 165, 1, 8; Haußleiter NJW 06, 2741 ff).

28 Bei der **nichtehelichen Lebensgemeinschaft** ist nach stRspr im Regelfall nicht von einer konkludent vereinbarten GbR als Grundlage eines finanziellen Ausgleichs zwischen den Partnern auszugehen. Eine derartige Vereinbarung (zu den Voraussetzungen eines konkludenten Vertrages BGHZ 165, 1, 10) ist vielmehr nur ausnahmsweise anzunehmen, wenn die Partner sich das Ziel setzen, gemeinsam einen wirtschaftlichen Wert zu schaffen, der ihnen gemeinsam gehören und nicht nur iR und für die Dauer der Partnerschaft gemeinsam genutzt werden soll (BGHZ 177, 193, 200; 183, 242, 249). Es sind jeweils die Gesamtumstände des Einzelfalles zu berücksichtigen. Anerkannt hat die Rspr eine konkludent vereinbarte GbR etwa in einem Fall der gemeinsamen Führung eines gewerblichen Unternehmens (BGHZ 84, 388) sowie bei Erbringung gemeinsamer Leistungen iR des Erwerbs und der Erhaltung einer als gemeinsames Vermögen betrachteten Immobilie (OLG Schleswig FamRZ 02, 884). Dag hat sie die gemeinsame Darlehensaufnahme zur Finanzierung eines Grundstückserwerbs für die gemeinsamen Kinder nicht als ausreichend angesehen (BGH FamRZ 93, 939). Besteht keine GbR, können die jeweils erbrachten wirtschaftlichen Leistungen nach der Auflösung der nichtehelichen Lebensgemeinschaft nicht auf gesellschaftsrechtlicher Grundlage abge-

rechnet und ausgeglichen werden (BGH NJW 96, 2727); zu anderen, im Einzelfall in Betracht kommenden Anspruchsgrundlagen vgl BGHZ 177, 193.

2. a) Eine besondere Sach- und Rechtslage kann dadurch entstehen, dass eine Gesellschaft nach außen tätig geworden oder sonst in Vollzug gesetzt worden ist, ohne dass ein Gesellschaftsvertrag nach den allg Regeln des Vertragsschlusses wirksam zustande gekommen ist. Den Schutz Dritter im Rechtsverkehr und den Bestandsschutz für die Gesellschafter sichern hier die **Grundsätze der fehlerhaften Gesellschaft**, die von Lehre und Rspr entwickelt worden sind (Übbl bei Saenger, Gesellschaftsrecht, Rn 79 ff; Ulmer ZHR 161, 115 ff). Sie führen dazu, dass die Gesellschaft nicht von Anfang an unwirksam ist, sondern nur mit Wirkung für die Zukunft beseitigt werden kann. Anwendbar sind die Grundsätze der fehlerhaften Gesellschaft nicht nur bei Abschlussmängeln bei der Gründung einer Gesellschaft, sondern auch entspr bei einem fehlerhaften Eintritt oder Ausscheiden einzelner Gesellschafter (BGH NJW 88, 1324; NZG 03, 276) sowie wenn die Übertragung eines Gesellschaftsanteils (dazu § 719 Rn 9) fehlerbehaftet ist (BGH NZG 10, 991; str). Diese Grundsätze gelten auch für Innengesellschaften (BGHZ 55, 9; BGH NJW 05, 1784). 29

b) **Voraussetzung** ist, dass der Gesellschaftsvertrag fehlerhaft und die Gesellschaft in Vollzug gesetzt ist. **Fehlerhaft** ist der Gesellschaftsvertrag, wenn er nach den allg Bestimmungen von Anfang an nichtig wäre (zB nach §§ 104 ff). Auch beim Haustürwiderruf (§ 312; s Rn 33) sind die Grundsätze der fehlerhaften Gesellschaft anwendbar (EuGH NJW 10, 1511; BGH NJW 10, 3096). Sind nur einzelne Vertragsbestimmungen nichtig, greifen die Grundsätze der fehlerhaften Gesellschaft erst, wenn § 139 zur Gesamtnichtigkeit des Gesellschaftsvertrages führen würde (zur Gesamtnichtigkeit trotz Vereinbarung einer salvatorischen Klausel BGH WM 76, 1027). Andernfalls tritt dispositives Recht oder eine angemessene Regelung an die Stelle der nichtigen Einzelbestimmung. **In Vollzug gesetzt** ist die Gesellschaft, sobald die Beteiligten Beiträge geleistet oder gesellschaftsvertragliche Rechte ausgeübt haben oder den Geschäftsführer für die Gesellschaft unwidersprochen haben handeln lassen (BGH NJW 92, 1503). Bei **offenen Einigungsmängeln** ist die Auslegungsregel des § 154 I 1 nicht anzuwenden, wenn die GbR nach dem Willen der Gesellschafter in Vollzug gesetzt worden ist (BGH NJW 60, 430). 30

Zum **Ausschluss der Anwendung** der Grundsätze über die fehlerhafte Gesellschaft führen **gewichtige Allgemeininteressen** oder **schutzwürdige Belange bestimmter Personengruppen**, sofern mit diesen eine rechtliche Anerkennung der fehlerhaften Gesellschaft nicht zu vereinbaren ist. So ist der Gesellschaftsvertrag zwar nur nach §§ 134, 138 nichtig (vgl Rn 9), wenn der vereinbarte Zweck verboten oder sittenwidrig ist (nicht jedoch bereits wegen einzelner verbotener oder sittenwidriger Tätigkeiten). Bei einem Verstoß des Gesellschaftszwecks gegen ein Verbotsgesetz oder Verfolgung sittenwidriger Zwecke sind aber idR auch gewichtige Allgemeininteressen betroffen, so dass kein Raum für die Anwendung der Grundsätze über die fehlerhafte Gesellschaft ist. Eine Rückabwicklung kommt sodann allenfalls außerhalb des Vertragsrechts in Betracht, insb über §§ 812 ff. Für **Minderjährige** erfordert deren gesetzlicher Schutz, dass sie nicht nach den Grundsätzen der fehlerhaften Gesellschaft ggü Mitgesellschaftern oder Dritten verpflichtet werden (iE K Schmidt JuS 90, 520). Für die übrigen Gesellschafter verbleibt es aber bei den Grundsätzen der fehlerhaften Gesellschaft. Entspr verhält es sich bei den Fällen des § 105 II. Hat ein Gesellschafter den Gesellschaftsvertrag aufgrund **arglistiger Täuschung** oder **Drohung** abgeschlossen, muss er keine Beiträge leisten, soweit diese dem Täuschenden bzw Drohenden zugute kämen. Seine Leistungspflicht im Verhältnis zu Dritten bleibt davon allerdings unberührt; insoweit ist also die Anwendung der Grundsätze über die fehlerhafte Gesellschaft nicht ausgeschlossen (BGH NJW-RR 88, 1379). 31

c) Das Vorliegen der Voraussetzungen einer fehlerhaften Gesellschaft hat zur **Folge**, dass der Gesellschaftsvertrag nicht von Anfang an unwirksam ist, aber durch Kündigung entspr § 723 mit Wirkung **ex nunc** beendet werden kann (BGH NJW 00, 3558, 3559). Die Fehlerhaftigkeit berechtigt idR als wichtiger Grund jeden Gesellschafter zur Kündigung. Diese führt zur Auflösung der Gesellschaft gem §§ 731 ff oder uU zum 32

Ausscheiden des Kündigenden gem §§ 736 ff. Bis zu diesem Zeitpunkt bleibt die Gesellschaft sowohl zwischen den Gesellschaftern als auch im Verhältnis zu Dritten wirksam. Die Bestimmungen des fehlerhaften Gesellschaftsvertrages sind solange grds verbindlich. Insb können die Gesellschafter bis dahin auch nicht ihre Einlagen zurückfordern (BGH aaO), sondern bleiben zur Leistung ihrer Beiträge verpflichtet (BGH NJW 03, 1252, 1254). Etwas anderes kann sich allenfalls ergeben, wenn bei einer stillen Gesellschaft der Vertragspartner des Stillen verpflichtet ist, diesen im Wege des Schadensersatzes so zu stellen, als hätte er den Gesellschaftsvertrag nicht abgeschlossen und seine Einlage nicht geleistet (BGH NJW-RR 04, 1407; NJW-RR 06, 178, 180; ausf Gehrlein WM 05, 1489 ff). Unwirksam sind nur die einzelnen nichtigen Klauseln, die durch eine angemessene, den Gegebenheiten entspr Regelung ersetzt werden müssen (BGH WM 76, 1027). Die Gesellschafter unterliegen auch der Treuepflicht (BGHZ 17, 167).

33 3. a) Auf den Beitritt zu einer Gesellschaft ist die verbraucherrechtliche Regelung des § 312 über **Haustürgeschäfte** jedenfalls dann anwendbar, wenn der **beitretende Verbraucher** (§ 13) – wie im Fall der Beteiligung als stiller Gesellschafter oder an einer der Vermögensanlage dienenden Publikumsgesellschaft – seine Beiträge letztlich um der Gewinnerzielung willen leistet (BGHZ 148, 201, 203); das Gleiche gilt für die Beteiligung an einem Immobilienfonds zum Zwecke der Kapitalanlage (EuGH NJW 10, 1511, 1512; zum Eingreifen der Grundsätze der fehlerhaften Gesellschaft s Rn 30). Ob die Norm auch im Fall der Beteiligung an einem „Bauherren- oder Erwerbermodell" anwendbar ist, erscheint zweifelhaft, da bei derartigen Objekten der Treuhandvertrag und die hiermit verbundene Bevollmächtigung des Treuhänders notariell beurkundet werden und damit jedenfalls die Ausn des § 312 III Nr 3 eingreift. Bei einem finanzierten Anteilserwerb kann der Widerruf eines Verbraucherdarlehensvertrages nach der Regelung des § 358 über **verbundene Verträge** auch den Gesellschaftsbeitritt erfassen (BGHZ 156, 46, 50; 167, 252; ausf Westermann ZIP 02, 189, 246; Strohn WM 05, 1441 ff), und zwar auch, wenn die Vermittlung der Finanzierung nicht durch einen Anlagevermittler selbst, sondern durch einen in seinem Auftrag tätigen Finanzierungsvermittler erfolgt (BGH NJW 04, 3332). Insb ist die Einschränkung des § 358 III 3 nicht einschlägig für den Erwerb von Anteilen an einer GbR, die Miteigentum an einer Immobilie erwerben soll (BGHZ 133, 254, 261), oder an einem geschlossenen Immobilienfonds (BGH NJW-RR 05, 986, 987 f), die sich allein nach § 358 III 2 beurteilen (Erman/Saenger § 358 Rn 13). Bei der Abwicklung findet der Rückzahlungsdurchgriff nach § 358 IV 3 entspr Anwendung (BGHZ 156, 46; Schäfer JZ 04, 258); der Anleger muss nicht die Valuta zurückzahlen (BGHZ 167, 252), sondern kann gegen Übertragung seiner Anteile bereits geleistete Zahlungen unmittelbar vom Kreditgeber zurückverlangen. Dies soll jedoch nicht gelten, falls der Darlehensvertrag nicht widerrufen wurde, sondern nichtig ist (BGHZ 167, 223, 236 ff; 183, 112, 128 ff; anders noch BGHZ 159, 294, 309).

34 b) Auch die **GbR selbst** kann im Einzelfall **Verbraucher** iSv § 13 sein (BGHZ 149, 80, 83 ff; Erman/Saenger § 13 Rn 6 mwN; aA Dauner-Lieb/Dötsch DB 03, 1666) und sich auf die Schutzvorschriften des Verbraucherrechts berufen, da sie trotz ihrer Rechtsfähigkeit nicht den Status einer juristischen Person besitzt (Rn 18). Entscheidend für die Abgrenzung ist der Zweck des einzelnen Geschäfts; dieser muss ausschließlich privat sein und darf nicht in den Bereich einer gewerblichen oder selbständigen beruflichen Tätigkeit fallen.

35 4. a) **Abgrenzungsfragen** stellen sich für die GbR insb ggü der Gemeinschaft nach §§ 741 ff, Formen körperschaftlicher Organisation wie dem nichtrechtsfähigen Verein und der Vorgesellschaft und den Personenhandelsgesellschaften. Die Grundlage der Unterscheidung bilden die **Wesensmerkmale der Gesellschaft** gem § 705, nämlich der gemeinsame Zweck und die darauf gerichtete Förderungspflicht. Sind diese Merkmale das bestimmende Element des Vertragsverhältnisses, liegt stets eine Gesellschaft vor.

36 b) IU zur (Bruchteils-)**Gemeinschaft** nach §§ 741 ff beschränkt sich die GbR nicht auf eine gemeinschaftliche Berechtigung an einem gemeinsamen Gegenstand und auf dessen werterhaltende Verwaltung oder Abwicklung („gemeinsames Haben"), sondern ist auf die Verfolgung eines gemeinsamen Zwecks gerichtet. Dementspr besteht bei der

Bruchteilsgemeinschaft nicht wie zwischen den Gesellschaftern der GbR ein besonderes persönliches Vertrauensverhältnis mit den daraus folgenden Pflichten. Auch kann zB jeder Teilhaber nach § 747 über seinen Anteil frei verfügen. GbR und Bruchteilsgemeinschaft können aber zwischen denselben Personen nebeneinander und uU wirtschaftlich miteinander verbunden bestehen (etwa bei der Erwerbstätigkeit einer GbR auf einem gemeinschaftlichen Grundstück; vgl OLG Karlsruhe NZG 99, 249).

c) Auf den **nichtrechtsfähigen Verein** ist nach dem Wortlaut des § 54 S 1 das Gesellschaftsrecht der §§ 705 ff anzuwenden. Doch bestehen zwischen dem nichtrechtsfähigen Verein und der GbR erhebliche Strukturunterschiede, da der Verein idR körperschaftlich organisiert und auf Mitgliederwechsel ausgerichtet ist. Insoweit können die dispositiven Regelungen der §§ 705 ff iR der Vereinssatzung entspr den Strukturerfordernissen eines nichtrechtsfähigen Vereins durch vereinsrechtliche Regelungen ergänzt werden (vgl iE K Schmidt, Gesellschaftsrecht, § 25 II b, c). Mit Anerkennung der Rechtsfähigkeit der GbR (Rn 18 ff) verlieren die Unterschiede indes an Bedeutung. **37**

d) Im Vorfeld der Gründung einer Kapitalgesellschaft ist zwischen Vorgründungsgesellschaften und Vorgesellschaften zu unterscheiden. Die **Vorgründungsgesellschaft**, die nicht alle Voraussetzungen eines kaufmännischen Handelsgewerbes erfüllt, ist eine GbR (OLG Stuttgart NZG 02, 910). Sie entsteht mit Abschluss eines auf die Gründung einer Kapitalgesellschaft gerichteten Vorvertrags. Die in diesem Stadium begründeten Verbindlichkeiten bleiben auch später Verbindlichkeiten der Vorgründungsgesellschaft und gehen nicht auf die Vorgesellschaft oder die sodann zu gründende juristische Person über. Die Haftung der Gesellschafter bestimmt sich nach den gesellschaftsrechtlichen Normen (BGH WM 96, 722). **38**

Demgegenüber besteht in darauf folgenden Gründungsstadium – zwischen Abschluss des Gründungsvertrages und Eintragung im Handelsregister – bereits eine Vorstufe der künftigen Kapitalgesellschaft. Diese Kapitalgesellschaft in Gründung oder **Vorgesellschaft** ist streng von der Vorgründungsgesellschaft zu trennen. IU zu letzterer ist sie keine GbR, sondern eine Vereinigung sui generis, die grds schon dem Recht der zu gründenden juristischen Person unterfällt (BGHZ 80, 214). Die Gesellschafter der Vorgesellschaft trifft deshalb keine Außenhaftung (BGH NJW 97, 1508; aA K Schmidt, Gesellschaftsrecht, § 34 III 3 c). Sie haften lediglich der Vorgesellschaft unbeschränkt im Innenverhältnis für die mit ihrer Zustimmung begründeten Verbindlichkeiten. Die Handelndenhaftung nach §§ 41 I S 2 AktG, 11 II GmbHG bleibt davon unberührt. Für Verbindlichkeiten, die im Namen der Vorgesellschaft eingegangen wurden, haften damit im Außenverhältnis der jeweils Handelnde selbst sowie die Vorgesellschaft mit ihrem Vermögen bzw nach der Eintragung die gegründete Gesellschaft, auf welche die Rechte und Pflichten der Vorgesellschaft übergehen (BGHZ 80, 129). **39**

e) Bei den **Personenhandelsgesellschaften** ist der gesellschaftsvertragliche Zweck auf den Betrieb eines Handelsgewerbes gerichtet, §§ 1, 105, 161 HGB. Die GbR ist das Grundmodell für OHG und KG; die Vorschriften der §§ 705 ff sind ergänzend anwendbar (§§ 105 III, 161 II HGB). Im Verhältnis zwischen den Personenhandelsgesellschaften einerseits und der GbR andererseits können bestimmte Zweckänderungen zugleich die Änderung der Rechtsform bewirken. Richtet sich der Zweck einer OHG nicht länger auf den Betrieb eines Handelsgewerbes (§ 1 II HGB), wird sie zwangsläufig zu einer GbR. Die Gesellschaft wird umgewandelt, ohne dass ihre Identität berührt wird. Forderungen und Verbindlichkeiten gehen ohne weiteres über (Identität der Personengesellschaften, BGHZ 32, 307; hM). Diese Umwandlung erfolgt aber nicht, wenn die Firma im Handelsregister eingetragen ist. Denn nach § 105 II HGB sind auch kleingewerbliche Gesellschaften OHG, wenn sie als solche im Handelsregister eingetragen sind. Im umgekehrten Fall wird jede GbR, die ein Handelsgewerbe betreibt, durch Rechtsformwechsel ohne weiteres (und auch unabhängig von der Eintragung in das Handelsregister) zur OHG. Nach der Änderung des HGB zum 1.7.98 ist der Betrieb eines Handelsgewerbes alleiniges Abgrenzungskriterium zwischen GbR und OHG/KG. Damit hat sich die frühere Abgrenzungsproblematik entschärft. Von Bedeutung ist aber weiterhin die Abgrenzung des Handelsgewerbes zu den freien Berufen (vgl K **40**

Schmidt DB 98, 61) sowie zu Unternehmen, die nach Art und Umfang einen in kaufmännischer Weise eingerichteten Geschäftsbetrieb nicht erfordern (§ 1 II HGB).

41 f) Die **Partnerschaftsgesellschaft** ist eine registerfähige Gesellschaftsform zur Ausübung freier Berufe auf Grundlage des PartGG. Die Partnerschaftsgesellschaft kann auch aus einer GbR durch Umwandlung und Bewahrung der Identität hervorgehen. Sie entsteht mit ihrer Eintragung in das Partnerschaftsregister (zur Differenzierung OLG Schleswig GesR 03, 29). Bis zu diesem Zeitpunkt ist auf sie das Recht der GbR anzuwenden. Danach folgt sie weitgehend dem Recht der OHG, auf das das PartGG an verschiedenen Stellen verweist. Über § 105 III HGB können dabei auch §§ 705 ff zur Anwendung kommen. Ein wichtiger Vorteil der PartG besteht in der Beschränkung der Haftung neben der Partnerschaft auf die mit der Bearbeitung eines Auftrags befassten Partner gem § 8 II PartGG. Dieser Vorteil wird freilich zT durch die Rspr entwertet, wonach der Befasste auch für Fehler haftet, die vor seinem Eintritt in die Partnerschaft begangen wurden und für ihn nicht mehr zu beheben sind (BGH NJW 10, 1360).

42 g) Für Vertragspartner in verschiedenen Mitgliedstaaten der EU bildet die **Europäische Wirtschaftliche Interessenvereinigung** (EWIV) eine weitere Rechtsform der Kooperation. Sie ist auf die Erleichterung und Förderung der wirtschaftlichen Betätigung ihrer Mitglieder, nicht auf eigene Gewinnerzielung gerichtet (insofern ähnl der Genossenschaft). Die EWIV beruht auf einer (unmittelbar geltenden) VO europäischen Gemeinschaftsrechts (ABl EG 85 L 199, 1); ergänzend ist das Recht der OHG anzuwenden (§ 1 EWIV-Ausführungsgesetz, BGBl I 88, 514). Sie ist eigenständige Trägerin von Rechten und Pflichten und parteifähig. In der Firma muss die Bezeichnung EWIV in abgekürzter oder ausgeschriebener Form enthalten sein (EuGH ZIP 98, 68).

43 h) Von einem **partiarischen Vertrag** unterscheidet sich die GbR durch das Merkmal des gemeinsamen Zwecks. IR von partiarischen Verträgen unterstützt ein Vertragspartner den anderen durch eine bestimmte Leistung, zB eine Geldsumme (partiarisches Darlehen). Die Gegenleistung besteht nicht ausschließlich in einer Verzinsung, sondern zumindest auch in einer Gewinnbeteiligung, so dass der Investor ebenso wie der Empfänger hins der von ihm zu erzielenden Rendite ein wirtschaftliches Risiko trägt. Gleichwohl verfolgen beide Parteien iU zur GbR ausschließlich unterschiedliche eigene Interessen und keinen gemeinsamen Zweck (BGHZ 127, 176). Bei der Abgrenzung im Einzelfall sind Vertragszweck und wirtschaftliche Ziele der Beteiligten zu berücksichtigen (OLG Dresden NZG 00, 302). Eine Beteiligung des Investors an entspr Verlusten ist wesentliches Merkmal seiner Stellung als Gesellschafter (BGH FamRZ 87, 677). Als partiarischer Vertrag ist zB typischerweise das Verhältnis zwischen einem Künstler und seinem Manager gestaltet (BGH NJW 83, 1191). Eine analoge Anwendung der gesellschaftsrechtlichen Vorschriften auf partiarische Rechtsverhältnisse kommt grds nicht in Betracht, da diese Vorschriften auf der von den Vertragsparteien vereinbarten gemeinsamen Zweckverfolgung basieren. Sofern bei einem Rechtsverhältnis die beiderseitigen Interessen so stark miteinander verzahnt sind, dass die Anwendung gesellschaftsrechtlicher Vorschriften geboten erscheint, liegt regelmäßig ungeachtet der von den Parteien gewählten Bezeichnung tatsächlich bereits ein Gesellschaftsverhältnis (häufig eine stille Gesellschaft) vor.

§ 706 Beiträge der Gesellschafter

(1) Die Gesellschafter haben in Ermangelung einer anderen Vereinbarung gleiche Beiträge zu leisten.
(2) ¹Sind vertretbare oder verbrauchbare Sachen beizutragen, so ist im Zweifel anzunehmen, dass sie gemeinschaftliches Eigentum der Gesellschafter werden sollen. ²Das Gleiche gilt von nicht vertretbaren und nicht verbrauchbaren Sachen, wenn sie nach einer Schätzung beizutragen sind, die nicht bloß für die Gewinnverteilung bestimmt ist.
(3) Der Beitrag eines Gesellschafters kann auch in der Leistung von Diensten bestehen.

1 I. Die Beitragspflicht der Gesellschafter beruht auf dem Gesellschaftsvertrag (§ 705) und wird in erster Linie durch diesen nach Art und Umfang näher bestimmt. Soweit

die Gesellschafter im Gesellschaftsvertrag keine Regelung getroffen haben, ergeben sich subsidiär Regeln für die **Höhe der Beiträge** und die **Art der Einbringung** aus § 706. Als **Beiträge** werden die noch zu bewirkenden Leistungen bezeichnet. Bereits bewirkte Leistungen sind dag **Einlagen** (§ 707).

II. 1. Der Anspruch auf Beitragsleistung ist **Sozialanspruch** (§ 705 Rn 14), Anspruchsinhaber ist die Gesellschaft. Zum **Inhalt der Beitragspflicht** legt Abs 1 unter Berücksichtigung des gesellschaftsrechtlichen Gleichbehandlungsgrundsatzes (subsidiär ggü dem Gesellschaftsvertrag) fest, dass die Gesellschafter **gleiche Beiträge** zu leisten haben. Welchen **Wert** die Gesellschafter einer Einlage beimessen, können sie frei bestimmen. Sie dürfen mit ihrer Bewertung lediglich die Grenze zur Sittenwidrigkeit nicht überschreiten (BGHZ 17, 134; WM 75, 325). 2

Als Beitragsleistungen kommen die **Arten von Leistungen** in Betracht, die den gemeinsamen Zweck fördern. Denkbar sind neben einmaligen oder wiederkehrenden Geldleistungen auch Dienst- (Abs 3) oder Werkleistungen. Nach Abs 2 S 1 wird vermutet, dass eingebrachte **Sachen** zu vollem Eigentum der Gesellschaft übertragen werden, wenn sie vertret- (§ 91) oder verbrauchbar (§ 92) sind. Die Vermutung wird nach Abs 2 S 2 auf nicht vertret- bzw verbrauchbare Gegenstände (insb Grundstücke) ausgedehnt, wenn diese geschätzt worden sind und die Schätzung nicht nur der Gewinnverteilung gedient hat. Darauf kann aber nicht im Umkehrschluss die Vermutung gestützt werden, dass beim Fehlen dieser Voraussetzungen nicht vertret- oder verbrauchbare Sachen nur zum Gebrauch überlassen seien. Ist der Gesellschafter vertraglich nur verpflichtet, eine Sache **dem Wert nach** einzubringen, bleibt er nach außen verfügungsbefugter Eigentümer (RGZ 109, 381). Nur im Innenverhältnis wird die Sache behandelt, als gehöre sie zum Gesellschaftsvermögen. 3

2. Obwohl der Gesellschaftsvertrag ein gegenseitiger Vertrag ist, sind die schuldrechtlichen Bestimmungen über die **Leistungsstörungen** nur sehr eingeschränkt anwendbar (§ 705 Rn 10). Insb können die Gesellschafter, sobald die Gesellschaft in Vollzug gesetzt worden ist (§ 705 Rn 30), nur noch nach §§ 723, 737 aus der Gesellschaft ausscheiden; § 323 ist unanwendbar. Bei einer Unmöglichkeit der Beitragsleistung (§ 275) kann der Gesellschafter unter den Voraussetzungen der §§ 280 I, III, 283 zur Erbringung einer entspr Geldleistung verpflichtet sein, sofern der Gesellschaftszweck weiterhin zu erreichen ist und sich aus dem Gesellschaftsvertrag nichts Gegenteiliges ergibt. Verschuldet er hierdurch überdies die Unmöglichkeit des Gesellschaftszwecks, besteht neben der Folge des § 726 ggf ein Schadensersatzanspruch der übrigen Gesellschafter nach § 280. Der Verzug des Beitragsschuldners und die daraus entstehenden Ansprüche bestimmen sich nach den allg Regeln der §§ 280 I, II, 286 ff. 4

III. Für den Gesellschafter kann eine Leistungspflicht auch aus einem Drittgeschäft mit der Gesellschaft entstehen (**Drittverhältnis;** § 705 Rn 14), zB aus einem Dienst- oder Kaufvertrag. Sofern neben dem Gesellschaftsvertrag eigens ein entspr Vertrag geschlossen worden ist, bereitet die Einordnung der Leistungspflicht keine Schwierigkeiten. Im anderen Fall besteht lediglich für die im Gesellschaftsvertrag ausdrücklich festgelegten Pflichten die Vermutung, dass sie als Beitrag zu verstehen sind (BGHZ 70, 63). 5

§ 707 Erhöhung des vereinbarten Beitrags

Zur Erhöhung des vereinbarten Beitrags oder zur Ergänzung der durch Verlust verminderten Einlage ist ein Gesellschafter nicht verpflichtet.

Um die Gesellschafter vor unüberschaubaren Risiken zu schützen, **begrenzt** § 707 ihre Leistungspflicht **auf** den vertraglich **vereinbarten Beitrag.** Sie sind nicht verpflichtet, eine darüber hinausgehende Leistung an die Gesellschaft zu erbringen. Diese Regelung betrifft nur das **Innenverhältnis,** nicht aber das Verhältnis zu Gläubigern der Gesellschaft (dazu § 714 Rn 5). Sie gilt auch nur für die Zeit des Bestehens der Gesellschaft, während nach der Auflösung gem § 735 eine Nachschusspflicht entstehen kann. 1

§ 707 ist **nicht berührt,** wenn sich die Gesellschafter keine der Höhe nach festgelegten Beiträge versprochen, sondern verpflichtet haben, das zur Zweckerreichung Erforderli- 2 che beizutragen (BGH WM 79, 1282, 1283; NZG 06, 379; 08, 65, 66). Das Gleiche gilt, wenn Gesellschafter neben einer festgelegten Einlage auch laufende Beiträge versprochen haben (sog „gespaltene Beitragspflicht"), solange deren Höhe im Gesellschaftsvertrag in zumindest objektiv bestimmbarer Weise ausgestaltet ist (BGH NZG 06, 379; ZIP 08, 697). Ungenügend ist die nicht näher konkretisierte Formulierung „soweit bei der laufenden Bewirtschaftung Unterdeckungen auftreten" (BGH NZG 07, 382). Dag reicht aus, dass sich die Maximalhöhe der laufenden Beiträge in der Zusammenschau mit der Beitrittserklärung des Gesellschafters ergibt (BGH NZG 08, 65). § 707 ist **dispositiv** (aA Nentwig WM 11, 2168, 2169 f); eine Nachschusspflicht kann in unmissverständlicher Weise im Gesellschaftsvertrag (BGH NJW 83, 164) oder später durch Beschl vereinbart werden. Da die Gesellschafterbeiträge zu den Gesellschaftsgrundlagen gehören, kann die Erhöhung aber grds nur einstimmig beschlossen werden. Ein Mehrheitsbeschluss genügt nur, wenn der Gesellschaftsvertrag ausdrücklich eine entspr Bestimmung enthält (BGH WM 76, 1053; § 705 Rn 11), die zudem Ausmaß und Umfang der möglichen zusätzlichen Belastung eindeutig erkennen lassen muss, was die Angabe einer Obergrenze oder sonstige Kriterien erfordert, die das Erhöhungsrisiko eingrenzen (BGH NJW-RR 05, 1347, 1348; ZIP 06, 562, 564). Enthält der Gesellschaftsvertrag keine solche Bestimmung, ist ein Beschl zur Beitragserhöhung, dem nicht alle Gesellschafter zugestimmt haben, der aber iÜ die nach dem Gesellschaftsvertrag erforderliche Mehrheit erhalten hat, zulasten eines zustimmenden Gesellschafters gleichwohl verbindlich (BGH NZG 09, 862, 863).

§ 708 Haftung der Gesellschafter

Ein Gesellschafter hat bei der Erfüllung der ihm obliegenden Verpflichtungen nur für diejenige Sorgfalt einzustehen, welche er in eigenen Angelegenheiten anzuwenden pflegt.

1 Die dispositive Vorschrift beschränkt die Haftung der Gesellschafter auf die **Sorgfalt in eigenen Angelegenheiten** (§ 277). Sie ist Folge des besonderen Vertrauensverhältnisses und der engen Bindung der Gesellschafter. Diese sollen sich „so nehmen wie sie sind" (RGZ 143, 215). § 708 ist nur auf die Gesellschafterverpflichtungen – wie zB die Geschäftsführung – anzuwenden; dabei erfasst die Vorschrift vertragliche und deliktische Ansprüche. § 708 gilt auch für Innengesellschaften (BGH WM 88, 173). Die Haftungsbeschränkung gilt nicht im Verhältnis zu Dritten und ggü Mitgesellschaftern innerhalb von Drittverhältnissen (§ 705 Rn 14) oder im Vorfeld des Gesellschaftsbeitritts (KG NZG 99, 199). Keine Anwendung findet § 708 beim Führen eines Fahrzeugs durch einen Gesellschafter (BGHZ 46, 318, str; vgl dazu krit Erman/Westermann § 708 Rn 6 mwN) und bei Publikumsgesellschaften mit körperschaftlicher Struktur (BGHZ 75, 327). Die Beweislast für das Vorliegen der Voraussetzungen des § 708 obliegt dem in Anspruch genommenen Gesellschafter (BGH NJW 90, 575).

Vorbemerkung zu §§ 709–713

1 I. §§ 709–713 betreffen mit der **Geschäftsführungsbefugnis** das Innenverhältnis zwischen den Gesellschaftern (das „rechtliche Dürfen" in der Beziehung der Gesellschafter untereinander). Dag haben §§ 714, 715 mit der **Vertretungsmacht** die Wirkungen des Handelns eines Gesellschafters im Außenverhältnis zum Gegenstand (das „rechtliche Können" des einzelnen Gesellschafters nach außen, § 714 Rn 1 ff). Beide Befugnisse decken sich zwar im gesetzlichen Regelfall (§ 714), jedoch regelmäßig nicht in der Praxis.

2 II. Die **Geschäftsführung** umfasst vielfältige Tätigkeiten, die zur Förderung des Gesellschaftszwecks bestimmt sind und für die Gesellschaft vorgenommen werden. Sie erstreckt sich auf tatsächliche und rechtliche Handlungen zur Verwirklichung des Gesellschaftszwecks im Innenverhältnis (zB Einberufung einer Gesellschafterversammlung) und im Außenverhältnis (zB Abschluss von Verträgen mit Dritten); ausgenommen sind lediglich die Grundlagengeschäfte (Rn 6). Die Befugnis eines Gesellschafters im Ver-

hältnis zu den anderen zur Wahrnehmung dieser Tätigkeiten heißt **Geschäftsführungsbefugnis**. Ihre Regelung ist Grundlagengeschäft; Änderungen bedürfen grds der Zustimmung aller Gesellschafter einschließlich des Geschäftsführers (iE str, vgl Horn AcP 181, 271). Lediglich im Fall des § 712 kann sie einseitig entzogen werden.

1. Die Art der Geschäftsführungsbefugnis kann von den Gesellschaftern bestimmt werden. Die §§ 709 ff regeln lediglich als dispositives Recht typische Arten der Geschäftsführungsbefugnis. Die vertragliche Gestaltungsfreiheit ist aber insb durch den **Grundsatz der Selbstorganschaft** begrenzt. Er gestattet es nicht, sämtliche Gesellschafter von der Geschäftsführung und der Vertretung der Gesellschaft auszuschließen und diese Aufgaben auf Dritte zu verlagern (BGH NJW-RR 94, 98; hM). Zulässig und in der Praxis weit verbreitet ist es allerdings, dass zwar den Gesellschaftern selbst die organschaftlichen Befugnisse der Geschäftsführung und Vertretung verbleiben, daneben aber Dritte in erheblichem Umfang Geschäftsführungsaufgaben und Vertretungsmacht erhalten.

Der gesetzliche Regeltyp ist die **gemeinschaftliche Geschäftsführung**, bei der für alle Beschlüsse der Gesellschafter das **Erfordernis der Einstimmigkeit** besteht (§ 709 I). Diese Art der Geschäftsführung gilt als vereinbart, wenn der Gesellschaftsvertrag keine abw Regelung enthält. Die Gesellschafter können alternativ dazu bestimmen, dass bei der gemeinschaftlichen Geschäftsführung **Mehrheitsbeschlüsse** genügen (§ 709 II). Sie können aber auch statt der gemeinschaftlichen Geschäftsführung die Befugnis **einem Gesellschafter** oder **mehreren Gesellschaftern** übertragen. Die Geschäftsführung durch mehrere Gesellschafter kann dem Einstimmigkeits- oder dem Mehrheitsprinzip unterliegen (§§ 710, 709). Es können aber auch mehrere oder alle Gesellschafter jeweils einzeln zur Geschäftsführung befugt sein (**Einzelgeschäftsführungsbefugnis**; § 711). Neben diesen gesetzlich geregelten Typen sind zahlreiche weitere Gestaltungen der Geschäftsführungsbefugnis verbreitet, insb Zuständigkeits- und Aufgabenverteilungen zwischen den Geschäftsführern und besonderen Beratungs- und Beschlussgremien oder Vertretungseinrichtungen (va bei großer Gesellschafterzahl).

Den sachlichen **Umfang der Geschäftsführungsbefugnis** insgesamt begrenzt der Gesellschaftszweck (Rn 2). Da die GbR iU zur OHG/KG keinen gewöhnlichen Zweck kennt (§ 116 I HGB), können auch außergewöhnliche Handlungen zur Geschäftsführung gehören, solange sie nicht zweck- oder gesellschaftsfremd sind. Der Gesellschaftsvertrag kann den Umfang der Geschäftsführungsbefugnis jedoch auf die gewöhnlichen Geschäfte beschränken.

Ohne dass dies im Gesellschaftsvertrag erwähnt sein muss, sind **Grundlagengeschäfte** von der Geschäftsführungsbefugnis ausgenommen. Diese bedürfen grds der Zustimmung sämtlicher Gesellschafter (§ 705 Rn 11).

2. Das **Recht zur Geschäftsführung** folgt bereits aus der Gesellschafterstellung (§ 709) und bedarf keiner gesonderten vertraglichen Vereinbarung (zB Auftrag oder Dienstvertrag). IU zu eigennützigen Befugnissen besteht es ausschließlich im Interesse der Gesellschaft (BGH NJW 72, 863). Für den Inhalt der Berechtigungen des Geschäftsführers sind dementspr die Vorschriften des Gesellschaftsrechts maßgeblich; dieses verweist insb für Rechnungslegung und Aufwendungsersatz subsidiär in das Auftragsrecht (§ 713). Ein Anspruch auf Vergütung besteht nur, wenn er zumindest konkludent vereinbart worden ist (BGHZ 17, 301). Str ist, ob der Vergütungsanspruch darüber hinaus einen Gewinn der Gesellschaft voraussetzt (so MK/Ulmer/Schäfer § 709 Rn 33; aA K Schmidt, Gesellschaftsrecht, § 59 III 3 a).

3. Für die Gesellschafter, die zur Geschäftsführung befugt sind, besteht auch eine **Pflicht zur Mitwirkung an der Geschäftsführung**. Insb darf ein geschäftsführender Gesellschafter nicht grundlos seine Mitwirkung an Beschlüssen verweigern, die für die Geschäftsführung notwendig sind. Er muss an den Beschlüssen allerdings lediglich mitwirken. Eine Pflicht zur Zustimmung besteht nur ausnahmsweise beim Erfordernis einstimmiger Geschäftsführung für notwendige Geschäftsmaßnahmen iSv § 744 II oder wenn der sich weigernde Gesellschafter trotz der Notwendigkeit der Maßnahme für Gesellschaftszweck und Gesellschaftsinteresse keinen nachvollziehbaren Ablehnungsgrund nennt (BGH NJW 72, 862). Verletzt ein Geschäftsführer die Mitwirkungspflicht, ist eine Feststellungsklage zur zustimmungsfreien Wirksamkeit der betr Handlung nur begründet, wenn (ausnahmsweise) eine Pflicht zur Zustimmung besteht oder in der Weigerung ein Treueverstoß liegt (BGHZ 44, 40). Unter den Voraussetzungen des § 712 kann die Verletzung der Mitwirkungspflicht zum Ausschluss von der Geschäftsführung führen. Bei schwerwiegenden Pflichtverletzungen kann der Geschäftsführer sogar aus der Gesellschaft ausgeschlossen (§ 737) oder die Gesellschaft aus wichtigem Grund gekündigt werden (§ 723). Hat der Geschäftsführer seine Pflichten schuldhaft verletzt und dadurch der Gesellschaft einen Schaden zugefügt, besteht ein Schadensersatzanspruch wegen Vertragsverletzung (§§ 280, 241 II).

9 4. Werden Gesellschafter für die Gesellschaft nach außen rechtsgeschäftlich tätig, sind die Regeln über die **Stellvertretung** maßgeblich. IZw richtet sich der Umfang der **Vertretungsmacht** gem § 714 nach dem Umfang der Geschäftsführungsbefugnis. Eine Beschränkung der Vertretungsmacht dahingehend, dass die Vertreter die anderen Gesellschafter nur mit einer Haftung, die sich auf das Gesellschaftsvermögen beschränkt, verpflichten können (BGH NJW 92, 1503), kann nicht durch gesellschaftsinterne Festlegungen, Zusätze zum Gesellschaftsnamen (insb nicht „GbR mbH") und grds auch nicht durch Klauseln in AGB erfolgen, vielmehr müssen entspr individualvertragliche Vereinbarungen getroffen werden (BGHZ 142, 315 abw von der früheren Rspr; näher dazu Ulmer ZIP 99, 509 und § 714 Rn 6).

10 III. Zu den herausragenden Aufgaben bei der Geschäftsführung gehört es, **Gesellschafterbeschlüsse** herbeizuführen. Gesellschafterbeschlüsse können nicht nur innerhalb der Geschäftsführung selbst erforderlich werden, sondern zB auch für Grundlagengeschäfte oder Überschreitungen des Gesellschaftszwecks im Einzelfall. Der Gesellschafterbeschluss ist als Sozialakt der körperschaftlichen Willensbildung ein gesellschaftsinterner Vorgang und bedarf idR im Verhältnis zu Dritten zusätzlicher Umsetzungshandlungen (etwa durch Abschluss eines Rechtsgeschäfts). Sofern der Gesellschaftsvertrag keine abw Bestimmung enthält, müssen Gesellschafterbeschlüsse einstimmig getroffen werden. Wegen Interessenkollision kann das Stimmrecht entfallen, insb bei Entscheidungen über Verbindlichkeiten (OLG Hamm NZG 03, 627) oder Rechtsgeschäften zwischen Gesellschaft und Gesellschafter. Dieser Stimmrechtsausschluss lässt sich auf eine entspr Anwendung bzw den Rechtsgedanken des § 67 IV GmbHG stützen (OLG München NZG 09, 1267).

11 Das **Stimmrecht** der Gesellschafter erwächst als Verwaltungsrecht aus der Mitgliedschaft in der Gesellschaft und darf daher nach § 717 nicht auf Dritte übertragen werden. Lediglich die Stellvertretung bei der Ausübung durch einen Mitgesellschafter oder einen Dritten ist möglich, wenn dies im Gesellschaftsvertrag vereinbart ist oder die anderen Gesellschafter zugestimmt haben (BGH NJW 70, 468) oder es im Einzelfall bei einer Verhinderung aufgrund der gesellschaftsvertraglichen Treuepflicht oder einer vorrangigen gesetzlichen Schutzpflicht (zB § 1909) geboten ist (BGHZ 65, 99; vgl iE Saenger, Beteiligung Dritter bei Beschlussfassung und Kontrolle im Gesellschaftsrecht, 1990). Die Stimmabgabe ist eine empfangsbedürftige **Willenserklärung** des Gesellschafters. Ihre Wirksamkeit bestimmt sich nach den allg Regeln, so dass eine Anfechtung möglich ist (BGHZ 14, 267). Der Gesellschafterbeschluss selbst wird erst mit Zustimmung aller Gesellschafter bzw bei Mehrheitsentscheidung mit Zustimmung der entspr Mehrheit wirksam. Unwirksam ist er insb, wenn ein Gesellschafter nicht geladen worden ist, wobei bei Publikumsgesellschaften hinzukommen muss, dass dieses Versäumnis das Abstimmungsergebnis beeinflusst haben kann (BGH NJW 87, 1263).

§ 709 Gemeinschaftliche Geschäftsführung

(1) Die Führung der Geschäfte der Gesellschaft steht den Gesellschaftern gemeinschaftlich zu; für jedes Geschäft ist die Zustimmung aller Gesellschafter erforderlich.
(2) Hat nach dem Gesellschaftsvertrag die Mehrheit der Stimmen zu entscheiden, so ist die Mehrheit im Zweifel nach der Zahl der Gesellschafter zu berechnen.

Abschnitt 8 | Einzelne Schuldverhältnisse §710

1. Bei der GbR sind für die **Geschäftsführung** (Vor §§ 709–713 Rn 2) nach **Abs 1** die **gemeinschaftliche** Durchführung und das Erfordernis der **Einstimmigkeit** der Regelfall. Die Gesellschafter sollen demnach grds an allen Handlungen beteiligt werden. Diese Vorgehensweise ist im Ggs zu den Personenhandelsgesellschaften (Alleingeschäftsführungsbefugnis, § 115 I HGB) bei der GbR grds möglich, weil das Auftreten im Rechtsverkehr nicht notwendig im Vordergrund des gesellschaftlichen Handelns steht. Falls den Gesellschaftern die Geschäftsführung durch einzelne Geschäftsführer zweckmäßiger erscheint, können sie eine entspr Regelung treffen (§ 710). Nach hM ist auf die Gesellschaft der Gedanke des § 744 II entspr anzuwenden, so dass den Gesellschaftern ausnahmsweise Einzelgeschäftsführungsbefugnis zustehen kann, wenn das Geschäft notwendig ist, um einen zum Gesellschaftsvermögen gehörenden Gegenstand oder die Gesellschaft selbst zu erhalten (BGHZ 17, 181).

2. Die Handlungsfähigkeit der GbR kann dadurch erleichtert werden, dass die Gesellschafter bei der gemeinschaftlichen Geschäftsführung mit Mehrheit entscheiden (**Abs 2**). Der **Mehrheitsgrundsatz** muss gesellschaftsvertraglich vereinbart worden sein. Diese Vereinbarung betrifft grds aber nicht Grundlagengeschäfte (Vor §§ 709–713 Rn 6). Zu berechnen ist die Mehrheit nach Abs 2 iZw nach der Kopfzahl und nicht nach der Einlagehöhe. Die Festlegung einer anderen Berechnung durch den Gesellschaftsvertrag ist aber möglich und verbreitet.

Nach der Rspr ist die GbR im **Prozess** aktiv und passiv parteifähig (BGHZ 146, 341). Sie handelt durch ihre gesetzlichen Vertreter, also vorbehaltlich abw gesellschaftsvertraglicher Regelung gem §§ 709 I, 714 durch alle Gesellschafter, wobei diese im Prozess nur einheitliche Anträge stellen können (BGH NJW-RR 04, 275, 276). Ist die erforderliche Mitwirkung aller Gesellschafter zunächst unterblieben, kann dieser Vertretungsmangel dadurch geheilt werden, dass die zuvor nicht beteiligten Gesellschafter als gesetzliche Vertreter in den Prozess eintreten und die bisherige Prozessführung genehmigen (BGH NJW 10, 2886, 2887). Eine **Einzelklagebefugnis** eines Gesellschafters besteht nur, wenn Sozialansprüche (§ 705 Rn 14) geltend gemacht werden (actio pro socio, § 705 Rn 14) oder iR der Notgeschäftsführung analog § 744 II (BGH NJW-RR 98, 1188); vgl zur Forderungseinziehung seitens der GbR auch § 432 Rn 6. Darüber hinaus kann ein einzelner Gesellschafter ausnahmsweise Prozessführungsbefugnis für die GbR haben, wenn der andere Gesellschafter sich im Zusammenwirken mit dem Schuldner treuwidrig weigert, an der Geltendmachung der Gesellschaftsforderung mitzuwirken (BGHZ 102, 152, 154 ff; BGH NZG 08, 588). Ein einzelner Gesellschafter kann von den übrigen zur Prozessführung ermächtigt werden, wenn er ein berechtigtes Eigeninteresse hat (BGH NJW 88, 1586; zu den prozessrechtlichen Fragen iE K Schmidt, Gesellschaftsrecht, § 60 IV).

§ 710 Übertragung der Geschäftsführung

¹Ist in dem Gesellschaftsvertrag die Führung der Geschäfte einem Gesellschafter oder mehreren Gesellschaftern übertragen, so sind die übrigen Gesellschafter von der Geschäftsführung ausgeschlossen. ²Ist die Geschäftsführung mehreren Gesellschaftern übertragen, so findet die Vorschrift des § 709 entsprechende Anwendung.

Durch die **Übertragung der Geschäftsführung** auf einen oder mehrere Gesellschafter (Vor §§ 709–713 Rn 4) werden die anderen Gesellschafter von der Geschäftsführung ausgeschlossen. Ihnen verbleiben aber insb die Kontrollrechte aus §§ 712, 716. So darf etwa ein nicht zur Geschäftsführung befugter Gesellschafter einen Gesellschaftsschuldner nicht auf Leistung an die Gesellschaft in Anspruch nehmen (LG Essen MDR 02, 832). Soweit der Gesellschaftsvertrag keine anderweitige Regelung vorsieht, erlischt durch die Auflösung der Gesellschaft die übertragene Geschäftsführungsbefugnis zugunsten der gemeinschaftlichen Geschäftsführungsbefugnis (§ 730 II 2; zu berücksichtigen ist aber die Fiktion des § 729). § 710 erfasst nur den Fall der Übertragung an Gesellschafter, nicht den Auftrag an außenstehende Dritte. Da in der GbR der Grundsatz der Selbstorganschaft gilt, ist es grds ausgeschlossen, dass ein Nichtgesellschafter als

Geschäftsführer einer GbR agiert (BGHZ 33, 108). Dieses Prinzip wird in der Praxis durch umfangreiche Bevollmächtigungen von Dritten zu geschäftsführenden Maßnahmen umgangen bzw durchbrochen (BGHZ 36, 294).

§ 711 Widerspruchsrecht

¹Steht nach dem Gesellschaftsvertrag die Führung der Geschäfte allen oder mehreren Gesellschaftern in der Art zu, dass jeder allein zu handeln berechtigt ist, so kann jeder der Vornahme eines Geschäfts durch den anderen widersprechen. ²Im Falle des Widerspruchs muss das Geschäft unterbleiben.

1 Die Vorschrift betrifft die **Einzelgeschäftsführung**, welche die Gesellschafter abw von § 709 vereinbaren können (Vor §§ 709–713 Rn 4). Diese Art der Geschäftsführung ermöglicht im besonderen Maße rasches und flexibles Handeln. Das in § 711 enthaltene **Widerspruchsrecht** steht ausschließlich den Geschäftsführern zu. Die nach § 710 von der Geschäftsführung ausgeschlossenen Gesellschafter haben lediglich nach §§ 712, 716 die Möglichkeit, auf die Geschäftsführung Einfluss zu nehmen. Der Widerspruch muss vor der Vornahme des Geschäfts erklärt werden und hat keine Wirkung nach außen (BGHZ 16, 398).

§ 712 Entziehung und Kündigung der Geschäftsführung

(1) Die einem Gesellschafter durch den Gesellschaftsvertrag übertragene Befugnis zur Geschäftsführung kann ihm durch einstimmigen Beschluss oder, falls nach dem Gesellschaftsvertrag die Mehrheit der Stimmen entscheidet, durch Mehrheitsbeschluss der übrigen Gesellschafter entzogen werden, wenn ein wichtiger Grund vorliegt; ein solcher Grund ist insbesondere grobe Pflichtverletzung oder Unfähigkeit zur ordnungsmäßigen Geschäftsführung.
(2) Der Gesellschafter kann auch seinerseits die Geschäftsführung kündigen, wenn ein wichtiger Grund vorliegt; die für den Auftrag geltende Vorschrift des § 671 Abs. 2, 3 findet entsprechende Anwendung.

1 Die Gesellschafter können dem gesellschaftsvertraglich bestimmten Geschäftsführer nach **Abs 1** die **Geschäftsführungsbefugnis** aus wichtigem Grund durch Beschl **entziehen**. Zur Entziehung berechtigt sind auch die Gesellschafter, die nach § 710 nicht an der Geschäftsführung teilhaben. Bei Vereinbarung des Mehrheitsgrundsatzes im Gesellschaftsvertrag gilt dieser auch für das Entziehungsrecht. Der Betroffene kann wegen der Interessenkollision an der Entscheidung nicht mitwirken. In der Zwei-Mann-Gesellschaft genügt daher die einseitige Erklärung des Mitgesellschafters (RGZ 162, 78, 83), sofern freilich ein wichtiger Grund für die Entziehung besteht (vgl OLG Zweibrücken OLGR 05, 444, 445). Ein **wichtiger Grund** liegt vor, wenn den Gesellschaftern nach Treu und Glauben nicht zugemutet werden kann, die Geschäftsführungsbefugnis bei ihrem Mitgesellschafter zu belassen (vgl § 723 Rn 4). Die in Abs 1 letzter Halbs erwähnten Fälle sind exemplarisch zu verstehen. Infolge des Beschl nach § 712 greift für die Geschäftsführung der gesetzliche Regelfall des § 709 I ein, selbst wenn nur einem von mehreren Geschäftsführern die Befugnis entzogen worden ist (OLG München DRZ 50, 280; aA MK/Schäfer § 712 Rn 20). Nach **Abs 2** kann der Geschäftsführer seine Stellung als Geschäftsführer ebenfalls aus wichtigem Grund **kündigen** (aA K Schmidt DB 88, 2241: nur Kündigung der Geschäftsführerpflichten). Nach hM betreffen Abs 1 und 2 nur die übertragene Geschäftsführung (str, s Staud/Habermeier, § 712 Rn 5 mwN) und sind mit der Einschränkung des § 671 III dispositiv.

§ 713 Rechte und Pflichten der geschäftsführenden Gesellschafter

Die Rechte und Verpflichtungen der geschäftsführenden Gesellschafter bestimmen sich nach den für den Auftrag geltenden Vorschriften der §§ 664 bis 670, soweit sich nicht aus dem Gesellschaftsverhältnis ein anderes ergibt.

1. Da die Geschäftsführungsbefugnis der Gesellschafter unmittelbare Folge ihrer Mitgliedschaft ist (Vor §§ 709–713 Rn 7), sind die Vorschriften des **Auftragsrechts**, auf die § 713 verweist, nur mit den Einschränkungen und Modifikationen anzuwenden, die sich aus der Struktur des Gesellschaftsverhältnisses und den Festlegungen des jeweiligen Gesellschaftsvertrages ergeben.

2. Die Geschäftsführung ist grds auf Dritte **nicht übertragbar** (§§ 713, 664; s auch § 717 Rn 2). Weisungen (§ 665) sind für den Geschäftsführer nur bindend, soweit sie sich aus dem Gesellschaftsvertrag, aus seiner Bestellung zum Geschäftsführer oder einem wirksamen Gesellschafterbeschluss ergeben. Gem §§ 713, 666 ist der Geschäftsführer verpflichtet, **Auskunft** zu geben und Rechenschaft abzulegen. Im Ggs zu den Informationsrechten der §§ 716, 721 besteht die Pflicht des Geschäftsführers nicht ggü dem einzelnen Gesellschafter, sondern ggü der Gesellschaft. Ein einzelner Gesellschafter kann den Anspruch aus §§ 713, 666 nur für die Gesellschaft im Wege der actio pro socio geltend machen (§ 705 Rn 14). Die Auskunftspflicht besteht während der gesamten Zeit der Geschäftsführung. Sie geht sachlich über das Recht auf Einsichtnahme nach § 716 hinaus, da der Geschäftsführer verpflichtet ist, die erforderlichen Informationen zu geben und über den Geschäftsstand Auskünfte zu erteilen. Für die **Rechenschaftspflicht** bestimmt sich der Inhalt nach § 259. Sie besteht nur im Fall der Beendigung der Gesellschaft bzw – bei Dauergesellschaften – grds am Ende des Geschäftsjahres. Den Geschäftsführer trifft hins des aus der Geschäftsführung Erlangten nach §§ 713, 667 eine **Herausgabepflicht** ggü der Gesellschaft. Herauszugebendes Geld ist im Fall der Verwendung für den Geschäftsführer zu **verzinsen** (§ 668).

Entspr §§ 669, 670 kann der Geschäftsführer die **Erstattung von Aufwendungen** bzw einen entspr **Vorschuss** verlangen. Der Anspruch betrifft nur die Aufwendungen, die der Geschäftsführer als erforderlich für die Geschäftsführung erachten darf. Überschreiten die Aufwendungen das Maß, für das das Gesellschaftsvermögen aufkommen kann, scheidet ein Aufwendungsersatzanspruch aus und kommt allenfalls in Anspruch aus einer gesonderten Vereinbarung oder nach §§ 812 ff in Betracht (vgl BGH NJW 80, 339; zum Rückgriffsanspruch gegen Mitgesellschafter s § 714 Rn 9). Die Arbeitsleistung des Geschäftsführers gilt nicht als Aufwendung nach § 670. Grds wird sie nicht vergütet, sondern kommt dem Gesellschafter nur ggf durch höheren Gewinn der Gesellschaft zugute. Eine **Vergütung** können die Gesellschafter jedoch ausdrücklich oder konkludent vereinbaren. Ihre Veränderung ist ein Grundlagengeschäft (§ 705 Rn 11). Zur nur ausnahmsweisen Verpflichtung der Gesellschafter, der Festlegung oder Erhöhung einer Vergütung zuzustimmen vgl BGHZ 44, 40.

3. Zu den **weiteren Rechten und Pflichten** der (geschäftsführenden) Gesellschafter vgl § 705 Rn 13 ff und insb zur Schadensersatzpflicht wegen Pflichtverletzung Rn 14.

§ 714 Vertretungsmacht

Soweit einem Gesellschafter nach dem Gesellschaftsvertrag die Befugnis zur Geschäftsführung zusteht, ist er im Zweifel auch ermächtigt, die anderen Gesellschafter Dritten gegenüber zu vertreten.

I. Im **Außenverhältnis** ist für die rechtsgeschäftliche Bindung der Gesellschaft der gesetzliche Regelfall, dass alle Gesellschafter gemeinschaftlich handeln. Die **Stellvertretung** eines Gesellschafters oder mehrerer Gesellschafter für die Gesellschaft ist aber zulässig und weit verbreitet. Nach § 714 decken sich iZw Vertretungsmacht und Geschäftsführungsbefugnis. Entstehen durch das rechtsgeschäftliche Handeln **Verbindlichkeiten** ggü außenstehenden Dritten, sind neben der Gesellschaft grds alle Gesellschafter Schuldner und haften akzessorisch (analog § 128 HGB) als Gesamtschuldner

(§§ 421 ff) mit ihrem gesamten Vermögen. Letztlich ist der Wortlaut des § 714 vor dem Hintergrund des heutigen Verständnisses von der Rechtsfähigkeit der GbR (vgl § 705 Rn 18 ff; § 719 Rn 2 ff, 6) missverständlich: Die rechtsgeschäftliche Vertretung wirkt nur im Verhältnis zur GbR. Nur diese wird durch das Handeln der Geschäftsführer ggü Dritten verpflichtet. Demgegenüber entsteht die Verpflichtung des einzelnen Gesellschafters aufgrund des Gesellschaftsvertrages und ist vom Bestehen der Verbindlichkeit der Gesellschaft abhängig, also akzessorisch (dazu iE Rn 5).

2 II. Dem Gesellschafter einer GbR vermittelt seine Mitgliedschaft nicht zugleich das Recht, die Gesellschaft alleine zu vertreten. Die Gesellschafter müssen vielmehr im gesetzlichen Regelfall gemeinschaftlich nach außen auftreten. Davon abw kann jedoch der Gesellschaftsvertrag einem Gesellschafter oder einzelnen Gesellschaftern **Vertretungsmacht** für die Gesellschaft einräumen. Als Konsequenz der Anerkennung der Rechtsfähigkeit der GbR handelt es sich hierbei entgg der früheren Konzeption um eine organschaftliche und nicht um eine rechtsgeschäftlich erteilte Vertretungsmacht (BGH NZG 05, 345; MK/Schäfer § 714 Rn 16 f; anders noch BGHZ 74, 240, 241). Dennoch finden §§ 164 ff ebenso wie § 174, welcher den Nachw der Vollmacht bei einseitigen Rechtsgeschäften betrifft, zumindest entspr Anwendung (BGH NJW 02, 1194, 1195; MK/Schäfer § 714 Rn 26; Wertenbruch DB 03, 1099, 1100). Unabhängig davon kann Gesellschaftern oder Dritten aber auch gesondert für einzelne Geschäfte, Geschäftsarten oder generell Vollmacht erteilt werden, und dies sogar durch konkludentes Verhalten (BGH NZG 05, 345). Nicht zulässig ist aber die generelle Übertragung der Vertretungsmacht auf einen Dritten (Vor §§ 709–713 Rn 3).

3 Welcher Gesellschafter in welchem **Umfang** zur Vertretung befugt ist, bestimmt sich mithin in erster Linie nach der Vereinbarung der Gesellschafter. § 714 greift nur ein, wenn die Gesellschafter lediglich die Geschäftsführung und **nicht die Vertretung geregelt** haben. In diesem Fall ist davon auszugehen, dass die Vertretungsmacht der Geschäftsführer genauso weit reichen soll wie ihre Geschäftsführungsbefugnis. Die Vorschrift betrifft Bestand, Art und Umfang der Vertretungsmacht (vgl Vor §§ 709–713 Rn 3 ff). Sie zeigt zudem, dass die Gesellschafter auch abw Vereinbarungen treffen können. Der Geschäftsführer einer GbR muss nicht notwendig Vertretungsmacht haben, und umgekehrt kann auch einem von der Geschäftsführung ausgeschlossenen Gesellschafter (§ 710) Vertretungsmacht eingeräumt sein.

4 Die Vertretungsmacht wird durch einen **Widerspruch** nach § 711 nicht aufgehoben (BGHZ 16, 394; hM). Der Widerspruch betrifft ausschließlich die Geschäftsführungsbefugnis und hat keine Außenwirkung. Überschreitet ein Geschäftsführer bzw der als Vertreter Auftretende seine Vertretungsmacht gelten §§ 177, 179. Tritt ein **Scheingesellschafter** für die Gesellschaft auf, kommt dessen Haftung nach § 311 III (BGHZ 146, 341, 359) bzw aus Rechtsscheinsgesichtspunkten (BGH NJW 12, 3368: Angestellter, der bei einem unternehmensbezogenen Geschäft als Mitinhaber auftritt) in Betracht.

5 III. 1. Sind **Rechtsgeschäfte mit Dritten** wirksam für die Gesellschaft abgeschlossen worden, besteht für die dadurch begründeten Verbindlichkeiten **neben der Haftung der Gesellschaft** mit dem Gesellschaftsvermögen eine gesamtschuldnerische **Haftung der Gesellschafter** mit ihren gesamten (Privat-) Vermögen. Dies gilt grds auch für die Mitgesellschafter hins der Verbindlichkeiten ggü einem Gesellschafter aus einem Drittgeschäft (§ 705 Rn 14). Jedoch darf der aus dem Drittgeschäft berechtigte Gesellschafter durch die persönliche Inanspruchnahme seiner Mitgesellschafter nicht gegen die Treuepflicht verstoßen und kann lediglich den Betrag verlangen, der den von ihm zu tragenden Verlustanteil übersteigt (BGH NJW 83, 749). Die Begr der persönlichen Haftung der Gesellschafter war iE lange umstritten und hing insb von der Frage ab, inwieweit die Gesellschaft als eigenes Zuordnungsobjekt zu betrachten ist (§ 705 Rn 18 ff). Aus der Sicht, welche die Rechtsfähigkeit der GbR ablehnte, war das Handeln von Vertretern den übrigen Gesellschaftern unmittelbar zuzurechnen. Dadurch sollte eine einheitliche Verpflichtung sowohl mit Wirkung für die Gesellschafter in ihrer gesamthänderischen Verbindung als auch für jeden einzelnen Gesellschafter persönlich begründet werden (sog **Doppelverpflichtungstheorie**; eine „Mitverpflichtung kraft Doppelvertre-

tung" befürwortet noch Beuthien JZ 03, 969). Der **BGH** hat sich jedoch der sog Akzessorietätstheorie (vgl § 705 Rn 20) angeschlossen (iE Ulmer ZIP 03, 1113). Danach haften die Gesellschafter einer GbR analog § 128 HGB akzessorisch für die Verbindlichkeiten der Gesellschaft (BGHZ 146, 341, 358), was im Hinblick auf die Anerkennung der Rechtsfähigkeit der GbR konsequent ist (aA Beuthien NZG 11, 481, 487 f, der die Entwicklung eines neuen Konzeptes außerhalb von Akzessorietäts- und Doppelverpflichtungslehre fordert, weil im Bürgerlichen Recht ein geringeres Gläubigerschutzbedürfnis bestehe als im Handelsrecht). Ebenfalls analog anzuwenden ist § 129 I – III HGB für Einwendungen des Gesellschafters (BGH NJW-RR 06, 1268, 1269). Die für die Gesellschaftsschuld maßgebliche Verjährung gilt auch für die akzessorische Haftung des BGB-Gesellschafters (BGH NZG 10, 264, 267). Der eintretende GbR-Gesellschafter haftet für Altverbindlichkeiten entspr § 130 HGB (BGHZ 154, 370, 372; krit Boehme NZG 03, 764, 765 f); dies gilt aber nicht für Scheingesellschafter (OLG Saarbrücken NJW 06, 2862; aA Lepczyk NJW 06, 3391). Die Haftung analog § 130 HGB kommt auch bei dem Eintritt in eine GbR in Betracht, in der sich Angehörige freier Berufe zusammengeschlossen haben (BGH aaO, der aber offen lässt, ob für Verbindlichkeiten aus beruflichen Haftungsfällen eine Ausn zu machen ist). Grds findet diese Rspr aus Gründen des Vertrauensschutzes erst auf Fälle Anwendung, in denen ein Gesellschafter der Gesellschaft nach dem 7.4.03 beigetreten ist (BGHZ 154, 370, 377). Etwas anderes gilt, wenn der Eintretende kein schutzwürdiges Vertrauen genießt. So haftet analog § 130 HGB, wer bei seinem Eintritt die Altverbindlichkeit, für die er in Anspruch genommen wird, kennt oder deren Vorhandensein bei auch nur geringer Aufmerksamkeit hätte erkennen können (BGH NJW 06, 765, 766). Hingegen findet § 28 HGB keine analoge Anwendung auf den Eintritt in ein nichtkaufmännisches Unternehmen (OLG Schleswig Urt v 11.3.11 – 17 U 38/10 BeckRS 2011, 17664); beim Zusammenschluss von bisher als Einzelanwälten tätigen Rechtsanwälten zur gemeinsamen Berufsausübung in Form der GbR haftet deshalb der eine nicht entspr § 28 I 1 iVm § 128 S 1 HGB für die im bisherigen Betrieb des anderen begründeten Verbindlichkeiten (BGHZ 143, 314, 317; 157, 361, 364; aA K Schmidt NJW 03, 1897, 1903; abw für Verbindlichkeiten ohne berufsbezogene Besonderheiten auch OLG Naumburg NZG 06, 711, 712). Ist ein Gesellschafter zu Zeiten beigetreten, zu denen der BGH noch die Doppelverpflichtungstheorie vertrat, gilt diese aus Gründen des Vertrauensschutzes für eine höhenmäßige Beschränkung der persönlichen Haftung fort, wenn diese für den Vertragspartner erkennbar war (BGH NZG 11, 1023, 1025 f). Ein Treugeber, der nicht Gesellschafter wird (vgl § 717 Rn 2), haftet für Gesellschaftsschulden nicht analog §§ 128, 130 HGB persönlich (BGHZ 178, 271; krit Kindler ZIP 09, 1146). Haftung der GbR und akzessorische Haftung der Gesellschafter stehen grds in **keinem Gesamtschuldverhältnis** (BGHZ 146, 341, 358), uU kann die Interessenlage aber die Anwendung von Gesamtschuldregeln (insb § 425) gebieten (BGHZ 104, 76, 78; 146, 341, 358 f). Ein Gesamtschuldverhältnis besteht zwischen deliktischer Eigenhaftung eines Gesellschafters und der durch Zurechnung entspr § 31 daneben tretenden Gesellschaftshaftung (BGHZ 155, 205, 213; vgl Rn 7).

Die **Beschränkung der Haftung** eines Gesellschafters ist zwar möglich (etwa auf das 6 Gesellschaftsvermögen, BGHZ 142, 315, 319 ff; BGH NZG 03, 971, 972, oder als sog quotale Haftungsbeschränkung auf die Höhe des Gesellschafteranteils), diese setzt jedoch grds eine *individualvertragliche* Vereinbarung mit dem jeweiligen Vertragspartner voraus (BGHZ 142, 315, 321; BGH NJW-RR 05, 400, 401; abw Ansatz bei Canaris ZGR 04, 69, 87 ff). Die bloße Erkennbarkeit einer Beschränkung genügt – entgg früherer Ansicht (BGH NJW 92, 3037), die aus Gründen des Vertrauensschutzes jedenfalls für vor Änderung der Rspr im Oktober 99 gegründete Immobilienfonds fortgilt (BGHZ 150, 1) – nicht. Den Gesellschaftern steht es auch generell nicht zu, durch eine bloße interne Absprache oder einen Firmenzusatz ("GbR mbH") die Haftung mit Wirkung ggü Dritten zu beschränken (BGHZ 142, 315, 317 f). Eine formularmäßige Beschränkung der Gesellschafterhaftung ist allenfalls denkbar, wenn sie der materiellen Inhaltskontrolle des § 307 standhält. Während dies bei der typischen GbR regelmäßig nicht der Fall sein wird, kann sich für die Beurteilung von atypischen GbR – insb ge-

§ 714

meinnützigen Gesellschaften oder Publikumsgesellschaften, zB geschlossenen Immobilienfonds (BGHZ 150, 1) – etwas anderes ergeben (zur Feststellung des Haftungsumfangs in diesen Fällen s BGH NJW 11, 2040 und 2045; K Schmidt NJW 11, 2001). Bzgl der Herstellungskosten bei gemeinschaftlicher Errichtung einer Wohnungseigentumsanlage soll die Haftung der Mitglieder einer solchen "Bauherrengemeinschaft" dag bereits institutionell begrenzt sein, so dass es auf eine vertragliche Abrede nicht ankommt (BGHZ 150, 1). ZT wird eine solche institutionelle Begrenzung generell für vorzugswürdig erachtet (etwa Schäfer NZG 10, 241; Grobe WM 11, 2078, 2081). Nicht in Betracht kommt dag eine Haftungsbeschränkung analog § 8 II PartGG zugunsten von Gesellschaftern, die an der Begründung einer bestehenden Gesellschaftsschuld unmittelbar nicht beteiligt waren, da dies zu einer ungerechtfertigten Durchbrechung des Akzessorietätsprinzips führen würde (Armbrüster ZGR 05, 34, 55 mwN).

7 **2.** Nach Anerkennung der Rechtsfähigkeit der GbR ist auch § 31 über die Zurechnung deliktischen Verhaltens auf die GbR anzuwenden (BGHZ 154, 88, 93 f; krit Flume DB 03, 1775). Dies gilt auch bei deliktischem Verhalten eines Scheingesellschafters (BGHZ 172, 169). Die erforderliche körperschaftliche Struktur ist zu bejahen. Jeder Gesellschafter haftet akzessorisch auch für sämtliche **deliktisch begründeten Verbindlichkeiten** der GbR (BGH aaO; hiergegen aber Canaris ZGR 04, 69, 109 ff; Armbrüster ZGR 05, 34, 56 ff; einschränkend auch Altmeppen NJW 03, 1553; Schäfer ZIP 03, 1225, 1227 ff). Nichts anderes gilt für andere Ansprüche aus gesetzlichen Schuldverhältnissen (BGHZ 154, 370, 372 zu Leistungskondiktionen; vgl auch § 705 Rn 20). Einschränkungen können sich aber aus dem Schutzzweck einer Regelung ergeben, welche zur Unwirksamkeit eines Vertrages führt und den Bereicherungsanspruch gegen die GbR begründet. So kann etwa ein Kreditinstitut, das die Immobilienfondsbeteiligung eines Kapitalanlegers finanziert und die Valuta unmittelbar an den als GbR betriebenen Fonds ausgezahlt hat, bei Unwirksamkeit des Darlehensvertrages wegen Verstoßes gegen das RDG den Kapitalanleger für die Bereicherungsschuld der GbR nicht persönlich in Anspruch nehmen (BGHZ 177, 108). Auch kann eine Haftung der GbR nach den Grundsätzen des gestörten Gesamtschuldverhältnisses ausgeschlossen sein, wenn in der Person des schadenverursachenden Gesellschafters eine Haftungsprivilegierung vorliegt, welche durch die akzessorische Haftung unterlaufen würde (BGHZ 155, 205, 212 ff). Ausgeschlossen ist die akzessorische Haftung der Gesellschafter auch für die Kosten des Insolvenzverfahrens über das Vermögen der Gesellschaft und die von dem Insolvenzverwalter in diesem Verfahren begründeten Masseverbindlichkeiten (BGH NJW 10, 69).

8 **3.** Die akzessorische Haftung der Gesellschafter für die Verbindlichkeiten der Gesellschaft ist **primär, unmittelbar und unbeschränkt.** Die Gesellschafter sind – auch soweit es sich nicht um eine Geldschuld handelt – persönlich zur Erfüllung verpflichtet. Nur soweit der Schuldinhalt sich durch die Inanspruchnahme eines Gesellschafters ändert, beschränkt sich die Haftung auf den Sekundäranspruch. So können die Gesellschafter nicht zur Abgabe einer Willenserklärung verurteilt werden, welche die Gesellschaft schuldet (BGH NJW 08, 1378). Dag kann der Anspruch auf Erstellung einer Auseinandersetzungsbilanz auch gegen die Gesellschafter geltend gemacht werden, da dieser auf eine vertretbare Handlung iSv § 887 ZPO gerichtet ist (BGH NJW 09, 431). Haften Gesellschafter, so können diese den Gläubiger nicht zunächst auf das Gesellschaftsvermögen verweisen. Sie können aber die Einwendungen geltend machen, die der Gesellschaft gegen den Anspruch zustehen (BGHZ 146, 341, 358). Die Haftung der Gesellschafter erlischt nicht mit Kündigung oder Auflösung der Gesellschaft. Sie ist jedoch gem § 736 II zeitlich beschränkt (§ 736 Rn 4).

9 **4.** Der einzelne Gesellschafter kann seine **Ansprüche aus dem Gesellschaftsverhältnis** grds nur ggü der Gesellschaft geltend machen. Für entspr Sozialverpflichtungen (vgl § 705 Rn 15) haften insoweit nicht die einzelnen Gesellschafter mit ihrem Privatvermögen, sondern ausschließlich die Gesellschaft (OLG Celle WM 01, 2444). Für die vertraglichen Ansprüche auf Zahlung eines Abfindungs- bzw Auseinandersetzungsguthabens gelten §§ 730 ff, 736 ff. Stehen dem Gesellschafter andere gesellschaftsrechtliche Ansprüche zu, zB auf Aufwendungsersatz (§§ 713, 670), kann er auch diese grds nicht

von einem Mitgesellschafter persönlich fordern (BGHZ 103, 72). Die Gesellschafter sind nicht verpflichtet, Zahlungen an das Gesellschaftsvermögen zu leisten, die über ihren vereinbarten Beitrag hinausgehen (§ 707). Die persönliche Haftung der Gesellschafter für aus dem Gesellschaftsverhältnis resultierende Ansprüche der Mitgesellschafter ließe die Beitragsbeschränkung des § 707 leerlaufen (BGHZ 37, 304). Die Beteiligten können die persönliche Haftung der einzelnen Gesellschafter für gesellschaftsrechtliche Ansprüche aber vertraglich vereinbaren. – Tilgt ein Gesellschafter Schulden der GbR, hat er aus § 426 I 1, II Ansprüche auf anteiligen Ausgleich gegen seine Mitgesellschafter, jedoch nur subsidiär zu seinem Anspruch gegen die Gesellschaft (BGHZ 103, 72, 76). Diese Ansprüche kann er bereits vor Auseinandersetzung der GbR geltend machen (BGH NJW 11, 1730). Es kann auch bereits vor Befriedigung des Gläubigers ein Befreiungsanspruch gegen die Mitgesellschafter bestehen (BGH NJW-RR 08, 256, 257). Hat ein Gesellschafter eine Schadensersatzpflicht der Gesellschaft schuldhaft verursacht, kann dies iR des Gesamtschuldner-Innenausgleichs zu seiner Alleinhaftung im Verhältnis zu den Mitgesellschaftern führen (BGH NJW-RR 09, 49).

§ 715 Entziehung der Vertretungsmacht

Ist im Gesellschaftsvertrag ein Gesellschafter ermächtigt, die anderen Gesellschafter Dritten gegenüber zu vertreten, so kann die Vertretungsmacht nur nach Maßgabe des § 712 Abs. 1 und, wenn sie in Verbindung mit der Befugnis zur Geschäftsführung erteilt worden ist, nur mit dieser entzogen werden.

Hat der Gesellschaftsvertrag einem Gesellschafter Vertretungsmacht eingeräumt, steht 1 ihm diese als besonderes mitgliedschaftliches Recht zu. Wenn sie ihm entzogen werden soll, muss der **Gesellschaftsvertrag geändert** werden. Dazu muss nach § 712 I grds ein einstimmiger Beschl aller Gesellschafter gefasst werden. Liegt ein wichtiger Grund in der Person des vertretungsberechtigten Gesellschafters vor, genügt ein Mehrheitsbeschluss der übrigen Gesellschafter, wenn der Gesellschaftsvertrag dies zulässt. Auf eine gesonderte (nicht durch Gesellschaftsvertrag erteilte) Vollmacht ist § 715 nicht anzuwenden.

§ 716 Kontrollrecht der Gesellschafter

(1) Ein Gesellschafter kann, auch wenn er von der Geschäftsführung ausgeschlossen ist, sich von den Angelegenheiten der Gesellschaft persönlich unterrichten, die Geschäftsbücher und die Papiere der Gesellschaft einsehen und sich aus ihnen eine Übersicht über den Stand des Gesellschaftsvermögens anfertigen.
(2) Eine dieses Recht ausschließende oder beschränkende Vereinbarung steht der Geltendmachung des Rechts nicht entgegen, wenn Grund zu der Annahme unredlicher Geschäftsführung besteht.

Jeder Gesellschafter ist nach **Abs 1** berechtigt, sich über die Angelegenheiten der Gesellschaft zu unterrichten. Angelegenheiten idS sind auch die Namen und Anschriften der übrigen Gesellschafter (BGH NJW 10, 439; für Treugeber bei Publikums-KG, die *untereinander eine Innen-GbR bilden*: BGH NJW 11, 921). § 716 gewährt ein **Kontrollrecht**, das ggü den anderen Gesellschaftern geltend gemacht werden kann (OLG Saarbrücken NZG 02, 669). IU zum Auskunftsrecht der Gesellschaft ggü dem geschäftsführenden Gesellschafter richtet es sich nur auf die **Einsicht** in die Geschäftsbücher und die Papiere der Gesellschaft. Der Berechtigte muss sich die von ihm gewünschten Informationen grds selbständig aus den Unterlagen verschaffen. Ein Auskunftsrecht besteht nur ausnahmsweise nach § 242, wenn die erforderlichen Informationen über Angelegenheiten der Gesellschaft aus den schriftlichen Unterlagen nicht zu ermitteln sind (BGH MDR 84, 27). Den im Gesetz genannten Geschäftsbüchern und Papieren der Gesellschaft sind elektronische Datenträger mit entspr Funktion gleichzustellen.

2 Bei dem Anspruch des Gesellschafters handelt es sich um ein nichtübertragbares Verwaltungsrecht (§ 717). Dem Gesellschafter bleibt es grds unbenommen, sich zur Überprüfung der Unterlagen eines Sachverständigen für die Buchführung oder eines entspr Beraters zu bedienen (BGHZ 25, 123; iE Saenger NJW 92, 348). Der Anspruch steht einem Gesellschafter nur bis zu seinem Ausscheiden aus der Gesellschaft zu. Danach kommt nur noch ein Anspruch gem § 810 in Betracht. Dies gilt auch, wenn dem ausgeschiedenen Gesellschafter sein Auseinandersetzungsguthaben noch nicht ausgezahlt worden ist. Das Informationsrecht gem § 716 I ist in den Grenzen von § 242 (dazu BGH NJW 10, 439) und **Abs 2 abdingbar**.

§ 717 Nichtübertragbarkeit der Gesellschafterrechte

¹Die Ansprüche, die den Gesellschaftern aus dem Gesellschaftsverhältnis gegeneinander zustehen, sind nicht übertragbar. ²Ausgenommen sind die einem Gesellschafter aus seiner Geschäftsführung zustehenden Ansprüche, soweit deren Befriedigung vor der Auseinandersetzung verlangt werden kann, sowie die Ansprüche auf einen Gewinnanteil oder auf dasjenige, was dem Gesellschafter bei der Auseinandersetzung zukommt.

1 I. §§ 717–719 betreffen verschiedene Kernfragen der rechtlichen Bindung der einzelnen Gesellschafter innerhalb der Gesellschaft. Sie sichern dabei den Zusammenhalt der Gesellschaft aufgrund des besonderen persönlichen Vertrauensverhältnisses und den Bestand des Gesellschaftsvermögens unabhängig vom Willen Einzelner durch **Beschränkungen der Verfügungsmöglichkeiten** über die Gesellschafterrechte. § 717 betrifft dabei einzelne Rechte der Gesellschafter. Die Übertragung der Mitgliedschaft als Ganzes sowie die Verfügung über einzelne Gegenstände des Gesellschaftsvermögens regelt dag nicht § 717, sondern § 719.

2 II. 1. § 717 schließt die **Übertragbarkeit einzelner Rechte** des Gesellschafters aus, die unmittelbar seine Gesellschafterstellung betreffen. Die Vorschrift erfasst damit insb Verwaltungsrechte (§ 705 Rn 16), so das Stimmrecht und das allg Recht auf Beteiligung an der Geschäftsführung (Vor §§ 709–713 Rn 7), alle Informations- und Kontrollrechte (§§ 712, 716) sowie das Recht, die Auseinandersetzung herbeizuführen (§§ 723 ff). Durch die Vorschrift soll gewährleistet werden, dass die Verwaltungsrechte vollständig in der Hand des Gesellschafters bleiben (sog **Abspaltungsverbot**). Daher ist es mit S 1 auch nicht vereinbar, bei einer Verpfändung eines Gesellschaftsanteils die Übertragung des Stimmrechts mit dem Pfandgläubiger zuzulassen. S 1 ist zwingendes Recht (BGHZ 36, 293), so dass die Gesellschafter im Gesellschaftsvertrag keine abw Regelung treffen können. Demgegenüber können einem Treugeber, der nicht selbst Gesellschafter wird, für den aber ein Gesellschafter treuhänderisch Anteile hält, durch Vereinbarung mit allen Gesellschaftern unmittelbare gesellschaftsrechtliche Rechte und Ansprüche eingeräumt werden (BGH NJW-RR 03, 1392; Gestaltungsvorschläge bei Hermanns ZIP 05, 2284 ff). Auch dann haftet der Treugeber für Gesellschaftsschulden nicht analog §§ 128, 130 HGB persönlich (BGHZ 178, 271).

3 2. Die **Ausnahmeregelung** des S 2 erfasst vermögensrechtliche Ansprüche, die aus der Gesellschafterstellung erwachsen. Diese regelmäßig auf eine Geldleistung gerichteten Ansprüche betreffen die anderen Gesellschafter nicht unmittelbar in ihrer gesellschaftsrechtlichen Stellung. Daher ist es mit dem Vertrauensverhältnis unter den Gesellschaftern zu vereinbaren, dass ein Außenstehender diese Ansprüche geltend macht. Die Gesellschafter können aber die Übertragbarkeit auch dieser Ansprüche gem § 399 vertraglich ausschließen (BGH WM 78, 514). Soweit dies nicht geschieht, ermöglicht S 2 einem Gesellschafter die Abtretung seiner Aufwendungsersatzansprüche (§§ 713, 670; dag nicht Vorschussansprüche), seines Gewinnanteils (§§ 721, 722) oder seines Auszahlungsanspruchs nach Auseinandersetzung (§ 732). Der Zessionar wird aber grds nicht in die Lage versetzt, durch Verwaltungsrechte die Realisierung dieser Ansprüche eigenständig zu betreiben. Dazu ist er vielmehr auf den abtretenden Gesellschafter angewiesen, soweit ihm dieser nicht mit Zustimmung der anderen Gesellschafter einzelne

Rechte zur Ausübung überlässt. Insb kann er wegen des Grundsatzes des S 1 nicht kündigen oder Auseinandersetzung verlangen (BGH WM 83, 1279).

§ 718 Gesellschaftsvermögen

(1) Die Beiträge der Gesellschafter und die durch die Geschäftsführung für die Gesellschaft erworbenen Gegenstände werden gemeinschaftliches Vermögen der Gesellschafter (Gesellschaftsvermögen).
(2) Zu dem Gesellschaftsvermögen gehört auch, was auf Grund eines zu dem Gesellschaftsvermögen gehörenden Rechts oder als Ersatz für die Zerstörung, Beschädigung oder Entziehung eines zu dem Gesellschaftsvermögen gehörenden Gegenstands erworben wird.

I. § 718 ist die grundlegende Vorschrift für das **Gesellschaftsvermögen** und kennzeichnet Beiträge, Erwerbungen und Surrogate als dessen Bestandteile. **Rechtsträger** des Gesellschaftsvermögens ist die rechtsfähige **Gesellschaft** selbst (s iE § 719 Rn 6). 1
II. 1. Abs 1 bestimmt, welche **Aktiva** die Bestandteile des Gesellschaftsvermögens bilden. Die **Beiträge der Gesellschafter** (Einlagen und Beiträge ieS; § 706 Rn 1) bilden die Grundlage des Gesellschaftsvermögens. Das Gesellschaftsvermögen wächst idR fortlaufend durch weitere **Erwerbungen**, die aus der Geschäftsführung resultieren. Die Gegenstände müssen dabei aber nicht notwendig durch den Geschäftsführer, sondern können gemeinschaftlich durch sämtliche Gesellschafter erworben werden. Der Geschäftsführer erwirbt Sachen und Rechte grds unmittelbar im Namen der Gesellschaft. Daneben kann er aber auch im eigenen Namen nach außen auftreten. In diesem Fall besteht für ihn die Pflicht, das Erworbene in das Gesellschaftsvermögen einzubringen. 2
2. Die aufgrund dinglicher **Surrogation** erworbenen Sachen und Rechte sind nach **Abs 2** ebenfalls Bestandteile des Gesellschaftsvermögens. Hiervon werden nach der 1. Alt alle Arten von Sach- und Rechtsfrüchten erfasst (§ 99) und nach der 2. Alt das stellvertretende commodum iSd § 285 (insb Schadensersatzforderungen oder Versicherungsansprüche). 3
3. Bestandteil des Gesellschaftsvermögens sind als **Passiva** alle **Verbindlichkeiten** der Gesellschaft, für welche die Gesellschafter akzessorisch haften (BGHZ 146, 341). Insb sind dies Verbindlichkeiten aus Rechtsgeschäften (§ 714), gesetzlichen Schuldverhältnissen und Sozialverpflichtungen der Gesellschaft ggü den einzelnen Gesellschaftern. Zur Haftung der einzelnen Gesellschafter s § 714 Rn 5. 4
4. Die Gesellschaft kann nach Anerkennung der Rechtsfähigkeit der GbR (BGHZ 146, 341) im Wege des **Organbesitzes** auch Besitzer einzelner Sachen sein. 5
5. Die **Zwangsvollstreckung** in das Gesellschaftsvermögen kann ein Gläubiger nicht nur mit einem gegen die Gesellschaft als Partei gerichteten Titel betreiben, sondern auch mit einem Titel gegen alle einzelnen Gesellschafter (BGH NJW 04, 3632, 3634; ausf Hk-ZPO/Kindl § 736 Rn 2 ff). 6

§ 719 Gesamthänderische Bindung

(1) Ein Gesellschafter kann nicht über seinen Anteil an dem Gesellschaftsvermögen und an den einzelnen dazu gehörenden Gegenständen verfügen; er ist nicht berechtigt, Teilung zu verlangen.
(2) Gegen eine Forderung, die zum Gesellschaftsvermögen gehört, kann der Schuldner nicht eine ihm gegen einen einzelnen Gesellschafter zustehende Forderung aufrechnen.

I. Die Vorschrift galt lange als Beleg für eine dingliche Mitberechtigung jedes Gesellschafters am Gesellschaftsvermögen und die fehlende Rechtsfähigkeit der GbR. Nach dem Grundsatzurteil des BGH (BGHZ 146, 341) zur Rechtsfähigkeit der GbR müssen die traditionellen Gesamthandstheorien als überholt gelten. 1
II. 1. Rechtsnatur und Konsequenzen des **Gesamthandsprinzips** der GbR waren seit Erl des BGB umstritten (ausf Übbl bei K Schmidt, Gesellschaftsrecht, § 8 III). Dabei ent- 2

hielt sich der Gesetzgeber bewusst einer Entscheidung über „das Wesen der gesamten Hand". Die Vorschriften der §§ 705 ff konnten und können insoweit keinen Aufschluss geben. Zwar wird in § 718 festgelegt, dass das Gesellschaftsvermögen den Gesellschaftern gemeinschaftlich zusteht. Auch spricht § 719 davon, dass ein Gesellschafter „über seinen Anteil am Gesellschaftsvermögen" nicht verfügen kann. Wie ein solcher Anteil am Gesellschaftsvermögen jedoch rechtstechnisch ausgestaltet sein soll, bleibt im Gesetz offen.

3 a) Nach den sog **traditionellen Gesamthandslehren** (auch individualistische Gesamthandstheorie) ist das Gesamthandsvermögen ein Sondervermögen der Gesellschafter, so dass auch nur die Gesamthänder als Rechtsträger dieses Vermögens in Betracht kommen. Ein vielfältiges Spektrum an Meinungen bietet sich innerhalb dieser Gesamthandstheorie bzgl der Frage, wie die genaue Struktur eines solchen gesamthänderisch gebundenen Sondervermögens, das neben dem Privatvermögen der Gesellschafter existiert, aussehen soll. Insb die Beantwortung der Frage, wie bei einer solchen Konzeption die Mitberechtigung an den einzelnen Vermögensgegenständen gerade in Abgrenzung zur Bruchteilsgemeinschaft ausgestaltet sein soll, bereitet erhebliche Schwierigkeiten, wobei sich keine Lösung für jeden Einzelfall als praxisgerecht erweist.

4 b) Da die Ergebnisse der traditionellen Gesamthandslehren vielfach nicht mit den rechtspraktischen Notwendigkeiten in Einklang zu bringen sind, entwickelte sich die **Lehre von der Teilrechtsfähigkeit**. Danach ist die GbR als von den einzelnen Gesellschaftern zu unterscheidende Gruppe mit einem Sondervermögen zu verstehen. Diese Lehre ermöglicht es, die GbR im Rechtsverkehr in Erscheinung treten zu lassen, zumindest soweit es den Erwerb von Rechtspositionen betrifft. Nach und nach wurde die GbR auf dieser Grundlage als Inhaberin bestimmter Rechtspositionen anerkannt. Dabei wird aber von vielen Vertretern der Lehre von der Teilrechtsfähigkeit hins der Zuordnung des Gesellschaftsvermögens weiterhin betont, dass die BGB-Gesellschafter dinglich an dem Gesellschaftsvermögen beteiligt sind, wenn auch in Form einer gesamthänderischen Bindung. Zuordnungssubjekt des Gesellschaftsvermögens sind daher nach dieser Auffassung die Gesellschafter in ihrer gesamthänderischen Verbundenheit. Die praktischen Konsequenzen dieser „gesamthänderischen Verbundenheit" sind freilich eher unklar geblieben.

5 c) Ausgehend von der Frage, wie sich die Übertragung eines „Gesellschaftsanteils" rechtlich vollzieht, hat sich mehr und mehr die Idee eines eigenständigen Mitgliedschaftsrechts in der GbR durchgesetzt. Flume (Die Personengesellschaft, § 4 f) entwickelte diese **neue Gesamthandslehre** konsequent fort. Danach können Zuordnungssubjekt des Gesellschaftsvermögens nicht die Gesellschafter sein, sondern allein die rechtsfähige Gesellschaft als solche. Den Gesellschaftern steht danach einzig ein Mitgliedschaftsrecht als subjektives Recht zu, das eigenständig übertragbar ist. Hierbei handelt es sich um das erste weitgehend widerspruchsfreie Modell der gesellschaftsrechtlichen Gesamthandsgemeinschaft, das auch den Bedürfnissen des Rechtsverkehrs gerecht wird.

6 d) Der BGH (BGHZ 146, 341) hat sich dieser neuen Gesamthandslehre angeschlossen. Dem ist uneingeschränkt zuzustimmen, auch wenn diese Lösung mit dem Gesetzeswortlaut nicht an allen Stellen zu vereinbaren ist, so dass verschiedentlich berichtigende Auslegungen erforderlich werden (zB §§ 714, 719, 738, 739). Die Unterschiede dieses Gesamthandsmodells zur juristischen Person dürften im Wesentlichen dogmatischer Natur sein. Trägerin des Gesellschaftsvermögens kann bei Anerkennung der Rechtsfähigkeit der GbR nur die Gesellschaft selbst sein. Die einzelnen Gesellschafter verfügen über keine dingliche Berechtigung an diesem Vermögen. Den Gesellschaftern steht ein Mitgliedschaftsrecht zu, in dem ihre Beteiligung an der Gesellschaft zusammengefasst ist. Dieses Mitgliedschaftsrecht beinhaltet neben den Verwaltungsrechten insb auch einen Kapitalanteil am Gesellschaftsvermögen. Dieser Kapitalanteil stellt jedoch nur eine Rechnungsgröße dar, anhand derer sich die Höhe der Beteiligung jedes Gesellschafters am Wert des Unternehmens berechnet. Als Rechnungsziffer besitzt der Kapitalanteil keinen eigenen rechtlichen Zuweisungsgehalt, ist somit kein selbständig übertragbares subjektives Recht. Übertragbar ist vielmehr ausschließlich das Mitglied-

schaftsrecht. Im Fall des Ausscheidens eines Gesellschafters erlischt dieses Mitgliedschaftsrecht und wird durch einen Abfindungsanspruch ersetzt.

2. Der einzelne Gesellschafter kann einen **Anteil am Gesellschaftsvermögen** schon deshalb nicht abtreten, weil ihm ein solcher Anteil gar nicht zusteht. Insoweit stellt **Abs 1** nur die Rechtslage klar. Verfügt ein Gesellschafter dennoch über einen Anteil am Gesellschaftsvermögen, ist das Geschäft nicht bis zur Genehmigung durch die anderen Gesellschafter schwebend unwirksam, sondern nichtig (MK/Schäfer § 719 Rn 5). Ebenso ist nach Abs 1 die Verfügung über einen **einzelnen Vermögensgegenstand** durch einen Gesellschafter nichtig. Gleichwohl kann sich bei der Verfügung über einen einzelnen Vermögensgegenstand nach §§ 932 ff bzw § 185 ein Eigentumserwerb des Vertragspartners ergeben. Streng von der Verfügung eines Gesellschafters nach § 719 zu unterscheiden sind die Fälle der Verfügung durch vertretungsberechtigte Gesellschafter im Namen der Gesellschaft (§ 714).

3. Unbeschadet der Verfügungsverbote des Abs 1 ist nach allg Ansicht die Verfügung über den **Gesellschaftsanteil** im Ganzen, also das jedem Gesellschafter zustehende **Mitgliedschaftsrecht** als selbständig übertragbares subjektives Recht, grds möglich. Die Übertragung und die Verpflichtung hierzu unterliegen grds keiner Form. Dies gilt selbst, wenn das Gesellschaftsvermögen ausschließlich in der Beteiligung an einer GmbH besteht, sofern nicht die Form des § 15 III, IV GmbHG umgangen werden soll (BGH NZG 08, 377). Mit Übertragung tritt der Erwerber in die Rechtsstellung des bisherigen Gesellschafters grds mit allen gesellschaftsbezogenen Rechten und Pflichten ein (BGH ZIP 03, 435). Ob und unter welchen Voraussetzungen jeder Gesellschafter seinen Nachfolger selbständig bestimmen darf, unterliegt der Disposition der Beteiligten (BGHZ 44, 229). Diese können zB bereits im Gesellschaftsvertrag vereinbaren, dass Gesellschafterwechsel möglich sein sollen und vorab ihre Einwilligung erteilen. Falls der Gesellschaftsvertrag eine Einwilligung nicht enthält, müssen grds alle Gesellschafter dem Wechsel zustimmen, da dieser die Grundlagen der Gesellschaft betrifft. Soll ein Mehrheitsbeschluss ausreichen, muss dieser Wille dem Gesellschaftsvertrag zweifelsfrei zu entnehmen sein (BGH WM 61, 303).

4. Abs 2 stellt klar, dass die **Aufrechnung** eines Dritten mit einer nur gegen einen Gesellschafter bestehenden Forderung nicht möglich ist. Dies folgt schon daraus, dass die Forderungen nicht im Gegenseitigkeitsverhältnis stehen (OLG Düsseldorf ZIP 96, 1749).

§ 720 Schutz des gutgläubigen Schuldners

Die Zugehörigkeit einer nach § 718 Abs. 1 erworbenen Forderung zum Gesellschaftsvermögen hat der Schuldner erst dann gegen sich gelten zu lassen, wenn er von der Zugehörigkeit Kenntnis erlangt; die Vorschriften der §§ 406 bis 408 finden entsprechende Anwendung.

Der Anwendungsbereich dieser Vorschrift ist sehr gering. Sie erfasst nur den originären Erwerb von Forderungen. Beim derivativen Erwerb (etwa Einbringung einer Forderung durch einen Gesellschafter als Teil seiner Beitragspflicht) sind §§ 406–408 unmittelbar anwendbar. Die Vorschrift schützt den gutgläubigen Schuldner, wenn die Gesellschaft eine Forderung gegen ihn erworben hat, ohne dass er Kenntnis von der Zugehörigkeit zum Gesellschaftsvermögen hatte. Da ein solcher originärer Erwerb jedoch regelmäßig ein Handeln im Namen der Gesellschaft voraussetzt, kann die Norm nur in Ausnahmefällen zur Anwendung kommen. Leistet der Schuldner allein an einen Gesellschafter, ist er gem § 720 **vor einer erneuten Inanspruchnahme** durch die Gesellschaft **geschützt**, sofern ihm die Zugehörigkeit der Forderung zum Gesellschaftsvermögen unbekannt war. Die Vorschrift erfasst auch die Fälle eines erst mittelbaren Erwerbs bei späterer Übertragung und ist nach hM zudem auf den Surrogationserwerb nach § 718 II anwendbar. Forderungen aus unerlaubter Handlung fallen aber unter § 851 als lex specialis.

§ 721 Gewinn- und Verlustverteilung

(1) Ein Gesellschafter kann den Rechnungsabschluss und die Verteilung des Gewinns und Verlusts erst nach der Auflösung der Gesellschaft verlangen.
(2) Ist die Gesellschaft von längerer Dauer, so hat der Rechnungsabschluss und die Gewinnverteilung im Zweifel am Schluss jedes Geschäftsjahrs zu erfolgen.

1 § 721 bestimmt, zu welchem Zeitpunkt die **Gewinn- und Verlustverteilung** unter den Gesellschaftern vorzunehmen ist. Bei den Gelegenheitsgesellschaften (**Abs 1**) werden Gewinn oder Verlust nach Beendigung verteilt. Bei **Dauergesellschaften** hat dies nach **Abs 2** iZw jährlich zum Ende des Geschäftsjahres zu geschehen. Der **Gewinn** ist der Betrag, um den das Gesellschaftsvermögen die Summe aus Einlagen und Verbindlichkeiten übersteigt; **Verlust** dementspr der Betrag, um den das Gesellschaftsvermögen hinter der Summe aus Einlagen und Verbindlichkeiten zurückbleibt. Der **Jahresgewinn** ist der Überschuss, der sich bei einem Vergleich der Vermögenslage am Schluss des laufenden Geschäftsjahres mit der Vermögenslage am Schluss des vorhergehenden Geschäftsjahres ergibt. Aufgrund der Dispositionsbefugnis der Gesellschafter darf bei entspr Vereinbarung die jährliche **Gewinnausschüttung** unterbleiben. IU zu § 120 II HGB erhöht der zurückbehaltene Überschuss nicht die Einlage der Gesellschafter; ihr Ausschüttungsanspruch bleibt weiterhin bestehen. Er ist bei der Auseinandersetzung nach § 733 I zu berücksichtigen. Verluste müssen erst nach Beendigung der Gesellschaft bzw bei Ausscheiden eines einzelnen Gesellschafters ausgeglichen werden, §§ 735, 739.

2 Jedem Gesellschafter steht zur Vorbereitung des Anspruchs auf Gewinnauszahlung gegen die anderen Gesellschafter ein Anspruch auf **Rechnungslegung** zu, der der Gewinnermittlung dient (OLG Saarbrücken NZG 02, 669). Dieser Anspruch ist nicht zu verwechseln mit den Ansprüchen auf Auskunft und Rechnungslegung ggü dem Geschäftsführer aus § 713 und dem Kontrollrecht aus § 716.

§ 722 Anteile am Gewinn und Verlust

(1) Sind die Anteile der Gesellschafter am Gewinn und Verlust nicht bestimmt, so hat jeder Gesellschafter ohne Rücksicht auf die Art und die Größe seines Beitrags einen gleichen Anteil am Gewinn und Verlust.
(2) Ist nur der Anteil am Gewinn oder am Verlust bestimmt, so gilt die Bestimmung im Zweifel für Gewinn und Verlust.

1 Nach dem Grundsatz der Gleichbehandlung der Gesellschafter sind Gewinne und Verluste einer GbR gem Abs 1 **nach Köpfen** zu verteilen. Im Gesellschaftsvertrag kann jedoch ausdrücklich oder konkludent etwas anderes vereinbart sein. Starkes Indiz gegen eine Verteilung nach Köpfen ist zB ein erhebliches Abweichen der jeweils geleisteten Einlagen (BGH NJW-RR 90, 736). Abs 2 ist als Auslegungsregel heranzuziehen, falls in dem dort genannten Punkt der Gesellschaftsvertrag unvollständig ist (vgl BFH NJW-RR 03, 31).

§ 723 Kündigung durch Gesellschafter

(1) ¹Ist die Gesellschaft nicht für eine bestimmte Zeit eingegangen, so kann jeder Gesellschafter sie jederzeit kündigen. ²Ist eine Zeitdauer bestimmt, so ist die Kündigung vor dem Ablauf der Zeit zulässig, wenn ein wichtiger Grund vorliegt. ³Ein wichtiger Grund liegt insbesondere vor,
1. wenn ein anderer Gesellschafter eine ihm nach dem Gesellschaftsvertrag obliegende wesentliche Verpflichtung vorsätzlich oder aus grober Fahrlässigkeit verletzt hat oder wenn die Erfüllung einer solchen Verpflichtung unmöglich wird,
2. wenn der Gesellschafter das 18. Lebensjahr vollendet hat.

⁴Der volljährig Gewordene kann die Kündigung nach Nummer 2 nur binnen drei Monaten von dem Zeitpunkt an erklären, in welchem er von seiner Gesellschafterstellung

Kenntnis hatte oder haben musste. ⁵Das Kündigungsrecht besteht nicht, wenn der Gesellschafter bezüglich des Gegenstands der Gesellschaft zum selbständigen Betrieb eines Erwerbsgeschäfts gemäß § 112 ermächtigt war oder der Zweck der Gesellschaft allein der Befriedigung seiner persönlichen Bedürfnisse diente. ⁶Unter den gleichen Voraussetzungen ist, wenn eine Kündigungsfrist bestimmt ist, die Kündigung ohne Einhaltung der Frist zulässig.

(2) ¹Die Kündigung darf nicht zur Unzeit geschehen, es sei denn, dass ein wichtiger Grund für die unzeitige Kündigung vorliegt. ²Kündigt ein Gesellschafter ohne solchen Grund zur Unzeit, so hat er den übrigen Gesellschaftern den daraus entstehenden Schaden zu ersetzen.

(3) Eine Vereinbarung, durch welche das Kündigungsrecht ausgeschlossen oder diesen Vorschriften zuwider beschränkt wird, ist nichtig.

I. 1. Die **Kündigung** als typisches Gestaltungsrecht zur vorzeitigen Beendigung eines Dauerschuldverhältnisses ist für die Gesellschaft in §§ 723–725 geregelt. Durch sie wandelt sich die Gesellschaft in eine Abwicklungsgesellschaft um (§§ 730 ff), sofern der Gesellschaftsvertrag nicht eine Fortsetzungsklausel enthält. In diesem Fall scheidet lediglich der kündigende Gesellschafter aus und die Gesellschaft wird unter den verbleibenden Gesellschaftern fortgeführt, § 736 I.

2. Als **einseitige, empfangsbedürftige Willenserklärung** entfaltet die Kündigung ihre Wirkung mit Zugang bei sämtlichen Gesellschaftern (bzw bei Bestehen einer Kündigungsfrist mit Fristablauf). Eine konkludente Erklärung kann genügen (OLG Düsseldorf NJW-RR 98, 658); eine Anfechtung kann ggf in eine Kündigung umgedeutet werden (BGH NJW 03, 1252, 1254). Erforderlich ist aber die Erklärung ggü allen Mitgesellschaftern. Da es sich um ein Grundlagengeschäft handelt, ist der geschäftsführende Gesellschafter zur Entgegennahme für die anderen Gesellschafter nicht befugt, sofern er nicht besonders bevollmächtigt ist. Allerdings kann er eine Kündigung wirksam an alle anderen Gesellschafter weiterleiten (OLG Celle NZG 00, 586). Zur Kündigung einer verpfändeten Gesellschaftsbeteiligung ist eine Zustimmung des Pfandgläubigers gem § 1276 nicht erforderlich (OLG Stuttgart ZIP 02, 1885).

II. 1. Abs 1 unterscheidet zwischen zwei Arten der Kündigung, deren **Voraussetzungen** sich nach der vereinbarten Dauer der Gesellschaft richten. Bei Gesellschaften, die **auf unbestimmte Zeit** eingegangen worden sind, steht jedem Gesellschafter **jederzeit** ohne weiteres ein Kündigungsrecht zu (Abs 1 S 1). Die Gesellschafter können sich vor einer unmittelbar auflösenden Wirkung der Kündigung schützen, indem sie im Gesellschaftsvertrag eine Kündigungsfrist oder die Fortsetzung der Gesellschaft vereinbaren. Darüber hinaus ist es auch zulässig, die ordentliche Kündigung für eine bestimmte Zeit auszuschließen (BGH NJW 92, 2698). Für diesen Zeitraum wird die Gesellschaft wie eine Gesellschaft auf bestimmte Zeit (Abs 1 S 2) behandelt. Wird das Kündigungsrecht allerdings zeitlich so stark beschränkt, dass dies bereits einem Ausschluss nahe kommt (s Rn 7), kann die Beschränkung unwirksam sein und dem Gesellschafter das Kündigungsrecht nach Abs 1 S 1 zustehen. Zur Abgrenzung bedarf es einer Abwägung der jeweiligen vertragstypischen und durch die Besonderheiten des Einzelfalls geprägten Umstände (BGH NJW 05, 1784, 1786; NJW 07, 295, 296; Wertenbruch DB 09, 1222).

2. Eine Gesellschaft ist **auf bestimmte Zeit** vereinbart, wenn der Gesellschaftsvertrag ausdrücklich einen Beendigungszeitpunkt bestimmt oder sich dieser aus dem Zweck der Gesellschaft herleiten lässt. Die Gesellschafter sind für diesen Zeitraum an die Gesellschaft gebunden und können sie nur aus **wichtigem Grund** kündigen (BGH WM 67, 316). Abs 1 S 3 nennt nur zwei Bsp für das Vorliegen eines wichtigen Grundes. Ein wichtiger Kündigungsgrund besteht allg, wenn dem Gesellschafter die Fortsetzung der Gesellschaft bis zu deren Beendigung bzw bis zum nächstmöglichen ordentlichen Kündigungstermin nach Treu und Glauben nicht zugemutet werden kann (BGHZ 4, 113). Ob dies zutrifft, ist unter Berücksichtigung aller Umstände des Einzelfalles zu ermitteln. Hierbei können va die beiderseitigen Verhaltensweisen nicht unberücksichtigt bleiben, wenn das Vertrauensverhältnis unter den Gesellschaftern zerstört ist (BGH

NJW 06, 844, 845). Ferner sind bei dieser Prüfung der Zweck, die Struktur und die bisherige Dauer der Gesellschaft sowie der Zeitraum bis zum nächstmöglichen ordentlichen Auflösungstermin von besonderer Bedeutung (BGH NJW 96, 2573). Das Verschulden eines anderen Gesellschafters ist nicht stets erforderlich; objektive Gegebenheiten wie die dauerhafte Einbuße jedweder Gewinnerwartung können genügen. Der Gesellschafter, der als Einziger selbst vertragswidrig gehandelt hat, wird aber idS nicht aus wichtigem Grund kündigen können. In der Gesamtabwägung muss das berechtigte Auflösungsinteresse des kündigenden Gesellschafters größer sein als die schutzwürdigen Interessen der übrigen Gesellschafter an der unveränderten Fortsetzung der Gesellschaft (BGHZ 84, 383).

5 3. Für die außerordentliche Kündigung eines **volljährig gewordenen Gesellschafters** bestimmt Abs 1 S 4 eine Dreimonatsfrist ab Vollendung des 18. Lebensjahres. War dem Gesellschafter zu diesem Zeitpunkt seine Gesellschafterstellung nicht bekannt, beginnt die Dreimonatsfrist erst mit tatsächlicher Kenntniserlangung. Die fahrlässige Unkenntnis ist dem gleichgestellt. Die Vorschrift erfasst ausschließlich die Kündigung wegen des Eintritts der Volljährigkeit (Abs 1 S 3 Nr 2). Andere wichtige Kündigungsgründe bleiben von den Ausschlussregeln der S 4 und 5 unberührt. Das Kündigungsrecht besteht nach S 5 nicht, wenn der Gesellschafter als Minderjähriger gem § 112 bzgl des Gegenstands der Gesellschaft zum Betrieb eines Erwerbsgeschäftes ermächtigt war oder die Gesellschaft ausschließlich der Befriedigung seiner persönlichen Bedürfnisse diente.

6 4. Nach **Abs 2** darf ein Gesellschafter **nicht zur Unzeit kündigen**. Diese Bestimmung erfasst die Fälle, in denen dem Gesellschafter zwar ein Kündigungsrecht zusteht, der gewählte Zeitpunkt aber gegen die gemeinschaftlichen Interessen der Gesellschafter verstößt und daher ggü den verbleibenden Gesellschaftern treuwidrig ist. Die Kündigung darf aber nach der wichtigen Einschränkung des Abs 2 S 1 zur Unzeit geschehen, wenn der Kündigende einen wichtigen Grund dazu hat. Der wichtige Grund iS dieser Vorschrift bezieht sich nicht auf die Kündigung selbst, sondern auf den gewählten Zeitpunkt und ist damit vom wichtigen Kündigungsgrund des Abs 1 S 2 streng zu unterscheiden. Ein Verstoß gegen das Verbot des Abs 2 S 1 berührt nicht die Wirksamkeit der Kündigung. Auch eine Kündigung zur Unzeit ist also **wirksam**, sofern nicht im Einzelfall darüber hinaus in der Kündigung ein Rechtsmissbrauch (§ 242 Rn 22) liegt (zur Abgrenzung BGH NJW 54, 106). Die Kündigung unter alleinigem Verstoß gegen Abs 2 S 1 löst vielmehr nach Abs 2 S 2 eine **Schadensersatzpflicht** des Kündigenden aus. Er muss den Schaden ersetzen, der den einzelnen anderen Gesellschaftern durch die Wahl gerade dieses unzeitigen Kündigungstermins entstanden ist.

7 5. Die Gesellschafter können auf ihr Kündigungsrecht **nicht verzichten** (Abs 3). Diese Bestimmung verhindert, dass die Gesellschafter auf Dauer persönlich und wirtschaftlich in eine Abhängigkeit von der Gesellschaft gelangen, ohne sich jemals von dieser Verpflichtung lösen zu können. Das Kündigungsrecht muss nicht ausdrücklich durch den Gesellschaftsvertrag ausgeschlossen werden. Es reicht bereits aus, dass die Gesellschafter durch wirtschaftliche Nachteile an einer Kündigung gehindert werden, solange sie dafür keine anderweitige Kompensation erlangen (BGH NJW 05, 2618, 2619 f). Eine Fortsetzungsklausel (vgl § 736 Rn 1) stellt keine unzulässige Kündigungsbeschränkung dar (BGH NJW 08, 1943). Dag ist insb die Vereinbarung der Auseinandersetzung zum Buchwert bei einem erheblichen Abweichen vom tatsächlichen Wert des Gesellschaftsvermögens als Hinderungsgrund anzusehen (BGHZ 116, 359). Ein nur befristeter Verzicht auf das ordentliche Kündigungsrecht ist möglich (BGHZ 10, 91), sofern er sich nicht iErg einem Ausschluss nähert und missbräuchlich ist (Rn 3).

§ 724 Kündigung bei Gesellschaft auf Lebenszeit oder fortgesetzter Gesellschaft

¹Ist eine Gesellschaft für die Lebenszeit eines Gesellschafters eingegangen, so kann sie in gleicher Weise gekündigt werden wie eine für unbestimmte Zeit eingegangene Gesellschaft. ²Dasselbe gilt, wenn eine Gesellschaft nach dem Ablauf der bestimmten Zeit stillschweigend fortgesetzt wird.

Ähnl wie § 723 III (dort Rn 7) schützt § 724 die Gesellschafter vor einer **übermäßigen** 1
Bindung (BGH WM 67, 315). Da die Gesellschaft auf Lebenszeit keine Gesellschaft auf bestimmte Zeit (§ 723 I 2) ist, muss sie jederzeit kündbar sein. S 1 ist zwingendes Recht. Dag enthält S 2 kein zwingendes Recht, sondern lediglich eine Auslegungsregel für den Fall, dass die Gesellschafter bei **Fortsetzung** einer befristeten Gesellschaft keine neue Befristung festgelegt haben.

§ 725 Kündigung durch Pfändungspfandgläubiger

(1) Hat ein Gläubiger eines Gesellschafters die Pfändung des Anteils des Gesellschafters an dem Gesellschaftsvermögen erwirkt, so kann er die Gesellschaft ohne Einhaltung einer Kündigungsfrist kündigen, sofern der Schuldtitel nicht bloß vorläufig vollstreckbar ist.
(2) Solange die Gesellschaft besteht, kann der Gläubiger die sich aus dem Gesellschaftsverhältnis ergebenden Rechte des Gesellschafters, mit Ausnahme des Anspruchs auf einen Gewinnanteil, nicht geltend machen.

§ 725 gilt nur für Pfändungen durch **Privatgläubiger** eines einzelnen Gesellschafters; 1
die Gläubiger der Gesellschaft können unmittelbar auf das Gesellschaftsvermögen Zugriff nehmen. Nach § 859 I ZPO ist nur der Anteil des Gesellschafters am Gesellschaftsvermögen als Ganzem der Pfändung unterworfen. Da eine dingliche Berechtigung des einzelnen Gesellschafters am Gesellschaftsvermögen nicht besteht (s § 719 Rn 6), ist Gegenstand der Pfändung eines Gesellschaftsanteils das Mitgliedschaftsrecht des Gesellschafters. Ein Pfandrecht an einzelnen Vermögensbestandteilen besteht nicht. Die Pfändung eines Gesellschaftsanteils wirkt sich auch nicht auf die Verfügungsbefugnis der Gesellschafter hins der Gegenstände des Gesellschaftsvermögens aus. Da sich der Pfändungspfandgläubiger nicht unmittelbar aus dem gepfändeten Anteil befriedigen kann, gibt ihm § 725 die Möglichkeit, die Gesellschaft fristlos zu kündigen (**Abs 1**) oder den Gewinnanteil seines Schuldners zu verlangen (**Abs 2**). Sämtliche Verwaltungsrechte verbleiben aber gem § 715 bei dem Gesellschafter (BGHZ 116, 222). Dies folgt bereits aus dem gesellschaftsrechtlichen Grundsatz, dass die Verwaltungsrechte Ausdruck gegenseitigen persönlichen Vertrauens der Gesellschafter zueinander sind.
Die **Kündigung** ist für den Gläubiger notwendige Vorstufe, um Zugriff auf das Ausein- 2
andersetzungsguthaben des Gesellschafters zu erhalten. Er kann die Gesellschaft jedoch nur kündigen, wenn sein Titel rechtskräftig ist. Die Kündigung aufgrund eines nur für vorläufig vollstreckbar erklärten Titels ist mit dem Fortsetzungsinteresse der verbleibenden Gesellschafter nicht zu vereinbaren. **Wirksam** wird die Kündigung, sobald alle Gesellschafter Kenntnis erlangt haben (BGH NJW 93, 1002). Fordert der Gläubiger nach Abs 2 lediglich den **Gewinnanteil** seines Schuldners, bleibt die Gesellschaft unverändert bestehen. Nach Überweisung des Anteils gem § 857 ZPO oder des Gewinnanspruchs gem § 829 ZPO kann er sodann Zahlung verlangen.

§ 726 Auflösung wegen Erreichens oder Unmöglichwerdens des Zweckes

Die Gesellschaft endigt, wenn der vereinbarte Zweck erreicht oder dessen Erreichung unmöglich geworden ist.

§ 726 schreibt zwingend vor, dass die Gesellschaft ohne weiteres aufgelöst und liqui- 1
diert wird (§§ 730 ff), wenn der **Gesellschaftszweck erreicht** oder die **Zweckerreichung unmöglich** geworden ist. Die Vorschrift steht allerdings nicht einem einstimmigen Fortsetzungsbeschluss der Gesellschafter entgg, mit dem ein neuer Gesellschaftszweck bestimmt wird (BGH WM 63, 729; BGH NJW-RR 04, 472). An die **nachträgliche Unmöglichkeit** sind hohe Anforderungen zu stellen. Die Unmöglichkeit darf nicht nur vorübergehend, sondern muss dauerhaft und offenbar sein (BGHZ 84, 381). Die fehlende Aussicht auf Rentabilität bedeutet keine Unmöglichkeit.

§ 727 Auflösung durch Tod eines Gesellschafters

(1) Die Gesellschaft wird durch den Tod eines der Gesellschafter aufgelöst, sofern nicht aus dem Gesellschaftsvertrag sich ein anderes ergibt.
(2) [1]Im Falle der Auflösung hat der Erbe des verstorbenen Gesellschafters den übrigen Gesellschaftern den Tod unverzüglich anzuzeigen und, wenn mit dem Aufschub Gefahr verbunden ist, die seinem Erblasser durch den Gesellschaftsvertrag übertragenen Geschäfte fortzuführen, bis die übrigen Gesellschafter in Gemeinschaft mit ihm anderweit Fürsorge treffen können. [2]Die übrigen Gesellschafter sind in gleicher Weise zur einstweiligen Fortführung der ihnen übertragenen Geschäfte verpflichtet. [3]Die Gesellschaft gilt insoweit als fortbestehend.

1 I. Der Grundsatz der Unübertragbarkeit der Gesellschafterrechte (§ 719) findet in der Regelung des § 727 für den Fall des **Todes eines Gesellschafters** Ausdruck. Die Gesellschaft wird grds nicht mit den Erben fortgesetzt, sondern **aufgelöst** (Abs 1). In der Liquidationsgesellschaft nehmen die Erben die Stellung des verstorbenen Gesellschafters ein. Gem **Abs 2** trifft die Erben eine Informationspflicht sowie uU die Pflicht, die Geschäfte der Gesellschaft übergangsweise anstelle des Verstorbenen fortzuführen.

2 II. 1. Nach Abs 1 2. Halbs ist die Auflösung der Gesellschaft nicht zwingende Folge. Den Gesellschaftern steht es frei, im Gesellschaftsvertrag **abw Regelungen** zu treffen. Dies geschieht auch häufig. Nachfolge- und Fortsetzungsklauseln sind insb bei Personenhandelsgesellschaften üblich (dazu Westermann AcP 173, 24 ff). Im Bürgerlichen Recht ist nur die **Fortsetzungsklausel** in § 736 gesetzlich geregelt. Die Gesellschaft wird in diesem Fall unter den verbleibenden Gesellschaftern fortgeführt; die Erben werden nach §§ 738 ff abgefunden (§ 738 Rn 5).

3 2. Bei der **einfachen Nachfolgeklausel** ist der Gesellschaftsanteil unabhängig von der Person des Erben vererblich gestellt. Mit dem Tod des Gesellschafters wird der Erbe unmittelbar Gesellschafter. IU zu den Eintrittsklauseln (Rn 5) muss der Erbe die Erbschaft ausschlagen (§§ 1942 ff), wenn er die Gesellschafterstellung nicht wünscht (anders § 139 I, II HGB; für eine analoge Anwendung der Norm auf die GbR Schäfer NJW 05, 3665 ff). Bei einer Mehrheit von Erben werden alle Miterben nach ihrer Quote unmittelbar selbst Gesellschafter der GbR. Die grds auf Auflösung gerichtete Miterbengemeinschaft kann nicht Gesellschafter werden. Der Grundsatz der Gesamtrechtsnachfolge der Erbengemeinschaft wird insoweit durchbrochen (hM, BGH WM 91, 133).

4 3. Über eine **qualifizierte Nachfolgeklausel** können ua Schwierigkeiten vermieden werden, die durch den Eintritt einer Vielzahl von Miterben entstehen. In diesem Fall bestimmt der Gesellschaftsvertrag, welche der Miterben Gesellschafter der GbR werden sollen. Voraussetzung ist allerdings, dass die durch den Gesellschaftsvertrag bestimmten Personen tatsächlich (Mit-) Erben geworden sind. Diese erwerben den gesamten Gesellschaftsanteil des Erblassers und nicht nur den ihrer Erbschaftsquote entspr Teil (BGHZ 68, 225). Die übrigen Miterben sind von ihnen nach erbrechtlichen Grundsätzen abzufinden.

5 4. Enthält der Gesellschaftsvertrag eine **Eintrittsklausel**, vollzieht sich der Gesellschafterwechsel nicht ohne weiteres mit dem Tod des Erblassers. Die Erben haben vielmehr ein Wahlrecht, ob sie in die Gesellschaft eintreten oder abgefunden werden möchten (§§ 736, 738).

§ 728 Auflösung durch Insolvenz der Gesellschaft oder eines Gesellschafters

(1) [1]Die Gesellschaft wird durch die Eröffnung des Insolvenzverfahrens über das Vermögen der Gesellschaft aufgelöst. [2]Wird das Verfahren auf Antrag des Schuldners eingestellt oder nach der Bestätigung eines Insolvenzplans, der den Fortbestand der Gesellschaft vorsieht, aufgehoben, so können die Gesellschafter die Fortsetzung der Gesellschaft beschließen.

(2) ¹Die Gesellschaft wird durch die Eröffnung des Insolvenzverfahrens über das Vermögen eines Gesellschafters aufgelöst. ²Die Vorschrift des § 727 Abs. 2 Satz 2, 3 findet Anwendung.

Abs 1 regelt die Folge der **Insolvenz der Gesellschaft**. Seit dem Inkrafttreten der InsO ist die GbR **insolvenzfähig** (§ 11 II Nr 1 InsO). Mit dem Beschl über die Eröffnung des Insolvenzverfahrens, das an die Stelle der Auseinandersetzung tritt, wird die Gesellschaft nach Abs 1 aufgelöst (dazu iE K Schmidt ZGR 98, 633). 1

Abs 2 betrifft den Fall der **Insolvenz eines Gesellschafters**. Da gem § 80 I InsO mit Eröffnung des Insolvenzverfahrens das Recht des Gesellschafters zur Verwaltung seines Vermögens auf den Insolvenzverwalter übergeht, könnte er ab diesem Zeitpunkt auch die Verwaltungsrechte in der Gesellschaft nicht mehr ausüben. Da diese aber gerade auf dem persönlichen Vertrauen der Gesellschafter untereinander beruhen, können sie nicht auf den Insolvenzverwalter übergehen. Daher ist es nur konsequent, dass Abs 2 für den Fall der Insolvenz eines Gesellschafters die Auflösung der Gesellschaft vorsieht. Auch in diesem Fall muss die Gesellschaft grds liquidiert werden. Enthält der Gesellschaftsvertrag eine Fortsetzungsklausel (§ 736 I), hat sich die Gesellschaft separat mit dem insolventen Gesellschafter auseinander zu setzen (§§ 738 ff). Sein Abfindungsanspruch fällt in die Masse. 2

Im Fall der Auflösung der Gesellschaft hat der Insolvenzverwalter nach Abs 2 S 2 die gleiche **Geschäftsführungspflicht** wie die Erben eines verstorbenen geschäftsführenden Gesellschafters (§ 727 II 2). 3

§ 729 Fortdauer der Geschäftsführungsbefugnis

¹Wird die Gesellschaft aufgelöst, so gilt die Befugnis eines Gesellschafters zur Geschäftsführung zu seinen Gunsten gleichwohl als fortbestehend, bis er von der Auflösung Kenntnis erlangt oder die Auflösung kennen muss. ²Das Gleiche gilt bei Fortbestand der Gesellschaft für die Befugnis zur Geschäftsführung eines aus der Gesellschaft ausscheidenden Gesellschafters oder für ihren Verlust in sonstiger Weise.

Die Geschäftsführungsbefugnis eines Gesellschafters erlischt gem § 730 II 2 mit der Auflösung der Gesellschaft. Der geschäftsführende Gesellschafter wird jedoch von § 729 S 1 vor dem Erlöschen seiner Geschäftsführungsbefugnis durch die **Fiktion** ihres Fortbestandes solange geschützt, bis er von der Auflösung Kenntnis erlangt oder sie hätte kennen müssen (ähnl § 674). Entspr gilt nach S 2 bei einer fortbestehenden Gesellschaft für alle Fälle des Verlustes der Geschäftsführungsbefugnis. 1

Die Vorschrift ist insb im Hinblick auf das Fortbestehen der Vertretungsmacht (§ 714) von Bedeutung. Der Geschäftsführer haftet nicht nach § 179 für die nach der Auflösung von ihm im Namen der Gesellschaft begründeten Verbindlichkeiten. Es wird vielmehr die Abwicklungsgesellschaft (§ 730 Rn 1) in vollem Umfang verpflichtet. Nach § 169 gilt die Fiktion des § 729 im Außenverhältnis nur zugunsten eines gutgläubigen Vertragspartners. 2

§ 730 Auseinandersetzung; *Geschäftsführung*

(1) Nach der Auflösung der Gesellschaft findet in Ansehung des Gesellschaftsvermögens die Auseinandersetzung unter den Gesellschaftern statt, sofern nicht über das Vermögen der Gesellschaft das Insolvenzverfahren eröffnet ist.

(2) ¹Für die Beendigung der schwebenden Geschäfte, für die dazu erforderliche Eingehung neuer Geschäfte sowie für die Erhaltung und Verwaltung des Gesellschaftsvermögens gilt die Gesellschaft als fortbestehend, soweit der Zweck der Auseinandersetzung es erfordert. ²Die einem Gesellschafter nach dem Gesellschaftsvertrag zustehende Befugnis zur Geschäftsführung erlischt jedoch, wenn nicht aus dem Vertrag sich ein anderes ergibt, mit der Auflösung der Gesellschaft; die Geschäftsführung steht von der Auflösung an allen Gesellschaftern gemeinschaftlich zu.

1 I. Die Gesellschaft erlischt nach Eintritt eines sie auflösenden Ereignisses (§§ 723 ff) nicht augenblicklich, sondern wandelt sich gem Abs 2 in eine **Abwicklungsgesellschaft** um (OLG Naumburg NZG 02, 813). Zweck der Abwicklungsgesellschaft ist es allein, das verbleibende Gesellschaftsvermögen unter den Gesellschaftsgläubigern und den Gesellschaftern zu verteilen (§§ 732 ff). Erst nachdem die Verbindlichkeiten der Gesellschaft beglichen worden sind und die Gesellschafter ihren Anteil an einem evtl Überschuss erhalten haben, ist die Gesellschaft beendet.

2 II. Die **Auseinandersetzung** zwischen den Gesellschaftern hat zur **Voraussetzung**, dass einer der Auflösungstatbestände der §§ 723–727 gegeben ist. Die Auseinandersetzung selbst richtet sich grds nach §§ 731 ff. § 731 S 1 gestattet aber ausdrücklich eine von der gesetzlichen Regelung abw Vereinbarung zwischen den Gesellschaftern. Im Fall der Insolvenz der Gesellschaft (vgl § 11 II Nr 1 InsO) richtet sich die Auseinandersetzung gem Abs 1 Halbs 2 nicht nach §§ 731 ff, die Ansprüche der Gesellschafter bestimmen sich vielmehr nach § 199 S 2 InsO.

3 Die **Geschäftsführung** in der Abwicklungsgesellschaft steht nach Abs 2 S 2 letzter Halbs allen Gesellschaftern gemeinsam zu. Diese Regelung trägt dem Umstand Rechnung, dass mit der Umwandlung des Gesellschaftszwecks die Gesellschafter nicht länger ein gemeinsames Ziel verfolgen und ihre Interessen sogar oft kollidieren. Jeder Gesellschafter ist daher berechtigt, an der Auseinandersetzung mitzuwirken. Zugleich ist jeder Gesellschafter zu der Mitwirkung auch grds verpflichtet (OLG Koblenz NJW-RR 02, 827); zur ausnahmsweisen Prozessführungsbefugnis eines einzelnen Gesellschafters s § 709 Rn 3. Ein Austritt aus der Abwicklungsgesellschaft durch Kündigung ist nicht möglich (BGH WM 63, 728).

4 Mit der Auseinandersetzung werden alle noch offenen Ansprüche, die aus dem Gesellschaftsverhältnis herrühren, in einem **einheitlichen Verfahren** einer Regelung zugeführt. Die einzelnen Ansprüche der Gesellschaft oder der Gesellschafter sind nur noch Rechnungsposten im Hinblick auf die Feststellung eines Auseinandersetzungsguthabens (BGHZ 37, 304; BGH NJW 05, 2618). Die nach Auflösung der Gesellschaft erhobene Leistungsklage eines Gesellschafters ist in einen Antrag auf Feststellung, dass die Einstellung der geltend gemachten Forderung in die Auseinandersetzungsrechnung zu erfolgen hat, umzudeuten (BGH NZG 02, 519). Solche auf das Gesellschaftsverhältnis gegründete Zahlungsansprüche können nach der Auflösung der Gesellschaft grds **nicht mehr isoliert eingefordert** werden (sog Durchsetzungssperre). Durch die Rspr hat dieser Grundsatz einige Ausnahmen erfahren, zB für noch nicht geleistete Gesellschafterbeiträge, die für die Auseinandersetzung benötigt werden (BGH NJW 60, 433; zu weiteren Ausnahmen BGH NJW 98, 376; MK/Schäfer § 730 Rn 54 ff). Hiervon zu unterscheiden ist der Anspruch eines Gesellschafters auf Auszahlung des Auseinandersetzungsguthabens, der sich idR gegen die Gesellschaft richtet (s § 738 Rn 5). In der zweigliedrigen GbR, bei der kein Gesellschaftsvermögen mehr vorhanden ist, können die Gesellschafter hingegen Ausgleichsansprüche auch gegeneinander geltend machen, wenn noch Gesellschaftsverbindlichkeiten offen sind und eine Auseinandersetzungsbilanz noch nicht festgestellt ist (BGH ZIP 05, 232; NZG 07, 19). Sofern die Gesellschafter nichts anderes vereinbart haben, richtet sich das Verfahren iÜ gem § 731 nach §§ 732–735 und ergänzend nach den Vorschriften für die Gemeinschaft (näher dazu K Schmidt, Gesellschaftsrecht, § 59 V).

§ 731 Verfahren bei Auseinandersetzung

¹Die Auseinandersetzung erfolgt in Ermangelung einer anderen Vereinbarung in Gemäßheit der §§ 732 bis 735. ²Im Übrigen gelten für die Teilung die Vorschriften über die Gemeinschaft.

1 § 731 verweist für die gesetzliche Regelung der **Auseinandersetzung** auf §§ 732–735 und subsidiär auf die Vorschriften über die Gemeinschaft (§§ 752–754, 756–758; für § 755 ist neben § 733 kein Raum). Zugleich stellt die Vorschrift klar, dass es den Gesellschaftern frei steht, ein davon **abw Vorgehen** zu vereinbaren. Sie können die Vereinbarung im Gesellschaftsvertrag treffen. Zulässig ist aber auch eine spätere, grds einstimmige Festlegung, selbst nach Auflösung der Gesellschaft (BGH WM 60, 1121). Die Gesellschafter können dabei ein ganz anderes Vorgehen als eine Auseinandersetzung wählen oder die Auseinandersetzung abw von den gesetzlichen Regeln gestalten. In Betracht kommt zB die Übernahme des Vermögens durch einen einzelnen Gesellschafter und die Abfindung der anderen (BGH WM 74, 1164) oder die Veräußerung an einen Dritten. Die konkrete Gestaltung der Auseinandersetzung hat sich dabei im Wesentlichen am Grundsatz der Wirtschaftlichkeit zu orientieren (OLG Hamm NZG 04, 1106). Die Vereinbarung bewirkt lediglich eine Verpflichtung der Gesellschafter im Innenverhältnis. Dritte können aus ihr keine Rechte herleiten.

§ 732 Rückgabe von Gegenständen

¹Gegenstände, die ein Gesellschafter der Gesellschaft zur Benutzung überlassen hat, sind ihm zurückzugeben. ²Für einen durch Zufall in Abgang gekommenen oder verschlechterten Gegenstand kann er nicht Ersatz verlangen.

Nach S 1 können die Gesellschafter die **Rückgabe** von Gegenständen verlangen, die sie 1 der Gesellschaft lediglich zum Gebrauch überlassen haben. Dies kann schon vor der eigentlichen Auseinandersetzung geschehen. Da die Gesellschafter zur Mitwirkung in der Abwicklungsgesellschaft verpflichtet sind, ist die Rückgabe eines Gegenstandes allerdings solange ausgeschlossen, wie er noch für die Auseinandersetzung benötigt wird. Der Gesellschaft kann darüber hinaus nach § 273 ein ZbR zustehen, wenn zu erwarten ist, dass der Gesellschafter einen Ausgleichsanspruch leisten muss (BGH NJW 81, 2802). Für Sachen, die „ihrem Wert nach" zur Benutzung eingebracht wurden (s § 706 Rn 3), ist str, ob § 732 entspr anzuwenden ist mit der Folge, dass der betr Gesellschafter den Gegenstand unter Anrechnung des Wertes auf sein Auseinandersetzungsguthaben zurückerhält (so Berninger DStR 10, 864) oder an die Stelle der Rückgabe eine Einbeziehung in die Auseinandersetzung in Geld tritt (offen gelassen BGH NZG 09, 1107).

Nach S 2 trägt der Gesellschafter die **Gefahr** für den zufälligen Untergang und die zu- 2 fällige Verschlechterung des Gegenstandes. Die zufällige Verschlechterung schließt auch die Abnutzung durch den bestimmungsgemäßen Gebrauch ein. Hat eine für die Gesellschaft handelnde Person den Untergang verschuldet, haftet die Gesellschaft nach § 278. Bei einer Verletzung durch den geschäftsführenden Gesellschafter ergibt sich die Haftung aus § 31 analog. Es ist freilich die Privilegierung nach § 708 zu beachten.

§ 733 Berichtigung der Gesellschaftsschulden; Erstattung der Einlagen

(1) ¹Aus dem Gesellschaftsvermögen sind zunächst die gemeinschaftlichen Schulden mit Einschluss derjenigen zu berichtigen, welche den Gläubigern gegenüber unter den Gesellschaftern geteilt sind oder für welche einem Gesellschafter die übrigen Gesellschafter als Schuldner haften. ²Ist eine Schuld noch nicht fällig oder ist sie streitig, so ist das zur Berichtigung Erforderliche zurückzubehalten.
(2) ¹Aus dem nach der Berichtigung der Schulden übrig bleibenden Gesellschaftsvermögen sind die Einlagen zurückzuerstatten. ²Für Einlagen, die nicht in Geld bestanden haben, ist der Wert zu ersetzen, den sie zur Zeit der Einbringung gehabt haben. ³Für Einlagen, die in der Leistung von Diensten oder in der Überlassung der Benutzung eines Gegenstands bestanden haben, kann nicht Ersatz verlangt werden.
(3) Zur Berichtigung der Schulden und zur Rückerstattung der Einlagen ist das Gesellschaftsvermögen, soweit erforderlich, in Geld umzusetzen.

I. §§ 733, 734 regeln das Verfahren für die **Aufteilung des Gesellschaftsvermögens** iR 1 der Auseinandersetzung. Die Gesellschafter können allerdings davon abw Vereinbarungen treffen (§ 731). Nach der gesetzlichen Regelung sind zunächst die Verbindlichkeiten der Gesellschaft zu begleichen. Sollte dann noch ein Restvermögen vorhanden sein, ist dieses zwischen den Gesellschaftern unter Berücksichtigung ihrer Einlagen und ihres Gewinnanteils (§ 734) aufzuteilen. Soweit erforderlich, sind alle Vermögensgegenstände in Geld umzusetzen (§ 733 III). Insb haben die Gesellschafter keinen Anspruch auf alleinige Übertragung von unteilbaren gemeinschaftlichen Gegenständen (OLG Hamm NJW-RR 01, 245). Für die Gesellschafter ergibt sich aus ihrer gesellschaftsrechtlichen Treuepflicht, dass sie die übrigen Gesellschafter im Zuge der Auseinandersetzung über Umstände, die deren mitgliedschaftlichen Vermögensinteressen berühren, zutreffend und vollständig zu informieren haben (BGH NJW-RR 03, 169, 170).

2 II. 1. Nach **Abs 1** sind zunächst die **Gesellschaftsverbindlichkeiten** (§ 718 Rn 4) **zu erstatten**. Diese Verbindlichkeiten können ggü Dritten und ggü Gesellschaftern bestehen. Zu den Verbindlichkeiten **ggü Dritten** gehören neben den Gesellschaftsschulden weitere Verbindlichkeiten, die in der Betätigung der Gesellschaft begründet sind und für welche die Gesellschafter anteilig haften oder die ein Gesellschafter im eigenen Namen, aber auf Rechnung der Gesellschaft eingegangen ist (BGH NJW 99, 2438). Die Ansprüche einzelner **Gesellschafter gegen die Gesellschaft** sind ebenfalls als Gesellschaftsverbindlichkeiten anzusehen. Folge dieser Einordnung ist, dass dem Gesellschafter sein Anspruch in voller Höhe zusteht, unabhängig von einer ihn evtl treffenden Verlustquote. Die Ansprüche der Gesellschafter gegen die Gesellschaft werden aber nur als Rechnungsposten in der Abschlussbilanz berücksichtigt (iE BGH NJW-RR 91, 1049 und § 738 Rn 5). Der jeweilige Gesellschafter kann daher seine Einzelansprüche nicht isoliert einfordern. Diese Durchsetzungssperre gilt für die Sozialverpflichtungen (zB Aufwendungsersatz, §§ 713, 670), nicht jedoch für Ansprüche aus einem Drittgeschäft (zB Dienstvertrag, BGH NZG 06, 459).

3 Demgegenüber sind die Ansprüche eines **Gesellschafters gegen einen anderen Gesellschafter** nicht Gegenstand der Auseinandersetzung, selbst wenn sie im Zusammenhang mit dem Gesellschaftsverhältnis stehen. Der Gläubiger kann lediglich die Begleichung der Forderung aus dem Auseinandersetzungsguthaben seines Schuldners verlangen.

4 2. Nachdem die Gesellschafter die Gesellschaftsverbindlichkeiten berichtigt haben, sind ihnen nach **Abs 2** ihre **Einlagen zurückzuerstatten**. Auch die Einlagen sind lediglich unselbständige Posten der Schlussabrechnung und können nicht isoliert zurückgefordert werden (Rn 2). Mangels anderweitiger Vereinbarung ist bei Sachleistungen der tatsächliche wirtschaftliche Wert zum Zeitpunkt der Einbringung maßgeblich (BGH WM 67, 683). Dienst- oder Werkleistungen eines Gesellschafters sind trotz Abs 2 S 3 ausnahmsweise auch ohne entspr Vereinbarung zu vergüten, wenn sie das Gesellschaftsvermögen konkret und messbar als bleibender Wert vergrößert haben (zB der Plan eines Architekten, BGH NJW 80, 1744; Arbeitsleistung iR der Renovierung einer Immobilie, OLG Schleswig FamRZ 02, 884). Zu vergüten ist der tatsächliche Wert (unter Berücksichtigung insb von Mängeln der Leistung).

§ 734 Verteilung des Überschusses

Verbleibt nach der Berichtigung der gemeinschaftlichen Schulden und der Rückerstattung der Einlagen ein Überschuss, so gebührt er den Gesellschaftern nach dem Verhältnis ihrer Anteile am Gewinn.

1 Der Überschuss ist der Vermögensbestand, der nach der Begleichung der Gesellschaftsverbindlichkeiten und der Rückzahlung der Einlagen verbleibt. Als (Schluss-)Gewinn steht er den Gesellschaftern nach Beendigung der Gesellschaft zu. Der Gewinn wird grds nach Köpfen verteilt (§ 722), es sei denn, die Beteiligten haben etwas anderes vereinbart. Die Verteilung selbst richtet sich nach den Regeln der Gemeinschaft (§§ 752 ff). Eine Umsetzung des Gesellschaftsvermögens in Geld (§ 733 III) ist daher nicht zwingend erforderlich.

§ 735 Nachschusspflicht bei Verlust

¹Reicht das Gesellschaftsvermögen zur Berichtigung der gemeinschaftlichen Schulden und zur Rückerstattung der Einlagen nicht aus, so haben die Gesellschafter für den Fehlbetrag nach dem Verhältnis aufzukommen, nach welchem sie den Verlust zu tragen haben. ²Kann von einem Gesellschafter der auf ihn entfallende Beitrag nicht erlangt werden, so haben die übrigen Gesellschafter den Ausfall nach dem gleichen Verhältnis zu tragen.

Ergibt sich im Zuge der Auseinandersetzung ein **Fehlbetrag**, besteht im Innenverhältnis zwischen den Gesellschaftern die Pflicht, diesen Verlust auszugleichen. Diese **Nachschusspflicht** besteht nur für die Gesellschafter, die dazu ggü der Gesellschaft verpflichtet sind. Sie kann sowohl für einzelne als auch für sämtliche Gesellschafter ausgeschlossen werden (BGH WM 67, 347). § 735 begründet damit **keinen Anspruch der Gesellschaftsgläubiger**; ihnen haften bei einem unzulänglichen Gesellschaftsvermögen die Gesellschafter persönlich (§ 714 Rn 5, 7). § 160 HGB, der die Haftung im Außenverhältnis auf 5 Jahre begrenzt (vgl § 736 Rn 4), wird auf die Innenhaftung nach § 735 entspr angewendet (OLG Koblenz NZG 09, 1426; K Schmidt BB 10, 2093). 1

§ 736 Ausscheiden eines Gesellschafters, Nachhaftung

(1) Ist im Gesellschaftsvertrag bestimmt, dass, wenn ein Gesellschafter kündigt oder stirbt oder wenn das Insolvenzverfahren über sein Vermögen eröffnet wird, die Gesellschaft unter den übrigen Gesellschaftern fortbestehen soll, so scheidet bei dem Eintritt eines solchen Ereignisses der Gesellschafter, in dessen Person es eintritt, aus der Gesellschaft aus.
(2) Die für Personenhandelsgesellschaften geltenden Regelungen über die Begrenzung der Nachhaftung gelten sinngemäß.

I. Die Auflösung der Gesellschaft als gesetzliche Folge des Ausscheidens eines Gesellschafters (§§ 723, 727, 728) entspricht idR nicht den Vorstellungen der Beteiligten. Um diese Folge zu vermeiden, müssen die Gesellschafter vor Eintritt des Auflösungsgrundes eine **Fortsetzungsklausel** vereinbart haben. Bei einer späteren Vereinbarung sind sie auf die Zustimmung des Ausscheidenden angewiesen (BGHZ 48, 254). **Abs 1** weist die Gesellschafter auf den vertraglichen Regelungsbedarf in diesem wichtigen Punkt hin. Die Berechtigung der Gesellschafter, die Gesellschaft fortzuführen, ergibt sich aber nicht erst aus § 736, sondern bereits aus der Gestaltungsfreiheit gem § 705. Anstelle der Bestimmung, die Abs 1 vorsieht, können die Gesellschafter daher auch andere Fortsetzungsklauseln wählen. So können sie die Notwendigkeit eines nachträglichen Beschl zur Fortsetzung anordnen oder einem Dritten ein Eintrittsrecht gewähren. Zu einzelnen Nachfolgeklauseln im Fall des Todes eines Gesellschafters s § 727 Rn 2 ff. 1
II. 1. Die Vereinbarung einer Fortsetzungsklausel ist **zwingende Voraussetzung** für den Fortbestand der Gesellschaft. Die in Abs 1 aufgezählten Gründe für das Ausscheiden eines Gesellschafters sind dag nicht abschließend. Daneben sind eine Reihe weiterer Gründe denkbar, die insb durch den Gesellschaftsvertrag festgelegt werden können (zB bestimmte Höchstaltersgrenzen; zu einer Wiederverheiratungsklausel BGH WM 65, *1035*). 2
2. Die Fortsetzungsklausel hat die **Wirkung**, dass der Gesellschafter mit Eintritt des Ereignisses, das für das Ausscheiden maßgeblich ist, von selbst aus der Gesellschaft ausscheidet und diese dann unter den verbliebenen Gesellschaftern fortgeführt wird. Nach § 738 I S 1 wächst sein Gesellschaftsanteil den anderen Gesellschaftern zu. Dies bedeutet, dass sich der in dem Mitgliedschaftsrecht der übrigen Gesellschafter verkörperte Kapitalanteil entspr erhöht. Dinglich ändert sich nichts, da allein die rechtsfähige Gesellschaft Trägerin des Gesellschaftsvermögens ist (vgl § 719 Rn 1 f). Eine Fortsetzungsklausel ist mangels abw Regelung im Gesellschaftsvertrag grds auch anwendbar, wenn die Mehrheit der Gesellschafter kündigt (BGH NJW 08, 1943). Enthält der Gesellschaftsvertrag eine Nachfolgeregelung, so 3

wächst der Gesellschaftsanteil des Ausscheidenden ohne weiteres seinem Nachfolger an; Rechtshandlungen zur Übertragung des Anteils sind nicht erforderlich. Für den Fall des Ausscheidens wird insb in Freiberufler-GbR häufig ein nachvertragliches Wettbewerbsverbot vereinbart. Dieses muss in räumlicher, gegenständlicher und zeitlicher Hinsicht verhältnismäßig sein, wobei ein über zwei Jahre hinausgehendes Wettbewerbsverbot gegen § 138 verstößt (BGH NJW 04, 66).

4 Gem **Abs 2** trifft den ausscheidenden Gesellschafter eine persönliche **Nachhaftung** in den Grenzen, die für Personenhandelsgesellschaften vorgesehen sind. Der Gesellschafter haftet damit gem Abs 2 iVm § 160 HGB mit der zeitlichen Begrenzung von 5 Jahren für die Verbindlichkeiten der Gesellschaft, die vor seinem Ausscheiden begründet worden sind. Mit Ablauf der Frist von 5 Jahren ist grds die Nachhaftung erloschen (**Enthaftung**). Dauerschuldverhältnisse sind dabei ohne Differenzierung nach gewissem oder ungewissem Verlauf in der Zukunft als Verbindlichkeiten iSv § 160 I HGB anzusehen (BGH NJW 00, 209). Die sog Kündigungstheorie (vgl BGHZ 70, 132) wurde aufgegeben (BGHZ 142, 324, 331). Da § 160 I HGB hins des Beginns der Enthaftungsfrist auf die Eintragung des Ausscheidens im Handelsregister abstellt, bleibt der entspr Zeitpunkt bei einem GbR-Gesellschafter unklar. Nach zutreffender hM ist auf den Zeitpunkt der Kenntniserlangung des Gläubigers vom Ausscheiden abzustellen (BGHZ 117, 168; Altmeppen NJW 00, 2529).

5 III. Die Gesellschaft setzt begrifflich voraus, dass mehrere Personen beteiligt sind. Das Ausscheiden eines Gesellschafters hat daher für eine **zweigliedrige Gesellschaft** zur Folge, dass die Gesellschaft trotz Fortsetzungsklausel endet. Die Fortsetzungsklausel ist dann iZw als Übernahmeklausel auszulegen (OLG Stuttgart NZG 04, 766, 768). Der verbleibende Gesellschafter erhält den Anteil des Ausscheidenden, so dass das Gesellschaftsvermögen sein Alleineigentum wird (BGH NJW 08, 2992). Er muss den ausscheidenden Gesellschafter abfinden (§ 738).

§ 737 Ausschluss eines Gesellschafters

¹Ist im Gesellschaftsvertrag bestimmt, dass, wenn ein Gesellschafter kündigt, die Gesellschaft unter den übrigen Gesellschaftern fortbestehen soll, so kann ein Gesellschafter, in dessen Person ein die übrigen Gesellschafter nach § 723 Abs. 1 Satz 2 zur Kündigung berechtigender Umstand eintritt, aus der Gesellschaft ausgeschlossen werden. ²Das Ausschließungsrecht steht den übrigen Gesellschaftern gemeinschaftlich zu. ³Die Ausschließung erfolgt durch Erklärung gegenüber dem auszuschließenden Gesellschafter.

1 I. Spiegelbildlich zu § 723 I 2 ermöglicht § 737 anstelle der Auflösung der Gesellschaft den **Ausschluss eines Gesellschafters** aus wichtigem Grund. Der Ausschluss ist nur möglich, wenn zwischen den Gesellschaftern eine Fortsetzungsklausel vereinbart worden ist. Die Fortsetzungsklausel verdeutlicht den Willen, den Fortbestand der Gesellschaft unabhängig von der Mitgliedschaft der ursprünglichen Gesellschafter zu sichern und dazu notfalls auch einen Störer auszuschließen. In der zweigliedrigen GbR tritt an die Stelle der Ausschließung ein durch einseitige Kündigungserklärung auszuübendes Übernahmerecht analog § 737, sofern der Gesellschaftsvertrag für die Kündigung eine Übernahme- oder Fortsetzungsklausel enthält (OLG München NZG 98, 937).

2 II. 1. **Voraussetzung** für den Ausschluss eines Gesellschafters ist das Vorliegen eines **wichtigen Grundes** in der Person des Auszuschließenden (so § 723 Rn 4). Der Ausschluss ist das äußerste Mittel, um Probleme zwischen den Gesellschaftern zu lösen. An das Vorliegen des wichtigen Grundes sind folglich strenge Anforderungen zu stellen (BGHZ 4, 108). IErg muss die Fortsetzung der Gesellschaft mit dem Störer für die anderen Gesellschafter unzumutbar sein (vgl dazu Horn AcP 181, 272). Bei dieser Einschätzung sind sämtliche Umstände unter Berücksichtigung der gesellschaftsrechtlichen Beziehungen zu würdigen (BGH WM 65, 1038), insb darf der wichtige Grund nicht wesentlich durch die übrigen Gesellschafter verursacht sein (BGH WM 03, 1084).

Weitere Voraussetzung des Ausschlussrechts ist die Vereinbarung einer **Fortsetzungs-** 3
klausel (vgl § 736 Rn 1). Da der Ausschluss eines Gesellschafters die Gesellschaftsgrundlage betrifft, steht das Ausschlussrecht nur **allen Gesellschaftern gemeinschaftlich**
zu. Es ist ein einstimmiger Beschl der verbleibenden Gesellschafter erforderlich. Grds
ist kein Gesellschafter verpflichtet, dem Ausschluss zuzustimmen. In besonders gelagerten Fällen kann sich aus der Treuepflicht des Gesellschafters etwas anderes ergeben (s
dazu auch § 140 HGB).
2. Der Ausschluss wird mit Zugang der Erklärung **wirksam**. Der ausgeschlossene Ge- 4
sellschafter scheidet unmittelbar aus; seine Rechte bestimmen sich nach § 738.
III. Sieht der Gesellschaftsvertrag abw von § 737 ein **Ausschlussrecht nach freiem Er-** 5
messen ohne wichtigen Grund vor, ist diese Bestimmung grds wegen § 138 I nichtig
(str, BGHZ 107, 351; 164, 107; krit Flume DB 86, 629; zum Ganzen Gehrlein NJW
05, 1969 ff). Hingegen ist eine an keine Voraussetzungen geknüpfte **Hinauskündi-**
gungsklausel oder eine vergleichbare schuldrechtliche Regelung wirksam, wenn sie wegen besonderer Umstände sachlich gerechtfertigt, zB bei Gesellschafterstellung auf
Probe (BGH NJW 04, 2013; NZG 07, 583, 585), Beendigung eines im Verhältnis zur
Gesellschafterstellung für die Zusammenarbeit vorrangigen Vertrages (BGH DStR 05,
798, 800, Kooperationsvertrag; BGHZ 107, 351, Mitarbeitermodell; BGH NJW 05,
3641, Managermodell). Gleiches gilt, wenn die Gesellschafter ein Unternehmen geerbt
haben und der Abschluss des Gesellschaftsvertrages nebst Ausschlussrecht auf testamentarischer Verfügung des Erblassers beruht (BGH NZG 07, 422 f). Insb mit Blick
auf die besonderen Erfordernisse einer Freiberuflersozietät ist dort die noch weitergehende Zulässigkeit des Gesellschafterausschlusses ohne wichtigen Grund bei entspr gesellschaftsvertraglicher Regelung, die sich auch auf die Abfindung erstreckt, zu befürworten (vgl auch Grunewald DStR 04, 1750 f; Verse DStR 07, 1822, 1824 f).

§ 738 Auseinandersetzung beim Ausscheiden

(1) ¹Scheidet ein Gesellschafter aus der Gesellschaft aus, so wächst sein Anteil am Gesellschaftsvermögen den übrigen Gesellschaftern zu. ²Diese sind verpflichtet, dem Ausscheidenden die Gegenstände, die er der Gesellschaft zur Benutzung überlassen hat,
nach Maßgabe des § 732 zurückzugeben, ihn von den gemeinschaftlichen Schulden zu
befreien und ihm dasjenige zu zahlen, was er bei der Auseinandersetzung erhalten würde, wenn die Gesellschaft zur Zeit seines Ausscheidens aufgelöst worden wäre. ³Sind
gemeinschaftliche Schulden noch nicht fällig, so können die übrigen Gesellschafter dem
Ausscheidenden, statt ihn zu befreien, Sicherheit leisten.
(2) Der Wert des Gesellschaftsvermögens ist, soweit erforderlich, im Wege der Schätzung zu ermitteln.

I. §§ 738 ff regeln die Folgen des **Ausscheidens** eines Gesellschafters **bei Fortbestand** 1
der Gesellschaft. Haben die Gesellschafter eine Fortsetzungsklausel vereinbart, soll
nach dem Grundgedanken der §§ 738 ff die Rechtsstellung des ausscheidenden Gesellschafters weitgehend derjenigen entsprechen, die im Fall der Gesellschaftsauflösung bestehen würde. Er soll nicht deshalb schlechter stehen, weil die Gesellschaft entgg dem
gesetzlichen Regelfall nicht aufgelöst wird. Die verbleibenden Gesellschafter müssen
sich demnach mit dem Ausscheidenden auseinander setzen. Wie die meisten gesellschaftsrechtlichen Normen sind auch §§ 738 ff dispositiv (s Rn 6), mit Ausn von
§ 738 I 1. Jedoch ist auch hier wieder zu beachten, dass dem Gesellschafter kein Anteil
am Gesellschaftsvermögen iSe dinglichen Mitberechtigung zusteht. Vielmehr erhöht
sich beim Ausscheiden eines Gesellschafters der im Mitgliedschaftsrecht verkörperte
Kapitalanteil der übrigen Gesellschafter.
II. 1. § 738 setzt das **Ausscheiden eines Gesellschafters** voraus. Von der Vorschrift wer- 2
den sämtliche Formen des Ausscheidens erfasst: gesetzlich und vertraglich vereinbarte,
Kündigung und Ausschluss. Auch auf eine zweigliedrige Gesellschaft (§ 736 Rn 4) sind
§§ 738 ff anwendbar. Die partielle Auseinandersetzung mit dem ausscheidenden Gesellschafter entfällt nur, wenn sein Anteil nicht den übrigen Gesellschaftern anwächst,

insb also bei der Veräußerung des Gesellschaftsanteils oder der Nachfolge im Todesfall.

3 **2. a)** Zwingende **Rechtsfolge** des Ausscheidens ist die **Anwachsung**, also der unmittelbare Übergang des Gesellschaftsanteils auf die übrigen Gesellschafter. Eine isolierte Übertragung einzelner Vermögensgegenstände ist weder nötig noch möglich (BGHZ 32, 317). Denn dinglich erfolgt keine Rechtsänderung. Das Gesellschaftsvermögen wird allein der rechtsfähigen Gesellschaft zugeordnet, so dass der Eintritt und das Ausscheiden von Gesellschaftern keinen Einfluss auf die dingliche Rechtslage bzgl des Gesellschaftsvermögens haben.

4 **b)** Der ausscheidende Gesellschafter **verliert** seine **Gesellschafterrechte**. Ihm stehen ausschließlich die in Abs 1 festgelegten Rechte zu, sofern der Gesellschaftsvertrag keine abw Bestimmungen enthält. Nach der gesetzlichen Regelung kann er die **Rückgabe** der zur Nutzung überlassenen Gegenstände (§ 732) verlangen. Ferner ist er von den Verbindlichkeiten der Gesellschaft **freizustellen**, soweit er für diese entspr § 128 HGB haftet (BGH NZG 10, 383). Diese Ansprüche bestehen unabhängig davon, ob den ausscheidenden Gesellschafter eine Nachschusspflicht gem § 739 trifft. Die verbleibenden Gesellschafter haben lediglich ein ZbR (BGH NJW 74, 899). Für noch nicht fällige Verbindlichkeiten müssen sie dem ausscheidenden Gesellschafter **Sicherheit leisten**.

5 **c)** Dem ausscheidenden Gesellschafter steht in der Folge ein Anspruch auf Ermittlung und Auszahlung eines Abfindungsguthabens zu (vgl § 730 Rn 4), wobei insb auf eine gesellschaftsvertraglich vereinbarte Vorableistung kein Anspruch mehr besteht (OLG Hamm NZG 02, 196). Der **Abfindungsanspruch** des ausscheidenden Gesellschafters ist eine Sozialverpflichtung der Gesellschaft, für welche die einzelnen Gesellschafter mit ihrem Privatvermögen einzustehen haben (vgl iE OLG Köln NZG 01, 467; MK/Schäfer § 738 Rn 17), und umfasst den Geldanspruch auf Einlagenerstattung (§ 733) sowie den Anteil am Gewinn (§ 734). Die Höhe des Anspruchs bestimmt sich nach einer Auseinandersetzungsbilanz zum Stichtag des Ausscheidens. Dazu ist der Wert der Gesellschaft zu ermitteln, wobei der wirkliche Wert des lebenden Unternehmens einschließlich aller stillen Reserven und des good will maßgeblich ist (BGH ZIP 02, 1144, 1149; insb für Freiberufler vgl OLG Celle NZG 02, 862); gebräuchlich ist dabei die Bemessung nach dem Ertragswert (BGHZ 116, 359). Dieser Wert wird nach dem vereinbarten Verteilungsschlüssel auf die Gesellschafter verteilt. Umstr ist, in welchem Zeitpunkt der Abfindungsanspruch fällig wird (zum Meinungsstand MK/Schäfer § 738 Rn 20).

6 **III. 1.** Nach dem Grundsatz der Vertragsfreiheit können die Gesellschafter eine von § 738 **abw Regelung** treffen. Im Hinblick auf die Kapitalsicherung und die damit verbundene Lebensfähigkeit der Gesellschaft werden Abfindungsansprüche vielfach ausgeschlossen oder beschränkt. Solche Vereinbarungen sind bei ideellen Gesellschaften grds möglich. Sie unterliegen aber bei wirtschaftlich ausgerichteten Gesellschaften den Schranken der §§ 138, 723 III. Der einzelne Gesellschafter darf durch die vertragliche Regelung nicht in sittenwidriger Weise geknebelt oder in seinem Kündigungsrecht beschränkt werden (BGHZ 116, 359). Dabei wird insb die Zulässigkeit von **Buchwertklauseln**, auch unter dem Gesichtspunkt der Gläubigerbenachteiligung, in Rspr und Literatur krit diskutiert, wobei va bei nachträglicher Veränderung der Verhältnisse häufig im Wege der ergänzenden Vertragsauslegung eine Lösung erzielt werden kann (vgl zB BGHZ 123, 286 und zum Meinungsstand insgesamt MK/Schäfer § 738 Rn 44 ff und 53 f). Bei dem Ausscheiden aus einer Freiberufler-GbR ist ein Abfindungsausschluss idR nicht zu beanstanden, wenn die Sachwerte geteilt werden und der Ausscheidende in der Mitnahme von Mandanten bzw Patienten nicht beschränkt wird (BGH NJW 94, 796; NJW 10, 2660 f).

7 **2.** In prozessualer Hinsicht kann der ausscheidende Gesellschafter eine **Stufenklage** (§ 254 ZPO) gegen die Gesellschaft erheben, um zunächst seinen Anspruch auf Bilanzerstellung durchzusetzen (zu der Möglichkeit, neben der Gesellschaft auch die Gesellschafter auf Erstellung der Bilanz in Anspruch zu nehmen, s BGH NJW 09, 431). Die Entscheidung über den Zahlungsanspruch schließt sich an. Die Richtigkeit der erstellten Abschlussbilanz unterliegt ebenfalls der gerichtlichen Nachprüfung im Wege einer

gesonderten Feststellungsklage. Die Möglichkeit der sofortigen Leistungsklage auf eine bestimmte Abfindung schließt das Feststellungsinteresse nicht aus (BGHZ 1, 74).

§ 739 Haftung für Fehlbetrag

Reicht der Wert des Gesellschaftsvermögens zur Deckung der gemeinschaftlichen Schulden und der Einlagen nicht aus, so hat der Ausscheidende den übrigen Gesellschaftern für den Fehlbetrag nach dem Verhältnis seines Anteils am Verlust aufzukommen.

§ 739 entspricht in seinem **Regelungsgehalt** § 735 für den Fall der Fortführung der Gesellschaft. Der ausscheidende Gesellschafter hat einen durch die Abfindungsbilanz (s § 738 Rn 5) ermittelten Verlust entspr seiner Beteiligungsquote auszugleichen, sofern keine abw Regelungen im Innenverhältnis entgegenstehen. Abw vom Wortlaut steht dieser Anspruch der Gesellschaft als Trägerin des Gesellschaftsvermögens zu (vgl § 719 Rn 1 f). 1

§ 740 Beteiligung am Ergebnis schwebender Geschäfte

(1) ¹Der Ausgeschiedene nimmt an dem Gewinn und dem Verlust teil, welcher sich aus den zur Zeit seines Ausscheidens schwebenden Geschäften ergibt. ²Die übrigen Gesellschafter sind berechtigt, diese Geschäfte so zu beendigen, wie es ihnen am vorteilhaftesten erscheint.
(2) Der Ausgeschiedene kann am Schluss jedes Geschäftsjahrs Rechenschaft über die inzwischen beendigten Geschäfte, Auszahlung des ihm gebührenden Betrags und Auskunft über den Stand der noch schwebenden Geschäfte verlangen.

Die Fortführung der Gesellschaft hat zur Folge, dass die laufenden Geschäfte nicht mit dem Ausscheiden des Gesellschafters abgewickelt werden müssen. Gleichwohl ist der Gesellschafter hins dieser **schwebenden Geschäfte** nach § 740 an einem Gewinn oder Verlust beteiligt. Schwebend sind diejenigen Geschäfte, an die die Gesellschaft bereits gebunden war, die jedoch vor dem Ausscheiden des Gesellschafters noch nicht erfüllt worden sind (BGH NJW 93, 1194). Der Gesellschafter wird unabhängig von seinem Abfindungsanspruch an diesen Geschäften beteiligt; sie fließen damit insb nicht als Rechnungsposten in die Abfindungsbilanz ein. Freilich ist die Vorschrift abdingbar und iÜ auch wegen des grds Übergangs zum Ertragswertverfahren bei der Ermittlung des Abfindungsanspruchs im Regelfall gegenstandslos (vgl nur OLG Hamm NZG 05, 175). Abs 1 S 2 stellt ausdrücklich klar, dass dem ausscheidenden Gesellschafter hins der schwebenden Geschäfte kein Mitspracherecht zusteht. Er kann nach Abs 2 lediglich verlangen, dass ihm die verbleibenden Gesellschafter Rechenschaft ablegen. 1

Titel 17
Gemeinschaft

§ 741 Gemeinschaft nach Bruchteilen

Steht ein Recht mehreren gemeinschaftlich zu, so finden, sofern sich nicht aus dem Gesetz ein anderes ergibt, die Vorschriften der §§ 742 bis 758 Anwendung (Gemeinschaft nach Bruchteilen).

I. 1. §§ 741 ff bilden allg Regeln für die Beziehungen zwischen mehreren Berechtigten, denen ein Gegenstand gemeinschaftlich zusteht. Diese Regeln gelten grds unabhängig vom jeweiligen Entstehungsgrund der gemeinschaftlichen Berechtigung. Als **Gemeinschaft nach Bruchteilen** fassen sie eine Vielzahl unterschiedlicher Arten der Beteiligung zusammen. Gemeinschaftlichen Charakter haben die Rechtsbeziehungen zwischen den Beteiligten (nur) dadurch, dass diese Beteiligten jeweils an dem gleichen Gegenstand zu 1 einem ideellen Bruchteil gemeinsam berechtigt sind. Aus dieser gemeinschaftlichen Berechtigung erwächst ein gemeinsames Interesse an der **werterhaltenden Verwaltung** des Gegenstandes und ggf an der Abwicklung. Dag verfolgt die Bruchteilsgemeinschaft keinen weiter gehenden Zweck. Sie ist insofern eine Interessengemeinschaft, aber iU zur Gesellschaft (§ 705) **keine Zweckgemeinschaft**.

2 **2. a)** Nur zT enthalten §§ 742 ff **zwingendes Recht** für die Bruchteilsgemeinschaft (ausdrücklich in § 749 II, III; iÜ jeweils durch Auslegung zu ermitteln). Vorrangige **Sonderregelungen** für die Bruchteilsgemeinschaft mehrerer Eigentümer ergeben sich aus §§ 1008 ff (Miteigentum) sowie aus §§ 10 ff WEG (zur Rechtsfähigkeit der Wohnungseigentümergemeinschaft Lehmann-Richter ZWE 12, 463).

3 **b)** Hilfsweise anzuwenden sind §§ 742 ff auf andere Gemeinschaften, insb die Gesamthandsgemeinschaft, soweit die spezifischen Regelungen für diese Gemeinschaften Lücken aufweisen. Entspr anzuwenden sind §§ 742 ff oder einzelne Bestimmungen daraus ua aufgrund der Verweise in §§ 731 S 2, 1477 I, 2042 II, 2044 I S 2 und § 10 I S 1 WEG. Eine entspr Anwendung kommt auch bei Bestehen verschiedenartiger dinglicher Rechte an einem Gegenstand in Betracht (zB Dienstbarkeit neben Eigentum, s etwa BGH NJW-RR 10, 1585, 1586).

4 **II. 1. Voraussetzung** der Bruchteilsgemeinschaft ist die **gemeinschaftliche Berechtigung mehrerer Personen an einem Gegenstand**. Die Berechtigung muss in ideellen Bruchteilen und nicht in voneinander unabhängigen realen Teilrechten auf die Beteiligten verteilt sein. Keine Bruchteilsgemeinschaft kommt daher bei Rechten verschiedenartigen Inhalts an einem Gegenstand in Betracht (zB zwischen Gläubiger und Nießbraucher bei § 1077 oder zwischen Gläubiger und Einziehungsberechtigtem). Das Erfordernis der Beteiligung mehrerer schließt grds eine „Einmann-Bruchteilsgemeinschaft" aus (zur Ausn bei Rechten mehrerer Sondervermögen einer einzelnen Person an einem Gegenstand MK/K Schmidt § 741 Rn 31). **Gegenstand** der Gemeinschaft können Rechte aller Art sein, die einer Mehrheit von Teilhabern zugänglich sind; zB Forderungen iR einer einfachen Forderungsgemeinschaft (zur Frage, ob eine Bruchteilsgemeinschaft an einem Vermächtnisanspruch bestehen kann Muscheler NJW 12, 1399); Eigentum (für das die §§ 742 ff neben den Sondervorschriften der §§ 1008 ff gelten); dingliche Nutzungsrechte; nach hM auch der Besitz (BGHZ 62, 245). An mehreren Gegenständen kann eine einheitliche Gemeinschaft bestehen, wenn die gemeinschaftliche Berechtigung für alle Gegenstände auf dem gleichen Entstehungsgrund beruht (BGHZ 140, 67). Besteht dag nur ein gemeinschaftliches Interesse an einem Gegenstand, ohne dass die Beteiligten gemeinschaftlich Inhaber eines Rechts daran sind, handelt es sich lediglich um eine sog schlichte Interessengemeinschaft, auf die §§ 742 ff nicht anzuwenden sind.

5 Das Vorliegen einer Bruchteilsgemeinschaft ist nicht auf einen bestimmten **Entstehungsgrund** beschränkt. Sie kann vielmehr durch Gesetz, Realakt (zB §§ 947 I, 948) oder Rechtsgeschäfte (zB Forderungsgemeinschaft beim Kauf; Eintritt zweier Personen in einen einheitlichen Mietvertrag, vgl BGH NJW 05, 3781) entstehen, sofern nur iErg ein Gegenstand mehreren Berechtigten gemeinschaftlich zusteht. Bei gemeinschaftlichen Berechtigungen auf vertraglicher Grundlage wird allerdings häufig zu prüfen sein, ob ein darüber hinausgehender Zweck verfolgt wird, so dass keine Bruchteilsgemeinschaft, sondern eine Gesellschaft entsteht (zur konkludenten Begr einer Bruchteilsgemeinschaft an Sparguthaben auf Alleininhaberkonto unter Ehegatten vgl BGH NJW 02, 3702).

6 **2. Folge** der Bruchteilsgemeinschaft ist das Entstehen schuldrechtlicher Verpflichtungen zwischen den Teilhabern nach Maßgabe der gesetzlichen Schuldverhältnisse, die in §§ 742 ff geregelt sind. Die Gemeinschaft selbst ist kein gesetzliches Schuldverhältnis, sondern nur die Voraussetzung für die Pflichten, die aus den Schuldverhältnissen nach §§ 742 ff erwachsen. Es besteht damit insb keine allg schuldrechtliche Pflicht der Teilhaber, sich wechselseitig vor Schäden zu bewahren (hM, BGHZ 62, 246) oder bei der Wahrnehmung der wirtschaftlichen Interessen zu unterstützen (OLG Düsseldorf DB 98, 2159). Dennoch besteht zwischen den Teilhabern eine Treuepflicht, die bei Missachtung der Belange der übrigen Teilhaber zu einer Schadensersatzpflicht führen kann (OLG Hamburg ZMR 02, 456). Insgesamt treten im Verhältnis der Teilhaber bei der

Gemeinschaft die **Individualinteressen** nicht wie bei der Gesellschaft (vgl § 705 Rn 2, 9) hinter den gemeinschaftlichen Interessen zurück. Insb darf jedes Mitglied über seinen rechnerischen Anteil frei verfügen (§ 747 S 1) und grds seine Teilberechtigung allein ausüben (§§ 743, 745 III S 2).

Im **Verhältnis zu Dritten** hat die Vereinbarung einer Bruchteilsgemeinschaft grds keine Auswirkungen. Es gelten die allg Grundsätze der §§ 420 ff, so dass die Teilhaber regelmäßig als **Gesamtschuldner** verpflichtet werden (§§ 427, 431). Unmittelbare Außenwirkung haben lediglich §§ 744 II, 745 I, die dem Handelnden **Vertretungsmacht** einräumen (str; BGHZ 56, 49 zu § 745 I; aA Staud/Langhein, § 744 Rn 37; iE unten § 744 Rn 5). 7

§ 742 Gleiche Anteile

Im Zweifel ist anzunehmen, dass den Teilhabern gleiche Anteile zustehen.

§ 742 enthält für die rechtsgeschäftlich begründete Bruchteilsgemeinschaft eine **Auslegungsregel** hins der Höhe der jeweiligen Anteile (BGH NJW 97, 1435) und für Bruchteilsgemeinschaften mit anderem Entstehungsgrund eine entspr **gesetzliche Vermutung**. Die Vorschrift greift nicht ein, wenn sich ein anderer Verteilungsschlüssel aus der Parteivereinbarung, speziellen Vorschriften (zB §§ 947 I, 948; § 6 I S 2 Depotgesetz) oder aufgrund einer besonderen Sachlage, die im Einzelfall eine andere Beurteilung gebietet (RGZ 169, 239; BGH NJW 97, 1435 für ein Oder-Depot), ergibt. Allein der Umstand, dass beim Erwerb eines Gegenstandes ein Beteiligter einen höheren Teil des Kostens trägt als der andere, schließt die gesetzliche Vermutung noch nicht aus (OLG Hamm FamRZ 03, 529). § 742 schützt **nicht** den guten Glauben eines **Dritten** an die gleichmäßige Berechtigung der Beteiligten (BGHZ 13, 138). Ebenso lässt sich mithilfe der Vorschrift nicht das Bestehen einer Bruchteilsgemeinschaft konstruieren; diese wird vielmehr von § 742 vorausgesetzt (BGH NJW 81, 1503). 1

§ 743 Früchteanteil; Gebrauchsbefugnis

(1) Jedem Teilhaber gebührt ein seinem Anteil entsprechender Bruchteil der Früchte.
(2) Jeder Teilhaber ist zum Gebrauch des gemeinschaftlichen Gegenstands insoweit befugt, als nicht der Mitgebrauch der übrigen Teilhaber beeinträchtigt wird.

I. Die Vorschrift regelt das Innenverhältnis der Teilhaber hins der **Nutzungen** (§ 100) des gemeinschaftlichen Gegenstandes. 1

II. 1. **Abs 1** gibt jedem Teilhaber einen schuldrechtlichen **Anspruch auf** den Bruchteil der **Früchte**, der seinem Anteil entspricht. Der Anspruch umfasst natürliche Früchte (§ 99 I) und Rechtsfrüchte (§ 99 II). Er kann durch eine Vereinbarung der Mitberechtigten nicht beeinträchtigt werden, § 745 III 2. Der Teilhaber darf jedoch die ihm zustehenden Früchte nicht eigenmächtig ziehen. Die Fruchtziehung ist Verwaltungshandlung gem §§ 744 f und muss grds von allen Berechtigten gemeinsam vorgenommen werden. Nur so ist gewährleistet, dass die Kosten gem § 748 bei der Erlösverteilung gleichmäßig berücksichtigt werden (BGHZ 40, 330). Nach Abzug der Kosten ist die Teilung entspr §§ 752 f vorzunehmen. Abs 1 hat zB für die Einziehung gemeinschaftlicher **Mietforderungen** Bedeutung. Der Mieter muss nicht an jeden einzelnen Teilhaber anteilig den Mietzins entrichten (BGH NJW 69, 839). Seine Leistungspflicht richtet sich ausschließlich nach dem Mietvertrag und einer etwaigen Vereinbarung der Teilhaber nach §§ 744, 745. Nur bei einer entspr Absprache kann ein einzelner Berechtigter den gesamten Mietzins einfordern. Er ist den anderen ggü hins des Verbleibs der Summe darlegungs- und beweispflichtig (BGH BB 72, 1245). 2

2. Nach **Abs 2** hat jeder Teilhaber die **Befugnis zum Gebrauch** des Gegenstandes, soweit er damit den Mitgebrauch der übrigen Teilhaber nicht beeinträchtigt. Die Vorschrift ist neben Gegenständen auch auf gemeinschaftliche Rechte anwendbar (BGH NJW-RR 05, 1200) und regelt lediglich das **Maß** des Gebrauchs durch den Einzelnen. 3

Wie der Gegenstand zu gebrauchen ist, können die Teilhaber nach § 745 I frei vereinbaren. Durch eine solche Absprache kann der Gebrauch auch weitgehend beschränkt werden (BGH NJW-RR 95, 267). Das Gebrauchsrecht nach Abs 2 besteht dann nur innerhalb der festgelegten Grenzen. Da Abs 2 das Recht des Einzelnen durch das Mitgebrauchsrecht der anderen beschränkt, ist die Bestimmung **unanwendbar**, wenn sich der Gegenstand seiner Natur nach nicht für einen Mitgebrauch eignet. Dies ist insb der Fall, wenn der Gebrauch eines Teilhabers den der anderen nicht nur vorübergehend ausschließt (Staud/Langhein, § 743 Rn 38).

§ 744 Gemeinschaftliche Verwaltung

(1) Die Verwaltung des gemeinschaftlichen Gegenstands steht den Teilhabern gemeinschaftlich zu.

(2) Jeder Teilhaber ist berechtigt, die zur Erhaltung des Gegenstands notwendigen Maßregeln ohne Zustimmung der anderen Teilhaber zu treffen; er kann verlangen, dass diese ihre Einwilligung zu einer solchen Maßregel im Voraus erteilen.

1 I. Die Verwaltung des gemeinschaftlichen Gegenstandes richtet sich nach §§ 744–746. Die gemeinschaftliche Verwaltung durch sämtliche Teilhaber nach Abs 1 ist der gesetzliche Regelfall, von dem aufgrund eines Mehrheitsbeschlusses (§ 745 I; zur Wirkung einer Gemeinschaftsordnung als vertragliche Gebrauchsregelung von Miteigentum und einer Zustimmungsfreistellung vgl BayObLG NJW-RR 02, 1022) oder eines gerichtlichen Urt (§ 745 II) abgewichen werden kann. Ausnahmsweise kann ein Teilhaber nach Abs 2 alleine Maßnahmen treffen, soweit sie zur Erhaltung des Gegenstandes notwendig sind.

2 II. 1. Die **gemeinschaftliche Verwaltung** des Gegenstandes (**Abs 1**) beschränkt sich nicht auf dessen **Erhaltung**, sondern umfasst darüber hinaus jede Maßnahme der Geschäftsführung im Interesse aller Teilhaber, zB auch die Ziehung und Verwertung der Früchte. Verfügungen können ebenfalls Gegenstand der Verwaltung sein. Dies gilt auch für die Beendigung eines Mietverhältnisses (BGH NZG 10, 938; NJW 11, 61, 63).

3 Die Verwaltungsentscheidungen sind von den Teilhabern grds **gemeinschaftlich** zu treffen. Die Teilhaber können aber auch einen oder mehrere von ihnen oder Dritte mit der Verwaltung des Gemeinschaftsgutes betrauen. In diesem Fall ist iZw auch von einer Bevollmächtigung zum Handeln im Namen aller Teilhaber auszugehen.

4 2. Notwendige Erhaltungsmaßregeln nach Abs 2 sind alle Maßnahmen, die im Interesse der Gemeinschaft iR ordnungsgemäßer Verwaltung zur Erhaltung der Substanz oder des wirtschaftlichen Wertes objektiv erforderlich sind (BGHZ 6, 81; vgl §§ 536 a II Nr 2, 994). Bei der Beurteilung ist ein wirtschaftlicher Maßstab anzulegen, der auch die finanzielle Zumutbarkeit für die Teilhaber berücksichtigt (OLG Hamm NZG 00, 642). Das Verwaltungsrecht der handelnden Teilhabers kann auch Verfügungen über den Gegenstand umfassen, wenn damit dessen Verderb verhindert werden kann (str). Abs 2 ist nicht abdingbar. Auf die GbR ist die Bestimmung entspr anzuwenden (hM; § 709 Rn 1).

5 Abs 2 verleiht im **Innenverhältnis** jedem Teilhaber ein individuelles Recht, auch ohne Zustimmung der übrigen zu handeln. Im **Außenverhältnis** steht dem Handelnden unter den Voraussetzungen des Abs 2 Vertretungsmacht für Verfügungsgeschäfte (hM) und für Verpflichtungsgeschäfte (sehr str; aA MK/K Schmidt §§ 744, 745 Rn 46) zu. Der gute Glaube eines Dritten an das Vorliegen einer Notsituation wird nach allg Ansicht nicht nach Abs 2 geschützt.

§ 745 Verwaltung und Benutzung durch Beschluss

(1) ¹Durch Stimmenmehrheit kann eine der Beschaffenheit des gemeinschaftlichen Gegenstands entsprechende ordnungsmäßige Verwaltung und Benutzung beschlossen werden. ²Die Stimmenmehrheit ist nach der Größe der Anteile zu berechnen.

(2) Jeder Teilhaber kann, sofern nicht die Verwaltung und Benutzung durch Vereinbarung oder durch Mehrheitsbeschluss geregelt ist, eine dem Interesse aller Teilhaber nach billigem Ermessen entsprechende Verwaltung und Benutzung verlangen.
(3) ¹Eine wesentliche Veränderung des Gegenstands kann nicht beschlossen oder verlangt werden. ²Das Recht des einzelnen Teilhabers auf einen seinem Anteil entsprechenden Bruchteil der Nutzungen kann nicht ohne seine Zustimmung beeinträchtigt werden.

I. § 745 gleicht das Interesse an der Handlungsfähigkeit der Gemeinschaft mit dem Schutzbedürfnis einzelner Teilhaber ggü Mehrheitsentscheidungen mit einschneidenden Folgen aus. Abs 1 bestimmt daher, dass die Teilhaber durch einfachen **Mehrheitsbeschluss** die Verwaltung und Benutzung des Gegenstandes regeln können. Die Beschränkung des Abs 3 schützt aber bestimmte elementare Belange jedes Teilhabers gegen Beeinträchtigungen durch Mehrheitsbeschlüsse. Treffen die Teilhaber keine Bestimmung nach Abs 1, hat jeder Einzelne nach Abs 2 das Recht, eine Verwaltung und Benutzung nach billigem Ermessen zu verlangen. 1

II. 1. **Voraussetzungen** des Mehrheitsbeschlusses nach **Abs 1** sind ein ordnungsgemäßes Verfahren und ein zulässiger Entscheidungsgegenstand. Die Festlegung der **Verfahrensregeln** ist mangels besonderer Vorschriften weitgehend den Teilhabern überlassen. Grds können Beschlüsse in einem Umlaufverfahren schriftlich und – zumindest einstimmige Beschlüsse – auch konkludent gefasst werden. Nicht beeinträchtigt werden darf aber das Stimmrecht des einzelnen Teilhabers. Jeder Teilhaber hat neben dem Anspruch auf Teilnahme an der Abstimmung auch einen Anspruch auf rechtliches Gehör. Wird dieser missachtet, ist der Beschl zwar nicht stets unwirksam, es besteht aber ein Schadensersatzanspruch (hM; BGHZ 56, 47, 56; aA MK/K Schmidt §§ 744, 745 Rn 19). Die Stimmenmehrheit bestimmt sich iU zur Gesellschaft (§ 709 Rn 2) nach der Größe der Bruchteile. 2

Entscheidungsgegenstand kann ausschließlich die ordnungsgemäße Verwaltung und Benutzung des gemeinschaftlichen Gegenstandes sein. **Ordnungsgemäße Maßnahmen** müssen nach der Sachlage zum Zeitpunkt der Beschlussfassung objektiv als vernünftig erscheinen. Mit dem Erfordernis des ordnungsgemäßen Handelns sind die Voraussetzungen für Mehrheitsbeschlüsse enger gefasst als bei Einstimmigkeit iR des § 744 I. Sie sind aber erheblich weiter als bei einer „notwendigen Maßnahme" iSv § 744 II. Insb umfassen sie auch die wirtschaftliche Nutzung des Gegenstandes (zB Verpachtung, BGHZ 56, 47 ff), nicht aber unwirtschaftliche Maßnahmen (OLG Rostock NJW-RR 03, 797, 798). In diesem Rahmen können auch Verfügungen über den Gegenstand Verwaltungsmaßnahmen sein (§ 744 Rn 2), insb kann grds auch die Kündigung eines Pacht- oder Mietverhältnisses über ein gemeinschaftliches Grundstück mehrheitlich beschlossen werden (BGH NZG 10, 938; NJW 11, 61, 63). 3

2. Abs 3 setzt im Interesse der Minderheit der Entscheidungsbefugnis der Teilhaber Grenzen. Der Umfang der Teilhaberrechte auf die Nutzungen bestimmt sich ausschließlich nach dem jeweiligen Anteil und kann nicht von der Mehrheit durch Beschl beschränkt werden (Abs 3 S 2; s aber § 743 Rn 3). Eine **wesentliche Veränderung** liegt vor, wenn die Zweckbestimmung oder die Gestalt des gemeinschaftlichen Gegenstandes in einschneidender Weise geändert wird (BGHZ 101, 28), zB bei dem Bau von Garagen auf einem gemeinschaftlichen Kfz-Abstellplatz (OLG Hamburg OLGZ 90, 144). 4

3. **Folge** des Mehrheitsbeschlusses ist eine Bindung der Teilhaber an die Entscheidung (**Innenverhältnis**). Auch die überstimmten Teilhaber sind verpflichtet, bei der Umsetzung des Beschl mitzuwirken. Alternativ steht ihnen lediglich das Kündigungsrecht nach § 749 zu (BGHZ 34, 370). Die **Außenwirkung** des Mehrheitsbeschlusses ist str. Bei Verpflichtungsgeschäften nach hM die Mehrheit zur Vertretung der Minderheit berechtigt, so dass die Mehrheitsentscheidung mit Außenwirkung durchgeführt werden kann (BGHZ 56, 47, 52); für Verfügungen s § 744 Rn 5. 5

4. Besteht **keine Regelung** hins der Verwaltung und der Nutzung des Gegenstandes, hat jeder Teilhaber nach **Abs 2** das Recht, von den anderen die **Zustimmung** zu einem von ihm vorzulegenden konkreten Regelungsvorschlag zu verlangen (zum Anspruch auf 6

Zustimmung bei überlagernden Interessen vgl OLG Hamm NZG 02, 864). Gleiches gilt, wenn die bisherige Regelung entfallen oder lückenhaft ist (BGH NJW 74, 364 f) oder tatsächliche Veränderungen ein Festhalten an ihr unerträglich erscheinen lassen (BGH NJW 07, 149, 150). Die vorgeschlagene Regelung muss die Grenzen der Abs 1 und 3 einhalten und nach billigem Ermessen den Interessen aller Teilhaber entsprechen. Der Anspruch ist mit einer auf Einwilligung gerichteten **Leistungsklage** geltend zu machen (BGH WM 89, 104); ein konkreter Gegenantrag kann mit der Widerklage geltend gemacht werden. Wenn die vorgeschlagene Regelung die Zahlung einer (wiederkehrenden) Geldsumme vorsieht, kann der Teilhaber auch unmittelbar auf Zahlung klagen (BGH NJW 84, 46). Ein Zahlungsanspruch aus § 745 II kann insb dem Ehegatten zustehen, der nach der endgültigen Trennung aus der im Eigentum beider Ehegatten stehenden Immobilie ausgezogen ist (BGH NJW 82, 1753; zur analogen Anwendbarkeit bei Bestehen eines dinglichen Mitbenutzungsrechts BGH NJW-RR 10, 1585, 1586). Überlässt ein Teilhaber die alleinige Nutzung des Gegenstandes einem anderen Teilhaber und macht von der Möglichkeit des Abs 2 keinen Gebrauch, besteht zu seinen Gunsten kein Ausgleichsanspruch (BGH NJW-RR 05, 1200, 1201).

§ 746 Wirkung gegen Sondernachfolger
Haben die Teilhaber die Verwaltung und Benutzung des gemeinschaftlichen Gegenstands geregelt, so wirkt die getroffene Bestimmung auch für und gegen die Sondernachfolger.

1 Die Regelungen zur Verwaltung und Nutzung des Gegenstandes sollen den Teilhabern auf Dauer eine gewisse Planungssicherheit geben. § 746 bindet daher jeden **Sonderrechtsnachfolger** an die nach §§ 744, 745 gefassten Beschlüsse, auch wenn sie ihm nicht bekannt waren. Sonderrechtsnachfolger ist der Erwerber des Bruchteils eines Teilhabers oder eines Bruchteils davon oder der Inhaber eines beschränkten dinglichen Rechts an einem Bruchteil (zB Pfandrecht oder Nießbrauch). Gem § 1010 tritt die Bindungswirkung bei Miteigentum an Grundstücken aber nur bei Eintragung im Grundbuch ein.

§ 747 Verfügung über Anteil und gemeinschaftliche Gegenstände
¹Jeder Teilhaber kann über seinen Anteil verfügen. ²Über den gemeinschaftlichen Gegenstand im Ganzen können die Teilhaber nur gemeinschaftlich verfügen.

1 I. Nach § 747 kann jeder Teilhaber über seinen Anteil frei verfügen. Denn bei der Gemeinschaft nach Bruchteilen gehören die Anteile der Teilhaber ausschließlich zu deren jeweiligem Vermögen. Anders als bei der Gesellschaft entsteht **kein Sondervermögen**, das vom Vermögen der Teilhaber getrennt ist, und keine gesamthänderische Bindung. § 747 wirkt auch zugunsten eines Dritten.
2 II. 1. S 1 regelt die **freie Verfügbarkeit** der Anteile. Vereinbarungen über Beschränkungen der Verfügbarkeit können die Teilhaber daher lediglich mit schuldrechtlicher Wirkung treffen (§ 137; BGH NJW 62, 1613). Der rechtsgeschäftliche Vollzug der **Verfügung über den Anteil** richtet sich nach den für den Gegenstand geltenden Vorschriften. Muss dem Erwerber Besitz eingeräumt werden (§ 929), so genügt die Verschaffung des Mitbesitzes. Die rechtsgeschäftliche Übertragung eines Miteigentumsanteils unter Miteigentümern ist ein Verkehrsgeschäft, weshalb ein gutgläubiger Erwerb nach § 892 möglich ist (BGHZ 173, 71).
3 2. Über den **Gegenstand** können grds nur alle Teilhaber gemeinschaftlich verfügen, S 2. Soll ein Einzelner im Namen aller verfügen, muss jeder Teilhaber den Verfügenden bevollmächtigen bzw die Verfügung genehmigen; ein Mehrheitsbeschluss reicht nicht aus. Bei unwirksamer Mitwirkung eines Teilhabers ist eine Verfügung bis zur wirksamen Genehmigung schwebend unwirksam (BGH NJW 94, 1471).

§ 748 Lasten- und Kostentragung

Jeder Teilhaber ist den anderen Teilhabern gegenüber verpflichtet, die Lasten des gemeinschaftlichen Gegenstands sowie die Kosten der Erhaltung, der Verwaltung und einer gemeinschaftlichen Benutzung nach dem Verhältnis seines Anteils zu tragen.

Die dispositive Vorschrift bildet das Gegenstück zu § 743. Sie bestimmt für das Innenverhältnis der Teilhaber, dass diese die entstehenden Lasten und Kosten nach der jeweiligen Höhe ihres Anteils zu tragen haben. **Lasten** sind Leistungen, die aus dem Gegenstand zu entrichten sind und dessen Wert verringern (vgl § 103). **Kosten** idS sind Aufwendungen, die den Gegenstand erhalten. Erhaltungsaufwendungen sind aber nur von den Teilhabern nach § 748 zu tragen, wenn sie auf einem wirksamen Beschl beruhen (§§ 744 I, 745 I, III) oder aus einer Notgeschäftsführungsmaßnahme resultieren (§ 744 II). 1

Hat ein Teilhaber im Außenverhältnis eine Leistung erbracht oder eine Verbindlichkeit übernommen, die seinen Kostenanteil übersteigt, richtet sich sein **Anspruch** aus § 748 gegen die anderen Teilhaber auf anteilige Schuldbefreiung (§ 257) bzw Aufwendungsersatz (BGH NJW 00, 1944, 1945). Der Anspruch ist sofort fällig, nicht erst bei Auflösung der Gemeinschaft. Verweigern die anderen Teilhaber die Erfüllung des Anspruchs, greifen die allg Vorschriften (zB §§ 280 ff, 323 ff). UU kann die Nichterfüllung einen Kündigungsgrund gem § 749 bilden. 2

§ 749 Aufhebungsanspruch

(1) Jeder Teilhaber kann jederzeit die Aufhebung der Gemeinschaft verlangen.
(2) ¹Wird das Recht, die Aufhebung zu verlangen, durch Vereinbarung für immer oder auf Zeit ausgeschlossen, so kann die Aufhebung gleichwohl verlangt werden, wenn ein wichtiger Grund vorliegt. ²Unter der gleichen Voraussetzung kann, wenn eine Kündigungsfrist bestimmt wird, die Aufhebung ohne Einhaltung der Frist verlangt werden.
(3) Eine Vereinbarung, durch welche das Recht, die Aufhebung zu verlangen, diesen Vorschriften zuwider ausgeschlossen oder beschränkt wird, ist nichtig.

I. 1. §§ 749 ff regeln die Voraussetzungen, unter denen eine **Gemeinschaft aufgehoben** werden kann (§§ 749–751), und die Art und Weise, wie die Aufhebung durch **Teilung des gemeinschaftlichen Gegenstandes** zu vollziehen ist (§§ 752–754). §§ 755 ff ergänzen die Aufhebungsvorschriften in Hinblick auf die Berichtigung bestehender Verbindlichkeiten (§§ 755 f), die Gewährleistung (§ 757) und die Verjährung (§ 758). 1

2. § 749 gibt nach wohl hM einen **Anspruch auf Aufhebung der Gemeinschaft durch Teilung** in der jeweils nach Vereinbarung oder Gesetz geschuldeten Art. Jeder Teilhaber ist dementspr verpflichtet, die zur Aufhebung erforderlichen Leistungen und Mitwirkungshandlungen zu erbringen, sobald die Voraussetzungen des § 749 vorliegen (OLG Hamburg NJW-RR 02, 1165, 1166; MK/K Schmidt § 749 Rn 17 ff). Nicht durch das Gesetz geboten, konstruktiv umständlich und für die Praxis uU beschwerlich ist dag das Verständnis des Aufhebungsrechts als Gestaltungsrecht mit der Konsequenz, dass zunächst die Aufhebung durch einstimmigen Beschl und ggf Klage auf Zustimmung herbeizuführen ist, auf dieser Grundlage sodann ein Anspruch auf Zustimmung zu einer Vereinbarung (Teilungsvertrag; Teilungsplan) über die konkrete Art der Teilung entsteht und sich daran ein Anspruch auf Vollzug des Teilungsplanes anschließt (offen gelassen in BGHZ 90, 214). 2

II. 1. Das Recht, die Aufhebung der Gemeinschaft zu verlangen, steht nach **Abs 1** jedem Teilnehmer jederzeit zu und ist gem § 758 unverjährbar. Beschränkungen können sich aus Vereinbarungen der Teilhaber (Rn 4) und aus Gesetz (zB § 922 S 3, § 11 I WEG) sowie aus Treu und Glauben (BGHZ 63, 352) ergeben, hins letzterem etwa dahingehend, dass an die Stelle der Aufhebung der Gemeinschaft die Verpflichtung des betreibenden Teilhabers tritt, seinen Anteil gegen Zahlung eines Ausgleichs zu übertragen (BGH NJW-RR 05, 308, 309). Der Aufhebungsanspruch richtet sich auf die Teilung des gemeinschaftlichen Gegenstandes und die Berichtigung bestehender Verbind- 3 lichkeiten. Ein Anspruch auf teilw Aufhebung der Gemeinschaft besteht nur, wenn die Teilhaber eine entspr Vereinbarung getroffen haben.

4 2. Aus **Abs 2** ergibt sich, dass das Aufhebungsrecht der Teilhaber grds abdingbar ist. Die Teilhaber können es durch ausdrückliche oder konkludente **Vereinbarung eines Teilungsverbotes** generell oder partiell ausschließen. Partielle Teilungsverbote können sich insb auf einzelne Teilhaber oder einzelne Gegenstände (unter mehreren gemeinschaftlichen Gegenständen), Teilungsarten oder Zeiträume beziehen. Nicht abdingbar ist jedoch das Recht zur **Aufhebung aus wichtigem Grund** (Abs 2, 3). Da die Aufhebung wegen ihrer einschneidenden Folgen nur letztes Mittel sein kann, ist im Hinblick auf den wichtigen Grund ein strenger Maßstab anzulegen. Streitigkeiten allein und selbst schwerwiegende Zerwürfnisse unter den Teilhabern genügen nicht schon; vielmehr muss eine ordnungsgemäße gemeinschaftliche Nutzung und Verwaltung unter Abwägung aller für den Einzelfall maßgeblichen Umstände unmöglich sein. Zudem kann ein Teilhaber die Aufhebung nicht verlangen, wenn er selbst allein oder überw den wichtigen Grund herbeigeführt hat (BGH ZIP 95, 114).

5 III. Für die **prozessuale Durchsetzung** des Aufhebungsanspruchs wirken sich in der Praxis die unterschiedlichen Auffassungen zum Aufhebungsverfahren (Rn 2) idR kaum aus. Nach der hier vertretenen Auffassung ist nur ein Leistungsantrag erforderlich; er richtet sich unmittelbar auf die Vornahme bzw Duldung der zur Teilung erforderlichen Handlungen. Geht man dag mit der aA von mehreren Ansprüchen aus, können diese aufgrund objektiver Klagehäufung im Prozess verbunden werden. Zu beweisen ist ein Ausschluss der Aufhebung von der Partei, die sich auf ihn beruft.

§ 750 Ausschluss der Aufhebung im Todesfall

Haben die Teilhaber das Recht, die Aufhebung der Gemeinschaft zu verlangen, auf Zeit ausgeschlossen, so tritt die Vereinbarung im Zweifel mit dem Tode eines Teilhabers außer Kraft.

1 Die **Auslegungsregel** beruht auf der Vermutung eines entspr Willens der Teilhaber. Ist ein entgegenstehender Wille erkennbar, greift sie nicht; uU liegt im Tod eines Teilhabers aber ein wichtiger Grund zur Aufhebung (§ 749 II).

§ 751 Ausschluss der Aufhebung und Sondernachfolger

¹Haben die Teilhaber das Recht, die Aufhebung der Gemeinschaft zu verlangen, für immer oder auf Zeit ausgeschlossen oder eine Kündigungsfrist bestimmt, so wirkt die Vereinbarung auch für und gegen die Sondernachfolger. ²Hat ein Gläubiger die Pfändung des Anteils eines Teilhabers erwirkt, so kann er ohne Rücksicht auf die Vereinbarung die Aufhebung der Gemeinschaft verlangen, sofern der Schuldtitel nicht bloß vorläufig vollstreckbar ist.

1 Die **Sonderrechtsnachfolger** eines Teilhabers sind an den Ausschluss des Aufhebungsrechts aus § 749 gebunden. Bei Grundstücksmiteigentum ist § 1010 zu berücksichtigen. IU zu § 746 bindet die Absprache einen **Pfändungspfandgläubiger** nur solange, wie dessen Titel nicht rechtskräftig ist (S 2). Den Teilhabern steht ein Ablöserecht gem § 268 zu.

§ 752 Teilung in Natur

¹Die Aufhebung der Gemeinschaft erfolgt durch Teilung in Natur, wenn der gemeinschaftliche Gegenstand oder, falls mehrere Gegenstände gemeinschaftlich sind, diese sich ohne Verminderung des Wertes in gleichartige, den Anteilen der Teilhaber entsprechende Teile zerlegen lassen. ²Die Verteilung gleicher Teile unter die Teilhaber geschieht durch das Los.

I. Die Teilung hebt die Gemeinschaft auf. Sie ist nach den von den Teilhabern getroffenen Absprachen durchzuführen. Die gesetzlichen Bestimmungen der §§ 752–754 greifen nur, wenn eine entspr Vereinbarung fehlt. Sonderrechtsnachfolger sind an eine rechtsgeschäftliche Teilungsbestimmung nicht gebunden, da sich §§ 746, 751 nicht auf die Teilung beziehen. Die **Teilung** gem § 752 ist aufgrund der tatsächlichen Unteilbarkeit der meisten Gegenstände in der Praxis die Ausn. Regelmäßig kommt es zu einer Teilung durch Verkauf (§ 753). Die Aufhebung einer Gemeinschaft an mehreren Gegenständen erfolgt dabei nicht im Wege eines einheitlichen Gesamtauseinandersetzungsverfahrens, sondern in Bezug auf die einzelnen Vermögensgegenstände gesondert (BGH NJW-RR 01, 369). 1

II. Voraussetzung der Teilung in Natur ist die tatsächliche Teilbarkeit des Gegenstandes. Der Gegenstand muss ohne Wertverlust derart zerlegt werden können, dass die einzelnen Teile den Anteilen der Teilhaber entsprechen. Ergibt die Summe der einzelnen Teile nicht den Gesamtwert des Gegenstandes, ist der Gegenstand nicht teilbar. Die Teilung bebauter Grundstücke scheitert regelmäßig an der erforderlichen wertmäßigen Gleichartigkeit der Grundstücksteile (OLG Hamm NJW-RR 92, 666). Die Teilung wird durch Verfügungen nach den allg Regeln für den Gegenstand vorgenommen. 2

Die **Leistungsklage** zur Durchsetzung der Teilung muss sich auf die Übertragung eines dem Bruchteil entspr Gegenstandes bzw Teils des gemeinschaftlichen Gegenstandes richten. Das Urt wird nach § 894 ZPO vollstreckt: Es ersetzt die erforderlichen Willenserklärungen der Beteiligten. Die tatsächlichen Handlungen werden, sofern erforderlich, gem §§ 883, 887 f ZPO erzwungen. 3

§ 753 Teilung durch Verkauf

(1) ¹Ist die Teilung in Natur ausgeschlossen, so erfolgt die Aufhebung der Gemeinschaft durch Verkauf des gemeinschaftlichen Gegenstands nach den Vorschriften über den Pfandverkauf, bei Grundstücken durch Zwangsversteigerung und durch Teilung des Erlöses. ²Ist die Veräußerung an einen Dritten unstatthaft, so ist der Gegenstand unter den Teilhabern zu versteigern.
(2) Hat der Versuch, den Gegenstand zu verkaufen, keinen Erfolg, so kann jeder Teilhaber die Wiederholung verlangen; er hat jedoch die Kosten zu tragen, wenn der wiederholte Versuch misslingt.

I. Zum Anwendungsbereich der Vorschrift s § 752 Rn 1. Voraussetzung der **Teilung durch Verkauf** ist, dass die Teilung des gemeinschaftlichen Gegenstandes in Natur ausgeschlossen, aber eine Veräußerung grds möglich ist. Ein Anspruch der Teilhaber auf alleinige Übertragung eines unteilbaren gemeinschaftlichen Gegenstandes besteht im Interesse einer gleichmäßigen Aufteilung nicht (OLG Hamm NJW-RR 01, 245). Nach Abs 1 S 1 ist der Gegenstand nach den Vorschriften über den **Pfandverkauf** (§§ 1233 ff) zu veräußern, wenn es sich um eine bewegliche Sache oder ein Recht (außer im Fall des § 754) handelt. Ein Grundstück als gemeinschaftlicher Gegenstand ist nach den Vorschriften über die Zwangsversteigerung (§§ 180 ff ZVG) zu versteigern. Die **Versteigerung unter den Teilhabern** (Abs 1 S 2) ist nur erforderlich, wenn die Veräußerung an einen Dritten aufgrund einer entspr Vereinbarung oder letztwilligen Verfügung (§ 2048) nicht gestattet ist. Der **Erlös** ist dingliches Surrogat des gemeinschaftlichen Gegenstandes. Er ist nach Abzug der Kosten (§ 748) und Begleichung der Gesamtschulden (§ 755) unter den Teilhabern entspr ihren Anteilen zu verteilen. Zur Erlösverteilung bei unterschiedlicher Belastung der Anteile s BGH NJW-RR 10, 520. 1

II. Bei **Wiederholung der Versteigerung** (Abs 2) hat grds der Teilhaber die Kosten zu tragen, der die Wiederholung verlangt hat. Die Kostenfolge des Abs 2 tritt nicht ein, wenn die zweite Versteigerung aufgrund von Festlegungen, die die Teilhaber zusätzlich zu den Anforderungen des § 753 getroffen haben, gescheitert ist. Erweist sich der Gegenstand als **unveräußerlich**, bleibt die Gemeinschaft weiter bestehen. Nur in Ausnahmefällen besonderer Unbilligkeit oder Unzumutbarkeit kann abw davon von einem 2

Teilhaber nach dem Grundsatz von Treu und Glauben (§ 242) eine Teilung durch Leistungsurteil erstritten werden (BGHZ 68, 304).

§ 754 Verkauf gemeinschaftlicher Forderungen

¹Der Verkauf einer gemeinschaftlichen Forderung ist nur zulässig, wenn sie noch nicht eingezogen werden kann. ²Ist die Einziehung möglich, so kann jeder Teilhaber gemeinschaftliche Einziehung verlangen.

1 Die Vorschrift hat für Bruchteilsgemeinschaften nur verhältnismäßig geringe Bedeutung, da nur in einigen besonderen Konstellationen Bruchteilsgemeinschaften an Forderungen entstehen (insb aufgrund der Nutzung oder der Beschädigung eines gemeinschaftlichen Gegenstandes durch einen Dritten). Auf die realgeteilten Forderungen iR des § 420 ist § 754 nicht anzuwenden. Der überwiegende Anwendungsbereich liegt aufgrund der Verweisungen in §§ 731 S 2, 1477 I, 2042 II bei der Auseinandersetzung von **Gesamthandsgemeinschaften**. – Für das Vorgehen bei gemeinschaftlichen Forderungen ergibt sich aus §§ 752, 754 eine Abfolge: Die Forderung ist in erster Linie aufzuteilen (§ 752). Sollte eine Teilung nicht möglich sein, muss sie eingezogen werden. Nur wenn eine Teilung oder Einziehung nicht möglich ist, darf die Forderung verkauft werden (S 1). Jeder Teilhaber kann von den anderen die erforderlichen Mitwirkungshandlungen verlangen (zur Einziehung vgl BGH NJW 82, 928).

§ 755 Berichtigung einer Gesamtschuld

(1) Haften die Teilhaber als Gesamtschuldner für eine Verbindlichkeit, die sie in Gemäßheit des § 748 nach dem Verhältnis ihrer Anteile zu erfüllen haben oder die sie zum Zwecke der Erfüllung einer solchen Verbindlichkeit eingegangen sind, so kann jeder Teilhaber bei der Aufhebung der Gemeinschaft verlangen, dass die Schuld aus dem gemeinschaftlichen Gegenstand berichtigt wird.
(2) Der Anspruch kann auch gegen die Sondernachfolger geltend gemacht werden.
(3) Soweit zur Berichtigung der Schuld der Verkauf des gemeinschaftlichen Gegenstands erforderlich ist, hat der Verkauf nach § 753 zu erfolgen.

1 I. Im Zuge der Aufhebung der Gemeinschaft sind gem §§ 755, 756 bestimmte **Verbindlichkeiten** aus dem gemeinschaftlichen Gegenstand **zu berichtigen**. IU zur Auseinandersetzung bei der Gesellschaft (§§ 731 ff) ist die gesetzliche Regelung nicht auf eine umfassende Auseinandersetzung angelegt, sondern unter dem Zweck des Schutzes der einzelnen Teilhaber auf zwei elementare Sachbereiche beschränkt. Mit Berichtigung der Verbindlichkeiten gem § 755 wird die persönliche Nachhaftung eines Schuldner-Teilhabers nach den allg Regeln (§ 426 I) beseitigt. Nach § 756 ist ein Gläubiger-Teilhaber vorzugsweise aus dem Gegenstand zu befriedigen. Dritte können aus den §§ 755, 756 keine Rechte herleiten.

2 II. **Voraussetzung** des Abs 1 ist eine **Gesamtschuld ggü einem Dritten**, die unter § 748 (dort Rn 1) fällt oder zur Erfüllung einer derartigen Verbindlichkeit begründet wurde. Über den Wortlaut des § 755 hinaus steht der Berichtigungsanspruch auch einem einzelnen Teilhaber zu, der alleine eine Verbindlichkeit iSd § 748 übernommen hat oder die Haftung als Bürge übernommen hat (MK/K Schmidt §§ 755, 756 Rn 6). Teilschulden (§ 420) müssen hingegen nicht nach § 755 berichtigt werden, da sich hier die Verpflichtung im Außenverhältnis mit dem Innenverhältnis deckt. Nach **Abs 2** ist auch ein Sonderrechtsnachfolger an Ansprüche aus Abs 1 gebunden. Bei gemeinschaftlichem Grundstückseigentum ist die Eintragung der Ansprüche aus §§ 755, 756 in das Grundbuch erforderlich (§ 1010 II; vgl §§ 746, 751). **Abs 3** regelt die Durchführung der Teilung und verweist insoweit auf § 753.

§ 756 Berichtigung einer Teilhaberschuld

¹Hat ein Teilhaber gegen einen anderen Teilhaber eine Forderung, die sich auf die Gemeinschaft gründet, so kann er bei der Aufhebung der Gemeinschaft die Berichtigung seiner Forderung aus dem auf den Schuldner entfallenden Teil des gemeinschaftlichen Gegenstands verlangen. ²Die Vorschrift des § 755 Abs. 2, 3 findet Anwendung.

Die Vorschrift betrifft Forderungen eines **Teilhabers gegen einen anderen Teilhaber**, soweit sie aus der Gemeinschaft resultieren. Diese Ansprüche sind nach S 1 bei der Teilung aus dem Erlösanteil zu berichten, der auf den Schuldner-Teilhaber entfällt (zum Normzweck § 755 Rn 1). In erster Linie werden von § 756 die Ausgleichsansprüche des § 748 erfasst; weitere Anwendungsfälle sind jedoch möglich (zB Darlehensaufnahme zum Ankauf des gemeinschaftlichen Gegenstandes BGH WM 93, 853). Der Anspruch richtet sich auf Zahlung oder Schuldbefreiung (§ 257; BGH NJW 92, 115). Sonderrechtsnachfolger sind nach S 2 an den Anspruch gebunden (§ 755 Rn 2).

§ 757 Gewährleistung bei Zuteilung an einen Teilhaber

Wird bei der Aufhebung der Gemeinschaft ein gemeinschaftlicher Gegenstand einem der Teilhaber zugeteilt, so hat wegen eines Mangels im Recht oder wegen eines Mangels der Sache jeder der übrigen Teilhaber zu seinem Anteil in gleicher Weise wie ein Verkäufer Gewähr zu leisten.

Die Aufhebung der Gemeinschaft kann dadurch vollzogen werden, dass der gemeinschaftliche Gegenstand einem Teilhaber zugewiesen wird. § 757 bestimmt, dass in diesem Fall die anderen Teilhaber wie Verkäufer für etwaige **Rechts- oder Sachmängel** haften (§ 437). Eine Sach- und Rechtsmängelgewährleistung scheidet jedoch aus, wenn mangelhafte gleichartige gemeinschaftliche Gegenstände nach Gemeinschaftsbruchteilen an alle Teilhaber verteilt worden sind. Dies gilt selbst für den Fall, dass nur ein Teilhaber aufgrund der Mangelhaftigkeit einen Schaden erlitten hat.

§ 758 Unverjährbarkeit des Aufhebungsanspruchs

Der Anspruch auf Aufhebung der Gemeinschaft unterliegt nicht der Verjährung.

Die Vorschrift betrifft neben der Aufhebung und Teilung der Gemeinschaft nach §§ 749 ff auch die Teilung der Früchte nach § 743 (hM). Dag ist sie auf den Lasten- und Kostentragungsanspruch (§ 748) und die weiteren Ansprüche aus der Gemeinschaft nicht anwendbar.

Titel 18
Leibrente

§ 759 Dauer und Betrag der Rente

(1) Wer zur Gewährung einer Leibrente verpflichtet ist, hat die Rente im Zweifel für die Lebensdauer des Gläubigers zu entrichten.
(2) Der für die Rente bestimmte Betrag ist im Zweifel der Jahresbetrag der Rente.

§ 760 Vorauszahlung

(1) Die Leibrente ist im Voraus zu entrichten.
(2) Eine Geldrente ist für drei Monate vorauszuzahlen; bei einer anderen Rente bestimmt sich der Zeitabschnitt, für den sie im Voraus zu entrichten ist, nach der Beschaffenheit und dem Zwecke der Rente.
(3) Hat der Gläubiger den Beginn des Zeitabschnitts erlebt, für den die Rente im Voraus zu entrichten ist, so gebührt ihm der volle auf den Zeitabschnitt entfallende Betrag.

§ 761 Form des Leibrentenversprechens

¹Zur Gültigkeit eines Vertrags, durch den eine Leibrente versprochen wird, ist, soweit nicht eine andere Form vorgeschrieben ist, schriftliche Erteilung des Versprechens erforderlich. ²Die Erteilung des Leibrentenversprechens in elektronischer Form ist ausgeschlossen, soweit das Versprechen der Gewährung familienrechtlichen Unterhalts dient.

§§ 759–761

1 I. 1. §§ 759 bis 761 regeln die **Leibrente** nur unvollständig und definieren den Begriff nicht. Nach hM handelt es sich bei der Leibrente um ein einheitlich nutzbares Recht (**Grund-** oder **Stammrecht**), das dem Berechtigten für die Lebensdauer eines Menschen eingeräumt ist und dessen Erträge aus wiederkehrenden, gleichmäßigen Leistungen in Geld oder anderen vertretbaren Sachen bestehen (BGH BB 66, 305). Die einzelnen Rentenansprüche sind dabei nur Ausfluss des Bestehens eines einheitlichen Stammrechts selbst (Einheitstheorie; stRspr; BGH NJW-RR 91, 1035; str ist insoweit auch die Abtretbarkeit, vgl MK/Habersack § 759 Rn 37 mwN).

2 2. Zu unterscheiden ist nach hM zwischen der Verpflichtung zur Bestellung der Leibrente und der Bestellung selbst sowie der Verpflichtung zu den einzelnen Rentenleistungen. Als **Verpflichtungsgeschäft** zur Bestellung einer Leibrente kommt sowohl ein entgeltlicher oder unentgeltlicher Vertrag in Betracht (zB Rentenkauf; Schenkungsversprechen; auch Vertrag zugunsten Dritter, § 330) als auch ein einseitiges Rechtsgeschäft (insb Vermächtnis einer Leibrente). Die Verpflichtung aus diesem Geschäft wird durch die **Bestellung des Stammrechts** erfüllt (§ 362). Diese Bestellung wird durch das **Leibrentenversprechen** (§ 761) als einem abstrakten und einseitigen Bestellungsvertrag vorgenommen. In der Praxis sind die Verpflichtung zur Bestellung der Leibrente und die Bestellung selbst idR miteinander verbunden. Ein Rücktritt vom Grundgeschäft aufgrund § 323 ist bei Ausbleiben einzelner Rentenleistungen nicht möglich, da mit der Bestellung des Stammrechts bereits Erfüllung eingetreten ist. Zur Anwendung kommen §§ 280 I und II, 286.

3 II. 1. **Voraussetzungen des Leibrentenversprechens**: Die Leistung kann nur Geld oder vertretbare Sachen (§ 91) zum **Gegenstand** haben. Die einzelnen Leistungen müssen **inhaltlich und zeitlich genau bestimmt** sein. Nicht ausreichend ist bei einer Geldrente zB eine Bindung des Betrages an (wechselnde) Unternehmensgewinne oder Bedürfnisse des Berechtigten (FG Köln EFG 09, 1206). Gesetzlich geschuldete Renten (§§ 843, 844) sowie gesetzliche oder vertragliche Unterhaltsansprüche sind schon wegen ihrer Bindung an die wechselnde Bedürftigkeit des Gläubigers und Leistungsfähigkeit des Schuldners keine Leibrenten iSd §§ 759 ff. **Auslegungsregeln** für den Betrag der Leibrente enthalten §§ 759 II, 760. Hins der **Dauer** der Rente ist zudem die Einräumung **auf Lebenszeit** des Berechtigten (gem § 759 I iZw anzunehmen), des Schuldners oder eines Dritten erforderlich. Eine zeitliche Begrenzung durch zusätzliche Festlegungen ist allerdings zulässig, soweit die Bestellung im Grundsatz auf die Lebensdauer geht und der Zweck der Lebensversorgung gewahrt bleibt (zB Rentendauer bis zu einer Wiederheirat). Die Regelungen über die Vorauszahlung (§ 760) sind abdingbar.

4 Die Rente muss zudem als **einheitliches Stammrecht** bestellt sein; die Verpflichtung zu den einzelnen Rentenleistungen muss aus diesem Stammrecht fließen und muss aus jeder Verbindung mit den Gegenleistungen iR des Verpflichtungsvertrages, der dem Leibrentenversprechen zugrunde liegt, gelöst sein. Keine Leibrentenversprechen sind daher zB das Ruhegehaltsversprechen und die gesellschaftsvertragliche Versorgungsrente, da sie in zu engem Zusammenhang mit dem Arbeits- bzw Gesellschaftsvertrag stehen.

5 Die Erteilung des Leibrentenversprechens unterliegt zudem dem **Formerfordernis** des § 761, sofern die Leibrente durch Vertrag bestellt wird. Dieses Formerfordernis gilt nach hM auch für das Verpflichtungsgeschäft zur Bestellung der Leibrente. Nicht formgebunden sind Änderungen von Leibrentenversprechen, soweit diese keine zusätzliche Beschwer des Schuldners enthalten (BFHE 231, 116 = DStR 2010, 2502). Für

Leibrenten, die der Gewährung familienrechtlichen Unterhalts dienen, ist die elektronische Form (§ 126 a) explizit ausgeschlossen. Ein Formmangel führt zur Rechtsfolge des § 125. Ob Erfüllung zur Heilung des Formmangels entspr §§ 311 b I 2, 518 II, 766 S 2 führt ist strittig (ablehnend die hM, vgl MK/Habersack § 761 Rn 8 ff). Weiterreichende Vorschriften (wie §§ 311 b I und III, 518 I) bleiben maßgeblich.
2. Die **Verjährung** des Stammrechts richtet sich nach § 195 (hM RGZ 136, 427, 430 ff; 6 aA: unverjährbar). Für die Einzelansprüche gilt ebenfalls § 195. Dient die Leibrente der Unterhaltssicherung, ist **Verwirkung** der Einzelansprüche entspr rückständigem Unterhalt denkbar (OLG Zweibrücken FamRZ 08, 513).

Titel 19
Unvollkommene Verbindlichkeiten

§ 762 Spiel, Wette

(1) ¹Durch Spiel oder durch Wette wird eine Verbindlichkeit nicht begründet. ²Das auf Grund des Spieles oder der Wette Geleistete kann nicht deshalb zurückgefordert werden, weil eine Verbindlichkeit nicht bestanden hat.
(2) Diese Vorschriften gelten auch für eine Vereinbarung, durch die der verlierende Teil zum Zwecke der Erfüllung einer Spiel- oder einer Wettschuld dem gewinnenden Teil gegenüber eine Verbindlichkeit eingeht, insbesondere für ein Schuldanerkenntnis.

I. Spiel- und Wettverträge begründen **unvollkommene Verbindlichkeiten**: Nach Abs 1 1 S 1 entsteht aus ihnen kein Erfüllungsanspruch; nach Abs 1 S 2 bilden sie aber einen Rechtsgrund ggü der bereicherungsrechtlichen Rückforderung bereits erbrachter Erfüllungsleistungen (s auch Ehevermittlung, § 656). Spiel und Wette gelten damit nicht als sittenwidrig. Der Staat versagt vielmehr lediglich die gerichtliche Durchsetzbarkeit daraus entstehender Leistungsverlangen. Der Grund dafür liegt in der Gefährlichkeit und fehlenden Schutzwürdigkeit (auch unter wirtschaftlichen Gesichtspunkten) von Geschäften, bei denen der Erfolg ganz oder weitgehend vom Zufall abhängt (sog **aleatorische Geschäfte**). Auf gem §§ 134, 138 **nichtige Verträge** (zB gem §§ 284 ff StGB verbotene Spiele) findet § 762 keine Anwendung. Das Geleistete kann dann über §§ 812 ff zurückgefordert werden (BGH NJW 06, 45). – Zu Finanztermingeschäften vgl Rn 7.
II. 1. **Spiel** und **Wette** sind sog Risikoverträge: Aufgrund der Parteivereinbarung ist der 2 Geschäftserfolg zumindest in erheblichem Maße von einem zukünftigen ungewissen Ereignis oder einer Entscheidung mit ungewissem Ausgang abhängig. Der **Vertragszweck** besteht beim **Spiel** überw darin, sich Unterhaltung zu beschaffen oder einen Gewinn zu erzielen, und bei der **Wette** va darin, eine Behauptung zu bekräftigen. Weitere wirtschaftliche oder andere ernstliche Zwecke spielen keine erhebliche Rolle (iU zu verbindlichen Verträgen mit aleatorischen Elementen wie dem Leibrentenversprechen oder dem Versicherungsvertrag). Zu den Spielen iSd Abs 1 können neben den Glücksspielen, bei denen der Ausgang im Wesentlichen vom Zufall abhängt, auch **Geschicklichkeitsspiele** gehören, bei denen es erheblich auf Fähigkeiten der Beteiligten ankommt; bei geringer Geschicklichkeit des Durchschnitts der Spieler Glücksspiel (BGHSt 2, 276), sonst uU Auslobung (§ 657, vgl Ernst NJW 06, 186, 187); zur Einordnung von Poker s Schmidt/Wittig JR 09, 45; zur Hausverlosung s Sterzinger NJW 09, 3690; Ruttig WRP 11, 174. Sportliche Wettbewerbe um Gewinn fallen nach heutiger Verkehrsanschauung wegen ihres Ertüchtigungszwecks weder als Wette noch als Spiel unter § 762 (anders evtl wenn Veranstalter in Spielabsicht handelt, vgl MK/Habersack § 762 Rn 8). Bei der **Wette** sagt eine Partei der anderen eine Leistung für den Fall zu, dass sich die eigene Behauptung als unrichtig erweist. Da Zweck des Wettvertrages die Bekräftigung der jeweiligen Behauptung in einem Meinungsstreit ist, handelt es sich bei den alltagssprachlich sog Renn- und Sportwetten rechtlich nicht um Wetten, sondern um Spiele ("**Spielwette**", vgl § 763 Rn 1). **Internetauktionen** fallen nicht unter § 762. Da der Anbieter den Preis durch Festlegung eines Mindest- bzw Startpreises sowie der Bietschritte selbst beeinflussen kann, liegt kein Risikovertrag vor

(BGH NJW 02, 363); anders evtl bei kostenpflichtigen Gebotsrechten, s Fritzsche/Frahm WRP 08, 22; van der Hoff/Hoffmann ZGS 11, 67.

3 IdR werden Spiel- und Wettverträge als **gegenseitige Verträge** abgeschlossen, indem sich die Parteien jeweils für den entgegengesetzten Ausgang wechselseitig Leistungen versprechen. Möglich sind aber auch gesellschaftsähnliche Verträge und einseitige Verträge. Insb gibt bei der einseitigen Wette nur die eine Partei ein Leistungsversprechen für den Fall der Unrichtigkeit ihrer Behauptung ab. – Hat ein Spieler für sich in einer Spielhalle eine **Selbstsperre** einrichten lassen, kommt durch die Betätigung der Spielautomaten zwar ein Spielvertrag zustande, es bestehen jedoch uU Schadensersatzansprüche gegen die Spielbank (BGH NJW 06, 362; NJW 08, 840; aA Peters NJOZ 10, 1197, 1200 f; OLG Hamm NJW-RR 02, 1634, 1635: Unwirksamkeit des Spielvertrages).

4 **2. Rechtsfolgen:** Da Spiel und Wette nach Abs 1 S 1 keine Verbindlichkeit begründen, hat der Gläubiger weder Anspruch auf Erfüllung noch Schadensersatzansprüche wegen Nichterfüllung oder Verzugs. Auch ein ZbR (§ 273) oder die Aufrechnung (§ 389) steht ihm nicht zu. Wegen der Akzessorietät zur Hauptschuld sind auch Sicherungsrechte für eine Spiel- oder Wettschuld unverbindlich (zB Bürgschaft, Pfandbestellung, auch Sicherungsübereignung und -abtretung). Dem Schuldner einer Spiel- oder Wettschuld steht es dag frei, die Leistung trotz Fehlens der Verbindlichkeit durch Zahlung oder zB durch Aufrechnung zu erbringen. Hat der Schuldner zum Zweck der Erfüllung geleistet, kann er das Geleistete nicht wegen des Fehlens einer Verbindlichkeit zurückfordern (Abs 1 S 2). Auch eine im Voraus erbrachte Erfüllungsleistung (Spieleinsatz) ist nach dem verlorenen Spiel nicht rückforderbar. Voraussetzung ist aber stets, dass die Leistung tatsächlich Tilgungscharakter hat (§§ 362, 364 I). Dag genügt nicht die Verrechnung iR des Kontokorrents (BGH NJW 98, 2526 für § 35 BörsenG aF) oder eine Leistung sicherungs- oder erfüllungshalber (§ 364 II). Die Rückforderung nach §§ 812 ff ist jedoch nicht durch Abs 1 S 2 ausgeschlossen, wenn der Spiel- bzw Wettvertrag wegen Gesetzesverstoßes (zB bei einem verbotenen Spiel, s §§ 284 f StGB) oder wegen Sittenwidrigkeit (zB „Schneeballsystem", BGH NJW 97, 2314 oder „Schenkkreis", BGH NJW 06, 45; 08, 1942; dazu auch Möller MDR 10, 297) nach §§ 134, 138 nichtig ist (vgl Rn 1). Gleiches gilt bei der Nichtigkeit infolge Anfechtung, zB wegen arglistiger Täuschung gem §§ 123, 142 I bei **Falschspiel** (dann auch §§ 823, 826) einer Partei.

5 **3.** Nach **Abs 2** ist eine neue **Verbindlichkeit**, die der Schuldner **zur Erfüllung einer Spiel- oder Wettschuld** eingeht, ebenfalls unverbindlich. Neben dem ausdrücklich genannten Schuldanerkenntnis (§ 781) gilt dies ua auch für das Schuldversprechen (§ 780) oder die Umwandlung der Spielschuld in ein Darlehen (§ 607 II). Wie bei Abs 1 handelt es sich um eine unvollkommene Verbindlichkeit. Hat der Schuldner bereits zur Erfüllung eine Leistung erbracht, kann er daher auch bei Abs 2 das Geleistete nicht zurückfordern.

6 **4.** Auf **Nebenverträge**, die mit Spiel und Wette in engem Zusammenhang stehen, ist § 762 aufgrund seines Schutzzwecks entspr anzuwenden. Insb sind Auftrags-, Dienst- oder Werkverträge, durch die der Geschäftsherr einen anderen für sich spielen lässt, entspr § 762 unverbindlich, aber erfüllbar. Der Geschäftsherr ist nicht zum Ersatz der Auslagen oder zu einer Vergütung verpflichtet und kann selbst nicht Schadensersatz wegen Nichterfüllung verlangen. Er hat aber einen Anspruch auf Abführung des erzielten Gewinns unter Abzug der Aufwendungen. Die Herausgabe des zur Ausführung erhaltenen kann er beanspruchen, wenn der Beauftragte den Auftrag nicht oder völlig anders als erteilt ausgeführt hat (OLG Hamm NJW-RR 97, 1008). Ein **Darlehen**, das zu Spielzwecken gewährt wird, ist bei verbotenem Spiel gem § 134 nichtig; bei nicht verbotenen Spielen oder Wetten kann es unter besonderen Umständen gem § 138 nichtig sein (BGH NJW 92, 316 für eigensüchtige Beweggründe des Darlehensgebers). IÜ braucht der Darlehensnehmer beim Spielen und Kredit nach verlorenem Spiel einem Mitspieler oder Veranstalter als Darlehensgeber aufgrund von Abs 2 das Darlehen nicht zurückzuzahlen (zur Unverbindlichkeit des Darlehensvertrages in weiteren Fällen aufgrund des Schutzzweckes von § 762 vgl MK/Habersack § 762 Rn 35 ff).

Abschnitt 8 | Einzelne Schuldverhältnisse § 763

5. Seit dem 4. Finanzmarktförderungsgesetz (BGBl I 2002, 2010) findet § 762 keine 7
Anwendung auf Ansprüche aus einem **Finanztermingeschäft**, bei dem mind ein Vertragsteil ein Unternehmen ist, das gewerbsmäßig oder in einem Umfang, der einen in kaufmännischer Weise eingerichteten Geschäftsbetrieb erfordert, Finanzgeschäfte abschließt oder deren Abschluss vermittelt oder die Anschaffung, Veräußerung oder Vermittlung von Finanztermingeschäften betreibt (§ 37 e Wertpapierhandelsgesetz). Finanztermingeschäfte können allerdings gegen § 37 g WpHG verstoßen. Zu Aufklärungspflichten der Bank bei komplexen und riskanten Finanzprodukten BGH WM 11, 682.

III. Der Mangel der Verbindlichkeit nach Abs 1 und Abs 2 ist im Prozess vAw zu berücksichtigen. 8

§ 763 Lotterie- und Ausspielvertrag

¹Ein Lotterievertrag oder ein Ausspielvertrag ist verbindlich, wenn die Lotterie oder die Ausspielung staatlich genehmigt ist. ²Anderenfalls findet die Vorschrift des § 762 Anwendung.

I. Die Vorschrift schränkt den Anwendungsbereich des § 762 erheblich ein: Auf **staatli-** 1
che oder staatlich genehmigte Lotterien oder Ausspielungen findet § 762 keine Anwendung. Begründet wird diese Einschränkung damit, dass die staatliche Kontrolle der generellen Gefährlichkeit derartiger Spiele entgegenwirke und das Vertrauen in die Wirksamkeit der staatlich genehmigten Spielveranstaltungen schutzwürdig sei. **Entspr Anwendung** findet § 763 daher auf weitere Arten aleatorischer Verträge mit staatlicher Genehmigung (BGH NJW 99, 54), wie zB staatlich genehmigte **Sportwetten** (zu Sportwetten als Glücksspiel iSd § 284 StGB BGH JZ 03, 858 mAv Wohlers; zur Zulässigkeit eines **staatlichen Monopols** EuGH EuZW 10, 759, 760; BVerfG NJW 06, 1261; NJW 07, 1521; Streinz/Kruis NJW 10, 3745).

II. 1. Bei dem **Lotterievertrag** und dem **Ausspielungsvertrag** handelt es sich um Unter- 2
arten des Glücksspiels (§ 762 Rn 2). Der Veranstalter schließt einen derartigen Vertrag jeweils mit einer Mehrheit von Spielern. Die Spieler verpflichten sich, Einsätze zu leisten, und der Veranstalter verspricht, auf der Grundlage eines Spielplans Gewinne an einen Teil der Spieler auszuzahlen. Besteht der Gewinn in Geld, handelt es sich um eine Lotterie ieS, sonst um eine Ausspielung. Unerheblich ist, ob die Einsätze offen geleistet werden (Loskauf) oder verdeckt (zB durch Entrichtung von Clubbeiträgen, Eintrittsgeldern oder Aufpreisen für Waren). Die **Genehmigungen** erteilen die Landesbehörden nach Landesrecht. Ein Verstoß gegen Auflagen führt grds nicht zur Nichtigkeit des Spielvertrages (BGH NJW 08, 2026). Eine Genehmigung durch einen anderen EU-Mitgliedsstaat genügt nicht (BGH NJW 04, 2158; NJW 02, 2175; krit Nelle/Beckmann ZIP 05, 887; s auch EuGH NJW 07, 1515 mAv Haltern). Bei staatlichen Lotterien erübrigt sich eine Genehmigung. Die staatliche Genehmigung oder Veranstaltung des Spiels berührt nicht die zivilrechtliche Natur der Verträge. Beispiele für Lotterien sind das Zahlenlotto und Fußballtoto, die Klassenlotterien und die Rennwetten sowie die Spielbanken. Um Ausspielungen handelt es sich zB bei einem Preisausschreiben oder einer Tombola, sofern als Gewinn nicht Geld ausgesetzt ist.

2. **Rechtsfolge** des S 1 ist die Verbindlichkeit staatlich genehmigter Spiele. Dies betrifft 3
neben den im Gesetz genannten Lotterie- und Ausspielverträgen in entspr Anwendung von S 1 auch Spielverträge mit staatlich konzessionierten Spielbanken sowie bei behördlich zugelassenen Spielautomaten (§§ 33 c ff GewO) und bei staatlich genehmigten Sportwetten. Dementspr sind auch die Nebenverträge (§ 762 Rn 6) grds wirksam (zur vorgelagerten Frage der Abgrenzung ggü reinen Gefälligkeitsverhältnissen Vor §§ 241– 853 Rn 26). Bei Fehlen der staatlichen Genehmigung ist nach S 2 dag § 762 anzuwenden, soweit der Vertrag nicht aufgrund eines Verstoßes der nicht genehmigten Lotterie oder Ausspielung gegen § 286 StGB sogar nach § 134 nichtig ist.

Hk-BGB/Saenger

§ 764 (aufgehoben)

Titel 20
Bürgschaft

§ 765 Vertragstypische Pflichten bei der Bürgschaft

(1) Durch den Bürgschaftsvertrag verpflichtet sich der Bürge gegenüber dem Gläubiger eines Dritten, für die Erfüllung der Verbindlichkeit des Dritten einzustehen.
(2) Die Bürgschaft kann auch für eine künftige oder eine bedingte Verbindlichkeit übernommen werden.

1 **I. 1. Die Bürgschaft** ist ein einseitig verpflichtender Schuldvertrag zwischen dem Bürgen und dem Gläubiger eines Dritten (zur Bürgschaftshaftung qua lege s etwa § 566 II). Sie verpflichtet den Bürgen, für die Erfüllung der Verbindlichkeit des Dritten (Hauptschuldner) einzustehen (Abs 1) und sichert damit als eigene Leistungsverpflichtung des Bürgen ggü dem Gläubiger die Schuld des Dritten (Hauptschuld). Das Bürgschaftsrecht wird unvermindert in hohem Maße durch Richterrecht geprägt. Dies gilt etwa für die Rspr des BGH zur Sittenwidrigkeit von Bürgschaften (Rn 11; zur Judikatur des BGH allg: Fischer WM 01, 1049 ff; 1093 ff; Horn ZIP 01, 93 ff; Tiedtke NJW 05, 2498 ff; 03, 1359 ff; 01, 1015 ff; Krafka JA 04, 668 ff; Scholz DRiZ 03, 27 ff; zur Bürgschaft allg: Coester-Waltjen Jura 01, 742 ff; Forster JA 05, 423 ff; Holznagel VuR 01, 428 ff; Riehm JuS 00, 138 ff; 241 ff; 343 ff; Schröder, Die Lücken des deutschen Rechts im Bürgenschutz; Staudinger/Stölting Jura 05, 263 ff; zum praxisrelevanten Problemkreis der Bürgschaften im Baurecht s BGH ZIP 03, 430: hiernach sichert eine MaBV-Bürgschaft keinen Ersatz des Verzugsschadens; ebenso wenig erfasst sie gem BGH NJW 11, 1347 ff Ansprüche des Erwerbers auf Ersatz von Aufwendungen für die Beseitigung von Baumängeln; zum Rückgewähranspruch nach § 7 MaBV s BGH NJW 08, 1729; BGHZ 160, 277 = JR 05, 291 m Anm Peters = DNotZ 05, 380 m Anm Schmucker; BGHZ 162, 378; JR 03, 63 ff m Anm Probst; BGH NJW 01, 3329; Joussen NZBau 11, 275 ff; Fischer WM 01, 1094 ff; Horn ZIP 01, 102 f; Schmeel MDR 01, 782 ff; die Gemeinschaftsrechtskonformität einzelner Regelungen ist in diesem Bereich umstr; s etwa den Vorlagebeschluss des BGH NZM 02, 754; hierzu Heiderhoff WM 03, 512 f; EuGH NJW 04, 1647; dazu Kanzleiter NotBZ 04, 228 f; Röthel ZEuP 05, 421 ff; Vorlagebeschluss des BAG BB 03, 633; EuGH Slg 04, I-9553 m Anm v de Fatima Veiga NZA 05, 208 ff). § 1 a ArbEntG bestimmt die entspr Anwendung des Bürgschaftsrechts für Nachunternehmer im Baugewerbe (verfassungskonform; s BVerfG NZA 07, 609).

2 Obwohl es sich um eine eigene Schuld des Bürgen handelt, ist die Bürgschaft aber in ihrem Entstehen, Bestand und Umfang von der Hauptschuld abhängig (§ 767; **Akzessorietät**). Bei einer abw Vereinbarung der Parteien entsteht keine Bürgschaft, sondern uU eine Schuldmitübernahme oder ein Garantievertrag (Rn 24 f; Lettl JA 04, 238: akzessorische Haftung im Zivilrecht). Bürgschaft und Hauptschuld müssen denselben Gläubiger haben (zur Wirksamkeit einer Prozessbürgschaft für eine vor Abschluss des Bürgschaftsvertrages und nach Rechtshängigkeit abgetretene Forderung: BGHZ 163, 59 = JZ 05, 954 m Anm Brehm). Tritt dieser die Hauptforderung ohne die Rechte aus der Bürgschaft ab, erlischt sie daher (BGHZ 115, 183). Ebenso wenig kann der Gläubiger seine Rechte aus der Bürgschaft ohne die Hauptforderung auf jemand anderen übertragen; eine derartige Zession ist unwirksam. Im gesetzlichen Regelfall (§ 771) erweist sich die Verpflichtung aus der Bürgschaft im Verhältnis zu derjenigen aus der Hauptschuld als **subsidiär**.

3 **2. Die Bürgschaft dient dem Zweck**, die Forderung des Gläubigers gegen den Hauptschuldner zu sichern. Die Bürgschaft ist damit ein wichtiges Mittel der **persönlichen Sicherung** (Personalsicherheit). Im Unterschied zur dinglichen Sicherung durch (Grund)Pfandrechte und Sicherungsübereignung (Realsicherheit) beschränkt sich die

Haftung bei der Bürgschaft nicht nur auf den verpfändeten bzw zur Sicherung übereigneten Gegenstand, sondern der Bürge steht mit seinem gesamten Vermögen ein.

3. Das Verhältnis zwischen Bürgen und Gläubiger bestimmt der Bürgschaftsvertrag. **4** Zwischen Hauptschuldner und Gläubiger ist die Rechtsbeziehung maßgeblich, auf welcher die gesicherte Hauptschuld beruht. Oft handelt es sich um ein Darlehen. Aus dieser Rechtsbeziehung ergibt sich der Sicherungszweck.

Das Innenverhältnis zwischen **Bürge und Hauptschuldner** bildet die Grundlage für die **5** Übernahme der Bürgschaft. IdR besteht in diesem Verhältnis ein Auftrag oder entgeltlicher Geschäftsbesorgungsvertrag, uU eine GoA oder Schenkung. Die Rechtsbeziehungen zwischen Bürge und Hauptschuldner wirken sich nicht auf die Forderung des Gläubigers aus. Dem Bürgen ist es insb nicht gestattet, bei Inanspruchnahme durch den Gläubiger ihm ggü Einwendungen aus dem Innenverhältnis abzuleiten. Dieses kommt aber als Grundlage für den Rückgriff des Bürgen gegen den Hauptschuldner in Betracht (§§ 670, 675, 683 S 1) und tritt insofern neben die Möglichkeit des Bürgen zum Regress aufgrund des gesetzlichen Forderungsübergangs (cessio legis) gem § 774.

II. 1. Voraussetzungen für die Haftung des Bürgen sind ein **wirksamer Bürgschaftsver- 6 trag** (Rn 7 ff) und das **Bestehen der Hauptforderung** des Gläubigers gegen den Hauptschuldner (Rn 15). Zudem muss die Hauptschuld **notleidend** geworden sein (dh der Schuldner hat trotz Fälligkeit nicht geleistet; Bürgschaftsfall) und dem Bürgen dürfen **keine Einwendungen** oder Einreden zur Seite stehen (§§ 768, 770, 771–773, 776, 777).

2. a) Der Bürgschaftsvertrag erfordert einen **Vertragsschluss** des Bürgen mit dem Gläu- **7** biger der Hauptschuld nach den allg Regeln (beachte § 1822 Nr 10; § 1365 Rn 8). Die Bürgschaftsverpflichtung muss eine von dem Hauptschuldner verschiedene Person eingehen. Diese Verschiedenheit besteht bei der Bürgschaft eines Komplementärs für die KG (RGZ 139, 254), eines Gesellschafters für die OHG (dies muss im Lichte der Judikatur des BGH und damit der weitgehenden Gleichstellung der GbR mit der OHG ebenso für die Bürgschaft eines Gesellschafters für die GbR gelten) und eines Alleingesellschafters für die Einmann-GmbH (BGH MDR 77, 1012; beachte aber auch BGH NJW 02, 748; BGHZ 134, 341). Der Gläubiger der Hauptschuld und derjenige des Bürgschaftsvertrages müssen dieselbe Person sein (Grundsatz der Gläubigeridentität; zur Bürgschaft zugunsten Dritter: BGH NJW 01, 3327; hierzu Kellermann JA 02, 181 f; zur Bürgschaft auf erstes Anfordern: BGH ZIP 03, 1034). Eine Einzugsberechtigung reicht nicht aus. Nicht erforderlich ist aber, dass die Person des Gläubigers bei Unterzeichnung der Vertragsurkunde feststeht. Vielmehr kann der Bürge den Schuldner unter Wahrung der Form (§ 766) ermächtigen, einen Gläubiger zu suchen und diesem die Urkunde nach abredegemäßer Vervollständigung zu übergeben (BGH NJW 92, 1449; § 766 Rn 1).

Gegenstand der Einigung ist die Verpflichtung des Bürgen, für die Erfüllung der Ver- **8** bindlichkeit des Hauptschuldners einzustehen. Die verbürgte Schuld ergibt sich aus der Zweckbestimmung im Bürgschaftsvertrag und ist iZw durch Auslegung zu ermitteln. Für **bedingte** (§ 158) und **künftige Verbindlichkeiten** ist die Bürgschaft nach Abs 2 zulässig. Hauptanwendungsbereich des Abs 2 ist die Kreditbürgschaft.

Nach dem **Bestimmtheitsgrundsatz** muss neben der Person des Gläubigers und des **9** Hauptschuldners auch die Hauptschuld zumindest derart bezeichnet sein, dass sie nach Art und Umfang (ggf durch Auslegung) bestimmbar ist (allg zur Sicherungszweckvereinbarung: Rösler/Fischer BKR 06, 50 ff). Dafür ausreichend ist zB die gebräuchliche Angabe „für alle bestehenden und künftigen Verbindlichkeiten aus der laufenden Geschäftsbeziehung" (BGHZ 130, 19). Eine Bürgschaft für „alle künftigen Verbindlichkeiten" des Hauptschuldners ohne weitere Spezifikation ist dag aufgrund ihrer Unbestimmtheit unwirksam (BGHZ 25, 318). Unabhängig vom Bestimmtheitserfordernis kann eine **formularmäßige Ausdehnung** der Bürgschaft auf alle bestehenden und künftigen Forderungen aus der Geschäftsverbindung oder auf einen ähnlichen Kreis nicht näher bezeichneter Forderungen („Globalbürgschaft") nicht an das Grundschuldrecht angelehnten „Anlassrechtsprechung" gegen §§ 305 c I, 307 verstoßen (zum AGBG: BGHZ 130, 19; 137, 155; 143, 95; dort auch zur Bedeutung des nunmehr in § 307 I 2 kodifizierten Transparenzgebots; BGH NJW 04, 163; BAG NJW 00, 3301).

Bei Unwirksamkeit der formularmäßigen Zweckerklärung hat der Bürge für diejenige Verbindlichkeit einzustehen, die „Anlass" (der Anlass kann dabei auch mittels außerhalb der Urkunde liegender Umstände ermittelt werden: BGHZ 137, 159) für die Bürgschaftsübernahme war (BGH NJW 01, 3331; angesichts des Verbots geltungserhaltender Reduktion str; s die Kritik v Jauernig/Stadler § 765 Rn 14, § 766 Rn 3). Der Judikatur ist zuzustimmen, da „Globalbürgschaften" abw vom gesetzlichen Leitbild des § 767 I 3 (daher keine Kontrollfreiheit nach § 307 III 1) gegen das Verbot der Fremddisposition (§ 767 Rn 4) verstoßen (§ 307 II Nr 1) und wesentliche Rechte des Bürgen beschneiden (§ 307 II Nr 2), indem er einem unkalkulierbaren und intransparenten Risiko ausgesetzt wird (zur Übertragbarkeit dieser Judikatur auf den Schuldbeitritt s Grigoleit/Herresthal Jura 02, 832 f). Entscheidend ist damit, ob die bürgende Person in Anbetracht der umfassenden Haftung einem nicht beherrschbaren Risiko ausgesetzt ist, weil jene die Entschließung des Hauptschuldners nicht nach ihrem Willen und Interesse zu steuern vermag. Dies gilt etwa für die Übernahme einer Bürgschaft durch einen Kaufmann oder eine juristische Person. Das Schutzbedürfnis besteht ebenfalls, wenn die Bürgschaft einer GmbH für Forderungen gegen den Alleingesellschafter eine formularmäßige globale Zweckerklärung enthält. Hingegen ist von der Wirksamkeit einer solchen Klausel auszugehen, wenn der Bürge angesichts seiner Stellung als Mehrheitsgesellschafter oder Geschäftsführer des Hauptschuldners den Umfang der Kreditaufnahme bestimmen kann. In einem solchen Fall wird der Bürge durch eine formularmäßige weite Zweckerklärung nicht in seinen schutzwürdigen Belangen beeinträchtigt (s den Übbl über die Judikatur in BGH ZIP 02, 1612).

10 b) Für die Bürgschaftserklärung ist **Schriftform** erforderlich, hingegen scheidet die elektronische Form iSd § 126 a aus (§ 766 S 1, 2). Das Schriftformerfordernis dient der Warnung des Bürgen vor der übereilten Übernahme einer Bürgschaft sowie der Begrenzung seines Risikos. Daher beschränkt es sich auf die Erklärung des Bürgen zum Abschluss des Bürgschaftsvertrages und gilt nicht für die entspr rechtliche Willensäußerung des Gläubigers (iE § 766 Rn 1 ff).

11 c) Aus § 138 I (§ 138 II scheidet bei der Bürgschaft als einseitigem Verpflichtungsgeschäft aus: BGH NJW 01, 2467; Horn ZIP 01, 98; § 138 Rn 15) kann sich in besonderen Sachlagen die **Nichtigkeit** der Bürgschaft ergeben, wenn sie erkennbarer Ausdruck einer strukturellen Unterlegenheit des Bürgen ggü dem Gläubiger ist und eine außergewöhnliche, mit den Einkommens- und Vermögensverhältnissen des Bürgen nicht vereinbare Belastung begründet (vgl BVerfG NJW 94, 38; § 138 Rn 11; eine analoge Anwendung des § 79 II BVerfGG bejaht BVerfG WM 06, 23; BGH NJW 06, 2856; LG Köln ZIP 99, 920; abw OLG Köln NJW-RR 01, 139; BGH NJW 02, 2941 m Anm Hau BKR 02, 820 f; Probst JR 03, 281 ff; zum Problemkreis Wesser NJW 01, 475 ff; s zum Notanker des § 826 dort Rn 17; zur Bedeutung des § 139 bei Sittenwidrigkeit: Scholz DRiZ 03, 30 f; zur Judikatur des BGH: Braun Jura 04, 474 ff). Während in der Vergangenheit die Beurteilungsmaßstäbe des IX. und XI. Zivilsenats für die Sittenwidrigkeit differierten (zusammenfassend Vorlagebeschluss des XI. Zivilsenats NJW 99, 2584, der sich jedoch durch die Rücknahme der Revision erledigt hat; BGH NJW 00, 1186), bestehen mittlerweile weitgehend gemeinsame dogmatische Grundlagen (s die Darstellung bei Nobbe/Kirchhof BKR 01, 5 ff; die seit dem 1.1.01 eingehenden Revisionen in Streitigkeiten über Bürgschaften sind nach dem Geschäftsverteilungsplan dem XI. Zivilsenat zur Entscheidung zugewiesen): Steht der Umfang der Bürgschaftsverpflichtung in einem **krassen Missverhältnis** zur finanziellen Leistungsfähigkeit des Bürgen (dies ist auch bei einem geringen Haftungsbetrag möglich s OLG Celle NJW-RR 06, 131) und ist der Hauptschuldner dem Bürgen **emotional verbunden** (Ehe, Lebenspartnerschaft, enge Verwandtschaft oder Freundschaft; zur Übertragung der bisherigen Grundsätze auf Arbeitnehmerbürgschaften s BGH NJW 04, 161; hierzu Pfab Jura 05, 737; Probst JR 04, 376 f; Seifert NJW 04, 1707 ff), so begründet dies – selbst bei geschäftsgewandten Personen – die **widerlegliche** tatsächliche **Vermutung,** dass der Gläubiger (Kreditinstitut) diese emotionale Beziehung in sittlich anstößiger Weise ausgenutzt hat (BGH NJW 01, 816; 2467). Jene ist nicht auf gewerbliche Kreditgeber beschränkt (OLG Brandenburg ZIP 07, 1596). Vermutet wird demnach das Vorliegen der

subjektiven Voraussetzungen der Sittenwidrigkeit. Eine derartige finanzielle Überforderung liegt etwa vor, wenn es sich für den Bürgen um ein wirtschaftlich unvernünftiges Geschäft handelt. Dies ist dann der Fall, wenn der Bürge – ausgehend vom Zeitpunkt der Übernahme der Haftung (zu den verschiedenen Zeitpunkten für die Beurteilung: OLG Koblenz ZIP 02, 1720) – bei Eintritt des Sicherungsfalls mit dem (künftigen) pfändbaren Teil seines Einkommens und Vermögens voraussichtlich nicht einmal die laufenden Zinsen der Hauptforderung auf Dauer tilgen kann (BGH NJW 04, 161; NJW 01, 816; bei Höchstbetragsbürgschaften ist als Maßstab die Zinslast der Bürgschaftssumme heranzuziehen, s BGH NJW 13, 1534 f). Eine solche Prognoseentscheidung (Ausbildung, familiäre Belastungen, Erbschaft; Bewertung des Vermögens nach bankrechtlichen Grundsätzen) führt erhebliche Unsicherheiten für die Praxis mit sich. Abzustellen ist allein auf die Vermögensverhältnisse des Bürgen, nicht auf diejenigen des Hauptschuldners (BGH NJW 00, 1183; krit Groeschke BB 01, 1540 ff; s aber auch BGH NJW 01, 2467 m Anm Leible JA 02, 1 ff: Die wirtschaftliche Überforderung entfällt, wenn der einkommensschwache Bürge seine Schuld durch Verwertung des von ihm bewohnten Eigenheims zu tilgen vermag; unklar ist, ob es auf den bei freihändigem Verkauf erzielbaren Preis oder den idR geringeren Zerschlagungswert, mithin den zu erwartenden Versteigerungserlös ankommt: Scholz DRiZ 03, 28). Die **Vermutung kann das Kreditinstitut** unter Hinweis darauf **widerlegen**, der Bürge habe ein eigenes (persönliches oder wirtschaftliches) Interesse an der Kreditaufnahme. Dies ist jedoch lediglich bei eigenen, erheblichen geldwerten Vorteilen des Bürgen der Fall, die nicht nur mittelbar (Aussicht auf höheren Zugewinn, Unterhalt), sondern unmittelbar aus der Kreditaufnahme resultieren (BGH NJW-RR 04, 338; NJW 01, 817; s auch OLG Celle WM 08, 296). Eine krasse finanzielle Überforderung lässt sich vom Grundsatz her nicht mit Blick auf den Schutz des Gläubigers vor der abstrakten Gefahr einer späteren Vermögensverlagerung vom Hauptschuldner auf den Bürgen rechtfertigen. Dementspr vermag ein solches Interesse des Gläubigers auch die Vermutung nicht zu widerlegen, die Bürgschaft sei aus emotionaler Verbundenheit übernommen worden. Für Bürgschaftsverträge entfällt das Sittenwidrigkeitsverdikt nur, sofern der beschränkte Haftungszweck – Inanspruchnahme allein dann, wenn und soweit tatsächlich eine Vermögensverlagerung stattgefunden hat – seinen ausdrücklichen Niederschlag in der Vertragsurkunde gefunden hat (BGH NJW 99, 60; s aber auch Nobbe/Kirchhof BKR 01, 12). Nimmt das Kreditinstitut den Bürgen in Anspruch, ohne auch nur andeutungsweise vorzutragen, dass und in welchem Umfang eine Vermögensverschiebung stattgefunden hat, so zeigt dieses iR der Vertragsauslegung zu berücksichtigende nachvertragliche Verhalten nach Ansicht des BGH, dass die Annahme einer stillschweigend getroffenen Haftungsbeschränkung jeder Rechtfertigung entbehrt (BGH NJW 02, 2636). Unklar war indes, ob dies auch für Bürgschaftsverträge galt, die vor dem 1.1.99 geschlossen wurden oder die Gläubiger insofern Vertrauensschutz genießen sollten (so der IX. Zivilsenat des BGH NJW 99, 59; zu Recht krit Tiedtke NJW 01, 1023). Mit zwei am 14.5.02 verkündeten Urteilen hat der erkennende XI. Zivilsenat unter Änderung der Judikatur des IX. Senats die Grundsätze auch auf vor dem 1.1.99 übernommene Bürgschaften ausgedehnt (BGH NJW 02, 2230 und 2232; hierzu Tonner JuS 03, 325 ff). Eine Anrufung des Großen Senats für Zivilsachen nach § 132 GVG war nicht erforderlich, da der XI. Senat nach dem Geschäftsverteilungsplan seit dem 1.1.01 die Zuständigkeit für Bürgschaftssachen besitzt. Die zuvor dargelegten Grundsätze zur Sittenwidrigkeit von Bürgschaften finanziell überforderter Familienangehöriger lassen sich nicht unbesehen auf den Fall übertragen, dass sich ein (auch nur mittelbarer: s OLG Koblenz ZIP 07, 2022) Mehrheitsgesellschafter oder Geschäftsführer für einen der GmbH als Hauptschuldnerin gewährten Kredit verbürgt. Vielmehr besteht aus Sicht des Kreditinstituts ein berechtigtes Interesse an der persönlichen Haftung eines solchen Gesellschafters. Die gängige Bankpraxis, bei der Gewährung von Geschäftskrediten für eine GmbH die Bürgschaften der maßgeblich beteiligten Gesellschafter zu verlangen, ist infolgedessen rechtlich ohne Bedenken (s die Zusammenstellung der Judikatur in BGH NJW 02, 2635; zum „Mehrheitsgesellschafter" s auch OLG Köln WM 02, 1389). Dies gilt gleichermaßen für den Fall, dass sich ein Mönch, der das Armutsgelübde abgelegt hat, für den Kredit an eine gemeinnützige GmbH verbürgt (BGH NJW-RR 02, 1130). Ebenso wenig rechtfertigt ein abw Ergebnis, wenn ein Kommanditist die Bürgschaft für den einer KG gewährten Kredit übernimmt. Auch insoweit ist davon auszugehen, dass aus Sicht des Kommanditisten das eigene wirtschaftliche Interesse im Vordergrund steht und er schon allein aus diesem Grunde kein unzumutbares Risiko auf sich nimmt (BGH NJW 02, 2635; dort auch zu besonderen Ausnahmefällen, wenn ein Strohmann bzw eine Strohfrau die Bürgschaft ersichtlich nur aus persönlicher Verbundenheit mit einer die Gesellschaft wirtschaftlich beherrschenden Person übernimmt; s in diesem Zusammenhang auch BGH NJW 02, 956). In den zuvor genannten Konstellationen begründen daher weder die krasse finanzielle Überforderung noch die emotionale Verbundenheit mit einem die Gesellschaft beherrschenden Dritten die Vermutung der Sittenwidrigkeit. **Fehlt ein krasses Missverhältnis** zwischen Verpflichtungsumfang und Leistungsfähigkeit oder mangelt es an dem persönlichen Näheverhältnis, sind weitere **belastende, dem Kreditinstitut zurechenbare Umstände** erforderlich, die ein Ungleichgewicht der Vertragsparteien zur Folge haben und die Verpflichtung des Bürgen als nicht mehr hinnehmbar erscheinen lassen (BGHZ 132, 329; BGH NJW 02, 2635). Das Vorliegen solcher Umstände hat der Bürge zu beweisen. Die Sittenwidrigkeit der Bürgschaft wurde etwa angenommen, wenn ein Kreditinstitut den erkennbaren Druck, den der Hauptschuldner aufgrund einer engen verwandtschaftlichen Beziehung auf den Bürgen ausübte (BGHZ 125, 213; Geschwister: BGHZ 137, 329; zu dem Sonderfall des Arbeitnehmers: BAG NJW 00, 3300), oder auch die geschäftliche Unerfahrenheit des Bürgen in sittlich anstößiger Weise ausnutzte (BGHZ 132, 330; bei einer Kommanditistin ist eine solche Annahme fern liegend: BGH NJW 02, 2636), wenn es die Risiken der Bürgschaft verharmloste (BGH NJW 02, 2636; NJW 99, 136) oder dem Bürgen ersichtlich unbekannte Haftungsrisiken verschwieg (BGHZ 125, 217). Die **Judikatur** des BGH zu § 138 I **gilt entspr** zugunsten eines mithaftenden Dritten, der, ohne Bürge zu sein, zur Absicherung eines Kredits, den ein anderer aufnimmt oder verwendet, von Anfang an oder später durch Schuldbeitritt (Rn 14, 24) eine Mitverpflichtung übernimmt. Die zur Sittenwidrigkeit von Bürgschaften entwickelten Grundsätze finden lediglich dann keine Anwendung, wenn es sich um einen echten Mitdarlehensnehmer handelt, der an der Kreditgewährung ein eigenes Interesse hat, sich als Gesamtschuldner verpflichtet und über die Auskehr und Verwendung der Darlehenssumme im Wesentlichen gleichberechtigt mit entscheiden darf (BGH ZIP 05, 607; DB 04, 1493; BGHZ 146, 41; vgl auch Grigoleit/Herresthal Jura 02, 831; zum Streitstand bezüglich der Frage einer Übertragbarkeit der zuvor dargelegten Grundsätze auf die Bestellung von Grundpfandrechten durch nahe Angehörige: St Wagner AcP 205 (05), 715 ff). Geklärt ist nunmehr die Bedeutung des Instituts der **Restschuldbefreiung** (§§ 286 ff InsO); das BVerfG hat mit einstimmigem Beschluss vom 3.2.03, WM 03, 844 f, die Vorlage des AG München ZIP 03, 177 für unzulässig erklärt; vgl AG München NZI 04, 456) nach In-Kraft-Treten der novellierten InsO (vgl Gesetz zur Änderung der Insolvenzordnung und anderer Gesetze vom 26.10.01, BGBl I, 2710 ff; nunmehr ist eine Stundung der Kosten des Insolvenzverfahrens nach § 4 a InsO möglich; hierzu Grote NJW 01, 3665 f; beachte das Gesetz zur Neuregelung des Internationalen Insolvenzrechts, BGBl I 03, 345 ff) dahingehend, dass sie keinen Anlass bietet zu Modifikationen der Sittenwidrigkeitsrechtsprechung bei Bürgschaften und Mithaftungsübernahmen Dritter (BGH NZI 09, 609; OLG Celle WM 08, 296, 298; Ahrens NZI 09, 597 f; s bereits Staudinger JR 99, 375; Kapitza NZI 04, 14 ff; Thoß KTS 03, 187 ff; Krüger MDR 02, 856 ff; Habersack/Giglio WM 01, 1103 f, 1105; Nobbe/Kirchhof BKR 01, 6, 8 f). Voraussetzung ist jedenfalls, dass die Regeln zur Restschuldbefreiung intertemporal einschlägig sind (BGH NJW 04, 161; gegen die zeitliche Differenzierung und für die Fortgeltung der Judikatur zur Sittenwidrigkeit von Bürgschaftsverträgen sprechen sich aus: OLG Frankfurt aM NJW 04, 2393; LG Mönchengladbach NJW 06, 68; St Wagner NJW 05, 2956 ff).

12 Führen die besonderen belastenden Umstände im Einzelfall nicht bereits zur Nichtigkeit der Bürgschaft nach § 138 I (dies dürfte für Bürgschaften, die nach dem 1.1.99 abgeschlossen wurden, angesichts der an sie gestellten strengeren Maßstäbe eher anzu-

nehmen sein; Fischer WM 01, 1056, 1059, s Rn 11), kann uU jedoch § 242 die Geltendmachung des Anspruchs aus dem Bürgschaftsvertrag hindern (vgl die Angaben in Rn 17). Dies kommt zB aufgrund des nunmehr in § 313 kodifizierten **Wegfalls der Geschäftsgrundlage** für den Bürgschaftsvertrag in Betracht, wenn die Bürgschaft eines Ehegatten bezweckte, den Gläubiger vor den Auswirkungen einer Vermögensverschiebung unter den Eheleuten zu schützen, und mit der Ehescheidung die Grundlage dafür entfallen ist (BGHZ 128, 236). Denkbar ist überdies eine **Kündigung aus wichtigem Grund** nach § 314, sofern die Bürgschaft sich auf künftig entstehende Ansprüche bezieht und als Dauerschuldverhältnis eingestuft wird (vgl BT-Drucks 14/6040, 178; Palandt/Grüneberg § 314 Rn 2, 5). Im Verhältnis zu § 314 genießen jedoch die Regeln über die Störung der Geschäftsgrundlage nach § 313 III 2 Vorrang vor § 314 (BT-Drucks 14/6040, 177; abw Eidenmüller Jura 01, 832). Eine Kündigung ist überdies im Falle der Vereinbarung zulässig.

d) Zur Nichtigkeit des Bürgschaftsvertrages kann auch die **Anfechtung** nach §§ 119 ff führen (zur Insolvenzanfechtung: OLG München WM 08, 442; OLG Brandenburg ZInsO 04, 504). Bei einem Irrtum über die Kreditfähigkeit des Hauptschuldners ist aber keine Anfechtung gem § 119 II möglich, da der Bürge gerade das Insolvenzrisiko des Hauptschuldners übernimmt. Entspr gilt für den Irrtum über den Wert einer anderen Sicherung der Hauptschuld (BGH WM 66, 94). Dag kann der Bürge nach § 123 I anfechten, wenn der Gläubiger über die Solvenz des Hauptschuldners täuscht oder Umstände, zu deren Offenlegung er verpflichtet ist (Rn 17), verschweigt. Ein Hauptschuldner, der die Täuschung vornimmt, ist Dritter iSv § 123 II, sofern er nicht Vertreter oder Verhandlungsgehilfe des Gläubigers ist (BGH NJW 02, 957). Zur Drohung mit Zwangsmaßnahmen s BGH WM 73, 36. 13

e) Soweit § 312 (vormals §§ 1, 6 HausTWG) auf den Bürgschaftsvertrag Anwendung findet (beachte § 312 a), ist die Bürgschaft unter den Voraussetzungen des § 355 widerruflich (für den Fall nicht ordnungsgemäßer Belehrung gewährt § 355 IV 3 ein unbefristetes Widerrufsrecht; § 355 II 3 bietet unter Aufgabe eines Unterschriftserfordernisses die Möglichkeit einer „nachgeschobenen Belehrung"; sofern die Bürgschaft wie in Rn 12 angedeutet im Einzelfall als Dauerschuldverhältnis (zum Begriff: Heß NJW 02, 256) angesehen wird, erlangt auch Art 229 § 5 S 2 EGBGB als Übergangsvorschrift Bedeutung; vgl hierzu § 481 Rn 1; § 485 Rn 3). Die **HausTW-RL** schreibt die Anwendung auf den Bürgschaftsvertrag vor, wenn sich ein Verbraucher ggü einem Gewerbetreibenden für die Hauptschuld eines Verbrauchers verbürgt (EuGH NJW 98, 1295; hierzu Staud/Werner, Neubearb 01, § 1 HWiG Rn 67). Der BGH (BGHZ 139, 21) hatte im Anschluss an die Vorlageentscheidung des EuGH ferner die Voraussetzung aufgestellt, dass nicht nur die Bürgschaft, sondern auch der Vertrag über die Hauptschuld in einer Haustürsituation abgeschlossen wurden (s auch OLG Stuttgart MDR 01, 1368). Die HausTW-RL statuiert jedoch ohnehin allein einen Mindestschutzstandard und überlässt es dem nationalen Gesetzgeber bzw den Gerichten, das Schutzniveau strenger auszugestalten. Jedenfalls ist kein Grund ersichtlich, weshalb der Verbraucher als Bürge schutzlos gestellt werden sollte, wenn er zwar „überrumpelt" wird, nicht aber der Hauptschuldner (vgl auch die Kritik an der Judikatur des BGH v Bülow/Artz/Artz, Verbraucherprivatrecht, Rn 150; Horn ZIP 01, 94; Tiedtke NJW 01, 1026 f; unkritisch Jauernig/Stadler § 312 Rn 7; zur Übertragbarkeit der Grundsätze auf den Schuldbeitritt s *Grigoleit/Herresthal* Jura 02, 831 f). Dementspr ist es uneingeschränkt zu begrüßen, wenn der BGH den Bürgen als Verbraucher nunmehr – abw von seiner früheren Judikatur – ein Widerrufsrecht unabhängig davon gewährt, ob dem Hauptschuldner seinerseits die Verbrauchereigenschaft zukommt und diesem ggü eine Haustürsituation besteht (BGH NJW 06, 845; in der Folge zur Haustürsituation eines Angestellten am Arbeitsplatz: BGH ZGS 07, 267 = MDR 07, 1004; zu einem Tag der offenen Tür als Veranstaltung iSv § 312 I 1 Nr 2: AG Bad Iburg NJW-RR 07, 1353 f; zur Verhandlung mit einem Angehörigen: BGH NJW 07, 3272; zu Existenzgründungen: BGH NJW 08, 435 = WM 08, 2392). Eine etwaige Nichtigkeit des Bürgschaftsvertrags gem § 138 I steht dem Widerrufsrecht des Verbrauchers nicht entgegen. Hier lässt sich die Rspr des BGH aus dem Fernabsatzrecht übertragen, nach welcher der Sinn des Widerrufsrechts 14

§ 765

darin liegt, dem Verbraucher ein Recht zur einseitigen Loslösung vom Rechtsgeschäft zu gewähren, „das neben und unabhängig von den allgemeinen Rechten besteht, die jedem zustehen, der einen Vertrag schließt" (BGH NJW 10, 610, 611 – „Radarwarngerät"). Demnach schließt die Nichtigkeit nach § 138 I eine direkte Anwendung des Widerrufsrechts nicht aus, sodass das Rechtsgeschäft dennoch gem §§ 312 I 1, 355 widerruflich ist.

14a Die Vorschriften über den Verbraucherdarlehensvertrag in den §§ 491 ff (vormals VerbrKrG) sind auf die Bürgschaft nicht unmittelbar anwendbar, da der Bürge nicht Vertragspartner des Verbraucherdarlehensvertrags ist und deshalb nicht vom Regelungsbereich dieser Bestimmungen erfasst wird (zum VerbrKrG: BGH WM 07, 2370; BGHZ 138, 325; OLG Frankfurt ZGS 07, 240). Die entspr Anwendbarkeit auf die Bürgschaft ist str. Sie wird zT unter Hinweis darauf bejaht, dass die Nichteinbeziehung der Bürgschaft zu einer Ungleichbehandlung ggü dem trotz seiner strukturellen Unterschiede funktional ähnlichen Schuldbeitritt führe, auf den die Vorschriften entspr anzuwenden seien (zum VerbrKrG: LG Köln WM 98, 173; v Westphalen DB 98, 295 ff). Der BGH hat eine analoge Anwendung jedenfalls für den Fall verneint, dass es sich bei der verbürgten Schuld um einen Geschäftskredit handelt (BGHZ 138, 321), demggü wurde sie für den Fall der Mithaftungsübernahme eines geschäftsführenden Gesellschafters neben der Gesellschaft bejaht (BGH NJW-RR 07, 1673). Aus der **VerbrKr-RL** (beachte die neue, vollharmonisierende VerbrKr-RL 08/48/EWG (ABl. EU 08 L 133, 66), welche zum 11.6.10 im BGB umgesetzt wurde (zur Fassung der deutschen Umsetzung: BT-Drucks 16/13669); zur Reform des Verbraucherkreditrechts s KOM(2002) 443 endg; beachte ferner: Bülow/Artz WM 05, 1153, die Dokumentation in WM 06, 250 f sowie KOM(2005) 483 endg; zur Reform der VerbrKr-RL auch Hoffmann BKR 04, 308), die jedoch allein einen Mindestschutzstandard verankert, lässt sich das Erfordernis, die Verbraucherschutzvorschriften auf die Bürgschaft zu erstrecken, nicht herleiten.

14b Denn der Bürgschaftsvertrag fällt nach Auffassung des EuGH nicht in den Geltungsbereich der RL, weil sich ihre Ziele praktisch ausschließlich auf die Unterrichtung des Hauptschuldners über den Umfang seiner Verpflichtung beschränkten und der Sekundärrechtsakt kaum Bestimmungen enthalte, die einen sinnvollen Schutz des Bürgen gewährleisten könnten (EuGH NJW 00, 1324; ergangen auf einen Vorlagebeschluss des LG Potsdam DB 98, 1226). Ob die Schutzbedürftigkeit des Bürgen eine entspr Anwendung des VerbrKrG bzw der §§ 491 ff rechtfertigen kann, wird indes in der Lehre weiterhin unterschiedlich beurteilt (dafür Bülow/Artz/Bülow, Verbraucherprivatrecht, Rn 242; Schulze/Schulte-Nölke/Bülow, Die Schuldrechtsreform vor dem Hintergrund des Gemeinschaftsrechts, 165; Mertins NJ 2012, 397 ff; Scherer/Mayer DB 00, 818 f; dag Ulmer JZ 00, 782; s auch die Angaben bei Staud/Kessal-Wulf, § 491 Rn 23; welche Impulswirkung der Entscheidung des BGH NJW 06, 854 für die vorliegende Sachfrage zukommt, erscheint offen). Da der Gesetzgeber auch iR des OLGVertretungsÄndG (BGBl I 02, S 2850 ff – „lex Heininger") keine Reform vorgenommen hat, mehren sich allerdings die methodischen Zweifel, ob eine „unbewusste" Regelungslücke vorliegt (s auch Jauernig/Stadler § 765 Rn 12 ff mit Blick auf die Schuldrechtsreform). Dies gilt ebenso für die Frage, ob die in § 497 I (beachte Neufassung durch OLG-VertretÄndG, BGBl I 02, 2857) getroffene Zinsschadensregelung entspr heranzuziehen ist (zu § 11 I VerbrKrG: BGH NJW 00, 661). Auf europäischer Ebene hat die Kommission am 8.10.08 den Vorschlag für eine RL über Rechte der Verbraucher (KOM[2008] 614 endg; aktuellste Version: Europäischer Rat 16933/10 vom, 24.3.11) verabschiedet, durch welchen sie ursprünglich vier bereits geltende RLen überarbeiten und in einem Rechtsinstrument zusammenführen wollte. Am 23.6.11 stimmte das Europäische Parlament der Verbraucherrechte-RL 2011/83/EU (ABl EU L 304, 64) zu (s Philipp EuZW 11, 534), durch welche die Haustürwiderrufs- 85/577/EWG und Klausel-RL 93/13/EWG geändert, während die Fernabsatz-RL 97/77/EG und Verbrauchsgüterkauf-RL 99/44/EG aufgehoben werden. Um einen hohen einheitlichen Verbraucherschutz zu gewährleisten, basiert die RL auf dem Konzept der **Vollharmonisierung**, so dass die Mitgliedstaaten abweichende Vorschriften weder zugunsten noch zulasten des Verbrauchers erlassen dürfen. Der deutsche Gesetzgeber hat daraufhin am 14.6.13 das

Gesetz zur Umsetzung der Verbraucherrechte-RL und zur Änderung des Gesetzes zur Regelung von Wohnungsvermittlung beschlossen (BGBl I, 3642), welches am 13.6.14 in Kraft tritt. Relevante Veränderungen für das Verbraucherbürgschaftsrecht finden sich sowohl in § 13 nF als auch in den §§ 312 ff sowie §§ 355 ff nF Der jetzige Verbraucherbegriff des § 13 wird erweitert. Hinsichtlich der §§ 312 ff nF verlangt § 312 I nF eine entgeltliche Leistung des Unternehmers. Es dürfte in Bürgschaftssituationen jedoch genügen, dass die Entgeltpflicht des Unternehmers im Hauptvertragsverhältnis ggü dem Kreditnehmer besteht (vgl auch Hilbig-Lugani, ZJS 13, 441, 444; dag wird die Problematik von Palandt/Grüneberg § 312 nF Rn 5 ausgeblendet). In der Anlage 3 zu Art. 246 b § 2 Abs. 3 (BR-Drucks 498/13) verdeutlicht der Gestaltungshinweis 3, dass der nationale Gesetzgeber Bürgschaften als umfasst ansieht. Im Hinblick auf § 312 b nF drängt sich ferner die Frage auf, ob ein Verbraucherbürgschaftsvertrag als ein außerhalb von Geschäftsräumen geschlossenes Rechtsgeschäft qualifiziert werden kann. Geht man davon aus, dass die Verbraucherbürgschaft vom Anwendungsbereich eingeschlossen wird (Für Banken ergibt sich die missliche Situation, dass sie womöglich, um sicher zu gehen, ggf „freiwillig" belehren und hierdurch ein Widerrufsrecht einräumen, obschon dieses gesetzlich nicht vorgegeben ist.), erscheint jedenfalls zweifelhaft, ob sich die frühere Judikatur des BGH zum Schutz des Bürgen im Lichte der transformierten §§ 312 ff fortführen lässt. Der Spruchkörper stützte seine Entscheidung darauf, dass in Anbetracht der damaligen Mindestharmonisierung richterrechtlich eine Schutzverstärkung über die EuGH-Judikatur hinaus zulässig war. Es bleibt abzuwarten, ob der EuGH hinsichtlich der im Gegensatz zur HausTW-RL abweichenden Formulierung der Verbraucherrechte-RL an dem Vorliegen der doppelten Verbrauchereigenschaft bzw Haustürsituation festhält. Eine Klärung im Wege eines Vorlageverfahrens nach Art 267 AEUV ist geboten. Sollte die Verbraucherbürgschaft gar nicht erst von der RL umfasst sein, wäre das nationale Recht wohl weiterhin für den Schutz des Bürgen verantwortlich. Demzufolge bestünde dann auch kein Zwang zur Abkehr von der Rspr des BGH. Der oben aufgeführte Streit bezüglich der entspr Anwendbarkeit der Verbraucherdarlehnsvorschriften der §§ 491 ff wird im Lichte des § 356 b wohl nicht obsolet.

3. Das **Bestehen der Hauptforderung** ist aufgrund des Sicherungszwecks der Bürgschaft **15** Wirksamkeitsvoraussetzung für den Bürgschaftsvertrag (dazu iE § 767 Rn 1 ff). Bei einem sittenwidrigen (§ 138) Darlehen oder bei wirksamer Anfechtung des Vertrages, auf dem die Hauptschuld beruht, liegt daher keine wirksame Bürgschaft vor.

4. Als **Rechtsfolge** des Bürgschaftsvertrages entsteht für den **Bürgen** die **Einstands- 16 pflicht** gem Abs 1. Ihr **Umfang** richtet sich nach der Festlegung im Bürgschaftsvertrag. Grds erstreckt sich die Einstandspflicht auf die gesamte Hauptverbindlichkeit und unterliegt deren Veränderungen (§ 767). Beschränkungen insb auf einen bestimmten Teilbetrag der Hauptschuld, auf einen Höchstbetrag oder eine bestimmte Zeitdauer (§ 777) sind jedoch zulässig. Ebenso kann die Bürgschaft auf Nebenforderungen erweitert werden. Erforderlichenfalls ist der Umfang der Bürgschaft durch Auslegung (§§ 133, 157) zu ermitteln; dabei sind insb der Zweck der Bürgschaft und der Grund ihrer Übernahme zu berücksichtigen. Soweit nicht § 767 eingreift, gehen Unklarheiten bei der Bestimmung des Umfangs iZw zulasten des Gläubigers (BGHZ 76, 189). Der gesetzliche Erfüllungsort für die Zahlungspflicht des Bürgen besteht nach §§ 269 I, 270 IV am Wohnsitz des Bürgen (BGHZ 134, 133).

Für den **Gläubiger** bestehen dag keine Hauptleistungspflichten, da die Bürgschaft idR **17** als einseitig verpflichtender Vertrag eingegangen wird (Rn 1). **Nebenpflichten** (s § 241 II) des Gläubigers aufgrund von § 242 sind nur in engen Grenzen anzuerkennen. Bei ihrer Verletzung kann dem Bürgen uU ein Schadensersatzanspruch aus § 280 I oder §§ 311 II, 280 I (Fälle der pVV oder cic) auf **Befreiung von der Bürgenhaftung** zustehen (beachte § 254). Eine Überdehnung der Nebenpflichten des Gläubigers würde die Funktion der Bürgschaft als Sicherungsmittel beeinträchtigen. Der Gläubiger hat aber stets die Pflicht, keine falschen und insb keine verharmlosenden Angaben über das Bürgschaftsrisiko zu machen (BGH NJW-RR 04, 338 f; NJW 94, 1343), den Bürgschaftsfall nicht selbst herbeizuführen (zur Verwirkung des Anspruchs aus der Bürgschaft nach § 242 vgl BGH WM 04, 1676; 84, 586), Handlungen zu unterlassen, die den Bürgenregress vereiteln oder gefährden könnten. Str ist, ob er den Bürgen über eine wesentliche Verschlechterung der Vermögensverhältnisse des Schuldners zu informieren hat (iE MK/Habersack § 765 Rn 91). Eine generelle Pflicht zur Bonitätsprüfung und eine allg Aufklärungs-, Warn- und Fürsorgepflicht besteht nicht. Insb ist nicht über das Bürgschaftsrisiko an sich aufzuklären, da dies allg bekannt ist und durch die in § 766 verankerte Schriftform hinreichend offen gelegt wird (BAG NJW 00, 3300). Eine Hinweispflicht der Bank besteht allerdings etwa dann, wenn es jemand ablehnt, zur Kreditsicherung eine Grundschuld an seinem Hausgrundstück als einzigem nennenswerten Vermögensgegenstand zu bestellen, dann aber auf Vorschlag der Bank eine Bürgschaft übernimmt, ohne zu erkennen, dass iErg ebenso wie bei der dinglichen Sicherung der Zugriff auf das Grundstück möglich ist (BGH NJW 99, 2814 f; mitunter greift ein Anspruch aus Verschulden bei Vertragsschluss nach § 311 II, 280 I; infolge der Anwendbarkeit des § 254 kann die Verpflichtung des Bürgen lediglich teilweise entfallen).

18 III. 1. a) Einige **Sonderformen** der Bürgschaft beruhen auf gesetzlicher Regelung. Dazu gehören die **selbstschuldnerische Bürgschaft** (§ 773 I Nr 1), die **Mitbürgschaft** (§ 769) und die **Bürgschaft auf Zeit** (§ 777). Im Hinblick auf die Prozessbürgschaft s § 108 ZPO idF nach der ZPO-Reform und zur Bürgschaft als Sicherheitsleistung vgl §§ 232 II, 239 (vgl BGH WM 04, 876; zu Prozessbürgschaften von Auslandsbanken: Foerste ZBB 01, 483 ff; Riesenhuber/Leible/Domröse Europäische Methodenlehre, § 9 Rn 55 ff).

19 b) Eine Reihe weiterer Sonderformen hat sich durch verkehrsübliche Vertragsgestaltungen entwickelt. Zu ihnen zählen die **Teil-** und **Höchstbetragsbürgschaft** (s zur Klauselkontrolle BGH NJW 04, 163; ZIP 02, 1613 f; BGHZ 143, 95) sowie die **Kreditbürgschaft**. Bei der letzteren bezieht sich die Einstandspflicht auf einen laufenden oder zu gewährenden Kredit. Gebräuchlich ist diese Form der Bürgschaft besonders als **Kontokorrentbürgschaft**. Bei ihr steht der Bürge für diejenigen Forderungen ein, die sich jeweils aus der laufenden Rechnung (§§ 355 ff HGB) ergeben.

20 Eine weitere verkehrsübliche Gestaltung ist die **Ausfallbürgschaft** (zur Inanspruchnahme des Bürgen aus befristeter Ausfallbürgschaft s BGH NJW 02, 2869; § 777 Rn 5; zum Regress des Ausfall- gegen den Regelbürgen s BGH NJW 12, 1946 ff; § 774 Rn 9; zu den Sorgfaltsanforderungen des Gläubigers: OLG Hamm GWR 12, 276). Sie begründet eine Einstandspflicht des Bürgen nur insoweit, als der Gläubiger seine Forderung trotz Zwangsvollstreckung in das gesamte Vermögen des Hauptschuldners und Verwertung anderer Sicherheiten nicht realisieren kann. Voraussetzung ist idR, dass der Gläubiger alle diese anderen Mittel sorgfältig genutzt hat. Die Parteien können aber auch festlegen, dass bereits nach bestimmten einzelnen dieser Maßnahmen ein Ausfall vorliegt und ein Rückgriff auf die Bürgschaft zulässig ist. Da der Anspruch den Ausfall voraussetzt, trägt der Gläubiger die Beweislast; der Einrede der Vorausklage gem § 771 bedarf es nicht. Der Gläubiger muss ferner darlegen und beweisen, dass der Ausfall trotz Beachtung der bei der Verfolgung des verbürgten Anspruchs gebotenen Sorgfalt eingetreten ist oder auch eingetreten wäre, wenn er diesen Sorgfaltsmaßstab beachtet hätte (BGH NJW 99, 1470).

21 Bei einer **Nachbürgschaft** steht der Bürge dem Gläubiger dafür ein, dass der Vorbürge seine Verpflichtung erfüllt. Befriedigt der Nachbürge den Gläubiger, gehen dessen Rechte gegen den Hauptschuldner und die Bürgschaftsansprüche gegen den Vorbürgen gem § 774 I 1 auch den Nachbürgen über (BGHZ 73, 96; str; s zu den Rückgriffsansprüchen des Nachbürgen auch Reinicke/Tiedtke, Kreditsicherung, 5. Aufl, 06, Rn 325 ff). Daneben bestehen uU Ansprüche aus §§ 670, 675 I gegen den Vorbürgen. Der Hauptschuldner kann Einwendungen aus seinem Verhältnis zum Vorbürgen idR dem Nachbürgen nicht entgegenhalten (Dörner MDR 76, 708 ff; aA OLG Hamm MDR 61, 503).

22 Die **Rückbürgschaft** sichert die Rückgriffsansprüche des Hauptbürgen gegen den Hauptschuldner (bzw entspr die Ansprüche des Nachbürgen gegen den Vorbürgen). Die Verbindlichkeit entsteht daher erst mit der Befriedigung des Gläubigers durch den

Hauptbürgen. Leistet der Rückbürge an den Hauptbürgen, geht gem § 774 I 1 die Forderung des Hauptbürgen gegen den Hauptschuldner, die er mit der Befriedigung des Gläubigers erworben hat, auf den Rückbürgen über (aA Palandt/Sprau Einf § 765 Rn 10: Abtretung notwendig).

Bei einer **Bürgschaft auf erstes Anfordern** ist der Bürge verpflichtet, auf ein einfaches, formalisiertes Verlangen unter einstweiligem Verzicht auf Einwendungen sofort zu zahlen (BGH NJW 03, 352; allg Kopp, Die Bürgschaft auf erstes Anfordern – Grenzen vertraglicher Beschränkungen der bürgschaftsrechtlichen Akzessorietät; Kopp WM 10, 640 ff; Übersicht bei Hahn MDR 99, 839 ff; zum Schutz vor missbräuchlicher Nutzung s Fischer WM 05, 529 ff). Der Bürge kann lediglich einwenden, dass die Bürgschaft nicht die zugrunde gelegte Hauptforderung sichere (BGH NJW 99, 2361; OLG Düsseldorf ZMR 05, 784 m Anm Vogel), dass die Anforderungserklärung nicht vollständig sei oder dass in dem Verlangen ein offensichtlicher Rechtsmissbrauch liege (BGH NJW 02, 1493 f; NJW 97, 1437). Alle weiteren Streitfragen (s aber auch BGH NJW 01, 1857) bleiben dem Rückforderungsprozess des Bürgen gegen den Gläubiger aus § 812 vorbehalten (allerdings mit entspr Beweislastverteilung wie im Bürgschaftsprozess: BGH NJW 03, 353). Wegen der weit höheren Risikobelastung für den Bürgen als im gesetzlichen Regelfall können – so die erste Einschränkung der Judikatur – derartige Bürgschaften durch AGB neben Kreditinstituten und Versicherungen nur Unternehmen eingehen, in deren Geschäftsbereich derartige Bürgschaften üblich sind und die über vergleichbare Erfahrungen damit verfügen (BGH NJW 01, 1858). Im Lichte zweier Entscheidungen des BGH vom 18.4. und 4.7.02 ist nunmehr davon auszugehen, dass eine formularvertragliche Vereinbarung einer Bürgschaft auf erstes Anfordern im Widerspruch zu den Grundsätzen des AGB-Rechts steht (vgl mit weiteren Angaben zur bisherigen Judikatur: BGH NJW-RR 08, 830; BGH BB 04, 1360; s auch OLG Köln MDR 04, 1308; OLG Zweibrücken NJW-RR 05, 1652; Karst NJW 04, 2059 ff; H. Schmidt RIW 04, 336 ff; von Westphalen NJW 05, 1990; ZIP 04, 1433 ff). Bei Verträgen, die bis zum Bekanntwerden der Entscheidung vom 4.7.02 geschlossen worden sind, erkennt der BGH ein schützenswertes Vertrauen des Auftraggeber an. Demzufolge ist kraft ergänzender Vertragsauslegung gem §§ 133, 157 von einer unbefristeten, selbstschuldnerischen Bürgschaft auszugehen (BGH BB 04, 1361). Auch wenn sich die zuvor dargelegten Grundsätze der Rspr nicht unbesehen auf eine individualvertraglich begründete Bürgschaft auf erstes Anfordern übertragen lassen, erscheint dieses Sicherungsmittel dennoch risikobehaftet und damit in der Praxis wenig attraktiv. Dies folgt daraus, dass die Judikatur immer strengere Anforderungen an das Vorliegen einer Individualabrede stellt (vgl BGH DB 04, 1420; WM 03, 872; Karst NJW 04, 2060 f; von Westphalen ZIP 04, 1439 ff). Die individualvertragliche Übernahme setzt jedenfalls voraus, dass der Gläubiger aufgrund besonderer Umstände von der Vertrautheit des Bürgen mit derartigen Bürgschaften ausgehen kann (so zB bei einem international tätigen Bürgschaftsunternehmen; BGH NJW 97, 1437), oder den Bürgen über die besonderen Risiken ausdrücklich aufgeklärt hat (BGH NJW 98, 2281). Ist die Abrede über die Zahlung auf erstes Anfordern unwirksam oder kann sie nicht in der erforderlichen Form nachgewiesen werden, entspricht es iZw dem Parteiwillen, den Vertrag dahin auszulegen, dass er eine einfache Bürgschaft umfasst (BGH NJW 01, 1859; s aber auch OLG Zweibrücken NJW-RR 05, 1652). Nicht notwendig, aber zumeist als Bürgschaft auf erstes Anfordern ausgestaltet ist die „**Gewährleistungsbürgschaft**". Bei ihr verpflichtet sich ein Dritter, idR eine Bank, für die Rechte des Bestellers (beachte § 634) gegen den Unternehmer aus einem Werkvertrag einzustehen (OLG Celle NJW-RR 05, 970: Abgrenzung zur Vertragserfüllungsbürgschaft).

2. Von der Bürgschaft zu unterscheiden sind andere, **ähnliche Sicherungsmittel** schuldrechtlicher Art (auch hins des Formerfordernisses des § 766 für die Bürgschaft). So schließen bei einem **Schuldbeitritt** (Schuldmitübernahme; zum Schuldbeitritt allg s Grigoleit/Herresthal Jura 02, 825 ff; zur Form: Harke ZBB 04, 147 ff) der Beitretende und der Gläubiger (oder der bisherige Schuldner) einen formlos gültigen Vertrag (§ 311 I; uU aber § 492). Er begründet eine eigene Schuld des Übernehmers, die iU zur Bürgschaftsschuld in ihrem Fortbestand und Umfang nicht von der Hauptschuld abhängig

§ 765

ist (iE Vor §§ 414–419 Rn 2 ff). Grds können daher eine formunwirksame Bürgschaftserklärung nicht in einen Schuldbeitritt und ein Schuldbeitritt nicht in eine Bürgschaftserklärung umgedeutet werden (Ausnahme: BGH WM 07, 2370).

25 Der selbstständige **Garantievertrag** (Gewährvertrag) ist ein einseitig verpflichtender Vertrag, nach dem der Garant für den Eintritt eines bestimmten Erfolges einzustehen oder die Gefahr eines künftigen Schadens zu übernehmen hat (BGH BB 01, 1806). Im Garantiefall hat der Garant den Gläubiger (Garantienehmer) so zu stellen, als sei der Erfolg eingetreten oder der Schaden nicht entstanden. Die Garantie kann sich grds auf jeden Erfolg beziehen, zB auf die Beschaffenheit einer Ware (beachte §§ 443, 477) oder eines Werkes oder auf das Erbringen von Leistungen. Bsp für Garantieverträge sind etwa Scheck- und Kreditkarten. Das Formerfordernis des § 766 ist auf den Garantievertrag nicht (auch nicht entspr) anzuwenden (BGH WM 64, 62). Die Abgrenzung zur Bürgschaft ist uU schwierig, wenn der garantierte Erfolg die Leistung eines Dritten auf eine Forderung betrifft. Als wesentlicher Unterschied ist dabei va zu berücksichtigen, dass die Parteien durch den Garantievertrag – anders als durch eine Bürgschaft – einen selbstständigen, in Entstehung und Fortbestand von der gesicherten Schuld unabhängigen Anspruch gegen den Garanten begründen wollen. Ob sich der Parteiwille im Einzelfall auf eine selbstständige (Garantievertrag) oder eine unselbstständige Schuld (Bürgschaft) richtet, ist durch Auslegung zu ermitteln. IZw ist eine Bürgschaft anzunehmen (BGH WM 85, 1418). Dabei erscheint der Wortlaut nicht stets ausschlaggebend. Einen gewichtigen Anhaltspunkt für die Vereinbarung eines selbstständigen Garantievertrages bildet bei der Auslegung ein Eigeninteresse des Garanten an der Erfüllung der Hauptverpflichtung.

26 Ebenfalls keine Bürgschaften, aber bürgschaftsähnlich sind der **Kreditauftrag** (§ 778), die **Delkrederehaftung** des Handelsvertreters und des Kommissionärs (§§ 86 b, 394 HGB) und die sog **Patronatserklärung** (zB einer Muttergesellschaft in einem Konzern ggü den Gläubigern einer Tochtergesellschaft; dazu Fleischer WM 99, 666 ff). Durch einen **Avalkreditvertrag** verpflichtet sich eine Bank ggü ihrem Kunden, zu seinen Gunsten ggü dessen Gläubiger eine Bürgschaft zu übernehmen (zum Charakter als Geschäftsbesorgungsvertrag und nicht als Bürgschaftsübernahme: BGH NJW 84, 2088). Die **Wechsel- und Scheckbürgschaft** sind keine Bürgschaften iSd §§ 765 ff, sondern selbstständige Verpflichtungen ohne derartig strenge Akzessorietät aufgrund eigenständiger Regelungen (Art 30 ff WG, 25 ff ScheckG; vgl BGHZ 35, 21).

27 **III. 1. IPR:** Das Bürgschaftsstatut folgt idR nicht akzessorisch dem auf die Hauptschuld anwendbaren Recht, sondern ist nach Maßgabe der Art 3, 4 Rom I-VO separat zu ermitteln. Sofern keine (konkludente) Rechtswahl nach Art 3 Rom I-VO getroffen wird, ist iR der objektiven Anknüpfung nach Art 4 II Rom I-VO auf das Recht am gewöhnlichen Aufenthaltsort bzw der gewerblichen Niederlassung des Bürgen abzustellen (s auch BGHZ 134, 127 mit Aufs Dörner/Staudinger IPRax 99, 338 f). Da die zivilrechtlichen Generalklauseln der §§ **138 und 242** (Rn 11) als Einfallstore einer mittelbaren Drittwirkung von Grundrechten **nicht zu den Eingriffsnormen** iSd Art 9 Rom I-VO zählen, können sich die von der Judikatur entwickelten Grundsätze der Sittenwidrigkeit von Bürgschaften allein **iR des ordre public-Vorbehalts und damit der Art 6/21 EGBGB/Rom I-VO** auswirken (BGHZ 135, 139; abw Reich NJW 94, 2128 ff). Dies gilt allerdings nur unter der einschränkenden Voraussetzung eines hinreichenden Inlandsbezugs (s zum Kollisionsrecht: Art 4 Rom I-VO Rn 10; MK/Martiny Art 4 Rom I-VO Rn 181 ff; gegen eine Relativierung der Grundrechte durch das Erfordernis eines Inlandsbezuges: Looschelders RabelsZ 01, 475 ff).

28 **2.** Zur str Anwendbarkeit des § 29 a ZPO auf Bürgschaftsverträge vgl BGH MDR 04, 769. Im Hinblick auf das **Internationale Zivilverfahrensrecht** sind für Klagen des Verbrauchers Art 15 I lit c iVm Art 16 I Alt 2 Brüssel I-VO zu beachten, die eine Schutzverstärkung vorsehen (hierzu Rauscher/Staudinger). **Zur Frage der Anerkennung bzw Vollstreckbarerklärung eines EG-ausländischen Bürgschaftsurteils** s BGHZ 140, 395 m Anm Staudinger JZ 99, 1117 ff; Dörner, FS Sandrock, 205 ff; s auch Stürner, in: Canaris ua (Hrsg), 50 Jahre BGH, Bd III, 677 ff; krit Gounalakis/Radke ZVglRWiss 98 (99), 17 f.

§ 766 Schriftform der Bürgschaftserklärung

¹Zur Gültigkeit des Bürgschaftsvertrags ist schriftliche Erteilung der Bürgschaftserklärung erforderlich. ²Die Erteilung der Bürgschaftserklärung in elektronischer Form ist ausgeschlossen. ³Soweit der Bürge die Hauptverbindlichkeit erfüllt, wird der Mangel der Form geheilt.

I. Die Formvorschrift bezweckt den **Schutz des Bürgen** (§ 765 Rn 10). Sie betrifft daher nur die Vertragserklärung des Bürgen, während der Gläubiger seine Erklärung zum Abschluss des Bürgschaftsvertrages formlos, auch konkludent abgeben kann. Die Warnfunktion erfordert aber die Anwendung des § 766 auch auf die Erklärung des Bürgen zum Abschluss eines Bürgschaftsvorvertrags, die Erteilung der Vollmacht (unter Einschränkung von § 167 II; BGHZ 132, 125; str) und die Ermächtigung zur Blankettausfüllung (BGHZ 132, 125; BGH NJW 00, 1180; Gerfried Fischer JuS 98, 205; hierzu auch Benedict Jura 99, 78 ff; diese Judikatur lässt sich auf die Vollmacht zum Abschluss eines Verbraucherkreditvertrags nicht übertragen: BGH ZIP 01, 913; s in diesem Zusammenhang aber § 492 IV). Keine Anwendung findet § 766 auf bürgschaftsähnliche Verpflichtungen (§ 765 Rn 24 ff; iE str), die Erfüllungsübernahme gem § 329 sowie die Verpflichtung zur Bürgschaftsübernahme ggü dem Hauptschuldner. Nicht formbedürftig ist auch die Bürgschaftserklärung eines Kaufmannes, wenn die Bürgschaft für diesen ein Handelsgeschäft ist (§ 350 HGB). Zur str Frage der Anwendbarkeit des weiter gehenden Formzwanges des VerbrKrG (s § 492) auf Bürgschaftsverträge abl BGHZ 138, 321 (vgl hierzu § 765 Rn 14). Beachte die Sonderregeln in Art 31 III WG sowie Art 26 III ScheckG. 1

II. 1. a) Die Bürgschaftserklärung muss nach S 1 den Erfordernissen der **Schriftform** gem § 126 I, III (Ersetzung gem § 127 a) entsprechen. Die **elektronische Form** iSd § 126 a **scheidet nach S 2 aus** (dies gilt ebenso für die Textform gem § 126 b), da sie derzeit noch nicht in vergleichbarer Weise wie die Schriftform Schutz vor einer übereilten Erklärung biete (BT-Drucks 14/4987, 22). Aufgrund der Warnfunktion ist die Schriftform nur gewahrt, wenn die schriftliche Erklärung alle wesentlichen Teile der Bürgschaftsverpflichtung enthält. Insb muss der Wille, für die fremde Schuld einzustehen, zum Ausdruck kommen sowie die Person des Gläubigers und des Hauptschuldners und die zu sichernde Forderung hinreichend deutlich bezeichnet sein. Dementspr können bei der Ermittlung des Vertragsinhalts durch Auslegung (§§ 133, 157) außerhalb der Urkunde liegende Umstände zunächst berücksichtigt werden; zusätzlich bleibt jedoch zu prüfen, ob für den ermittelten Parteiwillen ausreichende Anhaltspunkte in der Urkunde selbst vorhanden sind und damit die nach § 766 erforderliche Form gewahrt ist (BGH NJW 01, 3328; str). Eine von beiden Parteien unbewusst verwendete Falschbezeichnung schadet nicht (BGH NJW 95, 1887). Der Bürge muss die Urkunde zwar nicht selbst abfassen oder niederschreiben. Die bloße Mitunterzeichnung einer Urkunde, die keine ihm zuzurechnende eigene Erklärung enthält, reicht jedoch nicht aus. Nebenabreden und Änderungsvereinbarungen sind stets formbedürftig, wenn sie den Bürgen belasten. Dag sind sie formfrei, wenn sie ihn entlasten. 2

b) Die **Erteilung** der Bürgschaftserklärung erfordert zusätzlich, dass die Originalurkunde dem Gläubiger zumindest vorübergehend zur Verfügung gestellt wird. Der Bürge muss sich dementspr der Urkunde entäußern. Daran fehlt es zB bei einem Telegramm oder einer Telefax-Übermittlung (BGHZ 121, 229; dies gilt gleichermaßen für eine Übermittlung durch Computerfax). Ist die Bürgschaft wirksam erteilt worden, hängt deren Bestand jedoch nicht vom Verbleib der Urkunde beim Gläubiger ab. 3

2. Folge eines Formmangels ist die **Nichtigkeit** der Bürgschaftserklärung nach § 125 S 1. Ausnahmsweise kann der Berufung auf die Formnichtigkeit § 242 entgegenstehen (BGHZ 132, 128). Bei einer formnichtigen Blanko-Bürgschaft kann uU eine Rechtsscheinhaftung entspr § 172 II in Betracht kommen (BGHZ 132, 127; str). 4

3. Ein Mangel der Form wird gem S 3 geheilt (vgl § 311 b I 2), wenn der Bürge seine Verpflichtung erfüllt. 5

§ 767 Umfang der Bürgschaftsschuld

(1) ¹Für die Verpflichtung des Bürgen ist der jeweilige Bestand der Hauptverbindlichkeit maßgebend. ²Dies gilt insbesondere auch, wenn die Hauptverbindlichkeit durch Verschulden oder Verzug des Hauptschuldners geändert wird. ³Durch ein Rechtsgeschäft, das der Hauptschuldner nach der Übernahme der Bürgschaft vornimmt, wird die Verpflichtung des Bürgen nicht erweitert.
(2) Der Bürge haftet für die dem Gläubiger von dem Hauptschuldner zu ersetzenden Kosten der Kündigung und der Rechtsverfolgung.

1 I. Abs 1 S 1 stellt die dauernde Abhängigkeit des Bestehens, Inhalts und Umfangs der Bürgschaft von der Hauptschuld klar (**Akzessorietät**; § 765 Rn 2). Die Akzessorietät der Bürgschaft ist zwingend; ihre Einschränkung durch Parteivereinbarungen führt zu einem Wechsel des Vertragstyps (zB zum Abschluss eines Garantievertrags statt einer Bürgschaft; § 765 Rn 25). Abs 1 S 2 bezieht bestimmte Änderungen der Hauptschuld in diese Abhängigkeit ein; Abs 1 S 3 schützt den Bürgen gegen Erweiterungen seiner Verpflichtung durch ein Rechtsgeschäft des Hauptschuldners nach der Übernahme der Bürgschaft. Nach Abs 2 erstreckt sich die Bürgenhaftung auf bestimmte Nebenforderungen.

2 II. 1. Aufgrund des Akzessorietätsprinzips ist schon das **Entstehen der Bürgschaft** vom **Bestehen einer wirksamen Hauptschuld** abhängig. Wird die Bürgschaft für eine künftige oder bedingte Verbindlichkeit übernommen (§ 765 II), ist sie schwebend unwirksam, bis diese Hauptschuld entsteht. Ob die Bürgschaft bei Nichtigkeit der Hauptschuld (auch bei Nichtigkeit ex tunc infolge Anfechtung) Bereicherungsansprüche (§§ 812 ff), Herausgabeansprüche nach §§ 346 ff und Schadensersatzansprüche (insb aus § 122 und § 311 II, 280 I) sichern soll, bestimmt sich nach dem Willen der Parteien und ist ggf durch Auslegung festzustellen (BGH NJW 87, 2077; hierzu Coester-Waltjen Jura 01, 745 f).

3 2. Die Hauptschuld bestimmt auch den **Umfang** der Bürgschaftsverbindlichkeit. Eine Verminderung der Hauptschuld oder eine sonstige verbesserte Stellung des Hauptschuldners (zB durch Stundung) kommt damit auch dem Bürgen zugute. Ebenso entfällt mit dem Erlöschen der Hauptverbindlichkeit die Bürgschaftsschuld. Auf den Grund des Erlöschens kommt es dabei nicht an (zB Erfüllung, Erfüllungssurrogate, Vergleich, Aufhebungsvertrag; BGH NJW 03, 60; vom Hauptschuldner nicht zu vertretende Unmöglichkeit). Beruht der Untergang der Hauptverbindlichkeit jedoch allein auf der Vermögenslosigkeit des Hauptschuldners, steht einem Untergang der Bürgschaft gerade deren Sicherungszweck entgg, den Gläubiger vor dem Vermögensverfall des Hauptschuldners zu schützen. Die Bürgschaft bleibt daher – in Einschränkung des Akzessorietätsgrundsatzes – trotz des Untergangs der Hauptschuld bestehen und ist auch abtretbar (BGHZ 82, 326; BGH NJW 03, 60).

4 Eine **Erweiterung** der Hauptschuld führt nach **Abs 1 S 2** zur entspr Ausdehnung der Bürgschaft, wenn sie auf Verschulden oder Verzug des Hauptschuldners beruht (s aber auch zur Höchstbetragsbürgschaft: BGH NJW 04, 163; ZIP 02, 1614). Dies betrifft insb Verzugszinsen und Schadensersatzansprüche wegen Pflichtverletzung nach §§ 280 ff. Daneben erstreckt sich nach **Abs 2** die Bürgschaft auf die Kosten der Kündigung und der Rechtsverfolgung (zB Prozesskosten), die der Hauptschuldner dem Gläubiger zu ersetzen hat. IU dazu führen nach **Abs 1 S 3** Erweiterungen der Hauptverbindlichkeit durch Rechtsgeschäfte, die der Hauptschuldner nach der Übernahme der Bürgschaft vornimmt, nicht zu einer erweiterten Verpflichtung des Bürgen (BGH NJW 06, 229; hierzu Streit/Büchler BB 06, 66 f). Der Bürge muss damit zwar für Rechtsfolgen vertragswidrigen Verhaltens des Hauptschuldners ggü dem Gläubiger iR v Abs 1 S 2, Abs 2 einstehen; der Hauptschuldner kann ihm aber nach Abs 1 S 3 nicht weiterreichende Verpflichtungen aufbürden als er mit der Bürgschaftserklärung eingehen wollte (Verbot der Fremddisposition, s § 765 Rn 9). Eine derartige Ausdehnung der Bürgschaft ist vielmehr nur mit schriftlich (§ 766) erklärter Zustimmung des Bürgen möglich.

III. Die Erstreckung der Bürgenhaftung auf Rechtsverfolgungskosten stellt eine abschließende Sonderregelung dar, vor deren Hintergrund der Rückgriff auf die Grundsätze der Geschäftsführung ohne Auftrag unzulässig ist. Nicht erfasst werden die zur Abwehr einer Anfechtungsklage im Rahmen eines Insolvenzverfahrens nötigen Kosten (BGH NJW 09, 1879).

§ 768 Einreden des Bürgen

(1) ¹Der Bürge kann die dem Hauptschuldner zustehenden Einreden geltend machen. ²Stirbt der Hauptschuldner, so kann sich der Bürge nicht darauf berufen, dass der Erbe für die Verbindlichkeit nur beschränkt haftet.
(2) Der Bürge verliert eine Einrede nicht dadurch, dass der Hauptschuldner auf sie verzichtet.

I. Die Vorschrift normiert ergänzend zu § 767 in **Abs 1 S 1** eine weitere Folge des Akzessorietätsgrundsatzes: Muss der Schuldner dem Gläubiger nicht die Leistung erbringen, soll auch der Bürge nicht in Anspruch genommen werden können. Dem Bürgen stehen daher grds alle Einreden des Hauptschuldners zu. Entspr dem Gedanken des § 767 I 3 gilt dies auch, wenn der Hauptschuldner auf die Einreden verzichtet hat (vgl § 767 Rn 4). Von Abs 1 S 1 **abw Vereinbarungen** in AGB kann § 307 entgegenstehen (nach MK/Habersack § 768 Rn 3 sind formularmäßige Abreden zulasten des Bürgen grds gem § 307 II Nr 1 unwirksam). Ein genereller formularmäßiger Ausschluss der Einreden aus § 768 ist unwirksam (BGH NJW 01, 1858). Eine Verlängerung der Verjährungsfrist für eine Bürgschaftsforderung von drei auf fünf Jahre kann in AGB bestimmt werden: OLG München MDR 13, 261 f. In Individualverträgen sind Abweichungen grds möglich, verändern aber uU den Vertragstyp (§ 767 Rn 1).

II. Der Bürge kann nach **Abs 1 S 1** die **Einreden des Hauptschuldners** gegen die Hauptverbindlichkeit geltend machen, und zwar auch gerade dann, wenn der Hauptschuldner sie nicht erhoben hat. Zu diesen Einreden gehören zB das ZbR aus § 273, die Berufung auf den nicht erfüllten Vertrag gem § 320, die Verjährung der Hauptschuld (BGHZ 139, 216; bei Löschung des Hauptschuldners im Handelsregister wegen Vermögenslosigkeit: BGH ZIP 03, 524; bei Eintritt nach Verurteilung des selbstschuldnerischen Bürgen: BGH NJW-RR 00, 1717; NJW 99, 279; zum Problemkreis: Hohmann WM 04, 761 ff; Peters NJW 04, 1430 f; Siegmann/Polt WM 04, 766 ff) und die ungerechtfertigte Bereicherung (BGH NJW 89, 1853).

Verzichtet der Hauptschuldner auf die Einrede der Verjährung (s § 202), entfaltet dies nach Abs 2 keine Wirkung für das Bürgschaftsverhältnis, auch wenn es sich um den Verzicht auf eine zukünftige Einrede handelt (BGH BB 07, 2591 =WM 07, 2230; zur Verjährungshemmung durch Verhandlungen zwischen Klägerin und Hauptschuldnerin s BGH NJW-Spezial 10, 173).

Abs 1 S 2 schränkt die Regel des Abs 1 S 1 für den Fall ein, dass der Hauptschuldner verstirbt und für seinen Erben die **beschränkte Erbenhaftung** nach § 1975 eingreift (vgl auch § 1629 a III; s dort Rn 12; zur Rechtswirkung eines außergerichtlichen Vergleichs zwischen Bürgschaftsgläubiger und Insolvenzverwalter s BGH NJW 03, 60). Entspr dem Sicherungszweck der Bürgschaft soll sich der Bürge auf diese Haftungsbeschränkung *nicht berufen* können, sondern gerade bei fehlendem oder unzulänglichem (Nachlass)Vermögen des Hauptschuldners für dessen Verbindlichkeit einstehen.

III. **Weitere Verteidigungsmittel** stehen dem Bürgen zu, ohne unter § 768 zu fallen. Dazu gehören insb **Einreden und Einwendungen aus dem Bürgschaftsvertrag selbst** oder aus sonstigen Rechtsgründen außerhalb der Hauptschuld. Unabhängig von § 768 kann der Bürge zB die Verjährung der Bürgschaftsforderung geltend machen (zur verjährungshemmenden Wirkung der Verhandlung mit dem Hauptschuldner s BGH NJW-Spezial 10, 173). Der Zeitpunkt der Fälligkeit der Bürgschaftsforderung, welcher den Verjährungsbeginn markiert, ist umstr. Nach vor der Schuldrechtsreform vertretener Ansicht bedarf es der Inanspruchnahme des Bürgen (Staudinger/Horn Bearb 97 § 765 Rn 112; Gay NJW 05, 2585, 2588). Nach neuerer Auffassung tritt die Fälligkeit zeitgleich mit derjenigen der Hauptforderung ein (BGH NJW 08, 1729; OLG Karlsruhe WM 08, 631; MK/Habersack § 765 Rn 80; Palandt/Ellenberger § 199 Rn 3; zu Fälligkeit und Verzugseintritt bei fehlenden Informationen zur Hauptschuld iR einer selbstschuldnerischen Bürgschaft s BGH MDR 11, 436; zur Wirksamkeit einer formularmäßigen Fälligkeitsbestimmung der Bürgschafts- mit Zahlungsaufforderung s BGH NJW 13, 1803 ff). Dies entspricht dem Willen des Gesetzgebers (BT-Drucks 14/7052, 206). Ferner kann der Bürge die Einreden nach §§ 770, 771–773, die Einwendungen nach §§ 776, 777, die Aufrechnung mit eigenen Forderungen gegen den Gläubiger oder das ZbR aus § 273 wegen eigener Forderungen gegen den Gläubiger geltend machen, eine Berufung auf § 648 a ist hingegen ausgeschlossen (BGH JR 07, 329). § 768 unterfallen zudem nicht die (vAw zu beachtenden) **Einwendungen des Hauptschuldners**, zB Formmangel gem § 125; Sittenwidrigkeit gem § 138; dazu Fellner MDR 05, 368 ff). Der Bürge kann sie schon deswegen geltend machen, weil sie aufgrund der Akzessorietät unmittelbar den Bestand der Bürgschaft betreffen. Für Einwendungen aufgrund von **Gestaltungsrechten des Hauptschuldners**, die dieser noch nicht geltend gemacht hat, gewährt § 770 dem Bürgen eine aufschiebende Einrede. Hat der Hauptschuldner ein Gestaltungsrecht bereits ausgeübt, gilt das soeben für seine Einwendungen Ausgeführte.

§ 769 Mitbürgschaft

Verbürgen sich mehrere für dieselbe Verbindlichkeit, so haften sie als Gesamtschuldner, auch wenn sie die Bürgschaft nicht gemeinschaftlich übernehmen.

1 1. Eine **Mitbürgschaft** besteht bei der gleichstufigen Verbürgung mehrerer für dieselbe Verbindlichkeit. Sie kann von den Mitbürgen gemeinschaftlich durch einen einheitlichen Vertrag (§ 427) oder unabhängig voneinander durch selbstständige Verträge – auch ohne Kenntnis voneinander – begründet werden. Bei der gemeinschaftlichen Verbürgung hat die Nichtigkeit einer Bürgschaftsübernahme aufgrund der Natur der geschuldeten Haftung iZw nicht nach § 139 die Gesamtnichtigkeit zur Folge (RGZ 138, 272; str). Keine Mitbürgen sind Vor-, Nach-, Haupt- und Rückbürgen (§ 765 Rn 21 f). Dies gilt idR mangels Gleichstufigkeit auch für den (nur subsidiär haftenden) Ausfallbürgen im Verhältnis zum gewöhnlichen Bürgen. Bei der Verbürgung mehrerer für verschiedene Teile der Hauptschuld liegen keine Mit-, sondern Teilbürgschaften vor. Das Verhältnis der Mitbürgen zum Gläubiger richtet sich nach §§ 421–425, das Innenverhältnis nach §§ 774 II, 426.

2 2. Von § 769 **abweichende Vereinbarungen** sind im Verhältnis zwischen den Mitbürgen (BGH NJW 00, 1034) und im Verhältnis zwischen Mitbürgen und Gläubiger zulässig. Der Ausschluss einer Gesamtschuldnerschaft unter mehreren Bürgen in der Bürgschaftsurkunde berührt aber nicht notwendig den Ausgleich zwischen den Bürgen im Innenverhältnis (BGHZ 88, 188).

§ 770 Einreden der Anfechtbarkeit und der Aufrechenbarkeit

(1) Der Bürge kann die Befriedigung des Gläubigers verweigern, solange dem Hauptschuldner das Recht zusteht, das seiner Verbindlichkeit zugrunde liegende Rechtsgeschäft anzufechten.
(2) Die gleiche Befugnis hat der Bürge, solange sich der Gläubiger durch Aufrechnung gegen eine fällige Forderung des Hauptschuldners befriedigen kann.

1 I. 1. Hins der Hauptschuld kann der Bürge zwar Gestaltungsrechte wie die **Anfechtung** (Abs 1) und **Aufrechnung** (Abs 2) nicht ausüben. Da sie den Bestand der Hauptschuld betreffen, ist dies dem Hauptschuldner (Abs 1) und dem Gläubiger (Abs 2) vorbehalten. Solange die Ausübung möglich ist, besteht jedoch ein „Schwebezustand", währenddessen eine Inanspruchnahme des Bürgen sich nicht rechtfertigen lässt. Bei Abs 2 hat es der Gläubiger sogar selbst in der Hand, die Befriedigung durch den Hauptschuldner herbeizuführen. Dem Bürgen steht daher nach § 770 ein **Leistungsverweigerungsrecht** als **verzögerliche (dilatorische) Einrede** gegen die Bürgschaftsforderung zu.

2. Der Verzicht des Bürgen auf die Einreden nach Abs 1 und Abs 2 kann nach hM auch durch AGB vereinbart werden (BGHZ 95, 357, 359; BGH NJW 95, 1888; str). Nicht möglich ist der Verzicht des Bürgen auf die Einrede der Anfechtbarkeit hinsichtlich des nach § 129 ff InsO dem Insolvenzverwalter gewährten Anfechtungsrechts, da dieses nicht dem Hauptschuldner zusteht (OLG München WM 08, 442).

II. 1. **Voraussetzung** der Einrede nach Abs 1 ist, dass ein Anfechtungsrecht des Hauptschuldners besteht. Mit dem Verlust des Anfechtungsrechts erlischt auch die Einrede. Wegen § 121 kommt daher Abs 1 für die Irrtumsanfechtung selten zur Anwendung. Ein Verzicht des Hauptschuldners wirkt auch gegen den Bürgen (anders als bei § 768 II). Leistet der Bürge in Unkenntnis der Einrede, steht ihm kein Bereicherungsanspruch zu, da ein Rechtsgrund bestand und § 770 keine dauernde Einrede iSd § 813 gewährt. Dag kommt ein Bereicherungsanspruch in Betracht, wenn der Bürge nach der Anfechtungserklärung durch den Hauptschuldner leistet oder der Hauptschuldner nach der Leistung des Bürgen die Anfechtung (mit Rückwirkung; § 142 I) erklärt und § 814 die Rückforderung nicht ausschließt.

2. **Voraussetzung** der Einrede nach Abs 2 (zur Tragweite s BGH NJW 02, 2869) ist eine Aufrechnungslage zwischen Gläubiger und Schuldner (§ 387), bei der jedoch (anders als bei § 387) auch die Forderung des Hauptschuldners fällig sein muss. Fehlt es an einer Aufrechnungslage nur mangels Fälligkeit der Hauptforderung, kann der Bürge dennoch die Leistung verweigern, sofern der Gläubiger nach §§ 257 ff ZPO auf künftige Leistung zu klagen vermag (BGHZ 38, 129). Eine Leistung in Unkenntnis der Aufrechnungslage kann der Bürge nach §§ 812 ff zurückfordern (Rn 3).

3. Für **andere Gestaltungsrechte** des Hauptschuldners gilt Abs 1 entspr, zB für das gesetzliche Rücktrittsrecht aus §§ 323 f, 326 V, für das vertragliche Rücktrittsrecht nach § 346 (str) sowie das gesetzliche Rücktritts- und Minderungsrecht bei Kauf- und Werkvertrag (§§ 437 Nr 2, 634 Nr 3; Rücktritt und Minderung sind als Gestaltungsrechte konzipiert). Bei einem **Aufrechnungsrecht des Hauptschuldners,** das iU zum Aufrechnungsrecht des Gläubigers in Abs 2 nicht genannt ist, kommt Abs 1 ebenfalls entspr zur Anwendung (Esser/Weyers § 40 III 5; nach aA Abs 2 entspr); die wohl hM lehnt allerdings insoweit ein Leistungsverweigerungsrecht des Bürgen ab (RGZ 137, 36; unentschieden BGHZ 42, 398).

§ 771 Einrede der Vorausklage

¹Der Bürge kann die Befriedigung des Gläubigers verweigern, solange nicht der Gläubiger eine Zwangsvollstreckung gegen den Hauptschuldner ohne Erfolg versucht hat (Einrede der Vorausklage). ²Erhebt der Bürge die Einrede der Vorausklage, ist die Verjährung des Anspruchs des Gläubigers gegen den Bürgen gehemmt, bis der Gläubiger eine Zwangsvollstreckung gegen den Hauptschuldner ohne Erfolg versucht hat.

Die Vorschrift normiert in ihrem S 1 den Grundsatz der **Subsidiarität der Bürgenhaftung** und gewährt dem Bürgen eine (von ihm geltend zu machende) verzögerliche (dilatorische) Einrede. Voraussetzung ist, dass der Gläubiger keinen ordnungsgemäßen *Vollstreckungsversuch* gegen den Hauptschuldner wegen der Hauptschuld aufgrund eines Urteils oder anderen Titels erfolglos unternommen hat. Die Bezeichnung als Einrede der Vorausklage ist insoweit zu eng, als für den Ausschluss des Leistungsverweigerungsrechts weder notwendig eine Klage erhoben werden muss (sondern andere Vollstreckungstitel genügen; § 794 ZPO) noch die Klage ausreicht, sondern es auf den Vollstreckungsversuch ankommt (daher besser: Einrede der Vorausvollstreckung). Grds genügt jeder Vollstreckungsversuch (zur Ausn bei Bürgschaften für Geldforderungen § 772). Es genügt bereits ein Vollstreckungsversuch, auch wenn der Hauptschuldner danach wieder Zugriffsgegenstände erlangen sollte. S 2 sieht eine besondere **Verjährungshemmung** für den Fall vor, dass der Bürge die Einrede der Vorausklage erhebt. Hierdurch soll verhindert werden, dass die Verjährung des dem Gläubiger zustehenden

Anspruchs gegen den Bürgen weiter- und mitunter abläuft (BT-Drucks 14/7052, 206; zu S 2: Bolten ZGS 06, 140 ff; Schlößer NJW 06, 645).

2 Der Einrede des § 771 bedarf es nicht bei der Ausfallbürgschaft (§ 765 Rn 20). Den Ausschluss der Einrede für bestimmte Sachlagen, insb für die selbstschuldnerische Bürgschaft, regelt § 773. § 349 HGB legt den Ausschluss fest, wenn die Bürgschaft eines Kaufmanns für diesen ein Handelsgeschäft ist.

§ 772 Vollstreckungs- und Verwertungspflicht des Gläubigers

(1) Besteht die Bürgschaft für eine Geldforderung, so muss die Zwangsvollstreckung in die beweglichen Sachen des Hauptschuldners an seinem Wohnsitz und, wenn der Hauptschuldner an einem anderen Orte eine gewerbliche Niederlassung hat, auch an diesem Orte, in Ermangelung eines Wohnsitzes und einer gewerblichen Niederlassung an seinem Aufenthaltsort versucht werden.

(2) ¹Steht dem Gläubiger ein Pfandrecht oder ein Zurückbehaltungsrecht an einer beweglichen Sache des Hauptschuldners zu, so muss er auch aus dieser Sache Befriedigung suchen. ²Steht dem Gläubiger ein solches Recht an der Sache auch für eine andere Forderung zu, so gilt dies nur, wenn beide Forderungen durch den Wert der Sache gedeckt werden.

1 Abs 1 enthält für **Bürgschaften wegen Geldforderungen** nähere Vorgaben für den Vollstreckungsversuch, den § 771 voraussetzt. Notwendig ist danach nur ein Vollstreckungsversuch in die beweglichen Sachen des Hauptschuldners (also nicht in Grundstücke, Forderungen oder sonstige Rechte) an den genannten Orten (s dazu auch § 773 I Nr 2).

2 Abs 2 S 1 legt für die Bürgschaft wegen Geldforderungen den **Vorrang der Sachhaftung** ggü der Bürgenhaftung fest. Er betrifft vertragliche und gesetzliche Pfand- und Zurückbehaltungsrechte an beweglichen Sachen (etwa §§ 1204, 1257; § 804 ZPO; § 369 HGB). Diesen gleichgestellt sind das Sicherungseigentum und der Eigentumsvorbehalt. Dies gilt jedoch nicht, soweit § 508 II 5 f (vormals § 13 III VerbrKrG) anzuwenden ist. Abs 2 S 2 schließt die vorrangige Verwertungspflicht des Gläubigers aus, wenn der Gläubiger auch das Recht zur Befriedigung für eine andere Forderung als die verbürgte hat und der Wert der Sache zur Deckung beider Forderungen nicht ausreicht. Diese Regel gilt aber nicht bei einem Vorrang des Befriedigungsrechts wegen der durch die Bürgschaft gesicherten Forderung ggü dem Befriedigungsrecht hins der anderen Forderung.

3 Die **Beweislast** trägt bei Abs 1 der Gläubiger, bei Abs 2 der Bürge.

§ 773 Ausschluss der Einrede der Vorausklage

(1) Die Einrede der Vorausklage ist ausgeschlossen:
1. wenn der Bürge auf die Einrede verzichtet, insbesondere wenn er sich als Selbstschuldner verbürgt hat,
2. wenn die Rechtsverfolgung gegen den Hauptschuldner infolge einer nach der Übernahme der Bürgschaft eingetretenen Änderung des Wohnsitzes, der gewerblichen Niederlassung oder des Aufenthaltsorts des Hauptschuldners wesentlich erschwert ist,
3. wenn über das Vermögen des Hauptschuldners das Insolvenzverfahren eröffnet ist,
4. wenn anzunehmen ist, dass die Zwangsvollstreckung in das Vermögen des Hauptschuldners nicht zur Befriedigung des Gläubigers führen wird.

(2) In den Fällen der Nummern 3, 4 ist die Einrede insoweit zulässig, als sich der Gläubiger aus einer beweglichen Sache des Hauptschuldners befriedigen kann, an der er ein Pfandrecht oder ein Zurückbehaltungsrecht hat; die Vorschrift des § 772 Abs. 2 Satz 2 findet Anwendung.

I. Die Vorschrift legt den **Ausschluss der Einrede** des § 771 für bestimmte einzelne Sachlagen fest. Einen weiteren Ausschluss regelt § 349 HGB. **1**

II. 1. Nach Abs 1 Nr 1 schließt der **Verzicht** des Bürgen, insb in Form der selbstschuldnerischen Bürgschaft, die Einrede des § 771 aus. Der Bürge kann den Verzicht bei Abschluss des Bürgschaftsvertrages oder nachträglich erklären, allerdings nur unter Beachtung des Formerfordernisses aus § 766. Auf einen bestimmten Wortlaut kommt es aber nicht an. Einen Verzicht enthält neben der Verbürgung als Selbstschuldner zB auch die Unterwerfung unter die sofortige Zwangsvollstreckung (§ 794 I Nr 5 ZPO) sowie idR die Verpflichtung zur sofortigen Zahlung zu einer festgelegten Zeit. Durch den Verzicht entfällt nur die Subsidiarität, nicht die Akzessorietät der Bürgschaft. Bürge und Hauptschuldner werden dadurch auch nicht zu Gesamtschuldnern. **2**

2. Die weiteren Ausschlussgründe beruhen auf Umständen, die die Rechtsverfolgung ggü dem Hauptschuldner unzumutbar oder sinnlos machen. Maßgeblich ist dabei der Zeitpunkt der Inanspruchnahme des Bürgen. Die wesentliche Erschwerung muss nach Abschluss des Bürgschaftsvertrages eingetreten sein. Hierzu zählt gem **Abs 1 Nr 2** regelmäßig die Wohnsitzverlegung ins Ausland (die Gemeinschaftsrechtskonformität erscheint im Lichte der Entscheidung des EuGH Slg 94, I-467 sowie der Brüssel I-VO zweifelhaft; s Jauernig/Stadler § 773 Rn 4 unter übezeugendem Verweis auf § 917 II 2 ZPO; zum Diskriminierungsverbot: EuGH EWS 02, 338; EuGH Slg 03, I-11613; hierzu etwa Frank StAZ 05, 161; Henrich, FS Heldrich, 667; s auch die Schlussanträge des Generalanwalts Jacobs v 30.6.05 in der Rs C-96/04, abgedruckt in IPRax 05, 440; dazu Henrich, IPRax 05, 422; der EuGH hat seine Zuständigkeit verneint: EuGH Urt v 27.4.06; EuGH NJW 09, 135 ff: dazu Rieck JW 09, 125 ff; s auch Mansel/Thorn/R Wagner IPRax 11, 1 ff). Für juristische Personen gilt das Entspr bei einer Sitzverlegung (zur Sitzverlegung s Anh II zu Art 7 EGBGB Rn 4 ff). Voraussetzung für **Abs 1 Nr 3** ist die Eröffnung des Insolvenzverfahrens, für **Abs 1 Nr 4** die geringe Erfolgsaussicht der Zwangsvollstreckung (zB wenn die Eröffnung des Insolvenzverfahrens mangels Masse abgelehnt oder die Zwangsvollstreckung wegen einer anderen Forderung bereits erfolglos geblieben ist). Nach **Abs 2** kann der Bürge jedoch in den Fällen des Abs 1 Nr 3, 4 die Einrede der Vorausklage (unter der Einschränkung des § 772 II 2) geltend machen, sofern der Gläubiger die Möglichkeit hat, sich aus einem Zurückbehaltungs- oder Pfandrecht an einer beweglichen Sache des Hauptschuldners zu befriedigen. **3**

§ 774 Gesetzlicher Forderungsübergang

(1) ¹Soweit der Bürge den Gläubiger befriedigt, geht die Forderung des Gläubigers gegen den Hauptschuldner auf ihn über. ²Der Übergang kann nicht zum Nachteil des Gläubigers geltend gemacht werden. ³Einwendungen des Hauptschuldners aus einem zwischen ihm und dem Bürgen bestehenden Rechtsverhältnis bleiben unberührt.

(2) Mitbürgen haften einander nur nach § 426.

I. Die Vorschrift gibt dem Bürgen eine Möglichkeit, für die Leistung an den Gläubiger **Rückgriff beim Hauptschuldner** zu nehmen. Sie legt dazu einen **gesetzlichen Forderungsübergang** (cessio legis) fest: Mit der Befriedigung des Gläubigers durch den Bürgen erlischt die Hauptschuld nicht (der Bürge leistet nicht auf die Hauptschuld – etwa nach § 267 I 1 –, sondern auf seine eigene Verpflichtung). Vielmehr geht die bisherige Forderung des Gläubigers gegen den Hauptschuldner auf den Bürgen über. Der Bürge kann sie ggü dem Hauptschuldner geltend machen und va daran bestehende Sicherheiten verwerten, um Ausgleich für seine Bürgenleistung an den Gläubiger zu erhalten. **1**

Neben der Möglichkeit einer cessio legis nach § 774 kann der Bürge zumeist aufgrund eines Anspruchs **aus dem Innenverhältnis zum Hauptschuldner** Ausgleich für seine Leistung an den Gläubiger verlangen: Beruht die Bürgschaftsübernahme auf einem Auftrags- oder Geschäftsbesorgungsvertrag mit dem Hauptschuldner oder einer GoA für den Bürgen, steht dem Bürgen ein Aufwendungsersatzanspruch aus § 670, §§ 675, 670 oder §§ 677, 683 S 1, 670 zu (anders in den seltenen Fällen einer Schenkung). Der Anspruch aus der übergegangenen Forderung nach § 774 und dieser Anspruch aus dem **2**

Innenverhältnis mit dem Hauptschuldner stehen nach hM in Anspruchskonkurrenz zueinander; der Bürge kann zwischen ihnen wählen. Stützt der Bürge seine Rückgriffsforderung auf seinen Anspruch aus dem Innenverhältnis, kann der Schuldner ihm daher allein die Einwendungen aus diesem Verhältnis entgegensetzen, daß nicht solche aus seinem Verhältnis zum Gläubiger (aA: Durch § 774 und dem Innenverhältnis wird lediglich ein einheitlicher Anspruch mehrfach begründet, so dass der Hauptschuldner dem Anspruch des Bürgen aus dem Innenverhältnis auch diejenigen Einwendungen entgegenhalten kann, die ihm hins der übergegangenen Hauptschuld aus dem Rechtsverhältnis zum Gläubiger zustehen).

3 Der Übergang der Forderung nach § 774 ist durch Individualvereinbarung in der Form des § 766 **abdingbar** (BGH NJW 01, 2330; BGHZ 92, 382; zweifelhaft bei AGB: Fischer WM 98, 1712 f; zu den Grenzen formularvertraglicher Gestaltung s BGH NJW 01, 2330).

4 **II. 1. Voraussetzungen** des gesetzlichen Forderungsübergangs sind ein wirksamer **Bürgschaftsvertrag**, das **Bestehen der Hauptschuld** und die **endgültige Befriedigung** des Gläubigers seitens des Bürgen durch Erfüllung oder Erfüllungssurrogate (zB Aufrechnung mit eigener Forderung oder Freistellung des Hauptschuldners von der Verpflichtung). Keine endgültige Befriedigung des Gläubigers und daher nicht ausreichend sind Leistungen, die der Bürge lediglich zur Sicherung erbringt, und Zahlungen iRd vorläufigen Vollstreckung eines Titels. Hat die Bürgschaft oder die Hauptschuld gar nicht bestanden oder ist die Hauptschuld bereits erloschen (etwa durch Leistung des Hauptschuldners ohne Wissen des Bürgen), scheidet ein Forderungsübergang aus; in Betracht kommt aber ein Anspruch des Bürgen gegen den Gläubiger wegen der rechtsgrundlosen Leistung aus § 812. Auch wenn der Gläubiger dem Bürgen die Bürgschaftsschuld erlässt, kommt eine cessio legis nicht in Betracht (BGH NJW 90, 1301).

5 **2. a) Rechtsfolge** ist nach Abs 1 S 1 der Übergang der Forderung des Gläubigers gegen den Hauptschuldner auf den Bürgen, soweit dieser den Gläubiger befriedigt. Auf diese cessio legis sind die Vorschriften für die rechtsgeschäftliche Forderungsübertragung gem § 412 anzuwenden. Der **Umfang des Forderungsübergangs** bestimmt sich nach dem Umfang der Leistung, die der Bürge für den Hauptschuldner dem Gläubiger erbracht hat. Bei teilweiser Befriedigung des Gläubigers durch den Bürgen geht daher auch nur ein entspr Teil der Hauptforderung auf den Bürgen über („Soweit" in Abs 1 S 1). Mit der Hauptforderung erlangt der Bürge die akzessorischen **Sicherungs- und Nebenrechte** gem §§ 412, 401, auch wenn sie erst nach der Übernahme der Bürgschaft entstanden sind (vgl § 776 S 2). Der Übergang aller akzessorischen Nebenrechte schließt auch den Anspruch auf höhere Zinsen als die gesetzlichen ein, wenn Gläubiger und Hauptschuldner diese vereinbart hatten (BGHZ 35, 172; str). Daß gehen selbstständige Sicherungsrechte nicht iRd gesetzlichen Forderungsübergangs über. Der Bürge kann aber ihre Abtretung beanspruchen, soweit nichts anderes vereinbart ist, und bei Nichterfüllung Schadensersatz verlangen (BGHZ 110, 43). Im Falle einer Verbürgung für als **Gesamtschuldner** werden diese mit dem Forderungsübergang Gesamtschuldner des Bürgen; der Innenausgleich unter ihnen richtet sich nach § 426 II. Bei einer Verbürgung nur für einen der Gesamtschuldner geht indes die Forderung nur gegen diesen auf den Bürgen über, verbunden damit aber auch der Ausgleichsanspruch dieses Gesamtschuldners aus § 426 II gegen die übrigen Gesamtschuldner.

6 **b)** Die Bestimmung des **Abs 1 S 2**, dass der Forderungsübergang nicht zum Nachteil des Gläubigers geltend gemacht werden kann, betrifft insb die **Teilbefriedigung** des Gläubigers: Bei teilweiser Befriedigung und entspr teilweisem Übergang der Forderung sind sowohl der Gläubiger als auch der Bürge jeweils Inhaber eines Teils der Forderung und damit gleichermaßen der Nebenrechte, die diese sichern. Abs 1 S 2 gewährleistet, dass diese Sicherungsrechte vorrangig zur Befriedigung des Gläubigers dienen. Zahlt zB bei einer Hauptschuld von 10.000 EUR der Bürge 6.000 EUR an den Gläubiger, geht ein die Hauptschuld sicherndes Pfandrecht in diesem Umfang auf den Bürgen über (Abs 1 S 1, §§ 412, 401). Wenn der Pfandversteigerung sodann 5.000 EUR erbringt, erhält von diesem Erlös der Gläubiger den noch offenen Teilbetrag der Hauptschuld (4.000 EUR); dem Bürgen steht nur der verbleibende Teil des Erlöses zu (1.000 EUR).

Dies gilt unabhängig davon, ob das Nebenrecht allein die verbürgte Forderung oder daneben noch eine weitere Forderung des Gläubigers sichert (BGHZ 110, 45). Zum Verhältnis des Abs 1 S 2 zu § 43 InsO s Olshausen KTS 05, 403 ff.

3. **Einwendungen gegen die Hauptforderung** verbleiben dem Hauptschuldner bei dem Übergang der Forderung auch gegen den Bürgen (Abs 1 iVm §§ 412, 404). Der Forderungsübergang soll dem Bürgen zwar den Rückgriff ermöglichen, aber nicht die Rechtsstellung des Hauptschuldners verschlechtern. Der Schuldner kann daher alle Einwendungen, die er gegen den Gläubiger hatte, dem Bürgen selbst dann entgegensetzen, wenn dieser aufgrund einer Verurteilung geleistet hat; denn das Urteil gegen den Bürgen entfaltet im Verhältnis zum Hauptschuldner keine Rechtskraft. Der Hauptschuldner kann etwa selbst dann noch die Einrede der Verjährung ggü dem Bürgen erheben, wenn dieser sich ggü dem Gläubiger nicht darauf gestützt hat. Nach hM kann der Hauptschuldner iR der §§ 412, 406 (zu § 406: BGH WM 03, 578; zur Aufrechnung: Coester-Waltjen Jura 03, 246 ff) auch ggü dem Bürgen weiterhin mit Forderungen gegen den Gläubiger aufrechnen (RGZ 59, 209; str), soweit nicht im Einzelfall § 242 entgegensteht. Zahlt der Hauptschuldner an den Gläubiger, ohne dass er von der Erfüllung der Hauptforderung durch den Bürgen weiß, ist er durch §§ 412, 407 geschützt. 7

Daneben stehen dem Hauptschuldner die **Einwendungen aus dem Innenverhältnis** zwischen ihm und dem Bürgen zu (Bsp: Der Bürge erlässt oder stundet den Aufwendungsersatzanspruch), wenn dieser ihn aus der übergegangenen Forderung in Anspruch nimmt (**Abs 1 S 3**). 8

4. Für den Ausgleich unter **Mitbürgen** enthält **Abs 2** eine Einschränkung ggü Abs 1 S 1, §§ 412, 401. Auf den Bürgen, der den Gläubiger befriedigt, geht infolge des Verweises auf § 426 die Bürgschaftsforderung des Gläubigers nur insoweit über, wie ihm die Mitbürgen im Innenverhältnis verpflichtet sind (also idR in Höhe des Kopfteils, der auf den einzelnen Mitbürgen entfällt; § 426 I; zum Ausgleich, wenn Mitbürgen jeweils eine Höchstbetragsbürgschaft übernommen haben und die Beträge verschieden hoch sind: BGHZ 137, 297; BGH NJW 00, 1035; hierzu auch Tiedtke NJW 01, 1020, str; abw Vereinbarung in konkludenter Form zulässig; zum Innenausgleich zwischen Mitbürgen und Grundschuldbesteller s BGH ZIP 09, 166; zust Mediger EWiR 09, 473). Hat ein Bürge Teilzahlungen geleistet, kann er grds bereits Ausgleich verlangen, bevor der auf ihn entfallende Anteil überschritten ist (zu Ausnahmen BGH NJW 86, 1097; NJW 87, 3128). Abs 2 gilt entspr im Verhältnis des Bürgen eines Gesamtschuldners zu einem weiteren Gesamtschuldner, der nur zur Sicherung der Schuld beigetreten ist (OLG Celle NJW 86, 1761). Beim Regress des Ausfall- gegen den Regelbürgen, welcher kein Mitbürge iSd § 769 ist, findet Abs 2 ebenfalls entspr Anwendung (s BGH NJW 12, 1946 ff; dazu Cziupka, Frank JR 13, 75 sowie Palzer Jura 13, 129). 9

III. **Trifft eine Bürgschaft mit dinglichen Sicherheiten** zusammen, ist der **Ausgleich zwischen den Sicherungsgebern** bei Leistung eines der Sicherungsgeber str. Nach heute überwiegender Auffassung ist dabei grds von der Gleichstufigkeit der Haftung aller Sicherungsgeber auszugehen, sofern nicht im Verhältnis zum Gläubiger (Sicherungsnehmer) oder unter den Sicherungsgebern etwas anderes vereinbart ist (zur Bindungswirkung BGH ZIP 02, 656). Auf das Verhältnis zwischen einem Bürgen und dinglichen Mitsicherern ist daher § **426 entspr** anzuwenden (BGHZ 108, 186; NJW 92, 3229). Zwischen den gleichstufig haftenden Sicherungsgebern findet somit ein anteiliger Ausgleich statt. Dies gilt grds sowohl für akzessorische (zB Hypothek) als auch für nicht akzessorische (zB Grundschuld) dingliche Sicherheiten, die mit einer Bürgschaft zusammentreffen (Übersicht bei Tiedtke WM 90, 1270 ff). 10

§ 775 Anspruch des Bürgen auf Befreiung

(1) Hat sich der Bürge im Auftrag des Hauptschuldners verbürgt oder stehen ihm nach den Vorschriften über die Geschäftsführung ohne Auftrag wegen der Übernahme der Bürgschaft die Rechte eines Beauftragten gegen den Hauptschuldner zu, so kann er von diesem Befreiung von der Bürgschaft verlangen:

1. wenn sich die Vermögensverhältnisse des Hauptschuldners wesentlich verschlechtert haben,
2. wenn die Rechtsverfolgung gegen den Hauptschuldner infolge einer nach der Übernahme der Bürgschaft eingetretenen Änderung des Wohnsitzes, der gewerblichen Niederlassung oder des Aufenthaltsorts des Hauptschuldners wesentlich erschwert ist,
3. wenn der Hauptschuldner mit der Erfüllung seiner Verbindlichkeit im Verzug ist,
4. wenn der Gläubiger gegen den Bürgen ein vollstreckbares Urteil auf Erfüllung erwirkt hat.

(2) Ist die Hauptverbindlichkeit noch nicht fällig, so kann der Hauptschuldner dem Bürgen, statt ihn zu befreien, Sicherheit leisten.

1 I. Während § 774 dem Bürgen erst nach der Befriedigung des Gläubigers den Zugriff auf den Hauptschuldner ermöglicht, gewährt § 775 einen **Befreiungsanspruch gegen den Hauptschuldner** schon vor der Befriedigung des Gläubigers. Dieser Befreiungsanspruch besteht aber nur, wenn der Bürge nach der Befriedigung des Gläubigers gestützt auf einen Auftragsvertrag oder eine GoA einen Ersatzanspruch gegen den Schuldner hätte (zur Beweislast: BGH NJW 00, 1643; abw Reinicke/Tiedtke JZ 01, 46 ff) und dessen Realisierung aufgrund bestimmter Umstände, die nach der Übernahme der Bürgschaft eingetreten sind, gefährdet erscheint. Diese Umstände sind in Abs 1 Nr 1–4 aufgeführt. Die Vorschrift passt insofern das Auftragsrecht durch Änderung der Regelungen über den Vorschuss, Ersatz von Aufwendungen und die Kündigung (§§ 669–671) den Erfordernissen im Verhältnis zwischen Hauptschuldner und Bürgen an. § 775 ist auch auf die selbstschuldnerische Bürgschaft (§ 773 I Nr 1) und § 778 anwendbar. Abw Vereinbarungen, auch ein formloser Verzicht des Bürgen, sind zulässig.

2 II. 1. **Voraussetzungen** des Befreiungsanspruchs sind ein **Auftrags-, Geschäftsbesorgungsvertrag** oder eine GoA im Innenverhältnis von Hauptschuldner und Bürgen und ein **Gefährdungstatbestand** gem Abs 1 Nr 1–4. Die nachträgliche wesentliche Verschlechterung der Vermögensverhältnisse nach **Abs 1 Nr 1** entspricht der gleichen Voraussetzung in §§ 321, 610 (s § 321 Rn 3). **Abs 1 Nr 2** gleicht § 773 I Nr 2. Der Befreiungsanspruch gem **Abs 1 Nr 3** verbleibt dem Bürgen auch, wenn der Hauptschuldner und der Gläubiger nach dem Verzugseintritt eine Stundung vereinbaren (BGH WM 74, 215). Bei Teilverzug besteht ein entspr Teilbefreiungsanspruch. Den Anforderungen des **Abs 1 Nr 4** genügen auch vorläufig vollstreckbare Urteile, Vollstreckungsbescheide und Schiedssprüche; nicht jedoch Titel, die auf einer Mitwirkung des Bürgen beruhen, wie insb Prozessvergleiche (s hierzu § 779 Rn 11 f).

3 2. **Rechtsfolge** ist der Anspruch des Bürgen gegen den Hauptschuldner auf **Befreiung** von der Verbindlichkeit. Der Hauptschuldner kann die Befreiung bewirken, indem er die Hauptschuld erfüllt oder beim Gläubiger die Entlassung des Bürgen aus der Haftung erreicht. In einen Zahlungsanspruch, der ggü dem Gläubiger aufgerechnet werden könnte, verwandelt sich der Befreiungsanspruch indes nicht. Dies gilt auch, wenn die Zahlungsunfähigkeit des Hauptschuldners und die Inanspruchnahme des Bürgen feststehen (BGHZ 140, 272). Ebenso scheidet eine vorzeitige „Umwandlung" des Befreiungs- in einen Zahlungsanspruch aus, da grds der Schuldner die Wahl hat, auf welche Art und Weise er den Bürgen freistellen will (BGH WM 00, 911).

4 3. **Sicherheitsleistung** des Hauptschuldners statt der Befreiung ist nach **Abs 2** bei einer noch nicht fälligen Hauptverbindlichkeit zulässig. In Betracht kommt dies nur bei Abs 1 Nr 1 und 2.

5 III. Ein **Kündigungsrecht** des Bürgen besteht grds nicht, soweit die Parteien es nicht vereinbaren. Eine Ausn vom Grundsatz der Unkündbarkeit gilt allerdings für Bürgschaften, die zur Sicherung von zeitlich nicht begrenzten Dauerschuldverhältnissen dienen, wie zB die Kontokorrentbürgschaft. Hat der Bürge eine derartige Bürgschaft auf unbestimmte Zeit übernommen, ist er bei Eintritt wichtiger Umstände, zB bei einer erheblichen Verschlechterung der Vermögensverhältnisse des Hauptschuldners, zur Kündigung berechtigt (BGH NJW-RR 93, 944; s allg zur Kündigung von Dauerschuldverhältnissen § 314). Auch aus dem Ablauf einer angemessenen Zeitspanne seit der Über-

nahme der Bürgschaft kann sich uU ein Kündigungsrecht ergeben (BGH WM 59, 856). Durch die Kündigung wird die Haftung des Bürgen auf den Umfang der Hauptschuld beschränkt, den diese zum Zeitpunkt des Wirksamwerdens der Kündigung hatte.

§ 776 Aufgabe einer Sicherheit

¹Gibt der Gläubiger ein mit der Forderung verbundenes Vorzugsrecht, eine für sie bestehende Hypothek oder Schiffshypothek, ein für sie bestehendes Pfandrecht oder das Recht gegen einen Mitbürgen auf, so wird der Bürge insoweit frei, als er aus dem aufgegebenen Recht nach § 774 hätte Ersatz erlangen können. ²Dies gilt auch dann, wenn das aufgegebene Recht erst nach der Übernahme der Bürgschaft entstanden ist.

I. Die Vorschrift dient dem **Schutz des Bürgen vor Rechtsverlusten** beim Regress gegen den dinglichen Sicherungsgeber oder Mitbürgen (§§ 774, 412, 401). Auf bürgschaftsähnliche Verpflichtungen (§ 765 Rn 24 ff) ist sie grds nicht entspr anwendbar. 1

II. 1. **Voraussetzungen: a)** Es muss ein **Sicherungs- oder Vorzugsrecht** bestehen. Unmittelbar anwendbar ist die Vorschrift auf die Rechte, die in S 1 genannt sind, aber entspr auch darüber hinaus auf die Grund- und Rentenschuld, das Sicherungs- und Vorbehaltseigentum sowie die Sicherungsabtretung, sofern der Gläubiger zur Abtretung dieser Rechte an den Bürgen verpflichtet ist. Diese Verpflichtung wird regelmäßig vertraglich vereinbart; uU kann sie sich aus § 242 ergeben. Das Recht kann auch erst nach der Übernahme der Bürgschaft entstanden sein. 2

b) Der Gläubiger muss ein derartiges Recht **aufgegeben** haben. Dieser Begriff ist extensiv zu interpretieren. Ein Aufgeben liegt etwa vor, wenn das Recht vorsätzlich beseitigt oder der tatsächliche Verlust der Verwertungsmöglichkeit des Rechts vorsätzlich herbeigeführt wird (zum „Verrechnen": BGH NJW 00, 2583). In Betracht kommen dafür Handlungen wie Verzicht, Rückübertragung, Rücktritt vom eingeräumten Rang oder Entlassung eines Gesamtschuldners. Dag genügen Fahrlässigkeit und bloße Untätigkeit nicht. 3

c) Zudem darf **kein Verzicht** des Bürgen auf das Recht aus § 776 vorliegen. Den formularmäßigen generellen Verzicht hält die Judikatur mittlerweile für unwirksam. Ein solcher allg Ausschluss der dem Bürgen zustehenden Rechte kann indes rechtlich haltbar sein, sofern jener sich allein auf Sicherheiten erstreckt, die dem Kreditinstitut nicht aufgrund einer gesonderten Sicherungsvereinbarung, sondern bereits nach dem Inhalt seiner AGB zustehen (BGHZ 144, 55; BGH NJW 01, 2468). An dieser Judikatur hält der BGH fest (BGH NJW 02, 295; hierzu Dulitz JA 02, 353 ff). Genügt die formularmäßige Einschränkung der dem Bürgen gewährten Rechte aus § 776 nicht den zuvor genannten Anforderungen, ist die Klausel wegen des Verbots geltungserhaltender Reduktion insgesamt unwirksam. An die Stelle der Formularabrede tritt dann nach § 306 II die Vorschrift des § 776 (BGH NJW 02, 295). Der Verzicht umfasst iZw alle Sicherungsrechte, auf die sich § 776 erstreckt, es sei denn, der Gläubiger gibt Sicherheiten willkürlich auf (ohne nachvollziehbares eigenes Interesse zum Schaden des Bürgen; BGH NJW 94, 1798). 4

2. Rechtsfolge ist das Erlöschen der Bürgschaftsverpflichtung in dem Umfang, in dem der Bürge aus dem aufgegebenen Recht hätte Ersatz verlangen können. Befreit jedoch der Gläubiger nachträglich einen Mitbürgen (teilweise) von seiner Verpflichtung, bleibt die Ausgleichspflicht im Innenverhältnis zwischen den Mitbürgen idR bestehen. Insofern greifen nach § 769 die Grundsätze über die Ausgleichspflicht unter Gesamtschuldnern ein (BGH NJW 00, 1035; 92, 2287). Selbst bei einem Rückerwerb oder einer Neubegründung der zunächst aufgegebenen Sicherheit bleibt die Rechtsfolge des § 776 bestehen (BGH NJW 13, 2508). Hat der Bürge in Unkenntnis der Aufgabe eines Rechtes iSv § 776 geleistet, kann er seine Leistung nach Bereicherungsrecht zurückfordern. 5

3. Die Beweislast trägt der Bürge. 6

§ 777 Bürgschaft auf Zeit

(1) ¹Hat sich der Bürge für eine bestehende Verbindlichkeit auf bestimmte Zeit verbürgt, so wird er nach dem Ablauf der bestimmten Zeit frei, wenn nicht der Gläubiger die Einziehung der Forderung unverzüglich nach Maßgabe des § 772 betreibt, das Verfahren ohne wesentliche Verzögerung fortsetzt und unverzüglich nach der Beendigung des Verfahrens dem Bürgen anzeigt, dass er ihn in Anspruch nehme. ²Steht dem Bürgen die Einrede der Vorausklage nicht zu, so wird er nach dem Ablauf der bestimmten Zeit frei, wenn nicht der Gläubiger ihm unverzüglich diese Anzeige macht.
(2) Erfolgt die Anzeige rechtzeitig, so beschränkt sich die Haftung des Bürgen im Falle des Absatzes 1 Satz 1 auf den Umfang, den die Hauptverbindlichkeit zur Zeit der Beendigung des Verfahrens hat, im Falle des Absatzes 1 Satz 2 auf den Umfang, den die Hauptverbindlichkeit bei dem Ablauf der bestimmten Zeit hat.

1 I. Bei der **Bürgschaft auf Zeit** (Zeitbürgschaft) haben die Parteien die Bürgschaft vertraglich in der Weise begrenzt, dass der Gläubiger den Bürgen innerhalb einer bestimmten Frist in Anspruch nehmen wird und dieser andernfalls von seiner Verpflichtung frei wird. Nur für diese Art von Bürgschaft enthält § 777 eine **Auslegungsregel zugunsten des Gläubigers**: Mit Ablauf der Frist wird der Bürge nicht nach den allg Grundsätzen (§§ 163, 158) ohne weiteres frei, sondern es muss als weitere Voraussetzung hinzutreten, dass der Gläubiger die in Abs 1 bestimmten Maßnahmen unterlässt. Diese Vergünstigung für den Gläubiger beschränkt sich auf Zeitbürgschaften iSd § 777; davon abzugrenzen sind Bürgschaften mit gegenständlicher Beschränkung auf Verbindlichkeiten, die in einem bestimmten Zeitraum entstehen (Rn 3).

2 II. 1. Voraussetzungen: a) Die Bürgschaft muss auf **bestimmte Zeit** eingegangen sein. Aus dem Bürgschaftsvertrag hat sich ggf durch Auslegung zu ergeben, dass der Bürge nach Ablauf dieser Zeit frei sein soll (Bsp: BAG NJW 00, 3299). Dabei braucht die Frist nicht notwendig kalendermäßig bestimmt sein (zB bei einer Erfüllungsbürgschaft Zeitbestimmung bis zur Werkabnahme; BGH NJW 99, 56; zB Bürgschaftsvertrag nimmt auf Bauvertrag Bezug, der eine Regelung zur Sicherungszeit enthält; OLG Frankfurt, NJW 12, 2736). Sie ist notwendigerweise aber stets auf die Bürgschaft selbst zu beziehen.

3 Von dieser zeitlich begrenzten Bürgschaft iSd § 777 zu **unterscheiden** ist die **gegenständlich begrenzte Bürgschaft** für Verbindlichkeiten, die in einem bestimmten Zeitraum entstehen. Bei letzterer bezieht sich die Zeitbestimmung nicht auf die Bürgschaft selbst, sondern auf die Hauptverbindlichkeit. Um gegenständliche Beschränkungen der Bürgschaft handelt es sich idR, wenn die Bürgschaft für künftige sich verändernde Forderungen übernommen wird, wie etwa bei der Kreditbürgschaft und der Bürgschaft für den Kontokorrentkredit. In diesen Fällen ist § 777 nicht anwendbar. Dag wird sich die Parteivereinbarung bei bereits bestehenden (fälligen oder nicht fälligen) Hauptschulden idR auf eine Zeitbürgschaft gem § 777 richten (BGH NJW 97, 2234; zur Abgrenzung der gegenständlich beschränkten Bürgschaft von der Zeitbürgschaft sowie zur Beweislast: BGH NJW 04, 2232). Dies gilt insb bei der Festlegung, dass die Bürgschaft innerhalb einer bestimmten Frist nach Fälligkeit geltend zu machen ist. Im Einzelfall muss der Sinn einer Zeitbestimmung im Bürgschaftsvertrag durch Auslegung ermittelt werden. Um keine Zeitbürgschaft handelt es sich idR bei der Prozessbürgschaft (BGH NJW 79, 417) und bei der übergangsweisen Übernahme der Bürgschaft bis zur Bestellung einer anderen Sicherheit (BGH WM 79, 834: auflösend bedingte Bürgschaft).

4 b) Innerhalb der Bürgschaftszeit muss die **Fälligkeit der Hauptschuld** eingetreten sein (BGHZ 91, 355). Ausreichend ist, dass der Zeitpunkt der Fälligkeit und der Ablauf der Bürgschaftszeit zusammentreffen (BGH NJW 89, 1857).

5 c) Der Gläubiger muss das **Verfahren des Abs 1** einhalten, insb unter den dort genannten Voraussetzungen dem Bürgen eine **Anzeige** zukommen lassen. Dabei ist zu unterscheiden, ob dem Bürgen die Einrede der Vorausklage (§ 771) zusteht oder nicht. Bei einer Bürgschaft mit Einrede der Vorausklage muss der Gläubiger nach **Abs 1 S 1** unverzüglich die Vollstreckung gem § 772 versuchen und das Verfahren ohne wesentliche

Verzögerung vorantreiben. Zeitbürgschaften, die zugleich Ausfallbürgschaften (§ 765 Rn 20) sind, unterliegen idR Abs 1 S 1 (BGH NJW 02, 2870). Die Anzeige an den Bürgen hat unverzüglich (§ 121 I 1) **nach der Beendigung des Verfahrens** zu erfolgen. Dag hat der Gläubiger dem Bürgen ohne Einrede der Vorausklage, also insb dem selbstschuldnerisch haftenden Bürgen (§ 773 I Nr 1) nach **Abs 1 S 2** sogleich unverzüglich **nach Fristablauf** Anzeige zu machen. In beiden Fällen handelt es sich bei der Anzeige um eine einseitige empfangsbedürftige geschäftsähnliche Handlung (str; zur Abgrenzung von Willenserklärung und geschäftsähnlicher Handlung s BGH NJW 01, 290) mit dem Inhalt, dass der Gläubiger den Bürgen in Anspruch nehmen werde. Abw Vereinbarungen sind grds möglich (zB eine Befristung der Inanspruchnahme; BGHZ 99, 291); die Pflicht zur Anzeige kann jedoch nicht in AGB abbedungen werden (Tiedtke DB 90, 411 ff; str).
2. Rechtsfolge: Bei rechtzeitiger Anzeige an den Bürgen gem Abs 1 bleibt dem Gläubiger die Bürgschaft nach dem Ablauf der bestimmten Zeit erhalten. Den Umfang der **Haftung des Bürgen** legt **Abs 2** fest. Der Bürge haftet danach nur in dem Umfang, den die Hauptverbindlichkeit bei der Beendigung des Vollstreckungsversuchs (Abs 1 S 1) oder bei Ablauf der bestimmten Zeit (Abs 1 S 2) hatte. Insoweit schränkt Abs 2 die Akzessorietät der Bürgschaft ein.

§ 778 Kreditauftrag

Wer einen anderen beauftragt, im eigenen Namen und auf eigene Rechnung einem Dritten ein Darlehen oder eine Finanzierungshilfe zu gewähren, haftet dem Beauftragten für die aus dem Darlehen oder der Finanzierungshilfe entstehende Verbindlichkeit des Dritten als Bürge.

1. Der **Kreditauftrag** ist ein Auftragsvertrag (§ 662) bzw bei Vereinbarung eines Entgelts ein Geschäftsbesorgungsvertrag (§ 675 I). Er verpflichtet den Beauftragten, **einem Dritten ein Darlehen oder eine Finanzierungshilfe zu gewähren**, und zwar **im eigenen Namen und für eigene Rechnung des Beauftragten** (zum Kreditbegriff s H Schmidt ZGS 05, 416 ff). Ob es sich um einen Geld- oder Warenkredit handelt, spielt keine Rolle; ausreichend ist auch die Verlängerung eines bestehenden Kredits. Dag liegt kein Kreditauftrag, sondern ein gewöhnlicher Auftrag vor, wenn der Beauftragte im Namen und für Rechnung des Auftraggebers handeln soll. Kein Kreditauftrag ist auch die Kreditanweisung und der Kreditbrief (Akkreditiv); s § 783 Rn 3.
2. Auf den Kreditauftrag ist grds **Auftragsrecht** anzuwenden, jedoch mit Einschränkungen: **Bis zur Kreditgewährung** oder zur verbindlichen Kreditzusage ist die Anwendung der Vorschriften des Auftragsrechts nur insoweit beschränkt, als sie dem Wesen des Kreditauftrags widersprechen würde (so der Anspruch auf Vorschuss nach § 669). Insb kann der Kreditauftrag nach § 671 widerrufen und gekündigt werden (str für die entgeltliche Geschäftsbesorgung; andernfalls dort aber ist § 490 I entspr anwendbar). Das Bürgschaftsrecht (und damit das Formerfordernis des § 766) kommt für diese Phase nicht zur Anwendung. **Nach der Kreditgewährung** ist **Bürgschaftsrecht** für die Haftung des Auftraggebers ggü dem Beauftragten hins der Verbindlichkeiten des Dritten anzuwenden. Insoweit gelten die Vorschriften des Bürgschaftsrechts insgesamt, also auch zugunsten des Auftraggebers die §§ 771, 774, 775.
3. Vom Kreditauftrag zu unterscheiden ist die Bürgschaft für künftige Verbindlichkeiten, insb die **Kreditbürgschaft**. Die Abgrenzung ist va von Belang, weil der Kreditauftrag iU zur Kreditbürgschaft nicht der Form des § 766 bedarf. Für das Vorliegen eines Kreditauftrags müssen der Wille des Auftragsgebers erkennbar sein, den Beauftragten zur Kreditgewährung an den Dritten rechtsgeschäftlich zu verpflichten, sowie der Wille des Beauftragten, diese Verpflichtung zu übernehmen. Indiz für einen derartigen Willen der Parteien ist ein von ihnen angenommenes eigenes Interesse des Auftraggebers an der Gewährung des Kredits an den Dritten. Dag steht bei der Kreditbürgschaft das Interesse an der Sicherung der Hauptverbindlichkeit im Mittelpunkt.

Titel 21
Vergleich

§ 779 Begriff des Vergleichs, Irrtum über die Vergleichsgrundlage

(1) Ein Vertrag, durch den der Streit oder die Ungewissheit der Parteien über ein Rechtsverhältnis im Wege gegenseitigen Nachgebens beseitigt wird (Vergleich), ist unwirksam, wenn der nach dem Inhalt des Vertrags als feststehend zugrunde gelegte Sachverhalt der Wirklichkeit nicht entspricht und der Streit oder die Ungewissheit bei Kenntnis der Sachlage nicht entstanden sein würde.
(2) Der Ungewissheit über ein Rechtsverhältnis steht es gleich, wenn die Verwirklichung eines Anspruchs unsicher ist.

1 I. § 779 bestimmt den **Begriff des Vergleichs** und legt darüber hinaus fest, unter welchen Voraussetzungen ein Vergleich **unwirksam** ist. Der Vergleich bezweckt die Regelung oder Klarstellung eines streitigen oder ungewissen Rechtsverhältnisses zwischen den beteiligten Parteien aufgrund gegenseitigen Nachgebens. Seiner **Rechtsnatur** nach ist er ein feststellender schuldrechtlicher Vertrag. Nicht selten enthalten Vergleiche (auch) Verfügungsgeschäfte (zB Abtretungen, Stundung oder Verzicht; zur umstrittenen Rechtsnatur des Vergleichs in diesen Fällen s die Darstellung bei Staud/Marburger, § 779 Rn 40 ff). **Sonderformen** des Vergleichs sind der Prozessvergleich (Rn 11 f; beachte das Gesetz zur Reform des Zivilprozesses v 27.7.01, BGBl I 01, S 1887 ff; hierzu Greger JZ 04, 805 ff sowie im Hinblick auf § 278 VI ZPO das 1. Justizmodernisierungsgesetz v 24.8.04, BGBl I 04, S 2198 ff; Bekanntmachung der Neufassung der ZPO, BGBl I 05, S 3202 ff), der Anwaltsvergleich (§§ 796 a ff ZPO) sowie der Schiedsspruch mit vereinbartem Wortlaut (§ 1053 ZPO; hierzu s Genzow/Grunewald/Schulte-Nölke/Staudinger, 659 ff; Berger RIW 01, 15 ff; Bilda DB 04, 171 ff; Grziwotz MDR 01, 305 ff; Mankowski ZZP 114 (01), 37 ff; Schütze, FS W Lorenz, 01, 275 ff; BGH NJW 01, 373). Zu Vergleichen, die iR der obligatorischen Streitschlichtung vor Gütestellen geschlossen werden, vgl § 15 a EGZPO (BGBl I 99, S 2400 f; hierzu BGHZ 161, 145 m Anm Friedrich JR 05, 460; OLG Saarbrücken NJW 07, 1292; kritikwürdig: LG Marburg NJW 05, 2866; zu beiden Entscheidungen Rimmelspacher/Arnold NJW 06, 17 ff; zur Kritik an § 15 a EGZPO s Katzenmeier ZZP 115 (02), 86; Lauer NJW 04, 1280 ff; Stickelbrock JZ 02, 638; Wesche MDR 03, 1029 ff; dazu s auch BGH MDR 10, 1143 f; BGH MDR 10, 1075 f; BGH NJW-RR 09, 1238 f; BGH MDR 09, 1127) und die jeweiligen Ausführungsgesetze der Länder (hierzu Zietsch/Röschmann Beilage zu Heft 51 der NJW 01; zur Verjährung s § 204 I Nr 4; zu diesbezüglichen Streitfragen s Friedrich JR 02, 400). Zu den aktuellen Entwicklungen im Bereich der Mediation s den Entwurf des „Gesetzes zur Förderung der Mediation und anderer Verfahren der außergerichtlichen Konfliktbeilegung" (BT-Drucks 17/5335, BT-Drucks 17/5496) sowie Ewers, Grenzüberschreitende Mediation in Zivil- und Handelssachen – Die RL 2008/52/EG: Genese, Inhalt und Bedeutung für das deutsche Recht).

2 II. 1. **Voraussetzungen** des Vergleichs: a) Gegenstand des Vergleichs können **Rechtsverhältnisse jeder Art** sein. Zu diesen Rechtsbeziehungen iwS gehören neben den Schuldverhältnissen zB Gestaltungsrechte und dingliche, familien- oder erbrechtliche Rechtsbeziehungen. Auch bedingte oder künftige Ansprüche und selbst bloße gesellschaftliche Verpflichtungen können Vergleichsgegenstand sein.

3 Die vom Vergleich geregelten Rechtsverhältnisse müssen aber der **Dispositionsbefugnis** der Parteien unterliegen (zur Vergleichsbefugnis des Prozessstandschafters s Klinck WM 06, 417 ff; ebe § 475 I verbietet keinen Vergleich nach Mitteilung des Mangels, LG Essen DAR 13, 649). Der Dispositionsbefugnis entzogen sind insb die von § 1614 erfassten gesetzlichen Unterhaltspflichten, familienrechtliche Statusfestlegungen wie das Bestehen der Ehe oder die Abstammung, der Nachlass eines noch lebenden Dritten (§ 311 b IV, V) und unabdingbare arbeitsrechtliche Ansprüche wie der Mindesturlaub (§ 13 BUrlG) oder der Tariflohn (str).

4 b) Über das Rechtsverhältnis muss **Streit oder Ungewissheit** in tatsächlicher oder rechtlicher Hinsicht bestehen. Dabei ist nicht die objektive Sach- oder Rechtslage maßgeb-

lich, sondern das Bestehen subjektiver Zweifel beider Parteien oder zumindest einer Partei bei Kenntnis der anderen davon. Ausreichend ist, dass Einzelfragen eines Rechtsverhältnisses (etwa Leistungsmodalitäten oder Einreden) str sind. Gleichgestellt wird nach Abs 2 die **Unsicherheit hins der Rechtsverwirklichung** (zB bei Beweisschwierigkeiten oder Zweifeln an der Leistungskraft des Schuldners; Unsicherheit über die Berufsunfähigkeit: OLG Hamm VersR 09, 532).

c) Der Vergleich erfordert zudem **gegenseitiges Nachgeben**. Die Parteien müssen daher einander Zugeständnisse irgendwelcher Art machen. Diese brauchen sich nicht in wirtschaftlicher oder rechtlicher Hinsicht zu entsprechen; erforderlich ist aber zumindest ein ganz geringfügiges beiderseitiges Nachgeben. Es muss sich nicht auf das streitige Rechtsverhältnis beziehen. Bei nur einseitigem Nachgeben liegt dag kein Vergleich vor (RGZ 146, 358; BGHZ 39, 62; NJW-RR 05, 1303; Staud/Marburger § 779 Rn 28). 5

d) Der Vergleich bedarf grds keiner **Form**. Wenn formbedürftige Verpflichtungs- oder Verfügungsgeschäfte Bestandteil des Vergleichs sind, müssen allerdings die gesetzlichen Formerfordernisse beachtet werden (zB §§ 311 b I, III, 766 S 1, 925 I 1). Ein Prozessvergleich ersetzt gem § 127 a jede erforderliche Form (s dort Rn 2; § 127 a gilt jedenfalls analog für den „schriftsätzlichen" Prozessvergleich nach § 278 IV ZPO; abw Knauer/Wolf 04, 2859; ebenso Zöller/Greger § 278 ZPO Rn 31; hiervon zu trennen ist die Anwendbarkeit der §§ 491 III und 925 I 3). 6

2. Rechtsfolgen: Der Vergleich bewirkt idR keine Umschaffung des Rechtsverhältnisses (Novation; Staud/Marburger § 779 Rn 38; zum Ausnahmecharakter BGH JZ 02, 721 m Anm Jacoby, 723), so dass insb die bestellten Sicherungsrechte weiter bestehen bleiben. Er regelt das Ausgangsverhältnis nur in den streitigen oder ungewissen Fragen neu und stellt die Rechte und Pflichten aus dem Rechtsverhältnis bindend fest, erhält aber dessen Rechtsnatur und sonstigen Inhalt. Soweit durch den Vergleich Ansprüche, Einreden und Einwendungen erledigt sind oder Leistungspflichten erst übernommen wurden, ist ein Rückgriff auf das Ausgangsrechtsverhältnis nicht mehr zulässig; die Grenzen sind dabei durch Auslegung zu bestimmen. Ein **Abfindungsvergleich** kann dem Einwand der unzulässigen Rechtsausübung nach § 242 ausgesetzt sein, wenn sich nach Auftreten unvorhergesehener Umstände, wie etwa Spätfolgen, ein krasses und unzumutbares Missverhältnis zwischen Vergleichssumme und Schaden ergibt, dieses Risiko aber gerade nicht durch den Vergleich erfasst wurde (s hierzu BGH NJW-RR 08, 649; OLG Koblenz NZV 04, 197; OLG Nürnberg VersR 01, 982; OLG Schleswig VersR 01, 983; zur Vergleichs- bzw Erlassfalle s BGH NJW 01, 2324 m Anm Dulitz JA 02, 4 ff; zu den anwaltlichen Beratungspflichten vor Abschluss eines solchen Vergleichs: BGH VersR 01, 641; hierzu Edenfeld MDR 01, 972 ff; Burghart NZV 05, 441 ff; zum Abfindungsvergleich beim Personenschaden: Lang VersR 05, 894 ff; zum Vergleichsabschluss über ein Schmerzensgeld, wenn mit einer Nachoperation zu rechnen ist, s OLG München MDR 13, 844; zu d Anforderungen an das Zustandekommen bei Scheckeinreichung: LG Duisburg RRa 08, 263). Ein außergerichtlicher Vergleich beendet einen Rechtsstreit nicht unmittelbar (BGH JZ 02, 722 m Anm Jacoby). 7

3. a) Die **Unwirksamkeit** des Vergleichs nach Abs 1 stellt einen Sonderfall des Fehlens der Geschäftsgrundlage dar (BGH NJW 00, 2498; nunmehr kodifiziert in § 313). Voraussetzung ist ein **Irrtum** der Parteien über den als **feststehend zugrunde gelegten Sachverhalt**. Ein Irrtum über einen Sachverhaltsaspekt, der schon vor und bei Vergleichsabschluss *ungewiss* war, begründet daher keinen Unwirksamkeitsgrund (BGH MDR 08, 399). Sachverhalt ist iwS zu verstehen und umfasst nicht nur rein tatsächliche, sondern auch rechtliche Gegebenheiten. Der Irrtum in rechtlicher Hinsicht findet nach der Judikatur jedoch nur Berücksichtigung, wenn er auf einer Fehleinschätzung von Tatsachen beruht; reine Rechtsirrtümer sollen dag unbeachtlich sein (BGH NJW 61, 1460; diese Ansicht findet in der Lehre zu Recht keine Zustimmung: Staud/Marburger § 779 Rn 71; offengelassen: BGH NJW 07, 838). **Feststehend** bedeutet, dass beide Parteien den Sachverhalt übereinstimmend als unstreitig und gewiss ansehen. Die Unwirksamkeit des Vergleichs gem Abs 1 (ohne dass es dazu der rechtsgestaltenden Erklärung einer Partei bedarf) ergibt sich dann, wenn die Parteien in dieser Hinsicht einem Irrtum unterliegen und **bei Kenntnis der wahren Sachlage gerade der Streit oder die Ungewiss-** 8 heit, die durch den Vergleich beseitigt werden sollten, nicht entstanden wären. Es kommt nicht darauf an, ob es möglicherweise zu einem Streit über andere Punkte gekommen wäre.

9 b) Sofern die Tatbestandserfordernisse des § 779 nicht erfüllt sind, können gleichwohl die Grundsätze über den WGG zur Anwendung kommen, wenn deren allg Voraussetzungen (§ 313) vorliegen (so uU bei einem Irrtum über künftige Ereignisse; BGH NJW-RR 94, 435; s auch BGH NJW 00, 2498; ferner bei Irrtum über Rechnungsposten im Falle des Konsenses über Berechnungsweg BGH NZV 09, 75). Auch die allg Gründe für die Nichtigkeit, zB aus §§ 134, 138, sind für Vergleiche maßgeblich (str ist, ob ein Vergleich als wirksam einzustufen ist, der über ein *möglicherweise* gesetz- oder sittenwidriges Ausgangsrechtsverhältnis geschlossen wird; s die Angaben bei Staud/Marburger § 779 Rn 78; gegen eine derartige Privilegierung Bork, Der Vergleich, 389 ff). Soll ein Vergleich einer Partei die Vorteile eines unwirksamen oder sittenwidrigen Geschäfts erhalten, ist er unwirksam (BGH WM 89, 1479). Daneben können Vergleiche wegen eines auffälligen Missverhältnisses sittenwidrig sein, wenn das Maß des gegenseitigen Nachgebens erheblich voneinander abweicht; der Umfang der durch Vergleich übernommenen Leistungspflichten ist dag insofern nicht maßgeblich (BGH NJW 64, 1787). Die Nichtigkeit des Vergleichs erfasst nicht ohne weiteres Verfügungen, die als Erfüllungsgeschäfte mit dem Vergleich verbunden worden sind. Nach hM sind bereits vollzogene Verfügungen dementspr über §§ 812 ff abzuwickeln (abw Staud/Marburger § 779 Rn 48).

10 c) Bei nur einseitigem Irrtum kann der Vergleich unabhängig von § 779 nach den allg Regeln angefochten werden (zur Insolvenzanfechtung s Gerhardt KTS 04, 195 ff; zur Anfechtung eines gerichtlichen Vergleichs wegen Prozessunfähigkeit einer Partei s OLG Koblenz Beschl v 2.5.12 Az 5 W 218/12). Die **Irrtumsanfechtung** nach § 119 I, II unterliegt aber der Einschränkung, dass sich der **Irrtum** der Partei nicht auf einen Umstand beziehen darf, der umstritten oder ungewiss war und durch den Vergleich erledigt werden sollte (BGHZ 1, 61). Dieser Beschränkung ist die Anfechtung wegen **arglistiger Täuschung** § 123 nicht unterworfen (zur Täuschung über erzielten Zwischenverdienst: LArbG Köln NZA-RR 12, 356). Die Täuschung muss jedoch für den Vergleichsabschluss ursächlich geworden sein. Daran fehlt es, wenn die getäuschte Partei den Vergleich abgeschlossen hat, obwohl ihr die Täuschung bekannt war (BGH DB 76, 141).

11 III. Der **Prozessvergleich** ist sowohl ein privatrechtlicher Vertrag iSv § 779 als auch eine Prozesshandlung mit prozessbeendigender Wirkung. Er hat folglich eine materiell- und prozessrechtliche **Doppelnatur** (hM; BGH NJW 00, 1943; einen gesetzlichen Anhaltspunkt bieten nunmehr auch die Motive zur ZPO-Reform: BT-Drucks 14/4722, 82; zu den übrigen Theorien zur Rechtsnatur: Siemon NJW 11, 426; Lindacher, Der Prozessvergleich, in: 50 Jahre Bundesgerichtshof, Festgabe aus der Wissenschaft, Bd III, 254 f; der Schiedsspruch mit vereinbartem Wortlaut hat keine Doppelnatur, da ihm nach §§ 1053 II, 1055 ZPO zwischen den Parteien die Wirkungen eines rechtskräftigen Gerichtsurteils zukommen: Bredow, SchiedsVZ 10, 295; Saenger MDR 99, 663). Der materiellrechtliche Ausschnitt untersteht den Vorgaben des Privatrechts, die Wirksamkeit der Prozesshandlung bestimmt sich indes nach Maßgabe des Prozessrechts. Ebenso ist im Hinblick auf die **Wirkungen** zu unterscheiden: Der gerichtliche Vergleich zeigt materiellrechtlich die gleichen Wirkungen wie der außergerichtliche (s Rn 7). Die prozessualen Wirkungen bestehen darin, dass er zum einen den Rechtsstreit und damit die Rechtshängigkeit (teilweise) beendet (nicht indes ein außergerichtlicher Vergleich: BGH JZ 02, 722 m Anm Jacoby), zum anderen – soweit er einen vollstreckungsfähigen Inhalt hat – nach § 794 I Nr 1 ZPO einen Vollstreckungstitel bildet (zur Verjährung s § 197 I Nr 4). Hingegen erwächst der Prozessvergleich nicht in Rechtskraft. Ein Urteil, das im Rechtsstreit ergangen, aber noch nicht rechtskräftig ist, wird idR wirkungslos (hM; Kniffka JuS 90, 969 ff; Rensen JA 04, 556 ff). Diese Wirkungslosigkeit kann prozessual mit der „Titelgegenklage" analog § 767 I ZPO geltend gemacht werden (BGH JZ 07, 1112 m Anm Staudinger LMK 07 248532). Der Prozessvergleich kann unter Widerrufsvorbehalt geschlossen werden. Hierin liegt iZw eine aufschiebende Bedingung (BGHZ 88, 366; allg Scharpenack, Der Widerrufsvergleich im Zivilprozess; BGH NJW 05, 3576: Erklärungsadressat für den Widerruf können sowohl das Gericht als auch die andere Vergleichspartei sein s BGH JZ 06, 625; zur Verjährungshemmung s BGH NJW 05, 2006). Die ZPO-Reform dient ua dem Ziel, die Vergleichsquote zu erhöhen. Zu diesem Zweck ist in Anlehnung an § 54 ArbGG der eigentlichen mündlichen Verhandlung nach § 278 II ZPO grds eine **Güteverhandlung** (hierzu Kauffmann MDR 04, 1035 ff; Knauss ZRP 09, 206) vorgeschaltet (beachte aber §§ 525 S 2, 555 I 2). Dies betrifft die am 1.1.02 anhängigen Verfahren (§ 26 Nr 2 S 1 EGZPO). Ferner ermöglicht § 278 V 2 ZPO eine „integrierte Streitschlichtung" vor einem Mediator (vgl §§ 135, 156 FamFG). Schließlich wird das **Zustandekommen eines gerichtlichen Vergleichs nach § 278 VI ZPO erleichtert**, indem ein Protokolltermin nicht zwingend vorgeschrieben, sondern – ähnl dem § 106 S 2 VwGO – auch ein „schriftsätzlicher Abschluss" zulässig ist (die erweiterte Fassung des § 278 VI 1 ZPO geht auf das 1. Justizmodernisierungsgesetz v 24.8.04 zurück; BGBl I 04, 2198 f; hierzu Fölsch MDR 04, 1031; Knauer/Wolf NJW 04, 2859 f; zur prozessualen Unwirksamkeit eines Vergleichs nach § 278 VI ZPO bei mündlicher Annahme eines auf einen Tonträger aufgezeichneten Vergleichsvorschlags ohne erneute Annahme durch Schriftsatz: OLG Hamm NJW-RR 12, 882; zur Wahrung der erforderlichen Schriftform für Aufhebungsverträge und Befristungsabreden gem § 623 BGB, 14 IV TzBfG s BAG NJW 07, 1831; zum früheren Gebührenrecht: BGH NJW 04, 2311; OLG Celle MDR 04, 777; OLG Koblenz NJW-RR 04, 66; OLG Stuttgart NJW-RR 04, 423; OLG Hamburg MDR 04, 598; OLG München MDR 03, 533; Siemon MDR 03, 61 ff; zu den Auswirkungen der Gebührenrechtsreform im Lichte des Rechtsanwaltsvergütungsgesetzes – RVG: BGH NJW 11, 1680; BGH NJW 11, 861; BGH NJW 06, 157; OLG Naumburg NJW-RR 06, 504; OLG Nürnberg MDR 06, 174; OLG Stuttgart MDR 06, 173; LG Bonn NJW-RR 05, 1734; Jungbauer DAR 11, 235; Greger JZ 04, 808; zur Anwendbarkeit des früheren § 278 VI ZPO auf Altverfahren s Kranz MDR 03, 918). Diese erleichterte Form beschränkt sich nicht auf das Güteverfahren, sondern gilt auch für spätere Verfahrensabschnitte (anders wohl zur Vorgängerregelung Hartmann NJW 01, 2582; Schellhammer MDR 01, 1082; wie hier Foerste NJW 01, 3105). Dem systematischen Standort von Abs 6 innerhalb des § 278 ZPO (beachte Neufassung der Norm: BGBl I 12, 1577) kommt angesichts der Gesetzgebungsgeschichte keine erhöhte Aussagekraft zu (zur analogen Anwendung der Vorgängerregelung im Prozesskostenhilfeverfahren s LG Lüneburg FamRZ 03, 1935). § 278 VI ZPO erfasst nunmehr ausdrücklich den Fall, dass der Vergleichsvorschlag nicht vom Gericht stammt, sondern die Initiative von den Parteien ausgeht (LArbG Sachsen-Anhalt Urt v 15.12.04, Az 11 Ta 184/04; zutreffend wurde bzgl der Vorgängerregelung eine Analogie bejaht: Schlosser, FS Schumann, 397; abw Foerste NJW 01, 3105). Wie der klassische, protokollierte Vergleich, entfaltet auch der „schriftsätzliche" Prozessvergleich iSd § 278 VI ZPO keinerlei Rechtskraft (Knauer/Wolf NJW 04, 2859; abw zur früheren Regelung: Schlosser, FS Schumann, 389 ff).

Wenn der Vergleich wegen wesentlicher **verfahrensrechtlicher Mängel** als Prozesshandlung nicht wirksam ist (§§ 160 ZPO ff; s aber § 127 a Rn 2; nach hM gilt etwa der in § 78 I ZPO verankerte Anwaltszwang für den Abschluss des Prozessvergleichs: BGH NJW 91, 1743; Thomas/Putzo § 78 ZPO Rn 7, § 794 ZPO Rn 12; s die berechtigte Kritik von Lindacher, aaO, S 267 f; beachte § 78 III ZPO aF bzw § 78 V aF; hierzu BT-Drucks 14/8763, 5, 11), kann er gleichwohl in seinem materiellrechtlichen Gehalt als außergerichtlicher Vergleich wirksam bleiben, sofern dies dem mutmaßlichen Parteiwillen entspricht (BGH NJW 85, 1963; s § 140 Rn 9). Der Prozess ist in diesem Fall nicht beendet und muss auf Antrag einer Partei fortgesetzt werden. Die **Unwirksamkeit des materiellrechtlichen Teils** (zur Frage des gegenseitigen Nachgebens nach Abs 1 beim Prozessvergleich s Lindacher, aaO, S 256) führt dag im Einklang mit dem hypothetischen Parteiwillen auch zum Entfallen der Prozessbeendigungswirkung. Die Vollstreckbarkeit des gerichtlichen Vergleichs entfällt hingegen nicht eo ipso infolge des materiellrechtlichen Mangels, sondern wird durch (End- bzw Zwischen-)Urteil beseitigt. Beruft sich eine Partei auf **Unwirksamkeitsgründe, die von Anfang an bestanden** 12 haben sollen (Nichtigkeit nach §§ 134, 138, 142 I, 779; zur anfänglichen Unmöglichkeit s Fischer JuS 06, 140 ff), so ist die Frage der Wirksamkeit eines Prozessvergleichs durch **Fortsetzung des bisherigen Rechtsstreits** vor dem Ausgangsgericht zu klären (BGHZ 87, 230; 142, 253; dort auch zum fehlenden Rechtsschutzbedürfnis für eine Klage auf Rückgewähr des aufgrund des Vergleichs Geleisteten; werden daneben weitere Schadenspositionen geltend gemacht, liegt ein anderer Streitgegenstand vor: OLG Düsseldorf r+s 01, 396). Stellt sich die Wirksamkeit heraus, ist durch Urteil festzustellen, dass sich der Rechtsstreit durch den Vergleich erledigt hat. Ein **neuer Rechtsstreit** wird dag nach Ansicht des BGH erforderlich, wenn eine Partei den Fortbestand des Vergleichs mit bestimmten **Einwendungen** angreifen will, **die auf nachträglichen Ereignisses beruhen** (zB wegen Rücktritt nach §§ 323, 326 V, nachträglicher Aufhebung oder WGG; s die Darstellung – auch bzgl der abw Judikatur des BAG – bei Staud/Marburger § 779 Rn 113 ff). Die Unzulässigkeit der Zwangsvollstreckung aus einem Prozessvergleich ist mit der Vollstreckungsgegenklage gem § 767 I ZPO geltend zu machen (mangels Rechtskraft des Prozessvergleichs greift die Schranke der Präklusion aus § 767 II ZPO nicht ein, wohl aber § 767 III ZPO). Streiten die Parteien um die Auslegung des Vergleichs, muss ebenfalls ein neues Verfahren durchgeführt werden (uU nach § 767 I ZPO: BGH NJW 77, 583). Soweit § 323 I, IV ZPO tatbestandlich eingreifen, unterliegt der Prozessvergleich der **Abänderungsklage** (hierzu BGH NJW 01, 2260; OLG München NJW-RR 00, 1243; Staud/Marburger § 779 Rn 119).

Titel 22
Schuldversprechen, Schuldanerkenntnis

§ 780 Schuldversprechen

¹Zur Gültigkeit eines Vertrags, durch den eine Leistung in der Weise versprochen wird, dass das Versprechen die Verpflichtung selbständig begründen soll (Schuldversprechen), ist, soweit nicht eine andere Form vorgeschrieben ist, schriftliche Erteilung des Versprechens erforderlich. ²Die Erteilung des Versprechens in elektronischer Form ist ausgeschlossen.

§ 781 Schuldanerkenntnis

¹Zur Gültigkeit eines Vertrags, durch den das Bestehen eines Schuldverhältnisses anerkannt wird (Schuldanerkenntnis), ist schriftliche Erteilung der Anerkennungserklärung erforderlich. ²Die Erteilung der Anerkennungserklärung in elektronischer Form ist ausgeschlossen. ³Ist für die Begründung des Schuldverhältnisses, dessen Bestehen anerkannt wird, eine andere Form vorgeschrieben, so bedarf der Anerkennungsvertrag dieser Form.

1 I. Das **Schuldversprechen** gem § 780 und das **Schuldanerkenntnis** gem § 781 sind einseitig verpflichtende Verträge (als Übbl s Wellenhofer-Klein Jura 02, 505 ff). Sie hängen in ihrem Bestand nicht von einem zugrunde liegenden Rechtsverhältnis ab. Losgelöst von einem Schuldgrund verspricht vielmehr der Schuldner dem Gläubiger eine Leistung bzw erkennt diese als bestehend an (speziell zu Kontoauszügen s BGHZ 161, 278; zur Rechtsnatur der Saldofeststellung beim Kontokorrent s Pfeiffer JA 06, 107 f; zur Auslegung einer Vereinbarung auf Zahlung von Brautgeld für den Trennungsfall s OLG Saarbrücken NJW-RR 05, 1307). Beide Vertragsarten erfassen gleiche oder ähnliche Sachlagen und sind fast übereinstimmend geregelt, so dass eine (iE oft schwierige) Abgrenzung nicht erforderlich ist. Sie ermöglichen die Klarstellung zweifelhafter Ansprüche und erleichtern dem Gläubiger die Verwirklichung seiner Rechte. Die §§ 780–782 regeln ausschließlich dieses abstrakte bzw konstitutive Schuldversprechen und -anerkenntnis. Streng davon zu unterscheiden ist das deklaratorische bzw „kausale" Schuldanerkenntnis (Rn 8), auf das die §§ 780 ff nach hM keine Anwendung finden. Ebenfalls nicht anwendbar sind diese Vorschriften auf das Aner-

kenntnis des Nichtbestehens eines Schuldverhältnisses durch den Gläubiger (negatives Schuldanerkenntnis; § 397 II).

II. 1. Voraussetzung des **abstrakten** Schuldversprechens ist ein **Vertrag** zwischen Gläubiger und Schuldner mit dem Inhalt, dass der Schuldner **unabhängig von einem Schuldgrund** eine Leistung verspricht oder eine Schuld anerkennt. Ob der Parteiwille sich auf eine derartige Verpflichtung richtet, ist durch Auslegung unter Berücksichtigung insb des Anlasses und Zwecks des Vertragsschlusses zu ermitteln (BGH NJW-RR 95, 1992; ein nichtiges Wechselakzept kann im Einklang mit dem mutmaßlichen Parteiwillen nach § 140 in ein abstraktes Schuldanerkenntnis umgedeutet werden: BGHZ 124, 266; hierzu Petersen Jura 01, 596 ff, so auch jüngst OLG München Urt v 2.5.12 Az 7 U 4830/11). Kein selbstständiges Schuldversprechen liegt vor, wenn die Vereinbarung erkennbar lediglich bezweckte, dem Gläubiger durch ein Beweismittel die Durchsetzung seines Anspruchs zu erleichtern. Für eine selbstständige Verpflichtung spricht, wenn jede wirtschaftliche oder rechtliche Bezugnahme auf das Grundgeschäft in der Urkunde fehlt. Ist der Verpflichtungsgrund genannt, kann sich aus den weiteren Umständen ergeben, dass ein selbstständiges Schuldversprechen gewollt ist. Je bestimmter und präziser sich der Bezug auf das zugrunde liegende Geschäft darstellt (vgl BGH NJW 02, 1792; NJW 99, 575), desto höher sind jedoch die Anforderungen an das Vorliegen besonderer Umstände zu stellen, um ein abstraktes Schuldversprechen anzunehmen. Die **Beweislast** trifft die Partei, welche die sich aus dem Wortlaut der Urkunde ergebende Auslegung entkräften will (Erm/Heckelmann § 780 Rn 2). Als praxisrelevantes Bsp für ein abstraktes Schuldversprechen mag das Verhältnis zwischen Kreditkarten- und Vertragsunternehmen dienen, das der BGH nicht länger als Forderungskauf ansieht (BGH BeckRS 05, 03062; BGH WM 04, 426; 1131; 1032; NJW 02, 2234; hierzu Freitag ZBB 02, 322 ff; Heermann JZ 02, 1170 ff; Hoffmann ZBB 04, 405 ff; Körber WM 04, 563 ff; Meder ZIP 04, 1044 ff; ders JZ 04, 503 ff; ders NJW 02, 2215 ff; von Westphalen NJW 05, 1991). Vielmehr erwirbt das Vertragsunternehmen bereits mit der Unterzeichnung und Übergabe des Belastungsbeleges durch den Karteninhaber auf Grund des Akquisitionsvertrages einen abstrakten Anspruch aus § 780, der auf Ausgleich der im Verhältnis zwischen dem Vertragsunternehmen und Karteninhaber begründeten Forderungen gerichtet ist. Diesem Anspruch können – vergleichbar dem Akkreditiv – Einwendungen aus dem Valutaverhältnis nicht entgegengehalten werden, sofern keine abw vertraglichen Vereinbarungen getroffen worden sind. Allerdings darf das Vertragsunternehmen seine formale Rechtsposition nicht ersichtlich treuwidrig ausnutzen, indem es das Kreditkartenunternehmen in Anspruch nimmt, obschon offensichtlich oder liquide beweisbar ist, dass dem Vertragsunternehmen aus dem Valutaverhältnis keine Forderung gegen den Karteninhaber zusteht (BGH NJW 02, 3698).

Wirksamkeitsvoraussetzung des Schuldversprechens und Schuldanerkenntnisses ist gem §§ 780 S 1, 781 S 1 die **Schriftform** (§ 126) der Erklärung des Schuldners. Die elektronische Form iSd § 126 a scheidet indes nach §§ 780 S 2, 781 S 2 aus (dies gilt ebenso für die Textform gem § 126 b), da sie derzeit noch nicht in vergleichbarer Weise wie die Schriftform Schutz vor einer übereilten Erklärung bietet (BT-Drucks 14/4987, 22). Das Erfordernis der Schriftform bezweckt die Verbesserung der Beweismöglichkeiten sowie daneben den Schutz vor übereilter Entscheidung (str; abw vor der Novellierung BGHZ 121, 4; der Ausschluss der elektronischen Form zeigt jedoch, dass jedenfalls der heutige Gesetzgeber der Schriftform nicht allein die Funktion der Beweissicherung zuschreibt). Notwendig ist zudem ein **Erteilung** des Versprechens bzw der Anerkennungserklärung. Die schriftliche Erklärung des Schuldners wird daher erst wirksam, wenn sie dem Gläubiger übergeben oder zugegangen (§ 130) ist. **Strengere Formerfordernisse** für das Leistungsversprechen bzw das anerkannte Schuldverhältnis erfassen gem § 781 S 3 auch das abstrakte Schuldversprechen bzw -anerkenntnis (zB §§ 311 b I, III, 518 I 2). **Formfrei** wirksam ist jedoch das Schuldversprechen bzw -anerkenntnis, sofern es von einem Kaufmann (§ 350 HGB) oder aufgrund einer Abrechnung bzw im Wege des Vergleichs (§ 782) erteilt wird.

2. Folge des Schuldversprechens bzw -anerkenntnisses ist das Entstehen einer neuen Verpflichtung des Schuldners, die verstärkend an die Seite der Verpflichtung aus dem zugrunde liegenden Geschäft tritt. IdR wird das abstrakte Schuldversprechen erfüllungshalber (§ 364 II) gegeben. Der Gläubiger darf die Leistung nur einmal beanspruchen; mit der Erfüllung des einen Schuldverhältnisses erlischt zugleich das andere.

5 Einreden des Schuldners aus dem zugrunde liegenden Geschäft greifen aufgrund der rechtlichen Selbstständigkeit des abstrakten Schuldversprechens grds nicht durch (Ausnahmen: §§ 656 II, 762 II). Ebenso wie die Anfechtung (vgl BGH NJW 95, 960) soll nach hM auch die Nichtigkeit des Grundgeschäftes nach §§ 134, 138 den Bestand des selbstständigen Schuldversprechens nicht berühren; dies ist aber schon wegen der Gefahr einer Umgehung der §§ 134, 138 zweifelhaft (Staud/Marburger § 780 Rn 22). Zur Frage der rechtsmissbräuchlichen Inanspruchnahme eines Kreditkarten- durch ein Vertragsunternehmen: BGH NJW 02, 3698; s auch Rn 2.

6 Fehlt der Schuldgrund (zB infolge wirksamer Anfechtung des Grundgeschäftes), kann der Schuldner ggü der Forderung des Gläubigers aus dem abstrakten Schuldversprechen bzw -anerkenntnis jedoch grds die **Bereicherungseinrede** (§ 821) erheben. Es ist ihm zudem möglich, seinerseits den **Bereicherungsanspruch** auf Befreiung von der eingegangenen Verbindlichkeit (§ 812 II) ggü dem Gläubiger geltend zu machen (zum Ausschluss des Bereicherungsrechts durch AGB s BAG NJW 05, 3164 = DNotZ 06, 47 m Anm Reiß). Dabei hat jener allerdings das Fehlen des Rechtsgrundes für das Leistungsversprechen zu beweisen; durch das abstrakte Schuldversprechen oder -anerkenntnis tritt insofern iErg eine Beweislastumkehr ein. Bereicherungseinrede und -anspruch sind aber ausgeschlossen, wenn der Schuldner das Fehlen des Rechtsgrundes kannte (§ 814) und der abstrakte Vertrag gerade der Überwindung dieses Mangels dienen sollte. Gleiches gilt, wenn die Auslegung der Parteivereinbarung ergibt, dass unabhängig vom Bestehen einer ursprünglichen Forderung unter klare Rechtslage unter Ausschluss von Einwendungen geschaffen werden sollte (BGH WM 76, 909).

7 3. Das abstrakte Schuldversprechen bzw -anerkenntnis hat nach § 212 I Nr 1 zur Folge, dass die Verjährung erneut beginnt. Ist die Verjährung schon eingetreten, kommt § 214 II 2 zur Anwendung. Für den Anspruch aus dem abstrakten Vertrag besteht eine eigenständige Verjährung gem § 195. Dies gilt grds auch, wenn der zugrunde liegende Anspruch einer kürzeren Verjährung unterliegt (BGH NJW 82, 1810).

8 III. 1. Im Unterschied zum abstrakten (konstitutiven) Schuldanerkenntnis bestätigt das **deklaratorische Schuldanerkenntnis** lediglich eine bestehende Schuld, ohne dass der Schuldner damit eine neue, eigenständige Verpflichtung ggü dem Gläubiger eingeht. Es dient dazu, Streit oder Ungewissheit über einzelne Inhalte des Schuldverhältnisses oder über das Schuldverhältnis im Ganzen zu überwinden (BGH NJW-RR 05, 247). Dazu stellt es den Inhalt dieses Schuldverhältnisses verbindlich fest (kausaler Feststellungsvertrag; BGHZ 98, 166; hM; zur Rechtsnatur an einem Unfallort aufgenommener „Protokolle" zwischen den Parteien s Dannert ZfS 05, 5, 8; Künnell VersR 84, 706). Zur Abgrenzung vom konstitutiven Schuldanerkenntnis ist auf den Parteiwillen abzustellen und dieser ggf durch Auslegung zu ermitteln. Durch das deklaratorische Anerkenntnis sind rechtliche und tatsächliche **Einwendungen** des Schuldners für die Zukunft ausgeschlossen, soweit er sie bei der Erklärung kannte oder zumindest mit ihnen rechnete. Auf unbekannte und nicht erwartete Einwendungen erstreckt sich der Verzicht nur in Ausnahmefällen. Die Erklärung des Schuldners muss eine derartige Erweiterung unmissverständlich zum Ausdruck bringen (vgl BGH NJW 83, 1904). Aufgrund der Ausschlusswirkung kann das Schuldanerkenntnis allerdings insoweit eine potentiell konstitutive Wirkung erhalten, als es ein streitiges, möglicherweise nicht bestehendes Schuldverhältnis als bestehend feststellt.

9 Die **Verjährung** richtet sich bei einem deklaratorischen Schuldanerkenntnis weiterhin nach den Vorschriften für das anerkannte Schuldverhältnis. Das Anerkenntnis führt aber nach § 212 I Nr 1 dazu, dass die Verjährung erneut beginnt.

10 2. Bei einem Anerkenntnis des Schuldners ohne rechtsgeschäftlichen Bindungswillen zum Abschluss eines kausalen Feststellungsvertrages scheidet ein deklaratorisches Schuldanerkenntnis aus; ein derartiges Anerkenntnis kann aber der **Beweiserleichterung** dienen. Der Schuldner kann es als „Zeugnis gegen sich selbst" abgeben, um zB durch diese Beweiserleichterung dem Gläubiger seine Bereitschaft zur Vertragserfül-

lung anzuzeigen. Im Rechtsstreit ist es als starkes Indiz für das Bestehen des Anspruchs zu werten; uU kann es die Umkehr der Beweislast begründen (BGHZ 66, 254; die Grundsätze zum „Schuldbekenntnis am Unfallort" sind auf Erklärungen über Grund und Höhe vertraglicher Forderungen nicht anwendbar; BGH NJW 02, 1340). Ein derartiges Anerkenntnis zur Beweiserleichterung liegt zB in der Übernahmebestätigung eines Leasingnehmers sowie häufig in der Anerkennung von Leistungspflichten nach dem Versicherungsfall auf Grundlage von AVB der Versicherungen (vgl OLG Zweibrücken NJW-RR 97, 1317).

§ 782 Formfreiheit bei Vergleich

Wird ein Schuldversprechen oder ein Schuldanerkenntnis auf Grund einer Abrechnung oder im Wege des Vergleichs erteilt, so ist die Beobachtung der in den §§ 780, 781 vorgeschriebenen schriftlichen Form nicht erforderlich.

§ 782 enthält zwei Ausnahmen vom Formerfordernis der §§ 780, 781: Erkennt der 1 Schuldner die Schuld aufgrund einer **Abrechnung** oder eines **Vergleichs** an, bedarf die Erklärung nicht der Schriftform, da sich der Verpflichtungswille des Schuldners erkennen lässt. Abrechnung ist jede Feststellung eines Rechnungsergebnisses aufgrund von Einzelposten und der Mitwirkung des Gläubigers und des Schuldners zur Ermittlung eines einseitig geschuldeten Gesamtbetrages. Zum Begriff des Vergleichs s § 779.

Titel 23
Anweisung

§ 783 Rechte aus der Anweisung

Händigt jemand eine Urkunde, in der er einen anderen anweist, Geld, Wertpapiere oder andere vertretbare Sachen an einen Dritten zu leisten, dem Dritten aus, so ist dieser ermächtigt, die Leistung bei dem Angewiesenen im eigenen Namen zu erheben; der Angewiesene ist ermächtigt, für Rechnung des Anweisenden an den Anweisungsempfänger zu leisten.

I. 1. Mit der **Anweisung iwS** kann eine Vermögensverschiebung zwischen zwei Ver- 1 tragsparteien mittelbar durch die Leistung eines Dritten herbeigeführt werden. Die Vertragsparteien sind der Anweisende und der Anweisungsempfänger (Begünstigter); der Dritte ist der Angewiesene. Die Anweisung beinhaltet die Aufforderung an den Angewiesenen, für Rechnung des Anweisenden an den Anweisungsempfänger zu leisten. Sie enthält nach hM eine **doppelte Ermächtigung**: Der Anweisungsempfänger wird ermächtigt, die Leistung zu fordern, und dem Angewiesenen wird gestattet, an den Empfänger zu leisten. Sie enthält dag **keine Verpflichtung** des Angewiesenen iSv § 328, es sei denn, er hat gem § 784 die Annahme erklärt.

Die Anweisung ist von den zugrunde liegenden Rechtsverhältnissen unabhängig. Das 2 Grundverhältnis zwischen dem Anweisenden und dem Anweisungsempfänger wird als **Valutaverhältnis** bezeichnet (s § 788). Aus ihm ergibt sich der Zweck, den der Anweisende mit der Anweisung verfolgt. Er kann zB über den Dritten dem Anweisungsempfänger ein Darlehen gewähren (so dass eine Schuld des Empfängers entsteht) oder er kann durch die Leistung des Dritten eine ggü dem Anweisungsempfänger bestehende Verbindlichkeit erfüllen (und damit eine Schuld tilgen). Das Rechtsverhältnis zwischen dem Anweisenden und dem Angewiesenen heißt **Deckungsverhältnis** und kann ebenfalls unterschiedlich ausgestaltet sein: Im Fall des § 787 (Anweisung auf Schuld) ist der Angewiesene ein Schuldner des Anweisenden; dag wird er bei einer Anweisung auf Kredit zu dessen Gläubiger. Da die Anweisung ggü den Grundverhältnissen unabhängig ist, sind diese nicht für die Rechte und Pflichten aus der Anweisung maßgeblich. Aus ihnen ergeben sich vielmehr gesondert davon Rechte und Pflichten der Beteiligten innerhalb des jeweiligen Verhältnisses. Insb bestimmt sich danach, ob dem Anweisungsempfänger die Leistung im Verhältnis zum Anweisenden verbleibt sowie ob der Angewiesene beim Anweisenden Rückgriff nehmen kann.

2. Aus dem Bereich der Anweisung iwS regeln §§ 783 ff nur einen besonderen Ausschnitt: die schriftliche Anweisung zur Leistung von Geld, Wertpapieren oder anderen vertretbaren Sachen. Die unmittelbare Bedeutung dieser **Anweisung ieS** nach §§ 783 ff ist im Wirtschaftsleben nicht sehr groß. Die Vorschriften enthalten jedoch ein Grundmuster der Anweisung, das auf weitere eigens geregelte Typen von Anweisungen übertragbar ist, und sind daher zT für diese ergänzend neben den jeweiligen Sondervorschriften herangezogen worden. – Zu den weiteren Sonderformen der Anweisung gehören der Scheck und der Reisescheck, der gezogene Wechsel, die kaufmännische Anweisung (§§ 363 ff HGB) und der Kreditbrief. Die Zahlung mit einer Kreditkarte ist dag als Weisung gem §§ 675 I, 665 anzusehen (BGHZ 91, 224; str; aA: Anweisung iSv § 783; iE Meder NJW 94, 2597; s Vor §§ 675 c-676 c Rn 2; zum Überweisungsauftrag an eine Bank nach der alten Rechtslage vgl Kommentierung in der 5. Aufl § 676 a Rn 1 ff; s zu der neuen Rechtslage § 675 f Rn 2 f).

II. 1. Voraussetzung einer Anweisung iSv § 783 ist die Verkörperung der Anweisungserklärung in einer **Urkunde** und damit die Schriftform gem § 126. Dieses Formerfordernis ist allerdings nicht zwingend. Auch die mündliche Anweisung ist aufgrund der Vertragsfreiheit zulässig; die §§ 783 ff sind auf sie entspr anzuwenden. **Gegenstand der Leistung** können nach dem Wortlaut des § 783 Geld, Wertpapiere oder andere vertretbare Sachen sein. Anweisungen auf andere als die genannten Gegenstände sind jedoch aufgrund der Vertragsfreiheit möglich; §§ 783 ff sind auf sie entspr anzuwenden. Wirksam wird die Anweisung iSv § 783 mit der **Aushändigung** der Urkunde an den Anweisungsempfänger. Als Aushändigung ist die Übergabe zum Zweck der Benutzung zu verstehen; nach hM handelt es sich dabei um einen Begebungsvertrag (§ 929).

2. Rechtsfolge der Anweisung ist die doppelte Ermächtigung (Rn 1); vertragliche Beziehungen oder sonstige Verpflichtungen unter den Beteiligten begründet die Anweisung selbst grds nicht (s aber § 789), sondern erst ihre Annahme durch den Angewiesenen (§ 784).

§ 784 Annahme der Anweisung

(1) Nimmt der Angewiesene die Anweisung an, so ist er dem Anweisungsempfänger gegenüber zur Leistung verpflichtet; er kann ihm nur solche Einwendungen entgegensetzen, welche die Gültigkeit der Annahme betreffen oder sich aus dem Inhalt der Anweisung oder dem Inhalt der Annahme ergeben oder dem Angewiesenen unmittelbar gegen den Anweisungsempfänger zustehen.

(2) [1]Die Annahme erfolgt durch einen schriftlichen Vermerk auf der Anweisung. [2]Ist der Vermerk auf die Anweisung vor der Aushändigung an den Anweisungsempfänger gesetzt worden, so wird die Annahme diesem gegenüber erst mit der Aushändigung wirksam.

1. Durch die Anweisung ist der Angewiesene zur Leistung an den Anweisungsempfänger ermächtigt (§ 783 Rn 1), aber nicht verpflichtet. Eine **Leistungspflicht** entsteht für den Angewiesenen erst gem § 784, wenn er die Anweisung annimmt. Die Annahmeerklärung ist nach Abs 2 **schriftlich** (§ 126) auf der Anweisung zu vermerken. Es genügt bereits die bloße Unterschrift des Angewiesenen, wenn die sonstigen Umstände auf einen Erklärungswillen schließen lassen. Nicht ausreichend sind jedoch Vermerke wie „Kenntnis genommen" oder „Gesehen". Außerhalb der Urkunde liegende Umstände können die schriftliche Annahmeerklärung nicht ersetzen. Eine zwar schriftlich, aber nicht auf der Anweisungsurkunde erklärte Annahme kann allenfalls als abstraktes Schuldversprechen gem § 780 oder als Vorvertrag, der auf die Erteilung der schriftlichen Annahmeerklärung gerichtet ist, angesehen werden. Letzteres kommt uU auch für eine mündliche Annahmeerklärung in Betracht. Die Annahme eines Schecks nach Art 4 ScheckG ist nicht möglich.

Die Annahme der Anweisung ist kein Vertrag zwischen dem Angewiesenen und dem 2
Anweisungsempfänger, sondern eine **einseitig verpflichtende Willenserklärung**, die mit
Zugang beim Anweisungsempfänger wirksam wird (str; aA Palandt/Sprau § 784 Rn 3:
Angebot zum Abschluss eines Schuldversprechens gem § 780). Der Angewiesene wird
durch die Annahmeerklärung unmittelbar Schuldner des Anweisungsempfängers, und
zwar eigenständig ggü den sonstigen Rechtsbeziehungen unter den drei Beteiligten. Es
entsteht somit eine neue, selbständige Schuld.

2. a) Die Annahmeerklärung hat nach Abs 1 weiter zur Folge, dass der Angewiesene 3
der Forderung des Anweisungsempfängers nur noch bestimmte **Einwendungen** entgegenhalten kann. Neben der Unwirksamkeit der Annahmeerklärung nach den allg Regeln (zB §§ 105, 142) sind Einwendungen zu berücksichtigen, die sich aus dem Text
der Anweisung oder der Annahmeerklärung selbst ergeben, etwa eine Bedingung. Darüber hinaus kann der Angewiesene lediglich noch Einwendungen aus seinem unmittelbaren Verhältnis zum Anweisungsempfänger geltend machen. Dag sind Einwendungen
aus dem Valutaverhältnis zwischen dem Anweisenden und dem Empfänger und aus
dem Deckungsverhältnis zwischen dem Angewiesenen und dem Anweisenden ausgeschlossen. Auch eine unmittelbare Kondiktion ist idR ausgeschlossen (iE str; zu den bereicherungsrechtlichen Ausgleichsansprüchen im Dreiecksverhältnis § 812 Rn 22 ff).

b) § 784 regelt lediglich Form und Folgen der Annahme einer Anweisung, begründet 4
aber **keine Pflicht zur Annahme**. Eine derartige Pflicht besteht selbst dann nicht, wenn
der Angewiesene Schuldner des Anweisenden ist (§ 787 II). Sie kann sich allerdings aus
dem Grundverhältnis ergeben.

§ 785 Aushändigung der Anweisung

Der Angewiesene ist nur gegen Aushändigung der Anweisung zur Leistung verpflichtet.

Nach § 785 ist der Angewiesene zur Leistung nur **Zug-um-Zug** gegen Aushändigung 1
der Anweisungsurkunde verpflichtet. Die Aushändigung der Urkunde soll dem Angewiesenen die Geltendmachung seiner Ansprüche gegen den Anweisenden im Deckungsverhältnis als Beweismittel erleichtern.

§ 786 (weggefallen)

§ 787 Anweisung auf Schuld

(1) Im Falle einer Anweisung auf Schuld wird der Angewiesene durch die Leistung in deren Höhe von der Schuld befreit.
(2) Zur Annahme der Anweisung oder zur Leistung an den Anweisungsempfänger ist der Angewiesene dem Anweisenden gegenüber nicht schon deshalb verpflichtet, weil er Schuldner des Anweisenden ist.

Besteht aus einem Rechtsverhältnis zwischen dem Anweisenden und dem Angewiese- 1
nen eine Verbindlichkeit des Angewiesenen, kann sich der Angewiesene durch Leistung
an den Anweisungsempfänger von dieser Schuld befreien. Voraussetzung ist nach hM
eine *entspr Tilgungsbestimmung*. Sie kann konkludent erklärt werden; von ihrem Vorliegen ist idR auszugehen. Die Leistung an den Anweisungsempfänger hat unmittelbare
Wirkung auf das **Deckungsverhältnis**, das – zumindest zT – durch Erfüllung erlischt.
Darüber hinaus erlischt zugleich der Anspruch des Anweisungsempfängers aus der Annahmeerklärung, § 784. – Auf den **Scheck** (BGH NJW 51, 598) und die Überweisung
ist Abs 1 nicht anzuwenden (str).

Eine **Annahme- und Leistungspflicht** des Angewiesenen ergibt sich nach Abs 2 nicht 2
schon daraus, dass dieser Schuldner des Anweisenden ist. Sie kann aber aus dem
Grundverhältnis hervorgehen (zB aus einem Auftragsverhältnis zwischen dem Anweisenden und dem Angewiesenen oder aus einer laufenden Geschäftsverbindung).

§ 788 Valutaverhältnis

Erteilt der Anweisende die Anweisung zu dem Zwecke, um seinerseits eine Leistung an den Anweisungsempfänger zu bewirken, so wird die Leistung, auch wenn der Angewiesene die Anweisung annimmt, erst mit der Leistung des Angewiesenen an den Anweisungsempfänger bewirkt.

1 Durch die Anweisung tritt im **Valutaverhältnis** zwischen Anweisendem und Anweisungsempfänger nicht bereits Erfüllung ein. Der Anweisungsempfänger wird lediglich ermächtigt, eine Leistung von dem Angewiesenen zu verlangen. Auch wenn dieser die Anweisung annimmt (§ 784), hat dies noch keine Erfüllungswirkung. Erfüllung tritt vielmehr erst ein, wenn der Angewiesene dem Anweisungsempfänger die Leistung erbracht hat. Für die sonstige Regelung des Valutaverhältnisses ist das jeweils zugrunde liegende Rechtsverhältnis maßgeblich.

§ 789 Anzeigepflicht des Anweisungsempfängers

¹Verweigert der Angewiesene vor dem Eintritt der Leistungszeit die Annahme der Anweisung oder verweigert er die Leistung, so hat der Anweisungsempfänger dem Anweisenden unverzüglich Anzeige zu machen. ²Das Gleiche gilt, wenn der Anweisungsempfänger die Anweisung nicht geltend machen kann oder will.

1 Der Anweisungsempfänger muss den Anweisenden in den angeführten Fällen ohne schuldhaftes Zögern (§ 121 I 1) benachrichtigen. Ein Verstoß gegen diese Pflicht kann einen Schadensersatzanspruch des Anweisenden nach den allg Regeln auslösen.

§ 790 Widerruf der Anweisung

¹Der Anweisende kann die Anweisung dem Angewiesenen gegenüber widerrufen, solange nicht der Angewiesene sie dem Anweisungsempfänger gegenüber angenommen oder die Leistung bewirkt hat. ²Dies gilt auch dann, wenn der Anweisende durch den Widerruf einer ihm gegen den Anweisungsempfänger obliegenden Verpflichtung zuwiderhandelt.

1 Da die Anweisung lediglich zwei Ermächtigungen beinhaltet (§ 783 Rn 1), ist ihr **Widerruf** möglich, solange sie im Verhältnis zwischen Angewiesenem und Anweisungsempfänger noch ohne rechtliche Folgen geblieben ist. Der Widerruf nach § 790 ist eine einseitige, empfangsbedürftige Willenserklärung ggü dem Angewiesenen. Ein **Verzicht** auf das Widerrufsrecht ist nur ggü dem Angewiesenen, nicht ggü dem Anweisungsempfänger möglich und führt zur Unwirksamkeit des Widerrufs. S 2 soll dem Angewiesenen bei einem Widerruf der Anweisung durch den Anweisenden ermöglichen, die Leistung ggü dem Anweisungsempfänger zu verweigern, ohne dass er zuvor die Berechtigung des Widerrufs nach dem Valutaverhältnis ausforschen muss.

§ 791 Tod oder Geschäftsunfähigkeit eines Beteiligten

Die Anweisung erlischt nicht durch den Tod oder den Eintritt der Geschäftsunfähigkeit eines der Beteiligten.

§ 792 Übertragung der Anweisung

(1) ¹Der Anweisungsempfänger kann die Anweisung durch Vertrag mit einem Dritten auf diesen übertragen, auch wenn sie noch nicht angenommen worden ist. ²Die Übertragungserklärung bedarf der schriftlichen Form. ³Zur Übertragung ist die Aushändigung der Anweisung an den Dritten erforderlich.
(2) ¹Der Anweisende kann die Übertragung ausschließen. ²Die Ausschließung ist dem Angewiesenen gegenüber nur wirksam, wenn sie aus der Anweisung zu entnehmen ist

oder wenn sie von dem Anweisenden dem Angewiesenen mitgeteilt wird, bevor dieser die Anweisung annimmt oder die Leistung bewirkt.
(3) ¹Nimmt der Angewiesene die Anweisung dem Erwerber gegenüber an, so kann er aus einem zwischen ihm und dem Anweisungsempfänger bestehenden Rechtsverhältnis Einwendungen nicht herleiten. ²Im Übrigen finden auf die Übertragung der Anweisung die für die Abtretung einer Forderung geltenden Vorschriften entsprechende Anwendung.

Titel 24
Schuldverschreibung auf den Inhaber

§ 793 Rechte aus der Schuldverschreibung auf den Inhaber

(1) ¹Hat jemand eine Urkunde ausgestellt, in der er dem Inhaber der Urkunde eine Leistung verspricht (Schuldverschreibung auf den Inhaber), so kann der Inhaber von ihm die Leistung nach Maßgabe des Versprechens verlangen, es sei denn, dass er zur Verfügung über die Urkunde nicht berechtigt ist. ²Der Aussteller wird jedoch auch durch die Leistung an einen nicht zur Verfügung berechtigten Inhaber befreit.
(2) ¹Die Gültigkeit der Unterzeichnung kann durch eine in die Urkunde aufgenommene Bestimmung von der Beobachtung einer besonderen Form abhängig gemacht werden. ²Zur Unterzeichnung genügt eine im Wege der mechanischen Vervielfältigung hergestellte Namensunterschrift.

I. Der Aussteller einer **Inhaberschuldverschreibung** verpflichtet sich ggü dem berechtigten Inhaber der Urkunde zu der darin bestimmten Leistung. Bei der Inhaberschuldverschreibung handelt es sich um ein **Wertpapier**, also eine Urkunde, ohne die ein darin verbrieftes privates Recht nicht geltend gemacht werden kann. Als Wertpapiere sind nach der Art der Bestimmung des Berechtigten Namens-, Order- und Inhaberpapiere zu unterscheiden: Bei **Namenspapieren** (Rektapapieren) wird der Berechtigte namentlich in der Urkunde bezeichnet. Das verbriefte Recht steht ausschließlich ihm oder seinem Rechtsnachfolger zu. Die Forderung wird durch Abtretung übertragen (§ 398); das Eigentum an der Urkunde geht nach § 952 auf den Zessionar über. Auch in **Orderpapieren** wird der Berechtigte namentlich bezeichnet. Die Übertragung der Forderung erfolgt jedoch durch **Indossament** und Übergabe der Urkunde. Geborene Orderpapiere sind Wechsel (Art 1 WG) und Scheck (Art 5, 14 ScheckG), gekorene die mit einem entspr Vermerk versehenen handelsrechtlichen Papiere (§ 363 HGB). IU dazu lauten **Inhaberpapiere** auf keinen bestimmten Berechtigten. Sie werden nach §§ 929 ff übertragen. Der Inhaber der Urkunde wird durch diese legitimiert, das verbriefte Recht ggü dem Aussteller gelten zu machen. Darüber hinaus wird zu seinen Gunsten vermutet, dass er der materiell Berechtigte ist. 1

Die Inhaberpapiere sind nach der Art des verbrieften Rechtes zu unterscheiden: Ein körperschaftliches Mitgliedsrecht hat zB die **Inhaberaktie** zum Gegenstand, nämlich das Mitgliedschaftsrecht an der Aktiengesellschaft. Demgegenüber verbrieft die **Inhaberschuldverschreibung** ein Forderungsrecht. IdR dient sie ebenfalls der Aufnahme und Anlage von Kapital. Zu den Inhaberschuldverschreibungen gehören zB vielfältige Schuldverschreibungen öffentlich-rechtlicher Körperschaften und privater Unternehmen (unter Bezeichnungen wie Schatzanweisungen, Pfandbriefe, Industrieobligationen usw) sowie Zins- und Gewinnanteilsscheine (§ 805 Rn 1), Inhabergrundschuld- und Inhaberrentenschuldbriefe (§§ 1195, 1199), Inhaberlagerscheine und Lotterielose nach der Ziehung. Der auf den Inhaber ausgestellte Scheck ist in Art 5 II, 21 ScheckG geregelt – §§ 793–806 regeln unmittelbar nur die Inhaberschuldverschreibung. Sie sind aber auf Inhaberpapiere, die körperschaftliche Mitgliedsrechte verbriefen, entspr anwendbar, wenn die Eigenart des Mitgliedschaftsrechtes nicht entgegensteht. 2

II. 1. Für das **Entstehen der Verpflichtung** aus der Inhaberschuldverschreibung ist die Errichtung der Urkunde und ein Begebungsvertrag erforderlich („Vertragstheorie"; hM, BGH NJW 73, 283; aA die „Kreationstheorie", die allein auf die Ausstellung der 3

Urkunde abstellt). Bei der **Errichtung der Urkunde** sind grds die Formanforderungen des § 126 einzuhalten; nach Abs 2 S 2 darf aber die eigenhändige Unterschrift durch ein Faksimile ersetzt werden. Notwendiger Inhalt der Schuldverschreibung ist die Verbriefung eines Forderungsrechts. Der **Begebungsvertrag** enthält zum einen die schuldrechtliche Einigung zwischen dem Aussteller und dem ersten Nehmer über das Entstehen der Schuldverschreibung und zum anderen die dingliche Einigung nach §§ 929 ff. Um die Umlauffähigkeit von Inhaberschuldverschreibungen zu erhalten, kann das Fehlen oder die Unwirksamkeit des Begebungsvertrages aber zugunsten eines gutgläubigen Zweiterwerbers durch einen vom Urkundenaussteller zurechenbar gesetzten **Rechtsschein** eines wirksamen Begebungsvertrages ersetzt werden („modifizierte Vertragstheorie"; hM). Einem zunächst bösgläubigen Zweiterwerber kann aber der gute Glaube des folgenden Erwerber an die Wirksamkeit des Begebungsvertrages bei einem späteren Rückerwerb nicht zugutekommen (vgl BGH NJW 74, 1513 für die Scheckbegebung).

4   2. Neben dem Entstehen der Verpflichtung setzt die Leistungspflicht des Ausstellers der Urkunde ggü dem Anspruchsteller dessen sachliche **Berechtigung** voraus. Sachlich Berechtigter ist der Eigentümer der Urkunde (der aufgrund seines Eigentums am Papier zugleich Gläubiger der verbrieften Forderung ist) oder ein zur Verfügung über die Urkunde berechtigter Dritter (zB Pfandgläubiger, § 1293; Insolvenzverwalter, § 80 I InsO).

5   3. Der Besitz der Urkunde begründet eine **Legitimationswirkung** in zweifacher Hinsicht: Zugunsten des **Inhabers** der Urkunde wird aufgrund von Abs 1 S 1 („es sei denn") vermutet, dass er dem materiell Berechtigte ist. Um das verbriefte Recht einzufordern, muss der Inhaber daher die Schuldverschreibung dem Aussteller lediglich vorlegen. Will der Aussteller die Leistung verweigern, trifft ihn die volle **Beweislast** hins der fehlenden Berechtigung des Vorlegenden. Zugunsten des **Ausstellers** hat die Legitimationswirkung der Schuldverschreibung zur Folge, dass dieser an jeden Inhaber der Urkunde mit befreiender Wirkung leisten kann (Abs 1 S 2). Es genügt also für eine schuldbefreiende Leistung des Ausstellers die förmliche Legitimation des Leistungsempfängers durch die Urkunde, ohne dass es auf dessen materielle Berechtigung ankommt. Dies gilt aber ausnahmsweise nicht, wenn der Aussteller nicht schutzwürdig ist, weil er die fehlende Berechtigung des Inhabers kennt und sie leicht beweisen kann. Entspr gilt in analoger Anwendung von Art 40 III WG bei grob fahrlässiger Unkenntnis (str; offen gelassen in BGHZ 28, 371).

§ 794 Haftung des Ausstellers

(1) Der Aussteller wird aus einer Schuldverschreibung auf den Inhaber auch dann verpflichtet, wenn sie ihm gestohlen worden oder verloren gegangen oder wenn sie sonst ohne seinen Willen in den Verkehr gelangt ist.
(2) Auf die Wirksamkeit einer Schuldverschreibung auf den Inhaber ist es ohne Einfluss, wenn die Urkunde ausgegeben wird, nachdem der Aussteller gestorben oder geschäftsunfähig geworden ist.

§ 795 (weggefallen)

§ 796 Einwendungen des Ausstellers

Der Aussteller kann dem Inhaber der Schuldverschreibung nur solche Einwendungen entgegensetzen, welche die Gültigkeit der Ausstellung betreffen oder sich aus der Urkunde ergeben oder dem Aussteller unmittelbar gegen den Inhaber zustehen.

1   Um die **Verkehrsfähigkeit** der Inhaberschuldverschreibung zu gewährleisten, sind **Einwendungen** des Ausstellers nur in begrenztem Rahmen zulässig. § 796 legt drei Fallgruppen fest: Der Aussteller kann ggü dem Berechtigten einwenden, dass die **Ausstellung nicht gültig** gewesen ist. Der 1. Fall erfasst damit die außerhalb der Urkunde lie-

genden Umstände, die der Wirksamkeit der Ausstellung entgegenstehen, wie zB die Geschäftsunfähigkeit des Ausstellers (§ 105). Nach dem 2. Fall können sich Einwendungen auch unmittelbar **aus der Urkunde** ergeben (Bedingung, Befristung; zu den Grenzen nach den Vorschriften für AGB BGH NJW 01, 2635). Wird in der Urkunde das zugrunde liegende Schuldverhältnis genannt, kann sich der Aussteller auf die Einwendungen berufen, die sich daraus unmittelbar kraft Gesetzes ergeben, nicht aber auf weiterreichende vertragliche Abreden zwischen dem Urkundenaussteller und dem Ersterwerber. Schließlich kann der Aussteller alle Einwendungen geltend machen, die ihm **ggü dem Inhaber unmittelbar** zustehen (3. Fall), also auf einem Rechtsverhältnis zwischen ihm und dem betr Inhaber der Schuldverschreibung persönlich beruhen (zB Erlass, Aufrechnung, Stundung und die Einrede der unzulässigen Rechtsausübung). Der Aussteller kann zudem den Einwand der fehlenden Berechtigung des Inhabers zur Verfügung über die Urkunde geltend machen (§ 793 Rn 4); er kann sich auch auf das Erlöschen der Schuldverschreibung durch Kraftloserklärung (§ 799) oder Zeitablauf (§ 801) berufen.

§ 797 Leistungspflicht nur gegen Aushändigung

¹Der Aussteller ist nur gegen Aushändigung der Schuldverschreibung zur Leistung verpflichtet. ²Mit der Aushändigung erwirbt er das Eigentum an der Urkunde, auch wenn der Inhaber zur Verfügung über sie nicht berechtigt ist.

Die Leistungspflicht des Ausstellers besteht nur dann, wenn ihm der Berechtigte die Urkunde aushändigt (**Präsentationspflicht**). Abw von § 270 I ist die verbriefte Schuld damit auch bei Geldschulden eine Holschuld. § 797 stellt nur eine besondere Ausgestaltung des Rechts auf Quittung und keinen Zug um Zug zu erfüllenden Gegenanspruch dar, so dass die §§ 756, 765 ZPO nicht anwendbar sind (BGH NJW 08, 3144). Gleichwohl bleibt der Berechtigte verpflichtet, über den erhaltenen Betrag eine Quittung zu erteilen; Teilzahlungen werden daneben auf der Urkunde vermerkt. Der Aussteller erwirbt Eigentum an der Urkunde kraft Gesetz, es sei denn, er kannte die fehlende Berechtigung des Vorlegenden (bzw seine Unkenntnis beruhte auf grober Fahrlässigkeit; str; § 793 Rn 5).

1

§ 798 Ersatzurkunde

¹Ist eine Schuldverschreibung auf den Inhaber infolge einer Beschädigung oder einer Verunstaltung zum Umlauf nicht mehr geeignet, so kann der Inhaber, sofern ihr wesentlicher Inhalt und ihre Unterscheidungsmerkmale noch mit Sicherheit erkennbar sind, von dem Aussteller die Erteilung einer neuen Schuldverschreibung auf den Inhaber gegen Aushändigung der beschädigten oder verunstalteten verlangen. ²Die Kosten hat er zu tragen und vorzuschießen.

§ 799 Kraftloserklärung

**(1) ¹Eine abhanden gekommene oder vernichtete Schuldverschreibung auf den Inhaber kann, wenn nicht in der Urkunde das Gegenteil bestimmt ist, im Wege des Aufgebotsverfahrens für kraftlos erklärt werden. ²Ausgenommen sind Zins-, Renten- und Gewinnanteilscheine sowie die auf Sicht zahlbaren unverzinslichen Schuldverschreibungen.
(2) ¹Der Aussteller ist verpflichtet, dem bisherigen Inhaber auf Verlangen die zur Erwirkung des Aufgebots oder der Zahlungssperre erforderliche Auskunft zu erteilen und die erforderlichen Zeugnisse auszustellen. ²Die Kosten der Zeugnisse hat der bisherige Inhaber zu tragen und vorzuschießen.**

Kommt dem Berechtigten die Schuldverschreibung abhanden, kann er wegen der Präsentationspflicht (§ 797) seinen Anspruch nicht geltend machen. Darüber hinaus läuft

1

er Gefahr, dass ein Dritter die Urkunde gutgläubig erwirbt und der Aussteller mit schuldbefreiender Wirkung (§ 793 I 2) an den Erwerber leistet. Um die Interessen des Berechtigten zu wahren, schafft § 799 die Möglichkeit, die Urkunde über das Aufgebotsverfahren (§§ 1003 ff ZPO) für kraftlos erklären zu lassen. Nach der **Kraftloserklärung** kann der Berechtigte die Ausstellung einer Ersatzurkunde verlangen, § 800. Sein Schutz vor einem Rechtsverlust ist bis zum Abschluss des Aufgebotsverfahrens durch die Verhängung einer Zahlungssperre (§ 802, §§ 1019 f ZPO) zu erreichen.

§ 800 Wirkung der Kraftloserklärung

¹Ist eine Schuldverschreibung auf den Inhaber für kraftlos erklärt, so kann derjenige, welcher den Ausschließungsbeschluss erwirkt hat, von dem Aussteller, unbeschadet der Befugnis, den Anspruch aus der Urkunde geltend zu machen, die Erteilung einer neuen Schuldverschreibung auf den Inhaber anstelle der für kraftlos erklärten verlangen. ²Die Kosten hat er zu tragen und vorzuschießen.

§ 801 Erlöschen; Verjährung

(1) ¹Der Anspruch aus einer Schuldverschreibung auf den Inhaber erlischt mit dem Ablauf von 30 Jahren nach dem Eintritt der für die Leistung bestimmten Zeit, wenn nicht die Urkunde vor dem Ablauf der 30 Jahre dem Aussteller zur Einlösung vorgelegt wird. ²Erfolgt die Vorlegung, so verjährt der Anspruch in zwei Jahren von dem Ende der Vorlegungsfrist an. ³Der Vorlegung steht die gerichtliche Geltendmachung des Anspruchs aus der Urkunde gleich.
(2) ¹Bei Zins-, Renten- und Gewinnanteilscheinen beträgt die Vorlegungsfrist vier Jahre. ²Die Frist beginnt mit dem Schluss des Jahres, in welchem die für die Leistung bestimmte Zeit eintritt.
(3) Die Dauer und der Beginn der Vorlegungsfrist können von dem Aussteller in der Urkunde anders bestimmt werden.

§ 802 Zahlungssperre

¹Der Beginn und der Lauf der Vorlegungsfrist sowie der Verjährung werden durch die Zahlungssperre zugunsten des Antragstellers gehemmt. ²Die Hemmung beginnt mit der Stellung des Antrags auf Zahlungssperre; sie endigt mit der Erledigung des Aufgebotsverfahrens und, falls die Zahlungssperre vor der Einleitung des Verfahrens verfügt worden ist, auch dann, wenn seit der Beseitigung des der Einleitung entgegenstehenden Hindernisses sechs Monate verstrichen sind und nicht vorher die Einleitung beantragt worden ist. ³Auf diese Frist finden die Vorschriften der §§ 206, 210, 211 entsprechende Anwendung.

§ 803 Zinsscheine

(1) Werden für eine Schuldverschreibung auf den Inhaber Zinsscheine ausgegeben, so bleiben die Scheine, sofern sie nicht eine gegenteilige Bestimmung enthalten, in Kraft, auch wenn die Hauptforderung erlischt oder die Verpflichtung zur Verzinsung aufgehoben oder geändert wird.
(2) Werden solche Zinsscheine bei der Einlösung der Hauptschuldverschreibung nicht zurückgegeben, so ist der Aussteller berechtigt, den Betrag zurückzubehalten, den er nach Absatz 1 für die Scheine zu zahlen verpflichtet ist.

§ 804 Verlust von Zins- oder ähnlichen Scheinen

(1) ¹Ist ein Zins-, Renten- oder Gewinnanteilschein abhanden gekommen oder vernichtet und hat der bisherige Inhaber den Verlust dem Aussteller vor dem Ablauf der Vorlegungsfrist angezeigt, so kann der bisherige Inhaber nach dem Ablauf der Frist die

Leistung von dem Aussteller verlangen. ²Der Anspruch ist ausgeschlossen, wenn der abhanden gekommene Schein dem Aussteller zur Einlösung vorgelegt oder der Anspruch aus dem Schein gerichtlich geltend gemacht worden ist, es sei denn, dass die Vorlegung oder die gerichtliche Geltendmachung nach dem Ablauf der Frist erfolgt ist. ³Der Anspruch verjährt in vier Jahren.
(2) In dem Zins-, Renten- oder Gewinnanteilschein kann der im Absatz 1 bestimmte Anspruch ausgeschlossen werden.

§ 805 Neue Zins- und Rentenscheine

¹Neue Zins- oder Rentenscheine für eine Schuldverschreibung auf den Inhaber dürfen an den Inhaber der zum Empfang der Scheine ermächtigenden Urkunde (Erneuerungsschein) nicht ausgegeben werden, wenn der Inhaber der Schuldverschreibung der Ausgabe widersprochen hat. ²Die Scheine sind in diesem Falle dem Inhaber der Schuldverschreibung auszuhändigen, wenn er die Schuldverschreibung vorlegt.

§§ 803–805

§§ 803–805 betreffen **Zinsscheine** (Kupons), die die einzelnen Zinsforderungen verbriefen, sowie weitere sog **Nebenpapiere** der Schuldverschreibung. Ein Zinsschein tritt neben die Haupturkunde, die die Inhaberschuldverschreibung verbrieft, als eine weitere, **selbständige Schuldverschreibung**. Nach Abs 1 sind Zinsscheine grds von der Haupturkunde unabhängig und damit verkehrsfähig: Der Erwerber eines Zinsscheins kann sich darauf verlassen, dass die Zinsforderung bestehen bleibt, selbst wenn die Hauptforderung erlischt. Nach § 799 I 2 können Zinsscheine nicht für kraftlos erklärt werden, es gilt vielmehr die Sonderregel des § 804.
Rentenscheine sind Verbriefungen einzelner Rentenleistungen. Obwohl sie nur in § 804 genannt sind, sind die Bestimmungen für Inhaberzinsscheine in § 803 auf sie entspr anwendbar (hM). Dag sind **Gewinnanteilsscheine** (Dividendenscheine) bis zum Dividendenbeschluss vom Bestand der Haupturkunde abhängig (§ 72 II AktG); sie werden nicht von § 803 erfasst. Lediglich Legitimationspapiere bei einem Verlust der Zins- oder Rentenscheine, aber keine selbständigen Inhaberpapiere sind die **Zins- und Rentenerneuerungsscheine** (Talons) gem § 805. 1

2

§ 806 Umschreibung auf den Namen

¹Die Umschreibung einer auf den Inhaber lautenden Schuldverschreibung auf den Namen eines bestimmten Berechtigten kann nur durch den Aussteller erfolgen. ²Der Aussteller ist zur Umschreibung nicht verpflichtet.

§ 807 Inhaberkarten und -marken

Werden Karten, Marken oder ähnliche Urkunden, in denen ein Gläubiger nicht bezeichnet ist, von dem Aussteller unter Umständen ausgegeben, aus welchen sich ergibt, dass er dem Inhaber zu einer Leistung verpflichtet sein will, so finden die Vorschriften des § 793 Abs. 1 und der §§ 794, 796, 797 entsprechende Anwendung.

Die in § 807 geregelten sog **kleinen** (bzw unvollkommenen) **Inhaberpapiere** (zB Telefonkarten, Geschenkgutscheine oder Einzelfahrkarten) bezeichnen iU zu den eigentlichen Inhaberschuldverschreibungen idR weder den Gegenstand der Leistung vollständig noch verfügen sie über Unterschrift oder Faksimile des Ausstellers. Oft ist nicht einmal der Aussteller in der Urkunde genannt. Durch Auslegung ist aber feststellbar, dass sich der Aussteller zu einer Leistung an denjenigen verpflichten will, der ihm die Urkunde vorlegt; so nach BGH NJW 06, 54 bei Briefmarken (ebenso Schmidt NJW 98, 200; iE Pfeiffer NJW 97, 1036; Rn 2); ferner zumeist bei Eintrittskarten (OLG Hamburg NJW 05, 3003), auch bei nicht personalisierten Sport- bzw. Konzerteintrittskarten (OLG München NJW-RR 11, 1359) oder Einzelfahrscheinen, nicht bei Dauer- 1 karten; jeweils aber abhängig von den Umständen des Einzelfalles. Auf die kleinen Inhaberpapiere sind die in § 807 angeführten Vorschriften anwendbar.

2 Davon **abzugrenzen** sind verschiedene Arten von Papieren, die **keine Leistungsverpflichtung** enthalten, insb die **reinen Legitimationspapiere** wie Garderobenmarken oder Reparaturscheine; für diese Urkunden gilt § 807 mit seiner Verweisung auf die anwendbaren Vorschriften nicht. Ebenfalls keine Leistungsverpflichtung verkörpern ec-Karten und Geldkarten (str; iE Pfeiffer NJW 97, 1036 ff); sie sind vielmehr als Ersatzurkunden für Geld anzusehen. Bloße Beweispapiere und keine Wertpapiere sind zB Registrierzettel und Quittungen.

§ 808 Namenspapiere mit Inhaberklausel

(1) ¹Wird eine Urkunde, in welcher der Gläubiger benannt ist, mit der Bestimmung ausgegeben, dass die in der Urkunde versprochene Leistung an jeden Inhaber bewirkt werden kann, so wird der Schuldner durch die Leistung an den Inhaber der Urkunde befreit. ²Der Inhaber ist nicht berechtigt, die Leistung zu verlangen.
(2) ¹Der Schuldner ist nur gegen Aushändigung der Urkunde zur Leistung verpflichtet. ²Ist die Urkunde abhanden gekommen oder vernichtet, so kann sie, wenn nicht ein anderes bestimmt ist, im Wege des Aufgebotsverfahrens für kraftlos erklärt werden. ³Die im § 802 für die Verjährung gegebenen Vorschriften finden Anwendung.

1 **I.** Die besondere Stellung der Namenspapiere mit Inhaberklausel drückt sich in den geläufigen Bezeichnungen als **qualifizierte Legitimationspapiere** oder **hinkende Inhaberpapiere** aus: Die Urkunde hat Legitimationswirkung zugunsten des Ausstellers; dieser kann – anders als bei echten Namenspapieren – mit schuldbefreiender Wirkung an den Inhaber leisten, sofern er dessen Nichtberechtigung nicht kennt bzw seine Unkenntnis nicht auf grober Fahrlässigkeit beruht (letzteres str; s § 793 Rn 5). Der Aussteller ist aber nicht verpflichtet, an den Vorlegenden zu leisten; dieser Inhaber besitzt kein Forderungsrecht. Echte **Wertpapiere** sind Namenspapiere mit Inhaberklausel insofern, als dass der Berechtigte dem Aussteller die Urkunde vorlegen muss, um das verbriefte Recht auszuüben. Wie Namenspapiere allg werden sie durch **Abtretung** der Forderung übertragen (§§ 398 ff); das Recht am Papier folgt dem Recht aus dem Papier (§ 952).

2 **II.** Die häufigsten Namenspapiere mit Inhaberklausel sind das **Sparbuch**, das trotz bescheidener Renditemöglichkeiten in Deutschland weiterhin die Hauptform der Geldanlage bildet, und der Versicherungsschein (BGH NJW 00, 2104). Das Sparbuch weist allerdings die Besonderheit auf, dass sich der Gläubiger allein aus dem **Sparvertrag** ergibt, der bei der Kontoeröffnung geschlossen wird. Nach dem Willen der Vertragsparteien wird regelmäßig der Kontoinhaber Inhaber der Forderung sein, auch wenn das Sparbuch auf einen Dritten lautet; der Forderungsinhaber ist also nicht notwendig der im Buch namentlich Benannte. Der Sparvertrag kann daneben noch weitere Besonderheiten festlegen, zB einen Sperrvermerk oder bestimmte Kündigungsfristen. Leistet der Aussteller des Sparbuchs unter Missachtung dieser Vereinbarungen an einen Nichtberechtigten, wird er nicht von seiner Schuld befreit (BGH NJW 91, 421; im Fall der Nichtbeachtung von Kündigungsfristen str). Hins der Übertragung der Forderung bestehen keine Besonderheiten ggü den allg Regeln für Namenspapiere mit Inhaberklauseln (§§ 398 ff, 952; s Rn 1). In der Übergabe des Buches wird dabei allerdings regelmäßig die konkludente Einigung über die Forderungsabtretung zu sehen sein (BGH WM 65, 900). Bei der Verpfändung (§ 1274 I S 1) ist eine Übergabe nicht notwendig; zu berücksichtigen ist aber das Anzeigeerfordernis des § 1280.

Titel 25
Vorlegung von Sachen

§ 809 Besichtigung einer Sache

Wer gegen den Besitzer einer Sache einen Anspruch in Ansehung der Sache hat oder sich Gewissheit verschaffen will, ob ihm ein solcher Anspruch zusteht, kann, wenn die Besichtigung der Sache aus diesem Grunde für ihn von Interesse ist, verlangen, dass der Besitzer ihm die Sache zur Besichtigung vorlegt oder die Besichtigung gestattet.

I. §§ 809 ff gewähren Ansprüche auf **Vorlegung und Besichtigung** einer Sache sowie **Einsichtnahme** in eine Urkunde unabhängig vom Bestehen sonstiger Rechtsverhältnisse zwischen den Parteien (etwa aufgrund Vertrages). Sie dienen damit (ähnl wie der Auskunftsanspruch; §§ 259 ff) lediglich der Förderung, Verteidigung oder Erhaltung einer Rechtsposition (BGH NJW 81, 1733). So kann vielfach die Durchsetzbarkeit eines Anspruchs oder überhaupt die Gewissheit über das Bestehen des Anspruchs von der Besichtigung einer Sache oder der Einsichtnahme in eine Urkunde abhängen. §§ 809 ff geben in diesen Sachlagen Ansprüche, die unabhängig vom Hauptanspruch geltend zu machen und ggf auch gerichtlich durchzusetzen sind.

II. 1. Voraussetzung des Vorlegungs- und Besichtigungsanspruchs nach § 809 1. Alt ist, dass ggü dem Besitzer einer Sache ein **Anspruch in Ansehung der Sache** besteht. Der Anspruchsteller muss sich dazu in einer Rechtsbeziehung im weitesten Sinne zu der Sache befinden. Ausreichend ist bereits die Abhängigkeit des Anspruchs von Bestand bzw Beschaffenheit der Sache, ohne dass der Anspruch die Sache selbst unmittelbar betreffen muss. Auch dem Urheber steht der Besichtigungsanspruch zu, wenn er sich vergewissern möchte, ob ein Computerprogramm unter Verletzung urheberrechtlicher Schutzrechte hergestellt worden ist (BGH NJW-RR 02, 1617). Nach der 2. Alt ist es darüber hinaus zulässig, dass sich der Anspruchsteller durch die Besichtigung **Gewissheit verschaffen** will, ob ihm überhaupt ein Anspruch zusteht. Das Bestehen des Anspruchs muss allerdings in diesem Fall schon so wahrscheinlich sein, dass die Gewissheit im Wesentlichen nur noch von der Prüfung der Sachidentität oder des Sachzustandes abhängt. Das von § 809 geforderte **Interesse** an der Besichtigung muss nicht notwendig ein Vermögensinteresse sein, aber als ein besonderes und ernstliches Interesse zB über allg wissenschaftliche oder künstlerische Belange hinausgehen.

2. **Rechtsfolge** des § 809 ist, dass der Besitzer die Sache dem Anspruchsteller vorzeigen und erforderlichenfalls aushändigen muss. Die Besichtigung umfasst auch die Untersuchung durch einen Sachverständigen und ggf Maßnahmen wie das Vermessen, Inbetriebsetzen oder Ausbauen von Teilen, soweit dies zumutbar ist und insb voraussichtlich nicht zu dauerhaften Schäden führen wird (BGHZ 93, 191). Stehen der Besichtigung berechtigte Interessen des Besitzers entgg (zB die Wahrung von Betriebsgeheimnissen), ist eine Abwägung nach § 242 vorzunehmen. Besichtigungsort, Gefahr- und Kostentragung bestimmen sich nach § 811.

III. Der Besichtigungsanspruch kann im Wege einer **eigenständigen Klage** geltend gemacht werden. Die **Zwangsvollstreckung** des stattgebenden Urteils erfolgt nach hM nicht gem § 888 ZPO, sondern gem der Bestimmung über die Zwangsvollstreckung von Herausgabeansprüchen in § 883 ZPO. Zudem kommt eine Durchsetzung im Wege der **einstweiligen** Verfügung (§§ 935 ff ZPO) in Betracht (iE BGH NJW 01, 233).

§ 810 Einsicht in Urkunden

Wer ein rechtliches Interesse daran hat, eine in fremdem Besitz befindliche Urkunde einzusehen, kann von dem Besitzer die Gestattung der Einsicht verlangen, wenn die Urkunde in seinem Interesse errichtet oder in der Urkunde ein zwischen ihm und einem anderen bestehendes Rechtsverhältnis beurkundet ist oder wenn die Urkunde Verhandlungen über ein Rechtsgeschäft enthält, die zwischen ihm und einem anderen oder zwischen einem von beiden und einem gemeinschaftlichen Vermittler gepflogen worden sind.

1 I. Die Vorschrift erweitert den Anspruch nach § 809, indem sie einen Anspruch gegen jeden Besitzer einer Urkunde begründet, sofern nur der Anspruchsteller an dem **beurkundeten Rechtsverhältnis** in bestimmter Weise beteiligt war und an der Einsicht ein **rechtliches Interesse** hat.

2 II. Eine **Urkunde** ist eine rechtserhebliche Gedankenäußerung, die durch bleibende Zeichen verkörpert und sinnlich wahrnehmbar ist. In die Urkunde Einsicht zu nehmen, ist der Anspruchsteller nach dem **1. Fall** berechtigt, wenn die Urkunde in seinem Interesse errichtet worden ist. Dazu muss die Urkunde zumindest auch dazu bestimmt sein, dem Anspruchsteller als Beweismittel zu dienen oder seine rechtlichen Beziehungen zu fördern. Dies ist zB der Fall bei einer Vollmachtsurkunde hins der Gegenpartei des abzuschließenden Vertrages, die Urkunde über einen Vertrag zugunsten Dritter und Krankenunterlagen des Arztes über objektive Befunde und über Behandlungsmaßnahmen (nicht aber über subjektive Eindrücke; iE str). Der **2. Fall** erfasst die Fälle mit unmittelbarer Beteiligung des Anspruchstellers an einem Rechtsverhältnis. Die Urkunde muss nicht das gesamte Rechtsverhältnis zwischen dem Anspruchsteller und einem anderen beinhalten; es genügt vielmehr jeder objektive und unmittelbare Bezug der Urkunde auf ein derartiges Rechtsverhältnis (BGHZ 55, 203). Dessen Gültigkeit und Fortbestand sind keine Voraussetzungen für den Anspruch nach § 810. Von dem **3. Fall** erfasst werden die dem Rechtsgeschäft vorausgegangenen Verhandlungen. Dazu gehört insb der Schriftverkehr der Parteien, aber auch die Korrespondenz mit einem Vermittler, soweit es sich nicht um Aufzeichnungen eines Beteiligten für seine persönlichen Zwecke oder um bloße Notizen zur Vorbereitung eines Verhandlungsprotokolls handelt. Daneben setzt § 810 für die Vorlageberechtigung – iU zu § 809 – ein **rechtliches Interesse** an der Einsicht voraus. Dieses besteht, wenn die Einsichtnahme zur Förderung, Erhaltung oder Verteidigung rechtlich geschützter Interessen benötigt wird (BGH NJW 81, 1733). Die Einsichtnahme wird auch nicht dadurch unzulässig, dass sie über die Erweiterung der Kenntnisse die Prozessaussichten des Anspruchstellers verbessert, so lange sie nicht zu einer nach allg prozessrechtlichen Maßstäben unzulässigen Ausforschung dienen soll. Diese Grenze ist insb überschritten, wenn die Grundlage für einen bislang noch nicht durch hinreichende Anhaltspunkte konkretisierten Anspruch über § 810 überhaupt erst geschaffen werden soll (BGH NJW-RR 92, 1073).

3 III. Für das **Prozessrecht** erlangt § 810 aufgrund der Verweise in §§ 422, 429 ZPO besondere Bedeutung: Während eines anhängigen Zivilprozesses richtet sich danach das Recht des beweisbelasteten Anspruchstellers auf Einsichtnahme nach § 810 (dazu näher Prieß/Gabriel, NJW 08, 331).

§ 811 Vorlegungsort, Gefahr und Kosten

(1) ¹Die Vorlegung hat in den Fällen der §§ 809, 810 an dem Orte zu erfolgen, an welchem sich die vorzulegende Sache befindet. ²Jeder Teil kann die Vorlegung an einem anderen Orte verlangen, wenn ein wichtiger Grund vorliegt.

(2) ¹Die Gefahr und die Kosten hat derjenige zu tragen, welcher die Vorlegung verlangt. ²Der Besitzer kann die Vorlegung verweigern, bis ihm der andere Teil die Kosten vorschießt und wegen der Gefahr Sicherheit leistet.

Titel 26
Ungerechtfertigte Bereicherung

Vorbemerkung zu §§ 812–822

1 I. Zweck des Bereicherungsrechts ist der **Ausgleich** nicht gerechtfertigter Vermögensverschiebungen. IU zum Schadensersatz soll aber nicht die Einbuße des Benachteiligten an seinen Gütern ausgeglichen werden, sondern die ungerechtfertigte Vermehrung des Vermögens soll dem Bereicherten zugunsten des Benachteiligten wieder entzogen werden. Dem Benachteiligten steht daher bei einem Eingriff in seine Rechtssphäre häufig ein Bereicherungsanspruch auch dann zu, wenn ihm kein Schaden entstanden ist und

Schadensersatzansprüche deshalb ausscheiden (vgl zB BGHZ 81, 75 „Carrera"; BGHZ 55, 128 „Flugreise").

§§ 812–817, 822 regeln – weithin auf Grundlage der römisch-rechtlichen Tradition – 2
die einzelnen **Voraussetzungen** für die Begr von bereicherungsrechtlichen Ansprüchen. Den **Inhalt und Umfang** der Ansprüche bestimmen §§ 818–820 näher. Aus § 821 ergibt sich, dass die ungerechtfertigte Bereicherung auch als selbständige Einrede ggü einer Verbindlichkeit erhoben werden kann.

II. 1. Nach der heute herrschenden **Trennungslehre** lassen sich die bereicherungsrecht- 3
lichen Ansprüche nicht auf einen einheitlichen Grundtatbestand stützen, wie es die früher herrschende **Einheitslehre** meinte (dazu Reuter/Martinek, 11 ff, 22 ff; zu neueren Ansätzen unter dem Einheitsgedanken MK/Schwab § 812 Rn 38 f). Die heute hM geht vielmehr von verschiedenartigen Bereicherungsansprüchen und einer weithin kasuistischen Ausformung des Bereicherungsrechts aus. IR des § 812 I 1 unterscheidet sie zwei Haupttatbestände: die **Leistungskondiktion** bei der Bereicherung durch die Leistung eines anderen und die **Nichtleistungskondiktion** (insb in den Formen der Eingriffs-, Rückgriffs- und Verwendungskondiktion) bei der Bereicherung in sonstiger Weise. Das Merkmal „auf dessen Kosten" in § 812 I 1 bezieht sich nach der hM nur auf die Nichtleistungskondiktion und gehört nicht zu den Voraussetzungen der Leistungskondiktion. Wichtige Sonderfälle der Nichtleistungskondiktion sind in § 816 I 1 und II geregelt.

2. Bedeutsame Konsequenz der Trennungslehre ist das **Rangverhältnis der Kondiktio-** 4
nen: Die Leistungskondiktion geht der Nichtleistungskondiktion vor und muss deshalb zuerst geprüft werden. Hat der Bereicherte etwas durch Leistung eines anderen erlangt, kommt hins dieses Bereicherungsgegenstandes grds die Nichtleistungskondiktion nicht mehr zur Anwendung, und zwar auch nicht als Anspruchsgrundlage eines **Dritten**, der diesen Bereicherungsgegenstand heraus verlangen will (BGHZ 40, 278; 56, 240).

3. Anwendung findet das Bereicherungsrecht aufgrund der Verweisungen zB in §§ 346 5
III 2, 516 II 3, 682, 684 S 1, 852 S 1, 951 I 1, 988, 993 I; § 717 III 3 ZPO. Überw sind dabei die Voraussetzungen des Anspruchs in der verweisenden Norm selbst speziell geregelt, so dass nur für Inhalt und Umfang des Anspruchs auf das Bereicherungsrecht Bezug genommen wird (**Rechtsfolgenverweisung**). ZT bezieht sich der Verweis aber auch auf die Voraussetzungen der Bereicherungsansprüche, so dass die Voraussetzungen sowohl der verweisenden Norm als auch eines Bereicherungstatbestandes vorliegen müssen (**Rechtsgrundverweisung**; so nach hM bei § 951 I 1, s dort Rn 1).

III. 1. Konkurrenzen und Ausschluss: Keine Ansprüche aus Bereicherungsrecht beste- 6
hen neben dem **vertraglichen Erfüllungsanspruch**, auch wenn dessen Verjährung kürzer ist. Wegen des wirksamen Vertrages fehlt es für den Bereicherungsanspruch schon an der Voraussetzung einer Vermögensmehrung ohne rechtlichen Grund (§ 812 Rn 7 f). Auch neben Gewährleistungsansprüchen aufgrund des fortbestehenden Vertrages (BGH NJW 63, 806) sowie neben gesetzlichen Regelungen für die Rückabwicklung von gestörten oder beendeten Schuldverhältnissen wie §§ 346 ff (vgl aber § 346 III 2) kommt das Bereicherungsrecht nicht zur Anwendung. Ebenso verhält es sich, wenn die Parteien für die Abwicklung nach Beendigung des Vertrages eigens Vereinbarungen getroffen haben oder Abwicklungsregelungen durch ergänzende Vertragsauslegung zu ermitteln sind (BGHZ 48, 75). Vorrangig ist zudem die Anwendung der Regeln über die Störung der Geschäftsgrundlage (vgl § 313 Rn 11; BGH WM 72, 888) und der Grundsätze über die fehlerhafte Gesellschaft (§ 705 Rn 29 ff) sowie das faktische Arbeitsverhältnis. Neben der berechtigten GoA sind die §§ 812 ff regelmäßig nicht anzuwenden, da diese einen Rechtsgrund iSd § 812 I darstellt (zur unberechtigten GoA Vor §§ 677–687 Rn 6). Gegenseitige **Zuwendungen von Ehegatten** im gesetzlichen Güterstand unterliegen bei Auflösung der Ehe grds ebenfalls nicht dem Bereicherungsrecht (BGHZ 65, 320). Eine bereicherungsrechtliche Rückabwicklung kann auch ausgeschlossen sein, wenn dadurch der Schutzzweck gesetzlicher Formvorschriften umgangen würde (zB bei § 88 SGB XI, BGH NJW 05, 3635). Anders dag bei gemeinschaftsbezogenen **Zuwendung bei nichtehelichen Lebensgemeinschaften** bei deren Scheitern (BGH NJW 08, 3277; 08, 3282) und bei unbenannten **Zuwendungen von (künftigen) Schwiegerel-**

tern an den Beschenkten um der (zukünftigen) Ehe des eigenen Kindes Willen (BGH NJW 10, 2202); s § 313 Rn 13.

7 Soweit die Ansprüche zwischen **Eigentümer und Besitzer** durch die §§ 987 ff geregelt sind, liegt darin eine grds abschließende Sonderregelung mit Vorrang ggü dem Bereicherungsrecht (BGH NJW 96, 52; für Verwendungen s aber § 812 Rn 20). Nicht anzuwenden sind die §§ 812 ff daher auf Herausgabe- und Nutzungsersatzansprüche des Eigentümers gegen Besitzer. Dag nicht durch §§ 987 ff ausgeschlossen sind die Bereicherungsansprüche wegen der Veräußerung oder des Verbrauchs der Sache selbst sowie auf Herausgabe des Erlöses aus der Veräußerung gem § 816 I. – Zu weiteren Konkurrenzfragen: Schildt JuS 95, 953.

8 2. **Verjährung:** Anders als früher verjähren Bereicherungsansprüche nicht erst nach 30 Jahren, sondern gem § 195 bereits nach 3 Jahren. Eine Ausn hiervon gilt bei sog deliktischen Bereicherungsansprüchen: Hat der Ersatzpflichtige etwas durch eine unerlaubte Handlung auf Kosten des Verletzten erlangt, so kann der Gläubiger gem § 852 S 1 auch noch nach Eintritt der Verjährung seiner Deliktsansprüche Rechte aus §§ 812 ff geltend machen (dazu näher § 852). Nach § 852 S 2 verjährt dieser Anspruch in zehn Jahren ab Entstehung (vgl § 199 Rn 3), spätestens jedoch nach 30 Jahren von der Begehung der Verletzungshandlung oder dem sonstigen, den Schaden auslösenden Ereignis an.

9 3. Für die **Prüfung bereicherungsrechtlicher Ansprüche** sind nach der Systematik des Bereicherungsrechts grds vier allg Gesichtspunkte in folgender Abfolge zu berücksichtigen: (1) die **Anwendbarkeit** des Bereicherungsrechts; (2) das **Vorliegen der Voraussetzungen** des jeweiligen Bereicherungstatbestandes; (3) das Fehlen eines **Ausschlusses** insb durch die §§ 813 II, 814, 815, 817 S 2; (4) die Bestimmung von **Inhalt und Umfang** des Anspruchs nach §§ 818–820.

§ 812 Herausgabeanspruch

(1) ¹Wer durch die Leistung eines anderen oder in sonstiger Weise auf dessen Kosten etwas ohne rechtlichen Grund erlangt, ist ihm zur Herausgabe verpflichtet. ²Diese Verpflichtung besteht auch dann, wenn der rechtliche Grund später wegfällt oder der mit einer Leistung nach dem Inhalt des Rechtsgeschäfts bezweckte Erfolg nicht eintritt.
(2) Als Leistung gilt auch die durch Vertrag erfolgte Anerkennung des Bestehens oder des Nichtbestehens eines Schuldverhältnisses.

1 I. § 812 enthält mehrere **unterschiedliche Tatbestände** (hM; Vor §§ 812–822 Rn 3). Abs 1 S 1, 1. Alt regelt die Bereicherung durch eine Leistung ohne rechtlichen Grund (Leistungskondiktion); dag hat Abs 1 S 1, 2. Alt mit der Bereicherung „in sonstiger Weise" verschiedene Arten der Nichtleistungskondiktion, insb die Eingriffskondiktion zum Gegenstand. In Abs 1 S 2 sind zwei besondere Fälle der Leistungskondiktion geregelt: der spätere **Wegfall des Rechtsgrundes** und die **Zweckverfehlung** (Ausbleiben des bezweckten Erfolges). Abs 2 stellt klar, dass als Leistung iRd Bereicherungsrechts auch das vertragliche Schuldanerkenntnis anzusehen ist.

2 II. 1. **Leistungskondiktion gem Abs 1 S 1 1. Alt** (condictio indebiti): a) **Voraussetzung** der Leistungskondiktion ist, dass der in Anspruch Genommene (Bereicherungsschuldner) durch die Leistung eines anderen (des Bereicherungsgläubigers) ohne rechtlichen Grund etwas erlangt hat.

3 b) „**Etwas erlangt**" bezeichnet in Abs 1 S 1 jedwede Verbesserung der Vermögenslage des Bereicherungsschuldners. Dazu gehören insb der Erwerb von dinglichen und persönlichen Rechten, die Rangverbesserung von Rechten (zB Einräumung des Vorrangs für eine Grundschuld), die Erlangung einer Buchposition (zB Grundbucheintragung als Eigentümer) sowie – unabhängig von der str Anerkennung des Besitzes als Recht – der Erwerb des unmittelbaren oder mittelbaren Besitzes (dag nicht Besitzdienerschaft). Bereicherungsgegenstände können auch der goodwill einer Praxis, uU der Kundenstamm eines Unternehmens (BGH BB 91, 445), die Erlangung der Mitgliedschaft in einer Genossenschaft (BGH NJW 83, 1422) oder der Versicherungsschutz sein. Auch in der

Verminderung oder Beseitigung von Passivposten liegt eine Verbesserung der Vermögenslage. Dies betrifft insb die Befreiung des Schuldners von Verbindlichkeiten und von dinglichen Lasten. Auch die (irrtümliche) Entlastung eines Geschäftsführers oder die Beseitigung von störenden Einwirkungen aus einem Nachbargrundstück (vgl OLG Düsseldorf NJW 86, 2649) kann ein Vermögensvorteil iSd Abs 1 S 1 sein. Nach Abs 2 kann das Erlangte auch in der Anerkennung des Bestehens oder Nichtbestehens eines Schuldverhältnisses bestehen. Die **Beweislast** dafür, dass der Schuldner etwas erlangt hat, trägt der Gläubiger (BGH NJW 83, 626).

Gebrauchsvorteile oder sonstige Nutzungen sowie Dienste können ebenfalls das Vermögen mehren und daher „etwas Erlangtes" iSd Abs 1 S 1 sein. ZT wird dies davon abhängig gemacht, dass der Erhalt der Vorteile für den Bereicherungsschuldner zur **Ersparnis von Aufwendungen**, die er sonst getätigt hätte, geführt hat (zB bei Fahrt ohne Ticket Ersparnis der Fahrtkosten). Wenn er dag keine eigenen Aufwendungen für den Vorteil erbracht, sondern zB auf die Fahrt verzichtet hätte, fehlt nach dieser Auffassung für einen Bereicherungsanspruch bereits die Voraussetzung „etwas erlangt" (vgl BGHZ 55, 130 ff für eine erschlichene „Luxus"-Flugreise). Nach vorzugswürdiger aA genügt für diese Voraussetzung jedoch schon der Erhalt des Vorteils (zB der Beförderungsleistung). Die Frage der Ersparnis von Aufwendungen ordnet sich danach nicht Abs 1 S 1 zu, sondern der Regelung des Umfangs und Wegfalls der Bereicherung in § 818 III (Canaris JZ 71, 561; Gursky JR 1972, 279; § 818 Rn 10). Bei verschärfter Haftung gem §§ 819, 818 IV hat der Bereicherungsschuldner daher trotz Wegfalls der Bereicherung Wertersatz zu leisten. Die erstgenannte Auffassung gelangt zu diesem (allg vertretenen) Ergebnis nur über die analoge Anwendung des § 819 auf die Bestimmung des Bereicherungsgegenstandes iRd Abs 1 S 1. 4

c) Das Vermögen des Bereicherungsschuldners muss durch die **Leistung** des Bereicherungsgläubigers vermehrt worden sein. Eine Leistung im bereicherungsrechtlichen Sinn ist jede **bewusste und zweckgerichtete Vermehrung fremden Vermögens** (hM; BGHZ 58, 188; BGH WM 02, 1560). Nicht ausreichend ist damit eine bewusste Handlung des Bereicherungsgläubigers zur Mehrung des Empfängervermögens (etwa die Übergabe einer Sache). Hinzutreten muss vielmehr ein finales Element: Die Handlung muss auf einen bestimmten Zweck gerichtet sein (etwa die Erfüllung einer Verpflichtung aus einem Kaufvertrag). Da es sich aber nicht um eine rechtsgeschäftliche Erklärung handelt, sind die §§ 104 ff nicht anwendbar, sondern es genügt der zurechenbare natürliche Wille des (nicht notwendig geschäftsfähigen) Leistenden. 5

Von Bedeutung ist das Erfordernis der zweckbestimmten Vermögensmehrung ua für die Frage, auf welches von mehreren Schuldverhältnissen zwischen den Parteien sich die Leistung beziehen soll (vgl § 366 I) und va für den Bereicherungsausgleich bei Beteiligung von drei oder mehr Personen. Welcher Person eine Leistung erbracht wird, lässt sich erst mithilfe des Leistungszwecks feststellen; idR hängt es davon ab, zwischen welchen Personen die Rückabwicklung stattfindet (Rn 22). **Abs 2** enthält eine gesetzliche Erläuterungen zum Begriff der Leistung und hat lediglich klarstellende Funktion. 6

d) Voraussetzung der Leistungskondiktion ist zudem das **Fehlen eines rechtlichen Grundes** für die Bereicherung. Um das Vorliegen dieser Voraussetzung zu beurteilen, ist der jeweilige Leistungszweck zu berücksichtigen. IdR bezweckt die Leistung die Erfüllung einer bestimmten Verbindlichkeit. Wenn diese nicht besteht, fehlt der Rechtsgrund. Auch wenn ein wirksames Erfüllungsgeschäft auf einem Kausalgeschäft, das von Anfang an unwirksam war, beruht (etwa die Abtretung einer Forderung aufgrund eines sittenwidrigen Kaufvertrages), fehlt ein rechtlicher Grund für die Leistung. Dies gilt nach bestr Auffassung ebenso, wenn eine Partei durch ihre Willenserklärung nach dem Abschluss des Kausalgeschäftes dessen Nichtigkeit rückwirkend herbeigeführt hat (insb durch Anfechtung, § 142; Larenz/Canaris, SchR II 2, § 68 I 1). Nach aA handelt es sich dag um einen späteren Wegfall des Rechtsgrundes iSd Abs 1 S 2 (so RGRK/Heimann-Trosien § 812 Rn 82). 7

Einer Leistung fehlt der rechtliche Grund **zB** bei Zahlung des Kaufpreises oder Übereignung der Kaufsache bei einem Kaufvertrag, der nicht wirksam zustande gekommen oder durch Anfechtung rückwirkend nichtig geworden ist (letzteres str; Rn 7); Liefe- 8 rung eines anderen als vertraglich geschuldeten Gegenstandes, sofern nicht ein Sachmangel iSd § 434 III vorliegt (s dort); Erbringen von Versicherungsleistungen an den Geschädigten trotz Leistungsfreiheit (OLG Hamm NJW-RR 94, 291); irrtümliche Freigabe aus der Verwaltung des Testamentsvollstreckers aufgrund einer vermeintlichen Verpflichtung ggü dem Erben (BGHZ 12, 105); die Quote übersteigende Zahlungen des Insolvenzverwalters (BGHZ 71, 309); Unterhaltsleistungen infolge materiell unrichtiger einstweiliger Anordnung (BGH NJW 84, 2095) und gem § 813 bei Erfüllung eines Anspruchs, dem eine dauernde Einrede entgegenstand. Dag besteht ein Rechtsgrund für die Zahlung der Abschleppkosten durch denjenigen, der unbefugt auf einem Privatgrundstück geparkt hat, aufgrund des Anspruchs des Grundstückseigentümers auf Erstattung der Abschleppkosten wegen verbotener Eigenmacht aus §§ 823 II, 858 I (sog privater Abschleppfall, BGH NJW 09, 2530; zu Ansprüchen iRd GoA bei Abschleppfällen s § 677 Rn 9). Die **Beweislast** für das behauptete Nichtbestehen eines Rechtsgrunds trägt grds der Gläubiger. Dabei kann er sich jedoch regelmäßig darauf beschränken, das Bestehen der vom Schuldner (uU hilfsweise) behaupteten Rechtsgründe auszuschließen (stRspr BGH NJW-RR 04, 556 mwN). Denn dem Schuldner obliegt eine sekundäre Behauptungslast insofern, als von ihm iR des Zumutbaren das substantiierte Bestreiten eines Rechtsgrundes verlangt werden kann.

9 **2. Leistungskonditionen gem Abs 1 S 2: a)** Nach **Abs 1 S 2 1. Alt** besteht der Bereicherungsanspruch auch bei einem **späteren Wegfall des Rechtsgrundes** (condictio ob causam finitam). Der Rechtsgrund muss hier zZ der Leistung bestanden haben, aber nachträglich endgültig weggefallen sein. Nicht ausreichend ist es, dass der Rechtsgrund vorübergehend entfällt oder dass die weitere Entwicklung schwer absehbar ist.

10 Von der Leistungskondiktion nach Abs 1 S 1 1. Alt unterscheidet sich die condictio ob causam finitam dadurch, dass das besondere Erfordernis eines späteren Wegfalls des Rechtsgrundes an die Stelle des Fehlens eines Rechtsgrundes tritt. Alle sonstigen Voraussetzungen der Leistungskondiktion nach Abs 1 S 1 1. Alt (Rn 2–6) müssen aber vorliegen. IU zu Abs 1 S 1 1. Alt sind die §§ 814, 815 jedoch nicht anwendbar. Hauptfälle des späteren Wegfalls des Rechtsgrundes sind die **Vertragsaufhebung** (str; offengelassen in BGH NJW 03, 506 mwN) und das Eintreten einer **auflösenden Bedingung** (vgl OLG Brandenburg ZIP 99, 116) oder eines **Endtermins** (zur Nichtigkeit des Rechtsgrundes infolge Anfechtung s Rn 7). Ebenfalls unter Abs 1 S 2, 1. Alt fällt zB bei einer Versicherung gegen Diebstahl die Rückforderung von Versicherungsleistungen, wenn der Versicherte die gestohlene Sache zurückerhalten hat, und die Rückforderung der Leistung, die aufgrund eines im Wiederaufnahmeverfahren beseitigten Titels erbracht wurde (Gaul JuS 62, 12).

11 **b)** Nach **Abs 1 S 2 2. Alt** begründet auch der **Nichteintritt des bezweckten Erfolges** die Leistungskondiktion (condictio causa data causa non secuta). Neben den allg Voraussetzungen der Leistungskondiktion (Rn 2–6) erfordert dieser Bereicherungsanspruch, dass mit der Leistung ein **Erfolg bezweckt** war, eine **Verständigung der Parteien** über den Zweck bestand und der bezweckte Erfolg **nicht eingetreten** ist. Als bezweckter Erfolg kommt dabei nicht die Erlangung der Gegenleistung beim gegenseitigen Vertrag in Betracht; insofern sind §§ 320 ff maßgeblich. Ebenso wenig kann es sich dabei um die Schuldtilgung handeln, weil diese bereits von Abs 1 S 1 1. Alt erfasst wird. Vielmehr muss über derartige regelmäßig mit einer Leistung verfolgte Zwecke hinaus bezweckt werden, dass ein besonderer tatsächlicher oder rechtlicher Erfolg zukünftig eintritt (zB eine Eheschließung, in deren Erwartung ein Partner unentgeltlich im Gewerbebetrieb mitarbeitet oder nach Romabrauch Brautgeld zahlt; OLG Köln NJW-RR 94, 1026); der Zweck darf aber nicht Gegenstand der vertraglichen Bindung oder Bedingung eines Rechtsgeschäfts sein (BGH NJW 04, 513). Die Verständigung der Parteien über die Zweckbestimmung kann auch durch schlüssiges Verhalten zustande kommen (BGHZ 44, 323). Erforderlich ist eine sog tatsächliche Willensübereinstimmung ohne Vertragscharakter und damit ohne die Begr rechtlich verknüpfter Leistungs- und Gegenleistungspflichten. Ohne Rechtsbindung muss sie aber Leistung und erwarteten Erfolg so miteinander verknüpfen, dass die Leistung von der Zweckerreichung abhängig gemacht wird. Der Leistungsempfänger muss zumindest die Erwartung der anderen Par-

tei kennen und seine Zustimmung zur Zweckbestimmung durch die Annahme konkludent zum Ausdruck bringen. Die Erwartung darf dag nicht allein Beweggrund des Leistenden sein. Zur Anwendung von Abs 1 S 2 2. Alt nach Beendigung einer nichtehelichen Lebensgemeinschaft s BGH NJW 08, 3282; 08, 3277; zur Anwendung im Verhältnis zwischen (künftigen) Schwiegereltern und dem Beschenkten s BGH NJW 10, 2202; s § 313 Rn 13. Zum Gerichtsstand bei der Auflösung eines Verlöbnisses s BGH NJW-RR 05, 1089. Zum Verhältnis der Vorschrift zur Störung der Geschäftsgrundlage vgl § 313 Rn 11.

3. Kondiktion wegen Bereicherung in sonstiger Weise (Nichtleistungskondiktion) gem Abs 1 S 1 2. Alt: a) Bei einer Bereicherung „in sonstiger Weise" kommen neben der Eingriffskondiktion va die **Rückgriffs- und die Verwendungskondiktion** in Betracht. Ihnen ist gemeinsam, dass sie grds nur anwendbar sind, wenn nicht hins des betr Bereicherungsgegenstandes eine Bereicherung durch Leistung vorliegt (**Vorrang der Leistungskondiktion**; Vor §§ 812–822 Rn 4). Alle Arten der Nichtleistungskondiktion sind somit ggü der Leistungskondiktion subsidiär und kommen grds nur in Betracht, wenn der Bereicherte seinen Vermögensvorteil anders als durch die Leistung irgendeiner Person (sei es des Benachteiligten, sei es eines Dritten) erlangt hat (iE Loewenheim, 76 ff; zur Bedeutung und Ausn bei Drei-Personen-Verhältnissen Rn 22 ff). 12

b) Eingriffskondiktion: aa) Bei der Eingriffskondiktion als häufigstem unter den Ansprüchen wegen Bereicherung in sonstiger Weise beruht die Bereicherung auf dem Eingriff in den Zuweisungsgehalt des Rechtes eines anderen. Zum Bereicherungsanspruch führt insb die Nutzung, der Gebrauch und die Verwertung von Gütern entgg der rechtlichen Zuweisung dieser Befugnisse zur Rechtsstellung des Eigentümers einer Sache oder des Inhabers eines Rechts. Nicht ausschlaggebend ist nach hM die Rechtswidrigkeit des Eingriffs. Auch wenn ein Naturereignis oder das Handeln eines Dritten zum Eingriff geführt haben, kommt die Eingriffskondiktion in Betracht. 13

bb) Voraussetzung der Eingriffskondiktion ist zunächst, dass der Bereicherungsschuldner „etwas erlangt" hat. Wie bei der Leistungskondiktion muss dazu irgendeine Verbesserung seiner Vermögenslage eingetreten sein (Rn 3 f). 14

cc) IU zur Leistungskondiktion muss diese Verbesserung der Vermögenslage **in sonstiger Weise auf Kosten des anderen** eingetreten sein. Sie darf mithin nicht durch eine Leistung entstanden sein (Rn 12), sondern muss auf einem Eingriff in den Zuweisungsgehalt eines Rechtes des Bereicherungsgläubigers beruhen (hM; zT anknüpfend an das Tatbestandsmerkmal „auf dessen Kosten"; zT ohne Bezug darauf). In Betracht kommen als Gegenstand des Eingriffs alle rechtlich geschützten Positionen, deren wirtschaftliche Verwertung rechtlich dem Bereicherungsgläubiger zugeordnet ist, so zB der Besitz und die Nutzung einer im Eigentum des Gläubigers stehenden Sache (nicht aber bei bloßem Sicherungseigentum, wenn nach der Sicherungsabrede dem Sicherungsnehmer kein Nutzungsrecht zusteht, BGH NJW 07, 216), Urheberrechte (Palandt/Sprau § 812 Rn 94), Warenzeichen (BGHZ 99, 246 f), Gebrauchsmuster und Patente (BGHZ 68, 99) sowie iRd allg Persönlichkeitsrechts das Recht am eigenen Bild (BGH NJW 92, 2085; für Persönlikeiten der Zeitgeschichte BGH NJW 07, 689) und der Name (BGHZ 81, 77 f); mangels wirtschaftlichen Zuweisungsgehalts aber nicht das Recht auf sexuelle Selbstbestimmung. 15

Nicht maßgeblich ist, durch wessen Handeln der Eingriff erfolgt. Häufig geschieht er durch **Handlungen des Bereicherten**; zB durch Besitzentziehung, Nutzung oder Verbrauch fremder Sachen oder durch Eingriffe in Immaterialgüterrechte (BGHZ 82, 299); auch Eingriffe in das Persönlichkeitsrecht bei vermögensrechtlichen Auswirkungen (BGH NJW-RR 87, 231). Auch in **Handlungen des Benachteiligten** selbst kann der Eingriff liegen (zB versehentlicher Gebrauch eigener Güter für die Zwecke des anderen; vgl auch BGH NJW 79, 2035). Durch **Handlungen eines Dritten** kann der Eingriff insb durch Verbindung, Vermischung oder Verarbeitung mit der Folge eines Eigentumsverlustes gem §§ 946 ff erfolgen (sofern diese Vorgänge nicht als Bestandteil einer Leistung iR eines Vertragsverhältnisses zu werten sind; vgl zur Abgrenzung von Leistungs- und Eingriffskondiktion beim Einbau von Materialien BGHZ 56, 229; NJW-RR 1991, 343; Berg AcP 160, 505). Ein Eingriff kann auch bei fehlerhaften Handlungen der öf- 16 fentlichen Gewalt vorliegen; so bei der Pfändung und Versteigerung schuldnerfremder Sachen und Auskehrung des Erlöses an den Gläubiger (BGHZ 32, 240) oder bei einer Zwangsvollstreckung ohne rechtswirksamen Titel (Übersicht bei Gerlach). In **natürlichen Vorgängen** ohne menschliche Steuerung kann ein Eingriff zB beim Zu- oder Abfluss von Wasser oder beim Eindringen von Tieren auf fremde Grundstücke liegen (str).

17 dd) Der Bereicherungsschuldner muss die Vermögensmehrung zudem **ohne rechtlichen Grund** erlangt haben. Diese Voraussetzung liegt vor, wenn der jeweils erlangte Vorteil nach der rechtlichen Güterzuordnung nicht dem Bereicherungsschuldner, sondern einem anderen gebührt. Maßgeblich dafür ist nicht die Widerrechtlichkeit oder Rechtmäßigkeit des Bereicherungsvorgangs, sondern das Bestehen oder Nichtbestehen eines gesetzlichen oder vertraglichen Grundes für den Verbleib des Vorteils beim Bereicherungsschuldner im jeweiligen Einzelfall aufgrund der rechtlichen Güterzuordnung (Übersicht über Fallgruppen bei Palandt/Sprau § 812 Rn 81 ff).

18 c) Die **Rückgriffskondiktion** dient dem Bereicherungsausgleich bei der Tilgung einer fremden Schuld (§ 267). Sie ermöglicht den Regress beim Bereicherungsschuldner, wenn der Bereicherungsgläubiger diesen von dessen Verbindlichkeit ggü einem anderen befreit hat. Allerdings besteht für die Anwendung nur wenig Raum, da weithin vorrangige Regelungen den Ausgleich bei der Leistung auf eine fremde Schuld gewährleisten. Dazu gehören bei der Tilgung der Schuld mit Auftrag des Schuldners oder als berechtigter Geschäftsführer ohne Auftrag der Aufwendungsersatzanspruch gem § 670 bzw §§ 683, 670 sowie in einer Reihe von Fällen der Übergang der Forderung gegen den Schuldner auf den zahlenden Dritten (ua §§ 268 III, 426, 774 I). Wird auf eine **vermeintlich eigene Schuld** geleistet, so kann der Leistende grds nur im Wege der Leistungskondiktion gegen den Empfänger vorgehen, da der wahre Schuldner durch seine Zahlung nicht von seiner Schuld befreit wird (vgl § 267 Rn 2). Eine Rückgriffskondiktion gegen den wirklichen Schuldner kommt nur dann in Betracht, wenn man mit der hM zu Recht davon ausgeht, dass der Leistende die Tilgungsbestimmung entspr § 267 nachträglich ändern kann (dag Brox/Walker, SchuldR BT, § 42 Rn 11). Für die Anwendung der Rückgriffskondiktion soll daneben va die Zahlung einer fremden Schuld als Geschäft des Schuldners ohne Vorliegen der Voraussetzungen des § 683 mit der Folge eines Anspruchs gegen den Schuldner aus §§ 684, 818 ff verbleiben. Allerdings handelt es sich dabei nach hM um eine Rechtsfolgenverweisung (§ 684 Rn 1), so dass die Kennzeichnung als Rückgriffskondiktion zweifelhaft ist (zur besonderen Lage im Drei-Personen-Verhältnis OLG Hamm NJW 74, 951).

19 d) aa) Die **Verwendungskondiktion** bezieht sich auf sehr unterschiedliche Arten von Verwendungen auf fremdes Gut, durch die dem anderen jeweils ein Vermögensvorteil ohne rechtlichen Grund entsteht (zB durch Aufwendung von Arbeitskraft oder von Sachen). Werden diese Aufwendungen aufgrund eines nichtigen Vertrages vorgenommen, ist allerdings die Leistungskondiktion in Betracht zu ziehen. Nur soweit keine Leistung vorliegt, kann die Verwendungskondiktion eingreifen.

20 **Vorrang** vor der Verwendungskondiktion hat der Aufwendungsersatzanspruch bei berechtigter GoA (§§ 683 S 1, 670). Auch die Verwendungsersatzansprüche aus dem **EBV** (§§ 994 ff) sollen nach hM grds Vorrang vor der Verwendungskondiktion haben, da andernfalls insb die gesetzliche Wertung einer Beschränkung auf den Ersatz notwendiger Verwendungen in § 994 umgangen werde. Dag spricht aber die Konsequenz, dass uU der Nichtbesitzer besser stünde als der Besitzer (näher dazu Canaris JZ 96, 344; Medicus/Petersen, BR, Rn 895 zur Verwendungskondiktion aus § 951 I), so dass die Auffassung vorzugswürdig ist, dass die bereicherungsrechtliche Verwendungskondiktion neben den Verwendungsersatzansprüchen aus §§ 994 ff stehen kann. Nach hM verbleibt dag für die Verwendungskondiktion im Wesentlichen nur Raum, wenn der Benachteiligte Verwendungen auf Sachen macht, die nicht in seinem Besitz stehen, und annimmt, diese Sachen ihm gehören (sonst GoA) oder dass er sie erwerben wird (Übersicht über einzelne Fälle Staud/Lorenz § 812 Rn 3).

21 bb) IdR kein Bereicherungsanspruch besteht bei einer **aufgedrängten Bereicherung**. Sie liegt vor, wenn eine Verwendung auf fremdes Gut zwar objektiv werterhöhend ist, der

andere sie aber gar nicht haben wollte bzw sie für ihn persönlich nutzlos ist (zB vertragswidrige Errichtung eines massiven Gebäudes auf einem gepachteten Grundstück; vgl BGHZ 23, 61). Weithin besteht iErg Übereinstimmung, dass die Verwendungskondiktion in derartigen Fällen grds nicht durchgreifen kann. Nach hM kann dies aber nicht auf eine analoge Anwendung des § 814 gestützt werden. Nach teilweise vertretener Auffassung ist der Wertbegriff des § 818 zu subjektivieren, so dass der Wertersatz soweit ausscheidet, als der Bereicherungsschuldner aus der Verwendung iR seiner Vermögensdispositionen keinen Nutzen ziehen kann (vgl MK/Schwab § 818 Rn 194 ff). Nach aA ergibt sich ein ähnliches Ergebnis aus § 818 III (Medicus/Lorenz SchR II § 128 III 2 und IV 2 b). Hingegen hat BGHZ 23, 65 § 1001 S 2 analog angewandt, so dass der Bereicherungsschuldner von der Verwendungskondiktion befreit ist, sofern er dem Verwendenden die Wegnahme der Sache ermöglicht. Nach einem weiteren Ansatz kann der Verwendungskondiktion einredeweise der Beseitigungsanspruch aus §§ 989, 990 iVm § 249 I oder § 1004 entgegengehalten werden (vgl BGH NJW 65, 816; Baur/Stürner § 53 C III 2 c; Übersicht über den Meinungsstand iE Medicus/Petersen, BR, Rn 899 ff, Reuter/Martinek, 542 ff).

III. Beteiligung von drei oder mehr Personen. 1. In sog Drei-(oder Mehr-)Personen- 22 Verhältnissen können die bereicherungsrechtliche **Leistungsbeziehung** und die tatsächliche **Zuwendung** auseinander fallen. Wenn zB A aufgrund eines Auftrags oder einer Anweisung des B dem C einen Betrag zahlt, vollzieht sich zwar die Zuwendung im Verhältnis A-C (Zuwendungsverhältnis). Mit dieser Zuwendung erfüllt aber A eine Verpflichtung in seinem Verhältnis zu B (Deckungsverhältnis) und erbringt insofern dem B eine Leistung. Hat B dem A den Auftrag bzw die Anweisung zur Zahlung an C erteilt, um den Kaufpreis aus einem Vertrag mit C zu begleichen, liegt in der Zuwendung von A an C zugleich eine Leistung von B an C (Kaufpreiszahlung) aufgrund des Rechtsverhältnisses zwischen ihnen (Valutaverhältnis). Bei der Zuwendung von A an C werden damit zwei Leistungen erbracht: von A an B und von B an C. Das Zuwendungsverhältnis darf nicht mit diesen Leistungsverhältnissen verwechselt werden. Vielmehr lässt sich wegen des Vorrangs der Leistungskondiktion (Rn 12) idR erst durch die Bestimmung des jeweiligen Leistungsverhältnisses und damit des Leistungsempfängers der richtige Bereicherungsschuldner ermitteln. Im Verhältnis zu welcher Person die Leistung jeweils erbracht wird, ergibt sich aus der **Zweckbestimmung**, entweder durch den übereinstimmenden Willen der Parteien oder bei dessen Fehlen durch den Zuwendenden. Dabei ist jedoch nicht dessen innerer Wille maßgeblich (so aber Flume JZ 62, 281), sondern eine objektive Betrachtung des Verhaltens des Zuwendenden aus der Sicht des Zuwendungsempfängers („objektivierter Empfängerhorizont"; vgl BGHZ 72, 248). Allerdings kann durch eine derartige Zuwendung nicht ohne weiteres ein anderer (zB im Fall oben A) als Leistungsempfänger gelten. Vielmehr muss dieser die Zuwendung veranlasst oder zumindest zurechenbar den Rechtsschein einer entspr Veranlassung oder Billigung gesetzt haben (zB durch Zusendung eines Auftragsschreibens bei einem später angefochtenen Auftragsverhältnis oder durch Begebung eines unterschriebenen Scheckformulars bei späterer Schecksperre, vgl BGHZ 61, 292 f; anders aber, wenn der Scheck nicht unterschrieben war und der Zuwendungsempfänger dies wusste oder wenn der Zuwendungsempfänger von der Schecksperre Kenntnis hatte und damit aus seiner Sicht in der Zuwendung keine Leistung des Scheckausstellers liegt; s Rn 27).

Neben der Bestimmung der einzelnen Leistungsbeziehungen aufgrund der jeweiligen 23 Leistungszwecke erfordert die Ermittlung des richtigen Bereicherungsschuldners und der Konditionsart in Drei-Personen-Verhältnissen uU eine **wertende Betrachtung** (grdlg Canaris, 1. FS für Larenz, 799; ders WM 80, 367; iE str). Zu berücksichtigen sind dabei insb drei Gesichtspunkte: der Erhalt der Einwendungen einer Partei eines fehlerhaften Kausalverhältnisses gegen die andere Partei; der Schutz vor Einwendungen, die die andere Vertragspartei aus ihrem Rechtsverhältnis zu einem Dritten herleitet (gem dem Grundsatz der Unzulässigkeit der exceptio ex iure tertii); die angemessene Verteilung des Insolvenzrisikos unter dem Leitgedanken, dass grds jede Partei das (und nur das) Risiko der Zahlungsunfähigkeit desjenigen tragen soll, den sie sich als Vertragspartner ausgesucht hat.

24 2. **Übersicht über einzelne Fallgruppen: a)** Bei einer sog **Leistungskette** verkauft und liefert zB ein Großhändler A Waren an den Einzelhändler B und dieser an den Endabnehmer C. Bei Nichtigkeit eines der beiden Kaufverträge steht den Parteien des jeweiligen Vertrages die Leistungskondiktion ggü dem Vertragspartner zu (§§ 812 I 1, 1. Alt, 818). Bei Nichtigkeit beider Verträge („Doppelmangel") gilt das Gleiche; A kann nicht etwa die Waren „direkt" bei C kondizieren. Denn A hat nicht an C geleistet, sondern an B; und eine Eingriffskondiktion des A gegen C ist wegen des Vorrangs der Leistungskondiktion des B gegen C ausgeschlossen.

25 Die gleiche bereicherungsrechtliche Konstellation besteht bei der sog **Durchlieferung** (Direktleistung). Bei ihr besteht auch vertragsrechtlich die gleiche Lage wie bei der Leistungskette; nur liefert A auf Anweisung des B die Waren unmittelbar an C aus. Das Eigentum geht dabei mittels Geheißerwerbs (§ 929 Rn 22 ff) von A auf B und von diesem auf C über. Auch hier findet bei nichtigen Verträgen grds die Rückabwicklung durch Leistungskondiktionen im Verhältnis der Vertragsparteien statt; trotz „Durchlieferung" kommt es idR nicht zum bereicherungsrechtlichen „Durchgriff" des A gegen C (Canaris, 1. FS für Larenz, 804; str).

26 Ggü der Leistungskette bzw „Durchlieferung" auf der Grundlage von zwei Kaufverträgen besteht aber eine andere bereicherungsrechtliche Lage, wenn der Zwischenerwerber B den von A gekauften Gegenstand dem C unentgeltlich (als Geschenk) zukommen lässt. In dieser besonderen Konstellation ist ausnahmsweise unter den Voraussetzungen des § 822 der Durchgriff des A gegen C möglich.

27 b) Über die „Durchlieferung" hinaus gilt allg für die Fälle einer **Anweisung** (iwS; nicht nur für die Anweisung gem § 783), dass die Rückabwicklung grds jeweils zwischen den Parteien des fehlerhaften Schuldverhältnisses erfolgt (s Rn 22). Auch bei einem Doppelmangel (also fehlerhaftem Valuta- und Deckungsverhältnis) kann der Angewiesene (A) idR nicht direkt bei dem Zuweisungsempfänger (C) kondizieren, sondern muss sich iRd Deckungsverhältnisses an den Anweisenden (B) halten; und dieser muss seinerseits iRd Valutaverhältnisses bei C kondizieren. Dies gilt auch bei einer fehlerhaften **Banküberweisung**. Die Bank als Angewiesene erbringt mit der Durchführung der Überweisung ggü ihrem Kunden als dem Anweisenden eine Leistung iRd Deckungsverhältnisses. Für den Inhaber des Kontos, dem der überwiesene Betrag gutgeschrieben wird, als Zuwendungsempfänger handelt es sich dabei nicht um eine Leistung der Bank, sondern um eine Leistung des Anweisenden iRd Valuta-Verhältnisses. Im Falle einer Zuvielüberweisung setzt der Anweisende durch bloße Veranlassung des Zahlungsvorgangs einen zurechenbaren Rechtsschein, so dass ein Durchgriff nur bei Kenntnis des Anweisungsempfängers möglich ist (BGH NJW 08, 2331). **Ausnahmsweise** hat die Rspr den **Durchgriff** in den Anweisungsfällen für zulässig erklärt, wenn keine zurechenbare, wirksame Anweisung vorlag, so zB bei der Zahlung auf einen gefälschten oder einen nicht unterschriebenen Scheck (BGHZ 66, 362); bei einem gefälschten Überweisungsauftrag (BGHZ 152, 311 f; für eine Verfälschung durch die Bank BGH NJW 05, 3213 „FlowTex") und bei einer wegen Geschäftsunfähigkeit nichtigen Weisung oder Scheckausstellung (BGHZ 111, 386 f; BGH NJW 04, 1315). Der Zuwendende kann in diesen Fällen direkt gegen den Empfänger im Wege der Nichtleistungskondiktion gem Abs 1 S 1, 2. Alt vorgehen (BGHZ 152, 307; BGH NJW 04, 1315; str; nach aA basiert die Direktkondiktion auf einer Leistungskondiktion, die iU zur Nichtleistungskondiktion § 814 unterliegt). Dabei kommt es nach richtiger Ansicht nicht darauf an, ob dem Zuwendungsempfänger das Fehlen einer (zurechenbaren) Weisung bekannt war oder nicht (BGHZ 147, 145; BGH NJW 03, 581), denn das Vertrauen auf den bloßen Rechtsschein kann nur dann zulasten des scheinbar Anweisenden wirken, wenn er den Rechtsschein zurechenbar gesetzt hat (iE Lorenz JuS 03, 840). Anders sind dag Fälle zu beurteilen, in denen eine Anweisung widerrufen wird. Da bei diesen Konstellationen der Rechtsschein einer Anweisung idR fortbesteht, kommt ein Durchgriff nach der Rspr nur in Betracht, wenn der Anweisungsempfänger vom Widerruf Kenntnis hatte; BGHZ 87, 393; BGH NJW 87, 186; str; aA Larenz/Canaris, SchR II 2, § 70 IV 3 (Wertung der §§ 170 ff); iErg zust MK/Schwab § 812 Rn 113 ff. Zu den Besonderheiten beim Verbraucherwiderruf vgl § 358 Rn 4.

c) In den **Abtretungsfällen** hat der vermeintliche Schuldner nach der Abtretung einer 28 tatsächlich gar nicht bestehenden Forderung an den vermeintlichen Neugläubiger gezahlt. Der Schuldner kann sich hier bereicherungsrechtlich an den Altgläubiger halten, weil die Zahlung an den Neugläubiger der Abwicklung seines Schuldverhältnisses mit dem Altgläubiger diente und sich seine Stellung infolge der Abtretung nicht verschlechtern soll (BGHZ 122, 46; Esser/Weyers § 48 III 3 d; aA Flume AcP 199, 18 ff). Dies gilt auch im Falle eines Factoringvertrages (BGH BB 05, 800).

d) Bei einem **Vertrag zugunsten Dritter** gem § 328 I will der Versprechende durch die 29 Leistung an den Dritten die Verpflichtung, die er ggü dem Versprechensempfänger übernommen hat, erfüllen. Ist der Vertrag nichtig, hat er grds nur ggü dem Versprechensempfänger einen Bereicherungsanspruch, nicht jedoch ggü dem Dritten (zu einzelnen, zumeist str Ausn Erman/Westermann § 812 Rn 35 ff; zu Recht krit ggü der von BGH NJW 72, 865 f angenommenen Ausn bei der Rückforderung der Makler-Courtage durch einen Kaufanwärter Canaris NJW 72, 1196). – Zu weiteren Fallgruppen und Einzelfällen im bereicherungsrechtlichen Drei-Personen-Verhältnis s die Übersicht bei Flume AcP 199, 1 ff; Lorenz JuS 03, 729 ff, 839 ff.

§ 813 Erfüllung trotz Einrede

(1) ¹Das zum Zwecke der Erfüllung einer Verbindlichkeit Geleistete kann auch dann zurückgefordert werden, wenn dem Anspruch eine Einrede entgegenstand, durch welche die Geltendmachung des Anspruchs dauernd ausgeschlossen wurde. ²Die Vorschrift des § 214 Abs. 2 bleibt unberührt.
(2) Wird eine betagte Verbindlichkeit vorzeitig erfüllt, so ist die Rückforderung ausgeschlossen; die Erstattung von Zwischenzinsen kann nicht verlangt werden.

I. **Abs 1** ergänzt den Bereicherungsanspruch wegen der **Leistung auf eine Nichtschuld** 1 aus § 812 I 1 (condictio indebiti; § 812 Rn 2 ff) und ist auf andere Bereicherungsansprüche nicht anzuwenden. Er stellt den Leistungen auf eine Nichtschuld die Leistungen gleich, die trotz Bestehens einer dauernden Einrede auf eine bestehende Schuld gemacht werden (mit Ausn der Verjährungseinrede; Abs 1 S 2). **Abs 2** enthält dag einen Ausschlusstatbestand hins der Rückforderung von betagten, insb gestundeten Verbindlichkeiten.

II. **1.** Voraussetzung des Abs 1 ist, dass eine **Leistung** zur Erfüllung einer Verbindlich- 2 keit (§ 812 Rn 5 f) trotz des Bestehens einer **dauernden Einrede** erbracht wurde. Dauernde (peremptorische) Einreden ergeben sich zB aus §§ 821, 853, 1973, 1975, 1990, 2083, 2345 sowie nach OLG Naumburg NJW-RR 99, 1144 uU auch aus § 242 (grds aber keine Einrede, sondern Einwendung). Nicht ausreichend sind lediglich vorübergehende Einreden wie die Stundung und zeitlich begrenzte ZbRe. Ebenfalls nicht von Abs 1 erfasst sind Einwendungen (also Gegenrechte, die von vornherein die Wirksamkeit des Anspruchs begrenzen oder beseitigen); für Leistungen trotz Bestehens einer Einwendung greift bereits § 812 I 1 ein. Keine Einreden sind auch Gestaltungsrechte (zB Anfechtung); für die Rückabwicklung nach der Ausübung rechtsvernichtender Gestaltungsrechte greift ebenfalls bereits § 812 I 1 ein (mit der Begrenzung durch § 814). Zur Frage, ob § 359 S 1 eine dauernde Einrede iSd § 813 begründet, vgl § 359 Rn 4.
2. Ausgeschlossen ist der Bereicherungsanspruch dag nach Abs 1 S 2 iVm § 214 II bei 3 der **Leistung auf eine verjährte Forderung in Unkenntnis der Verjährung.** Dieser Ausschluss gilt nur für freiwillige Leistungen; hingegen ist der Bereicherungsanspruch des Vollstreckungsschuldners nicht ausgeschlossen, wenn in der Zwangsvollstreckung das Erheben der Verjährungseinrede unterblieben ist (BGH NJW 93, 3320). Abs 1 S 2 ist auch auf die dauernden Leistungsverweigerungsrechte der §§ 438 IV 2, 634 a IV 2 anwendbar, wenn vor oder nach Mängelanzeige der Kaufpreis bzw Werklohn gezahlt wird (so zu § 478 aF: RGZ 144, 95).
3. Gem **Abs 2** liegt in der vorzeitigen Erfüllung einer **betagten Verbindlichkeit** keine 4 Leistung auf eine Nichtschuld. Die bereicherungsrechtliche Rückabwicklung sowie die Erstattung von Zwischenzinsen ist daher ausgeschlossen (BGH NJW 12, 2659). Betagt

ist eine Verbindlichkeit, die bereits entstanden, aber noch nicht fällig ist, zB eine gestundete Kaufpreis- oder Werklohnzahlung. Abs 2 erfasst dag nicht Leistungen auf eine aufschiebend bedingte (§ 158 I) Schuld vor Bedingungseintritt oder auf künftig erst entstehende Schulden.

§ 814 Kenntnis der Nichtschuld

Das zum Zwecke der Erfüllung einer Verbindlichkeit Geleistete kann nicht zurückgefordert werden, wenn der Leistende gewusst hat, dass er zur Leistung nicht verpflichtet war, oder wenn die Leistung einer sittlichen Pflicht oder einer auf den Anstand zu nehmenden Rücksicht entsprach.

1 **I.** Die Vorschrift enthält als Ausprägungen des Grundsatzes von Treu und Glauben zwei Ausn von der Regel des § 812 I 1, dass Leistungen zur Erfüllung einer Verbindlichkeit bei Nichtbestehen der Schuld zurückgefordert werden können: zum einen die Leistung **in Kenntnis der Nichtschuld** (getragen vom Gedanken des Verbots des venire contra factum proprium); zum anderen die Leistung, der zwar keine rechtliche, aber eine **sittliche Verpflichtung** zugrunde lag. Diese Ausn betreffen ausschließlich Kondiktionsansprüche aufgrund von Leistungen zum Zweck der Erfüllung einer Verbindlichkeit, die im Leistungszeitpunkt nicht bestand (§ 812 Rn 2 ff) oder der eine dauernde Einrede entgegenstand (§ 813). Auf andere Kondiktionen, auch auf Ansprüche aus § 817 S 1 (BGH NJW-RR 01, 1046), ist § 814 nicht anwendbar. Im Einzelfall kann zudem der Anwendung ausnahmsweise die Schutzfunktion der Vorschrift, auf der die Nichtigkeit der Verbindlichkeit beruht, entgegenstehen (BGHZ 113, 106).

2 **II. 1. a)** Eine **Leistung in Kenntnis der Nichtschuld** (§ 814 1. Alt) liegt nur vor, wenn der Leistende zum Zeitpunkt der Leistung **positive Kenntnis** hatte, dass er nicht zur Leistung verpflichtet ist. Dazu muss er nicht allein die Tatsachen, aus denen sich das Fehlen einer rechtlichen Verpflichtung ergibt, kennen. Vielmehr muss er sich auch über die Rechtslage insoweit im Klaren sein, als er weiß, dass er nichts schuldet (BAG NJW 05, 3082). Selbst grob fahrlässige Unkenntnis des Nichtbestehens einer Verpflichtung führt dag nicht zum Ausschluss des Rückforderungsanspruchs. Dies gilt grds auch für bloße Zweifel. Bei Anfechtbarkeit des Rechtsgeschäfts allein durch den Leistungsempfänger ist § 814 nicht anwendbar (BGH NJW 08, 1878). Handelt der Leistende jedoch in der erkennbaren Absicht, das Risiko der Leistung auf eine Nichtschuld einzugehen, kann nach den Umständen des Einzelfalls darin ein Verzicht auf den Bereicherungsanspruch zu sehen sein (vgl BGHZ 32, 278). Als Kenntnis der Nichtschuld ist auch die Kenntnis der Einwendungen ggü der Verbindlichkeit zu betrachten, sofern diese dem Leistenden insgesamt bekannt waren. Gleichgestellt ist die Kenntnis vom Bestehen dauernder Einreden (§ 813). Bei der Leistung durch einen **Vertreter** ist § 166 maßgeblich. Abzustellen ist daher grds auf die Kenntnis des Vertreters, sofern dieser nicht § 181 verletzt oder auf Weisung des Vertretenden gehandelt hat (BGH NJW 99, 1024). Unter mehreren Vertretern ist die Kenntnis desjenigen maßgeblich, der die Leistung tatsächlich erbringt.

3 **b)** Im Sonderfall der **Leistung unter Vorbehalt** der Rückforderung hindert die Kenntnis des Leistenden die Rückforderung nicht. Ausreichend als Vorbehalt ist grds eine Erklärung bei der Leistung, dass der Anspruch nicht berechtigt sei. Dem Vorbehalt gleichgestellt sind Sachlagen, in denen die Leistung erkennbar nicht freiwillig, sondern nur unter Zwang oder Druck zur Vermeidung drohender Nachteile (zB einer Zwangsvollstreckung) erbracht wird (BGH NJW 95, 3054). § 814 ist zudem grds nicht anzuwenden, wenn Leistungen zwar in Kenntnis der Nichtschuld, aber in **Erwartung der Heilung** des (insb wegen Formmangels) nichtigen Geschäfts erbracht werden (BGH NJW 99, 2893; zu weiteren, ähnlichen Sachlagen Staud/Lorenz § 814 Rn 8).

4 **c)** Die **Beweislast** für die Kenntnis des Leistenden trägt der Leistungsempfänger.

5 **2. a)** Der 2. Fall des § 814 schließt den Rückforderungsanspruch aus, wenn die Leistung auf eine Nichtschuld (oder eine Leistung gem § 813) einer sittlichen Pflicht oder einer Anstandspflicht entsprach. Sofern der Leistende wusste, dass er rechtlich nicht

zur Leistung verpflichtet war, liegt zwar bereits der 1. Fall des § 814 vor. Der 2. Fall kommt aber zur Anwendung, wenn der Leistende irrtümlich meinte, zur Leistung verpflichtet zu sein. Insb betrifft dies Unterhaltsleistungen oder Unterhaltsversprechen an Verwandte oder Verschwägerte in der irrigen Annahme des Bestehens einer gesetzlichen Unterhaltspflicht sowie die Zahlung üblicher Trinkgelder.
b) Der Leistungsempfänger trägt die **Beweislast** dafür, dass die Leistung freiwillig in Kenntnis der Nichtschuld erbracht wurde (BGH NJW 02, 3773) bzw einer sittlichen Pflicht oder Anstandspflicht entsprach. 6

§ 815 Nichteintritt des Erfolgs

Die Rückforderung wegen Nichteintritts des mit einer Leistung bezweckten Erfolgs ist ausgeschlossen, wenn der Eintritt des Erfolgs von Anfang an unmöglich war und der Leistende dies gewusst hat oder wenn der Leistende den Eintritt des Erfolgs wider Treu und Glauben verhindert hat.

I. Die Vorschrift bezieht sich ausschließlich auf den Bereicherungsanspruch wegen 1 **Nichteintritts des mit der Leistung bezweckten Erfolges** (condictio ob rem; § 812 I 2, 2. Alt) und ist auf die Kondiktionen wegen Nichtbestehens der Schuld oder wegen späteren Wegfalls des rechtlichen Grundes auch nicht entspr anwendbar. Der 1. Fall des § 815 enthält aufgrund der fehlenden Schutzwürdigkeit des Leistenden eine entspr Regelung wie § 814 für die Leistung auf eine Nichtschuld. Dem 2. Fall liegt die gleiche Wertung zugrunde wie § 162 I.

II. 1. **Voraussetzungen des 1. Falls** sind iR einer Kondiktion wegen Zweckverfehlung 2 (Rn 1) die Unmöglichkeit des Erfolgseintritts von Anfang an und die positive Kenntnis des Leistenden von dieser Unmöglichkeit. Die Unmöglichkeit setzt ein dauerndes, nicht nur vorübergehendes Leistungshindernis voraus (Vor §§ 275–292 Rn 6). Nicht zur Anwendung kommt § 815 bei einer erst später entstehenden Unmöglichkeit des Erfolgseintritts, auch wenn der Leistende mit dieser Möglichkeit gerechnet hat, sowie bei der Leistungserbringung in dem Glauben, dass die zu dieser Zeit bestehende Unmöglichkeit des Erfolgseintritts danach behoben werde. Auch grob fahrlässige Unkenntnis erfüllt den Tatbestand nicht.

2. **Voraussetzung des 2. Falls** ist – ebenfalls nur bei einer **Kondiktion wegen Zweckver-** 3 **fehlung** (Rn 1) – die treuwidrige Verhinderung des Erfolgseintritts durch den Leistenden. Dazu ist nicht die Absicht erforderlich, den Erfolgseintritt zu hindern. Ausreichend ist vielmehr, dass der Leistende Handlungen ohne zwingenden Grund in dem Bewusstsein vornimmt, dass diese geeignet sind, den Erfolgseintritt zu vereiteln (vgl BGHZ 45, 266 f für die Verhinderung einer Eheschließung). Dag führt die Verweigerung des formgerechten Abschlusses (bzw der heilenden Vollziehung) eines formnichtigen Vertrages nicht zum Ausschluss der Rückforderung, wenn der Leistende zuvor arglistig getäuscht wurde (BGH NJW 80, 451; str) oder sonst einen hinreichenden Grund zur Verweigerung hat (vgl BGH NJW 99, 2892).

3. Als **Rechtsfolge** gibt § 815 dem Leistungsempfänger eine Einwendung gegen den Bereicherungsanspruch. 4

III. Die **Beweislast** dafür, dass eine Leistung zum Zweck der Erreichung des betr Erfol- 5 ges vorliegt und dass der Erfolg nicht eingetreten ist, trägt der Leistende. Die Unmöglichkeit des Erfolgseintritts von Anfang an und die Kenntnis des Leistenden davon (Rn 2) oder die treuwidrige Verhinderung des Erfolgseintritts (Rn 3) hat der Leistungsempfänger zu beweisen.

§ 816 Verfügung eines Nichtberechtigten

(1) ¹Trifft ein Nichtberechtigter über einen Gegenstand eine Verfügung, die dem Berechtigten gegenüber wirksam ist, so ist er dem Berechtigten zur Herausgabe des durch die Verfügung Erlangten verpflichtet. ²Erfolgt die Verfügung unentgeltlich, so trifft die

gleiche Verpflichtung denjenigen, welcher auf Grund der Verfügung unmittelbar einen rechtlichen Vorteil erlangt.
(2) Wird an einen Nichtberechtigten eine Leistung bewirkt, die dem Berechtigten gegenüber wirksam ist, so ist der Nichtberechtigte dem Berechtigten zur Herausgabe des Geleisteten verpflichtet.

1 I. Die Vorschrift enthält drei spezielle Tatbestände der **Eingriffskondiktion** (hM): Abs 1 S 1 betrifft die **entgeltliche Verfügung eines Nichtberechtigten**. Er verpflichtet den unberechtigt Verfügenden zur Herausgabe des Erlangten und stellt damit zugleich klar, dass sich der bereicherungsrechtliche Ausgleichsanspruch des vormals Berechtigten nicht gegen den gutgläubigen entgeltlichen Erwerber richtet. Der gutgläubige Erwerb ist insofern „kondiktionsfest"; der Ausgleich findet grds zwischen den benachteiligten früheren Berechtigten und dem unberechtigt Verfügenden statt. Bei der **unentgeltlichen Verfügung eines Nichtberechtigten** verlagert sich aber nach Abs 1 S 2 die Ausgleichspflicht auf den gutgläubigen Erwerber, dessen ohne Gegenleistung erlangten rechtlichen Vorteil der vormals Berechtigte kondizieren kann. Insoweit ist der Vorrang der Leistungskondiktion wegen der Unentgeltlichkeit des Erwerbs durchbrochen.

2 Abs 2 betrifft die **Leistung an einen Nichtberechtigten**, die dem Berechtigten ggü wirksam geworden ist und den Leistenden damit von seiner Schuld befreit hat (zB § 407). Der Nichtberechtigte muss in diesem Fall den Verlust der Forderung des Berechtigten durch Herausgabe der empfangenen Leistung ausgleichen.

3 II. 1. a) **Voraussetzungen des Abs 1 S 1: aa)** Der Anspruch steht dem Berechtigten ggü einem nicht berechtigten Verfügenden zu. **Berechtigter** ist derjenige, der an sich zu der betr Verfügung befugt gewesen wäre; zB bei der Übereignung einer Sache der Eigentümer (auch als im Innenverhältnis pflichtwidrig handelnder Treuhänder; BGH NJW 99, 1026; str), ein Miteigentümer oder Pfandgläubiger. Voraussetzung des Anspruchs ist, dass die Verfügung des Nichtberechtigten dem Berechtigten ggü wirksam geworden ist.

4 **bb)** Eine **Verfügung** ist jedes Rechtsgeschäft, das unmittelbar auf Bestand und Inhalt eines Rechts einwirkt, insb Übertragung, Belastung, Inhaltsänderung oder Aufhebung (Vor §§ 104–185 Rn 4). Davon zu unterscheiden sind lediglich schuldrechtliche Verpflichtungen; zB die Vermietung fremder Sachen und die Untervermietung (BGHZ 131, 305 f; abw Medicus/Petersen, BR, Rn 717). Nicht unter Abs 1 fallen auch der Verbrauch einer Sache (BGHZ 14, 8 f) sowie Verfügungen in der Zwangsvollstreckung, da diese keinen rechtsgeschäftlichen Charakter haben (ggf aber Eingriffskondiktion nach § 812 I 1, 2. Alt; s dort Rn 16).

5 **cc) Nichtberechtigt** ist, wer nicht Inhaber des Rechtes ist oder nicht mit Vertretungsmacht für diesen handeln kann (BGH NJW 99, 1027) und auch nicht zur Verfügung über das Recht ermächtigt ist. Für die Nichtberechtigung kommt es insofern maßgeblich auf die Verfügungsbefugnis an; nicht geschäftsführende Alleingesellschafter einer GmbH können so als Berechtigte handeln, wenn sie eigene Geschäftsanteile einer GmbH im eigenen Namen veräußern; BGH ZIP 03, 2116. Eine nachträgliche Genehmigung der Verfügung gem § 185 II 1 führt nicht rückwirkend zur Berechtigung (hM).

6 **dd) Wirksam** ist die Verfügung des Nichtberechtigten ggü dem Berechtigten insb in den Fällen des gutgläubigen Erwerbs gem §§ 932 ff, 936, 892 f, 1032 S 2, 1138, 1155 ff, 1192, 1200, 1207 f, 2366 f; § 366 HGB.

7 Ist die Verfügung des Nichtberechtigten zunächst unwirksam geblieben (zB Übereignung einer gestohlenen Sache; § 935), kann der Berechtigte sie gem § 185 II 1, 1. Fall rückwirkend (§ 184) **genehmigen** (BGHZ 56, 134) und damit die Wirksamkeit herbeiführen. Der Verfügende ist aber weiterhin als Nichtberechtigter iSd Abs 1 S 1 anzusehen (Rn 5). Die Genehmigung kann auch konkludent erteilt werden. Eine konkludente Genehmigung liegt regelmäßig in der Klage des Berechtigten auf Herausgabe des Erlöses aus der Verfügung, sofern der Genehmigende die Unwirksamkeit des Geschäfts gekannt oder zumindest mit einer solchen Möglichkeit gerechnet hat (BGH DB 60, 1212). Der Berechtigte kann auch auf Herausgabe des Erlöses Zug-um-Zug gegen die Genehmigung klagen, um sich den Vindikationsanspruch für den Fall zu erhalten, dass die Herausgabe des Erlöses nicht durchsetzbar ist. Die Genehmigung schließt idR Scha-

densersatzansprüche des Berechtigten nach §§ 987 ff, 823 nicht aus (BGH NJW 91, 696; zu Ausn BGH NJW 60, 860).

ee) Abs 1 S 1 ist nur anwendbar, wenn die Verfügung **entgeltlich** erfolgt ist (zB aufgrund eines Kaufes); die unentgeltliche Verfügung regelt dag Abs 1 S 2 (Rn 10). 8

b) **Rechtsfolge des Abs 1 S 1** ist der Anspruch gegen den Verfügenden auf „Herausgabe des durch die Verfügung Erlangten". Gemeint ist damit nach zutreffender hM der Gegenwert, der dem Veräußerer aufgrund des Rechtsgeschäfts, das der Verfügung zugrunde lag, zugeflossen ist (BGH NJW 97, 191), also zB der Kaufpreis für die unberechtigt veräußerte Sache. Der nicht berechtigt Verfügende hat demnach auch den Mehrbetrag herauszugeben, den er als Gewinn über den objektiven Wert der Sache hinaus erzielt hat. Bei einer Veräußerung unter dem Verkehrswert ist er entspr nur zur Herausgabe des tatsächlich Erlangten verpflichtet. § 818 II ist nicht anwendbar (OLG Hamm NJW-RR 95, 1012). Für diese Auffassung spricht neben dem Wortlaut des Abs 1 S 1 va, dass die Verwertung eines Gegenstandes und damit auch ein dabei erzielter Gewinn rechtlich dem Eigentum bzw der Rechtsinhaberschaft zugeordnet ist und daher iRd Bereicherungsausgleichs bei einer Eingriffskondiktion insgesamt herauszugeben ist. Nur in Ausnahmefällen ist davon aufgrund von § 242 abzugehen. Nach aA begrenzt dag der objektive Wert des Gegenstandes den Herausgabeanspruch; auch bei höheren Erlösen ist danach nur der objektive Wert geschuldet (Larenz/Canaris, SchR II/2, § 72 I 2 a). Eine weitere Lehrmeinung sieht als das Erlangte die Befreiung von der Verbindlichkeit aus dem Kausalgeschäft, das der Verfügung zugrunde liegt, an; deren Wert, der sich wiederum nach dem Verkehrswert des Gegenstandes bemisst, soll danach gem § 818 II ersetzt werden (Medicus/Petersen, BR, Rn 723). Nach übereinstimmender Auffassung kann der nicht berechtigt Verfügende seine Gegenleistung, die er für den Erwerb des Gegenstandes erbracht hat, nicht von dem Betrag absetzen, den er als das Erlangte herauszugeben hat (BGH NJW 70, 2059). 9

2. a) **Voraussetzung des Abs 1 S 2** ist ebenso wie bei Abs 1 die **Verfügung eines Nichtberechtigten**, die dem Berechtigten ggü **wirksam** ist. Anspruchsgegner ist anders als bei Abs 1 S 1 nicht der nicht berechtigt Verfügende (der wegen der Unentgeltlichkeit iU zu Abs 1 S 1 nichts „Erlangtes" herausgeben könnte), sondern derjenige, der den Gegenstand unentgeltlich erworben hat. Die Verfügung ist **unentgeltlich**, wenn sie unabhängig von einer Gegenleistung (auch ggü Dritten) erfolgt ist. Bei gemischten Schenkungen ist nach hM zu unterscheiden, ob der entgeltliche oder der unentgeltliche Teil überwiegt (BGH WM 64, 616). 10

b) Der dinglich wirksame, aber **rechtsgrundlose Erwerb** soll nach einer Lehrmeinung dem unentgeltlichen Erwerb durch analoge Anwendung des Abs 1 S 2 gleichzustellen sein (vgl Grunsky JZ 62, 208; für eine besondere Sachlage BGHZ 37, 363). Der ursprünglich Berechtigte könnte danach die Sache auch von einem entgeltlichen Erwerber herausverlangen, wenn dieser sie zB aufgrund eines nichtigen Kaufvertrages vom Entleiher erworben hat. Dag lehnt die hL zutreffend die allg Gleichstellung von rechtsgrundlosem und unentgeltlichem Erwerb mit Rücksicht auf die schutzwürdigen Interessen des entgeltlichen Erwerbers ab (dazu Esser/Weyers § 50 II 3). Der ursprüngliche Rechtsinhaber muss sich vielmehr gem Abs 1 S 1 an den nicht berechtigt Verfügenden halten und sich dessen Bereicherungsanspruch gegen den rechtsgrundlosen Erwerber aus § 812 I 1, 1. Alt abtreten lassen (Kondiktion der Kondiktion; **Doppelkondiktion**; dazu Jülich JA 12, 326). Geht er sodann aus dem abgetretenen Anspruch gegen den Erwerber vor, ist dieser durch § 404 insoweit geschützt, als er die Einwendungen aus seinem Verhältnis zum nicht berechtigt Verfügenden geltend machen kann (zB ein ZbR wegen des bereits gezahlten Kaufpreises). Verlangt hingegen der nicht berechtigt Verfügende selbst mit der Leistungskondiktion (§ 812 I 1, 1. Alt) die rechtsgrundlos erworbene Sache vom Erwerber heraus, kann er durch diese Rückabwicklung nicht mehr erhalten, als er ursprünglich hatte. Er kann daher durch die Kondiktion nur den Besitz der Sache erlangen, während das Eigentum unmittelbar an den ursprünglich Berechtigten zurückfällt (Braun ZIP 98, 1472). 11

c) **Rechtsfolge des Abs 1 S 2** ist die Pflicht des Erwerbers zur Herausgabe des unentgeltlich Erlangten. Abs 1 S 2 gibt damit dem Berechtigten ein „Verfolgungsrecht" hins 12 der von einem Nichtberechtigten unentgeltlich veräußerten Sache und durchbricht insofern ausnahmsweise das Prinzip der „Kondiktionsfestigkeit" des gutgläubigen Erwerbs (s Rn 1). Wird der erlangte Gegenstand an einen Vierten unentgeltlich weitergegeben, so ist dag § 822 anzuwenden.

13 **3. a) Voraussetzung des Abs 2** ist die Bewirkung einer **Leistung an einen Nichtberechtigten**, die dem **Berechtigten ggü wirksam** ist. Nicht berechtigt ist derjenige, der weder Gläubiger der Forderung noch zu ihrer Einziehung ermächtigt ist. Dem Berechtigten ggü wirksam wird die Leistung, wenn der Schuldner von seiner Verbindlichkeit befreit wird (zB aufgrund von §§ 566 c, 567 b, 581 II, 793, 808, 893, 1056, 1155). Wichtigster Fall ist die Leistung an den Altgläubiger nach (auch mehrfacher) Abtretung einer Forderung oder eines sonstigen Rechts in Unkenntnis der Abtretung (§§ 407, 408, 413; BGHZ 32, 357). Die Leistung kann ggü dem Berechtigten auch durch dessen Genehmigung (§ 185 II) wirksam werden; die Genehmigung kann auch konkludent mit der Klageerhebung erteilt werden (BGH ZIP 90, 1127; str). Nicht unter Abs 2 fallen Überweisungen an die Bank als bloße Zahlstelle des Gläubigers (BGHZ 53, 141 ff; uU aber analoge Anwendung des Abs 2 bei einer nichtigen Globalzession der Kundenforderungen an die Bank; BGHZ 72, 318).

14 **b) Als Rechtsfolge des Abs 2** hat der nicht berechtigte Leistungsempfänger dem Berechtigten das Geleistete herauszugeben. Für den Umfang der Herausgabepflicht sind §§ 818, 819 maßgeblich.

§ 817 Verstoß gegen Gesetz oder gute Sitten

¹War der Zweck einer Leistung in der Art bestimmt, dass der Empfänger durch die Annahme gegen ein gesetzliches Verbot oder gegen die guten Sitten verstoßen hat, so ist der Empfänger zur Herausgabe verpflichtet. ²Die Rückforderung ist ausgeschlossen, wenn dem Leistenden gleichfalls ein solcher Verstoß zur Last fällt, es sei denn, dass die Leistung in der Eingehung einer Verbindlichkeit bestand; das zur Erfüllung einer solchen Verbindlichkeit Geleistete kann nicht zurückgefordert werden.

1 **I. S 1** enthält einen besonderen **Tatbestand der Leistungskondiktion** (condictio ob turpem vel iniustam causam). Sein Ausgangspunkt ist nicht, dass der Leistungszweck nicht erreicht wurde, sondern dass wegen des Leistungszwecks die Leistungsannahme durch den Empfänger rechtlich oder sittlich missbilligt wird. Die Vorschrift kommt va zur Anwendung, wenn der Empfänger mit der Annahme gegen ein gesetzliches Verbot oder die guten Sitten verstößt, ohne dass das Kausalgeschäft nichtig ist (wie zB bei einer Vorteilsannahme gem § 331 I StGB, die die Wirksamkeit der zugrunde liegenden Schenkung nicht berührt). Ist dag das zugrunde liegende Kausalgeschäft gem §§ 134, 138 nichtig, greift wegen des fehlenden Rechtsgrundes bereits § 812 ein. Für § 817 bleibt bei nichtigem Kausalgeschäft nur Raum, wenn der Bereicherungsanspruch aus § 812 ausnahmsweise durch die §§ 814, 815 ausgeschlossen ist (str; aA MK/Schwab § 817 Rn 7 f); denn der Ausschluss der Rückforderung durch §§ 814, 815 gilt für § 817 nicht (s § 814 Rn 1). – Hingegen enthält **Satz 2** einen **Ausschlusstatbestand**, der für alle Leistungskondiktionen gilt (also auch Ansprüchen aus § 812 entgegengesetzt werden kann; iE Rn 6).

2 **II. 1. a) Voraussetzung des Anspruchs aus S 1:** Der Bereicherungsschuldner muss **durch Leistung eines anderen etwas erlangt** haben (dazu § 812 Rn 3 f). Hinzutreten muss, dass der Schuldner aufgrund des Zwecks der Leistung **durch die Annahme gegen ein gesetzliches Verbot oder die guten Sitten verstoßen** hat. Für die Beurteilung der Sittenwidrigkeit sind die Umstände und Anschauungen zZ des Vertragsschlusses maßgeblich (BGH NJW 83, 2692). Da bei Nichtigkeit des Kausalgeschäftes idR bereits § 812 den Bereicherungsanspruch gewährt (Rn 1), ist für die Anwendung von S 1 maßgeblich, ob gerade in der Annahme der Leistung aufgrund des unmittelbaren Leistungszwecks der Verstoß liegt. Dies ist zB der Fall bei der Annahme von Geld für die Zusage, eine Straftat nicht anzuzeigen (RGZ 58, 206 f) oder bei einer grob gegen das Haushaltsrecht verstoßenden Schenkung seitens einer Gemeinde (BGHZ 36, 395).

b) Erforderlich ist zudem nach hM **positive Kenntnis** des Empfängers vom Gesetzesverstoß bzw das Bewusstsein des Empfängers, sittenwidrig zu handeln (BGH NJW 80, 452; aA Esser/Weyers § 49 III: objektiver Verstoß reicht aus). Der Leistungsempfänger muss daher deliktsfähig sein (RGZ 105, 272). Grob fahrlässige Unkenntnis genügt nicht (BGHZ 50, 92; str). Jedoch stellt die Rspr dem bewusst Handelnden denjenigen gleich, der leichtfertig vor dem Verbot bzw der Sittenwidrigkeit die Augen verschließt (BGH NJW 89, 3218). 3

c) Als **Rechtsfolge** des S 1 hat der Empfänger das Geleistete herauszugeben (ggf Verfallsanspruch des Staates; §§ 73 ff StGB). Nach §§ 819 II, 818 IV haftet der Empfänger verschärft. 4

2. a) S 2 legt den **Ausschluss** der Rückforderung für den Fall fest, dass dem Leistenden gleichfalls ein Verstoß gegen ein gesetzliches Verbot oder die guten Sitten zur Last fällt, soweit die Leistung nicht in der Eingehung einer Verbindlichkeit bestand. Die Vorschrift versagt damit einer Rückabwicklung von Geschäften den Schutz der Rechtsordnung, wenn sich der Leistende selbst außerhalb der Rechts- und Sittenordnung bewegt hat. Problematisch ist dies bei gegenseitigen Geschäften, bei denen beide Parteien verbots- oder sittenwidrig handeln, insb in den Fällen, in denen der Vorwurf mehr den Empfänger als den Leistenden trifft. Denn die Versagung des Rechtsschutzes durch S 2 wirkt stets zugunsten des Empfängers, dem die Leistung verbleibt. Die Vorschrift ist daher rechtspolitisch zweifelhaft und ihre Anwendung iE str. Nach Ansicht des OLG München ist bei einem beiderseitigen Verstoß § 819 II analog anzuwenden (NJW 00, 2595). Unbilligen Ergebnissen kann in Einzelfällen die Anwendung von Treu und Glauben § 242 entgegenwirken. Nach vordringender Auffassung ist jedoch in den Fällen eines Verstoßes gegen § 1 II Nr 2 SchwarzArbG („„Ohne-Rechnung-Abrede") S 2 anwendbar (so Larenz/Canaris, SchR II 2, § 68 III g; OLG Schleswig, Urt v 16.08.2013 – 1 U 24/13; Lorenz, NJW 2013, 3132; anders wohl noch BGH NJW 2013, 3167 im Anschluss an BGHZ 111, 308 „Schwarzarbeit"; OLG Köln NJW-RR 02, 1630). UU kann auch der Schutzzweck der Nichtigkeitssanktion des § 138 I im Einzelfall der Kondiktionssperre des § 817 S 2 entgegenstehen, zB beim sog Schenkkreis (BGH NJW 06, 45; BGH NJW 08, 1942 gegen OLG Köln NJW 05, 3290). 5

b) Der **Anwendungsbereich** des Ausschlusses erstreckt sich über den Wortlaut des S 2 hinaus auch auf den Fall, dass **nur dem Leistenden** ein Verstoß gegen ein gesetzliches Verbot oder die guten Sitten zur Last fällt (BGH WM 93, 1767). Er umfasst zudem über den Bereicherungsanspruch aus § 817 S 1 hinaus jedwede Art der **Leistungskondiktion**. Denn es widerspräche dem Zweck der Regelung, wenn dem verbots- oder sittenwidrig Leistenden regelmäßig die condictio indebiti aus § 812 I 1, 1. Alt doch die Rückgabe ermöglichen würde. Sehr str ist, ob S 2 über die Leistungskondiktion hinaus auf weitere Ansprüche entspr anwendbar ist. ZT wird dies angenommen, um Wertungswidersprüche zu vermeiden und insb bei Nichtigkeit des Kausalgeschäftes und des dinglichen Erfüllungsgeschäftes die Ausschlusswirkung des S 2 auch auf den dinglichen Anspruch zu erstrecken. S 2 wird insofern der Charakter einer allg Rechtsschutzversagung für Ansprüche unterschiedlicher Art zugesprochen, soweit sich der Gläubiger zur Begr dieser Ansprüche auf ein verbots- oder sittenwidriges Verhalten berufen muss (Medicus/Petersen, BR, Rn 697). Dag stellen die Rspr und ein anderer Teil der Lehre auf den Ausnahmecharakter von S 2 ab; eine entspr Anwendung über die Leistungskondiktion hinaus sehen sie va dadurch gehindert, dass die Vorschrift Sanktions- bzw Strafwirkung entfalte (vgl RGZ 161, 60; die ZT zur Anwendung bei GoA BGHZ 39, 91; bei § 826 BGH NJW 92, 311; bei §§ 987 ff BGHZ 63, 368 f; bei öffentlich-rechtlichen Rückabwicklungsverhältnissen BVerwG NJW 03, 2846). 6

c) Voraussetzungen des Ausschlusses gem S 2: **aa)** Der Bereicherungsschuldner muss eine **Leistung** angenommen haben (zum Leistungsbegriff § 812 Rn 5 ff). Erforderlich ist, dass der Vermögensvorteil nach der Parteivereinbarung endgültig in das Vermögen des Empfängers übergegangen sein soll (BGH NJW 95, 1153). Grds nicht erfasst sind daher nur zu einem vorübergehenden Zweck erbrachte Vermögensvorteile wie die Bestellung einer Sicherungsgrundschuld (BGHZ 19, 207) oder durchlaufende Posten wie Kautionszahlungen (BGHZ 28, 257 f). Soweit nicht der Gegenstand selbst, sondern die 7 vorübergehende Nutzungsmöglichkeit geleistet wurde, kommt nur ein Ausschluss der vorzeitigen Rückforderung in Betracht. Bei einem **Wucherdarlehen** ist daher der Darlehensgeber nach S 2 daran gehindert, die Valuta wegen der Nichtigkeit des Darlehensvertrages (§ 138 II) vor Ablauf der vertraglich vereinbarten Fälligkeit herauszuverlangen (s entspr für die Nichtigkeit von Darlehensverträgen gem § 134 BGH NJW 93, 2108 und gem § 138 I BGH NJW 95, 1152).

8 bb) Aufgrund der Leistung muss der Leistende **gegen ein gesetzliches Verbot oder die guten Sitten verstoßen** haben; und dieser Verstoß muss ihm **bewusst** gewesen sein. Dem vorsätzlichen Verstoß steht nach Auffassung der Rspr leichtfertiges Handeln gleich (BGH NJW 83, 1423; 93, 2109). Die Deliktsfähigkeit des Leistenden ist erforderlich (RGZ 105, 272 f).

9 cc) Die Leistung darf zudem gem S 2 **nicht** in der **Eingehung einer Verbindlichkeit** bestehen. Diese Ausn vom Ausschluss der Rückforderung soll vermeiden, dass das verbots- oder sittenwidrige Geschäft hins der Erfüllung der Verbindlichkeit mit Rechtszwang durchgeführt werden kann. Der Versprechende kann daher mit der Leistungskondiktion Befreiung von seiner Verbindlichkeit verlangen und die Erfüllung mit der Einrede des § 821 verweigern. Hat er jedoch bereits erfüllt, kann er das Geleistete nicht zurückfordern (§ 817 S 2 letzter Halbs). Besteht die Leistung zB in einem abstrakten Schuldversprechen, kann der Versprechende dieses kondizieren und dessen Erfüllung verweigern; was er aber bereits zur Erfüllung geleistet hat, kann er nicht zurückfordern. Die Eingehung einer Verbindlichkeit liegt auch in einem Wechselakzept (BGH NJW 94, 187) und der Bestellung einer Hypothek (nicht aber einer Grundschuld, da diese nicht akzessorisch ggü der Forderung ist und ihre Bestellung daher der Erfüllung entspricht).

10 d) **Rechtsfolge** des S 2 ist der Ausschluss der Rückforderung des Geleisteten. Somit wird grds der Partei Rechtsschutz verweigert, die Ansprüche aus dem sittenwidrigen Rechtsgeschäft ableiten will (BGH NJW 05, 1491). Bei einem Wucherdarlehen ist die Nutzungsmöglichkeit der Valuta für den vereinbarten Zeitraum und nicht die Kapitalsubstanz geleistet. Der Darlehensnehmer kann sich daher in Hinblick auf das Darlehenskapital nicht auf den Wegfall der Bereicherung (§ 818 III) berufen (BGH WM 99, 725), es sei denn, es hat sich ein Risiko verwirklicht, das von vornherein mit dem sittenwidrigen Darlehen verbunden und dem Darlehensgeber bekannt war (BGH NJW 95, 1152). Für die zeitweilige Kapitalüberlassung bis zur Fälligkeit der jeweiligen Rückzahlungsraten besteht nach hM kein Anspruch auf angemessenes Entgelt (Verzinsung); der Ausschluss gem S 2 hindert die Anwendung des § 818 II (BGH NJW 89, 3217; aA Medicus/Petersen, BR, Rn 700; zur Nutzungserstattung des objektiven Ertragswertes s aber BGHZ 63, 368; zur Zahlungspflicht nach Inanspruchnahme verbotswidrig überlassener Arbeitnehmer BGHZ 75, 303).

§ 818 Umfang des Bereicherungsanspruchs

(1) Die Verpflichtung zur Herausgabe erstreckt sich auf die gezogenen Nutzungen sowie auf dasjenige, was der Empfänger auf Grund eines erlangten Rechts oder als Ersatz für die Zerstörung, Beschädigung oder Entziehung des erlangten Gegenstands erwirbt.
(2) Ist die Herausgabe wegen der Beschaffenheit des Erlangten nicht möglich oder ist der Empfänger aus einem anderen Grunde zur Herausgabe außerstande, so hat er den Wert zu ersetzen.
(3) Die Verpflichtung zur Herausgabe oder zum Ersatz des Wertes ist ausgeschlossen, soweit der Empfänger nicht mehr bereichert ist.
(4) Von dem Eintritt der Rechtshängigkeit an haftet der Empfänger nach den allgemeinen Vorschriften.

1 I. Die Vorschrift setzt das Bestehen eines Bereicherungsanspruchs aus §§ 812, 816, 817 S 1 voraus und bestimmt zusammen mit §§ 819, 820 den **Inhalt und Umfang** des Anspruchs näher. Einen zentralen Grundsatz des Bereicherungsrechts legt Abs 3 fest, indem er die Herausgabepflicht auf die im Schuldnervermögen noch vorhandene Berei-

cherung beschränkt. Der Bereicherungsschuldner wird dadurch ggü Herausgabepflichtigen aufgrund anderer Vorschriften (zB §§ 346 ff, 985) privilegiert. Davon ausgenommen ist die verschärfte Haftung gem §§ 818 IV, 819, 820.

II. 1. Herausgabe gem Abs 1. a) In erster Linie ist der Bereicherungsschuldner gem §§ 812, 816, 817 S 1 zur **Herausgabe des Erlangten** verpflichtet. Der Bereicherungsgegenstand ist damit in natura herauszugeben (zB bei rechtsgrundloser Besitzerlangung die tatsächliche Sachherrschaft wieder einzuräumen; bei rechtsgrundlosem Eigentumserwerb die Sache zurück zu übereignen; bei Erlass einer Verbindlichkeit diese wiederherzustellen; bei Eintragung einer Buchposition der Löschung zuzustimmen). Eine Ausn davon legt § 951 I für den Rechtsverlust gem §§ 946–950 fest (§ 951 Rn 3). Für besondere Sachlagen sieht das Gesetz zudem eine Abwendungsbefugnis durch Zahlung des Wertersatzes vor (§§ 528 I 2, 1973 II 2, 2329 II). 2

b) Nach Abs 1 erstreckt sich die Herausgabepflicht auf die **Nutzungen**, die der Bereicherungsschuldner aus dem erlangten Gegenstand gezogen hat. Zu den Nutzungen (§ 100) gehören zB die Gebrauchsvorteile des erlangten Gegenstandes, die Erträge eines Grundstückes oder Betriebes und die Zinsen aus einer erlangten Forderung. Anders als nach §§ 987 ff können nur die tatsächlich gezogenen Nutzungen herausverlangt werden (sofern keine verschärfte Haftung eingreift; Rn 18). Auch bei Geld beschränkt sich die Herausgabepflicht grds auf die tatsächlich erlangten Zinsen seit Entstehen des Bereicherungsanspruchs (zu anders lautenden AGB vgl BGHZ 102, 47 ff). UU kann allerdings eine Vermutung für die tatsächliche Nutzung im üblichen Umfang sprechen, insb bei einem als Betriebsmittel genutztem Darlehen (BGH NJW 97, 933), bei Ansprüchen auf eine Geldsumme ggü einer Bank (BGH NJW 98, 2529) sowie bei Herausgabeansprüchen hins zinstragender Wertpapiere. 3

c) Neben den Nutzungen sind auch die in Abs 1 bezeichneten **Surrogate** herauszugeben: **Aufgrund eines erlangten Rechts** erworben hat der Bereicherungsschuldner die Vermögensvorteile, die er in der bestimmungsgemäßen Ausübung des Rechts erlangt hat (anders als § 285; s dort Rn 5); zB den eingezogenen Forderungsbetrag oder den Erlös aus der Verwertung eines Pfandrechts. Nicht erfasst sind dag nach hM die Gegenstände, die der Bereicherungsschuldner aufgrund eines Rechtsgeschäfts anstelle des ursprünglich Erlangten erworben hat (rechtsgeschäftliches Surrogat; commodum ex negotiatione). Nicht nach Abs 1 herauszugeben ist damit insb der Erlös aus dem Verkauf des Bereicherungsgegenstandes oder die durch Tausch erhaltene Gegenleistung. Insoweit ist vielmehr nach der Sondervorschrift des Abs 2 Wertersatz zu leisten, weil infolge des Verkaufs, Tauschs oder sonstigen Rechtsgeschäfts die Herausgabe des Bereicherungsgegenstandes unmöglich geworden ist. 4

Als Surrogat nach Abs 1 herauszugeben hat der Bereicherungsschuldner zudem das, was er als **Ersatz für die Zerstörung, Beschädigung oder Entziehung des erlangten Gegenstandes** erworben hat (sog Ersatzvorteile). Dazu gehören insb eine Versicherungssumme oder -forderung und Schadensersatzleistungen oder -forderungen. 5

2. Wertersatz nach Abs 2. a) Ist die Herausgabe unmöglich, hat der Bereicherungsschuldner nach Abs 2 **Wertersatz** zu leisten, sofern diese Verpflichtung nicht durch Abs 3 ausgeschlossen ist. Dies betrifft sowohl den Bereicherungsgegenstand selbst als auch seine Nutzungen und Surrogate gem Abs 1. 6

b) Voraussetzung ist die Unmöglichkeit der Herausgabe. Objektive Unmöglichkeit und Unvermögen (subjektive Unmöglichkeit) sind umfasst; auf ein Verschulden kommt es nicht an (anders bei verschärfter Haftung gem §§ 818 IV, 819, 820). Wegen der Beschaffenheit des Erlangten ist die Herausgabe unmöglich zB bei Dienstleistungen, Gebrauchsvorteilen, dem Verbrauch einer Sache, unbefugter Stromentnahme (BGH NJW 92, 1383), dem goodwill einer Arztpraxis oder bei der Erwartung, dass Mandanten bei der Rückabwicklung eines Kanzleikaufs nicht mehr in das ehemalige Beratungsverhältnis zurückkehren werden (BGH NJW 06, 2847). Aus einem anderen Grund ist der Empfänger zur Herausgabe insb bei der (Weiter-)Veräußerung des Gegenstandes außerstande. – Im Sonderfall des § 816 ist zwar kein Wertersatz für den Verfügungsgegenstand zu leisten, sondern das durch die Verfügung Erlangte herauszugeben. Ist dessen Herausgabe aber unmöglich, entsteht gem Abs 2 die Verpflichtung zum Ersatz des 7

Wertes (und zwar nicht des Verfügungsgegenstandes, sondern des durch die Verfügung Erlangten).

8 c) Für die **Höhe des Wertersatzes** in Geld ist der **objektive Wert** des Erlangten maßgeblich. Zu ersetzen ist also der Wert, den die Leistung in ihrer tatsächlichen Beschaffenheit für jedermann hat (Verkehrswert; BGHZ 117, 31). Dag muss der Bereicherungsschuldner (anders als bei § 816; s dort Rn 9) einen Veräußerungsgewinn nicht herausgeben. Veräußert er den Gegenstand unter dem objektiven Wert, ist er insoweit gem Abs 3 wegen Wegfalls der Bereicherung nicht zum Ersatz verpflichtet. Maßgeblicher Zeitpunkt für die Berechnung des Wertersatzes ist der des Entstehens des Bereicherungsanspruchs (hM). IdR ist damit auf den Zeitpunkt des (vollständigen) Erwerbs des Erlangten abzustellen. Bei Bereicherungsansprüchen wegen Nichteintritts des bezweckten Erfolges oder späteren Wegfalls des Rechtsgrunds ist jedoch der Zeitpunkt, zu dem der Nichteintritt feststeht oder der Rechtsgrund wegfällt, maßgeblich.

9 **3. Wegfall der Bereicherung gem Abs 3.** a) Soweit der Bereicherungsschuldner nicht (mehr) bereichert ist, schließt Abs 3 die Verpflichtung zur Herausgabe oder zum Wertersatz aus, weil der Bereicherungsausgleich lediglich eine ungerechtfertigte Vermögensmehrung beseitigen, **nicht** aber darüber hinaus eine **Vermögensminderung** herbeiführen will (vgl BGHZ 1, 81). Für den Ausschluss nach Abs 3 kommt es nicht darauf an, ob der Wegfall der Bereicherung zufällig oder verschuldet eingetreten ist. Begrenzt wird dieser Ausschluss jedoch durch die Vorschriften über die verschärfte Haftung (Abs 4; §§ 819, 820).

10 b) aa) **Voraussetzung** ist, dass der Schuldner nicht mehr bereichert ist. Dies ist der Fall, wenn weder das ursprünglich Erlangte noch dessen Wert unter wirtschaftlichen Gesichtspunkten im Vermögen des Bereicherungsschuldners vorhanden sind. Zum Wegfall der Bereicherung führt zB der ersatzlose Verlust des Erlangten durch Zerstörung oder Diebstahl. Auch der Verbrauch des Erlangten oder die Weggabe aufgrund einer Schenkung lässt die Bereicherung entfallen, sofern der Bereicherungsschuldner dadurch nicht Aufwendungen erspart, die er sonst gehabt hätte. Ein Wegfall der Bereicherung liegt daher nicht vor, wenn der Schuldner mit rechtsgrundlos erlangtem Geld seinen Lebensunterhalt bestreitet oder sich von bestehenden Verbindlichkeiten befreit (BGH NJW 85, 2700; 03, 3271). Fehlt es aber an der Ursächlichkeit des rechtsgrundlosen Erwerbs für die Schuldentilgung (etwa weil der Bereicherungsschuldner unter Einschränkung seiner Lebensverhältnisse seine Schulden im gleichen Maße bezahlt hätte; vgl BGHZ 118, 385), ist die Bereicherung weggefallen. ZT werden die Ausgaben, die der Bereicherungsschuldner ohne die rechtsgrundlose Vermögensmehrung nicht getätigt hätte, als Fallgruppe der „**Luxusausgaben**" iRd Abs 3 zusammengefasst (zT str, ob überhaupt „etwas erlangt" ist; vgl § 812 Rn 4). Vom Wegfall der Bereicherung ist zB bei Unterhaltszahlungen des Scheinvaters an das Kind auch ohne Prüfung der Vermögensabflüsse iE auszugehen, wenn das Erlangte verbraucht ist und das Aktivvermögen des Bereicherungsschuldners den Bereicherungsanspruch nicht deckt (BGH NJW 81, 2184). Das Risiko sog unvorteilhafter Verwendungen des Bereicherungsgegenstandes (zB Ausgabe des erlangten Geldes zum Kauf einer wertlosen Sache oder Veräußerung des erlangten Gegenstandes unter Wert oder für eine undurchsetzbare Gegenleistung) trägt nach Abs 3 grds der Bereicherungsgläubiger.

11 bb) Vom Erlangten, das der Bereicherungsschuldner herauszugeben hat, sind zudem uU **Einbußen**, die der Schuldner im Zusammenhang mit dem Bereicherungsvorgang erlitten hat, abzuziehen. Voraussetzung dafür ist ein adäquat kausaler Zusammenhang zwischen dem Empfang des rechtsgrundlos Erlangten und dem Vermögensverlust des Schuldners (BGHZ 1, 81; 118, 386). Nach hL muss hinzukommen, dass der Bereicherungsschuldner die Aufwendungen oder sonstigen Vermögensminderungen im Vertrauen auf die Beständigkeit des vermeintlichen Vermögenszuwachses eingegangen ist (Larenz/Canaris, SchR II/2, § 73 I 1 b). Zu berücksichtigen ist dabei ggf, wer das sog Entreicherungsrisiko nach den Vorschriften über das fehlgeschlagene Geschäft oder nach der Vereinbarung der Parteien tragen soll (BGH NJW 90, 315). Eine Aufwendung ist nur abzuziehen, wenn aufgrund dieser Wertung das „Entreicherungsrisiko" beim Be-

reicherungsgläubiger liegt (BGHZ 116, 205). Nicht abzugsfähig sind daher Schäden, die der Bereicherungsgegenstand verursacht hat (Larenz/Canaris, SchR II/2, § 73 I 2 g). Als abzugsfähige Aufwendungen grds in Betracht kommen zB **Verwendungen** auf die erlangte Sache und **Kosten des Erwerbs**, etwa Frachtkosten, Provisionen und MwSt (BGH NJW 70, 2060). Gegenleistungen an Dritte können bei der Eingriffskondiktion aber grds nicht vom Herausgabeanspruch abgezogen werden (vgl BGHZ 55, 176; zur Berücksichtigung der Gegenleistung bei gegenseitigen Verträgen s Rn 13 ff; zur Leistung an Dritte bei der Leistungskondiktion BGH NJW 95, 3315). 12

c) aa) Haben bei einem nichtigen **gegenseitigen Vertrag** beide Parteien ihre Leistungen bereits erbracht, ist nach heute hM die synallagmatische Verknüpfung der Leistungen (Vor §§ 320–326 Rn 2) auch beim Bereicherungsausgleich zu berücksichtigen. Dies ist durch die **Zweikondiktionentheorie** nicht hinreichend gewährleistet. Denn danach ist jeder Partei ein eigenständiger Bereicherungsanspruch zuzusprechen. Der Anspruch der Gegenpartei begründet zwar ein ZbR gem § 273 und beim Wertersatz gem Abs 2 die Möglichkeit zur Aufrechnung beider Geldforderungen. Bei einem Wegfall der Bereicherung einer Partei (Abs 3) führt die Zweikondiktionentheorie jedoch zu einem unbilligen Ergebnis. Bei einem nichtigen Kaufvertrag müsste der Verkäufer so den Kaufpreis zurückzahlen, ohne selbst etwas verlangen zu können, wenn die Kaufsache ersatzlos beim Käufer untergegangen ist. Die heute herrschende **Saldotheorie** vermeidet dieses Ergebnis unter Berufung auf die Verknüpfung der beiderseits erbrachten Leistungen durch ihren Austauschzweck. Wenn die eine Partei die von ihr erbrachte Leistung kondiziert, ist nach diesem Ansatz die Vermögensmehrung der anderen Partei aufgrund der empfangenen Leistung nur die eine Seite bei der Ermittlung des Umfangs der Bereicherung. Als andere Seite hinzutreten muss die Berücksichtigung der erbrachten Gegenleistung und der zudem durch den Bereicherungsvorgang verursachten Vermögensminderungen (Rn 11 f). Nur wenn nach Abzug dieser Posten eine Vermögensmehrung verbleibt, besteht ein Bereicherungsanspruch. 13

Der Bereicherungsausgleich beschränkt sich damit bei Anwendung der Saldotheorie für nichtige gegenseitige Verträge auf **einen** Anspruch. Anspruchsinhaber ist allein die Partei, zu deren Gunsten ein positiver Saldo verbleibt (BGH NJW 95, 2628; NJW 98, 1952). Die Anspruchshöhe bemisst sich nach dem Betrag des Saldo. 14

bb) **Voraussetzung** für die Anwendung der Saldotheorie ist stets, dass ein Bereicherungsanspruch wegen eines nichtigen gegenseitigen Vertrages geltend gemacht wird und dass die beiderseitigen Leistungen iRd nichtigen Vertragsverhältnisses bereits erbracht sind. Gleichartige Leistungen sind dag nach hM nicht vorausgesetzt (BGH NJW 95, 455; str). Bei verschiedenartigen Leistungen muss der Bereicherungsgläubiger die erhaltene Gegenleistung Zug-um-Zug gegen die von ihm zurückgeforderte Leistung anbieten (BGH NJW 99, 1182; Finkenauer NJW 04, 1705). 15

cc) **Einschränkungen** für die Anwendung der Saldotheorie sind insb zugunsten nicht voll Geschäftsfähiger wegen der den §§ 104 ff zugrunde liegenden Wertung geboten (BGHZ 126, 108; NJW 00, 3562). Gleiches gilt für Verträge, die aufgrund der Anfechtung durch einen arglistig Getäuschten oder widerrechtlich Bedrohten nichtig sind (§§ 123, 142). Der arglistig Handelnde soll in dieser Lage nicht besser gestellt werden als der Rücktrittsschuldner (vgl BGHZ 53, 147 ff; zum Untergang der Sache durch Verschulden des Getäuschten vor der Anfechtung BGHZ 57, 137; zu Recht krit dazu Medicus/Petersen, BR, Rn 230). Ebenso nicht anwendbar ist die Saldotheorie zulasten der durch ein wucherähnliches, sittenwidriges Geschäft geschädigten Partei (BGH NJW 01, 1130). Zu weiteren Fallgruppen und Wertungskriterien (iE str) Medicus/Petersen, BR, Rn 224 ff; MK/Schwab § 818 Rn 211 ff. 16

4. Verschärfte Haftung nach Abs 4. a) Mit **Rechtshängigkeit der Leistungsklage** (§§ 261 I, II, 253 I ZPO) aus dem Bereicherungsanspruch haftet der Bereicherungsschuldner gem Abs 4 verschärft. Eine Feststellungs- oder Abänderungsklage führt dag nicht zur verschärften Haftung (BGHZ 93, 183; 118, 390). Unter Verweis auf Abs 4 führen §§ 819, 820 ebenfalls zu einer verschärften Haftung. Auf den Wegfall der Bereicherung kann sich der Bereicherungsschuldner damit nur berufen, wenn er insofern 17 gutgläubig war, als er iS dieser Vorschriften darauf vertrauen durfte, das Erlangte zu behalten.

18 b) **Rechtsfolge** des Abs 4 ist die **Haftung des Bereicherungsschuldners nach den allg Vorschriften.** Der Bereicherungsschuldner kann sich damit nicht auf den **Wegfall der Bereicherung** nach Abs 3 berufen. Dies gilt auch dann, wenn der Bereicherungsgläubiger seinerseits nicht zur vollständigen Rückgewähr der Gegenleistung imstande ist (BGHZ 72, 252; Rn 15). IÜ bestimmt sich die verschärfte Haftung des Bereicherungsschuldners nach den §§ 291, 292 und den dort genannten Verweisungen. Eine Geldschuld ist danach gem §§ 291, 288 spätestens nach Rechtshängigkeit mit 5 Prozentpunkten bzw. – soweit kein Verbraucher am Bereicherungsausgleich beteiligt ist – mit 8 Prozentpunkten über dem Basiszinssatz (§ 247) zu verzinsen. Nach §§ 292 I, 989 I ist **Schadensersatz** zu leisten, wenn infolge Verschuldens die herauszugebende Sache verschlechtert wird, untergeht oder sonst nicht herausgegeben werden kann. Bei Verzug greift die erweiterte Haftung für Zufall gem §§ 292 I, 990 II, 287 S 2. Neben den tatsächlich gezogenen Nutzungen sind auch **schuldhaft nicht gezogene Nutzungen** zu ersetzen gem §§ 292 II, 987. IU zu Abs 3 gestatten §§ 292 II, 994 II nur den Abzug von **notwendigen Verwendungen** nach den Vorschriften der GoA. **Surrogate** sind nach § 285 herauszugeben. Davon umfasst sind (iU zu Abs 1) auch rechtsgeschäftliche Surrogate, zB der Veräußerungsgewinn.

19 **III. Beweislast:** Der Bereicherungsgläubiger hat zu beweisen, was der Empfänger iSd Abs 1 erlangt hat; auch für den Wert des ursprünglichen Leistungsgegenstandes sowie für Surrogate und den Umfang gezogener Nutzungen trägt er die Beweislast (BGHZ 109, 148). Der Bereicherungsschuldner hat dag die Unmöglichkeit der Herausgabe (Abs 2) sowie den Wegfall bzw. die Minderung der Bereicherung (Abs 3) zu beweisen (BGHZ 118, 383). Bei einer Gehaltsüberzahlung können jedoch Beweiserleichterungen durch den Anscheinsbeweis für den Entreicherungseinwand nach Abs 3 eingreifen, wenn der Bereicherungsgläubiger ein unteres oder mittleres Einkommen bezieht (BAG BB 01, 2008).

§ 819 Verschärfte Haftung bei Kenntnis und bei Gesetzes- oder Sittenverstoß

(1) Kennt der Empfänger den Mangel des rechtlichen Grundes bei dem Empfang oder erfährt er ihn später, so ist er von dem Empfang oder der Erlangung der Kenntnis an zur Herausgabe verpflichtet, wie wenn der Anspruch auf Herausgabe zu dieser Zeit rechtshängig geworden wäre.
(2) Verstößt der Empfänger durch die Annahme der Leistung gegen ein gesetzliches Verbot oder gegen die guten Sitten, so ist er von dem Empfang der Leistung an in der gleichen Weise verpflichtet.

1 **I.** Die Vorschrift erweitert die **verschärfte Haftung**, die nach § 818 IV mit der Rechtshängigkeit eingreift, um zwei Tatbestände, bei denen der Bereicherte ebenfalls nicht schutzwürdig ist: die Kenntnis vom Fehlen des rechtlichen Grundes (Abs 1) und den Gesetzes- oder Sittenverstoß durch die Annahme der Leistung (Abs 2). Während Abs 2 sich auf die Leistungskondiktion bezieht, gilt Abs 1 für Bereicherungsansprüche aller Art.

2 **II. 1. Voraussetzungen des Abs 1** sind das Bestehen eines **Bereicherungsanspruchs** und die **Kenntnis** des Bereicherungsschuldners vom **Fehlen des Rechtsgrunds.** Erforderlich ist die positive Kenntnis der Tatsachen, auf denen die Rechtsgrundlosigkeit beruht, und die Erkenntnis ihrer rechtlichen Bedeutung hins des Fehlens des Rechtsgrundes (BGHZ 118, 392). Grob fahrlässige Unkenntnis reicht nicht aus. Kennt der Bereicherungsschuldner aber die Tatsachen und verschließt sich bewusst der Einsicht in die rechtlichen Folgen, ist dies als Kenntnis der Rechtsgrundlosigkeit zu werten (sog „Rechtsblindheit"; vgl BGHZ 133, 251). Bei Kenntnis bereits zum **Zeitpunkt** der Vermögensverschiebung greift die verschärfte Haftung sogleich mit dem Empfang ein. Erlangt der Bereicherungsschuldner erst danach Kenntnis vom Fehlen oder späteren Wegfall des Rechtsgrundes, ist der Zeitpunkt dieser Kenntniserlangung maßgeblich. Die

Kenntnis eines Vertreters ist entspr § 166 zuzurechnen. Auch ohne ein Vertretungsverhältnis kann die Kenntnis von Personen, die der Bereicherungsschuldner mit Aufgaben im Zusammenhang mit dem Leistungsempfang betraut hat, uU zurechenbar sein (BGH NJW 01, 1063).

Unter welchen Voraussetzungen die verschärfte Haftung bei **Kenntnis eines minderjährigen Empfängers** vom Fehlen des Rechtsgrundes eingreift, ist str. Ein Teil der Lehre stellt stets auf die Kenntnis des gesetzlichen Vertreters ab; nach aA sind §§ 827–829 entspr anzuwenden. Nach zutreffender hM ist zu differenzieren: Bei der Leistungskondiktion kommt es auf die Kenntnis des gesetzlichen Vertreters an. Der Zweck des Minderjährigenschutzes gem §§ 104 ff steht hier einer verschärften Haftung aufgrund der Kenntnis des Minderjährigen entgg, weil andernfalls häufig über die bereicherungsrechtliche Haftung die von §§ 104 ff angeordnete Nichtigkeit des Rechtsgeschäfts unterlaufen würde. Diese Konstellation besteht dag bei der Nichtleistungs-, insb Eingriffskondiktion idR nicht. Vielmehr geht die ungerechtfertigte Bereicherung dort oft mit einer unerlaubten Handlung einher, so dass die Anwendung des Maßstabs für die Deliktsfähigkeit (§§ 827 ff) nahe liegt und damit bei Kenntnis des deliktsfähigen Minderjährigen die verschärfte Haftung greift (so iErg auch BGHZ 55, 136 f bei einer erschlichenen Flugreise). 3

2. Voraussetzung des Abs 2 ist ein **Bereicherungsanspruch nach § 817 S 1** (einschließlich der positiven Kenntnis des Gesetzesverstoßes bzw entspr des Bewusstseins der Sittenwidrigkeit; § 817 Rn 3). Der Empfänger muss diese Kenntnis bereits bei der Annahme der Leistung haben; auf die spätere Kenntniserlangung erstreckt sich Abs 2 nicht (str). 4

3. Rechtsfolge beider Abs des § 819 ist die verschärfte Haftung, wie sie § 818 IV von der Rechtshängigkeit an festlegt (§ 818 Rn 18). 5

§ 820 Verschärfte Haftung bei ungewissem Erfolgseintritt

(1) ¹War mit der Leistung ein Erfolg bezweckt, dessen Eintritt nach dem Inhalt des Rechtsgeschäfts als ungewiss angesehen wurde, so ist der Empfänger, falls der Erfolg nicht eintritt, zur Herausgabe so verpflichtet, wie wenn der Anspruch auf Herausgabe zur Zeit des Empfangs rechtshängig geworden wäre. ²Das Gleiche gilt, wenn die Leistung aus einem Rechtsgrund, dessen Wegfall nach dem Inhalt des Rechtsgeschäfts als möglich angesehen wurde, erfolgt ist und der Rechtsgrund wegfällt.

(2) Zinsen hat der Empfänger erst von dem Zeitpunkt an zu entrichten, in welchem er erfährt, dass der Erfolg nicht eingetreten oder dass der Rechtsgrund weggefallen ist; zur Herausgabe von Nutzungen ist er insoweit nicht verpflichtet, als er zu dieser Zeit nicht mehr bereichert ist.

I. Die Vorschrift legt eine **verschärfte**, aber durch Abs 2 ggü §§ 818 IV, 819 etwas gemilderte **Haftung** für zwei Fälle der Leistungskondiktion fest. Die Haftungsverschärfung beruht darauf, dass auch in diesen Fällen der Empfänger damit rechnen musste, das Erlangte herausgeben zu müssen. Für die Anwendung des § 820 ist stets zu berücksichtigen, dass beide Parteien den Eintritt des Erfolgs als unsicher bzw den Wegfall des Rechtsgrundes als möglich angesehen haben müssen; andernfalls kommt entweder § 815 oder § 819 I in Betracht. 1

II. 1. Voraussetzung der verschärften Haftung nach **Abs 1 S 1** ist die **Ungewissheit über den Eintritt des bezweckten Erfolges**. Abs 1 S 1 bezieht sich damit auf § 812 I 2, 2. Alt (condictio ob rem). **Abs 1 S 2** knüpft an die condictio ob causam finitiam (§ 812 Rn 9 f) an und hat die **Möglichkeit des späteren Wegfalls des rechtlichen Grundes** zur Voraussetzung. Die Ungewissheit der zukünftigen Entwicklung muss sich in beiden Fällen **aus dem Inhalt des Rechtsgeschäfts** ergeben und nicht lediglich aus Umständen, die außerhalb des Vertrages liegen (vgl BGH NJW 98, 2435). Beim Abschluss des Rechtsgeschäfts muss sie objektiv bestanden haben und beide Parteien müssen von ihr ausgegangen sein (BGHZ 118, 393). Nicht ausreichend ist es, wenn die Parteien eine andere Entwicklung als nur ganz entfernte Möglichkeit angesehen haben oder wenn sie 2 nahe liegende Zweifel außer Acht gelassen haben. Unter § 820 fallen zB Leistungen auf einen zunächst nur mündlich vereinbarten Grundstückskaufvertrag (BGH JZ 61, 699) oder auf einen noch genehmigungsbedürftigen Vertrag. Entspr anwendbar ist § 820 auf Leistungen unter Vorbehalt (BGH WM 88, 1496; NJW 06, 286).

3 **2. Die Rechtsfolge** entspricht § 818 IV (dort Rn 18) mit folgenden Einschränkungen gem Abs 2: Ein Zinsanspruch besteht abw von § 291 erst von der Kenntnis des Nichteintritts des Erfolgs oder Wegfalls des Rechtsgrundes an. Für die Nutzungen bleibt es bei der Haftung nach § 818 I, III, so dass nur die tatsächlich gezogenen und als Bereicherung noch vorhandenen Nutzungen herauszugeben sind.

§ 821 Einrede der Bereicherung

Wer ohne rechtlichen Grund eine Verbindlichkeit eingeht, kann die Erfüllung auch dann verweigern, wenn der Anspruch auf Befreiung von der Verbindlichkeit verjährt ist.

1 Neben dem Bereicherungsanspruch kennt das Bereicherungsrecht auch die **Bereicherungseinrede**. Wer rechtsgrundlos eine Verbindlichkeit eingegangen ist, kann daher gem § 812 nicht nur Befreiung von der Verbindlichkeit verlangen, sondern auch die Einrede der Bereicherung erheben. Dieses Leistungsverweigerungsrecht ist vor allem bei abstrakten Verbindlichkeiten (zB Schuldanerkenntnis) praktisch relevant. § 821 bewirkt, dass diese Einrede eigenständig auch nach der Verjährung des Anspruchs auf Schuldbefreiung fortbesteht. Dabei handelt es sich um eine echte Einrede; sie ist also nicht vAw zu berücksichtigen (BGH NJW 91, 2141).

2 **Rechtsfolge** ist neben dem Recht zur Verweigerung der Erfüllung aufgrund des dauernden Charakters der Einrede, dass auch das Geleistete gem § 813 I 1 zurückverlangt werden kann. Sicherungsrechte, die für die rechtsgrundlos erlangte Forderung bestellt wurden, sind nach Maßgabe der betr Vorschriften (zB §§ 1169; 1254) und der Sicherungsabrede zurückzugewähren. Die Einrede kann auch ggü dem Zessionar, Insolvenzverwalter und Sequester geltend gemacht werden (vgl OLG Brandenburg WM 99, 1085). Sie entfällt, wenn die Bereicherung gem § 818 III weggefallen ist und nicht die verschärfte Haftung eingreift.

§ 822 Herausgabepflicht Dritter

Wendet der Empfänger das Erlangte unentgeltlich einem Dritten zu, so ist, soweit infolgedessen die Verpflichtung des Empfängers zur Herausgabe der Bereicherung ausgeschlossen ist, der Dritte zur Herausgabe verpflichtet, wie wenn er die Zuwendung von dem Gläubiger ohne rechtlichen Grund erhalten hätte.

1 **I.** Die Vorschrift beruht wie § 816 I 2 auf der Wertung, dass unter den jeweiligen Voraussetzungen die Belange des Benachteiligten dem Schutz des unentgeltlich Erwerbenden vorgehen; Übbl bei Tommaso/Weinbrenner Jura 04, 649. Während § 816 I 2 die unentgeltliche Verfügung eines Nichtberechtigten voraussetzt, betrifft aber § 822 die **unentgeltliche Verfügung eines Berechtigten**. Die Regelung durchbricht für die Leistungskondiktion den Grundsatz, dass die Rückabwicklung im jeweiligen Leistungsverhältnis vorzunehmen ist, und für die Nichtleistungskondiktion den Grundsatz, dass der Vermögensnachteil des Bereicherungsgläubigers und der Vermögensvorteil des Schuldners auf demselben Vorgang (Eingriff) beruhen müssen. Zur Subsidiarität der Haftung s Rn 4.

2 **II. 1. Voraussetzungen: a)** Der Gläubiger des Anspruchs aus § 822 muss einen **Bereicherungsanspruch gegen den ursprünglichen Empfänger** gehabt haben. Dabei kann es sich um einen Bereicherungsanspruch jeder Art handeln. Neben Ansprüchen aus §§ 812, 816 I 1, 816 I 2 kommt auch ein Anspruch aus § 822 selbst in Frage (nämlich bei Weitergabe des unentgeltlich Erlangten vom Dritten an eine weitere Person, sofern für diese die Voraussetzungen des § 822 vorliegen).

b) Der ursprüngliche Empfänger muss **das Erlangte dem Dritten unentgeltlich zuge-** 3
wandt haben. Als „Erlangtes" zu betrachten sind neben dem ursprünglich empfangenen Gegenstand selbst dessen Surrogate und Nutzungen; der gem § 818 III herauszugebende oder zu erstattende Wert, den der Empfänger dem Dritten unentgeltlich weiter vermittelt hat (BGH NJW 99, 1027); bei § 816 I 1 der Erlös samt Gewinn. Das Erfordernis der Zuwendung an einen Dritten schließt zB den Erwerb des Dritten durch Fund oder Ersitzung aus dem Anwendungsbereich von § 822 aus. Unentgeltlich ist die Zuwendung beim Fehlen einer Gegenleistung, also va bei Schenkung und Vermächtnis. Bei sog unbenannten Zuwendungen unter Ehegatten ist die Unentgeltlichkeit nicht nach Gesichtspunkten des ehelichen Güterrechts zu beurteilen (BGH NJW 00, 137). Nicht der Unentgeltlichkeit gleichzusetzen ist auch hier die rechtsgrundlose Leistung an den Dritten (§ 816 Rn 11).

c) Durch die unentgeltliche Zuwendung an den Dritten muss der Bereicherungsan- 4
spruch des Gläubigers gegen den ursprünglichen Empfänger **ausgeschlossen** sein (**Subsidiarität** der Haftung aus § 822). Diese Voraussetzung wird insb dadurch erfüllt, dass die Verpflichtung des Bereicherungsschuldners durch die Weitergabe des Erlangten an den Dritten aufgrund von § 818 III erloschen ist. Nicht ausreichend ist aber die fehlende Durchsetzbarkeit dieses Anspruchs wegen Zahlungsunfähigkeit oder anderer tatsächlicher Gründe (BGH NJW 99, 1028; str). Nach hM ist § 822 auch auf die Fälle der Rückforderung einer Schenkung wegen Verarmung nach § 528 I 1 anzuwenden (Looschelders, SR BT Rn 1092).

2. Rechtsfolge ist die Pflicht des Dritten zur Herausgabe des durch die unentgeltliche 5
Zuwendung Erlangten (Rn 3) gem §§ 818-820. Ist die Verpflichtung des ursprünglichen Empfängers zur Herausgabe ausgeschlossen, weil er eine Sache erworben und diese seinerseits unentgeltlich einem Dritten zugewendet hat, so haftet der Dritte grds nicht auf Herausgabe der ihm zugewendeten Sache, sondern auf Wertersatz gem § 818 II; der Dritte kann sich jedoch von seiner Wertersatzschuld durch Herausgabe der Sache befreien (BGH NJW 04, 1314 f; hierzu Bockholdt JZ 04, 796 ff und Schmidt JuS 04, 624 f). Für den Beginn der Verjährung ist nach § 199 I Nr 1 die Zuwendung an den Dritten maßgeblich.

III. Die **Beweislast** für die Unentgeltlichkeit der Zuwendung an den Dritten und den 6
Ausschluss des Bereicherungsanspruchs gegen den ursprünglichen Empfänger infolge der Zuwendung liegt beim Gläubiger.

Titel 27
Unerlaubte Handlungen

Vorbemerkung zu §§ 823–853

1. Begriff der unerlaubten Handlung: Unter den Begriff der unerlaubten Handlung fal- 1
len Deliktstatbestände inner- und außerhalb des BGB. Ihr gemeinsames Merkmal ist der **rechtswidrige Eingriff** eines Dritten in bestimmte Rechte bzw Rechtsgüter eines anderen. Die Rechtswidrigkeit des Handelns folgt dabei aus **einem Verstoß gegen allg Normen, Verkehrs- bzw Handlungspflichten,** die **außerhalb von Sonderbeziehungen** bestehen (außervertragliche Haftung; zur Entwicklung der Rspr: Deutsch JZ 05, 987 ff). Eine Ersatzpflicht aus Delikt setzt mithin kein bereits bestehendes vertragliches bzw vertragsähnliches Schuldverhältnis zwischen Schädiger und Verletztem voraus. Vielmehr begründet eine unerlaubte Handlung ihrerseits ein **gesetzliches Schuldverhältnis** (zu Grundproblemen des Delikts- und Schadensrechts s Ahrens AL 11, 169 ff; Armbrüster JuS 07, 411 ff, 508 ff und 605 ff; Deckert JuS 98 Lernbogen, L 1 ff; 17 ff; 25 ff; 33 ff; Mohr Jura 10, 327 ff; Wolff/Geck JuS 09, 1102 ff).

2. Weiteres (nicht notwendiges) Merkmal ist das **Verschulden**. Unter den gemeinsamen 2
Oberbegriff der unerlaubten Handlung fallen nicht nur die Verschuldens- (etwa § 823), sondern auch die Gefährdungs- (§ 833 S 1) sowie Billigkeits- (§ 829) und Zufallshaftung (§ 848).

3. **Arten der unerlaubten Handlung:** Als Hauptgruppen sind Verschuldens- und Gefährdungshaftung zu unterscheiden.

4. a) Die **Verschuldenshaftung** lässt sich wiederum in drei Haftungstatbestände unterteilen (vgl Medicus/Petersen, BR Rn 604). Den Grundtypus bildet die Ersatzpflicht aus verschuldetem Unrecht (etwa §§ 823 I, 823 II, 824–826, 839 a; Eigenhaftung des Beamten § 839). Hiervon zu trennen sind einerseits die Fälle, in denen das **Verschulden widerleglich vermutet** wird und der Täter den Entlastungs- bzw Exkulpationsbeweis führen muss (§§ 831 f; §§ 833 S 2 f; §§ 836–838), sowie andererseits die Haftung für **fremdes verschuldetes Unrecht** (Amtshaftung: Art 34 S 1 GG iVm § 839 BGB).

5. b) Die **Gefährdungshaftung** (hierzu Medicus Jura 96, 561 ff; Coester-Waltjen Jura 96, 608 ff) zählt ebenfalls zu den unerlaubten Handlungen (so auch Staud/Hager Vor zu §§ 823 ff Rn 25; anders Soergel/Zeuner Vor § 823 Rn 2; Larenz/Canaris, SchR II 2 § 75 I 2 d). Hierfür lässt sich ua die amtliche Überschrift des 27. Titels anführen, wonach auch die Gefährdungshaftung des Tierhalters aus § 833 S 1 seitens des Gesetzgebers als unerlaubte Handlung eingestuft wird.

6. Die Gefährdungshaftung ist per definitionem unabhängig von einem **Verschulden** des Anspruchsgegners. Umstr ist dag, ob das Verhalten **rechtswidrig** sein muss. Die hL verneint dies, da das Unterhalten der Gefahrenquelle erlaubt sei und nicht rückwirkend durch den Eintritt eines negativen Erfolges als rechtswidrig qualifiziert werden könne (vgl die Angaben bei Staud/Hager Vor zu §§ 823 ff Rn 30; Medicus/Petersen, BR Rn 631; ders Jura 96, 561, 564; Larenz/Canaris, SchR II 2 § 84 I 3 a). Nach der Gegenansicht ist gemeinsames Merkmal aller unerlaubten Handlungen „die objektive Rechtswidrigkeit" der Schadensverursachung (BGHZ 117, 110, 111; zust Staud/Eberl-Borges § 833 Rn 30). Hiernach scheidet etwa eine Ersatzpflicht des Tierhalters aus, soweit der Anspruchsteller den Eingriff gem § 906 zu dulden hat.

7. Neben § 833 S 1 bestehen Gefährdungshaftungstatbestände in zahlreichen **Spezialgesetzen** (§ 1 ProdHaftG; § 22 II WHG: BGHZ 142, 227, 228; § 1 UmweltHaftG; § 3 I Nr 1 iVm Anlage 1 UmSchadG; § 7 StVG; § 33 LuftVG; §§ 25 f AtomG; § 84 AMG, beachte Bekanntmachung der Neufassung des AMG, BGBl I 05, 3394; § 32 GentechnikG; § 1 f HaftpflG; zur Reform s Rn 17; hierzu BGH NZV 08, 79). Die Ersatzpflicht gründet sich dabei übereinstimmend auf die Prinzipien der Gefahrveranlassung und -beherrschung (Larenz/Canaris, SchR II 2 § 84 I 2 a). Derjenige, der eine Gefahrenquelle schafft oder unterhält und hieraus Vorteile zieht, soll auch das korrespondierende Risiko tragen. Die Spezialgesetze enthalten typischerweise **Haftungshöchstgrenzen** (§ 10 ProdHaftG, §§ 12, 12 a StVG) und sehen eine **Selbstbeteiligung** des Geschädigten vor (§ 11 ProdHaftG). Abw hiervon haftet etwa der Tierhalter nach § 833 S 1 summenmäßig unbegrenzt. Während nach früherer Rechtslage die Haftung auf den Ersatz von Vermögensschäden limitiert war, begründen nunmehr nach Maßgabe des § 253 II sämtliche Tatbestände der Gefährdungshaftung einen Anspruch auf **Schmerzensgeld** (zur Reform s Rn 17). Dies gilt beispielsweise für den Anspruch nach dem ProdHaftG (vgl § 8 S 2 ProdHaftG), LuftVG (s § 36 S 2 LuftVG) oder gem § 7 I StVG (s den Merkposten in § 11 S 2 StVG; zur Bemessung des Schmerzensgeldes: OLG Celle VersR 05, 91 f). Beachte ferner § 87 S 2 AMG, § 13 S 2 UmweltHaftG, § 32 V S 2 GentechnikG und § 29 II AtomG. Nach dem **Enumerationsprinzip** können die Einzeltatbestände inner- und außerhalb des BGB, die eine Gefährdungshaftung begründen, nicht im Wege der Analogie auf vergleichbare Gefahrenlagen erstreckt werden (hM; weiter gehend wohl Staud/Hager Vor zu §§ 823 ff Rn 29).

8. 4. **Grundstrukturen der deliktischen Haftung** (hierzu Canaris VersR 05, 577 ff): Das BGB hat sich gegen eine große deliktische Generalklausel entschieden. Es enthält vielmehr **drei kleine Generalklauseln** (Medicus/Lorenz, SchR II Rn 1231 ff): § 823 I knüpft die Ersatzpflicht an die Verletzung bestimmter Rechte bzw Rechtsgüter. Nach § 823 II haftet derjenige, der gegen ein Schutzgesetz verstößt. Hierdurch werden Verhaltensge- und -verbote außerhalb des BGB in das deliktsrechtliche Haftungssystem einbezogen. § 826 begründet schließlich eine Haftung im Falle sittenwidriger Schädigung. Nicht von § 823 I werden primäre **Vermögensschäden** sowie Eingriffe in die **Handlungsfreiheit** erfasst, da andernfalls die Absage an eine große Generalklausel sowie die engen

Tatbestandserfordernisse in § 826 unterlaufen würden (Larenz/Canaris, SchR II 2 § 75 I 3 b). Gleichermaßen steht dem nur **mittelbar Geschädigten** regelmäßig kein Anspruch aus unerlaubter Handlung zu, da es sich lediglich um primäre Vermögensschäden handelt (anders bei mittelbarer HIV-Infektion wegen unterlassener Sicherungsaufklärung: BGHZ 163, 209, 220; hierzu Katzenmeier NJW 05, 3391, 3393; zur Ersatzfähigkeit entgangenen Gewinns bei Tötungsdelikten s G Pfeifer AcP 205 [05], 795 ff). Dies folgt auch aus dem Umkehrschluss zu den §§ 844 f, die nur in besonderen Ausnahmefällen Ansprüche Drittgeschädigter vorsehen (s auch BGH VersR 01, 648, 649; den Vorschlag eines „Angehörigenschmerzensgeldes" hat der Gesetzgeber iR der Schadensersatzrechtsreform nicht aufgegriffen; hierzu Diederichsen DAR 11, 122 ff; von Jeinsen zfs 08, 61 ff; Janssen ZRP 03, 156 ff; Müller VersR 03, 1 4 f; beachte das Gutachten von G Wagner im Rahmen des 66. DJT, Neue Perspektiven im Schadensersatzrecht: Kommerzialisierung, Strafschadensersatz, Kollektivschaden; eine Kurzfassung des Gutachtens ist abgedruckt in der Beil zu NJW Heft 22/06, 5; hierzu Staudinger NJW 06, 2433 ff; überwiegend gewähren die europäischen Rechtsordnungen den Angehörigen eines Getöteten einen eigenen Anspruch auf Immaterialschadensersatz wegen des infolge des Verlusts einer geliebten Person verursachten Leids: OGH Beschl v 24.5.11 Az 1 Ob 80/11 p; Kadner Graziano IPRax 06, 307, 308 f; G Wagner JZ 04, 319, 325 f; dies gilt ebenso für Art 10:301 I 2 der Principles of European Tort Law; s auch § 823 Rn 54). Zur Einführung eines Angehörigenschmerzensgeldes: Diederichsen DAR 11, 122; Huber NZV 12, 5; Kuhn SVR 12, 288; Luckey SVR 12, 1; Meckbach, Zivilrechtliche Ansprüche bei Tötung eines Menschen – Bestandsaufnahme, Bewertung, Fortentwicklung, 11; Neuner JuS 13, 577; Schramm, Haftung für Tötung, 10; Schwintowski/C Schah Sedi/M. Schah Sedi zfs 12, 6; Staudinger DAR 12, 280; Wiedemann/Spelsberg-Korspeter NZV 12, 471; beachte überdies den Koalitionsvertrag zwischen CDU, CSU und SPD aus der 18. Legislaturperiode, hierzu am Ende der Rn). Diese **Grundstrukturen** des Deliktsrechts sind in der Vergangenheit von Rspr und Lehre **fortentwickelt** worden. Zu nennen ist hier va die erweiterte Haftung in § 823 I durch Anerkennung von **Rahmenrechten** wie dem Persönlichkeitsrecht (§ 823 Rn 90 ff) und dem Recht am Unternehmen (§ 823 Rn 115 ff), die Zunahme richterrechtlich entwickelter **Verkehrspflichten** (§ 823 Rn 60 ff) als haftungsbegründendes aber auch -beschränkendes Korrektiv sowie die **Modifikation der Beweislastregeln** etwa im Bereich der Arzt- (§ 823 Rn 88 f) und Produzentenhaftung (§ 823 Rn 168 ff). Denkbar erscheint, unter den Begriff des sonstigen Rechts iSd § 823 I den Kernbereich der Familie iSd Art 6 I GG zu fassen (bei nichtehelichen Lebensgemeinschaften, eingetragenen Lebenspartnerschaften als solchen verbleibt der Rückgriff auf Art 2 I GG; Art 6 I GG wiederum erfasst mit dem Begriff der funktionalen Familie eine Gemeinschaft von Eltern und Kindern, losgelöst von der Statusbeziehung der Eltern untereinander). Damit ergibt sich eine Parallele zum Persönlichkeitsrecht sowie zu dem Schutzgut des räumlich-gegenständlichen Kernbereichs der Ehe bzw eingetragenen Lebenspartnerschaft. In Anlehnung an das allgemeine Persönlichkeitsrecht ließen sich Kreise von Angehörigen richterrechtlich entwickeln. Derjenige, der etwa den Tod eines nahen Familienangehörigen erlebt, könnte damit unabhängig von einem Schockschaden immateriellen Ausgleich verlangen. Ein solche Forderung mag man in Anlehnung an den aus der Verfassung, nämlich Art 1 und 2 I GG abgeleiteten besonderen Entschädigungsanspruch, *wiederum auf Art 6 I GG* stützen. Wie beim Persönlichkeitsrecht wäre eine besondere Eingriffsintensität bzw ein erheblicher Verschuldensvorwurf (vgl insofern zum österreichischen Recht OGH Beschl v 24.5.11 Az 1 Ob 80/11 p) denkbar. IErg begegnet ein solcher Ansatz dem Vorwurf, ein Angehörigenschmerzensgeld führe systemwidrig zu einem Anspruch eines lediglich mittelbar Geschädigten. Denn der Betroffene stützt sich auf eine unmittelbare Verletzung des Kernbereichs der Familie als sonstiges Recht aus § 823 I. Letztlich verweist sich dies als folgerichtig. Bereits heute werden im Ausgangspunkt der räumlich-gegenständliche Bereich der Ehe, das Recht der elterlichen Sorge, teils sogar das Umgangsrecht als Schutzgut iSd § 823 I anerkannt. Dass nun aber beispielsweise die Ehe in ihrem Kern betroffen ist, wenn ein Ehepartner durch ein Delikt getötet wird, liegt auf der Hand. Zudem erscheint es derzeit ungereimt, dass innerhalb der eigenen Rechtsordnung etwa der Schutz der Persönlichkeit derart weitgehend richterrechtlich entwickelt ist und derjenige des Eigentums, nimmt man etwa Nutzungsersatz bzw Ausgleich von Mietwagenkosten in den Blick, vor allem im europäischen Vergleich sogar ein Stück weit überzogen wirkt, indes immaterielle Einbußen infolge des Verlusts naher Angehöriger immer noch von den strengen Kriterien eines Schockschadens abhängen. Gerade internationale Fallgestaltungen führen mittelbar dazu, dass das eigene Rechtssystem unter Anpassungsdruck gerät. So besteht nach Art 11 II Brüssel I-VO die Möglichkeit der Direktklage des Geschädigten in Deutschland gegen ausländische Haftpflichtversicherer. Zunehmend wird mithin auf der Grundlage etwa eines fremden Erfolgsrechts nach Art 4 I, Art 18 Rom II-VO Angehörigenschmerzensgeld ausgeurteilt, da dies mitunter von iSd Art 26 Rom II-VO der hiesigen öffentlichen Ordnung widerspricht. Der hier vorgeschlagene richterrechtliche Ausbau des Schutzes der Familie im Gewande des § 823 I stößt schließlich auch nicht deshalb auf Bedenken, weil sich ein Missbrauch nicht ausschließen lässt. Ihm ist richterrechtlich im Einzelfall zu begegnen. Nicht kann aber eine hypothetische Missbrauchsgefahr zu einem richterrechtlichen oder gar legislativen Stillstand führen. Mit Blick auf den Umfang eines Angehörigenschmerzensgeldes erscheint eine Pauschalisierung nicht angezeigt. Vielmehr ist wie generell bei immateriellen Ansprüchen eine Einzelfachbetrachtung geboten. Allenfalls mag man eine Höchstgrenze andenken. Eine dahingehende Forderung stünde dann in Konkurrenz zu einem Anspruch wegen Gesundheitsbeeinträchtigung etwa nach § 823 I. Die hier vorgeschlagene Fortentwicklung innerhalb des § 823 I sollte nicht auf Verkehrsunfälle beschränkt sein, auch wenn dort in Anbetracht gerade der Gefährdungshaftung nach Art 7 I StVG eine Pflichtversicherung besteht. Denn andernfalls würde systemwidrig vom Versicherungsschutz auf die zivilrechtliche Haftung geschlossen. Der Koalitionsvertrag zwischen CDU, CSU und SPD aus der 18. Legislaturperiode sieht auf der S 146 einen eigenständigen Schmerzensgeldanspruch vor, welcher sich in das System des Schadensersatzrechts einfügt. Dieser soll indes allein demjenigen gewährt werden, der einen nahen Angehörigen durch Verschulden eines Dritten verliert. Hieraus ergeben sich streng nach dem Wortlaut eine Reihe von Restriktionen wie etwa der Ausschluss schwerster Verletzungen, der Gefährdungshaftung sowie entfernter Angehöriger. Hier drohen Brüche etwa mit § 253 II, der gerade die Gefährdungshaftung nicht ausspart. Es fehlt im Koalitionsvertrag indes eine Beschränkung auf den Straßenverkehr bzw Felder, auf denen eine Haftpflichtversicherung besteht. Jedenfalls dürfte sich das Opferentschädigungsgesetz (OEG) als Standort verbieten.

9 **5. Rechtsfolge a)** Die Haftung aus unerlaubter Handlung begründet **einen Anspruch auf Schadensersatz.** Inhalt und Umfang dieses Anspruchs bestimmen sich nach den §§ ; ff (Schadensersatzrecht; grds ist die Umsatzsteuer nach § 249 II auch bei einer konkreten Ersatzbeschaffung erstattungsfähig, BGH NJW 13, 1151 ff; jedoch hat der Geschädigte keinen Anspruch auf Zahlung des vom Sachverständigen angesetzten Nettobetrags zzgl der tatsächlich gezahlten Umsatzsteuer, sofern dieser Betrag die real gezahlten Bruttoreparaturkosten übersteigt, BGH VersR 14, 214 f; Gleiches gilt, wenn bei einer Ersatzbeschaffung von privat eine derartige Steuer nicht angefallen ist: BGH VersR 13, 1277 f; § 249 II 2 ist als Ausnahmevorschrift nicht auf fiktive Sozialabgaben und Lonnebenkosten übertragbar: BGH VRR 13, 259), ergänzt um die §§ 842 ff. Der Schadensersatzanspruch kann nach § 249 I (Naturalrestitution; hierzu Coester-Waltjen Jura 96, 270 ff) auch auf „Beseitigung" – etwa auf den Widerruf unwahrer Tatsachenbehauptungen – gerichtet sein (vgl § 823 Rn 109).

b) Unterlassungs- und Beseitigungsansprüche (eingehend hierzu unter § 1004):

10 aa) Mit Hilfe der §§ 823 ff kann der Betroffene nur einen bereits eingetretenen Schaden liquidieren, nicht aber einen rechtswidrigen Eingriff in ein geschütztes Recht(sgut) abwehren oder eine noch andauernde Störung beseitigen. Das BGB sieht jedoch an zahlreichen Stellen Unterlassungs- und Beseitigungsansprüche vor, etwa im Fall der **Beeinträchtigung des Eigentums** (§ 1004 I; s auch §§ 1027, 1065), des **Namensrechts** (§ 12) oder der **Besitzstörung** (§ 862 I). Diese Ansprüche werden angesichts ihrer römischrechtlichen Wurzeln (actio negatoria bzw quasinegatoria) als (quasi)negatorische Ansprüche bezeichnet. Ihr Anwendungsbereich ist auf die in den §§ 823 ff geschützten Rechte, Rechtsgüter oder rechtlichen Interessen zu erstrecken (hM; erfasst werden etwa die Persönlichkeitsgüter, das allg Persönlichkeitsrecht sowie das Recht am Unternehmen nach § 823 I; eine drohende Schutzgesetzverletzung nach § 823 II; § 824; weitere „Aufhänger" für die Störerhaftung außerhalb des BGB sind etwa die § 14 II, III, V MarkenG sowie §§ 3, 5 und 8 UWG; zum Verhältnis von UWG und §§ 823 ff s Sack, FS Ullmann, 06, 825; vgl auch BGH GRUR 02, 618, 619; LG Düsseldorf MMR 03, 120 121; beachte die Änderungen durch das Gesetz zur Verbesserung der Durchsetzung von Rechten geistigen Eigentums, BGBl I 08, 1191 ff); aber auch der Unterlassungsanspruch nach § 97 I UrhG (zu Prüfungs- und Überwachungspflichten für den Inhaber eines Internetanschlusses hinsichtl ihm nahestehender Personen, insb in Bezug auf Urheberrechtsverletzungen: OLG Frankfurt GRUR-RR 08, 73 f; aA LG Hamburg CR 06, 780, 781; OLG Köln GRUR-RR 10, 173 ff; Gärtner/Müller MittdtschPatAnw 10, 223 ff; Kremer CR 10, 336 f; werden die Zugangsdaten eines Ebay-Accounts nicht ausreichend geschützt, sind Urheberrechtsverletzungen dem Inhaber zuzurechnen: BGH NJW 09, 1960 ff [Halzband]; zur Haftung für den Missbrauch offener WLAN-Anschlüsse s Schwartmann/Kocks K&R 10, 433 ff; Borges NJW 10, 2624 ff; zum Internet-Recht s auch Rn 14. Zur Verantwortlichkeit von „eBay" bei Markenverstößen der Nutzer EuGH EWS 11, 387 ff, s Schlussantrag GA EuGH BeckRS 10, 91402). Einerseits besteht ein **vergleichbares Schutzbedürfnis**, andererseits kommt in den §§ 1004 I, 12, 862 I ein **allg Rechtsgedanke** zum Ausdruck, der es rechtfertigt, die Gesetzeslücke durch eine Analogie zu schließen (beachte das „Gesetz zur Verbesserung des zivilgerichtlichen Schutzes bei Gewalttaten und Nachstellungen sowie zur Erleichterung der Überlassung der Ehewohnung bei Trennung", BGBl I 01, 3513; hierzu Schumacher FamRZ 02, 645, 646 ff; Schumacher FamRZ 01, 953 ff; van Els ZfJ 01, 83 ff; § 1 Gewaltschutzgesetz (GewSchG) sieht als wohl rein „verfahrensrechtliche" Vorschrift in bestimmten Fällen die Möglichkeit vor, bereits bestehende materiellrechtliche Unterlassungsansprüche durchzusetzen; § 2 GewSchG gewährt einen dem Deliktsrecht zuzuordnenden Anspruch auf Wohnungsüberlassung; zur Frage der Gerichtszuständigkeit für Maßnahmen nach §§ 1 und 2 Gewaltschutzgesetz s OLG Hamm FamRZ 04, 38 f; OLG Nürnberg MDR 03, 336). Zur umstrittenen Abgrenzung des Schadensersatz- vom Beseitigungsanspruch s § 1004.

bb) Voraussetzung eines Unterlassungs- bzw Beseitigungsanspruchs ist übereinstimmend ein **rechtswidriger Eingriff** in eine durch die §§ 823 ff geschützte Rechtsposition. Auf ein **Verschulden** kommt es nicht an. Anspruchsgegner ist der (Zustands- bzw Handlungs-)**Störer**. Nach der Judikatur liegt eine Mitwirkung an einer Störung bereits dann vor, wenn ein eigenverantwortlich handelnder Dritter unterstützt oder dessen Handlung ausgenutzt wird (sog „mittelbarer" Störer). Dies gilt allerdings nur unter der Voraussetzung, dass die in Anspruch genommene Person die rechtliche Möglichkeit hat, diese Handlung des Dritten zu unterbinden. Der Kreis von potenziellen Anspruchsgegnern geht damit über denjenigen der Haftungsadressaten von Schadensersatzansprüchen hinaus, da etwa im Deliktsrecht lediglich Täter sowie Teilnehmer ersatzpflichtig (§ 830) sind. Der **Unterlassungsanspruch** erfordert idR eine Wiederholungsgefahr. Es genügt aber auch, dass erstmalig eine Beeinträchtigung droht. Mithin kommt ebenso bei Erstbegehungsgefahr ein vorbeugender Unterlassungsanspruch in Betracht. **Der Beseitigungsanspruch** setzt eine fortwirkende Beeinträchtigung der geschützten Rechtsposition voraus. Bei unwahren Tatsachenbehauptungen erfolgt die Beseitigung durch ihren **Widerruf** (§ 823 Rn 109). Hiervon zu unterscheiden ist der in den Landespressegesetzen geregelte **Gegendarstellungsanspruch** (§ 823 Rn 113). Zum **TMG** (BGBl I 07, 179, vormals **TDG**) **als Schranke** eines Unterlassungsanspruchs und damit etwa zur Privilegierung von Internet-Auktionshäusern s Rn 14. 11

6. Konkurrenz von Haftungsgründen: a) Erfüllt das Verhalten des Schädigers **mehrere Deliktstatbestände der §§ 823 ff** (etwa § 823 I und II oder § 823 und § 826), kann sich der Betroffene nach dem Grundsatz der **Anspruchskonkurrenz** (hM; vgl Staud/Hager Vor §§ 823 ff Rn 38, 40; für eine Anspruchsnormenkonkurrenz dag Jauernig/Teichmann Vor § 823 Rn 3) regelmäßig auf alle einschlägigen Anspruchsgrundlagen berufen 12 (sie sind mithin im Gutachten getrennt zu prüfen; s aber etwa auch § 839 Rn 47). Dies gilt auch für **das Verhältnis der §§ 823 ff zur spezialgesetzlich geregelten Gefährdungshaftung**, soweit die Sondervorschriften nichts Abweichendes regeln. Der Verletzte kann etwa Schmerzensgeld nach §§ 1, 8 S 2 ProdHaftG und daneben aus § 823 I jeweils iVm § 253 II geltend machen (§ 15 II ProdHaftG; vgl auch § 16 StVG; § 18 I UmweltHaftG; abw hiervon gilt im AtomG das Prinzip „haftungsrechtlicher Kanalisierung"; hierzu Larenz/Canaris, SchR II 2 § 84 IV 2 a). Bedeutung kann die Anspruchskonkurrenz etwa im Hinblick auf die Schmerzensgeldhöhe entfalten, die der Richter gem § 287 ZPO nach freiem Ermessen bestimmt (hinsichtlich der Bestimmung des Zuständigkeitsstreitwerts ist er aber an die Höhe des vom Kläger genannten Betrags gebunden: KG VersR 08, 1234 f m Anm Jaeger VersR 08, 1235). Dabei kann auch eine verzögerte Schadensregulierung in die Bemessung des Schmerzensgelds einbezogen werden (OLG München Urt v 24.9.10 Az 10 U 2671/10; OLG Sachsen-Anhalt NJW-RR 08, 693 f). Das Schmerzensgeld erfüllt eine doppelte Funktion (Jaeger VersR 02, 719 f; § 253 Rn 16). Es soll eine Genugtuung für das zugefügte Leid verschaffen und als Ausgleich für den erlittenen immateriellen Schaden dienen. Während iR der Genugtuungsfunktion bislang gerade dem Verschuldensgrad des Schädigers eine besondere Bedeutung zukommt (BGHZ 128, 117, 120; die Genugtuungsfunktion ist jedoch mehr und mehr in den Hintergrund getreten: Müller VersR 03, 1, 4; G Wagner NJW 02, 2049, 2054), werden bei der Ausgleichsfunktion va Schwere und Dauer der immateriellen Beeinträchtigung berücksichtigt. Im Bereich der Gefährdungshaftung dürfte daher zukünftig die Ausgleichsfunktion ein stärkeres Gewicht bekommen. Demzufolge muss das Schmerzensgeld, das auf eine Gefährdungshaftung zurückgeht, nicht niedriger bemessen werden als bei einer verschuldensabhängigen Einstandspflicht (OLG Celle NJW 04, 1185 f; zust Jaeger ZGS 04, 217 ff). Trifft den Schädiger jedoch ein besonderer Schuldvorwurf, so kann dies zu einer Anhebung des Schmerzensgeldes führen (s hierzu auch Müller VersR 03, 1, 4; G Wagner NJW 02, 2049, 2054 f).

13 b) Haftet der Schädiger sowohl **aus Vertrag bzw vorvertraglicher Sonderbeziehung als auch aus unerlaubter Handlung**, so gilt ebenfalls das Prinzip der Anspruchskonkurrenz. Auszugehen ist von Ansprüchen, die ihn ihrer Voraussetzungen und Rechtsfolgen unabhängig voneinander sind. Abweichungen ergeben sich etwa bei der Haftung für Erfüllungs- (§ 278: Zurechnungsnorm für fremdes Verschulden) und Verrichtungsgehilfen, da § 831 I 2 (eigenständige Anspruchsgrundlage) es dem Geschäftsherrn ermöglicht, sich zu entlasten bzw zu exkulpieren (zur Anwendbarkeit d Deliktsrechts neben einer Haftung aus Werkvertrag iSd § 631 s OLG Dresden Urt v 30.8.12 Az 5 U 631/10). Unterschiede bestehen weiterhin bei der Beweislast, da nach § 280 I 2 das Verschulden vermutet wird, daß nach § 823 I vom Anspruchssteller zu beweisen ist. Ferner kommt etwa nach §§ 437 Nr 3, 280 I, III, 281 I 1 Schadensersatz statt der Leistung erst im Anschluss an eine dem Verkäufer grds zu ermöglichende Nacherfüllung in Betracht. Kraft Deliktsrechts haftet der Verkäufer indes unabhängig von einem derartigen „Recht der zweiten Andienung". Auch die Verjährungsfristen (§§ 195, 199, 438, 634 a, § 12 I ProdHaftG) divergieren (hierzu Schulze/Ebers JuS 04, 465). Zu beachten ist, dass im Einzelfall **gesetzliche Regelungen** aus dem Bereich der vertraglichen Haftung auf den deliktischen Anspruch „durchschlagen". Dies gilt etwa für **gesetzliche Haftungsprivilegierungen** (bspw §§ 599, 690, 708, 1359, 1664; § 599 steht bei vertraglicher Leihe auch einer Gefährdungshaftung nach § 833 S 1 entgg, nicht aber bei nur außervertraglicher Gefälligkeitsleihe: s nur BGH NJW 92, 2474, 2475; vgl OLG Celle VersR 07, 1661 ff, beachte aber auch zu § 603 S 2: BGH NJW 10, 3087 f) sowie bestimmte **kürzere Verjährungsvorschriften** (§§ 548, 606; s OLG Hamm r+s 01, 416 417; zu § 37 a WpHG s BGH BB 06, 574; LG Zweibrücken NJW-RR 04, 1690 ff; KG ZIP 04, 1306, 1308; zum Verjährungsbeginn nach §§ 37 a und d WpHG s Knops AcP 205 (05), 821 ff; beachte indes im Hinblick auf § 651 g: BGH VersR 10, 1466 ff; BGH NJW 09, 1486 f; Schmid/Hopperdietzel NJW 09, 2025 f; BGH RRa 04, 215 ff m Anm Staudinger; s auch Staud/Staudinger Vor §§ 651 c–g Rn 33 aE, § 651 f Rn 87). Die deliktische Haftung kann uU auch durch **vertragliche Abreden** begrenzt oder sogar ausgeschlossen werden (vgl Staud/Hager Vor zu §§ 823 ff Rn 41 ff; beachte aber auch die

Veränderungen durch die Schuldrechtsreform, etwa § 309 Nr 7 a). Besondere Bedeutung erlangt die Konkurrenz vertraglicher und deliktischer Ansprüche bei den sog „weiterfressenden Mängeln" (§ 823 Rn 17 ff, 169, 194). Die Motive zur Schuldrechtsreform zwingen nicht zu einer Aufgabe der Judikatur. Vielmehr folgt aus der Begr zum Fraktionsentwurf, dass die Gerichte an ihrer Rspr zum „weiterfressenden Mangel" festhalten können, zumal trotz verlängerter Gewährleistungsfrist in § 438 weiterhin Unterschiede im Hinblick auf Beginn und Länge der Verjährung des deliktsrechtlichen Anspruchs verbleiben (BT-Drucks 14/6040, 229; zur systematischen Einordnung nach der Reform: Heßeler/Kleinhenz JuS 07, 706 ff; für eine Anspruchskonkurrenz ebenso Gsell NJW 04, 1913, 1915; Janssen VuR 03, 60 ff; Staudinger ZGS 02, 145 f; Schulze/Ebers JuS 04, 462, 465; krit Foerste ZRP 01, 342 f; von Westphalen DB 01, 799, 803; s aber auch die Angaben bei Schaub VersR 01, 940, 946 f; die „Weiterfresserjudikatur" erachtet für obsolet AnwaltK/Mansel § 195 Rn 54 ff; zust Grigoleit ZGS 02, 78, 79 f; hierzu Masch/Herwig ZGS 05, 24 ff). Indes darf im Einzelfall nicht das Nacherfüllungsrecht des Verkäufers ausgehöhlt werden (Staudinger ZGS 02, 145 f, Masch/Herwig ZGS 05, 24 ff; vgl zum damaligen werkvertraglichen Nachbesserungsrecht BGH NJW 86, 922, 924).

c) Zum Verhältnis der §§ 823 ff zu den §§ 989 ff vgl Vor § 987–1003 Rn 6, § 823 **14** Rn 13 sowie § 826 Rn 2. Zum Verhältnis des **TMG** (ex-TDG) **zu den §§ 823 ff** s mit Blick auf die außervertragliche Haftung von Internet-Auktionshäusern: BGH NJW 07, 2636 ff = CR 07, 523 ff(„Internet-Versteigerung II"); hierzu Leible/Sosnitza NJW 07, 3324 ff; BGH NJW 04, 3102 ff („Internet-Versteigerung I"); hierzu Leible/Sosnitza NJW 04, 3225 ff; Lement GRUR 05, 210 ff; Staudinger BB 05, 238 f; OLG Düsseldorf CR 09, 391 ff; s auch Staudinger, Außervertragliche Haftung von Internet-Auktionshäusern, in: Leible/Sosnitza (Hrsg), Versteigerungen im Internet – Das Recht der Internet-Auktionen und verwandter Absatzformen; Meyer NJW 04, 3151 ff; BGH NJW 08, 758 ff; zum Verhältnis zwischen UWG und TMG s BGH NJW 08, 758 ff = JuS 08, 187 ff; allg zur Providerhaftung: Matthies, Providerhaftung für Online-Inhalte; BGH MMR 11, 172 ff; zur Störerhaftung von Suchmaschinenanbietern s OLG Hamburg CR 07, 330 f und KG Berlin NJW-RR 06, 1481 f bzw von Internet-Auktionsplattformen s BGH NJW 08, 3714 f sowie OLG Düsseldorf MMR 09, 402 ff; zu Blog-Betreibern sehr weitgehend LG Hamburg MMR 08, 265 f; zu Usenet-Betreibern OLG Düsseldorf CR 08, 398 ff; zu Foreninhabern einschränkend: OLG Hamburg OLGR 09, 315 ff; weiter: LG Hamburg CR 08, 328 ff; LG München CR 06, 496 ff; allg zur Entwicklung des Internet-Rechts s Hoffmann NJW 04, 2569 ff; ders NJW 05, 2595 ff; ders NJW 06, 2602 ff und NJW 07, 2594 ff.

7. **(Int) Verfahrensrecht:** § 32 ZPO sieht einen besonderen Gerichtsstand für Klagen **15** aus unerlaubter Handlung vor, den der Kläger darlegen muss (BGH NJW 02, 1425 f, 1426). Hierunter fallen Ansprüche nach den §§ 823 ff sowie der gesetzlichen Gefährdungshaftung (vgl aber auch § 20 StVG). Es handelt sich um keine ausschließliche Zuständigkeit. Im Fall der Anspruchskonkurrenz ist umstr, ob unter § 32 ZPO etwa auch ein vertraglicher Schadensersatzanspruch fällt. Dies ist aus Gründen der Prozessökonomie sowie vor dem Hintergrund des § 17 II GVG jedenfalls bei einem einheitlichen Lebenssachverhalt zu bejahen (Gerichtsstand des Sachzusammenhangs; s nunmehr ausdrücklich BGH NJW 03, 828 ff; hierzu Kiethe NJW 03, 1294 ff; OLG Hamburg MDR 97, 884; KG Berlin MDR 00, 413 f; vgl zu einem Anspruch aus § 812 a OLG Hamm NJW-RR 00, 727 f; anders OLG Hamm NJW-RR 02, 1291 f; OLG Köln MDR 00, 170; Peglau JA 99, 140 ff mwN; zur internationalen Zuständigkeit s auch BGHZ 132, 105 ff, 111) die vom BGH bejahte umfassende Prüfungskompetenz im Gerichtsstand des § 32 ZPO gilt nicht für die internationale Zuständigkeit: BGH NJW 03, 828 ff, 830; dem ist nicht nur angesichts des besonderen Stellenwerts der internationalen Zuständigkeit als Transmissionsriemen für das Verfahrens- sowie Kollisionsrecht zuzustimmen; der EuGH hat noch einmal seine bislang restriktive Position zur Auslegung des Art 5 Nr 3 EuGVÜ und mithin mittelbar des Art 5 Nr 3 Brüssel I-VO bestätigt; EuGH EWS 02, 526 ff, 528; NJW 02, 3159 f; EuZW 02, 539 ff, 541; damit bietet Art 5 Nr 3 EuGVÜ/Brüssel I-VO kein Einfallstor, um auch konkurrierende Ansprüche ein-

zuklagen. Diese Grundsätze sollten aber nach dem Prinzip der internen Harmonisierung durch autonome judikative Rechtsangleichung ebenso für die internationale Zuständigkeit nach Maßgabe der ZPO gelten; vgl hierzu bereits BGHZ 132, 105 ff, 112; bestätigt in BGH RIW 05, 307 ff, 309; s zum Problemkreis – insb zum Gerichtsstand des Sachzusammenhangs bei Art 5 Nr 1 EuGVÜ/Brüssel I-VO – Staudinger ZEuP 04, 777 ff; zum Gerichtsstand für Verbrauchersachen: BGH NJW 11, 532 ff; zum Erfordernis des hinreichenden Inlandsbezuges bei Verbreitung persönlichkeitsrechtsverletzender Inhalte über das Internet BGHZ 184, 313 f = NJW 10, 1752 ff; dazu Spickhoff IPRax 11, 131 ff: demnach ist bei unerlaubten Handlungen im Internet Erfolgsort jede Stelle, von der aus die betreffende Homepage abgerufen werden kann (s BGH RIW 10, 67; NJW 10, 1752 m Anm Staudinger; s auch EuGH EuZW 12, 513; BGH NJW 12, 148), sowie der Ort, an dem sich der Interessenmittelpunkt des Opfers befindet (entspricht idR dem gewöhnlichen Aufenthalt, EuGH RIW 13, 785; NJW 12, 137; BGH NJW 12, 2197); auf eine Vorlage des Kartellsenats des BGH (ZIP 11, 975) entschied der EuGH, dass auch eine negative Feststellungsklage dem Gerichtsstand in Art 5 Nr 3 Brüssel I-VO unterfällt, EuGH NJW 13, 287). Art 5 Nr 3 Brüssel I-VO erfasst ebenso Klagen des Gläubigers einer Aktiengesellschaft gegen ein Mitglied des Verwaltungsrats dieser Gesellschaft sowie gegen einen Anteilseigner, weil jene die Weiterführung des Geschäftsbetriebs durch die Gesellschaft gestattet haben, obwohl die Gesellschaft unterkapitalisiert war und einem Liquidationsverfahren unterworfen werden musste (EuGH EuZW 13, 703). § 32 a ZPO sieht einen ausschließlichen Gerichtsstand der Umwelteinwirkung vor und erfasst Ansprüche nach § 1 UmweltHaftG, unerlaubter Handlung und Vertrag. Im Hinblick auf die internationale Zuständigkeit ist zu beachten, dass auf die Regeln der ZPO nicht zurückgegriffen werden darf, soweit der Sachverhalt dem Anwendungsbereich der **EuGVÜ** (LugÜ) bzw der **Brüssel I-VO** unterfällt. Die Brüssel I-VO ist am 1.3.02 in Kraft getreten: ABl EG 01 L 12, 1; ihre Wirkung wurde kraft internationalen Übereinkommens gem Art 300 EGV – ebenso wie die der Zustellungs-VO (EG) Nr 1348/00 – ab 7.07 auch auf Dänemark erstreckt (ABl EU 05 L 299, 62 und ABl EU 05 L 300, 55); zur Brüssel I-VO: Geimer/Schütze, Europäisches Zivilverfahrensrecht; Rauscher, Europäisches Zivilprozess- und Kollisionsrecht; zur geplanten Reform der Brüssel I-VO: KOM(10) 748 endg; einen Überblick über die wichtigsten Neuerungen und deren Konsequenzen gibt Bach ZRP 11, 97 ff; aus der Werkstatt des europäischen Gesetzgebers verdient Beachtung die VO (EG) Nr 805/04 des Europäischen Parlaments und des Rates vom 21.4.04 zur Einf eines europäischen Vollstreckungstitels für unbestrittene Forderungen (ABl EG L 143, 15). Der Bundestag hat am 12.5.05 dem EG-Vollstreckungsdurchführungsgesetz zugestimmt. Dieses trat zusammen mit dem Sekundärrechtsakt am 21.10.05 in Kraft, BGBl I 05, 2477. Einen Überblick geben Rauscher, Europäisches Zivilprozess und Kollisionsrecht; Schulze/Zuleeg/Kadelbach/Staudinger, Europarecht; K Gebauer NJ 06, 103 ff; Hess IPRax 04, 493 f; Luckey ZGS 05, 420 ff; Rausch FuR 05, 437 ff; Rellermeyer RPfleger 05, 389 ff; Rott EuZW 05, 167, 168 f; Stadler RIW 04, 801 ff; Stein EuZW 04, 679 ff; R Wagner IPRax 05, 189 ff; ders NJW 05, 1157 ff; weitere Nachw bei Jayme/Kohler IPRax 05, 481 ff, 486.

16 **8. IPR:** Mittlerweile ist auch das Internationale Deliktsrecht durch die **Rom II-VO** (ABl EU 07 L 199, 40) vergemeinschaftet worden. Ihr intertemporaler Anwendungsbereich erscheint zweifelhaft, ist aber dahingehend auszulegen, dass der Sekundärrechtsakt am 11.1.09 zur Anwendung gelangte, sich aber bereits auf schadensbegründende Ereignisse vom 20.8.07 an erstreckt (eine Kommentierung des Sekundärrechtsaktes findet sich bei Gebauer/Wiedmann/Staudinger Kap 38, vgl dort Art 32). Ihm vorausgegangen war der von der Kommission vorgelegte **Verordnungsentwurf Rom II** (KOM(03) 427 endg vom 22.7.03); hierzu Benecke RIW 03, 830 ff; Fuchs GPR 2/03–04, 100 ff; Huber/Bach IPRax 05, 73 ff; Leible/Engel EuZW 04, 7 ff; Mankowski RIW 05, 481 ff; Symeonides, FS Jayme, 935 ff. Beachte den Bericht des Rechtsausschusses an das EP, endg A6-0211/2005; hierzu mit Blick auf Verkehrsfälle: Staudinger ZGS 05, 121 ff; Staudinger/Czaplinski NJW 09, 2249 ff. Zu den Vorschlägen

Staudinger SVR 05, 441 ff. Im Nachgang hatte die Kommission am 21.2.06 einen weiteren, geänderten Vorschlag unterbreitet, KOM(06), 83 endg.

9. Reform: Im Nachgang zur Schuldrechtsmodernisierung und ZPO-Reform ist auch das Schadensersatzrecht einem tief greifenden Wandel unterzogen worden. Auslöser war das Zweite Gesetz zur Änderung schadensersatzrechtlicher Vorschriften vom 19.7.02 (BGBl I, 2675 ff; zum Gesetzentwurf der Bundesregierung, zur Stellungnahme des Bundesrates sowie Gegenäußerung der Bundesregierung s BT-Drucks 14/7752; Beschlussempfehlung und Bericht des Rechtsausschusses, BT-Drucks 14/8780; für eine synoptische Gegenüberstellung der zentralen Vorschriften s Staudinger/Schmidt-Bendun ZGS 02, 186 ff; aus der Literatur zur Novelle seien auszugsweise genannt: Ady ZGS 02, 237 ff; Däubler JuS 02, 625 ff; Huber, Das neue Schadensersatzrecht; Jaeger/Luckey MDR 02, 1168 ff; Jansen JZ 02, 964 ff; Müller VersR 03, 1 ff; Rauscher Jura 02, 577 ff; Trimbach NJ 02, 393 ff; G Wagner NJW 02, 2049 ff; zu § 839 a: Heumann FuR 02, 483 ff; speziell zu Verkehrsunfällen: Freyberger MDR 02, 867 ff; Friedrich NZV 04, 227 ff; Garbe/Hagedorn JuS 04, 287 ff; Pardey DAR 04, 499 ff; ders ZfS 02, 264 ff; Staudinger/Schmidt-Bendun Jura 03, 441 ff; Vogel ZGS 02, 400 ff; s iÜ die Angaben in den Vorauft). Kernpunkte dieser Reform: Ausgeschlossen bleibt nach § 249 II 2 die Möglichkeit, die **Umsatzsteuer** rein fiktiv in Rechnung zu stellen (BT-Drucks 14/7752, 22 ff; BGH VersR 13, 1277 f; ; grds steht dem Geschädigten bei konkreter Ersatzbeschaffung auch ein Ausgleich der Umsatzsteuer zu, s BGH NJW 13, 1151 ff; einen Anspruch auf Zahlung des vom Sachverständigen angesetzten Nettobetrags zzgl der tatsächlich gezahlten Umsatzsteuer hat der Geschädigte jedoch nicht, sofern dieser Betrag die real gezahlten Bruttoreparaturkosten übersteigt, BGH VersR 14, 214 f; Gleiches gilt, wenn bei einer Ersatzbeschaffung von privat eine derartige Steuer nicht anfällt, BGH VersR 13, 1277 f; § 249 II 2 ist als Ausnahmevorschrift nicht auf fiktive Sozialabgaben und Lohnebenkosten übertragbar: BGH VRR 13, 259). Eingeführt wurde ferner ein **allg Anspruch auf Schmerzensgeld**, der über die außervertragliche Verschuldenshaftung hinaus auch die Gefährdungs- (etwa nach dem AMG, ProdHaftG, UmweltHaftG, StVG, GentechnikG; zur Bemessung des Schmerzensgeldes: Diederichsen VersR 05, 433 ff; s zuvor Rn 12) und Vertragshaftung einbezieht (dies ist etwa für den Bereich des Arzthaftungsrechts von Bedeutung, da bei einer Inanspruchnahme des Krankenhausträgers als Vertragsgegner § 278 eingreift sowie das Verschulden – nicht indes die Pflichtverletzung – nach § 280 I 2 vermutet wird; zur Arzt- bzw Medizinhaftung s Deutsch JZ 02, 588 ff; Katzenmeier VersR 02, 1066 ff; Spickhoff NJW 05, 1694 ff; § 823 Rn 5). Unter Streichung des § 847 wurde § 253 ein weiterer Absatz angefügt. § 253 II ist selbst keine eigene Anspruchsgrundlage (§ 253 Rn 13); missverständlich Palandt/Grüneberg § 253 Rn 1 f, 4, 5 und Vor § 249 Rn 1; wie hier MK/Oetker § 253 Rn 15; Rauscher Jura 02, 577 ff, 579). Die Vorschrift ist von ihrem Rechtsgedanken her zumindest dann iR eines Anspruchs aus §§ 670, 683 S 1, 677 heranzuziehen, wenn sich dieser auf risikotypische Begleitschäden erstreckt (s auch Palandt/Sprau § 670 Rn 13; Däubler JuS 02, 625 ff, 626; Jaeger/Luckey MDR 02, 1168 ff, 1169). Da der tatbestandliche Ausbau des Schmerzensgeldanspruchs wohl zu Belastungen auf Seiten der Schädiger führen dürfte, sah der Regierungsentwurf als Ausgleich eine Bagatellklausel vor, wonach geringere Verletzungen von der Einstandspflicht ausgenommen bleiben sollten (BT-Drucks 14/7752, 16, 25 f). Im Laufe des Gesetzgebungsverfahrens *ist die Schranke* auf Empfehlung des Rechtsausschusses (BT-Drucks 14/8780, 21) wieder gestrichen worden (krit hierzu G Wagner NJW 02, 2049 ff, 2056). Hieraus darf allerdings nicht gefolgert werden, der Gesetzgeber habe die von der Rspr bislang iR § 847 I aF praktizierte Geringfügigkeitsschwelle abschaffen wollen (G Wagner NJW 02, 2049 ff, 2056). Genau das Gegenteil ist der Fall. Dies folgt aus dem Bericht des Rechtsausschusses. So soll die bisher von der Judikatur angenommene Bagatellgrenze auch für die neu geschaffenen Schmerzensgeldansprüche in den Fällen der Gefährdungs- und Vertragshaftung gelten. Zudem bietet der Verweis auf die Billigkeit in § 253 II nach Auffassung des Rechtsausschusses das Einfallstor für die Richter, die Bagatellgrenze fortzuentwickeln. Das gelte auch bzgl der Frage, ob für leichte HWS-Verletzungen ein Schmerzensgeld erforderlich ist (BT-Drucks 14/8780, 21; s hierzu auch

Müller VersR 03, 1 ff, 4; zur HWS-Verletzung s BGH NJW 03, 1116 ff; OLG Hamm r+s 02, 111 f; LG Augsburg NJW-RR 02, 752 f; Müller VersR 03, 137 ff; zur schmerzensgelderhöhenden Wirkung zögerlichen und kleinlichen Regulierungsverhaltens einer Haftpflichtversicherung s OLG München Urt v 24.9.10 Az 10 U 2671/10). Neben der Neufassung des § 825 stellt die **Novellierung des § 828** einen zentralen Ausschnitt der Reform dar. Nach § 828 II 1 wird die **Deliktsfähigkeit für Schäden, die aus Unfällen mit Kraftfahrzeugen,** Schienen- oder Schwebebahnen **resultieren, auf das vollendete zehnte Lebensjahr heraufgesetzt.** Mit der Einf des § 839 a I wird die **Haftung des gerichtlichen Sachverständigen** abschließend normiert und überdies das **StVG in zentralen Punkten reformiert** (s die Bekanntmachung der Neufassung des StVG: BGBl I 03, 310 ff; zur Haftung nach § 7 StVG vgl Coester-Waltjen Jura 04, 173 ff; Diederichsen DAR 08, 301 ff; dies DAR 07, 301 ff; Galke zfs 11, 2 ff; Ausführungen zur Halterhaftung in Europa finden sich bei Milke NZV 10, 17 ff sowie Kadner Graziano/Oertel ZVglRWiss 08, 113 ff; zur Betriebsgefahr s BGH NJW 05, 2081 f; 1351 ff; LG Bochum NJW-RR 04, 824 f; zur Halterhaftung bei einem Go-Kart: OLG Koblenz NJW-RR 04, 822 ff, 823; kürzlich entschied der BGH zu § 7 StVG, dass einer Gemeinde neben den öffentlich-rechtlichen Kostenerstattungs- ein zivilrechtlicher Schadensersatzanspruch wegen Verletzung ihres Eigentums an der Straße aus Gefährdungshaftung für die Kosten der Beseitigung von Ölspuren zusteht, Urt v 28.6.11 Az VI ZR 184/10 und VI ZR 191/10; s auch jüngst BGH DAR 13, 573 ff zum mitursächlichen haftungsrelevanten Verhalten des Fahrers als die Betriebsgefahr erhöhenden Umstand). Nach § 7 I 2 StVG trifft den **Halter des Anhängers,** der im Unfallzeitpunkt mit dem KfZ verbunden war, neben dem Kraftfahrzeughalter eine Ersatzpflicht. § 7 II StVG wurde dahin neu gefasst, dass die Haftung ausscheidet, wenn der Unfall durch „höhere Gewalt" verursacht wird. Die Neufassung des Abs 2 hat keinen Einfluss auf die Beweislastverteilung und die Bewertung der Betriebsgefahr (OLG Nürnberg VersR 05, 1096 f). Insb kann ein Eigenverschulden des Geschädigten eine abweichende Beurteilung der Haftungsquoten rechtfertigen (bspw zwee Drittel für einen Fahrradfahrer, der ohne Licht verkehrt in einer Einbahnstraße fährt: AG München Urt v 3.8.07 Az 344 C 26559/05) oder die Betriebsgefahr gänzlich zurücktreten lassen (fragwürdig etwa für den Unfall eines Hobbyrennradfahres ohne Schutzhelm: OLG Düsseldorf DAR 07, 458 ff m Anm Hufnagel DAR 07, 460; vgl für den gegenteiligen Fall OLG Köln NZV 07, 317 f). Keine Rolle für die Quotenbemessung spielen hingegen Tatsachen, die sich nicht als Gefahrenmoment in den Unfall niedergeschlagen haben (wie etwa das Fehlen eines Führerscheins BGH NJW 07, 506 ff = SVR 07, 339 f; zur Zulässigkeit der Kürzung von Schadensersatzansprüchen aus Kfz-Haftpflicht s EuGH EuZW 11, 356 ff). Die Aufgabe des „unabwendbaren Ereignisses" als Entlastungsgrund ist zu begrüßen, da er im System der Gefährdungshaftung eine singuläre Ausn darstellte. Die Novellierung steht auch im Einklang mit der internationalen Rechtsentwicklung. Angesichts der Wortlautidentität ist kein Anlass gegeben, den Begriff der höheren Gewalt im StVG abw von der richterrechtlichen Definition zum Haftpflichtgesetz (hierzu BGH NZV 04, 395 ff, 396) auszulegen (s auch LG Itzehoe NJW-RR 03, 1465 ff, 1466; Freyberger MDR 02, 867 ff). Dies gilt umso mehr, als auch die Begr des Regierungsentwurfs auf diese Parallele verweist (BT-Drucks 14/7752, S 30). Der Anwendungsbereich der höheren Gewalt bleibt damit iErg wohl auf verkehrsfremde Eingriffe wie den Wurf eines Steines auf ein Kraftfahrzeug oder vergleichbare andere vorsätzliche Eingriffe Dritter in den Straßenverkehr beschränkt (vgl OLG Celle MDR 05, 1345 f; G Wagner NJW 02, 2049 ff, 2061). In Zukunft kann sich ein Kraftfahrer damit insb Kindern bis zum vollendeten zehnten Lebensjahr ggü (s die Angaben zuvor; dies gilt ebenso mit Blick auf § 1 II HaftPflG, da S 2 und 3 aufgehoben werden) seiner Haftung idR nicht mehr unter Verweis auf ein unabwendbares Ereignisses entziehen (BT-Drucks 14/7752, 30). Darüber hinaus wurden §§ 8 und 8 a StVG neu gefasst. Hiernach unterliegt der Kfz-Halter im Einklang mit der internationalen Rechtsentwicklung auch dann einer Gefährdungshaftung, wenn **der verletzte Insasse unentgeltlich und nicht geschäftsmäßig befördert** wird (Bsp: Eine Mutter holt ihren Sohn sowie seinen Spielkameraden vom Sportunterricht ab). Denn auch insofern verwirklicht sich die typische Betriebsgefahr eines

KfZ. Zulässig bleibt es weiterhin, die Haftung in diesem Fall zu beschränken oder sogar auszuschließen (BT-Drucks 14/7752, 31 f). Ein derartiger Haftungsausschluss verbietet sich hingegen nach § 8 a S 1 StVG bei der entgeltlichen, geschäftsmäßigen Personenbeförderung. Überdies wurde die Haftungshöchstgrenze für **Gefahrguttransporte** auf der Straße durch § 12 a StVG angehoben, um dem Gefahrenpotential hinreichend Rechnung zu tragen (dazu s Bollweg NZV 07, 599 ff). Ein weiterer Schwerpunkt der Reform liegt im **Bereich der Arzneimittelhaftung** (hierzu Bollweg MedR 04, 486 ff; ders MedR 12, 782 ff). Das Gesetz sieht zum einen **Auskunftsansprüche** (§ 84 a AMG) für den Verwender von Arzneimitteln vor, die sich gegen das pharmazeutische Unternehmen sowie die zuständigen Behörden richten. Die Novelle schafft zum anderen verschiedene **Beweiserleichterungen,** die sich an die Produkthaftungs-RL bzw das ProdHaftG sowie das UmweltHaftG anlehnen. Beachtung verdient die **Kausalitätsvermutung in** § 84 II AMG, die sich an §§ 6 f UmweltHaftG orientiert. Darüber hinaus wird die Beweislast dafür, dass die schädlichen Wirkungen des Arzneimittels ihre Ursache im Bereich der Entwicklung oder Herstellung haben, in Anlehnung an § 1 II Nr 2 ProdHaftG durch § 84 III umgekehrt (hinsichtlich der Darlegungslast s BGH NJW 08, 2994 f). Schließlich hat der Gesetzgeber die **Haftungshöchstgrenzen in verschiedenen Gesetzen** (StVG, HaftPflG, BBergG, LuftVG; zu Letzterem s Bollweg RRa 10, 202 ff) **harmonisiert,** summenmäßig **angehoben sowie auf Euro umgestellt.** Darüber hinaus wurden sämtliche andere Haftungshöchstgrenzen auf Euro umgestellt (etwa im ProdHaftG; § 823 Rn 206). Im Hinblick auf den **intertemporalen Anwendungsbereich** der novellierten Vorschriften im BGB ergibt sich die Zäsur aus Art 229 § 8 I Nr 2 EGBGB sowie dem In-Kraft-Treten des Gesetzes am 1.8.02. Hiernach gilt die neue Rechtslage, wenn das schädigende Ereignis nach dem 31.7.02 eingetreten ist (hierzu BGH NJW-RR 10, 1331 ff).

§ 823 Schadensersatzpflicht

(1) Wer vorsätzlich oder fahrlässig das Leben, den Körper, die Gesundheit, die Freiheit, das Eigentum oder ein sonstiges Recht eines anderen widerrechtlich verletzt, ist dem anderen zum Ersatz des daraus entstehenden Schadens verpflichtet.
(2) ¹Die gleiche Verpflichtung trifft denjenigen, welcher gegen ein den Schutz eines anderen bezweckendes Gesetz verstößt. ²Ist nach dem Inhalt des Gesetzes ein Verstoß gegen dieses auch ohne Verschulden möglich, so tritt die Ersatzpflicht nur im Falle des Verschuldens ein.

I. Inhalt des § 823 1	a) Lehre vom Erfolgsunrecht ... 72
II. Anspruch gemäß Abs 1 2	b) Lehre vom Handlungsunrecht 73
1. Rechtsgut- bzw Rechtsverletzung 3	c) Höchstrichterliche Judikatur 74
a) Leben 4	d) Vermittelnde Ansicht 75
b) Körperverletzung 5	e) Rechtfertigungsgründe 76
c) Gesundheitsverletzung 8	4. Subjektive Zurechnung 84
d) Freiheit 11	5. Rechtsfolgen 85
e) Eigentumsverletzung 12	6. Beweislast 86
f) Verletzung sonstiger Rechte 28	a) Grundsatz 86
	b) Ausnahmen 87
2. Objektive Zurechnung der Rechts(gut)verletzung 45	c) Sonderfall der Arzthaftung 88
a) Handlung 45	III. **Allgemeines Persönlichkeitsrecht** 90
b) Zurechnung positiven Tuns 47	1. Grundsätze 90
c) Zurechnung des Unterlassens 56	a) Lückenhaftigkeit des Schutzes 90
d) Verkehrspflichten 60	b) Rahmenrecht 91
3. Rechtswidrigkeit 71	c) Konkurrenzen 92

2. Anspruchsvoraussetzungen .. 93
   a) Aktivlegitimation 94
   b) Passivlegitimation 96
   c) Schutzbereich 97
   d) Rechtswidrigkeit 104
   e) Verschulden 107
   f) Rechtsfolgen 108
IV. Recht am Unternehmen 115
   1. Grundsätze 115
      a) Lückenhaftigkeit des Schutzes 115
      b) Haftungseinschränkungen 116
   2. Anspruchsvoraussetzungen .. 118
      a) Subsidiarität 119
      b) Tatbestand 120
      c) Rechtswidrigkeit 131
      d) Verschulden 139
      e) Rechtsfolgen 140
V. Anspruch gemäß Abs 2 141
   1. Grundsätze 141
   2. Anspruchsvoraussetzungen .. 142
      a) Verletzung eines Schutzgesetzes 143
      b) Rechtswidrigkeit 152
      c) Verschulden 153
      d) Verjährung 154
      e) Beweislast 155
   3. Normen individualschützenden Charakters 156
VI. Produzenten- bzw Produkthaftung 157
   1. Grundsätze 157
      a) Begriff 157
      b) Bedeutung 158
      c) Entwicklung 161
      d) Aufbauhinweis 165
      e) IPR 166
   2. Verschuldensabhängige Produzentenhaftung gem Abs 1 . 168
      a) Anspruchsvoraussetzungen 168
      b) Rechtswidrigkeit und Verschulden 177
      c) Rechtsfolgen 178
      d) Verjährung 179
      e) Beweislast 180
      f) Freizeichnung 186
   3. Verschuldensabhängige Produzentenhaftung gemäß Abs 2 187
   4. Verschuldensabhängige Produzentenhaftung gemäß § 831 188
   5. Gefährdungshaftung nach dem ProdHaftG 189
      a) Grundsätze 189
      b) Anspruchsvoraussetzungen 190
      c) Rechtsfolgen 205
      d) Zeitliche Grenzen der Haftung 209
      e) Mehrheit ersatzpflichtiger Hersteller 211
      f) Beweislast 212
      g) Unabdingbarkeit der Haftung 213
      h) Konkurrenzverhältnis 214

1 **I.** § 823 ist die **zentrale Vorschrift des außervertraglichen Haftungsrechts** der unerlaubten Handlungen (Larenz/Canaris, SchR II 2 § 76 I 2). Sie **enthält zwei selbstständige Anspruchsgrundlagen**, die sich sowohl von ihrem Schutzbereich als auch Aufbau her unterscheiden. Die Ersatzpflicht nach Abs 1 knüpft an die Verletzung eines dort genannten Rechts(guts), dh an die Herbeiführung eines bestimmten Erfolges an, während die Haftung nach Abs 2 auf dem Verstoß gegen ein Schutzgesetz beruht. Zu beachten ist, dass **primäre Vermögensschäden** von Abs 1 ausgenommen bleiben, dag eine Ersatzpflicht nach Abs 2 auslösen können, wenn die verletzte Rechtsvorschrift auch den Schutz des Vermögens bezweckt (zB §§ 263, 266 StGB; vgl Rn 141, 156; zum Ersatz primärer Vermögensschäden s auch §§ 826 Rn 1, 3; 831 Rn 8; 839 Rn 1, 23 sowie § 839 a). Beide Anspruchsgrundlagen setzen übereinstimmend Widerrechtlichkeit und Verschulden voraus. Sie lösen als Rechtsfolge die Verpflichtung zum Schadensersatz nach Maßgabe der §§ 249 ff aus, die um die Sondervorschriften in den §§ 842 ff ergänzt werden. Zu möglichen (vorbeugenden) Unterlassungs- und Beseitigungsansprüchen s Vor §§ 823–853 Rn 10 f, § 1004.

2 **II. Anspruch gem Abs 1:** Die Ersatzpflicht setzt zunächst voraus, dass der Anspruchsgegner eines der in Abs 1 geschützten Rechtsgüter oder Rechte verletzt (Rn 3 ff). Erforderlich ist weiterhin, dass der Eingriff ihm objektiv zugerechnet (Rn 45 ff) wird sowie rechtswidrig (Rn 71 ff) und schuldhaft (Rn 84) erfolgt.

1. Rechtsgut- oder Rechtsverletzung: Erfasst wird jeder Eingriff in eines der Persönlichkeitsgüter (Leben, Körper, Gesundheit, Freiheit), in das Eigentum als ausdrücklich benanntes absolutes Recht sowie der Verstoß gegen ein sonstiges Recht iSd Abs 1. 3

a) Verletzung des **Lebens** bedeutet Tötung einer Person (maßgeblich ist nach hM in Übereinstimmung mit dem Strafrecht der Hirntod; zum Streitstand s Staud/Hager § 823 B 1). Zu Ansprüchen mittelbar Geschädigter vgl §§ 844–846. 4

b) Unter einer **Körperverletzung** ist die **Beeinträchtigung der äußeren, körperlichen Integrität** zu verstehen. Der Begriff der Körperverletzung wird vom BGH als gesetzlich ausgeformter Teil des allg Persönlichkeitsrechts (Rn 90 ff) weit ausgelegt. Dazu zählt jedoch nicht der bloße Verdacht einer Verletzung (BGH NJW 13, 3634). **Schutzgut** ist nicht die Materie, sondern das Seins- und Bestimmungsfeld der Persönlichkeit (BGHZ 124, 52 ff, 54; erfasst wird etwa das Abschneiden von Haaren). Hierunter fällt nach hM tatbestandlich auch der medizinisch indizierte und kunstgerecht (lege artis) durchgeführte **Heileingriff** (beamtete Krankenhausärzte haften nach § 839 I; ebenso ein Sanitätsoffizier eines Bundeswehrkrankenhauses: OLG Koblenz VersR 11, 79 ff; zur Arzthaftung allg: Spickhoff NJW 10, 1718 ff; Deutsch JZ 02, 588 ff; Katzenmeier, Arzthaftung; ders VersR 02, 1066 ff; Gehrlein VersR 02, 935 ff; Hart Jura 00, 14 ff; 64 ff; Rehborn MDR 04, 371 ff; Spickhoff NJW 05, 1694 ff; Spindler/Rieckers JuS 04, 272 ff; einen Überblick über das internationale Arzthaftungsrecht gibt Vogeler VersR 11, 588 ff; zur Arzt- bzw Krankenhaushaftung bei Infizierung der Patienten mit multiresistenten Erregern s OLG Sachsen-Anhalt NJW-RR 12, 1375 ff; hinsichtlich der Einstandspflicht des Arztes im Falle einer psychischer Erkrankung wegen Mitteilung einer unheilbaren Erbkrankheit vgl OLG Koblenz VersR 12, 861 ff m Anm Jaeger. Die Widerrechtlichkeit der Körperverletzung entfällt uU durch eine (mutmaßliche, hypothetische) **Einwilligung** (Rn 78 ff; vgl die Angaben bei Staud/Hager § 823 I Rn 1, 3, 76; krit hierzu Larenz/Canaris, SchR II 2 § 76 II 1 g; zu den Anforderungen an die Aufklärung des Patienten als Voraussetzung der wirksamen Einwilligung s BGH NJW 10, 2430 ff, BGH VersR 11, 226 f sowie OLG München FamRZ 09, 2099 f hinsichtlich des Umfangs der Aufklärung der Eltern über einen Heileingriff bei einem minderjährigen Kind; Grenzen der Aufklärungspflicht können sich im Hinblick auf Risiken ergeben, die nicht im Fachbereich des behandelnden Arztes diskutiert werden: BGH VersR 11, 223 ff; die Beschränkung der Einwilligung in die Behandlung nur durch einen bestimmten Arzt bedarf laut BGH NJW 10, 2580 ff der ausdrücklichen Kundgabe dieses Willens; der Behandlungsvertrag ist nunmehr auch gesetzlich kodifiziert; die Anforderungen an die Einwilligung richten sich diesbezüglich nach § 630 d; s hierzu auch § 630 d Rn 1 ff). 5

Wird ein Kind ausgetragen, weil eine **Sterilisation fehlschlägt** (auch des Mannes: BGH NJW 95, 2408) oder ein nach § 218 a StGB **strafloser Schwangerschaftsabbruch misslingt**, so bejaht die hM eine Körperverletzung der Frau, für die der Arzt ersatzpflichtig ist (Staud/Hager § 823 B 14). Zum Haftungsumfang s unter Rn 85 sowie die Angaben bei Staud/Hager § 823 B 14 ff. 6

Einen Sonderfall bildet die Beschädigung **abgetrennter Körperteile**. In der Regel verliert ein Körperbestandteil mit seiner endgültigen Trennung die Zuordnung zum Schutzgut Körper und wird zu einer Sache im Rechtssinne (§ 90; hM). Das Recht des Betroffenen an seinem Körper wandelt sich in Sacheigentum. Werden dag Bestandteile lediglich zeitweise vom Körper abgelöst, um sie später nach dem Willen des Rechtsträgers wiedereinzugliedern, so bilden sie auch während der Trennung vom Köper mit diesem eine **funktionale Einheit** (Eigentransplantation von Hautbestandteilen; zur Befruchtung entnommene Eizelle). Wird mithin eine **Eigenblutspende** vernichtet, liegt hierin eine Körperverletzung iSd Abs 1. Nach zutreffender Ansicht des BGH (BGHZ 124, 52 ff, 56; hierzu Schnorbus JuS 94, 830 ff; Ebner JA 94, 177 f) gilt dies sogar für den Fall, dass **Sperma vernichtet** wird, welches der Rechtsträger **zum Zweck der Fortpflanzung konservieren** lässt. Das Sperma ist zwar endgültig vom Körper getrennt, dient jedoch gerade als Ersatz der verlorenen Zeugungsfähigkeit. Da im Hinblick auf eine zur Reimplantation bestimmten Eizelle ein vergleichbares Schutzbedürfnis besteht, muss Abs 1 7 zumindest entspr angewendet werden (für eine Verletzung des allg Persönlichkeitsrechts dag: Soergel/Zeuner § 823 Rn 17; Jauernig/Teichmann § 823 Rn 3, 71).

8 c) Eine **Gesundheitsverletzung** liegt bei einer pathologischen Störung der physischen oder psychischen Befindlichkeit, dh bei einer **Beeinträchtigung der inneren Funktionen** vor (ausgelöst etwa auch durch Passivrauchen; vgl hierzu sowie zu den Gegenstimmen: Staud/Hager § 823 B 22; Cosack DB 99, 1450 ff; Minwegen VersR 10, 1296 ff; ausgelöst durch eine Mitteilung des Arztes vgl OLG Koblenz VersR 12, 861 ff m Anm Jaeger). Hierunter fällt ebenso die Infizierung mit HIV, unabhängig davon, ob es zu einem Ausbruch von Aids gekommen ist (BGHZ 114, 284 ff, 289). Zur Verletzung der psychischen Gesundheit zählen auch **Schockschäden** Dritter (vgl dazu Rn 54; zu psychisch vermittelten pränatalen Gesundheitsschäden vgl BGHZ 93, 351 ff, 355).

9 **Schädigungen des nasciturus** vor und während der Geburt durch Dritte können Ansprüche nach Abs 1 auslösen (BGHZ 58, 48 ff, 49; 86, 240 ff, 253; vgl zur Verletzung des allg Persönlichkeitsrechts Rn 94). Zwar ist die Leibesfrucht im Zeitpunkt der Handlung mangels Rechtsfähigkeit (§ 1) streng genommen kein „anderer" iSd Abs 1, eine solche Vorverlagerung des Schutzes folgt jedoch mittelbar aus Art 2 II 1 GG (Staud/Hager § 823 B 42). Erfasst wird auch der Fall, dass **die schädigende Handlung noch vor dem Zeitpunkt der Zeugung** liegt (Verabreichen von Contergan; Infektion der Mutter: BGHZ 8, 243 ff, 246; zum Ausschluss der Haftung der Bundesrepublik Deutschland im Zusammenhang mit Contergan s LG Bonn Urt v 13.4.10 Az 1 O 211/10). Der Anspruch entsteht in dem Augenblick, in dem das Kind lebend geboren wird. **Zur Schädigung des nasciturus durch die Eltern** vgl Staud/Hager § 823 B 46 ff.

10 Ob die Schädigung des Embryos oder gar das Absterben der Leibesfrucht immer auch eine **Körper- bzw Gesundheitsverletzung der Mutter** begründet, wird in Rspr und Literatur unterschiedlich beurteilt (zum Streitstand: Staud/Hager § 823 B 45).

11 d) Eine Verletzung der **Freiheit** eines anderen ist gegeben, wenn dieser seiner Fähigkeit beraubt wird, den Aufenthaltsort zu ändern (zB bei Verweigerung des Aussteigens durch das Zugbegleitpersonal bei einem längeren außerplanmäßigen Halt: AG Augsburg RRa 05, 75 ff). **Geschützt ist allein die körperliche Bewegungsfreiheit** (weiter gehend Eckert JuS 94, 630 f) iSd Fortbewegung von einem Ort (nicht hin zu einem Ort). Unter den Begriff fällt dag **nicht die allg Handlungsfreiheit** (hM). Als Mittel eines Freiheitsentzuges kommen etwa die physische Gewalt (Einsperren; Fixieren eines Patienten) oder psychische Beeinflussung (Drohung) des Betroffenen in Betracht. Erforderlich ist, dass die Beeinträchtigung die **Erheblichkeitsschwelle** überschreitet, so dass ein nur kurzfristiges Versperren des Weges bereits tatbestandlich ausscheidet. Auch der Verkehrsstau löst regelmäßig keine Ersatzpflicht desjenigen aus, der den Unfall verschuldet hat, da sich insoweit allein ein **allg Lebensrisiko** verwirklicht. Ist eine gerichtlich angeordnete Inhaftierung auf ein fehlerhaftes Gutachten zurückzuführen, **so haftete jedenfalls der nicht vereidigte Sachverständige** nach wohl hM nur im Fall grober Fahrlässigkeit (zur Freiheitsentziehung: MK/G Wagner § 839 a Rn 2; bei Vereidigung gilt: Abs 2 iVm §§ 154, 163 I StGB; krit hierzu Staud/Hager § 823 B 56). Sofern intertemporal einschlägig (s Vor §§ 823–853 Rn 17) ist nunmehr allerdings § 839 a zu beachten, der die Haftung des gerichtlichen Sachverständigen abschließend regeln soll.

12 e) **Eigentumsverletzung:** Abs 1 unterstellt das Eigentum an beweglichen und unbeweglichen Sachen (§§ 90 ff) deliktischem Schutz. Es ist das einzige, ausdrücklich benannte **absolute Recht** iS dieser Vorschrift. Eine Eigentumsverletzung liegt immer dann vor, wenn in die Befugnisse des Eigentümers nach § 903 eingegriffen wird. Als mögliche Beeinträchtigungen kommen in Betracht: Der Eingriff in die Rechtsstellung des Eigentümers, die Verletzung der Sachsubstanz, der Entzug der Sache, die Beeinträchtigung ihrer Nutzungs- und Gebrauchsfähigkeit, das Fotografieren einer fremden Sache sowie Immissionen (§ 906; beachte in weiterem Zusammenhang BGH JZ 04, 916 m Anm H Roth; s zum verschuldensunabhängigen Ausgleichsanspruch aus § 906 II 2 (analog): BGH MDR 14, 23.; s auch Neuner JuS 05, 487; 490 ff; Wenzel NJW 05, 243 ff; zur Haftung in Verbindung mit Sturmschäden s Weick JR 11, 6 ff; bzgl Datenverlusten durch Stromschäden infolge von Bauarbeiten beachte OLG Oldenburg MDR 12,

403 f; alljährlicher Reinigungsflug von Bienen begründet keine Schadensersatzansprüche: LG Dessau-Roßlau NJW-RR 13, 87 ff).

Konkurrenzen: Nach hM verdrängen die Vorschriften des **EBV** (§§ 989 ff) den Anspruch aus Abs 1. Diese stellen abschließende Sonderregeln dar, neben denen ein deliktischer Eigentumsschutz nur in den nach § 992 angeordneten oder nach der hM anerkannten Ausnahmefällen (Fremdbesitzerexzess) besteht. Sonderregeln enthalten auch die §§ 2018 ff für das Verhältnis zwischen Erbe und unrechtmäßigem Erbschaftsbesitzer. Abs 1 wird nur ausnahmsweise über § 2025 für anwendbar erklärt. 13

aa) Eingriffe in die Rechtsstellung: Ersatzpflichtig ist etwa der **Veräußerer**, der als Nichtberechtigter über eine Sache **wirksam verfügt** und einem gutgläubigen Dritten (§§ 892 f, 932 ff, 2366; § 366 HGB; Art 16 WG; Art 21 ScheckG) das Eigentum verschafft (beachte allerdings insoweit den Vorrang der §§ 987 ff; in Betracht kommt regelmäßig ein Anspruch des Eigentümers aus § 816 I). Dies gilt gleichermaßen, wenn der **Nichtberechtigte das Eigentum mit einem fremden Recht belastet** oder zwar als Berechtigter, jedoch unter Verstoß gegen die §§ 1243 f verfügt. Die Haftung tritt ebenso dann ein, wenn der Eigentumsverlust zunächst fehlschlägt, der Eigentümer die Verfügung des Nichtberechtigten aber nachträglich gem § 185 II 1 genehmigt (BGH NJW 60, 859 f, 860; 91, 696). Auch **die Verbindung, Vermischung oder Verarbeitung** einer fremden Sache und der hiermit verbundene originäre Eigentumserwerb nach §§ 946 ff begründen einen Anspruch aus Abs 1 etwa gegen den Einbauenden (BGHZ 109, 297 ff, 300). Der Vollstreckungsschuldner haftet im Fall der **Verpfändung und Verwertung einer schuldnerfremden Sache.** Dies gilt idR auch für den Vollstreckungsgläubiger (BGHZ 118, 201 ff, 205; die Mindermeinung zieht die §§ 989 f als Anspruchsgrundlage heran; so etwa Staud/Hager § 823 B 72). Zwar stellt der Gerichtsvollzieher (§ 808 ZPO) grds nur auf den Gewahrsam ab, die hieraus folgende Rechtmäßigkeit der Pfändung als staatlicher Akt steht jedoch der Ersatzpflicht des Gläubigers nicht entgg. 14

Nicht ersatzpflichtig nach Abs 1 ist **der redliche Erwerber** (vgl hierzu auch Weber JuS 99, 7 f; beachte allerdings § 816 I 2), der Bauherr, der den Einbau lediglich duldet (BGHZ 56, 228 ff, 237; 102, 293 ff, 309), oder derjenige, dem in der Zwangsversteigerung das Eigentum kraft Hoheitsakt originär zugewiesen wird. Umstritten ist, ob der Ausschluss in § 241 a I (beachte § 241 a II) auch deliktische Ansprüche erfasst (s § 241 a Rn 6; zur Streitfrage, ob gesetzliche Ansprüche des Unternehmers gegen den Verbraucher dem Regelungsbereich des § 241 a I unterfallen: Bülow/Artz/Artz, Verbraucherprivatrecht, 524 ff; Böttcher/Möritz VuR 05, 46 ff; sofern man entgg der vorherrschenden Ansicht – etwa wie Sosnitza BB 00, 2323 ff – davon ausgeht, dass § 241 a I ein Recht zum Besitz vermittelt, mag man unter Rückgriff auf die Ausführungen in Rn 37 einen Schadensersatzanspruch des Verbrauchers gegen Dritte wegen Verletzung des unmittelbaren berechtigten Besitzes bejahen; zu § 241 a s Link NJW 03, 2811 ff; Jacobs JR 04, 490 ff). 15

bb) Eingriffe in die Substanz: (1) Grundfälle: Eine typische Eigentumsverletzung liegt etwa in der Zerstörung, Beschädigung, Verunreinigung oder Kontaminierung einer zuvor intakten Sache. Hierzu zählen auch Änderungen des Aggregatzustandes (Auftauen von Eis), das Löschen von Softwareprogrammen oder Einspeisen von Viren sowie Entwicklungsstörungen (ein Torfprodukt wirkt sich nachteilig auf das Pflanzenwachstum aus: BGH NJW 99, 1028 f, 1029). Dabei ist kein unmittelbarer Kausalzusammenhang erforderlich, vielmehr genügt eine mittelbare Verursachung. Ersatzpflichtig ist daher etwa derjenige, der ein Stromkabel zerstört, wodurch bei einem Geflügelzüchter in einem Brutkasten befindliche Eier verderben (BGHZ 41, 123 ff). Das Eigentum kann auch dadurch geschädigt werden, dass der Eigentümer im Vertrauen auf ein wirkungsloses Produkt von anderen Schutzmaßnahmen absieht (Pflanzenschutzmittel: BGHZ 80, 186 ff, 189; 199 ff, 201; BGH NJW 96, 2224 ff, 2225). 16

(2) Sonderfall der weiterfressenden Mängel (zur Bedeutung der Judikatur nach der Schuldrechtsreform s Vor §§ 823–853 Rn 13): Wird eine Sache geliefert oder hergestellt, deren Mangelhaftigkeit sich zunächst auf einen Teilbereich der Sache beschränkt, später aber auf weitere Teile oder die Gesamtsache übergreift, so ist in Rspr und Literatur umstr, in welchen Fällen eine Eigentumsverletzung iSd Abs 1 vorliegt. 17

§ 823 Buch 2 | Recht der Schuldverhältnisse

Diese Problematik der sog **weiterfressenden Mängel** erklärt sich vor dem Hintergrund der **Konkurrenz von Vertrags- und Deliktsrecht** (hierzu allg Vor §§ 823–853 Rn 13; zur kaufrechtlichen und deliktischen Haftung für Weiterfresserschäden s Kadner Graziano/Wiegandt Jura 13, 510 ff). Die Mangelfreiheit ist nach § 433 I 2 Teil der primären Erfüllungspflicht des Verkäufers (vgl für den Unternehmer § 633 I), ein Mangel begründet mithin eine Pflichtverletzung iSd § 280 I. Dem Käufer stehen insofern zunächst nach § 437 bestimmte Rechte zu (vgl für den Besteller § 634). Diese schützen das Nutzungs- und **Äquivalenzinteresse**, unterliegen allerdings einer speziellen Verjährungsfrist (§§ 438, 634 a; zur Novellierung des Verjährungsrechts vgl die RL 99/44/EG des Europäischen Parlamentes und des Rates vom 25.5.99 zu bestimmten Aspekten des Verbrauchsgüterkaufs und der Garantien für Verbrauchsgüter, ABl EG L 171, 12 = NJW 99, 2421 ff). Nach ihrem Ablauf kann sich der Betroffene nur noch auf einen **Deliktsanspruch** aus Abs 1 stützen, der den Schutz des **Integritätsinteresses** bezweckt und gem §§ 195, 199 verjährt.

18 **Keine Eigentumsverletzung** iSd Abs 1 liegt in der **Lieferung oder Herstellung einer gänzlich mangelhaften Sache**, da hier nicht bereits vorhandenes Eigentum beeinträchtigt wird. Der Käufer oder Besteller ist allein in seinem Äquivalenzinteresse verletzt und kann gegen den Verkäufer oder Unternehmer die Rechte aus § 437 bzw § 634 geltend machen.

19 Eine Eigentumsverletzung liegt dann vor, wenn Schäden an einer anderen, bisher intakten Sache des Abnehmers (oder eines Dritten) durch Lieferung einer mangelhaften Sache oder Herstellung eines mangelhaften Werkes verursacht werden („Hebebühne": BGH NJW 83, 812 f, 813; vgl hierzu auch BGHZ 138, 230 ff, 238). Daneben kommen vertragliche Schadensersatzansprüche des Abnehmers gegen den Verkäufer oder Unternehmer in Betracht (§§ 437 Nr 3, 634 Nr 4, 280 I; zum Konkurrenzverhältnis s Vor §§ 823–853 Rn 13).

20 Im Übrigen grenzt der BGH Integritäts- und Äquivalenzinteresse anhand des Kriteriums der **Stoffgleichheit** ab (BGH NJW 78, 2241 ff, 2242; vgl zur Entwicklung der Judikatur: von Westphalen MDR 98, 805 ff). Deckt sich der beim Eigentumsübergang der Sache bereits vorhandene Mangelunwert mit dem eingetretenen Schaden, ist also ausschließlich das Äquivalenzinteresse betroffen, so dass deliktische Ansprüche ausscheiden (zB Lieferung mangelhafter Kalksand-Luftkanalsteine für die Errichtung eines Gebäudes: Brandenburgisches OLG NJW-RR 13, 858 ff; zum geschützten Äquivalenzinteresse d Betroffenen bei defektem Kardioverter-Defibrillator s Vorlage d BGH VersR 13, 1451 ff). Sind dag ursprünglicher Mangelunwert und Schaden nicht stoffgleich, wird auch das Integritätsinteresse verletzt, so dass eine Eigentumsverletzung nach Abs 1 vorliegt (BGH NJW 05, 1423 ff, 1425 = JR 05, 499 ff, 501 m Anm Peters = JZ 05, 1169 f m Anm Gsell; s auch OLG Jena BauR 12, 1835 f). Zur Berechnung des Mangelunwerts und damit des „Äquivalenzschadens" wählt die Judikatur § 441 III als Ausgangspunkt (zu § 472 I aF: BGH NJW 85, 2420 f). Keine maßgebliche Bedeutung haben sachenrechtliche Zuordnungsvorschriften, so dass etwa die Eigentumsverletzung an Einzelteilen einer Sache nicht entscheidend von ihrer sachenrechtlichen Selbstständigkeit abhängt (BGHZ 138, 230 ff, 237).

21 Stoffgleichheit besteht, wenn es technisch nicht möglich oder wirtschaftlich unvertretbar ist, einen Defekt zu beheben („Gaszug": BGHZ 86, 256 ff, 262; BGH NJW 92, 1678 f). Keine Stoffgleichheit besteht dag, wenn der mangelhafte Teil einer Sache funktionell abgrenzbar ist („Schwimmerschalter": BGHZ 67, 359 ff, 364; „Autoreifen": BGH NJW 78, 2241 ff, 2242; beachte einen vergleichbaren Fall: BGH NJW 04, 1032 ff: Der BGH stützt sich in dieser Entscheidung nicht ausdrücklich auf das Kriterium der Stoffgleichheit; zum Urt instruktiv Gsell NJW 04, 1913 ff; s auch BGH NJW 05, 1423 ff, 1425 = JR 05, 499 ff, 501 m Anm Peters = JZ 05, 1169 f m Anm Gsell). Nach der Judikatur liegt auch dann eine Eigentumsverletzung gem Abs 1 vor, wenn defekte Teile zwecks Reparatur ausgebaut werden müssen und hierdurch bislang intakte Teile beschädigt werden (BGHZ 117, 183 ff, 188). Dabei liegt bereits im Zeitpunkt der Verbindung eines fehlerhaften Zulieferteils mit einwandfreien Teilen eines Herstellers eine Eigentumsverletzung an den zuvor unversehrten Bestandteilen vor (BGHZ 138,

230 ff, 236; krit zu dieser Entscheidung etwa Brüggemeier JZ 99, 99 ff; Franzen JZ 99, 702 ff; Timme JA 99, 850 f).

Diese Judikatur ist in der Lehre vielfacher Kritik ausgesetzt (vgl auch die Angaben bei Staud/Hager § 823 B 114 ff und dessen überzeugende Replik; krit Gsell NJW 04, 1913 ff, 1914 mwN. Sie plädiert dafür, den Gedanken der Instruktionshaftung heranzuziehen). Das Kriterium der Stoffgleichheit eigne sich angesichts seiner Unbestimmtheit nicht zur Abgrenzung, zudem würden die Verjährungsfristen der Mängelansprüche unterlaufen. Der BGH hat die Grundzüge seiner Rspr auf Bauwerksfälle übertragen (BGH NJW 01, 1346 ff, 1347; hierzu Schaub VersR 01, 940 ff; s dazu auch OLG Jena BauR 12, 1835 f; beachte BGH NJW 04, 1032 ff; hierzu Gsell NJW 04, 1913 ff und BGH NJW 05, 1423 ff, 1425 = JR 05, 499 ff, 501 m Anm Peters = JZ 05, 1169 f m Anm Gsell). 22

cc) **Eine Eigentumsverletzung** bedeutet den dauernden oder vorübergehenden Sachentzug (Wegnahme oder durch Täuschung veranlasste Weggabe einer Sache). Der Anspruch aus Abs 1, § 249 I (Naturalrestitution) zielt dabei regelmäßig auf Wiedereinräumung des Besitzes; im Übrigen ist der Vorrang der §§ 989 ff zu beachten. 23

dd) Eine Eigentumsverletzung iSd Abs 1 kann auch in einer **Gebrauchsbeeinträchtigung** liegen. Vom Grundsatz her besteht Einigkeit darüber, dass das Eigentum auch ohne Eingriff in die Rechtsstellung und Substanz verletzt werden kann. Die Abgrenzung zwischen einer ersatzpflichtigen Nutzungsbeeinträchtigung und einem von Abs 1 ausgenommenen primären Vermögensschaden ist jedoch umstritten. 24

Die wohl hM fordert, dass die **Einwirkung auf die Sache selbst** erfolgt (Fleetfall: BGHZ 55, 153 ff, 159; hierzu Larenz/Canaris, SchR II 2 § 76 II 3 c; Versperren der Ausfahrt für ein KfZ: BGHZ 63, 203 ff, 206; hierzu auch Dörner JuS 78, 666 ff, 667; s aber auch BGH r+s 04, 85 ff). Keine Eigentumsverletzung, sondern ein bloßer Vermögensschaden liegt danach vor, wenn ein Baggerführer fahrlässig ein Stromkabel beschädigt und hierdurch auf einem anderen Grundstück einen Betriebsstillstand auslöst (BGHZ 29, 65 ff, 74; vgl aber auch Rn 16 und 122). Die **jüngere Rspr** stellt vielfach auf den **Grad der Intensität** ab und bejaht etwa dann eine Eigentumsverletzung, wenn eine nicht unerhebliche Beeinträchtigung der bestimmungsgemäßen Verwendung der Sache (Gewindeschneidemittel: BGH NJW 94, 517 ff, 518; NJW-RR 95, 342 f; Kondensator: BGHZ 120, 228 ff, 235) oder ihrer Verkaufsfähigkeit vorliegt (BGHZ 105, 346 ff, 350). Ausgenommen sind kurzfristige Störungen (Evakuierung eines Betriebs wegen Explosionsgefahr eines benachbarten Tanklagers: BGH NJW 77, 2264 ff, 2265). Scheidet nach den genannten Kriterien eine Eigentumsverletzung aus, kommt subsidiär ein Anspruch wegen eines Eingriffs in das **Recht am Unternehmen** in Betracht (vgl hierzu Rn 115 ff). 25

ee) Das **Fotografieren einer fremden Sache** (hierzu auch Beater JZ 98, 1101 ff; BGH ZUM 11, 327 ff; Stieper ZUM 11, 331 ff) – gleich ob zu privaten oder kommerziellen Zwecken – bedeutet jedenfalls dann keine Eigentumsverletzung, wenn es von öffentlicher Straße aus erfolgt (BGH NJW 89, 2251 ff; Ernst ZUM 09, 434 f; zum verhüllten Reichstag vgl die Angaben bei Müller-Katzenburg NJW 96, 2341 ff). Dies folgt auch aus der Wertung des § 59 I 1 UrhG. Eine Eigentumsverletzung liegt uU in der gegen den Willen des Empfängers erfolgenden **Briefkastenwerbung** (BGHZ 106, 229 ff, 232; vgl auch Rn 102, 122). Dies gilt wohl gleichermaßen für Telefax- (AG Frankfurt aM MMR 02, 490), nicht aber E-Mail-Werbung (LG Berlin CR 99, 187 ff; str; s die Angaben bei Baetge NJW 06, 1038 f; zum Verstoß unverlangter E-Mail oder Telefaxwerbung gegen das UWG: BGH MMR 10, 183 f; BGH VersR 09, 1633 ff; BGH NJW 06, 3781 ff; BGH NJW 04, 1655 ff; hierzu Hoeren CR 04, 448 ff; OLG Hamm CR 06, 19 f; s aber auch AG Dresden NJW 05, 2561 f). 26

ff) **Immissionen** verpflichten zum Schadensersatz nach Abs 1, soweit sie vom Eigentümer nicht nach Maßgabe der §§ 906 ff zu dulden sind (vgl in diesem Zusammenhang BGHZ 92, 148; 120, 249 sowie die Kommentierung zu § 906 in diesem Band; beachte in weiterem Zusammenhang BGH JZ 09, 916 m Anm H Roth; zum verschuldensunabhängigen Ausgleichsanspruch nach § 906 II 2 (analog): BGH MDR 14, 23; Neuner JuS 05, 487; 490 ff; Wenzel NJW 05, 243 ff). In Betracht kommt uU auch ein An- 27 spruch nach § 1 UmweltHaftG (vgl hierzu BGH JZ 98, 358 ff; Michalski Jura 95, 617 ff; Salje VersR 98, 797 ff). **Ideelle Immissionen** (das ästhetische Empfinden des Nachbarn wird durch den Blick auf einen Lagerplatz mit Baumaterialien verletzt) begründen daß keine Eigentumsverletzung (BGHZ 51, 396 ff, 397).

28 f) **Die Verletzung sonstiger Rechte:** Abs 1 enthält neben Abs 2 („Schutzgesetz") und § 826 („guten Sitten") die „**erste kleine Generalklausel**" im Deliktsrecht (Medicus/Lorenz, SchR II Rn 1231; 1236). Der weite Begriff der „**sonstigen Rechte**" ist dabei einschränkend auszulegen. Erfasst werden nur solche Rechte, die – vergleichbar den in Abs 1 ausdrücklich genannten Persönlichkeitsgütern und dem Eigentum (§ 903) – durch **Zuweisungsgehalt und Ausschlussfunktion** geprägt werden (ganz hM). In den Anwendungsbereich fallen demnach nur **absolute Rechte**, dh solche, die wie etwa auch das Eigentum ggü jedermann wirken.

29 aa) Kein Recht idS ist das **Vermögen** einer Person. Primäre Vermögensschäden lösen mithin keine Ersatzpflicht nach Abs 1 aus (vgl aber auch Abs 2, §§ 826, 831, 839, 839 a), da der Gesetzgeber sich durch die enumerativ aufgeführten Rechtsgüter und Rechte gerade gegen eine „große Generalklausel" entschieden hat und dem Vermögen als solchem auch keine Ausschlussfunktion zukommt (vgl Vor §§ 823–853 Rn 8). Erfasst werden allein sekundäre Vermögensschäden, die also Folge einer Rechts(gut)verletzung iSd Abs 1 sind.

30 bb) Gleichermaßen scheiden **Forderungen als lediglich relative Rechte** nach der zutreffenden hM aus (vgl zum Vertragsbruch § 826 Rn 14). Der Gläubiger hat idR einen Anspruch aus § 816 II gegen den nichtberechtigten Leistungsempfänger. Abw hiervon bejaht ein Teil der Literatur die Anwendbarkeit des Abs 1, soweit der Anspruchsgegner in die **Forderungszuständigkeit** eingreift (Larenz/Canaris, SchR II 2 § 76 II 4 g; ders, FS Steffen, 95, 85 ff; zust Staud/Hager § 823 B 165; hiergegen Medicus/Lorenz, SchR II Rn 1193; Medicus, FS Steffen, 95, 333 ff; Hammen AcP 199 (99), 591 ff).

31 cc) Zu den sonstigen Rechten gehören alle **Herrschaftsrechte**. Hierunter fallen **beschränkt dingliche Rechte** wie etwa (Grund)pfandrechte, Erbbaurechte, Dienstbarkeiten und dingliche Vorkaufsrechte (zum Erfordernis eines „grundstücksbezogenen" Eingriffs: BGH VersR 01, 648 ff, 650; zum Schadensersatzanspruch wegen eines ungerechtfertigten Löschungsantrags s BGH NJW-RR 05, 315 ff). Neben rechtlichen (vgl hierzu Rn 14 f) werden auch faktische Beeinträchtigungen erfasst. Mithin verletzt etwa derjenige ein sonstiges Recht, der Zubehörstücke, die in **den Haftungsverband der Hypothek** (§§ 1120 ff) fallen, beschädigt oder rechtswidrig entfernt (BGH NJW 91, 695 f; Staud/Hager § 823 B 129). Die hM erkennt zutreffend das **Pfandrecht an einer Forderung nicht als sonstiges Recht** an, da diese selbst nicht geschützt wird (Rn 30) und der Schutz des beschränkt dinglichen Rechts nicht weiter gehen kann als derjenige des Vollrechts.

32 dd) Zu den sonstigen Rechten iSd Abs 1 zählen **Zurückbehaltungsrechte** wie § 1000 (Staud/Hager § 823 B 193).

33 ee) Auch das **dingliche Anwartschaftsrecht** (etwa des Vorbehaltskäufers oder Auflassungsempfängers) als dem Eigentum wesensgleiches Minus gehört zu den sonstigen Rechten des Abs 1 (BGHZ 55, 20 ff, 25; 114, 161 ff, 164; abw zum deliktischen Schutz des Auflassungsempfängers: Soergel/Zeuner § 823 Rn 56). Umstr ist, in welchem Verhältnis der Deliktsanspruch des Anwartschaftsberechtigten an einer beweglichen Sache und derjenige des Eigentümers stehen (Analogie zu den §§ 432 bzw 1077, 1281; beachte auch § 851) und wie sie zu berechnen sind (vgl hierzu § 929 Rn 67 f; zum Streitstand: Staud/Hager § 823 B 155).

34 ff) Deliktischen Schutz nach Abs 1 genießt nach hM der **Vormerkungsberechtigte** (Staud/Hager § 823 B 157). Die Vormerkung ist zwar kein dingliches Recht im strengeren Sinne, sondern ein selbständiges dingliches Recht eigener Art bzw Sicherungsmittel eigener Art (vgl § 883 Rn 2). § 883 II begründet jedoch einerseits zumindest eine verdinglichte Rechtsposition, andererseits kann der Buch- nicht schlechter als der Sachbesitz (Rn 35 ff) gestellt werden (Larenz/Canaris, SchR II 2 § 76 II 4 h). Der Schutz erstreckt sich allerdings nur auf den späteren Erwerber, idR nicht einen außenstehenden Dritten (s aber auch BGHZ 114, 161 ff, 165).

gg) Umstr ist der deliktische Schutz des **Besitzes** (beachte auch Rn 156). Nach § 854 I 35 bezeichnet der Besitz kein Recht, sondern nur ein tatsächliches Verhältnis. Nach zutreffender hM ist er jedoch dann gleich einem absoluten Recht nach Abs 1 geschützt, soweit er dem Besitzer eine „eigentumsähnliche" Stellung verleiht (für den Schutz des „obligatorischen Rechts" zum Besitz dag: Larenz/Canaris, SchR II 2 § 76 II 4 f). Erforderlich ist daher, dass dem Besitz Nutzungs- und Ausschlussfunktion (§§ 859 ff) zukommt.

Angesichts der fehlenden **Nutzungsbefugnis** zählt der **rechtswidrige Besitz** idR nicht zu 36 den sonstigen Rechten iSd Abs 1 (hM). Dag befürwortet eine Ansicht in der Literatur (Medicus/Lorenz, SchR II Rn 809) deliktischen Schutz zumindest für **den nichtberechtigten, redlichen, entgeltlichen Besitz vor Rechtshängigkeit**, da der Besitzer nach §§ 987, 988, 990 I, 993 I 1 2. Halbs die gezogenen Nutzungen im Verhältnis zum Eigentümer behalten darf. Dies ist jedoch abzulehnen, da die Privilegierung im Eigentümer-Besitzer-Verhältnis nicht besagt, dass der Besitzer den Eigentümer auch auf Schadensersatz in Anspruch nehmen kann (zweifelnd ebenso BGHZ 79, 232 ff, 238). In Betracht kommt allenfalls ein Schutz des nichtberechtigten gutgläubigen Besitzers im Verhältnis zu einem Dritten (vgl auch Staud/Hager § 823 B 169).

Der **rechtmäßige Besitz** berechtigt zur Nutzung und wird daher regelmäßig dem Schutz 37 des Abs 1 unterstellt (vgl etwa BGHZ 137, 89 ff, 97; zur Bedeutung des § 241 a I s Rn 15). Allerdings hat mit Blick auf die **Ausschlussfunktion** eine Unterscheidung zu erfolgen: Der **rechtmäßige unmittelbare Besitz** ist als sonstiges Recht iSd Abs 1 einzustufen (hM; beachte, dass aus dem Statusverhältnis der Ehe [BGHZ 73, 253, 256 ff] und ebenso der eingetragenen Lebenspartnerschaft [Schwab FamRZ 01, 385, 391, 394] ein Besitzmittlungsverhältnis iSd § 868 abgeleitet werden kann; dies lässt sich nicht auf die nichteheliche Lebensgemeinschaft übertragen: OLG München NJW 13, 3525). Der **rechtmäßige mittelbare Besitz** ist dag nach § 869 nur gegen Dritte, nicht aber gegen den unmittelbaren Besitzer selbst geschützt. Dieser haftet nicht nach Abs 1, sondern allein aus dem Besitzmittlungsverhältnis (BGHZ 32, 195 ff, 205). Ein sonstiges Recht iSd Abs 1 stellt auch der **rechtmäßige Mitbesitz** dar. Er wird dabei gleichermaßen vor Beeinträchtigungen Dritter sowie der Mitbesitzer geschützt, da § 866 allein den Besitz- (§ 859 ff), nicht aber den deliktischen Schutz beschränkt (BGHZ 62, 243 ff, 248).

Eine **Beeinträchtigung** des geschützten Besitzes kann entspr den Grundsätzen zur Ei- 38 gentumsverletzung auch darin liegen, dass der Berechtigte an der Nutzung der Sache gehindert und diese ihrem bestimmungsgemäßen Gebrauch entzogen wird. Erforderlich ist, dass dem Eingriff etwa im Hinblick auf seine Dauer eine hinreichende Intensität zukommt (BGHZ 137, 89 ff, 97; hierzu Löhning JA 98, 444 ff). Zum Haftungsumfang – va zur Abgrenzung von Nutzungs- und Substanzschäden – vgl Staud/Hager § 823 B 174.

hh) Dem Schutz des Abs 1 unterliegen **Aneignungsrechte** (§ 958 II; Jagd-, Fischerei- 39 recht – vgl. BGH VersR 07, 1281 ff) sowie **Immaterialgüterrechte** (Patent-, Urheber-, Warenzeichen- und Gebrauchsmusterrechte; beachte die Änderungen durch das Gesetz zur Verbesserung der Durchsetzung von Rechten geistigen Eigentums (BGBl I 08, 1191). Neu ist bspw § 97 a II UrhG, welcher den Aufwendungsersatz für Abmahnungen auf 100 EUR begrenzt). Allerdings ist insoweit der Vorrang von Spezialregelungen zu beachten. Sieht ein Sondergesetz ausdrücklich keinen Schutz vor, darf ein solcher nicht mit Hilfe des Abs 1 begründet werden (zu Spezialregeln sowie zur Filterfunktion des TDG s die Angaben unter Vor §§ 823–853 Rn 10, 14).

ii) Zu den sonstigen Rechten gehören **besondere Persönlichkeitsrechte**, etwa das **Na-** 40 **mens-** (§ 12; hierzu BGH NJW 02, 3539 ff; JuS 03, 401 m Anm Emmerich), das **Firmenrecht** (§ 17 HGB) sowie das **Recht am eigenen Bild** (§§ 22 ff KUG; zu Fotomontagen in satirischem Kontext s BVerfG NJW 05, 3271 ff).

jj) Auch **Mitgliedschaftsrechte** zählen zu den sonstigen Rechten (Geschäftsanteile an 41 einer Kapitalgesellschaft; Vereinsmitgliedschaft; hM). Geschützt sind sie jedoch nur vor der Beeinträchtigung ihres Zuweisungsgehaltes (Entzug der Mitgliedschaft), nicht vor ihrer vermögensmäßigen Entwertung, da insoweit allein ein Vermögensschaden vorliegt (Jauernig/Teichmann § 823 Rn 18).

42 **kk)** Zu den „sonstigen Rechten" gehört das **allg Persönlichkeitsrecht** (Rn 90 ff) sowie das **Recht am Unternehmen** (Rn 115 ff).

43 **ll)** Umstr ist, ob das „**Recht am Arbeitsplatz**" im Sinne eines räumlich-gegenständlichen Bereichs oder das „**Recht am Arbeitsverhältnis**" als absolute Rechte nach Abs 1 geschützt werden. Das BAG neigt inzwischen dazu, dies zu verneinen (offen gelassen für Eigenkündigung wegen „Mobbings": BAG NZA 07, 1167 ff m Anm Sagmeister Jura 08, 207 ff; BAG NJW 99, 164 ff, 165; hierzu Edenfeld AP H.12/98 Nr 7 § 823; zust LG Frankfurt aM NJW-RR 00, 831 f, 832; anders die wohl noch hL; vgl die Angaben bei Staud/Hager § 823 B 190).

44 **mm)** Unter den Schutz des Abs 1 fallen bestimmte **Familienrechte**, soweit sie Ausschließlichkeitscharakter haben. Hierzu zählt das **Recht der elterlichen Sorge** (§§ 1626 ff; vgl auch BGHZ 111, 168 ff, 172). Ob das **Umgangsrecht** – wie von der hM bejaht – als absolutes Recht qualifiziert werden kann, hat der BGH ausdrücklich offengelassen (BGH JZ 03, 47 m Anm Henrich; hierzu auch Schwab FamRZ 02, 1297 ff; bejahend etwa OLG Frankfurt aM NJW-RR 05, 1339 f; AG Essen FamRZ 04, 52 f, 53; AG Essen FamRZ 07, 717 f). Umstr ist die Reichweite des deliktischen Schutzes der **Ehe** (vgl zum Besitzmittlungsverhältnis Rn 37; zur Ehe beachte ferner Vor §§ 1297–1588 Rn 5 f). Nach Ansicht des BGH wird sie jedenfalls in ihrem **räumlich-gegenständlichen Bereich** (Ehe- und Familienwohnung; uU auch das gemeinsam betriebene Geschäft) geschützt (BGHZ 6, 360 ff, 365; 34, 80 ff, 86), **allerdings beschränkt auf** (vorbeugende) **Unterlassungs- und Beseitigungsansprüche** gegen den anderen Ehegatten oder Dritten (BGHZ 6, 360 ff, 366). Indessen lehnt der BGH Schadensersatzansprüche wegen **Verletzung der ehelichen Treuepflicht** gegen den Dritten oder den ehewidrig handelnden Ehepartner ab, da insoweit der **persönliche Bereich** der Ehe betroffen sei. Dieser werde nicht deliktsrechtlich geschützt, sondern unterfalle den abschließenden familienrechtlichen Regelungen (BGHZ 23, 279 ff, 281; 57, 229 ff, 231; BGH NJW 90, 706 ff; ein Anspruch des „Scheinvaters" auf den Unterhaltsaufwand kann sich uU aus Abs 2 iVm § 263 StGB bzw § 826 ergeben; s auch § 1607 III 2; nach Ansicht des BGH müssen allerdings neben dem Ehebruch weitere Umstände hinzutreten, etwa, dass die Ehefrau auf Nachfrage des Ehemannes versichert, das Kind stamme von ihm ab. Erforderlich ist dabei nach Auffassung der Revisionsinstanz, dass die Ehefrau einen Irrtum durch positives Tun erregt oder aufrechterhält. Das bloße Verschweigen soll indes nicht genügen. Hierin mag man einen Widerspruch zur Judikatur des BGH zu § 123 I (BGH NJW 12, 2728; BGH FamRZ 12, 1623; zu beiden Entscheidungen: Wever FamRZ 12, 1601) sowie zum Ausschluss des Unterhaltsanspruchs (BGH NJW 12, 1443: zu § 1579 Nr 7) bzw Versorgungsausgleichs (BGH NJW 12, 1446: zu § 1587 h Nr 1 aF bzw § 27 VersAusglG) sehen. Beachte zur Schadensersatzpflicht einer geschiedenen Frau ggü dem (geschiedenen) Ehemann für den Unterhaltswaufwand zugunsten des scheinehelichen Kindes: BGH NJW 13, 2108 (hierzu Erbarth NJW 13, 3478; Helms FamRZ 13, 943; Löhnig/Preisner NJW 13, 2080). In der Literatur wird teils ein Schadensersatzanspruch gegen den Dritten, teils sogar auch gegen den anderen Ehepartner (jedenfalls nach Auflösung der Ehe) mit guten Gründen bejaht, dann allerdings nur in Höhe des Abwicklungs- (etwa Scheidungskosten; Kosten des Vaterschaftsanfechtungsverfahrens bzw in Höhe des dem „Ehebuchskind" gezahlten Unterhalts), nicht aber des Bestandsinteresses (vgl hier Gernhuber/Coester-Waltjen, § 17 III; Erbarth NJW 13, 3478). Die zuvor dargestellten Grundsätze lassen sich wohl auch auf die eingetragene Lebenspartnerschaft übertragen (s auch Vor §§ 1297–1588 Rn 11 ff; beachte jüngst BVerfG NJW 13, 2257 ff sowie NJW 13, 847 ff). Abzuwarten bleibt, ob und inwieweit zukünftig Schadensersatzansprüche aus § 280 I (analog) gestützt auf die Ehe iS eines gesetzlichen Rechtsverhältnisses mit familienrechtlicher Prägung entwickelt werden, etwa anknüpfend an das bloße Verschweigen des Ehebruchs. Der BGH schließt § 280 I als Anspruchsgrundlage jedenfalls nicht kategorisch aus: BGH NJW 13, 2108, 2110 f; hierzu Erbarth NJW 13, 3478.

45 **2. Objektive Zurechnung der Rechts(gut)verletzung: a)** Die Verletzung eines durch Abs 1 geschützten Rechts(guts) muss einer Handlung des Anspruchsgegners objektiv zurechenbar sein. Diese Verbindung zwischen **Handlung** und **Verletzungserfolg** (Faust-

schlag führt zum Nasenbeinbruch) wird als **haftungsbegründende Kausalität** bezeichnet. Hiervon ist die haftungsausfüllende Kausalität zu unterscheiden (hierzu unter Rn 85; Vor §§ 249–253 Rn 13). Sie betrifft die Verbindung zwischen Verletzungserfolg und Schaden, etwa zwischen der Körperverletzung und den hierdurch verursachten Heilungskosten (Schienen der Nase).

Der Begriff der **Handlung** umfasst **jedes der Bewusstseinskontrolle und Willenslenkung** **46** **unterliegende und damit beherrschbare menschliche Verhalten** (BGHZ 98, 135 ff, 137). Ausreichend ist eine mögliche Bewusstseinssteuerung. Ausgenommen werden nicht steuerbare Bewegungen (Reflex, Bewusstlosigkeit, Schlaf, vis absoluta; zur Billigkeitshaftung s § 829 Rn 5). Unter den **Handlungsbegriff** fällt sowohl das **positive Tun** als auch im **Unterlassen**. Beide werden durch das Kriterium der **Gefahrerhöhung** voneinander abgegrenzt (hM; die Mindermeinung stellt zT auf die Vorwerfbarkeit ab). Ein gefährdendes Vorgehen ist als Handlung, ein Nichtstun oder nicht gefährdendes Verhalten als Unterlassung zu qualifizieren (Deutsch/Ahrens, Deliktsrecht Rn 40). Die Frage, ob der Anspruchsgegner iSd Abs 1 gehandelt hat, ist von seiner in den §§ 827 f geregelten **Deliktsfähigkeit** zu unterscheiden (vgl auch § 827 Rn 4).

b) Zurechnung positiven Tuns: aa) Erforderlich ist zunächst ein Kausalzusammenhang **47** iSd auch im Strafrecht geltenden **Äquivalenztheorie** (vgl Vor §§ 249–253 Rn 14). Hiernach sind alle Bedingungen kausal, die nicht hinweggedacht werden können, ohne dass der konkrete Erfolg entfiele (**conditio sine qua non**).

bb) Da die Äquivalenzformel auf wertende Eingrenzungen verzichtet und hierdurch die **48** Gefahr einer unzumutbaren Ausweitung der Schadensersatzpflicht besteht, vermag sie allein keine Zurechnung zu begründen (hM; anders Deutsch/Ahrens, Deliktsrecht Rn 47). Als weiterer Kausalitätsfilter dient insoweit die **Adäquanztheorie** (dieses Kriterium abl etwa MK/Grunsky, 3. Aufl 94, Vor § 249 Rn 42 mwN). Hiernach werden diejenigen Schäden als nicht zurechenbar verursacht ausgeschieden, die – vom Standpunkt eines optimalen Beobachters – soweit **außerhalb aller Wahrscheinlichkeit liegen, dass mit ihrem Eintritt vernünftigerweise nicht zu rechnen war** (BGH NJW 91, 1109 ff, 1110; s BGH NJW 02, 2232 ff, 2233; zum Zurechnungszusammenhang beim Sturz eines Verkehrsunfallbeteiligten auf eisglatter Fahrbahn während der Inaugenscheinnahme der Unfallfolgen s BGH NJW 13, 1679 f). Dies gilt ausnahmsweise nicht, soweit der Schädiger die Rechts(gut)verletzung vorsätzlich herbeigeführt hat. Insoweit haftet der Anspruchsgegner auch für eine zwar inadäquate, aber bewusst gewollte Folge (BGH NJW 81, 983 f; Vor §§ 249–253 Rn 15).

cc) Als zusätzliches Korrektiv dient die Lehre vom **Schutzzweck der Norm** (hierzu auch **49** Michalski Jura 96, 393 ff). Sie ist im Bereich des Abs 2 (vgl Rn 146 ff) seit langem anerkannt und tritt auch bei Abs 1 innerhalb der haftungsbegründenden Kausalität als weiteres Zurechnungskriterium neben die Adäquanzformel (hM; weiter gehend: MK/Oetker § 249 Rn 118 ff). Der geltend gemachte Schaden muss **nach seiner Art und Entstehungsweise unter den Schutzzweck der verletzten Norm** fallen, mithin aus dem Bereich derjenigen Gefahren stammen, zu deren Abwendung die verletzte Rechtsvorschrift gerade erlassen wurde (BGHZ 57, 245 ff, 256). Dies ist regelmäßig bei **unmittelbaren Verletzungen** eines Rechts(guts) in Abs 1 der Fall.

dd) Bei **mittelbaren Verletzungshandlungen**, bei denen der Erfolg eine durch Zwischen- **50** ursachen vermittelte entfernte Folge eines Verhaltens ist (von Bar JuS 88, 169 f), wird der Erfolg dem Schädiger zugerechnet, wenn sein Handeln äquivalent und adäquat kausal ist und der eingetretene Schaden im Schutzbereich des Abs 1 liegt. Zur Konkretisierung des Schutzzwecks ist auf allg Verhaltensnormen zurückzugreifen, die etwa aus Schutzgesetzen iSd Abs 2 zu entwickeln sind. Verstößt der Anspruchsgegner gegen eine solche **Handlungspflicht**, die gerade dem eingetretenen Schaden vorbeugen soll, so wird ihm dieser zugerechnet (BGH NJW 73, 616).

Zurechenbar ist der entfernte Erfolg auch dann, wenn der Schädiger eine ihm obliegen- **51** de **Verkehrspflicht** verletzt (hierzu unter Rn 60 ff). Der Verstoß gegen eine Verkehrspflicht ist auf der Tatbestandsebene zu prüfen, und zwar neben der haftungsbegründenden Kausalität iR der objektiven Zurechnung. Hierfür spricht va, dass sich mittelbare Eingriffe und Unterlassen strukturell ähneln, die Verkehrspflichten jedoch gerade beim Unterlassen nach ganz hM auf der Tatbestandsebene angesiedelt sind (s Rn 62; Medicus/Petersen, BR Rn 646 f; Larenz/Canaris, SchR II 2 § 75 II 3 c, § 76 III 2 d). Als Zurechnungskriterium haben die Verkehrspflichten mithin eine haftungsbegründende, aber auch -begrenzende Funktion.

52 **ee) Besonderheiten iR der objektiven Zurechnung** ergeben sich etwa bei **Schadensanfälligkeit** des Verletzten, bei **Schockschäden** sowie in den sog **Herausforderungsfällen**.

53 **Schadensanfälligkeit**: Die Zurechnung anlagebedingter Verletzungserfolge (der Verletzte ist etwa Bluter oder leidet an der Glasknochenkrankheit) unterliegt grds keinen Einschränkungen. Vielmehr trägt das Risiko, dass der Verletzte infolge körperlicher Anomalien oder Dispositionen besonders schadensanfällig ist, der Anspruchsgegner (vgl idS BGHZ 132, 341 ff, 345; OLG Hamm r+s 01, 366 f, 367; s aber auch BGH NJW 76, 1143 ff, 1144); zur Begrenzung der Ersatzpflicht iR haftungsausfüllender Kausalität s Rn 85; Vor §§ 249–253 Rn 21.

54 **Schockschäden**: Regelmäßig begründet ein Schock eine Verletzung der psychischen Gesundheit iSd Abs 1 (s Rn 8; psychische Kausalität). Um einer uferlosen Haftung zu begegnen, sind diejenigen psychisch vermittelten Schäden auszuscheiden, in denen sich lediglich das allg Lebensrisiko verwirklicht. Die Rspr begrenzt einerseits den **Kreis der Ersatzberechtigten**. Ausgenommen ist der Fan beim Versterben seines Idols, nicht aber der nahe Angehörige. Für eine Ersatzpflicht reicht bei fremden, mit den eigentlichen Unfallbeteiligten nicht in näherer Beziehung stehende Personen (Unfallzeuge, Polizeibeamter) regelmäßig das bloße Miterleben eines Unfalls nicht aus, sondern es ist erforderlich, dass der Geschädigte am Unfall auch selbst beteiligt war (BGH VersR 07, 1093; Adelmann VersR 09, 449; s hierzu auch Staudinger DAR 12, 280; zum Mitverschulden eines auf der Autobahn an einer Unfallstelle verletzten Unfallhelfers beachte OLG München Schaden-Praxis 11, 395 f). Dagegen soll für eine Ersatzpflicht ausreichend sein, wenn der Geschädigte über den Tod des nahen Angehörigen von Dritten erfährt (so OLG Frankfurt ZfSch 13, 202 m Anm Diehl ZfSch 13, 203. Der Fall betraf Ansprüche einer nach dem Unfalltod der Tochter psychisch erkrankten Mutter. Aus Billigkeitsgründen soll sich der Angehörige das Mitverschulden des unmittelbar Verletzten analog §§ 254, 242 anrechnen lassen: OLG Düsseldorf NZV 13, 40. Dies überzeugt dogmatisch nicht.). Ferner wird verlangt, dass die **Auswirkungen von einer gewissen Dauer und Schwere** und nicht nur aus medizinischer Sicht, sondern auch nach der Verkehrsauffassung als Gesundheitsbeeinträchtigung einzustufen sind (BGHZ 56, 163 ff, 165; BGH NJW 89, 2318 ff; OLG Koblenz NJW-RR 05, 677 ff, 678; OLG Naumburg NJW-RR 05, 900 ff, 902; vgl demgegü zur Ersatzfähigkeit von Schockschäden im österreichischen Recht: OGH RdW 02, 215 f m Anm Schobel RdW 02, 206 ff). Schließlich muss der **Schock in Anbetracht des Anlasses verständlich sein** (nicht genügt ein leichter Blechschaden eines Angehörigen, wohl aber dessen Tod oder schwere Körperverletzung; nicht übertragbar ist diese Rspr auch auf Fälle psychischer Gesundheitsbeeinträchtigungen, welche durch den Tod oder die Verletzung eines Tieres hervorgerufen werden, BGH NJW 12, 1730 f; zur Entscheidung auch Diederichsen DAR 12, 301 ff). Die Ersetzbarkeit von Schockschäden ist jedoch nicht durch den Haftungsausschluss in § 105 I SGB VII erfasst (BGH NZV 07, 453 f = VersR 07, 803 f; vgl den Überblick bei Dahm NZV 08, 187 ff).

55 In den **Herausforderungsfällen** beruht der Verletzungserfolg auf einem selbstständigen Willensentschluss des Verletzten oder eines Dritten (psychisch vermittelte Kausalität; hierzu Medicus JuS 05, 289 ff). Typisches Bsp bildet die **Verfolgungsjagd der Polizei** (BGHZ 192, 261 ff; dazu Schwab DAR 12, 490 ff; Mäsch JuS 12, 1029 ff; BGHZ 192, 164 ff). Die Judikatur bejaht in diesen Fällen einen Zurechnungszusammenhang, wenn jemand (etwa der Verfolgte) durch ein vorwerfbares Tun einen anderen zu selbstgefährdendem Verhalten herausfordert. Weiterhin ist erforderlich, dass der Willensschluss des anderen (etwa des Verfolgers) von einer billigenswerten Motivation getragen wird und der eingetretene Schaden gerade auf der infolge der Herausforderung gesteigerten Gefahrenlage beruht und sich nicht nur ein allg Lebensrisiko verwirklicht (hierzu BGH NJW 02, 2232 ff, 2233). **Ein Zurechnungszusammenhang besteht** etwa, wenn ein Polizist zum Zwecke der Verfolgung aus einem Fenster springt und sich ver-

letzt. Ersatzpflichtig ist auch ein Arzt für die Körperverletzung einer Mutter, die durch eine fehlerhafte Behandlung des Arztes gezwungen ist, ihrem Kind eine Niere zu spenden (BGHZ 101, 215 ff, 219). Mangels besonderer Gefahrenlage **besteht dag kein Zurechnungszusammenhang**, wenn ein Feuerwehrmann nach Abschluss der Löscharbeiten beim Aufrollen der Schläuche umknickt (BGH NJW 93, 2234 f). Zur **Vorwerfbarkeit des Tuns** (etwa des Verfolgten) und damit zur subjektiven Zurechnung s Rn 84.

c) **Zurechnung des Unterlassens**: aa) Vom Grundsatz her besteht keine allg Rechtspflicht, Dritte vor Schäden an ihren nach Abs 1 geschützten Persönlichkeitsgütern oder vor Eingriffen in ihre absoluten Rechten zu bewahren (vgl die Angaben bei Staud/Hager § 823 H 5; keine vorherige Überprüfungspflicht des Betreibers eines Informationsportals auf eventuelle Rechtsgutsverletzungen in sog RSS-Feeds: BGH NJW 12, 2345 f). Ein rechtlich erhebliches Unterlassen, das positivem Tun gleichzustellen ist, liegt erst dann vor, wenn der Anspruchsgegner durch sein Nichtstun eine **Rechtspflicht zum Tätigwerden** verletzt und er **tatsächlich in der Lage ist**, die **Rechts(gut)verletzung abzuwenden** (bspw iRd Arzthaftung BGHZ 192, 298 ff). Eine solche Rechtspflicht zum Handeln bzw eine **Garantenstellung** kann sich aus verschiedenen Umständen ergeben. 56

(1) **Rechts(guts)bezogene Schutzpflichten** (sog **Beschützergarant**) können sich aus **Gesetz** (elterliche Sorge: §§ 1626 ff; eheliche Bindung: § 1353; vgl auch § 2 LPartG; nicht dag § 323 c StGB; so auch Staud/Hager § 823 H 9; anders Soergel/Zeuner § 823 Rn 158), **Vertrag** (Übernahme der Behandlung durch den Arzt) sowie im Falle **tatsächlicher Übernahme der Fürsorge** oder beim Bestehen eines besonderen Vertrauensverhältnisses ergeben (nichteheliche Lebensgemeinschaft; Gefahrengemeinschaft: Teilnehmer einer Safari). 57

(2) Schutzpflichten wegen Eröffnung einer Gefahrenquelle (sog Überwachergarant) folgen uU aus einem (auch rechtmäßigen) vorangegangenen, gefahrerhöhenden Tun (Ingerenz), aus der Zustandsverantwortlichkeit für eine Sache, va aus Verkehrs- (dazu Rn 60 ff) und Organisationspflichten (dazu Rn 70). 58

bb) Zwischen Unterlassen – also dem Verstoß gegen eine Rechtspflicht zum Tätigwerden – und der Rechtsgutverletzung besteht eine **haftungsbegründende Kausalität**, wenn das pflichtgemäße Handeln den Eintritt des schädigenden Erfolges mit an Sicherheit grenzender Wahrscheinlichkeit verhindert hätte (**Äquivalenztheorie**). Wie bereits beim positiven Tun (vgl Rn 48 f) sind auch hier ergänzend die **Adäquanzformel** sowie der **Schutzzweck der Norm** als „Kausalitätsfilter" heranzuziehen. 59

d) **Verkehrspflichten** (vgl Deckert Jura 96, 348 ff): aa) **Begriff**: Die Verkehrspflicht lässt sich in ihrem Grundtatbestand als allg Rechtspflicht umschreiben, wonach derjenige, der in seinem Verantwortungsbereich Gefahren schafft oder andauern lässt, alle geeigneten, erforderlichen und zumutbaren Vorkehrungen treffen muss, um Gefahren von Dritten abzuwenden. Eine solche Pflicht kann nur angenommen werden, soweit sich nach sachkundigem Urteil die naheliegende Möglichkeit der Schädigung von Rechtsgütern anderer ergibt (BGH NJW 07, 1683 ff), was insb dann vorliegen ist, wenn ein nicht zu erwartender Eingriff seitens Dritter vorliegt (OLG Hamm VersR 08, 1273). Teilweise wird terminologisch zwischen Verkehrs- und Verkehrssicherungspflichten (bezogen etwa auf Grundstücke und Gebäude) unterschieden. Vorzugswürig ist der Gebrauch des einheitlichen Oberbegriffs Verkehrspflicht (Larenz/Canaris, SchR II 2 § 76 III 1 b). Zur Abgrenzung von Abs 1 zu § 839 s dort Rn 47; zur Beweislast s Rn 87. 60

bb) **Funktion**: Die Verkehrspflichten dienten anfangs allein dazu, die Haftung im Fall des **Unterlassens** zu begründen (vgl Rn 56). Ihre weitere Funktion besteht nunmehr darin, die Ersatzpflicht im Fall **mittelbarer Verletzungen** zu begründen, aber auch zu beschränken (vgl Rn 50). 61

cc) **Standort**: Die richterrechtlich entwickelten Verkehrspflichten sind nicht als Schutzgesetze iSd Abs 2 einzustufen, sondern **dogmatisch bei Abs 1 anzusiedeln** (hM: BGH NJW 87, 2671 ff, 2672; Soergel/Zeuner § 823 Rn 4, 288; abw von Bar JuS 88, 169 ff; Deutsch/Ahrens, Deliktsrecht, Rn 276). Ihre Verletzung ist dort auf **der Tatbestandsebene zu prüfen**, und zwar neben der haftungsbegründenden Kausalität innerhalb der 62 objektiven Zurechnung. Dies gilt übereinstimmend für den Fall der **mittelbaren Verletzungen** (Rn 50) sowie des **Unterlassens** (Rn 56), so dass jedenfalls insoweit der Unterscheidung zwischen positivem Tun und Unterlassen keine praktische Bedeutung zukommt.

63 dd) **Voraussetzungen für die Verkehrspflichtverletzung: (1) Bestehen einer Verkehrspflicht:** Zum Bereich der Verkehrspflichten besteht eine umfangreiche Kasuistik. Nachfolgend werden – ohne dogmatisch-systematische Absicht – typische Fallgruppen genannt, die nicht als abschließend zu verstehen sind und sich teilweise überschneiden (vgl hierzu Medicus/Lorenz, SchR II Rn 1244 ff).

64 Eine Verkehrspflicht kann Folge der **Eröffnung eines Verkehrs** sein (Supermarkt, Spielplatz, Trampolinanlage: BGH VersR 08, 1083 ff; zur Hüpfburg: OLG Koblenz MDR 13, 406; dem folgend: OLG Köln Urt v 27.2.09 Az 20 U 175/06; dazu s auch Wesser NJW 08, 3761 ff). Ein Gastwirt hat etwa dafür zu sorgen, dass der Außenbereich der Gaststätte einschließlich des Zugangs und Parkplatzes die nötige Sicherheit bietet (BGH NJW 85, 482 ff). Auch **Eingriffe in den bereits bestehenden Verkehr** oder die **Teilnahme hieran** begründen Verkehrspflichten. So sind bspw Straßenbauarbeiten ausreichend zu sichern (zu den Grenzen der Streupflicht eines Grundstückseigentümers s etwa BGH NJW 12, 2727 f; zur Verkehrspflicht bei Grünanlagen im Falle eines Sturzes über eine herausragende Bodenhülse: OLG Thüringen MDR 12, 1160 f) Einen weiteren Zurechnungsgrund bildet die **Verantwortlichkeit für gefährliche Sachen.** Teilweise sind solche Verkehrspflichten ausdrücklich normiert (vgl §§ 836–838). Darüber hinaus muss aber etwa ein Grundstückseigentümer dafür Sorge tragen, dass andere – insb Kinder – nicht zu Schaden kommen (BGH NJW 99, 2364 f). Als Gefahrenquellen kommen ebenso bewegliche Sachen (Waffen; zum Überlassen von Feuerwerkskörpern an Kinder s BGHZ 139, 43 ff, 46; 79 ff, 82; Brennspiritus beim Grillen s LG Erfurt VersR 08, 932 f; Lautsprecher bei Veranstaltungen s OLG Hamburg MDR 13, 340 f) in Betracht. Verkehrspflichten können schließlich mit der **Übernahme einer Aufgabe** (vgl als gesetzliche Fälle die §§ 831 II, 832 II, 834, 838) bzw **der Ausübung eines Berufes oder Gewerbes** verknüpft sein (Architekt; Bauingenieur; Bauunternehmer s hierzu OLG Frankfurt NJW 13, 546; Reiseveranstalter: BGH NJW 06, 3268 ff; BGH RRa 06, 206 ff; BGH NJW 88, 1380 ff; OLG Köln RRa 05, 266 ff; dazu Huff RRa 05, 257 ff; s auch OLG Düsseldorf RRa 12, 112 ff; OLG Celle RRa 05, 260 ff m Anm Tonner; Überblick bei Eckert RRa 07, 113 ff; Tonner NJW 07, 2738 ff; s ferner OLG Hamm NJW-RR 13, 349 ff; OLG Köln Urt v 29.3.12 Az 19 U 4/12; s ebenso Staud/Staudinger, § 651 f Rn 87 ff; zu Pauschlreiseveranstaltern: OLG Koblenz RRa 12, 71 ff; zu Schiffsreiseveranstaltern: LG Düsseldorf RRa 07, 13 ff m Anm Schmidt-Bendun RRa 07, 2 ff; Veranstalter von Sportereignissen oder anderen Massenveranstaltungen; zur Pflicht des Veranstalters eines Rockkonzerts, Besucher vor Gehörschäden zu bewahren: BGH NJW 01, 2019 f, 2020: der Umfang der Verkehrspflicht wird nicht abschließend durch DIN-Normen festgelegt; sie konkretisieren lediglich den Mindestschutzstandard; Betreiber von Wasserrutschen: BGH NJW 04, 1449 ff, 1450 fortgesetzt durch BGH NJW-RR 05, 251 ff, 252; dazu auch OLG Hamm MDR 13, 715 ff; zum Hörschaden BGH NJW 06, 610 ff; OLG Koblenz VersR 03, 336 ff; LG Nürnberg-Fürth NJW-RR 05, 464 f; zum Stage-Diving: OLG Hamm VersR 03, 335 f; zum Luftgitarrespielen OLG Hamm NJW-RR 10, 450 f, „[d]er Luftgitarrenspieler „tanzt aus der Reihe.".; zur Verkehrssicherungspflicht im Hinblick auf Schussgeräusche bei einer Jagd s BGH VersR 11, 546 f; im Hinblick auf die Grenze der Verkehrspflichten am Beispiel eines Blumenladens vgl OLG Koblenz NJW-RR 12, 227). Einen Unterfall hierzu bildet die deliktische Produzentenhaftung (vgl hierzu Rn 172).

65 (2) Die **Verkehrspflicht ist verletzt**, wenn der Pflichtige das erforderliche und ihm zumutbare Verhalten unterlassen hat. **Inhalt und Umfang der jeweiligen Verkehrspflicht** lassen sich nur anhand der Einzelfallumstände festlegen (zur Sicherung einer Lichtkuppel s OLG Hamm NJW-RR 05, 675 ff; Kart-Bahn: OLG Saarbrücken NJW-RR 05, 973 f; Moto-Cross-Rennen: OLG Rostock MDR 05, 394 f; Sessellift: OLG Celle NJW-RR 05, 755 f), wird aber durch gesetzliche Wertungen begrenzt (s OLG Düsseldorf MDR 07, 524 f). Dabei bestimmt sich die **Erforderlichkeit** der Maßnahme etwa nach

dem Rang des verletzten Rechtsguts, dem Grad der drohenden Gefahr (zur Aushändigung einer Pistole an einen Wachmann: BGH NJW 01, 2023 f), dem Stand der Technik, der Erkennbarkeit der Gefahr für Dritte (va bei Kindern) sowie ihren berechtigten Sicherheitserwartungen. Die **Zumutbarkeit** richtet sich bspw nach dem persönlichen und wirtschaftlichen Aufwand (eine Pflicht des Getränke-Einzelhändlers zur „Befundsicherung" seiner Getränkeflaschen im Hinblick auf Haarrisse wurde vor diesem Hintergrund verneint: BGH NJW 07, 762 ff = VersR 07, 72 f m Anm Rothe NJW 07, 740 ff; Stürner jurisPR-BGHZivilR 1/07 Anm 2; zum hiervon abweichenden Pflichtenkreis des Herstellers vgl Rn 174, 182).

(3) Der Anspruchsteller muss in den **persönlichen Schutzbereich** der Verkehrspflicht 66 fallen: Vom Grundsatz her besteht eine Verkehrspflicht ggü **jedermann**. Die Verkehrspflicht des Gastwirts etwa, den Zugang zu seinem Betrieb iR des Zumutbaren von Eis und Schnee freizuhalten, besteht nicht nur Kunden, sondern auch Passanten ggü (BGH NJW 87, 2671 ff, 2672). Vom Schutz ausgenommen bleiben idR Personen, die **unbefugterweise mit einer Gefahrenquelle** in Berührung kommen. Geschützt wird mithin nicht ein Dieb, der auf einer unzureichend gesicherten Baustelle verunglückt. Eine Rückausn besteht bei **außerordentlichen Gefahrenherden** sowie bei unbefugten Personen, die nicht in der Lage sind, Gefahrenmomente zu erkennen, dh insb bei **Kindern** (BGH NJW 95, 2631 ff; 99, 2364 f; s auch OLG Schleswig NJW-RR 04, 384 ff, 385). Diese müssen durch zumutbare Sicherungsmaßnahmen am Betreten des Gefahrenbereichs gehindert werden.

(4) Es ist erforderlich, dass sich gerade diejenige Gefahr verwirklicht hat, deren Verhin- 67 derung die betr Verkehrspflicht bezweckt (BGH MDR 77, 483 f). Zudem ist erforderlich, dass der eingetretene Schaden auch vom **sachlichen Schutzbereich** der Verkehrspflicht erfasst wird.

(5) Der Anspruchsgegner muss **Adressat der Verkehrspflicht** sein. Die **Verantwortlich-** 68 **keit für gefährliche Sachen** lässt sich grds unter Rückgriff auf die in den §§ 833, 836–838 zum Ausdruck gebrachten allg Rechtsgedanken bestimmen. Adressat ist hiernach nicht automatisch der Eigentümer einer Sache, sondern derjenige, der die Bestimmungsmacht über sie innehat (Larenz/Canaris, SchR II 2 § 76 III 5 a). Verkehrspflichtig können auch mehrere Personen sein (etwa Eigentümer und Mieter).

(6) **Überträgt jemand die ihm obliegende Verkehrspflicht auf einen Dritten** (der Ver- 69 mieter delegiert seine Streupflicht auf den Hausmeister; zur unwirksamen Übertragung der Winterstreupflicht vgl Schleswig-Holsteinisches OLG NJW-RR 12, 1049 f), so liegt hierin keine umfassende Haftungsbefreiung im Außenverhältnis. Die Verkehrspflicht verwandelt sich vielmehr in eine Pflicht zur ordnungsgemäßen Auswahl, Anweisung, Aufsicht und Überwachung des Dritten (zu inhaltlichen Anforderungen an eine Übertragung von Verkehrssicherungspflichten s OLG Celle NJW-RR 11, 106 ff)

Besondere Bedeutung erlangt diese Aufsichtspflicht vor dem Hintergrund des **dezentra-** 70 **lisierten Entlastungsbeweises von Großbetrieben** iR des § 831 (vgl dort Rn 13). In diesen Fällen kann sich uU eine Haftung des Unternehmens (juristische Person, OHG, KG) wegen **Verletzung ihrer** (betrieblichen und körperschaftlichen) **Organisationspflicht** ergeben. Der Betriebsinhaber muss eine innerbetriebliche Organisation schaffen, die den zu bestellenden Aufsichtsorganen eine Kontrolle des Personals ermöglicht. Ihre Beaufsichtigung muss zudem innerhalb der Betriebsorganisation durch einen vertikalen Informationsfluss sichergestellt sein (s hierzu Hassold JuS 82, 583 ff). Diese Organisationspflicht trifft ferner Repräsentanten, mithin Personen, die in einem Aufgabenbereich eigenverantwortlich wahrnehmen (Chefarzt: BGHZ 77, 74 ff, 79; Betreiber eines Geburtshauses: BGHZ 161, 255 ff, 263). Darüber hinaus trifft Organe und Leiter von Betrieben ganz allg die Pflicht, interne Abläufe so zu organisieren, dass Schädigungen Dritter vermieden werden. Dabei haften sie persönlich und auch für mittelbare Pflichtverletzungen (BGH NJW 96, 1533 ff, 1535; OLG Stuttgart NJW 08, 2514 f; zur Garantenpflicht d Geschäftsführers zur Verhinderung von Vermögensschäden ggü außenstehenden Dritten: BGHZ 194, 26 ff; dazu Schirmer NJW 12, 3398 ff). Bestellt eine juristische Person oder ein Verband für einen bedeutsamen Aufgabenkreis keinen besonderen Vertreter iSd § 30, so haftet sie ebenfalls wegen eines Organisationsfehlers nach

§§ 823, 31 (89) (BGHZ 24, 200 ff, 213; 39, 124 ff, 129; sog „Fiktionshaftung"; vgl auch § 31 Rn 6).

71 3. **Rechtswidrigkeit:** Eine Haftung nach Abs 1 setzt voraus, dass der Anspruchsgegner ein Recht(sgut) widerrechtlich verletzt (hierzu Jansen AcP 202 [02], 517 ff).

72 a) Nach der **Lehre vom Erfolgsunrecht** (wohl hM; Jauernig/Teichmann § 823 Rn 48) **indiziert die Verletzung** eines in Abs 1 ausdrücklich genannten Rechts(guts) **die Rechtswidrigkeit.** Sie entfällt, wenn sich der Schädiger auf einen Rechtfertigungsgrund berufen kann. Zu beachten ist, dass die Anhänger dieser Lehre das Unrechtsurteil nicht auf den Erfolg an sich, sondern auf eine Handlung des Täters beziehen. Der Erfolgseintritt – als solcher rechtlich neutral – bildet lediglich das auslösende Moment für das Rechtswidrigkeitsverdikt. **Der Grundsatz der Indikation gilt nicht,** wenn der Anspruchsgegner in ein **Rahmenrecht** (Recht am Unternehmen oder Persönlichkeitsrecht) eingreift. Insoweit ist die Rechtswidrigkeit im Wege einer umfassenden Güter- und Interessenabwägung ausdrücklich festzustellen. Eine weitere Ausn besteht dann, wenn die Rechts(gut)verletzung auf einem zu Unrecht betriebenen **Rechtspflegeverfahren** beruht und der Rechtssuchende die Rechtslage fahrlässig fehleinschätzt. In diesem Fall streitet für das schadenstiftende Verhalten angesichts seiner verfahrensrechtlichen Legalität zunächst einmal die Vermutung der Rechtmäßigkeit (BGHZ 95, 10 ff, 19; BGH ZIP 03, 962 ff, 964). Verstößt der Anspruchsgegner gegen ein **Schutzgesetz iSd Abs 2,** so wird nach der Lehre vom Erfolgsunrecht die Rechtswidrigkeit ebenfalls indiziert.

73 b) Nach der **Lehre vom Handlungsunrecht** lässt allein der Erfolgseintritt nicht den Schluss auf ein rechtswidriges Handeln des Anspruchsgegners zu. Rechtswidrigkeit (dies gilt gleichermaßen für Abs 1 und Abs 2) liegt vielmehr nur dann vor, wenn positiv festgestellt wird, dass der Schädiger gegen die im Verkehr erforderliche Sorgfalt (§ 276 I 2) verstoßen hat (Esser/Weyers § 55 II 3 b; 56 I). Entspr wird nach diesem Ansatz jedenfalls bei einer vorsätzlichen Rechts(gut)verletzung die Rechtswidrigkeit indiziert (Esser/Weyers § 55 II 3 a). Gegen die Lehre vom Handlungsunrecht spricht, dass sie die Unterscheidung zwischen Tatbestandsmäßigkeit, Rechtswidrigkeit und Schuld missachtet, indem sie Verschuldenselemente in die Prüfung der Rechtswidrigkeit einbezieht (vgl auch die Kritik von Brox/Walker, SchR BT § 45 Rn 49). Dies führt insb dort zu Konflikten, wo das Recht – unabhängig vom Verschulden des Täters – bestimmte Folgen allein an die Rechtswidrigkeit knüpft. Dies gilt etwa im Fall der Notwehr bzw -hilfe sowie bei (vorbeugenden) Unterlassungs- und Beseitigungsansprüchen (Vor §§ 823–853 Rn 10 f; § 1004) oder der Haftung nach § 831.

74 c) Die **höchstrichterliche Judikatur** hat bislang noch nicht ausdrücklich Position für oder gegen einen der Ansätze bezogen. Tendenziell neigt der BGH jedoch wohl der Lehre vom Erfolgsunrecht zu (BGHZ 39, 103 ff, 108; 74, 9 ff, 14).

75 d) **Nach einer überzeugenden vermittelnden Ansicht** ist zwischen unmittelbaren Rechts(gut)verletzungen einerseits und lediglich mittelbaren Beeinträchtigungen andererseits zu unterscheiden. Beruht der Verletzungserfolg auf einem **unmittelbaren Verstoß** (Bankräuber erschießt eine Geisel), so indiziert allein die Erfüllung des objektiven Tatbestandes in Abs 1 die Rechtswidrigkeit. Hiervon ausgenommen sind jedoch die **Rahmenrechte** des Abs 1 (Recht am Unternehmen und Persönlichkeitsrecht), bei denen die Rechtswidrigkeit im Wege einer umfassenden Abwägung festgestellt werden muss. **Mittelbare Verletzungshandlungen** zeichnen sich dadurch aus, dass der Schädiger nicht die letzte zum Erfolgseintritt führende Ursache setzt, sondern dieser durch Zwischenursachen (Verhalten des Geschädigten oder Dritten: Händler verkauft Waffe an den Bankräuber. Ist der Händler ersatzpflichtig?) vermittelt wird. In diesen Fällen vermag allein der Verletzungserfolg nicht die Rechtswidrigkeit zu begründen, sie ist vielmehr aus der Verletzung einer Pflicht abzuleiten. Besondere Bedeutung erlangen insoweit die Verkehrspflichten (vgl hierzu Rn 60 ff). Zu beachten ist, dass die Verkehrspflichtwidrigkeit als Zurechnungskriterium bereits auf der Tatbestandsebene geprüft wird (Rn 62). Ist hiernach eine entfernte Folge dem Schädiger zurechenbar, so indiziert auch insoweit der Erfolgseintritt iVm dem Verkehrspflichtverstoß die Rechtswidrigkeit (vgl hierzu Medicus/Petersen, BR Rn 647, 655; Larenz/Canaris, SchR II 2 § 75 II 3 c).

e) Die (indizierte oder festgestellte) **Rechtswidrigkeit entfällt**, wenn ein **Rechtferti-** 76
gungsgrund eingreift (vgl hierzu Schreiber Jura 97, 29 ff).

aa) In Betracht kommen **Notwehr** (§ 227; § 32 StGB; zur Beweislast: BGH NJW 08, 77
571 ff), Notstand (defensiver § 228, aggressiver § 904; § 34 StGB), allg Selbsthilfe
(§§ 229 ff), Selbsthilfe des Besitzers bzw Besitzdieners (§§ 859, 869), des Vermieters
bzw Verpächters (§§ 562 b, 581 II), berechtigte GoA (§ 683 S 1), Duldungspflichten
(§§ 906 ff), elterliches Züchtigungsrecht (zu beachten ist die Grenze des § 1631 II),
Wahrnehmung berechtigter Interessen (§ 193 StGB), Recht zur vorläufigen Festnahme
(§ 127 StPO). Die Rechtswidrigkeit ist auch dann ausgeschlossen, wenn der Eingriff in
ein nach Abs 1 geschütztes Recht(sgut) durch ein Grundrecht gedeckt ist (Art 5 I 1
oder 8 GG: vgl etwa BGHZ 137, 89 ff, 99); zum Rechtfertigungsgrund des „verkehrs-
gerechten Verhaltens" s § 831 Rn 8.

bb) Die Rechtswidrigkeit entfällt durch die **Einwilligung des Verletzten** (vgl hierzu 78
auch § 106 Rn 10). (1) Sie ist **nicht als rechtsgeschäftliche Willenserklärung** zu qualifizieren (hM), sondern bedeutet die Gestattung zur Vornahme einer tatsächlichen Handlung, die in den Rechtskreis des Verletzten eingreift (so auf einen Heileingriff bezogen:
BGHZ 29, 33 ff, 36; zur Rechtswidrigkeit einer permanenten Tätowierung bei Einwilligung in ein „Bio-Tattoo": OLG Karlsruhe VersR 09, 407 f). Entspr ist – jedenfalls bei
höchstpersönlichen Rechtsgütern (Körper, Freiheit, Persönlichkeitsrecht; anders bei
vermögenswerten Rechten, welche bei der Einwilligung eines Minderjährigen die Zustimmung der Eltern iSd §§ 104 ff analog erfordern, s dazu Staudinger/Steinrötter JuS
12, 97 ff, 104) – **keine Geschäftsfähigkeit erforderlich** (für eine Anwendbarkeit der
§§ 104 ff indes MK/Schmitt § 105 Rn 22). Es genügt, dass der **Minderjährige die Bedeutung und Tragweite des Eingriffs** und seiner Gestattung ermessen kann (BGHZ 29,
33 ff, 36). Der beschränkt Geschäftsfähige kann somit bei hinreichender Urteils- und
Einsichtsfähigkeit auch selbst in einen ärztlichen Heileingriff einwilligen (zur Einwilligung eines Minderjährigen in die Körperverletzung bei dem Stechenlassen eines Tat-
toos: AG München NJW 12, 2452; s auch zur Verfassungsmäßigkeit des Nutzungsver-
bots öffentlicher Solarien für Minderjährige mit dem Ziel, diese vor Hautkrebs zu
schützen: BVerfG NJW 12, 1062 ff). Das aus dem Persönlichkeitsrecht abgeleitete
Selbstbestimmungsrecht des Minderjährigen konkurriert jedoch mit dem Personensorgerecht des gesetzlichen Vertreters (§§ 1626 ff). Ob nun ergänzend die Einwilligung der
Eltern erforderlich ist, richtet sich zum einen nach dem Alter des Minderjährigen, zum
anderen nach Art und Dringlichkeit des Eingriffs (anders Staud/Hager § 823 I 97 unter
Hinweis auf BGH NJW 72, 335 ff, 337). So bedarf die Minderjährige etwa zur Vornahme eines Schwangerschaftsabbruchs der Zustimmung ihrer Eltern (OLG Hamm
NJW 98, 3424 f; anders etwa Staud/Hager § 823 I 97). Bei mangelnder Einsichtsfähigkeit des Minderjährigen ist zwingend die Einwilligung des gesetzlichen Vertreters erforderlich, regelmäßig also beider Elternteile (§ 1629 I 2; bei einfachen Eingriffen gilt Einzelvertretungsmacht; vgl hierzu BGHZ 105, 45 ff, 47; BGH FamRZ 00, 809 ff, 810;
OLG München FamRZ 09, 2099 f). Soweit kein vermögenswertes Recht, sondern ein
höchstpersönliches Rechtsgut betroffen ist, folgt aus dem Selbstbestimmungsrecht der
Minderjährigen, dass sie sich mit dem Eingriff einverstanden erklären muss (hM).
Folglich kann etwa eine Schwangerschaft nicht gegen den Willen der beschränkt Geschäftsfähigen abgebrochen werden.

(2) Die Einwilligung rechtfertigt allein den Eingriff in ein **disponibles Recht(sgut)**. 79
Hierzu zählt das Eigentum (zur Beweislast s BGH NJW-RR 05, 172 f), nicht aber das
Leben (vgl § 216 StGB). Trotz Einwilligung ist eine Tat auch dann rechtswidrig, wenn
sie gegen die **guten Sitten** verstößt (vgl § 228 StGB). Die Einwilligung kann **ausdrücklich oder konkludent**, muss in jedem Fall aber **freiwillig** erteilt werden. Mithin ist eine
durch Täuschung oder Drohung herbeigeführte Einwilligung unwirksam; dag berechtigt eine lediglich irrtumsbedingte Einwilligung nicht zur Anfechtung. Die Einwilligung
ist **frei widerruflich**. Für ihre **Auslegung** sind die für rechtsgeschäftliche Willenserklärungen geltenden Regeln entspr heranzuziehen. Ist eine Einwilligung nicht rechtzeitig
zu erlangen (Ortsabwesenheit, Bewusstlosigkeit), kommt eine **mutmaßliche Einwilligung** in Betracht (vgl als gesetzlichen Anhaltspunkt § 683). Ob etwa ein ärztlicher

§ 823

Heileingriff dem mutmaßlichen Willen des Patienten entspricht, ist – soweit möglich – durch Befragen der nächsten Angehörigen zu ermitteln. Daneben kommt auch ein **rechtfertigender Notstand** (§ 34 StGB) in Betracht.

80 (3) Besondere Relevanz erlangt die Einwilligung bei einem **ärztlichen Heileingriff**, der tatbestandsmäßig eine Körperverletzung iSd Abs 1 bedeutet (Rn 5). Für den nunmehr in §§ 630 ff gesetzlich kodifizierten Behandlungsvertrag statuiert § 630 d das Erfordernis der Einwilligung (s hierzu auch § 630 d Rn 1 ff). Eine wirksame Einwilligung setzt eine **hinreichende Aufklärung** des Patienten voraus, da er andernfalls nicht in der Lage ist, sein Selbstbestimmungsrecht (Art 2 I iVm Art 1 I; Art 2 II GG) sinnvoll wahrzunehmen (zu den Anforderungen an die Aufklärung im Rahmen des Behandlungsvertrages beachte auch § 630 e Rn 1 ff). Ist eine Aufklärung vorab nicht möglich, bedarf es einer nachträglichen Sicherungsaufklärung (BGHZ 163, 209 ff, 217; hierzu sowie zur Schutzwirkung zugunsten Dritter: Katzenmeier NJW 05, 3391 ff, 3393). Die Aufklärung hat regelmäßig der **behandelnde Arzt selbst vorzunehmen**. Eine Krankenhauseinweisung durch den Hausarzt enthebt den dort weiterbehandelnden Arzt nicht der Aufklärungspflicht (OLG Koblenz NJW-RR 05, 1111 ff, 1112). Ein Merkblatt ersetzt das gebotene persönliche Gespräch grds nicht (BGH NJW 85, 1399 ff; 94, 793 f; bei Routinemaßnahmen ist nicht in jedem Fall eine mündliche Erläuterung der Risiken geboten: BGH NJW 00, 1784 ff, 1787; krit hierzu Spickhoff NJW 01, 1757 ff, 1761; in einfach gelagerten Fällen reicht bei Einverständnis des Patienten eine Aufklärung in einem Telefonat aus: BGH NJW 10, 2430 ff m Anm Katzenmeier LMK 10 Ausg 09 308091; für die Operation eines Minderjährigen reicht ausnahmsweise auch die Einwilligung von nur einem Elternteil aus, BGH VersR 11, 530 ff, 534). Die Aufklärung muss so **rechtzeitig erfolgen**, dass der Patient noch die Gelegenheit hat, das Für und Wider der Operation abzuwägen (BGH NJW 98, 1784 ff: Eine auf dem Weg zum Operationssaal unterzeichnete Einwilligungserklärung ist unwirksam). Der Arzt ist zu einer **Grundaufklärung** verpflichtet. Der Patient muss **im Großen und Ganzen wissen, worin er einwilligt**, um eigenverantwortlich und im Bewusstsein der Vor- und Nachteile des Heileingriffs entscheiden zu können (zur Aufklärung vor einer Sterilisation bei einer Ausländerin mit rudimentären Kenntnissen der deutschen Sprache, die kurz vor der Entbindung steht: OLG München VersR 02, 717 ff mit gerade bzgl der Schmerzensgeldhöhe zu recht krit Anm von Jaeger VersR 02, 719 f). Der Arzt hat mithin aufzuklären über Art, Verlauf sowie Schwere, Folgen, Gefahren und Erfolgsaussichten des Eingriffs, hat auch seltene Risiken aufzuzeigen (BGH FamRZ 07, 130 ff; BGH NJW 00, 1784 ff, 1785; BGH MedR 05, 159; beachte zu einer „Robodoc-Operation": BGH NJW 06, 2477 ff), soweit sie im Falle ihres Eintritts die weitere Lebensführung des Patienten stark belasten (allg zur Entwicklung der Aufklärungspflicht: Strücker-Pitz VersR 08, 752 ff). Die **Wahl der Behandlungsmethode** obliegt grds dem Arzt. Der Patient ist jedoch über das Bestehen verschiedener Therapiemöglichkeiten aufzuklären, wenn sie unterschiedliche Risiken und Erfolgschancen beinhalten (Hinweis auf mögliche Eigenblutspende: BGHZ 116, 379 ff, 384). Inhalt und Umfang der Aufklärung bestimmen sich nach den jeweiligen Umständen des Einzelfalles (etwa Kenntnisstand und intellektuelle Fähigkeiten des Patienten; dazu s auch BGH NJW 10, 2430 ff, BGH VersR 11, 226 f sowie OLG München FamRZ 09, 2099 f hinsichtlich des Umfangs der Aufklärung der Eltern über einen Heileingriff bei einem minderjährigen Kind; Grenzen der Aufklärungspflicht können sich im Hinblick auf Risiken ergeben, die nicht im Fachbereich des behandelnden Arztes diskutiert werden: BGH VersR 11, 223 ff). Als Leitlinie gilt: Die Aufklärung muss **umso intensiver** ausfallen, je **weniger dringlich** ein Eingriff ist (Schönheitsoperation: BGH NJW 91, 2349; OLG Düsseldorf VersR 99, 61 f) und **je gravierender und wahrscheinlicher seine Folgen** sind (Hepatitis- oder Aids-Infektion durch Transfusion von Fremdblut: BGHZ 116, 379 ff). Eine nochmalige Aufklärung bei vergleichbarem Folgeeingriff mit geringfügig höherem Risiko ist entbehrlich (OLG Düsseldorf VersR 09, 546 f). Die Rspr lehnt angesichts der Bedeutung des Selbstbestimmungsrechts überzeugend ein sog **therapeutisches Privileg** ab. Der Arzt kann nur in Ausnahmefällen aus therapeutischen Gründen von einer Aufklärung absehen, wenn schwere Gesundheitsschäden des Patienten drohen oder der Heilerfolg ernsthaft gefährdet wird

(BGHZ 90, 103 ff, 109). Bei einer ambulanten OP kann auch eine Aufklärung am selben Tag ausreichen (OLG Koblenz MDR 08, 507 f). Die Einwilligung erstreckt sich grds allein auf **eine bestimmte medizinische Maßnahme** (uU auch auf eine bestimmte Person: Chefarzt; hierzu Arzt, Heileingriffe aufgrund einer Blanko-Einwilligung bezüglich der Person des Arztes, in: FS J Baumann, 92, 201 ff; BGH NJW 10, 2580 ff). Erkennt der Arzt während eines Eingriffs die Notwendigkeit, den Operationsplan zu ändern oder zu erweitern, so darf er den Eingriff nur in besonderen Ausnahmefällen fortsetzen (akute Gefahr des Patienten und kein entgegenstehender Patientenwille ersichtlich: vgl OLG Koblenz VersR 95, 710 f, 711).

Hat der Arzt den Patienten **nicht hinreichend aufgeklärt**, so ist jener für alle Schadensfolgen einstandspflichtig, soweit ihn ein Verschulden trifft (s aber auch BGHZ 144, 7). Dies gilt selbst für den Fall, dass der Arzt den Eingriff kunstgerecht und erfolgreich durchführt. Er haftet auch dann, wenn sich bei fehlender Grundaufklärung ein anderes als das aufklärungsbedürftige Risiko verwirklicht (BGH NJW 96, 779). Die Aufklärungspflicht des Arztes erstreckt sich ebenfalls auf die Nebenwirkungen von Medikamenten (BGH NJW 05, 1716; zu den Grenzen der Aufklärungspflicht im Hinblick auf Risiken außerhalb des Fachgebietes des behandelnden Arztes s BGH NJW 11, 375 ff; zur Aufklärungspflicht des Tierarztes ggü dem Tierhalter vgl OLG Koblenz VersR 13, 513 ff). 81

Der Arzt kann sich bei fehlender oder fehlerhafter Aufklärung unter strengen Voraussetzungen auf den Einwand berufen, der Patient hätte auch bei hinreichender Aufklärung in den Eingriff eingewilligt (**hypothetische Einwilligung**; BGH NJW 05, 2073; geltend zu machen im ersten Rechtszug: BGH VersR 09, 257; dazu OLG Hamm BeckRS 13, 18594: Nach Ansicht des Gerichts ist davon auszugehen, dass die Klägerin der Heparinbehandlung zugestimmt hätte, da die Ablehnung medizinisch unvernünftig gewesen wäre; dazu Schellenberg VersR 08, 1299; mit dem Strafrecht vergleichend: Böcker JZ 05, 925 ff; Mitsch JZ 05, 279 ff; zur hypothetischen Einwilligung von Eltern in die Operation eines Säuglings vgl OLG Saarbrücken GesR 12, 219ff). Dieser Einwand ist ausgeschlossen, wenn der Patient einen Entscheidungskonflikt darlegt, der die Ablehnung plausibel erscheinen lässt (BGH NJW 98, 2734; OLG Koblenz NJW-RR 04, 1167). 82

cc) Beim sog **Handeln auf eigene Gefahr** (Freundin lässt sich von erkennbar betrunkenem Freund nach Hause fahren) liegt idR keine Einwilligung vor, da sich der Betroffene nur bewusst einer Gefahr aussetzt, nicht aber in eine Verletzung einwilligt (BGHZ 34, 360; BGH VersR 84, 286 f; vgl hier zu OLG Brandenburg Urt v 17.1.12 Az 6 U 96/10; s zur Annahme einer konkludenten Haftungsbeschränkung bei Gefälligkeitsfahrten: BGH VersR 09, 558; OLG Hamm VersR 08, 1219; OLG Koblenz NJW-RR 05, 1048 u OLG Hamm NJW-RR 07, 1517; Wessel VersR 11, 569 ff; Nugel NZV 11, 1ff; zu verabredet verkehrswidrigen Fahrten s OLG Brandenburg VersR NJW-RR 08, 340 u zum Haftungsausschluss in einem gesellschaftsähnlichen Verhältnis, wenn kein Versicherungsschutz bestand: OLG Stuttgart VersR 08, 934; zur Arbeitnehmerhaftung bei grob fahrlässiger Trunkenheitsfahrt s BAG DB 13, 705). Die **Selbstgefährdung** ist vielmehr iR des § 254 als Mitverschulden zu berücksichtigen. Eine Einwilligung kommt uU bei **besonders gefährlichen Sportarten** (Kickboxen) in Betracht, denen die Gefahr, den Gegner zu verletzen, zwangsläufig innewohnt (BGHZ 34, 363; ähnliche Ausführungen zu Schäden im Rahmen von Autorennen finden sich bei BGH NJW 03, 2018 ff; zum Mitverschulden bei Kopfverletzungen bei Nichttragen eines Ski-Helms vgl OLG München DAR 12, 335 f; einen allg Überblick zu den Grundzügen des deliktischen Sporthaftungsrechts gibt Kreutz JA 11, 337 ff). Bei einer **Mannschaftssportart** wie Fußball nimmt der BGH (BGH JZ 04, 92 m Anm Möllers; in der Entscheidung überträgt der BGH die für Kampfspiele entwickelten Grundsätze auf bestimmte Arten von Autorennen; s auch OLG Hamm NJW-RR 05, 1477; AG Bremen NJW-RR 04, 750; zur Haftungsbeschränkung auf Vorsatz und grobe Fahrlässigkeit beim Motocross-Trainings s BGH VersR 09, 839 f; zur Haftung eines Fußballspielers bei rücksichtslosem Foulspiel beachte OLG Hamm SpuRt 13, 123) zwar keine Einwilligung des Betroffenen an. Da er jedoch Verletzungen, die sich selbst bei regelgerech- 83 tem Spiel nicht vermeiden lassen, billigend in Kauf nehme, setze er sich in einen unzulässigen Widerspruch, wenn er nunmehr den Schädiger dafür haftbar mache (§ 242: venire contra factum proprium). Zur Haftung bei Verletzungen im Wege eines Stockkampfes zweier minderjähriger Kinder s OLG München MDR 13, 281. Dies sei bei sportlichen Wettkämpfen jedoch nicht der Fall, soweit für den Schädiger Versicherungsschutz bestehe (BGH NZV 08, 288 = VersR 08, 540 m Anm Richter DAR 08, 388; s BGH VersR 09, 839; übertragen auf die Teilnahme an einem Fahrsicherheitstraining durch OLG Karlsruhe VRR 09, 26; s zum Anspruch auf Schadensersatz und Schmerzensgeld gegen einen anderen Teilnehmer eines Fahrsicherheitstrainings auch OLG Koblenz NJW-Spezial 11, 298; im Bezug auf einen Haftungsausschluss bei regelrechter Sportausübung beachte BGH NJW 10, 537 ff). Überzeugender ist es in diesem Fall, bei regelgerechtem Verhalten bereits die Rechtswidrigkeit abzulehnen, iÜ – soweit ein Verschulden vorliegt (OLG Düsseldorf NJW-RR 00, 1116; OLG Stuttgart NJW-RR 00, 1043; AG Bremen NJW-RR 04, 750) – § 254 heranzuziehen (zum Problemkreis: Looschelders JR 00, 265 ff).

84 **4. Subjektive Zurechnung:** Die Haftung nach Abs 1 setzt voraus, dass der rechtswidrige Eingriff in das Recht(sgut) **schuldhaft** erfolgt. Das Verschulden umfasst zwei Elemente: Die **Verschuldensfähigkeit** ist in den §§ 827 f geregelt. Als **Schuldformen** kommen Vorsatz und Fahrlässigkeit in Betracht (§ 276; beachte indes die gesetzlichen Haftungsprivilegierungen in den Fällen des §§ 708, 1359, 1664, in denen eine Haftung erst ab grober Fahrlässigkeit in Betracht kommt, vgl hierzu OLG Bamberg NJW 12, 1820 f; die Privilegierung des § 1359 greift allerdings nicht im Straßenverkehr: BGH NJW 09, 1875; grobe Fahrlässigkeit liegt auch dann vor, wenn der Schädiger einen mit einer Zigarette selbst verursachten Wohnungsbrand durch einen untauglichen Löschversuch nicht verhindern kann: OLG Bremen Urt v 22.3.12 Az 3 U 53/11). Entspr dem Wortlaut in Abs 1 erstreckt sich das Verschulden auf den gesamten objektiven Tatbestand, dh auf Verletzungserfolg, -handlung sowie haftungsbegründende Kausalität. Dag bezieht sich das Verschulden nicht auf den Schaden sowie die haftungsausfüllende Kausalität zwischen Verletzungserfolg und Schaden. Zum Verschulden in den „Herausforderungsfällen" (Rn 55) s BGH NJW 90, 2885. Zum Gesichtspunkt der Unzumutbarkeit bzw der Gewissensnot als Entschuldigungsgrund im Fall der Bluttransfusion bei einer Zeugin Jehovas: OLG München NJW-RR 02, 813.

85 **5. Rechtsfolge:** Nach Abs 1 hat der Anspruchsgegner den aus der rechtswidrig und schuldhaft verursachten Rechts(gut)verletzung **entstandenen Schaden zu ersetzen.** Inhalt und Umfang der Schadensersatzpflicht bestimmen sich laut den §§ 249 ff sowie ergänzend nach den §§ 842 ff. Der Schädiger schuldet nicht nur Ersatz für den Verletzungsschaden, sondern auch für die hieraus resultierenden **Folgeschäden** (kein Ersatz von Unterhalts- und Unterstellkosten für ein durch einen Unfalls verletztes Pferd: OLG Stuttgart NJW-RR 12, 472 f; zum Zurechnungszusammenhang zwischen unfallbedingten Verletzungen und Folgeschäden wegen einer Begehrensneurose s BGH VersR 12, 1133 m Anm Mergner). Stehen sich zwei Forderungen aus vorsätzlicher unerlaubter Handlung ggü, so ist die Aufrechnung ausgeschlossen (BGH NJW 09, 3508). Zwischen Rechtsgutverletzung und Schaden muss dabei eine haftungsausfüllende Kausalität bestehen, die anhand der Zurechnungskriterien Äquivalenz, Adäquanz und Schutzzweck der Norm bestimmt wird (verneint für Maßnahmen zur Abwehr künftiger Schäden, wie etwa Alarmanlagen: OLG Hamm NJW-RR 08, 627). Erfasst sind grds auch **psychische Folgeschäden** einer Gesundheits- oder Körperverletzung (zu den Ausn resa bei Renten- oder Begehrensneurose oder bei Bagatellverletzungen: BGHZ 137, 142; BGH NJW 98, 813; 00, 863; OLG Hamm r+s 01, 367; Roth/Schimmel JA 98, 441 ff). Nach der zutreffenden Judikatur des BGH bedeutet die Belastung der Eltern mit einem **gesetzlichen Unterhaltsanspruch des Kindes** (beachte hierzu die zum 1.1.08 in Kraft getretene Unterhaltsrechtsreform, BGBl I 07, 3189) nach fehlgeschlagenem Schwangerschaftsabbruch, Sterilisationseingriff oder fehlerhafter genetischer Beratung **einen ersatzfähigen Vermögensschaden**, für den der behandelnde Arzt aufkommen muss (BGH VersR 08, 1266; BGHZ 124, 136; NJW 97, 1640; einschränkend bei rechtswidrigem Schwangerschaftsabbruch: BGHZ 129, 181; OLG Nürnberg VersR 09, 547; der Judi-

katur zust Looschelders, SchuldR AT, Rn 1006 ff; Deutsch NJW 98, 510; Losch/Radau NJW 99, 821 ff; abl Laufs NJW 98, 796 ff; Stürner JZ 98, 317 ff; s in diesem Zusammenhang OLG Braunschweig FamRZ 02, 386 m Anm Spickhoff). Besondere Beachtung verdient das – zu Unrecht – viel gescholtene Urt des BGH vom 18.6.02, da erstmals die Rechtmäßigkeit eines Schwangerschaftsabbruchs aus medizinischer Indikation nach § 218 a II StGB in der Fassung des Schwangeren- und Familienhilfeänderungsgesetzes vom 21.8.95 (BGBl I, 1050) zu beurteilen war (BGHZ 151, 133 = JR 03, 66 m Anm Katzenmeier; JZ 03, 151 ff m Anm Stürner; Lattka JA 03, 180 ff; C Wagner NJW 02, 3379 f; zur Judikatur des BGH umfassend Müller NJW 03, 697 ff; beachte BGH FamRZ 06, 692). Der BGH konnte bislang offen lassen, ob ein solcher aus der ungewollten Schwangerschaft als Körperverletzung folgender Schaden noch vom Schutzzweck des Abs 1 erfasst ist, da regelmäßig vertragliche Beziehungen zum Arzt bestanden (BGHZ 76, 260; hierzu Jaeger MDR 04, 1280 ff; gegen einen deliktischen Anspruch: MK/Mertens, 3. Aufl 97, § 823 Rn 80; Staud/Hager § 823 B 14; aA MK/G Wagner § 823 Rn 151; Giesen JZ 85, 335). Grundlage einer Ersatzpflicht stellt mithin der Beratungs- oder Behandlungsvertrag dar. Erforderlich ist jedoch, dass die Vermeidung der wirtschaftlichen Belastung durch den Unterhaltsaufwand vom Schutzzweck des Vertrags mitumfasst ist (BGH NJW 05, 891 = JR 05, 453 m Anm Koch; BGHZ 143, 393; hierzu krit Deutsch JZ 00, 729 f; Koch JR 00, 465 ff). Im Falle der Geburt eines behinderten Kindes beschränkt sich der Schadensersatzanspruch nicht allein auf die krankheitsbedingten Mehrkosten, sondern erstreckt sich nach dem Schutzzweck des Beratungsvertrags idR auf die gesamte Unterhaltsbelastung, die sich die Eltern mit Hilfe der Vorsorgeuntersuchung ersparen wollten (BGHZ 124, 145; 89, 104). Etwas anderes gilt, wenn die Eltern lediglich den schädigungsbedingten Mehrbedarf klageweise geltend machen (vgl § 308 I ZPO). Der Anspruch auf Ausgleich des unterhaltsbedingten Vermögensschadens steht beiden Eltern zu (vgl a Kassing/Czaplinski JA 09 584, ferner die Angaben bei Müller VersR 03, 706; krit Stürner JZ 03, 157). Dem Kind selbst wird hingegen weder aus Vertrag noch Delikt ein eigener Ersatzanspruch gewährt (zur Kritik und der abw Judikatur der französischen Cour de cassation s Spickhoff FamRZ 02, 390 f; ders, FS Jayme, 1277 ff; zur Korrektur durch den französischen Gesetzgeber: Arnold VersR 04, 309 ff; Winter JZ 02, 330 ff). Die **Grundgesetzkonformität** der Judikatur zum Ersatz des Unterhaltsaufwandes ist umstr. Der 2. Senat des BVerfG hat – wenn auch nur als obiter dictum – zum Ausdruck gebracht, dass Art 1 I GG einer rechtlichen Qualifikation des Daseins eines Kindes als Schadensquelle entgegensteht. Mithin sei auch eine Unterhaltspflicht nicht als Schadensposition einzustufen (BVerfGE 88, 296; s auch BVerfG NJW 98, 523). Der 1. Senat des BVerfG stuft dag die Judikatur des BGH als grds verfassungskonform ein (BVerfGE 96, 375; BVerfG NJW 98, 519).

6. Beweislast: a) Grundsatz: Die Beweislast für den objektiven Tatbestand – Rechts(gut)verletzung, Handlung, haftungsbegründende Kausalität – obliegt dem Geschädigten. Soweit die Rechtswidrigkeit indiziert wird (Rn 75), muss der Anspruchsgegner das Vorliegen eines Rechtfertigungsgrundes nachweisen. Die Beweislast für das Verschulden sowie die haftungsausfüllende Kausalität trifft den Verletzten. 86

b) Ausnahmsweise greifen Beweiserleichterungen bis hin zu einer Umkehr der Beweislast ein. Dies gilt etwa bei **Schädigungen durch Immissionen** (§ 906 I 2: BGHZ 92, 146; s Rn 27; § 906 II 2: BGH MDR 14, 23; s auch die Kommentierung zu § 906 in diesem Band), bei **Verletzungen einer Verkehrspflicht** (Anscheinsbeweis für das Verschulden: BGH NJW 86, 2758; Anscheinsbeweis der Kausalität im Fall der durch DIN-Normen konkretisierten Verkehrspflicht: BGH NJW 01, 2020; Anscheinsbeweis dafür, dass Straßenschäden die Ursache für einen Sturz waren: BGH NJW 05, 2454), von **Schutzgesetzen iSd Abs 2** (Rn 155) sowie bei der **Produzentenhaftung** (Rn 180 ff). 87

c) Einen Sonderfall bildet die **Arzthaftung** (zur Beweislast: Müller NJW 97, 3049 ff; Schütz/Dopheide VersR 09, 475 ff; Schultze-Zeu VersR 08, 898 ff; Steiner VersR 09, 473 ff; zur Substanziierungspflicht im Prozess nach der ZPO-Reform: BGH NJW 04, 2827). **aa)** Der **Patient** (Hinterbliebene: § 844) hat nach den allg Beweislastregeln grds einen Behandlungsfehler (eine Offenbarungspflicht bejahen unter bestimmten Voraus- 88 setzungen: Terbille/Schmitz-Herscheidt NJW 00, 1749 ff), die Verletzung des Persönlichkeitsguts, die haftungsbegründende Kausalität zwischen beiden sowie ein Verschulden (hier uU prima facie- bzw Anscheinsbeweis) des Arztes nachzuweisen. § 280 I 2 findet zwar auf deliktische Ansprüche grds keine Anwendung. Allerdings ist außerhalb des Kernbereichs ärztlichen Handelns **der Rechtsgedanke des § 280 I 2** bei der deliktischen Haftung entspr heranzuziehen (zu § 282 aF: Müller NJW 97, 3050; vgl die Angaben bei Staud/Hager § 823 I 46). Dies gilt etwa beim **Einsatz technischer Geräte oder von Materialien** (Funktionstüchtigkeit des Narkosegerätes: BGH NJW 78, 584; Sterilität von Infusionsflüssigkeit: BGH NJW 82, 699) oder dort, wo der Arzt **bestimmte Risiken beherrschen** kann (BGH NJW 07, 1682: Hygienemängel in der Arztpraxis; BGH NJW 99, 3410: Wundinfektion kann durch hinreichende Hygiene vorgebeugt werden). Der Nachw der haftungsbegründenden Kausalität wird dem Patienten weiterhin dann erleichtert, wenn der eingetretene Schaden nach der **allg Lebenserfahrung** typischerweise auf die festgestellte Pflichtwidrigkeit schließen lässt (prima facie- bzw Anscheinsbeweis: Patient sowie dessen Sexualpartner erkranken nach Transfusion mit infiziertem Blut an HIV: BGHZ 163, 209, 212 = NJW 05, 2614; BGHZ 114, 290). Begeht der Arzt schuldhaft einen **groben Behandlungsfehler** (BGH NJW 12, 227 f; BGHZ 107, 224; zur Judikatur des BGH: Hausch VersR 02, 671 ff; krit Steiner VersR 09, 473 ff; beachte auch jüngst OLG Köln VersR 13, 113 f; OLG Koblenz VersR 10, 1452 ff sowie OLG Naumburg BeckRS 10, 10561), der geeignet ist, einen Schaden der tatsächlich eingetretenen Art zu begründen, führt dies grds zu einer Umkehr der objektiven Beweislast für den ursächlichen Zusammenhang zwischen dem Behandlungsfehler und dem Gesundheitsschaden (BGH VersR 10, 115 ff; BGH NJW 08, 1304; OLG Koblenz NJW-RR 08, 541; BGH NJW 04, 2013; dort auch zur Übertragung dieser Grundsätze für den Nachw des Kausalzusammenhangs bei einem einfachen Befunderhebungsfehler, wenn zugleich auf einen groben Behandlungsfehler zu schließen ist; zur Entscheidung s den Beitrag von Spickhoff NJW 04, 2345 ff; Katzenmeier JZ 04, 1030 ff; zur Beweislastumkehr bei fehlender Sicherungsaufklärung s BGH NJW 05, 427; bei mangelgeborenen Kindern: OLG Celle VersR 09, 500; OLG Koblenz VersR 05, 1200; zu rechtmäßigem Alternativverhalten Schütz/Dopheide VersR 09, 475 ff). Dies gilt auch dann, wenn die eingetretene Schädigung nur zusammen mit einer Drittursache aus dem groben Behandlungsfehler resultiert; es sei denn, dessen Ursächlichkeit stellt sich als äußerst unwahrscheinlich dar (OLG Koblenz NJW-RR 08, 541). Ein grober Behandlungsfehler setzt voraus, dass der Arzt eindeutig gegen bewährte Behandlungsregeln oder gesicherte Erkenntnisse der Medizin verstoßen hat. Zu solchen Erkenntnissen zählen auch die elementaren medizinischen Grundregeln, die im jeweiligen Fachgebiet vorausgesetzt werden (BGH NJW 11, 3442). Überdies muss ein Fehler vorliegen, der einem Arzt schlechterdings nicht unterlaufen darf (BGH NJW 01, 2796; dort auch zu den Vorgaben für die Einstufung durch den Tatrichter). Ein solcher kann jedoch auch in dem Nichterkennen einer erkennbaren Erkrankung liegen (LG Magdeburg NJW-RR 08, 536). Das Vorliegen eines solchen Fehlers richtet sich nach den gesamten Umständen des Einzelfalls und ist vom Patienten nachzuweisen. Die etwaige Beweislastumkehr bezieht sich allerdings nur auf sogenannte Primärschäden (BGH VersR 09, 831). Um die auch insoweit bestehende Beweisnot des Patienten zu lindern, ist der Arzt verpflichtet, **die wesentlichen medizinischen Daten und Fakten zu dokumentieren** und dem Patienten Einsichtnahme in die Krankenunterlagen (hierzu BVerfG NJW 99, 1777) zu gewähren (zur Dokumentationspflicht und sekundären Darlegungslast bei der Verwendung von Blutprodukten: BGHZ 163, 214; hierzu Katzenmeier NJW 05, 3392; bei abgelehnter Herzkatheteruntersuchung: OLG Bamberg VersR 05, 1292). Dies jedoch nur, soweit eine solche Dokumentation auch medizinisch geboten ist (OLG Naumburg NJW-RR 08, 408). Eine **lückenhafte Dokumentation** bildet allerdings keine eigenständige Anspruchsgrundlage und führt regelmäßig auch nicht unmittelbar zu einer Beweislastumkehr bzgl des Kausalzusammenhangs. Es wird zunächst lediglich vermutet, dass die aufzeichnungspflichtige Maßnahme unterblieben ist (BGHZ 129, 9; BGH NJW 99, 864). Zur Beweislastverteilung bei einem Verstoß gegen die ärztliche **Befunderhebungs**- (BGH NJW 99, 861; 3410; s auch BVerfG NJW 04, 2079; OLG Zweibrücken NJW-RR 08, 539) oder -**sicherungspflicht** (BGHZ 132, 50; BGH MDR 04, 1057) beachte BGH NJW 04, 2013. Zur Beweislastumkehr hinsichtlich d Kausalität bei einem einfachen Befunderhebungsfehler s BGH NJW 11, 3441. Ein solcher Verstoß kann auch einen Behandlungsfehler durch Unterlassen darstellen (OLG Zweibrücken NJW-RR 08, 537). Eine Beweislastumkehr hins des Kausalzusammenhangs erfolgt auch in dem Fall, dass der Patient durch einen Arzt zu Schaden kommt, dem **trotz fehlender Qualifikation ein Eingriff bereits zur selbstständigen Durchführung** übertragen wird (BGHZ 88, 256; BGH NJW 93, 2991). Im Falle eines rechtswidrigen und fehlerhaften ärztlichen Handelns muss der Arzt beweisen, dass auch ein rechtmäßiger und fehlerfreier Eingriff zu dem gleichen Schaden geführt hätte (BGH NJW 05, 2073). Allg zur Entwicklung des Arztrechts s Spickhoff NJW 06, 1630 ff; ders NJW 07, 1628 ff und ders NJW 08, 1636 ff. Diese von der Rspr entwickelten Grundsätze zu Beweislastverteilung hat die Legislative nun in § 630 h verankert. Dessen Abs 1 statuiert eine Vermutung eines Behandlungsfehlers für den Fall, dass sich ein allg, für den Behandelnden voll beherrschbares Behandlungsrisiko verwirklicht hat (s hierzu auch § 630 h Rn 2). Darüber hinaus liegt die Beweislast für das Vorliegen einer Einwilligung gem. § 630 h II beim Behandelnden (beachte dazu auch § 630 h Rn 4 ff). Weiterhin finden sich Vermutungen in § 630 h III u IV bzgl der Nichtvornahme von Maßnahmen bei Nichtaufzeichnung in der Patientenakte sowie der Kausalität für die eingetretene Rechtsgutsverletzung aufgrund und bei Nichtbefähigung des Behandelnden zur Vornahme der Therapie (s hierzu § 630 h Rn 7 ff). Abs 5 kodifiziert schließlich die von der Rspr entwickelten Leitlinien zur Vermutung der Ursächlichkeit bei Vorliegen eines groben Behandlungsfehlers (vgl § 630 h Rn 10 ff)

bb) Da der Heileingriff tatbestandlich eine Köperverletzung iSd Abs 1 darstellt und 89 dieser wiederum die Rechtswidrigkeit indiziert, trägt der **Arzt die Beweislast für das Vorliegen der (hypothetischen) Einwilligung und damit auch der (rechtzeitigen) Aufklärung** des Patienten. Eine derartige Beweislast sieht nun auch der für den Behandlungsvertrag neu eingeführte § 630 h II vor (s auch § 630 h Rn 4 ff). Die Anforderungen an diesen Nachw dürfen nicht überspannt werden, um die Waffengleichheit im Prozess zu wahren. So genügen schriftliche Aufzeichnungen im Krankenblatt, die den wesentlichen Inhalt des Aufklärungsgesprächs wiedergeben. Im Einzelfall kommt auch dem Hinweis auf eine allg Aufklärungspraxis Indizwirkung zu (so die Rspr: BGH NJW 86, 2885; OLG Karlsruhe NJW 98, 1800; vgl OLG Hamm BeckRS 13, 18594 zur hypothetischen Einwilligung).

III. Allgemeines Persönlichkeitsrecht: 1. a) Entwicklung (vgl allg zum Persönlichkeits- 90 recht: Diederichsen Jura 08, 1 ff; Diringer AL 11, 178 ff; Ehmann JuS 97, 193 ff; Looschelders, SchR BT, Rn 1234 ff; Miserre JA 03, 252 ff; Müller VersR 08, 141 ff; Seifert NJW 99, 1889 ff; s auch Wüllrich, Das Persönlichkeitsrecht des Einzelnen im Internet; hierzu ebenso Koch ITRB 11, 128 ff; mit der Verletzung des allg Persönlichkeitsrechts durch Google Street View beschäftigen sich Holznagel/Schumacher JZ 11, 57 ff sowie Weber NJOZ 11, 67 ff): Der Gesetzgeber des BGB hat die Persönlichkeit als Schutzgut nicht ausdrücklich erwähnt. Deliktischen Schutz nach Abs 1 genießt der Betroffene nur, wenn in bestimmte Persönlichkeitsgüter (Leben, Körper, Gesundheit, Freiheit) oder in spezielle Persönlichkeitsrechte wie etwa das Namensrecht (§ 12; Rn 40), das Recht am eigenen Bild (§§ 22 ff KUG; Rn 40) oder das Urheberpersönlichkeitsrecht (§§ 12 ff UrhG; Rn 39) eingegriffen wird (zum Bildnisschutz iRe sitzungspolizeilichen Verfügung_ BGHZ 190, 52; dazu Diederichsen AfP 12, 217; zur Wort- u Bildberichterstatung über die prominente Lebensgefährtin eines Politikers s BGH NJW 12, 763). Daneben besteht ein Anspruch aus Abs 2 iVm §§ 185 ff StGB im Fall der Ehrverletzung (weitere Schutzgesetze enthalten die §§ 201 ff StGB und § 22 KUG) sowie aus § 826 bei sittenwidriger Schädigung. Diese Rechtslage wurde zunehmend als unbefriedigend empfunden, da die **Lückenhaftigkeit des Schutzes** angesichts des technischen Wandels (Abhöreinrichtungen, Spezialkameras; zu den Voraussetzungen eines Anspruches gegen das Anbringen von Überwachungskameras an einem Gebäude vgl OLG München Urt v 4.1.12 Az 20 U 4641/11) und des Schädigungspotentials der Massenmedien immer deutlicher zu Tage trat (zu Persönlichkeitsrechtsverletzungen im

Internet s Helle JZ 02, 593 ff; Vor §§ 823–853 Rn 14; zur Entschädigung für beleidigende Äußerungen in sozialen Netzwerken s LG Berlin ZUM 12, 997; zur Entschädigung wegen Presseberichterstattungen im Zusammenhang mit dem Informationsinteresse der Öffentlichkeit: OLG Dresden NJW 12, 782 ff; zum Unterlassungsanspruch wegen Verbreitung einer persönlichkeitsrechtsverletzenden Äußerung in einem Blog: BGHZ 191, 219; dazu Diederichsen AfP 12, 217; fortführend BGH WRP 11, 1609). Hinzu kam der Erlass des Grundgesetzes, in dessen Wertesystem der Schutz der Persönlichkeit eine herausragende Stellung einnimmt. Vor diesem Hintergrund erkannte der BGH – abw vom RG – das allg **Persönlichkeitsrecht als einheitliches, umfassendes Recht des Einzelnen ggü jedermann auf Achtung seiner Menschenwürde und Entfaltung seiner individuellen Persönlichkeit** an und qualifizierte es als **sonstiges Recht iSd Abs 1** (ständige Rspr seit BGHZ 13, 338; 24, 76; 50, 143; als Derivat ist ein Recht auf informationelle Selbstbestimmung anerkannt; hierzu BVerfG NJW 01, 2320; eine Verletzung kommt etwa bei einer nicht gestatteten Genomanalyse in Betracht; s die Angaben bei Deutsch/Ahrens, Deliktsrecht Rn 273; zur Offenlegung von Vorstandsgehältern bei nordrhein-westfälischen Sparkassen: OLG Köln NZG 09, 127 ff; zur Zulässigkeit von Lehrerbewertungen im Internet: BGH VersR 09, 1131 ff; dazu s auch Kamp, Personenbewertungsportale, 11). Abgeleitet wird das allg Persönlichkeitsrecht aus dem Schutz der Menschenwürde und Handlungsfreiheit nach Art 1 I und 2 I GG.

91 b) Nach hM handelt es sich um einen **generalklauselartig gefassten Tatbestand,** der durch Fallgruppen (Rn 97 ff) konkretisiert wird (krit hierzu Soergel/Zeuner § 823 Rn 72). Das allg Persönlichkeitsrecht enthält keinen eng umgrenzten Unrechtstatbestand, dessen Verwirklichung die Rechtswidrigkeit indiziert. Vergleichbar dem Recht am Unternehmen (Rn 131) ist vielmehr anhand einer umfassenden Güter- und Interessenabwägung im Einzelfall festzustellen, ob der Eingriff in den Schutzbereich dieses **Rahmenrechts** (Fikentscher/Heinemann, 10. Aufl 06, § 107 Rn 1571) rechtswidrig erfolgt.

92 c) **Konkurrenzen:** Die besonderen Persönlichkeitsrechte (etwa §§ 22 ff KUG; Abs 2 iVm §§ 185 ff StGB) entfalten keine Sperrwirkung ggü einem Anspruch aus Abs 1 wegen Verletzung des allg Persönlichkeitsrechts (Staud/Hager § 823 C 149; zum BDSG: BGHZ 91, 237).

93 2. **Anspruchsvoraussetzungen:** Erforderlich sind ein **Eingriff in den Schutzbereich** des allg Persönlichkeitsrechts, dessen **rechtswidrige Verletzung** sowie ein **Verschulden** des Anspruchsgegners.

94 a) **Aktivlegitimation: aa) Träger des Persönlichkeitsrechts** sind alle **natürlichen Personen** (auch mit Wohnsitz außerhalb Deutschlands: BVerfG NJW 05, 1858). In den Schutzbereich fällt ebenso der **nasciturus** (Staud/Hager § 823 C 19), dessen Anspruch jedoch erst mit Vollendung der Geburt entsteht (§ 1; vgl zur Gesundheitsverletzung Rn 9). Der Persönlichkeitsschutz endet gem Art 1 I GG nicht mit dem Tod. Auch nach diesem Zeitpunkt darf der Einzelne nicht in seinem allg Achtungsanspruch herabgewürdigt werden (BVerfG NJW 01, 2958). Allerdings wird der **postmortale Persönlichkeitsschutz** zunehmend schwächer (BGH NJ 12, 298 m Anm Mäsch JuS 12, 646 ff; dazu auch von Pentz AfP 13, 20; BGHZ 50, 140; 107, 392; Fischer, Die Entwicklung des postmortalen Persönlichkeitsschutzes; zum postmortalen Persönlichkeitsschutz im österreichischen Recht s OGH JBl 03, 114 ff). **Umfang** (ob das Namensrecht mit dem Tod erlischt, hat der BGH offen gelassen: BGHZ 107, 390) und **Dauer** lassen sich nicht generell bestimmen, sondern sind anhand der Einzelfallumstände zu ermitteln (Art und Intensität des Eingriffs; Bekanntheitsgrad und Bedeutung der Person oder etwa ihres künstlerischen Schaffens; zum Recht am eigenen Bild vgl § 22 S 3 KUG; zur Wahlwerbung mit dem Namen eines verstorbenen Politikers: OLG Köln NJW 99, 1969). Die dem Schutz **ideeller Interessen** dienenden höchstpersönlichen Bestandteile des Persönlichkeitsrechts sind nicht vererblich. Wahrnehmungsbefugt bleiben daher bei ihrer Verletzung in erster Linie diejenigen **Personen, die der Verstorbene zu Lebzeiten berufen hat** (auch etwa in einer Stiftung); soweit ein solcher Wille nicht ermittelbar ist, die **nahen Angehörigen** (vgl zum Recht am eigenen Bild auch § 22 S 3 f KUG), nicht aber automatisch die Erben (BGHZ 107, 389). In Betracht kommen Abwehransprüche (vgl

LG Hagen NJW-RR 07, 1057), dagegen scheidet eine Forderung auf Geldentschädigung aus (Rn 112; s abw OLG München ZUM 02, 745). Denn bei ihrer Zubilligung für den Fall einer schweren Persönlichkeitsrechtsverletzung steht nach Ansicht des BGH (NJW 06, 606; s auch Staudinger/Schmidt Jura 01, 244) in der Regel der Gesichtspunkt der Genugtuung für das Opfer im Vordergrund. Der verstorbenen Person kann indes für die Verletzung seiner Persönlichkeit keine Genugtuung mehr verschafft werden. Ein abweichendes Ergebnis lasse sich ebenso wenig auf den Gedanken der Prävention stützen, der insb in der Fallkonstellation der unerwünschten Zwangskommerzialisierung einer Person ansonsten als Bemessungsfaktor bei der Zubilligung einer Geldentschädigung herangezogen werde (kritisch Schmelz ZUM 06, 215). Anders kann der Fall liegen, wenn aufgrund einer Veröffentlichung, welche das postmortale Persönlichkeitsrecht eines Verstorbenen berührt, ein naher Angehöriger in seinem eigenen allg Persönlichkeitsrecht, beispielsweise dem Recht zu ungestörter Trauer verletzt ist (str; offengelassen: OLG Hamburg AfP 05, 76; bejahend OLG Düsseldorf AfP 00, 574; OLG Jena NJW-RR 05, 1566). Die dem Schutz **kommerzieller Interessen** dienenden vermögenswerten Bestandteile des Persönlichkeitsrechts sind vererblich, da andernfalls kein wirkungsvoller postmortaler Schutz gewährleistet ist (BVerfG NJW 06, 3409 m Anm Wanckel NJW 06, 3411 f; BGHZ 143, 217; BGH NJW 00, 2201; zu den Marlene-Dietrich-Urteilen s Gregoritza, Die Kommerzialisierung von Persönlichkeitsrechten Verstorbener, 03; Bender VersR 01, 815 ff; Götting NJW 01, 585 ff; Müller GRUR 03, 31 ff; Staudinger/Schmidt Jura 01, 241 ff). Die entspr Befugnisse werden von den **Erben** unter Berücksichtigung des ausdrücklichen oder mutmaßlichen Willens des Verstorbenen ausgeübt. Der Schutz der vermögenswerten Bestandteile sollte dabei nach früherer Ansicht des BGH zeitlich an den Schutz der ideellen Interessen gekoppelt und mithin nicht von der 10-Jahres-Frist aus § 22 S 3 KUG erfasst sein (BGHZ 143, 227; BGH NJW 00, 2201). Davon ist der BGH in einer neueren Entscheidung abgerückt und begrenzt die Schutzdauer der vermögenswerten Bestandteile des postmortalen Persönlichkeitsrechts in entspr Anwendung von § 22 S 3 KUG auf zehn Jahre (BGH JZ 07, 264 = FamRZ 07, 207 m Anm Schack JZ 07, 366 f; s auch Reber GRUR Int 07, 492 ff). Der Schutz der ideellen Facetten des Rechts besteht über diesen Zeitraum hinaus fort. Die Erben können denjenigen, der die kommerziellen Interessen schuldhaft verletzt, nicht nur auf Abwehr, sondern auch auf Schadensersatz in Anspruch nehmen, und zwar unabhängig von der Schwere des Eingriffs (BGH aaO; Rn 110). Wird das Bildnis des Verstorbenen für kommerzielle Zwecke verwendet, ist sowohl die Zustimmung der Angehörigen als auch der Erben erforderlich. Als Ausschnitt des postmortalen Persönlichkeitsrechts wird auch die **Integrität des Leichnams** (zum Totenfürsorgerecht im Fall einer Obduktion: OLG Karlsruhe NJW 01, 2808) und damit etwa die Entscheidung über eine **Organentnahme zum Zwecke der Transplantation** geschützt, die nunmehr im Transplantationsgesetz vom 5.11.97 (TPG; BGBl I 2631; zur Verfassungskonformität s BVerfG NJW 99, 3403; 3399; Neufassung durch BGBl I 07, 2206 ff; beachte jedoch den Gesetzesentwurf zur Änderung des Transplantationsgesetzes des Bundeskabinetts vom 6.6.11) geregelt wird. Abzustellen ist hiernach vorrangig auf den Willen des Verstorbenen (§ 3 I Nr 1, II Nr 1 TPG), hilfsweise auf denjenigen der Angehörigen (§ 4 I 1, II TPG).

bb) Aktivlegitimiert sind **auch juristische Personen** des Privatrechts (zu juristischen Personen des öffentlichen Rechts: Staud/Hager § 823 C 31), **Personengesellschaften des Handelsrechts,** BGB-Gesellschaften, **nichtrechtsfähige Vereine,** soweit sie nach ihrem Wesen als Zweckschöpfungen des Rechts und ihren Funktionen dieses Schutzes bedürfen. Dies gilt etwa dann, wenn eine Kapitalgesellschaft in ihrem sozialen Geltungsanspruch als Arbeitgeberin oder Wirtschaftsunternehmen betroffen wird (BGHZ 98, 97; BGH NJW 94, 1282). 95

b) Passivlegitimiert ist derjenige, der in den Schutzbereich des Persönlichkeitsrechts eingreift (etwa Autor einer Veröffentlichung). Eine Haftung für Verrichtungsgehilfen folgt aus § 831, für Organe aus § 31. 96

c) Schutzbereich: Das allg Persönlichkeitsrecht schützt eine Person in ihrem gesamten Wirkungs- und Ausstrahlungskreis. Der sachliche Schutzbereich lässt sich angesichts 97 seiner generalklauselartigen Weite nicht abschließend umschreiben. Vielmehr kann die Fülle der Judikatur nur schablonenhaft in **Fallgruppen** unterteilt werden, die sich zum Teil überschneiden und nur Beispielcharakter haben.

98 aa) Geschützt wird der Betroffene vor der **Herabwürdigung und Entstellung seiner Person**. Erfasst sind insb **Ehrverletzungen**, auch soweit sie nicht dem Anwendungsbereich des Abs 2 iVm §§ 185 ff StGB unterfallen. In Betracht kommen Formalbeleidigungen, herabsetzende Werturteile oder das Behaupten und Verbreiten unwahrer Tatsachenbehauptungen (BGHZ 39, 124). Während **Tatsachen** konkrete Vorgänge und Zustände in der Vergangenheit oder Gegenwart bezeichnen, die objektiv dem Beweis zugänglich sind (BGH NJW 08, 2262), werden **Werturteile** geprägt durch subjektive Elemente der Stellungnahme, des Meinens und Dafürhaltens (vgl die Angaben bei Staud/Hager § 823 C 73; s hierzu auch § 824; zu Ranking-Listen von Rechtsanwälten: BVerfG MDR 03, 344; zu mehrdeutigen Äußerungen s BVerfG EWiR 08, 177 m Anm Jahn; BVerfG NJW 06, 207; BVerfG NJW 06, 595: wahrheitswidriger Pressebericht; zu persönlichkeitsverletzenden Links auf einer Homepage: Petershagen NJW 11, 705 ff; LG Hamburg NJW 98, 3650; vgl hierzu ebenso § 824 Rn 3; zum Sonderfall der ehrverletzenden Äußerungen in einem Rechtsstreit s BVerfG NJW-RR 07, 840; BGH NJW 08, 996 m Anm Hager JA 08, 387 ff; Persönlichkeitsrechtsverletzung bei Bezeichnung eines Rechtsanwalts als „Winkeladvokat": OLG Köln NJW-RR 12, 1187; zur Abgrenzung von Tatsachenbehauptungen und Werturteilen vgl OLG Frankfurt NJW 13, 798 f). Dies gilt nicht für unwahre Tatsachenbehauptungen, die sich nicht auf das Ansehen der Person auswirken, etwa bei einer Verwechslung von Stern und dpa als Interviewpartner. Das Persönlichkeitsrecht schützt nicht gegen eine andere als die intendierte Bewertung des zutreffend verstandenen Inhalts der Äußerung. Eine Verbreitung dieser Bewertung ist, so lange sie nicht der Unwahrheit entspricht, als Meinungsäußerung von Art 5 I 1 GG erfasst (BVerfG NJW 08, 746). Auch wahre Tatsachenbehauptungen können in das Persönlichkeitsrecht eingreifen, etwa wenn ihnen eine Prangerwirkung zukommt (BGHZ 161, 268 = NJW 05, 592). Die Differenzierung zwischen Tatsachenbehauptung und Meinungsäußerung ist aufgrund der unterschiedlichen Schutzwirkungen des Art 5 GG für den Äußernden fundamental (vgl Müller VersR 08 1141, 1142 ff).

99 bb) Der Betroffene wird vor dem **Eindringen in seinen persönlichen Bereich** geschützt (Abhören eines Telefongesprächs; Videoaufnahmen ohne Einwilligung des Betroffenen: BGH NJW 95, 1956; Installation von Überwachungskameras auf einem Nachbargrundstück: BGH NJW 10, 1533 ff; Horst NJW 09, 1787 ff). Nach hM sind verschiedene Sphären zu unterscheiden (primär auf die Art der Informationserlangung abstellend: Larenz/Canaris, SchR II 2 § 80 II 4 a). Die **Intimsphäre** umfasst die innere Gefühls- und Gedankenwelt mit ihren äußeren Erscheinungsformen, hierzu zählt va das Sexualleben (BGH NJW 88, 1985), der Gesundheitszustand (etwa ein nicht gestatteter HIV-Test) sowie Tagebucheintragungen (s hierzu aber auch BVerfGE 80, 374). Dag betrifft die **Privatsphäre** vornehmlich den familiären oder häuslichen Bereich, ist hierauf aber nicht beschränkt (BGH NJW 96, 1129; BVerfG NJW 00, 1022; zum Schutz bei Personen der Zeitgeschichte auch BGH NJW 12, 3645 ff; BGH NJW-RR 10, 855 ff; BGH NJW 09, 756; BGHZ 131, 338 sowie Wanckel NJW 11, 726 ff; zu neueren Entwicklungen: Seiler WRP 11, 526 ff; zum Recht auf ungestörte Trauer um das eigene Kind OLG Jena NJW-RR 05, 1566). Unter der **Sozialsphäre** werden das Selbstbestimmungsrecht (s zum Eingriff in das Selbstbestimmungsrecht eines Kindes durch Beschneidung, welche von seinem Vater ohne Einverständnis der Mutter veranlasst wurde: OLG Frankfurt aM FamRZ 08, 785) und die Ausstrahlungen der Persönlichkeit des Einzelnen in seinem öffentlichen, beruflichen und wirtschaftlichen Wirken verstanden. Die Schutzbedürftigkeit nimmt von Sphäre zu Sphäre ab. Nach hM genießt allein **die Intimsphäre absoluten Schutz**, so dass die Rechtswidrigkeit insoweit ausnahmsweise indiziert ist und keine Güter- und Interessenabwägung erforderlich (krit hierzu Staud/Hager § 823 C 188).

100 cc) In den Schutzbereich fällt die nicht genehmigte **Weitergabe privater Informationen** an Dritte (vgl auch die §§ 201 ff StGB; zur Erkennbarkeit einer realen Person in einer

Romanfigur, Fall „Esra": BVerfGE NJW 08, 39 [Esra]; BGH VersR 08, 1080 [Esra II]; BGH NJW 05, 2844 [Esra I]; s auch BGHZ 183, 227 ff = BGH NJW 10, 763 ff u LG München ZUM 08, 537; hierzu Müller VersR 08, 1141, 1144; Obergfell JZ 06, 196; Wanckel NJW 06, 578; bei Nennung persönlicher Daten eines Honorarprofessors in Wikipedia s LG Tübingen K&R 13, 138; im Falle der Offenbarung erheblicher wirtschaftlicher Schwierigkeiten einer Person: OLG Brandenburg NJW-RR 13, 415; zur Zulässigkeit d Bereithaltens einer Altmeldung in einem Online-Archiv unter namentlicher Nennung eines verurteilten Straftäters beachte BGH NJW 12, 2197). Kollidieren Kunstfreiheit und Persönlichkeitsrecht, hat nach Maßgabe des BVerfG eine Abwägung dergestalt zu erfolgen, dass die Romanfigur umso stärker fiktionalisiert sein muss, je mehr die besonders geschützte Dimension des Persönlichkeitsrechts tangiert wird (zur Kollision von postmortalem Persönlichkeitsrecht und Kunstfreiheit: BVerfG NVwZ 08, 549). Der Betroffene wird auch davor geschützt, dass durch eine veränderte Wiedergabe privater Aufzeichnungen ein unzutreffendes Bild seiner Persönlichkeit vermittelt wird (BGHZ 13, 338). Abs 1 greift ebenso bei Abdruck eines erfundenen Interviews ein (BGHZ 128, 1).

dd) Geschützt ist eine Person vor ihrer **unbefugten Kommerzialisierung**, da die Entscheidung über eine wirtschaftliche Nutzung allein dem Rechtsträger obliegt. Erfasst werden die unbefugte Veröffentlichung von Bildern oder Erwähnung des Namens einer Person zu Werbezwecken, losgelöst davon, ob hiermit eine Ehrverletzung verbunden ist (BGHZ 35, 365; BGH NJW 92, 2084). Dies gilt ebenso, wenn prominente Fußballspieler in WM-Computerspielen ohne deren Einwilligung namentlich genannt und digital dargestellt werden (OLG Hamburg CR 04, 459; hierzu Gauß GRURInt 04, 558 ff). 101

ee) Das Persönlichkeitsrecht bietet Schutz vor **Belästigungen**. Andernfalls droht ein Wertungswiderspruch zu den übrigen in Abs 1 genannten Rechten und Rechtsgütern, bei denen mit Hilfe des § 1004 I auch bloße „Beeinträchtigungen" abgewehrt werden können (vgl Vor §§ 823–853 Rn 10; Larenz/Canaris, SchR II 2 § 80 II 7 a). Als Belästigung ist die gegen den Willen des Empfängers erfolgende **Briefkasten- bzw Telefonwerbung** (BGHZ 106, 232; s in diesem Zusammenhang auch BGH VuR 01, 265 und im Hinblick auf das UWG: BGH NJW 04, 1655; hierzu Hoeren CR 04, 448 ff) sowie das unaufgeforderte **Zusenden von Werbung per Telefax, BTX, SMS oder E-Mail** (BGH MMR 10, 183 f; BGH VersR 09, 1633 ff; BGH NJW 06, 3781 ff; OLG Bamberg OLGR 05, 769; LG Berlin CR 03, 339 m Anm Ayad; vgl die weiteren Angaben bei Hoeren/Oberscheidt VuR 99, 381; Prasse MDR 06, 363; Schmittmann K&R 02, 548 f mwN; Spindler/Schmittmann MMR Beilage 8/01, 10 ff; Wolber/Eckhardt DB 02, 2581 ff; einen Verstoß gegen das Informationsfreiheit bejahen Fikentscher/Möllers NJW 98, 1343 f; abw AG Kiel NJW-CoR 00, 106; LG Kiel MDR 00, 1331 mit abl Anm Härting MDR 00, 1332 f und Schnittmann CR 00, 851 f; zum Verstoß unverlangter E-Mail-Werbung gegen das UWG: BGH NJW 04, 1655; hierzu Hoeren CR 04, 448 ff; OLG Hamm CR 06, 19; s aber auch AG Dresden NJW 05, 2561 sowie Rn 26, 122) einzustufen. Dies betrifft trotz Art 21 I GG ebenso Wahlwerbung. Aus europarechtlichen Vorgaben folgt bislang keine generelle Zulässigkeit unerbetener Werbemails (hierzu Spindler/Schmittmann MMR Beilage 8/01, 14 f; s auch Wendlandt, Cybersquatting, Metatags und Spam, 02, 87 ff). So entspricht etwa die Judikatur den Vorgaben der Fernabsatz-RL (RL 97/7 EG des Europäischen Parlaments und des Rates vom 20.5.97, ABl. EG L 144, 19), geht teilweise sogar über sie hinaus. Eine solche Schutzverstärkung ist jedoch nach Art 14 S 1 der Fernabsatz-RL zulässig, da sie allein eine Mindestharmonisierung beinhaltet (BT-Drucks 14/2658, 24 ff; BGH NJW-RR 02, 329; BB 00, 1541 m Anm Schmittmann; zum Streitstand: Härting DB 00, 2314). Auch die E-Commerce-RL (RL 00/31/EG des Europäischen Parlaments und des Rates vom 8.6.00, ABl. EG L 178, 1; zur Transformation s das Gesetz über rechtliche Rahmenbedingungen für den elektronischen Geschäftsverkehr, BGBl I 01, 3721 ff) zwingt gem Art 7, Art 3 III iVm dem 8. Spiegelstrich ihres Anhangs nicht zur Aufgabe dieser Judikatur (s Bender/Sommer RIW 00, 262 f, 264; Gierschmann DB 00, 1317). Dies gilt ebenso wenig für die RL über den Fernabsatz von Finanzdienstleistungen (RL 02/65/EG des Europäischen Parlaments und des Rates vom 23.9.02 über den 102

Fernabsatz von Finanzdienstleistungen an Verbraucher und zur Änderung der RL 90/619/EWG des Rates und der Richtlinien 97/7/EG und 98/27/EG, ABl. EG L 271, 16; hierzu Härting/Schirmbacher CR 02, 816 unter Verweis auf die Datenschutz-RL für elektronische Kommunikation v 12.6.02, ABl. EG L 201, 37; zur Umsetzung: Domke BB 06, 61 f; Felke/Jordans NJW 05, 710; Rott BB 05, 53). Zur Umsetzung des Art 13 der neuen Datenschutz-RL über elektronische Kommunikation s insb § 7 II Nr 2–4, III UWG. Beachte mit Blick auf die zuvorgenannten Richtlinien auch die derzeit auf supranationaler Ebene angestrebte Überführung etlicher Richtlinien in einen „Sammelrechtsakt", welcher dem Prinzip der Vollharmonisierung verpflichtet sein soll. Das Europäische Parlament stimmte am 23.6.11 der Richlinie zu (Philipp EuZW 11, 534).

103 ff) Der Betroffene wird vor seiner **Diskriminierung** geschützt. Beachte in diesem Zusammenhang auch mögliche Ansprüche nach dem Allgemeinen Gleichbehandlungsgesetzes (s insb § 15 AGG sowie die Ausführungen zur Transformation der Antidiskriminierungs-RL Vor §§ 241–853 Rn 29 f), welche selbstständig neben den §§ 823 ff stehen (Palandt/Sprau v 823, Rn 9). Das Persönlichkeitsrecht kann auch durch Verhaltensweisen verletzt werden, die dem Sammelbegriff „**Mobbing**" unterfallen (ArbG PflR 09, 608 ff; Grosch AuA 09, 516 ff; LAG Erfurt VersR 04, 1468; LAG Thüringen BB 01, 1358; hierzu Aigner BB 01, 1354 ff; zum Mobbing allg: Rieble/Klumpp ZIP 02, 369 ff; Wolmerath, Mobbing im Betrieb, 4. Aufl 13; zur Amtshaftung s § 839 Rn 9). Die Begriffsdefinition der Belästigung in § 3 III AGG ist insofern übertragbar. Die Besonderheit beim „Mobbing" liegt darin, dass die Zusammenfassung mehrerer Einzelakte die Persönlichkeits- oder Gesundheitsverletzung bewirkt, nicht einzelne Handlungen. In Betracht kommt eine Haftung des Arbeitgebers hierfür entweder aus eigenem Verschulden wegen Verletzung seiner Fürsorgepflicht (vgl a § 75 BetrVG), oder eine Zurechnung des Verhaltens eines Vorgesetzten des geschädigten Arbeitnehmer über § 278 (BAG DB 08, 529 = NZA 08, 223 m Anm Oberthür BB 08, 675 f; BAG NZA 07, 1154, 1161).

104 d) Erforderlich ist ein **rechtswidriger Eingriff** in den Schutzbereich des allg Persönlichkeitsrechts. Die Rechtswidrigkeit wird nicht indiziert (s aber Rn 99). Sie ist durch eine **umfassende Abwägung der im konkreten Einzelfall betroffenen Güter und Interessen** des Geschädigten, des Eingreifenden sowie der Öffentlichkeit zu ermitteln (hM, s BGH VersR 07, 509 = JZ 07, 475 m Anm Helle JZ 07, 444 ff; vgl die Angaben bei Staud/Hager § 823 C 17). Steht indes fest, dass eine Maßnahme das postmortale Persönlichkeitsrecht verletzt, ist zugleich ihre Rechtswidrigkeit geklärt. Der Schutz kann nicht im Wege einer Güterabwägung relativiert werden (BVerfG NJW 01, 2959).

105 aa) Auf Seiten des Verletzten ist etwa bei einem Eindringen in seinen persnlichen Bereich (Rn 99) zu berücksichtigen, welche Sphäre hierdurch betroffen wird. So ist ein Eingriff in die Privatsphäre regelmäßig unzulässig. Allg Bedeutung erlangt auch die **Schwere des Eingriffs**. Sie fließt nicht nur in den Abwägungsprozess ein, sondern stellt auf der Rechtsfolgenseite auch einen Bemessungsfaktor für die Geldentschädigung dar (Rn 112). Zu beachten ist weiterhin das **Verhalten des Verletzten vor dem Eingriff**, ob er etwa die Persönlichkeit des anderen zuvor selbst angegriffen und hierdurch in den „Gegenschlag" herausgefordert hat (BGHZ 45, 309).

106 bb) Auf Seiten des Eingreifenden sind dessen **Motive**, der **verfolgte Zweck**, das eingesetzte **Mittel** sowie **Art und Weise des Eingriffs** in die Abwägung einzustellen. Zu prüfen ist va, ob **spezielle Rechtfertigungsgründe** eine rechtswidrige Verletzung des Persönlichkeitsrechts ausschließen (§ 193; § 34 StGB: Aufnahme der Stimme des Erpressers ist durch Notwehr gerechtfertigt: vgl auch Rn 77) oder der Eingriff durch **Grundrechte** des Eingreifenden gedeckt ist. Besondere Bedeutung erlangen die Freiheit der Meinungsäußerung (Art 5 I 1 GG), der Presse (Art 5 I 2 GG; zur Entwicklung s Müller VersR 08, 1141, 1145 ff; Soehring/Seelmann-Eggebert NJW 05, 571 ff; BVerfG NJW 05, 1857: Persönlichkeitsschutz von Kindern prominenter Eltern; s auch jüngst BGH VersR 14, 76 zur Zulässigkeit der Veröffentlichung von Vornamen und Alter des Kindes eines „prominenten" Vaters; BGH VersR 13, 1272: satirisch gefärbter Fernsehbeitrag über das Streitgespräch eines Journalisten mit einer Teilnehmerin an einer Mahnwache; BGH VersR 09, 843: Fernsehbeitrag über Hochadel; BGH NJW 99, 2893: Veröffentlichung des Scheidungsgrunds eines Angehörigen des Hochadels; BVerfG NJW 00, 1021: Berichterstattung über Behandlung im Strafvollzug; BGH VersR 09, 268; LG Köln ZUM-RD 10, 632 ff; BGH NJW 09, 757 ff; hierzu Gounalakis GRUR 09, 150 ff; Veröffentlichung von Photos aus dem Privatleben Prominenter; s auch BVerfG NJW 11, 740 ff; BGH NJW 11, 746 ff; BGH GRUR 09, 584 ff; EGMR NJW 04, 2647 ff; hierzu Engels/Jürgens NJW 07, 2517 ff; Heldrich NJW 04, 2634 ff; Mann NJW 04, 3220 ff; Ohly GRURInt 04, 902 ff; Starck JZ 06, 76 ff; Stürner JZ 04, 1018 ff; zur Berücksichtigung der Entscheidungen des EGMR durch deutsche Gerichte s BVerfG NJW 08, 1793; BGH WRP 08, 1367; BGH NJW 08, 749 [abgestuftes Schutzkonzept II]; BGH NJW 07, 1977 [abgestuftes Schutzkonzept]); BGH VersR 07, 1135; BGH VersR 07, 1283; BVerfG NJW 08, 3407; NJW 05, 1107; hierzu Klein JZ 04, 1176 ff; Meyer-Ladewig/Petzold NJW 05, 15 ff; Rixe FamRZ 04, 1683 ff; Starck JZ 06, 78 ff; BGH JZ 04, 622 m Anm von Gerlach; VersR 04, 863 f; WRP 04, 1494 ff; NJW 05, 56 ff; s auch Staudinger ZEV 05, 143; vgl BGH VersR 09, 841; NJW 08, 3138 ff [Christiansen] u BGH VersR 08, 1268 [Simonis]) sowie der Kunst (Art 5 III 1 GG; BGH VersR 09, 1085; in der Folge: BVerfG ZUM-RD 09, 574; BGH NJW 05, 2844). In den **Schutzbereich** des Art 5 I 1 GG fallen dabei nicht nur **Werturteile**, sondern auch **Tatsachenhauptungen** (zur Abgrenzung s Rn 98), wenn und soweit sie zur Meinungsbildung erforderlich sind (BGH NJW 98, 3048). Ausgenommen bleiben bewusst oder erwiesen unwahre Tatsachen (BGH NJW 98, 3048) und Tatsachenbehauptungen, die durch Art und Weise der Darstellung eine Sinninterpretation nahe legen, die nicht der Wahrheit entspricht (OLG Karlsruhe NJW 05, 2400). Kollidieren Art 5 I 1 GG und das verfassungsrechtlich verankerte Persönlichkeitsrecht miteinander, streitet grds eine **Vermutung für die Zulässigkeit der freien Rede**, soweit es sich um einen Beitrag zum Meinungskampf in einer die Öffentlichkeit wesentlich berührenden Frage handelt (vgl die Angaben bei Staud/Hager § 823 C 107). Die Meinungsfreiheit tritt jedoch im Fall der **Schmähkritik** (oder Formalbeleidigung) hinter das Persönlichkeitsrecht zurück (BVerfG NJW 06, 207; hierzu Hochhuth NJW 06, 189 ff; zum Schutz der Meinungsfreiheit bei Verbreitung fremder Äußerungen in einem Interview s BGH VersR 10, 220 ff; zu einem solchen Schutz bei kritischen Äußerungen über ein Unternehmen s BGH VersR 09, 555 ff), da dem Eingreifenden insoweit nicht an einer Auseinandersetzung in der Sache, sondern an einer Diffamierung des Gegners gelegen ist (vgl auch Rn 137). Die **Kunstfreiheit** gem Art 5 III 1 GG erfasst den Werk- und Wirkbereich (Herstellung des Bildes und seine Präsentation iR einer Ausstellung) und kann gleichermaßen durch das allg Persönlichkeitsrecht aus Art 1 I, 2 I GG als kollidierendes Verfassungsrecht beschränkt werden (BGH NJW 05, 2846). Satirische Darstellungen und Karikaturen können im Einzelfall als Kunst einzustufen sein (BVerfG NJW 02, 3767) und genießen vor dem Hintergrund der Meinungsfreiheit besonderen Schutz. Aussagegehalt und satirische Einkleidung sind isoliert ohne „Niveaukontrolle" darauf zu untersuchen, ob sie Missachtung kommunizieren sollen. Insb ist die Gefahr einer heimlichen Manipulation eines Bildes der jeweiligen Person zu prüfen (vgl BVerfG VersR 06, 850 [Ron Sommer]; BGH VersR 06, 374 [Ron Sommer II]; BGH VersR 04, 205 [Ron Sommer I]. Im Einzelfall kann auch die namentliche Nennung prominenter Personen in der Werbung von der Meinungsfreiheit erfasst sein, wenn auf Ereignisse von öffentlichem Interesse angespielt wird (BGH WRP 08, 1527; NJW 08, 3782).

e) Zum **Verschulden** s Rn 84. Für die Medienberichterstattung gelten angesichts der Breitenwirkung besonders hohe Anforderungen. Der Wahrheitsgehalt von Meldungen ist unter Beachtung der **„pressegemäßen" Sorgfalt** zu ermitteln (vgl auch § 824 Rn 12). Angesichts der überragenden Bedeutung der Meinungs- und Pressefreiheit in Art 5 I GG dürfen die Anforderungen nicht überspannt werden (rechtsvergleichend zum Verhältnis von Persönlichkeitsschutz und Pressefreiheit: Bruns JZ 05, 428 ff; zur Verletzung des Rechts am eigenen Wort durch Wiedergabe einer in einer Pressekonferenz gefallenen Äußerung s BGH NJW 11, 3516). Ein Presseunternehmen kann sich daher idR auf amtliche Untersuchungsberichte verlassen.

108 f) aa) **Rechtsfolge** einer **rechtswidrigen, aber schuldlosen Verletzung** des allg Persönlichkeitsrechts ist ein **Anspruch auf** (vorbeugende) **Unterlassung** sowie auf **Beseitigung** (Vor §§ 823–853 Rn 10 f; § 1004) entspr § 1004 (zur Verantwortlichkeit des Internet-Anbieters Microsoft als Störer für die von einem privaten Nutzer in einem Forum des Microsoft-Dienstes MSN verbreiteten obszönen Bilder von Steffi Graf s LG Köln MMR 02, 254; OLG Köln CR 02, 678 m Anm Eckhardt; MMR 02, 548 m Anm Spindler; allg zur Haftung für fremde Inhalte: Sobola/Kohl CR 05, 443 ff; LG Düsseldorf CR 06, 563; s auch Vor §§ 823–853 Rn 14; hinsichtlich eines Anspruchs auf Unterlassung der Zusendung von Mahnschreiben an eine anwaltlich vertretene Partei BGH NJW 11, 1005 ff; zur Zulässigkeit der Darstellung einer spektakulären Straftat in einem Spielfilm BGH VersR 09, 1085 ff). Mit Hilfe des Beseitigungsanspruchs kann der Betroffene etwa die Vernichtung unbefugt aufgenommener Fotos oder Tonbänder verlangen. Im Falle unwahrer Tatsachenbehauptungen erfolgt die Beseitigung durch ihren **Widerruf** (bzw Richtig-, Klarstellung oder Ergänzung). Dieser muss dem Grundsatz der **Verhältnismäßigkeit** entsprechen, dh **geeignet** sein, dem Ansehensverlust entgegenzuwirken. Der Widerruf bleibt von seinem Umfang und seiner Form (Titelseite, Schriftgröße: BGHZ 128, 8, 14) her auf das **erforderliche Maß** beschränkt. Die Vollstreckung des Widerrufsurteils bestimmt sich nach hM gem § 888 ZPO (so etwa Staud/Hager § 823 C 286; MM: § 894 ZPO analog). Eine **Pflicht, rufschädigende Meinungsäußerungen zu widerrufen,** besteht dag nach Art 5 I 1 GG nicht. Der Verletzte kann jedoch unter bestimmten Voraussetzungen verlangen, dass eine strafbewehrte Unterlassungsverpflichtung veröffentlicht wird (BGHZ 99, 133).

109 bb) Bei **rechtswidriger und verschuldeter Persönlichkeitsverletzung** kann der Betroffene im Wege der **Naturalrestitution nach** § 249 I gleichermaßen Beseitigung der Photos und Tonbänder oder einen Widerruf unwahrer Tatsachenbehauptungen verlangen (vgl hierzu bereits Vor §§ 823–853 Rn 9).

110 Ihm steht ein **Anspruch auf Ersatz der Vermögensschäden** nach Maßgabe der §§ 249 ff zu, unabhängig von der Schwere des Eingriffs. Der Schaden ist idR auf drei verschiedene Arten zu berechnen. Der Betroffene kann nach seiner Wahl entweder Ersatz seines **konkreten Schadens** oder aber eine **angemessene Lizenzgebühr** beanspruchen (BGH NJW 06, 615; OLG München NJW-RR 03, 767; s aber auch BGHZ 26, 352). Dafür ist nicht erforderlich, dass er grds mit einer Verwertung einverstanden war (BGH VersR 07, 509 = JZ 07, 475 m Anm Helle JZ 07, 444 ff). Umstr ist, ob und inwieweit der Verletzte – etwa in Anlehnung an § 687 II bzw § 97 I 2 UrhG – auch **Herausgabe des vom Schädiger erzielten Gewinns** verlangen kann (vom Grundsatz her bejahend: BGHZ 143, 232; BGH NJW 00, 2202; hierzu auch Staud/Hager § 823 C 290; von Gerlach VersR 02, 917 ff; zur Berechnungsmethode: BGH NJW 07, 1524 m Anm Loschelder NJW 07, 1503 ff). Das mit der Kommerzialisierung einer Person verbundene Gewinnstreben ist uU als Bemessungsfaktor in die Höhe der deliktischen Geldentschädigung (Rn 112) einzubeziehen. Die dreifache Schadensberechnung gilt auch bei Verletzung der vermögenswerten Bestandteile des postmortalen Persönlichkeitsrechts (BGH aaO). Anspruchssteller sind insoweit die Erben (Rn 94).

111 Nach § 249 II 1 schuldet der Anspruchsgegner Ersatz für diejenigen Kosten, die dem Betroffenen durch **eigene Abwehrmaßnahmen** (Anzeigen in Zeitungen) entstehen, vorausgesetzt, solche Maßnahmen entsprechen dem Gebot der Erforderlichkeit (vgl auch § 254 II). Hieran mangelt es, wenn der Betroffene seiner Rufschädigung bereits hinreichend durch eine Gegendarstellung (Rn 113) entgegenwirken kann (vgl hierzu § 824 Rn 15).

112 Die Rspr gewährt **einen Anspruch auf Geldentschädigung für den immateriellen Schaden** (ausführlich zu den Bemessungsfaktoren: BGHZ 160, 298 = VersR 05, 125 m Anm Ebert). Die Judikatur stützte diesen Anspruch anfangs auf eine Analogie zu § 847 I aF (s § 253 Rn 14), leitet ihn nunmehr unabhängig hiervon unmittelbar aus Abs 1 iVm dem Schutzauftrag aus Art 1 I, 2 I GG ab (leider wird teilweise in der Terminologie nicht deutlich zwischen einem Anspruch auf Geldentschädigung und einem solchen auf Schmerzensgeld unterschieden: s etwa BGH VersR 04, 332 sowie die berechtigte Kritik in der Anm von Jaeger VersR 04, 337; Klinger NZV 05, 291 f). Die Entste-

hungsgeschichte des Zweiten Schadensersatzrechtsänderungsgesetzes (zur Reform s Vor §§ 823–853 Rn 17) versperrt den Weg, § 253 II entspr heranzuziehen. Der Gesetzgeber hat sich bewusst gegen den Vorschlag des Bundesrates ausgesprochen, die Grundsätze der Judikatur in Gesetzesform zu gießen (BT-Drucks 14/7752, 49 f und 55). Vielmehr ist den Materialien eindeutig zu entnehmen, dass Verletzungen des allg Persönlichkeitsrechts nicht dem § 253 II unterfallen, sondern es bei dem in der Rspr entwickeltem Ansatz verbleiben soll (BT-Drucks 14/7752, 24 f). Mangels unbewusster Regelungslücke verbietet sich damit methodisch eine Analogie zu § 253 II (s auch MK/Oetker § 253 Rn 27 mwN). Erforderlich ist nach der Judikatur eine schwerwiegende Beeinträchtigung des Persönlichkeitsrechts (OLG Karlsruhe NJW-RR 05, 1268; BGHZ 183, 227 ff = BGH NJW 10, 763 ff), die auf andere Art (etwa Widerruf, Gegendarstellung) nicht auszugleichen ist (OLG Jena NJW-RR 05, 1566). Wird das postmortale Persönlichkeitsrecht (Rn 94) verletzt, scheidet ein Anspruch auf Geldentschädigung aus, da kein Bedürfnis mehr für eine Genugtuung besteht und auch der Präventionsgedanke keine derartige Entschädigung rechtfertigt (BGH NJW 06, 606; kritisch Schmelz ZUM 06, 215).

cc) Die **Landespressegesetze** sehen bei Tatsachenbehauptungen (nicht bei Werturteilen) 113 einen Anspruch **auf Gegendarstellung** vor. Der Verletzte kann verlangen, dass sein eigener Standpunkt in drucktechnisch vergleichbarer Form veröffentlicht wird.

dd) Nach wohl hM kommen auch **Bereicherungsansprüche** nach § 812 I 1 2. Fall in 114 Betracht (vgl dort Rn 16; s zum Streitstand auch Staud/Hager § 823 C 248 f). Neben der Frage des „Erlangten" (der BGH stellt etwa bei angemaßter Bildnutzung auf das ersparte Honorar bzw der „Lizenzgebühr" ab: BGHZ 20, 354; BGH NJW 92, 2085; s bereits Rn 110) und seiner „**Wertermittlung**" (objektiver Verkehrswert oder subjektiver Wertbegriff) ist va umstritten, ob auf diesem Wege der erzielte **Gewinn** abgeschöpft werden kann (hierzu Staud/Hager § 823 C 252 ff).

IV. Recht am Unternehmen: 1. a) Das Unternehmen wird durch eine Reihe von Tatbe- 115 ständen deliktsrechtlich geschützt (Abs 1 bei Eigentumsverletzung oder Besitzbeeinträchtigung, Abs 2, § 824 I, § 826, UWG, GWB). Das RG empfand den Schutz dennoch als lückenhaft und erkannte im Fall einer unberechtigten Schutzrechtsverwarnung (Rn 125, 134) **das Recht am** „**eingerichteten und ausgeübten Gewerbebetrieb**" **als** „**sonstiges Recht**" **iSd Abs 1** an (RGZ 58, 24; abl Larenz/Canaris, SchR II 2 § 81 II–IV). Der BGH führte diese Judikatur fort und erstreckte sie auf weitere Fallgruppen (Rn 123 ff). Anfangs wurde der Gewerbebetrieb allein in seinem Bestand, später dann auch in seinen Ausstrahlungen erfasst. Da mittlerweile freiberuflich Tätige ebenfalls zum geschützten Personenkreis zu zählen sind (Rn 121), sollte unter Aufgabe der früheren Terminologie besser vom „**Recht am Unternehmen**" gesprochen werden.

b) Um einer uferlosen Haftung zu begegnen, bestehen verschiedene **Einschränkungen:**
aa) Nach ständiger Judikatur ist die Schadensersatzpflicht nach Abs 1 wegen Verlet- 116 zung des Rechts am Unternehmen **subsidiär**. Der „**Auffangtatbestand**" greift nur ein, wenn das geschriebene Recht eine Lückenfüllung erlaubt (BGH NJW 03, 1041; vgl die Angaben bei Staud/Hager § 823 D 20) und der Schutz des Integritätsinteresses betroffen ist (BGH NJW 01, 1349). Vorrang genießen grds **die wettbewerbsrechtlichen Sondervorschriften**, so dass ein Rückgriff auf Abs 1 selbst dann ausscheidet, wenn der Wettbewerbsverstoß nach § 11 UWG verjährt ist. Regelmäßig wird das Recht am Unternehmen auch verdrängt, wenn die Abs 2, § 824 I eingreifen. Der BGH verneint einen Vorrang des § 824 I für den Sonderfall, dass die unwahre Tatsachenbehauptung keine Beziehungen zu potentiellen Geschäftspartnern betrifft (BGHZ 90, 121; krit hierzu Larenz/Canaris, SchR II 2 § 81 I 4 b). Bei vorsätzlicher Begehung besteht zwischen Abs 1 und § 826 Anspruchskonkurrenz (BGHZ 69, 139).

bb) Eine weitere tatbestandliche Einschränkung folgt daraus, dass der Eingriff **betriebs-** 117 **bezogen** (Rn 122) sein muss. Darüber hinaus handelt es sich bei dem Recht am Unternehmen um ein **Rahmenrecht** (Rn 131), so dass die Rechtswidrigkeit nicht indiziert wird, sondern vielmehr eine umfassende Güter- und Interessenabwägung erfordert.

§ 823   Buch 2 | Recht der Schuldverhältnisse

118   2. **Anspruchsvoraussetzungen:** Abs 1 darf nicht durch speziellere Vorschriften ausgeschlossen sein. Weiterhin sind ein Eingriff in den Schutzbereich sowie eine rechtswidrige und schuldhafte Verletzung des Rechts am Unternehmen erforderlich.

119   a) Zur **Subsidiarität** s Rn 116.

     b) **Tatbestand:**

120   aa) Voraussetzung ist ein Eingriff in den **Schutzbereich** des Rechts am Unternehmen (hierzu BGHZ 29, 70). Dieser erstreckt sich neben dem **Bestand des Unternehmens** (Betriebsräume und -grundstücke, Maschinen, Warenvorräte) auch auf seine **Ausstrahlungen**, dh den gesamten unternehmerischen Tätigkeitskreis (Geschäftsverbindungen, Kundenstamm, Außenstände, Betriebsgeheimnisse).

121   bb) **Schutzgegenstand** ist der eingerichtete und ausgeübte Gewerbebetrieb. Erforderlich ist eine erlaubte, auf Gewinnerzielung gerichtete und auf gewisse Dauer angelegte, selbstständige Tätigkeit. Als Inhaber eines solchen Betriebes kommen natürliche oder juristische Personen, Handels- oder BGB-Gesellschaften (BGH NJW 92, 42) in Betracht (zum umstr Schutz von Idealvereinen s Staud/Hager § 823 D 7). In der Literatur wird zutreffend auch der Schutz „**geplanter Unternehmen**" befürwortet. Darüber hinaus fallen nach der heute im Vordringen begriffenen Ansicht auch **freiberuflich Tätige** (Ärzte, Rechtsanwälte, Architekten) in den Anwendungsbereich (Staud/Hager § 823 D 6; OLG Köln VersR 96, 235; LG Berlin NJW 02, 2570; CR 99, 188; anders noch die Judikatur des RG). Dem ist angesichts der vergleichbaren Schutzbedürftigkeit zuzustimmen. Zum Ersatzanspruch abhängig Beschäftigter (LG Münster NJW 78, 1329: Platzverbot für Sportredakteur) bzw zum **Schutz des Arbeitsplatzes** s Rn 43.

122   cc) Es muss ein **betriebsbezogener Eingriff** vorliegen. Dieses Erfordernis soll einerseits verhindern, dass der Unternehmer ggü einem Privatmann in unzulässiger Weise privilegiert wird, andererseits sicherstellen, dass die Durchbrechung des Haftungssystems in den §§ 823 ff – insb der Ersatz primärer Vermögensschäden – auf das gebotene Maß beschränkt bleibt. Der Eingriff muss **gegen den Betrieb als solchen gerichtet sein und darf nicht Rechte oder Rechtsgüter betreffen, die sich ohne weiteres vom Betrieb ablösen lassen** (BGHZ 86, 156; BGH r+s 04, 85). Mithin liegt regelmäßig kein betriebsbezogener Eingriff vor, wenn lediglich ein Arbeitnehmer (BGHZ 7, 36), der Partner eines Eiskunstlaufpaares (BGH NJW 03, 1041) bzw der Geschäftsführer selbst verletzt (vgl auch BGH VersR 01, 649), oder eine einzelne Maschine bzw ein Fahrzeug beschädigt werden (BGH NJW 83, 813). Erforderlich ist auch eine über die bloße Belästigung oder sozial übliche Behinderung hinausgehende **Eingriffsintensität** (BGH NJW 99, 281). Eine solche bejaht die Rspr zutreffend beim Versand unaufgeforderter Werbe-E-Mails (ArbG Frankfurt CR 08, 195; OLG Naumburg DB 07, 911; OLG Düsseldorf MDR 06, 1349; OLG Bamberg OLGR 05, 769; OLG München MMR 06, 324 m Anm von Heidrich; LG Berlin CR 04, 545; LG München NJW-RR 03, 764; LG Berlin NJW 02, 2570; CR 99, 188; s aber auch AG Bochum NJW-RR 04, 982; AG Dresden NJW 05, 2561; hierzu Baetge NJW 06, 1037 ff; AG Hamburg NJW 05, 3220; AG München CR 04, 379; Hoeren/Oberscheidt VuR 99, 381; Prasse MDR 06, 361 ff; Schmittmann K&R 02, 549 mwN; Spindler/Schmittmann MMR Beilage 8/01, 16 f; Wolber/Eckhardt DB 05, 2581 ff; zum Verstoß unverlangter E-Mail-Werbung gegen das UWG: BGH NJW 04, 1655; hierzu Hoeren CR 04, 448 ff; OLG Hamm CR 06, 19; s aber auch AG Dresden NJW 05, 2561 sowie Rn 26, 102) und bei unverlangter Faxwerbung (AG Frankfurt aM MMR 02, 490). Jüngst entschied der BGH (DB 2013, 2561), dass dies nicht nur für Werbemails vom Betreiber selbst, sondern auch für sog Empfehlungsmails (sog „Tell a friend"-Funktion) gilt. Aus der Betriebsbezogenheit lässt sich ferner ableiten, dass die Verletzungshandlung intentional **auf das Unternehmen** gerichtet sein muss. Dies ist iZw bei vorsätzlichem Handeln des Täters zu bejahen. Dag mangelt es nach hM im Fall der fahrlässigen Beschädigung eines Stromkabels und des hierdurch ausgelösten Produktionsstillstands an der erforderlichen Eingriffsqualität (BGHZ 29, 74; 66, 393; KG r+s 05, 40). Werden durch den Stromausfall Bruteier beschädigt, liegt hierin uU eine ersatzpflichtige Eigentumsverletzung iSd Abs 1 (BGHZ 41, 123; vgl hierzu auch Rn 16). Mangels Betriebsbezogenheit entfallen bloße **Reflexschäden**, die aus einem Verhalten des Anspruchsgegners ggü Dritten folgen, zB

wenn Konkurrenzprodukte in einem Warentest zu gut bewertet oder noch schlechtere Produkte nicht einbezogen werden und hieraus Umsatzeinbußen entstehen (BGHZ 65, 340; BGH NJW 87, 2225).

dd) Fallgruppen tatbestandlicher Eingriffe: (1) Die vorsätzliche **Betriebsblockade** – unterhalb der Schwelle einer Eigentumsverletzung oder Beeinträchtigung des berechtigten Besitzes (Rn 38) – begründet einen Eingriff (BGHZ 59, 34; 137, 97), nicht aber das Versperren des Zugangs zu Lagereinrichtungen als bloß zufällige Folge eines Dammbruchs (BGHZ 86, 156). 123

(2) Dem **Streik** (Art 9 III GG) kommt regelmäßig Eingriffscharakter zu (BAGE 2, 75; vgl aber zur Rechtswidrigkeit Rn 133). 124

(3) Nach hM stellt eine **Schutzrechtsverwarnung** (des Herstellers oder Abnehmers; zur Unterscheidung s Sack BB 05, 2368) einen betriebsbezogenen Eingriff dar (zu den anzuwendenden Anspruchsgrundlagen s BGHZ 164, 1; hierzu Sack BB 05, 2372 f; G Wagner/Thole NJW 05, 3470 ff). Hierunter ist die ernsthafte und endgültige Aufforderung etwa an den Hersteller zu verstehen, seine unternehmerische Tätigkeit einzustellen, weil er ein Schutzrecht verletzt (Urheberrecht, Geschmacksmuster, Marke, Patent; BGH NJW-RR 98, 332). 125

(4) Erfolgt ein **Boykottaufruf zu Wettbewerbszwecken**, scheidet ein Anspruch nach Abs 1 aus Gründen der Subsidiarität aus. Einschlägig sind die vorrangigen Regeln des UWG sowie des § 826 (Staud/Hager § 823 D 38). **Ein Boykottaufruf ohne wettbewerbliche Zielsetzung** bedeutet dag regelmäßig einen Eingriff in das Recht am Unternehmen. 126

(5) Werden **unwahre geschäftsschädigende Tatsachen aufgestellt oder verbreitet**, gelten vorrangig Abs 2 iVm § 186 StGB, § 824 I, § 4 Nr 8 UWG (s aber auch Rn 116). Die wahre, aber geschäftsschädigende Tatsachenbehauptung vermag dag einen Eingriff iSd Abs 1 zu begründen (beachte aber BGH BB 11, 1169 m Anm Dahlke 1171 wegen negativer Bonitätsbeurteilung eines Unternehmens). 127

(6) Im Falle **unternehmensschädigender Werturteile**, die in Wettbewerbsabsicht geäußert werden, sind vorrangig die Regeln des UWG (s dort etwa § 4 Nr 7, 8) zu beachten (vgl hierzu OLG Hamburg WRP 12, 485 ff). Im Übrigen kommt – unterhalb der Schwelle des Abs 2 iVm § 185 StGB – ein Eingriff in das Recht am Unternehmen gem Abs 1 in Betracht. 128

(7) Warentests zur Verbraucheraufklärung werden von der Rspr regelmäßig als bloße Meinungsäußerung eingestuft, so dass § 824 I der Anwendung des Abs 1 nicht entgegensteht (vgl die Angaben bei § 824 Rn 4). Bei bloßen Systemvergleichen fehlt allerdings der Bezug zu einem konkreten Unternehmen, so dass insoweit ein Eingriff entfällt (BGH NJW 63, 1872). 129

(8) Nach wohl hM liegt in dem **Ausstellen eines falschen Arbeitszeugnisses** kein Eingriff in das Unternehmen (Larenz/Canaris, SchR II 2 § 81 I 2 f). Ein Anspruch kann sich uU aus § 826 ergeben (vgl dort Rn 16). 130

c) aa) Wie beim Persönlichkeitsrecht (Rn 104) wird beim **Rahmenrecht** am Unternehmen die **Rechtswidrigkeit** des Eingriffs nicht indiziert. Sie ist vielmehr anhand einer **umfassenden Güter- und Interessenabwägung im Einzelfall** festzustellen. Dabei sind die Rechte und Interessen des Verletzten denen des Schädigers und der Allgemeinheit ggüzustellen. Besondere Bedeutung erlangen die Meinungs- und Pressefreiheit nach Art 5 I 1, 2 GG sowie die Versammlungsfreiheit gem Art 8 I GG. 131

bb) Fallgruppen rechtswidriger Eingriffe:
(1) Bei **vorsätzlichen Betriebsblockaden** bejaht die hM die Rechtswidrigkeit des Eingriffs, soweit eine zielgerichtete Ausübung unmittelbaren Zwangs gegen Rechtsgüter Dritter vorliegt, da diese Art der Demonstration nicht mehr von Art 5 I 1 und 8 I GG gedeckt wird (BGHZ 137, 99). Dabei ist zu beachten, dass **reine Sitzblockaden** strafrechtlich zwar nicht mehr als Gewalt iSd des § 240 I StGB (BVerfGE 92, 16) einzustufen sind. Dies schließt jedoch nicht aus, ein solches Handeln zivilrechtlich weiterhin als rechtswidrigen Eingriff in das Recht am Unternehmen iSd Abs 1 zu werten (vgl hierzu BGHZ 137, 98; Löwisch/Krauß DB 95, 1330 f; abw Staud/Hager § 823 D 45). Als rechtswidrig sind nach ganz hM Blockaden anzusehen, bei denen Streikposten die Aus- 132

lieferung von Waren oder den Zutritt Arbeitswilliger gewaltsam verhindern (hierzu MK/G Wagner § 823 Rn 286 ff).

133 (2) Nach hM bedeutet ein **rechtswidriger Streik** einen unzulässigen Eingriff in das Recht am Unternehmen (vgl Staud/Hager § 823 D 47). Dabei gelten nach ständiger Judikatur des BAG va der nicht gewerkschaftlich organisierte sog wilde Streik (BAGE 15, 192 ff) sowie regelmäßig der Sympathiestreik als rechtswidrig (zum „Bummelstreik" der Fluglotsen vgl § 826 Rn 18).

134 (3) Eine **Schutzrechtsverwarnung** verletzt das Recht am Unternehmen, wenn sie unberechtigt ist, etwa weil das behauptete Recht nicht besteht oder rückwirkend entfallen ist (BGHZ 164, 1; hierzu Sack BB 05, 2368 ff; G Wagner/Thole NJW 05, 3470 ff; BGH NJW 79, 916; zur mangelnden Übertragbarkeit der Grundsätze der unberechtigten Schutzrechtsverwarnung auf die wettbewerbsrechtliche Abmahnung s BGH GRUR 11, 152 ff [Kinderhochstühle im Internet] m Anm Spindler GRUR 11, 101 ff).

135 (4) **Ein Boykottaufruf ohne wettbewerbliche Zielsetzung** fällt in den Schutzbereich des Art 5 I 1 GG und ist als Mittel des geistigen Meinungskampfes grds zulässig. Ein rechtswidriger Eingriff liegt vor, wenn zum Rechtsbruch aufgefordert oder dem Boykott durch Ausnutzung einer wirtschaftlichen Machtposition Nachdruck verliehen wird (BVerfGE 25, 266; vgl auch § 826 Rn 18).

136 (5) Das Aufstellen und Verbreiten **wahrer geschäftsschädigender Tatsachen** ist ausnahmsweise als rechtswidriger Eingriff zu qualifizieren. Da die Persönlichkeit im geschäftlichen Bereich nur einen eingeschränkten Schutz genießt, ist etwa ein Bericht über die Beteiligung einer Bank am Waffenhandel grds zulässig (BGHZ 36, 82), nicht aber das unaufgeforderte Verschicken schwarzer Listen mit den Namen säumiger Zahler (iErg zutreffend: BGHZ 8, 145). Wegen der Prangerwirkung erscheint es ebenso unzulässig, angebliche Schuldner namentlich in einer privaten Schuldnerliste im Internet („Schuldnerspiegel") zu nennen (OLG Rostock ZIP 01, 793). Bei der Beurteilung der Rechtswidrigkeit ist **die Art der Informationsbeschaffung** zu berücksichtigen, etwa wenn vertrauliche Firmeninterna veröffentlicht werden (BGHZ 80, 38; 138, 318; BVerfGE 66, 130; s hierzu auch Beater JZ 98, 1101 ff).

137 (6) Unter Aufgabe seiner früheren Judikatur (BGHZ 3, 280) und im Einklang mit der Entwicklung beim Persönlichkeitsrecht (Rn 106) bedarf die Rechtswidrigkeit auch bei **unternehmensschädigenden Werturteilen** einer umfassenden Güter- und Pflichtenabwägung. In diesem Zusammenhang ist va der Bedeutungsgehalt von Art 5 I 1 GG zu beachten. Hiernach streitet eine Vermutung für die Zulässigkeit der freien Rede, wenn es sich um einen Beitrag zum geistigen Meinungskampf in einer die Öffentlichkeit wesentlich berührenden Frage handelt (BGHZ 45, 308; 65, 331; hierzu und zur Einbeziehung etwaiger vertraglicher Pflichten ggü dem Inhaber des Gewerbebetriebs s BGH NJW 06, 840). Entspr der Rechtslage beim Persönlichkeitsrecht bildet die böswillige, unsachliche Schmähkritik die Grenze des rechtlich Zulässigen (BGHZ 45, 310; 65, 333).

138 (7) Die **Veröffentlichung eines Warentests** bedeutet keinen rechtswidrigen Eingriff, wenn die zugrunde liegende Untersuchung neutral sowie sachkundig durchgeführt und von dem Bemühen um Objektivität getragen wird (BGH NJW 97, 2594; hierzu Schimmel JA 99, 110 ff; zum vergleichenden Test von Finanzprodukten: OLG Frankfurt aM VersR 03, 471). Diese strengen Maßstäbe gelten nicht im Fall der **Gastronomiekritik**, da sie in hohem Maße durch subjektive Eindrücke und Empfindungen geprägt wird. Die Grenze bildet die unzulässige Schmähkritik (BGH NJW 87, 1083; zu Gastronomiebewertungen: Günther NJW 13, 3275).

139 d) Für das **Verschulden** gelten die allg Regeln (Rn 84); zum Verschulden bei einer Schutzrechtsverwarnung s: BGH NJW 96, 399; zur Vorhersehbarkeit des Umsatzrückgangs bei schockierender Werbung im Fall Benetton: BGH NJW 97, 3308; s in diesem Zusammenhang auch BVerfGE 102, 347; abw BGHZ 149, 247; nun wiederum BVerfG NJW 03, 1303.

140 e) Der Eingriff in das Recht am Unternehmen löst als **Rechtsfolge** (vorbeugende) **Unterlassungs- und Beseitigungsansprüche** (BGH NJW 99, 281; Vor §§ 823–853 Rn 10 f; § 1004) sowie **Schadensersatzansprüche** nach Maßgabe der §§ 249 ff aus.

V. Anspruch gem Abs 2: 1. Anknüpfungspunkt der **Schadensersatzpflicht** ist nach 141 Abs 2 die Verletzung eines Schutzgesetzes. Abs 2 stellt neben Abs 1 („sonstiges Recht") und § 826 („guten Sitten") die **„zweite kleine Generalklausel"** im Deliktsrecht dar (Medicus/Lorenz, SchR II Rn 1236 ff; 822). Es handelt sich um einen selbstständigen Tatbestand, der zu Abs 1 in Anspruchskonkurrenz steht (vgl Vor §§ 823–853 Rn 12; zur Ersatzpflicht nach Abs 2: Althammer JA 06, 697 ff; Coester-Waltjen Jura 02, 102 ff; zum Schutzgesetzcharakter einer Norm s Maier-Reimer NJW 07, 3157 ff). Abw von Abs 1 sanktioniert Abs 2 nicht den Eintritt einer Rechtsgutverletzung, sondern den Verstoß gegen eine individualschützende Norm. Die **deliktsrechtliche Ersatzpflicht wird hierdurch in zweierlei Hinsicht erweitert:** Es sind nicht nur bestimmte Rechtsgüter oder absolute Rechte geschützt, sondern jedes Interesse, das von einem Schutzgesetz erfasst wird. Besondere Bedeutung erlangt Abs 2 für den Ersatz primärer Vermögensschäden (etwa im Falle eines fahrlässigen Falscheides nach § 163 I StGB beim gerichtlichen Sachverständigen: BGHZ 62, 57; sofern intertemporal einschlägig, greift nunmehr aber § 839 a), da ein solcher nach Abs 1 ausgeschlossen ist (Rn 1), § 826 dag einen Schädigungsvorsatz voraussetzt. Der Verschuldensvorwurf in Abs 2 bezieht sich zudem allein auf den Gesetzesverstoß, nicht jedoch auf die Rechtsgutverletzung oder etwaige Schadensfolgen (BGHZ 103, 200). Es ist bspw ausreichend, dass der Schädiger die nach § 3 StVO (Rn 156) zulässige Höchstgeschwindigkeit schuldhaft überschreitet. Dag kommt es nicht darauf an, dass er den anschließenden Unfall verschuldet hat. Zu (vorbeugenden) **Unterlassungs- und Beseitigungsansprüchen** s Vor §§ 823–853 Rn 10 f; § 1004.

2. Anspruchsvoraussetzungen: Nach Abs 2 ist erforderlich, dass der Anspruchsgegner 142 ein Schutzgesetz verletzt und dieser Verstoß rechtswidrig und schuldhaft erfolgt.

a) Verletzung eines Schutzgesetzes: aa) Gesetz iSd Abs 2 ist nach Art 2 EGBGB jede 143 Rechtsnorm. Dies gilt **unabhängig vom Rechtsgebiet**, aus dem sie stammt, so dass auch Normen aus anderen Bereichen die Grundlage einer deliktischen Haftung bilden (zum Strafrecht s Deutsch VersR 04, 137 ff). Erfasst werden **nicht nur Gesetze im formellen Sinne**, sondern auch Verordnungen (StVO), Ortssatzungen sowie Gewohnheitsrecht. Als Schutzgesetze sind auch Vorschriften zu qualifizieren, die als Ermächtigungsgrundlage zum Erlass von Verwaltungsakten dienen (BGHZ 122, 3; BGH NJW 95, 134). Ebenso können Normen des Grundgesetzes sowie des Vertrages über die Arbeitsweise der europäischen Union (zur Vorgängerregelung des Art 105 AEUV, dem Art 85 I EGV: BGH NJW-RR 99, 189; zu den zivilrechtlichen und zivilprozessuale Prinzipien des internationalen Kartellverfahrensrechts s Gebauer/Staudinger, in: Terhechte (Hrsg), Internationales Kartell- und Fusionskontrollverfahrensrecht, 08, § 7 Rn 35 ff) Schutzgesetzcharakter haben. Zum Schutzgesetzcharakter verschiedener Vorschriften des WpHG s Buck-Heeb AL 11, 185 ff; Haas LMK 08, 264148; Podewils/Reisich NJW 09, 116 ff; BGH NJW 10, 3651 ff; dazu auch Möllers/Krüger LMK 10, 309372 sowie Koller EWiR 10, 585 f; BGH NJW 08, 1734 ff; hierzu Lange EWiR 08, 415 f.

Abs 2 gilt nicht im Fall **privater Rechtssetzung** ohne staatliche Autonomieermächti- 144 gung, etwa bei privaten technischen Normen (DIN; BGH NJW 98, 2815; vgl auch Rn 203; etwas anderes gilt uU bei Tarifverträgen) oder Unfallverhütungsvorschriften der Berufsgenossenschaften (hM; Nachw auch zur Gegenansicht bei Staud/Hager § 823 G 14). Soweit man der abw Ansicht folgt, ist der Haftungsausschluss in den **§§ 104 ff SGB VII** zu beachten (zur Reichweite der Haftungsprivilegierung s etwa BGH VersR 08, 1260; NJW 08, 2116; OLG Koblenz VersR 08, 1263; BGH VersR 06, 845; NJW-RR 04, 883; NJW-RR 04, 882; VersR 03, 348; NJW-RR 03, 239; OLG Hamm VersR 05, 369; NJW-RR 03, 240; s auch Diederichsen VersR 06, 293 ff; dies RuS 11, Sonderheft zu Heft 4, 20 ff; Lang ZfS 05, 371 ff; im Hinblick auf Arbeitsunfälle mit Beteiligten aus anderen Mitgliedstaaten: BGH EuZW 07, 318). Nicht zu Schutzgesetzen zählen richterrechtlich entwickelte **Verkehrspflichten** (hM: BGH NJW 87, 2672; Soergel/Zeuner § 823 Rn 4, 288; abw von Bar JuS 88, 169 ff).

bb) Dem Gesetz muss **der Charakter einer Ge- oder Verbotsnorm** zukommen. Nicht 145 erforderlich ist, dass die Norm strafbewehrt ist (Soergel/Zeuner § 823 Rn 285).

146 cc) Das Gesetz muss den „**Schutz eines anderen**" bezwecken, dh überhaupt dem **Individualschutz** dienen. Der Anspruchssteller muss zudem in den **persönlichen**, das betroffene Rechtsgut oder Interesse in den **sachlichen Schutzbereich** fallen. Schließlich ist erforderlich, dass sich in dem Schaden **gerade dasjenige Risiko verwirklicht**, vor dem die Rechtsnorm schützen will.

147 (1) **Individualschutz**: Die Rechtsnorm darf nicht ausschließlich den Schutz der Allgemeinheit verfolgen, sondern muss zumindest auch dem Schutz individueller Rechtsgüter oder Interessen dienen (BGHZ 116, 13), und zwar gerade **durch Gewährung privatrechtlicher Schadensersatzansprüche** (hierzu Medicus/Lorenz, SchR II Rn 1319 f; zur städtischen Hundeanlein-VO s OLG Hamm VersR 02, 1519). Ein bloß reflexweise erfasster Individualschutz genügt nicht (BGHZ 89, 400). Um die Entscheidung des Gesetzgebers gegen eine allg Haftung für primäre Vermögensschäden nicht zu unterlaufen (vgl hierzu Vor §§ 823–853 Rn 8), muss der Schadensersatzanspruch „sinnvoll und im Licht des haftungsrechtlichen Gesamtsystems tragbar" erscheinen (BGHZ 125, 374). Dabei ist uU auch in Betracht zu ziehen, ob der Verletzte in ausreichender Weise anderweitig abgesichert ist (BGHZ 84, 317; 116, 14: „Subsidiarität" des Schadensersatzes bei lediglich bußgeldbewehrter Ordnungswidrigkeit; krit hierzu Larenz/Canaris, SchR II 2 § 77 II 3 b). Ein solcher Ersatzanspruch darf auch nicht allg Rechtsprinzipien widersprechen (BGHZ 125, 374).

148 (2) **Persönlicher Schutzbereich**: Der Anspruchssteller muss zum geschützten Personenkreis gehören. So dient etwa § 248 b StGB dem Schutz des Berechtigten vor der Gebrauchsentziehung seines Fahrzeugs, nicht aber sonstiger Verkehrsteilnehmer, die auf einer „Schwarzfahrt" einen Unfall erleiden (BGHZ 22, 295). Vom geschützten Adressatenkreis eines öffentlich-rechtlichen Rauchverbots können Mitmieter umfasst sein, nicht jedoch juristischen Personen (OLG München MDR 13, 960).

149 (3) **Sachlicher Schutzbereich**: Das geltend gemachte Interesse bzw betroffene Rechtsgut muss vom Schutzbereich erfasst werden. Schutzgut des Straftatbestandes der Baugefährdung nach § 319 I StGB ist etwa „Leib oder Leben eines anderen Menschen", so dass der Ersatz allg Vermögensschäden nach Abs 2 iVm § 319 I StGB ausscheide (vgl zu § 330 aF: BGHZ 39, 367). Ebenso wenig schützen Halteverbote nach der StVO innerhalb von Baustellen das Vermögen eines Bauunternehmers oder eines von diesem beauftragten weiteren Unternehmers (BGH r+s 04, 84) Dag dienen die §§ 263 und 266 StGB gerade dem Schutz des Vermögens.

150 (4) **Art des Risikos**: In dem Schadenseintritt muss sich diejenige Gefahr verwirklicht haben, deren Abwendung die Rechtsnorm bezweckt (vgl hierzu Larenz/Canaris, SchR II 2 § 77 III 3 c). Zur Begrenzung der Ersatzpflicht nach Abs 2 iVm § 64 I GmbHG aF (s heute § 15 a InsO) auf den „**Quotenschaden**" bei Altgläubigern und zur abw Rechtslage bei Neugläubigern s BGHZ 126, 181; 138, 211; BGH NJW 99, 2182; s ebenso OLG Celle ZInsO 02, 1031; sowie BGH NZI 11, 452 ff; vgl zu diesem Themenbereich auch Altmeppen/Wilhelm NJW 99, 673 ff; Schmidt ZGR 98, 662 ff; zur Beihilfehaftung im Falle der Insolvenzverschleppung s BGHZ 164, 50 m Anm K Haas NZI 06, 61 f; Wackerbath GmbHR 05, 1429 ff; Gehrlein DB 05, 2395 ff (§§ 64 I GmbHG, 92 II AktG, 99 GenG und 130 a HGB wurden mit Inkrafttreten des MoMiG, BGBl I 08, 2026 ff, am 1.11.08 durch die rechtsformneutrale Insolvenzantragspflicht nach § 15 a InsO ersetzt).

151 dd) Ein **Schutzgesetz ist verletzt**, wenn seine tatbestandlichen Voraussetzungen erfüllt werden. Abzustellen ist auf die jeweils für die einschlägige Rechtsnorm geltenden Regeln. Im Falle eines Straftatbestandes müssen sowohl der objektive wie subjektive Tatbestand als auch Rechtswidrigkeit und Schuld vorliegen. Fehlt allein der Strafantrag (etwa § 248 b III StGB), so steht dies einer Schutzgesetzverletzung iSd Abs 2 nicht entgg.

152 b) **Rechtswidrigkeit**: Der Verstoß gegen ein Schutzgesetz indiziert die Rechtswidrigkeit, die bei Vorliegen eines Rechtfertigungsgrundes entfällt (vgl hierzu Rn 76 ff).

153 c) **Verschulden**: Der Ersatzpflicht nach Abs 2 erfordert ein Verschulden des Anspruchsgegners. Die **Verschuldensfähigkeit** richtet sich nach den §§ 827 f, nicht aber etwa nach den §§ 19 ff StGB. **Bezugspunkt des Verschuldens** ist allein der Verstoß gegen das

Schutzgesetz (hM; MK/G Wagner § 823 Rn 42 ff, 363), es sei denn, Rechtsgutverletzung bzw Schadenseintritt zählen selbst zum Tatbestand der individualschützenden Norm (§§ 223, 229 StGB). Die für Abs 2 S 1 maßgebliche **Schuldform** ist dem jeweiligen Schutzgesetz zu entnehmen (BGHZ 46, 21). Erfordert etwa ein Straftatbestand wie § 303 I StGB Vorsatz, so scheidet ein Anspruch nach Abs 2 iVm § 303 I StGB bei fahrlässiger Begehungsweise aus (in Betracht kommt ein Anspruch aus Abs 1; zu beachten ist aber der Vorrang der §§ 989 ff). Umstr ist, ob sich iR der ermittelten Schuldform die Vorwerfbarkeit anhand straf- oder zivilrechtlicher Kriterien bestimmt. **Bei fahrlässiger Schutzgesetzverletzung** stellt die hM auf **den objektiven Fahrlässigkeitsmaßstab des Zivilrechts** ab (§ 276 II; BGH VersR 68, 379; anders Soergel/Zeuner § 823 Rn 294). **Bei vorsätzlichem Verstoß** gegen ein Schutzgesetz legt der BGH dag den **Vorsatzbegriff des Strafrechts** zugrunde. Eine Ersatzpflicht nach Abs 2 entfällt bei einem Verbotsirrtum somit nur dann, wenn er iSd § 17 StGB unvermeidbar war (Schuldtheorie: BGHZ 133, 381; BGH NJW 01, 971; krit hierzu Dörner JuS 87, 527 f). **Setzt das Schutzgesetz kein Verschulden voraus,** haftet der Schädiger nach Abs 2 S 2, wenn er zumindest fahrlässig iSd § 276 I 2 gehandelt hat.

d) Die **Verjährung** des Anspruchs aus Abs 2 richtet sich ausschließlich nach §§ 195, 154 199. Die Regeln des jeweiligen Schutzgesetzes, etwa der Verfolgungsverjährung in den §§ 78 ff StGB, sind nicht heranzuziehen (Dörner JuS 87, 526).

e) **Beweislast:** Der Geschädigte trägt wie im Fall des Abs 1 (vgl dort Rn 86) die Beweis- 155 last für alle anspruchsbegründenden Voraussetzungen. Hinsichtlich der **Kausalität** bejaht die Judikatur unter bestimmten Voraussetzungen einen prima facie- bzw Anscheinsbeweis (BGH NJW 94, 946). Der objektive Verstoß gegen ein Schutzgesetz lässt zudem regelmäßig den Schluss auf ein **Verschulden** des Schädigers zu. Dies gilt nicht, wenn sich das Schutzgesetz allein in dem Verbot eines bestimmten Verletzungserfolges erschöpft (BGHZ 116, 114).

3. **Normen individualschützenden Charakters** sind etwa (vgl auch Rn 187; § 826 156 Rn 15): § 909 (BGH NJW 01, 1866); §§ 1133–1135 (BGHZ 92, 292); § 1631 II (Huber/Scherer FamRZ 01, 801); § 399 I Nr 1, 4 AktG (zum Gründungs- und Kapitalerhöhungsschwindel: BGH NJW 05, 3721); § 32 I 1 KWG (BGH MDR 05, 1002); der durch das MoMiG, BGBl I 08, 2026 ff, zum 1.11.08 eingeführte § 15 a InsO (s Rn 150; Poertzgen NZI 08, 9, 11; Steffek JZ 09, 77, 81); § 31 II WpHG (KG ZIP 04, 1308; beachte Vor §§ 823–853 Rn 13) nicht aber § 32 II Nr 1 WpHG (BGH VersR 08, 966), § 88 I Nr 1 BörsG aF (so LG Augsburg WM 01, 1945; abw zur persönlichen Haftung der Vorstandsmitglieder für fehlerhafte Ad-hoc-Mitteilungen BGH NJW 05, 2450; hierzu Hutter/Stürwald NJW 05, 2428 ff; s auch BGH ZIP 04, 1595; 1601; hierzu Fleischer DB 04, 2031 ff; Körner NJW 04, 3386 ff; Leisch ZIP 04, 1573 ff); § 16 I UWG (zu strafbaren Gewinnzusagen: BGH GRUR 05, 818, 825); §§ 185–187 StGB (BGH NJW 98, 3049); § 32 KWG (BGH NJW 05, 2703); §§ 201 ff StGB; § 227 aF StGB (BGH NJW 99, 2895); § 261 StGB (Straftatbestand der Geldwäsche als Vortat eines gewerbsmäßigen Betrugs, BGH NJW 13, 259); § 263 StGB (BGH VersR 02, 613 m Anm Nawroth NJ 02, 535 f; zum Schadensersatzanspruch bei arglistiger Täuschung des Käufers durch einen Dritten BGH VersR 11, 398 ff zu § 263 StGB; s auch BGH NJW 12, 601; BGH NJW 98, 983: Ersatz des positiven Interesses, wenn zugleich die Voraussetzungen nach §§ 463, 480 II aF vorliegen; hierzu Rust NJW 99, 339 f); § 266 *StGB (BGH NJW 99, 2817);* § 266 a StGB (zur Deliktshaftung des GmbH-Geschäftsführers wegen Vorenthaltens von Sozialversicherungsbeiträgen iSv § 266 a StGB s BGH NJW 13, 1304); § 323 c StGB (BGH NJW 14, 64); § 3 StVO (BGH NJW 85, 1950); § 21 I Nr 2 StVG (BGH NJW 91, 419); das Anzahlungsverbot in § 7 TzWrG (OLG Frankfurt aM NJW 99, 296; vgl § 486); § 351 MedaillenVO (BGH VersR 04, 1012). **Keinen Individualschutz bezweckt** etwa § 267 I StGB (BGHZ 100, 15; abw Larenz/Canaris, SchR II 2 § 77 II 2 b), der neue „Stalking-Paragraph" § 238 StGB (s Keiser NJW 07, 3387, 3391) und § 15 WpHG aF (BGH ZIP 04, 1595; 1601; hierzu Fleischer DB 04, 2031 ff; Leisch ZIP 04, 1573 ff). Nicht umfasst von § 823 II ist weiterhin § 34 a I 1 WpHG (BGH NJW10, 3651 ff). Soweit das **Verbot der Eigenmacht** (§ 858) als Schutzgesetz eingestuft wird (hierzu BGH NJW 09, 2530), dürfen hierdurch nicht die

Einschränkungen des Besitzschutzes nach Abs 1 (Rn 35 ff) umgangen werden (zur Erstattungsfähigkeit der Abschleppkosten für die Entfernung eines unbefugt auf ein Privatgrundstück abgestellten Fahrzeugs s BGHZ 181, 233 fff = BGH NJW 09, 2530 ff m Anm Gsell ZJS 09, 572 ff; auch solche Kosten, die im Zusammenhang mit der Vorbereitung des Abschleppvorgangs entstanden sind, zählen zu den erstattungsfähigen Positionen, nicht indes diejenigen der Parkraumüberwachung: BGH NJW 12, 528 ff; dazu Heimgärtner DAR 12, 330; Schmidt JuS 12, 358; zur Erstattung d Abschleppkosten bei Besitzstörung durch Parken auf Gästeparkplatz außerhalb d Öffnungzeit: AG Lübeck NJW-RR 12, 801). In den persönlichen Schutzbereich fällt demnach grds nur der berechtigte Besitzer (BGHZ 114, 311; Soergel/Zeuner § 823 Rn 297; Röthel/Sparmann Jura 05, 461; anders Larenz/Canaris, SchR II 2 § 77 III 1 c).

157 **VI. Produzenten- bzw Produkthaftung: 1. a) Begriff** (vgl allg hierzu Deckert JA 95, 282 ff; dies JuS 95, L 89 ff; Honsell JuS 95, 211 ff; Katzenmeier JuS 03, 943 ff; Kullmann NJW 05, 1907 ff; Landrock JA 03, 981 ff; Looschelders JR 03, 309 ff; Molitoris/Klindt NJW 08, 1203 ff; Molitoris/Klindt NJW 10, 1569 ff; Michalski Jura 95, 505 ff; Müller VersR 04, 1073 ff; für einen Übbl s Vieweg, Produkthaftungsrecht, in: Schulte/Schröder (Hrsg) Handbuch des Technikrechts, 2. Aufl 11, 337 ff; speziell zur IT-Sicherheit: Spindler NJW 04, 3145; zur Produkthaftung bei Knochenstücken in Hackfleischprodukten s LG Kleve NJW-RR 11, 1473): Die Produzenten- bzw Produkthaftung bezeichnet die Ersatzpflicht des Herstellers für Schäden seines fehlerhaften Produktes. Sie ist Folge der in der Vergangenheit immer weiter zunehmenden Technisierung des Produktionsprozesses sowie der modernen Vertriebs- und Vermarktungsformen.

158 **b) Bedeutung:** Der Stellenwert der deliktsrechtlichen Produzentenhaftung erklärt sich vor dem Hintergrund, dass der Kunde den Hersteller idR weder aus Vertrag noch vertragsähnlichen Grundsätzen in Anspruch nehmen kann (§ 437, § 280 I; dies gilt erst recht für unbeteiligte Dritte). **aa)** Kauft der Verbraucher die Ware bei einem Händler, scheiden **unmittelbare vertragliche Beziehungen zwischen Kunde und Hersteller** grds aus. Gleichermaßen lässt sich auf eine beigefügte Gebrauchsanweisung kein Abschluss eines stillschweigenden **Auskunftsvertrages** stützen (BGH NJW 89, 1029), folgt aus Angaben in Prospekten keine **Vertrauenshaftung** analog § 122 (BGHZ 51, 100; zur Bedeutung solcher Angaben für die Haftung des Verkäufers s § 434 I S 2). Eine solche Einstandspflicht lässt sich ebenfalls nicht aus den **Grundsätzen der „cic"** (§§ 241 II, 311 II, III) ableiten (BGH NJW 74, 1504).

159 **bb)** Schadensersatzansprüche ergeben sich regelmäßig nicht aus **dem Vertrag zwischen Hersteller und Händler**. Der Produzent ist grds **kein Erfüllungsgehilfe** (§ 278) des Verkäufers (BGHZ 48, 121; s aber auch BGHZ 47, 316). Der Verbraucher wird darüber hinaus weder in den **Schutzbereich des Vertrages** zwischen Hersteller und Händler einbezogen (BGHZ 51, 96) noch besteht ein Anspruch des Kunden gegen den Produzenten aus **Drittschadensliquidation**, mithin aus abgetretenem Recht (§ 285), da keine zufällige Schadensverlagerung vorliegt (BGHZ 51, 93).

160 **cc)** Eine Haftung des Herstellers kann sich aus einem selbstständigen **Garantievertrag** (§§ 305, 241) zwischen ihm und dem Kunden ergeben (Hersteller legt Ware eine **Garantiekarte** bei, die der Händler als dessen Bote an den Kunden weiterleitet; bloße **Werbung** bedeutet idR kein konkludentes Angebot zum Abschluss einer Garantie: BGHZ 51, 98), soweit der Hersteller sich nicht lediglich zur Nachbesserung oder -lieferung verpflichtet, Ansprüche auf Ersatz von Folgeschäden dag ausschließt (zur Kontrolle der Garantiebedingungen als AGBG: BGHZ 104, 82; zur entspr Anwendbarkeit des § 477 aF: BGH NJW 81, 2248). **Zur Novellierung des Bereichs der „Herstellergarantien"** s die RL 99/44/EG des Europäischen Parlamentes und des Rates vom 25.5.99 zu bestimmten Aspekten des Verbrauchsgüterkaufs und der Garantien für Verbrauchsgüter (ABl. EG L 171, 12 = NJW 99, 2421 ff; hierzu Mansel AcP 204 (04), 396 ff). Ihre Vorgaben sind in § 443, der allein die „unselbstständige" Beschaffenheits- und Haltbarkeitsgarantie betrifft (zu trennen von §§ 276 I 1, 442, 444), sowie für den Verbrauchsgüterkauf in § 477 umgesetzt.

c) Die **Entwicklung der deliktsrechtlichen Produzentenhaftung** verlief auf zwei Ebenen: **161**
aa) Auf **nationaler** Ebene schuf die Judikatur iR der **Verschuldenshaftung nach Abs 1** einerseits spezifische Verkehrspflichten des Herstellers (Rn 172 ff), modifizierte andererseits die Beweislastverteilung (Rn 180 ff), um hierdurch der Beweisnot des Geschädigten abzuhelfen. Die Ersatzpflicht des Produzenten nach Abs 1 wird dabei ergänzt durch Ansprüche des Verletzten aus Abs 2, § 831, aber etwa auch durch den speziellen Gefährdungstatbestand des § 84 AMG (zur Reform im Bereich der Arzneimittelhaftung s Vor §§ 823–853 Rn 17).

bb) Auf europäischer und damit **supranationaler** Ebene erließ der Rat am 25.7.85 die **162** RL 85/374/EWG zur Angleichung der Rechts- und Verwaltungsvorschriften der Mitgliedstaaten über die Haftung für fehlerhafte Produkte (ABl. EG L 210, 29). Zielsetzung dieses Sekundärrechtsaktes ist die Angleichung der einzelstaatlichen Rechtsvorschriften, um Wettbewerbsverfälschungen im Binnenmarkt zu beseitigen und europaweit den Verbraucherschutz zu stärken. Die RL (Art 288 III AEUV; ex Art 249 III EGV) bedarf als zweistufiges Rechtsetzungsinstrument der Umsetzung in das jeweilige nationale Recht (zur Rechtslage im Binnenmarkt: Schaub ZEuP 11, 41 ff; Schaub ZEuP 03, 562 ff; Staud/Oechsler Einl zum ProdHaftG Rn 9 ff, 66 ff; zur Umsetzung in Frankreich als letztem Mitgliedstaat: EuGH VuR 06, 240 ff; von Hein IPRax 10, 330 ff; Witz/Schneider RIW 06, 925 ff; Witz/Wolter RIW 98, 832 ff). Die Transformation erfolgte in Deutschland durch das **Produkthaftungsgesetz** (ProdHaftG; BGBl I 89, 2198), das nach seinem § 1 I 1 eine **Gefährdungshaftung** statuiert. Seit dem 1.1.90 (§ 19 ProdHaftG) ist hiernach der Hersteller ersatzpflichtig, soweit Produkte, die nach diesem Datum in Verkehr gebracht wurden (§ 16 ProdHaftG), bestimmte Rechtsgüter Dritter verletzen. Zwischen Abs 1, 2, § 831 und dem ProdHaftG besteht Anspruchskonkurrenz (§ 15 II ProdHaftG; s auch Riehm JZ 06, 1035, 1042 ff).

cc) **Reformen**: Nach der EG-RL 99/34/EG des EP und des Rates v. 10.5.99 (ABl EG L **163** 141, 20) sind bis zum 4.12.00 auch unverarbeitete landwirtschaftliche Naturprodukte und Jagderzeugnisse in den Anwendungsbereich der Gefährdungshaftung einzubeziehen (zum Stand weiterer Reformen: Staudinger ZLR 01, 654; KOM[00] 893 endg; s ebenso die Hinweise in GPR 03–04, 222 f). Durch das „Gesetz zur Änderung produkthaftungsrechtlicher Vorschriften" vom 2.11.00 (BGBl I, 1478), das nach seinem Art 3 am 1.12.00 in Kraft getreten ist, wurde § 2 S 2 ProdHaftG aufgehoben sowie § 37 II S 2 GentechnikG angepasst. Die Novelle sieht allerdings keine ausdrückliche intertemporale Regel für das novellierte ProdHaftG vor. Nach der Entwurfsbegründung (BT-Drucks 14/3371, 3; 14/3756, 3) soll § 16 ProdHaftG von seinem Rechtsgedanken her entspr herangezogen werden. Unverarbeitete landwirtschaftliche Naturprodukte sowie Jagderzeugnisse unterfallen danach nur insofern der verschuldensunabhängigen Ersatzpflicht, als sie nach dem 1.12.00 in den Verkehr gebracht werden (hierzu Buchwaldt AgrarR 01, 139 ff; Staudinger NJW 01, 275 f; Stockmeier VersR 01, 271 ff). Derzeit ist ein weiterer Ausbau des Schutzes der Verbraucher vor mangelhaften Produkten durch eine kollektive Entschädigungspflicht der Hersteller in Vorbereitung, welche durch die Verbraucherschutzverbände einklagbar sein soll (vgl die Mitteilung der Kommission zur Verbraucherschutzstrategie für die Jahre 07-13, KOM[07] 99 endg, sowie die zugehörige Website http://ec.europa.eu/consumers/redress_cons/collective_redress_en.htm).

dd) In Ergänzung zum ProdHaftG ist am 1.8.97 das „**Gesetz zur Regelung der Sicher- 164 heitsanforderungen an Produkte und zum Schutz der CE-Kennzeichnung**" (ProdSG; BGBl I 97, 934) in Kraft getreten (hierzu G Wagner BB 97, 2489 ff; 2541 ff; Klindt, ProdSG, 01). Das ProdSG hat gleichermaßen einen europarechtlichen Hintergrund, da es der Transformation der EG-RL 92/59/EWG v 29.6.92 über die allg Produktsicherheit (ABl EG L 228, 24) sowie des Ratsbeschl 93/465/EWG v 22.7.93 (ABl EG L 220, 23) dient. Angesichts der Vorgabe, die Produktsicherheits-RL 2001/95/EG (ABl EG 02 L 11, 4) ins nationale Recht umzusetzen, hat sich die Legislative dafür entschieden, das ProdSG und Gerätesicherheitsgesetz (GSG) in das Geräte- und Produktsicherheitsgesetz (GPSG) zusammenzuführen (BGBl I 04, 2), das am 1.5.04 in Kraft getreten ist (hierzu Klindt NJW 04, 465 ff; Lenz MDR 04, 918 ff; zum Schutzgesetzcharakter s Rn 187).

165 d) **Aufbauhinweis:** Das ProdHaftG ist im Gutachten als spezielleres Gesetz vor Ansprüchen aus Abs 1, 2 oder § 831 zu prüfen.

166 e) **IPR/IZVR** (vgl die Angaben Vor §§ 823–853 Rn 16, beachte etwa Kadner Graziano VersR 04, 1205 ff).

167 Mit Anwendbarkeit der Rom II-VO existiert nunmehr eine spezielle Anknüpfungsregel für Ansprüche aus der verschuldensabhängigen Produzenten- (§§ 823, 831) wie Gefährdungshaftung (ProdHaftG) in Art 5 Rom II-VO (vgl dort; zum zeitlichen Anwendungsbereich des Sekundärrechtsakts s Art 31, 32 Rom II-VO).

168 **2. Verschuldensabhängige Produzentenhaftung gem Abs 1. a) Voraussetzungen der Ersatzpflicht:** Der Hersteller haftet nach Abs 1, wenn er ein fehlerhaftes Produkt in den Verkehr bringt und hierdurch schuldhaft ein Recht bzw Rechtsgut Dritter verletzt.

169 aa) Der **Schaden** muss an einem nach Abs 1 **geschützten Rechtsgut** bzw **absoluten Recht** eintreten (Rn 3 ff). Durch einen Produktfehler verursachte primäre Vermögenseinbußen bleiben nach Abs 1 unberücksichtigt (zu sekundären Vermögensfolgeschäden s Rn 178). **Anspruchsberechtigt** ist jeder unmittelbar Geschädigte, losgelöst davon, ob er Käufer oder zufällig betroffener Dritter, Verbraucher oder Gewerbetreibender ist (BGHZ 51, 91; BGH NJW 92, 42; zu den Ansprüchen mittelbar Geschädigter vgl §§ 844 f). Gleichermaßen werden sowohl Schäden an privat als auch gewerblich oder beruflich genutzten Sachen erfasst (zur abw Rechtslage nach dem ProdHaftG s Rn 195). Zu beachten ist, dass Schäden am fehlerhaften Produkt selbst eine Eigentumsverletzung begründen können, wenn es sich um einen sog **weiterfressenden Mangel** handelt (s Rn 17 ff; zur abw Rechtslage nach dem ProdHaftG vgl Rn 194).

170 bb) **Produktbegriff** (MK/G Wagner § 823 Rn 624; Staud/Hager § 823 F 6 f): Die deliktsrechtliche Produzentenhaftung erfasst Erzeugnisse aller Art, losgelöst von ihrer spezifischen Gefährlichkeit, Herstellungsart (industriell oder handwerklich gefertigte Waren) oder ihrem Verwendungszweck (technische Anlagen, Maschinen, Konsumgüter, Nahrungsmittel, kontaminiertes Blut, verkörperte geistige Werke wie Bücher oder Computerprogramme; zum „Jahr 2000-Problem": Hohmann NJW 99, 525 f; AG Düren CR 04, 734; s auch Rn 196). Erfasst werden ebenso landwirtschaftliche Naturprodukte sowie Jagderzeugnisse, selbst vor ihrer ersten Bearbeitung (anders nach § 2 S 2 ProdHaftG aF; s hierzu Rn 196).

171 cc) **Anspruchsgegner:** Ersatzpflichtig ist der **Hersteller**. Hierunter fallen industrielle Großunternehmen (zur Organhaftung bei juristischen Personen: BGH NJW 01, 965; hierzu Foerste PHi 01, 132 f; G Wagner VersR 01, 1057 ff sowie OLG Stuttgart NJW 08, 2514) sowie handwerkliche **Kleinbetriebe** (BGHZ 116, 109). Wird eine Ware vollständig in einem Unternehmen gefertigt, ist der Hersteller für sämtliche Produktschäden verantwortlich. Bei einem arbeitsteiligen Produktionsprozess ist im Verhältnis zwischen Endhersteller und Zulieferer grds von getrennten Verantwortungsbereichen auszugehen (Fuchs JZ 94, 534). Bei einem aus zugelieferten Teilen zusammengesetzten Produkt hat etwa der **Zulieferer** für die Fehlerhaftigkeit seiner Einzelteile einzustehen, der Hersteller des Endproduktes (Assembler) dagg für Montage- und Verarbeitungsfehler (MK/G Wagner § 823 Rn 626). Der Assembler ist dann für die fehlerhaften Zulieferteile verantwortlich, wenn sie nach seinen Anweisungen oder Plänen gefertigt wurden (BGHZ 67, 362). Keine Herstellerpflichten aus Abs 1 treffen im Regelfall den reinen **Vertriebshändler** und **Importeur** (vgl OLG Celle NJW-RR 06, 526). Dies gilt gleichermaßen für den sog **Quasi-Hersteller**, der lediglich das von einem anderen Hersteller gefertigte Produkt mit seinem Namen oder Warenzeichen versehen in den Verkehr bringt. Im Einzelfall – etwa nach Reklamationen des Produktes – obliegt dem Vertriebshändler eine passive Produktbeobachtungs- (Rn 176) oder gar eine **Warnpflicht** (BGH NJW-RR 95, 343; vgl hierzu Staud/Hager § 823 F 31). Pflichtenverstärkend wirkt die Stellung als Alleinimporteur bzw -vertreiber (BGHZ 99, 171; BGH NJW 95, 1289; s aber auch OLG Köln NJW 04, 521) sowie die Einfuhr aus einem Drittstaat mit niedrigerem technischen Schutzstandard (BGH NJW 80, 1219; OLG Dresden VersR 98, 60). Den Importeur oder Vertreiber eines Produktes können ausnahmsweise originäre Pro-

duktsicherungspflichten treffen (Instruktionspflicht bei Feuerwerkskörper: BGHZ 139, 82; zu den Pflichten des Verkäufers s BGHZ 139, 46 sowie Rn 64). Die Produzentenhaftung hat der BGH (BGHZ 116, 114; BGH NJW 75, 1828; krit hierzu Reinicke/ Tiedtke Rn 854) in besonderen Fällen auf **Mitarbeiter in herausgehobener und verantwortlicher Stellung** ausgedehnt (etwa Produktionsleiter).

dd) Die Produzentenhaftung nach Abs 1 stellt eine **besondere Ausprägung der Verletzung einer Verkehrspflicht** dar (Staud/Hager § 823 F 2). Bringt ein Hersteller ein Produkt in den Verkehr, trifft ihn grds die Pflicht, iR des technisch Möglichen und wirtschaftlich Zumutbaren alle erforderlichen Maßnahmen zu treffen, um Schäden Dritter auszuschließen (BGHZ 51, 108; 104, 329). Dabei lassen sich **vier Fehlerkategorien** eines Produkts unterscheiden: Konstruktions-, Fabrikations- und Instruktionsfehler sowie Verletzung der Produktbeobachtungspflicht (ausführlich zur Einstandspflicht für Medizinprodukte nach dem ProdHaftG: Dahm-Loraing/Koyuncu PHI 10, 108 ff; zur Haftung gem § 823: dies PHI 10, 142 ff; zur Wirksamkeit einer zwischen Hersteller und ursprünglichem Erwerber eines Gegenstands geschlossenen Gerichtsstandvereinbarung iSv Art 23 Brüssel I-VO ggü einem späteren Erwerber beachte EuGH EuZW 13, 316). Als fehlerhaft sind auch wirkungslose Produkte einzustufen, wenn der Kunde im Vertrauen auf sie von anderen Schutzmaßnahmen abgesehen hat (Pflanzenschutzmittel: vgl die Angaben Rn 16, 197).

(1) Ein **Konstruktionsfehler** ist nicht auf Einzelstücke einer Produktion beschränkt, 173 sondern erfasst die gesamte Serie. Die Produkte sind fehlerhaft, wenn sie iR ihres **bestimmungsgemäßen Gebrauchs** von einem **durchschnittlichen Benutzer** nicht gefahrlos verwendet werden können, also nicht betriebssicher sind (MK/G Wagner § 823 Rn 647 ff; zur Fehlerhaftigkeit eines falsch platzierten Getränkehalters s LG Köln NJW 05, 1199; zu einem Geschirrspüler s OLG Schleswig NJW-RR 08, 691; zur Haftung eines Fahrzeugherstellers für die Fehlauslösung von Airbags s BGHZ 181, 253 ff = BGH NJW 09, 2952 ff; hierzu: Klindt/Handorn NJW 10, 1105 ff; Burckhardt, VersR 09, 1592 ff). Der Erwartungshorizont des Benutzers wird dabei auch durch den Preis einer Ware bestimmt. Ein sachwidriger Gebrauch ist bei der Konstruktion zu berücksichtigen, wenn der Hersteller ihn voraussehen kann. Der Hersteller muss die **Mindestsicherheitserfordernisse nach dem neuesten Stand von Wissenschaft und Technik** einhalten. Die Beachtung öffentlich-rechtlicher oder technischer Normen (DIN) genügt nicht, soweit sie überholt sind oder Gefahren auftreten, die in diesen Vorschriften noch nicht berücksichtigt wurden (BGH NJW 94, 3350; OLG Düsseldorf NJW 97, 2334). Die Ersatzpflicht des Herstellers entfällt im Konstruktionsbereich, wenn die Produktgefahr für ihn nach dem neuesten Forschungsstand trotz Anwendung aller zumutbaren Sorgfalt nicht erkennbar war (s hierzu BGHZ 51, 105; 80, 197). Insoweit liegt dann lediglich ein **Entwicklungsfehler** vor.

(2) Der **Fabrikationsfehler** ist auf einzelne Stücke einer Gesamtproduktion beschränkt. 174 Der Hersteller hat den Fertigungsprozess so zu gestalten und zu überwachen, dass Fehlerquellen so weit wie möglich ausgeschaltet werden. Ergänzend ist die fertige Produktion einer Qualitätskontrolle entspr dem neuesten Stand der Technik zu unterziehen. Auch bei großen Stückzahlen ist jedenfalls eine stichprobenartige Kontrolle zumutbar (OLG Oldenburg NJW-RR 05, 1338). Birgt ein Produkt wie etwa eine Mehrwegflasche typischerweise erhebliche Risiken in sich, die in der Herstellung geradezu angelegt sind, hat der Produzent nicht nur eine Warenendkontrolle, sondern auch eine besondere **Befunderhebung** hierüber durchzuführen (BGHZ 104, 333; 129, 361; BGH NJW 93, 529; s aber auch OLG Dresden NJW-RR 99, 34; zur Beweislast bei Verletzung der Befunderhebungspflicht s Rn 182). Für Fehler, die sich selbst bei äußerster Sorgfalt weder durch Organisation noch Kontrollen vermeiden lassen – sog „**Ausreißer**" – haftet der Hersteller mangels Verschulden nicht (s hierzu BGHZ 51, 105; 80, 197; BGH zfs 10, 435).

(3) Der Hersteller ist zur fehlerfreien **Instruktion** des Produktbenutzers verpflichtet 175 (BGH NJW 99, 2815; im konkreten Fall dehnt der BGH die Instruktionspflichten bedenklich weit aus; vgl auch Foerste JZ 99, 949 f). Er muss den Verwender vor spezifischen Gefahren und möglichen Nebenwirkungen (etwa bei chemischen Produkten und

Arzneimitteln) warnen. Eine solche Warnpflicht beschränkt sich nicht nur auf den bestimmungsgemäßen Gebrauch, sondern erstreckt sich auch auf einen nahe liegenden Fehlgebrauch (BGHZ 105, 351; 116, 65, 67). Art und Umfang der Instruktion richten sich nach der Gefährlichkeit des Produktes und dem Kreis der Benutzer (abzustellen ist auf die am wenigsten informierte Benutzergruppe: BGH NJW 94, 933), so ist etwa vor besonderen Gesundheitsrisiken eindringlich zu warnen (BGHZ 116, 67; hierzu Fahrenhorst JuS 94, 288 ff; Hellerbrand JA 95, 19 ff; s auch BGH NJW 95, 1286; hierzu Sossna Jura 96, 587; BVerfG NJW 97, 249; OLG Köln NJW 05, 3292). Gebrauchsanleitungen, Verwendungs- oder Warnhinweise müssen nach Form und Inhalt klar, ausführlich und verständlich sein. Warnpflichten können uU über das in Rechtsvorschriften oder behördlichen Zulassungen geforderte Mindestmaß hinausgehen (BGH NJW 98, 2906). Eine **Instruktionspflicht scheidet aus**, wenn das Produkt nach den berechtigten Erwartungen des Herstellers nur von Personen verwendet wird, die mit den Gefahren vertraut sind (BGHZ 116, 65; OLG Koblenz NJW-RR 06, 169: Fachpersonal), oder wenn die Gefahrenquelle offensichtlich ist (BGH NJW 99, 2816). Nicht gewarnt werden braucht vor solchen Risiken, die jedem Verständigen unmittelbar einleuchten (kein Warnhinweis, „Mars" und „Snickers" enthielten in erheblichem Umfang Zucker, übermäßiger Zuckergenuss führe zu Übergewicht und den damit verbundenen Gesundheitsrisiken: LG Mönchengladbach NJW-RR 02, 898; bestätigt durch OLG Düsseldorf VersR 03, 912; dies gilt ebenso für „Coca-Cola": LG Essen NJW 05, 2713; zu Lakritz s OLG Köln NJW 05, 3292; kein Warnhinweis auf Bierflaschen vor den Gefahren übermäßigen Alkoholkonsums: OLG Hamm NJW 01, 1655; keine Hinweispflicht eines Massageölherstellers zur Warnung vor einer Selbstentzündungsgefahr von Textilien in Wäschetrocknern: OLG Saarbrücken NJW 12, 797 ff; keine Gebrauchsanweisung für einen Rodelschlitten: LG Traunstein VersR 06, 1652; zur mangelnden Haftung von Tabakkonzernen wegen Verletzung ihrer Instruktionspflicht s die Auswertung der Judikatur von Kullmann NJW 02, 32 f; ZLR 01, 231 ff; Adams/Dornhäuser/Pötschke-Langer/Grunewald NJW 04, 3657 ff; weitergehend Buchner/Wiebel VersR 01, 29 ff; Merten VersR 05, 465 ff; hierzu OLG Hamm NJW 05, 295; LG Arnsberg NJW 04, 234; zum Haftungsrecht in den USA: Hirte/Otte/Willamowski VersR 02, 806 ff; allg zu Tabakprozessen s Molitoris NJW 04, 3662 ff; zum Passivrauchen s Minwegen, VersR 10, 1296 ff; zur Haftung eines Fahrzeugherstellers für die Fehlauslösung von Airbags vgl Rn 173) sowie vor einem Missbrauch des Produktes, der offenkundig außerhalb seiner allg Zweckbestimmung liegt (BGH NJW 81, 2515: Kein Warnhinweis, ein Kälte- nicht als Rauschmittel zu verwenden; OLG Karlsruhe NJW-RR 01, 1174: Inhalieren von Feuerzeuggas). Ferner dann nicht, wenn sämtliche Nutzer die Gefahren kennen, und diese offensichtlich sind (OLG Koblenz NJW-RR 06, 169).

176 **(4) Produktbeobachtungspflicht** (hierzu Michalski BB 98, 961 ff): Die Verkehrspflichten des Herstellers enden nicht mit dem Inverkehrbringen des Produktes, sondern erfassen über diesen Zeitpunkt hinaus die „Produktnachsorge". Der Produzent muss die Bewährung seiner Waren in der Praxis überprüfen. Dabei darf er sich regelmäßig nicht auf die Kontrolle konkreter Reklamationen beschränken (**passive Produktbeobachtung**). Der Produzent muss vielmehr durch eine geeignete Organisation sicherstellen, dass er von bislang unbekannt gebliebenen Gefahren (Entwicklungsfehler, Ausreißer) erfährt und Kenntnis vom neuesten Forschungsstand erhält (Auswerten von Testberichten; auch die Produktentwicklung der Konkurrenz ist zu beobachten: OLG Schleswig ZfS 06, 442; Staud/Hager § 823 F 21). Diese **aktive Produktbeobachtung** erstreckt sich uU auch auf Fremdprodukte, die in Kombination mit dem Herstellerprodukt zu Gefahren führen kann (BGHZ 99, 174). Besteht der Verdacht der Fehlerhaftigkeit, hat der Hersteller eigene Untersuchungen anzustellen (OLG Schleswig ZfS 06, 442). Erkennt der Hersteller die Fehlerhaftigkeit seiner Waren, so folgen hieraus je nach Fehlertypus, gefährdetem Rechtsgut und Größe der Gefahr unterschiedliche Handlungspflichten (hierzu umfassend BGH VersR 09, 272 m Anm Kettler; BGHZ 80, 192). Diese reichen von einer nachträglichen Warnung (etwa bei einem Instruktionsfehler), der Aufforderung zur Stilllegung, dem Angebot des kostenpflichtigen Austauschs bis hin zu einem **Produktrückruf** als ultima ratio (hierzu Dietborn/Müller BB 07, 2358 ff; Hermes, Wechselwirkungen zwischen Produktsicherheitsrecht und Produkthaftungsrecht; Kettler PHi 08, 52 ff; Molitoris/Klindt NJW 08, 1203, 1205 f; Staudinger/Czaplinski JA 08, 401 ff; Vieweg/Schrenk Jura 97, 561 ff; zum ProdHaftG s Rn 197; zum GPSG vgl Rn 164–187). Hiervon zu trennen ist die Frage nach der Kostentragung für die notwendigen Maßnahmen. Zweifellos hat der Hersteller jedenfalls für die Kosten einer Warnung und für die Ausgaben, welche aus der Information über einen eventuellen Rückruf resultieren, einzustehen. Die hM nimmt eine darüber hinaus gehende, alleinige Einstandspflicht des Herstellers (OLG München VersR 92, 1135; MK/G Wagner § 823 Rn 679; Staud/Hager § 823 F 26) selbst dann an, wenn nur die Gefahr einer Schädigung besteht. Einer vordringenden Ansicht zufolge soll in B2B-Fällen die Kostentragungspflicht hingegen nur den Produktnutzer treffen, dessen Integritätsinteresse schon durch Warnung bzw Rückruf Genüge getan sei (BGH VersR 09, 272; vorhergehend: OLG Hamm BB 07, 2367; LG Bielefeld BeckRS 07, 14705; s auch LG Frankfurt aM VersR 07, 1575; dazu Klindt BB 09, 792 ff u Molitoris NJW 09, 1048 ff). Dies solle jedenfalls dann gelten, wenn damit zu rechnen sei, die Warnung würde ihren Zweck erfüllen, was für private Endverbraucher fraglich erscheint (Kettler VersR 09, 274 f). Eine weitere Ansicht befürwortet eine beschränkte Einstandspflicht des Herstellers. Dieser sei aufgrund der deliktischen Haftung lediglich verpflichtet, den finanziellen Aufwand für die Beseitigung des gefährlichen Teils zu tragen, nicht aber neue Teile kostenlos einzubauen (OLG Düsseldorf NJW-RR 97, 1344, 1346; Bamberger/Roth/Spindler § 823 Rn 519). Dem ist für drohende Sachschäden zuzustimmen. Kraft Deliktsrechts haftet der Hersteller nur für die Gebrauchssicherheit einer Sache, nicht aber für ihre Tauglichkeit zum Gebrauch. Eine andere Lösung würde gegen die Wertungen des Gewährleistungsrechts verstoßen. Jedoch ist weiter zu differenzieren: Droht die Verletzung von höchstpersönlichen Rechtsgütern unbeteiligter Dritter und hat der Hersteller den Verwender schon gewarnt, so sollte im Interesse der Effektivität der Gefahrenabwehr (hierzu Kettler PHi 08, 52, 64 ff) die Kostentragung in Anlehnung an §§ 840 I, 426 I 1 beide hälftig treffen (zum Ganzen Staudinger/Czaplinski JA 08, 401, 404 ff). Maßgeblich ist der Einzelfall, in dem auch eine Verschiebung dieser Quote angebracht erscheinen mag.

b) Verstößt der Hersteller gegen eine ihm obliegende Verkehrspflicht, handelt er **rechtswidrig**, soweit keine besonderen Rechtfertigungsgründe eingreifen (Rn 76 ff); zum **Verschulden** s Rn 84. **177**

c) Rechtsfolge der deliktischen Produzentenhaftung nach Abs 1 ist **Ersatz der aus der Rechts(gut)verletzung entstehenden Schadenspositionen**, einschließlich der **sekundären Vermögensfolgeschäden** (zum Umfang der Ersatzpflicht s auch Rn 85). Der Verletzte hat nach § 253 II uU auch Anspruch auf **Schmerzensgeld**. **178**

d) Zur Verjährung s §§ 195, 199; zur Haftung mehrerer Hersteller iSd Abs 1 s § 840. **179**

e) Beweislast: aa) Modifikation durch die Rspr: Die Produzentenhaftung wird dadurch geprägt, dass die Fehler aus dem vom Hersteller beherrschten Gefahrenkreis stammen und der interne Produktionsprozess und die Betriebsorganisation für den geschädigten Kunden regelmäßig nur schwer durchschaubar sind. Der hieraus folgenden Beweisnot hat der BGH in der Vergangenheit dadurch abgeholfen, dass er die Beweisregeln – gestützt auf eine Rechtsanalogie va zu den §§ 836 ff – zugunsten des Anspruchsstellers (Verbraucher, aber auch Gewerbetreibender: BGHZ 105, 352; BGH NJW 99, 1029) sukzessive fortbildete (grdlg: BGHZ 51, 91, 106). Diese Grundsätze gelten ebenfalls ggü Kleinbetrieben (BGHZ 116, 109) und Betriebsangehörigen (Rn 171), soweit sie Repräsentanten des Unternehmens sind, insb bei ihrer kapitalmäßigen Beteiligung (BGHZ 116, 114). Die modifizierten Beweisregeln greifen auch in dem Fall ein, dass zwischen Hersteller und Verletztem unmittelbare vertragliche Beziehungen bestehen (BGHZ 67, 359; 116, 111). Zur parallel gelagerten Beweislastverteilung im Bereich der Arzthaftung s Rn 88 f. **180**

bb) Grundsatz: Nach hM obliegt dem Geschädigten regelmäßig der Nachw, dass seine Rechtsgutverletzung durch einen Produktfehler verursacht wurde, der aus dem Verantwortungsbereich des Herstellers stammt (BGHZ 114, 296). Insoweit handelt es sich nicht um innerbetriebliche, sondern äußere Umstände, für die keine Beweisnot besteht. **181**

Darlegungs- und beweisbelastet bleibt der Kläger daher auch hinsichtlich der (Quasi-)Herstellereigenschaft des Beklagten (BGH NJW 05, 2695).

182 cc) **Ausn bei Verstoß gegen Befundsicherung:** In der Regel obliegt dem Anspruchssteller der Nachw, dass der schadenstiftende Fehler bereits im Zeitpunkt des Inverkehrbringens durch den Hersteller vorlag, und nicht etwa erst im Zwischenhandel oder auf dem Vertriebswege entstanden ist. Teilweise kann sich der Geschädigte auf einen Anscheins- bzw prima facie-Beweis stützen, etwa wenn andere Fehlerquellen ausgeschlossen sind (MK/G Wagner § 823 Rn 74 mwN). Darüber hinaus kommt eine Beweislastumkehr in Betracht, soweit der Hersteller bei Produkten, die eine besondere Schadenstendenz aufweisen, seiner Befundsicherungspflicht nicht genügt (vgl hierzu OLG Köln NJW-RR 12, 922 ff). Erfüllt etwa ein Getränkehersteller seine Pflicht zur „Statussicherung" (BGH NJW 93, 529) nicht, so wird vermutet, dass der Fehler der Mehrwegflasche aus seinem Verantwortungsbereich stammt und dem Erzeugnis bereits im Zeitpunkt des Inverkehrbringens anhaftete (BGHZ 104, 334; 129, 361; abw zur Einwegflasche: OLG Braunschweig VersR 05, 417; eine solche Pflicht trifft aber nicht den Einzelhändler von Getränken; hierzu BGH NJW 07, 762 = VersR 07, 72 m Anm Rothe NJW 07, 740 ff; Stürner jurisPR-BGHZivilR 1/07 Anm 2).

183 dd) **Ausn bei Konstruktions- und Fabrikationsfehlern:** Weist der Verletzte nach, dass der Verletzungserfolg auf einem Produktfehler beruht (zur Beweiserleichterung iR der Kausalität: BGH VersR 71, 81), folgt hieraus eine Umkehr der Beweislast, und zwar sowohl im Hinblick auf die objektive Pflichtwidrigkeit als auch das Verschulden des Herstellers (vgl etwa BGH NJW 96, 2507; 99, 1029; zu einer HIV-Infektion durch verseuchte Blutkonserve: BGH NJW 91, 1948; abgelehnt hins der Ursächlichkeit eines Produkts für eine Krebserkrankung aufgrund der mannigfaltigen möglichen Ursachen: OLG Schleswig ZfS 06, 442; abgelehnt für das Abbrechen eines Zahns bei Hackfleischverzehr: BGH NJW 06, 2262). Gleichermaßen trifft den Produzenten der Nachw der mangelnden Kausalität zwischen Pflichtverstoß und Fehler. An den Entlastungsbeweis in Bezug auf das Verschulden – etwa bei einem Entwicklungsfehler (Rn 173) oder Ausreißer (Rn 174) – werden strenge Anforderungen gestellt. Der Hersteller muss neben einer lückenlosen und dem neuesten Stand der Technik entspr Organisation und Kontrolle der Produktion (inkl der stichprobenhaften Überprüfung der Zulieferteile: OLG Oldenburg NJW-RR 05, 1338) ebenfalls nachweisen, dass er die beteiligten Mitarbeiter sorgfältig ausgewählt und überwacht hat.

184 ee) **Ausn bei Instruktions- und Produktbeobachtungsfehlern:** (1) Vom Grundsatz her muss der Geschädigte die **Kausalität** zwischen der mangelnden Instruktion und der Rechtsgutverletzung beweisen (BGHZ 106, 284; 116, 73; s aber auch BGH NJW 98, 2908). Nach der Rspr besteht jedoch eine tatsächliche Vermutung dafür, dass der Verletzte einen eindringlichen und plausiblen Warnhinweis befolgt hätte (BGHZ 116, 73; BGH NJW 99, 2274). Die Literatur befürwortet dag – nicht zuletzt auch unter Hinweis auf die Beweislage bei fehlerhafter ärztlicher Aufklärung (Rn 89) – zutreffend eine Beweislastumkehr (Staud/Hager § 823 F 42).

185 (2) Im Hinblick auf die **objektive Pflichtwidrigkeit** und das **Verschulden** unterscheidet der BGH zwischen ursprünglicher und nachträglich entstandener Instruktionspflicht. Im ersten Fall gilt die zu Konstruktions- und Fabrikationsfehlern dargelegte Beweislastverteilung (Rn 183; BGHZ 116, 72; BGH NJW 95, 1288). Entsteht die Warnpflicht dag erst nach dem Inverkehrbringen des Produkts (s Rn 176), muss der Geschädigte die objektive Pflichtwidrigkeit nachweisen, wenn er sich hierzu auf allg zugängliche Quellen stützen kann. Mangels Beweisnot scheide insofern eine Umkehr der Beweislast aus. Weist der Verletzte eine objektive Pflichtwidrigkeit nach, muss sich der Hersteller hins des Verschuldens exkulpieren (BGHZ 80, 199). Diese Differenzierung zwischen ursprünglicher und nachträglicher Instruktionspflicht wird von der Literatur zu Recht abgelehnt (Staud/Hager § 823 F 44).

186 f) Zu den Grenzen, sich individualvertraglich oder durch AGB von der **Produzentenhaftung freizuzeichnen**, vgl Staud/Hager § 823 F 47, beachte nach der Integration des AGBG va § 309 Nr 7 a.

3. Verschuldensabhängige Produzentenhaftung gem Abs 2: Als Schutzgesetze (vgl allg 187
hierzu Rn 141 ff) kommen im vorliegenden Zusammenhang bspw in Betracht: StVZO,
AMG (BGH NJW 91, 2351), LMBG (BGHZ 116, 11: allerdings ohne Indizwirkung
für das Verschulden; s hierzu Rn 155), MPG, GSG aF (vgl hierzu BGH NJW 06, 1589;
NJW 83, 813; VersR 88, 636), ProdSG aF (zu §§ 8, 9 ProdSG: von Westphalen DB 99,
1369 ff; abl Foerste DB 99, 2200 f; Klindt, ProdSG, § 8 Rn 36, § 9 Rn 17; zur Amtshaftung wegen behördlicher Warnungen nach dem ProdSG aF s unter § 839 Rn 7), § 4
I und II GPSG (vgl Bamberger/Roth/Spindler § 823 Rn 522).

4. Verschuldensabhängige Produzentenhaftung gem § 831: § 831 hat angesichts des 188
Entlastungsbeweises (§ 831 I 2) sowie der Haftung wegen Verletzung der Organisationspflicht nach § 823 (vgl Rn 70) im Bereich der Produzentenhaftung nur eine geringe
praktische Bedeutung.

5. Gefährdungshaftung nach dem ProdHaftG: a) Das ProdHaftG beruht auf der EG- 189
RL 85/374/EWG und trat gem § 19 ProdHaftG am 1.1.90 in Kraft (vgl die Angaben
unter Rn 162 f). Es begründet in seinem § 1 I 1 im Einklang mit der Richtlinienvorgabe
eine **Gefährdungshaftung** des Herstellers (zur dogmatischen Einordnung vgl die Angaben bei Soergel/Krause Vor § 1 ProdHaftG Rn 1; Larenz/Canaris, SchR II 2 § 84 VI
1 a). Angesichts seines europäischen Ursprungs unterliegt das ProdHaftG nach der Judikatur des EuGH dem aus ex Art 10 I EGV/Art 4 III UAbs 2 EU abzuleitenden **Gebot
richtlinienkonformer Auslegung** (grdlg EuGH NJW 84, 2022; s auch EuGH EWS 97,
269; allg zur Judikatur des EuGH etwa im Hinblick auf die Frage der Vollharmonisierung: Micklitz EWS 06, 9 ff; eingehend zur Vollharmonisierung hins der EG-
RL 85/374/EWG: Riehm EuZW 10, 567 ff; Schaub ZEuP 11, 41 ff; s auch EuGH VersRAI 12, 34 ff; zur Vertragsverletzung wegen unzureichender Transformation: EuGH
EWS 06, 177 ff). Hiernach muss der Richter seine Interpretation – soweit nach der nationalen Methodik möglich – am Wortlaut und Zweck der RL ausrichten, um das mit
ihr verfolgte Ziel (Rn 162) zu erreichen. Der Richter ist bei Zweifelsfragen bzgl der
Richtlinienvorgaben nach ex Art 234 EGV/Art 267 AEUV zur **Vorlage an den EuGH**
(EuZW 01, 378 ff m Anm Geiger) berechtigt, im Fall letztinstanzlicher Entscheidung
sogar verpflichtet (vgl hierzu BGH NJW 95, 2164; vertragliche Schiedsgerichte sind
hiervon ausgenommen: EuGH RIW 05, 454 ff; zum Vorabentscheidungsverfahren:
Wernsmann/Behrmann Jura 06, 181 ff).

b) Voraussetzungen der Haftung nach § 1 I 1 ProdHaftG: 190
aa) Das ProdHaftG muss von seinem **zeitlichen und sachlichen Anwendungsbereich** er- 191
öffnet sein. Nach § 16 ProdHaftG gilt es nur für diejenigen **Produkte, die nach seinem
In-Kraft-Treten am 1.1.90** (§ 19 ProdHaftG) in den Verkehr gebracht wurden (hierzu
BGH VersR 09, 1125; zum Begriff des Inverkehrbringens: EuGH EWS 06, 134 ff). Die
Ersatzpflicht für ältere Produkte richtet sich allein nach der bisherigen Rechtslage, dh
nach den Grundsätzen der vertrags- und deliktsrechtlichen Produzentenhaftung (Gewährleistung, pVV, §§ 823, 831). In **sachlicher Hinsicht** schließt § 15 I ProdHaftG eine
Anwendung des Gesetzes auf **Arzneimittel**, die zum Gebrauch bei Menschen bestimmt
sind und der Zulassungspflicht (§ 21 I AMG) unterliegen, aus (zur Richtlinienkonformität des § 15 I ProdHaftG: Wandt VersR 98, 1060 f; zur Frage ob die deutsche Arzneimittelhaftung als durch die RL allg nicht berührt wird, s Vorabentscheidungsersuchen d BGH VersR 13, 904;). Die Haftung bestimmt sich insoweit nach §§ 84 ff AMG
(vgl hierzu Rn 161). Dies gilt auch im Falle gentechnologisch hergestellter Arzneimittel
(§ 37 I GentechnikG). Das ProdHaftG ist ferner im Bereich **atomrechtlicher Haftung**
ausgeschlossen (§§ 25 ff AtomG; vgl hierzu auch Vor §§ 823–853 Rn 12).
bb) Erforderlich ist eine **Rechtsgutverletzung** iSd § 1 I 1 ProdHaftG, dh eine Tötung, 192
Körper- bzw Gesundheitsverletzung (vgl hierzu Rn 3 ff) oder eine Sachbeschädigung
(zur Abgrenzung ggü der Eigentumsverletzung in Abs 1 s MK/G Wagner § 1 ProdHaftG Rn 5). Die Rechtsgüter werden in § 1 I 1 ProdHaftG abschließend aufgezählt,
so dass etwa eine Beeinträchtigung der Freiheit oder Persönlichkeit keine Ersatzpflicht
auslöst sowie primäre Vermögensschäden nicht auszugleichen sind (zu sekundären
Vermögensfolgeschäden s Rn 207).

193 (1) Anspruchsberechtigt ist im **Fall der Tötung, Körper- bzw Gesundheitsverletzung** jeder unmittelbar Geschädigte (Käufer, zufällig betroffener Dritter), unabhängig davon, ob die Rechtsgutverletzung seiner Privat- oder Berufsphäre zuzurechnen ist (Verbraucher und Arbeitnehmer). Dies folgt aus einem Umkehrschluss zu § 1 I 2 ProdHaftG. Zu den Ansprüchen mittelbar Geschädigter s § 7 I 2, II ProdHaftG (Rn 206).

194 (2) Das ProdHaftG erfasst **nicht sämtliche Sachbeschädigungen**. In Abgrenzung der vertraglichen Rechte bei Pflichtverletzung nach § 437 erfordert § 1 I 2 ProdHaftG, dass der Schaden an einer „**anderen Sache**" als dem fehlerhaften Produkt auftritt. Nach der wohl überwiegenden Ansicht in der Literatur entfällt hierdurch auch die vom BGH zu Abs 1 (vgl Rn 17 ff) entwickelte **Haftung für weiterfressende Mängel** (Soergel/Krause § 1 ProdHaftG Rn 4; MK/G Wagner § 1 ProdHaftG Rn 9 ff; aA von Westphalen Jura 92, 513 f; differenzierend Staud/Oechsler § 1 ProdHaftG Rn 19). Eine Ersatzpflicht für „Weiterfresserschäden" kann sich mithin allein aus der deliktsrechtlichen Produzentenhaftung gem Abs 1 ergeben, die nach § 15 II ProdHaftG (hierzu Rn 214) nicht ausgeschlossen wird.

195 Die beschädigte Sache muss gem § 1 I 2 ProdHaftG ihrer Art nach **gewöhnlich für den Privatgebrauch oder -verbrauch** bestimmt sein. Geschützt wird der private Endverbraucher. Die Zweckbestimmung ist objektiv anhand der Verkehrsanschauung zu beurteilen. Als subjektives Element des § 1 I 2 ProdHaftG ist darüber hinaus erforderlich, dass der Geschädigte den **Gegenstand „hauptsächlich"** privat genutzt hat. Die Ersatzpflicht wird nicht dadurch ausgeschlossen, dass der Gegenstand in der Vergangenheit vereinzelt gewerblich oder beruflich eingesetzt wurde. Gleichermaßen ist unerheblich, ob gerade im Schadenszeitpunkt ein privater Gebrauch vorlag (MK/G Wagner § 1 ProdHaftG Rn 18). Schäden, die an einer in den Hauptsachen beruflich oder gewerblich genutzten Sache auftreten, fallen allein in den Schutzbereich des Abs 1 (§ 15 II ProdHaftG; Rn 214).

196 cc) Anknüpfungspunkt für die Haftung nach § 1 I 1 ProdHaftG ist das Vorliegen eines **Produktes**. Der Begriff umfasst nach § 2 S 1 ProdHaftG jede (gebrauchte) **bewegliche Sache**, losgelöst von ihrer spezifischen Gefährlichkeit, Herstellungsart (handwerklich oder industriell gefertigt) oder ihrem besonderen Verwendungszweck (mithin haftet auch die Blut- bzw Organbank, soweit nicht das AMG eingreift: Honsell JuS 95, 212). Die Ersatzpflicht entfällt nicht dadurch, dass das Produkt iR einer medizinischen Dienstleistung eingesetzt wird (Transplantationsorgan wird mit fehlerhaftem Präparat behandelt: EuGH EuZW 01, 378 ff; hierzu Rabl GPR 04, 74 ff; zur Produkthaftung wegen eines fehlerhaften Herzschrittmachers s OLG Hamm VersR 11, 637 ff). Eine Sache iSd § 2 S 1 ProdHaftG liegt auch dann vor, wenn sie **Teil einer anderen beweglichen** (Airbag im Auto) oder **unbeweglichen Sache** ist. Dag werden unbewegliche Sachen als solche (Grundstücke sowie hierauf errichtete Gebäude) von der Haftung ausgenommen. Die Abgrenzung erfolgt nicht allein nach sachenrechtlichen Maßstäben, insb sind die §§ 93 ff nicht uneingeschränkt anwendbar (hierzu Staud/Oechsler § 2 ProdHaftG Rn 18 ff). So entfällt eine Haftung für fehlerhafte Baumaterialien nicht automatisch mit ihrem Einbau. Die Haftung für **verkörperte geistige Leistung** ist umstr (Verlagserzeugnisse, Konstruktionspläne; vgl hierzu Cahn NJW 96, 2899 ff). Nach hM ist (Individual)**Software** als Produkt zu qualifizieren, soweit sie iVm einem Datenträger vertrieben und damit verkörpert wird (zum Meinungsstand bei online übermittelten Informationen s Beckmann/Müller MMR 99, 14 ff; zum „Jahr 2000-Problem": Hohmann NJW 99, 524 f; AG Düren CR 04, 734; s auch Rn 170). Unter § 2 S 1 ProdHaftG fällt auch **Elektrizität** in den Anwendungsbereich (Gas, Fernwärme, Wasser sind ohnehin nach § 90 als bewegliche Sachen iSd § 2 S 1 ProdHaftG einzustufen). Nach wohl hM begründet eine Stromunterbrechung jedoch keinen Anspruch nach § 1 I 1 ProdHaftG, da insoweit keine Lieferung eines fehlerhaften Produktes vorliegt, sondern lediglich eine Nichtlieferung vorliegt (Staud/Oechsler § 2 ProdHaftG Rn 45; krit hierzu Honsell JuS 95, 211). Hiervon zu unterscheiden ist indes die Haftung des Netzbetreibers für Überspannungsschäden (BGH 25.2.14 Az VI ZR 144/13). Nach früherer Rechtslage entfiel gem § 2 S 2 ProdHaftG eine Haftung für **landwirtschaftliche Naturprodukte** sowie **Jagderzeugnisse**, soweit sie noch keiner ersten Verarbeitung unterzogen waren (zur Haftung für infizierte Speisen: OLG Frankfurt aM NJW 95, 2498; zur Rechtslage nach § 823 s Rn 170). Seit der Novellierung des ProdHaftG (s Rn 163) besteht diese Privilegierung nicht mehr.

dd) Erforderlich ist ein **Produktfehler:** (1) Ein Produkt ist **fehlerhaft** iSd § 3 I ProdHaftG, wenn es nicht diejenige Sicherheit bietet, die berechtigterweise von der Allgemeinheit erwartet werden kann (BGH VersR 09, 1126; Soergel/Krause § 3 ProdHaftG Rn 3; Staud/Oechsler § 3 ProdHaftG Rn 15 f, aA Wieckhorst JuS 90, 89 s Rn 198; zur Frage ob es sich bei einem defekten implantierten Kardioverter-Defibrillator um einen Fehler iSd § 3 I handelt, s Vorabentscheidungsersuchen d BGH VersR 13, 1451 ff; zu implantierten Herzschrittmachern beachte ferner Vorlage d BGH VersR 13, 1450 f). Entscheidend ist ein **objektiver Maßstab**, so dass der **sicherheitsorientierte Fehlerbegriff** des ProdHaftG von dem vornehmlich subjektiv geprägten Begriff des Sachmangels (s va § 434 I 1 „vereinbarte Beschaffenheit" sowie § 434 I 2 Nr 1 „nach dem Vertrag vorausgesetzte Verwendung") zu trennen ist. Im Vergleich zur deliktsrechtlichen Produzentenhaftung nach Abs 1 ist zu beachten, dass diese an die schuldhafte Verletzung von Verkehrspflichten anknüpft, während § 1 I 1 ProdHaftG eine Ersatzpflicht für die objektive Fehlerhaftigkeit eines Produktes statuiert. Gleichwohl können die zu Abs 1 **entwickelten Fehlerkategorien** (Konstruktions-, Fabrikations- und Instruktionsfehler; vgl Rn 172 ff) auch iR des § 3 I ProdHaftG herangezogen werden (BGH VersR 09, 1126). Der Hersteller haftet nach dem ProdHaftG für einen **Konstruktionsfehler** (hierzu BGH VersR 09, 1126; OLG Saarbrücken NJW-RR 13, 271 ff), soweit nicht § 1 II Nr 5 ProdHaftG eingreift (Rn 203). Abw von Abs 1 begründet sogar ein **unvermeidbarer Fabrikationsfehler** („Ausreißer") eine Ersatzpflicht nach § 1 I 1, § 3 I ProdHaftG, da es auf ein Verschulden ja gerade nicht ankommt. Ein Fehler iSd § 3 I ProdHaftG liegt weiter bei unzureichender **Instruktion** vor (hierzu BGH VersR 09, 1127; OLG Koblenz NJW-RR 06, 169; OLG Düsseldorf r+s 04, 36; AG Nürnberg NJW 04, 3124). Entspr der Rechtslage bei Abs 1 (vgl dort Rn 172) begründet nach hM auch die **Wirkungslosigkeit eines Produktes** seine Fehlerhaftigkeit iSd § 3 I ProdHaftG (Staud/Oechsler § 3 ProdHaftG Rn 117 ff). Im Ggs zur deliktsrechtlichen Produzentenhaftung ist die „**Produktnachsorge**" vom Anwendungsbereich des ProdHaftG ausgenommen (hM; Staud/Oechsler § 3 ProdHaftG Rn 112 f; abw Palandt/Sprau § 3 ProdHaftG Rn 4), da die Einstandspflicht gem § 1 II Nr 5 ProdHaftG allein an die Erkennbarkeit des Fehlers im Augenblick des Inverkehrbringens anknüpft. Der Hersteller haftet über § 15 II ProdHaftG (Rn 214) lediglich nach Abs 1, soweit er zu einem späteren Zeitpunkt schuldhaft seine Produktbeobachtungspflicht verletzt (vgl hierzu Rn 176).

(2) Die **Sicherheitserwartungen der Allgemeinheit** richten sich gem § 3 I ProdHaftG nach den objektiven Umständen des jeweiligen Einzelfalles. Entscheidend sind va die **Darbietung des Produktes** (§ 3 I lit a ProdHaftG: Werbung, Gebrauchsanweisung, Warnhinweise, Produktgestaltung) sowie der **billigerweise zu erwartende Gebrauch** (§ 3 I lit b ProdHaftG: bestimmungsgemäßer sowie voraussehbarer oder üblicher Fehlgebrauch, nicht aber ein Produktmissbrauch). Abzustellen ist auf die **Erwartungen im Zeitpunkt des Inverkehrbringens** (§ 3 I lit c ProdHaftG). Nicht erwartet werden darf ein Maß an Sicherheit, das der Hersteller nicht zu leisten im Stande ist (etwa weil er keinen Einfluss auf die Eigenschaften eines Naturprodukts besitzt: OLG Köln VersR 07, 1003), resp ihm dies objektiv unzumutbar ist (Fehlerhaftigkeit verneint für Kirschkern im Kuchen: BGH VersR 09, 649;). Neben diesen ausdrücklich genannten Umständen hat auch der **Preis** Einfluss auf den Erwartungshorizont. So kann „berechtigterweise" von einem Billigprodukt keine absolute, wohl aber eine Basissicherheit erwartet werden. **Die Beachtung staatlicher Sicherheitsvorschriften oder privater Regelwerke** („DIN-Normen") mag einen Anschein begründen, dass das Produkt den Sicherheitserwartungen entspricht, schließt jedoch nicht automatisch seine Fehlerhaftigkeit iSd § 3 I ProdHaftG und damit eine Haftung des Herstellers aus (vgl auch Rn 173).

(3) Nach **§ 3 II ProdHaftG** begründet das Inverkehrbringen eines verbesserten Produktes nicht nachträglich einen Fehler.

ee) Erforderlich ist, dass zwischen Fehler und Rechtsgutverletzung („durch") eine **haftungsbegründende Kausalität** besteht.

201 ff) Der **Anspruchsverpflichtete** muss **Hersteller des fehlerhaften Produktes** iSd § 4 **ProdHaftG** sein. Der Kreis der Haftungsadressaten des ProdHaftG geht zum Teil über denjenigen der Produzentenhaftung nach Abs 1 hinaus. Hersteller iSd § 4 ProdHaftG ist zunächst der **Hersteller des Endprodukts sowie Zulieferer** (Abs 1 S 1; derjenige, der eine Sache nur repariert oder wartet, ist kein Hersteller; wohl aber der Assembler sowie regelmäßig der Lizenz- und Franchisenehmer; zur der Rechtslage bei Abs 1 s Rn 171; zur Herstellereigenschaft einer Vertriebstochtergesellschaft s EuGH EWS 06, 135 f). Die Herstellereigenschaft muss dabei nicht zum Zeitpunkt des Inverkehrbringens erkennbar gewesen sein, vielmehr kommt es auf die tatsächliche Beteiligung am Herstellungsprozess an (BGH NJW 05, 2695 m Anm Kullmann LMK 05, 159854; Wagener/Wahle 05 NJW 3179 ff). Ferner haften auch der **Quasi-Hersteller** (Abs 1 S 2; BGH NJW 05, 2695; Fischinger JA 05, 834 ff; Wagener/Wahle NJW 05, 3181; zur Haftung als Quasi-Hersteller, dessen Name in einem Patientenausweis steht, s Vorlagefrage des BGH VersR 13, 1451 ff) sowie der **Importeur**, welcher Waren in den Europäischen Wirtschaftsraum einführt (Abs 2; hierzu LG Verden VersR 09, 1129). Die Haftung des Quasi-Herstellers beruht dabei auf dem gesetzten Rechtsschein, welcher ihm bei einer Kennzeichnung seitens Dritter auch durch Genehmigung zurechenbar ist (BGH NJW 05, 2695, 2696). Kann der Hersteller nicht festgestellt werden (mangels Auskunft auf dem „anonymen" Produkt: BGH NJW 05, 2697; OLG Saarbrücken MDR 07, 768; hierzu Fischinger JA 05, 834 ff; Wagener/Wahle NJW 05, 3181 f), so „gilt" nach § 4 III 1 ProdHaftG auch der **Lieferant** als Hersteller (hierzu EuGH EWS 06, 81 ff; OLG Koblenz NJW-RR 99, 907; zum Haftungsgrund: Staud/Oechsler § 4 ProdHaftG Rn 93 ff). Dabei sind an eine vorherige Recherche des Geschädigten keine hohen Anforderungen zu stellen. Es genügt, dass dieser die ihm auf Grund des Produkterwerbs verfügbaren Informationen nutzt (BGH NJW 05, 2695, 2697). Durch diese **Auffanghaftung** (BT-Drucks 11/2447, 20) sollen Schutzlücken geschlossen werden. Der Lieferant kann seine Ersatzpflicht dadurch abwenden, dass er innerhalb eines Monats nach Aufforderung durch den Geschädigten, den Hersteller oder Vorlieferanten benennt. Entspr gilt nach **Abs 3 S 2 bei eingeführten Produkten**, wenn sich der Importeur iSd Abs 2 nicht feststellen lässt; sogar dann, wenn der Hersteller bekannt ist. Kommt er dieser Auskunftspflicht nach, lebt seine etwaige Auffanghaftung erst dann wieder auf, wenn die Herstellereigenschaft der benannten Partei ggf gerichtlich nicht zu beweisen ist (OLG Zweibrücken VersR 06, 1503). Eine Regelung, welche den Lieferanten oder Zwischenhändler in die verschuldensunabhängige Haftung nach den Umsetzungsnormen der RL mit einbeziehr, ist aufgrund deren vollharmonisierenden Charakters unzulässig (EuGH VuR 06, 240 ff; EuGH RIW 06, 693 ff m Anm Magnus GPR 06, 121 ff; zu beiden Urteilen Reich VuR 06, 241 ff; EuGH RIW 02, 787 ff). Im Vergleich zu Abs 1 wurde das ProdHaftG zum Teil aber auch enger gefasst. So ist **Hersteller iSd § 4 I 1** nur der Unternehmensträger, **nicht** aber **der leitende Mitarbeiter** (vgl zu § 823 aber Rn 171).

202 gg) Es darf kein **Haftungsausschluss** nach § 1 II und III ProdHaftG vorliegen:

203 (1) Eine Ersatzpflicht des Herstellers scheidet aus, wenn er **das Produkt nicht in den Verkehr gebracht** hat (Abs 2 Nr 1: vorübergehende Überlassung an Dritte zu Testzwecken oder Diebstahl; zum Begriff des Inverkehrbringens: EuGH EuZW 01, 379 f; hierzu Rabl GPR 04, 74 ff). In zeitlicher Hinsicht bedeutet Inverkehrbringen das Verlassen des Herstellungsprozesses und den Eintritt in das Stadium der Vermarktung durch öffentliches Angebot, was im Einzelfall faktisch zu bestimmen ist (EuGH RIW 06, 773 ff). Ferner wird die Haftung ausgeschlossen, wenn der **Fehler erst nach dem Inverkehrbringen eintritt** (Abs 2 Nr 2; dazu s OLG München MDR 11, 540) oder er das Produkt weder für einen **Vertrieb mit wirtschaftlichem Zweck** noch im **Rahmen seiner beruflichen Tätigkeit hergestellt oder vertrieben** hat (Abs 2 Nr 3; der Ausschluss greift nicht ein, wenn das fehlerhafte Produkt iR einer zwar für den Patienten unentgeltlichen, aber aus öffentlichen Mitteln finanzierten medizinischen Leistung verwendet wird: EuGH EuZW 01, 380; hierzu Rabl GPR 04, 74 ff). Da im letzten Fall beide Voraussetzungen kumulativ vorliegen müssen, wird der Hersteller nicht von seiner Haftung befreit, wenn er in seiner Fabrik produzierte Waren später für einen karitativen

Zweck stiftet. Eine Einstandspflicht scheidet aus, wenn der **Fehler auf einer zwingenden Rechtsvorschrift** (Gesetz, VO, nicht aber private Regelwerke wie „DIN-Normen"; OLG Dresden VersR 98, 59; vgl hierzu auch Rn 173) beruht (Abs 2 Nr 4; zur Amtshaftung für „legislatives Unrecht" vgl § 839 Rn 17) oder **zum Zeitpunkt des Inverkehrbringens nach dem Stand der Wissenschaft und Technik nicht erkennbar** war (Abs 2 Nr 5). Nach Ansicht des BGH ist der Haftungsausschluss in Abs 2 Nr 5 auf Konstruktions- sowie Instruktionsfehler beschränkt und erfasst das sog Entwicklungsrisiko, greift dag nicht bei Fabrikationsfehlern in Form des Ausreißers ein (BGH VersR 09, 1128; BGHZ 129, 353; zust Soergel/Krause § 1 ProdHaftG Rn 14; s aber auch Staud/Oechsler § 1 ProdHaftG Rn 118 f; zum Ausschluss OLG Köln NJW-RR 03, 388).

(2) Der **Teil- bzw Grundstoffhersteller** haftet nicht, wenn die Ursache des Fehlers allein auf der Konstruktion des Endherstellers beruht, das Teilprodukt selbst mithin fehlerfrei ist (Abs 3 S 1 1. Fall), oder der Fehler auf der Anleitung des Endherstellers basiert (Abs 3 S 1 2. Fall).

c) **Rechtsfolge** der Haftung nach § 1 I 1 ProdHaftG **ist Ersatz des aus der Rechtsgutverletzung entstehenden Schadens** (zur haftungsausfüllenden Kausalität s Rn 85). Im Hinblick auf den Umfang des Anspruchs ist zwischen Personen- und Sachschäden zu unterscheiden.

aa) Der Umfang bei **Personenschäden** bemisst sich nach den §§ 7 und 8, die Art und Weise der Ersatzleistung nach § 9 ProdHaftG. § 7 I 1 (Universalsukzession der Erben nach § 1922 I; zur Frage des Kostenersatzes bei Explantation eines defekten u erneuter Implantation eines intakten Herzschrittmachers s Vorlageersuchen d BGH VersR 13, 1450 f) und § 8 ProdHaftG regeln die **Ansprüche des Verletzten**, § 7 I 2 (s auch § 846) sowie § 7 II ProdHaftG hingegen diejenigen der **mittelbar Geschädigten**. Im Ergebnis entspricht dies weitgehend den §§ 249 ff, 842 ff (vgl aber auch § 845 Rn 1). Abweichungen zur deliktsrechtlichen Produzentenhaftung ergeben sich daraus, dass die Einstandspflicht gem § 10 I ProdHaftG (etwa bei einem Serienschaden) auf einen **Höchstbetrag** von 85 Millionen EUR begrenzt wird. Übersteigt der Schadensfall diesen Betrag, so gilt die Quotenregelung des § 10 II ProdHaftG. Zudem gewährt das ProdHaftG nunmehr **Ersatz für immaterielle Schäden** wie Schmerzensgeld nach § 8 S 2 ProdHaftG, § 253 II (hierzu unter Vor §§ 823–853 Rn 7, 17; die Produkthaftungs-RL nimmt den Ersatz immaterieller Schäden in ihrem Art 9 von der Harmonisierung aus; bestätigt durch EuGH EuZW 01, 380 f; hierzu Rabl GPR 04, 74 ff). Dem Geschädigten verbleibt über § 15 II ProdHaftG (Rn 214) ferner die Möglichkeit, seine Schäden nach den Grundsätzen der verschuldensabhängigen Produzentenhaftung zu liquidieren.

bb) Die Haftung wegen **Sachbeschädigung** ist summenmäßig nicht begrenzt, da § 10 I ProdHaftG insoweit keine Anwendung findet. Um Bagatellschäden auszugrenzen, entfällt auf den Anspruchssteller gem § 11 ProdHaftG eine **Selbstbeteiligung** iHv 500 EUR. Bei einem Schaden von 1.500 EUR kann der Anspruchssteller mithin lediglich 1.000 EUR nach dem ProdHaftG verlangen, den Sockelbetrag dag über § 15 II ProdHaftG (Rn 214) nur auf Abs 1, 2 stützen. Nach hM ist der Hersteller nicht nur zum Ersatz des Sachschadens selbst (§§ 249 II 1, 251), sondern auch der **hieraus resultierenden Vermögensfolgeschäden** (etwa entgangener Gewinn: § 252) verpflichtet (MK/G Wagner § 11 ProdHaftG Rn 4; Soergel/Krause § 1 ProdHaftG Rn 7; anders Michalski Jura 95, 513; Honsell JuS 95, 213).

cc) Eine **Haftungsminderung** kann sich über § 6 I 1 Halbs 1 ProdHaftG im Fall **eines Mitverschuldens des Geschädigten** oder einer mitwirkenden Betriebsgefahr ergeben (Soergel/Krause § 6 ProdHaftG Rn 1). Der Verweis in § 6 I 1 Halbs 1 ProdHaftG erfasst beide Absätze des § 254. Im Fall der Sachbeschädigung muss sich der Anspruchssteller nach § 6 I 1 Halbs 2 ProdHaftG auch **ein Verschulden des Gewahrsamsinhabers** (§§ 854, 855; mittelbarer Besitz nach § 868 genügt nicht) anrechnen lassen. Keine Haftungsminderung tritt nach § 6 II 1 ProdHaftG ein, wenn der Schaden neben einem Produktfehler auch auf **einem Verhalten eines Dritten** beruht. Nach § 6 II 2 gilt für den Regress des Herstellers – unabhängig davon, ob zwischen ihm und dem Dritten ein Gesamtschuldverhältnis nach § 840 besteht – die Regelung des § 5 S 2 ProdHaftG.

209 **d) Zeitliche Grenzen der Haftung: aa)** Die **Verjährung** des Anspruchs aus § 1 I 1 ProdHaftG ist in **§ 12 ProdHaftG** geregelt und entspricht weitgehend §§ 195, 199 I, 203 S 1. Nach § 12 I ProdHaftG gilt ebenfalls eine **Dreijahresfrist**. Abw von § 199 I Nr 2 beginnt ihr Lauf nicht erst dann, wenn der Geschädigte von den ersatzbegründenden Umständen positive Kenntnis hat oder diese ohne grobe Fahrlässigkeit hätte erlangen müssen, sondern auch schon bei einfacher fahrlässiger Unkenntnis. § 12 I ProdHaftG wird nicht durch **konkurrierende Verjährungsfristen** verdrängt (so auch Staud/Oechsler § 12 ProdHaftG Rn 11). Angesichts der Richtlinienvorgabe kann insb nicht die kürzere Frist aus § 438 I Nr 3 auf den konkurrierenden Anspruch aus dem ProdHaftG erstreckt werden (vgl auch Vor §§ 823–853 Rn 13). Zur **Hemmung der Verjährung** nach § 12 II ProdHaftG vgl § 203 S 1. § 12 III ProdHaftG verweist ergänzend auf die Regeln des BGB; dies gilt etwa für die Wirkung der Verjährung nach § 214; mangels abw Sonderregel gilt auch § 203 S 2.

210 **bb)** Der **Anspruch** aus § 1 I 1 ProdHaftG **erlischt** nach § 13 I 1 ProdHaftG grds innerhalb von zehn Jahren, gerechnet vom Zeitpunkt, in dem das Produkt in den Verkehr gebracht wurde. Die Vorschrift enthält eine **Ausschlussfrist**, deren Ablauf vAw zu beachten ist. Eine Unterbrechung oder Hemmung kommt über § 13 I 2 ProdHaftG hinaus nicht in Betracht.

211 **e) Mehrheit ersatzpflichtiger Hersteller:** Nach § 5 S 1 ProdHaftG haften mehrere ersatzpflichtige Hersteller **im Außenverhältnis** als Gesamtschuldner. § 5 S 2 ProdHaftG statuiert einen originären Ausgleichsanspruch im **Innenverhältnis**. Dieser unterliegt weder § 12 noch § 13 ProdHaftG, sondern verjährt selbstständig nach § 195. Soweit keine abweichende Vereinbarung (etwa eine „Qualitätssicherungsvereinbarung" zwischen Endhersteller und Zulieferer) vorliegt, bestimmt sich der Innenregress nach den Verursachungsbeiträgen der Hersteller. Für den Gesamtschuldnerausgleich gelten iÜ die §§ 421–425, 426 I 2 und II. Zur Mitverantwortung Dritter neben dem Hersteller s § 6 II ProdHaftG (Rn 208).

212 **f)** Die **Beweislast** entspricht iErg den Grundsätzen der Produzentenhaftung gem Abs 1(vgl Rn 180 ff). Nach § 1 IV 1 ProdHaftG muss der **Geschädigte** den Fehler (hier uU Anscheinsbeweis), Schaden sowie den ursächlichen Zusammenhang zwischen beiden beweisen. Ihm obliegt der Nachw, dass der Anspruchsgegner Hersteller (oder Quasi-Hersteller: BGH NJW 05, 2696; Fischinger JA 05, 834 ff) des fehlerhaften Produktes ist und eine haftungsbegründende Kausalität zwischen Fehler und Rechtsgutverletzung sowie eine haftungsausfüllende Kausalität zwischen Rechtsgutverletzung und weiterem Schaden besteht. Der **Hersteller** trägt nach § 1 IV 2 ProdHaftG die Beweislast für die Ausschlussgründe in § 1 II und III ProdHaftG (hierzu BGH VersR 09, 1128). Im Hinblick auf § 1 II Nr 2 ProdHaftG („nach den Umständen davon auszugehen") genügt eine hohe Wahrscheinlichkeit, dass das Produkt zum Zeitpunkt seines Inverkehrbringens fehlerfrei war.

213 **g) Unabdingbarkeit der Haftung:** Nach § 14 ProdHaftG sind **Haftungsfreizeichnungen** (Individualvertrag, AGB, Verpackung) im Voraus ausgeschlossen. Dies gilt auch unter Kaufleuten. Mit Eintritt des Schadensfalles (vgl Staud/Oechsler § 14 ProdHaftG Rn 12; auf Rechtsgutverletzung abstellend: MK/G Wagner § 14 ProdHaftG Rn 3) steht § 14 ProdHaftG entspr Vereinbarungen nicht entgg.

214 **h) Konkurrenzverhältnis:** Nach § 15 II ProdHaftG werden (außer)vertragliche Ansprüche nach dem BGB oder aus anderen Gesetzen nicht ausgeschlossen, sondern stehen selbstständig neben dem ProdHaftG (Anspruchskonkurrenz; vgl Vor §§ 823–853 Rn 12 f).

§ 824 Kreditgefährdung

(1) Wer der Wahrheit zuwider eine Tatsache behauptet oder verbreitet, die geeignet ist, den Kredit eines anderen zu gefährden oder sonstige Nachteile für dessen Erwerb oder Fortkommen herbeizuführen, hat dem anderen den daraus entstehenden Schaden auch dann zu ersetzen, wenn er die Unwahrheit zwar nicht kennt, aber kennen muss.

(2) Durch eine Mitteilung, deren Unwahrheit dem Mitteilenden unbekannt ist, wird dieser nicht zum Schadensersatz verpflichtet, wenn er oder der Empfänger der Mitteilung an ihr ein berechtigtes Interesse hat.

I. 1. § 824 dient dem Schutz des wirtschaftlichen Rufes, der sog **Geschäftsehre**, vor unmittelbaren Beeinträchtigungen durch unwahre Tatsachenbehauptungen. **Schutzadressaten** sind neben natürlichen auch juristische Personen, ebenso Handelsgesellschaften iR ihres Gesellschaftszwecks. Anspruchssteller kann auch ein beherrschender Mehrheitsgesellschafter sein, wenn unwahre Tatsachen hins der juristischen Person geäußert werden (BGH NJW 54, 72). 1

2. Konkurrenzen: Neben Abs 1 ist § 823 I wegen Verletzung des allg Persönlichkeitsrechts (§ 823 Rn 90 ff) sowie § 826 anwendbar. Dag verdrängt Abs 1 in seinem Anwendungsbereich der unwahren Tatsachenbehauptung den Auffangtatbestand des Rechts am Unternehmen (BGH NJW 99, 281; Staud/Hager § 824 Rn 3; vgl aber auch § 823 Rn 116). Bedeutung erlangt Abs 1 va im Bereich der fahrlässigen Mitteilung unwahrer Tatsachen. Bei vorsätzlicher „ehrenrühriger" Kreditgefährdung tritt Abs 1 ergänzend neben § 823 II iVm §§ 186, 187 StGB (zur Beweislast s Rn 5). Dient die unwahre Tatsachenäußerung Wettbewerbszwecken, kommt neben Abs 1 ein Anspruch aus §§ 3, 4 I Nr 8, 9 UWG in Betracht. Anspruchskonkurrenz besteht zwischen Abs 1 und den Gegendarstellungsansprüchen nach den Landespressegesetzen (vgl hierzu § 823 Rn 113). Schädigende Werturteile und die Verbreitung wahrer Tatsachen unterfallen hingegen nicht dem Abs 1, sondern werden allein von §§ 823 I, 826 erfasst (BGHZ 65, 328; NJW 06, 839; BGH BB 11, 1169 m Anm Dahlke 1171). 2

II. Anspruchsvoraussetzungen des Abs 1. 1. Der Anspruchsgegner muss eine **Tatsache** behauptet oder verbreitet haben. Tatsachen sind alle konkreten Vorgänge und Zustände in der Vergangenheit oder Gegenwart (nicht der Zukunft: BGH NJW 98, 1224), die objektiv dem Beweis zugänglich sind (BGHZ 132, 21; BGH NJW 97, 2513; Geschäftsaufgabe: BGHZ 59, 79). **Werturteile** sind im Ggs hierzu geprägt durch subjektive Elemente der Stellungnahme, des Meinens und Dafürhaltens (BVerfG NJW 94, 1779; BGH NJW 65, 36: „billiger Schmarren"). 3

Besteht eine **Äußerung aus Tatsachen und Werturteilen**, ist ihr Aussagegehalt im Gesamtzusammenhang zu ermitteln (BGH NJW 97, 2514). Hat die Tatsachenmitteilung eine lediglich ergänzende Funktion oder ist der Tatsachengehalt derart substanzarm, dass er ggü der subjektiven Wertung in den Hintergrund tritt, so handelt es sich bei der Äußerung vom **Schwerpunkt** her insgesamt um ein Werturteil (BGHZ 45, 304; Soergel/Beater § 824 Rn 13 mwN; krit hierzu Larenz/Canaris, SchR II 2 § 79 I 2 d, § 81 III 2 b, § 88 I 3). Warentests, die der Verbraucheraufklärung dienen, qualifiziert die Rspr regelmäßig als bloße Meinungsäußerung (BGHZ 65, 328; s aber auch BGH NJW 89, 1923; zur Bewertung eines Produkts mit „mangelhaft" durch die Stiftung Warentest: OLG Düsseldorf GRUR-RR 12, 297; beachte aber auch LG München Az 9 O 25477/13; anonyme Bewertungen in Hotelbewertungsportalen: OLG Hamburg WRP 12, 485; OLG Köln NJW-RR 95, 1490; zu Negativempfehlungen hinsichtlich der Anwendung von Arzneimitteln: LG Köln GRURPrax 12, 515; die Haftung von Ratingargenturen ggü fehlerhaft bewerteten Staaten u Unternehmen behandelt Arntz BKR 12, 89; zu möglichen Ansprüchen s § 823 Rn 129). 4

2. Behauptung bedeutet Kundgabe der eigenen, **Verbreitung** die Weitergabe einer fremden Ansicht, ohne sie sich zu Eigen zu machen. Der Täter muss seine Äußerung an einen **Dritten** richten. Nicht erforderlich ist, dass er sich an einen größeren Personenkreis wendet. 5

3. Die Tatsachenäußerung muss **der Wahrheit widersprechen**. Das Behaupten und Verbreiten wahrer Tatsachen wird von Abs 1 nicht erfasst (zu möglichen Ansprüchen s Rn 2; s hierzu auch: KirchGruppe vs Deutsche Bank AG: BGHZ 166, 84 ff; LG München BB 11, 514; LG München BB 09, 412; zur Haftung für wahre Äußerungen s Honsell ZIP 13, 444). Für die Beurteilung der Unwahrheit ist auf den **Zeitpunkt** der Mitteilung abzustellen. Entscheidend ist zunächst derjenige Aussagehalt, der sich aus Sicht eines unbefangenen Durchschnittsempfängers nach dem Gesamtinhalt der Äuße- 6 rung ergibt. Die Aussage muss dabei in ihrem **wesentlichen Kern** unwahr sein (BGH NJW 87, 1403), so dass die übertriebene Darstellung von Details nicht schadet, soweit hierdurch das Gesamtbild nicht entscheidend geprägt wird (MK/G Wagner § 824 Rn 26).

7 **4.** Die unwahre Tatsache muss objektiv geeignet sein, **den Kredit eines anderen zu gefährden oder sonstige Nachteile für dessen Erwerb und Fortkommen** herbeizuführen. Eine **Kreditgefährdung** liegt vor, wenn das Vertrauen Dritter darauf, der Betroffene werde seinen Verbindlichkeiten nachkommen, herabgesetzt wird (Bank erteilt Schufa falsche Angaben über einen Kreditnehmer; es wird bekannt, dass gegen einen Schuldner ein Insolvenzantrag gestellt wurde, wobei sich im Nachhinein ergibt, das kein Grund zur Insolvenz vorlag: dazu Rein NJW-Spezial 13, 213). **Erwerb** bezeichnet die gegenwärtige wirtschaftliche Stellung, **Fortkommen** die wirtschaftlichen Zukunftsaussichten. Die Äußerung muss einen Bezug zur wirtschaftlichen Wertschätzung des Anspruchsstellers aufweisen; auf die Ehrenrührigkeit der Aussage kommt es nicht an (BGH NJW-RR 89, 924). Nach hM ist vor dem Hintergrund der Entstehungsgeschichte und dem Schutzzweck der Norm eine **unmittelbare Betroffenheit** der Person bzw des Unternehmens erforderlich (BGHZ 90, 120; MK/G Wagner § 824 Rn 38; krit zum dogmatischen Ansatz Staud/Hager § 824 Rn 7). Die Tatsachenäußerung muss sich mit dem Anspruchsteller selbst befassen (eine Namensnennung ist nicht zwingend erforderlich) oder in engem Bezug zu seinen Verhältnissen, seinem Betrieb oder seiner gewerblichen Leistung stehen. Eine lediglich mittelbare Beeinträchtigung in wirtschaftlichen Belangen genügt nicht. Eine Unmittelbarkeit bzw **Betriebsbezogenheit** (vgl zu diesem Abgrenzungskriterium bereits § 823 Rn 122) fehlt bei sog Systemvergleichen (BGH NJW 63, 1872). Weiterhin fordert der BGH in einschränkender Auslegung des Abs 1, dass die Äußerung geeignet ist, Entscheidungen von (künftigen) Geschäftspartnern des Betroffenen zu beeinflussen (BGHZ 90, 120).

8 **5.** Die Tatsachenäußerung muss **rechtswidrig** geschehen (vgl hierzu § 823 Rn 106).

9 **6. Wahrnehmung berechtigter Interessen:** In Anlehnung an § 193 StGB wird der Täter nach **Abs 2** „nicht zum Schadensersatz" verpflichtet, wenn ihm die Unwahrheit unbekannt ist und er oder der Empfänger an der Mitteilung ein berechtigtes Interesse hat.

10 **a)** Die **dogmatische Einordnung** des Abs 2 ist umstritten. Nach wohl hM handelt es sich um einen speziellen **Rechtfertigungsgrund** (BAG NJW 99, 166; idS auch BGHZ 3, 280; so auch die hM zu § 193 StGB: Staud/Hager § 823 C 95; s auch § 823 Rn 77; für einen Tatbestandsausschluss: RGRK/Steffen § 824 Rn 34; Adomeit JZ 70, 495 ff; Entschuldigungsgrund: Larenz/Canaris, SchR II 2 § 79 I 4 c; Haftungsausschluss: Jauernig/Teichmann § 824 Rn 10 f).

11 **b)** Erforderlich ist, dass dem Täter die **Unwahrheit** der Aussage im Zeitpunkt ihrer Mitteilung **unbekannt** war. Dass die Unkenntnis auf (grober) Fahrlässigkeit beruht, steht der Anwendung des Abs 2 nicht entgg (Soergel/Beater § 824 Rn 51 f).

12 **c)** Auf Seiten des **Täters oder Mitteilungsempfängers** muss ein **berechtigtes Interesse** vorliegen. Abs 2 erfasst auch Interessen der Öffentlichkeit, die insb von den Massenmedien wahrgenommen werden. Erforderlich ist eine **umfassende Interessenabwägung im Einzelfall** (Form oder Medium der Verbreitung sowie Dringlichkeit der Mitteilung). Ein berechtigtes Interesse ist grds bei Äußerungen iR gerichtlicher Verfahren zu bejahen (OLG Celle NJW-RR 99, 385). Die Anwendung des Abs 2 setzt – in Abgrenzung zum Verschulden in Abs 1 (Rn 14) – **ein Mindestmaß an Sorgfalts- bzw Prüfungspflichten** voraus, wobei allerdings auch der Bedeutungsgehalt des Art 5 I GG zu beachten ist. So müssen etwa Presseorgane den Wahrheitsgehalt ihrer Meldungen kontrollieren, und zwar unter Beachtung einer „pressegemäßen Sorgfalt" (BGHZ 132, 24).

13 **d)** Abs 2 greift lediglich ein, soweit ein berechtigtes Interesse objektiv vorliegt; **eine irrtümliche Annahme** eines solchen Interesses genügt nach hM nicht (Soergel/Beater § 824 Rn 53 mwN).

14 **7. Verschulden** (s allg hierzu § 823 Rn 84): Abs 1 setzt (mind) **fahrlässige Unkenntnis** des Täters von der Unwahrheit der Tatsachenäußerung voraus. Das Verschulden muss sich entspr den allg deliktsrechtlichen Regeln auf alle Tatbestandsmerkmale, mithin auch auf die Eignung zur Kreditgefährdung beziehen (hM). Den Schadenseintritt

braucht das Verschulden nicht zu umfassen. **Besondere Sorgfaltsanforderungen** an die Kontrolle des Wahrheitsgehaltes bestehen bei Mitteilungen über Kredit- und Vermögensverhältnisse des Betroffenen sowie bei Verbreitung durch Massenmedien (Presse, Rundfunk, Fernsehen; Soergel/Beater § 824 Rn 45; zur Stiftung Warentest: BGH NJW 86, 981; zur Haftung des Verlegers nach § 831 s dort Rn 7).

8. **Rechtsfolge:** Nach Abs 1 ist der Täter zum Schadensersatz verpflichtet. Insoweit gelten die §§ 249 ff. In Betracht kommt ein Anspruch auf Rücknahme der unwahren Behauptung nach § 249 I (Naturalrestitution; vgl Vor §§ 823–853 Rn 9) sowie auf Ersatz von Vermögensschäden gem § 249 II 1, etwa der erforderlichen Aufwendungen zur Abwehr drohender wirtschaftlicher Nachteile (richtig stellende Anzeige; s aber auch BGHZ 66, 191; NJW 86, 982: Beschränkung auf presserechtlichen Gegendarstellungsanspruch). Bei schuldloser aber rechtswidriger Mitteilung besteht ein Anspruch auf (vorbeugende) Unterlassung und Beseitigung durch Widerruf entspr § 1004 I (Vor §§ 823–853 Rn 10 f; sowie § 1004). Im Fall des Abs 2 hat der Verletzte bei drohender Wiederholung einen Anspruch auf Unterlassung, soweit die Störung fortwirkt, einen Anspruch auf Beseitigung in Form des Widerrufs der Äußerung, da es kein berechtigtes Interesse an einer zukünftigen Verbreitung unwahrer Tatsachen gibt (BGHZ 90, 126; BGH DB 74, 1429). 15

III. Im Hinblick auf **Abs 1** trägt der Anspruchssteller die **Beweislast** für die Unwahrheit der Tatsachenmitteilung, das Verschulden des Täters (keine Verschuldensvermutung, auch wenn Unwahrheit objektiv feststeht) sowie den Schadenseintritt. Im Hinblick auf den Rechtfertigungsgrund in **Abs 2** muss der Mitteilende beweisen, dass ein berechtigtes Interesse bestand. Dem Verletzten obliegt der Beweis, dass der Täter positive Kenntnis von der Unwahrheit hatte bzw das geringste Maß an verkehrsüblicher Sorgfalt außer Acht gelassen hat. Stützt der Kläger seinen Anspruch auf **§ 823 II iVm § 186 StGB** muss der Mitteilende grds den Wahrheitsbeweis führen (Staud/Hager § 824 Rn 2). 16

§ 825 Bestimmung zu sexuellen Handlungen

Wer einen anderen durch Hinterlist, Drohung oder Missbrauch eines Abhängigkeitsverhältnisses zur Vornahme oder Duldung sexueller Handlungen bestimmt, ist ihm zum Ersatz des daraus entstehenden Schadens verpflichtet.

Im Zuge der Schadensersatzrechtsreform (Vor §§ 823–853 Rn 17) hat der Gesetzgeber den zopfigen Begriff der „Frauensperson" in § 825 aF gestrichen (zur Vorschrift Kilian JR 04, 309 ff; Strätz JZ 03, 448 ff; Müller VersR 03, 7). Nunmehr gewährt § 825 verfassungskonform jedermann Schutz vor Verletzung seiner sexuellen Selbstbestimmung. Einbezogen in den Schutzbereich sind damit gleichermaßen Frauen, Kinder, Jugendliche und Männer. Die Neufassung gilt gem Art 229 § 8 I Nr 2 EGBGB, sofern das schädigende Ereignis nach dem 31.7.02 eingetreten ist (Zur Verjährung nach der Schuldrechtsmodernisierung s Franke/Strnad FamRZ 12, 1535). Der Begriff der sexuellen Handlung ist dem Strafrecht entlehnt (s dort die §§ 174 ff StGB). Das Opfer muss zu einer solchen Handlung durch Hinterlist, Drohung oder den Missbrauch eines Abhängigkeitsverhältnisses (Bsp Schüler/Lehrerin, Opfer/Geistlicher; s zu den Tatbestandsmerkmalen Palandt/Sprau § 825 Rn 2 ff) bestimmt werden. § 825 ist auf den Ersatz sämtlicher Vermögensschäden gerichtet. Nach § 253 II besteht ferner ein Anspruch auf Schmerzensgeld und damit Ersatz eines Nichtvermögensschadens (§ 253 Rn 13). Da in § 253 II die sexuelle Selbstbestimmung ausdrücklich erwähnt wird, ist die Zahlung eines Schmerzensgeldes weder an die besonderen Erfordernisse für den Geldersatz bei Persönlichkeitsrechtsverletzungen gekoppelt (vgl hierzu § 253 Rn 14; § 823 Rn 112) noch muss die Schwelle einer Körper- oder Gesundheitsverletzung überschritten sein (G Wagner NJW 02, 2064). Neben § 825 kommen Ansprüche aus § 823 I wegen Verletzung des allg Persönlichkeitsrechts (s dazu § 823 Rn 90 ff), aus § 823 II iVm den §§ 174 ff StGB als Schutzgesetze (vgl hierzu § 823 Rn 141 ff) sowie aus § 826 in Betracht. Angesichts dieser Anspruchskonkurrenz (vgl Vor §§ 823–853 Rn 12) dürfte 1

§ 825 auch in seinem neuen Gewande nur eine geringe Praxisrelevanz zukommen (Palandt/Sprau § 825 Rn 1; vgl zu § 825 aF Staud/Hager § 825 Rn 1). Der Gesetzgeber sah sich an der Aufhebung der Vorschrift gehindert, da dies den Fehlschluss nahe gelegt hätte, die Legislative spreche „der sexuellen Selbstbestimmung der Frau" ihre Bedeutung ab (BT-Drucks 14/7752, 26). Durch den tatbestandlichen Ausbau entfaltet die Vorschrift – gerade im Zusammenspiel mit der offiziellen Gesetzesüberschrift – jedenfalls eine erhebliche Signalwirkung (Strätz JZ 03, 451, 454).

§ 826 Sittenwidrige vorsätzliche Schädigung

Wer in einer gegen die guten Sitten verstoßenden Weise einem anderen vorsätzlich Schaden zufügt, ist dem anderen zum Ersatz des Schadens verpflichtet.

1 **I. 1. Funktion:** § 826 stellt neben § 823 I („sonstiges Recht") und § 823 II („Schutzgesetz") die „**dritte kleine Generalklausel**" im Deliktsrecht dar (Medicus/Lorenz, SchR II Rn 1238). § 826 enthält einerseits das ausfüllungsbedürftige Merkmal der „guten Sitten", wird andererseits in seiner tatbestandlichen Offenheit durch das Erfordernis des Schädigungsvorsatzes begrenzt. § 826 setzt abw von § 823 I nicht voraus, dass ein bestimmtes Rechtsgut oder Recht verletzt wird. Gleichermaßen erfordert § 826 anders als § 823 II keinen Verstoß gegen ein Schutzgesetz. Voraussetzung ist allein eine sittenwidrige Schadenszufügung. Insoweit hat § 826 eine **Ergänzungsfunktion** (Larenz/Canaris, SchR II § 78 I 2 a). Der offene Begriff der „guten Sitten" ermöglicht darüber hinaus dem Rechtsanwender, einem Wandel der Wertmaßstäbe Rechnung zu tragen und hierdurch das Deliktsrecht dynamisch fortzuschreiben (**Entwicklungsfunktion**).

2 **2.** § 826 steht in **Anspruchskonkurrenz** zu anderen Deliktstatbeständen inner- und außerhalb des BGB (vgl Vor §§ 823–853 Rn 12) und ist mithin **nicht subsidiär** (vgl zum Eingriff in das Recht am Unternehmen § 823 I Rn 116). Eine Ausn bildet die Sonderregel des § 839, der in seinem Anwendungsbereich den § 826 im Allg verdrängt (BGH VersR 83, 640; s hierzu auch § 839 Rn 47). Nach Ansicht des BGH geht auch § 2287 als Sondervorschrift dem § 826 vor (BGHZ 108, 78). §§ 123, 138 (BGH WM 75, 326), 242, 463 S 2 aF (s §§ 437 Nr 3, 280 ff, 311 a II) schließen dag § 826 nicht aus. Vielmehr kann auch nach Ablauf der Anfechtungsfrist in § 124 Schadensersatz gem § 826 verlangt werden (BGHZ 42, 41; BGH NJW 62, 1198). Allerdings gerät § 826 vielfach dadurch in Wegfall, dass der Vertrag gem § 138 (etwa ein Sicherungsvertrag bei anfänglicher Übersicherung: BGH GS NJW 98, 674; BGH NJW 98, 2047; Baur/Stürner § 57 Rn 29 e) bzw § 142 I nichtig oder eine Rechtsausübung iSd § 242 als missbräuchlich einzustufen ist und hierdurch ein Vermögensschaden ausscheidet. Das Vorliegen eines EBV sperrt nicht den Rückgriff auf § 826; vgl Vor §§ 987–1003 Rn 8. Tatbestände des UWG und § 826 stehen selbstständig nebeneinander (s etwa BGH NJW 98, 77), wobei der Anspruch aus § 826 nach §§ 195, 199, nicht aber gem § 11 UWG verjährt (zu § 852 aF: BGH NJW 13, 939; NJW 12, 1789 m Anm Budzikiewicz NJ 12, 340; BGH VersR 12, 372 m Anm Lemcke RuS 12, 155; BGH NJW 12, 447; BGHZ 36, 256; OLG Köln IBR 13, 151; Franke/Strnad FamRZ 12, 1535). Zum Verhältnis von § 826 zur Anfechtung nach dem AnfG, der KO bzw InsO s Rn 15. Zur Anwendbarkeit des § 826 neben §§ 987 ff beachte Horn JA 12, 575.

3 **II. Anspruchsvoraussetzungen: 1. Schaden:** a) § 826 erfordert weder die Verletzung eines Rechtsguts bzw Rechts iSd § 823 I noch einen Verstoß gegen ein Schutzgesetz iSd § 823 II. Durch den Verstoß gegen die guten Sitten muss vielmehr ein Schaden entstanden sein. Hierunter fallen (primäre) **Vermögensschäden** unter Einschluss hinreichend konkretisierter Erwerbsaussichten (MK/G Wagner § 826 Rn 37; zur Erstattung von Geldbußen: BAG NJW 01, 1963) sowie die Beeinträchtigung rechtlich anerkannter Interessen und damit **Nichtvermögensschäden**.

4 **b) Schutzzweckzusammenhang:** Neben das Erfordernis, dass die jeweilige Schadensfolge vom Vorsatz erfasst sein muss (Rn 9), tritt nach hM (BGHZ 96, 236; Soergel/Hönn § 826 Rn 69 ff) als weiteres **haftungsbegrenzendes Korrektiv der persönliche und gegenständliche Schutzbereich** des § 826. Ersatzpflichtig ist derjenige Schaden, der in den

Schutzbereich der Norm fällt. Daher haftet etwa der Verkäufer eines Kfz, der den Käufer arglistig getäuscht hat, nicht für den Personenschaden des Käufers oder Dritter durch einen Verkehrsunfall, wenn dieser nicht auf dem verschwiegenen Mangel beruht (BGHZ 57, 143; Soergel/Hönn § 826 Rn 72).

2. Der Tatbestand des § 826 kann sowohl durch **Handeln** als auch **Unterlassen** (hierzu § 823 Rn 56) erfüllt werden, wenn dem Täter nach den guten Sitten eine Pflicht zum Tätigwerden oblag (BGH MDR 01, 1166; Verschweigen eines Unfallschadens bei Gebrauchtwagen: BGHZ 57, 142).

3. **Verstoß gegen die guten Sitten: a)** Die schädigende Handlung ist als sittenwidrig einzustufen, soweit sie im Widerspruch zum „**Anstandsgefühl aller billig und gerecht Denkenden**" steht (stRspr; BGH ZIP 04, 1598; NJW 91, 914; vgl auch § 138 Rn 3). Nach Ansicht des BGH ist erforderlich, dass das Vorgehen „mit den Grundbedürfnissen loyaler Rechtsgesinnung unvereinbar ist" (BGH WM 93, 2207). Der Begriff der guten Sitten in § 826 erfasst danach ein rechtsethisches Minimum, dessen Respektierung von jedermann zu erwarten ist (Larenz/Canaris, SchR II 2 § 78 II 1 b; s zu den guten Sitten als Schranke der Privatautonomie: Armbrüster/Wassermann AL 12, 15; zur Einhaltung des rechtsethischen Minimums beim Aufruf zur Durchführung eines Unterstützungsstreiks der Fluglotsen beachte ArbG Frankfurt GWR 12, 282). Dabei ist weder auf die strenge moralische Anschauung noch auf die lockere Ansicht bestimmter Kreise oder einzelner Personen abzustellen. Maßgeblich ist vielmehr das Unwerturteil des „**anständigen Durchschnittsmenschen**" (vgl § 138 Rn 3; zu grenzüberschreitenden Sachverhalten s Rn 20). Bezieht sich das zu beurteilende Verhalten allein auf einen **begrenzten Personenkreis**, so kommt es auf dessen Wertmaßstäbe an (die guten Sitten des durchschnittlichen Kaufmannes oder Gewerbetreibenden), sofern nicht die Anschauungen der Allgemeinheit strenger sind (Soergel/Hönn § 826 Rn 25). Maßgeblich sind die Verhaltensmaßstäbe im **Zeitpunkt** der Handlung (s hierzu auch § 138 Rn 5), die mithin einem Wandel unterliegen können (zur vergleichenden Werbung: BGHZ 138, 61; zur Testierfreiheit: BGHZ 140, 118 = NJW 99, 566; Staudinger Jura 00, 467; BVerfG FamRZ 04, 765 m Anm Staudinger; Gutmann NJW 04, 2347; Otte ZEV 04, 393; BGH NJW 06, 2856; s auch die Entscheidung des EuGH für Menschenrechte v 17.11.05; Gaier ZEV 06, 2 ff; Kroffenberg DNOTZ 06, 86 ff; Otte FamRZ 06, 309; zur Prostitution: Prostitutionsgesetz, BGBl I 01, 3983; angesichts dieser Gesetzesnovelle lässt sich die von Teilen der Judikatur befürwortete Sittenwidrigkeit von Telefonsexverträgen nicht mehr aufrecht erhalten; vgl BGH NJW 08, 140 = JA 08, 384; mit Blick auf das UWG: BGH JZ 07, 477 m Anm Armbrüster JZ 07, 479 f; BGH NJW 02, 361; MK/Armbrüster, § 1 ProstG Rn 17, 23; es bleibt abzuwarten, inwieweit auch bei anderen Fallgestaltungen eine Abkehr von angestammten Grundsätzen geboten ist; so erscheint zweifelhaft, weshalb es sanktionslos bleiben soll, wenn ein Ehegatte gegen eine Vereinbarung über Empfängnisverhütung verstößt; s hierzu Grziwotz FamRZ 02, 1156; anders noch BGHZ 97, 372; auch das Sittenwidrigkeitsverdikt bzgl des Geliebten- oder Mätressentestaments bedarf wohl einer Korrektur; dies lässt noch offen: OLG Düsseldorf FamRZ 09, 545; eine Abkehr von der früheren Judikatur des BGH befürworten MK/Armbrüster § 1 ProstG Rn 26; Frank/Helms, Erbrecht, 6. Aufl 13, S 47 Rn 13; Staud/Otte Vor §§ 2064-2086 Rn 147; s zur Judikatur § 138 Rn 7; zur zivilrechtlichen Haftung des Stalkers: Keiser NJW 07, 3387 ff. Beachte zur Schadensersatzpflicht einer geschiedenen Frau ggü dem (geschiedenen) Ehemann für den Unterhaltsaufwand zugunsten des scheinehelichen Kindes: BGH NJW 13, 2108 (hierzu Erbarth NJW 13, 3478; Helms FamRZ 13, 943; Löhnig/Preisner NJW 13, 2080). Hinsichtlich der Schadensersatzpflicht des Ehegatten aufgrund des Vorwurfs von Straftaten, die er ggü seinen Kindern und seinem Gatten begangen haben soll, vgl OLG Dresden FamRZ 13, 410). Die ausfüllungsbedürftige Generalklausel der „guten Sitten" ist auch Einfallstor für eine **mittelbare Drittwirkung der Grundrechte** (vgl hierzu § 138 Rn 3).

b) Entscheidend ist eine **Würdigung aller Umstände des konkreten Einzelfalles**. Die Sittenwidrigkeit kann sich aus dem eingesetzten Mittel (Täuschung, Drohung, Gewalt), dem verfolgten Zweck (Existenzvernichtung), aus der Mittel-Zweck-Relation oder den eingetretenen Folgen ergeben. Auch subjektive Elemente wie das Motiv des Täters (krasser Eigennutz, Rach- bzw Gewinnsucht) oder seine Leichtfertigkeit (BGH NJW 91, 3283) können einen Sittenverstoß begründen. Diese Wertungskriterien stehen in keiner starren Hierarchie und sind nicht isoliert zu betrachten. Sie bilden vielmehr ein bewegliches System zur Beurteilung der Sittenwidrigkeit (MK/G Wagner § 826 Rn 9) und sind in eine **Gesamtschau** einzustellen. Eine Orientierungshilfe bieten insoweit die unter Rn 13 ff genannten Fallgruppen.

8 **4. Rechtswidrigkeit:** Da § 826 an eine vorsätzliche sittenwidrige Schädigung eine Ersatzpflicht knüpft, enthält das Gesetz zugleich ein Verbot dieses Verhaltens. Damit **ist jede sittenwidrige Schadenszufügung iSd § 826 auch rechtswidrig** (MK/Mertens, 3. Aufl 97, § 826 Rn 5) und zwar selbst dann, wenn der Täter ein ihm formal zustehendes Recht ausübt, etwa die Zwangsvollstreckung aus einem materiell unrichtigen Urt betreibt (vgl Rn 17) oder eine wahre, jedoch schädigende Tatsachenbehauptung aufstellt (zur Interviewäußerung des Vorstandssprechers einer Geschäftsbank zur Kreditwürdigkeit einer Unternehmensgruppe s OLG München WM 13, 795 ff; zur Meinungsfreiheit bei Äußerungen über ein Unternehmen mit kritisierendem und nachteiligem Inhalt beachte OLG München NJW-RR 12, 947; zur Haftung für wahre Äußerungen vgl Honsell ZIP 13, 444). Dag begründet nicht jede Rechtsverletzung – etwa ein Vertragsbruch (Rn 14) – automatisch einen Verstoß gegen die guten Sitten (MK/G Wagner § 826 Rn 15; Soergel/Hönn § 826 Rn 14). Erforderlich ist vielmehr, dass das Handeln nach Würdigung der Gesamtumstände dem rechtsethischen Minimum widerspricht (Rn 6).

9 **5. Schädigungsvorsatz: a)** Abw von § 823 (s dort Rn 84) bezieht sich das **Verschulden** (zur Verschuldensfähigkeit s §§ 827 f) in § 826 nach dem Gesetzeswortlaut auf den **Schaden**. Ersatzpflichtig sind alle (mittelbaren) Schadensfolgen, die der Täter vorsätzlich zugefügt hat. Dabei genügt es, dass er den Schadenseintritt als möglich voraussieht und diese Folge billigend in Kauf nimmt (dolus eventualis; BGH ZIP 04, 1598; auch Angaben „ins Blaue hinein": BGH NJW 91, 3283). **Grobe Fahrlässigkeit** reicht hingegen als Schuldform nicht aus (str; s etwa BGH NJW 92, 3174). Im Einzelfall lässt jedoch ein leichtfertiges Handeln als subjektives Sittenwidrigkeitselement (Rn 7) einen Rückschluss auf den Eventualvorsatz zu (BGHZ 129, 177; BGH NJW 91, 3283). Vorsätzliches Handeln iSd § 826 setzt nicht voraus, dass der Täter eine genaue Vorstellung vom Kausalverlauf, Umfang des Schadens oder der Person des Geschädigten hat. Er muss jedoch die **gesamten Schadensfolgen** sowie **Art und Richtung des Schadens** in seinen (bedingten) Vorsatz aufgenommen haben (BGH NJW 91, 636 mwN).

10 **b)** Nach hM (BGHZ 8, 87; Soergel/Hönn § 826 Rn 61; abw Mayer-Maly AcP 170 (70), 153 ff) muss sich der Vorsatz auf diejenigen Umstände erstrecken, aus denen die Sittenwidrigkeit folgt. Der Täter braucht **nicht im Bewusstsein der Sittenwidrigkeit zu handeln**, da andernfalls seine Gewissenlosigkeit prämiert würde. War der Schädiger der redlichen Überzeugung, er verhalte sich im Einklang mit Recht und Sitte, so kann hierdurch der Vorwurf der Sittenwidrigkeit iSd § 826 entfallen (BGHZ 101, 388; MK/G Wagner § 826 Rn 32 ff, der allerdings zudem die Unvermeidbarkeit des Irrtums fordert).

11 **6. Rechtsfolge:** § 826 bildet die Grundlage für **Schadensersatz-** sowie (vorbeugende) **Unterlassungs- und Beseitigungsansprüche** (vgl hierzu Vor §§ 823–853 Rn 10 f; § 1004; zum „Aufnahmeanspruch" in einen Verein s Rn 18). Inhalt und Umfang des Schadensersatzanspruchs bestimmen sich nach den §§ 249 ff einschließlich des § 254 (grds keine Schadensminderung bei einfacher Fahrlässigkeit des Geschädigten und vorsätzlichem Handeln des Täters: BGHZ 98, 158; selbst grobe Fahrlässigkeit schadet nicht, wenn der Täter mit dolus directus handelt: BGH NJW 92, 311). Der Anspruch aus § 826 kann auch einredeweise geltend gemacht werden (Soergel/Hönn § 826 Rn 95).

12 **7. Beweislast:** Der Anspruchssteller muss grds alle Tatbestandsvoraussetzungen beweisen, mithin neben dem Schadenseintritt auch subjektive Elemente der Sittenwidrigkeit und das Verschulden des Täters (MK/G Wagner § 826 Rn 43; zur Indizwirkung des Täterverhaltens s Rn 9).

III. 1. Die nachfolgenden **Fallgruppen** bieten lediglich eine erste Orientierungshilfe, um 13 das Merkmal der Sittenwidrigkeit zu konkretisieren. Sie sind weder abschließend noch befreien sie von einer sorgfältigen Prüfung anhand der Einzelfallumstände.

a) **Mitwirken an fremder Vertragsverletzung:** Hauptfall bildet der **Doppelverkauf** einer 14 Sache (BGH NJW 81, 2184). Allein die bloße Kenntnis des Zweitkäufers vom Vertragsbruch genügt regelmäßig nicht, ihn gem §§ 826, 249 I zur Herausgabe und Übereignung der Sache an den Erstkäufer zu verpflichten. Der Kaufvertrag bindet nur die beteiligten Vertragsparteien, so dass der obligatorische Anspruch nach hM wegen seines relativen Charakters keinen Deliktsschutz genießt (vgl § 823 Rn 30). Auch nach der Mindermeinung scheidet § 826 aus, da der Zweitkäufer nicht in die „Forderungszuständigkeit" eingreift. Seine Einwirkung beschränkt sich vielmehr allein auf den Kaufgegenstand (Larenz/Canaris, SchR II 2 § 78 IV 1 a). **Das Verleiten zum Vertragsbruch** ist dann als sittenwidrig iSd § 826 einzustufen, wenn besondere Umstände vorliegen (BGHZ 12, 317; s auch BGH NJW-RR 99, 1186). Dies gilt etwa für den Fall, dass der Zweitkäufer verspricht, den Verkäufer von allen Ansprüchen des Erstkäufers (s § 437) freizustellen (BGH NJW 81, 2185; ähnl BGH NJW 94, 129). Die Sittenwidrigkeit kann sich auch daraus ergeben, dass der Dritte den Vertragsbruch durch Täuschung oder widerrechtliche Drohung (zur Vereitelung eines Anspruchs aus Vermächtnis: BGH NJW 92, 2153) herbeiführt oder mit dem Verkäufer planmäßig (kollusiv) zusammenwirkt (BGH WM 73, 18). Ebenso handelt ein Arbeitgeber sittenwidrig, der durch entspr Anordnung in Kauf nimmt, dass sein Kraftfahrer gegen Vorschriften über Lenk- und Ruhezeiten verstößt (BAG NJW 01, 1963).

b) **Gläubigerbenachteiligung und –gefährdung** (zur Existenzvernichtungshaftung s unter f): Im Falle der **Konkurs- bzw Insolvenzverschleppung** (vgl etwa BGH VersR 12, 15 1525; BGHZ 96, 231; zu den diesbezgl Voraussetzungen einer Durchgriffshaftung von GmbH-Gesellschaftern s LAG Düsseldorf GwR 13, 204 [die Revision ist beim BAG unter dem Az 8 AZR 45/13 anhängig]) erlangt § 826 Bedeutung, soweit der Gläubiger nicht in den Schutzbereich der §§ 92 II AktG, 64 I GmbHG fällt (beachte die Reform des GmbH-Rechts durch das MoMiG, BGBl I 08, 2026 ff, welches am 1.11.08 in Kraft getreten ist: Der § 15 a InsO ersetzt die Insolvenzantragspflichten aus §§ 64 I GmbHG, 92 II AktG, 99 GenG und 130 a HGB durch eine rechtsformneutrale Ausgestaltung und ist Schutzgesetz iSv § 823 II; s Haas ZIP 09, 1257, 1258; Piekenbrock ZIP 10, 2421, 2426 ff; Poertzgen NZI 08, 9, 11; Poertzgen/Meyer WM 10, 968, 970; Steffek JZ 09, 77, 81) fällt, die ihrerseits als Schutzgesetze iSd § 823 II anerkannt sind (BGHZ 108, 136: Bundesanstalt für Arbeit). Eine Vermögensverschiebung im Vorfeld der Insolvenz kann einen Anspruch aus § 826 begründen, wenn die Sittenwidrigkeit über das in den vorrangigen Sonderregeln der Gläubiger- (§ 3 AnfG: BGHZ 130, 330; BGH NJW 96, 1283; §§ 1, 11 AnfG: BGH ZIP 00, 1540; s nunmehr auch die Neufassung des AnfG, BGBl I 94, 2911 ff) und Konkurs- (§§ 29 ff KO: BGHZ 56, 355) bzw Insolvenzanfechtung (§§ 129 ff InsO) geregelte Maß hinausgeht (Verschleuderung des Gesellschaftsvermögens: BGH WM 96, 588; krit hierzu vor dem Hintergrund der Aufhebung des § 419 durch Art 33 Nr 16 EGInsO: Staud/Oechsler § 826 Rn 338). Zur Verteilung titulierter Unterhaltsansprüche s OLG Hamm OLGR 05, 272.

c) **Erteilen fehlerhafter Auskünfte:** § 826 kommt uU dann in Betracht, wenn jemand 16 falsche Auskünfte über die Kreditwürdigkeit erteilt (BGH BB 54, 457), fehlerhafte *Gutachten* erstattet (zur Haftung von Sachverständigen s § 839 a sowie die Angaben unter Vor §§ 823–853 Rn 17; zur Haftung des gerichtlichen Sachverständigen vor Inkrafttreten des Schuldrechtsmodernisierungsgesetzes s OLG Koblenz VersR 13, 367) bzw Kapitalanleger durch falsche Prospekte (BGH WM 13, 689; BGH WM 06, 905; NJW-RR 05, 556; NJW-RR 05, 751 = BB 05, 963 m Anm Gehrlein; s auch Bachmann JZ 12, 578; zu Warenterminoptionsgeschäften: BGH NJW-RR 99, 843; BGHZ 124, 151; in Bezug auf die Schädigung von Kapitalanlegern durch falsche Garantieversprechen beachte BGH VersR 13, 200; zur Haftung von Ratingagenturen ggf fehlerhaft bewerteter Staaten u Unternehmen: Arntz BKR 12. 89) oder unzutreffende Ad-hoc-Mitteilungen täuscht (BGH DB 08, 635; ZIP 07, 1560; ZIP 07, 1564; zur persönlichen Haftung der Vorstandsmitglieder für fehlerhafte Ad-hoc-Mitteilungen s BGH NJW 05,

2450; OLG Frankfurt aM BB 05, 1648; OLG München ZIP 06, 1247; OLG München BB 05, 1651; hierzu Fleischer ZIP 05, 1805; Hutter/Stürwald NJW 05, 2428 ff; Kort NZG 05, 708; Möllers BB 05, 1637; Schäfer NZG 05, 985; s auch BGH ZIP 04, 1593; 1599; 1604; hierzu Fleischer DB 04, 2031 ff; Körner NJW 04, 3386; Kort AG 05, 21; ders NZG 05, 496; Leisch ZIP 04, 1573 ff; zum – vielfach zu recht kritisierten – Kapitalanleger-Musterverfahrensgesetz s Hess ZIP 05, 1713 ff; Gansel/Gängel NJ 06, 13 ff; Maier-Reimer/Wilsing ZGR 06, 79 ff; zur Sittenwidrigkeit im Vorfeld von Vertragsverhandlungen s OLG München ZIP 13, 558). Während bei der vertraglichen Haftung (vgl hierzu § 676) nur den Vertragspartner eine Ersatzpflicht trifft, haftet nach § 826 etwa auch der Stellvertreter, ohne dass es auf die besonderen Voraussetzungen einer Eigenhaftung aus „cic" nach §§ 241 II, 311 II, III ankommt. Vielfach wird in der Falschauskunft eine Täuschung liegen, welche einen Verstoß iSd § 826 zu begründen vermag. Im Übrigen kann sich eine Sittenwidrigkeit auch bei leichtfertigem Handeln bzw Unterlassen des Schädigers ergeben. Zur Haftung für das Ausstellen fehlerhafter Arbeitszeugnisse s BGHZ 74, 288 sowie § 823 Rn 130; zur Haftung bei Missbrauch des Lastschriftverfahrens zur risikolosen Kreditgewährung s NJW-RR 09, 1207 ff u M Wagner NZI 10, 785 ff.

17 d) Durchbrechung der Rechtskraft: Wird ein Verfahren rechtskräftig durch Urt abgeschlossen, kann die Rechtskraft verfahrensrechtlich nur unter den strengen Voraussetzungen der Abänderungsklage (§ 323 ZPO) oder Wiederaufnahme des Verfahrens (§§ 578 ff ZPO) durchbrochen werden (zu der Rechtskraft entgegenstehendem Gemeinschaftsrecht s EuGH JZ 08, 141 ff; zur Durchbrechung d Rechtskraft eines verwaltungsgerichtlichen Verpflichtungsurteils im Flüchtlingsrecht: BVerwG Urt v 10.10.12 Az 10 B 11/12; hinsichtlich der Geltung des § 584 I ZPO bei Schadensersatzklagen aus § 826 beachte LAG Rheinland-Pfalz PStR 13, 228). Nach der Rspr ist darüber hinaus ein Anspruch aus § 826 zulässig, gerichtet auf Herausgabe des Titels, Unterlassen der Zwangsvollstreckung bzw Ersatz des durch die Vollstreckung eingetretenen Schadens. Dies gilt jedoch nur in eng begrenzten Ausnahmefällen, da andernfalls die Rechtskraft ausgehöhlt und die Rechtssicherheit beeinträchtigt würden (BGHZ 112, 58; BGH NJW 98, 2818; 99, 1258; s auch Klados JuS 97, 705 ff; abl Baumbach/Lauterbach Einf §§ 322–327 Rn 30 ff; im Hinblick auf inländischen Rechtsschutz gegen ausländische Titel s Stürner RabelsZ 71 [07], 597 ff; BGH MDR 12, 368 m Anm Vollkommer; zur Anwendung von § 826 auf Prozessvergleiche s Zeising NJ 12, 1). Neben der **Kenntnis des Täters** von der **materiellen Unrichtigkeit des Titels** müssen **weitere besondere Umstände** hinzutreten, die sich aus Art und Weise der Titelerlangung oder der beabsichtigten Vollstreckung ergeben und das Vorgehen des Gläubigers als sittenwidrig prägen (BGH NJW 05, 2994; 99, 1258; zum Einwand der sofortigen Rückforderung wegen Titelmissbrauchs vgl BGH GRUR-RR 12, 232). Dies ist bspw dann zu bejahen, wenn der Täter das unrichtige Urt vorsätzlich erschleicht, indem er Zeugen zu Falschaussagen verleitet. Die materielle Rechtskraft eines unrichtigen **Vollstreckungsbescheides** kann durchbrochen werden, wenn der Täter bei Ratenkreditverträgen in Kenntnis der Unschlüssigkeit seines Anspruchs das Mahnverfahren wählt und hiermit einen geschäfts- bzw prozessunkundigen und daher schutzbedürftigen Schuldner überzieht (vgl auch BGH NJW 98, 2818; NJW 99, 1258; LG Heilbronn NJW 03, 2390; Schöpflin JA 99, 742 ff; das Mahnverfahren ist bei sittenwidrigen Ratenkreditverträgen nunmehr gem § 688 II Nr 1 ZPO ausgeschlossen; zu Partnerschaftsvermittlungsverträgen: LG Stuttgart NJW 94, 330; zu einem nicht erschlichenen Vollstreckungsbescheid über ein wucherisches Darlehen: OLG Nürnberg MDR 02, 968; zu sittenwidrigen Ehegattenbürgschaften: BGH NJW 02, 2943 m Anm Hau BKR 02, 820 f) Nach Ansicht des BGH kann die Vollstreckung aus einem vor der Bundesverfassungsgerichtsentscheidung aus dem Jahre 93 erwirkten Urt über eine Bürgschaftsforderung, die im Lichte des mittlerweile geltenden Richterrechts im Widerspruch zu § 138 I steht (§ 765 Rn 11; § 138 Rn 11), grds nicht mit Hilfe des § 826 abgewehrt werden (zur Frage einer Analogie zu § 79 BVerfGG s § 765 Rn 11). Der BGH hat ausdrücklich offen gelassen, ob das Institut der Restschuldbefreiung in den §§ 286 ff InsO (s § 765 Rn 11) den Rückgriff auf § 826 einschränkt oder gar ausschließt (zur Frage eines Ausschlusses der Anwendung von § 138 bei einer Restschuldbefreiung gem §§ 286 ff InsO s BGH NJW 09, 2671; dazu Krüger NJW 09, 3408).

e) Die Sittenwidrigkeit wird uU dadurch begründet, dass jemand seine **wirtschaftliche** **Machtposition ausnutzt**, etwa im Wege eines **Boykottaufrufs** (vgl allg hierzu BVerfGE 25, 263). § 826 wurde ferner beim „**Bummelstreik**" der Fluglotsen bejaht (BGHZ 70, 280; zu Arbeitskampfmaßnahmen als Eingriff in das Recht am Unternehmen vgl § 823 Rn 124, 133). § 826 gilt etwa auch im Fall des **Missbrauchs einer Monopolstellung** (Stromversorgungsunternehmen: BGH MDR 80, 121) oder **Vereins- bzw Verbandsmacht** (zum Aufnahmeanspruch in Anlehnung an §§ 826, 249 I: BGHZ 140, 77; s auch § 39 Rn 3; krit zum Kontrahierungs- und Aufnahmezwang: Staud/Oechsler § 826 Rn 266 ff, 429 ff). Ein Sittenverstoß kann uU in dem **Missbrauch der Vertretungsmacht** liegen (s hierzu auch § 167 Rn 9; zur Haftung eines Bevollmächtigten im Falle des Missbrauchs einer Generalvollmacht bei der Errichtung einer Gesellschaft s BGH MDR 11, 1305 f m Anm Förster JA 12, 150 ff). Schließlich ist ein solcher angenommen worden für den Missbrauch des Klagerechts durch einen „Berufskläger" (LG Frankfurt BB 07, 2362, Rn 36). Auch das Drängen zum Vertragsschluss unter wiederholter Abgabe von Gewinnzusagen kann wegen der damit verbundenen Einwirkung auf die Entschließungsfreiheit als sittenwidrig anzusehen sein. Durch § 661 a wurde keine dem entgegenstehende gesetzgeberische Wertung getroffen (BGH VUR 06, 446, 447).

f) Weiter ist eine Haftung des Gesellschafters aus § 826 in Fällen des **existenzvernichtenden Eingriffs** seit der BGH-Entscheidung „Trihotel" (BGH NJW 07, 2689 = ZIP 07, 1552 m Anm Dauner-Lieb ZGR 08, 34 ff; Paefgen DB 07 1907 ff; Weller ZIP 07, 1681 ff; s auch BGH WM 08, 302; Gehrlein WM 08, 761 ff; Hönn WM 08, 769 ff; Schwab ZIP 08, 342 ff und Staudinger AnwBl 08, 316 ff mit Blick auf Auslandsgesellschaften und anstehende Rechtsentwicklungen; Steffek JZ 09, 77 ff) anerkannt. Der Gesellschafter, welcher seiner GmbH bestandsnotwendiges Vermögen entzieht und sie somit in die Insolvenz führt, haftet der Gesellschaft im Innenverhältnis aus § 826 auf Schadensersatz. Dabei wird das Tatbestandsmerkmal der sittenwidrigen Schädigung durch das Gesellschaftsrecht konturiert und konkretisiert. Sie erstreckt sich grds nicht auf die Unterkapitalisierung der Gesellschaft (offen gelassen in Bezug auf die mögliche persönliche Haftung eines Gesellschafters: BGH DB 08, 1423). Ab Entziehung des Vermögens schuldet der Gesellschafter darüber hinaus Verzinsung iHv 5 % über dem Basiszinssatz (BGH DB 08, 520). Der Schadensersatzanspruch aus § 826 konkurriert frei mit den §§ 31, 30 GmbHG, soweit sie sich überschneiden. Eine (abschließende) Kodifizierung dieser gesetzten richterrechtlichen Weiterentwicklung des Kapitalschutzrechts ist auch nicht durch das MoMiG (BGBl I 08, 2026 ff) erfolgt. Zur Existenzvernichtungshaftung des GmbH-Gesellschafters s BGHZ 179, 344 ff sowie BGH WM 13, 763 ff; auch die Veräußerung des Gesellschaftsvermögens durch die Gesellschafter-Geschäftsführer einer GmbH in der Liquidation an eine Gesellschaft, die von ihnen abhängig ist, stellt einen existenzvernichtenden Eingriff dar, sofern eine Übertragung der Vermögensgegenstände unter Wert erfolgt, s BGH MDR 12, 784 f m Anm Hermann/von Woedtke BB 12, 2255 ff und Kleindiek BB 12, 1632; zum Verjährungsbeginn bzgl der Existenzvernichtungshaftung des GmbH-Gesellschafter-Geschäftsführers: BGH NJW-RR 12, 1240 ff m Anm Hermann/von Woedtke NZG 12, 1297 ff sowie Ulrich GmbHR 12, *1073 f*.

2. IPR: Zur Haftung wegen sittenwidriger Schädigung beachte die Kommentierung der Rom II-VO. Zur Existenzvernichtungshaftung in grenzüberschreitenden Fällen s Art. 7 EGBGB Anhang II; in Bezug auf die internationale Zuständigkeit des deutschen Gerichts am Vermögensgerichtsstand bei Schadensersatzklagen gegen US-amerikanische Rating-Unternehmen vgl OLG Frankfurt Urt v 12.9.12 Az 9 U 36/11.

§ 827 Ausschluss und Minderung der Verantwortlichkeit

¹Wer im Zustand der Bewusstlosigkeit oder in einem die freie Willensbestimmung ausschließenden Zustand krankhafter Störung der Geistestätigkeit einem anderen Schaden

zufügt, ist für den Schaden nicht verantwortlich. ²Hat er sich durch geistige Getränke oder ähnliche Mittel in einen vorübergehenden Zustand dieser Art versetzt, so ist er für einen Schaden, den er in diesem Zustand widerrechtlich verursacht, in gleicher Weise verantwortlich, wie wenn ihm Fahrlässigkeit zur Last fiele; die Verantwortlichkeit tritt nicht ein, wenn er ohne Verschulden in den Zustand geraten ist.

1 I. 1. **Funktion:** Eine Haftung aus unerlaubter Handlung erfordert regelmäßig ein Verschulden des Täters, das sich aus zwei Elementen zusammensetzt. §§ 827 und 828 regeln zunächst die **Verschuldens- bzw Deliktsfähigkeit.** Sie bildet neben der Geschäftsfähigkeit einen Unterfall der Handlungsfähigkeit (vgl Vor §§ 104–113 Rn 2). Bei der Deliktsfähigkeit handelt es sich um ein auf den konkreten Schädiger bezogenes **individuelles Zurechnungskriterium.** Dieses ist dem zweiten Element des Verschuldens – der **Schuldform** (Vorsatz und Fahrlässigkeit) – und damit der Prüfung des § 276 vorgelagert.

2 2. **Anwendungsbereich:** §§ 827, 828 gelten für **alle Deliktstatbestände** inner- und außerhalb des BGB, die ein Verschulden voraussetzen (s Vor §§ 823–853 Rn 4). Sie sind auch iR des § 254 (so die zutreffende hM: BGHZ 24, 327; Staud/Oechsler § 827 Rn 31; weitere Angaben bei Müller VersR 03, 7; aA Esser/Schmidt, § 35 I 3 b; vgl auch § 254 Rn 4; Vor §§ 823–853 Rn 17) sowie über den Verweis in § 276 I 2 auf **die Verschuldenshaftung bei Sonderverbindungen** anzuwenden (zu §§ 61 und 152 VVG aF BGHZ 111, 374). Umstritten ist, ob die §§ 827, 828 auch im Bereich der **Gefährdungshaftung** entspr herangezogen werden können, etwa bei der Begr der Haltereigenschaft nach § 7 StVG (vgl zum Streitstand: Staud/Oechsler § 828 Rn 6). Vorzugswürdig erscheint insoweit eine analoge Anwendung der §§ 104 ff (zur Tierhalterhaftung s § 833 Rn 6; s auch § 828 Rn 2). S 1 findet auch entspr Anwendung bei der Feststellung der **Erbunwürdigkeit** nach § 2339 Nr 1 (BGHZ 102, 230).

3 3. Ist der Täter nach den §§ 827, 828 für den Schaden nicht verantwortlich, so trifft uU die **Aufsichtsperson** nach § 832 eine Ersatzpflicht; subsidiär greift die **Billigkeitshaftung** des Deliktsunfähigen nach § 829 ein.

4 II. 1. Nach S 1 ist derjenige Täter nicht deliktsfähig, der den Schaden in einem Zustand der Bewusstlosigkeit oder die freie Willensbestimmung ausschließenden Zustand krankhafter Störung der Geistestätigkeit verursacht. Bei völliger Bewusstlosigkeit kann es bereits an einer Handlung im Rechtssinne fehlen, so dass der Tatbestand einer unerlaubten Handlung schon mangels eines beherrschbaren Verhaltens ausscheidet (BGHZ 23, 98; § 823 Rn 46; zur Haftung nach § 829 s dort Rn 5). Der Bewusstlosigkeit iSd S 1 gleichzustellen sind tiefgreifende Bewusstseinsstörungen (§ 20 StGB: Unfallschock, äußerste Erregung). Zu einer solchen Störung kann auch ein Alkoholrausch führen (hinsichtlich der grob fahrlässigen Herbeiführung eines Versicherungsfalls s BGHZ 190, 120 ff). Dabei kommt der Blutalkoholkonzentration (BAK) lediglich eine indizielle Bedeutung zu (BGH NJW 89, 1612). Unerheblich ist, ob es sich bei der krankhaften Störung der Geistestätigkeit um einen dauerhaften (vgl § 104 Nr 2) oder vorübergehenden Zustand (vgl § 105 II) handelt. Eine bloß geminderte Geistes- oder Willenskraft genügt hingegen nicht. Ein Betreuungsverhältnis (§§ 1896 ff) löst nicht automatisch eine Deliktsunfähigkeit aus (s aber auch Rn 6).

5 2. Nach S 2 ist derjenige, der sich **schuldhafterweise** selbst **in den vorübergehenden Zustand** der Deliktsunfähigkeit **versetzt,** für den widerrechtlichen Schadenseintritt wie ein fahrlässig Handelnder verantwortlich. Nach dem Wortlaut bezieht sich das Verschulden allein auf die Herbeiführung der Unzurechnungsfähigkeit, nicht auf die in diesem Zustand verursachte Tat (ganz hM: Staud/Oechsler § 827 Rn 40). Setzt der Haftungstatbestand grobe Fahrlässigkeit voraus, so bejaht die noch hM eine analoge Anwendung des S 2 mit der Folge, dass der Schädiger den Zustand grob fahrlässig herbeigeführt haben muss (BGH VersR 67, 944; anders Staud/Oechsler § 827 Rn 43: actio libera in causa). Soweit eine Norm dag Vorsatz als Schuldform erfordert (§ 826), ist S 2 nach allg Ansicht nicht anwendbar (BGH NJW 68, 1133; Staud/Oechsler § 827 Rn 44). Eine Verantwortlichkeit kann sich insoweit nur nach den strafrechtlichen

Grundsätzen der actio libera in causa ergeben (s OLG Sachsen-Anhalt, Urt v 21.8.12 Az 1 U 34/12; beachte auch OLG Celle FamRZ 12, 456 ff).

III. Entspr der negativen Gesetzesformulierung trifft den Schädiger die **Beweislast** für die fehlende Zurechnungsfähigkeit iSd **S 1** (BGHZ 39, 108). Dies gilt gleichermaßen für den Beweis der Bewusstlosigkeit (BGHZ 98, 139). Der Verletzte trägt die Beweislast für die Voraussetzungen des **S 2 Halbs 1**, der Schädiger für das fehlende Verschulden nach **S 2 Halbs 2** (BGH NJW 68, 1133; VersR 77, 431). Ein Betreuungsverhältnis (§§ 1896 ff) kann die Vermutung dafür begründen, dass der Betreute im Tatzeitpunkt unzurechnungsfähig war (so auch Staud/Oechsler § 827 Rn 21). 6

§ 828 Minderjährige

(1) Wer nicht das siebente Lebensjahr vollendet hat, ist für einen Schaden, den er einem anderen zufügt, nicht verantwortlich.
(2) ¹Wer das siebente, aber nicht das zehnte Lebensjahr vollendet hat, ist für den Schaden, den er bei einem Unfall mit einem Kraftfahrzeug, einer Schienenbahn oder einer Schwebebahn einem anderen zufügt, nicht verantwortlich. ²Dies gilt nicht, wenn er die Verletzung vorsätzlich herbeigeführt hat.
(3) Wer das 18. Lebensjahr noch nicht vollendet hat, ist, sofern seine Verantwortlichkeit nicht nach Absatz 1 oder 2 ausgeschlossen ist, für den Schaden, den er einem anderen zufügt, nicht verantwortlich, wenn er bei der Begehung der schädigenden Handlung nicht die zur Erkenntnis der Verantwortlichkeit erforderliche Einsicht hat.

I. Dem Regelungsbereich des § 828 unterfallen allein **Minderjährige**. Die Vorschrift enthält keine Sonderregel mehr für **Taubstumme**, da der frühere Abs 2 S 2 ersatzlos gestrichen wurde (hierzu BT-Drucks 14/7752, 27). 1

II. 1. Nach Abs 1 sind Kinder unter sieben Jahren verschuldensunfähig (zum Begriff und Anwendungsbereich: § 827 Rn 1 f; s auch § 104 Nr 1). 2. a) Nach Abs 2 S 1 wird die Deliktsfähigkeit für Schäden, die aus Unfällen (hierzu auch Ady ZGS 02, 238) mit Kraftfahrzeugen, Schienen- oder Schwebebahnen resultieren, auf das vollendete zehnte Lebensjahr heraufgesetzt (allg Überblick: „Minderjährige im Zivilrecht" Staudinger/Steinrötter JuS 12, 97 ff ; Oechsler, NJW 09, 3185; vgl auch AG Essen SVR 10, 422). Der Gesetzgeber verfolgt mit dieser Vorschrift das Ziel, die Rechtsstellung der Kinder bei Unfällen im Straßen- und Bahnverkehr zu verbessern (BT-Drucks 14/7752, 11 f, 16 f, 26 f; vgl zur Novelle Vor §§ 823–853 Rn 17; s auch OLG Hamm NZV 10, 464 ff; Dahm NZV 09, 378 f). Bedenkenswert erscheint es allerdings, Kinder auch im Verhältnis zu Radfahrern zu privilegieren, s Huber, NZV 13, 6, 9; Pardey DAR 13, 1, 6. Kinder sind aufgrund ihrer physischen und psychischen Fähigkeiten idR frühestens ab Vollendung ihres zehnten Lebensjahres in der Lage, die Gefahren des motorisierten Straßenverkehrs zu erkennen und sich dementspr zu verhalten. Hieraus folgt, dass Kinder unterhalb dieser Altersgrenze für derartige von ihnen verursachte Schäden nicht verantwortlich sind und sich bei eigenen Ansprüchen auch kein Mitverschulden etwa nach § 254 (s § 827 Rn 1) oder § 9 StVG anrechnen lassen müssen (zur Beweislast bzgl des Nichtvorliegens einer Überforderungssituation s BGHZ 181, 368 = NJW 09, 3231 m Anm Huber LMK 09, 288108). Die **Privilegierung greift** demnach **unabhängig von der Rolle des Kindes als Schädiger oder Geschädigtem Platz** (zur Relevanz im Rahmen von § 254: BGH VersR 09, 1137. Die sektorale Heraufsetzung der Deliktsfähigkeit wird ihrerseits durch eine Novellierung des § 7 II StVG flankiert; s hierzu Vor §§ 823–853 Rn 17). Erforderlich ist ein Unfall mit einem **Kraftfahrzeug** (nicht mit einem Radfahrer oder Inline-Skater; nach hM sind Inlineskates keine Kraftfahrzeuge iSd § 1 I StVG: OLG Koblenz NJW-RR 01, 1392; s auch BGHZ 150, 201; zu § 286 ZPO s OLG München NJW-RR 04, 751; zu Unfällen mit Anhängern s überzeugend Huber, Das neue Schadensatzrecht, S 156 Rn 45) oder etwa einer **Schienenbahn** (die Privilegierung greift wohl nicht nur im Verhältnis zur Verkehrsgesellschaft, sondern auch zu dem in einer Straßenbahn verletzten Fahrgast ein; abw Scheffen/Pardey, Schadensersatz bei Unfällen mit Minderjährigen, 2. Aufl 03, Rn 500). Eine Überforderungs- 2 situation wurde auch für den Fall bejaht, dass ein Achtjähriger sein Fahrrad führerlos auf die Fahrbahn rollen ließ (BGH NJW 08, 147). Der Gesetzeswortlaut unterscheidet nicht zwischen fließendem und **ruhendem Verkehr**. Im letzten Fall ist aber nicht stets ein vergleichbares Gefahrenpotential bzw eine Überforderungssituation ersichtlich; dies gilt etwa, wenn ein Kind mit seinem Fahrrad gegen ein geparktes Auto fährt (hierzu Ady ZGS 02, 238). Methodisch bietet es sich daher im Einzelfall an, bei einer Kollision zwischen Kind und ruhendem Fahrzeug entweder das Vorliegen eines „Unfalls" abzulehnen oder eine teleologische Reduktion der Vorschrift insgesamt vorzunehmen (beachte BGH NJW-RR 05, 327; NJW 05, 354; 356; hierzu Diederichsen VersR 06, 296 f; Heß/Burmann NJW-Spezial 05, 15 f, 63 f; Huber DAR 05, 171 ff; Lemcke r+s 05, 83 f; Schiemann BGHR 05, 361; LG Trier r+s 04, 172; LG Heilbronn NJW-RR 04, 1255; LG Koblenz NJW 04, 858; hierzu Keltsch Jura 05, 398 ff; AG Sinsheim NZV 04, 146; s aber auch die Kritik und weiteren Nachw bei Jaklin/Middendorf VersR 04, 1104 ff; Pardey DAR 04, 501 ff sowie zur Haftungsbefreiung des Minderjährigen bei Kollision mit einem verkehrswidrig abgestellten KFZ LG Saarbrücken NJW 10, 944; hierzu Heß/Burmann NJW 11, 1124; zur Alleinhaftung eines elfjährigen Kindes für Verletzungen bei einem Unfall infolge grob verkehrswidriger Überquerung der Fahrbahn bei Dunkelheit: OLG Sachsen-Anhalt NJW-RR 13, 1187); etwas anderes gilt aber dann, wenn das Kind, um einem Fahrzeug mit überhöhter Geschwindigkeit auszuweichen, in das parkende Auto fährt (hierzu Huber, Das neue Schadensersatzrecht, 03, S 157 Rn 50 f), das Fahrzeug soeben erst zum Stehen gebracht wurde (OLG Köln MDR 08, 22; OLG Kaiserslautern MDR 05, 1106) oder mit geöffneten Türen am Straßenrand steht (BGH VersR 08, 701), bzw nur vorübergehend verkehrsbedingt hält (so zum Fall eines achtjährigen Kindes BGH NJW 07, 2113 = VersR 07, 855 m Anm Diehl DAR 07, 451 ff). Demzufolge kann sich ebenso im ruhenden Verkehr eine spezifische Gefahr des motorisierten Verkehrs verwirklichen (BGH VersR 09, 1136 f). Angesichts der ratio des Abs 2 findet diese Vorschrift keine Anwendung auf die **Gefährdungshaftung eines Minderjährigen als Halter** (s auch § 827 Rn 2; Palandt/Sprau § 828 Rn 3) oder **Insasse eines Kfz**.

3 b) Die gesetzliche Privilegierung nach Abs 2 S 1 kann zu einer **gestörten Gesamtschuld** führen (um einem Kind auszuweichen, verreißt der Autofahrer das Steuer und fährt in das entgegenkommende Kfz). Nach den vom BGH (BGHZ 103, 338) zu § 1664 aufgestellten Grundsätzen wird man wohl einen Innenregress analog § 426 II gegen das Kind ablehnen müssen. Der erkennende Senat zieht in seinem Urt ausdrücklich eine Parallele zur fehlenden Deliktsfähigkeit (BGHZ 103, 347). Ein Regress über die Fiktion einer Gesamtschuld stünde jedenfalls im Widerspruch zur ratio des Abs 2 S 1. Ebenso wenig erscheint eine Anspruchskürzung im Außenverhältnis interessengerecht, es sei denn, man sieht die motorisierten Verkehrsteilnehmer als Gruppe, die wirtschaftlich die Privilegierung der Kinder nach Abs 2 S 1 anteilig schultern sollen (s zur gestörten Gesamtschuld auch Jaeger/Luckey MDR 05, 1172; Luckey Jura 02, 477 ff). Beachte schließlich die **Wechselwirkung des Abs 2 S 1 mit § 832** (Rn 11) **und 829** (Rn 1). Eine Freistellung der Kinder nach § 828 II 1 führt allerdings nicht automatisch zu einer Haftungserweiterung der Aufsichtspflichtigen nach § 832 II 1; zu § 832 auch Pardey DAR 13, 1, 5. Es ist indes auch richtig, dass die entwicklungspsychologischen Erkenntnisse womöglich zu einer moderaten Verschärfung der Aufsichtspflicht führen können. Allerdings muss bedacht werden, dass im Falle der Einstandspflicht der Eltern nach Maßgabe des § 832 I 1 dieselbe Familienkasse belastet würde, wie bei angenommener Deliktsfähigkeit des Kindes. Besteht eine Familienhaftpflichtversicherung, erscheint es dogmatisch bedenklich, unter Missachtung des Trennungsprinzips auf eine Einstandspflicht nach § 829 zu schließen. Vielmehr ließe sich § 78 II VVG nF analog heranziehen und zwischen Vollkasko- auf der einen und Haftpflichtversicherer auf der anderen Seite ein hälftiger Ausgleich kraft Richterrechts anstreben. Als Vorbild mag der Regress des Gebäudeversicherers gegen den Haftpflichtversicherer des leicht fährlässig handelnden Mieters dienen; hierzu Bartosch-Koch NJW 11, 484 ff; MK-VVG/ Halbach, VVG § 78 VVG Rn 24; Bruck/Möller/Schnepp, Versicherungsvertragsgesetz

§ 78 VVG Rn 13, 123 ff. Beachte im weiteren Zusammenhang zum Regressverzicht des Versicherers ggü dem Vermieter: BGH VersR 13, 318 ff.

c) Die **Privilegierung** greift nach **Abs 2 S 2** lediglich dann nicht, wenn das Kind die Verletzung vorsätzlich (Pardey zfs 02, 284) herbeigeführt hat, etwa ein neunjähriger Junge Steine von einer Brücke auf ein Kfz wirft (BT-Drucks 14/7752) oder einen Stein in eine Weiche legt und dadurch eine Straßenbahn zum Entgleisen bringt. Nicht genügt wohl allein ein vorsätzlicher Verstoß gegen die StVO, indem etwa das Kind bewusst bei einer roten Ampel über die Straße geht, jedoch eine Verletzung anderer Verkehrsteilnehmer nicht billigend in Kauf nimmt (Huber, Das neue Schadensersatzrecht, S 154 Rn 34 f). Sofern Abs 2 S 2 eingreift, verbleibt es bei der Anwendbarkeit des Abs 3. 4

d) Der **intertemporale Anwendungsbereich** des Abs 2 ergibt sich aus Art 229 § 8 I Nr 2 EGBGB sowie dem In-Kraft-Treten des Schadensersatzrechtsänderungsgesetzes am 1.8.02. Hiernach findet die Vorschrift Anwendung, wenn das schädigende Ereignis nach dem 31.7.02 eingetreten ist. Da Abs 2 jedoch auf gesicherten Erkenntnissen der Entwicklungspsychologie beruht, ist der Vorschrift auch iR von **Altfällen** Rechnung zu tragen. Selbst wenn man methodisch zutreffend eine Anwendbarkeit der Neuregelung angesichts des eindeutigen Übergangsrechts ablehnt, besteht nämlich ebenso iR der Altfassung des Abs 2 die Möglichkeit, den jetzigen entwicklungspsychologischen Kenntnisstand im Einzelfall zu berücksichtigen. Sofern Sachverhalte intertemporal Abs 2 S 1 aF unterliegen, ist daher nach überzeugender Ansicht des OLG Schleswig die Einsichtsfähigkeit von Kindern bis zur Vollendung des 10. Lebensjahres iErg regelmäßig zu verneinen, sofern es sich allein um ein fahrlässiges Verhalten bei Verkehrsunfällen mit Kraftfahrzeugen handelt (OLG Schleswig MDR 03, 264; abw BGH NJW-RR 05, 1263; OLG Celle NZV 04, 361). 5

III. 1. Gem Abs 3 sind Jugendliche, die das 7., aber noch nicht das 18. Lebensjahr vollendet haben und deren Verantwortlichkeit nicht nach Abs 2 ausgeschlossen ist, **beschränkt verschuldensfähig**. Sie sind nur dann für die Schädigung eines Dritten verantwortlich, wenn sie die zur Erkenntnis der Verantwortlichkeit erforderliche Einsicht haben. Der Wortlaut des Abs 3 stellt allein auf die **intellektuelle Einsichtsfähigkeit des individuellen Täters** ab. Diese liegt nach der Judikatur bereits dann vor, wenn der Täter entspr seiner geistigen Entwicklung das Vorliegen einer „**allg Gefahr und eines allg Schadens**" erkennen kann (BGH LM § 828 Nr 3). Abw von der Gesetzeslage im Strafrecht (§ 3 S 1 JGG, § 20 StGB) stellt die **Steuerungsfähigkeit**, also die Fähigkeit, sich entspr dieser Einsicht zu verhalten, kein Zurechnungskriterium des Abs 3 dar (BGH NJW-RR 97, 1111; ganz hM). Die Steuerungsfähigkeit ist vielmehr systematisch iR des § 276 I angesiedelt und wird dort nicht individuell, sondern anhand eines objektiv-typisierenden Sorgfaltsmaßstabs beurteilt. Ob der jugendliche Täter die **konkrete Gefahr** voraussehen und sein Verhalten entspr dieser Erkenntnis steuern konnte, beurteilt sich mithin nach den Sorgfaltsanforderungen, die in der jeweiligen Altersstufe gelten (BGHZ 39, 283; BGH NJW 70, 1039). Nach der nahezu einstimmigen Empfehlung des Arbeitskreises II vom 51. Verkehrsgerichtstag ist die individuelle Einsichtsfähigkeit nach § 828 III durch Sachverständigengutachten gründlich zu überprüfen. 6

2. Abs 3 sieht bei einem einsichtsfähigen Jugendlichen über 7 Jahren, dessen Verantwortlichkeit nicht nach Abs 2 ausgeschlossen ist, im Hinblick auf die Dauer und Höhe seiner Haftung **keinerlei Beschränkung** vor, selbst wenn es sich bei dem fahrlässigen Verhalten um eine typische Jugendverfehlung handelt und eine finanzielle Entschädigung des Opfers von dritter Seite (etwa durch eine Versicherung) gewährleistet ist (s hierzu Staud/Oechsler § 828 Rn 2). Das LG Desssau (NJW-RR 99, 215) sah hierin einen **Verstoß gegen Art 1 I iVm 2 I und 6 II 2 GG**. Das BVerfG (NJW 98, 3557; hierzu Goecke NJW 99, 2305 ff; Looschelders VersR 99, 141 ff; Moritz JA 99, 355 ff; Rolf JZ 99, 233 ff; Simon AcP 204 (04), 265 ff) lehnte eine Sachentscheidung mit Blick auf den vorkonstitutionellen Charakter des Abs 2 aF ab (im Lichte der Reform des § 828 dürfte diese Ansicht wohl überholt sein). Es wies ergänzend darauf hin, dass das Verdikt der Verfassungswidrigkeit ua durch die Instrumente der InsO (§§ 286 ff und 305 ff InsO) oder durch eine Haftungsbegrenzung aus Billigkeitsgründen gem § 242 vermeiden lasse. Zu bedenken ist, dass die Haftungsbegrenzungsvorschrift in 7

§ 1629 a nicht bei Schadensersatzansprüchen aus unerlaubter Handlung eingreift (§ 1629 a Rn 11). Ebenso wenig bietet ein Insolvenzverfahren mit Restschuldbefreiung nach § 302 I InsO einen Ausweg, da die Haftung aus vorsätzlicher unerlaubter Handlung ausgenommen bleibt. Daher droht in der Tat etwa nach rechtskräftiger Verurteilung gem § 197 I Nr 3 für 30 Jahre der moderne Schuldturm. Da dies jedoch kein spezifisches Problem des Deliktsrechts, geschweige denn des Minderjährigenschutzes darstellt, erscheint eine partielle Lösung durch Einfügen von Billigkeitsklauseln in einzelne Vorschriften nicht zielführend (s überzeugend G. Wagner NJW 02, 2060; vgl auch Huber, Das neue Schadensersatzrecht, S 155 Rn 38 f; Reformbedarf bejaht Däubler JuS 02, 628).

8 **IV. Beweislast:** Das Kind trifft als Schädiger die Darlegungs- und Beweislast für die Voraussetzungen der gesetzlichen Vermutung seiner fehlenden Deliktsfähigkeit nach Abs 2 S 1. Der Minderjährige hat mithin darzulegen und notfalls zu beweisen, dass er im Zeitpunkt des Unfalls im motorisierten Verkehr das zehnte Lebensjahr noch nicht vollendet hat. Dem Geschädigten obliegt es hingegen nachzuweisen, dass sich ausnahmsweise die typische Überforderungssituation des Kindes bei dem Unfall nicht realisiert hat (BGH VersR 09, 1137). Das Gesetz geht in Abs 3 entspr seiner Formulierung vom **Grundsatz der Verschuldensfähigkeit** aus. Dementspr muss der Schädiger diejenigen Umstände darlegen und beweisen, aus denen sich – abw von der gesetzlichen Vermutung – seine mangelnde Zurechnungs- bzw Einsichtsfähigkeit ergibt (BGHZ 39, 108; BGH LM Nr 1, 3 zu § 828; Staud/Oechsler § 828 Rn 56). Misslingt der Nachw, so ist der Täter als zurechnungsfähig anzusehen. Die Beweislast für das Verschulden trifft regelmäßig den Geschädigten (BGH NJW 70, 1038).

§ 829 Ersatzpflicht aus Billigkeitsgründen

Wer in einem der in den §§ 823 bis 826 bezeichneten Fälle für einen von ihm verursachten Schaden auf Grund der §§ 827, 828 nicht verantwortlich ist, hat gleichwohl, sofern der Ersatz des Schadens nicht von einem aufsichtspflichtigen Dritten erlangt werden kann, den Schaden insoweit zu ersetzen, als die Billigkeit nach den Umständen, insbesondere nach den Verhältnissen der Beteiligten, eine Schadloshaltung erfordert und ihm nicht die Mittel entzogen werden, deren er zum angemessenen Unterhalt sowie zur Erfüllung seiner gesetzlichen Unterhaltspflichten bedarf.

1 **I. 1.** § 829 statuiert eine **Billigkeitshaftung** und enthält eine Ausn vom Verschuldensprinzip (zur umstr Einordnung s Soergel/Spickhoff § 829 Rn 2; für einen Gefährdungshaftungstatbestand: Larenz/Canaris, SchR II 2 § 84 VII 2 b). In der Praxis wird die Billigkeitshaftung nach In-Kraft-Treten des Gesetzes zur Änderung schadensersatzrechtlicher Vorschriften wohl „stärker als zuvor in den Blick genommen werden müssen" (BT-Drucks 14/7752, 16). Sie bildet damit iErg ein Korrektiv dazu, dass Kinder bis zum vollendeten 10. Lebensjahr einerseits durch die sektorale Deliktsfähigkeit in § 828 II 1 und andererseits durch § 7 II StVG privilegiert werden (Vor §§ 823–853 Rn 17; § 828 Rn 2 ff; § 832 Rn 11). Neben der Billigkeits- kann auch eine Gefährdungshaftung, etwa nach § 7 StVG in Betracht kommen (BGHZ 23, 98; zur Anwendbarkeit der §§ 827 f bzw 104 ff auf die Begr der Haltereigenschaft s § 827 Rn 2; § 828 Rn 2).

2 **2. Zur Billigkeitshaftung in ausländischen Rechtsordnungen** vgl von Bar, Gemeineuropäisches Deliktsrecht (Bd 1 1996) Rn 75 ff.

3 **II. Anspruchsvoraussetzungen: 1. Vorliegen eines Verletzungstatbestandes: a)** Der Schädiger muss **einen Tatbestand der §§ 823–826** erfüllen. Nach hM gilt § 829 darüber hinaus für diejenigen Delikte, die als Sonderfälle der §§ 823–826 einzustufen sind (etwa §§ 831, 833 S 2, 834, 836–838). Auch die §§ 830 I 2, 840, 844 f sind anwendbar. Auf Schadensersatzansprüche iR von Sonderverbindungen findet § 829 dag keine Anwendung. Dies folgt aus einem Umkehrschluss zu § 276 I 3, der allein auf die §§ 827 und 828 verweist.

4 **b)** Nach hM muss der Schädiger einen **Deliktstatbestand** der §§ 823 ff **rechtswidrig verwirklichen**, da § 829 nicht bezweckt, den Schuldunfähigen ggü dem Schuldfähigen

zu benachteiligen (BGHZ 39, 284; BGH NJW 62, 2202; Soergel/Spickhoff § 829 Rn 4 f; Medicus/Lorenz, SchR II Rn 1264 f; anders Larenz/Canaris, SchR II 2 § 84 VII 2 a). Erforderlich ist **ein hypothetischer Vergleich**: Verursacht der Schuldunfähige trotz Einhaltung der verkehrserforderlichen Sorgfalt iSd § 276 I 2 einen Schaden, scheidet eine Ersatzpflicht nach § 829 aus, da insoweit auch ein Schuldfähiger mangels Fahrlässigkeit nicht haftet.

2. Fehlende Verantwortlichkeit des Schädigers: Der Schädiger muss **deliktsunfähig** iSd §§ 827, 828 (beachte § 828 II 1) sein. § 829 findet (entspr) Anwendung, wenn dem Schädiger nicht nur die Zurechnungs-, sondern bereits die **Handlungsfähigkeit** fehlt. Dies gilt etwa dann, wenn ein Kraftfahrer in unvorhersehbarer Weise das Bewusstsein verliert und in diesem Zustand einen Unfall verursacht (BGHZ 23, 98; abw Esser/Weyers § 55 III 2; s auch § 827 Rn 4). Nach zutreffender hM (BGHZ 39, 285; Staud/Oechsler § 829 Rn 33 f; anders Jauernig/Teichmann § 829 Rn 2) ist § 829 entspr anwendbar, wenn der Schädiger zwar über eine hinreichende intellektuelle Einsichtsfähigkeit iSd § 828 III verfügt, nicht aber die erforderliche alterstypische **Steuerungsfähigkeit** besitzt, die iR des § 276 geprüft wird (vgl § 828 Rn 6; § 276 Rn 14). Andernfalls würde die systematisch verunglückte Zuordnung der Steuerungsfähigkeit, die im Strafrecht als Zurechnungskriterium gilt (§ 3 S 1 JGG; § 20 StGB), iR des § 829 fortgeschrieben.

3. Subsidiarität der Billigkeitshaftung: Von dem Aufsichtspflichtigen kann nach § 832 kein Schadensersatz erlangt werden. Unerheblich ist, ob die Haftung der Aufsichtsperson aus **Rechtsgründen** ausscheidet – etwa der Entlastungsbeweis nach § 832 I 2 gelingt – oder ein bestehender Anspruch wegen Vermögenslosigkeit **tatsächlich nicht durchsetzbar** ist. In diesem letzten Fall haften Schuldunfähiger und Aufsichtspflichtiger als Gesamtschuldner. Im Innenverhältnis ist gem § 840 II (s dort Rn 14 f) allein die Aufsichtsperson ersatzpflichtig. Eine Vorausklage gegen diese ist nicht erforderlich (MK/G Wagner § 829 Rn 12).

4. Nach dem Wortlaut des § 829 ist ein Schadensersatzanspruch nicht bereits dann zu gewähren, wenn die Billigkeit dies erlaubt (BGHZ 127, 192). Eine **Ersatzpflicht** tritt nur insoweit ein, als sie dem Grunde, der Art (Kapitalbetrag, Rente) sowie dem Umfang (Rn 8) nach **aus Billigkeitsgründen** gefordert wird. Geboten ist eine Würdigung aller **tat-** (Anlass, Hergang, Folgen der Tat wie etwa Schwere und Dauer der Verletzungen: BGHZ 23, 99; BGH NJW 79, 2096), **täter-** (Grad der „natürlichen Schuld") und **geschädigtenbezogenen** (Mitverschulden: OLG Köln VersR 81, 267) Umstände, wobei „insb" auf die Verhältnisse der Beteiligten abzustellen ist. Hierunter fallen va die **Vermögensverhältnisse**. Nach hM muss zwischen Schädiger und Geschädigtem ein **deutliches wirtschaftliches Gefälle** bestehen (BGHZ 76, 284; BGH NJW 79, 2096). Allerdings löst auch eine erhebliche Diskrepanz der beiderseitigen Vermögenslagen allein noch keine Billigkeitshaftung nach § 829 aus; erforderlich ist immer die Würdigung der Gesamtumstände (BGHZ 127, 192; hierzu MK/G Wagner § 829 Rn 13 ff). Umstr ist, ob und inwieweit **freiwillige oder gesetzliche Versicherungen** des Geschädigten (etwa eine Unfallversicherung) bzw Schädigers (etwa eine Haftpflichtversicherung) zu berücksichtigen sind. Nach Ansicht des BGH (BGHZ 127, 191) kann jedenfalls eine **Kfz-Haftpflichtversicherung** des Schädigers bereits für das „ob" der Billigkeitshaftung, dh als ein zusätzlicher haftungsbegründender Umstand herangezogen werden. Diese Versicherung diene gerade dem Opferschutz und rechtfertige daher eine Durchbrechung des Trennungsprinzips („Die Eintrittspflicht des Versicherers folgt dem Anspruch zwischen Versicherungsnehmer und Geschädigtem und nicht umgekehrt"). **Freiwillige Haftpflichtversicherungen** sind dag bei der Entscheidung über den Grund des Anspruchs nicht einzurechnen, wohl aber bei der Bemessung der Höhe des zu zahlenden Betrages (BGHZ 76, 284; 127, 191; überzeugend zur Rechtslage nach dem Zweiten Schadensersatzrechtsänderungsgesetz: LG Heilbronn NJW 04, 2391; AG Ahaus NZV 04, 145). In der Literatur wird vielfach eine Differenzierung zwischen freiwilliger und Pflichtversicherung abgelehnt und gefordert, das Bestehen einer Versicherung generell in die Billigkeitsprüfung einzubeziehen (Soergel/Spickhoff § 829 Rn 19 f; Wolf VersR 98, 812 ff; s aber auch Staud/Oechsler § 829 Rn 50 ff).

8 5. **Rechtsfolge:** Die Haftung ist nach dem Wortlaut („insoweit") auf denjenigen **Umfang** begrenzt, den die Billigkeit gebietet. Abhängig von den Einzelfallumständen kann der Geschädigte teilweisen, ggf auch vollen Ersatz seiner **Vermögensschäden** iSd §§ 249 ff verlangen. Ein **Schmerzensgeld** nach § 253 II kommt innerhalb des § 829 nur unter strengen Voraussetzungen in Betracht (BGHZ 76, 282; 127, 193). Es bleibt abzuwarten, ob nach In-Kraft-Treten der Schadensersatzrechtsnovelle und dem hiermit verbundenen Ausbau des Schmerzensgeldanspruchs (Vor §§ 823–853 Rn 17) an diesen rigiden Grundsätzen festgehalten wird (abl: Scheffen/Pardey, Schadensersatz bei Unfällen mit Minderjährigen, 03, Rn 59).

9 6. **Grenzen der Billigkeitshaftung:** Dem Schädiger dürfen nicht diejenigen Mittel entzogen werden, die er zum **angemessenen Unterhalt** (§ 1610) oder zur Erfüllung seiner **gesetzlichen Unterhaltspflichten** (§§ 1360 ff, 1569 ff, 1601 ff; beachte die zum 1.1.08 in Kraft getretene Unterhaltsreform, BGBl I 07, 3189) benötigt. Dieses **Schonvermögen** wird von der Haftung ausgenommen (hM; vgl die Angaben bei Staud/Oechsler § 829 Rn 61 ff). Entfallen mit dem Tod des Schädigers dessen Unterhaltsbedürfnisse, kann der Geschädigte nunmehr auch auf diesen Vermögensteil zugreifen (BGHZ 76, 287).

10 7. Die **Verjährung** richtet sich nach §§ 195, 199.

11 8. **Entspr Anwendung des § 829 innerhalb des § 254:** Hat der unzurechnungsfähige Täter den Schaden lediglich **mitverursacht**, ist § 829 iR des § 254 entspr anwendbar (BGHZ 37, 105; krit Esser/Weyers § 55 III 2; s auch § 827 Rn 2). Unter Hinweis auf den Ausnahmecharakter der Billigkeitshaftung fordert die Rspr jedoch ein erhebliches Gefälle der beiderseitigen Verursachungsanteile (BGH NJW 73, 1795; einschränkend OLG Köln VersR 81, 266) und verneint eine analoge Anwendung des § 829, wenn der Unfallgegner haftpflichtversichert ist (BGHZ 73, 192; zu Recht krit ggü diesen Restriktionen: Staud/Oechsler § 829 Rn 69 f).

12 III. 1. **Prozessuales:** Abzustellen ist auf die Umstände zZ der letzten mündlichen Tatsachenverhandlung bzw des nach § 128 ZPO bestimmten Termins. Scheidet eine Ersatzpflicht zu diesem Zeitpunkt aus, sind jedoch zukünftige Änderungen in den Vermögensverhältnissen bereits absehbar, kann die mögliche Billigkeitshaftung Gegenstand eines **Feststellungsantrages** sein (BGH NJW 79, 2097).

13 2. Der **Geschädigte** trägt die **Beweislast** für das Vorliegen eines Verletzungstatbestandes, den Schadenseintritt, die Unmöglichkeit, von der Aufsichtsperson Ersatz zu verlangen, sowie dafür, dass seine Schadloshaltung aus Billigkeitsgründen erforderlich ist. Bezogen auf das wirtschaftliche Gefälle der Verletzte für seine Vermögensverhältnisse beweispflichtig. Im Hinblick auf die Verhältnisse des Schädigers trifft diesen zumindest eine Darlegungslast. Dem Schädiger obliegt zudem der Nachw, dass eine Ersatzpflicht in sein Schonvermögen eingreift.

§ 830 Mittäter und Beteiligte

(1) ¹Haben mehrere durch eine gemeinschaftlich begangene unerlaubte Handlung einen Schaden verursacht, so ist jeder für den Schaden verantwortlich. ²Das Gleiche gilt, wenn sich nicht ermitteln lässt, wer von mehreren Beteiligten den Schaden durch seine Handlung verursacht hat.
(2) Anstifter und Gehilfen stehen Mittätern gleich.

1 I. 1. **Funktion:** Das Deliktsrecht beruht auf dem **Verursacherprinzip:** Hiernach ist nur derjenige ersatzpflichtig, der den Schaden selbst verursacht hat (Esser/Weyers § 60 I 1). Die Beweislast für die haftungsbegründende sowie -ausfüllende Kausalität obliegt dabei grds dem Anspruchssteller (vgl § 823 Rn 86). Um die Beweisnot des Geschädigten für den Fall zu lindern, dass mehrere Personen als mögliche Schädiger in Betracht kommen, statuiert § 830 eine **Ausn vom Verursacherprinzip** (vgl allg zu § 830: Benicke Jura 96, 127 ff). Anknüpfungspunkt für eine Haftung ist nach § 830 allein eine **mögliche Kausalität** (Larenz/Canaris, SchR II 2 § 82 I 1 a, § 82 II 1 a). § 830 enthält nicht lediglich eine Beweislastregel, sondern stellt eine selbstständige **Anspruchsgrundlage** dar (Rn 6, 19).

2. Die Vorschrift unterscheidet **zwei Fallgruppen**: Abs 1 S 1 betrifft die **mittäterschaft-** **2** **liche Begehung** einer unerlaubten Handlung (zur Haftung eines Vorstandsmitglieds, des Aufsichtsratsvorsitzenden und eines Steuerberaters bei Wertlosigkeit der von der Aktiengesellschaft ausgegebenen Aktien: BGH VersR 12, 1525 ff); ihr wird nach Abs 2 die Anstiftung sowie Beihilfe, dh die **Teilnahme** an einer solchen Handlung gleichgestellt (zur Gehilfenhaftung bei unerlaubter Kapitalanlagevermittlung s BGH NJW 12, 3177 ff). Hierdurch entfällt die im Strafrecht erforderliche Abgrenzung von Täterschaft und Teilnahme (Einheitstäterbegriff). Abs 1 S 2 erfasst die **Beteiligung mehrerer an einer unerlaubten Handlung**, von denen jeder den Schaden verursacht haben kann, der tatsächliche Urheber aber nicht ermittelbar ist (vgl hierzu iVm der Tierhalterhaftung nach § 833 (beachte dort Rn 7, 12) die Schädigung eines nicht mehr zu individualisierendes Tieres aus einer Herde: OLG Koblenz MDR 13, 406 ff). **Die Nebentäterschaft** bleibt dag vom Anwendungsbereich des § 830 ausgenommen. Sie liegt vor, wenn abw von Abs 1 S 1, Abs 2 mehrere Personen durch selbstständige Einzelhandlungen ohne bewusstes Zusammenwirken einen Schaden verursachen und die Kausalität des Handelns aller Nebentäter anders als in Abs 1 S 2 feststeht. Insoweit gelten die allg Zurechnungsregeln (BGH NJW 88, 1720): Hat das Verhalten des Nebentäters den Gesamtschaden mitverursacht, so haftet er für den gesamten, ansonsten für den bestimmten, unterscheidbaren Teil des Schadens, der auf sein Verhalten zurückzuführen ist (Soergel/Krause § 830 Rn 3; s auch Rn 4, 26; zur Haftung ausländischer Broker im Zusammenhang mit verlustreichen Finanzmarktprodukten s Huber IPRax 09, 134 ff).

3. Anwendungsbereich: § 830 setzt eine „unerlaubte Handlung" voraus. Nach hM gilt **3** **Abs 1 S 2** für alle Haftungstatbestände des 27. Titels (einschließlich der §§ 831, 833 S 2, 836, 838). Diese Vorschrift findet darüber hinaus (analoge) Anwendung im Bereich der **Gefährdungshaftung** (§ 833 S 1; § 7 StVG: BGHZ 55, 98; § 22 II WHG: BGHZ 142, 239; Soergel/Krause § 830 Rn 12 mwN; dies gilt nicht im Fall des Abs 1 S 1, Abs 2: Staud/Eberl-Borges § 830 Rn 58; Eberl-Borges AcP 196 (96), 498 ff; vgl hierzu OLG Koblenz MDR 13, 406 ff) sowie auf einen **Ausgleichs-** (§ 906 II 2 [analog]; beachte in weiterem Zusammenhang BGH MDR 14, 23; NJW 12, 2343; BGH JZ 04, 916 m Anm H Roth; Neuner JuS 05, 487; 490 ff; Wenzel NJW 05, 243 ff; zum Verschulden s auch: BGH Grundeigentum 11, 687 ff; BGH NJW 09, 3787 m Anm Roth LMK 2009 294262; hierzu auch Benecke ZJS 10, 114 ff; OLG Düsseldorf NJW-RR 10, 1106 ff; Briesemeister ZWE 10, 325 ff), **Beseitigungs-** (§ 1004 I) sowie **Entschädigungsanspruch** aus enteignendem bzw enteignungsgleichem Eingriff (BGHZ 101, 111; Staud/Eberl-Borges § 830 Rn 80). Zur entspr Anwendbarkeit des Abs 1 S 2 auf **vertragliche Schadensersatzansprüche** s BGH NJW 01, 2539; Eberl-Borges NJW 02, 949 ff; Henne VersR 02, 685 ff; Staud/Eberl-Borges § 830 Rn 79.

4. Diejenigen Personen, die nach Abs 1 S 1, Abs 2 oder Abs 1 S 2 schadensersatzpflich- **4** tig sind, haften dem Geschädigten im Außenverhältnis gem § 840 I als **Gesamtschuldner**. Dies gilt auch für Nebentäter (BGHZ 30, 208; zum Begriff s Rn 2). Der Ausgleich im Innenverhältnis bestimmt sich nach den §§ 426, 254, 840 II, III, 841.

5. Zum gesetzgeberischen **Reformbedarf** im Bereich der **Massenschäden** vgl von Bar, **5** in: Verhandlungen des 62. DJT I, 98; Braun NJW 98, 2318 ff; Müller VersR 98, 1181 ff.

II. 1. Mittäterschaft gem Abs 1 S 1: a) Abs 1 S 1 enthält eine **eigenständige Anspruchs-** **6** **grundlage** (BGHZ 72, 358; Palandt/Sprau § 830 Rn 1) und begründet eine Ersatzpflicht im **Fall möglicher Kausalität**. Hiernach wird einem Mittäter sowie über Abs 2 einem Anstifter oder Gehilfen (Rn 12 ff) – losgelöst vom Kausalitätsnachweis ihres eigenen Tatbeitrags – die unerlaubte Handlung eines anderen Mit- bzw des Haupttäters zugerechnet. Der Grund liegt darin, dass der Schadenseintritt vom Willen des Mittäters bzw Teilnehmers umfasst ist (BGHZ 63, 128; MK/G Wagner § 830 Rn 5 f). Die Begriffe Mittäterschaft, Anstiftung und Beihilfe sind grds im strafrechtlichen Sinne auszulegen (BGHZ 137, 102), soweit keine abweichende zivilrechtliche Interpretation geboten ist (s abw zu Abs 1 S 2 Rn 22).

b) Mehrere Personen handeln als **Mittäter** iSd Abs 1 S 1, wenn sie **vorsätzlich**, dh im **7** bewussten und gewollten Zusammenwirken den angestrebten Erfolg herbeiführen

(§ 25 II StGB; BGHZ 8, 292; OLG Koblenz NJW-RR 04, 529; Soergel/Krause § 830 Rn 5; zum Rücktritt eines Mittäters: BGH VersR 63, 1141). Eine Mittäterschaft wird nicht dadurch ausgeschlossen, dass einer der Mitwirkenden nach §§ 827 f deliktsunfähig ist und uU gem § 829 haftet. Als **Schuldform** genügt dolus eventualis. Dabei muss der Mittäter weder jede einzelne Handlung der anderen Schädiger kennen noch den Schadensverlauf in allen Einzelheiten voraussehen und billigend in Kauf nehmen. Ausreichend ist, dass der Mittäter den Tatablauf in seinen groben Zügen kennt und die Tat als eigene gemeinschaftlich mit den anderen verwirklichen will (BGHZ 89, 389). Bei **Exzesshandlungen** eines Schädigers, die über das gemeinsam Gewollte hinausgehen, scheidet eine Haftung der übrigen Mittäter nach Abs 1 S 1 aus (BGHZ 89, 396).

8 c) Art und Umfang des jeweiligen **objektiven Tatbeitrages** sind unerheblich. Insb ist eine physische Mitwirkung iR der Tatausführung nicht zwingend erforderlich (BGHZ 8, 294; BGH NJW-RR 99, 844). Vielmehr kann auch eine intellektuelle (Schmieden des Tatplans) oder psychische Mitwirkung (bloße Anwesenheit am Tatort) die Mittäterschaft begründen.

9 d) Die Rspr und weite Teile der Literatur verzichten auf das **Erfordernis der Kausalität**. Der Tatbeitrag der einzelnen Mittäters muss für den Erfolgseintritt nicht ursächlich geworden sein (BGHZ 63, 126; Medicus/Lorenz, SchR II Rn 1425; aA Larenz/Canaris, SchR II 2 § 82 I 2 b; Staud/Eberl-Borges § 830 Rn 21 ff: Zulässigkeit des Entlastungsbeweises).

10 e) Eine Ersatzpflicht nach Abs 1 S 1 trifft nur denjenigen Mittäter, der **rechtswidrig** handelt (Staud/Eberl-Borges § 830 Rn 61).

11 f) Knüpft ein Deliktstatbestand an eine besondere **Pflichtenstellung** an – etwa im Fall des § 823 II iVm § 266 I StGB –, kommt als Mittäter iSd Abs 1 S 1 nur ein Pflichtenträger in Betracht. Ein außenstehender Dritter haftet uU als Teilnehmer nach Abs 2.

12 **2. Teilnahme gem Abs 2:** Mittätern werden Anstifter und Gehilfen als Teilnehmer an der Haupttat gleichgestellt (vgl insoweit die Angaben unter Rn 6 ff).

13 a) **Anstifter** ist nach hM, wer einen anderen **vorsätzlich zu der von ihm vorsätzlich begangenen unerlaubten Handlung bestimmt**, dh den Tatentschluss beim Haupttäter hervorgerufen hat (vgl § 26 StGB; BGH VersR 67, 473; hierzu und zu den abw Stimmen in der Literatur: Staud/Eberl-Borges § 830 Rn 28 ff). Notwendig ist ein **doppelter Vorsatz**. In Anlehnung an § 26 StGB ist allein eine vorsätzlich begangene rechtswidrige Haupttat, nicht aber die **Schuldfähigkeit des Haupttäters** erforderlich. Eine Teilnahme iSd Abs 2 entfällt nicht dadurch, dass der Haupttäter zwar nach §§ 827 f deliktsunfähig war, der Anstifter dies jedoch nicht erkannte (so auch Staud/Eberl-Borges § 830 Rn 36; aA Jauernig/Teichmann § 830 Rn 6). Handelt der Anstifter in Kenntnis der Schuldunfähigkeit, kommt idR eine mittelbare Täterschaft in Betracht (BGHZ 42, 122). Die **Kausalität** des Tatbeitrages ist nicht erforderlich (Erm/Schiemann § 830 Rn 3; vgl aber auch Staud/Eberl-Borges § 830 Rn 36: Zulässigkeit des Entlastungsbeweises). Eine Bedeutung erlangt Abs 1 S 1, Abs 2 als eigenständige Anspruchsgrundlage etwa in dem Fall, dass jemand einen Beamten zu einer Amtspflichtverletzung im fiskalischen Bereich anstiftet. Der Teilnehmer haftet nicht nach § 839, da ihm selbst die Beamteneigenschaft fehlt, wohl aber nach Abs 1 S 1, Abs 2.

14 b) **Gehilfe** ist, wer einem anderen vorsätzlich zu dessen vorsätzlich begangener unerlaubten Handlung Hilfe leistet (§ 27 I StGB). Erforderlich ist nach hM ein **doppelter Vorsatz** (BGHZ 70, 285; vgl hierzu sowie zu den Gegenstimmen: Staud/Eberl-Borges § 830 Rn 46 mwN). Erfasst wird jede **physische oder psychische Förderung** der Haupttat (BGH NJW-RR 05, 557; BGHZ 63, 130). Der Tatbeitrag des Gehilfen braucht für den Taterfolg **nicht ursächlich** gewesen zu sein (BGHZ 70, 285; MK/G Wagner § 830 Rn 17 f; Soergel/Krause § 830 Rn 10; krit hierzu Staud/Eberl-Borges § 830 Rn 42 ff: Zulässigkeit des Entlastungsbeweises). Ausreichen kann bereits die Anwesenheit am Tatort (zu Schülern, die einen Kreis um den misshandelten Mitschüler bilden: OLG Oldenburg VersR 08, 1115; zur Haftung bei bedingt vorsätzlicher Beihilfe eines ausländischen Brokers: BGH RIW 11, 317 ff; Wiechers WM 11, 145, 150 ff; 13 f; BGH WM 10, 2214 ff; BGH WM 10, 2025 m Anm Lorenz/Wittinghofer NZG 10, 1096 ff u Theewen EWiR 10, 529 f; BGH WM 2010, 1590 ff; m Anm Meyer zu Schwabedissen

EWiR 2011; zur internationalen Zuständigkeit: BGHZ 184, 365 ff; BGH ZIP 10, 2004 ff; zum Beginn der Verjährung BGH WM 11, 735 ff; zu den subjektiven Voraussetzungen BGH WM 11, 645 ff).

c) Die Teilnahme (Anstiftung, Beihilfe) muss **rechtswidrig** sein und sich auf eine rechts- 15 widrige Haupttat beziehen.

d) Von der Haftung aus Abs 1 S 1, Abs 2 bleiben **Exzesshandlungen des Haupttäters** 16 ausgenommen, da sie nicht mehr vom Vorsatz des Teilnehmers umfasst werden (BGHZ 89, 396; s auch Rn 7).

e) **Begünstigter, Strafvereitler und Hehler** (§§ 257 ff StGB) sind regelmäßig keine Teil- 17 nehmer iSd Abs 2 (AG Essen VersR 87, 472; s aber auch OLG Koblenz NJW-RR 88, 663). Sie begehen selbstständige unerlaubte Handlungen gem §§ 823, 826 (vgl in diesem Zusammenhang auch: BGHZ 8, 292).

f) Abs 1 S 1 und Abs 2 finden im Fall **unfriedlich verlaufender Großdemonstrationen** 18 bzw **Versammlungen** Anwendung (vgl hierzu Dimski VersR 99, 804 ff; Soergel/Krause § 830 Rn 13). Der BGH (grdlg insoweit BGHZ 89, 383) vertritt jedoch angesichts der überragenden Bedeutung der in Art 5 I 1 und 8 I GG verankerten Meinungs- und Versammlungsfreiheit eine **restriktive Auslegung**. Die Ersatzpflicht als Mittäter oder Teilnehmer setzt voraus, dass in objektiver Hinsicht eine Beteiligung an der Ausführung der Tat hinzukommt, „die in irgendeiner Form deren Begehung fördert und für diese relevant ist" (BGHZ 137, 102; hierzu Emmerich JuS 98, 459; BGHZ 89, 389; dazu Kornblum JuS 86, 600 ff; Stürner JZ 84, 525 ff). Ein sich an gewalttätigen Ausschreitungen **nicht aktiv beteiligender Demonstrant** wird nicht dadurch ersatzpflichtig, dass er mit einem solchen Verlauf rechnet und weiß, dass allein die Anwesenheit passiver Teilnehmer den Gewalttätern Anonymität und Schutz bietet (BGHZ 89, 395). Auch **der aktiv an Gewalttaten beteiligte Demonstrant** haftet nur für diejenigen Schäden, die in seinem jeweiligen räumlich und zeitlich abgegrenzten Aktionsfeld entstehen, da sich der Tatentschluss nach Ansicht des BGH regelmäßig hierauf beschränkt (BGHZ 89, 392).

3. Beteiligung gem Abs 1 S 2: a) Die Vorschrift enthält eine **eigenständige Anspruchs-** 19 **grundlage** (BGHZ 72, 358; abw Brox/Walker, SchuldR BT § 51 Rn 5; Larenz/Canaris, SchR II 2 § 82 II 1 d) und begründet eine Ersatzpflicht für den Fall **möglicher Kausalität**. Der Grund der Beweislastumkehr liegt darin, dass nach Abwägung der widerstreitenden Interessen nicht den Verletzten, sondern die Beteiligten das Unaufklärbarkeitsrisiko treffen soll, da sie – abgesehen von der Kausalität – einen Haftungstatbestand verwirklicht und damit nicht nur die Gefahr eines Verletzungserfolgs, sondern regelmäßig auch die Beweisnot begründet haben (str; vgl hierzu MK/G Wagner § 830 Rn 35 ff; Staud/Eberl-Borges § 830 Rn 68).

b) **Urheberzweifel**: Voraussetzung ist, dass mehrere Personen unabhängig voneinander 20 eine selbstständige unerlaubte Handlung begangen haben, der Verletzungserfolg zwar auf der Handlung eines jeden beruhen kann, sich jedoch nicht ermitteln lässt, wer tatsächlicher Urheber des Schadens war (**Alternativkausalität**; BGHZ 67, 19; 72, 358; bei aufeinander folgenden Operationen: OLG Koblenz NJW-RR 05, 1112; beachte auch Kruse, Alternative Kausalität im Deliktsrecht – Eine historische und vergleichende Untersuchung; s OLG München VersR 12, 1267 m Anm Kruse VersR 12, 1360 zur Anwendbarkeit des § 830 I 2 im Fall der Tierhalterhaftung nach § 833; vgl auch OLG Koblenz MDR 13, 406 ff). Von der Mittäterschaft (Abs 1 S 1) und Teilnahme (Abs 2) unterscheidet sich die Beteiligung durch die fehlende Gemeinschaftlichkeit, von der Nebentäterschaft (Rn 2) durch die nur potentielle Kausalität.

c) **Anteilszweifel**: Abs 1 S 2 ist auch anwendbar, wenn sich mehrere Personen am Verlet- 21 zungserfolg beteiligen und ihr jeweiliger Tatbeitrag auch geeignet ist, den Gesamtschaden zu verursachen, jedoch nicht geklärt werden kann, ob jeder nach den allg Zurechnungsregeln für den gesamten Verletzungserfolg oder nur einen Teilschaden haftet (**kumulative Kausalität**; BGHZ 72, 359).

d) Das **Merkmal der Beteiligung** lässt sich nicht unter Rückgriff auf ein strafrechtliches 22 Begriffsverständnis bestimmen (s abw zu Abs 1 S 1 und Abs 2 Rn 6), da „Beteiligung" iSd StGB den Oberbegriff für Mittäterschaft, Anstiftung und Beihilfe bildet, der Begriff in Abs 1 S 2 aber ausdrücklich neben diesen verwendet wird. Um einer „uferlosen Ausweitung" (BGHZ 55, 94) und damit der Gefahr einer Zufallshaftung zu begegnen, bejahte die **Rspr** ursprünglich erst dann eine „Beteiligung", wenn die verschiedenen selbstständigen Handlungen in **räumlicher und zeitlicher Hinsicht einen einheitlichen Vorgang** bildeten, gekennzeichnet va durch die Gleichartigkeit der Gefährdungshandlungen (BGHZ 25, 274; 33, 291; 55, 95). Nach noch relativierte die Judikatur jedoch die Anforderungen an den zeitlichen und örtlichen Zusammenhang (BGHZ 55, 95). Ein Teil der Literatur verlangt als einschränkendes Korrektiv eine **subjektive Verbindung zwischen den potentiellen Schädigern**, indem sie voneinander wissen oder wissen mussten (Deutsch, Allgemeines Haftungsrecht, 2. Aufl 95, Rn 523). Die zutreffende hL lehnt dag jede Einschränkung des Tatbestandes durch objektive oder subjektive Kriterien ab (MK/G Wagner § 830 Rn 59).

23 e) **Voraussetzungen der Ersatzpflicht nach Abs 1 S 2: aa)** Es liegt kein Fall des Abs 1 S 1, Abs 2 vor.

24 bb) **Jeder Beteiligte verwirklicht einen Haftungstatbestand**, wobei abgesehen vom Nachw der Kausalität alle Tatbestandsvoraussetzungen vorliegen. Ist bereits zweifelhaft, ob dem Anspruchsgegner überhaupt eine unerlaubte Handlung zur Last fällt, da sich etwa seine Anwesenheit am Tatort nicht eindeutig feststellen lässt, findet Abs 1 S 2 keine Anwendung (BGHZ 89, 399; 142, 239). Abs 1 S 2 soll allein diejenigen Beweisschwierigkeiten überbrücken, die an das Merkmal der Kausalität anknüpfen. Nach Abs 1 S 2 muss demnach jeder Beteiligte – die Ursächlichkeit seines Verhaltens unterstellt – zum Schadensersatz verpflichtet sein. Handelt nur einer der Täter **rechtmäßig**, entfällt eine Ersatzpflicht nach Abs 1 S 2 auch zugunsten aller übrigen Beteiligten, da der Schadenseintritt dann auch durch rechtmäßiges Verhalten herbeigeführt sein kann (BGH LM Nr 2 zu § 830). Nach hM ist Abs 1 S 2 nicht anwendbar, wenn einer der potentiellen Schädiger **nicht schuldhaft** handelt (MK/G Wagner § 830 Rn 46 anders Larenz/Canaris, SchR II 2 § 82 II 3 a-c). Ist einer der Täter nach §§ 827 f **deliktsunfähig**, so haftet er auch iR des Abs 1 S 2 allenfalls nach § 829. Umstr ist, ob hierdurch die Einstandspflicht der anderen Beteiligten berührt wird (vgl hierzu die Angaben bei Staud/Eberl-Borges § 830 Rn 83).

25 cc) Erforderlich ist, **dass jedenfalls einer der Beteiligten den Schaden tatsächlich verursacht** hat (so im Fall der alternativen Kausalität) bzw dass mehrere Handlungen den Schaden gemeinsam tatsächlich verursacht haben (so im Fall der kumulativen Kausalität). Eine Ersatzpflicht nach Abs 1 S 2 ist ausgeschlossen, wenn der Schaden durch ein **Naturereignis** verursacht worden sein kann oder der **Geschädigte selbst** als Schadensurheber in Betracht kommt (BGHZ 60, 181; Staud/Eberl-Borges § 830 Rn 85 f; anders Deutsch, Allgemeines Haftungsrecht, Rn 526 f). Abs 1 S 2 bleibt dag anwendbar, wenn neben den Alternativtätern **ein Dritter eine weitere eigenständige Schadensbedingung** gesetzt hat und aus feststehender Kausalität haftet: Der Verletzte fällt von zwei Personen angestoßen in einen Kanalschacht, den ein Dritter pflichtwidrig nicht abgedeckt hat; es lässt sich nicht ermitteln, wer den entscheidenden Stoß gegeben hat. Nach Ansicht des BGH sind auch in diesem Fall die beiden Alternativtäter nach Abs 1 S 2 einstandspflichtig (BGHZ 67, 20; 72, 359).

26 dd) Die Handlung eines jeden Beteiligten muss **allein geeignet** sein, den gesamten Verletzungserfolg herbeizuführen (MK/G Wagner § 830 Rn 58). Steht fest, dass der konkrete Schaden nur durch das Zusammenwirken zweier verschiedener Kausalbeiträge entstehen konnte, also nur durch ihre Summierung, ist Abs 1 S 2 nicht einschlägig. Da keine der beiden Ursachen hinweggedacht werden kann, ohne dass der Gesamtschaden entfiele, haften die Nebentäter vielmehr entspr den allg Grundsätzen als Gesamtschuldner nach § 840 I (Kindertee: BGH NJW 94, 934).

27 ee) Es darf **nicht feststellbar** sein, **welcher Beteiligte den Schaden tatsächlich verursacht hat** (Urheberzweifel) bzw **zu welchem Anteil jeder daran mitgewirkt hat** (Anteilszweifel). Verursacht auch nur einer der Beteiligten nachweislich den gesamten Schaden oder stehen die Verursachungsanteile der einzelnen Schädiger (etwa nach § 287 ZPO: BGHZ 101, 113) fest, scheidet Abs 1 S 2 mangels Beweisnot aus (BGHZ 67, 19; BGH MDR 99, 805). Dies gilt auch bei sog Folgeschadensfällen: Begehen zwei Beteiligte nacheinander unerlaubte Handlungen, ist der zweite Schadensfall aber dem Erstschädiger zurechenbar (ein Motorradfahrer wird nach einem Unfall auf der Straße liegend von einem zweiten Fahrzeug überfahren), so lässt dessen Haftung aus erwiesener Kausalität die Anwendbarkeit des Abs 1 S 2 entfallen (BGHZ 72, 361 unter Aufgabe der früheren Rspr).

ff) Trifft den Verletzten ggü einem Alternativtäter iSd Abs 1 S 2 ein **Mitverschulden,** 28 kann auch der andere – soweit sein Verursachungsbeitrag nicht positiv feststeht – nur in Höhe der geringsten (hypothetischen) Haftungsquote in Anspruch genommen werden (vgl MK/G Wagner § 830 Rn 48; BGH NJW 82, 2307).

III. Der Geschädigte trägt die **Beweislast** für die Mittäterschaft (Abs 1 S 1) bzw Teilnahme (Abs 2) an einer unerlaubten Handlung des anderen Mit- bzw Haupttäters sowie die Beteiligung mehrerer an einer solchen Handlung (Abs 1 S 2). Die haftungsbegründende Kausalität des Tatbeitrages wird im Fall des Abs 1 S 1, Abs 2 unwiderleglich vermutet. Im Fall des Abs 1 S 2 kann sich der Beteiligte nach ganz hM durch den Nachw entlasten, dass sein Verhalten den Schaden nicht verursacht hat (BGHZ 33, 292; OLG Bremen MDR 06, 92; Staud/Eberl-Borges § 830 Rn 109; aA Deutsch, Allgemeines Haftungsrecht, Rn 528).

§ 831 Haftung für den Verrichtungsgehilfen

(1) ¹Wer einen anderen zu einer Verrichtung bestellt, ist zum Ersatz des Schadens verpflichtet, den der andere in Ausführung der Verrichtung einem Dritten widerrechtlich zufügt. ²Die Ersatzpflicht tritt nicht ein, wenn der Geschäftsherr bei der Auswahl der bestellten Person und, sofern er Vorrichtungen oder Gerätschaften zu beschaffen oder die Ausführung der Verrichtung zu leiten hat, bei der Beschaffung oder der Leitung die im Verkehr erforderliche Sorgfalt beobachtet oder wenn der Schaden auch bei Anwendung dieser Sorgfalt entstanden sein würde.
(2) Die gleiche Verantwortlichkeit trifft denjenigen, welcher für den Geschäftsherrn die Besorgung eines der im Absatz 1 Satz 2 bezeichneten Geschäfte durch Vertrag übernimmt.

I. 1. Abs 1 ist eine **selbstständige Anspruchsgrundlage,** die **eine Haftung des Geschäfts-** 1 **herrn für sein eigenes Verschulden** bei der Auswahl des Verrichtungsgehilfen, der Beschaffung sachlicher Hilfsmittel oder bei Leitungsmaßnahmen begründet. Eine Haftung ist ausgeschlossen, wenn der Geschäftsherr nicht verschuldensfähig ist (§§ 827 f; uU Haftung nach § 829). Nach Abs 1 S 2 werden sowohl **das Verschulden des Geschäftsherrn** als auch **die haftungsbegründende Kausalität** zwischen Sorgfaltspflichtverstoß und der Schädigung des Dritten **widerleglich vermutet** (vgl auch §§ 832 S 2, 833 S 2, 834 S 2). Dem Geschäftsherrn obliegt es, den sog **Entlastungsbeweis** zu führen (Exkulpation). **Abs 2** normiert eine Haftung im Fall der vertraglichen Übernahme der Geschäftsherrenpflichten (vgl auch §§ 832 II, 834). Zu den gesetzgeberischen Bestrebungen, § 831 zu ändern, s Staud/Belling § 831 Rn 187 ff. Die Prinzipalhaftung kann durch abschließende Regelungen in Sondergesetzen ausgeschlossen sein (keine Ersatzpflicht der Post aus § 831: BGH Vers 01, 1297).

2. Verhältnis des § 831 zu anderen Vorschriften des BGB: a) § 823 I: § 831 enthält – 2 *ähnl dem § 836 (vgl dort Rn 1)* – einen gesetzlich geregelten Sonderfall der Haftung für bestimmte **Verkehrspflichtverletzungen** (Larenz/Canaris, SchR II 2 § 79 III 1). Die unsorgfältige Auswahl und Kontrolle eines Gehilfen begründet nur einen Anspruch aus § 831, der als lex specialis § 823 I ausschließt. Nach hM kann sich jedoch neben § 831 eine Haftung des Geschäftsherrn aus § 823 I wegen Verletzung seiner allg **Organisationspflicht** ergeben (s dort Rn 70; BGHZ 11, 155; krit zur Abgrenzung: Staud/Belling § 831 Rn 11 f, 21 f).

b) § 278: Abw von § 831 ist § 278 **keine selbstständige Anspruchsgrundlage,** sondern 3 eine **Zurechnungsnorm** für fremdes Verschulden des Erfüllungsgehilfen. § 278 setzt zudem eine Sonderverbindung voraus. Im Unterschied zu § 831 hat der Geschäftsherr nach § 278 keine Exkulpationsmöglichkeit, da es auf sein Verschulden nicht ankommt.

Nach dem Grundsatz der Anspruchskonkurrenz (s hierzu Vor §§ 823–853 Rn 13) können der Anspruch aus einem vertraglichen Schuldverhältnis iVm § 278 und ein solcher aus § 831 nebeneinander bestehen (BGHZ 24, 193; BGH VersR 65, 241). § 831 hat durch Ausdehnung der Vertragshaftung – va durch die Rechtsinstitute der „cic" (vgl hierzu §§ 241 II, 311 II, III) und des Vertrages mit Schutzwirkung zugunsten Dritter (vgl hierzu § 328 Rn 2, 12) – in der Vergangenheit mehr und mehr an praktischer Bedeutung verloren.

4 **c) §§ 31, 89:** § 31 ist keine haftungsbegründende, sondern eine **haftungszuweisende Norm** für fremdes Verschulden (BGHZ 98, 151). Sie betrifft die Haftung der juristischen Person (aber auch OHG, KG und im Lichte der jüngeren Entwicklung der BGB-Gesellschaft; zur Anwendbarkeit des § 31 auf nichtrechtsfähige Vereine s § 54 Rn 3) für ein Verschulden ihrer Organe (und Repräsentanten), soweit diese eine zum Schadensersatz verpflichtende Handlung aus Delikt begehen. § 31 sieht abw von § 831 keine Exkulpationsmöglichkeit vor. Eine Haftung der juristischen Person nach §§ 823 I, 31 kann sich insb bei Organisationsmängeln im Zusammenhang mit der Delegation von Verkehrspflichten auf Dritte ergeben (s hierzu § 823 Rn 70). § 31 schließt die Anwendung des § 831 aus. Indem die Rspr in der Vergangenheit den Anwendungsbereich des § 31 ausdehnte (zur extensiven Auslegung des Begriffs „verfassungsmäßiger Vertreter" s § 31 Rn 5), ist die praktische Bedeutung des § 831 zunehmend reduziert worden.

5 **d) Art 34 S 1 GG iVm § 839:** Soweit der Schädiger hoheitlich handelt, kommt nur eine mittelbare Staatshaftung (Amtshaftung) nach Art 34 S 1 GG iVm § 839 in Betracht. Bei fiskalischem Handeln kann sich eine Haftung des Staates aus § 831 oder §§ 31 (89) iVm §§ 823 ff ergeben (zur Abgrenzung s § 839 Rn 7, 46).

6 **3. Verhältnis des § 831 zur Eigenhaftung des Gehilfen:** Ist der Geschäftsherr nach Abs 1 ersatzpflichtig und handelt der Verrichtungsgehilfe nicht nur objektiv rechtswidrig (vgl hierzu Rn 8), sondern erfüllt er auch schuldhaft den Tatbestand einer unerlaubten Handlung nach den §§ 823 ff, so haften beide nach § 840 I gesamtschuldnerisch. Hat der Geschäftsherr Schadensersatz geleistet, kann er abw von § 426 I nach § 840 II den Verrichtungsgehilfen in vollem Umfang in Regress nehmen. Dies gilt nicht, wenn dem Gehilfen als Arbeitnehmer ein arbeitsrechtlicher Freistellungsanspruch gegen den Geschäftsherrn als Arbeitgeber zusteht (GemsOBG NJW 94, 856; GS BAG NJW 95, 211; vgl hierzu Staud/Belling § 831 Rn 14 f; s auch § 619 a Rn 8; zur eingeschränkten Arbeitnehmerhaftung im Lichte der Schuldrechtsreform: Walker JuS 02, 737 ff; Waltermann JuS 09, 193 ff; Schreiber Jura 09, 26 ff; Schielke ZMV 09, 61 ff; Römmermann/Günther BG 10, 394 ff; BAG VersR 03, 736; 741; BGH NJW 11, 1096 ff).

7 **II. Voraussetzungen der Haftung des Geschäftsherrn nach Abs 1: 1.** Der Anspruchsgegner muss nach **Abs 1 S 1** einen anderen **zur Verrichtung bestellt** haben. Verrichtungsgehilfe ist derjenige, der mit Wissen und Wollen des Geschäftsherrn **weisungsabhängig** in dessen Interessenkreis tätig wird. Eine bis in alle Einzelheiten gehende Weisungsgebundenheit ist nicht erforderlich. Es genügt die Befugnis des Geschäftsherrn, die Tätigkeit des Handelnden jederzeit beschränken, untersagen oder nach Zeit und Umfang bestimmen zu können (BGHZ 45, 313). Darauf, dass die Tätigkeit niederer oder höherer Art, rechtlicher oder tatsächlicher Natur, entgeltlich oder unentgeltlich, auf Dauer oder nur vorübergehend ist, kommt es nicht an. Besteht die Weisungsgebundenheit nur für einen Teilbereich der Tätigkeit, liegt auch nur insoweit eine Verrichtung iSd Abs 1 S 1 vor. **Verrichtungsgehilfe ist** etwa der Arbeitnehmer, der (auch leitende) Angestellte (Arzt: BGHZ 95, 71; Krankenschwester: BGH NJW 59, 2303), der Notfallarzt für den niedergelassenen Arzt, dessen Tätigkeit er übernimmt (BGH NJW 09, 1740, der als Testesser hinzugezogene freie Mitarbeiter ggü dem Verleger (BGH NJW-RR 98, 251), der Beauftragte, der nachts einen Gast bei dem Versuch, ins Hotel zu gelangen, mit einem Messer attackiert ggü dem Hotelbetreiber (OLG Hamm NJW-RR 13, 349 ff) sowie nach Ansicht des BGH der Rechtsanwalt im Verhältnis zu seinem Mandanten (BGH NJW 79, 1883; OLG Koblenz NJW-RR 89, 363; dies ist zweifelhaft, da der Anwalt nach §§ 1, 3 BRAO unabhängiges Organ der Rechtspflege ist; so auch Soergel/Krause § 831 Rn 24). **Nicht als Verrichtungsgehilfe anzusehen sind** diejenigen Personen, die Zeit und Ort ihrer Tätigkeit frei bestimmen können, wie etwa Bau- oder Subunternehmer (BGHZ 42, 375; BGH NJW 94, 2756; OLG Frankfurt NJW 13, 546), ein Animateur im Ferienclub ggü dem Reiseveranstalter (BGH RRa 07, 215), aber auch der Taxifahrer ggü dem Fahrgast (zur Verkehrssicherungspflicht im Pauschalurlaub s Rodegra NJW 12, 3546; zur Haftung von Flughafenbetreibern ggü Fluggästen u Besuchern s Sigl TranspR 12, 349). Keine Verrichtungsgehilfen sind die Organe einer juristischen sowie die gesetzlichen Vertreter einer natürlichen Person. Zu den Voraussetzungen eines Geschäftsherrn-/Verrichtungsverhältnisses zwischen konzernangehörigen Gesellschaften, welches im vorliegenden Fall an der Weisungsgebundenheit scheiterte, s BGH NJW 13, 1002 f.

2. Der **Verrichtungsgehilfe muss einen Dritten widerrechtlich geschädigt**, dh selbst einen der Tatbestände der §§ 823 ff rechtswidrig erfüllt haben. Soweit hiernach primäre Vermögensschäden erfasst werden (§§ 823 II, 826), ist der Geschäftsherr auch für diese einstandspflichtig (hierzu Larenz/Canaris, SchR II 2 § 79 III 1 c). Die Widerrechtlichkeit bestimmt sich nach den allg Grundsätzen (§ 823 Rn 71 ff; zur Bedeutung der Lehre vom Handlungs- und Erfolgsunrecht iR des § 831 s Staud/Belling § 831 Rn 114 ff). Erfordert die rechtswidrige Tatbestandsverwirklichung subjektive Elemente, muss der Gehilfe auch diese erfüllen (BGH NJW 56, 1715). **Handelt der Verrichtungsgehilfe objektiv verkehrsgerecht**, leitet die Rspr hieraus (BGHZ 24, 29; BGH NJW-RR 92, 533; der BGH hat sich in der Folgezeit zwar von der Ausgangsentscheidung distanziert, sie dennoch nicht ausdrücklich aufgegeben; so etwa OLG Hamm NJW-RR 98, 1402) einen Rechtfertigungsgrund ab, für den der Geschäftsherr die Beweislast trägt. In der Literatur wird eine Haftung des Geschäftsherrn teils aus Schutzzwecküberlegungen verneint (Palandt/Sprau § 831 Rn 8; zu den verschiedenen Begründungsansätzen in der Literatur s MK/G Wagner § 831 Rn 28 ff), teils die Problematik in den Entlastungsbeweis verlagert (Medicus/Petersen, BR Rn 782; Medicus/Lorenz, SchR II Rn 1351). Nach dem Wortlaut ist nicht erforderlich, dass der Verrichtungsgehilfe **schuldhaft** handelt (BGHZ 24, 29; BGH NJW 96, 3207; MK/G Wagner § 831 Rn 28; zur Korrektur des Tatbestandes im Wege teleologischer Rechtsfortbildung s Larenz/Canaris, SchR II 2 § 79 III 2 c mwN). Bei dem Gehilfen kommt es mithin auf dessen Schuldfähigkeit (§§ 827 f) und Schuldform (§ 276) nicht an.

3. Der Verrichtungsgehilfe muss gem Abs 1 S 1 **in Ausführung** und nicht nur „aus Anlass" oder „bei Gelegenheit" **der Verrichtung** gehandelt haben. Erforderlich ist, dass ein **unmittelbarer, innerer Zusammenhang** zwischen Verrichtung und schädigender Handlung besteht (BGH NJW-RR 89, 725) bzw dass sich **diese Handlung als eine noch im Leistungsbereich liegende Fehlleistung** darstellt (Fikentscher/Heinemann, Schuldrecht, 10 Aufl 06, § 111 I 2 c Rn 1671). Dieser Zusammenhang gerät nicht notwendig dadurch in Wegfall, dass der Gehilfe eigenmächtig oder irrtümlich die Grenzen seines Auftrags überschreitet. Abzustellen ist auf die Umstände des konkreten Einzelfalls. **Vorsätzliche Schadenshandlungen** – der Malergeselle stiehlt einen Wertgegenstand des Kunden – erfolgen nach hM regelmäßig nicht in Ausführung der Verrichtung (BGHZ 11, 154; abw Larenz/Canaris, SchR II 2 § 79 III 2 d). Eine vorsätzliche unerlaubte Handlung des Gehilfen steht ausnahmsweise dann in einem inneren Zusammenhang mit der Verrichtung, wenn hierdurch gerade die übertragenen Pflichten verletzt werden (BGHZ 49, 23; BGH NJW-RR 98, 252). Nutzt der Verrichtungsgehilfe ein Kfz des Geschäftsherrn ohne dessen Wissen und Wollen, also auf einer **Schwarzfahrt**, so ist *§ 831 unanwendbar (BGHZ 1, 390;* zu einem Schwarzflug: BGH NJW-RR 89, 723). Nicht als Schwarzfahrt, sondern noch als in Handeln in Ausführung der Verrichtung ist ein Umweg einzustufen, der sich im weiteren Rahmen des Fahrauftrags hält (BGH VersR 55, 345). Keine Haftung nach § 831 besteht idR, wenn der Gehilfe **verbotswidrig eine betriebsfremde Person mitnimmt** und diese zu Schaden kommt (BGH VersR 65, 132; NJW 71, 31).

4. Die **Haftung** des Geschäftsherrn **ist nach Abs 1 S 2 ausgeschlossen**, wenn er erfolgreich **den Entlastungsbeweis** führt. Nach Abs 1 S 2 werden sowohl das Verschulden des Geschäftsherrn als auch die Kausalität seines Sorgfaltsverstoßes für den Schadenseintritt widerleglich vermutet. Der Geschäftsherr kann sich mithin exkulpieren.

11 **a) Der Entlastungsbeweis** betrifft das **fehlende Verschulden.** Der Geschäftsherr hat nachzuweisen, dass er die erforderliche Sorgfalt bei der **Auswahl** und – obgleich im Wortlaut nicht genannt – auch bei der **Instruktion und Überwachung** des Verrichtungsgehilfen eingehalten hat (vgl hierzu Staud/Belling § 831 Rn 140 f mwN). Der Sorgfaltsmaßstab richtet sich nach der Verkehrsanschauung sowie den konkreten Einzelfallumständen. Abzustellen ist va auf die Art der übertragenen Tätigkeit sowie die Person des Gehilfen. Besonders hohe Anforderungen gelten beim Führen von Massenverkehrsmitteln (Straßenbahnfahrer: BGH NJW 64, 2401; Gefahrguttransporter: BGH NJW-RR 96, 867). Lässt sich der konkrete Schädiger nicht ermitteln, muss der Entlastungsbeweis im Hinblick auf alle in Betracht kommenden Gehilfen erbracht werden (BGH NJW 73, 1603). Die Verschuldensvermutung hins der **Leitungsmaßnahmen** sowie der **Beschaffung von Vorrichtungen und Geräten** setzt zunächst auf Seiten des Geschädigten voraus, dass überhaupt eine solche Notwendigkeit bestand (BGH NJW 86, 777; zust Soergel/Krause § 831 Rn 56 f; dem wohl zust MK/G Wagner § 831 Rn 36).

12 **b) Der Entlastungsbeweis** bezieht sich auf die **mangelnde haftungsbegründende Kausalität.** Der Geschäftsherr muss beweisen, dass der Schaden auch bei Anwendung der verkehrserforderlichen Sorgfalt entstanden sein würde. Die bloße Möglichkeit eines derartigen Schadens genügt nicht. Erforderlich ist vielmehr der Nachw, dass auch ein sorgfältig ausgewählter und überwachter Verrichtungsgehilfe den Schaden verursacht hätte. Der Geschäftsherr kann die Kausalitätsvermutung ferner dadurch widerlegen, dass sich der Gehilfe verkehrsrichtig verhalten hat (so Medicus/Petersen, BR Rn 782; Medicus/Lorenz, SchR II Rn 1351; nach Ansicht des BGH fehlt es schon an einer widerrechtlichen Schadenszufügung; vgl Rn 8). Nach hM wird die Haftung nicht durch den Nachw ausgeschlossen, dass sich in dem Schaden gerade nicht derjenige Mangel ausgewirkt hat, der den Gehilfen für die Verrichtung als ungeeignet auswies und den der Geschäftsherr bei gehöriger Sorgfalt hätte erkennen müssen (BGH NJW 78, 1683; zust MK/G Wagner § 831 Rn 47; krit Soergel/Krause § 831 Rn 9).

13 Die Judikatur hatte für Großbetriebe, für die § 831 nicht recht passt, zunächst den sog **dezentralisierten Entlastungsbeweis** entwickelt. Hiernach genügt der Nachw des Geschäftsherrn, dass er die ihm obliegenden Pflichten auf nachgeordnete „Zwischenpersonen" (etwa Abteilungsleiter, Meister) delegiert, die er selbst wiederum sorgfältig ausgewählt und überwacht hat (BGHZ 4, 2; 11, 153; 87, 4; krit hierzu Larenz/Canaris, SchR II 2 § 79 III 3 b). Der Geschäftsherr muss sich dann nur hins der nachgeordneten Führungsebene exkulpieren (s aber auch BGH VersR 64, 297). Dieser Ansatz ist in der Literatur vielfach kritisiert worden, dass er zu einer ungerechtfertigten Bevorzugung der Großunternehmen ggü mittleren und kleineren Betrieben führe (Soergel/Krause § 831 Rn 47). Der dezentralisierte Entlastungsbeweis hat jedoch in der jüngeren Rspr zunehmend an Bedeutung verloren, da sich eine Haftung des Betriebsinhabers oftmals schon wegen Verletzung seiner Organisationspflicht unmittelbar aus § 823 I (vgl § 823 Rn 70; Schwarz/Wandt, Gesetzliche Schuldverhältnisse, 4. Aufl 11, Rn 16 f ableiten oder nach den Grundsätzen der Produzentenhaftung (vgl § 823 Rn 157 ff) begründen lässt (vgl zu dieser Entwicklung Staud/Belling § 831 Rn 174 ff).

14 **5. Zur Rechtsfolge** s § 823 Rn 85. Ein **Mitverschulden** des Verletzten ist zugunsten des Geschäftsherrn nach § 254 zu berücksichtigen.

15 **6.** Nach **Abs 2** haftet neben dem Geschäftsherrn, wer **dessen Auswahl- und Überwachungspflichten usw vertraglich übernommen** hat, zB Werk- bzw Bauführer oder Betriebsleiter. Nach hM ist die Wirksamkeit des Vertrags erforderlich (Staud/Belling § 831 Rn 180; anders MK/G Wagner § 831 Rn 51). Eine rein tatsächliche Übernahme (etwa GoA) genügt nicht.

16 **III.** Die **Beweislast** für die Voraussetzungen des Abs 1 S 1 trägt der Geschädigte. Der Geschäftsherr muss beweisen, dass die schädigende Handlung durch Rechtfertigungsgründe gedeckt (vgl hierzu Rn 8; § 823 Rn 76 ff; MK/G Wagner § 831 Rn 48 f) oder er selbst nicht verschuldensfähig iSd §§ 827, 828 war. Zudem obliegt ihm der Entlastungsbeweis nach **Abs 1 S 2** (Rn 10 ff). Die vertragliche Übernahme der den Geschäftsherrn treffenden Pflichten nach **Abs 2** hat der Geschädigte zu beweisen.

§ 832 Haftung des Aufsichtspflichtigen

(1) ¹Wer kraft Gesetzes zur Führung der Aufsicht über eine Person verpflichtet ist, die wegen Minderjährigkeit oder wegen ihres geistigen oder körperlichen Zustands der Beaufsichtigung bedarf, ist zum Ersatz des Schadens verpflichtet, den diese Person einem Dritten widerrechtlich zufügt. ²Die Ersatzpflicht tritt nicht ein, wenn er seiner Aufsichtspflicht genügt oder wenn der Schaden auch bei gehöriger Aufsichtsführung entstanden sein würde.
(2) Die gleiche Verantwortlichkeit trifft denjenigen, welcher die Führung der Aufsicht durch Vertrag übernimmt.

I. 1. Nach § 832 haftet der kraft Gesetzes (Abs 1 S 1) oder vertraglicher Übernahme (Abs 2; s auch §§ 831 II, 834) Aufsichtspflichtige für denjenigen Schaden, den ein Aufsichtsbefohlener einem Dritten widerrechtlich zufügt. Abs 1 S 1 enthält eine selbstständige Anspruchsgrundlage in Form eines Unterlassungsdeliktes. Anknüpfungspunkt für die Haftung ist die **eigene schuldhafte Verletzung der Verkehrspflicht durch die Aufsichtsperson** (Larenz/Canaris, SchR II 2 § 79 IV 1 a; der Satz: „Eltern haften für ihre Kinder" ist demnach unzutreffend; dazu Staudinger/Steinrötter JuS 12, 97 ff). Nach Abs 1 S 2 werden sowohl ihr Verschulden als auch die haftungsbegründende Kausalität zwischen Pflichtverstoß und der Schädigung des Dritten widerleglich vermutet, so dass sich der Aufsichtspflichtige exkulpieren kann (vgl auch §§ 831 I 2, 833 S 2, 834 S 2). Zu **Reformbestrebungen** s Staud/Belling § 832 Rn 228 f.

2. Schutzzweck: § 832 dient nach seinem Wortlaut allein dem **Schutz Dritter**, nicht dag der aufsichtsbedürftigen Person selbst. Erleidet diese aus Gründen mangelhafter Aufsicht einen eigenen Schaden, folgt die Ersatzpflicht der Aufsichtsperson nicht aus § 832 (BGHZ 73, 194; BGH NJW 96, 53), sondern uU aus Vertrag, Verletzung familienrechtlicher Bestimmungen oder § 823 I (zur Frage, wie sich das Haftungsprivileg in §§ 1664 I, 277 auswirkt, wenn die Schädigung durch die Eltern als Aufsichtsperson und einen Dritten erfolgt: BGHZ 103, 344; OLG Düsseldorf NJW-RR 99, 1042; Staud/Belling § 832 Rn 155 ff; s auch § 426 Rn 13).

3. Verhältnis des § 832 zu anderen Vorschriften des BGB: a) § 823 I: Eine Haftung der Aufsichtsperson nach § 823 I wegen Verletzung einer Verkehrspflicht (s dort Rn 60 ff) scheidet aus, wenn die hierin liegende Unterlassung einen Verstoß gegen dessen Aufsichtspflicht iSd Abs 1 S 1 bedeutet. § 823 I wird insoweit durch Abs 1 S 1 als lex specialis verdrängt (Staud/Belling § 832 Rn 205 f; s aber auch BGH NJW 76, 1145).
b) Art 34 S 1 GG iVm § 839: Ist die Aufsichtspflicht privatrechtlich zu qualifizieren (Privatschule), greift Abs 1 S 1 ein. Handelt der Aufsichtspflichtige hoheitlich (beamteter oder angestellter Aufsichtsführer einer staatlichen Schule), kommt nur eine Amtshaftung nach Art 34 S 1 GG iVm § 839 in Betracht. § 839 verdrängt insoweit Abs 1 S 1. Die Vermutungsregel in Abs 1 S 2 gilt jedoch ebenso iR der Amtshaftung (so nunmehr unter Aufgabe seiner früheren Judikatur auch der BGH NJW 13, 1233; dazu Bernau NZV 13, 237; Förster NJW 13, 1201; Schneider JZ 13, 365; Singbartl/Wehowsky ZJS 13, 304; der Fall betraf Amtshaftungsansprüche für die Aufsichtspflichtverletzung der Erzieher einer Kindertagesstätte; beachte überdies Staud/Belling § 832 Rn 211). Dies entspricht nicht nur der Rechtslage bei der Tierhalter- und Gebäudehaftung, da auch insoweit die Beweislastregeln der §§ 833 S 2 und 836 S 2 innerhalb des § 839 entspr *heranzuziehen* sind. Vielmehr ist gleichermaßen eine durch den Ausschluss des Abs 1 S 2 bedingte Privilegierung des beamteten ggü dem privaten Aufsichtspflichtigen in der Sache nicht zu rechtfertigen.
4. Verhältnis zur Eigenhaftung des Aufsichtsbedürftigen: Handelt der Aufsichtsbedürftige nicht nur objektiv rechtswidrig (vgl hierzu Rn 9), sondern erfüllt er auch schuldhaft (§§ 827 f; § 276) den Tatbestand einer unerlaubten Handlung nach den §§ 823 ff (§ 829), haften beide einem verletzten Dritten ggü nach § 840 I gesamtschuldnerisch. Der Innenausgleich richtet sich nach § 840 II (s dort Rn 14 f).

II. Voraussetzungen der Haftung nach Abs 1: 1. Kreis der Aufsichtsbedürftigen: Nach hM gelten **Minderjährige** generell als aufsichtsbedürftig iSd Abs 1 S 1. Alter und Entwicklung des einzelnen Minderjährigen sind allein für den Inhalt und Umfang der Aufsichtspflicht bedeutsam (vgl hierzu die Übersicht bei Bernau DAR 08, 286 ff). Bei **Volljährigen** ist anhand des konkreten Einzelfalles zu entscheiden, ob und inwieweit ihr geistiger oder körperlicher Zustand eine Beaufsichtigung erfordert (der Inhaber eines Internetanschlusses haftet nicht für illegales Filesharing des volljährigen Familienangehörigen, BGH StBW 14, 70). Dies gilt auch im Fall der Betreuung (§§ 1896 ff).

7 **2. Kreis der Aufsichtspflichtigen: a)** Eine **gesetzliche Aufsichtspflicht** nach Maßgabe des Abs 1 S 1 obliegt bei **Minderjährigen** als Bestandteil der Personensorge (§ 1631 I) insb den (Adoptiv-)Eltern (§§ 1626, 1631, 1671 f; § 1754; OLG Karlsruhe FamRZ 08, 787; Bernau FamRZ 07, 92 ff; ders, Die Aufsichtshaftung der Eltern nach § 832 BGB – im Wandel!, 05; zu den Grenzen der gesetzl Aufsichtspflicht von Eltern s BGH GRUR 13, 511; dazu Engels/Kleinschmidt AfP 12, 544; zur Anrechenbarkeit des gesetzlich vermuteten Verschuldens als Mitverschulden iSd § 254 I s BGH NJW 12, 2425; beachte auch Brand JuS 12, 673), aber auch dem Vormund oder Pfleger (§§ 1793, 1800; §§ 1909, 1915; zur Haftung von Lehrern an staatlichen Schulen s Rn 4; zu Betreuern eines Fußballcamps OLG Frankfurt NJW-RR 08, 975). Bei **Volljährigen** kann sich eine gesetzliche Aufsichtspflicht aus einem Betreuungsverhältnis ergeben (§§ 1896 ff).

8 **b)** Nach **Abs 2** haftet derjenige, der die **Aufsichtspflicht vertraglich** – sei es ausdrücklich oder konkludent – **übernimmt**. Auf eine rein tatsächliche Obhutsübernahme oder eine solche aus Gefälligkeit findet Abs 2 weder unmittelbare noch entspr Anwendung. Nach hM greift Abs 2 nur bei Wirksamkeit des Vertrages ein (Staud/Belling § 832 Rn 47; anders MK/G. Wagner § 832 Rn 18 f). Wird auf diesem Wege eine gesetzliche Aufsichtspflicht auf einen Dritten übertragen, reduziert sich die Pflicht auf eine solche zur ordnungsgemäßen Auswahl, Instruktion, Information und Kontrolle des Dritten (BGH VersR 68, 903; OLG Düsseldorf VersR 92, 322; MK/G. Wagner § 832 Rn 19; krit hierzu Staud/Belling § 832 Rn 53, 156 ff, 171 ff; Hartmann VersR 98, 22 ff). **Das Vorliegen eines rechtsgeschäftlichen Übernahmewillens** ist anhand der Einzelfallumstände zu ermitteln. Entscheidend ist, ob eine entspr „**Zuständigkeit**" des Dritten begründet werden soll (Larenz/Canaris, SchR II 2 § 79 IV 2 a). Eine vertragliche Übernahme ist regelmäßig bei einer weit reichenden Obhut von längerer Dauer und weitgehender Einwirkungsmöglichkeit anzunehmen (Unterbringung in Internaten, Heimen, Krankenhäusern oder Anstalten: BGH NJW 76, 1146; 85, 678; zur Anwendbarkeit von § 832 I 2 bei Amtshaftungsansprüchen für die Aufsichtspflichtverletzung der Erzieher einer Kindertagesstätte s BGH NJW 13, 1233; dazu Bernau NZV 13, 237; Förster NJW 13, 1201; Schneider JZ 13, 365; Singbartl/Wehowsky ZJS 14, 304; zur Aufsicht in öffentlichen Bädern: Möhlenkamp VersR 14, 833). Die kurze Überlassung eines Kindes an Freunde oder Verwandte genügt grds nicht (BGH NJW 68, 1874; zur analogen Anwendung des Abs 2 auf die Patchwork-Familie s Bernau FamRZ 06, 82). Auch wenn eine vertragliche Obhutsübernahme iSd Abs 2 ausscheidet, kann gleichwohl eine Haftung aus § 823 I wegen Verletzung der Verkehrspflicht in Betracht kommen (BGH NJW 68, 1875). Dies gilt bspw für den Fall, dass ein Dritter als Verkäufer unkontrolliert Feuerwerkskörper an Kinder überlässt (BGHZ 139, 46; s hierzu auch § 823 Rn 64).

9 **3.** Die aufsichtsbedürftige Person muss **eine tatbestandliche, rechtswidrige unerlaubte Handlung** iSd §§ 823 ff begangen (vgl auch § 831 Rn 8) und hierdurch zurechenbar einen Dritten geschädigt haben (OLG Düsseldorf VersR 92, 1234). Soweit die rechtswidrige Tatbestandsverwirklichung subjektive Elemente erfordert, muss der Aufsichtsbefohlene auch diese erfüllen (MK/Stein, 3. Aufl 97, § 832 Rn 17). Entspr den allg Grundsätzen entfällt die Widerrechtlichkeit, wenn das Handeln des Aufsichtsbedürftigen durch einen Rechtfertigungsgrund gedeckt ist. Auf die Verschuldensfähigkeit (§§ 827 f) oder die Schuldform (§ 276) kommt es entspr dem Wortlaut nicht an (BGHZ 111, 284).

10 **4.** Die Haftung des Aufsichtspflichtigen ist nach Abs 1 S 2 ausgeschlossen, wenn er erfolgreich den Entlastungsbeweis führt.

11 **a)** Die Exkulpation kann den Nachw **der fehlenden schuldhaften Pflichtverletzung** betreffen. Die Aufsichtsperson muss darlegen und beweisen, dass sie die im **konkreten Fall** gebotene Aufsichtsmaßnahme getroffen hat oder der Schaden auch bei gehöriger

Aufsichtsführung eingetreten wäre (zur Pflicht-Haftpflichtversicherung für Kinder s Bernau VersR 05, 1346). Inhalt und Umfang der Aufsichtspflicht (Belehrung, Ermahnung, Verbot, Kontrolle) sind anhand eines individuell-konkreten Maßstabs zu ermitteln (hierzu Larenz/Canaris, SchR II 2 § 79 IV 2 c). Wertungsgesichtspunkte bilden die **Person des Aufsichtsbedürftigen**, dh dessen Alter (zum knapp 14 Jahre alten Jungen s OLG Frankfurt aM NJW-RR 05, 1188; 9-jähriger Radfahrer: OLG Oldenburg VersR 05, 807; 11 Jahre alter Junge: OLG Zweibrücken NJW-RR 07, 173; unbeaufsichtigtes Spiel bei 5-jährigen unzulässig, jedenfalls länger als 30 Minuten: BGH VersR 09, 788; bei 7 1/2-jährigen zulässig, zumindest nach erfolgter Belehrung eine bestimmte Örtlichkeit nicht zu betreten/verlassen: BGH VersR 09, 790; zur Aufsichtshaftung über Minderjährige im Straßenverkehr": Bernau DAR 12, 174), Entwicklungsstand, Vorverhalten, Eigenart und Charakter. Abzustellen ist gleichermaßen auf die **Art der Tätigkeit**, in deren Zusammenhang sich der Schaden ereignet hat (Spiel auf belebter Straße; Schlittenfahren: AG Bonn NJW-RR 07, 312; zum Verschuldensmaßstab im Falle der Verletzung eines 6-jährigen Kindes beim Überqueren d Straße auch im Hinblick auf § 1664 I; OLG Bamberg NJW 12, 1820; zur Elternhaftung beim unbeaufsichtigten Radfahren von Kindern: OLG Koblenz Schaden-Praxis 09, 280 f; Bernau DAR 05, 604; beim plötzlichen Lauf auf die Straße: OLG Saarbrücken FamRZ 07, 1991; LG Köln NJW 07, 2563; beim Grillen: LG Erfurt VersR 08, 932 m Anm Bernau VersR 08, 933; zur Aufsichtshaftung beim urlaubsbedingten Haus- u Wohnungstausch s Horst MDR 12, 264). Strenge Anforderungen an die Aufsicht sind va beim Umgang mit gefährlichem Spielzeug (Pistole: OLG Düsseldorf NJW-RR 98, 98; krit hierzu Wolf VersR 98, 812 ff) oder Zündmitteln bzw Feuerwerkskörpern (OLG Braunschweig VersR 05, 838; OLG Schleswig NJW-RR 99, 607; s auch OLG Zweibrücken NJW-RR 07, 173) und auch geboten, insb dann, wenn die Zündelneigung eines Kindes bekannt ist (BGH NJW 96, 1404; 1094; OLG Düsseldorf Urt v 10.12.09, I-5 U 58/09, 5 U 58/09, insb Rn 36; zu den Einzelheiten Bernau, zfs 08, 482 ff). In die Bewertung sind aber auch Gesichtspunkte wie die Rücksichtnahme auf den wachsenden **Entwicklungsfreiraum von Kindern** (BGH NJW 93, 1003) sowie die pädagogischen Erfolgsaussichten und damit **die Zumutbarkeit einer Erziehungsmaßnahme** einzustellen (BGHZ 111, 285; zum Umfang der Aufsicht über einen 16 Jahre alten straffällig gewordenen Sohn s die mit Augenmaß getroffene Entscheidung des OLG Koblenz NJW-RR 02, 900). Der Aufsichtspflichtige kann sich hins des Verschuldens dadurch entlasten, dass er zwar in der konkreten Gefahrensituation nicht die erforderliche Maßnahme getroffen, er aber keine Kenntnis vom Aufsichtsanlass und den ihn bestimmenden Tatsachen hatte und diese auch nicht erkennen konnte (BGH NJW 13, 1441; BGH NJW-RR 87, 14; Staud/Belling § 832 Rn 179, 189 f). Ob die Schadensersatznovelle (Vor §§ 823–853 Rn 17; § 828 Rn 2 ff), die zur Privilegierung der Kinder in § 828 II 1 führt, auch eine Ausweitung der Aufsichtspflicht der Eltern zur Folge hat, bleibt abzuwarten (vgl Scheffen/Pardey, Schadensersatz bei Unfällen mit Minderjährigen, 2. Aufl 03, Rn 254, 302 ff, 500; s aber auch Müller VersR 03, 9; zur Aufsichtspflicht der Eltern spielender Kinder in Bezug auf geparkte Fahrzeuge: Rebler MDR 10, 1433 ff). Die Gesetzesmotive sprechen sich jedenfalls nicht für eine Haftungsverschärfung nach § 832 aus (s aber auch § 829 Rn 1). Sicherlich muss die hinter § 828 II 1 stehende auf Erkenntnissen der Entwicklungspsychologie basierende Aussage, dass sich Kinder bis zum Alter von 10 Jahren nicht verkehrstauglich verhielten, bei der Erziehung berücksichtigt werden. Zu beachten ist jedoch, dass in die Bewertung, ob Eltern ihrer Aufsichtspflicht genügt haben, auch der Gesichtspunkt der partnerschaftlichen Erziehung (§ 1626 II) einzustellen ist. § 828 II 1 darf damit nicht pauschal zu einer verstärkten Haftung der Eltern zulasten der gemeinsamen Familienkasse führen, weil dem Kind die Möglichkeit eröffnet werden muss, sich mit zunehmendem Alter gerade selbstständig bewähren zu können (OLG Hamm NJW-RR 02, 238; OLG Oldenburg VersR 05, 807; hierzu Friedrich VersR 05, 1660 ff; gegen eine verschärfte Haftung der Aufsichtspflichtigen ebenso: Bernau NZV 05, 234 ff; Huber, Das neue Schadensersatzrecht, 03, S 160 Rn 64 ff; s dort aber auch Rn 71).

12 **b) Der Entlastungsbeweis** kann sich auf die **mangelnde haftungsbegründende Kausalität** zwischen Aufsichtspflichtverletzung und Schadenseintritt beziehen. Die Aufsichtsperson muss nachweisen, dass der Schaden auch bei sorgfaltsgemäßer Aufsicht entstanden wäre (OLG Frankfurt aM MDR 01, 753). Die bloße Möglichkeit einer derartigen Schadenszufügung genügt nicht.
13 5. Zur Rechtsfolge s § 823 Rn 85.
14 III. Zur Beweislast s § 831 Rn 16.

§ 833 Haftung des Tierhalters

¹Wird durch ein Tier ein Mensch getötet oder der Körper oder die Gesundheit eines Menschen verletzt oder eine Sache beschädigt, so ist derjenige, welcher das Tier hält, verpflichtet, dem Verletzten den daraus entstehenden Schaden zu ersetzen. ²Die Ersatzpflicht tritt nicht ein, wenn der Schaden durch ein Haustier verursacht wird, das dem Beruf, der Erwerbstätigkeit oder dem Unterhalt des Tierhalters zu dienen bestimmt ist, und entweder der Tierhalter bei der Beaufsichtigung des Tieres die im Verkehr erforderliche Sorgfalt beobachtet oder der Schaden auch bei Anwendung dieser Sorgfalt entstanden sein würde.

1 I. Der **Tierhalter** haftet nach § 833 für Personen- und Sachschäden, die ein Tier verursacht. § 833 enthält zwei verschiedene Tatbestände. S 1 statuiert eine **Gefährdungshaftung** (hierzu Vor §§ 823–853 Rn 5 ff; vgl allg zur Tierhalterhaftung: Rebler MDR 12, 1204 ff; Staudinger/Schmidt Jura 00, 347 ff, dort auch zur Anspruchskonkurrenz zwischen § 833 S 1 und § 823; zur Gefährdungshaftung: Röthel Jura 12, 444 ff) für diejenigen Tiere, die nicht unter S 2 fallen (Luxustiere). Die Verschuldensfähigkeit des Halters nach §§ 827 f ist nicht zu prüfen. Der Haftung liegt der gesetzgeberische Gedanke zugrunde, dass derjenige, der im eigenen Interesse eine Gefahrenquelle schafft bzw unterhält, für die damit zusammenhängende Verletzung von Rechtsgütern Dritter einstehen muss (BGH NJW 74, 235). Die Gefährdungshaftung aus S 1 bildet einen Unterfall der unerlaubten Handlung (hierzu Vor §§ 823–853 Rn 5 f). Gemeinsames Merkmal aller unerlaubten Handlungen ist nach Ansicht des BGH „die objektive Rechtswidrigkeit" der Schadensverursachung (BGHZ 117, 111; krit hierzu Larenz/Canaris, SchR II 2 § 84 II 1 d). Eine Tierhalterhaftung entfällt, soweit ein Rechtfertigungsgrund eingreift (zu § 906: BGHZ 117, 111; zust Staud/Eberl-Borges § 833 Rn 30). Ist eine Haftpflicht aufgrund der Tierhaltereigenschaft in AVB ausgeschlossen, erstreckt sich dieser Ausschluss grds nicht nur auf § 833, sondern alle konkurrierenden Anspruchsgrundlagen, die sich auf die Eigenschaft als Tierhalter stützen (BGH VersR 07, 939). **Abw vom Regelfall der Gefährdungshaftung** (hierzu Vor §§ 823–853 Rn 7) ist die Ersatzpflicht aus S 1 nicht summenmäßig begrenzt. Nach § 253 II kommt – wie nunmehr generell bei der Gefährdungshaftung (Vor §§ 823–853 Rn 7, 17) – auch der Ersatz eines Nichtvermögensschadens und damit die Zahlung eines Schmerzensgeldes in Betracht (zu § 847 aF: BGH NJW 77, 2158; s auch § 253 Rn 12). Nach **S 2** haftet der Halter von beruflich oder zu Erwerbs- bzw Unterhaltszwecken genutzten Haustieren (Nutztieren) nur im Falle einer **schuldhaften Aufsichtspflichtverletzung** (vgl hierzu OLG Koblenz MDR 13, 91). Eine Haftung ist ausgeschlossen, wenn der Halter nicht verschuldensfähig ist (§§ 827 f; uU Haftung aus § 829). Wie bei §§ 831 I 2, 832 S 2, 834 S 2 werden sowohl das Verschulden als auch die haftungsbegründende Kausalität zwischen Sorgfaltsverstoß und Verletzungserfolg widerleglich vermutet. Der Halter kann sich mithin exkulpieren. S 2 wird durch (Art 34 S 1 GG iVm) § 839 (s dort auch Rn 47) als Anspruchsgrundlage verdrängt, die Beweislastregel in S 2 bleibt gleichwohl anwendbar (BGH VersR 72, 1048; OLG Hamm VersR 98, 496).

2 II. 1. Anspruchsvoraussetzung nach S 1 ist zunächst: a) das Vorliegen einer **Rechtsgutverletzung** in Form der Tötung, der Körper- oder Gesundheitsverletzung eines Menschen (dazu § 823 Rn 3 ff) oder der Sachbeschädigung (dazu § 823 Rn 12 ff). Hierunter fällt auch die Entziehung einer Sache (dazu § 823 Rn 23), wenn etwa die Katze des Tierhalters den Stubenvogel (§ 90 a) des Nachbarn verjagt.

b) Die Rechtsgutverletzung muss durch **ein Tier** verursacht sein (Luxustier). Abzustellen ist auf ein biologisches sowie funktionelles Begriffsverständnis. Erfasst werden hiernach „Tiere" jeder Art, losgelöst davon, ob sie zahm, wild oder gezähmt (§ 960) sind, bis hin zu „Kleinlebewesen" (Insekten wie Bienen oder Wespen). Dies gilt selbst für „tierähnliche" Mikroorganismen wie Bakterien (Deutsch NJW 90, 751; gg Staud/ Eberl-Borges § 833 Rn 19 ff; Palandt/Sprau § 833 Rn 4), nicht aber für Viren (Abeltshauser JuS 91, 367), da andernfalls die Grenze zur Analogie überschritten wird (zum Enumerationsprinzip s Vor §§ 823–853 Rn 7). Dieser weite Anwendungsbereich führt zu keiner uferlosen und damit unbilligen Haftung, da der Halterbegriff (dazu unter Rn 6) ein hinreichendes Korrektiv bietet (ein Hauseigentümer ist mit Blick auf die unter seinem Dach lebenden Wespen nicht Halter und damit kein Haftungsadressat; dies gilt gleichermaßen für einen bakteriell infizierten Menschen, der andere Personen ansteckt; Halter ist dag der Betreiber eines Labors, in dem Organismen gezüchtet werden). 3

c) Aus dem Wortlaut „**durch das Tier**" folgert die jüngere Rspr (BGH NJW 99, 3119; vgl die Angaben bei Staud/Eberl-Borges § 833 Rn 31 ff, Lehmann/Auer VersR 11, 846), dass sich in der Rechtsgutverletzung eine **spezifische Tiergefahr** manifestiert haben muss. Diese äußert sich wiederum in einem der tierischen Natur entspr unberechenbaren und selbstständigen Verhalten. Hierunter fällt bspw das Scheuen und Ausschlagen sowie Ausbrechen von Pferden (OLG Koblenz NJW-RR 06, 529; OLG Koblenz Urt v 16.4.12 Az 12 U 1396/10), das Anspringen, Beißen und Balgen von Hunden (OLG Oldenburg VersR 02, 1166; zum Biss einer Katze: LG Bielefeld NJW-RR 12, 1112), der Deckakt ohne Wissen und Wollen der Halter (BGHZ 67, 133; OLG Hamm NJW-RR 94, 804), das eigenmächtige unmittelbare Ausbrechen des Tieres vor dem Verkehrsteilnehmer auf die Fahrbahn (OLG Koblenz Urt v 16.4.12 Az 12 U 1396/10) Eine Tiergefahr verwirklicht sich auch bei Ausscheidungen (str; wie hier auch OLG Karlsruhe MDR 94, 453; Staud/Eberl-Borges § 833 Rn 64) sowie der Übertragung von Krankheitserregern, wenn durch tierisches Verhalten (Beschnüffeln, Belecken) eine spezifische Ansteckungsgefahr begründet wird. Ferner genügt es, wenn das Tier ein Verkehrshindernis bildet (Flugzeugbeschädigung durch Brieftaube: OLG Hamm NJW 04, 2246; hierzu Kaiser ZLW 05, 50; aber auch der Sturz über einen vor einem Ladenlokal schlafenden Hund: OLG Hamm MDR 13, 908). **Die von der Rspr entwickelte Formel ist gleichwohl nicht zweifelsfrei** (s auch Soergel/Krause § 833 Rn 5, 7). Beruht ein Verhalten auf Abrichtung und wird damit ein Stück weit „berechenbar", schließt dies eine Haftung nicht aus. Sie entfällt gleichermaßen nicht, soweit das Tier vollumfänglich der Steuerung eines Menschen unterliegt und der Verletzungserfolg gerade nicht auf einem „selbstständigen" tierischen Verhalten beruht (MK/G. Wagner § 833 Rn 9 ff; abw OLG Hamm VersR 93, 238; 98, 496). Hetzt der Halter seinen Hund auf einen Dritten, haftet jener demnach gem S 1, soweit nicht – wie im Einbruchsfall – ein Rechtfertigungsgrund (hierzu unter Rn 1) eingreift. Als artspezifisches Verhalten lässt sich nicht unter die Vorschrift der alljährliche Reinigungsflug der Bienen subsumieren (LG Dessau-Roßlau NJW-RR 13, 87). Ebenso wenig greift die Norm bei einer Attacke eines freilebenden Schwanes zur Brutzeit ein (OLG Koblenz NJW-RR 12, 473) 4

d) Ausreichend ist, dass der **Kausalzusammenhang** zwischen Tiergefahr und Verletzungserfolg durch Zwischenursachen vermittelt wird, zB jemand verunglückt, weil er auf der Flucht vor einem Hund auf die Straße rennt und dort überfahren wird (OLG Düsseldorf NJW-RR 95, 281). In Anlehnung an die „Verfolgungs- und Herausforderungsfälle" (§ 823 Rn 55) greift die Tierhalterhaftung auch ein, wenn eine Person zwei ineinander verbissene Hunde zu trennen sucht und dabei verletzt wird (OLG Celle VersR 81, 1058). 5

e) Tierhalter und damit Anspruchsgegner ist, wem die Bestimmungsmacht über das Tier zusteht und wer es aus eigenem Interesse nicht nur vorübergehend nutzt (BGH NJW-RR 88, 656; OLG Schleswig MDR 05, 148; s auch Eberl-Borges VersR 96, 1070; vgl hierzu auch den Ausschluss d Schutzzwecks d Gefährdungshaftung nach OLG Celle MDR 12, 1162 f). Die Haltereigenschaft ist unabhängig von Eigentum 6

(BGH NJW-RR 90, 790) und unmittelbarem Eigenbesitz. Es genügt mittelbarer Besitz (§ 868). Kein Tierhalter ist hiernach etwa der Tierarzt (vgl OLG Celle MDR 12, 1162 f) oder idR das Tierheim (s aber auch LG Hanau NJW-RR 03, 457), der Finder mit Rückgabewille (OLG Nürnberg MDR 78, 757), der Gerichtsvollzieher, der Pferde pfändet, sowie der Stallbesitzer, bei dem sie bis zur Versteigerung untergestellt werden (OLG Hamm NJW-RR 95, 410). Dag hebt eine kurzfristige Besitzaufhebung – etwa das Entlaufen des Tieres (BGH NJW 65, 2397) – die Haltereigenschaft nicht auf, wohl aber ein endgültiger Besitzverlust durch Diebstahl (Eberl-Borges VersR 96, 1070 ff). In der Literatur ist umstritten, ob für die **Begr der Haltereigenschaft eines nicht voll Geschäftsfähigen** die §§ 104 ff (Canaris NJW 64, 1990 f; Staudinger/Steinrötter Jus 12, 97, 104) oder die §§ 827 f analoge Anwendung finden (Medicus/Lorenz, SchR II Rn 1366; MK/G. Wagner § 833 Rn 34; auf den Reifegrad abstellend: Staud/Eberl-Borges § 833 Rn 115). Da es iR des S 1 nicht auf die Verschuldensfähigkeit iSd §§ 827 f ankommt (Rn 1) und die Gefährdungshaftung als „rechtlicher Nachteil" unmittelbar an die Haltereigenschaft anknüpft, sind für ihre Begr als bloßen Realakt die §§ 104 ff entspr heranzuziehen.

7 f) In den **Schutzbereich** des S 1 fallen nicht nur Personen, die der Tiergefahr de facto nicht ausweichen können, sondern die sich ihr auch freiwillig aussetzen. Geschützt wird ebenfalls ein Reiter, dem der Halter sein Pferd – abseits vertraglicher Beziehungen – nur aus **Gefälligkeit** überlässt (BGH NJW 92, 2474; 93, 2611; 99, 3120; BGH VersR 11, 407; allerdings kann dann die Beweislastregel des § 834 anwendbar sein: OLG Celle VersR 07, 1661; abw Deutsch JuS 87, 676 f; Hasselblatt NJW 93, 2577 ff). Ein Haftungsausschluss kann weder auf § 599 analog (vgl aber auch Vor §§ 823–853 Rn 13) noch den Rechtsgedanken der §§ 8, 8 a StVG aF gestützt werden (so aber Larenz/Canaris, SchR II 2 § 84 II 1 e; beachte überdies die Angaben zur Reform unter Vor §§ 823–853 Rn 17). Teile der Judikatur lehnen bereits tatbestandlich eine Haftung unter dem Gesichtspunkt des **Handelns auf eigene Gefahr** ab (vgl hierzu § 823 Rn 83), wenn sich der Betroffene aus vorwiegend eigenem Interesse bewusst einer erhöhten Tiergefahr aussetzt (Fuchsjagd mit entliehenem Pferd; idS BGH NJW 77, 2158; 92, 908; BGH VersR 06, 416; s auch LG Kassel NZV 04, 305; abgelehnt für Tierarzt BGH VersR 09, 693 und OLG Celle MDR 12, 1162; OLG Koblenz MDR 13, 91 in Bezug auf einen Pferdetrainer als Geschädigten; OLG Koblenz MDR 13, 406 ff hinsichtlich des Ausschlusses der Gefährdungshaftung beim Überqueren einer Pferdeweide von einem erfahrenen Pferdehalter; dag abl LG Bielefeld, NJW-RR 12, 1112 in Bezug auf einen Hotelgast, der eine in sein Zimmer eingedrungene fremde Katze zu vertreiben versucht und dabei gebissen wird). Eine derartige Reduktion des persönlichen Anwendungsbereichs von S 1 begegnet jedoch durchgreifenden Bedenken (so auch MK/G. Wagner § 833 Rn 19). Zutreffender dogmatischer Ansatzpunkt ist vielmehr **§ 254**. Der Gedanke der Selbstgefährdung des Benutzers sowie dessen Unvorsichtigkeit oder Ungeschick können als Mitverschulden zu einer Haftungsbeschränkung des Tierhalters führen (s dazu auch unter Rn 13). Als Ersatzberechtigte scheiden lediglich Dritte aus, die einen (konkludenten) **Haftungsverzicht** erklärt haben. Ein Schild oder ein mündlicher Hinweis des Halters, wonach etwa das „Reiten auf eigene Gefahr" erfolgt, begründet allerdings keinen vertraglichen (ggf konkludenten) Haftungsausschluss (BGH NJW-RR 88, 657; beachte überdies Schleswig-Holsteinisches OLG Urt v 29.2.12 Az 7 U 115/11; s auch OLG Nürnberg MDR 11, 1037 f). Ansprüche der **Mithalter untereinander** werden vom Schutzbereich ausgenommen (OLG Köln VersR 00, 861). Zur Anwendung des § 1359 iR des S 1 bejahend KG NJ 01, 658 mit zust Anm v Schreiber; zu den Folgerungen für den Gesamtschuldnerregress s Luckey Jura 02, 477 ff; ders VersR 02, 1213 ff.

8 2. Voraussetzungen nach S 2: a) Es muss eine **Rechtsgutverletzung** (Rn 2) **durch** (Rn 4) ein **Haustier** verursacht worden und der Anspruchsgegner **Halter** (Rn 6) dieses Tieres sein.

9 b) Nach der inländischen Verkehrsauffassung fallen unter den Begriff des **Haustiers** zahme Tiere (Hund, Katze, Pferd, Rind, Schaf, Schwein), vorausgesetzt, sie werden in ihrer Eigenschaft als Haustiere und nicht etwa zu Versuchszwecken gehalten. Keine

Haustiere sind gezähmte (§ 960 III) Tiere (in einem Gehege gehaltene Rehe, Strauße, dressierte Affen, Zirkuslöwen).

c) Das Haustier muss **dazu bestimmt sein, dem Beruf, der Erwerbstätigkeit oder dem Unterhalt zu dienen.** Erfasst werden Nutztiere in Abgrenzung zu Luxustieren: Hüte- (BGH LM Nr 2) und Blindenhunde (MK/G Wagner § 833 Rn 40; Deutsch JuS 87, 679); Jagdhund des Försters (OLG Bamberg NJW-RR 90, 735), nicht aber des Freizeitjägers, Wachhunde, sofern sie dem Schutz von Betrieben (BGH LM Nr 3; OLG Hamm NJW-RR 95, 599; zum Entlastungsbeweis s BGH NJW-RR 05, 1184; OLG Frankfurt aM MDR 05, 273) und nicht allein von Privathaushalten dienen; Zucht- und Schlachtvieh, zu Erwerbszwecken verwendete Pferde (BGH NJW 86, 2502; abl MK/G Wagner § 833 Rn 40; zu Reitpferden, die ein eingetragener Verein seinen Mitgliedern für den Reitunterricht gegen Entgelt zur Verfügung stellt, s OLG Hamm VersR 02, 1519; zu Reitpferden, die ein Idealverein zum Zwecke der Reittherapie von Behinderten einsetzt, s BGH VersR 11, 407). Entscheidend ist die allg Zweckbestimmung, nicht die konkrete Nutzung im Zeitpunkt der Schädigung Dritter (OLG Koblenz VersR 92, 1017). Ein Förster unterliegt auch bei einem Spaziergang mit seinem Jagdhund nicht der Haftung nach S 1, sondern nach S 2.

d) Art und Umfang der **Aufsichtspflicht** bestimmen sich nach den Eigenschaften des Tieres und der Art seiner Verwendung (MK/G. Wagner § 833 Rn 47). Haustiere sind so zu halten und zu beaufsichtigen, dass sie nicht außer Kontrolle geraten können (Maulkorb für Polizeihund in einer Menschenmenge: OLG Düsseldorf VersR 95, 173; OLG Hamm VersR 98, 496; zur Haftung bei einem von einer Hauskoppel ausgebrochenen Rind s Schleswig-Holsteinisches OLG, Urt v 20.4.11 Az 7 U 13/08, 7 U 25/09; vorgehend BGH NJW 09, 3233 ff). Der Halter muss Vorkehrungen treffen, dass sich insb Kinder einem gefährlichen Tier nicht nährern können (BGH NJW-RR 92, 981). Überträgt der Tierhalter seine Aufsichtspflicht einem Tierhüter (§ 834), beschränkt sich seine Verantwortlichkeit uU auf eine sorgfältige Auswahl und Überwachung des Tieraufsehers. Soweit der Tierhalter diese Verkehrspflichten erfüllt, haftet er für ein Verschulden des Tierhüters nicht nach S 2.

e) Die **schuldhafte** Verletzung der Aufsichtspflicht sowie die **Kausalität** zwischen Sorgfaltsverstoß und Rechtsgutverletzung (haftungsbegründende Kausalität; hierzu § 823 Rn 45) werden widerleglich **vermutet**, eines Vortrags des Klägers bedarf es hierzu nicht (OLG Koblenz VersR 07, 407). Der Tierhalter kann sich folglich entlasten und etwa mit Blick auf die Kausalität darlegen und beweisen, dass auch eine ordnungsgemäße Sicherung des Ausbruch des Tieres nicht verhindert hätte (Jauernig/Teichmann § 833 Rn 9). Der Umfang der erforderlichen Maßnahmen richtet sich danach, welcher Grad der Sicherung bei der Art des betroffenen Verkehrsbereiches und dem dafür zugelassenen Benutzerkreis typischerweise zu erwarten ist und den die in dem entspr Bereich herrschende Auffassung für ausreichend hält (OLG Hamm RdL 13, 97 ff). In Bezug auf das Verschulden genügt der Nachw der allg Friedfertigkeit des Tieres nicht zur Exkulpation (BGH VersR 62, 808). Auch im Rahmen der Tierhalterhaftung ist dabei die Vorschrift des § 830 I 2 anwendbar (OLG München VersR 12, 1267 m Anm Kruse VersR 12, 1360: Haftung, wenn das schädigende Tier zur gemeinsamen Herde verschiedener Halter gehört und sich nicht mehr feststellen lässt, wessen Tier den Schaden verursacht hat; s hierzu auch OLG Koblenz MDR 13, 406 ff; bzgl der Einstandspflicht eines Verkäufers ggü des geschädigten Käufers beim Verladen eines Wildviehs vgl OLG München Urt v 8.8.12 Az 20 U 1121/12).

3. Rechtsfolge: Nach S 1 und 2 besteht ein Anspruch auf **Schadensersatz**, dessen Umfang sich nach den §§ 249 ff (§§ 842 ff, s § 842 Rn 2) beurteilt. Gleichermaßen besteht eine Verpflichtung zur Zahlung von Schmerzensgeld nach § 253 II (Rn 1; § 253 Rn 12). Allerdings ist die Rspr zur Zahlung von Schmerzensgeld bei einem Schockschaden nicht auf Fälle zu übertragen, in denen dieser auf einer Verletzung oder Tötung von Tieren beruht (BGH NJW 12, 1730). Ein **Mitverschulden** des Geschädigten ist iR des § 254 I zu berücksichtigen (BGH NJW 13, 2661; OLG Düsseldorf NJW-RR 06, 93; OLG Koblenz NJW 03, 2834; s aber auch OLG München r+s 03, 170; s auch LG Bielefeld NJW-RR 12, 1112; OLG Celle MDR 12, 1162: Mitverschulden eines Tierarztes;

s hierzu auch OLG Koblenz MDR 13, 91; Schleswig-Holsteinisches OLG Urt v 29.2.12 Az 7 U 115/11: Kein Mitverschulden eines Reiters, der seine reiterlichen Fähigkeiten falsch einschätzt, bei einem Proberitt auf einem als gutwillig bekannten Pferd). Innerhalb des § 254 (analog) muss sich der Verletzte auch einen eigenen Gefährdungsbeitrag (etwa die Betriebsgefahr nach § 7 StVG: s jüngst BGH DAR 13, 573 zum mitursächlichen haftungsrelevanten Verhalten des Fahrers als die Betriebsgefahr erhöhenden Umstand; OLG Düsseldorf VersR 95, 233; OLG Schleswig OLGR 05, 717; Heß/Burmann NJW-Spezial 05, 543; zu § 33 LuftVG aF: OLG Hamm NZV 04, 303) anrechnen lassen. Ist der Schaden durch ein Tier des Geschädigten mitverursacht, wird seine Tierhalterhaftung ebenfalls nach § 254 (analog) berücksichtigt (OLG Hamm NJW-RR 95, 598; zur anteiligen Haftung der Tierhalter, wenn nicht aufzuklären ist, welcher Hund den Sturz der Person verursacht hat: OLG Oldenburg VersR 02, 1166; bzgl d Eingreifens in einer Auseinandersetzung zwischen eigenem und fremden Hund vgl OLG Hamm Urt v 17.10.11 Az 6 U 72/11). Mehrere Halter eines Tieres – etwa ein Ehepaar (OLG Saarbrücken NJW-RR 88, 1493) – haften als **Gesamtschuldner** (§ 840 I), Gleiches gilt uU für den Tieraufseher (§ 834) und -halter (OLG Hamm NJW-RR 95, 599). Für den Ausgleich im Innenverhältnis gelten insofern anstelle von § 840 III (s dort Rn 16) die §§ 840 I, 254 (Staud/Vieweg § 840 Rn 89).

14 **III. 1. Beweislast:** a) Bei der **Gefährdungshaftung** nach S 1 hat der Verletzte die Schadensverursachung durch ein Tier sowie die Haltereigenschaft des Anspruchsgegners zu beweisen (hierzu LG Siegen NJW-RR 05, 1340; s auch Terbille VersR 95, 129 ff; MK/G Wagner § 833 Rn 64; zum Mitverschulden eines geschädigten Minderjährigen: OLG Köln NJW-RR 12, 1374 f und Brandenburgisches OLG NJW-Spezial 12, 170 f). Dem Halter obliegt der Nachw eines Haftungsausschlusses sowie eines mitwirkenden Verschuldens nach § 254 oder einer anzurechnenden Betriebs- bzw Tiergefahr auf Seiten des Verletzten. Ist der Geschädigte Tierhüter iSd § 834 S 1, muss er sich ggü dem Mitverschuldensvorwurf nach § 254 entlasten (zum Gefälligkeitsverhältnis: BGH NJW 93, 2612; zweifelhaft; zur Berücksichtigung des Minderjährigenschutzes bei der Beweislastregel des § 834 und den Konsequenzen der Nichterbringung des erforderlichen Nachw für fehlendes Mitverschulden: OLG Köln NJW-RR 12, 1347).

15 b) Diese Beweislastverteilung gilt vom Grundsatz her auch für die **Verschuldenshaftung** nach S 2. Der Halter muss insofern die weiteren Voraussetzungen in S 2 beweisen; zur Exkulpation s Rn 12.

16 **2. IPR:** Die Regeln des Internationalen Deliktsrechts (Vor §§ 823–853 Rn 16) gelten auch für Ansprüche aus Gefährdungshaftung wie S 1 BGB. Dies hat sich auch mit Geltung der neuen Rom II-VO (ABl EU 07 L 199, 40) nicht geändert (vgl deren Erwägungsgrund Nr 11 S 3).

§ 834 Haftung des Tieraufsehers

¹Wer für denjenigen, welcher ein Tier hält, die Führung der Aufsicht über das Tier durch Vertrag übernimmt, ist für den Schaden verantwortlich, den das Tier einem Dritten in der im § 833 bezeichneten Weise zufügt. ²Die Verantwortlichkeit tritt nicht ein, wenn er bei der Führung der Aufsicht die im Verkehr erforderliche Sorgfalt beobachtet oder wenn der Schaden auch bei Anwendung dieser Sorgfalt entstanden sein würde.

1 **I.** § 834 begründet eine Haftung des Tieraufsehers im Falle seiner **schuldhaften Aufsichtspflichtverletzung**, ohne dabei wie in § 833 zwischen Nutz- und Luxustieren zu differenzieren (vgl allg zur Tierhalterhaftung: Rebler MDR 12, 1204 ff). Die Vorschrift enthält einen Fall der gesetzlich geregelten Übernehmerhaftung (s auch §§ 831 II, 832 II). Sowohl das Verschulden als auch die haftungsbegründende Kausalität zwischen Sorgfaltsverstoß und Verletzungserfolg werden widerleglich vermutet, so dass sich der Tieraufseher exkulpieren kann (s auch §§ 831 I 2, 832 I 2, 833 S 2).

2 **II. 1.** Die **Aufsichtsführung** erfordert eine gewisse Selbstständigkeit bei der Betreuung des Tieres, etwa als Hirte, Viehtreiber oder -kommissionär (OLG München VersR 57,

31; 58, 461). Nicht ausreichend ist eine weisungsgebundene Tätigkeit als Pferdeknecht (zur Haftung eines angestellten Reitlehrers s OLG Hamm VersR 02, 1519). In der Regel begründet der selbstständige, unbegleitete Ausritt mit einem geliehenen oder gemieteten Pferd eine Tierhüterstellung (BGH NJW 87, 950). Dies gilt nicht bei reinen Gefälligkeitsverhältnissen, da es hier an einer vertraglichen Übernahme (Rn 3) der Aufsicht fehlt (BGH NJW 92, 2475).

2. Voraussetzung ist, dass die Aufsicht **vertraglich** – sei es ausdrücklich oder konkludent – und nicht nur tatsächlich bzw aus Gefälligkeit **übernommen** wird. Nach hM greift § 834 nur bei Wirksamkeit des Vertrages ein (Staud/Eberl-Borges § 834 Rn 12; anders MK/Stein, 3. Aufl 97, § 834 Rn 2). 3

3. Zur Rechtsfolge sowie zur **gesamtschuldnerischen Haftung** von Tierhalter und -aufseher s § 833 Rn 13. 4

III. Zur Beweislast s die Ausführungen zu § 833 Rn 14 f. 5

§ 835 (weggefallen)

§ 835 wurde durch das BJagdG vom 29.11.52 (BGBl I, 780 ff, ber 843) aufgehoben. Es gelten die §§ 29 ff BJagdG sowie die einschlägigen landesrechtlichen Bestimmungen (s zum Wild- und Jagdschadensrechts eingehend Staud/Belling § 835). 1

§ 836 Haftung des Grundstücksbesitzers

(1) ¹Wird durch den Einsturz eines Gebäudes oder eines anderen mit einem Grundstück verbundenen Werkes oder durch die Ablösung von Teilen des Gebäudes oder des Werkes ein Mensch getötet, der Körper oder die Gesundheit eines Menschen verletzt oder eine Sache beschädigt, so ist der Besitzer des Grundstücks, sofern der Einsturz oder die Ablösung die Folge fehlerhafter Errichtung oder mangelhafter Unterhaltung ist, verpflichtet, dem Verletzten den daraus entstehenden Schaden zu ersetzen. ²Die Ersatzpflicht tritt nicht ein, wenn der Besitzer zum Zwecke der Abwendung der Gefahr die im Verkehr erforderliche Sorgfalt beobachtet hat.
(2) Ein früherer Besitzer des Grundstücks ist für den Schaden verantwortlich, wenn der Einsturz oder die Ablösung innerhalb eines Jahres nach der Beendigung seines Besitzes eintritt, es sei denn, dass er während seines Besitzes die im Verkehr erforderliche Sorgfalt beobachtet hat oder ein späterer Besitzer durch Beobachtung dieser Sorgfalt die Gefahr hätte abwenden können.
(3) Besitzer im Sinne dieser Vorschriften ist der Eigenbesitzer.

I. § 836 ist ein gesetzlich geregelter Sonderfall der Haftung für eine **schuldhafte Verkehrspflichtverletzung** (BGHZ 58, 156; Larenz/Canaris, SchR II 2 § 79 VI 1 a; vgl auch § 823 Rn 63 ff; § 831 Rn 2). Haftungsadressat ist der **Eigenbesitzer** (§ 872) des Grundstücks. Wie bei den §§ 831 I 2, 833 S 2 und 834 S 2 wird das Verschulden vermutet, wobei die Möglichkeit des Entlastungsbeweises besteht. Eine Haftung scheidet aus, wenn der Verpflichtete nicht verschuldensfähig ist (§§ 827, 828; uU Haftung nach § 829). Die Vermutung in § 836 umfasst nach Ansicht des BGH (BGH LM 4; BGH NJW-RR 88, 854; NJW 93, 1783) auch den ursächlichen Zusammenhang zwischen schuldhaftem Verhalten und dem Einsturz bzw der Ablösung von Teilen. Dag besteht keine Vermutung für einen ursächlichen Zusammenhang zwischen der fehlerhaften Errichtung bzw mangelhaften Unterhaltung und dem eingetretenen Schaden. Dieser Nachw obliegt allein dem Anspruchssteller. § 836 enthält mithin **eine uneingeschränkte Verschuldens-**, aber lediglich eine **eingeschränkte Kausalitätsvermutung** (Staud/Belling § 836 Rn 2). Die **Beweislastumkehr** in § 836 rechtfertigt sich vor dem Hintergrund, dass die schadensstiftende Ursache aus der Sphäre des Grundstücksbesitzers stammt. Die §§ 836 ff dienten dem BGH (BGHZ 51, 106) als Vorbild für die Beweislastverteilung bei der Produzentenhaftung (§ 823 Rn 180). Bei Verletzung **öffentlich-rechtlicher Verkehrspflichten** wird § 836 durch Art 34 S 1 GG iVm § 839 als lex spe- 1 cialis verdrängt. Die Verschuldensvermutung des § 836 gilt jedoch auch iR der Amtshaftung (BGH NJW-RR 90, 1501; OLG Köln, NJW-RR 91, 33; s auch § 833 Rn 1).

2 II. Anspruchsvoraussetzungen: 1. Die Haftung nach Abs 1 erfordert eine **Rechtsgutverletzung** in Form der Tötung, Körper- bzw Gesundheitsverletzung (dazu § 823 Rn 3 ff) oder Sachbeschädigung (dazu § 823 Rn 12 ff; für einen erweiterten Haftungsumfang MK/G Wagner § 836 Rn 6, 17 f; dag BGH WM 76, 1058; Staud/Belling § 836 Rn 1, 53).

3 2. Die Rechtsgutverletzung wird **durch den Einsturz des Gebäudes/Werkes oder die Ablösung von Gebäudeteilen verursacht**, wobei Einsturz oder Ablösung ihrerseits wiederum auf einer fehlerhaften Errichtung oder mangelhaften Unterhaltung beruhen müssen (hierzu unter Rn 10; zur Problematik von Sturmschäden s Weick JR 11, 6 ff). Der Haftungstatbestand erfordert demnach eine zweistufige Kausalitätsprüfung.

4 a) Gebäude sind mit dem Grundstück fest verbundene oder kraft eigener Schwere darauf ruhende Bauwerke, soweit sie den Eintritt von Menschen gestatten und dazu geeignet sind, Menschen, Tiere und Sachen gegen äußere Einflüsse zu schützen. Hierunter fallen nach dem Normzweck auch Rohbauten, unfertige Häuser (BGH NJW 85, 1076; Messezelt: OLG Rostock NJW-RR 04, 826), verfallene Bauten, Gebäuderuinen sowie Wohnwagen unter Einschluss etwaiger Anbauten (LG Karlsruhe NJW-RR 02, 1541).

5 b) Werk iSd § 836 meint alle einem bestimmten (auch nur vorübergehenden) Zweck dienenden, von Menschenhand nach den Regeln der Baukunst oder Erfahrung unter Verbindung mit dem Erdboden errichteten Gegenstände: Baugerüst (BGH NJW 99, 2594), Kinderschaukel (OLG Celle VersR 85, 345), Grabstein (BGH NJW 77, 1392; zu Rechtsfragen „rund um den Grabstein": Staudinger/Heinze Jura 03, 581 ff; beachte zur Pfändbarkeit: BGH FamRZ 06, 409), Carport (OLG Hamm NJW-RR 95, 1230 m Anm K Schmidt JuS 96, 172), Jagdhochsitz (OLG Stuttgart VersR 77, 384), Bierpavillon (OLG Düsseldorf MDR 98, 1350), Messezelt (OLG Rostock NJW-RR 04, 826), Brücke (BGH NJW-RR 88, 854), Wasserstaudamm, Öltank (BGH WM 76, 1057), Versorgungsleitung (BGHZ 55, 235). Ausgenommen bleibt bspw ein nur angelehnter Bauzaun ohne Grundstücksverbindung (OLG Karlsruhe VersR 55, 718).

6 c) Gebäude- oder Werkteile sind alle zur Herstellung des Gebäudes/Werkes eingefügten oder mit ihm aus baulichen Gründen bzw zu baulichen Zwecken verbundenen Gegenstände (BGH VersR 85, 667). Bestandteilseigenschaft iSd §§ 93 f ist nicht erforderlich. Hierunter fallen zB: Balkon, Fenster (OLG Düsseldorf VersR 82, 1201; OLG Koblenz NJW-RR 98, 674), Regenfallrohr (BGH NJW-RR 90, 1501), Duschkabine (BGH NJW 85, 2588), Dachziegel, Schornstein (OLG Köln NJW-RR 92, 858), nicht aber ein an der Wand aufgehängter Spiegel, zum Einbau bereitliegende Ziegel sowie vom Dach herabfallende Eiszapfen oder Schneemassen (BGH NJW 55, 300; OLG Hamm NJW-RR 13, 25; uU Haftung aus § 823 I wegen Verletzung der Verkehrspflicht).

7 d) Unter Einsturz ist der Zusammenbruch des gesamten Gebäudes oder Werkes zu verstehen.

8 e) Die Ablösung setzt nicht die völlige Trennung eines Teiles vom Ganzen voraus. Es genügt auch eine teilweise Loslösung bzw Lockerung des Gesamtgefüges oder dass der Teil in seinem eigenen Zusammenhalt beeinträchtigt wird. § 836 erfasst das Herabfallen von Dachziegeln, der Bruch einer Treppe beim Betreten (OLG Hamm MDR 13, 31), von Teilen des Kamins, den Bruch einer Rohrleitung (BGHZ 55, 235), die Lockerung einer Dachrinne aufgrund der Eis- und Schneelast (LG Flensburg NJW-RR 11, 1474) sowie grds den Austritt von Öl (BGH VersR 76, 1085; s aber auch Rn 9) oder Gas.

9 f) Die haftungsbegründende Kausalität zwischen Einsturz bzw Ablösung und der Rechtsgutverletzung bestimmt die hM (etwa Palandt/Sprau § 836 Rn 10; Jauernig/ Teichmann § 836 Rn 7) unter Rückgriff auf den Schutzzweck des § 836 (vgl allg hierzu § 823 Rn 49). In der Rechtsgutverletzung muss sich die typische Einsturz- und Ablösungsgefahr niederschlagen. Hierfür ist erforderlich, dass sich in dem Schadensereignis gerade **die bewegend wirkende Kraft** (kinetische Energie) des Einsturzes oder der Ablösung verwirklicht. Dabei genügt es, wenn der Schaden durch die Vermittlung weiterer in Bewegung gesetzter Massen verursacht wird. Die Rspr (s allg hierzu BGH NJW 61, 1671) bejaht einen entspr Kausalzusammenhang bei einer Verletzung durch einen herabfallenden Dachziegel, nicht aber, soweit der Betroffene über den bereits am Boden liegenden Ziegel stürzt. Erfasst wird das Wegschwemmen von Boden durch ausströmendes Wasser, nicht aber eine Beeinträchtigung des Grundwassers durch austretendes Öl aus einem Tank, da die Verseuchung auf einer chemischen Reaktion, nicht aber auf der kinetischen Energie beruht (BGH VersR 76, 1085). Die **Reduktion des Schutzbereichs** in § 836 auf bestimmte Wirkungszusammenhänge wird in der jüngeren Literatur (Staud/Belling § 836 Rn 52 ff; s auch MK/G. Wagner § 836 Rn 18) zu Recht abgelehnt, da sie nicht nur zu einer widersprüchlichen Fallpraxis führt, sondern gerade auch dem Kriterium der kinetischen Energie jede innere Rechtfertigung fehlt, um die typischen Gebäudegefahren zu bestimmen.

3. Der Einsturz des Gebäudes/Werkes oder die Ablösung eines Teils muss auf der **fehlerhaften Errichtung oder mangelhaften Unterhaltung** beruhen (zur Haftung wegen Einsturzes oder Ablösung von Gebäudeteilen: Schmid VersR 12, 1098 ff). Dies ist zu bejahen, wenn das Gebäude nicht denjenigen Anforderungen entspricht, die nach Maßgabe der voraussehbaren Umstände – etwa im Hinblick auf Einwirkungen menschlicher oder klimatischer Art – an seine Widerstandsfähigkeit und Sicherheit zu stellen sind. Ein Gebäude ist hiernach fehlerhaft errichtet, soweit die in Abs 1 genannten Rechtsgüter Dritter gefährdet werden (BGHZ 58, 155). Zur **Kausalität** zwischen Fehler und Einsturz bzw Ablösung s § 823 Rn 45 ff. Nicht erforderlich ist, dass der Fehler bzw Mangel alleinige Ursache ist. Vielmehr besteht auch dann noch ein hinreichender Kausalzusammenhang, wenn erst ein Zusammenwirken mit anderen Umständen – etwa einem Verhalten des Eigenbesitzers bzw Dritten oder Witterungseinflüssen – den Einsturz oder die Ablösung bewirkt (BGHZ 58, 153). Ein Kausalzusammenhang fehlt, wenn Einsturz bzw Ablösung allein durch außergewöhnliche Naturereignisse hervorgerufen werden (Bergrutsch, Erdbeben), mit denen der Grundstücksbesitzer nach Lage der Dinge nicht rechnen musste (BGHZ 58, 153; BGH VersR 60, 428; nicht hierzu zählen Blitzschläge: LG Frankfurt VersR 09, 228 m Anm Stein).

4. Anspruchsberechtigt ist der Inhaber des verletzten Rechtsguts. Vom Schutzbereich ausgenommen sind die Abbruchunternehmer sowie seine Verrichtungsgehilfen (BGH NJW 79, 309), wenn sie durch ihre Tätigkeit zum Einsturz des Gebäudes oder zur Ablösung von Gebäudeteilen beigetragen haben (beachte aber auch OLG Rostock NJW-RR 04, 826).

5. Ersatzpflichtig ist nach Abs 1, 3 der gegenwärtige, nach Abs 2, 3 (zur Berechnung der Jahresfrist s §§ 187 f) auch der frühere Eigenbesitzer (§ 872) des Grundstücks. Auf die Eigentumsverhältnisse kommt es nicht an. Gleichgültig ist, ob unmittelbarer oder mittelbarer (§ 868) Besitz vorliegt (Vermieter/Verpächter: BGH NJW 85, 1077; zur Haftung des Mieters/Pächters s § 837 Rn 2). Mehrere Eigenbesitzer haften als **Gesamtschuldner** nach § 840 I, ebenso der derzeitige und frühere Eigenbesitzer sowie der Grundstücksbesitzer und ein nach § 823 zum Ersatz Verpflichteter. Im letzten Fall ist § 840 III zu beachten.

6. Entlastungsbeweis: a) Der **gegenwärtige Eigenbesitzer** kann nachweisen, dass er während seiner Besitzzeit die zur Abwendung der Einsturz- und Ablösungsgefahr erforderliche Sorgfalt beachtet, eine Pflichtverletzung jedenfalls nicht verschuldet hat (zur Verkehrssicherungspflicht: Schmid VersR 13, 293 ff). Er kann sich weiter durch den Nachw entlasten, dass der Schaden auch bei Anwendung dieses Sorgfaltsmaßstabs eingetreten wäre. Dem steht nach zutreffender hM (BGH LM Nr 4; MK/G. Wagner § 836 Rn 2, 31) nicht entgg, dass § 836 eine solche Exkulpation abw von §§ 831–834 nicht ausdrücklich vorsieht. An den Entlastungsbeweis sind hohe Anforderungen zu stellen (BGH NJW 93, 1783). Den Eigenbesitzer trifft dann kein Verschulden, wenn er den Umfang und Inhalt der ihn treffenden Sorgfaltspflichten nicht erkennen, die erforderlichen Maßnahmen nicht ergreifen bzw nicht abschätzen konnte, dass er Hilfe kompetenter Dritter bedurfte (Jauernig/Teichmann § 836 Rn 10; Entlastung verneint bei Fehlen eines Blitzableiters: LG Frankfurt VersR 09, 228 m Anm Stein). Lässt der Grundstücksbesitzer das Bauwerk durch Dritte errichten, handelt er regelmäßig sorgfaltsgemäß, soweit er einen zuverlässigen Sachverständigen beauftragt (BGHZ 1, 106; BGH NJW 93, 1783). Eine ordnungsgemäße Unterhaltung des Gebäudes setzt voraus, dass der Besitzer dessen Zustand in regelmäßigen Abständen durch Sachkundige überprüfen lässt. Intensität und Häufigkeit der Kontrolle hängen von den Umständen des Einzelfalles, etwa dem Alter des Gebäudes, ab (BGH NJW 93, 1782). Geldmangel oder eine hohe Kostenlast befreien nicht von der erforderlichen Gefahrenabwehr, allerdings ist die Grenze des wirtschaftlich Zumutbaren zu beachten (BGHZ 58, 156).

14 b) Ein **früherer Eigenbesitzer** kann sich durch den Nachw exkulpieren, dass er während seiner Besitzzeit die verkehrserforderliche Sorgfalt hat walten lassen oder dass sein Nachfolger durch Beachtung dieser Sorgfalt die Rechtsgutverletzung hätte verhindern können (§ 833 II).

15 7. **Rechtsfolge:** Der Umfang des Schadensersatzes aus § 836 bestimmt sich nach den §§ 249 ff (§§ 842 ff, 253 II).

16 **III.** Die **Beweislast** für den (gegenwärtigen oder früheren) Eigenbesitz (BGH LM Nr 9) sowie den eingetretenen Schaden trägt der **Anspruchsteller**. Dieser muss weiterhin nachweisen, dass der Einsturz oder die Ablösung von Teilen auf der objektiv fehlerhaften Errichtung oder mangelhaften Unterhaltung beruht. Stürzt ein Gebäude schon nach verhältnismäßig kurzer Zeit nach seiner Errichtung ein oder lösen sich Gebäudeteile wie etwa Dachziegel bei normalen Witterungseinflüssen, spricht der Anscheinsbeweis dafür, dass objektiv ein Fehler vorliegt (BGH NJW 99, 2594; auch bei einem Orkan mit Windstärke 11: OLG Rostock NJW-RR 04, 826; Staud/Belling § 836 Rn 109 ; s aber auch zum Jahrhundertorkan „Lothar": OLG Zweibrücken NJW-RR 02, 749; LG Karlsruhe NJW-RR 02, 1541). Der **Geschädigte** trägt die Beweislast für die Kausalität zwischen Einsturz bzw Ablösung und seiner Rechtsgutverletzung. Zur Verschuldenssowie eingeschränkten Kausalitätsvermutung s Rn 1, zum Entlastungsbeweis des **Eigenbesitzers** vgl Rn 13 f.

§ 837 Haftung des Gebäudebesitzers

Besitzt jemand auf einem fremden Grundstück in Ausübung eines Rechts ein Gebäude oder ein anderes Werk, so trifft ihn anstelle des Besitzers des Grundstücks die im § 836 bestimmte Verantwortlichkeit.

1 **I.** § 837 schließt eine Haftung des Grundstücksbesitzers nach § 836 aus. An dessen Stelle tritt nach dem Wortlaut der Vorschrift der **Gebäude- bzw Werksbesitzer**, da nur er idR diejenigen Maßnahmen treffen kann, die zur Abwehr drohender Gefahren erforderlich sind. Der Grundstücksbesitzer haftet uU als Eigentümer nach § 823 I wegen Verletzung eigener Verkehrspflichten (BGH NJW 77, 1393; vgl hierzu § 823 Rn 64).

2 **II. Anspruchsvoraussetzungen:** Haftpflichtig ist – entspr dem Rechtsgedanken des § 836 III – der **Eigenbesitzer** des Gebäudes oder Werkes (BGH NJW-RR 90, 1424; Schmid VersR 12, 1098 ff), unabhängig davon, ob das **Besitzrecht** tatsächlich besteht. Es genügt, wenn er die Sachherrschaft mit dem Willen ausübt, ein ihm zustehendes Besitzrecht in Anspruch zu nehmen. Auf die Eigentumsverhältnisse an dem Gebäude bzw Werk kommt es nicht an. Unerheblich ist weiterhin, ob das echte oder vermeintliche Besitzrecht **obligatorischer** (Bauunternehmer, der auf einem Grundstück ein Gerüst unterhält: BGH NJW 97, 1853), **dinglicher** (Nießbraucher, Erbbauberechtigter) oder **öffentlich-rechtlicher Natur** (Wegeunterhaltungsrecht; Inhaber einer Grabstelle: BGH NJW 71, 2308; Fr 77, 1392; zu Rechtsfragen „rund um den Grabstein": Staudinger/Heinze Jura 03, 581 ff; beachte zur Pfändbarkeit: BGH FamRZ 06, 409) ist. **Mieter** oder **Pächter** sind regelmäßig nicht nach § 837 anspruchsverpflichtet, da sie an dem Grundstück oder Gebäude bzw Werk keinen Eigenbesitz haben (BGH NJW-RR 90, 1424) und die Unterhaltungspflicht nach den §§ 535 I 2, 581 dem Vermieter bzw Verpächter obliegt. Etwas anderes gilt für Werke iSd § 95 I, die der Mieter oder Pächter auf den Grundstück als Eigenbesitzer errichtet (MK/G. Wagner § 837 Rn 3; LG Aachen VersR 90, 64). Übernehmen Mieter oder Pächter vertraglich die Übernahme der Unterhaltung, greift § 838 ein.

III. Dem Geschädigten obliegt der Nachw des Besitzes iSd § 837; s iÜ die Ausführungen unter § 836 Rn 16. 3

§ 838 Haftung des Gebäudeunterhaltungspflichtigen

Wer die Unterhaltung eines Gebäudes oder eines mit einem Grundstück verbundenen Werkes für den Besitzer übernimmt oder das Gebäude oder das Werk vermöge eines ihm zustehenden Nutzungsrechts zu unterhalten hat, ist für den durch den Einsturz oder die Ablösung von Teilen verursachten Schaden in gleicher Weise verantwortlich wie der Besitzer.

Nach § 838 haftet der **Gebäudeunterhaltungspflichtige**. Die Vorschrift enthält einen gesetzlich geregelten Fall der Haftung für die Übernahme von Verkehrspflichten (MK/G. Wagner § 838 Rn 1; dazu § 823 Rn 64; § 831 Rn 2; zur Haftung wegen Einsturzes oder Ablösung von Gebäudeteilen: Schmid VersR 12, 1098 ff). § 838 tritt neben § 836 und § 837 mit der Folge einer gesamtschuldnerischen Haftung nach § 840 I. Im Unterschied zu §§ 831 II, 832 II und § 834 S 1 ist nach dem Wortlaut des § 838 eine „vertragliche" Übernahme nicht zwingend erforderlich (MK/G. Wagner § 838 Rn 5; vgl aber auch BGHZ, 6, 317). Haftungsadressaten sind neben Grundstücksverwaltern (BGH NJW 93, 1782) va Mieter und Pächter, denen abw von §§ 535 I 2, 581 die Unterhaltspflicht obliegt (BGH WM 90, 1879). Eine „Übernahme" liegt nicht vor, wenn ein Verwalter keine selbstständigen Entscheidungen treffen kann (BGH LM Nr 1). Dem Geschädigten obliegt der Nachw der (vertraglichen) Übernahme; zur Beweislast s iÜ § 836 Rn 16. 1

§ 839 Haftung bei Amtspflichtverletzung

(1) ¹Verletzt ein Beamter vorsätzlich oder fahrlässig die ihm einem Dritten gegenüber obliegende Amtspflicht, so hat er dem Dritten den daraus entstehenden Schaden zu ersetzen. ²Fällt dem Beamten nur Fahrlässigkeit zur Last, so kann er nur dann in Anspruch genommen werden, wenn der Verletzte nicht auf andere Weise Ersatz zu erlangen vermag.
(2) ¹Verletzt ein Beamter bei dem Urteil in einer Rechtssache seine Amtspflicht, so ist er für den daraus entstehenden Schaden nur dann verantwortlich, wenn die Pflichtverletzung in einer Straftat besteht. ²Auf eine pflichtwidrige Verweigerung oder Verzögerung der Ausübung des Amts findet diese Vorschrift keine Anwendung.
(3) Die Ersatzpflicht tritt nicht ein, wenn der Verletzte vorsätzlich oder fahrlässig unterlassen hat, den Schaden durch Gebrauch eines Rechtsmittels abzuwenden.

I. Grundsätze 1	a) Verhaltenspflicht im Innenverhältnis 10
1. Mittelbare Staatshaftung 1	b) Amtspflichten aus Gesetzen 11
2. Erweiterter Anwendungsbereich 2	c) Fallgruppen von Amtspflichten 12
3. System Staatshaftungsrecht .. 3	4. Drittbezogenheit der Amtspflicht 13
4. Staatshaftungsgesetz 4	a) Amtspflicht ggü dem Geschädigten 13
II. Anspruchsvoraussetzungen 5	
1. Haftungsauslösende Person .. 6	b) Drittbezug bei Rechtsetzungsmaßnahmen 17
2. Haftungsauslösendes Handeln 7	5. Rechtswidrigkeit 18
a) Erfüllung eines „öffentlichen" Amtes 7	6. Kausalität 19
b) Einzelfälle 8	7. Verschulden 20
c) Handeln „in Ausübung" des Amtes 9	a) Verschuldensfähigkeit 21
3. Verletzung einer Amtspflicht 10	b) Schuldformen 22

8. Inhalt und Umfang des Amtshaftungsanspruchs 23	15. Haftungsausschlüsse und -beschränkungen in Sondergesetzen 44
9. Mitverschulden 24	16. Beweislast 45
10. Verjährung 25	17. Fiskalhaftung des Staates 46
11. Die nach Art 34 S 1 GG haftende Körperschaft 26	18. Eigenhaftung des Beamten als Handelnder 47
12. Rückgriff gegen den Amtsträger 27	a) Grundsätze 47
13. Innenausgleich bei gesamtschuldnerischer Haftung 28	b) Anspruchsvoraussetzungen 48
14. Haftungsausschlüsse und -beschränkungen in § 839 29	19. Eigenhaftung des Nichtbeamten als Handelnder 53
a) Subsidiaritätsklausel gemäß Abs 1 S 2 29	III. Besonderheiten 54
b) Richterspruchprivileg gemäß Abs 2 S 1 36	1. Prozessuales 54
c) Rechtsmittelversäumung gemäß Abs 3 40	2. IPR 55

Art 34 GG

¹Verletzt jemand in Ausübung seines ihm anvertrauten öffentlichen Amtes die ihm einem Dritten gegenüber obliegende Amtspflicht, so trifft die Verantwortlichkeit grundsätzlich den Staat oder die Körperschaft, in deren Dienst er steht. ²Bei Vorsatz oder grober Fahrlässigkeit bleibt der Rückgriff vorbehalten. ³Für den Anspruch auf Schadensersatz und für den Rückgriff darf der ordentliche Rechtsweg nicht ausgeschlossen werden.

1 **I. 1.** Verstößt ein **Beamter** schuldhaft gegen eine drittbezogene Amtspflicht, hat er gem Abs 1 S 1 den hieraus entstehenden **Vermögensschaden** zu ersetzen, soweit der Anspruch nicht nach Abs 1 S 2, Abs 2 oder 3 ausgeschlossen ist. Abs 1 S 1 regelt die **Eigenhaftung** des Beamten. Diese Vorschrift steht im Zusammenhang mit Art 34 S 1 GG. Verletzt ein Amtsträger in Ausübung eines öffentlichen Amtes eine drittgerichtete Amtspflicht, ist hiernach im Außenverhältnis allein der Staat bzw die betr Körperschaft ersatzpflichtig. Nach Art 34 S 1 GG übernimmt der Staat befreiend (privativ) die Haftung des Amtsträgers. Diese Vorschrift ist keine eigenständige Anspruchs-, sondern eine verfassungsrechtliche Zurechnungsnorm, durch die eine bestehende persönliche Haftung eines Amtswalters auf den Staat verlagert wird (MK/Papier § 839 Rn 119 mwN). Art 34 S 1 GG und § 839 bilden **eine einheitliche Anspruchsgrundlage** für die Haftung des Staates. Da diese an die Ersatzpflicht des fehlsam handelnden Amtsträgers „angeseilt" ist, von ihr also abgeleitet wird, liegt Art 34 S 1 GG iVm § 839 das Modell einer „**mittelbaren**" **Staatshaftung** zugrunde, die auch als **Amtshaftung** bezeichnet wird (vgl hierzu auch Coester-Waltjen Jura 95, 368 ff; Schoch Jura 88, 585 ff; 648 ff; Windthorst JuS 95, 791 ff; 892 ff; 992 ff).

2 **2.** Art 34 S 1 GG und § 839 stimmen in ihrem Regelungsgehalt nicht völlig überein, sondern bilden **zwei sich schneidende Kreise** (Schoch Jura 88, 586; s auch Durner JuS 05, 793 ff; Itzel MDR 10, 426 ff; Vahle DVP 04, 221). Art 34 S 1 GG ist einerseits enger gefasst, da er die Ausübung eines öffentlichen Amtes voraussetzt, während § 839 nicht zwischen öffentlich-rechtlichem (hoheitlichem) und privatrechtlichem (fiskalischem) Handeln unterscheidet. Art 34 S 1 GG ist andererseits weiter gefasst, da er nicht von § 839 nicht an den „staatsrechtlichen" Beamtenbegriff anknüpft, sondern allein erfordert, dass „jemand" hoheitlich tätig wird. Art 34 S 1 GG erfasst alle „Amtsträger" (Medicus/Lorenz, SchR II Rn 1407) bzw Amtswalter, dh auch die Beamten im „haftungsrechtlichen" Sinn (hierzu Rn 6). Dieser erweiterte Anwendungsbereich ist in den § 839 verfassungskonform hineinzulesen, so dass Art 34 S 1 GG bei hoheitlich handelnden Amtsträgern ihre persönliche Haftung mit befreiender Wirkung auf den Staat überleitet.

3. Die in Art 34 S 1 GG iVm § 839 geregelte Amtshaftung bildet nur einen kleinen Ausschnitt innerhalb der Gesamtheit des **Staatshaftungsrechts** (hierzu Ossenbühl, Staatshaftungsrecht, 5. Aufl 98), das durch eine Vielzahl von Anspruchsgrundlagen geprägt wird. Beispielhaft zu nennen sind Entschädigungsansprüche bei rechtmäßigen Staatseingriffen (Enteignung, Aufopferung), bei rechtswidrigem Staatshandeln (enteignungs- bzw aufopferungsgleicher Eingriff), Schadensersatzansprüche aus öffentlich-rechtlichen Schuldverhältnissen oder Ansprüche aus Gefährdungshaftung. Neben Art 34 S 1 GG iVm § 839 kann sich etwa eine Ersatzpflicht des Staates als Halter aus § 7 StVG ergeben (s KG NZV 07, 358: Polizeiwagen; zum Verhältnis des § 839 zu den §§ 823 ff s unter Rn 47; zur Novellierung des § 7 StVG s Vor §§ 823–853 Rn 17). Ob § 839 iVm Art 34 S 1 GG für militärische Kriegshandlungen im Ausland gilt, ist umstritten (s BGH VersR 07, 1368, 1369). Der Koalitionsvertrag aus der 18. Legislaturperiode sieht auf der S 107 vor, dass das zersplitterte Staatshaftungsrechts gebündelt werden soll.

4. Die angesichts der haftungsbegründenden (Verschulden des Amtsträgers) und -einschränkenden Tatbestandsmerkmale (etwa Abs 1 S 2) vielfach geäußerte Kritik an dem allenfalls historisch (hierzu Soergel/Vinke § 839 Rn 1 ff) erklärbaren Modell der Amtshaftung sowie die Vielfalt der schwer voneinander abgrenzbaren staatshaftungsrechtlichen Ansprüche führten zum Erlass des **Staatshaftungsgesetzes** (StHG) vom 26.6.81 (BGBl I, 553 ff). Dieses sah eine unmittelbare und weitgehend verschuldensunabhängige Staatshaftung für hoheitliches Unrecht vor. Das BVerfG erklärte das StGH wegen fehlender Gesetzgebungskompetenz des Bundes für nichtig (BVerfGE 61, 173; durch verfassungsänderndes Gesetz v 27.10.94 wurde mittlerweile Art 74 I Nr 25 in das Grundgesetz eingefügt: BGBl I, 3146). Damit blieb es nicht nur bei der Rechtszersplitterung im Staatshaftungsrecht (s BT-Drucks 15/3859 und 15/3952). Vielmehr gilt auch die in Art 34 S 1 GG iVm § 839 statuierte Amtshaftung fort.

II. **Anspruchsvoraussetzung** für die **Amtshaftung** nach Art 34 S 1 iVm § 839 ist, dass der Pflichtverstoß **in Ausübung** eines **öffentlichen Amtes** erfolgt (zur Fiskalhaftung des Staates s Rn 46; zur Eigenhaftung des Beamten s Rn 47 ff).

1. **Haftungsauslösende Person:** Während Abs 1 S 1 an den staatsrechtlichen Beamtenbegriff anknüpft (Rn 49), erfordert Art 34 GG allein, dass „jemand" in Wahrnehmung eines **öffentlichen Amtes** handelt. Entscheidend ist die öffentlich-rechtliche Funktionsausübung. Auf den Rechtsstatus des Handelnden sowie die Art und Dauer des Anstellungsverhältnisses kommt es nicht an. Ersatzpflichtig ist nach Art 34 S 1 GG der „**Beamte im haftungsrechtlichen Sinn**" (vgl hierzu Meysen JuS 98, 404 ff; OLG Nürnberg MDR 11, 226; zum Sektenbeauftragten einer öffentlich-rechtlich korporierten Religionsgemeinschaft s BGH JR 04, 145 mit kru Anm v Thiel; zum Haftungsrückgriff auf einen Beliehenen s BVerwG NVwZ 11, 368). Hierunter fallen neben den Beamten iSd Abs 1 S 1 auch Personen, die in einem **öffentlich-rechtlichen** (Richter, Soldaten, Zivildienstleistende: BGHZ 146, 386; BGH NJW 03, 348), **privatrechtlichen Dienst-** (Arbeiter und Angestellte des öffentlichen Dienstes; zur Tätigkeit eines Arztes in Ausübung eines öffentlichen Amtes s BGH Vers 10, 768 ff; BGH VersR 11, 264 ff) oder **sonstigen öffentlich-rechtlichen Amtsverhältnis** (Bundestagsabgeordnete, Bürgermeister, Mitglieder des Gemeinderates) stehen. In Ausübung eines öffentlichen Amtes können auch **Privatpersonen** handeln, etwa der zur selbstständigen Erledigung öffentlich-rechtlicher Aufgaben **Beliehene** (TÜV-Sachverständige: BGHZ 49, 111; 122, 91) sowie der **Verwaltungshelfer** (Schülerlotse), der unselbstständig und weisungsgebunden öffentlich-rechtliche Hilfstätigkeiten wahrnimmt. Bedient sich der Staat zur hoheitlichen Aufgabenerfüllung **selbstständiger Privatunternehmer** (Abschleppdienst: BGHZ 121, 164; differenzierend OLG Hamm NJW 01, 376: Schäden, die während der Verwahrung des Fahrzeugs entstehen, begründen keine Amtspflichtverletzung, da die Mitarbeiter des Abschleppunternehmens nicht mehr als „Werkzeuge" handeln), ist umstritten, in welchen Fällen ihr Fehlverhalten – etwa als „Werkzeug" im Innenverhältnis zum Hoheitsträger oder als „Erfüllungsgehilfe im Außenverhältnis" – eine Staatshaftung begründen (hierzu Soergel/Vinke § 839 Rn 43 f; s auch BGH NJW 96, 2431).

7 **2. Haftungsauslösendes Handeln: a) Allg Grundsätze:** Art 34 S 1 GG setzt voraus, dass die ersatzpflichtige Person in Erfüllung eines „öffentlichen" Amtes tätig wird. Allein ein Handeln eines Beamten oder Angestellten einer Behörde begründet nicht automatisch eine mittelbare Staatshaftung. Erforderlich ist vielmehr eine als „öffentlich-rechtlich" und nicht lediglich als privatrechtlich zu qualifizierende **Tätigkeit des Amtsträgers**. Für die Abgrenzung zwischen öffentlichem und privatem Recht können einerseits die bekannten Theorien (Interessen-, Subordinations- und Subjektstheorie; hierzu Soergel/Vinke § 839 Rn 49 ff) herangezogen werden. Andererseits ist auf die jeweilige **Handlungsform der Verwaltung** abzustellen (hoheitliche Verwaltung, Verwaltungsprivatrecht, fiskalische Hilfsgeschäfte und erwerbswirtschaftliche Betätigung der öffentlichen Hand). Die **Eingriffsverwaltung** (Zwangsmittel des Gerichtsvollziehers, Polizei- und Ordnungsverwaltung; vgl hierzu OLG Frankfurt NJW 13, 75 ff) als klassischer Fall obrigkeitlich-hoheitlichen Handelns ist als Ausübung öffentlicher Gewalt iSd Art 34 S 1 GG einzustufen. Dag scheidet eine Amtshaftung im Bereich des **Verwaltungsprivatrechts** (Erfüllung öffentlicher Aufgaben in Form des Privatrechts), der **fiskalischen Hilfsgeschäfte** (Kauf von Büromaterial) und **erwerbswirtschaftlichen Betätigung** (Betrieb von Weingütern) der öffentlichen Hand aus. Abgrenzungsschwierigkeiten können sich auf dem Gebiet der **Leistungsverwaltung** (Sozialverwaltung, Bereitstellung öffentlicher Einrichtungen der Daseinsvorsorge) als schlicht-hoheitliche Tätigkeit ergeben, soweit dem Staat ein Wahlrecht im Hinblick auf die Organisations- und Handlungsform zusteht. Eine Amtshaftung kommt nur insoweit in Betracht, als der Staat eine öffentlich-rechtliche Ausgestaltung wählt. Fehlt eine ausdrückliche Zuordnung zu einem Rechtsregime, ist der Wille der Verwaltung anhand von Indizien zu ermitteln (Satzung, Gebühr, AGB). IZw ist von einem öffentlich-rechtlichen Handeln auszugehen. Unklar ist vielfach auch die Qualifikation von **Realakten der öffentlichen Verwaltung** (Teilnahme am Straßenverkehr, Immissionen, Auskünfte, Warnungen; zur Amtshaftung wegen behördlicher Warnungen nach dem ProdSG nF: Tremml/Luber NJW 13, 261 ff; nach dem ProdSG aF: Tremml/Nolte NJW 97, 2265 ff; nach dem GPSG: Tremml/Luber NJW 05, 1745 ff; zur Bürgschaftsübernahme durch den Ortsbürgermeister BGH JZ 01, 97 mit krit Anm Ossenbühl: Der BGH stellt auf die gewählte Rechtsform als Anknüpfungspunkt ab und sieht in der Bürgschaft fälschlicherweise allein ein Instrument des Privatrechts. Entscheidend ist indes wie bei Realakten die Frage nach der Zielsetzung der Bürgschaftsübernahme). Die Zuordnung erfolgt anhand des mit dem Realakt verfolgten Zwecks sowie Funktionszusammenhangs. Dient etwa die Teilnahme am Straßenverkehr einer hoheitlichen Betätigung (Gerichtsvollzieher befindet sich auf dem Weg zum Vollstreckungsschuldner, um dort zu pfänden), ist nach dem Gebot **einheitlicher Betrachtungsweise** auch die Fahrt als öffentlich-rechtliches Handeln einzustufen (BGHZ 42, 176).

8 **b) Einzelfälle:** Die **Deutsche Bahn AG** handelt nicht in Ausübung eines öffentlichen Amtes. Amtshaftungsansprüche sowohl der Benutzer als auch eines durch den Betrieb der Bahn geschädigten Dritten sind ausgeschlossen. Im Hinblick auf **den Postdienst** statuiert § 35 PostG iR des Benutzungsverhältnisses nur noch für den Bereich förmlicher Zustellungen eine Amtshaftung (hierzu sowie zur umstr Amtshaftung ggü Dritten: MK/Papier § 839 Rn 11, 17, 160 ff; vgl zum Ausschluss der Haftung der Post nach § 831: BGH Vers 01, 1297). Die von der **Straßenverkehrsbehörde** zu beachtende **Verkehrsregelungspflicht** ist als öffentlich-rechtlich zu qualifizieren. Abgrenzungsschwierigkeiten ergeben sich uU **zur Straßenverkehrssicherungspflicht** (zum unbefestigten Straßenbankett s BGH VersR 05, 660; OLG Hamm NZV 05, 41; Schienenschwenkung in der Fahrbahn: OLG Hamm NZV 05, 256), die nach der umstr Rspr (BGHZ 9, 383; 112, 79; hierzu MK/Papier § 839 Rn 174 ff; Staud/Hager § 823 E 84) als Anwendungsfall der allg Verkehrspflicht (hierzu § 823 Rn 60 ff) privatrechtlich einzustufen ist, soweit kein abw Legislativ- (etwa § 9 a I StrWG NW; s in diesem Zusammenhang OLG Hamm NZV 04, 456; § 10 NStrG: BGH NJW 05, 2454; vgl zur Verkehrssicherungspflicht für Straßenbäume: BGH VersR 04, 877 m Anm Otto; auch hierzu Hötzel VersR 04, 1234 ff) oder verlautbarter Organisationsakt (Satzungsbeschl einer Gemeinde) vorliegt. Zur Amtshaftung bei Behandlungsfehlern eines **Notarztes im Rettungs-**

diensteinsatz beachte BGH NZV 05, 84; NJW 03, 1184; abw OLG Stuttgart NJW 04, 2987; hierzu Ehmann, NJW 04, 2944 ff; zur Haftung für Behandlungsfehler an Patienten eines Landeskrankenhauses s BGH FamRZ 08, 782. Zur Haftung eines **Friedhofsträgers** s OLG Brandenburg VersR 05, 87.

c) Der Amtsträger muss nach Art 34 S 1 GG „in Ausübung" und nicht lediglich „bei Gelegenheit" des öffentlichen Amtes handeln. Ähnlich wie bei § 831 (s dort Rn 9) ist auch hier erforderlich, dass die schädigende Handlung in einem „**inneren Zusammenhang**" zur Amtsausübung steht (BGHZ 11, 185). Entscheidend sind die Umstände des Einzelfalles. Benutzt der Amtsträger ein Behördenfahrzeug zwar zu dienstlichen Zwecken, aber entgg den Dienstvorschriften, ist diese Tätigkeit noch dem hoheitlichen Funktionskreis zurechenbar; anders dag bei einer „Schwarzfahrt" zu rein privaten Zwecken (s auch MK/Papier § 839 Rn 188; str). Gebraucht ein Polizeibeamter während des Dienstes, jedoch aus persönlichem Motiv seine Dienstwaffe, liegt allein ein äußerer, nicht aber der notwendige innere Zusammenhang mit der Amtstätigkeit vor (BGHZ 11, 186; zur Staatshaftung bei unsorgfältiger Verwahrung einer Polizeiwaffe nach Dienstschluss s BGH MDR 00, 270); hingegen kommt im Einzelfall bei „Mobbing" (§ 823 Rn 103) auch eine Haftung des Dienstherrn des Schädigers nach Amtshaftungsgrundsätzen in Betracht: BGH NJW 02, 3173 (hierzu Haberstumpf/Kellermann JA 03, 183 ff). 9

3. Verletzung einer Amtspflicht: a) Sowohl Abs 1 S 1 als auch Art 34 S 1 GG setzen den Verstoß gegen eine **Amtspflicht** voraus. Die **Verletzung** der Amtspflicht kann durch positives Tun oder Unterlassen erfolgen. Erforderlich ist der Verstoß einer im **Innenverhältnis** zwischen Amtsträger und Staat bestehenden persönlichen Verhaltenspflicht des Amtswalters, nicht dag die Verletzung einer dem Außenverhältnis zwischen Staat und Bürger zuzuordnenden Rechtspflicht (so die hM: vgl die Angaben bei Soergel/Vinke § 839 Rn 108; s aber auch MK/Papier § 839 Rn 191 f). Die beiden Pflichtenbereiche überschneiden sich weitgehend, sind jedoch nicht deckungsgleich, so dass auch keine Kongruenz zwischen Amtspflichtverstoß und Staatsunrecht besteht. Deutlich wird dies für den Fall, dass sich der Amtsträger an eine **gesetzeswidrige bindende Weisung** der übergeordneten Behörde hält. Im Außenverhältnis zum Bürger ist sein Handeln zwar als rechtswidrig, im Innenverhältnis dag als amtspflichtgemäß einzustufen. Entspr der de lege lata bestehenden Konstruktion einer nur mittelbaren, also abgeleiteten Staatshaftung (Rn 1), ist die Anstellungskörperschaft des angewiesenen Amtswalters nicht ersatzpflichtig (BGH NJW 59, 1629; zur Haftung der anweisenden Körperschaft s Rn 26). 10

b) Amtspflichten können sich aus **formellen wie materiellen Gesetzen**, allg Dienst- und Verwaltungsvorschriften, aus Einzelweisungen sowie allg Rechtsgrundsätzen ergeben. 11

c) Ausgehend von diesen Rechtsgrundlagen haben sich in Rspr und Lehre **Fallgruppen von Amtspflichten** herausgebildet. Anerkannt ist bspw die **Pflicht zu formell und materiell rechtmäßigem Verhalten**, insb zur Vermeidung deliktischen Handelns (BGH WM 94, 994; zu Persönlichkeitsrechtsverletzungen durch Presseverlautbarungen über strafrechtliche Ermittlungsmaßnahmen s OLG Düsseldorf NJW 05, 1797; hierzu Lorz NJW 05, 2657 ff; die Ersatzpflicht für Behandlungsfehler an Patienten in der geschlossenen Psychiatrie eines Landeskrankenhauses ist auch dann Amtshaftung, wenn diese sich dort auf eigenen Wunsch oder mit Einverständnis ihrer Betreuer aufhalten: BGH *FamRZ 08, 782*), zur Wahrung des Verhältnismäßigkeitsgrundsatzes (BGHZ 18, 368) sowie zur Beachtung der Zuständigkeits-, Form- und Verfahrensvorschriften (zur Amtshaftung wegen Verweigerung des Einvernehmens mit einem Baugenehmigungsantrags s BGH MDR 13, 152 f; vgl hierzu auch Muckel JA 13, 319 f). Dem Amtsträger obliegt zudem die Pflicht zur beschleunigten Sachentscheidung (zur Amtshaftung bei überlanger Verfahrensdauer infolge unzureichender Ausstattung: BGH VersR 07, 839 = ZIP 07, 1220 m Anm Terhechte DVBL 07, 1134 ff und Brüning NJW 07, 1094 ff), zu konsequentem Verhalten, zur Amtsverschwiegenheit (BGHZ 34, 186; 78, 281) sowie dazu, dem Bürger richtig, klar und unmissverständlich Auskunft zu erteilen (s etwa BGHZ 117, 87). Dies beinhaltet auch die Pflicht auf die bestehende Sach- und Rechtslage hinzuweisen bzw den Bürger über ihre wahrscheinliche Änderungen aufzuklären 12

§ 839

und zu belehren (BGH VersR 06, 76). Weiterhin besteht die **Pflicht zur fehlerfreien Ermessensausübung**. Diese Pflicht verletzt der Amtswalter auch dann, wenn er die Grenzen des Ermessens überschreitet, ohne dass bereits die Schwelle zu einem willkürlichen oder evident fehlerhaften Verhalten vorliegen muss (BGHZ 74, 156 unter Aufgabe der früheren Judikatur; anders noch Jauernig/Teichmann § 839 Rn 10; zur Amtspflichtverletzung durch fehlerhafte Bewertung einer Klausur: OLG München NJW 07, 1005). Nach der jüngeren EuGH-Judikatur (EuGH DAR 11, 385; EuGH NJW 10, 217; EuGH verb Rs C-329/06 und C-343/06 NJW 08, 2403 und C-334 bis 336/06 DAR 08, 459) zur zweiten EU-Führerschein-RL 91/439/EWG besteht keine Verpflichtung zur Anerkennung eines im Ausland erworbenen Führerscheins, wenn sich aus diesem bereits ergibt, dass der Inhaber dort nie einen Wohnsitz hatte („Führerscheintourist") oder eine Sperrfrist im Inland besteht (BGH NJW 08, 3558; EuGH NZV 2009, 154; allg zum Führerscheintourismus s auch Huppertz VD 11, 18 ff).

13 **4. Drittbezogenheit der Amtspflicht:** a) Die verletzte Amtspflicht muss **ggü dem geschädigten Dritten** bestehen. Die Drittbezogenheit der Amtspflicht hat eine haftungsbegrenzende Funktion, die Parallelen zum subjektiv öffentlichen Recht aufweist (Schoch Jura 88, 590). Ob und inwieweit die Amtspflicht drittschützenden Charakter hat, ist entspr der Rechtslage bei § 823 II (s dort Rn 146 ff) in drei Schritten zu prüfen.

14 **aa)** Voraussetzung ist, dass die Amtspflicht **überhaupt den Schutz Dritter** bezweckt. Dies ist dann der Fall, wenn sie nicht ausschließlich den Interessen der Allgemeinheit, des Staates oder dem öffentlichen Wohl zu dienen bestimmt ist, sondern zumindest auch die Wahrnehmung und Förderung der Interessen des Einzelnen oder eines abgrenzbaren Personenkreises bezweckt (s hierzu LG Köln BB 13, 781 ff m Anm Maritzen).

15 **bb)** Der Geschädigte muss dem **geschützten Personenkreis** angehören, dh Dritter iSd Art 34 S 1 GG sein und durch die Amtspflichtverletzung in seinem Rechtskreis betroffen werden (persönlicher Individualschutz; hierzu etwa BGHZ 129, 18; zur Drittbezogenheit der Amtspflichten von Landesprüfungsämtern: BGH VersR 98, 1543; s auch BGH NJW 13, 604 ff m Anm Förster NJW 13, 571 ff: Wegen des Vertrauensschutzes von BSE-Tests der Veterinärbehörden besteht eine Drittbezogenheit der Amtspflicht ggü dem unmittelbar betroffenen Unternehmen (Schlachthof), nicht jedoch ggü solchen in der weiteren Abnehmer- und Verarbeitungskette). Eine Beteiligung am Amtsgeschäft ist nicht zwingend erforderlich, uU wird auch derjenige in den Schutzbereich einbezogen, der durch die Amtsausübung nur **mittelbar betroffen** wird (Erbe bei Beurkundung des Testamentes: BGH NJW 97, 2327). „Dritter" kann auch **eine juristische Person des öffentlichen Rechts** sein (BGHZ 116, 315; zur Amtshaftung bei fehlerhafter kommunalaufsichtsrechtlicher Genehmigung privatrechtlicher Rechtsgeschäfte: BGH NJW 03, 1318; hierzu von Mutius/Groth NJW 03, 1278 ff).

16 **cc)** Das **beeinträchtigte Recht, Rechtsgut oder Interesse** des Dritten muss in **den sachlichen Schutzbereich** der Amtspflicht fallen (sachlicher Individualschutz). Überprüfungspflichten im Baugenehmigungsverfahren bzgl der Statik eines Hauses dienen etwa dem Schutz höchstpersönlicher Rechtsgüter, nicht dem Schutz vor nutzlosen Aufwendungen (BGHZ 39, 358; 60, 118). Die Kontrolle eines Kraftfahrzeugs im Zulassungsverfahren schützt nicht die Vermögensinteressen eines späteren Käufers (BGH NJW 73, 458; VersR 82, 242; BGH NJW 04, 3484). Das Bundesaufsichtsamt nimmt die Bankenaufsicht lediglich im öffentlichen Interesse wahr (BGH VersR 05, 1434; BGHZ 162, 49 m Anm v Danwitz JZ 05, 729; Jaskulla BKR 05, 231; Binder GPR 05, 28). Die §§ 81 ff StVollzG dienen insb dem Schutz anderer Vollzugsbediensteter (BGH NJW 05, 3357). Wird der Zuschlagsbeschl im Zwangsversteigerungsverfahren wegen eines Zustellungsfehlers aufgehoben, erstreckt sich der Amtshaftungsanspruch des Meistbietenden nicht auf den entgangenen Gewinn (in Abkehr von der bisherigen Judikatur des Senats: EBE/BGH 01, 334). Zum Schutzumfang einer Warnung durch die Katastrophenschutzbehörde vor Überschwemmungen s BGH VersR 05, 1580.

17 **b) Drittbezug bei Rechtsetzungsmaßnahmen:** Eine Amtshaftung des Gesetz- oder Verordnungsgebers für **legislatives Unrecht** ist regelmäßig ausgeschlossen (hM). Den jeweils verantwortlichen Amtsträger treffen – entspr dem abstrakt generellen Charakter

von **Gesetzen oder Verordnungen** – nur Pflichten ggü der Allgemeinheit (BGHZ 56, 46; 134, 32; anders bei Maßnahmen- und Einzelfallgesetzen). Abw hiervon können sich bei **Satzungen** (Bebauungsplan) auch drittgerichtete Amtspflichten ergeben (zum Ausschluss der den Bauwilligen schützenden Amtspflichten s BGH MDR 13, 152 f; vgl auch Muckel JA 13, 319 f; zum persönlichen und sachlichen Schutzbereich bei Altasten: BGHZ 121, 67; 123, 365). Eine Amtshaftung folgt uU ebenfalls aus einem Verstoß gegen das **europäische Gemeinschaftsrecht** (allg s Kling Jura 05, 298 ff; Nettesheim WM 06, 457 ff; Fischer JA 00, 348 ff; Saenger JuS 97, 865 ff; MK/Papier § 839 Rn 98 ff; ob und inwieweit sich eine Haftung in Folge des gegen das Europarecht verstoßende staatliche Glücksspielmonopol ergibt, bleibt abzuwarten; hierzu Vorlagefrage des BGH EuZW 13, 280; allg s BGH NJW 13, 168; EuZW 13, 194 ff m Anm Beyerbach; BGH MDR 12, 358; BVerwG ZfWG 13, 396; OLG Bremen ZfWG 13 130 ff; OLG München ZfWG 11, 372; OVG Rheinland-Pfalz ZfWG 11, 260; KG Berlin ZfWG 11, 220; LG Hannover ZfWG 11, 75; allg zum Glücksspielrecht Diesbach/ Ahlhaus ZUM 11, 129), etwa bei verspäteter Umsetzung von Richtlinien (zur Pauschalreise-RL: EuGH NJW 96, 3141 ff; OLG Köln NJW-RR 98, 169; Stöhr NJW 99, 1063 ff; Kemper NJW 93, 3293 ff; s auch BGHZ 134, 31; OLG Köln ZIP 01, 645; LG Bonn ZIP 99, 1592; 1595; zur Haustürwiderrufs-RL s die Angaben bei Rn 36) Umstr ist, ob dieser Anspruch seine Grundlage unmittelbar im Gemeinschaftsrecht findet und Art 34 S 1 iVm § 839 lediglich im Hinblick auf dessen Ausgestaltung und Verwirklichung herangezogen werden können (hierzu BGHZ 161, 224; MK/Papier § 839 Rn 103; zur Anwendung des Abs 3 s BGH NJW 04, 1242). Zur Haftung der Mitgliedstaaten für gemeinschaftsrechtswidrige Judikatur s unter Rn 36.

5. Das Handeln des Amtswalters muss – obgleich in Abs 1 S 1 nicht ausdrücklich erwähnt – **rechtswidrig** sein (zum umstr Verhältnis von Amtpflicht- und Rechtswidrigkeit s Soergel/Vinke § 839 Rn 126). **18**

6. Die Amtspflichtverletzung muss für den eingetretenen Schaden **adäquat kausal** sein (zu Ermessenshandlungen und dem Fall amtspflichtwidrigen Unterlassens: MK/Papier § 839 Rn 278 f). **19**

7. Da die Amtshaftung nach Art 34 S 1 GG an die Eigenhaftung des Amtsträgers anknüpft, ist erforderlich, dass der Amtswalter nach Maßgabe des Abs 1 S 1 BGB die ihm **obliegende Pflicht schuldhaft** verletzt. Auch wenn Art 34 S 1 GG das Verschuldenserfordernis selbst nicht erwähnt, gilt dies bei allen Beamten im haftungsrechtlichen Sinn. **20**

a) Die Verschuldensfähigkeit bestimmt sich zwar auch bei § 839 nach §§ 827 f. Soweit eine Haftung des Amtsträgers hiernach ausscheidet, statuiert gleichwohl die weiterhin geltende Sonderbestimmung des § 1 II Reichsbeamtenhaftungsgesetz (RBHaftG) eine Billigkeitshaftung des Staates. **21**

b) Als **Schuldformen** kommen Vorsatz und Fahrlässigkeit in Betracht (§ 276 I), wobei sich das Verschulden nur auf die Amtspflichtverletzung, nicht auch auf den Eintritt des schädigenden Erfolgs bezieht. **Vorsätzlich** (§ 276 I 1) handelt ein Amtswalter, wenn er nicht nur diejenigen Tatsachen kennt, aus denen die Pflichtverletzung folgt, sondern sich auch der Pflichtwidrigkeit bewusst ist oder jedenfalls mit der Möglichkeit eines Amtspflichtverstoßes rechnet und sie billigend in Kauf nimmt (BGHZ 34, 381; BGH VersR 66, 876). **Fahrlässigkeit** (§ 276 I 2) liegt vor, soweit der Amtsträger die im jeweiligen amtlichen Verkehr erforderliche Sorgfalt außer Acht lässt. Abzustellen ist auf einen **objektiv-abstrakten Sorgfaltsmaßstab**, dh auf die Kenntnisse und Fähigkeiten des „pflichtgetreuen Durchschnittsbeamten" (Schoch Jura 88, 593; BGH VersR 59, 385; LG Köln BB 13, 781ff m Anm Maritzen). Eine **objektiv unrichtige Rechtsanwendung** begründet ein Verschulden, wenn sie auf mangelhafter Kenntnis der Rechtsvorschriften oder der hierzu ergangenen einschlägigen Judikatur beruht. Der Amtsträger handelt darüber hinaus schuldhaft, wenn seine Rechtsauffassung gegen den eindeutigen Gesetzeswortlaut verstößt. Dag ist eine fehlerhafte behördliche Entscheidung unverschuldet, sofern sich auch nur eine der sie tragenden Begründungen als unverschuldet erweist (BGH NJW 05, 749). Ein Verschuldensvorwurf ist dag regelmäßig ausgeschlossen, wenn ein Kollegialgericht die Amtshandlung für rechtmäßig erachtet hat. Diese „Leitli- **22**

nie" gilt nicht, wenn das Gericht in einem entscheidenden Punkt einen falschen Sachverhalt zugrunde gelegt, wesentliche Gesichtspunkte unbeachtet gelassen oder eine Norm „handgreiflich" falsch ausgelegt hat (BGHZ 27, 343; 126, 394; krit hierzu MK/Papier § 839 Rn 290). Ferner muss das konkrete Verhalten des Amtsträgers auch tatsächlich die Billigung durch ein Kollegialgericht gefunden haben (BGH MDR 03, 266).

23 8. **Inhalt und Umfang des Amtshaftungsanspruchs:** Der Amtshaftungsanspruch zielt in seiner **Rechtsfolge** auf Ersatz des durch die Amtspflichtverletzung verursachten Schadens. Inhalt und Umfang des Schadensersatzanspruchs bestimmen sich nach den §§ 249 ff, 842 ff. Abw vom allg Grundsatz (vgl Vor §§ 823–853 Rn 9; Vor §§ 249–253 Rn 3) ist der Anspruch regelmäßig auf Ersatz in Geld gerichtet (zur Entschädigung in Geld bei menschenunwürdiger Unterbringung in der Justizvollzugsanstalt: BGHZ 161, 33 = JR 05, 326 m Anm Deiters; Unterreitmeier NJW 05, 475; ders DVBl 05, 1235). Die Schadensbestimmung erscheint insb bei fehlerhaften Prüfungsentscheidungen diffizil (s OLG München NJW 07, 1005). Minder schwere Persönlichkeitsrechtsverletzungen durch verschiedene Amtsträger können zur Begründung eines (höheren) Entschädigungsanspruchs nicht zusammengerechnet werden (OLG Düsseldorf NJW 05, 1808). Eine **Naturalrestitution** (§ 249 I) ist **ausgeschlossen**, soweit sie nur durch (schlicht-) hoheitliches Handeln bewirkt werden kann (ein sozialrechtlicher Herstellungsanspruch ist allerdings eine Forderung gerichtet auf Naturalrestitution wegen ausgebliebener Leistungen: OLG Karlsruhe VersR 13, 501 ff). Dies folgt zum einen aus der bloß abgeleiteten Haftung des Staates, von dem nur dasjenige verlangt werden kann, was der Amtsträger als Privatperson zu leisten vermag. Zum anderen würden die Zivilgerichte (Art 34 S 3 GG) – verurteilten sie etwa eine Behörde zur Rücknahme eines Verwaltungsaktes – in den Zuständigkeitsbereich der Verwaltungsgerichte übergreifen. Der Amtshaftungsanspruch umfasst von seinem Umfang her **alle Vermögensschäden**. Voraussetzung ist, dass die jeweilige Schadensfolge in den Schutzbereich der Amtspflicht fällt (hierzu unter Rn 16). In Betracht kommt auch ein Anspruch auf Schmerzensgeld (zu § 847 aF: BGHZ 122, 368; zum Klagegrund bei der Geltendmachung von Schmerzensgeld vgl OLG Frankfurt NJW 13, 75 ff).

24 9. **Mitverschulden:** Abseits der Sonderregel in Abs 3 (Rn 40 ff) ist eine Mitverursachung des Schadens durch den Verletzten nach § 254 zu berücksichtigen (bei der Auskunft einer gesetzlichen Krankenkasse muss sich – wegen der Komplexität des Sozialversicherungsgesetzes – deren Unrichtigkeit dem Betroffenen aufdrängen, um sein Mitverschulden zu begründen: OLG Karlsruhe VersR 13, 501 ff).

25 10. **Verjährung des Amtshaftungsanspruchs:** Die Verjährung des Amtshaftungsanspruchs bestimmt sich nach §§ 195, 199 (zum Verjährungsbeginn, wenn eine andere Ersatzmöglichkeit nach Abs 1 S 2 in Betracht kommt: BGHZ 121, 71). Für (Ablauf-)Hemmung und Neubeginn der Verjährung gelten die §§ 203 ff. In **analoger Anwendung des** § 209 I Nr 1 hemmt die Inanspruchnahme des Primärrechtsschutzes (Rn 40 f) – etwa eine Anfechtungsklage nach der VwGO – die Verjährung des Amtshaftungsanspruchs (zum früheren Unterbrechungstatbestand des § 209 I aF: BGHZ 95, 242; 97, 110; 103, 246; Schenke JuS 86, 694 ff).

26 11. **Die nach Art 34 S 1 GG haftende Körperschaft:** Anspruchsgegner ist nach Art 34 S 1 GG der Staat bzw die betr **Körperschaft** (hierzu BGH WM 00, 1586). Zum Kreis der haftpflichtigen Körperschaften zählen nur juristische Personen des öffentlichen Rechts mit Dienstherrenfähigkeit, nicht dag juristische Personen des Privatrechts. Passivlegitimiert ist diejenige Körperschaft, **in deren Dienst der Amtsträger steht.** Der BGH stützt sich auf die **Anvertrauens- bzw Amtsübertragungstheorie** (BGHZ 53, 218). Im **Regelfall** haftet danach die Anstellungskörperschaft (zur Erzdiözese bzgl ihres Sektenbeauftragten s BGH JR 04, 145 mit zu Recht krit Anm v Thiel), also diejenige Behörde, die den Amtsträger angestellt (so die frühere „Anstellungstheorie"), nicht deren Aufgabe er im Einzelfall wahrgenommen hat (so die frühere „Funktionstheorie"). Versagt die Anknüpfung an die Anstellung, weil entweder kein Dienstherr oder gleich mehrere vorhanden sind, ist **ausnahmsweise** darauf abzustellen, wer „dem Amtsträger das Amt, bei dessen Ausübung er fehlsam gehandelt hat, anvertraut hat, wer mit anderen Worten dem Amtsträger die Aufgaben, bei deren Wahrnehmung die Amtspflicht-

verletzung vorgekommen ist, übertragen hat" (BGHZ 53, 219). Nach dem Regelprinzip haftet eine Gemeinde auch dann für ihre Bediensteten, wenn diese nicht im kommunalen Aufgabenbereich tätig werden, sondern in Wahrnehmung staatlicher Auftragsangelegenheiten Pflichtverletzungen begehen. Ausnahmefälle ergeben sich bei Amtsträgern **ohne Dienstherrn** (Beliehene, Verwaltungshelfer, selbstständige Unternehmer, hierzu Rn 6). So haftet etwa nicht der Technische Überwachungsverein, der den Sachverständigen angestellt, sondern das Land, das ihm die staatliche Anerkennung als Sachverständiger erteilt hat (BGHZ 49, 115). Auf die Übertragung des konkreten Amtes kommt es ebenso bei Amtsträgern **mit mehreren Dienstherren** an (Oberkreisdirektor bzw Landrat (für Amtspflichtverletzungen, die anlässlich der Unterbringung durch Ärzte begangen wurden, welche in dem Kommunalunternehmen eines Bezirkes ausgegliederten psychiatrischen Krankenhaus beschäftigt sind, haftet nicht der betreffende Bezirk oder Landkreis, s BGH MDR 13, 217 f); abgeordnete Beamte). Entspr gilt bei **bindenden rechtswidrigen Weisungen** der übergeordneten Behörde. In diesem Fall haftet nicht die Anstellungskörperschaft des angewiesenen Beamten – dieser handelt selbst pflichtgemäß (Rn 10) –, sondern die Körperschaft des anweisenden Beamten, da sie die Verantwortung für die Gesetzmäßigkeit des Verwaltungshandelns übernimmt (BGH NVwZ 85, 683).

12. Rückgriff gegen den Amtsträger: Nach Art 34 S 2 GG kann der Staat im Hinblick 27 auf seinen Haftungsschaden den Amtsträger bei hoheitlicher Tätigkeit im Innenverhältnis in Regress nehmen, soweit dieser vorsätzlich oder grob fahrlässig gehandelt hat (vgl zur Falschbetankung eines Dienstfahrzeugs: VG Koblenz, Urt v 22.7.08 Az 6 K 256/08.KO). Diese Rückgriffsbeschränkung gilt nicht für selbstständige private Unternehmer, die als Verwaltungshelfer herangezogen wurden (BGH NJW 05, 286 = JR 05, 412 m Anm Thiel; OLG Stuttgart NVwZ-RR 06, 6). Zu den jeweiligen Anspruchsgrundlagen – etwa im BBG – s Soergel/Vinke § 839 Rn 254 ff.

13. Zum Innenausgleich bei gesamtschuldnerischer Haftung von Staat (Beamten) und 28 Dritten s § 841.

14. Haftungsausschlüsse und -beschränkungen in § 839: a) Subsidiaritätsklausel gem 29 **Abs 1 S 2** (hierzu Stangl JA 95, 572 ff): **aa) Funktion:** Bei fahrlässiger Amtspflichtverletzung haftet der Beamte nach Abs 1 S 2 nur dann, wenn der Geschädigte **nicht anderweitig Ersatz** zu erlangen vermag. Diese Subsidiaritätsklausel diente ursprünglich dem Schutz des persönlich haftenden Beamten, dessen Entschlussfreude und Tatkraft nicht durch eine drohende Ersatzpflicht gehemmt werden sollten. Mit der befreienden Haftungsübernahme (Rn 1) durch den Staat nach Art 34 S 1 GG besteht ein derartiges Schutzbedürfnis des Amtsträgers nicht mehr.

bb) Der **Anwendungsbereich** des Verweisungsprivilegs ist **teleologisch zu reduzieren**. In 30 der Judikatur haben sich verschiedene Fallgruppen herauskristallisiert, in denen Abs 1 S 2 keine Anwendung findet.

(1) Die Subsidiaritätsklausel greift nicht ein, wenn **ein Ersatzanspruch gegen eine Körper-** 31 **schaft des öffentlichen Rechts** besteht, gleich aus welchem Rechtsgrund (BGHZ 111, 276; zum Zusammenspiel der öffentlichen Hand und einer privatrechtlich organisierten Beschäftigungsstelle für den Zivildienst: BGH NJW 03, 349; hierzu Frommeyer Jura 04, 49 ff).

(2) Die Anwendung des Abs 1 S 2 ist ausgeschlossen, wenn der **Grundsatz haftungs-** 32 **rechtlicher Gleichbehandlung** eine Privilegierung des Staates verbietet. Dies gilt etwa für den Fall, dass ein Amtsträger bei der zwar dienstlichen, aber nicht bevorrechtigten (§ 35 I, VI StVO: BGHZ 113, 167; VersR 92, 1130) **Teilnahme am allg Straßenverkehr** schuldhaft einen Verkehrsunfall verursacht (BGHZ 68, 220; 123, 104) oder die ausnahmsweise als hoheitliche Aufgabe wahrzunehmende **Straßenverkehrssicherungspflicht** (Rn 8) bzw nach ihrer Delegation auf die Anlieger die verbleibende **Überwachungspflicht** (BGHZ 75, 138; 118, 371; 123, 104) verletzt. Ferner gilt die Einschränkung der Ersatzpflicht nicht im Bereich der Gefährdungshaftung (etwa nach § 7 I StVG: KG NZV 07, 358).

(3) Keine anderweitige Ersatzmöglichkeit bieten **privatrechtliche Versicherungsansprü-** 33 **che,** da sie zum einen auf eigenständigen Leistungen (Prämienzahlung) des Geschädigten beruhen, zum anderen die Zahlungen der Versicherer – wie der gesetzliche Forderungsübergang in § 86 VVG nF (cessio legis) zeigt – die von Dritten verursachten Schäden gerade nicht endgültig abdecken sollen (so auch Soergel/Vinke § 839 Rn 199). Ausgenommen bleiben Ansprüche gegen die private Kranken- (BGHZ 79, 36), Feuer- (BGH VersR 83, 462) und Kaskoversicherung (BGHZ 85, 232), nicht aber gegen die KfZ-Haftpflichtversicherung (BGHZ 91, 54). Gleichsam gilt Abs 1 S 2 nicht bei **Ansprüchen aus der Sozialversicherung** (gesetzliche Kranken-, Unfall-, Rentenversicherung: BGHZ 79, 31; BGH NJW 83, 2191), da auch sie nicht bezwecken, den Staat von seiner Haftung endgültig freizustellen (vgl insoweit die cessio legis in § 116 I SGB X; kein Ausschluss der Legalzession durch das „Familienprivileg" nach § 116 VI 2 SBG X bei Heirat nach Schadenseintritt: OLG Rostock NJW-RR 08, 694).

34 (4) Keine anderweitige Ersatzmöglichkeit iSd Abs 1 S 2 bietet **der im Krankheitsfall fortbestehende Gehalts- oder Lohnanspruch** des Arbeitnehmers (BGHZ 62, 380; vgl auch § 3 Entgeltfortzahlungsgesetz) sowie vergleichbare beamtenrechtliche Ansprüche (BGHZ 43, 117), da sie nicht den Zweck verfolgen, einen Ausgleich für den Schadensfall zu bieten.

35 cc) Innerhalb des teleologisch reduzierten Anwendungsbereichs sind die weiteren **Voraussetzungen des Verweisungsprivilegs** nach Abs 1 S 2: Der Amtswalter muss fahrlässig die ihm obliegende Amtspflicht verletzt haben. Es muss eine anderweitige Ersatzmöglichkeit aus dem gleichen Tatsachenkreis gegen einen beliebigen Dritten bestehen. Dieser Ersatzanspruch muss **durchsetzbar**, die hierauf gerichtete Rechtsverfolgung **zumutbar** sein. Entscheidend sind die Umstände des Einzelfalles. Gegen eine Durchsetzbarkeit spricht regelmäßig die Vermögenslosigkeit des Dritten. Unzumutbarkeit ist uU bei einer Rechtsverfolgung im Ausland zu bejahen. Zweifelhaft erscheint, ob dies auch im Anwendungsbereich des EuGVÜ bzw der Brüssel I-VO zutrifft (s Vor §§ 823–853 Rn 15; vgl auch § 773 Rn 3; § 843 Rn 9).

36 b) **Richterspruchprivileg gem Abs 2 S 1:** Spruchrichter sind nach Abs 2 S 1 für den Schaden aus einem Amtspflichtverstoß nur dann verantwortlich, wenn dieser eine Straftat (§§ 332 II, 339 StGB) darstellt. Soweit sich die Pflichtverletzung in einer verweigerten oder verzögerten Amtsausübung erschöpft, greift nach Abs 2 S 2 wiederum die Regelhaftung der Abs 1 S 1 ein. Das Haftungsprivileg dient nicht – wie früher vielfach angenommen – dem Schutz der richterlichen Unabhängigkeit (Art 97 I GG), sondern **dem Schutz der Rechtskraft** richterlicher Entscheidungen. Abs 2 statuiert demnach kein „Spruchrichter-", sondern ein „Richterspruchprivileg". In der Literatur wird ein weiterer und „wesentlicher" Zweck des Abs 2 darin gesehen, das in sich geschlossene gesetzliche System der Überprüfung gerichtlicher Entscheidungen im Instanzenzug zu gewährleisten und „systemfremden Inzidentkontrollen" vorzubeugen (Tombrink DRiZ 02, 299, 300; ders NJW 02, 1325, 1326). Folgte man dieser Ansicht, die im klaren Widerspruch zur Entstehungsgeschichte des Abs 2 steht, sollte ehrlicherweise für die Abschaffung der Haftung des Richters plädiert werden. Denn letztlich dürfte jedwede Kontrolle von außen als systemfremd angesehen werden. Das Unbehagen, von dritter Seite überprüft zu werden, genügt jedoch für sich allein nicht, um die in Abs 1 statuierte Ersatzpflicht durch eine ausufernde Handhabung des Abs 2 iErg auszuhöhlen. Dies stünde im Widerspruch zur Notars- und Anwaltshaftung (s in diesem Zusammenhang auch BVerfG NJW 02, 2937; hierzu Mäsch JZ 03, 420 ff; BGH NJW-RR 03, 850). Inwieweit Abs 2 eine mit dem Europäischen Gemeinschaftsrecht vereinbare Haftungsbeschränkung darstellt, erscheint ohnehin zweifelhaft (hierzu Wegener EuR 02, 785 ff; zur Haftung der Mitgliedstaaten für gemeinschaftsrechtswidrige Judikatur bzw judikatives Unrecht s EuGH NJW 03, 3539 = JZ 04, 295 m Anm von Danwitz; hierzu auch Breuer EuZW 04, 199 ff; Frenz/Götzkes EuR 09, 622 ff; Gundel EWS 04, 8 ff; Haratsch JZ 06, 1176 ff; Hellwig/Moos JA 11, 196 ff; Kenntner EuZW 05, 235; Kiethe/Groeschke WRP 06, 29; Kluth DVBL 04, 393 ff; Kremer JuS 04, 480 ff; Krieger JuS 04, 855; Radermacher NVwZ 04, 1415; Rörig VuR 04, 3 ff; Säuberlich EuR 04, 954; Schöndorf-Haubold JuS 06, 112 ff; Staudinger, FS Bülow, 07, 11, 27 ff; Storr DÖV 04, 545 ff; Wegener EuR 04, 84 ff; Wegener/Held Jura 04, 479 ff; Wolf WM 05, 1345; beachte EuGH NJW 06, 3337 ff m Anm Haratsch JZ 06, 1176; dazu auch Tiet-

jen EWS 07, 15 ff; allein eine Vorlagepflichtverletzung reicht wohl für die Annahme eines qualifizierten Verstoßes gegen das Gemeinschaftsrecht nicht aus (EuGH NJW 03, 3544 Rn 118, 123; EuGH NJW 06, 3337, 3338 f, Rn 32, 43), anders, wenn eine offenkundige Verkennung einschlägiger EuGH-Judikatur hinzutritt (EuGH NJW 03, 3541 Rn 56; NJW 06, 3337, 3339, Rn 43). In jedem Fall muss es sich um die Entscheidung eines letztinstanzlichen Gerichts gehandelt haben (s OLG Karlsruhe NJW-RR 06, 1459). Im Hinblick auf die Haustürwiderrufs-RL (§ 485 Rn 9) erscheint in den Fällen der „Schrottimmobilien" demzufolge eine Haftung auf den ersten Blick nicht fernliegend, da der BGH sowohl seine Vorlagepflicht verletzt, als auch abweichend vom Sekundärrecht und der Rspr des Gerichtshofs (EuGH Slg 99, I-2195 ff) ein subjektives Zurechnungskriterium aufgestellt hat (bejahend zuletzt: II. Senat des BGH NJW 05, 2545 sowie XI. Senat des BGH Beschl v 20.4.04 Az XI ZR 389/02 und IX. Senat des BGH DB 04, 647 m Anm Fischer DB 04, 639 ff; beachte aber auch KG WM 05, 596, 601; im Nachgang zu den Entscheidungen des EuGH vom 25.10.05 hat der BGH mittlerweile seine frühere Judikatur aufgegeben: BGH NJW 06, 497 und ZIP 06, 652). Allerdings betreffen die Sachverhaltskonstellationen den „überschießenden" Bereich der Richtlinienumsetzung, da der Vertragsschluss nicht unmittelbar in der Privatwohnung erfolgte, sondern die Überrumpelung allenfalls fortwirkte. Überdies verbleiben in Bezug auf die Kausalität (EuGH NJW 06, 3337, 3339, Rn 45; Zweifel dahingehend, ob es auf die zeitliche Abfolge von Darlehens- und Kaufvertrag ankommt, s auch Hoppe/Lang, ZfIR 05, 800, 802).

aa) Unter den Begriff des **Spruchrichters** fallen sowohl Berufsrichter als auch Schöffen 37 und ehrenamtliche Richter der verschiedenen Gerichtszweige, nicht aber gerichtliche Sachverständige (beachte § 839 a), Spruchkollegien bei Behörden oder Schiedsrichter. Nach der Rspr ist jedoch bei Schiedsrichtern regelmäßig von einer dem Abs 2 S 1 vergleichbaren vertraglichen Haftungsbeschränkung auszugehen (BGHZ 42, 316).

bb) Der Begriff des **Urteils** ist nicht im prozessrechtlichen Sinne zu verstehen, sondern 38 erstreckt sich über diesen hinaus auch auf alle **urteilsvertretenden Erkenntnisse**. Erfasst werden Entscheidungen, soweit sie ein durch Klage bzw Anklage begründetes Verfahren unter den für ein Urt wesentlichen Prozessmerkmalen – Gewährung rechtlichen Gehörs, Begründungszwang und materielle Rechtskraft – beenden (BGHZ 51, 329; zur mangelnden Rechtskraft des protokollierten bzw schriftsätzlichen Vergleichs s § 779 Rn 11). Dem Begriff des Urteils unterfallen der Beschl nach § 91 a ZPO (BGHZ 13, 143) und die einstweilige Anordnung gemäß § 123 VwGO (BGH NJW 05, 436 = JZ 05, 679 m Anm Schenke; Meyer NJW 05, 864), nicht aber Entscheidungen im Prozesskostenhilfeverfahren (§§ 114 ff ZPO; vgl zum alten Recht: BGH VersR 84, 79; abw OLG Brandenburg MDR 02, 1192 unter Verweis auf den Grundsatz der „Kollegialgerichts-RL"; s Rn 22).

cc) Das Haftungsprivileg ist nicht nur auf Pflichtverletzungen „durch das Urteil", dh 39 auf Fehler der Sachentscheidung selbst beschränkt. Erfasst werden nach dem Wortlaut auch Amtspflichtverstöße **„bei dem Urteil"**, also im vorausgegangenen Verfahren (Staud/Wöstmann § 839 Rn 317; Amtspflichtverletzung anlässlich einer mündlichen Verhandlung, die in Form eines Prozessvergleichs endet: OLG Bremen NJW-RR 01, 1038; eine derartige Privilegierung ist wohl kaum noch vom Sinn und Zweck des „Richterspruchprivilegs" gedeckt; zur Amtspflichtverletzung wegen pflichtwidriger Verzögerung des Verfahrens s BGH NJW 11, 1072 ff; ob Amtshaftungsansprüche zu Unrecht Sicherungsverwahrter tatsächlich am Richterspruchprivileg scheitern, wie es das OLG Köln in seinem Beschl vom 12.8.10 Az 2 Ws 488/10, Rn 59 ff annimmt, wird sich noch zeigen müssen, s ferner zur Amtshaftung in Bezug auf die Sicherungsverwahrung: OLG Hamm NStZ-RR 13, 169; MDR 13, 406 sowie OLG Hamm Beschl v 19.12.12 Az 11 W 104/12, I-11 W 104/12), soweit sie sich auf die Sachentscheidung auswirken können. Dies gilt etwa für Beweisbeschlüsse, nicht jedoch für die fehlerhafte Anberaumung eines Termins (Jauernig/Teichmann § 839 Rn 24 f). In einer Entscheidung des BGH (NJW-RR 92, 919; zust OLG Frankfurt/M NJW 01, 3271; Staud/Wöstmann § 839 Rn 317; vorsichtig in diese Richtung tendierend: Palandt/Sprau § 839 Rn 53, 63) klingt an, dass dem Richter außerhalb des Anwendungsbereichs von Abs 2 nur bei besonders groben Verstößen ein Schuldvorwurf gemacht werden könne. Diese Einschränkung erfordere der in Art 97 I GG verankerte Grundsatz der richterlichen Unabhängigkeit. Angesichts der Singularität dieser Äußerung kann aber schwerlich von einer gefestigten Judikatur und damit von einem auf das Verfassungsrecht gestützten weiteren Filter ausgegangen werden (so auch Schlaeger NJW 01, 3244; anders Tombrink DRiZ 02, 300). Auch zukünftig ist somit davon auszugehen, dass eine fahrlässige Amtspflichtverletzung als Verschuldensgrad genügt. .

40 **c) Rechtsmittelversäumung gem Abs 3: aa)** Die Ersatzpflicht ist nach Abs 3 ausgeschlossen, wenn der Geschädigte es schuldhaft unterlassen hat, den Schaden durch ein Rechtsmittel abzuwenden. Diese Vorschrift ist eine besondere Ausprägung des § 254, die unter Verzicht auf eine Abwägung des Grades von Verschulden und Verursachung einen völligen Wegfall der Haftung bestimmt („Alles-oder-Nichts-Prinzip"; zur Anwendung des Abs 3 iR des gemeinschaftsrechtlichen Staatshaftungsanspruchs s BGH NJW 04, 1242). Der Zweck der Vorschrift wurde wie bei der Subsidiaritätsklausel des Abs 1 S 2 (Rn 29) anfangs im Schutz des Beamten, zunehmend aber darin gesehen, den **Vorrang primären Rechtsschutzes** zu sichern (Kein „dulde und liquidiere").

41 **bb)** Der Begriff des **Rechtsmittels** ist nicht nur einschränkend im prozessrechtlichen Sinne zu verstehen (Berufung, Revision, Beschwerde; das Wesen dieser Rechtsmittel besteht im Devolutiv- und Suspensiveffekt). Erfasst wird **jeder (nicht-)förmliche Rechtsbehelf**, der sich unmittelbar gegen das amtspflichtwidrige Tun bzw Unterlassen richtet und dazu bestimmt und geeignet ist, dieses zu beseitigen oder zu berichtigen und hierdurch den Schaden abzuwenden (BGH NJW 98, 141; nicht die Verfassungsbeschwerde: BGHZ 30, 28; krit zum weiten Rechtsmittelbegriff: Windthorst JuS 95, 996). In den Anwendungsbereich des Abs 3 fallen nach der Judikatur zB das Widerspruchs- sowie die Klageverfahren nach der VwGO (BGHZ 113, 18; BGH WM 97, 177; zu § 80 V VwGO: BGH NJW 04, 1242), der Einspruch gegen einen Strafbefehl, die Erinnerung nach §§ 732, 766 ZPO, die Drittwiderspruchsklage gem § 771 ZPO, bis hin zu Dienst- und Fachaufsichtsbeschwerden, Gegenvorstellungen, Anfragen an das Gericht (BGH VersR 65, 1197) oder Erinnerungen des Notars (BGH VersR 02, 496; NJW 97, 2328; s aber auch BGH VersR 04, 752). **Ausgenommen** sind von Abs 3 selbstständige Verfahren, die nur einem drohenden Schaden begegnen sollen oder der Wiedergutmachung eines bereits eingetretenen Schadens dienen (Einstellungsantrag nach § 30 a ZVG: BGH VersR 93, 1522).

42 **cc)** Die unterlassene Rechtsmitteleinlegung muss für den Schadenseintritt kausal geworden sein (hierzu BGH NJW 04, 1242). Im Hinblick auf formlose Rechtsbehelfe wie Dienstaufsichtsbeschwerden fehlt ein solcher **Kausalzusammenhang**, wenn der Rechtsbehelf tatsächlich keine Aussicht auf Erfolg gehabt hätte. Soweit der Rechtsbehelf den Schadenseintritt zwar nicht verhindert, wohl aber gemindert hätte, entfällt eine Haftung nach Abs 3 hins des entspr Teils (BGH NJW 86, 1924).

43 **dd)** Die Rechtsmittelversäumung muss **schuldhaft** erfolgt sein. Das Verschulden ist unter Beachtung der Einzelfallumstände danach zu bestimmen, welches Maß an Sorgfalt und Umsicht von den Angehörigen des betr Personenkreises verlangt werden kann, dem der Geschädigte angehört (BGHZ 113, 25; BGH WM 97, 177). Insb sind sein Bildungsstand und seine Geschäftsgewandtheit zu berücksichtigen (BGH NJW 97, 2328). Der Verschuldensvorwurf entfällt nicht allein dadurch, dass dem Verletzten die erforderlichen Rechtskenntnisse fehlen. Notfalls muss er rechtskundigen Rat einholen. Der Geschädigte kann jedoch auf eine amtliche Belehrung vertrauen, wenn dem nicht besondere Umstände entgegenstehen. Entspr §§ 254 II 2, 278 muss sich der Verletzte ein Verschulden seines gesetzlichen Vertreters oder einer Hilfsperson (Rechtsanwalt) zurechnen lassen. Versäumt der Erblasser fahrlässig, den Notar (Rn 44) an die Beurkundung des Testamentes zu erinnern (Rn 41), muss sich auch der als Erbe in Aussicht genommene Dritte (zum Schutzbereich der Notarpflichten s Rn 15) dieses Verschulden anrechnen lassen, so dass eine Haftung des Notars dem Erben ggü nach Abs 3 entfällt (BGH NJW 97, 2327; zum Mitverschuldenseinwand des Notars: Plaß DNotZ 02, 23 ff).

15. Haftungsausschlüsse und -beschränkungen in Sondergesetzen: Nach Art 34 S 1 GG wird die Haftung „grds" auf den Staat oder die entspr Körperschaft übergeleitet. Aus dieser Formulierung folgt nach hM (vgl hierzu sowie zu den Gegenstimmen: Soergel/ Vinke § 839 Rn 230) die verfassungsrechtliche Zulässigkeit sondergesetzlicher Haftungsausschlüsse und -beschränkungen. Derartige Vorschriften betreffen allein die Staatshaftung, also die privative Haftungsübernahme nach Art 34 S 1 GG, lassen die Eigenhaftung des Beamten nach § 839 dag unberührt. Haftungsausschlüsse bestehen für **Gebührenbeamte** (vgl § 5 Nr 1 RBHaftG). Hierzu zählt der Bezirksschornsteinfegermeister iR der Bauabnahme und Feuerstättenschau (BGHZ 62, 378), nicht aber der Gerichtsvollzieher (BGH VersR 63, 88). Eine Haftungsüberleitung entfällt nach § 19 I 4 BNotO auch bei **Notaren**. Im Falle schuldhafter Amtspflichtverletzung statuiert § 19 I 1 BNotO eine Eigenhaftung des Notars (s zur Haftung der Aufsichtsbehörde aber auch BGHZ 135, 354; zum Verweisungsprivileg des § 19 I 2 BNotO s BGH NJW-RR 04, 1705; 05, 1150; zum Verjährungsbeginn: BGH NJW-RR 05, 1148; VersR 05, 1695). Zur Haftungsbeschränkung im **Postdienst** vgl Rn 8. Zur eingeschränkten Haftung ggü **Ausländern** s die Neufassung des § 7 RBHaftG (BGBl I 93, 1397 f; hierzu auch Soergel/Vinke § 839 Rn 244). Zum Ausschluss der Amtshaftung wegen **Zwangsarbeit während der NS-Zeit** durch das Bundesentschädigungsgesetz (BEG): OLG Köln NJW 99, 1555; vgl zu Kriegsverbrechen: BGH VersR 04, 1312. Zur Staatshaftung in Kriegszeiten: BGH VersR 07, 1368; OLG Köln NJW 05, 2860; Baufeld JZ 07, 502; Schmahl ZaöRV 06, 699.

16. Der Geschädigte trägt die **Beweislast** für alle Anspruchsvoraussetzungen (Abs 1 S 1) sowie für das Fehlen einer anderweitigen Ersatzmöglichkeit (Abs 1 S 2). Der Verschuldensnachweis wird dem Geschädigten ua dadurch erleichtert, dass er **keinen individuellen Amtsträger benennen** muss, sondern ein amtspflichtwidriges Gesamtverhalten der Verwaltung genügt. Darüber hinaus stützt sich die Rspr zum Teil auch auf Verschuldensvermutungen. So genügt regelmäßig der Beweis eines Sachverhalts, der erfahrungsgemäß den Schluss auf eine schuldhafte Pflichtwidrigkeit zulässt (prima facie- bzw Anscheinsbeweis; hierzu sowie zu weiteren Beweiserleichterungen iR der Kausalität: BGH NJW 05, 2454; Soergel/Vinke § 839 Rn 269 f). Bei Spruchrichtern (Abs 2) muss der Verletzte den Nachw einer strafbaren Amtspflichtverletzung führen. Der Beweis, dass der Geschädigte es schuldhaft versäumt hat, den Schaden durch Gebrauch eines Rechtsmittels abzuwenden (Abs 3), obliegt der ersatzpflichtigen Körperschaft. Beschädigen Kinder in einer Tagesstätte Eigentum des Dritten, so kommt ihm die Beweislastregel in § 832 I 2 zugute (BGH NJW 13, 1233; Bernau NZV 13, 237 f; Förster NJW 13, 1201 ff; Schneider JZ 13, 365 ff; Singbartl/Wehowsky ZJS 13, 304 ff).

17. Fiskalhaftung des Staates: Handelt der Staat nicht im hoheitlichen, sondern fiskalischen Bereich, haftet er **unmittelbar** nach den §§ 31 (89) iVm §§ 823 ff oder § 831 (vgl hierzu § 831 Rn 5). Dies gilt unabhängig davon, ob es sich um einen Beamten im staats- oder haftungsrechtlichen Sinne handelt.

18. Eigenhaftung des Beamten als Handelnder: a) Der Beamte ist nach Abs 1 S 1 nur insoweit persönlich zum Schadensersatz verpflichtet, als eine Amtshaftung gem Art 34 S 1 GG iVm § 839 ausscheidet. Die Eigenhaftung des Beamten kommt bei fiskalischem Handeln (verbeamteter Arzt eines Universitätskrankenhauses bei stationärer Behandlung: BGHZ 85, 395; anders bei ambulanter Behandlung; hier greift regelmäßig § 823 I ein: BGHZ 120, 384), der Erfüllung öffentlicher Aufgaben in privater Rechtsform (Rn 7) oder dann in Betracht, wenn eine Ersatzpflicht des Staates sondergesetzlich ausgeschlossen ist (Rn 44). Soweit hiernach **Abs 1 S 1** eingreift, verdrängt er in seinem Anwendungsbereich als **Sonderbestimmung** (lex specialis) die Haftungstatbestände inner- (§§ 823 ff; s aber auch BGH NJW 96, 3209) und außerhalb (§ 18 StVG: BGHZ 121, 167) des BGB, soweit sie ein (vermutetes) Verschulden voraussetzen (zu § 833 vgl dort Rn 1; zu § 836 s dort Rn 1). § 839 erweitert einerseits den Haftungsrahmen, da der Beamte **für jede Vermögensschädigung** ersatzpflichtig ist (vgl hierzu Vor §§ 823–853 Rn 8). Andererseits wird die Verantwortlichkeit durch Abs 1 S 2, Abs 2 und 3 beschränkt (Staud/Wöstmann § 839 Rn 9 ff). Die **Gefährdungshaftung** des Beamten – etwa als Halter seines Privatfahrzeugs nach § 7 StVG – bleibt neben § 839 anwendbar

(Staud/Wöstmann § 839 Rn 35; BGHZ 29, 44; 47, 198; 50, 273; zur Ersatzpflicht des Arbeiter-Samariter-Bundes als Halter bei einem Verkehrsunfall durch einen Zivildienstleistenden: BGHZ 146, 387).

48 **b) Voraussetzungen der Eigenhaftung sind: aa)** Eine Amtshaftung nach Art 34 S 1 GG iVm § 839 ist ausgeschlossen.

49 **bb)** Es muss sich um einen **Beamten im staatsrechtlichen Sinne** handeln. Anders als bei der mittelbaren Staatshaftung (Rn 1 f, 6) genügt der Status als haftungsrechtlicher Beamter nicht. Dem staatsrechtlichen Beamtenbegriff unterfallen dabei Beamte des Bundes, der Länder und Gemeinden, unabhängig davon, ob sie etwa auf Zeit, Widerruf oder Probe berufen sind (Soergel/Vinke § 839 Rn 34).

50 **cc)** Ferner ist eine schuldhafte und kausale Verletzung einer dem Dritten ggü obliegenden Amtspflicht erforderlich.

51 **dd)** Es darf kein Ausschluss bzw keine Reduktion der Haftung nach Abs 2, 3 vorliegen. Soweit der Beamte nur fahrlässig handelt, kann er den Geschädigten bei fiskalischem Handeln nach **Abs 1 S 2** auf einen Ersatzanspruch gegen die haftpflichtige Körperschaft verweisen. Im Übrigen gilt auch für die Eigenhaftung des Beamten die teleologische Reduktion der Subsidiaritätsklausel (Rn 30 ff). Abs 1 S 2 gilt nicht bei Teilnahme des Beamten am allg Straßenverkehr bzw, wenn die Ersatzmöglichkeit des Verletzten in einem privat- oder sozialversicherungsrechtlichen Anspruch oder einem solchen auf Entgeltfortzahlung besteht.

52 **ee)** Im Hinblick auf Inhalt, Umfang und Verjährung des Schadensersatzanspruchs sowie Mitverschulden, Innenausgleich und Beweislast gelten die Ausführungen unter Rn 23 ff, 28, 45 entspr.

53 **19. Eigenhaftung des Nichtbeamten als Handelnder:** Scheidet eine Amtshaftung nach Art 34 S 1 GG iVm § 839 bei nichtbeamteten Bediensteten der öffentlichen Hand aus, richtet sich **ihre Eigenhaftung nach den §§ 823 ff unter Ausschluss des § 839** (BGHZ 42, 176). Der Handelnde kann sich nicht auf die Haftungsausschlüsse und -beschränkungen in Abs 1 S 2, Abs 2 und 3 berufen. Verletzt ein angestellter Krankenhausarzt im Fiskalbereich fahrlässig seine Pflicht, kann er den Verletzten nicht auf eine anderweitige Ersatzmöglichkeit gegen den Krankenhausträger verweisen, sondern haftet nach den §§ 823, 840 I gesamtschuldnerisch neben diesem (zu Recht krit angesichts der Ungleichbehandlung von Beamten und Nichtbeamten: Soergel/Vinke § 839 Rn 33; für eine Analogie des § 839 wohl Jauernig/Teichmann § 839 Rn 28).

54 **III. 1. Prozessuales:** Ansprüche gegen den Staat bzw die betr Körperschaft, gegen den Amtsträger persönlich sowie Rückgriffsansprüche des Dienstherrn gegen ihn sind im ordentlichen Rechtsweg geltend zu machen (Art 34 S 3 GG, § 40 II 1 VwGO). Nach § 71 II Nr 2 GVG sind die Landgerichte in erster Instanz ohne Rücksicht auf den Wert des Streitgegenstandes ausschließlich zuständig (zur Reichweite der Entscheidungsbefugnis der ordentlichen Gerichte s § 17 II GVG). Dies gilt gem § 19 III BNotO auch für Haftungsansprüche gegen den Notar.

55 **2. IPR:** Seit der Anwendbarkeit der Rom II-VO (ABl EU 07 L 190, 40) bedarf es zunächst der Prüfung, ob und inwieweit dieser Sekundärrechtsakt die Staatshaftung einschließt. Dies dürfte etwa in der Konstellation zu bejahen sein, dass sich ein Verkehrsunfall unter Beteiligung eines Polizeiwagens ereignet (vgl KG NZV 07, 358). Sofern die Rom II-VO nicht einschlägig ist, verbleibt es bei den nachfolgenden Grundsätzen der Anknüpfung: Unter Hinweis auf den Grundsatz der Staatensouveränität lehnt die bislang hM eine Anwendung der Tatortregel auf die außervertragliche Haftung des Staates bei hoheitlichem Handeln ab (OLG Köln NJW 99, 1556; Staud/von Hoffmann, BGB, Neubearbeitung 01, Art 40 Rn 109). Die Staatshaftung unterliegt vielmehr dem **Recht des Amtsstaates**, also deutschem Recht. Dies gilt aus Gründen der Akzessorietät auch für die persönliche Haftung des Amtswalters, wenn dieser hoheitlich handelt. Soweit man nach der Novellierung des EGBGB (vgl hierzu Vor §§ 823–853 Rn 16) eine deliktische Qualifikation der Amtshaftungsansprüche in Betracht ziehen sollte, lässt sich eine Durchbrechung des Tatortprinzips in Art 40 I EGBGB auf die Ausweichklausel des Art 41 EGBGB (iRd Rom II-VO s dessen Art 4 III) stützen (so die Begr zur IPR-Novelle, BT-Drucks 14/343, 10).

§ 839 a Haftung des gerichtlichen Sachverständigen

(1) Erstattet ein vom Gericht ernannter Sachverständiger vorsätzlich oder grob fahrlässig ein unrichtiges Gutachten, so ist er zum Ersatz des Schadens verpflichtet, der einem Verfahrensbeteiligten durch eine gerichtliche Entscheidung entsteht, die auf diesem Gutachten beruht.
(2) § 839 Abs. 3 ist entsprechend anzuwenden.

I. § 839 a geht auf das Zweite Gesetz zur Änderung schadensersatzrechtlicher Vorschriften vom 19.7.02 (BGBl I, 2675 ff) zurück und findet intertemporal nach Art 229 § 8 I Nr 2 EGBGB Anwendung, wenn das schädigende Ereignis nach dem 31.7.02 eingetreten ist (hierzu Kilian ZGS 04, 220 ff; Schöpflin ZfS 04, 241 ff; G. Wagner/Thole VersR 04, 275 ff; mit Blick auf Prozessvergleiche: Stillig, Haftung des gerichtlich bestellten Sachverständigen, 07; Thole, Die Haftung des gerichtlichen Sachverständigen nach § 839 a BGB, 04). § 839 a regelt die Haftung des gerichtlichen Sachverständigen **abschließend** (BT-Drucks 14/7752, 28; s aber auch Rn 4). Dies gilt losgelöst davon, ob der Sachverständige beeidigt worden ist oder nicht, da diesem Kriterium haftungsrechtlich keine Bedeutung zukommt (BT-Drucks 14/7752, 28; BVerfGE 49, 304). Die Einstandspflicht erstreckt sich auch auf den **Ersatz von reinen Vermögensschäden.** Als Ausgleich **beschränkt** § 839 a den **Verschuldensmaßstab** auf Vorsatz und grobe Fahrlässigkeit. § 839 a betrifft hingegen nicht die Haftung des Sachverständigen für Fehler, die sich im Gutachten nicht niederschlagen. Ebenso wenig erfasst § 839 a deliktisches Verhalten des Sachverständigen (etwa eine Sachbeschädigung), „bei Gelegenheit" der Begutachtung. 1

II. **Voraussetzungen der Haftung nach § 839 a:** 1. Der Sachverständige muss als Anspruchsgegner **vom Gericht bestellt** sein. Die Anwendbarkeit des § 839 a im **Schiedsgerichtsverfahren** erscheint kaum sachgerecht (G Wagner NJW 02, 2063; Huber, Das neue Schadensersatzrecht, 03, S 232 Rn 73; anders Staud/Wöstmann § 839 a Rn 34). Dies gilt ebenso bei Fallgestaltungen, in denen der Sachverständige zur Vorbereitung einer Behördenentscheidung iR eines **Verwaltungsverfahrens** tätig wird (G Wagner NJW 02, 2063; dem folgt nunmehr auch Huber, Das neue Schadensersatzrecht, 03, S 233 Rn 75). Im Hinblick auf die Frage einer entspr Anwendung des § 839 a bei **Zeugen** muss das Vorliegen einer unbewussten Regelungslücke bezweifelt werden (ebenfalls gegen eine analoge Anwendung des § 839 a: Windthorst VersR 05, 1634; anders wohl G Wagner NJW 02, 2063; Huber, Das neue Schadensersatzrecht, 03, S 233 f Rn 76 f). 2

2. **Haftungsmaßstab:** Erforderlich ist, dass der Sachverständige **vorsätzlich oder grob fahrlässig** ein **unrichtiges Gutachten** erstattet (BT-Drucks 14/7752, 28; die Ungleichbehandlung ggü Privatgutachtern kritisiert Heumann FuR 02, 491). Abzustellen ist in Anlehnung an § 839 (Rn 22) auf einen objektiv-abstrakten Sorgfaltsmaßstab, dh auf Kenntnisse und Fähigkeiten eines „pflichtgetreuen Sachverständigen". Zur subjektiven Komponente bei der groben Fahrlässigkeit s § 276 Rn 19. 3

3. Es muss ein **Schaden durch eine gerichtliche Entscheidung** entstanden sein. Nach der Gesetzesbegründung greift § 839 a nicht ein, wenn die Parteien den Prozess unter dem Eindruck eines unrichtigen Gutachtens anderweitig beenden, etwa durch Vergleich oder Erledigterklärung (BT-Drucks 14/7752, 28; hierzu Däubler JuS 02, 629 f; zur Haftung des Wertgutachters ggü dem Ersteigerer im Zwangsversteigerungsverfahren: BGH ZGS 06, 186). Losgelöst von der Ungereimtheit, dass der Begriff „Urteil" in § 839 II etwa auch einen Beschl nach § 91 a ZPO erfasst, ist nicht recht ersichtlich, ob nun wiederum der Weg freigesperrt ist, eine Haftung auf die §§ 823 I oder II bzw § 826 zu stützen (so Jauernig/Teichmann § 839 a Rn 1; anders wohl Palandt/Sprau § 839 a Rn 4; für einen völligen Ausschluss: M. Huber NJW Editorial Heft 19/03; s auch die Darstellung v G. Wagner NJW 02, 2063). Sofern man aber eine Ersatzpflicht des Sachverständigen gänzlich verneint, entsteht die Schieflage, dass die ZPO-Reform gerade die konsensuale Streitbeilegung fördern will (§ 779 Rn 11). Deren Attraktivität wird aber gemindert, wenn der Sachverständige von jeglicher Haftung freigestellt wird (§ 779 dürfte wohl den Parteien nur selten einen Ausweg bieten). Darüber hinaus ist 4

nicht recht ersichtlich, weshalb etwa der Erlass eines Anerkenntnis- oder Verzichtsurteils eine Einstandspflicht auslösen soll, nicht aber ein Prozessvergleich. Schließlich droht für die Rechtsanwälte eine Haftungsfalle (Huber, Das neue Schadensersatzrecht, 03, S 236 Rn 88; Thole AnwBl 06, 91 ff), da sie den Mandanten vor Abschluss des Vergleichs wohl über den damit verbundenen Wegfall eines Haftungsadressaten aufklären müssen.

5 **4.** Die Unrichtigkeit des Gutachtens muss **für die Entscheidung kausal** gewesen sein. Nach dem Gesetzeswortlaut können sich sämtliche **Verfahrensbeteiligte** auf Abs 1 stützen (zur teleologischen Reduktion der Vorschriften bei Zeugen als Geschädigte s Huber, Das neue Schadensersatzrecht, 03, S 236 f Rn 90 ff).

6 **5.** Die Haftung ist gem Abs 2 iVm § 839 III ausgeschlossen, wenn der Verletzte es schuldhaft (vgl § 839 Rn 43) unterlassen hat, den Schaden durch Gebrauch eines Rechtsmittels abzuwenden. Wie in § 839 III (Rn 41) wird man den Begriff des Rechtsmittels nicht streng im prozessrechtlichen Sinne verstehen dürfen (Staud/Wöstmann § 839 a Rn 27). Vielmehr genügt schon, dass die benachteiligte Partei nach Erstellung des Gutachtens auf die Ladung des Sachverständigen zur mündlichen Erläuterung als innerprozessualen Behelf verzichtet (BGH FamRZ 07, 1632). Die Reichweite der (nicht-)förmlichen Rechtsbehelfe ist jedoch umstr (s etwa zu § 406 ZPO bejahend Däubler JuS 02, 629; abw Huber, Das neue Schadensersatzrecht, 03, S 231 Rn 65 f; zur Streitverkündung ggü dem gerichtlich bestellten Sachverständigen: Rickert/König NJW 05, 1829; Bockholdt NJW 06, 122).

7 **III. 1. Beweislast:** Für Abs 1 trägt der Geschädigte, für Abs 2 der Sachverständige die Beweislast.

8 **2. IPR:** Berührungspunkte zum Ausland können sich etwa dadurch ergeben, dass der Sachverständige Beweise in einem Nachbarstaat erhebt (zur völkerrechtlichen Zulässigkeit: Stadler, FS Geimer, 02, 1287) oder eine grenzüberschreitende Videoverhandlung iSd § 128 a ZPO stattfindet (hierzu Schultzky NJW 03, 314 f; Stadler, FS Geimer, 02, 1292 unter Bezugnahme auf das Haager Beweisaufnahmeübereinkommen sowie die VO über die Zusammenarbeit der Mitgliedstaaten auf dem Gebiet der Beweisaufnahme in Zivil- und Handelssachen, VO (EG) Nr 1206/01 v 28.5.01, ABl EG L 174, 1; dies ZZP 115 [02], 441; s auch Geimer, Internationales Zivilprozessrecht, 6. Aufl 09 Rn 2385 a). In einem derartigen grenzüberschreitenden Sachverhalt sind zunächst vom 11.1.09 (s Art 31 Rom II-VO; vgl Art 32 Rom II-VO Rn 1) an der Vorrang der Rom II-VO (ABl EU 07 L 199, 40) sowie das Gebot der autonomen Qualifikation zu beachten. Ausgehend von der Prämisse, dass der Sachverständige im Verhältnis zu den Verfahrensbeteiligten einerseits keine hoheitliche Gewalt ausübt (so mit Blick auf das nationale Kollisionsrecht im Vorfeld der Rom II-VO: BT-Drucks 14/7752, 27; s auch Musielak, FS Geimer, 02, 772), andererseits eine rein prozessuale Qualifikation ausscheidet, erscheint es überzeugend, von einer deliktsrechtlichen Natur des Anspruchs auszugehen. Sofern der Sekundärrechtsakt in intertemporaler, sachlicher und territorialer Hinsicht Platz greift (ansonsten verbleibt es bei der Art 40 ff EGBGB), ist keine Durchbrechung des Erfolgsortrechts gem Art 4 I Rom II-VO (bzw Tatortprinzips in Art 40 I EGBGB) mit Hilfe der Ausweichklausel in Art 4 III 1 Rom II-VO (Art 41 EGBGB) geboten, um das Recht des Amts- bzw Gerichtsstaates zur Anwendung zu berufen. Ebenso wenig kommt idR eine vertragsakzessorische Anknüpfung über Art 4 III 2 Rom II-VO (Art 41 II Nr 1 EGBGB) in Betracht, da zwischen dem Sachverständigen und dem Geschädigten kein vertragliches Band besteht. Art 4 I Rom II-VO beruft damit das Erfolgsortrecht zur Anwendung (kraft Art 40 I EGBGB greift laut S 1 das Handlungs- und – nach fristgerechter Option des Geschädigten – das Erfolgsortrecht Platz; so auch Spickhoff, FS Heldrich, 05, 435). Als Erfolgs- iSd Art 4 I Rom II-VO (Art 40 I 2 EGBGB) gilt der Gerichtsort, da hier die Entscheidung erlassen wird, die auf dem fehlerhaften Gutachten beruht (sofern man in der Niederlegung des Gutachtens [s § 411 I 1 ZPO] die erste kollisionsrechtlich relevante Handlung des Sachverständigen erblickt, handelt es sich regelmäßig um ein Platzdelikt, da Handlungs- und Erfolgsort zusammenfallen; zum Kollisionsrecht in der Vergangenheit bereits: Hau RIW 03, 822 ff). Dies dürfte von der Warte des Geschädigten ebenso interessengerecht

sein wie aus dem Blickwinkel des Sachverständigen, der sich auf das deutsche Haftungsniveau – uU durch den Abschluss einer Berufshaftpflichtversicherung – einstellt, sofern er seitens eines deutschen Spruchkörpers beauftragt und entschädigt wird (zu kollisionsrechtlichen Fragestellungen im Vorfeld der Rom II-VO: Spickhoff, FS Heldrich, 05, 435 ff).

§ 840 Haftung mehrerer

(1) Sind für den aus einer unerlaubten Handlung entstehenden Schaden mehrere nebeneinander verantwortlich, so haften sie als Gesamtschuldner.
(2) Ist neben demjenigen, welcher nach den §§ 831, 832 zum Ersatz des von einem anderen verursachten Schadens verpflichtet ist, auch der andere für den Schaden verantwortlich, so ist in ihrem Verhältnis zueinander der andere allein, im Falle des § 829 der Aufsichtspflichtige allein verpflichtet.
(3) Ist neben demjenigen, welcher nach den §§ 833 bis 838 zum Ersatz des Schadens verpflichtet ist, ein Dritter für den Schaden verantwortlich, so ist in ihrem Verhältnis zueinander der Dritte allein verpflichtet.

I. 1. Die Vorschrift enthält in ihrem **Abs 1 keine eigenständige Anspruchsgrundlage**, 1 sondern setzt vielmehr eine bereits bestehende Ersatzpflicht voraus. Abs 1 ordnet an, dass nebeneinander verantwortliche Täter einer unerlaubten Handlung im **Außenverhältnis**, dh dem Geschädigten ggü, als Gesamtschuldner haften und verweist damit auf die §§ 421-425 (zur gestörten Gesamtschuld allg: Mollenhauer NJ 11, 1 ff; Schmieder JZ 09, 189ff).
2. Aus der Gesamtschuldanordnung nach Abs 1 folgt zunächst für das **Innenverhältnis** 2 der Schädiger die Anwendbarkeit des § 426 I 1. Hiernach sind die Verantwortlichen untereinander zu gleichen Anteilen verpflichtet, „soweit nicht ein anderes bestimmt ist". **Die Abs 2 und 3 des § 840 enthalten insofern Sonderregeln** für den Innenausgleich, die vom Prinzip der Ausgleichspflicht nach Kopfteilen abweichen (s auch §§ 841, 1833 II 2).
3. **Anwendungsbereich**: Der Begriff der unerlaubten Handlung in Abs 1 ist weit auszu- 3 legen (vgl auch Vor §§ 823–853 Rn 1 ff). Erfasst werden **alle Fälle einer gesetzlich geregelten Schadensersatzpflicht** (MK/G. Wagner § 840 Rn 8) einschließlich der Tatbestände der **Gefährdungshaftung** inner- (§ 833 S 1) und außerhalb des BGB (etwa ProdHaftG, StVG, UmweltHaftG). Haftet bzgl derselben Schadensursache eine Person deliktisch und eine andere aus dem Gesichtspunkt der Aufopferung, so gilt Abs 1 zumindest entspr (zu § 906 II 2 vgl BGHZ 85, 386; beachte in weiterem Zusammenhang BGH MDR 14, 23; BGH JZ 04, 916 m Anm H Roth; Neuner JuS 05, 487; 490 ff; Wenzel NJW 05, 243 ff). Seine Anwendbarkeit wird auch nicht dadurch ausgeschlossen, dass einen der deliktisch Verantwortlichen gleichzeitig eine vertragliche Ersatzpflicht trifft. Abs 1 ist darüber hinaus von seinem Rechtsgedanken heranzuziehen, wenn für denselben Schaden ein Schuldner aus Vertrag und ein anderer aus unerlaubter Handlung haftet (BGH NJW 90, 2883; MK/G. Wagner § 840 Rn 9).
4. **Sonderbestimmungen** im Hinblick auf Abs 1 enthalten etwa § 22 WHG und § 5 S 1 4 ProdHaftG; bzgl des Innenausgleichs in Abs 2 und 3 bestehen Sonderregeln in §§ 17, 18 III StVG (beachte Novellierung durch das Schadensersatzrechtsänderungsgesetz, Vor §§ 823-853 Rn 17), §§ 5 S 2, 6 II ProdHaftG sowie § 41 LuftVG.
II. 1. **Außenverhältnis**: Abs 1 ordnet an, dass mehrere Personen, die für einen Schaden 5 nebeneinander verantwortlich sind, als Gesamtschuldner iSd §§ 421-425 haften.
a) **Nebeneinander verantwortlich** sind Mittäter (§ 830 I 1), Teilnehmer (Anstifter und 6 Gehilfe: § 830 II) sowie Beteiligte iSv § 830 I 2. Gesamtschuldnerisch haften auch Nebentäter (s zum Begriff § 830 Rn 2), wenn sie den Gesamtschaden verursacht haben (BGHZ 30, 208).
b) **Eine Verantwortlichkeit mehrerer nebeneinander besteht nicht**, wenn einer der Be- 7 teiligten im Außenverhältnis zum Geschädigten nur subsidiär haftet oder seine Haftung ausgeschlossen ist (MK/Stein, 3. Aufl 97, § 840 Rn 8). Soweit im Fall der **fahrlässigen**

Amtspflichtverletzung die Subsidiaritätsklausel des § 839 I 2 (vgl dort Rn 29 ff, 51) eingreift – sei es bei der Amtshaftung des Staates oder Eigenhaftung des Beamten –, ist im Außenverhältnis zum Verletzten allein der Zweitschädiger zum Ersatz verpflichtet. Kann sich der Erstschädiger auf die **gesetzlichen Haftungsprivilegierungen** in §§ 708, 1359, 1664, § 4 LPartG berufen, scheidet eine gesamtschuldnerische Haftung mit dem Zweitschädiger gem Abs 1 nach Ansicht der Rspr ebenfalls aus (BGHZ 103, 344; OLG Düsseldorf NJW-RR 99, 1043; vgl auch § 828 Rn 3; § 832 Rn 2; § 426 Rn 13, 16; für diese ist im Straßenverkehr kein Raum: BGH NJW 67, 558; Gleiches gilt bei ähnlich geregelten Verkehrsformen, etwa einem Unfall beim Wasserski: BGH VersR 09, 840, zum Glatteisunfall auf einem Versuchsgelände s LG Braunschweig Urt v 1.4.09 Az 9 S 30/08). Der Zweitschädiger haftet dem Verletzten vielmehr in voller Höhe ohne Möglichkeit, im Innenverhältnis Regress zu verlangen (anders die wohl hL: MK/G. Wagner § 840 Rn 31 mwN). Zum Ersatzanspruch des Geschädigten in den übrigen Fällen gestörter Gesamtschuld, etwa bei **Arbeitsunfällen** (§§ 104 f SGB VII; zu § 106 III Alt 3 SGB s BGH NJW 08, 2116; § 823 Rn 144) oder **vertraglich vereinbarten Haftungsausschlüssen und -beschränkungen** vor bzw nach dem Schadensfall s § 426 Rn 14 f.

8 c) Fällt dem Geschädigten **ein mitwirkendes Verschulden** nach § 254 zur Last, ist zu unterscheiden:

9 aa) Bei einer **gemeinschaftlich begangenen unerlaubten Handlung** nach § 830 (Mittäter, Teilnehmer, Beteiligte) müssen sich die Mitverantwortlichen den Tatbeitrag der anderen Schädiger zurechnen lassen und stehen dem Verletzten als einheitliche Gruppe ggü (BGHZ 30, 206). Es ist eine **Gesamtabwägung** vorzunehmen, dh, der Verursachungsbeitrag des Verletzten wird demjenigen sämtlicher Schädiger ggügestellt. Eine Gesamtschuld nach Abs 1 besteht dann nur in Höhe des um den Eigenanteil des Geschädigten gekürzten Betrages. Erleidet ein indirekter Abnehmer einen Schaden aus dem rechtwidrigen Verhalten eines Kartells, so haften alle Kartellisten nach §§ 830, 840 als Gesamtschuldner (BGHZ 190, 145 ff m Anm Ackermann GRUR 12, 298 ff; Emmerich JuS 12, 847 ff; Kersting JZ 12, 777 ff). Ersterem steht ein Schadensersatzanspruch aus § 823 II iVm Art. 101 AEUV zu.

10 bb) Im Fall der **Nebentäterschaft** verringert sich die Haftung der Schädiger um denjenigen Anteil am Gesamtschaden, den der Verletzte nach § 254 selbst tragen muss. Dieser Eigenanteil ist nach Ansicht des BGH – jedenfalls bei Vermögensschäden (vgl aber Rn 12) – anhand einer **Kombination von Einzel- und Gesamtabwägung** zu bestimmen (st Rspr seit BGHZ 30, 211 unter Aufgabe der früheren Judikatur). Bsp: A erleidet durch B und C einen Unfallschaden von 3.000 EUR, wobei der Verschuldensbeitrag aller drei Personen identisch ist (vgl hierzu Larenz/Canaris, SchR II 2 § 82 III 3 a; MK/G. Wagner § 840 Rn 23 ff). Nach der Einzelabwägung wird zunächst die Haftungsquote jedes Nebentäters ggü dem Verletzten festgestellt. Hiernach kann A im Verhältnis zu B wie auch zu C 1.500 EUR beanspruchen. In dieser Höhe haften die Nebentäter gesamtschuldnerisch nach Abs 1. Im Wege einer Gesamtabwägung ist anschließend zu ermitteln, bis zu welchem Umfang der Verletzte insgesamt Schadensersatz verlangen kann. Hiernach muss A nur ein Drittel seines Schadens selbst tragen. Ihm steht ein Anspruch iHv insgesamt 2.000 EUR zu. A kann daher nach seiner Wahl etwa von B 1.500 EUR und anschließend weitere 500 EUR von C ersetzt verlangen (zum Innenausgleich s § 426 Rn 10). Dieser Ansatz des BGH ist in der Literatur auf Zustimmung (Staud/Vieweg § 840 Rn 36 mwN), vielfach aber auch auf Ablehnung gestoßen (Soergel/Zeuner § 840 Rn 15 ff mwN).

11 cc) Die Kombination von Einzel- und Gesamtabwägung entfällt nach Ansicht des BGH, wenn eine **Haftungs-** (das Verhalten mehrerer Schädiger führt zu einem einheitlichen unfallsursächlichen Umstand) **oder Zurechnungs- bzw Tatbeitragseinheit** (das Verhalten des Geschädigten und eines Schädigers wirkt sich in einem unfallbedingten Beitrag aus, bevor der Kausalverlauf des zweiten Schädigers hinzutritt) vorliegt (BGH NJW 96, 2024). In diesen Fällen erfolgt eine Gesamtabwägung, so dass auf die in der Haftungsgruppe zusammengefassten Beteiligten auch nur eine einheitliche Schadensquote entfällt. Dies gilt beim Zusammentreffen der Haftung des Fahrzeughalters und

-führers (§§ 7, 18 StVG: BGH NJW 66, 1263), des Geschäftsherrn und Verrichtungsgehilfen (§§ 831, 823: BGH NJW-RR 89, 920) oder in dem Fall, dass die Tatbeiträge der Schädiger in einem einheitlichen Gefahrenmoment zusammenfließen, bevor der Tatbeitrag des Verletzten hinzukommt und zum Schadenseintritt führt (BGHZ 54, 283: Der Verletzte fährt nachts auf einen LKW-Anhänger auf, dessen ungesichertes und unbeleuchtetes Stehenbleiben auf der Straße mehrere Nebentäter verursacht haben).

dd) Die Kombinationslösung kann nach Ansicht des BGH nicht uneingeschränkt auf den **Ersatz immaterieller Schäden** (§ 253 II) übertragen werden (BGHZ 54, 286). Anders als bei Vermögensschäden lassen sich hier rechnerisch keine eindeutigen Haftungsquoten bestimmen. Vielmehr ist die Höhe des **Schmerzensgeldes** ausgehend von seiner Ausgleichs- und Genugtuungsfunktion (vgl § 253 Rn 16) bei jedem Nebentäter individuell zu bemessen.

d) Haftung als Gesamtschuldner bedeutet, dass der Ersatzberechtigte nach seiner Wahl jeden Schädiger in voller Höhe oder teilweise in Anspruch nehmen, Schadensersatz insgesamt jedoch nur einmal fordern kann (§ 421 S 1). **Abs 1 setzt nicht voraus, dass alle Verantwortlichen in gleicher Höhe zum Schadensersatz** verpflichtet sind. Ein unterschiedlicher Umfang der Haftung kann sich aus ihrer summenmäßigen Begrenzung (§ 12 StVG; § 10 ProdHaftG) oder daraus ergeben, dass das Schmerzensgeld bei den Schädigern verschieden hoch bemessen wird. In einem solchen Fall besteht eine **gesamtschuldnerische Haftung nur** insoweit, als sich die Verpflichtungen der Schädiger decken, dh **bis zu dem von allen übereinstimmend geschuldeten Betrag** (BGHZ 85, 387).

2. Innenverhältnis (Abs 2 und 3): a) Gesamtschuldner sind nach § 426 I 1 im Verhältnis zueinander zu gleichen Anteilen verpflichtet (Kopfteilung), soweit nicht ein anderes bestimmt ist. § 426 I 1 gewährt dem zahlenden Gesamtschuldner einen **selbstständigen Ausgleichsanspruch**. Dieser verjährt in 3 Jahren (§ 195). Eine **Abweichung von der Ausgleichspflicht nach Kopfteilen** kann sich aus dem entspr anzuwendenden § 254 ergeben, der eine anderweitige Bestimmung iSd § 426 I 1 enthält (vgl § 254 Rn 10; § 426 Rn 7; s auch die Angaben bei MK/G Wagner § 840 Rn 11). Die Haftungsquoten sind hiernach im Innenverhältnis anhand der Verschuldens- und Verursachungsbeiträge der einzelnen Schädiger zu bestimmen (vgl auch § 17 StVG; § 13 HaftPflG). Weitere Sonderregeln iSd § 426 I 1 enthalten die **Abs 2 und 3**, beschränkt allerdings auf bestimmte Fallkonstellationen. Diesen Vorschriften lässt sich kein verallgemeinerungsfähiger Rechtsgedanke dergestalt entnehmen, dass bei einem Zusammentreffen von Gefährdungs- und Verschuldenshaftung stets allein der aus Verschulden Haftende ersatzpflichtig sein soll (BGHZ 6, 321). Bei Doppelversicherung eines Gespanns aus Kraftfahrzeug und Anhänger ist die Vorschrift des § 59 II VVG aF vorrangig sowohl ggü einer Verteilung der Mitverursachungsanteile gem. §§ 17 IV, 18 III StVG als auch im Verhältnis zu einem Innenausgleich nach § 426 iVm §§ 840 II, 254: OLG Celle, DAR 13, 329.

b) Nach **Abs 2** hat der **Verrichtungsgehilfe** im Verhältnis zum Geschäftsherrn (§ 831) intern den Schaden allein zu tragen. Dies gilt nicht, wenn dem Gehilfen als Arbeitnehmer ein arbeitsrechtlicher Freistellungsanspruch gegen den Geschäftsherrn als Arbeitgeber zusteht (vgl hierzu Staud/Belling § 831 Rn 15; GemsOBG NJW 94, 856; BAG NJW 95, 211; vgl hierzu § 619 a Rn 8). Auch **der Aufsichtsbedürftige** ist im Verhältnis zu dem nach § 832 Verantwortlichen intern allein zum Ersatz verpflichtet. Unterliegt der Aufsichtsbedürftige einer **Billigkeitshaftung** aus § 829, kann er den Aufsichtspflichtigen in Regress nehmen. Nach hL findet der **Abs 2 keine Anwendung**, wenn der Geschäftsherr bzw Aufsichtspflichtige nicht nur aus vermutetem, sondern sogar nachgewiesenem Verschulden haftet (Soergel/Krause § 840 Rn 14: Abwägung nach § 254).

c) Nach **Abs 3** steht demjenigen Ersatzverpflichteten, der neben einem Dritten aus den §§ 833-838 haftet, ein **Regressanspruch gegen den Dritten** zu (zur extra Anwendung über das Innenverhältnis hinaus BGH VersR 95, 91; OLG Hamm NJW-RR 03, 525). Nach hL gilt dies jedoch nur, wenn der Dritte aus (nachgewiesenem oder vermutetem) Verschulden haftet, nicht aber, wenn ihn lediglich eine Gefährdungshaftung trifft.

Abs 3 ist ferner nicht anwendbar, wenn der nach §§ 833-838 Einstandspflichtige nicht nur aus vermutetem, sondern nachgewiesenem Verschulden haftet (Soergel/Beater § 840 Rn 317: Abwägung nach § 254). Sind mehrere Personen nach den §§ 833-838 ersatzpflichtig, kann sich keiner auf das Haftungsprivileg berufen. Es verbleibt bei der Grundregel des Abs 1 unter Beachtung des § 254 (vgl § 833 Rn 13).

§ 841 Ausgleichung bei Beamtenhaftung

Ist ein Beamter, der vermöge seiner Amtspflicht einen anderen zur Geschäftsführung für einen Dritten zu bestellen oder eine solche Geschäftsführung zu beaufsichtigen oder durch Genehmigung von Rechtsgeschäften bei ihr mitzuwirken hat, wegen Verletzung dieser Pflichten neben dem anderen für den von diesem verursachten Schaden verantwortlich, so ist in ihrem Verhältnis zueinander der andere allein verpflichtet.

1 § 841 statuiert wie § 840 II und III eine Ausn vom Grundsatz des § 426 I (eine vergleichbare Bestimmung enthält § 1833 II 2), indem bestimmte Beamtengruppen **im Innenverhältnis von einer Haftung freigestellt** werden. Voraussetzung ist eine gesamtschuldnerische Haftung des Amtsträgers mit dem in § 841 beschriebenen Aufgabenbereich bzw der ersatzpflichtigen Körperschaft (Art 34 S 1 GG iVm § 839 I) und einem Dritten. Ein solches Gesamtschuldverhältnis ist nicht nur bei vorsätzlicher, sondern auch fahrlässiger Amtspflichtverletzung denkbar, soweit das Verweisungsprivileg des § 839 I 2 nicht eingreift (s hierzu § 839 Rn 30 ff, 51). Zu den von § 841 erfassten Beamtengruppen zählen etwa der Vormundschaftsrichter im Verhältnis zu den Eltern (BGH LM § 254 [EA] Nr 10) bzw zum Vormund und Gegenvormund sowie der Nachlass- und Insolvenzrichter ggü Nachlass- und Insolvenzverwalter.

§ 842 Umfang der Ersatzpflicht bei Verletzung einer Person

Die Verpflichtung zum Schadensersatz wegen einer gegen die Person gerichteten unerlaubten Handlung erstreckt sich auf die Nachteile, welche die Handlung für den Erwerb oder das Fortkommen des Verletzten herbeiführt.

1 I. 1. Der Inhalt einer entspr den §§ 823 ff begründeten Schadensersatzpflicht richtet sich vom Grundsatz her nach den §§ 249 ff. Diese Vorschriften werden durch Sonderregeln für den Fall der Personenschäden (§§ 842-846) sowie der Entziehung bzw Beschädigung von Sachen (§§ 848–851) ergänzt. Nach § 842 zählen Nachteile für Erwerb und Fortkommen des Verletzten zu den ersatzfähigen Vermögensschäden. Nach hM hat § 842 insoweit eine lediglich **klarstellende Funktion** (BGHZ 26, 77; 27, 142; Staud/Vieweg § 842 Rn 4; MK/G. Wagner §§ 842, 843 Rn 2; abw Hagen JuS 69, 68: der Nutzungswert der Arbeitskraft werde durch § 842 als Vermögensgut eingestuft).

2 2. Der **Anwendungsbereich** des § 842 erstreckt sich auf „unerlaubte Handlungen" gegen Personen. Hierzu zählen neben den §§ 823 ff auch die §§ 833 und 839. § 842 erfasst dabei Verletzungen aller Persönlichkeitsgüter (Leben, Körper, Gesundheit, Ehre, Freiheit, allg Persönlichkeitsrecht). Trotz des Wortlauts („gerichtet") muss die Handlung nicht auf die Schädigung der Person abzielen. Es genügt fahrlässiges Handeln oder Unterlassen. § 842 wird in § 618 III (BGHZ 5, 65; 16, 267: analoge Anwendung des § 618 III auf Werkvertrag und Auftrag) sowie in § 62 III HGB für **entspr anwendbar** erklärt. Für den Bereich der **Gefährdungshaftung** bestehen in Sondergesetzen vielfach Spezialregeln, die § 842 ausschließen (HaftpflG, StVG, ProdHaftG, UmweltHaftG, GentechnikG, LuftVG, AtomG).

3 II. 1. Der Ersatzanspruch umfasst diejenigen **Nachteile für den Erwerb**, die dem Verletzten infolge der unerlaubten Handlung tatsächlich entstehen, nicht aber den Wegfall oder Minderung der Arbeitskraft als solcher (BGH NJW 95, 1023). Daher kann derjenige keinen Ersatz für Erwerbsnachteile verlangen, der keiner Tätigkeit nachgeht, sondern von einer Erbschaft lebt und voraussichtlich niemals berufstätig geworden wäre (BGHZ 54, 52). Der Ersatzanspruch entfällt nicht dadurch, dass **der Arbeitnehmer**

bzw **Beamte** eine Lohn- bzw Gehaltsfortzahlung erhält (BGHZ 7, 37; 21, 113; 43, 381; 59, 110). Der Anspruch entsteht vielmehr in der Person des Geschädigten und geht dann kraft Gesetzes (cessio legis) auf den Arbeitgeber bzw Dienstherrn über (zum Umfang: BGHZ 42, 76; 43, 378; 59, 111; 133, 3). Nach hM erleidet ein **Ehepartner**, der seine Unterhaltspflicht nach § 1360 S 2 durch Hausarbeit erfüllt, einen eigenen Erwerbsnachteil, wenn er dieser Tätigkeit nicht nachkommen kann (BGHZ 38, 58; s hierzu § 843 Rn 5). Dies gilt entspr, wenn infolge der Verletzung die unterhaltsrechtlich geschuldete Mitarbeit im Betrieb des anderen Ehepartners verhindert wird (BGHZ 59, 172).

Zu ersetzen ist der Ausfall von Arbeitseinkünften, der Verlust des Anspruchs eines Erwerbslosen auf Arbeitslosengeld oder -hilfe (BGHZ 90, 336), der entgangene Unternehmergewinn (BGH LM 46) bis hin zu Vermögenseinbußen durch Geschäftsaufgabe oder Zwangsversteigerung eines Grundstücks. Nachteile iSd § 842 liegen auch in dem Verlust von Anwartschaften auf Leistungen öffentlicher oder privater Versicherungen. **Nicht zu ersetzen** ist ein Gewinn, den der Anspruchssteller allein mit rechtswidrigen Mitteln – etwa unter Verstoß gegen die Arbeitszeitordnung (BGH NJW 86, 1486) – erzielt hätte (s aber auch BGH NJW 94, 851). Einen nur eingeschränkten Schadensersatz hat der BGH einer verletzten Prostituierten für entgangenen Dirnenlohn zugestanden (BGHZ 67, 128; im Lichte der veränderten gesellschaftlichen Anschauung, die mittlerweile sogar einen gesetzlichen Niederschlag [s § 826 Rn 6] gefunden hat, ist diese Entscheidung als überholt anzusehen). 4

2. Der Ersatzanspruch erfasst auch **Nachteile für das Fortkommen** des Verletzten. Durch das Merkmal „Fortkommen" wird deutlich, dass nicht nur aktuelle Erwerbseinbußen erfasst werden. Ersatzpflichtig ist auch die Verringerung der nach den tatsächlichen Umständen begründeten Aussicht auf ein wirtschaftliches oder berufliches „Vorwärtskommen". Zu ersetzen ist der Wegfall einer anstehenden Beförderung oder die verzögerte Aufnahme einer erstmaligen beruflichen Tätigkeit. Dies gilt etwa für den Fall, dass ein Student wegen seiner Verletzung das Examen erst zu einem späteren Zeitpunkt ablegen kann (BGH NJW 85, 791; OLG Frankfurt/M VersR 89, 48). Entspr dem Grundsatz „Rehabilitation vor Rente" hat der Schädiger uU auch die Kosten für eine berufliche Umschulung zu ersetzen (BGH NJW 82, 1638; 87, 2741; NJW-RR 91, 854). Werden die Heiratsaussichten einer Frau vermindert (zB durch Entstellung) ist umstritten, ob hierin eine Benachteiligung für ihr Fortkommen iSd § 842 liegt (bejahend BGH JZ 59, 365; Staud/Vieweg § 842 Rn 153). Dies lehnen Teile der Literatur zu Recht unter Hinweis darauf ab, dass die Ehe nach heutigem Verständnis nicht mehr als materielle Versorgungseinrichtung für nichtberufstätige Frauen dient (Larenz/Canaris, SchR II 2 § 83 I 1 a; MK/Stein, 3. Aufl 97, § 842 Rn 12). 5

3. Regelmäßig hat der Schädiger nach § 843 I Ersatz in **Form** einer Rente zu leisten. Soweit ein wichtiger Grund vorliegt, kann der Verletzte gem § 843 III auch eine einmalige Kapitalabfindung fordern. Zur **Höhe** und damit konkreten Berechnung der Ersatzleistung, zur **Dauer** der Rentenzahlung sowie zu den **prozessualen Besonderheiten** s § 843. Zur Berücksichtigung von (**Unterhalts**)**Leistungen Dritter** s § 843 Rn 10 und Vor §§ 249–253 Rn 32. 6

§ 843 Geldrente oder Kapitalabfindung

(1) Wird infolge einer Verletzung des Körpers oder der Gesundheit die Erwerbsfähigkeit des Verletzten aufgehoben oder gemindert oder tritt eine Vermehrung seiner Bedürfnisse ein, so ist dem Verletzten durch Entrichtung einer Geldrente Schadensersatz zu leisten.

(2) ¹Auf die Rente findet die Vorschrift des § 760 Anwendung. ²Ob, in welcher Art und für welchen Betrag der Ersatzpflichtige Sicherheit zu leisten hat, bestimmt sich nach den Umständen.

(3) Statt der Rente kann der Verletzte eine Abfindung in Kapital verlangen, wenn ein wichtiger Grund vorliegt.

(4) Der Anspruch wird nicht dadurch ausgeschlossen, dass ein anderer dem Verletzten Unterhalt zu gewähren hat.

1 I. 1. Zu **Funktion und Anwendungsbereich** der Norm s § 842 Rn 1 f.

2 § 843 bestimmt, in welcher Form dem Geschädigten bei Körper- oder Gesundheitsverletzung wegen Beeinträchtigung seiner Erwerbsfähigkeit oder Vermehrung seiner Bedürfnisse Ersatz zu leisten ist (da es sich um eine Schadensersatzforderung handelt, greift § 1613 nicht ein: BGH FamRZ 04, 526; für alle übrigen Schäden – wie etwa Heilungskosten – gelten die §§ 249 ff). Regelmäßig sind diese Dauerschäden durch Zahlung einer **Rente** (Abs 1, 2) und nur ausnahmsweise durch eine **Kapitalabfindung** (Abs 3) auszugleichen. Abs 4 regelt die **Anrechnung von Leistungen Dritter** auf den Ersatzanspruch.

3 II. 1. Geldrente: a) Voraussetzung des Rentenanspruchs ist zunächst eine **Körper- oder Gesundheitsverletzung** (§ 823 Rn 5 ff; für eine Analogie etwa im Fall der Freiheitsberaubung: Brox/Walker, SchR BT § 52 Rn 4), deren **adäquat kausale Folge** eine Beeinträchtigung der Erwerbsfähigkeit oder Vermehrung der Bedürfnisse ist (zum Zurechnungszusammenhang bei Neuroseschäden vgl die Angaben bei § 823 Rn 85).

4 aa) Unter die **Beeinträchtigung der Erwerbsfähigkeit** (Abs 1 1. Fall) fallen in Anlehnung an § 842 auch Schäden für das Fortkommen (vgl die Angaben bei § 842 Rn 5).

5 bb) Die Ersatzpflicht wegen **vermehrter Bedürfnisse** (Abs 1 2. Fall) des Geschädigten erstreckt sich auf alle konkreten **verletzungsbedingten Mehraufwendungen** für die persönliche Lebensführung, soweit sie **dauernd und regelmäßig erforderlich** sind (Ausgaben für besondere Ernährung, Inanspruchnahme von Pflegepersonal, Medikamente, Erneuerung künstlicher Gliedmaßen, Kuren; im Übrigen greifen die §§ 249 ff ein; zum Betreuungsaufwand naher Angehöriger vgl BGH NJW 99, 2819; OLG Bamberg VersR 05, 1593). Neben wiederkehrenden Aufwendungen (zum Begriff der wiederkehrenden Leistung: BGH NJW-RR 06, 191) können auch einmalige Kosten zu ersetzen sein, die etwa bei der Anschaffung eines Rollstuhls für den Gehunfähigen oder infolge des behindertengerechten Umbaus eines Pkw/Motorrades (BGH NJW-RR 04, 671) oder eines Zweitwohnsitzes (BGHZ 163, 351; hierzu Huber NZV 05, 620) anfallen. Dient eine **Haushaltstätigkeit** nicht dem Familienunterhalt (§ 1360 S 2), zählt auch der Ausfall dieser Tätigkeit hierzu; andernfalls handelt es sich um einen Erwerbsschaden iSd Abs 1 1. Fall (BGH NJW-RR 90, 34; zur nichtehelichen Lebensgemeinschaft s LG Zweibrücken FamRZ 94, 955; OLG Nürnberg FamRZ 05, 2069; hierzu Löhning FamRZ 05, 2030; vgl auch die Angaben bei § 842 Rn 3).

6 b) Die **Höhe der Rente** bemisst sich nach der konkreten Sachlage, wird also grds nicht abstrakt berechnet (hierzu Herkenhoff NZV 13, 11 ff; Heß/Burmann NJW-Spezial 12, 393 f). Den Ausgangspunkt bildet zunächst der Grad der tatsächlichen Behinderung. Bei einer lediglich eingeschränkten Erwerbsfähigkeit ist entscheidend, inwieweit der Geschädigte seine verbleibende Arbeitskraft nutzen kann. Er muss sich nicht nur die erzielten, sondern entspr § 254 II auch die zumutbarerweise erzielbaren Einkünfte anrechnen lassen und ist zur Schadensminderung, dh uU auch zu einer Umschulung oder ärztlicher Behandlung verpflichtet, um seinen Gesundheitszustand zu verbessern (§ 254 Rn 8). Ist der Verletzte vollständig erwerbsunfähig, hat er Anspruch auf den vollen Betrag. Der Erwerbsschaden kann entweder nach der **Bruttolohn-Methode** (Bruttoeinkünfte ohne schadensbedingte Sondervorteile) oder (modifizierten) **Nettolohn-Methode** (fiktives Nettoeinkommen zuzüglich der auf die Ersatzleistung entfallenden Abgaben und Steuern) berechnet werden (BGHZ 127, 393; BGH NJW 01, 1642). **Der Erwerbsschaden des haushaltsführenden Ehepartners** bemisst sich – ausgehend von der tatsächlichen Arbeitsleistung, die er ohne Verletzung erbracht hätte (anders bei § 844 II) – nach der entrichteten Bruttovergütung der Hilfskraft, andernfalls nach dem Nettolohn einer fiktiven Ersatzkraft (BGH NJW-RR 90, 34). Zum **entgangenen Gewinn** s § 252 Rn 2.

7 c) Die **Dauer der Rente** bestimmt sich danach, wie lange die Erwerbsfähigkeit ohne das schadenstiftende Ereignis noch bestanden hätte. Bei einer unselbständigen Erwerbstätigkeit ist idR das gesetzliche Ruhestandsalter (bis jetzt „noch" 65. Lebensjahr) zu-

grunde zu legen (dies gilt ebenfalls für Frauen: BGH NJW 95, 3313). Auch hypothetische Schadensursachen sind zu berücksichtigen, etwa dass eine nicht verletzungsbedingte Krankheit mit an Sicherheit grenzender Wahrscheinlichkeit ebenfalls zu einer Minderung der Erwerbsfähigkeit geführt hätte (vgl Vor §§ 249–253 Rn 20 f).
d) Nach **Abs 2 S 1** findet auf den Rentenanspruch der § 760 Anwendung. Die **Anordnung einer Sicherheitsleistung** steht gem Abs 2 S 2 im Ermessen des Gerichts. Maßgeblich sind die Umstände des Einzelfalls (wirtschaftliche Verhältnisse des Verpflichteten; Höhe und Dauer der Rente; Bestehen einer Versicherung). Die Rente ist nach § 850 b I Nr 1 ZPO grds **unpfändbar** (s aber auch § 850 b II ZPO). 8

2. Eine **Kapitalabfindung (Abs 3)** kann nur der Verletzte bei Vorliegen eines wichtigen Grundes fordern, nicht dag der Schädiger (der Bundesrat hat eine abw Regelung für Regressansprüche der Sozialversicherungsträger gefordert, BT-Drucks 14/7752, 49; bislang ohne Erfolg). Ein wichtiger Grund kann gleichermaßen in der Person des Verletzten sowie in der des Schädigers liegen (zum Fehlverhalten eines Krankenhauses bzw des hinter ihm stehenden Haftpflichtversicherers infolge eines groben ärztlichen Behandlungsfehlers vgl OLG Köln VersR 12, 907 m Anm Jaeger). Ein einmaliger Kapitalbetrag kommt etwa ausnahmsweise dann in Betracht, wenn der Verletzte sich beruflich selbstständig machen will oder der Rentenanspruch nur schwer durchsetzbar ist, weil der Schädiger seinen Wohnort häufig wechselt oder im Ausland lebt (nicht außer Acht gelassen werden darf, dass innerhalb des Binnenmarkts dank des EuGVÜ bzw der Brüssel I-VO ein einheitlicher Rechtsraum besteht; vgl auch § 839 Rn 35; § 773 Rn 3; Vor §§ 823–853 Rn 15). Nach Maßgabe des § 287 ZPO sind bei der Festsetzung des Kapitalbetrags auch zukünftige wirtschaftliche Entwicklungen – wie etwa eine Geldentwertung – zu berücksichtigen (BGHZ 97, 61). 9

3. **Unterhaltsverpflichtungen Dritter (Abs 4)** ggü dem Geschädigten schließen den Schadensersatzanspruch nicht aus (s hierzu BGH NJW 04, 2893). Nach hM liegt dieser Vorschrift der allg Gedanke zugrunde, dass es dem Schädiger nicht zum Vorteil gereichen kann, wenn dem Verletzten von einem Dritten Unterhalt gewährt wird. Abs 4 gilt über seinen Wortlaut hinaus für freiwillige Unterhaltszahlungen Dritter sowie für den Fall, dass der entstandene Schaden durch die Unterhaltsleistungen bereits tatsächlich ausgeglichen wurde („normativer" Schadensbegriff; vgl Vor §§ 249–253 Rn 7). Weitergehend ist diese Vorschrift Ausdruck des Grundsatzes, dass Zuwendungen Dritter, die nach ihrem Zweck dem Geschädigten zugute kommen sollen, nicht auf die Ersatzpflicht des Schädigers angerechnet werden (zur Vorteilsausgleichung s allg auch Vor §§ 249–253 Rn 31). Entspr erstreckt sich Abs 4 über Abs 1 hinaus auf den gesamten Schadensersatzanspruch einschließlich der Heilungskosten. 10

III. 1. **Prozessuales:** Lässt sich die künftige Entwicklung der maßgeblichen Umstände mit hinreichender Wahrscheinlichkeit prognostizieren, ist der Anspruch im Wege der **Leistungsklage** (§ 258 ZPO), ansonsten – insb bei nicht erwerbsfähigen Kindern – durch **Feststellungsklage** geltend zu machen (Hofmann MDR 04, 1391). Da sich regelmäßig die Schadenshöhe nicht genau nachweisen lässt, hat das Gericht den mutmaßlichen Ausfall nach § 287 ZPO zu schätzen. Tritt im Anschluss an die Entscheidung über den Rentenanspruch (nicht über die Kapitalabfindung: BGHZ 79, 192; anders MK/G. Wagner §§ 842, 843 Rn 75 ff) eine wesentliche Änderung in den persönlichen oder wirtschaftlichen Verhältnissen des Verletzten ein oder entwickelt sich die allg Wirtschaftslage anders als vom Gericht vorausgesehen, kann dem durch **Abänderungsklage** Rechnung getragen werden (§ 323 I ZPO; dabei ist § 323 II ZPO zu beachten). 11

2. Die **Beweislast** für alle maßgeblichen tatsächlichen Umstände (Erwerbsbeeinträchtigung, Mehrbedarf) trägt der Verletzte (hierzu Eilers zfs 13, 244 ff). Der Schädiger muss beweisen, dass der Geschädigte gegen seine Schadensminderungspflicht verstoßen hat (zB durch Nichtaufnahme zumutbarer Beschäftigung). Hinsichtlich des entgangenen Gewinns kommen dem Geschädigten die Darlegungs- und Beweiserleichterungen des § 252 S 2 zugute (BGH NJW 98, 1634, 1635). 12

§ 844 Ersatzansprüche Dritter bei Tötung

(1) Im Falle der Tötung hat der Ersatzpflichtige die Kosten der Beerdigung demjenigen zu ersetzen, welchem die Verpflichtung obliegt, diese Kosten zu tragen.
(2) ¹Stand der Getötete zur Zeit der Verletzung zu einem Dritten in einem Verhältnis, vermöge dessen er diesem gegenüber kraft Gesetzes unterhaltspflichtig war oder unterhaltspflichtig werden konnte, und ist dem Dritten infolge der Tötung das Recht auf den Unterhalt entzogen, so hat der Ersatzpflichtige dem Dritten durch Entrichtung einer Geldrente insoweit Schadensersatz zu leisten, als der Getötete während der mutmaßlichen Dauer seines Lebens zur Gewährung des Unterhalts verpflichtet gewesen sein würde; die Vorschrift des § 843 Abs. 2 bis 4 findet entsprechende Anwendung. ²Die Ersatzpflicht tritt auch dann ein, wenn der Dritte zur Zeit der Verletzung gezeugt, aber noch nicht geboren war.

1 I. In der Regel ist nur derjenige ersatzberechtigt, der in seinen eigenen Rechten bzw Rechtsgütern durch eine unerlaubte Handlung verletzt wird (unmittelbar Geschädigter; vgl Vor §§ 823–853 Rn 8). Abw hiervon gewähren die §§ 844 f unter engen Voraussetzungen auch lediglich **mittelbar Geschädigten** eigene Ansprüche (hierzu Burmann/Jahnke NZV 12, 11), allerdings – hierin mag man ein Stück weit einen gesetzessystematischen Widerspruch sehen – unter Ausschluss des Ersatzes von Nichtvermögensschäden (zum Angehörigenschmerzensgeld de lege lata und ferenda s Vor §§ 823–853 Rn 8). Um die Strukturprinzipien des Deliktsrechts nicht zu unterlaufen, können diese **Ausnahmevorschriften** im Wege ihrer Analogie nicht auf andere Personen oder Schadensfälle erstreckt werden (BGHZ 7, 33; BGH NJW 86, 984; s auch BGH VersR 01, 649). Die Ansprüche der mittelbar Geschädigten aus §§ 844 f sind zwar in ihrem Bestand, nicht aber in ihrer Entstehung von den Ansprüchen des Verletzten unabhängig, da sie einen „Ersatzpflichtigen" voraussetzen (vgl § 846). Wurde demnach der Ersatzanspruch des Verletzten bereits vor dem Schadensfall vertraglich ausgeschlossen (vgl Vor §§ 823–853 Rn 13), gelangen auch die Ansprüche aus §§ 844 f nicht zur Entstehung. Zum Anwendungsbereich s iÜ § 842 Rn 2.

2 II. 1. Ersatz der Beerdigungskosten (Abs 1): a) Voraussetzung ist die **Tötung eines Menschen**. Nicht erforderlich ist, dass der Schädiger den Tod schuldhaft verursacht hat. Es genügt, wenn er als Folgeschaden einer unerlaubten Handlung (auch § 833 S 1) eintritt und vom Schutzbereich der Ersatzpflicht umfasst ist.

3 b) **Ersatzberechtigt** ist derjenige, der die Beerdigungskosten tragen muss, sei es als Erbe (§ 1968) bzw subsidiär als Unterhaltspflichtiger (§ 1615 II, vgl LG Münster NJW-RR 08, 597 zum Ausfall eines von mehreren Unterhaltspflichtigen; §§ 1615 m, 1360 a III, 1361 IV 4, § 5 S 2 LPartG) oder wegen einer vertraglichen Vereinbarung.

4 c) Der **Umfang der Ersatzpflicht** (hierzu Wenker VersR 98, 557 ff) entspricht den Kosten der Erben für ein standesgemäßes Begräbnis (OLG Hamm NJW-RR 94, 155), die von den tatsächlich angefallenen Ausgaben abweichen können. Reisekosten eines an der Beerdigung teilnehmenden Angehörigen bleiben regelmäßig ausgenommen (BGHZ 32, 74).

5 2. Ersatz wegen Entzugs des gesetzlichen Unterhaltsrechts (Abs 2 S 1 1. Halbs): Die Vorschrift normiert einen **Schadensersatzanspruch** (daher greift § 1613 nicht ein: BGH FamRZ 04, 526), der auf Ausgleich des infolge der Tötung entzogenen gesetzlichen Unterhalts gerichtet ist (hierzu Diederichsen NJW 13, 641; Luckey SVR 12, 1; zum Angehörigenschmerzensgeld de lege lata und ferenda s Vor §§ 823–853 Rn 8). Auf diesen Anspruch finden die § 843 II–IV entspr Anwendung (Abs 2 S 1 2. Halbs). Nach Abs 2 S 2 zählt auch der **nasciturus** zum Kreis der Ersatzberechtigten (vgl auch § 1923 II). Zu Empfehlungen einer Reform von Abs. 2 s Schekahn FamRZ 12, 1187; Wiedemann/Spelsberg-Korspeter NZV 12, 47.

6 a) **Voraussetzung** ist, dass der Getötete einem Dritten im Zeitpunkt der Verletzung (hierzu BGHZ 132, 42) kraft Gesetzes unterhaltspflichtig war oder werden konnte und dieser Unterhalt einem Dritten durch Tötung entzogen wurde.

aa) Eine **gesetzliche** (nicht genügt eine vertragliche: BGH VersR 01, 650; für die Erstre- 7 ckung auf faktische Unterhaltsbeziehungen de lege ferenda mit beachtlichen Gründen: Röthel NZV 01, 334 f; dies gilt umso mehr im Lichte des novellierten § 86 III VVG nF; zu beachten bleibt überdies die verfassungskonforme Auslegung von § 116 VI SGB X nach Maßgabe des BVerfG-Urteils vom 12.10.10 [NJW 11, 1793] und der BGH-Entscheidung vom 5.2.13 [VersR 13, 520]. Jedenfalls verbietet sich eine Schlechterstellung der nichtehelichen Lebensgemeinschaft mit vertraglicher ggü eingetragenen Lebenspartnern mit gesetzlicher Unterhaltsverpflichtung, gerade weil diese formalisierte Statusbeziehung nur gleichgeschlechtlichen Personen offen steht. Der Gefahr, dass Unterhaltsverträge zulasten des Schädigers als Dritten wirken könnten, lässt sich durch eine Deckelung etwa anhand fiktiver gesetzlicher Unterhaltspflichten begegnen. Jedenfalls erweist sich die jetzige Fassung von Abs 2 in Anbetracht der gesellschaftlichen Entwicklung kaum mehr als zeitgemäß und erfordert eine Korrektur durch den Gesetzgeber) **Unterhaltpflicht** (beachte die zum 1.1.08 in Kraft getretene Unterhaltsreform, BGBl I 07, 3189 ff) besteht insb ggü dem (geschiedenen) Ehegatten (§§ 1360 ff, 1569 ff), dem Lebenspartner (vgl etwa § 5 LPartG), den Verwandten in gerader Linie (§§ 1601 ff), Kindern nicht verheirateter Eltern (§§ 1615 a ff), angenommenen Kindern (§§ 1751 IV, 1754), nicht aber ggü dem Stiefkind (BGH NJW 84, 978). Abs 2 greift auch für den Fall ein, dass ein Ehepartner getötet wird, der dem anderen die **Haushaltsführung** (BGHZ 51, 111; OLG Köln VersR 12, 1044 m Anm Jaeger; Balke SVR 12, 47 ff) oder berufliche bzw geschäftliche Mitarbeit als Unterhalt schuldete (BGHZ 77, 157). Die **Voraussetzungen des Unterhaltsanspruchs** (Bedürftigkeit und Leistungsfähigkeit) müssen nicht bereits im Augenblick der Verletzung vorgelegen haben, sondern können auch nachträglich eintreten. Bis zu diesem Zeitpunkt ist nur eine Feststellungsklage möglich. Zum Personenschaden und „Wohnen": Huber VersR 13, 129 ff.
bb) Der **Unterhalt ist durch die Tötung entzogen**, wenn der Unterhaltsanspruch gegen 8 den Getöteten rechtlich und tatsächlich durchsetzbar war; andernfalls fehlt es an einem ersatzfähigen Schaden (BGH NJW 74, 1373). Soweit die Unterhaltspflicht des Getöteten auf seine Erben übergeht (etwa § 1586 b I), liegt hierin grds kein Entzug des Unterhalts (hM; krit hierzu Schubel AcP 198 [98], 1 ff).
b) Rechtsfolge ist ein Anspruch auf Schadensersatz in Form einer Geldrente (zur Be- 9 rechnung BGH VersR 04, 653; zur Berücksichtigung der Aufwendungen für Unfall- und Lebensversicherung als „Fixkosten": BGH NJW 12, 2887 m Anm Höher VersR 12, 1050). Anstelle einer Geldrente kann dem Ersatzberechtigten eine Kapitalabfindung gem. § 843 III zugesprochen werden, wenn ihm die Geltendmachung der Rente nicht zuzumuten ist (OLG Köln VersR 12, 907 m Anm Jaeger).
aa) Die Höhe der Rente bemisst sich nicht nach dem tatsächlich gewährten, sondern 10 gesetzlich geschuldeten Unterhalt (Leistungsfähigkeit und Bedürftigkeit; s auch Heß/ Burmann NJW-Spezial 12, 393 f). In die Berechnung ist die mutmaßliche Einkommensentwicklung einzubeziehen. Bei einem nicht selbstständig Tätigen ist das fiktive Nettoeinkommen allein bis zum voraussichtlichen Ausscheiden aus dem Erwerbsleben – mithin grds bis zur Vollendung des 65. Lebensjahres – für die Höhe maßgeblich (BGH NJW-RR 04, 822). Auch Versorgungsrücklagen, die der Getötete für den Fall seines Todes zugunsten des Unterhaltsberechtigten gebildet hätte und hätte bilden müssen (Alterssicherung), sind zu berücksichtigen. Zur Ermittlung der Schadenshöhe bei Wegfall des Anspruchs auf Haushaltsführung vgl BGHZ 86, 372. Bezüglich der Fragen, ob und in welchem Umfang der Vermögensbildung dienende Ausgaben wie Eigenleistungen zum Erwerb eines Eigenheims bzw Instandsetzungs- und Erhaltungskosten in die Gesamtberechnung einzustellen sind, vgl BGH VersR 04, 1193; zur Schadensminderungspflicht s § 254 Rn 8; hins der Vorteilsausgleichung vgl Vor §§ 249–253 Rn 31. **Ererbtes Vermögen** ist nur insoweit anzurechnen, als es der Getötete für seine Unterhaltsleistung verbraucht hätte (BGH NJW 74, 1237; 79, 760; zu Leistungen einer Lebensversicherung: BGHZ 73, 109).
bb) Für die **Dauer der Rente** ist der Zeitraum zugrunde zu legen, in dem der Getötete 11 voraussichtlich unterhaltspflichtig gewesen wäre. Neben dem mutmaßlichen Todeszeitpunkt (hierzu BGH NJW-RR 04, 822) sind alle weiteren nachträglich eintretenden

Umstände in Betracht zu ziehen, die den hypothetischen Unterhaltsanspruch beeinflusst hätten (etwa den Wegfall der Bedürftigkeit iSd § 1602). Möglich ist es aber auch, dass noch über das mutmaßliche Lebensende des Getöteten hinaus eine Rente zu zahlen ist oder erst ab diesem Moment. Hätte etwa ein Arbeitnehmer bis zum voraussichtlichen Ende seiner Erwerbstätigkeit weitere Beiträge an die Sozialversicherung abgeführt und hierdurch seine Unterhaltspflicht erfüllt (Alterssicherung), schuldet der Schädiger ab dem mutmaßlichen Todeszeitpunkt des Unterhaltpflichtigen eine Rente in Höhe des Differenzbetrages zwischen der tatsächlichen Altersrente und derjenigen, die der Unterhaltsberechtigte ansonsten bezogen hätte (BGHZ 32, 247).

12 cc) Die Rente ist nach § 850 b I Nr 2 ZPO grds **unpfändbar** (s aber auch § 850 b II).

13 **III. Prozessuales:** Lassen sich Höhe und Dauer des Rentenanspruchs nach Abs 2 S 1 1. Halbs nicht genau bestimmen, kann er uU im Wege einer **Feststellungsklage** geltend gemacht werden (vgl auch Rn 7). Zur **Abänderungsklage** nach § 323 I ZPO s die Angaben bei § 843 Rn 11.

§ 845 Ersatzansprüche wegen entgangener Dienste

¹Im Falle der Tötung, der Verletzung des Körpers oder der Gesundheit sowie im Falle der Freiheitsentziehung hat der Ersatzpflichtige, wenn der Verletzte kraft Gesetzes einem Dritten zur Leistung von Diensten in dessen Hauswesen oder Gewerbe verpflichtet war, dem Dritten für die entgehenden Dienste durch Entrichtung einer Geldrente Ersatz zu leisten. ²Die Vorschrift des § 843 Abs. 2 bis 4 findet entsprechende Anwendung.

1 **I.** Während § 844 II eine Ersatzpflicht ggü einem unterhaltsberechtigten Dritten begründet, normiert S 1 einen eigenen **Schadensersatzanspruch** (BGHZ 4, 125) desjenigen mittelbar Geschädigten, dem der Verletzte kraft Gesetzes Dienstleistungen im Hauswesen bzw Gewerbe schuldete (zur Ersatzfähigkeit mittelbarer Schäden im Haftpflichtfall: Burmann/Jahnke NZV 12, 11; zum Angehörigenschmerzensgeld de lege lata und ferenda s Vor §§ 823–853 Rn 8). Unterhalt und Dienstleistungen und damit die Ansprüche gem § 844 II und 845 schließen einander aus. Zum **Anwendungsbereich** und **Ausnahmecharakter** der Vorschrift s § 844 Rn 1 sowie § 842 Rn 2. Zu beachten ist, dass die Gefährdungshaftungstatbestände außerhalb des BGB teils nur einen eingeschränkten (§ 53 II LuftVG), teils überhaupt keinen Ersatz für entgangene Dienste vorsehen (StVG, ProdHaftG). Liegt gleichzeitig ein Anspruch aus unerlaubter Handlung vor, bleibt § 845 anwendbar (vgl hierzu Vor §§ 823–853 Rn 12).

2 **II. 1. Anspruchsvoraussetzungen** sind a) eine **Rechtsgutverletzung** des Dienstleistungsverpflichteten in Form der Tötung (vgl hierzu § 844 Rn 2), Körper- bzw Gesundheitsverletzung (§ 823 Rn 5 ff) oder Freiheitsentziehung (§ 823 Rn 11).

3 b) Dem Dritten ggü muss eine **gesetzlich begründete Pflicht** zur Erbringung von Dienstleistungen bestehen. Trotz des Wortlautes („verpflichtet war") ist nicht erforderlich, dass diese Pflicht bereits **im Zeitpunkt der Verletzung** vorlag. Es genügt ein bestehendes Rechtsverhältnis, aus dem sich eine solche Verpflichtung in naher Zukunft ergeben hätte (hierzu Staud/Röthel § 845 Rn 10). Eine gesetzliche **Pflicht ehelicher** – auch erwachsener (BGH VersR 91, 429) – **Kinder** ihren Eltern ggü normiert § 1619 (dies gilt auch für angenommene Kinder nach § 1754). Der Anspruch der Eltern aus § 845 wird jedoch verdrängt, soweit das Kind nach § 842 einen eigenen Anspruch wegen Beeinträchtigung seiner Erwerbsfähigkeit geltend macht („Subsidiarität": BGHZ 69, 383; zu einem Sonderfall: OLG Saarbrücken VersR 89, 757). Nimmt das Kind, das vor der Verletzung im Familienbetrieb tätig war, später eine eigene Erwerbstätigkeit auf, entfällt ein Ersatzanspruch der Eltern (BGHZ 69, 386; 137, 3). § 845 findet ferner keine Anwendung, wenn die Dienstleistungspflicht auf einem **vertraglichen Dienst- oder Arbeitsverhältnis** beruht (gegen eine Aufspaltung der Arbeitskraft eines „Hauskindes" in Erwerbstätigkeit und Dienstleistungspflicht: BGHZ 137, 9; zu Recht krit Gernhuber JZ 98, 365 f) oder die Mitarbeit auf Grund eines **Gesellschaftsvertrags** erfolgt (BGH VersR 01, 650). § 845 ist im Fall der **Haushaltsführung durch einen Ehepartner** ausge-

schlossen, da seine Tätigkeit nach § 1360 S 2 nicht als Dienst-, sondern Unterhaltsleistung einzustufen ist. Der verletzte Ehepartner hat einen eigenen Schadensersatzanspruch nach §§ 842, 843 (BGHZ 38, 58; dies gilt entspr bei unterhaltsrechtlich geschuldeter Mitarbeit im Beruf oder Geschäft des anderen: BGHZ 59, 172; zum Anspruch des Ehepartners im Falle der Tötung vgl § 844 Rn 7).

2. Rechtsfolge: a) Der Schädiger ist verpflichtet, durch Rentenzahlung Ersatz für die 4 entgehenden Dienste zu leisten. Ein sonstiger Vermögensschaden ist nicht erstattungsfähig. Die Höhe der Rentenzahlung bestimmt sich nach den **Aufwendungen für eine vergleichbare Ersatzkraft.** Erfasst werden im Fall der Tötung des Dienstleistungsverpflichteten zumindest der Barlohn zuzüglich aller Sozialleistungen für die beschäftigte Hilfskraft (BGHZ 4, 131; Soergel/Beater § 845 Rn 17). Unklarheit herrscht darüber, welche Ersparnisse sich der Berechtigte im Wege der **Vorteilsausgleichung** (s allg Vor §§ 249–253 Rn 31) anrechnen lassen muss (s hierzu MK/G. Wagner § 845 Rn 16). Nicht abzugsfähig ist der ersparte Unterhalt, soweit er Arzt- und Kurkosten betrifft. Ersparte Auslagen für Wohnung und Verpflegung sind dag als Abzugsposten zu berücksichtigen (BGHZ 4, 131; weiter gehend OLG Celle NJW-RR 90, 1479). Die **Dauer** der Rente richtet sich danach, wie lange der Verletzte voraussichtlich zur Dienstleistung verpflichtet gewesen wäre (BGH NJW 91, 1227).

b) Nach S 2 sind die Vorschriften in § 843 II–IV entspr heranzuziehen (vgl hierzu die 5 Angaben bei § 843 Rn 8 ff).

c) In der Literatur wird teilweise die Ansicht vertreten, dass § 850 b ZPO – anders als 6 im Fall des § 844 II – auf den Rentenanspruch aus § 845 keine Anwendung findet (Palandt/Sprau § 845 Rn 7; Soergel/Beater § 845 Rn 20; anders Stein/Jonas/Brehm, Bd 8, 22. Aufl 04, § 850 b ZPO Rn 14 mwN). Soweit man dieser Ansicht folgt, ist der Anspruch nicht nur pfändbar. Es besteht auch kein Aufrechnungs- (§ 394) sowie Abtretungsverbot (§ 400).

III. Zu prozessualen Besonderheiten s die Angaben bei § 844 Rn 13. Aus der Subsidia- 7 rität des elterlichen Anspruchs aus § 845 (Rn 3) folgt, dass die Eltern die **Beweislast** für das Fehlen vorrangiger Ansprüche ihres Kindes tragen (BGHZ 69, 385).

§ 846 Mitverschulden des Verletzten

Hat in den Fällen der §§ 844, 845 bei der Entstehung des Schadens, den der Dritte erleidet, ein Verschulden des Verletzten mitgewirkt, so findet auf den Anspruch des Dritten die Vorschrift des § 254 Anwendung.

Dem **mittelbar Geschädigten** stehen nach den §§ 844 f eigene Ersatzansprüche zu (s 1 hierzu § 844 Rn 1; § 845 Rn 1; zu den Ansprüchen naher Angehöriger von Unfallopfern; Diederichsen NJW 13, 641 ff, Luckey SVR 12, 1 ff; zum Angehörigenschmerzensgeld de lege lata und ferenda s Vor §§ 823–853 Rn 8), so dass sich streng genommen nur sein eigenes Mitverschulden über § 254 anspruchsmindernd auswirken kann. Nach § 846 muss er sich jedoch auch das Verschulden des unmittelbar Verletzten entgegenhalten lassen (Entspr gilt für eine mitwirkende Betriebsgefahr). Diese Vorschrift greift bei Gefährdungshaftungstatbeständen außerhalb des BGB ein (HaftpflG: BGHZ 35, 319; BGH NJW-RR 94, 604; ProdHaftG: Staud/Oechsler § 7 ProdHaftG Rn 6). In § 846 kommt der **allg Grundsatz** zum Ausdruck, dass die Ansprüche der mittelbar Geschädigten in ihrer Entstehung von Verhalten des Verletzten abhängig sind (vgl hierzu § 844 Rn 1). In der Literatur ist umstritten, ob § 846 auch für **vertragliche Ersatzansprüche** eines mittelbar Geschädigten entspr heranzuziehen ist (bejahend MK/G Wagner § 846 Rn 3; abl Jauernig/Teichmann § 846 Rn 1). Bei **Schockschäden** (s hierzu § 823 Rn 8, 54) findet § 846 nach zutreffender Ansicht des BGH keine analoge Anwendung (BGHZ 56, 168), weil dem durch Schockeinwirkung Geschädigten ein selbstständiger, nicht mit dem Ersatzanspruch des Unfallopfers verbundener Deliktsanspruch zusteht. Ein Mitverschulden des unmittelbar Verletzten muss sich der ersatzberechtigte Dritte nach § 254 I analog iVm § 242 anrechnen lassen (BGHZ 56, 169; abl Jauernig/Teichmann § 846 Rn 1 mwN).

§ 847 (aufgehoben)

1 § 847 ist nach Art 2 Nr 7 des Zweiten Gesetzes zur Änderung schadensersatzrechtlicher Vorschriften vom 19.7.02 (BGBl I, 2674 ff) aufgehoben worden. Sofern das schädigende Ereignis nach dem 31.7.02 eingetreten ist, findet nach Art 229 § 8 I Nr 2 EGBGB, der seinerseits auf Art 12 der Novelle zurückgeht, der neu gefasste § 253 II Anwendung; s Vor §§ 823–853 Rn 17.

§ 848 Haftung für Zufall bei Entziehung einer Sache

Wer zur Rückgabe einer Sache verpflichtet ist, die er einem anderen durch eine unerlaubte Handlung entzogen hat, ist auch für den zufälligen Untergang, eine aus einem anderen Grunde eintretende zufällige Unmöglichkeit der Herausgabe oder eine zufällige Verschlechterung der Sache verantwortlich, es sei denn, dass der Untergang, die anderweitige Unmöglichkeit der Herausgabe oder die Verschlechterung auch ohne die Entziehung eingetreten sein würde.

1 Nach § 848 trägt der Deliktstäter das **Zufallsrisiko**. Dies gilt auch für denjenigen, der sich den Besitz durch schuldhaft verbotene Eigenmacht (§ 858) verschafft (MK/G. Wagner § 848 Rn 2). Die erweiterte Haftung entspricht § 287 S 2 (vgl die dortigen Angaben). § 848 setzt weder eine **Mahnung** voraus, noch muss der Folgeschaden nach dieser Norm **objektiv zurechenbar** sein. In der Literatur wird § 848 vor dem Hintergrund der §§ 249 ff (zum zufälligen Untergang als zurechenbare Folge s § 251 Rn 2) teils ein eigenständiger Regelungsbereich attestiert (Larenz/Canaris, SchR II 2 § 83 IV; Jauernig/Teichmann § 848 Rn 1), teils seine Streichung befürwortet (Meineke JZ 80, 677 f). Die **Beweislast** dafür, dass der Untergang usw auch ohne Entziehung eingetreten wäre (hypothetischer Kausalverlauf: hierzu allg BGHZ 10, 7), obliegt nach § 848 – entspr seiner Gesetzesformulierung („es sei denn") – dem Rückgabepflichtigen.

§ 849 Verzinsung der Ersatzsumme

Ist wegen der Entziehung einer Sache der Wert oder wegen der Beschädigung einer Sache die Wertminderung zu ersetzen, so kann der Verletzte Zinsen des zu ersetzenden Betrags von dem Zeitpunkt an verlangen, welcher der Bestimmung des Wertes zugrunde gelegt wird.

1 Die Vorschrift entspricht § 290. Sie gewährt ohne konkreten Nachw Zinsen in Höhe des gesetzlichen Zinsfußes (§ 246) als **pauschalierten Mindestschadensersatz** (MK/G. Wagner § 849 Rn 2: „pauschale Nutzungsausfallentschädigung") für den Verlust an Substanz oder Nutzbarkeit der beschädigten oder entzogenen Sache (auch bei Entziehung von Geld: BGHZ 8, 298; der Entziehung steht dabei die freiwillige Übertragung aufgrund eines vorherigen Betrugs gleich: BGH NJW 08, 1084 = WM 08, 291 m Anm Schiemann LMK 08, 254103). § 849 findet auf Haftungstatbestände außerhalb des BGB entspr Anwendung (§ 7 StVG: BGHZ 87, 39), soweit dort keine abschließende Regelung besteht. Der Verzinsungspflicht unterliegen allein diejenigen Beträge, die als Ersatz für den Wert der Sache oder ihre Wertminderung geschuldet werden. Aus § 849 folgt kein allg Grundsatz, dass ein Schadensersatzanspruch aus unerlaubter Handlung von seiner Entstehung an nach § 246 zu verzinsen ist. Der für die Zinspflicht maßgebliche „**Zeitpunkt der Wertbestimmung**" ist regelmäßig derjenige des Schadensereignisses (BGH NJW 65, 392). § 849 schließt die Geltendmachung eines nachweisbaren höheren Schadens nicht aus (BGH VersR 62, 550). Anstelle einer abstrakten Verzinsung nach § 849 kann der Geschädigte auch einen konkreten Nutzungsausfall (s hierzu § 249 Rn 12) verlangen, nicht jedoch parallel für denselben Zeitraum (BGHZ 87, 42). Gesetzlich nicht eindeutig geregelt ist, ob Schmerzensgeldansprüche wegen ärztlicher Behandlungsfehler nach dieser Vorschrift oder §§ 286 ff zu verzinsen sind (s hierzu Leube NJW 12, 3606 ff).

§ 850 Ersatz von Verwendungen

Macht der zur Herausgabe einer entzogenen Sache Verpflichtete Verwendungen auf die Sache, so stehen ihm dem Verletzten gegenüber die Rechte zu, die der Besitzer dem Eigentümer gegenüber wegen Verwendungen hat.

Dem Herausgabeverpflichteten stehen Ansprüche nach §§ 994 ff zu. Er hat im Hinblick auf seinen Verwendungsersatzanspruch ein Zurückbehaltungsrecht, soweit der Sachentziehung keine vorsätzliche unerlaubte Handlung zugrunde liegt (vgl § 1000 S 2, § 273 II).

§ 851 Ersatzleistung an Nichtberechtigten

Leistet der wegen der Entziehung oder Beschädigung einer beweglichen Sache zum Schadensersatz Verpflichtete den Ersatz an denjenigen, in dessen Besitz sich die Sache zur Zeit der Entziehung oder der Beschädigung befunden hat, so wird er durch die Leistung auch dann befreit, wenn ein Dritter Eigentümer der Sache war oder ein sonstiges Recht an der Sache hatte, es sei denn, dass ihm das Recht des Dritten bekannt oder infolge grober Fahrlässigkeit unbekannt ist.

Nach § 851 kann der Deliktsschuldner mit befreiender Wirkung an den Besitzer einer beweglichen Sache Ersatz leisten, soweit er ihn gutgläubig (§ 932 II) für den Eigentümer hält (Haftpflichtversicherung zahlt an Leasingnehmer eines Pkws: KG VersR 76, 1160). § 851 liegt wie auch den §§ 932 ff die gesetzgeberische Wertung zugrunde, dass der Gutglaubensschutz bei beweglichen Sachen an den Besitz (§ 1006) anknüpft. Der Ausgleich zwischen Besitzer und Berechtigtem erfolgt nach § 816 II.

§ 852 Herausgabeanspruch nach Eintritt der Verjährung

¹Hat der Ersatzpflichtige durch eine unerlaubte Handlung auf Kosten des Verletzten etwas erlangt, so ist er auch nach Eintritt der Verjährung des Anspruchs auf Ersatz des aus einer unerlaubten Handlung entstandenen Schadens zur Herausgabe nach den Vorschriften über die Herausgabe einer ungerechtfertigten Bereicherung verpflichtet. ²Dieser Anspruch verjährt in zehn Jahren von seiner Entstehung an, ohne Rücksicht auf die Entstehung in 30 Jahren von der Begehung der Verletzungshandlung oder dem sonstigen, den Schaden auslösenden Ereignis an.

S 2 verhindert, dass eine unerlaubte Handlung zu einer unkorrigierbaren Bereicherung des Schädigers führt. Der Deliktsanspruch wird daher nach S 2 von der Regelverjährung nach §§ 195, 199 I ausgenommen und einer objektiven Frist unterworfen (zum alten Recht: BGHZ 98, 83), soweit der Schädiger durch die unerlaubte Handlung auf Kosten des Verletzten etwas erlangt hat. S 1 enthält eine Rechtsfolgenverweisung auf das Bereicherungsrecht (zur bisherigen Rechtslage: BGHZ 71, 98 mit Nachw der Gegenstimmen; BGHZ 98, 83, 130, 297). Der Deliktsanspruch besteht in seiner Rechtsnatur fort (abw AnwaltK/Katzenmeier § 852 Rn 2: S 1 beinhalte eine eigenständige Anspruchsgrundlage; die Motive nehmen aber ausdrücklich auf BGHZ 71, 98 Bezug; die Aussage, *der Berechtigte könne* den Anspruch noch „maximal sieben Jahre" nach der Verjährung des „normalen" Schadensersatzanspruchs geltend machen, fügt sich ebenso ins Bild des hier vertretenen Ansatzes; BT-Drucks 14/6040, 270) und richtet sich lediglich vom Umfang her nach den §§ 818 f. Auf das Vorliegen der tatbestandlichen Voraussetzungen des § 812 I 1 kommt es nicht an.

§ 853 Arglisteinrede

Erlangt jemand durch eine von ihm begangene unerlaubte Handlung eine Forderung gegen den Verletzten, so kann der Verletzte die Erfüllung auch dann verweigern, wenn der Anspruch auf Aufhebung der Forderung verjährt ist.

1 § 853 stellt einen speziellen Anwendungsfall des **Einwandes unzulässiger Rechtsausübung** (exceptio doli) dar (Soergel/Zeuner § 853 Rn 1; vgl hierzu Simon, Aufhebungseinreden, 98, 74 ff) und gilt nach § 404 auch dem Zessionar des Schädigers ggü. Der Verletzte kann die Erfüllung der Forderung selbst dann noch verweigern, wenn der Schadensersatzanspruch und damit die Aufhebung der Forderung nach § 249 I bereits verjährt sind. Er muss seinerseits bei einem gegenseitigen Vertrag die vom Gegner bereits erbrachten Leistungen zurückgewähren, soweit nicht § 817 S 2 eingreift. § 853 findet entspr Anwendung bei Versäumung der Anfechtungsfrist aus § 124 (BGHZ 42, 41; BGH NJW 69, 605; vgl dazu auch § 124; dies gilt gleichermaßen für die Anfechtungsfristen in § 41 I KO bzw § 146 I InsO; so auch Palandt/Sprau § 853 Rn 1), vorausgesetzt, es liegt eine unerlaubte Handlung des Anspruchstellers vor.

Buch 3
Sachenrecht

Vorbemerkung zu §§ 854–1296

I. Allgemeines. Das Sachenrecht ist in den §§ 854–1296 geregelt. Es lässt sich systematisch in zwei große Bereiche unterteilen: Das **Mobiliarsachenrecht** und das **Immobiliarsachenrecht**. Die Vorschriften über den Besitz (§§ 854–872) und über den Inhalt und den Schutz des Eigentums (§§ 903–924, 985–1011) sind allg Natur. Sie gelten für bewegliche und unbewegliche Sachen gleichermaßen. Das Sachenrecht regelt grds nur Rechte, die körperliche Sachen iSd § 90 oder Tiere (§ 90 a) zum Gegenstand haben. Allerdings gibt es hiervon Ausn, in denen auch Rechtsverhältnisse an Rechten Objekte des Sachenrechts sind (vgl §§ 1068 ff, 1273 ff). Daher kann man den übergreifenden **Begriff des dinglichen Rechts** verwenden, das auf körperliche und unkörperliche Gegenstände bezogen sein kann, um den Ggs zu schuldrechtlichen Beziehungen hervorzuheben. Das Sachenrecht ordnet die Rechtsobjekte (Sachen, Rechte) bestimmten Rechtsinhabern unmittelbar zu und regelt die daraus folgenden Rechtsbeziehungen. Das Eigentum ist idS die umfassendste, durch § 903 allg beschriebene Zuordnung einer Sache zu einer Person. 1

II. Dingliche Rechte. Das dingliche Recht zeichnet sich durch seine **unmittelbare Objektbezogenheit** aus. Es ordnet ein bestimmtes Rechtsobjekt einem Rechtsinhaber unmittelbar zu, so dass jeder Dritte diese Rechtsbeziehung zu respektieren und jede Beeinträchtigung zu unterlassen hat. Durch diese unmittelbare Objektbezogenheit unterscheiden sich dingliche Rechte von obligatorischen Rechten. Dingliche Rechte gewähren ihrem Inhaber Rechte wegen der Sache gegen jeden, während Rechte aus Schuldverhältnissen nur Ansprüche des Gläubigers gegen die Person des Schuldners begründen und ihm den Zugriff auf dessen Vermögen erlauben. Eine schuldrechtliche Rechtsbeziehung ist daher streng personenbezogen, niemals unmittelbar objektbezogen. 2

1. Das BGB stellt dem **Eigentum** als umfassendstem und unbeschränktem dinglichen Recht an einer Sache die **beschränkten dinglichen Rechte** ggü. Während dem Eigentümer eine Sache in vollem Umfang zugeordnet ist (vgl § 903 S 1), erfolgt diese Zuordnung bei den beschränkten dinglichen Rechten immer nur zur Wahrnehmung bestimmter, inhaltlich begrenzter Befugnisse. Diese lassen sich in Nutzungsrechte (Nießbrauch, Dienstbarkeiten, Erbbaurecht, Wohnrecht, Dauerwohnrecht), Verwertungsrechte (Pfandrecht, Grundpfandrechte, Reallast) und Erwerbsrechte (dingliches Vorkaufsrecht, Aneignungsrecht, Vormerkung, Anwartschaftsrecht) unterteilen. Da diese Befugnisse immer ein Ausschnitt aus dem Eigentum sind, also die Rechtsmacht des Eigentümers der Sache beschränken, ist jedes beschränkte dingliche Recht zugleich eine Belastung des Eigentums. 3

2. Die **Anspruchsgrundlagen im Sachenrecht** lassen sich in dingliche Ansprüche und Ansprüche aus gesetzlichen Schuldverhältnissen unterteilen. Der dingliche Anspruch begründet kein Schuldverhältnis, sondern schützt und verwirklicht ein dingliches Recht. Seine Grundlage ist also ein absolutes Recht, während der Anspruch selbst ein relatives Recht ist. Zu den dinglichen Ansprüchen gehören die Herausgabeansprüche (zB §§ 861, 985, 1007, 1065, 1227), Abwehransprüche gegen Störungen auf Beseitigung oder Unterlassung (zB §§ 862, 888, 894, 1004, 1027, 1134, 1227) sowie Ansprüche auf Befriedigung aus dem Pfandgegenstand (zB §§ 1113, 1191, 1199, 1204). Da sie mit dem dinglichen Recht, dessen Schutz und Verwirklichung sie dienen, unlösbar verbunden sind, können sie nicht selbständig, dh losgelöst vom dinglichen Recht abgetreten werden (BGHZ 111, 369). Zulässig ist aber eine Ausübungsermächtigung analog § 185 I, durch die ein Dritter vom Eigentümer ermächtigt wird, den dinglichen Anspruch in eigenem Namen geltend zu machen. 4

a) Die Vorschriften des **allg Schuldrechts** sind auf dingliche Ansprüche grds anwendbar, soweit nicht speziellere Vorschriften des Sachenrechts oder die dingliche Natur des Rechtsverhältnisses entgegenstehen (BGHZ 49, 265). So sind zB die Vorschriften über den Schuldner- und Gläubigerverzug (§§ 286 ff, 293 ff) auf dingliche Ansprüche an- 5 wendbar. Dag scheidet eine Anwendung der §§ 280 ff auf § 985 aus, weil die §§ 987 ff insoweit eine Sonderregelung enthalten. Auf dingliche Ansprüche ist auch § 242 anwendbar (str), nicht hingegen auf das dingliche Recht selbst. Den Ansprüchen aus §§ 894, 985 kann also die Einwendung unzulässiger Rechtsausübung entgegenstehen. Freilich sind die dinglichen Ansprüche wesentlicher Inhalt des dinglichen Rechts selbst. Das Eigentum wird faktisch auch dann entwertet, wenn dem Eigentümer die Ansprüche aus § 894 oder § 985 entzogen werden. Ohne diese Ansprüche wird das Eigentum zu einer leeren Form, die für den Inhaber sinn- und wertlos ist. Eine Anwendung des § 242 auf dingliche Ansprüche darf daher nur ganz ausnahmsweise zu einer dauernden Aufspaltung von Eigentum und Besitz führen (aA Eckert JR 94, 333, 334 ff: dann keine Anwendung des § 242).

6 b) **Ansprüche aus gesetzlichen Schuldverhältnissen** gewähren Rechte bei Eingriffen in dingliche Rechte, zB §§ 987 ff. Während sich Ansprüche aus gesetzlichen Schuldverhältnissen auch im Schuldrecht (zB in §§ 823ff, 812 ff) finden, gibt es dingliche Ansprüche nur im Sachenrecht.

7 **3. Dingliche Rechtsgeschäfte** sind **Verfügungen** über dingliche Rechte. Verfügungen sind Rechtsgeschäfte, die durch Belastung, Übertragung, Inhaltsänderung oder Aufhebung unmittelbar auf ein bestehendes (schuldrechtliches oder dingliches) Recht einwirken (zB die Übereignung nach § 929 S 1 oder die Abtretung nach § 398). Dingliche Rechtsgeschäfte sind entweder einseitige Rechtsgeschäfte (zB die Eigentumsaufgabe gem §§ 928, 959) oder Verträge (zB die Einigung gem § 929 S 1).

8 a) Die Vorschriften des **Allgemeinen Teils des BGB** über Rechtsgeschäfte (§§ 104–185) sind grds auch auf dingliche Rechtsgeschäfte anwendbar, soweit sich im Sachenrecht keine Sonderregelungen finden (zB § 925 II). Die Vorschriften des **Allgemeinen Teils des Schuldrechts** sind dag nach hM auf das dingliche Rechtsgeschäft nicht anwendbar. Sie können aber ausnahmsweise analog im Sachenrecht angewendet werden, soweit dort ein Regelungsbedürfnis besteht und entspr Vorschriften fehlen. Eine dingliche **Einigung zugunsten Dritter** analog §§ 328ff ist jedoch nicht möglich (BGHZ 41, 95 f, BGH NJW 1993, 2617, str). Für diese Auffassung spricht, dass anderenfalls der Dritte auch die mit dem ihm übertragenen Recht verbundenen Lasten wie zB Grundsteuer oder bei einem Wegerecht (Grunddienstbarkeit) die Pflicht zur Unterhaltung des Weges, ohne sein Zutun übernehmen müsste. Denkbar ist freilich, dass eine der Parteien den Dritten als vollmachtloser Vertreter vertritt und der Dritte die Einigung später genehmigt.

9 b) Das dingliche Rechtsgeschäft wird erst wirksam, wenn zur Abgabe der Willenserklärung bzw zur Einigung der **Publizitätsakt** hinzukommt. Publizitätsakt ist bei Grundstücken die Eintragung ins Grundbuch, bei beweglichen Sachen die Besitzübertragung. Der Publizitätsakt gehört zwar zum dinglichen Rechtsgeschäft, doch ist er selbst keine rechtsgeschäftliche Handlung. Vergeht zwischen Einigung und Publizitätsakt eine gewisse Zeit, so gilt der Grundsatz: Die Wirksamkeitsvoraussetzungen des dinglichen Rechtsgeschäfts müssen im Zeitpunkt der Vollendung des Erwerbstatbestandes noch vorliegen. Das ist meist derjenige Zeitpunkt, in welchem der Publizitätsakt als letztes Tatbestandserfordernis vorgenommen wird. Dies ist bei Verfügungen besonders hins der Verfügungsbefugnis und des guten Glaubens zu beachten. Eine wichtige Ausn von dem Grundsatz, dass die Wirksamkeitsvoraussetzungen der Verfügung vorliegen müssen und damit die Verfügungsbefugnis bestehen muss, wenn das letzte Tatbestandserfordernis erfüllt ist, bilden im Grundstücksrecht die §§ 878, 892: Weil die Durchführung der Grundbucheintragung dem Einfluss der Verfügenden entzogen ist, wird das Erfordernis der Verfügungsbefugnis bzw des guten Glaubens auf einen früheren Zeitpunkt bezogen, nämlich auf den Zeitpunkt, in dem die Erklärung des Verfügenden für ihn bindend geworden und der Eintragungsantrag nach § 13 GBO gestellt ist. Erst mit der Grundbucheintragung ist der Verfügungstatbestand nach § 873 erfüllt.

10 c) Die Wirksamkeit eines Verfügungsgeschäfts setzt neben den allg Wirksamkeitsvoraussetzungen die **Verfügungsbefugnis** des Verfügenden über das Recht voraus. Diese ergibt sich aus dem Inhalt des dinglichen Rechts. Die Verfügungsbefugnis kann nicht durch Rechtsgeschäft eingeschränkt werden (§ 137 S 1). Es gilt folgender **Grundsatz**:

Die Verfügungsbefugnis über ein dingliches Recht steht nur dem Rechtsinhaber zu, der Nichtberechtigte ist nicht verfügungsbefugt. Verfügungsgeschäfte können grds nur vom Rechtsinhaber vorgenommen werden. Trifft ein Nichtberechtigter im eigenen Namen eine Verfügung, so ist diese grds unwirksam. Von diesem Grundsatz gibt es **Ausn**:
aa) Denkbar ist zunächst, dass dem Rechtsinhaber die Verfügungsbefugnis über seine 11 Rechtsobjekte fehlt, weil sie einem Dritten ausschließlich, gemeinsam mit oder selbständig neben dem Rechtsinhaber zusteht. Derartige **Verfügungsverbote und -beschränkungen** können absolut oder relativ sein. Dies richtet sich danach, ob das Verfügungsverbot den Schutz der Allgemeinheit (absolut, § 134; zB Nachlassverwaltung, § 1984; Ehegatten, §§ 1365, 1369) oder nur den Schutz bestimmter Personen (relativ, §§ 135 f; zB Vormerkung, §§ 883, 888) bezweckt.
bb) Grds sind **Nichtrechtsinhaber** nicht über fremde Rechte verfügungsbefugt. Aus be- 12 sonderen Gründen ist dem Insolvenzverwalter, dem Nachlassverwalter, dem Testamentsvollstrecker und dem Sequester die Verfügungsbefugnis kraft Gesetzes zugewiesen. Daneben kann Nichtrechtsinhabern die Verfügungsbefugnis auch durch Rechtsgeschäft eingeräumt werden. Gem § 185 erlangt der Nichtberechtigte durch Zustimmung des Berechtigten die Verfügungsbefugnis. Die Zustimmung ist ein einseitiges empfangsbedürftiges Rechtsgeschäft und verschafft dem Nichtberechtigten die nach außen wirkende Rechtsmacht, in eigenem Namen über ein fremdes Recht eine bestimmte Verfügung vorzunehmen.
cc) Fehlt einer Person die **Verfügungsbefugnis**, so ist das von ihr vorgenommene Verfü- 13 gungsgeschäft grds unwirksam. Eine Ausn gilt in den Fällen, in denen der Rechtsinhaber die unwirksame Verfügung nach § 185 II genehmigt, oder in denen das Gesetz im Einzelfall den guten Glauben an die Verfügungsmacht des Verfügenden schützt. Grds wird der gute Glaube an die Verfügungsbefugnis über fremde Rechte nicht geschützt. Gesetzliche Ausn enthalten zB die §§ 135 II, 136 (relatives Veräußerungsverbot), 161 III (Verfügung über bedingtes Recht), 1244 (Pfandveräußerung), 2113 III (Verfügung des beschränkten Vorerben), 2211 II (Verfügung des Erben über den der Testamentsvollstreckung unterliegenden Gegenstand), 2368 III BGB (Veräußerung durch Testamentsvollstrecker) und 366 HGB (Veräußerung durch Kaufmann). Aber auch der nach §§ 892, 932 allein geschützte gute Glaube des Erwerbers, der in eigenem Namen verfügende Geschäftspartner sei voller, unbeschränkter Rechtsinhaber (Eigentümer), überwindet das Fehlen der Verfügungsmacht. Dies ist immer dann der Fall, wenn ein Nichtberechtigter ohne jede Erklärung über seine Rechtsstellung in eigenem Namen über ein fremdes Recht verfügt. Steht fest, dass er für dieses Handeln in eigenem Namen keine Verfügungsmacht hat, ist die Verfügung nur dann unwirksam, wenn kein Gutglaubensschutz eingreift. Die grds erforderliche Verfügungsbefugnis wird also durch die spezielle Wirksamkeitsvoraussetzung des Gutglaubensschutzes wegen der scheinbar bestehenden Rechtsinhaberschaft (Eigentum) ersetzt.
4. Allg Prinzipien des Sachenrechts. Im Sachenrecht gelten folgende allg Grundsätze, 14 die im Schuldrecht nicht gelten:
a) Dingliche Rechte sind mit absolutem Rechtsschutz gegen jeden rechtswidrigen Ein- 15 griff ausgestattet und wirken ggü jedermann. Jeder Dritte kann also dingliche Rechte verletzen. Im Ggs dazu begründen schuldrechtliche Beziehungen nur relative Beziehungen zwischen bestimmten Personen. Nur der Schuldner kann daher schuldrechtliche *Pflichtbeziehungen* verletzen. Dritten ggü äußern schuldrechtliche Beziehungen keine Rechtswirkungen. So kann ein Dritter etwa eine Leistungsstörung begehen, obwohl er tatsächlich in der Lage sein kann, etwa die Unmöglichkeit der Leistung des Schuldners zu verursachen und damit den Ausschluss des primären Leistungsanspruchs des Gläubigers nach § 275 I herbeizuführen.
Der Grundsatz der **Absolutheit** dinglicher Rechte wird durch einen umfassenden 16 Rechtsschutz verwirklicht. Der absolute Schutz des Eigentums zeigt sich insb bei den dinglichen Ansprüchen aus §§ 985 und 1004. Beide dienen der unmittelbaren Durchsetzung des Eigentums gegen Dritte, die widerrechtlich das Eigentum verletzen. Es handelt sich um dingliche Ansprüche, die ihre Grundlage im Eigentum haben, aber als Ansprüche relative Rechte sind. Der Rechtsschutz dinglicher Rechte wird aber auch durch

Ansprüche aus gesetzlichen Schuldverhältnissen gewährleistet. So schützen namentlich die §§ 823, 987 ff das Eigentum. Diese schuldrechtlichen Ansprüche setzen im Zeitpunkt ihrer Durchsetzung das Eigentum nicht voraus, sondern bezwecken nur den Ausgleich des Schadens aus einer rechtswidrigen Eigentumsverletzung.

17 b) Dingliche Rechte wirken gegen jedermann, müssen also nach außen erkennbar sein. Träger der **Publizität** sind bei beweglichen Sachen der Besitz und bei Grundstücken die Grundbucheintragung. Offenkundigkeit ist für Verfügungen jedoch nicht in jedem Fall erforderlich (zB Eigentumserwerb nach § 930), wird aber für die grundlegenden Übertragungstatbestände verlangt (insb §§ 929 S 1, 873). Die bloße Einigung der Parteien genügt in diesen Fällen nicht, die Besitzverschaffung bzw Grundbucheintragung bilden zusätzliche Tatbestandselemente. Bedeutsam ist, dass der Besitz eine Rechtsvermutung eines dinglichen Rechts im Grundbuch nach § 1006 bzw § 891 I die Rechtsvermutung des Eigentums begründen. Diese Rechtsvermutungen erleichtern dem Rechtsinhaber im Prozess den Beweis seiner Rechtsstellung. Bis zum Beweis des Gegenteils durch den Beklagten geht das Gericht von der Rechtsvermutung aus. Daneben knüpft das Gesetz an die Publizitätsträger die Möglichkeit eines gutgläubigen Erwerbs (§§ 892, 932).

18 c) Aus der Objektbezogenheit dinglicher Rechte und dinglicher Rechtsgeschäfte folgt das Prinzip der **Spezialität**: Dingliche Rechte können nur an einzelnen, bestimmten Rechtsobjekten bestehen und begründet werden. Dieses Prinzip gilt nicht im Schuldrecht. Daraus folgt, dass Sach- oder Rechtsgesamtheiten (das „Unternehmen") zwar zum Gegenstand eines Kaufvertrages gemacht, aber nicht insgesamt Gegenstand dinglicher Rechtsgeschäfte sein können.

19 d) Im Ggs zur inhaltlichen Gestaltungsfreiheit bei der Begr von Schuldverhältnissen (§§ 241, 305) gibt es im Sachenrecht nur eine geschlossene Zahl (**numerus clausus**) dinglicher Rechte, deren Inhalt weitgehend durch zwingendes Recht festgelegt ist (**Typenzwang**). Neue dingliche Rechte können nicht durch Parteivereinbarung geschaffen werden. Der numerus clausus kann allerdings durch Rechtsfortbildung erweitert werden.

20 e) Nach dem BGB sind grds alle dinglichen Rechte **übertragbar**. Ausn bilden der Nießbrauch (§ 1059 I) und die beschränkte persönliche Dienstbarkeit (§ 1092 I 1). Die Übertragung erfolgt stets durch ein dingliches Verfügungsgeschäft, nicht bereits mit dem Abschluss des zugrundeliegenden schuldrechtlichen Verpflichtungsgeschäfts (**Trennungsprinzip**).

21 f) Das dingliche Erfüllungsgeschäft hängt in seiner Wirksamkeit allein von seinen besonderen Voraussetzungen, nicht vom dem zugrundeliegenden Verpflichtungsgeschäft ab (**Abstraktionsprinzip**). Ein wirksames Erfüllungsgeschäft setzt daher weder eine Vereinbarung über den Zweck der Verfügung noch das Vorhandensein eines (wirksamen) Verpflichtungsgeschäfts voraus. Wirksame, aber rechtsgrundlose Verfügungen werden über die Leistungskondiktion (§ 812 I 1 Alt 1) rückabgewickelt.

22 Allerdings können dingliche Rechte kraft Gesetzes oder kraft Rechtsgeschäfts in ihrer Existenz von schuldrechtlichen Beziehungen abhängen. Solange diese Rechte bestehen, berührt das nicht ihren dinglichen Charakter: So sind Pfandrechte wegen ihrer Akzessorietät vom Bestand der gesicherten Forderung abhängig (§§ 1163 I, 1252). Auch kann die Sicherungsübereignung an den Sicherungsnehmer gem §§ 929, 158 II, 930 in der Weise auflösend bedingt ausgestaltet sein, dass das Eigentum automatisch mit dem Wegfall der gesicherten Forderung wieder an den Sicherungsgeber zurückfällt. Durch diese vereinbarte Bedingung wird eine ähnliche Wirkung erzeugt wie durch die Akzessorietät beim Pfandrecht. Auch gibt es bestimmte **Ausn** vom Abstraktionsprinzip: So kommt das Abstraktionsprinzip nicht zur Anwendung in den Fällen der gemeinsamen Fehlerquelle, die Grund- und Verfügungsgeschäft erfasst (§§ 104 ff, 123, 134, 138 II). Ähnliches gilt, wenn die Wirksamkeit des Grundgeschäfts zur Bedingung des Verfügungsgeschäfts erhoben ist. Str ist, ob Kausal- und Verfügungsgeschäft eine Einheit iSd § 139 bilden können (so die Rspr BGHZ 31, 323, falls ein dahingehender Parteiwille ausnahmsweise vorliegt).

Abschnitt 1
Besitz

Vorbemerkung zu §§ 854–872

I. Begriff und Funktion des Besitzes. Besitz ist die **tatsächliche Herrschaft** über eine Sache iU zur rechtlichen Herrschaft, welche die dinglichen Rechte (zB das Eigentum) an der Sache verleiht. Der Besitz unterscheidet sich von allen dinglichen Rechten an Sachen dadurch, dass er keine dingliche Zuordnung der Sache ausdrückt, sondern allein ein tatsächliches Verhältnis einer Person zu einer Sache bezeichnet, das durch einen tatsächlichen Vorgang begründet wird (Besitzerwerb) und auch wieder verloren geht (Besitzverlust). Auch dort, wo das Gesetz in §§ 854 II, 870 und beim Besitzkonstitut nach § 930 für den Besitzerwerb ein Rechtsgeschäft verlangt, ist die besitzrechtliche Wirkung nie unmittelbare Folge des Rechtsgeschäfts als solches. Sie tritt vielmehr wegen zusätzlicher, außerhalb des rechtsgeschäftlichen Tatbestandes liegender tatsächlicher Voraussetzungen ein: Bei § 854 II genügt die Einigung über den Besitzerwerb mit dem Vorbesitzer nur dann, wenn der Besitzerwerber bereits die tatsächliche Sachherrschaft ausüben kann. Der bisherige unmittelbare Besitzer muss also seinen Besitz aufgeben und für den Erwerber muss die sofortige Möglichkeit zur Ausübung der Sachherrschaft bestehen (vgl BGH NJW 79, 715). Bei § 870 muss der unmittelbare Besitzer tatsächlich Fremdbesitzerwillen haben. Hat er diesen nicht, liegt gar kein mittelbarer Besitz vor. Dann kommt es zwar zur Abtretung des Herausgabeanspruchs nach § 398, aber die besitzrechtliche Wirkung des § 870 bleibt aus. Auch beim Besitzmittlungsverhältnis des § 930 muss sich zusätzlich zur Einigung die Willensrichtung des Veräußerers ändern: Sein bisheriger Eigenbesitzerwille muss zum Fremdbesitzerwillen werden (vgl § 872). 1

1. Da Besitz tatsächliche Herrschaft über eine Sache ist, ist der Besitz als solcher nach hM weder subjektives Recht noch **Rechtsverhältnis**. Vom Besitz völlig zu trennen ist die Frage, ob die tatsächliche Sachherrschaft **rechtmäßig** oder unrechtmäßig ausgeübt wird. Entscheidend ist allein die tatsächliche Herrschaft über eine Sache, nicht das Recht zum Besitz. Andererseits hat der Besitz nicht ausschließlich faktische Bedeutung. 2

2. Trotz seines Charakters als tatsächliches Verhältnis gewährt der Besitz eine **Rechtsstellung**, so dass ihm durchaus die Bedeutung eines Rechts zukommt, an das bestimmte **Rechtsfolgen** anknüpfen: Der Besitzer genießt possessorischen und petitorischen Besitzschutz (§§ 861, 862, 1007). Der berechtigte (BGHZ 62, 248) Besitz ist einem sonstigen Recht iSd § 823 I gleichgestellt (BGHZ 32, 204), ist „etwas" iSd § 812 I 1 Alt 1 und kann, soweit er rechtmäßig ist, Gegenstand einer Eingriffskondiktion sein (BGH NJW 87, 772). Er ist Voraussetzung für den Erwerb verschiedener dinglicher Rechte, den er offenlegen soll (Publizitätsfunktion). Dies gilt sowohl für rechtsgeschäftliche Übertragungen als auch für gesetzliche Erwerbstatbestände (§§ 929ff, 900, 927, 937, 955, 958, 1032, 1205). An den Besitz knüpfen die Eigentumsvermutungen der §§ 1006, 1248, 1362 I und II an. Der Rechtsscheintatbestand des Besitzes bildet bei beweglichen Sachen die Grundlage eines gutgläubigen Erwerbs (§§ 932ff). Er schützt, falls er abhanden gekommen ist, das Eigentum gegen einen gutgläubigen Erwerb durch Dritte (§ 935). Das Besitzrecht bleibt bei Veräußerungen erhalten (§§ 986 I 2 und II, 571). 3

3. Wegen dieser mit dem Besitz verknüpften Rechtsfolgen ist nicht jede tatsächliche Gewalt, die jemand über eine Sache hat, Besitz. Ob Besitz vorliegt, entscheidet die Verkehrsanschauung aufgrund zusammenfassender **Wertung aller Umstände** (BGHZ 101, 188). Keinen Besitz hat zB der Besitzdiener (§ 855), obwohl er die tatsächliche Gewalt über eine Sache des Besitzherrn ausübt. Umgekehrt wird der Erbe nach § 857 Besitzer der Nachlasssachen, ohne dass er die tatsächliche Sachherrschaft ausüben müsste. Sein Besitz wird fingiert, und zwar unabhängig vom Besitzwillen und der Kenntnis vom Erbfall. 4

II. Besitzarten. Das BGB unterscheidet Allein- und Mitbesitz, Voll- und Teilbesitz, Erbenbesitz, mittelbaren und unmittelbaren Besitz sowie Eigen- und Fremdbesitz. Wichtig ist namentlich der Unterschied zwischen dem mittelbaren und unmittelbaren Besitz. **Unmittelbarer Besitzer** ist, wer die tatsächliche Sachherrschaft selbst oder durch einen 5

Besitzdiener (§ 855) ausübt. **Mittelbarer Besitzer** ist, wer die Sache einem anderen, dem sog Besitzmittler, aufgrund eines Besitzmittlungsverhältnisses zum unmittelbaren Besitz auf Zeit überlassen hat. Der Besitzmittler besitzt für den mittelbaren Besitzer, ist also Fremdbesitzer.

6 **III. Besitzlage bei juristischen Personen und Gesamthandsgemeinschaften.** Die Frage der Besitzverhältnisse bei juristischen Personen (AG, GmbH, Genossenschaft, rechtsfähiger Verein) und Gesamthandsgemeinschaften (BGB-Gesellschaft, Erbengemeinschaft, nichtrechtsfähiger Verein, OHG, KG) ist problematisch und str. Nach überwiegender Auffassung üben die Organe der **juristischen Personen** die Sachherrschaft unmittelbar für die juristische Person aus. Damit besitzen die juristischen Personen selbst durch ihre Organe, die also ihrerseits keinen Besitz haben (BGHZ 57, 167). Dasselbe gilt für **nicht rechtsfähige Vereine**. Bei den **Gesamthandsgemeinschaften** ist zu unterscheiden: Bei der **BGB-Gesellschaft** ist str, wer Besitzer ist. Während der BGH früher die Gesellschafter als unmittelbare Besitzer ansah (BGHZ 86, 343 f), sieht die Gegenansicht die **Außengesellschaft bürgerlichen Rechts** selbst als unmittelbare Besitzerin an (Derleder BB 01, 2485, 2491). Die von den Gesellschaftern ausgeübte unmittelbare Sachherrschaft wird dann der Gesellschaft als eigene zugerechnet (Palandt/Bassenge § 854 Rn 12). Diese Auffassung ist die Konsequenz aus der neueren Rspr des BGH, nach der der Außengesellschaft bürgerlichen Rechts „hinkende" Rechtsfähigkeit zukommt (BGHZ 146, 341 ff; BGH NJW 02, 1207). Dies erscheint jedenfalls dann zweifelhaft, wenn sich der Gesellschaftszweck in der Verwaltung eines einzelnen Vermögensgegenstandes, zB eines Grundstücks, erschöpft (Schmidt NJW 01, 993, 1001). Bei der **OHG** und der **KG** übt die Gesellschaft selbst den unmittelbaren Besitz aus. Es gilt dort ebenso wie bei juristischen Personen die Theorie vom sog **Organbesitz**.

7 **IV. Besitzschutz.** Den Schutz des Besitzes verwirklichen das **Selbsthilferecht** des Besitzers und Besitzdieners nach §§ 859, 860, der Anspruch aus § 861 auf Wiedereinräumung des Besitzes bei **Besitzentziehung** sowie der Anspruch aus § 862 auf Beseitigung und Unterlassung bei **Besitzstörung**. Objekt des Besitzschutzes ist allein der unmittelbare Besitz. Das Gesetz schützt den Besitz als Tatsache, also völlig unabhängig davon, ob der Besitzer zum Besitz berechtigt ist oder nicht (§ 863, sog **possessorischer Besitzschutz** im Ggs zum sog **petitorischen Besitzschutz** des § 1007, der auf dem [besseren] Recht zum Besitz beruht). Daher genießt zB auch der Dieb Besitzschutz.

§ 854 Erwerb des Besitzes

(1) Der Besitz einer Sache wird durch die Erlangung der tatsächlichen Gewalt über die Sache erworben.

(2) Die Einigung des bisherigen Besitzers und des Erwerbers genügt zum Erwerb, wenn der Erwerber in der Lage ist, die Gewalt über die Sache auszuüben.

1 **I.** Die Vorschrift regelt den **Erwerb** des unmittelbaren Besitzes. Unmittelbarer Besitzer ist nach § 854, wer die tatsächliche Sachherrschaft selbst oder im Falle des § 855 durch einen Besitzdiener ausübt.

2 **II.** Der unmittelbare Besitz endet nach Abs 1 mit dem Verlust der tatsächlichen Sachherrschaft. Dies kann durch willentliche Aufgabe (zB Wegwerfen, Besitzübertragung, Auszug aus der Wohnung) oder unfreiwilligen Verlust der tatsächlichen Gewalt (zB durch Unterschlagung, Diebstahl oder Abhandenkommen) geschehen. Der **Besitzaufgabewille** ist auch hier tatsächlicher, nicht rechtsgeschäftlicher Natur. Eine Ausn zu Abs 1 bildet der Sonderfall des Abs 2, wonach eine bloß vorübergehende Verhinderung nicht zum Besitzverlust führt, wenn der Ort des Verlustes bekannt ist und die Möglichkeit der Wiedererlangung besteht (zB Liegenlassen einer Handtasche in einer Gaststätte).

3 **1.** Besitz erfordert die Erlangung der **tatsächlichen Gewalt** über die Sache. Wann eine tatsächliche Sachherrschaft im Einzelfall anzunehmen ist, entscheidet die **Verkehrsanschauung**. Das Vorliegen einer solchen Herrschaftsbeziehung ist für die Erlangung der Sachherrschaft strenger zu beurteilen als für ihre Fortdauer. So reicht eine bloß symbo-

lische Übergabe, zB durch Anbringung einer Tafel an der nur eingeschränkt zugänglichen Sache, nicht aus (OLG Frankfurt BB 76, 573). Die Erlangung der tatsächlichen Sachherrschaft braucht nicht rechtmäßig zu sein. Auch der Dieb ist Besitzer der entwendeten Sache.

Erforderlich ist stets die Möglichkeit, auf die Sache einzuwirken und andere davon auszuschließen. Diese Möglichkeit besteht immer dann, wenn die Sache einer Person dergestalt räumlich zugänglich ist, dass sie jederzeit auf sie einwirken kann, während der Einwirkungsmöglichkeit anderer Personen Hindernisse entgegenstehen. So ist zB Besitzer der Sachen, die sich in einem verschlossenen Haus befinden, derjenige, der den Schlüssel zu dem Haus hat. Er hat jederzeit Zugang zu den Sachen im Haus, während Dritte mangels Schlüssels am Zugang gehindert sind.

Die Sache braucht der Einwirkung Dritter aber nicht physisch entzogen zu sein. Es genügt, dass Dritte durch die Achtung vor fremdem Besitz an der Einwirkung auf die Sache gehindert werden, selbst wenn ihnen diese faktisch möglich wäre. Auch dann liegt nach der Verkehrsauffassung tatsächliche Sachherrschaft vor (Müller, Rn 75ff). So ist der Bauer Besitzer des auf dem Feld abgestellten Pfluges. Er hat trotz räumlicher Distanz die Möglichkeit, jederzeit auf den Pflug einzuwirken. Diese Einwirkungsmöglichkeit haben zwar tatsächlich auch Dritte, doch werden sie durch die Achtung vor dem Besitz des Bauern an der Einwirkung auf den Pflug gehindert.

Die hM fordert für die Bejahung des unmittelbaren Besitzes, dass die tatsächliche Gewalt von **gewisser Dauer** ist, also nicht nur vorübergehend ausgeübt wird (zB hat der Gast eines Lokals keinen Besitz am Stuhl, auf dem er sitzt). Auch muss die tatsächliche Sachherrschaft nach außen **erkennbar** sein (BGHZ 44, 32). Dafür genügt es allerdings, dass äußere Umstände auf die Sachherrschaft einer Person hindeuten und die konkrete Herrschaftsbeziehung für interessierte Dritte feststellbar ist. Diese Voraussetzung ist zB auch bei dem auf der Straße geparkten Auto erfüllt, da hier die Umstände auf die Sachherrschaft des Halters hinweisen, der durch Nachforschungen ohne weiteres feststellbar ist.

2. Zur tatsächlichen Sachherrschaft muss nach ganz hM ein auf die Erlangung des Besitzes gerichteter **Besitzbegründungswille** hinzukommen (vgl BGHZ 101, 187 f mwN). Der Besitz kann mit Willen des Vorbesitzers (derivativer Besitzerwerb) oder ohne dessen Willen (originärer Besitzerwerb, zB durch Fund) erworben werden. Entscheidend ist nur der Besitzbegründungswille des Erwerbers. Dieser ist nur für den Zeitpunkt der Besitzerlangung, nicht dag während der Dauer der Ausübung des Besitzes erforderlich.

Die tatsächliche Einfügung einer Sache in den **Herrschafts- und Organisationsbereich** einer Person begründet allein noch keinen Besitz (aA Westermann/Gursky § 12 I 2). Dies ergibt sich aus § 867 S 1. Der Grundstücksbesitzer, auf dessen Grundstück eine Sache gelangt ist, wird allein dadurch noch nicht zum Besitzer der Sache. Erforderlich ist vielmehr eine Inbesitznahme, die seinen Besitzbegründungswillen zum Ausdruck bringt. Schießen zB spielende Kinder aus Versehen ihren Fußball in den Garten des Nachbarn, so erlangt der Nachbar zwar die tatsächliche Sachherrschaft über den Ball. Besitzer wird er aber nach § 867 S 1 erst, wenn er den Ball bewusst in Besitz genommen hat.

Der Besitzbegründungswille muss sich nicht auf die Erlangung der Sachherrschaft über bestimmte Sachen richten, ein **genereller Besitzwille** hins aller in einen bestimmten Herrschaftsbereich gelangender Sachen reicht. Ein solcher genereller Besitzbegründungswille ist zB für Briefe im Briefkasten oder an der Ladentür abgestellte Waren zu bejahen (BGHZ 101, 188, 191).

Der Besitzbegründungswille ist kein rechtsgeschäftlicher Wille, auf den die §§ 104ff anwendbar sind. Es genügt der zur Vornahme rein tatsächlicher Handlungen erforderliche **natürliche Wille**. Diesen haben auch beschränkt Geschäftsfähige und Geschäftsunfähige, soweit sie fähig sind, eine auf Dauer angelegte Beziehung zu einer Sache zu begründen. Sie können daher auch ohne Zustimmung eines gesetzlichen Vertreters Besitz begründen. Personen, die keinen natürlichen Willen bilden können (Kleinkinder in den ersten Lebensjahren, hochgradig Geisteskranke), können dag selbst keinen Besitz begründen.

11 Gleichwohl müssen diese Personen Besitzer werden können, da sie sonst zB kein Eigentum nach §§ 929 ff erwerben könnten. Dies lässt sich dadurch erreichen, dass der willensunfähigen Person die besitzbegründende **Willensbetätigung** seines gesetzlichen Stellvertreters analog §§ 164, 166 unmittelbar **zugerechnet** wird. Die besitzrechtlichen Folgen des Vertreterhandelns treten dann ausschließlich in der Person des Vertretenen ein. Der gesetzliche Vertreter bleibt außerhalb der besitzrechtlichen Beziehungen, ist also weder Besitzmittler noch Besitzdiener zB des Kleinkindes.

12 Die hM (BGHZ 16, 263) lehnt die Anwendung der §§ 164 ff jedoch ab und verneint eine Vertretung im Besitz. Sie nimmt stattdessen an, dass der gesetzliche Vertreter bei Erwerb des Besitzes für das Kind **Besitzmittler** des Kindes ist. Das Kind ist danach mittelbarer Eigenbesitzer. Diese Auffassung berücksichtigt nicht, dass das willensunfähige Kind weder den für die Erlangung des mittelbaren Besitzes erforderlichen Besitzbegründungswillen noch den auf die Dauer der Ausübung des Besitzes bezogenen Eigenbesitzwillen nach § 872 bilden kann. Die hM muss daher entweder entspr §§ 164, 166 auf den Willen des Vertreters abstellen (so Westermann/Gursky, § 18 I 2) oder aber für den mittelbaren Besitz des Kindes überhaupt auf einen Besitzwillen verzichten (so MK/Joost § 868 Rn 21).

13 3. Nach **Abs 2** ist bei sog offenem Besitz (zB Boot auf dem Fluss oder Holzstapel im Wald) eine rechtsgeschäftliche Übertragung des Besitzes durch bloße Einigung möglich. Auf sie finden die §§ 104 ff, 119 ff und 164 ff, nicht aber § 328 (hM, Westermann/Gursky, § 12 III 2) Anwendung.

§ 855 Besitzdiener

Übt jemand die tatsächliche Gewalt über eine Sache für einen anderen in dessen Haushalt oder Erwerbsgeschäft oder in einem ähnlichen Verhältnis aus, vermöge dessen er den sich auf die Sache beziehenden Weisungen des anderen Folge zu leisten hat, so ist nur der andere Besitzer.

1 I. Nach dieser Vorschrift kann der unmittelbare Besitz auch erlangt werden, ohne dass der Besitzer die tatsächliche Sachherrschaft erhält. Voraussetzung ist, dass für den neuen Besitzer ein **Besitzdiener** die tatsächliche Gewalt ausübt. Der Besitzdiener selbst hat keinen Besitz. Er ist weder Besitzmittler noch Mitbesitzer.

2 II. Die Besitzdienerschaft hat folgende **Voraussetzungen:**

3 1. Zwischen dem Besitzdiener und dem Besitzer besteht ein **soziales Abhängigkeitsverhältnis** in der Form, dass der Besitzdiener dem Besitzherrn tatsächlich untergeordnet ist. Entscheidendes Kriterium ist die **Weisungsgebundenheit** des Besitzdieners, die zB bei Arbeitern, Angestellten und Beamten hins der Arbeitsgeräte und Ausrüstungsgegenstände gegeben ist.

4 2. Das soziale Abhängigkeitsverhältnis muss **nach außen erkennbar** sein (BGHZ 27, 363; aA Baur/Stürner, § 7 Rn 67). Soll also der Angestellte A als Verpfänders V als Besitzdiener des Pfandgläubigers P die Schlüssel zu dem die Pfandsachen aufnehmenden Lagerraum erhalten, so muss der Wechsel des Unterordnungsverhältnisses nach außen erkennbar werden (vgl RGZ 77, 209).

5 3. Der Besitzdiener muss die tatsächliche Gewalt iR dieses Abhängigkeitsverhältnisses ausüben. Dies ist objektiv zu bestimmen, der entgegenstehende Wille des Besitzdieners ist unerheblich. Da jedoch das Abhängigkeitsverhältnis nach außen erkennbar sein muss, wird in dem Augenblick, in dem sich der innere Wille des Besitzdieners ändert und entspr nach außen zutage tritt, die äußere Erkennbarkeit und damit die Stellung als Besitzdiener selbst entfallen. Steckt zB der angestellte Verkäufer Geld aus der Ladenkasse in die eigene Tasche, so wird er selbst Besitzer, der bisherige Besitzer verliert seinen Besitz.

§ 856 Beendigung des Besitzes

(1) Der Besitz wird dadurch beendigt, dass der Besitzer die tatsächliche Gewalt über die Sache aufgibt oder in anderer Weise verliert.
(2) Durch eine ihrer Natur nach vorübergehende Verhinderung in der Ausübung der Gewalt wird der Besitz nicht beendigt.

I. Die Vorschrift regelt in Abs 1 die Voraussetzungen der Beendigung des **unmittelbaren Besitzes**. Abs 2 stellt eine Ausn von Abs 1 dar. 1

II. Der unmittelbare Besitz endet nach Abs 1 mit dem Verlust der tatsächlichen Sachherrschaft. Dies kann durch willentliche Aufgabe (zB Wegwerfen, Besitzübertragung, Auszug aus der Wohnung) oder unfreiwilligen Verlust der tatsächlichen Gewalt (zB durch Unterschlagung, Diebstahl oder Abhandenkommen) geschehen. Der **Besitzaufgabewille** ist auch hier tatsächlicher, nicht rechtsgeschäftlicher Natur. Eine Ausn zu Abs 1 bildet der Sonderfall des Abs 2, wonach eine bloß vorübergehende Verhinderung nicht zum Besitzverlust führt, wenn der Ort des Verlustes bekannt ist und die Möglichkeit der Wiedererlangung besteht (zB Liegenlassen einer Handtasche in einer Gaststätte). 2

§ 857 Vererblichkeit

Der Besitz geht auf den Erben über.

I. Die Vorschrift regelt den Erbenbesitz. 1

II. Der Erbenbesitz nach § 857 ist ein **rein rechtlicher Besitz**, der kraft der Anordnung des § 857 eintritt und unabhängig von der tatsächlichen Sachherrschaft ist. Ein Besitzwille des Erben ist ebenso wenig erforderlich wie überhaupt Kenntnis vom Erbfall. § 857 dehnt zum Schutz der Erben die Gesamtrechtsnachfolge des § 1922 auf den Besitz aus. Der Besitz geht so auf den Erben über, wie er beim Erblasser bestand. Bei unmittelbarem Besitz des Erblassers wird der Erbe also unmittelbarer Besitzer. Zweck von § 857 ist, dass der Erbe dieselbe Rechtsstellung hat wie ein Besitzer mit Sachherrschaft (§ 854). Nimmt also ein Nichterbe Nachlasssachen ohne den Willen des Erben an sich, so liegt **verbotene Eigenmacht** nach § 858 und **Abhandenkommen** nach § 935 vor. Dies gilt aber nicht, wenn der Nichterbe im Besitz eines Erbscheins ist, da dann § 2366 vorgeht. Ergreift der zunächst legitimierte Erbe den Besitz und schlägt er später die Erbschaft aus oder wird später die Annahmeerklärung oder das Testament angefochten, so ist durch ihn erfolgte Weggabe kein Abhandenkommen, obwohl der wirkliche Erbe rückwirkend Besitzer nach § 857 geworden ist. Insoweit werden die Rückwirkung der Anfechtung bzw der Ausschlagung (§ 1953) zulasten des wahren Erben eingeschränkt. 2

Trotz der weitgehenden Gleichbehandlung des fingierten Besitzes nach § 857 und des Besitzes iSd § 854 ist zwischen beiden Besitzarten zu **unterscheiden**. Erlangt der Erbe die tatsächliche Sachherrschaft über die Nachlasssachen, so wandelt sich sein rechtlicher Besitz ohne Sachherrschaft (§ 857) in Besitz mit Sachherrschaft (§ 854) um und seine besitzrechtliche Stellung verstärkt sich (BGHZ 10, 120 f). 3

§ 858 Verbotene Eigenmacht

(1) Wer dem Besitzer ohne dessen Willen den Besitz entzieht oder ihn im Besitz stört, handelt, sofern nicht das Gesetz die Entziehung oder die Störung gestattet, widerrechtlich (verbotene Eigenmacht).
(2) ¹Der durch verbotene Eigenmacht erlangte Besitz ist fehlerhaft. ²Die Fehlerhaftigkeit muss der Nachfolger im Besitz gegen sich gelten lassen, wenn er Erbe des Besitzers ist oder die Fehlerhaftigkeit des Besitzes seines Vorgängers bei dem Erwerb kennt.

I. Der zivilrechtliche Besitzschutz ist ein Teil der Friedensordnung. Er sanktioniert Besitzverletzungen, insb auch solche, die zum Zwecke der Selbstjustiz begangen werden. 1

Bsp: Der Käufer nimmt dem leistungsunwilligen Verkäufer die Kaufsache eigenmächtig weg; der Vermieter dringt in die Wohnung des nichtzahlenden Mieters ein und räumt sie aus (BGH NJW 10, 3434; anders aber die Unterbrechung der Versorgung der Miet- räume mit Heizenergie durch den Vermieter nach Beendigung des Mietverhältnisses; BGHZ 180, 300). Verbotene Eigenmacht begeht auch, wer sein Fahrzeug unbefugt auf einem Privatgrundstück abstellt, mit der Folge, dass der Besitzer das Fahrzeug im Wege der Selbsthilfe nach § 859 abschleppen lassen darf (BGH NJW 09, 2530). Das zentrale Tatbestandmerkmal des Besitzschutzes ist eine gegen den **unmittelbaren Besitzer** verüb- te **verbotene Eigenmacht** (§ 858 I) oder der durch verbotene Eigenmacht erlangte **feh- lerhaften Besitz** (§ 858 II). Nach § 869 hat auch der mittelbare Besitzer die aus verbo- tener Eigenmacht gegen den unmittelbaren Besitzer erwachsenden Rechte aus §§ 861, 862.

2 **II. Verbotene Eigenmacht** ist jeder gesetzlich nicht gestattete Eingriff in den unmittel- baren Besitz ohne Willen des unmittelbaren Besitzers. Ein derartiger Eingriff kann ent- weder eine Besitzentziehung oder eine sonstige Besitzstörung sein. Das Gesetz geht da- von aus, dass **grds jeder Eingriff** in den Besitz **widerrechtlich** ist. Verbotene Eigenmacht liegt daher nur dann **nicht** vor, wenn der unmittelbare Besitzer in den Eingriff **einwil- ligt** oder das Gesetz ausnahmsweise in privatrechtlichen (zB §§ 227, 229, 562 b I, 859 II u III, 904, 905, 910, 962) oder öffentlich-rechtlichen Normen (zB §§ 758, 808, 883ff ZPO) ein **Recht zum eigenmächtigen Eingriff** in den Besitz gewährt. Der verbote- nen Eigenmacht iSd § 858 I steht der durch verbotene Eigenmacht erlangte **fehlerhafte Besitz** iSd § 858 II gleich. **Fehlerhaft** ist der durch verbotene Eigenmacht erlangte Be- sitz. Die Fehlerhaftigkeit muss der **Erbe** immer (§ 858 II 2 Alt 1), ein **Besitznachfolger** dag nur **bei Kenntnis der Fehlerhaftigkeit** (§ 858 II 2 Alt 2) gegen sich gelten lassen.

§ 859 Selbsthilfe des Besitzers

(1) Der Besitzer darf sich verbotener Eigenmacht mit Gewalt erwehren.
(2) Wird eine bewegliche Sache dem Besitzer mittels verbotener Eigenmacht wegge- nommen, so darf er sie dem auf frischer Tat betroffenen oder verfolgten Täter mit Ge- walt wieder abnehmen.
(3) Wird dem Besitzer eines Grundstücks der Besitz durch verbotene Eigenmacht ent- zogen, so darf er sofort nach der Entziehung sich des Besitzes durch Entsetzung des Täters wieder bemächtigen.
(4) Die gleichen Rechte stehen dem Besitzer gegen denjenigen zu, welcher nach § 858 Abs. 2 die Fehlerhaftigkeit des Besitzes gegen sich gelten lassen muss.

1 **I. Selbsthilferechte des Besitzers** sind das Recht zur **Besitzwehr** (§ 859 I), wenn die Ent- ziehung oder Störung des Besitzes droht oder noch andauert und das Recht zur **Besitz- kehr** (§ 859 II oder III), wenn die Besitzentziehung bereits vollendet ist.

2 **II. Die Besitzkehr** ist allerdings nur in engen zeitlichen Grenzen zulässig. Sie kann nur unmittelbar im Anschluss an die Tat (§ 859 II: „dem auf frischer Tat betroffenen oder verfolgten Täter"; § 859 III: „sofort nach der Entziehung") ausgeübt werden. Die Rechte aus § 859 gehen einerseits weiter als die aus **Notwehr und Selbsthilfe** nach §§ 227, 229. So ist nicht jede Besitzstörung ein Angriff iSd § 227. Zudem ist im Ggs zu § 229 unerheblich, ob obrigkeitliche Hilfe erlangt werden kann. Andererseits kann ein Verhalten immer noch nach § 229 gerechtfertigt sein, wenn das rechtlich eng begrenzte Besitzkehrrecht bereits überschritten ist.

§ 860 Selbsthilfe des Besitzdieners

Zur Ausübung der dem Besitzer nach § 859 zustehenden Rechte ist auch derjenige be- fugt, welcher die tatsächliche Gewalt nach § 855 für den Besitzer ausübt.

Die Ansprüche aus § 859 stehen nach § 860 dem **Besitzdiener** und nach hM auch dem **mittelbaren Besitzer** zu, wenn gegen den unmittelbaren Besitzer verbotene Eigenmacht verübt wird (Baur/Stürner § 9 Rn 23). 1

§ 861 Anspruch wegen Besitzentziehung

(1) Wird der Besitz durch verbotene Eigenmacht dem Besitzer entzogen, so kann dieser die Wiedereinräumung des Besitzes von demjenigen verlangen, welcher ihm gegenüber fehlerhaft besitzt.
(2) Der Anspruch ist ausgeschlossen, wenn der entzogene Besitz dem gegenwärtigen Besitzer oder dessen Rechtsvorgänger gegenüber fehlerhaft war und in dem letzten Jahre vor der Entziehung erlangt worden ist.

§ 862 Anspruch wegen Besitzstörung

(1) ¹Wird der Besitzer durch verbotene Eigenmacht im Besitz gestört, so kann er von dem Störer die Beseitigung der Störung verlangen. ²Sind weitere Störungen zu besorgen, so kann der Besitzer auf Unterlassung klagen.
(2) Der Anspruch ist ausgeschlossen, wenn der Besitzer dem Störer oder dessen Rechtsvorgänger gegenüber fehlerhaft besitzt und der Besitz in dem letzten Jahre vor der Störung erlangt worden ist.

§ 863 Einwendungen des Entziehers oder Störers

Gegenüber den in den §§ 861, 862 bestimmten Ansprüchen kann ein Recht zum Besitz oder zur Vornahme der störenden Handlung nur zur Begründung der Behauptung geltend gemacht werden, dass die Entziehung oder die Störung des Besitzes nicht verbotene Eigenmacht sei.

§ 864 Erlöschen der Besitzansprüche

(1) Ein nach den §§ 861, 862 begründeter Anspruch erlischt mit dem Ablauf eines Jahres nach der Verübung der verbotenen Eigenmacht, wenn nicht vorher der Anspruch im Wege der Klage geltend gemacht wird.
(2) Das Erlöschen tritt auch dann ein, wenn nach der Verübung der verbotenen Eigenmacht durch rechtskräftiges Urteil festgestellt wird, dass dem Täter ein Recht an der Sache zusteht, vermöge dessen er die Herstellung eines seiner Handlungsweise entsprechenden Besitzstands verlangen kann.

§§ 861–864

I. **Rechtshilfe** gewährt das Gesetz gegen **Besitzentziehung** (§ 861) und **Besitzstörung** 1 (§ 862). Darüber hinaus hat der Besitzer ein **Verfolgungsrecht** (§ 867). Der Besitzentziehungsanspruch nach § 861 I ist abtretbar (BGH NJW 08, 580).
II. Die Ansprüche aus §§ 861, 862 bezwecken allein den Schutz des tatsächlichen Be- 2 sitzstandes völlig **unabhängig** davon, ob der Besitzer **zum Besitz berechtigt** ist. § 863 lässt daher keine **petitorischen Einwände** aus dem Recht zum Besitz gegen die Besitzschutzansprüche aus den §§ 861, 862 zu. Der Beklagte hat ggü den possessorischen Ansprüchen also nur die possessorischen Einwendungen der §§ 861 II, 862 II (der Kläger besitzt seinerseits fehlerhaft) und § 864 I (Ausschluss der §§ 861, 862 nach einem Jahr) sowie § 864 II (rechtskräftig festgestelltes Recht zum Besitz).
Das Ausklammern petitorischer Einwände aus dem Recht zum Besitz vereinfacht das 3 Besitzschutzverfahren erheblich. Dies gewährleistet eine schnelle Sanktion gegen die verbotene Eigenmacht. Nur so kann auch der zum Besitz Berechtigte wirksam davon abgehalten werden, sein Recht eigenmächtig im Wege der Selbsthilfe durchzusetzen.

4 Die Besitzschutzklagen sind in der Praxis allerdings unbeliebt, weil sie zu keiner endgültigen Klärung des Rechts zum Besitz führen. Die heute hM lässt daher gegen die Klagen aus §§ 861, 862 trotz § 863 eine sog **petitorische Widerklage** aus dem Recht des Beklagten zum Besitz zu (sehr str, dafür BGHZ 53, 169; dag Staud/Gutzeit § 863 Rn 8). Der BGH (BGHZ 73, 357) will bei gleichzeitiger Entscheidungsreife der Besitzschutz- und der petitorischen Widerklage die Besitzschutzklage analog § 864 II sogar noch vor Rechtskraft des Widerklageurteils abweisen (dag Jauernig/Jauernig Anm §§ 861–864 Rn 7).

§ 865 Teilbesitz

Die Vorschriften der §§ 858 bis 864 gelten auch zugunsten desjenigen, welcher nur einen Teil einer Sache, insbesondere abgesonderte Wohnräume oder andere Räume, besitzt.

1 I. Die Vorschrift ordnet die Anwendbarkeit der allg Besitzschutzvorschriften auf den **Teilbesitz** an. Damit wird zugleich die rechtliche Möglichkeit eines Teilbesitzes anerkannt.

2 II. Während Vollbesitz der Besitz einer ganzen Sache ist, ist Teilbesitz der Besitz selbständig beherrschbarer Teile einer Sache. § 865 nennt als Bsp den Besitz abgesonderter Wohnräume oder anderer Räume. Auch an **beweglichen Sachen** ist Teilbesitz möglich, soweit die Teile einer Sache räumlich abgegrenzt sind wie zB bei einem gesondert verschließbaren Schrankfach.

§ 866 Mitbesitz

Besitzen mehrere eine Sache gemeinschaftlich, so findet in ihrem Verhältnis zueinander ein Besitzschutz insoweit nicht statt, als es sich um die Grenzen des den einzelnen zustehenden Gebrauchs handelt.

1 I. § 866 lässt den Besitzschutz im Verhältnis mehrerer Mitbesitzer zueinander entfallen, soweit nicht eine Besitzentziehung vorliegt.

2 II. Das BGB unterscheidet zwischen **Allein- und Mitbesitz**. Alleinbesitzer ist, wer eine Sache unter Ausschluss anderer Personen besitzt. Mitbesitz liegt dag vor, wenn mehrere Personen eine Sache unmittelbar oder auf gleicher Stufe mittelbar besitzen. Beim Mitbesitz unterscheidet man den **schlichten** Mitbesitz, bei dem jeder Mitbesitzer zwar die Sachherrschaft, aber auf die anderen Mitbesitzer Rücksicht zu nehmen hat (zB Gegenstände der ehelichen Wohnung, soweit sie nicht zum persönlichen Gebrauch eines Ehegatten bestimmt sind), vom **qualifizierten** Mitbesitz, bei dem die Ausübung der tatsächlichen Gewalt nur gemeinsam möglich ist (zB beim Vorhandensein von zwei Schlössern, wenn jeder Mitbesitzer nur den Schlüssel für eines der Schlösser hat). Mitbesitzern stehen die allg **Besitzschutzansprüche** zu; diese entfallen nur im Verhältnis der Mitbesitzer untereinander, soweit der Besitz nicht entzogen wird. Im Verhältnis zu **Dritten** hat jeder Mitbesitzer unbeschränkten Besitzschutz. Er kann aber gem § 861 nur die Wiedereinräumung des Mitbesitzes verlangen. Die Einräumung des Alleinbesitzes kann er nur entspr § 869 S 2 Halbs 2 nur fordern, wenn die übrigen Mitbesitzer den Mitbesitz nicht mehr übernehmen wollen oder können (OLG Düsseldorf NZM 02, 192; Palandt/Bassenge § 866 Rn 4).

§ 867 Verfolgungsrecht des Besitzers

¹**Ist eine Sache aus der Gewalt des Besitzers auf ein im Besitz eines anderen befindliches Grundstück gelangt, so hat ihm der Besitzer des Grundstücks die Aufsuchung und die Wegschaffung zu gestatten, sofern nicht die Sache inzwischen in Besitz genommen worden ist.** ²**Der Besitzer des Grundstücks kann Ersatz des durch die Aufsuchung und die Wegschaffung entstehenden Schadens verlangen.** ³**Er kann, wenn die Entstehung ei-**

nes Schadens zu besorgen ist, die Gestattung verweigern, bis ihm Sicherheit geleistet wird; die Verweigerung ist unzulässig, wenn mit dem Aufschub Gefahr verbunden ist.

Die Vorschrift ist ohne praktische Bedeutung. Ist der Grundstücksbesitzer mit dem Betreten seines Grundstücks und der Wegschaffung der Sache einverstanden, ist S 1 überflüssig. Anderenfalls liegt in der Verweigerung der Gestattung im Regelfall eine Besitzergreifung, so dass § 867 S 1 kein Recht zu einer eigenmächtigen Verfolgung und Wegschaffung der Sache gegen den Willen des Grundstücksbesitzers gibt. 1

§ 868 Mittelbarer Besitz

Besitzt jemand eine Sache als Nießbraucher, Pfandgläubiger, Pächter, Mieter, Verwahrer oder in einem ähnlichen Verhältnis, vermöge dessen er einem anderen gegenüber auf Zeit zum Besitz berechtigt oder verpflichtet ist, so ist auch der andere Besitzer (mittelbarer Besitz).

I. Die Vorschrift definiert den mittelbaren Besitz. Mittelbarer Besitzer ist danach, wer die tatsächliche Gewalt durch einen unmittelbaren Besitzer – **Besitzmittler** – für sich ausüben lässt. Auch der mittelbare Besitz gründet sich auf eine tatsächliche Beziehung des mittelbaren Besitzers zur Sache mit einem darauf gerichteten Besitzwillen. Er ist also keine fiktive, sondern eine **wirkliche gegenwärtige Sachherrschaft**, die durch die Person des unmittelbaren Besitzers, des sog Besitzmittlers gewährleistet wird (Westermann/Gursky § 16, 5 d, f). Der mittelbare Besitz ist dem unmittelbaren grds gleichgestellt. Er genießt Besitzschutz (§ 869), es gelten die §§ 1006, 1007 und der mittelbare Besitzer kann nach § 985 verklagt werden. 1

II. Voraussetzung des mittelbaren Besitzes ist das Bestehen eines **Besitzmittlungsverhältnisses**. Dieses setzt voraus: 2

1. Zunächst ist ein **konkretes Besitzmittlungsverhältnis** erforderlich. Die bloße abstrakte Vereinbarung, in Zukunft als Besitzmittler zu besitzen, ohne dass Rechte und Pflichten festgelegt würden, genügt für § 868 nicht (vgl BGH NJW 53, 218). Das Rechtsverhältnis kann auf Rechtsgeschäft (zB Werkvertrag, Auftrag), Gesetz (zB Geschäftsführung ohne Auftrag, Ehe, elterliche Sorge, Vormundschaft, Insolvenz-, Nachlass-, Zwangsverwaltung, Testamentsvollstreckung) oder staatlichem Hoheitsakt (Pfändung durch Gerichtsvollzieher) beruhen. 3

2. Das Besitzrecht des unmittelbaren Besitzers muss vom Oberbesitzer **abgeleitet** sein. Dieses abgeleitete Besitzrecht des Unterbesitzers ist begrenzter als das des Oberbesitzers. Das Besitzrecht des Unterbesitzers muss untergeordnet sein und darf nur auf Zeit bestehen. Der mittelbare Besitzer muss berechtigt sein, Weisungen hins der Sache zu erteilen. An einer Besitzrechtsableitung fehlt es nach hM zB im Verhältnis zwischen Finder und Verlierer (Jauernig/Jauernig § 868 Rn 3). Nach heute hM braucht das Besitzmittlungsverhältnis nicht rechtsgültig zu sein. Es genügt ein vermeintliches Rechtsverhältnis, sofern nur der Fremdbesitzerwille und ein Herausgabeanspruch irgendeiner Art (zB aus §§ 812, 681 mit 667, 985) bestehen. 4

3. Aus der Besitzrechtsableitung folgt, dass dem Oberbesitzer gegen den Unterbesitzer ein wirksamer und durchsetzbarer **Herausgabeanspruch** (zB aus dem Besitzmittlungsverhältnis oder aus §§ 812, 667, 985) zustehen muss. 5

4. Schließlich muss der unmittelbare Besitzer **Fremdbesitzerwillen** haben. Nur derjenige Besitzer, den Willen hat, für den mittelbaren Besitzer die tatsächliche Sachherrschaft auszuüben, kann Besitz mitteln, da es über dem Eigenbesitz keinen Oberbesitz gibt. Str ist allerdings, ob auch bei gesetzlich begründetem Besitzmittlungsverhältnis ein Fremdbesitzerwille erforderlich ist (aA BGHZ 9, 78). Schwingt sich der Fremdbesitzer zum Eigenbesitzer auf (zB A hat sich bei B ein Buch geliehen. Er trägt seinen Namen in das geliehene Buch ein – auch hier entscheidet allein der nach außen erkennbare Wille), so endet die Besitzmittlung, und der mittelbare Besitz geht unter. 6

5. Der mittelbare Besitz wird durch die Begründung eines Besitzmittlungsverhältnisses **erworben**. Seine Übertragung auf einen anderen erfolgt durch die Abtretung des Her- 7

ausgabeanspruchs nach § 398 (§ 870). Ein **Besitzbegründungswille** des mittelbaren Besitzers muss nach hM nicht nur bei vertraglich begründeten, sondern auch bei gesetzlichen Besitzmittlungsverhältnissen vorliegen (Westermann/Gursky § 18 I 2).

8 6. Der mittelbare Besitz wird durch den Wegfall einer der Voraussetzungen des mittelbaren Besitzes **beendet**: Durch den Besitzverlust des Unterbesitzers (er gibt die Sache an den Oberbesitzer zurück oder ihm wird die Sache gestohlen), das Ende der Besitzmittlung (zB der unmittelbare Besitzer gibt den Fremdbesitzwillen auf und schwingt sich zum Eigenbesitzer iSv § 872 auf) oder den Wegfall des Herausgabeanspruchs (zB bei vollständiger Zahlung des Kaufpreises).

§ 869 Ansprüche des mittelbaren Besitzers

¹Wird gegen den Besitzer verbotene Eigenmacht verübt, so stehen die in den §§ 861, 862 bestimmten Ansprüche auch dem mittelbaren Besitzer zu. ²Im Falle der Entziehung des Besitzes ist der mittelbare Besitzer berechtigt, die Wiedereinräumung des Besitzes an den bisherigen Besitzer zu verlangen; kann oder will dieser den Besitz nicht wieder übernehmen, so kann der mittelbare Besitzer verlangen, dass ihm selbst der Besitz eingeräumt wird. ³Unter der gleichen Voraussetzung kann er im Falle des § 867 verlangen, dass ihm die Aufsuchung und Wegschaffung der Sache gestattet wird.

1 Die Vorschrift regelt den Besitzschutz des mittelbaren Besitzers. Da Gegenstand des Besitzschutzes nur der unmittelbare Besitz ist (vgl § 858 Rn 1), hat im Verhältnis zwischen unmittelbarem und mittelbarem Besitzer nur der unmittelbare Besitzer Ansprüche aus §§ 861, 862, 867 gegen den mittelbaren Besitzer, nicht umgekehrt. Im **Verhältnis zu Dritten** hat dag nach § 869 auch der mittelbare Besitzer bei einer verbotenen Eigenmacht gegen den unmittelbaren Besitzer die Ansprüche aus §§ 861, 862 (S 1) und § 867 (S 3) als eigene Rechte. Ihm stehen über den Wortlaut der Vorschrift hinaus auch die **Selbsthilferechte aus** § 859 zu (Palandt/Bassenge § 869 Rn 2; aA MK/Joost § 869 Rn 7).

§ 870 Übertragung des mittelbaren Besitzes

Der mittelbare Besitz kann dadurch auf einen anderen übertragen werden, dass diesem der Anspruch auf Herausgabe der Sache abgetreten wird.

1 Die Vorschrift regelt die Übertragung des mittelbaren Besitzes, vgl § 868 Rn 7.

§ 871 Mehrstufiger mittelbarer Besitz

Steht der mittelbare Besitzer zu einem Dritten in einem Verhältnis der in § 868 bezeichneten Art, so ist auch der Dritte mittelbarer Besitzer.

1 I. Die Norm regelt die Besitzverhältnisse des höherstufigen mittelbaren Besitzers. Der mehrfach gestufte mittelbare Besitz ist eine **Sonderform** des mittelbaren Besitzes, bei dem ein mittelbarer Besitzer zugleich wieder Besitzmittler für einen weiteren mittelbaren Besitzer ist. So ist zB bei einer untervermieteten Wohnung der Untermieter unmittelbarer Fremdbesitzer, der Mieter und Untervermieter mittelbarer Fremdbesitzer 1. Stufe, der Vermieter mittelbarer Eigenbesitzer 2. Stufe.

2 II. Str ist, ob mehrere Oberbesitzer nicht nur übereinander (dann mehrfach gestufter mittelbarer Besitz), sondern auch auf gleicher Stufe nebeneinander mittelbare Besitzer (sog **Nebenbesitzer**) sein können. Die Frage ist namentlich für die Möglichkeit eines gutgläubigen Erwerbs nach § 934 bedeutsam, für den der Nebenbesitz nicht genügen soll (vgl § 934). Die hM lehnt die Möglichkeit eines solchen Nebenbesitzes ab, der auf verschiedenen und voneinander unabhängigen Besitzmittlungsverhältnissen zu demselben unmittelbaren Besitzer beruht, weil er keine gesetzlich zugelassene besitzrechtliche Beteiligung mehrerer Personen an einer Sache sei. Die Anerkennung der Herausgabe-

pflicht ggü dem einen Oberbesitzer bedeute zwingend ihre Verneinung ggü dem anderen (Palandt/Bassenge § 868 Rn 2; aA Baur/Stürner, § 52 Rn 24). Allein durch die Begr des neuen Besitzmittlungsverhältnisses sei das alte erloschen (BGH NJW 79, 2038).

§ 872 Eigenbesitz
Wer eine Sache als ihm gehörend besitzt, ist Eigenbesitzer.

Die Vorschrift definiert den Eigenbesitz. Gegenbegriff ist der Fremdbesitz. Eigen- und 1 Fremdbesitz unterscheiden sich nach hM (vgl BGHZ 132, 257; Staud/Gutzeit § 872 Rn 2; aA Ernst, Eigenbesitz und Mobiliarerwerb, 1992, 31 f) allein nach der **Willensrichtung des Besitzers**. Der Eigenbesitzer besitzt die Sache als ihm gehörend (§ 872), der Fremdbesitzer für einen anderen, von dem er seinen Besitz (zB als Vorbehaltskäufer, Mieter, Pächter, Nießbraucher, Pfandgläubiger) ableitet. Eigenbesitz ist Voraussetzung der Erwerbstatbestände der §§ 937, 958, 955 und der Eigentumsvermutung des § 1006. Auch die Vorschriften über das **Eigentümer-Besitzer-Verhältnis** (§§ 987ff) sind nach der hier vertretenen Auffassung **nur auf den unrechtmäßigen Eigenbesitzer anwendbar** (Harder, FS Mühl, 267, 275; aA hM vgl RGZ 101, 310; Baur/Stürner § 11 Rn 31; Staud/Gursky Vor §§ 987–993 Rn 13). Die §§ 987–1003 sollen nur den gutgläubigen, nicht verklagten Eigenbesitzer, der auf sein Besitzrecht vertraut und sich daher für berechtigt halten darf, mit der Sache nach Belieben zu verfahren, vor einer Inanspruchnahme durch den Eigentümer hins gezogener Nutzungen und einer etwaigen Beschädigung der Sache schützen (vgl Erm/Ebbing Vor §§ 987–993 Rn 53, 63). In dieser Privilegierung liegt ein Ausgleich für die Herausgabepflicht nach § 985 in den Fällen, in denen die Voraussetzungen einer Ersitzung (noch) nicht vorliegen (Vgl Vor §§ 987–1003 Rn 1, 7). Für den unrechtmäßigen Fremdbesitzer gelten die §§ 987–1003 daher nur insoweit, wie dies ausdrücklich im Gesetz angeordnet ist (§§ 991 II und 988).

Abschnitt 2
Allgemeine Vorschriften über Rechte an Grundstücken

Vorbemerkung zu §§ 873–928

I. Das **Grundstücksrecht** umfasst die besonderen sachenrechtlichen Regeln für Grund- 1 stücke und grundstücksgleiche Rechte sowie deren Belastungen. Auch für unbewegliche Sachen gelten also die **allg Grundsätze** über den Besitz (§§ 854–872) sowie über den Inhalt und Schutz des Eigentums (§§ 903–924, 985–1011). Gesondert geregelt sind demggü insb **Verfügungen** über Grundstücke und Grundstücksrechte, die nach § 873 I der Eintragung im Grundbuch bedürfen, sowie die **beschränkten dinglichen Rechte** an Grundstücken, für die in den §§ 1018–1203 andere und weiter gehende Möglichkeiten als bei beweglichen Sachen bestehen (vgl zur Entwicklung des Grundbuch- und Grundstücksrechts: Böttcher NJW 10, 1647 ff; ders NJW 11, 822 ff; ders NJW 12, 2769 ff; ders NJW 13, 838 ff, ders. NJW 13, 2805 ff).

1. Der für das gesamte Grundstücksrecht grundlegende Rechtsbegriff des **Grundstücks** 2 wird im Gesetz nicht definiert, sondern vorausgesetzt. **Grundstück im Rechtssinn** ist ein bestimmter räumlich abgegrenzter Teil der Erdoberfläche, der auf einem besonderen Grundbuchblatt oder unter einer besonderen Nummer eines gemeinsamen Grundbuchblattes geführt wird. Das BGB, die GBO, die ZPO, das ZVG, das GrdstVG, das BauGB und die BauNVO gehen von diesem juristischen Grundstücksbegriff aus. Von dem Grundstück im Rechtssinn ist das **Grundstück im wirtschaftlichen Sinn** zu unterscheiden. Dies sind Bodenflächen, die eine selbstständige wirtschaftliche Einheit bilden. Der wirtschaftliche Grundstücksbegriff liegt dem BewertungsG und dem RSiedlG zugrunde (MK/Kohler Vor § 873 Rn 4 f). Der juristische baut auf dem **vermessungstechnischen Grundstücksbegriff** auf. Grundstück im vermessungstechnischen Sinn (**Flurstück, Katasterparzelle**) ist ein zusammenhängender Teil der Erdoberfläche, der von

einer in sich geschlossenen Linie umgrenzt und in der Flurkarte unter einer besonderen Nummer verzeichnet ist (Palandt/Bassenge Vor § 873 Rn 1). Aus dem Kataster ergeben sich die Größe und Lage einer Bodenfläche. Das Grundstück wird zwar im Grundbuch nach der ihr im Kataster gegebenen Nummer benannt (§ 2 II GBO), doch wird ein Flurstück erst dann zu einem Grundstück im Rechtssinn, wenn es im Grundbuch unter einer besonderen Nummer geführt wird. Ein Grundstück kann daher aus mehreren Flurstücken bestehen, doch kann ein Flurstück nicht mehrere Grundstücke umfassen.

3 2. **Grundstücksrechte** sind das **Eigentum** als die umfassendste rechtliche Herrschaft über ein Grundstück (vgl § 903) sowie die **beschränkten dinglichen Rechte**, die dem Inhaber im Vergleich zum Eigentum lediglich eine inhaltlich begrenzte Rechtsmacht gewähren, die aus dem Eigentum ausgeschnitten ist. Zu den beschränkten dinglichen Rechten an Grundstücken gehören den Nutzungs- (Nießbrauch, Dienstbarkeiten, Erbbaurecht), die Verwertungs- (Reallast, Hypothek, Grundschuld, Rentenschuld) sowie Erwerbsrechte (Vorkaufsrecht, zum dinglichen Vorkaufsrecht allg s Böttcher RpflStud 11, 208 ff; bzgl d Gewährung eines lebenslangen Wohnrechts als Ausgleich für den niedrigen Kaufpreis vgl OLG Koblenz MDR 13, 512; zum Vorkaufsrecht im Rahmen einer Immobilienportfoliotransaktion s Pröbsting/Spanken KSzW 12, 358 ff).

4 3. **Grundstücksgleiche Rechte** sind beschränkte dingliche Rechte an einem Grundstück, die kraft Gesetzes den Grundstücken weitgehend gleichgestellt werden. Dies sind das Erbbaurecht (§ 11 ErbbauRG), das Bergwerkseigentum (§ 9 I BBergG) sowie das Wohnungseigentum (WEG). **Rechte an Grundstücksrechten** sind dingliche Belastungen beschränkter dinglicher Rechte an einem Grundstück bzw an einem grundstücksgleichen Recht, zB das Pfandrecht oder der Nießbrauch an einer Grundschuld (§§ 1291, 1080; zur Grundstücksschenkung unter Nießbrauchvorbehalt: Ivens ZEV 12, 71 ff).

5 4. Wegen der großen volkswirtschaftlichen Bedeutung von Grundstückseigentum und Grundstücksrechten bedarf jede rechtsgeschäftliche Rechtsänderung an Grundstücken oder an Grundstücksrechten zu ihrer Wirksamkeit der Eintragung im Grundbuch (**Grundbuchsystem** vgl § 873 I). Dabei ist zwischen dem formellen und dem materiellen Grundbuchrecht zu unterscheiden: Das **formelle Grundbuchrecht** regelt die Einrichtung der Grundbuchbehörden und der Grundbücher sowie das bei der Grundbucheintragung zu beachtende Verfahren. Es ist in der GBO mit Durchführungsverordnungen geregelt. Demggü bestimmt das in §§ 873 ff geregelte **materielle Grundstücksrecht** die Voraussetzungen für die Wirksamkeit dinglicher Rechtsänderungen. Es bestimmt also, welche Erklärungen in welcher Form erforderlich sind, damit die Verfügung (Belastung, Übertragung, Inhaltsänderung oder Aufhebung) über ein dingliches Recht an einem Grundstück und Grundstücksrecht wirksam ist.

6 **II. Formelles Grundbuchrecht.** Das Grundbuch dient dazu, Klarheit über den Rechtszustand an Grundstücken zu schaffen. Es hat damit im Grundstücksrecht dieselbe Funktion, die im Recht der beweglichen Sachen dem Besitz zukommt: Es tritt an die Stelle des Besitzes als Mittel der **Publizität** aller Grundstücksrechte (Wilhelm, Rn 543, 663), indem es Rechte an Grundstücken und deren Veränderungen äußerlich erkennbar macht. Diese Publizität liegt erst mit der Eintragung einer Verfügung über Grundstücke oder Grundstücksrechte im Grundbuch vor. Deshalb werden rechtsgeschäftliche Rechtsänderungen im Grundstücksrecht grds nur dadurch wirksam, dass sie in das Grundbuch eingetragen werden. Dieses Erfordernis ergibt sich aus § 873 I, also aus dem materiellen Liegenschaftsrecht. Dag regelt das formelle Grundbuchrecht das Verfahren für Grundbucheintragungen, also Voraussetzungen und Form der Eintragung.

7 1. **Grundbuch.** Die Grundbücher werden nach § 1 I 1 GBO von den Amtsgerichten als **Grundbuchämter** geführt. Diese sind für alle in ihrem Bezirk liegenden Grundstücke örtlich zuständig (§ 1 I 2 GBO). Die sachliche Zuständigkeit für die Führung der Grundbücher lag früher bei den Grundbuchrichtern, doch sind heute die meisten Aufgaben dem **Rechtspfleger** übertragen (§ 3 Nr 1 lit h RPflG). Die Grundbücher werden für bestimmte räumliche Bezirke eingerichtet (§ 2 GBO). Für die Bezirke bestehen oft mehrere Bände. Für jedes Grundstück oder grundstücksgleiche Recht wird je ein **Grundbuchblatt** angelegt (§ 3 I 1 GBO). Dieses Grundbuchblatt ist für das betr Grundstück als das **Grundbuch** iSd BGB anzusehen (§ 3 I 2 GBO).

Das einzelne Grundbuchblatt besteht aus einer Aufschrift, einem Bestandsverzeichnis 8
sowie drei Abteilungen. Es beginnt mit der **Aufschrift**, die das Amtsgericht, den Grundbuchbezirk sowie die Nummer des Bandes und des Blattes angibt. Hierauf folgt das **Bestandsverzeichnis**, in dem das Grundstück nach Kataster (Gemarkung, Flur, Flurstück), Wirtschaftsart, Lage und Größe bezeichnet wird. Nach dem Bestandsverzeichnis folgen drei Abteilungen im Grundbuch. In der **I. Abteilung** werden der Eigentümer und die sachenrechtliche Grundlage des Eigentumserwerbs (zB Auflassung oder Erbgang) verzeichnet. Die **II. Abteilung** enthält alle beschränkten dinglichen Rechte am Grundstück mit Ausn der Grundpfandrechte (zB dingliche Vorkaufsrechte (hierzu allg Böttcher RpflStud 11, 208 ff; zur Unterscheidung vom schuldrechtlichem Vorkaufsrecht vgl OLG Zweibrücken MittBayNot 13, 43), Nießbrauch, Dienstbarkeiten), alle eintragungsfähigen Verfügungsbeschränkungen wie Insolvenz, Zwangsversteigerung und Nacherbschaft sowie die Vormerkungen und Widersprüche, die das Eigentum oder ein in dieser Abteilung eingetragenes beschränktes dingliches Recht betreffen (zB die Auflassungsvormerkung). In der **III. Abteilung** werden Hypotheken, Grund- und Rentenschulden sowie die Vormerkungen und Widersprüche aufgenommen, die sich auf diese beziehen. In die einzelnen Abteilungen wird nicht nur das Recht vermerkt, sondern idR auch der Rechtsgrund, die Veränderung und die Löschung des Rechts. Bei der Eintragung kann auf Urkunden Bezug genommen werden, die in den für jedes Grundbuchblatt gesondert geführten **Grundakten** gesammelt und aufgehoben werden. Das Ende 1993 in Kraft getretene RegVBG lässt die Einrichtung eines **EDV-Grundbuchs** zu (§§ 126–134 GBO).

2. Grundbucheintragung. Das Verfahren für Grundbucheintragungen regelt die GBO. 9
Grds dürfen nur solche Eintragungen erfolgen, die durch Rechtsnormen vorgeschrieben oder zugelassen sind. Es ist also vorab stets zu prüfen, ob die Eintragung ein **eintragungsfähiges Recht** betrifft, also ein dingliches Grundstücksrecht, das bundes- oder landesrechtlich zugelassen ist (Prütting, Rn 270).

a) Eintragungsfähig sind **dingliche Rechte an Grundstücken** (zB Eigentum, Dienstbar- 10
keiten, Grundpfandrechte), **dingliche Rechte an Grundstücksrechten** (Pfandrecht oder Nießbrauch an Grundstücksbelastungen), **Vormerkungen**, §§ 883 ff, **Widersprüche**, § 899, **Rechtshängigkeitsvermerke** (wegen § 325 II ZPO iVm § 892), **Umlegungsvermerke**, § 54 I 2 BauGB, **Bedingungen und Befristungen** (wegen §§ 161 III, 163, 892 f; vgl OLG München ZEV 12, 428) und **relative Verfügungsbeschränkungen** (zB gem §§ 135 f) sowie diesen gleichgestellte **Verfügungsentziehungen** nach §§ 1984, 2113 ff, 2129, 2211 BGB; §§ 21 II Nr 2, 81 InsO). Eintragungsfähig sind auch sog **Wirksamkeitsvermerke**, wenn ein Bedürfnis dafür besteht, an dem Grundbuch die Wirksamkeit eines eingetragenen Rechtes ggü einer Verfügungsbeschränkung ersichtlich zu machen. Ein solches Bedürfnis besteht beispielsweise, wenn eine Verfügung über ein Grundstück, das der Nacherbfolge unterliegt, dem Nacherben ggü auch bei Eintritt des Nacherbfalls entgg § 2113 wirksam ist oder wenn bei einer außerhalb des Grundbuchs wirksam werdenden nachträglichen Verfügungsbeeinträchtigung – zB durch Eröffnung des Insolvenzverfahrens – mit Zustimmung des nunmehr Berechtigten ein wirksamer Rechtserwerb an dem Grundstück erfolgt (BGHZ 141, 169, 172; hins einer früheren Vormerkung ist die zeitgleiche Eintragung von Wirksamkeitsvermerken und Finanzierungsgrundpfandrechten ein gebührenfreies Nebengeschäft: Schleswig-Holsteinisches OLG Rpfleger 02, 226 f). Auch ggü einer Auflassungsvormerkung besteht ein Bedürfnis, die eingeschränkte Wirksamkeit des vom Veräußerer vertragsgemäß bestellten, später eingetragenen Grundpfandrechts durch Vermerk klarzustellen. Zwar lässt die nach § 879 I 2 dem Grundpfandrecht vorgehende Vormerkung dessen Wirksamkeit ggü dem Vormerkungsberechtigten unberührt, doch ergibt sich das Bedürfnis aus der Publizitätsfunktion des Grundbuchs, da der Wirksamkeitsvermerk die Wirkung des § 879 I 2 für jedermann klarstellt (BGHZ 141, 169, 172; zur Eintragungsfähigkeit eines Rangrücktritts der Auflassungsvormerkung ggü der Grundschuld s Hanseatisches OLG Bremen WM 05, 1241). Umstritten war die Eintragungsfähigkeit einer GbR selbst als Grundstückseigentümerin (dafür OLG Stuttgart NJW 08, 305; dag BayObLG NJW 03, 70; OLG Celle NJW 06, 2194). Der BGH hatte diese Frage zu-

nächst offengelassen. Die GbR fungiere jedenfalls dann als Eigentümerin, wenn ihre Gesellschafter mit dem Zusatz „als Gesellschafter bürgerlichen Rechts" im Grundbuch eingetragen seien (BGH NJW 06, 3716). Zuletzt entschied der BGH, dass die GbR als Berechtigte einzutragen und entweder mit dem im Gesellschaftervertrag festgelegten Namen oder in Ermangelung dessen als „Gesellschaft bürgerlichen Rechts bestehend aus ..." und den Namen ihrer Gesellschafter zu bezeichnen sei (BGH NJW 09, 594). Durch die Neuregelung des § 47 II GBO ist nunmehr klargestellt, dass eine GbR als Inhaberin von Rechten eingetragen werden kann, wenn die GbR und ihre Gesellschafter in der notariellen Auflassungsurkunde benannt sind und die Handelnden erklären, dass sie die alleinigen Gesellschafter sind (BGH NJW 11, 1958 ff; dem schließt sich auch das OLG München, NJW-RR 11, 1311 f an; s allg hierzu Böttcher notar 12, 111 ff; Kohler Jura 12, 1 ff; Suttmann NJW 13, 423 ff; zum Nachw der Vertretungsverhältnisse einer GbR bei Löschung einer von ihr erwirkten Zwangssicherungshypothek s Bestelmeyer Rpfleger 12, 63 ff zu BGH MDR 11, 1467; zu den erforderlichen Nachw für die Eintragung einer GbR ggü dem Grundbuchamt auch KG Berlin MDR 11, 1368 f).

11 b) **Nicht eintragungsfähig** sind demggü nach der Rechtsordnung **nicht anerkannte dingliche Rechte** an Grundstücken (zB ein Nutzungspfandrecht – Antichrese), **obligatorische Rechte** (zB Miete oder Pacht), **öffentliche Lasten und Rechte** sowie Vermerke über Verfügungsbeschränkungen, die auf **persönlichen Verhältnissen** beruhen (zB Geschäftsunfähigkeit, Güterstand).

12 c) Nach der GBO hat eine Grundbucheintragung folgende **Voraussetzungen:**

13 aa) **Eintragungsantrag.** In der GBO gilt das **Antragsprinzip**, dh eine Eintragung erfolgt grds lediglich auf Antrag der Betroffenen oder Begünstigten (§ 13 I 1 GBO) und nur ausnahmsweise auf Ersuchen einer Behörde (§ 38 GBO) oder vAw (zB nach §§ 18 II, 48, 51 f, 53 I, 76, 82 a, 84 ff, 90 ff GBO). Der Antrag ist eine verfahrensrechtliche Erklärung ggü dem Grundbuchamt und **formlos** gültig. Er kann nicht an einen **Vorbehalt** (Bedingung oder Befristung) geknüpft werden (§ 16 I GBO), doch besteht bis zur Eintragung **Widerruflichkeit** (§ 31 GBO). Eine **Stellvertretung** bei der Antragstellung ist zulässig. Der beurkundende Notar gilt nach § 15 GBO als zur Antragstellung ermächtigt.

14 **Antragsbefugt** ist gem § 13 I 2 GBO jeder unmittelbar Beteiligte, dessen Recht von der Eintragung betroffen wird oder zu dessen Gunsten die Eintragung erfolgen soll, also sowohl der verlierende wie der gewinnende Teil oder beide zusammen (zum Beweismaß für die Glaubhaftmachung zum Nachw von Tatsachen, von denen die Antragsberechtigung abhängt, vgl OLG Brandenburg Urt v 10.5.12 Az 6 Wx 1/12). So sind zB bei der Eintragung einer Hypothek der Eigentümer und der Hypothekengläubiger antragsberechtigt. Dies gilt dag aufgrund bloß mittelbarer Betroffenheit etwa nicht für den Eigentumsvormerkungsberechtigten hinsichtlich der Änderung von Sondernutzungsrechten (OLG Zweibrücken NJOZ 07, 2434; zum gutgläubigen Erwerb von Sondernutzungsrechten s Dötsch AnwZert MietR 2/12 Anm 1). Dient eine Eintragung der **Berichtigung** des Grundbuchs, so erweitert § 13 GBO die Antragsbefugnis auf den nur mittelbar beteiligten Vollstreckungsgläubiger des Berechtigten, wenn er wegen § 39 GBO nur bei vorheriger berichtigender Eintragung seines Schuldners zu seinem Recht kommen kann.

15 bb) **Eintragungsbewilligung.** Nach § 19 GBO gilt der **Bewilligungsgrundsatz**. Danach genügt für eine Eintragung idR die einseitige Bewilligung des durch die Eintragung Betroffenen, auch wenn zur Verfügung nach § 873 I materiellrechtlich eine dingliche Einigung erforderlich ist (**formelles Konsensprinzip**). Die GBO nimmt mit diesem formellen Konsensprinzip zur Erleichterung des Grundbuchverkehrs ein mögliches Auseinanderfallen von Grundbucheintragung und materieller Rechtslage in Kauf. Allerdings ist diese Gefahr gering, weil die Eintragungsbewilligung den Rückschluss auf den nach § 873 I erforderlichen Konsens zulässt, da der eingetragene Berechtigte ohne dingliche Einigung keine Bewilligung erklären würde.

16 Die Bewilligung muss der **Betroffene** erklären, dh derjenige, der durch die Eintragung unmittelbar oder mittelbar in seiner Rechtsstellung beeinträchtigt werden kann. Ist das

Grundbuch unrichtig, ist dies der wahre Berechtigte und nicht der Buchberechtigte (BGH DB 06, 892; OLG Frankfurt Beschl v 13.7.10 Az 20 W 248/10). Die Eintragungsbewilligung ist die **einseitige**, an das Grundbuchamt gerichtete **prozessuale Willenserklärung**, dass eine bestimmte Eintragung gestattet wird. Sie ist nach dem Zugang, anders als der Eintragungsantrag, **nicht frei widerrufbar**.

Da das Grundbuchamt verpflichtet ist, das Grundbuch richtig zu halten, hat es trotz **17** des formellen Konsensprinzips das Recht, **Mängel des materiellrechtlichen Verfügungsgeschäfts** zu beanstanden. Das Grundbuchamt hat insoweit aber keine eingehende Prüfungspflicht, sondern es hat nur eindeutige und offenkundige Mängel zu beachten. Es darf daher keine Eintragung vornehmen, wenn es aufgrund feststehender Tatsachen zweifelsfrei weiß, dass die Eintragung, zB wegen der Unwirksamkeit des dinglichen Rechtsgeschäfts, das Grundbuch unrichtig macht (Palandt/Bassenge Vor § 873 Rn 11). Da die Eintragungsbewilligung mit der Änderung des Grundbuchstandes eine Änderung der dinglichen Rechtsstellung mit sich bringt, ist sie wie eine Verfügung zu behandeln (Baur/Stürner, § 16 Rn 31). Daher hat das Grundbuchamt vAw die Verfügungsbefugnis, die Geschäftsfähigkeit und die Vertretungsmacht des Bewilligenden zu prüfen.

Eine Bewilligung ist in folgenden Fällen ausnahmsweise **nicht erforderlich** (vgl Müller, **18** Rn 892–900): bei solchen vAw (va in den Fällen des § 53 GBO), bei berichtigenden Eintragungen (der **Nachw der Unrichtigkeit** des Grundbuchs genügt, § 22 GBO), bei dem Vermerk der Übertragung von **Briefgrundpfandrechten**, wenn die **Abtretungserklärung** des bisherigen Gläubigers vorgelegt wird, § 26 GBO, bei solchen **auf Ersuchen einer Behörde** (§ 38 GBO), zB des **Vollstreckungsgerichts** im Zwangsversteigerungsverfahren zur Eintragung des Vollstreckungsvermerke (§§ 19, 34, 130, 146, 158, 161 ZVG) oder des **Insolvenzgerichts** zur Eintragung oder Löschung des nach § 21 II Nr 2 InsO erlassenen allg Verfügungsverbots sowie der Eröffnung des Insolvenzverfahrens (§§ 23 III, 32, 200, 215, 267 InsO), bei Eintragung eines **Widerspruchs** (§ 899 II) oder einer **Vormerkung** (§ 885 I) durch **einstweilige Verfügung** sowie eines **Widerspruchs** gegen die Valutierung einer Hypothek nach § 1139.

Andererseits gilt wegen der besonderen öffentlich-rechtlichen Bedeutung des Grund- **19** stückseigentums und des Erbbaurechts für **Auflassungen** und **Erbbaurechte** nach § 20 GBO das **materielle Konsensprinzip**. Bei der Auflassung eines Grundstücks sowie der Bestellung, Inhaltsänderung oder Übertragung eines Erbbaurechts genügt also für das Eintragungsverfahren nicht die einseitige Bewilligung des Betroffenen, sondern es ist das Vorliegen der materiellrechtlichen Einigung iSv §§ 873 I, 925 erforderlich (vgl OLG Thüringen Urt v 9.4.13 Az 9 W 141/13. Danach gilt ausnahmsweise § 28 S. 1 GBO für die Eintragungsbewilligung eines Erbteilungsvertrages aus d Jahr 1978; zur wirksamen Auflassung trotz nichtiger Vollmacht s Stadler JA 13, 143 ff zu BGH NJW 12, 3424) . Umstr ist dabei, ob neben dem Nachw der dinglichen Einigung nach § 20 GBO zusätzlich noch die Eintragungsbewilligung nach § 19 GBO erforderlich ist. Die hM verneint dies zu Recht, so dass § 20 GBO die Eintragungsbewilligung nach § 19 GBO entbehrlich macht. Dafür spricht, dass die Auflassung ggü der Bewilligung ein Mehr bedeutet (aA wohl Westermann/Eickmann/Gursky, § 76 IV 2).

cc) **Formerfordernis**. Eintragungsantrag (§ 13 GBO), Eintragungsbewilligung (§ 19 **20** GBO) bzw die an ihrer Stelle erforderlichen Erklärungen (zB § 20 GBO) müssen durch öffentliche oder öffentlich beglaubigte Urkunden nachgewiesen werden, § 29 GBO (zur Nachweispflicht von ausländischen juristischen Personen ggü d Grundbuchamt vgl KG Berlin FGPrax 12, 236). § 30 GBO enthält für den Eintragungsantrag und die Antragsvollmacht eine Ausn, da bei diesen noch weitere Erfordernisse, wie zB die Eintragungsbewilligung, bestehen (zur Formbedürftigkeit der Vollmacht zum Verkauf eines Grundstücks: OLG Brandenburg Urt v 14.3.12 Az 4 U 142/10). Die neu eingefügten §§ 136 ff GBO ermöglichen zudem die Übermittlung in elektronischer Form. Dabei sind die grds in der Form des § 29 GBO nachzuweisenden Voraussetzungen gem § 137 GBO als mit einfachem elektronischen Zeugnis nach § 39 a BeurkG versehenes elektronisches Dokument oder als öffentliches elektronisches Dokument gem § 371 a II 2 ZPO zu übermitteln. Eine Aufbewahrung erfolgt dann beim Grundbuchamt in einer elektronischen Akte.

21 **dd) Voreintragung des Betroffenen.** Die Verfügung soll nur im Grundbuch eingetragen werden, wenn der durch sie Betroffene als Berechtigter im Grundbuch eingetragen ist (§ 39 GBO). Ist der Berechtigte nicht eingetragen, so muss das Grundbuch idR (zu Einschränkungen dieses Grundsatzes vgl BGH DB 06, 892) zunächst berichtigt werden. Durch dieses Erfordernis soll erreicht werden, dass das Grundbuch in Übereinstimmung mit der Wirklichkeit bleibt und dass der Rechtsstand im Grundbuch nicht nur in der Endstufe, sondern auch in seiner Entwicklung klar und deutlich wiedergegeben wird (BGHZ 18, 293; Wilhelm, Rn 593).

22 Die GBO macht vom Grundsatz der Voreintragung des Betroffenen zwei **Ausn**: bei **Briefhypotheken** und **-grundschulden** reicht der Besitz des Briefes und der Nachw des Gläubigerrechts nach § 1155 (§ 39 II GBO) aus und beim verfügenden **Erben** genügt es, wenn dieser seine Erbenstellung durch Erbschein oder eine gleichwertige Urkunde gem §§ 35, 29 GBO nachweist (§ 40 GBO). Unklar ist im Falle der Eintragung einer GbR unter Auflistung ihrer Gesellschafter (vgl Rn 10), ob beim mehrfachen Wechsel derselben alle Zwischenerwerber einzutragen sind (vgl Böttcher NJW 08, 2088, 2096, Kohler Jura 12, 1 ff). Eine analoge Anwendung von § 40 GBO erscheint vorzugswürdig.

23 **3. Eintragungsverfahren.** Das Eintragungsverfahren beginnt mit dem Antrag, auf dem der genaue **Zeitpunkt** seines Eingangs beim Grundbuchamt – nach Tag, Stunde, Minute – zu vermerken ist (§ 13 II 1 GBO). Eingegangen ist der Antrag, wenn er einem zur Entgegennahme zuständigen Beamten vorgelegt wird (§ 13 II 2 GBO). Dieser Zeitpunkt ist bei mehreren Anträgen für die Reihenfolge der Eintragungen maßgeblich (§ 17 GBO), die wiederum von erheblicher Bedeutung zB für den Rang der Rechte ist. Ist der Eintragungsantrag eingegangen, so hat das Grundbuchamt drei **Entscheidungsmöglichkeiten**: Anordnung und Vollzug der **Eintragung**, **Zurückweisung** des Antrags oder Erlass einer **Zwischenverfügung**.

24 **a) Eintragung.** Bei förmlichem Vorliegen aller Eintragungsvoraussetzungen verfügt der Grundbuchbeamte die Eintragung. Werden zu verschiedenen Zeiten **mehrere Anträge** gestellt, die dasselbe Recht betreffen, so gilt für ihre Erledigung der **Prioritätsgrundsatz**. Die später beantragte Eintragung darf nicht vor der Erledigung des früher gestellten Antrags erfolgen (§ 17 GBO). Durch die Anträge ist dasselbe Recht betroffen, wenn die einzutragenden Rechte in einem **Rangverhältnis** stehen (zB zwei Hypotheken), eine Eintragung die andere **ausschließt** (zB zwei Anträge auf Eintragung einer Eigentumsübertragung) oder die früher beantragte Eintragung die spätere überhaupt erst **möglich** macht (zB Eintragung des Verfügenden als Berechtigter vor Eintragung seiner späteren Verfügung).

25 Werden mehrere Anträge **gleichzeitig** gestellt, so sind sie auch gleichzeitig zu erledigen. Bei Eintragungen in derselben Abteilung des Grundbuchs ist zu vermerken, dass sie gleichen Rang haben (§ 45 I Halbs 2 GBO). Nimmt das Grundbuchamt unter **Verstoß gegen § 17 GBO** zuerst die Eintragung eines späteren Antrags vor, so hat dies auf deren materiellrechtliche Wirksamkeit keinen Einfluss. Für § 873 ist allein die tatsächliche Reihenfolge der Eintragungen entscheidend. Der Geschädigte kann allerdings wegen der Folgen von Verstößen gegen § 17 GBO (zB Rechtsverlust durch gutgläubigen Erwerb eines Dritten) nach § 839 BGB, Art 34 GG Schadensersatz wegen **Amtspflichtverletzung** verlangen (zu falscher Eintragung des Grundbuchamts und der fortbestehenden Richtigkeit des Grundbuches: KG Berlin FGPrax 12, 238).

26 Die **Löschung** eines Rechts erfolgt durch Eintragung eines Löschungsvermerks (§ 46 I GBO). Eintragungen vAw ermöglicht insb § 53 GBO. Hat das Grundbuchamt unter Verletzung gesetzlicher Vorschriften eine Eintragung vorgenommen und ist durch diese Eintragung das Grundbuch unrichtig geworden, so ist ein **Amtswiderspruch** einzutragen (§ 53 I 1 GBO), der einen gutgläubigen Rechtserwerb Dritter ausschließt. Ergibt sich aus dem Eintragungsvermerk selbst, dass eine Eintragung einen unzulässigen Inhalt hat (zB Eintragung eines Miet- oder Pachtrechts), so ist sie vAw zu löschen (§ 53 I 2 GBO).

b) Zurückweisung. Steht einer beantragten Eintragung ein Hindernis entgg, liegen also 27 die Eintragungsvoraussetzungen nicht vor, so ist der Eintragungsantrag zurückzuweisen (§ 18 I GBO).

c) Zwischenverfügung. Ist das Eintragungshindernis behebbar, so kann das Grund- 28 buchamt statt der Zurückweisung des Antrags eine Zwischenverfügung erlassen, durch die dem Antragsteller die Beseitigung des Hindernisses innerhalb einer Frist auferlegt wird (§ 18 I GBO). In dieser Zwischenverfügung müssen sämtliche Hindernisse angegeben und die Mittel zu ihrer Beseitigung genannt werden. Die Zwischenverfügung ist für den Antragsteller günstiger, weil sie ihm ggü später beantragten Eintragungen die Vorteile aus der früheren Antragstellung erhält. Dies wird dadurch erreicht, dass zugunsten des durch die Zwischenverfügung beschiedenen Antrags eine **Amtsvormerkung** oder ein **Amtswiderspruch** eingetragen werden (§ 18 II GBO).

4. Rechtsfolgen. Die formellen Voraussetzungen des Eintragungsverfahrens haben kei- 29 nen Einfluss auf die materielle Rechtslage. Erfolgt eine formell rechtmäßige Eintragung ohne Vorliegen der materiellrechtlichen Voraussetzungen, so tritt keine Rechtsänderung ein. Umgekehrt führt eine Eintragung auch dann zu einer materiellen Rechtsänderung, wenn die Regeln des formellen Grundbuchrechts nicht eingehalten wurden.

Gegen Eintragungen gibt es kein **Rechtsmittel** (§ 71 II 1 GBO). Dag sind Grundbuch- 30 verfügungen, durch die Eintragungen angeordnet, Anträge zurückgewiesen oder Zwischenverfügungen erlassen werden, anfechtbar. Gegen die Entscheidungen des **Rechtspflegers** ist die Rechtspflegererinnerung möglich (§ 11 I RPflG), über die der Grundbuchrichter entscheidet (§ 11 II 3 RPflG). Gegen die Entscheidung des Grundbuchrichters ist die Beschwerde an das Landgericht zulässig (§ 72 GBO), wobei eine Übertragung auf den Einzelrichter nicht zulässig ist (OLG München FGPrax 08, 99). Gegen die Entscheidung des Landgerichts ist das Rechtsmittel der weiteren Beschwerde zulässig, sofern diese vom Beschwerdegericht zugelassen wird (§ 78 GBO). Das Beschwerdeverfahren ist seit der FGG-Reform nunmehr in den §§ 71–74 FamFG geregelt.

III. Rechtsgeschäftliche Verfügungen über Grundstücke und Grundstücksrechte. Für 31 rechtsgeschäftliche Verfügungen über Grundstücke und Grundstücksrechte enthalten die §§ 873–878 **allg Regeln**, die für einzelne Grundstücksrechte durch besondere Vorschriften ergänzt und abgeändert werden (zB für den rechtsgeschäftlichen Erwerb von Grundstückseigentum durch §§ 925 ff). § 873 regelt die Übertragung und Belastung von Grundstücksrechten, also die wichtigsten Fälle rechtsgeschäftlicher Verfügungen über Grundstücksrechte. Die Vorschrift stellt zugleich den **Grundtatbestand** für alle rechtsgeschäftlichen Verfügungen über Grundstücke und Grundstücksrechte dar. Diese bedürfen zu ihrer Wirksamkeit der **Einigung** und der **Eintragung** im Grundbuch, soweit nicht das Gesetz etwas anderes bestimmt (§ 873 I). Verfügungen über Grundstücksrechte haben daher regelmäßig folgende **Voraussetzungen: Einigung, Eintragung im Grundbuch, Einigkeit** zZ der Eintragung und **Berechtigung**. Für die **Inhaltsänderung** bestehender Grundstücksrechte gilt § 877, für deren **Aufhebung** §§ 875 f.

§ 873 Erwerb durch Einigung und Eintragung

(1) Zur Übertragung des Eigentums an einem Grundstück, zur Belastung eines Grundstücks mit einem Recht sowie zur Übertragung oder Belastung eines solchen Rechts ist *die Einigung* des Berechtigten und des anderen Teils über den Eintritt der Rechtsänderung und die Eintragung der Rechtsänderung in das Grundbuch erforderlich, soweit nicht das Gesetz ein anderes vorschreibt.

(2) Vor der Eintragung sind die Beteiligten an die Einigung nur gebunden, wenn die Erklärungen notariell beurkundet oder vor dem Grundbuchamt abgegeben oder bei diesem eingereicht sind oder wenn der Berechtigte dem anderen Teil eine den Vorschriften der Grundbuchordnung entsprechende Eintragungsbewilligung ausgehändigt hat.

I. Abs 1 verlangt für Verfügungen über Grundstücke und Grundstücksrechte den dop- 1 pelten Tatbestand der **Einigung und der Eintragung** (vgl zum Zusammenhang zwischen

Grundbucheintragung und dinglicher Einigung: Wieling AcP 09, 577). Beide müssen zusammentreffen, um die Rechtsänderung herbeizuführen. Abs 2 bestimmt, wann die Parteien ausnahmsweise an die Einigung gebunden sind.

2 Die Vorschrift erfasst nur folgende Verfügungen über Grundstücksrechte: die **Übertragung des Grundstückseigentums** (iVm § 925; vgl hierzu OLG München ZEV 12, 415 bzgl der Anforderungen an die Überführung von Grundbesitz in Miteigentum der Erben nach Bruchteilen; zum Gebäudeeigentum des DDR-Bodenrechts s Böhringer notar 13, 57 ff), die **Bestellung beschränkter dinglicher Rechte** am Grundstück, die **Übertragung beschränkter dinglicher Rechte** am Grundstück und die **Belastung dieser beschränkten dinglichen Rechte**. § 873 gilt lediglich für **rechtsgeschäftliche Verfügungen** über Grundstücksrechte. Daher fallen Rechtsänderungen durch **Staatsakt** oder **kraft Gesetzes** nicht unter § 873. Die Vorschrift gilt deshalb nicht für den Eigentumserwerb an einem Grundstück in der **Zwangsversteigerung**, da hier der Ersteher das Eigentum nach § 90 ZVG mit der Verkündung des Zuschlags erwirbt (BGH NJW 85, 2718). Sie gilt aber auch nicht für den Erwerb eines Grundstücksrechts im Wege der **Universalsukzession** (§§ 1416, 1922, 2139), weil hier der Rechtserwerb kraft Gesetzes außerhalb des Grundbuchs erfolgt, selbst wenn das Grundstücksrecht den einzigen Vermögensgegenstand darstellt (zur Übertragung einer beschränkten persönl Dienstbarkeit nach § 1092 III 1 kraft § 873: OLG Thüringen MDR 13, 967; zur Pfändbarkeit einer beschränkten persönl Dienstbarkeit trotz Nichteintragung einer Ausübungsgestattung im Grundbuch s BGH MDR 07, 296 f; zu einer inhaltlich unvollständig ausgeführten Eintragung einer beschränkten persönl Dienstbarkeit: OLG Düsseldorf Beschl v 6.5.10 Az 3 Wx 241/09).

3 Weiterhin ist für § 873 ein **Wechsel des Rechtsträgers** erforderlich (Palandt/Bassenge § 873 Rn 5). Dies ist namentlich bei **gesellschaftsrechtlichen Änderungen** zu beachten. § 873 ist hier grds dann anwendbar, wenn ein Grundstücksrecht in eine Gesamthandsgemeinschaft eingebracht bzw von dieser übertragen wird, sich also der Bestand des Gesamthandsvermögens unmittelbar ändert. Dag gilt die Vorschrift nicht, wenn dingliche Rechtsänderungen nur die mittelbare Folge der Änderung persönlicher Beteiligungsverhältnisse sind. § 873 **gilt** also zB für Übertragungen von Grundstücksrechten von einer **Gesamthandsgemeinschaft** auf einzelne ihrer **Mitglieder** und umgekehrt, von einer **Personen-** auf eine **andere personengleiche Personengemeinschaft**, zB von einer Erbengemeinschaft auf eine Handelsgesellschaft mit denselben Mitgliedern oder von einer **Personen-** auf eine **Kapitalgesellschaft** mit denselben Anteilseignern und umgekehrt (vgl BFH ErbStB 11, 273 f).

4 Dag gilt § 873 **nicht** für die **Änderung der Beteiligungsverhältnisse** infolge des Ein- oder Austritts eines Gesellschafters einer Personengesellschaft, die **Übertragung von Anteilen** am Gesamthandsvermögen, zu dem Grundstücksrechte gehören, oder die rechtsformwechselnde **Umwandlung** von Personengesellschaften, zB einer OHG in eine GbR und umgekehrt.

5 **II. Einigung und Eintragung**

6 **1. Einigung.** Die Einigung ist ein selbstständiger **dinglicher Vertrag** über den unmittelbaren Eintritt der Rechtsänderung bzgl eines Grundstücks oder Grundstücksrechts (zu aktuellen Entwicklungen bzgl des Immobilienkaufvertrages s Krauß notar 12, 317 ff). Sie setzt zwei übereinstimmende Willenserklärungen des Verfügenden und des Erwerbers voraus. Auf die dingliche Einigung sind die **allg Vorschriften** über Rechtsgeschäfte anwendbar. Es gelten daher die §§ 104–185. Inhalt und Umfang der Einigung sind durch Auslegung nach §§ 133, 157 zu ermitteln. Für die Einigung gelten weiter die allgemeinen sachenrechtlichen Grundsätze wie insb der Bestimmtheitsgrundsatz und der numerus clausus der Sachenrechte. Die Einigung muss sich daher auf eine bestimmte sachenrechtlich mögliche Verfügung über ein zulässiges Grundstücksrecht beziehen. Die Einigung ist **abstrakt** ggü dem schuldrechtlichen Verpflichtungsgeschäft. Die Unwirksamkeit oder Anfechtung des Grundgeschäfts berührt deshalb die dingliche Einigung nach § 873 I nicht. Ausn gelten allerdings in den Fällen der Fehleridentität beider Geschäfte (zB nach §§ 104 ff, 134, 138 II) oder des **Bedingungszusammenhangs** (§ 158). Die Einigung ist schließlich grds **formlos** wirksam (Ausn §§ 925 I BGB, 4 II 1

WEG). Eine **Einigung zugunsten Dritter** analog §§ 328 ff ist zulässig (so grds auch MK/ Kohler § 873 Rn 58; Baur/Stürner, § 5 Rn 28; aA die hM, BGH NJW 93, 2617; OLG Karlsruhe Rpfleger 01, 343 [Rn 10]; Staud/Gursky § 873 Rn 111; PWW/Medicus § 328 Rn 9; Palandt/Grüneberg Vor §§ 328 ff Rn 9).

Das Gesetz macht in bestimmten Fällen **Ausn** vom Erfordernis einer Einigung. So genügt eine **einseitige Erklärung** iVm der Grundbucheintragung für die **Aufhebung** eines Rechts, § 875, die Bewilligung einer **Vormerkung**, § 885, eines **Widerspruchs**, § 899, die **Vereinigung** und **Teilung** eines Grundstücks, § 890, die **Aufgabe des Eigentums** an einem solchen, § 928, den **Verzicht** auf eine **Hypothek**, § 1168, die Bestellung einer **Wertpapierhypothek**, § 1188, die Bestellung einer **Inhabergrundschuld**, § 1195, die Bestellung einer **Eigentümergrundschuld**, § 1196, die Bestellung einer **Eigentümerrentenschuld**, § 1199 und die Bestellung eines **dinglichen Rechts** (zB beschränkte persönliche Dienstbarkeit vgl OLG Thüringen MDR 13, 967, Grunddienstbarkeit, Erbbaurecht, Dauerwohnrecht (s OLG Koblenz MDR 13, 512; bzgl der Befristung und Auslegung vgl OLG Hamm ZWE 12, 39), Nießbrauch; zur Bestellung dinglicher Rechte s auch Böhringer NotBZ 12, 121 ff) zugunsten des **Eigentümers**. 7

2. Eintragung. Nach Abs 1 wird die Rechtsänderung nur wirksam, wenn ihre Eintragung ins Grundbuch erfolgt. Die Eintragung tritt also bei Grundstücksrechten als **Publizitätsakt** an die Stelle der Übergabe im Recht der beweglichen Sachen. Publizitätsmittel im Mobiliarsachenrecht ist der Besitz, im Grundstücksrecht die Grundbucheintragung. Erst Einigung und Eintragung zusammen bewirken die dingliche Rechtsänderung. Die Grundbucheintragung wird damit zum zusätzlichen Tatbestandselement dinglicher Rechtsänderungen neben der Einigung. Wie die Eintragung zu bewirken ist, richtet sich nach formellem Grundbuchrecht (einen Überblick zu aktueller Rspr im Grundbuch- und Grundstücksrecht gibt Böttcher NJW 13, 838 ff). Für § 873 kommt es allein darauf an, dass tatsächlich eine Eintragung erfolgt ist, unabhängig davon, ob das formelle Recht beachtet wurde oder nicht. 8

Die Eintragung muss sich **inhaltlich** mit der Einigung **decken**. Besteht zwischen beiden eine Abweichung, so tritt kein Rechtserwerb ein. Dies gilt namentlich, wenn ggü der Einigung ein **aliud** eingetragen wird. Bei **teilweiser Divergenz** von Einigung und Eintragung gilt § 139. Das Recht entsteht, soweit eine inhaltliche Übereinstimmung zwischen Einigung und Eintragung besteht. 9

Eine **zeitliche Reihenfolge** von Einigung und Eintragung ist in § 873 nicht angeordnet. Regelmäßig wird die Einigung aber vor der Eintragung geschlossen. Folgt ausnahmsweise die Einigung der Eintragung, zB weil das Recht bereits aufgrund einseitiger Bewilligung des Betroffenen nach § 19 GBO eingetragen wurde oder aber die Einigung zunächst unwirksam war, so ist das Grundbuch zunächst unrichtig. Die Rechtsänderung wird erst mit der nachfolgenden Einigung vollendet, die das Grundbuch richtig macht. In diesem Fall ist ein Bezug der Einigung auf die bereits vorhandene Eintragung erforderlich. Insb muss die Eintragung im Zeitpunkt der nachfolgenden Einigung noch vorhanden sein. Einigung und Eintragung müssen also zwingend **gleichzeitig** vorliegen. 10

Die Eintragung ist nach § 133 **auslegbar**, soweit sie nicht einen eindeutigen Inhalt hat (zur falsa demonstratio in einem notariellen Vermächtniserfüllungsvertrag: OLG Stuttgart Zerb 12, 128; s a OLG Hamm ZWE 12, 39 bzgl der Auslegung durch Bezugnahme auf zugrundeliegende Eintragungsbewilligung). Maßgebend ist dabei die für Unbefangene nächstliegende Bedeutung, wie sie sich unter Berücksichtigung der Eintragungszeit aus dem Wortlaut der Eintragung einschließlich der nach § 874 in Bezug genommenen Eintragungsbewilligung unter Berücksichtigung von jedermann ohne weiteres erkennbaren Tatsachen außerhalb der Urkunde ergibt (BGH NJW 92, 2885; hinsichtlich d Glaubhaftmachung zum Nachw von Tatsachen beachte OLG Brandenburg Urt v 10.5.12 Az 6 Wx 1/12). 11

Das Gesetz macht einzelne **Ausn** vom Erfordernis der Eintragung. So bedürfen die Bestellung der **Wertpapierhypothek**, § 1187, die Bestellung einer **Inhabergrundschuld**, § 1195, und die Verfügungen über bereits bestehende **Briefgrundpfandrechte**, bei denen die Eintragung durch die Briefübergabe und die schriftliche Abtretungserklärung ersetzt wird, §§ 1069, 1154, 1192, 1200, 1274, 1291, keiner Eintragung. Eine Eintra- 12 gung ist darüber hinaus außerhalb des Anwendungsbereichs des § 873 entbehrlich, also insb bei Rechtsänderungen kraft Gesetzes oder Staatsakts.

13 **3. Einigsein im Zeitpunkt der Eintragung.** Die Einigung muss grds im Zeitpunkt der Vollendung des Rechtserwerbs noch vorliegen. Dieses Erfordernis folgt daraus, dass die Einigung bis zur Eintragung grds **frei widerruflich** ist, wie der Umkehrschluss zu Abs 2 zeigt.

14 **4. Berechtigung.** Nach Abs 1 setzt eine wirksame Verfügung über ein Grundstücksrecht die Berechtigung des Verfügenden voraus. Berechtigt iSd Vorschrift ist, wer hins des durch die Verfügung betroffenen Rechts **verfügungsbefugt** ist. Dies ist grds der **Rechtsinhaber**, also der Eigentümer des Grundstücks bzw der Inhaber des Grundstücksrechts. Von diesem Grundsatz gibt es in zwei Richtungen **Ausn**: der **Rechtsinhaber** hat **keine Verfügungsmacht**, weil eine relative oder absolute **Verfügungsbeschränkung** wirksam wird (zB nach §§ 1984, 2211 BGB; 21 II Nr 2, 80 f InsO; 23, 146 ZVG; 829, 857, 938 ZPO); ein **Nichtberechtigter** hat **Verfügungsmacht** bei Zustimmung des Berechtigten, § 185 I, oder kraft **Gerichtsakts** der Insolvenzverwalter nach § 80 InsO (zum Eigentumserwerb von Immobilien bei Eröffnung des Insolvenzverfahrens s auch Goepfert/Zafra Carollo KSzW 12, 376 ff), der Nachlassverwalter nach § 1985, der Sequester nach § 938 II ZPO und der Testamentsvollstrecker nach § 2205 I 2. Die Eintragung des danach Verfügungsbefugten im Grundbuch ist allerdings materiellrechtlich nicht erforderlich.

15 **Maßgeblicher Zeitpunkt** für das Vorliegen der Verfügungsbefugnis ist die **Vollendung des Erwerbstatbestandes**, somit der Zeitpunkt der Eintragung, wenn diese – wie üblicherweise – der Einigung nachfolgt. Der Verfügende muss also noch bei der Eintragung verfügungsbefugter Inhaber des Rechts sein. Folgt die Einigung dag ausnahmsweise der Eintragung, so kommt es auf die Verfügungsbefugnis im Zeitpunkt der Einigung an. **Verliert der Verfügende** vor der Vollendung des Erwerbstatbestandes sein **Recht**, so kann die Verfügung nur nach § 185 durch **Zustimmung des nunmehr Berechtigten** wirksam werden. Anderenfalls ist allein ein **gutgläubiger Erwerb** vom Nichtberechtigten nach § 892 möglich. Verliert der Berechtigte dag nicht sein Recht, sondern wird vor der Vollendung des Erwerbstatbestandes eine **Verfügungsbeschränkung wirksam**, so gilt im Grundsatz nichts anderes. Da die Verfügungsbefugnis im Zeitpunkt des Wirksamwerdens der Verfügung vorhanden sein muss, kann die Verfügung auch hier nur durch eine Zustimmung des nunmehr Berechtigten nach § 185 wirksam werden, es sei denn, ein gutgläubiger Erwerb nach § 892 eintritt.

16 **5. Bindende Einigung.** Nach Abs 2 wird die Einigung erst mit der Eintragung **bindend**. Vor der Eintragung gilt dies nur bei einer **formellen Verfestigung der Einigung**, also in folgenden Fällen: **notarielle Beurkundung** der Erklärungen (zB bei der Auflassung nach § 925 I), **Abgabe** der Erklärungen vor oder deren **Einreichung** bei dem **Grundbuchamt** oder **Aushändigung** einer formellen **Eintragungsbewilligung** nach § 19 GBO durch den Berechtigten. Auch eine formbedürftige Einigung kann allerdings bis zu ihrer Eintragung durch formlosen Vertrag der Parteien wieder aufgehoben werden (Baur/Stürner, § 19 Rn 13). **Nach der Eintragung** kann das Recht dag nur noch zurückübertragen oder aufgehoben (§ 875) werden. Auch die bindende Wirkung der eingetragenen Einigung nach Abs 2 schützt den Erwerber jedoch nicht vor anderweitigen Verfügungen des Veräußerers, da sie **keine Verfügungsbeschränkung** bewirkt.

17 **a) Anwartschaftsrecht aus bindender Einigung.** Str ist, ob der Erwerber eines Grundstücksrechts vor seiner Eintragung im Grundbuch bereits ein (echtes) Anwartschaftsrecht iS eines vom Eigentum zu trennenden subjektiven Rechts oder lediglich eine (bloße) Anwartschaft erwirbt. Diese Frage stellt sich namentlich beim Erwerb des Grundeigentums (**Auflassungsanwartschaft**). Sie wirkt sich unabhängig von der Wortwahl sowohl auf die Konstruktion von Verfügungen über das zukünftige Recht als auch auf den Schutz der Rechtsposition des Erwerbers vor der Grundbucheintragung aus.

18 Der Erwerb von Grundstücksrechten erfolgt nach Abs 1 durch Einigung (bzw Auflassung, § 925; zur wirksamen Auflassung trotz nichtiger Vollmacht s Stadler JA 13, 143 ff zu BGH NJW 12, 3424) und Eintragung. Mit der Einigung ist folglich ein Teil eines **mehraktigen Erwerbstatbestandes** erfüllt. Der Rechtserwerb selbst tritt dag erst mit der Grundbucheintragung ein. Fraglich ist deshalb, ob und wann der Erwerber bereits die für ein Anwartschaftsrecht erforderliche **gesicherte**, vom Veräußerer nicht mehr einseitig zerstörbare **Rechtsposition** hat.

aa) Bindende Einigung. Liegt lediglich eine Einigung der Parteien vor, so ist die **Rechtsstellung** des Erwerbers selbst dann noch **unsicher**, wenn die Einigung formgültig erklärt und daher – wie insb die formgebundene Auflassung, § 925 I – bindend geworden ist. Die bindende Einigung bewirkt **keine Verfügungsbeschränkung** des Veräußerers. Der Rechtserwerb ist noch nicht gesichert, weil er durch anderweitige Zwischenverfügungen des Veräußerers verhindert werden kann. Zwar kann der Erwerber nach bindender Einigung und erteilter Eintragungsbewilligung (§ 19 GBO) selbst den Antrag stellen – weil die Eintragung zu seinen Gunsten erfolgen soll (§ 13 I 2 GBO) – und so seine Rechtsstellung weiter festigen, doch beseitigt diese Möglichkeit die Unsicherheit des Rechtserwerbs noch nicht, solange der Eintragungsantrag nicht tatsächlich gestellt wurde (zur Verdinglichung der Bewilligung beachte OLG Frankfurt Urt v 7.2.13 Az 20 W 399/12). 19

bb) Gleichwohl lässt eine Auffassung die bindende Einigung als solche für ein **Anwartschaftsrecht** des Erwerbers ausreichen (Reinicke/Tiedtke NJW 82, 2282 f). Andere sehen in dieser Rechtsposition des Erwerbers dag eine bloße **Anwartschaft**, die aber übertragbar, pfändbar und verpfändbar sei (Staud/Pfeifer § 925 Rn 128). Richtiger erscheint es, mit dem BGH sowohl ein Anwartschaftsrecht als auch eine derartige verfügbare Anwartschaft abzulehnen. Wegen der Unsicherheit des Rechtserwerbs hat der Erwerber allein aufgrund der bindenden Einigung noch **keine** durch § 823 geschützte und im Wege der Übertragung, Pfändung oder Verpfändung **verfügbare Rechtsposition** (BGHZ 106, 111, s a BFH ZEV 07, 394 ff). 20

b) Bindende Einigung und Eintragungsantrag des Erwerbers. Eine gewisse Sicherheit des Rechtserwerbs tritt ein, wenn der Erwerber nach bindender Einigung und erteilter Eintragungsbewilligung den Antrag nach § 13 GBO beim Grundbuchamt stellt (nicht der Veräußerer, da dieser ihn jederzeit zurücknehmen kann). Hier ist der Erwerber formellrechtlich gegen Zwischenverfügungen des Veräußerers geschützt, weil das Grundbuchamt nach § 17 GBO mehrere dasselbe Recht betr Eintragungsanträge in ihrer zeitlichen Reihenfolge erledigen muss, der Erwerber also im Regelfall davon ausgehen kann, dass er zuerst eingetragen wird. Ob die aus bindender Einigung, erteilter Eintragungsbewilligung und gestelltem Eintragungsantrag des Erwerbers folgende Sicherheit des Rechtserwerbs für die Annahme eines echten Anwartschaftsrechts ausreicht, ist gleichwohl str. Ein Teil der Literatur lehnt dies ab und sieht die Rechtsposition des Erwerbers als bloße **Anwartschaft** an (Westermann/Eickmann, § 75 I 6). Die Rechtsposition des Erwerbers sei wesentlich unsicherer als diejenige, die § 161 I dem Vorbehaltskäufer biete. Der Schutz vor widersprechenden Verfügungen hänge allein von der Beachtung der Verfahrensvorschrift des § 17 GBO durch das Grundbuchamt ab. Das Grundbuchamt könne den Eintragungsantrag zudem auch durch Zurückweisung nach § 18 I 1 GBO iSd § 17 GBO erledigen. Eine von bloßen Verfahrensvorschriften abhängige Rechtsposition könne aber nicht als Anwartschaftsrecht bezeichnet werden. Es bestehe auch kein wirtschaftliches Bedürfnis für die Anerkennung eines Anwartschaftsrechts, da als Kreditunterlage und Vollstreckungsobjekt der durch Vormerkung sicherbare schuldrechtliche Anspruch auf Übertragung des Rechts ausreiche. Demggü sehen der BGH und die hL diese Einwände als nicht durchschlagend an. Mit bindender Einigung, erteilter Eintragungsbewilligung und Eintragungsantrag des Erwerbers entstehe ein **echtes Anwartschaftsrecht**, über das durch Übertragung, Pfändung oder Verpfändung verfügt werden könne (BGHZ 106, 111; Prütting, Rn 359). Dieses Anwartschaftsrecht erlösche aber mit dem Wegfall einer seiner Entstehungsvoraussetzungen, etwa bei der **Rücknahme** oder **Zurückweisung** des Eintragungsantrags (BGH Rpfleger 1975, 432; MK/Kanzleiter § 925 Rn 37). 21

c) Einigung und Vormerkung. Den zuverlässigsten Schutz des Erwerbers gegen beeinträchtigende Zwischenverfügungen des Veräußerers bietet aber die Eintragung einer Vormerkung zur Sicherung des obligatorischen Anspruchs auf die dingliche Rechtsänderung. Hier kann der Veräußerer den Rechtserwerb wegen §§ 883 II, 888 nicht mehr 22 verhindern. Deshalb geht die hM davon aus, dass auch ohne Eintragungsantrag des Erwerbers ein **echtes Anwartschaftsrecht** entstehe, wenn zu seinen Gunsten eine Vormerkung eingetragen werde (BGHZ 106, 111; MK/Kanzleiter § 925 Rn 37). Diese Auffassung ist **abzulehnen**. Die Rechtsstellung als Erwerber eines dinglichen Rechts und diejenige als Gläubiger eines obligatorischen Anspruchs und einer Vormerkung sind mit einander vergleichbar. Die dingliche Berechtigung des Erwerbers als Inhaber eines Anwartschaftsrechts würde wegen der Akzessorietät der Vormerkung unter Durchbrechung des Abstraktionsprinzips mit dem schuldrechtlichen Anspruch verknüpft (Staud/Gursky § 873 Rn 8).

23 d) **Verfügungen über das Anwartschaftsrecht.** Das Anwartschaftsrecht des Erwerbers nach bindender Einigung, erteilter Eintragungsbewilligung und vom Erwerber gestellten Eintragungsantrag ist nach hM **übertragbar, pfändbar** und **verpfändbar**. Die **Übertragung** des Anwartschaftsrechts erfolgt außerhalb des Grundbuchs durch bloße Auflassung (§§ 873, 925), **ohne Eintragung** (BGHZ 114, 164). Da der Erwerb des Vollrechts der Eintragung bedarf, muss der Zessionar des Anwartschaftsrechts seine Eintragung herbeiführen. Hierzu bedarf er keiner Mitwirkung des Zedenten. Mit der Eintragung erwirbt der Zessionar das Vollrecht **ohne Durchgangserwerb** des Zedenten (BGHZ 49, 205). Die **Verpflichtung** zur Übertragung des Anwartschaftsrechts ist wie beim Vollrecht gem § 311 b I formbedürftig (BGHZ 83, 400). Die **Pfändung** des Anwartschaftsrechts erfolgt nach § 857 ZPO (vgl zur Pfändung des Anwartschaftsrechts Staud/Pfeifer § 925 Rn 128 ff). Ist eine Auflassungsanwartschaft gepfändet, so wandelt sich das Pfändungspfand- am Anwartschaftsrecht analog § 1287 S 2 BGB bzw § 848 II 2 ZPO in eine Sicherungshypothek um, wenn der Inhaber des Anwartschaftsrechts das Volleigentum erlangt. Die **Verpfändung** des Anwartschaftsrechts erfolgt gem § 1274 ebenfalls durch bloße Einigung ohne Eintragung. Ist eine Eigentumsanwartschaft verpfändet, so erlangt der Pfandgläubiger mit dem Eigentumserwerb des Anwärters analog § 1287 S 2 eine Sicherungshypothek (BGHZ 49, 205).

24 e) **Schutz des Anwartschaftsrechts.** Str ist, ob das Anwartschaftsrecht des Erwerbers nach Stellung des Eintragungsantrags gem § **823 I** geschützt ist. Nach einer Auffassung genießt das Anwartschaftsrecht den Schutz der §§ 823 I und 826 (BGHZ 49, 201; MK/Kanzleiter § 925 Rn 38). Ein derartiger Anspruch setzt aber nach dem Rechtsgedanken des § 892 I 2 voraus, dass der Dritte das Anwartschaftsrecht des Erwerbers kannte (Palandt/Bassenge § 925 Rn 28; aA MK/Kanzleiter § 925 Rn 38). Nach anderer Auffassung besteht kein sachliches Bedürfnis für einen deliktischen Schutz des Anwartschaftsrechts gem § 823 I. Der Erwerber könne seinen Anspruch durch eine Vormerkung sichern lassen, die ihn gem §§ 883 II, 888 ausreichend gegen Zwischenverfügungen des Veräußerers schütze (Soergel/Stürner § 873 Rn 14 a).

§ 874 Bezugnahme auf die Eintragungsbewilligung

¹Bei der Eintragung eines Rechts, mit dem ein Grundstück belastet wird, kann zur näheren Bezeichnung des Inhalts des Rechts auf die Eintragungsbewilligung Bezug genommen werden, soweit nicht das Gesetz ein anderes vorschreibt. ²Einer Bezugnahme auf die Eintragsbewilligung steht die Bezugnahme auf die bisherige Eintragung nach § 44 Absatz 3 Satz 2 der Grundbuchordnung gleich.

1 Um eine Überlastung des Grundbuchs durch zu umfangreiche Eintragungen zu verhindern, erlaubt die Vorschrift zur näheren Bezeichnung des Rechtsinhalts, nicht aber des Belastungsgegenstandes (OLG München FGPrax 06, 247), eine Bezugnahme auf die bei den Grundbuchakten befindliche Eintragungsbewilligung. Ausgeschlossen ist die Bezugnahme in den §§ 879 III, 881 II, 882, 1115, 1116 II, 1179 a V 2, 1184 II, 1189 I 2, 1190 I 2, 1199 II BGB, 800 ZPO. Eine unzulässige Bezugnahme hat keine Wirkung als Eintragung. Sie kann weder einen gutgläubigen Erwerb eines Dritten verhindern, noch zur Auslegung des Eintragungsvermerks herangezogen werden (Palandt/Bassenge § 874 Rn 3).

Zu den Pflichten des Grundbuchamtes gehört es, sich vor einer Grundbuchberichti- 2
gung über den Inhalt inklusive in Bezug genommener Eintragungsbewilligungen Klarheit zu verschaffen, um festzustellen, wessen Rechtsposition betroffen sein könnte (vgl zur Auslegung und Befristung eines Dauerwohnrechts OLG Hamm ZEW 12,39). Wird die Einsichtnahme in die Eintragungsbewilligung unterlassen und deshalb im Falle einer Grundbuchberichtigung aufgrund Nachw der Unrichtigkeit ein von der Eintragung Betroffener nicht gehört, folgt hieraus eine Verletzung des Rechts auf rechtliches Gehör iSd Art 103 I GG (BGH NJW-RR 05, 315; Böttcher NJW 08, 2088, 2096).

§ 875 Aufhebung eines Rechts

(1) ¹Zur Aufhebung eines Rechts an einem Grundstück ist, soweit nicht das Gesetz ein anderes vorschreibt, die Erklärung des Berechtigten, dass er das Recht aufgebe, und die Löschung des Rechts im Grundbuch erforderlich. ²Die Erklärung ist dem Grundbuchamt oder demjenigen gegenüber abzugeben, zu dessen Gunsten sie erfolgt.
(2) Vor der Löschung ist der Berechtigte an seine Erklärung nur gebunden, wenn er sie dem Grundbuchamt gegenüber abgegeben oder demjenigen, zu dessen Gunsten sie erfolgt, eine den Vorschriften der Grundbuchordnung entsprechende Löschungsbewilligung ausgehändigt hat.

I. Nach Abs 1 genügt zur Aufhebung dinglicher Grundstücksrechte die **einseitige Auf-** 1
hebungserklärung des Berechtigten und die **Löschung im Grundbuch** (zur Erforderlichkeit d Zustimmung d urspr Gläubigers zur Löschung einer Grundschuld vgl OLG Nürnberg MDR 11, 592 m Anm Wolfsteiner MittBayNot 12, 127; zum Rückgewähranspruch bei Grundschulden s Müller RNotZ 12, 199 ff). Die Vorschrift bezieht sich nur auf die **rechtsgeschäftliche** Aufhebung **beschränkter dinglicher Rechte** an Grundstücken und an grundstücksgleichen Rechten (zB Nießbrauch oder Pfandrecht an einem Erbbaurecht). § 875 gilt entspr für die Aufhebung einer Vormerkung. **Nicht anwendbar** ist § 875 dag bei der Beseitigung beschränkter dinglicher Rechte durch Zuschlag in der Zwangsversteigerung, §§ 52 I 2, 91 I ZVG, der Aufhebung beschränkter dinglicher Rechte (zB Nießbrauch, Pfandrecht) an beschränkten dinglichen Grundstücksrechten und der **Eigentumsaufgabe** nach § 928 I (auch bei Abänderung d gesetzl Inhalts d Grundbucheintragung keine Aufhebung erforderl, vgl OLG München FGPrax 13, 155). Insoweit wird § 875 durch § 928 als lex specialis verdrängt. § 928 I setzt für die Aufgabe des Grundstückseigentums ähnl wie § 875 I eine Verzichtserklärung des Eigentümers ggü dem Grundbuchamt sowie die Eintragung der Verzichtserklärung in das Grundbuch voraus.
II. 1. Voraussetzungen. Die Aufhebung beschränkter dinglicher Grundstücksrechte 2
nach Abs 1 setzt voraus: Es ist eine **Aufgabeerklärung** des Berechtigten erforderlich. Sie ist eine abstrakte, formfreie, einseitige empfangsbedürftige Willenserklärung. Die Aufgabeerklärung bewirkt ohne Löschung noch keine Rechtsänderung, stellt also als solche noch keine Verfügung dar (Palandt/Bassenge § 875 Rn 4; vgl hierzu auch BGH NJW 13, 1676). Die Aufgabeerklärung ist von der grundbuchrechtlich zur Löschung erforderlichen Löschungsbewilligung nach § 19 GBO zu unterscheiden. Allerdings enthält die Löschungsbewilligung in aller Regel konkludent die Aufgabeerklärung und umgekehrt (BGHZ 60, 52). Die Aufgabeerklärung ist grds bis zur Eintragung im Grundbuch frei widerruflich (Widerruf einer Teilverzichtserklärung: OLG Brandenburg ZMR 12, 407). Ein **Widerruf** ist aber nach Abs 2 **ausgeschlossen**, wenn die Aufgabeerklärung ggü dem Grundbuchamt abgegeben wurde oder wenn der Aufgebende dem Begünstigten eine Löschungsbewilligung nach § 19 GBO ausgehändigt hat (zu einem durch Löschungsbewilligung zu realisierenden bereicherungsrechtl Anspruch auf Herausgabe einer Grundschuld: OLG Brandenburg Urt v 17.11.2011 Az 5 U 148/09).
Erklärungsberechtigt ist der Inhaber des materiellen Rechts oder derjenige, der an sei- 3
ner Stelle die Verfügungsbefugnis hat. **Empfänger** der Aufgabeerklärung ist das zuständige **Grundbuchamt** sowie der vom Wegfall des Rechts rechtlich **Begünstigte**, also der Eigentümer sowie jeder gleich- oder nachrangige Inhaber eines anderen Grundstücks-

rechts. Die **Löschung** erfolgt durch Eintragung eines Löschungsvermerks im Grundbuch, § 46 GBO.

4 2. **Wirkung.** Das Grundstücksrecht erlischt nach Abs 1, sobald Aufgabeerklärung und Löschung gleichzeitig zusammentreffen. Die Reihenfolge ist unerheblich. Aufgabeerklärung und Löschung bilden also einen **Doppeltatbestand,** ähnl der Einigung und Eintragung nach § 873 I. Beide zusammen bilden die Verfügung über das aufgehobene Recht. Fehlt dem Erklärenden die Verfügungsbefugnis, so kann die Aufgabeerklärung nur unter den Voraussetzungen des § 185 bzw des § 878 wirksam werden.

§ 876 Aufhebung eines belasteten Rechts

¹Ist ein Recht an einem Grundstück mit dem Recht eines Dritten belastet, so ist zur Aufhebung des belasteten Rechts die Zustimmung des Dritten erforderlich. ²Steht das aufzuhebende Recht dem jeweiligen Eigentümer eines anderen Grundstücks zu, so ist, wenn dieses Grundstück mit dem Recht eines Dritten belastet ist, die Zustimmung des Dritten erforderlich, es sei denn, dass dessen Recht durch die Aufhebung nicht berührt wird. ³Die Zustimmung ist dem Grundbuchamt oder demjenigen gegenüber zu erklären, zu dessen Gunsten sie erfolgt; sie ist unwiderruflich.

1 Ist das aufzuhebende Recht mit dem **Recht eines Dritten** belastet (zB eine Hypothek mit einem Pfandrecht), so muss der Drittberechtigte der Aufhebung des belasteten Rechts zustimmen, S 1. Die Aufhebung eines **subjektiv dinglichen Rechts** am dienenden Grundstück (zB einer Grunddienstbarkeit, § 1018) durch den Eigentümer des herrschenden Grundstücks bedarf der Zustimmung des Inhabers eines beschränkten dinglichen Rechts am herrschenden Grundstück (zB eines Grundschuldgläubigers), wenn die Aufgabe sein Recht berührt, S 2. Die Zustimmung ist eine einseitige empfangsbedürftige Willenserklärung, die dem Grundbuchamt oder dem Begünstigten ggü zu erklären ist. Sie ist **unwiderruflich,** S 3.

§ 877 Rechtsänderungen

Die Vorschriften der §§ 873, 874, 876 finden auch auf Änderungen des Inhalts eines Rechts an einem Grundstück Anwendung.

1 I. Unter einer **Inhaltsänderung** ist jede **rechtsgeschäftliche** Änderung der Befugnisse des Berechtigten unter Aufrechterhaltung der Identität des bereits bestehenden Rechts zu verstehen, die nicht Übertragung, Belastung (§ 873), Aufhebung (§ 875) oder Rangänderung (§ 880) ist (Palandt/Bassenge § 877 Rn 3). Hierzu gehören zB der Ausschluss der Übertragbarkeit des Grundstücksrechts, die Hinzufügung einer Bedingung oder Befristung, die Änderung einer Kündigungsklausel oder die Verlängerung eines Erbbaurechts.
2 Keine Inhaltsänderung iSd § 877 ist dag die Umwandlung eines Grundstücksrechts in ein anderes, zB einer Grunddienstbarkeit in eine beschränkte persönliche Dienstbarkeit. Hier ist eine Aufhebung und Neubestellung erforderlich (Abweichendes gilt mitunter für bloße Inhaltsänderung bei einem eingetragenen und nicht erloschenen Erbbaurecht: OLG München FGPrax 13, 155). Eine **Ausn** macht das Gesetz allerdings für die Umwandlung von Grundpfandrechten in den §§ 1116 III, 1186, 1198, 1203. Auch Erweiterungen und Einschränkungen des Umfangs von Grundstücksrechten sind keine Inhaltsänderungen. Dies gilt zB für die Erhöhung oder Herabsetzung des Grundpfandrechtskapitals. Sie sind eine Teilaufhebung bzw teilweise Neubegründung des Grundpfandrechts. Dag ist die bloße Erhöhung von Nebenleistungen, namentlich von Grundpfandrechtszinsen, als Inhaltsänderung anzusehen (BGH NJW 86, 315; zur Auslegung einer Löschungsbewilligung vgl OLG Hamm RNotZ 13, 166).
3 II. Auch Inhaltsänderungen sind **Verfügungen** über das beschränkte dingliche Grundstücksrecht. Daher gelten gem § 877 die §§ 873, 874 und 876 entspr. Die Inhaltsänderung erfolgt also durch **Einigung und Eintragung,** eine einseitige Erklärung wie in

§ 875 genügt nicht. **Drittberechtigte** müssen gem § 876 **zustimmen**, es sei denn, eine Beeinträchtigung ihrer Rechtsstellung wäre ausgeschlossen (MK/Kohler § 877 Rn 9). Auch **gleich- oder nachrangig Berechtigte** müssen einer Erweiterung des Umfangs eines Rechts zustimmen, wenn die Inhaltsänderung ihre durch den Rang bedingte Rechtsstellung verschlechtert.

§ 878 Nachträgliche Verfügungsbeschränkungen

Eine von dem Berechtigten in Gemäßheit der §§ 873, 875, 877 abgegebene Erklärung wird nicht dadurch unwirksam, dass der Berechtigte in der Verfügung beschränkt wird, nachdem die Erklärung für ihn bindend geworden und der Antrag auf Eintragung bei dem Grundbuchamt gestellt worden ist.

I. Die Vorschrift ermöglicht die **Überwindung nachträglicher Verfügungsbeschränkun-** 1 **gen**. Sie bildet also eine Ausn von dem Grundsatz, dass die Verfügungsbefugnis noch im Zeitpunkt der Vollendung des Erwerbstatbestandes vorliegen muss. Fällt die Verfügungsbefugnis des Berechtigten **nach bindender Einigung** (§ 873 II) und **Stellung des Eintragungsantrags** (§ 13 GBO) weg, so ermöglicht die Norm einen Rechtserwerb ohne Zustimmung des nunmehr Berechtigten nach § 185. Sie trägt dem Umstand Rechnung, dass zwischen Einigung und Eintragung häufig eine geraume Zeit vergeht. Da die Beteiligten auf den Zeitpunkt der Eintragung im Grundbuch ab Stellung des Eintragungsantrags keinen Einfluss mehr haben, wäre es unbillig, wenn die Rechtsänderung noch durch eine vor der Eintragung wirksam werdende Verfügungsbeschränkung vereitelt würde, obwohl die Beteiligten bereits alle ihnen obliegenden Rechtshandlungen vorgenommen haben. Die Bestimmung begegnet dieser **Gefahr des Eintragungsgrundsatzes**, indem unter bestimmten Voraussetzungen die nachträgliche Verfügungsbeschränkung die Wirksamkeit der Verfügung unangetastet lässt.

II. **1. Voraussetzungen.** Nach der Vorschrift bleibt eine Verfügungsbeschränkung für 2 die Rechtsänderung unter folgenden Voraussetzungen wirkungslos:

a) Die dingliche **Erklärung** ist **bindend** (§§ 873 II, 875 II, 877). 3

b) Der **Eintragungsantrag** wurde beim Grundbuchamt **gestellt** (§ 13 I 1, II GBO). Nach 4 § 13 I 2 GBO kann sowohl der **Verfügende** als auch der **Erwerber** den **Eintragungsantrag** stellen. Teilweise wird aber für § 878 verlangt, dass der Antrag (auch) vom Erwerber gestellt sein müsse, weil ein nur vom Veräußerer gestellter Antrag bis zur Eintragung von diesem einseitig zurückgenommen werden könne (MK/Kohler § 878 Rn 17). Der Wortlaut des § 878 gibt allerdings für eine derartige Einschränkung nichts her. Nach ihm ist es gleichgültig, ob der Erwerber oder der Veräußerer den Antrag gestellt hat (Palandt/Bassenge § 878 Rn 14). Da mit einer einseitigen Rücknahme des nur vom Veräußerer gestellten Eintragungsantrags durch diesen (nach § 31 GBO) die Wirkungen des § 878 wieder entfallen, liegt es jedoch im eigenen Interesse des Erwerbers, den Eintragungsantrag (auch) selbst zu stellen.

c) Der Eintragungsantrag darf **nicht** rechtmäßig – zB wegen Unvollständigkeit – **zu-** 5 **rückgewiesen** worden sein, denn § 878 schützt den Antragsteller nicht vor von ihm selbst verursachten Verzögerungen (BGH NJW 97, 2751).

d) Die **Grundbucheintragung** ist notwendigerweise die **letzte Erwerbsvoraussetzung**. 6 *Bis auf die Eintragung* müssen also alle anderen zur Rechtsänderung notwendigen Voraussetzungen erfüllt sein. Diese ungeschriebene Voraussetzung folgt aus dem Zweck der Norm, den Erwerber nur vor den spezifischen Gefahren des Eintragungsgrundsatzes zu schützen. Sie greift daher zB nicht ein, wenn bei der Bestellung einer Briefhypothek noch die Briefübergabe aussteht (Palandt/Bassenge § 878 Rn 15).

2. Anwendungsbereich. Die Bestimmung gilt ihrem Wortlaut nach nur für die **rechtsge-** 7 **schäftlichen Erklärungen** nach §§ 873, 875, 877, auch wenn diese nach §§ 894 f ZPO ersetzt werden. Sie ist aber auf andere rechtsgeschäftliche Erklärungen des Berechtigten, die eine Verfügung enthalten, entspr anwendbar. Dies gilt zB für die Bewilligung einer **Vormerkung** (BGHZ 28, 185) oder eines **Widerspruchs**.

8 Str ist, ob § 878 auch für **Verfügungen im Wege der Zwangsvollstreckung** Geltung beansprucht. Die hM lehnt die Anwendung des § 878 auf Vollstreckungsakte zu Recht ab, weil sich der Wortlaut der Norm mit den Erklärungen nach §§ 873, 875 und 877 allein auf rechtsgeschäftliche Erklärungen beziehe (BGHZ 9, 252; Palandt/Bassenge § 878 Rn 4; aA MK/Kohler § 878 Rn 27).

9 Die Vorschrift setzt eine Verfügungserklärung des **Verfügungsberechtigten** voraus. Bei Erklärungen von Nichtberechtigten ist zu unterscheiden: Wird eine Verfügungsbeschränkung ggü dem **im Grundbuch als Berechtigter eingetragenen Nichtberechtigten** wirksam, so ist die Bestimmung auf seine Verfügung anwendbar. Anderenfalls stünde ein gutgläubiger Erwerber schlechter als bei einem Erwerb vom Berechtigten. Ergeht eine Verfügungsbeschränkung gegen einen **nicht im Grundbuch eingetragenen Nichtberechtigten**, der nach § 185 I mit **Einwilligung des Berechtigten** verfügt hat, so ist die Norm nach hL anwendbar, da die Verfügung mit Einwilligung des Berechtigten einer Verfügung des Berechtigten selbst gleichsteht (MK/Kohler § 878 Rn 12; aA RGZ 89, 383). § 878 ist in diesem Fall entspr anwendbar, wenn gegen den Berechtigten eine Verfügungsbeschränkung wirksam wird, nachdem der ermächtigte Nichtberechtigte die Voraussetzungen des § 878 erfüllt hat (Palandt/Bassenge § 878 Rn 6).

10 Ergeht eine Verfügungsbeschränkung gegen einen **nicht im Grundbuch eingetragenen Nichtberechtigten**, der nach § 185 II mit **Genehmigung des Berechtigten** verfügt hat, so ist die Vorschrift ebenfalls anwendbar. Jedoch muss die Genehmigung vor dem Eintritt der Verfügungsbeschränkung erteilt worden sein, weil sonst außer der Grundbucheintragung noch eine weitere Erwerbsvoraussetzung fehlte. Wird der Berechtigte in seiner Verfügungsbefugnis beschränkt, nachdem der Nichtberechtigte die Voraussetzungen der Bestimmung herbeigeführt hat, so ist diese ebenfalls nur dann anwendbar, wenn der Berechtigte die Genehmigung vor dem Wirksamwerden der Verfügungsbeschränkung erklärt hat (Palandt/Bassenge § 878 Rn 7).

11 Erwirbt der eingetragene Nichtberechtigte den Verfügungsgegenstand nach einer ohne Zustimmung des Berechtigten abgegebenen Verfügungserklärung (§ 185 II 1 2. Alt), so ist die Vorschrift anwendbar, wenn der Erwerb vor dem Eintritt der Verfügungsbeschränkung erfolgte. Anderenfalls ist § 878 nicht anwendbar, weil die Erklärung durch den Erwerb nicht mehr wirksam geworden ist. § 878 ist schließlich auch dann anwendbar, wenn eine **Partei kraft Amtes** – zB Insolvenzverwalter (§ 80 I InsO), Nachlassverwalter (§ 1985) oder Testamentsvollstrecker (§ 2205 I 2) – über eine ihrer Verfügung unterliegende Rechtsposition unter den Voraussetzungen des § 878 verfügt, aber vor der Eintragung durch die Beendigung ihres Amtes ihre Verfügungsmacht verliert (vgl OLG Nürnberg ZWE 13, 86; MK/Kohler § 878 Rn 13).

12 3. Verfügungsbeschränkungen. § 878 gilt für **alle relativen und absoluten Verfügungsbeschränkungen**, die unmittelbar die Befugnis des Berechtigten aufheben oder beschränken, über ein Recht durch dessen Aufhebung, Belastung oder Inhaltsänderung zu verfügen, insb nach §§ 1984, 2211 BGB, 80 I InsO, 23, 146 ZVG, 829, 857, 938 ZPO. § 878 ist dag nach hM **nicht anwendbar**, wenn der Verfügende vor der Grundbucheintragung nicht in seiner Verfügungsbefugnis beschränkt wird, sondern sein **Recht verliert**. Hier greift der Schutzzweck des § 878 nicht ein, weil der Rechtsverlust nicht Folge des Eintragungsgrundsatzes, sondern eines Verhaltens des Verfügenden selbst ist. Die Verfügung kann hier also nicht mehr nach § 878 wirksam werden, sondern allenfalls durch einen gutgläubigen Erwerb nach § 892.

13 Keine Verfügungsbeschränkung ist auch der **Wegfall der Geschäftsfähigkeit** oder der **Tod** des Verfügenden zwischen Einigung und Eintragung (so iE auch OLG Celle NJW 06, 3502). Da nur die Einigung, nicht aber die Eintragung rechtsgeschäftlicher Natur ist, muss die Geschäftsfähigkeit lediglich im Zeitpunkt der Einigung vorliegen. Ein späterer Verlust der Geschäftsfähigkeit hindert die Wirksamkeit der Einigung nicht (§ 130 II). Dasselbe gilt für den Tod des Verfügenden. War die Einigung bereits im Zeitpunkt des Todes bindend, so wirkt sie auch gegen die Erben. War sie dag noch nicht bindend, so können diese die Einigung widerrufen.

14 4. Abgrenzung zu § 892. Die Vorschriften der §§ 878 und 892 schließen sich bzgl derselben Verfügungsbeschränkung aus. Wird eine Verfügungsbeschränkung vor bindender Verfügungserklärung (§§ 873 II, 875 II, 877) und Eintragungsantrag (§ 13 GBO) wirksam, so ist § 878 ausgeschlossen. Ein gutgläubiger Erwerb nach § 892 I 2 ist jedoch möglich, wenn die Verfügungsbeschränkung nicht im Grundbuch eingetragen und dem Erwerber nicht bekannt ist. Ergeht die Verfügungsbeschränkung dag nach bindender Verfügungserklärung und Antrag und fehlt zum Wirksamwerden der Verfügung nur noch die Grundbucheintragung, so ist allein § 878 anwendbar. Auf die weiter gehenden Voraussetzungen des § 892 I 2, II (va die Gutgläubigkeit des Erwerbers) kommt es nicht an. Ergeht dag eine Verfügungsbeschränkung vor bindender Erklärung und Eintragungsantrag und wird sie vor Vollendung des Rechtserwerbs im Grundbuch eingetragen, so ist ein Erwerb weder über § 878 noch über § 892 möglich (Palandt/Bassenge § 878 Rn 3).

§ 879 Rangverhältnis mehrerer Rechte

(1) ¹Das Rangverhältnis unter mehreren Rechten, mit denen ein Grundstück belastet ist, bestimmt sich, wenn die Rechte in derselben Abteilung des Grundbuchs eingetragen sind, nach der Reihenfolge der Eintragungen. ²Sind die Rechte in verschiedenen Abteilungen eingetragen, so hat das unter Angabe eines früheren Tages eingetragene Recht den Vorrang; Rechte, die unter Angabe desselben Tages eingetragen sind, haben gleichen Rang.
(2) Die Eintragung ist für das Rangverhältnis auch dann maßgebend, wenn die nach § 873 zum Erwerb des Rechts erforderliche Einigung erst nach der Eintragung zustande gekommen ist.
(3) Eine abweichende Bestimmung des Rangverhältnisses bedarf der Eintragung in das Grundbuch.

I. Ist ein Grundstück mit **mehreren beschränkten dinglichen Rechten** (zB mehreren Hypotheken) belastet, so entsteht unter ihnen ein Rangverhältnis. 1
1. Die **Bedeutung des Rangs** zeigt sich in der Zwangsversteigerung des Grundstücks. 2
Betreibt ein Grundpfandrechtsgläubiger die Zwangsversteigerung des Grundstücks, so sind die seinem Recht vorgehenden Rechte in das geringste Gebot aufzunehmen (§ 44 I ZVG). Sie bleiben bei einem Zuschlag gem § 90 ZVG bestehen (§§ 52 I, 91 I ZVG). Dag erlöschen alle nachrangigen Rechte. Sie werden bei der Verteilung des Versteigerungserlöses nach ihrer Rangfolge befriedigt, wobei ein vorrangiges Recht in voller Höhe vor einem nachrangigen Recht befriedigt wird, falls der Erlös nicht zur Befriedigung aller Rechte ausreicht, §§ 10–14, 155 ff ZVG (Westermann/Eickmann, § 79 I 2). Daneben bestimmt der Rang bei mehreren kollidierenden Nutzungsrechten (Dienstbarkeiten, Nießbrauch) die Reihenfolge, in der die Nutzungen des Grundstücks aufgeteilt werden (§§ 1024, 1060, 1090). Der Rang hat also wesentlichen Einfluss auf den **Wert eines Rechts**. Dementspr muss das höhere Risiko nachrangiger Grundpfandrechte auch durch höhere Zinsen bezahlt werden.
2. Die Rangordnung nach § 879 bezieht sich ausschließlich auf die in den Abt II und 3
III des Grundbuchs eingetragenen **beschränkten dinglichen Rechte** an demselben Grundstück. Rangfähig iSd § 879 sind danach zB dingliche Vorkaufsrechte (hierzu allg s Böttcher RpflStud 11, 208 ff; zur Unterscheidung vom schuldrechtlichem Vorkaufsrecht vgl OLG Zweibrücken MittBayNot 13, 43) und Nutzungsrechte (Nießbrauch, Dienstbarkeiten), Grundpfandrechte (Hypotheken, Grund- und Rentenschulden), Vormerkungen (§ 883 III) und Rechte an Grundstücksrechten (zB ein Pfandrecht an einer Hypothek). Dag sind nach § 879 **nicht rangfähig**: Widersprüche (§ 899), da sie allein den Rang des gesicherten Rechts wahren; Verfügungsbeschränkungen wie zB Nacherbenvermerke (§ 51 GBO) oder Insolvenzvermerke (§ 32 InsO), da sie das Grundstück nicht belasten; nicht eintragungsbedürftige Rechte, bei denen sich der Rang nicht nach § 879, sondern nach dem Gesetz (zB §§ 914 I 1, 917 II 2) oder dem Zeitpunkt ihrer Entstehung richtet.
3. Das BGB folgt dem **Grundsatz der gleitenden Rangordnung**, bei dem im Falle des 4
Erlöschens vorgehender Rechte alle nachfolgenden um die freie Stelle aufrücken. Aller-

dings hält das Gesetz diesen Grundsatz nicht konsequent durch. Bei den Grundpfandrechten geht es vom **Prinzip der festen Rangordnung** aus, bei dem jedes Recht einen unveränderlichen Rang hat. Das BGB ordnet dort statt des Erlöschens des vorrangigen Rechts mit einem automatischen Aufrücken der nachfolgenden Rechte den rangwahrenden Übergang des Rechts auf den Eigentümer an (zB §§ 1163, 1168, 1170 f). Jedoch haben Inhaber nachfolgender Grundpfandrechte nach § 1179 a einen Löschungsanspruch gegen den vorrangigen Eigentümer, so dass auch hier wieder letztlich faktisch eine gleitende Rangordnung gilt.

5 **II. 1. Gesetzliche Rangbestimmung.** Nach Abs 1 bestimmt sich die Rangfolge beschränkter dinglicher Rechte nach dem **Prioritätsgrundsatz**. Das zuerst eingetragene Recht hat Vorrang vor dem später eingetragenen Recht. Entscheidend für den Rang ist der **Zeitpunkt der Eintragung**, nicht derjenige der Einigung oder der Entstehung des Rechts (vgl Abs 2).

6 **a)** Sind mehrere beschränkte dingliche Rechte **in derselben Abteilung** eingetragen, so bestimmt nach Abs 1 S 1 die Reihenfolge der Eintragungen, nicht das im Grundbuch wiedergegebene Datum den Rang. Str besteht darüber, ob unter der Reihenfolge der Eintragungen iSd Gesetzes die räumliche oder die zeitliche Reihenfolge zu verstehen ist. Die hM lässt grds die **räumliche Aufeinanderfolge** der Eintragungen im Grundbuch entscheiden, so dass das räumlich vorangehende Recht den Vorrang hat, **Lokusprinzip** (Westermann/Eickmann, § 80 II 2; MK/Kohler § 879 Rn 24; aA Erm/A Lorenz § 879 Rn 9). Dafür spricht die Entstehungsgeschichte des Gesetzes sowie der Umkehrschluss aus Abs 1 S 2, wonach nur zwischen Rechten in verschiedenen Abteilungen das Datum der Eintragung für den Rang entscheidet. Die räumliche Reihenfolge stimmt wegen der §§ 17, 45 I Halbs 1 GBO, laut denen die Eintragungen entspr der Reihenfolge der Eintragungsanträge vorzunehmen sind, im Regelfall auch mit der zeitlichen Reihenfolge der Antragstellung und der Eintragung überein.

7 Stimmen die räumliche und die zeitliche Reihenfolge dag nachweislich nicht überein, so entscheidet nach der hM allerdings dennoch die zeitliche Reihenfolge der Eintragungen. Dies ist zB der Fall, wenn ein Grundpfandrecht nachträglich in einen Zwischenraum vor anderen, bereits eingetragenen Rechten eingetragen wird, der anlässlich einer früheren Eintragung entgg § 21 III GBV freigelassen wurde (vgl MK/Kohler § 879 Rn 23). Dies folgt daraus, dass die räumliche Reihenfolge der Eintragungen nur eine **Vermutung bzw Indizwirkung** für die iErg maßgebliche zeitliche Reihenfolge begründet. Wird diese Vermutung widerlegt, so entscheidet die tatsächliche Eintragungszeit. Allerdings soll dies lediglich für die Beteiligten untereinander gelten. Ein gutgläubiger Dritter kann daher ein entgg der zeitlichen Reihenfolge eingetragenes Recht mit dem der räumlichen Aufeinanderfolge entspr Rang nach § 892 erwerben, wobei er noch nicht allein dadurch unredlich wird, dass die Datenfolge der räumlichen Folge widerspricht (MK/Kohler § 879 Rn 26).

8 Sollen mehrere Rechte in derselben Abteilung den gleichen Rang haben (zB bei gleichzeitigem Eintragungsantrag), so ist dies gem § 45 I Halbs 2 GBO durch die Eintragung eines **Gleichrangvermerks** klarzustellen, da sonst ebenfalls die räumliche Reihenfolge entscheidet (vgl KG Berlin FGPrax 12, 238).

9 **b)** Werden die Rechte dag **in verschiedenen Abteilungen** des Grundbuchs eingetragen, so entscheidet nach Abs 1 S 2 allein das **angegebene Datum der Eintragung** über den Rang. Alle Rechte, die unter dem gleichen Datum eingetragen sind, haben den gleichen Rang. Maßgebend ist dabei nach hM die rein formale Zeitangabe, und zwar auch dann, wenn die Datierung nicht der wirklichen Eintragungszeit entspricht (Staud/Kutter § 879 Rn 57 ff; aA Westermann/Eickmann, § 80 II 3).

10 Wird ein Recht entgg § 44 S 1 GBO **ohne Datumsangabe eingetragen**, so entscheidet die **tatsächliche Eintragungszeit** über seinen Rang. Dabei begründet die räumliche Aufeinanderfolge der Eintragungen in derselben Abteilung eine Vermutung für die zeitliche Reihenfolge.

11 **c)** Abs 1 bestimmt die Rangfolge eingetragener Rechte mit **materiellrechtlicher Wirkung** (Westermann/Eickmann, § 80 I 1). Ein Verstoß des Grundbuchbeamten gegen die Verfahrensvorschriften der §§ 17, 45 I Halbs 1 GBO, Eintragungsanträge in der Rei-

henfolge ihres Eingehens zu erledigen, ist für das materiellrechtliche Rangverhältnis unbeachtlich. Der Rang der Rechte bestimmt sich allein nach Abs 1, auch wenn dadurch ein Recht den Rang, den es bei pflichtgemäßer Eintragung gehabt hätte, nicht erhält. Der durch die pflichtwidrige Eintragung **benachteiligte Rechtserwerber** kann **keine Ansprüche** gegen die anderen Beteiligten geltend machen. Er hat keinen Grundbuchberichtigungsanspruch nach § 894. Da nach Abs 1 ausschließlich der Zeitpunkt der Eintragung über den Rang entscheidet, wird das Grundbuch durch den Verstoß gegen die §§ 17, 45 I Halbs 1 GBO nicht unrichtig. Ihm steht nach hM aber auch kein Bereicherungsanspruch aus § 812 I 1 2. Alt (Eingriffskondiktion) gegen den Begünstigten zu (BGH NJW 1956, 1314; MK/Kohler § 879 Rn 41; Staud/Kutter § 879 Rn 47; aA Baur/Stürner, § 17 Rn 18). Fraglich ist bereits, ob der Begünstigte seine Rangposition iSd § 812 I 1 2. Alt auf Kosten des Benachteiligten erlangt hat. Dies wäre nur dann der Fall, wenn der Begünstigte mit Stellung des Eintragungsantrags bereits ein materiell geschütztes Anwartschaftsrecht auf den Erwerb des Rechts mit einem bestimmten Rang erlangt hat, was allerdings wegen des Charakters der §§ 17, 45 I Halbs 1 GBO als Ordnungsvorschriften zweifelhaft erscheint. Selbst wenn man aber eine Bereicherung des Begünstigten auf Kosten des Benachteiligten bejaht, scheidet eine Eingriffskondiktion mangels Rechtsgrundlosigkeit des Rangerwerbs aus. Abs 1 stellt seinem Sinn und Zweck nach einen **Rechtsgrund** für die Bereicherung des begünstigten Rechtserwerbers dar (BGHZ 21, 100).

Dem benachteiligten Rechtserwerber bleibt damit nur ein **Amtshaftungsanspruch** nach 12 § 839 BGB iVm Art 34 GG wegen der Verletzung der Amtspflicht aus §§ 17, 45 I Halbs 1 GBO durch den Grundbuchbeamten (Staud/Kutter § 879 Rn 48; MK/Kohler § 879 Rn 41; BGHZ 21, 101; aA Baur/Stürner § 17 Rn 18).

2. Rechtsgeschäftliche Rangbestimmung. Die Beteiligten können die Rangverhältnisse 13 durch Rechtsgeschäft von vornherein abw von der gesetzlichen Rangbestimmung regeln (Abs 3, § 45 III 2. Alt GBO). Eine derartige Rangvereinbarung darf nicht dazu führen, dass der Rang eines Dritten beeinträchtigt wird.

a) Eine wirksame Rangvereinbarung setzt die **dingliche Einigung** der Beteiligten (§ 873 14 I) und die **Eintragung** voraus.

b) Die Rangvereinbarung ist idR sowohl in der dinglichen Einigung als auch in dem 15 dieser zugrunde liegenden schuldrechtlichen Verpflichtungsgeschäft enthalten. Besondere Probleme entstehen, wenn sich die Einigung und der sich nach der Eintragung ergebende Rang nicht decken, also Rechte mit einem Rang eingetragen sind, der nicht der getroffenen Rangvereinbarung entspricht. Das **Auseinanderfallen von Einigung und Eintragung** hins der Rangstelle hat grds zur Folge, dass die betr Rechte überhaupt nicht entstanden sind. Jedoch kann die Anwendung des § 139 dazu führen, dass die Rechte mit dem sich aus Abs 1 ergebenden Rang anstelle des vereinbarten Ranges zustande kommen, wenn anzunehmen ist, dass beide Parteien der Rangvereinbarung dies einer völligen Unwirksamkeit der Rechte vorziehen würden (BGH NJW-RR 90, 206). Dem Gläubiger, zu dessen Gunsten ein vorrangiges Recht bestellt werden sollte, wird iZw ein nachrangiges Recht lieber sein als überhaupt kein Recht (vgl Baur/Stürner, § 17 Rn 26). Hinzu kommt, dass das abredewidrig eingetragene Rangverhältnis **nicht endgültig** sein muss. Dem Benachteiligten steht zwar kein Grundbuchberichtigungsanspruch nach § 894 zu, da das Grundbuch die nach Abs 1 geltende Rangordnung ausweist und daher nicht unrichtig ist. Ihm stehen aber **schuldrechtliche Ausgleichsansprüche** zu:

aa) Einen **Bereicherungsanspruch** gegen den Begünstigten auf Herausgabe der besseren 16 Rangstelle hat er allerdings nur dann, wenn ausnahmsweise eine schuldrechtliche Rangvereinbarung auch mit diesem getroffen wurde (MK/Kohler § 879 Rn 41; Staud/ Kutter § 879 Rn 72). In diesem Fall bildet die gesetzliche Rangbestimmung nach Abs 1 keinen Rechtsgrund für die erlangte bessere Rangposition.

bb) Ihm steht aber aus der mit dem Eigentümer getroffenen Rangvereinbarung ein 17 **schuldrechtlicher Rangverschaffungsanspruch** gegen diesen zu. Dieser Anspruch ist auf die Abtretung des Anspruchs auf Rangrücktritt gerichtet, der dem Eigentümer gegen den Begünstigten zusteht. Der Eigentümer kann von dem Begünstigten aus der schuldrechtlichen Rangvereinbarung bzw aus § 812 I 1 2. Alt (Eingriffskondiktion) die Herausgabe der besseren Rangstelle verlangen. Da dem Eigentümer wegen dieses Anspruchs gegen den Begünstigten die Erfüllung seiner Pflicht ggü dem Benachteiligten zur Verschaffung der vorgesehenen Rangstelle nicht unmöglich geworden ist, ergibt sich dieser Abtretungsanspruch nicht aus §§ 275, 285 (aA MK/Kohler § 879 Rn 42). Es handelt sich vielmehr um den **Erfüllungsanspruch** des benachteiligten Rechtserwerbers aus der Rangvereinbarung mit dem Eigentümer (Staud/Kutter § 879 Rn 72). Daneben kann ein derartiger Abtretungsanspruch aber ab dem Verzug des Eigentümers mit der Erfüllung des vertraglichen Anspruchs auch aus §§ 323 I, 346 ff, 285 folgen (Gursky, S 12).

§ 880 Rangänderung

(1) Das Rangverhältnis kann nachträglich geändert werden.
(2) ¹Zu der Rangänderung ist die Einigung des zurücktretenden und des vortretenden Berechtigten und die Eintragung der Änderung in das Grundbuch erforderlich; die Vorschriften des § 873 Abs. 2 und des § 878 finden Anwendung. ²Soll eine Hypothek, eine Grundschuld oder eine Rentenschuld zurücktreten, so ist außerdem die Zustimmung des Eigentümers erforderlich. ³Die Zustimmung ist dem Grundbuchamt oder einem der Beteiligten gegenüber zu erklären; sie ist unwiderruflich.
(3) Ist das zurücktretende Recht mit dem Recht eines Dritten belastet, so findet die Vorschrift des § 876 entsprechende Anwendung.
(4) Der dem vortretenden Recht eingeräumte Rang geht nicht dadurch verloren, dass das zurücktretende Recht durch Rechtsgeschäft aufgehoben wird.
(5) Rechte, die den Rang zwischen dem zurücktretenden und dem vortretenden Recht haben, werden durch die Rangänderung nicht berührt.

1 I. Die Beteiligten können die Rangverhältnisse **nachträglich ändern** (Abs 1), so dass ein bereits bestehendes Recht zugunsten eines anderen Rechts im Rang zurücktritt. Dieses zurücktretende Recht kann bereits eingetragen sein oder aber erst zusammen mit der Rangänderung eingetragen werden (Palandt/Bassenge § 880 Rn 1).
2 II. Eine Rangänderung hat folgende **Voraussetzungen**: **Einigung** zwischen dem Inhaber des zurücktretenden und des vortretenden Rechts; **Eintragung** der Rangänderung im Grundbuch (Abs 2 S 1); **Zustimmung des Eigentümers**, wenn ein Grundpfandrecht zurücktreten soll (Abs 2 S 2); diese Zustimmung ist erforderlich, weil in jedem Fremdgrundpfandrecht ein potentielles Eigentümergrundpfandrecht steckt (§§ 1163, 1168, 1170, 1171, 1177), dessen Rang durch den Rücktritt verschlechtert wird; **Zustimmung Dritter**, die ein dingliches Recht (§§ 1068, 1273) am zurücktretenden Recht haben (Abs 3 iVm § 876). Ist eine Rangrücktrittsvereinbarung mangels Voreintragung des zurücktretenden Berechtigten materiell unwirksam, so muss bedacht werden, dass hierin zumindest eine wirksame Rangbestimmung iSd § 45 Abs 3 GBO enthalten sein kann (OLG München NJW-RR 06, 962).
3 Obwohl die Rangänderung ein **dingliches Rechtsgeschäft** darstellt, **wirkt** sie nur **relativ** zwischen dem Inhaber des zurücktretenden und dem des vortretenden Rechts. Die rechtliche Stellung der Inhaber dinglicher Rechte, die im Rang zwischen dem vor- und dem zurücktretenden Recht stehen, wird durch die Rangänderung nicht berührt (Abs 5). Sie brauchen daher der Rangänderung auch nicht zuzustimmen.
4 Das vortretende Recht behält seinen Rang, auch bei einer **rechtsgeschäftlichen Aufhebung des zurücktretenden Rechts** (Abs 5). Aus dieser Regelung ist im Umkehrschluss zu folgern, dass in allen anderen Fällen der Aufhebung eines an der Rangänderung beteiligten Rechts darüber hinaus die Rangänderung wegfällt. Das an der Rangänderung beteiligte fortbestehende Recht kehrt in diesem Fall an seine alte Rangstelle zurück.

§ 881 Rangvorbehalt

(1) Der Eigentümer kann sich bei der Belastung des Grundstücks mit einem Recht die Befugnis vorbehalten, ein anderes, dem Umfang nach bestimmtes Recht mit dem Rang vor jenem Recht eintragen zu lassen.
(2) Der Vorbehalt bedarf der Eintragung in das Grundbuch; die Eintragung muss bei dem Recht erfolgen, das zurücktreten soll.
(3) Wird das Grundstück veräußert, so geht die vorbehaltene Befugnis auf den Erwerber über.
(4) Ist das Grundstück vor der Eintragung des Rechts, dem der Vorrang beigelegt ist, mit einem Recht ohne einen entsprechenden Vorbehalt belastet worden, so hat der Vorrang insoweit keine Wirkung, als das mit dem Vorbehalt eingetragene Recht infolge der inzwischen eingetretenen Belastung eine über den Vorbehalt hinausgehende Beeinträchtigung erleiden würde.

I. Der Eigentümer kann sich bei der Belastung seines Grundstücks mit einem beschränkten dinglichen Recht für ein erst später einzutragendes Recht einen **Rang vorbehalten** (Abs 1). 1

II. Ein Rangvorbehalt hat folgende **Voraussetzungen: Einigung** zwischen dem Eigentümer und dem Erwerber des beschränkten dinglichen Rechts; dabei muss das später einzutragende vorbehaltene Recht dem Umfang nach bestimmt sein (Abs 1); **Eintragung** des Rangvorbehalts bei dem Recht, das zurücktreten soll (Abs 2). 2

Der Rangvorbehalt bewirkt, dass das belastete Recht zugunsten des vorbehaltenen späteren Rechts im Rang zurücktritt. Der Rangvorbehalt hat wie eine Rangänderung nur **relative Wirkung**. Wird also nach der Eintragung des belasteten Rechts, aber vor der Eintragung des vorbehaltenen Rechts ein weiteres Recht ohne Rangvorbehalt eingetragen (Zwischenrecht), so entstehen relative Rangverhältnisse. Das nicht belastete Zwischenrecht ist durch den Rangvorbehalt nicht berührt (§ 880 V), darf also durch dessen Ausübung nicht rangmäßig benachteiligt werden. Das Zwischenrecht behält also auch nach der Ausübung des Rangvorbehalts seinen bisherigen Rang. Demggü darf aber auch das mit dem Rangvorbehalt belastete Recht durch die spätere Eintragung unbelasteter Zwischenrechte im Falle der Ausübung des Rangvorbehalts nicht über den Rangvorbehalt hinausgehend belastet werden (Abs 4). 3

Da die Eintragung derartiger Zwischenrechte die Erlösverteilung unberechenbar und den Rangvorbehalt wertlos machen kann, hat der Rangvorbehalt jedenfalls bei Grundpfandrechten keine große praktische Bedeutung. Der wirtschaftliche Erfolg eines Rangvorbehalts lässt sich besser durch die erstrangige Bestellung einer **Eigentümergrundschuld** (§ 1196) erreichen, die jederzeit an einen späteren Kreditgeber abgetreten werden kann (MK/Kohler § 881 Rn 2). 4

§ 882 Höchstbetrag des Wertersatzes

¹Wird ein Grundstück mit einem Recht belastet, für welches nach den für die Zwangsversteigerung geltenden Vorschriften dem Berechtigten im Falle des Erlöschens durch den Zuschlag der Wert aus dem Erlös zu ersetzen ist, so kann der Höchstbetrag des Ersatzes bestimmt werden. ²Die *Bestimmung bedarf der Eintragung* in das Grundbuch.

Erlischt durch den Zuschlag in der Zwangsversteigerung ein nicht auf Geldzahlung gerichtetes Recht (zB Vormerkung, Dienstbarkeit, Reallast), das nicht ablösbar ist, so besteht eine Wertersatzpflicht (§ 92 I ZVG). Die Vorschrift ermöglicht es, bei der Bestellung des Rechts (§ 873) oder auch später (§ 877), die Bestimmung eines **Höchstbetrages** des Wertersatzes vorzunehmen (S 1). Diese ist in das Grundbuch einzutragen (S 2). Der so festgelegte Höchstbetrag ist in den Teilungsplan aufzunehmen (§ 114 I ZVG). 1

§ 883 Voraussetzungen und Wirkung der Vormerkung

(1) ¹Zur Sicherung des Anspruchs auf Einräumung oder Aufhebung eines Rechts an einem Grundstück oder an einem das Grundstück belastenden Recht oder auf Änderung des Inhalts oder des Ranges eines solchen Rechts kann eine Vormerkung in das Grundbuch eingetragen werden. ²Die Eintragung einer Vormerkung ist auch zur Sicherung eines künftigen oder eines bedingten Anspruchs zulässig.

(2) ¹Eine Verfügung, die nach der Eintragung der Vormerkung über das Grundstück oder das Recht getroffen wird, ist insoweit unwirksam, als sie den Anspruch vereiteln oder beeinträchtigen würde. ²Dies gilt auch, wenn die Verfügung im Wege der Zwangsvollstreckung oder der Arrestvollziehung oder durch den Insolvenzverwalter erfolgt.

(3) Der Rang des Rechts, auf dessen Einräumung der Anspruch gerichtet ist, bestimmt sich nach der Eintragung der Vormerkung.

1 I. Die Vormerkung dient der **Sicherung eines schuldrechtlichen Anspruchs** auf Einräumung, Aufhebung oder Änderung eines dinglichen Rechts an einem Grundstück oder Grundstücksrecht (Abs 1 S 1). Ein obligatorischer Anspruch auf dingliche Rechtsänderung ist gefährdet, solange die geschuldete Rechtsänderung durch ihre Eintragung im Grundbuch noch keine Vollendung gefunden hat. In der Zeit bis zur Eintragung ist der Schuldner durch den obligatorischen Anspruch nur zur Vornahme der dinglichen Rechtsänderung verpflichtet. Er ist aber nicht gehindert, weitere Verfügungen über das dingliche Recht vorzunehmen, die den Rechtserwerb des Gläubigers beeinträchtigen.

2 1. Die **Rechtsnatur** der Vormerkung ist str. Da sie einen schuldrechtlichen Anspruch auf dingliche Rechtsänderung mit dinglicher Wirkung absichert, weist sie obligatorische und dingliche Elemente auf. Die Vormerkung ist ein **selbstständiges dingliches Recht eigener Art**, das wie die Hypothek einen Anspruch gegen Dritte (§ 888 I) gibt (Wunner NJW 69, 113 ff; aA die hM: **Sicherungsmittel eigener Art**, BGHZ 60, 49; Palandt/Bassenge § 883 Rn 2; MK/Kohler § 883 Rn 5; PWW/Huhn § 883 Rn 1). Dem Streit kommt keine große praktische Bedeutung zu, weil die Vormerkung auch von der hM weitgehend einem dinglichen Recht gleichgestellt wird. So kann die Vormerkung nach beiden Auffassungen gutgläubig erworben werden: nach der hM gem §§ 893 2. Alt, 892, laut der Gegenauffassung unmittelbar gem § 892. Weiter ist § 894 analog auf die Vormerkung anwendbar, und diese ist nach §§ 823 I (vgl dort Rn 34), 1004 geschützt.

3 Die Vormerkung ist ein streng **akzessorisches Recht**. Ihr Entstehen und Fortbestehen hängt von dem rechtswirksamen Bestehen des zu sichernden schuldrechtlichen Anspruchs ab. Eine Vormerkung entsteht nicht, wenn der durch sie gesicherte Anspruch nicht besteht (BGHZ 57, 345), sie erlischt, wenn der Anspruch später (durch Anfechtung, Vertragsaufhebung, Rücktritt, Erfüllung) erlischt (BGHZ 143, 175, 179), und sie kann nicht ohne den Anspruch erworben werden. Ist im Grundbuch eine nicht entstandene oder erloschene Vormerkung eingetragen, so kann der durch sie Belastete ihre Löschung im Wege der Grundbuchberichtigung analog § 894 erreichen. Die Eintragung lässt sich aber auch als erster Teilakt für die Neubegründung einer Vormerkung nutzen, wenn die nachfolgende Bewilligung der Eintragung inhaltlich entspricht, dh mit ihr kongruent ist (BGHZ 143, 175, 181 f; 193, 152, 156; zu den Grenzen der „Wiederverwendbarkeit" der Vormerkung s Krüger ZNotP 13, 11 ff; zu deren Fernwirkungen beachte Amann NotBZ 12, 201 ff).

4 2. Die Vormerkung begegnet in den unterschiedlichsten **Formen**. Praktisch bedeutsam ist va die **Auflassungsvormerkung**, die den schuldrechtlichen Anspruch des Käufers auf Verschaffung des Grundstückseigentums sichert. Daneben können Ansprüche auf Bestellung oder Aufhebung eines dinglichen Rechts (zB einer Hypothek, vgl bzgl einer Bauhandwerkersicherungshypothek: OLG Koblenz NJW-RR 10, 1682), auf Einräumung oder Aufhebung eines Rechts an einem Grundstücksrecht (zB auf Bestellung eines Pfandrechts an einer Hypothek) oder auf Änderung des Inhalts oder Rangs eines Rechts durch Vormerkung gesichert werden. Praktisch wichtig ist weiter die **Löschungsvormerkung** gem § 1179. Grundpfandgläubiger sind daran interessiert, dass

vor- oder gleichrangige Belastungen erlöschen, wenn sich diese (zB durch Tilgung der gesicherten Forderung) mit dem Eigentum am belasteten Grundstück vereinigen. Deshalb ließen sie sich früher vom Grundstückseigentümer einen Löschungsanspruch einräumen, der durch eine Löschungsvormerkung gesichert wurde. Seit 1978 begründet § 1179 a zur Entlastung der Grundbuchämter einen gesetzlichen Löschungsanspruch mit vormerkungsgleicher Wirkung (§ 1179 a I 3). Eine Löschungsvormerkung ist daher nach § 1179 zugunsten von Grundpfandgläubigern nicht mehr zulässig, weil sie in jedem Grundpfandrecht enthalten und daher nicht mehr nötig ist.

3. Abzugrenzen ist die Vormerkung von ähnlichen Rechtsinstituten: 5

a) Die **Amtsvormerkung** nach § 18 II GBO dient nicht der Sicherung eines schuldrecht- 6
lichen Anspruchs, sondern der Wahrung der in § 17 GBO festgelegten Eintragungsreihenfolge. Sie schützt also den öffentlich-rechtlichen Anspruch des Antragstellers gegen das Grundbuchamt auf endgültige Erledigung eines Eintragungsantrags nach Maßgabe des Sachstandes im Zeitpunkt seines Eingangs (MK/Kohler § 883 Rn 10). Die Amtsvormerkung unterscheidet sich also grdl von der Vormerkung nach §§ 883 ff. Insb gelten §§ 106, 254 InsO nicht.

b) Die Eintragung eines **dinglichen Vorkaufsrechts** (hierzu allg s Böttcher RpflStud 11, 7
208 ff; zur Abgrenzung vom schuldrechtlichem Vorkaufsrecht vgl OLG Zweibrücken MittBayNot 13, 43) wirkt Dritten ggü wie eine Auflassungsvormerkung (§ 1098 II).

c) Der **Widerspruch** gem § 899 setzt die Unrichtigkeit des Grundbuchs voraus und 8
schützt einen Grundbuchberichtigungsanspruch aus § 894 gegen die Gefahr eines Rechtsverlusts nach §§ 892 f, 900. Die Vormerkung baut demggü auf der Richtigkeit des Grundbuchs auf und will zugunsten eines schuldrechtlichen Anspruchs die künftige Rechtsänderung sichern. Die Vormerkung prophezeit also eine künftige Rechtsänderung, während der Widerspruch gegen die unrichtige Eintragung einer bestehenden Rechtslage protestiert.

d) Vormerkungsgleiche Wirkung hat auch ein gerichtliches oder behördliches **Veräuße-** 9
rungsverbot. Dazu gehören va die durch **einstweilige Verfügung** gem § 938 II ZPO erlassenen Veräußerungsverbote. Die verbotswidrige Verfügung ist relativ unwirksam (§§ 135, 136), der vom Verbot Geschützte hat einen Anspruch aus § 888 I, II auf Zustimmung zur Verwirklichung des durch das Verbot gesicherten Anspruchs gegen den verbotswidrig Eingetragenen. Ähnlich wie ein Veräußerungsverbot wirkt ein **Erwerbsverbot**, das als sichernde Maßnahme nach § 938 II ZPO in Betracht kommt, wenn einer wirksamen dinglichen Einigung ein nichtiges Kausalgeschäft zugrunde liegt. Um hier eine Heilung des nichtigen Grundstückskaufs nach § 311 b I S 2 zu verhindern, kann der Veräußerer durch einstweilige Verfügung dem Erwerber verbieten lassen, einen Antrag nach § 13 GBO zu stellen oder aufrecht zu erhalten. Wird der Erwerber entgg dem Verbot im Grundbuch eingetragen, so erwirbt er nur relatives Eigentum. Im Verhältnis zu dem durch das Verbot geschützten Veräußerer bleibt dieser entspr § 135 Eigentümer des Grundstücks (Baur/Stürner, § 15 Rn 31 f). Der Geschützte kann eine Berichtigung des Grundbuchs analog § 888 I, II verlangen. Veräußert der zu Unrecht im Grundbuch eingetragene Erwerber das Grundstücksrecht weiter, so ist ein gutgläubiger Eigentumserwerb Dritter gem § 892 möglich. Gleichwohl ist das Verbot jedoch wegen § 39 GBO nicht eintragungsfähig, weil der Betroffene noch nicht im Grundbuch eingetragen ist (aA Wieling, § 1 III 4 c).

II. Die Entstehung der Vormerkung (Ersterwerb) hat folgende **Voraussetzungen**: vor- 10
merkungsfähiger Anspruch (Abs 1 S 1), Bewilligung oder einstweilige Verfügung (§ 885 I), Eintragung in Grundbuch (Abs 1, § 885), Berechtigung des Bewilligenden oder gutgläubiger Ersterwerb.

1. Vormerkungsfähiger Anspruch. Nach Abs 1 S 1 sind nur **schuldrechtliche Ansprü-** 11
che auf dingliche Rechtsänderung vormerkungsfähig. Auf den Schuldgrund (Gesetz, Vertrag, einseitiges Rechtsgeschäft) kommt es nicht an. Dingliche Ansprüche (zB aus §§ 894, 1169) können nicht vorgemerkt, sondern allein durch Eintragung eines Widerspruchs gem § 899 gesichert werden. Der Inhalt und der Gegenstand des Anspruchs müssen zumindest **eindeutig bestimmbar** sein. Diese Voraussetzung ist zB auch dann erfüllt, wenn die aufzulassende Teilfläche eines Grundstücks später noch von einer Par-

tei oder einem Dritten gem §§ 315, 317 bestimmt werden soll (Palandt/Bassenge § 883 Rn 7).

12 a) Der Anspruch muss sich auf eine **dingliche Rechtsänderung** richten, also auf Einräumung, Aufhebung, Inhalts- oder Rangänderung eines eintragungsfähigen dinglichen Rechts an einem Grundstück oder Grundstücksrecht. Nicht vormerkungsfähig sind daher Ansprüche auf Änderung dinglicher Rechte an beweglichen Sachen oder auf nicht eintragungsfähige dingliche Rechte wie zB auf Übertragung einer Inhaber- oder Orderhypothek (§ 1187 S 3). Der gesicherte Anspruch muss weiter **rechtswirksam** sein und bleiben (BGH NJW 02, 2314). Anderenfalls entsteht die streng akzessorische Vormerkung nicht oder aber sie erlischt. Vormerkungsfähig sind nicht nur gegenwärtige, sondern auch künftige oder bedingte Ansprüche (Abs 1 S 2). Dag sind bloß tatsächliche Erwerbsaussichten nicht vormerkungsfähig. Insoweit bedarf es einer genauen Abgrenzung zu künftigen Ansprüchen.

13 b) Zu den **künftigen Ansprüchen** zählen aufschiebend befristete Ansprüche und solche, deren rechtsgeschäftlicher Entstehungstatbestand noch nicht vollendet ist. Da die Eintragungsmöglichkeit von Vormerkungen für alle derartigen Ansprüche zu einer Überlastung des Grundbuchs und damit zu einer faktischen Grundbuchsperre führen könnte, ist der Begriff des „künftigen Anspruchs" einschränkend auszulegen (vgl MK/ Kohler § 883 Rn 34). Vormerkungsfähigkeit eines künftigen Anspruchs besteht danach nur, wenn er nach Inhalt und Gegenstand mind **bestimmbar** ist (BGHZ 20, 222). Dies kann der Fall sein, wenn für den künftigen Anspruch bereits eine feste Grundlage, ein **sicherer Rechtsboden**, vorhanden ist. Dafür ist nicht erforderlich, dass die Entstehung des Anspruchs nur noch vom Willen des Gläubigers abhängt (so aber BGHZ 112, 121). Diese Auffassung schießt über das Ziel hinaus, eine Überlastung des Grundbuchs zu verhindern, da nach ihr zB auch ein künftiger Auflassungsanspruch aus einem noch nicht behördlich genehmigten Grundstückskaufvertrag entgg einhelliger Auffassung nicht vormerkbar wäre (MK/Kohler § 883 Rn 35; Staud/Gursky § 883 Rn 185; Palandt/Bassenge § 883 Rn 15). Es muss also für einen vormerkungsfähigen künftigen Anspruch iSd Abs 1 S 2 genügen, dass der künftige Schuldner die Entstehung des Anspruchs nicht mehr willkürlich verhindern kann (Staud/Gursky § 883 Rn 183 ff). Ein vormerkungsfähiger künftiger Anspruch liegt daher zB vor bei einem bindenden formgültigen Angebot zum Verkauf eines Grundstücks (BGH NJW 02, 214), bei einem Vertrag, der auf Seiten des Erwerbers von einem Vertreter ohne Vertretungsmacht geschlossen wurde und nach § 177 I noch der Genehmigung des Erwerbers bedarf oder bei einem Vertrag, der noch einer behördlichen Genehmigung bedarf. Gleiches gilt für den künftigen Rückgewähranspruch aus § 531 II (BayObLG NJW-RR 01, 1529).

14 **Nicht vormerkungsfähig** sind dag bloße **Erwerbsaussichten** wie zB ein Anspruch aus einem Vermächtnis (§ 2174) vor Eintritt des Erbfalls, weil der Erblasser den Anspruch noch jederzeit durch anderweitige Verfügung vereiteln kann (§§ 2286 ff; BGHZ 12, 120), oder ein Anspruch aus einem nach §§ 311 b I S 1, 125 formnichtigen Grundstückskaufvertrag; die Möglichkeit der Heilung nach § 311 b I S 2 hilft nicht, da diese erst ex nunc ab Auflassung und Eintragung wirkt und vom Veräußerer willkürlich vereitelt werden kann (BGHZ 54, 64).

15 c) Vormerkungsfähig sind weiter **bedingte Ansprüche**. Dies versteht sich für auflösend bedingte von selbst, weil sie bis zum Bedingungseintritt bestehen, also gegenwärtige Ansprüche sind. Abs 1 S 2 bezieht sich daher auf aufschiebend bedingte Forderungen, zB auf Auflassung aus einem Kaufvertrag, der erst nach der Erteilung der Baugenehmigung wirksam werden soll. Anders als beim künftigen ist der bedingte Anspruch durch das bereits bestehende Rechtsgeschäft in aller Regel nach Inhalt und Gegenstand zumindest **bestimmbar** (BGH NJW 97, 862). Entscheidend ist dafür auch hier, ob das bedingte Rechtsgeschäft bereits eine sichere Rechtsgrundlage für den künftigen Anspruch bildet (Palandt/Bassenge § 883 Rn 14). Für einen vormerkungsfähigen Anspruch genügt auch eine **Potestativbedingung**, die den Eintritt der Rechtswirkung an ein willkürliches Verhalten einer Partei knüpft, das sich aber nicht auf das bedingte Rechtsgeschäft bezieht. Dag genügt keine reine **Wollensbedingung**, bei der es allein auf das blo-

ße Belieben der Partei ankommt (MK/Kohler § 883 Rn 26). Zulässig ist auch eine **mehrfache Bedingtheit** des Anspruchs. Nach Ansicht des OLG München kann bspw eine Vormerkung erfolgen, die den Rückübertragungsanspruch des Veräußerers für den Fall sichern soll, dass „die Zwangsvollstreckung in den Vertragsbesitz" droht. Die Anknüpfung an eine Bedingung, die mit ausfüllungsbedürftigen, wertende Merkmalen beschrieben werde und deren Eintritt möglicherweise von einer richterlichen Entscheidung abhänge, reiche insofern aus (OLG München ZEV 09, 308).

d) Aus der Akzessorietät der Vormerkung folgt, dass der Vormerkungsberechtigte mit dem **Gläubiger** des gesicherten Anspruchs identisch sein muss. Da beim echten Vertrag zugunsten Dritter der Dritte einen eigenen Leistungsanspruch erwirbt (§ 328 I), kann neben dem Versprechensempfänger (§ 335) auch der evtl noch unbekannte Dritte als der zukünftige Inhaber des Anspruchs aus § 328 I vorgemerkt werden (MK/Kohler § 883 Rn 38). Der Dritte muss aber mind objektiv **bestimmbar** sein. Daher können zB Vormerkungen zugunsten des jeweiligen Eigentümers eines anderen Grundstücks oder einer GmbH im Gründungsstadium eingetragen werden. Soll dag der Dritte erst später namentlich benannt oder durch den Versprechensempfänger bestimmt werden, so kann eine Vormerkung nicht für den Dritten, sondern nur für den Versprechensempfänger (§ 335) eingetragen werden (BGH NJW 83, 1544 ff; OLG München RNotZ 13, 487 f). Bei einem sog unechten oder ermächtigenden Vertrag zugunsten Dritter scheidet eine Vormerkung zugunsten des nur „faktisch Begünstigten" mangels Gläubigerstellung aus, vormerkbar ist wiederum nur der Anspruch des Versprechensempfängers (BGH NJW 09, 356). **16**

e) Aus der Akzessorietät der Vormerkung folgt weiter das Identitätsgebot auf der Passivseite: Der **Schuldner** des Anspruchs muss der Inhaber des von der Vormerkung betroffenen Rechts sein (BGHZ 12, 120). Nur in den Ausnahmefällen der §§ 876, 880 III und des § 1179 ist eine Vormerkung auch gegen einen vom Schuldner verschiedenen **Dritten** eintragbar. Da eine schuldrechtliche Verpflichtung Dritter nicht zulässig ist, ist auch ein Anspruch „gegen den jeweiligen Eigentümer" eines anderen Grundstücks nicht durch eine Vormerkung sicherbar (BGH NJW 93, 326). **17**

2. Bewilligung oder einstweilige Verfügung. Nach § 885 I 1 erfolgt die Eintragung einer Vormerkung aufgrund einer einstweiligen Verfügung oder der Bewilligung des Betroffenen. **18**

3. Berechtigung. Da die Vormerkung eine Verfügung über das betroffene dingliche Recht darstellt, muss der bewilligende Schuldner Berechtigter dieses Rechts sein. Berechtigt ist nach allg Grundsätzen der verfügungsbefugte Rechtsinhaber oder der durch Rechtsgeschäft (§ 185 I) oder Gerichtsakt Verfügungsbefugte (zB der Nachlass- oder der Insolvenzverwalter, §§ 1985 BGB, 80 I InsO). Verfügungsbefugnis und Rechtsinhaberschaft müssen im Zeitpunkt der Entstehung der Vormerkung, also regelmäßig bei deren Eintragung vorliegen. **19**

Entfällt vor der Eintragung der Vormerkung die **Verfügungsbefugnis** des Schuldners, so berührt dies unter den Voraussetzungen des § 878 den Erwerb der Vormerkung nicht. Nach ganz hM ist § 878 auf die Vormerkung **entspr anwendbar** (BGHZ 28, 185; 33, 129; MK/Kohler § 878 Rn 24, § 885 Rn 15). § 878 will allg gewährleisten, dass eine erst während der von den Beteiligten nicht zu beeinflussenden Dauer des Eintragungsverfahrens eintretende Verfügungsbeschränkung den Rechtserwerb nicht mehr verhindert. Diese Interessenlage besteht bei der Vormerkung in gleicher Weise, da auch sie erst mit der Eintragung wirksam wird und auf einen dinglichen Rechtserwerb zielt. Eine Verfügungsbeschränkung ist also unschädlich, wenn im Zeitpunkt ihres Eintritts die Bewilligung der Vormerkung entspr § 875 II bindend geworden und der Eintragungsantrag beim Grundbuchamt eingegangen ist. In diesem Fall hindert sie weder den Erwerb der Vormerkung noch den späteren Erwerb des vorgemerkten Rechts (Palandt/Bassenge § 885 Rn 11). **20**

4. Gutgläubiger Ersterwerb der Vormerkung. Ist der Bewilligende im Zeitpunkt der Eintragung der Vormerkung **Nichtberechtigter**, weil er nicht Inhaber des betroffenen dinglichen Rechts ist, so kann er an sich keine Vormerkung bestellen. Es ist aber aner- **21**

kannt, dass eine **rechtsgeschäftlich bewilligte Vormerkung** bei ihrer Begr auch gutgläubig vom Nichtberechtigten erworben werden kann (gutgläubiger Ersterwerb).

22 a) Str ist zunächst, auf welcher **Rechtsgrundlage** ein gutgläubiger Ersterwerb einer Vormerkung erfolgt. Sieht man die Vormerkung mit der hier vertretenen Auffassung (s o Rn 2) als dingliches Recht an, so erfolgt ihr gutgläubiger Erwerb unmittelbar nach § 892 I 1 (Wunner NJW 69, 113 ff). Die hM sieht zwar in der Vormerkung kein echtes dingliches Recht; da die Vormerkung aber zu einer dinglichen Gebundenheit des von ihr betroffenen Rechts führt, sieht sie deren Bewilligung als unmittelbare Einwirkung auf das dingliche Recht und damit als Verfügung über dieses an. Sie gelangt über § 893 2. Alt zur entspr Anwendung des § 892 I 1 (BGHZ 25, 23). Für die Falllösung spielt dieser Meinungsstreit wegen des gleichen Ergebnisses keine Rolle.

23 b) Der öffentliche Glaube des Grundbuchs ersetzt aber nur die fehlende dingliche Berechtigung des Bewilligenden, nicht daß das Fehlen weiterer Voraussetzungen einer wirksamen Vormerkungsbestellung. Namentlich muss der durch die Vormerkung zu sichernde schuldrechtliche Anspruch bestehen, da wegen der Akzessorietät der Vormerkung ohne zu sichernden Anspruch keine Vormerkung bestehen kann. Der gutgläubige Erwerb des vorgemerkten Anspruchs aufgrund einer zu Unrecht eingetragenen Vormerkung ist nicht möglich. Fehlt also der **schuldrechtliche Anspruch** oder ist er nicht vormerkungsfähig, so ist ein gutgläubiger Erwerb der Vormerkung ausgeschlossen (BGHZ 25, 24). Auch die **weiteren Voraussetzungen der** §§ 892, 893 müssen zusätzlich zum normalen Erwerbstatbestand der §§ 883, 885 vorliegen: Eintragung des bewilligenden Nichtberechtigten, guter Glaube des Erwerbers sowie Fehlen eines Widerspruchs.

24 c) Str ist weiter, wie eine gutgläubig erworbene Vormerkung **durchzusetzen** ist. Nach dem Rechtsgedanken des Abs 2 kann es beim späteren Erwerb des vorgemerkten Rechts für die Rechtszuständigkeit des Vormerkungsschuldners oder die diese ersetzenden Voraussetzungen des Rechtsscheinerwerbs nur auf den **Zeitpunkt der Entstehung der Vormerkung** ankommen, der aber wiederum hins des guten Glaubens des Erwerbers nach § 892 II auf den Zeitpunkt der **Stellung des Eintragungsantrags für die Vormerkung** vorverlagert werden muss (so die hM, BGH NJW 81, 447; Staud/Gursky § 888 Rn 72; aA Knöpfle JuS 81, 165 f: Zeitpunkt der Vollendung des Erwerbs des vorgemerkten Rechts bzw der Stellung des Eintragungsantrags für das vorgemerkte Recht). Das Vorliegen der Gutglaubensschutzvoraussetzungen in diesem Zeitpunkt genügt auch für den späteren Erwerb des vorgemerkten Rechts. Eine Unredlichkeit des Vormerkungsberechtigten, eine Eintragung eines Widerspruchs oder eine Berichtigung des Grundbuchs nach dem gutgläubigen Erwerb der Vormerkung hindert also den Erwerb des vorgemerkten Rechts vom eingetragenen Nichtberechtigten nicht.

25 Ist das **Grundbuch** in der Zwischenzeit **berichtigt** worden, so dass nunmehr nicht mehr der frühere Buchberechtigte, sondern der wirkliche Eigentümer im Grundbuch eingetragen ist, so ist die Durchsetzung der gutgläubig erworbenen Vormerkung ebenfalls str. Nach hM ist auch hier **§ 892 II entspr** anzuwenden, obwohl die berichtigende Eintragung des wahren Berechtigten keine Verfügung über das Grundstück darstellt. Für die Interessenlage macht es keinen Unterschied, ob der wahre Berechtigte aufgrund einer Berichtigung oder aufgrund einer Verfügung des früheren Buchberechtigten als Eigentümer eingetragen worden ist. Der frühere Buchberechtigte gilt danach im Verhältnis zum Vormerkungsgläubiger als Berechtigter, die von ihm erklärte Auflassung ist materiell wirksam. Der wirkliche Eigentümer muss **analog § 888 I** die nach § 19 GBO grundbuchrechtlich erforderliche Eintragungsbewilligung erteilen (MK/Kohler § 883 Rn 79; Staudinger/Gursky § 888 Rn 73). Der Rechtserwerb vollzieht sich in diesem Fall nach § 873 und nicht nach §§ 892 f, da wegen des gutgläubigen Vormerkungserwerbs der nichtberechtigte Schuldner im Verhältnis zum Vormerkungsgläubiger als Berechtigter gilt. Nach aA gilt der frühere Buchberechtigte dagegen dem Vormerkungsgläubiger ggü nicht mehr als Berechtigter. Der Vormerkungsschuldner kann also das Eigentum am Grundstück nicht mehr nach § 892, sondern nur noch mit Zustimmung des wahren Berechtigten gem § 185 I auf den Vormerkungsgläubiger übertragen. Dieser hat jedoch gegen den wahren Berechtigten gem § 888 I analog ein Recht

auf Zustimmung (Baur JZ 1967, 437 ff). Gegen diese Auffassung spricht aber, dass § 888 I gerade keinen Anspruch auf die materiellrechtliche Zustimmung nach § 185 I, sondern nur auf die formalrechtliche Erklärung nach § 19 GBO gibt (vgl Wieling, § 22 IV 2 b).

d) Gutgläubiger Erwerb ist auch bei **erzwungenen Vormerkungen** möglich. Dies gilt 26 unproblematisch, wenn der Schuldner nach § 894 ZPO rechtskräftig zur Bewilligung einer Vormerkung verurteilt wird, da § 898 ZPO für einen Erwerb nach § 894 ZPO ausdrücklich die Vorschriften des BGB über einen gutgläubigen Erwerb für anwendbar erklärt (MK/Kohler § 883 Rn 77). Problematischer erscheint dag, ob auch ein gutgläubiger Erwerb einer Vormerkung nach § 895 ZPO aufgrund eines vorläufig vollstreckbaren Leistungsurteils – zB auf Abgabe einer Auflassungserklärung – als bewilligt gilt. Zwar ist § 895 ZPO, anders als § 894 ZPO, nicht in § 898 ZPO aufgezählt, doch handelt es sich dabei um eine bloße Gesetzeslücke, weil bei In-Kraft-Treten der §§ 894 ff ZPO der gutgläubige Erwerb der Vormerkung noch nicht anerkannt war, das Problem also noch gar nicht erkannt sein konnte. Daher besteht auch nach § 895 ZPO die Möglichkeit eines gutgläubigen Erwerbs der Vormerkung (MK/Kohler § 883 Rn 77; aA die hM, Palandt/Bassenge § 885 Rn 12).

e) Ein gutgläubiger Erwerb ist auch dann möglich, wenn die Vormerkung aufgrund 27 einer **einstweiligen Verfügung** eingetragen wird. Die einstweilige Verfügung ersetzt nur die Bewilligung des Betroffenen und hat damit keine andere Funktion als eine erzwungene Vormerkung nach §§ 894, 895 ZPO (MK/Kohler § 883 Rn 78; aA die hM, Baur/Stürner, § 20 Rn 31).

f) Veräußert ein nicht im Grundbuch eingetragener, aber durch Erbschein legitimierter 28 **Scheinerbe** ein Grundstück und bewilligt er dem Käufer eine Auflassungsvormerkung, so ist ein gutgläubiger Erwerb der Vormerkung nach §§ 2367 2. Alt, 2366 möglich, wenn der Käufer die Unrichtigkeit des Erbscheins nicht kannte und das Grundstück im Eigentum des Erblassers stand. War der Erblasser dag lediglich Bucheigentümer, so kommt ebenfalls ein gutgläubiger Erwerb der Vormerkung in Betracht. Die fehlende Berechtigung des Scheinerben kann über § 2367 2. Alt, das fehlende Eigentum des Erblassers über § 892 I 1 überwunden werden.

III. Übertragung der Vormerkung. 1. Voraussetzungen. Eine selbstständige Übertra- 29 gung der Vormerkung ist wegen ihrer strengen Akzessorietät nicht möglich. Die Vormerkung steht vielmehr immer dem Gläubiger des zu sichernden Anspruchs zu. Ihre Übertragung erfolgt daher durch **formlose Abtretung des gesicherten Anspruchs**, wobei die Vormerkung kraft Gesetzes dem Anspruch folgt, §§ 398, 401 (BGH NJW 94, 2947; aA Wieling, § 22 III 2 a). Die Übertragung ist auch ohne Grundbucheintragung wirksam. Dies führt dazu, dass das Grundbuch mit der Zession der Forderung hins der Vormerkung zuungunsten des Zessionars unrichtig wird, so dass dieser vom Zedenten nach § 894 eine Grundbuchberichtigung verlangen kann. Der Zedent muss Berechtigter, also Inhaber des gesicherten Anspruchs und damit der Vormerkung sein. Anderenfalls kommt nur ein gutgläubiger Zweiterwerb der Vormerkung in Betracht.

2. **Gutgläubiger Zweiterwerb der Vormerkung.** Beim gutgläubigen Zweiterwerb einer 30 Vormerkung ist danach **zu unterscheiden**, ob kein Anspruch besteht oder ob trotz bestehenden Anspruchs die eingetragene Vormerkung nicht entstanden ist.

a) **Besteht der vorgemerkte Anspruch nicht**, so ist wegen der strengen Akzessorietät 31 eine gleichwohl eingetragene Vormerkung nicht entstanden. Auch ein gutgläubiger Zweiterwerb der Vormerkung scheidet aus, weil die Vormerkung nur mit der Abtretung der Forderung übergeht, das Schuldrecht aber einen gutgläubigen Forderungserwerb, abgesehen von § 405, nicht kennt. Der Erwerber kann also trotz seines guten Glaubens die Vormerkung nicht erwerben, wenn der gesicherte Anspruch nicht besteht (BGHZ 25, 23).

b) Besteht dag der vorgemerkte Anspruch, ist aber die **eingetragene Vormerkung** (zB 32 wegen Fehlens einer wirksamen Bewilligung oder Bösgläubigkeit des Ersterwerbers) **nicht wirksam entstanden**, so ist str, ob der gutgläubige Zessionar mit der Forderung auch die Vormerkung erwirbt, ob also die zu Unrecht eingetragene Vormerkung Gutglaubensschutz genießt.

33 Die **hL lehnt** einen gutgläubigen Zweiterwerb einer anfänglich unwirksamen Vormerkung bei der Zession des vorgemerkten Anspruchs **generell ab** (Baur/Stürner, § 20 Rn 52). Dies wird va mit der Konstruktion des Rechtserwerbs begründet. Nach den §§ 892 f gebe es einen gutgläubigen Erwerb nur bei einem unmittelbaren rechtsgeschäftlichen, nicht aber bei einem gesetzlichen Rechtserwerb. Die Vormerkung werde aber nicht kraft Rechtsgeschäfts mit dem Buchberechtigten übertragen, sondern gehe als Nebenrecht mit der Abtretung des gesicherten Anspruchs kraft Gesetzes nach § 401 auf den Zessionar über. Weiter wird darauf hingewiesen, dass die §§ 892 f einen Erwerb in den Formen des Grundstücksrechts voraussetzten. Die Übertragung der Vormerkung gem §§ 398, 401 vollziehe sich aber ohne besonderes Publizitätserfordernis außerhalb des Grundbuchs, so dass es an dem für einen gutgläubigen Erwerb erforderlichen Rechtsscheintatbestand fehle. Andere verneinen ein Bedürfnis für den redlichen Zweiterwerb einer Vormerkung. Diese sichere nur den regelmäßig recht kurzen Zeitpunkt bis zur Eintragung, also eine lediglich vorläufige Rechtsposition. Übereignungsansprüche bräuchten nicht verkehrsfähig zu sein, da der Erwerber bis zur Eintragung warten könne (Medicus/Petersen, BR Rn 557).

34 Der BGH (BGHZ 25, 23) vertritt eine **differenzierende Auffassung**. Er lässt einen gutgläubigen Zweiterwerb der Vormerkung dann zu, wenn diese deshalb nicht entstanden ist, weil der Bewilligende bloßer Bucheigentümer und der Erwerber bösgläubig war. Dag soll ein gutgläubiger Zweiterwerb ausgeschlossen sein, wenn die Bewilligung als solche unwirksam ist. Der BGH begründet diese Differenzierung jedoch nicht.

35 Ein **Teil der Lehre** bejaht dag generell die Möglichkeit eines gutgläubigen Zweiterwerbs der Vormerkung in direkter oder entspr Anwendung des § 892 (Westermann/Eickmann, § 84 IV 1). Hier wird dahingehend argumentiert, dass der Übergang der Vormerkung nach § 401 eine Rechtsfolge darstelle, die sich unmittelbar an den rechtsgeschäftlichen Tatbestand der Abtretung des gesicherten Anspruchs anschließe. Es liege daher ein rechtsgeschäftlicher Erwerb der aus Anspruch und Vormerkung bestehenden funktionalen Einheit vor (MK/Kohler § 883 Rn 75). Der Gutglaubensschutz komme auch nicht nur dort in Betracht, wo der Erwerb in sachenrechtlichen Formen erfolge. Für den Gutglaubensschutz sei nicht die Eintragungsbedürftigkeit der jeweiligen Verfügung, sondern allein die **Rechtsscheinstellung** des Verfügenden maßgebend, wie § 893 2. Alt zeige, der § 892 ferner für Verfügungen, die nicht nach grundbuchrechtlichen Vorschriften vollzogen werden, erweitere. Dies zeige aber auch § 1155, in dessen Rahmen der Gutglaubensschutz bei der Abtretung einer Briefhypothek durch eine bis zum Zedenten reichende Reihe öffentlich beglaubigter Abtretungserklärungen darüber hinaus dann herbeigeführt wird, wenn für die Abtretung selbst die einfache Schriftform des § 1154 gewählt wurde (Wunner NJW 69, 113, 118). Schließlich sei auch ein Bedürfnis des Rechtsverkehrs für den gutgläubigen Zweiterwerb gegeben. Anderenfalls müsste bei den praktisch häufigen Kettenveräußerungen für jeden Zessionar eine neue Vormerkung von dem eingetragenen Erstveräußerer bewilligt werden, um den Zessionar am Gutglaubensschutz des § 892 teilhaben zu lassen (MK/Kohler § 883 Rn 75). Für die vom BGH vorgenommene Differenzierung nach den Gründen der Unwirksamkeit der Vormerkung fehle jeder rechtfertigende Grund (Westermann/Eickmann, § 84 IV 1).

36 Die zuletzt genannte Auffassung erscheint vorzugswürdig. Für sie spricht die Parallele zum Zweiterwerb der Hypothek. In beiden Fällen ist der Zweiterwerb des Nebenrechts nach § 401 so eng an den rechtsgeschäftlichen Erwerb des gesicherten Anspruchs gebunden, dass der Gesamtvorgang insgesamt rechtsgeschäftlichen Charakter hat. Ein **gutgläubiger Zweiterwerb** ist somit **generell möglich**, wenn die abgetretene Forderung besteht und die eingetragene Vormerkung wegen Unwirksamkeit der Bewilligung oder Bösgläubigkeit des Ersterwerbers nicht wirksam entstanden ist.

37 **IV. Wirkung der Vormerkung.** Die Vormerkung bewirkt keine Verfügungssperre. Es kann also trotz der Vormerkung weiterhin jede Verfügung über das von der Vormerkung betroffene Recht getroffen und im Grundbuch eingetragen werden. Eine vormerkungswidrige Verfügung macht folglich das Grundbuch nicht unrichtig iSd § 894 (Palandt/Bassenge § 888 Rn 2). Die Wirkungen der Vormerkung bestehen vielmehr in

ihrer **Sicherungs-** (Abs 2, § 888), in ihrer **Rangwirkung** (Abs 3) und in ihrer **Beständigkeit in Zwangsvollstreckung und Insolvenz** – sog **Vollwirkung** – (§§ 106 I InsO, 48, 50 f, 114, 119, 124 f ZVG).

1. Sicherungswirkung. Die Sicherungswirkung der Vormerkung folgt aus Abs 2 und § 888. Nach Abs 2 S 1 ist jede Verfügung über das mit der Vormerkung belastete Recht, die nach der Eintragung der Vormerkung im Grundbuch getroffen wird, unwirksam, soweit sie der Erfüllung des vorgemerkten Anspruchs ganz oder teilweise entgegensteht. Den rechtsgeschäftlichen Verfügungen sind solche im Wege der Zwangsvollstreckung, des Arrestvollzugs oder durch den Insolvenzverwalter gleichgestellt (Abs 2 S 2). 38

a) Die Sicherungswirkung der Vormerkung **beginnt** mit deren Eintragung. Dies gilt auch dann, wenn die Vormerkung gem § 883 I 2 einen künftigen oder bedingten Anspruch sichert. Die Vormerkung muss spätestens in dem Zeitpunkt eingetragen sein, in dem der Rechtserwerb aufgrund der vormerkungswidrigen Verfügung vollendet ist. § 878 wirkt nicht zugunsten der vormerkungswidrigen Verfügung, da die Vormerkung keine Verfügungsbeschränkung iSd § 878 darstellt (Kropholler-BGB § 883 Rn 6; Palandt/Bassenge § 883 Rn 3; Staud/Gursky § 883 Rn 331). Die Sicherungswirkung der Vormerkung bleibt auch dann bestehen, wenn die Vormerkung unrechtmäßig gelöscht ist (Palandt/Bassenge § 883 Rn 19). 39

b) Die Sicherungswirkung der Vormerkung schützt den Vormerkungsgläubiger gegen Verfügungen über das vorgemerkte Recht. Dieser Schutz ist **in zwei Richtungen begrenzt**: Inhaltlich erfasst er nur solche Verfügungen, die die Erfüllung des gesicherten Anspruchs vereiteln oder beeinträchtigen, persönlich wirkt er nur zugunsten des Anspruchsinhabers (BGHZ 105, 261). Beruft sich der Vormerkungsgläubiger nicht gem § 888 I auf die Unwirksamkeit, so bleibt die vormerkungswidrige Verfügung wirksam (Wieling, § 22 IV 1 a). 40

c) In persönlicher Hinsicht bewirkt die relative Unwirksamkeit aus Sicht der hM eine **Spaltung der Rechtszuständigkeit**. Der vormerkungswidrige Dritterwerber wird zwar dem Schuldner und jedem Dritten ggü Inhaber des ihm übertragenen Rechts, doch wirkt dies dem Vormerkungsgläubiger ggü nicht. Ihm ggü bleibt der vormerkungswidrig Verfügende selbst weiterhin Rechtsinhaber (Westermann/Eickmann, § 83 IV 3 b). Eine aA nimmt demggü eine Spaltung der Verfügungsmacht an. Danach wird der Erwerber ggü jedermann, also auch ggü dem Vormerkungsgläubiger Rechtsinhaber, doch bleibt dem vormerkungswidrig Verfügenden die Fähigkeit, zugunsten des Vormerkungsgläubigers nochmals über das nunmehr fremde Recht zu verfügen (Palandt/Bassenge § 883 Rn 21). Die Annahme einer derartigen gespaltenen Verfügungsbefugnis erscheint allerdings problematisch. Sie lässt sich auch kaum mit dem eindeutigen Wortlaut des Abs 2 vereinbaren. Daher erscheint die hM vorzugswürdig. 41

d) Ob eine Verfügung über das vorgemerkte Recht den gesicherten Anspruch **vereitelt oder beeinträchtigt**, richtet sich nach dessen Inhalt. Dabei ist vom Grundbuchstand im Zeitpunkt der Eintragung der Vormerkung auszugehen. Jede spätere Verfügung, die diesen Grundbuchstand in einer Weise verändert, dass die nach dem Inhalt des gesicherten Anspruchs geschuldete Leistung nicht mehr erbracht werden kann, ist dem Vormerkungsgläubiger ggü unwirksam (BGH NJW 81, 981). Bei der **Auflassungsvormerkung** ist daher zB die nochmalige Übereignung des Grundstücks, die Belastung mit einem Fremdrecht oder die Belastung mit einer Eigentümergrundschuld vormerkungswidrig. **Nicht** vormerkungswidrig sind dag zB die spätere Abtretung einer bereits bei der Eintragung der Auflassungsvormerkung bestehenden Eigentümergrundschuld (BGH NJW 94, 129) oder die vor der Eintragung eines vorgemerkten Grundpfandrechts erfolgende Eintragung einer weiteren Belastung, da die endgültig eingetragene vorgemerkte Belastung der später eingetragenen nach Abs 3 ohne weiteres im Rang vorgeht. 42

e) Die Sicherungswirkung der Vormerkung bezieht sich auf **Verfügungen** (Abs 2 S 1) und auf ihnen gleichgestellte Zwangsverfügungen (Abs 2 S 2). Unter Verfügungen iSd Abs 2 S 1 sind wie iR des § 873 alle **Rechtsgeschäfte** zu verstehen, durch die ein beste- 43 hendes Recht unmittelbar übertragen, belastet, aufgehoben oder inhaltlich geändert wird. Auch die Bewilligung einer Vormerkung stellt eine Verfügung dar.

44 f) Problematisch ist, ob darüber hinaus die **Vermietung oder Verpachtung** eines Grundstücks **mit Besitzüberlassung** eine Verfügung darstellt, weil der Grundstückserwerber nach §§ 566, 581 II anstelle des Veräußerers in einen von diesem abgeschlossenen Mietvertrag eintritt, das Grundstück also nicht vom besitzberechtigten Mieter (§ 986) herausverlangen kann. Anerkannt ist heute, dass die Vermietung oder Verpachtung eines Grundstücks auch im Zusammenhang mit der Besitzüberlassung an den Mieter oder Pächter **keine Verfügung** darstellt, weil nur eine schuldrechtliche Beziehung zwischen den Vertragsparteien begründet wird. Abs 2 S 1 ist also auf die Vermietung oder Verpachtung eines mit einer Auflassungsvormerkung belasteten Grundstücks **nicht unmittelbar anwendbar** (BGHZ 13, 3). Str ist indessen, ob wegen der partiellen dinglichen Wirkung der §§ 566, 581 II wenigstens eine **entspr Anwendung** des Abs 2 S 1 in Betracht kommt.

45 Die Rspr und ein Teil der Lehre **lehnen die analoge Anwendung** des Abs 2 S 1 auf die Vermietung oder Verpachtung eines Grundstücks **ab** (BGHZ 13, 5). Es gebe keinen Grund, dem dinglichen Erwerber ggü dem Mieter den Vorrang zu geben, da beide nur einen schuldrechtlichen Anspruch gegen den Veräußerer/Vermieter hätten. Gegen die Analogie spreche namentlich der **soziale Schutzzweck** des § 566, der dem Mieter oder Pächter einen besonderen Schutz vor einer Veräußerung der Miet- oder Pachtsache gewähre. Dieser Zweck werde verfehlt, wenn die Vermietung oder Verpachtung einer Verfügung iSd Abs 2 S 1 gleichgestellt werde. Der Mieter oder Pächter dürfe auch deshalb nicht mit den Folgen der Vormerkung belastet werden, weil er anders als der dingliche Erwerber in aller Regel keinen Anlass habe, vor Abschluss des Miet- oder Pachtvertrages das Grundbuch einzusehen.

46 Eine andere Auffassung **bejaht die Analogie** zu Abs 2 S 1 (MK/Kohler § 883 Rn 54; Wieling, § 22 IV 1 b ee). Dafür wird angeführt, dass der anderenfalls der bloß obligatorisch berechtigte Mieter besser gestellt wäre als der Erwerber eines vergleichbaren dinglichen Rechts – zB Nießbrauch oder dingliches Wohnrecht –, denn diesem ggü wäre die Vormerkung wirksam. Außerdem nähere die durch §§ 566, 581 II bewirkte „**partielle Verdinglichung**" der Miete oder Pacht die schuldrechtliche Verpflichtung einer dinglichen Verfügung an.

47 Die besseren Gründe sprechen für eine **analoge Anwendung** des Abs 2 S 1. Wenn die Vormerkung den Gläubiger gegen vormerkungswidrige Verfügungen schützt, muss dieser Schutz erst recht gegen die Folgen bloß obligatorischer Verpflichtungen wirken. Anderenfalls würde dem dinglichen Erwerber über §§ 566, 581 II der unmittelbare Besitz des Grundstücks auf lange Zeit entzogen (Staud/Gursky § 883 Rn 211).

48 g) Die **Durchsetzung** des gesicherten Anspruchs setzt gem § 873 I eine **dingliche Einigung** und die Eintragung der Rechtsänderung im Grundbuch voraus. Die Abgabe der Einigungserklärung kann der vormerkungsberechtigte vom Schuldner aus dem gesicherten Anspruch verlangen. Wegen der relativen Unwirksamkeit der vormerkungswidrigen Verfügung bleibt der Schuldner im Verhältnis zum Vormerkungsgläubiger weiterhin **Berechtigter** (Abs 2). Der Vormerkungsgläubiger kann daher weiterhin die Erfüllung der Forderung durch Vornahme der geschuldeten dinglichen Rechtsänderung verlangen. Der Vormerkungsschuldner kann sich demggü trotz der vormerkungswidrigen Rechtsänderung nicht darauf berufen, dass ihm die Erfüllung des gesicherten Anspruchs subjektiv unmöglich geworden sei, § 275 I. Der Schuldner kann ggü dem Erfüllungsanspruch alle **Einreden** aus dem obligatorischen Rechtsverhältnis geltend machen.

49 Der Erwerb des vorgemerkten Rechts setzt aber die **Eintragung** der Rechtsänderung im Grundbuch voraus. Die Eintragung erfordert nach formellem Grundbuchrecht die **Bewilligung** des als Berechtigter Eingetragenen, §§ 19, 39 GBO. Ist inzwischen der durch die vormerkungswidrige Verfügung Begünstigte im Grundbuch eingetragen, so muss er seine Zustimmung zur Eintragung des Vormerkungsberechtigten als wirklichen Erwerber geben. Dies folgt daraus, dass die relative Unwirksamkeit nur im materiellen, nicht im formellen Grundstücksrecht gilt. Während die vormerkungswidrige Eintragung also

materiell im Verhältnis zum Vormerkungsgläubiger unwirksam ist, ist sie hins der Eintragungsvoraussetzungen **formell wirksam** (Westermann/Eickmann, § 83 IV 4 b). Da der Vormerkungsberechtigte keinen Erfüllungsanspruch gegen den vormerkungswidrigen Erwerber hat und das Grundbuch auch nicht durch die Eintragung des vormerkungswidrigen Erwerbs unrichtig iSd § 894 geworden ist, hat der Vormerkungsberechtigte gem § 888 I einen **Anspruch auf Zustimmung** zur Eintragung des vorgemerkten Rechts oder zur Löschung des vormerkungswidrigen Rechts gegen den Erwerber, soweit dies zur Verwirklichung seines vorgemerkten Anspruchs erforderlich ist.

2. **Rangwirkung.** Die Rangwirkung der Vormerkung bedeutet, dass sich der künftige 50 Rang eines durch Vormerkung gesicherten Rechts nach der Eintragung der Vormerkung bestimmt (Abs 3). Der Rang mehrerer Vormerkungen ergibt sich dag gem § 879 aus der Reihenfolge ihrer Eintragungen („Prioritätstheorie", OLG Naumburg NJW-RR 00, 1185; MK/Kohler § 883 Rn 65). Dies gilt aber für eine Auflassungsvormerkung nur im Verhältnis zu einer anderen Auflassungsvormerkung (MK/Kohler § 883 Rn 66). Gegen andere Vormerkungen – zB auf Bestellung einer Grundschuld – setzt sich die Auflassungsvormerkung nach Abs 2, § 888 durch.

3. **Vollwirkung.** Unter Vollwirkung der Vormerkung versteht man, dass diese in der 51 Insolvenz und Zwangsvollstreckung in gewisser Weise schon eine Behandlung wie das künftige Recht selbst erfährt. Wird über das Vermögen des Vormerkungsschuldners nach der Eintragung der Vormerkung **das Insolvenzverfahren** eröffnet, so kann der vorgemerkte Anspruch trotz der eingetretenen Verfügungsbeschränkung des Schuldners durchgesetzt werden. Dem Insolvenzverwalter steht **kein Wahlrecht** aus § 103 I InsO zu. Er muss den Anspruch erfüllen, die Vormerkung ist **insolvenzfest** (§ 106 InsO, dag zur Unwirksamkeit der Vormerkung, wenn Eintragungsantrag erst nach Eröffnung des Gesamtvollstreckungsverfahrens beim Grundbuchamt eingegangen ist: BGH ZIP 05, 627). Entspr gilt beim **Vergleich** (§ 254 InsO).

In der **Zwangsvollstreckung** und -versteigerung ist der Vormerkungsberechtigte Betei- 52 ligter nach § 9 ZVG. Das durch die Vormerkung gesicherte Recht wird wie ein eingetragenes dingliches Recht behandelt (§ 48 ZVG). Dies gilt allerdings nur, soweit das vorgemerkte Recht bei seiner endgültigen Eintragung eine neue, selbstständige Grundstücksbelastung ergeben würde (BGHZ 53, 49). Ob eine Vormerkung das Vollstreckungsverfahren übersteht oder nach § 91 ZVG erlischt, hängt davon ab, ob sie ggü dem Recht des die Zwangsvollstreckung betreibenden Gläubigers vor- oder nachrangig ist. Ist die Vormerkung **vorrangig**, so fällt sie in das geringste Gebot und bleibt beim Zuschlag bestehen (§§ 44, 52 ZVG). Die Durchsetzung erfolgt nach den allg Grundsätzen, dh der alte Eigentümer bleibt zur Auflassung verpflichtet (Abs 2) und der Erwerber muss der Eintragung zustimmen (§ 888). Besteht dag **Nachrangigkeit** der Vormerkung, so fällt sie nicht ins geringste Gebot und erlischt mit dem Zuschlag (§§ 52 I 2, 91 ZVG). An ihre Stelle tritt gem § 92 ZVG der Anspruch auf Ersatz des Wertes des vorgemerkten Rechts aus dem Versteigerungserlös. Vollwirkung entfaltet die Vormerkung schließlich auch in § 15 AnfG, da hier die Eintragung der Vormerkung und nicht erst die Eintragung der Grundstücksübereignung der für die Kenntnis des **Rechtsnachfolgers** maßgebende Zeitpunkt ist.

§ 884 Wirkung gegenüber Erben

Soweit der Anspruch durch die Vormerkung gesichert ist, kann sich der Erbe des Verpflichteten nicht auf die Beschränkung seiner Haftung berufen.

Der in dieser Vorschrift angeordnete Ausschluss der Beschränkung der Erbenhaftung 1 hat ergänzende Funktion. Der Erbe haftet stets unbeschränkbar, wenn die Vormerkung im Erbfall bereits eingetragen, zumindest aber bewilligt ist (PWW/Huhn § 884 Rn 2 f). Dabei genügt auch eine vom Erben bewilligte Vormerkung.

§ 885 Voraussetzung für die Eintragung der Vormerkung

(1) ¹Die Eintragung einer Vormerkung erfolgt auf Grund einer einstweiligen Verfügung oder auf Grund der Bewilligung desjenigen, dessen Grundstück oder dessen Recht von der Vormerkung betroffen wird. ²Zur Erlassung der einstweiligen Verfügung ist nicht erforderlich, dass eine Gefährdung des zu sichernden Anspruchs glaubhaft gemacht wird.
(2) Bei der Eintragung kann zur näheren Bezeichnung des zu sichernden Anspruchs auf die einstweilige Verfügung oder die Eintragungsbewilligung Bezug genommen werden.

1 I. Die Vorschrift regelt die Entstehungsvoraussetzungen einer Vormerkung.

2 II. Nach Abs 1 S 1 erfolgt die Eintragung einer Vormerkung aufgrund einer einstweiligen Verfügung oder der Bewilligung des Betroffenen.

3 1. Bewilligung. Die Bewilligung ist eine **einseitige empfangsbedürftige Willenserklärung**, die ggü dem Grundbuchamt oder dem Inhaber des zu sichernden Anspruchs zu erklären ist (vgl §§ 875 I 2, 876 S 3). Es bedarf also zur Bestellung einer Vormerkung keiner Einigung gem § 873 I. Die Bewilligung ist **materiellrechtlich** formfrei; als Voraussetzung für die Grundbucheintragung gem § 19 GBO gilt aber formellrechtlich die Form des § 29 GBO, dh die Bewilligung ist durch öffentliche oder öffentlich beglaubigte Urkunde nachzuweisen. Die Bewilligung muss gem § 19 GBO der **Betroffene** erteilen, also der gegenwärtige Inhaber des dinglichen Rechts, das durch die Erfüllung des schuldrechtlichen Anspruchs beeinträchtigt wird.

4 Die Bewilligung stellt eine **Verfügung** dar, sobald die Vormerkung eingetragen ist, weil das betroffene Recht dann mit einer Vormerkung belastet und dadurch die Verfügungsmacht über dieses Recht beschränkt wird (§ 883 II). Daher sind auch die §§ 878, 892 f anwendbar, wenn der Schuldner vor der Eintragung der Vormerkung in seiner Verfügungsbefugnis beschränkt wird oder Nichtberechtigter ist.

5 Str herrscht darüber, ob ein **Anspruch auf die Bewilligung** eine besondere Vereinbarung voraussetzt. Die hM nimmt zu Recht an, dass die vertragliche Nebenpflicht auf Bestellung der Vormerkung gem § 242 auch ohne besondere Sicherungsabrede **kraft Gesetzes** mit der Entstehung des zu sichernden Anspruchs auf Einräumung eines eintragbaren Rechts entsteht (MK/Kohler § 885 Rn 14; aA Westermann/Eickmann, § 83 II 2). Dafür spricht, dass der Anspruchsgegner des zu sichernden Anspruchs verpflichtet ist, alles zu tun, was den Rechtserwerb des Anspruchsinhabers sichert.

6 2. Einstweilige Verfügung. Die Bewilligung kann nach Abs 1 S 1 durch eine einstweilige Verfügung (§§ 935 ff ZPO) ersetzt werden. Auch sie richtet sich gegen den von der Eintragung der Vormerkung Betroffenen. Inhaltlich muss sie alle Erfordernisse der Bewilligung enthalten, insb den Berechtigten und den Verpflichteten sowie den Gegenstand des zu sichernden Anspruchs bestimmt bezeichnen.

7 Der Gläubiger muss den zu sichernden **Anspruch** glaubhaft machen (§§ 936, 920 II, 921 II ZPO), abw von §§ 936, 920 II ZPO dag **nicht die Anspruchsgefährdung** (Abs 1 S 2). Diese ergibt sich bereits daraus, dass der schuldrechtliche Anspruch ohne eine dingliche Sicherung stets gefährdet ist, weil der Schuldner bis zur Eintragung weiter über sein Recht verfügen kann. Es handelt sich um eine widerlegbare Vermutung für die Gefährdung des Verfügungsanspruchs (zur Widerlegung der Dringlichkeitsvermutung bei Verstreichen eines längeren Zeitraums: OLG Düsseldorf NJW-RR 13, 798 ff; OLG Koblenz NJW-Spezial 13, 365).

8 Einen durch einstweilige Verfügung **sicherungsfähigen Anspruch** stellt zwar auch ein **aufschiebend bedingter** Anspruch dar, nach bisher hM aber **nicht ein künftiger** Anspruch (Bamberger/Roth § 885 Rn 11; Soergel/Stürner § 885 Rn 4). Dies wird damit begründet, dass bei ihnen die Pflicht aus § 926 ZPO zur Erhebung der Leistungsklage in der Hauptsache, abgesehen vom Fall des § 257 ZPO, nicht erfüllbar sei. Diese Auffassung überzeugt schon deshalb nicht, weil die Grenze zwischen aufschiebend bedingten und künftigen Ansprüchen fließend ist. Hinzu kommt, dass vormerkungsfähige künftige Ansprüche in § 885 I keine besondere Regelung erfahren. Da für künftige Ansprüche eine Feststellungsklage nach § 256 ZPO zulässig ist, wenn der Antragsteller

ein jetzt bereits schützenswertes Interesse nachweist, ist mit dieser Einschränkung auch bei künftigen Ansprüchen eine Fristsetzung nach § 926 ZPO möglich, so dass nach vordringender Auffassung auch derartige Ansprüche sicherungsfähig sind (Staud/Gursky § 885 Rn 28; MK/Kohler § 885 Rn 3; Palandt/Bassenge § 885 Rn 5).

3. Eintragung. Die Vormerkung entsteht erst mit der Eintragung in das Grundbuch (**konstitutive Wirkung**). Dabei gibt § 885 I für die Eintragung der Vormerkung keine bestimmte **Reihenfolge** von Eintragungsbewilligung und Eintragung vor, so dass die Bewilligung einer Vormerkung auch der Grundbucheintragung nachfolgen kann (BGHZ 143, 175, 180). Dies eröffnet die Möglichkeit, eine durch Aufhebung der gesicherten Forderung erloschene Auflassungsvormerkung durch erneute Bewilligung wieder zur Sicherung eines neuen deckungsgleichen Anspruchs zu verwenden (zu den Grenzen der „Wiederverwendbarkeit" der Vormerkung s Krüger ZNotP 13, 11 ff; zu deren Fernwirkungen beachte Amann NotBZ 12, 201 ff). Dazu bedarf es keiner Berichtigung des durch die Aufhebung des gesicherten Anspruchs unrichtig gewordenen Grundbuchs und keiner inhaltsgleichen Neueintragung, solange die Eintragung und die nachträgliche Bewilligung einander entsprechen (BGHZ 123, 297, 301; 143, 175, 181; 193, 152, 156; MK/Kohler § 873 Rn 100). Dabei ist unerheblich, ob sich die Eintragung von vornherein auf ein nicht entstandenes Recht oder eine nichtige Einigung oder Bewilligung bezieht oder auf eine zunächst wirksame, nach der Eintragung aber erloschene Forderung oder unwirksam gewordene Einigung oder Bewilligung (BGHZ 143, 175, 182; MK/Kohler § 873 Rn 109; aA Staud/Gursky § 873 Rn 202). Allerdings ist für den Rang der neu bewilligten Vormerkung nicht der Zeitpunkt der alten Eintragung, sondern derjenige der neuen Bewilligung maßgebend (BGHZ 143, 175, 183). Die Eintragung setzt die Bewilligung des Betroffenen in der Form des § 29 GBO oder eine Ausfertigung der einstweiligen Verfügung und den Eintragungsantrag nach § 13 GBO voraus. Bei der einstweiligen Verfügung reicht ein gerichtliches Ersuchen (§§ 941 ZPO, 38 GBO) aus. Die Eintragung muss sich inhaltlich mit der Bewilligung oder der einstweiligen Verfügung decken und den Gläubiger, den Schuldner, die Art und den Inhalt des gesicherten Anspruchs bezeichnen. Die Angabe des **Schuldgrundes** ist hingegen nur beim Bestehen einer Verwechslungsgefahr nötig. Bei der Eintragung kann auf die Bewilligung oder die einstweilige Verfügung Bezug genommen werden (Abs 2).

§ 886 Beseitigungsanspruch

Steht demjenigen, dessen Grundstück oder dessen Recht von der Vormerkung betroffen wird, eine Einrede zu, durch welche die Geltendmachung des durch die Vormerkung gesicherten Anspruchs dauernd ausgeschlossen wird, so kann er von dem Gläubiger die Beseitigung der Vormerkung verlangen.

1. Die wirksam entstandene Vormerkung **erlischt** durch Aufgabeerklärung des Berechtigten und Löschung im Grundbuch (§ 875 analog), Erlöschen des gesicherten Anspruchs (zB durch Erlass, Rücktritt, Aufhebungsvertrag, Unmöglichkeit, Konfusion, Eintritt einer auflösenden Bedingung; durch Erfüllung aber erst, wenn alle vormerkungswidrig eingetragenen Zwischenrechte gelöscht sind), des bindenden Vertragsangebots und damit des künftigen Anspruchs (BGH NJW 02, 214), Aufhebung der einstweiligen Verfügung oder des vorläufig vollstreckbaren Urteils (§ 25 GBO), Abtretung des gesicherten Anspruchs unter Ausschluss des gesetzlichen Vormerkungsübergangs nach § 401, Eintritt einer auflösenden oder Ausfall einer aufschiebenden Bedingung oder Befristung der Vormerkung (§§ 158, 163; vgl OLG München ZEV 12, 428), Ausschließung eines unbekannten Berechtigten (§ 887) oder privative Schuldübernahme (Staud/Gursky § 883 Rn 68; Palandt/Bassenge § 886 Rn 5; PWW/Huhn § 883 Rn 22).

2. a) In allen Fällen des Erlöschens der Vormerkung mit Ausn der Aufgabeerklärung analog § 875 wird das **Grundbuch unrichtig**. Das Gleiche gilt, wenn der gesicherte Anspruch niemals bestand. Der von der Vormerkung Betroffene kann daher gem § 894 **Berichtigung des Grundbuchs** verlangen (BGH NJW-RR 89, 201). Dag führt eine **unberechtigte Löschung** der Vormerkung nicht zu ihrem Erlöschen, sondern macht das

Grundbuch unrichtig. Dem Vormerkungsgläubiger steht daher gem § 894 ein Anspruch auf Berichtigung des Grundbuchs zu (BGHZ 60, 53).

3 **b)** Eine vom Betroffenen der Vormerkung erhobene **dauernde Einrede** – zB nach §§ 214 I, 821, 853 – führt nicht zum Erlöschen des gesicherten Anspruchs und damit auch nicht zum Erlöschen der Vormerkung. Der Inhaber des von der Vormerkung betroffenen Rechts hat aber nach dieser Vorschrift einen **Beseitigungsanspruch** gegen den Vormerkungsgläubiger.

§ 887 Aufgebot des Vormerkungsgläubigers

¹Ist der Gläubiger, dessen Anspruch durch die Vormerkung gesichert ist, unbekannt, so kann er im Wege des Aufgebotsverfahrens mit seinem Recht ausgeschlossen werden, wenn die im § 1170 für die Ausschließung eines Hypothekengläubigers bestimmten Voraussetzungen vorliegen. ²Mit der Rechtskraft des Ausschließungsbeschlusses erlischt die Wirkung der Vormerkung.

1 Der Gläubiger des durch die Vormerkung gesicherten Anspruchs muss **der Person nach unbekannt** sein, dh er darf trotz nachweisbarer Bemühungen nicht festzustellen sein oder sein Gläubigerrecht nicht nachweisen können. Dag genügt nicht, dass nur sein Aufenthalt unbekannt ist. In diesem Fall muss der Eigentümer des Grundstückes vielmehr mittels öffentlicher Zustellung Klage auf Zustimmung zur Grundbuchberichtigung gem § 894 erheben. Liegen dag die Voraussetzungen von § 887 S 1 vor, wird ihm der Nachw der Grundbuchunrichtigkeit erleichtert, denn er braucht das Erlöschen des mit der Vormerkung gesicherten Anspruchs nicht zu behaupten und zu beweisen. Erforderlich ist neben der Unbekanntheit des Gläubigers, dass **10 Jahre nach der letzten** sich auf die Vormerkung beziehenden **Eintragung** und nach dem letzten § 212 I Nr 1 entspr **Anerkenntnis** vergangen sind (S 2 iVm § 1070 I 1). Liegen diese Voraussetzungen vor, kann der Vormerkungsinhaber mit seinem Recht im Wege des **Aufgebotsverfahrens** gem §§ 453, 484 FamFG ausgeschlossen werden. In diesem Fall **erlischt zwar die Vormerkung** mit Rechtskraft des Ausschließungsbeschlusses (S 2), doch bleibt der durch sie gesicherte Anspruch bestehen (BGH DtZ 94, 214).

§ 888 Anspruch des Vormerkungsberechtigten auf Zustimmung

(1) Soweit der Erwerb eines eingetragenen Rechts oder eines Rechts an einem solchen Recht gegenüber demjenigen, zu dessen Gunsten die Vormerkung besteht, unwirksam ist, kann dieser von dem Erwerber die Zustimmung zu der Eintragung oder der Löschung verlangen, die zur Verwirklichung des durch die Vormerkung gesicherten Anspruchs erforderlich ist.
(2) Das Gleiche gilt, wenn der Anspruch durch ein Veräußerungsverbot gesichert ist.

1 **I.** Seiner **Rechtsnatur** nach handelt es sich bei dem Anspruch aus Abs 1 mit der hM um einen **unselbstständigen dinglichen Hilfsanspruch** (Staud/Gursky § 888 Rn 61; MK/Kohler § 888 Rn 2). Str ist allerdings der **Anspruchsinhalt**.

2 Nach einer Ansicht ist die nach Abs 1 geschuldete Zustimmung des vormerkungswidrigen Erwerbers **materiellrechtliche Zustimmung** des Berechtigten zur Verfügung eines Nichtberechtigten nach § 185. Die erneute Verfügung des Vormerkungsschuldners über das vormerkungswidrig bestellte oder übertragene Recht sei als Verfügung eines Nichtberechtigten anzusehen (Baur JZ 67, 439; Kesseler NJW 10, 3341).

3 Nach hM hat die Zustimmung des vormerkungswidrigen Erwerbers dag nur **grundbuchverfahrensrechtliche Bedeutung**. Sie ist nur für das formelle Konsensprinzip dg § 19 GBO erforderlich, damit das Grundbuchamt die Eintragung des Vormerkungsgläubigers vornehmen kann (BGH NJW 10, 3367; grds Westermann/Eickmann, § 83 IV 4 c).

4 Die hM, die dem Anspruch lediglich **grundbuchverfahrensrechtliche Bedeutung** zuspricht, erscheint vorzugswürdig. Da sich der schuldrechtliche Anspruch auf Vornah-

me der dinglichen Rechtsänderung allein gegen den Vormerkungsschuldner und nicht gegen den vormerkungswidrigen Erwerber richtet, ist auch materiellrechtlich keine Zustimmung des dritten Erwerbers nötig (zur Frage, ob es einer vorherigen Eintragung des Vormerkungsberechtigten bedarf: verneinend BGH NJW 10, 3367 m Anm Zimmer JZ 10, 1015; aA Wilhelm ZfIR 11, 45). Dem Vormerkungsberechtigten ggü ist der Dritte materiellrechtlich nicht Rechtsinhaber. Dieser ist er ausschließlich grundbuchverfahrensrechtlich, weil er bereits im Grundbuch eingetragen ist und der alte Rechtsinhaber nicht mehr im Grundbuch steht (Prütting, Rn 193).

Diese lediglich grundbuchverfahrensrechtliche Bedeutung des Anspruchs aus Abs 1 ändert aber nichts daran, dass es sich um einen **materiellrechtlichen dinglichen Anspruch** handelt, auf den die Vorschriften jedenfalls des Schuldnerverzugs aus dem Allgemeinen Schuldrecht analog anwendbar sind (Staud/Gursky § 888 Rn 64; MK/Kohler § 888 Rn 17). Im Falle des **Schuldnerverzugs** schuldet der Zustimmungspflichtige daher analog §§ 280 I, II, 286 **Schadensersatz** (so auch Palandt/Bassenge § 888 Rn 4; Westermann/Eickmann § 83 IV 4. c; aA BGHZ 49, 269). 5

II. 1. Gegen den Anspruch aus Abs 1 stehen dem zustimmungspflichtigen Dritterwerber folgende **Einreden und Einwendungen** zu: 6

a) Alle Einwendungen gegen den **Bestand der Vormerkung** – zB die Unwirksamkeit ihrer Bestellung oder ihr Erlöschen – (Palandt/Bassenge § 888 Rn 6); 7

b) Sämtliche Einreden und Einwendungen, die dem **Schuldner gegen den gesicherten Anspruch** zustehen, §§ 768, 1137, 1211 analog. Er kann dabei sogar solche Einreden geltend machen, auf die der Schuldner rechtswirksam **verzichtet** hat (aA Westermann/Eickmann, § 83 IV 4 c). Dies gilt nach hM auch für die lediglich **verzögerlichen Einreden** des Schuldners aus §§ 273, 320, 322, weil der Dritte keine weiter gehende Verpflichtung hat als der Schuldner selbst (MK/Kohler § 888 Rn 8). Ein **Anfechtungs- oder Rücktrittsrecht** des Schuldners gibt dem Dritten eine verzögerliche Einrede analog §§ 770 I, 1137, 1211 (Medicus JuS 71, 502); 8

c) **Eigene Einreden und Einwendungen** des zustimmungspflichtigen Dritten aus seinem persönlichen **Rechtsverhältnis zum Vormerkungsberechtigten**. Derartige Einreden können sich namentlich aus §§ 994 II, 999 II analog ergeben, soweit der zustimmungspflichtige Dritterwerber **notwendige Verwendungen** auf das Grundstück gemacht hat, die gem §§ 677 ff dem Interesse und dem wirklichen oder mutmaßlichen Willen des Vormerkungsberechtigten entsprechen (BGHZ 75, 291). Insoweit steht dem Zustimmungsverpflichteten auch ein Zurückbehaltungsrecht nach §§ 1000 bzw 273 II ggü dem Anspruch aus § 888 zu (BGHZ 75, 293; Staud/Gursky § 888 Rn 81). Die **Bösgläubigkeit** des Dritterwerbers iR der §§ 994 ff wird regelmäßig zu bejahen sein, selbst wenn er die im Grundbuch eingetragene Vormerkung nicht positiv kennt, da das Unterlassen der Grundbucheinsicht seine grobe Fahrlässigkeit begründet (Palandt/Bassenge § 888 Rn 8). 9

2. Dem Vormerkungsberechtigten können gegen den Dritterwerber **weitere Ansprüche** zustehen: 10

a) Wegen einer **schuldhaften Verschlechterung des Grundstücks** durch den Erwerber aus §§ 823 I, 1004 analog (Baur/Stürner, § 20 Rn 42; aA Staud/Gursky § 888 Rn 87 ff). 11

b) Str ist, ob dem Vormerkungsberechtigten gegen den Dritterwerber Ansprüche auf *Ersatz* der ab Rechtshängigkeit des Zustimmungsanspruchs (§ 987 I analog) oder Kenntnis der Zustimmungspflicht (§ 990 I analog) gezogenen **Nutzungen** zusteht. Während dies teilweise bejaht wird (BGHZ 87, 301), lehnt die hL einen derartigen Anspruch zu Recht ab (MK/Kohler § 888 Rn 19). Die Vormerkung gewährt dem Berechtigten noch keine positiven Herrschaftsrechte über das Grundstück, so dass ihm im Verhältnis zum Vormerkungsschuldner die Nutzungen erst ab der Übereignung bzw der Übergabe des Grundstücks gebühren. Im Verhältnis zum Dritterwerber kann insoweit nichts anderes gelten (Staud/Gursky § 888 Rn 86). 12

§ 889 Ausschluss der Konsolidation bei dinglichen Rechten
Ein Recht an einem fremden Grundstück erlischt nicht dadurch, dass der Eigentümer des Grundstücks das Recht oder der Berechtigte das Eigentum an dem Grundstück erwirbt.

1 Dingliche Rechte an Grundstücken bleiben bei ihrer nachträglichen Vereinigung mit dem Eigentum in einer Person bestehen. Abw Regeln finden sich in § 1063 I iVm § 1072 und § 1178 I.

§ 890 Vereinigung von Grundstücken; Zuschreibung
(1) Mehrere Grundstücke können dadurch zu einem Grundstück vereinigt werden, dass der Eigentümer sie als ein Grundstück in das Grundbuch eintragen lässt.
(2) Ein Grundstück kann dadurch zum Bestandteil eines anderen Grundstücks gemacht werden, dass der Eigentümer es diesem im Grundbuch zuschreiben lässt.

1 Nach Abs 1 entsteht durch Eintragung mehrerer Grundstücke desselben Eigentümers als ein Grundstück ein einheitliches Gesamtgrundstück (**Vereinigung**). Dies gilt unabhängig davon, ob sie entfernt voneinander oder nebeneinander liegen. Es kommt auch nicht darauf an, ob sie im selben Grundbuchbezirk situiert sind. Voraussetzung ist allerdings eine **Vereinigungserklärung** aller Eigentümer. Dabei ist verfahrensrechtlich § 29 GBO zu beachten. Die bisher rechtlich selbstständigen Grundstücke bilden dann ein Grundstück. Nach Abs 2 geht das Eigentum am **zugeschriebenen** Grundstück im Eigentum des Hauptgrundstücks auf, dessen nicht wesentlicher Bestandteil es damit wird. Voraussetzung ist auch hier eine **Zuschreibungserklärung** des Eigentümers. Verliert ein belastetes Grundstück durch die Vereinigung seine Selbstständigkeit, ruhen die Belastungen nunmehr auf dem Teil des neuen Grundstücks, der vor der Vereinigung Belastungsgegenstand war (BGH NJW 06, 1000; OLG Jena NotBZ 13, 312 f). Entspr anzuwenden ist § 890 nach gefestigter Rspr auf selbstständige Wohnungseigentumsrechte (BGH NJW 01, 1213; OLG Hamm DNotZ 07, 226).

§ 891 Gesetzliche Vermutung
(1) Ist im Grundbuch für jemand ein Recht eingetragen, so wird vermutet, dass ihm das Recht zustehe.
(2) Ist im Grundbuch ein eingetragenes Recht gelöscht, so wird vermutet, dass das Recht nicht bestehe.

1 I. Das Grundbuch gibt die dinglichen Rechtsverhältnisse an Grundstücken wieder. Das Grundbuch ist allerdings nicht stets richtig. Die Einigung, die einseitige Erklärung oder die Eintragung können fehlerhaft oder eine Rechtsänderung kann außerhalb des Grundbuchs erfolgt sein (zB durch Erbfall nach § 1922). Da Grundbucheintragungen nur nach formeller Prüfung durch das Grundbuchamt erfolgen, besteht aber eine gewisse Wahrscheinlichkeit für die Richtigkeit der Eintragungen. Hieran knüpfen die §§ 891–893 an. Wie der Besitz im Recht der beweglichen Sache eine Vermutung für das Eigentum begründet (§ 1006), so stellt § 891 eine **Vermutung für die Richtigkeit des Grundbuchs** auf. Diese Richtigkeitsvermutung kommt aber nicht nur dem im Grundbuch Eingetragenen zugute. Ferner hat auch das Grundbuchamt die Vermutung des § 891 seiner Tätigkeit zugrunde zu legen (OLG Zweibrücken ZInsO 13, 2031 f; OLG Köln RNotZ 13, 431 ff) Auch die Teilnehmer am Rechtsverkehr können sich auf das Grundbuch verlassen. Nach §§ 892, 893 genießt das Grundbuch **öffentlichen Glauben**, der sich jedoch im Interesse des Verkehrsschutzes nicht nur auf die **Richtigkeit**, sondern auch auf die **Vollständigkeit** der Eintragungen bezieht.

2 II. **Richtigkeitsvermutungen.** § 891 stellt **zwei Vermutungen** auf: Nach Abs 1 wird vermutet, dass ein **eingetragenes Recht besteht** und dem eingetragenen Berechtigten seit der Eintragung mit dem Inhalt und dem Rang zusteht, den das Grundbuch angibt.

Nach Abs 2 wird vermutet, dass ein nach § 46 GBO **gelöschtes Recht** nicht besteht. Für die Zeit der Eintragung des Rechts gilt die Vermutung des Abs 1, wenn feststeht, dass die Löschung nicht das Grundbuch berichtigen sollte (BGHZ 52, 358).

Dag wird die **Vollständigkeit** des Grundbuchs als solchem **nicht vermutet**. Dies ergibt 3 sich daraus, dass es insoweit an einem staatlichen Hoheitsakt (Eintragung, Löschung) als Grundlage der Vermutung fehlt. **Grundlage** der Vermutung ist die wirksame und inhaltlich zulässige Eintragung oder Löschung eines Rechts ohne Rücksicht darauf, ob die Eintragung oder Löschung unter Verletzung von Verfahrensvorschriften erfolgte (Palandt/Bassenge § 891 Rn 2).

1. Gegenstand der Vermutungen des § 891 ist nur das Bestehen oder Nichtbestehen 4 eintragungsfähiger Rechte. Hierzu gehören insb das Eigentum und beschränkt dingliche Rechte am Grundstück. Das Bestehen einer eingetragenen Vormerkung wird dann vermutet, wenn das Bestehen des gesicherten Anspruchs unstreitig oder bewiesen ist (MK/Kohler § 891 Rn 8). Auf tatsächliche Angaben im Grundbuch erstrecken sich die Vermutungen des § 891 nur dann, wenn diese wie namentlich die Angabe des Grenzverlaufs (BGH WM 06, 540 ff; NJW-RR 13, 789 ff) oder dem zum Grundstück gehörigen Parzellen Rechtscharakter haben (MK/Kohler § 891 Rn 6).

Nicht unter § 891 fallen hingegen **nichteintragungsfähige Rechte** wie obligatorische 5 Rechte an Grundstücken (zB ein Mietrecht) oder öffentlich-rechtliche Lasten und Rechte. Auch **Verfügungsbeschränkungen** (zB Insolvenz-, Nacherben- oder Testamentsvollstreckervermerk) oder **Widersprüche** (§ 899) sind keine Gegenstände der Vermutungen. Auch auf **tatsächliche Angaben** über die Größe, Lage und Bebauung des Grundstücks sowie auf **persönliche Verhältnisse** des Eingetragenen, zB seine Rechtsoder Geschäftsfähigkeit bzw seinen Familienstand, erstreckt sich § 891 nicht.

2. § 891 ist eine **verfahrensrechtliche Norm** ohne materiellrechtliche Folgen. Sie gilt 6 folglich nur in einem behördlichen oder gerichtlichen Verfahren und regelt die **Darlegungs- und Beweislast**. § 891 ist eine **widerlegliche** Vermutung. Wer entgg der Vorschrift das Bestehen eines eingetragenen Rechts bestreitet oder das Nichtbestehen eines gelöschten Rechts bestreitet, hat den vollen Beweis der Unrichtigkeit der Grundbucheintragung zu erbringen (Beweis des Gegenteils, § 292 ZPO). Eine bloße Erschütterung der Vermutung reicht nicht (BGH NJW 80, 1048). Zur Widerlegung der Vermutung genügt auch nicht der Nachw einer Verletzung von Verfahrensvorschriften bei der Eintragung oder die Eintragung eines Widerspruchs nach § 899 oder § 53 I 1 GBO (OLG Celle NJW-RR 12, 1298 f; Palandt/Bassenge § 891 Rn 8). Bei der Vermutung des Abs 1 muss allerdings nicht jede theoretisch denkbare Möglichkeit der Richtigkeit der Eintragung widerlegt werden. Es genügt, wenn jeder aus dem Grundbuch folgende, vom Eingetragenen substantiiert behauptete oder den Umständen nach sonst in Betracht kommende Erwerbsgrund entkräftet wird (MK/Kohler § 891 Rn 14). Steht die Grundbuchunrichtigkeit fest, so ist entgg der Vermutung des § 891 die Bewilligung des wahren Berechtigten zu verlangen (BGH NJW-RR 06, 888).

Auf die Vermutung des § 891 kann sich nicht nur der Eingetragene berufen, sondern 7 jeder, der an dem Bestehen oder Nichtbestehen des Rechts ein Interesse hat, also zB auch der Käufer des Grundstücks. Die Vermutung wirkt nicht nur **für**, sondern auch **gegen den Eingetragenen**. Ferner gilt der § 891 auch zugunsten des Gesamtrechtsnachfolgers eines Eingetragenen (OLG Schleswig NJW-RR 06, 1609).

§ 892 Öffentlicher Glaube des Grundbuchs

(1) ¹Zugunsten desjenigen, welcher ein Recht an einem Grundstück oder ein Recht an einem solchen Recht durch Rechtsgeschäft erwirbt, gilt der Inhalt des Grundbuchs als richtig, es sei denn, dass ein Widerspruch gegen die Richtigkeit eingetragen oder die Unrichtigkeit dem Erwerber bekannt ist. ²Ist der Berechtigte in der Verfügung über ein im Grundbuch eingetragenes Recht zugunsten einer bestimmten Person beschränkt, so ist die Beschränkung dem Erwerber gegenüber nur wirksam, wenn sie aus dem Grundbuch ersichtlich oder dem Erwerber bekannt ist.

(2) Ist zu dem Erwerb des Rechts die Eintragung erforderlich, so ist für die Kenntnis des Erwerbers die Zeit der Stellung des Antrags auf Eintragung oder, wenn die nach § 873 erforderliche Einigung erst später zustande kommt, die Zeit der Einigung maßgebend.

1 I. Die §§ 892, 893 ermöglichen einen **Rechtserwerb kraft öffentlichen Glaubens des Grundbuchs.** Zugunsten desjenigen, der ein Grundstück oder ein Recht an einem Grundstück erwirbt, gilt der Inhalt des Grundbuchs als richtig, es sei denn, dass der Erwerber die Unrichtigkeit kennt oder dass ein Widerspruch gegen die Richtigkeit des Grundbuchs eingetragen ist (§ 892 I 1). Auch beim des Fehlens einer nicht eingetragenen relativen Verfügungsbeschränkung (§ 892 I 2) und bestimmter Rechtsgeschäfte mit dem Eingetragenen – Bewirken einer Leistung bzw Verfügungsgeschäfte, die nicht zum dinglichen Rechtserwerb führen (§ 893) – wird der Inhalt des Grundbuchs als richtig fingiert.

2 1. Die §§ 892 f dienen wie die für bewegliche Sachen geltenden §§ 932–936 dem **Schutz des Rechtsverkehrs.** Deutliche Abweichungen hins des Gutglaubensschutzes ergeben sich aber aus dem unterschiedlichen **Rechtsscheintatbestand:** Während das Publizitätsmittel im Recht der beweglichen Sachen der Besitz ist, ist dies im Grundstücksrecht die Grundbucheintragung (vgl Vor §§ 873–928 Rn 6). Da letztere nur nach sorgfältiger Prüfung durch das Grundbuchamt vorgenommen wird, ist der Gutglaubensschutz im Grundstücksrecht stärker ausgebaut als bei den beweglichen Sachen. Die deutlichsten **Unterschiede** zwischen den §§ 892 f und den §§ 932 ff sind:

3 a) Im Grundstücksrecht baut der Gutglaubensschutz allein auf dem **Rechtsscheinprinzip** auf. Es kommt nicht darauf an, wie es zum Auseinanderfallen von Grundbuchinhalt und wahrer Rechtslage gekommen ist; insb ist unerheblich, ob diese Divergenz vom Berechtigten veranlasst ist oder nicht. Eine dem § 935 entspr Vorschrift fehlt für die §§ 892 f.

4 b) Dem Erwerber schadet bei den §§ 892 f nur die **positive Kenntnis** der unrichtigen Grundbucheintragung, nicht wie bei den §§ 932 ff schon die grob fahrlässige Unkenntnis (§ 932 II).

5 c) Die Möglichkeit eines gutgläubigen Erwerbs ist im Grundstücksrecht **ausgedehnt.** Der Erwerber erfährt gegen nahezu alle Hindernisse seines Erwerbs Schutz, soweit diese aus dem Grundbuch ersichtlich gewesen wären, wenn dieses richtig gewesen wäre (Westermann, Rn 351). Insb decken die §§ 892 f anders als die §§ 932 ff auch den guten Glauben an die Verfügungsmacht.

6 2. Die §§ 892 f bauen auf der **Richtigkeitsvermutung des § 891** auf, dehnen aber auch diese im Interesse des Verkehrsschutzes deutlich aus: Aus der widerleglichen Vermutung des § 891 wird in den §§ 892 f eine **Fiktion** und nicht lediglich eine unwiderlegliche Vermutung, da das Grundbuch notwendig unrichtig und nicht mutmaßlich richtig ist (aA Westermann/Eickmann, § 84 I 2). Diese Fiktion hat anders als § 891 nicht nur verfahrens-, sondern auch materiellrechtliche Folgen. Die Richtigkeitsvermutung des § 891 wird schließlich in den §§ 892 f auf die **Vollständigkeit** des Grundbuchs erstreckt.

7 II. 1. **Voraussetzungen** des gutgläubigen Erwerbs nach §§ 892 f: Das Grundbuch ist unrichtig oder unvollständig, es handelt sich um eine rechtsgeschäftliche Rechtsänderung, der Erwerber hat keine positive Kenntnis von der Unrichtigkeit des Grundbuchs und es ist kein Widerspruch im Grundbuch eingetragen.

8 a) **Unrichtigkeit des Grundbuchs.** Ein gutgläubiger Erwerb vom Nichtberechtigten nach §§ 892 f ist nur möglich, wenn das Grundbuch im Zeitpunkt der Vollendung des Rechtserwerbs **unrichtig oder unvollständig** ist, also die dingliche Rechtslage unzutreffend wiedergibt. Dies ist dann der Fall, wenn ein eingetragenes Recht nicht besteht oder nicht dem als Berechtigten Eingetragenen zusteht, ein eingetragenes Recht unrichtig – mit falschem Inhalt oder Rang – eingetragen ist oder ein bestehendes Recht nicht eingetragen oder zu Unrecht gelöscht ist (MK/Kohler § 892 Rn 22). Dabei ist zu beachten, dass der gutgläubige Erwerb nach §§ 892 f an den vom Inhalt des Grundbuchs erzeugten Rechtsschein als Gegenstand des öffentlichen Glaubens anknüpft. Am öffentlichen

Glauben des Grundbuchs nehmen aber nicht alle Eintragungen teil, sondern nur die zulässigen Grundbucheintragungen über Rechte und Verfügungsbeschränkungen (BGH DNotZ 07, 946, 948 für den Fall einer nichtigen Unterteilung und infolgedessen inhaltlich unzulässigen Grundbucheintragung).

Die **Richtigkeits- und Vollständigkeitsfiktion** der §§ 892 f erstreckt sich also auf zu Unrecht eingetragene dingliche Rechte am Grundstück mit ihrem buchmäßigen Inhalt und Rang; sie gelten als bestehend (§ 892 I 1), so dass ein gutgläubiger Erwerb des Grundeigentums, Grundstücksrechts oder Rechts an einem solchen möglich ist (**positive Publizität**). Sie erstreckt sich weiter auf zu Unrecht nicht eingetragene oder gelöschte eintragungsfähige dingliche Rechte; sie gelten als nicht bestehend (§ 892 I 1), so dass ein gutgläubiger Erwerb der Lastenfreiheit oder des Vorrangs möglich ist (**negative Publizität**). Weiter werden zu Unrecht nicht eingetragene oder gelöschte eintragungsfähige **Verfügungsbeschränkungen** erfasst; sie gelten als nicht bestehend (§ 892 I 2), so dass entgg einer relativen Verfügungsbeschränkung – zB Veräußerungsverbot, Insolvenz, Testamentsvollstreckung, Nacherbschaft – ein gutgläubiger Erwerb möglich ist. 9

Dag erfasst die Richtigkeits- und Vollständigkeitsfiktion keine nicht eintragungsfähigen Rechte (zB aus einem Mietvertrag), Verfügungsbeschränkungen (zB nach § 1365, BGH NJW 1964, 347; MK/Kohler § 892 Rn 63) und Belastungen (zB nach öffentlichem Recht). Inhaltlich unzulässige Eintragungen nach § 53 I 2 GBO werden ebenso wenig erfasst. Dazu gehören auch sich widersprechende Eintragungen, sofern sich der Widerspruch nicht im Wege der Auslegung beseitigen lässt. In diesem Fall darf sich der Erwerber ebenso wenig auf den Rechtsschein des Grundbuchs verlassen wie bei einer divergierenden Doppelbuchung (MK/Kohler § 892 Rn 13). Auch Angaben über persönliche Verhältnisse des Rechtsinhabers, aus denen auf dessen Rechts- oder Geschäftsfähigkeit oder Verfügungsbefugnis geschlossen werden kann, sowie tatsächliche Angaben über die Lage, Größe oder Bebaubarkeit eines Grundstücks werden nicht fingiert; etwas anderes gilt nur dann, wenn tatsächliche Angaben das Grundstück als Rechtsobjekt bezeichnen (zB Angabe des Grenzverlaufs, Bezeichnung der Parzellen). 10

b) **Rechtsgeschäftliche Rechtsänderung.** Der Schutz des guten Glaubens nach §§ 892 f greift nur bei der Vornahme von Rechtsgeschäften ein. § 892 ermöglicht lediglich einen gutgläubigen rechtsgeschäftlichen Rechtserwerb. Nicht geschützt ist daher der Erwerb kraft Gesetzes (zB durch Aneignung, § 928 II, oder durch Erbfolge, § 1922) oder kraft Staatsakts (zB Erwerb einer Zwangshypothek an einem nicht dem Schuldner gehörenden Grundstück). Dag überträgt der **Zuschlag in der Zwangsversteigerung** (§ 90 ZVG) als Hoheitsakt das Eigentum unabhängig von § 892 sogar dann auf den Ersteher, wenn dieser das Nichteigentum des Vollstreckungsschuldners kannte (aA MK/Kohler § 892 Rn 30; PWW/Huhn § 892 Rn 8; Staud/Gursky § 892 Rn 92). 11

aa) Das Rechtsgeschäft muss, abgesehen von der fehlenden Berechtigung des Verfügenden, **wirksam** sein. Der Erwerber wird also zB nicht geschützt, wenn der Verfügende keine Vertretungsmacht hatte oder geschäftsunfähig war. Das Rechtsgeschäft muss sich bei § 892 auf den Erwerb des Eigentums an einem Grundstück, eines beschränkten dinglichen Rechts oder eines Rechts an einem solchen Recht beziehen. Daher kann der Abschluss eines bloß schuldrechtlichen Vertrages (zB eines Mietvertrages) mit dem eingetragenen Nichteigentümer nicht nach § 892 gegen den wahren Eigentümer wirken. 12

Das Rechtsgeschäft darf auch nicht einen nicht in den Schutzbereich des § 892 fallenden gesetzlichen Erwerb lediglich vorwegnehmen. Dies ist namentlich bei Rechtsgeschäften anzunehmen, die eine **Vorwegnahme der Erbfolge** darstellen (BGH NJW-RR 86, 883). 13

bb) Der Gutglaubensschutz nach §§ 892 f ist auf sog **Verkehrsgeschäfte** beschränkt. Dies sind nur solche Rechtsgeschäfte, bei denen der Verfügende und der Erwerber **personenverschieden** sind. Dies setzt zwingend voraus, dass auf der Erwerber- wenigstens eine Person beteiligt ist, die nicht zugleich auch auf der Veräußererseite steht (Palandt/Bassenge § 892 Rn 5). Ist dies nicht der Fall, so greift der Verkehrsschutzzweck der §§ 892 f nicht ein und ein gutgläubiger Erwerb ist ausgeschlossen. 14

Kein Verkehrsgeschäft liegt vor, wenn Veräußerer und Erwerber personell (zB bei der Bestellung einer Eigentümergrundschuld gem § 1196 durch den eingetragenen Nichtei- 15 gentümer) oder wirtschaftlich (zB bei der Veräußerung eines Grundstücks durch eine GmbH an ihren einzigen Gesellschafter und umgekehrt oder bei der Veräußerung eines Grundstücks durch eine Erbengemeinschaft an eine aus den Miterben bestehende OHG oder KG) identisch sind. Unerheblich für das Vorliegen eines Verkehrsgeschäfts ist es dag, ob der Erwerb entgeltlich oder unentgeltlich erfolgt. Allerdings ist der Erwerber bei einem unentgeltlichen Erwerb nach § 816 I 2 schuldrechtlich zur Rückübereignung verpflichtet. Erfasst wird aber die Übertragung eines Miteigentumsanteils unter Miteigentümern. Dies gilt selbst dann, wenn auch der erwerbende Miteigentümer von der Nichtigkeit des Ersterwerbs betroffen war (BGH NJW 07, 3204).

16 **c) Keine Kenntnis der Unrichtigkeit.** Ein gutgläubiger Erwerb nach §§ 892 f ist ausgeschlossen, wenn der Erwerber positive Kenntnis von der Unrichtigkeit des Grundbuchs hat. Anders als bei § 932 II genügt also keine grobfahrlässige Unkenntnis. Dieser Unterschied erklärt sich aus dem stärkeren Rechtsschein des Grundbuchs ggü dem Besitz (Baur/Stürner, § 23 Rn 30).

17 Der Erwerber muss keine Kenntnis vom unrichtigen Inhalt des Grundbuchs haben. Er muss das Grundbuch also nicht tatsächlich eingesehen und auch nicht auf den Grundbuchinhalt vertraut haben (BGH NJW 80, 2414 ff; NJW-RR 13, 789 ff). Ein gutgläubiger Erwerb nach §§ 892 f erfordert ebenso keine **Kausalität** zwischen dem durch das Grundbuch erzeugten Rechtsschein und der Erwerbshandlung. Den Erwerber trifft daher bei Zweifeln keine Nachforschungspflicht über die wahre Rechtslage. Die hM will allerdings beim Vorliegen besonderer Umstände durch die Einrede der Arglist oder einen Schadensersatzanspruch aus § 826 gegen den Erwerber die Rechtsfolgen des gutgläubigen Erwerbs korrigieren (s Nachw bei Staud/Gursky § 892 Rn 163). Der Erwerber soll sich zB dann nicht mehr auf den Schutz des guten Glaubens berufen dürfen, wenn er auf eine glaubwürdige Mitteilung eine ohne weiteres mögliche Aufklärung unterlässt und die Vollendung des Rechtserwerbs beschleunigt, damit der ihm angekündigte Nachw nicht mehr zu seiner Kenntnis gelangt. Eine derartige Umgehung des § 892 gefährdet die Rechtssicherheit und ist deshalb abzulehnen (MK/Kohler § 892 Rn 47; Palandt/Bassenge § 892 Rn 24). Etwas anderes ist nur dann anzunehmen, wenn sich der Erwerber bewusst der Kenntnis der wahren Rechtslage verschließt, um sich die Gutgläubigkeit zu erhalten. In diesem Fall ist er in **analoger Anwendung des § 162** so zu behandeln, als hätte er die Unrichtigkeit des Grundbuchs gekannt (Staud/Gursky § 892 Rn 162). Dies ist zB der Fall, wenn der Erwerber über die Unrichtigkeit des Grundbuchs in einer Weise aufgeklärt worden ist, dass sich ein rechtlich Denkender sich der Überzeugung hiervon nicht verschließen würde (BGH LM Nr 5 zu § 892).

18 Maßgebend für § 892 ist allein die **Kenntnis der Rechtslage**. Die Kenntnis der Tatsachen, aus denen sich die Unrichtigkeit des Grundbuchs ergibt, genügt noch nicht. Etwas anderes gilt nur bei eindeutiger und allg bekannter Rechtslage. Hier reicht bereits die Kenntnis der Tatsachen aus, um eine solche bezgl der Unrichtigkeit des Grundbuchs zu bejahen. Wird der Erwerber bei der Einigung vertreten, so kommt es für die Bösgläubigkeit iR der §§ 892 f auf die Kenntnis des **Stellvertreters** an, § 166 I. Dag müssen sowohl der Vertretene als auch der Vertreter gutgläubig sein, damit ein gutgläubiger Erwerb möglich ist, wenn der Vertreter nach bestimmten Weisungen des Vertretenen gehandelt hat, § 166 II.

19 Ist der dingliche Rechtserwerb des im Grundbuch eingetragenen Verfügenden anfechtbar, so steht die **Kenntnis der Anfechtbarkeit** derer der Nichtigkeit des Erwerbsgeschäfts gleich, § 142 II. Hat der Voreingetragene das Recht bedingt erworben, so kommt es allein auf die **Kenntnis der Bedingtheit** des Rechtserwerbs und nicht auf die des Bedingungseintritts an.

20 Abs 1 S 1 stellt wie § 932 I 1 eine **widerlegliche Vermutung** für die Unkenntnis des Erwerbers auf („... es sei denn ..."). Der Gegner des Erwerbers muss also dessen Kenntnis beweisen (MK/Kohler § 892 Rn 49).

21 **Maßgebender Zeitpunkt** für die Unkenntnis ist grds die **Vollendung des Rechtserwerbs**, also der Eintritt der letzten Erwerbsvoraussetzung. Von diesem Grundsatz macht Abs 2 zum Schutz des gutgläubigen Erwerbers eine bedeutsame **Ausn**. Da der Erwerber den Zeitpunkt der Eintragung nicht beeinflussen kann, soll ihm die mehr

Abschnitt 2 | Allgemeine Vorschriften über Rechte an Grundstücken § 892

oder weniger lange Dauer des Eintragungsverfahrens nicht zum Nachteil gereichen. Abs 2 verlegt – ähnl dem § 878 – den für die Gutgläubigkeit entscheidenden Zeitpunkt in zwei Fällen nach vorn. Ist die Einigung der Antragstellung vorangegangen und fehlt nur noch die Eintragung zum Rechtserwerb, so ist der Zeitpunkt der Antragstellung (§ 13 GBO) maßgebend (Abs 2 Halbs 1). Folgt die Einigung der Antragstellung nach, so entscheidet der Zeitpunkt der Einigung (Abs 2 Halbs 2). Daraus lässt sich der allg Grundsatz ableiten, dass nach Abs 2 stets der **Zeitpunkt der vorletzten Erwerbsvoraussetzung** maßgebend, wenn letztes Erwerbserfordernis die Eintragung ist.

Dag ist Abs 2 **nicht anwendbar**, wenn nach der Eintragung noch weitere Erwerbsvoraussetzungen erforderlich sind (zB die Übergabe des Hypothekenbriefes oder die Valutierung der Hypothek). In diesem Fall ist vielmehr der Zeitpunkt entscheidend, in dem alle Erwerbsvoraussetzungen vorliegen. Wird das Grundbuch erst zwischen Antragstellung und Eintragung unrichtig, so ist die Anwendbarkeit des Abs 2 Halbs 1 str. Die hM wendet die Vorschrift zu Recht mit der Maßgabe an, dass der Zeitpunkt entscheidet, in dem das **Grundbuch unrichtig wird** (BGH NJW 80, 2414; aA Wolf M./Wellenhofer 6. Kap Rn 2: Zeitpunkt des endgültigen Rechtserwerbs). 22

Problematisch ist die Anwendbarkeit des Abs 2 auch dann, wenn der Rechtserwerb vom Nichtberechtigten nach der Eintragung noch von einer **Bedingung, Befristung oder Genehmigung** abhängt. Gegen eine Anwendbarkeit des Abs 2 auf diese Fälle spricht, dass die Eintragung nicht letzte Erwerbsvoraussetzung ist. Daher wird trotz der Rückwirkung der Genehmigung (§ 184) Abs 2 nicht angewendet, wenn noch eine privatrechtliche oder öffentlich-rechtliche Genehmigung aussteht. In diesem Fall ist daher der Zeitpunkt der Erteilung der Genehmigung für die Unkenntnis des Erwerbers maßgebend (Palandt/Bassenge § 892 Rn 25). Dag bleibt der Eintritt einer Bedingung oder eines Termins für die Anwendbarkeit des Abs 2 unberücksichtigt. Bei einem aufschiebend bedingten oder befristeten Rechtserwerb kommt es also auf das Vorliegen aller Erwerbsvoraussetzungen außer dem Bedingungseintritt bzw dem Fristablauf an. Eine spätere Kenntnis des Erwerbers im Zeitpunkt des Eintritts der Bedingung oder des Termins ist demnach für die §§ 892 f unschädlich (BGHZ 10, 74). 23

Noch weiter wird der für die Unkenntnis des Erwerbers maßgebende Zeitpunkt durch den gutgläubigen Erwerb einer Vormerkung zur Sicherung des Rechtserwerbs vorverlegt (Palandt/Bassenge § 892 Rn 25). Hier ist nach Abs 2 für die Unkenntnis des Vormerkungsberechtigten bereits der **Zeitpunkt des Antrags auf Eintragung der Vormerkung** maßgebend, selbst wenn die Vormerkung nur einen künftigen Anspruch sichert (BGH NJW 81, 447). Eine spätere Kenntnis hindert den Rechtserwerb nicht mehr. 24

d) Kein Widerspruch gegen die Unrichtigkeit. Ein gutgläubiger Erwerb nach §§ 892 f ist gem § Abs 1 S 1 ausgeschlossen, wenn vor der Vollendung des Rechtserwerbs ein Widerspruch gegen die Richtigkeit des Grundbuchs (§ 899) eingetragen wird. 25

Der Widerspruch bewirkt keine Grundbuchsperre, steht also einer Verfügung über das eingetragene Recht nicht im Wege. Er protestiert aber gegen eine unrichtige Eintragung und **zerstört** so **den öffentlichen Glauben** des Grundbuchs, verhindert mithin einen gutgläubigen Erwerb des eingetragenen Rechts, auf das er sich bezieht. Diese Wirkung tritt unabhängig davon ein, ob der Erwerber das Grundbuch eingesehen oder sonst von dem Widerspruch Kenntnis hat. Sie gilt auch dann, wenn das Grundbuchamt die Eintragungsanträge nicht in der richtigen zeitlichen Reihenfolge (§§ 17, 45 GBO) bearbeitet und den später beantragten Widerspruch vor der früher beantragten Rechtsänderung einträgt. 26

2. Wirkung des Gutglaubensschutzes. Die Wirkung der §§ 892 f besteht darin, dass der Inhalt des Grundbuchs zugunsten des Erwerbers **als richtig gilt**. Der gutgläubige Erwerber erwirbt also aufgrund des öffentlichen Glaubens des Grundbuchs das Recht so, als entspräche die Eintragung der wirklichen Rechtslage. Damit wird das bislang unrichtige Grundbuch richtig. Dabei ist zu unterscheiden: Die **positive Richtigkeitsfiktion** gewährleistet dem Erwerber das Bestehen des Rechts in der Person des Verfügenden mit dem grundbuchmäßigen Inhalt und Rang (Staud/Gursky § 892 Rn 220). Er wird daher Inhaber des Rechts und erlangt dieses mit dem eingetragenen Inhalt und Rang. Die **negative Vollständigkeitsfiktion** gewährleistet dem Erwerber die Vollständigkeit 27 des Grundbuchs hins aller eintragungsfähigen Rechte. Er erlangt das Recht also frei von allen nicht eingetragenen oder gelöschten eintragungsfähigen Belastungen (MK/Kohler § 892 Rn 70).

28 a) Zu beachten ist, dass die Fiktion der Vorschrift bei **dinglichen Rechten** sowohl positiv als auch negativ wirkt, während sie bei relativen **Verfügungsbeschränkungen** nur negativ wirkt (Abs 1 S 2). Nicht eingetragene oder gelöschte Verfügungsbeschränkungen gelten also zugunsten des Erwerbers als nicht bestehend. Dag gilt die positive Richtigkeitsfiktion bei Verfügungsbeschränkungen nicht. Das Bestehen zu Unrecht im Grundbuch eingetragener Verfügungsbeschränkungen wird also nicht zugunsten des gutgläubigen Erwerbers fingiert. Veräußert zB der frühere Insolvenzverwalter nach Einstellung des Insolvenzverfahrens, aber vor Löschung des Insolvenzvermerks ein Grundstück oder bestellt er eine Hypothek, so kann sich der gutgläubige Erwerber nicht auf den öffentlichen Glauben des Grundbuchs berufen. Die Verfügung ist vielmehr unwirksam (Staud/Gursky § 892 Rn 238).

29 Die Fiktion des § 892 wirkt **zugunsten des Erwerbers**, nicht aber zu seinen Lasten. Der Erwerber eines Grundstücks kann daher zB die Beseitigung einer nicht bestehenden Hypothek verlangen, auch wenn er sie bei seinem Erwerb als bestehend ansah. Die Fiktion wirkt auch **nicht zugunsten Dritter** (BGHZ 51, 53). Dies bereitet besondere Probleme, wenn die Unrichtigkeit des Grundbuchs darin besteht, dass eine Grundstücksbelastung zu Unrecht gelöscht worden ist. Allerdings kann die Fiktion des § 892 quasi als **Reflex** auch Dritten zugute kommen, wenn deren Begünstigung die notwendige Folge des Schutzes des gutgläubigen Erwerbers ist (Staud/Gursky § 892 Rn 229). Dies ist dann gegeben, wenn das Fortbestehen eines nicht eingetragenen Rechts im Verhältnis zu Dritten das Recht des gutgläubigen Erwerbs schmälern würde, zB bei einem gutgläubigen Erwerb des Grundstückseigentums nach unrechtmäßiger Löschung einer Belastung.

30 b) Der gutgläubige Erwerb nach §§ 892 f ist **endgültig**. Der Erwerber erlangt also das Recht auf Dauer und unentziehbar. Er kann über das gutgläubig erlangte Recht weiter verfügen. Da es sich dabei um Verfügungen eines Berechtigten handelt, erwerben Dritte das Recht selbst dann, wenn sie die Nichtberechtigung des Erstveräußerers kennen (Müller, Rn 1128). Der gutgläubige Erwerb kann auch nicht schuldrechtlich rückgängig gemacht werden. Ansprüche des bisherigen Berechtigten aus §§ 823 I oder 812 I 1 2. Alt (Eingriffskondiktion) bestehen nicht, weil der Erwerb nach §§ 892 f rechtmäßig ist. Dieser verliert daher sein Recht. Er ist auf schuldrechtliche Ausgleichsansprüche gegen den Nichtberechtigten angewiesen. Von diesem kann er nach § 816 I 1 das durch die Verfügung Erlangte herausverlangen. Daneben stehen ihm Ansprüche aus §§ 687 II und 823 I zu, wenn der Nichtberechtigte schuldhaft über das fremde Recht verfügt hat.

31 Der gutgläubige Erwerber kann ein erlangtes Recht auch an den Nichtberechtigten wirksam zurückübertragen, von dem er es erlangt hat. Etwas anderes soll nach verbreiteter Auffassung dann gelten, wenn die Rückübertragung nur eine Rückabwicklung der ursprünglichen Rechtsverschaffung darstellt (zB bei einem Rücktritt oder im Falle der Leistungskondiktion). In diesem Fall soll kein **Rückerwerb des Nichtberechtigten**, sondern ein automatischer Rückfall des Rechts an den früheren Berechtigten erfolgen (MK/Kohler § 892 Rn 71). Jene Konstruktion eines automatischen dinglichen Rückfalls des Rechts an den an der Rückübereignung überhaupt nicht beteiligten früheren Berechtigten ist aber wie im Recht der beweglichen Sachen aus dogmatischen Gründen abzulehnen. Sie durchbricht das Abstraktionsprinzip, ist mit dem Gesetz nicht vereinbar und sachlich überflüssig. Im Grundstücksrecht kommt hinzu, dass ein Rechtserwerb stets die Grundbucheintragung voraussetzt, an der es hier fehlt. Es tritt also auch in diesen Fällen ein wirksamer dinglicher Rechtserwerb des Nichtberechtigten ein (aA Wilhelm, Rn 729). Dieser ist allerdings schuldrechtlich zur Rückübertragung des Verfügungsgegenstandes an den bisherigen Berechtigten verpflichtet (zB nach §§ 816 I 1, 823 I).

Ein **Formmangel** des Grundstückskaufvertrags wird gem § 311 b I S 2 durch einen gut- 32 gläubigen Erwerb vom Nichtberechtigten ebenso geheilt wie durch einen Erwerb vom Berechtigten (BGHZ 47, 270).

§ 893 Rechtsgeschäft mit dem Eingetragenen

Die Vorschrift des § 892 findet entsprechende Anwendung, wenn an denjenigen, für welchen ein Recht im Grundbuch eingetragen ist, auf Grund dieses Rechts eine Leistung bewirkt oder wenn zwischen ihm und einem anderen in Ansehung dieses Rechts ein nicht unter die Vorschrift des § 892 fallendes Rechtsgeschäft vorgenommen wird, das eine Verfügung über das Recht enthält.

Die Vorschrift erweitert den Gutglaubensschutz auf andere Rechtsgeschäfte als Er- 1 werbsgeschäfte, nämlich das **Bewirken einer Leistung** an einen im Grundbuch eingetragenen Nichtberechtigten zur Erfüllung eines Anspruchs aus dem eingetragenen und bestehenden Recht (zB die Zahlung auf eine Hypothek oder Grundschuld, Petersen Jura 10, 281; Thomale JuS 10, 857) und die Vornahme eines **Verfügungsgeschäfts**, das nicht zum Erwerb eines dinglichen Rechts iSv § 892 führt. Darunter fallen zB die Inhaltsänderung (§ 877), die Rangänderung (§ 880), die Rechtsaufhebung (§ 875), die Bewilligung einer Vormerkung oder die Kündigung eines Grundpfandrechts (BGHZ 1, 304).

§ 894 Berichtigung des Grundbuchs

Steht der Inhalt des Grundbuchs in Ansehung eines Rechts an dem Grundstück, eines Rechts an einem solchen Recht oder einer Verfügungsbeschränkung der in § 892 Abs. 1 bezeichneten Art mit der wirklichen Rechtslage nicht im Einklang, so kann derjenige, dessen Recht nicht oder nicht richtig eingetragen oder durch die Eintragung einer nicht bestehenden Belastung oder Beschränkung beeinträchtigt ist, die Zustimmung zu der Berichtigung des Grundbuchs von demjenigen verlangen, dessen Recht durch die Berichtigung betroffen wird.

I. **Unrichtigkeit des Grundbuchs und Grundbuchberichtigung.** Die Unrichtigkeit des 1 Grundbuchs gefährdet den Berechtigten. Er kann sich nicht auf die Vermutung des § 891 stützen und ist der Gefahr eines Rechtsverlustes wegen des öffentlichen Glaubens des Grundbuchs nach §§ 892 f ausgesetzt. Aus diesem Grunde kann er die Berichtigung des Grundbuchs verlangen. Die Vorschrift gewährt dem nicht oder nicht richtig eingetragenen Rechtsinhaber einen **dinglichen Anspruch** auf Abgabe der nach § 19 GBO erforderlichen Bewilligungserklärung gegen den von der Berichtigung Betroffenen, also denjenigen, dessen Rechtslage sich formell durch die Berichtigung verschlechtert. Diese Bewilligungserklärung kann nach § 894 ZPO durch ein rechtskräftiges Urteil ersetzt werden.

1. Der Berechtigte kann aber auch ohne Bewilligung des Betroffenen allein die Berich- 2 tigung des Grundbuchs erwirken. Ist die Unrichtigkeit des Grundbuchs im Grundbuchamt offenkundig oder kann sie in der Form des § 29 GBO (durch öffentliche oder öffentlich beglaubigte **Urkunden**) nachgewiesen werden, so bedarf es nach § 22 I 1 GBO zur Grundbuchberichtigung keiner Bewilligung des Betroffenen. Steht der Erfolg einer **verfahrensrechtlichen Grundbuchberichtigung** nach §§ 22, 29 GBO ohne Zweifel fest, so fehlt für die Grundbuchberichtigungsklage aus § 894 das Rechtsschutzinteresse (Palandt/Bassenge § 894 Rn 1).

2. Neben dem dinglichen Anspruch aus § 894 kann ein sog **schuldrechtlicher Berichti- 3 gungsanspruch** stehen, der den Verpflichteten zur Herausgabe der Buchposition durch Abgabe der Berichtigungsbewilligung verpflichtet. Ein solcher Anspruch ergibt sich mglw aus §§ **823, 249** ergeben, wenn der Buchberechtigte seine Eintragung durch ein Delikt (zB durch Fälschung der Eintragungsunterlagen oder Betrug des Rechtsinhabers) erlangt hat. Er kann aber auch aus § **812 I 1 1. Alt** (Leistungskondiktion) folgen, wenn

der Buchberechtigte die unrichtige Grundbucheintragung durch eine rechtsgrundlose Leistung des Rechtsinhabers erlangt hat (Palandt/Bassenge § 894 Rn 13; vgl zum Herausgabeanspruch bei einer Grundschuld: OLG Brandenburg Urt v 17.11.2011 Az 5 U 148/09). Dag hat der Berechtigte wegen der Beeinträchtigung seines Rechts durch die Unrichtigkeit des Grundbuchs keinen negatorischen Beseitigungsanspruch aus § 1004. § 894 schließt als spezialgesetzlich geregelter Unterfall des negatorischen Beseitigungsanspruchs in seinem Anwendungsbereich die Anwendbarkeit des § 1004 aus (BGHZ 5, 82).

4 **II. Voraussetzungen des Grundbuchberichtigungsanspruchs.** Der dingliche Grundbuchberichtigungsanspruch aus § 894 hat folgende Voraussetzungen:

5 **1. Unrichtigkeit des Grundbuchs.** Der Grundbuchberichtigungsanspruch setzt die Unrichtigkeit des Grundbuchs voraus. Diese liegt vor, wenn der Inhalt der wirklichen dinglichen Rechtslage widerspricht. Die Unrichtigkeit muss sich dabei auf eintragungsfähige Grundstücksrechte oder Rechte an solchen Rechten beziehen. Gleichgestellt ist die fehlende oder unrichtige Eintragung einer eintragungsfähigen Verfügungsbeschränkung. Der Begriff der Unrichtigkeit in § 894 entspricht also vollkommen dem in § 892. Über den Wortlaut des § 894 hinaus ist die Vorschrift jedoch auch auf eine zu Unrecht eingetragene erloschene oder gelöschte Vormerkung oder einen zu Unrecht eingetragenen Widerspruch entspr anwendbar (MK/Kohler § 894 Rn 18).

6 **2. Beeinträchtigung des Anspruchsinhabers.** Inhaber des Grundbuchberichtigungsanspruchs ist derjenige, dessen dingliche Rechtsstellung durch die Unrichtigkeit des Grundbuchs beeinträchtigt wird, also derjenige, dessen dingliches Recht nicht oder nicht richtig eingetragen ist oder dessen Recht durch die Eintragung einer nicht bestehenden Belastung beeinträchtigt wird (Prütting, Rn 242). Anspruchsinhaber ist daher zB der Eigentümer, wenn eine andere Person als Eigentümer oder zu Unrecht ein nicht mehr bestehendes beschränktes dingliches Recht eingetragen ist, darüber hinaus der Inhaber eines beschränkten dinglichen Rechts, wenn dieses zB gar nicht oder mit falschem Inhalt oder Rang eingetragen ist. In diesem Fall ist neben dem Inhaber zB des Grundpfandrechts nicht zugleich noch der Eigentümer des Grundstückes Berechtigter (BGH NJW 00, 2021). Auch der durch eine relative Verfügungsbeschränkung Geschützte hat den Grundbuchberichtigungsanspruch, wenn die Beschränkung nicht oder nicht richtig eingetragen ist. So kann zB der Nacherbe mit Hilfe der Vorschrift erreichen, dass im Grundbuch gem § 51 GBO eingetragen wird, der Eigentümer ist nur Vorerbe, damit die Verfügungsbeschränkung des § 2113 I erkennbar wird (Wieling, § 20 II 1 a bb).

7 **3. Betroffensein des Anspruchsgegners.** Die Forderung richtet sich gegen denjenigen, dessen eingetragenes Recht durch die Berichtigung des Grundbuchs betroffen wird (BGH NJW 96, 1881). Dies kann der Buchberechtigte sein, dessen unrichtige Buchposition durch die Berichtigung beseitigt oder geschmälert wird, aber auch der wahre Rechtsinhaber, wenn ein bestehendes dingliches Recht oder eine Verfügungsbeschränkung nicht oder nicht richtig eingetragen ist. Anspruchsgegner ist also jeder, dessen Mitwirkung bei der Berichtigung des Grundbuchs nach den grundbuchrechtlichen Vorschriften nötig ist. Er muss nicht im Grundbuch eingetragen sein (BGHZ 41, 32). Zur Grundbuchberichtigung verpflichtet können auch mehrere sein.

8 **4. Einwendungen und Einreden des Anspruchsgegners.**

9 a) Der Anspruchsinhaber kann auf den Anspruch aus § 894 **nicht** nach § 397 **verzichten** (Müller, Rn 876 a). Allerdings ist es möglich, einen wirksamen Verzicht als schuldrechtliche Verpflichtung, den Anspruch nicht geltend zu machen (**pactum de non petendo**), auszulegen. Im Verzicht kann daneben die Nachholung der Einigung liegen, so dass der Rückübergang des Rechts das Grundbuch richtig macht (Staud/Gursky § 894 Rn 131).

10 b) Der Verpflichtete kann weiterhin ggü dem Grundbuchberichtigungsanspruch ein **Zurückbehaltungsrecht** geltend machen (BGHZ 75, 293). Ein solches ergibt sich mglw aus § 273 I, zB wegen einer Leistungskondiktion auf Rückzahlung des Kaufpreises aus einem nichtigen Grundstücksveräußerungsvertrag. Es kann sich auch wegen Verwendungen auf das Grundstück aus einer entspr Anwendung des § 1000 – da die §§ 987 ff

auf das Verhältnis des Buchberechtigten zum wirklichen Rechtsinhaber entspr anwendbar sind – oder § 273 II ergeben (Staud/Gursky § 894 Rn 139; MK/Baldus Vor §§ 987 ff Rn 38; aA BGHZ 75, 293: nur § 273 II).

c) Problematisch ist dag die **Einwendung unzulässiger Rechtsausübung** gem § 242. Die ganz hM lässt diese allg zu (Staud/Gursky § 894 Rn 144), zB bei einem Widerspruch des Anspruchsinhabers zu einem früheren Verhalten (BGH NJW 79, 1656), einer Verwirkung (BGHZ 122, 314) oder einer schuldrechtlichen Verpflichtung des Rechtsinhabers ggü dem Buchberechtigten zur Herstellung des bestehenden Grundbuchstandes – dolo agit, qui petit, quod statim rediturus est – (BGH NJW 74, 1651). 11

Diese allg Anwendung des § 242 auf den dinglichen Anspruch aus § 894 ist indessen abzulehnen, soweit sie wie bei einem Widerspruch zu früherem Verhalten oder der Verwirkung zu einem dauernden Auseinanderfallen von wirklicher Rechtslage und Grundbuchstand führt (Eckert JR 1994, 334 ff). Im Falle einer schuldrechtlichen Verpflichtung des Anspruchsinhabers zur Herbeiführung einer dem jetzigen Buchstand entspr Rechtsstellung erscheint es daneben richtiger, diese Einwendung nicht aus § 242, sondern wegen der Vergleichbarkeit des § 894 mit § 985 aus einer **Analogie zu § 986** herzuleiten (Staud/Gursky § 894 Rn 129; MK/Kohler § 894 Rn 36). 12

III. Anspruchsinhalt und Rechtsnatur. Der Grundbuchberichtigungsanspruch ist auf die Abgabe der nach § 19 GBO erforderlichen Berichtigungsbewilligung in der Form des § 29 GBO gerichtet. Der **Inhalt der Bewilligung** hängt dabei von der Art der Unrichtigkeit des Grundbuchs ab (vgl MK/Kohler § 894 Rn 39). Zu bewilligen ist die Löschung des Rechts, wenn ein nicht bestehendes Recht zu Unrecht eingetragen, die Eintragung des Rechts, wenn ein bestehendes Recht nicht eingetragen oder die richtige Eintragung des Rechts, wenn ein bestehendes Recht unrichtig eingetragen ist. 13

1. Der Grundbuchberichtigungsanspruch ist Ausfluss des dinglichen Rechts, das durch die unrichtige Eintragung betroffen ist. Er ist daher nach hM ein **dinglicher Anspruch** (BGHZ 5, 82), der in seiner Funktion mit § 985 vergleichbar ist. Deshalb sind nach hM auf die Rechtsbeziehung zwischen dem eingetragenen Nichtberechtigten und dem wirklichen Rechtsinhaber die **§§ 987 ff** entspr anwendbar (Staud/Gursky § 894 Rn 139; MK/Baldus Vor §§ 987 ff Rn 38). Dies ist zB bedeutsam, wenn der im Grundbuch eingetragene Nichtberechtigte das Grundstück zulasten des wirklichen Rechtsinhabers gem § 892 wirksam belastet oder überträgt. Hier haftet der bösgläubige Buchberechtigte dem Rechtsinhaber nach §§ 990, 989 auf Schadensersatz durch Beseitigung der Belastung (Palandt/Bassenge § 894 Rn 10). 14

2. Aus der dinglichen Natur des Grundbuchberichtigungsanspruchs folgt auch, dass er **nicht selbstständig abgetreten** werden kann (Staud/Gursky § 894 Rn 81). Zulässig ist jedoch die Ermächtigung eines Dritten nach § 185 I zur Geltendmachung des Anspruchs in eigenem Namen (BGH WM 66, 1225). Eine derartige Ermächtigung erfordert entgg der ganz hM (Staud/Gursky § 894 Rn 81) auch im Prozess als gewillkürte Prozessstandschaft kein eigenes rechtliches Interesse des Dritten an der Geltendmachung des Anspruchs (vgl § 985 Rn 3). Eine **Verpfändung** des Anspruchs ist nach § 1274 II ausgeschlossen, eine **Pfändung** des Anspruchs gleichermaßen, weil er nicht übertragbar ist (§ 851 I ZPO). Dies ist allerdings für den Gläubiger häufig unbefriedigend, weil das Betreiben der Zwangsversteigerung gegen den Vollstreckungsschuldner dessen Eintragung im Grundbuch voraussetzt (§§ 17 I, 146 I ZVG; 867 ZPO; 39 I GBO). Der Vollstreckungsgläubiger muss daher die Möglichkeit haben, vom Drittschuldner die Berichtigung des Grundbuchs durch Eintragung des Vollstreckungsschuldners zu verlangen. Dazu kann er den Grundbuchberichtigungsanspruch gem § 857 III ZPO zur Ausübung pfänden. Dadurch erlangt der Vollstreckungsgläubiger die gleiche rechtliche Stellung wie ein nach § 185 I zur Geltendmachung des Anspruchs in eigenem Namen ermächtigter Dritter. Er wird also durch die Pfändung und Überweisung des Berichtigungsanspruchs nach §§ 828 ff, 835, 846 ZPO ermächtigt, die Bewilligung des Drittschuldners zur Eintragung des Vollstreckungsschuldners als Berechtigter zu verlangen. Anschließend kann er dann in das nunmehr eingetragene Recht des Vollstreckungsschuldners vollstrecken. 15

§ 895 Voreintragung des Verpflichteten

Kann die Berichtigung des Grundbuchs erst erfolgen, nachdem das Recht des nach § 894 Verpflichteten eingetragen worden ist, so hat dieser auf Verlangen sein Recht eintragen zu lassen.

1 Die Vorschrift ergänzt § 894, indem sie den Betroffenen verpflichtet, sein Recht vorher im Grundbuch eintragen zu lassen, soweit die Grundbuchberichtigung nach § 39 GBO die **Voreintragung des Betroffenen** voraussetzt.

§ 896 Vorlegung des Briefes

Ist zur Berichtigung des Grundbuchs die Vorlegung eines Hypotheken-, Grundschuld- oder Rentenschuldbriefs erforderlich, so kann derjenige, zu dessen Gunsten die Berichtigung erfolgen soll, von dem Besitzer des Briefes verlangen, dass der Brief dem Grundbuchamt vorgelegt wird.

1 Ist zur Grundbuchberichtigung nach §§ 41, 42 GBO die **Vorlegung eines Grundpfandrechtbriefes** erforderlich, so kann der Betroffene vom Besitzer des Briefes verlangen, dass der Brief dem Grundbuchamt vorgelegt wird.

§ 897 Kosten der Berichtigung

Die Kosten der Berichtigung des Grundbuchs und der dazu erforderlichen Erklärungen hat derjenige zu tragen, welcher die Berichtigung verlangt, sofern nicht aus einem zwischen ihm und dem Verpflichteten bestehenden Rechtsverhältnis sich ein anderes ergibt.

1 Die **Kosten** der Grundbuchberichtigung trägt im Verhältnis der Beteiligten zueinander der Anspruchsinhaber.

§ 898 Unverjährbarkeit der Berichtigungsansprüche

Die in den §§ 894 bis 896 bestimmten Ansprüche unterliegen nicht der Verjährung.

1 Der Grundbuchberichtigungsanspruch ist **unverjährbar**. Er unterliegt auch nicht der Verwirkung nach § 242 (s § 894 Rn 12; aA die hM, BGHZ 122, 314; OLG Karlsruhe MDR 13, 1213 f; Staud/Gursky § 894 Rn 144; MK/Kohler § 894 Rn 37).

§ 899 Eintragung eines Widerspruchs

(1) In den Fällen des § 894 kann ein Widerspruch gegen die Richtigkeit des Grundbuchs eingetragen werden.
(2) ¹Die Eintragung erfolgt auf Grund einer einstweiligen Verfügung oder auf Grund einer Bewilligung desjenigen, dessen Recht durch die Berichtigung des Grundbuchs betroffen wird. ²Zur Erlassung der einstweiligen Verfügung ist nicht erforderlich, dass eine Gefährdung des Rechts des Widersprechenden glaubhaft gemacht wird.

1 I. Der Widerspruch hat **Warn- und Sicherungsfunktion**. Er weist darauf hin, dass eine Grundbucheintragung möglicherweise unrichtig ist und schließt deshalb einen gutgläubigen Erwerb aus (§ 892 I 1). Zugleich sichert die Eintragung eines Widerspruchs dem Berechtigten den Grundbuchberichtigungsanspruch nach § 894 (zur Anwendbarkeit des § 892 bei fehlendem Rechtsschutzinteresse: OLG Jena Urt v 6.2.13 Az 7 U 560/12).

2 II. Die **Eintragung** eines Widerspruchs kann **auf zwei Wegen** erfolgen.

3 1. Sie erfolgt zum einen **auf Antrag des Berechtigten** (zB des wahren, aber nicht im Grundbuch eingetragenen Eigentümers). Die Eintragung des Widerspruchs setzt aber die **Eintragungsbewilligung** des Verpflichteten voraus, Abs 2 S 1 iVm §§ 13, 19, 29, 39

GBO. Diese ist zugleich die materiellrechtliche Einwilligung zur Eintragung des Widerspruchs und die formelle Eintragungsbewilligung nach § 19 GBO. Weigert sich der Verpflichtete, die Eintragung zu bewilligen, so kann der Widerspruch aufgrund einer **einstweiligen Verfügung** des Gerichts eingetragen werden, Abs 2 S 1. Das Verfahren richtet sich nach den §§ 935 ff ZPO. Entgg §§ 935 f, 920 II ZPO braucht hier allerdings nur das Recht und nicht der Arrestgrund – die Gefährdung des Rechts – glaubhaft gemacht zu werden (Abs 2 S 2). Die Gefährdung des nicht richtig eingetragenen Rechts ergibt sich in diesen Fällen immer aus dem drohenden Gutglaubenserwerb nach §§ 892 f.

2. Zum anderen erfolgt sie vAw (§§ 53 I 1, 71 II 2, 76 GBO), wenn durch die unrichtige Eintragung gesetzliche Vorschriften verletzt wurden (zB Nichtbeachtung der Reihenfolge der Anträge nach §§ 17, 45 GBO). Der Amtswiderspruch steht dem Widerspruch nach § 899 gleich. Da unrichtige Eintragungen unter Verletzung der GBO nicht gelöscht werden dürfen, soll der Amtswiderspruch wenigstens für die Zukunft den Berechtigten gegen einen Rechtsverlust durch einen gutgläubigen Erwerb und den Fiskus gegen Regressansprüche (aus § 839 BGB iVm Art 34 GG) schützen. 4

3. Bei einem Widerspruch findet **keine Vorverlagerung** auf den Zeitpunkt der Antragstellung nach § 892 II statt (OLG Köln RNotZ 13, 431 ff). Maßgebend ist also stets der Zeitpunkt der Vollendung des Rechtserwerbs, also regelmäßig der Zeitpunkt der Eintragung der Rechtsänderung im Grundbuch. Wird also der Eintragungsantrag in einem Zeitpunkt gestellt, in dem noch kein Widerspruch eingetragen ist, so verhindert eine nach der Antragstellung, aber vor der Eintragung der Rechtsänderung erfolgende Eintragung eines Widerspruchs den gutgläubigen Erwerb, weil sich dieser erst nach der Eintragung des Widerspruchs vollendet. Folgt die Einigung der Eintragung nach, so entscheidet der Zeitpunkt der Einigung. Der Widerspruch wirkt nur zugunsten des durch ihn Geschützten. Der Widerspruch wirkt auch nur bzgl des Rechts, gegen das er gerichtet ist. 5

§ 899 a Maßgaben für die Gesellschaft bürgerlichen Rechts

¹Ist eine Gesellschaft bürgerlichen Rechts im Grundbuch eingetragen, so wird in Ansehung des eingetragenen Rechts auch vermutet, dass diejenigen Personen Gesellschafter sind, die nach § 47 Absatz 2 Satz 1 der Grundbuchordnung im Grundbuch eingetragen sind, und dass darüber hinaus keine weiteren Gesellschafter vorhanden sind. ²Die §§ 892 bis 899 gelten bezüglich der Eintragung der Gesellschafter entsprechend.

I. Die Vorschrift ergänzt die Regelung in § 47 II 1GBO (vgl Vor §§ 873–928 Rn 10; OLG München ZIP 10, 281), wonach bei einer GbR stets die Gesellschafter im Grundbuch einzutragen sind (zur Rechts- und Grundbuchfähigkeit einer GbR: § 705 Rn 19; BGH NJW 09, 94; OLG München ZIP 11, 276; OLG München ZIP 11, 375; OLG München NZG 10, 1065; Staud/Habermeier zu §§ 705-740 Rn. 10 ff; Krüger NZG 10, 801; MK/Ulmer/Schäfer § 705 Rn. 303; Wellenhofer JuS 10, 1048; zweifelnd Scherer NJW 09, 3063 ff; ablehnend Weigl NZG 10, 1053; allg zur GbR im Liegenschaftsrecht s Kohler Jura 12, 1 ff; beachte zum Int Gesellschaftsrecht: Anhang II zu Art 7 EGBGB). Die Norm wurde zum Zwecke der Erhöhung der Transaktionssicherheit durch das ERVGBG (G v 11.8.2009, BGBl I, 2713) in das BGB eingebettet (Wagner, Die „registrierte" Gesellschaft bürgerlichen Rechts, 14, S10). Die Vorschrift ist auch auf das Verpflichtungsgeschäft direkt anzuwenden (aA analog: Albers, ZfIR 10, 705; Häublein, FS Roth, 221; Hartmann, RNotZ 11, 401; s auch Suttmann NJW 13, 423 ff) und ermöglicht einen Gleichlauf mit dem Verfügungsgeschäft (Wagner, Die „registrierte" Gesellschaft bürgerlichen Rechts, 14, S113). Erforderlich erscheint ein Bezug der Verpflichtung auf das für die Gesellschaft eingetragene Grundstücksrecht. Ein Rückgriff auf die allg Rechtsscheingrundsätze (Reymann, FS Reuter, 271; Wagner, Die „registrierte" Gesellschaft bürgerlichen Rechts, 14, S114) oder auf Prinzipien der Duldungs- und Anscheinsvollmacht ist nicht geboten (Kiehnle ZHR 174, (2010), 209; 1

Wagner, Die „registrierte" Gesellschaft bürgerlichen Rechts, 14, S114; dag. Albers ZfIR 10, 705; Wicke GWR 09, 336).

2 **II.** S 1 begründet eine positive und negative Vermutung hinsichtlich der Gesellschafter einer im Grundbuch eingetragenen GbR sowie denknotwendig ihres tatsächlichen (Fort-) Bestandes (OLG Zweibrücken, DNotZ 11, 207; KG Berlin ZfIR 11, 381; vorgehend AG Schöneberg Urt v 26.1.10 Az 143A SC 38903-11; Heinze ZfIR 10, 713; Kesseler, NJW 11, 1909.; Lautner, DNotZ 2011, 643). Auch nach dem Gesetzgeberwillen soll die Existenz der GbR vermutet werden (BT-Drucks 16/13437, 27). Die Vermutung gilt unter Einschluss von Notaren und des Grundbuchamts ggü jedermann (BT-Drucks 16/13437, 27; OLG München NZG 10, 342; OLG Saarbrücken DNotZ 10, 301; Lautner DNotZ 09, 650; allg zum Problemkreis des § 899 a: Kohler Jura 12, 83 ff; Lieder Jura 12, 335 ff; Schmidt Jura 12, 7 ff). Kombiniert führen diese Aspekte zu der Vermutung einer ordnungsgemäßen Vertretung, wenn die eingetragenen Personen für die GbR handeln (OLG München ZIP 11, 466; OLG Frankfurt MDR 10, 315; Heßeler/Kleinhenz WM 10, 446; s ausführliche Stellungnahme bei Wagner, Die „registrierte" Gesellschaft bürgerlichen Rechts, 14, S27 ff). Dies gilt allerdings lediglich in Ansehung des betreffenden Rechts, dh für Handlungen, die einen unmittelbaren Bezug zum Eintragungsgegenstand haben (bzgl der Anwendbarkeit des § 899 a auf die Bewilligungsberechtigung der im Grundbuch eingetragenen GbR-Gesellschafter zur Eintragung eines Gesellschafterwechselsbeachte OLG Karlsruhe ZIP 13, 1027 f). Satz 2 knüpft hieran an, so dass die Beschränkung ebenfalls eingreift. Die Gesellschaft kann durch alle Gesellschafter zusammen vertreten werden (OLG München ZIP 11, 2107; Wilhelm NZG 11, 801; zum Nachw der Vertretungsverhältnisse einer GbR bei der Löschung einer von ihr erwirkten Zwangssicherungshypothek s Bestelmeyer Rpfleger 12, 63 ff zu BGH MD 11, 1467), selbst wenn eine Unter-GbR (deren Gesellschafter im Grundbuch eingetragen sind) beteiligt ist. Die Norm findet auch auf diese Anwendung, jedoch stets bezogen auf das für die Haupt-GbR eingetragene Grundstücksrecht (s „erweiternde" Auslegung des § 899 a: OLG Hamm RNotZ 11, 541). Die Vorschrift erstreckt sich nicht auf eine Generalvollmacht, da es an einem hinreichenden Bezug zum Grundstücksrecht fehlt (Wagner, Die „registrierte" Gesellschaft bürgerlichen Rechts, 14, S32 f).

2a Der Erwerb eines Grundstücksrechts von einer nicht bestehenden, aber im Grundbuch eingetragenen GbR bleibt insb mit Blick auf den Gesetzgeberwillen sowie auf die Sicherung der Verkehrsfähigkeit von Grundstücksrechten zulässig (Wagner, Die „registrierte" Gesellschaft bürgerlichen Rechts, 14, S26). Im Falle eines Grundstückserwerbs durch eine GbR nach vorheriger Bestellung einer Vormerkung ist § 899 a S 1 nicht einschlägig, da die Norm die Vermutungswirkung ausdrücklich auf das eingetragene Recht selbst begrenzt. Die Vermutungswirkung auf sämtliche Verfügungen zu erstrecken, welche das jeweilige Grundstück betreffen, ermöglicht § 899 a nicht (Wagner, Die „registrierte" Gesellschaft bürgerlichen Rechts, 14, S45).

3 **III.** S 2 erklärt hins des Regelungsbereiches von S 1 die §§ 892 bis 899 für entspr anwendbar. In Verbindung mit § 892 führt S 2 bspw dazu, dass ggü einem gutgläubigen Erwerber die im Grundbuch als solche eingetragenen Personen als Gesellschafter gelten (Witt BB 11, 259; Wagner, Die „registrierte" Gesellschaft bürgerlichen Rechts, 14, S10 f, 108; Wellenhofer JuS 10, 1048; zur Haftung bei Vertretung ohne Vertretungsmacht: Kiehnle ZHR 174, 209). Der Verweis auf § 892 führt nicht zu einer Beschränkung auf Verfügungsgeschäfte, da die Norm entspr anzuwenden ist (Lautner DNotZ 09, 650; Wertenbruch ZIP 10, 1884).

4 **IV.** Ausweislich des Art 229 § 21 EGBGB gilt § 899 a auch, wenn die Eintragung vor dem Inkrafttreten der Vorschrift am 11.8.09 erfolgt ist (OLG Zweibrücken NJW 10, 384; Palandt/Bassenge Art 229 § 21 EGBGB Rn 1). Unerheblich für die Bewertung einer ordnungsgemäßen Vertretung erscheint, wie die Eintragung einer Gesellschaft mit den Namen der Gesellschafter sprachlich genau formuliert ist (Wagner, Die „registrierte" Gesellschaft bürgerlichen Rechts, 14, S35).

§ 900 Buchersitzung

(1) ¹Wer als Eigentümer eines Grundstücks im Grundbuch eingetragen ist, ohne dass er das Eigentum erlangt hat, erwirbt das Eigentum, wenn die Eintragung 30 Jahre bestanden und er während dieser Zeit das Grundstück im Eigenbesitz gehabt hat. ²Die dreißigjährige Frist wird in derselben Weise berechnet wie die Frist für die Ersitzung einer beweglichen Sache. ³Der Lauf der Frist ist gehemmt, solange ein Widerspruch gegen die Richtigkeit der Eintragung im Grundbuch eingetragen ist.
(2) ¹Diese Vorschriften finden entsprechende Anwendung, wenn für jemand ein ihm nicht zustehendes anderes Recht im Grundbuch eingetragen ist, das zum Besitz des Grundstücks berechtigt oder dessen Ausübung nach den für den Besitz geltenden Vorschriften geschützt ist. ²Für den Rang des Rechts ist die Eintragung maßgebend.

I. Die Vorschrift ermöglicht auch im Grundstücksrecht einen gesetzlichen Rechtserwerb durch **Ersitzung** (Buch- oder Tabularersitzung). 1

II. Die Ersitzung des **Eigentums** setzt nach Abs 1 voraus, dass der Eigentümer im Grundbuch **eingetragen** ist, **Eigenbesitz** am Grundstück hat und Eintragung und Eigenbesitz **30 Jahre** nebeneinander bestanden. Gutgläubigkeit des Ersitzenden ist anders als im Recht der beweglichen Sachen (§ 937 II) nicht erforderlich. Die Ersitzung führt zu einem **originären Eigentumserwerb**. Das Grundbuch wird automatisch richtig. 2

Wie das Eigentum, so können auch **Rechte** ersessen werden (Abs 2). Wegen der doppelten Grundlage der Ersitzung (Eintragung und Eigenbesitz) können dieses aber nur solche Rechte sein, die zum Sach- oder Rechtsbesitz berechtigen oder nach den Besitzschutzregeln geschützt sind (Westermann/Eickmann, § 85 II 4). Dies sind Nießbrauch (§ 1036 I), Wohnungsrecht (§ 1093 I), Grunddienstbarkeit (§ 1029), Erbbaurecht und WE. 3

§ 901 Erlöschen nicht eingetragener Rechte

¹Ist ein Recht an einem fremden Grundstück im Grundbuch mit Unrecht gelöscht, so erlischt es, wenn der Anspruch des Berechtigten gegen den Eigentümer verjährt ist. ²Das Gleiche gilt, wenn ein kraft Gesetzes entstandenes Recht an einem fremden Grundstück nicht in das Grundbuch eingetragen worden ist.

Ein nicht eingetragenes, aber eintragungsfähiges beschränktes dingliches Recht erlischt, wenn ein aus ihm erwachsender dinglicher Anspruch auf Leistung oder Duldung verjährt (Buch- oder Tabularersitzung). Ein derartiger verjährter Anspruch ist nicht der Grundbuchberichtigungsanspruch aus § 894, da dieser nicht verjähren kann, § 898. Die Vorschrift meint vielmehr den Anspruch, den das nicht eingetragene beschränkte dingliche Recht nach seinem Inhalt gewährt, zB der Anspruch auf Duldung der Zwangsvollstreckung aus einer Hypothek (§ 1147). Die Verjährung richtet sich nach §§ 194 ff. 1

§ 902 Unverjährbarkeit eingetragener Rechte

(1) ¹Die Ansprüche aus eingetragenen Rechten unterliegen nicht der Verjährung. ²Dies gilt nicht für Ansprüche, die auf Rückstände wiederkehrender Leistungen oder auf Schadensersatz gerichtet sind.
(2) Ein Recht, wegen dessen ein Widerspruch gegen die Richtigkeit des Grundbuchs eingetragen ist, steht einem eingetragenen Recht gleich.

Eingetragene Rechte sind nach Abs 1 unverjährbar. Die Eintragung verleiht dinglichen Rechten einen besonderen Bestandsschutz. Der Widerspruch steht dabei der Eintragung gleich (Abs 2). Die Vorschrift gilt für alle dinglichen Rechte einschließlich des Eigentums. Ansprüche aus diesen Rechten verjähren nicht, mit Ausn von Ansprüchen auf Rückstände wiederkehrender Leistungen (zB nach § 1159) oder Schadensersatzansprü- 1 chen (zB aus §§ 989 ff), Abs 1 S 2. Sie sind trotz der Eintragung des dinglichen Rechts verjährbar (BGH NJW 11, 518).

Abschnitt 3
Eigentum
Titel 1
Inhalt des Eigentums

Vorbemerkung zu §§ 903–924

1 I. **Inhalt des Eigentums im BGB.** Gegenstand des Eigentums sind nach dem BGB nur Sachen und Tiere §§ 903, 90, 90 a. Eigentum ist das **umfassendste Recht** an Sachen. Der **Inhalt** des Eigentums wird von § 903 S 1 dahin umschrieben, dass der Eigentümer **positiv** mit seiner Sache nach Belieben verfahren und **negativ** Dritte von jeder Einwirkung auf sie ausschließen kann. Er muss sich dabei jedoch an das Gesetz halten und die Rechte Dritter beachten. Das BGB geht also von der grds unbeschränkten Rechtsmacht des Eigentümers aus und versteht deren Einschränkung als **Ausn**.

2 Das BGB unterscheidet mehrere **Arten** des Eigentums. Neben dem **Alleineigentum**, das einer einzigen Person zusteht, kann das Eigentum mehreren Personen gemeinsam zukommen. Beim **Miteigentum nach Bruchteilen** liegt zwischen den Eigentümern eine Bruchteilsgemeinschaft nach §§ 741 ff vor. Jedem der Eigentümer gebührt ein ideeller Bruchteil (eine Quote) am Eigentum, über den er selbständig verfügen kann (§ 747 S 1). Für das Miteigentum an Sachen gelten ergänzend die §§ 1008–1011. Beim **Gesamthandseigentum** stehen die Eigentümer dag in einer Gesamthandsgemeinschaft (im BGB: Gesellschaft [§ 718], eheliche Gütergemeinschaft [§ 1416] und Miterbengemeinschaft [§ 2032]). Der einzelne Gesamthänder kann hier nicht über seinen Anteil an der einzelnen Sache verfügen (§§ 719, 1419, 2033 II).

3 Als weitere Art des Eigentums hat sich in der Praxis das **Treuhandeigentum** herausgebildet. Dieses weist sachenrechtlich keine Besonderheiten auf. Der Treuhandeigentümer ist Volleigentümer wie der Alleineigentümer. Er ist aber im Verhältnis zum Treugeber **schuldrechtlich** verpflichtet, von dem Eigentum nur entspr dem Treuhandvertrag Gebrauch zu machen. Dabei wird nach der schuldrechtlichen Zweckbindung zwischen der uneigennützigen und der eigennützigen Treuhand unterschieden.

4 II. **Inhalt des Eigentums im GG, in der EMRK und in der EU-Grundrechtecharta.** Grundlage des Eigentums ist nicht nur das BGB, sondern auch Art 14 GG, Art 1 des 1. Zusatzprotokolls der EMRK sowie Art. 17 der EU-Grundrechtecharta. Diese Vorschriften gewährleisten das Eigentum verfassungs-, europa- und völkerrechtlich. Bislang haben die EMRK und die Grundrechtecharta freilich für die Auslegung des BGB keine Rolle neben dem GG gespielt. Der Eigentumsbegriff des GG ist weiter als der sachenrechtliche Eigentumsbegriff des BGB. Art 14 GG erfasst alle vermögenswerten privaten Rechte (nicht nur Sachen und Tiere), denen Berechtigten zum privaten eigenverantwortlichen Nutzen und Vorteil zugeordnet sind und über die er nach eigener Entscheidung frei verfügen kann (BVerfG NJW 92, 36 u. 1807; 93, 2035). Dazu gehören zB Forderungen (BVerfGE 77, 270), Warenzeichen (BVerfGE 51, 217) oder das Recht am eingerichteten und ausgeübten Gewerbebetrieb (BGHZ 98, 351). Nicht dazu gehören bloße Chancen wie zB künftige Verdienstmöglichkeiten, da sie keine dem Einzelnen gegenwärtig zustehenden Rechtspositionen sind (BVerfGE 45, 296; 78, 211).

5 Die Eigentumsgewährleistung des Art 14 I 1 GG umfasst die Gewährleistung des Privateigentums als Rechtsinstitut (**Institutsgarantie**) und die Garantie des subjektiven Eigentumsrechts als Freiheitsrecht des Einzelnen ggü dem Staat (**Individualgarantie**). Während Art 14 I 1 GG als Institutsgarantie dem Gesetzgeber auferlegt, eine Rechtseinrichtung zuzulassen, die die freiheitliche Betätigung des Bürgers im vermögensrechtlichen Bereich ermöglicht (BVerfGE 24, 389), gewährleistet die Vorschrift als Individualgarantie den Schutz des dem Einzelnen zustehenden Eigentumsrechts gegen Enteignung (BVerfGE 74, 283).

§ 903 Befugnisse des Eigentümers

¹Der Eigentümer einer Sache kann, soweit nicht das Gesetz oder Rechte Dritter entgegenstehen, mit der Sache nach Belieben verfahren und andere von jeder Einwirkung ausschließen. ²Der Eigentümer eines Tieres hat bei der Ausübung seiner Befugnisse die besonderen Vorschriften zum Schutz der Tiere zu beachten.

I. Nach S 1 ist der Eigentümer einer Sache **positiv** berechtigt, mit dieser nach Belieben zu verfahren. Dies ist Teil seiner – grundrechtlich geschützten – Freiheitsrechte. Es gibt insb keine staatliche Kontrolle darüber, ob der Eigentümer mit seinen Sachen sinnvoll umgeht. Der Eigentümer kann sie insb nutzen, darüber rechtsgeschäftlich verfügen oder sie zerstören. **Negativ** hat er das Recht, andere von jeder Einwirkung – Zerstörung, Beschädigung, Entziehung, Immission – auszuschließen. Zivilrechtlich stehen ihm hierfür **Abwehransprüche** zu. Diese sind auf Herausgabe (§ 985), Schadens- bzw Nutzungsersatz (§§ 987 ff, 823, 826) und Beseitigung oder Unterlassung von Störungen (§§ 907 ff, 1004) gerichtet. 1

II. **Schranken des Eigentums.** Die Herrschaftsbefugnisse des Eigentümers sind schon nach dem BGB nicht schrankenlos, da sie anderenfalls zwangsläufig mit übergeordneten Interessen der Allgemeinheit oder entgegenstehenden Rechten Dritter kollidieren würden. Daher gewährt S 1 dem Eigentümer die positiven und negativen Befugnisse nur mit der Einschränkung, „soweit nicht das Gesetz oder Rechte Dritter entgegenstehen…". Eigentumsbeschränkungen können sich aus Gesetzen privatrechtlichen (zB §§ 138, 226–229, 242, 573, 573 a, 573 b, 577 a, 826, 904, 905 S 2, 906 ff, 912, 917, 962 S 2 BGB sowie die Landesnachbarrechtsgesetze) oder öffentlich-rechtlichen Inhalts (zB BauGB, BImSchG, BNatSchG, WHG) sowie aus Rechten Dritter (namentlich beschränkte dingliche Rechte wie zB die Grunddienstbarkeit, §§ 1018 ff und die beschränkte persönliche Dienstbarkeit, §§ 1090 ff) ergeben. Bei der Ausübung der Herrschaftsbefugnisse über Tiere sind zudem die Tierschutzgesetze zu beachten (S 2). 2

1. Privatrechtliche Schranken des Eigentums. Die privatrechtlichen Schranken des Eigentums bezwecken einen Ausgleich zwischen den Interessen des Eigentümers und kollidierenden Interessen anderer. Derartige Abgrenzungsprobleme ergeben sich vor allem im Nachbarrecht (§§ 906–924). Dabei verwendet das BGB als **Abgrenzungsmaßstäbe** das überwiegende Interesse des Eigentümers (zB §§ 905, 906 I), das überwiegende Interesse des auf das Eigentum einwirkenden Dritten (zB §§ 904, 912, 917) und die Gleichbehandlung mehrerer Grundeigentümer gleicher Lage (§ 906 II). Die **Abwehransprüche** des Grundeigentümers (zB aus §§ 985, 823 ff, 1004) gegen Einwirkungen Dritter sind daher bei Fehlen eines schutzwürdigen Interesses des Eigentümers, einem erheblichen Überwiegen des Interesses des Einwirkenden oder einer gleichartigen Einwirkung auf die Mehrheit von Grundstücken derselben örtlichen Lage beschränkt (Baur/Stürner, § 25 Rn 1). 3

2. Verfassungsrechtliche Schranken des Eigentums. Weitere Schranken des Eigentums ergeben sich **aus dem GG.** Nach Art 14 I 2 GG können Inhalt und Schranken des Eigentums durch Gesetz bestimmt werden. Der Gesetzgeber darf jedoch den Wesensgehalt des Eigentums nicht antasten (Art 19 II GG). Bei der Inhalts- und Schrankenbestimmung hat der Gesetzgeber einerseits die Sozialbindung des Eigentums (Art 14 II GG) und andererseits die Wertentscheidung des GG für das Privateigentum (Institutsgarantie) zu beachten und auszugleichen (BVerfG NJW 85, 2633). Die **Abgrenzung** zwischen einer verfassungsmäßigen Bestimmung des Inhalts und der Schranken des Eigentums nach Art 14 I 2 GG und einer entschädigungspflichtigen Enteignung ist in vielen Fällen problematisch und umstritten. 4

Nach Ansicht des **BGH** liegt eine Enteignung immer dann vor, wenn dem Einzelnen unter Verstoß gegen das Gleichbehandlungsgebot ein **Sonderopfer** auferlegt wird. Das sei stets der Fall, wenn der Eingriff den Eigentümer unverhältnismäßig oder im Vergleich zu anderen ungleich und damit unzumutbar belaste (BGHZ 6, 277). Der BGH nimmt also ein Stufenverhältnis zwischen Sozialbindung und Enteignung an: Eine unverhältnismäßige Inhalts- und Schrankenbestimmung ist eine Enteignung. Zwar fehlt dann eine Entschädigungsregelung, doch kann eine Enteignungsentschädigung nach 5 den Grundsätzen des enteignungsgleichen Eingriffs in Betracht kommen, die das ordentliche Gericht festsetzt (Art 14 III 4 GG). Der BGH wendet also Art 14 III GG als umfassende Anspruchsgrundlage bei jedem unzulässigen Eingriff des Staates in das Eigentum an.

6 Das **BVerfG** geht seit dem „Nassauskiesungsbeschluss" (BVerfGE 58, 300) von einem anderen Enteignungsbegriff aus. Inhalts- und Schrankenbestimmung nach Art 14 I 2 GG und Enteignung nach Art 14 III GG seien unterschiedliche Rechtskategorien, die in keinem Stufenverhältnis stünden. Enteignung sei nur die auf den **vollständigen oder teilweisen Entzug** einer subjektiven vermögenswerten Rechtsposition iSd Art 14 GG gerichtete gesetzliche Regelung, die entweder durch Verwaltungsakt zu vollziehen sei (Administrativenteignung) oder unmittelbar wirke (Legalenteignung) (BVerfG NJW 99, 2877). Bloße Inhalts- und Schrankenbestimmungen des Eigentums durch Gesetze seien auch dann keine Enteignung, wenn sie den Betroffenen im Verhältnis zu anderen gleichheitswidrig oder besonders schwer treffen (BVerfG NJW 99, 2877). Derartige enteignende Gesetze seien zwar mangels Bestimmung eines Entschädigungsanspruchs als verfassungswidrig angreifbar, doch könne der Betroffene wegen des Fehlens einer vom Gesetzgeber geschaffenen Anspruchsgrundlage nicht stattdessen eine Enteignungsentschädigung nach Art 14 III 2 GG wählen (BVerfGE 58, 319).

7 Dies hat erhebliche Konsequenzen für den **Rechtsschutz** des Betroffenen. Dieser hatte bislang ein Wahlrecht: Er konnte sich entweder im Verwaltungsrechtsweg gegen den Eingriff in sein Eigentum wehren und das enteignende Gesetz als verfassungswidrig angreifen; er hatte aber auch die Möglichkeit, die mangels Bestimmung eines Entschädigungsanspruchs verfassungswidrige Inhalts- und Schrankenbestimmung hinzunehmen und statt dessen vor dem ordentlichen Gericht eine Entschädigung wegen enteignungsgleichen Eingriffs zu verlangen. Nach der Auffassung des BVerfG hat der Betroffene dieses Wahlrecht nicht mehr. Das ordentliche Gericht kann mangels gesetzlicher Anspruchsgrundlage keine Entschädigung gem Art 14 III 2 GG wegen enteignungsgleichen Eingriffs zusprechen. Der Betroffene muss sich rechtzeitig im Verwaltungsrechtsweg gegen die belastende Maßnahme wehren. Tut er dies nicht, so verliert er jeden Rechtsschutz.

8 Diese Rspr des BVerfG ist vielfach als zu starke und unsachgemäße Einschränkung der Rechte des Eigentümers kritisiert worden (Maunz/Dürig/Papier Art 14 Rn 311 ff). Der BGH hat seine Rspr zum enteignenden und enteignungsgleichen Eingriff auch fortgesetzt, stützt den Entschädigungsanspruch für Sonderopfer jetzt aber nicht mehr auf Art 14 III GG, sondern auf das in §§ 74, 75 Einl ALR zum Ausdruck gebrachte Rechtsprinzip der Aufopferung, nach dem derjenige zu entschädigen ist, der seine Güter dem allg Wohl aufzuopfern genötigt wird (BGHZ 90, 29; 91, 28; 102, 357).

9 Eine **Enteignung** ist gem Art 14 III GG nur zulässig, wenn sie zum Wohl der Allgemeinheit gerechtfertigt ist, sie durch einen gesetzeskonkretisierenden Verwaltungsakt (Administrativenteignung) oder unmittelbar aufgrund eines Gesetzes (Legalenteignung) erfolgt und die Ermächtigungsgrundlage die Art und das Ausmaß der Entschädigung regelt (Junktim-Klausel).

10 **3. Öffentlich-rechtliche Schranken.** Zahlreiche öffentlich-rechtliche Schranken ergeben sich aus Normen des öffentlichen Rechts oder Verwaltungsakt, die die Sozialpflichtigkeit des Grundeigentums (Art 14 I 2 GG) konkretisieren. Sie betreffen namentlich das Grundeigentum. Wichtige Anwendungsbereiche sind die zur Entschädigung verpflichtenden Inhaltsbestimmungen des Eigentums, enteignende und enteignungsgleiche Eingriffe von hoher Hand, das Umweltrecht (zB AtomG, BImSchG, BNatSchG, WHG), das Agrar- und Forstrecht (zB BWaldG, LandesWaldGe, GrdstVG), das Raumordnungsrecht (zB FlurbG, RaumordnungsG), das Bau- und Bauplanungsrecht (zB BauGB) sowie das öffentliche Verkehrs- und Sachenrecht (zB BFStrG, LuftVG, BWasserStrG, Regelungen des Gemeingebrauchs und der öffentlich-rechtlichen Sondernutzung).

11 **4. Rechte Dritter.** Die Eigentümerbefugnisse können durch absolute Rechte Dritter beschränkt werden. Dazu gehören die **beschränkten dinglichen Rechte** an einer Sache, die zu Einwirkungen auf diese berechtigen, also zB die Grunddienstbarkeit (§§ 1018 ff),

die beschränkte persönliche Dienstbarkeit (§§ 1090 ff) oder das Erbbaurecht. Sie beschränken den Inhalt des Eigentums, indem sie den Berechtigten Teilbefugnisse aus dem umfassenden Eigentumsrecht einräumen (vgl Staud/Seiler § 903 Rn 25). So können die Dienstbarkeiten dem Inhaber eine Benutzungs- bzw Ausschlussbefugnis hins gewisser Handlungen oder Rechtsausübungen gewähren (§ 1018).

§ 904 Notstand

¹Der Eigentümer einer Sache ist nicht berechtigt, die Einwirkung eines anderen auf die Sache zu verbieten, wenn die Einwirkung zur Abwendung einer gegenwärtigen Gefahr notwendig und der drohende Schaden gegenüber dem aus der Einwirkung dem Eigentümer entstehenden Schaden unverhältnismäßig groß ist. ²Der Eigentümer kann Ersatz des ihm entstehenden Schadens verlangen.

I. Der sog „Angriffsnotstand" nach § 904 begründet nach S 1 eine **Duldungspflicht** des **1** unbeteiligten Eigentümers, obwohl von ihm kein rechtswidriger Angriff ausgeht (dann: Notwehr, § 227) und die Gefahr auch nicht von seiner Sache herrührt (dann: Verteidigungsnotstand, § 228). Er muss den Eingriff vielmehr deshalb dulden, weil durch die Einwirkung auf sein Eigentum die von anderer Seite ausgehende Gefahr abgewendet werden kann, er also im Besitz des Verteidigungsmittels ist.

II. 1. Der Angriffsnotstand verpflichtet nach S 1 unter folgenden **Voraussetzungen** zur **2** Duldung der Einwirkung: Es liegt eine zumindest bedingt vorsätzliche Einwirkung auf fremdes Eigentum vor (BGH VersR 85, 66); bloß zufällige Einwirkungen fallen nicht unter § 904. Die Einwirkung ist notwendig, um eine gegenwärtige Gefahr abzuwehren. Die Gefahr ist gegenwärtig, wenn sie unmittelbar bevorsteht, also ohne sofortige Abwehr ihre Verwirklichung oder Vergrößerung droht. Die Notwendigkeit der Einwirkung ist objektiv zu bestimmen. Die Gefahr darf nur durch die Einwirkung in das unbeteiligte Eigentum beseitigt werden können. Schließlich muss der aus der Gefahr drohende Schaden im Vergleich zu dem vermutlichen Schaden des Eigentümers unverhältnismäßig sein (Güterabwägung). Dabei ist ein drohender Schaden für Leib oder Leben eines Menschen stets unverhältnismäßig größer als ein Sachschaden. Maßgeblich für die Güterabwägung ist die Lage im Zeitpunkt der Einwirkung.

2. Rechtsfolgen des Angriffsnotstandes. Nach S 1 trifft den Eigentümer eine **Duldungs- 3 pflicht**. Die Einwirkung ist dann rechtmäßig, gegen sie ist keine Notwehr (§ 227) zulässig. S 2 begründet einen **verschuldensunabhängigen Schadensersatzanspruch** des duldungspflichtigen Eigentümers oder Besitzers. Zu ersetzen ist der unmittelbare und mittelbare Schaden, der adäquat kausal auf die Einwirkung zurückzuführen ist.

a) Str ist, wer nach S 2 **ersatzpflichtig** ist. Diese Frage stellt sich, wenn nicht der Ein- **4** wirkende selbst, sondern ein Dritter durch die Einwirkung auf fremdes Eigentum begünstigt wird. Nach hM trifft die Ersatzpflicht aus S 2 grds den **Einwirkenden** (BGHZ 6, 107). Der Begünstigte sei nur dann ersatzpflichtig, wenn der Einwirkende in einem nach außen erkennbaren Abhängigkeitsverhältnis zu diesem stehe. Die Haftung des Einwirkenden wird damit begründet, dass dieser für den duldungspflichtigen Eigentümer leichter zu ermitteln sei. Außerdem sei der verschuldensunabhängige Schadensersatzanspruch der Ausgleich für die dem Eigentümer auferlegte Duldungspflicht. Diese *Duldungspflicht* bestehe nur dem Einwirkenden, nicht aber dem Begünstigten ggü. Der Einwirkende könne dann im Innenverhältnis gegen den Begünstigten aufgrund der §§ 677 ff, 812 ff **Rückgriff** nehmen.

Nach aA haftet aus S 2 grds der **Begünstigte** (MK/Säcker § 904 Rn 16 ff). Die Haftung **5** des Einwirkenden führe dazu, dass seine Hilfsbereitschaft durch das Haftungsrisiko erheblich gemindert werde. Dies gelte insb in den Fällen, in denen der Einwirkende gem § 323 c StGB zum Tätigwerden verpflichtet sei. Auch widerspreche die Haftung des deliktsunfähigen, nicht begünstigten Einwirkenden dem Minderjährigenschutz.

Nach einer weiteren Auffassung haften der **Einwirkende** und der **Begünstigte** als Ge- **6** samtschuldner (Wieling, § 8 II c). Der in Anspruch genommene Einwirkende kann danach gem § 426 I, II bei dem Begünstigten als dem letztlich Verantwortlichen Regress nehmen.

7 Die besseren Gründe sprechen für die hM. Der Schadensersatzanspruch aus S 2 hängt eng mit der Duldungspflicht des Eigentümers aus S 1 zusammen und muss daher gegen denjenigen gerichtet sein, der zur Einwirkung berechtigt ist. Dies ist allein der auf die Sache **Einwirkende**. Er ist auch allein für die Einwirkung verantwortlich. Allerdings führt die hM, die dem Einwirkenden nur einen Rückgriffsanspruch im Innenverhältnis gegen den Begünstigten gewährt, dazu, dass der Einwirkende das Risiko einer Insolvenz des Begünstigten tragen muss. Dieses Haftungsrisiko führt zu einer Schwächung der Hilfsbereitschaft, die sich besonders in den Fällen negativ auswirkt, in denen der Einwirkende gem § 323 c StGB zum Tätigwerden verpflichtet ist. Es erscheint daher auch auf der Grundlage der hM zutreffend, den Einwirkenden bei einer Handlungspflicht aus § 323 c StGB nicht haften zu lassen (Palandt/Bassenge § 904 Rn 5; aA Baur/Stürner, § 25 Rn 8). Dag erscheint es problematisch, **deliktsunfähige Einwirkende** nur nach Maßgabe des § 829 haften zu lassen, da der Eigentümer auch in diesem Fall zur Duldung der Einwirkung verpflichtet ist und deshalb einen Anspruch auf Schadensersatz nach S 2 haben muss (aA MK/Säcker § 904 Rn 18).

8 b) Da der Schadensersatzanspruch aus S 2 ohnehin die Rechtmäßigkeit der Einwirkung nach S 1 voraussetzt, besteht er auch dann, wenn der Eigentümer in die Einwirkung **einwilligt**. Dag entfällt der Anspruch, wenn der Eigentümer die **Gefahrenlage schuldhaft herbeigeführt** hat (BGHZ 6, 110). Erfolgt die Herbeiführung schuldlos, so bleibt der Anspruch aus S 2 bestehen, doch kann er nach § 254 gemindert sein. S 2 ist schließlich bei einem unverschuldeten Irrtum über die Rechtmäßigkeit der Einwirkung (S 1) entspr anwendbar. Bei einem fahrlässigen Irrtum kommt hingegen eine Ersatzpflicht des Einwirkenden aus § 823 I in Betracht. Der Anspruch **verjährt** nach § 195 in 3 Jahren.

9 c) Eine **analoge Anwendung** des S 2 ist va bei Eingriffen in **höchstpersönliche Rechtsgüter** eines Unbeteiligten unter den Voraussetzungen des rechtfertigenden Notstands (§ 34 StGB) möglich. Dies lässt sich damit begründen, dass die schon durch den gerechtfertigten Eingriff in das Eigentumsrecht ausgelöste Ersatzpflicht erst recht für den noch schwereren Eingriff in höchstpersönliche Rechtsgüter gelten muss.

§ 905 Begrenzung des Eigentums

¹Das Recht des Eigentümers eines Grundstücks erstreckt sich auf den Raum über der Oberfläche und auf den Erdkörper unter der Oberfläche. ²Der Eigentümer kann jedoch Einwirkungen nicht verbieten, die in solcher Höhe oder Tiefe vorgenommen werden, dass er an der Ausschließung kein Interesse hat.

1 I. Das Grundeigentum erstreckt sich nach S 1 auf den Raum über und unter der Erdoberfläche (mit Ausn des Grundwassers, vgl BVerfGE 58, 332 f; aA BGHZ 69, 1). Der Eigentümer kann also störende Einwirkungen gem §§ 1004, 907 ff, 823 ff abwehren. Diesem **Verbotsrecht des Eigentümers** setzt S 2 insoweit Schranken, als er Einwirkungen, die in solcher Höhe oder Tiefe vorgenommen werden, dass er an der Ausschließung **kein Interesse** hat, nicht verbieten kann.

2 II. Entscheidend für S 2 ist, ob der Eigentümer nach der Verkehrsanschauung ein schutzwürdiges Interesse an der ungestörten Benutzung des Grundstücks hat. So kann sich der Grundstückseigentümer zB gegen eine Reklametafel, die vom Nachbargrundstück in seinen Luftraum hineinragt (Staud/Roth § 905 Rn 16) oder gegen einen überschwenkenden Baukran des Nachbarn (OLG Karlsruhe NJW-RR 93, 91) wehren.

3 1. Ist die Einwirkung nach S 1 **verboten**, so hat der Eigentümer gem § 823 Anspruch auf Schadensersatz. Hat der Eigentümer eine Einwirkung gem S 2 **zu dulden**, so erstreckt sich diese Duldungspflicht nicht auf solche Schäden, die durch eine schuldhaft mangelhafte Ausführung der an sich erlaubten Einwirkung entstehen. Für derartige Schäden ist der Einwirkende nach § 823 ersatzpflichtig.

Abschnitt 3 | Eigentum § 906

2. Problematisch ist, ob der Eigentümer auch für solche Schäden Ersatz verlangen 4 kann, die **ohne Verschulden** durch Einwirkungen verursacht werden, die er gem S 2 zu dulden hat. Die hL bejaht einen **verschuldensunabhängigen Aufopferungsanspruch** analog §§ 904 S 2, 867 S 2, 14 BImSchG (Palandt/Bassenge § 904 Rn 5) gegen den Einwirkenden. Eine Gegenauffassung lehnt einen derartigen Anspruch ab, weil S 2 dem Eigentümer **kein Sonderopfer** im überwiegenden Interesse eines anderen auferlege, sondern sein Recht wegen seines fehlenden Eigeninteresses beschränke (Staud/Roth § 905 Rn 39). Nach dieser Auffassung haftet der Einwirkende allein bei Verschulden aus § 823. Diese Auffassung erscheint vorzugswürdig, weil wegen des abw Regelungsgedankens die für eine Analogie erforderliche Vergleichbarkeit der Interessenlage fehlt.
3. Einschränkungen des Verbietungsrechts des Eigentümers folgen neben S 2 auch aus 5 **spezialgesetzlichen Regelungen**. So wird zB die Benutzung des Luftraums durch § 1 LuftVG, § 10 TelWG oder das FernmAnlG geregelt. Das Recht der Einwirkung auf das Grundstück unter der Erdoberfläche wird namentlich durch das BBergG geregelt.

Vorbemerkung zu §§ 906–924

Wichtige Schranken erfahren die Eigentümerrechte durch das Nachbarrecht. Hier kol- 1 lidieren die Interessen mehrerer Grundstückseigentümer miteinander, weil die unbeschränkte Durchsetzung der positiven Dispositions- und der negativen Ausschließungsbefugnisse des einen Grundstückseigentümers zwangsläufig zu einer erheblichen Beschneidung der Eigentümerrechts des Nachbarn führt. Die Grundstückseigentümer haben daher nach den §§ 906–924 im Interesse eines friedlichen Zusammenlebens aufeinander **Rücksicht** zu nehmen. Das Nachbarrecht löst diesen Interessenkonflikt, indem es die Ausschließungs- und Verbietungsbefugnis des Eigentümers aus §§ 903, 1004 teils bekräftigt und teils einschränkt (Baur/Stürner, § 25 Rn 18). Dem Eigentümer steht danach gegen Einwirkungen auf sein Grundstück grds ein unbegrenztes Ausschlussrecht zu (§§ 903, 1004), es sei denn, es besteht eine nachbarrechtliche Duldungspflicht aus §§ 906 ff (§ 1004 II).

Rechtsgrundlage des Nachbarrechts ist das **nachbarliche Gemeinschaftsverhältnis**, das 2 einen besonderen Anwendungsfall des § 242 darstellt, der das Zusammenleben von Grundstücksnachbarn ermöglichen soll. Aus ihm wird eine Pflicht zur gegenseitigen Rücksichtnahme abgeleitet, die zu weiteren Unterlassungs- und Duldungspflichten führen kann. Das nachbarliche Gemeinschafts- ist eine dem Schuldverhältnis ähnliche Beziehung, auf die § 278 anwendbar ist (Wieling, § 23 II 1; aA Palandt/Bassenge § 903 Rn 13; zurückhaltend BGHZ 84, 354; beachte auch Zott/Liehr JA 11, 260 ff).

§ 906 Zuführung unwägbarer Stoffe

(1) ¹Der Eigentümer eines Grundstücks kann die Zuführung von Gasen, Dämpfen, Gerüchen, Rauch, Ruß, Wärme, Geräusch, Erschütterungen und ähnliche von einem anderen Grundstück ausgehende Einwirkungen insoweit nicht verbieten, als die Einwirkung die Benutzung seines Grundstücks nicht oder nur unwesentlich beeinträchtigt. ²Eine unwesentliche Beeinträchtigung liegt in der Regel vor, wenn die in Gesetzen oder Rechtsverordnungen festgelegten Grenz- oder Richtwerte von den nach diesen Vorschriften ermittelten und bewerteten Einwirkungen nicht überschritten werden. ³Gleiches gilt für Werte in allgemeinen Verwaltungsvorschriften, die nach § 48 des Bundes-Immissionsschutzgesetzes erlassen worden sind und den Stand der Technik wiedergeben.

(2) ¹Das Gleiche gilt insoweit, als eine wesentliche Beeinträchtigung durch eine ortsübliche Benutzung des anderen Grundstücks herbeigeführt wird und nicht durch Maßnahmen verhindert werden kann, die Benutzern dieser Art wirtschaftlich zumutbar sind. ²Hat der Eigentümer hiernach eine Einwirkung zu dulden, so kann er von dem Benutzer des anderen Grundstücks einen angemessenen Ausgleich in Geld verlangen,

§ 906

wenn die Einwirkung eine ortsübliche Benutzung seines Grundstücks oder dessen Ertrag über das zumutbare Maß hinaus beeinträchtigt.
(3) Die Zuführung durch eine besondere Leitung ist unzulässig.

1 **I.** Diese praktisch wichtigste Vorschrift des Nachbarrechts begründet für den Grundstückseigentümer ggü bestimmten, von anderen Grundstücken ausgehenden Immissionen eine **Duldungspflicht**. Die Norm stellt also keinen Abwehranspruch des Eigentümers dar. Grundlage dessen ist allein § 1004 I, während § 906 eine rechtshindernde Einwendung iSd § 1004 II begründet, soweit eine Duldungspflicht des Eigentümers besteht (aA Staud/Gursky § 1004 Rn 176 für Abs 1: Inhaltsbegrenzung des Eigentums, so dass gar keine Eigentumsbeeinträchtigung iSd § 1004 I vorliegt). Dabei spielt es keine Rolle, ob die Immissionen vom Nachbargrundstück oder von einem weiter entfernten Grundstück ausgehen. Die Anwendbarkeit des § 906 erstreckt sich zudem auf Beeinträchtigungen infolge von Bergbau. Die Haftungsregelungen des BBergG sind insoweit nicht abschließend, sondern als Auffangtatbestände zu verstehen (BGH NJW 09, 762).

2 **II. 1. Einwirkungen iSv § 906.** Abs 1 S 1 zählt **beispielhaft** die Zuführung von Gasen, Dämpfen, Gerüchen, Rauch, Ruß, Wärme, Geräusch und Erschütterungen auf. Gemeinsam ist diesen Beispielen, dass es sich um sinnlich wahrnehmbare und unwägbare Stoffe (Imponderabilien) handelt, die einem Grundstück durch mechanische oder physikalische Verbreitung zugeführt werden. Die Bestimmung erfasst aber auch „ähnliche Einwirkungen". Dies sind, unabhängig von der sinnlichen Wahrnehmbarkeit und Unwägbarkeit der Stoffe, alle grenzüberschreitenden Einwirkungen, die in ihrer Ausbreitung weitgehend unkontrollierbar und unbeherrschbar sind, in ihrer Intensität schwanken und damit andere Grundstücke überhaupt nicht, unwesentlich oder wesentlich beeinträchtigen können (BGHZ 117, 112). Im Einzelnen ist danach zwischen folgenden Einwirkungen zu unterscheiden:

3 **a) Unwägbare Stoffe** sind namentlich die in Abs 1 S 1 genannten Zuführungen von Gasen, Dämpfen, Gerüchen, Rauch, Ruß, Wärme, Geräusch und Erschütterungen (vgl die Beispiele bei Palandt/Bassenge § 906 Rn 6 ff). Bei den **ähnlichen Einwirkungen**, die ebenfalls von § 906 erfasst werden, muss es sich um Grenzüberschreitungen mit gesundheits- oder sachstörender Wirkung handeln (BGHZ 51, 397). Dazu gehören zB Laub, Nadeln, Blüten und Pflanzensamen, die vom Nachbargrundstück herabfallen oder herüberwehen, Kleintiere wie Bienen oder Tauben, die vom Nachbargrundstück aus eindringen (BGHZ 117, 110; aA Jauernig/Berger § 906 Rn 2: Anwendung auf alle Tiere, nicht nur „kleine"; allg zu Immissionen durch Tiere: Scheidler MDR 09, 242), sonstige Kleinstteile wie Staub, Funken oder Feuerwerksrückstände, Strahlungen wie Licht, elektrischer Strom, Röntgenstrahlen, ionisierende oder elektromagnetische Strahlungen (OLG Stuttgart NJW-RR 01, 1314) und Chemikalien.

4 **b) Grobkörperliche Immissionen** (Ponderabilien) sind feste Körper nicht unerheblicher Größe sowie Flüssigkeiten, die einem Grundstück zugeführt werden. Hierzu zählen zB Steinbrocken bei Sprengungen, angeschwemmtes Geröll, Fußbälle, größere Tiere wie eindringende Hunde, Katzen, Hühner oder Kaninchen sowie eindringendes Öl oder Wasser (Staud/Roth § 906 Rn 117 ff; vgl zum Wasserschaden; BGH MDR 2014, 23). Diesen Grobimmissionen stellt Abs 3 die Zuführung aller Stoffe durch eine **besondere Leitung** gleich. Alle diese Zuführungen fallen nicht unter § 906 und können deshalb grds nach § 1004 I abgewehrt werden. Eine Duldungspflicht des Eigentümers kann sich allenfalls aus dem nachbarlichen Gemeinschaftsverhältnis oder aus dem Wasserrecht ergeben (Palandt/Bassenge § 906 Rn 5). Zu beachten ist aber ggf die analoge Anwendbarkeit des § 906 II 2 (die analoge Anwendbarkeit nunmehr auch im Verhältnis von Wohnungseigentümern desselben Grundstücks untereinander bejahend: BGH MDR 14, 23), vgl Rn 20, 26.

5 **c) Negative Einwirkungen** sind solche, die einem Grundstück zB Licht, Luft, Wasser, Schatten, Aussicht oder Funk- und Fernsehwellen entziehen. Derartige Immissionen stellen keine „Einwirkung" auf das Grundstück iSv § 903 S 1 dar und fallen daher auch nicht unter den Begriff der „Zufügung" iSv Abs 1 S 1. Der Eigentümer kann negative Einwirkungen daher nicht als Eigentumsbeeinträchtigung nach § 1004 I abweh-

ren (BGH NJW 92, 2570). Ein Abwehranspruch ergebe sich nach hM nur in Extremfällen aus dem nachbarlichen Gemeinschaftsverhältnis (BGH NJW 91, 1672).

d) **Ideelle Einwirkungen** sind solche, die das ästhetische (zB Anblick eines Baumateriallagers in einem Wohngebiet, BGHZ 51, 396) oder sittliche Empfinden (zB Betrieb eines Bordells in der Nachbarschaft, BGHZ 95, 310) des Nachbarn verletzen. Derartige ideelle Immissionen stellen begrifflich keine Zufügungen iSd Abs 1 S 1 dar. Str ist aber, ob sie gem § 1004 I abgewehrt werden können. Die Rspr verneint grds einen Abwehranspruch (BGHZ 95, 310). Demggü differenziert die hL zu Recht und bejaht ihn im Einzelfall gem § 1004 I bei wesentlichen und nicht ortsüblichen Störungen (Prütting Rn 330). Maßgeblich ist dabei die Intensität der Störung, wobei eine Wertminderung des Grundstücks infolge der Störung ein Indiz für die Wesentlichkeit der Beeinträchtigung und damit das Bestehen eines Abwehranspruchs darstellt (Staud/Roth § 906 Rn 132). Voraussetzung ist allerdings in jedem Fall die äußerliche Erkennbarkeit der ideellen Beeinträchtigung. 6

2. Zulässigkeit der Immissionen. Den Grundstückseigentümer trifft ggü Immissionen iSv § 906 in zwei Fällen eine **Duldungspflicht:** Die Immissionen beeinträchtigen die Benutzung seines Grundstücks nicht oder nicht wesentlich (Abs 1 S 1) oder die Beeinträchtigung ist zwar wesentlich, beruht aber auf einer ortsüblichen Benutzung des anderen Grundstücks und kann nicht durch wirtschaftlich zumutbare Maßnahmen verhindert werden (Abs 2 S 1). 7

a) **Unwesentliche Beeinträchtigungen.** Einwirkungen, die die Benutzung des Grundstücks nicht oder nur unwesentlich beeinträchtigen, kann der Eigentümer nicht verbieten (Abs 1 S 1). Unwesentlich sind Beeinträchtigungen nach Abs 1 S 2, 3 idR (vgl BGH NJW 01, 3120) dann, wenn sie die in Gesetzen oder RechtsVO (Abs 1 S 2, nur formelle Gesetze und RechtsVO) bzw in Verwaltungsvorschriften nach § 48 BImSchG (zB TA Luft oder TA Lärm) festgelegten Grenz- oder Richtwerte nicht überschreiten (OLG Dresden MMR 2013, 475 ff; anders, wenn nachbarschützende Planvorgaben nicht eingehalten werden: BGH NJW 10, 1141). Dabei folgt aus der Formulierung „in der Regel", dass im Einzelfall eine Beeinträchtigung auch bei Einhaltung der Grenz- oder Richtwerte wesentlich sein kann (BGH NJW 01, 3120). Umgekehrt liegt bei einer Überschreitung der Werte die Wesentlichkeit der Beeinträchtigung nicht zwangsläufig vor, doch gibt sie einen deutlichen Hinweis dafür (Palandt/Bassenge § 906 Rn 20). Die Wesentlichkeit ist dann im Einzelfall zu prüfen. 8

Maßstab für die Wesentlichkeit einer Beeinträchtigung ist nicht das subjektive Empfinden des Gestörten, sondern das objektive Empfinden eines verständigen Durchschnittsmenschen im Hinblick auf die durch Natur, Gestaltung und Zweckbestimmung geprägte konkrete Beschaffenheit des betroffenen Grundstücks (BGHZ 120, 259; 121, 255; 140, 4). Dabei ist sowohl das veränderte Umweltbewusstsein der Bevölkerung als auch das Allgemeininteresse an einer kinderfreundlichen Umwelt zu berücksichtigen (Palandt/Bassenge § 906 Rn 17). Regelmäßig wesentlich sind danach zB Beeinträchtigungen der Wohnqualität durch wahrnehmbare Geräusch- und Geruchsbeeinträchtigungen sowie alle Beeinträchtigungen, bei denen Gesundheits- oder Sachschäden auftreten, während andererseits einmalige oder vorübergehende Beeinträchtigungen (zB Baulärm) in aller Regel unwesentlich sind. Bei der Prüfung der Wesentlichkeit ist auch der Umstand mit zu berücksichtigen, ob die zu einem Betrieb erforderliche behördliche Genehmigung vorliegt oder nicht (BGHZ 140, 6). 9

b) **Wesentliche Beeinträchtigungen.** Wesentliche Beeinträchtigungen hat der Grundstückseigentümer zu dulden, wenn sie auf einer ortsüblichen Benutzung des anderen Grundstücks beruhen und nicht durch wirtschaftlich zumutbare Maßnahmen verhindert werden können (Abs 2 S 1). 10

aa) **Ortsüblich** ist eine Benutzung, wenn in dem betr räumlichen Bezirk eine Mehrheit von Grundstücken mit einer nach Art und Ausmaß einigermaßen gleich beeinträchtigenden Wirkung auf andere Grundstücke benutzt wird (BGHZ 120, 260). Entscheidend ist dabei die tatsächliche Nutzung durch den Störenden, nicht daß die Nutzung des gestörten Grundstücks. Die in den Vergleich einbezogenen Einwirkungen müssen gleichartig sein (zB keine Vergleichbarkeit von Lärm mit Geruch), selbst wenn sie auf 11 unterschiedliche Quellen zurückgehen. Vergleichsgebiet ist grds das ganze Gemeindegebiet, doch kann das Vergleichsgebiet auch weiträumiger (zB bei einem Flughafen) oder enger (zB bei einer Villengegend) sein, wenn es durch die Art der Benutzung ein einheitliches Gepräge erhält. Bei der Feststellung der Ortsüblichkeit einer Nutzung ist ebenfalls zu berücksichtigen, ob sich einer der Beteiligten aus öffentlich-rechtlicher Sicht rechtswidrig verhält. Dabei spielt insb eine Rolle, ob eine Anlage mit oder ohne eine etwa **notwendige behördliche Genehmigung** betrieben wird. Insoweit ist davon auszugehen, dass eine vorhandene Genehmigung nicht automatisch die Ortsüblichkeit begründen kann, während umgekehrt ihr Fehlen generell die Ortsüblichkeit ausschließt (BGHZ 140, 9). Für die Frage der Wesentlichkeit der Beeinträchtigung stellt das Fehlen der notwendigen behördlichen Genehmigung allerdings nur ein Kriterium von mehreren dar. Entscheidend für die Wesentlichkeit bleibt auch in diesem Fall eine Würdigung aller Umstände, ausgerichtet am Empfinden eines „verständigen Durchschnittsmenschen" (BGH NJW-RR 06, 235; BGH NJW-RR 07, 168).

12 bb) Die ortsübliche Benutzung ist vom Grundstückseigentümer nur zu dulden, soweit sie nicht durch wirtschaftlich **zumutbare Abwehrmaßnahmen** verhindert werden kann. Die Frage der wirtschaftlichen Zumutbarkeit ist unter Berücksichtigung der Vor- und Nachteile, der technischen Möglichkeiten und der wirtschaftlichen Leistungsfähigkeit eines durchschnittlichen Benutzers des emittierenden Grundstücks zu beurteilen. Es gilt also ein objektiver Maßstab. Die Kosten evtl Schutzmaßnahmen dürfen nicht unverhältnismäßig hoch sein und nicht zu einer wesentlichen Beeinträchtigung der Grundstücksnutzung führen (Wieling, § 23 II 4 c aa).

13 **3. Rechtsfolgen.** Hins der Rechtsfolgen ist zwischen zulässigen und unzulässigen Immissionen zu unterscheiden.

14 a) **Zulässige**, also unwesentliche oder wesentliche Beeinträchtigungen durch ortsübliche Benutzung, begründen eine **Duldungspflicht** des Eigentümers oder nutzungsberechtigten Besitzers. Der Abwehranspruch aus § 1004 I ist daher gem § 1004 II ausgeschlossen.

15 Soweit eine wesentliche ortsübliche Einwirkung nach Abs 2 S 1 zu dulden ist, kann ein verschuldensunabhängiger Anspruch des beeinträchtigten Eigentümers auf angemessenen Ausgleich in Geld bestehen, Abs 2 S 2 (vgl hierzu auch BGH MDR 2014, 23). Zusätzliche Voraussetzung dieses **nachbarrechtlichen Ausgleichsanspruchs** ist, dass die zu duldende Einwirkung eine ortsübliche Benutzung des betroffenen Grundstücks oder dessen Ertrag über das zumutbare Maß hinaus beeinträchtigt. Die Ortsüblichkeit bemisst sich nach den og Regeln. Für die Unzumutbarkeit ist auch hier ein durchschnittlicher Maßstab anzulegen. Weder eine besonders schwere Beeinträchtigung noch eine Existenzgefährdung des von der Duldungspflicht betroffenen Betriebs stellen dabei ein notwendiges Erfordernis dar. Der Ausgleichsanspruch traditioneller Landwirte, die ihre Produkte als genverändert kennzeichnen müssen, weil es zu einer unerwünschten, die vorgegebenen Grenzwerte überschreitenden Vermischung ihrer Pflanzen mit denen benachbarter Anbauer **genveränderter Pflanzen** gekommen ist, ergibt sich aus § 36 a GenTG iVm § 906 BGB.

16 Der **Inhalt** und **Umfang** des Ausgleichsanspruchs ist in Rspr und Literatur str. Die Rspr will über die Höhe des Ausgleichsanspruchs unter Beachtung aller Umstände in **Anlehnung an** die Grundsätze der **Enteignungsentschädigung** entscheiden (BGHZ 111, 167) und eine entstehende Vermögenseinbuße nur insoweit ausgleichen, als diese über das zumutbare Maß hinausgeht (BGH NJW-RR 88, 1281). Auszugleichen ist also nur der unzumutbare Teil der Beeinträchtigung, also zB die Differenz zwischen dem Verkehrswert des Grundstücks infolge der Beeinträchtigung und dem fiktiven Verkehrswert bei noch zumutbarer Beeinträchtigung (BGHZ 62, 372). Die Lehre gewährt dag **vollen Schadensersatz** nach Maßgabe der §§ 249 ff, allerdings unter Berücksichtigung von überholender Kausalität, Vorteilsausgleich und Mitverschulden (MK/Säcker § 906 Rn 166). Diese Auffassung erscheint vorzugswürdig, weil nur so die im privaten Interesse des Beeinträchtigenden auferlegte Duldungspflicht ausreichend abgegolten wird (Jauernig JZ 86, 610 ff).

Der Ausgleichsanspruch umfasst in entspr Anwendung auch Vermögenseinbußen, die 17
der Eigentümer oder Besitzer des beeinträchtigten Grundstücks dadurch erleidet, dass
sich auf diesem befindliche bewegliche Sachen beschädigt werden (BGH NJW 08,
992). Dies gilt lediglich nicht für den Eigentümer einer beweglichen Sache auf einem
fremden Grundstück, da diese Konstellation als Teil des Interessensausgleiches für die
sachgerechte Nutzung des Grundstücks zu verstehen ist (BGH NJW 08, 992, 993).
Ausgleichsberechtigt ist der Duldungspflichtige, welcher über den Wortlaut hinaus fer- 18
ner der Besitzer sein kann (BGH NJW 08, 992, 993), **ausgleichspflichtig** der Benutzer
des einwirkenden Grundstücks, welches ebenfalls sowohl Eigentümer als auch Besitzer
erfassen kann, nicht dag der lediglich durch die Benutzung Begünstigte. Dieser ist kein
Störer iSd § 1004, da die Immission zulässig ist (aA BGHZ 49, 150); vgl zur Störereigenschaft des nach § 906 II 2 Verpflichteten nunmehr auch BGH NJW 06, 992; BGH
NJW-RR 11, 739 ff). Erforderlich ist grds, dass die Störung von einem anderen als
dem beeinträchtigten Grundstück herrührt (BGH NJW 04, 775, 776; aA nunmehr
BGH MDR 2014, 23; Danach findet § 906 II 2 analog auch auf Wohnungseigentümer
desselben Grundstücks Anwendung; zuvor bereits OLG Stuttgart NJW 06, 1744, das
§ 906). Eine entspr Anwendbarkeit von § 906 kommt demggü ausnahmsweise bei Beeinträchtigungen der Raumnutzung auf einem Grundstück durch von demselben herrührende Einwirkungen in Betracht, wenn eine verschachtelte Bauweise vorliegt. Voraussetzung hierfür ist, dass die Einwirkungen zwar von auf demselben Grundstück liegenden Räumen herrühren, diese jedoch eigentumsrechtlich dem anderen Grundstückseigentümer zuzurechnen sind (BGH NJW 08, 1810). Dieser Erweiterung ist zuzustimmen, da sie dem Schutzzweck des § 906 gerecht wird.
b) Gegen unzulässige Immissionen hat der Grundstückseigentümer bzw der nutzungs- 19
berechtigte Besitzer **Abwehransprüche** gem § 1004 I und bei Verschulden auch gem
§ 823. Diese Abwehrrechte sind in folgenden Fällen **eingeschränkt**: Nach § **14
BImSchG** kann nicht die Einstellung des Betriebs einer unanfechtbar genehmigten Anlage, von der Immissionen ausgehen, verlangt werden. Der Duldungspflichtige kann
aber Vorkehrungen verlangen, die die benachteiligenden Wirkungen ausschließen. Ist
dies nach dem Stand der Technik unmöglich oder wirtschaftlich unvertretbar, so kann
voller Schadensersatz in Geld verlangt werden. Der Grundstückseigentümer hat wegen
der Bindung des Eigentums an das **Gemeinwohl** Einwirkungen zu dulden, die sich aus
einer unmittelbar öffentlichen Interessen dienenden privatwirtschaftlich organisierten
Betriebstätigkeit der **Daseinsvorsorge** ergeben (aA MK/Säcker § 906 Rn 158 ff). Der
Duldungspflichtige kann aber auch hier Maßnahmen verlangen, die die benachteiligenden Wirkungen ausschließen oder mindern. Verbleiben danach Immissionen, die der
Duldungspflichtige nicht iSd § 906 entschädigungslos hinzunehmen hat, so steht ihm
der verschuldensunabhängige nachbarrechtliche Ausgleichsanspruch analog Abs 2 S 2,
§ 14 BImSchG zu, der auf vollen Schadensausgleich geht (BGHZ 48, 100). Zu dulden
sind schließlich Immissionen, die sich aus einer **hoheitlichen Tätigkeit** (zB Manöverlärm) ergeben. Hier steht dem Duldungspflichtigen zum Ausgleich der öffentlich-rechtliche Entschädigungsanspruch wegen enteignenden oder enteignungsgleichen Eingriffs
zu (Jauernig/Berger § 906 Rn 17 ff).
Kann ein Grundstückseigentümer Immissionen, die die Benutzung seines Grundstücks 20
wesentlich beeinträchtigen und somit nicht zu dulden sind, aus besonderen rechtlichen
oder tatsächlichen Gründen nicht gem § 1004 I abwehren, so steht ihm möglicherweise
nach hM und ständiger Rspr ein **verschuldensunabhängiger nachbarrechtlicher Ausgleichsanspruch analog Abs 2 S 2** zu (vgl nur BGH NJW 08, 992; BGH NJW 10,
2347; zustimmend Dötsch NZM 10, 607; BGH NJ 10, 35; befürwortend Popescu/
Majer NZM 10, 231; BGH NJW-RR 10, 1106; BGH Urt v 25.10.13 Az 230/12; OLG
Brandenburg Urt v 25.2.10 Az 5 U 148/08 sowie Urt v 18.2.10 Az 5 U 200/08; Schreiber, Jura 11, 263 ff; zum Anspruchsverlust wegen Schadensanfälligkeit des eigenen
Hauses s OLG Hamm NJW-RR 09, 1616 f). Auch dieser Anspruch ist auf vollen Schadensausgleich gerichtet (Palandt/Bassenge § 906 Rn 36; aA BGH NJW 92, 2884; 01,
1876; BGHZ 142, 70).

§ 906

21 **Bsp:** Das Wohnhaus des B brannte nieder. Dabei blieb die genaue Ursache des Brandes ungeklärt. Ein Sachverständiger kam zu dem Ergebnis, dass es sich um einen technischen Defekt handeln müsse. Durch den Brand wurde das Reetdach des auf dem Nachbargrundstück stehenden Hauses beschädigt. Der Eigentümer E dieses Hauses erhielt deswegen Ersatz iHv 17.610,69 EUR von seiner Versicherung V. Diesen Betrag möchte die V nunmehr aus übergegangenem Recht (§ 86 VVG bzw § 67 VVG aF) von B zurückerhalten (vgl BGHZ 142, 66–72).

22 Voraussetzung für diesen nachbarrechtlichen Ausgleichsanspruch analog § 906 II 2 ist das Vorliegen einer **Regelungslücke**. Dies erscheint in diesen Fällen problematisch, da E die **wesentlichen Immissionen** (Funkenflug) nicht zu dulden braucht, sie also nach § 1004 untersagen kann. Damit wäre E aber nicht geholfen, da er bei dem plötzlichen Brand des Nachbarhauses schon aus tatsächlichen Gründen keine Möglichkeit hat, eine Unterlassungsverfügung zu erwirken und durchzusetzen. Bei rechtlicher oder faktischer Undurchsetzbarkeit des § 1004 fehlt daher ein Ausgleichsanspruch für nicht zu duldende Einwirkungen, so dass eine Regelungslücke besteht (vgl Vieweg NJW 93, 2574 f).

23 Fraglich erscheint indessen, ob die **Interessenlage** in diesen Fällen mit derjenigen in § 906 II 2 **vergleichbar** ist und ob die Vorschrift nach ihrem **Sinn und Zweck** für diese Konstellation passt. Dies wird von der hM vorwiegend mit einem Erst-recht-Schluss bejaht: Wenn nach § 906 II 2 schon eine Entschädigungspflicht für zu duldende Einwirkungen bestehe, dann müsse dies erst recht für nicht zu duldende Einwirkungen gelten. Auch bestehe ein unabweisbares praktisches Bedürfnis für einen solchen Entschädigungsanspruch (Baur/Stürner, § 25 Rn 29; Hagen, FS Lange 501; Jauernig/Berger § 906 Rn 15; MK/Säcker § 906 Rn 165; Vieweg NJW 93, 2574 f). Nach der Gegenauffassung scheidet ein derartiger Anspruch generell aus, weil außerhalb des Anwendungsbereichs der §§ 906 II, 1004 die §§ 823 ff abschließende Regelungen seien (Schlechtriem, FS Gernhuber 416 ff). Letzteres erscheint jedenfalls dann zu eng, wenn einem Grundstück durch eine **Nutzung** des Nachbargrundstücks Immissionen zugeführt werden, die es wesentlich beeinträchtigen. In diesem Fall ist ein Ausgleichsanspruch erforderlich, weil sonst dem beeinträchtigten Eigentümer mangels Durchsetzbarkeit des § 1004 und eines Verschuldens seines Nachbarn kein Schadensersatzanspruch zur Seite stünde.

24 **Voraussetzung** eines nachbarrechtlichen Ausgleichsanspruchs analog § 906 II 2 muss aber stets sein, dass die Einwirkungen vom benachbarten Grundstück, die zu einer wesentlichen Beeinträchtigung führen, auf eine **Nutzung** dieses Grundstücks zurückzuführen sind. Dies erscheint in dem oben angeführten Bsp (Rn 21) zweifelhaft, da die Immissionen nicht Folge des Bewohnens des Nachbargrundstücks, sondern eines Feuers waren, das auch für B einen Unglücksfall darstellte (vgl Heiderhoff JA 00, 358). Der BGH hat den Anspruch in diesem Fall gleichwohl recht unproblematisch mit der Begr bejaht, der Brand sei zwar nicht durch B verschuldet worden, doch habe er auf Umständen beruht, „auf die grds der Beklagte (B), und nur dieser, Einfluss nehmen konnte" (BGHZ 142, 66). Demggü hat der BGH einen derartigen Anspruch in einem anderen Fall, in dem ein Baum bei Sturm auf das Nachbargrundstück gestürzt war, mit der Begr verneint, Schädigungen aus Naturereignissen, die sich nur auf dem Nachbargrundstück vollzogen hätten, ohne dass die Gefahr durch den Nachbarn erhöht worden wäre, fielen nicht unter § 906 II 2 analog (BGH NJW 85, 1773, 1774). Richtigerweise wird man einen nachbarrechtlichen Ausgleichsanspruch analog § 906 II 2 im obigen Bsp ablehnen müssen. § 906 II 2 richtet sich gegen den **Benutzer des emittierenden Nebengrundstücks**, so dass es sich bei § 906 II 2 immer um Nutzungen des Grundstücks handeln muss, die zu Nachteilen für den Nachbarn führen. Dies hat auch für den Ausgleichsanspruch analog § 906 II 2 zu gelten, nur dass der Nachbar hier die Einwirkungen, welche die Benutzung seines Grundstücks wesentlich beeinträchtigen, nicht nach § 1004 verhindern kann (vgl BGH MDR 2014, 23; vgl auch Heiderhoff JA 00, 358).

25 Auch dieser Anspruch ist **auf vollen Schadensausgleich** gerichtet (Jauernig/Berger § 906 Rn 15; aA [Entschädigung nach den Grundsätzen der Enteignungsentschädigung; bei

Substanzentschädigung voller Schadensersatz] BGH NJW 92, 2884; NJW-RR 97, 1374; BGHZ 142, 66–72).
Der Anspruch analog § 906 II 2 erfasst auch Grobimmissionen wie zB Wasser (BGH 26 NJW 04, 775; vgl im Verhältnis zu Miteigentümern desselben Grundstücks untereinander: BGH MDR 2014, 23; s weitergehend Lüneborg NJW 12, 3745 ff).

§ 907 Gefahr drohende Anlagen

(1) ¹Der Eigentümer eines Grundstücks kann verlangen, dass auf den Nachbargrundstücken nicht Anlagen hergestellt oder gehalten werden, von denen mit Sicherheit vorauszusehen ist, dass ihr Bestand oder ihre Benutzung eine unzulässige Einwirkung auf sein Grundstück zur Folge hat. ²Genügt eine Anlage den landesgesetzlichen Vorschriften, die einen bestimmten Abstand von der Grenze oder sonstige Schutzmaßregeln vorschreiben, so kann die Beseitigung der Anlage erst verlangt werden, wenn die unzulässige Einwirkung tatsächlich hervortritt.
(2) Bäume und Sträucher gehören nicht zu den Anlagen im Sinne dieser Vorschriften.

§ 908 Drohender Gebäudeeinsturz

Droht einem Grundstück die Gefahr, dass es durch den Einsturz eines Gebäudes oder eines anderen Werkes, das mit einem Nachbargrundstück verbunden ist, oder durch die Ablösung von Teilen des Gebäudes oder des Werkes beschädigt wird, so kann der Eigentümer von demjenigen, welcher nach dem § 836 Abs. 1 oder den §§ 837, 838 für den eintretenden Schaden verantwortlich sein würde, verlangen, dass er die zur Abwendung der Gefahr erforderliche Vorkehrung trifft.

§§ 907, 908

Die Vorschriften enthalten für gefährliche Anlagen und einsturzgefährdete Gebäude 1 eine **Vorverlagerung der Abwehrrechte** aus § 1004 I auf einen Zeitpunkt, in dem die Einwirkungen noch nicht bestehen, aber mit Sicherheit zu erwarten sind.

§ 909 Vertiefung

Ein Grundstück darf nicht in der Weise vertieft werden, dass der Boden des Nachbargrundstücks die erforderliche Stütze verliert, es sei denn, dass für eine genügende anderweitige Befestigung gesorgt ist.

Ein Grundstück darf nicht in der Weise **vertieft** werden, dass das Nachbargrundstück 1 seinen Halt verliert. Führt der Abbruch eines oberirdischen Bauwerks zu mangelndem Halt des angrenzenden Eigentums, ist dies jedoch nicht mit einer Vertiefung gleichzusetzen (BGH NJW-RR 12, 1160 ff). Der Eigentümer des Nachbargrundstücks kann Unterlassung einer drohenden Vertiefung und Beseitigung einer bereits vorgenommenen Vertiefung verlangen. Die Vorschrift ist zudem **Schutzgesetz iSd** § 823 II, so dass der Eigentümer bei ihrer schuldhaften Verletzung **Schadensersatz** verlangen kann (*BGH NJW 96*, 3206). Dieser umfasst insb die Kosten der Wiederherstellung der Standfestigkeit (BGH NZM 08, 377). Berechtigter des Unterlassungsanspruchs ist auch der **Besitzer** des Nachbargrundstückes (BGHZ 147, 51) bzw. der **Anwartschaftsberechtigte** iSd § 873 (vgl dort Rn 21; BGHZ 114, 65).

§ 910 Überhang

(1) ¹Der Eigentümer eines Grundstücks kann Wurzeln eines Baumes oder eines Strauches, die von einem Nachbargrundstück eingedrungen sind, abschneiden und behalten. ²Das Gleiche gilt von herüberragenden Zweigen, wenn der Eigentümer dem Besitzer des Nachbargrundstücks eine angemessene Frist zur Beseitigung bestimmt hat und die Beseitigung nicht innerhalb der Frist erfolgt.

(2) Dem Eigentümer steht dieses Recht nicht zu, wenn die Wurzeln oder die Zweige die Benutzung des Grundstücks nicht beeinträchtigen.

1 Wurzeln, die von einem Nachbargrundstück eindringen, können vom Eigentümer beseitigt werden (Abs 1 S 1). **Überhängende Zweige** sind grds nur vom Besitzer des Nachbargrundstücks selbst zu entfernen. Der Eigentümer des betroffenen Grundstücks hat erst nach Fristsetzung ein eigenes Abschneiderecht (Abs 1 S 2). Dieses ist ausgeschlossen, wenn die Benutzung des Grundstücks nicht oder nur ganz unerheblich beeinträchtigt ist (Abs 2).

§ 911 Überfall

¹Früchte, die von einem Baume oder einem Strauche auf ein Nachbargrundstück hinüberfallen, gelten als Früchte dieses Grundstücks. ²Diese Vorschrift findet keine Anwendung, wenn das Nachbargrundstück dem öffentlichen Gebrauch dient.

1 Früchte des Nachbargrundstücks dürfen nach dieser Vorschrift nur dann weggenommen werden, wenn sie von überhängenden Zweigen abgefallen sind. In diesem Fall wird der Grundstückseigentümer abw von § 953 Eigentümer der Früchte, die auf sein Grundstück fallen.

§ 912 Überbau; Duldungspflicht

(1) Hat der Eigentümer eines Grundstücks bei der Errichtung eines Gebäudes über die Grenze gebaut, ohne dass ihm Vorsatz oder grobe Fahrlässigkeit zur Last fällt, so hat der Nachbar den Überbau zu dulden, es sei denn, dass er vor oder sofort nach der Grenzüberschreitung Widerspruch erhoben hat.
(2) ¹Der Nachbar ist durch eine Geldrente zu entschädigen. ²Für die Höhe der Rente ist die Zeit der Grenzüberschreitung maßgebend.

1 **I.** Ein Überbau liegt vor, wenn ein Grundstückseigentümer bei der Errichtung eines Gebäudes über die Grenze gebaut hat, so dass ein Teil des Gebäudes – und sei er noch so klein – auf einem Nachbargrundstück steht (Abs 1). Da ein Überbau das Eigentum des Grundstücksnachbarn stört, könnte dieser an sich nach § 1004 I 1 die Beseitigung des Gebäudes verlangen. Der danach geschuldete Abriss des über die Grundstücksgrenze hinausreichenden Gebäudeteils führt aber häufig zur Zerschlagung erheblicher wirtschaftlicher Werte, während demggü die Entziehung des überbauten Grundstücksteils den Nachbarn uU nur wenig schädigt. Die §§ 912–916 versuchen, die **kollidierenden Interessen** des Überbauenden an der Erhaltung des Gebäudes und des Grundstückseigentümers an dessen Beseitigung auszugleichen, wobei sie entscheidend auf das Verschulden des Überbauenden abstellen. Entspr Anwendung kann § 912 finden, wenn bei Veränderung eines Gebäudes erstmals über die Grenze gebaut wird (BGH NJW-RR 09, 24; aA OLG Hamburg Urt v 28.9.12 Az 11 U 76/12).
2 **1. Berechtigter Überbau.** Ein berechtigter Überbau liegt vor, wenn der Überbauende aufgrund einer **formfreien Zustimmung** des Eigentümers des Nachbargrundstücks über die Grundstücksgrenze baut (Staud/Roth § 912 Rn 66). Die §§ 912 ff sind auf den berechtigten Überbau nicht anwendbar. Art und Höhe der für die Inanspruchnahme des Nachbargrundstücks zu zahlenden **Entschädigung** bestimmen sich nach dem Inhalt der vertraglichen Vereinbarung (BGH NJW 83, 1113). Nur wenn eine Entschädigungsregelung fehlt, kann subsidiär die gesetzliche Rechtsfolge des Abs 2 gewollt sein (MK/Säcker § 912 Rn 48).
3 **2. Rechtswidriger unentschuldigter Überbau.** Ein rechtswidriger unentschuldigter Überbau liegt vor, wenn der Überbauende vorsätzlich oder grob fahrlässig oder entgg einem sofortigen Widerspruch des betroffenen Nachbarn über die Grenze baut (Abs 1). In diesem Fall ist der Überbauende nicht schutzwürdig. Der Eigentümer des überbauten Grundstücks kann nach § 1004 I grds die **Beseitigung** des Überbaus auf Kosten des

Abschnitt 3 | Eigentum § 912

Überbauenden und nach § 985 die Herausgabe der überbauten Fläche verlangen. Dieser Anspruch kann aber ausnahmsweise wegen **Rechtsmissbrauchs** ausgeschlossen sein, wenn die Beseitigung des Überbaus einerseits für den Überbauenden mit unverhältnismäßig großen, ihm unter Berücksichtigung der beiderseitigen Interessen billigerweise nicht zuzumutenden Aufwendungen verbunden wäre, während andererseits die Beeinträchtigung der Nutzung des überbauten Grundstücks nur ganz geringfügig ist (BGHZ 62, 391). In diesem Fall ist dem Eigentümer des überbauten Grundstücks analog Abs 2 eine **Überbaurente** zu leisten (BGHZ 68, 350).

3. Rechtswidriger entschuldigter Überbau. In den §§ 912–916 ist nur der rechtswidrige 4 entschuldigte Überbau geregelt. Abs 1 begründet für den entschuldigten Überbau eine **Duldungspflicht** des Grundstücksnachbarn, Abs 2 gleicht den durch diese Duldungspflicht verursachten Nutzungsausfall durch eine **Geldrente** aus.

II. 1. Die Duldungspflicht aus Abs 1 hat folgende **Voraussetzungen:** 5
a) Ein einheitliches Gebäude muss über die Grundstücksgrenze gebaut sein. **Gebäude** ist ein durch Wände und Dach begrenztes, mit dem Erdboden zumindest durch eigene Schwere verbundenes Bauwerk, das Menschen oder Sachen gegen äußere Einflüsse Schutz gewährt und den Eintritt von Menschen gestattet (BGHSt 1, 163). Gleichgestellt sind andere größere Bauwerke wie zB Brücken oder Großantennen.

Der Bau muss **über die Grundstücksgrenze** erfolgen, unabhängig davon, ob die Über- 6 bauung **über, auf oder unter der Erdoberfläche** geschieht (zB Keller). Die Vorschrift greift nicht, wenn das ganze Gebäude auf dem Nachbargrundstück errichtet wird. Dag sind die §§ 912 ff entspr anwendbar auf den sog **Eigengrenzüberbau**, bei dem ein Gebäude auf zwei zusammenhängenden Grundstücken errichtet wird, die ursprünglich demselben Eigentümer gehören, später aber in das Eigentum verschiedener Personen gelangen.

b) Der Überbau ist vom **Eigentümer** des Stammgrundstücks selbst oder mit dessen Zu- 7 stimmung durch einen Dritten (zB Bucheigentümer, Pächter) zu errichten.

c) Der Überbau muss **widerrechtlich** erfolgen, also nicht mit Zustimmung des Eigentü- 8 mers des Nachbargrundstücks.

d) Dem Überbauenden darf **weder Vorsatz noch grobe Fahrlässigkeit** hins der Grenz- 9 überschreitung zur Last fallen. Ansonsten entfällt die Duldungspflicht, ohne dass es eines Widerspruchs bedarf. Es kommt dabei grds auf das Verschulden des **Eigentümers** des Stammgrundstücks an. Str ist, ob und wie dem Eigentümer das Verschulden **Dritter** zugerechnet werden kann. Nach der Rspr ist dem Eigentümer das Verschulden seines **Architekten analog § 166** ohne Exkulpationsmöglichkeit zuzurechnen (BGHZ 42, 71). Dag scheide eine Zurechnung des Verschuldens bloßer Hilfspersonen wie zB eines **Bauunternehmers** und seiner Gehilfen aus (BGH NJW 77, 375; ein eigenes Verschulden mangels sorgfältiger Überwachung des Bauunternehmers hingegen bejahend: OLG München Urt v 12.9.12 Az 20 U 1600/12). Eine andere Auffassung nimmt eine Verschuldenszurechnung über **§ 831** mit Exkulpationsmöglichkeit an (Staud/Roth § 912 Rn 27 f). Der entschuldigte Überbau sei rechtswidrig und der unentschuldigte eine unerlaubte Handlung. Wieder andere wenden **§ 278** an, weil sie im Nachbarschaftsverhältnis die Rechtsgrundlage der §§ 912 ff und im **nachbarlichen Gemeinschaftsverhältnis** ein gesetzliches Schuldverhältnis sehen (Westermann/Eickmann, § 62 V 4). Die Anwendung des § 278 erscheint **vorzugswürdig**, da der Eigentümer seine Pflichten 10 aus dem nachbarlichen Gemeinschaftsverhältnis durch die von ihm eingeschaltete Hilfsperson verletzt hat. Gegen eine analoge Anwendung des § 166 spricht, dass der tatsächliche Überbau nicht mit dem in § 166 geregelten rechtsgeschäftlichen Handeln vergleichbar ist. Auch geht es hier nicht einmal um eine Wissens-, sondern um eine **Verschuldenszurechnung** (MK/Säcker § 912 Rn 18). Gegen ein Heranziehung des § 831 spricht, dass das nachbarliche Gemeinschaftsverhältnis eine rechtliche Sonderverbindung zwischen den Grundstücksnachbarn begründet. Außerdem stehen Architekt und Bauunternehmer in keinem sozialen Abhängigkeitsverhältnis zum Bauherrn, so dass eine Haftung über § 831 in den praktisch wichtigsten Fällen ausscheidet.

e) Der beeinträchtigte Grundstückseigentümer hat **keinen rechtzeitigen** – vor oder so- 11 fort nach der Grenzüberschreitung – **Widerspruch** erhoben. Letzteres liegt vor, wenn so rechtzeitig widersprochen wird, dass die Beseitigung des Überbaus ohne erhebliche Zerstörung möglich ist (BGHZ 59, 196). Der Widerspruch ist eine formlose, einseitige empfangsbedürftige Willenserklärung, die keiner Begr bedarf.

12 **2. Rechtsfolgen** des entschuldigten Überbaus sind:

13 a) Den Eigentümer des überbauten Grundstücks trifft eine **Duldungspflicht**. Sein Abwehranspruch aus § 1004 I ist also durch Abs 1 ausgeschlossen. Die Duldungspflicht ist gem § 96 wesentlicher Bestandteil des Stammgrundstücks. Der Überbauende hat ein Recht zum Besitz iSd § 986 am überbauten Grundstücksteil (BGHZ 27, 206).

14 b) Zur Entschädigung für die Duldungspflicht erhält der Duldungspflichtige eine **Überbaurente** (Abs 2). Zahlungspflichtig ist der jeweilige Eigentümer des Stammgrundstücks, berechtigt der jeweilige Eigentümer des überbauten Grundstücks (§ 913 I) bzw die dinglich Berechtigten des § 916. Die Pflicht zur Zahlung der Überbaurente entsteht im **Zeitpunkt der Grenzüberschreitung**. Dieser Zeitpunkt ist auch für die Höhe des Rentenanspruchs maßgebend, die sich nach dem Verkehrswert der überbauten Fläche bemisst (BGHZ 57, 305).

15 c) **Eigentumsverhältnisse am Überbau**. Die §§ 912 ff regeln die Eigentumsverhältnisse an dem Überbau nicht eigenständig. Sie sind daher nach den **allg Regeln** der §§ 946, 93 ff zu beurteilen. Bei der Ordnung des Eigentumsrechts am Überbau konkurrieren **zwei Grundprinzipien**. Nach dem **Prinzip der Bodenakzession**, §§ 946, 93, 94 I 1 wird das Gebäude, da es auf zwei Grundstücken steht, nach den §§ 93, 94 I 1 wesentlicher Bestandteil beider Grundstücke (MK/Säcker § 912 Rn 34). Es muss daher eigentumsrechtlich **vertikal** entlang der Grundstücksgrenze **geteilt** werden. Der Überbau gehört damit dem Eigentümer des überbauten Grundstücks, eine Zerschlagung der wirtschaftlichen Einheit „Gebäude" ist die Folge. Nach der **Bestandteilslehre** ist das Sondereigentum an einem Gebäudeteil generell unzulässig, §§ 93, 94 II, so dass auch der Überbau wegen seiner wirtschaftlichen Zugehörigkeit zum Gesamtgebäude grds dem überbauenden Grundstückseigentümer gehören muss.

16 aa) **Berechtigter Überbau**. Erfolgt der Überbau aufgrund einer Zustimmung des Eigentümers des überbauten Grundstücks, so wird nach hM der rechtmäßig Überbauende zum Eigentümer des ganzen Gebäudes (BGHZ 62, 145). Nach aA tritt eine **Vertikalteilung** des Gebäudes entlang der Grundstücksgrenze ein (Weitnauer ZfBR 1982, 102 ff). Diese Ansicht bedeutet aber einen **Wertungswiderspruch**. Wenn schon beim unrechtmäßigen, aber entschuldigten Überbau der Grundsatz der Werterhaltung zum Eigentum des Überbauenden am gesamten Gebäude führt, so muss dies erst recht gelten, wenn der Nachbar der Grenzüberschreitung zustimmt (Staud/Roth § 912 Rn 71).

17 bb) **Rechtswidriger unentschuldigter Überbau**. Beim rechtswidrigen unentschuldigten Überbau bleibt es nach hM beim **Akzessionsprinzip**, so dass eine **Vertikalteilung** des Eigentums am Gebäude entlang der Grundstücksgrenze stattfindet. Nach § 94 I 1 werden die Gebäudeteile wesentliche Bestandteile des Grundstücks, über das sie sich befinden, so dass der Eigentümer des überbauten Grundstücks nach § 946 Eigentümer des Überbaus wird (BGHZ 27, 208; 102, 314). Nach aA ist das eine vertikale Teilung zu vermeiden. Dabei wird vertreten, dass der überbauende Grundstückseigentümer Eigentümer des ganzen Gebäudes wird (Soergel/Baur § 912 Rn 24), das Gebäude analog § 947 in wirtschaftlich sinnvolle Einheiten aufzuteilen ist (MK/Säcker § 912 Rn 43) oder das Eigentum am ganzen Gebäude nach der Lage des Hauptgebäudes zugeordnet wird (Ebel AcP 141, 192). Für diese Gegenauffassung spricht, dass die Vertikalteilung des Gebäudes zu wirtschaftlich sinnlosen und zweckwidrigen Nutzungen führen kann. Dies rechtfertigt wiederum keine eigentumsrechtliche Zusammenfassung des gesamten Gebäudes, weil der Eigentümer des überbauten Grundstücks die Beseitigung des Überbaus nach § 1004 I verlangen kann, die wirtschaftliche Einheit „Gebäude" also nicht gegen Zerstörung geschützt ist. Eine eigentumsrechtliche Zusammenfassung des Gebäudes würde zudem stets das Eigentum des Grundstücksnachbarn verletzen (Staud/Roth § 912 Rn 76).

18 cc) **Rechtswidrig entschuldigter Überbau**. Beim entschuldigten Überbau lässt es auch die hM nicht beim Akzessionsprinzip bewenden, weil sonst eine Abgrenzung zum unentschuldigten Überbau nicht möglich wäre (BGH NJW 1974, 794; NJW 1990 1791;

Staud/Roth § 912 Rn 42). Das Ziel einer eigentumsrechtlichen Zusammenfassung wirtschaftlicher Einheiten wird mit einer Analogie zu § 95 I 2 begründet. Der analog anzuwendende § 95 I 2 verdränge beim entschuldigten Überbau die §§ 946, 94 I 1. Den nach § 912 I zu duldenden Zustand des überbauten Grundstücks setzt die hM also mit der Wahrnehmung eines Rechts an einem fremden Grundstück iSd § 95 I 2 gleich, so dass der Überbau nicht Bestandteil des überbauten Grundstücks, sondern nur dessen **Scheinbestandteil** wird. Daraus folgt, dass das gesamte Gebäude einschließlich des Überbaus nach §§ 93, 94 II wesentlicher Bestandteil des Stammgrundstücks ist (BGH NJW 85, 790). Deshalb wird der Überbauende Eigentümer des gesamten Gebäudes einschließlich des auf dem Nachbargrundstück stehenden Gebäudeteils (BGHZ 27, 206; 110, 300). Nach aA (MK/Säcker § 912 Rn 36 ff) soll auch beim entschuldigten Überbau eine Aufgliederung des Gebäudes in wirtschaftlich sinnvolle Einheiten erfolgen.

d) Das **Eigentum an der überbauten Grundstücksfläche** wird nach hM durch den Überbau nicht berührt. Eigentümer der überbauten Grundstücksfläche bleibt also der Nachbar (vgl § 915; BGHZ 64, 274). Diesem steht auch die Herrschaft über den Luftraum (§ 905) über dem überbauten Gebäude zu (BGHZ 64, 278). Er braucht eine spätere Aufstockung oder Vertiefung des Überbaus nicht zu dulden. Die Duldungspflicht endet im Übrigen mit der Beseitigung des Überbaus. Der Eigentümer des Überbaus ist zum Abriss jedenfalls dann berechtigt, wenn dieser iR eines einheitlichen Bauvorhabens zur Veränderung des Stammgebäudes erfolgt (BGHZ 105, 205).   19

§ 913 Zahlung der Überbaurente

(1) Die Rente für den Überbau ist dem jeweiligen Eigentümer des Nachbargrundstücks von dem jeweiligen Eigentümer des anderen Grundstücks zu entrichten.
(2) Die Rente ist jährlich im Voraus zu entrichten.

Rentenzahlungspflichtig ist der jeweilige Eigentümer des Stammgrundstücks, berechtigt   1
der jeweilige Eigentümer des überbauten Grundstücks (Abs 1). Abs 2 regelt die Zahlungsmodalitäten.

§ 914 Rang, Eintragung und Erlöschen der Rente

(1) ¹Das Recht auf die Rente geht allen Rechten an dem belasteten Grundstück, auch den älteren, vor. ²Es erlischt mit der Beseitigung des Überbaus.
(2) ¹Das Recht wird nicht in das Grundbuch eingetragen. ²Zum Verzicht auf das Recht sowie zur Feststellung der Höhe der Rente durch Vertrag ist die Eintragung erforderlich.
(3) Im Übrigen finden die Vorschriften Anwendung, die für eine zugunsten des jeweiligen Eigentümers eines Grundstücks bestehende Reallast gelten.

Die Überbaurente wirkt wie eine dingliche Belastung des Stammgrundstücks mit Vor-   1
rang vor allen anderen dinglichen Rechten (Abs 1 S 1). Das Rentenrecht erlischt mit der Beseitigung des Überbaus (Abs 1 S 2), ist allerdings nicht eintragungsfähig (Abs 2 S 1). Als reallastähnliches Recht (Abs 3) ist es nach § 96 wesentlicher Bestandteil des Nachbargrundstücks.

§ 915 Abkauf

(1) ¹Der Rentenberechtigte kann jederzeit verlangen, dass der Rentenpflichtige ihm gegen Übertragung des Eigentums an dem überbauten Teil des Grundstücks den Wert ersetzt, den dieser Teil zur Zeit der Grenzüberschreitung gehabt hat. ²Macht er von dieser Befugnis Gebrauch, so bestimmen sich die Rechte und Verpflichtungen beider Teile nach den Vorschriften über den Kauf.
(2) Für die Zeit bis zur Übertragung des Eigentums ist die Rente fortzuentrichten.

1 Anstelle des Rentenanspruchs hat der Berechtigte Anspruch auf **Abkauf** des überbauten Grundstücksteils gegen **Wertersatz** (Abs 1). Dieses Recht wird durch einseitige formlose Erklärung des Berechtigten ausgeübt. Der Kaufvertrag wird gem §§ 873, 925 erfüllt. Dabei ist der Wertersatz als Kaufpreis zu behandeln.

§ 916 Beeinträchtigung von Erbbaurecht oder Dienstbarkeit

Wird durch den Überbau ein Erbbaurecht oder eine Dienstbarkeit an dem Nachbargrundstück beeinträchtigt, so finden zugunsten des Berechtigten die Vorschriften der §§ 912 bis 914 entsprechende Anwendung.

1 Die Duldungspflicht aus § 912 I trifft nach dieser Vorschrift auch sonstige dinglich Berechtigte am überbauten Grundstück, namentlich Erbbau- und Dienstbarkeitsberechtigte. Diese haben Anspruch auf eine Überbaurente (§ 912 II). Die §§ 913 f gelten insoweit entspr.

§ 917 Notweg

(1) ¹Fehlt einem Grundstück die zur ordnungsmäßigen Benutzung notwendige Verbindung mit einem öffentlichen Wege, so kann der Eigentümer von den Nachbarn verlangen, dass sie bis zur Hebung des Mangels die Benutzung ihrer Grundstücke zur Herstellung der erforderlichen Verbindung dulden. ²Die Richtung des Notwegs und der Umfang des Benutzungsrechts werden erforderlichenfalls durch Urteil bestimmt.
(2) ¹Die Nachbarn, über deren Grundstücke der Notweg führt, sind durch eine Geldrente zu entschädigen. ²Die Vorschriften des § 912 Abs. 2 Satz 2 und der §§ 913, 914, 916 finden entsprechende Anwendung.

1 I. Ein Grundstück kann nur dann ordnungsgemäß genutzt werden, wenn es eine Verbindung zu einem öffentlichen Weg hat. Fehlt es daran, so kann der Eigentümer verlangen, dass die Nachbarn die Benutzung ihrer Grundstücke zur Herstellung eines Notwegs **dulden** (Abs 1). Der duldungspflichtige Eigentümer des Nachbargrundstücks ist durch eine **Notwegrente** zu entschädigen (Abs 2 S 1).

2 II. 1. Das Notwegrecht hat folgende Voraussetzungen:

3 a) Einem Grundstück fehlt die Verbindung zu einem öffentlichen Weg. **Öffentlich** ist jeder ausdrücklich dem öffentlichen Verkehr gewidmete Weg. Dies richtet sich nach öffentlichem Bundes- und Landesrecht. Abs 1 gibt kein Recht auf eine Verbindung mit einem Privatweg oder einem anderen Grundstück (Palandt/Bassenge § 917 Rn 3). Die **Verbindung fehlt** nicht nur, wenn das Grundstück völlig vom öffentlichen Weg abgeschnitten ist, sondern auch, wenn eine vorhandene Zugangsmöglichkeit die Wirtschaftlichkeit der Grundstücksnutzung in unzumutbarer Weise beeinträchtigen würde. Ein vorübergehendes Fehlen der Verbindung (zB bei häufigen Überschwemmungen) reicht aus. Der BGH hat das Fehlen einer zur ordnungsmäßigen Benutzung notwendigen Verbindung mit einem öffentlichen Weg bspw in dem Fall angenommen, dass ein Wohngrundstück nur zu Fuß oder mit dem Fahrrad über eine öffentliche Fläche erreicht werden kann (BGH NJW-RR 09, 515).

4 b) Die Verbindung zum öffentlichen Weg muss zur ordnungsgemäßen Benutzung des Grundstücks notwendig sein. Die **ordnungsgemäße Benutzung** richtet sich nach der Lage, Größe und Wirtschaftsart des Grundstücks. Dabei kommt es auf einen rein **objektiven Maßstab an**, so dass rein persönliche Bedürfnisse des Eigentümers nicht zu berücksichtigen sind. Eine Steigerung der Benutzungsart ist ordnungsgemäß, wenn ihre Notwendigkeit infolge der technischen und wirtschaftlichen Fortentwicklung zur Aufrechterhaltung eines rentablen Wirtschaftsbetriebs notwendig besteht (Palandt/Bassenge § 917 Rn 4). Zur Beurteilung der Ordnungsmäßheit ist auch die baurechtliche Genehmigung zur Errichtung eines Gebäudes (BGH NJW 06, 3426).

5 c) Die Verbindung zum öffentlichen Weg muss **notwendig** sein. Dies ist dann der Fall, wenn erst diese Verbindung eine ordnungsgemäße Benutzung des Grundstücks ermöglicht. Gleiches gilt, wenn eine vorhandene Verbindung nicht ausreicht. Die Notwendigkeit fehlt dag, wenn der Zugang über das eigene Grundstück, wenngleich auf umständlichere und kostspieligere Weise, möglich ist. Notwendig müssen **Art und Ausmaß** der Verbindung sein. Nicht erforderlich ist zB die Zufahrt mit Kraftfahrzeugen auf ein Wohngrundstück, wenn diese in der Nähe auf einer Straße parken können (Palandt/Bassenge § 917 Rn 6). Sind mehrere Verbindungen möglich, so muss die Art und Weise der Benutzung des konkreten Wegs notwendig sein. Dabei ist das Interesse an der günstigsten Belastung durch den Notweg gegen das an der größten Effektivität des Notwegs abzuwägen (Staud/Roth § 917 Rn 38).

d) Der Eigentümer muss die Duldung der Benutzung des Nachbargrundstücks verlangen. Dieses **Benutzungsverlangen** ist Tatbestandsmerkmal des Notwegrechts (BGHZ 94, 162; aA MK/Säcker § 917 Rn 19). Mehrere Miteigentümer können die Duldung – in Abweichung von § 1011 – nur gemeinsam geltend machen, da ansonsten der einzelne Miteigentümer die übrigen zur Zahlung einer gemeinsam geschuldeten Notwegrente verpflichten könnte (BGH NJW 06, 3426). 6

e) Ausnahmsweise kann ein Notwegrecht auch ohne Vorliegen dieser Voraussetzungen aus Gewohnheitsrecht bestehen (OLGR Oldenburg 08, 355). 7

2. § 917 hat folgende **Rechtsfolgen**: 8
a) Mit dem Verlangen des berechtigten Eigentümers entsteht die Pflicht des Eigentümers des Nachbargrundstücks, den Notweg zu **dulden** (Abs 1 S 1). **Umfang und Richtung** des Notwegs richten sich nach den objektiven Bedürfnissen unter Berücksichtigung der Interessen der beteiligten Grundstücksnachbarn. In erster Linie erfolgt eine Konkretisierung der Duldungspflicht durch Vereinbarung der Beteiligten. Können sich diese nicht einigen, so erfolgt die Bestimmung durch Urt (Abs 1 S 2). Wird das Notwegrecht **gestört**, so hat der berechtigte Eigentümer Abwehransprüche analog § 1004. **Besitzschutz** genießt er mangels Sachherrschaft nur entspr § 1029 (Jauernig/Berger § 917 Rn 5). Der duldungspflichtige Eigentümer kann eine **Verlegung** des Notwegs analog § 1023 I verlangen. Für die Kostentragung gilt, jedenfalls bei einer Verlegung infolge Veräußerung (§ 918 II), § 1023 I 1 Halbs 2 analog (BGH NJW 81, 1036). 9

b) Entspr der Rechtslage beim Überbau sind der duldungspflichtige Eigentümer des Nachbargrundstücks und die dinglich Berechtigten durch eine **Notwegrente** zu entschädigen (Abs 2 S 1). Für diese gelten die Bestimmungen über die Überbaurente mit Ausn des Abkaufrechts aus § 915 analog (Abs 2 S 2). 10

III. In analoger Anwendung des § 917 kann zudem ein Notleitungsrecht etwa hins der Mitbenutzung einer Abwasserleitung bestehen, soweit keine landesrechtliche Regelung existiert (zuletzt BGH NVwZ 08, 1150). 11

§ 918 Ausschluss des Notwegrechts

(1) Die Verpflichtung zur Duldung des Notwegs tritt nicht ein, wenn die bisherige Verbindung des Grundstücks mit dem öffentlichen Wege durch eine willkürliche Handlung des Eigentümers aufgehoben wird.
(2) ¹Wird infolge der Veräußerung eines Teils des Grundstücks der veräußerte oder der zurückbehaltene Teil von der Verbindung mit dem öffentlichen Wege abgeschnitten, so hat der Eigentümer desjenigen Teils, über welchen die Verbindung bisher stattgefunden hat, den Notweg zu dulden. ²Der Veräußerung eines Teils steht die Veräußerung eines von mehreren demselben Eigentümer gehörenden Grundstücken gleich.

Das Notwegrecht ist **ausgeschlossen**, wenn der Eigentümer eine bisherige Verbindung seines Grundstücks mit dem öffentlichen Weg selbst durch eine willkürliche Handlung aufgehoben hat (Abs 1). Verliert ein Grundstück durch **Veräußerung** oder Zwangsversteigerung (OLG Stuttgart RNotZ 13, 439 ff) seine Verbindung mit einem öffentlichen Weg, so wird das Notwegrecht auf das bisher verbindende Grundstück beschränkt (Abs 2). Nicht jede bewusste Handlung des Eigentümers erscheint **willkürlich** im Sinne von Abs 1. Dies ist vielmehr nur eine auf freier Entscheidung beruhende Maßnahme, die der ordnungsgemäßen Grundstücksbenutzung widerspricht und die notwendige 1

Rücksichtnahme auf nachbarliche Interessen außer Acht lässt (BGH NJW 06, 3426, 3427).

§ 919 Grenzabmarkung

(1) Der Eigentümer eines Grundstücks kann von dem Eigentümer eines Nachbargrundstücks verlangen, dass dieser zur Errichtung fester Grenzzeichen und, wenn ein Grenzzeichen verrückt oder unkenntlich geworden ist, zur Wiederherstellung mitwirkt.
(2) Die Art der Abmarkung und das Verfahren bestimmen sich nach den Landesgesetzen; enthalten diese keine Vorschriften, so entscheidet die Ortsüblichkeit.
(3) Die Kosten der Abmarkung sind von den Beteiligten zu gleichen Teilen zu tragen, sofern nicht aus einem zwischen ihnen bestehenden Rechtsverhältnis sich ein anderes ergibt.

1 Fehlen Grenzzeichen, sind sie verrückt worden oder unkenntlich geworden, so kann der Eigentümer vom Nachbarn verlangen, dass dieser bei der Errichtung oder Wiederherstellung fester Grenzzeichen mitwirkt (**Abmarkung**, Abs 1). Voraussetzung ist aber, dass die Grundstücksgrenze selbst festliegt. Über Art und Verfahren der Abmarkung entscheidet Landesrecht und subsidiär die Ortsüblichkeit (Abs 2). Die Kosten sind grds von den Beteiligten zu gleichen Teilen zu tragen (Abs 3).

§ 920 Grenzverwirrung

(1) ¹Lässt sich im Falle einer Grenzverwirrung die richtige Grenze nicht ermitteln, so ist für die Abgrenzung der Besitzstand maßgebend. ²Kann der Besitzstand nicht festgestellt werden, so ist jedem der Grundstücke ein gleich großes Stück der streitigen Fläche zuzuteilen.
(2) Soweit eine diesen Vorschriften entsprechende Bestimmung der Grenze zu einem Ergebnis führt, das mit den ermittelten Umständen, insbesondere mit der feststehenden Größe der Grundstücke, nicht übereinstimmt, ist die Grenze so zu ziehen, wie es unter Berücksichtigung dieser Umstände der Billigkeit entspricht.

1 Ist die Grundstücksgrenze unbekannt (**Grenzverwirrung**), so kann jeder Eigentümer verlangen, dass die Grenze festgelegt wird (**Abgrenzung**, Abs 1). Auszugehen ist vom festgestellten Besitzstand; ist dieser nicht feststellbar, so wird die streitige Fläche geteilt. Letztlich entscheidet die Billigkeit unter Berücksichtigung aller Umstände des Einzelfalls (Abs 2).

§ 921 Gemeinschaftliche Benutzung von Grenzanlagen

Werden zwei Grundstücke durch einen Zwischenraum, Rain, Winkel, einen Graben, eine Mauer, Hecke, Planke oder eine andere Einrichtung, die zum Vorteile beider Grundstücke dient, voneinander geschieden, so wird vermutet, dass die Eigentümer der Grundstücke zur Benutzung der Einrichtung gemeinschaftlich berechtigt seien, sofern nicht äußere Merkmale darauf hinweisen, dass die Einrichtung einem der Nachbarn allein gehört.

1 Die Vorschrift vermutet eine **gemeinschaftliche Benutzungsberechtigung** hins solcher Grenzeinrichtungen, die von der Grundstücksgrenze – nicht notwendigerweise in der Mitte – geschnitten werden (zB Mauern, Hecken, Gräben). Dabei genügt es, dass auch nur einige Teile der Grenzeinrichtung – zB einige Stämme der Heckenpflanzen, dort wo sie aus dem Boden heraustreten – von der Grenzlinie durchschnitten werden. Hierfür ist allein auf den gegenwärtigen Zustand der Grenzeinrichtung abzustellen. Auf die Frage, ob einige der Heckenpflanzen bereits bei ihrer Anpflanzung auf der Grenze standen, kommt es nicht an (BGHZ 143, 3). Etwas anderes gilt dann, wenn äußere

Merkmale darauf hinweisen, dass die Einrichtung einem Nachbarn allein gehört. Die Rechtsverhältnisse an einem auf der Grenze stehenden Baum sind in § 923 geregelt.

§ 922 Art der Benutzung und Unterhaltung

¹Sind die Nachbarn zur Benutzung einer der im § 921 bezeichneten Einrichtungen gemeinschaftlich berechtigt, so kann jeder sie zu dem Zwecke, der sich aus ihrer Beschaffenheit ergibt, insoweit benutzen, als nicht die Mitbenutzung des anderen beeinträchtigt wird. ²Die Unterhaltungskosten sind von den Nachbarn zu gleichen Teilen zu tragen. ³Solange einer der Nachbarn an dem Fortbestand der Einrichtung ein Interesse hat, darf sie nicht ohne seine Zustimmung beseitigt oder geändert werden. ⁴Im Übrigen bestimmt sich das Rechtsverhältnis zwischen den Nachbarn nach den Vorschriften über die Gemeinschaft.

Die Vorschrift regelt den Inhalt des gemeinschaftlichen Benutzungsrechts an Grenzanlagen iSd § 921. Beseitigt einer der Nachbarn unter Verstoß gegen § 922 S 3 die Grenzanlage, so hat der andere Nachbar grds einen Anspruch auf deren **Wiederherstellung**. Dieser Anspruch folgt entweder aus § 1004 I (verschuldensunabhängig) oder aus § 823 II iVm §§ 1004, 922 S 3, 249 I (wenn die Beseitigung schuldhaft erfolgte). Dieser Anspruch ist unter **Zumutbarkeitsgesichtspunkten** eingeschränkt. Ein Anspruch auf Wiederherstellung des früheren Zustands besteht nicht, wenn die Herstellung nur mit unverhältnismäßig hohen Aufwendungen möglich ist (BGHZ 143, 6).

§ 923 Grenzbaum

(1) Steht auf der Grenze ein Baum, so gebühren die Früchte und, wenn der Baum gefällt wird, auch der Baum den Nachbarn zu gleichen Teilen.
(2) ¹Jeder der Nachbarn kann die Beseitigung des Baumes verlangen. ²Die Kosten der Beseitigung fallen den Nachbarn zu gleichen Teilen zur Last. ³Der Nachbar, der die Beseitigung verlangt, hat jedoch die Kosten allein zu tragen, wenn der andere auf sein Recht an dem Baume verzichtet; er erwirbt in diesem Falle mit der Trennung das Alleineigentum. ⁴Der Anspruch auf die Beseitigung ist ausgeschlossen, wenn der Baum als Grenzzeichen dient und den Umständen nach nicht durch ein anderes zweckmäßiges Grenzzeichen ersetzt werden kann.
(3) Diese Vorschriften gelten auch für einen auf der Grenze stehenden Strauch.

Die Bestimmung regelt die Rechtsverhältnisse an einem auf der Grenze stehenden Baum (Abs 1 u 2) und Strauch (Abs 3).

§ 924 Unverjährbarkeit nachbarrechtlicher Ansprüche

Die Ansprüche, die sich aus den §§ 907 bis 909, 915, dem § 917 Abs. 1, dem § 918 Abs. 2, den §§ 919, 920 und dem § 923 Abs. 2 ergeben, unterliegen nicht der Verjährung.

Die nachbarrechtlichen Ansprüche auf Unterlassung der Errichtung gefährlicher Anlagen (§ 907), Schutzmaßnahmen gegen drohenden Gebäudeeinsturz (§ 908), Unterlassung einer Vertiefung (§ 909), Abkauf des überbauten Grundstücksteils durch den Überbauenden (§ 915), Duldung eines Notwegs (§ 917 I), Verlegung eines Notwegs (§ 918 II), Mitwirkung bei der Abmarkung (§ 919 I) oder Abgrenzung (§ 920) sowie Beseitigung eines Grenzbaums (§ 923 II) **können nicht verjähren**.

Titel 2
Erwerb und Verlust des Eigentums an Grundstücken

§ 925 Auflassung

(1) ¹Die zur Übertragung des Eigentums an einem Grundstück nach § 873 erforderliche Einigung des Veräußerers und des Erwerbers (Auflassung) muss bei gleichzeitiger Anwesenheit beider Teile vor einer zuständigen Stelle erklärt werden. ²Zur Entgegennahme der Auflassung ist, unbeschadet der Zuständigkeit weiterer Stellen, jeder Notar zuständig. ³Eine Auflassung kann auch in einem gerichtlichen Vergleich oder in einem rechtskräftig bestätigten Insolvenzplan erklärt werden.

(2) Eine Auflassung, die unter einer Bedingung oder einer Zeitbestimmung erfolgt, ist unwirksam.

1 I. Das Grundeigentum kann rechtsgeschäftlich (§§ 873, 925 ff), kraft Gesetzes (zB gem §§ 900, 927, 928 II) oder durch Staatsakt (zB gem § 90 ZVG) erworben werden. Eine Aufgabe des Grundeigentums ist durch Verzichtserklärung des Eigentümers ggü dem Grundbuchamt und deren Eintragung im Grundbuch möglich (§ 928 I). Die **rechtsgeschäftliche Übertragung des Grundeigentums** erfolgt gem § 873 I durch Einigung und Eintragung des Eigentumsübergangs im Grundbuch. Die dingliche Einigung zwischen Veräußerer und Erwerber über die Übertragung des Eigentums an einem Grundstück bezeichnet Abs 1 S 1 als Auflassung. Sie unterliegt über § 873 I hinaus besonderen Anforderungen nach §§ 925 ff.

2 II. Form und Inhalt der Auflassung.

3 1. Die Auflassung ist entgg dem Regelfall der dinglichen Einigung iSd § 873 I **formbedürftig** (Abs 1 S 1). Sie muss bei gleichzeitiger Anwesenheit beider Teile vor einer zuständigen Stelle erklärt werden. Anderenfalls ist die Auflassung unheilbar nichtig, § 125 S 1. **Zuständige Stelle** ist in erster Linie jeder deutsche Notar (Abs 1 S 2). Daneben steht die Zuständigkeit aller Konsularbeamten (§§ 12 Nr 1, 19 II Nr 2 KonsG). Schließlich kann die Auflassung vor jedem deutschen Gericht in allen Instanzen in einem gerichtlichen Vergleich erklärt werden (Abs 1 S 3). Die **gleichzeitige Anwesenheit** von Veräußerer und Erwerber schließt eine sukzessive Abgabe der Willenserklärungen aus (anders bei der notariellen Beurkundung, §§ 128, 152). Es ist aber keine persönliche Anwesenheit nötig. Es besteht nur das Erfordernis der Gleichzeitigkeit der Abgabe der Willenserklärungen (Palandt/Bassenge § 925 Rn 4 ff). Dieses Erfordernis ist auch gewahrt, wenn ein **Stellvertreter** die Auflassung erklärt, da er eine eigene Willenserklärung abgibt (zur wirksamen Auflassung trotz nichtiger Vollmacht s Stadler JA 13, 143 ff zu BGH NJW 12, 3424). Da die Übereignung eines Grundstücks idR der Erfüllung einer Verbindlichkeit – meist eines Kaufvertrags – dient, kann der Vertreter sowohl für den Veräußerer als auch für den Erwerber handeln (erlaubte Mehrvertretung, § 181). In der Praxis bevollmächtigen beide Teile häufig einen Angestellten des Notars mit der Erklärung der Auflassung in ihren Namen. Die gleichzeitige Anwesenheit liegt auch vor, wenn ein Nichtberechtigter die Auflassung erklärt und der Berechtigte eine rückwirkende Genehmigung erteilt (§ 184 I). Dag reicht die Erklärung eines Boten nicht aus, weil dieser nur eine fremde Willenserklärung übermittelt, der Geschäftsherr also nicht an-, sondern abwesend ist.

4 Die **Auflassungserklärung** selbst ist formfrei. Für die Auflassung besteht daher auch kein Erfordernis der mündlichen Erklärung. Es genügt jedes Erklärungsmittel, das die Einigung unmissverständlich ausdrückt (MK/Kanzleiter § 925 Rn 20). In der Praxis wird die Auflassung aber namentlich wegen §§ 20, 29 GBO, 873 II beurkundet. Nach dem Abstraktionsprinzip ist für die Auflassung ein wirksamer **Verpflichtungsvertrag** nicht erforderlich (vgl aber § 925 a).

5 2. Die Auflassung muss ausdrücklich und unzweideutig die **Einigung** des Veräußerers und des Erwerbers über den Eigentumsübergang erkennen lassen. Dabei sind die Erklärungen nach den allg Grundsätzen für formbedürftige Willenserklärungen auslegungsfähig (MK/Kanzleiter § 925 Rn 20). Der **Auflassungsgegenstand**, also das zu übereignende Grundstück, muss bezeichnet werden. Auch insoweit ist eine Bestimmung im Wege der Auslegung möglich.

Eine **irrtümliche falsche Bezeichnung** des Grundstücks ist nach allg Grundsätzen unschädlich („falsa demonstratio non nocet"), wenn die Vertragspartner übereinstimmend denselben Gegenstand meinen (BGHZ 87, 152; BGH NJW 89, 1484; 97, 938; 02, 1039; Medicus/Petersen, BR Rn 124; Palandt/Grüneberg § 311 b Rn 37). Nach der Gegenauffassung (Wieling AcP 172, 307 ff) gilt der Grundsatz der „falsa demonstratio" **nur bei formfreien Rechtsgeschäften**. Anderenfalls könnten die Parteien den Inhalt einer Urkunde beliebig manipulieren, indem sie erklärten, übereinstimmend etwas anderes gemeint zu haben. Auch sei der Notar nicht in der Lage, die Parteien über den wahren Inhalt zu belehren, da er diesen nicht kenne. Schließlich könne das Beurkundungserfordernis des § 311 b I seine Funktion zur Beweissicherung nicht erfüllen. Diese Argumente überzeugen nicht. Im Konflikt zwischen Privatautonomie und Formerfordernis muss der Privatautonomie der Vorrang gegeben werden. Für die Auslegung formbedürftiger Willenserklärungen sind ohnehin Umstände heranzuziehen, die außerhalb der Erklärung liegen (vgl § 311 c). Alles andere wäre bloßer **Formalismus**. Gegen dieses Ergebnis der hM spricht auch nicht der von § 311 b I verfolgte **Übereilungsschutz** sowie die Sicherstellung von **Beratung und Belehrung** durch den Notar. In Fällen der bloßen Falschbezeichnung der Parzellen waren die Parteien beim Notar und haben von diesem die für Grundstücksübereignungen übliche Belehrung erhalten. IÜ wird der **Beweisfunktion** der Urkunde dadurch Rechnung getragen, dass für deren Vollständigkeit und Richtigkeit eine Vermutung besteht (§ 415 I ZPO), ein abw Inhalt also erst bewiesen werden muss. Es zählt daher bei versehentlicher Falschbezeichnung auch im Bereich der §§ 311 b I, 925 nicht das objektiv Erklärte, sondern das übereinstimmend Gewollte, wenn das objektiv Erklärte dem Formerfordernis genügt. Dieser Grundsatz gilt nicht nur in positiver, sondern auch in negativer Richtung. In allen diesen Fällen ist die Auflassung des in Wahrheit gewollten Grundstücks materiellrechtlich wirksam. Es kommt jedoch zu keiner Übereignung, wenn das Grundbuchamt den Eigentumsübergang auf den Erwerber am falsch bezeichneten Grundstück einträgt, da in diesem Fall Einigung und Eintragung nicht übereinstimmen (Staud/Pfeifer § 925 Rn 118).

Meinen die Parteien dag unterschiedliche Grundstücke, so ist die Auflassung wegen **versteckten Dissenses** unwirksam (§ 155), wenn sie den Gegenstand objektiv mehrdeutig bezeichnet haben. Sind die übereinstimmenden Auflassungserklärungen dag eindeutig, hat sich aber eine Partei über die Identität des Auflassungsgegenstandes geirrt, so kommt nur eine Anfechtung der Auflassung wegen Inhaltsirrtums (§ 119 I Var 1) in Betracht (Staud/Pfeifer § 925 Rn 67).

Eine **bedingte oder befristete Auflassung** ist unwirksam (Abs 2). Damit soll ein willkürlicher Schwebezustand hins der Eigentumsverhältnisse an Grundstücken vermieden werden. Eine Auflassung kann daher nicht – auch nicht in einem gerichtlichen Vergleich – unter Widerrufsvorbehalt erfolgen. Zulässig sind dag Rechtsbedingungen als gesetzliche Voraussetzungen für das Zustandekommen und die Wirksamkeit eines Rechtsgeschäfts. So ist zB die Auflassung eines Nichtberechtigten unter der Bedingung, dass der Berechtigte genehmigen wird, zulässig. Dies sind auch Abreden, die wirtschaftlich die Funktion eines nach Abs 2 an sich unzulässigen Eigentumsvorbehalts für den Veräußerer erreichen. So kann zB der Notar angewiesen werden, den Eintragungsantrag erst dann zu stellen, wenn bestimmte Umstände – insb der Nachw der Kaufpreiszahlung durch den Erwerber – eingetreten sind. Gestattet ist auch der Abschluss eines bedingten Kaufvertrags iVm einer Rückauflassungsvormerkung. Schließlich kann der Veräußerer den gestundeten Kaufpreisanspruch durch eine Hypothek sichern und beim Eintragungsantrag gem § 16 II GBO bestimmen, dass die Eintragung des Eigentumsübergangs nicht ohne die Eintragung der Hypothek erfolgen soll (MK/Kanzleiter § 925 Rn 29).

3. Die Wirksamkeit einer Auflassung setzt teilweise eine **behördliche Genehmigung** voraus (zB §§ 1643 I, 1821 I Nr 1 BGB, 2 GrdstVG). Fehlt diese, so ist die Auflassung schwebend unwirksam. Dag berührt das Fehlen der nach § 22 GrEStG notwendigen steuerlichen Unbedenklichkeitsbescheinigung nicht die Wirksamkeit der Auflassung.

§ 925 a Urkunde über Grundgeschäft

Die Erklärung einer Auflassung soll nur entgegengenommen werden, wenn die nach § 311 b Abs. 1 Satz 1 erforderliche Urkunde über den Vertrag vorgelegt oder gleichzeitig errichtet wird.

1 Nach dieser Bestimmung soll die Auflassung vom Notar nur entgegengenommen werden, wenn die nach § 311 b I S 1 erforderliche Urkunde über das schuldrechtliche Verpflichtungsgeschäft vorgelegt oder gleichzeitig errichtet wird. Es handelt sich aber um eine reine **Ordnungsvorschrift**, deren Nichtbeachtung die Auflassung nicht unwirksam macht.

§ 926 Zubehör des Grundstücks

(1) ¹Sind der Veräußerer und der Erwerber darüber einig, dass sich die Veräußerung auf das Zubehör des Grundstücks erstrecken soll, so erlangt der Erwerber mit dem Eigentum an dem Grundstück auch das Eigentum an den zur Zeit des Erwerbs vorhandenen Zubehörstücken, soweit sie dem Veräußerer gehören. ²Im Zweifel ist anzunehmen, dass sich die Veräußerung auf das Zubehör erstrecken soll.
(2) Erlangt der Erwerber auf Grund der Veräußerung den Besitz von Zubehörstücken, die dem Veräußerer nicht gehören oder mit Rechten Dritter belastet sind, so finden die Vorschriften der §§ 932 bis 936 Anwendung; für den guten Glauben des Erwerbers ist die Zeit der Erlangung des Besitzes maßgebend.

1 **I.** Abs 1 S 1 **erleichtert** die Übereignung von Zubehör, das dem Veräußerer zusteht, um die wirtschaftliche Einheit des Grundstücks und des dazu gehörenden Zubehörs zu erhalten. Erforderlich ist allein eine Einigung gem § 929 S 1. Diese muss sich nach dem Spezialitätsgrundsatz auf jedes einzelne Zubehörstück beziehen, das übereignet werden soll. Die Einigung wird aber im Zusammenhang mit der Grundstücksübereignung vermutet. Die Auflassung beinhaltet iZw auch die dingliche Einigung (zum schuldrechtlichen Verpflichtungsgeschäft vgl § 311 c hins der Veräußerung des Zubehörs (Abs 1 S 2).

2 **II.** Der Eigentumsübergang am Zubehör erfolgt zusammen mit dem am Grundstück. Einer Übergabe oder eines Surrogats (§§ 929–931) bedarf es nicht (Abs 1 S 1). Der Eigentumsübergang am Zubehör kann daneben auch wie bei jeder beweglichen Sache nach §§ 929–931 erfolgen.

3 Zubehör, das **nicht Eigentum** des Grundstückseigentümers ist, kann nicht nach Abs 1 erworben werden. Hier kommt nur ein gutgläubiger Erwerb nach den §§ 932–935 in Betracht (Abs 2 Halbs 1). Für die Bösgläubigkeit ist der Zeitpunkt der Besitzerlangung maßgebend (Abs 2 Halbs 2). Sofern Zubehör des Grundstückseigentümers mit dem **Recht eines Dritten** belastet ist, bietet sich die Möglichkeit eines gutgläubigen lastenfreien Erwerbs (Abs 2 Halbs 2 1, § 936). Auch dieser setzt aber eine Besitzerlangung voraus.

§ 927 Aufgebotsverfahren

(1) ¹Der Eigentümer eines Grundstücks kann, wenn das Grundstück seit 30 Jahren im Eigenbesitz eines anderen ist, im Wege des Aufgebotsverfahrens mit seinem Recht ausgeschlossen werden. ²Die Besitzzeit wird in gleicher Weise berechnet wie die Frist für die Ersitzung einer beweglichen Sache. ³Ist der Eigentümer im Grundbuch eingetragen, so ist das Aufgebotsverfahren nur zulässig, wenn er gestorben oder verschollen ist und eine Eintragung in das Grundbuch, die der Zustimmung des Eigentümers bedurfte, seit 30 Jahren nicht erfolgt ist.
(2) Derjenige, welcher den Ausschließungsbeschluss erwirkt hat, erlangt das Eigentum dadurch, dass er sich als Eigentümer in das Grundbuch eintragen lässt.
(3) Ist vor dem Erlass des Ausschließungsbeschlusses ein Dritter als Eigentümer oder wegen des Eigentums eines Dritten ein Widerspruch gegen die Richtigkeit des Grund-

buchs eingetragen worden, so wirkt der Ausschließungsbeschluss nicht gegen den Dritten.

I. Ein **gesetzlicher Erwerb des Grundeigentums** ist nicht nur zugunsten eines eingetragenen Grundstücksbesitzers im Wege der Buchersitzung (Tabularersitzung) gem § 900 möglich; vielmehr kann ein **Eigenbesitzer** das Grundeigentum nach dieser Vorschrift auch gegen den Inhalt des Grundbuchs erwerben (**Kontratabularersitzung**). 1

II. Dieser gesetzliche Eigentumserwerb **setzt** einen 30-jährigen Eigenbesitz (lediglich Rechtswahrnehmung für den Eigenbesitzer steht der Annahme des Eigenbesitzes jedoch entgg, BGH DVP 13, 221 ff) am Grundstück (Abs 1 S 1) **voraus**, wobei die Besitzzeit nach §§ 938–944 berechnet wird (Abs 1 S 2). Weiter ist erforderlich, dass der Eigentümer nicht oder aber ein Nichteigentümer eingetragen ist. Bei Eintragung des verstorbenen Eigentümers besteht zusätzlich das Erfordernis, dass seit 30 Jahren keine Grundbucheintragung, die der Zustimmung des Eigentümers bedurfte, erfolgte (Abs 1 S 3). Schließlich bedarf es des Erlasses eines Ausschließungsbeschlusses im Wege des Aufgebotsverfahrens (§§ 433–441, 442–446 FamFG). 2

Die Eintragung des aneignungsberechtigten Eigenbesitzers führt zu dessen **gesetzlichem Eigentumserwerb** (Abs 2). Der Ausschließungsbeschluss wirkt allerdings nicht gegen denjenigen, der vor seinem Erlass als Eigentümer oder für den ein Widerspruch eingetragen worden ist (Abs 3). Durch den Ausschließungsbeschluss wird das Grundstück **herrenlos**, und der Besitzer erhält ein dingliches Aneignungsrecht. 3

§ 928 Aufgabe des Eigentums, Aneignung des Fiskus

(1) Das Eigentum an einem Grundstück kann dadurch aufgegeben werden, dass der Eigentümer den Verzicht dem Grundbuchamt gegenüber erklärt und der Verzicht in das Grundbuch eingetragen wird.
(2) ¹Das Recht zur Aneignung des aufgegebenen Grundstücks steht dem Fiskus des Landes zu, in dem das Grundstück liegt. ²Der Fiskus erwirbt das Eigentum dadurch, dass er sich als Eigentümer in das Grundbuch eintragen lässt.

Der Grundeigentümer kann sein Recht durch **Verzichtserklärung** ggü dem Grundbuchamt in der Form des § 29 GBO und Eintragung des Verzichts im Grundbuch aufgeben (Abs 1). Damit wird das Grundstück **herrenlos** und eine Aneignung nach Abs 2 ist möglich (zur Löschung einer Grundschuld an einem herrenlosen Grundstück bedarf es nicht der Zustimmung des früheren Eigentümers, BGH NJW-RR 12, 1105 ff). Nach Abs 2 hat der Fiskus des Bundeslandes, in dem ein herrenloses Grundstück liegt, ein alleiniges **dingliches Aneignungsrecht** (Abs 2 S 1). Verzichtet der Fiskus auf letzteres, so ist es durch jedermann frei okkupierbar (BGHZ 108, 282). Mit der Eintragung des Aneignungsberechtigten im Grundbuch erfolgt ein gesetzlicher Eigentumserwerb (Abs 2 S 2). Ein Verzicht einzelner Wohnungs- oder Teileigentümer ist unzulässig (BGH NJW 07, 2547, 2548). 1

Titel 3
Erwerb und Verlust des Eigentums an beweglichen Sachen

Untertitel 1
Übertragung

Vorbemerkung zu §§ 929–1011

I. Der Eigentumserwerb beweglicher Sachen ist zum größten Teil im BGB, zum Teil außerhalb geregelt. Man unterscheidet den Erwerb **durch Rechtsgeschäft** (§§ 929–936) vom **gesetzlichen Eigentumserwerb** (§§ 937–984, 582 a II 2, 585, 1048 I 2 HS 2, II, 1922) und dem Erwerb durch **Hoheitsakt** (zB Versteigerung gepfändeter Sachen oder deren gerichtliche Zwangsüberweisung gem § 825 ZPO bzw Zuschlag in der Zwangs- 1 versteigerung bzgl des beschlagnahmten Grundstückzubehörs gem §§ 90 II, 55 ZVG). Beim rechtsgeschäftlichen Eigentumserwerb beweglicher Sachen ist zwischen dem **Erwerb vom Berechtigten** (§§ 929–931) und dem **Erwerb vom Nichtberechtigten** (§§ 932–936) zu unterscheiden.

2 II. Rechtsgeschäftlicher Eigentumserwerb vom Berechtigten. Die Regelung der §§ 929 ff beruht auf einer **Ablehnung des sog Konsensprinzips**, wonach das Eigentum durch bloße Einigung der Parteien übergeht. Das Konsensprinzip erleichtert zwar den Übertragungsvorgang erheblich, doch stehen diesem Vorteil deutliche Nachteile ggü. Diese liegen insb in der fehlenden Offenkundigkeit der Übereignungen, in der Begünstigung des Auseinanderfallens von Besitz und Eigentum sowie im Zusammenfließen von schuldrechtlichen und dinglichen Geschäften und damit in der Verwischung des Abstraktionsprinzips.

3 Das BGB folgt deshalb dem **eingeschränkten Traditionsprinzip** des gemeinen Rechts. Dabei ist die nach § 929 S 1 erforderliche Übergabe nicht als bloße Form anzusehen, in der sich die Einigung vollzieht, sondern sie ist neben der Einigung ein selbständiges Tatbestandsmerkmal. Dies gilt gleichermaßen für die in §§ 930, 931 zugelassenen Übergabesurrogate.

4 Das Traditionsprinzip bedeutet grds, dass der Veräußerer, der im Besitz der Sache ist, seinen **Besitz vollständig aufgeben** und der Erwerber bzw seine Geheißperson auf Veranlassung des Veräußerers unmittelbaren oder mittelbaren Besitz erlangen muss. Die vollständige Aufgabe des Besitzes des Veräußerers verlangen § 929 und die Eigentumsübertragung nach §§ 929, 931 iVm §§ 870, 398, wenn die Übergabe durch die Abtretung des Herausgabeanspruchs aus einem Besitzmittlungsverhältnis ersetzt wird. In beiden Fällen darf auf Seiten des Veräußerers kein Besitz verbleiben, und der Erwerber muss seinerseits den Besitz erhalten.

5 Eine **Durchbrechung des Traditionsprinzips** stellt das in § 930 zugelassene Übergabesurrogat dar. Hier bleibt der Veräußerer im (unmittelbaren oder mittelbaren) Besitz der Sache und die Übergabe wird durch ein Besitzmittlungsverhältnis iSd § 868 ersetzt. Dabei sind iR des § 930 folgende Konstruktionen denkbar:

6 Erstens kann der bisherige Eigentümer durch die **Neubegründung eines Besitzmittlungsverhältnisses** mit dem Erwerber und die Änderung seines Eigenbesitzerwillens zum Fremdbesitzer und Besitzmittler des Erwerbers werden. Zweitens kann der Erwerber, wenn der bisherige Eigentümer nur mittelbarer Besitzer der Sache ist, durch Begr eines zusätzlichen Besitzmittlungsverhältnisses gem § 868 nach § 871 zweistufigen mittelbaren Eigenbesitz erlangen; der Veräußerer wird mittelbarer Fremdbesitzer. Statt der sonst geforderten Besitzaufgabe lässt § 930 die **Umwandlung des Eigenbesitzes in Fremdbesitz** genügen. Dass der Gesetzgeber diese Regelung selbst als Durchbrechung des Traditionsprinzips betrachtet, zeigt der **eingeschränkte Gutglaubensschutz** in § 933.

§ 929 Einigung und Übergabe

¹Zur Übertragung des Eigentums an einer beweglichen Sache ist erforderlich, dass der Eigentümer die Sache dem Erwerber übergibt und beide darüber einig sind, dass das Eigentum übergehen soll. ²Ist der Erwerber im Besitz der Sache, so genügt die Einigung über den Übergang des Eigentums.

1 I. S 1 regelt den **Grundfall des rechtsgeschäftlichen Eigentumserwerbs** an beweglichen Sachen. Erwerbsvoraussetzungen sind ausschließlich die dingliche Einigung über den Eigentumsübergang und die Übergabe der Sache. Nicht zu den Erwerbsvoraussetzungen des S 1 ieS gehören daher die Wirksamkeitsvoraussetzungen. Also gehört auch das im S 1 erwähnte Eigentum des Verfügenden nicht zum Erwerbstatbestand. Auch ein Nichteigentümer kann den Tatbestand des S 1 erfüllen. Dies zeigt § 185 I, nach dem die von einem Nichtberechtigten mit Einwilligung des Eigentümers vorgenommene Verfügung wirksam ist.

Abschnitt 3 | Eigentum § 929

II. 1. Die **Voraussetzungen** des Eigentumserwerbs nach S 1 sind somit die **Einigung** 2 über den Eigentumsübergang und die **Übergabe** der Sache.

a) Einigung. Die Einigung ist ein zweiseitiges Rechtsgeschäft (**dinglicher Vertrag**). Daraus folgt, dass die Vorschriften über Willenserklärungen uneingeschränkt anzuwenden sind (zB §§ 104 ff, 116 ff, 145 ff, 158 ff, 164 ff). Die Einigung ist formlos wirksam, es sei denn, die Parteien hätten rechtsgeschäftlicher Formbedürftigkeit vereinbart. Meist wird die Einigung nicht ausdrücklich erklärt, sondern erfolgt konkludent. Die Einigung kann bedingt oder befristet abgeschlossen werden. Hauptfall ist die aufschiebend bedingte Einigung beim Eigentumsvorbehalt. Nur mit Einschränkungen anwendbar sind die Vorschriften des Allgemeinen Teils des Schuldrechts. Eine Einigung zugunsten Dritter analog §§ 328 ff ist jedoch nicht möglich (hM). 3

Nach dem Grundsatz der **Abstraktheit** ist die Einigung iR des S 1 streng von der Einigung iR des zugrunde liegenden schuldrechtlichen Verpflichtungsgeschäfts (zB Kauf) zu trennen, auch wenn beide Verträge äußerlich zusammenfallen. Beide Verträge führen grds ein rechtliches Eigenleben und sind im Hinblick auf Entstehung und Bestand grds gesondert zu prüfen. Es steht den Parteien allerdings frei, die Einigung im Wege einer Bedingung vom Grundgeschäft abhängig zu machen (§ 158). Eine derartige Bedingung wird von der hM insb bei Handgeschäften des täglichen Lebens (Kauf über den Ladentisch) und den Realofferten angenommen. 4

Die Einigung muss sich auf **bestimmte Sachen** beziehen. Es reicht also im Sachenrecht 5 anders als im Schuldrecht die bloße Bestimmbarkeit des Einigungsgegenstandes nicht aus. Dieses Erfordernis ist erfüllt, wenn die Sache so umschrieben wird, dass sie als Gegenstand der Einigung eindeutig individualisierbar ist und von anderen vergleichen Gegenständen unterschieden werden kann (Müller, Rn 2371). Sofern die Sache idS hinreichend bestimmt ist, ist diese Voraussetzung auch bei einer vorweggenommenen (antizipierten) Einigung über den Eigentumsübergang an Sachen, die der Veräußerer erst noch erwerben muss, erfüllt.

Möglich ist auch, dass der Veräußerer und der Erwerber bei der Abgabe der Einigungserklärung durch **Stellvertreter** (§§ 164 ff) vertreten werden. Auch eine Anscheins- oder Duldungsvollmacht reicht hierfür aus. Die Übereignung erfolgt in diesem Fall nach S 1. Die eigentlichen Probleme bei Eigentumsübertragungen unter Einschaltung von Stellvertretern liegen jedoch im Bereich der Übergabe. Ist auf der Erwerberseite ein Stellvertreter tätig, so erlangt der Erwerber unmittelbaren Besitz, wenn der Stellvertreter Besitzdiener (§ 855) ist, oder mittelbaren Besitz, der für eine Übergabe iSd S 1 genügt, weil auch in diesem Fall der Veräußerer jeglichen Besitz verliert. Nach hM ist die **Offenkundigkeit** der Stellvertretung entbehrlich, wenn es dem Veräußerer gleichgültig ist, wer erwirbt und der auf der Erwerberseite handelnde Dritte für den, den es angeht, erwerben will (**Übereignung an den, den es angeht**). Diese Konstruktion ist erforderlich, um den sonst auf der Erwerberseite eintretenden Durchgangserwerb zu vermeiden. 6

Die Einigung und die sonstigen Voraussetzungen der Übereignung müssen im Zeitpunkt der **Übergabe** (S 1) bzw der Übergabesurrogate (§§ 930, 931) vorliegen. Fraglich ist, ob die Einigung bis dahin frei widerruflich ist und welche Wirkung es hat, wenn der Verfügende nach erklärter Einigung stirbt oder seine Geschäftsfähigkeit oder Verfügungsbefugnis wegfällt oder beschränkt wird. Nach hM ist die Einigung bis zur Vollendung des Eigentumserwerbs durch Übergabe bzw Übergabesurrogate **frei widerruflich** (BGHZ 7, 115). Dies wird mit einem Umkehrschluss aus §§ 873 II, 956 I 2 (ausnahmsweise Unwiderruflichkeit der Einigung) und damit begründet, dass die §§ 932 ff für das Vorliegen des guten Glaubens ebenfalls auf den Zeitpunkt der Übergabe abstellen. Die hM **vermutet** aber, dass die einmal erklärte Einigung fortbesteht. Demgegenüber sieht eine aA die Einigung wie jeden anderen Vertrag bereits mit ihrem Abschluss als **bindend** an (Westermann/H. P. Westermann, § 38, 4). Dag spricht nicht nur der Wortlaut des § 929 S 1, sondern auch die Tatsache, dass die §§ 932 ff für den guten Glauben regelmäßig auf den Zeitpunkt der Übergabe abstellen (Medicus/Petersen, BR Rn 36). 7

Str ist weiter, welche Voraussetzungen nach der hM an den **Widerruf der Einigung** zu stellen sind. Nach dem RG sollte bereits die bloße Aufgabe des Übereignungswillens 8 des Veräußerers ausreichen (RGZ 83, 225 f; 109, 203). Andere verlangen einen Zugang der Widerrufserklärung bis zur Übergabe (Medicus/Petersen, BR Rn 34). Der BGH lässt es ausreichen, dass der Widerruf dem anderen Teil erkennbar ist (BGH NJW 78, 698).

9 Stirbt der Verfügende nach erklärter Einigung oder **fällt** seine **Geschäftsfähigkeit weg**, so ist § 130 II analog anzuwenden und eine Übereignung zu bejahen, falls dem anderen Teil vor der Übergabe kein Widerruf des Erben bzw des gesetzlichen Vertreters zugeht (Medicus/Petersen, BR Rn 392). Auch hier müsste mit dem BGH genügen, dass der Widerruf für den anderen Teil erkennbar ist.

10 **b) Übergabe.** Im Ggs zur Einigung ist die Übergabe ein **Realakt**, der weder Geschäftsfähigkeit erfordert noch den Regeln über Willenserklärungen unterliegt. **Grundgedanke** des in S 1 zum Ausdruck kommenden Traditionsprinzips ist es, dass der Veräußerer jeden Besitz verliert, der Erwerber oder seine Geheißperson aber auf Veranlassung des Veräußerers unmittelbaren oder mittelbaren Eigenbesitz erlangt. Ein auf Veranlassung des Veräußerers erfolgter Übertritt eines Besitzdieners oder Besitzmittlers in die Sphäre des Erwerbers wird einer an sie erfolgten Übergabe gleichgestellt. Auch die vom besitzenden Veräußerer gestattete Besitzergreifung ist eine Übergabe nach S 1. Andererseits stellt die Übertragung des mittelbaren Besitzes (§ 870) keine Übergabe iSd S 1 dar, wie sich aus § 931 ergibt. Ebenso wenig genügt die Einräumung bloßen Mitbesitzes durch den Veräußerer, da dieser hier nicht jeden Eigenbesitz an der Sache verliert. In diesem Fall ist eine Kombination mit § 930 bzw § 931 erforderlich. Die Übergabe nach S 1 hat im Einzelnen folgende **Voraussetzungen:**

11 **aa)** Der Veräußerer muss jeden **Besitz aufgeben.**

12 **(1)** Ist der **Veräußerer unmittelbarer Besitzer,** so muss er diesen nach § 856 aufgeben. Dies ist auf folgende Weise möglich:

13 ■ Er **überträgt** seinen **unmittelbaren Besitz** selbst nach § 854 I oder II auf den Erwerber oder eine von diesem benannte Person. Dem steht die vom Veräußerer gestattete Besitzergreifung durch den Erwerber gleich.

14 ■ Er **weist** seinen **Besitzdiener** (§ 855) **an**, die Sache dem Erwerber oder einer von diesem benannten Person **zu übergeben.** Die Übergabe durch den Besitzdiener wird dem Veräußerer zugerechnet.

15 ■ Er weist seinen **Besitzdiener** (§ 855) an, in Zukunft die tatsächliche Gewalt **für den Erwerber** als Besitzherrn auszuüben, also ein Besitzdienerverhältnis zu diesem zu begründen. Kommt der Besitzdiener dieser Weisung mit Einverständnis des Erwerbers nach, liegt in dem Übertritt des Besitzdieners in die Sphäre des Erwerbers trotz des Fehlens eines Übergabeaktes eine Übergabe iSd S 1 (Jauernig/Berger § 929 Rn 10; aA Wieling, § 9 I 2 b). Es entsteht ein neues Besitzverhältnis, weil sich der den Besitz vermittelnde Wille des Besitzdieners ändert und die Sache durch dessen Übertritt tatsächlich in den Weisungs- und Herrschaftsbereich des Erwerbers gelangt.

16 ■ Der **Veräußerer selbst** übt künftig als **Besitzdiener** des Erwerbers für diesen die tatsächliche Gewalt über die veräußerte Sache aus.

17 **(2)** Ist der **Veräußerer mittelbarer Besitzer,** so muss er diesen ebenfalls aufgeben. Dies kann auf folgende Weise geschehen:

18 ■ Er **weist** unter Aufgabe seines eigenen Besitzes seinen **Besitzmittler an**, die Sache dem Erwerber oder einer von diesem benannten Person **zu übergeben** (BGH NJW 86, 1168). Auch hier handelt es sich um eine vom Veräußerer veranlasste Übergabe. Die für S 1 erforderliche Besitzaufgabe des Veräußerers vollzieht sich dadurch, dass der Besitzmittler auf Anweisung seinen unmittelbaren Besitz nach § 856 aufgibt, womit automatisch der mittelbare Besitz des Veräußerers endet.

19 ■ Er veranlasst seinen Besitzmittler, ein **Besitzmittlungsverhältnis mit dem Erwerber** zu begründen. Vereinbart der Besitzmittler mit dem Erwerber ein Besitzmittlungsverhältnis und endet damit das bisher zum Veräußerer bestehende, so liegt auch in diesem Übertritt des Besitzmittlers in die Sphäre des Erwerbers trotz des Fehlens eines Übergabeaktes eine Übergabe iSd S 1 (BGHZ 92, 287 f; aA Martinek AcP 188,

598). Dafür spricht, dass der Besitzmittler mit seinem Übertritt in die Sphäre des Erwerbers auch den Besitz auf diesen überträgt. Die Sache gelangt damit faktisch ebenso in den Bestimmungsbereich des Erwerbers wie bei einer erfolgten Übergabe an dessen Besitzmittler (BGH NJW 59, 1539).

Hat der **Veräußerer keinen Besitz**, so genügt es für eine Übergabe iSd S 1, dass ein 20 Dritter, der weder Besitzmittler noch Besitzdiener des Veräußerers ist, dem Erwerber auf Veranlassung des Veräußerers den unmittelbaren oder mittelbaren Besitz verschafft (Übergabe auf **Geheiß des Veräußerers**). Übergeben wird hier also eine Sache, die sich nicht im Besitz des Veräußerers befindet. Darin liegt der Unterschied zu den oben behandelten Übergabesituationen. Die Übergabe des dritten Besitzers wird dem Veräußerer zugerechnet, weil sie auf sein Geheiß hin erfolgt. In der Befolgung der Anweisung durch den Dritten zeigt sich die Willensmacht des Veräußerers, dem Erwerber oder seiner Geheißperson den Besitz zu verschaffen.

bb) Der Erwerber muss Besitz erlangen. Die Erlangung **unmittelbaren Besitzes** ist mög- 21 lich durch Übergabe an ihn oder Einigung mit ihm selbst (§ 854 I oder II), Übergabe an seinen Besitzdiener (§§ 855, 854), Übertritt des Besitzdieners des Veräußerers in seine Sphäre (§§ 855, 854) oder Begr eines Besitzdienerverhältnisses mit dem Veräußerer, der nun für ihn die tatsächliche Gewalt ausübt (§§ 855, 854). Dies ist in der Weise möglich, dass die Sache auf Weisung des Erwerbers an dessen Besitzmittler übergeben wird. Der bisherige Besitzmittler des Veräußerers kann aber auch mit dem Erwerber ein Besitzmittlungsverhältnis begründen und damit das bisher zum Veräußerer bestehende beenden – Übertritt des Besitzmittlers in die Sphäre des Erwerbers.

Eine Übergabe iSd S 1 an den Erwerber kann auch ohne jede Besitzerlangung vorlie- 22 gen, wenn die Sache nicht an ihn, sondern auf sein Veranlassen oder Geheiß an einen vom Erwerber benannten Dritten übergeben wird, der weder sein Besitzdiener noch -mittler ist (Übergabe auf **Geheiß des Erwerbers**). Auch hier vermittelt der Drittempfänger dem Erwerber keinen Besitz, der Erwerber erlangt also überhaupt keinen Besitz iSd §§ 854 ff. Trotzdem wird die Aushändigung der Sache an den Dritten iSd S 1 als eine Übergabe an den Erwerber angesehen, weil der Erwerber eine besitzähnliche Bestimmungsmacht über die Sache erhält, wenn der Veräußerer oder dessen Hilfsperson seine Anweisung tatsächlich befolgt (BGH NJW 73, 141).

cc) Möglich ist eine Übergabe iSd S 1 aber auch bei **doppeltem Geheißerwerb**: Geheiß 23 auf Seiten des Veräußerers bei gleichzeitigem Geheiß auf Seiten des Erwerbers. Eine derartige Kombination ermöglicht eine Übergabe zwischen Parteien, die weder Besitz haben noch Besitz erlangen. Dazu folgendes **Bsp**: Kunde K kauft bei Einzelhändler E ein Elektrogerät. E bestellt dieses bei seinem Großhändler G und weist diesen an, das Gerät direkt an K auszuliefern. In diesem Fall könnte E hins des Eigentums als Erwerber und Veräußerer in einer Person auftreten. Dies ist jedoch nicht zwingend erforderlich, um seine Schuld ggü K aus § 433 I zu erfüllen. Zur Erfüllung der Schuld des E kann es selbst dann kommen, wenn E überhaupt keine Übereignung vornimmt. Es wäre nämlich rechtstechnisch möglich, eine Übereignung im Verhältnis G an K anzunehmen (zB Leistung des G auf die Schuld des E nach § 267 oder Tilgungszweckbestimmung des E ggü K, wobei G auch als Bote eingesetzt werden kann). Eine unmittelbare Übereignung G an K scheidet aber regelmäßig aus, da G lediglich seinen Verpflichtungen zu E nachkommen will und idR nicht weiß, ob K überhaupt oder ohne weiteres Eigentum erlangen soll (E könnte zB die Sache an K nur vermietet oder unter Eigentumsvorbehalt verkauft haben, vgl BGH NJW 86, 1168). Soll K das Eigentum erwerben, so gibt es hierfür zwei verschiedene **Möglichkeiten**:

Es können nacheinander zwei Übereignungen G-E und E-K nach S 1 stattfinden. K er- 24 wirbt das Eigentum im Wege des **Durchgangserwerbs**, wobei E gleichzeitig als Erwerber (von G) und Veräußerer (an K) auftritt. In diesem Fall ist die Einigung G-E problemlos. Die Einigung E-K erfolgt mit Abschluss des Kaufvertrages, also bereits vor der Übergabe, und ist daher antizipiert. In der Lieferung der Sache von G an K liegt eine doppelte Übergabe: Von G an E auf Geheiß des E als Erwerber (Folge: Eigentumsumserwerb des E) und von E an K auf Geheiß des E als Veräußerer (Folge: Eigentumserwerb des K von E, „Durchgangserwerb"). In diesem Fall ist E bei der Veräußerung der Sache an K als Eigentümer aufgetreten. Er hat also als Berechtigter verfügt, da er erst mit der Übergabe von E an K „verfügt" hat und in diesem Zeitpunkt Berechtigter war. Ein Erwerb des K gem § 185 II 1 2. Alt scheidet daher aus (str).

25 Möglich ist weiterhin ein **Direkterwerb** des K von G, wenn G in die Übereignung des E an K eingewilligt hat (§ 185 I). Hier wird der Tatbestand des S 1 von E erfüllt, indem er mit K in eigenem Namen die Einigung herbeiführt. Die auf Geheiß des Veräußerers E von G vorgenommene Übergabe an K wird dem E zugerechnet. Der Tatbestand des S 1 ist damit gegeben. Wirksamkeit erlangt diese Verfügung des E aber nur wegen der Einwilligung des G nach 185 I. Mit der Befolgung der Anweisung ordnet nämlich G die Sache endgültig dem E zur eigenen Zweckbestimmung zu. Dieser Zuordnungswille des G ist nicht auf einen bestimmten rechtlichen Erfolg, sondern auf die vollständige vermögensmäßige Zuordnung der Sache gerichtet. Ob E Eigentum an der Sache erlangt oder E sich diese – ohne Eigentümer zu werden – in der Weise wirtschaftlich einverleibt, dass er sie sofort durch Verfügung an einen Dritten verwertet, ist dem G dabei vollständig gleichgültig. Ob dann im konkreten Fall E als Nichtberechtigter verfügt oder selbst im Wege des Durchgangserwerbs Eigentum erlangt, ist unter Beachtung der von ihm verfolgten Zwecke durch Auslegung zu ermitteln. Da E im Regelfall nur an einer wirtschaftlichen Verwertung der Sache durch Weiterverkauf interessiert ist und er diesen Zweck zwanglos über § 185 I erreicht, kann sein Wille nicht grds auf einen Durchgangserwerb gerichtet sein. Wird K – aus welchen Gründen auch immer – nicht Eigentümer, so muss es E werden. Dies ist allein in den Fällen der Ablehnung eines Durchgangserwerbs problematisch. Flume (FS Ernst Wolf, S 64 f) hilft in diesem Fall so, dass G und E sich für den Fall des Nichterwerbs durch K über den Erwerb durch E geeinigt hätten.

26 Diese Kombination eines Geheißes des Veräußerers mit einem solchen des Erwerbers kann bei Streckengeschäften mehrfach hintereinander geschaltet werden. Es kommt dann zu sog **Veräußerungsketten,** wenn der Erwerber sofort wieder als Verkäufer eine Weisung zur Übergabe an einen folgenden Abkäufer abgibt usw. Wenn entsprechende Einigungen iSd S 1 vorliegen, kommt es jeweils zu einem **Durchgangserwerb der einzelnen Weisungsgeber.** Konsequenz der Anerkennung des Geheißes auf der Erwerberseite ist, dass sich dieser Zwischenerwerb ohne Besitzerwerb iSd §§ 854 ff vollzieht und nur der letzte Abnehmer in dieser Kette Besitzer der Sache nach § 854 wird.

27 dd) Die Erlangung des Besitzes muss **auf Veranlassung des Veräußerers** erfolgt sein, also von ihm willentlich selbst vorgenommen oder veranlasst worden sein. Der Übergabewille muss sich auf die Übereignung beziehen, fehlt also zB, wenn der Verkäufer das bereits verkaufte, aber noch nicht übereignete Auto dem Käufer für einen Abend verleiht. Der Übergabewille ist ebenso wie der Besitzerwerbswille grds (Ausn: § 854 II) tatsächlicher, nicht rechtsgeschäftlicher Natur (Baur/Stürner, § 51 Rn 18).

28 **2. Eigentumserwerb nach § 929 S 2.** Bei der traditio brevi manu (Übereignung „kurzer Hand") genügt die bloße Einigung für die Übereignung, wenn der Erwerber bereits im Besitz der Sache ist (BGH NJW 07, 2844). Dies bestätigt den Grundgedanken des Traditionsprinzips, nach dem es ausreicht, dass der Veräußerer jeden Besitz an der Sache verliert und der Erwerber auf seine Veranlassung wenigstens mittelbaren Besitz erlangt. Auch die Umwandlung eines ehemals wesentlichen Bestandteils eines Grundstücks zu einer selbständigen Sache erfolgt daher nach § 929 S 2 (BGH NJW 06, 990).

29 a) **Voraussetzungen** der Übereignung sind die **Einigung** über den Eigentumsübergang und der **Besitz** des Erwerbers an der Sache. Dabei ist gleichgültig, ob der Erwerber unmittelbaren oder mittelbaren Besitz an der Sache hat, sofern nur der Veräußerer keinerlei Besitz behält. Gleichgültig ist ferner, ob Eigen- oder Fremdbesitz vorliegt. Eigenbesitz liegt vor, wenn jemand als Käufer eine gestohlene Sache in Besitz hat. Nach dem wegen § 935 gescheiterten Eigentumserwerb kann er nunmehr nach S 2 vom Eigentümer erwerben.

30 b) Str ist, ob auch die **Veräußerung an einen Besitzdiener,** der nach § 855 nicht Besitzer, sondern nur Gewahrsamsinhaber ist, unter S 2 fällt, die Übereignung also durch bloße Einigung erfolgen kann. Die hM (Baur/Stürner, § 51 Rn 14) lehnt für derartige Fälle S 2 ab, da der Besitzdiener keinen Besitz habe. Die Übereignung müsse nach S 1

erfolgen, wobei die Übergabe durch die Aufhebung des nach § 855 bestehenden Herrschaftsverhältnisses, die durch einen **äußerlich erkennbaren Akt** manifestiert werden müsse, vollzogen werde. Einen solchen Akt stellt zB die Umschreibung der Kfz-Papiere dar, da daraus ersichtlich wird, dass das zuvor bestehende Rechtsverhältnis zum Besitzer nicht weiter bestehen soll. Richtiger ist es wohl anzunehmen, dass die Aufhebung des Besitzdienerverhältnisses in der Einigung nach S 2 regelmäßig enthalten ist. Daneben noch eine Einigung nach § 854 II zu verlangen, ist deshalb unnötig **formalistisch**. Nach aA fällt dag auch die Veräußerung an den Besitzdiener grds unter § 929 S. 2 (Wieling, § 9 II).

Der für das Zustandekommen der Einigung erforderliche **Erwerbswille** bedeutet gleichzeitig die Umwandlung vorherigen Fremdbesitzes in – unmittelbaren oder mittelbaren – Eigenbesitz nach § 872. Ob der Erwerber den Besitz von dem Eigentümer oder einem Dritten erlangt hat, ist beim Eigentumserwerb vom Berechtigten gleichgültig. Hierauf kommt es nur beim Erwerb vom Nichtberechtigten wegen § 932 I 2 an. 31

c) Möglich ist eine auf den späteren Besitzerwerb bezogene **antizipierte Einigung**. Diese ist allerdings bis zum Besitzerwerb nicht bindend, der Veräußerer kann sie bis zur Besitzerlangung widerrufen. Besitzrechtliche Folge einer derartigen Einigung für den Veräußerer ist, dass er wie bei der Einigung gem § 2 keinen Besitz an der Sache hat. Hatte er bis dahin mittelbaren Besitz, bringt er mit der Einigungserklärung seinen Besitzaufgabewillen zum Ausdruck. Hatte der Veräußerer zB beim gutgläubigen Eigenbesitz des Erwerbers vorher keinen Besitz, so erübrigt sich selbstverständlich eine Besitzaufgabe. Diese antizipierte Einigung ist von der **Übereignung besitzloser Sachen** durch bloße Einigung mit sofortiger dinglicher Wirkung zu unterscheiden. 32

3. Eigentumsvorbehalt und Anwartschaftsrecht. Der Eigentumsvorbehalt ist ausdrücklich in § 449 geregelt. Dort ist allerdings nur die schuldrechtliche Seite des Eigentumsvorbehaltskaufes näher beschrieben. Die dingliche Seite des Eigentumsvorbehalts gehört dag in das Sachenrecht. Sachenrechtlich bleibt der Verkäufer zunächst Eigentümer der Kaufsache, während der Erwerber ein dingliches Anwartschaftsrecht an ihr erwirbt, das mit der vollständigen Zahlung des Kaufpreises zum Eigentum erstarkt. 33

a) Eigentumsvorbehalt. Der Eigentumsvorbehalt wird in der Praxis zur Sicherung von Kaufpreisforderungen der Warenlieferanten vereinbart. Er ist nur an beweglichen Sachen möglich, da die bedingte Übereignung eines Grundstücks unwirksam ist (§ 925 II). Behält sich der Verkäufer das Eigentum bis zur vollständigen Zahlung des Kaufpreises vor, so liegt darin nach der Auslegungsregel des § 449 iZw eine Übereignung der Kaufsache unter der aufschiebenden Bedingung (§§ 929 ff, 158 I), dass der Kaufpreis vollständig bezahlt wird. Demgegenüber ist der Kaufvertrag unbedingt. Bleibt die Kaufpreiszahlung ganz oder zum Teil aus, so verstärkt der Eigentumsvorbehalt die Stellung des Verkäufers bei Auflösung des Kaufvertrages, weil der Verkäufer einen dinglichen Herausgabeanspruch aus § 985 und nicht bloß einen schuldrechtlichen Anspruch auf Rückübereignung der Sache hat. 34

Bis zum Bedingungseintritt ist der Eigentumsvorbehaltsverkäufer **Eigentümer**, aber in seiner Verfügungsbefugnis zugunsten des Käufers beschränkt (§ 161 I). Einer Zwangsvollstreckung in die Kaufsache durch Gläubiger des Vorbehaltskäufers kann er widersprechen (Drittwiderspruchsklage, § 771 ZPO). Bei Insolvenz des Käufers kann der Eigentümer vom Kauf zurücktreten. Damit fällt die Bedingung aus, und er bleibt endgültig Eigentümer, kann also Aussonderung verlangen, § 47 InsO. 35

Man unterscheidet folgende Arten des Eigentumsvorbehalts: 36

aa) Der **einfache** Eigentumsvorbehalt besteht lediglich in der Kaufsache bis zur Zahlung des Kaufpreises. Mit dieser wird der Vorbehaltskäufer Eigentümer, und der Eigentumsvorbehalt erlischt (Palandt/Weidenkaff § 449 Rn 9, 12, 13). 37

bb) Beim **verlängerten** Eigentumsvorbehalt soll der Eigentumsvorbehaltsverkäufer auch dann noch gesichert sein, wenn sein vorbehaltenes Eigentum an den von ihm gelieferten Gegenständen durch deren Verarbeitung oder Weiterveräußerung untergeht. Der verlängerte Eigentumsvorbehalt erstreckt dazu den Eigentumsvorbehalt auf die Surrogate aus der Verarbeitung oder Weiterveräußerung. 38

39 Im Falle der **Verarbeitung** von unter Eigentumsvorbehalt gelieferten Stoffen zu einer neuen Sache würde der Eigentumsvorbehalt wegen des gesetzlichen Eigentumserwerbs des weiterverarbeitenden Käufers nach § 950 untergehen. Um diese Gefahr zu vermeiden, lässt die Rspr eine **vertragliche Bestimmung des Herstellers** iSv § 950 I 1 zu (BGHZ 14, 117; 20, 159; 46, 118 f). Daher kann der am Produktionsvorgang völlig unbeteiligte Stofflieferant „Hersteller" sein, also unmittelbar durch die Verarbeitung Eigentümer der neuen Sache werden. Dies bedeutet, dass bei einer Lieferung des Stoffes unter Eigentumsvorbehalt mit **Verarbeitungsklausel** der Lieferant, nicht aber der Verarbeiter gem § 950 Hersteller und Eigentümer der neuen Sache wird (str, vgl § 950 Rn 6).

40 Gestattet der Verkäufer dem Käufer die **Weiterveräußerung** der unter Eigentumsvorbehalt gelieferten Waren (§ 185 I), so geht der Eigentumsvorbehalt durch die Weiterveräußerung unter, weil dritte Abkäufer das Eigentum vom Verfügungsbefugten erwerben. Der Eigentumsvorbehaltsverkäufer wird gegen dieses Risiko in der Weise gesichert, dass der Käufer seine künftigen Kaufpreisforderungen aus dem Weiterverkauf der Waren dem Verkäufer zur Sicherung abtritt (**verlängerter Eigentumsvorbehalt mit Vorausabtretungsklausel**). Die Gestattung der Weiterveräußerung hängt in diesem Fall von der Wirksamkeit der Vorausabtretung ab (Jauernig/Berger § 929 Rn 28). Dabei wird dem Käufer idR die Weiterveräußerung im ordentlichen Geschäftsverkehr gestattet.

41 Die **Vorausabtretung** künftiger Forderungen setzt voraus, dass diese **bestimmbar** sind, also im Zeitpunkt ihrer Entstehung nach Höhe und Person des Schuldners bestimmt werden können (BGHZ 26, 183). Die Vorausabtretung ist unwirksam, wenn der Vorbehaltskäufer mit Dritten ein Abtretungsverbot (§ 399 HS 2) vereinbart hat (BGH NJW 88, 1210; krit: Wagner JZ 88, 698). Die Vorausabtretung künftiger Forderungen kann, da sie sich auch auf die Verdienstspanne des Vorbehaltskäufers erstreckt, zu einer **Übersicherung** des Eigentumsvorbehaltsverkäufers führen. Die Vorausabtretungsklausel ist an § 138 I (Sittenwidrigkeit) bzw § 307 I (unangemessene Benachteiligung des Eigentumsvorbehaltskäufers) zu messen, je nachdem, ob sie individuell oder in AGB vereinbart wurde. Die Frage, wann eine Übersicherung vorliegt, beurteilt sich nach denselben Maßstäben wie bei der Sicherungsübereignung (vgl § 930 Rn 30 ff).

42 Probleme entstehen häufig dann, wenn die Sicherungsinteressen verschiedener Beteiligter einander widersprechen. Dazu kann es insb kommen, wenn einerseits ein verlängerter Eigentumsvorbehalt vereinbart wird, zum anderen aber die gleichen Forderungen auch im Wege der sog Globalzession abgetreten wurden (**Kollision zwischen verlängertem Eigentumsvorbehalt und Globalzession**). In diesen Fällen gilt grds das **Prioritätsprinzip**, dh die vorausgehende Abtretung macht spätere Abtretungen derselben Forderungen gegenstandslos. Danach ist idR die Globalzession vorrangig. Die Vorausabtretung aufgrund des verlängerten Eigentumsvorbehalts geht regelmäßig ins Leere, da sie zeitlich später erfolgt.

43 Die Globalzession kann aber insoweit nichtig gem § 138 I sein, als sie auch künftige Forderungen erfassen soll, die der Zedent seinen künftigen Warenlieferanten aufgrund eines verlängerten Eigentumsvorbehalts branchenüblich abtreten muss und abtritt. Hier stützt sich das Unwerturteil objektiv auf den **vorprogrammierten Vertragsbruch** des Zedenten, subjektiv auf die Kenntnis der Vertragsparteien, für die bei Branchenüblichkeit der Lieferung unter verlängertem Eigentumsvorbehalt eine tatsächliche Vermutung spricht (BGHZ 55, 35; 98, 315).

44 cc) Von einem **weitergeleiteten** Eigentumsvorbehalt spricht man, wenn ein Eigentumsvorbehaltskäufer seinerseits unter Aufdeckung des Eigentumsvorbehalts seines Verkäufers an einen Abkäufer weiterveräußert. Bedingung für den Eigentumserwerb des Abkäufers ist die Bezahlung der Kaufpreisforderung des Eigentumsvorbehaltsverkäufers, nicht des Eigentumsvorbehaltskäufers. Der Abkäufer kann also erst Eigentümer werden, wenn er den Eigentumsvorbehaltskäufer befriedigt hat, nicht bereits dann, wenn er an den Käufer zahlt (BGH NJW 91, 2285).

45 dd) Beim **nachgeschalteten** Eigentumsvorbehalt deckt der Eigentumsvorbehaltskäufer dag den Eigentumsvorbehalt nicht auf. Er verkauft aber unter Vorbehalt des „eigenen

Eigentums", mit der Folge, dass zwei Eigentumsvorbehaltsverkäufe mit unterschiedlichen Bedingungen iSd § 449 hintereinander geschaltet sind (BGH NJW 82, 2371). Hier erwirbt der Abkäufer zunächst ein Anwartschaftsrecht, und zwar entweder nach §§ 929, 185 I, wenn der Vorbehaltskäufer zur Verfügung in eigenem Namen berechtigt war, oder nach §§ 929, 932, wenn eine Ermächtigung fehlte und der Abkäufer gutgläubig war. Der Eigentumsvorbehaltsverkäufer verliert sein Eigentum erst, wenn eine der beiden Kaufpreisforderungen getilgt wird (BGH NJW 71, 1038).

ee) Der **erweiterte Eigentumsvorbehalt** sichert nicht nur die Kaufpreisforderung der 46 verkauften Sache, sondern noch **weitere Forderungen**. Bedingung und Eigentumserwerb treten also erst ein, wenn alle gesicherten Forderungen getilgt sind. Dabei werden **zwei Hauptformen** unterschieden: Der **Kontokorrentvorbehalt** sichert auch alle weiteren, insb künftigen Forderungen des Eigentumsvorbehaltsverkäufers aus der Geschäftsverbindung mit dem Eigentumsvorbehaltskäufer. Dag sichert der **Konzernvorbehalt** Forderungen anderer Gläubiger des Eigentumsvorbehaltskäufers, die demselben „Konzern" wie der Eigentumsvorbehaltsverkäufer angehören. Die Vereinbarung eines Konzernvorbehalts ist unwirksam (§ 449 III).

b) Die Vereinbarung eines Eigentumsvorbehalts setzt eine **aufschiebend bedingte Einigung** 47 über den Eigentumsübergang (§§ 158 I, 929 ff) voraus. Der Eigentumsvorbehalt muss zudem **bei der Übergabe** bereits vereinbart und für den Erwerber **deutlich erkennbar** gewesen sein. Händigt zB der Verkäufer den Fahrzeugbrief nicht aus, so stellt dieses Verhalten ein Indiz für einen Eigentumsvorbehalt gem § 449 I BGB dar (BGH NJW 06, 3488). **Schuldrechtlich** ist der Verkäufer nach § 433 I grds zur unbedingten Übereignung der Kaufsache verpflichtet. Daher ist die bedingte Übereignung nur dann vertragsgemäß, wenn sie im Kaufvertrag vereinbart ist. Anderenfalls kann der Käufer unbedingte Übereignung verlangen, und der Verkäufer hat bis zur Kaufpreiszahlung die Einrede des nichterfüllten Vertrages, § 320. **Sachenrechtlich** entfaltet dag auch ein vom Verkäufer kaufvertragswidrig erklärter Eigentumsvorbehalt Wirkung. Fehlt es an einer Vereinbarung des Eigentumsvorbehalts im Kaufvertrag, erklärt der Verkäufer aber den Eigentumsvorbehalt einseitig bei Lieferung der Ware, so hat er den Käufer zwei Möglichkeiten: Er kann sich **mit dem nachträglichen** Eigentumsvorbehalt (auch stillschweigend oder konkludent zB durch Annahme der Ware ohne Widerspruch) **einverstanden** erklären und damit aufschiebend bedingtes Eigentum erwerben; in dieser Einigung liegt dann zugleich die nachträgliche schuldrechtliche Vereinbarung eines Eigentumsvorbehalts, dh der Käufer verliert seinen Anspruch aus § 433 I auf unbedingte Übereignung. Er kann aber auch das Angebot des Verkäufers zur bedingten Übereignung **ablehnen**, so dass die dingliche Einigung zwischen den Parteien scheitert und **kein** (auch kein aufschiebend bedingtes) **Eigentum** erwirbt. Der einseitige nachträgliche Eigentumsvorbehalt entfaltet jedoch nur dann Wirkung, wenn die **Vorbehaltserklärung** dem Käufer spätestens bei Lieferung **deutlich erkennbar zugeht** (§ 130). Er muss also das vertragswidrige Angebot des Verkäufers gekannt haben oder ihm muss die Kenntnisnahme zumutbar gewesen sein (Palandt/Bassenge § 929 Rn 29). Fehlt es daran, bleibt es bei der unbedingten Übereignung (BGH NJW 79, 213 u 2199).

Diese Regeln gelten auch dann, wenn der Eigentumsvorbehalt in den **AGB** des Verkäu- 48 fers enthalten ist. Problematisch ist die Rechtslage aber, wenn der Käufer den Verkaufsbedingungen des Verkäufers durch eine **Abwehrklausel** („Einkauf nur zu den Einkaufsbedingungen des Käufers") in seinen eigenen AGB widerspricht, die AGB also kollidieren: Nach Auffassung des **BGH** und eines Teils der Literatur wird der Eigentumsvorbehalt nicht Inhalt des Kaufvertrages, weil der Käufer mit seiner Abwehrklausel deutlich mache, dass er nur zu seinen eigenen AGB abschließen wolle. **Sachenrechtlich** liege aber nur ein **bedingtes Übereignungsangebot** des Verkäufers vor, weil der Käufer der in den AGB des Verkäufers enthaltene Eigentumsvorbehalt nicht unbekannt bleibe, von ihm aber wenigstens in zumutbarer Weise zur Kenntnis genommen werden könne (BGH NJW 82, 1751; 85, 1839; Jauernig/Berger § 929 Rn 34). Die Rechtsfolgen richten sich dann nach den oben beschriebenen Grundsätzen für den einseitigen nachträglichen Eigentumsvorbehalt. Andere **differenzieren** zwischen dem einfachen und dem verlängerten Eigentumsvorbehalt. Sei der **einfache** Eigentumsvorbehalt branchenüblich, so sei bei Fehlen anderer Anhaltspunkte trotz einer Abwehrklausel davon auszugehen, dass der Käufer stillschweigend mit ihm einverstanden sei. Er werde daher Inhalt des Kaufvertrages und der Käufer könne keine unbedingte Übereignung verlangen (de Lousanoff NJW 85, 2925). Dag soll der **verlängerte** Eigentumsvorbehalt unabhängig von seiner Branchenüblichkeit nicht Inhalt des Kaufvertrages werden. Es gelten dann wieder die Grundsätze für den einseitigen nachträglichen Eigentumsvorbehalt. Diese Unterscheidung zwischen einfachem und verlängertem Eigentumsvorbehalt überzeugt nicht, da der Käufer bei **Branchenüblichkeit** des Eigentumsvorbehalts in beiden Fällen mit diesem rechnen muss. Trifft also ein in den AGB formulierter Eigentumsvorbehalt des Verkäufers auf eine Abwehrklausel in den AGB des Käufers, so spricht die Branchenüblichkeit des Eigentumsvorbehalts für ein stillschweigendes Einverständnis des Käufers mit der bedingten Übereignung. Der Eigentumsvorbehalt wird Inhalt des Kaufvertrages und der Käufer kann nur die bedingte Übereignung der Ware verlangen (Eckert/Nebel WM 88, 1545 ff).

49 **Nach der Übergabe** kann der Verkäufer den Eigentumsvorbehalt nicht mehr einseitig erklären (**nachträglicher EV**). Der Käufer hat unbedingt Eigentum erworben. Die alte Eigentumslage an der Sache kann auch nicht einfach vereinbart werden (aA Baur/Stürner, § 51 Rn 34). Möglich ist aber eine **Rückübereignung** auf den Verkäufer nach § 930 (Einigung und Vereinbarung eines Besitzmittlungsverhältnisses) mit anschließender **Neuübereignung** auf den Käufer unter Eigentumsvorbehalt durch bloße Einigung nach § 929 S 2 (BGH NJW 53, 217). Andere lassen einen einzigen Akt ausreichen, die **Sicherungsübereignung** an den Verkäufer (RGRK/Pikart § 929 Rn 65) oder die **Rückübertragung** des mit dem Anwartschaftsrecht des Käufers belasteten Eigentums (Raiser NJW 53, 217).

50 c) **Erlöschen des Eigentumsvorbehalts.** Der Eigentumsvorbehalt (und damit das Anwartschaftsrecht) erlischt bei **Eintritt der Bedingung**, insb Zahlung des Restkaufpreises, bei **Unwirksamwerden des Kausalgeschäfts**, bei **Weiterveräußerung der Ware** durch den Käufer **mit Einwilligung** des Verkäufers (§§ 929, 185 I), bei **gutgläubigem Eigentumserwerb** durch Dritte vom Verkäufer (§§ 161 III, 932) oder Käufer (§ 932) – der Erwerb vom Verkäufer ist aber nur möglich, wenn der Käufer nicht Besitzer der Ware ist (§ 936 III) –, bei **gesetzlichem Eigentumserwerb** (zB durch Verbindung oder Vermischung, §§ 946 ff, Verarbeitung, § 950) oder durch einseitigen **Verzicht des Veräußerers** auf den Eigentumsvorbehalt.

51 d) **Anwartschaftsrecht.** Das Anwartschaftsrecht ist im Gesetz nicht ausdrücklich geregelt. Es unterscheidet sich von bloßen Erwerbsaussichten oder Chancen dadurch, dass der Erwerber bereits eine **vom Willen des Veräußerers unabhängige Rechtsposition** erlangt hat. Wenn bei der Übertragung eines Rechts der volle Erwerbstatbestand (zB nach § 929 S 1 Einigung und Übergabe) vorliegt und alle übrigen Wirksamkeitsvoraussetzungen gegeben sind, so hängt bei einer aufschiebend bedingten Verfügung der Erwerb des Rechts nach § 158 I nur noch vom Eintritt der Bedingung ab. Entsprechend ist die Situation bei einer auflösend bedingten Rechtsübertragung. Mit Eintritt der auflösenden Bedingung vollzieht sich automatisch der Wiederanfall des übertragenen Rechts, weil die Rechtswirkung der Übertragung nach § 158 II endet.

52 Für denjenigen, zu dessen Gunsten der Eintritt der Bedingungen wirkt, besteht also eine Anwartschaft auf Erlangung oder Wiedererlangung des Rechts. Diese Anwartschaft ist die Folge der Bindungswirkung, welche die bedingte Verfügung für die Beteiligten entfaltet. Wesentlich ist dabei, dass die Erlangung oder Wiedererlangung nicht mehr vom Willen des Verfügenden abhängig ist. Er kann diese Anwartschaft grds auch nicht mehr durch einseitigen Willensakt zerstören. Durch die bedingte Verfügung ist eine endgültige rechtliche Gestaltung vorgenommen worden, an die beide Parteien gebunden sind. Sie können diese nur gemeinsam, aber grds nicht einseitig wieder aufheben. Aus diesem Grunde ist diese Anwartschaft als ein **dingliches Anwartschaftsrecht** anerkannt (BGH NJW 55, 544).

53 Diese Definition ist für das praktisch wichtige Anwartschaftsrecht beim Kauf unter **Eigentumsvorbehalt** nach § 449 I allerdings ungenau, weil das Anwartschaftsrecht hier abhängig vom Bestehen der Kaufpreisforderung ist. Wegen der **Akzessorietät** dieses

Anwartschaftsrechts muss der Bedingungseintritt und damit das Erstarken des Anwartschaftsrechts zum Eigentum noch möglich sein. Übt also der Verkäufer ein Gestaltungsrecht einseitig aus (zB Rücktritt vom Vertrag) und fällt dadurch die Bedingung endgültig aus, so erlischt auch das Anwartschaftsrecht.

aa) Arten des dinglichen Anwartschaftsrechts. Praktisch besonders wichtig ist das **Anwartschaftsrecht des Käufers beim Kauf unter Eigentumsvorbehalt.** Eine Besonderheit dieses Anwartschaftsrechts folgt aus dem Inhalt der Bedingungsabrede. Unter der nach § 449 I iZw anzunehmenden Bedingung „vollständiger Zahlung des Kaufpreises" ist nach hM nicht etwa der rein wirtschaftliche Vorgang der Preiszahlung, sondern die rechtswirksame Tilgung der bestehenden Kaufpreisverbindlichkeit zu verstehen. Durch diesen Inhalt der Bedingungsabrede kommt es zu einer kausalen Verknüpfung dieses Anwartschaftsrechts mit dem Kaufvertrag. Im Falle der Nichtigkeit des Kaufvertrages entsteht kein dingliches Anwartschaftsrecht. Bei Rücktritt vom Vertrag erlischt es. Außerhalb des Kaufs unter Eigentumsvorbehalt entsteht ein dingliches Anwartschaftsrecht zB durch jede – aufschiebend oder auflösend – **bedingte Übereignung beweglicher Sachen** nach §§ 929 ff, gleichgültig, welchem Zweck sie dient (zB eine auflösend bedingte Sicherungsübereignung, bei der das Sicherungseigentum nach Tilgung der gesicherten Forderung automatisch an den Sicherungsgeber zurückfällt), und jede **bedingte Begr oder Abtretung (§ 398) einer Forderung** oder **eines dinglichen Rechts** nach § 873 (zB Hypothek oder Grundschuld).

Zu beachten ist jedoch, dass bei der **Übereignung von Grundstücken** die bedingte Auflassung **gesetzlich ausgeschlossen** ist (§ 925 II). Deshalb ist die Möglichkeit dinglicher Anwartschaftsrechte auf Erwerb von Grundstückseigentum str. Im Folgenden soll allein der praktisch wichtigste Fall des Anwartschaftsrechts aus einem Eigentumsvorbehaltskauf behandelt werden.

bb) Beim Erwerb des Anwartschaftsrechts ist zwischen der **Entstehung** des Anwartschaftsrechts (sog **Ersterwerb**) und dessen **Übertragung** (sog **Zweiterwerb**) zu unterscheiden. Die **Entstehung** des Anwartschaftsrechts (Ersterwerb) richtet sich wie der Erwerb des Vollrechts nach §§ 929 ff. Sie setzt eine **bedingte Einigung** iSd §§ 929, 158, die **Möglichkeit des Bedingungseintritts** (§ 449), die **Übergabe** iSd § 929 S 1 oder ein **Übergabesurrogat** iSd §§ 930, 931 sowie die **Berechtigung** des Veräußerers voraus. Erfolgt die Veräußerung durch einen **Nichtberechtigten**, so ist ein **gutgläubiger Erwerb** des Anwartschaftsrechts unter den Voraussetzungen der §§ 932–935 möglich, wenn der Erwerber den Veräußerer gutgläubig für den Eigentümer hält. Maßgebender Zeitpunkt für die Berechtigung und den guten Glauben ist allein der **Zeitpunkt der Entstehung des Anwartschaftsrechts**; spätere Verfügungsbeschränkungen oder Bösgläubigkeit sind ohne Bedeutung.

Da das Anwartschaftsrecht nach hM ein wesensgleiches Minus zum Vollrecht Eigentum darstellt, wird es analog §§ 929 ff durch Einigung und Übergabe **übertragen**. Beim Erwerb ist daher auch zwischen einem Erwerb vom Berechtigten (also dem tatsächlichen Inhaber des Anwartschaftsrechts) und vom Nichtberechtigten (also von einem Veräußerer, der nicht Inhaber des Anwartschaftsrechts ist) zu unterscheiden.

Der **Erwerb** des Anwartschaftsrechts **vom Berechtigten** setzt die Einigung über den Übergang des Anwartschaftsrechts sowie die Übergabe oder ein Übergabesurrogat gem §§ 929 ff im Hinblick auf die Sache, an der das Anwartschaftsrecht besteht, voraus. Dabei bedarf es zur Übertragung des Anwartschaftsrechts weder der Zustimmung des ursprünglichen Verkäufers (Baur/Stürner, § 59 Rn 34), noch muss aus der Vereinbarung der Parteien ausdrücklich hervorgehen, dass sie gerade das Anwartschaftsrecht übertragen wollen. So sieht die ganz hM in einer fehlgeschlagenen Übereignung durch einen Anwartschaftsrechtsinhaber als Minus die wirksame Übertragung des Anwartschaftsrechts (BGHZ 50, 48 f).

Bei der **Übertragung** des **Anwartschaftsrechts durch einen Nichtberechtigten** muss zu den og Voraussetzungen noch die Überwindung der fehlenden Berechtigung hinzutreten. Dies ist allerdings nicht unproblematisch. Anders als beim gutgläubigen Ersterwerb des Anwartschaftsrechts gibt sich der Veräußerer beim gutgläubigen Zweiterwerb nicht als Eigentümer, sondern als Inhaber des Anwartschaftsrechts an der Sache aus. Es stellt sich daher die Frage, ob auch in diesem Fall ein gutgläubiger Erwerb des Anwartschaftsrechts möglich oder aber ob ein solcher Erwerb generell ausgeschlossen ist. Eine Auffassung lehnt die analoge Anwendung der §§ 932 ff in diesem Fall generell ab, weil der **Rechtsschein des Besitzes zerstört** sei, wenn der Erwerber wisse, dass der Veräußerer kein Eigentum habe (Flume AcP 161, 394). Demgegenüber lässt die hM einen gutgläubigen Erwerb vom vermeintlichen Inhaber des Anwartschaftsrechts analog §§ 932 ff grds zu, weil das Anwartschaftsrecht ein **wesensgleiches Minus** zum Vollrecht darstelle (Wieling, I § 17 IV 1 b).

60 Für den **guten Glauben** kommt es allein auf den **Zeitpunkt** an, in dem das Anwartschaftsrecht erworben wurde. Erlangt der Erwerber nach diesem Zeitpunkt Kenntnis der wahren Umstände und wird er deshalb bösgläubig, so ist dies unerheblich, und er erlangt mit Eintritt der Bedingung gleichwohl Volleigentum. Das Anwartschaftsrecht setzt stets voraus, dass die Bedingung, von der der spätere Rechtserwerb abhängt, auch wirklich eintreten kann. Ein Anwartschaftsrecht entsteht also nicht, wenn der zugrunde liegende Vertrag, aus dem die Bedingung folgt, nicht wirksam ist. Insofern ist das Anwartschaftsrecht akzessorisch zur Bedingung.

61 Da alle Voraussetzungen für den Erwerb des Volleigentums bereits mit der Entstehung des Anwartschaftsrechts gegeben sind, kommt es auf ein **Einigsein der Parteien im Zeitpunkt des Bedingungseintritts nicht** mehr an. Wie sich aus § 158 I ergibt, erlangt der Anwartschaftsrechtsberechtigte mit Bedingungseintritt ohne weiteres das Volleigentum. Mit Eintritt der Bedingung erstarkt das Anwartschaftsrecht unmittelbar in der Person des Erwerbers zum Vollrecht. Im Falle einer wirksamen Übertragung des Anwartschaftsrechts auf einen anderen (Zweiterwerb) erstarkt das erworbene Anwartschaftsrecht unmittelbar in der Person des Zweiterwerbers zum Vollrecht. Der Bedingungseintritt entfaltet seine Wirkungen nur zugunsten dessen, der auch Inhaber des Anwartschaftsrechts geworden ist. Es gibt also **keinen Durchgangserwerb** beim Veräußerer, der mit der Übertragung des Anwartschaftsrechts vollständig aus seiner dinglichen Anwartschaftsbeziehung zur Sache ausgeschieden ist.

62 cc) Nach §§ 160–162 bekommt der Anwartschaftsrechtsberechtigte eine starke **Rechtsposition**, die vom Willen des Veräußerers unabhängig ist. Der Anwartschaftsrechtsberechtigte ist nach § 161 I und II in der Schwebezeit der Bedingung vor einer **Zwischenverfügung** geschützt, soweit diese „die von der Bedingung abhängige Wirkung vereiteln oder beeinträchtigen würde". Dadurch ist gewährleistet, dass sich die von dem Bedingungseintritt abhängige Wirkung unbeeinträchtigt entfalten kann. Deshalb wird die Zwischenverfügung mit Bedingungseintritt ex nunc unwirksam. Die Formulierung in § 161 I 1 „ist im Falle des Bedingungseintritts unwirksam" bedeutet nicht etwa eine rückwirkende Unwirksamkeit der Zwischenverfügung ex tunc. Aus § 159 folgt, dass es im BGB keine dinglich rückwirkende Bedingung gibt. Deshalb wird das Schutzinteresse des Anwartschaftsrechtsberechtigten nicht dadurch berührt, dass die Zwischenverfügung in der Schwebezeit gültig ist. Sie muss aber bei Bedingungseintritt ex nunc unwirksam werden, damit jetzt das Anwartschaftsrecht unbeeinträchtigt zum Vollrecht Eigentum erstarken kann. Mehr will § 161 I, II nicht gewährleisten. Die bedingte Verfügung bringt ein das Vollrecht belastendes dingliches Anwartschaftsrecht zur Entstehung. Von § 161 wird jede Zwischenverfügung erfasst, soweit sie objektiv mit dem Inhalt des Anwartschaftsrechts kollidiert, dh inhaltlich mit dem Anwartschaftsrecht in Widerspruch steht. Allein auf diese objektive Kollision kommt es an. Deshalb ist der Wortlaut von § 161 I 1 zu eng und nicht präzise genug. Wenn es dort heißt: „Hat jemand (bedingt) ... verfügt, so ist jede weitere Verfügung, die er", so wäre es falsch anzunehmen, der § 161 beruhe auf dem Rechtsgedanken des venire contra factum proprium. Nicht der Widerspruch zum eigenen früheren Tun ist der Grund der Unwirksamkeit der Zwischenverfügung, sondern allein ihr objektiver Widerspruch zum Inhalt des Anwartschaftsrechts. Darum wird von § 161 jede objektiv mit dem Inhalt des Anwartschaftsrechts kollidierende Zwischenverfügung erfasst, auch wenn jemand sie vornimmt, der nicht selbst das Anwartschaftsrecht durch die bedingte erste Verfügung zur Entstehung gebracht hat.

Deshalb erfasst § 161 I 2 zutreffend Zwischenverfügungen im Wege der Zwangsvollstreckung, der Arrestvollziehung oder durch den Insolvenzverwalter, obwohl zB bei einer Zwischenverfügung des Insolvenzverwalters regelmäßig nicht er selbst, sondern der Schuldner vor Eröffnung des Insolvenzverfahrens das Anwartschaftsrecht durch eine bedingte Verfügung begründet haben wird. 63

Der **Bestandsschutz** des Anwartschaftsrechts nach § 161 I und II erfährt durch den **Gutglaubensschutz nach § 161 III** eine erhebliche Einschränkung. Nach § 161 III finden die für den Erwerb vom Nichtberechtigten geltenden Gutglaubensvorschriften auf die Zwischenverfügung entsprechende Anwendung. Wenn über § 161 III Gutglaubensvorschriften zur Anwendung kommen, entfällt der Bestandsschutz nach § 161 I oder II. Dies bedeutet, dass das Anwartschaftsrecht erlischt. § 161 III befasst sich nicht mit dem wirksamen Zustandekommen der Zwischenverfügung. Vielmehr wird das wirksame Zustandekommen der Zwischenverfügung vorausgesetzt. Logisch muss also zunächst geprüft werden, ob in der Schwebezeit eine wirksame Zwischenverfügung zustande gekommen ist. Ob diese Wirksamkeit eingetreten ist, weil ein Erwerb vom Berechtigten oder ein Erwerb vom Nichtberechtigten unter direktem Eingreifen von Gutglaubensschutz vorliegt, ist für § 161 III vollkommen gleichgültig (beachte die entsprechende Situation bei § 936). § 161 III regelt allein die Frage, unter welchen Voraussetzungen eine wirksam zustande gekommene Zwischenverfügung entgg dem Prinzip von § 161 I oder II nicht ex nunc unwirksam wird, sondern wirksam bleibt. Bei der **Verweisung des § 161 III auf Gutglaubensschutznormen** ist zu beachten, dass sich der gute Glaube darauf bezieht, dass über den Verfügungsgegenstand vorher keine bedingte Verfügung vorgenommen wurde bzw dass an dem Verfügungsgegenstand kein **Anwartschaftsrecht** eines Dritten besteht. Ist die Zwischenverfügung eine Übereignung beweglicher Sachen, so sind über § 161 III die §§ 932 ff entspr anwendbar. Handelt es sich um eine Forderungsabtretung, so geht § 161 III ins Leere, weil es dort keinen Gutglaubensschutz gibt. Bei einer Verpfändung nach § 1205 führt § 161 III zu § 1207 analog mit weiterer Verweisung. 64

dd) Der Inhaber des Anwartschaftsrechts ist **unmittelbarer Fremdbesitzer**, der Eigentumsvorbehaltsverkäufer mittelbarer Eigenbesitzer (Palandt/Bassenge § 929 Rn 48). Der Käufer hat aufgrund des Kaufvertrages ein **obligatorisches Recht zum Besitz**. Dies wirkt gem § 986 I 1 ggü dem Herausgabeanspruch des Verkäufers aus § 985. Übereignet der Eigentümer die Sache nach §§ 929, 931 an einen Dritten, so wirkt dieses obligatorische Besitzrecht über § 986 II auch gegen diesen. Str ist dag, ob ihm aus dem Anwartschaftsrecht auch ein **dingliches**, gegen jedermann wirkendes Recht zum Besitz zusteht. Diese Frage stellt sich nicht, wenn der Verkäufer zugleich der Eigentümer ist, da der Käufer in diesem Fall bereits durch das obligatorische Recht zum Besitz geschützt ist. Auch bei einer Übertragung des Anwartschaftsrechts ist sie ohne Bedeutung, da hier der Erwerber des Anwartschaftsrechts nach § 986 I 1 2. Alt analog (der übertragende Vorbehaltskäufer ist nicht mittelbarer Besitzer) eine Einwendung aus dem relativen Recht zum Besitz des Vorbehaltskäufers hat, solange dieser aus dem Kaufvertrag zum Besitz berechtigt ist (Larenz, II/1 § 43 II c), zumal in aller Regel das obligatorische Recht zum Besitz stillschweigend an den Anwartschaftsrechtserwerber mitübertragen wird. Dieses Problem wird daher idR nur beim **gutgläubigen Erwerb des Anwartschaftsrechts vom Nichtberechtigten** bedeutsam. 65

Der BGH und ein Teil der Literatur **verneinen** ein dingliches Recht des Anwartschaftsrechtsberechtigten zum Besitz (BGHZ 10, 72; Brox JuS 84, 659). Dem BGH hat ihm aber ggü der Herausgabeklage der Sicherungseigentümerin mit der Arglisteinrede („dolo agit, qui petit, quod statim redditurus est") geholfen, da mit der Zahlung des Restkaufpreises das nach §§ 929 S 1, 932 I 1 gutgläubig erworbene Anwartschaftsrecht zum Eigentum erstarke und die Bank ihr Sicherungseigentum verliere. Dies erscheint ausgesprochen problematisch, da beim Regelfall der nicht auflösend bedingten Sicherungsübereignung der Rückübereignungsanspruch des Sicherungsgebers nicht ungewiss ist. Die hL **bejaht** demgegenüber ein dingliches Recht zum Besitz (Baur/Stürner, § 59 Rn 47; Jauernig/Berger § 929 Rn 60). Anderenfalls würde das Anwartschaftsrecht keine Nutzungsberechtigung gewähren. 66

67 **III. 1.** Dem Schutz des Anwartschaftsrechtsberechtigten gegen eine Entziehung oder Störung seines Besitzes dienen die **allg Besitzschutznormen** der §§ 861, 862, 1007, 812, 823 I (Besitz als sonstiges Recht), 823 II iVm 858. Diese Ansprüche gehen auf Wiedereinräumung des Besitzes bzw Beseitigung einer Besitzstörung. Daneben ist das Anwartschaftsrecht selbst ein **sonstiges Recht** iSd § 823 I (BGHZ 55, 25 f). Wird die Sache selbst beschädigt, so stehen also die Ansprüche des Eigentümers und des Anwartschaftsrechtsberechtigten aus § 823 I nebeneinander. Problematisch ist in diesem Fall der **Umfang des Schadens** des Anwartschaftsrechtsberechtigten bzw das Verhältnis beider Ansprüche zueinander. Denkbar ist eine Aufteilung des Schadens zwischen Vorbehaltsverkäufer und -käufer. Das Interesse des Anwartschaftsrechtsberechtigten bemisst sich dann nach dem wirtschaftlichen Wert des Anwartschaftsrechts – geleistete Zahlungen – (so BGHZ 55, 31 f) zuzüglich des Besitz- und Nutzungsinteresses (Jauernig/Berger § 929 Rn 58). Diese Lösung berücksichtigt aber nicht, dass der Vorbehaltskäufer nach § 446 verpflichtet bleibt, die noch ausstehenden Raten an den Verkäufer zu zahlen. Dies spricht dafür, ihm einen Ersatzanspruch in Höhe des **vollen Schadens** zuzusprechen (vgl Baur/Stürner, § 59 Rn 45). Diese Auffassung berücksichtigt allerdings das Sicherungsinteresse des Verkäufers zu wenig. Er verliert seine Sicherung und ist gefährdet, wenn der Anwartschaftsrechtsberechtigte den Schaden in voller Höhe beim Schädiger einzieht, den Kaufpreisanspruch aber nicht erfüllt. Deshalb schlagen andere vor, dem **Verkäufer** als Eigentümer den Schadensersatzanspruch in voller Höhe zuzusprechen. Die Rechte des Käufers sollen dadurch gewahrt bleiben, dass sich sein Anwartschaftsrecht an der Sache analog § 1287 **an der Schadensersatzforderung** fortsetzt (Müller, Rn 2439 a).

68 Fraglich ist weiter das **Verhältnis der Schadensersatzansprüche** des Eigentümers und des Anwartschaftsrechtsberechtigten zueinander. Dabei geht es um die **Einziehung** der Schadensersatzforderung und den Schutz des Schädigers vor einer doppelten Inanspruchnahme. ZT wird eine **Gesamtgläubigerschaft** des Eigentümers und des Anwartschaftsrechtsberechtigten nach § 428 angenommen (Prütting Rn 398). Danach kann jeder den Schaden in voller Höhe ersetzt verlangen, der Schädiger braucht die Ersatzleistung aber nur einmal zu bewirken. Der Schädiger kann daher an jeden Gläubiger mit befreiender Wirkung leisten; der andere Gläubiger hat einen Ausgleichsanspruch im Innenverhältnis. Die hM befürwortet demgegenüber eine **gemeinschaftliche Gläubigerschaft** analog § 432 oder § 1281 (Baur/Stürner, § 59 Rn 45; Müller, Rn 2439 a). Der Schädiger hat daher den Schadensersatz an den Eigentümer und den Anwartschaftsrechtsberechtigten gemeinschaftlich zu leisten. Er wird aber durch § 851 geschützt. Die Auffassung der hM erscheint vorzugswürdig. Die Anwendung des § 428 ist unbillig, weil bei einer Zahlung an einen der Gläubiger der andere leer ausgehen kann und bei einer Zahlung allein an den Vorbehaltskäufer der Vorbehaltsverkäufer seine Sicherheit verlöre.

69 Das Anwartschaftsrecht kann weiter **Gegenstand einer Kondiktion** nach §§ 812 ff sein. So hat zB der Anwartschaftsrechtsberechtigte einen Anspruch aus § 816 I 1, wenn sein Anwartschaftsrecht durch einen gutgläubig lastenfreien Erwerb nach §§ 161 III, 936 untergeht. Schließlich gewährt das Anwartschaftsrecht nach hM auch Ansprüche entspr §§ **985, 1004** auf Herausgabe gegen den nichtberechtigten Besitzer bzw auf Beseitigung oder Unterlassung einer Störung (Palandt/Bassenge § 929 Rn 43; aA Brox JuS 84, 660).

70 **2.** Das Anwartschaftsrecht kann nach den für das Pfandrecht an beweglichen Sachen geltenden Regeln (§§ 1204 ff) **verpfändet** werden (BGHZ 35, 93). Bei Bedingungseintritt setzt sich das Pfandrecht am Anwartschaftsrecht analog § 1287 an der Sache fort. Auch **gesetzliche Pfandrechte** am Eigentum an beweglichen Sachen (Vermieterpfandrecht nach § 562, Werkunternehmerpfandrecht nach § 647, Zubehörhaftung nach § 1120) erstrecken sich auf das Anwartschaftsrecht (Baur/Stürner, § 39 Rn 38 u § 55 Rn 41). Zur **Pfändung des Anwartschaftsrechts** durch Gläubiger des Vorbehaltskäufers werden unterschiedliche Auffassungen vertreten. Nach hM (BGH NJW 54, 1326) ermöglicht dem Vollstreckungsgläubiger nur eine **Doppelpfändung** die Durchsetzung seines Anspruchs. Er müsse sowohl die Kaufsache nach § 808 ZPO als auch das Anwartschaftsrecht nach § 857 ZPO pfänden. Die Sachpfändung entzieht dem Käufer zwar den Besitz an der Kaufsache, doch kann ihr der Eigentumsvorbehaltsverkäufer nach § 771 ZPO widersprechen. Die Rechtspfändung des Anwartschaftsrechts bewirkt eine relative Verfügungsbeschränkung des Käufers und gewährt dem Gläubiger nach §§ 267, 268 das Recht, den Restkaufpreis an den Verkäufer zu zahlen und damit den Eintritt der Bedingung (§ 449) herbeizuführen. Der Käufer erlangt Eigentum an der Sache, belastet mit einem Pfändungspfandrecht des Gläubigers. Der Verkäufer verliert die Möglichkeit der Drittwiderspruchsklage nach § 771 ZPO. Weist er aus diesem Grunde den angebotenen Kaufpreis zurück, so gilt die Bedingung nach § 162 als eingetreten. Die Verwertung der gepfändeten Sache erfolgt im Wege der öffentlichen Versteigerung nach § 814 ZPO. Andere lassen zur Zwangsvollstreckung in ein Anwartschaftsrecht dessen **Rechtspfändung** nach § 857 ZPO genügen (Medicus/Petersen, BR Rn 486). Erstarke das gepfändete Anwartschaftsrecht infolge Bedingungseintritts zum Vollrecht, so setze sich das Pfändungspfandrecht am Anwartschaftsrecht entspr § 1287 BGB iVm § 847 ZPO als Pfandrecht an der Sache fort. Die besseren Argumente sprechen für die Theorie der Doppelpfändung. Nach §§ 808, 846 f ZPO entsteht ein Pfändungspfandrecht an einer Sache nur dann, wenn diese vom Gerichtsvollzieher in Besitz genommen wird. Von diesem Grundsatz macht auch § 1287 BGB iVm § 847 ZPO keine Ausn. Das Pfandrecht an der Forderung setzt sich danach nur dann als Pfandrecht an der Sache fort, wenn der Drittschuldner die Sache an den Gerichtsvollzieher herausgibt. Diese Situation besteht beim Anwartschaftsrecht nicht. Die Besitzverhältnisse bleiben unverändert, wenn das Anwartschaftsrecht nach dessen Rechtspfändung infolge des Bedingungseintritts zum Vollrecht erstarkt.

3. Wird die Vorbehaltssache durch einen **Gläubiger des Verkäufers** gepfändet, so steht 71 dem Käufer die Drittwiderspruchsklage nach § 771 ZPO zu. Das Anwartschaftsrecht bildet ein die Veräußerung hinderndes Recht (BGHZ 55, 26 ff). Bei einer Pfändung durch einen **Gläubiger des Käufers** steht dem Verkäufer als Eigentümer die Drittwiderspruchsklage zu. Der Gläubiger kann sie aber durch Doppelpfändung und Zahlung des Restkaufpreises vermeiden.

4. Bei **Insolvenz des Käufers** kann der Verkäufer nach Rücktritt vom Vertrag (zB bei 72 Verzug des Käufers) **Aussonderung nach** § 47 InsO verlangen. Bei **Insolvenz des Verkäufers** gehört sein vorbehaltenes Eigentum zur Insolvenzmasse nach § 35 InsO. Die **Sperrwirkung des** § 91 InsO schließt grds nach Eröffnung des Insolvenzverfahrens den Rechtserwerb an Massegegenständen aus. Gleichwohl bezweckt § 91 InsO nicht, das Erstarken eines Anwartschaftsrechts zum Vollrecht nach Insolvenzeröffnung zu verhindern. § 91 InsO greift daher nicht ein, wenn – wie in diesen Fällen – der Verfügungstatbestand vor der Eröffnung des Insolvenzverfahrens bereits vollständig vorliegt und nur der Eintritt der Bedingung erst nach der Eröffnung erfolgt. Dies folgt bereits aus dem allg Grundsatz, dass maßgeblicher Zeitpunkt für die Wirksamkeit einer bedingten Verfügung der Zeitpunkt der Vollendung des Verfügungstatbestandes und nicht der des Bedingungseintritts ist. In diesem Zeitpunkt war das Insolvenzverfahren aber noch nicht eröffnet, und der Verkäufer hatte noch Verfügungsmacht. In dieselbe Richtung weist § 161 I 2, nach dem auch die Zwischenverfügung eines Insolvenzverwalters im Zeitpunkt des Bedingungseintritts unwirksam wird. Auch diese Vorschrift soll das Erstarken des Anwartschaftsrechts nach Eröffnung des Insolvenzverfahrens gewährleisten. Der Insolvenzverwalter hat gem § 107 InsO beim Eigentumsvorbehalt **kein Wahlrecht** nach § 103 InsO. Der Gesetzgeber ist damit der hL zu § 17 KO gefolgt, die ein Wahlrecht des Konkursverwalters verneinte, weil bei Ablehnung der Erfüllung das Anwartschaftsrecht vernichtet würde und diese Benachteiligung des Käufers dem § 161 I 2 widerspräche (Jauernig/Berger § 929 Rn 56). Demgegenüber hatte der BGH (BGHZ 98, 168 ff) das Wahlrecht des Konkursverwalters beim einfachen Eigentumsvorbehalt stets und beim erweiterten Eigentumsvorbehalt jedenfalls hins der noch nicht vollständig bezahlten Sachen bejaht. Nach § 107 I InsO kann der Käufer daher stets Erfüllung verlangen. Damit ist das Anwartschaftsrecht insolvenzfest.

§ 929 a Einigung bei nicht eingetragenem Seeschiff

(1) Zur Übertragung des Eigentums an einem Seeschiff, das nicht im Schiffsregister eingetragen ist, oder an einem Anteil an einem solchen Schiff ist die Übergabe nicht erforderlich, wenn der Eigentümer und der Erwerber darüber einig sind, dass das Eigentum sofort übergehen soll.
(2) Jeder Teil kann verlangen, dass ihm auf seine Kosten eine öffentlich beglaubigte Urkunde über die Veräußerung erteilt wird.

1 Die Vorschrift stellt eine Sonderregelung für nicht im Schiffsregister eingetragene Seeschiffe dar. Davon abgesehen gelten die §§ 929 ff (BGH NJW 95, 2098).

§ 930 Besitzkonstitut

Ist der Eigentümer im Besitz der Sache, so kann die Übergabe dadurch ersetzt werden, dass zwischen ihm und dem Erwerber ein Rechtsverhältnis vereinbart wird, vermöge dessen der Erwerber den mittelbaren Besitz erlangt.

1 I. Die Bestimmung enthält einen Fall eines sog Übergabesurrogates. Anstelle der Übergabe nach § 929 S 1 genügt danach die Vereinbarung eines **Besitzmittlungsverhältnisses** zwischen Veräußerer und Erwerber, durch das dieser mittelbaren Besitz erlangt. Das Übergabesurrogat nach § 930 unterscheidet sich von § 929 S 1 und § 931 dadurch, dass hier **keine Besitzaufgabe des Veräußerers** erfolgt. Er behält, was er zuvor hatte, entweder unmittelbaren oder mittelbaren Besitz. Durch ein neues, mit dem Erwerber vereinbartes Besitzmittlungsverhältnis (sog Besitzkonstitut) erlangt dieser mittelbaren Besitz, der auch mehrstufiger mittelbarer Besitz nach § 871 sein kann, wenn der Veräußerer nur mittelbar besitzt. Der Veräußerer wird also – unmittelbarer oder mittelbarer – Fremdbesitzer. Der Verfügungstatbestand bei §§ 929, 930 enthält wie bei §§ 929, 931 **zwei rechtsgeschäftliche Tatbestandselemente: die Einigung und die Begr eines Besitzmittlungsverhältnisses.**

2 Zu beachten ist dabei, dass der Besitzerwerb durch Besitzkonstitut und die Abtretung des Herausgabeanspruchs nach § 870 **völlig unabhängig** von der Wirksamkeit der Übereignung im Ganzen beurteilt werden müssen (vgl BGHZ 50, 48 f). Die Übereignung kann zB an § 935 scheitern, trotzdem aber ein wirksamer Besitzerwerb vorliegen.

3 II. 1. Die Vorschrift setzt eine **Einigung** iSd § 929 S 1, den **Besitz des Veräußerers** (Eigentümers) und die Vereinbarung eines **Besitzmittlungsverhältnisses** zwischen Veräußerer und Erwerber voraus, das diesen zum mittelbaren Besitzer macht.

4 a) **Einigung.** Für die Einigung gelten die allg Grundsätze. Sie kann daher auf Veräußerer- und Erwerberseite von einem Stellvertreter erklärt werden und unterliegt dem Bestimmtheitsgrundsatz, muss sich also auf eine bestimmt bezeichnete Sache beziehen.

5 b) **Besitzmittlungsverhältnis.** Für § 930 muss ein Besitzmittlungsverhältnis iSd § 868 vereinbart sein. Dieses setzt ein **konkretes Besitzmittlungsverhältnis** voraus. Die bloße abstrakte Vereinbarung, in Zukunft als Besitzmittler zu besitzen, ohne dass Rechte und Pflichten festgelegt würden, genügt für § 868 nicht (Jauernig/Berger § 868 Rn 5). Das Besitzrecht des unmittelbaren Besitzers muss vom Oberbesitzer abgeleitet sein. Dieses **abgeleitete Besitzrecht** des Unterbesitzers ist begrenzter als das des Oberbesitzers. Das Besitzrecht des Unterbesitzers muss untergeordnet sein und darf nur auf Zeit bestehen. Das Besitzmittlungsverhältnis muss nicht rechtsgültig sein, es genügt ein vermeintliches Rechtsverhältnis, sofern nur der Fremdbesitzerwille und ein Herausgabeanspruch irgendeiner Art (zB aus §§ 812, 681 mit 667, 985) bestehen. Aus der Besitzrechtsableitung folgt, dem Oberbesitzer gegen den Unterbesitzer ein wirksamer und durchsetzbarer Herausgabeanspruch (zB aus dem Besitzmittlungsverhältnis oder aus §§ 812, 667, 985) zustehen muss. Schließlich muss der unmittelbare Besitzer **Fremdbesitzerwillen** haben.

6 aa) Das Besitzmittlungsverhältnis kann **antizipiert**, also bereits vor der Besitzerlangung des Veräußerers, vereinbart werden. Ist der Veräußerer zu dieser Zeit noch nicht Eigentümer, wird auch die Einigung antizipiert. Damit ist auch eine Übereignung zukünf-

tiger (zB erst noch herzustellender) Sachen möglich, die im Zeitpunkt der Einigung und der Vereinbarung des Besitzmittlungsverhältnisses noch gar nicht existieren. Dem **Bestimmtheitsgrundsatz** ist bei einem antizipierten Besitzmittlungsverhältnis bereits genügt, wenn leicht erkennbare Kriterien vereinbart werden, anhand derer im Zeitpunkt des Eigentumsübergangs klar erkennbar ist, welche neu hinzukommenden Sachen übereignet sind (BGH WM 66, 97), zB alle in einem Lager oder einem abgegrenzten Teil des Lagers eingelagerten Waren oder alle eingelagerten Waren einer bestimmten Gattung. Die Bestimmtheit von Einigung und Besitzmittlungsverhältnis erfordert dag keine nach außen erkennbare **Ausführungshandlung** zur Kenntlichmachung des Eigentumserwerbs (so aber BGH NJW 91, 2146). Diese Rspr vermengt die Bestimmtheit mit dem Vollzug der antizipierten Übereignung. Während die Bestimmtheit bereits im Zeitpunkt der Einigung vorliegen muss und § 930 insoweit auf eine Publizität verzichtet, dient die erkennbare Ausführungshandlung allein dem Vollzug der Übereignung, so dass sie auch erst im Zeitpunkt des Eigentumserwerbs vorliegen muss (Westermann/H.-P. Westermann, § 41 III 2).

bb) Ein Besitzmittlungsverhältnis kann auch durch **Insichgeschäft** begründet werden. 7 Dies betrifft insb die Fälle der mittelbaren Stellvertretung und sonstiger Geschäftsbesorgungen. Die Begr des Besitzmittlungsverhältnisses durch Insichgeschäft fällt regelmäßig mit einer Insicheinigung zusammen. In diesen Fällen erwirbt zunächst der mittelbare Stellvertreter nach § 929 S 1 Eigentum (**Durchgangserwerb**). Die Weiterveräußerung an den Geschäftsherrn erfolgt nach §§ 929, 930. Dies kann entweder durch antizipierte Einigung und antizipiertes Besitzmittlungsverhältnis oder durch Insicheinigung und Insichkonstitut erfolgen. Im zweiten Fall schließt der Mittelsmann als Vertreter des K mit sich selbst den Übereignungsvertrag und das nach § 868 erforderliche Rechtsverhältnis (Verwahrung) ab. Das **Selbstkontrahieren** ist ihm iSd § 181 durch den Auftrag **gestattet**. Da in diesen Fällen der Zeitpunkt der Weiterübereignung ungewiss ist, verlangt die hL, dass die Einigung und die Vereinbarung des Besitzmittlungsverhältnisses nach außen erkennbar werden. Die bloße Willensentschließung des Veräußerers reicht insoweit nicht aus. Der Wille muss vielmehr jedenfalls für einen „eingeweihten Beobachter" erkennbar hervortreten (BGH NJW 89, 2544). Derartige **Ausführungshandlungen** können zB die gesonderte Aufbewahrung der Sache, ihre Verpackung oder die Eintragung in Geschäftsbücher sein.

2. Sicherungsübereignung. Die Sicherungsübereignung ist im BGB nicht ausdrücklich 8 geregelt. Sie dient der Sicherung einer Forderung des Sicherungsnehmers gegen den veräußernden Sicherungsgeber oder gegen einen Dritten und ist an die Stelle der Verpfändung beweglicher Sachen getreten. Diese hat sich in den meisten Fällen als unpraktikabel erwiesen, weil sie eine Übergabe der Sache an den Pfandnehmer verlangt (§§ 1205 f) und die Belastung der Sache nach außen erkennbar macht. Will oder muss also der Sicherungsgeber eine bewegliche Sache weiter benutzen und soll seine Verschuldung geheim bleiben, so kann er den Zweck der Verpfändung (Sicherung einer Forderung) durch die Übereignung dieser Sache gem §§ 929 S 1, 930 erreichen. Die Sicherungsübereignung hat also die Funktion eines **besitzlosen Pfandrechts**. Sie ist das typische Sicherungsmittel der Geldkreditgeber.

Die Sicherungsübereignung ist zulässig, obwohl sie zu einer Umgehung der Pfand- 8a rechtsvorschriften führt. In der Entscheidung des Gesetzgebers des BGB gegen das besitzlose Pfandrecht in §§ 1205 f lag kein Verbot der Sicherungsübereignung durch Besitzkonstitut (Wieling, § 18 I).

a) Gegenstand der Sicherungsübereignung. Gegenstand der Sicherungsübereignung 9 können insb bewegliche Sachen und Anwartschaftsrechte an Sachen, die dem Sicherungsgeber unter Eigentumsvorbehalt geliefert wurden (BGHZ 20, 93 ff), sein. Dabei können auch unpfändbare bewegliche Sachen (§ 811 ZPO) zur Sicherung übereignet werden (BGH WM 61, 241). Der Pfändungsschutz nach § 811 ZPO richtet sich nur gegen den hoheitlichen Zugriff des Staates auf das Schuldnervermögen. Freilich kann eine Sicherungsübereignung, die den Pfändungsschutz rechtsgeschäftlich aufgibt, nach § 138 nichtig sein.

§ 930

10 **b) Rechtsbeziehungen.** Bei der Sicherungsübereignung sind drei Rechtsbeziehungen zu unterscheiden: der schuldrechtliche Sicherungsvertrag, der Vertrag über die gesicherte Forderung (zB ein Darlehen) und die dingliche Sicherungsübereignung.

11 **aa)** Der **Sicherungsvertrag** regelt das Innenverhältnis zwischen Sicherungsgeber und Sicherungsnehmer und gestaltet notwendig drei Regelungsbereiche (vgl MK/Oechsler Anh §§ 929–936 Rn 25): Erstens verpflichtet er den Sicherungsgeber zur Stellung der Sicherheit, ist also der schuldrechtliche **Rechtsgrund der dinglichen** Sicherungsübereignung (BGH ZIP 94, 312). Fehlt der Sicherungsvertrag oder ist er unwirksam, so ist die Sicherungsübereignung als abstraktes Verfügungsgeschäft gleichwohl wirksam (dies gilt aber nicht für den Regelfall der nach § 930 vollzogenen Sicherungsübereignung, da es dann mangels eines Herausgabeanspruchs des Sicherungsnehmers an einem Besitzkonstitut und damit an einer wirksamen Übereignung fehlt). Der Sicherungsgeber hat aber einen Rückübereignungsanspruch gem § 812 I 1 1. Alt. Zweitens enthält er die **Zweckbestimmung** und stellt damit die vertragliche Verbindung zwischen dinglicher Sicherungsübereignung und gesicherter Forderung her. Durch die Zweckbestimmung wird das nach außen unbeschränkte Eigentum des Sicherungsnehmers im Innenverhältnis zum Sicherungsgeber schuldrechtlich begrenzt (**fiduziarische Bindung**). So ist der Sicherungsnehmer verpflichtet, zuerst aus der gesicherten Forderung Befriedigung zu suchen. Auch darf der Sicherungsnehmer die Sache nicht veräußern oder die nach § 930 übereignete Sache herausverlangen, solange der Sicherungsgeber seine Pflichten erfüllt und nichts anderes vereinbart ist. Schließlich regelt er die **Rechte und Pflichten** von Sicherungsnehmer und Sicherungsgeber bzgl des Sicherungsguts, die Voraussetzungen und die Art der Verwertung der Sicherheit im Sicherungsfall sowie die Abwicklung bei Wegfall des Sicherungszwecks. Da der Sicherungsvertrag die Rechte und Pflichten der Beteiligten bzgl des Sicherungsguts ausgestaltet, das Besitzrecht des Sicherungsgebers ggü dem Sicherungsnehmer begrenzt sowie dem Sicherungsnehmer im Verwertungsfall einen Herausgabeanspruch gegen den Sicherungsgeber gibt, genügt er nach hM bei einer Sicherungsübereignung nach § 930 als ausreichend konkretes Besitzmittlungsverhältnis iSd §§ 868, 930 (Jauernig/Berger § 930 Rn 38).

12 Der Sicherungsvertrag kann insb bestimmen, dass die Sicherungsübereignung **auflösend bedingt** erfolgen soll. In diesem Fall fällt das Eigentum bei Eintritt der Bedingung (Erfüllung der gesicherten Forderung) automatisch an den Sicherungsgeber zurück (§ 158 II). Enthält der Sicherungsvertrag keine entsprechende Bestimmung, so lehnt die noch hM die Konstruktion einer stillschweigend vereinbarten auflösenden Bedingung ab (BGH NJW 91, 354; Baur/Stürner, § 57 Rn 10). Aus dem Sicherungsvertrag ergebe sich dann lediglich eine **schuldrechtliche Pflicht** des Sicherungsnehmers **zur Rückübereignung** der Sicherheit. Diese Rückübereignung kann aber gem § 929 S 2 durch bloße Einigung erfolgen. Diese Einigung wird man idR konkludent in der Entgegennahme des zurückgezahlten Geldes durch den Sicherungsnehmer sehen können.

13 Str ist, wie sich die **Nichtigkeit des Sicherungsvertrages** auf die dingliche Sicherungsübereignung auswirkt: Nach einer Auffassung lässt die Nichtigkeit des Sicherungsvertrages die Wirksamkeit der abstrakten Übereignung grds unberührt. Der Sicherungsgeber könne aber aus § 812 I 1 1. Alt die **Rückübereignung** der Sache verlangen (MK/Oechsler Anh §§ 929–936 Rn 14, 35). Nach aA gilt dies nur für die nicht in der Form des § 930 – also zB nach § 929 S 1 oder § 931 – erfolgte Sicherungsübereignung. Der Sicherungsnehmer erlange daher keine Eigentümerstellung. Daher sei der **Sicherungsgeber Eigentümer geblieben** (MK [3. Aufl]/Quack Anh §§ 929–936 Rn 30). Das Abstraktionsprinzip und der damit erreichte Gleichlauf aller Übereignungsformen sprechen mehr für einen Eigentumserwerb des Sicherungsnehmers trotz nichtigen Sicherungsvertrags. Anders liegt es freilich, wenn der Sicherungsvertrag, zB wegen anfänglicher Übersicherung, gem § 138 I nichtig und die – abstrakte – Übereignung ebenfalls ein gem § 138 I nichtiger Sittensittenverstoß ist (Fehleridentität).

14 **bb)** Die **gesicherte Forderung** des Sicherungsnehmers gegen den Sicherungsgeber oder einen Dritten (häufig ein Darlehensrückzahlungsanspruch) begründet keinen Anspruch auf die Sicherungsübereignung, ist also auch **nicht Rechtsgrund** der Sicherungsübereignung (Jauernig/Berger § 930 Rn 31; aA BGH NJW 82, 276 f). Ihr Fehlen berührt die

Wirksamkeit der dinglichen Sicherungsübereignung nur, wenn ihr Entstehen bzw Erlöschen ausnahmsweise zur aufschiebenden (§ 158 I) oder auflösenden Bedingung (§ 158 II) der Sicherungsübereignung gemacht wurde. Das Sicherungseigentum ist kein Nebenrecht der Forderung iSd § 401, so dass es nicht kraft Gesetzes auf den Zessionar übergeht, wenn die gesicherte Forderung vom Sicherungsnehmer abgetreten wird (Palandt/Bassenge § 930 Rn 26). Ist die gesicherte Forderung nicht entstanden oder nachträglich untergegangen, so wirkt sich dies nicht auf die vom Bestand des Sicherungszwecks unabhängige Sicherungsübereignung aus. Das Fehlen der Forderung macht die Übereignung nicht rechtsgrundlos, denn Rechtsgrund der Sicherungsübereignung ist allein der Sicherungsvertrag. Daher kann der Sicherungsgeber die Rückübereignung des Sicherungsguts nicht aus § 812 I 1, 1. Alt, sondern allein aus dem Sicherungsvertrag und notfalls aus § 812 I 2, 2. Alt (Nichteintritt des bezweckten Sicherungserfolges) verlangen (Jauernig/Berger § 930 Rn 40). Etwas anderes kann sich aber aus dem **Parteiwillen** ergeben. Auch wenn es sich bei der Verknüpfung von gesicherter Forderung und Sicherungsübereignung durch den Sicherungszweck um keine Akzessorietät handelt, können die Parteien das Geschäft, aus dem sich die gesicherte Forderung ergibt, und den Sicherungsvertrag doch zu einer rechtlichen Einheit iSd § 139 verbinden. In diesem Fall kann der Sicherungsvertrag bei Nichtigkeit der zu sichernden Forderung ebenfalls nichtig sein (BGH NJW 94, 2886). Die Auswirkungen auf die Sicherungsübereignung richten sich dann wieder nach dem oben für den Fall des nichtigen Sicherungsvertrages dargestellten Grundsätzen.

cc) Die **Übereignung des Sicherungsguts** ist sachenrechtlich eine gewöhnliche Übereignung nach §§ 873 I, 925, 929 ff. Sie erfordert also bei beweglichen Sachen Einigung und Übergabe, wobei die Übergabe meist durch die Vereinbarung eines Besitzkonstituts gem § 930 ersetzt wird. Die Übereignung ist formfrei (BGH NJW 91, 353). 15

Die **Einigung** iSd § 929 S 1 muss sich als dingliches Rechtsgeschäft auf einzelne, bestimmt bezeichnete Sachen beziehen. Die bloße Bestimmbarkeit genügt nicht (BGHZ 28, 19). Schwierigkeiten können sich insoweit insb bei der Sicherungsübereignung einzelner Sachen ergeben, die sich zusammen mit anderen in einem **Warenlager mit festem Bestand** befinden. Hier müssen die übereigneten Waren anhand einfacher äußerer Merkmale klar erkennbar sein. Dafür sind bloße Wert- oder Mengenangaben („Weizen im Wert von 50.000 EUR" oder „100 t Weizen") ebenso wenig ausreichend wie rechtliche Unterscheidungsmerkmale („Weizen, soweit er im Eigentum des Veräußerers steht"). Ausreichend bestimmt dag ist die Sicherungsübereignung eines ganzen Lagers, aller besonders gelagerten oder gekennzeichneten Waren, aller Waren einer bestimmten Gattung oder aller in einem bestimmten Raum gelagerter Waren (Palandt/Bassenge § 930 Rn 2 ff) oder die Bezugnahme auf ein Inventarverzeichnis (BGH NJW 08, 3142). Bei der Sicherungsübereignung von Warenlagern **mit wechselndem Bestand** wird die im Zeitpunkt der Einigung vorliegende Bestimmtheit nicht dadurch hinfällig, dass später durch das Hinzukommen weiterer nicht übereigneter Waren Unklarheit entsteht (Palandt/Bassenge § 930 Rn 6). 16

Die Sicherungsübereignung kann sich auch auf Sachen beziehen, die sich im Zeitpunkt der Einigung noch nicht im Eigentum des Sicherungsgebers befinden (**antizipierte Sicherungsübereignung**). Gerade hier stellt sich allerdings das Problem der Bestimmtheit. Diese ist gegeben, wenn die übereigneten Sachen in der Einigung derart beschrieben sind, dass sie aufgrund dieser Bezeichnung ohne weiteres identifiziert werden können (BGH MDR 91, 622). Eine **bedingte Einigung** ist zulässig. Die Beteiligten können sie insb unter der aufschiebenden oder auflösenden Bedingung des Bestehens der gesicherten Forderung erklären. Bei einer aufschiebenden Bedingung scheitert die Sicherungsübereignung, wenn die Forderung nicht entsteht. Bei einer auflösenden Bedingung erwirbt der Sicherungsgeber das Eigentum am Sicherungsgut bei Erledigung des Sicherungszwecks ohne weiteres zurück (§ 158 II), und er hat bis dahin ein dingliches Anwartschaftsrecht an der übereigneten Sache. Nach hM gibt es allerdings keinen allg Rechtsgrundsatz, dass die Sicherungsübereignung durch das Entstehen der gesicherten Forderung aufschiebend (BGH NJW 91, 353) oder durch ihr Erlöschen auflösend (BGH NJW 84, 1184) bedingt ist. 17

§ 930

18 Der Sicherungsvertrag bildet nach hM ein ausreichend **konkretes Besitzkonstitut**, wenn sich aus ihm zumindest durch Auslegung ergibt, dass der Sicherungsgeber solange im Besitz des Sicherungsguts bleiben darf, bis der Sicherungsnehmer es zur Befriedigung seiner Forderung herausverlangt (BGH NJW 79, 2308). Dies ist bei der Sicherungsübereignung regelmäßig der Fall, weil die Rechte und Pflichten der Beteiligten hins des Sicherungsguts durch Verkehrssitte und Rspr so weit festgelegt sind, dass sie im Sicherungsvertrag nicht mehr spezifiziert werden müssen (MK/Quack § 930 Rn 14; offengelassen in BGH NJW 79, 2308).

19 c) **Schutz des Sicherungsgebers.** Die Frage nach dem Schutz des Sicherungsgebers stellt sich insb, wenn der Sicherungsnehmer, der ja Eigentümer des Sicherungsguts ist, pflichtwidrig über das Sicherungseigentum verfügt oder wenn er die gesicherte Forderung abtritt.

20 aa) Die Übertragung des Sicherungseigentums erfolgt im Regelfall nach §§ 929, 931, da der Sicherungsgeber meist unmittelbarer Besitzer der Sache ist. Wird die Verfügung vor Eintritt des Sicherungsfalls oder entgg der im Sicherungsvertrag enthaltenen Verwertungsregelung getroffen, so verletzt der Sicherungsnehmer zwar seine Pflichten aus dem Sicherungsvertrag; dies ändert aber nichts an der Wirksamkeit der Verfügung, da der Sicherungsvertrag im Verhältnis zu Dritten nicht wirkt, § 137. Dies gilt selbst dann, wenn dem Dritten die Überschreitung der Befugnisse des Sicherungsnehmers aus dem Sicherungsvertrag erkennbar war. Die Grundsätze über den Missbrauch der Vertretungsmacht können hier nicht zu Lasten des Dritten angewendet werden, weil der Sicherungsnehmer im Ggs zum Vertreter in eigenem Namen über eigenes (Sicherungs-)Eigentum verfügt (BGH NJW 68, 1471; Medicus/Petersen, BR Rn 502).

21 Hinsichtlich des Schutzes des Sicherungsgebers **ggü Dritterwerbern** ist zu unterscheiden: War die **Sicherungsübereignung** (idR durch die Rückzahlung des Darlehens) **auflösend bedingt**, so steht dem Sicherungsgeber ein Anwartschaftsrecht auf Rückerwerb des Eigentums am Sicherungsgut zu. Dieses Anwartschaftsrecht bleibt von der Verfügung des Sicherungsnehmers unberührt (§ 161 II). Solange der Sicherungsgeber im Besitz der Sache ist und dadurch eine nachträgliche Übergabe an den Dritten verhindert, kann sein Anwartschaftsrecht am Sicherungsgut auch nicht durch den guten Glauben des Dritten an das Fehlen der Bedingung verloren gehen, §§ 161 III, 936 III, 931. Bis zum Bedingungseintritt (Rückzahlung des Darlehens) hat der Sicherungsgeber ggü dem Dritten ein Recht zum Besitz (§ 986 II), danach erstarkt das Anwartschaftsrecht zum Vollrecht und der Dritte verliert sein Eigentum (§ 161 II). Erfolgte die Sicherungsübereignung dag **unbedingt**, so ist der Sicherungsgeber gegen den Herausgabeanspruch des Dritten aus § 985 ebenfalls nach § 986 II geschützt, solange er seine Pflichten aus dem Sicherungsvertrag erfüllt. Erfüllt er die gesicherte Forderung vollständig, ergibt sich sein Recht zum Besitz aus seinem obligatorischen Rückübereignungsanspruch aus dem Sicherungsvertrag. Der Dritterwerber behält zwar sein Eigentum am Sicherungsgut (kein Verlust gem § 161 II), doch braucht der Sicherungsgeber die Sache wegen § 986 II nicht an ihn herauszugeben. Es kommt also zu einer Aufspaltung von Eigentum und Besitzrecht. Zur Beendigung dieser Aufspaltung gibt es zwei Lösungswege (vgl Medicus/Petersen, BR Rn 504): Der **Sicherungsgeber** kann entweder gegen den Sicherungsnehmer aus §§ 280 I, III, 283 S 1 einen **Schadensersatzanspruch** wegen der Unmöglichkeit der Rückübereignung – zB durch Aufrechnung mit dem Darlehensrückzahlungsanspruch – geltend machen; hat der Sicherungsgeber den Schadensersatz erhalten, so ist der Sicherungsvertrag erledigt und damit das auf ihm beruhende Besitzrecht beendet. Umgekehrt kann der **Dritterwerber** den Sicherungsnehmer aus dem Kaufvertrag in Anspruch nehmen, weil er ihm zwar das Eigentum, nicht aber den unmittelbaren Besitz am Sicherungsgut verschaffen kann (Unvermögen, §§ 433 I 2, 437 Nr 3, 281 I 2, 326 I 1); er muss dem Sicherungsnehmer dann das Sicherungsgut nach **Rücktrittsrecht** (§§ 433 I 2, 437 Nr 2, 323 I) oder nach der **Surrogationstheorie** zurückübereignen, und der Sicherungsnehmer wird wieder zur Rückübertragung an den Sicherungsgeber fähig.

22 Legen aber sowohl der Sicherungsgeber als auch der Dritterwerber entscheidenden Wert auf das Sicherungsgut und wollen sie deshalb vom Geldersatz nichts wissen, so

versagen beide Lösungswege. Das Gesetz enthält keine Lösung dieses Konflikts. Das Eigentum ist zwar unverjährbar, wird aber zu einer leeren Formalposition, wenn dem Eigentümer auf Dauer das Recht zum Besitz und zur Nutzung der Sache entzogen ist. Andererseits steht dem Sicherungsgeber mit der dauerhaften Besitz- und Nutzungsberechtigung die zentrale Eigentümerposition zu. Deshalb muss ihm auch die formale Eigentümerstellung zugewiesen werden. Vergleichbare Regelungsgedanken enthält das BGB für Rechte an der Sache, denen eine dauernde Einrede entgegensteht. Die §§ 1169, 1254, 886 gewähren in diesem Fall einen Anspruch auf Verzicht des Hypotheken- oder Pfandrechtsgläubigers bzw auf Beseitigung der Vormerkung. Daraus lässt sich der allg Rechtsgedanke ableiten, dass eine formale, nicht mehr durchsetzbare Rechtsposition aufgegeben werden soll, wenn sie dem Inhaber nichts nützt und nur noch den Eigentümer wirtschaftlich behindert. Dieser Rechtsgedanke lässt sich auf den Sicherungsgeber übertragen, der dauernd zum Besitz des ehemaligen Sicherungsguts berechtigt ist. Ihm steht also ein **Rückübereignungsanspruch** gegen den Dritterwerber analog §§ 1169, 1254, 886 zu (Müller, Rn 2499).

bb) Die Übertragung der gesicherten Forderung erfolgt nach § 398 durch **Abtretung.** 23
Sie ist wirksam, es sei denn, der Sicherungsvertrag enthält ausnahmsweise ein pactum de non cedendo (§ 399 HS 2). Mit der Abtretung geht das Sicherungseigentum nicht kraft Gesetzes auf den Zessionar über, weil das Sicherungseigentum kein akzessorisches Nebenrecht iSd § 401 ist (MK/Oechsler Anh §§ 929–936 Rn 46). Die hM bejaht allerdings einen schuldrechtlichen Anspruch des Zessionars gegen den Zedenten auf Übertragung der Sicherheit analog § 401 (BGHZ 42, 57). Dieser Anspruch besteht allerdings erst im Sicherungsfall und nur zu den Verwertungsmodalitäten des Sicherungsvertrages. Wird der Sicherungsgeber aus der Forderung in Anspruch genommen, so kann er dem Zessionar nach § 404 entgegenhalten, dass er nur gegen Rückübereignung des Sicherungsguts zur Zahlung auf die gesicherte Forderung verpflichtet ist.

d) Verwertung des Sicherungseigentums. Die **Voraussetzungen** und die **Art** der Verwer- 24
tung des Sicherungsguts bestimmt ebenfalls in erster Linie der Sicherungsvertrag (BGH NJW 80, 226). Nur bei Lücken im Vertrag können einzelne **Pfandrechtsvorschriften** ergänzend herangezogen werden. So tritt zB die Verwertungsreife im Regelfall mit Fälligkeit der gesicherten Forderung analog § 1228 II ein, wobei jedoch die Treuepflicht analog § 1234 I gebietet, dass der Sicherungsnehmer dem Sicherungsgeber die Verwertung mit einer angemessenen Frist androht. Sobald der Sicherungsnehmer zur Verwertung befugt ist, kann er die Sache vom Sicherungsgeber herausverlangen. Die Verwertung hat in der für den Gläubiger günstigsten Weise (BGH NJW-RR 87, 1291; NJW 00, 3274) und nur in dem zur Befriedigung des Sicherungsnehmers notwendigen Umfang zu erfolgen (BGH BB 61, 463). Anderenfalls ist der Sicherungsnehmer nach §§ 280 I, 241 II schadensersatzpflichtig (Palandt/Bassenge § 930 Rn 29).

Die Verwertung geschieht mangels besonderer Vereinbarung idR durch **freihändigen** 25
Verkauf des Sicherungsguts (Jauernig/Berger § 930 Rn 37; aA Baur/Stürner, § 57 Rn 42). Möglich ist aber auch ein Pfandverkauf in der Form des § 1233 oder die Zwangsvollstreckung aufgrund eines Zahlungstitels. Die Parteien können nach bislang hM entgg § 1229 vereinbaren, dass das Sicherungsgut dem Sicherungsnehmer mit dem Eintritt des Sicherungsfalls verfällt, also endgültig in seinem Eigentum verbleibt – **Verfallklausel** (BGH NJW 80, 227). Daran ist zwar richtig, dass § 1229 auf diesen Fall nicht direkt anwendbar ist, weil der Sicherungsnehmer ja bereits Eigentümer der Sache ist. Andererseits ist aber die Interessenlage, die hinter dem Verbot der Verfallklausel in § 1229 steht, durchaus mit der Situation bei der Sicherungsübereignung vergleichbar, da auch hier dem Sicherungsnehmer der Wert der Sache ohne jede Rücksicht auf das gesicherte Interesse endgültig belassen wird. Deshalb ist die Zulässigkeit vertraglicher Verfallklauseln entgegen der Rspr **analog § 1229** abzulehnen (Jauernig/Berger § 930 Rn 37).

e) Verlust des Sicherungseigentums. Ein Verlust des Sicherungseigentums kann erfolgen 26
durch **Veräußerung** seitens des nichtberechtigten Sicherungsgebers an einen Dritten, entweder mit Gestattung des Sicherungsnehmers (§ 185 I) oder ohne sie (§§ 932 ff),

durch **Verwertung** des Sicherungsguts oder durch **Wegfall des Sicherungszwecks** bei einer auflösend bedingten Sicherungsübereignung.

27 **f) Sicherungseigentum in Zwangsvollstreckung und Insolvenzverfahren.** Wird die Zwangsvollstreckung in das Sicherungsgut betrieben, so ist zu unterscheiden: Vollstrecken Gläubiger des Sicherungsgebers in das Sicherungsgut, so kann der Sicherungsnehmer der Zwangsvollstreckung in die im Besitz des Sicherungsgebers oder eines Dritten befindliche Sache als Eigentümer gem § 771 ZPO widersprechen (BGHZ 118, 206; aA Westermann/H. P. Westermann, § 44 IV 1 und VII). Befindet sich die Sache ausnahmsweise im Gewahrsam des Sicherungsnehmers, so scheitert eine Zwangsvollstreckung idR bereits an § 809 ZPO, und der Sicherungsnehmer kann im Wege der Vollstreckungserinnerung nach § 766 ZPO gegen sie vorgehen (Jauernig/Berger § 930 Rn 49). Gläubiger des Sicherungsnehmers können nicht gegen den Willen des Sicherungsgebers in das Sicherungsgut vollstrecken, solange sich dieses in seinem Besitz befindet (§ 809 ZPO). Geschieht dies gleichwohl, kann sich der Sicherungsgeber dag mit der Vollstreckungserinnerung nach § 766 ZPO wehren. Befindet sich das Sicherungsgut ausnahmsweise im Besitz des Sicherungsnehmers oder eines nach § 809 ZPO herausgabebereiten Dritten, so kann der Sicherungsgeber der Zwangsvollstreckung nach § 771 ZPO widersprechen, weil die fiduziarische Bindung des Sicherungsnehmers die Sache erst dann aus dem Vermögen des Sicherungsgebers ausscheiden lässt, wenn der Sicherungsnehmer sie verwerten darf (BGHZ 72, 144 ff).

28 Im **Insolvenzverfahren des Sicherungsgebers** hat der Sicherungsnehmer nach §§ 50, 51 Nr 1 InsO das Recht auf abgesonderte Befriedigung. Er kann nicht wie ein Fremdeigentümer Aussonderung verlangen (BGH WM 68, 243). Dies erscheint zwar inkonsequent, wird doch der Sicherungsnehmer als – nur im Innenverhältnis zum Sicherungsgeber fiduziarisch gebundener – Volleigentümer betrachtet, doch lässt es sich damit begründen, dass das Insolvenzverfahren zu einer sofortigen Abwicklung aller Rechtsbeziehungen zwischen dem Sicherungsnehmer und dem Sicherungsgeber zwingt. Es werden also nicht nur die dinglichen, sondern zugleich die schuldrechtlichen Beziehungen (Sicherungsvertrag) gelöst. Unter Einbeziehung der schuldrechtlichen Seite erscheint das Sicherungseigentum aber als besitzloses Pfandrecht.

29 In der **Insolvenz des Sicherungsnehmers** hat der Sicherungsgeber hingegen ein **Aussonderungsrecht gem § 47 InsO**, doch besteht dieses erst dann, wenn die **gesicherte Forderung voll befriedigt** ist. Bei einer auflösend bedingten Sicherungsübereignung ist der Sicherungsgeber dann wieder automatisch Eigentümer des Sicherungsguts (§ 158 II), während er bei einer unbedingten Sicherungsübereignung nur einen obligatorischen Rückübertragungsanspruch hat. Auch dieser Anspruch gewährt aber ein Aussonderungsrecht (Jauernig/Berger § 930 Rn 52). Ist die Forderung noch nicht befriedigt, so hat der Sicherungsgeber zwar ebenfalls ein Aussonderungsrecht, doch ist der Insolvenzverwalter zum Besitz berechtigt bzw der besitzende Sicherungsgeber zur Erhaltung verpflichtet (Palandt/Bassenge § 930 Rn 36).

30 **g) Grenzen zulässiger Sicherungsgeschäfte.** Die Sicherungsübereignung kann **nach § 138 I sittenwidrig** sein. Dies ist nur aufgrund einer Gesamtwürdigung aller Umstände des Einzelfalls festzustellen (BGH NJW 91, 355). Dabei haben sich zwei Fallgruppen herausgebildet: Bei der sog **Knebelung** des Sicherungsgebers liegt eine sittenwidrige Einschränkung der wirtschaftlichen Bewegungsfreiheit des Sicherungsgebers vor (BGHZ 7, 113; 19, 12). Dies ist häufig in den Fällen der **Übersicherung** der Fall; daneben aber auch dann, wenn durch weitgehende Kontrollrechte des Sicherungsnehmers dem Sicherungsgeber jede eigenverantwortliche Entscheidungsmöglichkeit abgeschnitten wird. Eine weitere Fallgruppe ist die der Täuschung von Gläubigern über die Kreditwürdigkeit des Sicherungsgebers – **Kredittäuschung** – (BGHZ 10, 232; 20, 43). Hier führt die Sicherungsübereignung dazu, dritte Gläubiger über die Kreditfähigkeit des Sicherungsgebers zu täuschen. Dabei müssen die Vertragsparteien bzgl dieser Möglichkeit zumindest grob fahrlässig handeln. Nach dem BGH ist der Sicherungsnehmer zur Prüfung verpflichtet, ob andere Gläubiger geschädigt werden können. Daneben kommt eine Schadensersatzpflicht aus § 826 in Betracht, wenn Sicherungsnehmer und Sicherungsgeber oder einer von ihnen vorsätzlich in sittenwidriger Weise eine Schädigung anderer Gläubiger herbeiführen (BGH JZ 56, 96). Außer den §§ 138, 826 gibt die Rspr einem Drittgläubiger das Recht, im Wege der **Gläubiger- und Insolvenzanfechtung** vorzugehen (§§ 1 ff AnfG; 129 ff InsO). Dabei führt die Erfüllung der Voraussetzungen dieser Vorschriften allein nicht zur Nichtigkeit der Sicherungsübereignung nach §§ 134, 138 (BGH NJW 73, 513).

Im Falle der **Nichtigkeit des Sicherungsvertrags gem** § 138 I ist unter Durchbrechung des Abstraktionsprinzips auch die Sicherungsübereignung nichtig, weil gerade der dingliche Vorgang die Sittenwidrigkeit begründet (BGH BB 60, 1367; Serick I, 65 u III, str). Die Sicherungsübereignung als solche kann auch dann gem § 138 I nichtig sein, wenn der Sicherungsvertrag nicht gegen § 138 verstößt (BGHZ 7, 115). 31

Namentlich bei der Sicherungsübereignung eines Warenlagers mit wechselndem Bestand, bei der nicht eindeutig feststeht, welche Waren von ihr erfasst werden und daher der Umfang der Sicherheiten für den Sicherungsgeber nur schwer überschaubar ist (sog **revolvierende Sicherheiten**), besteht die Gefahr einer **Übersicherung** des Sicherungsnehmers. Der Wert der Sicherheiten kann bei Vertragsschluss und danach infolge Tilgung der gesicherten Forderung bzw Zunahme der Sicherheiten die Höhe der gesicherten Forderung in unangemessenem Maße übersteigen. Der BGH erklärte seit 1989 zum Schutz des Sicherungsgebers die Sicherungsübereignung bei revolvierenden Globalsicherheiten gem § 307 nF bzw § 138 I für unwirksam, wenn eine ausdrückliche ermessensunabhängige **Freigabeklausel** mit zahlenmäßig bestimmter fester **Deckungsgrenze** sowie eine feste **Bezugsgröße** für die Bewertung des Sicherungsguts fehlten (BGHZ 109, 240; 120, 300). Später wurde diese Frage zum Streitpunkt zwischen mehreren Zivilsenaten des BGH, die schließlich dem Großen Senat für Zivilsachen des BGH zur Entscheidung vorgelegt wurde (BGH WM 97, 1197 ff; Canaris, ZIP 97, 813 ff). Dieser folgte in seinem Beschluss (BGH WM 98, 227) der Auffassung des XI. Zivilsenats (BGHZ 128, 295; 130, 60; BGH NJW 95, 1985 u 2223; 96, 847), dass weder eine ausdrückliche Freigaberegelung, eine zahlenmäßig bestimmte Deckungsgrenze noch eine Klausel für die Bewertung der Sicherungsgegenstände Wirksamkeitsvoraussetzungen der Sicherungsübereignung seien. Auch ohne ausdrückliche Freigabeklausel habe der Sicherungsgeber bei nachträglicher Übersicherung einen **ermessensunabhängigen Freigabeanspruch**. Dieser ergebe sich gem § 157 aus dem fiduziarischen Charakter der Sicherungsabrede und der Interessenlage der Parteien. Auch auf die Festlegung einer konkreten Deckungsgrenze könne verzichtet werden. Enthalte der Sicherungsvertrag keine oder aber eine unangemessene Deckungsgrenze, so betrage die Höhe der angemessenen Deckungsgrenze, bezogen auf den realisierbaren Wert der Sicherungsgegenstände, **110% der gesicherten Forderungen**. Den pauschalen Aufschlag von 10 % begründet der BGH mit den üblichen Verwaltungs- und Verwertungskosten (§ 171 I 2, II 1 InsO setzt diese Kosten mit 9 % an). Zwar lehnt der BGH die vorausschauende Festlegung allg gültiger **Maßstäbe für die Bewertung** der Sicherungsgegenstände bei Eintritt des Sicherungsfalls zutreffend ab, doch stellt er im Interesse des Sicherungsgebers, der zur Durchsetzung seines Freigabeanspruchs die Sicherungsgegenstände zu bewerten und die Übersicherung zu beweisen hat, eine „**einfache Vermutungs- und Beweislastregelung**" dahin auf, dass die Grenze für das Entstehen eines Freigabeanspruchs bei Sicherungsgut regelmäßig bei **150% des Schätzwerts** (§ 237 S 1) liegt. Mit dieser Entscheidung dürften diese lange umstritten gewesenen Fragen jedenfalls für die Praxis zunächst geklärt sein. 32

§ 931 Abtretung des Herausgabeanspruchs

Ist ein Dritter im Besitz der Sache, so kann die Übergabe dadurch ersetzt werden, dass der Eigentümer dem Erwerber den Anspruch auf Herausgabe der Sache abtritt.

I. Im Fall des § 931 wird die Übergabe iSd § 929 S 1 ersetzt, und zwar durch die **Abtretung des Herausgabeanspruchs**. 1

II. Die Übereignung nach §§ 929, 931 setzt eine **Einigung** iSd § 929 S 1 und die **Abtretung eines Anspruchs auf Herausgabe** der Sache voraus. 2

3 1. Mittelbarer Besitz des Veräußerers. Ist der Veräußerer mittelbarer Besitzer, so fordert der Übereignungstatbestand des § 931 wie § 929 S 1 eine vollständige Lösung des Veräußerers von seiner Besitzbeziehung zur Sache. Im Unterschied zu den Fällen des § 929 geschieht dies durch Übertragung des mittelbaren Besitzes auf den Erwerber nach § 870. Diese Übertragung ist durch Abtretung des Herausgabeanspruchs aus dem Besitzmittlungsverhältnis nach §§ 398 ff vorzunehmen. Die Abtretung dieses schuldrechtlichen Anspruchs ist Übergabesurrogat, weil sie dem Erwerber anstelle der nicht folgenden Übergabe den mittelbaren Besitz verschafft (BGH NJW 59, 1538; Westermann/H.P. Westermann, § 42 II 4).

4 Die Abtretung des dinglichen Anspruchs aus § 985 kommt dag aus zwei Gründen nicht in Betracht. Einerseits ist die Abtretung des Vindikationsanspruchs im geltenden Recht gar nicht möglich. Der dingliche Anspruch aus § 985 kann vom Eigentum nicht getrennt werden. Er ist nichts anderes als die Ausprägung des Eigentumsinhalts in der konkreten Situation rechtswidriger Vorenthaltung des Besitzes. Daher genügt die Abtretung des schuldrechtlichen Herausgabeanspruchs als Übergabesurrogat; das Eigentum geht dann gem § 931 über mit der Folge, dass § 985 nunmehr ohnehin dem Erwerber zusteht. Möglich ist allerdings die Ermächtigung zur Geltendmachung der Vindikation in eigenem Namen nach § 185 I. Diese genügt jedoch für § 931 nicht. Andererseits entsprechen der dingliche Anspruch und die Ermächtigung zu seiner Geltendmachung dem Tatbestand des § 931 nicht, weil sie keine besitzrechtliche Funktionen iSd § 870 haben. Sie würden also gar nicht die Lösung des Veräußerers von seiner Besitzbeziehung zur Sache durch Übertragung des mittelbaren Besitzes nach § 870 bewirken, was aber für § 931 bei mittelbarem Besitz des Veräußerers erforderlich ist.

5 2. Kein Besitz des Veräußerers. Wenn der Veräußerer kein Besitzer der Sache ist, soll nach dem Willen des Gesetzgebers § 931 ebenfalls die Übereignung ohne Mitwirkung des Besitzers ermöglichen. Stehen dem Veräußerer in diesem Fall dingliche oder schuldrechtliche Herausgabeansprüche zu (zB gegen einen Dieb aus §§ 985; 861; 1007 I, II; 823 I, II; 826; 687 II, 681 S 2, 667; 812), so braucht er nur diesen Herausgabeanspruch abzutreten. Hat er dag ausschließlich einen Anspruch aus § 985, so wird der Eigentumsübergang hier durch bloße Einigung herbeigeführt, da die sonst erforderliche Besitzaufgabe und Besitzverschaffung wegfällt (Westermann/H.P. Westermann, § 42 II 4 b). Gleiches gilt, wenn niemand Besitzer der Sache ist.

§ 932 Gutgläubiger Erwerb vom Nichtberechtigten

(1) ¹Durch eine nach § 929 erfolgte Veräußerung wird der Erwerber auch dann Eigentümer, wenn die Sache nicht dem Veräußerer gehört, es sei denn, dass er zu der Zeit, zu der er nach diesen Vorschriften das Eigentum erwerben würde, nicht in gutem Glauben ist. ²In dem Falle des § 929 Satz 2 gilt dies jedoch nur dann, wenn der Erwerber den Besitz von dem Veräußerer erlangt hatte.
(2) Der Erwerber ist nicht in gutem Glauben, wenn ihm bekannt oder infolge grober Fahrlässigkeit unbekannt ist, dass die Sache nicht dem Veräußerer gehört.

1 I. Erwerb vom Nichtberechtigten. Eine von einem Nichtberechtigten vorgenommene Übereignung ist wie jede andere Verfügung über ein fremdes Recht grds unwirksam, wenn sie nicht mit Einwilligung des Berechtigten erfolgt. Diesen grds **Bestandsschutz subjektiver Rechte** gewährleistet § 185 I. Ein Dritter hat danach nicht die Rechtsmacht, durch Verfügungen in fremde Rechte einzugreifen. Ihm fehlt die Verfügungsmacht (= Verfügungsbefugnis), die aus der Rechtsinhaberschaft fließt. Dieses materiellrechtliche Prinzip, dass niemand mehr Rechte auf einen anderen übertragen kann, als er selber hat, wird im Verkehrsinteresse durch die Anerkennung eines gutgläubigen Eigentumserwerbs vom Nichtberechtigten (§§ 932–934) und eines gutgläubig lastenfreien Erwerbs (§ 936) durchbrochen. Ein Erwerb vom Nichtberechtigten vollzieht sich immer auf Kosten des Berechtigten. Deshalb wird der Erwerb vom Nichtberechtigten im geltenden Recht nicht als Regel, sondern nur als begrenzte **Ausn** anerkannt. Hieran ändern auch die Formulierungen in Abs 1 S 1 („es sei denn") und § 936 I 1 („so erlischt das Recht") nichts. Zwar werden dort der Erwerb vom Nichtberechtigten und der lastenfreie Erwerb scheinbar als materiellrechtliche Regel ausgesprochen, der ggü die Bösgläubigkeit als bloßer Ausnahmetatbestand erscheint. Diese Formulierungen haben aber allein Bedeutung für die **Darlegungs- und Beweislast**. Im Prozess trägt der Erwerber nicht die Darlegungs- und Beweislast für seinen guten Glauben. Sein Gegner muss vielmehr die Bösgläubigkeit des Erwerbers darlegen und beweisen.

1. Die §§ 932 ff haben die **Funktion**, den Rechtsverkehr zu schützen. Daraus folgt, dass der gutgläubige Erwerb grds kondiktionsfest ist, der Erwerber das Eigentum also nur ausnahmsweise nach § 816 I 2 an den Eigentümer bei Unentgeltlichkeit des Erwerbs zurückübertragen muss. Ein Anspruch aus § 823 ist mangels Rechtswidrigkeit des Eingriffs selbst bei leichter Fahrlässigkeit des Erwerbers ausgeschlossen. Der Erwerber erlangt volles Eigentum wie beim Erwerb vom Berechtigten. Übereignet er seinerseits die Sache, so handelt es sich um die Verfügung eines Berechtigten, die bereits nach §§ 929 ff wirksam ist, ohne dass es auf die Voraussetzungen der §§ 932 ff ankäme. Dies gilt grds auch dann, wenn der Nichtberechtigte die Sache vom gutgläubigen Erwerber zurückerwirbt. Nach hM (BGH NJW-RR 03, 170: Baur/Stürner, § 52 Rn 34) soll dieser sog **Rückerwerb des Nichtberechtigten** in bestimmten Fällen – Rückabwicklung gem §§ 812 ff nach Rücktritt oder Wandelung; nur vorläufige Übereignung; Übereignung in der Absicht eines späteren Rückerwerbs – ausgeschlossen sein. In diesen Fällen soll das Eigentum nicht an den Nichtberechtigten, sondern automatisch wieder an den früheren Eigentümer zurückfallen. Mit der Rückübereignung entfalle das Bedürfnis des Verkehrsschutzes, das den Eigentumsverlust gerechtfertigt habe. Diese Auffassung ist abzulehnen. Die „dingliche Lösung" zugunsten des an der Rückübereignung gar nicht beteiligten früheren Eigentümers durchbricht das Abstraktionsprinzip, widerspricht dem Gesetz und ist angesichts schuldrechtlicher Übereignungsansprüche des früheren Eigentümers auch nicht zwingend geboten (Jauernig/Berger § 932 Rn 2). Der Nichtberechtigte erwirbt daher vom Berechtigten Eigentum, ist aber schuldrechtlich verpflichtet (Vertrag, §§ 812 ff, 823 ff), es an den früheren Eigentümer zurückzuübertragen. Materiellrechtlich ist neben der **Gutgläubigkeit** des Erwerbers der auf dem Besitz der Sache beruhende **Rechtsschein** Voraussetzung für das Eingreifen des Gutglaubensschutzes.

2. Voraussetzungen des gutgläubigen Erwerbs. Die §§ 932 ff überwinden nur den Mangel des Eigentums beim Veräußerer. Der sog normale Erwerbstatbestand (Einigung und Übergabe bzw Übergabesurrogat) muss hingegen stets vorliegen. Er ist stets vor den Voraussetzungen des gutgläubigen Erwerbs zu prüfen. Daraus ergibt sich folgende **Prüfungsreihenfolge**: Einigung iSd § 929, Übergabe oder Übergabesurrogat, Rechtsscheintatbestand des Besitzes nach §§ 932–934, Gutgläubigkeit des Erwerbers iSd § 932 II und kein Abhandenkommen der Sache (§ 935).

3. Rechtsscheintatbestand. Der gutgläubige Erwerb beruht auf dem Rechtsschein, der bei beweglichen Sachen durch den **Besitz** vermittelt wird, an den die Rechtsvermutung des § 1006 anknüpft. Grundgedanke der gesetzlichen Regelung ist wie bei §§ 929 ff, dass der Veräußerer jeglichen Besitz verlieren, der Erwerber aber mind mittelbaren Besitz erlangen soll. Dabei modifizieren die §§ 932–934 die §§ 929–931 dahin gehend, dass die durch den Besitz vermittelte **Rechtsschein beim Veräußerer** liegen (arg § 932 I 2) und er den **Besitz vollständig** zugunsten des Erwerbers **verlieren** (arg §§ 933, 934 2. Alt) muss (Jauernig/Berger § 932 Rn 4).

II. 1. Rechtsscheinprinzip. Der gute Glaube des Erwerbers ist nur dann geschützt, wenn zugunsten des Nichtberechtigten ein Rechtsscheintatbestand vorliegt, der die Grundlage für das Vertrauen in seine Berechtigung schafft. Bei beweglichen Sachen wird dieser Rechtsschein durch den Besitz erzeugt und daran die Rechtsvermutung des § 1006 geknüpft. Der diesen Rechtsschein begründende **Besitz** muss wirklich bestehen. Die irrtümliche Annahme, es bestehe Besitz, reicht also zum Eigentumserwerb nicht aus, mag der Irrtum auch entschuldbar sein (vgl BGHZ 10, 89). **Kausalität** zwischen dem Rechtsscheintatbestand und dem guten Glauben des Erwerbers ist dag nicht erforderlich. Allerdings wird häufig beim Erwerb vom unmittelbaren Besitzer der Besitz den guten Glauben mitverursacht haben. Trotzdem kommt es auf die Kausalität zwischen

Besitz und gutem Glauben nicht an. Das Gesetz fordert nämlich nur das objektive Vorliegen, nicht aber die Kenntnis des Erwerbers vom Rechtsscheintatbestand. Beim Erwerb vom mittelbaren Besitzer nach § 931 erlangt der Erwerber regelmäßig keine Kenntnis vom wirklichen Vorliegen des mittelbaren Besitzes. Dies ist aber ohne Bedeutung, denn der Erwerb hängt nach § 934 1. Alt allein vom **objektiven Vorliegen** des mittelbaren Besitzes ab. Die Rechtsscheinstellung des Verfügenden muss wie der gute Glaube **im Zeitpunkt der Tatbestandserfüllung** gegeben sein.

6 a) **Rechtsscheintatbestand des § 932 I 1.** Für eine Übereignung durch Einigung und Übergabe gem § 929 S 1 bildet Abs 1 S 1 den Rechtsscheintatbestand. Da die Rechtsscheinstellung des Veräußerers durch den Besitz begründet wird – zugunsten des verfügenden Nichtberechtigten ist § 1006 I 1 oder III gegeben – erlangt der Erwerber das Eigentum sofort mit der Vollendung des Erwerbstatbestandes.

7 aa) Fraglich ist, ob dieser Rechtsscheintatbestand auch bei einer Übergabe auf **Geheiß des Veräußerers** gegeben ist, so dass der Erwerber nach §§ 929 S 1, 932 I 1 auch dann Eigentum erwirbt, wenn der veräußernde Nichteigentümer keinen Besitz hatte. Nach hL setzt die Anwendung des § 932 I 1 beim Geheißerwerb voraus, dass sich der angewiesene unmittelbare Besitzer der Weisung des Veräußerers **tatsächlich unterworfen** hat und die Übergabe in bewusster Befolgung der Anweisung vollzieht. Nur dann könne von einer besitzähnlichen Dispositionsmacht der Anweisenden gesprochen werden, die eine Anwendung des § 932 rechtfertige. Erforderlich seien also das Vorliegen einer Anweisung des Veräußerers und die tatsächliche Unterwerfung des Angewiesenen durch ihre Befolgung. Dag sei § 932 I 1 nicht anwendbar, wenn der angewiesene unmittelbare Besitzer mit der Übergabe selbst übereignen wolle oder sonstige eigene Zwecke verfolge (Baur/Stürner, § 52 Rn 13). Demgegenüber soll es nach dem BGH (BGH NJW 94, 1132) für § 932 I 1 ausreichen, wenn der Dritte „aus der **Sicht des Empfängers**" auf Anweisung übergibt, obwohl die Übergabe tatsächlich in Verfolgung eigener Leistungszwecke vorgenommen wird. Auf das Erfordernis der tatsächlichen Unterwerfung wird hier vom BGH verzichtet und systemwidrig bei § 932 I 1 auf die gutgläubige Annahme einer nicht vorliegenden Rechtsscheinstellung abgestellt.

8 bb) Handelt der Veräußerer bei der Erfüllung des Übereignungstatbestandes in eigenem Namen mit Zustimmung eines Dritten, so weiß der Erwerber, dass der in eigenem Namen handelnde Veräußerer kein Eigentümer ist. Ist der der Veräußerung zustimmende Dritte verfügungsbefugter Eigentümer, so liegt bereits § 185 I vor. Ist der Dritte dag kein Eigentümer, hält der Erwerber den Dritten jedoch gutgläubig für den Eigentümer, so kann es zu einem gutgläubigen Erwerb kommen. Voraussetzung dafür ist aber eine durch Besitz begründete **Rechtsscheinstellung des Dritten**. Diese liegt zB vor, wenn der Veräußerer Besitzmittler des Dritten ist (vgl § 1006 III). Der Dritte muss eine besitzrechtliche Stellung innehaben, die ihn in die Lage versetzt, selbst wirksam an einen Gutgläubigen zu veräußern (BGHZ 56, 127 f; aA Westermann/Gursky, § 46 2 b). Es geht hier aber **nicht** um den Schutz des guten Glaubens an die Verfügungsmacht des Veräußerers, sondern allein um den guten Glauben an die Eigentümerstellung des Dritten. Schutz dieses Glaubens bedeutet, dass zugunsten des Erwerbers vermutet wird, dass die erklärte Zustimmung von dem wahren Eigentümer stammt. Dies bewirkt, dass von einer Ermächtigung des Veräußerers nach § 185 I auszugehen ist. Dabei muss die **Zustimmung des Dritten wirklich vorliegen**, insoweit besteht kein Gutglaubensschutz.

9 b) **Rechtsscheintatbestand des § 932 I 2.** Bei der Übergabe kurzer Hand gem § 929 S 2 macht das Gesetz den Gutglaubensschutz des Erwerbers von einer späteren **Erlangung des Besitzes** abhängig. Der Erwerber muss den Besitz gerade vom Veräußerer erlangt haben. Es gibt also nach Abs 1 S 2 keinen gutgläubigen Erwerb, wenn der Besitz nicht vom Veräußerer, sondern irgendwie von einem Dritten erlangt wird, also kein Rechtsschein zugunsten des Veräußerers besteht. Der Veräußerer muss seinen Besitz vollständig zugunsten des Erwerbers aufgeben (Jauernig/Berger § 932 Rn 20).

10 **2. Gutgläubigkeit des Erwerbers, Abs 2.** Dem Erwerber schadet nach Abs 2 nur **Vorsatz** und **grobe Fahrlässigkeit**. Die Gutgläubigkeit ist eine rechtsbegründende Tatsache, deren Vorliegen **vermutet** wird, so dass der Gegner des vermuteten gutgläubigen Erwerbers die Beweislast für die Bösgläubigkeit trägt (BGHZ 50, 54).

a) Gegenstand des guten Glaubens ist das **Eigentum** des Veräußerers bzw des mittel- oder unmittelbar besitzenden Nichteigentümers, der der Veräußerung durch einen Dritten zugestimmt hat. Dag wird der gute Glaube an die Geschäftsfähigkeit, die Vertretungs- und die Verfügungsmacht von §§ 932 ff nicht geschützt. Das Gesetz erklärt aber in einigen Fällen im Verkehrsinteresse ausnahmsweise die §§ 932 ff für entspr anwendbar, schützt also den guten Glauben des Erwerbers an das Bestehen der **Verfügungsmacht** des Veräußerers. Dies gilt für die fehlende Verfügungsbefugnis des Eigentümers aufgrund einzelner relativer Veräußerungsverbote (§§ 135 II, 136; 161 III; 2113 III, 2129; 2211 II). Hier wird der gute Glaube des Erwerbers an das Nichtbestehen der Verfügungsbeschränkung geschützt. Es gilt aber auch für den guten Glauben an die fehlende Verfügungsbefugnis des Nichteigentümers. Dieser wird ausnahmsweise nach § 1244 und va nach § 366 HGB geschützt. Nach § 366 HGB finden die §§ 932 ff entsprechende Anwendung auf die mangelnde Verfügungsbefugnis eines im Betrieb seines Handelsgewerbes veräußernden Kaufmanns. § 366 HGB ist seinem Wortlaut nach nur anwendbar, wenn der Kaufmann in eigenem Namen eine fremde Sache unbefugt veräußert. Nach verbreiteter Ansicht (K Schmidt, HR § 23 III) soll § 366 auch auf unbefugte Veräußerungen in fremdem Namen, also das Fehlen der Vertretungsmacht, anwendbar sein. Dann soll allerdings nach § 366 HGB allein die Übereignung, nicht aber das schuldrechtliche Kausalgeschäft wirksam sein, so dass der gutgläubige Erwerber das Eigentum nach § 812 I 1 2. Alt an den ursprünglich Berechtigten zurückzuübertragen hat. Dieses inkonsequente Ergebnis spricht dafür, § 366 HGB von vornherein auf Verfügungen in fremdem Namen nicht anzuwenden (Medicus/Petersen, BR Rn 567).

b) Grob fahrlässig handelt der Erwerber, wenn er die im Verkehr erforderliche Sorgfalt in ungewöhnlich großem Maße verletzt und dasjenige unbeachtet lässt, was im gegebenen Fall jedem hätte einleuchten müssen (BGHZ 10, 16; 77, 276). Eine allg **Nachforschungspflicht** über das Eigentum des Veräußerers besteht nicht, doch können es besondere Umstände hins des Vertragsgegenstandes, der Art und Weise des Vertragsschlusses oder der Person des Vertragspartners dringend nahe legen, sich über die Eigentumsverhältnisse zu informieren. So wird beim Gebrauchtwagenkauf grobe Fahrlässigkeit angenommen, wenn sich der Erwerber den Kfz-Brief nicht vorlegen lässt (BGH NJW 96, 2227; NJW 05, 1365). Eine Nachprüfung ist auch erforderlich, wenn man neuwertige Sachen, die gewöhnlich unter Eigentumsvorbehalt erworben werden, von Privatpersonen erwirbt (Jauernig/Berger § 932 Rn 17). Bei einem Eigentumserwerb durch **Stellvertreter** gilt für den guten Glauben des Erwerbers § 166.

c) Maßgebender Zeitpunkt für die Gutgläubigkeit des Erwerbers ist derjenige der Vollendung des **Eigentumserwerbs**, § 932 I 1. Dies ist bei einer Übereignung nach § 929 S 1 der Zeitpunkt der Übergabe, bei einer Übereignung nach § 929 S 2 derjenige der Einigung. Bei einem gutgläubigen Erwerb nach §§ 933, 934 2. Alt ist der Zeitpunkt der Besitzerlangung maßgebend.

3. Kulturgüterschutz. Keine Ausnahme gilt bei Kulturgütern, die unter das in ua Umsetzung der **Kulturgüterschutz-RL 93/7/EWG** ergangene KultGüRückG fallen. Soweit deutsches Recht anwendbar ist (s dazu auch §§ 5 I, 9 KultGüRückG), kann also auch an einem Kulturgut nach §§ 932, 935 Eigentum vom Nichtberechtigten erworben werden. Jedoch kann unabhängig von der Eigentumslage ein Anspruch auf Rückgabe nach dem KultGüRückG bestehen. Der Eigentümer kann in diesem Fall sein Eigentum weiter ausüben, freilich nur innerhalb des Staates, der den Rückgabeanspruch hat.

§ 932 a Gutgläubiger Erwerb nicht eingetragener Seeschiffe

Gehört ein nach § 929 a veräußertes Schiff nicht dem Veräußerer, so wird der Erwerber Eigentümer, wenn ihm das Schiff vom Veräußerer übergeben wird, es sei denn, dass er zu dieser Zeit nicht in gutem Glauben ist; ist ein Anteil an einem Schiff Gegenstand der Veräußerung, so tritt an die Stelle der Übergabe die Einräumung des Mitbesitzes an dem Schiff.

§ 934

1 Für den gutgläubigen Erwerb eines **nicht** im Schiffsregister **eingetragenen** Binnen- oder Seeschiffs iSd § 929 a gelten gem § 923 a die Grundsätze des § 932. Insoweit ist auch § 366 a HGB anwendbar (BGH NJW 90, 3209). Für **eingetragene** Schiffe gelten die §§ 15 ff SchiffsRG. § 15 SchiffsRG entspricht § 891 und stellt entsprechende widerlegbare Rechts- und va Eigentumsvormerkungen auf, während § 16 SchiffsRG den gutgläubigen Erwerb eingetragener Schiffe in einer § 892 entsprechenden Weise ermöglicht.

§ 933 Gutgläubiger Erwerb bei Besitzkonstitut

Gehört eine nach § 930 veräußerte Sache nicht dem Veräußerer, so wird der Erwerber Eigentümer, wenn ihm die Sache von dem Veräußerer übergeben wird, es sei denn, dass er zu dieser Zeit nicht in gutem Glauben ist.

1 I. Die Vorschrift regelt den Rechtsscheintatbestand für Übereignungen nach §§ 929, 930.
2 II. Im Falle einer Übereignung nach §§ 929, 930 erfolgt ein gutgläubiger Erwerb nach § 933 erst, wenn dem Erwerber „die Sache von dem Veräußerer **übergeben** wird". Die darin liegende Verneinung des sofortigen gutgläubigen Erwerbs ist unter Rechtsscheingesichtspunkten inkonsequent: Der Veräußerer ist hier entweder unmittelbarer oder mittelbarer Besitzer. Für ihn spricht also entweder die Vermutung nach § 1006 I oder III. Der Erwerber erlangt mittelbaren Besitz, mit der Einigung ist der Erwerbstatbestand der §§ 929, 930 vollendet. Gleichwohl tritt nicht bereits jetzt ein gutgläubiger Erwerb ein, sondern erst dann, wenn ihm die Sache von dem Veräußerer übergeben wird. Dieses Ergebnis widerspricht der Rechtsscheinwirkung des Besitzes, lässt sich aber mit dem **Traditionsprinzip** begründen. Bei § 930 behält der Veräußerer seinen bisherigen Besitz vollständig, während er beim Übergabesurrogat nach §§ 870, 931 seine Besitzberechtigung durch Übertragung restlos aufgibt. Dies rechtfertigt die Einschränkung des Gutglaubensschutzes.
3 Der Veräußerer muss jeden Besitz verlieren, und der Erwerber muss ihn auf Veranlassung des Veräußerers „aufgrund des Veräußerungsgeschäfts", dh zum Zwecke der Übereignung, erhalten. Für § 933 kommt also nur eine Besitzverschaffung in Betracht, die als **Übergabe** iSd § 929 S 1 gilt (BGH NJW 96, 2656). Ausreichend ist daher auch eine Übergabe auf Geheiß, während die Verschaffung von unmittelbarem oder mittelbarem Mitbesitz oder Nebenbesitz nicht ausreicht. Nicht ausreichend ist auch die einseitige Wegnahme durch den Erwerber, und zwar auch dann nicht, wenn der Veräußerer den Erwerber bereits bei der Veräußerung zur Wegnahme ermächtigt hat (BGHZ 67, 209 f).

§ 934 Gutgläubiger Erwerb bei Abtretung des Herausgabeanspruchs

Gehört eine nach § 931 veräußerte Sache nicht dem Veräußerer, so wird der Erwerber, wenn der Veräußerer mittelbarer Besitzer der Sache ist, mit der Abtretung des Anspruchs, anderenfalls dann Eigentümer, wenn er den Besitz der Sache von dem Dritten erlangt, es sei denn, dass er zur Zeit der Abtretung oder des Besitzerwerbs nicht in gutem Glauben ist.

1 I. Die Bestimmung regelt den Rechtsscheintatbestand für Übereignungen nach §§ 929, 931. Beim gutgläubigen Erwerb nach §§ 929, 931, 934 **unterscheidet** das Gesetz danach, ob der verfügende Nichtberechtigte mittelbarer Besitzer ist (§ 934 1. Alt) oder nicht (§ 934 2. Alt).
2 II. Voraussetzungen:
3 1. Ist der **Veräußerer mittelbarer Besitzer** (§ 934 1. Alt), so ist der Verfügungstatbestand der §§ 929, 931, 870, 398 mit der Einigung und der Abtretung des Herausgabeanspruchs aus dem Besitzmittlungsverhältnis erfüllt und damit **sofort** der gutgläubige Erwerb nach § 934 S 1 eingetreten.

Abschnitt 3 | Eigentum § 935

2. Ist der **Veräußerer nicht mittelbarer Besitzer** (§ 934 2. Alt), so greift der Gutglau- 4
bensschutz erst ein, wenn der Erwerber „den Besitz von dem Dritten erlangt". Auch
für § 934 2. Alt kommt nur eine Besitzverschaffung in Betracht, die als **Übergabe iSd
§ 929 S 1** gilt. Ausreichend ist daher auch hier eine Übergabe auf Geheiß, während die
Verschaffung von unmittelbarem oder mittelbarem Mitbesitz oder Nebenbesitz nicht
ausreicht. Scheitert die Eigentumsübertragung zunächst an der fehlenden Übergabe, so
kann die spätere Übergabe bei fortbestehender Einigung auch hier zur Tatbestandserfüllung nach §§ 929, 931, 934 2. Alt führen. Folgerichtig muss in diesem Zeitpunkt
der gute Glaube des Erwerbers vorliegen.

III. Kritik an den unterschiedlichen Folgen von § 934 1. Alt und § 933. Die unter- 5
schiedlichen Wertungen der beiden Vorschriften werden zT stark kritisiert. Tatsächlich
kann der Veräußerer die nach § 933 erforderliche Besitzübergabe dadurch umgehen,
dass er die Sache bei einem Dritten einlagert und dem Erwerber den Herausgabeanspruch abtritt (§ 934 1. Alt). Der **BGH** akzeptiert diese aus dem Gesetz folgenden unterschiedlichen Ergebnisse der §§ 933 und 934 1. Alt. Für diese Unterscheidung lässt
sich ein vernünftiger gesetzgeberischer Grund anführen. Die §§ 932 ff setzen voraus,
dass der Veräußerer seinen Besitz vollständig zugunsten des Erwerbers aufgibt. Diese
Voraussetzung ist beim Übergabesurrogat nach §§ 870, 931 erfüllt, weil der Veräußerer seine Besitzberechtigung durch Übertragung des mittelbaren Besitzes restlos aufgibt. Bei § 930 liegt diese Voraussetzung hingegen nicht vor, weil der Veräußerer seinen bisherigen Besitz vollständig behält. Dies rechtfertigt den sofortigen Gutglaubensschutz nach § 934 1. Alt und die Einschränkung des Gutglaubensschutzes nach § 933.
Der BGH (BGHZ 50, 48) hat daher zu Recht die von einem Teil der Literatur (Müller,
AcP 137, 86) befürwortete Angleichung der §§ 933 und 934 1. Alt als bloßen rechtspolitischen Vorschlag angesehen. Andere versuchen dieses Ergebnis dadurch zu korrigieren, dass sie den Erwerber jedenfalls bei einem „Doppelspiel" des Besitzmittlers nur
als mittelbaren **Nebenbesitzer** neben dem Eigentümer ansehen. Ein gutgläubiger Erwerb gem § 934 1. Alt scheitere daran, dass der Erwerber durch die Abtretung des vermeintlichen Herausgabeanspruchs hins des Besitzes nicht näher an die Sache heran-
komme als der Eigentümer (Baur/Stürner, § 52 Rn 24; Medicus/Petersen, BR Rn 558,
561). Die hM lehnt aber die Möglichkeit eines solchen Nebenbesitzes ab, der aus **verschiedenen** und voneinander unabhängigen Besitzmittlungsverhältnissen zu demselben
unmittelbaren Besitzer beruht, weil er keine gesetzlich zugelassene besitzrechtliche Beteiligung mehrerer Personen an einer Sache sei. Die Anerkennung der Herausgabepflicht ggü dem einen Oberbesitzer bedeutet danach zwingend ihre Verneinung ggü
dem anderen (Palandt/Bassenge § 868 Rn 2). Allein mit der Begr des neuen Besitzmittlungsverhältnisses ist das alte erloschen (BGH NJW 79, 2038).

§ 935 Kein gutgläubiger Erwerb von abhanden gekommenen Sachen

(1) ¹Der Erwerb des Eigentums auf Grund der §§ 932 bis 934 tritt nicht ein, wenn die
Sache dem Eigentümer gestohlen worden, verlorengegangen oder sonst abhanden gekommen ist. ²Das Gleiche gilt, falls der Eigentümer nur mittelbarer Besitzer war,
dann, wenn die Sache dem Besitzer abhanden gekommen war.
(2) Diese Vorschriften finden keine Anwendung auf Geld oder Inhaberpapiere sowie
auf Sachen, die im Wege öffentlicher Versteigerung oder in einer Versteigerung nach
§ 979 Absatz 1 a veräußert werden.

I. An abhanden gekommenen Sachen ist kein gutgläubiger Erwerb möglich (Abs 1). 1
Eine Sache ist iSd Abs 1 abhanden gekommen, wenn der **unmittelbare Besitzer ohne
seinen Willen den Besitz verloren** hat. Von dieser Regelung sind jedoch Geld, Wertpapiere sowie bei öffentlichen Versteigerungen veräußerte Sachen ausgenommen (Abs 2).
Sammlermünzen (zB „Krügerrand"), die zum Umlauf im Zahlungsverkehr weder bestimmt noch geeignet sind, sind auch dann nicht Geld, wenn sie als offizielles Zahlungsmittel zugelassen sind (BGH NJW 2013, 2888). **Öffentliche Versteigerungen** sind
nach § 383 III die von öffentlich angestellten Versteigerern durchgeführten Verstei-

rungen. Auch der Erwerb in freiwilliger öffentlicher Versteigerung fällt also unter Abs 2 (BGH NJW 90, 900).

2 **II.** Abs 1 setzt einen **unfreiwilligen Besitzverlust** voraus. Unfreiwillig ist der Verlust, wenn er **ohne Willen** des unmittelbaren Besitzers eingetreten ist, zB Verlieren der Sache, unbemerkter Besitzentzug durch einen Dieb. Nicht erforderlich ist, dass der Verlust gegen den aktuellen Willen des Besitzers erfolgt, wie zB bei der Wegnahme nach Überwindung der Gegenwehr des Besitzers. Mit dem Willen ist nur ein tatsächlicher Wille gemeint. Dabei ist der Einfluss von **mangelnder Geschäftsfähigkeit und Willensmängeln** str: Nach überwiegender Auffassung ist die freiwillige Aufgabe des unmittelbaren Besitzes durch beschränkt Geschäftsfähige kein Abhandenkommen; anders ist dies bei der Besitzaufgabe durch Geschäftsunfähige. Hierbei ist allerdings zu berücksichtigen, dass Kinder unter elterlicher Sorge uU nur mittelbare Besitzer ihrer Sachen sind. Haben die Eltern den unmittelbaren Verwaltungsbesitz inne, können ihnen die durch Kinder weggegebenen Sachen abhanden kommen. Bei der Weggabe des Besitzes aufgrund einer **arglistigen Täuschung** liegt kein Abhandenkommen vor. Dieses ist erst bei einem unwiderstehlichen körperlichen oder seelischen Zwang anzunehmen (BGHZ 4, 36). Dasselbe gilt für Fälle des **Irrtums**.

3 **1. Mittelbarer Besitz** kann grds nicht abhanden kommen. Hat der Eigentümer die Sache einem Besitzmittler nach § 868 anvertraut, so ist dieser unmittelbarer Besitzer. Bei der Prüfung des § 935 ist daher ausschließlich auf seinen Willen abzustellen, also auf den Willen des Mieters, Entleihers oder Verwahrers. Eine gewollte Weggabe durch den Besitzmittler (auch wenn diese dem eindeutigen Willen des mittelbar besitzenden Eigentümers widerspricht) ist kein Abhandenkommen und schafft daher die Voraussetzungen für die Anwendung der §§ 932 ff. Eine Ausn bildet Abs 1 S 2, soweit die Sache dem Besitzmittler (Mieter, Entleiher oder Verwahrer) abhanden kommt. Hier ist ein gutgläubiger Erwerb ausgeschlossen.

4 **2. Der Besitzdiener** ist nach § 855 nicht Besitzer, kann aber wegen seiner tatsächlichen Gewalt auf den unmittelbaren Besitz des Besitzers durch Weggabe der Sache einwirken. Der Wille des Besitzdieners ist für die Freiwilligkeit oder Unfreiwilligkeit des Besitzverlustes vollständig bedeutungslos. Abzustellen ist für das Abhandenkommen allein auf den Willen dessen, der rechtlich als unmittelbarer Besitzer anzusehen ist. Ein unfreiwilliger Besitzverlust des alleinbesitzenden Besitzherrn liegt somit vor, wenn der Besitzdiener die Sache ohne seinen Willen verliert oder mit seinem, aber ohne Willen des Besitzherrn, weggibt. In der zweiten Situation kommt es nicht darauf an, ob der Besitzdiener bewusst zum Nachteil des Besitzers oder ohne Verschulden weisungswidrig handelt oder aber jede Weisung fehlt. In allen Fällen liegt ein Abhandenkommen vor. Diese unterschiedlichen Folgen bei der Weggabe durch einen Besitzdiener und einen Besitzmittler sind vom Gesetzgeber bewusst so gestaltet worden: Wenn der Eigentümer die Sache einem Besitzmittler anvertraut und damit den Widerspruch zwischen Rechtsschein und Recht selbst herbeiführt, muss er auch das Risiko eines Vertrauensbruchs und damit die Gefahr eines Eigentumsverlustes tragen.

§ 936 Erlöschen von Rechten Dritter

(1) ¹Ist eine veräußerte Sache mit dem Recht eines Dritten belastet, so erlischt das Recht mit dem Erwerb des Eigentums. ²In dem Falle des § 929 Satz 2 gilt dies jedoch nur dann, wenn der Erwerber den Besitz von dem Veräußerer erlangt hatte. ³Erfolgt die Veräußerung nach § 929 a oder § 930 oder war die nach § 931 veräußerte Sache nicht im mittelbaren Besitz des Veräußerers, so erlischt das Recht des Dritten erst dann, wenn der Erwerber auf Grund der Veräußerung den Besitz der Sache erlangt.
(2) Das Recht des Dritten erlischt nicht, wenn der Erwerber zu der nach Absatz 1 maßgebenden Zeit in Ansehung des Rechts nicht in gutem Glauben ist.
(3) Steht im Falle des § 931 das Recht dem dritten Besitzer zu, so erlischt es auch dem gutgläubigen Erwerber gegenüber nicht.

I. Wird Eigentum erworben, so stellt sich die Frage nach dem **Schicksal beschränkter** **1** **dinglicher Rechte**, die an der Sache bestehen. Dem **Bestandschutzinteresse** des Rechtsinhabers würde es entsprechen, dass sein Recht als Belastung des Eigentums fortbesteht. Dieses Ergebnis widerspräche jedoch dem **Vertrauensinteresse** des Erwerbers, der gutgläubig von der Lastenfreiheit des Eigentums ausgeht. Das Gesetz löst diesen Konflikt in § 936 nach genau denselben Grundsätzen, die für den Eigentumserwerb eines Gutgläubigen maßgebend sind. Diese Gleichbehandlung ist zwingend, denn beim gutgläubigen Eigentumserwerb und beim gutgläubig lastenfreien Erwerb geht es um die grds gleiche Frage, wann eine Rechtsposition eines Dritten an einen Gutgläubigen verloren geht. Für das Verständnis der Vorschrift muss man sich an der Frage orientieren, wann bei dem zu prüfenden Verfügungstatbestand das Eigentum des Dritten zugunsten des gutgläubigen Erwerbers verloren gehen würde. Die gleichen Grundsätze gelten für den Untergang der Belastungen. Daraus folgt: Obwohl der Wortlaut darüber nichts sagt, ist iR des § 936 zugunsten des Rechtsinhabers **§ 935 entspr** anzuwenden. Das beschränkte dingliche Recht bleibt also bestehen, wenn die Sache dem Rechtsinhaber abhanden gekommen ist. Dafür muss ein unfreiwilliger Verlust des unmittelbaren Besitzes bei ihm selbst oder bei seinem Besitzmittler eingetreten sein.

II. Voraussetzung für die Prüfung der Lastenfreiheit ist immer der Eigentumserwerb. **2** Ob der Erwerber das Eigentum dabei vom Berechtigten oder gutgläubig vom Nichtberechtigten erlangt hat, ist unerheblich. Wenn Gutgläubigkeit bzgl der Lastenfreiheit gegeben ist und § 935 nicht eingreift, hängt das Erlöschen der beschränkten dinglichen Rechte nach § 936 davon ab, **welcher Übereignungstatbestand** vorliegt. Eine Übereignung nach § 929 S 1 führt nach Abs 1 S 1 zum sofortigen Erlöschen mit dem Erwerb (wie bei § 932 I 1). Eine Übereignung nach § 929 S 2 führt nach Abs 1 S 2 zum Erlöschen, wenn der Besitz vom Veräußerer erlangt ist (wie bei § 932 I 2). Eine Übereignung nach §§ 929, 930 führt nach Abs 1 S 3 erst zum Erlöschen, wenn der Besitz „aufgrund der Veräußerung" erlangt ist (wie bei § 933). Dies gilt insbesondere für den gutgläubigen lastenfreien Erwerb von Sachen, die dem Vermieterpfandrecht unterliegen (BGH NJW-RR 05, 1328). Bei einer Übereignung nach §§ 929, 931 ist zu unterscheiden (wie bei § 934): Hat der Veräußerer keinen mittelbaren Besitz, so kommt es nach Abs 1 S 3 erst zum Erlöschen, wenn der Besitz „aufgrund der Veräußerung" erlangt ist (wie bei § 934 2. Alt). Hat der Veräußerer mittelbaren Besitz, so kommt es grds nach Abs 1 S 1 zum sofortigen Erlöschen (wie bei § 934 1. Alt); nach der **Ausnahmeregel des Abs 3** erlischt das Recht des Dritten aber nicht, wenn er unmittelbarer oder mittelbarer Besitzer der Sache ist. Diese Ausn wird dadurch gerechtfertigt, dass hier in der Person des Dritten das dingliche Recht und der Besitz zusammenfallen. Ein mit dem Besitz der Sache verbundenes dingliches Recht braucht aber dem guten Glauben eines entfernt besitzenden Erwerbers nicht zu weichen. Abs 3 steht nicht in Widerspruch zum Grundsatz des § 934 1. Alt, weil beim sofortigen gutgläubigen Eigentumserwerb nach § 934 1. Alt in der Person des Besitzmittlers Besitz und dingliches Recht (Eigentum) gerade nicht zusammenfallen. Der Besitzmittler hat hier nur Besitz, aber nicht gleichzeitig auch Eigentum.

Es sind aber auch Fälle denkbar, in denen bei einer Veräußerung eines Nichtberechtig- **3** ten nach §§ 929, 931, 870 beim Besitzmittler außer dem Besitz auch das Eigentum vorhanden ist, der „Dritte" iSd Abs 3 also statt eines beschränkten dinglichen Rechts sogar das Eigentum hat. Hier wäre es untragbar, nach § 934 1. Alt einen gutgläubigen Eigentumserwerb zuzulassen. Entsprechend dem in Abs 3 enthaltenen Grundsatz geht das Eigentum also nicht an den gutgläubigen Erwerber verloren. Der Anwendungsbereich des § 934 1. Alt ist also **analog § 936 III** einzuschränken (vgl Westermann/Gursky, § 50 3).

Untertitel 2
Ersitzung

§ 937 Voraussetzungen, Ausschluss bei Kenntnis

(1) Wer eine bewegliche Sache zehn Jahre im Eigenbesitz hat, erwirbt das Eigentum (Ersitzung).

(2) Die Ersitzung ist ausgeschlossen, wenn der Erwerber bei dem Erwerb des Eigenbesitzes nicht in gutem Glauben ist oder wenn er später erfährt, dass ihm das Eigentum nicht zusteht.

1 I. Die Ersitzung gem §§ 937 ff ermöglicht einen **originären**, dh nicht abgeleiteten gesetzlichen Eigentumserwerb an beweglichen Sachen. Sie kommt in Betracht, wenn ein Eigenbesitzer zu Unrecht und gutgläubig meint, Eigentum erlangt zu haben. Dies ist insb der Fall, wenn die wahre Eigentumslage in Vergessenheit geraten oder der rechtsgeschäftliche Eigentumserwerb fehlgeschlagen ist. Letzteres ist zB bei der Unwirksamkeit der dinglichen Einigung infolge unerkannter Geschäftsunfähigkeit eines der Beteiligten oder beim Erwerb abhanden gekommener Sachen vom Nichtberechtigten (§ 935) gegeben.

2 II. 1. Voraussetzungen. Eine Ersitzung beweglicher Sachen setzt einen **10-jährigen fortgesetzten, gutgläubigen, unmittelbaren oder mittelbaren Eigenbesitz** (Abs 1, § 872) voraus. Nach § 937 kann nur das Eigentum an **beweglichen Sachen** ersessen werden. Damit sind Grundstücke und wesentliche Grundstücksbestandteile aus dem Anwendungsbereich der Norm ausgeschlossen (vgl aber §§ 900, 927). Nach § 937 kann aber das Eigentum an Scheinbestandteilen eines Grundstücks (§ 95) und an Grundstückszubehör (§ 97) ersessen werden. Rechte können ebenso wenig ersessen werden wie das Eigentum an Schuldurkunden iSd § 952 (zB Sparbücher). Das Vorliegen von **Eigenbesitz** richtet sich nach § 872. Der Erwerber muss die Sache als ihm gehörig besitzen. Der Eigenbesitz kann unmittelbar oder mittelbar sein. Mittelbarer Eigenbesitz ist für Fälle des fehlgeschlagenen Eigentumserwerbs nach § 933 wichtig. Keine Ersitzung tritt ein, wenn der Ersitzende unredlich im Hinblick auf sein vermeintliches Eigentum ist (§ 932 II). Dabei schaden ihm beim Besitzerwerb **Kenntnis oder grobfahrlässige Unkenntnis** hins des fehlenden eigenen Eigentums. Es genügt die Kenntnis der Umstände, aus denen sich der Nichterwerb des Eigentums ergibt, für sich allein nicht. Der Erwerber muss vielmehr die Tatsachen iSd fehlenden Eigentums bewerten. Rechtsirrtümer bei der Bewertung können aber die grobe Fahrlässigkeit begründen (MK/Baldus § 937 Rn 30). Nach einem gutgläubigen Besitzerwerb schadet dem Erwerber nur noch **positive Kenntnis** (Abs 2). Der Erwerber muss **10 Jahre ununterbrochen** Eigenbesitz gehabt haben. Die Berechnung der Eigenbesitzfrist richtet sich nach §§ 187 I, 188 II. Beim **Erben**, der nur nach § 857 fiktiv besitzt, ist allein die Person des Erblassers maßgebend. Bis zur tatsächlichen Besitzbegründung setzt der Erbe den Besitz so fort, wie der Erblasser besaß. Er ist also bösgläubig, wenn der Erblasser bösgläubig war. Nach der Besitzergreifung sind dag die Vorstellungen des Erben maßgebend (str).

3 2. Wirkungen. Die Ersitzung bewirkt einen **originären Erwerb des Eigentums** (Abs 1). Die bis zur Schuldrechtsreform insb im Hinblick auf bereicherungsrechtliche Ansprüche heftig umstrittene Frage, inwieweit das durch Ersitzung erlangte Eigentum aufgrund schuldrechtlicher Normen wieder herausverlangt werden kann (vgl Baur/Stürner, § 53 Rn 91; Palandt/Bassenge Vor § 937 Rn 2), hat sich durch die Herabsetzung der Verjährungsfrist auf 3 bis maximal 10 Jahre (§§ 195, 199) erübrigt.

4 3. Kulturgüterschutz. Keine Ausnahme gilt bei Kulturgütern, die unter das in ua Umsetzung der **Kulturgüterschutz-RL 93/7/EWG** ergangene KultGüRückG fallen. Soweit deutsches Recht anwendbar ist (s dazu auch §§ 5 I, 9 KultGüRückG), kann also auch an einem Kulturgut nach § 937 Eigentum erworben werden. Jedoch kann unabhängig von der Eigentumslage ein Anspruch auf Rückgabe nach dem KultGüRückG bestehen. Der Eigentümer kann in diesem Fall sein Eigentum weiter ausüben, freilich nur innerhalb des Staates, der den Rückgabeanspruch hat.

§ 938 Vermutung des Eigenbesitzes

Hat jemand eine Sache am Anfang und am Ende eines Zeitraums im Eigenbesitz gehabt, so wird vermutet, dass sein Eigenbesitz auch in der Zwischenzeit bestanden habe.

Die Vorschrift erleichtert mit ihrer **Vermutung** den Nachw des ununterbrochenen Eigenbesitzes. Die Vermutung kann durch den **Beweis des Gegenteils** (§ 292 ZPO) widerlegt werden. 1

§ 939 Hemmung der Ersitzung

(1) ¹Die Ersitzung ist gehemmt, wenn der Herausgabeanspruch gegen den Eigenbesitzer oder im Falle eines mittelbaren Eigenbesitzes gegen den Besitzer, der sein Recht zum Besitz von dem Eigenbesitzer ableitet, in einer nach den §§ 203 und 204 zur Hemmung der Verjährung geeigneten Weise geltend gemacht wird. ²Die Hemmung tritt jedoch nur zugunsten desjenigen ein, welcher sie herbeiführt.
(2) Die Ersitzung ist ferner gehemmt, solange die Verjährung des Herausgabeanspruchs nach den §§ 205 bis 207 oder ihr Ablauf nach den §§ 210 und 211 gehemmt ist.

I. Die §§ 939–942 regeln den Beginn, die Hemmung und die Unterbrechung des Laufs 1 der Ersitzungszeit. § 939 regelt die Hemmung der Ersitzung, indem ein **vollkommener Gleichlauf** zwischen den Umständen, die zur **Hemmung der Verjährung** des Herausgabeanspruchs des Eigentümers einerseits und zur Hemmung der Ersitzung andererseits führen, hergestellt wird.

II. 1. Die in § 939 I 1 geregelte Hemmung der Ersitzung durch Geltendmachung des 2 Herausgabeanspruchs des Eigentümers in einer nach § 204 zur Hemmung der Verjährung geeigneten Weise trägt dem allg Grundsatz Rechnung, dass **Rechtsverfolgungsmaßnahmen** nicht mehr die Unterbrechung (so § 941 aF; nur Vollstreckungshandlungen haben noch Unterbrechungswirkung, § 941 nF), sondern nur noch die Hemmung der Verjährung bewirken (§ 204). Gleiches gilt für die Ersitzungshemmung durch Geltendmachung des Eigentumsanspruchs in einer nach § 203 zur Hemmung der Verjährung geeigneten Weise. Hier geht es um die Hemmung der Ersitzung durch das **Schweben von Verhandlungen** über den Herausgabeanspruch des Eigentümers. So wie das Schweben von Verhandlungen die Verjährung des Eigentumsanspruchs hemmt (§ 203), soll es auch die Ersitzung hemmen. Die in § 939 I 1 angeordnete Wirkung der Verjährungshemmung auf den Lauf der Ersitzung tritt nicht nur ein, wenn der Eigentumsanspruch gegen den Eigenbesitzer geltend gemacht wird, sondern auch dann, wenn er bei **mittelbarem Eigenbesitz** gegen den Besitzer, der sein Recht zum Besitz von dem Eigenbesitzer ableitet, geltend gemacht wird. § 939 I 2 schränkt die Wirkung der Hemmung der Verjährung auf den Lauf der Ersitzung dahin ein, dass diese nur zugunsten desjenigen eintritt, der sie herbeiführt.

2. Nach § 939 II ist die Ersitzung weiterhin gehemmt, solange die Verjährung des Eigentumsanspruchs nach §§ 205–207 oder ihr Ablauf nach §§ 210, 211 gehemmt ist. 3

§ 940 Unterbrechung durch Besitzverlust

(1) Die Ersitzung wird durch den Verlust des Eigenbesitzes unterbrochen.
(2) Die Unterbrechung gilt als nicht erfolgt, wenn der Eigenbesitzer den Eigenbesitz ohne seinen Willen verloren und ihn binnen Jahresfrist oder mittels einer innerhalb dieser Frist erhobenen Klage wiedererlangt hat.

Fällt eine wesentliche Voraussetzung der Ersitzung (vgl § 937 Rn 2) weg, so wird die 1 Ersitzung grds mit den Wirkungen des § 942 unterbrochen. Dies ordnet **Abs 1** für den **Verlust des Eigenbesitzes** ausdrücklich an. Ein Verlust des Eigenbesitzes liegt vor, wenn der Besitz beendigt (§ 856) oder der Eigenbesitzwille aufgegeben wird. Dag geht der Besitz bei einer Umwandlung des unmittelbaren in mittelbaren Eigenbesitz nicht verloren (Staud/Wiegand, § 940 Rn 2). Beim Tod des Eigenbesitzers tritt ebenfalls kein Besitzverlust ein, weil der Erbe in die besitzrechtliche Stellung des Erblassers eintritt (§ 857). **Abs 2** begründet eine **Ausn** zu Abs 1. Danach gilt die Unterbrechung als nicht erfolgt, wenn der Besitzverlust des Eigenbesitzers **unfreiwillig** erfolgt ist. Dies ist nicht gegeben, wenn der Besitzverlust auf einem Willensmangel beruht und daher anfechtbar ist (nach §§ 119, 123). In diesem Fall ist schon Abs 1 nicht anwendbar, so dass die Ausn des Abs 2 gar nicht zum Zuge kommt (Staud/Wiegand, § 940 Rn 5 f). Die Unterbrechung gilt weiter als nicht erfolgt, wenn der Eigenbesitzer innerhalb eines Jahres (vgl dazu §§ 187 I, 188 II) entweder den **Besitz wiedererlangt** oder **Herausgabeklage erhoben** hat. In den Fällen des Abs 2 wird dem Ersitzenden die verstrichene Zwischenzeit auf den Lauf der Ersitzungszeit angerechnet.

§ 941 Unterbrechung durch Vollstreckungshandlung

¹Die Ersitzung wird durch Vornahme oder Beantragung einer gerichtlichen oder behördlichen Vollstreckungshandlung unterbrochen. ²§ 212 Abs. 2 und 3 gilt entsprechend.

1 Nach S 1 wird die Ersitzung durch die Vornahme oder die Beantragung einer gerichtlichen oder behördlichen Vollstreckungshandlung unterbrochen. Hierbei handelt es sich um die einzigen Rechtsverfolgungsmaßnahmen, die zur Unterbrechung und damit zu einem **Neubeginn der Verjährung** führen (§ 212 I Nr 2). Im Gleichlauf damit bewirken sie auch eine Unterbrechung und damit einen Neubeginn der Ersitzung. S 2 stellt durch die Verweisung auf § 212 II u III klar, dass die Ersitzungsunterbrechung als nicht erfolgt gilt, wenn die Vollstreckungshandlung aufgehoben oder dem Antrag nicht stattgegeben oder dieser zurückgenommen wird.

§ 942 Wirkung der Unterbrechung

Wird die Ersitzung unterbrochen, so kommt die bis zur Unterbrechung verstrichene Zeit nicht in Betracht; eine neue Ersitzung kann erst nach der Beendigung der Unterbrechung beginnen.

1 Die Wirkung der Unterbrechung der Ersitzung entspricht derjenigen des Neubeginns der Verjährung (§ 212), dh die bis zur Unterbrechung verstrichene Zeit bleibt bei der Fristberechnung außer Betracht und der Fristablauf beginnt am Tag nach dem Ende der Unterbrechung wieder neu. Allerdings muss der Eigenbesitzer nach der Unterbrechung auch **gutgläubig** sein (vgl § 937 II). Da das Gesetz im Verjährungsrecht den Begriff der Unterbrechung nicht mehr verwendet, sondern vom Neubeginn spricht, wäre auch bei der Ersitzung eine terminologische Anpassung sinnvoll gewesen.

§ 943 Ersitzung bei Rechtsnachfolge

Gelangt die Sache durch Rechtsnachfolge in den Eigenbesitz eines Dritten, so kommt die während des Besitzes des Rechtsvorgängers verstrichene Ersitzungszeit dem Dritten zugute.

1 Einem Erwerber – kraft Erbenstellung (§ 857) oder aufgrund einer Einigung (§ 854 II) – wird die **Ersitzungszeit des Vorbesitzers** angerechnet. War der Vorbesitzer aber **bösgläubig**, so beginnt die Ersitzungszeit erst mit dem gutgläubigen Erwerb des Dritten. Ist dag der Besitznachfolger bösgläubig, so findet eine Ersitzung nicht statt. Eine Anrechnung der Ersitzungszeit erfolgt also nur dann, wenn alle Voraussetzungen einer Ersitzung (vgl § 937 Rn 2) sowohl beim Vorbesitzer als auch beim Rechtsnachfolger vorliegen (Staud/Wiegand, § 943 Rn 4).

§ 944 Erbschaftsbesitzer

Die Ersitzungszeit, die zugunsten eines Erbschaftsbesitzers verstrichen ist, kommt dem Erben zustatten.

Die Vorschrift lässt im Interesse des wahren Erben auch eine **Anrechnung der Ersitzungszeit** des Erbschaftsbesitzers (§§ 2018, 2030) zu, obwohl in diesem Fall gar keine Rechtsnachfolge vorliegt. Dies setzt allerdings voraus, dass der Erbschaftsbesitzer hins des Eigentums des Erblassers gutgläubig ist. Der gute Glaube hins seines Erbrechts ist nicht erforderlich (Westermann/Gursky, § 51 II 3 d; aA Erm/Ebbing, § 944 Rn 4). 1

§ 945 Erlöschen von Rechten Dritter

¹Mit dem Erwerb des Eigentums durch Ersitzung erlöschen die an der Sache vor dem Erwerb des Eigenbesitzes begründeten Rechte Dritter, es sei denn, dass der Eigenbesitzer bei dem Erwerb des Eigenbesitzes in Ansehung dieser Rechte nicht in gutem Glauben ist oder ihr Bestehen später erfährt. ²Die Ersitzungsfrist muss auch in Ansehung des Rechts des Dritten verstrichen sein; die Vorschriften der §§ 939 bis 944 finden entsprechende Anwendung.

Das Eigentum kann uU lastenfrei erworben werden. Die Lastenfreiheit kann auch allein ersessen werden, wenn das Eigentum anderweitig, zB durch eine Übereignung an einen Dritten, erworben worden ist (Jauernig/Berger Vor §§ 937–945 Rn 3). 1

Untertitel 3
Verbindung, Vermischung, Verarbeitung

§ 946 Verbindung mit einem Grundstück

Wird eine bewegliche Sache mit einem Grundstück dergestalt verbunden, dass sie wesentlicher Bestandteil des Grundstücks wird, so erstreckt sich das Eigentum an dem Grundstück auf diese Sache.

I. Die §§ 946 ff lassen einen gesetzlichen Eigentumserwerb in den Fällen der Verbindung, Vermischung und Vermengung zwingend und **unabhängig vom guten Glauben** des Erwerbers eintreten. Dabei unterscheidet das Gesetz drei Fälle des gesetzlichen Eigentumserwerbs: die Grundstücksverbindung (§ 946), die Fahrnisverbindung (§ 947) und die Vermischung und Vermengung von Fahrnis (§ 948). 1

II. **Grundstücksverbindung.** Bei § 946 wird eine bewegliche Sache durch Verbindung mit einem Grundstück zu dessen wesentlichem Bestandteil. Dies hat zur Folge, dass der Grundstückseigentümer auch Eigentümer des Bestandteils wird. Ob die Sache wesentlicher Bestandteil wird, bestimmen dabei die §§ 93–95. Die Verbindung ist ein Realakt, so dass es auf die Geschäftsfähigkeit des Verbindenden nicht ankommt. 2

§ 947 Verbindung mit beweglichen Sachen

(1) Werden bewegliche Sachen miteinander dergestalt verbunden, dass sie wesentliche Bestandteile einer einheitlichen Sache werden, so werden die bisherigen Eigentümer Miteigentümer dieser Sache; die Anteile bestimmen sich nach dem Verhältnis des Wertes, den die Sachen zur Zeit der Verbindung haben.
(2) Ist eine der Sachen als die Hauptsache anzusehen, so erwirbt ihr Eigentümer das Alleineigentum.

I. **Fahrnisverbindung.** Die Vorschrift hat zur **Voraussetzung**, dass bewegliche Sachen so verbunden werden, dass sie zu wesentlichen Bestandteilen einer einheitlichen Sache werden. 1

2 II. Die **Rechtsfolge** einer Fahrnisverbindung folgt aus §§ 947, 93. Grds werden die Eigentümer der bisher selbständigen Sachen zu Miteigentümern der einheitlichen Sache (§§ 741 ff, 1008 ff). Die Größe ihrer Anteile bestimmt sich nach dem Verhältnis der Werte der verbundenen Sachen (§ 947 I HS 2). Nach § 749 kann jederzeit die Aufhebung der Gemeinschaft verlangt werden. Sie erfolgt, soweit eine Teilung in Natur ausgeschlossen ist, durch Verkauf (§ 753).

3 Ist allerdings eine der Sachen als **Hauptsache** anzusehen, so werden die mit ihr verbundenen Sachen deren wesentliche Bestandteile. Daher erstreckt sich das Eigentum an der Hauptsache auf die bisher selbständigen, jetzt zu wesentlichen Bestandteilen gewordenen Sachen (Abs 2). Das bisher an diesen bestehende Eigentum erlischt. Diese Rechtsänderung bleibt auch im Falle einer späteren Trennung bestehen. Wann eine Hauptsache iSd § 947 vorliegt, richtet sich nach der Verkehrsanschauung, wobei es darauf ankommt, ob die übrigen Bestandteile fehlen könnten, ohne dass dadurch das Wesen der Sache beeinträchtigt würde (BGHZ 20, 162 f). Danach ist eine Sache nur selten Hauptsache. Beispiele sind eine Maschine ggü den Schrauben (BGHZ 20, 163) oder eine städtische Werbetafel ggü einem aufgeklebten Plakat (OLG Oldenburg NJW 82, 1166).

§ 948 Vermischung

(1) Werden bewegliche Sachen miteinander untrennbar vermischt oder vermengt, so findet die Vorschrift des § 947 entsprechende Anwendung.
(2) Der Untrennbarkeit steht es gleich, wenn die Trennung der vermischten oder vermengten Sachen mit unverhältnismäßigen Kosten verbunden sein würde.

1 I. Die Vorschrift setzt voraus, dass **bewegliche Sachen untrennbar** miteinander **vermischt** (Gase oder Flüssigkeiten) oder **vermengt** (feste Körper wie Getreide oder Kohlen) werden oder eine **Trennung unverhältnismäßig teuer** wäre. Dabei gilt § 948 nach hM auch für die Vermengung von **Geld**, da dieses vom Gesetz als Sache angesehen wird (vgl § 935 II).

2 II. Die **Rechtsfolge** der Vermischung ist die gleiche wie in § 947. Es tritt also grds ein Erwerb von Miteigentumsanteilen iSd §§ 741 ff, 1008 ff ein, es sei denn, es liegt eine Hauptsache vor. Im Falle der Vermischung haben die Miteigentümer grds nur einen Anspruch auf Aufhebung der Gemeinschaft gem § 752. Da ein solches Teilungsverfahren die Zustimmung aller erfordert und daher häufig zu umstritten ist, hat nach hM jeder besitzende Miteigentümer ein **einseitiges Teilungsrecht** (Erman/Ebbing § 948 Rn 5).

§ 949 Erlöschen von Rechten Dritter

¹Erlischt nach den §§ 946 bis 948 das Eigentum an einer Sache, so erlöschen auch die sonstigen an der Sache bestehenden Rechte. ²Erwirbt der Eigentümer der belasteten Sache Miteigentum, so bestehen die Rechte an dem Anteil fort, der an die Stelle der Sache tritt. ³Wird der Eigentümer der belasteten Sache Alleineigentümer, so erstrecken sich die Rechte auf die hinzutretende Sache.

1 Der **gesetzliche Eigentumserwerb** nach §§ 946 ff erfolgt **lastenfrei** (S 1). Beschränkte dingliche Rechte und Anwartschaftsrechte Dritter an der Sache erlöschen.

§ 950 Verarbeitung

(1) ¹Wer durch Verarbeitung oder Umbildung eines oder mehrerer Stoffe eine neue bewegliche Sache herstellt, erwirbt das Eigentum an der neuen Sache, sofern nicht der Wert der Verarbeitung oder der Umbildung erheblich geringer ist als der Wert des Stoffes. ²Als Verarbeitung gilt auch das Schreiben, Zeichnen, Malen, Drucken, Gravieren oder eine ähnliche Bearbeitung der Oberfläche.

(2) Mit dem Erwerb des Eigentums an der neuen Sache erlöschen die an dem Stoffe bestehenden Rechte.

I. Nach dieser Vorschrift erwirbt der **Hersteller** einer neuen Sache das **Alleineigentum** an dieser. 1

II. 1. Der Eigentumserwerb hat folgende **Voraussetzungen:** 2
a) Herstellung. Abs 1 verlangt die Verarbeitung oder Umbildung eines oder mehrerer Ausgangsstoffe durch menschliche Arbeit. Dabei ist eine Verarbeitung auch das Schreiben, Zeichnen, Malen, Drucken, Gravieren oder eine ähnliche Bearbeitung der Oberfläche einer Sache (Abs 1 S 2). Die Verarbeitung ist Realakt, so dass es auf den Eigentumserwerbswillen und die Geschäftsfähigkeit des Herstellers nicht ankommt. Str ist, ob die Herstellung neben dem objektiven Element des Herstellungserfolges auch ein subjektives Element einer entsprechenden Herstellungsabsicht erfordert (dagegen MK/Füller § 950 Rn 5). 3

b) Neue Sache. Es muss eine neue bewegliche Sache hergestellt werden. Wann dies der Fall ist, bestimmt sich nach wirtschaftlichen Gesichtspunkten unter Berücksichtigung der Verkehrsanschauung (MK/Füller § 950 Rn 7). Entscheidend ist, dass die Verarbeitung die Individualität des Stoffs verändert hat. Je nach Sachlage kann es genügen, dass die hergestellte Sache einen neuen Namen, eine neue Form oder eine neue wirtschaftliche Funktion erhält. Daran fehlt es zB bei der Reparatur oder dem Zerstören einer Sache (zB dem Einschmelzen von Goldschmuck). 4

c) Kein überwiegender Stoffwert. Kein Eigentumserwerb tritt ein, wenn der Verarbeitungswert erheblich geringer als der Wert der Ausgangsstoffe ist (Abs 1 S 1 aE). Dies gilt auch für Abs 1 S 2. Dabei stellt der Verarbeitungswert nicht den Wert der Arbeitsleistung dar, sondern allein den Wert der Arbeit, wie er sich im Sachwert verkörpert (BGHZ 18, 228). Als Formel gilt dabei: Verarbeitungswert = Wert der neuen Sache abzüglich Wert der Ausgangsstoffe. Stehen Stoff- und Verarbeitungswert im Verhältnis von 100:60, so ist Abs 1 ausgeschlossen (BGH JZ 72, 165 f). 5

2. Rechtsfolgen. Rechtsfolge der Verarbeitung ist, dass der Hersteller Eigentum an der neuen Sache erwirbt (Abs 1 S 1). Dabei erlöschen die Rechte Dritter am verarbeiteten Stoff (Abs 2). 6
a) Der **Eigentumserwerb** nach Abs 1 S 1 ist originär und lastenfrei. Er tritt unabhängig von einem Erwerbswillen, der Gutgläubigkeit des Herstellers, den Besitzverhältnissen an den Ausgangsstoffen und einem Abhandenkommen (§ 935 I) eines der verarbeiteten Stoffe ein. 7

b) Das Eigentum an der neuen Sache erwirbt der **Hersteller.** Dieser Begriff bestimmt sich nach der Verkehrsanschauung (BGHZ 14, 117). Danach ist die Herstellereigenschaft nicht an die Befassung mit dem Herstellungsvorgang gebunden, so dass zB im Betrieb der Unternehmer und nicht der abhängige Arbeitnehmer Hersteller der Arbeitsergebnisse ist (BGHZ 103, 108). Beim Werkvertrag ist der Besteller und nicht der Werkunternehmer Hersteller, wenn er das Material zur Verfügung stellt (MK/Füller § 950 Rn 20). Umstr ist, inwieweit die Parteien trotz der objektiven Bestimmung des Herstellerbegriffs vertraglich über die Herstellereigenschaft disponieren können. Das Problem stellt sich namentlich, wenn Rohstoffe unter verlängertem Eigentumsvorbehalt mit **Verarbeitungsklausel** geliefert worden sind, wonach der Lieferant, nicht aber der Verarbeiter, gem Abs 1 S 1 Hersteller und Eigentümer der neuen Sache werden soll. Eine Auffassung hält die Vorschrift für **abdingbar** (Flume NJW 50, 843 ff). § 950 wolle nur die Interessenkollision zwischen Eigentümer und Hersteller lösen. Eine solche bestehe bei vertraglichen Abreden nicht. Dies wird von der hM abgelehnt. Die **zwingende Natur** des § 950 ergebe sich aus der Stellung im Gesetz im Anschluss an die ebenfalls zwingenden §§ 946 ff. Sie folge auch aus dem Zweck der Vorschrift, eindeutige Eigentumszuordnungen zu schaffen und ein objektives Zurechnungsproblem zu lösen (Jauernig/Berger § 950 Rn 8; Medicus/Petersen, BR Rn 518 ff). Die Rspr hält denn auch § 950 für zwingendes Recht (BGHZ 14, 117), lässt aber eine vertragliche **Bestimmung des Herstellers** zu (BGHZ 46, 118 f). Daher könne aufgrund einer **Herstellerklausel** auch der unter Eigentumsvorbehalt liefernde Rohstofflieferant „Hersteller" der 8

Sache sein, also ohne Durchgangserwerb des Unternehmers nach § 950 Eigentümer der neuen Sache werden. Dabei soll es sogar möglich sein, dass beide zugunsten des Stofflieferanten einen bestimmten Miteigentumsanteil vereinbaren (BGHZ 46, 117). Die Lehre steht einer solchen Auslegung des § 950 krit ggü. Sie hält § 950 für in jeder Beziehung zwingend und verlangt eine Bestimmung des Herstellers nach **objektiven Kriterien** (Westermann/Gursky, § 53 III 2 d). Vereinbarungen könnten die Herstellereigenschaft nur beeinflussen, wenn sie zu objektiven Veränderungen der Verhältnisse, also tatsächlich zu einer objektiven Verlagerung der Herstellerfunktion führten. Hierfür sei im Wesentlichen entscheidend, wer das wirtschaftliche Produktions- und Absatzrisiko trage. Nur wenn ein Industriebetrieb typischerweise fremdbestimmt und nicht für sich produziere, sei er ein anderer Hersteller (Medicus/Petersen, BR Rn 516 ff). Nach dieser Auffassung ist idR der Eigentumsvorbehaltskäufer, der die unter Eigentumsvorbehalt gelieferten Rohstoffe verarbeitet, selbst Hersteller und damit nach § 950 Eigentümer der hergestellten Sache. Diese Auffassung hat zur Konsequenz, dass der Stofflieferant nur rechtsgeschäftlich vom Hersteller das Eigentum an der hergestellten Sache erwerben kann, zB durch antizipierte Übereignung nach §§ 929, 930. Dies stellt den Stofflieferanten ggü der Rspr wesentlich schlechter, da stets ein **Durchgangserwerb des Produzenten** eintritt. Deshalb hat sich diese Auffassung in der Praxis bislang nicht durchgesetzt.

§ 951 Entschädigung für Rechtsverlust

(1) ¹Wer infolge der Vorschriften der §§ 946 bis 950 einen Rechtsverlust erleidet, kann von demjenigen, zu dessen Gunsten die Rechtsänderung eintritt, Vergütung in Geld nach den Vorschriften über die Herausgabe einer ungerechtfertigten Bereicherung fordern. ²Die Wiederherstellung des früheren Zustands kann nicht verlangt werden.

(2) ¹Die Vorschriften über die Verpflichtung zum Schadensersatz wegen unerlaubter Handlungen sowie die Vorschriften über den Ersatz von Verwendungen und über das Recht zur Wegnahme einer Einrichtung bleiben unberührt. ²In den Fällen der §§ 946, 947 ist die Wegnahme nach den für das Wegnahmerecht des Besitzers gegenüber dem Eigentümer geltenden Vorschriften auch dann zulässig, wenn die Verbindung nicht von dem Besitzer der Hauptsache bewirkt worden ist.

1 I. Die §§ 946–950 erkennen die durch Verbindung, Vermischung, Verarbeitung eingetretenen tatsächlichen Veränderungen sachenrechtlich an. Diese sollen erhalten bleiben, um die **Zerschlagung wirtschaftlicher Werte** zu verhindern. Dies rechtfertigt nur die Veränderung der dinglichen Rechtsstellung, nicht aber die mit dem dinglichen Rechtserwerb eingetretene Vermögensverschiebung. Ihrem Ausgleich dient § 951. Der in §§ 946–950 angeordnete dingliche Rechtserwerb erfolgt also ohne Rechtsgrund. Dies folgt aus Abs 1 S 1. Die darin enthaltene Verweisung auf die §§ 812 ff stellt eine **Rechtsgrundverweisung** auf das Bereicherungsrecht dar. Abs 1 S 1 bildet daher keine selbständige Anspruchsgrundlage, sondern nur einen Fall des allg Bereicherungsrechts (BGHZ 41, 163). Da das Eigentum dem Erwerber nicht geleistet wird, liegt ein Unterfall der Bereicherung „in sonstiger Weise" (**Nichtleistungskondiktion**) vor, so dass als Anspruchsgrundlage Abs 1 iVm §§ 946 ff, 812 I 1, 2. Alt anzusehen ist. Daher ist stets der gesamte Tatbestand der bereicherungsrechtlichen Anspruchsgrundlage, insb auch das Fehlen des rechtlichen Grundes, durchzuprüfen. Abs 1 stellt lediglich klar, dass die §§ 946–950 in diesem Zusammenhang gerade nicht als Rechtsgrund für den Rechtsverlust anzusehen sind. Wichtig ist dabei, dass die Vorschrift **abdingbar** ist. Die Betroffenen können also die Ausgleichspflicht abw regeln oder auch ganz ausschließen.

2 II. 1. Abs 1 hat folgende **Voraussetzungen**: keine Leistung, Rechtsverlust, Kausalität und Rechtsgrundlosigkeit.

3 a) **Keine Leistung.** Liegt der Verbindung, Vermischung oder Verarbeitung eine Leistung an den Eigentümer oder einen Dritten zugrunde, kommt ausschließlich die **Leistungskondiktion** in dem jeweiligen Verhältnis in Betracht. Leistung ist eine bewusste und zweckgerichtete Mehrung fremden Vermögens. Nur in den Fällen der **Nichtleis-**

tungskondiktion ist Abs 1 anwendbar. Ein Ausgleich nach Abs 1, § 812 I 1, 2. Alt kommt also nur in Betracht, wenn keine Leistungskondiktion vorliegt. Deshalb scheidet eine Anwendung des Abs 1 S 1 in den Fällen aus, in denen eine Leistung mit Rechtsgrund vorliegt. Dies ist der Fall, wenn der bisherige Eigentümer zur Herbeiführung seines Rechtsverlustes vertraglich verpflichtet war. Auch in den Fällen einer Leistung ohne Rechtsgrund, in denen der Vertrag zwischen Verlierer und Gewinner oder sogar alle Verträge, die dem Rechtsverlust zugrunde liegen, unwirksam sind (Doppelmangel), ist eine Nichtleistungskondiktion gem Abs 1 S 1, 812 I 1, 2. Alt des Verlierers gegen den Gewinner ausgeschlossen, weil zwischen den Vertragspartnern Leistungsbeziehungen bestehen, die über die Leistungskondiktion (§ 812 I 1, 1. Alt) im jeweiligen Vertragsverhältnis abzuwickeln sind (hL, vgl Staud/Gursky § 951 Rn 8; aA [Direktkondition in Fällen des Doppelmangels]: BGHZ 36, 31 ff). Eine Nichtleistungskondiktion des Verlierers gegen den Erwerber nach Abs 1 S 1, 812 I 1, 2. Alt scheidet auch dann aus, wenn die Leistung aus fremdem Vermögen ohne Einverständnis des Inhabers erfolgt (BGHZ 56, 240). Demnach beschränkt sich der Anwendungsbereich der §§ 951 I 1, 812 I 1, 2. Alt auf die Fälle, in denen eine wirksame oder unwirksame **Leistungsbeziehung** zwischen dem Verlierer und dem Erwerber **fehlt**.

b) Der Verlust des Eigentums oder sonstigen dinglichen Rechts muss **ohne rechtlichen** 4 **Grund** eingetreten sein.

2. **Rechtsfolge** des Anspruchs aus Abs 1 S 1 ist ein Anspruch auf Vergütung in Geld, 5 der im **Zeitpunkt des Rechtsverlustes** entsteht (Palandt/Bassenge § 951 Rn 16). Herauszugeben ist dabei die grds objektiv festzustellende **Steigerung des Verkehrswerts** infolge der Verbindung usw. Dabei sind die §§ 818 III, IV und 819 anwendbar. **Anspruchsberechtigt** ist der Verlierer, also derjenige, der sein Eigentum oder sonstiges dingliches Recht infolge der §§ 946–950 vollständig verloren hat. In den Fällen des Erwerbs von Miteigentum tritt also kein Rechtsverlust iSd Abs 1 S 1 ein. **Anspruchsverpflichtet** ist der Gewinner, also derjenige, der Alleineigentum an der Sache erworben hat.

a) In Abs 2 S 1 sind die **weiter gehenden Rechte** des Verlierers nur unvollständig aufgeführt. 6 So sind die §§ 823 ff, 1004 sowie die Vorschriften zum Ersatz von Verwendungen gem §§ 536 a II, 539 I, 581 II, 1049 I, 1216 S. 1, 2125 I anwendbar. Problematisch ist allerdings das Verhältnis zu §§ 994 ff. Die dortigen Verwendungsersatzansprüche werden von der hM als erschöpfende bereicherungsrechtliche Sonderregelung für das Verhältnis von Eigentümer und unberechtigtem Besitzer angesehen (BGHZ 41, 162). Dies hat ua zur Folge, dass der gutgläubige unverklagte Besitzer für seine Aufwendungen, die nach dem engen Verwendungsbegriff keine Verwendungen darstellen, auf das Wegnahmerecht nach § 997 angewiesen ist. Ein Bereicherungsanspruch und damit auch Abs 1 S 1 ist ausgeschlossen.

b) Ein **Wegnahmerecht**, zB aus §§ 539 II, 552, 581 II, 997, 1049 II, 1216 S 2, 2125 II 7 bleibt ebenfalls unberührt. Str die **Bedeutung des Abs 2 S 2**, wonach ein Wegnahmerecht des Besitzers besteht, wenn die Verbindung nicht von ihm, sondern einem Dritten bewirkt wurde. Der BGH sieht hierin eine **Erweiterung des** § 997, der entfalle, wenn ein Dritter und nicht der Besitzer der Sache eingefügt habe (BGHZ 40, 282; Jauernig/Berger § 951 Rn 23). Abs 2 S 2 gebe also nicht ein Wegnahmerecht für jeden, der ein dingliches Recht gem §§ 946 ff verloren habe. Nach der Gegenansicht hat jeder, der nach §§ 946 ff ein Recht verliert, ein **selbständiges Wegnahmerecht** aus Abs 2 S 2 (Staud/Gursky § 951 Rn 67).

§ 952 Eigentum an Schuldurkunden

(1) ¹Das Eigentum an dem über eine Forderung ausgestellten Schuldschein steht dem Gläubiger zu. ²Das Recht eines Dritten an der Forderung erstreckt sich auf den Schuldschein.

(2) Das Gleiche gilt für Urkunden über andere Rechte, kraft deren eine Leistung gefordert werden kann, insbesondere für Hypotheken-, Grundschuld- und Rentenschuldbriefe.

1 I. Nach Abs 1 steht das Eigentum an einem über eine Forderung ausgestellten Schuldschein stets dem Gläubiger der zugrunde liegenden Forderung zu. Wird die Forderung abgetreten, so geht kraft Gesetzes das Eigentum an der Urkunde auf den Forderungserwerber über: „**Das Recht am Papier folgt dem Recht aus dem Papier**".

2 II. Zu den Urkunden iSd Bestimmung zählen ua: Schuldscheine, Grundpfandbriefe, GmbH-Anteilscheine, Sparbücher (vgl hierzu BGH NJW 05, 2222), Versicherungspolicen sowie in analoger Anwendung Kfz-Briefe (BGHZ 10, 126; 88, 13). Diese Papiere sind von den Inhaber- und Orderpapieren zu unterscheiden, bei denen das Recht aus dem Papier dem Recht am Papier folgt. Problematisch ist dies **bei Schuldscheinen** iSd § 952, wenn die zugrunde liegende Forderung durch Erfüllung der Schuld erlischt. Hier hat der Schuldner auf jeden Fall einen schuldrechtlichen Rückgewähranspruch nach § 371. Teilweise lehnt man es ab, dass das Eigentum am Schuldschein automatisch dem Berechtigten, also dem Schuldner, zufalle (Staud/Gursky § 952 Rn 18). Das Eigentum bleibe beim letzten Rechtsinhaber, und dem Schuldner bleibe nur sein schuldrechtlicher Anspruch nach § 371. Demgegenüber nimmt die Gegenauffassung zu Recht einen automatischen Eigentumserwerb des tilgenden Schuldners an, weil § 952 auf den Tilgungstatbestand entspr anwendbar ist (Erm/Ebbing § 952 Rn 17).

Untertitel 4
Erwerb von Erzeugnissen und sonstigen Bestandteilen einer Sache

§ 953 Eigentum an getrennten Erzeugnissen und Bestandteilen

Erzeugnisse und sonstige Bestandteile einer Sache gehören auch nach der Trennung dem Eigentümer der Sache, soweit sich nicht aus den §§ 954 bis 957 ein anderes ergibt.

1 I. Nach dem BGB können Bestandteile nicht Gegenstand selbständiger Rechte sein, solange sie als wesentlicher Bestandteil mit einer Hauptsache verbunden sind. Mit der Trennung von der Hauptsache werden die Bestandteile und Erzeugnisse jedoch selbständige Sachen, an denen nun auch selbständig Rechte begründet werden können. Es entsteht also ein **Zuordnungsproblem**: Das Gesetz muss entscheiden, wer das Eigentum an den durch Trennung sonderrechtsfähig gewordenen Sachen erwirbt.

1a Dabei erstrecken sich die Regeln der §§ 953–957 auf **Erzeugnisse und sonstige Bestandteile** von Sachen. Erzeugnisse sind iSd § 99 I alle organischen Produkte einer Sache (Ei des Huhns, Kalb der Kuh, Fohlen des Pferdes), Bestandteile dag die Teile einer einheitlichen Sache (Wald und Boden, Korn und Feld, Kies und Kiesgrube, Scheinwerfer und Auto).

2 Der Eigentumserwerb nach den §§ 953 ff ist dabei logisch geordnet: § 953 enthält den Grundsatz, der durch die in den §§ 954–957 enthaltenen Ausnahmen durchbrochen wird, wobei die Ausnahmen der §§ 956 und 957 der Ausn des § 955 vorgehen und diese wiederum die Ausn des § 954 verdrängt. Es ist daher bei der Prüfung der §§ 953 ff stets mit dem Grundsatz des § 953 zu beginnen und dann sind die Ausnahmen in der gesetzlich angeordneten Reihenfolge (954, 955, 956 und 957) durchzuprüfen. Dabei ist zu beachten, dass die §§ 953–957 das Eigentum an den getrennten Erzeugnissen oder Bestandteilen **nur vorläufig zuordnen**. Ob die Sachen dem Erwerber endgültig gebühren, dh ob er sie behalten darf, bestimmt sich in erster Linie nach den Vereinbarungen der Parteien. IÜ richtet sich dies zB nach den §§ 987 ff, 1039, 2133 und allg nach § 101.

3 II. Den **Grundsatz** für die Eigentumsverhältnisse an Erzeugnissen und Bestandteilen nach der Trennung enthält § 953. Danach gehören sie stets nach der Trennung dem **Eigentümer der Muttersache**. Dieser erwirbt kraft Gesetzes Eigentum unabhängig davon, ob er von der Trennung wusste oder an den Erzeugnissen Besitz erlangt, also zB auch dann, wenn Diebe seinen Apfelbaum abernten.

§ 954 Erwerb durch dinglich Berechtigten

Wer vermöge eines Rechts an einer fremden Sache befugt ist, sich Erzeugnisse oder sonstige Bestandteile der Sache anzueignen, erwirbt das Eigentum an ihnen, unbeschadet der Vorschriften der §§ 955 bis 957, mit der Trennung.

Dem Eigentümer der Muttersache geht nach dieser Vorschrift der **wirkliche dinglich Fruchtziehungsberechtigte** vor, also zB der Inhaber eines Nießbrauchs (§ 1030), der Nutzungspfandgläubiger (§ 1213), der Berechtigte einer Grunddienstbarkeit (§§ 1018 ff). 1

§ 955 Erwerb durch gutgläubigen Eigenbesitzer

(1) ¹Wer eine Sache im Eigenbesitz hat, erwirbt das Eigentum an den Erzeugnissen und sonstigen zu den Früchten der Sache gehörenden Bestandteilen, unbeschadet der Vorschriften der §§ 956, 957, mit der Trennung. ²Der Erwerb ist ausgeschlossen, wenn der Eigenbesitzer nicht zum Eigenbesitz oder ein anderer vermöge eines Rechts an der Sache zum Fruchtbezug berechtigt ist und der Eigenbesitzer bei dem Erwerb des Eigenbesitzes nicht in gutem Glauben ist oder vor der Trennung den Rechtsmangel erfährt.
(2) Dem Eigenbesitzer steht derjenige gleich, welcher die Sache zum Zwecke der Ausübung eines Nutzungsrechts an ihr besitzt.
(3) Auf den Eigenbesitz und den ihm gleichgestellten Besitz findet die Vorschrift des § 940 Abs. 2 entsprechende Anwendung.

Vor den nach §§ 953, 954 Berechtigten erwerben nach dieser Vorschrift **gutgläubige Eigen- und Nutzungsbesitzer**. Dieser Erwerb setzt unrechtmäßigen **Eigenbesitz** (Abs 1: zB fehlgeschlagene Übereignung) oder **Nutzungsbesitz** (Abs 2: zB fehlgeschlagene Bestellung eines Nutzungsrechts) und die **Gutgläubigkeit** des Eigen- oder Nutzungsbesitzers beim Besitzerwerb hins seines Rechts voraus; später, aber vor der Trennung, schadet ihm nur noch positive Kenntnis; nach der Trennung ist auch diese unschädlich. 1

§ 956 Erwerb durch persönlich Berechtigten

(1) ¹Gestattet der Eigentümer einem anderen, sich Erzeugnisse oder sonstige Bestandteile der Sache anzueignen, so erwirbt dieser das Eigentum an ihnen, wenn der Besitz der Sache ihm überlassen ist, mit der Trennung, anderenfalls mit der Besitzergreifung. ²Ist der Eigentümer zu der Gestattung verpflichtet, so kann er sie nicht widerrufen, solange sich der andere in dem ihm überlassenen Besitz der Sache befindet.
(2) Das Gleiche gilt, wenn die Gestattung nicht von dem Eigentümer, sondern von einem anderen ausgeht, dem Erzeugnisse oder sonstige Bestandteile einer Sache nach der Trennung gehören.

Vor den nach §§ 953–955 Berechtigten erwirbt nach dieser Norm der **persönlich Berechtigte**, wenn die Aneignungsgestattung von einem Berechtigten (Eigentümer, dinglich Nutzungsberechtigter, obligatorisch Nutzungsberechtigter) ausging. Dabei ist die **Gestattung nach Überlassung** der Muttersache gem Abs 1 S 2 **unwiderruflich**. Da der Berechtigte mit der unwiderruflichen Aneignungsgestattung eine vom Willen des Veräußerers unabhängige Rechtsposition erlangt, steht ihm nach hM ein **dingliches Anwartschaftsrecht** zu. Problematisch ist, inwieweit eine unwiderrufliche Aneignungsgestattung auch **Rechtsnachfolger des Gestattenden** bindet. Nach hM bindet sie zwar den **Erben**, grds aber nicht den Erwerber der Muttersache. Dies wird damit begründet, dass die Gestattung als obligatorisches Recht nur zwischen den Parteien wirke. Etwas anderes soll allein dann gelten, wenn die §§ 566, 581 eingreifen. 1

§ 957 Gestattung durch den Nichtberechtigten

Die Vorschrift des § 956 findet auch dann Anwendung, wenn derjenige, welcher die Aneignung einem anderen gestattet, hierzu nicht berechtigt ist, es sei denn, dass der andere, falls ihm der Besitz der Sache überlassen wird, bei der Überlassung, anderenfalls bei der Ergreifung des Besitzes der Erzeugnisse oder der sonstigen Bestandteile nicht in gutem Glauben ist oder vor der Trennung den Rechtsmangel erfährt.

1 Vor den nach §§ 953–955 Berechtigten erwirbt weiter der **gutgläubig persönlich Berechtigte**, wenn die Aneignungsgestattung von einem Nichtberechtigten ausging. Voraussetzungen des Erwerbs sind eine wirksame Aneignungsgestattung eines Nichtberechtigten, der gute Glaube des Erwerbers an die Berechtigung des Gestattenden (dies ist der Unterschied zu § 955, wo sich der gute Glaube auf das eigene Recht bezieht) und der Besitz des Gestattenden an der Muttersache. Dieses Erfordernis leitet die hM aus dem Rechtsscheingedanken beim gutgläubigen Erwerb ab.

2 Str ist, ob iR des gutgläubigen Erwerbs nach § 955 oder §§ 957, 956 ein **Abhandenkommen der Muttersache** den Fruchterwerb analog § 935 verhindert. Die noch hM (Westermann/Gursky, § 57 II 3 c) lehnt § 935 in diesen Fällen jedenfalls bei Früchten ab. Sie seien neue Sachen und deshalb nicht schon mit der Muttersache abhanden gekommen. Dag gelte für Sachbestandteile, die keine Früchte sind (zB Rehkeule oder Stein eines Abbruchhauses) § 935, da diese Bestandteile im tatsächlichen Sinne keine neuen Sachen seien. Eine andere Auffassung will § 935 generell analog anwenden, bei Früchten allerdings nur, soweit die später getrennte Frucht bereits beim Abhandenkommen der Muttersache vorhanden gewesen sei (Wolff/Raiser, § 77 III 4).

Untertitel 5
Aneignung

§ 958 Eigentumserwerb an beweglichen herrenlosen Sachen

(1) Wer eine herrenlose bewegliche Sache in Eigenbesitz nimmt, erwirbt das Eigentum an der Sache.
(2) Das Eigentum wird nicht erworben, wenn die Aneignung gesetzlich verboten ist oder wenn durch die Besitzergreifung das Aneignungsrecht eines anderen verletzt wird.

1 I. Die Aneignung regelt den Eigentumserwerb an **herrenlosen Sachen**. Eine Aneignung nach § 958 **setzt voraus**, dass eine herrenlose bewegliche Sache in Eigenbesitz genommen wird. **Herrenlos** ist eine Sache, wenn sie noch niemals in jemandes Eigentum stand (zB § 960 I 1) oder aber, wenn sie nicht mehr im Eigentum einer Person steht, weil diese nach § 959 das Eigentum daran aufgegeben hat. Ferner werden Tiere nach §§ 960 II und III, 961 herrenlos.

2 II. Die für die Aneignung erforderliche **Ergreifung von Eigenbesitz** ist im Ggs zur Dereliktion kein Rechtsgeschäft, sondern ein bloßer **Realakt**. Demnach ist zur Aneignung Geschäftsfähigkeit nicht erforderlich. Auch ein Minderjähriger kann daher nach § 958 Eigentum erwerben. Der Eigentumserwerb ist aber nach Abs 2 ausgeschlossen, wenn die Aneignung gesetzlich verboten ist (insb aufgrund des BNatSchG) oder das Aneignungsrecht eines anderen verletzt (zB gem § 1 BJagdG). Mit der Besitzergreifung durch einen Wilderer erlangt daher der Jagdberechtigte kein Eigentum, doch kann der Wilderer einem anderen Eigentum verschaffen.

§ 959 Aufgabe des Eigentums

Eine bewegliche Sache wird herrenlos, wenn der Eigentümer in der Absicht, auf das Eigentum zu verzichten, den Besitz der Sache aufgibt.

1 Die Vorschrift regelt die Aufgabe des Eigentums (**Dereliktion**). Danach verliert der Eigentümer sein Eigentum, wenn er in der Absicht, auf dieses zu verzichten, den Besitz

an der Sache aufgibt. Die Dereliktion setzt einen **Verzichtswillen** des Eigentümers voraus. Dieser muss durch eine einseitige nicht empfangsbedürftige Willenserklärung betätigt werden. Eine Dereliktion erfordert daher Geschäftsfähigkeit des Eigentümers. Bei der Aussetzung von lebenden Tieren ist zu beachten, dass ein Verstoß gegen § 3 Nr 3 und 4 TSchG die Verzichtserklärung gem § 134 nichtig macht. Weiterhin ist eine **Besitzaufgabe** erforderlich, die allerdings der Willenserklärung zeitlich vorausgehen kann. Die Sache muss besitzlos werden oder sein. Schließlich muss es sich um **bewegliche Sachen** handeln. Diese sind iSd § 3 KrW-/AbfG „**Abfälle**", da sich der Eigentümer ihrer entledigen will. Dabei enthält § 3 I Krw-/AbfG kein Verbot der Besitzaufgabe, erst recht nicht der Eigentumsaufgabe. Anderenfalls wäre § 959 obsolet.

§ 960 Wilde Tiere

(1) ¹Wilde Tiere sind herrenlos, solange sie sich in der Freiheit befinden. ²Wilde Tiere in Tiergärten und Fische in Teichen oder anderen geschlossenen Privatgewässern sind nicht herrenlos.
(2) Erlangt ein gefangenes wildes Tier die Freiheit wieder, so wird es herrenlos, wenn nicht der Eigentümer das Tier unverzüglich verfolgt oder wenn er die Verfolgung aufgibt.
(3) Ein gezähmtes Tier wird herrenlos, wenn es die Gewohnheit ablegt, an den ihm bestimmten Ort zurückzukehren.

I. Die Vorschrift regelt die **Herrenlosigkeit** wilder Tiere. 1

II. 1. **Wilde Tiere** sind herrenlos, solange sie in Freiheit leben (Abs 1 S 1), sich also in 2 niemandes Besitz befinden. Wilde Tiere sind solche, die gewöhnlich menschlicher Herrschaft nicht unterliegen (zB Tiger, Fische, Schildkröten). Sie werden nach § 958 Eigentum dessen, der sie beherrscht. Abs 1 S 2 stellt klar, dass wilde Tiere, die in Tiergärten, Teichen oder geschlossenen Privatgewässern gehalten werden, nicht in Freiheit leben und folglich nicht herrenlos sind.

2. Ein **gefangenes wildes Tier** wird herrenlos, wenn es die Freiheit wiedererlangt und 3 der Eigentümer es nicht unverzüglich verfolgt oder die Verfolgung abbricht (Abs 2). Zur **Verfolgung** zählt jede zweckdienliche äußere Verfolgungsmaßnahme, die zur Wiedererlangung geeignet ist, also zB Nachstellen, Fallenstellen (MK/Oechsler § 960 Rn 4) oder auch das Aufgeben einer Suchanzeige in der Zeitung (Palandt/Bassenge § 960 Rn 1; Staud/Gursky § 960 Rn 10; aA Avenarius NJW 93, 2589).

3. **Gezähmte Tiere** sind wilde Tiere, die durch psychische Mittel so an den Menschen 4 gewöhnt sind, dass sie die Gewohnheit angenommen haben, an den ihnen bestimmten Aufenthaltsort zurückzukehren. Sie werden herrenlos, wenn sie diese Gewohnheit ablegen (Abs 3).

4. **Zahme Tiere** (Haustiere, Tauben, Pfauen) unterliegen den allg Vorschriften (§ 959). 5 Sie werden nicht allein dadurch herrenlos, dass sie entlaufen und vom Eigentümer nicht verfolgt werden.

§ 961 Eigentumsverlust bei Bienenschwärmen

Zieht ein Bienenschwarm aus, so wird er herrenlos, wenn nicht der Eigentümer ihn unverzüglich verfolgt oder wenn der Eigentümer die Verfolgung aufgibt.

Die §§ 961–964 gelten nur für **Bienen in Bienenstöcken**. Das Gesetz strebt einen Aus- 1 gleich zwischen den Interessen des Eigentümers eines Bienenschwarms, der die Bienen aus wirtschaftlichen Gründen hält, sie aber naturgemäß nur unvollkommen beherrschen kann, und denen Dritter an, indem es dem Eigentümer **besondere Selbsthilferechte** einräumt, diese aber mit **besonderen Schadensersatzansprüchen** kombiniert (§ 962). Die Vorschriften über die **Vereinigung** von Bienenschwärmen (§ 963) und über den **Einzug** in eine fremde Bienenwohnung (§ 964) sollen klare Zuordnungen und damit eindeutige Rechtsverhältnisse schaffen (MK/Oechsler § 961 Rn 1).

2 § 961 gleicht § 960 II. Der Bienenschwarm wird herrenlos, wenn er **auszieht** und **nicht verfolgt** wird. Ausziehen bedeutet das Schwärmen der ganzen Bienengemeinschaft entspr ihrer natürlichen Eigenschaften. Der Schwarm muss das Grundstück des Eigentümers verlassen haben (Staud/Gursky § 961 Rn 2). Die **Verfolgung** ist wie bei § 960 zu verstehen (vgl § 960 Rn 2).

§ 962 Verfolgungsrecht des Eigentümers

¹Der Eigentümer des Bienenschwarms darf bei der Verfolgung fremde Grundstücke betreten. ²Ist der Schwarm in eine fremde nicht besetzte Bienenwohnung eingezogen, so darf der Eigentümer des Schwarmes zum Zwecke des Einfangens die Wohnung öffnen und die Waben herausnehmen oder herausbrechen. ³Er hat den entstehenden Schaden zu ersetzen.

1 § 962 gewährt dem verfolgenden Eigentümer ein **besonderes**, über §§ 229, 867, 1005 hinausgehendes **Selbsthilferecht** zum Betreten fremder Grundstücke, Öffnen der Bienenwohnung und Herausnehmen der Waben. Dieses wird durch einen **verschuldensunabhängigen Aufopferungsanspruch** des Eigentümers bzw des Besitzers kompensiert.

§ 963 Vereinigung von Bienenschwärmen

Vereinigen sich ausgezogene Bienenschwärme mehrerer Eigentümer, so werden die Eigentümer, welche ihre Schwärme verfolgt haben, Miteigentümer des eingefangenen Gesamtschwarms; die Anteile bestimmen sich nach der Zahl der verfolgten Schwärme.

1 Verfolgt nur **ein Eigentümer** seinen Schwarm und vereinigt sich dieser mit herrenlosen Schwärmen, so wird er **Alleineigentümer** des vereinigten Schwarms. Anderenfalls entsteht **Miteigentum** der verfolgenden Eigentümer. Dieses wird entgg § 947 I nicht nach Größen oder Wertverhältnissen, sondern nach der Anzahl der beteiligten Bienenschwärme bemessen.

§ 964 Vermischung von Bienenschwärmen

¹Ist ein Bienenschwarm in eine fremde besetzte Bienenwohnung eingezogen, so erstrecken sich das Eigentum und die sonstigen Rechte an den Bienen, mit denen die Wohnung besetzt war, auf den eingezogenen Schwarm. ²Das Eigentum und die sonstigen Rechte an dem eingezogenen Schwarme erlöschen.

1 Zieht ein Bienenschwarm in eine bereits besetzte Bienenwohnung, so verliert der Eigentümer des Schwarms sein Eigentum **entschädigungslos**. Dies soll den regelmäßig angerichteten Schaden des Eigentümers der Bienenwohnung und der darin lebenden Bienen ausgleichen (Palandt/Bassenge § 964 Rn 1).

Untertitel 6
Fund

§ 965 Anzeigepflicht des Finders

(1) Wer eine verlorene Sache findet und an sich nimmt, hat dem Verlierer oder dem Eigentümer oder einem sonstigen Empfangsberechtigten unverzüglich Anzeige zu machen.
(2) ¹Kennt der Finder die Empfangsberechtigten nicht oder ist ihm ihr Aufenthalt unbekannt, so hat er den Fund und die Umstände, welche für die Ermittlung der Empfangsberechtigten erheblich sein können, unverzüglich der zuständigen Behörde anzuzeigen. ²Ist die Sache nicht mehr als zehn Euro wert, so bedarf es der Anzeige nicht.

§ 969

I. Der Finder erwirbt gem § 973 6 Monate nach der Anzeige des Fundes Eigentum an der verlorenen Sache. Gleichwohl ist er noch 3 Jahre Bereicherungsansprüchen der bisher Berechtigten ausgesetzt (§ 977). **Verloren** sind Sachen, die besitzlos, aber nicht herrenlos geworden sind. Nicht verloren ist daher eine gestohlene, verlegte oder versteckte Sache, weil in diesen Fällen Besitz fortbesteht. Auch eine derelinquierte Sache ist nicht verloren, da sie durch die Dereliktion herrenlos wurde. Verloren ist dag das vom Dieb weggeworfene Diebesgut oder das vom Buchentleiher oder Buchhändlergehilfen weggeworfene Buch. 1

Finder ist, wer die verlorene Sache in Besitz nimmt. Finder ist daher nicht unbedingt der Entdecker. Finden ist ein bloßer Realakt, für den ein genereller Besitzbegründungswille nötig, aber auch ausreichend ist (BGHZ 101, 189 f). Besitzdiener „finden" iR des ihnen übertragenen Geschäftsbereichs für ihren Geschäftsherrn (BGHZ 101, 189 f für den in einem Selbstbedienungs-Großmarkt verlorenen Geldschein). 2

II. 1. Als **Rechtsfolge** des Fundes entsteht zwischen dem Finder und dem Empfangsberechtigten ein gesetzliches Schuldverhältnis, in dem der Finder erhebliche Pflichten und wenig Rechte hat. Er wird als Geschäftsbesorger des Verlierers angesehen (§§ 970–972). Besonderheiten gelten für den **Fund in Geschäftsräumen oder Beförderungsmitteln** öffentlicher Behörden (§§ 965–967, 969–977 sind unanwendbar) und für den **Schatzfund**, bei dem der Entdecker und der Eigentümer der Sache, in der der Schatz verborgen war, hälftiges Miteigentum erwerben (§ 984). 3

2. Die Vorschrift regelt die **Anzeigepflicht** des Finders. Er hat einem ihm bekannten Empfangsberechtigten unverzüglich Anzeige zu machen (Abs 1). Kennt er diesen nicht, so hat er den Fund unverzüglich der nach Landesrecht zuständigen Behörde anzuzeigen (Abs 2 S 1). Die Anzeigepflicht ggü der Behörde besteht nicht beim Bagatellfund (Abs 2 S 2). 4

§ 966 Verwahrungspflicht

(1) Der Finder ist zur Verwahrung der Sache verpflichtet.
(2) ¹Ist der Verderb der Sache zu besorgen oder ist die Aufbewahrung mit unverhältnismäßigen Kosten verbunden, so hat der Finder die Sache öffentlich versteigern zu lassen. ²Vor der Versteigerung ist der zuständigen Behörde Anzeige zu machen. ³Der Erlös tritt an die Stelle der Sache.

§ 967 Ablieferungspflicht

Der Finder ist berechtigt und auf Anordnung der zuständigen Behörde verpflichtet, die Sache oder den Versteigerungserlös an die zuständige Behörde abzuliefern.

§ 968 Umfang der Haftung

Der Finder hat nur Vorsatz und grobe Fahrlässigkeit zu vertreten.

§ 969 Herausgabe an den Verlierer

Der Finder wird durch die Herausgabe der Sache an den Verlierer auch den sonstigen Empfangsberechtigten gegenüber befreit.

§§ 966–969

I. Die Vorschriften regeln neben § 965 die **Pflichten des Finders**. 1

1. Diesen trifft eine **Verwahrungspflicht** (§ 966 I). Er hat die Sache notfalls auch zu erhalten, zB ein Tier zu füttern. Droht die Fundsache zu verderben, so ist der Finder berechtigt und verpflichtet, sie **versteigern** zu lassen (§ 966 II 1). Der Erlös tritt in diesem Fall an die Stelle der Sache (§ 966 II 3). 2

3 2. Der Finder kann sich von der Verwahrungspflicht durch **Ablieferung** der Sache bei der zuständigen Behörde befreien (§ 967). Zu dieser Ablieferung ist er auf Anordnung der zuständigen Behörde verpflichtet. Durch die Ablieferung entsteht zwischen der Behörde und dem Empfangsberechtigten ein öffentlich-rechtliches Verwahrungsverhältnis. Der Finder wird von allen weiteren Pflichten befreit, behält aber seine Rechte (§ 975).
4 3. Für alle Pflichten des Finders gilt die **Haftungsmilderung** des § 968.
5 II. Der **Empfangsberechtigte** kann die Herausgabe der Sache vom Finder verlangen. Der Finder kann die Sache aber auch an den Verlierer mit befreiender Wirkung herausgeben, selbst wenn ihm der Empfangsberechtigte bekannt ist (§ 969).

§ 970 Ersatz von Aufwendungen

Macht der Finder zum Zwecke der Verwahrung oder Erhaltung der Sache oder zum Zwecke der Ermittlung eines Empfangsberechtigten Aufwendungen, die er den Umständen nach für erforderlich halten darf, so kann er von dem Empfangsberechtigten Ersatz verlangen.

§ 971 Finderlohn

(1) ¹Der Finder kann von dem Empfangsberechtigten einen Finderlohn verlangen. ²Der Finderlohn beträgt von dem Werte der Sache bis zu 500 Euro fünf vom Hundert, von dem Mehrwert drei vom Hundert, bei Tieren drei vom Hundert. ³Hat die Sache nur für den Empfangsberechtigten einen Wert, so ist der Finderlohn nach billigem Ermessen zu bestimmen.
(2) Der Anspruch ist ausgeschlossen, wenn der Finder die Anzeigepflicht verletzt oder den Fund auf Nachfrage verheimlicht.

§ 972 Zurückbehaltungsrecht des Finders

Auf die in den §§ 970, 971 bestimmten Ansprüche finden die für die Ansprüche des Besitzers gegen den Eigentümer wegen Verwendungen geltenden Vorschriften der §§ 1000 bis 1002 entsprechende Anwendung.

§ 973 Eigentumserwerb des Finders

(1) ¹Mit dem Ablauf von sechs Monaten nach der Anzeige des Fundes bei der zuständigen Behörde erwirbt der Finder das Eigentum an der Sache, es sei denn, dass vorher ein Empfangsberechtigter dem Finder bekannt geworden ist oder sein Recht bei der zuständigen Behörde angemeldet hat. ²Mit dem Erwerb des Eigentums erlöschen die sonstigen Rechte an der Sache.
(2) ¹Ist die Sache nicht mehr als zehn Euro wert, so beginnt die sechsmonatige Frist mit dem Fund. ²Der Finder erwirbt das Eigentum nicht, wenn er den Fund auf Nachfrage verheimlicht. ³Die Anmeldung eines Rechts bei der zuständigen Behörde steht dem Erwerb des Eigentums nicht entgegen.

§ 974 Eigentumserwerb nach Verschweigung

¹Sind vor dem Ablauf der sechsmonatigen Frist Empfangsberechtigte dem Finder bekannt geworden oder haben sie bei einer Sache, die mehr als zehn Euro wert ist, ihre Rechte bei der zuständigen Behörde rechtzeitig angemeldet, so kann der Finder die Empfangsberechtigten nach der Vorschrift des § 1003 zur Erklärung über die ihm nach den §§ 970 bis 972 zustehenden Ansprüche auffordern. ²Mit dem Ablauf der für die Erklärung bestimmten Frist erwirbt der Finder das Eigentum und erlöschen die sonstigen Rechte an der Sache, wenn nicht die Empfangsberechtigten sich rechtzeitig zu der Befriedigung der Ansprüche bereit erklären.

§ 975 Rechte des Finders nach Ablieferung

¹Durch die Ablieferung der Sache oder des Versteigerungserlöses an die zuständige Behörde werden die Rechte des Finders nicht berührt. ²Lässt die zuständige Behörde die Sache versteigern, so tritt der Erlös an die Stelle der Sache. ³Die zuständige Behörde darf die Sache oder den Erlös nur mit Zustimmung des Finders einem Empfangsberechtigten herausgeben.

§ 976 Eigentumserwerb der Gemeinde

(1) Verzichtet der Finder der zuständigen Behörde gegenüber auf das Recht zum Erwerb des Eigentums an der Sache, so geht sein Recht auf die Gemeinde des Fundorts über.

(2) Hat der Finder nach der Ablieferung der Sache oder des Versteigerungserlöses an die zuständige Behörde auf Grund der Vorschriften der §§ 973, 974 das Eigentum erworben, so geht es auf die Gemeinde des Fundorts über, wenn nicht der Finder vor dem Ablauf einer ihm von der zuständigen Behörde bestimmten Frist die Herausgabe verlangt.

§ 977 Bereicherungsanspruch

¹Wer infolge der Vorschriften der §§ 973, 974, 976 einen Rechtsverlust erleidet, kann in den Fällen der §§ 973, 974 von dem Finder, in den Fällen des § 976 von der Gemeinde des Fundorts die Herausgabe des durch die Rechtsänderung Erlangten nach den Vorschriften über die Herausgabe einer ungerechtfertigten Bereicherung fordern. ²Der Anspruch erlischt mit dem Ablauf von drei Jahren nach dem Übergang des Eigentums auf den Finder oder die Gemeinde, wenn nicht die gerichtliche Geltendmachung vorher erfolgt.

§§ 970–977

I. Die Vorschriften regeln die **Rechte des Finders**. 1
1. Dieser hat gegen den Empfangsberechtigten einen **Aufwendungsersatzanspruch** bzgl 2 der Kosten für die Erhaltung und Verwahrung der Sache bzw der Ermittlung des Empfangsberechtigten (§ 970).
2. Daneben hat er Anspruch auf **Finderlohn**, dessen Höhe sich nach dem Wert der 3 Fundsache richtet (§ 971 I). Der Anspruch wird verwirkt, wenn der Finder die Anzeigepflicht verletzt oder den Fund verheimlicht (§ 971 II).
3. Der Finder hat wegen seiner Ansprüche in erster Linie ein **Zurückbehaltungsrecht** 4 (§ 972). Zahlung kann er nur verlangen, wenn der Berechtigte die Sache wiedererlangt oder die Verwendungen genehmigt hat (§ 972: Vor § 1001 S 1).
II. 1. Der Finder erwirbt nach Ablauf von 6 Monaten seit der Anzeige des Fundes bei 5 der zuständigen Behörde (bei Bagatellfunden seit dem Fund) das **Eigentum** an der Fundsache bzw dem Versteigerungserlös, wenn sich nicht vorher ein Empfangsberechtigter gemeldet hat oder ihm sonst bekannt geworden ist (§ 973 I 1). Der Eigentumserwerb ist ausgeschlossen, wenn der Finder den Fund verheimlicht (§ 973 II). Der Finder erwirbt durch den Fund ein **dingliches Anwartschaftsrecht** auf den Eigentumserwerb.
2. Auch bei Bekanntwerden eines Empfangsberechtigten kann der Finder das Eigentum 6 an der Sache erwerben, wenn sich dieser nach Aufforderung **nicht meldet** (§ 974).
3. Erleidet der Eigentümer oder ein dinglich Berechtigter durch den Eigentumserwerb 7 des Finders oder der Gemeinde (§ 976 I) einen Rechtsverlust, so hat er einen **Bereicherungsanspruch** auf Herausgabe des Erlangten (§ 977 S 1). Dieser Anspruch erlischt nach Ablauf von 3 Jahren seit dem Eigentumserwerb (§ 977 S 2).

§ 978 Fund in öffentlicher Behörde oder Verkehrsanstalt

(1) ¹Wer eine Sache in den Geschäftsräumen oder den Beförderungsmitteln einer öffentlichen Behörde oder einer dem öffentlichen Verkehr dienenden Verkehrsanstalt findet und an sich nimmt, hat die Sache unverzüglich an die Behörde oder die Verkehrsanstalt oder an einen ihrer Angestellten abzuliefern. ²Die Vorschriften der §§ 965 bis 967 und 969 bis 977 finden keine Anwendung.
(2) ¹Ist die Sache nicht weniger als 50 Euro wert, so kann der Finder von dem Empfangsberechtigten einen Finderlohn verlangen. ²Der Finderlohn besteht in der Hälfte des Betrags, der sich bei Anwendung des § 971 Abs. 1 Satz 2, 3 ergeben würde. ³Der Anspruch ist ausgeschlossen, wenn der Finder Bediensteter der Behörde oder der Verkehrsanstalt ist oder der Finder die Ablieferungspflicht verletzt. ⁴Die für die Ansprüche des Besitzers gegen den Eigentümer wegen Verwendungen geltende Vorschrift des § 1001 findet auf den Finderlohnanspruch entsprechende Anwendung. ⁵Besteht ein Anspruch auf Finderlohn, so hat die Behörde oder die Verkehrsanstalt dem Finder die Herausgabe der Sache an einen Empfangsberechtigten anzuzeigen.
(3) ¹Fällt der Versteigerungserlös oder gefundenes Geld an den nach § 981 Abs. 1 Berechtigten, so besteht ein Anspruch auf Finderlohn nach Absatz 2 Satz 1 bis 3 gegen diesen. ²Der Anspruch erlischt mit dem Ablauf von drei Jahren nach seiner Entstehung gegen den in Satz 1 bezeichneten Berechtigten.

§ 979 Verwertung; Verordnungsermächtigung

(1) ¹Die Behörde oder die Verkehrsanstalt kann die an sie abgelieferte Sache öffentlich versteigern lassen. ²Die öffentlichen Behörden und die Verkehrsanstalten des *Reichs*, der *Bundesstaaten* und der Gemeinden können die Versteigerung durch einen ihrer Beamten vornehmen lassen.
(1 a) Die Versteigerung kann nach Maßgabe der nachfolgenden Vorschriften auch als allgemein zugängliche Versteigerung im Internet erfolgen.
(1 b) ¹Die Bundesregierung wird ermächtigt, durch Rechtsverordnung ohne Zustimmung des Bundesrates für ihren Bereich Versteigerungsplattformen zur Versteigerung von Fundsachen zu bestimmen; sie kann diese Ermächtigung durch Rechtsverordnung auf die fachlich zuständigen obersten Bundesbehörden übertragen. ²Die Landesregierungen werden ermächtigt, durch Rechtsverordnung für ihren Bereich entsprechende Regelungen zu treffen; sie können die Ermächtigung auf die fachlich zuständigen obersten Landesbehörden übertragen. ³Die Länder können Versteigerungsplattformen bestimmen, die sie länderübergreifend nutzen. ⁴Sie können eine Übertragung von Abwicklungsaufgaben auf die zuständige Stelle eines anderen Landes vereinbaren.
(2) Der Erlös tritt an die Stelle der Sache.

§ 980 Öffentliche Bekanntmachung des Fundes

(1) Die Versteigerung ist erst zulässig, nachdem die Empfangsberechtigten in einer öffentlichen Bekanntmachung des Fundes zur Anmeldung ihrer Rechte unter Bestimmung einer Frist aufgefordert worden sind und die Frist verstrichen ist; sie ist unzulässig, wenn eine Anmeldung rechtzeitig erfolgt ist.
(2) Die Bekanntmachung ist nicht erforderlich, wenn der Verderb der Sache zu besorgen oder die Aufbewahrung mit unverhältnismäßigen Kosten verbunden ist.

§ 981 Empfang des Versteigerungserlöses

(1) Sind seit dem Ablauf der in der öffentlichen Bekanntmachung bestimmten Frist drei Jahre verstrichen, so fällt der Versteigerungserlös, wenn nicht ein Empfangsberechtigter sein Recht angemeldet hat, bei *Reichs*behörden und *Reichs*anstalten an den *Reichs*fiskus, bei Landesbehörden und Landesanstalten an den Fiskus des *Bundes*-

staats, bei Gemeindebehörden und Gemeindeanstalten an die Gemeinde, bei Verkehrsanstalten, die von einer Privatperson betrieben werden, an diese.
(2) ¹Ist die Versteigerung ohne die öffentliche Bekanntmachung erfolgt, so beginnt die dreijährige Frist erst, nachdem die Empfangsberechtigten in einer öffentlichen Bekanntmachung des Fundes zur Anmeldung ihrer Rechte aufgefordert worden sind. ²Das Gleiche gilt, wenn gefundenes Geld abgeliefert worden ist.
(3) Die Kosten werden von dem herauszugebenden Betrag abgezogen.

§ 982 Ausführungsvorschriften

Die in den §§ 980, 981 vorgeschriebene Bekanntmachung erfolgt bei *Reichs*behörden und *Reichs*anstalten nach den von dem *Bundesrat*, in den übrigen Fällen nach den von der Zentralbehörde des *Bundesstaats* erlassenen Vorschriften.

§ 978–982

Die Vorschriften regeln den Fund von Sachen in den Räumen (zB Büros, Schulräume, Treppen, Flure) oder Beförderungsmitteln (zB Schulbus) einer öffentlichen Behörde oder einer öffentlichen Verkehrsanstalt (zB Deutsche Bahn AG) abw vom allg Fundrecht (sog **Verkehrsfund**). Der Finder hat die Sache unverzüglich abzuliefern (§ 978 I 1). Er kann kein Eigentum an der Fundsache erwerben. Dieses erwirbt vielmehr die Behörde oder Anstalt (§ 981). Ist die Sache 5 Euro oder mehr wert, so hat der Finder Anspruch auf den halben Finderlohn (§ 978 II 1 u 2). Darüber hinaus tritt an die Stelle des Finders die Behörde oder Anstalt. Der Finder hat also keine weiteren Rechte oder Pflichten. 1

§ 983 Unanbringbare Sachen bei Behörden

Ist eine öffentliche Behörde im Besitz einer Sache, zu deren Herausgabe sie verpflichtet ist, ohne dass die Verpflichtung auf Vertrag beruht, so finden, wenn der Behörde der Empfangsberechtigte oder dessen Aufenthalt unbekannt ist, die Vorschriften der §§ 979 bis 982 entsprechende Anwendung.

§ 984 Schatzfund

Wird eine Sache, die so lange verborgen gelegen hat, dass der Eigentümer nicht mehr zu ermitteln ist (Schatz), entdeckt und infolge der Entdeckung in Besitz genommen, so wird das Eigentum zur Hälfte von dem Entdecker, zur Hälfte von dem Eigentümer der Sache erworben, in welcher der Schatz verborgen war.

I. Die Vorschrift regelt den Eigentumserwerb beim **Schatzfund**. 1
II. 1. **Schatz** ist nach § 984 eine Sache, die so lange Zeit verborgen war, dass der Eigentümer nicht mehr zu ermitteln ist. Dies kann jede Sache sein, es braucht sich nicht um Kostbarkeiten oder Altertumsfunde zu handeln. Eine Sache ist **verborgen**, wenn sie nicht ohne weiteres sinnlich wahrnehmbar ist (Palandt/Bassenge § 984 Rn 1). Daran fehlt es, wenn Besitz an der Sache besteht. 2
2. Der Eigentumserwerb setzt die **Entdeckung** und **Inbesitznahme** der Sache voraus. Entdeckung ist die sinnliche Wahrnehmung des Schatzes. Dabei handelt es sich um einen Realakt, so dass Geschäftsfähigkeit nicht erforderlich ist. Das Entdecken ist auch durch Hilfspersonen möglich, denen gezielt ein Auftrag zur Schatzsuche erteilt wird. Fehlt es an einem derartigen Auftrag, so sind Arbeitnehmer, die zufällig bei Gelegenheit ihrer vertraglichen Tätigkeit einen Schatz finden, selbst Entdecker (BGHZ 103, 105 ff; Prütting Rn 510). 3
3. Mit der Besitzbegründung, die Folge der Entdeckung sein muss, erwerben der Entdecker und der Eigentümer der bergenden Sache **hälftiges Miteigentum** am Schatz. 4

Titel 4
Ansprüche aus dem Eigentum

§ 985 Herausgabeanspruch
Der Eigentümer kann von dem Besitzer die Herausgabe der Sache verlangen.

1 **I.** Die Vorschrift gewährt Schutz gegen die Eigentumsbeeinträchtigung durch Entziehung der Sache (rei vindicatio). Es handelt sich um einen **dinglichen Anspruch**, der aus dem Eigentum fließt.

2 **II.** Der Herausgabeanspruch hat folgende **Voraussetzungen**: Herausgabegegenstand ist eine **Sache**, der Anspruchsinhaber ist **Eigentümer** oder dinglich Berechtigter (vgl §§ 1227, 1065; str bei Anwartschaftsrecht), der Anspruchsgegner ist **Besitzer** und dem Besitzer steht kein Recht zum Besitz iSv § 986 zu. Nach § 986 kann der Besitzer dem Eigentümer ein eigenes (vertragliches, dingliches oder gesetzliches) Recht zum Besitz (§ 986 I 1, 1. Alt), ein abgeleitetes Recht zum Besitz (§ 986 I 1, 2. Alt u I 2) oder ein übergeleitetes Recht zum Besitz ggü dem Rechtsnachfolger des Eigentümers (§ 986 II) entgegenhalten.

3 **1.** Problematisch ist, ob der Anspruch aus § 985 selbständig übertragbar ist (das gleiche Problem stellt sich bei §§ 894 und 1004). Der dingliche Anspruch aus § 985 ist unlösbar mit dem Eigentum verbunden. Er ist daher **nicht selbständig übertragbar**, auch nicht zwecks Übereignung iR des § 931. Der Anspruch ist auch nicht verpfändbar (§ 1274 II). Zulässig ist dag die Ermächtigung eines Dritten, in eigenem Namen die Herausgabe an sich zu verlangen (**Ausübungsermächtigung** gem § 185 I). Eine Klage des Dritten als gewillkürten Prozessstandschafters ist nach hM aber nur bei eigenem rechtlichen Interesse zulässig (vgl BGHZ 70, 393 f). Damit soll der Missbrauchsgefahr durch Verschiebung der Parteirollen im Prozess begegnet werden. Der unbestimmte Rechtsbegriff des eigenen rechtlichen Interesses führt jedoch bei der Beurteilung der Zulässigkeit der Klage zu Unsicherheiten. Auf dieses Erfordernis sollte daher grds verzichtet und die Ausübungsermächtigung und die gewillkürte Prozessstandschaft allein von den Voraussetzungen des § 185 abhängen (so Henckel, FS Larenz 1973, 643). Der Anspruch aus § 985 **verjährt** nach 30 Jahren (§§ 197 I Nr 1, 199 I, 198). Das Eigentum selbst verjährt nicht.

4 **2.** Häufig kommen neben § 985 **andere Herausgabeansprüche** aus dinglichem Recht (§§ 861, 1007), gesetzlichem Schuldverhältnis (§§ 812 ff, 823 ff iVm 249, 681 iVm 667) und Vertrag (zB § 546) in Betracht. Nach ganz überwiegender Auffassung besteht der Eigentumsherausgabeanspruch neben diesen anderen Herausgabeansprüchen. Dies soll auch dann gelten, wenn ein Vertragsverhältnis beendet ist und daher der Besitzer kein Recht zum Besitz mehr hat. So kann zB der vermietende Eigentümer nach Beendigung des Mietvertrages Rückgabe der Mietsache gem § 546 und § 985 verlangen (BGH NJW 85, 142). Andere nehmen einen Vorrang des vertraglichen Herausgabeanspruchs an und lehnen eine Anwendung des § 985 ab (Raiser JZ 61, 529). Dies ist nicht überzeugend, da wegen § 986, nach dem § 985 bei Bestehen eines vertraglichen Rechts zum Besitz ausgeschlossen ist, kein zwingender Grund für eine derartige Beschränkung des § 985 vorliegt. Sinn des § 985 ist es, dem Eigentümer in jedem Fall, ggf auch von Dritten, die Wiedererlangung des Besitzes zu ermöglichen. Dies ist wird am einfachsten erreicht, wenn man eine **Anspruchskonkurrenz** zu anderen, insbesondere vertraglichen Herausgabeansprüchen annimmt.

5 **3.** § 985 ist kein schuldrechtlicher, sondern ein dinglicher Anspruch. Da die §§ 275 ff grds nur im Schuldrecht gelten, erscheint ihre Anwendung auf den Eigentumsherausgabeanspruch problematisch.

6 **a)** Überwiegend wird eine entsprechende **Anwendbarkeit der** §§ 275, 280 ff, 286 ff, 293 ff im Hinblick auf die §§ 987 ff abgelehnt, soweit die §§ 987 ff Sonderregelungen für Störungen im Verhältnis des Eigentümers zum Besitzer darstellen (Palandt/Bassenge § 985 Rn 13 f). So ist dort insb in § 990 II geregelt, dass der bösgläubige Besitzer (und nur dieser) nach den Regeln des **Schuldnerverzuges** haftet. Nur er muss dem Eigentü-

mer gem § 280 II den durch den Verzug mit der Herausgabe entstandenen Vorenthaltungsschaden ersetzen. Diese Sonderregelung würde unterlaufen, wenn man generell die allg Verzugsregeln der §§ 286 ff anwenden würde. Auch bilden die §§ 989, 990 eine Sonderregelung hins der **Unmöglichkeit der Herausgabe**, so dass nicht gem §§ 275 I, 280 I, III, 283 S 1 Schadensersatz verlangt werden kann. Dag ist § **281** auf § 985 anwendbar, so dass der Eigentümer gegen §§ 280 I, III, 281 I 1 **Schadensersatz statt der Leistung** verlangen kann (Palandt/Bassenge § 985 Rn 14). Insoweit sind allerdings die besonderen Haftungsregeln der §§ 989 f zu beachten, so dass der Schuldner nur dann ersatzpflichtig ist, wenn er gem § 989 für die Nichtleistung einzustehen hat (BGHZ 53, 29). Auch sind die Regeln des **Gläubigerverzugs** (§§ 293 ff) auf § 985 anwendbar (Wieling, § 12 I 2).

b) Besonders str ist, ob § 285 I auf § 985 anwendbar ist. Nach einer Auffassung ist **7** § 285 I auf den Herausgabeanspruch nach § 985 **anwendbar**. Der Eigentümer kann somit das stellvertretende commodum vom ehemaligen Besitzer herausverlangen (RGZ 105, 88). Der § 285 I sei ein für das gesamte Vermögensrecht maßgebender Grundgedanke. Der Grundsatz, dass vom Schuldner erlangte Besitz gebühre nicht ihm, sondern dem Gläubiger als wahrem Berechtigten, gelte auch für § 985. Nach ganz hM ist § 285 I dag auf den Herausgabeanspruch aus § 985 **nicht anwendbar** (Merle AcP 183, 84). § 285 I beruhe auf dem Gedanken, dass sich das vertragliche Schuldverhältnis nach dem anzunehmenden Parteiwillen in die Verpflichtung zur Ersatzherausgabe umwandele und nicht untergehe. Es trage nämlich trotz der nachträglich eingetretenen Unmöglichkeit der Leistung die Möglichkeit des Fortbestehens der Verpflichtung in sich. Demgegenüber sei der dingliche Herausgabeanspruch des § 985 gegen den Besitzer an den Besitz geknüpft. Verliere der Besitzer den Besitz, so erlösche der Anspruch ohne weiteres, auch wenn sich der Besitzer den Besitz wiederverschaffen kann und damit die Herausgabe nicht unmöglich ist. Eine differenzierende Auffassung lehnt die Anwendung des § 285 I auf § 985 in den Fällen der Weiterveräußerung und Weitergabe der Sache ab. Etwas anderes soll aber **bei zufälligem Untergang** der Sache beim Besitzer gelten. Hier sei eine Ausfüllung der Lücke im Gesetz durch § 285 I geboten (Klapproth MDR 65, 527). Die hM erscheint vorzugswürdig. Bei § 985 ist auch bei einem Verlust des Eigentums regelmäßig ein Anspruch aus § 816 I 1 auf Herausgabe des Veräußerungserlöses gegeben, so dass für eine analoge Anwendung von § 285 I gar kein Bedürfnis besteht. Der Eigentümer würde bei einer analogen Anwendung des § 285 I günstiger stehen als vorher, denn er behielte einerseits sein Eigentum und erhielte zusätzlich noch den Erlös. Andererseits wäre der Veräußerer doppelt belastet, denn er müsste zum einen den Erlös herausgeben und wäre dann noch der Rechtsmängelhaftung ggü seinem Abkäufer ausgesetzt. Damit ist die Opfergrenze des § 985 überschritten. Der Erlös stellt zudem keinen Ersatz für das Geschuldete dar. Nach § 985 ist der Besitz geschuldet, der Erlös wird jedoch durch die Übertragung des Eigentums erzielt. Auch insoweit passt § 285 I nicht auf § 985.

c) Gibt der Besitzer die Sache nicht, nicht rechtzeitig oder in verschlechtertem Zustand **8** an den Eigentümer heraus, so kann dieser statt der Herausgabe **Schadensersatz statt der Leistung** verlangen. Dieser Anspruch richtet sich, wenn die Unmöglichkeit der Herausgabe, die Verzögerung oder die Verschlechterung vor der Entstehung des Eigentümer-Besitzer-Verhältnisses eingetreten sind, nach den §§ 280 ff. Ist die Leistungsstörung noch behebbar, so kann der Eigentümer vom Besitzer nach §§ 281 I 1, 280 I Schadensersatz statt der Leistung verlangen, wenn er ihm eine angemessene Frist zur Leistung oder Nacherfüllung bestimmt hat und diese Frist erfolglos abgelaufen ist. Ist die Leistungsstörung dag wie bei der Unmöglichkeit nach § 275 I, II nicht behebbar, so ist eine Aufforderung zur Nacherfüllung sinnlos und der Eigentümer kann nach §§ **283 S 1**, 280 I Schadensersatz statt der Leistung verlangen. Ist die Unmöglichkeit der Herausgabe, die Verzögerung oder die Verschlechterung dag erst nach der Entstehung des Eigentümer-Besitzer-Verhältnisses eingetreten, so gehen die §§ **987 ff** den § 280 ff als speziellere Regelungen vor (s aber zu § 281 oben Rn 6). Hinsichtlich der **Darlegungs- und Beweislast** gelten für § 985 die allg Grundsätze, dh der Eigentümer muss im Herausgabeprozess gegen den Besitzer beweisen, dass er im Zeitpunkt der Rechtshängigkeit das Eigentum und der Beklagte den Besitz an der Sache hatte (MK/Baldus, § 985 Rn 141) Zum Beweis des **Eigentums** muss er einen gültigen Erwerbsgrund angeben und den Fortbestand seines Eigentumsrechts beweisen. Bei beweglichen Sachen hilft ihm insoweit die Vermutung des § 1006 II, doch muss er dazu zunächst die für den Besitzer sprechende Vermutung des § 1006 I 1 ausräumen, indem er beweist, dass der Beklagte entweder ursprünglich nicht Eigenbesitzer war oder mit dem Besitz nicht auch das Eigentum erworben haben kann oder dass ihm die Sache abhanden gekommen ist (vgl § 1006 Rn 2 f). Der Eigentümer muss weiterhin beweisen, dass der Beklagte den **Besitz** erlangt hat und dass dieser Besitz gegenwärtig noch andauert (Palandt/Bassenge, § 985, Rn 16; Staud/Gursky, § 985 Rn 57; aA: [Besitz nur im Zeitpunkt der Rechtshängigkeit] BGH WM 82, 749, 750; Erman/Ebbing, § 985 Rn 16). Behauptet der Beklagte, dass er den Besitz unfreiwillig verloren habe und bestreitet der klagende Eigentümer diesen Besitzverlust, so ist er für die Fortdauer des Besitzes beweispflichtig (Staud/Gursky, § 985 Rn 57). Dem Kläger kommt aber die tatsächliche Vermutung zugute, dass der Besitz, der vor kurzem noch bestanden hat, auch fortdauert (OLG Düsseldorf OLGR 93, 154). Dies gilt zugunsten des klagenden Eigentümers insb dann, wenn der Beklagte keine genauen Angaben zum angeblichen Besitzverlust macht. Macht der Beklagte Angaben über die Art und Weise des von ihm behaupteten Besitzverlustes, so genügt der Kläger seiner Beweislast schon dann, wenn die vom Beklagten insoweit aufgestellten Behauptungen widerlegt sind (BGH WM 82, 749, 750; Staud/Gursky, § 985 Rn 57).

§ 986 Einwendungen des Besitzers

(1) ¹Der Besitzer kann die Herausgabe der Sache verweigern, wenn er oder der mittelbare Besitzer, von dem er sein Recht zum Besitz ableitet, dem Eigentümer gegenüber zum Besitz berechtigt ist. ²Ist der mittelbare Besitzer dem Eigentümer gegenüber zur Überlassung des Besitzes an den Besitzer nicht befugt, so kann der Eigentümer von dem Besitzer die Herausgabe der Sache an den mittelbaren Besitzer oder, wenn dieser den Besitz nicht wieder übernehmen kann oder will, an sich selbst verlangen.
(2) Der Besitzer einer Sache, die nach § 931 durch Abtretung des Anspruchs auf Herausgabe veräußert worden ist, kann dem neuen Eigentümer die Einwendungen entgegensetzen, welche ihm gegen den abgetretenen Anspruch zustehen.

1 I. Nach dieser Vorschrift kann der Besitzer die Herausgabe verweigern, wenn ihm ein **Recht zum Besitz** zusteht. Entgegen dem Wortlaut enthält die Bestimmung materiellrechtlich eine vAw zu berücksichtigende **Einwendung**, prozessual eine **rechtshindernde** oder **rechtsvernichtende Tatsache** (BGH NJW 99, 3717; Jauernig/Berger § 986 Rn 2). Der Grund des § 986 liegt darin, dass der Eigentümer nur vom unberechtigten Besitzer die Herausgabe verlangen können soll.
2 II. Die Vorschrift unterscheidet **drei Fälle des Besitzrechts**: das eigene Recht zum Besitz (Abs 1 S 1, 1. Alt), das abgeleitete Recht zum Besitz (Abs 1 S 1, 2. Alt und Abs 1 S 2) und das Besitzrecht ggü dem Rechtsnachfolger des Eigentümers (Abs 2).
3 1. Ein **eigenes Recht zum Besitz** iSd Abs 1 S 1, 1. Alt kann sich aus einem dinglichen Recht (zB Nießbrauch, Wohnungsrecht, Pfandrecht), einem obligatorischen Recht (zB Miete, Kauf) oder dem Familien- und Erbrecht (zB Besitzrecht an der Ehewohnung ggü dem Ehepartner, aber auch Besitzrecht an der gemeinsamen Wohnung ggü dem Partner einer nichtehelichen Lebensgemeinschaft, BGH NJW 08, 2333; Besitzrecht am Hausrat des anderen Ehegatten, Besitzrecht von Nachlassverwalter oder Testamentsvollstrecker) ergeben.
4 Str ist, ob die **Zurückbehaltungsrechte nach §§ 273, 1000**, die zur Verurteilung zur Herausgabe Zug um Zug führen, ein Besitzrecht iSd § 986 begründen. Dies wird von der hM abgelehnt, da sie den Herausgabeanspruch unberührt lassen und nur seine Vollstreckung einschränken (MK/Baldus § 986 Rn 32). Die §§ 273, 1000 stellen daher nur ein **selbständiges Gegenrecht** dar, das § 985 unmittelbar entgegengesetzt werden kann. Demgegenüber nimmt der BGH immer noch an, die §§ 273, 1000 würden ein Recht zum Besitz iSd § 986 gewähren (BGH NJW 02, 1050). Gleichwohl behandelt

der BGH dieses „Recht zum Besitz" nicht wie ein normales Recht zum Besitz iSd § 986. Er nimmt an, der Einredecharakter der §§ 273, 1000 werde durch die „Einwendung" des § 986 nicht verändert. Der BGH berücksichtigt also dieses Recht zum Besitz nur, wenn sich der Schuldner darauf beruft. Dies ist inkonsequent (vgl BGH NJW-RR 86, 282; NJW 95, 2629). Dieser Meinungsstreit wirkt sich allerdings in der Praxis auf das Ergebnis nur selten aus, da beide Auffassungen zumeist zu einer Zug-um-Zug-Verurteilung des Schuldners gelangen. Der Unterschied besteht allein in der Begr. Während der BGH in den Fällen des Zurückbehaltungsrechts bereits ein Recht zum Besitz annimmt und deshalb die Vindikation nur Zug um Zug zulässt, bejaht die hM in einem ersten Schritt die Vindikation, um ihr dann in einem zweiten Schritt das Zurückbehaltungsrecht als selbständiges Gegenrecht entgegenzusetzen und ebenfalls zu einer Zug-um-Zug-Verurteilung zu gelangen.

2. Ein **abgeleitetes Recht zum Besitz** iSd Abs 1 S 1 2. Alt und Abs 1 S 2 setzt voraus, 5 dass der unmittelbare Besitzer sein **Besitzrecht** von einem Dritten **ableitet.** Dabei besteht ein abgeleitetes Besitzrecht entgg dem zu engen Wortlaut von Abs 1 S 1, 2. Alt auch dann, wenn der Besitzer sein Recht von einem dem Eigentümer ggü besitzberechtigten Dritten herleitet, der nicht sein Oberbesitzer ist. Entgegen dem Wortlaut braucht also zwischen dem Dritten und dem unmittelbaren Besitzer nach überwiegender Auffassung kein Besitzmittlungsverhältnis zu bestehen. Entscheidend ist allein, ob der Besitzstand als solcher gerechtfertigt ist. Dag genügt ein **vermeintliches Rechtsverhältnis** zwischen dem Dritten und dem unmittelbaren Besitzer nicht für Abs 1. Zwar kommt in diesem Fall uU ein wirksames Besitzmittlungsverhältnis zustande, dieses begründet aber kein Recht zum Besitz, wie Abs 1 S 2 zeigt (Palandt/Bassenge § 986 Rn 8). Der **Dritte muss dem Eigentümer ggü zum Besitz berechtigt sein.** Der Dritte muss vom Eigentümer befugt sein, die Sache an den unmittelbaren Besitzer weiterzugeben (Abs 1 S 2). War er dies nicht, so kann der Eigentümer grds nur Herausgabe an den mittelbaren Besitzer verlangen. Anders ist dies nur, wenn der mittelbare Besitzer den Besitz nicht übernehmen kann oder will (Abs 1 S 2).

3. Nach Abs 2 kann der Besitzer sein Besitzrecht auch einem **Rechtsnachfolger des Ei-** 6 **gentümers** entgegenhalten. Dies entspricht dem Rechtsgedanken der §§ 566, 404. Abs 2 ist nach überwiegender Auffassung insofern zu eng gefasst, als er nicht nur für § 931, sondern auch dann entspr gilt, wenn ein mittelbar besitzender Eigentümer nach § 930 veräußert hat (BGHZ 111, 142). Abs 2 gilt nicht bei gesetzlichem Eigentumserwerb.

4. Unabhängig von einem Eigentumserwerb – vom Berechtigten oder nach §§ 932, 935 7 II, 937 – können bei Kulturgütern Ansprüche auf Rückgabe nach dem in Umsetzung der **Kulturgüterschutz-RL 93/7** ergangenen KultGüRückG bestehen, das aber die Eigentumslage grds unberührt lässt. Der Eigentümer kann also sein Eigentum weiter ausüben, freilich nur innerhalb des Staates, der den Rückgabeanspruch hat.

Vorbemerkung zu §§ 987–1003

I. Die §§ 987–1003 regeln das **Eigentümer-Besitzer-Verhältnis.** Dieses behandelt in 1 §§ 987–993 die Nebenansprüche des Eigentümers auf Nutzungen und Schadensersatz ggü einem unberechtigten Besitzer. In den §§ 994–1003 sind die Gegenansprüche des Besitzers auf Verwendungsersatz geregelt. Die Rechtsbeziehung zwischen Eigentümer und unberechtigtem Besitzer ist ein **gesetzliches Schuldverhältnis.** Die daraus entstehenden Ansprüche sind schuldrechtlicher Natur, also – anders als § 985 – keine dinglichen Ansprüche. Daher folgen sie bei einem Wechsel des Eigentums diesem nicht automatisch. Sie sind vielmehr selbständig abtretbar, verpfändbar und pfändbar (Jauernig/Berger Vor §§ 987–993 Rn 1).

Der Normzweck der §§ 987–1003 wird maßgebend durch § 993 I Halbs 2, die zentrale 2 Norm im Eigentümer-Besitzer-Verhältnis, bestimmt (vgl Mot III, S 394). Diese Bestimmung drückt den Leitgedanken der §§ 987–1003, die **Privilegierung des redlichen und unverklagten unrechtmäßigen Besitzers,** aus. Seine Haftung für gezogene oder unterlassene Nutzungen, für die Verschlechterung, den Untergang, den Verlust oder die Weggabe der Sache bzw für Verzug mit der Herausgabe soll in den §§ 987–1003 abschließend geregelt sein. Die §§ 987–1003 sollen als abschließende Sonderregelung das allg Leistungsstörungs-, das Bereicherungs- und das Deliktsrecht verdrängen (Staud/Gursky, § 993 Rn 1). Die darin liegende Privilegierung des gutgläubigen Besitzers (vgl Rn 5) ist vor allem für den **gutgläubigen Eigenbesitzer** gerechtfertigt. Er ist nach § 985 zur Herausgabe der Sache verpflichtet, obwohl er sich – wenngleich zu Unrecht – für ihren Eigentümer und damit für berechtigt halten darf, mit der Sache nach Belieben zu verfahren. Dies gilt jedenfalls solange, wie die Voraussetzungen einer Ersitzung gem §§ 900 oder 937 (noch) nicht vorliegen. Dementsprechend ziehen die §§ 987–1003 die **Opfergrenze** für den gutgläubigen Besitzer in der Weise, dass er zwar die Sache herausgeben muss, aber keiner weiteren Schadens- und Nutzungsersatzpflicht ausgesetzt sein soll.

3 Nach hM regeln und begrenzen die §§ 987–1003 nicht nur die Haftung des Eigenbesitzers, sondern auch die Haftung des unberechtigten Fremdbesitzers (RGZ 101, 307, 310; Baur/Stürner, § 11 Rn 31; Jauernig/Berger, Vor § 987-993 Rn 4; Soergel/Mühl, Vor § 987-993 Rn 12; Staud/Gursky, Vor §§ 987–993 Rn 32; aA Harder, FS Mühl, S 267, 273). Für diese Einbeziehung des Fremdbesitzers streitet der Wortlaut der §§ 987–1003, der nur vom Besitzer spricht und deshalb den Fremdbesitzer einschließt. Überdies wird der Fremdbesitzer in den §§ 991 II und 988 ausdrücklich erwähnt (Staud/Gursky, Vor §§ 987–993 Rn 32). Die durch § 993 I HS 2 angeordnete Privilegierung kann jedoch bei Fremdbesitzern in manchen Fällen zu unangemessenen Ergebnissen führen. Daher wird die Gleichsetzung von Eigen- und Fremdbesitz durch die Lehren vom „Nicht-so-Berechtigten" und „Nicht-mehr-Berechtigten" und vom „Fremdbesitzerexzesses" abgemildert, um in diesen Fällen die Konsequenzen der Einbeziehung des Fremdbesitzers in das Haftungssystem der §§ 987 ff wieder zu beseitigen. Ein Exzess des Fremdbesitzers liegt zB dann vor, wenn der Mieter die Mietsache entgg § 540 I 1 an einen Dritten untervermietet (BGH NJW 02, 60).

4 **1. Haftungssystem der §§ 987 ff.** Im Eigentümer-Besitzer-Verhältnis sind drei Gruppen von Ansprüchen geregelt: **Schadensersatzansprüche** des Eigentümers gegen den Besitzer, **Nutzungsersatzansprüche** des Eigentümers gegen den Besitzer und **Verwendungsersatzansprüche** des Besitzers gegen den Eigentümer. Das Haftungssystem der §§ 987 ff unterscheidet danach, ob der Besitzer hins seines Rechts zum Besitz **bös-** oder **gutgläubig** ist (§ 990 I). Dem Bösgläubigen steht der Gutgläubige **ab Rechtshängigkeit** der erfolgreichen Herausgabeklage (§ 985) gleich (§§ 987, 989). Bei der Nutzungsherausgabe kommt es weiter darauf an, ob der Besitz **unentgeltlich** erlangt worden ist (§ 988). Besonders behandelt wird der sog **Deliktsbesitzer**, der sich den Besitz durch verbotene Eigenmacht oder durch eine Straftat verschafft hat (§ 992). Wer den Besitz entgeltlich erlangt hat, gutgläubig und unverklagt ist und auch nicht unter § 992 fällt, ist dem Eigentümer nicht zum Schadensersatz und weitgehend auch nicht zur Nutzungsherausgabe verpflichtet (§ 993 I letzter HS). **Maßgebender Zeitpunkt** für die Beurteilung, ob der Besitzer berechtigt oder unberechtigt besitzt, bös- oder gutgläubig oder unverklagt ist, ist der der Schadenszufügung bzw der vorgenommenen oder unterlassenen Nutzung. Das **Haftungssystem der §§ 994 ff** übernimmt die Unterscheidungen des §§ 987 ff. Die §§ 994 ff gehen ebenfalls vom unberechtigten Besitzer aus, differenzieren zwischen dem bös- und gutgläubigen Besitzer (§§ 994 II, 996 iVm 990), stellen dem bösgläubigen den verklagten gutgläubigen Besitzer gleich (§§ 994 II, 996) und stellen für die Bösgläubigkeit oder Rechtshängigkeit auf den Zeitpunkt der Verwendung ab.

5 **2. Funktion der §§ 987 ff.** Die §§ 987 ff setzen voraus, dass dem Besitzer ein **eigenes Besitzrecht fehlt**. Es muss folglich zwischen dem Eigentümer und dem Besitzer ein Eigentümer-Besitzer-Verhältnis (sog **Vindikationslage**) bestehen. Dieses ist iR der §§ 987 ff stets als erste Voraussetzung zu prüfen. Weiterhin setzen alle Ansprüche die Prüfung der Bös- oder Gutgläubigkeit des Besitzers voraus. Hieraus ergibt sich, dass die §§ 987 ff nur das Verhältnis des Eigentümers zum **unrechtmäßigen Besitzer** regeln, da ein gegenüber rechtmäßiger Besitzer nicht denkbar ist.

6 **a)** Das Eigentümer-Besitzer-Verhältnis hat den Zweck, den **bösgläubigen Besitzer schärfer** als nach den allg Vorschriften (§§ 677 ff, 812 ff, 823 ff) haften zu lassen und

den **gutgläubigen Besitzer** zu **privilegieren.** So ist auf die Haftung des bösgläubigen Besitzers gem §§ 987 ff die Vorschrift des § 278 anzuwenden und nicht § 831 mit der Exkulpationsmöglichkeit wie bei den unerlaubten Handlungen. Nach §§ 987, 990 sind weiter sämtliche Nutzungen des bösgläubigen Besitzers herauszugeben, während der Besitzer sonst idR nur nach den §§ 812, 818 Nutzungsersatz schuldet (vgl aber §§ 677, 681 S 2, 667; §§ 687 II, 681 S 2, 667 sowie §§ 823 ff, 252). Schließlich hat der bösgläubige Besitzer nur Anspruch auf den Ersatz notwendiger Verwendungen nach den Grundsätzen der Geschäftsführung ohne Auftrag (§ 994 II), während der Besitzer sonst sämtliche Verwendungen gem §§ 683, 670 oder 684 S 1, 818 oder 812, 818 verlangen kann.

Die **Privilegierung des gutgläubigen Besitzers** drückt sich darin aus, dass er abgesehen vom Sonderfall des § 991 II keinen Schadensersatz zu leisten hat (§ 993 I HS 2), während er sonst allg nach §§ 823 ff haften würde. Nutzungen muss er nur bei unentgeltlichem Besitz oder bei der Ziehung von Übermaßfrüchten nach Bereicherungsrecht herausgeben (§§ 988, 993 I), während der Besitzer sonst nach §§ 812, 818 I oder §§ 677, 681 S 2, 667 oder §§ 823 ff, 252 zum Nutzungsersatz verpflichtet ist. Auch kann der gutgläubige Besitzer generell den Ersatz notwendiger und nützlicher Verwendungen verlangen (§§ 994 I, 996), während er sonst nur bei Vorliegen der Voraussetzungen der §§ 683, 670 oder 684 S 1, 818 oder 812, 818 Ersatz für Verwendungen verlangen könnte. 7

b) Um diese Funktion der §§ 987 ff als Haftungsverschärfung für den bösgläubigen bzw Privilegierung des gutgläubigen Besitzers zu verwirklichen, treten die allg Vorschriften der §§ 677 ff, 812 ff, und 823 ff innerhalb des Anwendungsbereichs der §§ 987 ff im Wege der **Gesetzeskonkurrenz** grds hinter diesen zurück (BGHZ 41, 158; BGH NJW 80, 2354). Allerdings gilt dieser Grundsatz nicht allg; vielmehr sind folgende **Durchbrechungen** anerkannt: **Vertragliche Ansprüche** sowie vertragliche Ersatzansprüche aus §§ **280 ff** gehen den §§ 987 ff vor, sind also von der Ausschlussfunktion nicht betroffen, und zwar auch für die Zeit nach Vertragsende. Die §§ **823 ff** greifen grds nur dann ein, wenn die Voraussetzungen des § 992 erfüllt sind, so dass ein lediglich bösgläubiger oder unverklagter gutgläubiger Besitzer nicht nach §§ 823 ff haftet (vgl Jauernig/Berger Vor §§ 987–993 Rn 12). Von dem Grundsatz, dass die §§ 823 ff nur eingreifen, wenn die Voraussetzungen des § 992 vorliegen, gibt es nur eine Ausn: § **826** greift bei vorsätzlichen Verletzungshandlungen im Sinne dieser Vorschrift stets unmittelbar ein, ist also nicht durch die §§ 987 ff ausgeschlossen. Die Sperrwirkung des § 993 I HS 2 gilt nach hM nicht beim sog **Fremdbesitzerexzess**. Nach dieser Lehre schließen die §§ 987 ff deliktische Schadensersatzansprüche aus §§ 823 ff gegen einen unberechtigten Fremdbesitzer, der die Grenzen seines vermeintlichen Besitzrechts überschreitet, nicht aus (RGZ 157, 137). 8

Bei den §§ **812 ff** ist zu unterscheiden: Entsteht das Eigentümer-Besitzer-Verhältnis infolge einer **fehlgeschlagenen Leistung** des Eigentümers, so ist insb problematisch, ob die §§ 812 ff neben den §§ 987, 990, 988 auf Nutzungsersatz zur Anwendung kommen oder ob in diesem Fall § 988 analog (rechtsgrundlos = unentgeltlich?) anzuwenden ist. Die §§ 812 ff sind grds anwendbar, soweit die §§ 987 ff keine Regelungen enthalten. Dies gilt für die Fälle der **Eingriffskondiktion**, wenn der Besitzer die fremde Sache veräußert (§ 816 I), verbraucht (§§ 812 I 1, 2. Alt, 818 II), verbindet oder verarbeitet (§§ 951, 812 ff). In diesen Fällen kann der bisherige Eigentümer den Veräußerungserlös bzw den Wert der Sache ohne die Voraussetzungen der §§ 987 ff verlangen (BGHZ 55, 178 f). Soweit es dag lediglich um die Herausgabe von Nutzungen geht, greift die Ausschlussfunktion der §§ 987 ff ein (Jauernig/Berger Vor §§ 987–993 Rn 14). Ansprüche aus **unerlaubter Eigengeschäftsführung** gem § 687 II iVm §§ 681 S 2, 667 oder 678 stehen neben den §§ 987 ff, da dem vorsätzlich Handelnden die Privilegierungen des Eigentümer-Besitzer-Verhältnisses nicht zugute kommen sollen. Bei der berechtigten Geschäftsführung ohne Auftrag ist der Geschäftsführer dag berechtigter Besitzer, so dass die §§ 987 ff von vornherein ausscheiden. 9

II. Die §§ 987 ff setzen stets eine **Vindikationslage** (= Eigentümer-Besitzer-Verhältnis) voraus. Diese liegt vor, wenn der nach § 985 in Anspruch genommene Besitzer kein 10

Recht zum Besitz iSd § 986 hat und auch sonst weder vertraglich noch gesetzlich zum Besitz berechtigt ist. Insoweit gibt es eine Reihe von **Zweifelsfällen**.

11 **1.** Von einem „Nicht-so-Berechtigten" spricht man, wenn der rechtmäßige Fremdbesitzer sein Besitzrecht aus Vertrag, Geschäftsführung ohne Auftrag oder Fund überschreitet. Da nach hM die §§ 987 ff auch auf den Fremdbesitzer anwendbar sind, sei der Besitzer in diesen Fällen zwar zu diesem Verhalten nicht berechtigt, doch soll er nach ganz überwiegender Ansicht deshalb noch nicht zum unrechtmäßigen Besitzer werden (Staud/Gursky Vor §§ 987–993 Rn 10). Die §§ 987 ff sind hier nicht anwendbar. Auch für eine analoge Anwendung bestehe kein Bedürfnis, weil die hier unmittelbar geltenden §§ 823 ff und die Ansprüche aus Vertrag (§§ 280 iVm 241 II) den Eigentümer hinreichend schützten. Der BGH (BGHZ 31, 133) hat allerdings generell den berechtigten Fremdbesitzer, der sich **unberechtigt zum Eigenbesitzer aufschwingt**, analog § 990 I 1 haften lassen. Da Fremd- und Eigenbesitz wesensverschieden seien, müsse in dem „Aufschwingen zum Eigenbesitzer" eine neue, selbständige, die Vindikationslage auslösende Besitzbegründung iSd § 990 gesehen werden. Nach überwiegender Auffassung in der Literatur sind dag die §§ 987 ff in diesen Fällen nicht anwendbar, weil diese Vorschriften allein auf den unberechtigten Ersterwerb von Fremd- oder Eigenbesitz abstellen. Bei der Umwandlung von Fremd- in Eigenbesitz ändere sich lediglich die Willensrichtung des Besitzers (vgl § 872), es liege aber keine selbständige Besitzbegründung vor (Jauernig/Berger, Vor § 987–993 Rn 7).

12 **2. Endet das Besitzrecht** des Fremdbesitzers später durch Rücktritt, Kündigung, Zeitablauf oder aus sonstigen Gründen **ex nunc**, ist es ebenfalls umstr, ob die §§ 987 ff neben den vertraglichen Rückabwicklungsansprüchen zur Anwendung kommen. Nach einer Auffassung könne der Eigentümer zwar auch nach § 985 Herausgabe verlangen, doch blieben die §§ 987 ff unanwendbar (Palandt/Bassenge Vor § 987 Rn 11). Dies wird damit begründet, dass die §§ 987 ff auf den unberechtigten Ersterwerb des Besitzes abstellten, so dass auch in diesen Fällen nur eine (zeitliche) Überschreitung des Besitzrechts vorliege. Nach anderer Auffassung verdrängten die Rückabwicklungsansprüche sowohl den Herausgabeanspruch nach § 985 als auch die §§ 987 ff (Soergel/Mühl Vor § 987 Rn 17). Dies wird insb mit dem Charakter der vertraglichen Rückabwicklungsnormen als Sondervorschriften begründet. Nach Auffassung des BGH liegt dag in den Fällen einer Beendigung eines vertraglichen Besitzrechts durch Zeitablauf, Kündigung oder Herausgabeverlangen eine Vindikationslage vor, so dass sowohl § 985 als auch die §§ 987 ff **neben den vertraglichen Rückabwicklungsvorschriften anwendbar** seien (BGHZ 34, 129 für §§ 994 ff; 71, 224 für die Nutzungen nach Wegfall des Besitzrechts). Für diese Auffassung spricht, dass sich aus dem Gesetz kein Ausschluss der §§ 985 ff ableiten lässt.

§ 987 Nutzungen nach Rechtshängigkeit

(1) Der Besitzer hat dem Eigentümer die Nutzungen herauszugeben, die er nach dem Eintritt der Rechtshängigkeit zieht.
(2) Zieht der Besitzer nach dem Eintritt der Rechtshängigkeit Nutzungen nicht, die er nach den Regeln einer ordnungsmäßigen Wirtschaft ziehen könnte, so ist er dem Eigentümer zum Ersatz verpflichtet, soweit ihm ein Verschulden zur Last fällt.

1 **I.** Hinsichtlich des Nutzungs- und Schadensersatzes ist zwischen dem bösgläubigen oder verklagten Besitzer einerseits und dem gutgläubigen Besitzer andererseits zu unterscheiden. **Gut- bzw Bösgläubigkeit** muss dabei im Hinblick auf die eigene **Berechtigung zum Besitz** bestehen. Sie bestimmt sich stets entspr § 932 II. Bösgläubig ist danach derjenige Besitzer, der das Fehlen seines Besitzrechts kennt oder grob fahrlässig nicht kennt. Dem bösgläubigen Besitzer steht der sog **Prozessbesitzer** gleich, also derjenige, vom Eigentümer auf Herausgabe der Sache nach § 985 verklagt worden ist. Der **verklagte oder bösgläubige Besitzer** ist grds nach Abs 1, § 990 zur Herausgabe der Nutzungen, die er bösgläubig oder nach Eintritt der Rechtshängigkeit zieht, verpflichtet.

II. Voraussetzungen des Anspruchs aus Abs 1, § 990 sind ein Eigentümer-Besitzer-Verhältnis zZ der Nutzungen, die Rechtshängigkeit der erfolgreichen Herausgabeklage nach § 985 oder bösgläubiger Besitz sowie gezogene Nutzungen des Besitzers.

1. Unter **Nutzungen** versteht man Früchte und sonstige Gebrauchsvorteile (§§ 99, 100). Wesentlich für den Nutzungsbegriff ist dabei, dass die Muttersache erhalten bleibt. Wird also eine Sache verbraucht oder verarbeitet, so handelt es sich um keine Nutzung dieser Sache. Bei den gezogenen Früchten ist zu beachten, dass sie in das **Eigentum des Besitzers** gelangt sind (vgl §§ 955 ff). Der Anspruch aus Abs 1 korrigiert also schuldrechtlich den trotz Rechtshängigkeit der Herausgabeklage möglichen Eigentumserwerb des redlichen Besitzers nach § 955. Hat der Besitzer mangels Redlichkeit kein Eigentum an den getrennten Früchten erworben und sind diese mit der Trennung in das Eigentum des Eigentümers der Muttersache gefallen, so kann dieser bereits nach § 985 die Herausgabe der Früchte verlangen.

2. Herauszugeben sind vorhandene Früchte oder gezogene Nutzungen, die bösgläubig oder nach Eintritt der Rechtshängigkeit gezogen wurden. Ist die Herausgabe nicht möglich, so ist Wertersatz zu leisten. Letzteres gilt insb für empfangene Gebrauchsvorteile. Nach Abs 2 besteht darüber hinaus für den bösgläubigen oder verklagten Besitzer die Pflicht zum Ersatz für **nicht gezogene Nutzungen**. Dies setzt zusätzlich zu den og Voraussetzungen voraus, dass die **Nutzziehung** nach den Regeln einer ordnungsgemäßen Wirtschaft **möglich** gewesen, aber **schuldhaft** (§§ 276, 278) **unterlassen** worden ist. Dabei kommt es nicht auf die Fähigkeit des Eigentümers an, die Nutzungen zu ziehen, sondern auf die des Besitzers. Dies hat zur Folge, dass der Eigentümer nach Rechtshängigkeit bzw Eintritt der Bösgläubigkeit im Ergebnis stets den objektiven Ertragswert beanspruchen kann, da eine etwaige Differenz zwischen gezogenen und möglichen Nutzungen jedenfalls nach Abs 2 zu ersetzen ist (vgl dazu BGH NJW-RR 05, 1542).

§ 988 Nutzungen des unentgeltlichen Besitzers

Hat ein Besitzer, der die Sache als ihm gehörig oder zum Zwecke der Ausübung eines ihm in Wirklichkeit nicht zustehenden Nutzungsrechts an der Sache besitzt, den Besitz unentgeltlich erlangt, so ist er dem Eigentümer gegenüber zur Herausgabe der Nutzungen, die er vor dem Eintritt der Rechtshängigkeit zieht, nach den Vorschriften über die Herausgabe einer ungerechtfertigten Bereicherung verpflichtet.

I. Außer in dem Ausnahmefall des § 993 I ist beim gutgläubigen Besitzer zwischen **entgeltlichem** und **unentgeltlichem** Besitz zu unterscheiden. Ist der Besitz **entgeltlich** erlangt, so fehlt in den §§ 987, 988 eine Regelung über die Nutzungsherausgabe. Da diese Vorschriften abschließenden Charakter haben, sind die §§ 812 ff insoweit nicht anwendbar (vgl § 993 I Halbs 2). Der unverklagte **entgeltliche** gutgläubige unrechtmäßige Besitzer braucht also die von ihm gezogenen Nutzungen nicht herauszugeben. Der gutgläubige **unentgeltliche** Besitzer haftet dag nach §§ 988, 818 als Ausn von § 993 I aE auf Herausgabe der Nutzungen. Er ist danach zur Herausgabe der Nutzungen, die er **vor Eintritt der Rechtshängigkeit** zieht, nach den Vorschriften über die Herausgabe einer ungerechtfertigten Bereicherung verpflichtet.

II. § 988 hat folgende **Voraussetzungen**: Eigentümer-Besitzer-Verhältnis, **Eigenbesitz** (§§ 872, 955) oder **Fremdbesitz** aufgrund eines vermeintlichen dinglichen oder schuldrechtlichen Nutzungsrechts (BGHZ 71, 227), unentgeltlicher Erwerb des Besitzes, fehlende Bösgläubigkeit des Besitzers bzgl seines Besitzrechts im Zeitpunkt der Nutzziehung (vgl § 990 I) sowie fehlende Rechtshängigkeit im Zeitpunkt der Nutzziehung (sonst gilt § 987). **Rechtsfolge** ist, dass der Besitzer alle vor Rechtshängigkeit gezogenen Nutzungen gem § 818 in den Grenzen in § 818 III (**Rechtsfolgenverweisung**) herauszugeben hat.

1. Unentgeltlicher Erwerb liegt zB in den Fällen der Schenkung oder Leihe mit vereinbarter Fruchtziehung vor. Wichtig ist, dass es sich bei der Verweisung auf die Vorschriften über die ungerechtfertigte Bereicherung um eine **Rechtsfolgenverweisung** handelt, die Voraussetzungen der §§ 812 ff also nicht mehr zu prüfen sind. Die Verweisung führt also allein nach §§ 818, 819, nach denen die Rechtsfolge zu bestimmen ist.

4 **2.** Der Grundsatz der Ausschließlichkeit der §§ 987 ff hins der Nutzungen führt dazu, dass die §§ 812 ff für den unverklagten entgeltlichen gutgläubigen unrechtmäßigen Besitzer nicht gelten. Dies hat zur Folge, dass bei einer Unwirksamkeit des entgeltlichen Grundgeschäfts der **rechtsgrundlos** erwerbende Besitzer besser steht als der rechtsgrundlos erwerbende Eigentümer. Der gutgläubige Erwerber des Besitzes an der Muttersache darf die Nutzungen behalten, wenn sowohl das Grundgeschäft als auch die Übereignung nichtig sind. Dag müsste er nach § 812 I 1 1. Alt das Eigentum zurückübertragen und zusätzlich gem § 818 I die Nutzungen herausgeben, wenn nur das Grundgeschäft unwirksam ist. Die **Rspr** (BGHZ 32, 94; BGH NJW 83, 165) setzt dem unentgeltlichen Besitzerwerb den rechtsgrundlosen gleich und gelangt so zur Haftung des Besitzers über §§ 988, 818 I. Umgekehrt sind dann dem Besitzer alle Verwendungen, auch die gewöhnlichen Erhaltungskosten, zu ersetzen. Demgegenüber lehnt die **Literatur** die Gleichsetzung von rechtsgrundlosem und unentgeltlichem Besitzerwerb ab. Sie schließt die dadurch im Hinblick auf § 993 I Halbs 2 entstehende Lücke damit, dass jedenfalls in den Fällen des rechtsgrundlosen Erwerbs die Leistungskondiktion des § 812 I 1 1. Alt neben §§ 987 ff zur Anwendung kommt (Baur/Stürner, § 11 Rn 38). Insoweit bilden dann allerdings die §§ 987 ff auch keinen Grund mehr für den Eigentumserwerb an Nutzungen.

§ 989 Schadensersatz nach Rechtshängigkeit

Der Besitzer ist von dem Eintritt der Rechtshängigkeit an dem Eigentümer für den Schaden verantwortlich, der dadurch entsteht, dass infolge seines Verschuldens die Sache verschlechtert wird, untergeht oder aus einem anderen Grunde von ihm nicht herausgegeben werden kann.

1 **I.** Die §§ 989, 990, 991 II regeln den Schadensersatz wegen Verschlechterung, Untergang oder Unmöglichkeit der Herausgabe der Sache. Dabei ist wie bei den Nutzungen zwischen der Haftung des gutgläubigen und des bösgläubigen Besitzers zu unterscheiden.

2 **II. 1.** Ein Schadensersatzanspruch nach dieser Vorschrift **setzt** ein **Eigentümer-Besitzer-Verhältnis** im Zeitpunkt des schädigenden Ereignisses, die **Verschlechterung**, den **Untergang** oder die **Unmöglichkeit der Herausgabe** der Sache des Eigentümers, die **Rechtshängigkeit** der Herausgabeklage, ein **Verschulden** des Besitzers hins der Verschlechterung des Untergangs oder der Unmöglichkeit sowie einen **ersatzfähigen Schaden** iSd §§ 249 ff voraus.

3 Die **Vindikationslage** muss im Zeitpunkt des schädigenden Ereignisses bestanden haben. Wird eine Sache also vor oder während der Besitzbegründung beschädigt, so greifen die §§ 989, 990 nicht ein. Es kommt allein eine Haftung nach den allg Vorschriften der §§ 823 ff in Betracht. Da der Anspruch aus §§ 989, 990 kein dinglicher Anspruch ist, ist hingegen nicht erforderlich, dass die Vindikationslage noch in dem Zeitpunkt besteht, in dem der Anspruch geltend gemacht wird. Hinsichtlich der **Verschlechterung** der Sache ggü der Zeit vor der Rechtshängigkeit ist ein objektiver Maßstab anzulegen. Verschlechterungen können zB Verschleiß durch normale Beanspruchung der Sache oder unterbliebene Wartung sein. Ein **Untergang** der Sache liegt in den Fällen ihrer Zerstörung vor. Eine **anderweitige Unmöglichkeit** der Herausgabe kommt sowohl in den Fällen der wirklichen (§ 275 I) als auch der faktischen oder praktischen (§ 275 II) Unmöglichkeit in Betracht. Die **Rechtshängigkeit** der erfolgreichen Herausgabeklage nach § 985 richtet sich nach §§ 253 I, 261 I, II ZPO. Vom Zeitpunkt der Rechtshängigkeit an muss der Besitzer mit der Herausgabe der Sache rechnen, so dass er nicht schutzwürdig ist und verschärft haftet. Für das **Verschulden** im Hinblick auf die Verschlechterung, den Untergang oder die Unmöglichkeit der Herausgabe der Sache gelten die allg Regeln der §§ 276, 278.

2. Der **Schadensersatz** erfasst alle Schäden infolge der Verschlechterung oder der Unmöglichkeit der Herausgabe gem §§ 249 ff, also auch den **entgangenen Gewinn**. Wird allerdings Schadensersatz wegen normaler Abnutzung verlangt, so ist zu beachten, dass der Anspruch auf Herausgabe der Gebrauchsvorteile gem § 987 entfällt.

§ 990 Haftung des Besitzers bei Kenntnis

(1) ¹War der Besitzer bei dem Erwerb des Besitzes nicht in gutem Glauben, so haftet er dem Eigentümer von der Zeit des Erwerbs an nach den §§ 987, 989. ²Erfährt der Besitzer später, dass er zum Besitz nicht berechtigt ist, so haftet er in gleicher Weise von der Erlangung der Kenntnis an.
(2) Eine weitergehende Haftung des Besitzers wegen Verzugs bleibt unberührt.

I. Die Bestimmung stellt den bösgläubigen Besitzer dem Prozessbesitzer (§§ 987, 989) gleich. Er haftet wie dieser auf Nutzungsherausgabe und Schadensersatz.

II. 1. Unter **Bösgläubigkeit** versteht man die Unredlichkeit des Besitzers bzgl seines eigenen Besitzrechts. Dabei ist zu unterscheiden: **Beim Erwerb** des Besitzes (Abs 1 S 1) bedeutet Bösgläubigkeit Kenntnis oder grobfahrlässige Unkenntnis vom Fehlen des eigenen Besitzrechts (vgl § 932 II). Nach einem gutgläubigen Besitzerwerb schadet **später** nur noch positive Kenntnis, Abs 1 S 2. War der Besitzer einmal bösgläubig, so ist eine nachfolgende Gutgläubigkeit unerheblich.

a) Bei **juristischen Personen** kommt es auf die Kenntnis oder grobfahrlässige Unkenntnis ihrer **Organe** an. Da das Verhalten des Organs ein eigenes Verhalten der juristischen Person ist, bedeutet die Bösgläubigkeit des Organs auch ohne weiteres die Bösgläubigkeit der juristischen Person (Palandt/Bassenge § 990 Rn 8). Da die Organe selbst nicht Besitzer sind, haften sie nicht nach den §§ 989, 990. Eine Haftung der Organe selbst kommt aber uU nach §§ 823 ff in Betracht (BGHZ 56, 73).

b) Beim **Besitzerwerb durch Besitzdiener** (§ 855) bereiten die Fälle keine Probleme, in denen Besitzherr und Besitzdiener bös- oder gutgläubig sind. Auch die Fälle, in denen nur der Besitzherr unredlich ist, sind unproblematisch. Dem Besitzherrn schadet immer die eigene Bösgläubigkeit. Da § 990 auf den Besitzer abstellt, der Besitzdiener aber nur dessen Repräsentant ist, nützt dem bösgläubigen Besitzherrn die Redlichkeit seines Besitzdieners nicht (BGHZ 16, 263). Ist der Besitzerwerb schon vor der Kenntnis des Besitzherrn eingetreten, so genügt die grobe Fahrlässigkeit des Besitzherrn im Zeitpunkt der Kenntniserlangung. Ist dag der **Besitzherr gutgläubig**, so nützt ihm dies nichts, wenn der **Besitzdiener bösgläubig** ist. Dem Besitzherrn wird die Bösgläubigkeit seines Besitzdieners **zugerechnet**. Str ist allerdings, auf welcher **Rechtsgrundlage** und in welchem **Umfang** die Bösgläubigkeit des Besitzdieners zugerechnet werden kann. Eine Auffassung nimmt eine Zurechnung ohne Exkulpationsmöglichkeit des Besitzherrn **analog § 166 I** wenigstens dann an, wenn dem Besitzdiener eine selbständige Stellung im Rechtsverkehr eingeräumt ist und er der ihm zur freien Entscheidung zugewiesenen Tätigkeit den Besitz für den Besitzherrn erworben hat (BGHZ 32, 53; Kiefner, JA 84, 189 ff). Eine andere Auffassung versteht die §§ 987 ff als Sonderregeln zum Deliktsrecht und wendet **§ 831 entspr** mit der Exkulpationsmöglichkeit nach § 831 I 2 an (Baur/Stürner § 5 Rn 15).

c) Die Frage, ob **minderjährigen Besitzern** ihre eigene Bösgläubigkeit angelastet und damit die §§ 987 ff gegen sie angewendet werden können, ist str. Während teilweise unter Hinweis auf den Minderjährigenschutz **in entsprechender Anwendung der §§ 107 ff** auf die Bösgläubigkeit der gesetzlichen Vertreter abgestellt wird (Pinger MDR 74, 187), lässt die hM **analog § 828 II** die Deliktsfähigkeit des Minderjährigen über dessen Bösgläubigkeit entscheiden (Palandt/Bassenge § 990 Rn 3). ME geht es hierbei um das generelle Problem, inwieweit Minderjährige aus gesetzlichen Schuldverhältnissen ohne ausdrückliche gesetzliche Regelung haften können. Diese Frage wird namentlich iR des § 819 I diskutiert. Hier wird zu Recht danach unterschieden, ob es bei dem Bereicherungsanspruch um die **Rückabwicklung einer fehlgeschlagenen Leistung** (dann §§ 107 ff) oder um eine **Bereicherung in sonstiger Weise** (dann §§ 827 ff analog) geht (Larenz/Canaris, II/2 § 73 II 2). Die differenzierende Ansicht sollte auch auf die §§ 987 ff übertragen werden. Dienen also die §§ 987 ff der Rückabwicklung eines fehlgeschlagenen oder beendeten Vertrages, so sollten die §§ 107 ff analog gelten, während bei Eingriffstatbeständen außerhalb von Verträgen § 828 II analog zur Anwendung kommen sollte (ähnl der BGH im „Flugreisefall", BGHZ 55, 128).

6 2. **Der bösgläubige Besitzer haftet darüber hinaus nach Abs 2 verschärft im Falle des Verzugs.** Insoweit haftet er gem § 287 S 2 für den zufälligen Untergang der Sache, ferner für Schäden wegen Vorenthaltung der Sache (§§ 280 II, 286) und für Früchte, die nur der Eigentümer ziehen konnte (anders § 987 II).

§ 991 Haftung des Besitzmittlers

(1) Leitet der Besitzer das Recht zum Besitz von einem mittelbaren Besitzer ab, so findet die Vorschrift des § 990 in Ansehung der Nutzungen nur Anwendung, wenn die Voraussetzungen des § 990 auch bei dem mittelbaren Besitzer vorliegen oder diesem gegenüber die Rechtshängigkeit eingetreten ist.

(2) War der Besitzer bei dem Erwerb des Besitzes in gutem Glauben, so hat er gleichwohl von dem Erwerb an den in § 989 bezeichneten Schaden dem Eigentümer gegenüber insoweit zu vertreten, als er dem mittelbaren Besitzer verantwortlich ist.

1 I. Der gutgläubige Besitzer haftet grds nicht nach § 989 auf Schadensersatz. § 991 II regelt einen Sonderfall, in dem auch der **unverklagte gutgläubige Besitzmittler eines Dritten** dem Eigentümer auf Schadensersatz gem § 989 haftet, sofern er aufgrund des Besitzmittlungsverhältnisses dem mittelbaren Besitzer verantwortlich wäre. Nach Abs 2 erhält der Eigentümer, weil er der eigentlich Interessierte und Betroffene ist, einen unmittelbaren Schadensersatzanspruch aus eigenem Recht, obwohl der Schaden aus der Verletzung einer vertraglichen Pflicht resultiert, die der Schuldner – der Besitzmittler – nicht ihm ggü, sondern nur seinem Gläubiger – dem mittelbaren Besitzer – ggü übernommen hat. Ohne die Regelung des Abs 2 wäre der Eigentümer auf die Abtretung des Ersatzanspruchs des Vertragsgläubigers – des mittelbaren Besitzers – gegen den Vertragsschuldner – den Besitzmittler – angewiesen (§ 285). Er würde in diesem Fall nichts erlangen, wenn der Anspruch des Gläubigers von dessen Gläubigern gepfändet wäre. Dies erscheint unbillig. Der Besitzmittler haftet deshalb nach § 991 II unmittelbar ggü dem Eigentümer. § 991 II regelt daher allein die Aktivlegitimation; die Norm begründet also keinen Anspruch, sondern setzt diesen voraus (Harder, FS Mühl, S 267, 277).

2 II. Abs 2 setzt ein Eigentümer-Besitzer-Verhältnis, die Verschlechterung, den Untergang oder die Unmöglichkeit der Herausgabe sowie Gutgläubigkeit beim Besitzerwerb voraus. Weiter muss der gutgläubige Besitzer **Besitzmittler** sein, der dem **mittelbaren Besitzer ggü haften** würde. Schließlich muss ein ersatzfähiger Schaden nach §§ 249 ff vorliegen.

3 Abs 2 beruht auf der Überlegung, dass der unmittelbare Besitzer nicht davon profitieren soll, dass der mittelbare Besitzer zufällig nicht der Eigentümer der Sache ist. Ob der Besitzmittler dem Eigentümer ggü haftet, richtet sich nach dem Besitzmittlungsverhältnis mit dem Dritten. Dies ist wichtig für die Fälle einer **vertraglichen Haftungsfreistellung oder Haftungsmilderung** zwischen dem unmittelbaren und dem mittelbaren Besitzer. In diesen Fällen lässt die hM in Übereinstimmung mit dem Wortlaut des Abs 2 die Haftung aus § 989 und § 823 entfallen, weil der unmittelbare Besitzer dann nicht sein Besitzrecht überschreitet (Palandt/Bassenge § 991 Rn 2). Anders verhält es sich mit der **Zufallshaftung gem § 287 S 2** ggü dem Eigentümer. Diese scheidet jedenfalls dann aus, wenn der Besitzmittler nur dem Oberbesitzer ggü in Verzug ist. Dies wird aus § 990 II geschlossen, der für die Verzugshaftung Bösgläubigkeit und damit zumindest Verschulden voraussetzt. Im Falle der Zahlung des Schadensersatzes an den Oberbesitzer wird der Besitzmittler analog § 851 befreit und damit vor der Gefahr einer Doppelleistung geschützt.

§ 992 Haftung des deliktischen Besitzers

Hat sich der Besitzer durch verbotene Eigenmacht oder durch eine Straftat den Besitz verschafft, so haftet er dem Eigentümer nach den Vorschriften über den Schadensersatz wegen unerlaubter Handlungen.

I. Die Vorschrift lässt ausnahmsweise die Anwendung der §§ 823 ff auf den **deliktischen Besitzer** zu, der seinen Besitz durch verbotene Eigenmacht oder durch eine Straftat erlangt hat. Da im Eigentümer-Besitzer-Verhältnis die Anwendung der §§ 823 ff ggü dem Besitzer grds ausgeschlossen ist, enthält die Bestimmung nicht lediglich eine Klarstellung, sondern eröffnet in Form einer **Rechtsgrundverweisung** den Zugriff auf die sonst versperrten allg Deliktsnormen. Der Anspruch aus §§ 992, 823 ff bedeutet ggü §§ 989, 990 teilweise eine Erweiterung (Haftung für Zufallsschäden, § 848; sonst nur gem §§ 990 II, 287 S 2), teilweise aber auch eine Einschränkung der Haftung des Besitzers (keine Anwendbarkeit der §§ 278, 280). 1

II. Die Vorschrift setzt das Bestehen eines **Eigentümer-Besitzer-Verhältnisses** und eine Besitzverschaffung durch **verbotene Eigenmacht** (§ 858) gegen den Eigentümer oder dessen Besitzmittler oder durch eine **Straftat** voraus. 2

1. Hinsichtlich der **verbotenen Eigenmacht** ist str, ob sie schuldhaft erfolgen muss oder ob sie auch schuldlos geschehen kann. Die hM verlangt entgg dem Wortlaut der Vorschrift eine **schuldhaft** verbotene Eigenmacht. Dies folge daraus, dass die Norm die Deliktshaftung eröffne und nur die schuldhaft verbotene Eigenmacht der weiter aufgeführten Straftat, die regelmäßig Vorsatz verlange, wertungsmäßig vergleichbar sei (Palandt/Bassenge § 992 Rn 2). Dabei soll es genügen, wenn der Besitzer, der den Besitz aufgrund einer schuldlos verbotenen Eigenmacht erlangt hat, später fahrlässig wird (BGH WM 60, 1148). Andere lassen eine verbotene Eigenmacht auch **ohne Verschulden** – wenn sich zB der Besitzer bei der verbotenen Eigenmacht schuldlos für den Eigentümer hielt – genügen, doch muss dann jedenfalls die nachfolgende Eigentumsverletzung schuldhaft begangen sein, weil § 992 eine Rechtsgrundverweisung auf § 823 enthält (MK/Baldus § 992 Rn 5). 3

2. Bei der **Straftat** muss es sich um die schuldhafte Verletzung einer Strafvorschrift handeln, die zum Schutz des Eigentümers die Art der Besitzverschaffung mit Strafe bedroht (zB die §§ 240, 242, 248 a, 249, 253, 259, 263 StGB). Ob auch die Unterschlagung gem § 246 StGB und die Untreue gem § 266 StGB ausreichen, hängt davon ab, ob sie wie zB bei der Fundunterschlagung mittels unbefugter Besitzverschaffung begangen wurden (Palandt/Bassenge § 992 Rn 3). 4

III. § 992 führt zur vollen Anwendbarkeit der §§ 823 ff. Dabei handelt es sich um eine **Rechtsgrundverweisung**, so dass die Voraussetzungen der §§ 823 ff zu prüfen sind. Der Deliktsbesitzer muss auch die Nutzungen ersetzen, die der **Eigentümer gezogen hätte**. Dies ergibt sich aus der Haftung des Deliktsbesitzers gem §§ 992, 823 ff und dem Schadensbegriff der §§ 249 ff (entgangener Gewinn, § 252). Darüber hinaus ist man der Ansicht, dass der deliktische Besitzer nach §§ 992, 823 auch solche Nutzungen herauszugeben hat, die der **Eigentümer nicht gezogen hätte**, die der Besitzer jedoch selbst gezogen hat. Dies wird damit begründet, dass der deliktische Besitzer nicht besser stehen darf als ein gutgläubiger unentgeltlicher Besitzer nach § 988 (BGH WM 60, 1150). 5

§ 993 Haftung des redlichen Besitzers

(1) Liegen die in den §§ 987 bis 992 bezeichneten Voraussetzungen nicht vor, so hat der Besitzer die gezogenen Früchte, soweit sie nach den Regeln einer ordnungsmäßigen Wirtschaft nicht als Ertrag der Sache anzusehen sind, nach den Vorschriften über die Herausgabe einer ungerechtfertigten Bereicherung herauszugeben; im Übrigen ist er weder zur Herausgabe von Nutzungen noch zum Schadensersatz verpflichtet.
(2) Für die Zeit, für welche dem Besitzer die Nutzungen verbleiben, findet auf ihn die Vorschrift des § 101 Anwendung.

1 I. Die Haftung des **unverklagten gutgläubigen Besitzers** ist in den §§ 987 ff nur bruchstückhaft geregelt. In Abs 1 ist zunächst eine Ausn von dem Grundsatz geregelt, dass der unverklagte entgeltliche gutgläubige unrechtmäßige Besitzer nicht zur Herausgabe von **Nutzungen** verpflichtet ist: Er ist danach verpflichtet, Früchte (§ 99 I, III – nicht Gebrauchsvorteile), die er im Übermaß wirklich gezogen hat (**Übermaßfrüchte**) und die gem §§ 955 ff in sein Eigentum gefallen sind, nach Bereicherungsrecht herauszugeben (**Rechtsfolgenverweisung**, also Herausgabe nach § 818 mit der Grenze des § 818 III).

2 II. Nach Abs 1 Halbs 2 ist der unverklagte, gutgläubige Besitzer iÜ weder zur Herausgabe von Nutzungen noch zum Schadensersatz verpflichtet. Diese Privilegierung gilt nach der hier vertretenen Auffassung grundsätzlich auch für den Fremdbesitzer (vgl Vor §§ 987–1003 Rn 1 ff). Einige unerwünschte Konsequenzen der Privilegierung des Fremdbesitzers nach § 993 I Halbs 2 werden durch die Lehre vom **Fremdbesitzerexzess** korrigiert. Von einem solchen spricht man, wenn der unrechtmäßige Fremdbesitzer die Grenzen seines vermeintlichen Besitzrechts überschreitet. Obwohl grds die §§ 823 ff nur iR des § 992 eingreifen, besteht hier nach allg Ansicht kein Grund für einen Haftungsausschluss. Daher haftet der Besitzer hier auch nach hM **unmittelbar nach den §§ 823 ff** (BGHZ 46, 146). Dies wird damit begründet, dass der unrechtmäßige Fremdbesitzer nicht besser stehen dürfe als der rechtmäßige. Rechtmäßiger Fremdbesitz würde nämlich keine Vindikationslage begründen, so dass der rechtmäßige Fremdbesitzer nach §§ 823 ff haften würde. Damit stünde er schlechter als der nicht aus §§ 823 ff haftende unrechtmäßige Fremdbesitzer, wenn man es auch in diesem Fall bei der Ausschlussfunktion der §§ 987 ff beließe. Daher müsse der unrechtmäßige Fremdbesitzer bei einem Fremdbesitzerexzess aus §§ 823 ff haften. Die Lehre vom Fremdbesitzerexzess ist grds für den gutgläubigen unrechtmäßigen Fremdbesitzer entwickelt worden. Aber auch der bösgläubige unrechtmäßige Fremdbesitzer soll entspr behandelt werden, da er wiederum nicht besser stehen dürfe als der gutgläubige rechtmäßige Fremdbesitzer. In diesen Fällen sollen daher die §§ 989, 990 und die §§ 823 ff nebeneinander zur Anwendung kommen. Kein Fremdbesitzerexzess im Sinne dieser Ausführungen ist hingegen die **Überschreitung eines bestehenden Besitzrechts** durch den berechtigten Fremdbesitzer. Mangels unberechtigten Besitzes liege hier gar keine Vindikationslage vor, der Besitzer haftet uneingeschränkt nach den allg Regeln (§§ 280 iVm 241 II, 823 ff).

§ 994 Notwendige Verwendungen

(1) ¹Der Besitzer kann für die auf die Sache gemachten notwendigen Verwendungen von dem Eigentümer Ersatz verlangen. ²Die gewöhnlichen Erhaltungskosten sind ihm jedoch für die Zeit, für welche ihm die Nutzungen verbleiben, nicht zu ersetzen.
(2) Macht der Besitzer nach dem Eintritt der Rechtshängigkeit oder nach dem Beginn der im § 990 bestimmten Haftung notwendige Verwendungen, so bestimmt sich die Ersatzpflicht des Eigentümers nach den Vorschriften über die Geschäftsführung ohne Auftrag.

1 I. Die §§ 994–1003 regeln die **Gegenansprüche des Besitzers auf Verwendungsersatz** im Eigentümer-Besitzer-Verhältnis. Die Vorschriften unterscheiden dabei zunächst zwischen dem gutgläubigen und dem bösgläubigen Besitzer. Dem bösgläubigen wird wiederum der verklagte gutgläubige Besitzer gleichgestellt (§§ 994 II, 996). Auch die §§ 994–1003 sollen den unverklagten, gutgläubigen Besitzer privilegieren. Er kann generell den Ersatz notwendiger und nützlicher Verwendungen verlangen (§§ 994 I, 996), während er dies sonst nur bei Vorliegen der Voraussetzungen der §§ 683, 670 oder 684 S 1, 818 oder 812, 818 verlangen könnte. Weiterhin wird nach der Art der Verwendungen zwischen **notwendigen und nützlichen Verwendungen** unterschieden.

2 1. Verwendungen sind Vermögensaufwendungen, die der Sache unmittelbar zugute kommen sollen (BGHZ 41, 160). Dabei muss es sich um Maßnahmen handeln, die der Erhaltung, der Herstellung oder Verbesserung der Sache dienen (BGHZ 87, 106). Str ist, ob auch solche Maßnahmen, welche die **Zweckbestimmung einer Sache ändern**, unter den Verwendungsbegriff der §§ 994 ff fallen. Dieses Problem stellt sich insb bei baulichen Veränderungen von Gebäuden und Grundstücken. Rspr und hL vertreten einen **engen Verwendungsbegriff**, nach dem Verwendungen nur solche Maßnahmen sind, die darauf abzielen, eine Sache zu erhalten, wiederherzustellen oder zu verbessern, ohne sie grdlg zu verändern (BGHZ 41, 160 f). Dafür spricht, dass dem Eigentümer einer Sache sein ausschließliches Recht, über deren Zweckbestimmung zu entscheiden, vom unberechtigten Besitzer nicht genommen werden darf. Da aber dann dem Besitzer nur das Wegnahmerecht aus § 997 bleibt, versuchen die Vertreter des engen Verwendungsbegriffs diese Härte durch § 242 (BGHZ 41, 163 ff) oder durch Gewährung eines Anspruchs aus §§ 951, 812 ff zu mildern, wobei dieser Anspruch wiederum über die Grundsätze einer aufgedrängten Bereicherung korrigiert werden kann (Westermann/Gursky, § 33 I 2 ff). Demgegenüber wird in der Literatur zT ein **weiter Verwendungsbegriff** vertreten, wonach alle Maßnahmen als Verwendungen anzusehen sind, die einer Sache zugute kommen, auch wenn sie diese grdlg verändern (Baur/Stürner, § 11 Rn 55; Staud/Gursky Vor §§ 994–1003 Rn 8 ff).

2. Notwendige Verwendungen sind solche, die zur Erhaltung oder ordnungsgemäßen 3 Bewirtschaftung einer Sache objektiv erforderlich sind, die also der Besitzer dem Eigentümer, der sie sonst hätte machen müssen, erspart hat und die nicht nur den Sonderzwecken des Besitzers dienen (BGHZ 64, 333). Dazu zählen beispielsweise Reparaturkosten, Hebungskosten eines Wracks (BGH NJW 55, 340) oder die Miete für eine notwendige Aufbewahrung (BGH NJW 78, 1256). Zu den notwendigen Verwendungen gehören auch die **gewöhnlichen Erhaltungskosten**, also die regelmäßig wiederkehrenden laufenden Ausgaben, zB für die Fütterung eines Tieres oder für die Inspektion eines Kfz bzw die Beseitigung von Schäden infolge einer bestimmungsgemäßen Nutzung des Pkw (BGHZ 44, 237). Eine Verwendung setzt keine körperliche Veränderung der Sache voraus, vielmehr kann eine Verwendung durch jede geldwerte Leistung geschehen (Erman/Ebbing, Vor §§ 994–1003 Rn 8ff.). Hierunter können auch Aufwendungen zur Verwahrung der Sache fallen, also zB die an einen Dritten gezahlte Miete (BGH WM 78, 326 f) oder Lagerkosten (OLG Düsseldorf HRR 1936 Nr 726). Ausreichend ist aber auch ein mit der Hingabe eigener Räume zur Verwahrung verbundenes Vermögensopfer des Besitzers (OLG Nürnberg OLGZ 66, 415 f). Voraussetzung ist aber insoweit, dass die Maßnahme jedenfalls auch der Erhaltung der Sache dienen soll (Staud/Gursky, Vor §§ 994–1003 Rn 17). Ein solches Vermögensopfer liegt immer dann vor, wenn dem Besitzer durch die Verwahrung der Sache in seinen eigenen Räumen ein Gewinn durch anderweitige Vermietung entgangen ist (Staud/Gursky, Vor §§ 994–1003 Rn 12 ff). Dag kommt eine analoge Anwendung des § 1835 III mit der Konsequenz, dass ein Vermögensopfer immer dann vorliegt, wenn die Überlassung von Räumlichkeiten zum Gewerbe des Besitzers gehört, wegen der abw Interessenlage nicht in Betracht (aA MK/Baldus, § 994 Rn 22).

3. Nützliche Verwendungen sind nur solche Maßnahmen, die den Wert der Sache steigern oder ihre Gebrauchstauglichkeit erhöhen. Dabei ist str, welcher **Maßstab** über die Nützlichkeit einer Verwendung entscheidet. Nach einer Auffassung ist die Nützlichkeit **rein objektiv** im Sinne einer Erhöhung des Verkehrswertes der Sache zu verstehen (Staud/Gursky § 996 Rn 5 ff). Nach aA ist in die Beurteilung der Wertsteigerung die **Nützlichkeit für den Eigentümer** mit einzubeziehen. Dieser soll einen höheren Marktwert solange nicht ersetzen müssen, wie er ihn nicht für sich selbst ausnutzt (Palandt/Bassenge § 996 Rn 2). Hierfür spricht, dass ein rein objektiver Maßstab für den Eigentümer eine große Härte bedeuten kann, weil er zu einer Änderung des von ihm mit der Sache verfolgten Zwecks oder sogar zum Verkauf der Sache gezwungen werden kann, wenn er die für ihn unnütze Verwendung ersetzen muss. Allerdings ist nicht zu verkennen, dass diese Auffassung Probleme bereitet, wenn sich der Eigentümer entgg seinen ursprünglichen Absichten die Wertsteigerung der Sache erst später zunutze macht.

4. Luxusverwendungen sind schließlich Aufwendungen, die den Verkehrswert einer Sache nicht erhöhen, also nicht nützlich sind. Sie werden nach §§ 994 ff nicht ersetzt. Der Besitzer hat also allein ein Wegnahmerecht nach § 997, falls die Luxusverwendungen wesentlicher Bestandteil der Sache (§§ 93, 94) geworden sind. Dies folgt daraus, dass § 997 nicht auf den Begriff der Verwendungen abstellt.

6 **5. Konkurrenzen.** Nach hM (BGHZ 41, 157; 87, 301) regeln die §§ 994 ff abschließend die Gegenansprüche des unberechtigten Besitzers wegen Aufwendungen auf die Sache. Durch §§ 994 ff als erschöpfende bereicherungsrechtliche Sonderregelung für das Eigentümer-Besitzer-Verhältnis (BGHZ 41, 162) sind daher insb Ansprüche aus §§ 812 ff und § 951 I 1 ausgeschlossen. Dies hat ua zur Folge, dass der gutgläubige unverklagte Besitzer für seine Aufwendungen, die keine Verwendungen darstellen, zwar ein Wegnahmerecht gem § 997 hat, ihm aber kein Ausgleichsanspruch nach §§ 812, 951 zusteht (BGHZ 41, 159). In der Literatur wird diese Auffassung vielfach abgelehnt. Wenn keine Verwendungen iSd §§ 994 ff vorliegen, könne auch ihre Ausschlussfunktion nicht eingreifen. Dabei wird die Anspruchskonkurrenz mit §§ 812 ff zT generell (Reeb JuS 73, 624), teils aber auch nur für die Fälle der Rückabwicklung einer Leistungsbeziehung wegen Nichtigkeit des Grund- und Erfüllungsgeschäfts vertreten (Medicus/Petersen, BR Rn 897). Wieder andere treten generell für den Vorrang der Leistungskondiktion ein (Waltjen AcP 175, 110 ff).

7 **II.** Nach Abs 1 S 1 kann der gutgläubige Besitzer für die von ihm getätigten notwendigen Verwendungen Ersatz verlangen.

8 **1.** Dieser Anspruch setzt ein Eigentümer-Besitzer-Verhältnis sowie notwendige Verwendungen des **gutgläubigen und unverklagten Besitzers** (Abs 2) auf die Sache voraus. Außerdem darf kein Fall des Abs 1 S 2 vorliegen. Nach Abs 1 S 2 kann der gutgläubige entgeltliche Besitzer die notwendigen Verwendungen nicht ersetzt verlangen, soweit es sich um **gewöhnliche Erhaltungskosten** handelt und ihm die Nutzungen nach den §§ 987 ff verbleiben. Die gewöhnlichen Erhaltungskosten gelten nämlich als durch die Nutzung ausgeglichen, auch wenn der dazu berechtigte Besitzer im Einzelfall keine ihm möglichen Nutzungen gezogen hat oder die gewöhnlichen Erhaltungskosten höher sind als die gezogenen Nutzungen (Palandt/Bassenge § 994 Rn 7).

9 **2.** Notwendige Verwendungen, die der Besitzer **in bösem Glauben** oder **nach Rechtshängigkeit** macht, sind gem Abs 2 nur nach den Vorschriften über die Geschäftsführung ohne Auftrag zu erstatten. Nach §§ 683, 670 erhält der Besitzer also Verwendungsersatz nicht bereits bei objektiver Notwendigkeit der Verwendungen, sondern nur dann, wenn diese außerdem dem wirklichen oder mutmaßlichen Willen des Eigentümers entsprechen. Anderenfalls hat er nur einen Bereicherungsanspruch gem § 684 S 1. Entscheidend ist dabei das Interesse oder der Wille dessen, der im Zeitpunkt der Verwendung Eigentümer war. Die Ausnahmevorschrift des § 994 I 2 ist ebenfalls auf den bösgläubigen Besitzer anzuwenden. Er bekommt also auch die notwendigen Erhaltungskosten nicht erstattet, wenn ihm die Nutzungen verbleiben. Dies ist im Falle des § 991 I (wenn der mittelbare Besitzer gutgläubig ist) gegeben.

§ 995 Lasten

¹Zu den notwendigen Verwendungen im Sinne des § 994 gehören auch die Aufwendungen, die der Besitzer zur Bestreitung von Lasten der Sache macht. ²Für die Zeit, für welche dem Besitzer die Nutzungen verbleiben, sind ihm nur die Aufwendungen für solche außerordentliche Lasten zu ersetzen, die als auf den Stammwert der Sache gelegt anzusehen sind.

1 Die Bestimmung rechnet in S 1 die zur Bestreitung von Lasten gemachten Aufwendungen zu den notwendigen Verwendungen. **Lasten** iSd § 995 liegen bei einem mit der Sache verbundenen Zwang zur Leistung vor (RGZ 66, 318; MK/Baldus § 995 Rn 2), zB Hunde- und Grundsteuer, Notwegrente, Versicherungsprämien, Rückzahlungen des Hypothekenkapitals. S 2 entspricht in seiner Funktion dem § 994 I 2.

§ 996 Nützliche Verwendungen

Für andere als notwendige Verwendungen kann der Besitzer Ersatz nur insoweit verlangen, als sie vor dem Eintritt der Rechtshängigkeit und vor dem Beginn der in § 990 bestimmten Haftung gemacht werden und der Wert der Sache durch sie noch zu der Zeit erhöht ist, zu welcher der Eigentümer die Sache wiedererlangt.

I. Nützliche Verwendungen sind nur zu erstatten, wenn die Verwendung **vor Rechts-** 1
hängigkeit der Herausgabeklage erfolgte und der Besitzer **nicht bösgläubig** iSv § 990 war. Die Vorschrift setzt voraus, dass der Wert der Sache erhöht ist, wenn der Eigentümer sie zurückerhält. Daher besteht ein Verwendungsersatzanspruch nur bis zur Höhe der im Zeitpunkt der Wiedererlangung noch vorhandenen Wertsteigerung. Der Anspruch ist allerdings durch die Höhe der tatsächlichen Aufwendungen begrenzt (BGH NJW 80, 833). Liegen die Voraussetzungen der Bestimmung nicht vor, weil der Besitzer **bösgläubig** oder **verklagt** ist, so steht ihm auch kein Anspruch auf Ersatz der nützlichen Verwendungen aus §§ 677 ff oder §§ 812 ff zu (BGHZ 39, 188). Er kann dann lediglich ein Wegnahmerecht gem § 997 geltend machen.
II. Der Anspruch setzt ein Eigentümer-Besitzer-Verhältnis, eine Verwendung auf die 2 Sache, die zu einer **Wertsteigerung** der Sache führt und noch im Zeitpunkt der Wiedererlangung durch den Eigentümer vorliegt sowie Gutgläubigkeit des (unverklagten) Besitzers voraus.

§ 997 Wegnahmerecht

(1) ¹Hat der Besitzer mit der Sache eine andere Sache als wesentlichen Bestandteil verbunden, so kann er sie abtrennen und sich aneignen. ²Die Vorschrift des § 258 findet Anwendung.
(2) Das Recht zur Abtrennung ist ausgeschlossen, wenn der Besitzer nach § 994 Abs. 1 Satz 2 für die Verwendung Ersatz nicht verlangen kann oder die Abtrennung für ihn keinen Nutzen hat oder ihm mindestens der Wert ersetzt wird, den der Bestandteil nach der Abtrennung für ihn haben würde.

I. Neben den Verwendungsersatzansprüchen der §§ 994 ff gewährt die Vorschrift dem 1 Besitzer als Wahlrecht ein Wegnahmerecht, wenn er mit der Sache des Eigentümers eine andere Sache als **wesentlichen Bestandteil** verbunden hat (vgl §§ 93, 94; 946, 947).
II. Dieses Wegnahmerecht setzt neben einem Eigentümer-Besitzer-Verhältnis voraus, 2 dass die Sache des Eigentümers **wesentlicher Bestandteil** einer anderen Sache geworden ist. Liegen diese Voraussetzungen vor, hat der Eigentümer das Recht, seine ehemalige Sache **herauszutrennen** und sich **anzuzeigen**. Dieser Anspruch ist nach Abs 2 in 3 Fällen ausgeschlossen: Es handelt sich um eine gewöhnliche Erhaltungsmaßnahme nach § 994 I 2, und deshalb kann für die Verwendung kein Ersatz verlangt werden. Die **Abtrennung** hat für den Besitzer **keinen Nutzen**. Der **Eigentümer** leistet dem Besitzer **Wertersatz**. Die Vorschrift gilt weiter dann nicht, wenn die Sache des Eigentümers durch die Verbindung zu einem **unwesentlichen Bestandteil** einer anderen geworden ist (zB Austausch der abgefahrenen Reifen eines Pkw). In diesem Fall verliert der Besitzer das Eigentum an seiner Sache (den Reifen) durch die Verbindung nicht. Er hat daher in jedem Fall ein Wahlrecht zwischen der Wegnahme seiner eigenen Sache und dem Ersatz der Verwendungen gem §§ 994 ff, jedenfalls soweit Verwendungen im Sinne dieser Vorschriften vorliegen. Die Ansprüche aus §§ 994 ff setzen eben nicht voraus, dass der Besitzer das Eigentum an den von ihm eingebauten Sachen verliert.

§ 998 Bestellungskosten bei landwirtschaftlichem Grundstück

Ist ein landwirtschaftliches Grundstück herauszugeben, so hat der Eigentümer die Kosten, die der Besitzer auf die noch nicht getrennten, jedoch nach den Regeln einer ordnungsmäßigen Wirtschaft vor dem Ende des Wirtschaftsjahrs zu trennenden Früchte verwendet hat, insoweit zu ersetzen, als sie einer ordnungsmäßigen Wirtschaft entsprechen und den Wert dieser Früchte nicht übersteigen.

1 Die Vorschrift ergänzt § 102. Sie erweitert die dort geregelte Ersatzverpflichtung des Eigentümers hins der **Gewinnungskosten** für getrennte Früchte unter bestimmten Voraussetzungen auf **ungetrennte Früchte**. Es muss sich um ein **landwirtschaftliches Grundstück** iSd § 585 I 2 handeln. Die Früchte müssen nach den Regeln einer ordnungsgemäßen Wirtschaft vor dem Ende des Wirtschaftsjahres zu **trennen** sein. Die aufgewendeten **Kosten** müssen den Regeln einer **ordnungsgemäßen Wirtschaft** entsprechen (Kosten für Saatgut, Dünger, Arbeit, Maschinen) und den **Wert der Früchte nicht übersteigen**. Für diesen ist der Zeitpunkt der Herausgabe maßgebend.

§ 999 Ersatz von Verwendungen des Rechtsvorgängers

(1) Der Besitzer kann für die Verwendungen eines Vorbesitzers, dessen Rechtsnachfolger er geworden ist, in demselben Umfang Ersatz verlangen, in welchem ihn der Vorbesitzer fordern könnte, wenn er die Sache herauszugeben hätte.
(2) Die Verpflichtung des Eigentümers zum Ersatz von Verwendungen erstreckt sich auch auf die Verwendungen, die gemacht worden sind, bevor er das Eigentum erworben hat.

1 Nach Abs 1 gehen alle Ansprüche eines Vorbesitzers aus §§ 994 ff auf seinen Rechtsnachfolger über. Voraussetzung ist hierfür entweder das Vorliegen einer **Gesamtrechtsnachfolge** (§ 1922) oder ein der Besitzübertragung zugrunde liegendes – nicht notwendig wirksames – **Veräußerungsgeschäft**. Der Besitzer kann nach Abs 2 ggü dem Eigentümer auch Ansprüche und Wegnahmerecht für solche Verwendungen ausüben, die **vor** dessen **Erwerb** gemacht wurden.

§ 1000 Zurückbehaltungsrecht des Besitzers

¹Der Besitzer kann die Herausgabe der Sache verweigern, bis er wegen der ihm zu ersetzenden Verwendungen befriedigt wird. ²Das Zurückbehaltungsrecht steht ihm nicht zu, wenn er die Sache durch eine vorsätzlich begangene unerlaubte Handlung erlangt hat.

1 Der Besitzer hat hins seiner Verwendungsersatzansprüche ein **Zurückbehaltungsrecht** nach § 1000. Dieses ist neben § 273 II erforderlich, weil § 273 II die **Fälligkeit** der Forderung voraussetzt, der Anspruch aus §§ 994 ff aber wegen § 1001 S 1 noch nicht fällig ist. Der Besitzer kann das Zurückbehaltungsrecht aus § 1000 neben § 985 auch anderen Herausgabeansprüchen, zB aus §§ 1007, 823, 894 entgegenhalten.

§ 1001 Klage auf Verwendungsersatz

¹Der Besitzer kann den Anspruch auf den Ersatz der Verwendungen nur geltend machen, wenn der Eigentümer die Sache wiedererlangt oder die Verwendungen genehmigt. ²Bis zur Genehmigung der Verwendungen kann sich der Eigentümer von dem Anspruch dadurch befreien, dass er die wiedererlangte Sache zurückgibt. ³Die Genehmigung gilt als erteilt, wenn der Eigentümer die ihm von dem Besitzer unter Vorbehalt des Anspruchs angebotene Sache annimmt.

1 Verwendungsersatzansprüche werden gem S 1 fällig, wenn der Eigentümer die Sache wiedererlangt oder die Verwendungen gem §§ 183, 184 (BGH NJW 02, 2875) genehmigt. Dabei ist im Falle der Herausgabe aus Sicht des Besitzers die **Ausschlussfrist** des § 1002 zu beachten.

§ 1002 Erlöschen des Verwendungsanspruchs

(1) Gibt der Besitzer die Sache dem Eigentümer heraus, so erlischt der Anspruch auf den Ersatz der Verwendungen mit dem Ablauf eines Monats, bei einem Grundstück

mit dem Ablauf von sechs Monaten nach der Herausgabe, wenn nicht vorher die gerichtliche Geltendmachung erfolgt oder der Eigentümer die Verwendungen genehmigt.
(2) Auf diese Fristen finden die für die Verjährung geltenden Vorschriften der §§ 206, 210, 211 entsprechende Anwendung.

Ersatzansprüche des Besitzers gegen den Eigentümer aus §§ 994 ff u das Wegnahmerecht des Besitzers aus § 997 erlöschen nach Ablauf einer Ausschlussfrist bei **vorbehaltloser freiwilliger Herausgabe** der Sache durch den Besitzer an den Eigentümer. Damit soll der Eigentümer insb gegen Ansprüche aus ungenehmigten Verwendungen durch ein Rückgaberecht geschützt werden (vgl eingehend MK/Baldus § 1002 Rn 2). Die Frist wird durch eine Genehmigung des Eigentümers (§ 1001 S 1) oder gerichtliche Geltendmachung des Ersatzanspruchs (§ 204) gewahrt. Dann scheidet § 1002 aus und der Anspruch unterliegt der Verjährung nach § 195. Die **Fristberechnung** erfolgt nach §§ 187 I, 188 II, III.

§ 1003 Befriedigungsrecht des Besitzers

(1) ¹Der Besitzer kann den Eigentümer unter Angabe des als Ersatz verlangten Betrags auffordern, sich innerhalb einer von ihm bestimmten angemessenen Frist darüber zu erklären, ob er die Verwendungen genehmige. ²Nach dem Ablauf der Frist ist der Besitzer berechtigt, Befriedigung aus der Sache nach den Vorschriften über den Pfandverkauf, bei einem Grundstück nach den Vorschriften über die Zwangsvollstreckung in das unbewegliche Vermögen zu suchen, wenn nicht die Genehmigung rechtzeitig erfolgt.
(2) Bestreitet der Eigentümer den Anspruch vor dem Ablauf der Frist, so kann sich der Besitzer aus der Sache erst dann befriedigen, wenn er nach rechtskräftiger Feststellung des Betrags der Verwendungen den Eigentümer unter Bestimmung einer angemessenen Frist zur Erklärung aufgefordert hat und die Frist verstrichen ist; das Recht auf Befriedigung aus der Sache ist ausgeschlossen, wenn die Genehmigung rechtzeitig erfolgt.

Die Bestimmung gibt dem Besitzer einer Sache des Eigentümers ein **Befriedigungsrecht** aus der Sache, wenn der Eigentümer die Verwendungen trotz entsprechenden Verlangens des Besitzers nicht innerhalb der ihm gesetzten Frist genehmigt. Dieses Befriedigungsrecht gewährt dem Besitzer nicht nur ein Zurückbehaltungsrecht, sondern ein pfandrechtsgleiches Recht zum Besitz der Sache (BGHZ 34, 122, 134). Die nach Abs 1 erforderliche Erklärungsaufforderung und Fristsetzung sind ausnahmsweise nach § 242 entbehrlich, wenn der Eigentümer dem Besitzer durch sein Verhalten zu erkennen gibt, dass er ernsthaft und endgültig nicht bereit ist, die Verwendungen auf die Sache zu genehmigen (BGHZ 34, 122, 133). Dies ist zB anzunehmen, wenn der Eigentümer gegen den Besitzer uneingeschränkt und nicht Zug um Zug auf Herausgabe der Sache klagt, obwohl dieser wegen seiner Gegenansprüche auf Verwendungsersatz ein Zurückbehaltungsrecht geltend gemacht hat. Die Befriedigung erfolgt bei beweglichen Sachen nach den Regeln des Pfandverkaufs, bei Grundstücken durch Klage auf Duldung der Zwangsvollstreckung nach den Bestimmungen des ZVG.

§ 1004 Beseitigungs- und Unterlassungsanspruch

(1) ¹Wird das Eigentum in anderer Weise als durch Entziehung oder Vorenthaltung des Besitzes beeinträchtigt, so kann der Eigentümer von dem Störer die Beseitigung der Beeinträchtigung verlangen. ²Sind weitere Beeinträchtigungen zu besorgen, so kann der Eigentümer auf Unterlassung klagen.
(2) Der Anspruch ist ausgeschlossen, wenn der Eigentümer zur Duldung verpflichtet ist.

I. Das Eigentum ist durch die dinglichen Ansprüche auf **Herausgabe** (§ 985), **Beseitigung** gegenwärtiger Störungen (§§ 1004 I 1, 894) und auf **Unterlassung** weiterer

(§ 1004 I 2) bzw künftiger Störungen geschützt. Diese dinglichen Ansprüche sollen den dem Eigentum nach § 903 entsprechenden Zustand in Bezug auf die Sache als Rechtsobjekt verwirklichen. Der Herausgabeanspruch aus § 985 schützt den Eigentümer gegen jeden, der ihm den Besitz der Sache vorenthält. Es geht hier also darum, dass ein anderer statt des absolut berechtigten Eigentümers Besitzer der Sache ist. Der Anspruch aus § 985 beruht auf dem **widerrechtlichen Haben** eines anderen. Demgegenüber schützt der auf die römische actio negatoria zurückgehende sog „**negatorische**" Anspruch aus § 1004 das Recht des Eigentümers, jeden Dritten von der **widerrechtlichen Einwirkung** auf die Sache auszuschließen. Dazu gibt er dem Eigentümer dingliche Beseitigungs- und Unterlassungsansprüche bei Störungen, die nicht in einer Entziehung oder Vorenthaltung des Besitzes liegen. Auch ein **Hausverbot** kann auf § 1004 gestützt werden. Darüber hinaus hat die Rspr den Anwendungsbereich des § 1004 längst weit über dessen Wortlaut hinaus ausgedehnt und zu einem **allgemeinen negatorischen Abwehranspruch zum Schutz aller absoluter Rechte** (iSd § 823 I) umgeformt. Besondere Bedeutung hat § 1004 daher va in den letzten Jahren für den Schutz des allg Persönlichkeitsrechts erlangt (hierzu zB BGH NJW 11, 744; NJW 06, 603 mwN), zum auf § 1004 gestützten Anspruch auf Unterlassen der künstlichen Ernährung eines einwilligungsunfähigen Pflegeheimbewohners vgl BGHZ 163, 195. Analog § 1004 wird gewohnheitsrechtlich zudem ein **quasi-negatorischer Abwehranspruch** zum Schutz sonstiger rechtlich geschützter Interessen gewährt.

2 II. 1. **Voraussetzungen** des **Beseitigungsanspruchs** nach Abs 1 S 1 (zum Umfang des Beseitigungsanspruchs bei einer Bodenkontamination BGH NJW 05, 1366):

3 a) Das **Eigentum** muss **beeinträchtigt** sein. Nach hM muss es sich um positive Einwirkungen handeln (zB Betreten eines fremden Grundstückes, unzulässige Immissionen von Staub, Asche und Lärm, zu Abgrenzungsfragen bei der unbefugten bestimmungsgemäßen Befüllung eines fremdes Tanks zuletzt: BGH NJW-RR 06, 270). Negative Einwirkungen wie die Entziehung von Licht oder Aussicht bewirken grds keine Beeinträchtigung. Str ist, inwieweit **ideelle** (sittliche, ästhetische) **Einwirkungen** ausreichen können (zB Bordell in der Nachbarschaft – BGHZ 95, 307 – oder Baustofflager in einer Wohngegend – BGHZ 51, 396). Nach einer Auffassung ist unter Berücksichtigung der neueren Rspr zum allg Persönlichkeitsrecht eine Beeinträchtigung iSd § 1004 zu bejahen, wenn die ideellen Beeinträchtigungen bei vernünftiger und verständiger Würdigung die Benutzung des Eigentums behindern (Jauernig JZ 86, 606 ff; Wolf/Wellenhofer § 24 Rn 12). Der BGH verneint demgegenüber grds das Vorliegen einer Beeinträchtigung iSd §§ 903, 1004 und versagt dem Eigentümer damit von vornherein das Ausschließungsrecht (BGHZ 54, 60 f). In einer Entscheidung (BGH NJW 75, 170) hat der BGH jedoch offen gelassen, ob dies nicht bei schwerwiegenden Beeinträchtigungen etwas anderes zu gelten habe. Auch das BVerwG hat die „erdrückende Wirkung" eines Hochhauses als Beeinträchtigung des nach Art 14 I GG geschützten Eigentums angesehen (BVerwG NJW 84, 250). Soweit ideelle Einwirkungen in Sondergesetzen anerkannt sind, gewährt auch der BGH den Schutz des § 1004 (BGH NJW 79, 1408). Ebenso kann es für eine Eigentumsbeeinträchtigung des wahren Eigentümers genügen, wenn sich jemand wahrheitswidrig einem Dritten ggü berühmt, Eigentümer einer Sache zu sein (BGH NJW 06, 689).

4 b) Es muss sich um eine **fortdauernde Beeinträchtigung** handeln. Durch das Merkmal des Fortdauerns wird der Anspruch gem Abs 1 S 1 von dem deliktischen Eigentumsschutz nach § 823 I, der ein Verschulden voraussetzt, abgegrenzt. § 823 I darf nicht durch Gewährung eines verschuldensunabhängigen Schadensersatzanspruchs nach Abs 1 S 1 unterlaufen werden. Nach § 823 I beurteilt der Ersatz für ein bereits abgeschlossenes Schadensereignis. Als Beeinträchtigung iSd Abs 1 S 1 ist nur die Störungsquelle anzusehen, nicht dag die von ihr ausgehende weitere Störung; letztere ist allein nach § 823 I als Schaden ersetzbar (Jauernig/Berger § 1004 Rn 7).

5 c) Die in Anspruch genommene Person muss als **Störer** in einer bestimmten Kausalbeziehung zur Beeinträchtigung stehen. Störer ist derjenige, dem die Beeinträchtigung zugerechnet werden kann. Dabei wird zwischen Handlungsstörern und Zustandsstörern unterschieden. Die Unterscheidung hat allerdings keine praktischen Konsequenzen, da die Übergänge fließend sind (Jauernig/Berger § 1004 Rn 15). Ein Verschulden des Störers ist nicht erforderlich (BGH NJW 90, 2058). **Handlungsstörer** ist, wer durch sein eigenes Tun oder pflichtwidriges Unterlassen die Beeinträchtigung unmittelbar herbeiführt (BGHZ 90, 269). **Zustandsstörer** ist, wer durch seine Willensbetätigung mittelbar adäquat einen das Eigentum beeinträchtigenden Zustand herbeigeführt hat, sofern er den Zustand beseitigen oder verhindern kann (BGHZ 106, 235). Der störende Zustand muss stets zumindest **mittelbar auf sein Verhalten** zurückgehen (BGH NJW 03, 2377). Die hM verneint daher eine Störung, wenn die Beeinträchtigung auf höhere Gewalt (zB Naturereignisse) zurückzuführen ist. Das Eigentum an der störenden Sache oder Anlage begründet daher allein noch keine Haftung (BGH NJW 85, 1774). Hingegen ist zB ein **Fahrzeughalter**, der sein Fahrzeug einer anderen Person zur Benutzung im Straßenverkehr überlässt, Zustandsstörer, wenn es unberechtigt auf einem fremden Grundstück abgestellt wird (BGH NJW 2012, 3781).

d) Der **Anspruch ist ausgeschlossen**, wenn der Eigentümer zur Duldung der Beeinträchtigung verpflichtet ist (Abs 2). Dies ist der Fall, wenn der Störer zu ihr berechtigt ist. Daraus schließt die hM, dass die **Rechtswidrigkeit** der Beeinträchtigung Anspruchsvoraussetzung ist (BGH NJW 87, 2227). Dieser Schluss wird zunehmend kritisiert. Dabei wird auf § 985 hingewiesen, bei dem die Rechtswidrigkeit der Vorenthaltung des Besitzes unstr keine Anspruchsvoraussetzung ist. Erheblich ist für § 985 nur, ob die in der Vorenthaltung des Besitzes liegende Beeinträchtigung des Eigentums berechtigt und der Anspruch daher ausgeschlossen ist. Nur darum gehe es auch bei § 1004. Das Gesetz sehe den Ausschluss in § 986 vom störenden Besitzer (Recht zum Besitz), in Abs 2 vom gestörten Eigentümer (Pflicht zur Duldung) aus (Jauernig/Berger § 1004 Rn 21). Fällt der rechtfertigende Grund später weg, ist der Störer zur Beseitigung fortbestehender Beeinträchtigungen verpflichtet (BGH NJW-RR 03, 953). 6

Eine **Duldungspflicht** gem Abs 2 kann sich aus dem **Gesetz** (zB §§ 227–229, 904 S 1, 905 S 2, 906 ff oder öffentlich-rechtlichen Vorschriften, insbes bei der Wahrnehmung öffentlicher Verwaltung im zumindest funktionalen Sinne aus einer unmittelbaren Grundrechtsbindung des Eigentümers ergeben, vgl BGH NJW 06, 1054) oder aus einem **Rechtsgeschäft** ergeben. Eine rechtsgeschäftlich begründete Duldungspflicht kann aus einem dinglichen Recht (zB Grunddienstbarkeit) oder einem schuldrechtlichen Vertrag (zB Pacht) folgen. Darüber hinaus erkennt die hM in besonderen Härtefällen eine verschuldensunabhängige Duldungspflicht aus dem **nachbarschaftlichen Gemeinschaftsverhältnis** an (BGHZ 28, 225; BGH NJW 72, 725 f). Einschränkungen bei der Ausübung des **Hausrechts** des Eigentümers können sich auch daraus ergeben, dass dieser die Örtlichkeit für den allgemeinen Publikumsverkehr öffnet und dadurch seine Bereitschaft zu erkennen gibt, generell und unter Verzicht auf eine Prüfung im Einzelfall jedem den Zutritt zu gestatten, der sich im Rahmen des üblichen Verhaltens bewegt (BGH NJW 2006, 1054). In diesem Fall bedarf ein gegenüber einer bestimmten Person ausgesprochenes Hausverbot eines sachlichen Grundes, weil anderenfalls die Grundrechte des Betroffenen einem willkürlichen Ausschluss entgegenstehen (BGH NJW 2012, 1725). 7

2. Voraussetzungen des Unterlassungsanspruchs nach Abs 1 S 2: 8
a) **Beeinträchtigung des Eigentums** (s o). 9
b) **Drohende weitere Beeinträchtigungen** (Abs 1 S 2). Voraussetzung ist, dass eine auf Tatsachen gestützte objektiv ernstliche Gefahr alsbaldiger weiterer, nicht zu duldender Störungen besteht, sog **Wiederholungsgefahr**. Für diese spricht eine „tatsächliche Vermutung" iSd Anscheinsbeweises (BGH NJW 87, 2227; 99, 358 f). Eine Störung braucht dabei noch nicht erfolgt zu sein. Es genügt schon die Gefahr einer ersten Störung, sog **Erstbegehungsgefahr** („vorbeugende" Unterlassungsklage). 10
c) Anspruchsgegner ist der **Störer** (s o). 11
d) **Rechtswidrigkeit** der Beeinträchtigung (s o). 12

III. Die Ansprüche aus § 1004 **verjähren** grds in der regelmäßigen Verjährungsfrist (§§ 195, 199). Soweit es um den Eigentumsschutz von Grundstücken geht, handelt es sich bei § 1004 um einen Anspruch „aus eingetragenem Recht", der nach § 902 I 1 13 nicht der Verjährung unterliegt (Staud/Gursky § 1004 Rn 201; aA BGHZ 60, 238 f; BGH NJW 90, 2556).

§ 1005 Verfolgungsrecht

Befindet sich eine Sache auf einem Grundstück, das ein anderer als der Eigentümer der Sache besitzt, so steht diesem gegen den Besitzer des Grundstücks der im § 867 bestimmte Anspruch zu.

1 Die Vorschrift hat **keine praktische Bedeutung** (vgl § 867 Rn 1), da die Herausgabeverweigerung des Grundstücksbesitzers in aller Regel als Besitzergreifung anzusehen ist. Dann ist aber bereits § 985 anwendbar (Jauernig/Berger § 1005 Rn 1).

§ 1006 Eigentumsvermutung für Besitzer

(1) ¹Zugunsten des Besitzers einer beweglichen Sache wird vermutet, dass er Eigentümer der Sache sei. ²Dies gilt jedoch nicht einem früheren Besitzer gegenüber, dem die Sache gestohlen worden, verloren gegangen oder sonst abhanden gekommen ist, es sei denn, dass es sich um Geld oder Inhaberpapiere handelt.
(2) Zugunsten eines früheren Besitzers wird vermutet, dass er während der Dauer seines Besitzes Eigentümer der Sache gewesen sei.
(3) Im Falle eines mittelbaren Besitzes gilt die Vermutung für den mittelbaren Besitzer.

1 I. Die Vorschrift stellt eine **widerlegliche Vermutung** für das Eigentum des Besitzers von beweglichen Sachen auf. Zugunsten der Gläubiger eines Ehegatten trifft § 1362 eine – nicht auf nichteheliche Lebensgemeinschaften analog anwendbare (BGH NJW 07, 992) – Spezialregelung, nach der für im Besitz eines oder beider Ehegatten befindliche bewegliche Sachen vermutet wird, dass sie dem Schuldner gehören. Für Grundstücke gilt die Eigentumsvermutung des § 891. Die Vorschrift ist missverständlich:

2 II. Die Vermutung der Abs 1 u 2 gilt **nur zugunsten des Eigenbesitzers**. Dies ergibt sich aus Abs 1 S 1 iVm Abs 3. Sie gilt aber sowohl für den unmittelbaren wie den mittelbaren (Abs 3), den jetzigen (Abs 1 S 1) wie den früheren Eigenbesitzer für die Dauer seines Besitzes (Abs 2). Zu seinen Lasten gilt sie nicht. Allerdings besteht für den Besitzer die tatsächliche Vermutung iSd Anscheinsbeweises, dass er Eigenbesitzer ist (Jauernig/Berger § 1006 Rn 2 f).

3 1. Zu beachten ist, dass die Vermutung für den Eigenbesitz und damit das Eigentum nicht gilt, wenn feststeht, dass der Besitz als Fremdbesitz erworben wurde. Nach überwiegender Auffassung muss derjenige, der als Fremdbesitzer erworben hat, beweisen, dass er das Eigentum später erlangt hat (BGH NJW-RR 00, 1585; Baur/Stürner § 10 Rn 6). Der Grund für diese eingeschränkte Auslegung der Vorschrift liegt darin, dass die Vermutung dieser Vorschrift an das **Traditionsprinzip** des § 929 anknüpft und damit auf der vermuteten Identität von Besitz- und Eigentumserwerb aufbaut. Die Anknüpfung an die §§ 929 ff zeigt sich in Abs 1 S 2, wonach die Eigentumsvermutung nicht für abhanden gekommene Sachen gilt.

4 Nach Abs 3 gilt die Eigentumsvermutung auch für **mittelbare Eigenbesitzer**. Bei mehrstufigem mittelbarem Besitz (§ 871) gilt Abs 3 nur für den höchststufigen Oberbesitzer. Nach hM ist Eigenbesitzer auch der unmittelbare oder mittelbare besitzende Sicherungseigentümer (BGH NJW 62, 102). Der Besitzdiener (§ 855) ist dag kein Eigenbesitzer (Jauernig/Berger § 1006 Rn 2). Die Vermutung bezieht sich nur auf **bewegliche Sachen**. Zu ihnen gehören nicht Sparbücher und Fahrzeugbriefe (die Vorschrift gilt für den Besitzer des Fahrzeugs, nicht des Briefs).

5 2. Bei der Frage nach dem **Gegenstand der Vermutung** ist str, ob das gegenwärtige Eigentum des Besitzers vermutet wird (**Rechtszustandsvermutung**) oder nur der Erwerb unbedingten Eigentums zZ des Besitzerwerbs (**Erwerbsvermutung**, so BGH NJW-RR 89, 1453; 00, 1585). Die Erwerbsvermutung setzt nach hM (BGH NJW 84, 1457) die Gleichzeitigkeit von Eigenbesitz- und Eigentumserwerb voraus, so dass Abs 1 zB beim

Eigentumserwerb durch Ersitzung ausscheidet. Die Erwerbsvermutung wird durch eine **Bestandsvermutung** ergänzt: Für die Zeit des Eigenbesitzes und nach Besitzverlust für die Zeit bis zur Begr fremden Eigenbesitzes wird vermutet, dass das erworbene Eigentum fortbesteht. Die Bestandsvermutung gilt erst recht, wenn der Eigentumserwerb feststeht. Diese Vermutung für die Fortdauer des Eigentums auch nach Besitzverlust schließt die hM aus Abs 2. Sie gilt also, solange nicht die stärkere Vermutung des Abs 1 eingreift.

§ 1007 Ansprüche des früheren Besitzers, Ausschluss bei Kenntnis

(1) Wer eine bewegliche Sache im Besitz gehabt hat, kann von dem Besitzer die Herausgabe der Sache verlangen, wenn dieser bei dem Erwerb des Besitzes nicht in gutem Glauben war.
(2) ¹Ist die Sache dem früheren Besitzer gestohlen worden, verloren gegangen oder sonst abhanden gekommen, so kann er die Herausgabe auch von einem gutgläubigen Besitzer verlangen, es sei denn, dass dieser Eigentümer der Sache ist oder die Sache ihm vor der Besitzzeit des früheren Besitzers abhanden gekommen war. ²Auf Geld und Inhaberpapiere findet diese Vorschrift keine Anwendung.
(3) ¹Der Anspruch ist ausgeschlossen, wenn der frühere Besitzer bei dem Erwerb des Besitzes nicht in gutem Glauben war oder wenn er den Besitz aufgegeben hat. ²Im Übrigen finden die Vorschriften der §§ 986 bis 1003 entsprechende Anwendung.

I. Die Vorschrift gewährt einen sog **petitorischen Besitzschutz**, da hier auf das bessere 1 Recht zum Besitz abgestellt wird. Daher kann der in Anspruch genommene Besitzer va einwenden, dass er ein (besseres) Recht zum Besitz hat. Der frühere (rechtmäßige oder gutgläubige) Besitzer kann Herausgabe der Sache verlangen, wenn der jetzige Besitzer entweder beim **Besitzerwerb bösgläubig** war (Abs 1) oder ihm die Sache **abhanden gekommen** ist (Abs 2). Die Herausgabeansprüche sind petitorisch, da der Beklagte nach Abs 3 iVm § 986 sein Recht zum Besitz geltend machen kann.

II. Der **Anspruch aus Abs 1** setzt voraus, dass der Anspruchsinhaber ursprünglich Be- 2 sitzer der Sache war, der Anspruchsgegner derzeitiger Besitzer der Sache ist und den Besitz bösgläubig erworben hat. Der **Anspruch aus Abs 2** setzt voraus, dass der Anspruchsinhaber ursprünglich Besitzer der Sache war, der Anspruchsgegner derzeitiger Besitzer der Sache ist und die Sache dem früheren Besitzer abhanden gekommen ist.

Der Anspruchsgegner kann dem Herausgabeanspruch neben den **Ausschlussgründen** 3 des Abs 3 S 1 auch die **petitorischen Einwendungen** entgegensetzen. Ausgeschlossen ist der Anspruch, wenn der **frühere Besitzer** beim Erwerb des Besitzes selbst **bösgläubig** war (Abs 3 S 1, 1. Alt), er den **Besitz freiwillig aufgegeben** hat (Abs 3 S 1, 2. Alt), oder dem jetzigen Besitzer ein besseres Besitzrecht gem Abs 3 S 2 iVm §§ 986–1003 zusteht.

Titel 5
Miteigentum

§ 1008 Miteigentum nach Bruchteilen

Steht das Eigentum an einer Sache mehreren nach Bruchteilen zu, so gelten die Vorschriften der §§ 1009 bis 1011.

Die §§ 1008–1011 ergänzen die Regelungen über die **Gemeinschaft nach Bruchteilen** 1 (§§ 741–758) für die Bruchteilsgemeinschaft mehrerer Miteigentümer. Sie gelten für bewegliche und unbewegliche Sachen. Verfügungen über Bruchteileigentum erfolgen nach den für Eigentumsübertragungen geltenden Vorschriften: bei Grundstücken durch Einigung u Eintragung (§§ 873, 925), bei beweglichen Sachen durch Einigung u Übergabe des Mitbesitzes (§§ 929 ff).

§ 1009 Belastung zugunsten eines Miteigentümers

(1) Die gemeinschaftliche Sache kann auch zugunsten eines Miteigentümers belastet werden.
(2) Die Belastung eines gemeinschaftlichen Grundstücks zugunsten des jeweiligen Eigentümers eines anderen Grundstücks sowie die Belastung eines anderen Grundstücks zugunsten der jeweiligen Eigentümer des gemeinschaftlichen Grundstücks wird nicht dadurch ausgeschlossen, dass das andere Grundstück einem Miteigentümer des gemeinschaftlichen Grundstücks gehört.

1 I. Der Miteigentümer kann seinen **Anteil** zugunsten eines Dritten oder eines anderen Miteigentümers derselben Sache mit einem dinglichen Recht belasten. Die Belastung erfolgt nach den für die Belastung des Eigentums geltenden Vorschriften.
2 II. Der Miteigentümer kann aber auch die **gemeinschaftliche Sache** insgesamt belasten (§ 747 S 2). Abs 1 lässt eine solche Belastung auch zugunsten eines **anderen Miteigentümers** zu. Abs 2 erstreckt diese Möglichkeit auf subjektiv-dingliche Rechte. Dabei kann die Miteigentumsgemeinschaft sowohl am herrschenden als auch am dienenden Grundstück bestehen.

§ 1010 Sondernachfolger eines Miteigentümers

(1) Haben die Miteigentümer eines Grundstücks die Verwaltung und Benutzung geregelt oder das Recht, die Aufhebung der Gemeinschaft zu verlangen, für immer oder auf Zeit ausgeschlossen oder eine Kündigungsfrist bestimmt, so wirkt die getroffene Bestimmung gegen den Sondernachfolger eines Miteigentümers nur, wenn sie als Belastung des Anteils im Grundbuch eingetragen ist.
(2) Die in den §§ 755, 756 bestimmten Ansprüche können gegen den Sondernachfolger eines Miteigentümers nur geltend gemacht werden, wenn sie im Grundbuch eingetragen sind.

1 Dritte Erwerber sollen sich auf die Eintragung im Grundbuch verlassen können. Was nicht eingetragen ist, brauchen sie nicht gegen sich gelten zu lassen. Abs 1 modifiziert deshalb die §§ 746, 751 dahin, dass eine Verwaltungs- u Nutzungsregelung nur wirkt, wenn sie in das **Grundbuch** als Belastung des jeweiligen Miteigentumsanteils eingetragen ist. Aus demselben Grunde können nach Abs 2 auch die Ansprüche aus §§ 755, 756 nur dann gegen den Erwerber eines Miteigentumsanteils geltend gemacht werden, wenn sie im Grundbuch eingetragen sind.

§ 1011 Ansprüche aus dem Miteigentum

Jeder Miteigentümer kann die Ansprüche aus dem Eigentum Dritten gegenüber in Ansehung der ganzen Sache geltend machen, den Anspruch auf Herausgabe jedoch nur in Gemäßheit des § 432.

1 I. Die Vorschrift regelt nur die Ansprüche des einzelnen Miteigentümers hins der **ganzen Sache** (nicht des einzelnen Anteils) **gegen Dritte** (nicht gegen die anderen Miteigentümer). Der einzelne Miteigentümer kann danach ggü Dritten Rechte an einer Sache allein geltend machen, obwohl diese ihm gar nicht allein zustehen.
2 II. 1. Grds kann der einzelne Miteigentümer die Ansprüche aus dem Eigentum allein geltend machen und **Leistung an sich** allein verlangen (zB aus § 1004). Dag kann er den Anspruch auf **Herausgabe** (§ 985) zwar allein geltend machen, aber Leistung nicht *an sich allein*, sondern nur **an alle Miteigentümer gemeinschaftlich** verlangen (§ 432). Im Prozess ist der allein klagende Miteigentümer gesetzlicher Prozessstandschafter der anderen (BGH NJW-RR 02, 213). Gleiches gilt für die Ansprüche aus §§ 987 ff und 816 I.
3 2. Hinsichtlich seines einzelnen **Anteils** kann jeder Miteigentümer die Ansprüche aus §§ 985, 823, 816, 951 sowohl gegen Dritte als auch die anderen Miteigentümer allein

geltend machen, soweit sie teilbar sind. Statt Herausgabe kann er insoweit Einräumung des Mitbesitzes verlangen.

§§ 1012 bis 1017 (weggefallen)

Erbbaurecht

I. Das Erbbaurecht war in den §§ 1012–1017 gesetzlich geregelt. Diese Bestimmungen wurden durch die **ErbbauVO** v 15.1.1919 ersetzt. Mit Gesetz vom 23.11.07 (BGBl I, 2617) wurde diese umbenannt in **ErbbauRG**. **1**

II. Das Erbbaurecht ermöglicht die **Bebauung eines fremden Grundstücks** ohne Eigentumserwerb an dem Grundstück. Es bezeichnet das veräußerliche und vererbliche dingliche Recht, auf oder unter der Oberfläche eines fremden Grundstücks ein Bauwerk zu haben (§ 1 I ErbbauRG). Es ist zwar ein beschränktes dingliches Nutzungsrecht an einem Grundstück, gewährt aber ein umfassendes und länger andauerndes Nutzungsrecht, so dass es dem Grundeigentum weitgehend angenähert ist. Das Gesetz behandelt daher das Erbbaurecht wie ein Grundstück („grundstücksgleiches Recht"), so dass weitgehend die für das Grundstückseigentum geltenden Vorschriften auch für das Erbbaurecht Anwendung finden (§ 11 I 1 ErbbauRG). **2**

1. **Inhalt.** Das Erbbaurecht berechtigt den Inhaber, auf oder unter der Oberfläche des belasteten Grundstücks ein **Bauwerk zu errichten und/oder zu haben** (§ 1 I ErbbauRG). Es kann auch auf nicht für das Bauwerk benötigte Nebenflächen (zB Zufahrt, Hof, Garten) erstreckt werden, wenn das Bauwerk ggü diesen Flächen wirtschaftlich die Hauptsache bleibt (§ 1 II ErbbauRG). Ansonsten steht das Nutzungsrecht an diesen nicht bebauten Flächen nicht dem Erbbauberechtigten, sondern dem Grundstückseigentümer zu. Im Ggs zum Wohnungseigentum kann das Erbbaurecht nicht auf einen einzelnen Gebäudeteil, namentlich ein Stockwerk, beschränkt werden (§ 1 III ErbbauRG). Zum Inhalt des Erbbaurechts gehören ferner die in § 2 ErbbauRG aufgezählten Vereinbarungen des Grundstückseigentümers und des Erbbauberechtigten, soweit sie im Grundbuch eingetragen sind. Sonst wirken sie nur schuldrechtlich. **3**

Zum Inhalt des Erbbaurechts gehört darüber hinaus die Vereinbarung über ein Entgelt in wiederkehrenden Leistungen (**Erbbauzins**). Dieser wird als eine auf dem Erbbaurecht lastende Reallast zugunsten des jeweiligen Grundstückseigentümers dinglich gesichert (§§ 9 I 1 ErbbauRG, 1105 II BGB). Dient das aufgrund des Erbbaurechts errichtete Bauwerk Wohnzwecken, so kann ein Anspruch auf Erhöhung des Erbbauzinses vereinbart und durch Vormerkung gesichert werden (§ 9 a I, III ErbbauRG). Durch § 9 a I wird ein ggf vertraglich vereinbarter Anpassungsanspruch durch Einwendung gegen ihn auf ein nicht unbilliges Maß begrenzt (Palandt/Bassenge § 9 a ErbbauRG Rn 3). Die Vorschrift setzt dabei eine solche Forderung voraus, kann also nicht für die Beantwortung der Frage herangezogen werden, ob und in welchem Umfang im Vertrag überhaupt eine Erhöhung gewährt (BGH WuM 09, 61). Sind die ggf für die Erhöhung vorausgesetzten Bemessungsgrundlagen entfallen, so gilt es, die entstandene Lücke im Wege ergänzender Vertragsauslegung zu schließen. Insoweit ist nach Treu und Glauben idR davon auszugehen, dass der Erbbauzins der Anpassung an den veränderten Stand der allg wirtschaftlichen Verhältnisse bedarf (BGH WuM 09, 61; zur Anpassung des Erbbauzinses nach Wegfall des Lebenshaltungskostenindex: BGH MDR 2012, 838). Bis zum 8.6.98 konnte nach § 9 II 2 ErbbauVO aF Inhalt des Erbbaurechts auch eine Verpflichtung zu seiner Angleichung an veränderte Verhältnisse sein, wenn die Adaption nach Zeit und Wertmaßstab bestimmbar war. Dabei war str, ob die in Erfüllung der Anpassungspflicht vorgenommene Vereinbarung eines neuen Erbbauzinses nach § 9 II 3 ErbbauVO aF der Zustimmung des Inhaber dinglicher Rechte am Erbbaurecht bedurfte oder nicht. Dafür sprach der Wortlaut des § 9 II 3 ErbbauVO aF (Müller, Rn 2187), dag die Entstehungsgeschichte der Norm sowie Gründe der Praktikabilität (Palandt/Bassenge [57. Aufl] § 9 ErbbauVO Rn 11). § 9 II 3 ErbbauVO aF bezog sich danach allein auf die Begr der Anpassungsverpflichtung, **4** während die Angleichung selbst keiner Zustimmung bedurfte. Durch Art 11 a I Euro-EG ist § 9 II S 2 u 3 zum 9.6.98 außer Kraft getreten. Damit ist die Möglichkeit, einen dinglichen Anpassungsanspruch Inhalt des Erbbaurechts werden zu lassen, entfallen. Zuvor oder nachträglich begründete Ansprüche bleiben dadurch jedoch unberührt (Palandt/Bassenge § 9 ErbbauRG Rn 8/10).

5 Ein Bauwerk, das aufgrund des Erbbaurechts errichtet oder gehalten wird, ist nicht nach § 94 I 1 wesentlicher Bestandteil des Grundstücks, sondern gilt nach § 12 ErbbauRG als wesentlicher Bestandteil des Erbbaurechts. Der Inhaber des Erbbaurechts wird also Eigentümer des Bauwerks. Der Erbbauberechtigte hat nach § 11 I 1 ErbbauRG die Ansprüche aus dem Eigentum (§§ 985–1004) und als unmittelbarer Besitzer die Besitzschutzrechte der §§ 861, 862 (zum Herausgabeanspruch des Erbbauberechtigten aus § 11 I 1 ErbbauRG, § 985: OLG München Urt v 25.9.13 Az 3 U 839/13).

6 **2. Begr.** Das Erbbaurecht wird gem § 873 I durch Einigung und Eintragung bestellt, in der Praxis regelmäßig auf 66 oder 99 Jahre. Die Einigung bedarf nicht der Form des § 925 (§ 11 I 1 ErbbauRG), doch muss sie dem Grundbuchamt förmlich gem §§ 20, 29 GBO nachgewiesen werden (Palandt/Bassenge § 11 ErbbauRG Rn 2). Das Erbbaurecht kann unter einer aufschiebenden Bedingung oder Zeitbestimmung bestellt werden. Dag führt eine auflösende Bedingung zur Unwirksamkeit der Bestellung (§ 1 IV 1 ErbbauRG). Die **schuldrechtliche Verpflichtung** zur Bestellung, zum Erwerb und zur Übertragung eines Erbbaurechts bedarf der Form des § 311 b I (§ 11 II ErbbauRG).

7 Das Erbbaurecht kann nach § 10 I 1 ErbbauRG nur zur **ersten Rangstelle** bestellt und der Rang nicht geändert werden. Das Erbbaurecht ist daher in der Zwangsversteigerung des Grundstücks gem §§ 44 f ZVG bei der Feststellung des geringsten Gebots als vorhergehendes Recht zu berücksichtigen und erlischt nicht gem § 52 I 1 ZVG. Da das Erbbaurecht wie ein Grundstück zu behandeln ist, wird für das Erbbaurecht auch ein besonderes Grundbuch, das **Erbbaugrundbuch**, angelegt (§ 14 ErbbauRG). Darin hat die Eintragung von Übertragungen und Belastungen zu erfolgen.

8 **3. Übertragung und Belastung.** Das Erbbaurecht kann wie ein Grundstück übertragen und belastet werden. Die Übertragung erfolgt gem § 873 I durch formlose **Einigung und Eintragung** im Erbbaugrundbuch. Sie kann nicht unter einer Bedingung oder Zeitbestimmung erfolgen (§ 11 I 2 ErbbauRG). Nach § 5 I ErbbauRG ist als Inhalt des Erbbaurechts die Vereinbarung möglich, dass eine Veräußerung des Erbbaurechts der Zustimmung des Grundstückseigentümers bedarf. In diesem Fall ist eine ohne diese Zustimmung vorgenommene Verfügung schwebend unwirksam (§ 6 I ErbbauRG), doch besteht unter den Voraussetzungen des § 7 ErbbauRG ein Anspruch auf die Zustimmung. Das Erbbaurecht kann mit beschränkten dinglichen Rechten (zB Hypothek, Grundschuld, Erbbaurecht) belastet werden. Auch hierfür ist gem § 873 I die formlose Einigung und Eintragung im Erbbaugrundbuch erforderlich. Die Belastung kann von einer Zustimmung des Grundeigentümers abhängig gemacht werden (§ 5 II ErbbauRG).

9 **4. Beendigung und Heimfall.** Das Erbbaurecht erlischt durch **Zeitablauf** (§§ 27 ff ErbbauRG) oder **Aufhebung** (§§ 11 I 1 ErbbauRG, 875 BGB) mit Zustimmung des Grundstückseigentümers (§ 26 ErbbauRG). Sodann geht das Eigentum am Gebäude auf den Grundstückseigentümer über (§ 12 III ErbbauRG). Dem Erbbauberechtigten steht hins des Gebäudes kein Wegnahme- oder Aneignungsrecht zu (§ 34 ErbbauRG). Entfällt das Erbbaurecht durch Zeitablauf, so hat der Grundstückseigentümer dem Erbbauberechtigten für das Gebäude eine **Entschädigung** nach dem Verkehrswert zu zahlen, soweit nicht als Inhalt des Erbbaurechts etwas Abw vereinbart ist (§ 27 I ErbbauRG). Diese Entschädigungspflicht kann der Grundstückseigentümer durch eine **Verlängerung** des Erbbaurechts abwenden. Lehnt der Erbbauberechtigte das Verlängerungsangebot ab, so erlischt die Entschädigungspflicht (§ 27 III ErbbauRG).

10 Mit dem Erlöschen des Erbbaurechts wird das Grundbuch unrichtig. Der Grundstückseigentümer kann die **Berichtigung des Grundbuchs** nach § 894 bzw §§ 24, 22 GBO verlangen (BGH MDR 13, 768 ff; Staud/Rapp § 27 ErbbauRG Rn 2). Auch Belastungen des Erbbaurechts gehen mit dessen Erlöschen unter, doch erwirbt der Gläubiger

entspr §§ 91 I, 92 ZVG im Wege der dinglichen **Surrogation** einen Anspruch auf Befriedigung aus der Entschädigungsforderung nach § 27 ErbbauRG (§ 29 ErbbauRG). Dieses Recht steht hins der Befriedigung nach hM einem Pfandrecht an der Entschädigungsforderung gleich, so dass die §§ 1277, 1282 ff anwendbar sind (MK/v Oefele § 29 ErbbauVO Rn 2).

Nach § 2 Nr 4 ErbbauRG kann als Inhalt des Erbbaurechts vereinbart werden, dass der Erbbauberechtigte verpflichtet ist, das Erbbaurecht beim Eintritt bestimmter Voraussetzungen (zB Tod des Erbbauberechtigten, Verzögerung der Bebauung, Vernachlässigung oder Veränderung des Bauwerks) an den Grundstückseigentümer zu übertragen (**Heimfall**). Dieses Heimfallrecht des Grundstückseigentümers ist eine dingliche Belastung des Erbbaurechts und mit dem Grundeigentum untrennbar verbunden (§ 3 ErbbauRG). Der Anspruch des Grundstückseigentümers auf Übertragung des Erbbaurechts verjährt in sechs Monaten ab Kenntnis der Voraussetzungen des Heimfallrechts, spätestens jedoch zwei Jahre nach Eintreten dieser Voraussetzungen (§ 4 ErbbauRG). 11

Der Eigentümer hat für das Erbbaurecht eine – bezogen auf den Zeitpunkt der Erfüllung des Heimfallanspruchs – **angemessene Vergütung** zu zahlen (§ 32 ErbbauRG), sofern die Parteien nichts Abw vereinbart oder diese Entschädigungspflicht ausgeschlossen haben. Das Erbbaurecht erlischt durch die Übertragung auf den Grundeigentümer nicht (§§ 11 I ErbbauRG, 889 BGB). Der Grundstückseigentümer kann es also auf Dritte übertragen. Auch Grundpfandrechte am Erbbaurecht bleiben nach dem Heimfall bestehen, soweit sie nicht dem Erbbauberechtigten selbst zustehen (§ 33 I 1 ErbbauRG). 12

Abschnitt 4
Dienstbarkeiten

Vorbemerkung zu §§ 1018–1029

I. Bei den im Abschnitt Dienstbarkeiten geregelten **Nutzungsrechten** an Grundstücken handelt es sich um **beschränkte dingliche Rechte**, die in der Terminologie des BGB **Belastungen des Grundstücks** sind (vgl §§ 873, 1018, 1030, 1090). 1

II. Beschränkte dingliche Rechte kennt das BGB in **zwei Ausgestaltungen**, die sich nach der Art der subjektiven Zuordnung zu seinem Träger unterscheiden: 2

1. **Subjektiv-dinglich** ist ein beschränkt dingliches Recht, wenn seine Inhaberschaft mit dem Eigentum an einem bestimmten Grundstück verbunden ist. Im BGB heißt es, dass das Recht dem „jeweiligen Eigentümer eines anderen Grundstücks" zusteht. Das subjektiv-dingliche Recht erfährt notwendig eine Verbindung mit dem **Eigentum** am begünstigten Grundstück. Der Inhaber des beschränkten dinglichen Rechts ist dies nicht kraft seiner Person, sondern nur aufgrund seiner Eigentümerstellung. Das Recht kann daher keiner Person zustehen, die nicht das Eigentum am begünstigten Grundstück hat. Als **Bestandteil** (§ 96) dieses Grundstücks kann es nur durch die Übertragung des Eigentums am begünstigten Grundstück übertragen werden. Das subjektiv-dingliche Recht geht dann kraft § 96 auf den Erwerber des Grundeigentums über. Das Recht ist im Bestandsverzeichnis des Grundbuchs dieses Grundstücks eintragungsfähig. Zwingend *subjektiv-dinglich* ist die **Grunddienstbarkeit** (§§ 1018 ff). 3

2. **Subjektiv-persönlich** ist ein beschränkt dingliches Recht, wenn es zugunsten einer bestimmten Person als Berechtigten bestellt wird. Subjektiv-persönliche Rechte weisen folglich hins ihrer Inhaberschaft keine Besonderheiten auf. Sie können zugunsten jeder rechtsfähigen **Person** bestellt werden. Zu einer Verbindung des beschränkten dinglichen Rechts mit einem evtl bestehenden Grundstückseigentum des Rechtsinhabers kommt es nicht. Zwingend subjektiv-persönlich sind der **Nießbrauch** (§§ 1030 ff) und die **beschränkte persönliche Dienstbarkeit** (§§ 1090 ff). 4

Titel 1
Grunddienstbarkeiten

§ 1018 Gesetzlicher Inhalt der Grunddienstbarkeit

Ein Grundstück kann zugunsten des jeweiligen Eigentümers eines anderen Grundstücks in der Weise belastet werden, dass dieser das Grundstück in einzelnen Beziehungen benutzen darf oder dass auf dem Grundstück gewisse Handlungen nicht vorgenommen werden dürfen oder dass die Ausübung eines Rechts ausgeschlossen ist, das sich aus dem Eigentum an dem belasteten Grundstück dem anderen Grundstück gegenüber ergibt (Grunddienstbarkeit).

1 **I.** Die Grunddienstbarkeit wird am **dienenden Grundstück** zugunsten des jeweiligen Eigentümers eines anderen, des **herrschenden Grundstücks**, bestellt. Sie verpflichtet den Eigentümer des dienenden Grundstücks, zugunsten des jeweiligen Eigentümers des herrschenden Grundstücks **einzelne Beschränkungen** seiner aus dem Grundeigentum fließenden Befugnisse zu dulden, um dadurch **Vorteile für die Benutzung** des herrschenden Grundstücks zu bieten.

2 **II. Inhalt.** Diese Vorteile für die Benutzung des herrschenden Grundstücks (§ 1019) sind nach dieser Vorschrift mit **drei Inhalten** möglich: Dem **Recht zur Nutzung** des dienenden Grundstücks in einzelnen Beziehungen (zB Wegerecht, Weiderecht, Kiesentnahmerecht, Recht zur Verlegung von Leitungen), dem **Recht zur Untersagung** der Vornahme gewisser Handlungen auf dem belasteten Grundstück – zB Bebauungsverbot (BGH NJW 02, 1798), Verbot der Aufstellung lärmender Maschinen – oder dem **Ausschluss der Ausübung von Abwehrrechten**, die sich aus dem belasteten Eigentum ergeben (zB Verbot einer nach § 906 an sich zulässigen Immission oder Duldung einer nach § 906 an sich nicht gestatteten Immission; zur Pflicht von Grundstücksanliegern ggü dem Betreiber von Bahnanlagen, Immissionen zu dulden: OLG München Rpfleger 13, 710; vgl zur analogen Anwendung des § 906 II 2 BGH MDR 14, 23). Eine Grunddienstbarkeit kann den Eigentümer des belasteten Grundstücks dag **nicht** zu einem **positiven Tun** verpflichten (BGH NJW-RR 03, 733). Dies gilt auch dann, wenn das Handeln als Unterlassungspflicht formuliert wird.

3 Zulässiger Inhalt einer Grunddienstbarkeit kann aber die **Nebenpflicht** zur Erhaltung des belasteten Grundstücks in einem der Grunddienstbarkeit entspr Zustand sein (vgl auch die Nebenpflichten der §§ 1020–1023). Ein umfassendes Benutzungsrecht („unter Ausschluss des Eigentümers", „beliebige Nutzung") ist als Grunddienstbarkeit nicht zulässig (BayObLG ZfIR 03, 597; zulässig ist hingegen der infolge des Benutzungsrechts herbeigeführte Ausschluss einer eigenständigen, wirtschaftlich sinnvollen Nutzungsmöglichkeit des Eigentümers OLG Köln FGPrax 12, 150 ff). Als besonders problematisch erweist sich die Frage, ob **Wettbewerbsbeschränkungen und -verbote** mittels einer Grunddienstbarkeit dinglich **gesichert** werden können. Dabei muss unterschieden werden:

4 **1. Zulässig** sind sog Verbotsdienstbarkeiten, die es untersagen, auf dem belasteten Grundstück überhaupt ein oder ein bestimmtes Gewerbe zu betreiben, wie auch eine **Benutzungserlaubnis**, ein bestimmtes Gewerbe (zB eine Tankstelle oder Gaststätte) auf dem dienenden Grundstück einzurichten und zu betreiben. Diese Gestattung kann mit einer **Ausschließlichkeitsklausel** (Konkurrenzverbot) kombiniert werden, wonach nur der Berechtigte das Gewerbe ausüben darf, während allen anderen diese Benutzung untersagt ist.

5 **2. Unzulässig** ist dag eine Grunddienstbarkeit mit dem Inhalt, in einem bestimmten Betrieb (zB Gaststätte) auf dem dienenden Grundstück nur Waren eines bestimmten Lieferanten zu beziehen und zu vertreiben. Eine derartige Grunddienstbarkeit begründet eine Pflicht zu einem positiven Tun. **Unzulässig** ist auch das **Verbot, Waren anderer Hersteller** als des Berechtigten auf dem dienenden Grundstück zu lagern, zu vertreiben oder zu beziehen. Hier handelt es sich zwar um eine Unterlassungspflicht, doch erzeugt diese faktisch eine positive Abnahmepflicht. Hinzu kommt, dass sich die Unterlassungspflicht nicht auf die Grundstücksnutzung bezieht, sondern lediglich die rechtsge-

schäftliche Handlungs- und Verfügungsfreiheit des Eigentümers unmittelbar einschränkt. Die Auswahl eines Warenlieferanten ist kein Ausfluss des Eigentums am Grundstück, so dass die zu unterlassende Handlung in keinem Zusammenhang mit dem dienenden Grundstück steht (BGH NJW 85, 2474).

3. Die Praxis weicht daher zur dinglichen Absicherung einer Bezugspflicht auf eine andere Konstruktion aus: **Zulässig** soll es sein, durch eine Grunddienstbarkeit zu verbieten, eine bestimmte Warenart (zB Bier) schlechthin oder ohne Zustimmung des Berechtigten auf dem dienenden Grundstück zu vertreiben (BGH NJW 62, 486). Von diesem generellen Verbot können dann **schuldrechtlich** Ausn zugunsten bestimmter Waren oder bestimmter Lieferanten vereinbart werden (BGH NJW 85, 2474). Ob diese Konstruktion eines dinglich gesicherten Bezugsverbots mit schuldrechtlichem Verzicht auf die Ausübung des dinglichen Rechts nach § 1018 zulässig ist, erscheint problematisch. Dag spricht insb, dass sich die Grunddienstbarkeit auch hier iErg auf ein positives Tun des Eigentümers des dienenden Grundstücks richtet. Er soll Waren eines bestimmten Lieferanten beziehen. Eine derartige Verpflichtung kann nach § 1018 nicht zum Inhalt einer Grunddienstbarkeit gemacht werden (Prütting Rn 895). 6

III. Bestellung und Übertragung. Nach § 873 I entsteht die Grunddienstbarkeit durch **Einigung** über die Bestellung und **Eintragung** im Grundbuch des dienenden Grundstücks. Die Grunddienstbarkeit ist Bestandteil des herrschenden Grundstücks nach § 96. Sie kann daher im Bestandsverzeichnis des Grundbuchs dieses Grundstücks eingetragen werden (§ 9 GBO). Diese Eintragung hat aber keine konstitutive Bedeutung für die Entstehung der Grunddienstbarkeit. Die Grunddienstbarkeit ist als subjektivdingliches Recht Bestandteil des herrschenden Grundstücks und kann daher nur zusammen mit diesem gem §§ 873, 925 **übertragen** werden. 7

§ 1019 Vorteil des herrschenden Grundstücks

¹Eine Grunddienstbarkeit kann nur in einer Belastung bestehen, die für die Benutzung des Grundstücks des Berechtigten Vorteil bietet. ²Über das sich hieraus ergebende Maß hinaus kann der Inhalt der Dienstbarkeit nicht erstreckt werden.

Vgl § 1018 Rn 2 ff. 1

§ 1020 Schonende Ausübung

¹Bei der Ausübung einer Grunddienstbarkeit hat der Berechtigte das Interesse des Eigentümers des belasteten Grundstücks tunlichst zu schonen. ²Hält er zur Ausübung der Dienstbarkeit auf dem belasteten Grundstück eine Anlage, so hat er sie in ordnungsmäßigem Zustand zu erhalten, soweit das Interesse des Eigentümers es erfordert.

§ 1021 Vereinbarte Unterhaltungspflicht

(1) ¹Gehört zur Ausübung einer Grunddienstbarkeit eine Anlage auf dem belasteten Grundstück, so kann bestimmt werden, dass der Eigentümer dieses Grundstücks die Anlage zu unterhalten hat, soweit das Interesse des Berechtigten es erfordert. ²Steht dem Eigentümer das Recht zur Mitbenutzung der Anlage zu, so kann bestimmt werden, dass der Berechtigte die Anlage zu unterhalten hat, soweit es für das Benutzungsrecht des Eigentümers erforderlich ist.
(2) Auf eine solche Unterhaltungspflicht finden die Vorschriften über die Reallasten entsprechende Anwendung.

§ 1022 Anlagen auf baulichen Anlagen

¹Besteht die Grunddienstbarkeit in dem Recht, auf einer baulichen Anlage des belasteten Grundstücks eine bauliche Anlage zu halten, so hat, wenn nicht ein anderes bestimmt ist, der Eigentümer des belasteten Grundstücks seine Anlage zu unterhalten, so-

weit das Interesse des Berechtigten es erfordert. ²Die Vorschrift des § 1021 Abs. 2 gilt auch für diese Unterhaltungspflicht.

§§ 1020–1022

1 **I.** Zwischen dem Berechtigten und dem Eigentümer des dienenden Grundstücks besteht ein **gesetzliches Schuldverhältnis**, aus dem für beide Seiten Rechte und Pflichten entstehen.

2 **II. 1.** Der Berechtigte ist verpflichtet, die Grunddienstbarkeit möglichst **schonend** auszuüben (§ 1020 S 1). Überschreitet er diese Grenze, so stehen dem Eigentümer Ansprüche aus §§ 823, 1004 zu.

3 **2.** Er ist weiterhin verpflichtet, bei der Ausübung seines Rechts dafür zu sorgen, dass das dienende Grundstück in einem ordnungsgemäßen Zustand erhalten bleibt. Wird zur Ausübung des Rechts eine **Anlage** – eine von Menschen auf dem Grundstück geschaffene Einrichtung, die der Grundstücksbenutzung dient (BGH NJW 02, 678) – auf dem jeweiligen Grundstück unterhalten (zB ein ausgebauter Weg oder eine Kläranlage), so trifft den Berechtigten eine **gesetzliche Unterhaltspflicht**, soweit es um den Schutz seines Eigentümers vor Beeinträchtigungen durch den Zustand der Anlage geht (zB Lärmimmissionen), § 1020 S 2. Dies gilt auch dann, wenn der Grundstückseigentümer die Anlage mitbenutzen darf (BGH NJW 05, 894; BGH, NJW 06, 1428). Bei einer Unterhaltungspflicht des Eigentümers ist die Anlage so zu unterhalten, dass dem Berechtigten die Grunddienstbarkeit auszuüben möglich ist (Düss RNotZ 03, 455). Die Parteien können die Unterhaltungspflicht aber auch abw davon **vertraglich** regeln und sie insb dem Eigentümer des dienenden Grundstücks auferlegen (§ 1021 I 1).

4 **3.** Ist das Recht, eine bauliche Anlage auf einer baulichen Anlage des dienenden Grundstücks zu halten, **Hauptinhalt** der Grunddienstbarkeit, so wird der Eigentümer zur Unterhaltung seiner Anlage im Interesse des Berechtigten verpflichtet (§ 1022 I 1). Auch insoweit stellt sich aber die Möglichkeit einer abweichenden Vereinbarung dar.

§ 1023 Verlegung der Ausübung

(1) ¹Beschränkt sich die jeweilige Ausübung einer Grunddienstbarkeit auf einen Teil des belasteten Grundstücks, so kann der Eigentümer die Verlegung der Ausübung auf eine andere, für den Berechtigten ebenso geeignete Stelle verlangen, wenn die Ausübung an der bisherigen Stelle für ihn besonders beschwerlich ist; die Kosten der Verlegung hat er zu tragen und vorzuschießen. ²Dies gilt auch dann, wenn der Teil des Grundstücks, auf den sich die Ausübung beschränkt, durch Rechtsgeschäft bestimmt ist.
(2) Das Recht auf die Verlegung kann nicht durch Rechtsgeschäft ausgeschlossen oder beschränkt werden.

1 Die Vorschrift konkretisiert die Pflicht zur schonenden Ausübung der Grunddienstbarkeit (§ 1020 S 1) und begründet eine **Verlegungspflicht** des Berechtigten. Diese setzt voraus, dass sich die Grunddienstbarkeit auf das ganze dienende Grundstück erstreckt, ihre Ausübung aber auf einen Grundstücksteil beschränkt ist. In diesem Fall muss der Berechtigte die Ausübung auf Verlangen des Eigentümers des dienenden Grundstücks auf einen anderen Teil verlegen, wenn dieser ebenso geeignet und die Ausübung an der bisherigen Stelle für den Eigentümer besonders nachteilig ist. Wurde die Ausübungsstelle der Dienstbarkeit rechtsgeschäftlich vereinbart und ins Grundbuch eingetragen, erfordert allerdings auch deren Verlegung eine rechtsgeschäftliche Einigung und einen Grundbucheintrag (BGH NJW-RR 06, 237).

§ 1024 Zusammentreffen mehrerer Nutzungsrechte

Trifft eine Grunddienstbarkeit mit einer anderen Grunddienstbarkeit oder einem sonstigen Nutzungsrecht an dem Grundstück dergestalt zusammen, dass die Rechte neben-

Abschnitt 4 | Dienstbarkeiten § 1028

einander nicht oder nicht vollständig ausgeübt werden können, und haben die Rechte gleichen Rang, so kann jeder Berechtigte eine den Interessen aller Berechtigten nach billigem Ermessen entsprechende Regelung der Ausübung verlangen.

Die Vorschrift regelt das Zusammentreffen mehrerer **gleichrangiger** Nutzungsrechte, 1 die nebeneinander nicht uneingeschränkt ausgeübt werden können. Die Harmonisierung der Rechte in ihrer Ausübung hat durch eine Regelung zu erfolgen, die den Interessen aller Beteiligten nach billigem Ermessen entspricht.

§ 1025 Teilung des herrschenden Grundstücks

¹Wird das Grundstück des Berechtigten geteilt, so besteht die Grunddienstbarkeit für die einzelnen Teile fort; die Ausübung ist jedoch im Zweifel nur in der Weise zulässig, dass sie für den Eigentümer des belasteten Grundstücks nicht beschwerlicher wird. ²Gereicht die Dienstbarkeit nur einem der Teile zum Vorteil, so erlischt sie für die übrigen Teile.

§ 1026 Teilung des dienenden Grundstücks

Wird das belastete Grundstück geteilt, so werden, wenn die Ausübung der Grunddienstbarkeit auf einen bestimmten Teil des belasteten Grundstücks beschränkt ist, die Teile, welche außerhalb des Bereichs der Ausübung liegen, von der Dienstbarkeit frei.

§§ 1025, 1026

I. Die Vorschriften regeln die Rechtswirkungen von **Teilungen** der beteiligten Grund- 1 stücke.
II. 1. Die **Teilung des herrschenden Grundstücks** vervielfältigt die Berechtigung 2 (§ 1025 S 1 Halbs 1). Die Ausübung der Grunddienstbarkeiten darf aber nicht zu einer stärkeren Belastung des Eigentümers des dienenden Grundstücks führen (§ 1025 S 1 Halbs 2). Ist die Grunddienstbarkeit nur für einen der Teile des herrschenden Grundstücks vorteilhaft, erlischt sie für die anderen (§ 1025 S 2). Die Eintragung einer Dienstbarkeit auf dem Grundbuchblatt des dienenden Grundstücks gilt auch dann zugunsten der Eigentümer der getrennten Teile fort, wenn sich die Teilung nicht aus den Grundbucheintragungen bezüglich des dienenden Grundstückes ergibt (BGH NJW-RR 08, 827).
2. Die **Teilung des dienenden Grundstücks** lässt die Grunddienstbarkeit in ihrem Inhalt 3 unberührt. Ist aber nur ein Teil des dienenden Grundstücks für die Ausübung der Grunddienstbarkeit notwendig, so wird der nicht betroffene Teil frei (§ 1026). Das Grundbuch ist dann unrichtig (OLG München ZfIR 13, 195 ff).

§ 1027 Beeinträchtigung der Grunddienstbarkeit

Wird eine Grunddienstbarkeit beeinträchtigt, so stehen dem Berechtigten die in § 1004 bestimmten Rechte zu.

Nach dieser Vorschrift stehen dem Berechtigten der Grunddienstbarkeit (dem Eigentü- 1 mer des herrschenden Grundstücks, BGH NJW-RR 99, 167) zum Schutz der Grunddienstbarkeit gegen Beeinträchtigungen durch den Eigentümer des dienenden Grundstücks oder Dritte die Rechte aus § 1004 zu. S hierzu auch BGHZ 187,185ff.

§ 1028 Verjährung

(1) ¹Ist auf dem belasteten Grundstück eine Anlage, durch welche die Grunddienstbarkeit beeinträchtigt wird, errichtet worden, so unterliegt der Anspruch des Berechtigten auf Beseitigung der Beeinträchtigung der Verjährung, auch wenn die Dienstbarkeit im

Grundbuch eingetragen ist. ²Mit der Verjährung des Anspruchs erlischt die Dienstbarkeit, soweit der Bestand der Anlage mit ihr in Widerspruch steht.
(2) Die Vorschrift des § 892 findet keine Anwendung.

1 Der Anspruch auf Beseitigung oder Unterlassung gem § 1027 unterliegt der dreijährigen **Verjährungsfrist** nach §§ 195, 199 I (OLG Hamm MDR 12, 460 ff), auch wenn dort die Grunddienstbarkeit im Grundbuch eingetragen ist. Hierin liegt eine Abweichung zu § 902 I 1. Die **Grunddienstbarkeit selbst erlischt**, wenn der Anspruch aus § 1027 verjährt ist und der Bestand der störenden Anlage mit ihr in Widerspruch steht (§ 1028 I 2). Ein Erwerb gem § 892 scheidet aus (§ 1028 II).

§ 1029 Besitzschutz des Rechtsbesitzers

Wird der Besitzer eines Grundstücks in der Ausübung einer für den Eigentümer im Grundbuch eingetragenen Grunddienstbarkeit gestört, so finden die für den Besitzschutz geltenden Vorschriften entsprechende Anwendung, soweit die Dienstbarkeit innerhalb eines Jahres vor der Störung, sei es auch nur einmal, ausgeübt worden ist.

1 Der Besitzer des herrschenden Grundstücks (zB Mieter, Pächter, aber auch der besitzende Eigentümer selbst) genießt nach dieser Vorschrift **Besitzschutz** entspr §§ 858 ff und kann derartige Beeinträchtigungen gem § 862 abwehren. Die Bestimmung setzt keinen Besitz am dienenden Grundstück voraus. Ist in Ausübung der Grunddienstbarkeit Besitz am dienenden Grundstück begründet worden, so sind die §§ 858 ff unmittelbar anwendbar.

Titel 2
Nießbrauch

Untertitel 1
Nießbrauch an Sachen

§ 1030 Gesetzlicher Inhalt des Nießbrauchs an Sachen

(1) Eine Sache kann in der Weise belastet werden, dass derjenige, zu dessen Gunsten die Belastung erfolgt, berechtigt ist, die Nutzungen der Sache zu ziehen (Nießbrauch).
(2) Der Nießbrauch kann durch den Ausschluss einzelner Nutzungen beschränkt werden.

1 Der Nießbrauch gewährt dem Inhaber das dingliche Recht, alle **Nutzungen** (Früchte und Gebrauchsvorteile, § 100) einer Sache (Abs 1), eines Rechts (§ 1068) oder eines Vermögens (§ 1085) eines anderen zu ziehen, wobei jedoch bestimmte Nutzungen aus dem Nießbrauchsrecht mit dinglicher Wirkung ausgeschlossen werden können (Abs 2). Ein Nießbrauch kann auch an einer eigenen Sache bestellt werden (Eigentümernießbrauch), ohne dass ein Nachweis eines berechtigten Interesses an der Bestellung erforderlich ist (BGH NJW 11, 3517). Die Beschränkung des Nutzziehungsrechts des Nießbrauchers auf einzelne Teile eines Gebäudes ist beim Nießbrauch an einem bebauten Grundstück allerdings unzulässig (BGH NJW 06, 1881). Die §§ 1030–1067 gelten grds sowohl für den Nießbrauch an **beweglichen Sachen** und an **Grundstücken**, soweit nicht ausnahmsweise etwas anderes bestimmt ist (nur für Grundstücke gelten zB §§ 1031, 1037 II, 1038, 1043, 1048, 1056, 1062; nur für bewegliche Sachen zB §§ 1032, 1033, 1064, 1067). Sie gelten auch für den Nießbrauch an Rechten, soweit nicht die §§ 1069–1084 besondere Regelungen enthalten. Die §§ 1085–1089 treffen Sonderregeln für den an einem Vermögen bestellten Nießbrauch.

§ 1031 Erstreckung auf Zubehör

Mit dem Nießbrauch an einem Grundstück erlangt der Nießbraucher den Nießbrauch an dem Zubehör nach der für den Erwerb des Eigentums geltenden Vorschrift des § 926.

Die Vorschrift erstreckt den Nießbrauch auf das bei seiner Bestellung **vorhandene** 1 **Grundstückszubehör** und verweist auf die Auslegungsregel des § 926.

§ 1032 Bestellung an beweglichen Sachen

¹Zur Bestellung des Nießbrauchs an einer beweglichen Sache ist erforderlich, dass der Eigentümer die Sache dem Erwerber übergibt und beide darüber einig sind, dass diesem der Nießbrauch zustehen soll. ²Die Vorschriften des § 929 Satz 2, der §§ 930 bis 932 und der §§ 933 bis 936 finden entsprechende Anwendung; in den Fällen des § 936 tritt nur die Wirkung ein, dass der Nießbrauch dem Recht des Dritten vorgeht.

Die Vorschrift regelt die rechtsgeschäftliche Bestellung des Nießbrauchs an **bewegli-** 1 **chen Sachen**. Diese erfolgt nach den gleichen Regeln, die für den **rechtsgeschäftlichen Eigentumserwerb** der Sache nach §§ 929–936 gelten. Erforderlich ist also der **Einigung** über die Bestellung des Nießbrauchs und die **Übergabe** der Sache bzw ein **Übergabesurrogat** nach §§ 930 oder 931. Ein gutgläubiger Erwerb des Nießbrauchs ist nach S 2 iVm §§ 932–935 ebenso möglich wie der gutgläubige Erwerb eines Nießbrauchs mit **Vorrang** vor einem bereits bestehenden dinglichen Recht, §§ 932 S 2, 936.
Für die Bestellung des Nießbrauchs an einem **Grundstück** ist § 873 I maßgebend. Er- 2 forderlich sind die **Einigung** über die Bestellung und die **Eintragung** im Grundbuch. IÜ sind die gemeinsamen Regeln für bewegliche Sachen und Grundstücke in den §§ 1030–1066 anzuwenden.

§ 1033 Erwerb durch Ersitzung

¹Der Nießbrauch an einer beweglichen Sache kann durch Ersitzung erworben werden. ²Die für den Erwerb des Eigentums durch Ersitzung geltenden Vorschriften finden entsprechende Anwendung.

Der Nießbrauch an einer **beweglichen Sache** kann nach dieser Vorschrift gem §§ 937 ff 1 nach zehn Jahren durch **Ersitzung** erworben werden.

§ 1034 Feststellung des Zustands

¹Der Nießbraucher kann den Zustand der Sache auf seine Kosten durch Sachverständige feststellen lassen. ²Das gleiche Recht steht dem Eigentümer zu.

§ 1035 Nießbrauch an Inbegriff von Sachen; Verzeichnis

¹Bei dem Nießbrauch an einem Inbegriff von Sachen sind der Nießbraucher und der Eigentümer einander verpflichtet, zur Aufnahme eines Verzeichnisses der Sachen mitzuwirken. ²Das Verzeichnis ist mit der Angabe des Tages der Aufnahme zu versehen und von beiden Teilen zu unterzeichnen; jeder Teil kann verlangen, dass die Unterzeichnung öffentlich beglaubigt wird. ³Jeder Teil kann auch verlangen, dass das Verzeichnis durch die zuständige Behörde oder durch einen zuständigen Beamten oder Notar aufgenommen wird. ⁴Die Kosten hat derjenige zu tragen und vorzuschießen, welcher die Aufnahme oder die Beglaubigung verlangt.

§ 1036 Besitzrecht; Ausübung des Nießbrauchs

(1) Der Nießbraucher ist zum Besitz der Sache berechtigt.
(2) Er hat bei der Ausübung des Nutzungsrechts die bisherige wirtschaftliche Bestimmung der Sache aufrechtzuerhalten und nach den Regeln einer ordnungsmäßigen Wirtschaft zu verfahren.

§§ 1034–1036

1 I. Der Nießbrauch an beweglichen Sachen gibt dem Nießbraucher ein **Recht zum Besitz** (Abs 1). Der Besteller wird mittelbarer Besitzer (§ 868), der Nießbraucher idR **unmittelbarer Besitzer**.

2 II. Mit der Entstehung des Nießbrauchs wird ein **gesetzliches Schuldverhältnis** zwischen dem Eigentümer und dem Nießbraucher begründet. Daraus ergeben sich folgende **Pflichten des Nießbrauchers**: Er hat die wirtschaftliche Bestimmung der Sache aufrechtzuerhalten und nach den Grundsätzen einer ordnungsmäßigen Wirtschaft zu verfahren (Abs 2). Der Nießbraucher darf nicht in die Substanz der Sache eingreifen und sie weder umgestalten noch wesentlich verändern (§ 1037). Er ist grds zur Erhaltung der Sache in ihrem wirtschaftlichen Bestand und zur Tragung der laufenden Ausbesserungen und Erneuerungen verpflichtet; außergewöhnliche Unterhaltungsmaßnahmen muss er dag nicht vornehmen (§ 1041). Weiter muss er dem Eigentümer unverzüglich anzeigen, wenn die Sache zerstört oder beschädigt oder eine außergewöhnliche Ausbesserung oder Erneuerung der Sache erforderlich wird (§ 1042). Er hat die Sache gegen Brandschaden zu versichern, wenn dies einer ordnungsmäßigen Wirtschaft entspricht (§ 1045), die öffentlichen Lasten der Sache (zB Steuern) und die bereits bei Bestellung des Nießbrauchs bestehenden privatrechtlichen Lasten (zB Hypothekenzinsen) zu tragen (§ 1047), dem Eigentümer eine Sicherheit zu leisten, wenn sein Verhalten eine erhebliche Verletzung der Rechte des Eigentümers besorgen lässt (§ 1051), und nach Beendigung des Nießbrauchs die Sache dem Eigentümer zurückzugeben (§ 1055).

3 Andererseits kann der **Nießbraucher** für Verwendungen, die über seine Verpflichtungen hinausgehen, nach den Regeln über die GoA Ersatz verlangen (§ 1049 I). Nach Beendigung des Nießbrauchs hat er wegen seiner Verwendungsersatzforderungen ein **Zurückbehaltungsrecht**. Daneben steht ihm ein **Recht zur Wegnahme** von Einrichtungen zu, mit denen er die Sache versehen hat (§ 1049 II).

§ 1037 Umgestaltung

(1) Der Nießbraucher ist nicht berechtigt, die Sache umzugestalten oder wesentlich zu verändern.
(2) Der Nießbraucher eines Grundstücks darf neue Anlagen zur Gewinnung von Steinen, Kies, Sand, Lehm, Ton, Mergel, Torf und sonstigen Bodenbestandteilen errichten, sofern nicht die wirtschaftliche Bestimmung des Grundstücks dadurch wesentlich verändert wird.

1 Vgl § 1036 Rn 2.

§ 1038 Wirtschaftsplan für Wald und Bergwerk

(1) ¹Ist ein Wald Gegenstand des Nießbrauchs, so kann sowohl der Eigentümer als der Nießbraucher verlangen, dass das Maß der Nutzung und die Art der wirtschaftlichen Behandlung durch einen Wirtschaftsplan festgestellt werden. ²Tritt eine erhebliche Änderung der Umstände ein, so kann jeder Teil eine entsprechende Änderung des Wirtschaftsplans verlangen. ³Die Kosten hat jeder Teil zur Hälfte zu tragen.
(2) Das Gleiche gilt, wenn ein Bergwerk oder eine andere auf Gewinnung von Bodenbestandteilen gerichtete Anlage Gegenstand des Nießbrauchs ist.

§ 1039 Übermäßige Fruchtziehung

(1) ¹Der Nießbraucher erwirbt das Eigentum auch an solchen Früchten, die er den Regeln einer ordnungsmäßigen Wirtschaft zuwider oder die er deshalb im Übermaß zieht, weil dies infolge eines besonderen Ereignisses notwendig geworden ist. ²Er ist jedoch, unbeschadet seiner Verantwortlichkeit für ein Verschulden, verpflichtet, den Wert der Früchte dem Eigentümer bei der Beendigung des Nießbrauchs zu ersetzen und für die Erfüllung dieser Verpflichtung Sicherheit zu leisten. ³Sowohl der Eigentümer als der Nießbraucher kann verlangen, dass der zu ersetzende Betrag zur Wiederherstellung der Sache insoweit verwendet wird, als es einer ordnungsmäßigen Wirtschaft entspricht.

(2) Wird die Verwendung zur Wiederherstellung der Sache nicht verlangt, so fällt die Ersatzpflicht weg, soweit durch den ordnungswidrigen oder den übermäßigen Fruchtbezug die dem Nießbraucher gebührenden Nutzungen beeinträchtigt werden.

Der Nießbraucher ist nicht berechtigt, Übermaßfrüchte zu ziehen. Er erwirbt aber auch an solchen Früchten mit der Trennung Eigentum nach § 954 (Abs 1 S 1). Weil dieses dingliche Fruchtziehungsrecht weitergeht als die Berechtigung aus dem Nießbrauch, ist der Nießbraucher dem Eigentümer zum Ausgleich verpflichtet (Abs 1 S 2 u 3, Abs 2). 1

§ 1040 Schatz

Das Recht des Nießbrauchers erstreckt sich nicht auf den Anteil des Eigentümers an einem Schatze, der in der Sache gefunden wird.

Vgl § 984. 1

§ 1041 Erhaltung der Sache

¹Der Nießbraucher hat für die Erhaltung der Sache in ihrem wirtschaftlichen Bestand zu sorgen. ²Ausbesserungen und Erneuerungen liegen ihm nur insoweit ob, als sie zu der gewöhnlichen Unterhaltung der Sache gehören.

§ 1042 Anzeigepflicht des Nießbrauchers

¹Wird die Sache zerstört oder beschädigt oder wird eine außergewöhnliche Ausbesserung oder Erneuerung der Sache oder eine Vorkehrung zum Schutze der Sache gegen eine nicht vorhergesehene Gefahr erforderlich, so hat der Nießbraucher dem Eigentümer unverzüglich Anzeige zu machen. ²Das Gleiche gilt, wenn sich ein Dritter ein Recht an der Sache anmaßt.

§ 1043 Ausbesserung oder Erneuerung

Nimmt der Nießbraucher eines Grundstücks eine erforderlich gewordene außergewöhnliche Ausbesserung oder Erneuerung selbst vor, so darf er zu diesem Zwecke innerhalb der Grenzen einer ordnungsmäßigen Wirtschaft auch Bestandteile des Grundstücks verwenden, die nicht zu den ihm gebührenden Früchten gehören.

§ 1044 Duldung von Ausbesserungen

Nimmt der Nießbraucher eine erforderlich gewordene Ausbesserung oder Erneuerung der Sache nicht selbst vor, so hat er dem Eigentümer die Vornahme und, wenn ein Grundstück Gegenstand des Nießbrauchs ist, die Verwendung der im § 1043 bezeichneten Bestandteile des Grundstücks zu gestatten.

§ 1045 Versicherungspflicht des Nießbrauchers

(1) ¹Der Nießbraucher hat die Sache für die Dauer des Nießbrauchs gegen Brandschaden und sonstige Unfälle auf seine Kosten unter Versicherung zu bringen, wenn die Versicherung einer ordnungsmäßigen Wirtschaft entspricht. ²Die Versicherung ist so zu nehmen, dass die Forderung gegen den Versicherer dem Eigentümer zusteht.
(2) Ist die Sache bereits versichert, so fallen die für die Versicherung zu leistenden Zahlungen dem Nießbraucher für die Dauer des Nießbrauchs zur Last, soweit er zur Versicherung verpflichtet sein würde.

§ 1046 Nießbrauch an der Versicherungsforderung

(1) An der Forderung gegen den Versicherer steht dem Nießbraucher der Nießbrauch nach den Vorschriften zu, die für den Nießbrauch an einer auf Zinsen ausstehenden Forderung gelten.
(2) ¹Tritt ein unter die Versicherung fallender Schaden ein, so kann sowohl der Eigentümer als der Nießbraucher verlangen, dass die Versicherungssumme zur Wiederherstellung der Sache oder zur Beschaffung eines Ersatzes insoweit verwendet wird, als es einer ordnungsmäßigen Wirtschaft entspricht. ²Der Eigentümer kann die Verwendung selbst besorgen oder dem Nießbraucher überlassen.

§ 1047 Lastentragung

Der Nießbraucher ist dem Eigentümer gegenüber verpflichtet, für die Dauer des Nießbrauchs die auf der Sache ruhenden öffentlichen Lasten mit Ausschluss der außerordentlichen Lasten, die als auf den Stammwert der Sache gelegt anzusehen sind, sowie diejenigen privatrechtlichen Lasten zu tragen, welche schon zur Zeit der Bestellung des Nießbrauchs auf der Sache ruhten, insbesondere die Zinsen der Hypothekenforderungen und Grundschulden sowie die auf Grund einer Rentenschuld zu entrichtenden Leistungen.

§§ 1041–1047

1 I. Die Vorschriften regeln die **Pflichten des Nießbrauchers** aus dem gesetzlichen Schuldverhältnis zum Eigentümer (vgl § 1036 Rn 2).

2 II. 1. Der Nießbraucher hat die Sache in ihrem wirtschaftlichen Bestand zu erhalten und die gewöhnlichen **Erhaltungskosten** zu tragen (§ 1041). Dazu gehört auch die zeitnahe Reinvestition von Veräußerungserlösen, die der Nießbraucher erzielt (BGH NJW 02, 434; NJW-RR 06, 874). Die aus § 1041 S 1 und 2 folgenden Erhaltungspflichten des Nießbrauchers werden durch die Vorschrift des § 1050 nicht eingeschränkt (BGH NJW 09, 1810).

3 2. Tritt an der Sache eine Substanzveränderung ein, die eine Instandsetzungs- oder Instandhaltungsmaßnahme notwendig macht, so trifft den Nießbraucher eine **Anzeigepflicht** (§ 1042). Dies gilt selbst dann, wenn er den Schaden selbst behebt (Müller, Rn 3048).

4 3. Die §§ 1043, 1044 begründen für den Eigentümer und den Nießbraucher **Duldungspflichten** hins der Durchführung von Ausbesserungen und Erneuerungen.

5 4. Der Nießbraucher ist verpflichtet, für die Sache iR ordnungsmäßiger Wirtschaft **Sachversicherungen** (zB Feuer-, Einbruchsdiebstahl-, Glas-, Sturmschaden- u Hagelversicherung) abzuschließen (§ 1045 I) bzw die Kosten bereits bestehender Versicherungen zu tragen (§ 1045 II). Der Nießbraucher hat idR eine Versicherung für fremde Rechnung iSd §§ 74 ff VVG abzuschließen. An der Versicherungsforderung als Ersatz der versicherten Sache erhält der Nießbraucher einen Nießbrauch (§ 1046 I). Die Verwendung der Versicherungsforderung regelt § 1046 II.

6 5. Der Nießbraucher hat schließlich die **öffentlichen Lasten** der Sache (zB Steuern, Erschließungsbeiträge) sowie die bereits bei der Bestellung des Nießbrauchs auf der Sache vorhandenen **privatrechtlichen Lasten** (zB Zinsen der Hypothekenforderungen u

Grundschulden) zu tragen (§ 1047). Diese Lastentragungspflicht gilt nur im Innenverhältnis zwischen Nießbraucher und Eigentümer. Im Außenverhältnis zum Gläubiger bleibt der Eigentümer Schuldner.

§ 1048 Nießbrauch an Grundstück mit Inventar

(1) ¹Ist ein Grundstück samt Inventar Gegenstand des Nießbrauchs, so kann der Nießbraucher über die einzelnen Stücke des Inventars innerhalb der Grenzen einer ordnungsmäßigen Wirtschaft verfügen. ²Er hat für den gewöhnlichen Abgang sowie für die nach den Regeln einer ordnungsmäßigen Wirtschaft ausscheidenden Stücke Ersatz zu beschaffen; die von ihm angeschafften Stücke werden mit der Einverleibung in das Inventar Eigentum desjenigen, welchem das Inventar gehört.
(2) Übernimmt der Nießbraucher das Inventar zum Schätzwert mit der Verpflichtung, es bei der Beendigung des Nießbrauchs zum Schätzwert zurückzugewähren, so findet die Vorschrift des § 582 a entsprechende Anwendung.

Grds kann der Nießbraucher nicht über die Sache selbst, sondern nur über die gezogenen Nutzungen verfügen. Abs 1 gewährt ihm ausnahmsweise ein **Verfügungsrecht** über die einzelnen Inventarstücke, wenn ein Grundstück mit Inventar Gegenstand des Nießbrauchs ist. Dies gilt aber nur in den Grenzen einer ordnungsmäßigen Wirtschaft.

§ 1049 Ersatz von Verwendungen

(1) Macht der Nießbraucher Verwendungen auf die Sache, zu denen er nicht verpflichtet ist, so bestimmt sich die Ersatzpflicht des Eigentümers nach den Vorschriften über die Geschäftsführung ohne Auftrag.
(2) Der Nießbraucher ist berechtigt, eine Einrichtung, mit der er die Sache versehen hat, wegzunehmen.

Macht der Nießbraucher Verwendungen auf die Sache, die über seine Pflichten aus §§ 1041 S 2, 1047, 1048 hinausgehen, so kann er vom Eigentümer **Verwendungsersatz** nach den Vorschriften über die Geschäftsführung ohne Auftrag (§§ 683, 684 S 2, 679, 670; 684 S 1) verlangen (Abs 1). Er hat aber auch stattdessen ein **Wegnahmerecht** (Abs 2, § 258).

§ 1050 Abnutzung

Veränderungen oder Verschlechterungen der Sache, welche durch die ordnungsmäßige Ausübung des Nießbrauchs herbeigeführt werden, hat der Nießbraucher nicht zu vertreten.

Die Vorschrift ergänzt § 1041.

§ 1051 Sicherheitsleistung

Wird durch das Verhalten des Nießbrauchers die Besorgnis einer erheblichen Verletzung der Rechte des Eigentümers begründet, so kann der Eigentümer Sicherheitsleistung verlangen.

§ 1052 Gerichtliche Verwaltung mangels Sicherheitsleistung

(1) ¹Ist der Nießbraucher zur Sicherheitsleistung rechtskräftig verurteilt, so kann der Eigentümer statt der Sicherheitsleistung verlangen, dass die Ausübung des Nießbrauchs für Rechnung des Nießbrauchers einem von dem Gericht zu bestellenden Verwalter übertragen wird. ²Die Anordnung der Verwaltung ist nur zulässig, wenn dem Nießbraucher auf Antrag des Eigentümers von dem Gericht eine Frist zur Sicherheits-

leistung bestimmt worden und die Frist verstrichen ist; sie ist unzulässig, wenn die Sicherheit vor dem Ablauf der Frist geleistet wird.

(2) ¹Der Verwalter steht unter der Aufsicht des Gerichts wie ein für die Zwangsverwaltung eines Grundstücks bestellter Verwalter. ²Verwalter kann auch der Eigentümer sein.

(3) Die Verwaltung ist aufzuheben, wenn die Sicherheit nachträglich geleistet wird.

§ 1053 Unterlassungsklage bei unbefugtem Gebrauch

Macht der Nießbraucher einen Gebrauch von der Sache, zu dem er nicht befugt ist, und setzt er den Gebrauch ungeachtet einer Abmahnung des Eigentümers fort, so kann der Eigentümer auf Unterlassung klagen.

§ 1054 Gerichtliche Verwaltung wegen Pflichtverletzung

Verletzt der Nießbraucher die Rechte des Eigentümers in erheblichem Maße und setzt er das verletzende Verhalten ungeachtet einer Abmahnung des Eigentümers fort, so kann der Eigentümer die Anordnung einer Verwaltung nach § 1052 verlangen.

§§ 1051-1054

1 I. Die Vorschriften regeln die **Gefährdung** (§§ 1051, 1052) bzw **Verletzung** (§§ 1053, 1054) der Rechte des Eigentümers.

2 II. 1. Droht eine erhebliche Verletzung der Eigentümerrechte durch ein Verhalten des Nießbrauchers, so hat der Eigentümer einen Anspruch auf **Sicherheitsleistung** (§ 1051). Ein Anspruch auf Sicherheitsleistung besteht jedoch nicht mehr, wenn ein vom Nießbraucher erzielter Veräußerungserlös bereits reinvestiert wurde (BGH NJW 02, 434; V ZR 45/05, Urt v 10.3.06). Ist der Nießbraucher zur Sicherheitsleistung verurteilt, so kann der Eigentümer nach fruchtlosem Fristablauf **gerichtliche Verwaltung** beantragen (§ 1052 I). Sie entspricht der Zwangsverwaltung nach § 146 ZVG (§ 1052 II).

3 2. Bei unbefugtem Gebrauch der Sache durch den Nießbraucher kann der Eigentümer nach fruchtloser Abmahnung auf **Unterlassung** klagen (§ 1053). Das Erfordernis einer vorausgegangenen Abmahnung schränkt den allg Unterlassungsanspruch des Eigentümers aus § 1004 ein. Bei erheblichen Verletzungen der Eigentümerrechte durch den Nießbraucher kann der Eigentümer die gerichtliche Verwaltung beantragen (§ 1054). Diese kann der Nießbraucher anders als bei § 1052 nicht durch nachträgliche Sicherheitsleistung abwenden.

§ 1055 Rückgabepflicht des Nießbrauchers

(1) Der Nießbraucher ist verpflichtet, die Sache nach der Beendigung des Nießbrauchs dem Eigentümer zurückzugeben.

(2) Bei dem Nießbrauch an einem landwirtschaftlichen Grundstück finden die Vorschriften des § 596 Abs. 1 und des § 596 a, bei dem Nießbrauch an einem Landgut finden die Vorschriften des § 596 Abs. 1 und der §§ 596 a, 596 b entsprechende Anwendung.

1 Nach Beendigung des Nießbrauchs ist der Nießbraucher zur Herausgabe der Sache an den Eigentümer verpflichtet. Dieser Anspruch besteht neben § 985. Die Rückgabe hat in dem **Zustand** zu erfolgen, der sich bei ordnungsmäßiger Wirtschaft ergibt.

§ 1056 Miet- und Pachtverhältnisse bei Beendigung des Nießbrauchs

(1) Hat der Nießbraucher ein Grundstück über die Dauer des Nießbrauchs hinaus vermietet oder verpachtet, so finden nach der Beendigung des Nießbrauchs die für den

Fall der Veräußerung von vermietetem Wohnraum geltenden Vorschriften der §§ 566, 566 a, 566 b Abs. 1 und der §§ 566 c bis 566 e, 567 b entsprechende Anwendung.
(2) ¹Der Eigentümer ist berechtigt, das Miet- oder Pachtverhältnis unter Einhaltung der gesetzlichen Kündigungsfrist zu kündigen. ²Verzichtet der Nießbraucher auf den Nießbrauch, so ist die Kündigung erst von der Zeit an zulässig, zu welcher der Nießbrauch ohne den Verzicht erlöschen würde.
(3) ¹Der Mieter oder der Pächter ist berechtigt, den Eigentümer unter Bestimmung einer angemessenen Frist zur Erklärung darüber aufzufordern, ob er von dem Kündigungsrecht Gebrauch mache. ²Die Kündigung kann nur bis zum Ablauf der Frist erfolgen.

Vermietet oder verpachtet der Nießbraucher das belastete Grundstück über die Dauer 1 des Nießbrauchs hinaus, so tritt der Eigentümer bei Beendigung des Nießbrauchs in den Miet- oder Pachtvertrag ein (Abs 1 iVm § 566 I). Er kann den Vertrag jedoch grds kündigen (Abs 2 S 1 u Abs 3). Der Eigentümer ist nach dem Tode des Nießbrauchers auch dann gem § 1056 II S 1 zur Kündigung eines von dem Nießbraucher abgeschlossenen Mietvertrages berechtigt, wenn er neben weiteren Personen Miterbe des Nießbrauchers ist (BGH NJW 11, 61). Ist der Eigentümer jedoch Alleinerbe des Nießbrauchers, so tritt er in die Pflichten des Nießbrauchers aus dem Mietvertrag ein und kann den Mietvertrag nicht nach § 1056, sondern nur dann kündigen, wenn dies nach dem Mietvertrag möglich ist (BGH FamRZ 11, 1941).

§ 1057 Verjährung der Ersatzansprüche

¹Die Ersatzansprüche des Eigentümers wegen Veränderungen oder Verschlechterungen der Sache sowie die Ansprüche des Nießbrauchers auf Ersatz von Verwendungen oder auf Gestattung der Wegnahme einer Einrichtung verjähren in sechs Monaten. ²Die Vorschrift des § 548 Abs. 1 Satz 2 und 3, Abs. 2 findet entsprechende Anwendung.

Die Vorschrift gilt nur für die **Ersatzansprüche des Eigentümers** wegen Veränderungen 1 oder Verschlechterungen der Sache und die **Ansprüche des Nießbrauchers** nach § 1049.

§ 1058 Besteller als Eigentümer

Im Verhältnis zwischen dem Nießbraucher und dem Eigentümer gilt zugunsten des Nießbrauchers der Besteller als Eigentümer, es sei denn, dass der Nießbraucher weiß, dass der Besteller nicht Eigentümer ist.

Das gesetzliche Schuldverhältnis besteht zwischen Nießbraucher und Eigentümer. Ist 1 der Besteller ausnahmsweise nicht mit dem Eigentümer der Sache identisch (zB nach Veräußerung der Sache), so gilt nach dieser Vorschrift zugunsten des Nießbrauchers die **unwiderlegliche Vermutung**, dass der Besteller zugleich der Eigentümer ist. Der Eigentümer muss also alle Rechtshandlungen des Bestellers und alle Leistungen an diesen (zB Rückgabe der Sache) gegen sich gelten lassen. Diese Vermutung wird nur durch die **positive Kenntnis** des Nießbrauchers, dass der Besteller nicht Eigentümer ist, ausgeschlossen. Grobe Fahrlässigkeit schadet dem Nießbraucher also nicht. Die Kenntnis muss im Zeitpunkt der Rechtshandlung vorliegen.

§ 1059 Unübertragbarkeit; Überlassung der Ausübung

¹Der Nießbrauch ist nicht übertragbar. ²Die Ausübung des Nießbrauchs kann einem anderen überlassen werden.

Der Nießbrauch ist nach S 1 **nicht übertragbar**. Er ist unvererblich und nicht belastbar 1 (§§ 1069 II, 1274 II). Es kann aber einem Dritten die **Ausübung** des Nießbrauchs überlassen werden (S 2). Nur soweit die Ausübung einem Dritten überlassen werden kann, ist auch eine Pfändung des Nießbrauchs möglich. Diese ist daher nicht auf die Verwertung des Nießbrauchsrechts gerichtet, sondern allein auf die Befriedigung des Pfändungsgläubigers durch die Ausübung selbst (BGH NJW 06, 1124). Der Dritte erwirbt in diesem Fall gem §§ 956 II, 957 das Eigentum an Früchten und hat die Besitzschutzansprüche aus §§ 859 ff, 1007.

§ 1059 a Übertragbarkeit bei juristischer Person oder rechtsfähiger Personengesellschaft

(1) Steht ein Nießbrauch einer juristischen Person zu, so ist er nach Maßgabe der folgenden Vorschriften übertragbar:
1. Geht das Vermögen der juristischen Person auf dem Wege der Gesamtrechtsnachfolge auf einen anderen über, so geht auch der Nießbrauch auf den Rechtsnachfolger über, es sei denn, dass der Übergang ausdrücklich ausgeschlossen ist.
2. ¹Wird sonst ein von einer juristischen Person betriebenes Unternehmen oder ein Teil eines solchen Unternehmens auf einen anderen übertragen, so kann auf den Erwerber auch ein Nießbrauch übertragen werden, sofern er den Zwecken des Unternehmens oder des Teils des Unternehmens zu dienen geeignet ist. ²Ob diese Voraussetzungen gegeben sind, wird durch eine Erklärung der zuständigen Landesbehörde festgestellt. ³Die Erklärung bindet die Gerichte und die Verwaltungsbehörden. ⁴Die Landesregierungen bestimmen durch Rechtsverordnung die zuständige Landesbehörde. ⁵Die Landesregierungen können die Ermächtigung durch Rechtsverordnung auf die Landesjustizverwaltungen übertragen.

(2) Einer juristischen Person steht eine rechtsfähige Personengesellschaft gleich.

§ 1059 b Unpfändbarkeit

Ein Nießbrauch kann auf Grund der Vorschrift des § 1059 a weder gepfändet noch verpfändet noch mit einem Nießbrauch belastet werden.

§ 1059 c Übergang oder Übertragung des Nießbrauchs

(1) ¹Im Falle des Übergangs oder der Übertragung des Nießbrauchs tritt der Erwerber anstelle des bisherigen Berechtigten in die mit dem Nießbrauch verbundenen Rechte und Verpflichtungen gegenüber dem Eigentümer ein. ²Sind in Ansehung dieser Rechte und Verpflichtungen Vereinbarungen zwischen dem Eigentümer und dem Berechtigten getroffen worden, so wirken sie auch für und gegen den Erwerber.

(2) Durch den Übergang oder die Übertragung des Nießbrauchs wird ein Anspruch auf Entschädigung weder für den Eigentümer noch für sonstige dinglich Berechtigte begründet.

§ 1059 d Miet- und Pachtverhältnisse bei Übertragung des Nießbrauchs

Hat der bisherige Berechtigte das mit dem Nießbrauch belastete Grundstück über die Dauer des Nießbrauchs hinaus vermietet oder verpachtet, so sind nach der Übertragung des Nießbrauchs die für den Fall der Veräußerung von vermietetem Wohnraum geltenden Vorschriften der §§ 566 bis 566 e, 567 a und 567 b entsprechend anzuwenden.

§ 1059 e Anspruch auf Einräumung des Nießbrauchs

Steht ein Anspruch auf Einräumung eines Nießbrauchs einer juristischen Person oder einer rechtsfähigen Personengesellschaft zu, so gelten die Vorschriften der §§ 1059 a bis 1059 d entsprechend.

§§ 1059 a–1059 e

Die §§ 1059 a–1059 e gelten für alle juristischen Personen des privaten oder öffentlichen Rechts sowie für rechtsfähige Personengesellschaften (zB OHG, KG). Sie bedeuten eine **Ausn von der Nichtübertragbarkeit** des Nießbrauchs (§ 1059 S 1). 1

§ 1060 Zusammentreffen mehrerer Nutzungsrechte

Trifft ein Nießbrauch mit einem anderen Nießbrauch oder mit einem sonstigen Nutzungsrecht an der Sache dergestalt zusammen, dass die Rechte nebeneinander nicht oder nicht vollständig ausgeübt werden können, und haben die Rechte gleichen Rang, so findet die Vorschrift des § 1024 Anwendung.

Vgl § 1024. 1

§ 1061 Tod des Nießbrauchers

¹Der Nießbrauch erlischt mit dem Tode des Nießbrauchers. ²Steht der Nießbrauch einer juristischen Person oder einer rechtsfähigen Personengesellschaft zu, so erlischt er mit dieser.

§ 1062 Erstreckung der Aufhebung auf das Zubehör

Wird der Nießbrauch an einem Grundstück durch Rechtsgeschäft aufgehoben, so erstreckt sich die Aufhebung im Zweifel auf den Nießbrauch an dem Zubehör.

§ 1063 Zusammentreffen mit dem Eigentum

(1) Der Nießbrauch an einer beweglichen Sache erlischt, wenn er mit dem Eigentum in derselben Person zusammentrifft.
(2) Der Nießbrauch gilt als nicht erloschen, soweit der Eigentümer ein rechtliches Interesse an dem Fortbestehen des Nießbrauchs hat.

§ 1064 Aufhebung des Nießbrauchs an beweglichen Sachen

Zur Aufhebung des Nießbrauchs an einer beweglichen Sache durch Rechtsgeschäft genügt die Erklärung des Nießbrauchers gegenüber dem Eigentümer oder dem Besteller, dass er den Nießbrauch aufgebe.

§§ 1061–1064

Der **Nießbrauch** an Sachen **erlischt** nach § 1061 mit dem Tod bzw bei juristischen Personen dem Erlöschen des Nießbrauchers. Weitere Fälle des Erlöschens sind bei beweglichen Sachen die Aufhebung durch Erklärung des Nießbrauchers ggü dem Eigentümer oder Besteller (§ 1064) und die Vereinigung des Nießbrauchs mit dem Eigentum in einer Person (§ 1063 I). Der Nießbrauch an einem Grundstück kann durch Rechtsgeschäft aufgehoben werden (§§ 875, 876, vgl § 1062). Weiter kann der Nießbrauch an Sachen durch Eintritt einer auflösenden Bedingung oder eines Endtermins (§§ 158 II, 163) oder durch Hoheitsakt, zB durch den Zuschlag in der Zwangsversteigerung (§§ 91, 52 I, 44 I, 49 I ZVG) erlöschen. 1

§ 1065 Beeinträchtigung des Nießbrauchsrechts

Wird das Recht des Nießbrauchers beeinträchtigt, so finden auf die Ansprüche des Nießbrauchers die für die Ansprüche aus dem Eigentum geltenden Vorschriften entsprechende Anwendung.

1 Der Nießbrauch ist nach dieser Vorschrift in gleicher Weise **wie das Eigentum** geschützt. Der Nießbraucher hat also die Ansprüche entspr §§ 985, 987 ff, 1004 ff. Die Vorschrift ist freilich nicht auf die Rechtsbeziehung zwischen dem Nießbraucher und demjenigen, der die Ausübung des Nießbrauchs gepfändet hat, anzuwenden (BGH NJW 06, 1124). Für einen behaupteten Nießbrauch spricht die gesetzliche **Vermutung** des § 1006. Der Nießbrauch ist **sonstiges Recht** iSd § 823 I. Der **Besitz** des Nießbrauchers ist nach §§ 859 ff, **1007** geschützt.

§ 1066 Nießbrauch am Anteil eines Miteigentümers

(1) Besteht ein Nießbrauch an dem Anteil eines Miteigentümers, so übt der Nießbraucher die Rechte aus, die sich aus der Gemeinschaft der Miteigentümer in Ansehung der Verwaltung der Sache und der Art ihrer Benutzung ergeben.
(2) Die Aufhebung der Gemeinschaft kann nur von dem Miteigentümer und dem Nießbraucher gemeinschaftlich verlangt werden.
(3) Wird die Gemeinschaft aufgehoben, so gebührt dem Nießbraucher der Nießbrauch an den Gegenständen, welche an die Stelle des Anteils treten.

§ 1067 Nießbrauch an verbrauchbaren Sachen

(1) ¹Sind verbrauchbare Sachen Gegenstand des Nießbrauchs, so wird der Nießbraucher Eigentümer der Sachen; nach der Beendigung des Nießbrauchs hat er dem Besteller den Wert zu ersetzen, den die Sachen zur Zeit der Bestellung hatten. ²Sowohl der Besteller als der Nießbraucher kann den Wert auf seine Kosten durch Sachverständige feststellen lassen.
(2) Der Besteller kann Sicherheitsleistung verlangen, wenn der Anspruch auf Ersatz des Wertes gefährdet ist.

1 An verbrauchbaren Sachen ist ein Nießbrauch nicht möglich, weil bei ihnen der den Nießbrauch kennzeichnende Gebrauch bei gleichzeitiger Erhaltung der Substanz nicht möglich ist. Es kommt daher nur der **uneigentliche Nießbrauch** in Betracht. Der Nießbraucher wird mit Bestellung des Nießbrauchs Eigentümer der Sachen, hat aber nach Ende des Nießbrauchs dem Besteller den Wert zu ersetzen. Auch hier gelten zugunsten des gutgläubigen Nießbrauchers die §§ 932 ff, 937 ff entspr (Wieling, § 14 I 1 c).

Untertitel 2
Nießbrauch an Rechten

§ 1068 Gesetzlicher Inhalt des Nießbrauchs an Rechten

(1) Gegenstand des Nießbrauchs kann auch ein Recht sein.
(2) Auf den Nießbrauch an Rechten finden die Vorschriften über den Nießbrauch an Sachen entsprechende Anwendung, soweit sich nicht aus den §§ 1069 bis 1084 ein anderes ergibt.

1 I. Gegenstand eines Nießbrauchs kann auch ein **Recht** sein (Abs 1). Dieses muss aber unmittelbare oder mittelbare **Nutzungen** gewähren können (zB Grundschulden, Forderungen, Aktien, GmbH-Anteile, Urheber- und Patentrechte, Erbteile) und **übertragbar** sein (§ 1069 II). Auch der Nießbrauch an Rechten gewährt dem Nießbraucher ein Recht auf die **Nutzungen**.
2 II. Auf den Nießbrauch an Rechten finden die Vorschriften über den Nießbrauch an Sachen **entsprechende Anwendung**, soweit sie ihrem Sinn nach für den Nießbrauch an Rechten passen (Abs 2).

§ 1069 Bestellung

(1) Die Bestellung des Nießbrauchs an einem Recht erfolgt nach den für die Übertragung des Rechts geltenden Vorschriften.
(2) An einem Recht, das nicht übertragbar ist, kann ein Nießbrauch nicht bestellt werden.

Die rechtsgeschäftliche **Bestellung** des Nießbrauchs an einem Recht erfolgt nach den 1 für die Übertragung des Rechts geltenden Vorschriften (Abs 1). Sie verlangt also zB bei Forderungen eine formlose Einigung analog § 398, während bei Hypotheken Einigung und Eintragung bzw Briefübergabe erforderlich sind (§ 1154). Ein **gutgläubiger Erwerb** des Nießbrauchs an Rechten vom Nichtberechtigten kommt ausnahmsweise dann in Betracht, wenn dies durch spezielle Vorschriften zugelassen wird (zB nach §§ 405, 2366, 932, 892, 1138).

§ 1070 Nießbrauch an Recht auf Leistung

(1) Ist ein Recht, kraft dessen eine Leistung gefordert werden kann, Gegenstand des Nießbrauchs, so finden auf das Rechtsverhältnis zwischen dem Nießbraucher und dem Verpflichteten die Vorschriften entsprechende Anwendung, welche im Falle der Übertragung des Rechts für das Rechtsverhältnis zwischen dem Erwerber und dem Verpflichteten gelten.
(2) ¹Wird die Ausübung des Nießbrauchs nach § 1052 einem Verwalter übertragen, so ist die Übertragung dem Verpflichteten gegenüber erst wirksam, wenn er von der getroffenen Anordnung Kenntnis erlangt oder wenn ihm eine Mitteilung von der Anordnung zugestellt wird. ²Das Gleiche gilt von der Aufhebung der Verwaltung.

Gewährt das belastete Recht Ansprüche, so gehen diese mit der Entstehung des 1 Nießbrauchs ohne weiteres auf den Nießbraucher über. Der **Schuldner** wird nach Abs 1 **wie bei der Abtretung** geschützt (§§ 401–411, 1156, 1158 f). Ein entspr Schutz besteht hins des Eintritts und der Aufhebung der gerichtlichen Verwaltung nach § 1052 (Abs 2).

§ 1071 Aufhebung oder Änderung des belasteten Rechts

(1) ¹Ein dem Nießbrauch unterliegendes Recht kann durch Rechtsgeschäft nur mit Zustimmung des Nießbrauchers aufgehoben werden. ²Die Zustimmung ist demjenigen gegenüber zu erklären, zu dessen Gunsten sie erfolgt; sie ist unwiderruflich. ³Die Vorschrift des § 876 Satz 3 bleibt unberührt.
(2) Das Gleiche gilt im Falle einer Änderung des Rechts, sofern sie den Nießbrauch beeinträchtigt.

§ 1072 Beendigung des Nießbrauchs

Die Beendigung des Nießbrauchs tritt nach den Vorschriften der §§ 1063, 1064 auch dann ein, wenn das dem Nießbrauch unterliegende Recht nicht ein Recht an einer beweglichen Sache ist.

Das **Erlöschen des Nießbrauchs** tritt bei Rechten in folgenden Fällen ein: **Tod** bzw **Er-** 1 **löschen** des Nießbrauchers (zB bei juristischen Personen), **Aufhebung** durch einseitige formlose Erklärung des Nießbrauchers, wobei dies beim Nießbrauch an Rechten auch dann gilt, wenn das belastete Recht nicht an einer beweglichen Sache besteht (§§ 1064, 1072), **Vereinigung** von Nießbrauch und Recht in einer Person (§§ 1063 I, 1072) und **Aufhebung des belasteten Rechts** mit Zustimmung des Nießbrauchers (§ 1071).

§ 1073 Nießbrauch an einer Leibrente

Dem Nießbraucher einer Leibrente, eines Auszugs oder eines ähnlichen Rechts gebühren die einzelnen Leistungen, die auf Grund des Rechts gefordert werden können.

1 Der Nießbraucher ist **Gläubiger** der einzelnen Leistungen aus den genannten Rechten. Er klagt sie daher aus eigenem Recht ein.

§ 1074 Nießbrauch an einer Forderung; Kündigung und Einziehung

¹Der Nießbraucher einer Forderung ist zur Einziehung der Forderung und, wenn die Fälligkeit von einer Kündigung des Gläubigers abhängt, zur Kündigung berechtigt. ²Er hat für die ordnungsmäßige Einziehung zu sorgen. ³Zu anderen Verfügungen über die Forderung ist er nicht berechtigt.

1 I. Besondere Regeln stellt das Gesetz für den **Nießbrauch an Forderungen** auf (§§ 1074–1080). Dabei unterscheidet es zwischen **verzinslichen** (§§ 1076–1079) und **unverzinslichen Forderungen** (§§ 1074–1075).

2 II. Bei **unverzinslichen Forderungen** scheidet die Nutzung der Forderung selbst aus. Inhalt des Nießbrauchs ist damit die alleinige **Befugnis zur Einziehung** und, falls dies für die Fälligkeit der Forderung erforderlich ist, zur **Kündigung** (S 1). Zu anderen Verfügungen über die Forderung wie zB Abtretung oder Erlass ist er nicht berechtigt (S 3).

1075 Wirkung der Leistung

(1) Mit der Leistung des Schuldners an den Nießbraucher erwirbt der Gläubiger den geleisteten Gegenstand und der Nießbraucher den Nießbrauch an dem Gegenstand.
(2) Werden verbrauchbare Sachen geleistet, so erwirbt der Nießbraucher das Eigentum; die Vorschrift des § 1067 findet entsprechende Anwendung.

1 Zu leisten ist an den Nießbraucher, nicht an den Gläubiger der Forderung. Mit der Leistung an den Nießbraucher erwirbt der Gläubiger Eigentum am geleisteten Gegenstand (Abs 1). Der Nießbraucher erwirbt den Nießbrauch am Leistungsgegenstand. Der geleistete Gegenstand tritt also an die Stelle der Forderung. Leistet der Schuldner eine Sache, so verwandelt sich folglich der Rechtsnießbrauch in einen gewöhnlichen Sachnießbrauch.

§ 1076 Nießbrauch an verzinslicher Forderung

Ist eine auf Zinsen ausstehende Forderung Gegenstand des Nießbrauchs, so gelten die Vorschriften der §§ 1077 bis 1079.

§ 1077 Kündigung und Zahlung

(1) ¹Der Schuldner kann das Kapital nur an den Nießbraucher und den Gläubiger gemeinschaftlich zahlen. ²Jeder von beiden kann verlangen, dass an sie gemeinschaftlich gezahlt wird; jeder kann statt der Zahlung die Hinterlegung für beide fordern.
(2) ¹Der Nießbraucher und der Gläubiger können nur gemeinschaftlich kündigen. ²Die Kündigung des Schuldners ist nur wirksam, wenn sie dem Nießbraucher und dem Gläubiger erklärt wird.

1 Bei verzinslichen Forderungen hat der Nießbraucher Anspruch auf die **Zinsen**. Da hier die Forderung dauernd Früchte trägt, muss verhindert werden, dass der Nießbraucher die Substanz gegen den Willen des Gläubigers verändert. Deshalb sind Gläubiger und Nießbraucher nur **gemeinschaftlich einziehungsberechtigt** (Abs 1 S 2). Der Schuldner kann nur an beide gemeinschaftlich zahlen (Abs 1 S 1), und beide können nur gemeinschaftlich kündigen (Abs 2 S 1).

§ 1078 Mitwirkung zur Einziehung

¹Ist die Forderung fällig, so sind der Nießbraucher und der Gläubiger einander verpflichtet, zur Einziehung mitzuwirken. ²Hängt die Fälligkeit von einer Kündigung ab, so kann jeder Teil die Mitwirkung des anderen zur Kündigung verlangen, wenn die Einziehung der Forderung wegen Gefährdung ihrer Sicherheit nach den Regeln einer ordnungsmäßigen Vermögensverwaltung geboten ist.

§ 1079 Anlegung des Kapitals

¹Der Nießbraucher und der Gläubiger sind einander verpflichtet, dazu mitzuwirken, dass das eingezogene Kapital nach den für die Anlegung von Mündelgeld geltenden Vorschriften verzinslich angelegt und gleichzeitig dem Nießbraucher der Nießbrauch bestellt wird. ²Die Art der Anlegung bestimmt der Nießbraucher.

§ 1080 Nießbrauch an Grund- oder Rentenschuld

Die Vorschriften über den Nießbrauch an einer Forderung gelten auch für den Nießbrauch an einer Grundschuld und an einer Rentenschuld.

§ 1081 Nießbrauch an Inhaber- oder Orderpapieren

(1) ¹Ist ein Inhaberpapier oder ein Orderpapier, das mit Blankoindossament versehen ist, Gegenstand des Nießbrauchs, so steht der Besitz des Papiers und des zu dem Papiere gehörenden Erneuerungsscheins dem Nießbraucher und dem Eigentümer gemeinschaftlich zu. ²Der Besitz des zu dem Papier gehörenden Zins-, Renten- oder Gewinnanteilscheine steht dem Nießbraucher zu.
(2) Zur Bestellung des Nießbrauchs genügt anstelle der Übergabe des Papiers die Einräumung des Mitbesitzes.

Besonderheiten gelten für den **Nießbrauch an Wertpapieren** (§§ 1081–1084). Diese Papiere sind in Abs 1 abschließend aufgezählt. Es handelt sich um **Inhaberpapiere** (zB Schuldverschreibungen auf den Inhaber iSd §§ 783–807, Inhaberaktien) und **mit Blankoindossament versehene Orderpapiere** (zB Namensaktien nach §§ 67 ff AktG, Wechsel nach Art 11 ff WG, Schecks nach Art. 14 ff SchG, Orderpapiere des § 363 HGB). Nach Abs 1 steht der **Besitz am Wertpapier** dem Nießbraucher und dem Eigentümer gemeinschaftlich zu. Die **Bestellung des Nießbrauchs** erfolgt wie bei beweglichen Sachen durch Einigung und Übergabe, wobei die Einräumung des Mitbesitzes genügt (Abs 2). 1

§ 1082 Hinterlegung

Das Papier ist nebst dem Erneuerungsschein auf Verlangen des Nießbrauchers oder des Eigentümers bei einer Hinterlegungsstelle mit der Bestimmung zu hinterlegen, dass die Herausgabe nur von dem Nießbraucher und dem Eigentümer gemeinschaftlich verlangt werden kann.

§ 1083 Mitwirkung zur Einziehung

(1) Der Nießbraucher und der Eigentümer des Papiers sind einander verpflichtet, zur Einziehung des fälligen Kapitals, zur Beschaffung neuer Zins-, Renten- oder Gewinnanteilscheine sowie zu sonstigen Maßnahmen mitzuwirken, die zur ordnungsmäßigen Vermögensverwaltung erforderlich sind.
(2) ¹Im Falle der Einlösung des Papiers findet die Vorschrift des § 1079 Anwendung.
²Eine bei der Einlösung gezahlte Prämie gilt als Teil des Kapitals.

§ 1084 Verbrauchbare Sachen

Gehört ein Inhaberpapier oder ein Orderpapier, das mit Blankoindossament versehen ist, nach § 92 zu den verbrauchbaren Sachen, so bewendet es bei der Vorschrift des § 1067.

Untertitel 3
Nießbrauch an einem Vermögen

§ 1085 Bestellung des Nießbrauchs an einem Vermögen

¹Der Nießbrauch an dem Vermögen einer Person kann nur in der Weise bestellt werden, dass der Nießbraucher den Nießbrauch an den einzelnen zu dem Vermögen gehörenden Gegenständen erlangt. ²Soweit der Nießbrauch bestellt ist, gelten die Vorschriften der §§ 1086 bis 1088.

1 I. Der Nießbrauch an einem **Vermögen** stellt seinem Wesen nach eine **Summe von Nießbrauchsrechten an den einzelnen Gegenständen** (Grundstücken, beweglichen Sachen und Rechten) dar. Die Bestellung ist also nur im Wege der **Einzelbestellung** nach den jeweils geltenden besonderen Vorschriften möglich, die für die Bestellung an den betr Gegenständen gelten (S 1). Dies ist wichtig, wenn das Vermögen in seinem Bestand wechselt: Scheidet ein belasteter Gegenstand, zB durch Veräußerung, aus dem Vermögen des Bestellers aus, so bleibt der Nießbrauch an dem Gegenstand bestehen. Andererseits erstreckt sich der Nießbrauch an dem Vermögen nicht automatisch auf neu in das Vermögen gelangende Gegenstände.

2 II. Umstr ist, ob es einen einheitlichen **Nießbrauch an einem Unternehmen** gibt. In § 22 II HGB und § 151 II VVG wird er vorausgesetzt. Der Nießbrauch kann nur an den einzelnen Gegenständen des Unternehmens nach den jeweiligen Regeln bestellt werden. Die §§ 1085 ff greifen nicht ein, es sei denn, das Unternehmen erscheint als das im Wesentlichen ganze Vermögen des Inhabers.

3 Der Eigentümer behält sein Eigentum am **Anlagevermögen**. Am **Umlaufvermögen** (verbrauchbare Sachen) erwirbt dag der Nießbraucher gem § 1067 Eigentum. Analog § 1048 kann der Nießbraucher iR einer ordnungsgemäßen Wirtschaft über Inventarstücke verfügen, doch muss er die bisherige wirtschaftliche Bestimmung des Unternehmens aufrechterhalten (§§ 1036 II, 1037, 1041). Dem Nießbraucher steht weiterhin entgg §§ 1074, 1079 eine **Verfügungsbefugnis über Forderungen** des Unternehmens iR einer ordnungsgemäßen Wirtschaft zu (Soergel/Stürner § 1085 Rn 8; Palandt/Bassenge § 1085 Rn 4).

4 Eine weitere Besonderheit besteht darin, dass sich der Unternehmensnießbrauch entgg §§ 1085 S 1, 1069 II auch auf den „goodwill" (zB Ruf, Kundenstamm usw) erstreckt. Der Nießbraucher erhält also eine **echte Unternehmerstellung** (BGH DB 75, 146; Jauernig/Berger § 1085 Rn 7).

§ 1086 Rechte der Gläubiger des Bestellers

¹Die Gläubiger des Bestellers können, soweit ihre Forderungen vor der Bestellung entstanden sind, ohne Rücksicht auf den Nießbrauch Befriedigung aus den dem Nießbrauch unterliegenden Gegenständen verlangen. ²Hat der Nießbraucher das Eigentum an verbrauchbaren Sachen erlangt, so tritt an die Stelle der Sachen der Anspruch des Bestellers auf Ersatz des Wertes; der Nießbraucher ist den Gläubigern gegenüber zum sofortigen Ersatz verpflichtet.

1 Das Rechtsproblem des Nießbrauchs an einem Vermögen besteht darin, dass den Gläubigern des Bestellers durch die Einräumung des Nießbrauchs am Vermögen ein zugriffsfähiges Vermögen entzogen und diese so benachteiligt werden können. Dies sollen die §§ 1086–1088 verhindern. Nach § 1086 können sich die Gläubiger des Be-

stellers, deren Forderungen bereits **vor der Bestellung** des Nießbrauchs entstanden sind, ohne Rücksicht auf den Nießbrauch an das Vermögen des Bestellers halten und aus den dazu gehörenden Gegenständen Befriedigung verlangen. Dadurch wird die Möglichkeit einer Verschiebung des Vermögens vom Besteller auf den Nießbraucher und eine dadurch verursachte Schädigung der alten Gläubiger verhindert. Andererseits läuft der Nießbraucher nicht Gefahr, dass sein Nießbrauch durch nachträglich entstehende Forderungen entwertet werde.

Im **Außenverhältnis** zwischen dem Nießbraucher und den Gläubigern des Bestellers haben letztere nach S 1 gegen den Nießbraucher einen Anspruch auf **Duldung der Zwangsvollstreckung.** Sie bedürfen dazu eines Titels gegen den Besteller auf Leistung und gegen den Nießbraucher auf Duldung der Zwangsvollstreckung (§ 737 ZPO). Der Nießbraucher ist daneben unter den Voraussetzungen des § 1088 zur **Leistung** von Zinsen und wiederkehrenden Leistungen verpflichtet. 2

§ 1087 Verhältnis zwischen Nießbraucher und Besteller

(1) ¹Der Besteller kann, wenn eine vor der Bestellung entstandene Forderung fällig ist, von dem Nießbraucher Rückgabe der zur Befriedigung des Gläubigers erforderlichen Gegenstände verlangen. ²Die Auswahl steht ihm zu; er kann jedoch nur die vorzugsweise geeigneten Gegenstände auswählen. ³Soweit die zurückgegebenen Gegenstände ausreichen, ist der Besteller dem Nießbraucher gegenüber zur Befriedigung des Gläubigers verpflichtet.

(2) ¹Der Nießbraucher kann die Verbindlichkeit durch Leistung des geschuldeten Gegenstands erfüllen. ²Gehört der geschuldete Gegenstand nicht zum dem Vermögen, das dem Nießbrauch unterliegt, so ist der Nießbraucher berechtigt, zum Zwecke der Befriedigung des Gläubigers einen zu dem Vermögen gehörenden Gegenstand zu veräußern, wenn die Befriedigung durch den Besteller nicht ohne Gefahr abgewartet werden kann. ³Er hat einen vorzugsweise geeigneten Gegenstand auszuwählen. ⁴Soweit er zum Ersatz des Wertes verbrauchbarer Sachen verpflichtet ist, darf er eine Veräußerung nicht vornehmen.

Im **Innenverhältnis** zwischen dem Nießbraucher und dem Besteller kann letzterer die zur Befriedigung des Gläubigers erforderlichen Gegenstände vom Nießbraucher herausverlangen (Abs 1 S 1). Durch die Nießbrauchbestellung ändert sich aber nichts daran, dass der Besteller Schuldner seiner Gläubiger bleibt. Die Schuld geht nicht auf den Nießbraucher über. Der Nießbraucher hat aber unter bestimmten Voraussetzungen das Recht, den Gläubiger selbst zu befriedigen. Dies gilt insb dann, wenn sich die Forderung auf einen bestimmten Gegenstand richtet. Diesen kann der Nießbraucher selbst an den Gläubiger herausgeben und damit die Verbindlichkeit erfüllen (Abs 2 S 1). Anderenfalls darf der Nießbraucher nur dann einzelne mit dem Nießbrauch belastete Gegenstände veräußern und den Gläubiger aus dem Erlös befriedigen, wenn die Befriedigung durch den Besteller nicht ohne Gefahr abgewartet werden kann (Abs 2 S 2). Dies ist insb dann der Fall, wenn sonst die Zwangsvollstreckung in das Vermögen droht. 1

§ 1088 Haftung des Nießbrauchers

(1) ¹Die Gläubiger des Bestellers, deren Forderungen schon zur Zeit der Bestellung verzinslich waren, können die Zinsen für die Dauer des Nießbrauchs auch von dem Nießbraucher verlangen. ²Das Gleiche gilt von anderen wiederkehrenden Leistungen, die bei ordnungsmäßiger Verwaltung aus den Einkünften des Vermögens bestritten werden, wenn die Forderung vor der Bestellung des Nießbrauchs entstanden ist.

(2) Die Haftung des Nießbrauchers kann nicht durch Vereinbarung zwischen ihm und dem Besteller ausgeschlossen oder beschränkt werden.

(3) ¹Der Nießbraucher ist dem Besteller gegenüber zur Befriedigung der Gläubiger wegen der im Absatz 1 bezeichneten Ansprüche verpflichtet. ²Die Rückgabe von Gegen-

ständen zum Zwecke der Befriedigung kann der Besteller nur verlangen, wenn der Nießbraucher mit der Erfüllung dieser Verbindlichkeit in Verzug kommt.

§ 1089 Nießbrauch an einer Erbschaft

Die Vorschriften der §§ 1085 bis 1088 finden auf den Nießbrauch an einer Erbschaft entsprechende Anwendung.

Titel 3
Beschränkte persönliche Dienstbarkeiten

§ 1090 Gesetzlicher Inhalt der beschränkten persönlichen Dienstbarkeit

(1) Ein Grundstück kann in der Weise belastet werden, dass derjenige, zu dessen Gunsten die Belastung erfolgt, berechtigt ist, das Grundstück in einzelnen Beziehungen zu benutzen, oder dass ihm eine sonstige Befugnis zusteht, die den Inhalt einer Grunddienstbarkeit bilden kann (beschränkte persönliche Dienstbarkeit).
(2) Die Vorschriften der §§ 1020 bis 1024, 1026 bis 1029, 1061 finden entsprechende Anwendung.

§ 1091 Umfang

Der Umfang einer beschränkten persönlichen Dienstbarkeit bestimmt sich im Zweifel nach dem persönlichen Bedürfnis des Berechtigten.

§ 1092 Unübertragbarkeit; Überlassung der Ausübung

(1) ¹Eine beschränkte persönliche Dienstbarkeit ist nicht übertragbar. ²Die Ausübung der Dienstbarkeit kann einem anderen nur überlassen werden, wenn die Überlassung gestattet ist.
(2) Steht eine beschränkte persönliche Dienstbarkeit oder der Anspruch auf Einräumung einer beschränkten persönlichen Dienstbarkeit einer juristischen Person oder einer rechtsfähigen Personengesellschaft zu, so gelten die Vorschriften der §§ 1059 a bis 1059 d entsprechend.
(3) ¹Steht einer juristischen Person oder einer rechtsfähigen Personengesellschaft eine beschränkte persönliche Dienstbarkeit zu, die dazu berechtigt, ein Grundstück für Anlagen zur Fortleitung von Elektrizität, Gas, Fernwärme, Wasser, Abwasser, Öl oder Rohstoffen einschließlich aller dazugehörigen Anlagen, die der Fortleitung unmittelbar dienen, für Telekommunikationsanlagen, für Anlagen zum Transport von Produkten zwischen Betriebsstätten eines oder mehrerer privater oder öffentlicher Unternehmen oder für Straßenbahn- oder Eisenbahnanlagen zu benutzen, so ist die Dienstbarkeit übertragbar. ²Die Übertragbarkeit umfasst nicht das Recht, die Dienstbarkeit nach ihren Befugnissen zu teilen. ³Steht ein Anspruch auf Einräumung einer solchen beschränkten persönlichen Dienstbarkeit einer der in Satz 1 genannten Personen zu, so ist der Anspruch übertragbar. ⁴Die Vorschriften der §§ 1059 b bis 1059 d gelten entsprechend.

§§ 1090–1092

1 I. Die beschränkte persönliche Dienstbarkeit entspricht ihrem **Inhalt** nach der Grunddienstbarkeit (§ 1090 I), unterscheidet sich von dieser aber dadurch, dass Berechtigter nur eine **bestimmte Person** sein kann (**subjektiv-persönliches Recht**). Die Dienstbarkeit muss daher, anders als die Grunddienstbarkeit (§ 1019), nicht auf Vorteile eines anderen Grundstücks ausgerichtet sein, sondern ist auf die **persönlichen Bedürfnisse** des Berechtigten bezogen (§ 1091).

II. Auch die beschränkte persönliche Dienstbarkeit wird gem § 873 I durch **Einigung und Eintragung** im Grundbuch bestellt. Da die beschränkte persönliche Dienstbarkeit **personengebunden** ist, kann sie **nicht übertragen** (§ 1092 I 1), ihre **Ausübung** aber einem Dritten **überlassen** werden, sofern eine Gestattung dahingehend besteht (§ 1092 I 2). Gegen Beeinträchtigungen der Dienstbarkeit stehen dem Berechtigten die **Ansprüche** aus §§ 1027, 1029 zu (§ 1090 II). Denkbar erscheint auch die Verletzung eines sonstigen Rechts iSd § 823 I (BGH VersR 12, 447).

§ 1093 Wohnungsrecht

(1) ¹Als beschränkte persönliche Dienstbarkeit kann auch das Recht bestellt werden, ein Gebäude oder einen Teil eines Gebäudes unter Ausschluss des Eigentümers als Wohnung zu benutzen. ²Auf dieses Recht finden die für den Nießbrauch geltenden Vorschriften der §§ 1031, 1034, 1036, des § 1037 Abs. 1 und der §§ 1041, 1042, 1044, 1049, 1050, 1057, 1062 entsprechende Anwendung.
(2) Der Berechtigte ist befugt, seine Familie sowie die zur standesmäßigen Bedienung und zur Pflege erforderlichen Personen in die Wohnung aufzunehmen.
(3) Ist das Recht auf einen Teil des Gebäudes beschränkt, so kann der Berechtigte die zum gemeinschaftlichen Gebrauch der Bewohner bestimmten Anlagen und Einrichtungen mitbenutzen.

Eine besondere Ausprägung der beschränkten persönlichen Dienstbarkeit ist das in dieser Bestimmung geregelte **dingliche Wohnrecht**. Es unterscheidet sich von der gewöhnlichen Dienstbarkeit dadurch, dass die Nutzung nur **Wohnzwecken** dient und der **Eigentümer** einen **Ausschluss von der Mitbenutzung** erfährt. Der Unterschied zum Nießbrauch besteht darin, dass sich das Wohnrecht auf die Nutzung zu Wohnzwecken beschränkt und seine Überlassung an Dritte zur Ausübung einer besonderen Gestattung bedarf (§ 1092 I 2 mit der Ausn in § 1093 II). Die Eintragung eines Wohnungsrechts gem § 1039 zusätzlich zu einem Nießbrauch des Berechtigten, der dasselbe Grundstück betrifft, ist mangels eines rechtlich geschützten Interesses des Nießbrauchers unzulässig (OLG Frankfurt a.M. Beschl v 15.4.08 Az 20 W 53/07; OLG Hamm FGPrax 97, 168). Ein in der Person des Berechtigten liegendes Ausübungshindernis führt nicht generell zum Erlöschen des Wohnungsrechts, selbst wenn das Hindernis auf Dauer besteht (BGH NJW 07, 1884).

Abschnitt 5
Vorkaufsrecht

§ 1094 Gesetzlicher Inhalt des dinglichen Vorkaufsrechts

(1) Ein Grundstück kann in der Weise belastet werden, dass derjenige, zu dessen Gunsten die Belastung erfolgt, dem Eigentümer gegenüber zum Vorkauf berechtigt ist.
(2) Das Vorkaufsrecht kann auch zugunsten des jeweiligen Eigentümers eines anderen Grundstücks bestellt werden.

I. Das dingliche Vorkaufsrecht gewährt dem Inhaber für einen, mehrere oder alle Verkaufsfälle (§ 1097) das Recht, in einen zwischen dem Eigentümer und einem dritten Käufer geschlossenen **Kaufvertrag** über ein Grundstück zu den Bedingungen dieses Vertrages **einzutreten** (§§ 1098 I 1, 464 II). Der dingliche Charakter des Vorkaufsrechts kommt in der Unwirksamkeit einer Übereignung an einen Dritten gem §§ 1098 II, 883 II ggü dem Vorkaufsberechtigten zum Ausdruck. Wegen dieser **relativen Unwirksamkeit** ist der Eigentümer des mit dem Vorkaufsrecht belasteten Grundstücks in der Lage, trotz der bereits erfolgten Übereignung des Grundstücks an einen Dritten die Übereignung auf den dinglichen Vorkaufsberechtigten vorzunehmen. Ein rein **schuldrechtliches Vorkaufsrecht** nach §§ 463 ff hätte nach erfolgter Übereignung an einen Dritten nur noch einen Schadensersatzanspruch des Berechtigten zur Folge.

2 Die Verweisung des § 1098 I auf die §§ 463 ff bedeutet nicht, dass dem dinglichen Vorkaufsrecht ein schuldrechtlich begründetes Vorkaufsrecht zugrunde liegt. Die gem § 1098 I eintretenden **schuldrechtlichen Folgen** ergeben sich vielmehr unmittelbar aus der dinglichen Berechtigung. Die Lage kann also mit derjenigen verglichen werden, die gem § 1108 für die Reallast gilt. Jeder Eigentümer eines mit einem Vorkaufsrecht belasteten Grundstücks ist daher im Falle der wirksamen Ausübung des Vorkaufsrechts der zur Übereignung Verpflichtete. Dies wird bei einer Bestellung des Vorkaufsrechts für mehrere Verkaufsfälle nach § 1097 aktuell.

3 Von dieser in § 1098 geregelten Wirkung des dinglichen Vorkaufsrechts ist das **schuldrechtliche Kausalgeschäft** zu unterscheiden. Dies kann ein Kaufvertrag (zur kaufähnlichen Ausgestaltung eines Langzeitpachtvertrages als „Umgehungsgeschäft": OLG Hamm NJW-RR 12, 1484), eine Schenkung, va aber auch ein schuldrechtliches Vorkaufsrecht nach §§ 463 ff sein. Fehlt ein Kausalgeschäft oder ist es unwirksam, so ist das dingliche Vorkaufsrecht kondizierbar bzw der Eigentümer und der akzessorisch haftende Käufer (§§ 1098 II, 888 I) können bei einer Inanspruchnahme im Vorkaufsfall die Einrede der Bereicherung (§ 821) geltend machen.

4 II. Das Vorkaufsrecht kann als **subjektiv-dingliches** Recht zugunsten des jeweiligen Eigentümers eines bestimmten anderen Grundstücks (Abs 2) oder als **subjektiv-persönliches** Recht zugunsten einer bestimmten Person bestellt werden (vgl § 1103). Die **Bestellung** erfolgt gem §§ 873 I, 1094 durch **Einigung** zwischen dem Eigentümer und dem Berechtigten über das Vorkaufsrecht für einen oder mehrere Verkaufsfälle sowie **Eintragung** des Vorkaufsrechts in das Grundbuch. Ob die Parteien eine Vorkaufsberechtigung bereits ab dem Vertragsschluss und unabhängig von der Eintragung des dinglichen Vorkaufrechts im Grundbuch angestrebt haben, ist anhand der Auslegung der rechtsgeschäftlichen Regelungen im Lichte der von den Parteien gewollten Absicherung zu ermitteln. Dies kann dazu führen, dass neben der Bestellung eines dinglichen von derjenigen eines schuldrechtliches Vorkaufsrechts auszugehen ist (BGH MDR 14, 145). Anders als das schuldrechtliche Vorkaufsrecht kann sich das dingliche nur auf Grundstücke und grundstücksgleiche Rechte (Erbbaurecht) beziehen. Sein gesetzlicher Inhalt ist nicht erweiterbar. So ist es unzulässig, ein dingliches Vorkaufsrecht mit einem festen Preis zu vereinbaren (BGH NJW 01, 2883), während dies bei einem schuldrechtlichen Vorkaufsrecht wegen der Vertragsfreiheit möglich ist (Palandt/Weidenkaff Vorb v § 463 Rn 6 f).

§ 1095 Belastung eines Bruchteils

Ein Bruchteil eines Grundstücks kann mit dem Vorkaufsrecht nur belastet werden, wenn er in dem Anteil eines Miteigentümers besteht.

1 Nach dieser Vorschrift ist auch ein **Miteigentumsanteil** (§§ 1008 ff) mit einem Vorkaufsrecht belastbar.

§ 1096 Erstreckung auf Zubehör

¹Das Vorkaufsrecht kann auf das Zubehör erstreckt werden, das mit dem Grundstück verkauft wird. ²Im Zweifel ist anzunehmen, dass sich das Vorkaufsrecht auf dieses Zubehör erstrecken soll.

1 Vgl §§ 97 f, 311 c, 926.

§ 1097 Bestellung für einen oder mehrere Verkaufsfälle

Das Vorkaufsrecht beschränkt sich auf den Fall des Verkaufs durch den Eigentümer, welchem das Grundstück zur Zeit der Bestellung gehört, oder durch dessen Erben; es kann jedoch auch für mehrere oder für alle Verkaufsfälle bestellt werden.

1 Vgl § 1094 Rn 2 u § 1098 Rn 3.

§ 1098 Wirkung des Vorkaufsrechts

(1) ¹Das Rechtsverhältnis zwischen dem Berechtigten und dem Verpflichteten bestimmt sich nach den Vorschriften der §§ 463 bis 473. ²Das Vorkaufsrecht kann auch dann ausgeübt werden, wenn das Grundstück von dem Insolvenzverwalter aus freier Hand verkauft wird.
(2) Dritten gegenüber hat das Vorkaufsrecht die Wirkung einer Vormerkung zur Sicherung des durch die Ausübung des Rechts entstehenden Anspruchs auf Übertragung des Eigentums.
(3) Steht ein nach § 1094 Abs. 1 begründetes Vorkaufsrecht einer juristischen Person oder einer rechtsfähigen Personengesellschaft zu, so gelten, wenn seine Übertragbarkeit nicht vereinbart ist, für die Übertragung des Rechts die Vorschriften der §§ 1059 a bis 1059 d entsprechend.

I. Die Vorschrift verweist in Abs 1 S 1 für das **Rechtsverhältnis zwischen dem Vorkaufsberechtigten und -verpflichteten** auf die §§ 463–473. Diese Verweisung hat für die Bestellung (s § 1094 Rn 2), die schuldrechtlichen Beziehungen zwischen Berechtigtem und Verpflichtetem (s § 1094 Rn 1) und die Ausübung des Vorkaufsrechts (s Rn 2) Bedeutung. Die dingliche Wirkung des Vorkaufsrechts ggü Dritten ergibt sich aus der Verweisung in Abs 2 auf das Vormerkungsrecht (§ 1094 Rn 1). Die Bestimmung nimmt über Abs 3 bestimmte Vorschriften in Bezug, die wie etwa § 1059 a Ausnahmecharakter hat. Dies steht einer Analogie von § 1059 a etwa bei Übergang des von einem Einzelkaufmann betriebenen Unternehmens im Wege der Gesamtrechtsnachfolge kraft dem UmwG auf andere Person entgegen (OLG Nürnberg notar 13, 306 m Anm Suttmann). 1

II. Der Vorkaufsberechtigte hat gegen den Vorkaufsverpflichteten einen Anspruch auf Eigentums- und Besitzverschaffung am Grundstück (§ 433 I), wenn der **Vorkaufsfall** eintritt und das **Vorkaufsrecht ausgeübt** wird. 2

1. Der **Vorkaufsfall** setzt voraus, dass der Eigentümer des belasteten Grundstücks mit einem Dritten einen **wirksamen Kaufvertrag** über das Grundstück abschließt (Abs 1 S 1, § 463). Kein Vorkaufsfall liegt bei anderen Verpflichtungsgeschäften (zB Schenkung oder Tausch des Grundstücks) vor. Die **Ausübung** des Vorkaufsrechts muss innerhalb von **2 Monaten** (Abs 1 S 1, § 469 II) nach Mitteilung des Vorkaufsfalls durch einseitig empfangsbedürftige Willenserklärung ggü dem Vorkaufspflichtigen erfolgen (Abs 1 S 1, § 464 I 1). Anderenfalls erlischt es. Nach § 1097 kann das Vorkaufsrecht aber für mehrere Verkaufsfälle vereinbart werden. In diesem Fall bleibt es bestehen. 3

Mit der wirksamen Ausübung des Vorkaufsrechts kommt zwischen dem Vorkaufsberechtigten und -verpflichteten ein **Kaufvertrag** zu den **Bedingungen** zustande, die der Verpflichtete mit dem Dritten vereinbart hat (Abs 1 S 1, § 464 II). In Erfüllung dieses Kaufvertrags muss der Verpflichtete dem Berechtigten Eigentum und Besitz am Grundstück verschaffen (§ 433 I). Nach Abs 2 hat das dingliche Vorkaufsrecht ggü Dritten die **Wirkung einer Vormerkung**. Der **Auflassungsanspruch** des Berechtigten richtet sich daher auch dann gegen den Verpflichteten, wenn der Dritte in Erfüllung seines vertraglichen Anspruchs bereits Eigentümer des Grundstücks geworden ist (Abs 2, § 883 II). Der Berechtigte hat gegen den Dritten einen **Anspruch auf Zustimmung** zu seiner Eintragung im Grundbuch (Abs 2, § 888 I). 4

2. Der Inhaber des Vorkaufsrechts kann nach Ausübung dessen auch die **Herausgabe des Grundstücks** verlangen, wenn sich dieses im Besitz des Dritten befindet. Ist der Berechtigte bereits als Eigentümer im Grundbuch eingetragen, folgt dies unmittelbar aus § 985. Anderenfalls steht ihm der in § 1100 S 1 vorausgesetzte eigenständige Herausgabeanspruch gegen den Dritten zu, und zwar selbst dann, wenn dieser bereits Eigentümer des Grundstücks geworden ist (BGHZ 115, 344). 5

Während Eigentumsübertragungen bereits von der Begr des Vorkaufsrechts an unwirksam sind, weil das Vorkaufsrecht gerade hiergegen schützen soll, liegt der **maßgebliche Zeitpunkt** bei Belastungen später. Der Eigentümer soll durch die Bestellung eines Vorkaufsrechts nicht gehindert werden, sein Grundstück weiterhin als Kreditsicherheit zu 6 verwenden. Deshalb beginnt der Schutz gegen Belastungen des Grundstücks erst in dem Zeitpunkt, in dem die Möglichkeit der Ausübung des Vorkaufsrechts besteht, also mit wirksamem Abschluss des Kaufvertrags mit dem Dritten (BGHZ 60, 294).

7 3. Ab dem **Eigentumserwerb** des Berechtigten gelten für das Rechtsverhältnis zum besitzenden Dritten die §§ 987 ff unmittelbar. Vor dem **Eigentumserwerb des Berechtigten** ist die Beurteilung des Rechtsverhältnisses zum als Eigentümer eingetragenen besitzenden Dritten str, weil es hier an einer Vindikationslage fehlt, die §§ 987 ff also nicht direkt anwendbar sind: Nach einer Auffassung gelten hier über § 292 die §§ 987 ff (OLG Hamburg NJW 71, 1317); § 292 gilt allerdings erst nach Rechtshängigkeit der Herausgabeklage des Vorkaufsberechtigten. Eine andere Auffassung wendet hingegen die §§ 812 ff an, weil es an einem Eigentümer-Besitzer-Verhältnis fehle, Bereicherungsansprüche also nicht durch die §§ 987 ff ausgeschlossen seien (MK/Westermann § 1100 Rn 5). Nach überzeugender Ansicht des BGH und der hL sind die §§ 987 ff auf das Verhältnis des noch nicht eingetragenen Vorkaufsberechtigten zum besitzenden, eingetragenen Dritten **entspr** anzuwenden (BGHZ 87, 297). Dafür spricht die Ähnlichkeit des Vorkaufsrechts zur Vormerkung (Abs 2), bei der sich die Sekundäransprüche ebenfalls nach §§ 987 ff beurteilen. Dabei gilt der Dritte im Verhältnis zum Vorkaufsberechtigten bereits dann als **bösgläubig**, wenn er das Grundstück in Kenntnis oder grobfahrlässiger Unkenntnis des Vorkaufsrechts vor Ablauf der Ausübungsfrist in Besitz nimmt. Die Bösgläubigkeit muss sich also nicht auf die Ausübung des Vorkaufsrechts, sondern nur auf dessen Bestehen beziehen (Palandt/Bassenge § 1098 Rn 6).

§ 1099 Mitteilungen

(1) Gelangt das Grundstück in das Eigentum eines Dritten, so kann dieser in gleicher Weise wie der Verpflichtete dem Berechtigten den Inhalt des Kaufvertrags mit der im § 469 Abs. 2 bestimmten Wirkung mitteilen.

(2) Der Verpflichtete hat den neuen Eigentümer zu benachrichtigen, sobald die Ausübung des Vorkaufsrechts erfolgt oder ausgeschlossen ist.

§ 1100 Rechte des Käufers

[1]Der neue Eigentümer kann, wenn er der Käufer oder ein Rechtsnachfolger des Käufers ist, die Zustimmung zur Eintragung des Berechtigten als Eigentümer und die Herausgabe des Grundstücks verweigern, bis ihm der zwischen dem Verpflichteten und dem Käufer vereinbarte Kaufpreis, soweit er berichtigt ist, erstattet wird. [2]Erlangt der Berechtigte die Eintragung als Eigentümer, so kann der bisherige Eigentümer von ihm die Erstattung des berichtigten Kaufpreises gegen Herausgabe des Grundstücks fordern.

§ 1101 Befreiung des Berechtigten

Soweit der Berechtigte nach § 1100 dem Käufer oder dessen Rechtsnachfolger den Kaufpreis zu erstatten hat, wird er von der Verpflichtung zur Zahlung des aus dem Vorkauf geschuldeten Kaufpreises frei.

§ 1102 Befreiung des Käufers

Verliert der Käufer oder sein Rechtsnachfolger infolge der Geltendmachung des Vorkaufsrechts das Eigentum, so wird der Käufer, soweit der von ihm geschuldete Kaufpreis noch nicht berichtigt ist, von seiner Verpflichtung frei; den berichtigten Kaufpreis kann er nicht zurückfordern.

§ 1103 Subjektiv-dingliches und subjektiv-persönliches Vorkaufsrecht

(1) Ein zugunsten des jeweiligen Eigentümers eines Grundstücks bestehendes Vorkaufsrecht kann nicht von dem Eigentum an diesem Grundstück getrennt werden.
(2) Ein zugunsten einer bestimmten Person bestehendes Vorkaufsrecht kann nicht mit dem Eigentum an einem Grundstück verbunden werden.

Ein **subjektiv-dingliches** Vorkaufsrecht kann nur zusammen mit dem herrschenden Grundstück, für dessen Eigentümer die Bestellung erfolgt, als dessen Bestandteil (§ 96) übertragen werden (Abs 1). Ein **subjektiv-persönliches** Vorkaufsrecht (Abs 2) ist nach § 873 I durch Einigung und Eintragung übertragbar, wenn dies ausdrücklich bei seiner Bestellung vereinbart und eingetragen wurde (§§ 1094, 1098 I, 473 S 1, 873 I). 1

§ 1104 Ausschluss unbekannter Berechtigter

(1) ¹Ist der Berechtigte unbekannt, so kann er im Wege des Aufgebotsverfahrens mit seinem Recht ausgeschlossen werden, wenn die in § 1170 für die Ausschließung eines Hypothekengläubigers bestimmten Voraussetzungen vorliegen. ²Mit der Rechtskraft des Ausschließungsbeschlusses erlischt das Vorkaufsrecht.
(2) Auf ein Vorkaufsrecht, das zugunsten des jeweiligen Eigentümers eines Grundstücks besteht, finden diese Vorschriften keine Anwendung.

Abschnitt 6
Reallasten

§ 1105 Gesetzlicher Inhalt der Reallast

(1) ¹Ein Grundstück kann in der Weise belastet werden, dass an denjenigen, zu dessen Gunsten die Belastung erfolgt, wiederkehrende Leistungen aus dem Grundstück zu entrichten sind (Reallast). ²Als Inhalt der Reallast kann auch vereinbart werden, dass die zu entrichtenden Leistungen sich ohne weiteres an veränderte Verhältnisse anpassen, wenn anhand der in der Vereinbarung festgelegten Voraussetzungen Art und Umfang der Belastung des Grundstücks bestimmt werden können.
(2) Die Reallast kann auch zugunsten des jeweiligen Eigentümers eines anderen Grundstücks bestellt werden.

Eine Reallast ist ein **Recht auf wiederkehrende Leistungen** aus dem Grundstück (Abs 1). Sie stellt ein **dingliches Recht** dar, von dem der schuldrechtliche Verpflichtungsgrund strikt unterschieden werden muss. Für den einzelnen dinglichen Anspruch (zum Anspruchssystem der privatrechtlichen Reallast: Becker JA 13, 171) haftet aber nicht nur das Grundstück, sondern neben dem Grundstück, aus dem die wiederkehrende Leistung zu erbringen ist, grds auch der Eigentümer persönlich (§ 1108). Praktische Bedeutung hat die Reallast va bei Altenteilen und Rentenreallasten. 1

Die Reallast stellt eine dingliche Belastung des Grundstücks dar, mit dem Inhalt, dass an den Berechtigten **wiederkehrende Leistungen** aus dem Grundstück zu entrichten sind (Abs 1). Als solche kommen Natural- (zB Energie, Wasser), Geld- und Dienstleistungen (zB Pflege bei Krankheit) in Betracht, während Unterlassungen als Leistungen ausscheiden. Unerheblich ist, ob die Leistungen aus dem Grundstück hervorgebracht werden können. Dies zeigt bereits die Möglichkeit, Dienstleistungen zum Inhalt der Reallast machen zu können. Als denkbar erweist sich also eine Reallast an einem Wohngrundstück auf Lieferung von landwirtschaftlichen Produkten. 2

Die Reallast kann für eine oder mehrere bestimmte Personen, also **subjektiv-persönlich** (Abs 1), oder für den jeweiligen Eigentümer eines anderen Grundstücks, also **subjektiv-dinglich** (Abs 2), bestellt werden. Dazu sind gem § 873 I **Einigung und Eintragung** erforderlich. 3

§ 1106 Belastung eines Bruchteils

Ein Bruchteil eines Grundstücks kann mit einer Reallast nur belastet werden, wenn er in dem Anteil eines Miteigentümers besteht.

§ 1107 Einzelleistungen

Auf die einzelnen Leistungen finden die für die Zinsen einer Hypothekenforderung geltenden Vorschriften entsprechende Anwendung.

1 Die Reallast begründet die **Haftung des Grundstücks** für die jeweils festgelegten Leistungen und eröffnet dem Inhaber nach dieser Bestimmung iVm § 1147 den **Zugriff** auf das Grundstück und stellt daher ein **Verwertungsrecht** dar.

§ 1108 Persönliche Haftung des Eigentümers

(1) Der Eigentümer haftet für die während der Dauer seines Eigentums fällig werdenden Leistungen auch persönlich, soweit nicht ein anderes bestimmt ist.
(2) Wird das Grundstück geteilt, so haften die Eigentümer der einzelnen Teile als Gesamtschuldner.

1 Eine Besonderheit der Reallast ist, dass **als Folge der dinglichen Belastung** eine persönliche Verpflichtung des Eigentümers zur Erbringung der Leistungen besteht, soweit dies nicht vertraglich ausgeschlossen ist (Abs 1). Diese **persönliche Schuld des Eigentümers** führt zur Haftung mit seinem gesamten Vermögen. Bei einer Grundstücksveräußerung trifft die Verpflichtung aus Abs 1 den Grundstückserwerber. Die Sicherung des Reallastberechtigten geht also wesentlich weiter als bei der Rentenschuld (§§ 1199 ff).
2 Die Haftung des Grundstücks (§§ 1107, 1147) und die persönliche Verantwortlichkeit des Eigentümers nach Abs 1 sind strikt von den **schuldrechtlichen Ansprüchen** aus dem Kausalverhältnis zu unterscheiden. Für letztere haftet nicht der Eigentümer des Grundstücks, sondern nur der Vertragspartner bzw ein Schuldübernehmer. Solche schuldrechtlichen Forderungen bestehen in jedem Fall, wenn die Reallast Sicherungszwecken dient. Zur Sicherungsreallast, welche schuldrechtliche Versorgungsansprüche dinglich sichert: BGH MDR 14, 81.

§ 1109 Teilung des herrschenden Grundstücks

(1) ¹Wird das Grundstück des Berechtigten geteilt, so besteht die Reallast für die einzelnen Teile fort. ²Ist die Leistung teilbar, so bestimmen sich die Anteile der Eigentümer nach dem Verhältnis der Größe der Teile; ist sie nicht teilbar, so findet die Vorschrift des § 432 Anwendung. ³Die Ausübung des Rechts ist im Zweifel nur in der Weise zulässig, dass sie für den Eigentümer des belasteten Grundstücks nicht beschwerlicher wird.
(2) ¹Der Berechtigte kann bestimmen, dass das Recht nur mit einem der Teile verbunden sein soll. ²Die Bestimmung hat dem Grundbuchamt gegenüber zu erfolgen und bedarf der Eintragung in das Grundbuch; die Vorschriften der §§ 876, 878 finden entsprechende Anwendung. ³Veräußert der Berechtigte einen Teil des Grundstücks, ohne eine solche Bestimmung zu treffen, so bleibt das Recht mit dem Teil verbunden, den er behält.
(3) Gereicht die Reallast nur einem der Teile zum Vorteil, so bleibt sie mit diesem Teil allein verbunden.

§ 1110 Subjektiv-dingliche Reallast

Eine zugunsten des jeweiligen Eigentümers eines Grundstücks bestehende Reallast kann nicht von dem Eigentum an diesem Grundstück getrennt werden.

Eine **subjektiv-dingliche** Reallast wird nach dieser Bestimmung mit dem Grundstück 1
übertragen. Eine isolierte Übertragung ist unzulässig.

§ 1111 Subjektiv-persönliche Reallast

(1) Eine zugunsten einer bestimmten Person bestehende Reallast kann nicht mit dem Eigentum an einem Grundstück verbunden werden.
(2) Ist der Anspruch auf die einzelne Leistung nicht übertragbar, so kann das Recht nicht veräußert oder belastet werden.

Eine **subjektiv-persönliche** Reallast kann **als Ganzes** nach § 873 I übertragen werden. 1
Das Recht auf eine **einzelne Leistung** ist nach §§ 1107, 1159 formlos nach § 398 abtretbar, soweit dies nicht vertraglich ausgeschlossen ist (Abs 2).

§ 1112 Ausschluss unbekannter Berechtigter

Ist der Berechtigte unbekannt, so findet auf die Ausschließung seines Rechts die Vorschrift des § 1104 entsprechende Anwendung.

Abschnitt 7
Hypothek, Grundschuld, Rentenschuld

Vorbemerkung zu § 1113

I. Die Kreditsicherung durch Realsicherheiten an Grundstücken hat in der Praxis er- 1
hebliche Bedeutung. Sie bietet dem Gläubiger ggü Personal- (insb der Bürgschaft; zu gemeinsamen Strukturmerkmalen von Bürgschaft, Pfandrecht und Hypothek s Alexander JuS 12, 481) und Realsicherheiten an beweglichen Sachen (Pfandrecht, Eigentumsvorbehalt, Sicherungsübereignung) deutliche Vorteile: den meist erheblichen und im Verhältnis zu beweglichen Sachen stabileren Wert von Immobilien, die aus ihrer Unbeweglichkeit sowie der Publizität des Grundbuchs folgende höhere Sicherheit und das Fehlen von Verwahrungs- und Verwaltungspflichten des Gläubigers.

II. Die drei bedeutsamsten **Arten** der Grundpfandrechte sind die Verkehrshypothek, die 2
Sicherungshypothek und die Grundschuld (etwaige Grundfälle zu Hypothek und Grundschuld behandeln Braun/Schultheiß JuS 13, 871; 973). Die Höchstbetragshypothek (§ 1190) ist eine Sonderform der Sicherungshypothek (vgl § 1190 III), die in der Praxis weitgehend bedeutungslose Rentenschuld (§§ 1199 ff) eine der Grundschuld.

1. Gemeinsamkeiten. Die Grundpfandrechte sind als beschränkte dingliche Rechte 3
nach §§ 1113 I, 1191 I und 1199 I Belastungen des Eigentums. Ihre rechtliche Durchsetzung erfolgt mittels des dinglichen Anspruchs aus § 1147. Die aus den Grundpfandrechten folgende Befugnis stellt daher ein **dingliches Verwertungsrecht** dar. Dabei ist ihrem Inhaber jedoch nicht jede dem Eigentümer mögliche Verwertung des Grundstücks gestattet. Diese muss vielmehr nach § 1147 im Verfahren der Zwangsvollstreckung erfolgen. Dabei dient der Erlös zur Befriedigung, und zwar bei der Hypothek wegen der gesicherten Forderung und bei der Grundschuld, die ja keine Forderung sichert, wegen der Grundschuldsumme.

a) Die Grundpfandrechte ermöglichen ihrem Inhaber in der Zwangsvollstreckung 4
einen privilegierten Zugriff auf das Grundstück (vgl insb die Rangordnung in § 10 I Nr 4 u 5 ZVG). Das Grundstück ist Haftungsobjekt für einen bestimmten Kapitalwert. Das Verwertungsrecht des § 1147 ist Ausdruck der **dinglichen Rechtsbeziehung** zwischen dem Gläubiger des Grundpfandrechts und dem Grundstück. Diese dingliche Rechtsbeziehung hat wie beim Pfandrecht an beweglichen Sachen Objekt-, nicht Personenbezug. Die Grundpfandrechte geben dem Gläubiger eine Rechtsmacht an dem Grundstück, keine Herrschaft über die Person des Eigentümers. Nach dem Abstraktionsprinzip muss das dingliche Rechtsverhältnis zwischen dem Gläubiger und dem Eigentümer einerseits streng von der schuldrechtlichen Verbindung zwischen dem Gläu-

biger und dem Schuldner andererseits unterschieden werden. Dabei sind hins dieser Beziehungen **drei unterschiedliche Konstellationen** denkbar: Der mit dem Grundpfandrecht belastete Eigentümer schuldet selbst die gesicherte Forderung, der Schuldner und der belastete Eigentümer sind verschiedene Personen oder weder der mit dem Grundpfandrecht belastete Eigentümer noch eine dritte Person schuldet eine Geldforderung. Im letztgenannten Fall hat der Gläubiger lediglich den gegen den Eigentümer gerichteten Anspruch aus § 1147. Diese Situation kommt nur bei der Grundschuld vor, die nach §§ 1191 f für ihr Bestehen keine Forderung voraussetzt.

5 b) Str ist, welchen **Inhalt** die **Verpflichtung des Eigentümers** des belasteten Grundstücks hat: Nach ganz hM begründen die Grundpfand- als dingliche Verwertungsrechte keine Zahlungspflicht des Eigentümers. Dieser ist nach § 1147 nur zur **Duldung der Zwangsvollstreckung** in sein Grundstück verpflichtet (BGHZ 7, 126; Baur/Stürner, § 36 Rn 62 ff; Palandt/Bassenge Vor § 1113 Rn 1). Der Grundstückseigentümer schuldet also nicht, sondern er haftet nur, und zwar ausschließlich mit dem belasteten Grundstück, nicht daß mit seinem ganzen Vermögen. Die Gegenauffassung leitet aus den Formulierungen in §§ 1113 I, 1191 I und 1199 I, nach denen „eine bestimmte Geldsumme aus dem Grundstück zu zahlen ist", eine **Zahlungspflicht** des Eigentümers ab, der für jene aber nur mit seinem Grundstück hafte. Der Gläubiger könne diesen Leistungsanspruch wegen § 1147 aber nur durch Zwangsvollstreckung in das Grundstück und die mithaftenden Gegenstände durchsetzen (MK/Eickmann § 1147 Rn 4; E. Wolf § 11 A; Staud/Wolfsteiner Einl §§ 1113 ff Rn 36). Diese Auffassung ist indessen **abzulehnen**. Den Eigentümer trifft, trotz des Wortlauts der §§ 1113 I, 1191 I, 1199 I, die Zahlungsverpflichtung nicht als Person. Die Schuld lastet vielmehr allein auf dem Grundstück, ist also objektbezogen. Die Beziehung dieses Anspruchs zum jeweiligen Grundeigentümer ergibt sich nur mittelbar aus dessen Rechtsbeziehung zum Grundstück als Haftungsobjekt. Diese mittelbare Rechtsbeziehung hat allein die Funktion, eine isolierte Sachhaftung zu verhindern. Da die „Schuld" des Eigentümers nicht durchsetzbar ist, ist sie keine solche iSd § 241 I. Der Eigentümer ist daher nicht zur Zahlung verpflichtet, er haftet vielmehr nur mit dem Grundstück.

6 **2. Unterschiede zwischen Hypothek und Grundschuld.** Der entscheidende Unterschied zwischen Hypothek und Grundschuld besteht in ihrer **Abhängigkeit bzw Unabhängigkeit** von der durch sie zu sichernden Forderung. Während die Hypothek in Entstehung, Übertragung und Erlöschen rechtlich von der Forderung abhängig ist (§§ 1153 II, 1163 I, 1177 I), ist dies bei der Grundschuld nicht der Fall (§ 1192 I).

7 a) **Akzessorietät der Hypothek.** Die Hypothek stellt ein akzessorisches dingliches Verwertungsrecht dar. Sie ist nach dem BGB akzessorischer Bestandteil einer Forderung und in Entstehung, Bestand und Durchsetzung unselbständig, da sie zwingend eine Forderung voraussetzt. Ohne eine zu sichernde Forderung gibt es keine Hypothek. Dieser Grundsatz der Akzessorietät der Hypothek zeigt sich deutlich in **§ 1153 II**, wonach die Forderung nicht ohne die Hypothek, die Hypothek nicht ohne die Forderung übertragen werden kann. Er kommt aber auch in **§§ 1163 I, 1177 I** zum Ausdruck. Danach kann eine isolierte Hypothek ohne Forderung nicht begründet werden. Entsteht die zu sichernde Forderung nicht oder erlischt sie später, so ist das dingliche Recht am Grundstück keine Hypothek, sondern eine Grundschuld des Eigentümers.

8 Die Abhängigkeit der Hypothek von der Forderung ergibt sich aus ihrem **Sicherungszweck**. Obwohl nur die Sicherungshypothek nach § 1184 durch ihre Benennung auf den Sicherungszweck hinweist, hat das BGB alle Hypotheken – also auch die Verkehrshypothek – als Sicherungsrechte ausgestaltet. In der Konstruktion des Gesetzes ist die **gesicherte Forderung** das **Hauptrecht**, die **Hypothek** das – rechtlich unselbständige, in der wirtschaftlichen Praxis aber als das wesentliche angesehene – **Nebenrecht** der Forderung (RGZ 81, 268). Beide sind streng voneinander zu unterscheiden. Nur die persönliche Forderung gibt dem Gläubiger einen Zahlungsanspruch gegen den Schuldner. Die Hypothek gewährt ihm allein das Recht, gem § 1147 zur Befriedigung der Geldforderung in das belastete Grundstück zu vollstrecken.

9 Wird der **Sicherungszweck** der Hypothek **verfehlt**, weil die durch sie zu sichernde Forderung nicht entsteht, oder **entfällt** er später, weil die Forderung erlischt, so hat dies

zwingende Auswirkungen auf die Hypothek. Dem Gläubiger kann in diesem Fall keine Hypothek zustehen. An die Stelle der Hypothek tritt eine **Eigentümergrundschuld** (§§ 1163 I, 1177 I).
b) Forderungsunabhängigkeit der Grundschuld. Im Ggs zur Hypothek ist die Grundschuld nicht als Sicherungsrecht ausgestaltet. Sie erfährt in Entstehung, Bestand und Durchsetzung eine sachenrechtliche Forderungsunabhängigkeit, § 1192 I. Nach § 1192 I sind auf die Grundschuld alle Vorschriften über die Hypothek unanwendbar, die sich aus deren Akzessorietät ergeben. Dies gilt demnach insb für die §§ 1153 und 1163 I. Durch die Unanwendbarkeit dieser Normen wird die Grundschuld zu einem forderungsunabhängigen, **selbständigen Grundstücksrecht**. Das hat zur Konsequenz, dass dem Inhaber aus der Grundschuld unabhängig von einer Forderung der Anspruch aus § 1147 auf Duldung der Zwangsvollstreckung wegen einer bestimmten Grundschuldsumme erwächst. 10

Der **Zweck** der Grundschuld ergibt sich allein aus dem schuldrechtlichen Kausalverhältnis ihrer Bestellung. Insoweit kommt jeder anerkannte Geschäftszweck (zB als Leistung an Erfüllungs statt oder als Kapitaleinbringung bei einer Gesellschaftsgründung) in Betracht. Am häufigsten erfolgt die Grundschuldbestellung jedoch zur Kreditsicherung. Wie bei der Sicherungsübereignung beweglicher Sachen legt hier die **schuldrechtliche Sicherungsabrede** den Sicherungszweck der Grundschuld fest. Zwischen letzterer und der gesicherten Forderung (insb auf Darlehensrückzahlung) kommt es durch die Sicherungsabrede zu einer schuldrechtlichen Verknüpfung. Die Grundschuld bleibt damit ein selbständiges dingliches Recht, wird also nicht etwa durch die Sicherungsabrede zum akzessorischen Bestandteil der gesicherten Forderung. 11

Titel 1
Hypothek

§ 1113 Gesetzlicher Inhalt der Hypothek

(1) Ein Grundstück kann in der Weise belastet werden, dass an denjenigen, zu dessen Gunsten die Belastung erfolgt, eine bestimmte Geldsumme zur Befriedigung wegen einer ihm zustehenden Forderung aus dem Grundstück zu zahlen ist (Hypothek).
(2) Die Hypothek kann auch für eine künftige oder eine bedingte Forderung bestellt werden.

I. Die Hypothek ist ein akzessorisches **dingliches Verwertungsrecht**. Sie gibt dem Inhaber keinen Zahlungsanspruch gegen den Eigentümer des belasteten Grundstücks (s Vor § 1113 Rn 5), sondern nur ein Verwertungsrecht, kraft dessen er die **Duldung der Zwangsvollstreckung** in das belastete Grundstück verlangen kann (§ 1147). 1

1. Die Hypothek ist **akzessorisch**, also in Entstehung, Bestand und Durchsetzung abhängig von einer zu sichernden Forderung. Wird diese nicht begründet oder erlischt sie später, so entsteht auch keine Hypothek bzw diese wandelt sich um. In beiden Fällen wird die Rangstelle der Hypothek dem Eigentümer selbst zugeordnet, der eine Eigentümergrundschuld erwirbt (§§ 1163 I, 1177 I 1). Bei der **Verkehrshypothek** ist die **Akzessorietät aufgelockert**, um ihre Umlauffähigkeit zu erhöhen. Daher besteht nicht die Möglichkeit des gutgläubigen Erwerbs, auch wenn die gesicherte Forderung, die nicht gutgläubig erworben werden kann, nicht besteht (§ 1138). Weitere Milderungen der Akzessorietät bringen die §§ 1139, 1141 und 1156. Demggü bleibt es bei der **Sicherungshypothek** (§ 1184) bei der **strengen Akzessorietät**, dh das Recht aus der Hypothek richtet sich ausschließlich nach der gesicherten Forderung, und alle die Akzessorietät auflockernden Vorschriften sind auf sie unanwendbar (§ 1185 II). 2

2. Die Verkehrshypothek kann gem § 1116 als **Brief- oder Buchhypothek** bestellt werden. **Im Zweifel** liegt eine **Briefhypothek** vor (vgl § 1116 II 1). Der Ausschluss der Erteilung des Hypothekenbriefes muss nach § 1116 II 3 im Grundbuch eingetragen werden. Die Briefhypothek hat den Vorteil erhöhter Umlauffähigkeit, da es zu ihrer Übertragung nur der Abtretung der gesicherten Forderung und der Briefübergabe, nicht 3

aber der Eintragung im Grundbuch bedarf (vgl §§ 1153, 1154 I). Die Sicherungshypothek ist dag nach § 1185 I zwingend Buchhypothek. Buchhypotheken sind schwerer zu übertragen, weil dazu statt der Übergabe des Hypothekenbriefes die Eintragung im Grundbuch erforderlich ist (§ 1154 III). Für die Entstehung und Übertragung der Hypothek gelten bei der Brief- und der Buchhypothek verschiedene Vorschriften. Daher muss man sich stets zunächst Gewissheit darüber verschaffen, ob die Erteilung des Hypothekenbriefes ausgeschlossen ist und damit eine Buchhypothek vorliegt.

4 3. Abgesehen von diesen Unterscheidungen kennt das BGB noch folgende **Arten der Hypothek:**

5 a) **Fremd- und Eigentümerhypothek:** Eine Hypothek steht in aller Regel dem Gläubiger einer gegen den Eigentümer des belasteten Grundstücks oder einen dritten Schuldner gerichteten Forderung zu (Fremdhypothek). Ausnahmsweise kann sie aber auch dem Eigentümer selbst zustehen (Eigentümerhypothek), wenn dieser nicht nur das dingliche Recht, sondern auch die Forderung erworben hat. Allerdings wird das Grundpfandrecht für die Dauer der Vereinigung mit dem Eigentum am belasteten Grundstück wie eine Grundschuld behandelt (§ 1177 II).

6 b) **Einzel- und Gesamthypothek:** Bei der Einzelhypothek besteht eine Hypothek für eine Forderung an einem Grundstück. Bei der Gesamthypothek besteht eine Hypothek für eine Forderung an mehreren Grundstücken, auf die der Gläubiger wahlweise, aber insgesamt nur bis zur Höhe des Forderungsbetrags, zugreifen kann (§ 1132).

7 c) Die **Höchstbetragshypothek** (§ 1190) ist eine Sonderform der Sicherungshypothek (§ 1190 III). Sie unterscheidet sich von der Sicherungshypothek dadurch, dass sich die Haftung des Grundstücks auf einen Höchstbetrag begrenzt. Nur dieser Haftungshöchstbetrag muss bei der Bestellung der Hypothek bestimmt sein, während die gesicherte Forderung (abw von § 1113 I) unbestimmt sein kann. Damit ermöglicht die Höchstbetragshypothek die Sicherung von Forderungen mit wechselndem Bestand, zB aus einem Kontokorrentverhältnis.

8 d) Die **Wertpapierhypothek** (§§ 1187–1189) sichert Forderungen aus Inhaber- und Orderpapieren. Sie kann nur als Sicherungshypothek bestellt werden. Ihre Umlauffähigkeit wird ggü der Sicherungshypothek dadurch erhöht, dass die gesicherte Wertpapierforderung mit der Hypothek (§ 1153 I) nach wertpapierrechtlichen Grundsätzen durch Übereignung des Wertpapiers und nicht nach § 1154 III übertragen wird (§ 1187 S 3).

9 II. **Entstehung.** Die Hypothek kann durch **rechtsgeschäftliche Bestellung** (§§ 873 I, 1113 ff), **kraft Gesetzes** (§§ 1287 S 2 BGB, 848 II 2 ZPO), im Wege der **Zwangsvollstreckung** (§§ 866, 932 ZPO) oder durch **gerichtliche Zwangsanordnung** (§ 128 ZVG) entstehen. In aller Regel wird die Hypothek durch rechtsgeschäftliche Bestellung begründet. Die Entstehung der **Briefhypothek** setzt eine formlose Einigung (§§ 873 I, 1113 I), die Eintragung des Hypothekars ins Grundbuch (§§ 873 I, 1115 I), die Ausstellung und Übergabe des Hypothekenbriefes (§ 1117) und das Bestehen der gesicherten Forderung (§ 1113 I) voraus. Die Entstehung der **Buchhypothek** erfordert eine formlose Einigung (§§ 873 I, 1113 I), die Eintragung des Hypothekars ins Grundbuch (§§ 873 I, 1115 I), die Einigung und Eintragung über den Ausschluss der Erteilung des Hypothekenbriefes (§ 1116 II) und das Bestehen der gesicherten Forderung (§ 1113 I). Außer Einigung und Eintragung nach § 873 I sind also für die Entstehung der Hypothek in der Person des Dritten noch **zwei weitere Voraussetzungen** erforderlich: das Bestehen der gesicherten Forderung und die Briefübergabe bei der Brief- bzw die Einigung und Eintragung des Ausschlusses der Brieferteilung bei der Buchhypothek (zum Ersterwerb der Hypothek: Schreiber Jura 13, 1013).

10 1. Die **dingliche Einigung** nach § 873 I ist ein abstrakter Vertrag zwischen dem Grundstückseigentümer und dem Gläubiger. Die Einigung ist formlos wirksam, doch wird sie in der Praxis regelmäßig notariell beurkundet, damit der Eigentümer seine Erklärung nicht mehr einseitig widerrufen kann (§ 873 II) und um dem Grundbuchamt die Eintragungsbewilligung des Eigentümers in der Form des § 29 I GBO nachweisen zu können. Der erforderliche **Inhalt** der Einigung ergibt sich aus Abs 1. Danach müssen sich der Eigentümer und der Gläubiger über die Bestellung einer Hypothek an einem bestimmten Grundstück zur Sicherung einer bestimmten Forderung durch eine Brief-

oder Buchhypothek einigen. Die dingliche Einigung legt also die konkrete Sicherungsfunktion der Hypothek fest. Eine selbständige Sicherungsabrede wie bei der Sicherungsgrundschuld gibt es bei der Hypothek dag nicht.

Ist die **Einigung** über die Hypothekenbestellung **unwirksam** (zB wegen Geschäftsunfähigkeit des Gläubigers oder infolge einer Anfechtung), so entsteht trotz erfolgter Eintragung des Rechts keine Hypothek. Str ist, ob dann wenigstens eine **Eigentümergrundschuld** entstanden ist. Teilweise wird vertreten, auch ohne Willenserklärung des Eigentümers entstehe allein mit der Eintragung eines Grundpfandrechts im Grundbuch stets zumindest eine Eigentümergrundschuld (Staud/Wolfsteiner Einl §§ 1113 ff Rn 101). Nach verbreiteter Auffassung soll eine Eigentümergrundschuld bei unwirksamer Hypothekenbestellung dag nur dann entstehen, wenn zur Eintragung wenigstens eine **gültige Erklärung** des Eigentümers hinzugetreten ist (Baur/Stürner, § 36 Rn 108; vgl auch Wieling, § 27 I 3 a); Wilhelm, Rn 1590 ff). Die Einigungserklärung des Eigentümers oder der von ihm gestellte Eintragungsantrag müsse also eine gültige Willenserklärung enthalten (zB weil der Gläubiger seine Einigungserklärung angefochten hat). Zur Begr wird darauf hingewiesen, dass der Eigentümer in der Lage sei, durch einseitige Erklärung ggü dem Grundbuchamt eine Eigentümergrundschuld zu begründen (§ 1196 II). Enthalte die fehlgeschlagene Einigung eine an sich wirksame und dem Grundbuchamt auch zugegangene (§ 1196 II) Bewilligung, so komme eine **Umdeutung** nach § 140 in eine Erklärung iSv § 1196 in Betracht, wenn der Eigentümer für den Fall einer unwirksamen Fremdhypothek jedenfalls eine Eigentümergrundschuld gewollt habe. Dies sei regelmäßig dann der Fall, wenn anderenfalls nachstehende Rechte aufrückten. 11

Nach anderer Ansicht wird die Begründung einer Eigentümergrundschuld abgelehnt (Erm/F. Wenzel § 1163 Rn 6). Die **Entstehungsvoraussetzungen einer Eigentümergrundschuld** seien in den §§ 1163, 1196 **abschließend geregelt**. Werde die Fremdhypothek im Grundbuch eingetragen, entstehe diese aber mangels wirksamer Einigung nicht, so könne auch keine Eigentümergrundschuld entstehen, weil weder die Voraussetzungen der §§ 1163, 1177 noch die von § 1196 erfüllt seien. Das Eigentümer- stelle dem Fremdrecht ggü kein minus sondern ein aliud dar (MK/Eickmann § 1196 Rn 4). 12

Die letztgenannte Auffassung erscheint vorzugswürdig. Zwar spricht für die Gegenansichten das wirtschaftliche Interesse des Eigentümers an der Wahrung des Ranges des eingetragenen Grundpfandrechts, doch erscheinen sie als mit dem Gesetz unvereinbar. Dies gilt zunächst für die Auffassung, dass sich allein aus der Eintragung der Hypothek eine Eigentümergrundschuld ergebe. Der Gesetzgeber hat sich gegen das Prinzip der formalen Rechtskraft der Eintragung entschieden, wonach der Inhalt des Grundbuchs die dingliche Rechtslage unanfechtbar feststellt (Staud/Gursky § 891 Rn 1). Dies gilt aber auch für die auf die unwirksame Erklärung des Eigentümers abstellende Ansicht. Die Einigungserklärung des Eigentümers zielt ebenso wie ein von ihm gestellter Eintragungsantrag allein auf die Bestellung einer Fremdhypothek für den Gläubiger ab. Sie unterscheidet sich daher grdlg von der auf die Bestellung einer Grundschuld für den Eigentümer gerichteten Erklärung iSd § 1196 II ggü dem Grundbuchamt. Eine Umdeutung der Einigungs- in eine Erklärung iSv § 1196 II scheidet bereits deshalb aus, weil diejenige des Eigentümers auch nach der Gegenauffassung gerade nicht nichtig ist, sondern wirksam sein muss. Anderenfalls entsteht also kein Grundpfandrecht, so dass die nachstehenden Rechte im Rang aufrücken. 13

2. Forderung. Die Entstehung einer Hypothek setzt schließlich das Bestehen der zu sichernden Forderung voraus. Wegen des Grundsatzes der Akzessorietät kann die Hypothek ohne Forderung nicht entstehen. Die gesicherte Forderung muss auf Geld gerichtet sein (Abs 1, § 1115 I). Forderungen, die auf andere Leistungen gerichtet sind, können nicht durch eine Hypothek gesichert werden. Die Forderung muss auf einen **bestimmten Geldbetrag** lauten. Ihr Rechtsgrund ist dag unerheblich. In Betracht kommen vertragliche (zB Darlehen, abstraktes Schuldversprechen; zu diesem: OLG Köln DNotZ 13, 768), gesetzliche (zB ungerechtfertigte Bereicherung, Delikt) sowie öffentlich-rechtliche Ansprüche. Die Haftung des Grundstücks für die Forderung erstreckt sich auch auf ihre **gesetzlichen Zinsen** und die **Kosten** der Kündigung und der die Befriedigung aus dem Grundstück bezweckenden Rechtsverfolgung (§ 1118). 14

15 a) Die Forderung muss nach Gläubiger, Schuldner und Schuldgrund **unverwechselbar festgelegt** sein. Gerade auf diese Bestimmtheit müssen sich Einigung und Eintragung beziehen. Gläubiger und Eigentümer können aber den Anspruch nachträglich durch Einigung und Eintragung **auswechseln** (§ 1180 I). Auch **künftige** oder **aufschiebend bedingte** Forderungen können durch eine Hypothek gesichert werden (Abs 2). Die Einigung der Parteien muss sich aber auch dann auf eine bzgl Gläubiger, Schuldner, Schuldgrund und Betrag bestimmte Forderung beziehen, für deren Entstehen zudem ein gewisses Maß an Sicherheit erforderlich ist (Palandt/Bassenge § 1113 Rn 18). Eine Forderung kann nicht durch mehrere selbständige Hypotheken an einem oder mehreren Grundstücken gesichert werden (**Verbot der Doppelsicherung**). In Betracht kommt aber eine Gesamthypothek (§ 1132). Das Verbot gilt zudem nicht für unterschiedliche Grundpfandrechte (zB Sicherung einer Darlehensforderung durch eine Hypothek und eine Grundschuld). Wegen der Akzessorietät der Hypothek ist eine Identität zwischen dem **Gläubiger** der zu sichernden Forderung und dem **Hypothekar** erforderlich. Dag können der **Eigentümer** des belasteten Grundstücks und der **Schuldner** der gesicherten Forderung **verschiedene Personen** sein.

16 b) Die Hypothek entsteht erst, wenn der gesicherte Anspruch begründet wird. Bis dahin steht die Hypothek dem Eigentümer als Eigentümergrundschuld zu (§§ 1163 I 1, 1177 I 1). Der künftige Hypothekar ist dann, wenn alle Erwerbsvoraussetzungen mit Ausn der Entstehung der Forderung vorliegen, Inhaber eines **Anwartschaftsrechts**, da der Erwerb der Hypothek nur noch von der Valutierung des Darlehens, also von ihm selbst abhängt. Solange die Forderung noch entstehen kann, hat der Gläubiger mit der Bestellung der Hypothek unstr ein **Anwartschaftsrecht** erlangt, wenn die Hypothek **eingetragen** ist und er den **Hypothekenbrief besitzt**. Jenes erstarkt mit der Entstehung der Forderung zum Vollrecht (Baur/Stürner, § 46 Rn 20 ff) und wird durch Abtretung der künftigen Forderung nach §§ 398, 1154 **übertragen**. Der Zessionar erlangt mit der Valutierung des Darlehens unmittelbar und ohne weiteres das Vollrecht. Ein Durchgangserwerb des Zedenten findet nicht statt (MK/Eickmann § 1163 Rn 42). Ist dem Gläubiger bei einer Briefhypothek der **Brief** nicht **ausgehändigt** worden (§ 1163 II), so steht ihm indessen auch kein Anwartschaftsrecht auf Erwerb der Hypothek zu, da der Rechtsübergang in diesem Fall noch vom Willen des Schuldners abhängt (MK/Eickmann § 1163 Rn 34; aA Baur/Stürner, § 46 Rn 20).

17 Daneben ist auch bei der Hypothek ein Anwartschaftsrecht nach bindender Einigung, erteilter Eintragungsbewilligung und vom Erwerber gestelltem Eintragungsantrag möglich.

18 c) Str herrscht darüber, ob die Hypothek bei **Nichtigkeit** der zu sichernden **Forderung** wenigstens den **Bereicherungsanspruch** (zB auf Rückzahlung einer aufgrund eines nichtigen Darlehensvertrages hingegebenen Geldsumme) sichert. Nach einer Auffassung bezieht sich die Hypothek bei einer Nichtigkeit der zu sichernden Forderung auf den Bereicherungsanspruch, da dieser sich als Ersatz der nichtigen Forderung darstelle und die Rückzahlung des Kapitals in jedem Fall geschuldet sei (Baur/Stürner, § 37 Rn 48). Nach hM tritt der Bereicherungsanspruch grds mangels Individualisierung nicht an die Stelle der nichtigen Forderung, so dass im Regelfall eine **Eigentümergrundschuld** entsteht. Etwas anderes soll nur dann gelten, wenn die Auslegung von Einigung und Eintragung ergebe, dass auch die Ersatzforderung gesichert sein solle (MK/Eickmann § 1113 Rn 72; BGH NJW 1968, 1134).

19 **3. Gutgläubiger Ersterwerb.** Nach § 873 I muss der Besteller der Hypothek **verfügungsbefugter Eigentümer** des belasteten Grundstücks sein. Bestellt ein **Nichtberechtigter** eine Hypothek, so ist ein gutgläubiger Ersterwerb der Hypothek möglich, wenn der Nichtberechtigte im Grundbuch **als Eigentümer eingetragen** ist (§ 892 I; zur Publizität des Grundbuchs s Schreiber Jura 10, 272). Ein gutgläubiger Erwerb setzt aber stets voraus, dass die zu sichernde **Forderung besteht**. Ansonsten scheidet ein gutgläubiger Erwerb der Hypothek aus, weil ein gutgläubiger Forderungserwerb ausgeschlossen ist und die Hypothek wegen der Akzessorietät nicht ohne Forderung anfallen kann. § 1138, der insoweit den Grundsatz der Akzessorietät auflockert, gilt nicht für den Erst-, sondern erst für den Zweiterwerb der Hypothek. Bestellt daher ein im Grundbuch eingetragener Nichtberechtigter eine Hypothek für eine nichtexistierende Forderung, so entsteht eine Eigentümergrundschuld (§§ 1163 I, 1177 I), die dem wahren Eigentümer zusteht (Wieling, § 27 I 4).

§ 1114 Belastung eines Bruchteils

Ein Bruchteil eines Grundstücks kann außer in den in § 3 Abs. 6 der Grundbuchordnung bezeichneten Fällen mit einer Hypothek nur belastet werden, wenn er in dem Anteil eines Miteigentümers besteht.

Die Vorschrift stellt klar, dass auch der **Anteil eines Miteigentümers** (§§ 1008 ff) mit einer Hypothek belastet werden kann (vgl dazu auch OLG Celle OLGR Celle 09, 430). 1

§ 1115 Eintragung der Hypothek

(1) Bei der Eintragung der Hypothek müssen der Gläubiger, der Geldbetrag der Forderung und, wenn die Forderung verzinslich ist, der Zinssatz, wenn andere Nebenleistungen zu entrichten sind, ihr Geldbetrag im Grundbuch angegeben werden; im Übrigen kann zur Bezeichnung der Forderung auf die Eintragungsbewilligung Bezug genommen werden.
(2) Bei der Eintragung der Hypothek für ein Darlehen einer Kreditanstalt, deren Satzung von der zuständigen Behörde öffentlich bekannt gemacht worden ist, genügt zur Bezeichnung der außer den Zinsen satzungsgemäß zu entrichtenden Nebenleistungen die Bezugnahme auf die Satzung.

I. Neben der Einigung setzt die Entstehung der Hypothek noch die **Eintragung** im Grundbuch voraus (§ 873 I). Der **notwendige Inhalt** Letzterer ergibt sich aus dieser Vorschrift. Sie schränkt die in § 874 vorgesehene Möglichkeit der Bezugnahme auf die Bewilligung (§§ 19, 29 GBO) ein und verlangt, dass diejenigen Vereinbarungen, die das Höchstmaß der Belastung betreffen, in das Grundbuch aufgenommen werden. Danach sind notwendig der Gläubiger, der Geldbetrag der Forderung (und der Forderungsgrund, soweit dies zur Individualisierung der Forderung notwendig ist, Prütting Rn 641), bei verzinslichen Forderungen der Zinssatz sowie andere Nebenleistungen, wie zB Vorfälligkeitsentschädigungen oder Zinseszinsen, einzutragen. Hins des Höchstzinssatzes besteht dahingehend allerdings kein Erfordernis, wenn die Parteien diesen an § 288 ausgerichtet haben (BGH NJW 06, 1341. Abweichendes gilt, wenn die Parteien zugleich eine Mindestverzinsung vereinbart haben. In diesem Fall muss auch der Mindestzinssatz im Grundbuch angeben werden: KG Berlin FGPrax 12, 230). IÜ kann auf die Eintragungsbewilligung Bezug genommen werden. Ohne diese notwendigen Angaben ist die Eintragung dag unzulässig, und eine Hypothek entsteht trotz Eintragung nicht. Zu verzeichnender Gläubiger ist grds der materiellrechtliche Inhaber der Forderung. Im Einzelfall kann jedoch auch etwa der nur verfügungsbefugte Insolvenzverwalter als Gläubiger einer Zwangssicherungshypothek in das Grundbuch einzutragen sein, wenn er im Vollstreckungstitel bzw in einer titelumschreibenden Vollstreckungsklausel als Gläubiger ausgewiesen wird (OLG München ZInsO 10, 1339; LG Darmstadt Rpfleger 07, 659). Bei einer Zwangshypothek ist laut Abs 1 diejenige Person als Gläubiger anzusehen und einzutragen, welche nach Maßgabe des Vollstreckungstitels bzw der -klausel als Inhaber des titulierten Anspruchs gilt. Nicht entscheidend ist bei der Zwangshypothek der materiell-rechtliche Forderungsinhaber. Wird im Vollstreckungstitel ein anderer Gläubiger (etwa die nicht rechtsfähige Miteigentümergemeinschaft) als die Wohnungseigentümergemeinschaft (rechtsfähiger Verband; beachte § 10 I auf der einen und VI sowie VII WEG auf der anderen Seite) genannt, kann zu deren Gunsten keine Zwangshypothek ins Grundbuch eingetragen werden (OLG München MDR 13, 812). 1
II. Einigung und Eintragung müssen sich **inhaltlich** decken. Bei Abweichungen gelten auch hier die allg Grundsätze (s § 873 Rn 9). Die Eintragung der Hypothek setzt 2

grundbuchrechtlich einen **Antrag** des Eigentümers, des Gläubigers oder beider (§ 13 GBO) sowie die **Bewilligung** des Eigentümers (§§ 19, 29 GBO) voraus.

§ 1116 Brief- und Buchhypothek

(1) Über die Hypothek wird ein Hypothekenbrief erteilt.
(2) ¹Die Erteilung des Briefes kann ausgeschlossen werden. ²Die Ausschließung kann auch nachträglich erfolgen. ³Zu der Ausschließung ist die Einigung des Gläubigers und des Eigentümers sowie die Eintragung in das Grundbuch erforderlich; die Vorschriften des § 873 Abs. 2 und der §§ 876, 878 finden entsprechende Anwendung.
(3) Die Ausschließung der Erteilung des Briefes kann aufgehoben werden; die Aufhebung erfolgt in gleicher Weise wie die Ausschließung.

1 I. Über die Hypothek wird vom Grundbuchamt ein Hypothekenbrief erteilt, soweit die Parteien dies nicht durch eine besondere Vereinbarung ausgeschlossen haben (Abs 2). Jede Verkehrs- ist mangels abw Vereinbarung Briefhypothek.

2 II. 1. Soll eine **Buchhypothek** bestellt werden, so müssen die Parteien den **Ausschluss der Erteilung des Hypothekenbriefes vereinbaren** und **eintragen** (Abs 2 S 1, 3). Diese Vereinbarung kann bei der Hypothekenbestellung oder später erfolgen (Abs 2 S 2; hierzu OLG Sachsen-Anhalt NotBZ 13, 403). Die Bestellung einer Buchhypothek ist nach dem BGB für die Verkehrshypothek die **Ausn**. Wird nichts vereinbart, so entsteht eine Briefhypothek (Abs 1, 2 S 1). Die Buchhypothek kann **nachträglich** durch Einigung, Eintragung sowie Erstellung und Übergabe des Hypothekenbriefes in eine Briefhypothek umgewandelt werden (Abs 3 iVm § 1117).

3 Die Buchhypothek **entsteht** bereits mit der **Eintragung** des Ausschlusses des Hypothekenbriefes im Grundbuch. Ist die Hypothek für ein Darlehen bestellt, unterbleibt aber dessen Auszahlung, so besteht für den Eigentümer die Gefahr, dass der bereits im Grundbuch eingetragene Hypothekar missbräuchlich über die Hypothek verfügt und ein gutgläubiger Dritter sie erwirbt (§§ 1138, 892). § 1139 gibt daher dem Eigentümer die Möglichkeit, abw von § 899 unter erleichterten Voraussetzungen und rückwirkend einen **Widerspruch** im Grundbuch eintragen zu lassen.

4 2. Vereinbaren die Parteien keinen Ausschluss der Brieferteilung, so entsteht eine **Briefhypothek** (Abs 1, 2). Die Briefhypothek ist der **Regelfall** der Verkehrshypothek. Mit Hilfe des Briefes kann die Hypothek ohne Eintragung ins Grundbuch übertragen werden, was ihre Umlauffähigkeit wesentlich erhöht.

5 Die Briefhypothek **entsteht** erst mit der **Übergabe des Hypothekenbriefes** durch den Grundstückseigentümer an den Gläubiger (§ 1117 I 1). Das Grundbuchamt erteilt den Hypothekenbrief (§ 56 GBO) und händigt ihn grds dem Eigentümer aus (§ 60 I GBO). Da dieser die Möglichkeit hat, den Brief **zurückzuhalten**, bietet ihm die Bestellung einer Briefhypothek bis zur **Auszahlung der Darlehenssumme** Sicherheit gegen missbräuchliche Verfügungen des künftigen Gläubigers über die Hypothek. Zwar entsteht diese bis zur Auszahlung des Kredits nicht, so dass das eingetragene Recht dem Eigentümer als Eigentümergrundschuld gebührt (§§ 1163 I 1, 1177 I), doch ist der künftige Gläubiger bereits im Grundbuch als Hypothekar eingetragen. Bei einer Buchhypothek könnte er also über die angebliche Hypothek zugunsten eines gutgläubigen Dritten wirksam verfügen (§§ 1138, 892). Bei der Briefhypothek besteht diese Gefahr nicht, weil die Legitimation des Gläubigers ohne den Besitz des Briefes gutgläubigen Dritten ggü nicht besteht, er also nicht wirksam über die angebliche Hypothek verfügen kann (vgl § 1154 I).

§ 1117 Erwerb der Briefhypothek

(1) ¹Der Gläubiger erwirbt, sofern nicht die Erteilung des Hypothekenbriefs ausgeschlossen ist, die Hypothek erst, wenn ihm der Brief von dem Eigentümer des Grundstücks übergeben wird. ²Auf die Übergabe finden die Vorschriften des § 929 Satz 2 und der §§ 930, 931 Anwendung.

(2) Die Übergabe des Briefes kann durch die Vereinbarung ersetzt werden, dass der Gläubiger berechtigt sein soll, sich den Brief von dem Grundbuchamt aushändigen zu lassen.
(3) Ist der Gläubiger im Besitz des Briefes, so wird vermutet, dass die Übergabe erfolgt sei.

I. Damit der Gläubiger die Briefhypothek erwirbt, muss ihm der Brief vom Eigentümer **übergeben** werden (Abs 1 S 1). Die Übergabe muss den Erfordernissen eines **Rechtsgeschäfts** genügen, wie sich aus der Verweisung auf § 929 S 2 ergibt (Abs 1 S 2). Erforderlich ist also, dass der Gläubiger den **Besitz** mit **Zustimmung** des geschäftsfähigen, verfügungsbefugten **Eigentümers erlangt**. Eine Besitzerlangung ohne Zustimmung des Eigentümers (zB durch verbotene Eigenmacht) führt nicht zum Erwerb der Hypothek. Ausreichend sind aber auch die **Übergabesurrogate** des §§ 929 S 2, 930 und 931 (Abs 1 S 2). Ein **spezielles Übergabesurrogat** regelt Abs 2 (hierzu OLG Brandenburg Urt v 10.1.13 Az 5 U 90/11). Danach können die Parteien vereinbaren, dass der Gläubiger berechtigt sein soll, sich den Hypothekenbrief vom Grundbuchamt aushändigen zu lassen. In diesem Fall entsteht die Hypothek bereits mit dieser **Aushändigungsabrede**, also nicht erst mit der Überreichung des Briefes durch das Grundbuchamt an den Gläubiger (Baur/Stürner, § 37 Rn 33; Palandt/Bassenge § 1117 Rn 3). 2

Ist der Gläubiger im unmittelbaren oder mittelbaren Besitz des Hypothekenbriefes, so wird **vermutet**, dass er den Brief durch Übergabe oder ein Übergabesurrogat erlangt hat (Abs 3). Der Eigentümer trägt dann die **Beweislast** dafür, dass ihm der Brief abhanden gekommen ist. 3

II. Die Briefhypothek kann durch Einigung und Eintragung **nachträglich** in eine Buchhypothek **umgewandelt** werden. In diesem Fall wird der Hypothekenbrief rechtlich bedeutungslos (Jauernig/Berger § 1116 Rn 3). 4

Bei **Abweichungen** zwischen Einigung und Eintragung gilt: Wird **statt** der **Briefhypothek**, auf deren Bestellung sich die Parteien **geeinigt** haben, eine **Buchhypothek** (Ausschluss der Brieferteilung) **eingetragen**, so wird ebenfalls eine Briefhypothek begründet, die aber bis zur Erteilung und Übergabe des Hypothekenbriefes dem Eigentümer als Eigentümergrundschuld gebührt (Abs 1 mit § 1163 II). Das Grundbuch ist unrichtig und unterliegt der Berichtigung nach §§ 894 BGB, 22 GBO. Haben sich die Parteien auf die Bestellung einer **Buchhypothek** geeinigt, wird aber der **Ausschluss der Brieferteilung nicht** ins Grundbuch **eingetragen**, so entsteht ebenfalls eine Briefhypothek, die dem Eigentümer als Eigentümergrundschuld gehört (Abs 1 mit § 1163 II). Das Grundbuch ist in diesem Fall jedoch richtig, weil eine Briefhypothek entstanden und mangels Eintragung des Ausschlusses der Brieferteilung auch eingetragen (vgl § 1116 II 3) ist (Staud/Wolfsteiner Einl § 1113 Rn 125). 5

§ 1118 Haftung für Nebenforderungen

Kraft der Hypothek haftet das Grundstück auch für die gesetzlichen Zinsen der Forderung sowie für die Kosten der Kündigung und der die Befriedigung aus dem Grundstück bezweckenden Rechtsverfolgung.

Die Hypothek sichert nach § 1115 auch **vertraglich vereinbarte** Zins- und Nebenleistungsansprüche sowie nach § 1118 **gesetzliche** Zinsen und Kosten der Kündigung und Rechtsverfolgung der Hypothek. 1

§ 1119 Erweiterung der Haftung für Zinsen

(1) Ist die Forderung unverzinslich oder ist der Zinssatz niedriger als fünf vom Hundert, so kann die Hypothek ohne Zustimmung der im Range gleich- oder nachstehenden Berechtigten dahin erweitert werden, dass das Grundstück für Zinsen bis zu fünf vom Hundert haftet.

(2) Zu einer Änderung der Zahlungszeit und des Zahlungsorts ist die Zustimmung dieser Berechtigten gleichfalls nicht erforderlich.

1 Die Änderung der Zins- und Zahlungsbedingungen (zB Regeln über die Abzahlung) ist eine Inhaltsänderung, die unter § 877 fällt, also durch Einigung und Eintragung erfolgt. Wird das Recht durch die Änderung abgeschwächt, so ist die Zustimmung Dritter, die ein Recht an der Hypothek haben (zB ein Pfandrecht) erforderlich (§§ 877, 876). Wird das Recht dag **verstärkt**, so müssen der Änderung die gleich- und nachstehend Berechtigten zustimmen, weil ihre Rechtsstellung beeinträchtigt wird. **Ausn** von diesem Zustimmungserfordernis enthält § 1119. Danach ist eine Zustimmung unnötig, wenn der **Zinssatz** – nicht dag andere Nebenleistungen – bis auf 5 % erhöht wird (Abs 1). Gleiches gilt für Änderungen von **Zahlungszeit und -ort** (Abs 2).

§ 1120 Erstreckung auf Erzeugnisse, Bestandteile und Zubehör

Die Hypothek erstreckt sich auf die von dem Grundstück getrennten Erzeugnisse und sonstigen Bestandteile, soweit sie nicht mit der Trennung nach den §§ 954 bis 957 in das Eigentum eines anderen als des Eigentümers oder des Eigenbesitzers des Grundstücks gelangt sind, sowie auf das Zubehör des Grundstücks mit Ausnahme der Zubehörstücke, welche nicht in das Eigentum des Eigentümers des Grundstücks gelangt sind.

1 I. **Haftungsumfang der Hypothek.** Dem Hypothekengläubiger haftet das Grundstück als **wirtschaftliche Einheit**. Der Haftungsverband der Hypothek umfasst daher nicht nur das **Grundstück** mit seinen **wesentlichen Bestandteilen** (§§ 93, 94), sondern alle Gegenstände und Rechte, die mit dem Grundstück eine wirtschaftliche Einheit bilden. Dazu zählen die vom Grundstück **getrennten Erzeugnisse und Bestandteile**, das **Grundstückszubehör** und bestimmte **Forderungen** des Grundstückseigentümers (§§ 1123 I, 1127 I, 1128).

2 Die Erweiterung der Haftung erhöht den Wert der Sicherheit. Sie dient damit sowohl dem Sicherheitsstreben des Hypothekengläubigers als auch dem Interesse des Grundstückseigentümers, der eine wertvollere Sicherheit stellen kann. **Rechtliche Folgen** der Hypothekenhaftung sind:

3 1. Der Hypothekengläubiger hat ein **dingliches Recht**, die haftenden Gegenstände vorrangig vor anderen Gläubigern **im Wege der Zwangsvollstreckung zu verwerten.** Die Zwangsvollstreckung erfolgt durch Zwangsversteigerung oder Zwangsverwaltung zusammen mit dem Grundstück (§§ 20, 21, 148 ZVG) oder durch Einzelpfändung (§§ 808 ff ZPO) aufgrund des dinglichen Titels aus § 1147.

4 2. In der **Zwangsversteigerung** erwirbt der Ersteher durch Hoheitsakt Eigentum an allen mithaftenden Gegenständen (§§ 90 I, II, 55 I, 20 I ZVG iVm §§ 1120 ff).

5 3. Nach §§ 1133–1135 kann der Hypothekengläubiger einer drohenden **Verschlechterung** des Grundstücks oder des Zubehörs bzw einer **Entfernung** des Zubehörs entgegentreten (oder Ausgleich für bereits eingetretene Verschlechterungen verlangen), wenn anderenfalls die Sicherheit der Hypothek gefährdet würde.

6 4. Um die wirtschaftliche Einheit des Grundstücks zu erhalten, können **persönliche Gläubiger** des Eigentümers nicht uneingeschränkt in die zum Haftungsverband der Hypothek gehörenden Gegenstände vollstrecken. Die **Pfändung** von Erzeugnissen und sonstigen Bestandteilen durch Dritte ist zwar nach § 865 II 2 ZPO bis zur Beschlagnahme zulässig, aber der Hypothekengläubiger hat die Möglichkeit der Klage auf **vorzugsweise Befriedigung** (§ 805 ZPO). Die Pfändung von mithaftendem **Zubehör** ist sogar ganz unzulässig (§ 865 II 1 ZPO). Der Hypothekengläubiger kann gegen eine gleichwohl erfolgte Pfändung des Zubehörs mit der Erinnerung nach § 766 ZPO und analog § 810 II ZPO zusätzlich mit der Drittwiderspruchsklage nach § 771 ZPO vorgehen, allerdings erst nach der Beschlagnahme.

7 II. 1. Die Hypothekenhaftung nach § 1147 ist hins der mithaftenden Gegenstände und Forderungen zunächst nur eine für den Hypothekengläubiger bestehende **Möglichkeit**.

Abschnitt 7 | Hypothek, Grundschuld, Rentenschuld § 1120

Die Hypothek begründet hins des Grundstücks und der in den Haftungsverband fallenden Sachen **keine Verfügungsbeschränkung** für den Grundstückseigentümer. Er bleibt berechtigt, das Grundstück und die mithaftenden Sachen zu **veräußern**. Die schuldrechtliche Verpflichtung des Eigentümers ggü dem Gläubiger, das Grundstück nicht zu veräußern oder weiter zu belasten, ist nichtig (§ 1136). Zur Veräußerung der mithaftenden Gegenstände bedarf der Eigentümer auch **keiner Zustimmung des Hypothekengläubigers.** Diese Gegenstände (nicht dag das Grundstück) können vor der Beschlagnahme durch die Aufhebung des haftungsbegründenden Zusammenhangs – insb im Wege der Veräußerung – **von der Haftung frei werden** (§§ 1121 ff).

Durch die **Beschlagnahme** wird die zunächst nur potentielle Hypothekenhaftung realisiert. Die Beschlagnahme erfolgt: 8

a) durch gerichtliche **Anordnung der Zwangsversteigerung oder der Zwangsverwaltung** (§§ 20, 146 ZVG, 866 II ZPO). Die Beschlagnahme des Grundstücks erfasst auch die mithaftenden Gegenstände (§ 20 II ZVG). Dies gilt allerdings bei der **Zwangsversteigerung** nicht für Miet- und Pachtforderungen sowie landwirtschaftliche Erzeugnisse, die bereits getrennt, daher kein Zubehör sind (§ 21 ZVG). Der Eigentümer kann daher über diese weiter frei verfügen. Auch nach der Beschlagnahme im Wege der Zwangsvollstreckung endet die rechtliche Verfügungsmöglichkeit des Eigentümers nicht. Sie ist aber bei Anordnung der **Zwangsversteigerung** durch ein **relatives Verfügungsverbot** (§§ 23 I 1 ZVG, 136, 135) beschränkt. Der Eigentümer kann zwar noch über das Grundstück und die mithaftenden Sachen verfügen, seine Verfügungen sind aber im Verhältnis zum Hypothekengläubiger und zum Ersteher des Grundstücks unwirksam. Die Verwaltung und Benutzung des Grundstücks bleibt dem Eigentümer nur innerhalb der Grenzen einer ordnungsgem Wirtschaft erhalten (§ 24 ZVG). Im Rahmen dieser Grenzen darf er auch über bewegliche Sachen, auf die sich die Beschlagnahme erstreckt, wirksam verfügen (§ 23 I 2 ZVG). Der Erwerber erwirbt in diesem Fall lastenfreies Eigentum. Bei Anordnung der **Zwangsverwaltung** erfasst die Beschlagnahme alle Haftungsgegenstände (Früchte und Gebrauchsvorteile, § 100). Der Eigentümer verliert hier jedes Recht zur Verfügung und Nutzung. Er ist nicht einmal berechtigt, über einzelne Stücke der beschlagnahmten beweglichen Sachen innerhalb der Grenzen einer ordnungsgem Wirtschaft wirksam zu verfügen (§§ 148 I 2, 23 I 2 ZVG); 9

b) durch **Pfändung** im Wege der **Einzelzwangsvollstreckung in die mithaftenden Gegenstände** aufgrund des dinglichen Titels aus § 1147. Die Pfändung muss aber nach § 865 II ZPO zulässig sein. Sie darf also nur vor einer Beschlagnahme des Grundstücks erfolgen (§ 865 II 2 ZPO) und sich nicht auf mithaftendes Zubehör erstrecken (§ 865 II 1 ZPO). 10

2. Haftungsverband. Der Haftungsverband der Hypothek umfasst: 11

a) Das **Grundstück** haftet dem Hypothekengläubiger in dem **Bestand**, den das Grundbuch zZ der Bestellung der Hypothek auswies, kann sich aber durch Teilung, Vereinigung oder Zuschreibung hierin wandeln. Derartige **Bestandsveränderungen** haben folgende Konsequenzen für die Hypothekenhaftung: 12

aa) Eine **Grundstücksteilung** (§ 2 III GBO) erfolgt durch Erklärung des Eigentümers und Eintragung der neu gebildeten Grundstücke im Grundbuch. Eine bereits vor der Teilung bestehende Hypothek wirkt an den neuen Grundstücken fort. Da durch die Teilung selbständige Grundstücke begründet werden, existiert für die Forderung des Gläubigers eine Hypothek an mehreren Grundstücken, so dass kraft Gesetzes eine **Gesamthypothek** (§ 1132) entsteht. Jedes dieser neuen Grundstücke haftet für die ganze Forderung. 13

bb) Eine **Vereinigung mehrerer Grundstücke** erfolgt dadurch, dass der Eigentümer sie als ein Grundstück im Grundbuch eintragen lässt (§ 890 I). Hier erstrecken sich die an den bisherigen Grundstücken bestehenden Hypotheken nicht auf die anderen Grundstücksteile, sondern sie bleiben an dem jeweiligen Grundstücksteil bestehen. In jeden Grundstücksteil kann daher wegen der ihn belastenden Hypotheken gesondert vollstreckt werden. 14

cc) Durch **Zuschreibung** kann ein Grundstück zum Bestandteil eines anderen werden (§ 890 II). Die an dem Hauptgrundstück bestehenden Hypotheken erstrecken sich 15 dann auch auf das zugeschriebene Grundstück. Diesen Hypotheken gehen aber die an dem zugeschriebenen Grundstück bestehenden Hypotheken im Rang vor (§ 1131). Jene belasten weiter den zugeschriebenen Grundstücksteil, erstrecken sich aber nicht auf das Hauptgrundstück.

16 **b) Bestandteile und Erzeugnisse.** Für die Hypothek haften auch die wesentlichen und die im Eigentum des Grundstückseigentümers stehenden unwesentlichen Bestandteile einschließlich der Erzeugnisse des Grundstücks (§§ 1120, 93, 94), nicht jedoch die Scheinbestandteile (§ 95). Dies ist **vor der Trennung**, also der Loslösung der Sachen vom Boden oder Gebäude (zB durch Ernte der Früchte), selbstverständlich. § 1120 hält diese Haftung aber auch **nach der Trennung** aufrecht, soweit die Bestandteile und Erzeugnisse nicht mit der Trennung in das Eigentum eines anderen als des Eigentümers oder Eigenbesitzers (§ 872) des Grundstücks gefallen sind. Mit der Trennung werden die Bestandteile und Erzeugnisse **rechtlich selbständige Sachen**. Fallen sie nach § 953 in das Eigentum des Grundstückseigentümers oder nach § 954 in das Eigentum des Eigenbesitzers des Grundstücks, so unterliegen sie der Hypothekenhaftung. Dies gilt allerdings nur, wenn die Hypothek schon zZ der Trennung bestand (Westermann/Eickmann, § 97 II 1). Dag werden sie von der Haftung frei, wenn sie nach §§ 954–957 mit der Trennung in das Eigentum eines Dritten (zB eines Pächters) fallen.

17 **c) Zubehör.** Für die Hypothek haftet auch das Zubehör des Grundstücks (§§ 97, 98, zur Frage, wann bewegliche Sachen auf einem Grundstück als dessen Zubehör anzusehen sind: BGH NJW 06, 993), allerdings nur dann, wenn es **dem Grundstückseigentümer gehört** (§ 1120). Hat der Grundstückseigentümer ein Zubehörstück unter **Eigentumsvorbehalt** gekauft, so gerät es erst dann in den Haftungsverband der Hypothek, wenn der Kaufpreis vollständig bezahlt und das Eigentum auf den Grundstückseigentümer übergegangen ist. In den Haftungsverband fällt aber bereits das **Anwartschaftsrecht** des Grundstückseigentümers, da es als wesensgleiches Minus des Eigentums diesem weitgehend gleichgestellt wird. Die Hypothekenhaftung umfasst daher zunächst das Anwartschaftsrecht des Grundstückseigentümers und setzt sich nach der Bezahlung des Kaufpreises an dem aus dem Anwartschaftsrecht hervorgegangenen Vollrecht Eigentum fort (BGHZ 35, 87; 92, 289; Baur/Stürner, § 39 Rn 35 ff).

§ 1121 Enthaftung durch Veräußerung und Entfernung

(1) Erzeugnisse und sonstige Bestandteile des Grundstücks sowie Zubehörstücke werden von der Haftung frei, wenn sie veräußert und von dem Grundstück entfernt werden, bevor sie zugunsten des Gläubigers in Beschlag genommen worden sind.
(2) ¹Erfolgt die Veräußerung vor der Entfernung, so kann sich der Erwerber dem Gläubiger gegenüber nicht darauf berufen, dass er in Ansehung der Hypothek in gutem Glauben gewesen sei. ²Entfernt der Erwerber die Sache von dem Grundstück, so ist eine vor der Entfernung erfolgte Beschlagnahme ihm gegenüber nur wirksam, wenn er bei der Entfernung in Ansehung der Beschlagnahme nicht in gutem Glauben ist.

1 **I. 1.** Die mithaftenden **Bestandteile und Erzeugnisse** können aus dem Haftungsverband der Hypothek wieder ausscheiden (**Enthaftung**), um den Eigentümer in seiner Verfügungsfreiheit und wirtschaftlichen Bewegungsfreiheit nicht unverhältnismäßig einzuschränken. Entscheidend für die Möglichkeit der Enthaftung ist der **Zeitpunkt der Beschlagnahme** (§ 20 I ZVG):

2 **a)** Die Enthaftung vor der Beschlagnahme erfolgt durch **Veräußerung und Entfernung** der Bestandteile und Erzeugnisse (Abs 1). Veräußerung ist die nach §§ 929 ff vollzogene Eigentumsübertragung der mithaftenden Gegenstände ohne Übereignung des Grundstücks, Entfernung die tatsächliche, auf Dauer angelegte Wegschaffung der Gegenstände vom Grundstück. Bei einer Veräußerung nach § 930 fehlt die Entfernung, so dass namentlich Sicherungseigentum von der Hypothekenhaftung erfasst wird (BGHZ 60, 268). Die **Reihenfolge** von Veräußerung und Entfernung ist unerheblich, so dass zwei Varianten unter Abs 1 fallen: Veräußerung – Entfernung – Beschlagnahme oder Entfernung – Veräußerung – Beschlagnahme. Bei der letztgenannten Reihenfolge muss

jedoch beachtet werden, dass die Entfernung mit der Veräußerung **zusammenhängt**, also zur Verwirklichung der Veräußerung zu erfolgen hat. Irrelevant erscheint dag, wer (Erwerber, Eigentümer, Gerichtsvollzieher) die Gegenstände vom Grundstück entfernt hat (MK/Eickmann § 1121 Rn 21 f).

b) Enthaftung nach Beschlagnahme: Nach der Beschlagnahme ist der Grundstückseigentümer nicht mehr zur unbeschränkten Verfügung über die mithaftenden Bestandteile und Erzeugnisse berechtigt, so dass es für die Haftung auf den **guten Glauben** des Erwerbers bzgl der Beschlagnahme ankommt. Hierbei sind folgende **Fallgestaltungen** denkbar: 3

aa) Veräußerung – Beschlagnahme – Entfernung: Hier wird die Sache nicht dadurch 4 von der Haftung frei, dass der Erwerber im Zeitpunkt des Erwerbs hins der eingetragenen Hypothek gutgläubig war (Abs 2 S 1). § 936 findet insoweit keine Anwendung. Eine Enthaftung tritt aber ein, wenn der Erwerber **im Zeitpunkt der Entfernung** der beschlagnahmten Sache **gutgläubig** hins der Beschlagnahme war (§ 1122 II 2). Gutgläubig ist er, wenn er weder die Beschlagnahme noch die Stellung des Antrags auf Zwangsversteigerung oder Zwangsverwaltung durch den Hypothekengläubiger kannte (§§ 23 II 1, 146 I ZVG). Ist der Zwangsversteigerungs- oder Zwangsverwaltungsvermerk in das Grundbuch eingetragen, gilt die Beschlagnahme als bekannt, so dass von diesem Zeitpunkt an ein gutgläubiger lastenfreier Erwerb nicht mehr stattfinden kann (§§ 23 II 2, 146 I ZVG). Str besteht darüber, ob eine Enthaftung auch dann eintritt, wenn der Erwerber bzgl der Zugehörigkeit der Sache zum Haftungsverband gutgläubig iSv § 932 II war. Dag spricht, dass Abs 2 S 1 iVm § 892 den Gutglaubensschutz ausdrücklich nur „in Ansehung der Hypothek", also bzgl ihres Bestehens oder Nichtbestehens gewährt (MK/Eickmann § 1121 Rn 33; aA Palandt/Bassenge § 1121 Rn 6).

bb) Beschlagnahme – Veräußerung – Entfernung: Dieser Fall ist in **Abs 2** ausdrücklich 5 geregelt. Es gelten die für die Reihenfolge Veräußerung – Beschlagnahme – Entfernung dargestellten Grundsätze, dh es tritt eine Enthaftung ein, wenn der Erwerber im Zeitpunkt der Entfernung der beschlagnahmten Sache gutgläubig hins der Beschlagnahme war (Abs 2 S 2).

cc) Beschlagnahme – Entfernung – Veräußerung: Eine Enthaftung tritt nach §§ **136,** 6 **135 II, 932 ff** ein, wenn der Erwerber in dem nach §§ 932 ff maßgeblichen Zeitpunkt gutgläubig war. Str ist, ob sich der gute Glaube auf die Hypothek, die Beschlagnahme oder auf beides zugleich beziehen muss. Die hM verlangt allein **Gutgläubigkeit bzgl der Beschlagnahme** und wendet § 932 II analog an (Palandt/Bassenge § 1121 Rn 7; MK/Eickmann § 1121 Rn 37; Staud/Wolfsteiner § 1121 Rn 21).

dd) Entfernung – Beschlagnahme – Veräußerung: Soweit nicht bereits die bloße Entfernung der Sachen nach § 1122 I zu ihrer Enthaftung geführt hat, gelten die für die Reihenfolge Beschlagnahme – Entfernung – Veräußerung dargestellten Grundsätze. 7

2. Eine **Enthaftung des Zubehörs** richtet sich nach ähnlichen Grundsätzen wie bei den Bestandteilen und Erzeugnissen: 8

a) Vor der Beschlagnahme (durch Zwangsversteigerung oder Zwangsverwaltung, 9 §§ 20 II, 146 ZVG – nicht im Wege der Mobiliarzwangsvollstreckung, § 865 II 1 ZPO) erfolgt die Enthaftung durch **Veräußerung und Entfernung** (Abs 1) sowie durch **Aufhebung der Zubehöreigenschaft** iR ordnungsgem Wirtschaft (**§ 1122 II**).

b) Nach der Beschlagnahme ist eine Enthaftung wie bei Bestandteilen und Erzeugnissen nur bei Gutgläubigkeit des Erwerbers nach Abs 2 bzw §§ 136, 135 II, 932 ff möglich. 10

§ 1122 Enthaftung ohne Veräußerung

(1) Sind die Erzeugnisse oder Bestandteile innerhalb der Grenzen einer ordnungsmäßigen Wirtschaft von dem Grundstück getrennt worden, so erlischt ihre Haftung auch ohne Veräußerung, wenn sie vor der Beschlagnahme von dem Grundstück entfernt werden, es sei denn, dass die Entfernung zu einem vorübergehenden Zwecke erfolgt.

(2) Zubehörstücke werden ohne Veräußerung von der Haftung frei, wenn die Zubehöreigenschaft innerhalb der Grenzen einer ordnungsmäßigen Wirtschaft vor der Beschlagnahme aufgehoben wird.

1 I. Abs 1 lässt für **Erzeugnisse und Bestandteile** eine Enthaftung ohne Veräußerung zu, wenn sie innerhalb der Grenzen einer ordnungsmäßigen Wirtschaft vom Grundstück **getrennt** (zB Ernte des reifen Getreides) und vor der Beschlagnahme von diesem **entfernt** werden.

2 II. Abs 2 ermöglicht für **Zubehör** eine Enthaftung ohne Veräußerung und Entfernung. Eine Aufhebung der Zubehöreigenschaft erfolgt nach den Grundsätzen ordnungsgem Wirtschaft, wenn zB eine alte, für den Betrieb nicht mehr benötigte Maschine verkauft wird. Bei einer endgültigen Betriebsstilllegung kommt es zwar zu einer Aufhebung der Zubehöreigenschaft, doch erfolgt diese nicht in ordnungsmäßiger Wirtschaft. Eine Enthaftung nach Abs 2 tritt daher nicht ein (MK/Eickmann § 1122 Rn 19).

§ 1123 Erstreckung auf Miet- oder Pachtforderung

(1) Ist das Grundstück vermietet oder verpachtet, so erstreckt sich die Hypothek auf die Miet- oder Pachtforderung.
(2) ¹Soweit die Forderung fällig ist, wird sie mit dem Ablauf eines Jahres nach dem Eintritt der Fälligkeit von der Haftung frei, wenn nicht vorher die Beschlagnahme zugunsten des Hypothekengläubigers erfolgt. ²Ist die Miete oder Pacht im Voraus zu entrichten, so erstreckt sich die Befreiung nicht auf die Miete oder Pacht für eine spätere Zeit als den zur Zeit der Beschlagnahme laufenden Kalendermonat; erfolgt die Beschlagnahme nach dem 15. Tage des Monats, so erstreckt sich die Befreiung auch auf den Miet- oder Pachtzins für den folgenden Kalendermonat.

§ 1124 Vorausverfügung über Miete oder Pacht

(1) ¹Wird die Miete oder Pacht eingezogen, bevor sie zugunsten des Hypothekengläubigers in Beschlag genommen worden ist, oder wird vor der Beschlagnahme in anderer Weise über sie verfügt, so ist die Verfügung dem Hypothekengläubiger gegenüber wirksam. ²Besteht die Verfügung in der Übertragung der Forderung auf einen Dritten, so erlischt die Haftung der Forderung; erlangt ein Dritter ein Recht an der Forderung, so geht es der Hypothek im Range vor.
(2) Die Verfügung ist dem Hypothekengläubiger gegenüber unwirksam, soweit sie sich auf die Miete oder Pacht für eine spätere Zeit als den zur Zeit der Beschlagnahme laufenden Kalendermonat bezieht; erfolgt die Beschlagnahme nach dem fünfzehnten Tage des Monats, so ist die Verfügung jedoch insoweit wirksam, als sie sich auf die Miete oder Pacht für den folgenden Kalendermonat bezieht.
(3) Der Übertragung der Forderung auf einen Dritten steht es gleich, wenn das Grundstück ohne die Forderung veräußert wird.

§ 1125 Aufrechnung gegen Miete oder Pacht

Soweit die Einziehung der Miete oder Pacht dem Hypothekengläubiger gegenüber unwirksam ist, kann der Mieter oder der Pächter nicht eine ihm gegen den Vermieter oder den Verpächter zustehende Forderung gegen den Hypothekengläubiger aufrechnen.

§§ 1123–1125

1 Hat der Eigentümer das Grundstück vermietet oder verpachtet, so erstreckt sich die **hypothekarische Haftung** auch auf die **Miet- und Pachtforderungen** (§ 1123 I). Diese Forderungen stellen den Ausgleich für die Nutzungen des Grundstücks dar, die dem Mieter oder Pächter zustehen (§ 956) und daher dem Hypothekengläubiger nicht haften (§§ 21 III, 152 II ZVG). Diesbzgl besteht grds ein Absonderungsrecht (BGH NJW-RR 07, 626).

Der Eigentümer darf aber über die haftenden Forderungen frei verfügen, solange der Hypothekengläubiger deren Beschlagnahme noch nicht erwirkt hat (§ 1124 I; hierzu BGH NJW 13, 3520). Eine **Beschlagnahme** der haftenden Forderungen kann erfolgen durch **Anordnung der Zwangsverwaltung** (§§ 146 I, 148 I 1, 21 II ZVG) oder **Pfändung der Forderung** aufgrund des dinglichen Titels aus § 1147 durch einen Pfändungsbeschl nach § 829 ZPO iR der Mobiliarzwangsvollstreckung. Ist die Beschlagnahme bewirkt, erstreckt sich das Grundpfandrecht kraft Surrogation auf den eingezogenen Erlös gem §§ 155, 156 ZVG. Entfällt die Zwangsverwaltung durch Rücknahme des Antrags vorbehaltlos, wird der noch bestehende Erlösüberschuss zugunsten des Eigentümers des bislang zwangsverwalteten Grundbesitzes frei.

Eine **Enthaftung** der Forderungen tritt ein durch: **Zeitablauf**, wenn sie nicht innerhalb eines Jahres seit Fälligkeit zugunsten des Hypothekengläubigers beschlagnahmt worden sind (§ 1123 II 1), **Vorausbefreiung** bei im Voraus zu entrichtender Miete oder Pacht, allerdings nur in den zeitlichen Grenzen des § 1123 II 2, oder **Vorausverfügung** (zB Einziehung, Abtretung, Verpfändung, § 1124 I, III) **vor der Beschlagnahme**. Vorausverfügungen sind dem Hypothekengläubiger ggü aber nur in den engen zeitlichen Grenzen des § 1124 II wirksam, der den Grundpfandgläubiger vor einer Aushöhlung des Werts seiner Sicherheit durch Verfügungen des Eigentümers schützen soll (vgl hierzu BGHZ 163, 201). Soweit die Einziehung der Miete oder Pacht dem Hypothekengläubiger ggü unwirksam ist, der Mieter oder Pächter also erneut an diesen zahlen muss, stehen ihm Bereicherungsansprüche gegen den Grundstückseigentümer zu (§ 812 I 2, 2. Alt). Eine Aufrechnung ggü dem Hypothekengläubiger ist ihm dag versagt (§ 1125).

§ 1126 Erstreckung auf wiederkehrende Leistungen

¹Ist mit dem Eigentum an dem Grundstück ein Recht auf wiederkehrende Leistungen verbunden, so erstreckt sich die Hypothek auf die Ansprüche auf diese Leistungen. ²Die Vorschriften des § 1123 Abs. 2 Satz 1, des § 1124 Abs. 1, 3 und des § 1125 finden entsprechende Anwendung. ³Eine vor der Beschlagnahme erfolgte Verfügung über den Anspruch auf eine Leistung, die erst drei Monate nach der Beschlagnahme fällig wird, ist dem Hypothekengläubiger gegenüber unwirksam.

Die Vorschriften über die Haftungserstreckung auf Miet- und Pachtzinsforderungen sind nach dieser Bestimmung auf **subjektiv dingliche Rechte** (zB Reallast oder Erbbauzins) entspr anzuwenden.

§ 1127 Erstreckung auf die Versicherungsforderung

(1) Sind Gegenstände, die der Hypothek unterliegen, für den Eigentümer oder den Eigenbesitzer des Grundstücks unter Versicherung gebracht, so erstreckt sich die Hypothek auf die Forderung gegen den Versicherer.
(2) Die Haftung der Forderung gegen den Versicherer erlischt, wenn der versicherte *Gegenstand* wiederhergestellt oder Ersatz für ihn beschafft ist.

§ 1128 Gebäudeversicherung

(1) ¹Ist ein Gebäude versichert, so kann der Versicherer die Versicherungssumme mit Wirkung gegen den Hypothekengläubiger an den Versicherten erst zahlen, wenn er oder der Versicherte den Eintritt des Schadens dem Hypothekengläubiger angezeigt hat und seit dem Empfang der Anzeige ein Monat verstrichen ist. ²Der Hypothekengläubiger kann bis zum Ablauf der Frist dem Versicherer gegenüber der Zahlung widersprechen. ³Die Anzeige darf unterbleiben, wenn sie untunlich ist; in diesem Falle wird der

Monat von dem Zeitpunkt an berechnet, in welchem die Versicherungssumme fällig wird.
(2) Hat der Hypothekengläubiger seine Hypothek dem Versicherer angemeldet, so kann der Versicherer mit Wirkung gegen den Hypothekengläubiger an den Versicherten nur zahlen, wenn der Hypothekengläubiger der Zahlung schriftlich zugestimmt hat.
(3) Im Übrigen finden die für eine verpfändete Forderung geltenden Vorschriften Anwendung; der Versicherer kann sich jedoch nicht darauf berufen, dass er eine aus dem Grundbuch ersichtliche Hypothek nicht gekannt habe.

§ 1129 Sonstige Schadensversicherung

Ist ein anderer Gegenstand als ein Gebäude versichert, so bestimmt sich die Haftung der Forderung gegen den Versicherer nach den Vorschriften des § 1123 Abs. 2 Satz 1 und des § 1124 Abs. 1, 3.

§ 1130 Wiederherstellungsklausel

Ist der Versicherer nach den Versicherungsbestimmungen nur verpflichtet, die Versicherungssumme zur Wiederherstellung des versicherten Gegenstands zu zahlen, so ist eine diesen Bestimmungen entsprechende Zahlung an den Versicherten dem Hypothekengläubiger gegenüber wirksam.

§§ 1127–1130

1 Grds erlischt die Hypothekenhaftung nach §§ 1120 ff mit dem Untergang der haftenden Gegenstände. Schadensersatzforderungen werden von der hypothekarischen Haftung nicht erfasst (BGH NJW 06, 771). Von diesem allg Grundsatz macht § 1127 I für Versicherungsforderungen eine Ausn, die dem Grundstückseigentümer aufgrund eines wirksamen Versicherungsvertrages im Schadensfall gegen die Versicherung zustehen. Sie kompensieren den Untergang oder die Wertminderung der mithaftenden Sachen. Die Haftung **erlischt**, wenn die versicherte Sache wiederhergestellt oder Ersatz für sie beschafft ist (§ 1127 II). Sie erfasst die gesamte Versicherungsforderung bis zur Höhe des Hypothekenwertes bei Eintritt des Versicherungsfalls (Palandt/Bassenge § 1127 Rn 2).

2 Die Haftung bei der Gebäudeversicherung inkl einbezogenen Zubehörs regelt § 1128. Dessen Abs I, II bestimmen die Möglichkeit einer befreienden Zahlung des Versicherers an den Eigentümer. Im Falle von Forderungen aus der **Gebäudeversicherung** erlangt der Hypothekengläubiger hieran kraft Gesetzes ein Pfandrecht (§ 1128 III), ohne dass eine Beschlagnahme erforderlich wäre. Versicherungsforderungen, die **kein Gebäude** betreffen (zB Hagelversicherung) kann der Versicherte bis zur Beschlagnahme einziehen (§ 1129), erst durch diese wird die Haftung zu Gunsten des Hypothekengläubigers wirksam. Sie **erlischt** ein Jahr nach dem Fälligkeitstermin (§§ 1123 II 1, 1124 I, III). § 1130 erstreckt die Wirkung einer Wiederherstellungsklausel auf den Hypothekengläubiger. Bei der Sachversicherung insgesamt (nach § 97 ff VVG aF galt dies nur für die **Gebäudeversicherung**) wird der Schutz des Hypothekengläubigers durch die ergänzend anwendbaren §§ 93 ff VVG verstärkt. Zu beachten ist deren strengerer Rahmen. Während es für § 1130 genügt, wenn der Versicherungsbetrag zum Zwecke der Wiederherstellung des Gebäudes an den Versicherungsnehmer ausgekehrt wird, machen die §§ 93, 94 VVG die Zahlung zum Schutz der Gläubiger davon abhängig, dass eine Wiederherstellung bzw -beschaffung gesichert ist bzw zumindest im Rahmen einer Prognose die bestimmungsgemäße Verwendung hinreichend sicher angenommen werden kann (OLG Köln VersR 09, 498; MK-VVG/Staudinger § 93 Rn 15). Daher befreit im Falle einer Wiederherstellungsklausel bei der Sachversicherung eine Zahlung an den Versicherten den Versicherer ggü einem Hypothekengläubiger entgegen § 1130 nur unter den Voraussetzungen der §§ 93, 94 VVG (MK-VVG/Staudinger § 93 Rn 1).

Eine Klausel über die Wiederherstellung verliert ihren Sinn, wenn sie **unmöglich** geworden ist, so dass die aus der Zweckbindung resultierenden Einschränkungen entfallen (OLG Hamm RuS 07, 20). 3

§ 1131 Zuschreibung eines Grundstücks

[1]Wird ein Grundstück nach § 890 Abs. 2 einem anderen Grundstück im Grundbuch zugeschrieben, so erstrecken sich die an diesem Grundstück bestehenden Hypotheken auf das zugeschriebene Grundstück. [2]Rechte, mit denen das zugeschriebene Grundstück belastet ist, gehen diesen Hypotheken im Range vor.

§ 1132 Gesamthypothek

(1) [1]Besteht für die Forderung eine Hypothek an mehreren Grundstücken (Gesamthypothek), so haftet jedes Grundstück für die ganze Forderung. [2]Der Gläubiger kann die Befriedigung nach seinem Belieben aus jedem der Grundstücke ganz oder zu einem Teil suchen.
(2) [1]Der Gläubiger ist berechtigt, den Betrag der Forderung auf die einzelnen Grundstücke in der Weise zu verteilen, dass jedes Grundstück nur für den zugeteilten Betrag haftet. [2]Auf die Verteilung finden die Vorschriften der §§ 875, 876, 878 entsprechende Anwendung.

Bei der Gesamthypothek besteht eine Hypothek für eine Forderung **an mehreren Grundstücken**, auf die der Gläubiger wahlweise ganz oder zum Teil (Abs 1 S 2), aber insgesamt nur bis zur Höhe des Forderungsbetrags, zugreifen kann. Gehören die mit einer Gesamthypothek belasteten Grundstücke **unterschiedlichen Eigentümern**, so sind für die **Tilgung** die §§ 1173 f zu beachten. 1

Der Gläubiger hat aber die Möglichkeit, die Gesamthaftung aller Grundstücke aufzuheben, indem er die **Forderung** auf die einzelnen Grundstücke **verteilt** (Abs 2). Dadurch entstehen selbständige Teilhypotheken, bei denen jedes der einzelnen Grundstücke nur für den ihm zugeteilten Betrag haftet. 2

§ 1133 Gefährdung der Sicherheit der Hypothek

[1]Ist infolge einer Verschlechterung des Grundstücks die Sicherheit der Hypothek gefährdet, so kann der Gläubiger dem Eigentümer eine angemessene Frist zur Beseitigung der Gefährdung bestimmen. [2]Nach dem Ablauf der Frist ist der Gläubiger berechtigt, sofort Befriedigung aus dem Grundstück zu suchen, wenn nicht die Gefährdung durch Verbesserung des Grundstücks oder durch anderweitige Hypothekenbestellung beseitigt worden ist. [3]Ist die Forderung unverzinslich und noch nicht fällig, so gebührt dem Gläubiger nur die Summe, welche mit Hinzurechnung der gesetzlichen Zinsen für die Zeit von der Zahlung bis zur Fälligkeit dem Betrag der Forderung gleichkommt.

§ 1134 Unterlassungsklage

(1) Wirkt der Eigentümer oder ein Dritter auf das Grundstück in solcher Weise ein, dass eine die Sicherheit der Hypothek gefährdende Verschlechterung des Grundstücks zu besorgen ist, so kann der Gläubiger auf Unterlassung klagen.
(2) [1]Geht die Einwirkung von dem Eigentümer aus, so hat das Gericht auf Antrag des Gläubigers die zur Abwendung der Gefährdung erforderlichen Maßregeln anzuordnen. [2]Das Gleiche gilt, wenn die Verschlechterung deshalb zu besorgen ist, weil der Eigentümer die erforderlichen Vorkehrungen gegen Einwirkungen Dritter oder gegen andere Beschädigungen unterlässt.

§ 1135 Verschlechterung des Zubehörs

Einer Verschlechterung des Grundstücks im Sinne der §§ 1133, 1134 steht es gleich, wenn Zubehörstücke, auf die sich die Hypothek erstreckt, verschlechtert oder den Regeln einer ordnungsmäßigen Wirtschaft zuwider von dem Grundstück entfernt werden.

§§ 1133–1135

1 **I.** Vor der Pfandreife hat der Hypothekengläubiger einen Anspruch darauf, dass ihm die durch die Hypothek gewährte Sicherheit ungeschmälert erhalten bleibt. Er hat daher bestimmte Rechte, wenn eine **Verschlechterung** hins des Grundstücks bzw der mithaftenden Gegenstände eintritt oder **droht** und dadurch die **Sicherheit der Hypothek gefährdet** wird (§§ 1133–1135).

2 **II.** § 1133 gibt dem Hypothekengläubiger bei einer bereits **eingetretenen Verschlechterung** des Grundstücks ein **vorzeitiges Befriedigungsrecht**, wenn der Eigentümer die Beeinträchtigung nicht innerhalb einer angemessenen Frist beseitigt, dem Gläubiger deshalb ein Ausfall bei der Zwangsvollstreckung in das Grundstück droht und die Gefährdung der Sicherheit nicht durch eine Verbesserung des Grundstücks oder eine anderweitige Hypothekenbestellung beseitigt worden ist. Droht eine Verschlechterung erst noch, so hat der Hypothekengläubiger einen **Unterlassungsanspruch** (§ 1134). Einer Verschlechterung des Grundstücks steht eine Verschlechterung oder Entfernung von **Zubehörstücken**, die nicht den Regeln einer ordnungsgem Wirtschaft entspricht, gleich (§ 1135).

3 Neben diesen Ansprüchen können bei eingetretenen Verschlechterungen **Beseitigungs- und Schadensersatzansprüche** in Betracht kommen, wenn ein **Verschulden** vorliegt. Die Hypothek ist ein sonstiges Recht iSd § 823 I und die §§ 1133–1135 stellen Schutzgesetze iSd § 823 II dar. Daneben kommt bei einer Verletzung der Rechte an einer Hypothek ein Anspruch aus § 826 in Betracht.

§ 1136 Rechtsgeschäftliche Verfügungsbeschränkung

Eine Vereinbarung, durch die sich der Eigentümer dem Gläubiger gegenüber verpflichtet, das Grundstück nicht zu veräußern oder nicht weiter zu belasten, ist nichtig.

1 Die Vorschrift will die wirtschaftliche Bewegungsfreiheit des Eigentümers vor Beschränkungen im Interesse des Gläubigers schützen. Sie erklärt deshalb anders als § 137 S 2 auch das auf eine Verfügungsbeschränkung abzielende **schuldrechtliche Verpflichtungsgeschäft** für nichtig. Die Unwirksamkeit einer rechtsgeschäftlichen **dinglichen Verfügungsbeschränkung** ergibt sich aus § 137 S 1.

2 Bis zur Pfandreife ist der Grundstückseigentümer durch das **Verbot der Verfallklausel** geschützt (§§ 1149; vgl BGHZ 130, 104). Danach ist jede zwischen dem Grundstückseigentümer und dem Gläubiger **vor Fälligkeit** getroffene Vereinbarung, die auf eine Übereignung des Grundstücks an den Gläubiger oder auf sonstige Veräußerung im Falle der Nichtbefriedigung abzielt, unzulässig.

§ 1137 Einreden des Eigentümers

(1) [1]Der Eigentümer kann gegen die Hypothek die dem persönlichen Schuldner gegen die Forderung sowie die nach § 770 einem Bürgen zustehenden Einreden geltend machen. [2]Stirbt der persönliche Schuldner, so kann sich der Eigentümer nicht darauf berufen, dass der Erbe für die Schuld nur beschränkt haftet.
(2) Ist der Eigentümer nicht der persönliche Schuldner, so verliert er eine Einrede nicht dadurch, dass dieser auf sie verzichtet.

1 **I. Einwendungen und Einreden des Eigentümers.** Macht der Hypothekengläubiger seinen dinglichen Anspruch aus § 1147 geltend, so kann ihm der Grundstückseigentümer möglicherweise Einwendungen und Einreden entgegenhalten (beachte zu Abs 2, dass

diese Regelung den Ausschnitt des materiellen Rechts betrifft und von der Präklusion in § 767 II ZPO zu unterscheiden ist: BGH NJW 13, 3243). Dabei geht es aber nur um Rechte des Eigentümers **ggü der Geltendmachung der Hypothek**, nicht daß um Rechte des Schuldners ggü der Geltendmachung der persönlichen Forderung. Macht der Gläubiger die persönliche Forderung geltend, so kann ihm der Schuldner selbstverständlich alle gegen diese zustehenden Einwendungen und Einreden entgegnen. Im Falle eines Forderungsübergangs ist der Schuldner nach § 404 geschützt. Der Grundstückseigentümer kann der Geltendmachung der Hypothek durch den Hypothekengläubiger unterschiedliche Einwendungen und Einreden entgegensetzen.

1. Einwendungen gegen das Bestehen der Hypothek oder der Forderung. Der Eigentümer kann geltend machen, dass die Hypothek nicht entstanden ist oder dass sie nicht dem eingetragenen Hypothekar zusteht (Baur/Stürner, § 38 Rn 64). Die Hypothek lebt nicht auf, wenn ihre Bestellung mangels wirksamer Einigung oder rechtsgültiger Grundbucheintragung unwirksam war. Die Hypothek gebührt nicht dem Hypothekar, sondern dem Eigentümer (als Eigentümergrundschuld, § 1177), wenn die zu sichernde Forderung nicht oder nicht mehr existiert (§ 1163 I 2). Schließlich steht die Hypothek auch dann nicht mehr dem Hypothekar zu, wenn sie auf einen anderen übergegangen ist (§§ 1143, 1150, 1164).

2. Einreden gegen die Forderung. Der Eigentümer kann aufgrund der Akzessorietät gegen die Hypothek die dem **persönlichen Schuldner** gegen die Forderung sowie die nach § 770 einem **Bürgen** zustehenden Einreden erheben (Abs 1 S 1). Dabei kommt es nicht darauf an, ob Schuldner und Eigentümer identisch sind oder nicht.

Die **Einreden des § 1137** setzen das Bestehen des dinglichen Anspruchs des Hypothekars aus § 1147 voraus. Einreden iSd Vorschrift sind daher nur die Einreden im Sinne eines **Leistungsverweigerungsrechts**, die den Bestand des dinglichen Anspruchs nicht in Frage stellen, aber seine Durchsetzung vorübergehend oder dauernd ausschließen (zB die Einreden nach §§ 214, 273, 320, 438 IV 2, 770, 821, 853). Nicht unter die Bestimmung fallen daher bestandsvernichtende Einwendungen (sie fallen bereits unter 1.). § 1137 gewährleistet in Ergänzung zu § 1163 I die Akzessorietät der Hypothek, soweit Einreden gegen die Forderung bestehen. Kommt die Forderung ganz oder teilweise nicht zur Begründung gelangt oder erlischt, gilt § 1163 I. Besteht dagegen nur eine Einrede gegen die Forderung, so berührt dies den Bestand der Forderung nicht, und § 1163 I kommt nicht zur Anwendung. Da aber die Durchsetzung der Forderung durch die Einrede beschränkt ist, soll das auch für die hypothekarische Haftung des Eigentümers nach § 1147 gelten. Nach § 1137 kann der Eigentümer deshalb gegen den dinglichen Anspruch aus § 1147 Einreden geltend machen, die in der schuldrechtlichen Beziehung zwischen dem Gläubiger und dem Schuldner wurzeln und unmittelbar gegen die Forderung gerichtet sind.

Zu den **Einreden des persönlichen Schuldners** gehören zB diejenigen der Stundung der Forderung, des Zurückbehaltungsrechts (§ 273) oder des nicht erfüllten Vertrages (§ 320). Diese kann der Eigentümer dem dinglichen Anspruch aus § 1147 entgegensetzen. Gleiches gilt für Einreden aus Gestaltungsrechten des Schuldners (Abs 1 S 1 iVm § 770), zB weil dieser dem Gläubiger ggü aufrechnen oder anfechten könnte. Diese Einreden setzen allerdings voraus, dass Eigentümer und Schuldner nicht identisch sind. Der Eigentümer hat hier nur deshalb eine Einrede, weil er zur Ausübung der Gestaltungsrechte des Schuldners nicht verfügungsbefugt ist.

Dag stehen dem Eigentümer **nicht** die Einreden der beschränkten Erbenhaftung nach §§ 1975 ff (**Abs 1 S 2**), der Forderungsverjährung (§ 216 I) und der Herabsetzung in der Insolvenz (§ 254 II InsO) zu. In diesen Fällen wird wegen des Sicherungsinteresses des Hypothekengläubigers das Akzessorietätsprinzip durchbrochen.

3. Einreden gegen die Hypothek. Dem Eigentümer stehen schließlich solche Einreden zu, die sich unmittelbar gegen die Hypothek und gegen den aus dieser hervorgehenden dinglichen Anspruch aus § 1147 richten (§ **1157**). Sie gründen sich auf ein **Rechtsverhältnis** zwischen dem **Eigentümer** und dem **Hypothekengläubiger**.

8 **Einreden** gegen die Hypothek iSd § 1157 können sich ergeben:
9 a) aus einer **Vereinbarung zwischen Eigentümer und Hypothekengläubiger**. So ist etwa eine Stundung der Hypothek (für eine Stundung der Forderung gilt § 1137) oder eine Einschränkung der Vollstreckung aus der Hypothek (zB Pflicht des Gläubigers, zunächst Befriedigung aus der persönlichen Forderung gegen den Schuldner zu suchen) uU vereinbar.
10 b) aus **gesetzlichen Tatbeständen**. Insoweit kommen namentlich die Einrede der unerlaubten Handlung (§ 853) bei einer durch unerlaubte Handlung (zB einen Betrug) herbeigeführten Hypothekenbestellung oder die Einrede der ungerechtfertigten Bereicherung (§ 821) bei rechtsgrundloser Bestellung der Hypothek in Betracht.
11 **4.** Bei einer **Briefhypothek** kann der Eigentümer der Geltendmachung der Hypothek widersprechen, wenn der Gläubiger den Hypothekenbrief nicht vorlegt (§ 1160). Dauernde Einreden gegen die Forderung (§ 1137) oder die Hypothek (§ 1157) geben dem Eigentümer einen Anspruch (gegen den Gläubiger) auf Verzicht auf die Hypothek gem § 1168 (§ 1169). Dauernde Einreden begründen zB die §§ 438 IV, 821 und 853, nicht dag die §§ 273, 320.
12 **II.** Die Rechtsfolgen einer **Abtretung der gesicherten Forderung** und des dadurch herbeigeführten **Hypothekenübergangs** regelt § 1157. Bei einer **Veräußerung des Grundstücks** erwirbt der neue Eigentümer die Einreden iSd § 1157 nach hM lediglich dann, wenn sie ihm gesondert abgetreten werden (Staud/Wolfsteiner § 1157 Rn 7). Dies erscheint aber nur für solche Einreden zutreffend, denen ein Anspruch des Eigentümers (zB aus ungerechtfertigter Bereicherung) zugrunde liegt. Dag wirken solche Einreden, die das Gläubigerrecht selbst beschränken (zB Stundungsvereinbarung) für jeden Eigentümer (Westermann/Eickmann, § 101 III 3).

§ 1138 Öffentlicher Glaube des Grundbuchs

Die Vorschriften der §§ 891 bis 899 gelten für die Hypothek auch in Ansehung der Forderung und der dem Eigentümer nach § 1137 zustehenden Einreden.

1 Eine Hypothek kann wie jedes andere dingliche Recht gem § 892 gutgläubig vom Nichtberechtigten erworben werden. Dag spricht insb nicht, dass der Zweiterwerb der Hypothek gesetzliche Folge der Abtretung der Forderung ist (§ 1153). Auf diesen gesetzlichen Übergang der Hypothek findet § 892 Anwendung, weil er dermaßen eng mit der rechtsgeschäftlichen Übertragung der gesicherten Forderung verbunden ist, dass hins des Gutglaubensschutzes der Erwerber so behandelt werden kann, als handele es sich auch bei der Übertragung der Hypothek um einen rechtsgeschäftlichen Vorgang. Allerdings führt die Akzessorietät der Hypothek zu Problemen beim gutgläubigen Erwerb, wenn die Forderung nicht oder nicht mehr besteht. Dabei sind **vier Fälle des gutgläubigen Zweiterwerbs der Hypothek** zu unterscheiden:
2 **1. Es besteht eine Forderung, aber keine Hypothek.** Bsp: Gläubiger G hat eine Darlehensforderung gegen seinen Schuldner S. Eigentümer E bestellt ihm zur Sicherung eine Hypothek an seinem Grundstück. G tritt die hypothekarisch gesicherte Forderung an den gutgläubigen Dritten D ab. Es stellt sich heraus, dass E bei der Hypothekenbestellung geschäftsunfähig war. Hier erwirbt der Zessionar (D) die Forderung vom Berechtigten (§§ 398, 1154). Die Hypothek erlangt er dag nicht nach § 1153, weil keine Hypothek besteht. Diese geht vielmehr unter den Voraussetzungen des § 892 I auf den gutgläubigen Erwerber (D) über. Dabei ist unerheblich, um welche Art von Hypothek es sich handelt und in welcher Form die Abtretung erfolgt (Wieling, § 27 II 4 a).
3 **2. Es besteht keine Forderung und deshalb keine Hypothek** (sondern gem § 1163 I 1 eine Eigentümergrundschuld). Bsp: G verspricht dem E ein Darlehen. Zur Sicherung dieses Darlehens bestellt E dem G eine Hypothek an seinem Grundstück. Noch vor der Auszahlung der Darlehensvaluta tritt G die hypothekarisch gesicherte Forderung an den gutgläubigen D ab. Hier erwirbt der Zessionar (D) keine Forderung, da diese nicht besteht und eine Forderung nach allg Grundsätzen auch nicht Gegenstand gutgläubigen Erwerbs sein kann. Ohne Forderung könnte aber auch die Hypothek wegen ihrer

Akzessorietät nicht erlangt werden (§ 1153 II). In diesem Fall hilft § 1138. Die Vorschrift erstreckt die §§ 891–899 auch auf die **Forderung**, soweit es für den Erwerb der Hypothek erforderlich ist. Liegen also die Voraussetzungen des § 892 I 1 bezogen auf die Forderung vor, so wird diese zugunsten des gutgläubigen Erwerbers **fingiert**, um einen Erwerb der Hypothek zu ermöglichen. Allerdings erwirbt der gutgläubige Zessionar (D) die Forderung nur „für die Hypothek", also nur insoweit, als sie zur Geltendmachung der Hypothek vorausgesetzt wird. Er erwirbt also nicht die Forderung. Dies hat zur Konsequenz, dass der gutgläubige Erwerber der Hypothek nicht aus dem Anspruch gegen den Schuldner, sondern nur aus der Hypothek auf Duldung der Zwangsvollstreckung in das Grundstück (§ 1147) gegen den Eigentümer klagen kann. Die Hypothek besteht daher ohne zu sichernde Forderung, der Erwerber erhält eine „**forderungsentkleidete Hypothek**" (Baur/Stürner, § 38 Rn 25; Palandt/Bassenge § 1138 Rn 6). Diese **Durchbrechung des Akzessorietätsgrundsatzes** durch § 1138 gilt aber nur für die Verkehrshypothek, nicht daß für die Sicherungshypothek (§ 1185 II).

3. Es besteht keine Forderung und keine Hypothek. Bsp: G verspricht dem S ein Darlehen. Zur Sicherung dieses Darlehens bestellt E dem G an seinem Grundstück eine Hypothek. Noch vor der Auszahlung der Darlehensvaluta tritt G die hypothekarisch gesicherte Forderung an den Gutgläubigen D ab. Es stellt sich heraus, dass E bei der Hypothekenbestellung geschäftsunfähig war. In dieser Situation kommen beide oben genannten Grundsätze nebeneinander zur Anwendung. § **892 I 1** überwindet unmittelbar den dinglichen Mangel bei der Hypothekenbestellung und über § **1138** den Mangel in der gesicherten Forderung. D erwirbt keine Forderung nach §§ 398, 1154, weil diese nicht besteht und es einen gutgläubigen Forderungserwerb nicht gibt. Zum Zweck des Hypothekenerwerbs wird die **Forderung** aber gem § 1138 **fingiert**, wenn der Erwerber in Ansehung der Forderung gutgläubig ist. Gleichwohl wäre ein gutgläubiger Erwerb der Hypothek nach § 1153 ausgeschlossen, weil auch bei Fiktion der Forderung der Zedent (G) keine Forderung hätte. Diese Lücke schließt aber § 892 I 1, wenn der Erwerber auch hins der Hypothek gutgläubig ist. Der gutgläubige Erwerber erwirbt also wiederum eine „**forderungsentkleidete Hypothek**".

4. Forderung und Hypothek stehen einem Dritten zu. Bsp: B gewährt E ein Darlehen iHv 50.000 EUR. E bestellt ihm zur Sicherung dieses Darlehens eine Briefhypothek an seinem Grundstück. Noch vor der Eintragung der Hypothek tritt B die Forderung an G ab. Anschließend wird B im Grundbuch als Hypothekar eingetragen. Nachdem B den Hypothekenbrief von E ausgehändigt erhalten hat, überträgt er die Hypothek für 45.000 EUR an den gutgläubigen H. Bei Fälligkeit des Darlehens verlangen sowohl G als auch H Zahlung der 50.000 EUR von E. Hier hat zunächst der Zessionar (G) gem § 398 die Forderung erworben, da deren Abtretung vor der Bestellung der Hypothek nicht der Form des § 1154 bedurfte. Die Hypothek konnte der gutgläubige Erwerber (H) nicht nach §§ 398, 1154 I durch Abtretung der hypothekarisch gesicherten Forderung (mit „Übertragung der Hypothek" ist die Übertragung der hypothekarisch gesicherten Forderung gemeint, da eine isolierte Übertragung der Hypothek nicht möglich ist, § 1153 II) erwerben, da der Zedent (B) in diesem Zeitpunkt bereits nicht mehr Inhaber der Forderung war und daher als Nichtberechtigter über diese verfügt hat. Weil der Erwerber (H) aber hins der Gläubigerstellung des B gutgläubig war, erwirbt er die Hypothek gem §§ **1138, 892 I**. Die **Forderung** wird nach § 1138 **fingiert**, um einen gutgläubigen Erwerb des H von dem durch das Grundbuch legitimierten Nichtberechtigten (B) zu ermöglichen.

Da es für die **gesicherte Forderung** selbst grds keinen gutgläubigen Erwerb gibt, scheint diese bei dem berechtigten Dritten (G) zu verbleiben. Aus § 1138 folgt insoweit nichts anderes, weil diese Vorschrift keinen gutgläubigen Erwerb der Forderung bewirkt, sondern diese lediglich zum Zweck des gutgläubigen Erwerbs der Hypothek fingiert. Beließe man es dabei, so wäre der Eigentümer-Schuldner (E) der Gefahr einer doppelten Inanspruchnahme ausgesetzt. Ihm stünden zwei Gläubiger ggü. G hätte einen Zahlungsanspruch aus § 488 I gegen ihn und H den Anspruch auf Duldung der Zwangsvollstreckung aus § 1147. Es stellt sich daher die Frage, ob diese Aufspaltung des Gläubigerrechts dadurch vermieden werden kann, dass mit dem gutgläubigen Erwerb der Hypothek auch die gesicherte Forderung auf den gutgläubigen Erwerber (H) übergeht. Diese Frage ist str:

7 a) Eine Ansicht lässt in diesem Fall ausnahmsweise auch die Forderung auf den gutgläubigen Erwerber der Hypothek (H) mit übergehen (Baur/Stürner, § 38 Rn 28; Erman/Wenzel § 1153 Rn 3). Dies wird mit einer **analogen Anwendung des § 1153** begründet. Der Akzessorietätsgrundsatz verbiete eine Trennung von Hypothek und gesicherter Forderung. Entscheidend sei aber die Schutzbedürftigkeit des Eigentümer-Schuldners (E), der vor einer doppelten Inanspruchnahme geschützt werden müsse.

8 b) Die Gegenauffassung **lehnt einen gutgläubigen Erwerb der Forderung ab** (MK/Eickmann § 1153 Rn 13; Staud/Wolfsteiner § 1138 Rn 9). Sie verweist darauf, dass die Gefahr einer doppelten Inanspruchnahme des Eigentümer-Schuldners (E) in Wirklichkeit nicht bestehe. Dieser sei nach §§ 1160, 1161 sowie dem Rechtsgedanken des § 1144 nur gegen Aushändigung des Hypothekenbriefes zu leisten verpflichtet. Selbst bei der Grundschuld müsse der persönliche Schuldner die Forderung lediglich Zug um Zug gegen Rückübertragung der Grundschuld tilgen. Dies gelte daher erst recht für die akzessorische Hypothek. Der Inhaber der Forderung (G) könne aber den Hypothekenbrief nicht vorlegen und damit nicht Zahlung verlangen. Infolgedessen bestehe keine Gefahr einer doppelten Inanspruchnahme des Eigentümer-Schuldners. Daher bestehe auch kein Grund, die Forderung der Hypothek nachfolgen zu lassen. Der Zessionar (H) erwirbt nach dieser Auffassung auch in dieser Situation nur eine „**forderungsentkleidete**" Hypothek, während die Forderung bei ihrem Inhaber (G) bleibt.

9 c) Die besseren Gründe sprechen für die hM. Einerseits ist die Forderung für ihren Inhaber (G) wegen des Widerspruchsrechts des Eigentümer-Schuldners (E) aus §§ 1160, 1161 ohne Wert, so dass sie schon deshalb auch dem Erwerber der Hypothek zugesprochen werden kann. Außerdem wird dadurch der **Normalzustand einer „forderungsbekleideten" Hypothek** hergestellt (Wieling, § 27 II 4 b bb). Hinzu kommt, dass die Gefahr einer doppelten Inanspruchnahme keineswegs vollkommen ausgeschlossen ist. Zum einen nützt dem Eigentümer-Schuldner die Möglichkeit, sich auf ein Leistungsverweigerungsrecht aus der Sicherungsabrede zu berufen, wenig, wenn ihm die Trennung von Forderung und Hypothek nicht bekannt ist. Hinzu kommt, dass das Widerspruchsrecht nach §§ 1160, 1161 in der Praxis häufig ausgeschlossen wird.

10 Folgt man der hM, so hat der wahre Inhaber der Forderung (G) gegen den nichtberechtigt Verfügenden (B) einen Anspruch auf Schadensersatz **analog §§ 990, 989**, da ihm ggü der Nichtberechtigte vor der Verfügung gem § 894 auf Zustimmung zur Grundbuchberichtigung haftete. Daneben besteht ein Anspruch aus § 816 I, obwohl der Hypotheken- und der Forderungserwerb kraft Gesetzes und nicht durch rechtsgeschäftliche Verfügung erfolgte. Auch hier muss berücksichtigt werden, dass der gutgläubige Erwerb im Hypothekenrecht nur möglich ist, weil ihm eine rechtsgeschäftliche Verfügung über die gesicherte Forderung zugrunde liegt.

§ 1139 Widerspruch bei Darlehensbuchhypothek

¹Ist bei der Bestellung einer Hypothek für ein Darlehen die Erteilung des Hypothekenbriefs ausgeschlossen worden, so genügt zur Eintragung eines Widerspruchs, der sich darauf gründet, dass die Hingabe des Darlehens unterblieben sei, der von dem Eigentümer an das Grundbuchamt gerichtete Antrag, sofern er vor dem Ablauf eines Monats nach der Eintragung der Hypothek gestellt wird. ²Wird der Widerspruch innerhalb des Monats eingetragen, so hat die Eintragung die gleiche Wirkung, wie wenn der Widerspruch zugleich mit der Hypothek eingetragen worden wäre.

1 Die Buchhypothek **entsteht** bereits mit der **Eintragung** des Ausschlusses des Hypothekenbriefes im Grundbuch. Ist die Hypothek für ein Darlehen bestellt, unterbleibt aber dessen Auszahlung, so besteht für den Eigentümer die Gefahr, dass der bereits im Grundbuch eingetragene Hypothekar missbräuchlich über die Hypothek verfügt und ein gutgläubiger Dritter sie erwirbt (§§ 1138, 892). Die Vorschrift gibt daher dem Ei-

gentümer die Möglichkeit, abw von § 899 unter erleichterten Voraussetzungen und rückwirkend einen **Widerspruch** im Grundbuch eintragen zu lassen.

§ 1140 Hypothekenbrief und Unrichtigkeit des Grundbuchs

¹Soweit die Unrichtigkeit des Grundbuchs aus dem Hypothekenbrief oder einem Vermerk auf dem Brief hervorgeht, ist die Berufung auf die Vorschriften der §§ 892, 893 ausgeschlossen. ²Ein Widerspruch gegen die Richtigkeit des Grundbuchs, der aus dem Briefe oder einem Vermerk auf dem Briefe hervorgeht, steht einem im Grundbuch eingetragenen Widerspruch gleich.

Der Hypothekenbrief genießt, anders als das Grundbuch, keinen öffentlichen Glauben. Er kann aber den **öffentlichen Glauben** des Grundbuchs **zerstören**, wenn dessen Unrichtigkeit aus dem Brief oder einem Vermerk auf dem Brief hervorgeht (S 1) bzw Brief oder Vermerk einen Widerspruch enthalten (S 2). 1

§ 1141 Kündigung der Hypothek

(1) ¹Hängt die Fälligkeit der Forderung von einer Kündigung ab, so ist die Kündigung für die Hypothek nur wirksam, wenn sie von dem Gläubiger dem Eigentümer oder von dem Eigentümer dem Gläubiger erklärt wird. ²Zugunsten des Gläubigers gilt derjenige, welcher im Grundbuch als Eigentümer eingetragen ist, als der Eigentümer.
(2) Hat der Eigentümer keinen Wohnsitz im Inland oder liegen die Voraussetzungen des § 132 Abs. 2 vor, so hat auf Antrag des Gläubigers das Amtsgericht, in dessen Bezirk das Grundstück liegt, dem Eigentümer einen Vertreter zu bestellen, dem gegenüber die Kündigung des Gläubigers erfolgen kann.

I. Die Verwirklichung des dinglichen Anspruchs des Hypothekengläubigers aus § 1147 setzt die **Pfandreife**, also die **Fälligkeit der Hypothek** voraus. Die Pfandreife tritt mit der Fälligkeit der Hypothek ein. Diese richtet sich wegen der Akzessorietät in aller Regel nach der **Fälligkeit der persönlichen Forderung** (hierzu OLG Köln DNotZ 13, 768). Etwas anderes gilt für die **Fälligkeit durch Kündigung**. Sind persönlicher Schuldner und Grundstückseigentümer nicht identisch, so muss die Hypothek, nicht die Forderung gekündigt werden. Die Hypothek wird durch Kündigung fällig, wenn diese vom Gläubiger ggü dem Grundstückseigentümer oder umgekehrt erklärt wurde (Abs 1 S 1; § 1193 II 2 gilt nicht analog: OLG Köln DNotZ 13, 768). Eine Kündigung durch oder ggü dem persönlichen Schuldner hat keine Wirkung für die Hypothek, sondern allein für die persönliche Forderung. Der Eigentümer ist damit berechtigt, die Hypothek abzulösen (§ 1142 I). Kündigt der Gläubiger ggü dem im Grundbuch eingetragenen Scheineigentümer, so gilt dieser zugunsten des Hypothekars als Eigentümer (Abs 1 S 2). 1
II. Bei einer **Briefhypothek** müssen der Hypothekenbrief und ggf die öffentlich beglaubigten Übertragungsurkunden (§ 1155) bei der Kündigung vorgelegt werden. Geschieht dies nicht, so kann der Eigentümer der Kündigung widersprechen (§ 1160 II). Für die Sicherungshypothek gilt wegen der strengen Akzessorietät § 1141 nicht (§ 1185 II). 2

§ 1142 Befriedigungsrecht des Eigentümers

(1) Der Eigentümer ist berechtigt, den Gläubiger zu befriedigen, wenn die Forderung ihm gegenüber fällig geworden oder wenn der persönliche Schuldner zur Leistung berechtigt ist.
(2) Die Befriedigung kann auch durch Hinterlegung oder durch Aufrechnung erfolgen.

I. Wird der Eigentümer eines mit einer Hypothek für die Schuld eines Dritten belasteten Grundstücks auf Duldung der Zwangsvollstreckung in Anspruch genommen 1

(§ 1147), so kann er die **drohende Zwangsvollstreckung** dadurch **abwenden**, dass er den Hypothekengläubiger befriedigt (Abs 1). Zur **Wirkung** der Befriedigung s § 1143 Rn 7.

2 II. Die **Ablösung** der Hypothek durch den Eigentümer kann nach Abs 2 auch **durch Aufrechnung** oder **Hinterlegung** erfolgen (BGH MDR 10, 1242; für die Frage, ob der hinterlegte Betrag ausreichend war, ist auf den Zeitpunkt der Hinterlegung abzustellen: OLG Karlsruhe WM 13, 1414). Rechnet der **Eigentümer** auf, der iSv § 1143 **nicht persönlicher Schuldner** ist, so herrscht Str darüber, **gegen welche Hauptforderung** der Eigentümer mit seiner gegen den Hypothekengläubiger gerichteten Gegenforderung aufrechnet. Bsp: E bestellt an seinem Grundstück eine Hypothek zur Sicherung einer Darlehensforderung des G gegen S. E rechnet mit einer Gegenforderung gegen G aus § 433 II auf. Fraglich ist dann, ob sich die Aufrechnung gegen die Darlehensforderung des G gegen S oder gegen den dinglichen Anspruch des G gegen E aus § 1147 richtet:

3 Es wird teilweise angenommen, der Eigentümer rechne in diesem Fall **gegen die gesicherte Forderung des Gläubigers** auf, die sich gegen den Schuldner richtet (RGZ 78, 384). Dann muss allerdings das Erfordernis der Gegenseitigkeit fallen gelassen werden. Außerdem ist davon auszugehen, dass entgg § 389 die Forderung des Gläubigers gegen den Schuldner trotz Aufrechnung bestehen bleibt, weil anderenfalls der von § 1143 I 1 angestrebte gesetzliche Forderungsübergang nicht eintreten kann.

4 Richtiger Auffassung nach erfolgt die Aufrechnung **gegen den dinglichen Anspruch des Hypothekengläubigers aus** § 1147 (MK/Eickmann § 1142 Rn 2; Staud/Wolfsteiner § 1142 Rn 16). Abs 2 macht daher eine Ausn von der Gleichartigkeit der gegenüberstehenden Ansprüche. Dass dies die Auffassung des Gesetzgebers war, zeigt der Entwurf zur Regelung der Grundschuld: Dort wurde in § 1139 b die Ablösung der Grundschuld durch Aufrechnung zugelassen. Weil die Grundschuld aber forderungsunabhängig ist, kann kein Zweifel daran bestehen, dass eine Aufrechnung gegen den dinglichen Anspruch aus § 1147 gemeint ist (vgl Prot IV, 505).

§ 1143 Übergang der Forderung

(1) ¹Ist der Eigentümer nicht der persönliche Schuldner, so geht, soweit er den Gläubiger befriedigt, die Forderung auf ihn über. ²Die für einen Bürgen geltende Vorschrift des § 774 Abs. 1 findet entsprechende Anwendung.

(2) Besteht für die Forderung eine Gesamthypothek, so gilt für diese die Vorschrift des § 1173.

1 I. Neben der rechtsgeschäftlichen Abtretung der gesicherten Forderung und dem dadurch bewirkten automatischen Übergang der Hypothek auf den Zessionar (§ 1153 I) kommt noch ein **gesetzlicher Übergang der Hypothek** in Betracht. Dieser ist dadurch gekennzeichnet, dass die Hypothek als automatische Folge eines gesetzlichen Tatbestandes übergeht, ohne dass es einer Einigung und Eintragung bzw Briefübergabe bedarf. Wichtigste Fälle sind des gesetzlichen Übergangs der Forderung u damit auch der Hypothek (§ 1153) infolge einer **Befriedigung des Gläubigers** durch den Eigentümer, der nicht persönlicher Schuldner ist.

2 II. 1. Diesen Fall regelt Abs 1. Dabei sind folgende **Fälle** der Befriedigung des Gläubigers zu unterscheiden:

3 a) Zahlung des Eigentümer-Schuldners. Befriedigt der Grundstückseigentümer, der zugleich Schuldner der gesicherten Forderung ist, den Gläubiger, so zahlt er als Schuldner in Erfüllung der gesicherten **Forderung** (BGHZ 7, 126). Diese **erlischt** nach § 362. Die Hypothek geht kraft Gesetzes auf den Eigentümer über (§ 1163 I 2) und wandelt sich in eine **Eigentümergrundschuld** um, weil sie sich mit dem Eigentum in einer Person vereinigt und dem Eigentümer die Forderung nicht mehr zusteht (§ 1177 I 1). Die Eigentümergrundschuld behält den Rang im Grundbuch, den die Hypothek bisher gehabt hat. Dadurch wird das Aufrücken nachrangiger – idR weniger verzinslicher – Grundpfandrechte verhindert und dem Eigentümer ermöglicht, den Rang jederzeit durch Begebung des Grundpfandrechts erneut zur Sicherung eines Kredits zu verwenden. Die daraus resultierenden Nachteile für die nachstehenden Grundpfandgläubiger werden durch vertragliche und gesetzliche Löschungsansprüche gemildert (vgl § 1179 a).

Keine ausdrückliche Regelung im Gesetz findet der Fall, dass der Eigentümer, der zugleich Schuldner ist, nicht auf die Forderung, sondern auf die Hypothek zahlt (**Ablösung**). Nach verbreiteter Auffassung soll § **1142** auf den Eigentümer-Schuldner, **nicht anwendbar** sein (Palandt/Bassenge § 1142 Rn 1; MK/Eickmann § 1142 Rn 1; Staud/Wolfsteiner § 1142 Rn 11). Gleichwohl wird allg angenommen, dass der Eigentümer-Schuldner „auf die Hypothek" zahlen kann (MK/Kohler § 893 Rn 6). Eine derartige Zahlung muss in Abgrenzung von der Erfüllung der Forderung als Ablösung eingeordnet werden. Die **Rechtsfolge** einer derartigen Ablösung ist unstr: Weil der Gläubiger durch die Ablösung des dinglichen Rechts befriedigt wird, geht die Hypothek als **Eigentümergrundschuld** auf ihn über, und die **Forderung erlischt**. Die **Begr** dieses Ergebnisses ist allerdings zweifelhaft: 4

Teilweise wird allein auf die §§ **1163, 1177** verwiesen (Wolff/Raiser, § 140 V 1). Dabei wird nicht beachtet, dass in § 1163 das Erlöschen der Forderung der primäre Tatbestand ist, an den sich die Rechtsfolge des Übergangs der Hypothek knüpft. Bei der Ablösung wird aber gerade nicht in erster Linie die Erfüllung der Forderung bezweckt, sondern die Abwendung des dinglichen Zugriffs auf das Grundstück im Wege der Zwangsvollstreckung nach § 1147. Die entsprechende Anwendung des § 1163 auf diese Situation kann daher nur durch die Erwägung gerechtfertigt werden, dass die Befriedigung des dinglichen Verwertungsinteresses nach § 1147 zugleich den Erfüllungszweck der gesicherten Forderung eintreten lässt. Entscheidend dafür spricht, dass die Hypothek als Sicherheit für die Forderung bestellt ist. Grds tritt der Erfüllungszweck der gesicherten Forderung ein, wenn der Gläubiger aufgrund des Sicherungsrechts befriedigt wird. Dasselbe Ergebnis lässt sich aber auch mit einer **Analogie zu § 1143** begründen. § 1143 setzt voraus, dass Eigentümer und Schuldner nicht identisch sind. Daran fehlt es hier aber gerade. Eine analoge Anwendung des § 1143 würde hier also bedeuten, dass die Ablösung der Hypothek den Übergang der Forderung auf den Eigentümer-Schuldner unter automatischem Mitübergang der Hypothek nach § 1153 I bewirkt. Die übergegangene Forderung erlischt dann wegen Konfusion, und der Eigentümer erlangt nach § 1177 eine Eigentümergrundschuld. 5

b) Zahlung des Schuldners. In der Regel wird ein Grundstückseigentümer nur eigene Schulden mit einer Hypothek absichern. Es kommt aber auch vor, dass mit der Hypothek die Schuld eines Dritten abgesichert ist. Befriedigt in diesem Fall der persönliche Schuldner den Gläubiger, so **erlischt die gesicherte Forderung** gem § 362. Die Hypothek geht kraft Gesetzes auf den Eigentümer über (§ 1163 I 2) und verwandelt sich wegen der untergegangenen Forderung in eine **Eigentümergrundschuld** (§ 1177 I 1). Kann der persönliche **Schuldner** aber **vom Eigentümer Ersatz** für die Befriedigung des Gläubigers **verlangen**, so ordnet § 1164 insoweit eine gesetzliche Forderungsauswechslung an. 6

c) Zahlung des Eigentümers. Wird der Eigentümer mit einer Hypothek für die Schuld eines Dritten belasteten Grundstücks auf Duldung der Zwangsvollstreckung in Anspruch genommen (§ 1147), so kann er die drohende Zwangsvollstreckung dadurch abwenden, dass er den Hypothekengläubiger befriedigen (§ 1142). Ist im Innenverhältnis zum **Schuldner** dieser **zur Zahlung verpflichtet**, so hat der Eigentümer gegen den Schuldner einen vertraglichen oder gesetzlichen **Regressanspruch**. Deshalb bewirkt die Ablösung der Hypothek, dass die ursprüngliche Forderung des Gläubigers gegen den Schuldner kraft Gesetzes auf den Eigentümer übergeht, soweit dieser den Gläubiger befriedigt (Abs 1 S 1). Mit der Forderung geht auch die Hypothek kraft Gesetzes auf ihn über (§ 1153 I). Die so entstandene **forderungsbekleidete Eigentümerhypothek** wird nach § 1177 II wie eine Eigentümergrundschuld behandelt. 7

Ist im Innenverhältnis der **Eigentümer** ggü dem Schuldner **zur Zahlung verpflichtet** (zB aus §§ 415 III, 416), so gibt es zwei Möglichkeiten: Der Nur-Eigentümer wird in diesem Fall iZw **nach § 267 auf die gesicherte Forderung** zahlen, weil er dazu im Innenverhältnis zum Schuldner verpflichtet ist (RGZ 143, 287). In diesem Fall erlischt die Forderung (§ 362), und die Hypothek wird nach §§ 1163 I 2, 1177 I 1 zur Eigentü- 8 mergrundschuld. Es handelt sich also um keinen Fall des § 1143. Die Zahlung kann aber ausnahmsweise auch nicht für den Schuldner, sondern für den Eigentümer selbst **zur Ablösung der Hypothek gem § 1142** erfolgen. In diesem Fall geht die Forderung nach § 1143 I 1 auf den Eigentümer über. Er erwirbt damit nach hM auch die Hypothek (§ 1153 I). Es liegt eine forderungsbekleidete Eigentümerhypothek vor, die nach § 1177 II als Eigentümergrundschuld behandelt wird. Dem Schuldner steht gegen die auf den Eigentümer übergegangene Forderung nach §§ 1143 I 2, 774 I 3 die forderungsvernichtende Einwendung zu, dass der Eigentümer ihn im Innenverhältnis von der Schuld befreien muss (RGZ 143, 287). Nach aA ist nicht § 1143 I 1 anzuwenden, sondern §§ 1163, 1177. Danach erlischt die Forderung und die Hypothek wird zur Eigentümergrundschuld (Baur/Stürner, § 40 Rn 17 f).

9 **2. Zahlung und Gutglaubensschutz.** Leistet der Gutgläubige an den eingetragenen Nichtberechtigten, so schafft § 893 iVm § 892 eine Empfangszuständigkeit des Buchberechtigten kraft Rechtsscheins. Dies gilt aber nur für Leistungen auf das dingliche Recht. § 893 ist dag nicht anwendbar, wenn der vom Eigentümer verschiedene Schuldner an den eingetragenen Nichtberechtigten auf die Forderung zahlt. Es sind daher **drei Fallgruppen** abzugrenzen:

10 a) **Zahlung des vom Eigentümer verschiedenen Schuldners an den Scheingläubiger.** Bsp: G hat eine Darlehensforderung gegen S, die durch eine Buchhypothek am Grundstück des E gesichert ist. G tritt diese Hypothek an Z ab, der im Grundbuch als Hypothekar eingetragen wird. Die Abtretung ist unwirksam. S zahlt das Darlehen an den im Grundbuch eingetragenen Z zurück. Fraglich ist daher, ob die Forderung durch die Zahlung erlischt: Nach ganz hM (Baur/Stürner, § 38 Rn 112; MK/Kohler § 893 Rn 6; Westermann/Eickmann, § 105 V 3) hat die Leistung des Schuldners (S) an den Scheingläubiger (Z) **keine Tilgungswirkung.** Der mit dem Grundeigentümer (E) nicht identische Schuldner einer hypothekarisch gesicherten Forderung leistet nur auf diese obligatorische Forderung. Es gilt daher ausschließlich Schuldrecht. Ein Gutglaubensschutz kommt folglich nur ausnahmsweise nach §§ 406 ff in Betracht. § 893 gilt nicht für Leistungen auf Forderungen. Auch §§ 1138, 893 haben für die Forderung als solche keine Bedeutung. Deshalb führt die Leistung des Schuldners (S) an den Scheingläubiger (Z) nicht zum Erlöschen der Forderung. Die Hypothek geht demnach nicht gem §§ 1163 I 2, 1177 auf den Grundeigentümer (E) über. Im Falle eines Regressanspruchs des Schuldners gegen den Eigentümer kann es auch nicht zum Übergang der Hypothek auf den Schuldner nach § 1164 kommen.

11 b) **Zahlung des vom Schuldner verschiedenen Eigentümers an den Scheingläubiger auf die Hypothek.** Bsp: In dem og Bsp (Rn 10) zahlt E auf die Hypothek an Z zur Ablösung seiner Haftung. Fraglich ist dann, welche Wirkung diese Zahlung hat: In dieser Situation erfolgt sie durch den Eigentümer (E) gem § 1142 auf die Hypothek. Sie fällt unter §§ **893, 1138** und stellt daher den Eigentümer (E) so, als wäre die Ablösung ggü dem wahren Berechtigten (G) erfolgt. Die unmittelbare Wirkung des § 893 für die Hypothek ist, dass der wahre Berechtigte (G) als befriedigt gilt und deshalb die Hypothek **analog § 1163** auf den ablösenden Eigentümer (E) übergeht. Durch dieses gem § 893 erfolgende Freiwerden des Eigentümers von der Haftung nach § 1147 würde dieser jedoch nur unvollkommen geschützt. Er erlangte nur die Hypothek, während er bei der Ablösung ggü dem wahren Berechtigten nicht nur die Hypothek, sondern nach § 1143 auch die Forderung gegen den Schuldner (S) bekommen hätte. Deshalb wird überw angenommen, dass der Eigentümer (E) als Folgewirkung der unter den Schutz des § 893 fallenden Ablösung nicht nur die Hypothek, sondern auch die Forderung nach § 1143 erwirbt (Baur/Stürner, § 38 Rn 113; Westermann/Eickmann, § 105 V 2). Im Ergebnis kommt es damit zu einem **gutgläubigen Forderungserwerb**, obwohl der Rechtserwerb kraft Gesetzes (§ 1143) eintritt. Dies erscheint jedoch gerechtfertigt, weil dieser gesetzliche Forderungsübergang nur eine Folge des unter Gutglaubensschutz (§§ 893, 1155) stehenden Verfügungsgeschäfts der Ablösung ist (Baur/Stürner, § 38 Rn 113 f; aA BGH NJW 86, 1487).

12 c) **Zahlung des Eigentümer-Schuldners an den Scheingläubiger.** Bsp: G hat eine Darlehensforderung gegen E, die durch eine Buchhypothek an dessen Grundstück gesichert

ist. G tritt diese Hypothek an Z ab, der im Grundbuch als Hypothekar eingetragen wird. Die Abtretung ist unwirksam. E zahlt das Darlehen in Unkenntnis der Unwirksamkeit der Abtretung an Z zurück. Fraglich ist, welche Wirkung diese Zahlung hat: In dieser Situation zahlt der Eigentümer in aller Regel als Schuldner **auf die Forderung**. Da der Scheingläubiger (Z) materiellrechtlich nicht empfangszuständig ist, könnten **nur die §§ 406 ff** zugunsten des Eigentümers (E) eingreifen. § 893 ist **nicht anwendbar**, weil der Eigentümer nicht auf die Hypothek geleistet hat. § **1138** hilft insoweit **nicht** weiter, weil die danach angeordnete analoge Anwendung des § 893 nur „für die Hypothek" Bedeutung hat, also keinen Gutglaubensschutz für die Forderung begründet.

Fraglich ist aber, welche **Wirkung** die Zahlung auf die Forderung **für die Hypothek** hat. Nach § **1138** wird für die Hypothek fingiert, dass die Forderung durch Erfüllung erloschen ist. Damit greift § 1163 I 2 ein. Die Hypothek geht auf den Eigentümer (E) über und wird dem wahren Berechtigten (G) entzogen. Allerdings erfährt der Eigentümer nach § 1138 nur hins der dinglichen Rechtslage Schutz. Er erwirbt nach § 1163 I 2 die Hypothek, doch befreit ihn seine Zahlung nicht von der Schuld. Die beschränkte Wirkung des § 1138 für das dingliche Recht hätte also auch hier eine Trennung von Schuld und Hypothek zur Folge. Um einen vollständigen Schutz des Eigentümers zu erreichen, ist es daher geboten, **nach** § **1153 II** auch einen **Übergang der Forderung** auf den Eigentümer anzunehmen. Die Forderung erlischt dann durch Konfusion. Der Eigentümer wird damit so gestellt, als wenn er an den wahren Berechtigten (G) geleistet hätte. 13

Da der Eigentümer mit seiner Zahlung aber zugleich die **Ablösung der Hypothek** erreichen will (§ 1142), leistet er auch auf ein eingetragenes dingliches Recht. Zum Schutz des leistenden Eigentümers (E) greift daher unmittelbar § 893 ein und führt nach § 892 zur Fiktion, dass die Eintragung richtig ist. Bei Zahlungen des Eigentümers auf die Hypothek an den Scheingläubiger (Z) kommt also direkt § 893 zur Anwendung. Allerdings überwindet § 893 ebenso wie § 892 nur den Mangel im dinglichen Recht. In der hier behandelten Fallsituation ist der Scheingläubiger (Z) jedoch weder Inhaber der Hypothek noch der Forderung. Dieser zusätzliche Mangel der gesicherten Forderung wird aber bei der Hypothek durch § 1138 überwunden. Bei der Ablösung der Hypothek durch den Eigentümer (E) gilt damit der Scheingläubiger (Z) als wahrer Berechtigter. Nach §§ 893, 1138 **erlischt die Forderung** und die Hypothek verwandelt sich nach §§ 1163 I 2, 1177 in eine **Eigentümergrundschuld** des E (vgl MK/Kohler § 893 Rn 6). 14

d) Zahlung eines ablösungsberechtigten Dritten an den Scheingläubiger. Bsp: In dem obigen Beispielsfall löst Mieter M des mit der Hypothek belasteten Grundstücks des E die Hypothek durch Zahlung an den eingetragenen Scheingläubiger Z ab. Fraglich ist, welche Wirkung diese Zahlung hat: Die Wirkung dieser Zahlung entspricht derjenigen bei der Ablösung der Hypothek durch den Eigentümer. Ablösungsberechtigte Dritte nach § 1150 oder § 268 zahlen zur Abwendung der Zwangsvollstreckung auf die Hypothek und werden daher nach §§ **893, 1138** geschützt. Der ablösungsberechtigte Dritte **erwirbt** mithin **gutgläubig Forderung und Hypothek** (§§ 1150, 268 III 1, 412, 401, 1153 I). 15

e) Zahlung des Scheineigentümers auf die Hypothek. Str ist, welche Rechtsfolgen die Ablösung einer Hypothek durch einen im Grundbuch eingetragenen Scheineigentümer hat, der sich gutgläubig für den Eigentümer hält: Nach einer Auffassung erwirbt in diesem Fall der **wahre Eigentümer**, nicht daß der Scheineigentümer, gem §§ 1143, 1163 die Eigentümergrundschuld. § 893 sei nicht anwendbar, da es keinen Gutglaubensschutz für den Erwerb eigener Rechte gebe (Baur/Stürner, § 38 Rn 117). Nach der Gegenauffassung erwirbt der **gutgläubig leistende Scheineigentümer** die Hypothek über § 893. Zur Begr wird auf die Interessenlage hingewiesen. Der wahre Eigentümer erleide keinen Rechtsverlust, da das Recht zuvor dem ursprünglichen Gläubiger zugestanden habe und jetzt dem Scheineigentümer zustehe (Westermann/Eickmann, § 105 V 4). 16

§ 1144 Aushändigung der Urkunden

Der Eigentümer kann gegen Befriedigung des Gläubigers die Aushändigung des Hypothekenbriefs und der sonstigen Urkunden verlangen, die zur Berichtigung des Grundbuchs oder zur Löschung der Hypothek erforderlich sind.

1 Mit der Ablösung der Hypothek geht die Forderung des Gläubigers gegen den Schuldner kraft Gesetzes auf den Eigentümer über, soweit dieser den Gläubiger befriedigt (§ 1143 I 1). Mit der Forderung geht auch die Hypothek kraft Gesetzes auf ihn über (§ 1153 I). Nach dieser Vorschrift kann der Eigentümer verlangen, dass ihm der **Hypothekenbrief** und die sonstigen zur Grundbuchberichtigung oder zur Löschung der Hypothek erforderlichen **Urkunden** ausgehändigt werden, ohne dass dem Hypothekengläubiger daran ein Zurückbehaltungsrecht wegen anderer persönlicher Forderungen gegen den Eigentümer zustünde. Der Eigentümer kann dann die Forderung gegen den Schuldner geltend machen oder sie mit der Hypothek an einen Dritten abtreten.

§ 1145 Teilweise Befriedigung

(1) ¹Befriedigt der Eigentümer den Gläubiger nur teilweise, so kann er die Aushändigung des Hypothekenbriefs nicht verlangen. ²Der Gläubiger ist verpflichtet, die teilweise Befriedigung auf dem Briefe zu vermerken und den Brief zum Zwecke der Berichtigung des Grundbuchs oder der Löschung dem Grundbuchamt oder zum Zwecke der Herstellung eines Teilhypothekenbriefs für den Eigentümer der zuständigen Behörde oder einem zuständigen Notar vorzulegen.
(2) ¹Die Vorschrift des Absatzes 1 Satz 2 gilt für Zinsen und andere Nebenleistungen nur, wenn sie später in dem Kalendervierteljahr, in welchem der Gläubiger befriedigt wird, oder dem folgenden Vierteljahr fällig werden. ²Auf Kosten, für die das Grundstück nach § 1118 haftet, findet die Vorschrift keine Anwendung.

1 Die Vorschrift **modifiziert** bei nur teilweiser Befriedigung des Gläubigers den § 1144 dahin, dass der Eigentümer nicht die Aushändigung des Hypothekenbriefs verlangen kann (Abs 1 S 1), sondern nur die Rechte aus Abs 1 S 2 hat.

§ 1146 Verzugszinsen

Liegen dem Eigentümer gegenüber die Voraussetzungen vor, unter denen ein Schuldner in Verzug kommt, so gebühren dem Gläubiger Verzugszinsen aus dem Grundstück.

1 Der Eigentümer kann mit der Hypothek unter den **Voraussetzungen der** §§ 286 ff in Verzug geraten, obwohl er nicht zur Leistung an den Gläubiger, sondern nur zur Duldung der Zwangsvollstreckung (§ 1147) verpflichtet ist. Daher gebühren dem Gläubiger auch Verzugszinsen.

§ 1147 Befriedigung durch Zwangsvollstreckung

Die Befriedigung des Gläubigers aus dem Grundstück und den Gegenständen, auf die sich die Hypothek erstreckt, erfolgt im Wege der Zwangsvollstreckung.

1 I. Mit der **Pfandreife** der Hypothek hat der Hypothekengläubiger das Recht, sich wegen seiner Forderung aus dem Grundstück und den mithaftenden Gegenständen zu befriedigen. Die Verwertung des Grundstücks erfolgt nach dieser Vorschrift regelmäßig im Wege der Zwangsvollstreckung. Allerdings sind nach der Pfandreife auch Abreden des Gläubigers mit dem Eigentümer über eine andere Art der Befriedigung zulässig (vgl § 1149).

2 1. Die Zwangsvollstreckung setzt zunächst einen **Vollstreckungstitel** voraus. Dabei ist zu unterscheiden: Will der Hypothekengläubiger das dingliche Verwertungsrecht aus der Hypothek ausüben, so bedarf es hierzu eines **dinglichen Titels**, der das hypotheka-

rische Verwertungsrecht aus § 1147 feststellt (BGH NJW 08, 1599). Dieser gegen den Grundstückseigentümer gerichtete Titel lautet auf Duldung der Zwangsvollstreckung in das Grundstück. Daneben kann der Hypothekengläubiger aber auch wie ein gewöhnlicher nichthypothekarisch gesicherter Gläubiger aus der persönlichen Forderung gegen den Schuldner vorgehen und die Zwangsvollstreckung betreiben. Dazu benötigt er einen persönlichen Titel (**Zahlungstitel**).

Der **Zahlungstitel** hat für den Gläubiger den Vorteil, dass er damit in das gesamte Vermögen des Schuldners vollstrecken kann. Bei der Zwangsvollstreckung in das Grundstück wird er dag wie ein nichthypothekarisch gesicherter Gläubiger behandelt, so dass er bei der Verwertung des Grundstücks nach allen Grundpfandgläubigern rangierte (§ 10 Nr 5 ZVG). Der dingliche Titel gewährt dem Gläubiger demggü nur ein Verwertungsrecht hins des Grundstücks und der mithaftenden Gegenstände. Der Gläubiger nimmt mit ihm aber an bevorzugter Rangstelle vor den anderen Gläubigern an der Zwangsvollstreckung teil (§ 10 Nr 4 ZVG), wird also bei der Verwertung entspr der Rangstelle seines Grundpfandrechts befriedigt. Wegen dieser Vor- und Nachteile beider Arten von Titeln wird der Gläubiger bei Personenidentität von Eigentümer und Schuldner die Zahlungs- mit der Duldungsklage verbinden. 3

Als **dingliche Titel** haben va das Urteil (§ 704 ZPO) und die vollstreckbare Urkunde (§ 794 I Nr 5 ZPO) praktische Bedeutung: Ein **Urteil** als dinglicher Titel erlangt der Hypothekengläubiger, indem er die dingliche Klage auf Duldung der Zwangsvollstreckung in das Grundstück (§ 1147) erhebt. In der **vollstreckbaren Urkunde** nach § 794 I Nr 5 ZPO unterwirft sich der Eigentümer freiwillig der sofortigen Zwangsvollstreckung in das Grundstück. Der Gläubiger kann in diesem Fall ohne vorherige Klage in das Grundstück vollstrecken. Hat sich der Eigentümer damit einverstanden erklärt, wird die Unterwerfung in das Grundbuch eingetragen. Dann ist sogar die Zwangsvollstreckung aus der Urkunde gegen den jeweiligen Eigentümer des Grundstücks zulässig (§ 800 I ZPO). 4

Umstritten ist die Möglichkeit einer **formularmäßigen Vollstreckungsunterwerfung** in einer Grundschuldbestellungsurkunde (zur Anwendbarkeit des § 1147 vgl § 1192 Rn 2), um eine Darlehensforderung zu sichern. Teilweise wird in Lit und Rspr (LG Hamburg NJW 08, 2784; aA: LG Hamburg 18. ZK Beschl v 7.11.08 Az 328 T 79/08) angenommen, dass eine solche Unterwerfung unter die sofortige Zwangsvollstreckung wegen der damit einhergehenden Gefahren für den Kreditnehmer eine zur Unwirksamkeit führende unangemessene Benachteiligung gem § 307 I bedeute. Dies allerdings nur, soweit nicht eine Abtretung der gesicherten Darlehensforderung ausgeschlossen werde (LG Hamburg NJW 08, 2784; Schimansky, WM 08, 1049, 1051; dag OLG Celle WM 09, 1185; Habersack, NJW 08, 3173). Begründet wird dies damit, dass zunehmend (notleidende) Kreditforderungen abgetreten würden und etwa ein die Forderung erwerbender Finanzinvestor anders als eine Bank nicht an einer langfristigen Geschäftsbeziehung, sondern der raschen Verwertung der Sicherheiten interessiert sei. In diesem Fall bedeute die sofortige Vollstreckbarkeit ein äußerst wirksames Druckmittel, welches eine erhebliche Missbrauchsgefahr begründe. Die ablehnende Auffassung hält dem entgegen, diese Gefahr liege vielmehr in dem abstrakten Charakter der Grundschuld an sich begründet, bzgl derer aber insb nach Inkrafttreten des Risikobegrenzungsgesetzes mit § 1192 Ia hinreichender Schutz bestehe. Der BGH hat den betreffenden Beschl des LG Hamburg aufgehoben, da ein Verstoß gegen § 307 I nicht im Wege der damals eingelegten Klauselerinnerung geltend gemacht werden könne, die Frage einer materiellrechtlichen Unwirksamkeit indes offengelassen (BGH WM 09, 846). Im Anschluss daran beachte nunmehr das Versäumnisurteil des XI. Zivilrechtssenats vom 30.3.10 (BGH NJW 10, 241). Nach Ansicht des erkennenden Senats bedeutet die formularmäßige Unterwerfung unter die sofortige Zwangsvollstreckung in einem Vordruck für die notarielle Beurkundung einer Sicherungsgrundschuld selbst dann keine unangemessene Benachteiligung des Darlehnsnehmers nach Maßgabe des § 307 I BGB, wenn das Kreditinstitut den Darlehensanspruch nebst Grundpfandrecht frei an Dritte zedieren kann. Die Prüfung, ob der Zessionar einer Sicherungsgrundschuld in den Sicherungsvertrag eingetreten und mithin neuer Titelgläubiger geworden sei, müsse dem 4a

Klauselerteilungsverfahren vorbehalten bleiben (§ 727 ZPO). Gerade diese letzte Aussage des XI. Zivilsenats ist auf erhebliche Kritik gestoßen. Der VII. Zivilsenat (BGH NJW 11, 2803) vermochte sich der Ansicht des XI. Zivilsenats als „obiter dictum" nicht anzuschließen (den Streit offenlassend: OLG Schleswig-Holstein SchlHA 13, 325; beachte aus dem Schrifttum etwa Cziupka/Frank ZJS 12, 335; Everts DNotZ 11, 724; Heinze ZNotP 11, 332; Piekenbrock ZZP 12, 171).

5 **2.** Außer dem Vollstreckungstitel erfordert die Vollstreckung die **Vollstreckungsklausel**, also die Erteilung einer vollstreckbaren Ausfertigung des Titels durch das Gericht oder den Notar (§ 797 ZPO) sowie die **Zustellung von Titel und Klausel** (§§ 750 II, 795 ZPO). Liegen diese Voraussetzungen vor, erfolgt die Vollstreckung durch Zwangsversteigerung oder Zwangsverwaltung des Grundstücks und der mithaftenden Gegenstände (§ 866 I ZPO).

6 **II. 1. Zwangsversteigerung.** Die Zwangsversteigerung wird vom Vollstreckungsgericht – durch den Rechtspfleger, § 3 Nr 1 i RPflG – auf Antrag des betreibenden Gläubigers durch Beschl angeordnet (§ 15 ZVG). Der Schuldner muss im Grundbuch als Eigentümer eingetragen sein (§ 17 ZVG). Das Vorliegen der allg Voraussetzungen der Zwangsvollstreckung (Titel, Klausel, Zustellung) ist notwendig. Der Beschl ist dem Schuldner zuzustellen (§ 22 I ZVG). Gleichzeitig muss das Grundbuchamt um Eintragung der Anordnung der Zwangsversteigerung in das Grundbuch ersucht werden (§ 19 ZVG).

7 Der Beschl gilt zugunsten des Gläubigers als **Beschlagnahme** des Grundstücks (§ 20 I ZVG) und zT der mithaftenden Gegenstände (§§ 20 II, 21 ZVG). Sie hat die Wirkung eines relativen Veräußerungsverbots für den Eigentümer (§ 23 I ZVG). Der die Zwangsversteigerung betreibende Gläubiger erhält ein Recht auf Befriedigung mit dem Rang von § 10 I Nr 5 ZVG und im Absonderungsrecht im Insolvenzverfahren (§ 49 InsO). Die **Versteigerung** erfolgt durch das Vollstreckungsgericht (§ 35 ZVG). Dieses bestimmt den Versteigerungstermin (§ 36 ZVG), macht ihn öffentlich bekannt und stellt sie den Beteiligten zu (§§ 40, 41 ZVG). Im Versteigerungstermin wird das Grundstück zu gewissen Bedingungen versteigert. Dabei wird nur ein solches Gebot zugelassen, durch das die dem Anspruch des betreibenden Gläubigers vorhergehenden Rechte sowie aus dem Versteigerungserlös zu entnehmenden Verfahrenskosten gedeckt werden (geringstes Gebot, § 44 I ZVG). So wird sichergestellt, dass die Zwangsversteigerung keine dem Recht des betreibenden Gläubigers vorhergehenden Rechte Dritter beeinträchtigt. Die im geringsten Gebot berücksichtigten Rechte müssen allerdings nicht sämtlich im Termin durch Zahlung gedeckt werden. Der Ersteher kann sie vielmehr teilweise übernehmen (§ 52 I ZVG). Bar zu zahlen sind nur das Mindestbargebot, also die Verfahrenskosten und die Ansprüche nach § 10 I Nr 1–3 ZVG sowie das Mehrgebot, also der das geringste Gebot übersteigende Teil des Meistgebots (§ 49 I ZVG). Die Summe dieser Beträge bildet das Bargebot.

8 Die Entscheidung des Gerichts über den **Zuschlag** erfolgt ebenfalls durch Beschl (§§ 82, 87 ZVG). Die **Wirkungen** des Zuschlags sind: Der Ersteher wird Eigentümer des Grundstücks und der Gegenstände, auf die sich die Versteigerung nach § 55 ZVG erstreckt hat (§ 90 ZVG). Der Eigentumserwerb vollzieht sich außerhalb des Grundbuchs, so dass die Eintragung des Erstehers als Eigentümer eine Grundbuchberichtigung darstellt (§ 130 ZVG). Die nicht bestehen bleibenden Rechte erlöschen (§ 91 I ZVG). Aus dem Zuschlagsbeschl kann gegen den Besitzer des Grundstücks und der mitversteigerten beweglichen Sachen auf Räumung und Herausgabe vollstreckt werden (§ 93 ZVG). Dies ist allerdings nicht gegen besitzende Mieter und Pächter möglich (§ 57 ZVG), doch hat der Ersteher insoweit ein Kündigungsrecht (§ 57 a ZVG). Die Gefahr und die Nutzungen und Lasten des Grundstücks gehen auf den Ersteher über (§ 56 ZVG).

9 Nach Erteilung des Zuschlags findet das **Verteilungsverfahren** statt (§ 105 ZVG). Ist der Teilungsplan (§ 106 ZVG) ausgeführt und der Zuschlag rechtskräftig, so ersucht das Vollstreckungsgericht das Grundbuchamt, den Ersteher als Eigentümer einzutragen und den Versteigerungsvermerk sowie die durch den Zuschlag erloschenen Rechte zu löschen (§ 130 ZVG).

2. Zwangsverwaltung. Für die Zwangsverwaltung gelten grds die Vorschriften über die Zwangsversteigerung entspr (§ 146 I ZVG). Die mit der Anordnung der Zwangsverwaltung eintretende Beschlagnahme geht insoweit weiter als bei der Zwangsversteigerung, als auch die dort gem § 21 I, II ZVG nicht erfassten Gegenstände beschlagnahmt werden (§ 148 I ZVG). Durch die Beschlagnahme wird dem Schuldner darüber hinaus die Verwaltung und Benutzung des Grundstücks entzogen (§ 148 II ZVG). Dag verbleiben ihm das Eigentum und regelmäßig die Wohnung (§ 149 ZVG). 10

Das Vollstreckungsgericht bestimmt zur Durchführung der Zwangsverwaltung einen **Zwangsverwalter** (§ 150 I ZVG). Dieser erhält den Besitz des Grundstücks (§ 150 II ZVG). Spätestens damit wird die Beschlagnahme wirksam (§ 151 ZVG). Der Zwangsverwalter hat das Recht und die Pflicht, alle Handlungen vorzunehmen, die erforderlich sind, um das Grundstück in seinem wirtschaftlichen Bestand zu erhalten und ordnungsgem zu benutzen (§ 152 I ZVG). Er übt damit das dem Schuldner entzogene Verwaltungs- und Benutzungsrecht aus. Er untersteht dabei der Aufsicht des Gerichts, das ihn mit den dafür erforderlichen Anweisungen zu versehen und seine Vergütung festzusetzen hat (§ 153 ZVG). Die vom Zwangsverwalter erwirtschafteten Nutzungen werden nach einem für die ganze Dauer des Verfahrens aufgestellten **Teilungsplan** an die Berechtigten verteilt (§ 155 II, 156 II, 157 ZVG). Vorab sind indessen die Kosten der Verwaltung und des Verfahrens zu begleichen (§ 155 I ZVG). 11

Die **Aufhebung** des Zwangsverwaltungsverfahrens erfolgt durch Beschl des Vollstreckungsgerichts (§ 161 I ZVG). Das Verfahren ist insb aufzuheben, wenn der Gläubiger befriedigt ist (§ 161 II ZVG), oder nach einem Zuschlag in der Zwangsversteigerung (Jauernig, ZwVoll-/InsR § 25 IV). 12

3. Mobiliarvollstreckung. Der Gläubiger muss wegen seines dinglichen Anspruchs aus § 1147 aber nicht auf das Grundstück zugreifen. Er hat vielmehr auch die Möglichkeit, die Zwangsvollstreckung in einzelne der nach §§ 1120 ff mithaftenden Gegenstände nach den Regeln der Mobiliarvollstreckung zu betreiben. Dies erfolgt bei Bestandteilen und Erzeugnissen nach §§ 808 ff ZPO und bei Miet-, Pachtzins- oder Versicherungsforderungen nach §§ 829, 835 ZPO. Gerade bei kleineren Beträgen ist dieser Weg empfehlenswert, weil die Pfändung schneller möglich ist als die umständliche Zwangsvollstreckung in das Grundstück. Die Pfändung von Bestandteilen und Nutzungen kann jedoch nur erfolgen, solange diese noch nicht im Wege der Immobiliarzwangsvollstreckung beschlagnahmt sind (§ 865 II 2 ZPO). Der Mobiliarvollstreckung unterliegen aber nicht die mithaftenden Zubehörstücke (§ 865 II 1 ZPO). 13

§ 1148 Eigentumsfiktion

¹**Bei der Verfolgung des Rechts aus der Hypothek gilt zugunsten des Gläubigers derjenige, welcher im Grundbuch als Eigentümer eingetragen ist, als der Eigentümer.** ²**Das Recht des nicht eingetragenen Eigentümers, die ihm gegen die Hypothek zustehenden Einwendungen geltend zu machen, bleibt unberührt.**

Die Vorschrift begründet in S 1 zugunsten des Gläubigers eine **unwiderlegliche Vermutung**, dass der im Grundbuch Eingetragene der Eigentümer ist. Der wirkliche, nicht im Grundbuch eingetragene Eigentümer kann Einreden und Einwendungen gegen die Hypothek geltend machen (S 2). Dies erfolgt im Vollstreckungsverfahren mit der Drittwiderspruchsklage (§ 771 ZPO). 1

§ 1149 Unzulässige Befriedigungsabreden

Der Eigentümer kann, solange nicht die Forderung ihm gegenüber fällig geworden ist, dem Gläubiger nicht das Recht einräumen, zum Zwecke der Befriedigung die Übertragung des Eigentums an dem Grundstück zu verlangen oder die Veräußerung des Grundstücks auf andere Weise als im Wege der Zwangsvollstreckung zu bewirken.

§ 1151

1 Die Vorschrift bezweckt den Schutz des Grundstückseigentümers, indem sie verbietet, **vor Fälligkeit** der Forderung eine andere Verwertungsart als nach § 1147 zu vereinbaren. Unzulässig sind Vereinbarungen des Eigentümers mit dem Gläubiger, die darauf abzielen, bei Nichtbefriedigung der Forderung das Grundstück an den Gläubiger zu übereignen oder es in anderer Weise als nach § 1147 zu veräußern (Verbot der Verfallklausel, vgl BGHZ 130, 104). Erlaubt sind dag sonstige Verpflichtungs- und Übereignungsgeschäfte, die nicht durch die Nichtzahlung des Eigentümers bedingt sind (RGZ 130, 227). Nach **Fälligkeit** der Forderung können Eigentümer und Gläubiger eine andere Verwertungsart frei vereinbaren, weil der Eigentümer dann nicht mehr schutzbedürftig ist. Auf Forderungen, die nicht durch Hypotheken gesichert sind, findet die Vorschrift keine entsprechende Anwendung (BGH NJW 03, 1041; Palandt/Bassenge § 1149 Rn 1).

§ 1150 Ablösungsrecht Dritter
Verlangt der Gläubiger Befriedigung aus dem Grundstück, so finden die Vorschriften der §§ 268, 1144, 1145 entsprechende Anwendung.

1 Neben dem Eigentümer haben nach dieser Vorschrift auch Dritte ein Ablösungsrecht, wenn und soweit sie Gefahr laufen, durch die Befriedigung des Gläubigers aus dem Grundstück ein dingliches Recht am Grundstück oder den Besitz daran zu verlieren. Ablösungsberechtigt sind die am Grundstück **dinglich Berechtigten**, deren Recht im Falle der Zwangsversteigerung nicht in das geringste Gebot (§ 44 I ZVG) aufgenommen würde, sowie Besitzer des Grundstücks, weil sie durch die Zwangsversteigerung ihre Rechte verlieren können (§ 91 ZVG). Macht der nachrangige Grundschuldgläubiger von seinem Ablösungsrecht Gebrauch, muss er den vorrangigen Grundschuldgläubiger auch dann in voller Höhe des dinglichen Rechts befriedigen, wenn die entsprechende persönliche Forderung, deren Sicherung das vorrangige Grundpfandrecht dient, nicht besteht (BGH NJW 05, 2398).

2 Während nach § 268 I ein Berechtigter erst dann zur Ablösung befugt ist, wenn der Gläubiger die Zwangsvollstreckung betreibt, wird in § 1150 der **Zeitpunkt** (hierzu auch OLG Hamm Urt v 8.8.13 Az I-5 U 26/13, 5 U 26/13) für das Entstehen des Ablösungsrechts **vorverlegt**. Der Dritte darf den Gläubiger bereits dann befriedigen, wenn dieser Befriedigung aus dem Grundstück verlangt, also zB ernsthaft zur Zahlung auffordert und die Vollstreckung androht. Da der Gläubiger dies erst nach Fälligkeit kann, ist dies der früheste Zeitpunkt der Entstehung des Ablösungsrechts. Befriedigt der Dritte den Hypothekengläubiger, so erwirbt er Forderung und Hypothek kraft Gesetzes (§§ 1150, 268 III 1, 412, 401, 1153 I; zu § 286 III 1: BGH NJW-RR 13, 1171). Bei teilweiser Befriedigung geht das Restrecht des Hypothekengläubigers dem auf den Dritten übergegangenen Recht vor (§§ 1150, 268 III 2).

§ 1151 Rangänderung bei Teilhypotheken
Wird die Forderung geteilt, so ist zur Änderung des Rangverhältnisses der Teilhypotheken untereinander die Zustimmung des Eigentümers nicht erforderlich.

1 Die **Teilung der Hypothek** geschieht durch Teilung der Forderung (§§ 1151, 1152). Sie beruht entweder auf **Rechtsgeschäft** (zB Teilabtretung, Teilinhaltsänderung) oder auf **Gesetz** (zB §§ 1143, 1150, 1163). Die Teilrechte sind selbständige Grundpfandrechte, über die unabhängig verfügt werden kann. Sie haben den **gleichen Rang** (anders in den gesetzlichen Teilungsfällen nach §§ 1164, 1176, 1182). Eine **Rangänderung** kann der Hypothekar durch einseitige Erklärung ggü dem Grundbuchamt und Eintragung bewirken, solange er Inhaber beider Teilrechte ist. Anderenfalls erfordert die Rangänderung Einigung und Eintragung (§ 880 II 1). Die Vorschrift befreit aber von dem Erfordernis der Zustimmung des Eigentümers nach § 880 II 2.

§ 1152 Teilhypothekenbrief

¹Im Falle einer Teilung der Forderung kann, sofern nicht die Erteilung des Hypothekenbriefs ausgeschlossen ist, für jeden Teil ein Teilhypothekenbrief hergestellt werden; die Zustimmung des Eigentümers des Grundstücks ist nicht erforderlich. ²Der Teilhypothekenbrief tritt für den Teil, auf den er sich bezieht, an die Stelle des bisherigen Briefes.

Bei der Briefhypothek kann nach S 1 zwischen der **Bildung eines Teilhypothekenbriefes** 1
und der Bildung selbständiger Stammbriefe gewählt werden. Der Teilbrief tritt für die Teilhypothek an die Stelle des Stammbriefes (S 2).

§ 1153 Übertragung von Hypothek und Forderung

(1) Mit der Übertragung der Forderung geht die Hypothek auf den neuen Gläubiger über.
(2) Die Forderung kann nicht ohne die Hypothek, die Hypothek kann nicht ohne die Forderung übertragen werden.

Aus der **Akzessorietät** der Hypothek folgt, dass die Forderung nicht ohne die Hypo- 1
thek und die Hypothek nicht ohne die Forderung übertragen werden kann (Abs 2). Nach der gesetzlichen Regelung richtet sich die Übertragung auf das Hauptrecht, die gesicherte Forderung. Mit der Abtretung der gesicherten Forderung geht auch die Hypothek als deren Annex kraft Gesetzes auf den neuen Gläubiger über (§ 1153 I). Die Abtretung der Forderung richtet sich aber nach sachenrechtlichen Grundsätzen. Insb schreibt § 1154 abw von § 398 die Einhaltung gewisser Formerfordernisse für die Abtretung vor, die der Bedeutung der Hypothek als dingliches Recht, das Publizität voraussetzt, Rechnung tragen.

§ 1154 Abtretung der Forderung

(1) ¹Zur Abtretung der Forderung ist Erteilung der Abtretungserklärung in schriftlicher Form und Übergabe des Hypothekenbriefs erforderlich; die Vorschrift des § 1117 findet Anwendung. ²Der bisherige Gläubiger hat auf Verlangen des neuen Gläubigers die Abtretungserklärung auf seine Kosten öffentlich beglaubigen zu lassen.
(2) Die schriftliche Form der Abtretungserklärung kann dadurch ersetzt werden, dass die Abtretung in das Grundbuch eingetragen wird.
(3) Ist die Erteilung des Hypothekenbriefs ausgeschlossen, so finden auf die Abtretung der Forderung die Vorschriften der §§ 873, 878 entsprechende Anwendung.

I. Auch bei der **Übertragung** ist zwischen der Buch- und der Briefhypothek zu unter- 1
scheiden:
1. Die Übertragung der **Buchhypothek** hat folgende **Voraussetzungen** (Abs 3, § 873 I): 2
a) Formlose **Einigung** über die Abtretung der Forderung (§ 398 S 1). Die Einigung ist 3
Verfügungsgeschäft und als solches von dem zugrunde liegenden Verpflichtungsgeschäft zu trennen. Die Abtretung der Forderung darf nicht nach §§ 399, 400 ausgeschlossen sein.
b) **Eintragung** der Forderungsabtretung ins Grundbuch. 4
2. Die Übertragung der **Briefhypothek** hat demggü folgende **Voraussetzungen** (Abs 1, 5
2):
a) **Einigung** über die Abtretung der Forderung (§ 398 S 1). 6
b) **Abtretungserklärung des Zedenten** (Nicht Annahmeerklärung des Zessionars) in 7
schriftlicher Form (§ 126; zur Formbedürftigkeit: S. Wagner JA 14, 13) oder **Eintragung** der Abtretung der Forderung ins Grundbuch (Abs 2). Die Übergabe der Originalurkunde einer Abtretungserklärung wird dabei nicht vorausgesetzt (OLG Celle WM 08, 295).

8 c) **Übergabe** des Hypothekenbriefes (Abs 1, § 1117).
9 Der Zessionar kann nach Abs 1 S 2 die **öffentliche Beglaubigung** (§ 129) der Abtretungserklärung verlangen. Dies erhöht die Legitimationswirkung des Hypothekenbriefes (§§ 1160 f) und ermöglicht einen Erwerb vom Nichtberechtigten außerhalb des Grundbuchs (§ 1155).
10 II. Die **Belastung einer Hypothek** mit einem **Nießbrauch** oder einem **Pfandrecht** erfolgt entspr den Regeln über die **Abtretung der Hypothek** (§§ 1069, 1274). So erfordert zB die Verpfändung einer Buchhypothek Einigung und Eintragung (Abs 3). Die **Pfändung** der Hypothek erfolgt nach §§ 829, 830 ZPO. So setzt zB die Pfändung einer Briefhypothek einen Pfändungsbeschl und die Übergabe des Briefes voraus (vgl Baur/Stürner, § 38 Rn 126).

§ 1155 Öffentlicher Glaube beglaubigter Abtretungserklärungen

¹Ergibt sich das Gläubigerrecht des Besitzers des Hypothekenbriefs aus einer zusammenhängenden, auf einen eingetragenen Gläubiger zurückführenden Reihe von öffentlich beglaubigten Abtretungserklärungen, so finden die Vorschriften der §§ 891 bis 899 in gleicher Weise Anwendung, wie wenn der Besitzer des Briefes als Gläubiger im Grundbuch eingetragen wäre. ²Einer öffentlich beglaubigten Abtretungserklärung steht gleich ein gerichtlicher Überweisungsbeschluss und das öffentlich beglaubigte Anerkenntnis einer kraft Gesetzes erfolgten Übertragung der Forderung.

1 I. Ist der **Inhaber** der Briefhypothek **im Grundbuch eingetragen**, so ist ein gutgläubiger Erwerb der Hypothek nach allg Grundsätzen (§§ 1138, 892) möglich, weil sich der gute Glaube des Erwerbers auf den Rechtsschein des Grundbuchs stützen kann. Bei der Briefgrundschuld steht aber in aller Regel nur der **erste Hypothekar** im Grundbuch (§ 873 I). Nachfolgende Erwerber sind dag nur im Grundbuch eingetragen, wenn sie die Hypothek ausnahmsweise nach § 1154 II erworben haben.
2 Besonderheiten ergeben sich aber daraus, dass die **Briefhypothek** nach §§ 1154 I 1, 1153 I **ohne Grundbucheintragung** erworben werden kann. Dies führt dazu, dass der Erwerber der Hypothek nicht im Grundbuch steht. Da nur das Grundbuch, nicht aber der Hypothekenbrief öffentlichen Glauben begründen kann, könnte sich ein gutgläubiger Erwerber nicht auf die Vermutungen des § 891 berufen. Deshalb käme auch ein gutgläubiger Erwerb der Hypothek nach §§ 1138, 892 nicht in Betracht. Dann hätte aber die erleichterte Form der Übertragung der Briefhypothek außerhalb des Grundbuchs erhebliche Nachteile für den Erwerber zur Folge, welche die Umlauffähigkeit der Briefhypothek vollkommen entwerten würden. Da ihm jede Einwendung oder Einrede aus Fehlern irgendeiner der vorangegangenen Übertragungen entgegengehalten werden könnte, wäre sein Rechtserwerb umso unsicherer, je mehr Übertragungen zuvor stattgefunden haben (Prütting, Rn 686). Bsp: E bestellt an seinem Grundstück zur Sicherung eines Anspruchs seines Gläubigers G eine Briefhypothek. G überträgt diese Hypothek durch Einigung, Eintragung und Briefübergabe (§ 1154 II) an den geschäftsunfähigen A. Dieser überträgt die Hypothek nach § 1154 I 1 ohne Eintragung des Erwerbers im Grundbuch an B und dieser in gleicher Form an den redlichen C. Hier könnte sich nur B (wenn auch wegen der Unwirksamkeit der Abtretung an ihn iErg ohne Erfolg) auf den öffentlichen Glauben des Grundbuchs berufen, weil A im Grundbuch eingetragen war. Dag käme ein gutgläubiger Erwerb des C nach §§ 1138, 892 nicht in Betracht.
3 § 1155 zieht daher die **Konsequenz** aus § 1154 I 1. Wenn die Briefhypothek aus Gründen der Erleichterung des rechtsgeschäftlichen Verkehrs auch außerhalb des Grundbuchs übertragen werden kann, dann muss der redliche Geschäftsverkehr ferner insoweit geschützt werden, als sein Vertrauen in den Inhalt des Hypothekenbriefes schutzwürdig ist. Der gutgläubige Erwerber einer Briefhypothek kann sich deshalb nach § 1155 unter bestimmten Voraussetzungen auch auf den Inhalt des Hypothekenbriefes verlassen. Kann der Besitzer des Hypothekenbriefes sein Gläubigerrecht durch bestimmte Urkunden auf einen im Grundbuch eingetragenen Gläubiger zurückführen, so steht er

selbst einem eingetragenen Gläubiger gleich und die §§ 891–899 sind anwendbar. **Bsp**: E bestellt seinem Gläubiger G zur Sicherung einer Forderung eine Briefhypothek an seinem Grundstück. G tritt diese Forderung in öffentlich beglaubigter Erklärung an A ab, jener in derselben Form an B und dieser in privatschriftlicher Form an C. Stellt sich nun heraus, dass die Abtretungserklärung des A unwirksam ist, so wird C so behandelt, als wäre B im Grundbuch als Hypothekar eingetragen. C kann also die Hypothek gutgläubig gem §§ 1155, 892, 1138 erwerben. Unerheblich ist dabei, dass die letzte Abtretung nur privatschriftlich erfolgte. Für § 1155 kommt es allein darauf an, dass der Zedent (B) durch eine Reihe öffentlich beglaubigter Abtretungserklärungen legitimiert ist.

II. 1. Voraussetzung des § 1155 ist eine **ununterbrochene Reihe öffentlich beglaubigter** 4 **Abtretungserklärungen**, die von dem nicht im Grundbuch eingetragenen Eigenbesitzer des Hypothekenbriefes auf einen im Grundbuch eingetragenen Gläubiger zurückführen muss:

a) Für den **Eigenbesitz** des Hypothekengläubigers am Brief reicht auch **mittelbarer** Ei- 5 genbesitz (BGH NJW-RR 93, 369) aus. Str ist dag, ob auch die bloße Macht des Hypothekars genügt, dem Erwerber den Besitz am Brief zu verschaffen. Während ein Teil der Lehre einen **Geheißerwerb** für § 1155 ausreichen lässt (Palandt/Bassenge § 1155 Rn 2; Reinicke/Tiedtke NJW 94, 345), verneint dies der BGH zu Recht (BGH NJW-RR 93, 369; Prütting, Rn 687). Zwar genügt ein Geheißerwerb für § 932 und auch für den Rechtserwerb vom Berechtigten nach § 1154 I 1, doch fehlt es an dem für einen Gutglaubensschutz erforderlichen Rechtsscheintatbestand des Besitzes (MK/Eickmann § 1155 Rn 3).

b) Eine **Kette** zusammenhängender, öffentlich beglaubigter Abtretungserklärungen 6 muss vorliegen. Dabei ist zu beachten, dass bereits **ein einziges Glied** einer derartigen Kette, das den verfügenden Zedenten mit dem Eingetragenen verbindet, ausreicht (RGZ 86, 263). Der Zessionar kann die öffentliche Beglaubigung nach § 1154 I 2 verlangen. Der öffentlich beglaubigten Abtretungserklärung stehen ein **gerichtlicher Überweisungsbeschl** an Zahlungs statt (§ 835 ZPO) sowie ein **öffentlich beglaubigtes Anerkenntnis** des erfolgten gesetzlichen Forderungsübergangs gleich (§ 1155 S 2).

c) Die Kette öffentlich beglaubigter Abtretungserklärungen muss vom nicht eingetrage- 7 nen Verfügenden auf einen **eingetragenen Hypothekengläubiger** zurückführen. Bei einer **Unterbrechung der Kette** – zB durch privatschriftliche Abtretungserklärung oder Erbfall – gilt § 1155 unstr für die Abtretungen bis zur Unterbrechung.

aa) Für danach liegende öffentlich beglaubigte Abtretungserklärungen ist die Anwend- 8 barkeit des § 1155 dag str. **Bsp**: A tritt eine Briefhypothek am Grundstück des E unter Übergabe des mit der beglaubigten Abtretungserklärung versehenen Hypothekenbriefes an B ab. Nach dem Tod des B überträgt sein Erbe C die Hypothek in gleicher Form unter Vorlage des Erbscheins an D. Fraglich ist, ob E ggü D einwenden kann, er habe die Hälfte des durch die Hypothek gesicherten Darlehens bereits an B zurückgezahlt. Nach §§ 1155 S 1, 892 I 1, 1138 hat D die Hypothek einredefrei in voller Höhe erworben, wenn der Schutz des § 1155 auch zu seinen Gunsten gilt, obwohl der Erbfall die Kette der öffentlich beglaubigten Abtretungserklärungen unterbrochen hat.

Durch den Erbfall erwirbt der Erbe nur die tatsächlich bestehende Hypothek, § 1922. 9 Da die §§ 1155, 892 den Erben nicht dazu legitimieren, über nur scheinbar zur Erbschaft gehörige Gegenstände zu verfügen, will eine Auffassung § 1155 auf spätere Abtretungen nur dann anwenden, soweit der Erbfall das Recht **wirklich** auf den Erben (C) übergehen ließ (Wolff/Raiser, § 142 VIII 3). Der Eigentümer (E) könnte danach die Zahlung an den Erblasser (B) einwenden. Nach hM ist demggü entscheidend, ob der **Erbfall wirklich vorliegt** und daher das **Recht übertragen hätte**, wenn es beim Erblasser bestanden hätte (Baur/Stürner, § 38 Rn 37; Prütting, Rn 689). Hätte der Erblasser (B) selbst die Hypothek an den vom Erben Erwerbenden (D) abgetreten, so läge ein einredefreier Erwerb vor. Da der wirkliche Erbe (C) voll in die Rechtsstellung des Erblassers (B) eintritt, unterbricht ein tatsächlicher Erbgang nicht die Legitimationskette. Dies wird auch damit begründet, dass der Erbe wegen § 1922 nicht als ein zusätzliches Glied der Kette, sondern in Ausübung der Rechtsstellung des Erblassers zediert habe

(MK/Eickmann § 1155 Rn 9). Auf diese Weise ist ein Erwerb kraft öffentlichen Glaubens an nachlassfremden Rechten möglich.

10 bb) Schließlich stellt sich die Frage, ob § 1155 anwendbar ist, wenn eine der **Abtretungserklärungen der Kette gefälscht** ist. Bsp: A ist Inhaber einer Briefhypothek am Grundstück des E. Er hinterlegt seinen Hypothekenbrief bei Notar N. Dessen Bürovorsteher B entwendet den Brief, fälscht die Unterschrift des A unter einer an B gerichteten Abtretungserklärung und den notariellen Beglaubigungsvermerk in äußerlich einwandfreier Weise und tritt die Hypothek mittels schriftlicher Abtretungserklärung und Übergabe des Briefes an den Gutgläubigen C ab. Möglicherweise hat C die Hypothek erworben:

11 Eine Auffassung lässt den Erwerb gem §§ 1155, 892, 1138 auch aufgrund gefälschter Urkunden zu, sofern die **Fälschung äußerlich nicht erkennbar** ist (MK/Eickmann § 1155 Rn 12; Müller, Rn 1706). Nach der Gegenauffassung setzt § 1155 dag **echte öffentliche Beglaubigungen** voraus. Auch äußerlich nicht erkennbare Fälschungen schlössen die Anwendung des § 1155 aus (Palandt/Bassenge § 1155 Rn 4; Baur/Stürner, § 38 Rn 34; Prütting, Rn 688). Für diese Auffassung spricht, dass der gutgläubige Erwerb vom Nichtberechtigten grds nur möglich ist, wenn der Nichtberechtigte durch einen Rechtsscheinträger legitimiert war. Bei § 1155 stellt diesen Rechtsscheinträger die ununterbrochene Reihe öffentlich beglaubigter Abtretungserklärungen dar. Der gute Glaube des Erwerbers der Briefhypothek an die Echtheit der Beglaubigungen bedeutet nur den Glauben an das Vorhandensein des in Wirklichkeit gar nicht vorhandenen Rechtsscheinträgers. Dieser gute Glaube wird aber nach dem BGB nicht geschützt.

12 2. Die Wirkungen des § 1155 bestehen darin, dass der nach dieser Vorschrift legitimierte Briefbesitzer dem im Grundbuch eingetragenen Hypothekengläubiger für die **Anwendung der §§ 891–899** gleichsteht. Für ihn gilt die **Vermutung** der Gläubigerstellung (§ 891). Von ihm kann **gutgläubig** nach § 892 sowie nach §§ 1138, 892 **erworben** werden. Auch § 893 sowie §§ 1138, 893 sind anwendbar, so dass der gutgläubige Eigentümer ferner an den gem § 1155 Legitimierten mit befreiender Wirkung **Leistungen auf die Hypothek** erbringen oder ein sonstiges unter § 893 fallendes Rechtsgeschäft vornehmen kann. Der Gutglaubensschutz ist ausgeschlossen bei **Kenntnis**, Eintragung eines **Widerspruchs** oder einer **aus dem Brief hervorgehenden Unrichtigkeit** des Grundbuchs (§§ 892 I 1, 1140). Der Hypothekenbrief kann also zwar keinen öffentlichen Glauben begründen, nach § 1140 jedoch die Rechtsscheinwirkung des Grundbuchs zerstören. Schließlich gelten auch die §§ 894 und 899. Der nach § 1155 Legitimierte kann daher seine Eintragung im Wege der **Grundbuchberichtigung** nach § 894 oder die **Eintragung eines Widerspruchs** nach § 899 verlangen, um sich so gegen einen Rechtsverlust durch einen gutgläubigen Erwerber zu schützen.

§ 1156 Rechtsverhältnis zwischen Eigentümer und neuem Gläubiger

¹Die für die Übertragung der Forderung geltenden Vorschriften der §§ 406 bis 408 finden auf das Rechtsverhältnis zwischen dem Eigentümer und dem neuen Gläubiger in Ansehung der Hypothek keine Anwendung. ²Der neue Gläubiger muss jedoch eine dem bisherigen Gläubiger gegenüber erfolgte Kündigung des Eigentümers gegen sich gelten lassen, es sei denn, dass die Übertragung zur Zeit der Kündigung dem Eigentümer bekannt oder im Grundbuch eingetragen ist.

1 I. Da die Übertragung der Hypothek nicht als selbständiges Rechtsgeschäft ausgestaltet ist, sondern als Folge der Abtretung der gesicherten Forderung kraft Gesetzes eintritt (§ 1153 I), wären bei voller Akzessorietät der Hypothek auch die §§ **406–408** uneingeschränkt anwendbar. Dies hätte zur Konsequenz, dass sich der Eigentümer zu seinem Schutz auf **alle Rechtsvorgänge** berufen könnte, die sich **nach der Übertragung der Hypothek** zwischen dem persönlichen Schuldner (der mit dem Eigentümer identisch sein kann) und dem Zedenten ereignen. Dies gefährdete die Verkehrsfähigkeit der Hypothek erheblich. Deshalb schränkt die Vorschrift die Akzessorietät der Hypothek ein und schließt zum Schutz des Zessionars die Anwendung der §§ 406–408 „in Ansehung

der Hypothek" aus. Der Eigentümer kann deshalb weder eine Aufrechnung (§ 406) noch sonstige Rechtsgeschäfte (§ 407) mit dem Zedenten in der Weise vornehmen, daß sie auch dem Zessionar ggü wirksam wären. Etwas anderes gilt lediglich, wenn die Voraussetzungen des § 893 oder die Ausnahmevorschriften der S 2, § 1158 vorliegen.

II. § 1156 gilt aber nur für die **Hypothek**, nicht daß für die ihr zugrunde liegende Forderung. Der persönliche Schuldner kann also mit seinem Gläubiger bzgl der Forderung Rechtsgeschäfte vornehmen, die sich auch der Zessionar entgegenhalten lassen muss. Daß ist dies für die Hypothek nicht möglich. Zahlt also der Schuldner die Forderung an den Zedenten, so erlischt sie unter den Voraussetzungen des § 407 auch mit Wirkung ggü dem Zessionar. Hins der Hypothek braucht sich der Zessionar diese Zahlung daß nicht entgegenhalten zu lassen. Die §§ 1163 I, 1177 I scheiden aus, und der Zessionar behält das Grundpfandrecht, und zwar mangels Forderung als Fremdgrundschuld. Der Zessionar kann deshalb nicht mehr aus der Forderung gegen den Schuldner persönlich klagen, wohl aber die Hypothek mit der dinglichen Klage aus § 1147 durchsetzen. Der Eigentümer wird allerdings in aller Regel nicht mehr an den Zedenten zahlen, da er sich bei der Buchhypothek aus dem Grundbuch über seinen jetzigen Gläubiger informieren wird und bei der Briefhypothek nur an einen Gläubiger zu zahlen braucht, der sich durch den Besitz des Hypothekenbriefes legitimieren kann (§ 1160). 2

§ 1157 Fortbestehen der Einreden gegen die Hypothek

¹**Eine Einrede, die dem Eigentümer auf Grund eines zwischen ihm und dem bisherigen Gläubiger bestehenden Rechtsverhältnisses gegen die Hypothek zusteht, kann auch dem neuen Gläubiger entgegengesetzt werden.** ²Die Vorschriften der §§ 892, 894 bis 899, 1140 gelten auch für diese Einrede.

I. Einreden, die dem Eigentümer **gegen das dingliche Recht** aufgrund einer zwischen ihm und dem Zedenten bestehenden schuldrechtlichen Vereinbarung zustehen – **eigentümerbezogene Einreden** –, kann er auch ggü dem Zessionar geltend machen, soweit sie vor der Übertragung des Rechts entstanden sind (S 1). Hierunter fallen zB eine Stundung oder die Einrede der ungerechtfertigten Bereicherung. Im Interesse des Verkehrsschutzes besteht aber die Möglichkeit des **gutgläubigen einredefreien Erwerbs** der Hypothek, wenn eine Einrede nicht aus dem Grundbuch in Aussicht steht (S 2). 1

II. Wird die **gesicherte Forderung abgetreten**, so kann der Schuldner gem § 404 die gegen den Zedenten bestehenden Einreden auch gegen den Zessionar geltend machen. Da mit der Forderung automatisch auch die Hypothek auf den Zessionar übergeht (§ 1153 I), bleibt es auch für den Eigentümer bei der Regel des § 404. Er kann daher dem neuen Hypothekengläubiger grds alle Einwendungen und Einreden entgegenhalten, soweit sie zZ des Rechtsübergangs schon begründet waren. Dies wird in S 1 für Einreden gegen die Hypothek ausdrücklich festgestellt, gilt jedoch ebenso für **Einreden gegen die persönliche Forderung** nach § 1137. 2

1. Eine uneingeschränkte Anwendung dieser Regel würde aber die Verkehrsfähigkeit der Hypothek erheblich einschränken. Das Gesetz hat sich daher im Verkehrsinteresse dafür entschieden, die Regel des § 404 zu durchbrechen und sie nur dann gegen den Erwerber der Hypothek gelten zu lassen, wenn ihm die Einwendung oder Einrede **bekannt** (§ 892 I 1) oder wenn diese aus dem Grundbuch bzw dem Hypothekenbrief **ersichtlich** (§ 1140) war (Baur/Stürner, § 38 Rn 71). Ggü dem Erwerber der Hypothek sind daher die Einwendungen und Einreden des Eigentümers durch die Möglichkeit eines gutgläubigen einredefreien Erwerbs der Hypothek (S 2, §§ 1138, 892) eingeschränkt. 3

Ausgangspunkt ist insoweit S 2, der die §§ 892, 894–899 und 1140 für die Einreden gegen die Hypothek für anwendbar erklärt. Daraus folgt, dass die Vermutungen des § 891 für die Einreden des Eigentümers nach § 1157 nicht gelten. Andererseits folgt aus der Verweisung des S 2 auf § 894, dass diese **Einreden eintragungsfähig** sind. Eine 4 nicht eingetragene, in Wirklichkeit aber bestehende Einrede macht daher die Grundbucheintragung insoweit materiell unrichtig. Der Eigentümer kann folglich die **Berichtigung des Grundbuchs** verlangen (S 2, § 894).

5 Macht der Eigentümer eine **Einrede gegen die Hypothek** geltend, so kann er sich im Prozess nicht allein auf die Eintragung der Einrede im Grundbuch berufen. Der Ausschluss des § 891 in S 2 bedeutet vielmehr, dass das Bestehen einer eingetragenen Einrede nicht vermutet wird, der Eigentümer also insoweit die **volle Beweislast** trägt. Anders ist dies bei **Einreden gegen die gesicherte Forderung** nach § 1137. Aus der Akzessorietät der Hypothek folgt, dass der Eigentümer im dinglichen Prozess nach § 1147 auch die gegen die Forderung bestehenden Einreden geltend machen kann. Für diese Einreden nach § 1137 erklärt § 1138 die §§ 891 ff für anwendbar. Aus dieser Verweisung auf § 894 folgt, dass auch die Einreden gegen die Forderung eintragungsfähig sind. Für den Eigentümer gilt entspr § 891 die **Vermutung**, dass eine eingetragene Einrede besteht. Der nach § 1147 in Anspruch genommene Eigentümer braucht also die Voraussetzungen der Einrede gegen die Forderung nicht zu beweisen.

6 Diese **unterschiedliche Regelung der Beweislast** für Einreden gegen die Forderung nach § 1137 und für Einreden gegen die Hypothek nach § 1157 ist damit zu erklären, dass der Eigentümer nicht zugleich Schuldner der Forderung sein muss. In diesem Fall ist es für ihn häufig schwierig, Einreden gegen die Forderung zu beweisen, da diese aus einem Rechtsverhältnis herrühren, an dem er nicht beteiligt ist. Deshalb wird er begünstigt, indem die Eintragung einer Einrede gegen die Forderung entspr §§ 1138, 1137, 891 die Vermutung für ihr Bestehen begründet. Dag beruhen die Einreden gegen die Hypothek nach § 1157 immer auf dem Rechtsverhältnis zwischen dem Eigentümer und dem Hypothekengläubiger, so dass der Eigentümer ohne weiteres den vollen Beweis für das Bestehen der Einreden erbringen kann.

7 2. § 892 ist nach S 2 auf Einreden gegen die Hypothek und nach § 1138 auf Einreden gegen die gesicherte Forderung anwendbar:

8 a) **Einrede gegen die Forderung**. Bsp: G steht eine Forderung über 50.000 EUR gegen S zu. E hat zur Sicherheit für diese Forderung eine Briefhypothek an seinem Grundstück bestellt. S verfügt gegen die Forderung über die Einrede des nicht erfüllten Vertrages nach § 320. G verkauft seine Forderung gegen S an Z und tritt sie ihm formgerecht (§ 1154) ab. Die Einrede ist Z bei der Abtretung nicht bekannt. Sie ergibt sich auch nicht aus dem Hypothekenbrief oder dem Grundbuch. Nimmt Z den S auf Zahlung der 50.000 EUR in Anspruch, so kann sich dieser gem § 404 auch dem Z ggü auf die Einrede aus § 320 berufen. Nimmt Z dag den E aus § 1147 in Anspruch, so hat dieser die Einrede aus § 320 nicht. Zwar kann E grds nach § 1137 Einreden des persönlichen Schuldners geltend machen, doch hat hier Z entspr §§ 1138, 892 „für die Hypothek" die Forderung gutgläubig einredefrei erworben. Z kann also die persönliche Forderung gegen S wegen § 404 nicht durchsetzen, während für die Durchsetzung des dinglichen Anspruchs aus § 1147 gegen E die Forderung als einredefrei gilt.

9 b) **Einrede gegen die Hypothek**. Bsp: G hat eine Forderung über 50.000 EUR gegen S. E hat zur Sicherheit für diese Forderung eine Briefhypothek an seinem Grundstück bestellt. Als Fälligkeitstermin für die Hypothek ist der 15.8.96 eingetragen. E vereinbart mit G, dass dieser den dinglichen Anspruch nicht vor dem 15.8.97 geltend machen wird. Dieser Fälligkeitstermin wird allerdings nicht im Grundbuch eingetragen und auch nicht auf dem Hypothekenbrief vermerkt. G verkauft seine Forderung gegen S an Z und tritt sie ihm formgerecht (§ 1154) ab. Z weiß von der Vereinbarung über den Fälligkeitstermin nichts. Als er am 1.2.97 den dinglichen Anspruch durchsetzen will, macht E die Stundungseinrede geltend. Nach § 1157 S 1 kann eine Einrede, die dem Eigentümer (E) aufgrund eines zwischen ihm und dem bisherigen Gläubiger (G) bestehenden Rechtsverhältnisses gegen die Hypothek zusteht, auch dem neuen Gläubiger (Z) entgegengesetzt werden. Z hat aber die Hypothek nach §§ 1157 S 2, 892 einredefrei erworben, da sich der abweichende Fälligkeitstermin weder aus dem Grundbuch noch aus dem Hypothekenbrief (§ 1140) ergab und er dem Z auch nicht bekannt war. E kann Z daher den späteren Fälligkeitstermin nicht entgegensetzen. Z kann den Anspruch aus § 1147 durchsetzen.

3. Bei nicht eingetragenen Einreden gegen Hypothek und Forderung droht dem Eigentümer wegen der Möglichkeit eines gutgläubigen einredefreien Erwerbs der Hypothek (§§ 1157 S 2, 1138, 892) ein Rechtsnachteil. Daher hat er nach §§ 1157 S 2, 894 bzw §§ 1138, 894 einen **Anspruch** gegen den Hypothekengläubiger **auf Berichtigung des Grundbuchs**. Er kann folglich die Eintragung der Einrede gegen die Hypothek bzw gegen die Forderung verlangen. Zur Sicherung seiner Rechtsstellung hat er weiterhin die Möglichkeit, nach § 899 die **Eintragung eines Widerspruchs** zu erwirken. Dieser würde einen gutgläubigen einredefreien Erwerb der Hypothek verhindern (§ 892 I 1). 10

§ 1158 Künftige Nebenleistungen

Soweit die Forderung auf Zinsen oder andere Nebenleistungen gerichtet ist, die nicht später als in dem Kalendervierteljahr, in welchem der Eigentümer von der Übertragung Kenntnis erlangt, oder dem folgenden Vierteljahr fällig werden, finden auf das Rechtsverhältnis zwischen dem Eigentümer und dem neuen Gläubiger die Vorschriften der §§ 406 bis 408 Anwendung; der Gläubiger kann sich gegenüber den Einwendungen, welche dem Eigentümer nach den §§ 404, 406 bis 408, 1157 zustehen, nicht auf die Vorschrift des § 892 berufen.

I. Die Hypothek sichert nach § 1115 auch vertraglich vereinbarte Zins- und Nebenleistungsansprüche sowie nach § 1118 gesetzliche Zinsen und Kosten der Kündigung und Rechtsverfolgung der Hypothek. Da die **Zins- und Nebenleistungsforderungen** nicht wie die Hauptforderung ohne weiteres aus dem Grundbuch ersichtlich sind, gelten für sie die Sonderregeln der §§ 1158, 1159, die einerseits den Schutz des Eigentümers auf Kosten des Erwerbers verstärken und andererseits die Abtretung der Nebenleistungsforderungen erleichtern. 1

II. Für **künftige** Zins- und Nebenleistungsansprüche, also solche, die im Zeitpunkt ihrer Abtretung noch nicht fällig sind, ist grds allg Hypothekenrecht maßgeblich. Sie werden also nach §§ 1153, 1154 (nicht nach §§ 398 ff) abgetreten, und für die Haftung des Eigentümers gelten die allg, für die Abtretung der hypothekarisch gesicherten Hauptforderung bestehenden Regeln der §§ 1138, 1140, 1156 f. Eine Ausn macht § 1158 für solche künftigen Ansprüche auf Zinsen und Nebenleistungen, die nicht später als im Kalendervierteljahr, in dem der Eigentümer von der Übertragung Kenntnis erlangt, oder in dem darauf folgenden Vierteljahr fällig werden. Für diese künftigen Ansprüche bleiben dem Eigentümer nach § 404 ggü dem Zessionar alle Einreden und Einwendungen erhalten, die ihm ggü dem Zedenten zustanden. Ein gutgläubiger Erwerb findet insoweit nicht statt. Darüber hinaus gelten zugunsten des Eigentümers auch die Bestimmungen der §§ 406–408. 2

§ 1159 Rückständige Nebenleistungen

(1) ¹Soweit die Forderung auf Rückstände von Zinsen oder anderen Nebenleistungen gerichtet ist, bestimmt sich die Übertragung sowie das Rechtsverhältnis zwischen dem Eigentümer und dem neuen Gläubiger nach den für die Übertragung von Forderungen geltenden allgemeinen Vorschriften. ²Das Gleiche gilt für den Anspruch auf Erstattung von Kosten, für die das Grundstück nach § 1118 haftet.
(2) Die Vorschrift des § 892 findet auf die im Absatz 1 bezeichneten Ansprüche keine Anwendung.

Rückständige Zinsen und Nebenleistungen, also solche, die im Zeitpunkt ihrer Abtretung fällig sind, werden allein nach §§ 398 ff übertragen (Abs 1 S 1). Die §§ 1154-1158, 1138, 892 gelten insoweit nicht. Die Übertragung ist daher formlos möglich. Die Hypothek geht nach § 401 in Höhe der Zins- oder Nebenleistungsforderung mit auf den Zessionar über. Ist § 401 abbedungen, so erlischt die Hypothek insoweit. Der Eigentümer kann sich ggü dem Zessionar auch bzgl der dinglichen Haftung aus § 1147 auf die §§ 404 ff berufen. Die §§ 1156, 1138, 892 gelten insoweit nicht. 1

§ 1160 Geltendmachung der Briefhypothek

(1) Der Geltendmachung der Hypothek kann, sofern nicht die Erteilung des Hypothekenbriefs ausgeschlossen ist, widersprochen werden, wenn der Gläubiger nicht den Brief vorlegt; ist der Gläubiger nicht im Grundbuch eingetragen, so sind auch die im § 1155 bezeichneten Urkunden vorzulegen.
(2) Eine dem Eigentümer gegenüber erfolgte Kündigung oder Mahnung ist unwirksam, wenn der Gläubiger die nach Absatz 1 erforderlichen Urkunden nicht vorlegt und der Eigentümer die Kündigung oder die Mahnung aus diesem Grunde unverzüglich zurückweist.
(3) Diese Vorschriften gelten nicht für die im § 1159 bezeichneten Ansprüche.

1 Die Vorschrift regelt die **Legitimation des Gläubigers** bei der Briefhypothek. Wird die Briefhypothek gerichtlich geltend gemacht, so kann der Grundstückseigentümer die **Vorlage des Briefes** im Wege der Einrede verlangen (Abs 1 Halbs 1). Ist der Gläubiger nicht im Grundbuch eingetragen, so kann er zusätzlich auf die **Vorlage der beglaubigten Abtretungserklärungen** nach § 1155 bestehen (Abs 1 Halbs 2). Eine **Kündigung**, **Mahnung** oder andere außergerichtliche Geltendmachung der Hypothek ist bei unverzüglicher Zurückweisung durch den Eigentümer unwirksam, wenn der Kündigende usw nicht die ihn legitimierenden Urkunden nach Abs 1 vorlegt (Abs 2). Dies gilt nicht für rückständige Nebenleistungen nach § 1159 (Abs 3).

§ 1161 Geltendmachung der Forderung

Ist der Eigentümer der persönliche Schuldner, so findet die Vorschrift des § 1160 auch auf die Geltendmachung der Forderung Anwendung.

1 Nach dieser Vorschrift gilt § 1160 auch für die Geltendmachung der persönlichen Forderung, wenn Eigentümer und Schuldner identisch sind.

§ 1162 Aufgebot des Hypothekenbriefs

Ist der Hypothekenbrief abhanden gekommen oder vernichtet, so kann er im Wege des Aufgebotsverfahrens für kraftlos erklärt werden.

1 Ist der Hypothekenbrief abhanden gekommen oder vernichtet, fehlt dem Gläubiger der Briefhypothek die Legitimation zur Geltendmachung der Hypothek (§ 1160) und ggf auch der Forderung (§ 1161). In diesem Fall muss er den Hypothekenbrief für kraftlos erklären lassen (§ 1162; vgl §§ 433–441, 466–479, 484 FamFG) und den neu hergestellten Brief (vgl §§ 67 f GBO) dem Eigentümer vorlegen.

§ 1163 Eigentümerhypothek

(1) ¹Ist die Forderung, für welche die Hypothek bestellt ist, nicht zur Entstehung gelangt, so steht die Hypothek dem Eigentümer zu. ²Erlischt die Forderung, so erwirbt der Eigentümer die Hypothek.
(2) Eine Hypothek, für welche die Erteilung des Hypothekenbriefs nicht ausgeschlossen ist, steht bis zur Übergabe des Briefes an den Gläubiger dem Eigentümer zu.

1 I. Die Vorschrift, die im Zusammenhang mit § 1177 zu sehen ist, regelt einige wichtige Fälle der gesetzlichen Entstehung eines **Eigentümergrundpfandrechts**. Dadurch, dass die Hypothek nicht erlischt, sondern zur **Eigentümerhypothek** wird, wird das Aufrücken nachrangiger Grundpfandrechte verhindert und dem Eigentümer der Rang bewahrt. Diese rangwahrende Wirkung der Grundpfandrechte hat der Gesetzgeber durch die Einf gesetzlicher Löschungsansprüche (§§ 1179 a u 1179 b) im Interesse nachrangiger Grundpfandrechtsgläubiger wieder eingeschränkt.

Eine **ursprüngliche Eigentümergrundschuld** (Abs 1 S 1, § 1177 I 1) ist in zwei unterschiedlichen Gestaltungen denkbar:
1. Als **vorläufige** Eigentümergrundschuld, wenn die zu sichernde Forderung noch nicht entstanden ist, aber noch entstehen kann. Dies ist namentlich dann der Fall, wenn die Hypothek zur Rangsicherung bewusst für eine künftige Forderung bestellt wird (§ 1113 II), wie dies namentlich bei der Gewährung von Baugeldern üblich ist, die erst dann ausgezahlt werden, wenn das Gebäude bereits teilweise errichtet ist. Eine vorläufige Eigentümergrundschuld entsteht weiter bei der Briefhypothek bis zur Übergabe des Hypothekenbriefes an den Gläubiger (§§ 1117 I, 1163 II). Die vorläufige Eigentümergrundschuld ist durch die Entstehung der Forderung auflösend bedingt. Mit der Begründung der Forderung und der Übergabe des Hypothekenbriefes bei der Briefhypothek wird sie automatisch zur Fremdhypothek für den eingetragenen Gläubiger. Bis dahin hat der Gläubiger ein dingliches **Anwartschaftsrecht**, wenn er im Grundbuch eingetragen ist und den Hypothekenbrief besitzt. Steht fest, dass die Forderung nicht mehr entsteht, so wird die vorläufige zur endgültigen Eigentümergrundschuld.
2. Als **endgültige** Eigentümergrundschuld, wenn die Forderung nicht entstanden ist und nicht mehr entstehen kann. Dies ist zB der Fall, wenn die zu sichernde Darlehensforderung deshalb nicht entstanden ist, weil der Darlehensvertrag wegen Wuchers nach § 138 II nichtig ist (dies ist allerdings umstritten und vom BGH noch nicht endgültig entschieden; zum Streitstand: OLG Karlsruhe FGPrax 13, 253. Das OLG Karlsruhe lehnt in den Fällen des Wuchers die Entstehung einer Eigentümergrundschuld in unmittelbarer oder entsprechender Anwendung von § 1163 I ab).
II. Eine **nachträgliche Eigentümergrundschuld** entsteht, wenn eine Hypothek zunächst einem Gläubiger zustand und dann auf den Eigentümer übergeht. Wichtigste Fälle einer nachträglichen Eigentümergrundschuld sind:
1. **Erlöschen der gesicherten Forderung** (Abs 1 S 2). Hier geht die Hypothek auf den Eigentümer als Eigentümergrundschuld über (§ 1177 I 1). **Ausn** von Abs 1 S 2 bestehen, wenn der Eigentümer zahlt, der nicht persönlicher Schuldner ist (§§ 1143, 412, 401 I, 1153 I). In diesem Fall geht die Forderung mit der Hypothek auf den Eigentümer über. Die Eigentümerhypothek wird wie eine Eigentümergrundschuld behandelt (§ 1177 II). Abs 1 S 2 gilt weiter nicht bei Zahlungen des vom Eigentümer verschiedenen Schuldners, dem ein Ersatzanspruch gegen den Eigentümer zusteht. Hier geht die Hypothek auf den Schuldner über (§ 1164 I). Dasselbe gilt bei Vereinigung von Forderung und Schuld, zB wenn der Schuldner den Gläubiger beerbt (§ 1164 II).
2. **Verzicht** des Gläubigers auf die Hypothek (§ 1168).
3. Ausschluss eines unbekannten Gläubigers im **Aufgebotsverfahren** (§§ 1170, 1171).
4. Vom Eigentümer nicht genehmigte **Schuldübernahme** (§ 418 I 2).
5. **Aufhebung** der Entscheidung, aufgrund derer eine Zwangshypothek oder eine Arresthypothek eingetragen worden war (§§ 868, 932 II ZPO).
6. Vereinigung des Eigentums mit dem Gläubigerrecht (**Konfusion**). Da nach § 889 die Hypothek nicht erlischt, geht sie auf den Eigentümer über.
Das endgültige Eigentümergrundpfandrecht stellt nach hM ein **vollgültiges dingliches Recht** dar, das dem Eigentum ggü selbständig ist. Es wird daher bei einer Übereignung des belasteten Grundstücks zum Fremdgrundpfandrecht in der Hand des Veräußerers (Westermann/Eickmann, § 119 II 3).
Die endgültige Eigentümergrundschuld ist als übertragbares Recht **pfändbar**, §§ 857, 851 I ZPO. Str ist jedoch, in welcher Form die Pfändung zu erfolgen hat: Nach einer Auffassung genügt es, dass dem Eigentümer gem §§ 857 I, II, 829 ZPO ein **Pfändungsbeschl** zugestellt wird (Baur/Stürner, § 46 Rn 12). Einer berichtigenden Grundbucheintragung oder einer Wegnahme des Grundschuldbriefes bedarf es hiernach nur, um einen gutgläubigen lastenfreien Erwerb Dritter zu verhindern. Nach hM ist die Eigentümergrundschuld ein selbständiges dingliches Recht neben dem Eigentum. Sie wird daher **wie ein Fremdgrundpfandrecht** gepfändet (BGH NJW 79, 2045; Staud/Wolfsteiner § 1163 Rn 98 ff). Nach § 857 VI ZPO ist daher bei einem Briefrecht ein Pfändungsbeschl und die Übergabe des Briefes an den Pfandgläubiger bzw die Wegnahme des

Briefes durch den Gerichtsvollzieher (§ 883 I ZPO), bei einem Buchrecht ein Pfändungsbeschl und die Eintragung der Pfändung ins Grundbuch erforderlich.

14 Der Gläubiger, der die Eigentümergrundschuld gepfändet hat, kann in das Grundstück **vollstrecken**, wenn er sich die Eigentümergrundschuld an Zahlungs statt überweisen lässt (§§ 857, 835 ZPO). Denn dadurch geht sie auf ihn über und wird Fremdgrundschuld. § 1197 I steht nicht entgg, da die in dieser Vorschrift angeordnete Beschränkung des Verwertungsrechts nur für den Eigentümer gilt.

15 Der **Eigentümer** hat hins des Eigentümergrundpfandrechts **drei Verfügungsmöglichkeiten**: Er kann erstens die Hypothek als Grundschuld auf sich **umschreiben** lassen und zunächst behalten (§ 1177 I). Ist das Eigentümergrundpfandrecht endgültig, so kann der Eigentümer vom früheren Hypothekar gem § 894 die Berichtigung des Grundbuchs verlangen. Ist er nicht bereits im Besitz des Hypothekenbriefes, so kann er auch dessen Herausgabe verlangen (§§ 952, 985). Der Eigentümer wird dann als Inhaber der Grundschuld im Rang der früheren Hypothek eingetragen. Zwar darf er aus der Eigentümergrundschuld nicht selbst die Zwangsvollstreckung in sein eigenes Grundstück betreiben (§ 1197 I), damit er nachrangige Grundpfandgläubiger nicht schädigen kann – mit dem Zuschlag würden alle nachrangigen Grundpfandrechte erlöschen (vgl §§ 44, 52 I, 91 ZVG); wird aber die Zwangsvollstreckung von einem anderen Gläubiger betrieben, so wird die Eigentümergrundschuld wie jedes andere Grundpfandrecht behandelt. Der Eigentümer hat dann einen Anspruch auf den seiner Rangstelle entsprechenden Teil des Erlöses, wenn die Eigentümergrundschuld nicht nach §§ 44, 52 I ZVG bestehen bleibt. Zweitens kann er die Eigentümergrundschuld **löschen** lassen, so dass nachrangige Grundpfandrechte aufrücken. Drittens kann er die Eigentümergrundschuld auch an Dritte **übertragen**, so dass sie wieder zu einem Fremdgrundpfandrecht wird. Str ist, ob dazu die Voreintragung des Eigentümers gem § 39 GBO erforderlich ist. Dies lehnt die hM zu Recht ab (BGH NJW 68, 1674). Bei der Briefhypothek bedarf es ohnehin keiner vorherigen Eintragung des Eigentümers, da sich dieser nach § 1155 über sein Recht ausweisen kann. Die Eigentümergrundschuld ist als Grundschuld weiter übertragbar oder wieder in eine Hypothek umwandelbar (§ 1198), indem sie erneut mit einer Forderung verbunden wird. Diese Möglichkeit, über die Rangstelle frei zu verfügen und sie so zu kapitalisieren, ist allerdings durch vertragliche und gesetzliche Löschungsansprüche erheblich eingeschränkt.

§ 1164 Übergang der Hypothek auf den Schuldner

(1) ¹Befriedigt der persönliche Schuldner den Gläubiger, so geht die Hypothek insoweit auf ihn über, als er von dem Eigentümer oder einem Rechtsvorgänger des Eigentümers Ersatz verlangen kann. ²Ist dem Schuldner nur teilweise Ersatz zu leisten, so kann der Eigentümer die Hypothek, soweit sie auf ihn übergegangen ist, nicht zum Nachteil der Hypothek des Schuldners geltend machen.

(2) Der Befriedigung des Gläubigers steht es gleich, wenn sich Forderung und Schuld in einer Person vereinigen.

1 I. Kann der persönliche Schuldner vom Eigentümer Ersatz für die Befriedigung des Gläubigers verlangen, so ordnet Abs 1 insoweit eine **gesetzliche Forderungsauswechslung** an. Bsp: S hat seinem Gläubiger G zur Sicherung einer Darlehensforderung eine Hypothek an seinem Grundstück bestellt. Er veräußert das belastete Grundstück an E, der die Darlehensschuld unter Anrechnung auf den Kaufpreis übernehmen soll. Da G die Schuldübernahme nicht genehmigt (§§ 415, 416), zahlt S das Darlehen bei Fälligkeit an G zurück. Durch die Leistung des Schuldners (S) erlischt die hypothekarisch gesicherte Forderung gem § 362. Der Eigentümer (E) erwirbt aber keine Eigentümergrundschuld. Die Hypothek sichert jetzt die Ausgleichsforderung des Schuldners (S) gegen den Eigentümer (E), die sich zB als Folge des § 415 III 1 ergeben kann (Abs 1). Es handelt sich also um eine Hypothek mit ausgewechselter Forderung.

2 II. Die Forderungsauswechslung nach **Abs 1** hat folgende **Voraussetzungen**:

3 1. Schuldner u Eigentümer müssen **personenverschieden** sein.

2. Der Schuldner muss den Gläubiger **befriedigen** (zB Erfüllung, Aufrechnung). Die 4
Vereinigung von Forderung u Schuld in einer Person (zB der Schuldner beerbt den
Gläubiger) steht gleich (**Abs 2**). Bei **teilweiser Befriedigung** hat der Schuldner lediglich
einen teilweisen Ausgleichsanspruch, so dass auch die Hypothek nur teilweise auf ihn
übergeht.
3. Der Schuldner hat einen **Ersatzanspruch** gegen den Gläubiger (zB aus § 415 III). 5
Rechtsfolge des Abs 1 ist der **Übergang der Hypothek**, die nun den Ersatzanspruch des 6
Schuldners sichert. Der Eigentümer hat ggü dem Schuldner alle eigentümerbezogenen
Einreden des § 1157.

§ 1165 Freiwerden des Schuldners

Verzichtet der Gläubiger auf die Hypothek oder hebt er sie nach § 1183 auf oder
räumt er einem anderen Recht den Vorrang ein, so wird der persönliche Schuldner insoweit frei, als er ohne diese Verfügung nach § 1164 aus der Hypothek hätte Ersatz
erlangen können.

Die Vorschrift dient dem **Schutz des Schuldners**, auf den die Hypothek nach § 1164 1
übergehen würde, vor Nachteilen, die ihm aus Verfügungen des Gläubigers über die
Hypothek entstehen können. Solche Verfügungen sind die Aufhebung der Hypothek
(§ 1183), der Verzicht des Gläubigers (§§ 1168, 1175 I), die Verschlechterung des
Rangs durch Rücktritt (§ 880), die Forderungsauswechslung (§ 1180) und die Umwandlung der Hypothek in eine Grundschuld (§ 1198). Alle diese Verfügungen lassen
die Schuld erlöschen, soweit der Schuldner ohne sie Ersatz aus der Hypothek hätte erlangen können.

§ 1166 Benachrichtigung des Schuldners

¹Ist der persönliche Schuldner berechtigt, von dem Eigentümer Ersatz zu verlangen,
falls er den Gläubiger befriedigt, so kann er, wenn der Gläubiger die Zwangsversteigerung des Grundstücks betreibt, ohne ihn unverzüglich zu benachrichtigen, die Befriedigung des Gläubigers wegen eines Ausfalls bei der Zwangsversteigerung insoweit verweigern, als er infolge der Unterlassung der Benachrichtigung einen Schaden erleidet.
²Die Benachrichtigung darf unterbleiben, wenn sie untunlich ist.

Die Vorschrift **ergänzt** § 1164, indem sie den Gläubiger verpflichtet, den ersatzberech- 1
tigten Schuldner unverzüglich vom Erlass des Zwangsversteigerungs- bzw Zulassungs-
beschl (§§ 15, 27 ZVG) zu benachrichtigen. Diese Benachrichtigung soll den vom Eigentümer verschiedenen Schuldner vor der Inanspruchnahme aus der Forderung infolge Ausfalls der Hypothek schützen, wenn er mangels Kenntnis von der Zwangsversteigerung keine Möglichkeit hatte, den Ausfall durch eigenes Mitbieten oder Ablösung
der Hypothek zu verhindern.

§ 1167 Aushändigung der Berichtigungsurkunden

*Erwirbt der persönliche Schuldner, falls er den Gläubiger befriedigt, die Hypothek
oder hat er im Falle der Befriedigung ein sonstiges rechtliches Interesse an der Berichtigung des Grundbuchs, so stehen ihm die in den §§ 1144, 1145 bestimmten Rechte zu.*

Die Vorschrift erweitert die Rechte des persönlichen Schuldners bei einem Erwerb der 1
Hypothek nach § 1164 oder §§ 426 II, 401, 412, 1153 oder bei einem sonstigen rechtlichen Interesse an der Grundbuchberichtigung dahin, dass auch er die Ansprüche aus
§§ 1144, 1145 hat.

§ 1168 Verzicht auf die Hypothek

(1) Verzichtet der Gläubiger auf die Hypothek, so erwirbt sie der Eigentümer.
(2) ¹Der Verzicht ist dem Grundbuchamt oder dem Eigentümer gegenüber zu erklären und bedarf der Eintragung in das Grundbuch. ²Die Vorschriften des § 875 Abs. 2 und der §§ 876, 878 finden entsprechende Anwendung.
(3) Verzichtet der Gläubiger für einen Teil der Forderung auf die Hypothek, so stehen dem Eigentümer die im § 1145 bestimmten Rechte zu.

1 Die Vorschrift betrifft den Verzicht des Gläubigers auf die Hypothek. Der **Verzicht** erfolgt durch einseitige Erklärung des Gläubigers ggü dem Eigentümer oder dem Grundbuchamt und Eintragung im Grundbuch (Abs 2). Er hat zur **Folge**, dass die Hypothek kraft Gesetzes auf denjenigen übergeht, der bei Vorliegen aller Verzichtsvoraussetzungen wahrer Eigentümer ist (Abs 1) und dadurch Eigentümergrundschuld wird. Die Forderung verbleibt als nunmehr ungesicherte dem Gläubiger, es sei denn, sie erlischt nach § 1165 oder wird erlassen. Bei einem **Teilverzicht** gilt § 1145 (Abs 3).

§ 1169 Rechtszerstörende Einrede

Steht dem Eigentümer eine Einrede zu, durch welche die Geltendmachung der Hypothek dauernd ausgeschlossen wird, so kann er verlangen, dass der Gläubiger auf die Hypothek verzichtet.

1 Bei einer dauernden Einrede (aus §§ 1137 oder 1157) gegen die Hypothek (zB nach §§ 438 IV, 821) hat der Eigentümer nach dieser Vorschrift einen **Anspruch auf den Verzicht** nach § 1168 (s im weiteren Zusammenhang zur Unverjährbarkeit des Anspruchs auf Rückgewähr der stehengelassenen Grundschuld nach Erledigung des Sicherungszwecks gem §§ 1169, 902 I 1 Schäfer, WM 09, 1308).

§ 1170 Ausschluss unbekannter Gläubiger

(1) ¹Ist der Gläubiger unbekannt, so kann er im Wege des Aufgebotsverfahrens mit seinem Recht ausgeschlossen werden, wenn seit der letzten sich auf die Hypothek beziehenden Eintragung in das Grundbuch zehn Jahre verstrichen sind und das Recht des Gläubigers nicht innerhalb dieser Frist von dem Eigentümer in einer nach § 212 Abs. 1 Nr. 1 zum Neubeginn der Verjährung geeigneten Weise anerkannt worden ist. ²Besteht für die Forderung eine nach dem Kalender bestimmte Zahlungszeit, so beginnt die Frist nicht vor dem Ablauf des Zahlungstags.
(2) ¹Mit der Rechtskraft des Ausschließungsbeschlusses erwirbt der Eigentümer die Hypothek. ²Der dem Gläubiger erteilte Hypothekenbrief wird kraftlos.

§ 1171 Ausschluss durch Hinterlegung

(1) ¹Der unbekannte Gläubiger kann im Wege des Aufgebotsverfahrens mit seinem Recht auch dann ausgeschlossen werden, wenn der Eigentümer zur Befriedigung des Gläubigers oder zur Kündigung berechtigt ist und den Betrag der Forderung für den Gläubiger unter Verzicht auf das Recht zur Rücknahme hinterlegt. ²Die Hinterlegung von Zinsen ist nur erforderlich, wenn der Zinssatz im Grundbuch eingetragen ist; Zinsen für eine frühere Zeit als das vierte Kalenderjahr vor der Rechtskraft des Ausschließungsbeschlusses sind nicht zu hinterlegen.
(2) ¹Mit der Rechtskraft des Ausschließungsbeschlusses gilt der Gläubiger als befriedigt, sofern nicht nach den Vorschriften über die Hinterlegung die Befriedigung schon vorher eingetreten ist. ²Der dem Gläubiger erteilte Hypothekenbrief wird kraftlos.
(3) Das Recht des Gläubigers auf den hinterlegten Betrag erlischt mit dem Ablauf von 30 Jahren nach der Rechtskraft des Ausschließungsbeschlusses, wenn nicht der Gläubiger sich vorher bei der Hinterlegungsstelle meldet; der Hinterleger ist zur Rücknahme berechtigt, auch wenn er auf das Recht zur Rücknahme verzichtet hat.

§§ 1170–1171

I. Die Vorschriften ermöglichen es dem Eigentümer, durch den Ausschluss eines ihm unbekannten Gläubigers die Hypothek als Fremdgrundpfandrecht zu beseitigen.

II. 1. Unbekannt ist ein Gläubiger, den der Eigentümer der Person nach nicht kennt oder der sein Gläubigerrecht nicht nachweisen kann bzw verschweigt. Es reicht nicht, dass nur der Aufenthaltsort des bekannten Gläubigers anonym ist. Ausreichen soll nach Ansicht des BGH aber der Fall, dass der erteilte Brief unauffindbar und der Aufenthalt des letzten bekannten Inhabers unbekannt ist (WM 2009, 756).

2. Ist 10 Jahre lang keine Grundbucheintragung erfolgt, die sich auf die Hypothek bezieht und der Mitwirkung des Gläubigers bedurfte, so kann der Eigentümer den unbekannten Gläubiger im Wege des Aufgebotsverfahrens (§§ 433-441, 447-453, 484 FamFG) unabhängig vom Bestand der Forderung ausschließen (§ 1170). Mit der Rechtskraft des **Ausschließungsbeschl** erwirbt der Eigentümer kraft Gesetzes die Hypothek (Abs 2 S 1), die zur Eigentümergrundschuld wird (§ 1177 I). Der dem Gläubiger ausgestellte Hypothekenbrief wird kraftlos (Abs 2 S 1). Die persönliche Forderung des Gläubigers bleibt bestehen.

3. Hinterlegt der zur Befriedigung des Gläubigers oder zur Kündigung berechtigte Eigentümer den Betrag der Forderung sowie die nach der Eintragung fälligen Zinsen unter Verzicht auf das Rücknahmerecht, so kann er den unbekannten Gläubiger ohne Einhaltung der Frist des § 1170 im Wege des Aufgebotsverfahrens ausschließen (§ 1171). Mit der Hinterlegung erlischt in aller Regel auch die Forderung (§§ 382, 378), so dass die Hypothek auf den Eigentümer übergeht (§ 1163 I 2) und sich in eine Eigentümergrundschuld verwandelt (§ 1177 I). Liegen die Voraussetzungen des § 382 nicht vor, tritt diese Wirkung mit der Rechtskraft des Ausschließungsbeschl ein (Abs 2 S 1).

§ 1172 Eigentümergesamthypothek

(1) Eine Gesamthypothek steht in den Fällen des § 1163 den Eigentümern der belasteten Grundstücke gemeinschaftlich zu.

(2) ¹Jeder Eigentümer kann, sofern nicht ein anderes vereinbart ist, verlangen, dass die Hypothek an dem Grundstück auf den Teilbetrag, der dem Verhältnis des Wertes seines Grundstücks zu dem Werte der sämtlichen Grundstücke entspricht, nach § 1132 Abs. 2 beschränkt und in dieser Beschränkung ihm zugeteilt wird. ²Der Wert wird unter Abzug der Belastungen berechnet, die der Gesamthypothek im Range vorgehen.

§ 1173 Befriedigung durch einen der Eigentümer

(1) ¹Befriedigt der Eigentümer eines der mit einer Gesamthypothek belasteten Grundstücke den Gläubiger, so erwirbt er die Hypothek an seinem Grundstück; die Hypothek an den übrigen Grundstücken erlischt. ²Der Befriedigung des Gläubigers durch den Eigentümer steht es gleich, wenn das Gläubigerrecht auf den Eigentümer übertragen wird oder wenn sich Forderung und Schuld in der Person des Eigentümers vereinigen.

(2) Kann der Eigentümer, der den Gläubiger befriedigt, von dem Eigentümer eines der anderen Grundstücke oder einem Rechtsvorgänger dieses Eigentümers Ersatz verlangen, so geht in Höhe des Ersatzanspruchs auch die Hypothek an dem Grundstück dieses Eigentümers auf ihn über; sie bleibt mit der Hypothek an seinem eigenen Grundstück Gesamthypothek.

§ 1174 Befriedigung durch den persönlichen Schuldner

(1) Befriedigt der persönliche Schuldner den Gläubiger, dem eine Gesamthypothek zusteht, oder vereinigen sich bei einer Gesamthypothek Forderung und Schuld in einer Person, so geht, wenn der Schuldner nur von dem Eigentümer eines der Grundstücke

oder von einem Rechtsvorgänger des Eigentümers Ersatz verlangen kann, die Hypothek an diesem Grundstück auf ihn über; die Hypothek an den übrigen Grundstücken erlischt.

(2) Ist dem Schuldner nur teilweise Ersatz zu leisten und geht deshalb die Hypothek nur zu einem Teilbetrag auf ihn über, so hat sich der Eigentümer diesen Betrag auf den ihm nach § 1172 gebührenden Teil des übrig bleibenden Betrags der Gesamthypothek anrechnen zu lassen.

§ 1175 Verzicht auf die Gesamthypothek

(1) [1]Verzichtet der Gläubiger auf die Gesamthypothek, so fällt sie den Eigentümern der belasteten Grundstücke gemeinschaftlich zu; die Vorschrift des § 1172 Abs. 2 findet Anwendung. [2]Verzichtet der Gläubiger auf die Hypothek an einem der Grundstücke, so erlischt die Hypothek an diesem.

(2) Das Gleiche gilt, wenn der Gläubiger nach § 1170 mit seinem Recht ausgeschlossen wird.

§ 1176 Eigentümerteilhypothek; Kollisionsklausel

Liegen die Voraussetzungen der §§ 1163, 1164, 1168, 1172 bis 1175 nur in Ansehung eines Teilbetrags der Hypothek vor, so kann die auf Grund dieser Vorschriften dem Eigentümer oder einem der Eigentümer oder dem persönlichen Schuldner zufallende Hypothek nicht zum Nachteil der dem Gläubiger verbleibenden Hypothek geltend gemacht werden.

§§ 1172–1176

1 I. Die Vorschriften enthalten **Sonderregeln** zu §§ 1143, 1163, 1164, 1168 für die Gesamthypothek. Sie gelten nur, wenn eine Gesamthypothek an mehreren Grundstücken besteht, die **verschiedenen Eigentümern** gehören.

2 II. 1. Die Gesamthypothek geht als **Gesamteigentümergrundschuld** auf die Eigentümer über (Abs 1 iVm §§ 1163 I 2, 1177 I), sofern **alle Eigentümer** den Gläubiger gemeinsam befriedigen, der persönliche Schuldner den Gläubiger befriedigt und von keinem der Eigentümer Regress verlangen kann, der Gläubiger auf die Gesamthypothek an allen Grundstücken verzichtet (§ 1175 I) oder wenn er nach § 1170 mit seinem Recht an allen Grundstücken ausgeschlossen wird (§ 1175 II). Die Eigentümer bilden eine **Bruchteilsgemeinschaft** nach §§ 741 ff hins der Gesamtgrundschuld (BGH NJW-RR 86, 233). Jeder Eigentümer kann die **Auseinandersetzung** verlangen. Diese erfolgt durch Umwandlung der Hypothek an seinem Grundstück in eine Teilhypothek, die ihm allein zugeteilt wird. Teilungsmaßstab ist das Wertverhältnis der belasteten Grundstücke (§ 1172 II 1).

3 2. Befriedigt nur **einer der Eigentümer** den Gläubiger, so geht die Hypothek an seinem eigenen Grundstück in voller Höhe auf ihn über. Die Hypothek an den anderen Grundstücken erlischt, soweit der leistende Eigentümer von den anderen keinen Ersatz verlangen kann (§ 1173 I 1). Der Befriedigung des Gläubigers stehen das Zusammenfallen von Gläubiger und Schuldner sowie von Hypothek und Eigentum in der Person des Eigentümers gleich (§ 1173 I 2). Steht dem leistenden Eigentümer dag von dem Eigentümer eines anderen Grundstücks ein Ersatzanspruch zu (zB aus § 426 I, BGH NJW-RR 95, 589), so erwirbt er die Hypothek am eigenen Grundstück (§ 1173 I 1 iVm § 1177 II) und am Grundstück des ersatzpflichtigen Eigentümers als Gesamthypothek (§ 1173 I).

4 3. Befriedigt der **persönliche Schuldner**, der nicht mit dem Eigentümer identisch ist, den Gläubiger, so gilt:

5 a) Hat der Schuldner einen vollen Ersatzanspruch in Höhe der Gesamthypothek **gegen alle Eigentümer**, so geht die Gesamthypothek an ihn über und sichert seinen Anspruch (§ 1164).

b) Hat er dag nur einen Ersatzanspruch **gegen einzelne Eigentümer**, so gilt § 1174. Die Hypothek am Grundstück der ersatzpflichtigen Eigentümer geht bis zur Höhe des Ersatzanspruchs auf den Schuldner über und sichert seinen Anspruch. Die Hypotheken an den übrigen Grundstücken erlöschen (§ 1174 I). 6

c) Ist der Schuldner nur zum **Teil** ersatzberechtigt, so geht auch die Hypothek nur in Höhe seines Regressanspruchs auf ihn über. Hins des Restes steht den Eigentümern eine Gesamteigentümergrundschuld zu (§ 1172 I iVm §§ 1163 I 2, 1177 I). Hins der Auseinandersetzung modifiziert § 1174 II den § 1172 II. 7

§ 1177 Eigentümergrundschuld, Eigentümerhypothek

(1) ¹Vereinigt sich die Hypothek mit dem Eigentum in einer Person, ohne dass dem Eigentümer auch die Forderung zusteht, so verwandelt sich die Hypothek in eine Grundschuld. ²In Ansehung der Verzinslichkeit, des Zinssatzes, der Zahlungszeit, der Kündigung und des Zahlungsorts bleiben die für die Forderung getroffenen Bestimmungen maßgebend.

(2) Steht dem Eigentümer auch die Forderung zu, so bestimmen sich seine Rechte aus der Hypothek, solange die Vereinigung besteht, nach den für eine Grundschuld des Eigentümers geltenden Vorschriften.

Eigentümergrundpfandrechte haben die **Funktion**, das Aufrücken nachrangiger Grundpfandrechte zu verhindern. Sie sichern damit dem Eigentümer den Rang in der Zwangsvollstreckung durch einen Gläubiger und ermöglichen ihm zugleich eine zinsgünstigere Refinanzierung. Er kann sein Eigentümergrundpfandrecht mit dem Rang der bisherigen Hypothek als Fremdrecht zur Sicherung neuen Kredits ausnutzen. Eigentümergrundpfandrechte können bereits mit der Bestellung der Hypothek (**ursprüngliches Eigentümergrundpfandrecht**) oder durch nachträglichen Übergang einer Fremdhypothek auf den Eigentümer (**nachträgliches Eigentümergrundpfandrecht**) entstehen. Das Eigentümergrundpfandrecht ist in aller Regel mangels Forderung eine **Eigentümergrundschuld** (Abs 1). Nur dann, wenn die Hypothek zusammen mit der Forderung auf den Eigentümer übergeht (zB nach §§ 1143, 1153), erwirbt der Eigentümer eine **Eigentümerhypothek**, die aber wie eine Eigentümergrundschuld zu behandeln ist (Abs 2). 1

§ 1178 Hypothek für Nebenleistungen und Kosten

(1) ¹Die Hypothek für Rückstände von Zinsen und anderen Nebenleistungen sowie für Kosten, die dem Gläubiger zu erstatten sind, erlischt, wenn sie sich mit dem Eigentum in einer Person vereinigt. ²Das Erlöschen tritt nicht ein, solange einem Dritten ein Recht an dem Anspruch auf eine solche Leistung zusteht.

(2) ¹Zum Verzicht auf die Hypothek für die im Absatz 1 bezeichneten Leistungen genügt die Erklärung des Gläubigers gegenüber dem Eigentümer. ²Solange einem Dritten ein Recht an dem Anspruch auf eine solche Leistung zusteht, ist die Zustimmung des Dritten erforderlich. ³Die Zustimmung ist demjenigen gegenüber zu erklären, zu dessen Gunsten sie erfolgt; sie ist unwiderruflich.

Vorbemerkung zu § 1179

I. Das Eigentümergrundpfandrecht bringt für den **Eigentümer** den Vorteil, dass gleich- oder nachrangige dingliche Rechte nicht aufrücken und er die Rangstufe zur erneuten Kreditsicherung ausnutzen kann. Die anderen **dinglichen Gläubiger** sind dag daran interessiert, dass gleich- oder vorrangige Grundpfandrechte, wenn und sobald sie sich mit dem Eigentum vereinigen, erlöschen und ihr eigenes Recht im Rang aufrückt. Der Grundstückseigentümer wird eine Eigentümergrundschuld deshalb zwar nicht aus eigenem Interesse löschen lassen, doch kann er sich ggü anderen dinglichen Gläubigern verpflichten, das Recht für den Fall, dass er es erwirbt, löschen zu lassen. Mit der Er- 1 füllung dieses bedingten **Löschungsanspruchs** erlischt das Eigentümergrundpfandrecht, und alle gleich- oder nachrangigen Rechte rücken auf.

2 II. Vor der Einfügung des § 1179 a ließen sich daher namentlich Grundpfandgläubiger (Banken) formularmäßig einen durch **Löschungsvormerkung** gesicherten (§§ 1179 aF, 883) **vertraglichen** Löschungsanspruch einräumen. Um die Grundbuchämter zu entlasten, begründet § 1179 a daher seit 1978 einen **gesetzlichen Löschungsanspruch mit vormerkungsgleicher Wirkung** (§ 1179 a I 3). Durch diesen gesetzlichen Löschungsanspruch gelangt das **Prinzip der gleitenden Rangfolge** wieder ggü dem **Prinzip der Rangwahrung** zur Durchsetzung.

3 Nach dem ab 1978 geltenden Recht ist zu unterscheiden, ob es sich bei den nach- oder gleichrangigen Gläubigern um Inhaber von **Grundpfandrechten** oder um **Inhaber anderer Rechte** handelt. Während Inhabern von Grundpfandrechten ein gesetzlicher Löschungsanspruch mit vormerkungsgleicher Wirkung zusteht (§§ 1179 a, 1179 b), können und müssen sich Inhaber anderer Rechte weiterhin eine Löschungsvormerkung bewilligen lassen (§ 1179).

§ 1179 Löschungsvormerkung

Verpflichtet sich der Eigentümer einem anderen gegenüber, die Hypothek löschen zu lassen, wenn sie sich mit dem Eigentum in einer Person vereinigt, so kann zur Sicherung des Anspruchs auf Löschung eine Vormerkung in das Grundbuch eingetragen werden, wenn demjenigen, zu dessen Gunsten die Eintragung vorgenommen werden soll,
1. ein anderes gleichrangiges oder nachrangiges Recht als eine Hypothek, Grundschuld oder Rentenschuld am Grundstück zusteht oder
2. ein Anspruch auf Einräumung eines solchen anderen Rechts oder auf Übertragung des Eigentums am Grundstück zusteht; der Anspruch kann auch ein künftiger oder bedingter sein.

1 I. Inhaber dinglicher Rechte, die keine Grundpfandrechte sind, können die Löschung einer Eigentümergrundschuld erwirken, indem sie mit dem Eigentümer einen **vertraglichen Löschungsanspruch** vereinbaren, der auf Aufhebung des Grundpfandrechts im Falle seiner Vereinigung mit dem Eigentum geht. Eine derartige Vereinbarung wirkt **schuldrechtlich**, bindet also nur den verpflichteten Eigentümer. Der schuldrechtliche Löschungsanspruch kann jedoch nach dieser Vorschrift durch Eintragung einer **Löschungsvormerkung** im Grundbuch **dinglich** gesichert werden, so dass er auch gegen Rechtsnachfolger des Eigentümers wirkt. Die Bestimmung erleichtert die Vormerkung dadurch, dass diese mit voller Wirkung schon eingetragen werden kann, bevor der Eigentümer die Eigentümergrundschuld erworben hat. Dies wäre nach § 883 nicht möglich, weil der Eigentümer im Zeitpunkt der Eintragung der Vormerkung zwar Schuldner des vorgemerkten Löschungsanspruchs, aber noch nicht Inhaber des durch die Vormerkung betroffenen Rechts ist (dies ist noch der Hypothekar).

2 Nachdem Inhabern von Grundpfandrechten ein gesetzlicher Löschungsanspruch zusteht, hat § 1179 nF den Kreis der vormerkungsberechtigten Gläubiger stark eingeschränkt. Zulässig ist die Löschungsvormerkung nur noch, wenn der Gläubiger ein gleich- oder nachrangiges beschränktes dingliches Recht am Grundstück hat, das kein Grundpfandrecht ist, **Nr 1** (Dienstbarkeit, Reallast, Nießbrauch, dingliches Vorkaufsrecht) oder einen schuldrechtlichen Anspruch auf Einräumung eines solchen Rechts oder auf Übertragung des Eigentums am Grundstück hat, **Nr 2**.

3 Unzulässig ist die Bestellung einer Löschungsvormerkung dag für **Dritte**, die kein dingliches Grundstücksrecht haben, und für **Grundpfandrechtsgläubiger**, da sie bereits einen gesetzlichen Löschungsanspruch mit vormerkungsgleicher Wirkung haben. Sie können sich aber nach § 1179 eine Löschungsvormerkung bestellen lassen, wenn ihnen auch ein anderes beschränktes dingliches Grundstücksrecht zusteht. Ansonsten kommt nur eine Bestellung einer Vormerkung nach § 883 in Betracht, soweit ihnen kein gesetzlicher Löschungsanspruch zusteht.

II. Die **Entstehung** der Löschungsvormerkung hat folgende Voraussetzungen: **Lö-** 4
schungsanspruch, Eintragungsbewilligung des eingetragenen Eigentümers und **Eintra-**
gung bei dem betroffenen Recht.
Für die **Wirkungen** der Löschungsvormerkung gelten die allg Regeln der §§ 883 II, 5
888. Der Schutz der Vormerkung tritt bereits mit ihrer Eintragung im Grundbuch ein, auch wenn der Löschungsanspruch noch aufschiebend bedingt ist. Die Löschungsvormerkung gewährt Schutz gegen jede Verfügung, die geeignet ist, den Löschungsanspruch des Berechtigten zu vereiteln oder zu beeinträchtigen. Bei einer Abtretung oder Belastung der Eigentümergrundschuld durch den Eigentümer ist dieser zur Abgabe der Löschungserklärung und der neue Berechtigte (Zessionar, Pfandgläubiger) zur Zustimmung nach § 888 verpflichtet. Auch bei einer Grundstücksveräußerung muss der alte Eigentümer die Löschung, der neue die Zustimmung erklären. Dag schützt die Löschungsvormerkung nicht gegen Verfügungen des noch im Grundbuch eingetragenen Hypothekars.

§ 1179 a Löschungsanspruch bei fremden Rechten

(1) ¹Der Gläubiger einer Hypothek kann von dem Eigentümer verlangen, dass dieser eine vorrangige oder gleichrangige Hypothek löschen lässt, wenn sie im Zeitpunkt der Eintragung der Hypothek des Gläubigers mit dem Eigentum in einer Person vereinigt ist oder eine solche Vereinigung später eintritt. ²Ist das Eigentum nach der Eintragung der nach Satz 1 begünstigten Hypothek durch Sondernachfolge auf einen anderen übergegangen, so ist jeder Eigentümer wegen der zur Zeit seines Eigentums bestehenden Vereinigungen zur Löschung verpflichtet. ³Der Löschungsanspruch ist in gleicher Weise gesichert, als wenn zu seiner Sicherung gleichzeitig mit der begünstigten Hypothek eine Vormerkung in das Grundbuch eingetragen worden wäre.
(2) ¹Die Löschung einer Hypothek, die nach § 1163 Abs. 1 Satz 1 mit dem Eigentum in einer Person vereinigt ist, kann nach Absatz 1 erst verlangt werden, wenn sich ergibt, dass die zu sichernde Forderung nicht mehr entstehen wird; der Löschungsanspruch besteht von diesem Zeitpunkt ab jedoch auch wegen der vorher bestehenden Vereinigungen. ²Durch die Vereinigung einer Hypothek mit dem Eigentum nach § 1163 Abs. 2 wird ein Anspruch nach Absatz 1 nicht begründet.
(3) Liegen bei der begünstigten Hypothek die Voraussetzungen des § 1163 vor, ohne dass das Recht für den Eigentümer oder seinen Rechtsnachfolger im Grundbuch eingetragen ist, so besteht der Löschungsanspruch für den eingetragenen Gläubiger oder seinen Rechtsnachfolger.
(4) Tritt eine Hypothek im Range zurück, so sind auf die Löschung der ihr infolge der Rangänderung vorgehenden oder gleichstehenden Hypothek die Absätze 1 bis 3 mit der Maßgabe entsprechend anzuwenden, dass an die Stelle des Zeitpunkts der Eintragung des zurückgetretenen Rechts der Zeitpunkt der Eintragung der Rangänderung tritt.
(5) ¹Als Inhalt einer Hypothek, deren Gläubiger nach den vorstehenden Vorschriften ein Anspruch auf Löschung zusteht, kann der Ausschluss dieses Anspruchs vereinbart werden; der Ausschluss kann auf einen bestimmten Fall der Vereinigung beschränkt werden. ²Der Ausschluss ist unter Bezeichnung der Hypotheken, die dem Löschungsanspruch ganz oder teilweise nicht unterliegen, im Grundbuch anzugeben; ist der Ausschluss nicht für alle Fälle der Vereinigung vereinbart, so kann zur näheren Bezeichnung der erfassten Fälle auf die Eintragungsbewilligung Bezug genommen werden. ³Wird der Ausschluss aufgehoben, so entstehen dadurch nicht Löschungsansprüche für Vereinigungen, die nur vor dieser Aufhebung bestanden haben.

I. Nach Abs 1 S 1 entsteht für den Inhaber eines nach- oder gleichrangigen Grund- 1
pfandrechts ggü dem Eigentümer ein **gesetzlicher Löschungsanspruch**, wenn sich ein vor- oder gleichrangiges Grundpfandrecht mit dem Eigentum in einer Person vereinigt. Der Löschungsanspruch ist danach bei Grundpfandrechten gesetzlicher **Regelfall**. Die Sicherung dieses gesetzlichen Löschungsanspruchs erfolgt in gleicher Weise, als wenn

zu seiner Sicherung gleichzeitig mit dem begünstigten Grundpfandrecht eine Löschungsvormerkung im Grundbuch eingetragen worden wäre (Abs 1 S 3). Diese **fingierte Löschungsvormerkung** wird aber nicht im Grundbuch aufgenommen. Der Löschungsanspruch kann durch Einigung zwischen dem Gläubiger und dem Eigentümer sowie Eintragung im Grundbuch ausgeschlossen werden (Abs 5 S 1), wenn sich der Eigentümer die Rangstelle erhalten will. Die dem Löschungsanspruch nicht unterliegenden Grundpfandrechte sind in diesem Fall im Grundbuch selbst anzugeben (Abs 5 S 2 Halbs 1). Ausgeschlossen werden können auch einzelne Fälle der Vereinigung von Eigentum und Grundpfandrecht (Abs 5 S 1 Halbs 2). Insoweit genügt aber eine Bezugnahme auf die Eintragungsbewilligung (Abs 5 S 2 Halbs 2).

2 **II. 1. Schuldner** des Löschungsanspruchs ist der Eigentümer. Bei einem **Eigentumswechsel** wird jeder Eigentümer für die während seines Eigentums entstandenen Eigentümergrundpfandrechte Schuldner des Löschungsanspruchs (Abs 1 S 2). Bleibt bei einer Grundstücksveräußerung der bisherige Eigentümer Inhaber der Eigentümergrundschuld, so besteht diese Verpflichtung auch nach dem Eigentumsübergang. Geht das Eigentümergrundpfandrecht zusammen mit dem Eigentum auf den Erwerber über, so sind gem Abs 1 S 2 der alte und der neue Eigentümer Schuldner (Palandt/Bassenge § 1179 a Rn 3; Staud/Wolfsteiner § 1179 a Rn 47; aA MK/Eickmann § 1179 a Rn 21, nach dem der Löschungsanspruch nur gegen den Erwerber besteht).

3 **Gläubiger** des Löschungsanspruchs ist der jeweilige Inhaber des nach- oder gleichrangigen Grundpfandrechts. Da die Hypothek den Anspruch beinhaltet, geht dieser mit jener ohne weiteres auf einen Zessionar über und steht diesem auch bzgl der vor seinem Rechtserwerb eingetretenen Vereinigungsfälle zu (MK/Eickmann § 1179 a Rn 13). Ist das begünstigte Recht selbst eine Eigentümergrundschuld geworden, so steht der Löschungsanspruch noch dem eingetragenen Rechtsinhaber zu, solange die Eigentümergrundschuld nicht für den Eigentümer oder seinen Rechtsnachfolger eingetragen ist (Abs 3). **Vorrangige Grundpfandrechte** können nicht nach Abs 1 begünstigt werden. Tritt aber eine vorrangige Hypothek im Rang zurück, so hat auch der zurücktretende Gläubiger einen Löschungsanspruch (Abs 4).

4 **2.** Dem Sinn und Zweck der Vorschrift entspricht es, dass der Löschungsanspruch nur besteht, wenn die **Vereinigung** von Grundpfandrecht und Eigentum **endgültig** ist. Daher besteht der Anspruch ggü folgenden Eigentümergrundpfandrechten **nicht**:

5 a) der vorläufigen Eigentümergrundschuld, die nach § 1163 I 1 entsteht, solange die gesicherte Forderung noch nicht begründet ist. Sie unterliegt dem Löschungsanspruch erst dann, wenn feststeht, dass die zu sichernde Forderung nicht mehr erwachsen wird (Abs 2 S 1). Die Beweislast hierfür trägt der nach- oder gleichrangige Grundpfandgläubiger (Palandt/Bassenge § 1179 a Rn 5);

6 b) der vorläufigen Eigentümergrundschuld, die nach § 1163 II dem Eigentümer bei der Briefhypothek bis zur Übergabe des Briefes an den Gläubiger zusteht (Abs 2 S 2). Bei ihr ist die Briefübergabe und damit die Entstehung einer Fremdhypothek jederzeit möglich;

7 c) der für den Eigentümer eingetragenen Grundschuld, solange diese noch nicht einem anderen als dem Eigentümer zugestanden hat (§ 1196 III). Der Zweck der Eintragung einer derartigen Grundschuld ist es ja gerade, die Rangstelle freizuhalten, um durch Abtretung des Grundpfandrechts als Kreditsicherheit verwendet werden zu können. Bei Bestehen eines Löschungsanspruchs wäre eine für den Eigentümer bestellte Grundschuld daher vollkommen wertlos (Prütting, Rn 730).

§ 1179 b Löschungsanspruch bei eigenem Recht

(1) Wer als Gläubiger einer Hypothek im Grundbuch eingetragen oder nach Maßgabe des § 1155 als Gläubiger ausgewiesen ist, kann von dem Eigentümer die Löschung dieser Hypothek verlangen, wenn sie im Zeitpunkt ihrer Eintragung mit dem Eigentum in einer Person vereinigt ist oder eine solche Vereinigung später eintritt.
(2) § 1179 a Abs. 1 Satz 2, 3, Abs. 2, 5 ist entsprechend anzuwenden.

Die Vorschrift gewährt auch dem als Hypothekengläubiger im Grundbuch Eingetragenen einen Löschungsanspruch, wenn sich Hypothek und Eigentum in einer Person ver- einigt haben.

§ 1180 Auswechslung der Forderung

(1) ¹An die Stelle der Forderung, für welche die Hypothek besteht, kann eine andere Forderung gesetzt werden. ²Zu der Änderung ist die Einigung des Gläubigers und des Eigentümers sowie die Eintragung in das Grundbuch erforderlich; die Vorschriften des § 873 Abs. 2 und der §§ 876, 878 finden entsprechende Anwendung.
(2) ¹Steht die Forderung, die an die Stelle der bisherigen Forderung treten soll, nicht dem bisherigen Hypothekengläubiger zu, so ist dessen Zustimmung erforderlich; die Zustimmung ist dem Grundbuchamt oder demjenigen gegenüber zu erklären, zu dessen Gunsten sie erfolgt. ²Die Vorschriften des § 875 Abs. 2 und des § 876 finden entsprechende Anwendung.

I. Eine rechtsgeschäftliche Forderungsauswechslung ist nach dieser Vorschrift mit oder ohne Gläubigerwechsel möglich. Die Auswechslung der hypothekarisch gesicherten Forderung stellt als **Inhaltsänderung** eine Verfügung über die Hypothek und das Eigentum dar. Sie hat folgende **Voraussetzungen**:
1. **Einigung** zwischen Gläubiger und Eigentümer ohne Zustimmung des Schuldners (Abs 1 S 1);
2. bei Gläubigerwechsel: Einigung zwischen Eigentümer und neuem Gläubiger mit **Zustimmung des alten Gläubigers** ggü Grundbuchamt, Eigentümer oder neuem Gläubiger (Abs 2 S 1);
3. **Zustimmung eines Dritten**, der ein Recht (zB ein Pfandrecht) an der Hypothek hat (Abs 1 S 2, Abs 2 S 2 iVm § 876);
4. **Eintragung** der Forderungsauswechslung im Grundbuch (Abs 1 S 1).
II. Die Forderungsauswechslung führt dazu, dass die **neue Forderung hypothekarisch gesichert** ist, während die bisherige Forderung ungesichert weiterbesteht. Bei einem Gläubigerwechsel geht die Hypothek kraft Gesetzes auf den neuen Gläubiger über.

§ 1181 Erlöschen durch Befriedigung aus dem Grundstück

(1) Wird der Gläubiger aus dem Grundstück befriedigt, so erlischt die Hypothek.
(2) Erfolgt die Befriedigung des Gläubigers aus einem der mit einer Gesamthypothek belasteten Grundstücke, so werden auch die übrigen Grundstücke frei.
(3) Der Befriedigung aus dem Grundstück steht die Befriedigung aus den Gegenständen gleich, auf die sich die Hypothek erstreckt.

I. Die Hypothek **erlischt** durch:
1. Rechtsgeschäftliche **Aufhebung** (§§ 875, 1183): Der Hypothekengläubiger muss die Aufgabe der Hypothek erklären, der Eigentümer zustimmen und die Löschung im Grundbuch erfolgen.
2. **Verzicht** des Gläubigers (§ 1175 I 2).
3. **Gutgläubig lastenfreier Erwerb** des Grundstücks (§ 892).
4. **Zuschlag** in der Zwangsversteigerung (§§ 10, 44 I, 52 I, 91 I, 89 ZVG): Dies gilt nicht, wenn die Hypothek dem Recht des betreibenden Gläubigers rangmäßig vorgeht (dann bleibt sie bestehen, § 44 I ZVG); die Hypothek des betreibenden Gläubigers und die nachrangigen Hypotheken erlöschen dag mit dem Zuschlag.
5. **Zwangsweise Befriedigung** aus dem Grundstück (Abs 1) oder den mithaftenden Gegenständen (Abs 3).
II. Die freiwillige Befriedigung des Gläubigers führt dag nicht zum Erlöschen der Hypothek. Sie fällt insb nicht unter § 1181, und zwar selbst dann nicht, wenn der Eigentümer aus dem Erlös eines freihändigen Verkaufs des Grundstücks zahlt (MK/Eickmann § 1181 Rn 2).

§ 1182 Übergang bei Befriedigung aus der Gesamthypothek

¹Soweit im Falle einer Gesamthypothek der Eigentümer des Grundstücks, aus dem der Gläubiger befriedigt wird, von dem Eigentümer eines der anderen Grundstücke oder einem Rechtsvorgänger dieses Eigentümers Ersatz verlangen kann, geht die Hypothek an dem Grundstück dieses Eigentümers auf ihn über. ²Die Hypothek kann jedoch, wenn der Gläubiger nur teilweise befriedigt wird, nicht zum Nachteil der dem Gläubiger verbleibenden Hypothek und, wenn das Grundstück mit einem im Range gleich- oder nachstehenden Recht belastet ist, nicht zum Nachteil dieses Rechts geltend gemacht werden.

1 Wird der Gläubiger einer Gesamthypothek im Wege der Zwangsversteigerung aus einem der belasteten Grundstücke befriedigt, so erlangen alle belasteten Grundstücke Befreiung (§ 1181 II). § 1182 trifft hierzu eine **Sonderregelung**. Kann der Eigentümer des verwerteten Grundstücks von einem der anderen Eigentümer Ersatz verlangen, so geht die Hypothek an dessen Grundstück auf ihn über (S 1), nimmt nun aber stets den letzten Rang ein (S 2).

§ 1183 Aufhebung der Hypothek

¹Zur Aufhebung der Hypothek durch Rechtsgeschäft ist die Zustimmung des Eigentümers erforderlich. ²Die Zustimmung ist dem Grundbuchamt oder dem Gläubiger gegenüber zu erklären; sie ist unwiderruflich.

1 Vgl § 1181 Rn 2.

§ 1184 Sicherungshypothek

(1) Eine Hypothek kann in der Weise bestellt werden, dass das Recht des Gläubigers aus der Hypothek sich nur nach der Forderung bestimmt und der Gläubiger sich zum Beweis der Forderung nicht auf die Eintragung berufen kann (Sicherungshypothek).
(2) Die Hypothek muss im Grundbuch als Sicherungshypothek bezeichnet werden.

1 I. Eine Sicherungshypothek wird vereinbart, wenn die Verkehrsfähigkeit der Hypothek ausgeschlossen werden soll. Die Sicherungshypothek ist **streng akzessorisch**, so dass sich das Recht des Gläubigers aus der Hypothek nur nach der zugrunde liegenden Forderung bestimmt (beachte hierzu auch BGH NJW 13, 3243). Die Erteilung eines Hypothekenbriefs ist bei der Sicherungshypothek ausgeschlossen (§ 1185 I), so dass sie **stets eine Buchhypothek** darstellt. Wegen der strengen Akzessorietät und der dadurch stark eingeschränkten Umlauffähigkeit ist die Sicherungshypothek ungeeignet zur Sicherung langfristiger Kredite. Sie dient daher va der Sicherung kurzfristig zu erfüllender Forderungen. Dies wird zB deutlich bei der Bauunternehmersicherungshypothek (§ 648), der Zwangshypothek (§ 867 I ZPO) und der Arresthypothek (§ 932 ZPO).

2 II. 1. Die rechtsgeschäftliche **Bestellung** der Sicherungshypothek erfolgt durch Einigung der Parteien, die auf eine Sicherungshypothek gerichtet ist, und Eintragung im Grundbuch „als Sicherungshypothek" (Abs 2 iVm § 873). Eine nicht rechtsgeschäftliche Entstehung kann im Wege der Zwangsvollstreckung (§§ 867, 932 ZPO), kraft Gesetzes (zB §§ 1287 S 2, 1187 S 2, 1190 III oder § 848 II 2 ZPO) oder durch Ersuchen einer Behörde (zB §§ 128, 130 ZVG) erfolgen. **Kraft Gesetzes** sind folgende Hypotheken Sicherungshypotheken: die Wertpapierhypothek (§ 1187), die Höchstbetragshypothek (§ 1190), die Zwangs- oder Arresthypothek (§§ 867, 932 ZPO) und die Bauunternehmersicherungshypothek (§ 648).

3 2. Die strenge Akzessorietät der Sicherungshypothek bedingt eine Reihe spezieller **Rechtsfolgen**. Macht der Gläubiger das Recht aus der Sicherungshypothek geltend, so kann er sich zum **Beweis der Forderung** nicht auf die Eintragung der Hypothek im Grundbuch berufen (Abs 1). Damit gilt die Vermutung des § 891 nicht. Der Gläubiger muss das Bestehen seiner Forderung voll nachweisen, wenn der Eigentümer sie bestrei-

tet. Gelingt ihm das, so kann er sich allerdings zur Darlegung des Bestehens der Sicherungshypothek auf § 891 berufen. Weitere spezielle Rechtsfolgen ergeben sich aus § 1185. Abgesehen von diesen Sonderregeln gelten auch für die Sicherungshypothek die für die Verkehrshypothek geltenden Vorschriften.

§ 1185 Buchhypothek; unanwendbare Vorschriften

(1) Bei der Sicherungshypothek ist die Erteilung des Hypothekenbriefs ausgeschlossen.
(2) Die Vorschriften der §§ 1138, 1139, 1141, 1156 finden keine Anwendung.

I. Nach Abs 1 ist die Sicherungshypothek zwingend **Buchhypothek**. 1
II. Abs 2 schließt die Anwendung bestimmter, für die Verkehrshypothek geltender Vorschriften aus: 2
1. Ein **gutgläubiger Erwerb** der Sicherungshypothek bei fehlender Forderung gem 3 §§ 892, 1138 ist nicht möglich. Existiert die gesicherte Forderung nicht, so erlangt der Erwerber kein Grundpfandrecht, insb auch keine Grundschuld. Dag ist ein gutgläubiger Erwerb der Sicherungshypothek vom Nichtberechtigten nach § 892 möglich, wenn die zu sichernde Forderung besteht. § 1138 ist auch insoweit unanwendbar, als sich die Vorschrift auf die dem Eigentümer gegen den dinglichen Anspruch aus der Hypothek verfügbaren Einreden gegen die persönliche Forderung bezieht. Der Eigentümer-Schuldner kann diese Einreden daher dem Erwerber auch dann entgegenhalten, wenn dieser von ihrem Bestehen keine Kenntnis hatte (§ 1137).
2. Für die **Kündigung** der Sicherungshypothek gilt § 1141 nicht. Die Sicherungshypothek wird daher durch Kündigung der Forderung ggü dem persönlichen Schuldner (nicht ggü dem Eigentümer) fällig. 4
3. Wegen der strengen Akzessorietät ist auch § 1156 nicht anwendbar. Bei Abtretung 5 der gesicherten Forderung gelten zwischen dem Zessionar und dem Eigentümer für die Hypothek die §§ 406-408. Der Eigentümer-Schuldner kann daher durch Leistung an den Zedenten bzw den Erstzessionar von seiner Schuld ggü dem wahren Gläubiger (Zessionar) freiwerden (§§ 407, 408). Mit der Forderung erlischt auch der dingliche Anspruch aus der Hypothek. Diese wird zur Eigentümergrundschuld (§§ 1163 I 2, 1177 I).

§ 1186 Zulässige Umwandlungen

¹Eine Sicherungshypothek kann in eine gewöhnliche Hypothek, eine gewöhnliche Hypothek kann in eine Sicherungshypothek umgewandelt werden. ²Die Zustimmung der im Range gleich- oder nachstehenden Berechtigten ist nicht erforderlich.

Die Vorschrift stellt klar, dass **jede Hypothek in eine solche anderen Typs** umgewandelt werden kann. Erforderlich sind allein Einigung und Eintragung (§ 877). Zusammen mit §§ 1198 und 1203 kann jedes Grundpfandrecht in ein anderes umgewandelt werden. 1

§ 1187 Sicherungshypothek für Inhaber- und Orderpapiere

¹Für die Forderung aus einer Schuldverschreibung auf den Inhaber, aus einem Wechsel oder aus einem anderen Papier, das durch Indossament übertragen werden kann, kann nur eine Sicherungshypothek bestellt werden. ²Die Hypothek gilt als Sicherungshypothek, auch wenn sie im Grundbuch nicht als solche bezeichnet ist. ³Die Vorschrift des § 1154 Abs. 3 findet keine Anwendung. ⁴Ein Anspruch auf Löschung der Hypothek nach den §§ 1179 a, 1179 b besteht nicht.

§ 1188 Sondervorschrift für Schuldverschreibungen auf den Inhaber

(1) Zur Bestellung einer Hypothek für die Forderung aus einer Schuldverschreibung auf den Inhaber genügt die Erklärung des Eigentümers gegenüber dem Grundbuchamt, dass er die Hypothek bestelle, und die Eintragung in das Grundbuch; die Vorschrift des § 878 findet Anwendung.
(2) [1]Die Ausschließung des Gläubigers mit seinem Recht nach § 1170 ist nur zulässig, wenn die im § 801 bezeichnete Vorlegungsfrist verstrichen ist. [2]Ist innerhalb der Frist die Schuldverschreibung vorgelegt oder der Anspruch aus der Urkunde gerichtlich geltend gemacht worden, so kann die Ausschließung erst erfolgen, wenn die Verjährung eingetreten ist.

§ 1189 Bestellung eines Grundbuchvertreters

(1) [1]Bei einer Hypothek der im § 1187 bezeichneten Art kann für den jeweiligen Gläubiger ein Vertreter mit der Befugnis bestellt werden, mit Wirkung für und gegen jeden späteren Gläubiger bestimmte Verfügungen über die Hypothek zu treffen und den Gläubiger bei der Geltendmachung der Hypothek zu vertreten. [2]Zur Bestellung des Vertreters ist die Eintragung in das Grundbuch erforderlich.
(2) Ist der Eigentümer berechtigt, von dem Gläubiger eine Verfügung zu verlangen, zu welcher der Vertreter befugt ist, so kann er die Vornahme der Verfügung von dem Vertreter verlangen.

§§ 1187–1189

[1] Vgl zu §§ 1187–1189 § 1113 Rn 8.

§ 1190 Höchstbetragshypothek

(1) [1]Eine Hypothek kann in der Weise bestellt werden, dass nur der Höchstbetrag, bis zu dem das Grundstück haften soll, bestimmt, im Übrigen die Feststellung der Forderung vorbehalten wird. [2]Der Höchstbetrag muss in das Grundbuch eingetragen werden.
(2) Ist die Forderung verzinslich, so werden die Zinsen in den Höchstbetrag eingerechnet.
(3) Die Hypothek gilt als Sicherungshypothek, auch wenn sie im Grundbuch nicht als solche bezeichnet ist.
(4) [1]Die Forderung kann nach den für die Übertragung von Forderungen geltenden allgemeinen Vorschriften übertragen werden. [2]Wird sie nach diesen Vorschriften übertragen, so ist der Übergang der Hypothek ausgeschlossen.

[1] Vgl § 1113 Rn 7.

Titel 2
Grundschuld, Rentenschuld

Untertitel 1
Grundschuld

§ 1191 Gesetzlicher Inhalt der Grundschuld

(1) Ein Grundstück kann in der Weise belastet werden, dass an denjenigen, zu dessen Gunsten die Belastung erfolgt, eine bestimmte Geldsumme aus dem Grundstück zu zahlen ist (Grundschuld).
(2) Die Belastung kann auch in der Weise erfolgen, dass Zinsen von der Geldsumme sowie andere Nebenleistungen aus dem Grundstück zu entrichten sind.

Abschnitt 7 | Hypothek, Grundschuld, Rentenschuld § 1191

I. Nach Auffassung des Gesetzgebers sind Hypothek und Grundschuld „dem Wesen nach gleiches Recht" (Prot IV, 498). „Die Hypothek stellt sich als eine modifizierte Grundschuld dar, deren Besonderheit darin bestehe, dass sie dem Gläubiger" zur Sicherung einer Forderung bestellt werde. „Die Bestellung dieser Grundschuld sei Vermögenszuwendung, die Bestellung einer Hypothek Vermögenssicherung" (Prot IV, 499). Der Gesetzgeber hat wegen dieser **Wesensgleichheit** beider Grundpfandrechte davon abgesehen, für beide gemeinsame Grundsätze aufzustellen oder sie gar vollständig gesetzlich zu regeln. Stattdessen hat er erst die Hypothek geregelt und bei der anschließenden Behandlung der Grundschuld darauf verwiesen. Dementsprechend sollen nach § 1192 I auf die Grundschuld die Vorschriften über die Hypothek entsprechende Anwendung finden, „soweit sich nicht daraus ein anderes ergibt, dass die Grundschuld nicht eine Forderung voraussetzt." Allerdings war bereits in der 2. Kommission kritisiert worden, dass diese eingeschränkte Verweisung „vielfache Zweifel in sich" berge (Prot III, 499; einen Überblick zur Rspr des BGH im Bereich der Grundpfandrechte in den Jahren 2009 und 2010 bietet Schmidt-Räntsch ZNotP 11, 2).

1. Nach der **Begriffsbestimmung** des Abs 1 ist die Grundschuld im Ggs zur Hypothek nicht als Sicherungsrecht, sondern als **reines Verwertungsrecht** am Grundstück konzipiert. Sie setzt daher keine zu sichernde Forderung voraus, ist also nicht akzessorisch. Dieser Unterschied zur Hypothek zeigt sich deutlich am Inhalt der Einigung nach § 873 I bei der Bestellung von Hypothek und Grundschuld. Bei der Hypothek muss die Einigung unverwechselbar festlegen, welche Forderung gesichert werden soll. Die Einigung umfasst bei der Hypothek den Sicherungszweck, enthält also insoweit ein kausales Element. Demgegenüber ist die Einigung bei der Grundschuld losgelöst von jedem kausalen Element. Sie ist abstrakt auf die Bestellung der Grundschuld als solche gerichtet.

Dies heißt aber nicht, dass mit der Grundschuld keine Forderung gesichert werden könnte. Im Gegenteil ist eine derartige **isolierte Grundschuld**, bei der dem Gläubiger nur ein dingliches Verwertungsrecht und nicht zugleich eine dadurch gesicherte Forderung zusteht, sehr selten. In den meisten Fällen dient auch die Grundschuld der Sicherung einer Forderung des Gläubigers, ist also **Sicherungsgrundschuld**. Gleichwohl ändert auch die Tatsache, dass die Grundschuld zur Sicherung einer Forderung bestellt werden soll, an dem abstrakten Bestellungs- bzw Übertragungsakt nichts. Zwischen der Grundschuld und der Forderung besteht auch bei der Sicherungsgrundschuld keine rechtliche Verbindung wie bei der Hypothek, sondern ausschließlich eine wirtschaftliche Verbindung. Der Sicherungszweck muss durch eine zusätzliche, also außerhalb des abstrakten Bestellungs- bzw Übertragungsakts liegende Vereinbarung festgelegt werden. Das ist wie bei der Sicherungsübereignung nach §§ 929 ff und bei der Sicherungsabtretung nach §§ 398 ff eine **schuldrechtliche Sicherungsabrede** nach § 311. Diese Sicherungsabrede beschränkt die Befugnisse des Grundschuldinhabers schuldrechtlich, ändert aber nichts an der dinglichen Abstraktheit auch der Sicherungsgrundschuld.

2. Es lassen sich folgende **Arten** der Grundschuld unterscheiden:

a) Die **isolierte Grundschuld** dient nicht der Sicherung einer Forderung, sondern gewährt dem Gläubiger ein reines Verwertungsrecht. Der Gläubiger erhält nach § 1147 die Befugnis, zur Durchsetzung seines Kapitalinteresses in das Grundstück zu vollstrecken. Die isolierte Grundschuld ist in der Praxis relativ selten, kann aber zB zur Zuwendung wirtschaftlicher Werte genutzt werden (Wieling, § 32 I b). Der Zweck einer isolierten Grundschuld ergibt sich aus der kausalen Abrede. In Betracht kommen zB eine Schenkung oder eine Leistung an Erfüllungs statt.

b) Die **Sicherungsgrundschuld** ist die häufigste Erscheinungsform der Grundschuld. Sie dient der Sicherung einer Forderung, ohne zu dieser akzessorisch zu sein. Die Sicherungsgrundschuld ist zur Forderung abstrakt, wird aber durch die schuldrechtliche Sicherungsabrede mit dieser verbunden. Die Forderungsunabhängigkeit der Grundschuld hat für den Gläubiger die Vorteile, dass ihre Verkehrsfähigkeit durch die dingliche Trennung von der gesicherten Forderung erhöht wird und dass die zu sichernde Forderung formlos **ausgewechselt** werden kann. Für den Grundstückseigentümer hat sie va den Nachteil, dass die in der Sicherungsabrede getroffene schuldrechtliche Begrenzung des Verwertungsrechts des Gläubigers nicht dinglich wirkt, eine Verletzung der Pflichten aus der Sicherungsabrede also nur obligatorische Ansprüche des Eigentümers auslöst.

7 c) Die **Eigentümergrundschuld** ist eine dem Grundstückseigentümer als Inhaber zustehende Grundschuld. Sie entsteht kraft Gesetzes nach §§ 1163, 1168, 1177, kann aber auch als solche bestellt werden (§ 1196 I). Insoweit gewährt sie dem Grundstückseigentümer eine jederzeit mobilisierbare Kreditsicherheit, die in der Praxis va zur Sicherung kurz- und mittelfristiger Kredite genutzt wird.

8 **II. 1. Rechtliche Behandlung.** Die rechtliche Behandlung der **Grundschuld** richtet sich nach Hypothekenrecht, soweit dieses nicht gerade auf der Akzessorietät der Hypothek beruht (§ 1192).

9 a) **Entstehung.** Die Grundschuld entsteht:

10 aa) durch **rechtsgeschäftliche Bestellung** nach §§ 1191, 1192 I, 1116, 1117. Diese erfordert Einigung und Eintragung (§ 873 I). In Letzterer darf die zu sichernde Forderung nicht angegeben werden (anders für die Hypothek, § 1115 I). Dag müssen der Geldbetrag und der Zinssatz genannt werden. Die Grundschuld kann als Buch- oder Briefgrundschuld bestellt werden. Eine Briefgrundschuld wird erst mit Briefübergabe (§ 1117 I) begründet;

11 bb) durch **Umwandlung** einer bestehenden Hypothek in eine Grundschuld (§ 1198). Auch diese bedarf der Einigung des Gläubigers mit dem Eigentümer und der Eintragung (§ 873 I);

12 cc) durch einseitige **Erklärung** des Eigentümers ggü dem Grundbuchamt und Eintragung bei der Eigentümergrundschuld (§ 1196 II);

13 dd) kraft Gesetzes nach §§ 1163, 1168, 1177.

14 b) **Übertragung.** Die Übertragung der Grundschuld erfolgt wegen ihrer Forderungsunabhängigkeit nicht nach § 1153 durch Abtretung der Forderung, sondern durch **Abtretung der Grundschuld** selbst, also des dinglichen Rechts. Bei der Buchgrundschuld erfolgt dies durch Einigung und Eintragung (§§ 1192 I, 1154 III, 873 I), bei der Briefgrundschuld durch schriftliche Übertragungserklärung und Übergabe des Grundschuldbriefs (§§ 1192 I, 1154 I).

15 aa) Eine Grundschuld kann **gutgläubig vom Nichtberechtigten** erworben werden. Die §§ 1137-1139 gelten insoweit nicht. Ein gutgläubiger Erwerb vom eingetragenen Nichtberechtigten richtet sich nach § 892, vom nicht eingetragenen Nichtberechtigten bei der Briefgrundschuld nach § 1155.

16 bb) **Einreden gegen die Grundschuld** kann der Eigentümer geltend machen, soweit sie aus dem Rechtsverhältnis zwischen dem Eigentümer und dem Gläubiger hervorgehen (zB Stundung der Grundschuld) oder sich gegen den Bestand des dinglichen Rechts richten (zB Nichtigkeit der dinglichen Einigung, zur Nichtübertragbarkeit der Grundsätze der sittenwidrigen Überforderung von Angehörigen aus dem Bürgschaftsrecht s OLG Brandenburg, Urt v 22.4.09 Az 4 U 68/08; BGH NJW 02, 2633). Bei einer Übertragung der Grundschuld kann der Eigentümer diese Einreden auch ggü dem Zessionar geltend machen (§§ 1192 I, 1157 S 1). Ein gutgläubiger lastenfreier Erwerb der Grundschuld durch diesen ist aber möglich, wenn die Einreden nicht aus dem Grundbuch bzw Grundschuldbrief hervorgehen und ihm auch nicht bekannt sind (§§ 1192 I, 1157 S 2). Für Grundschuldveräußerungen, die nach dem 19.8.08 erfolgt sind, gilt diese Möglichkeit indes nicht mehr (vgl Rn 43).

17 c) **Tilgung.** Zahlt der Eigentümer des belasteten Grundstücks, der nicht selbst Schuldner einer gesicherten Forderung ist, an den Grundschuldinhaber, so leistet er auf die Grundschuld. Diese **Ablösung der Grundschuld** wird auch als Tilgung der Grundschuld bezeichnet (Baur/Stürner, § 44 Rn 23 ff).

18 Mit der Ablösung der Grundschuld geht diese kraft Gesetzes als **Eigentümergrundschuld** auf den Eigentümer über. Die **Begr** dieses allg anerkannten Ergebnisses ist str. Einige plädieren für dieses Ergebnis mit einer Analogie zu §§ 1168, 1170, 1171 (Prütting, Rn 765), andere mit einer **entspr Anwendung** des § 1163 I 2 (Wilhelm, Rn 1826), die hM nimmt eine Analogie zu §§ 1142, 1143 an (BGH NJW 76, 2340; 86, 2108; NJW-RR 03,11; Baur/Stürner, § 44 Rn 24; MK/Eickmann § 1191 Rn 127).

Die besseren Gründe sprechen für eine analoge Anwendung des § 1163 I 2, weil die dort bezeichnete Befriedigung des Gläubigers durch Forderungstilgung der Befriedigung durch Ablösung der Grundschuld gleichgestellt werden kann. Demgüü vermag die von der hM vertretene analoge Anwendung der §§ 1142, 1143 nicht zu überzeugen, weil es bei der Ablösung der Grundschuld nicht um Regress geht.

d) Haftungsverband und Verwertung. Der Haftungsverband der Grundschuld ist mit 19 dem der Hypothek identisch (§§ 1192 I, 1120 ff). Auch die Verwertung erfolgt in der gleichen Weise, also idR durch Zwangsvollstreckung (§§ 1192 I, 1147; zur Pflicht der bestmöglichen Verwertung im Rahmen der Zwangsversteigerung: BGH NJW 12, 1142; dazu Kesseler DNotz 12, 405).

e) Erlöschen. Die Grundschuld erlischt durch Aufhebung (§§ 875, 1192 I, 1183), 20 zwangsweise Befriedigung aus dem Grundstück (§§ 1192 I, 1181), Zwangsversteigerung für ein vorrangiges Grundpfandrecht (§ 52 I 2 ZVG; vgl im weiteren zur Übernahme nicht voll valutierender Grundpfandrechte Piekenbrock/Schmidt-Volkmar Jura 09, 641ff) oder gutgläubig lastenfreiem Erwerb des Eigentums am belasteten Grundstück (§ 892 I 1; s im Zusammenhang zu den Voraussetzungen der Löschung einer Buchgrundschuld BGH NJW-RR 11, 19 m Anm Böttcher NJW 11, 822).

2. Sicherungsgrundschuld. Die Sicherungsgrundschuld ist eine abstrakte Grundschuld, 21 die zur Sicherung einer Forderung des Gläubigers gegen den Eigentümer oder einen Dritten dient. Der Sicherungszweck der Grundschuld wird durch eine **schuldrechtliche Sicherungsabrede** nach § 311 festgelegt. Die Sicherheit für den Gläubiger liegt darin, dass er bei Nichterfüllung der gesicherten Forderung im Wege der Zwangsvollstreckung in das belastete Grundstück nach § 1147 Befriedigung erlangen kann. Die zur Sittenwidrigkeit der Bürgschaft geltenden Grundsätze sind nicht anwendbar (BGH NJW 02, 2633; Staud/Wolfsteiner § 1191 Rn 75). Wann, unter welchen Voraussetzungen und in welcher Weise der Sicherungsnehmer die Grundschuld zurückgewähren muss, bestimmt (qua Auslegung, beachte aber auch § 305 c I) der Sicherungsvertrag (oftmals als „Zweckerklärung" oder „Zweckbestimmungserklärung" bezeichnet; beachte auch zu den nachfolgenden Ausführungen BGH NJW 13, 2894; dazu etwa Nefzger ZJS 13, 507; Wolfsteiner NJW 13, 2896). In der Regel ist der schuldrechtliche Anspruch auf Rückgewähr nach Ansicht des BGH durch den endgültigen Wegfall des Sicherungszwecks aufschiebend bedingt (im Schrifttum wird teils ein mit Abschluss des Sicherungsvertrages unbedingter Anspruch befürwortet, welcher allerdings erst mit Wegfall des Sicherungszwecks fällig wird; so etwa Staud/Wolfsteiner Vorbem zu §§ 1191 ff Rn 145), kann indes vor Bedingungseintritt abgetreten werden. Bei einem engen Sicherungszweck – Sicherung nur einer spezifischen Verbindlichkeit – tritt die aufschiebende Bedingung bereits mit Tilgung der Anlassverbindlichkeit ein. Bei einem weiten Sicherungszweck (beachte zu einer überraschenden weiten Zweckerklärung iSd § 305 c I: OLG Karlsruhe WM 13, 1072), wonach eine Revalutierung der Grundschuld zulässig ist, kann der Sicherungsgeber erst Rückgewähr verlangen, wenn jene endgültig nicht mehr in Betracht kommt. Dies ist bei Beendigung der geschäftlichen Beziehung der Fall. Denkbar erscheint auch, dass die Grundschuld auf Verlangen in Teilen zurückgewährt werden muss. Voraussetzung hierfür sind eine endgültige Übersicherung, wodurch der Sicherungszweck entfallen ist, sowie das Fehlen einer abweichenden wirksamen Vereinbarung im Sicherungsvertrag. Der Sicherungsnehmer ist als Schuldner des Rückgewähranspruchs zum Schadensersatz verpflichtet, sofern er den Anspruch nach Eintritt der Bedingung schuldhaft nicht zu erfüllen vermag. So trifft den Sicherungsnehmer etwa nach §§ 280 I, III, 283, § 275 IV eine Schadensersatzpflicht, wenn es ihm trotz Bedingungseintritts nicht möglich ist, den Rückgewähranspruch zu erfüllen, weil er die Grundschuld zwar dinglich wirksam, aber unter Missachtung der Pflichten aus dem Sicherungsvertrag an einen Dritten übertragen hat. Derartige Sekundäransprüche stehen dem jeweiligen Gläubiger des Rückgewähranspruchs zu. Dies kann mithin auch ein nachrangiger Grundpfandgläubiger sein, an welchen der Rückgewähranspruch zediert wurde.

Die Sicherungsabrede bewirkt eine **kausale Verknüpfung** von dinglicher Grundschuld 22 und schuldrechtlicher Forderung. Sie ändert nichts daran, dass die Grundschuld in ihrer Entstehung und ihrem Bestand von der Existenz der gesicherten Forderung unabhängig ist. Anders als bei der Hypothek hat das Fehlen der gesicherten Forderung bzw deren späteres Erlöschen keine Auswirkung auf die Grundschuld. § 1163 I ist auf die Grundschuld unanwendbar.

23 Bei der Sicherungsgrundschuld sind **drei Rechtsbeziehungen** zu unterscheiden: die zu sichernde Forderung, das dingliche Rechtsgeschäft über die Bestellung der Grundschuld und die Sicherungsabrede zwischen dem Gläubiger und dem Eigentümer.

24 a) **Gesicherte Forderung.** Durch eine Sicherungsgrundschuld kann jede beliebige **Geldforderung** des Gläubigers gegen den Eigentümer oder einen Dritten gesichert werden. Da die Sicherungsabrede keine dingliche Wirkung hat, unterliegt die Bestimmung der gesicherten Forderung nicht dem sachenrechtlichen Bestimmtheitsgrundsatz (Staud/Wolfsteiner Vor §§ 1191 ff Rn 44; iErg auch MK/Eickmann § 1191 Rn 77 iVm § 1190 Rn 5 f). Sicherbar sind daher eine bestimmte Einzelforderung (zB auf Rückzahlung eines Darlehens aus § 488), ein bestimmter Kreis von Forderungen (zB alle Ansprüche aus einem Kontokorrentverhältnis zwischen Gläubiger und Schuldner) sowie alle Forderungen gegen einen bestimmten Schuldner in beliebigen Kombinationen (zB alle gegenwärtigen und künftigen Ansprüche aus laufender Geschäftsbeziehung). Mit einer Hypothek könnte ein derart **weites Sicherungsinteresse** des Gläubigers nicht befriedigt werden, weil das Erlöschen der gesicherten Forderung kraft Gesetzes zur Umwandlung der Hypothek in eine Eigentümergrundschuld führte (§§ 1163 I 2, 1177 I). Gläubiger und Schuldner müssten diese Eigentümergrundschuld bei jeder Neuvalutierung wieder in eine Fremdhypothek umwandeln (§§ 1198, 877). Sie hätten allerdings die Möglichkeit, eine Höchstbetragshypothek zu vereinbaren (§ 1190). Auch diese ist allerdings für den Gläubiger weniger praktikabel als die abstrakte Sicherungsgrundschuld.

25 Besteht die **gesicherte Forderung** von vornherein **nicht**, sind aber Sicherungsabrede und Grundschuldbestellung wirksam, so berührt dies die Wirksamkeit der nichtakzessorischen Grundschuld nicht. Es entsteht keine Eigentümergrundschuld, weil § 1163 I 1 auf die Grundschuld unanwendbar ist (Baur/Stürner, § 45 Rn 26). Die Grundschuld steht also dem Inhaber zu. Das Fehlen der Forderung führt auch nicht über § 139 zur Unwirksamkeit der Grundschuld, da Grundschuld und Forderung nicht zu einer Geschäftseinheit verbunden werden können (RGZ 145, 155, 156 f).

26 Der Eigentümer hat in diesem Fall nach hM auch keinen Anspruch aus **Bereicherungsrecht** (§ 812 I 1, 1. Alt oder § 812 I 2, 2. Alt) auf Rückgewähr der Sicherungsgrundschuld, weil **Rechtsgrund der Sicherungsgrundschuld** allein die Sicherungsabrede ist (BGH NJW 89, 1733; NJW-RR 96, 235; Baur/Stürner, § 45 Rn 26; aA Westermann/Eickmann, § 115 III 4). Ihm steht im notfalls im Wege der Auslegung (§§ 133, 157) der Sicherungsabrede zu ermittelnder **vertraglicher Rückgewähranspruch** zu (Baur/Stürner, § 45 Rn 26). Diesen kann der Eigentümer der Inanspruchnahme aus § 1147 einredeweise entgegenhalten (BGH NJW-RR 87, 1291).

27 Die Frage, ob auch **Ersatzansprüche**, die bei Störungen des Forderungsverhältnisses an die Stelle des eigentlichen Anspruchs treten (zB aus ungerechtfertigter Bereicherung oder unerlaubter Handlung), durch die Grundschuld gesichert werden, entscheidet in erster Linie der Inhalt der Sicherungsabrede. Im Zweifel ist der Bereicherungsanspruch des Gläubigers bei Nichtigkeit des Kreditvertrages als gesichert anzusehen. **Schadensersatzansprüche** sind bei Sicherung einer eigenen Schuld des Eigentümers von der Sicherheit mit umfasst, nicht dag bei der Sicherung einer fremden Schuld. Nicht gesichert sind Ersatzansprüche, die mit dem Forderungsverhältnis in keinem Zusammenhang stehen (MK/Eickmann § 1191 Rn 78). Bzgl grundrechtlich abgesicherter (Verbraucher-)Darlehensverträge beachte die Neuerungen durch die Umsetzung der Verbraucherkreditrichtlinie, des zivilrechtlichen Teils der Zahlungsdienste-RL sowie zur Neuordnung der Vorschriften über das Widerrufs- und Rückgaberecht, insb den mWv 11.6.10 in Kraft getretenen § 503.

28 b) **Sicherungsabrede.** Die Sicherungsabrede regelt die **schuldrechtlichen Pflichten** zwischen dem Eigentümer und dem Grundschuldgläubiger. Sie bestimmt insb, welche Forderung gesichert werden soll (**Zweckerklärung**). Durch die Sicherungsabrede verpflichtet sich der Eigentümer dazu, die Grundschuld zu bestellen, der Gläubiger dazu, die

Grundschuld nur zur Sicherung der Forderung zu verwenden und sie dem Eigentümer nach Befriedigung der Forderung zurückzuübertragen (zum Umfang des Sicherungszwecks der Sicherungsabrede vgl BGH NJW-RR 05, 985).

Die Sicherungsabrede beschränkt daher das dingliche Verwertungsrecht des Grundschuldinhabers im Innenverhältnis zum Eigentümer **treuhänderisch** (OLG München WM 10, 1459). Der Inhaber ist schuldrechtlich verpflichtet, die Grundschuld nur zur Durchsetzung seines Sicherungsinteresses geltend zu machen oder zu verwerten. Er darf also die Grundschuld nur dann sicherungshalber verwerten, wenn die Forderung nicht erfüllt wird. 29

Die Sicherungsabrede bildet den **Rechtsgrund** für die Bestellung der Grundschuld. Fehlt sie oder ist sie unwirksam, so hat der Eigentümer aus § 812 I 1, 1. Alt einen Anspruch auf Rückübertragung der Grundschuld. Fällt sie später weg, so folgt dieser Anspruch aus § 812 I 2, 1. Alt. 30

Eine **Akzessorietät** der Grundschuld vermag die Sicherungsabrede dag nicht zu begründen. Die Grundschuld ent- und besteht unabhängig vom Bestand der Forderung. Daher ist weder die Sicherungsabrede noch die Forderung im Grundbuch eintragungsfähig. Die Grundschuld kann nach hM nicht als Sicherungsgrundschuld eingetragen werden (BGH NJW 86, 53, 54; aA MK/Eickmann § 1191 Rn 83). Die Akzessorietät kann daher lediglich durch schuldrechtliches Rechtsgeschäft, nicht aber mit dinglicher Wirkung herbeigeführt werden. Es ist nur eine schuldrechtliche, keine dingliche Begrenzung des Verwertungsrechts des Grundschuldinhabers möglich. Ferner besteht nicht die Möglichkeit, die Grundschuld unter der Bedingung zu bestellen, dass die Forderung besteht (Staud/Wolfsteiner § 1191 Rn 8; aA MK/Eickmann § 1191 Rn 19). Der Gläubiger kann dem Ersteher der Zwangsversteigerung keine Einreden aus dem Sicherungsvertrag entgegenhalten (BGH NJW 03, 2673). 31

c) **Einreden.** Der Eigentümer kann dem Inhaber der Grundschuld Einreden entgegnen, die den **Bestand der Grundschuld** betreffen. Dag gilt für Einreden gegen die Forderung mangels Akzessorietät der Grundschuld § 1137 nicht. Ist also zB die gesicherte Forderung wegen Nichtvalutierung des Darlehens nicht entstanden, so ist § 1137 unanwendbar. Der Eigentümer kann aber wegen der schuldrechtlichen Verbindung von Forderung und Grundschuld durch die Sicherungsabrede die Einrede des mangelnden Sicherungsfalles erheben. 32

Die Einreden aus der Sicherungsabrede unterfallen § **1157 S 1**, weil sie sich trotz ihrer schuldrechtlichen Herkunft gegen die Grundschuld richten. Widerspricht die Geltendmachung der Grundschuld dem in der Sicherungsabrede festgelegten Sicherungszweck, so kann der Eigentümer dies dem Grundschuldinhaber nach § 1157 S 1 entgegensetzen. Fällt das Sicherungsinteresse durch Erfüllung der gesicherten Forderung weg, so hat der Eigentümer einen schuldrechtlichen Rückübertragungsanspruch, der nach seiner Wahl gerichtet ist auf Rückübertragung der Grundschuld nach §§ 1192 II, 1154, Verzicht nach § 1168 oder Aufhebung nach § 875. 33

Dieser **schuldrechtliche Rückübertragungsanspruch** kann dem Anspruch aus § 1147 als Einrede nach § 1157 S 1 entgegengehalten werden (BGH NJW-RR 87, 1291). Einen **bereicherungsrechtlichen Rückgewähranspruch** aus § 812 I 1, 1. Alt oder § 812 I 2, 1. Alt erkennt die heute hM entgg früherer Auffassung nur noch bei unwirksamer oder *fehlender* Sicherungsabrede, nicht mehr bei unwirksamer oder fehlender Forderung, an (BGH NJW 85, 800, 801). Auch dieser Bereicherungsanspruch stellt dem Anspruch aus § 1147 ggü eine Einrede dar (§§ 1157 S 1, 821). 34

d) **Übertragung.** Für die Übertragung der Grundschuld gilt mangels Akzessorietät § 1153 nicht. Grundschuld und Forderung werden daher selbständig veräußert. Die **Übertragung der Grundschuld** erfolgt nach §§ 1192 I, 1154. Sie erfordert bei der Buch- Einigung und Eintragung (§§ 1192 I, 1154 III, 873 I), bei der Briefgrundschuld schriftliche Erklärung und Briefübergabe (§§ 1192 I, 1154 I). Die Zession der Forderung richtet sich nach §§ 398 ff (zur Zulässigkeit und den Auswirkungen der Übertragung von Darlehensforderung und Grundschuld nach den Änderungen im Schuld-, Sachen- und Zwangsvollstreckungsrecht: Koch Jura 10, 179). Die Abtretung der Forderung kann jedoch in der Sicherungsabrede ausgeschlossen werden (§ 399 Halbs 2). 35

Eine gleichwohl vorgenommene Forderungsabtretung wäre unwirksam. Auch können die Parteien in der Sicherungsabrede ein Übertragungsverbot für die Grundschuld vereinbaren (§§ 399 Halbs 2, 413). Die hierin liegende anfängliche (§ 873) oder nachträgliche (§ 877) Inhaltsänderung der Grundschuld ist indessen nur wirksam, wenn sie im Grundbuch eingetragen wird.

36 Hins der **Einreden des Eigentümers** ggü dem Zessionar ist zu unterscheiden:

37 aa) Überträgt der Gläubiger die Grundschuld und die Forderung an **dieselbe Person**, so wird die Rechtsstellung des Eigentümer-Schuldners durch die Übertragung nicht beeinträchtigt. Gegen die Inanspruchnahme aus der **Forderung** schützt ihn § 404. Danach kann er dem Zessionar alle sich aus der Sicherungsabrede ergebenden Einreden gegen die Forderung entgegenhalten, die er den Zedenten ggü hatte. Gegen die Inanspruchnahme aus der **Grundschuld** schützt ihn § 1157 S 1. Danach ist es ihm möglich, alle sich aus der Sicherungsabrede ergebenden Einreden gegen die Grundschuld, die ihm ggü dem Zedenten zustanden, auch dem Zessionar entgegensetzen.

38 bb) Überträgt der Gläubiger die Grundschuld oder die Forderung **isoliert**, so kommt es zu einer **Trennung** von Grundschuld und Forderung. Zwar verstößt der Gläubiger damit regelmäßig gegen die Sicherungsabrede, die ihn verpflichtet, Grundschuld und Forderung nur zusammen zu übertragen, doch hat dieser Verstoß gegen das Verbot einer isolierten Zession nur schuldrechtliche Wirkung für die Forderung (§ 399 HS 2), nicht dag dingliche Wirkung für die Grundschuld. Der Gläubiger macht sich also durch die isolierte Übertragung von Grundschuld oder Forderung allein schadensersatzpflichtig. Der Eigentümer ist aber vor der Gefahr einer doppelten Inanspruchnahme geschützt: Dem **neuen Forderungsgläubiger** kann er gem § 404 entgegenhalten, dass er nur Zug um Zug gegen Rückübertragung der Grundschuld zahlen muss (BGH NJW 91, 1821). Dem **neuen Grundschuldgläubiger** kann er gem §§ 1192 I, 1157 S 1 entgegenhalten, dass er nach der Sicherungsabrede nur gegen Befreiung von der Forderung auf die Grundschuld leisten muss.

39 Ist der Eigentümer daher grds über § 1157 S 1 auch gegen eine Inanspruchnahme aus der Grundschuld durch den Zessionar geschützt, so war dieser Schutz doch bislang erheblich durch die Möglichkeit eines **gutgläubigen einredefreien Erwerbs** der Grundschuld nach §§ 1192 I, 1157 S 2, 892 eingeschränkt. Dies gilt hins Einreden aus dem Sicherungsvertrag jedoch nur noch für Altfälle, bei denen der Erwerb der Grundschuld bis einschließlich zum 19.8.08 erfolgt ist (Art 229 § 18 II EGBGB). Für Fälle nach dem 19.8.08 ist nun § 1192 Ia zu beachten, welcher die Anwendbarkeit von § 1157 S 2 ausschließt. Für Altfälle bis einschließlich 19.8.08 ist allerdings str, welche Anforderungen an die Bösgläubigkeit des Zessionars zu stellen sind. Bsp: E bestellt zur Sicherung einer Darlehensforderung der G eine Grundschuld an seinem Grundstück. E zahlt das Darlehen zurück. Anschließend veräußert G die Grundschuld an Z. Diesem ist es zwar bekannt, dass es sich um eine Sicherungsgrundschuld handelt, er weiß aber nichts von der Rückzahlung des Darlehens durch E. Fraglich ist daher, ob Z die Grundschuld gutgläubig einredefrei erworben hat:

40 Nach einer Auffassung ist der Zessionar bereits dann bösgläubig, wenn er beim Erwerb Kenntnis davon hat, dass die Grundschuld zur Sicherung bestellt wurde, es sich also um eine **fiduziarische Bestellung** handelte (Wilhelm JZ 80, 625). Demggü verlangt die hM für den Ausschluss der Gutgläubigkeit, dass dem Zessionar im Zeitpunkt des Erwerbs nicht nur der Sicherungscharakter der Grundschuld, sondern auch der konkrete **Einredetatbestand** (Tilgung der Forderung) bekannt ist (BGHZ 59, 1; Prütting, Rn 770). Die hM wird häufig damit begründet, dass der Erwerber einer Grundschuld nicht schlechter stehen dürfe als der Erwerber einer Verkehrshypothek. Eine nach Abtretung der Verkehrshypothek erfolgte Tilgung der Forderung hat nach § 1156 keine Auswirkungen auf das dingliche Recht. Wenn aber die bloße Kenntnis des Sicherungszwecks der Grundschuld ausreicht, um die Gutgläubigkeit des Erwerbers auszuschließen und damit alle aus der Sicherungsabrede entstehenden Einreden zu erhalten, dann kann auch eine nach Abtretung der Grundschuld erfolgte Tilgung der Forderung die Einrede nach § 1157 aktualisieren. Der Zessionar stünde dann in der Tat wegen § 1156 schlechter als beim Erwerb einer Verkehrshypothek. Die Auffassung, die allein

auf die Kenntnis vom Sicherungscharakter der Grundschuld abstellt, bedeutet iErg eine Annäherung der Sicherungsgrundschuld an die Sicherungshypothek, bei der spätere Zahlungen auf das dingliche Recht nach § 1163 I 2 durchschlagen, weil § 1156 gem § 1185 II nicht eingreifen kann.

Die von der hM vertretene Auffassung, der Zessionar einer Sicherungsgrundschuld dürfe nicht schlechterstehen als der Erwerber einer Verkehrshypothek, ist ein Postulat, das aus der abstrakten Ausgestaltung der nichtakzessorischen Grundschuld nicht abgeleitet werden kann. Die Anwendung des § 1157 auf die Grundschuld bedeutet, dass kausalrechtliche Beschränkungen aus der Sicherungsabrede Drittwirkung entfalten. Diese fiduziarischen Restriktionen werden sofort mit dem Abschluss der Sicherungsabrede wirksam und bedürfen keiner weiteren konkreten „Aktualisierung". Der Erwerber einer Sicherungsgrundschuld muss daher von vornherein und immer mit entspr Einreden des Eigentümers rechnen. Daher erscheint die MM vorzugswürdig, welche es für die Bösgläubigkeit des Erwerbers ausreichen lässt, dass diesem der **Sicherungscharakter** der Grundschuld bekannt ist. 41

Ein **gutgläubiger einredefreier Erwerb** der Grundschuld **scheidet aus** bei Eintragung der Einrede im Grundbuch (§§ 1192 I, 1157 S 2, 892), eines Widerspruchs (§§ 1192 I, 1157 S 2, 899) oder einer Vormerkung zur Sicherung des aufschiebend bedingten oder künftigen Rückübertragungsanspruchs aus der Sicherungsabrede. Die Grundlage dieses Anspruchs wird bereits durch den Abschluss der Sicherungsabrede gelegt, weshalb § 883 I 2 eingreift. Die Vormerkung bewirkt dann, dass der Erwerb des Zessionars ggü dem Eigentümer nach § 883 II relativ unwirksam ist. 42

Für Grundschulden, die nach dem 19.8.08 erworben wurden, ist dag entspr dem neu eingefügten § 1192 Abs 1 a der gutgläubige einredefreie Erwerb von Grundschulden hins Einreden aus dem Sicherungsvertrag generell ausgeschlossen (vgl § 1192 Rn 4 f). 43

e) Tilgung. Bei der Frage, welche Wirkung die Zahlung an den Inhaber einer Sicherungsgrundschuld hat, ist zu unterscheiden, worauf gezahlt wird: Auf die gesicherte Forderung, die Grundschuld oder beide. Dafür ist von Bedeutung, wer geleistet hat: der Eigentümer-Schuldner, der Nur-Eigentümer oder der Nur-Schuldner. In erster Linie entscheidet der erklärte Wille des Leistenden darüber, worauf gezahlt wird. Dieser Wille ist aus den Umständen, insb einer Abrede mit dem Gläubiger, zu entnehmen. Die Zweckbestimmung einer Zahlung kann nachträglich durch Vertrag geändert werden. So kann zB der Eigentümer-Schuldner, nachdem er auf die Forderung gezahlt hat, mit dem Gläubiger nachträglich vereinbaren, dass die Zahlung auch Grundschuldablösung sein soll (BGH NJW 69, 2237). 44

Mangels konkreter Anhaltspunkte ist von folgender **Interessenlage** auszugehen: Zahlt der Nur-Eigentümer, leistet er auf die Grundschuld. Zahlt der Nur-Schuldner, leistet er auf die gesicherte Forderung. Zahlt der Eigentümer-Schuldner, so leistet er bei laufenden Teilzahlungen regelmäßig auf die Forderung. Wird dag die ganze Summe gezahlt, so wird auf Grundschuld und Forderung geleistet. Im Einzelnen: 45

aa) Zahlung auf die Grundschuld. Wird auf die Grundschuld geleistet, so ist zu unterscheiden: Zahlt der **Eigentümer-Schuldner** auf die Grundschuld, so wird diese kraft Gesetzes zur Eigentümergrundschuld. Dieses Ergebnis lässt sich am besten mit einer Analogie zu § 1163 I 2 begründen (str, s o). Zugleich erlischt wegen der Befriedigung *des Gläubigers* die gesicherte Forderung, weil die Grundschuld sicherhalber bestellt worden ist. Zahlt dag der **Nur-Eigentümer** auf die Grundschuld, so geht diese analog § 1163 I 2 als Eigentümergrundschuld auf ihn über. Ob auch bei der Ablösung der Grundschuld durch den Eigentümer die Forderung erlischt, ist str. Während teilweise ein Erlöschen der Forderung bejaht wird (Reinicke/Tiedtke WM 87, 485), lehnt dies die hM zu Recht ab (BGH NJW 91, 1821; Baur/Stürner, § 45 Rn 82; MK/Eickmann § 1191 Rn 127). Die Forderung geht auch nicht kraft Gesetzes auf den Eigentümer über, da § 1143 I nach § 1192 I nur für die Grundschuld, nicht dag für die Forderung gilt (BGHZ 108, 184; Palandt/Bassenge § 1191 Rn 36; aA MK/Eickmann § 1191 Rn 127). Die Forderung ist daher an den Eigentümer abzutreten. Ein schuldrechtlicher Anspruch des Eigentümers gegen den Gläubiger auf Abtretung der Forderung besteht analog § 401, wenn der Eigentümer vom Schuldner Ersatz verlangen kann. Ist der Ei- 46 gentümer daq nicht regressberechtigt, so hat er keinen Anspruch auf Abtretung der Forderung. Diese erlischt vielmehr mit Tilgung der Grundschuld. Zahlt daq ein **ablösungsberechtigter Dritter** auf die Grundschuld, so geht diese auf ihn über (§§ 1192 I, 1150, 268 III 1). Ein gesetzlicher Übergang der Forderung findet daq nicht statt. Der **Nur-Schuldner** kann ausschließlich für den Eigentümer oder als ablösungsberechtigter Dritter auf die Grundschuld zahlen.

47 bb) **Zahlung auf die Forderung.** Wird auf die Forderung geleistet, so ist ebenfalls zu unterscheiden: Zahlt der **Eigentümer-Schuldner** auf die Forderung, so erlischt diese nach § 362 I. Die Grundschuld bleibt beim Gläubiger. § 1163 I 2 ist nicht anwendbar. Es entsteht wegen des Wegfalls des Sicherungsinteresses ein schuldrechtlicher Rückgewähranspruch. Zahlt der **Nur-Eigentümer** auf die Forderung, so gilt dasselbe. Bei Leistung des **Nur-Schuldners** auf die Forderung, so erlischt diese nach § 362 I. Die Grundschuld bleibt als Fremdgrundschuld beim Gläubiger (BGH NJW-RR 03, 11). § 1163 I 2 ist nicht anwendbar. Hat der Schuldner wegen der Zahlung einen Regressanspruch gegen den Eigentümer, so ist § 1164 nicht anwendbar. Der Schuldner kann aber, wenn er selbst Partei der Sicherungsabrede ist, die Übertragung der Grundschuld auf sich verlangen. Ist er nicht Partei der Sicherungsabrede, so kann er vom Eigentümer die Abtretung von dessen Rückübertragungsanspruch verlangen (Baur/Stürner, § 45 Rn 86, zu den Rechtsfolgen der Rückerstattung des zur Darlehenstilgung überwiesenen Betrages s OLG Nürnberg WM 09, 1191).

§ 1192 Anwendbare Vorschriften

(1) Auf die Grundschuld finden die Vorschriften über die Hypothek entsprechende Anwendung, soweit sich nicht daraus ein anderes ergibt, dass die Grundschuld nicht eine Forderung voraussetzt.

(1 a) ¹Ist die Grundschuld zur Sicherung eines Anspruchs verschafft worden (Sicherungsgrundschuld), können Einreden, die dem Eigentümer auf Grund des Sicherungsvertrags mit dem bisherigen Gläubiger gegen die Grundschuld zustehen oder sich aus dem Sicherungsvertrag ergeben, auch jedem Erwerber der Grundschuld entgegengesetzt werden; § 1157 Satz 2 findet insoweit keine Anwendung. ²Im Übrigen bleibt § 1157 unberührt.

(2) Für Zinsen der Grundschuld gelten die Vorschriften über die Zinsen einer Hypothekenforderung.

1 Nach **Abs 1** sind alle Vorschriften des Hypothekenrechts auf die Grundschuld in Analogie anzuwenden mit Ausn derjenigen, die gerade auf der Akzessorietät der Hypothek beruhen.

2 **I. Entsprechend anwendbar** sind daher insb folgende Normen, wobei anstelle des Wortes „Forderung" ggf „Grundschuld" oder „Betrag" zu lesen ist: §§ 1116, 1117: Bestellung der Grundschuld; §§ 1120 ff: Gegenstand der Haftung; § 1157: Einreden gegen die Grundschuld (beachte aber Rn 4); §§ 1143, 1150: Übergang der Grundschuld auf ablösenden Eigentümer oder Dritten; § 1147: Verwertung der Grundschuld (beachte § 1147 Rn 4 a); § 1154: Übertragung der Grundschuld; §§ 1155, 1140: Öffentlicher Glaube bei Briefgrundschuld; § 1156: Unanwendbarkeit der §§ 406-408 bei Übertragung der Grundschuld; § 1163 II: Eigentümergrundschuld bis Briefübergabe; § 1168: Eigentümergrundschuld durch Verzicht auf die Grundschuld; § 1169 (OLG Zweibrücken Beschl v 23.5.13 Az 7 U 75/13); §§ 1179 ff: Löschungsvormerkung und Löschungsanspruch; §§ 1181, 1183: Erlöschen der Grundschuld durch zwangsweise Befriedigung oder Aufhebung.

3 **II. Nicht anwendbar** mangels Akzessorietät der Grundschuld sind daq: §§ 1113, 1115 I HS 2, 1137-1139, 1141 I 1, 1153, 1161, 1163 I, 1164-1166, 1173 I 2 (bzgl Vereinigung von Forderung und Schuld), 1174, 1177, 1180 I, 1184-1187 und 1190.

4 Zu beachten ist die Sonderregel für Sicherungsgrundschulden (Abs 1 a S 1), bei denen ein gutgläubiger einredefreier Erwerb laut Hs 1 in einem gewissen Umfang ausgeschlossen wird. Erfasst sind damit einerseits Einreden aus dem Sicherungsvertrag mit

dem bisherigen Gläubiger (dies kann auch ein früherer Grundschuldgläubiger sein, der nicht zugleich Veräußerer der Grundschuld sein muss: hierzu BGH NJW 14, 550), deren Tatbestand zur Zeit des Erwerbs bereits erfüllt war, zB der fehlenden Valutierung (hierzu BGH NJW 14, 550). Betroffen sind andererseits auch solche, die im Übergangszeitpunkt begründet waren, deren Tatbestand aber erst später vollständig verwirklicht wird, etwa bei der Tilgung der Darlehensforderung nach erfolgter Abtretung (Langenbucher, WM 08, 3169, 3172). Eine Kenntnis des Erwerbers vom Sicherungscharakter der Grundschuld ist nicht erforderlich (BT-Drucks 16/9821, 22). S 2 stellt klar, dass in den von Abs 1 a S 1 nicht erfassten Fällen weiterhin § 1157 iVm § 1192 I auf Grundschulden zur Anwendung gelangt (zu den Neuerungen durch das Risikobegrenzungsgesetz insges vgl Bülow WM 12, 289; ders ZJS 09, 1; Heinze AcP 211, 105; Lehmann, ZGS 09, 214; Meyer Jura 09, 561; Neumann ZJS 10, 683; Nietsch NJW 09, 3606; Olbrich ZfIR 13, 405; Thöne ZfIR 10, 448; Wellenhofer JZ 09, 1077; Weller JuS 2009, 969). Gerade die Abgrenzung der laut Abs 1 a S 1 erfassten forderungsbezogenen Einreden von anderen iSd Abs 1 a S 2 ist im Schrifttum umstritten. Das OLG Brandenburg (ZIP 14, 164) sieht zumindest in nachträglich vor dem Hintergrund des eingetretenen Sicherungsfalls getroffenen Verwertungsvereinbarungen – in Anlehnung an die Stundung – keine sicherungsvertraglichen Einreden, sondern hält Abs 1 a S 2 für einschlägig.

Die Regelung des Abs 1 a gilt für solche Fälle, bei denen der Erwerb der Grundschuld 5 nach dem 19.8.08 abgeschlossen worden ist (Art 229 § 18 II EGBGB; OLG Celle WM 09, 1185). Es kommt hierbei auf die konkrete Veräußerung an. Unschädlich erscheint also, wenn die Grundschuld bereits vor Inkrafttreten der Neuregelung bestellt wurde (BT-Drucks 16/9821, 18). Davon zu unterscheiden ist die Fallkonstellation, dass etwa ein Bankhaus als Zedentin eine Grundschuld vor dem 19.8.08 einredefrei erwirbt und nach dem Stichtag eine weitere Abtretung erfolgt. Im Lichte des sachenrechtlichen Grundprinzips, wonach ein vollendeter einredefreier Erwerb eines dinglichen Rechts auch für den (sogar bösgläubigen) Rechtsnachfolger wirkt, sowie der Gesetzesbegründung zum Übergangsrecht (BT-Drucks 16/9821, 18), aus welcher der intendierte Schutz bereits abgeschlossener Tatbestände folgt, ist davon auszugehen, dass die Einrede trotz Abs 1 a S 1 nicht wieder auflebt (so auch BGH NJW 14, 550 m Nachw zur gegenteiligen Auffassung).

§ 1193 Kündigung

(1) ¹Das Kapital der Grundschuld wird erst nach vorgängiger Kündigung fällig. ²Die Kündigung steht sowohl dem Eigentümer als dem Gläubiger zu. ³Die Kündigungsfrist beträgt sechs Monate.
(2) ¹Abweichende Bestimmungen sind zulässig. ²Dient die Grundschuld der Sicherung einer Geldforderung, so ist eine von Absatz 1 abweichende Bestimmung nicht zulässig.

Die Fälligkeit der Grundschuld richtet sich in erster Linie nach der dinglichen **Verein-** 1 **barung** zwischen Eigentümer und Grundschuldgläubiger (Abs 2 S 1). Dieses Rechtsgeschäft wirkt nur gegen Rechtsnachfolger, wenn sie im Grundbuch eingetragen ist. Fehlt eine Vereinbarung, besteht für die Fälligkeit das Erfordernis einer **Kündigung**. Für die Sicherungsgrundschuld ist eine entsprechende dingliche Vereinbarung der Fälligkeit ausgeschlossen (Abs 2 S 2), so dass diese zwingend von einer vorherigen Kündigung unter Einhaltung der 6-monatigen Frist abhängt (vgl auch LG Frankfurt, Beschl v 26.3.09 Az 2-12 O 92/09; Derleder ZIP 09, 2221). Ob es sich bei dem materiellrechtlichen Kündigungserfordernis um eine Vollstreckungsvoraussetzung iS der §§ 795, 726 I ZPO handelt, ist str (dag Habersack NJW 08, 3173, 3176; dafür MK/Eickmann § 1193 Rn 4).

Die Beschränkungen für Abreden bzgl Fälligkeit und Kündigung von Sicherungsgrund- 2 schulden (Abs 2 S 2) gelten nicht für Altfälle (Art 229 § 18 III EGBGB), dh solche Grundpfandrechte, die bis zum 19.8.08 bestellt wurden. Hier sind die Parteiabsprachen, welche nach früherer Rechtslage ausdrücklich zulässig waren, zu respektieren, sodass die gesetzliche Fälligkeitsregelung des § 1193 II 2 nur für das neu pfandunterstellte Grundstück gilt (BGH NJW 10, 3300; OLG München NZM 10, 255; Palandt/Bassenge § 1193 Rn 3; BT-Drucks 16/9821, 24; aA: LG Berlin Rpfleger 2009, 230; Staud/Wolfsteiner § 1193 Rn 3).

3 Vereinzelt wird erwogen, Abs 1 ggf als gesetzliches Leitbild iSd § 307 II Nr 1 etwa auch für Personalsicherheiten anzusehen (Clemente ZfIR 08, 589, 596). Dies ist abzulehnen. Der Gesetzgeber hat insofern bewusst nur den Fall der Grundschuld geregelt, und zwar vor dem Hintergrund, dass eine sofortige Fälligkeit nicht der Interessenlage der Beteiligten entspricht (Motive zum BGB III, S 788). In der Tat erscheint die Inanspruchnahme aus dem Grundpfandrecht für den Schuldner oftmals besonders risikoreich und einschneidend, wenn seine Wohnung betroffen ist.

§ 1194 Zahlungsort

Die Zahlung des Kapitals sowie der Zinsen und anderen Nebenleistungen hat, soweit nicht ein anderes bestimmt ist, an dem Orte zu erfolgen, an dem das Grundbuchamt seinen Sitz hat.

1 Die Vorschrift schließt die Anwendung der §§ 269 f aus.

§ 1195 Inhabergrundschuld

¹Eine Grundschuld kann in der Weise bestellt werden, dass der Grundschuldbrief auf den Inhaber ausgestellt wird. ²Auf einen solchen Brief finden die Vorschriften über Schuldverschreibungen auf den Inhaber entsprechende Anwendung.

1 Die Inhabergrundschuld ist zwingend **Briefgrundschuld**. Ihre Bestellung richtet sich nach § 1188 I. Die §§ 793 ff sind anwendbar.

§ 1196 Eigentümergrundschuld

(1) Eine Grundschuld kann auch für den Eigentümer bestellt werden.
(2) Zu der Bestellung ist die Erklärung des Eigentümers gegenüber dem Grundbuchamt, dass die Grundschuld für ihn in das Grundbuch eingetragen werden soll, und die Eintragung erforderlich; die Vorschrift des § 878 findet Anwendung.
(3) Ein Anspruch auf Löschung der Grundschuld nach § 1179 a oder § 1179 b besteht nur wegen solcher Vereinigungen der Grundschuld mit dem Eigentum in einer Person, die eintreten, nachdem die Grundschuld einem anderen als dem Eigentümer zugestanden hat.

1 Vgl § 1191 Rn 7.

§ 1197 Abweichungen von der Fremdgrundschuld

(1) Ist der Eigentümer der Gläubiger, so kann er nicht die Zwangsvollstreckung zum Zwecke seiner Befriedigung betreiben.
(2) Zinsen gebühren dem Eigentümer nur, wenn das Grundstück auf Antrag eines anderen zum Zwecke der Zwangsverwaltung in Beschlag genommen ist, und nur für die Dauer der Zwangsverwaltung.

1 Die Vorschrift schränkt die Rechte des **Eigentümers als Grundschuldgläubiger** im Interesse nachstehend Berechtigter ein. Er kann weder die Zwangsvollstreckung aus der Eigentümergrundschuld zum Zwecke seiner eigenen Befriedigung betreiben (Abs 1) noch aus eigenem Antrieb aus seinem Grundstück Zinsen im Wege der Zwangsverwaltung ziehen (Abs 2) (vgl OLG München WM 10, 1459). Dag erhält er Zinsen, wenn ein anderer die Zwangsverwaltung beantragt hat.

§ 1198 Zulässige Umwandlungen

¹Eine Hypothek kann in eine Grundschuld, eine Grundschuld kann in eine Hypothek umgewandelt werden. ²Die Zustimmung der im Range gleich- oder nachstehenden Berechtigten ist nicht erforderlich.

Vgl § 1186 Rn 1.

Untertitel 2
Rentenschuld

§ 1199 Gesetzlicher Inhalt der Rentenschuld

(1) Eine Grundschuld kann in der Weise bestellt werden, dass in regelmäßig wiederkehrenden Terminen eine bestimmte Geldsumme aus dem Grundstück zu zahlen ist (Rentenschuld).
(2) ¹Bei der Bestellung der Rentenschuld muss der Betrag bestimmt werden, durch dessen Zahlung die Rentenschuld abgelöst werden kann. ²Die Ablösungssumme muss im Grundbuch angegeben werden.

Die Rentenschuld ist eine Unterart der Grundschuld und wird auch in § 1199 als solche bezeichnet. Sie unterscheidet sich von der normalen Grundschuld nur dadurch, dass sie nicht auf eine bestimmte Geldsumme, sondern auf eine Rente, also auf eine an regelmäßig wiederkehrenden Terminen zu zahlende Geldsumme, geht. Bei der Bestellung der Rentenschuld muss der Betrag, durch dessen Zahlung die Rentenschuld abgelöst werden kann, bestimmt und im Grundbuch eingetragen werden (Abs 2). Eine Rentenschuld kann in eine Grundschuld und eine gewöhnliche Grundschuld in eine Rentenschuld umgewandelt werden (§ 1203).

§ 1200 Anwendbare Vorschriften

(1) Auf die einzelnen Leistungen finden die für Hypothekenzinsen, auf die Ablösungssumme finden die für ein Grundschuldkapital geltenden Vorschriften entsprechende Anwendung.
(2) Die Zahlung der Ablösungssumme an den Gläubiger hat die gleiche Wirkung wie die Zahlung des Kapitals einer Grundschuld.

§ 1201 Ablösungsrecht

(1) Das Recht zur Ablösung steht dem Eigentümer zu.
(2) ¹Dem Gläubiger kann das Recht, die Ablösung zu verlangen, nicht eingeräumt werden. ²Im Falle des § 1133 Satz 2 ist der Gläubiger berechtigt, die Zahlung der Ablösungssumme aus dem Grundstück zu verlangen.

§ 1202 Kündigung

(1) ¹Der Eigentümer kann das Ablösungsrecht erst nach vorgängiger Kündigung ausüben. ²Die Kündigungsfrist beträgt sechs Monate, wenn nicht ein anderes bestimmt ist.
(2) Eine Beschränkung des Kündigungsrechts ist nur soweit zulässig, dass der Eigentümer nach 30 Jahren unter Einhaltung der sechsmonatigen Frist kündigen kann.
(3) Hat der Eigentümer gekündigt, so kann der Gläubiger nach dem Ablauf der Kündigungsfrist die Zahlung der Ablösungssumme aus dem Grundstück verlangen.

§ 1203 Zulässige Umwandlungen

¹Eine Rentenschuld kann in eine gewöhnliche Grundschuld, eine gewöhnliche Grundschuld kann in eine Rentenschuld umgewandelt werden. ²Die Zustimmung der im Range gleich- oder nachstehenden Berechtigten ist nicht erforderlich.

1 Vgl § 1186 Rn 1.

Abschnitt 8
Pfandrecht an beweglichen Sachen und an Rechten

Vorbemerkung zu § 1204

1 I. Das Pfandrecht gewährt dem Inhaber das zu einer Forderung **akzessorische Recht** an einer fremden beweglichen Sache oder an einem fremden Recht. Es gewährt dem Inhaber ein **Zugriffsrecht** auf die Sache oder das Recht zur Befriedigung wegen der gesicherten Forderung. Dieses Zugriffsrecht ist bei beweglichen Sachen stets ein objektbezogenes, also **dingliches** Recht. Das Pfandrecht an Rechten teilt demgegenüber als verselbständigter Splitter des belasteten Rechts die Rechtsnatur dieses Rechts. Das Pfandrecht an einem dinglichen Anwartschaftsrecht oder einer Grundschuld ist daher ein dingliches Recht, das Pfandrecht an einer Forderung ein bloßes Forderungsrecht.

2 Das Pfandrecht ist **streng akzessorisch**, ist also in seiner Entstehung, seinem Fortbestehen und seiner Übertragung von der Existenz der zu sichernden Forderung abhängig (vgl §§ 1204, 1250, 1252).

3 II. Arten des Pfandrechts. Nach der unterschiedlichen **Begr** des Pfandrechts werden **drei Arten** des Pfandrechts unterschieden:

4 1. Das **rechtsgeschäftlich** bestellte Pfandrecht ist sowohl an **beweglichen Sachen** (§§ 1205 ff) als auch an **Rechten** (§ 1274) möglich. § 1205 verlangt für die rechtsgeschäftliche Bestellung eines Pfandrechts an einer beweglichen Sache die Einigung über die Bestellung des Pfandrechts für die zu sichernde Forderung und die Übergabe der Sache (§ 1205 I). Als Übergabesurrogate kommen die Übertragung des mittelbaren Besitzes iVm einer Anzeige an den unmittelbaren Besitzer nach § 1205 II sowie die Einräumung des unmittelbaren oder mittelbaren Mitbesitzes (§ 1206) in Betracht. Nicht möglich ist es dag, die Übergabe durch ein Besitzkonstitut iSd § 930 zu ersetzen. Das Pfandrecht an beweglichen Sachen ist daher stets ein Besitzpfandrecht in dem Sinne, dass der Pfandgläubiger jedenfalls mittelbaren (Mit-)Besitz an der Sache erlangen muss und der Verpfänder keinen (unmittelbaren oder mittelbaren) Alleinbesitz behalten darf. Da beim unmittelbaren Mitbesitz die Sache nach § 1206 unter dem Mitverschluss des Pfandgläubigers stehen muss, kann ein Pfandrecht nicht an einer Sache bestellt werden, die der Verpfänder selbst weiter nutzen möchte. Diese Lücke im Kreditsicherungsrecht wird durch die Sicherungsübereignung geschlossen. Die §§ 1204 ff finden auf das **Pfandrecht an Rechten** entsprechende Anwendung, soweit sich nicht aus den §§ 1273 ff etwas anderes ergibt (§ 1273 II).

5 2. **Gesetzliche Pfandrechte** entstehen ohne Rechtsgeschäft kraft Gesetzes. Über § 1257 finden auf das gesetzliche Pfandrecht grds die Vorschriften über das vertragliche Pfandrecht (§§ 1204 ff) entsprechende Anwendung. Es lassen sich zwei Arten des gesetzlichen Pfandrechts unterscheiden: **Besitzpfandrechte** (Werkunternehmerpfandrecht, § 647; Pächterpfandrecht, § 583; Kommissionärspfandrecht, § 397 HGB; Spediteurspfandrecht, § 464 HGB; Lagerhalterpfandrecht, § 475 b HGB; Frachtführerpfandrecht, § 441 HGB) und **besitzlose Pfandrechte** (Vermieterpfandrecht, § 562; Verpächterpfandrecht, §§ 562, 581, 592; Gastwirtspfandrecht, § 704; Pfandrecht bei der Hinterlegung, § 233). Der Unterschied zwischen beiden Arten des gesetzlichen Pfandrechts ist va wichtig für die Frage, ob ein **gutgläubiger Erwerb** gesetzlicher Pfandrechte möglich ist. Während dies für die besitzlosen Pfandrechte mangels des Rechtsscheintatbestandes des Besitzes ausscheidet, ist für die Besitzpfandrechte des HGB nach § 366 HGB ein

aus § 770 (Einreden der Anfechtbarkeit und der Aufrechenbarkeit). Die Vorschrift entspricht also der Vorschrift des § 1137 im Hypothekenrecht. Der Verpfänder verliert diese Einreden nicht dadurch, dass der persönliche Schuldner auf sie verzichtet (Abs 2).

§ 1212 Erstreckung auf getrennte Erzeugnisse
Das Pfandrecht erstreckt sich auf die Erzeugnisse, die von dem Pfande getrennt werden.

Vgl § 1213 Rn 1. 1

§ 1213 Nutzungspfand
(1) Das Pfandrecht kann in der Weise bestellt werden, dass der Pfandgläubiger berechtigt ist, die Nutzungen des Pfandes zu ziehen.
(2) Ist eine von Natur Frucht tragende Sache dem Pfandgläubiger zum Alleinbesitz übergeben, so ist im Zweifel anzunehmen, dass der Pfandgläubiger zum Fruchtbezug berechtigt sein soll.

Das Pfandrecht kann auch als **Nutzungspfandrecht** bestellt werden (sog **Antichrese**). In 1 diesem Fall hat der Pfandgläubiger neben dem Verwertungsrecht auch ein **dingliches Nutzungsrecht** an der Sache (Abs 1). Abw von § 1212 erwirbt der Pfandgläubiger mit der Trennung bzw Übereignung nicht ein Pfandrecht, sondern das **Eigentum an den Nutzungen** (§§ 100, 954; 99 III). Die Nutzungsberechtigung des Pfandgläubigers muss zumindest stillschweigend **vereinbart** sein, doch enthält Abs 2 für ihrer Natur nach **fruchttragende Sachen** eine **Vermutung** für eine solche Vereinbarung. Geld ist keine von Natur aus fruchtbringende Sache im Sinne der Vorschrift (BGHZ 127, 138, 141). Eine Barkaution ist freilich als unregelmäßiges Nutzungspfandrecht zu qualifizieren, so dass zB eine vom Leasingnehmer gestellte Kaution nur dann vom Leasinggeber zu verzinsen ist, wenn dies eigens vereinbart ist (BGH ZGS 10, 141).

§ 1214 Pflichten des nutzungsberechtigten Pfandgläubigers
(1) Steht dem Pfandgläubiger das Recht zu, die Nutzungen zu ziehen, so ist er verpflichtet, für die Gewinnung der Nutzungen zu sorgen und Rechenschaft abzulegen.
(2) Der Reinertrag der Nutzungen wird auf die geschuldete Leistung und, wenn Kosten und Zinsen zu entrichten sind, zunächst auf diese angerechnet.
(3) Abweichende Bestimmungen sind zulässig.

Nach Abs 1 ist der Pfandgläubiger **zur Nutzziehung und Rechenschaftslegung** (§ 259) 1 **verpflichtet**. Der Reinertrag der Nutzungen wird zunächst auf Kosten und Zinsen und danach als Tilgungsleistung auf die Kapitalforderung **angerechnet** (Abs 2). Diese ergänzenden Regeln der Bestimmung sind jedoch **dispositiv** (Abs 3).

§ 1215 Verwahrungspflicht
Der Pfandgläubiger ist zur Verwahrung des Pfandes verpflichtet.

Durch die Pfandbestellung wird zwischen Verpfänder und Pfandgläubiger ein **gesetzli-** 1 **ches Schuldverhältnis** mit beiderseitigen Rechten und Pflichten begründet, dessen Inhalt in den dispositiven §§ 1215–1221 und 1223–1226 geregelt ist. Der Eigentümer der Pfandsache ist an diesem gesetzlichen Schuldverhältnis nicht beteiligt, da er nicht Vertragspartner des Verpfändungsvertrages ist. Er hat daher keine Ansprüche aus §§ 1215 ff.
Aus dem gesetzlichen Schuldverhältnis ergeben sich folgende **Rechte und Pflichten** der 2 Parteien: Der Pfandgläubiger ist zur **Verwahrung** der Pfandsache, die sich in seinem

unmittelbaren Alleinbesitz befindet, verpflichtet (§ 1215). Auf die Verwahrungspflicht sind die §§ 688 ff entspr anwendbar, soweit sich nicht aus den Besonderheiten des Pfandrechts etwas anderes ergibt. So folgt aus dem Umstand, dass der Pfandgläubiger die Sache in eigenem Interesse besitzt, dass er für die Erfüllung seiner Verwahrungspflicht nach §§ 276, 278 und nicht nur beschränkt nach § 690 haftet. Auch ist der Pfandgläubiger entgg § 691 S 1 berechtigt, die Pfandsache bei einem **Dritten zu hinterlegen**. Verwendungen des Pfandgläubigers auf die Pfandsache sind nicht nach § 693, sondern allein nach § 1216 ersatzpflichtig.

§ 1216 Ersatz von Verwendungen

¹Macht der Pfandgläubiger Verwendungen auf das Pfand, so bestimmt sich die Ersatzpflicht des Verpfänders nach den Vorschriften über die Geschäftsführung ohne Auftrag. ²Der Pfandgläubiger ist berechtigt, eine Einrichtung, mit der er das Pfand versehen hat, wegzunehmen.

1 **Verwendungen** des Pfandgläubigers auf die Pfandsache kann er vom Verpfänder nach den Regeln der Geschäftsführung ohne Auftrag ersetzt verlangen (S 1). Der Pfandgläubiger ist weiter berechtigt, eine Einrichtung, mit der er das Pfand versehen hat, **wegzunehmen** (S 2).

§ 1217 Rechtsverletzung durch den Pfandgläubiger

(1) Verletzt der Pfandgläubiger die Rechte des Verpfänders in erheblichem Maße und setzt er das verletzende Verhalten ungeachtet einer Abmahnung des Verpfänders fort, so kann der Verpfänder verlangen, dass das Pfand auf Kosten des Pfandgläubigers hinterlegt oder, wenn es sich nicht zur Hinterlegung eignet, an einen gerichtlich zu bestellenden Verwahrer abgeliefert wird.
(2) ¹Statt der Hinterlegung oder der Ablieferung der Sache an einen Verwahrer kann der Verpfänder die Rückgabe des Pfandes gegen Befriedigung des Gläubigers verlangen. ²Ist die Forderung unverzinslich und noch nicht fällig, so gebührt dem Pfandgläubiger nur die Summe, welche mit Hinzurechnung der gesetzlichen Zinsen für die Zeit von der Zahlung bis zur Fälligkeit dem Betrag der Forderung gleichkommt.

1 Verletzt der Pfandgläubiger seine Pflicht zur ordnungsgemäßen Verwahrung und Erhaltung der Pfandsache schuldhaft, indem er zB die Pfandsache unbefugt benutzt, so hat der Verpfänder einen Schadensersatzanspruch aus §§ 280 I, 241 II. Darüber hinaus kann der Verpfänder bei fortgesetzter erheblicher Rechtsverletzung nach Abmahnung auch bereits vor Schadenseintritt die **Hinterlegung** (§§ 372 ff) bzw **Ablieferung** an einen Verwahrer (vgl § 165 FGG) oder die **vorzeitige Pfandeinlösung** verlangen (§ 1217). Ist der **Verderb** des Pfandes oder eine **wesentliche Wertminderung** zu besorgen, so richten sich die Rechte der Parteien nach §§ 1218–1221.

§ 1218 Rechte des Verpfänders bei drohendem Verderb

(1) Ist der Verderb des Pfandes oder eine wesentliche Minderung des Wertes zu besorgen, so kann der Verpfänder die Rückgabe des Pfandes gegen anderweitige Sicherheitsleistung verlangen; die Sicherheitsleistung durch Bürgen ist ausgeschlossen.
(2) Der Pfandgläubiger hat dem Verpfänder von dem drohenden Verderb unverzüglich Anzeige zu machen, sofern nicht die Anzeige untunlich ist.

1 Die Vorschrift gibt dem Verpfänder ein **Austauschrecht** (Abs 1). Voraussetzung ist, dass ein Verderb des Pfandes, also ein Unbrauchbarwerden durch Substanzverlust, oder eine wesentliche Wertminderung drohen (zB bei Elektronikware, BGH MMR 13, 708). Für die Leistung einer anderweitigen Sicherheit gelten die §§ 232 I, 233–238, 240. Den Pfandgläubiger trifft eine **Anzeigepflicht** (Abs 2). Bei unberechtigter Zurück-

haltung des Pfandes durch den Pfandgläubiger haftet dieser, wenn die weiteren Voraussetzungen vorliegen, auf **Schadensersatz wegen Verzögerung** nach §§ 280 I, II, 286.

§ 1219 Rechte des Pfandgläubigers bei drohendem Verderb

(1) Wird durch den drohenden Verderb des Pfandes oder durch eine zu besorgende wesentliche Minderung des Wertes die Sicherheit des Pfandgläubigers gefährdet, so kann dieser das Pfand öffentlich versteigern lassen.
(2) ¹Der Erlös tritt an die Stelle des Pfandes. ²Auf Verlangen des Verpfänders ist der Erlös zu hinterlegen.

Der Pfandgläubiger kann unter den Voraussetzungen des § 1218 I bei einer Gefährdung der Sicherheit das Pfand **öffentlich versteigern** (§§ 383 III, 1220, 1236–1246) lassen, wenn der Verpfänder nicht von seinem Austauschrecht Gebrauch macht (Abs 1). Der Erlös tritt an die Stelle des Pfandes (Abs 2 S 1). Er wird also Eigentum des Eigentümers des Pfandes, und der Gläubiger erwirbt ein Pfandrecht daran.

§ 1220 Androhung der Versteigerung

(1) ¹Die Versteigerung des Pfandes ist erst zulässig, nachdem sie dem Verpfänder angedroht worden ist; die Androhung darf unterbleiben, wenn das Pfand dem Verderb ausgesetzt und mit dem Aufschub der Versteigerung Gefahr verbunden ist. ²Im Falle der Wertminderung ist außer der Androhung erforderlich, dass der Pfandgläubiger dem Verpfänder zur Leistung anderweitiger Sicherheit eine angemessene Frist bestimmt hat und diese verstrichen ist.
(2) Der Pfandgläubiger hat den Verpfänder von der Versteigerung unverzüglich zu benachrichtigen; im Falle der Unterlassung ist er zum Schadensersatz verpflichtet.
(3) Die Androhung, die Fristbestimmung und die Benachrichtigung dürfen unterbleiben, wenn sie untunlich sind.

Die Vorschrift verlangt grds (Abs 3) eine **vorherige Androhung** der Versteigerung sowie bei einer drohenden Wertminderung eine **Fristsetzung** für seine Sicherheitsleistung durch den Pfandgläubiger ggü dem Verpfänder (Abs 1). Diese sind Voraussetzung der Rechtmäßigkeit der Versteigerung. Weiter ist er zu einer **Benachrichtigung** des Verpfänders von der Versteigerung verpflichtet (Abs 2).

§ 1221 Freihändiger Verkauf

Hat das Pfand einen Börsen- oder Marktpreis, so kann der Pfandgläubiger den Verkauf aus freier Hand durch einen zu solchen Verkäufen öffentlich ermächtigten Handelsmäkler oder durch eine zur öffentlichen Versteigerung befugte Person zum laufenden Preis bewirken.

§ 1222 Pfandrecht an mehreren Sachen

Besteht das Pfandrecht an mehreren Sachen, so haftet jede für die ganze Forderung.

Die Vorschrift regelt die **Gesamtverpfändung** mehrerer Sachen. Bei ihr haftet jede Sache für die ganze Forderung. Der Gläubiger hat ein Wahlrecht, aus welcher der Sachen er sich befriedigen will. Der Verpfänder kann eine der Sachen erst nach vollständiger Befriedigung des Gläubigers herausverlangen.

§ 1223 Rückgabepflicht; Einlösungsrecht

(1) Der Pfandgläubiger ist verpflichtet, das Pfand nach dem Erlöschen des Pfandrechts dem Verpfänder zurückzugeben.

(2) Der Verpfänder kann die Rückgabe des Pfandes gegen Befriedigung des Pfandgläubigers verlangen, sobald der Schuldner zur Leistung berechtigt ist.

1 I. Nach dem Erlöschen des Pfandrechts (zB durch Erlöschen der Forderung, § 1252) ist der Pfandgläubiger zur **Rückgabe der Pfandsache** an den Verpfänder verpflichtet (Abs 1). Ist der Verpfänder zugleich Eigentümer der Pfandsache, so ergibt sich eine Rückgabepflicht auch aus §§ 985, 986. Sind dag Eigentümer und Verpfänder personenverschieden, so hat der Eigentümer allein einen Herausgabeanspruch aus §§ 985, 986. Der Anspruch aus Abs 1 steht in diesem Fall allein dem Verpfänder zu. Der Pfandgläubiger wird daher grds auch dann durch eine Rückgabe an den Verpfänder frei, wenn er weiß, dass dieser nicht Eigentümer der Sache ist (BGHZ 73, 321 ff; MK/Damrau § 1223 Rn 3).

2 II. Der Verpfänder hat zudem ein **Einlösungsrecht**, sobald der Schuldner zur Leistung berechtigt ist (Abs 2). Dies kann wegen § 271 II schon **vor Pfandreife** der Fall sein. Der Anspruch geht auf Rückgabe Zug um Zug gegen volle Befriedigung des Gläubigers.

§ 1224 Befriedigung durch Hinterlegung oder Aufrechnung

Die Befriedigung des Pfandgläubigers durch den Verpfänder kann auch durch Hinterlegung oder durch Aufrechnung erfolgen.

1 Die Vorschrift **erleichtert die Befriedigung** des Gläubigers durch den Verpfänder. Der Gläubiger muss sich auch eine Hinterlegung (§§ 372 ff) oder Aufrechnung (§§ 387 ff) gefallen lassen. Ist der Verpfänder nicht der persönliche Schuldner, so liegt hierin eine Durchbrechung des Erfordernisses der Gegenseitigkeit (§ 387).

§ 1225 Forderungsübergang auf den Verpfänder

¹Ist der Verpfänder nicht der persönliche Schuldner, so geht, soweit er den Pfandgläubiger befriedigt, die Forderung auf ihn über. ²Die für einen Bürgen geltende Vorschrift des § 774 findet entsprechende Anwendung.

1 I. Befriedigt der Verpfänder den Pfandgläubiger, so geht die Forderung nach S 1 auf ihn über, wenn er nicht zugleich persönlicher Schuldner der gesicherten Forderung ist. Ist der Verpfänder zugleich Eigentümer der Pfandsache, so erlischt das Pfandrecht gem § 1256 I. Das **Einlösungsrecht** steht ausschließlich dem Verpfänder zu. Der nicht mit dem Verpfänder identische Eigentümer hat das Ablösungsrecht nach § 1249.

2 II. Ausgleich unter mehreren Sicherungsgebern. Zahlt der **Verpfänder**, der **nicht persönlicher Schuldner** ist, so geht die Forderung kraft Gesetzes auf ihn über (S 1). Bestehen für eine Forderung **mehrere Sicherheiten** (mehrere Pfandrechte, Pfandrecht und Bürgschaft, Pfandrecht und Grundpfandrecht) und befriedigt einer der Sicherungsgeber, der nicht zugleich persönlicher Schuldner ist, den Gläubiger, so geht grds mit der Forderung auch die noch bestehende Sicherheit auf ihn über (§§ 412, 401). Der zahlende Sicherungsgeber kann also bei den anderen Sicherungsgebern im Innenverhältnis die auf ihn übergegangene gesicherte Forderung geltend machen. Problematisch ist allerdings der **Umfang des Ausgleichsanspruchs**.

3 1. Zahlt einer von **mehreren Verpfändern**, so ist die Bedeutung der Verweisung des S 2 auf § 774 II, also die Frage der **Ausgleichspflicht unter mehreren Verpfändern**, str (Nachweise bei Staud/Wiegand § 1225 Rn 15): Nach hM erhält der zahlende Verpfänder bei Fehlen einer abw Vereinbarung den durch das Pfandrecht (§§ 412, 401, 1250) gesicherten Ausgleichsanspruch nicht in vollem Umfang, sondern gem §§ 1225 S 2, 774 II, 426 I 1 **nach Kopfteilen**, der Höhe nach begrenzt durch den Wert des Pfandes (BGH NJW-RR 91, 500 f; Staud/Wiegand § 1225 Rn 16 ff). Dies wird zT mit einer analogen Anwendung des § 426 begründet, indem die Haftung aus dem Pfandrecht entspr der Schuld behandelt wird (BGH NJW 89, 2583). Andere dehnen die Verweisung des S 2 auf § 774 auch auf § 769 aus. Die Gegenauffassung hält den Ausgleich

nach Kopfteilen für **unbillig** und stellt statt dessen auf das **Wertverhältnis der Pfandsachen** (OLG Frankfurt JW 31, 2751; Westermann/Gursky, § 129 IV 2) oder das **eigene Interesse des Sicherungsgebers** am gesicherten Kredit ab (Schlechtriem, FS v. Caemmerer, 1978, 1013 ff).

2. Problematisch ist weiter, wie es sich auf die Ausgleichspflicht unter mehreren Verpfändern auswirkt, wenn der Pfandgläubiger Einzelne von mehreren **Pfändern freigibt.** Insoweit ist insb umstr, ob § 776 auf das Verhältnis des Pfandgläubigers zum Verpfänder **analog** anzuwenden ist: Der **BGH** lehnt eine entsprechende Anwendung von § 776 ab (BGH NJW-RR 91, 499). Der Verpfänder wird insoweit nicht durch das anteilige Erlöschen des Pfandrechts frei, als er aus dem vom Pfandgläubiger aufgegebenen Recht Befriedigung hätte erlangen können. Dies hat zur Konsequenz, dass das vom Pfandgläubiger nicht aufgegebene Pfandrecht ungeachtet der Aufgabe der anderen Pfandrechte in vollem Umfang erhalten bleibt. In der **Lehre** wird demgegenüber eine analoge Anwendung von § 776 überw befürwortet (Müller, Rn 2831 a; MK/Damrau § 1225 Rn 9; Westermann/Gursky, § 129 IV 2). Diese Auffassung wird mit der **Gleichheit aller Sicherheiten** begründet, aus der der Grundsatz der Gleichmäßigkeit ihrer Belastungen folge. Besteht unter mehreren Verpfändern eine Ausgleichspflicht, so erscheint es zutreffend, dem Pfandgläubiger nicht ohne Rechtsnachteil zu gestatten, einzelne von mehreren Pfändern freizugeben. Anderenfalls würde sich das Problem auf das Innenverhältnis der Verpfänder verlagern, da der Pfandgläubiger keinen Rechtsnachteil erleiden, aber der Ausgleichsanspruch bestehen bleiben würde. Dies hätte die unbillige Konsequenz, dass das **Insolvenzrisiko** auf den verbliebenen Verpfänder verlagert würde, wenn der „entlassene" Verpfänder zahlungsunfähig wird (MK/Damrau § 1225 Rn 9). **4**

3. Diese für das Verhältnis unter mehreren Verpfändern geltenden Grundsätze gelten entspr, wenn ein **Grundpfandrecht** mit einem **Pfandrecht** zusammentrifft und der Grundstückseigentümer oder der Verpfänder den Gläubiger befriedigt (BGH NJW-RR 91, 682; Staud/Wiegand § 1225 Rn 32 ff). **5**

Treffen **Pfandrecht und Bürgschaft** zusammen, müsste es an sich zu einem **Wettlauf der Sicherer** kommen, bei dem derjenige bessergestellt wäre, der als erster den Gläubiger befriedigt. **Bsp:** Eine Forderung des G gegen S ist durch ein Pfandrecht an einer Sache des P und eine Bürgschaft des B gesichert. Würde B zuerst zahlen, so ginge die durch das Pfandrecht gesicherte Forderung auf ihn über (§§ 774, 1250). Zahlte dag P zuerst, so müsste er nach §§ 1225, 774, 401, 412 die durch die Bürgschaft gesicherte Forderung erlangen. ZT wird vertreten (Nachweise bei Westermann/Gursky § 129 Fn 64), dass der **Bürge** ggü dem Verpfänder das **bessere Recht** habe. Zahle er an den Gläubiger, so erwerbe er Forderung und Pfandrecht und könne beim Verpfänder in vollem Umfang Regress nehmen. Befriedige dag der Verpfänder den Gläubiger, so erlösche die Bürgschaft mit der Folge, dass der Verpfänder die Forderung ungesichert erlange. Diese Auffassung wird mit dem **Rechtsgedanken des** § 776 begründet, aus dem folge, dass der Bürge unter allen Umständen den Rückgriff auf das Pfand behalten solle und dass der Anspruch des Gläubigers gegen den Bürgen in Höhe des Wertes des Pfandes erlösche und daher nicht mehr auf den Verpfänder übergehen könne, wenn dieser befriedigt sei. Nach der zunehmend vertretenen Gegenauffassung ergibt sich aus §§ 774, 1225 der allg Rechtsgedanke, dass bei Leistung eines Sicherungsgebers unter sämtlichen gleichstufig haftenden Sicherungsgebern ein **anteiliger Ausgleich** analog § 426 stattfinde (BGHZ 108, 184; Westermann/Gursky, § 129 VI 3; Soergel/Habersack, § 1225 Rn 12; MK/Damrau § 1225 Rn 12). Für diese Auffassung spricht, dass § 776 nichts über eine Bevorzugung des Bürgen ggü dem Verpfänder aussagt, sondern allein bestimmt, dass der Pfandgläubiger kein Sicherungsrecht zum Nachteil eines anderen Sicherungsgebers aufgeben darf. **6**

§ 1226 Verjährung der Ersatzansprüche

¹Die Ersatzansprüche des Verpfänders wegen Veränderungen oder Verschlechterungen des Pfandes sowie die Ansprüche des Pfandgläubigers auf Ersatz von Verwendungen

oder auf Gestattung der Wegnahme einer Einrichtung verjähren in sechs Monaten. ²Die Vorschrift des § 548 Abs. 1 Satz 2 und 3, Abs. 2 findet entsprechende Anwendung.

1 Die **Ansprüche des Verpfänders und des Pfandgläubigers** aus §§ 1215 f verjähren in sechs Monaten (S 1). Die Verjährung der Ansprüche des Verpfänders beginnt mit der Rückgabe des Pfandes (S 2 iVm § 548 I 2 u 3, II Halbs 1), die Verjährung der Ansprüche des Pfandgläubigers mit Beendigung des gesetzlichen Schuldverhältnisses zwischen Verpfänder und Pfandgläubiger (S 2 iVm § 548 II HS 2).

§ 1227 Schutz des Pfandrechts

Wird das Recht des Pfandgläubigers beeinträchtigt, so finden auf die Ansprüche des Pfandgläubigers die für die Ansprüche aus dem Eigentum geltenden Vorschriften entsprechende Anwendung.

1 Zum Schutz des Pfandrechts verweist die Vorschrift auf die **Ansprüche zum Schutz des Eigentums**, also insb auf §§ 985, 989 ff, 994 ff, 1004 f, 1007; diese Ansprüche stehen dem Pfandgläubiger auch gegen den Eigentümer zu. Daneben kommen die allg Vorschriften der §§ 861 f, 677 ff, 812 ff, 823 ff zur Anwendung. Insoweit ist allerdings die Ausschlussfunktion der §§ 987 ff zu beachten.

§ 1228 Befriedigung durch Pfandverkauf

(1) Die Befriedigung des Pfandgläubigers aus dem Pfande erfolgt durch Verkauf.
(2) ¹Der Pfandgläubiger ist zum Verkauf berechtigt, sobald die Forderung ganz oder zum Teil fällig ist. ²Besteht der geschuldete Gegenstand nicht in Geld, so ist der Verkauf erst zulässig, wenn die Forderung in eine Geldforderung übergegangen ist.

1 **I.** Die Pfandverwertung erfolgt regelmäßig durch **privaten Pfandverkauf** (Abs 1), dessen Durchführung in den §§ 1234–1240 geregelt ist. Der Eigentümer und der Pfandgläubiger können aber eine von diesen Vorschriften **abweichende Art des Pfandverkaufs** vereinbaren (§ 1245 I 1). Der Privatverkauf erfolgt idR im Wege **öffentlicher Versteigerung** (§ 1235 I) oder durch **freihändigen Verkauf** (§§ 1235 II, 1221).

2 **1.** Der Pfandgläubiger ist aber nicht gezwungen, das Pfand zu verwerten. Er kann den Schuldner auch auf **Zahlung** aus der Forderung verklagen und aufgrund des vollstreckbaren Titels die in seinem eigenen Besitz befindliche Sache des Schuldners durch den Gerichtsvollzieher pfänden (§ 807 ZPO) und hoheitlich versteigern lassen. Vollstreckt der Pfandgläubiger in diesem Fall in das übrige Vermögen des Schuldners, kann dieser ihn im Wege der Erinnerung zuerst auf das Pfand verweisen (§ 777 ZPO). Weiter hat der Pfandgläubiger die Möglichkeit, gegen den Eigentümer und Verpfänder nach § 1233 II auf **Duldung der Pfandverwertung** zu klagen und so einen **dinglichen Titel** entspr der Situation bei der Hypothek gem § 1147 zu erlangen. Der Pfandgläubiger kann auch in diesem Fall die Pfandsache durch Pfandverkauf verwerten, wobei er hins der Durchführung zwischen dem Pfandverkauf nach §§ 1234–1240 oder nach §§ 814 ff ZPO (ohne Pfändung) wählen kann.

3 **2.** Bei einem **Pfandrecht an Geld** erfolgt die Verwertung durch einseitige, aufgrund des Pfandrechts zulässige Aneignung des erforderlichen Betrages durch den Pfandgläubiger (MK/Damrau § 1228 Rn 5).

4 **II.** Die **Berechtigung** des Pfandgläubigers zum Pfandverkauf entsteht mit der **Pfandreife**. Dazu müssen **Geldforderungen** fällig (Abs 2 S 1) und **andere Forderungen** in Geldforderungen übergegangen sein (Abs 2 S 2).

§ 1229 Verbot der Verfallvereinbarung

Eine vor dem Eintritt der Verkaufsberechtigung getroffene Vereinbarung, nach welcher dem Pfandgläubiger, falls er nicht oder nicht rechtzeitig befriedigt wird, das Eigentum an der Sache zufallen oder übertragen werden soll, ist nichtig.

Nach dieser Vorschrift ist eine vor Pfandreife geschlossene Abrede, nach der der Pfandgläubiger bei Nichterfüllung der Schuld Eigentum an der Pfandsache erwirbt (**Verfallvereinbarung**), nichtig. Dies gilt auch für eine Verpflichtung des Verpfänders zur Eigentumsübertragung. Wird eine derartige Vereinbarung erst nach Pfandreife getroffen, so richtet sich ihre Wirksamkeit nach § 138. Bei der Verpfändung von Geld ist eine Verfallklausel in Höhe der Schuldsumme dag zulässig. 1

§ 1230 Auswahl unter mehreren Pfändern

¹Unter mehreren Pfändern kann der Pfandgläubiger, soweit nicht ein anderes bestimmt ist, diejenigen auswählen, welche verkauft werden sollen. ²Er kann nur so viele Pfänder zum Verkauf bringen, als zu seiner Befriedigung erforderlich sind.

Besteht das Pfandrecht an **mehreren Sachen**, so haftet jedes Pfand für die ganze Forderung (§ 1222). Der Pfandgläubiger hat unter den Pfändern die **freie Auswahl**, welche verkauft werden sollen (S 1). Er darf allerdings nicht mehr Pfänder zum Verkauf bringen, als dies zu seiner Befriedigung erforderlich ist (S 2). Ein **übermäßiger Pfandverkauf** ist gem § 1243 I unrechtmäßig. 1

§ 1231 Herausgabe des Pfandes zum Verkauf

¹Ist der Pfandgläubiger nicht im Alleinbesitz des Pfandes, so kann er nach dem Eintritt der Verkaufsberechtigung die Herausgabe des Pfandes zum Zwecke des Verkaufs fordern. ²Auf Verlangen des Verpfänders hat anstelle der Herausgabe die Ablieferung an einen gemeinschaftlichen Verwahrer zu erfolgen; der Verwahrer hat sich bei der Ablieferung zu verpflichten, das Pfand zum Verkauf bereitzustellen.

Bestehen an einer Sache mehrere Pfandrechte für verschiedene Forderungen, so wird ihr Verhältnis durch ihren **Rang** bestimmt (§ 1209). Jeder Pfandgläubiger hat unabhängig vom Rang seines Rechts bei Pfandreife seiner gesicherten Forderung ein **Verwertungsrecht**. 1

Da der Pfandverkauf den Alleinbesitz des Pfandgläubigers voraussetzt, gewährt ihm die Vorschrift einen **Herausgabeanspruch** gegen den mitbesitzenden Verpfänder. Bei mehreren Pfandrechten unterschiedlichen Ranges hat der **vorrangige Gläubiger** einen Herausgabeanspruch gegen alle nachrangigen Pfandgläubiger aus §§ 1227, 985. 2

§ 1232 Nachstehende Pfandgläubiger

¹Der Pfandgläubiger ist nicht verpflichtet, einem ihm im Range nachstehenden Pfandgläubiger das Pfand zum Zwecke des Verkaufs herauszugeben. ²Ist er nicht im Besitz des Pfandes, so kann er, sofern er nicht selbst den Verkauf betreibt, dem Verkauf durch einen nachstehenden Pfandgläubiger nicht widersprechen.

Will der **nachrangige Pfandgläubiger** das Pfand verwerten, so kann der vorrangige Gläubiger die Pfandsache nur dann herausverlangen, wenn er selbst alsbald den Pfandverkauf betreiben will. Anderenfalls ist er nicht berechtigt, dem Verkauf durch einen nachrangigen Pfandgläubiger zu widersprechen, da er durch den Verkauf nicht in seinen Rechten beeinträchtigt werden kann (S 2). 1

Der im Besitz der Pfandsache befindliche **vorrangige Gläubiger** ist seinerseits nicht verpflichtet, einem nachrangigen Gläubiger die Pfandsache zum Zwecke des Pfandverkaufs herauszugeben (S 1). Dies gilt selbst dann, wenn die Forderung des nachrangigen 2

Gläubigers bereits fällig ist, die des vorrangigen jedoch noch nicht. Der nachrangige Gläubiger muss also warten, bis der vorrangige Gläubiger die Verwertung betreibt, doch steht ihm das Recht zu, das vorrangige Pfandrecht **abzulösen** (vgl § 1249).

§ 1233 Ausführung des Verkaufs

(1) Der Verkauf des Pfandes ist nach den Vorschriften der §§ 1234 bis 1240 zu bewirken.
(2) Hat der Pfandgläubiger für sein Recht zum Verkauf einen vollstreckbaren Titel gegen den Eigentümer erlangt, so kann er den Verkauf auch nach den für den Verkauf einer gepfändeten Sache geltenden Vorschriften bewirken lassen.

1 Die (dispositiven, vgl §§ 1245, 1246) Vorschriften der §§ 1233–1240 regeln die Art und Weise des Pfandverkaufs (Abs 1). Damit ist nur der **private Pfandverkauf ohne Titel** gemeint (vgl § 1228 Rn 1). Daneben besteht die Möglichkeit eines **Pfandverkaufs mit (dinglichem) Titel** gegen den Eigentümer auf Duldung der Pfandverwertung (Abs 2, vgl § 1228 Rn 2). Zur weiteren Möglichkeit der **Zwangsvollstreckung aus einem Zahlungstitel** vgl § 1228 Rn 2.

§ 1234 Verkaufsandrohung; Wartefrist

(1) ¹Der Pfandgläubiger hat dem Eigentümer den Verkauf vorher anzudrohen und dabei den Geldbetrag zu bezeichnen, wegen dessen der Verkauf stattfinden soll. ²Die Androhung kann erst nach dem Eintritt der Verkaufsberechtigung erfolgen; sie darf unterbleiben, wenn sie untunlich ist.
(2) ¹Der Verkauf darf nicht vor dem Ablauf eines Monats nach der Androhung erfolgen. ²Ist die Androhung untunlich, so wird der Monat von dem Eintritt der Verkaufsberechtigung an berechnet.

1 Die Vorschrift will dem Eigentümer eine Pfandablösung ermöglichen und schreibt deshalb eine **Verkaufsandrohung** (Abs 1) nach Pfandreife (§ 1228 II) und die Einhaltung einer **Wartefrist** (Abs 2) vor. Diese Frist gilt auch bei Wertpapieren (LG Nürnberg-Fürth NJW-RR 03, 184). Ein Verstoß gegen diese Bestimmungen lässt die Rechtmäßigkeit des Pfandverkaufs unberührt, kann aber eine Schadensersatzpflicht des Gläubigers begründen (§ 1243 II).

§ 1235 Öffentliche Versteigerung

(1) Der Verkauf des Pfandes ist im Wege öffentlicher Versteigerung zu bewirken.
(2) Hat das Pfand einen Börsen- oder Marktpreis, so findet die Vorschrift des § 1221 Anwendung.

1 Die Vorschrift bestimmt die öffentliche Versteigerung (Abs 1) nach § 383 III (nicht nach §§ 814 ff ZPO) und den freihändigen Verkauf nach § 1221 (Abs 2) als zulässige Formen des Privatverkaufs. Ein Verstoß gegen diese Regelung macht den Pfandverkauf unrechtmäßig (§ 1243 I). Ein gutgläubiger Erwerb ist ausgeschlossen (§ 1244).
2 Da der Pfandverkauf den **unmittelbaren Alleinbesitz** des Pfandgläubigers verlangt, gewährt ihm die Vorschrift im Falle einer Verpfändung nach § 1206 einen Anspruch auf Herausgabe der im **Mitbesitz des Verpfänders** befindlichen Pfandsache.

§ 1236 Versteigerungsort

¹Die Versteigerung hat an dem Orte zu erfolgen, an dem das Pfand aufbewahrt wird. ²Ist von einer Versteigerung an dem Aufbewahrungsort ein angemessener Erfolg nicht zu erwarten, so ist das Pfand an einem geeigneten anderen Orte zu versteigern.

Ein **Verstoß** gegen diese Vorschrift lässt die Rechtmäßigkeit des Pfandverkaufs unberührt (§ 1243 I), kann aber eine Schadensersatzpflicht des Gläubigers begründen (§ 1243 II).

§ 1237 Öffentliche Bekanntmachung

¹Zeit und Ort der Versteigerung sind unter allgemeiner Bezeichnung des Pfandes öffentlich bekannt zu machen. ²Der Eigentümer und Dritte, denen Rechte an dem Pfande zustehen, sind besonders zu benachrichtigen; die Benachrichtigung darf unterbleiben, wenn sie untunlich ist.

Die Vorschrift ordnet eine öffentliche **Bekanntmachung** (S 1) und **Benachrichtigung** des Eigentümers und anderer dinglich Berechtigter (S 2) an. Ein Verstoß gegen S 1 macht die Veräußerung unrechtmäßig (§ 1243 I), doch ist ein gutgläubiger Erwerb möglich (§ 1244). Bei einem Verstoß gegen S 2 ist die Veräußerung rechtmäßig (§ 1243 I), doch kann sich der Gläubiger schadensersatzpflichtig machen (§ 1243 II).

§ 1238 Verkaufsbedingungen

(1) Das Pfand darf nur mit der Bestimmung verkauft werden, dass der Käufer den Kaufpreis sofort bar zu entrichten hat und seiner Rechte verlustig sein soll, wenn dies nicht geschieht.
(2) ¹Erfolgt der Verkauf ohne diese Bestimmung, so ist der Kaufpreis als von dem Pfandgläubiger empfangen anzusehen; die Rechte des Pfandgläubigers gegen den Ersteher bleiben unberührt. ²Unterbleibt die sofortige Entrichtung des Kaufpreises, so gilt das Gleiche, wenn nicht vor dem Schluss des Versteigerungstermins von dem Vorbehalt der Rechtsverwirkung Gebrauch gemacht wird.

Die Vorschrift schreibt als (abdingbare, §§ 1245 I, 1246) **gesetzliche Verkaufsbedingungen**, die zum Inhalt des Kaufvertrages gemacht werden müssen, die Barzahlungsklausel und die Verwirkungsklausel vor (Abs 1). Das soll sicherstellen, dass der Gläubiger die Pfandsache nicht auf Kosten des Eigentümers auf Kredit verkauft. Fehlen die Klauseln im Kaufvertrag oder übt der Gläubiger bei Nichtzahlung des Erstehers sein Rücktrittsrecht nicht rechtzeitig aus, so werden der Eigentümer und Schuldner durch die **Zahlungsfiktion** des Abs 2 S 1 geschützt. In ihrem Verhältnis zum Gläubiger gilt die Kaufpreisforderung des Gläubigers gegen den Ersteher als befriedigt.

§ 1239 Mitbieten durch Gläubiger und Eigentümer

(1) ¹Der Pfandgläubiger und der Eigentümer können bei der Versteigerung mitbieten. ²Erhält der Pfandgläubiger den Zuschlag, so ist der Kaufpreis als von ihm empfangen anzusehen.
(2) ¹Das Gebot des Eigentümers darf zurückgewiesen werden, wenn nicht der Betrag bar erlegt wird. ²Das Gleiche gilt von dem Gebot des Schuldners, wenn das Pfand für eine fremde Schuld haftet.

Nach Abs 1 dürfen **alle Beteiligten** (Pfandgläubiger, Eigentümer, Verpfänder, Schuldner und Dritte) mitbieten. Eigentümer und Schuldner müssen ihr Gebot sofort bar erlegen, da es sonst zurückgewiesen werden darf und unwirksam wird (Abs 2).

§ 1240 Gold- und Silbersachen

(1) Gold- und Silbersachen dürfen nicht unter dem Gold- oder Silberwert zugeschlagen werden.

(2) Wird ein genügendes Gebot nicht abgegeben, so kann der Verkauf durch eine zur öffentlichen Versteigerung befugte Person aus freier Hand zu einem den Gold- oder Silberwert erreichenden Preis erfolgen.

1 Die Vorschrift enthält **Sonderregelungen** für den Verkauf von Gold- und Silbersachen.

§ 1241 Benachrichtigung des Eigentümers

Der Pfandgläubiger hat den Eigentümer von dem Verkauf des Pfandes und dem Ergebnis unverzüglich zu benachrichtigen, sofern nicht die Benachrichtigung untunlich ist.

1 Die Vorschrift begründet eine **Benachrichtigungspflicht** des Pfandgläubigers ggü dem Eigentümer nach dem Verkauf des Pfandes.

§ 1242 Wirkungen der rechtmäßigen Veräußerung

(1) ¹Durch die rechtmäßige Veräußerung des Pfandes erlangt der Erwerber die gleichen Rechte, wie wenn er die Sache von dem Eigentümer erworben hätte. ²Dies gilt auch dann, wenn dem Pfandgläubiger der Zuschlag erteilt wird.
(2) ¹Pfandrechte an der Sache erlöschen, auch wenn sie dem Erwerber bekannt waren. ²Das Gleiche gilt von einem Nießbrauch, es sei denn, dass er allen Pfandrechten im Range vorgeht.

1 I. Die Vorschrift regelt die **Rechtsfolgen** der rechtmäßigen Pfandveräußerung. Zu den **Voraussetzungen** s § 1143 Rn 1.
2 II. Der rechtmäßige Pfandverkauf hat folgende Wirkungen:
3 1. Der Ersteher erlangt das **Eigentum** an der Sache (Abs 1).
4 2. Andere **dingliche Rechte** an der Sache erlöschen (Abs 2 S 1); dies gilt nicht für einen allen Pfandrechten vorgehenden **Nießbrauch** (Abs 2 S 2), doch ist auch insoweit ein gutgläubig lastenfreier Erwerb des Erstehers nach § 936 möglich.
5 3. Die dingliche Rechtslage am **Erlös** und das **Erlöschen der gesicherten Forderung** regelt § 1147.

§ 1243 Rechtswidrige Veräußerung

(1) Die Veräußerung des Pfandes ist nicht rechtmäßig, wenn gegen die Vorschriften des § 1228 Abs. 2, des § 1230 Satz 2, des § 1235, des § 1237 Satz 1 oder des § 1240 verstoßen wird.
(2) Verletzt der Pfandgläubiger eine andere für den Verkauf geltende Vorschrift, so ist er zum Schadensersatz verpflichtet, wenn ihm ein Verschulden zur Last fällt.

1 I. Der Pfandverkauf im Wege öffentlicher Versteigerung nach §§ 1234 ff ist nach Abs 1 nur unter bestimmten **Voraussetzungen** rechtmäßig und wirksam:
2 1. Der Pfandgläubiger muss ein **Pfandrecht an der Sache** haben (§ 1244).
3 2. Es muss **Pfandreife** gegeben sein (Abs 1 iVm § 1228 II).
4 3. Es dürfen **nicht mehr Sachen verkauft werden, als zur Befriedigung** des Gläubigers erforderlich sind (Abs 1 iVm § 1230 S 2).
5 4. Der Verkauf erfolgt im Wege **öffentlicher Versteigerung** (Abs 1 iVm § 1235). Diese muss durch einen **Gerichtsvollzieher** oder einen öffentlich bestellten **Versteigerer** bewirkt werden.
6 5. Zeit und Ort der Versteigerung müssen **öffentlich bekannt gemacht** sein (Abs 1 iVm § 1237 S 1).
7 6. Gold- und Silbersachen dürfen nicht unter dem **Gold- oder Silberwert** zugeschlagen werden (Abs 1 iVm § 1240 I).
8 Verstöße gegen diese Rechtmäßigkeitsvorschriften machen den **Pfandverkauf unrechtmäßig** (Abs 1). Der Eigentümer des Pfandes kann allerdings das Vorgehen des Pfand-

gläubigers nachträglich genehmigen und damit wirksam machen (BGH NJW 95, 1350).
II. 1. Daneben stellt das Gesetz eine Reihe von **Ordnungsvorschriften** auf, deren Verletzung die **Rechtmäßigkeit des Pfandverkaufs nicht berührt**: Verkaufsandrohung (§ 1234 I), Einhaltung der **Wartefrist** (§ 1234 II), Versteigerung am **Ort der Aufbewahrung** des Pfandes (§ 1236), **Benachrichtigung** des Eigentümers und Dritter, denen Rechte an der Pfandsache zustehen (§ 1237 S 2), Pfandverkauf gegen **sofortige Barzahlung** (§ 1238 I) und **Benachrichtung des Eigentümers** vom Pfandverkauf und dem Ergebnis (§ 1241). Die Verletzung einer dieser Ordnungsvorschriften berührt zwar die Wirksamkeit des Pfandverkaufs nicht, macht jedoch den Gläubiger nach Abs 2 bei Verschulden **schadensersatzpflichtig**. 9

2. Bei der öffentlichen Versteigerung wird der Gerichtsvollzieher oder der öffentlich bestellte Versteigerer als **Vertreter des Pfandgläubigers** tätig. Mit dem Zuschlag in der Versteigerung kommt ein Kaufvertrag zwischen dem Pfandgläubiger und dem Ersteher zustande (§ 156). Die anschließende Übereignung erfolgt dann nach §§ 929 ff. 10

§ 1244 Gutgläubiger Erwerb

Wird eine Sache als Pfand veräußert, ohne dass dem Veräußerer ein Pfandrecht zusteht oder den Erfordernissen genügt wird, von denen die Rechtmäßigkeit der Veräußerung abhängt, so finden die Vorschriften der §§ 932 bis 934, 936 entsprechende Anwendung, wenn die Veräußerung nach § 1233 Abs. 2 erfolgt ist oder die Vorschriften des § 1235 oder des § 1240 Abs. 2 beobachtet worden sind.

I. Ist der **Pfandverkauf unrechtmäßig** iSd § 1243 I oder steht dem Veräußerer **kein Pfandrecht** an der Sache zu, so kommt nach dieser Vorschrift ein **gutgläubiger Eigentumserwerb** des Erstehers in Betracht. 1

II. Der gutgläubige Eigentumserwerb hat folgende **Voraussetzungen**: 2
1. **Veräußerung** der Sache **als Pfand** (nicht als Eigentum des Veräußerers, da dann die §§ 932 ff unmittelbar gelten). 3
2. **Veräußerung nach § 1233 II oder § 1235 I oder Einhaltung der §§ 1235, 1240 II**, die nicht durch den guten Glauben des Erwerbers gem § 1244 ersetzt werden können. 4
3. **Keine Bösgläubigkeit** des Erwerbers, also entspr § 932 II keine Kenntnis bzw grobfahrlässige Unkenntnis vom Nichtbestehen des Pfandrechts bzw der Nichteinhaltung der Vorschriften des § 1243 I. 5
4. **Vorliegen der Voraussetzungen der §§ 932–934, 936**: § 935 ist gem § 1244 nicht anwendbar. Es kann also auch Eigentum an solchen Pfandsachen erworben werden, die dem Eigentümer abhanden gekommen sind und an denen aus diesem Grunde kein Pfandrecht entstehen konnte (§§ 1207, 935; 366 III HGB). 6

§ 1245 Abweichende Vereinbarungen

(1) ¹Der Eigentümer und der Pfandgläubiger können eine von den Vorschriften der §§ 1234 bis 1240 abweichende Art des Pfandverkaufs vereinbaren. ²Steht einem Dritten an dem Pfande ein Recht zu, das durch die Veräußerung erlischt, so ist die Zustimmung des Dritten erforderlich. ³Die Zustimmung ist demjenigen gegenüber zu erklären, zu dessen Gunsten sie erfolgt; sie ist unwiderruflich.
(2) Auf die Beobachtung der Vorschriften des § 1235, des § 1237 Satz 1 und des § 1240 kann nicht vor dem Eintritt der Verkaufsberechtigung verzichtet werden.

I. Der Pfandgläubiger kann die Pfandsache auch in anderer Weise als durch privaten Pfandverkauf verwerten. Dabei stehen ihm folgende **Möglichkeiten** offen: 1
1. Der Pfandgläubiger kann gegen den Schuldner aufgrund der persönlichen Forderung einen **Zahlungstitel** erwirken und die in seinem Besitz befindliche Pfandsache des Schuldners durch den Gerichtsvollzieher pfänden lassen (§ 809 ZPO). Die Pfandsache wird dann nach §§ 814, 816 ff ZPO **hoheitlich** versteigert. Der Schuldner kann aller- 2

dings der Vollstreckung des Gläubigers in sein übriges Vermögen widersprechen und ihn darauf verweisen, sich zunächst aus dem Pfand zu befriedigen (§ 777 ZPO). Dieses Recht steht ihm aber erst in der Zwangsvollstreckung zu, gegen die Zahlungsklage fehlt ihm dag diese Verteidigungsmöglichkeit.

3 Der entscheidende Unterschied zum Privatverkauf liegt bei dieser Art der Pfandverwertung darin, dass auf die Versteigerung im Wege der Zwangsvollstreckung die §§ 1242–1244 nicht anwendbar sind. Der **Gerichtsvollzieher** wird also **nicht als Vertreter des Gläubigers** tätig. Er übereignet den Pfandgegenstand unabhängig vom guten Glauben des Erstehers durch **Hoheitsakt**. Auch der Versteigerungserlös wird an den Gläubiger durch **Hoheitsakt** überwiesen.

4 **2.** Der Pfandgläubiger hat weiter die Möglichkeit, sich einen **Titel auf Duldung der Zwangsvollstreckung** (vollstreckbares Urteil, Prozessvergleich, vollstreckbare Urkunde) gegen den Eigentümer zu verschaffen und die Pfandveräußerung nach den Vorschriften des 8. Buches der ZPO (§§ 814 ff ZPO) zu betreiben. Eine **Pfändung** der Sache (§§ 803–805, 807–813 ZPO) ist hier **nicht erforderlich**, da der Pfandgläubiger aus seinem bereits bestehenden Pfandrecht vorgeht. Da die Grundlage der Vollstreckung das Pfandrecht und nicht der Duldungstitel gegen den Eigentümer ist, richten sich die Wirkungen des Pfandverkaufs nach §§ 1242, 1244, 1247 (MK/Damrau § 1233 Rn 7).

5 **II.** Nach Abs 1 S 1 können der Pfandgläubiger und der Eigentümer auch **andere Arten des Pfandverkaufs** vereinbaren. Sie haben damit die Möglichkeit, durch Vereinbarung den Pfandverkauf zu **erleichtern** oder zu **erschweren**. Allerdings kann auf die Einhaltung bestimmter Vorschriften erst nach Eintritt der Verkaufsberechtigung (§ 1228 II) verzichtet werden (zB nicht auf eine öffentliche und öffentlich bekannt gemachte Versteigerung), Abs 2. Dritte, denen ein Recht an der Pfandsache zusteht, das durch die Veräußerung nach § 1242 II erlischt, müssen der Vereinbarung **zustimmen** (Abs 1 S 2, 3).

§ 1246 Abweichung aus Billigkeitsgründen

(1) Entspricht eine von den Vorschriften der §§ 1235 bis 1240 abweichende Art des Pfandverkaufs nach billigem Ermessen den Interessen der Beteiligten, so kann jeder von ihnen verlangen, dass der Verkauf in dieser Art erfolgt.
(2) Kommt eine Einigung nicht zustande, so entscheidet das Gericht.

1 Entspricht eine andere Art des Pfandverkaufs den Interessen der Beteiligten nach billigem Ermessen, so kann jeder Teil verlangen, dass der Verkauf auf diese Weise erfolgt (§ 1246 I). Kommt es zu einer **Einigung** der Parteien, so liegt ein Fall des § 1245 vor. Kommt es dag zu keiner Einigung, so entscheidet das **Gericht** im Verfahren der freiwilligen Gerichtsbarkeit (§§ 1245, 1246 BGB, §§ 410 Nr. 4, 411 IV FamFG).

§ 1247 Erlös aus dem Pfande

¹Soweit der Erlös aus dem Pfande dem Pfandgläubiger zu seiner Befriedigung gebührt, gilt die Forderung als von dem Eigentümer berichtigt. ²Im Übrigen tritt der Erlös an die Stelle des Pfandes.

1 **I.** Die Vorschrift regelt einerseits die dingliche Rechtslage am **Erlös** und andererseits das **Erlöschen der gesicherten Forderung**.

2 **II.** Soweit der **Erlös** dem Pfandgläubiger „gebührt", erlangt er **Eigentum** am Erlös nach S 1 iVm §§ 929 ff (**Traditionsprinzip**). Die gesicherte **Forderung** gilt damit als getilgt. Ist der Eigentümer gleichzeitig der Schuldner, so **erlischt** die Forderung; anderenfalls geht sie analog §§ 1249, 268 III **auf ihn über** (Jauernig/Berger § 1247 Rn 7; MK/Damrau § 1247 Rn 4; aA Palandt/Bassenge § 1247 Rn 4: analog § 1225). Soweit der Erlös dem Gläubiger **nicht gebührt**, tritt **dingliche Surrogation** ein, dh der ehemalige Eigentümer der Pfandsache wird Eigentümer des Erlöses, S 2.

1. Der **Erlös gebührt** dem betreibenden Pfandgläubiger, soweit der Erlös die fällige **3** Forderung nebst Zinsen und Kosten (§ 1210) **nicht übersteigt** und dem Pfandrecht keine **Rechte Dritter** an der Sache vorgehen.

2. Gebührt dem betreibenden Pfandgläubiger der gesamte Erlös nicht, weil **vorrangige** **4** **Rechte Dritter** an der Sache bestehen, so ist zu unterscheiden: Reicht der Erlös nur zur Befriedigung des **vorrangigen Rechts**, so gebührt dem betreibenden Pfandgläubiger nichts und sein Pfandrecht erlischt. Der ehemalige Eigentümer der Pfandsache wird in diesem Fall Alleineigentümer des Erlöses, an dem sich aber das vorrangige Recht fortsetzt. Ist der **Erlös** hingegen **höher als das vorrangige Recht**, so gebührt dem betreibenden Pfandgläubiger der Erlös, soweit er das vorrangige Recht übersteigt, allerdings nur bis zur Höhe seiner eigenen Forderung. Er erwirbt in diesem Fall einen Miteigentumsanteil am Gesamterlös in Höhe der auf ihn entfallenden Quote.

3. Gebührt der Erlös dem betreibenden Pfandgläubiger nicht allein, weil er die **Forde-** **5** **rung übersteigt**, so erwerben der ehemalige Eigentümer und der Pfandgläubiger kraft Gesetzes (S 2) **Miteigentum am Erlös** entspr ihren Anteilen. An dem Miteigentumsanteil des ehemaligen Eigentümers der Pfandsache **setzen sich** die nach § 1242 II **erloschenen Pfandrechte** anderer Pfandgläubiger **fort** (RGZ 119, 269). Der Pfandgläubiger ist berechtigt, sich den seinem Miteigentumsanteil am Erlös entsprechenden Betrag **einseitig** zu Alleineigentum **anzuzeigen**. Der Restbetrag fällt in das Alleineigentum des ehemaligen Eigentümers der Pfandsache. Auch daran setzen sich jedoch die an der Pfandsache vor der Verwertung bestehenden Pfandrechte nach dem Grundsatz der dinglichen Surrogation fort (BGHZ 29, 289).

4. Hat der Ersteher bei einem nach § 1243 I **unrechtmäßigen Pfandverkauf** gem § 1244 **6** **Eigentum** an der Pfandsache erworben, so gebührt dem Pfandgläubiger wie im Falle eines rechtmäßigen Pfandverkaufs der Erlös bis zur Höhe seiner Forderung. Dies gilt aber nur **nach Eintritt der Pfandreife**; bis zu deren Eintritt erwirbt der ehemalige Eigentümer der Pfandsache Alleineigentum am Erlös, an dem sich aber die nach § 1242 II erloschenen Rechte fortsetzen, S 2(Jauernig/Berger § 1247 Rn 8; Staud/Wiegand § 1247 Rn 16 f; aA MK/Damrau § 1247 Rn 3). Die Forderung erlischt nicht (Jauernig/Berger § 1247 Rn 8; Palandt/Bassenge § 1247 Rn 4). Dies gilt auch dann, wenn gar **kein Pfandrecht** bestand. Ist der Erwerber der Pfandsache **nicht Eigentümer** geworden, so ändert sich die dingliche Rechtslage an der Pfandsache nicht. Dementsprechend hat der Eigentümer keine Rechte an dem Erlös. Der Pfandgläubiger wird Alleineigentümer des Erlöses, da er auch dem Käufer wegen seines Unvermögens zur Verschaffung des Eigentums schadensersatzpflichtig ist. Die Forderung bleibt auch hier bestehen (Müller, Rn 2934).

§ 1248 Eigentumsvermutung

Bei dem Verkauf des Pfandes gilt zugunsten des Pfandgläubigers der Verpfänder als der Eigentümer, es sei denn, dass der Pfandgläubiger weiß, dass der Verpfänder nicht der Eigentümer ist.

Bei dem Verkauf des Pfandes **gilt** nach dieser Vorschrift zugunsten des Pfandgläubigers **1** der **Verpfänder als Eigentümer** der Sache, solange der Pfandgläubiger nicht weiß, dass der Verpfänder nicht Eigentümer ist. So wirkt zB eine Verkaufsandrohung ggü dem Verpfänder gegen den Eigentümer (§ 1234 I). Dem Pfandgläubiger schadet nur positive Kenntnis, grobfahrlässige Unkenntnis ist unschädlich.

§ 1249 Ablösungsrecht

¹Wer durch die Veräußerung des Pfandes ein Recht an dem Pfande verlieren würde, kann den Pfandgläubiger befriedigen, sobald der Schuldner zur Leistung berechtigt ist.
²Die Vorschrift des § 268 Abs. 2, 3 findet entsprechende Anwendung.

1 Jeder, der durch die Pfandveräußerung ein Recht an der Pfandsache verlieren würde (Eigentümer, dinglich Berechtigte), ist ablösungsberechtigt, sobald der Schuldner leisten darf (§ 271). Zahlt der Ablösungsberechtigte, so gehen die **Forderung** (S 2 iVm § 268 III) u das **Pfandrecht** (§§ 412, 401, 1250) auf ihn über.

§ 1250 Übertragung der Forderung

(1) ¹Mit der Übertragung der Forderung geht das Pfandrecht auf den neuen Gläubiger über. ²Das Pfandrecht kann nicht ohne die Forderung übertragen werden.
(2) Wird bei der Übertragung der Forderung der Übergang des Pfandrechts ausgeschlossen, so erlischt das Pfandrecht.

1 I. Übertragung des Pfandrechts. Da das Pfandrecht **akzessorischer Natur** ist, kann es nicht isoliert, sondern **nur zusammen mit dem Hauptrecht – der gesicherten Forderung** – übertragen werden. Diese wird formlos nach § 398 abgetreten. Das Pfandrecht folgt der Forderung kraft Gesetzes nach Abs 1 S 1 iVm § 401. Der Zessionar erlangt also durch die formlose Einigung nach § 398 sowohl die schuldrechtliche Stellung als **Gläubiger der gesicherten Forderung** als auch die dingliche Rechtsstellung des **Pfandrechtsinhabers** an der Pfandsache. Während das Pfandrecht nicht ohne die Forderung übertragen werden kann (Abs 1 S 2), kann die **Forderung ohne das Pfandrecht** übertragen werden. In diesem Falle **erlischt** jedoch das **Pfandrecht** (Abs 2).

2 II. Ein **gutgläubiger Erwerb** des Pfandrechts ist nach hM **nicht möglich**, wenn entweder das Pfandrecht oder die Forderung nicht besteht (Baur/Stürner, § 55 B V 3; Palandt/Bassenge § 1250 Rn 1; aA Heck, § 105 V; Wieling, § 15 VI 1 b). **Bestand keine Forderung**, so scheitern ein gutgläubiger Forderungs- und damit auch ein Pfandrechtserwerb bereits daran, dass es grds keinen gutgläubigen Erwerb einer Forderung gibt. Insb ist wegen der strengen Akzessorietät des Pfandrechts eine entsprechende Anwendung des § 1138 nicht möglich. Bestand kein Pfandrecht, so soll der Ausschluss eines gutgläubigen Erwerbs bereits daraus folgen, dass das Pfandrecht nicht rechtsgeschäftlich, sondern gesetzlich nach Abs 1 S 1 iVm § 401 erworben wird, es aber **keinen gutgläubigen Erwerb eines Pfandrechts kraft Gesetzes** gibt. Die hM entscheidet damit anders als beim parallel liegenden Fall der Vormerkung. Dort wird ein gutgläubiger Vormerkungserwerb des Zessionars überw bejaht (vgl BGHZ 25, 23 f; MK/Kohler § 883 Rn 75), da trotz des gesetzlichen Vormerkungserwerbs analog §§ 413, 401 der Erwerb letztlich auf einem Rechtsgeschäft, der Zession des vormerkungsgesicherten Anspruchs, beruht. Dies sollte auch für das Pfandrecht gelten.

§ 1251 Wirkung des Pfandrechtsübergangs

(1) Der neue Pfandgläubiger kann von dem bisherigen Pfandgläubiger die Herausgabe des Pfandes verlangen.
(2) ¹Mit der Erlangung des Besitzes tritt der neue Pfandgläubiger anstelle des bisherigen Pfandgläubigers in die mit dem Pfandrecht verbundenen Verpflichtungen gegen den Verpfänder ein. ²Erfüllt er die Verpflichtungen nicht, so haftet für den von ihm zu ersetzenden Schaden der bisherige Pfandgläubiger wie ein Bürge, der auf die Einrede der Vorausklage verzichtet hat. ³Die Haftung des bisherigen Pfandgläubigers tritt nicht ein, wenn die Forderung kraft Gesetzes auf den neuen Pfandgläubiger übergeht oder ihm auf Grund einer gesetzlichen Verpflichtung abgetreten wird.

1 I. Der Erwerb des Pfandrechts setzt **keine Besitzübertragung** des Zedenten voraus. Da der neue Pfandgläubiger aber den Besitz erhalten soll, ordnet Abs 1 die **Herausgabepflicht des Zedenten** als Folge des Pfandrechtserwerbs an. Abs 1 stellt dabei lediglich klar, was sich ohne diese Vorschrift bereits aus §§ 1227, 985 ergibt.

2 II. Da das **gesetzliche Schuldverhältnis** zwischen Pfandgläubiger und Eigentümer auf dem Besitz des Gläubigers aufbaut, tritt der Erwerber erst **mit der Erlangung des Besit-**

zes anstelle des alten Pfandgläubigers in die Pflichten aus dem Pfandverhältnis ein (Abs 2 S 1).

Die §§ 1250, 1251 gelten nicht nur für die rechtsgeschäftliche Übertragung des Pfandrechts, sondern auch für den **Forderungsübergang kraft Gesetzes** oder gesetzlicher Verpflichtung (§ 1257). In diesen Fällen haftet allerdings der alte Gläubiger nicht. 3

§ 1252 Erlöschen mit der Forderung

Das Pfandrecht erlischt mit der Forderung, für die es besteht.

§ 1253 Erlöschen durch Rückgabe

(1) ¹Das Pfandrecht erlischt, wenn der Pfandgläubiger das Pfand dem Verpfänder oder dem Eigentümer zurückgibt. ²Der Vorbehalt der Fortdauer des Pfandrechts ist unwirksam.
(2) ¹Ist das Pfand im Besitz des Verpfänders oder des Eigentümers, so wird vermutet, dass das Pfand ihm von dem Pfandgläubiger zurückgegeben worden sei. ²Diese Vermutung gilt auch dann, wenn sich das Pfand im Besitz eines Dritten befindet, der den Besitz nach der Entstehung des Pfandrechts von dem Verpfänder oder dem Eigentümer erlangt hat.

§ 1254 Anspruch auf Rückgabe

¹Steht dem Pfandrecht eine Einrede entgegen, durch welche die Geltendmachung des Pfandrechts dauernd ausgeschlossen wird, so kann der Verpfänder die Rückgabe des Pfandes verlangen. ²Das gleiche Recht hat der Eigentümer.

§ 1255 Aufhebung des Pfandrechts

(1) Zur Aufhebung des Pfandrechts durch Rechtsgeschäft genügt die Erklärung des Pfandgläubigers gegenüber dem Verpfänder oder dem Eigentümer, dass er das Pfandrecht aufgebe.
(2) ¹Ist das Pfandrecht mit dem Recht eines Dritten belastet, so ist die Zustimmung des Dritten erforderlich. ²Die Zustimmung ist demjenigen gegenüber zu erklären, zu dessen Gunsten sie erfolgt; sie ist unwiderruflich.

§ 1256 Zusammentreffen von Pfandrecht und Eigentum

(1) ¹Das Pfandrecht erlischt, wenn es mit dem Eigentum in derselben Person zusammentrifft. ²Das Erlöschen tritt nicht ein, solange die Forderung, für welche das Pfandrecht besteht, mit dem Recht eines Dritten belastet ist.
(2) Das Pfandrecht gilt als nicht erloschen, soweit der Eigentümer ein rechtliches Interesse an dem Fortbestehen des Pfandrechts hat.

§§ 1252–1256

Das Pfandrecht **erlischt** in folgenden Fällen: 1
1. Erlöschen der gesicherten Forderung (§ 1252). 2
2. Übertragung des Pfandrechts ohne die Forderung (§ 1250 II). 3
3. Freiwillige – auch nur vorübergehende – **Rückgabe der Pfandsache** an den Verpfänder oder Eigentümer durch den Pfandgläubiger (§ 1253 I 1); das Gesetz enthält in § 1253 II eine Vermutung dafür, dass die Rückgabe erfolgt ist, der Gläubiger muss also zB beweisen, dass ihm die Sache abhanden gekommen ist. 4
4. **Aufhebung** des Pfandrechts durch einseitige Verzichtserklärung des Pfandgläubigers ggü dem Verpfänder oder dem Eigentümer (§ 1255). 5

§ 1257　　　　　　　　　　　　　　　　　　　　　　　　　　　　　　　　　　Buch 3 | Sachenrecht

6　5. **Konsolidation**, dh Zusammentreffen des Pfandrechts mit dem Eigentum in einer Person (§ 1256 I 1). Anders als bei den Grundpfandrechten gibt es grds kein Pfandrecht an eigenen Sachen. Das Erlöschen tritt allerdings nicht ein, wenn ein **Dritter** ein beschränktes dingliches Recht an der durch das Pfandrecht gesicherten Forderung (§§ 1068, 1274) oder der Eigentümer ein rechtliches Interesse am Fortbestehen des Pfandrechts hat, zB weil er die Forderung mit dem Pfandrecht weiter übertragen will (§ 1256 II).

§ 1257 Gesetzliches Pfandrecht

Die Vorschriften über das durch Rechtsgeschäft bestellte Pfandrecht finden auf ein kraft Gesetzes entstandenes Pfandrecht entsprechende Anwendung.

1　I. **Gesetzliche Pfandrechte** entstehen ohne rechtsgeschäftliche Einigung kraft Gesetzes (zB §§ 233, 562, 583, 592, 647, 704 BGB; §§ 397, 464, 475 b, 623, 674, 725, 752, 755, 759 HGB). Über diese Vorschrift finden die Regeln über rechtsgeschäftlich bestellte Pfandrechte (§§ 1204 ff) erst „auf ein kraft Gesetzes **entstandenes** Pfandrecht entsprechende Anwendung". Dies bedeutet, dass die Vorschriften über die rechtsgeschäftliche **Bestellung** eines Pfandrechts auf die Entstehung gesetzlicher Pfandrechte nicht anwendbar sind.

2　II. Problematisch ist namentlich, ob die Vorschriften über den **gutgläubigen Erwerb** rechtsgeschäftlich bestellter Pfandrechte (§§ 1207, 1208) auch auf gesetzliche Pfandrechte anwendbar sind.

3　1. Die Möglichkeit eines gutgläubigen Erwerbs gesetzlicher Pfandrechte vom Nichtberechtigten entspr § 1207 ist für **besitzlose Pfandrechte** (zB Vermieterpfandrecht, Verpächterpfandrecht, Gastwirtspfandrecht, Pfandrecht des Hinterlegers) nach allg Ansicht ausgeschlossen, da der Besitz als Rechtsscheinträger fehlt (Jauernig/Berger § 1257 Rn 2).

4　2. Umstr ist dag die Möglichkeit eines gutgläubigen Erwerbs gesetzlicher **Besitzpfandrechte**. Dieses Problem stellt sich allerdings für die gesetzlichen **Besitzpfandrechte des HGB** (Pfandrechte des Kommissionärs, Spediteurs, Lagerhalters, Frachtführers) nicht, da hier § 366 III HGB einen gutgläubigen Erwerb zulässt. Auch für das **Pächterpfandrecht** ist die Möglichkeit eines gutgläubigen Erwerbs unproblematisch, da nach dem Wortlaut des § 583 I auch solche Inventarstücke dem Pächterpfandrecht unterliegen, die nicht im Eigentum des Verpächters stehen (BGHZ 34, 127; 34, 153; MK/Damrau § 1257 Rn 3). Problematisch ist daher in erster Linie die Möglichkeit eines gutgläubigen Erwerbs des **Werkunternehmerpfandrechts** nach § 647. Nach dieser Vorschrift entsteht das Unternehmerpfandrecht nämlich nur an „Sachen des Bestellers", so dass sich die Frage stellt, ob das Pfandrecht des § 647 an Sachen, die nicht im Eigentum des Bestellers stehen, gutgläubig erworben werden kann. **Bsp**: V hat an K einen Pkw unter Eigentumsvorbehalt verkauft und übergeben. Dieser gibt entspr seiner vertraglichen Verpflichtung ggü V das beschädigte Fahrzeug in der Werkstatt des U zur Reparatur. Da K die Kaufpreisraten nicht zahlt, tritt V vom Kaufvertrag zurück (§ 449 II) und verlangt den inzwischen reparierten Pkw gem § 985 von U heraus. Fraglich ist, ob U dem V ein Werkunternehmerpfandrecht gem § 647 als Recht zum Besitz iSd § 986 entgegenhalten und sich aus dem Pfand befriedigen kann (BGHZ 34,122):

5　a) In der Literatur wird die Entstehung eines Werkunternehmerpfandrechts zT mit einer **analogen Anwendung der §§ 183, 185 I** begründet (Benöhr ZHR 135, 144 ff.; Medicus/Petersen, BR Rn 594). Der gesetzliche Entstehungstatbestand des § 647 enthalte zwar keine Verfügung, doch liege in der Einwilligung des Eigentümers in die Hingabe der Sache zur Reparatur ein der rechtsgeschäftlichen Verpfändung ähnlicher Vorgang. Dag spricht indessen, dass sich der Erwerb des gesetzlichen Unternehmerpfandrechts unabhängig vom Willen des Eigentümers vollzieht und insoweit auch eine analoge Anwendung des § 185 I fragwürdig erscheint (BGHZ 34,125). Hinzu kommt, dass es regelmäßig weder dem Willen noch dem Interesse des Eigentümers entspricht, dass seine Sache mit einem Pfandrecht belastet wird.

b) Die hL lässt entgg dem Wortlaut des § 1257, nach dem die §§ 1204 ff nur auf ein bereits entstandenes Pfandrecht Anwendung finden, einen **gutgläubigen Erwerb des Unternehmerpfandrechts analog § 1207** zu (Baur/Stürner, § 55 Rn 40; Staud/Wiegand § 1257 Rn 14; Wilhelm, Rn 1693 ff; MK/Damrau § 1257 Rn 3). Dies wird mit dem Charakter des Werkunternehmerpfandrechts als Besitzpfandrecht begründet. Die Übergabe der Sache entspreche beim Unternehmerpfandrecht jener des § 1207. Ein Unterschied zu den im § 366 HGB aufgezählten Pfandrechten, für die § 366 III HGB einen gutgläubigen Erwerb sogar bei bloßem guten Glauben an die Verfügungsmacht zulasse, bestehe nicht (MK/Damrau § 1257 Rn 3). 6

c) Der BGH und ein Teil der Lehre halten demgegenüber einen **gutgläubigen Erwerb des Unternehmerpfandrechts** für **ausgeschlossen** (BGHZ 34, 127; 34, 153; BGH NJW 92, 2574; Palandt/Bassenge § 1257 Rn 2; Jauernig/Berger § 1257 Rn 2). Dies wird mit dem Wortlaut des § 1257 und der Entstehungsgeschichte dieser Vorschrift begründet. Der Unternehmer sei zudem durch §§ 994 II, 1000, 1003 ausreichend geschützt, da er selbst dann einen Verwendungsersatzanspruch gegen den Eigentümer aus §§ 994 habe, wenn er im Zeitpunkt der Verwendungen noch berechtigter Besitzer war, weil der Eigentümer den Rücktritt nach § 449 II noch nicht erklärt hatte. Außerdem sei § 366 III eine nicht analogiefähige Ausnahmevorschrift. 7

d) Die besseren Argumente sprechen **gegen** einen **gutgläubigen Erwerb des Unternehmerpfandrechts**. Der Wortlaut des § 1257 spricht deutlich gegen eine analoge Anwendung des § 1207 auf die Entstehung gesetzlicher Pfandrechte. Dies deckt sich auch mit der Entstehungsgeschichte dieser Vorschrift. Allerdings überzeugt nicht, dass der BGH das Schutzbedürfnis des Unternehmers unter Hinweis auf Verwendungsersatzansprüche aus § 994 ff verneint. Die §§ 994 ff sind hier nicht anwendbar, da der Vorbehaltskäufer dem Eigentümer ggü zum Besitz und damit zur Überlassung der Sache an den Unternehmer berechtigt ist. Fragwürdig ist allerdings, ob der Unternehmer deshalb nicht schutzbedürftig ist, weil er zum einen in der Lage ist, sich bei der Annahme der Reparatur über die Eigentumsverhältnisse am Pkw zu informieren, und andererseits dadurch geschützt ist, dass er ein **Unternehmerpfandrecht am Anwartschaftsrecht** des Eigentumsvorbehaltskäufers erwirbt (so Jauernig/Berger § 1257 Rn 2). Zum einen kann sich der Unternehmer nur durch die unpraktikable Vorlegung des Kfz-Briefes über die Eigentumsverhältnisse Klarheit verschaffen und zum anderen ist das Unternehmerpfandrecht am Anwartschaftsrecht des Eigentumsvorbehaltskäufers bei einem Rücktritt des Verkäufers nichts wert. 8

e) Die **Praxis** umgeht dieses Problem heute idR dadurch, dass die Werkunternehmer in ihren AGB neben § 647 ein **vertragliches Pfandrecht** (§§ 1204 ff) vereinbaren, dessen gutgläubiger Erwerb dann nach § 1207 möglich ist. Die Wirksamkeit einer solchen Klausel erscheint zwar nach § 307 problematisch, weil die Bestellung des vertraglichen Pfandrechts praktisch nur kundenfremde Sachen erfassen kann, da für kundeneigene Sachen bereits § 1257 gilt. Auch verleitet der Werkunternehmer den Besteller zu einer unerlaubten Handlung, nämlich der Verpfändung einer fremden Sache (vgl Jauernig/Berger § 1257 Rn 2; Picker, NJW 78, 1417). Der BGH hält jedoch die Vereinbarung eines rechtsgeschäftlichen Pfandrechts bei derartigen Geschäften für üblich und lässt dementspr einen gutgläubigen Erwerb nach § 1207 zu (BGH NJW 77, 1240; 81, 226; 83, 1114). 9

§ 1258 Pfandrecht am Anteil eines Miteigentümers

(1) Besteht ein Pfandrecht an dem Anteil eines Miteigentümers, so übt der Pfandgläubiger die Rechte aus, die sich aus der Gemeinschaft der Miteigentümer in Ansehung der Verwaltung der Sache und der Art ihrer Benutzung ergeben.
(2) ¹Die Aufhebung der Gemeinschaft kann vor dem Eintritt der Verkaufsberechtigung des Pfandgläubigers nur von dem Miteigentümer und dem Pfandgläubiger gemeinschaftlich verlangt werden. ²Nach dem Eintritt der Verkaufsberechtigung kann der Pfandgläubiger die Aufhebung der Gemeinschaft verlangen, ohne dass es der Zustimmung des Miteigentümers bedarf; er ist nicht an eine Vereinbarung gebunden, durch

welche die Miteigentümer das Recht, die Aufhebung der Gemeinschaft zu verlangen, für immer oder auf Zeit ausgeschlossen oder eine Kündigungsfrist bestimmt haben.
(3) Wird die Gemeinschaft aufgehoben, so gebührt dem Pfandgläubiger das Pfandrecht an den Gegenständen, welche an die Stelle des Anteils treten.
(4) Das Recht des Pfandgläubigers zum Verkauf des Anteils bleibt unberührt.

1 Die Vorschrift regelt den Inhalt des Pfandrechts an einem Miteigentumsanteil (§ 1008). Die **Rechte auf Teilhabe** an der Verwaltung (§§ 744–746) einschließlich der Bestimmung der Nutzungsart (§§ 745 f) stehen dem Pfandgläubiger zu (Abs 1). Der Gläubiger kann nach Eintritt der Pfandreife selbständig die **Aufhebung der Gemeinschaft** (§§ 749 ff) verlangen (Abs 2 S 1, 2). Nach der Aufhebung der Gemeinschaft setzt sich das Pfandrecht am Anteil nicht kraft Gesetzes an den **Gegenständen** fort. Der Gläubiger hat nur einen Anspruch auf erneute Pfandbestellung (Abs 3: „gebührt"; aA BGHZ 52, 105). Der Gläubiger hat auch die Möglichkeit eines **Verkaufs** des Miteigentumsanteils (Abs 4).

§ 1259 Verwertung des gewerblichen Pfandes

¹Sind Eigentümer und Pfandgläubiger Unternehmer, juristische Personen des öffentlichen Rechts oder öffentlich-rechtliche Sondervermögen, können sie für die Verwertung des Pfandes, das einen Börsen- oder Marktpreis hat, schon bei der Verpfändung vereinbaren, dass der Pfandgläubiger den Verkauf aus freier Hand zum laufenden Preis selbst oder durch Dritte vornehmen kann oder dem Pfandgläubiger das Eigentum an der Sache bei Fälligkeit der Forderung zufallen soll. ²In diesem Fall gilt die Forderung in Höhe des am Tag der Fälligkeit geltenden Börsen- oder Marktpreises als von dem Eigentümer berichtigt. ³Die §§ 1229 und 1233 bis 1239 finden keine Anwendung.

1 I. Die Vorschrift dient der Umsetzung von Art 4 I und IV lit a und c der **RL 2002/47/EG v 6.6.02** über Finanzsicherheiten. Sie erleichtert die **Pfandverwertung** für Sicherungsgeschäfte der nach Art 1 II der RL erfassten Stellen, insb der Kreditinstitute.
2 II. Die Vorschrift erfasst nur **gewerbliche Geschäfte** von Unternehmern, juristischen Personen des öffentlichen Rechts oder öffentlich-rechtlich Sondervermögen untereinander. Dieser Personenkreis muss Sicherungsgeber und Sicherungsnehmer sein. Nur auf diese erstreckt sich Art 1 II der RL, nicht aber auf die Rechtsbeziehungen mit Privatkunden. Außerdem erleichtert § 1259 die Verwertung des Pfandes nur, wenn dieses einen **Börsen- oder Marktpreis** hat. Hierdurch werden einerseits die Vorgaben der RL über Finanzsicherheiten erfüllt, weil Wertpapiere und sonstige Finanzinstrumente, die Gegenstand einer Verpfändung sein können, in aller Regel einen Börsen-, jedenfalls aber einen Marktpreis haben. Andererseits enthält die Bezugnahme auf den Börsen- oder Marktpreis eine wesentliche Einschränkung des Anwendungsbereichs des § 1259, weil die Annahme eines Marktpreises voraussetzt, dass für Gegenstände der geschuldeten Art und Güte aus einer größeren Anzahl gleichartiger Geschäfte am Ort des Verkaufs ein Durchschnittspreis ermittelt werden kann (RGZ 34, 117 ff).
3 1. § 1259 ermöglicht eine **Erleichterung von Verkaufsvereinbarungen**, da der Verpfänder und der Pfandgläubiger bereits in der Sicherungsvereinbarung bestimmen können, dass der Pfandgläubiger selbst oder durch einen Dritten verkaufen und sich aus dem Erlös befriedigen darf. Einer Androhung des Verkaufs und einer Wartefrist bedarf es nicht.
4 2. Außerdem erlaubt § 1259 in seinem Anwendungsbereich bei allen Gegenständen mit einem Börsen- oder Marktpreis die Vereinbarung der **Pfandverwertung durch Aneignung**. Die Rechtsfolge der Aneignung ist in § 1259 S 2 in Anlehnung an § 1249 geregelt.
5 3. Bei einer Verwertung nach § 1259 ist nur die Anwendung des **§ 1229** und der **§§ 1233 bis 1239** ausgeschlossen. Nur insoweit erfordert die RL Änderungen des geltenden Rechts. Die Vorschriften der §§ 1240, 1241 und des § 1243 I gelten auch bei einer Verwertung nach § 1259. IÜ sind Verpfänder und Pfandgläubiger nicht gezwun-

gen, die Verwertung nach § 1259 vorzunehmen. Es steht ihnen frei, von der nach § 1259 erforderlichen Vereinbarung abzusehen. Dann finden die geltenden Pfandrechtsvorschriften wie bisher Anwendung (BT-Drucks 15/1853, 17 f).

4. Im Anwendungsbereich des § 1259 bleibt der erforderliche Schutz des Verpfänders 6 dadurch gewährleistet, dass ein Verkauf, der zu einem geringeren als dem laufenden Preis erfolgt, den insoweit beweispflichtigen Pfandgläubiger regelmäßig zum **Schadensersatz** verpflichtet.

§§ 1260 bis 1272 (weggefallen)

Titel 2
Pfandrecht an Rechten

§ 1273 Gesetzlicher Inhalt des Pfandrechts an Rechten

(1) Gegenstand des Pfandrechts kann auch ein Recht sein.
(2) ¹Auf das Pfandrecht an Rechten finden die Vorschriften über das Pfandrecht an beweglichen Sachen entsprechende Anwendung, soweit sich nicht aus den §§ 1274 bis 1296 ein anderes ergibt. ²Die Anwendung der Vorschriften des § 1208 und des § 1213 Abs. 2 ist ausgeschlossen.

Gegenstand eines Pfandrechts können auch Rechte (zB Forderungen, Hypothekenforderungen, Grundschulden, Anwartschaftsrechte, GmbH-Anteile, Namens- und Legitimationspapiere) sein (Abs 1). Hier besteht das akzessorische Zugriffsrecht des Pfandgläubigers an einem fremden Recht. Für das Pfandrecht an Rechten gelten grds die §§ 1204 ff, soweit nicht die §§ 1274–1296 Sonderregelungen enthalten (Abs 2). Die §§ 1207 f, 1212, 1213 II, 1246 sind nicht anwendbar.

§ 1274 Bestellung

(1) ¹Die Bestellung des Pfandrechts an einem Recht erfolgt nach den für die Übertragung des Rechts geltenden Vorschriften. ²Ist zur Übertragung des Rechts die Übergabe einer Sache erforderlich, so finden die Vorschriften der §§ 1205, 1206 Anwendung.
(2) Soweit ein Recht nicht übertragbar ist, kann ein Pfandrecht an dem Recht nicht bestellt werden.

I. Die rechtsgeschäftliche **Bestellung** des Pfandrechts an einem Recht richtet sich nach 1 den Vorschriften, die für die **Übertragung des Rechts** gelten, Abs 1 S 1.
1. Damit hängt auch die **Verpfändbarkeit** eines Rechts von seiner Übertragbarkeit ab. 2 An einem **unübertragbaren Recht** kann kein Pfandrecht bestellt werden, Abs 2. **Verpfändbar** sind zB Forderungen, Hypothekenforderungen (das Pfandrecht an der Hypothek selbst entsteht kraft Gesetzes, § 1153), Grundschulden, Anwartschaftsrechte, GmbH-Anteile (Palandt/Bassenge, § 1274 Rn 7; Reimer/Weibering, BB 03, 1630, 1631), Namens- und Legitimationspapiere. **Nicht verpfändbar** sind zB Forderungen in den Fällen des § 399 HS 1 (Ausschluss der Abtretung bei Inhaltsänderung), des § 399 HS 2 (Vereinbarung des Abtretungsausschlusses) und des § 400 (unpfändbare Forderungen), Gesellschaftsanteile (§§ 719 BGB, 105 II, 161 II HGB) sowie die Fälle der §§ 1018, 1110, 1419, 2033 II.
Dabei hängen die Pfändbarkeit und die Verpfändbarkeit von Forderungen nach § 400 3 zusammen. Unpfändbare Rechte sind nicht übertragbar (§ 400) und damit auch nicht verpfändbar (Abs 2). Daher sind die nach §§ 859 ff ZPO **unpfändbaren Lohnforderungen** auch nicht verpfändbar.
2. **Entstehung**. Die Bestellung des Pfandrechts setzt stets die **Einigung** von Verpfänder 4 und Pfandgläubiger über die Begr des Pfandrechts voraus. Für die Verpfändung von **Forderungen** gelten die §§ 1279, 1280. Dabei ist zu **unterscheiden**:

5 **a)** Ist die Forderung nicht formlos, sondern nach speziellen **Formvorschriften** abzutreten, so gelten diese über Abs 1 auch für die Bestellung des Pfandrechts. Daher ist für die Verpfändung einer Buchhypothek neben der Einigung die **Eintragung**, für die Verpfändung einer Briefhypothek die **schriftliche Verpfändungserklärung** und die **Übergabe des Hypothekenbriefes** erforderlich (Abs 1 mit § 1154).

6 **b)** Für die Verpfändung **anderer Forderungen**, für deren Abtretung eine **formlose Einigung** nach § 398 genügt, ist dag zusätzlich eine **Verpfändungsanzeige** des Gläubigers an den Schuldner erforderlich, § 1280. Bei ihr handelt es sich um eine **Willenserklärung**, die die Verfügungsmacht des Verpfänders im Zeitpunkt ihres Zugangs voraussetzt. Die Verpfändung einer Forderung verändert deren Richtung nicht.

7 **II. Übertragung.** Die Übertragung eines Pfandrechts an Rechten folgt ebenfalls den Regeln des Pfandrechts an beweglichen Sachen, §§ 1273 II 1, 1250 I, 398, 401. Für die Übertragung der gesicherten Forderung gelten dabei die allg Regeln. Die Forderung wird also regelmäßig **formlos nach § 398 abgetreten**. Einer Verpfändungsanzeige an den Schuldner bedarf es dabei – anders als bei der Verpfändung der Forderung – **nicht**. § 1280 ist insoweit nicht anwendbar. Mit der Abtretung der Forderung geht das zu ihrer Sicherheit bestellte Pfandrecht kraft Gesetzes nach § 401 auf den Gläubiger über.

§ 1275 Pfandrecht an Recht auf Leistung

Ist ein Recht, kraft dessen eine Leistung gefordert werden kann, Gegenstand des Pfandrechts, so finden auf das Rechtsverhältnis zwischen dem Pfandgläubiger und dem Verpflichteten die Vorschriften, welche im Falle der Übertragung des Rechts für das Rechtsverhältnis zwischen dem Erwerber und dem Verpflichteten gelten, und im Falle einer nach § 1217 Abs. 1 getroffenen gerichtlichen Anordnung die Vorschrift des § 1070 Abs. 2 entsprechende Anwendung.

1 Die Vorschrift bestimmt, dass im Verhältnis zwischen dem Pfandgläubiger und dem persönlichen Schuldner die §§ 401–410 gelten.

§ 1276 Aufhebung oder Änderung des verpfändeten Rechts

(1) ¹Ein verpfändetes Recht kann durch Rechtsgeschäft nur mit Zustimmung des Pfandgläubigers aufgehoben werden. ²Die Zustimmung ist demjenigen gegenüber zu erklären, zu dessen Gunsten sie erfolgt; sie ist unwiderruflich. ³Die Vorschrift des § 876 Satz 3 bleibt unberührt.
(2) Das Gleiche gilt im Falle einer Änderung des Rechts, sofern sie das Pfandrecht beeinträchtigt.

1 Zum **Schutz des Pfandgläubigers** kann das verpfändete Recht ohne seine Zustimmung weder aufgehoben (Abs 1) noch zu seinem Nachteil geändert (Abs 2) werden. Die Vorschrift kann für die Anwendung von Anwartschaftsrechten analog herangezogen werden (Palandt/Bassenge, § 1276 Rn 5).

§ 1277 Befriedigung durch Zwangsvollstreckung

¹Der Pfandgläubiger kann seine Befriedigung aus dem Recht nur auf Grund eines vollstreckbaren Titels nach den für die Zwangsvollstreckung geltenden Vorschriften suchen, sofern nicht ein anderes bestimmt ist. ²Die Vorschriften des § 1229 und des § 1245 Abs. 2 bleiben unberührt.

1 Die Befriedigung des Pfandgläubigers erfolgt nach dieser Vorschrift anders als beim Pfandrecht an beweglichen Sachen aufgrund eines **vollstreckbaren Titels** gegen den Gläubiger des verpfändeten Rechts **auf Duldung der Verwertung** (vgl aber §§ 1281 f).

§ 1278 Erlöschen durch Rückgabe

Ist ein Recht, zu dessen Verpfändung die Übergabe einer Sache erforderlich ist, Gegenstand des Pfandrechts, so findet auf das Erlöschen des Pfandrechts durch die Rückgabe der Sache die Vorschrift des § 1253 entsprechende Anwendung.

Vgl §§ 1252–1256 Rn 1. 1

§ 1279 Pfandrecht an einer Forderung

¹Für das Pfandrecht an einer Forderung gelten die besonderen Vorschriften der §§ 1280 bis 1290. ²Soweit eine Forderung einen Börsen- oder Marktpreis hat, findet § 1259 entsprechende Anwendung.

Die §§ 1280–1290 enthalten **Sondervorschriften** für das Pfandrecht an Forderungen 1 und Grundschulden (§ 1291); iÜ gelten auch insoweit die §§ 1273–1278 und über § 1273 II die §§ 1204 ff. § 1259 bezieht sich nur auf das Pfand an einer beweglichen Sache. Über § 1273 II 1 ist er auch auf das Pfandrecht an Rechten anwendbar. § 1279 S 2 stellt klar, dass diese Anwendbarkeit auch für Pfandrechte an Forderungen gilt.

§ 1280 Anzeige an den Schuldner

Die Verpfändung einer Forderung, zu deren Übertragung der Abtretungsvertrag genügt, ist nur wirksam, wenn der Gläubiger sie dem Schuldner anzeigt.

Die Verpfändung einer Forderung, die nach § 398 abgetreten wird, setzt neben der **Ei-** 1 **nigung** (§§ 1273, 398) eine (formlose) **Verpfändungsanzeige** des Gläubigers an den Schuldner voraus. Dies gilt auch für Forderungen, über die eine Urkunde nach § 952 ausgestellt ist (zB ein Sparbuchguthaben), nicht dag für Forderungen, deren Abtretung neben der Einigung weitere Voraussetzungen hat (zB eine hypothekarisch gesicherte Forderung, § 1154).

§ 1281 Leistung vor Fälligkeit

¹Der Schuldner kann nur an den Pfandgläubiger und den Gläubiger gemeinschaftlich leisten. ²Jeder von beiden kann verlangen, dass an sie gemeinschaftlich geleistet wird; jeder kann statt der Leistung verlangen, dass die geschuldete Sache für beide hinterlegt oder, wenn sie sich nicht zur Hinterlegung eignet, an einen gerichtlich zu bestellenden Verwahrer abgeliefert wird.

Vor Fälligkeit der gesicherten Forderung kann die verpfändete Forderung nach dieser 1 Vorschrift nur durch **Pfandgläubiger und Gläubiger gemeinsam** eingezogen werden. Beide sind **materiell nur gemeinsam einziehungsbefugt**. Prozessual ist allerdings **jeder allein prozessführungsbefugt**, doch kann er nur auf Leistung an beide gemeinsam klagen. Der Schuldner kann die Forderung nur durch Leistung an Pfandgläubiger und Gläubiger gemeinsam nach § 362 erfüllen. Leistet der Schuldner entgegen S 1 ausschließlich an den Gläubiger, bleibt er zur Leistung an den Pfandgläubiger verpflichtet (BGH NJW-RR 12, 502).

§ 1282 Leistung nach Fälligkeit

(1) ¹Sind die Voraussetzungen des § 1228 Abs. 2 eingetreten, so ist der Pfandgläubiger zur Einziehung der Forderung berechtigt und kann der Schuldner nur an ihn leisten. ²Die Einziehung einer Geldforderung steht dem Pfandgläubiger nur insoweit zu, als sie zu seiner Befriedigung erforderlich ist. ³Soweit er zur Einziehung berechtigt ist, kann er auch verlangen, dass ihm die Geldforderung an Zahlungs statt abgetreten wird.

(2) Zu anderen Verfügungen über die Forderung ist der Pfandgläubiger nicht berechtigt; das Recht, die Befriedigung aus der Forderung nach § 1277 zu suchen, bleibt unberührt.

1 Die Befriedigung des Pfandgläubigers erfolgt grds aufgrund eines **vollstreckbaren Titels** gegen den Gläubiger des verpfändeten Rechts **auf Duldung der Verwertung** (§ 1277). Für die wichtigste Fallgruppe verpfändeter Rechte, die verpfändeten **Forderungen**, bedarf es **keines** derartigen dinglichen **Titels**. Sie können auch ohne Titel unmittelbar eingezogen werden. Dabei ist zwischen der Zeit **vor der Fälligkeit** der gesicherten Forderung (Pfandreife gem § 1228 II; zur Rechtslage vor Fälligkeit vgl § 1281 Rn 1) und der Zeit **nach der Fälligkeit** der gesicherten Forderung zu unterscheiden. Nach Fälligkeit der gesicherten Forderung ist der **Pfandgläubiger materiell allein einziehungsbefugt**. Der Schuldner kann nur durch Leistung an ihn erfüllen. Der Pfandgläubiger ist auch **allein prozessführungsbefugt**, dh er klagt in eigenem Namen als Prozessstandschafter ein fremdes Recht ein.

§ 1283 Kündigung

(1) Hängt die Fälligkeit der verpfändeten Forderung von einer Kündigung ab, so bedarf der Gläubiger zur Kündigung der Zustimmung des Pfandgläubigers nur, wenn dieser berechtigt ist, die Nutzungen zu ziehen.
(2) Die Kündigung des Schuldners ist nur wirksam, wenn sie dem Pfandgläubiger und dem Gläubiger erklärt wird.
(3) Sind die Voraussetzungen des § 1228 Abs. 2 eingetreten, so ist auch der Pfandgläubiger zur Kündigung berechtigt; für die Kündigung des Schuldners genügt die Erklärung gegenüber dem Pfandgläubiger.

1 **Vor Pfandreife** (§ 1228 II) kann der Gläubiger die Forderung allein kündigen. Nur beim Nutzungspfandrecht ist die Zustimmung des Pfandgläubigers erforderlich (Abs 1). **Nach Pfandreife** haben Gläubiger und Pfandgläubiger ein selbständiges Kündigungsrecht (Abs 3 HS 1). Der **Schuldner** kann vor Pfandreife nur ggü dem Gläubiger und Pfandgläubiger gemeinsam kündigen (Abs 2), nach Pfandreife genügt die Kündigung ggü dem Pfandgläubiger (Abs 3 HS 2).

§ 1284 Abweichende Vereinbarungen

Die Vorschriften der §§ 1281 bis 1283 finden keine Anwendung, soweit der Pfandgläubiger und der Gläubiger ein anderes vereinbaren.

1 Die Vorschriften der §§ 1281–1283 sind **abdingbar**.

§ 1285 Mitwirkung zur Einziehung

(1) Hat die Leistung an den Pfandgläubiger und den Gläubiger gemeinschaftlich zu erfolgen, so sind beide einander verpflichtet, zur Einziehung mitzuwirken, wenn die Forderung fällig ist.
(2) ¹Soweit der Pfandgläubiger berechtigt ist, die Forderung ohne Mitwirkung des Gläubigers einzuziehen, hat er für die ordnungsmäßige Einziehung zu sorgen. ²Von der Einziehung hat er den Gläubiger unverzüglich zu benachrichtigen, sofern nicht die Benachrichtigung untunlich ist.

§ 1286 Kündigungspflicht bei Gefährdung

¹Hängt die Fälligkeit der verpfändeten Forderung von einer Kündigung ab, so kann der Pfandgläubiger, sofern nicht das Kündigungsrecht ihm zusteht, von dem Gläubiger die Kündigung verlangen, wenn die Einziehung der Forderung wegen Gefährdung ihrer Si-

cherheit nach den Regeln einer ordnungsmäßigen Vermögensverwaltung geboten ist. ²Unter der gleichen Voraussetzung kann der Gläubiger von dem Pfandgläubiger die Zustimmung zur Kündigung verlangen, sofern die Zustimmung erforderlich ist.

§§ 1285–1286

Die §§ 1285–1286 begründen gegenseitige **Mitwirkungspflichten** des Pfandgläubigers 1 und des Gläubigers hins der Einziehung der Forderung (vgl § 1281 Rn 2).

§ 1287 Wirkung der Leistung

¹Leistet der Schuldner in Gemäßheit der §§ 1281, 1282, so erwirbt mit der Leistung der Gläubiger den geleisteten Gegenstand und der Pfandgläubiger ein Pfandrecht an dem Gegenstand. ²Besteht die Leistung in der Übertragung des Eigentums an einem Grundstück, so erwirbt der Pfandgläubiger eine Sicherungshypothek; besteht sie in der Übertragung des Eigentums an einem eingetragenen Schiff oder Schiffsbauwerk, so erwirbt der Pfandgläubiger eine Schiffshypothek.

Leistet der Schuldner nach §§ 1281, 1282, so bestimmen sich die **Rechte am Erlangten** 1 nach den §§ 1287, 1288. War die verpfändete Forderung auf die **Leistung einer beweglichen Sache oder eines Rechts** gerichtet, so tritt **dingliche Surrogation** ein (S 1). Der Gläubiger der Forderung wird also Eigentümer des geleisteten Gegenstandes, und der Pfandgläubiger erwirbt ein Pfandrecht daran. Ging die Forderung dag auf **Übertragung von Grundstückseigentum**, so wird der Gläubiger ebenfalls Eigentümer des Grundstücks, der Pfandgläubiger erwirbt aber eine **Sicherungshypothek** an diesem (S 2).

§ 1288 Anlegung eingezogenen Geldes

(1) ¹Wird eine Geldforderung in Gemäßheit des § 1281 eingezogen, so sind der Pfandgläubiger und der Gläubiger einander verpflichtet, dazu mitzuwirken, dass der eingezogene Betrag, soweit es ohne Beeinträchtigung des Interesses des Pfandgläubigers tunlich ist, nach den für die Anlegung von Mündelgeld geltenden Vorschriften verzinslich angelegt und gleichzeitig dem Pfandgläubiger das Pfandrecht bestellt wird. ²Die Art der Anlegung bestimmt der Gläubiger.
(2) Erfolgt die Einziehung in Gemäßheit des § 1282, so gilt die Forderung des Pfandgläubigers, soweit ihm der eingezogene Betrag zu seiner Befriedigung gebührt, als von dem Gläubiger berichtigt.

Handelt es sich bei der verpfändeten Forderung um eine **Geldforderung**, so ist wiede- 1 rum zwischen der Zahlung vor und nach Fälligkeit der gesicherten Forderung zu unterscheiden. Leistet der Schuldner nach § 1281 **vor Fälligkeit** der Forderung, so tritt wiederum **dingliche Surrogation** ein. Der Gläubiger wird Eigentümer des Geldes, das allerdings mit einem Pfandrecht des Pfandgläubigers belastet ist (Abs 1 mit § 1287 S 1). Leistet der Schuldner hingegen **nach Fälligkeit** der Forderung (§ 1282), so erwirbt der Pfandgläubiger Alleineigentum an dem Geld, soweit es ihm wegen der gesicherten Forderung gebührt, Abs 2.

§ 1289 Erstreckung auf die Zinsen

¹Das Pfandrecht an einer Forderung erstreckt sich auf die Zinsen der Forderung. ²Die Vorschriften des § 1123 Abs. 2 und der §§ 1124, 1125 finden entsprechende Anwendung; an die Stelle der Beschlagnahme tritt die Anzeige des Pfandgläubigers an den Schuldner, dass er von dem Einziehungsrecht Gebrauch mache.

Die Vorschrift erstreckt das Pfandrecht an Forderungen iZw auf die **Zinsansprüche** 1 (S 1). Diese werden ähnl der Miete bei der Hypothekenhaftung behandelt (S 2).

§ 1290 Einziehung bei mehrfacher Verpfändung

Bestehen mehrere Pfandrechte an einer Forderung, so ist zur Einziehung nur derjenige Pfandgläubiger berechtigt, dessen Pfandrecht den übrigen Pfandrechten vorgeht.

1 Nach dieser Vorschrift hat bei mehreren Pfandrechten nur der **vorrangige** Pfandgläubiger die Rechte aus §§ 1281, 1282. Mehrere **gleichrangige** Pfandgläubiger müssen bei der Einziehung zusammenwirken und Leistung an alle verlangen.

§ 1291 Pfandrecht an Grund- oder Rentenschuld

Die Vorschriften über das Pfandrecht an einer Forderung gelten auch für das Pfandrecht an einer Grundschuld und an einer Rentenschuld.

1 Die Vorschrift erklärt die §§ 1280–1290 auch für Pfandrechte an Grund- und Rentenschulden für anwendbar. Für die **Hypothek** gilt dies nicht, weil bei ihr nur die hypothekarisch gesicherte Forderung verpfändet werden kann (§§ 1274 I, 1153, 1154).

§ 1292 Verpfändung von Orderpapieren

Zur Verpfändung eines Wechsels oder eines anderen Papiers, das durch Indossament übertragen werden kann, genügt die Einigung des Gläubigers und des Pfandgläubigers und die Übergabe des indossierten Papiers.

1 Die Verpfändung von **Orderpapieren** (Wechsel, Scheck) erfolgt durch Einigung und Übergabe des indossierten Papiers. Einer Verpfändungsanzeige (§ 1280) bedarf es nicht.

§ 1293 Pfandrecht an Inhaberpapieren

Für das Pfandrecht an einem Inhaberpapier gelten die Vorschriften über das Pfandrecht an beweglichen Sachen.

1 Für das Pfandrecht an Inhaberpapieren (zB Inhaberschuldverschreibung nach § 793, Inhaberscheck) gelten die §§ 1204–1258.

§ 1294 Einziehung und Kündigung

Ist ein Wechsel, ein anderes Papier, das durch Indossament übertragen werden kann, oder ein Inhaberpapier Gegenstand des Pfandrechts, so ist, auch wenn die Voraussetzungen des § 1228 Abs. 2 noch nicht eingetreten sind, der Pfandgläubiger zur Einziehung und, falls Kündigung erforderlich ist, zur Kündigung berechtigt und kann der Schuldner nur an ihn leisten.

1 Bei Order- und Inhaberpapieren hat der Pfandgläubiger, anders als nach §§ 1281, 1283, auch schon **vor Pfandreife** ein selbständiges Einziehungs- und Kündigungsrecht.

§ 1295 Freihändiger Verkauf von Orderpapieren

¹Hat ein verpfändetes Papier, das durch Indossament übertragen werden kann, einen Börsen- oder Marktpreis, so ist der Gläubiger nach dem Eintritt der Voraussetzungen des § 1228 Abs. 2 berechtigt, das Papier nach § 1221 verkaufen zu lassen. ²§ 1259 findet entsprechende Anwendung.

1 Die Vorschrift enthält eine **Ausn von** §§ 1277, 1282. S 2 erstreckt die Anwendbarkeit des § 1259 auch auf Pfandrechte an Orderpapieren.

§ 1296 Erstreckung auf Zinsscheine

¹Das Pfandrecht an einem Wertpapier erstreckt sich auf die zu dem Papier gehörenden Zins-, Renten- oder Gewinnanteilscheine nur dann, wenn sie dem Pfandgläubiger übergeben sind. ²Der Verpfänder kann, sofern nicht ein anderes bestimmt ist, die Herausgabe der Scheine verlangen, soweit sie vor dem Eintritt der Voraussetzungen des § 1228 Abs. 2 fällig werden.

Die Vorschrift enthält eine **Sonderregelung zu § 1289**. 1

Buch 4
Familienrecht

Vorbemerkung zu §§ 1297–1921

1 Das Familienrecht war in den letzten Jahren den größten Änderungen seit dem Inkrafttreten des Ersten Eherechtsreformgesetzes im Jahr 1977 unterworfen. Das Unterhaltsrecht wurde durch das Unterhaltsrechtsänderungsgesetz (v 21.12.07, BGBl I 3189) schon mit Wirkung v 1.1.08 tiefgreifend umgestaltet. Das am 1.1.09 in Kraft getretene Personenstandsgesetz (v 19.2.07, BGBl I 122) hatte Auswirkungen im Eheschließungsrecht, das Abstammungsverfahren betrafen das Gesetz zur Klärung der Vaterschaft unabhängig v Anfechtungsverfahren (v 26.3.08, BGBl I 441) und das Gesetz zur Ergänzung des Rechts zur Anfechtung der Vaterschaft (v 13.3.08, BGBl I 313), die Kindschaftssachen betraf das Gesetz zur Erleichterung familiengerichtlicher Maßnahmen bei Gefährdung des Kindeswohls (v 4.7.08, BGBl I 1188).

2 Am 1.9.09 ist dann erneut eine Welle an Neuerungen auf den Familienrechtler zugekommen: In Kraft getreten sind neben dem Gesetz über das Verfahren in Familiensachen und in den Angelegenheiten der freiwilligen Gerichtsbarkeit (v 17.12.08, BGBl I 2586), durch welches das gesamte Verfahren in Familiensachen neu geregelt wurde, das Gesetz zur Strukturreform des Versorgungsausgleichs (v 3.4.09, BGBl I 700), das Gesetz zur Änderung des Zugewinnausgleichs- und Vormundschaftsrechts (v 6.7.09, BGBl I 1696) und das Dritte Gesetz zur Änderung des Betreuungsrechts, durch welches die Patientenverfügung geregelt worden ist (Beschlussfassung: BT-Drucks 16/13314).

3 Zum 1.1.10 ist schließlich das Gesetz zur Änderung des Erb- und Verjährungsrechts (v 24.9.09, BGBl I 3142) in Kraft getreten, durch welches die Verjährung im Familienrecht an die allg Regelungen angepasst worden ist.

4 Änderungen in den Jahren 2011–2013 betrafen vor allem das Eherecht (G zur Bekämpfung der Zwangsheirat und zum besseren Schutz der Opfer v Zwangsheirat sowie zur Änderung weiterer aufenthalts- und asylrechtlicher Vorschriften v 23.6.11, BGBl I 1266), das Recht der elterlichen Sorge (G zur Reform der elterlichen Sorge nicht miteinander verheirateter Eltern v 16.4.13, BGBl I 795 und das G über den Umfang der Personensorge bei einer Beschneidung des männlichen Kindes v 20.12.12, BGBl I 2749) und das Güterrecht, wo mit der deutsch-französischen Wahl-Zugewinngemeinschaft ein neuer Güterstand geschaffen wurde (Art 2 G zu dem Abkommen v 4.2.10 zwischen der Bundesrepublik Deutschland und der Französischen Republik über den Güterstand der Wahl-Zugewinngemeinschaft v 15.3.12 (BGBl II 178). Außerdem ergaben Änderungen im Vormundschafts- und Betreuungsrecht (G zur Regelung der betreuungsrechtlichen Einwilligung in eine ärztliche Zwangsmaßnahme v 18.2.13, BGBl I 266 und das G zur Änderung des Vormundschafts- und Betreuungsrechts v 29.6.11, BGBl I 1306). Bereits verabschiedet, aber erst 2014 in Kraft treten, werden Änderungen des Sorge- und Adoptionsrechts (G zum Ausbau der Hilfen für Schwangere und zur Regelung der vertraulichen Geburt v 28.8.13, BGBl I 3458) und im Betreuungsrecht (G zur Stärkung der Funktionen der Betreuungsbehörde v 28.8.13, BGBl I 3393).

Abschnitt 1
Bürgerliche Ehe

Vorbemerkung zu §§ 1297–1588

1 I. 1. Die Ehe ist die grds auf Lebenszeit angelegte (vgl § 1353 I 1), auf einem entsprechenden Willen beruhende und staatlich registrierte Lebensgemeinschaft zwischen einem Mann und einer Frau. V vornherein auf kürzere Zeit angelegte Lebensgemeinschaften (zB Wohngemeinschaften) sind ebenso wenig Ehen wie Gemeinschaften, die unter dem Vorbehalt jederzeitiger Trennung stehen, auch wenn sie faktisch eine lange Dauer erreichen können (sog nichteheliche Lebensgemeinschaften), weil sie weder materiell auf dem Willen beruhen, eine lebenslange Bindung einzugehen noch formal re-

gistriert sind. Lebensgemeinschaften v gleichgeschlechtlichen Partnern sind ebenfalls keine Ehen (vgl BVerfG NJW 93, 3058). Die Eherechtsvorschriften sind auf diese Nichtehen auch nicht analog anwendbar. Zu den zwischen Partnern gleichen Geschlechts geschlossenen Lebenspartnerschaften s aber Rn 11 ff.

Ehe ist nach deutschem Recht die **Einehe.** Polygame Verbindungen sind nicht zulässig 2 (vgl § 1306). Im Ausland zulässigerweise geschlossene polygame Ehen werden aber als solche anerkannt und den (mehreren) Ehegatten eines Geschlechts dieselben Rechte (zB Hinterbliebenenrente) eingeräumt, die sonst nur der eine Ehegatte hat.

Ehe ist allein die **staatliche Ehe.** Das Personenstandsrechtsreformgesetz (v 19.2.07, 3 BGBl I 122) hat mit Wirkung v 1.1.09 zwar den Zwang zu einer der religiösen Trauung vorausgehenden staatlichen Trauung beseitigt. Es kann also in Zukunft auch in Deutschland in religiöser Form geschlossene Ehen zwischen Personen geben, welche im bürgerlich-rechtlichen Sinn nicht miteinander verheiratet sind. Ob eine Religionsgemeinschaft derartige Trauungen vornimmt, ist allein deren Angelegenheit (vgl § 1588). Eine nur vor kirchlichen oder den religiösen Instanzen einer nichtchristlichen Glaubensgemeinschaft geschlossene Ehe hat aber zivilrechtlich keine Wirkungen, es sei denn, dass der Staat, dessen Recht für die Eheschließung maßgeblich ist, die religiöse Form als auch staatliche Eheschließung anerkennt (vgl Art 11 EGBGB). Umgekehrt bleiben durch das staatliche Eherecht die religiösen Verpflichtungen in Bezug auf die Ehe unberührt (§ 1588).

2. Die Ehe steht **unter besonderem staatlichen Schutz** (Art 6 I GG). Sie darf nicht nur 4 nicht gegenüber anderen Lebensformen benachteiligt werden, sondern der Staat muss sie aktiv fördern. Beispiele für eine derartige Förderung sind das Ehegattensplitting und die Abzugsfähigkeit v Unterhaltsleistungen an den Ehegatten im Steuerrecht (vgl BVerfG NJW 76, 845), die Einräumung v Zeugnisverweigerungsrechten (§ 383 I Nr 2 ZPO, § 52 I Nr 2 StPO) und besondere Freiräume für die Ehegatten v Inhaftierten im Verkehr mit ihnen.

3. Die eheliche Lebensgemeinschaft steht unter dem **Schutz vor Eingriffen Dritter.** Sie 5 ist absolutes Recht iSv §§ 823 I, 1004. Jeder Ehegatte kann daher v seinem Partner und Dritten verlangen, Störungen der Ehe zu unterlassen und Schadensersatzansprüche geltend machen, wenn ihm aus einem solchen Verhalten Schäden entstehen. In Betracht kommen etwa Herausgabeansprüche bei widerrechtlichem Festhalten des Ehegatten (zB durch Eltern), Unterlassungsansprüche bei Bestreiten des Namensrechts oder Widerrufsansprüche bei Ehrverletzungen.

Besondere Bedeutung hat der Schutz der ehelichen Lebenssphäre, des sog „**räumlich-** 6 **gegenständlichen Bereichs der Ehe**". Dieser Schutz bedeutet, dass ein Ehegatte v anderen und v Dritten verlangen kann, Störungen der Ehe durch Ehebruch in der ehelichen Sphäre zu unterlassen (BGHZ 6, 360) und Schadensersatz fordern kann, wenn ihm daraus materielle Schäden entstehen, wie zB Heilungskosten wegen einer Gesundheitsbeschädigung durch einen Herzinfarkt infolge der Aufregung. Der räumlich-gegenständliche Bereich der Ehe umfasst zunächst die gemeinsame Wohnung der Ehegatten einschließlich der zugehörigen Nebenräume und Einrichtungen (Keller, Garten), erstreckt sich aber auch auf alle weiteren Räume, die den Ehegatten zur Verwirklichung ihrer Lebensgemeinschaft dienen, wie die Räume eines gemeinsamen Betriebs oder eines Geschäfts, in dem beide arbeiten (vgl OLG Köln FamRZ 84, 267), Ferienwohnungen, Wohnwagen usw. Zu beachten ist, dass der Anspruch ausscheidet, soweit unbeteiligte Dritte dem Ehestörer den Zutritt gestatten (und dies können). Der betrogene Ehegatte kann daher nicht durchsetzen, dass dem Ehestörer das Betreten des Eingangs oder Treppenhauses eines Mehrfamilienhauses untersagt wird, in dem sich die Ehewohnung befindet, wenn ein anderer Bewohner ihm das Betreten gestattet hat (vgl OLG Düsseldorf FamRZ 91, 705). Der Anspruch ist wegen widersprüchlichen Verhaltens ausgeschlossen, wenn die ehestörerische Beziehung auf einen einverständlich in der ehelichen Wohnung durchgeführten „Partnertausch" zurückgeht (OLG Zweibrücken NJW 89, 1614; aA Smid FamRZ 89, 1144).

4. Rechtsfolge der Ehe ist neben der Pflicht zur ehelichen Lebensgemeinschaft (§ 1353) 7 vor allem die Verpflichtung, dem Ehegatten und der gesamtem Familie Unterhalt zu leisten (§ 1360). Die Ehegatten sollen einen gemeinsamen Ehenamen führen (§ 1355). Vermögensrechtliche Folgen ergeben sich aus dem ehelichen Güterrecht (§§ 1363 ff). Dem Ehegatten stehen ein gesetzlicher Erbteil (§§ 1931, 1371 I) und ein Pflichtteil (§ 2303 II) zu. Weitere Rechtsfolgen finden sich in einer Vielzahl v Spezialgesetzen. Hingewiesen sei nur beispielhaft auf die Einschränkung des Regresses v Sozialversicherungsträgern und privaten Versicherungen während des Bestehens der Lebensgemeinschaft (vgl § 116 VI SGB X, § 67 II VVG), die besonderen Regeln der Anfechtung v Zuwendungen der Ehegatten untereinander (§ 138 I Nr 1 InsO, § 3 Nr 2, 4 AnfG), die Zeugnisverweigerungsrechte in Verfahren, die den Ehegatten betreffen (§ 383 I Nr 2 ZPO, § 52 I Nr 2 StPO) und die Erleichterungen im Ausländerrecht für die Erteilung einer Aufenthaltserlaubnis an ausländische Ehegatten (vgl §§ 18 f AuslG).

8 Die Rechtsfolgen der Ehe **enden nicht mit ihrem Ende**. Auch nach der Scheidung besteht eine Restsolidarität weiter. Diese äußert sich vor allem darin, dass ein Ehegatte dem anderen unterhaltspflichtig sein kann, wenn dieser aus bestimmten Gründen nicht selbst für seinen Unterhalt sorgen kann (§§ 1569 ff). Außerdem wird das während der Ehe Erwirtschaftete grds geteilt, wenn sich die Eheleute wieder trennen: Haushaltsgegenstände nach § 1568 b, Zugewinn nach § 1378 und die Versorgungsanwartschaften im Versorgungsausgleich (§ 1587, §§ 1 ff VersAusglG).

9 Die Ehe hat **keine Auswirkungen** auf die Geschäftsfähigkeit der Ehegatten. Durch die Eheschließung wird nur die Personensorge ihrer Eltern eingeschränkt (§ 1633). Außerdem endet die Befugnis der Eltern, aus den Vermögenseinkünften des Kindes Beträge für den eigenen Unterhalt und denjenigen der unverheirateten minderjährigen Geschwister zu verwenden (§ 1649 II 2). Auch mit dem Ehegatten können grds alle Rechtsgeschäfte abgeschlossen werden, die auch mit anderen Personen vorgenommen werden können. Regelungen wie das Schenkungsverbot des römischen Rechts existieren nicht mehr. Vermögensmanipulationen zulasten v Gläubigern werden durch großzügigere Anfechtungsregeln (Rn 7) und durch § 1362 verhindert.

10 **5. Verfahren.** Soweit Rechte und Pflichten der Eheleute untereinander bestehen, können diese auch gerichtlich geltend gemacht werden. Die Zuständigkeiten für diese Verfahren waren bis 2009 zersplittert: Ansprüche, die das persönliche Verhältnis der Ehegatten untereinander betreffen (Anträge auf Eheherstellung, vgl § 1353 Rn 9) und Unterhaltsansprüche waren vor dem Familiengericht geltend zu machen (§§ 606 I 1, 621 I Nr 5 ZPO aF). Das Gleiche galt für güterrechtliche Streitigkeiten, solche um elterliche Sorge, Umgangsrecht und Kindesherausgabe und den Streit um den Versorgungsausgleich (vgl § 621 I Nr 1–3, 6–9 ZPO aF). Alle anderen vermögensrechtlichen Streitigkeiten mussten dag vor dem Prozessgericht ausgetragen werden. V 1.9.09 an sind alle Streitigkeiten zwischen aktuellen und ehemaligen Ehegatten aber in die Zuständigkeit der Familiengerichte überführt worden, da durch das FamFG (v 17.12.08, BGBl I 2586) das sog „Große Familiengericht" mit einer umfassenden Zuständigkeit für alle Verfahren dieser Art geschaffen wurde (vgl dazu ausführlich Kemper Ad Legendum 09, 64 ff; FamRB 09, 53; Synopse: Kemper, FamFG – FGG – ZPO, 2. Aufl 2009; Kommentierung: Kemper/Schreiber, Hk-Familienverfahrensrecht, 2. Aufl 2011; Hk-ZPO/Kemper, 5. Aufl 2011, § 111 FamFG Rn 1 ff).

11 **II. Ehen zwischen gleichgeschlechtlichen Partnern** sind nach deutschem Recht nicht möglich; denn für die Ehe ist die Verschiedengeschlechtlichkeit der Beteiligten wesensbildend. Die Öffnung der Ehe für solche Paare (wie in Frankreich, den Niederlanden, Belgien, Schweden, Spanien) ist in Deutschland derzeit nicht beabsichtigt. Sie begegnet auch verfassungsrechtlichen Bedenken. Paaren gleichen Geschlechts steht aber die Eingetragene Lebenspartnerschaft offen, die durch das Gesetz zur Beendigung der Diskriminierung gleichgeschlechtlicher Gemeinschaften: Lebenspartnerschaften v 16.2.01 (BGBl I 266) eingeführt wurde (zur Vorgeschichte vgl 3. Aufl. Vor §§ 1297–1588 Rn 12). Diese gleicht mittlerweile der Ehe in nahezu allen Punkten. Zu Einzelheiten s Bruns/Kemper, Hk-LPartR, 2. Aufl. 2005.

12 1. Die Lebenspartnerschaft ist **verfassungsmäßig**. Wegen des durch die unterschiedliche geschlechtliche Orientierung der Betroffenen begründeten Fehlens eines Konkurrenzverhältnisses zur Ehe verletzte ihre Einführung weder die Eheschließungsfreiheit, noch

die Institutsgarantie noch Art. 6 I GG als wertentscheidende Grundsatznorm (BVerfG 105, 313).

2. Die Lebenspartnerschaft ist in wesentlichen Teilen **der Ehe nachgebildet.** Das Lebenspartnerschaftsgesetz verweist in weitem Umfang auf eherechtliche Vorschriften oder enthält selbst Normen, die bis in den Wortlaut zu den eherechtlichen Regeln parallel sind. Das gilt seit der Novellierung des Lebenspartnerschaftsrechts durch das Gesetz zur Überarbeitung des Lebenspartnerschaftsrechts (BGBl 04 I 3396, in Kraft getreten am 1.1.05) in verstärktem Maße, weil durch diese Reform weitere Regelungen des Eherechts auf Lebenspartner erstreckt und verbleibende Unterschiede beseitigt wurden. Bei der Erläuterung des Eherechts ist daher jeweils darauf hingewiesen, für welche Normen auch die Geltung für Eingetragene Lebenspartnerschaften vorgesehen ist bzw. wo das Lebenspartnerschaftsgesetz entsprechende Regelungen enthält. Abweichungen v der eherechtlichen Lage sind kenntlich gemacht. Im Übrigen sei auf die Kommentierung des Verfassers bei Bruns/Kemper, Hk-LPartR, 1. Aufl 2002 und (zu den Neuerungen) 2. Aufl 2005, verwiesen. Erläuterungen zum LPartGÜG finden sich außerdem bei Muscheler, Das Recht der Eingetragenen Lebenspartnerschaft, 2. Aufl 2004, Rn 648 ff; Kemper, Ad Legendum 05, 1 ff; FF 05, 1 ff.

a) Die **Voraussetzungen** der Eingehung einer Lebenspartnerschaft ähneln denjenigen der Eheschließung, mit Ausnahme des Alters, v dem an eine Partnerschaft eingegangen werden kann und der Anforderungen in Bezug auf das Geschlecht: Während die Eheschließung zwar nicht vor der Volljährigkeit eingegangen werden soll, aber bereits v der Vollendung des 16. Lebensjahres an möglich ist (§ 1303), kann die Lebenspartnerschaft nur v Volljährigen begründet werden (§ 1 LPartG). Eine Lebenspartnerschaft kann außerdem nur v Partnern gleichen Geschlechts eingegangen werden. Auf diese Weise soll eine rechtlich organisierte Lebensform verschiedengeschlechtlicher Partner unterhalb der Ehe („Ehe light") verhindert werden. Eine solche Lebensform wäre wegen Aufweichung des Instituts der Ehe wegen Verstoßes gegen Art 6 I GG verfassungswidrig, wenn die Regelungsdichte derjenigen des Eherechts nahekäme. Abweichungen bestehen auch in Bezug auf die Zulässigkeit einer Lebenspartnerschaft unter Personen, die wegen einer Annahme als Kind verwandt sind oder deren Verwandtschaft durch Annahme als Kind erloschen ist (Einzelheiten: Hk-LPartR/Kemper, § 1 LPartG Rn 14 ff).

b) Die **Form** der Begründung der Lebenspartnerschaft entspricht der für die Eingehung der Ehe in §§ 1310 f vorgesehenen (§ 1 LPartG). Das LebenspartnerschaftsG enthielt bislang aber nur die Bestimmung, dass eine Lebenspartnerschaft durch Erklärung vor der zuständigen Behörde geschlossen wurde (§ 1 I LPartG). Welche das war, war offengelassen, so dass es Sache jedes einzelnen Bundeslandes war, die zuständige Behörde zu bestimmen (zu weiteren Einzelheiten zu den Ausführungsgesetzen vgl die tabellarische Übersicht in FPR 01, 470 ff und bei Grziwotz, Beratungshandbuch Lebenspartnerschaft, 2003, Rn 44). Durch das PersonenstandsrechtsreformG wurde mWv 1.1.09 an in § 1 LPartG die Zuständigkeit des Standesamts für die Begründung der Lebenspartnerschaft angeordnet, es aber den Bundesländern ermöglicht, die bislang geltenden Zuständigkeiten beizubehalten (§ 23 LPartG).

c) Die **allg Wirkungen** der Lebenspartnerschaft entsprechen weitgehend denjenigen der Ehe: Es besteht die Verpflichtung zur gegenseitigen Unterstützung und Fürsorge, ähnlich der ehelichen Lebensgemeinschaft (§ 1353/§ 2 LPartG). Für die Namensführung gilt eine § 1355 entsprechende Regelung (§ 3 LPartG). Außerdem gelten die Besonderheiten über die Sorgfalt unter Ehegatten (§ 1359/§ 4 LPartG), die Schlüsselgewalt (§ 1357/§ 8 II LPartG) und die Eigentumsvermutung (§ 1362/§ 8 LPartG). Die Lebenspartner sind einander zum Unterhalt verpflichtet (§ 1360/§ 5 LPartG). Auch in der der Beendigung der Lebenspartnerschaft regelmäßig vorausgehenden Trennungsphase (vgl § 15 LPartG) besteht ein Unterhaltsanspruch, der in Voraussetzungen und Reichweite § 1361 gleicht (§ 12 LPartG). Seit dem Inkrafttreten des LPartGÜG gilt für Lebenspartner die Zugewinngemeinschaft (§§ 1363 ff) als gesetzlicher **Güterstand** (§ 6 LPartG).

Den Lebenspartnern werden vor oder bei Begründung der Lebenspartnerschaft dieselben **Gestaltungsmöglichkeiten hinsichtlich des Güterstands** eingeräumt wie Eheleuten

(§§ 6, 7 LPartG). Lebenspartner können ihre Vermögensverhältnisse in einem Lebenspartnerschaftsvertrag regeln (§ 7 LPartG). Nach der Einbeziehung der Vorschriften über das Güterrechtsregister in die Verweisung des § 6 LPartG steht den Lebenspartnern nun auch die Gütergemeinschaft offen. Das Gleiche gilt für die deutsch-französische Wahl-Zugewinngemeinschaft.

18 Regelungen über ein echtes **gemeinsames Sorgerecht** der Lebenspartner fehlen im Lebenspartnerschaftsgesetz. Sofern aber Lebenspartner gemeinsam Eltern eines Kindes sind, gelten für sie die §§ 1626 ff BGB unmittelbar. Da eine natürliche gemeinsame Elternschaft bei Lebenspartnern aus biologischen Gründen nur in absoluten Ausnahmefällen (Lebenspartnerschaft nach Geschlechtsumwandlung) möglich ist, kann diese nur durch die Annahme eines Kindes begründet werden. Seit dem 1.1.05 darf ein Lebenspartner das Kind seines Partners annehmen (Stiefkindadoption), sofern es sich um dessen leibliches Kind handelt (§ 9 VI, VII LPartG). Die gemeinschaftliche Annahme eines Kindes durch Lebenspartner ist aber bislang noch ebenso ausgeschlossen wie die Adoption eines Partnerkindes, dessen Verwandtschaft mit dem Partner ebenfalls durch Adoption begründet wurde. Allerdings ist damit zu rechnen, dass diese Rechtslage in naher Zukunft geändert werden wird; ein entsprechender Gesetzgebungsvorschlag wird derzeit bereits diskutiert. In diesen Fällen bleibt momentan noch nur die Möglichkeit, dass der Partner, der Elternteil des Kindes ist, seinen Partner faktisch an der Sorge für das Kind beteiligt. Problemen beim Tod des Elternteils kann in derartigen Fällen in gewissem Umfang dadurch begegnet werden, dass dieser seinen Lebenspartner als Vormund benennt und damit dessen Bestellung im Regelfall verbindlich macht (§ 1776). Diese Regelung versagt allerdings, wenn noch ein anderer natürlicher Elternteil des Kindes vorhanden ist, mit dem der Verstorbene ein gemeinsames Sorgerecht hatte; denn in diesem Fall wird dieser Elternteil mit dem Tod des anderen automatisch allein sorgeberechtigt (§ 1680 I, entsprechend bei Todeserklärung, § 1681). Selbst bei alleiniger Sorge des Verstorbenen besteht noch ein Regel-Vorrang des überlebenden natürlichen Elternteils (§ 1680 II).

19 Den Bedürfnissen des mit Kindern des einen oder anderen Lebenspartners zusammenlebenden Paares dient außerdem ein „**kleines Sorgerecht**" für den Partner, der nicht Elternteil des Kindes ist. Er hat eine v dem Elternteil abgeleitete Befugnis zur Mitentscheidung in den Angelegenheiten des täglichen Lebens (§ 9 LPartG). Dieses kleine Sorgerecht entspricht demjenigen des nur gemeinsam sorgeberechtigten, aber getrennt lebenden Elternteils, mit dem das Kind in häuslicher Gemeinschaft lebt (§ 1687) und demjenigen eines Stiefelternteils eines Kindes, dessen Elternteil die alleinige Sorge zusteht (§ 1687 b I). Lediglich bei Gefahr im Verzug darf der Lebenspartner alle Rechtshandlungen vornehmen, die zum Wohl des Kindes erforderlich sind; der sorgeberechtigte Lebenspartner ist dann unverzüglich zu unterrichten (§ 9 II LPartG). Gegen ein derartiges abgeleitetes und Not-Sorgerecht ist nichts einzuwenden, zumal das abgeleitete Sorgerecht v Familiengericht eingeschränkt oder ausgeschlossen werden kann, wenn das zum Wohl des Kindes erforderlich ist (§ 9 III LPartG). Das abgeleitete Sorgerecht endet außerdem, wenn die Lebenspartner sich trennen; denn der Sinn dieses Rechts ist es nur, das Zusammenleben aller Beteiligten zu erleichtern. Neben diesem kleinen Sorgerecht besteht noch ein Notsorgerecht entsprechend § 1687 b II.

19a Der Lebenspartner und ein früherer Lebenspartner haben ein **Umgangsrecht** mit einem Kind des anderen Lebenspartners, wenn sie mit diesem längere Zeit in häuslicher Gemeinschaft gelebt haben und der Umgang dem Wohl des Kindes dient (§ 1685 II).

20 d) **Beendet** wird die Lebenspartnerschaft durch richterlichen Gestaltungsbeschluss (§ 15 I 1 LPartG). Das Gesetz spricht insofern missverständlich v einer Aufhebung. Mit den Regeln über die Aufhebung der Ehe (§§ 1313 ff) haben die Regelungen aber nichts gemein – die Aufhebung der Lebenspartnerschaft entspricht vielmehr in ihren Voraussetzungen und Folgen im Wesentlichen der Scheidung (§§ 1564 ff); Vorschriften über eine Aufhebung der Lebenspartnerschaft im eherechtlichen Sinne fehlen dagegen. Die Partnerschaft kann grds frühestens aufgehoben werden, wenn ein Jahr vergangen ist, nachdem die Partner sich getrennt haben (§ 15 LPartG/§ 1564). Bei einseitiger Trennung ist eine Frist v 3 Jahren einzuhalten. Die Frist beginnt mit dem Getrenntleben der

Lebenspartner. Insoweit wurde die Rechtslage mWv 1.1.05 an die Lage im Eherecht angeglichen. Bei Unzumutbarkeit der Fortdauer der Lebenspartnerschaft auch für die genannten Fristen kann die Lebenspartnerschaft sofort aufgehoben werden (§ 15 II Nr 3 LPartG). Während der Trennungsphase besteht ein Unterhaltsanspruch unter Voraussetzungen, die denen während des Getrenntlebens v Eheleuten entsprechen (§ 12 LPartG/§ 1361). Im Übrigen kann während der Trennungsphase bereits eine Regelung über die Zuteilung v Partnerschaftswohnung und Haushaltsgegenständen getroffen werden (§§ 1361 a f/§§ 13 f LPartG).

Nach der Aufhebung der Lebenspartnerschaft wird Unterhalt unter den Voraussetzungen der §§ 1569 ff geschuldet (§ 16 LPartG). Haushaltsgegenstände- und Wohnungsverteilung erfolgen wie bei geschiedenen Eheleuten (§ 17 LPartG, §§ 1568 a f). Seit dem 1.1.05 gibt es auch einen Versorgungsausgleich (§ 20 LPartG), also den Ausgleich v Versorgungsanwartschaften, die während der Dauer der Partnerschaft erworben wurden. Dafür gelten § 1587 und das VersAusglG. Zum Umgangsrecht mit Kindern s Rn 20. 21

e) Weitere **zivilrechtliche Folgen** der Lebenspartnerschaft betreffen das Betreuungsrecht (§§ 1897, 1903, 1908 i) und das Erbrecht, wo den Lebenspartnern ein gesetzliches Erbrecht nach ihrem Partner eingeräumt wird, das demjenigen v Ehegatten im Wesentlichen entspricht (§ 10 I, II LPartG/§§ 1931, 1371). Bei Ausschluss des gesetzlichen Erbrechts durch Verfügung v Todes wegen hat der überlebende Lebenspartner einen Pflichtteilsanspruch, der ebenfalls demjenigen v überlebenden Ehegatten entspricht (§ 10 VI LPartG/§ 2303 II). Außerdem haben Lebenspartner genau wie Eheleute die Möglichkeit, ein gemeinschaftliches Testament zu errichten (§ 10 IV LPartG/ §§ 2265 ff). Im Mietrecht ist ein Eintrittsrecht des überlebenden Ehegatten in den Wohnungsmietvertrag des verstorbenen Lebenspartners vorgesehen (§§ 569–569 c). Solange die Lebenspartnerschaft besteht, ist die Verjährung v gegen den Partner gerichteten Ansprüchen gehemmt (§ 207). 22

§ 11 I LPartG räumt den Lebenspartnern den **Angehörigenstatus** ein; dh ein Lebenspartner ist Familienangehöriger im Sinne aller Bestimmungen, die auf diesen Status abstellen. Mit den Verwandten seines Lebenspartners ist er verschwägert (§ 11 II LPartG). 23

Titel 1
Verlöbnis

Vorbemerkung zu §§ 1297–1302

Ein Verlöbnis iSd Ersten Titels ist zum einen das Rechtsverhältnis zwischen den Verlobten, zum anderen der Vertrag, der zur Entstehung dieses Verhältnisses führt (letzteres str, weil teilweise die Vertragsnatur des Verlöbnisses verneint wird). 1

Das Verlöbnis wird begründet durch das **gegenseitige Versprechen, miteinander die Ehe eingehen zu wollen**. Daran fehlt es bei einem bloßen Zusammenleben ohne konkrete Heiratsabsicht. In diesem Fall kommt auch die analoge Anwendung der §§ 1297 ff nicht in Betracht. Das gegenseitige **Versprechen** v Partnern gleichen Geschlechts, miteinander eine **Lebenspartnerschaft** (Vor §§ 1297–1588, Rn 11 ff) **eingehen zu wollen**, ist seit der Novellierung des § 1 LPartG durch das Gesetz zur Überarbeitung des Lebenspartnerschaftsrechts (LPartGÜG in Kraft seit dem 1.1.05, BGBl. 04 I 3396) ebenfalls ein Verlöbnis. §§ 1297 ff sind direkt anwendbar. Einer Analogie bedarf es nicht. 2

Das Verlöbnis ist ein **höchstpersönliches Geschäft**. Stellvertretung ist daher unzulässig. Für Verlöbnisse beschränkt Geschäftsfähiger bedeutet das, dass sie selbst den Verlöbniswillen erklären und insoweit auch über die Einsicht in die personenrechtlichen Folgen verfügen müssen. Der Sorgeberechtigte muss zustimmen. Geschäftsunfähige (vgl § 1304) können sich nicht verloben. Das Versprechen einer Lebenspartnerschaft kommt wegen der anderen Altersgrenzen des § 1 LPartG erst v der Volljährigkeit an in Betracht. 3

4 **Ein Formerfordernis** besteht für das Verlöbnis nicht.
5 **Sittenwidrig** und nichtig (§ 138 I) ist das Verlöbnis, wenn einer der die Ehe oder Lebenspartnerschaft Versprechenden verheiratet ist; denn er kann eine weitere Ehe nicht eingehen. Das gilt auch, wenn die Eheschließung nur für den Fall der Scheidung versprochen wird (Gedanke des Zusammenwirkens an einem Vertragsbruch) oder wenn einer der beiden Verlobungswilligen bereits verlobt ist. Entsprechendes gilt, wenn einer der Verlobungswilligen in einer Lebenspartnerschaft (Vor §§ 1297–1588 Rn 11 ff) lebt. In allen diesen Fällen kommt die analoge Anwendung der §§ 1297 ff zugunsten des anderen Partners in Betracht, wenn dieser v dem Hindernis nichts weiß.
6 **Die Rechtsfolgen des Verlöbnisses** sind in den §§ 1297 ff nur unvollständig geregelt. Aus ihnen ergibt sich nur, dass das Verlöbnis keinen Zwang begründet, die Ehe (bzw Lebenspartnerschaft) mit dem anderen Verlobten tatsächlich einzugehen (§ 1297 I) und dass auch ein mittelbarer Zwang durch Versprechen einer Vertragsstrafe unzulässig ist (§ 1297 II). Außerdem finden sich Schadensersatz- (§ 1298 f) und Herausgabeansprüche (§ 1301) für den Fall, dass das Verlöbnis aufgelöst wird. Die wichtigsten Rechtsfolgen des Verlöbnisses finden sich an anderen Stellen: Verlobte sind Angehörige iSd Strafrechts (§ 11 I Nr 1 StGB). Sie haben in Verfahren, die den anderen Teil betreffen, ein Zeugnisverweigerungsrecht (§ 383 Nr 1 ZPO, § 52 I Nr 1 StPO). Eine letztwillige Verfügung, durch die ein Verlobter den anderen bedacht hat, wird unwirksam, wenn das Verlöbnis aufgelöst wird (§ 2077 II). Im Fall des Erbvertrages gilt das auch, soweit Dritte bedacht sind (§ 2279 II). Verlobte können untereinander auch dann Erbverträge schließen, wenn sie noch beschränkt geschäftsfähig sind (§ 2275 II), für deren Aufhebung ist die Zustimmung des gesetzlichen Vertreters nicht erforderlich (§ 2290 II 2). Für den Erbvertrag reicht die für Eheverträge vorgeschriebene Form (§ 2276 II). Erbverzichtsverträge können v Verlobten unter denselben Voraussetzungen wie v Verheirateten geschlossen und aufgehoben werden (§§ 2347, 2351, 2352).
7 **Beendet** wird das Verlöbnis durch Aufhebungsvertrag, Rücktritt oder Unmöglichkeit der Eheschließung (Tod, Verheiratung oder Eingehung einer Lebenspartnerschaft durch mindestens einen der Verlobten), Bedingungseintritt oder Irrtumsanfechtung.
8 **In Fällen mit Auslandsberührung** sind die persönlichen Voraussetzungen für die Verlobung für jeden Verlobten getrennt grds nach der Rechtsordnung des Staates zu bestimmen, dem er angehört (Art 13 I EGBGB analog). Wie für die Eheschließung auch, kommt aber die Anwendung deutschen Rechts unter den Voraussetzungen des Art 13 II EGBGB in Betracht.

§ 1297 Unklagbarkeit, Nichtigkeit eines Strafversprechens

(1) Aus einem Verlöbnis kann nicht auf Eingehung der Ehe geklagt werden.
(2) Das Versprechen einer Strafe für den Fall, dass die Eingehung der Ehe unterbleibt, ist nichtig.

1 Die Norm schützt die Eheschließungsfreiheit, indem sie anordnet, dass weder aus einem Verlöbnis auf Eingehung der Ehe geklagt noch eine Vertragsstrafe für den Fall des Unterlassens der Eheschließung versprochen werden kann. Soweit andere Rechtsordnungen das zulassen, sind dahin gehende Urteile bzw andere Entscheidungen im Inland unwirksam bzw nicht vollstreckbar (§ 120 III FamFG). Durch § 1297 nicht ausgeschlossen werden Rechtsstreitigkeiten über die Wirksamkeit des Verlöbnisses. Solche kommen etwa als Zwischenfeststellungsanträge (§ 256 ZPO) bei der Geltendmachung v Schadensersatzansprüchen nach §§ 1298 f in Betracht (sonstige Familiensache nach § 266 I Nr 1 FamFG, Anwendung der ZPO wegen § 113 I 2 FamFG).

§ 1298 Ersatzpflicht bei Rücktritt

(1) ¹Tritt ein Verlobter von dem Verlöbnis zurück, so hat er dem anderen Verlobten und dessen Eltern sowie dritten Personen, welche anstelle der Eltern gehandelt haben, den Schaden zu ersetzen, der daraus entstanden ist, dass sie in Erwartung der Ehe Auf-

wendungen gemacht haben oder Verbindlichkeiten eingegangen sind. ²Dem anderen Verlobten hat er auch den Schaden zu ersetzen, den dieser dadurch erleidet, dass er in Erwartung der Ehe sonstige sein Vermögen oder seine Erwerbsstellung berührende Maßnahmen getroffen hat.
(2) Der Schaden ist nur insoweit zu ersetzen, als die Aufwendungen, die Eingehung der Verbindlichkeiten und die sonstigen Maßnahmen den Umständen nach angemessen waren.
(3) Die Ersatzpflicht tritt nicht ein, wenn ein wichtiger Grund für den Rücktritt vorliegt.

I. **Die Norm gewährt** einem Verlobten, seinen Eltern und Dritten, die anstelle der Eltern gehandelt haben, **einen Schadensersatzanspruch**, wenn der andere Verlobte das Verlöbnis grundlos auflöst. Weitergehende Ansprüche aus anderen Vorschriften (zB §§ 826, 823) werden nicht eingeschränkt. Ggf können sich auch Ansprüche unter dem Gesichtspunkt des Wegfalls der Geschäftsgrundlage (§ 313) ergeben (OLG Oldenburg NJW-RR 09, 938). Zum Schadensersatzanspruch wegen schuldhaften Herbeiführens eines Rücktrittsgrunds § 1299.

II. **Anspruchsvoraussetzung** ist zunächst, dass ein Verlobter v Verlöbnis zurücktritt. Der Rücktritt erfolgt durch Willenserklärung gegenüber dem anderen Verlobten. Es handelt sich auf beiden Seiten um ein höchstpersönliches Geschäft. Erklärungen gegenüber Dritten reichen nur, wenn diese Empfangsboten des anderen Verlobten sind. Für den Rücktritt ist weder Geschäftsfähigkeit des Zurücktretenden noch die Zustimmung des gesetzlichen Vertreters erforderlich.

Der **Rücktritt darf nicht durch einen wichtigen Grund gerechtfertigt sein**. Für dessen Vorliegen trägt der Zurücktretende die Beweislast. Als Gründe kommen zunächst alle in Betracht, die auch zu einer Anfechtung des Verlöbnisses wegen Irrtums berechtigen würden, zB das Vorhandensein v schweren Charakterfehlern, unbehebbaren Krankheiten oder das Fehlen der v anderen Verlobten behaupteten Bildung oder beruflichen Stellung. Zum Rücktritt berechtigen aber auch nach der Verlobung erst entstandene Gründe, wie etwa Erkrankungen, schwere Streitigkeiten mit dem anderen Verlobten oder dessen Eltern oder Treulosigkeit. Nicht geregelt ist der Fall, dass ein Verlobter den wichtigen Grund selbst verursacht (zB Verletzung des anderen Verlobten). Soweit man in diesem Fall nicht schon die Unbeachtlichkeit wegen widersprüchlichen Verhaltens annehmen will, gilt jedenfalls § 1298 I, II wegen der insoweit mit den in § 1299 geregelten Fällen vergleichbaren Interessenlage entsprechend.

Der **Verlobte**, seine **Eltern und alle, die anstelle der Eltern gehandelt haben** (zB Pflegeeltern, Freunde, die die Verlobungsfeier ausrichten), können Ersatz für alle Aufwendungen und die Eingehung v Verbindlichkeiten verlangen, die sie in Erwartung der Ehe (bzw. Lebenspartnerschaft) getätigt haben, etwa für die Kosten der Verlobungsfeier, einen Kredit für den Hausbau der Verlobten oder Zuschüsse zur Anschaffung des Hausrats.

Der Verlobte kann darüber hinaus alle sonstigen Schäden ersetzt verlangen, die er durch Maßnahmen erlitten hat, die er in Erwartung der Ehe (bzw Lebenspartnerschaft) getroffen hat (zB Aufgabe des Berufs, um nach der Eheschließung an den Wohnort des Verlobten ziehen oder in dessen Betrieb mitarbeiten zu können).

Der Schaden muss durch ein angemessenes Verhalten des Geschädigten verursacht worden sein. Das trifft nur zu, wenn eine vernünftige Person in der Situation des Aufwendenden ebenso gehandelt hätte. Daran fehlt es etwa, wenn der Verlobte seine sichere Stellung im Inland aufgibt, um zu seinem arbeitslosen Partner ins Ausland zu ziehen, bei der Anschaffung v den finanziellen Verhältnissen der Verlobten nicht entsprechenden Haushaltsgegenständen, der Anmietung einer übermäßig großen Wohnung oder dann, wenn eine gesicherte Erwerbstätigkeit wegen eines Verlöbnisses aufgegeben wird, das allein nach mehreren Telefonaten ohne persönliches Kennenlernen zustande gekommen ist (OLG Frankfurt FamRZ 08, 1181).

§ 1299 Rücktritt aus Verschulden des anderen Teils

Veranlasst ein Verlobter den Rücktritt des anderen durch ein Verschulden, das einen wichtigen Grund für den Rücktritt bildet, so ist er nach Maßgabe des § 1298 Abs. 1, 2 zum Schadensersatz verpflichtet.

1 Die Norm erstreckt den Schadensersatzanspruch nach § 1298 auf den Fall, dass ein Verlobter schuldhaft einen wichtigen Grund setzt, der den anderen Verlobten berechtigt, v Verlöbnis zurückzutreten (vgl § 1298 Rn 3) und der andere Verlobte v diesem Recht Gebrauch macht.

§ 1300 (weggefallen)

§ 1301 Rückgabe der Geschenke

¹Unterbleibt die Eheschließung, so kann jeder Verlobte von dem anderen die Herausgabe desjenigen, was er ihm geschenkt oder zum Zeichen des Verlöbnisses gegeben hat, nach den Vorschriften über die Herausgabe einer ungerechtfertigten Bereicherung fordern. ²Im Zweifel ist anzunehmen, dass die Rückforderung ausgeschlossen sein soll, wenn das Verlöbnis durch den Tod eines der Verlobten aufgelöst wird.

1 I. Die Vorschrift enthält einen besonderen Bereicherungsanspruch nach § 812 I 2, 2. Fall. Es handelt sich um eine Rechtsgrundverweisung (str). §§ 814, 815, 818, 819 I und 821 sind anwendbar. Anspruchsberechtigt kann nur ein Verlobter sein; für Dritte gelten §§ 812 ff direkt.

2 Die Norm ist dispositiv. Die Rückforderung ist außerdem im Zweifel ausgeschlossen, wenn das Verlöbnis durch den Tod eines der Verlobten aufgelöst wird. Das soll verhindern, dass sich die Erben eines Verlobten nachträglich in das Verhältnis der Verlobten hineindrängen.

3 II. 1. Voraussetzung des Anspruchs ist zunächst a) das Bestehen eines gültigen Verlöbnisses zur Zeit der Schenkung (Vor §§ 1297–1302 Rn 2 ff). War das Verlöbnis zunächst nichtig, ist der Nichtigkeitsgrund zur Zeit der Schenkung aber weggefallen, kann in der Schenkung eine Bestätigung des Verlöbnisses liegen, so dass § 1301 anwendbar ist, wenn es dann aufgelöst wird. Schenkungen aufgrund eines nichtigen Verlöbnisses können nur nach § 812 I 2, 2. Fall herausverlangt werden. Dessen Voraussetzungen liegen regelmäßig aber nicht vor, weil mit der Schenkung nicht bezweckt ist, das Verlöbnis aufrechtzuerhalten.

4 b) Die **Eheschließung** (bzw Verpartnerung) muss **unterbleiben**. Der Grund dafür ist unbeachtlich.

5 c) Herausverlangt werden können alle **Geschenke, die ein Verlobter dem anderen gemacht hat** (Hauptfall: Verlobungsringe). Es braucht sich nicht um Schenkungen iSd §§ 516 ff zu handeln; es reicht jede unentgeltliche Zuwendung (zB v Diensten, Forderungserlass, vgl OLG Köln FamRZ 61, 726). Nicht zurückgefordert werden können jedoch Anstands- und Gelegenheitsgeschenke (§ 814), zB Geburtstagsgeschenke, Liebesbriefe. Ebenso wenig können Geschenke Dritter herausverlangt werden. Insoweit können nur die Schenker selbst (gestützt auf § 812 I 2, 2. Fall) Ansprüche erheben. Die Voraussetzungen sind aber nur selten erfüllt (Rn 3).

6 2. §§ 818 ff sind mit Ausnahme v § 819 II und § 820 anwendbar.

§ 1302 Verjährung

Die Verjährungsfrist der in den §§ 1298 bis 1301 bestimmten Ansprüche beginnt mit der Auflösung des Verlöbnisses.

1 Ansprüche nach §§ 1298 f, 1301 verjährten früher in 2 Jahren. Durch das G zur Änderung des Erb- und Verjährungsrechts (v 24.9.09, BGBl I 3142) wurde die Verjährungsfrist neu geregelt und an die allg Verjährungsfrist angepasst. Sie beträgt seit dem 1.1.10

3 Jahre (§ 195). Wie früher beginnt die Frist aber mit Auflösung des Verlöbnisses. Bei Rücktritt des einen Teils ist das der Moment, in dem die Rücktrittserklärung nach § 130 wirksam wird. Auf andere als die genannten Anspruchsgrundlagen erstreckt sich die Verjährung nicht. Vertragliche und deliktische Ansprüche, die anderen Verjährungsfristen unterliegen (§§ 195, 199), verjähren nur nach den für sie maßgebenden Regeln.

Titel 2
Eingehung der Ehe

Vorbemerkung zu §§ 1303–1320

Der zweite Titel **regelt die Eheschließung**. Er wurde durch das Eheschließungsrechtsgesetz v 4.5.98, BGBl I 833 wieder in das BGB eingefügt, nachdem die Eheschließung 50 Jahre lang im Ehegesetz geregelt war (§§ 1–15 EheG). Die Eheverbote der Schwägerschaft (§ 4 EheG) und der Wartezeit (§ 8 EheG) wurden ebenso abgeschafft wie das Aufgebot (§ 12 EheG) und die zwingende Anwesenheit v Trauzeugen bei der Eheschließung. Neu geregelt wurde auch die Heirat Minderjähriger (§ 1, 3 EheG/§ 1303). Die Regelungen waren Vorbild für die Registrierung v Lebenspartnerschaften nach dem LPartG (vgl § 1 LPartG, Vor §§ 1297–1588 Rn 11 ff), das aber kein §§ 1313 ff entsprechendes Verfahren kennt. Das hat erhebliche Auswirkungen in Bezug auf die Beständigkeit dieser Partnerschaften, denn alle Partnerschaftshindernisse führen grds zur Nichtigkeit (nicht nur zur Aufhebbarkeit) der Lebenspartnerschaft. Das Problem, dass bei Willensmängeln gilt nicht § 1314 II, sondern die allg Regeln (§§ 119 ff) Anwendung fanden (Hk-LPartG/Kemper, 1. Aufl, § 1 LPartG Rn 33 ff mit Nachweisen über den Streitstand), ist seit Inkrafttreten des Gesetzes zur Überarbeitung des Lebenspartnerschaftsrechts (BGBl 04 I 3396) behoben. Nunmehr ist in den Irrtumsfällen eine Aufhebung der Lebenspartnerschaft (iSd § 15 LPartG) zulässig, so dass die allg Regeln ausgeschlossen sind. 1

Zum **Internationalen Privatrecht** vgl Art 13 EGBGB, zur Form der Eheschließung Art 11 EGBGB. 2

Untertitel 1
Ehefähigkeit

§ 1303 Ehemündigkeit

(1) Eine Ehe soll nicht vor Eintritt der Volljährigkeit eingegangen werden.
(2) Das Familiengericht kann auf Antrag von dieser Vorschrift Befreiung erteilen, wenn der Antragsteller das 16. Lebensjahr vollendet hat und sein künftiger Ehegatte volljährig ist.
(3) Widerspricht der gesetzliche Vertreter des Antragstellers oder ein sonstiger Inhaber der Personensorge dem Antrag, so darf das Familiengericht die Befreiung nur erteilen, wenn der Widerspruch nicht auf triftigen Gründen beruht.
(4) Erteilt das Familiengericht die Befreiung nach Absatz 2, so bedarf der Antragsteller zur Eingehung der Ehe nicht mehr der Einwilligung des gesetzlichen Vertreters oder eines sonstigen Inhabers der Personensorge.

I. Die Vorschrift regelt die **Ehemündigkeit** und die **Beteiligung des gesetzlichen Vertreters** eines noch nicht volljährigen Eheschließenden sowie das Verfahren, das eingehalten werden muss, wenn der gesetzliche Vertreter mit der Heirat nicht einverstanden ist. 1

II. **Ehemündigkeit** tritt **grds erst mit der Volljährigkeit** (§ 2) ein (Abs 1). Früher eingegangene Ehen sind zwar, ausnahmsweise möglich (Rn 3 ff, anders bei Lebenspartnerschaften nach § 1 LPartG), aber unerwünscht. 2

Das **Familiengericht** kann v dem Erfordernis der Volljährigkeit **Befreiung erteilen**, wenn einer der Eheschließungswilligen volljährig ist und der Minderjährige das 16. Le- 3 bensjahr vollendet hat (Abs 2). Ehen zwischen Minderjährigen sind ausgeschlossen. Ein Widerspruch des gesetzlichen Vertreters bzw des Personensorgeberechtigten des Minderjährigen blockiert die Eheschließung nicht endgültig. Das Gericht kann vielmehr die Befreiung trotzdem erteilen, wenn der Widerspruch nicht auf triftigen Gründen beruht (Abs 3). Derartige Gründe können sich aus der Person des Verlobten ergeben (zB Drogensucht, Vorstrafen, Altersunterschied), aber auch dem Familieninteresse. Hierher gehört vor allem, dass die Eheleute nicht in der Lage sein werden, für sich selbst zu sorgen oder dass der minderjährige Ehegatte sich in vollständige Abhängigkeit zu dem anderen begeben will. Ob das Familiengericht die Befreiung erteilt, ist in sein pflichtgemäßes Ermessen gestellt. Entscheidend ist, ob der Minderjährige die Tragweite der Eheschließung zu erfassen vermag (OLG Saarbrücken FamRZ 08, 275; OLG Hamm FamRZ 10, 1801). Wird die Befreiung erteilt, entfällt damit zugleich das Erfordernis der Einwilligung des gesetzlichen Vertreters bzw des Personensorgeberechtigten in die Eheschließung (Abs 4). Es gibt daher seit dem seit 1.7.98 keinen Fall mehr, in dem der gesetzliche Vertreter bzw der Personensorgeberechtigte der Heirat noch positiv zustimmen müsste. Sein Widerspruch erschwert nur die Befreiung.

4 **III. Verfahren.** Zuständig für die Befreiung ist der Richter (§ 14 Nr 18 RPflG). Beschwerdeberechtigt sind bei Ablehnung der Befreiung der Minderjährige selbst (§ 59 II FamFG), bei Gewährung der Befreiung dagegen der gesetzliche Vertreter bzw Personensorgeberechtigte (§ 59 I FamFG).

§ 1304 Geschäftsunfähigkeit

Wer geschäftsunfähig ist, kann eine Ehe nicht eingehen.

1 § 1304 schließt die **Eheschließung durch Geschäftsunfähige** aus. Nach dem Wegfall der durch Entmündigung eintretenden Geschäftsunfähigkeit ist dieser Fall nur denkbar, wenn der Eheschließungswillige sich in einem nicht nur vorübergehenden Zustand krankhafter Störung der Geistestätigkeit befindet (§ 104 Nr 2), weil § 104 Nr 1 wegen des gegenseitigen Ausschlusses mit § 1303 I nicht in Betracht kommt. Zu beachten ist aber, dass wegen Art 6 GG hier ein anderer Begriff der Geschäftsunfähigkeit gilt als bei § 104. Da geistig Behinderte sonst nie heiraten könnten, muss darauf abgestellt werden, ob der betroffene Eheschließungswillige einen natürlichen Eheschließungswillen bilden, dh einsehen kann, welche Art v Beziehung durch eine Ehe begründet wird (vgl BVerfG FamRZ 03, 360; BayObLG FamRZ 97, 294). Nur wenn auch das nicht der Fall ist, liegt Geschäftsunfähigkeit iSd § 1304 vor.

2 Ob § 1304 verwirklicht ist, muss der Standesbeamte vAw überprüfen. Im Zweifel muss er ein Sachverständigengutachten einholen. Ein Verstoß gegen § 1304 führt zur Aufhebbarkeit der Ehe (§ 1314 I).

3 Für **Lebenspartnerschaften** (Vor §§ 1297–1588 Rn 11 ff) gilt § 1304 nicht. Hier folgt die Unwirksamkeit der Partnerschaft direkt aus § 105 I.

§ 1305 (weggefallen)

Untertitel 2
Eheverbote

§ 1306 Bestehende Ehe oder Lebenspartnerschaft

Eine Ehe darf nicht geschlossen werden, wenn zwischen einer der Personen, die die Ehe miteinander eingehen wollen, und einer dritten Person eine Ehe oder eine Lebenspartnerschaft besteht.

§ 1307 Verwandtschaft

¹Eine Ehe darf nicht geschlossen werden zwischen Verwandten in gerader Linie sowie zwischen vollbürtigen und halbbürtigen Geschwistern. ²Dies gilt auch, wenn das Verwandtschaftsverhältnis durch Annahme als Kind erloschen ist.

§ 1308 Annahme als Kind

(1) ¹Eine Ehe soll nicht geschlossen werden zwischen Personen, deren Verwandtschaft im Sinne des § 1307 durch Annahme als Kind begründet worden ist. ²Dies gilt nicht, wenn das Annahmeverhältnis aufgelöst worden ist.
(2) ¹Das Familiengericht kann auf Antrag von dieser Vorschrift Befreiung erteilen, wenn zwischen dem Antragsteller und seinem künftigen Ehegatten durch die Annahme als Kind eine Verwandtschaft in der Seitenlinie begründet worden ist. ²Die Befreiung soll versagt werden, wenn wichtige Gründe der Eingehung der Ehe entgegenstehen.

I. §§ 1306–1308 enthalten die **Eheverbote**. Es bestehen heute noch die absoluten Eheverbote der Doppelehe bzw der bestehenden Lebenspartnerschaft (§ 1306) und der Blutsverwandtschaft (§ 1307). Außerdem gibt es das Eheverbot der durch Adoption begründeten Verwandtschaft (§ 1308). V diesem Verbot kann allerdings Befreiung erteilt werden. Die Eheverbote der Schwägerschaft (§ 4 EheG) und der Wartezeit (§ 8 EheG) wurden durch das EheschließungsrechtsG beseitigt. 1

II. **Verboten ist die Eheschließung**, wenn einer der **Eheschließungswilligen noch mit einer dritten Person verheiratet ist.** Eine Ehe muss also erst rechtskräftig geschieden (§§ 1564 ff) oder aufgehoben (§ 1320) oder durch Tod oder Todeserklärung eines Ehegatten beendet sein, bevor eine neue Ehe geschlossen werden kann. Zu Doppelehen kann es außer in den Fällen der vorsätzlichen Bigamie kommen, wenn ein Verfahren, durch das eine frühere Ehe beendet wurde (Scheidung oder Eheaufhebung) durch Wiedereinsetzung in den vorigen Stand (§ 113 I 2 FamFG, § 233 ZPO) oder durch Wiederaufnahme (§ 118 FamFG, §§ 578 ff ZPO) wieder aufgenommen wird, so dass die ehebeendende Wirkung rückwirkend wegfällt. Obwohl die Eheschließenden in diesem Fall beide gutgläubig waren, werden sie nachträglich v dem Eheverbot erfasst. Das Eheverbot der Doppelehe ist absolut; eine Befreiung ist nicht möglich. Wird gegen das Verbot verstoßen, ist die Ehe aufhebbar (§ 1314 I). Zur Antragsberechtigung s § 1316 I Nr 1. Die Folgen der Eheaufhebung weichen in einigen Punkten v der Behandlung der Ehegatten in den übrigen Aufhebungsfällen ab. So soll der v der Doppelehe ebenfalls betroffene Dritte geschützt werden (§ 1318 II-V). 2

Das Eheverbot **erfasst nicht den Fall,** dass Eheleute einander noch einmal heiraten. Der Standesbeamte muss daher eine Trauung vornehmen, die bereits miteinander verheiratete Personen wünschen, weil sie Zweifel an der Gültigkeit ihrer ersten Trauung haben. Das Gleiche gilt, wenn eine Lebenspartnerschaft zwischen ihnen besteht und nun durch Geschlechtsumwandlung eines der Lebenspartner eine Eheschließung möglich ist (LG Berlin NJW-RR 08, 1318). 3

Ebenfalls nicht erfasst v dem Wortlaut des Eheverbots wurde zunächst der Fall, dass ein Eheschließungswilliger mit einem Partner gleichen Geschlechts in einer **Lebenspartnerschaft** (Vor §§ 1297–1588 Rn 11 ff) lebte. Der Gesetzgeber des Lebenspartnerschaftsgesetzes hatte es bewusst unterlassen, für diesen Fall eine Regelung zu schaffen, während umgekehrt für Verheiratete das Verbot aufgestellt wurde, eine Lebenspartnerschaft einzugehen (§ 1 II Nr 1 LPartG). Das Fehlen einer Regelung ist v BVerfG (BVerfGE 105, 313) für mit Art. 6 I GG nicht vereinbar erklärt worden, weil die Möglichkeit einer weiteren Exklusivbeziehung neben einer Ehe mit dem Wesen der Ehe nicht vereinbar sei. Deswegen ist das Eheverbot des § 1306 durch das Gesetz zur Überarbeitung des Lebenspartnerschaftsrechts (BGBl 04 I 3396) auf den Fall erstreckt worden, dass eine Lebenspartnerschaft besteht. 4

Verboten ist die Eheschließung unter **Blutsverwandten** gerader Linie (§ 1589 S 1). Der Grad der Verwandtschaft ist unerheblich. Ein Eheverbot besteht auch zwischen vollbürtigen und halbbürtigen Geschwistern (§ 1307 S 1). Es reicht also, dass ein gemein- 5 samer Elternteil vorhanden ist. Diese Eheverbote gelten auch, wenn das Verwandtschaftsverhältnis durch Annahme als Kind erloschen ist (§ 1307 S 2). Bei Verstoß gegen die Verbote des § 1307 ist die Ehe aufhebbar. Strafrechtlich kann ein Verstoß gegen § 173 StGB vorliegen.

6 Verboten ist grds auch eine Ehe zwischen Personen, die zwar nicht blutsverwandt sind, die aber in der in § 1307 beschriebenen Weise deswegen verwandt sind, weil eine Annahme als Kind stattgefunden hat (§ 1308 I). Das Verbot ist aber nur ein aufschiebendes: Es endet, wenn das Annahmeverhältnis aufgelöst wird. Wird die Ehe unter Verstoß gegen § 1308 I geschlossen, endet das Annahmeverhältnis (§ 1766). Ist durch die Annahme nur ein Verwandtschaftsverhältnis in der Seitenlinie zu dem anderen Eheschließungswilligen begründet worden, ist das Eheverbot nur ein relatives; denn das Familiengericht kann auf Antrag v dieser Vorschrift Befreiung erteilen, wenn keine wichtigen Gründe der Eingehung der Ehe entgegenstehen (§ 1308 II). Bei Verstoß gegen § 1308 ist die Ehe nicht aufhebbar. Für Lebenspartnerschaften fehlt es an einer § 1308 entsprechenden Regelung.

Untertitel 3
Ehefähigkeitszeugnis

§ 1309 Ehefähigkeitszeugnis für Ausländer

(1) ¹Wer hinsichtlich der Voraussetzungen der Eheschließung vorbehaltlich des Artikels 13 Abs. 2 des Einführungsgesetzes zum Bürgerlichen Gesetzbuche ausländischem Recht unterliegt, soll eine Ehe nicht eingehen, bevor er ein Zeugnis der inneren Behörde seines Heimatstaats darüber beigebracht hat, dass der Eheschließung nach dem Recht dieses Staates kein Ehehindernis entgegensteht. ²Als Zeugnis der inneren Behörde gilt auch eine Bescheinigung, die von einer anderen Stelle nach Maßgabe eines mit dem Heimatstaat des Betroffenen geschlossenen Vertrags erteilt ist. ³Das Zeugnis verliert seine Kraft, wenn die Ehe nicht binnen sechs Monaten seit der Ausstellung geschlossen wird; ist in dem Zeugnis eine kürzere Geltungsdauer angegeben, ist diese maßgebend.
(2) ¹Von dem Erfordernis nach Absatz 1 Satz 1 kann der Präsident des Oberlandesgerichts, in dessen Bezirk das Standesamt, bei dem die Eheschließung angemeldet worden ist, seinen Sitz hat, Befreiung erteilen. ²Die Befreiung soll nur Staatenlosen mit gewöhnlichem Aufenthalt im Ausland und Angehörigen solcher Staaten erteilt werden, deren Behörden keine Ehefähigkeitszeugnisse im Sinne des Absatzes 1 ausstellen. ³In besonderen Fällen darf sie auch Angehörigen anderer Staaten erteilt werden. ⁴Die Befreiung gilt nur für die Dauer von sechs Monaten.

1 I. Die Vorschrift soll **Ehen vermeiden, die nach dem Heimatrecht wenigstens eines Eheschließenden unwirksam sind** und deswegen nicht anerkannt werden. Es soll vor der Eheschließung geklärt werden, ob die Ehe nach dem Heimatrecht wirksam ist oder nicht. Gleichzeitig soll dem Standesbeamten erleichtert werden herauszufinden, ob einer Ehe Eheverbote des ausländischen Rechts entgegenstehen, das die das deutsche Recht nicht kennt. International ist die Grundlage für die Ausstellung v Ehefähigkeitszeugnissen das CIEC-Übereinkommen Nr 20 v 5.9.80 (BGBl 97 II 1086). Dieses Übereinkommen sieht vor, dass die Erteilung derartiger Zeugnisse vereinheitlicht, ihre Anerkennung vereinfacht werden und damit die Eheschließung v Angehörigen unterschiedlicher Staaten erleichtert werden. Gleichzeitig soll durch die Vereinheitlichung Verwaltungsaufwand reduziert werden.

2 II. 1. Ein Ehefähigkeitszeugnis **muss vorlegen**, wer in Bezug auf die Voraussetzungen der Eheschließung ausländischem Recht unterliegt. Deutsches Internationales Privatrecht muss daher für diese Frage auf ein fremdes Recht verweisen. Ob der Eheschließungswillige Ausländer oder Deutscher ist, ist dagegen unerheblich. Die Voraussetzung ist auch dann erfüllt, wenn das ausländische Recht seinerseits wieder auf deutsches Recht zurückverweist. Zwar beurteilt es sich dann im Ergebnis nach deutschem

Sachrecht, welche Voraussetzungen für die Eheschließung gelten. Ob zurückverwiesen wird, ist aber eine Frage des ausländischen Rechts und deswegen in das Ehefähigkeitszeugnis aufzunehmen. Kein Ehefähigkeitszeugnis brauchen aber solche Staatenlosen, heimatlose Flüchtlinge und anerkannte Asylbewerber, deren Personalstatut sich nach deutschem Recht bestimmt; denn in diesem Fall gilt das deutsche Recht unmittelbar (Art 5 II EGBGB).

Das Ehefähigkeitszeugnis muss grds v **der inneren Behörde des Heimatstaats** des Eheschließungswilligen ausgestellt werden. Gegenüber dem früheren Recht besteht aber nun die Möglichkeit, dass staatsvertraglich geregelt wird, dass bei bestimmten Ländern auch eine Bescheinigung einer anderen staatlichen Stelle als Zeugnis der inneren Behörde gilt (Abs 1 S 2). Damit sollen die Probleme beseitigt werden, die eine starre Zuständigkeitsregelung bedeutet, wenn der ausländische Staat eine andere Zuständigkeitsregelung hat. Solange ein derartiger Vertrag nicht abgeschlossen ist, sind Bescheinigungen anderer ausländischer Stellen nicht ausreichend. Den Eheschließungswilligen bleibt dann nur, eine Befreiung v Erfordernis des Ehefähigkeitszeugnisses einzuholen. 3

Inhalt des Ehefähigkeitszeugnisses muss sein, dass der Eheschließung aus Sicht des ausländischen Rechts keine Hindernisse entgegenstehen. Das kann sachrechtsbezogen formuliert sein, kann sich aber auch darauf beziehen, dass das ausländische Recht auf deutsches Sachrecht zurückverweist (Rn 2). 4

Das Zeugnis **wird ungültig**, wenn die Ehe nicht binnen 6 Monaten seit der Ausstellung geschlossen wird. Ist eine kürzere Geltungsdauer angegeben, ist diese maßgebend (Abs 1 S 3). Die Frist ist sehr kurz und führt oft zu Schwierigkeiten, wenn beide Eheschließungswilligen ein Ehefähigkeitszeugnis beibringen müssen. 5

2. V dem Erfordernis des Ehefähigkeitszeugnisses kann der **Präsident des Oberlandesgerichts**, in dessen Bezirk das Standesamt, bei dem die Eheschließung angemeldet worden ist, seinen Sitz hat (nicht: Wohnort, Ort der Eheschließung), **Befreiung erteilen** (Abs 2 S 1). Es handelt sich um einen Justizverwaltungsakt. Die Befreiung soll nur Staatenlosen mit gewöhnlichem Aufenthalt im Ausland und Angehörigen solcher Staaten erteilt werden, deren Behörden keine Ehefähigkeitszeugnisse ausstellen (zB Belgien, Frankreich, Griechenland). In besonderen Fällen darf sie auch Angehörigen anderer Staaten erteilt werden. Die Befreiung bezieht sich nur auf die Beibringung des Ehefähigkeitszeugnisses, nicht auf ein evtl vorhandenes Ehehindernis des ausländischen Rechts. Sie darf nur erteilt werden, wenn kein Ehehindernis vorliegt, muss also versagt werden, wenn erkennbar ist, dass die Voraussetzungen des ausländischen Rechts nicht vorliegen, so dass die Ehe im Ausland nicht anerkannt werden wird (BGH FamRZ 2012, 1635). Ob das der Fall ist, muss der OLG-Präsident selbstständig prüfen und sich ggf sachverständig beraten lassen. Können sichere Feststellungen über die Person des ausländischen Antragstellers, vor allem aber über seine Identität und seinen Personenstand, nicht getroffen werden, so dass Zweifel an der Identität verbleiben, ist die Befreiung zu versagen (OLG Düsseldorf FamRZ 98, 1107). Die Befreiung gilt für 6 Monate, entsprechend der Gültigkeitsdauer eines Ehefähigkeitszeugnisses. 6

3. Bis zur Beibringung des Ehefähigkeitszeugnisses bzw der Befreiung besteht ein **aufschiebendes Eheverbot**. Ein Verstoß gegen das Verbot hat auf die Gültigkeit der Ehe keine Auswirkungen. Soweit allerdings nach dem maßgeblichen Heimatrecht Ehehindernisse vorliegen, sind diese zu berücksichtigen, falls nicht ausnahmsweise Art 13 II EGBGB eingreift. 7

Untertitel 4
Eheschließung

§ 1310 Zuständigkeit des Standesbeamten, Heilung fehlerhafter Ehen

(1) ¹Die Ehe wird nur dadurch geschlossen, dass die Eheschließenden vor dem Standesbeamten erklären, die Ehe miteinander eingehen zu wollen. ²Der Standesbeamte darf seine Mitwirkung an der Eheschließung nicht verweigern, wenn die Voraussetzungen

der Eheschließung vorliegen; er muss seine Mitwirkung verweigern, wenn offenkundig ist, dass die Ehe nach § 1314 Abs. 2 aufhebbar wäre.

(2) Als Standesbeamter gilt auch, wer, ohne Standesbeamter zu sein, das Amt eines Standesbeamten öffenlich ausgeübt und die Ehe in das Eheregister eingetragen hat.

(3) Eine Ehe gilt auch dann als geschlossen, wenn die Ehegatten erklärt haben, die Ehe miteinander eingehen zu wollen, und
1. der Standesbeamte die Ehe in das Eheregister eingetragen hat,
2. der Standesbeamte im Zusammenhang mit der Beurkundung der Geburt eines gemeinsamen Kindes der Ehegatten einen Hinweis auf die Eheschließung in das Geburtenregister eingetragen hat oder
3. der Standesbeamte von den Ehegatten eine familienrechtliche Erklärung, die zu ihrer Wirksamkeit eine bestehende Ehe voraussetzt, entgegengenommen hat und den Ehegatten hierüber eine in Rechtsvorschriften vorgesehene Bescheinigung erteilt worden ist

und die Ehegatten seitdem zehn Jahre oder bis zum Tode eines der Ehegatten, mindestens jedoch fünf Jahre, als Ehegatten miteinander gelebt haben.

§ 1311 Persönliche Erklärung

[1]Die Eheschließenden müssen die Erklärungen nach § 1310 Abs. 1 persönlich und bei gleichzeitiger Anwesenheit abgeben. [2]Die Erklärungen können nicht unter einer Bedingung oder Zeitbestimmung abgegeben werden.

§ 1312 Trauung

[1]Der Standesbeamte soll bei der Eheschließung die Eheschließenden einzeln befragen, ob sie die Ehe miteinander eingehen wollen, und, nachdem die Eheschließenden diese Frage bejaht haben, aussprechen, dass sie nunmehr kraft Gesetzes rechtmäßig verbundene Eheleute sind. [2]Die Eheschließung kann in Gegenwart von einem oder zwei Zeugen erfolgen, sofern die Eheschließenden dies wünschen.

1 I. §§ 1310–1312 regeln die **Eheschließung**. Gegenüber den Regelungen des EheG bestehen Unterschiede in Bezug auf die Anmeldung der Eheschließung und die Trauzeugen. Die früher im Zusammenhang mit den materiellrechtlichen Vorschriften über die Eheschließung geregelte Zuständigkeit des Standesbeamten findet sich heute im Personenstandsgesetz. Das Gleiche gilt für die Regelung über die Erklärung in Bezug auf den Ehenamen (§ 1355).

2 Tragendes Prinzip der Eheschließungsvorschriften ist, dass eine Ehe **nur vor dem Standesbeamten** geschlossen werden kann. Religiöse Eheschließungen sind für die Frage, ob eine staatliche Ehe vorliegt, ebenso irrelevant (Ausnahme für Ausländer unter den Voraussetzungen v Art 13 II 2 EGBGB, Art 13 EGBGB Rn 12), wie der Staat keine Vorschriften für die religiöse Trauung aufstellt (§ 1588).

3 II. 1. Zur Trauung kommt es, nachdem sich die Eheschließungswilligen beim zuständigen Standesamt (§ 11 PStG) **angemeldet** haben. Ein Aufgebot (§ 12 EheG aF) ist nicht mehr erforderlich. Bei der Anmeldung prüft der Standesbeamte, ob der Eheschließung Verbote entgegenstehen und ob keine Anhaltspunkte dafür bestehen, dass die Ehe nach § 1314 II aufhebbar ist (§ 13 PStG). Ist das offenkundig der Fall, muss er die Mitwirkung an der Eheschließung verweigern (§ 1310 I 2). Wichtigster Anwendungsfall sind die sog Scheinehen, die v den Betroffenen offensichtlich nur zu dem Zweck geschlossen werden, einem Ehegatten eine Aufenthaltsberechtigung in Deutschland zu verschaffen, ohne dass eine Ehe im Sinne einer Rechts- und Pflichtengemeinschaft gewollt ist (§§ 1353 I 2, 1314 II Nr 5). Im Übrigen darf der Standesbeamte die Eheschließung nicht ablehnen.

4 2. Die Ehe wird dadurch geschlossen, dass die **Eheschließenden vor dem Standesbeamten** erklären, die Ehe miteinander eingehen zu wollen (§ 1310 I). Die Erklärungen müssen sie persönlich und bei gleichzeitiger Anwesenheit abgeben (§ 1311, 1), nicht aber

notwendigerweise im Standesamt (Einzelheiten: Mählmann StAZ 97, 184). Sie sind bedingungs- und befristungsfeindlich (§ 1311, 2); Stellvertretung und Botenschaft sind ausgeschlossen.

Der Standesbeamte soll bei der Eheschließung die Eheschließenden **einzeln befragen**, ob sie die Ehe miteinander eingehen wollen. Nachdem die Eheschließenden das bejaht haben, soll er dann aussprechen, dass sie nunmehr kraft Gesetzes rechtmäßig verbundene Eheleute sind (§ 1312 I 1). Trauzeugen sind bei der Eheschließung nicht erforderlich. Die Eheschließenden können aber bis zu zwei Trauzeugen hinzuziehen (§ 1312 I 2). Außerdem ist die Eheschließung öffentlich, soweit die Eheschließenden das wünschen, dh es können Gäste in beliebiger Zahl zugelassen werden. Der Standesbeamte soll die erfolgte Eheschließung ins Eheregister eintragen (§ 1312 II, wichtige Wirkungen: § 1310 III Nr 1, Rn 8).

Standesbeamter ist, wer kraft seines Amtes zu Trauungen bestellt ist. Als Standesbeamter gilt aber auch, wer, ohne Standesbeamter zu sein, das Amt eines Standesbeamten öffentlich ausgeübt und die Ehe ins Eheregister eingetragen hat. Derartige Fälle v Scheinstandesbeamten kommen vor, wenn in der Gemeinde die Aufgabenzuweisung als Standesbeamter unzureichend oder unzutreffend geregelt ist (Hauptfall: Der Bürgermeister ist gleichzeitig Standesbeamter, sein Vertreter als Bürgermeister ist aber auch als vertretender Standesbeamter bestellt). Die Eintragung der Ehe in das Eheregister ist in diesen Fällen konstitutiv für die Eheschließung. Es reicht nicht, dass es überhaupt zu einer Eintragung kommt; diese muss vielmehr gerade v dem Scheinstandesbeamten vorgenommen werden. Fehlt die Eintragung, liegt (vorbehaltlich § 1310 III) eine Nichtehe vor. Zur Eheschließung vor anderen Stellen s Vor §§ 1303–1320 Rn 2. 6

3. Sind die **Formvorschriften** für die Eheschließung **nicht eingehalten**, liegt eine **Nichtehe** vor. 7

In drei Fällen hat der Gesetzgeber aber die **Heilung** dieses Mangels zugelassen: wenn der Standesbeamte die Eheschließung in das Eheregister eingetragen hat (§ 1310 III Nr 1), wenn er im Zusammenhang mit der Beurkundung der Geburt eines gemeinsamen Kindes der Ehegatten einen Hinweis auf die Eheschließung in das Geburtenregister eingetragen hat (§ 1310 III Nr 2) oder wenn er v den Ehegatten eine familienrechtliche Erklärung, die zu ihrer Wirksamkeit eine bestehende Ehe voraussetzt, entgegengenommen hat und den Ehegatten hierüber eine in Rechtsvorschriften vorgesehene Bescheinigung erteilt worden ist (§ 1310 III Nr 3). In allen diesen Fällen hat der Standesbeamte einen Vertrauenstatbestand geschaffen, aus dem die Eheleute ableiten können, dass sie nach deutschem Recht wirksam verheiratet sind. 8

Neben dem Vorliegen dieses Vertrauenstatbestands hat die Heilung aber zwei weitere Voraussetzungen: Die Eheleute müssen in jedem Fall irgendwann einmal **erklärt haben, einander heiraten zu wollen**. Fehlt es schon an der Abgabe v Heiratserklärungen, ist eine Heilung ausgeschlossen, weil die Betroffenen dann nicht schutzwürdig sind: Wer nicht erklärt hat, heiraten zu wollen, kann auch nicht davon ausgehen, verheiratet zu sein. Außerdem müssen die Betroffenen ihr Vertrauen in den Bestand der Ehe dadurch betätigt haben, dass sie seit der Abgabe ihrer Eheschließungserklärungen einen Jahre oder bis zum Tod eines der Ehegatten, mindestens jedoch 5 Jahre, als Ehegatten **miteinander gelebt** haben. Eine Heilung ohne eheliche Lebensgemeinschaft kommt nicht in Betracht. Die Heilungsvorschrift gilt rückwirkend (Art 14 EheschließungsrechtsG), erfasst also gerade auch die Problemfälle aus den ungeordneten Verhältnissen der unmittelbaren Nachkriegszeit. 9

Titel 3
Aufhebung der Ehe

Vorbemerkung zu §§ 1313–1318

§§ 1313–1320 regeln die **Aufhebung der Ehe**. In diesem Rechtsinstitut wurden durch das EheschließungsrechtsG mit Wirkung v 1.7.98 die bisherigen Institute der Ehenich- 1 tigkeitsklage (§§ 16 ff EheG) und der Eheaufhebungsklage (§§ 28 ff EheG) zusammengefasst. Mit der im Lebenspartnerschaftsgesetz vorgesehenen Aufhebung einer eingetragenen Lebenspartnerschaft (§ 15 LPartG) hat sie nichts gemein; diese entspricht vielmehr funktional der Scheidung.

2 Die Eheaufhebung erfolgt durch ein **gerichtliche Entscheidung**, die auf einen Antrag hin ergeht (§ 1313 S 1). Auch insoweit wurde eine Vereinheitlichung mit der Scheidung erreicht; der Begriff der Aufhebungs- oder Nichtigkeitsklage des alten Rechts wurde beseitigt, weil die Eheaufhebung nicht unbedingt auf einem Interessengegensatz der beteiligten Eheleute beruht.

3 Die **Voraussetzungen** der Eheaufhebung sind in §§ 1314 f abschließend geregelt (§ 1313 S 2). Liegt keiner der genannten Fälle vor, handelt es sich aber auch nicht um eine Nichtehe, bleibt den Eheleuten für die Auflösung der Ehe nur die Scheidung (§§ 1564 ff). Die Eheaufhebung erfolgt nur auf Antrag. Zu den Antragsberechtigten s § 1316, zur Antragsfrist § 1317.

4 Die **Folgen** der Eheaufhebung richten sich grds nach dem Scheidungsfolgenrecht (§ 1318 I, §§ 1363 ff, 1568 a f, 1569 ff, 1587 iVm §§ 1 ff VersAusglG, s Vor §§ 1564–1568 Rn 4). Etwas anderes gilt aber dann, wenn besonders schutzbedürftige Belange eines Dritten, der durch den Eheaufhebungsgrund ebenfalls betroffen ist, der unveränderten Anwendung des Ehescheidungsfolgenrechts im Wege stehen (Einzelheiten: § 1318 II). Der wichtigste Fall ist insoweit die Doppelehe, durch die nicht nur die Interessen der Eheleute der bigamischen Ehe betroffen sind, sondern auch diejenigen des Ehegatten der anderen Ehe.

5 **Verfahren.** Zuständig für die Eheaufhebung ist das Familiengericht (§§ 111 Nr 1, 121 Nr 2 FamFG). Die Verfahrensvorschriften finden sich in §§ 121 ff FamFG, mit einer besonderen Kostenregelung in § 132 FamFG. Das Verfahren entspricht demjenigen des Scheidungsverfahrens (Überblick: Vor §§ 1564–1568 Rn 4). Werden in demselben Verfahren Aufhebung und Scheidung beantragt, ist bei Begründetheit beider Anträge nur auf Eheaufhebung zu erkennen (§ 126 III FamFG). Bei Eheaufhebung wegen Doppelehe kann die zuständige Verwaltungsbehörde das Verfahren auch dann betreiben, wenn sie selbst nicht den Aufhebungsantrag gestellt hat (§ 129 II 2 FamFG). Sie muss deswegen v Gericht über die Anhängigkeit eines derartigen Verfahrens unterrichtet werden (§ 129 II 1 FamFG).

§ 1313 Aufhebung durch richterliche Entscheidung

¹**Eine Ehe kann nur durch richterliche Entscheidung auf Antrag aufgehoben werden.** ²**Die Ehe ist mit der Rechtskraft der Entscheidung aufgelöst.** ³**Die Voraussetzungen, unter denen die Aufhebung begehrt werden kann, ergeben sich aus den folgenden Vorschriften.**

1 § 1313 bestimmt, dass eine Eheaufhebung nur auf Antrag hin erfolgt (Antragsberechtigte: § 1316, Antragsfrist: § 1317) und nur durch ein Gericht erfolgen kann. Gleichzeitig wird klargestellt, dass die Eheaufhebung nur für die Zukunft wirkt, die Ehe also bis zur Rechtskraft der Aufhebungsentscheidung so behandelt werden muss wie jede andere wirksame Ehe auch. Schließlich betont sie die Exklusivität der Regeln über die Eheaufhebung und verhindert so, dass zu den in §§ 1314 f geregelten Aufhebungsgründen Analogien gebildet werden oder dass Institute der allg Rechtsgeschäftslehre (zB §§ 119, 123) zur Begründung einer Eheauflösung herangezogen werden.

§ 1314 Aufhebungsgründe

(1) Eine Ehe kann aufgehoben werden, wenn sie entgegen den Vorschriften der §§ 1303, 1304, 1306, 1307, 1311 geschlossen worden ist.
(2) Eine Ehe kann ferner aufgehoben werden, wenn
1. ein Ehegatte sich bei der Eheschließung im Zustand der Bewusstlosigkeit oder vorübergehender Störung der Geistestätigkeit befand;

2. ein Ehegatte bei der Eheschließung nicht gewusst hat, dass es sich um eine Eheschließung handelt;
3. ein Ehegatte zur Eingehung der Ehe durch arglistige Täuschung über solche Umstände bestimmt worden ist, die ihn bei Kenntnis der Sachlage und bei richtiger Würdigung des Wesens der Ehe von der Eingehung der Ehe abgehalten hätten; dies gilt nicht, wenn die Täuschung Vermögensverhältnisse betrifft oder von einem Dritten ohne Wissen des anderen Ehegatten verübt worden ist;
4. ein Ehegatte zur Eingehung der Ehe widerrechtlich durch Drohung bestimmt worden ist;
5. beide Ehegatten sich bei der Eheschließung darüber einig waren, dass sie keine Verpflichtung gemäß § 1353 Abs. 1 begründen wollen.

§ 1315 Ausschluss der Aufhebung

(1) ¹Eine Aufhebung der Ehe ist ausgeschlossen
1. bei Verstoß gegen § 1303, wenn die Voraussetzungen des § 1303 Abs. 2 bei der Eheschließung vorlagen und das Familiengericht, solange der Ehegatte nicht volljährig ist, die Eheschließung genehmigt oder wenn der Ehegatte, nachdem er volljährig geworden ist, zu erkennen gegeben hat, dass er die Ehe fortsetzen will (Bestätigung),
2. bei Verstoß gegen § 1304, wenn der Ehegatte nach Wegfall der Geschäftsunfähigkeit zu erkennen gegeben hat, dass er die Ehe fortsetzen will (Bestätigung),
3. im Falle des § 1314 Abs. 2 Nr. 1, wenn der Ehegatte nach Wegfall der Bewusstlosigkeit oder der Störung der Geistestätigkeit zu erkennen gegeben hat, dass er die Ehe fortsetzen will (Bestätigung),
4. in den Fällen des § 1314 Abs. 2 Nr. 2 bis 4, wenn der Ehegatte nach Entdeckung des Irrtums oder der Täuschung oder nach Aufhören der Zwangslage zu erkennen gegeben hat, dass er die Ehe fortsetzen will (Bestätigung),
5. in den Fällen des § 1314 Abs. 2 Nr. 5, wenn die Ehegatten nach der Eheschließung als Ehegatten miteinander gelebt haben.

²Die Bestätigung eines Geschäftsunfähigen ist unwirksam. ³Die Bestätigung eines Minderjährigen bedarf bei Verstoß gegen § 1304 und im Falle des § 1314 Abs. 2 Nr. 1 der Zustimmung des gesetzlichen Vertreters; verweigert der gesetzliche Vertreter die Zustimmung ohne triftige Gründe, so kann das Familiengericht die Zustimmung auf Antrag des Minderjährigen ersetzen.

(2) Eine Aufhebung der Ehe ist ferner ausgeschlossen
1. bei Verstoß gegen § 1306, wenn vor der Schließung der neuen Ehe die Scheidung oder Aufhebung der früheren Ehe oder die Aufhebung der Lebenspartnerschaft ausgesprochen ist und dieser Ausspruch nach der Schließung der neuen Ehe rechtskräftig wird;
2. bei Verstoß gegen § 1311, wenn die Ehegatten nach der Eheschließung fünf Jahre oder, falls einer von ihnen vorher verstorben ist, bis zu dessen Tode, jedoch mindestens drei Jahre als Ehegatten miteinander gelebt haben, es sei denn, dass bei Ablauf der fünf Jahre oder zur Zeit des Todes die Aufhebung beantragt ist.

I. §§ 1314–1315 regeln (abschließend, § 1313, 3) die **Voraussetzungen für eine Eheaufhebung**. § 1314 stellt zunächst allg Regeln dafür auf, welche Ehen aufhebbar sind, § 1315 nennt dann Ausschlussgründe, aus denen eine Ehe trotz des Vorliegens der Voraussetzungen des § 1314 doch nicht aufgehoben werden darf. Gegenüber der früheren Rechtslage geändert hat sich vor allem, dass der Aufhebungsgrund des Irrtums über wesentliche Eigenschaften des Ehegatten (§ 32 EheG) weggefallen ist. Eine Aufhebung ist nur noch möglich, wenn gleichzeitig eine Täuschung über diese Eigenschaften vorliegt (§ 1314 II Nr 3).

II. 1. **Aufhebbar** sind a) Ehen, die v **Minderjährigen geschlossen** wurden, die das 16. Lebensjahr noch nicht vollendet haben, solche, bei deren Eingehung beide Partner noch nicht volljährig waren und solche, bei denen zwar ein Ehegatte volljährig und der andere das sechzehnte Lebensjahr vollendet hat, aber eine Befreiung v Volljährigkeitserfordernis fehlt (§ 1314 I 1. Fall). Die Aufhebung ist aber ausgeschlossen, wenn die Voraussetzungen für eine Befreiung bei der Eheschließung vorlagen und das Familiengericht, solange der Ehegatte nicht volljährig ist, die Eheschließung genehmigt oder wenn der Ehegatte, nachdem er volljährig geworden ist, zu erkennen gegeben hat, dass er die Ehe fortsetzen will (§ 1315 I Nr 1). Diesen Fall bezeichnet das Gesetz als Bestätigung (dazu Rn 12).

3 b) Aufhebbar ist auch die **v einem Geschäftsunfähigen geschlossene Ehe** (§ 1314 I, 2. Fall). Auch hier ist die Aufhebung ausgeschlossen, wenn der zunächst geschäftsunfähige Ehegatte nach Wegfall der Geschäftsunfähigkeit zu erkennen gegeben hat, dass er die Ehe fortsetzen will (Bestätigung, Rn 12).

4 c) Aufhebbar sind **Doppelehen** (§ 1314 I 3. Fall). Eine Bestätigung ist hier nicht möglich. Bei derartigen Ehen ist die Aufhebung aber ausgeschlossen, wenn vor der Schließung der neuen Ehe die Scheidung oder Aufhebung der früheren Ehe bzw Lebenspartnerschaft ausgesprochen ist und dieser Ausspruch nach der Schließung der neuen Ehe rechtskräftig wird (§ 1315 II Nr 1). Stirbt der bigamische Ehegatte oder der andere Ehegatte der bigamischen Ehe, kann ein Aufhebungsantrag nicht mehr gestellt werden (§ 1317 III). Keine Auswirkungen auf die Aufhebbarkeit hat dagegen der Tod des ersten Ehegatten. In diesem Fall wird aber grds kein öffentliches Interesse daran bestehen, dass die zuständige Verwaltungsbehörde einen Aufhebungsantrag stellt.

5 d) Aufhebbar sind **Ehen zwischen Blutsverwandten** in den durch § 1307 abgesteckten Grenzen (§ 1314 I 4. Fall). Eine Bestätigung ist ausgeschlossen. Ein Verstoß gegen das Eheverbot unter durch Annahme verwandt gewordenen Personen (§ 1308) führt dagegen nicht zur Aufhebbarkeit der Ehe.

6 e) Aufhebbar sind auch Ehen, die zustande gekommen sind, **ohne dass die Eheschließenden ihre Erklärungen persönlich und bei gleichzeitiger Anwesenheit** abgegeben haben oder bei denen die Erklärungen unter einer **Bedingung oder Zeitbestimmung** abgegeben wurden (§ 1314 I 5. Fall). Insoweit ist aber die Aufhebung ausgeschlossen, wenn die Ehegatten nach der Eheschließung 5 Jahre oder, falls einer v ihnen vorher verstorben ist, bis zu dessen Tod, mindestens aber 3 Jahre als Ehegatten miteinander gelebt haben. Bei Ablauf der Frist darf die Aufhebung noch nicht beantragt, dh anhängig, sein.

7 f) Aufhebbar ist eine Ehe, bei deren Eingehung ein Ehegatte sich im Zustand der **Bewusstlosigkeit** oder der **vorübergehenden Störung der Geistestätigkeit** (vgl § 105 II, § 105 Rn 1, 4) befand (§ 1314 II Nr 1). In diesem Fall ist die Aufhebung aber ausgeschlossen, wenn der Ehegatte nach Wegfall der Bewusstlosigkeit oder Störung der Geistestätigkeit zu erkennen gegeben hat, dass er die Ehe fortsetzen will (Bestätigung, § 1315 I Nr 3, Rn 12).

8 g) Aufhebbar ist auch eine Ehe, wenn ein Ehegatte bei der Eheschließung **nicht gewusst hat, dass es sich um eine Eheschließung handelt** (§ 1314 II Nr 2). Derartige Fälle sind extrem selten. In Betracht kommt vor allem, dass die rechtliche Bedeutung einer im Ausland vorgenommenen religiösen Trauung oder privaten Zeremonie nicht erkannt wurde. Die Aufhebung ist ausgeschlossen, wenn der Ehegatte nach Entdeckung des Irrtums die Ehe bestätigt hat (§ 1315 I Nr 4, Rn 12).

9 h) Aufhebungsgrund ist auch, wenn ein Ehegatte zur Eingehung der Ehe durch **arglistige Täuschung** über solche Umstände bestimmt worden ist, die ihn bei Kenntnis der Sachlage und bei richtiger Würdigung des Wesens der Ehe v der Eingehung der Ehe abgehalten hätten (§ 1314 II Nr 4). Ausgeschlossen ist die Anfechtung aber, wenn die Täuschung Vermögensverhältnisse betrifft. Die Täuschung muss sich also auf ganz erhebliche persönliche Umstände beziehen, die eine vernünftige Person in der Situation des Getäuschten v der Eheschließung abgehalten hätten. In Betracht kommen vor allem die Täuschung über schwere, insb unheilbare Krankheiten (zB Aids-Infektion), Unfruchtbarkeit, Impotenz, die Vaterschaft des v der Braut erwarteten Kindes, schwere Vorstrafen, besonders, wenn eine Bewährungsfrist noch läuft (AG Kulmbach NJW 02, 2112) usw. Entscheidend sind aber immer die Umstände des Einzelfalls, dh was nach der Lebensplanung dieser Eheleute wichtig sein sollte. Bei fehlendem Kinderwunsch ist

deswegen zB eine Täuschung über die Fruchtbarkeit irrelevant. Die Täuschung muss sich auf Faktoren beziehen, die bereits zur Zeit der Eheschließung vorliegen, eine solche über bloße Aussichten oder Wünsche reicht nicht. Sie kann durch Tun oder Unterlassen begangen werden, Letzteres aber nur, wenn eine echte Offenbarungspflicht vorliegt, etwa wenn der Partner direkt nach bestimmten Umständen gefragt hat oder wenn sie erkennbar für ihn v Bedeutung sind. Die Täuschung muss grds durch den Ehegatten selbst erfolgen. Täuschungen durch Dritte reichen nur, wenn der Ehegatte sie kannte. In subjektiver Hinsicht ist Vorsatz erforderlich. Eine Täuschung scheidet daher aus, wenn der „täuschende" Ehegatte gar nicht weiß, dass seine Aussagen nicht der Wahrheit entsprechen (zB unentdeckte Krankheit). Auch bei Täuschung ist die Eheaufhebung ausgeschlossen, wenn der Getäuschte die Ehe in Kenntnis der Täuschung bestätigt hat (§ 1315 I Nr 4, Rn 12).

i) Aufhebbar ist auch eine Ehe, zu deren Eingehung ein Ehegatte **widerrechtlich durch** **10** **Drohung** bestimmt worden ist (§ 1314 II Nr 4). Zur Drohung siehe § 123 Rn 9. Auch insoweit ist die Aufhebung ausgeschlossen, wenn der Bedrohte nach dem Wegfall der Zwangslage die Ehe bestätigt hat (§ 1315 I 4, Rn 12).

j) Schließlich ist eine Ehe aufhebbar, wenn beide Ehegatten sich bei der Eheschließung **11** einig waren, dass sie **keine Verpflichtung zur ehelichen Lebensgemeinschaft** (§ 1353 I) begründen wollen (§ 1314 II Nr 5). Damit werden die Fälle erfasst, in denen nur zum Schein eine Ehe eingegangen wird, ohne dass eine echte Lebens- und Solidargemeinschaft gewollt ist. IdR geschieht das, um mindestens einem Ehegatten Vorteile zu verschaffen, die sich aus dem besonderen staatlichen Schutz der Ehe ergeben, vor allem ein Aufenthaltsrecht in Deutschland. Die Aufhebbarkeit entfällt, wenn die Ehegatten nach der Eheschließung als Ehegatten miteinander gelebt haben, also entgegen ihrem ursprünglichen Willen doch eine eheliche Lebensgemeinschaft begründet haben. Im Übrigen ist § 1314 II Nr 5 eng auszulegen. Es reicht nicht, dass die Ehegatten eine echte eheliche Lebensgemeinschaft nicht führen können – entscheidend ist der dahin gehende Wille. Beruht die Nichtbegründung der Lebensgemeinschaft auf anderen Umständen (zB Haft eines Ehegatten), ist die Norm deswegen nicht anwendbar. Nicht aufhebbar sind deswegen auch die auf dem Totenbett geschlossenen Namens- und Versorgungsehen.

2. Soweit der Gesetzgeber die Aufhebung der Ehe ausgeschlossen hat, wenn die Ehe- **12** gatten nach Erkennen des Geschäftsfähigkeits- oder Willensmangels zu erkennen gegeben haben, dass sie die Ehe trotzdem weiterführen möchten (**Bestätigung,** § 1315 I 1 Nr 1–4), ist zu beachten, dass diese eine echte Rechtshandlung ist. Sie braucht nicht ausdrücklich zu sein, erforderlich ist aber, dass die Ehegatten in Kenntnis des Mangels ihrer Ehe zu erkennen geben, dass dieser für sie unerheblich sein soll und sie ihre Ehe fortsetzen wollen. Ausreichen kann schon Geschlechtsverkehr in Kenntnis des Aufhebungsgrundes (OLG Köln FPR 03, 26). Aus der Einordnung der Bestätigung als Rechtshandlung folgt auch, dass die Bestätigung eines Geschäftsunfähigen unwirksam ist (§ 1315 I 2). Die Bestätigung eines Minderjährigen bedarf bei Verstoß gegen § 1304 (Eheschließung trotz Geschäftsunfähigkeit) und im Fall des § 1314 II Nr 1 (Eheschließung im Zustand der Bewusstlosigkeit oder vorübergehenden Störung der Geistestätigkeit) der Zustimmung des gesetzlichen Vertreters. Das liegt daran, dass bis zur Bestätigung noch keine dem Minderjährigen zurechenbare Erklärung vorliegt. Die Bestätigung muss daher so behandelt werden wie die Eheschließung selbst. Das Familiengericht kann daher die Zustimmung auf Antrag des Minderjährigen ersetzen, wenn der gesetzliche Vertreter sie ohne triftige Gründe verweigert (§ 1315 I 3, 2. Halbs, siehe § 1303 Rn 3 zur funktional entsprechenden Befreiung v Erfordernis der Volljährigkeit).

§ 1316 Antragsberechtigung

(1) Antragsberechtigt
1. sind bei Verstoß gegen die §§ 1303, 1304, 1306, 1307, 1311 sowie in den Fällen des § 1314 Abs. 2 Nr. 1 und 5 jeder Ehegatte, die zuständige Verwaltungsbehörde und in den Fällen des § 1306 auch die dritte Person. Die zuständige Verwaltungs-

§ 1316

behörde wird durch Rechtsverordnung der Landesregierungen bestimmt. Die Landesregierungen können die Ermächtigung nach Satz 2 durch Rechtsverordnung auf die zuständigen obersten Landesbehörden übertragen;
2. ist in den Fällen des § 1314 Abs. 2 Nr. 2 bis 4 der dort genannte Ehegatte.
(2) ¹Der Antrag kann für einen geschäftsunfähigen Ehegatten nur von seinem gesetzlichen Vertreter gestellt werden. ²In den übrigen Fällen kann ein minderjähriger Ehegatte den Antrag nur selbst stellen; er bedarf dazu nicht der Zustimmung seines gesetzlichen Vertreters.
(3) Bei Verstoß gegen die §§ 1304, 1306, 1307 sowie in den Fällen des § 1314 Abs. 2 Nr. 1 und 5 soll die zuständige Verwaltungsbehörde den Antrag stellen, wenn nicht die Aufhebung der Ehe für einen Ehegatten oder für die aus der Ehe hervorgegangenen Kinder eine so schwere Härte darstellen würde, dass die Aufrechterhaltung der Ehe ausnahmsweise geboten erscheint.

1 I. Die Vorschrift regelt, **wer berechtigt ist,** den Antrag auf Aufhebung einer Ehe zu stellen. Als Grundsatz gilt dabei, dass die Eheaufhebung immer v den Ehegatten selbst beantragt werden kann, v Dritten nur, wenn sie durch den Aufhebungsgrund betroffen sind und durch die zuständige Verwaltungsbehörde, wenn der Grund öffentliche Interessen berührt.

2 II. 1. Die Eheaufhebung **beantragen können:** a) **bei Verstoß gegen** § 1303 (Minderjährigkeit des Ehegatten, § 1314 I 1. Fall) jeder Ehegatte und die zuständige Verwaltungsbehörde. Ein minderjähriger, nicht geschäftsunfähiger Ehegatte kann den Antrag nur selbst stellen: er bedarf dazu nicht der Zustimmung seines gesetzlichen Vertreters (Abs 2 S 2).

3 b) Bei Eheaufhebung wegen **Geschäftsunfähigkeit** (§ 1314 I 2. Fall) und wegen vorübergehender Geistesstörung bzw Bewusstlosigkeit bei der Eheschließung (§ 1314 II Nr 1) sind jeder Ehegatte und die Behörde antragsbefugt. Solange der Ehegatte geschäftsunfähig ist, kann der Antrag nur v seinem gesetzlichen Vertreter gestellt werden (Abs 2 S 1). Die Behörde soll den Antrag stellen, wenn nicht die Aufhebung der Ehe für einen Ehegatten oder für die aus der Ehe hervorgegangenen Kinder eine so schwere Härte bedeuten würde, dass die Aufrechterhaltung der Ehe ausnahmsweise geboten erscheint (Abs 3). Diese Härteklausel ist vAw zu prüfen. Dabei ist das bestehende öffentliche Ordnungsinteresse gegen die privaten Interessen der Ehegatten und Kinder unter Beachtung der Grundrechtsgarantien des Art 6 Abs 1 GG abzuwägen. Eine Aufhebung der Ehe ist jedenfalls dann nicht geboten, wenn v Standpunkt eines billig und gerecht denkenden Betrachters dem öffentlichen Interesse an der Aufhebung kein wesentliches Gewicht mehr beigemessen werden kann, wie es vor allem dann der Fall sein kann, wenn eine demenzerkrankte Person den langjährigen Partner heiratet (vgl BGH FamRZ 2012, 940).

4 c) Bei Eheaufhebung wegen **Doppelehe** (§ 1314 I 3. Fall) sind beide Ehegatten, die Behörde und der Ehegatte der anderen Ehe antragsbefugt. Nicht erforderlich ist, dass die andere Ehe noch besteht (BGH NJW 02, 1268). Die Behörde soll den Antrag stellen, wenn nicht die Aufhebung der Ehe für einen Ehegatten oder für die aus der Ehe hervorgegangenen Kinder eine so schwere Härte bedeuten würde, dass die Aufrechterhaltung der Ehe ausnahmsweise geboten erscheint (Abs 3). Letzteres ist idR anzunehmen, wenn der erste Ehegatte bereits verstorben ist. Es besteht dann kein öffentliches Interesse mehr daran, die zweite Ehe zu vernichten.

5 d) Bei **Ehen unter Blutsverwandten** (§ 1314 I 4. Fall) und Ehen, die ohne die Absicht geschlossen wurden, eine eheliche Lebensgemeinschaft zu begründen (§ 1314 II Nr 5) sind aufhebungsberechtigt beide Ehegatten und die zuständige Behörde. Das Rn 3 Gesagte gilt entsprechend.

6 e) Wurde die **Ehe unter Verstoß gegen** § 1311 geschlossen, sind die Ehegatten und die zuständige Behörde aufhebungsberechtigt. In diesem Fall gilt aber die Regel des Abs 3 nicht. Es muss daher positiv abgewogen werden, ob ein Aufhebungsantrag gestellt werden soll oder nicht.

f) Bei Ehen, die in Unkenntnis der Tatsache, dass es sich um einen Eheschließung handelt, aufgrund einer **arglistigen Täuschung** oder wegen einer **Drohung** (§ 1314 II Nr 2–4) geschlossen wurden, ist nur der Ehegatte befugt, den Aufhebungsantrag zu stellen, der sich geirrt hat oder bedroht wurde (Abs 1 Nr 2). Nur er ist schutzwürdig. 7

2. Die für die Stellung des Aufhebungsantrags **zuständige Behörde** ist nicht mehr die Staatsanwaltschaft, sondern wird durch Rechtsverordnung der Landesregierungen bestimmt (Abs 1 Nr 1 S 2). Die Landesregierungen können diese Ermächtigung durch Rechtsverordnung auf die zuständigen obersten Landesbehörden übertragen (Abs 1 Nr 1 S 3). 8

§ 1317 Antragsfrist

(1) ¹Der Antrag kann in den Fällen des § 1314 Absatz 2 Nummer 2 und 3 nur binnen eines Jahres, im Falle des § 1314 Absatz 2 Nummer 4 nur binnen drei Jahren gestellt werden. ²Die Frist beginnt mit der Entdeckung des Irrtums oder der Täuschung oder mit dem Aufhören der Zwangslage; für den gesetzlichen Vertreter eines geschäftsunfähigen Ehegatten beginnt die Frist jedoch nicht vor dem Zeitpunkt, in welchem ihm die den Fristbeginn begründenden Umstände bekannt werden, für einen minderjährigen Ehegatten nicht vor dem Eintritt der Volljährigkeit. ³Auf den Lauf der Frist sind die §§ 206, 210 Abs. 1 Satz 1 entsprechend anzuwenden.
(2) Hat der gesetzliche Vertreter eines geschäftsunfähigen Ehegatten den Antrag nicht rechtzeitig gestellt, so kann der Ehegatte selbst innerhalb von sechs Monaten nach dem Wegfall der Geschäftsunfähigkeit den Antrag stellen.
(3) Ist die Ehe bereits aufgelöst, so kann der Antrag nicht mehr gestellt werden.

I. Die Vorschrift regelt die **Frist für einen Antrag** auf Aufhebung der Ehe. Grundsatz ist dabei, dass dann, wenn die Aufhebung der Ehe im öffentlichen Interesse liegt, der Antrag unbefristet gestellt werden kann. Nur wenn der Eheaufhebungsgrund ausschließlich in einem Willensmangel besteht, ist die Aufhebungsmöglichkeit befristet; der Antrag kann dann nur binnen eines Jahres nach dem Wegfall des Willensmangels gestellt werden. Hat der gesetzliche Vertreter eines Geschäftsunfähigen die Frist verstreichen lassen, beginnt eine neue (kürzere) Frist, wenn die Geschäftsunfähigkeit wegfällt. Die Aufhebungsmöglichkeit entfällt in jedem Fall, wenn die Ehe bereits auf andere Weise (Tod eines Ehegatten, Scheidung) aufgelöst ist (Abs 3). 1

II. **Unbefristet** möglich ist der Antrag auf Eheaufhebung, wenn diese auf § 1314 I oder auf § 1314 II Nr 1 oder 5 gestützt wird. In diesen Fällen verstößt die Ehe gegen öffentliche Interessen. Eine Grenze für die Eheaufhebung bildet nur die Auflösung der Ehe durch Tod oder Scheidung. Ist die Ehe bereits auf diese Weise beendet, ist für eine Aufhebung kein Raum mehr (Abs 3). 2

Auf ein Jahr befristet ist die Aufhebungsmöglichkeit in den Fällen des § 1314 II Nr 2–3, **auf 3 Jahre** im Fall des § 1314 II Nr 4. Die Aufhebungsmöglichkeit soll dann nur eine nachträgliche freie Willensentscheidung einer Person ermöglichen, deren Entscheidung über die Eheschließung an einem Willensmangel litt. Macht diese Person nicht v ihrem Aufhebungsrecht in einem gewissen zeitlichen Zusammenhang mit der Entdeckung des Willensmangels Gebrauch, besteht kein öffentliches Interesse daran, das Schicksal der Ehe weiter im Ungewissen zu lassen. Die Erweiterung der Frist für die Fälle der Zwangsheirat durch Art 6 G zur Bekämpfung der Zwangsheirat und zum besseren Schutz der Opfer v Zwangsheirat sowie zur Änd. weiterer aufenthalts- und asylrechtl Vorschriften (v 23.6.11, BGBl I 1266) trägt der besonderen Drucksituation der Betroffenen Rechnung. 3

Die Frist **beginnt grds mit dem Wegfall des Willensmangels,** dh der Entdeckung des Irrtums bzw dem Wegfall der Zwangslage (Abs 2 S 1). Ist der Betroffene geschäftsunfähig, beginnt die Frist erst, wenn diese Umstände dem gesetzlichen Vertreter bekannt werden. Für den gesetzlichen Vertreter eines geschäftsunfähigen Ehegatten beginnt die Frist jedoch nicht vor dem Zeitpunkt, in welchem ihm die den Fristbeginn begründenden Umstände bekannt werden. Für einen minderjährigen Ehegatten beginnt die Frist 3a nicht vor dem Eintritt der Volljährigkeit. Das soll Zwangsehen verhindern bzw wieder leichter zu beseitigen lassen. Die Frist wird wie eine Verjährungsfrist nach § 206 bzw § 210 gehemmt.

4 **Eine neue Frist v 6 Monaten** beginnt, wenn der Anfechtungsberechtigte geschäftsunfähig war und sein gesetzlicher Vertreter die Anfechtungsfrist hat verstreichen lassen und die Geschäftsunfähigkeit später wegfällt (Abs 2). Dem bisher Geschäftsunfähigen soll so ermöglicht werden, selbst darüber zu entscheiden, ob er an der Ehe festhalten will oder nicht.

5 **Ganz ausgeschlossen** ist die Aufhebung der Ehe, wenn diese schon auf andere Weise (Scheidung, Tod) beendet ist (Abs 3). Das gilt auch im Fall der bigamischen Ehe (anders im früheren Recht). Stirbt dag der Ehegatte der ersten Ehe bzw der Lebenspartner der vorausgehenden Lebenspartnerschaft, ist die bigamische Ehe weiterhin aufhebbar. Es fehlt idR nur am öffentlichen Interesse für das Aktivwerden der zuständigen Behörde.

§ 1318 Folgen der Aufhebung

(1) Die Folgen der Aufhebung einer Ehe bestimmen sich nur in den nachfolgend genannten Fällen nach den Vorschriften über die Scheidung.
(2) ¹Die §§ 1569 bis 1586 b finden entsprechende Anwendung
1. zugunsten eines Ehegatten, der bei Verstoß gegen die §§ 1303, 1304, 1306, 1307 oder § 1311 oder in den Fällen des § 1314 Abs. 2 Nr. 1 oder 2 die Aufhebbarkeit der Ehe bei der Eheschließung nicht gekannt hat oder der in den Fällen des § 1314 Abs. 2 Nr. 3 oder 4 von dem anderen Ehegatten oder mit dessen Wissen getäuscht oder bedroht worden ist;
2. zugunsten beider Ehegatten bei Verstoß gegen die §§ 1306, 1307 oder § 1311, wenn beide Ehegatten die Aufhebbarkeit kannten; dies gilt nicht bei Verstoß gegen § 1306, soweit der Anspruch eines Ehegatten auf Unterhalt einen entsprechenden Anspruch der dritten Person beeinträchtigen würde.

²Die Vorschriften über den Unterhalt wegen der Pflege oder Erziehung eines gemeinschaftlichen Kindes finden auch insoweit entsprechende Anwendung, als eine Versagung des Unterhalts im Hinblick auf die Belange des Kindes grob unbillig wäre.
(3) Die §§ 1363 bis 1390 und 1587 finden entsprechende Anwendung, soweit dies nicht im Hinblick auf die Umstände bei der Eheschließung oder bei Verstoß gegen § 1306 im Hinblick auf die Belange der dritten Person grob unbillig wäre.
(4) Die §§ 1568 und 1568 b finden entsprechende Anwendung; dabei sind die Umstände bei der Eheschließung und bei Verstoß gegen § 1306 die Belange der dritten Person besonders zu berücksichtigen.
(5) § 1931 findet zugunsten eines Ehegatten, der bei Verstoß gegen die §§ 1304, 1306, 1307 oder 1311 oder im Falle des § 1314 Abs. 2 Nr. 1 die Aufhebbarkeit der Ehe bei der Eheschließung gekannt hat, keine Anwendung.

1 I. Die Norm **ergänzt** § 1313 und regelt, welche Nebenfolgen die Eheaufhebung hat. Außerdem findet sich ein Ausschlusstatbestand für das gesetzliche Ehegattenerbrecht, der allein an die Aufhebbarkeit der Ehe anknüpft.

2 II. 1. Mit Rechtskraft des Aufhebungsbeschlusses ist die **Ehe für die Zukunft** beendet (§ 1313, 2).

3 2. Die **Nebenfolgen der Eheaufhebung** entsprechen grds denjenigen bei der Scheidung (Abs 1). Das gilt sowohl in Bezug auf die vermögensrechtlichen als auch in Bezug auf die nicht vermögensrechtlichen Folgen. Es finden sich jedoch einige Modifikationen, um unbillige Begünstigungen eines bösgläubigen Ehegatten zu verhindern und um (bei Aufhebung wegen Doppelehe) die Interessen des involvierten Dritten angemessen berücksichtigen zu können.

4 a) In Bezug auf den **Namen** gilt § 1355 V, dh die Ehegatten behalten ihren Ehenamen, können aber durch Erklärung gegenüber dem Standesbeamten ihren Geburtsnamen

oder den Namen wieder annehmen, den sie bis zur Bestimmung des Ehenamens geführt haben, oder den Geburtsnamen dem Ehenamen voranstellen oder anfügen.
b) Ein **Zugewinnausgleich** findet statt, soweit er nicht wegen der Umstände der Eheschließung oder bei Verstoß gegen § 1306 im Hinblick auf die Belange des Dritten grob unbillig wäre (Abs 3). 5
c) Die Vorschriften über den **Geschiedenenunterhalt** (§§ 1569–1586 b) finden entsprechende Anwendung zugunsten beider Ehegatten im Fall der Eheaufhebung wegen Doppelehe (§ 1306), Verwandtschaft (§ 1307) oder wegen Verstoßes gegen § 1311, wenn beide Ehegatten die Aufhebbarkeit der Ehe kannten. Im Fall der Eheaufhebung wegen Doppelehe gilt das aber nur, soweit der Anspruch des zweiten Ehegatten den Unterhaltsanspruch eines ersten Ehegatten oder Lebenspartners nicht beeinträchtigt. Soweit das der Fall ist, ist ein Unterhaltsanspruch ausgeschlossen (Abs 2 S 1 Nr 2). Etwas anderes gilt nur, wenn es sich bei dem Unterhaltsanspruch des bigamischen Ehegatten um einen Unterhaltsanspruch wegen Kindesbetreuung handelt. Wäre die Versagung v Unterhalt im Hinblick auf die Belange des Kindes grob unbillig, bleibt es bei einem Unterhaltsanspruch des Ehegatten (arg e Abs 2 S 2). Zugunsten eines Ehegatten, der die Aufhebbarkeit der Ehe wegen eines Verstoßes gegen §§ 1303, 1304, 1306, 1307 oder 1311 oder in den Fällen des § 1314 II Nr 1, 2 nicht kannte oder der getäuscht oder bedroht worden war (§ 1314 II Nr 3, 4) finden die Vorschriften des Geschiedenenunterhalts uneingeschränkt Anwendung. Ein Unterhaltsanspruch scheidet dagegen grds aus bei dem einseitig bösgläubigen Ehegatten und bei Eheaufhebung nach § 1314 II Nr 5 (fehlende Absicht, eine eheliche Lebensgemeinschaft zu begründen). Auch insofern findet aber § 1570 entsprechende Anwendung, wenn eine Versagung des Unterhalts im Hinblick auf die Belange des Kindes grob unbillig wäre. Mit Rücksicht auf die Kindesbelange wird die Unterhaltsberechtigung eines an sich nicht schutzwürdigen Ehegatten in Kauf genommen. 6
d) Ein **Versorgungsausgleich** (§ 1587, §§ 1 ff VersAusglG) findet statt, soweit das nicht im Hinblick auf die Umstände bei der Eheschließung oder bei Verstoß gegen § 1306 im Hinblick auf die Belange der dritten Person grob unbillig wäre (Abs 3). 7
e) Die Vorschriften über die Regelung der Rechtsverhältnisse an der **Ehewohnung** und an den **Haushaltsgegenständen** (§§ 1568 a und 1568 b) finden entsprechende Anwendung. Dabei sind die Umstände bei der Eheschließung und bei Verstoß gegen § 1306 (Doppelehe) die Belange des ersten Ehepartners besonders zu berücksichtigen (Abs 4). 8
3. Auch ohne dass bereits eine Eheaufhebung durchgeführt ist, ist das **gesetzliche Erbrecht** (§ 1931) des Ehegatten **ausgeschlossen**, soweit ein Ehegatte den Verstoß gegen die §§ 1304, 1306, 1307 oder 1311 oder im Fall des § 1314 II Nr 1 die Aufhebbarkeit der Ehe bei der Eheschließung gekannt hat (Abs 5). Insofern handelt es sich nicht um eine Folge der Aufhebung der Ehe, sondern bereits um eine solche der Aufhebbarkeit; denn nach dem Tod eines Ehegatten ist die Aufhebung nicht mehr möglich (§ 1317 III), und ist die Aufhebung bereits vor dem Tod erfolgt, besteht ohnehin kein gesetzliches Erbrecht mehr, weil keine Ehe mehr besteht. 9

Titel 4
Wiederverheiratung nach Todeserklärung

§ 1319 Aufhebung der bisherigen Ehe

(1) Geht ein Ehegatte, nachdem der andere Ehegatte für tot erklärt worden ist, eine neue Ehe ein, so kann, wenn der für tot erklärte Ehegatte noch lebt, die neue Ehe nur dann wegen Verstoßes gegen § 1306 aufgehoben werden, wenn beide Ehegatten bei der Eheschließung wussten, dass der für tot erklärte Ehegatte im Zeitpunkt der Todeserklärung noch lebte.

(2) ¹Mit der Schließung der neuen Ehe wird die frühere Ehe aufgelöst, es sei denn, dass beide Ehegatten der neuen Ehe bei der Eheschließung wussten, dass der für tot erklärte Ehegatte im Zeitpunkt der Todeserklärung noch lebte. ²Sie bleibt auch dann aufgelöst, wenn die Todeserklärung aufgehoben wird.

§ 1320 Aufhebung der neuen Ehe

(1) ¹Lebt der für tot erklärte Ehegatte noch, so kann unbeschadet des § 1319 sein früherer Ehegatte die Aufhebung der neuen Ehe begehren, es sei denn, dass er bei der Eheschließung wusste, dass der für tot erklärte Ehegatte zum Zeitpunkt der Todeserklärung noch gelebt hat. ²Die Aufhebung kann nur binnen eines Jahres begehrt werden. ³Die Frist beginnt mit dem Zeitpunkt, in dem der Ehegatte aus der früheren Ehe Kenntnis davon erlangt hat, dass der für tot erklärte Ehegatte noch lebt. ⁴§ 1317 Abs. 1 Satz 3, Abs. 2 gilt entsprechend.
(2) Für die Folgen der Aufhebung gilt § 1318 entsprechend.

1 I. §§ 1319 f regeln den Fall, dass **nach der Todeserklärung einer Person v deren bisherigen Ehegatten eine neue Ehe eingegangen wird**, sich dann aber herausstellt, dass der für tot Erklärte noch lebt. Es liegt dann mit der neuen Ehe eine Doppelehe vor, die nach § 1314 I aufhebbar wäre. Das widerspräche dem Interesse des wieder verheirateten Ehegatten zumindest dann, wenn dieser gutgläubig in Bezug auf das Weiterleben seines ersten Ehegatten war; denn er wollte durch die Todeserklärung gerade ein erhöhtes Maß an Sicherheit erreichen. Der Gesetzgeber hat daher für diesen speziellen Fall die Aufhebbarkeit der Ehe begrenzt.

2 II. Wird nach der Todeserklärung einer Person, die in Wirklichkeit noch lebt, v deren Ehegatten eine neue Ehe geschlossen, wird dadurch die **Ehe mit dem für tot Erklärten aufgelöst, wenn nicht beide Ehegatten der neuen Ehe wissen**, dass der für tot Erklärte noch lebt (§ 1319 II 1). Die Kenntnis nur eines der Ehegatten der neuen Ehe schadet ebenso wenig wie die fahrlässige oder sogar grob fahrlässige Unkenntnis. Bei der Auflösung der Ehe bleibt es auch, wenn die Todeserklärung wieder aufgehoben wird (§ 1319 II 2). Das gilt allerdings nur, wenn die Aufhebung der Todeserklärung nach der Eheschließung erfolgt ist. War das bereits vorher geschehen, handelt es sich auch bei Gutgläubigkeit der Eheschließenden um einen Verstoß gegen § 1306, der die Ehe aufhebbar macht (§ 1314 I). Keine Auswirkungen auf die erste Ehe hat die Eheschließung durch den noch lebenden für tot Erklärten (BGH FamRZ 94, 498).

3 Waren beide **Eheschließenden nicht gutgläubig**, ist die Ehe mit dem für tot Erklärten nicht aufgelöst. Die neue Ehe ist nach § 1306 aufhebbar (§ 1319 I).

4 Der **Ehegatte, der mit dem für tot Erklärten verheiratet war** und dessen Ehe mit dem für tot Erklärten durch die neue Eheschließung aufgelöst wurde (§ 1319 II), **kann die Aufhebung der neuen Ehe beantragen**, wenn er nicht wusste, dass der für tot erklärte Ehegatte zum Zeitpunkt der Todeserklärung noch gelebt hat (§ 1320 I 1). Diese Aufhebungsmöglichkeit besteht ein Jahr, gerechnet v dem Zeitpunkt, in dem der Ehegatte aus der früheren Ehe Kenntnis davon erlangt hat, dass der für tot erklärte Ehegatte noch lebt (§ 1320 I 2). § 1317 I 3, II über die Hemmung der Frist (§ 1317 Rn 3) und die neue Frist bei Wegfall der Geschäftsunfähigkeit des Aufhebungsberechtigten nach Verstreichenlassen der Frist durch den gesetzlichen Vertreter (§ 1317 Rn 4) gilt entsprechend (§ 1320 I 3). Für die Folgen der Aufhebung gilt § 1318 entsprechend (§ 1320 II, § 1318 Rn 2–9).

§§ 1321 bis 1352 (weggefallen)

Titel 5
Wirkungen der Ehe im Allgemeinen

§ 1353 Eheliche Lebensgemeinschaft

(1) ¹Die Ehe wird auf Lebenszeit geschlossen. ²Die Ehegatten sind einander zur ehelichen Lebensgemeinschaft verpflichtet; sie tragen füreinander Verantwortung.
(2) Ein Ehegatte ist nicht verpflichtet, dem Verlangen des anderen Ehegatten nach Herstellung der Gemeinschaft Folge zu leisten, wenn sich das Verlangen als Missbrauch seines Rechts darstellt oder wenn die Ehe gescheitert ist.

I. Die Norm enthält zunächst den Programmsatz, dass die Ehe auf Lebenszeit geschlossen wird (Abs 1 S 1) und bildet damit das verfassungsrechtlich notwendige Korrelat zu der durch die Einführung des Zerrüttungsprinzips geschaffenen Erleichterung der Eheauflösung. Außerdem enthält sie in Form einer Generalklausel die Beschreibung der wesentlichen nichtvermögensrechtlichen Folgen der Ehe, indem sie anordnet, dass die Ehegatten einander zur ehelichen Lebensgemeinschaft verpflichtet sind und füreinander verantwortlich sind (Abs 1 S 2). Dadurch werden die sittlichen gegenseitigen Verpflichtungen der Ehegatten zu echten Rechtspflichten umgewandelt. Sie bestehen nur dann nicht, wenn ihre Geltendmachung rechtsmissbräuchlich ist oder wenn die Ehe gescheitert ist (Abs 2). Sonst können sie notfalls zwangsweise mit dem Herstellungsantrag durchgesetzt werden (Rn 9). 1

Die Pflicht zur umfassenden Lebensgemeinschaft unterscheidet die Ehe v allen anderen Lebensgemeinschaften. Auch die Lebenspartnerschaft (Vor §§ 1297–1588 Rn 11 ff) bleibt insoweit hinter der Ehe zurück; denn die Partner schulden einander nur Fürsorge und Unterstützung und sind verpflichtet, ihr Leben gemeinsam zu gestalten (§ 2 LPartG). Es fehlt dag die Verpflichtung zur Geschlechtsgemeinschaft (Rn 6) mit allen Ausstrahlungen; denn den Staat hat bei anderen Gemeinschaften als solchen, aus denen Kinder hervorgehen können, die geschlechtliche Betätigung nichts anzugehen. Selbst eine Verpflichtung zur häuslichen Gemeinschaft (Rn 2) lässt sich nicht ohne weiteres aus der Verpflichtung nach § 2 LPartG herleiten (Einzelheiten: Hk-LPartR/Kemper, 2. Aufl, § 2 LPartG Rn 9 ff). 1a

II. 1. Die eheliche Lebensgemeinschaft umfasst a) die **Pflicht zu häuslicher Gemeinschaft.** Das umfasst die Pflicht, den Ehegatten in die Wohnung aufzunehmen und ihn den gesamten Hausrat nutzen zu lassen. Als Konsequenz entsteht Mitbesitz der Eheleute an der Wohnung und den sich darin befindlichen Gegenständen. Eine Räumungsvollstreckung setzt daher einen Titel gegen beide voraus (BGH NJW 04, 3041; krit Pauly ZMR 05, 337). Zur Vollstreckung in Haushaltsgegenstände s § 1362. 2

b) Aus Abs 1 S 2 ergibt sich ein **Anspruch auf gegenseitige Achtung und Beteiligung an den gemeinschaftlichen Angelegenheiten.** Die Ehegatten müssen die Einzelheiten ihrer Lebensführung einverständlich regeln; niemandem kommt ein Recht auf Letztentscheidung zu. Das hat der Gesetzgeber in § 1356 I (Haushaltsführung), § 1356 II (Erwerbstätigkeit) und § 1627 (Kindererziehung) für die wichtigsten Lebensbereiche ausdrücklich geregelt, das gilt aber auch für die anderen Bereiche des ehelichen Zusammenlebens. Umgekehrt bedeutet die Pflicht zur Achtung des anderen, dass ein Ehegatte eigenständig handeln kann, soweit ihm eine Angelegenheit zur Alleinerledigung überlassen ist. Der andere darf diese Befugnis nicht durch Eingriffe in die Maßnahmen seines Partners konterkarieren. Außerdem ergibt sich aus der ehelichen Gemeinschaft ein Auskunftsanspruch gegenüber dem anderen, über alle für die Gemeinschaft und ihn selbst wichtigen Angelegenheiten informiert zu werden (BGH FamRZ 11, 21; 01, 23; OLG Brandenburg NJW-RR 13, 1282; besondere Auskunftsansprüche zum Ende der Ehe bzw des Güterstands ergeben sich aus §§ 1379, 1386 III, 1580, § 4 VersAusglG, § 220 FamFG). 3

c) Die eheliche Gemeinschaft ist eine **Beistandsgemeinschaft.** Jeder Ehegatte muss den anderen unterstützen, soweit es ihm möglich ist, ohne eigene Pflichten gegenüber Dritten zu verletzen. Das gilt vor allem für Hilfe im Haushalt (BGH JZ 60, 371) und bei der Erziehung der Kinder, auch wenn diese Angelegenheiten einem Ehegatten überlassen sind, kann sich aber auch auf das Geschäft oder Unternehmen des Ehegatten beziehen (zB Erntehilfe in landwirtschaftlichem Betrieb, Mitarbeit bei Bürotätigkeiten in einer freiberuflichen Praxis). Beistand kann auch in der Form v Unterstützung bei Entziehungsmaßnahmen oder Pflege bei Krankheit notwendig sein (BGH FamRZ 67, 324). Diese Verpflichtung endet aber, wo die Pflegeleistung einen Umfang annimmt, dass sie dem Ehegatten unzumutbar wird (BGH NJW 95, 1486). Schließlich muss an der gemeinsamen Steuererklärung mitgewirkt werden, damit die Vorteile des Ehegattensplitting wahrgenommen werden können (BGH NJW 83, 1545; FPR 02, 442; zu den Grenzen OLG Naumburg FamRZ 13, 550). Das endet, wenn die gemeinsame Veranlagung nur finanzielle Nachteile bringt und der die gemeinsame Steuererklärung ver- 4 langende Ehegatte nicht bereit ist, diese Nachteile auszugleichen (OLG Stuttgart FamRZ 93, 191; OLG München FamFR 13, 131)

5 d) Die eheliche Gemeinschaft ist eine **Rücksichtsgemeinschaft**. Jeder Ehegatte muss seine Lebensweise auf die Bedürfnisse des anderen einstellen und seine Ansichten und Besonderheiten in der Lebensgestaltung tolerieren. Verboten sind daher übermäßige Einflussnahmen auf religiöse (KG FamRZ 54, 145) oder politische Auffassungen (OLG Schleswig MDR 54, 417) ebenso wie Lebensweisen, die die Bedürfnisse des Partners nicht berücksichtigen oder sogar grob missachten. Aus § 1353 I ergibt sich daher auch die Verpflichtung, eine Sucht behandeln zu lassen (OLG Frankfurt FamRZ 82, 484) oder eine den finanziellen Verhältnissen der Familie nicht entsprechende Lebensweise einzustellen. Ebenso kann die Rücksichtnahme auf den anderen Ehegatten erfordern, dass ein Ehegatte vermögensrechtliche Ansprüche gegen den anderen nicht geltend macht (BGHZ 53, 356; 67, 217). Auch die Befugnis, die Teilungsversteigerung (vgl § 180 ZVG) des im gemeinsamen Miteigentum der Ehegatten stehenden Hausgrundstücks zu verlangen, kann durch das Rücksichtnahmegebot eingeschränkt sein.

6 e) Die eheliche Gemeinschaft ist eine **Geschlechtsgemeinschaft mit Ausschließlichkeitscharakter**. Daraus folgt, dass jeder Ehegatte v anderen die geschlechtliche Hingabe wünschen kann, soweit dieser dazu gesundheitlich und psychisch in der Lage ist (vgl BGH NJW 67, 1079). Andererseits ist der Wunsch nach Abstinenz zu respektieren. Keinesfalls darf die Geschlechtsgemeinschaft erzwungen werden (vgl §§ 177 f StGB). Die Ehegatten sind einander zur Treue verpflichtet. Jeder Ehebruch ist daher ein Verstoß gegen die Pflichten aus der ehelichen Lebensgemeinschaft.

7 **2.** Ein Ehegatte ist **nicht verpflichtet**, dem Verlangen des anderen Ehegatten nach Herstellung der Gemeinschaft Folge zu leisten, wenn sich das **Verlangen als Missbrauch** seines Rechtes darstellt oder wenn die **Ehe gescheitert** ist (Abs 2). Die Regelung hat seit der Neufassung der Scheidungsvoraussetzungen durch das 1. EherechtsreformG keine praktische Bedeutung mehr für die häusliche Gemeinschaft, weil diese Vorschriften v der Befugnis zum Getrenntleben als Selbstverständlichkeit ausgehen. Bei den anderen Pflichten ist die Begrenzung ebenfalls immanent, weil sie jeweils durch die gleichartigen Rechte des anderen Ehegatten begrenzt werden.

8 **3.** Folge einer **Pflichtverletzung** ist ein Herstellungsanspruch und ggf eine Sanktion in Bezug auf den Zugewinnausgleich (§ 1381), Unterhalt (§ 1579) und Versorgungsausgleich (§ 27 VersAusglG). Schadensersatzansprüche können aus ihr grds nicht abgeleitet werden (BGH NJW 90, 706). Etwas anderes gilt nur, wenn die Pflichtverletzung wirtschaftliche Aspekte betrifft (zB Pflicht zur Abgabe einer gemeinsamen Steuererklärung, Rn 4, BGH FamRZ 88, 143).

9 **III. Verfahren.** Die **nichtvermögensrechtlichen Ansprüche** der Ehegatten, die aus der Verpflichtung zur ehelichen Lebensgemeinschaft abgeleitet werden, können mit einem Antrag auf Herstellung des ehelichen Lebens (Herstellungsantrag) verfolgt werden. Dieser Antrag verdrängt alle anderen sonst möglichen Anträge und Klagen. Die Besonderheit dieses Verfahrens ist, dass die auf sie hin ergehenden Entscheidungen nicht zwangsweise durchgesetzt werden können (§ 120 III FamFG). Der Herstellungsantrag kann entweder positiv auf die Durchsetzung v Ansprüchen aus § 1353 oder §§ 1355 f, die Spezialregelungen dazu enthalten, gerichtet sein oder als negativer Feststellungsantrag der Durchsetzung des Rechts eines Ehegatten dienen, bestimmten Forderungen des anderen auf Herstellung der ehelichen Lebensgemeinschaft nicht nachkommen zu müssen. Dann muss aber (wie allg bei Feststellungsklagen) ein Feststellungsinteresse bestehen (OLG München FamRZ 86, 807; KG FamRZ 88, 81). Daran fehlt es regelmäßig.

10 Für **vermögensrechtliche Ansprüche** (Rn 8) gelten keine Besonderheiten. Die diese betreffenden Beschlüsse sind vollstreckbar.

11 **IV. Internationales Privatrecht.** Zum IPR der allg Ehewirkungen s Art. 14 EGBGB.

§ 1354 (weggefallen)

§ 1355 Ehename

(1) ¹Die Ehegatten sollen einen gemeinsamen Familiennamen (Ehenamen) bestimmen. ²Die Ehegatten führen den von ihnen bestimmten Ehenamen. ³Bestimmen die Ehegatten keinen Ehenamen, so führen sie ihren zur Zeit der Eheschließung geführten Namen auch nach der Eheschließung.
(2) Zum Ehenamen können die Ehegatten durch Erklärung gegenüber dem Standesamt den Geburtsnamen oder den zur Zeit der Erklärung über die Bestimmung des Ehenamens geführten Namen der Frau oder des Mannes bestimmen.
(3) ¹Die Erklärung über die Bestimmung des Ehenamens soll bei der Eheschließung erfolgen. ²Wird die Erklärung später abgegeben, so muss sie öffentlich beglaubigt werden.
(4) ¹Ein Ehegatte, dessen Name nicht Ehename wird, kann durch Erklärung gegenüber dem Standesamt dem Ehenamen seinen Geburtsnamen oder den zur Zeit der Erklärung über die Bestimmung des Ehenamens geführten Namen voranstellen oder anfügen. ²Dies gilt nicht, wenn der Ehename aus mehreren Namen besteht. ³Besteht der Name eines Ehegatten aus mehreren Namen, so kann nur einer dieser Namen hinzugefügt werden. ⁴Die Erklärung kann gegenüber dem Standesamt widerrufen werden; in diesem Falle ist eine erneute Erklärung nach Satz 1 nicht zulässig. ⁵Die Erklärung, wenn sie nicht bei der Eheschließung gegenüber einem deutschen Standesamt abgegeben wird, und der Widerruf müssen öffentlich beglaubigt werden.
(5) ¹Der verwitwete oder geschiedene Ehegatte behält den Ehenamen. ²Er kann durch Erklärung gegenüber dem Standesamt seinen Geburtsnamen oder den Namen wieder annehmen, den er bis zur Bestimmung des Ehenamens geführt hat, oder dem Ehenamen seinen Geburtsnamen oder den zur Zeit der Bestimmung des Ehenamens geführten Namen voranstellen oder anfügen. ³Absatz 4 gilt entsprechend.
(6) Geburtsname ist der Name, der in die Geburtsurkunde eines Ehegatten zum Zeitpunkt der Erklärung gegenüber dem Standesamt einzutragen ist.

I. Die Vorschrift regelt, welchen Namen die Eheleute zum Ehenamen wählen können. 1
Ihre jetzige Fassung geht zurück auf das FamiliennamensänderungsG v 16.12.93 (BGBl I 2054), das am 1.4.94 in Kraft getreten ist und das G zur Änderung des Ehe- und Lebenspartnerschaftsnamensrechts v 6.2.05 (BGBl I 203) sowie das G zur Änderung personenstandsrechtlicher Vorschriften (Personenstandsrechts-Änderungsgesetz – PStRÄndG v 7.5.13, BGBl I 1122, 2440). Das FamiliennamensänderungsG war notwendig geworden, nachdem das BVerfG die Vorgängerregelung für verfassungswidrig erklärt hatte (BVerfG NJW 91, 1602), weil sie nicht genügend geschlechtsneutral gefasst war, da der Name des Mannes immer auch zum Ehenamen wurde, wenn die Partner anlässlich der Eheschließung keine Namenswahl trafen. Diese Bestimmung wiederum war erst eingeführt worden, nachdem das BVerfG die Vorgängerregelung, die noch die ausschließliche Anknüpfung an den Namen des Mannes vorgesehen hatte, wegen Verstoßes gegen Art 3 II GG für verfassungswidrig erklärt hatte (BVerfGE 78, 38). Weil die bisher zulässigerweise geführten Namen fortgeführt werden können, sind heute in Bezug auf Ehenamen die früheren Rechtslagen uU noch v Bedeutung. Dabei ist zu beachten, dass für die Zeit seit der Entscheidung des BVerfG v 1991 ein v diesem formuliertes Übergangsrecht galt, dass zT über die nun geltende Regelung hinausging (vgl BVerfG NJW 91, 1602; Giesen FuR 93, 65 ff). Zur Erweiterung der Wahlmöglichkeiten durch das G zur Änderung des Ehe- und Lebenspartnerschaftsnamensrechts s Rn 6, zur dazu gehörigen Übergangsregelung Art 229 § 13 EGBGB. Zum Namen der Partner einer **Lebenspartnerschaft** (Vor §§ 1297–1588 Rn 11 ff) s Rn 15.

Prinzip ist, dass die **Eheleute einen gemeinsamen Namen führen sollen** (Abs 1 S 1). 2
Dieser Name heißt Ehename. Ein Zwang zur Führung eines Ehenamens besteht aber nicht mehr. Zum Ehenamen kann der Geburtsname des Mannes oder derjenige der Frau bestimmt werden (Abs 2). Das ist der Name, der zur Zeit der Eheschließung in die Geburtsurkunde einzutragen ist (Abs 6); er stimmt nicht notwendigerweise mit dem zur Zeit der Eheschließung geführten Namen überein (Rn 6). Derjenige Ehegatte, des-

sen Geburtsname nicht Ehename wird, kann seinen Geburtsnamen oder den zur Zeit der Eheschließung geführten Namen dem Ehenamen beifügen (Abs 4).

3 Statt einen Ehenamen zu wählen, können die Eheleute jeweils ihren **zur Zeit der Eheschließung geführten Namen weiterführen** (Abs 1 S 3). Daraus können sich Probleme ergeben, wenn Kinder geboren werden; denn die Eheleute brauchen bei der Eheschließung noch nicht zu bestimmen, welchen Namen diese tragen sollen. § 1617 a enthält daher Regelungen für den Fall, dass die Eltern sich bei Geburt eines Kindes nicht darüber einigen können, welchen Familiennamen dieses tragen soll. Eheleute, die keinen Ehenamen tragen, können auch nach der Eheschließung noch einen solchen wählen (Abs 3 S 2). Dann sind Kinder nicht in jedem Fall automatisch betroffen (vgl § 1617 c).

4 Nach einer **Scheidung** oder dem **Tod des Ehegatten** behält der längerlebende Ehegatte den Ehenamen (Abs 5 S 1). Er kann jedoch durch Erklärung gegenüber dem Standesamt bewirken, dass er wieder seinen Geburtsnamen oder den zur Zeit der Eheschließung geführten Namen führt (Abs 5 S 2). Abs 5 ist bei Aufhebung der Ehe (§ 1314) analog anzuwenden.

5 **Andere als Eheleute** (und Lebenspartner, vgl § 3 LPartG) können keinen gemeinsamen Namen führen. Das gilt für Lebensgemeinschaften aller Art und zwar auch dann, wenn Kinder aus ihnen hervorgegangen sind. Die Kinder tragen den Namen der Mutter (§ 1617 I 1). Auch nach einer Adoption kommt die entsprechende Anwendung des § 1355 BGB nicht in Betracht (zB zur Herbeiführung eines Begleitnamens). Anwendbar ist dann allein § 1757 BGB (OLG Hamm StAZ 10, 180 f).

6 II. 1. Grds führen die Ehegatten einen gemeinsamen **Ehenamen** (Abs 1 S 1). a) Gewählt werden konnte ursprünglich nur der **Geburtsname** des Mannes oder der Geburtsname der Frau (Abs 2). Geburtsname ist der Name, der in die Geburtsurkunde eines Ehegatten zum Zeitpunkt der Erklärung gegenüber dem Standesbeamten einzutragen ist (Abs 6). Das ist nicht notwendigerweise der Name, den der Mann oder die Frau bei der Eheschließung führt (zB nach einer vorausgegangenen Ehe, vgl KG FGPrax 97, 62). Es konnte daher vorkommen, dass der Ehename weder mit dem zur Zeit der Eheschließung geführten Namen der Frau noch mit dem des Mannes übereinstimmte (OLG Zweibrücken FamRZ 96, 487). Diese Beschränkung hat das BVerfG für verfassungswidrig erklärt (BVerfG FamRZ 04, 515). Durch das G zur Änderung des Ehe- und Lebenspartnerschaftsnamensrechts wurden deswegen die Wahlmöglichkeiten der Eheleute erweitert. Gewählt werden können nun die Geburtsnamen oder die **zur Zeit der Wahl geführten Namen** des Mannes und der Frau.

6a Soweit **mehrgliedrige Namen** als Geburtsnamen zulässigerweise geführt werden (zB Große Enking), können sie auch zu Ehenamen werden. Die Bildung v Doppelnamen ist unzulässig (zur Führung ausländischer Doppelnamen s aber BGH FamRZ 99, 570). Das ist verfassungsrechtlich unbedenklich (BVerfG FPR 02, 150 ff, aA Sacksofsky, FPR 02, 121 ff).

7 b) **Die Wahl des Ehenamens erfolgt durch Erklärung gegenüber dem Standesamt**, und zwar grds bei der Eheschließung. Der Standesbeamte befragt die Eheleute deswegen bei der Eheschließung, ob sie einen gemeinsamen Ehenamen wählen wollen. Haben die Ehegatten bei der Eheschließung keinen Ehenamen gewählt, können sie die Wahl nach der Eheschließung nachholen (Abs 3 S 2). Die früher bestehende Begrenzung dieses Rechts auf 5 Jahre nach der Eheschließung ist mit dem Inkrafttreten des KindschaftsrechtsreformG am 1.7.98 entfallen. Die Erklärung über die Namenswahl muss öffentlich beglaubigt werden, wenn sie nicht bei der Eheschließung erfolgt (Abs 4 S 5). Zu den Rechtsfolgen in Bezug auf bereits vorhandene Kinder vgl § 1617 c.

8 c) Eine nachträgliche **Korrektur der Namenswahl** ist nur über eine Namensänderung nach dem Namensänderungsgesetz möglich. Irrtumsanfechtung scheidet aus (BayObLG NJW 93, 337; OLG München StAZ 09, 79).

9 2. Der Ehegatte, dessen Geburtsname nicht Ehename wird, kann dem Ehenamen seinen **Geburtsnamen** oder den **zur Zeit der Bestimmung des Ehenamens geführten Namen als Begleitnamen beifügen** (Abs 4 S 1). Ein adoptierter Ehegatte muss den geänderten Geburtsnamen voranstellen oder anfügen. Ein Wahlrecht zwischen dem früheren Geburtsnamen und dem durch die Adoption geänderten Namen besteht nicht. Er-

folgt die Adoption mit der Änderung des Geburtsnamens erst nach der Eheschließung, tritt der geänderte Geburtsname auch als Beiname zum Ehenamen zwingend an die Stelle des früher hinzugefügten Geburtsnamens. Ein Wahlrecht zwischen dem früheren und dem neuen Geburtsnamen besteht insoweit nicht. Will der Angenommene seinen neuen Geburtsnamen nicht als Beinamen zum Ehenamen führen, kann er die Beifügung des Geburtsnamens nach § 1355 IV 4 widerrufen (BGH FamRZ 11, 1718 gegen OLG Düsseldorf FamRZ 11, 907).

Der Begleitname ist ein **höchstpersönlicher Namensbestandteil**, der nicht an Kinder weitergegeben wird. 9a

a) **Als Begleitname gewählt werden kann** der Geburtsname (auch wenn er zur Zeit der Eheschließung nicht geführt wird) oder ein anderer Name, der zur Zeit der Erklärung geführt wird. Unzulässig ist aber, einen Begleitnamen beizufügen, wenn der Ehename mehrgliedrig ist (Abs 4 S 2). Ist der Name, den der Ehegatte, dessen Name nicht Ehename wird, beifügen will, mehrgliedrig, kann nur ein Glied beigefügt werden. Der mehrgliedrige Name wird daher notwendigerweise verstümmelt. Die Notwendigkeit dafür ist nicht einzusehen (kritisch auch Coester FuR 94, 1, 2); das BVerfG hat die Regelung aber als verfassungsgemäß angesehen (BVerfG NJW 09, 1657). Der Begleitname kann dem Ehenamen voran- oder nachgestellt werden. Anders als früher (v 1.7.58–30.6.76 zwingende Anfügung, ab dem 1.7.76 zwingende Voranstellung) ist es den Ehegatten so möglich, die am besten klingende Lösung zu verwirklichen. 10

b) Die **Wahl des Begleitnamens** erfolgt durch Erklärung gegenüber dem Standesamt bei der Eheschließung oder nachträglich durch eine öffentlich beglaubigte Erklärung. Eine Frist besteht nicht. Die Erklärung kann daher beliebig nach der Eheschließung, ggf sogar nach Auflösung der Ehe abgegeben werden (s aber Rn 14). 11

c) Die Erklärung über die **Wahl des Begleitnamens ist widerruflich** (Abs 4 S 4). Der Widerruf muss öffentlich beglaubigt werden (Abs 4 S 5). Nach dem Widerruf ist die erneute Wahl eines Begleitnamens unzulässig. Nicht möglich ist daher auch ein Widerruf mit dem Ziel, die Position des Begleitnamens zu ändern (zB Anfügung statt Voranstellung, BayObLGZ 97, 323). 12

3. **Wählen die Ehegatten keinen Ehenamen**, führen sie die bisherigen Namen weiter (Abs 1 S 2). 13

4. **Bei Verwitwung oder Scheidung** wird der Ehename grds weitergeführt. Der verwitwete oder geschiedene Ehegatte kann aber durch eine dahin gehende Erklärung gegenüber dem Standesamt erreichen, dass er wieder seinen Geburts- bzw den Namen führt, den er zur Zeit der Bestimmung des Ehenamens trug (Abs 5 S 1, 2). Das heutige Recht sieht keine Möglichkeit mehr vor, dem anderen Ehegatten die Weiterführung des abgeleiteten Ehenamens zu untersagen (BGH FamRZ 05, 1658). Eine ehevertragliche Abrede, dass diese Erklärung nach dem Ende der Ehe durch Scheidung abgegeben werden muss, ist aber nicht ohne weiteres wegen Sittenwidrigkeit unwirksam (BGHZ 175, 173). 14

Außerdem kann der Ehegatte noch den Geburtsnamen und den zur Zeit der Bestimmung des Ehenamens geführten Namen als Begleitnamen nach Abs 5 wählen. Die Erklärung bedarf der öffentlichen Beglaubigung. Sie ist unter denselben Voraussetzungen und mit denselben Folgen widerruflich wie die Erklärung über den Begleitnamen. 14a

Zu beachten ist, dass diese Namensänderungen sich auf Kinder nicht erstrecken (vgl OLG Karlsruhe FamRZ 07, 2005). 14b

III. Für die Partner einer **Lebenspartnerschaft** gilt für die Namenswahl mit § 3 LPartG eine § 1355 entsprechende Regelung: Die Lebenspartner können einen gemeinschaftlichen Lebenspartnerschaftsnamen führen, müssen dies aber nicht (§ 3 I LPartG). Zum Lebenspartnerschaftsnamen kann der Geburtsname oder der zur Zeit der Wahl geführte Name eines der Lebenspartner bestimmt werden (§ 3 I 2 LPartG). Der Lebenspartner, der seinen Namen aufgibt, kann seinen Geburts- oder den zur Zeit der Wahl geführten Namen als Begleitnamen anfügen oder voranstellen (§ 3 II LPartG). Für die Wahl des Lebenspartnerschaftsnamens, die Voraussetzungen und die Wahl des Begleitnamens sowie das Schicksal des Lebenspartnerschaftsnamens nach dem Ende der Lebenspartnerschaft gelten Regelungen, die bis in den Wortlaut hinein § 1355 nachgebil- 15 det sind. Die Erläuterungen zum Ehenamensrecht in Rn 2–14 gelten daher insoweit entsprechend. Nachdem das PStG 2009 nun auch die Zuständigkeit des Standesamts für die Entgegennahme dieser Erklärungen vorsieht (mit der Maßgabe, dass für die Entgegennahme v Erklärungen auch die durch das jeweilige Landesrecht bestimmte Behörde zuständig ist), besteht sachlich ein Unterschied zu Lage bei Eheleuten nur noch darin, dass die Lebenspartner nur einen gemeinsamen Namen wählen können, während die Eheleute das sollen.

§ 1356 Haushaltsführung, Erwerbstätigkeit

(1) ¹Die Ehegatten regeln die Haushaltsführung im gegenseitigen Einvernehmen. ²Ist die Haushaltsführung einem der Ehegatten überlassen, so leitet dieser den Haushalt in eigener Verantwortung.
(2) ¹Beide Ehegatten sind berechtigt, erwerbstätig zu sein. ²Bei der Wahl und Ausübung einer Erwerbstätigkeit haben sie auf die Belange des anderen Ehegatten und der Familie die gebotene Rücksicht zu nehmen.

1 I. Die Norm **regelt** die Haushaltsführung und Erwerbstätigkeit der Ehegatten.
2 II. **Die Haushaltsführung** ist v den Eheleuten in gegenseitigem Einvernehmen zu regeln und aufzuteilen (Abs 1 S 1). Sie ist nicht mehr automatisch Angelegenheit der Ehefrau. Bei der Regelung müssen die Eheleute auf die sonstigen Verpflichtungen ihrer Partner Rücksicht nehmen, vor allem auf die berufliche oder geschäftliche Tätigkeit. Können sie sich nicht einigen, obliegt die Haushaltsführung beiden Eheleuten zu gleichen Teilen. Ist die Haushaltsführung einem Ehegatten allein übertragen, leitet er den Haushalt in eigener Verantwortung, und der andere muss diesen Freiraum respektieren. Der nicht haushaltsführende Ehegatte darf sich daher nicht in die Haushaltsführung einmischen oder versuchen, sie durch Zuteilung des Haushaltsgeldes zu steuern. Er ist allerdings auch in diesem Fall ebenso wie die Kinder (vgl §§ 1618 a, 1619) zur Mithilfe verpflichtet (§ 1353 Rn 4). Der Haushaltsführende erfüllt mit der Haushaltsführung idR seine Unterhaltspflicht (§ 1360, 2).
3 **Jeder Ehegatte** ist grds **befugt, einer Erwerbstätigkeit** nachzugehen (Abs 2 S 1). Das gilt selbst dann, wenn er den Haushalt allein führt. Die Befugnis zur Erwerbstätigkeit wird allerdings durch die Interessen des anderen Ehegatten (§ 1353 Rn 5), der Kinder und sonstiger dem Haushalt angehörender oder pflegebedürftiger Familienangehöriger beschränkt. Eine Obliegenheit zur Erwerbstätigkeit kann sich umgekehrt aus der Unterhaltspflicht für Kinder ergeben (§ 1603 II).
4 Eine **Mitarbeitsverpflichtung** im Beruf oder Geschäft des anderen Ehegatten, wie sie noch in § 1356 aF für die Ehefrau vorgesehen war, besteht heute nicht mehr. Eine Verpflichtung zur Mitarbeit kann sich heute allein aus der ehelichen Lebensgemeinschaft ergeben (§ 1353 Rn 4), etwa in Notfällen. Diese ist aber nicht notwendigerweise kostenlos zu leisten; eine Vergütung kommt aber nur dann in Betracht, wenn die Mitarbeit einen mehr als geringfügigen Umfang hat und nicht davon ausgegangen werden kann, dass diese Tätigkeit allein der Verwirklichung der ehelichen Lebensgemeinschaft dient und die Tätigkeit auch nicht unterhaltsrechtlich geschuldet ist (zu Ausgleichsfragen: Genthe FuR 92, 207; 346; Lieb, Das Ehegattenmitarbeitsverhältnis im Spannungsfeld zwischen Rechtsgeschäft, Bereicherungsausgleich und gesetzlichem Güterstand, 1970; Wever FamRZ 96, 910 ff).

§ 1357 Geschäfte zur Deckung des Lebensbedarfs

(1) ¹Jeder Ehegatte ist berechtigt, Geschäfte zur angemessenen Deckung des Lebensbedarfs der Familie mit Wirkung auch für den anderen Ehegatten zu besorgen. ²Durch solche Geschäfte werden beide Ehegatten berechtigt und verpflichtet, es sei denn, dass sich aus den Umständen etwas anderes ergibt.
(2) ¹Ein Ehegatte kann die Berechtigung des anderen Ehegatten, Geschäfte mit Wirkung für ihn zu besorgen, beschränken oder ausschließen; besteht für die Beschrän-

kung oder Ausschließung kein ausreichender Grund, so hat das Familiengericht sie auf Antrag aufzuheben. ²Dritten gegenüber wirkt die Beschränkung oder Ausschließung nur nach Maßgabe des § 1412.
(3) Absatz 1 gilt nicht, wenn die Ehegatten getrennt leben.

I. Die Vorschrift soll durch die Anordnung einer **Mitverpflichtung des anderen Ehegatten** dem haushaltsführenden Ehegatten ermöglichen, die im Zusammenhang mit der Haushaltsführung notwendig werdenden Geschäfte abschließen zu können, auch wenn er selbst über kein eigenes Einkommen verfügt. Sinn der Norm ist außerdem ein Schutz des Rechtsverkehrs, indem aus der Gemeinschaft der Ehegatten eine Haftungsgemeinschaft gemacht wird. Nach deutscher Auffassung ist die Regelung als allg Ehewirkung zu charakterisieren. Da diese Betrachtung im Ausland in vielen Staaten nicht geteilt wird und die Schlüsselgewalt dort als güterrechtliche Folge der Ehe eingeordnet wird, hat der deutsche Gesetzgeber für den Fall, dass die deutsch-französische Wahl-Zugewinngemeinschaft gilt (vgl § 1519 und Art 6 des Abkommens über die deutsch-französische Wahl-Zugewinngemeinschaft), eine zweite Schlüsselgewaltsregelung geschaffen, die teilweise v § 1357 abweicht. Das Verhältnis beider Regelungen ist ungeklärt. Im Interesse des Gläubigerschutzes sollten beide nebeneinander angewendet werden, so dass in Deutschland dann immer der weitergehende § 1357 gilt. Das entspricht auch der Wertung des Art 16 EGBGB. 1

Teilweise wird § 1357 als besonderer Fall gesetzlicher Vertretungsmacht, teilweise als **Verpflichtungsermächtigung** und teilweise als Rechtsmacht sui generis eingeordnet. Für die Lösung der praktischen Anwendungsprobleme ist dieser Streit unergiebig. Die Norm funktioniert einerseits wie eine Stellvertretungsregelung, indem sie den anderen Ehegatten mitberechtigt und mitverpflichtet, wenn ein Ehegatte ein in ihren Anwendungskreis fallendes Geschäft tätigt. Das spricht dafür, auf die unter § 1357 fallenden Geschäfte die Stellvertretungsregeln analog anzuwenden, wenn nicht die Gemeinschaft der Ehegatten etwas anderes nahe legt. V Stellvertretungsregeln unterscheidet die Schlüsselgewalt sich aber insofern, als keine Offenkundigkeit erforderlich ist, dh der andere Ehegatte auch verpflichtet wird, wenn der Geschäftspartner nicht einmal weiß, dass der Handelnde verheiratet ist und dass der Handelnde ebenfalls verpflichtet und berechtigt wird. 2

§ 1357 ist **verfassungsmäßig**, weil die durch die Mithaftung des Ehegatten eintretende Benachteiligung v Ehen durch Vorteile durch die Mitberechtigung und die Erweiterung des Kreditrahmens des nicht erwerbstätigen Haushaltsführenden ausgeglichen wird (BVerfG NJW 90, 175). 3

§ 1357 ist **nicht dispositiv** (OLG Schleswig FamRZ 94, 444). Ein Ehegatte, der die Mitverpflichtung nicht wünscht, kann aber die Berechtigung des anderen Ehegatten, Geschäfte mit Wirkung für ihn zu besorgen, beschränken oder ausschließen. Besteht dafür kein ausreichender Grund, muss das Familiengericht sie auf Antrag des anderen Ehegatten aufheben (Abs 2). Dritten gegenüber wirkt die Beschränkung oder Ausschließung nur, wenn sie im Güterrechtsregister eingetragen ist oder dem Dritten bekannt war (Abs 2 S 2, § 1412). 4

Auf **nichteheliche Lebensgemeinschaften** ist § 1357 **nicht**, auch nicht analog, anwendbar. **Für die Partner einer Lebenspartnerschaft** (Vor §§ 1297–1588 Rn 11 ff) gilt § 1357 dag entsprechend (§ 8 II LPartG). 5

II. **1. Voraussetzungen** für das Eingreifen der Schlüsselgewalt sind: a) das Bestehen einer **Ehe, in der die Ehegatten in häuslicher Gemeinschaft zusammenleben**. Bei Getrenntleben entfällt die Schlüsselgewalt (Abs 3). Unter Getrenntleben ist eine längere räumliche Trennung zu verstehen. Der Grund des Getrenntlebens ist unerheblich (Schlüter, BGB-Familienrecht Rn 91; aA Käppler AcP 179, 285). Kein Getrenntleben iSd § 1357 ist das Getrenntleben in derselben Wohnung (vgl § 1567 Rn 3); denn dieses ist für Dritte nicht erkennbar. Ebenso wenig leben die Eheleute iSd Abs 3 getrennt, wenn sie zeitweilig getrennt sind, die eheliche Gemeinschaft aber noch besteht (zB berufliche Trennung auf Zeit, Verbüßung einer zeitlichen Freiheitsstrafe). Wenn die Ehegatten aber jede gemeinsame Haushaltsführung aufgeben (zB wegen Verurteilung des 6 einen zu lebenslanger Freiheitsstrafe, dauernder Arbeitsstätte im Ausland), ist auch die Anwendung des § 1357 ausgeschlossen. Wird die Trennung wieder aufgegeben, lebt die Schlüsselgewalt ohne weiteres wieder auf.

7 b) Unter § 1357 fallen nur **Geschäfte zur angemessenen Deckung des Lebensbedarfs der Familie. aa) Geschäfte** sind alle Rechtsgeschäfte, gleichgültig, ob es sich um Verpflichtungs- oder Verfügungsgeschäfte handelt. Realakte fallen nicht unter § 1357. Eine Haftung für deliktische Handlungen des anderen Ehegatten nach § 1357 scheidet daher aus.

8 bb) Wann ein Geschäft der **angemessenen Deckung des Lebensbedarfs** dient, richtet sich nach den Lebensverhältnissen der Eheleute. Der Wortlaut der Norm ist sehr weit geraten, obwohl durch die Neufassung nichts daran geändert werden sollte, dass unter die Schlüsselgewalt alle Geschäfte fallen sollten, die zum häuslichen Wirkungskreis der handelnden Ehegatten gehören. Dementsprechend ist § 1357 teleologisch zu reduzieren. Aus dem Charakter der ehelichen Gemeinschaft als Rücksichtsgemeinschaft, die den Partnern das Recht auf die Beteiligung an den Angelegenheiten der Familie gibt (§ 1353 Rn 3), folgt, dass die unter § 1357 fallenden, der alleinigen Handlungsbefugnis unterfallenden Geschäfte nur solche sein können, welche üblicherweise ohne vorherige Absprache der Eheleute untereinander vorgenommen zu werden pflegen. Geschäfte v grds Bedeutung fallen daher nicht unter § 1357. Daraus folgt:

9 **Unter § 1357 fallen grds**: Haushaltsgeschäfte über Lebensmittel oder Kleidung für die Eheleute oder ihre Kinder, Einrichtungsgegenstände für die Familienwohnung, Verträge mit Handwerkern (LG Freiburg FamRZ 88, 1052), Stromversorgungsverträge (BGH FamRZ 13, 1199), Behandlungsverträge mit Ärzten (OLG Schleswig FamRZ 94, 444), Kaufverträge über Medikamente oder Verhütungsmittel, Krankenhausaufnahmeverträge bei medizinisch indizierter Behandlung (BGHZ 116, 184, einschränkend OLG Köln FamRZ 07, 1992 bei sehr kostspieligen Behandlungen mit Erstattungsansprüchen des abschließenden Ehegatten gegen Dritte). Das gilt aber nur in Bezug auf das medizinisch Notwendige, nicht unbedingt auch in Bezug auf Verträge über Chefarztbehandlung (BGHZ 94, 1; OLG Hamburg FamRZ 10, 1080) oder anderen Wahlleistungen (zB Einzelzimmer, LG Dortmund NJW 85, 922). Ebenfalls zum Kreis der Schlüsselgewaltgeschäfte gehören Verträge mit Telefondienstleistern, die aus ihnen resultierenden Verpflichtungen aber nur insoweit, als die Kosten der angemessenen Bedarfsdeckung der Familie entsprechen. Daran kann es fehlen, wenn ein Ehegatte in größerem Umfang Servicenummern (vor allem Telefonsex-, Dating- und ähnliche Dienste) nutzt und so erhebliche Kosten auslöst (BGH FamRZ 04, 778).

10 **Nicht unter § 1357 fallen**: Kaufverträge über Immobilien (vgl BGH FamRZ 89, 35) und die Finanzierung solcher Geschäfte durch Darlehen (LG Aachen FamRZ 89, 1176), der Abschluss langfristiger Miet- oder Pachtverträge (OLG Koblenz NJW-RR 91, 66) oder deren Kündigung, der Abschluss v Mietverträgen über Ferienwohnungen, Kaufverträge über den Lebensverhältnissen der Eheleute nicht entsprechende teure Antiquitäten oder Kunstgegenstände und Versicherungsverträge. Darlehensverträge fallen ebenfalls nicht unter § 1357. Etwas anderes kann allerdings in Bezug auf den Ratenkauf gelten, wenn der Kauf auf Raten nach den Lebensverhältnissen der Eheleute üblich ist.

11 c) Aus den **Umständen des Vertragsschlusses** darf sich **nicht ergeben, dass der handelnde Ehegatte (bzw der andere) allein verpflichtet sein soll** (Abs 1 aE). Das ist vor allem der Fall, wenn der Handelnde bei der Vornahme des Geschäfts erklärt, dass er ausschließlich für sich selbst oder (als Vertreter) für den anderen Ehegatten handeln und auch nur insoweit Verpflichtungen eingehen will.

12 d) Die **Schlüsselgewalt darf nicht ausgeschlossen oder** so **beschränkt sein**, dass das abgeschlossene Geschäft nicht mehr v dem verbleibenden Bereich umfasst ist (Abs 2). Ein Ehegatte kann die Schlüsselgewalt durch Erklärung gegenüber seinem Partner oder dem Dritten beschränken oder ausschließen, wenn ein Grund dafür besteht. Das kann die Unfähigkeit des Ehegatten zur Führung der Geschäfte sein, aber auch erhebliche Meinungsverschiedenheiten unter den Ehegatten. Auch bei Getrenntleben kommt zur Klarstellung ein Ausschluss der Schlüsselgewalt in Betracht, obwohl sie dann schon

kraft Gesetzes ruht (Abs 3); denn nur so kann verhindert werden, dass sie bereits bei kurzfristiger Wiederaufnahme der Gemeinschaft zwecks eines Versöhnungsversuchs wieder auflebt (Rn 6). Dritten gegenüber wirkt die Beschränkung oder Ausschließung nur, wenn sie bekannt oder im Güterrechtsregister eingetragen ist. Fehlt es an einem ausreichenden Grund für die Beschränkung oder Ausschließung, kann der betroffene Ehegatte ihre Aufhebung beim Familiengericht beantragen. Die Aufhebung wirkt nur ex nunc.

Zu beachten ist, dass bei unter § 1357 fallenden **Dauerschuldverhältnissen** (zB Telefonverträge, Stromlieferungsverträge) die Wirkungen der Schlüsselgewalt **nicht automatisch** enden, wenn die Eheleute sich **trennen** (BGH FamRZ 13, 1199). Der Ausziehende haftet deswegen für die weiter aus dem Vertrag auf Bezahlung für die in Anspruch genommenen Leistungen (zB elektrische Energie). 12a

2. Die Schlüsselgewalt bewirkt, dass die Ehegatten aus dem Geschäft beide berechtigt und verpflichtet werden (Abs 1 S 2). Beide müssen daher die v dem Ehegatten versprochene Leistung erbringen (Ausnahme: bei Minderjährigkeit des Handelnden, Rn 11) und können die v dem Dritten versprochene Leistung verlangen. Das gilt nicht nur für die Hauptleistung, sondern auch für Sekundärpflichten (Mängelrechte, Schadensersatz) und im Zusammenhang mit dem Geschäft stehende vertragliche bzw vorvertragliche Pflichtverletzungen (§§ 280, 311 a). Die Eheleute sind Gläubiger nach § 432 bzw Gesamtschuldner (§§ 421 ff). Sofern dem Vertragschließenden besondere Widerrufsrechte eingeräumt werden (vor allem relevant für das Widerrufsrecht nach §§ 355, 312, besteht für jeden Ehegatten ein Widerrufsrecht in Bezug auf seine Verpflichtung (Brox, Festschrift für Mikat, 841 ff; Cebulla/Pützhofen FamRZ 1996, 1124 ff; str). Die Widerrufsfrist läuft für beide Ehegatten einheitlich v der Belehrung des handelnden Ehegatten an. Das entspricht der Situation im Vertretungsrecht (wie hier Cebulla/Pützhofen FamRZ 1996, 1124, 1129 f; aA Brox Festschrift für Mikat, 849 f). Die Übereignung an einen Ehegatten bewirkt nicht automatisch, dass beide Miteigentum erwerben. Das gilt nur dann, wenn ein dahin gehender konkreter Wille der Vertragsparteien anzunehmen ist. Dieser Wille ist allerdings bei Haushaltsgegenständen zu vermuten (BGHZ 114, 74). Das kann jetzt auch auf die Wertung des § 1568 b II gestützt werden. 13

§ 1358 (weggefallen)

§ 1359 Umfang der Sorgfaltspflicht

Die Ehegatten haben bei der Erfüllung der sich aus dem ehelichen Verhältnis ergebenden Verpflichtungen einander nur für diejenige Sorgfalt einzustehen, welche sie in eigenen Angelegenheiten anzuwenden pflegen.

I. Die Norm enthält eine **Haftungserleichterung** für das Verhältnis der Ehegatten untereinander, indem sie bestimmt, dass die Ehegatten untereinander nur für die Sorgfalt einstehen müssen, die sie auch in eigenen Angelegenheiten anwenden. Eine parallele Regelung für das Verhältnis zwischen Eltern und Kindern enthält § 1664, eine solche für Lebenspartnerschaften § 4 LPartG. § 1359 ist dispositiv. Auch wenn die Voraussetzungen für eine Haftung eines Ehegatten erfüllt sind, weil sein Handeln nicht der eigenüblichen Sorgfalt entspricht, kann aus § 1353 die Verpflichtung folgen, den Anspruch nicht geltend zu machen (BGHZ 61, 105). Das gilt vor allem dann, wenn der Ehegatte sich v sich aus nach Kräften bemüht, den Schaden auszugleichen (BGH FamRZ 88, 476). Bei Scheidung kann dieses Zurückhaltungsgebot entfallen (BGHZ 63, 58). 1

II. **Die Haftungserleichterung bezieht sich** auf alle Verpflichtungen aus dem ehelichen Verhältnis. Das bedeutet, dass der günstigere Haftungsmaßstab immer gilt, wenn die Pflichten der Eheleute aus § 1353 oder den Unterhaltspflichten nach §§ 1360 ff betroffen sind. Auf die Anspruchsgrundlage, auf die der Schadensersatzanspruch gegen den anderen Ehegatten gestützt wird, kommt es nicht an. Die Haftungserleichterung gilt daher sowohl für Ansprüche aus §§ 280 ff, 311 a wie für deliktische Ansprüche. 2

3 **Keine Anwendung** findet die Haftungserleichterung, wenn nicht nur das Verhältnis der Ehegatten untereinander berührt ist, sondern wenn das Verschulden des Ehegatten sich auf ein „öffentliches" Verhalten bezieht und nur zufällig der Ehegatte verletzt wird. Das gilt vor allem für Schädigungen des Ehegatten bei der Teilnahme am öffentlichen Straßenverkehr (BGHZ 53, 352; 61, 101), uU aber auch bei der gemeinsamen Teilnahme an sportlichen Aktivitäten (BGH FamRZ 09, 1048: Wasserski). Zu weiteren Ausschlussgründen § 1664 Rn 3. Gegenüber Dritten greift die Haftungserleichterung nie. Bei Mitwirkung mehrerer an der Schädigung wird daher der Gesamtschuldnerregress im Verhältnis zum schädigenden Ehegatten nicht berührt (BGHZ 35, 322; OLG Frankfurt NJW 71, 1993; str).

4 Die **Haftungserleichterung bedeutet**, dass der Ehegatte nur für ein solches Verhalten haftet, das nicht den Sorgfaltsansprüchen genügt, die er selbst bei seinen Angelegenheiten anzuwenden pflegt. Die Grenze für diese Erleichterung bestimmt § 277: Die Haftung für grobe Fahrlässigkeit bleibt immer erhalten.

§ 1360 Verpflichtung zum Familienunterhalt

¹Die Ehegatten sind einander verpflichtet, durch ihre Arbeit und mit ihrem Vermögen die Familie angemessen zu unterhalten. ²Ist einem Ehegatten die Haushaltsführung überlassen, so erfüllt er seine Verpflichtung, durch Arbeit zum Unterhalt der Familie beizutragen, in der Regel durch die Führung des Haushalts.

1 I. § 1360 S 1 gibt während des Bestehens der ehelichen Lebensgemeinschaft jedem Ehegatten einen **Anspruch** gegen den anderen auf **Leistung des Unterhalts für ihn selbst und die gemeinschaftlichen Kinder**. Er kann Zahlung des Gesamtbetrags an sich verlangen und ist nicht darauf beschränkt, Zahlung in die Familienkasse zu verlangen. Dritte, vor allem die Kinder, können sich nicht auf § 1360 stützen; ihr Unterhaltsanspruch richtet sich allein nach §§ 1601 ff. Sobald sich die Eheleute trennen, gilt nicht mehr § 1360, sondern § 1361. Nach der Scheidung richtet sich ein Unterhaltsanspruch allein nach §§ 1569 ff.

2 S 2 bestimmt, dass der **Ehegatte, dem die Haushaltsführung allein überlassen ist**, seine **Unterhaltspflicht** gegenüber der Familie regelmäßig **durch die Führung des Haushalts** erfüllt. Das betont den Gleichrang v Erwerbstätigkeit und Haushaltsführung noch einmal. § 1360 ist nicht dispositiv. Die Nichterfüllung der Unterhaltspflicht ist strafbewehrt (§ 170 b StGB). Unterhaltszahlungen können als außergewöhnliche Belastungen v. der Steuer abgesetzt werden. Unterhaltsforderungen sind nur pfändbar, wenn die Vollstreckung in das sonstige bewegliche Vermögen nicht zur Befriedigung des Gläubigers ausreicht und die Pfändung der Billigkeit entspricht (§ 850 b I Nr 2, II ZPO). Wird an einen Unterhaltsberechtigten Sozialhilfe geleistet, gehen die Unterhaltsansprüche auf den Sozialhilfeträger über (§ 94 SGB XII, Einzelheiten: § 1601 Rn 2).

3 II. 1. Der **Unterhaltsanspruch setzt voraus** a) das **Bestehen einer** (auch einer aufhebbaren) **Ehe**. Nach einer Scheidung richtet sich der Unterhaltsanspruch nach §§ 1569 ff, nach einer Aufhebung der Ehe nach § 1318 II iVm §§ 1569 ff.

4 b) Weiter müssen die Ehegatten **in ehelicher Gemeinschaft** leben. Sobald sie iSv § 1567 getrennt leben, gilt § 1361. Dieser unterscheidet sich v § 1360 vor allem dadurch, dass er den Bedarf der Kinder nicht mit umfasst.

5 c) Der in Anspruch genommene Ehegatte muss **leistungsfähig** sein. Das bedeutet aber anders als im Verwandten- (§ 1603 I, dort Rn 2 ff) und Geschiedenenunterhalt (1581, dort Rn 3 ff) nicht, dass ein Unterhaltsanspruch bereits reduziert ist bzw ausscheidet, wenn der eigene angemessene Unterhalt gefährdet ist. Die Familie ist eine Solidargemeinschaft, in der jeder nach besten Kräften dazu beitragen muss, den Lebensbedarf sicherzustellen. Jeder Ehegatte muss daher seine Arbeitskraft und sein Vermögen zu diesem Zweck einsetzen. Andererseits stellt S 2 klar, dass der Ehegatte, dem die Haushaltsführung allein überlassen ist, seine Verpflichtung, durch Arbeit zum Unterhalt der Familie beizutragen, in der Regel durch die Führung des Haushalts erfüllt. Demnach sind verschiedene Formen v Ehen zu unterscheiden:

In der **Doppelverdienerehe** müssen beide Eheleute gleichmäßig zum Familienunterhalt beitragen und die Haushaltsführung erledigen. Der zum Familienunterhalt zu entrichtende Beitrag richtet sich nach dem addierten Einkommen beider Ehegatten. Sind die Einkommen unterschiedlich, bestimmt sich der Anteil am Familienunterhalt nach dem Anteil am Gesamteinkommen (BGH FamRZ 67, 380). Unterschiedliche Anteile an der Haushaltsführung sind ebenfalls entsprechend zu berücksichtigen (vgl BGH NJW 57, 537). 6

In der **Alleinverdienerehe** (sog Hausfrauen- oder Hausmannehe) erfüllt der haushaltsführende Ehegatte durch die Haushaltsführung seine gesamte Unterhaltspflicht, und der berufstätige Ehegatte muss den gesamten finanziellen Aufwand tragen. Eine Verpflichtung des Haushaltsführenden zur Erwerbstätigkeit trotz voller Haushaltsführung kann sich jedoch aus Unterhaltspflichten dieses Ehegatten gegenüber Personen ergeben, für die der berufstätige Ehegatte nicht unterhaltspflichtig ist (zB Kinder aus erster Ehe). Außerdem ist der Haushaltsführende verpflichtet, eine Erwerbstätigkeit aufzunehmen, wenn der berufstätige Ehegatte nicht mehr dazu in der Lage ist, seinen Beruf auszuüben (zB Arbeitslosigkeit, schwere Erkrankung). 7

In einer **Zuverdienerehe** ist ein Ehegatte voll berufstätig, während der andere den Haushalt führt, aber noch eine Teilzeitbeschäftigung ausübt. Der Haushaltsführende erfüllt seine Verpflichtung, zum Familienunterhalt beizutragen, durch die Haushaltsführung, es sei denn, der familiäre Unterhalt kann nicht ohne das aus der Teilzeitbeschäftigung erzielte Entgelt sichergestellt werden. Dann bestimmt sich der Familienlebensstandard nach beiden Einkommen (wie Rn 6). 8

Fehlt es an der nach den strengen Kriterien bemessenen **Leistungsfähigkeit**, kommen Ansprüche gegen die Verwandten in Betracht (vgl § 1608). 9

2. Der **Umfang** des Unterhaltsanspruchs richtet sich nach § 1360 a. 10

III. Verfahren. Die Geltendmachung v Unterhaltsansprüchen nach § 1360 ist Familiensache (§§ 111 Nr 8, 231 I Nr 2 FamFG). 11

§ 1360 a Umfang der Unterhaltspflicht

(1) Der angemessene Unterhalt der Familie umfasst alles, was nach den Verhältnissen der Ehegatten erforderlich ist, um die Kosten des Haushalts zu bestreiten und die persönlichen Bedürfnisse der Ehegatten und den Lebensbedarf der gemeinsamen unterhaltsberechtigten Kinder zu befriedigen.

(2) ¹Der Unterhalt ist in der Weise zu leisten, die durch die eheliche Lebensgemeinschaft geboten ist. ²Die Ehegatten sind einander verpflichtet, die zum gemeinsamen Unterhalt der Familie erforderlichen Mittel für einen angemessenen Zeitraum im Voraus zur Verfügung zu stellen.

(3) Die für die Unterhaltspflicht der Verwandten geltenden Vorschriften der §§ 1613 bis 1615 sind entsprechend anzuwenden.

(4) ¹Ist ein Ehegatte nicht in der Lage, die Kosten eines Rechtsstreits zu tragen, der eine persönliche Angelegenheit betrifft, so ist der andere Ehegatte verpflichtet, ihm diese Kosten vorzuschießen, soweit dies der Billigkeit entspricht. ²Das Gleiche gilt für die Kosten der Verteidigung in einem Strafverfahren, das gegen einen Ehegatten gerichtet ist.

I. § 1360 a stellt klar, **was unter dem Familienunterhalt** nach § 1360 **zu verstehen ist** (Abs 1, 4) und in welcher Weise er zu leisten ist (Abs 2 und 3). Übersteigt das Einkommen des Unterhaltspflichtigen das zum Unterhalt Erforderliche, verbleibt ihm der Rest. Der andere Ehegatte wird nur nach Maßgabe des Güterrechts am Überschuss beteiligt. 1

Die Norm gilt für den Unterhalt entsprechend, den sich Partner einer Lebenspartnerschaft (Vor §§ 1297–1588 Rn 11 ff) schulden (§ 5 LPartG). 1a

II. **1. Der angemessene Familienunterhalt** umfasst alles, was nach den Verhältnissen der Ehegatten erforderlich ist, um die Kosten des Haushalts zu bestreiten und die persönlichen Bedürfnisse der Ehegatten und der gemeinsamen unterhaltsberechtigten Kinder zu befriedigen (Abs 1). 2

3 **a)** Der Familienunterhalt umfasst **nur die Bedürfnisse der Ehegatten und der gemeinschaftlichen Kinder.** Nicht dazu gehört der Bedarf v anderen in den Haushalt aufgenommenen Personen (zB Kinder aus erster Ehe, Eltern eines Ehegatten). Insoweit kann aber eine (stillschweigend getroffene) vertragliche Übernahme des Unterhalts durch den anderen Ehegatten vorliegen (vgl OLG Nürnberg FamRZ 65, 217).

4 **b)** Bestandteil des Familienunterhalts sind zunächst die gesamten **Kosten einer angemessenen Haushaltsführung,** also vor allem die Aufwendungen für Wohnung, Nahrung, Kleidung, Kosten für Hausangestellte und Heizung. Das Maß bestimmt sich nach den Lebensverhältnissen der Familie. Hierher gehört daher auch die Finanzierung v Luxusgegenständen (Schmuck, Designerkleidung), wenn ihr Gebrauch dem Lebensstandard der Familie entspricht. Nicht zum Unterhalt gehören dag Aufwendungen zur Kapitalbildung, wie etwa die Anschaffung einer Eigentumswohnung (vgl BGH NJW 66, 2401).

5 **c)** Zum Unterhalt gehören auch **Aufwendungen für individuelle persönliche Bedürfnisse,** wie etwa die Kosten einer Teilnahme am kulturellen (zB Theater- oder Kinobesuche), politischen oder religiösen Leben. Außerdem sind die Kosten einer angemessen Aus- und Weiterbildung hierher zu rechnen, jedenfalls wenn die Ausbildung bereits vor Eingehung der Ehe begonnen worden war (BGH NJW 85, 803). Wegen des Charakters der Ehe als Schicksalsgemeinschaft gilt das aber auch, wenn die Ausbildung erst während des Bestehens der Ehe einverständlich aufgenommen wird. Zu den Aufwendungen für individuelle persönliche Bedürfnisse zählen schließlich die Kosten für eine angemessene ärztliche Behandlung. Voraussetzung ist, dass die Behandlung medizinisch indiziert ist und den Erkenntnissen der medizinischen Wissenschaft entspricht.

6 **d)** Zum Unterhalt gehört auch ein angemessenes **Taschengeld** für den nicht (voll) berufstätigen Ehegatten (abl Haumer FamRZ 96, 193). Taschengeld ist ein zur freien Verfügung stehender Geldbetrag, über den keine Rechenschaft abgelegt werden muss und der nach Gutdünken verwendet werden kann. Der Betrag richtet sich nach den Lebensverhältnissen der Ehegatten. Im Allgemeinen ist etwa ein Anteil v 5–7 % am Familiennettoeinkommen anzusetzen (BGH NJW 98, 1554; OLG Frankfurt FamRZ 09, 703 f). Bei eigenen Einkünften des Ehegatten besteht der Anspruch nur, wenn diese unter dem Taschengeldanspruch bleiben (BGH NJW 98, 1554; OLG Frankfurt FamRZ 09 703 f). Der Anspruch ist unter den Einschränkungen des § 850 b ZPO pfändbar (OLG Köln FamRZ 95, 309, str). Ausgenommen ist lediglich ein für die Befriedigung v persönlichen Bedürfnissen unabdingbarer Minimalbetrag (OLG Celle NJW 91, 1960).

7 **e)** Zum Unterhalt gehört schließlich ein **Prozesskostenvorschuss** für persönliche Angelegenheiten betreffende Rechtsstreitigkeiten und für die Verteidigung in einem gegen einen Ehegatten gerichtete Strafverfahren (Abs 4). Der Anspruch auf den Vorschuss steht allein dem Ehegatten zu. Dritte (auch die Staatskasse) können daraus erst dann Rechte ableiten, wenn sie ihn gepfändet haben. Der Prozesskostenvorschussanspruch geht dem Anspruch auf Prozess- bzw Verfahrenskostenhilfe vor. Soweit ein Anspruch gegen den Ehegatten besteht, kommt Prozess- bzw Verfahrenskostenhilfe daher nicht in Betracht (OLG Bremen FamRZ 84, 919). Der Anspruch auf den Prozesskostenvorschuss besteht auch bei Getrenntleben (§ 1361 IV 4).

8 **aa) Voraussetzung** des Anspruchs auf Prozesskostenvorschuss ist neben den § 1360 Rn 5 ff genannten Voraussetzungen, (1) dass ein Ehegatte einen **Rechtsstreit in einer persönlichen Angelegenheit** führt oder sich in einem gegen ihn gerichteten Strafverfahren verteidigen muss. Nach Abschluss des Verfahrens kommt daher ein Prozesskostenvorschuss nicht mehr in Betracht (OLG Nürnberg FamRZ 98, 489). Welchem Verfahrensgebiet der Rechtsstreit zuzuordnen ist, ist gleichgültig. Unter Abs 4 fallen sowohl Streit- als auch FG-Verfahren, solche nach der ZPO und solche nach dem FamFG. Abs 4 gilt sowohl für zivil- (einschließlich der arbeitsrechtlichen) als auch öffentlich-rechtliche Streitigkeiten (einschließlich derjenigen auf dem Gebiet des Straf-, Sozial- und Steuerrechts). Eine persönliche Angelegenheit liegt vor, wenn der Rechtsstreit eine enge Beziehung zur Person oder den persönlichen Verhältnissen der Ehegatten aufweist. Das trifft immer zu, wenn der Streit das Verhältnis der Ehegatten untereinander oder allein die Person des Verfahrensbeteiligten betrifft. Streitigkeiten mit Dritten fallen dag nur unter Abs 4, wenn sie ihre Wurzel in der Lebensgemeinschaft der Ehegatten haben (BGHZ 31, 386). Danach sind persönliche Angelegenheiten: Statussachen, Betreuungsverfahren, alle Streitigkeiten mit dem anderen Ehegatten einschließlich des Scheidungsverfahrens, sofern sie sich auf die Ehe selbst beziehen, Streitigkeiten mit Dritten wegen Ehrverletzungen, Körperverletzungen einschließlich der Klagen auf Zahlung v Schmerzensgeld und Anträge wegen Ehestörungen oder wegen Unterhaltsansprüchen (OLG Karlsruhe FamRZ 05, 1744: auch Abwehr v Unterhaltsansprüchen). Zu den Rechtsstreitigkeiten in einer persönlichen Angelegenheit zählt auch ein Regelinsolvenzverfahren, wenn ein Antrag auf Restschuldbefreiung gestellt wird (AG Hamburg NJW 02, 3337). Strafverfahren sind in Abs 4 S 2 ausdrücklich erwähnt. Sonstige öffentlich-rechtliche Streitigkeiten in persönlichen Angelegenheiten sind zB solche, die die Staatsangehörigkeit, den Namen, Examina oder die Zulassung zu einer Universität betreffen. Keine persönlichen Rechtsstreitigkeiten sind die Geltendmachung v vermögensrechtlichen Ansprüchen gegen den Ehegatten oder Dritte oder die Verteidigung gegen solche Begehren (vgl BGHZ 41, 112; OLG Düsseldorf FamRZ 84, 388).

(2) Der **Ehegatte** muss **außerstande sein, die Kosten des Rechtsstreits selbst zu tragen.** 9
Da hier die strengen Maßstäbe der §§ 114 ff ZPO nicht gelten, trifft das schon zu, wenn der eigene angemessene Unterhalt der Ehegatten gefährdet ist (OLG Hamburg NJW 60, 1768). Der Ehegatte braucht grds nur die verfügbaren Mittel einzusetzen, um seinen Prozess zu finanzieren. Fest angelegte Reserven braucht er im Normalfall nicht anzugreifen (vgl OLG Celle MDR 67, 402). Etwas anderes gilt nur dann, wenn beide Ehegatten in engen finanziellen Verhältnissen leben; denn dann erfordert die Billigkeitsabwägung (Rn 11) größere Anstrengungen.

(3) Der **andere Ehegatte** muss dazu **in der Lage sein, die Kosten des Rechtsstreits zu** 10
tragen. Entsprechend dem zum verfahrensbeteiligten Ehegatten Gesagten entfällt auch beim in Anspruch genommenen Ehegatten die Leistungsfähigkeit, wenn sein angemessener Unterhalt gefährdet wird (KG FamRZ 85, 1067; OLG Koblenz FamRZ 86, 284). Vor allem ist anzunehmen, dass der andere Ehegatte nicht leistungsfähig ist, wenn er selbst in einem vergleichbaren Verfahren prozess- bzw verfahrenskostenhilfeberechtigt wäre (OLG Oldenburg MDR 94, 618; aA KG FamRZ 90, 183). Reichen die Mittel zur sofortigen Zahlung nicht aus, kommt aber auch eine ratenweise Zahlung in Betracht (BGH FamRZ 04, 1633; OLG Zweibrücken FamRZ 97, 757; OLG Dresden FamRZ 02, 1412).

(4) Die Übernahme der Kosten durch den anderen Ehegatten **entspricht der Billigkeit.** 11
Dieses Kriterium dient als Korrektiv für die Fälle, die im Rahmen der Prozess- bzw Verfahrenskostenhilfe wegen Mutwilligkeit oder wegen mangelnder Erfolgsaussicht ausgeschieden werden (vgl § 114, 1 ZPO); denn es entspricht nicht der Billigkeit, einen anderen zu zwingen, ein offensichtlich sinnloses Unterfangen zu finanzieren (enger OLG Frankfurt FamRZ 59, 63, OLG Köln MDR 61, 941, die eine Vorabprüfung der Erfolgsaussichten ablehnen).

bb) Der **Prozesskostenvorschuss muss** nur die Gerichts- und die außergerichtlichen 12
Kosten des Verfahrens decken. Vor allem die Kosten für außergerichtliche Beratungen im Vorfeld eines Verfahrens sind nicht umfasst.

cc) Der Prozesskostenvorschuss **braucht nur zurückgezahlt zu werden,** wenn die Vor- 13
aussetzungen nicht vorlagen (BGHZ 110, 247) oder wenn die Rückzahlung der Billigkeit entspricht (BGHZ 56, 92; 94, 318), vor allem, wenn die wirtschaftlichen Umstände sich zugunsten des Ehegatten, der den Prozesskostenvorschuss in Anspruch genommen hat, erheblich verbessern (OLG Saarbrücken NJW-RR 87, 522; OLG Hamm FamRZ 92, 672). Im Übrigen erfolgt keine Rückzahlung.

dd) Verfahren. Für die Entscheidung über den Prozesskostenvorschuss ist das Familien- 14
gericht zuständig, gleich welches Verfahren er betrifft (§§ 111 Nr 8, 231 I Nr 2 FamFG). Das Gleiche gilt für die Rückforderung. Falls erforderlich kann die Zahlung des Prozesskostenvorschusses als einstweilige Anordnung aufgegeben werden (§ 246 FamFG, die bisherige Spezialnorm des § 127 a ZPO aF hat im FamFG keine Nachfolgeregelung). Unterliegt der Vorschuss leistende Ehegatte im Verfahren gegen seinen Ehegatten ganz oder teilweise und muss er daraufhin die Kosten des Verfahrens tragen,

ist der als Vorschuss geleistete Betrag in vollem Umfang anzurechnen; denn sonst würde der andere Teil zumindest v einem Teil des Vorschusses zweckwidrig profitieren (OLG Stuttgart FamRZ 87, 968; OLG München FamRZ 94, 1605; aA OLG Celle FamRZ 85, 731: nur in Höhe der Kostenquote).

15 2. **Das Maß des Unterhalts** bestimmt sich nach den ehelichen Lebensverhältnissen. Maßgebend ist, was ein durchschnittlicher Haushalt mit gleichem Einkommen ausgeben würde. Es kommt weder auf eine besonders sparsame noch eine besonders aufwendige Lebensführung an, noch darauf, was die Eheleute bislang tatsächlich für ihren Unterhalt aufgewendet haben. Beiträge zur Schuldentilgung oder Rückstellungen für geplante größere Anschaffungen sind ggf lebensstandardsenkend zu berücksichtigen.

16 3. **Die Art des zu leistenden Unterhalts** richtet sich im Wesentlichen nach der v den Eheleuten gewählten Ausgestaltung ihrer Lebensgemeinschaft (vgl § 1360 Rn 6–8). Er ist so zu leisten, wie es die eheliche Lebensgemeinschaft gebietet (Abs 2 S 1). Die Art der Unterhaltsleistung bestimmt sich daher in erster Linie danach, was die Eheleute vereinbaren. Nach der Vorstellung des Gesetzgebers ist der Unterhalt in erster Linie als Naturalunterhalt zu leisten. Vor allem für das Modell der Alleinverdienerehe gedacht ist die Regelung in Abs 2 S 2, nach der die Ehegatten einander verpflichtet sind, das für die Führung des Haushalts Erforderliche im Voraus zur Verfügung zu stellen. Sie hat aber auch einen Anwendungsbereich im Bereich der Zuverdienerehe. Durch sie soll sichergestellt werden, dass der Haushaltsführende bei seiner Tätigkeit einen ausreichenden Freiraum hat. Der erwerbstätige Ehegatte muss daher das Wirtschaftsgeld im Voraus zur Verfügung stellen. Der Zeitabstand richtet sich nach der Art, in der sein Lohn, Gehalt oder seine sonstigen Einkünfte ausgezahlt werden. Ist der Familienunterhalt ausnahmsweise als reiner Barunterhalt zu leisten (zB bei Pflegebedürftigkeit des Ehegatten mit zeitweiliger Heimunterbringung), bestimmt sich der Unterhalt (bei Fehlen weiterer Personen) regelmäßig nach den konkreten Kosten zuzüglich des Taschengeldes (OLG Düsseldorf NJW 02, 1353).

17 Der Ehegatte, dem Unterhaltsleistungen zur Haushaltsführung zur Verfügung gestellt werden, muss diese (bis auf das Taschengeld, Rn 6) tatsächlich für den Haushalt verwenden. Überschüsse stehen ihm nur zu, wenn der andere Ehegatte zustimmt. Damit der andere Ehegatte das nachvollziehen kann, müssen die Unterhaltsleistungen daher abgerechnet werden. Wegen der Selbständigkeit des haushaltsführenden Ehegatten bei dieser Tätigkeit (vgl § 1356 I 2) dürfen aber keine überzogenen Anforderungen gestellt werden. Es reicht, dass der Haushaltsführende pauschal darlegt, für welche Unterhaltszwecke er das Geld verwendet hat.

18 4. Der Unterhaltsbedarf ist **nur gegenwärtiger Bedarf**. Unterhalt mit Ausnahme des Unterhalts wegen Sonderbedarfs kann daher für die Vergangenheit nur geltend gemacht werden, wenn der Unterhaltspflichtige mit der Erfüllung des Unterhaltsanspruchs in Verzug oder der Anspruch **rechtshängig** war (§ 1613 I, II). Bei einem Unterhaltsanspruch wegen Sonderbedarfs gilt dasselbe, wenn beim Entstehen des Bedarfs mehr als ein Jahr verstrichen ist (§ 1613 II). Ein Unterhaltsverzicht für die Zukunft ist nichtig (§ 1614 I). Durch eine Vorausleistung wird der Verpflichtete nur für 3 Monate oder, wenn der Verpflichtete selbst den Zeitabschnitt zu bestimmen hatte, für einen den Umständen nach angemessenen Zeitabschnitt befreit (§§ 1614 II, 760 II). Mit dem Tod des Berechtigten oder des Verpflichteten erlischt der Unterhaltsanspruch für die Zukunft. Erhalten bleibt nur der Anspruch auf rückständigen Unterhalt bzw für die Zukunft zu zahlende Unterhaltsraten, die vorauszuzahlen und schon fällig sind (§ 1615).

§ 1360 b Zuvielleistung

Leistet ein Ehegatte zum Unterhalt der Familie einen höheren Beitrag als ihm obliegt, so ist im Zweifel anzunehmen, dass er nicht beabsichtigt, von dem anderen Ehegatten Ersatz zu verlangen.

I. Die Vorschrift enthält eine **Auslegungsregel**. Nach ihr ist zu vermuten, dass ein Ehe- 1
gatte, der mehr zum Unterhalt beiträgt als ihm obliegt, im Zweifel nicht beabsichtigt, v
seinem Partner Ersatz zu verlangen. Dass Eheleute so verfahren, entspricht der Lebenserfahrung.
II. **Die Vermutung gilt** für alle Arten v Unterhaltsleistungen. Wegen der Gleichstellung 2
der Haushaltsführung mit finanziellen Unterhaltsleistungen (§ 1360 S 2) gilt sie auch
für überobligationsmäßige Haushaltstätigkeit einschließlich Pflegeleistungen (BGH
NJW 95, 1486) und Mitarbeit im Geschäft des Ehegatten, soweit diese unterhaltsrechtlich begründet ist. Gleiches gilt für eine überobligationsmäßige Finanzierung v Wohnkosten, zB durch die alleinige Bedienung eines Kredits zur Hausfinanzierung (OLG Oldenburg FamRZ 05, 1837; 06, 267) oder durch Übernahme der Mietkaution (OLG
München FamRZ 13, 553).
Die Vermutung bewirkt, dass der Ehegatte das zu viel Geleistete nicht zurückverlangen 3
kann. Weder §§ 677 ff noch §§ 812 ff sind in Bezug auf die Zuvielleistungen anwendbar. Eine Schenkung liegt nicht vor, weil wegen der Vermutung keine Unentgeltlichkeit
angenommen werden kann.
Die Vermutung ist widerleglich. Der Ehegatte, der die Leistung erbracht hat, muss 4
nachweisen, dass er zu dem Zeitpunkt als die Leistung erfolgte, beabsichtigte, ggf v seinem Partner Ersatz zu verlangen (vgl BGHZ 50, 266).
III. Für Unterhaltspflichten in einer **Lebenspartnerschaft** (Vor §§ 1297–1588 Rn 11 ff) 5
gilt § 1360 b entsprechend (§ 5, 2 LPartG).

§ 1361 Unterhalt bei Getrenntleben

(1) ¹Leben die Ehegatten getrennt, so kann ein Ehegatte von dem anderen den nach den Lebensverhältnissen und den Erwerbs- und Vermögensverhältnissen der Ehegatten angemessenen Unterhalt verlangen; für Aufwendungen infolge eines Körper- oder Gesundheitsschadens gilt § 1610 a. ²Ist zwischen den getrennt lebenden Ehegatten ein Scheidungsverfahren rechtshängig, so gehören zum Unterhalt vom Eintritt der Rechtshängigkeit an auch die Kosten einer angemessenen Versicherung für den Fall des Alters sowie der verminderten Erwerbsfähigkeit.
(2) Der nicht erwerbstätige Ehegatte kann nur dann darauf verwiesen werden, seinen Unterhalt durch eine Erwerbstätigkeit selbst zu verdienen, wenn dies von ihm nach seinen persönlichen Verhältnissen, insbesondere wegen einer früheren Erwerbstätigkeit unter Berücksichtigung der Dauer der Ehe, und nach den wirtschaftlichen Verhältnissen beider Ehegatten erwartet werden kann.
(3) Die Vorschrift des § 1579 Nr. 2 bis 8 über die Beschränkung oder Versagung des Unterhalts wegen grober Unbilligkeit ist entsprechend anzuwenden.
(4) ¹Der laufende Unterhalt ist durch Zahlung einer Geldrente zu gewähren. ²Die Rente ist monatlich im Voraus zu zahlen. ³Der Verpflichtete schuldet den vollen Monatsbetrag auch dann, wenn der Berechtigte im Laufe des Monats stirbt. ⁴§ 1360 a Abs. 3, 4 und die §§ 1360 b, 1605 sind entsprechend anzuwenden.

I. Die Vorschrift regelt den **Unterhalt unter Eheleuten während der Zeit des Getrennt-** 1
lebens. Anders als während des Bestehens der ehelichen Lebensgemeinschaft ist der Unterhaltsanspruch kein auf den Familienunterhalt gerichteter Anspruch mehr, sondern nur ein individueller Unterhaltsanspruch des Ehegatten auf seinen Unterhalt. Der nicht erwerbstätige Ehegatte kann nun darauf verwiesen werden, eine Erwerbstätigkeit aufzunehmen, wenn dies v ihm aufgrund der ehelichen Lebensverhältnisse und wegen seiner persönlichen Verhältnisse vor der Eheschließung erwartet werden kann (Abs 2, Einzeln: Rn 9). Außerdem besteht die Möglichkeit, den Unterhalt aus Billigkeitsgründen herabzusetzen oder zu versagen, wenn der Berechtigte sich ein Fehlverhalten gegen den anderen Ehegatten hat zuschulden kommen lassen (Abs 3). Für die Partner einer Lebenspartnerschaft gilt § 1361 BGB in der Trennungsphase, die der Aufhebung der Partnerschaft vorausgehen muss, entsprechend (§ 12, 2 LPartG).

§ 1361

2 **§ 1361 gilt ausschließlich für die Zeit des Getrenntlebens.** Während des Bestehens der ehelichen Lebensgemeinschaft ist allein § 1360 einschlägig, nach der Scheidung gelten §§ 1569 ff. Wegen der Unterschiedlichkeit der Tatbestandsvoraussetzungen betreffen die Unterhaltstitel für jeden dieser Zeiträume einen eigenen Streitgegenstand. Die Vollstreckung aus einem Titel über Unterhalt nach § 1360 kommt daher in der Zeit des Getrenntlebens nicht mehr in Betracht, eine solche aus einem Titel nach § 1361 nicht mehr nach der Scheidung.

3 **§ 1361 ist zwingend.** Der völlige Verzicht auf Getrenntlebensunterhalt für die Zukunft ist unzulässig (Abs 4, §§ 1360 a III, 1614). Zulässig sind aber Vereinbarungen über die Höhe der Unterhaltsleistung und über die Art, in der der Unterhalt zu erbringen ist.

4 **II. 1. Voraussetzung des Unterhaltsanspruchs nach § 1361** ist a) dass (noch) eine **Ehe** zwischen Anspruchsteller und in Anspruch Genommenem besteht.

5 **b) Die Eheleute müssen iSd § 1567 getrennt leben;** dh die häusliche Lebensgemeinschaft darf nicht mehr bestehen und (mindestens) ein Ehegatte lehnt ihre Wiederaufnahme ab, weil er die eheliche Lebensgemeinschaft ablehnt. Es reicht auch die Trennung in der ehelichen Wohnung (vgl § 1567 I 2). Haben sich die Eheleute nur teilweise getrennt (zB räumliche Trennung, aber weitere Mitarbeit im Betrieb des anderen, der dafür den Unterhalt bestreitet), ist § 1361 unanwendbar. Es gilt § 1360. Dann können aber einige der in § 1361 zum Ausdruck gekommenen Gesichtspunkte (zB Anspruch als Geldrente, Kriterien für Erwerbstätigkeit, Herabsetzungsmöglichkeit) berücksichtigt werden (vgl BGHZ 35, 302).

6 **c) Der Ehegatte, der Unterhalt verlangt,** muss **bedürftig** sein. Darunter ist grds das gleiche zu verstehen wie bei §§ 1577, 1602. Ein Unterhaltsanspruch kommt daher nicht in Betracht, soweit ein Ehegatte sich selbst unterhalten kann. Ob das der Fall ist, richtet sich nach dem Einkommen, das der Ehegatte aus Vermögen und eigener Arbeit tatsächlich erzielt oder erzielen könnte, wenn er sein Vermögen in zumutbarer Weise anlegte oder wenn er einer zumutbaren Erwerbstätigkeit nachginge. Anzurechnen sind auch sonstige Vermögensvorteile, die der Ehegatte genießt, sofern sie geeignet sind, seinen Lebensbedarf ganz oder teilweise zu decken. Im Einzelnen gilt:

7 **aa)** Anzurechnen sind **Einkünfte aus der Anlage v Vermögen.** Daraus folgt mittelbar die Verpflichtung des Ehegatten, sein Vermögen zwar sicher, aber so gewinnbringend wie möglich anzulegen (OLG Koblenz FamRZ 90, 51; OLG Stuttgart FamRZ 93, 559). Unterlässt er das, sind ihm die entgehenden Zinseinkünfte als fiktives Einkommen zuzurechnen. Den Stamm des Vermögens braucht der Ehegatte während des Getrenntlebens dag grds nicht zu verwerten. Insoweit gilt es gegenüber § 1577 III milderer Maßstab (vgl BGH NJW 85, 907).

8 **bb) Einkünfte aus zumutbarer Erwerbstätigkeit** mindern die Bedürftigkeit. Für den bisher nicht erwerbstätigen Ehegatten ist es nur dann zumutbar, seinen Unterhalt durch eine Erwerbstätigkeit selbst zu verdienen, wenn dies v ihm nach seinen persönlichen Verhältnissen, insb wegen einer früheren Erwerbstätigkeit unter Berücksichtigung der Dauer der Ehe, und nach den wirtschaftlichen Verhältnissen beider Ehegatten erwartet werden kann (Abs 2). Der nichterwerbstätige Ehegatte soll während der Trennungszeit seinen Status grds behalten können. Zumutbar ist eine Erwerbstätigkeit aber, wenn die wirtschaftlichen Verhältnisse der Ehegatten so eng sind, dass schon während des Bestehens der Lebensgemeinschaft eine Erwerbstätigkeit notwendig gewesen wäre, um den angemessenen Familienbedarf zu decken. Ebenso unproblematisch zumutbar ist eine Berufstätigkeit, wenn der bedürftige Ehegatte auch nach der Scheidung keiner Erwerbstätigkeit nachzugehen bräuchte, weil die Voraussetzungen für einen Anspruch auf Scheidungsunterhalt (§§ 1570–1576) vorliegen (vgl BGH NJW 85, 1696; FamRZ 90, 286). Das gilt auch für den Fall der Unterhaltsberechtigung wegen der Betreuung *eines gemeinschaftlichen Kindes* (§ 1570). Wenn selbst nach der Scheidung noch Unterhalt geschuldet wird, darf das während der Ehezeit nicht anders sein. Liegt keiner der Fälle der §§ 1570 ff vor, ist nach den Umständen des Einzelfalls zu ermitteln, ob nach den Verhältnissen der Ehegatten eine Verpflichtung zur Erwerbstätigkeit billigerweise angenommen werden kann. Dabei ist auch zu berücksichtigen, ob der Ehegatte vor der Eheschließung erwerbstätig war. Da in der Praxis aber die meisten Trennungs-

fälle auch zu Scheidungsfällen werden, ist anzunehmen, dass mit fortschreitender Trennung die Verpflichtung des Ehegatten wächst, sich um eine Erwerbstätigkeit zu bemühen. IdR ist nach einer Schonfrist v einem Jahr eine volle Erwerbstätigkeit zu verlangen (KG FamRZ 91, 1188; OLG Schleswig NJW-RR 93, 391). Spätestens ab diesem Zeitpunkt muss der Ehegatte sich intensiv um eine Stelle bemühen (BGH NJW 86, 724). Die Frist verkürzt sich, wenn die Ehe kinderlos war und mit der Scheidung mit großer Wahrscheinlichkeit zu rechnen ist (OLG Hamm FamRZ 96, 1219) oder wenn die Zeit des Zusammenlebens nur sehr kurz war. Sie kann sich verlängern, wenn die Ehe v sehr langer Dauer war und eine Berufstätigkeit bereits sehr lang zurückliegt.

Der Umfang der zumutbaren Erwerbstätigkeit richtet sich nach den persönlichen Verhältnissen (wie Alter, Ausbildungsstand, Gesundheitszustand) des Ehegatten und der Gestaltung der ehelichen Lebensverhältnisse. Das Alter allein ist aber nur dann ein Ausschlussgrund, wenn der Ehegatte deswegen nicht mehr arbeiten kann bzw ihm eine Arbeit nicht mehr zuzumuten ist (vgl OLG Hamm FamRZ 95, 1580). Grds besteht daher eine Erwerbsobliegenheit mindestens bis zum 65. Lebensjahr (KG FamRZ 81, 1173), mit Ansteigen der gesetzlichen Altersgrenze auch darüber hinaus bis zu dieser Grenze. War ein Ehegatte schon bislang berufstätig, ist ihm das auch weiterhin zuzumuten. Ging er nur einer Teilzeitbeschäftigung nach, muss er diese möglichst bald zu einer Vollzeittätigkeit ausbauen (aA OLG Stuttgart FamRZ 78, 681). Für die Berufstätigkeit neben der Versorgung v Kindern gelten die zu § 1570 entwickelten Grundsätze (§ 1570 Rn 4 f) entsprechend (BGH FamRZ 90, 286). Das gilt auch noch nach dem Inkrafttreten des UÄndG. Zu beachten ist, dass durch diese Novelle die Anforderungen an eine Erwerbstätigkeit erheblich gesteigert wurden. Vorübergehende Einschränkungen der Erwerbstätigkeit aus arbeitsmarkttechnischen (vor allem Kurzarbeit, OLG Köln NJW 03, 438) oder Witterungsgründen (zB Winterausfallzeiten auf dem Bau) müssen aber wie bisher hingenommen werden; sie lösen keine zusätzliche Erwerbsverpflichtung aus.

cc) Die Anrechnung v **Einkünften aus unzumutbarer Tätigkeit** richtet sich nach § 1577 II. Die unzumutbare Einkommenserzielung kann jederzeit ohne Sanktion eingestellt werden.

dd) **Fiktive Einkünfte** sind dem Ehegatten bedürftigkeitsmindernd zuzurechnen, wenn er seine Verpflichtung zur Erzielung v Einkommen schuldhaft nicht erfüllt. UU ist ein Unterhaltsanspruch nach § 1579 Nr 4 (mutwillige Herbeiführung der Bedürftigkeit) ganz ausgeschlossen. Als fiktives Einkommen wird dem Ehegatten auch zugerechnet, was er dadurch zu erzielen unterlässt, dass er einem neuen Partner den Haushalt unentgeltlich führt, während üblicherweise dafür ein Entgelt gezahlt zu werden pflegt (BGH NJW 95, 962). In solchen Fällen kann auch ein Ausschluss des Unterhalts nach Abs 3, § 1579 Nr 7 in Betracht kommen.

ee) **Sonstige Vermögensvorteile** sind anzurechnen, soweit sie direkten Bezug zu konkreten Bedarfslagen haben. Den wichtigsten Fall in der Praxis bildet insoweit das kostenlose Wohnrecht (OLG Frankfurt FamRZ 77, 799). Bei der Inanspruchnahme v Sozialleistungen wegen Körper- oder Gesundheitsschäden gilt § 1610 a.

d) **Der in Anspruch genommene Ehegatte muss leistungsfähig sein.** Das ist zwar nicht ausdrücklich erwähnt, ergibt sich aber aus dem Verhältnismäßigkeitsprinzip (BVerfG NJW 02, 2701, das deswegen die entsprechende Anwendung des § 1581 fordert). Insoweit gilt spiegelbildlich das zur Bedürftigkeit Gesagte. Zu berücksichtigen sind daher alle Einkünfte, die der in Anspruch genommene Ehegatte aus seinem Vermögen oder dem zumutbaren Einsatz seiner Arbeitskraft erzielt und alle sonstigen Vermögensvorteile (vor allem das mietfreie Wohnen). Unterlässt er die zumutbare Erzielung v Einkünften, sind fiktive Einkünfte anzurechnen (BGH FamRZ 85, 158; 87, 372). Die Einkünfte, deren Erzielung unterlassen wird, müssen aber ihre Grundlage in der tatsächlichen Situation der Eheleute während des Zusammenlebens gehabt haben (BGH NJW 97, 735). Das Gleiche gilt, wenn das Unterlassen der Einkommenserzielung auf einer Entwicklung beruht, die bereits während des Zusammenlebens geplant oder eingeleitet wurde (Hauptfall: Aufgabe einer abhängigen zugunsten einer selbständigen Beschäftigung, BGH FamRZ 88, 256).

14 Eine Verpflichtung zur **Verwertung des Vermögensstamms** besteht nur, wenn der Unterhalt nicht aus dem laufenden Einkommen gedeckt werden kann. Sie kommt vor allem dann in Betracht, wenn der Vermögensbestand später leicht wieder ergänzt werden kann (vgl BGH FamRZ 86, 556: Viehbestand eines Landwirts).

15 Für die Ermittlung des einzusetzenden Einkommensbetrags gelten die Ausführungen in § 1581 Rn 3 ff entsprechend. **Von den Einkünften abzusetzen** sind vor allem die Schulden des in Anspruch genommenen Ehegatten, die aufgrund einer gemeinsamen Planung der Ehegatten eingegangen wurden (BGH NJW 82, 232, OLG Hamm NJWE-FER 99, 114) oder mit der Trennung oder der Scheidung in Zusammenhang stehen (OLG Hamm FamRZ 96, 166: Raten für Prozesskostenhilfe), nicht dag eigenmächtig eingegangene Schulden. Unterhalt an minderjährige unverheiratete und privilegierte Kinder iSd § 1603 II ist wegen der Rangregelung in § 1609 vorab abzusetzen. Das gilt auch dann, wenn die Kinder erst nach dem Ende der Lebensgemeinschaft geboren wurden. Zu Mangelfällen vgl § 1581 Rn 9 ff.

16 Die **Leistungsfähigkeit ist ausgeschlossen**, wenn der auf Unterhaltszahlung in Anspruch Genommene seinen angemessenen Lebensbedarf nicht mehr decken kann. Dieser beträgt nach der Düsseldorfer Tabelle 1050 EUR, gleichgültig, ob eine Erwerbstätigkeit ausgeübt wird oder nicht.

17 e) Der Unterhalt kann **aus Billigkeitsgründen herabgesetzt** werden **oder ganz ausgeschlossen sein**, wenn einer der in § 1579 Nr 2–8 genannten Gründe vorliegt und die Inanspruchnahme des Unterhalts daher grob unbillig wäre (Abs 3). Es sind alle Umstände des Einzelfalls abzuwägen und dabei auch die Belange eines dem Berechtigten zur Pflege oder Erziehung anvertrauten gemeinschaftlichen Kindes angemessen zu berücksichtigen. Für die Unbilligkeitstatbestände gilt nichts Besonderes; vgl daher das zu § 1579 Gesagte (§ 1579 Rn 7 ff). Zu beachten ist allerdings, dass der Unterhaltsausschluss wegen der Kürze der Ehe allein (§ 1579 Nr 1) nicht (auch nicht analog, OLG Köln NJWE-FER 99, 2) in Betracht kommt; denn dieser Fall ist in die Verweisung des Abs 3 nicht aufgenommen. In Extremfällen kann aber § 1579 Nr 8 greifen (OLG Celle FamRZ 90, 519: Bestehen der ehelichen Lebensgemeinschaft für nur 3 Monate; OLG Köln NJWE-FER 99, 2).

18 2. **Der Umfang des Unterhaltsanspruchs** bestimmt sich grds nach denselben Prinzipien wie beim Nachscheidungsunterhalt (vgl § 1578 Rn 3 ff).

18a a) Sofern nicht der Unterhalt fordernde Ehegatte teilweise selbst für seinen Unterhalt sorgen muss (Rn 9), umfasst der Unterhaltsanspruch den **gesamten Lebensbedarf** des Ehegatten. Haben beide Ehegatten Einkünfte, reichen aber die eines Ehegatten nicht aus, um seinen Bedarf zu decken, kommt ein Anspruch auf Aufstockungsunterhalt in Betracht.

19 b) Zum Unterhalt gehören neben Aufwendungen für den Lebensbedarf (Wohnung, Nahrung, Kleidung, Aufwendungen für Teilnahme am kulturellen oder politischen Leben) auch die **Kosten der Krankenversicherung** (BGH NJW 83, 1554; 2937), der Anspruch auf einen Prozesskostenvorschuss (Abs 4 S 4, § 1360 zu IV, dort Rn 7 ff) und v Eintritt der Rechtshängigkeit des Scheidungsverfahrens an der Vorsorgeunterhalt (Abs 1 S 2, erforderlich wegen der zeitlichen Grenze des § 3 I VersAusglG). Dieser umfasst die Kosten einer angemessenen Versicherung für den Fall des Alters sowie der Erwerbsunfähigkeit.

20 c) Die **Höhe des Unterhalts richtet sich nach den ehelichen Lebensverhältnissen**. Bestimmt werden diese durch das Gesamteinkommen bis zur Scheidung. Das bedeutet, dass Änderungen während der Zeit des Getrenntlebens grds auch auf die Höhe des Unterhalts durchschlagen (BGH FamRZ 88, 256). Etwas anderes gilt nur dann, wenn die Veränderung der Einkommens- oder Ausgabenverhältnisse nicht mehr durch die eheliche Lebensgemeinschaft geprägt ist, wie bei Aufnahme einer Erwerbstätigkeit nach der Trennung, die vor ihr noch nicht geplant war (BGH FamRZ 84, 149) oder einer Erbschaft nach der Trennung. Mit der Orientierung des Unterhalts an den ehelichen Lebensverhältnissen ist dasjenige gemeint, was in einer Familie mit den Einkommensverhältnissen der Parteien üblich ist und als angemessen empfunden wird. Auf die konkreten Verhältnisse kommt es nicht an. Im Verhältnis zu den Einkommensverhältnissen unangemessen hohe oder niedrige Ausgaben sind daher ohne Bedeutung (BGH FamRZ 88, 256, 258; 90, 283, 285).

Bei Anwendung der **Düsseldorfer Tabelle** stehen dem nichterwerbstätigen unterhaltsberechtigten Ehegatten 3/7 der Einkünfte des anderen (berufstätigen) Ehegatten zu. Bei Einkommenserzielung allein aus anderen Quellen (zB Rente) wird zu je 50 % aufgeteilt. Ein Mindestbedarf entsprechend dem notwendigen Eigenbedarf wird nicht anerkannt, so dass es bei geringen Einkommen auch zu darunter liegenden Sätzen kommen kann. Bei sehr hohen Einkommen verbietet sich eine pauschale Verteilung. Die Forderung ist dann konkret aufzuschlüsseln, weil in einem solchen Fall nicht davon ausgegangen werden kann, dass das gesamte Einkommen für den Unterhalt aufgebracht wird (OLG Hamm FamRZ 95, 1578). Zum Unterhalt bei Heimunterbringung s OLG Koblenz NJW-RR 98, 1698. 20a

3. Der Unterhalt ist unabhängig v Turnus der Lohnzahlung durch eine **Geldrente monatlich im Voraus** zu entrichten (Abs 4 S 1, 2). Wegen Sonderbedarfs (vgl § 1613) können zusätzliche Einzelzahlungen für den durch die Rente nicht gedeckten Bedarf gefordert werden (OLG Stuttgart FamRZ 78, 684). Der Unterhaltsanspruch für den laufenden Monat wird durch den Tod des Berechtigten nicht berührt (Abs 4 S 3). Für die Modalitäten des Unterhaltsanspruchs gelten §§ 1613–1615 entsprechend (Abs 4 S 4). Die Rechtslage entspricht derjenigen während der Zeit des Zusammenlebens (§ 1360 a Rn 16). Ebenso gilt die Regelung über die Zuvielleistung (§ 1360 b). Insoweit kann sich aber aus dem Getrenntleben der Ehegatten gerade die Widerlegung der Vermutung ergeben. Ein Auskunftsanspruch wegen der für die Berechnung des Unterhalts maßgeblichen Einkommens- und Vermögensverhältnisse ergibt sich aus § 1580 analog, § 1605. Verwirkung des Unterhaltsanspruchs kann angenommen werden, wenn der Berechtigte den Anspruch nicht innerhalb eines Jahres nach seinem Entstehen geltend macht und durch die Hinnahme fehlerhafter Berechnungen oder durch das Unterlassen v Auskünften über den eigenen Bedarf den Anschein erweckt hat, dass er den Anspruch nicht mehr geltend machen werde (OLG Karlsruhe FPR 02, 444). 21

4. Der Anspruch **endet** (als Trennungsunterhaltsanspruch), wenn die Eheleute ihre Lebensgemeinschaft wieder aufnehmen. Der Unterhaltsanspruch folgt dann wieder als Familienunterhaltsanspruch aus § 1360 (OLG Hamm FamFR 11, 202). 22

III. Verfahren. Der Streit um Getrenntlebensunterhalt ist Familiensache (§§ 111 Nr 8, § 231 I Nr 2 FamFG). Das Verfahren ist unabhängig v einer Scheidungssache. Nach neuem Verfahrensrecht kann der Unterhalt auch von Anhängigkeit einer Scheidungssache oder einer Hauptsache durch einstweilige Anordnung geregelt werden (§ 246 FamFG). Für die Hauptsache fehlt es dann idR dann am Rechtsschutzbedürfnis, weil ein einfacherer, kostengünstigerer Weg zur Verfügung steht, wenn Unterhalt nur für die Zukunft verlangt wird. Ein echtes Hauptsacheverfahren empfiehlt sich dag, wenn auch rückständiger Unterhalt geltend gemacht wird. Für die Zeit nach der Rechtskraft der Scheidung bildet ein Beschluss in einer Hauptsache über Trennungsunterhalt aber keinen geeigneten Vollstreckungstitel; denn der Nachscheidungsunterhalt betrifft einen anderen Streitgegenstand als der Getrenntlebensunterhalt (Rn 2). Eine einstweilige Anordnung gilt dag nach § 56 FamFG weiter. Endet die Trennung, kann der unterhaltsverpflichtete Ehegatte gegen die weitere Vollstreckung aus dem Unterhaltsbeschluss über den Getrenntlebensunterhalt Vollstreckungsgegenantrag (§ 767 ZPO) stellen (OLG Düsseldorf NJW 92, 2166). 23

§ 1361 a Verteilung der Haushaltsgegenstände bei Getrenntleben

(1) ¹Leben die Ehegatten getrennt, so kann jeder von ihnen die ihm gehörenden Haushaltsgegenstände von dem anderen Ehegatten herausverlangen. ²Er ist jedoch verpflichtet, sie dem anderen Ehegatten zum Gebrauch zu überlassen, soweit dieser sie zur Führung eines abgesonderten Haushalts benötigt und die Überlassung nach den Umständen des Falles der Billigkeit entspricht.

(2) Haushaltsgegenstände, die den Ehegatten gemeinsam gehören, werden zwischen ihnen nach den Grundsätzen der Billigkeit verteilt.

(3) ¹Können sich die Ehegatten nicht einigen, so entscheidet das zuständige Gericht. ²Dieses kann eine angemessene Vergütung für die Benutzung der Haushaltsgegenstände festsetzen.
(4) Die Eigentumsverhältnisse bleiben unberührt, sofern die Ehegatten nichts anderes vereinbaren.

1 **I. Die Vorschrift schließt die Lücke**, die daraus resultiert, dass die endgültige Verteilung v Haushaltsgegenständen nach § 1568 b erst für die Zeit nach der Beendigung der Ehe möglich ist.

2 Die Regelung ist insoweit **dispositiv**, als die Ehegatten jederzeit eine abweichende Verteilung der Haushaltsgegenstände vereinbaren können (aA OLG Düsseldorf FamRZ 81, 545). Auch eine solche Einigung betrifft die Eigentumsverhältnisse an den verteilten Gegenständen nur, wenn sie sich erkennbar darauf bezieht (arg e Abs 4). Bei der endgültigen Verteilung nach der § 1568 b gilt daher § 1006 nicht. Durch § 1361 a **werden** sowohl die Vindikation (OLG Zweibrücken FamRZ 91, 848) wie auch die besitzschutzrechtlichen Ansprüche **verdrängt**. Der Anspruch aus § 1361 a ist **höchstpersönlich** und damit unpfändbar.

3 **II. 1. Voraussetzung** des Herausgabeanspruchs ist, a) dass die **Ehegatten** bei noch bestehender Ehe **getrennt leben**. Dazu gilt das bei § 1361 Rn 6 Gesagte.

4 b) In den sachlichen Anwendungsbereich der Norm fallen nur **Haushaltsgegenstände**. Das sind solche beweglichen Gegenstände, die der Haushaltsführung dienen. Dazu kann auch ein Hund gehören (OLG Hamm FamRZ 11, 583). Für zum persönlichen Gebrauch eines Ehegatten bestimmte Sachen (zB Kleidung, beruflich genutzte Gegenstände, allein v einem Ehegatten zusammengetragene Sammlungen, die nicht zur Ausschmückung der Ehewohnung dienen) gilt § 1361 a nicht. Für die Nutzung der Ehewohnung gilt § 1361 b.

5 c) Aus dem **Zusammenspiel v Abs 1 und 2** ergibt sich, dass ein Ehegatte v anderen diejenigen Haushaltsgegenstände herausverlangen kann, die ihm persönlich gehören und nicht v anderen auch unter Berücksichtigung der Billigkeit zur Führung eines abgesonderten Haushalts benötigt werden, oder die im Gemeinschaftseigentum stehen, wenn die Billigkeit für eine Zuteilung an den Fordernden spricht, oder die Alleineigentum des anderen sind, sofern er sie für die Führung eines abgesonderten Haushalts benötigt und nicht Billigkeitsgesichtspunkte dag sprechen. Immer muss aber eine dauerhafte Nutzung begehrt werden, eine nur stundenweise Nutzung ist nicht vorgesehen (OLG Hamm FamRZ 11, 893; OLG Bamberg MDR 04, 37, jeweils für „Umgangsrechte" mit einem Hund).

6 **Zur Führung eines abgesonderten Haushalts benötigt** werden nur solche Gegenstände, die der Ehegatte selbst oder für die gemeinsamen Kinder, die mit ihm in häuslicher Gemeinschaft leben, nutzen will. Die beabsichtigte Überlassung an Dritte (zB Vermietung zur Einkommenserzielung) reicht nicht.

7 Die **Billigkeitskontrolle**, der jeder Anspruch nach § 1361 a unterliegt, soll sicherstellen, dass alle Umstände des Einzelfalls einschließlich der Umstände, die zur Trennung geführt haben, berücksichtigt werden, bevor zwangsweise in die bestehende Nutzung eingegriffen wird. Kriterien sind, bei welchem Ehegatten der Gegenstand am ehesten entbehrlich ist und wer am ehesten Ersatz beschaffen kann, wer ihn am dringendsten benötigt, aber auch, wer die Trennung herbeigeführt hat und welche Gründe dafür eine Rolle gespielt haben. Die Erforderlichkeit zur beruflichen Nutzung geht idR anderen Nutzungszwecken vor (OLG Köln FamRZ 10, 470).

8 **2. Bei seiner Entscheidung über den Herausgabeanspruch** kann das Gericht eine angemessene Vergütung für die Benutzung der dem anderen Ehegatten gehörenden Haushaltsgegenstände festsetzen (Abs 3). Auch insoweit ist nach Billigkeit zu entscheiden. Die Regelung ist nur vorläufig. Die Eigentumsverhältnisse an den einbezogenen Gegenständen bleiben anders als bei der endgültigen Verteilung unberührt (Abs 4).

9 **III. Verfahren.** Der Streit über den Herausgabeanspruch und die Benutzungsvergütung ist Familiensache (§§ 111 Nr 5, 200 II Nr 1 FamFG). Die Entscheidung verliert mit der Rechtskraft der Scheidung automatisch ihre Wirksamkeit.

IV. Eine § 1361 a bis ins Detail nachgebildete Regelung für **Lebenspartnerschaften** (Vor §§ 1297–1588 Rn 11 ff) enthält § 13 LPartG. Die vorstehenden Erläuterungen gelten dafür entsprechend. Zur Verteilung v Haushaltsgegenständen nach Aufhebung der Lebenspartnerschaft s § 17 LPartG.

§ 1361 b Ehewohnung bei Getrenntleben

(1) ¹Leben die Ehegatten voneinander getrennt oder will einer von ihnen getrennt leben, so kann ein Ehegatte verlangen, dass ihm der andere die Ehewohnung oder einen Teil zur alleinigen Benutzung überlässt, soweit dies auch unter Berücksichtigung der Belange des anderen Ehegatten notwendig ist, um eine unbillige Härte zu vermeiden. ²Eine unbillige Härte kann auch dann gegeben sein, wenn das Wohl von im Haushalt lebenden Kindern beeinträchtigt ist. ³Steht einem Ehegatten allein oder gemeinsam mit einem Dritten das Eigentum, das Erbbaurecht oder der Nießbrauch an dem Grundstück zu, auf dem sich die Ehewohnung befindet, so ist dies besonders zu berücksichtigen; Entsprechendes gilt für das Wohnungseigentum, das Dauerwohnrecht und das dingliche Wohnrecht.
(2) ¹Hat der Ehegatte, gegen den sich der Antrag richtet, den anderen Ehegatten widerrechtlich und vorsätzlich am Körper, der Gesundheit oder der Freiheit verletzt oder mit einer solchen Verletzung oder der Verletzung des Lebens widerrechtlich gedroht, ist in der Regel die gesamte Wohnung zur alleinigen Benutzung zu überlassen. ²Der Anspruch auf Wohnungsüberlassung ist nur dann ausgeschlossen, wenn keine weiteren Verletzungen und widerrechtlichen Drohungen zu besorgen sind, es sei denn, dass dem verletzten Ehegatten das weitere Zusammenleben mit dem anderen wegen der Schwere der Tat nicht zuzumuten ist.
(3) ¹Wurde einem Ehegatten die Ehewohnung ganz oder zum Teil überlassen, so hat der andere alles zu unterlassen, was geeignet ist, die Ausübung dieses Nutzungsrechts zu erschweren oder zu vereiteln. ²Er kann von dem nutzungsberechtigten Ehegatten eine Vergütung für die Nutzung verlangen, soweit dies der Billigkeit entspricht.
(4) Ist nach der Trennung der Ehegatten im Sinne des § 1567 Abs. 1 ein Ehegatte aus der Ehewohnung ausgezogen und hat er binnen sechs Monaten nach seinem Auszug eine ernstliche Rückkehrabsicht dem anderen Ehegatten gegenüber nicht bekundet, so wird unwiderleglich vermutet, dass er dem in der Ehewohnung verbliebenen Ehegatten das alleinige Nutzungsrecht überlassen hat.

I. Die **Norm** ermöglicht die Zuweisung der Ehewohnung schon **während des Getrenntlebens** der Ehegatten, während § 1568 a erst die Zeit nach der Scheidung betrifft. Eine (auch die analoge) Anwendung auf **nichteheliche Lebensgemeinschaften** kommt nicht in Betracht. Für Lebenspartner gilt nicht § 1361 b, sondern § 14 LPartG (Rn 12). Zu Wohnungszuweisungen nach dem Gewaltschutzgesetz s Anhang 2 zu § 1361 b Rn 14 ff.
II. 1. **Voraussetzung der Zuweisung** ist zunächst, a) dass ein Ehegatte die Zuweisung der Ehewohnung an sich **beantragt.**
b) Bei den Räumlichkeiten, auf die sich das Begehren bezieht, muss es sich um die **gemeinsame Wohnung der Eheleute** handeln. Besondere Anforderungen bestehen nicht. Es kann sich daher sowohl um Häuser oder Wohnungen, aber auch um Container, Wohnwagen oder Gartenhäuschen handeln. Die Eigentumsverhältnisse sind unerheblich (vgl Abs 1 S 2). Eine Wohnungszuweisung scheidet aus, wenn die Eheleute nicht gemeinsam in einer Wohnung gelebt haben. Das Gleiche gilt, wenn die Wohnung ihre Eigenschaft als Ehewohnung verloren hat, weil ein Ehegatte endgültig ausgezogen ist oder weil das Mietverhältnis gekündigt wurde (OLG Köln FamRZ 05, 1993).
c) Die Eheleute müssen entweder bereits **getrennt leben** oder jedenfalls die Absicht hegen, sich zu trennen, um dadurch die Voraussetzungen für eine Scheidung zu schaffen. Ist die Trennung bereits vollzogen, kommt eine Wohnungszuweisung nur in Betracht, wenn die praktizierte Lösung unpraktikabel ist.

5 d) Die Überlassung der Ehewohnung an einen der Ehegatten zur Alleinnutzung muss erforderlich sein, um eine unbillige Härte zu vermeiden. Der Maßstab wurde durch das Gewaltschutzgesetz v 1.1.02 gegenüber dem früher geltenden Rechtszustand („schwere Härte") abgesenkt. Die frühere Rspr ist deswegen nur noch bedingt verwertbar, soweit ein Anspruch auf Wohnungszuweisung abgelehnt wurde. Ohne weiteres übertragbar sind dag zusprechende Entscheidungen, denn in diesen Fällen muss die Wohnung heute erst recht zugewiesen werden. Das Gericht muss eine Verhältnismäßigkeitsprüfung zwischen den Belangen beider Ehegatten vornehmen. Dabei ist die Schwelle für einen Eingriff so anzusetzen, dass bloße Unannehmlichkeiten oder Unbequemlichkeiten, wie sie sich bei jeder Trennung ergeben (zB Streit, gegenseitige Vorhaltungen), nicht ausreichen (vgl OLG Hamburg FamRZ 93, 190; OLG Celle FamRZ 92, 676). Umgekehrt nennt das Gesetz in seiner neuen Fassung ausdrücklich die Beeinträchtigung des Wohls v im Haushalt lebenden Kindern (Abs 1 S 2). In Betracht kommt etwa der Missbrauch v Kindern, aber auch ständige Aggressionen gegen Stiefkinder usw. Eine ausreichende Härte besteht immer, wenn der Ehegatte v dem anderen misshandelt (OLG Köln FamRZ 96, 1220; OLG Stuttgart FamRZ 04, 876) oder sexuell missbraucht wird, bei Alkoholismus eines Ehegatten, Bedrohung des einen durch den anderen Ehegatten oder Aufnahme des neuen Partners in die Wohnung, in der beide Ehegatten getrennt leben (OLG Hamm FamRZ 93, 1442). Eine Wohnungszuweisung kommt auch in Betracht, wenn ein Ehegatte sich ständig über die Regeln hinwegsetzt, die beide für die Trennungszeit vereinbart haben oder sich rücksichtslos gegenüber dem Ehegatten oder den Kindern verhält (AG Tempelhof-Kreuzberg FPR 03, 28).

6 Besonderes Gewicht ist bei der Abwägung zum einen der Frage beizumessen, **in wessen Eigentum die Ehewohnung** steht. Ein Anspruch auf Nutzung der Ehewohnung kommt daher weniger schnell in Betracht, wenn sie dem anderen Ehegatten oder ihm zusammen mit einem Dritten gehört oder wenn er ein dingliches Nutzungsrecht anderer Art daran hat (Abs 1 S 3 und 4). Die Wohnung kann daher wegen des Eigentums auch dem Ehegatten zugewiesen werden, der schon seit längerer Zeit ausgezogen ist oder der beabsichtigt, sie zu veräußern, um Schulden zu tilgen. Andererseits folgt aber aus Abs 1 S 3, dass das Eigentum bzw dingliche Nutzungsrecht eines Ehegatten die Zuweisung der Wohnung an den anderen Ehegatten grds nicht ausschließt.

7 2. Das Gericht weist dem antragstellenden Ehegatten die **Nutzung der Wohnung** zu, soweit das erforderlich ist, um die Härte zu beseitigen. Ggf reicht die Zuweisung v Teilen der Wohnung zusammen mit einer Benutzungsregelung aus. Allerdings ist die Wohnung grds zur Alleinbenutzung zuzuweisen, wenn der Antragsgegner seinen Partner widerrechtlich und vorsätzlich am Körper, der Gesundheit oder der Freiheit verletzt hat oder mit solchen Verletzungen bedroht hat (Abs 2 S 1). Die Voraussetzungen sind damit enger als nach dem Gewaltschutzgesetz, wo nicht notwendigerweise ein Verschulden vorausgesetzt wird (Anhang zu §§ 1361 a, 1361 b Rn 7). Andererseits dient die Alleinzuweisung der Wohnung vor allem dazu, zukünftige Gefährdungen des Ehegatten zu verhindern. Sie ist deswegen grds ausgeschlossen, wenn keine Wiederholungsgefahr mehr besteht (Abs 2 S 2). Etwas anderes gilt wiederum nur dann, wenn dem Verletzten das Zusammenleben mit dem anderen wegen der Schwere der Tat nicht zumutbar ist (zB nach Tötungsversuch, Vergewaltigung usw). Die Zuweisung zu **anderen Zwecken** als der eigenen Nutzung der Wohnung kommt **nicht** in Betracht. Vor allem kann ein Ehegatte nicht eine Benutzungsregelung zu seinen Gunsten mit dem Ziel erreichen, die Wohnung zu vermieten, um Einkünfte zu erzielen (OLG Frankfurt FamRZ 04, 875).

8 Haben sich die Eheleute iSd § 1567 getrennt, um so ihre Scheidung vorzubereiten und ist im Rahmen dieser Trennung ein Ehegatte aus der gemeinsamen Wohnung **ausgezogen**, wird unwiderleglich vermutet, dass der ausgezogene Ehegatte dem verbliebenen Ehegatten das alleinige Nutzungsrecht überlassen hat, wenn seit dem Auszug 6 Monate verstrichen sind und er nicht in dieser Zeit seinen Rückkehrwillen bekundet hat (Abs 4). Die Wirkung lässt sich dadurch ausschließen, dass der ausgezogene Ehegatte energisch seine Absicht bekundet, in die Wohnung zurückzukehren. Die Scheidung gefährdet er dadurch nicht, weil kurzfristige Unterbrechungen der Trennung den Fristlauf nicht beeinflussen (§ 1567 II). Zu beachten ist jedoch, dass das Verlangen ernst gemeint sein muss; ein reines pro-forma-Verlangen reicht nicht. Ein Formerfordernis für das Verlangen besteht nicht.

Mit der Wohnungszuweisung spricht das Gericht dem weichenden Ehegatten eine **Nutzungsvergütung** zu, soweit das der Billigkeit entspricht (Abs 3 S 2). Das gilt auch, wenn der Ehegatte sich im Vorgriff auf eine gerichtliche Regelung mit seinem Partner einigt und freiwillig auszieht (OLG Frankfurt FamRZ 92, 677; OLG Schleswig FamRZ 88, 722). Die Nutzungsvergütung setzt aber immer voraus, dass eine Benutzungsregelung nach Abs 1 notwendig gewesen wäre. Sie kommt daher nicht Betracht, wenn der weichende Ehegatte nicht darlegt, dass nur durch seinen Auszug eine Härte abgewendet werden konnte. Der Billigkeit entspricht eine Vergütung vor allem, wenn die Wohnung im (Mit-)Eigentum des anderen Ehegatten steht oder er ein dingliches Nutzungsrecht besitzt. Die Anordnung einer Nutzungsvergütung entspricht dag nicht der Billigkeit, wenn beide Eheleute Miteigentümer der Wohnung sind. Auch wenn die Notwendigkeit der Nutzungsregelung allein auf dem Verhalten des weichenden Ehegatten beruht, kommt eine Vergütung regelmäßig nicht in Betracht. Die Höhe der Nutzungsvergütung orientiert sich regelmäßig am ortsüblichen Mietwert der Wohnung (vgl Brudermüller FamRZ 89, 11, zur Dauer Erbarth FamRZ 98, 1007). 9

Der weichende Ehegatte muss alles **unterlassen**, was das **Nutzungsrecht** des in der Wohnung bleibenden Ehegatten **vereiteln oder erschweren** könnte (Abs 3 S 1). Vor allem darf er ein Mietverhältnis nicht kündigen, ein eigenes Haus nicht vermieten usw. 10

III. Verfahren. Der Streit ist Familiensache (§§ 111 Nr 5, 200 I Nr 1 FamFG). Für das Verfahren gelten §§ 200 ff FamFG. Einstweilige Regelungen können nach § 49 FamFG ergehen. Der Zuweisungstitel ist kein Vollstreckungstitel für eine Räumung der Wohnung, weil eine Aufforderung an den Schuldner fehlt, die Wohnung zu räumen (LG Itzehoe FamRZ 87, 176 zu der insoweit gleichen Rechtslage bei § 620 ZPO aF). Eine entsprechende Hilfsanordnung muss deswegen zusätzlich erfolgen. 11

IV. Eine § 1361 b bis ins Detail nachgebildete Regelung für **Lebenspartnerschaften** enthält § 14 LPartG. Durch das Gewaltschutzgesetz wurde die Vorschrift entsprechend § 1361 b geändert; auch dort reicht jetzt die unbillige Härte aus. 12

Anhang zu §§ 1361 a, 1361 b

Gesetz zum zivilrechtlichen Schutz vor Gewalttaten und Nachstellungen (Gewaltschutzgesetz – GewSchG)

Vom 11. Dezember 2001 (BGBl. I S. 3513) (FNA 402-38)

§ 1 Gerichtliche Maßnahmen zum Schutz vor Gewalt und Nachstellungen

(1) ¹Hat eine Person vorsätzlich den Körper, die Gesundheit oder die Freiheit einer anderen Person widerrechtlich verletzt, hat das Gericht auf Antrag der verletzten Person die zur Abwendung weiterer Verletzungen erforderlichen Maßnahmen zu treffen. ²Die Anordnungen sollen befristet werden; die Frist kann verlängert werden. ³Das Gericht kann insbesondere anordnen, dass der Täter es unterlässt,
1. die Wohnung der verletzten Person zu betreten,
2. sich in einem bestimmten Umkreis der Wohnung der verletzten Person aufzuhalten,
3. zu bestimmende andere Orte aufzusuchen, an denen sich die verletzte Person regelmäßig aufhält,
4. Verbindung zur verletzten Person, auch unter Verwendung von Fernkommunikationsmitteln, aufzunehmen,
5. Zusammentreffen mit der verletzten Person herbeizuführen,

soweit dies nicht zur Wahrnehmung berechtigter Interessen erforderlich ist.

(2) ¹Absatz 1 gilt entsprechend, wenn
1. eine Person einer anderen mit einer Verletzung des Lebens, des Körpers, der Gesundheit oder der Freiheit widerrechtlich gedroht hat oder

2. eine Person widerrechtlich und vorsätzlich
   a) in die Wohnung einer anderen Person oder deren befriedetes Besitztum eindringt oder
   b) eine andere Person dadurch unzumutbar belästigt, dass sie ihr gegen den ausdrücklich erklärten Willen wiederholt nachstellt oder sie unter Verwendung von Fernkommunikationsmitteln verfolgt.

²Im Falle des Satzes 1 Nr. 2 Buchstabe b liegt eine unzumutbare Belästigung nicht vor, wenn die Handlung der Wahrnehmung berechtigter Interessen dient.

(3) In den Fällen des Absatzes 1 Satz 1 oder des Absatzes 2 kann das Gericht die Maßnahmen nach Absatz 1 auch dann anordnen, wenn eine Person die Tat in einem die freie Willensbestimmung ausschließenden Zustand krankhafter Störung der Geistestätigkeit begangen hat, in den sie sich durch geistige Getränke oder ähnliche Mittel vorübergehend versetzt hat.

§ 2 Überlassung einer gemeinsam genutzten Wohnung

(1) Hat die verletzte Person zum Zeitpunkt einer Tat nach § 1 Abs. 1 Satz 1, auch in Verbindung mit Abs. 3, mit dem Täter einen auf Dauer angelegten gemeinsamen Haushalt geführt, so kann sie von diesem verlangen, ihr die gemeinsam genutzte Wohnung zur alleinigen Benutzung zu überlassen.

(2) ¹Die Dauer der Überlassung der Wohnung ist zu befristen, wenn der verletzten Person mit dem Täter das Eigentum, das Erbbaurecht oder der Nießbrauch an dem Grundstück, auf dem sich die Wohnung befindet, zusteht oder die verletzte Person mit dem Täter die Wohnung gemietet hat. ²Steht dem Täter allein oder gemeinsam mit einem Dritten das Eigentum, das Erbbaurecht oder der Nießbrauch an dem Grundstück zu, auf dem sich die Wohnung befindet, oder hat er die Wohnung allein oder gemeinsam mit einem Dritten gemietet, so hat das Gericht die Wohnungsüberlassung an die verletzte Person auf die Dauer von höchstens sechs Monaten zu befristen. ³Konnte die verletzte Person innerhalb der vom Gericht nach Satz 2 bestimmten Frist anderen angemessenen Wohnraum zu zumutbaren Bedingungen nicht beschaffen, so kann das Gericht die Frist um höchstens weitere sechs Monate verlängern, es sei denn, überwiegende Belange des Täters oder des Dritten stehen entgegen. ⁴Die Sätze 1 bis 3 gelten entsprechend für das Wohnungseigentum, das Dauerwohnrecht und das dingliche Wohnrecht.

(3) Der Anspruch nach Absatz 1 ist ausgeschlossen,
1. wenn weitere Verletzungen nicht zu besorgen sind, es sei denn, dass der verletzten Person das weitere Zusammenleben mit dem Täter wegen der Schwere der Tat nicht zuzumuten ist oder
2. wenn die verletzte Person nicht innerhalb von drei Monaten nach der Tat die Überlassung der Wohnung schriftlich vom Täter verlangt oder
3. soweit der Überlassung der Wohnung an die verletzte Person besonders schwerwiegende Belange des Täters entgegenstehen.

(4) Ist der verletzten Person die Wohnung zur Benutzung überlassen worden, so hat der Täter alles zu unterlassen, was geeignet ist, die Ausübung dieses Nutzungsrechts zu erschweren oder zu vereiteln.

(5) Der Täter kann von der verletzten Person eine Vergütung für die Nutzung verlangen, soweit dies der Billigkeit entspricht.

(6) ¹Hat die bedrohte Person zum Zeitpunkt einer Drohung nach § 1 Abs. 2 Satz 1 Nr. 1, auch in Verbindung mit Abs. 3, einen auf Dauer angelegten gemeinsamen Haushalt mit dem Täter geführt, kann sie die Überlassung der gemeinsam genutzten Wohnung verlangen, wenn dies erforderlich ist, um eine unbillige Härte zu vermeiden. ²Eine unbillige Härte kann auch dann gegeben sein, wenn das Wohl von im Haushalt lebenden Kindern beeinträchtigt ist. ³Im Übrigen gelten die Absätze 2 bis 5 entsprechend.

§ 3 Geltungsbereich, Konkurrenzen

(1) Steht die verletzte oder bedrohte Person im Zeitpunkt einer Tat nach § 1 Abs. 1 oder Abs. 2 Satz 1 unter elterlicher Sorge, Vormundschaft oder unter Pflegschaft, so treten im Verhältnis zu den Eltern und zu sorgeberechtigten Personen an die Stelle von §§ 1 und 2 die für das Sorgerechts-, Vormundschafts- oder Pflegschaftsverhältnis maßgebenden Vorschriften.

(2) Weitergehende Ansprüche der verletzten Person werden durch dieses Gesetz nicht berührt.

§ 4 Strafvorschriften

¹Wer einer bestimmten vollstreckbaren Anordnung nach § 1 Abs. 1 Satz 1 oder 3, jeweils auch in Verbindung mit Abs. 2 Satz 1, zuwiderhandelt, wird mit Freiheitsstrafe bis zu einem Jahr oder mit Geldstrafe bestraft. ²Die Strafbarkeit nach anderen Vorschriften bleibt unberührt.

I. Das Gewaltschutzgesetz soll die **Defizite verringern**, die beim zivilrechtlichen **Schutz** 1 **gegen Gewalt** bestanden. Dazu wurde die Möglichkeit erweitert, gerichtliche Schutzanordnungen gegen die Anwendung v Gewalt oder die Bedrohung damit zu erwirken (§ 1 GewSchG). Der Verstoß gegen die v Gericht ausgesprochenen Unterlassungsgebote ist strafbewehrt (§ 4 GewSchG). Ergänzend ist bei Gewaltanwendung oder Bedrohung im häuslichen Umfeld die Möglichkeit geschaffen worden, den Täter der gemeinsamen Wohnung zu verweisen, um einen zuverlässigeren Schutz des schwächeren Bewohners zu erreichen (§ 2 GewSchG, § 1361 b BGB nF). Gerade diese Regelung lässt den Anlass des Gesetzes, den Schutz v Frauen vor häuslicher Gewalt (vgl BT-Drucks 14/5429, 1), deutlich anklingen. Sachlich begrenzt ist die Anwendung der Norm aber auf diese Fälle nicht. Die Regelungen können daher auch Bedeutung für andere Lebensgemeinschaften haben, wenn es – etwa in der Phase des Auseinanderbrechens der Beziehung – zu Gewalttätigkeiten oder Drohungen mit Gewalttätigkeiten seitens eines Lebenspartners oder Lebensgefährten gegenüber dem anderen kommt.

Das Gewaltschutzgesetz wird durch flankierende Regelungen in den Polizeigesetzen 1a verschiedener Länder ergänzt (zB NRW: § 34 a PolG), durch die es der Polizei ermöglicht wird, Verweisungen für eine begrenzte Zeit (NRW: bis 10 Tage) aus der gemeinsam genutzten Wohnung auszusprechen, damit in dieser Zeit eine gerichtliche Entscheidung nach dem Gewaltschutzgesetz eingeholt werden kann. Übersicht: NJW 02, 3525.

II. 1. § 1 GewSchG gestattet verschiedene **gerichtliche Unterlassungsanordnungen** für 2 den Fall wiederholter Gewalt oder v Drohung mit Gewalt. Diese Anordnungen können unabhängig davon ergehen, ob eine familienrechtliche Beziehung zwischen dem Antragsteller und dem Antragsgegner vorliegt. Nach dem Inkrafttreten des FamFG ist das Verfahren jetzt immer Familiensache, für die das Familiengericht zuständig ist (§§ 111 Nr 6, 210 FamFG). Die frühere gespaltene Zuständigkeit, die davon abhing, ob die Beteiligten in einem gemeinsamen Haushalt lebten oder nicht (§ 23 a Nr 7 GVG aF) wurde durch das FamFG beseitigt.

2. Eine gerichtliche Anordnung zum Schutz vor Gewalt ist a) in **vier Fällen** zulässig: 3 **aa)** Sie kommt zunächst in Betracht, wenn vorsätzlich der **Körper, die Gesundheit oder die Freiheit** einer anderen Person widerrechtlich **verletzt** wurde und Wiederholungsgefahr besteht (§ 1 I 1 GewSchG).

bb) Eine Schutzanordnung kommt auch in Betracht, wenn eine Person mit der Verlet- 4 zung des Lebens, des Körpers, der Gesundheit oder der Freiheit eines anderen widerrechtlich **gedroht** hat (§ 1 II Nr 1 GewSchG).

cc) Eine Schutzanordnung ist zulässig, wenn eine Person widerrechtlich und vorsätzlich 5 in die **Wohnung** einer anderen Person oder in deren befriedetes Besitztum **eindringt** (§ 1 II 1 Nr 2 a GewSchG). Zum Wohnungsbegriff s § 1361 b Rn 4; es muss sich aber nicht um eine gemeinschaftliche Wohnung handeln. Unter einem befriedeten Besitztum ist das Gleiche zu verstehen wie bei § 123 StGB, dh ein durch zusammenhängende Schutzwehren gesicherter abgeschlossener Grundstücksteil, wie etwa ein durch einen umlaufenden Zaun gesicherter Garten.

dd) Eine Schutzanordnung kann erlassen werden, wenn eine andere Person dadurch 6 unzumutbar belästigt wird, dass ihr gegen den ausdrücklich erklärten Willen wiederholt **nachgestellt** wird oder sie unter Verwendung v Fernkommunikationsmitteln **verfolgt** wird (§ 1 II 1 Nr 2 b GewSchG). Erfasst werden die Fälle des sog stalking, dh des Belästigens und Verfolgens, wie es oft bei Prominenten durch fanatische Anhänger erfolgt, aber auch bei anderen Personen durch abgewiesene Liebhaber, durch Personen, deren Liebe unerwidert bleibt, ehemalige Ehegatten usw. Die Belästigung setzt keinen direkten physischen Kontakt voraus; es reicht die Kontaktaufnahme per Telefon (sog Telefonterror) oder durch andere Fernkommunikationsmittel (zB E-Mail, messenger usw). In den genannten Fällen liegt eine unzumutbare Belästigung nicht vor, wenn die Handlung der Wahrnehmung berechtigter Interessen dient (§ 1 II 2 GewSchG). In Betracht kommt etwa, dass der Betroffene dienstlich oder geschäftlich zum Kontakt mit dem (im Übrigen) Belästigten gezwungen ist, oder dass die Kontaktaufnahme zugleich der Ausübung des Umgangsrechts mit eigenen Kindern dient.

7 **b)** Die Gewalt, Drohung oder andere Handlung braucht **nicht notwendigerweise schuldhaft** ausgeübt zu sein; es reicht, dass die Tat in einem die freie Willensbestimmung ausschließenden Zustand krankhafter Störung der Geistestätigkeit begangen wurde, in den der Täter sich durch geistige Getränke oder ähnliche Mittel vorübergehend versetzt hat (§ 1 III GewSchG). Damit sollen gerade die Aggressionen nach Alkoholgenuss erfasst werden. Sonstige Defizite der Verschuldensfähigkeit (zB Geisteskrankheit) bleiben aber beachtlich.

8 **c)** Die Schutzanordnung muss v Verletzten bzw Bedrohten **beantragt** werden; ein Eingreifen vAw kommt nicht in Betracht.

9 **d)** Das Gewaltschutzgesetz ist **nicht anwendbar**, wenn der Verletzte im Zeitpunkt einer Tat nach § 1 I, II 1 unter **elterlicher Sorge, Vormundschaft oder unter Pflegschaft** steht und die Tat v den Eltern, Vormund oder Pfleger begangen wird (§ 3 I GewSchG). In diesen Fällen gilt ein Vorrang der Sorge- bzw Vormundschaftsrechts; eingegriffen werden kann nach §§ 1666 f bzw 1837.

10 **3.** Das Gericht kann **alle Maßnahmen** treffen, die **erforderlich** sind, die **Gefahr v Gewalt oder Nachstellung zu unterbinden**. **a)** Als **Beispiele** für mögliche Anordnungen nennt § 1 I 3 GewSchG die Anordnung, dass der Täter es unterlässt, die Wohnung des Verletzten zu betreten (§ 1 I 3 Nr 1 GewSchG), sich in einem bestimmten Umkreis der Wohnung des Verletzten aufzuhalten (§ 1 I 3 Nr 2 GewSchG), bestimmte Orte aufzusuchen, an denen sich der Verletzte regelmäßig aufhalten muss (§ 1 I 3 Nr 3 GewSchG, zB seine Arbeitsstätte), Verbindung zum Verletzten, auch unter Verwendung v Fernkommunikationsmitteln (zB Telefon, E-Mail, Briefe), aufzunehmen (§ 1 I 3 Nr 4 GewSchG) und ein Zusammentreffen mit der verletzten Person herbeizuführen, soweit dies nicht zur Wahrnehmung berechtigter Interessen erforderlich ist (§ 1 I 3 Nr 5 GewSchG). Bei allen diesen Anordnungen handelt es sich aber nur um Beispiele; es kommt jeweils auf den Einzelfall an, was erforderlich ist, einen zuverlässigen Schutz des Antragstellers zu erreichen.

11 Die Anordnungen sollen **befristet** werden; die Frist kann verlängert werden (§ 1 I 2 GewSchG). Die Dauer der Frist richtet sich nach den Erfordernissen des Einzelfalls.

12 **b) Weitergehende Ansprüche** nach anderen Vorschriften (vor allem nach §§ 823 ff BGB) werden durch das Gewaltschutzgesetz **nicht berührt** (§ 3 II GewSchG). Soweit aufgrund anderer Normen ein weiter gehender Rechtsschutz zu erreichen ist (zB nach den allg Regeln für Unterlassungsansprüche nach §§ 823, 1004 BGB), kann dieser ohne Einschränkungen verlangt werden. Vor allem schließt das Gewaltschutzgesetz auch Ansprüche wegen Fahrlässigkeit nicht aus. Die im Gewaltschutzgesetz vorgesehenen Maßnahmen können insoweit dann nach den allg Regeln getroffen werden.

13 **c)** Der Verstoß gegen die Unterlassungsgebote ist **strafbewehrt** (§ 4 GewSchG).

14 **III.** § 2 GewSchG erweitert die Möglichkeiten, einem Ehegatten (oder einem anderen Mitbewohner) die gemeinsame Wohnung zuzuweisen. Diese Möglichkeiten stehen neben denjenigen aus § 1361 b.

15 **1. Voraussetzung** ist insoweit zunächst nur, dass eine **Verletzung im Sinne v** § 1 I GewSchG (Verletzung v Körper, Gesundheit oder Freiheit, Rn 3) vorliegt. Die Regelung dient dem präventiven Schutz des Verletzten vor weiteren Verletzungen. Der Anspruch ist deswegen ausgeschlossen, wenn weitere Verletzungen nicht zu erwarten sind (§ 2 III Nr 1 GewSchG). Das gilt nur dann nicht, wenn dem Verletzten das Zusammenleben mit dem Verletzer nicht zuzumuten ist. Das kann sich etwa aus der Schwere der

Verletzungen ergeben oder aus der Häufigkeit, in der in der Vergangenheit Verletzungen zugefügt wurden.

Drohungen mit Gewalt nach § 1 II Nr 1 (Rn 4) reichen für die Wohnungszuweisung allein nicht aus. In diesen Fällen muss hinzukommen, dass die Zuweisung erforderlich ist, um eine unbillige Härte zu vermeiden. Damit ist das Gleiche gemeint, wie in § 1361 b BGB nach der Absenkung der Eingriffsschwelle v der „schweren Härte" zur „unbilligen Härte". 16

Voraussetzung für eine gerichtliche Anordnung ist weiter, dass der Verletzte mit dem Verletzer einen **gemeinsamen Haushalt** geführt hat. Damit ist diese Regelung nicht nur auf Ehen und Lebenspartnerschaften anwendbar, sondern auch auf andere Lebensgemeinschaften, gleich ob sie unter gleich- oder verschiedengeschlechtlichen Paaren geführt werden, ob sie einen sexuellen Bezug haben oder nicht. § 2 GewSchG greift damit nur dann nicht ein, wenn der Verletzte und der Verletzer in getrennten Haushalten leben, vor allem also, wenn der Verletzte in einer Wohnung des Verletzers lebt, ohne dass eine häusliche Gemeinschaft mit diesem besteht. In diesen Fällen muss der Verletzte Schutz nach den allg Regeln suchen. 17

Die Zuweisung der Wohnung muss v Verletzten **binnen 3 Monaten nach der Tat schriftlich v Verletzer verlangt** worden sein (§ 2 III Nr 2 GewSchG). 18

Der Zuweisung dürfen **keine besonders schwerwiegenden Belange des Täters entgegenstehen** (§ 2 III Nr 3 GewSchG). Das kommt etwa in Betracht, wenn der Täter behindert ist und die Wohnung behindertengerecht ausgestaltet ist oder wenn ihm wegen einer schweren Erkrankung ein Umzug in eine Ersatzwohnung nicht zugemutet werden kann. 19

2. Liegen die genannten Voraussetzungen vor, **weist das Gericht** dem Verletzten die bisher gemeinsame **Wohnung** zur alleinigen Benutzung zu. Dabei ist die Dauer der Überlassung der Wohnung zu befristen, wenn der verletzten Person mit dem Täter das Eigentum, das Erbbaurecht oder der Nießbrauch an dem Grundstück, auf dem sich die Wohnung befindet, zusteht oder die verletzte Person mit dem Täter die Wohnung gemietet hat (§ 2 II 1 GewSchG). In diesen Fällen ist eine absolute zeitliche Beschränkung der Wohnungszuweisung jedoch nicht vorgesehen. Maßgebend ist allein, was erforderlich ist, um die Gefährdung des Verletzten zuverlässig und dauerhaft zu beenden. Die Interessen des Verletzers müssen insoweit zurückstehen, weil dem Verletzten eben auch ein eigenes Recht an der Wohnung zusteht. 20

Die Situation ändert sich, und es muss eine restriktivere Betrachtung Platz greifen, wenn dem **Verletzten selbst keine Rechtsposition an der Wohnung** zusteht. Daher muss das Gericht die Wohnungsüberlassung an die verletzte Person auf die Dauer v höchstens 6 Monaten befristen, wenn dem Täter allein oder gemeinsam mit einem Dritten das Eigentum, das Erbbaurecht oder der Nießbrauch an dem Grundstück zusteht, auf dem sich die Wohnung befindet, oder er die Wohnung allein oder gemeinsam mit einem Dritten gemietet hat (§ 2 II 2 GewSchG). Gleichgestellt sind Wohnungseigentum, ein Dauerwohnrecht und ein dingliches Wohnrecht (§ 2 II 4 GewSchG). Die Zuweisung darf in diesen Fällen um maximal 6 weitere Monate verlängert werden, wenn der Verletzte innerhalb der v Gericht zunächst bestimmten Frist anderen angemessenen Wohnraum zu zumutbaren Bedingungen nicht beschaffen konnte. Die Verlängerung ist aber ausgeschlossen, wenn ihr überwiegende Belange des Täters oder des Dritten entgegenstehen (§ 2 II 3 GewSchG). Weitere Eingriffe zugunsten des Verletzten kommen nicht in Betracht; vor allem kann das Gericht kein Mietverhältnis zwischen dem Verletzten und dem Täter oder dem Dritten begründen. 21

3. Während der Zeit, in der die Wohnung dem Verletzten zugewiesen ist, muss der Verletzer alles **unterlassen**, was das **Nutzungsrecht des Verletzten** beeinträchtigen könnte. Er darf also ein bestehendes Mietverhältnis nicht kündigen, eine eigene Wohnung nicht anderweit vermieten (§ 2 IV GewSchG). Erforderlichenfalls können Anordnungen nach § 1 GewSchG getroffen werden, um zu verhindern, dass der Verletzer Kontakt zum Verletzten aufnimmt, sich ihm nähert oder ihn belästigt. 22

Während der Nutzung kann der Täter v Verletzten eine **Vergütung** verlangen, die der Billigkeit entspricht (§ 2 V GewSchG). Eine derartige Vergütung ist regelmäßig anzu- 23

ordnen, wenn der Täter eine auf einem Mietvertrag oder einem dinglichen Recht beruhende Mitnutzungsbefugnis an der Wohnung hat.
24 **4. Weitergehende Ansprüche** nach anderen Vorschriften werden durch das Gewaltschutzgesetz **nicht berührt** (§ 3 II GewSchG).

§ 1362 Eigentumsvermutung

(1) ¹Zugunsten der Gläubiger des Mannes und der Gläubiger der Frau wird vermutet, dass die im Besitz eines Ehegatten oder beider Ehegatten befindlichen beweglichen Sachen dem Schuldner gehören. ²Diese Vermutung gilt nicht, wenn die Ehegatten getrennt leben und sich die Sachen im Besitz des Ehegatten befinden, der nicht Schuldner ist. ³Inhaberpapiere und Orderpapiere, die mit Blankoindossament versehen sind, stehen den beweglichen Sachen gleich.
(2) Für die ausschließlich zum persönlichen Gebrauch eines Ehegatten bestimmten Sachen wird im Verhältnis der Ehegatten zueinander und zu den Gläubigern vermutet, dass sie dem Ehegatten gehören, für dessen Gebrauch sie bestimmt sind.

1 **I.** § 1362 soll **Vermögensverschleierungen unter Ehegatten verhindern**, die die Gläubiger des einen oder anderen benachteiligen könnten (BGH NJW 76, 238). Er stellt deswegen in Abs 1 eine zugunsten Dritter wirkende Vermutung auf, dass die sich im Besitz mindestens eines Ehegatten befindlichen beweglichen Sachen dem Schuldner gehören, gegen den der Dritte die Zwangsvollstreckung betreibt. Unter den Ehegatten gilt dag allein § 1006 (OLG Oldenburg FamRZ 91, 814). Die Vermutung ist widerleglich (vgl § 292 ZPO). Der Ehegatte, der sich auf sein Eigentum beruft, trägt die Beweislast. Um die Verfassungswidrigkeit der Norm wegen Benachteiligung der Ehe (Verstoß gegen Art 6 I GG, vgl Brox FamRZ 68, 406) zu vermeiden, ist sie analog auf nichteheliche Lebensgemeinschaften anzuwenden (aA BGH FamRZ 07, 457).

2 Abs 2 enthält eine Eigentumsvermutung zugunsten des Ehegatten, zu dessen persönlichen Gebrauch eine bewegliche Sache bestimmt ist. Auf die Besitzverhältnisse kommt es insoweit nicht an.

3 **II. 1. Voraussetzung für das Eingreifen der Vermutung nach Abs 1** ist zunächst a) dass es sich bei dem Gegenstand, in den vollstreckt werden soll, um eine **bewegliche Sache**, die nicht in den Haftungsverband eines Grundstücks fällt, oder um eine in einem Inhaberpapier oder einem mit einem Blankoindossament versehenen Orderpapier verbriefte Forderung (Abs 1 S 3) handelt. b) Die Sache darf **nicht zum ausschließlichen Alleingebrauch durch einen Ehegatten bestimmt** sein (Abs 2, Rn 5). c) Die Sache muss sich im **Alleinbesitz** eines der Ehegatten oder im ausschließlichen **Mitbesitz beider** befinden. Bei Mitbesitz Dritter hilft Abs 1 insoweit nicht. d) Die Ehegatten dürfen **nicht getrennt** leben (Abs 1 S 2).

4 **2. Folge der Vermutung nach Abs 1 ist**, dass der Ehegatte, der sie widerlegen will, nachweisen muss, dass er Eigentümer der gepfändeten Sache ist. Dazu reicht aber der Nachweis, dass er sie irgendwann einmal zu Allein- oder Miteigentum erworben hat; denn dann gilt zu seinen Gunsten § 1006 II (BGH NJW 76, 238; 92, 1162).

5 **3. Abs 2** stellt die unter Ehegatten und Dritten gegenüber wirkende Vermutung auf, dass die zum persönlichen Gebrauch durch einen Ehegatten bestimmten beweglichen Sachen dem Ehegatten gehören, dessen Gebrauch sie dienen sollen. Hauptbeispiele: Kleidung, Arbeitsgeräte. Bei Schmuck fehlt es an einer Vermutung dahin gehend, dass er dem Gebrauch des Ehegatten dient, der dem Geschlecht angehört, für das der Schmuck angefertigt wurde (BGHZ 2, 82). Das ist vielmehr v dem zu beweisen, der den Schmuck für sich in Anspruch nimmt.

6 **III. Verfahren.** Der Ehegatte, der die Pfändung einer ihm gehörenden Sache angreifen will, muss eine Drittwiderspruchsklage (§ 771 ZPO) erheben. Gelingt der Eigentumsnachweis, wird die Vollstreckung in den Gegenstand für unzulässig erklärt. Der pfändende Gläubiger ist ggf nach § 717 III 2 ZPO schadenersatzpflichtig. Pfändet der Gerichtsvollzieher trotz Getrenntlebens (Abs 1 S 2) oder eine Sache, die dem ausschließlichen persönlichen Gebrauch des nichtschuldenden Ehegatten dient, muss Erinnerung

(§ 766 ZPO) eingelegt werden. Dann ist die Drittwiderspruchsklage wegen mangelnden Rechtsschutzinteresses unzulässig, auch wenn die Sache dem nicht schuldenden Ehegatten gehört.

IV. Für **Lebenspartnerschaften** (Vor §§ 1297–1588 Rn 11 ff) gilt eine Abs 1 S 1 nachgebildete Regelung (§ 8 I LPartG) Im Übrigen wird auf Abs 1 S 2 und Abs 2 verwiesen. Die Erläuterungen zu § 1362 gelten insoweit daher entsprechend. 7

Titel 6
Eheliches Güterrecht

Vorbemerkung zu §§ 1363–1563

Das BGB unterscheidet einen mit der Eheschließung kraft Gesetzes eintretenden Güterstand und Wahlgüterstände, die den gesetzlichen Güterstand verdrängen, wenn sie v den Ehegatten (bzw den Verlobten, wenn der Güterstand mit der Eheschließung eintreten soll) vereinbart werden. Diese Wahlgüterstände sind die Gütertrennung (§ 1414) und die Gütergemeinschaft (§§ 1415–1518). Neu hinzugekommen ist 2013 der Güterstand der Wahl-Zugewinngemeinschaft, welche gegenüber den §§ 1363 ff erhebliche Modifikationen aufweist (§ 1519). Dieser neue Wahlgüterstand geht zurück auf einen deutsch-französischen Staatsvertrag (v 4.2.10). Es handelt sich um ein in Deutschland und Frankreich vereinheitlichtes Sachrecht, also ein Güterstand, der in beiden Ländern einheitlich anzuwenden ist. Er kann in jedem Fall gewählt werden, wenn deutsches oder französisches Recht als Güterrechtsstatut gelten. Er ist besonders dann geeignet, wenn ein grenzüberschreitender Vorgang vorliegt (gemischtnationale Ehe, Vermögen in beiden Ländern); zwingend ist das aber nicht, so dass auch zwei Deutsche, die in Deutschland leben, diesen Güterstand vereinbaren können. Zu Einzelheiten s Delerue, FamRB Int 10, 70 ff; Klippstein, FPR 10, 510 ff; Meyer, FamRZ 10, 612 ff; Sengl Rpfleger 11, 125 ff). 1

Andere Güterstände können als solche nur in **Fällen mit Auslandsberührung** vereinbart werden (§ 1409 Rn 1, Art 15 II EGBGB). Die Eheleute können aber detaillierte eigene Vereinbarungen über den Güterstand treffen, indem sie entweder die im BGB vorgesehenen Güterstände modifizieren oder früher geltende Güterstände im Einzelnen übernehmen oder einen Güterstand selbst entwerfen. 1a

Gesetzlicher Güterstand ist grds die Zugewinngemeinschaft (§§ 1363–1390). Ausnahmsweise kann aber auch die Gütertrennung kraft Gesetzes eintreten: nach vorzeitigem Zugewinnausgleich (§ 1388), bei Ausschluss des gesetzlichen oder bisherigen Wahlgüterstands ohne Ersatzvereinbarung und v der Rechtskraft eines Beschlusses an, durch das die Gütergemeinschaft aufgehoben wird (§§ 1449, 1470). Die zwingende Verknüpfung v Ausschluss des Versorgungsausgleichs und Eintritt der Gütertrennung (§ 1414 aF) wurde mit Wirkung v 1.9.09 beseitigt. Sie bleibt aber bei allen vorher vereinbarten Ausschlüssen des Versorgungsausgleichs erhalten. 2

Das heutige Güterrechtssystem wurde durch das Gleichberechtigungsgesetz v 18.6.57 (BGBl I 609) eingeführt und trat am 1.7.58 in Kraft. Für Altehen bestand ein zuletzt bis zum 31.12.1961 befristetes Ablehnungsrecht. Bis 31.3.53 war der Güterstand der Verwaltung und Nutznießung des Vermögens durch den Ehemann gesetzlicher Güterstand gewesen, in der Zeit vom 1.4.53–30.6.58 die Gütertrennung, weil die bisherige Regelung wegen Verfassungswidrigkeit (Verstoß gegen Art 3 II GG) außer Kraft getreten war (Art 117 I GG, vgl BGHZ 11, 34 ff). Durch das Gesetz zur Änderung des Zugewinnausgleichs- und Vormundschaftsrechts v 6.7.09 (BGBl I 1696), in Kraft seit 1.9.09, wurde das Recht des Zugewinnausgleichs erheblich umgestaltet. Es wurden dabei viele Forderungen aufgenommen, die schon seit Jahrzehnten gestellt worden waren. Auch diese Reform ließ aber das System des Güterrechts unangetastet. 3

In der DDR galt als gesetzlicher Güterstand die Eigentums- und Vermögensgemeinschaft. Mit dem Beitritt wurde dieser Güterstand in die Zugewinngemeinschaft übergeleitet, wenn die Eheleute nicht binnen 2 Jahren ein Ablehnungsrecht ausübten (Einzel- 4

heiten: Art 234 § 4 EGBGB). Gemeinschaftliches Eigentum wurde am Stichtag zu Bruchteilseigentum (Art 234 § 4 a EGBGB).

5 **In Fällen mit Auslandsberührung** richtet sich das Güterrecht grds nach der Rechtsordnung, die für die allg Ehewirkungen maßgebend ist (Art 15 I, 14 EGBGB). Eine Rechtswahl ist zulässig (Art 15 II EGBGB). Gewählt werden kann das Staatsangehörigkeitsrecht jedes Ehegatten, das Recht des Staates, in dem einer v ihnen seinen gewöhnlichen Aufenthalt hat oder das Recht des Staates, in dem sich unbewegliches Vermögen befindet, das durch den Güterstand betroffen wird (dann Begrenzung des Güterstands auf dieses Vermögen). Für Vertriebene und Flüchtlinge gilt das Gesetz über den ehelichen Güterstand v Vertriebenen und Flüchtlingen v 4.8.69, BGBl I 1067. Voraussichtlich im Jahr 2015 wird eine Verordnung der EU („Rom V") in Kraft treten, durch welche das Internationale Privatrecht des Güterrechts v Staatsangehörigkeitsprinzip auf das Aufenthaltsprinzip umgestellt werden wird.

6 Das Güterrecht für **Lebenspartnerschaften** (Vor §§ 1297–1588 Rn 11 ff) ist durch das Gesetz zur Überarbeitung des Lebenspartnerschaftsrechts (BGBl 04 I 3396) dem Ehegüterrecht vollständig angeglichen worden. Die Zugewinngemeinschaft gilt seit 2005 auch dort als gesetzlicher Güterstand, als Wahlgüterstände können die Gütertrennung, die Gütergemeinschaft und die deutsch-französische Wahl-Zugewinngemeinschaft (§ 1519) vereinbart werden.

Untertitel 1
Gesetzliches Güterrecht

§ 1363 Zugewinngemeinschaft

(1) Die Ehegatten leben im Güterstand der Zugewinngemeinschaft, wenn sie nicht durch Ehevertrag etwas anderes vereinbaren.
(2) ¹Das Vermögen des Mannes und das Vermögen der Frau werden nicht gemeinschaftliches Vermögen der Ehegatten; dies gilt auch für Vermögen, das ein Ehegatte nach der Eheschließung erwirbt. ²Der Zugewinn, den die Ehegatten in der Ehe erzielen, wird jedoch ausgeglichen, wenn die Zugewinngemeinschaft endet.

1 I. Die Norm definiert den **Güterstand der Zugewinngemeinschaft** und ordnet an, dass dieser Güterstand bei der Eheschließung kraft Gesetzes eintritt, wenn die Eheleute nicht durch Ehevertrag etwas anderes vereinbart haben. Zum Güterstand in Lebenspartnerschaften (Vor §§ 1297–1588 Rn 11 ff) s Rn 7.

2 II. 1. Der gesetzliche Güterstand **tritt ein**, sobald die Ehe geschlossen ist, wenn die Ehegatten nicht einen der Wahlgüterstände durch Ehevertrag gewählt haben (Abs 1). Außerdem gilt er, wenn die Eheleute zunächst in einem anderen Güterstand gelebt haben und diesen aufheben und bei dieser Gelegenheit vereinbaren, dass v nun an Zugewinngemeinschaft zwischen ihnen bestehen soll. Bei Aufhebung ohne Ersatzregelung gilt Gütertrennung (§ 1414).

3 2. **Die Zugewinngemeinschaft ist** trotz ihres missverständlichen Namens **während der Ehe eine Gütertrennung** (Abs 2 S 1), in der jeder Ehegatte die mit in die Ehe gebrachten oder während der Ehe erworbenen Gegenstände selbst verwaltet und den Nutzen daraus zieht. Rechtsgeschäfte können die Ehegatten untereinander und mit Dritten grds ohne Einschränkungen abschließen. Ausnahmen bestehen nur bei Geschäften mit Dritten über das Vermögen als Ganzes (§ 1365) oder Haushaltsgegenstände (§ 1369). Insoweit ist die Zustimmung des anderen Ehegatten erforderlich. Das Handeln eines Ehegatten löst grds nur Rechtsfolgen für ihn aus. Etwas anderes gilt nur bei Schlüsselgewaltgeschäften (§ 1357) und bei Vertretung des anderen Ehegatten nach den allg Regeln (§§ 164 ff). Für Schulden des anderen haftet ein Ehegatte daher nur, wenn er sich selbst mitverpflichtet oder eine Bürgschaft übernommen hatte. Bei vermögenslosen Ehegatten (zB Hausfrauen) können derartige Verpflichtungen aber sittenwidrig sein (§ 138, Rn 11), oder es kann treuwidrig sein, daraus vorzugehen, solange es nicht zu

einem Vermögenserwerb des Bürgen gekommen ist (BGH NJW 97, 1003) oder wenn die eheliche Gemeinschaft wieder aufgelöst ist (BGH NJW 96, 2088).

3. **Die Zugewinngemeinschaft endet** mit der Beendigung der Ehe durch Scheidung (§§ 1564 ff), Aufhebung (§§ 1313 ff) oder Tod eines Ehegatten. Außerdem endet der Güterstand, wenn die Eheleute einen Wahlgüterstand vereinbaren oder die Zugewinngemeinschaft aufheben oder einer v ihnen den vorzeitigen Ausgleich des Zugewinns verlangt (§ 1385).

4. **Bei Beendigung der Zugewinngemeinschaft** zeigt sich die Besonderheit dieses Güterstands: Grds wird jeder Ehegatte dadurch in gleicher Weise an dem während der Ehe erworbenen Vermögen beteiligt, dass die Vermögensmassen zu Beginn und am Ende des Güterstands ermittelt werden (§§ 1374 f), daraus der Zugewinn eines jeden errechnet wird (§ 1373), beide Zugewinne miteinander verglichen werden und dem Ehegatten, der den niedrigeren erzielt hat, ein Ausgleichsanspruch iHv 50 % der Differenz gegen den anderen Ehegatten eingeräumt wird (vgl § 1378). Die Berechnung verkompliziert sich allerdings, wenn ein Ehegatte während der Ehe Schenkungen oder Erbschaften zugewendet erhält. Da nur ehebedingte Vermögenszuwächse ausgeglichen werden sollen, werden sie aus dem Zugewinnausgleich herausgenommen (vgl § 1374 II). Umgekehrt können Schenkungen an Dritte unter bestimmten Umständen dem Vermögen eines Ehegatten wieder hinzugerechnet werden (§ 1375 II). Ganz ausgeschlossen ist der Ausgleich des Zugewinns, wenn er unbillig wäre (§ 1381).

Wird die **Ehe durch den Tod** eines Ehegatten beendet, kann statt des konkret berechneten Zugewinns eine pauschale Abgeltung durch eine um ein Viertel des Nachlasses erhöhte Erbquote erfolgen (Einzelheiten: § 1371). In diesem Fall kommt es nicht darauf an, ob der verstorbene Ehegatte tatsächlich einen höheren Zugewinn erzielt hat als der überlebende.

III. **Im Lebenspartnerschaftsgesetz** war bis zum **31.12.2004** als Regelgüterstand (nicht als gesetzlicher Güterstand) die Ausgleichsgemeinschaft vorgesehen (§ 6 II LPartG aF). Für sie galten §§ 1371–1390 entsprechend (§ 6 II 4 LPartG aF). Da §§ 1365–1370 ohnehin für alle Lebenspartnerschaften entsprechend anzuwenden waren (§ 8 II LPartG) und §§ 1363 f entsprechende Regelungen in § 6 LPartG selbst enthalten waren, entsprach die Ausgleichsgemeinschaft in der Sache schon damals der Zugewinngemeinschaft. Durch das Gesetz zur Überarbeitung des Lebenspartnerschaftsrechts, das am 1.1.05 in Kraft getreten ist, wurde die Rechtslage derjenigen im Eherecht vollständig angeglichen. Vereinbaren die Lebenspartner keinen Wahlgüterstand, gelten nunmehr §§ 1363 ff entsprechend. Die Zugewinngemeinschaft ist gesetzlicher Güterstand.

§ 1364 Vermögensverwaltung

Jeder Ehegatte verwaltet sein Vermögen selbständig; er ist jedoch in der Verwaltung seines Vermögens nach Maßgabe der folgenden Vorschriften beschränkt.

Aus der während der Ehe bestehenden Trennung der Vermögen der Eheleute folgt, dass **jeder sein Vermögen selbst verwaltet** (1. Halbs). Zu einer gemeinsamen Verwaltung v Vermögen durch Eheleute kann es daher nur kommen, wenn ihnen Gegenstände zu Miteigentum gehören, sie sich in einer Gesellschaft zur Förderung eines über die Verwirklichung der ehelichen Gemeinschaft hinausgehenden Zwecks zusammengeschlossen haben oder wenn einer dem anderen die Befugnis zur Mitverwaltung durch Rechtsgeschäft einräumt. In diesem Fall bestimmen sich die Ansprüche gegen den verwaltenden Ehegatten während der Verwaltung nach Auftragsrecht (OLG Köln NJW-RR 98, 1460).

Einschränkungen der Befugnis, über eigenes Vermögen zu verfügen, hat der Gesetzgeber nur in § 1365 für Rechtsgeschäfte über das Vermögen als Ganzes und in § 1369 für Geschäfte über Haushaltsgegenstände vorgesehen. Durch die Aufstellung eines Zustimmungserfordernisses für Verpflichtungen und Verfügungen sollen eine eventuelle zukünftige Zugewinnausgleichsforderung und die Grundlage des gemeinsamen Haushalts vor eigenmächtigen Verringerungen geschützt werden. Darüber hinaus können sich

Verfügungsbeschränkungen im Einzelfall aus der Verpflichtung der Ehegatten zur ehelichen Lebensgemeinschaft ergeben (§ 1353). Im Übrigen wird ein Ehegatte nur durch Korrekturen der Zugewinnausgleichsberechnung geschützt, wenn sein Partner böswillig Vermögen weggegeben hat (vgl §§ 1375 II, 1384, 1385, 1386, 1387, 1390).

§ 1365 Verfügung über Vermögen im Ganzen

(1) ¹Ein Ehegatte kann sich nur mit Einwilligung des anderen Ehegatten verpflichten, über sein Vermögen im Ganzen zu verfügen. ²Hat er sich ohne Zustimmung des anderen Ehegatten verpflichtet, so kann er die Verpflichtung nur erfüllen, wenn der andere Ehegatte einwilligt.
(2) Entspricht das Rechtsgeschäft den Grundsätzen einer ordnungsmäßigen Verwaltung, so kann das Familiengericht auf Antrag des Ehegatten die Zustimmung des anderen Ehegatten ersetzen, wenn dieser sie ohne ausreichenden Grund verweigert oder durch Krankheit oder Abwesenheit an der Abgabe einer Erklärung verhindert und mit dem Aufschub Gefahr verbunden ist.

1 I. Die Norm enthält das an jeden im Güterstand der Zugewinngemeinschaft lebenden Ehegatten gerichtete absolute **Verbot**, über sein Vermögen als Ganzes ohne Zustimmung des anderen Ehegatten Verfügungen zu treffen oder entsprechende Verpflichtungen einzugehen (BGHZ 40, 218). Ein Schutz gutgläubiger Dritter findet nicht statt (s aber Rn 9); § 135 II gilt nicht. Die Vorschrift soll neben einem evtl später entstehenden Zugewinnausgleichsanspruch die wirtschaftliche Basis der Ehe sichern. Wegen des auf die Sicherung des vorhandenen Aktivvermögens begrenzten Anwendungsbereichs der Norm (Rn 8) ist ihre Eignung dazu aber eher gering.

2 § 1365 ist – durch Ehevertrag – **abdingbar**. Möglich ist auch, dass ein Ehegatte formlos dem anderen für bestimmte in den Anwendungsbereich der Norm fallende Verfügungen im Voraus seine Zustimmung erteilt und auf die Widerruflichkeit der Zustimmung verzichtet.

3 Die **Beweislast** für das Vorliegen der Voraussetzungen des § 1365 trägt, wer sich auf die Unwirksamkeit des Geschäfts beruft (BGH NJW 65, 910).

4 II. 1. **Voraussetzung** des Zustimmungserfordernisses ist a) dass eine **Ehe besteht** und die Eheleute im **Güterstand der Zugewinngemeinschaft** (§ 1363) leben. Rechtsgeschäfte, die vor der Eingehung der Ehe vorgenommen wurden, sind ebenso zustimmungsfrei wie solche, die erst nach ihrem Ende abgeschlossen werden. Bei vor der Ehe vorgenommenem Verpflichtungsgeschäft ist die Erfüllung zustimmungspflichtig, wenn sie erst nach der Eheschließung erfolgt; ein in der Zeit der Ehe vorgenommenes Geschäft bleibt zustimmungspflichtig, auch wenn die Ehe danach aufgelöst wird (BGH FamRZ 78, 396; OLG Saarbrücken FamRZ 87, 1248). War die Verpflichtung vor dem Eheende eingegangen, erfolgt die Erfüllung aber erst danach, ist diese nicht mehr zustimmungspflichtig (OLG Hamm FamRZ 87, 591). Die Verpflichtung bleibt in diesem Fall aber auch nach dem Ende der Ehe unwirksam; das Erfüllungsgeschäft ist deswegen nach § 812 I 1 rückabzuwickeln. Eine Verfügung v Todes wegen entfaltet ihre Wirkung erst mit dem Ende der Ehe und ist daher nicht zustimmungspflichtig (vgl BGH FamRZ 69, 323).

5 b) Der Zustimmung bedarf **grds das Verpflichtungsgeschäft** (Abs 1 S 1). Das können neben Kauf-, Schenkungs- oder Gesellschaftsverträgen alle Geschäfte (auch einseitige, § 1367) sein, bei denen der Ehegatte die Weggabe v Vermögen verspricht; es reichen auch Geschäfte, durch welche das Vermögen erleichtert dem Zugriff Dritter preisgegeben wird (BGH FamRZ 12, 116: Grundschuldbestellung). Fehlt es an der Zustimmung, muss der Ehegatte der Erfüllung zustimmen, damit diese wirksam ist (Abs 1 S 2). Vollstreckungsmaßnahmen gegen einen Ehegatten sind keine rechtsgeschäftlichen Verfügungen; sie bedürfen daher nicht der Zustimmung (LG Braunschweig NJW 69, 1675). Das Gleiche gilt deswegen für Vollstreckungsunterwerfungserklärungen (BGH FamRZ 08, 1613). Anders ist die Rechtslage aber, wenn der Ehegatte selbst über die Maßnahme entscheidet, die nur formal der Zwangsvollstreckung zuzuordnen ist

(Hauptfall: Antrag auf Teilungsversteigerung nach § 180 ZVG, BayObLG FamRZ 96, 1013; OLG Köln FamRZ 12, 1568).

c) Zustimmungspflichtig sind nur **Rechtsgeschäfte über das Vermögen als Ganzes**. Darunter sind einerseits Geschäfte über das Vermögen en bloc zu verstehen, andererseits aber auch Geschäfte über Einzelgegenstände, wenn sie das ganze oder nahezu das ganze Vermögen des Ehegatten ausmachen (BGHZ 35, 135; 43, 174; 77, 293; BGH NJW 84, 609).

Ob ein Geschäft das Vermögen als Ganzes betrifft, ist durch einen **Vergleich des vor der Erfüllung des Geschäfts mit dem nach seiner Erfüllung vorhandenen Aktivvermögen** des sich verpflichtenden bzw verfügenden Ehegatten zu ermitteln. Im Regelfall ist anzunehmen, dass das Geschäft nahezu das gesamte Vermögen betrifft, wenn es sich auf mehr als 85 % des ursprünglich vorhandenen Vermögens bezieht (OLG Köln NJW-RR 05, 4). Bei sehr großen Vermögen müssen mehr als 90 % betroffen sein (BGH NJW 91, 1740; OLG München FamRZ 05, 272). Dem Wertvergleich ist der objektive Wert des Aktivvermögens zugrunde zu legen. Bereits bestehende dingliche Belastungen sind abzusetzen (OLG München FamRZ 05, 272; OLG Celle FamRZ 10, 562; zum Ansatzwert v Grundschulden s BGH FamRZ 12, 116). Das gilt auch dann, wenn die Belastungen gerade zugunsten des übertragenden Ehegatten bestehen (BGH FamRZ 13, 607: Wohnrecht am veräußerten Hausgrundstück). Keine Berücksichtigung finden die übrigen Passiva. § 1365 greift daher auch ein, wenn ein Ehegatte bereits überschuldet ist. Zum in den Vergleich einzubeziehenden Aktivvermögen gehören nur aktuell vorhandene geldwerte Positionen, nicht aber zukünftiges Vermögen. Arbeitseinkommen und Rentenzahlungen sind daher nicht zu berücksichtigen. Unberücksichtigt bleibt auch, ob der sich verpflichtende bzw verfügende Ehegatte aus dem Vorgang seinerseits eine Entgeltforderung erwirbt; denn die Vorschrift stellt allein auf die Verringerung des Aktivvermögens durch den Verfügenden ab, nicht darauf, ob das Geschäft vor- oder nachteilig ist (hM, aA Wörebelauer NJW 60, 795).

Nicht in den Anwendungsbereich des § 1365 fällt die Eingehung v **Schulden**. Weder die Eingehung v Darlehensverbindlichkeiten, Bürgschaften noch sonstigen Zahlungsverpflichtungen bedarf daher der Zustimmung des anderen Ehegatten. Das verringert den Schutz des Ehegatten erheblich, zumal dieser Grundsatz auch dann gilt, wenn eine dingliche Verfügung (zB Grundschuldbestellung) mit einer persönlichen Schuldübernahme einhergeht. In diesen Fällen lässt sich die Weggabe des Vermögens korrigieren, die persönliche Schuldübernahme jedoch nicht.

d) Sofern sich das Geschäft auf Einzelgegenstände bezieht, setzt die Anwendung des § 1365 weiter voraus, dass der Geschäftspartner des Ehegatten **weiß, dass es sich** bei dem Gegenstand **um (nahezu) das gesamte Vermögen des Ehegatten handelt** oder mindestens die Umstände kennt, aus denen sich das ergibt (sog subjektive Theorie, vgl BGHZ 43, 177; 77, 295; 106, 253; zuletzt OLG Thüringen FamRZ 10, 1733; aA viele Vertreter in der älteren Literatur, vgl Gernhuber JZ 66, 192). Maßgebender Zeitpunkt ist der Zeitpunkt des Verpflichtungsgeschäfts (BGHZ 106, 253). Eine nach dem Abschluss des Verpflichtungsgeschäfts, aber vor dessen Erfüllung erlangte Kenntnis schadet daher nicht mehr. Die Erfüllung kann dann ohne Zustimmung des anderen Ehegatten erfolgen.

2. Die **Erteilung der Zustimmung** kann bei Verträgen als Einwilligung vor dem Vertragsschluss oder als Genehmigung danach (Einzelheiten: § 1366) erfolgen. Einseitigen Rechtsgeschäften kann nur vor ihrer Vornahme zugestimmt werden (§ 1367). Die Zustimmung bedarf keiner Form. Eine Einwilligung ist grds bis zur Vornahme des Geschäfts widerruflich (§ 183 I 1). Sie kann aber auch in der Weise erteilt werden, dass der Ehegatte auf die Widerruflichkeit dieser Zustimmung verzichtet. Hat der Ehegatte einmal die Zustimmung verweigert, kann nur noch genehmigt werden, wenn die Voraussetzungen des § 1366 III vorliegen. Die Zustimmung zum Verpflichtungsgeschäft deckt auch das Verfügungsgeschäft.

3. Verweigert der Ehegatte die Zustimmung ohne hinreichenden Grund, **kann sie durch das Familiengericht ersetzt werden**, wenn sie den Grundsätzen einer ordnungsmäßigen Verwaltung entspricht. Das Gleiche gilt, wenn der Ehegatte durch Krankheit

oder Abwesenheit an der Abgabe einer Erklärung verhindert und mit dem Aufschub Gefahr verbunden ist (Abs 2).

12 Die **Verweigerung** kann ausdrücklich oder konkludent erfolgen. Der Widerruf einer bereits erteilten Einwilligung (vgl § 183) reicht. Ein hinreichender Grund liegt vor, wenn die Interessen des anderen Ehegatten durch das Geschäft nicht hinreichend berücksichtigt werden, zB bei der Gefährdung des Unterhalts oder zukünftigen Zugewinnausgleichsanspruchs des Ehegatten, des Unterhalts der gemeinschaftlichen Kinder oder der Familienwohnung. Bei entgeltlichen Geschäften setzt das voraus, dass die Gegenleistung, die der verfügende Ehegatte erhält, nicht adäquat ist oder dass zu erwarten ist, dass sie nicht für die Familie verwendet wird oder wenn sie wegen ihres flüchtigeren Charakters (Geld) voraussichtlich nicht dieselbe Sicherheit bieten wird wie der veräußerte Gegenstand.

13 **Verhinderung** liegt vor, wenn der Ehegatte die Zustimmung nicht rechtzeitig erteilen kann. Auf die Gründe kommt es ebenso wenig an wie darauf, ob die Verhinderung eine dauernde ist. Mit dem Aufschub ist die Gefahr verbunden, wenn dem das Geschäft tätigenden Ehegatten bei nicht rechtzeitiger Erteilung der Zustimmung Nachteile erwachsen. Ob das der Fall ist, richtet sich nach objektiven Kriterien.

14 Die Zustimmung darf nur ersetzt werden, wenn das **Geschäft den Grundsätzen ordnungsmäßiger Vermögensverwaltung entspricht**. Ob das der Fall ist, richtet sich nach den Interessen der gesamten Familie, nicht nur demjenigen des verfügenden Ehegatten oder einzelner Familienmitglieder. In Betracht kommt das zB bei der Veräußerung eines Gegenstandes, dessen Behalten hohe Kosten verursacht, der Veräußerung eines unrentabel oder zur Last gewordenen Betriebs oder wenn der Erlös aus dem Geschäft in eine rentablere Anlage investiert werden soll.

14a Weitere Rechte des Ehegatten, der das Geschäft tätigen will, va **Schadensersatzansprüche**, bestehen wegen der Ersetzungsmöglichkeit idR nicht (OLG Hamm MDR 11, 1477).

15 **4. Willigt der andere Ehegatte in das Verpflichtungsgeschäft nicht ein**, kann dieses nur wirksam werden, wenn er es nachträglich genehmigt oder seine Zustimmung nach Abs 2 ersetzt wird. Erfolgt beides nicht, ist das Verpflichtungsgeschäft endgültig unwirksam (Abs 1 S 1). Damit wird das Verfügungsgeschäft zustimmungspflichtig (Abs 1 S 2). Erfolgt auch zu diesem keine Zustimmung, ist die Verfügung absolut unwirksam. Ein Schutz des Dritten findet nicht statt. Vor allem ist § 135 II nicht anwendbar. Dem Dritten können allenfalls Schadensersatzansprüche wegen Täuschung oder nach § 311a zustehen (§ 1368 Rn 3).

16 **III. Verfahren.** Zuständig für die Ersetzung der Zustimmung ist das Familiengericht (Abs 2, örtliche Zuständigkeit: § 262 FamFG). Es kann nur die Zustimmung zu dem Geschäft ersetzen, wie es abgeschlossen wurde. Eine Änderung ist nicht statthaft. In Betracht kommt nur die Anordnung v Auflagen, mit denen berechtigte Gründe für eine Zustimmungsverweigerung beseitigt werden (BayObLG FamRZ 63, 521, str). Kommt das Gericht zu dem Ergebnis, dass eine Ersetzung der Zustimmung nicht möglich ist, weil das Geschäft nicht zustimmungspflichtig ist, erteilt es ein Negativattest. Gegen dieses ist der Ehegatte, der die Zustimmung verweigert hat, in gleicher Weise beschwerdeberechtigt (§ 59 FamFG) wie gegen die Ersetzung der Zustimmung.

§ 1366 Genehmigung von Verträgen

(1) Ein Vertrag, den ein Ehegatte ohne die erforderliche Einwilligung des anderen Ehegatten schließt, ist wirksam, wenn dieser ihn genehmigt.

(2) ¹Bis zur Genehmigung kann der Dritte den Vertrag widerrufen. ²Hat er gewusst, dass der Mann oder die Frau verheiratet ist, so kann er nur widerrufen, wenn der Mann oder die Frau wahrheitswidrig behauptet hat, dass der andere Ehegatte habe eingewilligt; er kann auch in diesem Falle nicht widerrufen, wenn ihm beim Abschluss des Vertrags bekannt war, dass der andere Ehegatte nicht eingewilligt hatte.

(3) ¹Fordert der Dritte den Ehegatten auf, die erforderliche Genehmigung des anderen Ehegatten zu beschaffen, so kann dieser sich nur dem Dritten gegenüber über die Ge-

nehmigung erklären; hat er sich bereits vor der Aufforderung seinem Ehegatten gegenüber erklärt, so wird die Erklärung unwirksam. ²Die Genehmigung kann nur innerhalb von zwei Wochen seit dem Empfang der Aufforderung erklärt werden; wird sie nicht erklärt, so gilt sie als verweigert. ³Ersetzt das Familiengericht die Genehmigung, so ist sein Beschluss nur wirksam, wenn der Ehegatte ihn dem Dritten innerhalb der zweiwöchigen Frist mitteilt; andernfalls gilt die Genehmigung als verweigert.
(4) Wird die Genehmigung verweigert, so ist der Vertrag unwirksam.

I. Die Norm ergänzt § 1365 um die Möglichkeit der **nachträglichen Zustimmung** zu einem Geschäft über das Vermögen im Ganzen. 1

II. 1. **Voraussetzung für ein Eingreifen des § 1366 ist** a) dass ein **unter § 1365 fallendes Rechtsgeschäft** über das Vermögen als Ganzes vorliegt, b) dass es sich bei diesem Geschäft um einen **Vertrag** handelt (bei einseitigen Rechtsgeschäften gilt § 1367), c) dass der **nicht am Geschäft beteiligte Ehegatte nicht** in dieses **eingewilligt** hatte. 2

2. **Folge des Fehlens der Einwilligung des anderen Ehegatten ist**, dass sowohl das das Vermögen als Ganzes betreffende Verpflichtungsgeschäft als auch die in Erfüllung dieses Geschäfts vorgenommenen Verfügungsgeschäfte schwebend unwirksam sind, sofern es sich dabei um Verträge handelt (sonst Nichtigkeit). Sie können aber durch eine Genehmigung noch wirksam werden und werden erst endgültig unwirksam, wenn sie verweigert und auch nicht nach § 1365 II ersetzt wird. 3

Die **Genehmigung kann** zunächst sowohl **dem anderen Ehegatten als auch dem Dritten gegenüber** erteilt werden. Mit ihrer Erteilung wird das betroffene Geschäft grds – rückwirkend auf den Zeitpunkt des Vertragsschlusses (§ 184 I) – endgültig wirksam. Daran kann sich nur durch eine Aufforderung des Dritten nach Abs 3 wieder etwas ändern. 4

Wird die Genehmigung verweigert, ist das Geschäft grds endgültig unwirksam, es sei denn, der Dritte fordert nach Abs 3 zur Genehmigung auf oder die Genehmigung wird nach § 1365 II durch das Familiengericht ersetzt. Auch ohne Genehmigung wird das Geschäft aber wirksam, wenn der Ehegatte stirbt, dessen Zustimmung erforderlich ist; denn dann ginge der durch § 1365 bezweckte Schutz ins Leere (BGH NJW 82, 1099). Die Beendigung der Ehe auf andere Weise hat dag keine Auswirkungen (vgl § 1365 Rn 4). 5

Der Dritte kann während der Schwebezeit **seine auf den Vertragsschluss gerichtete Willenserklärung widerrufen**, wenn er nicht wusste, dass sein Geschäftspartner verheiratet war oder wenn dieser wahrheitswidrig die Einwilligung seines Ehegatten in das Geschäft behauptet hat. Der Widerruf muss dem Ehegatten gegenüber erklärt werden, der am Geschäft beteiligt ist. Das Widerrufsrecht entfällt, wenn der Dritte den anderen Ehegatten nach Abs 3 zur Genehmigung aufgefordert hat; denn während der dann noch bestehenden Genehmigungsfrist v höchstens 2 Wochen wäre ein Widerruf treuwidrig. 6

Der Dritte kann den Ehegatten seines Geschäftspartners zur Erteilung der Genehmigung auffordern. Damit wird eine bereits dem Ehegatten gegenüber erklärte Genehmigung oder Verweigerung der Genehmigung wieder unwirksam. Die Genehmigung kann nun nur noch dem Dritten gegenüber erfolgen. Geschieht das innerhalb v 2 Wochen seit der Aufforderung nicht, gilt sie als verweigert (Abs 3 S 2). Maßgeblich für die Fristwahrung ist der Zugang der Genehmigungserklärung. Im Fall der Genehmigungsersetzung (§ 1365 II) ist die Frist nur gewahrt, wenn sie dem Dritten v dem Ehegatten, der sein Geschäftspartner ist, innerhalb der Frist mitgeteilt wird. 7

§ 1367 Einseitige Rechtsgeschäfte

Ein einseitiges Rechtsgeschäft, das ohne die erforderliche Einwilligung vorgenommen wird, ist unwirksam.

Die Norm entspricht §§ 111, 180. Sie dient der Rechtssicherheit, indem sie anordnet, dass einseitige Rechtsgeschäfte, die unter § 1365 fallen, nichtig sind, wenn sie ohne die Einwilligung des anderen Ehegatten vorgenommen werden; bei einseitigen Rechtsge- 1 schäften soll der Dritte nicht mit einem Schwebezustand belastet werden. In den Anwendungsbereich der Vorschrift fallen vor allem die Dereliktion, die Genehmigung einer v einem Nichtberechtigten vorgenommenen Verfügung über Vermögensgegenstände eines Ehegatten, die Anfechtung und der Rücktritt v Verträgen, durch welche ein Ehegatte Vermögen erworben hat.

§ 1368 Geltendmachung der Unwirksamkeit

Verfügt ein Ehegatte ohne die erforderliche Zustimmung des anderen Ehegatten über sein Vermögen, so ist auch der andere Ehegatte berechtigt, die sich aus der Unwirksamkeit der Verfügung ergebenden Rechte gegen den Dritten gerichtlich geltend zu machen.

1 **I. Die Vorschrift durchbricht das Prinzip der Alleinverwaltung des Vermögens** durch seinen Inhaber (vgl § 1364), indem sie dem nicht verfügenden Ehegatten einen eigenen Rückgewähranspruch einräumt, wenn der andere ohne die nach § 1365 erforderliche Zustimmung ein Geschäft vorgenommen hat. Trotz des etwas missverständlichen Wortlauts greift sie nicht erst ein, wenn bereits das Verfügungsgeschäft vorgenommen wurde. Der nicht verfügende Ehegatte kann vielmehr auch schon beantragen, dass die Unwirksamkeit des Verpflichtungsgeschäfts festgestellt wird. Für Geschäfte über Haushaltsgegenstände gilt die Vorschrift entsprechend (§ 1369 III).

2 **II. Rechtsstellung der Beteiligten:** Der nicht verfügende Ehegatte ist befugt, alle Rückabwicklungsansprüche im eigenen Namen gegen den Geschäftspartner des verfügenden Ehegatten geltend zu machen. Dieser kann ihm kein Zurückbehaltungsrecht wegen des Anspruchs auf Rückgewähr desjenigen, das er seinerseits dem verfügenden Ehegatten geleistet hat, entgegensetzen, weil dieses Recht nur im Verhältnis zu dem verfügenden Ehegatten besteht, nicht aber gegenüber dem eigenen Anspruch des nicht verfügenden Ehegatten.

3 **Der Dritte** wird in seinem guten Glauben an das Nichtbestehen einer Ehe oder an das Bestehen eines anderen Güterstands im Verfahren nach § 1368 nicht geschützt. Ihm können aber ggf Schadensersatzansprüche gegen den verfügenden Ehegatten nach § 311 a bzw § 823 II iVm § 263 StGB und § 826 (bei vorsätzlicher Täuschung) zustehen.

4 **Der verfügende Ehegatte** kann die Rechte, die sich aus der Unwirksamkeit des Geschäfts ergeben, auch selbst geltend machen. Insoweit ergeben sich keine Besonderheiten.

5 **III. Verfahren.** Der Streit nach § 1368 ist eine Streitigkeit aus dem ehelichen Güterrecht und deswegen Familiensache, für die das Familiengericht zuständig ist (§§ 111 Nr 9, 261 I FamFG). Der Antrag auf Rückgewähr kann auf Leistung an den verfügenden Ehegatten oder an den den Antrag nach § 1368 stellenden anderen Ehegatten gerichtet werden. Das ist vor allem dann zu raten, wenn der verfügende Ehegatte nicht bereit ist, den Gegenstand zurückzunehmen. Das Verfahren nach § 1368 betrifft einen anderen Streitgegenstand als eine Klage des verfügenden Ehegatten gegen den Dritten; ein Anspruchs- oder Antrags- bzw Klageverzicht oder ein Anerkenntnis in einem Verfahren hat daher keine Auswirkungen auf das andere. Ebenso hindern weder Rechtshängigkeit noch Urteil in dem v verfügenden Ehegatten betriebenen Verfahren einen eigenen Antrag des anderen Ehegatten.

§ 1369 Verfügungen über Haushaltsgegenstände

(1) Ein Ehegatte kann über ihm gehörende Gegenstände des ehelichen Haushalts nur verfügen und sich zu einer solchen Verfügung auch nur verpflichten, wenn der andere Ehegatte einwilligt.

(2) Das Familiengericht kann auf Antrag des Ehegatten die Zustimmung des anderen Ehegatten ersetzen, wenn dieser sie ohne ausreichenden Grund verweigert oder durch Krankheit oder Abwesenheit verhindert ist, eine Erklärung abzugeben.
(3) Die Vorschriften der §§ 1366 bis 1368 gelten entsprechend.

I. Die Vorschrift enthält ein § 1365 entsprechendes **Verbot, über eigene Gegenstände des ehelichen Haushalts zu verfügen** und sich zu einer solchen Verfügung auch zu verpflichten, wenn der andere Ehegatte nicht zustimmt. Sehr streitig ist, ob die Norm analog angewendet werden kann, wenn die durch das Geschäft betroffenen Haushaltsgegenstände im Eigentum des anderen Ehegatten stehen. Dann ist idR ein ausreichender Schutz des anderen Ehegatten schon dadurch gewährleistet, dass der Ehegatte, dem der Gegenstand gehört, wenigstens Mitbesitz an ihm hat, so dass ein gutgläubiger Erwerb des Dritten wegen § 935 ausscheidet. In den verbleibenden Fällen ist allerdings eine analoge Anwendung des § 1369 erforderlich, um den anderen Ehegatten zu schützen (OLG Köln MDR 68, 586; OLG Schleswig SchlHA 74, 111; aA Soergel/Lange § 1369 Rn 16). Sie ist auch interessengerecht; denn wenn der Dritte sich vorstellt, der Gegenstand gehöre dem Geschäftspartner, dann stellt er sich eine Situation vor, bei deren Vorliegen § 1369 gerade direkt anwendbar wäre. 1

§ 1369 ist **dispositiv**. Getrenntleben der Ehegatten hat auf die Anwendbarkeit der Norm keinen Einfluss. 2

II. 1. **Voraussetzung** für das Bestehen des Zustimmungserfordernisses ist zunächst, a) dass die Ehegatten im Güterstand der **Zugewinngemeinschaft** leben (wie § 1365 Rn 4). 3

b) Das Geschäft muss **Haushaltsgegenstände** betreffen. Das sind zunächst alle Sachen, die dem gemeinsamen Gebrauch der Ehegatten zu dienen bestimmt sind, wie Möbel, Haushaltswäsche, Unterhaltungselektronik, der Familien-Pkw (OLG Düsseldorf FamRZ 07, 1325), ein Wohnwagen (OLG Koblenz NJW-RR 94, 516). Hierher gehören aber auch Rechte, soweit sie Vorstufen zu Sacheigentum bilden (Anwartschaftsrechte, Hauptfall: Anwartschaftsrechte des besitzenden Vorbehaltskäufers). Sonstige Rechte fallen nicht unter § 1369, auch wenn sie Anrecht auf die Nutzung v Sachen geben, die dem ehelichen Haushalt dienen (zB Wohnungsmietvertrag, Leasingvertrag über den Familien-Pkw) oder Dienstleistungen für den ehelichen Haushalt sicherstellen sollen (zB Arbeitsvertrag mit der Putzfrau). Diese Rechte können daher ohne Zustimmung des anderen Ehegatten aufgegeben werden. Keine Haushaltsgegenstände sind solche, die dem ausschließlichen persönlichen Gebrauch eines der Ehegatten dienen, wie persönliche Kleidung, Arbeitsgeräte oder der Pkw, wenn er ausschließlich für Fahrten zur Arbeit benutzt wird. Gegenstände, die zur Anlage v Vermögen angeschafft werden (zB Kunst und Antiquitäten), sind nur Haushaltsgegenstände, wenn sie gleichzeitig der Ausschmückung der Ehewohnung dienen oder durch die Eheleute benutzt werden. 4

c) Unter § 1369 fallen **nur Rechtsgeschäfte**. Zustimmungspflichtig ist grds das Verpflichtungsgeschäft. Wenn die Zustimmung zu diesem fehlt, muss der andere Ehegatte dem Verfügungsgeschäft zustimmen, damit dieses wirksam werden kann. Eingriffe Dritter, wie sie etwa die Zwangsvollstreckung darstellt, sind nicht zustimmungspflichtig, weil kein rechtsgeschäftliches Handeln des Ehegatten vorliegt, gegen den vollstreckt wird (§ 1365 Rn 5). 5

2. **Folge des Zustimmungserfordernisses ist**, dass der andere Ehegatte der Verpflichtung zustimmen muss. Es gilt das zu § 1365 Gesagte. §§ 1366 und 1367 sind entsprechend anwendbar (Abs 3). Verträge sind also schwebend unwirksam, wenn sie ohne Einwilligung des anderen Ehegatten geschlossen wurden, einseitige Rechtsgeschäfte nichtig. Der Dritte kann während der Schwebezeit seine auf den Vertragsschluss gerichtete Willenserklärung widerrufen, solange er den anderen Ehegatten nicht zur Genehmigung aufgefordert hat. Erfolgt eine derartige Aufforderung, wird eine zuvor dem anderen Ehegatten gegenüber erklärte Genehmigung oder Genehmigungsverweigerung wieder unwirksam, und die Genehmigung kann nur noch dem Dritten gegenüber erklärt werden. Geschieht das nicht vor dem Ablauf v 2 Wochen seit der Aufforderung, ist das Geschäft endgültig unwirksam. 6

§ 1371 Buch 4 | Familienrecht

7 **Verweigert der andere Ehegatte die Zustimmung**, ist das Geschäft grds endgültig unwirksam (Ausnahme: Aufforderung zur Genehmigung nach § 1366 III). Erfolgt die Verweigerung ohne hinreichenden Grund oder ist der andere Ehegatte durch Krankheit oder Abwesenheit verhindert, eine Erklärung abzugeben, kann die Erklärung aber durch das Familiengericht ersetzt werden. Im Einzelnen gilt das zu § 1365 Gesagte (§ 1365 Rn 11 ff, 16). Hat der Dritte den Ehegatten zur Genehmigung aufgefordert, muss ihm die Zustimmungsersetzung in der Zweiwochenfrist mitgeteilt werden, damit das Geschäft wirksam wird.

8 Die **Rechte** aus der Unwirksamkeit v unter § 1369 fallenden Geschäften können **auch v dem Ehegatten geltend gemacht** werden, dessen Zustimmung erforderlich war (Abs 3, § 1368).

§ 1370 (aufgehoben)

§ 1371 Zugewinnausgleich im Todesfall

(1) Wird der Güterstand durch den Tod eines Ehegatten beendet, so wird der Ausgleich des Zugewinns dadurch verwirklicht, dass sich der gesetzliche Erbteil des überlebenden Ehegatten um ein Viertel der Erbschaft erhöht; hierbei ist unerheblich, ob die Ehegatten im einzelnen Falle einen Zugewinn erzielt haben.
(2) Wird der überlebende Ehegatte nicht Erbe und steht ihm auch kein Vermächtnis zu, so kann er Ausgleich des Zugewinns nach den Vorschriften der §§ 1373 bis 1383, 1390 verlangen; der Pflichtteil des überlebenden Ehegatten oder eines anderen Pflichtteilsberechtigten bestimmt sich in diesem Falle nach dem nicht erhöhten gesetzlichen Erbteil des Ehegatten.
(3) Schlägt der überlebende Ehegatte die Erbschaft aus, so kann er neben dem Ausgleich des Zugewinns den Pflichtteil auch dann verlangen, wenn dieser ihm nach den erbrechtlichen Bestimmungen nicht zustünde; dies gilt nicht, wenn er durch Vertrag mit seinem Ehegatten auf sein gesetzliches Erbrecht oder sein Pflichtteilsrecht verzichtet hat.
(4) Sind erbberechtigte Abkömmlinge des verstorbenen Ehegatten, welche nicht aus der durch den Tod dieses Ehegatten aufgelösten Ehe stammen, vorhanden, so ist der überlebende Ehegatte verpflichtet, diesen Abkömmlingen, wenn und soweit sie dessen bedürfen, die Mittel zu einer angemessenen Ausbildung aus dem nach Absatz 1 zusätzlich gewährten Viertel zu gewähren.

1 **I.** Die Norm enthält Regelungen für den Fall, dass die Zugewinngemeinschaft durch den Tod eines Ehegatten beendet wird. Der Zugewinnausgleich im Todesfall kann einmal dadurch bewirkt werden, dass der Erbteil des überlebenden Ehegatten um ein Viertel erhöht wird, gleichgültig, ob der verstorbene Ehegatte einen höheren Zugewinn erzielt hat oder nicht (Abs 1, sog erbrechtliche Lösung). In diesem Fall wird den Stiefkindern des Überlebenden aus dem zusätzlichen Erbteil ein besonderer Unterhaltsanspruch zur Finanzierung ihrer Ausbildung eingeräumt (Abs 4). Wird der überlebende Ehegatte weder Erbe, noch ist er mit einem Vermächtnis bedacht, muss der Zugewinn konkret ausgeglichen werden, dh in gleicher Weise, als wenn der Güterstand anders als durch den Tod beendet worden wäre (Abs 2, sog güterrechtliche Lösung). Schließlich enthält die Vorschrift noch eine Sonderregelung für den Fall der Ausschlagung. Während diese normalerweise bewirkt, dass auch ein Pflichtteilsanspruch nicht besteht, ordnet Abs 3 an, dass bei Ausschlagung des erhöhten Erbteils neben dem konkret berechneten Zugewinnausgleich auch der aus dem normalen („kleinen", aus § 1931 berechneten) Erbteil berechnete Pflichtteil verlangt werden kann.

2 **II. 1. Die erbrechtliche Lösung** a) setzt voraus **aa) das Bestehen der Zugewinngemeinschaft im Zeitpunkt des Todes**. War der Güterstand bereits durch die Vereinbarung eines anderen Güterstands oder anders (§ 1363 Rn 4) beendet, ist die Erhöhung des Erbteils ausgeschlossen.

bb) Der überlebende Ehegatte muss gesetzlicher Erbe oder Vermächtnisnehmer wer- 3
den. Eine Erbenstellung aufgrund Testaments reicht nur, wenn die Berufung gerade
zum gesetzlichen Erben oder auf den gesetzlichen Erbteil erfolgt (vgl §§ 2066 f) oder
wenn zeitweilig (Vorerbschaft) oder nach einer anderweiten Regelung noch gesetzliche
Erbfolge eintreten kann (Nacherbschaft). Eine Einsetzung als Ersatzerbe, die sich nicht
realisiert hat, schadet ebenfalls nicht. In den übrigen Fällen einer testamentarisch angeordneten Erbfolge gibt es keinen gesetzlichen Erbteil, der erhöht werden könnte, so
dass für die erbrechtliche Lösung kein Raum ist. Andererseits darf der Erblasser auch
nicht jede Beteiligung des Ehegatten am Nachlass ausgeschlossen haben, indem er ihm
seinen gesetzlichen Erbteil entweder ausdrücklich entzieht oder anderweit verteilt und
ihm auch kein Vermächtnis zugewendet hat; denn auch dann gibt es keinen Anteil an
der Erbschaft, der erhöht werden könnte, oder es erscheint jedenfalls unbillig, den anderen Ehegatten gegen den Willen des Verstorbenen am Nachlass zu beteiligen.

b) Die erbrechtliche Lösung bewirkt, aa) dass der **Zugewinn pauschal** durch die Erhö- 4
hung des gesetzlichen Erbteils des Überlebenden um ein Viertel **ausgeglichen** wird. Ob
der Verstorbene tatsächlich einen höheren Zugewinn erzielt hat, ist unerheblich. Die
übrigen Erben können den pauschalierten Ausgleich nicht verhindern oder eine Herabsetzung der Pauschale erreichen. Allein dem überlebenden Ehegatten ist es möglich,
durch Ausschlagung der Erbschaft einen konkret berechneten Zugewinnausgleich herbeizuführen (Abs 3).

Das Zusatzviertel bildet mit der nach § 1931 errechneten Quote einen **einheitlichen** 5
Erbteil. Es kann nicht gesondert ausgeschlagen werden. Allein auf ihm ruht jedoch der
Ausbildungsunterhaltsanspruch der Stiefkinder nach Abs 4. In die Erbschaft fallen alle
zum Vermögen des Verstorbenen gehörenden Positionen. Ein Ausgleich v Vorempfän-
gen findet nur nach erbrechtlichen Regeln (§§ 2050 ff) statt. Der Anspruch auf den
Voraus (§ 1931) bleibt unberührt.

bb) Das zusätzliche Viertel ist mit einem **Unterhaltsanspruch der Stiefkinder** des Über- 6
lebenden während der Zeit ihrer Ausbildung belastet (Abs 4). Voraussetzung dafür ist,
dass diese **Kinder nach dem Verstorbenen erbberechtigt sind**, dh in dieser Weise am
Nachlass beteiligt werden (str). Die Einsetzung zum Testamentserben (nicht aber zum
Vermächtnisnehmer) schließt daher den Anspruch nach Abs 4 aus. An einem Unterhaltsanspruch fehlt es wegen der Bindung an das gesetzliche Erbrecht, wenn das Kind
auf die Erbberechtigung verzichtet hat (§ 2346) oder es erbunwürdig ist (§§ 2339 ff).

Der Unterhaltsanspruch besteht nur soweit und solange, wie das **Stiefkind gegen den** 7
Verstorbenen einen Unterhaltsanspruch zur Fortsetzung seiner Ausbildung gehabt hätte. Die Einzelheiten richten sich nach unterhaltsrechtlichen Regeln. Vor allem ist der
eigene Erbteil des Kindes bedürftigkeitsmindernd zu berücksichtigen. Die Unterhaltsberechtigung endet auch bei Fortgang der Ausbildung und weiterer Bedürftigkeit des
Stiefkindes, wenn der überlebende Ehegatte den Wert des zusätzlichen Viertels für den
Unterhalt verbraucht hat. Das bedeutet eine erhebliche Benachteiligung jüngerer Stiefkinder gegenüber ihren Geschwistern.

Der Unterhaltspflicht entgehen kann der Überlebende nach dem Tod seines Ehegatten 8
nur, indem er die gesamte Erbschaft ausschlägt (um dann den kleinen Pflichtteil und
den konkret berechneten Zugewinn zu fordern, Abs 3). Abs 4 ist aber abdingbar, der
Unterhaltsanspruch kann also zu Lebzeiten beider Ehegatten durch Ehevertrag ausgeschlossen werden (vgl Geißler BwNotZ 90, 38). Jeder Ehegatte kann den Unterhaltsanspruch gegen seinen Partner außerdem durch letztwillige Verfügung ausschließen.

2. Die güterrechtliche Lösung a) setzt voraus: **aa)** das Bestehen des **Güterstands zur** 9
Zeit des Todes des Ehegatten. **bb)** Der **überlebende Ehegatte** wird weder testamentarischer (BGHZ 37, 58) noch gesetzlicher **Erbe noch** ist er mit einem **Vermächtnis** bedacht (BGHZ 42, 182). Auf welchen Gründen der Ausschluss v der Erbfolge beruht,
ist unerheblich. In Betracht kommen eine einfache Enterbung (auch durch Einsetzung
auf den Pflichtteil, § 2304) ebenso wie Erbverzicht (§ 2346), Erbunwürdigkeit
(§§ 2339 ff, in diesem Fall evtl Ausschluss des Zugewinnausgleichs nach § 1381) und
der Ausschluss des gesetzlichen Ehegattenerbrechts wegen Rechtshängigkeit des Scheidungsverfahrens (§ 1933, Berechnungszeitpunkt in diesem Fall § 1384 analog, BGHZ

99, 304) oder wegen Aufhebbarkeit der Ehe (§ 1318 V). Schließlich gehört hierher der Fall, dass der überlebende Ehegatte die Erbschaft oder das Vermächtnis nach Abs 3 ausschlägt. Bei gleichzeitiger Erbeinsetzung und Zuwendung eines Vermächtnisses muss sich die Ausschlagung auf beides beziehen. Einen Anteil an der Erbschaft darf der Überlebende nur behalten, wenn dieser Anteil auf einem anderen Berufungsgrund beruht. Das kommt nur in Betracht, wenn der Ehegatte zugleich als Verwandter des Erben berufen ist (§§ 1934, 1951 I). Abw v der Regel, dass derjenige, der ausschlägt, auch keinen Pflichtteil verlangen kann, lässt es Abs 3 zu, dass der ausschlagende Ehegatte einen nach dem nicht nach Abs 1 erhöhten gesetzlichen Erbteil berechneten Pflichtteil (sog kleiner Pflichtteil) verlangt. Etwas anderes gilt nur, wenn er vertraglich auf das Erb- oder Pflichtteilsrecht verzichtet hatte. Vor der Ausschlagung muss der Überlebende daher genau prüfen, was günstiger für ihn ist. Folgende Fälle sind zu unterscheiden: Ist der Erbteil oder das Vermächtnis kleiner als der große Pflichtteil, besteht ein Pflichtteilsergänzungsanspruch (§ 2306), berechnet nach dem erhöhten Erbteil. Es erfolgt kein konkreter Ausgleich des Zugewinns. Beschwerungen gelten als nicht angeordnet (§ 2306 I 1). Ist der Erbteil oder das Vermächtnis größer als der große Pflichtteil, aber kleiner als oder gleich dem gesetzlichen großen Erbteil, gelten Beschwerungen als nicht angeordnet (§ 2306 I 1); es erfolgt aber kein konkreter Ausgleich des Zugewinns. Ist der Erbteil oder das Vermächtnis größer als der gesetzliche große Erbteil, bestehen keine Sonderrechte. Alle Beschwerungen sind wirksam; ein konkreter Zugewinnausgleich erfolgt nicht. Schlägt der Überlebende aus, steht ihm immer nur ein Pflichtteil nach dem nicht erhöhten Erbteil zu; es erfolgt aber zusätzlich ein konkreter Ausgleich des Zugewinns.

10 Die **Entscheidung** des Überlebenden muss sich damit einerseits nach den v verstorbenen Ehegatten angeordneten Beschwerungen und andererseits nach der Höhe des erwarteten konkret berechneten Zugewinnausgleichs richten. Insoweit ist vor allem zu berücksichtigen, dass beim konkreten Zugewinnausgleich eine Reihe v zu Lebzeiten erfolgten Zuwendungen angerechnet werden (§ 1380), während das bei der Berechnung des Nachlasswerts grds außer Betracht bleibt. Außerdem bleiben bestimmte aufgrund unentgeltlichen Erwerbs unter Lebenden oder v Todes wegen erworbene Gegenstände wirtschaftlich ohne Ausgleich (vgl § 1374 II) und eine dingliche Benachteiligung am Nachlass erfolgt nicht. Andererseits können zum Zeitpunkt des Todes schon aus dem Vermögen des Verstorbenen ausgeschiedene Gegenstände unter Umständen noch in den Zugewinnausgleich einbezogen werden (vgl § 1375 II). Besonders interessant ist für den überlebenden Ehegatten die güterrechtliche Lösung, wenn der verstorbene Ehegatte ein negatives Anfangsvermögen hatte. Da die Zugewinnausgleichsforderung als Nachlassverbindlichkeit vorab abzuziehen ist, kann ein wegen des negativen Anfangsvermögens besonders hoher Zugewinnausgleichsanspruch uU das gesamte zum Todeszeitpunkt vorhandene Vermögen ausschöpfen. Dazu muss der Zugewinn des Verstorbenen doppelt so hoch sein wie das vorhandene Endvermögen (und auf Seiten des Überlebenden kein Zugewinn erzielt worden sein, anderenfalls verschieben sich die Werte).

11 b) Die **güterrechtliche Lösung** hat zur Folge, dass der Überlebende nur den nach dem nicht erhöhten Erbteil aus § 1931 errechneten Pflichtteil und einen nach den allg Regeln (§§ 1373–1380, 1390) errechneten konkreten Ausgleich des Zugewinns verlangen kann. Eine quotenmäßige Beteiligung am Nachlass findet nicht statt; dem Überlebenden stehen nur schuldrechtliche Ansprüche gegen den Erben zu. Die Ausgleichsforderung ist Nachlassverbindlichkeit mit Vorrang vor Pflichtteilen, Vermächtnissen und Auflagen (§ 1991 IV, § 327 InsO). Das bedeutet, dass sie vor der Berechnung des Pflichtteils v Nachlasswert abzusetzen ist.

§ 1372 Zugewinnausgleich in anderen Fällen

Wird der Güterstand auf andere Weise als durch den Tod eines Ehegatten beendet, so wird der Zugewinn nach den Vorschriften der §§ 1373 bis 1390 ausgeglichen.

§ 1372 ordnet für alle Fälle der Beendigung der Zugewinngemeinschaft außer durch 1
Tod (Aufzählung: § 1363 Rn 3) an, dass ein **güterrechtlicher Ausgleich** der v den Ehegatten während des Güterstands erzielten Zuwinne stattzufinden hat und verweist für die Modalitäten auf die in §§ 1373–1390 enthaltenen Regelungen. Insoweit ist zu beachten, dass diese durch das Gesetz zur Änderung des Zugewinnausgleichs- und Vormundschaftsrechts in Bezug auf die in die Rechnung eingehenden Werte, den Bewertungszeitpunkt und die Begrenzung des Anspruchs durch das am Ende des Güterstands Vorhandene erheblich verändert worden sind. Das 2009 reformierte Ausgleichsrecht führt daher vielfach zu anderen Ergebnissen als das frühere.

Leges speciales, die den **Zugewinnausgleich verdrängen**, enthalten die Vorschriften 2
über den Versorgungsausgleich (§ 1587, §§ 1 ff VersAusglG, vgl § 2 IV VersAusglG) sowie § 1568 b. Über Versorgungsanrechte und Haushaltsgegenstände findet daher ein Zugewinnausgleich nicht statt, soweit sie in die jeweiligen Verfahren einbezogen sind. Bei Haushaltsgegenständen gilt das aber nur noch für die im Miteigentum der Ehegatten stehenden Gegenstände (BGH FamRZ 11, 1039). Insoweit ist aber zu beachten, dass das Miteigentum an während der Ehezeit angeschafften Gegenständen vermutet wird (vgl § 1568 b II). Soweit die Eheleute Vermögensbestandteile speziell der Unterhaltsberechnung zugrunde legen, treffen sie damit regelmäßig zugleich die stillschweigende Vereinbarung, diese Gegenstände nicht im Wege des Zugewinnausgleichs noch einmal auszugleichen. Bedeutung hat das vor allem für arbeitsrechtliche Abfindungen (BGH FamRZ 03, 362; 04, 1352).

Umgekehrt **verdrängen die Regeln über den Zugewinnausgleich grds die allg Ausgleichsinstrumente**, soweit ihre Anwendung allein auf den Umstand gestützt werden 3
soll, dass ein Ehegatte während der Ehe mehr Vermögen erworben hat als der andere (BGHZ 65, 320 ff; 115, 132; aA Lipp JuS 93, 94; Ludwig FuR 92, 201). Im Einzelnen gilt:

Die **Regeln über den Wegfall der Geschäftsgrundlage** werden grds verdrängt. Etwas 4
anderes gilt nur, wenn die alleinige Anwendung der güterrechtlichen Regelungen zu einem schlechthin unangemessenen Ausgleich führen würde, wie etwa, wenn Zuwendungen unter den Ehegatten bereits vor dem Eintritt des Güterstands erfolgten (vgl OLG Bamberg FamRZ 96, 1221; OLG Köln NJW 02, 3784) oder wenn sie v den Eltern/Schwiegereltern vorgenommen wurden (BGH FamRZ 10, 958; 10, 1626). Dann kann angenommen werden, dass die Geschäftsgrundlage eines besonderen, stillschweigend geschlossenen, familienrechtlichen Vertrags bzw einer Schenkung wegfällt (BGHZ 115, 132; 127, 48; BGH NJW 03, 510).

Ausgleichsansprüche aufgrund eines unter den Ehegatten bestehenden **Gesamtschuldverhältnisses** bleiben unberührt, weil sie immer einen über die Ehe hinausgehenden 5
Verpflichtungsgrund voraussetzen (vgl Gernhuber JZ 96, 696; 765; zum Ausgleich v Steuerschulden s Arens NJW 96, 704). Soweit ein Ehegatte für den anderen die persönliche Mithaftung für einen diesem gegebenen Kredit oder eine diesen absichernde Bürgschaft übernommen hat, kann er nach dem Ende der Ehe die Freistellung v diesen Verpflichtungen nach § 670 verlangen, sofern nicht vereinbart war, dass der mithaftende Ehegatte im Innenverhältnis die Belastung endgültig tragen soll (BGH NJW 89, 1920; OLG Hamm FamRZ 92, 437; aA OLG Köln NJW-RR 94, 52).

Ansprüche aus § 812 ff für Zuwendungen während der Ehe sind unter Eheleuten ausgeschlossen *(BGHZ 65, 320)*. Ansprüche Dritter (zB Eltern/Schwiegereltern) bleiben 6
dag ebenso zulässig (BGH FamRZ 10, 958; OLG Oldenburg NJW 92, 1461) wie solche gegen sie (BGH NJW 85, 313 ff; 90, 1790).

Ansprüche aus § 985 bleiben unberührt. Das Gleiche gilt für die Rechte, die aus dem 7
Miteigentum folgen, vor allem das Recht, eine neue Benutzungsregelung zu verlangen (§ 745, praktisch besonders nach der Trennung der Ehegatten) oder die Auflösung der Miteigentumsgemeinschaft zu betreiben (§ 749). Soweit dazu die Versteigerung erforderlich ist (vgl § 753) kann auch die Teilungsversteigerung beantragt werden. Diese kann aber nach § 180 III ZVG aufgeschoben werden, wenn die Interessen der gemeinschaftlichen Kinder das erfordern (zB Rückgang der schulischen Leistungen wegen Furcht vor Verlust des Familienheims, LG Limburg FamRZ 87, 1065). Das Gleiche

gilt, wenn die Ehegatten einen Ausschluss der Teilungsversteigerung vereinbart haben oder wenn sie für den anderen Ehegatten zu unzumutbaren Ergebnissen führen würde (OLG München FamRZ 89, 980). In diesen Fällen folgt die Einschränkung des Rechts, Teilungsversteigerung zu verlangen, aus § 1353.

8 **Gesellschaftsvertragliche Ausgleichsansprüche** kommen nur in Betracht, wenn die Eheleute einen über die Verwirklichung der ehelichen Lebensgemeinschaft hinausgehenden Zweck verfolgt haben (BGHZ 84, 361; FamRZ 89, 147), vor allem, wenn sie – etwa zur Alterssicherung – gemeinsam erhebliche Vermögenswerte geschaffen haben.

§ 1373 Zugewinn

Zugewinn ist der Betrag, um den das Endvermögen eines Ehegatten das Anfangsvermögen übersteigt.

1 Die Norm legt die für den Zugewinnausgleich maßgeblichen **Rechengrößen** fest, indem sie bestimmt, dass der Zugewinn eines Ehegatten der Betrag ist, um den sein beim Ende des Güterstands vorhandenes Vermögen (Endvermögen, § 1375) das zu seinem Beginn vorhandene Vermögen (Anfangsvermögen, § 1374) übersteigt. Eine v übrigen Vermögen der Eheleute getrennte Vermögensmasse wird durch die Vorschrift dag nicht geschaffen. Es bleibt auch nach dem Ende des Güterstands bei der Alleininhaberschaft jedes Ehegatten an seinem Vermögen. Früher erfuhr die in § 1373 aufgestellte Regel dadurch eine gewisse Modifikation, dass für die Berechnung des Ausgleichsanspruchs grds weder das Anfangs- noch das Endvermögen unter null sinken konnten (§§ 1374 I aE; 1375 I 2 aF). Trotz Vermögensverschiebungen entstand also ein Zugewinn nicht, wenn ein Ehegatte „mit in die Ehe gebrachte" Schulden tilgte. Diese Rechtslage hat sich durch die Reform 2009 geändert: Schulden können jetzt sowohl beim Anfangs- als auch beim Endvermögen über den Bestand des positiven Vermögens hinaus abgezogen werden (§§ 1374 III, 1375 I 2).

§ 1374 Anfangsvermögen

(1) Anfangsvermögen ist das Vermögen, das einem Ehegatten nach Abzug der Verbindlichkeiten beim Eintritt des Güterstands gehört.
(2) Vermögen, das ein Ehegatte nach Eintritt des Güterstands von Todes wegen oder mit Rücksicht auf ein künftiges Erbrecht, durch Schenkung oder als Ausstattung erwirbt, wird nach Abzug der Verbindlichkeiten dem Anfangsvermögen hinzugerechnet, soweit es nicht den Umständen nach zu den Einkünften zu rechnen ist.
(3) Verbindlichkeiten sind über die Höhe des Vermögens hinaus abzuziehen.

1 I. Die **Vorschrift definiert** in Abs 1 den Begriff des Anfangsvermögens, das bei der Berechnung des Zugewinns zugrunde zu legen ist (vgl § 1373). Abs 2 nimmt bestimmte Arten v Vermögenszuwächsen, die nicht auf ein gemeinsames Erwirtschaften durch die Eheleute zurückzuführen sind, dadurch aus dem Zugewinnausgleich heraus, dass das so erworbene Vermögen auch dann dem Anfangsvermögen zugerechnet wird, wenn es erst nach dem Eintritt des Güterstands erworben wurde. Das dient dem Zweck des Zugewinnausgleichs, nur ehebedingte Vermögenszuwächse aufzuteilen. Abs 3 wurde durch das Gesetz zur Reform des Zugewinnausgleichs- und Vormundschaftsrechts v 6.7.09 (BGBl I 1296) eingefügt. In Abweichung zum bisherigen Recht stellt die Norm klar, dass Verbindlichkeiten auch über die Höhe des (positiven) Vermögens hinaus abgezogen werden müssen.

2 **Die Norm gilt, wenn der Zugewinn** güterrechtlich ausgeglichen wird (§§ 1371 II, 1372), nicht dag bei Anwendung der erbrechtlichen Lösung (§ 1371 I).

3 Die Vorschrift ist **dispositiv**. Die Eheleute können etwa ehevertraglich den Wert des Anfangsvermögens anders festsetzen, sie können die Einbeziehung weiterer oder das Außerachtlassen v grds einbezogenen Vermögenspositionen vereinbaren. Auch die

Festlegung eines anderen Bewertungsstichtags ist möglich (Palandt/Brudermüller § 1374 Rn 3, aA OLG Hamburg NJW 64, 1076).

II. 1. Anfangsvermögen ist das Vermögen, das einem Ehegatten zu Beginn der Zuge- 4 winngemeinschaft (§ 1363 Rn 2) nach Abzug der Verbindlichkeiten gehört (Abs 1). Es handelt sich um eine reine Rechengröße. Errechnet wird der Wert des positiven Vermögens, v dem dann der Wert des Passiva abzusetzen ist.

a) **Zum Vermögen gehören** die im Eigentum eines Ehegatten stehenden Sachen, An- 5 wartschaften und alle Rechte und Forderungen, die einen materiellen Wert besitzen. Ausgenommen sind nur gemeinschaftliche Haushaltsgegenstände und Versorgungsanrechte; denn diese unterliegen nicht dem Zugewinnausgleich, sondern der Verteilung nach § 1568 b bzw dem Versorgungsausgleich (§ 2 IV VersAusglG, vgl § 1372 Rn 2). Rückständige Rentenzahlungen fallen dag ohne Besonderheiten in das Anfangsvermögen. Miteigentum oder gemeinschaftliche Forderungen sind beiden Ehegatten mit der Quote der Berechtigung anzurechnen, im Zweifel also hälftig. Für die Wertberechnung maßgebend ist der objektive Verkehrswert.

b) Von dem so errechneten Vermögenswert sind die **Verbindlichkeiten des Ehegatten** 6 **abzuziehen.** Das sind zum einen alle gegen den Ehegatten gerichteten Forderungen nebst ihren Nebenforderungen (Zinsen), die zum Zeitpunkt des Beginns des Güterstands fällig sind. Dazu gehören auch die Steuern, die anfallen würden, wenn die in die Berechnung fallenden Gegenstände am Stichtag tatsächlich veräußert würden (wobei es aber auf eine konkrete Veräußerungsabsicht nicht ankommt, vgl. BGH FamRZ 11, 622; 11, 1367). Daneben sind die auf den Sachen des Ehegatten lastenden dinglichen Lasten (Pfandrechte, Nießbräuche, Wohnrechte, Dienstbarkeiten) abzusetzen.

Eine Obergrenze für den Abzug gibt es nicht mehr. Die frühere Regelung, dass das An- 7 fangsvermögen nie negativ sein kann, wurde durch das Gesetz zur Änderung des Zugewinnausgleichs- und Vormundschaftsrechts v 6.7.09 (BGBl I 1696) aufgehoben. Das frühere Recht führte dazu, dass ein Ehegatte, der überschuldet in den Güterstand eintrat, solange keinen Zugewinn erzielte, bis seine Schulden getilgt waren. Das Gleiche galt bei späterem privilegierten überschuldetem Erwerb (zB eine überschuldeten Erbschaft, vgl Rn 9). Sein Partner erhielt bei Beendigung des Güterstands für seinen Anteil an der Tilgungsleistung keinen Ausgleich. Das wurde teilweise als verfassungswidrig angesehen (5. Aufl, Rn 7), war aber zumindest grob unbillig. Abs 3 ordnet deswegen jetzt ausdrücklich an, dass Verbindlichkeiten über die Höhe des Vermögens hinaus abzuziehen sind. Es liegt also ein Zugewinn auch dann vor, wenn ein überschuldeter Ehegatte in der Ehe nur Schulden getilgt hat, ohne dass aber ein Endvermögen vorhanden wäre, das größer als null ist. Ein Schutz des Ausgleichspflichtigen wird in diesen Fällen mit Hilfe v § 1378 II bewirkt.

2. Die Berechnung des Anfangsvermögens wird dadurch **modifiziert**, dass auch das 8 nach dem Eintritt des Güterstands unentgeltlich erworbene Vermögen dem Anfangsvermögen zugerechnet wird (Abs 2). Auf diese Weise werden typische nicht ehebedingte Vermögenszuwächse neutralisiert.

a) Dem Anfangsvermögen **wird hinzugerechnet: aa) was ein Ehegatte v Todes wegen** 9 **erwirbt.** Hierher gehören neben Erbschaften, Vermächtnissen und Pflichtteilen auch Abfindungssummen für Erb- und Pflichtteilsverzichte und Ausgleichszahlungen nach §§ 12–14 HöfeO. Zu berücksichtigen ist auch die Nacherbenanwartschaft, die ein Ehegatte durch die Einsetzung zum Nacherben erlangt. Deren Wert ist allerdings um den Betrag der Aufwendungen zu kürzen, die der künftige Nacherbe mit Rücksicht auf die Nacherbschaft aus seinem sonstigen Zugewinn auf den Nachlass erbringt (OLG Hamm FamRZ 84, 481). Wegen der gleichen Interessenlage ist Abs 2 auf Lebensversicherungssummen, die ein Ehegatte aus einer v einem Dritten abgeschlossenen Lebensversicherung erlangt, analog anzuwenden (BGH NJW 95, 3113; Gernhuber JZ 96, 205).

bb) Anfangsvermögen ist auch der **Erwerb mit Rücksicht auf ein künftiges Erbrecht.** 10 Das sind Unternehmens- und Hofübergaben sowie alle sonstigen Vermögensübertragungen im Wege vorweggenommener Erbfolge. Dass für diese eine Gegenleistung erbracht wird (typischerweise: Übernahme einer Unterhalts- und Pflegeverpflichtung,

Ausgleichszahlungen an weichende Geschwister) schadet nicht (BGHZ 70, 291; NJW 95, 1349). Diese Belastungen sind vielmehr v Wert des Übertragenen abzuziehen. Daraus kann sich va bei der Übernahme v Schulden oder Pflegelasten ein negativer Wert ergeben, so dass dann das Anfangsvermögen des Empfängers entsprechend reduziert wird. Wie bei Schenkungen auch (Rn 11) findet der Tatbestand keine Anwendung auf vorweggenommene Erbfolgen unter Ehegatten (BGHZ 187, 82).

11 cc) Anfangsvermögen ist auch der Erwerb aufgrund einer **Schenkung**. Das sind alle unentgeltlichen Zuwendungen iSv § 516, nicht aber der Vermögenszuwachs, der durch die unentgeltliche Leistung v Diensten (BGHZ 101, 229) oder die Überlassung v Wohnraum (OLG München FamRZ 98, 825) entsteht. Gemischte Schenkungen können daher dem Anfangsvermögen nur zugerechnet werden, soweit der Verkehrswert die Gegenleistung überschreitet. Auf Zuwendungen unter Ehegatten findet Abs 2 keine Anwendung, gleich, ob es sich um Schenkungen (BGHZ 101, 65; FamRZ 88, 373; OLG Frankfurt FamRZ 87, 62; aA OLG München FamRZ 87, 67; Lipp JuS 93, 90) oder die sog unbenannten Zuwendungen (BGHZ 82, 234) handelt. Etwas anderes gilt, wenn die Schwiegereltern einem Ehegatten zur wirtschaftlichen Absicherung der Ehe Vermögen zuwenden (BGH FamRZ 10, 958; 10, 1626; anders noch BGHZ 129, 259; OLG Nürnberg FamRZ 06, 38). In diesem Fall liegt eine Schenkung iSd § 516 vor, weil die Schwiegereltern bei eigener Entreicherung das Vermögen des Schwiegerkindes mehren wollen und sich mit diesem über die Unentgeltlichkeit der Zuwendung einig sind (BGH FamRZ 10, 958; 10, 1626). Bei Scheitern der Ehe können sie das Geschenkte nach den Regeln über den Wegfall der Geschäftsgrundlage (§ 313) bzw über eine Zweckverfehlungskondiktion (§ 812 I 2) zurückfordern. Dabei ist zu beachten, dass der potentielle Rückforderungsanspruch auch schon das Anfangsvermögen belastet: Es muss gefragt werden, wie wahrscheinlich es im Zeitpunkt der Zuwendung war, dass die Ehe scheitern würde. Dabei darf aber nicht allein aus der Tatsache, dass die Ehe nun gescheitert ist, gefolgert werden, dass bereits damals das Scheitern der Ehe wahrscheinlich war. Außerdem ist bei der Bewertung des Rückforderungsanspruchs zu berücksichtigen, wie weit sich der Zweck der Schenkung tatsächlich verwirklicht hat. Das kommt va dann in Betracht, wenn die eheliche Lebensgemeinschaft noch lange Zeit nach der Zuwendung Bestand gehabt hat. Zu beachten ist auch, dass bei einer Zuwendung v Eltern zugleich an das Kind und das Schwiegerkind hinsichtlich des auf das Kind entfallenden Teils ebenfalls eine Schenkung iSd § 516 anzunehmen ist (Folge: Berücksichtigung nach Abs 2), für welche idR die Geschäftsgrundlage nicht wegfällt bzw der Zweck nicht verfehlt wird, so dass diese Schenkung ohne Belastung mit einem potentiellen Rückforderungsanspruch in das Anfangsvermögen (und das Endvermögen) eingestellt werden muss.

12 dd) **Ausstattungen** iSd § 1624 werden ebenfalls dem Anfangsvermögen zugerechnet.

13 ee) Anfangsvermögen ist nicht **der den Umständen nach zu den Einkünften zu rechnende Vermögenserwerb**. Maßgeblich dafür sind die Zweckbestimmung des Zuwendenden und die Lebensverhältnisse des Ehegatten. Es kommt darauf an, ob die Zuwendung der Vermögensbildung des begünstigten Ehegatten fördern soll oder ob sie zur Deckung des laufenden Lebensbedarfs dienen soll (BGH v 6.11.13 – XII ZB 434/12; BGHZ 101, 229 = FamRZ 87, 910). Zu dem ausgenommenen Vermögenserwerb gehören zB Unterhaltszuschüsse, die Übernahme v Krankheitskosten und Zuwendungen für Reisen, Ausbildung usw, die Überlassung v Wohnraum (OLG München FamRZ 98, 825), nicht dag Zuwendungen zur Vermögensbildung (BGHZ 101, 229). Zweifelhaft ist die Annahme des OLG Karlsruhe, auch die Zuwendung eines Pkws als Ersatz für ein anderes Fahrzeug, das zum Erreichen des Arbeitsplatzes benötigt wird, sei den Einkünften zuzurechnen (NJW-RR 01, 1156, kritisch auch Romeyko FamRZ 02, 236); denn hier steht die Zuwendung eines einzelnen Gegenstands im Vordergrund. Soweit Reste derartiger Leistungen mit in die Ehe gebracht werden, sind sie aber Anfangsvermögen nach Abs 1 (und soweit sie am Ende des Güterstandes vorhanden sind, sind sie Endvermögen).

14 b) **Andere** als die genannten **Vermögenszuwächse** werden niemals dem Anfangsvermögen zugerechnet, auch wenn sie nicht v den Ehegatten erwirtschaftet wurden (aA

Schröder FamRZ 97, 1, 4, der für eine analoge Anwendung plädiert). Das gilt zB für Schmerzensgeld (BGHZ 80, 384), Abfindungen aus anderen Gründen als einer vorweggenommenen Erbfolge (BGHZ 82, 149; OLG Saarbrücken FamRZ 85, 710) und Lottogewinne (BGH v. 16.10.13 – XII ZB 277/12; BGHZ 68, 43). Bei derartigen Vermögenszuwächsen kann nur mit der Härteklausel (§ 1381) geholfen werden.

c) Die Zuwendungen werden mit ihrem **objektiven Wert zum Zeitpunkt der Zuwendung** berücksichtigt. Daraus folgt, dass später unter Ausnutzung des Zugewendeten erzielte Gewinne in voller Höhe in den Zugewinnausgleich fallen. Aus dem gleichen Grund bleibt ein späterer Verlust oder Wertverlust unberücksichtigt. Direkt auf dem zugewendeten Gegenstand ruhende Belastungen oder dafür erbrachte Gegenleistungen sind abzusetzen (Rn 11). Die Zurechnung zum Anfangsvermögen soll bewirken, dass die in Abs 2 genannten Zuwendungen ganz aus der Zugewinnausgleichsberechnung herausgenommen werden. Zu beachten ist aber, dass (anders als nach der früheren Rechtslage bis 2009 (BGHZ 129, 311) jetzt auch eine Verrechnung des Werts der Zuwendung mit dem Negativsaldo in Betracht kommt. Das ergibt sich zwingend aus der Streichung der früheren Abzugsgrenze.

§ 1375 Endvermögen

(1) ¹Endvermögen ist das Vermögen, das einem Ehegatten nach Abzug der Verbindlichkeiten bei der Beendigung des Güterstands gehört. ²Verbindlichkeiten sind über die Höhe des Vermögens hinaus abzuziehen.
(2) ¹Dem Endvermögen eines Ehegatten wird der Betrag hinzugerechnet, um den dieses Vermögen dadurch vermindert ist, dass ein Ehegatte nach Eintritt des Güterstands
1. unentgeltliche Zuwendungen gemacht hat, durch die er nicht einer sittlichen Pflicht oder einer auf den Anstand zu nehmenden Rücksicht entsprochen hat,
2. Vermögen verschwendet hat oder
3. Handlungen in der Absicht vorgenommen hat, den anderen Ehegatten zu benachteiligen.

²Ist das Endvermögen eines Ehegatten geringer als das Vermögen, das er in der Auskunft zum Trennungszeitpunkt angegeben hat, so hat dieser Ehegatte darzulegen und zu beweisen, dass die Vermögensminderung nicht auf Handlungen im Sinne des Satzes 1 Nummer 1 bis 3 zurückzuführen ist.
(3) Der Betrag der Vermögensminderung wird dem Endvermögen nicht hinzugerechnet, wenn sie mindestens zehn Jahre vor Beendigung des Güterstands eingetreten ist oder wenn der andere Ehegatte mit der unentgeltlichen Zuwendung oder der Verschwendung einverstanden gewesen ist.

I. **Die Norm definiert** in Abs 1 das **Endvermögen**, das der Berechnung des Zugewinns (§ 1373) zugrunde zu legen ist. Die dort aufgestellte Definition wird in Abs 2 um Regeln für die Berücksichtigung v bestimmten Vermögensminderungen auf Seiten eines Ehegatten, durch die dieser sein Vermögen ohne triftigen Grund geschmälert hat, ergänzt. Die Regelung wurde durch das Gesetz zur Änderung des Zugewinnausgleichs- und Vormundschaftsrechts v 6.7.09 (BGBl I 1696) in zweifacher Hinsicht umgestaltet: Zum einen kann das Endvermögen nun auch negativ sein (Rn 12), zum anderen wurde eine neue Beweisregel eingeführt, die es dem anderen Ehegatten erleichtert nachzuweisen, dass ein Hinzurechnungsfall nach Abs 2 vorliegt (Rn 14).

Wie § 1374 ist auch § 1375 **dispositiv**. Folgen: § 1374 Rn 3. Die Vereinbarung über die Herausnahme v Gegenständen kann auch stillschweigend erfolgen. In Bezug auf Abfindungen kommt das zB dann in Betracht, wenn diese Abfindungen schon unterhaltsrechtlich berücksichtigt werden (BGH FamRZ 04, 1352).

II. 1. **In das Endvermögen fallen alle Gegenstände**, die materiellen Wert haben und nicht deswegen v Zugewinnausgleich ausgeschlossen sind, weil sie Spezialregelungen unterliegen. Gegenstände, die deswegen nicht im Endvermögen berücksichtigt werden, sind daher Haushaltsgegenstände, soweit sie nach § 1568 b verteilt werden (OLG Düsseldorf FamRZ 05, 273 zur insoweit gleichen früheren Rechtslage), wobei aber zu beachten ist, dass jetzt im Haushaltssachenverfahren nur noch im Miteigentum stehende Gegenstände verteilt werden können (BGH FamRZ 11, 183; MDR 11, 726) und die in den Versorgungsausgleich einzubeziehenden Versorgungsanrechte (§ 2 IV VersAusglG). Auch Abfindungszahlungen, die bereits im Unterhaltsverfahren berücksichtigt wurden, dürfen nicht noch einmal ausgeglichen werden (BGH FamRZ 03, 432; NJW 04, 2675). Stichtag für die Berechnung des Werts des Endvermögens ist grds das Ende des Güterstands (§ 1376 II, III), in den Fällen der §§ 1384, 1387 die Rechtshängigkeit des zum Ende des Güterstands führenden Antrags.

4 2. a) Dem nach Abs 1 errechneten Endvermögen sind bestimmte **Werte für Gegenstände hinzuzurechnen**, die sich nicht mehr im Vermögen des Ehegatten befinden, die er aber ohne hinreichenden Grund illoyal weggegeben und so sein Endvermögen gemindert hat (Abs 2). Das soll verhindern, dass ein Ehegatte sein Endvermögen schmälert, um einen sonst entstehenden Ausgleichsanspruch seines Ehegatten zu verringern oder auszuschließen. Beachte insoweit die Vermutung des Abs 2 S 2 für Vermögen, das zwar noch zum Trennungszeitpunkt, aber nicht mehr zum Berechnungsstichtag vorhanden war: Insoweit werden illoyale Machenschaften und damit ein Hinzurechnungsfall vermutet (Rn 14).

5 b) Abs 2 nennt **drei Zurechnungsfälle: aa)** Zum Endvermögen werden zunächst alle **unentgeltlichen Zuwendungen** addiert, die ein Ehegatte vornimmt, ohne dazu einer sittlichen Pflicht oder einer auf den Anstand zu nehmenden Rücksicht zu entsprechen (Abs 2 S 1 Nr 1). Unentgeltliche Zuwendungen sind Schenkungen, Stiftungen und Ausstattungen. Die unbenannten Zuwendungen des Familienrechts fallen zwar tatbestandlich auch unter Nr 1, werden aber wegen Abs 3 letzter Fall nie dem Endvermögen hinzugerechnet, weil sie – jedenfalls nach der neueren Rspr des BGH (FamRZ 10, 958; 10, 1626) – nur noch unter Ehegatten und Lebenspartnern vorkommen können. Klauseln in Gesellschaftsverträgen, dass bei Ausscheiden eines Gesellschafters keine oder eine Abfindung zu einem geringeren als dem Verkehrswert des Anteils erfolgen soll, sind nur dann unentgeltlich, wenn sie nicht für alle Gesellschafter gleichermaßen gelten (Palandt/Brudermüller § 1375 Rn 25).

6 **bb)** Dem Endvermögen wird hinzugerechnet, was **verschwendet**, dh weggegeben wurde, ohne dass ein stichhaltiges Motiv vorliegt oder ohne einen Gegenwert zu erhalten (Abs 2 S 1 Nr 2). Ärger, Wut oder Enttäuschung über den anderen Ehegatten kann aber durchaus „Frustausgaben" auch in erheblicher Höhe legitimieren (OLG Schleswig FamRZ 86, 1208).

7 **cc)** Zum Endvermögen addiert werden schließlich die Vermögensminderungen, die ein Ehegatte in der **Absicht** vornimmt, **seinen Partner zu benachteiligen** (Abs 2 S 1 Nr 3). Erforderlich ist, dass der Verfügende eine Benachteiligung seines Ehegatten mindestens für möglich hält und dass es ihm gerade darauf ankommt, diesen Erfolg herbeizuführen. Es braucht sich aber nicht um das einzige Motiv des Verfügenden zu handeln (KG FamRZ 88, 171). Die Beweislast für die Benachteiligungsabsicht trägt der Ehegatte, der die Hinzurechnung verlangt.

8 c) Die **Hinzurechnung** zum Endvermögen ist trotz des Vorliegens eines der Tatbestände v Abs 2 **ausgeschlossen**, wenn seit der Vermögensminderung mindestens 10 Jahre verstrichen sind. Maßgebend ist der Zeitpunkt des Verpflichtungsgeschäfts; denn schon durch dieses wird das Vermögen mit einer Verbindlichkeit in entsprechender Höhe belastet. Die Hinzurechnung ist außerdem ausgeschlossen, wenn der andere Ehegatte mit der unentgeltlichen Zuwendung (Abs 2 S 1 Nr 1) oder der Verschwendung (Abs 2 S 1 Nr 2) einverstanden war.

9 d) **Bewertungszeitpunkt** für die dem Endvermögen hinzuzurechnenden Vermögensteile ist jeweils der Zeitpunkt der Vornahme der Vermögensminderung (§ 1376 II aE).

10 3. V dem so ermittelten positiven Vermögen **werden die Verbindlichkeiten des Ehegatten abgezogen**. Dabei ist es unerheblich, auf welchem Grund diese Verpflichtungen beruhen und ob sie sich schon auf andere Weise zugunsten des Ehegatten ausgewirkt haben (zB durch Minderung des Unterhaltsanspruchs des anderen Ehegatten, BGH NJW-RR 86, 1325). Auch der fällige Unterhaltsanspruch des Ehegatten selbst ist vermögensmindernd zu berücksichtigen (OLG Hamm FamRZ 92, 679; OLG Celle FamRZ 91,

944). Gesamtschuldnerische Verpflichtungen der Ehegatten sind bei jedem in Höhe ihrer internen Ausgleichsquote anzusetzen, im Zweifel also hälftig (§ 426 II), sofern sie bei beiden Ehegatten realisiert werden können (BGH FamRZ 11, 25). Die volle Berücksichtigung auf Seiten eines Ehegatten kommt daher nur in Betracht, wenn dieser intern die volle Schuld tragen muss oder wenn bereits feststeht, dass die Gläubiger v dem anderen Ehegatten mangels Zahlungsfähigkeit keine Befriedigung erlangen werden (OLG Hamm FamRZ 97, 363).

Der **Bewertungszeitpunkt** entspricht dem des positiven Vermögens (§ 1376 III). 11

Bis zum 1.9.09 bildete der Wert des positiven Vermögens die **Grenze** für den Abzug 12 der Verbindlichkeiten, so dass das Endvermögen grds nicht negativ sein konnte (Abs 1 S 2 aF). In Übereinstimmung mit der Änderung der Bestimmung des Anfangsvermögens (vgl § 1374) wurde bestimmt, dass auch das Endvermögen negativ sein kann. Ein Zugewinn liegt also jetzt auch dann vor, wenn v einem negativen Anfangsvermögen ausgehend ein immer noch negatives Endvermögen erwirtschaftet wurde, das aber über dem Anfangsvermögen liegt, also Schulden abgetragen wurden, ohne ein positives Vermögen zu bilden. Früher war in diesen Fällen der Zugewinn mit null angesetzt worden. Ein Zugewinnausgleichsanspruch erwächst aus einem derartigen Zugewinn allerdings wegen § 1378 II nicht; der andere Ehegatte kann diesen Zugewinn aber seinem Zugewinn gegenüberstellen und auf diese Weise einen gegen ihn gerichteten Ausgleichsanspruch ganz oder teilweise abwehren.

III. Verfahren: An sich muss der jeweils andere Ehegatte darlegen, welches Endvermö- 13 gen auf Seiten eines Ehegatten vorhanden ist. Schon früher hatte die Rspr aber bestimmte Beweiserleichterungen angenommen, vor allem, wenn in zeitlicher Nähe zum Stichtag bei einem Ehegatten ein größerer Geldbetrag vorhanden war, der in der Bilanz des Endvermögens dann aber nicht mehr enthalten war. In solchen Fällen ist angenommen worden, dass es dem an sich hierfür nicht beweisbelasteten Ausgleichsschuldner obliegt, sich über den Verbleib dieses Betrages nachvollziehbar und plausibel zu erklären (OLG Frankfurt FamRZ 06, 416), weil es nahe liegt, dass einer der Tatbestände des Abs 2 erfüllt ist.

Der Gesetzgeber des Gesetzes zur Änderung des Zugewinnausgleichs- und Vormund- 14 schaftsrechts v 6.7.09 (BGBl I 1696) hat ähnliche Beweisregeln nun ausdrücklich in Abs 2 S 2 aufgenommen. Möglich war das, weil zugleich ein Anspruch auf Auskunft in Bezug auf das zum Zeitpunkt der Trennung vorhandene Vermögen (§ 1379 I Nr 1) aufgenommen wurde. An diesen knüpft die Beweisregel des Abs 2 S 2 an: Wenn das Endvermögen eines Ehegatten geringer ist als das Vermögen, das er in der Auskunft zum Trennungszeitpunkt angegeben hat, muss dieser Ehegatte darlegen und beweisen, dass die Vermögensminderung nicht auf Handlungen im Sinne des Abs 2 S 1 zurückzuführen ist. Es wird also vermutet, dass das Vermögen aufgrund eines Hinzurechnungsakts verringert worden ist.

§ 1376 Wertermittlung des Anfangs- und Endvermögens

(1) Der Berechnung des Anfangsvermögens wird der Wert zugrunde gelegt, den das beim Eintritt des Güterstands vorhandene Vermögen in diesem Zeitpunkt, das dem Anfangsvermögen hinzuzurechnende Vermögen im Zeitpunkt des Erwerbs hatte.
(2) Der Berechnung des Endvermögens wird der Wert zugrunde gelegt, den das bei Beendigung des Güterstands vorhandene Vermögen in diesem Zeitpunkt, eine dem Endvermögen hinzuzurechnende Vermögensminderung in dem Zeitpunkt hatte, in dem sie eingetreten ist.
(3) Die vorstehenden Vorschriften gelten entsprechend für die Bewertung von Verbindlichkeiten.
(4) Ein land- oder forstwirtschaftlicher Betrieb, der bei der Berechnung des Anfangsvermögens und des Endvermögens zu berücksichtigen ist, ist mit dem Ertragswert anzusetzen, wenn der Eigentümer nach § 1378 Abs. 1 in Anspruch genommen wird und eine Weiterführung oder Wiederaufnahme des Betriebs durch den Eigentümer oder

einen Abkömmling erwartet werden kann; die Vorschrift des § 2049 Abs. 2 ist anzuwenden.

1 I. Während §§ 1374 f Bestimmungen darüber enthalten, welche Gegenstände bei der Berechnung des Anfangs- und des Endvermögens berücksichtigt werden, regelt § 1376, welcher **Stichtag für die Bewertung dieser Gegenstände** maßgeblich ist (Abs 1–3). Für die Beendigung des Güterstandes durch ein gerichtliches Verfahren wird die Regelung allerdings durch §§ 1384, 1387 erheblich modifiziert. Außerdem wird für land- und forstwirtschaftliche Betriebe eine bestimmte Bewertungsmethode angeordnet (Abs 4), deren Wahl sonst dem Richter überlassen ist.

2 Die Norm ist **dispositiv**. Wirkungen: § 1374 Rn 3. Im über den Zugewinnausgleich geführten Verfahren sind übereinstimmende Wertfestsetzungen der Beteiligten für das Gericht schon nach § 113 I 2 FamFG, § 138 III ZPO bindend.

3 II. 1. **Bewertungsstichtag für das Anfangsvermögen** und die davon abzusetzenden Verbindlichkeiten ist grds der Tag des Beginns des Güterstands (Abs 1, 3). Gegenstände, die aufgrund eines späteren unentgeltlichen Erwerbs dem Anfangsvermögen hinzugerechnet werden (§ 1374 II), werden zum Zeitpunkt des Erwerbs bewertet.

4 **Das Endvermögen** einschließlich der abzuziehenden Verbindlichkeiten wird zum Tag des Endes des Güterstands bewertet (Abs 2, 3). Soweit Vermögenswerte dem Endvermögen hinzugerechnet werden, die sich nicht mehr darin befinden (§ 1375 II), ist der Tag maßgeblich, an dem die Vermögensminderung stattgefunden hat (Abs 2 aE). Das ist idR der Tag des Verpflichtungsgeschäfts. Für den Fall der Beendigung des Güterstands durch Scheidung oder Eheaufhebung enthält § 1384, für die vorzeitige Aufhebung der Zugewinngemeinschaft § 1387 Sonderregelungen.

5 2. Die Anwendung einer bestimmten **Bewertungsmethode** ist nur für land- und forstwirtschaftliche Betriebe vorgeschrieben (Abs 4, Rn 8). Außerdem können die Eheleute ehevertraglich die Anwendung einer bestimmten Methode vereinbaren. Sonst ist der Richter in der Wahl der Bewertungsmethode frei (BGH FamRZ 86, 39; OLG Saarbrücken FamRZ 98, 235). Maßgebend ist grds der objektive Verkehrswert und nicht der Buch-, Einheits- oder Steuerwert des Gegenstands. Verkehrswert ist der Erlös, der erzielt werden könnte, wenn der Gegenstand veräußert würde. Es handelt sich um eine bloße Rechengröße; es kommt daher nicht darauf an, ob der Gegenstand tatsächlich zum Stichtag verkauft werden kann (BGH NJW 92, 1105; FamRZ 92, 918). Eine Bewertung zum Liquidationswert kommt in Betracht, wenn zwangsläufige Folge des Zugewinnausgleichs die Liquidation eines Unternehmens oder einer sonstigen Gemeinschaft ist (BGH NJW 95, 2781). Zur Bewertung v Immobilien s die Immobilienwertermittlungsverordnung (ImmoWertVO) v 19.5.10 (BGBl I 639).

6 **Verbindlichkeiten** werden grds mit dem **Nennbetrag** berücksichtigt. Es kommt allein auf das Vorhandensein der Schuld an, nicht daß, ob sie am Bewertungsstichtag unstreitig oder rechtskräftig ausgeurteilt ist. Ggf ist die Berechnung aber zu korrigieren, wenn es unwahrscheinlich ist, dass der Schuldner ausreichend leistungsfähig ist, um die Forderung zu bedienen. Aufschiebend bedingte oder betagte Forderungen sind abzuzinsen.

7 Wegen der zwischen der Berechnung des Anfangs- und des Endvermögens liegenden Zeitspanne kann die Bewertung beider Vermögensmassen erheblich **durch die zwischenzeitlich stattgefundene Geldentwertung** verzerrt werden. Allein dadurch kann das Endvermögen höher erscheinen als das Anfangsvermögen. Derartige scheinbare Zugewinne sind nicht auszugleichen (BGHZ 61, 392). Um das sicherzustellen, muss das Anfangsvermögen rechnerisch an die bis zum Stichtag für die Berechnung des Endvermögens stattgefundene Geldentwertung angepasst werden. Das geschieht, indem der nach § 1374 ermittelte Betrag des Anfangsvermögens nach der Formel (Wert zum für die Bewertung des Anfangsvermögens maßgeblichen Stichtag x Lebenshaltungsindex zum für die Bewertung des Endvermögens maßgeblichen Stichtag) dividiert durch den Lebenshaltungsindex zum für die Bewertung des Anfangsvermögens maßgeblichen Stichtag hochgerechnet wird. Ausgangswert ist das Anfangsvermögen nach § 1374 I insgesamt; eine Differenzierung nach Gegenständen erfolgt nicht (OLG Hamm FamRZ 84, 275). Bei nach § 1374 II dem Anfangsvermögen hinzugerechnetem Vermögenserwerb gilt die

Formel entsprechend, nur ist in diesem Fall der Ausgangspunkt der Lebenshaltungsindex zur Zeit des Erwerbs (BGHZ 101, 65). Lebenshaltungsindices werden v Statistischen Bundesamt veröffentlicht. Sie differenzieren zum Teil nach der Zusammensetzung der Haushalte. Sie werden regelmäßig in der NJW und anderen Fachzeitschriften veröffentlicht.

Wegen § 1374 III kann es seit der Reform des Zugewinnausgleichsrechts zu einem negativen Anfangsvermögen kommen. Ob **dieses negative Anfangsvermögen** auch zu **indexieren** ist, ist str (dafür Kogel NJW 10, 2025 ff, dag Klein FuR 10, 122 ff). Für die Indexierung spricht va, dass die Befriedigung der Forderungen wegen des höheren Geldwerts früher belastender war als nach der Geldentwertung und dass bei der Indexierung eines aus positiven wie negativen Positionen bestehenden positiven Gesamtsaldos letztlich auch die negativen Vermögensbestandteile mit indexiert werden. 7a

3. Einzelfragen: a) Eine Bewertungsmethode ist nur bei **land- und forstwirtschaftlichen Betrieben** vorgeschrieben (Abs 4), wenn diese v ausgleichspflichtigen Eigentümer oder einem seiner Abkömmlinge bewirtschaftet werden oder die Wiederaufnahme der Bewirtschaftung zu erwarten ist. Wie sich aus der Verweisung auf § 2049 II ergibt, gilt in diesem Fall das Ertragswertverfahren (Einzelheiten: § 2049 Rn 3). Die Norm, deren Reichweite wegen Verfassungswidrigkeit der zuvor geltenden Regelung (vgl BVerfGE 67, 348; NJW 89, 3211) erheblich eingeschränkt wurde, gilt nur, wenn der land- oder forstwirtschaftliche Betrieb sowohl im Anfangs- als auch im Endvermögen zu berücksichtigen ist. Sie gilt daher nicht für Betriebe, die nach dem Eintritt des Güterstands erworben oder veräußert wurden. Vor allem ist der Zuerwerb v Land grds ebenso mit dem Verkehrswert anzusetzen (BGHZ 113, 325) wie zu Bauland gewordene Flächen, die veräußert werden (BGHZ 98, 382). Auch kann die Ergänzung der Ertragswertberechnung erforderlich sein, wenn der Verkehrswert eines Unternehmensteils den Buchwert erheblich übersteigt (BGH FamRZ 05, 99). Weitere Probleme ergeben sich daraus, dass die Ertragswertberechnung nur zugunsten des ausgleichspflichtigen Eigentümers gilt. Das erfordert regelmäßig eine zweistufige Berechnung; bei Miteigentum der Ehegatten ist in solchen Fällen für die einen Seite eine Ertragswert- und auf der anderen Seite eine Verkehrswertberechnung erforderlich. Das BVerfG hat daher die ausnahmslose Geltung des Ertragswertverfahrens beanstandet. Das ändert aber an der regelmäßigen Anwendung dieser Berechnungsmethode nichts. 8

b) Bei Grundstücken ist grds der Substanzwert (selbstbewohnte Ein- und Zweifamilienhäuser), unter Umständen unter Berücksichtigung des Ertragswerts (Mietshäuser und Eigentumswohnungen, vgl BGH NJW 70, 2019) maßgeblich. Im Einzelnen richtet sich die Bewertung v Immobilien nach der Immobilienwertermittlungsverordnung (ImmoWertVO) v 19.5.10 (BGBl I 639). 9

c) Bei Unternehmen muss der gesamte Wert einschließlich der stillen Reserven und des Goodwill zugrunde gelegt werden. Bei Gesellschaften kommt es auf das Auseinandersetzungsguthaben zum Bewertungsstichtag an. Dabei wirken Abfindungsklauseln, nach denen bestimmte Vermögenswerte der Gesellschaft nicht in die Berechnung dieses Guthabens einbezogen werden, wertmindernd (BGHZ 75, 195, str). Ggf ist der Minderwert aber nach § 1375 II dem Endvermögen hinzuzurechnen (§ 1375 Rn 5). Ohne diese Klauseln ist das Auseinandersetzungsguthaben entweder als hypothetischer Verkaufspreis des Unternehmens festzustellen (BGH NJW 82, 2441, nur selten möglich), oder es muss die Berechnung nach Ertragswertgesichtspunkten stattfinden. Dazu werden die voraussichtlich künftig erzielbaren Erträge auf den Berechnungsstichtag bezogen kapitalisiert (OLG Düsseldorf FamRZ 84, 699). Diese Berechnung ist durch Aufschläge zu korrigieren, wenn der Ertragswert signifikant unter dem Substanzwert der zum Unternehmen gehörenden Gegenstände liegt (OLG Koblenz FamRZ 83, 166). 10

d) Bei freiberuflichen Praxen (Ärzte, Rechtsanwälte usw) liegt der wesentliche Wert im Goodwill. Es kommt daher nur dann allein auf den Substanzwert der zu der Praxis gehörenden Gegenstände an, wenn die Tätigkeit so höchstpersönlich ist, dass die Praxis unveräußerbar ist (BGHZ 68, 163; OLG München FamRZ 84, 1096). Zur Bewertung v Arztpraxen vgl Bundesärztekammer DtÄrzteBl 84, 1987 B 671, zur Bewertung v Rechtsanwaltskanzleien Eich, Die Bewertung v Anwaltspraxen, 1995). 11

12 e) **Forderungen** werden grds mit dem Nennwert angesetzt. Der Wert zukünftiger oder ungewisser Forderungen ist zu schätzen. Zur Berechnung des Werts v Kapitallebensversicherungen s BGH NJW 95, 2781, zu Steuerrückerstattungsforderungen OLG Köln NJW 98, 3785.

§ 1377 Verzeichnis des Anfangsvermögens

(1) Haben die Ehegatten den Bestand und den Wert des einem Ehegatten gehörenden Anfangsvermögens und der diesem Vermögen hinzuzurechnenden Gegenstände gemeinsam in einem Verzeichnis festgestellt, so wird im Verhältnis der Ehegatten zueinander vermutet, dass das Verzeichnis richtig ist.
(2) ¹Jeder Ehegatte kann verlangen, dass der andere Ehegatte bei der Aufnahme des Verzeichnisses mitwirkt. ²Auf die Aufnahme des Verzeichnisses sind die für den Nießbrauch geltenden Vorschriften des § 1035 anzuwenden. ³Jeder Ehegatte kann den Wert der Vermögensgegenstände und der Verbindlichkeiten auf seine Kosten durch Sachverständige feststellen lassen.
(3) Soweit kein Verzeichnis aufgenommen ist, wird vermutet, dass das Endvermögen eines Ehegatten seinen Zugewinn darstellt.

1 I. Die Norm erleichtert durch die Aufstellung v Beweisregeln in Bezug auf das Anfangsvermögen **die Berechnung des Zugewinnausgleichsanspruchs**. Als Anfangsvermögen gilt bis zum konkreten Nachweis nur das, was die Eheleute selbst in einem Verzeichnis festgestellt haben (Abs 1, 3). Ohne ein solches Verzeichnis gilt daher das gesamte am Ende des Güterstands vorhandene Vermögen als Endvermögen, wenn nicht dem Ehegatten, dem es gehört, der Nachweis gelingt, dass er es schon beim Beginn des Güterstands hatte oder es später unentgeltlich erworben hat (vgl § 1374 II). Wegen der Bedeutung des Verzeichnisses gibt Abs 2 den Ehegatten einen gegenseitigen Anspruch auf Mitwirkung an seiner Erstellung.
2 II. In das Verzeichnis sollen **alle beim Eintritt des Güterstands vorhandenen Gegenstände** und die davon abzusetzenden **Verbindlichkeiten** aufgenommen werden. Wird später dem Anfangsvermögen hinzuzurechnendes Vermögen erworben (§ 1374 II), muss das Verzeichnis ergänzt werden, damit auch diese Gegenstände v der Wirkung des § 1377 erfasst werden.
3 **Die Aufstellung des Verzeichnisses** ist nicht zwingend. Sie kann bei Beginn des Güterstands oder später (für diesen Stichtag) erfolgen. Abs 2 räumt jedem Ehegatten einen gegen den anderen gerichteten Anspruch auf Mitwirkung an der Aufstellung ein. Mitwirkung bedeutet, dass die Ehegatten gemeinsam ein Verzeichnis erstellen, dieses datieren und unterzeichnen müssen. Jeder Ehegatte kann außerdem verlangen, dass das Verzeichnis durch die zuständige Behörde, den zuständigen Beamten oder einen Notar aufgenommen wird (Abs 2 S 2 iVm § 1035). Außerdem kann jeder auf seine Kosten den Wert der Vermögensgegenstände und der Verbindlichkeiten durch einen Sachverständigen feststellen lassen (Abs 2 S 3).
4 **Das Verzeichnis bewirkt** die Vermutung, dass das in ihm verzeichnete Vermögen das (gesamte) Anfangsvermögen darstellt (Abs 1). Der Beweis des Gegenteils ist zulässig. Zu Bewertungsvereinbarungen s § 1374 Rn 2. Wird kein Verzeichnis aufgestellt, wird vermutet, dass kein Anfangsvermögen vorhanden war, dass also das Anfangsvermögen null war. Daraus folgt wenigstens, dass das gesamte am Ende des Güterstands vorhandene Vermögen Zugewinn darstellt. Der Beweis des Gegenteils ist möglich. Beweisbelastet ist insoweit der Ehegatte, der Eigentümer des Vermögens ist, soweit es um ein höheres Anfangsvermögen geht und der andere Ehegatte, wenn er behauptet, das Anfangsvermögen sei kleiner als null gewesen.

§ 1378 Ausgleichsforderung

(1) Übersteigt der Zugewinn des einen Ehegatten den Zugewinn des anderen, so steht die Hälfte des Überschusses dem anderen Ehegatten als Ausgleichsforderung zu.

(2) ¹Die Höhe der Ausgleichsforderung wird durch den Wert des Vermögens begrenzt, das nach Abzug der Verbindlichkeiten bei Beendigung des Güterstands vorhanden ist. ²Die sich nach Satz 1 ergebende Begrenzung der Ausgleichsforderung erhöht sich in den Fällen des § 1375 Absatz 2 Satz 1 um den dem Endvermögen hinzuzurechnenden Betrag.
(3) ¹Die Ausgleichsforderung entsteht mit der Beendigung des Güterstands und ist von diesem Zeitpunkt an vererblich und übertragbar. ²Eine Vereinbarung, die die Ehegatten während eines Verfahrens, das auf die Auflösung der Ehe gerichtet ist, für den Fall der Auflösung der Ehe über den Ausgleich des Zugewinns treffen, bedarf der notariellen Beurkundung; § 127a findet auch auf eine Vereinbarung Anwendung, die in einem Verfahren in Ehesachen vor dem Prozessgericht protokolliert wird. ³Im Übrigen kann sich kein Ehegatte vor der Beendigung des Güterstands verpflichten, über die Ausgleichsforderung zu verfügen.

I. Die Norm enthält die **Kernregelung für den güterrechtlichen Zugewinnausgleich**, indem sie bestimmt, dass dieser in einer schuldrechtlichen Ausgleichsforderung des Ehegatten mit dem geringeren Zugewinn gegen den Ehegatten mit dem höheren Zugewinn in Höhe v grds 50 % der Wertdifferenz besteht (Abs 1), diesen aber im Interesse des ausgleichspflichtigen Ehegatten durch den Wert des zur Zeit der Beendigung des Güterstands vorhandenen Vermögens abzüglich der Verbindlichkeiten begrenzt (Abs 2). Diese Regelung wurde durch das Gesetz zur Änderung des Zugewinnausgleichs- und Vormundschaftsrechts v 6.7.2009 (BGBl I 1696) erheblich verändert. Außerdem normiert § 1378 den Entstehungszeitpunkt der Ausgleichsforderung und die Verfügbarkeit über sie (Abs 3). Die Regelung über die Verjährung des Zugewinnausgleichsanspruchs (Abs 4) wurde durch das G zur Änderung des Erb- und Verjährungsrechts (v 24.9.09, BGBl I 3142) mit Wirkung zum 1.1.10 aufgehoben. 1

II. 1. Der güterrechtliche Zugewinnausgleich findet dadurch statt, dass dem Ehegatten mit dem geringeren Zugewinn gegen den anderen grds ein **Zahlungsanspruch iHv 50 % der Wertdifferenz** zwischen den Zugewinnen beider Ehegatten eingeräumt wird. Die Berechnung des Zugewinns richtet sich nach § 1373, welches Anfangsvermögen zugrunde zu legen ist, ergibt sich aus § 1374, welches Endvermögen, bestimmt § 1375. Die Berechnungsstichtage ergeben sich aus § 1376 bzw aus §§ 1384, 1387. Der Ausgleich wird rein schuldrechtlich verwirklicht; der Berechtigte erhält (anders als beim erbrechtlichen Ausgleich nach § 1371 I) keinen dinglichen Anteil am Vermögen des anderen Ehegatten. 2

Der Zugewinnausgleichsanspruch ist **geringer, wenn das Endvermögen** abzüglich der Verbindlichkeiten **nicht ausreichen** würde, um die Ausgleichsforderung zu erfüllen. In diesem Fall wird die Ausgleichsforderung gekappt, soweit sie den Wert des Endvermögens abzüglich der Verbindlichkeiten übersteigt (Abs 2 S 1). Maßgebender Zeitpunkt ist grds das Ende des Güterstands. Wird der Güterstand aber durch ein gerichtliches Verfahren beendet, kommt es auch insoweit auf den Zeitpunkt der Rechtshängigkeit des dahin gehenden Antrags an; denn §§ 1384, 1387 wurden so verändert, dass der Zeitpunkt jetzt auch „für die Höhe" des Ausgleichsanspruchs maßgebend sein soll (BGH FamRZ 12, 1479). Die gegenteilige Rspr (BGH NJW 88, 2369) ist deswegen überholt (aA Kogel FamRB 09, 218, 219). 3

Fälle, in denen das Vermögen bei Beendigung des Güterstands geringer ist als das, das der Berechnung zugrunde gelegt wurde, können nur vorkommen, wenn der Zugewinn eines Ehegatten durch die Berücksichtigung v am Ende des Güterstands nicht mehr vorhandenem Vermögen höher als das tatsächlich vorhandene Vermögen ist. Die Norm führte früher in vielen Fällen dazu, dass die Hinzurechnungen zum Vermögen nach § 1375 II praktisch bedeutungslos waren, weil die aufgrund der Hinzurechnungen errechnete Ausgleichsforderung dann doch auf dem Niveau des vorhandenen Vermögens gekappt wurde. Der negativste Fall, der für den Ausgleichspflichtigen nach bisherigem Recht eintreten konnte, war, dass der er sein im Zeitpunkt der Beendigung des Güterstands vorhandenes Vermögen vollständig verlor. Schulden zur Begleitung des 4

§ 1378

Zugewinnausgleichs musste er aber nicht aufnehmen (es sei denn, er wollte die vorhandenen Vermögensgegenstände nicht veräußern).

5 Diese Rechtslage hat sich durch das Gesetz zur Änderung des Zugewinnausgleichs- und Vormundschaftsrechts v 6.7.09 (BGBl I 1696) geändert. Abs 2 S 2 bestimmt jetzt ausdrücklich, dass die sich nach Abs 2 S 1 ergebende Begrenzung der Ausgleichsforderung sich **in den Fällen des § 1375 II 1 um den dem Endvermögen hinzuzurechnenden Betrag erhöht.** Das bedeutet, dass genau der Wert der Vermögensverringerung zu dem nach Abs 2 S 1 errechneten Betrag addiert wird. Die Ausgleichsforderung kann deswegen bis zu diesem Betrag höher sein als das am Ende des Güterstands vorhandene Vermögen. Der Ausgleichspflichtige muss in diesen Fällen dann durch Kreditaufnahme oder ähnliches dafür sorgen, dass die Ausgleichsforderung bedient wird. Außerdem kann der Ausgleichsberechtigte in diesen Fällen, v Dritten, an die sein Ehegatte Vermögen weggegeben hat, nach § 1390 Wertersatz für das v ihnen Erlangte verlangen.

6 Es ist aber zu beachten, dass es in allen **anderen Fällen,** in denen die Verringerung des Vermögens des Ausgleichspflichtigen nicht auf Vorgänge iSd § 1375 II zurückzuführen ist, weiter bei dem Prinzip bleibt, dass die Ausgleichsforderung durch das am Ende des Güterstands (bzw des relevanten Stichtags) vorhandene Vermögen begrenzt wird. Die Forderung wird dann in Höhe des Wertes des Vorhandenen gekappt. In Betracht kommt das etwa bei Zugewinnen eines Ehegatten, welche ausschließlich im negativen Bereich erzielt wurden (negatives Anfangs und negatives Endvermögen, wobei aber Schulden abgebaut wurden) und bei einem sehr negativen Anfangsvermögen auch dann, wenn ein positives Endvermögen gegeben ist.

7 2. Die Ausgleichsforderung **entsteht mit dem Ende des Güterstands.** Sie ist v diesem Zeitpunkt an vererblich und übertragbar. Entgegen dem etwas missverständlichen Wortlaut v Abs 3 S 2 können die Eheleute aber bereits Verpflichtungen zu Verfügungen über die Ausgleichsforderung treffen; denn die Regelung bezieht sich allein auf die dabei einzuhaltende Form (vgl BGHZ 86, 143, Form des Abs 2 S 2 bei Verpflichtungen vor dem Ende des Güterstands). Unwirksam ist eine Verfügung wegen Verstoßes gegen § 134 aber auch dann, wenn der Verfügende im Zusammenhang mit ihr Ansprüche gegen Dritte erlangt (zB wegen Vereinbarung einer Schuldübernahme). Bedeutsam ist allein, dass er auch auf Zugewinnausgleichsansprüche verzichtet (BGH FamRZ 04, 1352).

8 **Fällig** ist die Forderung mit der Rechtskraft des Beschlusses, durch den die Ehe geschieden und über den Zugewinnausgleich entschieden wird (vgl §§ 137, 148 FamFG), sonst mit der Rechtskraft des Beschlusses über den Zugewinnausgleich. Erst v diesem Zeitpunkt a kommt daher eine Verzinsung nach §§ 286, 288 in Betracht. Pfändbar wird die Forderung, sobald sie anerkannt oder rechtshängig geworden ist (§ 852 II ZPO).

9 Da die **Regeln über den Zugewinnausgleich dispositiv** sind, können die Eheleute in jedem Stadium des Güterstands v den §§ 1363 ff abweichende Regelungen treffen. Während (bzw vor Eintritt) des Güterstands ist dazu ein Ehevertrag erforderlich (§§ 1408, 1410). Eine Vereinbarung, die die Ehegatten während eines Verfahrens, das auf die Auflösung der Ehe gerichtet ist, für den Fall der Auflösung der Ehe über den Ausgleich des Zugewinns treffen, bedarf (ebenfalls) der notariellen Beurkundung oder ist als gerichtlicher Vergleich zu protokollieren (Abs 2 S 2, § 127a).

10 Die **Ausgleichsforderung verjährt** seit dem 1.1.10 in der Regelverjährungsfrist des § 195. Die bis dahin geltende in Abs 4 aF enthaltene Sonderregelung ist durch das Gesetz zur Änderung des Erb- und Verjährungsrechts (v 24.9.09, BGBl I 3142) aufgehoben worden.

11 **Verfahren:** Der Ausgleichsanspruch kann entweder durch einstweilige Anordnung (§§ 49 ff FamFG) oder durch einen dinglichen Arrest (§ 119 FamFG, §§ 916 ff ZPO) gesichert werden, sobald er als Scheidungsfolgesache im Rahmen einer rechtshängigen Ehesache geltend gemacht werden könnte (so schon OLG Düsseldorf FamRZ 94, 114, OLG Karlsruhe FamRZ 95, 882, OLG Hamm FamRZ 97, 181, OLG Hamburg FPR 02, 561 zum früheren Recht). Der früher bestehende Streit (vgl auch OLG

Koblenz FamRZ 99, 97; OLG Stuttgart NJW-RR 96, 961) hat sich durch die Aufhebung des § 1389 erledigt.

§ 1379 Auskunftspflicht

(1) ¹Ist der Güterstand beendet oder hat ein Ehegatte die Scheidung, die Aufhebung der Ehe, den vorzeitigen Ausgleich des Zugewinns bei vorzeitiger Aufhebung der Zugewinngemeinschaft oder die vorzeitige Aufhebung der Zugewinngemeinschaft beantragt, kann jeder Ehegatte von dem anderen Ehegatten
1. Auskunft über das Vermögen zum Zeitpunkt der Trennung verlangen;
2. Auskunft über das Vermögen verlangen, soweit es für die Berechnung des Anfangs- und Endvermögens maßgeblich ist.

²Auf Anforderung sind Belege vorzulegen. ³Jeder Ehegatte kann verlangen, dass er bei der Aufnahme des ihm nach § 260 vorzulegenden Verzeichnisses zugezogen und dass der Wert der Vermögensgegenstände und der Verbindlichkeiten ermittelt wird. ⁴Er kann auch verlangen, dass das Verzeichnis auf seine Kosten durch die zuständige Behörde oder durch einen zuständigen Beamten oder Notar aufgenommen wird.

(2) ¹Leben die Ehegatten getrennt, kann jeder Ehegatte von dem anderen Ehegatten Auskunft über das Vermögen zum Zeitpunkt der Trennung verlangen. ²Absatz 1 Satz 2 bis 4 gilt entsprechend.

I. Die Norm soll es jedem Ehegatten ermöglichen, das für die Berechnung des Zugewinnausgleichsanspruchs relevante Anfangs- (§ 1374) und Endvermögen (§ 1375) sowie das im Zeitpunkt der Trennung vorhandene Vermögen (wichtig wegen § 1375 II 2) zu ermitteln. Es räumt ihm dazu einen **Anspruch auf Auskunft**, auf Vorlage eines Vermögensverzeichnisses und auf Vorlage v Belegen gegen den anderen Ehegatten ein. Die Regelung wurde durch das Gesetz zur Änderung des Zugewinnausgleichs- und Vormundschaftsrechts v 6.7.09 (BGBl I 1696) erheblich erweitert (Anspruch in Bezug auf Anfangs- und Trennungszeitvermögen, Belegvorlage). 1

II. 1. Der Auskunftsanspruch nach Abs 1 a) **setzt voraus**, dass entweder der Güterstand beendet ist, dass ein Antrag auf Scheidung oder Aufhebung der Ehe rechtshängig ist oder dass ein Antrag auf vorzeitige Aufhebung der Zugewinngemeinschaft (Fälle der §§ 1385, 1386) rechtshängig ist. 2

Der **Anspruch ist wegen Rechtsmissbrauchs ausgeschlossen**, wenn bereits ohne genauere Ermittlung des Vermögens feststeht, dass der um Auskunft nachsuchende Ehegatte keinen Zugewinnausgleichsanspruch haben wird, weil § 1381 eingreift (BGH NJW 72, 433; 80, 1462; einschränkend OLG Brandenburg FamRZ 09, 1067) oder weil der eigene Zugewinn des Auskunft verlangenden Ehegatten oder das Anfangsvermögen des anderen Ehegatten so hoch ist, dass es das voraussichtlich vorhandene Endvermögen überschreitet (OLG Koblenz FamRZ 85, 286). Ist der Auskunftsanspruch als Teil eines Stufenantrags geltend gemacht, ist in diesem Fall der gesamte Antrag abzuweisen. 3

b) **Der Auskunftsanspruch bezieht sich** auf das zum Trennungszeitpunkt vorhandene und das an den Bewertungsstichtagen (§§ 1376, 1384, 1387) vorhandene Anfangs- und Endvermögen einschließlich der Verbindlichkeiten. Darin unterscheidet sich die Neufassung v früheren Recht, wo sich der Auskunftsanspruch nur auf das Endvermögen bezogen hatte. Der Anspruch betrifft aber wie früher nur auf das an den Stichtagen vorhandene Vermögen, nicht auf das zu anderen Terminen vorhandene Vermögen (OLG Hamm FamRZ 93, 194) und auch nicht auf den Verbleib v Gegenständen, die sich am Bewertungsstichtag nicht mehr im Vermögen des anderen Ehegatten befinden (beim Endvermögen). 4

2. Der Auskunftsanspruch nach Abs 2 (in Bezug auf das Vermögen zum Trennungszeitpunkt) setzt nur voraus, dass die Ehegatten iSd § 1567 **getrennt leben**. Irgendein Verfahren braucht nicht anhängig zu sein. Auch dieser Anspruch kann aber wegen Rechtsmissbrauchs ausgeschlossen sein, wenn unzweifelhaft feststeht, dass kein Zugewinnausgleichsanspruch bestehen kann; denn der Anspruch ist kein Selbstzweck, son- 5

dern soll es dem Ehegatten nur ermöglichen, Hinzurechnungsfälle nach § 1375 II zu erkennen.

6 3. **Die Auskunftsansprüche werden erfüllt durch** die Vorlage einer geordneten Aufstellung aller zum Vermögen gehörenden Gegenstände, die einen materiellen Wert besitzen und der gegen den auskunftspflichtigen Ehegatten gerichteten Forderungen (Abs 1 S 2 iVm § 260 I). Ausgenommen sind aber solche Gegenstände, die nicht v Zugewinnausgleich erfasst werden, dh Haushaltsgegenstände und dem Versorgungsausgleich unterliegende Versorgungsanrechte (§ 1372 Rn 2).

7 Soweit zur Bewertung erforderlich, muss eine genaue **Zustandsbeschreibung** vorgelegt werden. Die Angaben müssen so konkret sein, dass einem Sachverständigen die Berechnung des Werts möglich ist. Eine Wertangabe ist dag in keinem Fall erforderlich (aA OLG Stuttgart FamRZ 82, 282 für eine Briefmarkensammlung; OLG Köln FamRZ 98, 1515 für den Rückkaufswert einer Lebensversicherung). Die Bewertung muss der Auskunft verlangende Ehegatte selbst auf seine Kosten veranlassen (Abs 1 S 2 aE). Soweit Hinzurechnungen zum Endvermögen nach § 1375 II in Betracht kommen, bezieht sich der Auskunftsanspruch auch auf die Vermögensminderung (OLG Karlsruhe FamRZ 80, 1119; BGH NJW 05, 1492). Eine Unterschrift unter der Aufstellung ist nicht erforderlich (OLG Karlsruhe FamRZ 04, 106; KG FamRZ 97, 503 gegen OLG München FamRZ 95, 737).

8 Auf Anforderung sind **Belege** vorzulegen (Abs 1 S 2). Das betrifft aber nur vorhandene Belege, ein Anspruch darauf, dass der Auskunftspflichtige sich erst noch bei Dritten Belege verschafft, besteht nicht.

9 Der Auskunftsberechtigte kann verlangen, dass das **Verzeichnis durch die zuständige Behörde**, den zuständigen Beamten oder Notar aufgenommen wird. Die Kosten dafür muss er tragen (Abs 1 S 3). Besteht Grund zu der Annahme, dass das Verzeichnis nicht mit der erforderlichen Sorgfalt aufgestellt wurde, kann der Auskunftsberechtigte verlangen, dass der Verpflichtete die Richtigkeit und Vollständigkeit an Eides statt versichert (Abs 1 S 2 iVm § 260 II).

10 Der Auskunftsberechtigte kann verlangen, dass der **Wert** der im Verzeichnis aufgeführten Gegenstände **ermittelt** wird, dh dass der andere Ehegatten an der Wertermittlung mitwirkt, vor allem, dass er die betroffenen Gegenstände einem Sachverständigen zur Bewertung zugänglich macht (vgl OLG München FamRZ 82, 279).

11 Die **Kosten** für die Auskunft trägt der Auskunftspflichtige (BGHZ 64, 63), die Kosten der Wertermittlung durch einen Sachverständigen der Auskunftsberechtigte (BGHZ 84, 31; OLG Karlsruhe NJW 10, 451; aA OLG München FamRZ 92, 279).

12 **III. Verfahren**: Der Streit über den Auskunftsanspruch ist als Güterrechtssache Familiensache. Wird er im Scheidungsverfahren geltend gemacht, fällt er in den Verbund. Er muss dann als erste Stufe eines Stufenantrags geltend gemacht werden (OLG Hamm FamRZ 93, 984; 94, 49).

§ 1380 Anrechnung von Vorausempfängen

(1) ¹Auf die Ausgleichsforderung eines Ehegatten wird angerechnet, was ihm von dem anderen Ehegatten durch Rechtsgeschäft unter Lebenden mit der Bestimmung zugewendet ist, dass es auf die Ausgleichsforderung angerechnet werden soll. ²Im Zweifel ist anzunehmen, dass Zuwendungen angerechnet werden sollen, wenn ihr Wert den Wert von Gelegenheitsgeschenken übersteigt, die nach den Lebensverhältnissen der Ehegatten üblich sind.

(2) ¹Der Wert der Zuwendung wird bei der Berechnung der Ausgleichsforderung dem Zugewinn des Ehegatten hinzugerechnet, der die Zuwendung gemacht hat. ²Der Wert bestimmt sich nach dem Zeitpunkt der Zuwendung.

1 I. Die Norm soll eine **übermäßige Beteiligung eines Ehegatten** an dem während des Güterstands Erwirtschafteten **vermeiden**, die entstehen könnte, wenn ein Ehegatte zunächst erhebliche unentgeltliche Zuwendungen v seinem Partner erhält, dann aber der vollen Zugewinnausgleich verlangt. Ihre Bedeutung erhöht sich, wenn man entgegen

der hier vertretenen Meinung (§ 1374 Rn 11) auch unentgeltliche Zuwendungen unter Eheleuten in den Anwendungsbereich des § 1374 II einbezieht; denn dann erhöhten die Zuwendungen auch das Anfangsvermögen des begünstigten Ehegatten und erniedrigen damit auch dann dessen Zugewinn, wenn sie am Ende des Güterstands noch vorhanden sind.

II. 1. **Voraussetzungen** der Anrechnung sind: a) Es findet ein **Ausgleich des Zugewinns nach der güterrechtlichen Lösung** statt. Bei erbrechtlichem Ausgleich des Zugewinns (§ 1371 I) kommt eine Anrechnung nicht in Betracht.

b) Es handelt sich um eine **unentgeltliche Zuwendung unter Lebenden**. Das kann eine Schenkung, eine gemischte Schenkung (dann Unentgeltlichkeit in Höhe der Wertdifferenz zur Gegenleistung) und auch eine sog unbenannte Zuwendung sein.

c) Die Zuwendung muss **während des Güterstands** erfolgt sein. Vor seinem Beginn (zB während der Verlobungszeit) erfolgte Zuwendungen bleiben außer Betracht.

d) Der Zuwendende muss **bei der Zuwendung bestimmt haben, dass** sie auf die Zugewinnausgleichsforderung **angerechnet werden soll**. Der Anrechnungswille wird vermutet, wenn der Wert der Zuwendung den v Gelegenheitsgeschenken übersteigt, die nach den Lebensverhältnissen der Ehegatten üblich sind (Abs 1 S 2). Beide Voraussetzungen müssen kumulativ erfüllt sein. Gelegenheitsgeschenke sind vor allem solche zu Geburts- oder Jubiläumstagen, Weihnachten usw. Was üblich ist, ist durch einen Vergleich mit den Geschenken zu ermitteln, die sich andere Eheleute in vergleichbarer Einkommens- und Vermögenssituation zu machen pflegen.

e) Die Anrechnung erfolgt nur, wenn der **Zuwendungsempfänger ausgleichsberechtigt** ist (BGHZ 82, 227).

2. **Die Anrechnung erfolgt dadurch**, dass zunächst der Wert des Zugewendeten (im Zeitpunkt der Zuwendung, Abs 2 S 2) dem Zugewinn des Zuwendenden zugerechnet (und beim Zuwendungsempfänger abgezogen) wird (Abs 2 S 1). Anschließend wird v diesen Beträgen ausgehend die hypothetische Ausgleichsforderung des Zuwendungsempfängers berechnet und v dieser dann der Wert der Zuwendung abgezogen. Zu unterschiedlichen Ergebnissen führt die Anwendung des § 1380 nur dann, wenn das Vermögen des Zuwendungsempfängers kleiner ist als der Wert der Zuwendung.

§ 1381 Leistungsverweigerung wegen grober Unbilligkeit

(1) Der Schuldner kann die Erfüllung der Ausgleichsforderung verweigern, soweit der Ausgleich des Zugewinns nach den Umständen des Falles grob unbillig wäre.
(2) Grobe Unbilligkeit kann insbesondere dann vorliegen, wenn der Ehegatte, der den geringeren Zugewinn erzielt hat, längere Zeit hindurch die wirtschaftlichen Verpflichtungen, die sich aus dem ehelichen Verhältnis ergeben, schuldhaft nicht erfüllt hat.

I. **Die Vorschrift ermöglicht Korrekturen** des Zugewinnausgleichs in Härtefällen, indem sie dem Schuldner ein Leistungsverweigerungsrecht für den Fall einräumt, dass der Ausgleich des Zugewinns nach den gesamten Umständen des Einzelfalls grob unbillig wäre (Abs 1). Die Anwendung v § 1381 hat Ausnahmecharakter. Zu beachten ist auch, dass mit § 1381 nur dem Ausgleichspflichtigen geholfen werden kann. Liegen in dessen Person Härtegründe vor, führt das nicht zur Erhöhung des gegen ihn gerichteten Anspruchs.

Wegen seiner Korrekturfunktion ist § 1381 **nicht im Voraus abdingbar**. Weil aber die Eheleute auf den entstandenen Zugewinnausgleichsanspruch auch insgesamt verzichten können (vgl § 1378 III), ist der Verzicht auf die bereits entstandene Einrede zulässig.

II. 1. **Voraussetzung** des Leistungsverweigerungsrechts ist allein, dass die vollständige Durchführung des Zugewinnausgleichs grob unbillig wäre. Das setzt voraus, dass die volle Durchführung des Zugewinnausgleichs dem Gerechtigkeitsempfinden in unerträglichem Maß widerspricht (BGH NJW 73, 749; FamRZ 92, 787). Ob das zutrifft, ist in einer wertenden Betrachtung der gesamten Umstände des Einzelfalls zu ermitteln. Eine Systematisierung ist nur schwer möglich. Ein Beispiel nennt Abs 2 mit der längerdauernden Nichterfüllung der wirtschaftlichen Verpflichtungen aus der Ehe (zB Unterhaltspflicht, vgl OLG Düsseldorf FamRZ 87, 821) durch den Ausgleich begehrenden Ehegatten. Dem gleichzustellen ist anderes gewichtiges wirtschaftliches Fehlverhalten, wie die Verschwendung v Vermögen oder die Belastung mit Verbindlichkeiten ohne ausreichende Gegenleistung. Auch schwere Eheverfehlungen können zur Anwendung v § 1381 führen, wenn sie einen Vermögensbezug aufweisen, etwa wenn die Verfehlungen zur Trennung der Eheleute geführt haben und der Zugewinn erst danach erzielt wurde oder wenn durch die Verfehlung unmittelbar negative Folgen für das Vermögen des nun Ausgleichspflichtigen eingetreten sind (Hauptfall: Belastung mit Unterhalt für scheinbar eigene Kinder). Insgesamt ist aber höchste Zurückhaltung geboten, um nicht auf dem Umweg über den Zugewinnausgleich das Verschuldensprinzip wieder einzuführen. Eheverfehlungen ohne wirtschaftliche Auswirkungen sind immer ohne Bedeutung (str, aA BGHZ 46, 343, 352; OLG Hamm FamRZ 90, 627; OLG Bamberg FamRZ 90, 408; OLG Düsseldorf FamRZ 09, 1068, die die Berufung auf sonstige Verfehlungen zulassen, wenn sie schwerwiegend und langandauernd sind). Zu den nicht pflichtverletzungsbezogenen Anwendungsfeldern des § 1381 gehören Bewertungsungerechtigkeiten (vgl BGH FamRZ 12, 1479; OLG Hamburg FamRZ 88, 1166), die Korrektur v Unterhaltsüberzahlungen (OLG Köln NJWE-FER 98, 194) und die Gefährdung der eigenen Versorgung des Ausgleichsverpflichteten, die weder durch eine Stundung der Ausgleichsforderung (§ 1382) noch durch die Übertragung v Gegenständen (§ 1383) behoben werden kann (BGH NJW 70, 1600). Außerdem ist der Ausgleich v Zugewinn, der nur aus Schadensersatzleistungen besteht, hier einzuordnen; denn der Schadensersatz soll entstandene und künftige Nachteile ausgleichen, so dass es unbillig erscheint, den Ehegatten daran partizipieren zu lassen (OLG Stuttgart FamRZ 94, 1328). Etwas anderes kann deswegen wieder dann gelten, wenn der ausgleichsberechtigte Ehegatte über lange Zeit die Folgen des schadensersatzauslösenden Ereignisses mitgetragen hat (zB Pflege des Ausgleichspflichtigen, OLG Stuttgart FamRZ 02, 99). Unbillig ist der Ausgleich auch, wenn der Zugewinn im Wesentlichen aus Wertsteigerungen v Vermögen aus vorweggenommener Erbfolge besteht, das die Zukunft des unausgebildeten Empfängers sichern sollte (OLG Schleswig NJW-RR 98, 1225). Regelmäßig nicht ausreichend ist dag idR die Tatsache, dass die Eheleute lange Zeit getrennt gelebt haben und das Vermögen in dieser Zeit erworben wurde (BGH NJW-Spezial 13, 709).

4 2. § 1381 gibt dem Ausgleichspflichtigen das **Recht, die Erfüllung** des Zugewinnausgleichsanspruchs ganz oder teilweise **zu verweigern**. Es handelt sich um eine Einrede, die entweder im Verfahren geltend gemacht oder deren Erhebung im Verfahren v Ausgleichspflichtigen vorgetragen (und notfalls bewiesen) werden muss. Ihr Umfang richtet sich danach, was erforderlich ist, um die Unbilligkeit des Zugewinnausgleichs zu beseitigen.

§ 1382 Stundung

(1) ¹Das Familiengericht stundet auf Antrag eine Ausgleichsforderung, soweit sie vom Schuldner nicht bestritten wird, wenn die sofortige Zahlung auch unter Berücksichtigung der Interessen des Gläubigers zur Unzeit erfolgen würde. ²Die sofortige Zahlung würde auch dann zur Unzeit erfolgen, wenn sie die Wohnverhältnisse oder sonstigen Lebensverhältnisse gemeinschaftlicher Kinder nachhaltig verschlechtern würde.
(2) Eine gestundete Forderung hat der Schuldner zu verzinsen.
(3) Das Familiengericht kann auf Antrag anordnen, dass der Schuldner für eine gestundete Forderung Sicherheit zu leisten hat.
(4) Über Höhe und Fälligkeit der Zinsen und über Art und Umfang der Sicherheitsleistung entscheidet das Familiengericht nach billigem Ermessen.
(5) Soweit über die Ausgleichsforderung ein Rechtsstreit anhängig wird, kann der Schuldner einen Antrag auf Stundung nur in diesem Verfahren stellen.
(6) Das Familiengericht kann eine rechtskräftige Entscheidung auf Antrag aufheben oder ändern, wenn sich die Verhältnisse nach der Entscheidung wesentlich geändert haben.

I. Die Vorschrift soll die Härten mildern, die die sofortige Fälligkeit des Zugewinnausgleichsanspruchs (vgl § 1378 Rn 4) mit sich bringen kann, indem sie es dem Familiengericht erlaubt, die Zugewinnausgleichsforderung zu stunden. Die Forderung ist dann zu verzinsen, und es kann die Leistung einer Sicherheit angeordnet werden (Abs 2–4).

Die Stundung geht einer Härtefallentscheidung nach § 1381 vor. Solange sie möglich ist, kommt die Herabsetzung der Ausgleichsforderung nicht in Betracht.

II. 1. Voraussetzung für die Stundung ist a) ein Zugewinnausgleich nach güterrechtlichen Regeln (§§ 1378, 1371 II). Im Fall des § 1371 I (erbrechtliche Lösung) ist sie ausgeschlossen.

b) Der Schuldner muss einen **Stundungsantrag** stellen. Solange ein Rechtsstreit über den Zugewinnausgleich anhängig ist, kann er nur in diesem Verfahren gestellt werden (Abs 5).

c) Die sofortige **Zahlung würde zur Unzeit erfolgen.** Das ist der Fall, wenn die sofortige Fälligkeit eine erhebliche wirtschaftliche oder anders geartete Härte für den Ausgleichspflichtigen mit sich bringen würde. Zu denken ist etwa an den Zwang, bei schlechter Marktlage Vermögensteile veräußern oder einen Gewerbebetrieb aufgeben zu müssen, während bei kurzem Zuwarten ein wesentlich höherer Erlös erzielt werden könnte. Um die Kinder, die in einer Scheidung besonders leiden, nicht auch noch durch eine negative Änderung ihrer Lebensumstände zu belasten, nennt Abs 1 S 2 als Unterfall der Zahlung zur Unzeit, dass die sofortige Zahlung die Wohnverhältnisse oder sonstigen Lebensverhältnisse gemeinschaftlicher (auch volljähriger) Kinder nachhaltig verschlechtern würde.

d) Die Stundung **muss dem Ausgleichsberechtigten zumutbar sein.** Die Stundung soll grds die Ausnahme sein. Das Interesse des Ausgleichspflichtigen an der Stundung muss daher das des Ausgleichsberechtigten an sofortiger Zahlung deutlich überwiegen. Das kommt vor allem in Betracht, wenn der Ausgleichsberechtigte durch eigenes Vermögen oder Einkünfte wirtschaftlich gesichert ist. Berücksichtigt werden kann auch Verhalten, das nach § 1381 zu einer Herabsetzung oder dem Ausschluss des Zugewinnausgleichs führen könnte; denn wenn der Pflichtige den Ausgleich ganz verweigern könnte, muss er erst recht (nur) die Stundung verlangen können.

2. Die Stundung kann in der Einräumung einer **Zahlungsfrist** oder in der Gewährung v **Ratenzahlungen** bestehen. Außerdem setzt das Gericht eine Verzinsung fest (Abs 2), ist dabei aber nicht an den gesetzlichen Zinssatz gebunden (Abs 4, BayObLG FamRZ 81, 392). Das Familiengericht kann auf Antrag des Ausgleichsberechtigten auch anordnen, dass der Ausgleichspflichtige Sicherheit zu leisten hat (Abs 3). Auch hier entscheidet es nach billigem Ermessen, ist also nicht an die Grenzen der §§ 232 ff gebunden.

3. Das Familiengericht kann eine rechtskräftige **Entscheidung auf Antrag aufheben oder ändern,** wenn sich die Verhältnisse nach der Entscheidung wesentlich geändert haben (Abs 6). Es muss eine objektive Änderung der zur Zeit der Entscheidung maßgeblichen Verhältnisse vorliegen; eine Fehleinschätzung allein reicht nicht. Worauf die Änderung beruht, ist unerheblich. Sie kann bei den Beteiligten liegen oder mit diesen nicht in Zusammenhang stehende Umstände betreffen (zB allg Geldentwertung in dem Land, in dem sie ihr Vermögen angelegt haben).

III. Verfahren: Das Verfahren nach § 1382 ist Familiensache (§§ 111 Nr 9, 261 II FamFG). Der Rechtspfleger ist zuständig, wenn die Stundung weder im Zusammenhang mit einer Scheidung noch einem Streit über den Ausgleichsanspruch beantragt wird (§ 14 Nr 2 RPflG). Bei gleichzeitiger Anhängigkeit eines Scheidungsverfahrens fällt die Stundung in den Entscheidungsverbund (§ 137 FamFG). In diesem Fall ist der Richter zuständig (§§ 3 Nr 2 a, 14 Nr 2 RPflG). Entschieden wird nach dem neuen Verfahrensrecht immer durch Beschluss (§§ 38, 116 I FamFG).

§ 1383 Übertragung von Vermögensgegenständen

(1) Das Familiengericht kann auf Antrag des Gläubigers anordnen, dass der Schuldner bestimmte Gegenstände seines Vermögens dem Gläubiger unter Anrechnung auf die Ausgleichsforderung zu übertragen hat, wenn dies erforderlich ist, um eine grobe Un-

billigkeit für den Gläubiger zu vermeiden, und wenn dies dem Schuldner zugemutet werden kann; in der Entscheidung ist der Betrag festzusetzen, der auf die Ausgleichsforderung angerechnet wird.
(2) Der Gläubiger muss die Gegenstände, deren Übertragung er begehrt, in dem Antrag bezeichnen.
(3) § 1382 Abs. 5 gilt entsprechend.

1 I. Die Vorschrift soll die **Härten mildern**, die für den Ausgleichsberechtigten daraus entstehen können, dass der Zugewinnausgleich grds durch die Zahlung v Geld durchgeführt wird (vgl § 1378).
2 II. **Voraussetzung** der Übertragung v Vermögensgegenständen ist zunächst, dass die Übertragung erforderlich ist, um eine grobe Unbilligkeit für den Ausgleichsberechtigten zu vermeiden. Es ist ein strenger Maßstab anzulegen, um nicht über § 1383 den Zugewinnausgleich doch noch zu einer dinglichen Beteiligung werden zu lassen. Zu denken ist an Gegenstände, die einen besonderen Affektionswert für den Ausgleichsberechtigten haben oder aus seiner Familie stammen. Die Übertragung muss v Ausgleichsberechtigten beantragt werden. Wenn ein Rechtsstreit über den Zugewinnausgleich anhängig ist, kann das nur in diesem Verfahren geschehen (Abs 3, § 1382 V). In dem Antrag müssen die Gegenstände, deren Übertragung begehrt wird, genau bezeichnet werden (Abs 2). Der Ausgleichspflichtige hat dag keine Möglichkeit, die Übertragung v Gegenständen statt der Geldzahlung durchzusetzen. Die Übertragung muss dem Ausgleichspflichtigen zumutbar sein. Das scheidet aus, wenn der Gegenstand für ihn ein besonderes Affektionsinteresse besitzt oder die Grundlage seiner beruflichen oder geschäftlichen Tätigkeit bildet.
3 Mit der Anordnung, die Gegenstände zu übertragen, setzt das Gericht den **Wert** fest, mit dem sie auf die Ausgleichsforderung angerechnet werden.

§ 1384 Berechnungszeitpunkt des Zugewinns und Höhe der Ausgleichsforderung bei Scheidung

Wird die Ehe geschieden, so tritt für die Berechnung des Zugewinns und für die Höhe der Ausgleichsforderung an die Stelle der Beendigung des Güterstandes der Zeitpunkt der Rechtshängigkeit des Scheidungsantrags.

1 I. Die Vorschrift dient der **Sicherung des Entscheidungsverbunds im Scheidungsverfahren** (§ 137 FamFG). Gäbe es sie nicht, könnte über den Zugewinnausgleich nicht gleichzeitig mit der Scheidung entschieden werden, weil der maßgebliche Berechnungszeitpunkt, das Ende des Güterstands, noch in der Zukunft läge, weil dieser erst mit der Rechtskraft des Scheidungsbeschlusses aufgelöst wird (vgl § 1376 II).
2 II. **Anwendbar** ist § 1384 bei Beendigung des Güterstands durch Scheidung und Aufhebung der Ehe (§ 1318 III). Bei dem Berechnungsstichtag bleibt es auch, wenn eines dieser Verfahren rechtshängig und die Voraussetzungen für eine positive Entscheidung gegeben sind, das Verfahren aber wegen des Todes eines Ehegatten nicht zu Ende geführt wird (BGH FamRZ 04, 527). Außerdem muss es bei dem Berechnungsstichtag bleiben, wenn der Scheidungsantrag zwar zurückgenommen wird, sich aber (mindestens) ein Ehegatte vorbehält, die Folgesache Zugewinnausgleich in einem selbständigen Verfahren fortzuführen (KG FamRZ 05, 805).
3 **Stichtag für die Berechnung des Zugewinns** und die Höhe der Ausgleichsforderung ist statt des Zeitpunkts der Beendigung des Güterstands der Zeitpunkt, zu dem das Scheidungsverfahren rechtshängig geworden ist. Das ist der Tag, an dem der Scheidungsantrag dem anderen Ehegatten zugestellt wird (OLG München FamRZ 82, 350). Bei gegenseitigen Scheidungsanträgen kommt es darauf an, welcher Scheidungsantrag zur Scheidung führt (BGH NJW 79, 2099; OLG Koblenz FamRZ 81, 260). Ohne Bedeutung ist – selbst bei großer Differenz – der Termin, zu dem sich die Ehegatten getrennt haben (OLG Hamm FamRZ 92, 1180; KG NJW-RR 96, 1090). Bei längerer Trennung besteht allerdings die Möglichkeit, nach § 1385 die vorzeitige Beendigung der Zuge-

winngemeinschaft mit vorzeitigem Ausgleich des Zugewinns zu beantragen oder nach § 1386 die vorzeitige Beendigung der Zugewinngemeinschaft zu betreiben (Stichtag dann: § 1387).

§ 1385 Vorzeitiger Zugewinnausgleich des ausgleichsberechtigten Ehegatten bei vorzeitiger Aufhebung der Zugewinngemeinschaft

Der ausgleichsberechtigte Ehegatte kann vorzeitigen Ausgleich des Zugewinns bei vorzeitiger Aufhebung der Zugewinngemeinschaft verlangen, wenn
1. die Ehegatten seit mindestens drei Jahren getrennt leben,
2. Handlungen der in § 1365 oder § 1375 Absatz 2 bezeichneten Art zu befürchten sind und dadurch eine erhebliche Gefährdung der Erfüllung der Ausgleichsforderung zu besorgen ist,
3. der andere Ehegatte längere Zeit hindurch die wirtschaftlichen Verpflichtungen, die sich aus dem ehelichen Verhältnis ergeben, schuldhaft nicht erfüllt hat und anzunehmen ist, dass er sie auch in Zukunft nicht erfüllen wird, oder
4. der andere Ehegatte sich ohne ausreichenden Grund beharrlich weigert oder sich ohne ausreichenden Grund bis zur Erhebung der Klage auf Auskunft beharrlich geweigert hat, ihn über den Bestand seines Vermögens zu unterrichten.

§ 1386 Vorzeitige Aufhebung der Zugewinngemeinschaft

Jeder Ehegatte kann unter entsprechender Anwendung des § 1385 die vorzeitige Aufhebung der Zugewinngemeinschaft verlangen.

I. §§ 1385, 1386 regeln **Sonderfälle**, in denen ausnahmsweise die Zugewinngemeinschaft gegen den Willen des anderen Partners vorzeitig beendet werden kann. Die genannten Fälle sind abschließend. Die Normen wurden durch das Gesetz zur Änderung des Zugewinnausgleichs- und Vormundschaftsrechts v 6.7.09 (BGBl I 1696) vollständig umstrukturiert und neu gefasst. Unterschieden werden nun die vorzeitige Beendigung der Zugewinngemeinschaft mit Verlangen des Zugewinnausgleichs durch den Berechtigten (§ 1385) und die vorzeitige Aufhebung der Zugewinngemeinschaft ohne Ausgleich des Zugewinns (§ 1386). Die Voraussetzungen für beide Fälle sind identisch, sie unterscheiden sich nur dadurch, dass § 1385 die Beendigung der Zugewinngemeinschaft mit dem Ausgleichsverlangen verknüpft, während es § 1386 gestattet, nur die Zugewinngemeinschaft aufzuheben. Diese Regelung bezieht sich vor allem auf den Ausgleichspflichtigen, der auf diese Art die Zugewinngemeinschaft beenden kann, wenn er meint, dass ein späteres Ende wegen des dann anderen Berechnungszeitpunkts für die Berechnung des Endvermögens für ihn nachteiliger sein könnte. 1

II. 1. Die Fälle, in denen vorzeitiger Zugewinnausgleich verlangt werden kann, sind: **a) Getrenntleben der Ehegatten v mindestens 3 Jahren** (§ 1385 Nr. 1). Nach einer so langen Trennung trifft der Zweck des Zugewinnausgleichs, den anderen Ehegatten am gemeinsam Erwirtschafteten zu beteiligen, nicht mehr zu. Ein schon laufendes Scheidungsverfahren hindert den Antrag auf vorzeitigen Zugewinnausgleich nicht (OLG München FamRZ 13, 132). 2

b) Der andere Ehegatte kann vorzeitigen Zugewinnausgleich verlangen, wenn **zu befürchten** ist, dass sein Partner ein unter § 1365 oder unter § 1375 II fallendes **Rechtsgeschäft ohne die erforderliche Zustimmung** vornimmt und dadurch eine erhebliche Gefährdung der künftigen Ausgleichsforderung zu befürchten ist (§ 1385 Nr 2). Die Regelung ist deutlich weiter als der vor der Reform 2009 geltende Rechtszustand, weil schon die auf konkrete Umstände gestützte Befürchtung, der andere Ehegatte werde entsprechende Handlungen vornehmen, ausreicht, während früher der andere Ehegatte diese Handlungen schon vorgenommen haben musste, damit das Verlangen nach vorzeitigem Zugewinnausgleich Erfolg haben konnte. Obwohl das im Gesetz nicht mehr genannt, wird man aber auch in diesen Fällen weiterhin annehmen müssen, dass der andere Ehegatte auch dann die vorzeitige Aufhebung der Zugewinngemeinschaft verlan- 3 gen kann, wenn die Handlungen bereits begangen wurden; denn aus der Begehung derartiger Akte erwächst immer die konkrete Befürchtung, dass es erneut zu einem entsprechenden Verhalten kommen wird.

4 Soweit es um Handlungen nach § 1375 II geht, ist zu beachten, dass alle Voraussetzungen für eine Hinzurechnung für den Fall erfüllt sein müssten, dass die Handlung begangen wird. Va darf keine Zustimmung des anderen Ehegatten vorliegen.

5 c) Der andere Ehegatte kann Ausgleich verlangen, wenn ein **Ehegatte** die sich aus dem ehelichen Verhältnis ergebenden **wirtschaftlichen Verpflichtungen** (vor allem Unterhalt) über längere Zeit **nicht erfüllt**, und anzunehmen ist, dass das auch in Zukunft so sein wird (§ 1385 Nr 3). Die Pflichtverletzung braucht nicht dauernd zu sein; es reicht, dass es immer wieder zu Pflichtverletzungen kommt. Sie muss aber geraume Zeit angedauert haben, und es muss eine negative Zukunftsprognose bestehen. Interessant ist der Antrag nach § 1385 Nr 3 vor allem für den potenziell Ausgleichspflichtigen; denn die Voraussetzungen decken sich mit denen des Leistungsverweigerungsrechts nach § 1381.

6 d) Schließlich kann vorzeitiger Zugewinnausgleich verlangt werden, wenn ein Ehegatte sich beharrlich grundlos **weigert, dem anderen Auskunft über sein Vermögen zu erteilen** oder sich bis zum gerichtlichen Antrag auf Auskunftserteilung geweigert hat, diese Auskunft zu erteilen (§ 1386 III). Ein solcher Auskunftsanspruch ergibt sich v Beginn des Getrenntlebens an aus § 1379 II. Während des Zusammenlebens resultiert das Recht auf Unterrichtung über die wesentlichen Vermögensverhältnisse aus § 1353. Weigert sich der Ehegatte grundlos, das Verlangen seines Partners nach Unterrichtung zu erfüllen, besteht eine Vermutung dafür, dass der sich Weigernde unredliche Motive verfolgt. Das wiederum lässt auf eine Gefährdung des Ausgleichs schließen.

7 **Beharrlich** ist die Weigerung, wenn die Unterrichtung über einen längeren Zeitpunkt verweigert wird oder der Ehegatte den festen Willen erkennen lässt, die Auskunft auf keinen Fall zu erteilen. Die Weigerung ist aber gerechtfertigt, wenn er annehmen muss, dass sein Ehegatte die Auskunft an Dritte (zB Konkurrenten, Finanzamt) weiterleiten wird und ihm daraus Nachteile erwachsen können.

8 Der beharrlichen Verweigerung über längere Zeit ist gleichgestellt, dass der Auskunftspflichtige sich **bis zur Stellung des Antrags auf Auskunft** sich ohne ausreichenden Grund **beharrlich geweigert hat**, Auskunft zu erteilen, dies aber nach Stellung des entsprechenden Antrags getan hat. Der Grund für die Einräumung des Rechts, die Zugewinngemeinschaft vorzeitig zu beenden (Rn 6), besteht auch in diesem Fall. Dass das Gesetz v der Erhebung einer Klage auf Auskunft spricht, ist ein Redaktionsversehen. Klagen gibt es nach der Terminologie des FamFG im Bereich des Familienverfahrensrechts nicht mehr (vgl § 113 V FamFG).

9 2. Folge dieser Voraussetzungen ist, dass der Ehegatte sich aussuchen kann, ob er nur einen Antrag auf vorzeitige Aufhebung der Zugewinngemeinschaft stellt (§ 1386, vorteilhaft vor allem für den Ausgleichspflichtigen, Rn 1) oder ob er sofort einen Ausgleichsanspruch bei vorzeitiger Aufhebung der Zugewinngemeinschaft (§ 1385) geltend macht. Wirkung des Verlangens nach vorzeitiger Aufhebung der Zugewinngemeinschaft ist vor allem, dass der Berechnungsstichtag auf die Rechtshängigkeit des Antrags auf die vorzeitige Aufhebung der Zugewinngemeinschaft vorverlegt wird (§ 1387). Mit der Rechtskraft der Entscheidung über die vorzeitige Aufhebung der Zugewinngemeinschaft tritt Gütertrennung ein (§ 1388).

10 III. Verfahren: Der Antrag auf die vorzeitige Aufhebung der Zugewinngemeinschaft kann mit dem Antrag auf Auskunft (§ 1379) verbunden werden.

§ 1387 Berechnungszeitpunkt des Zugewinns und Höhe der Ausgleichsforderung bei vorzeitigem Ausgleich oder vorzeitiger Aufhebung

In den Fällen der §§ 1385 und 1386 tritt für die Berechnung des Zugewinns und für die Höhe der Ausgleichsforderung an die Stelle der Beendigung des Güterstands der Zeitpunkt, in dem die entsprechenden Klagen erhoben sind.

I. Die Norm entspricht § 1384. Wie dort soll verhindert werden, dass die Ehegatten Manipulationen an ihren Vermögen vornehmen, wenn der Antrag nach §§ 1385, 1386 gestellt ist. Dass das Gesetz v der Erhebung einer Klage spricht, ist ein Redaktionsversehen. Klagen gibt es nach der Terminologie des FamFG im Bereich des Familienverfahrensrechts nicht mehr (vgl § 113 V FamFG).

II. Anwendbar ist § 1387 nur in den Fällen der §§ 1385, 1386. Außerdem bleibt es bei dem Berechnungsstichtag, wenn eines dieser Verfahren rechtshängig ist und die Voraussetzungen für eine positive Entscheidung gegeben sind, das Verfahren aber nicht zu Ende geführt wird, weil ein Ehegatte vor seinem Abschluss stirbt oder der Scheidungsantrag zwar zurückgenommen wird, sich aber (mindestens) ein Ehegatte vorbehält, die Folgesache Zugewinnausgleich in einem selbständigen Verfahren fortzuführen (§ 1384 Rn 2).

Berechnungsstichtag für die Berechnung des Zugewinns und die Höhe der Ausgleichsforderung ist der Zeitpunkt, zu dem der Antrag auf vorzeitigen Zugewinnausgleich oder auf vorzeitige Beendigung der Zugewinngemeinschaft rechtshängig geworden ist. Das ist der Tag, an dem sie dem anderen Ehegatten zugestellt wird. Bei Kollision mit einem Scheidungsverfahren ist zu unterscheiden: War der Scheidungsantrag früher rechtshängig, richtet sich die Berechnung nach diesem Zeitpunkt (§ 1384, OLG Hamm FamRZ 82, 609), wird er erst nach dem Antrag auf vorzeitige Aufhebung der Zugewinngemeinschaft rechtshängig, gilt § 1387.

§ 1388 Eintritt der Gütertrennung

Mit der Rechtskraft der Entscheidung, die die Zugewinngemeinschaft vorzeitig aufhebt, tritt Gütertrennung ein.

Die Vorschrift bestimmt, dass mit der Rechtskraft der Entscheidung, durch welche die Zugewinngemeinschaft nach § 1385 oder § 1386 vorzeitig beendet wird, der Güterstand endet und als Ersatzgüterstand kraft Gesetzes Gütertrennung eintritt. Ein Ehegatte wird also am Zugewinn nicht mehr beteiligt, der erst nach dem Bewertungsstichtag (§ 1387) erzielt wird. Wollen die Eheleute das ändern, müssen sie den bisherigen gesetzlichen Güterstand als Wahlgüterstand durch Ehevertrag vereinbaren. Die nach § 1388 entstandene Gütertrennung kann nicht im Güterrechtsregister eingetragen werden, denn es fehlt eine §§ 1419 II, 1470 II entsprechende Regelung (aA Palandt/Brudermüller § 1388 Rn 4). Dritte werden dadurch nicht benachteiligt, weil die Regeln, die für die Zugewinngemeinschaft während ihres Bestehens gelten, strenger sind als die für die Gütertrennung (vgl §§ 1365, 1369).

§ 1389 (aufgehoben)

§ 1390 Ansprüche des Ausgleichsberechtigten gegen Dritte

(1) ¹Der ausgleichsberechtigte Ehegatte kann von einem Dritten Ersatz des Wertes einer unentgeltlichen Zuwendung des ausgleichspflichtigen Ehegatten an den Dritten verlangen, wenn
1. der ausgleichspflichtige Ehegatte die unentgeltliche Zuwendung an den Dritten in der Absicht gemacht hat, den ausgleichsberechtigten Ehegatten zu benachteiligen und
2. die Höhe der Ausgleichsforderung den Wert des nach Abzug der Verbindlichkeiten bei Beendigung des Güterstands vorhandenen Vermögens des ausgleichspflichtigen Ehegatten übersteigt.

²Der Ersatz des Wertes des Erlangten erfolgt nach den Vorschriften über die Herausgabe einer ungerechtfertigten Bereicherung. ³Der Dritte kann die Zahlung durch Herausgabe des Erlangten abwenden. ⁴Der ausgleichspflichtige Ehegatte und der Dritte haften als Gesamtschuldner.

(2) Das Gleiche gilt für andere Rechtshandlungen, wenn die Absicht, den Ehegatten zu benachteiligen, dem Dritten bekannt war.
(3) ¹Die Verjährungsfrist des Anspruchs beginnt mit der Beendigung des Güterstands. ²Endet der Güterstand durch den Tod eines Ehegatten, so wird die Verjährung nicht dadurch gehemmt, dass der Anspruch erst geltend gemacht werden kann, wenn der Ehegatte die Erbschaft oder ein Vermächtnis ausgeschlagen hat.

1 I. Die Norm soll die Härten mildern, die sich für den Ausgleichsberechtigten daraus ergeben können, dass die Zugewinnausgleichsforderung auch dann durch das am Ende des Güterstands vorhandene Vermögen abzüglich der Verbindlichkeiten begrenzt wird, wenn dem Endvermögen des anderen Ehegatten Vermögen hinzugerechnet wird, dass dieser unentgeltlich zugewendet, verschwendet oder in Benachteiligungsabsicht weggegeben hat (vgl §§ 1375 II, 1378 II). Sie räumt deswegen dem Ausgleichsberechtigten in einigen dieser Fälle einen **Wertersatzanspruch gegen den** durch das Handeln des Ausgleichspflichtigen **begünstigten Dritten** ein (Abs 1). Eine vollständige Kongruenz mit den Fällen des § 1375 II besteht aber nicht. Zu beachten ist, dass die Funktionsweise der Regelung durch das Gesetz zur Änderung des Zugewinnausgleichs- und Vormundschaftsrechts v 6.7.09 (BGBl I 1696) umgestellt wurde: Während § 1390 früher einen Herausgabeanspruch enthielt, dessen Erfüllung durch Wertersatz abgewendet werden konnte, enthält die Regelung nun einen Wertersatzanspruch, dessen Erfüllung durch die Herausgabe des zugewendeten Gegenstandes abgewendet werden kann. Außerdem wurde der früher dem Ausgleichsberechtigten eingeräumte Anspruch auf Sicherheitsleistung (Abs 4 aF) abgeschafft. Das korrespondiert mit der Streichung des § 1389. Schutzlücken ergeben sich daraus nicht, denn der ausgleichsberechtigte Ehegatte kann seine Ansprüche in Güterrechtssachen nicht nur durch eine einstweilige Anordnung (§ 49 FamFG), sondern auch durch Arrest sichern (§ 119 II FamFG).

2 Den Interessen des Dritten wird durch die Verjährungsfrist für den Herausgabeanspruch und ein Ablösungsrecht (Abs 2) Rechnung getragen. § 1390 ist wegen seines Schutzzwecks nicht im Voraus abdingbar.

3 II. 1. Der Wertersatzanspruch setzt voraus, dass a) ein **Zugewinnausgleichsanspruch** des den Wertersatz fordernden Ehegatten besteht. Es wird nicht mehr vorausgesetzt, dass dieser Anspruch wegfällt, weil das am Ende des Güterstands vorhandene Vermögen abzüglich der Verbindlichkeiten nicht ausreicht, die Ausgleichsforderung in vollem Umfang zu erfüllen (§ 1378 II aF). Angesichts der Umgestaltung des § 1378 II kann dieser Fall nicht mehr vorkommen, weil dem nach § 1378 II 1 (entsprechend § 1378 II aF) errechneten Vermögen noch der Wert der nach § 1375 II hinzuzurechnenden Vermögensverringerungen hinzugerechnet wird. Es wird jetzt in § 1390 folgerichtig schlicht darauf abgestellt, dass die Höhe der Ausgleichsforderung den Wert des nach Abzug der Verbindlichkeiten bei Beendigung des Güterstands vorhandenen Vermögens des ausgleichspflichtigen Ehegatten übersteigt. Das ist allein der nach § 1378 II 1 errechnete Wert. § 1390 ist v einer Haftung an Stelle des ausgleichspflichtigen Ehegatten zu einem Anspruch neben demjenigen gegen den ausgleichspflichtigen Ehegatten auf Zahlung des Zugewinnausgleichs geworden.

4 b) Der ausgleichspflichtige Ehegatte muss eine **unentgeltliche Zuwendungen** an den Dritten vorgenommen haben, **um seinen Ehegatten zu benachteiligen** (Abs 1 S 1 Nr 1). Der Begriff der unentgeltlichen Zuwendung entspricht demjenigen in § 1375. Die Voraussetzungen des Herausgabeanspruchs sind aber enger, weil § 1390 verlangt, dass der Ausgleichspflichtige in Benachteiligungsabsicht gehandelt hat. Diese ist v Ausgleichsberechtigten zu beweisen. Eine Kenntnis des Dritten v der Benachteiligungsabsicht ist nicht erforderlich.

5 c) Der unentgeltlichen Zuwendung in Benachteiligungsabsicht ist **jede andere Rechtshandlung in Benachteiligungsabsicht** gleichgestellt (Abs 2). Hier ist es aber erforderlich, dass der Dritte im Zeitpunkt der Vornahme der Rechtshandlung wusste, dass der ausgleichspflichtige Ehegatte in der Absicht handelte, seinen Ehegatten zu benachteiligen. Das ist v Ausgleichsberechtigten zu beweisen.

2. Für den **Inhalt des Anspruchs** bestimmt Abs 1, dass er auf den **Ersatz des Wertes** der 6
unentgeltlichen Zuwendung an den Dritten gerichtet ist. Im Einzelnen richtet sich der
Anspruch nach §§ 812 ff, vor allem auch § 818. Der ausgleichspflichtige Ehegatte und
der Dritte haften als Gesamtschuldner für die Summe, die als Wertersatz zu leisten ist
(Abs 1 S 3). Das bedeutet regelmäßig, dass der Dritte (zumindest in den Fällen des Abs
1) Regress über den Gesamtschuldnerausgleich beim ausgleichspflichtigen Ehegatten
verlangen kann.
Der Dritte kann die **Zahlung durch die Herausgabe des Erlangten abwenden** (Abs 1 S 7
2). Das Funktionsprinzip hat sich damit gegenüber der bisherigen Rechtslage umgekehrt.

3. Der Anspruch gegen den Dritten **verjährt** unabhängig v der Kenntnis des Ausgleichs- 8
berechtigten v der Zuwendung in 3 Jahren nach Ende des Güterstandes. Daran hat die
Neufassung durch das G zur Änderung des Erb- und Verjährungsrechts zum 1.1.10
nichts geändert. Der Beginn der Verjährungsfrist liegt aber jetzt am Ende des Jahres, in
dem der Anspruch entstanden ist (§ 199). Die Endet der Güterstand durch Tod eines
Ehegatten, wird die Verjährung nicht dadurch gehemmt, dass der Zugewinnausgleichsanspruch
(güterrechtliche Lösung, § 1371 II) erst geltend gemacht werden kann, wenn
der Ehegatte die Erbschaft oder ein Vermächtnis ausgeschlagen hat (Abs 3 S 2). Die
Verjährungsfrist beginnt mit dem Tod, nicht mit der Ausschlagung.

§§ 1391 bis 1407 (weggefallen)

Untertitel 2
Vertragliches Güterrecht

Vorbemerkung zu §§ 1408–1588

§§ 1408–1557 enthalten zunächst Regelungen darüber, in welcher Weise die Eheleute 1
insgesamt v **dem gesetzlichen Güterstand** der Zugewinngemeinschaft abweichen können.
Zur Verfügung stehen der Ausschluss sämtlicher besonderen Beziehungen (Gütertrennung,
§ 1408) und ein sehr reich ausgestalteter Güterstand mit weitgehenden Bindungen
der Eheleute untereinander, die Gütergemeinschaft (§§ 1415–1518). Hinzu
kommt seit Mai 2013 der deutsch-französische Güterstand einer modifizierten Wahl-Zugewinngemeinschaft
(§ 1519). Auch der gesetzliche Güterstand kann ausnahmsweise
Gegenstand einer Vereinbarung sein. Das kommt in Betracht, wenn die Eheleute diesen
Güterstand zunächst durch Vereinbarung abbedungen haben oder wenn kraft Gesetzes
Gütertrennung eingetreten ist (§ 1414 S 2).
Durch Ehevertrag können außerdem bestimmte Einzelregelungen der **gesetzlich gere-** 2
gelten Güterrechtsmodelle ausgestaltet oder abbedungen werden, soweit nicht das Gesetz
ausdrücklich etwas anderes bestimmt (vgl für die Gütergemeinschaft § 1518).
Zum Güterrechtsstatut s die Erläuterungen zu Art 15 EGBGB. 3
In anderen Partnerschaften als Ehen können keine Eheverträge abgeschlossen werden. 4
Das gilt auch für **Lebenspartnerschaften**. Für diese Gemeinschaften ist allerdings in § 7
LPartG vorgesehen, dass ein Lebenspartnerschaftsvertrag geschlossen werden kann, in
dem die vermögensrechtlichen Verhältnisse der Lebenspartner geregelt werden. Für
den Lebenspartnerschaftsvertrag gelten § 1409–1563 entsprechend (§ 7, 2 LPartG);
eine § 1408 I entsprechende Regelung enthält § 7, 1 LPartG.

Kapitel 1
Allgemeine Vorschriften

§ 1408 Ehevertrag, Vertragsfreiheit

(1) Die Ehegatten können ihre güterrechtlichen Verhältnisse durch Vertrag (Ehevertrag) regeln, insbesondere auch nach der Eingehung der Ehe den Güterstand aufheben oder ändern.

(2) Schließen die Ehegatten in einem Ehevertrag Vereinbarungen über den Versorgungsausgleich, so sind insoweit die §§ 6 und 8 des Versorgungsausgleichsgesetzes anzuwenden.

1 I. Die Vorschrift bestimmt, was **Gegenstand eines Ehevertrags sein kann**. Sie ist aber nicht abschließend. Auch nicht genannte Punkte können in einen Ehevertrag aufgenommen werden. Aus § 1408 ergibt sich aber, dass für diese dann die allg Regeln gelten; es handelt sich nicht um ehevertragliche Regelungen. Das gilt va auch für Regelungen in Bezug auf die Unterhaltspflicht. Eine Erweiterung erfährt § 1408 durch § 2276, der auch erbvertragliche Regelungen in der Form eines Ehevertrags ermöglicht. Auch insofern ist aber zu berücksichtigen, dass materiellrechtlich ebenfalls kein Ehe-, sondern ein Erbvertrag vorliegt.

2 II. 1. **Gegenstand** eines Ehevertrags kann sein: a) die **Regelung der güterrechtlichen Verhältnisse** (Abs 1). Dazu gehört vor allem, den gesetzlichen Güterstand durch die Wahl eines der Wahlgüterstände (Gütertrennung und Gütergemeinschaft, demnächst auch deutsch-französische Zugewinngemeinschaft) zu ersetzen oder auszuschließen, wodurch automatisch Gütertrennung eintritt (§ 1414). Auch der gesetzliche Güterstand kann gewählt werden, wenn v einem der anderen Güterstände wieder zu ihm übergegangen werden soll. Güterrechtliche Verhältnisse betreffen auch diejenigen Verträge, durch welche Gestaltungsspielräume innerhalb eines Güterstands ausgenutzt werden, wie die Bestimmung v Vermögensgegenständen zu Vorbehaltsgut bei der Gütergemeinschaft, die Übertragung der Verwaltung des Vermögens beider Ehegatten auf einen v ihnen und die generelle Einwilligung in den Verfügungsbeschränkungen unterliegende Geschäfte (§ 1365 Rn 2). Erforderlich ist immer, dass die güterrechtliche Beziehung zwischen den Eheleuten unmittelbar umgestaltet wird, dass also nach der Vereinbarung etwas anderes gilt als ohne sie.

3 b) In einem Ehevertrag kann auch der **Versorgungsausgleich ausgeschlossen werden** (Abs 2). Das gilt ohne weiteres für den vollständigen Ausschluss. Als minus sind aber auch teilweise Ausschlüsse (zB nur der betrieblichen Altersversorgung) und Modifikationen des Versorgungsausgleichs (zB Herabsetzung der Quote) zulässig. Das ergibt sich jetzt explizit aus § 6 I VersAusglG. Im Einzelnen richtet sich die Wirksamkeit der vertraglichen Vereinbarungen zum Versorgungsausgleich nach §§ 6–8 VersAusglG (Anhang zu § 1587). Zu beachten ist, dass die nach früherem Recht bestehende Verknüpfung zwischen dem Ausschluss des Versorgungsausgleichs und dem Eintritt der Gütertrennung (§ 1414 S 2 aF) durch das VersAusglStRefG beseitigt wurde,

4 c) In den Ehevertrag aufgenommen werden können neben den genannten auch **Bestimmungen anderer Art**, wie Vereinbarungen über den Unterhalt, das Sorgerecht für Kinder im Fall der Scheidung oder vermögensrechtliche Regelungen (zB Mitgift, Morgengabe). Diese Vereinbarungen folgen den für sie geltenden Regeln (etwa Unterhaltsrecht, Recht der Ehewirkungen). §§ 1408 ff gelten nicht. Die Unwirksamkeit derartiger Regelungen führt nur unter den Voraussetzungen des § 139 auch zur Unwirksamkeit des Ehevertrags.

5 d) In den Ehevertrag aufgenommen werden können schließlich **erbvertragliche Regelungen**. Die Form des Erbvertrags wird in diesem Fall durch die des Ehevertrags ersetzt (§ 2276 II).

6 2. Für die **Form** des Ehevertrags gilt § 1410 (gleichzeitige Erklärung durch beide Seiten vor einem Notar). Er kann schon vor der Ehe (aufschiebend bedingt durch die Eheschließung) oder während des Bestehens der Ehe geschlossen werden. Nach der Auflö-

sung der Ehe ist für seinen Abschluss kein Raum mehr. Wird die Ehe nach dem Abschluss des Ehevertrags aufgelöst, wird er bis auf die in ihm enthaltenen Regeln über die Abwicklung des Güterstands gegenstandslos. Zum Abschluss des Ehevertrags durch nicht voll Geschäftsfähige oder Betreute vgl § 1411.

3. Die Wirksamkeit a) des Ehevertrags im Allgemeinen richtet sich grds nach den allg Regeln, vor allem §§ 134, 138. Daneben wird seit einigen Jahren eine allg Inhaltskontrolle über die Grundsätze des Wegfalls der Geschäftsgrundlage befürwortet (BGH NJW 04, 930 ff; FamRZ 05, 1449; 08, 1080, 1082; OLG München NJW 03, 592; OLG Thüringen NJW-RR 10, 649), weil das BVerfG festgestellt hat, dass der Grundsatz der Vertragsfreiheit nur solche Regelungen rechtfertigt, die die Grundrechte der Vertragsparteien nicht verletzen und den Gerichten aufgegeben hat, durch eine Inhaltskontrolle sicherzustellen, dass sich die Selbst- nicht in eine Fremdbestimmung umwandelt. Eheverträgen kann demnach dort eine Grenze gesetzt werden, wo sie nicht Ausdruck einer gleichberechtigten Partnerschaft sind, sondern die auf einer ungleichen Verhandlungsposition beruhende Dominanz eines Partners widerspiegeln (BVerfG NJW 01, 957; 01, 2248). In § 8 VersAusglG sind diese Grundsätze nun für Vereinbarungen zum Versorgungsausgleich speziell kodifiziert. Sie gelten aber auch sonst. Nach der sog Kernbereichslehre des BGH (BGH NJW 04, 930 ff; FamRZ 05, 1449; 08, 1080, 1082; vgl auch OLG Hamm FamFR 13, 310) sind bei der Prüfung der Wirksamkeit v Eheverträgen umso strengere Maßstäbe anzusetzen, je unmittelbarer die vertragliche Abbedingung gesetzlicher Regelungen in den Kernbereich des Scheidungsfolgenrechts eingreift. Zu diesem Kernbereich gehört in erster Linie der Betreuungsunterhalt sowie in zweiter Linie der Alters- und Krankheitsunterhalt. Auf derselben Stufe wie der Altersunterhalt rangiert der Versorgungsausgleich. Als vorweggenommener Altersunterhalt steht er vertraglicher Disposition der Ehegatten nur begrenzt offen. Der Zugewinnausgleich ist dag ehevertraglicher Disposition am weitesten zugänglich. Das Eheverständnis des Grundgesetzes erfordert keine bestimmte Zuordnung des Vermögenserwerbs in der Ehe.

Innerhalb dieser Grenzen sind die **Eheleute frei**, auch **Regelungen zu vereinbaren, die einen v ihnen gegenüber dem v Gesetzgeber vorgesehenen Güterrechtsmodell erheblich benachteiligen** (OLG Köln FPR 02, 306). Sie können beim Zugewinnausgleich zB die Ausgleichsquoten ändern, bestimmte Gegenstände dem Anfangsvermögen zuordnen, obwohl sie nach der gesetzlichen Regelung nicht dazu gehören, Verfügungsbeschränkungen festlegen oder einschränken (BGH NJW 64, 1795) oder Werte v Gegenständen verbindlich festlegen.

Dass ein Ehegatte **künftige Rechtspositionen aufgibt, ohne eine Gegenleistung** dafür zu erhalten, reicht für die Annahme der Unwirksamkeit der Vereinbarung grds nicht; denn der Gesetzgeber hat es den Eheleuten durch die Schaffung des Güterstands der Gütertrennung sogar freigestellt, ganz zu verhindern, dass ein Ehegatte an dem während der Ehe Erworbenen beteiligt wird. Selbst in der Gütergemeinschaft kann jeder Ehegatte bei deren Ende erreichen, dass er das Eingebrachte wieder herausverhält, ohne dass der andere Ehegatte daran beteiligt wird (§ 1478). Die Unwirksamkeit kann sich aber daraus ergeben, dass ein Ehegatte auf bereits erworbene Rechtspositionen verzichtet. Auch insoweit ist jedoch Zurückhaltung geboten. Sittenwidrigkeit kann aber bejaht werden, wenn nach langer Ehezeit ein praktisch einseitiger Verzicht auf alles bis dahin Erworbene erfolgt (OLG Köln FamRZ 81, 1087: 20 Jahre), wenn gleichzeitig auf Unterhalt, Versorgungsausgleich, Zugewinnausgleich und Sorgerecht für die Kinder verzichtet wird (vgl OLG Frankfurt FamRZ 83, 176; BGH FamRZ 04, 601) oder wenn der Verzichtende sich in einer Zwangslage befindet (OLG Koblenz FamRZ 06, 428: Bedrohung mit Scheidung nach entdecktem Seitensprung in einer Phase des Alkoholmissbrauchs). Etwas anderes kann sich in diesen Fällen aber wiederum aus den Umständen des Einzelfalls ergeben. So kann auch ein einseitiger Verzicht gültig sein, wenn er in der Krise der Ehe zu deren Rettung vereinbart wird (OLG Hamm FamRZ 05, 1181; 1567). Das gilt besonders dann, wenn die Ehekrise v dem verzichtenden Ehegatten verschuldet wurde (OLG Hamm FamRZ 95, 40), wenn der Verzichtende gesichert ist (OLG Bamberg FamRZ 84, 483) oder der Verzicht auflösend durch den Eintritt neuer Bedürftigkeitslagen (Hauptfall: Geburt eines Kindes) bedingt ist. Nicht ausreichend als Motiv ist dag regelmäßig das alleinige Motiv, die Grundlage der Wirtschaftstätigkeit des einen Ehegatten zu schützen, wenn dem verzichtenden Ehegatten auf diese Weise sämtliche Vermögenszuwächse während der Ehe entzogen werden (OLG Hamm FamRZ 04, 1295). Ebenfalls problematisch sind die Fälle, in denen ein Ehevertrag in einer anders gelagerten Zwangssituation geschlossen wird (zB voreheliche Schwangerschaft), wenn sich ein Partner nur wegen dieser Zwangslage auf Bedingungen einlässt. Zu Unterhaltsverzichtsvereinbarungen s § 1585 c.

10 b) Für den **Versorgungsausgleich** bestimmt Abs 2, dass in Bezug auf die Wirksamkeit die §§ 6 und 8 VersAusglG anzuwenden sind. Für den Gegenstand des Vertrags bedeutet das zunächst, dass die Ehegatten den Versorgungsausgleich in die Regelung der ehelichen Vermögensverhältnisse einbeziehen (§ 6 I Nr 1 VersAusglG), ihn ausschließen (§ 6 I Nr 2 VersAusglG) oder Ausgleichsansprüchen nach der Scheidung (§§ 20–24 VersAusglG, § 6 I Nr 3 VersAusglG) vorbehalten können (zu Einzelheiten s Kemper ZFE 11, 179). Eine Einschränkung in Bezug auf den Inhalt besteht nur darin, dass durch die Vereinbarung Versorgungsanrechte nur übertragen oder begründet werden können, wenn das besonders zugelassen ist und die betroffenen Versorgungsträger zustimmen (§ 8 II VersAusglG; Einzelheiten: Kemper ZFE 11, 260 ff).

11 Das Familiengericht ist an die Vereinbarungen der Eheleute zum Versorgungsausgleich grds gebunden (§ 6 II VersAusglG). Materiell unterliegt die Vereinbarung aber einer Inhalts- und Ausübungskontrolle (§ 8 I VersAusglG). Das bedeutet aber nur, dass für diese Vereinbarungen nun nichts anderes mehr gilt als für andere Regelungen, die in einen Ehevertrag einbezogen werden: Die Inhaltskontrolle wird sonst auf §§ 134, 138 I gestützt (Rn 7), die Ausübungskontrolle auf §§ 313, 242. Für den Versorgungsausgleich ergibt sich nun das Gleiche aus § 8 I VersAusglG.

12 Nicht übernommen wurde die frühere Regelung des Abs 2 S 2 aF, dass der **Ausschluss des Versorgungsausgleichs** unwirksam wird, wenn innerhalb eines Jahres nach dem Vertragsschluss Scheidungsantrag gestellt wird (Abs 2 S 2 aF, zu Einzelh vgl 5. Aufl Rn 10).

13 4. Der **Ehevertrag gestaltet die güterrechtlichen Verhältnisse** entsprechend der v den Eheleuten gewählten Regelung um. Der Ausschluss des Versorgungsausgleichs führt außerdem automatisch zur Gütertrennung (§ 1414, 2). Etwas anderes gilt nur, wenn die Eheleute das zusätzlich vereinbaren.

14 5. Bei **Unwirksamkeit** einzelner Teile des Ehevertrags muss durch Auslegung ermittelt werden, ob auch die anderen Teile unwirksam sein sollten, wenn die Parteien gewusst hätten, dass ihre Vereinbarung teilweise unwirksam war. Es ist Zurückhaltung bei der Annahme einer Totalunwirksamkeit geboten. Dafür spricht vor allem, dass § 1414, 2 selbst für den Fall, dass während des gesetzlichen Güterstands der Zugewinnausgleich ausgeschlossen, also eine völlig mit dem Leitbild des Güterstands unvereinbare Regelung getroffen wird, nicht die Unwirksamkeit dieser Regelung anordnet, sondern nur den Eintritt der Gütertrennung vorschreibt. Vollständige Unwirksamkeit des Ehevertrages kann deswegen regelmäßig nur dann angenommen werden, wenn die v den Eheleuten getroffenen Abreden so widersprüchlich sind, dass nicht festgestellt werden kann, welcher Güterstand eigentlich gemeint war. Umso mehr ist Zurückhaltung geboten, wenn die Nichtigkeit des Vertrages einen Teil betrifft, der mit güterrechtlichen Regelungen nur in einem Vertrag zusammengefasst wurde, vor allem eine Unterhaltsverzichtsvereinbarung. In derartigen Fällen kann die güterrechtliche Regelung oft aufrechterhalten werden, weil die Parteien diese auch ohne die nichtigen Vereinbarungen geschlossen hätten (vgl OLG Frankfurt FamRZ 06, 339).

§ 1409 Beschränkung der Vertragsfreiheit

Der Güterstand kann nicht durch Verweisung auf nicht mehr geltendes oder ausländisches Recht bestimmt werden.

Die Vorschrift beschränkt die Vertragsfreiheit der Eheleute, indem sie die pauschale Verweisung auf nicht mehr geltendes Recht (zB die Regeln über die Errungenschaftsgemeinschaft) oder auf ausländisches Sachrecht verbietet. Das soll die Rechtsklarheit stärken. Der widerspräche es, wenn durch bloße Verweisung Regelungen inkorporiert werden könnten, die so nicht mehr gelten oder noch nie in Deutschland gegolten haben, ohne dass ihr Inhalt aus dem Vertrag selbst deutlich wird. Zulässig ist daher umgekehrt die ausdrückliche Übernahme v Einzelregelungen in den Ehevertrag. Zu beachten ist auch, dass § 1409 insoweit nicht gilt, wie Art 15 II EGBGB die Rechtswahl erlaubt; denn diese Wahl ist eine Wahl der Rechtsordnung an sich, nicht eine solche des Sachrechts. Gegen § 1409 verstoßende Verweisungen sind nach § 134 nichtig.

§ 1410 Form

Der Ehevertrag muss bei gleichzeitiger Anwesenheit beider Teile zur Niederschrift eines Notars geschlossen werden.

I. Die Vorschrift regelt die Form, in der ein Ehevertrag geschlossen werden muss. Sie ist lex specialis zu § 128.

II. Der **Form unterliegen** alle Abreden einschließlich der Nebenabreden. Wegen § 2276 II reicht sie ebenfalls für alle mit dem Ehevertrag verbundenen erbvertraglichen Verfügungen. Nicht formbedürftig ist dag die Vollmacht zum Abschluss eines Ehevertrags (§ 167 II; BGH NJW 98, 1857).

Die **Form** ist eingehalten, wenn der Ehevertrag v beiden Eheleuten vor einem Notar zu Niederschrift erklärt wird. Die Beurkundung v Angebot und Annahme an verschiedenen Orten oder zu verschiedenen Zeiten reicht nicht. Stellvertretung wird durch § 1410 aber nicht ausgeschlossen. Auch die Bevollmächtigung des anderen Ehegatten ist zulässig. Für die Vollmacht bedarf es der Form des § 1410 nicht (§ 167, BGH NJW 98, 1857). Wie sonst auch, wird die notarielle Beurkundung durch die Aufnahme in einen gerichtlichen Vergleich ersetzt (§ 127 a).

Ein **Verstoß** gegen § 1410 führt zur **Nichtigkeit** des Ehevertrags (§ 125).

§ 1411 Eheverträge beschränkt Geschäftsfähiger und Geschäftsunfähiger

(1) ¹Wer in der Geschäftsfähigkeit beschränkt ist, kann einen Ehevertrag nur mit Zustimmung seines gesetzlichen Vertreters schließen. ²Dies gilt auch für einen Betreuten, soweit für diese Angelegenheit ein Einwilligungsvorbehalt angeordnet ist. ³Ist der gesetzliche Vertreter ein Vormund, so ist außer der Zustimmung des gesetzlichen Vertreters die Genehmigung des Familiengerichts erforderlich, wenn der Ausgleich des Zugewinns ausgeschlossen oder eingeschränkt oder wenn Gütergemeinschaft vereinbart oder aufgehoben wird; ist der gesetzliche Vertreter ein Betreuer, ist die Genehmigung des Betreuungsgerichts erforderlich. ⁴Der gesetzliche Vertreter kann für einen in der Geschäftsfähigkeit beschränkten Ehegatten oder einen geschäftsfähigen Betreuten keinen Ehevertrag schließen.
(2) ¹Für einen geschäftsunfähigen Ehegatten schließt der gesetzliche Vertreter den Vertrag; Gütergemeinschaft kann er nicht vereinbaren oder aufheben. ²Ist der gesetzliche Vertreter ein Vormund, so kann er den Vertrag nur mit Genehmigung des Familiengerichts schließen; ist der gesetzliche Vertreter ein Betreuer, ist die Genehmigung des Betreuungsgerichts erforderlich.

I. Die Vorschrift **trägt dem gesteigerten persönlichen Charakter eines Ehevertrages dadurch Rechnung**, dass sie seinen Abschluss bei beschränkt Geschäftsfähigen und nicht geschäftsunfähigen Betreuten zwar ihnen überlässt, grds aber die Zustimmung des gesetzlichen Vertreters und in einigen besonders wichtigen Fällen außerdem die Zustimmung des Familien- bzw Betreuungsgerichts verlangt, wenn es sich bei dem Vertreter des Ehegatten um einen Vormund oder Betreuer handelt.

2 II. Nicht geschäftsfähige Ehegatten können keinen Ehevertrag abschließen. Für sie handelt ihr gesetzlicher Vertreter (Abs 2 S 1). Der Handlungsrahmen ist aber beschränkt. Der gesetzliche Vertreter kann Gütertrennung vereinbaren und auf den Versorgungsausgleich verzichten, er kann Modifikationen an güterrechtlichen Regeln vornehmen. Er kann jedoch eine Gütergemeinschaft weder vereinbaren noch aufheben. Sofern der gesetzliche Vertreter ein Vormund oder Betreuer ist, bedarf der v ihm geschlossene Ehevertrag der Genehmigung durch das Familien- bzw Betreuungsgericht (Abs 2 S 2).

3 Beschränkt Geschäftsfähige (§ 106) können den Ehevertrag nur selbst abschließen (Abs 1 S 1, 4). Sie bedürfen dazu der Zustimmung des gesetzlichen Vertreters (Abs 1 S 1). Ist der gesetzliche Vertreter ein Vormund, ist die Genehmigung des Familiengerichts erforderlich, sofern in dem Vertrag der Zugewinnausgleich ausgeschlossen oder eingeschränkt wird oder wenn eine Gütergemeinschaft vereinbart oder aufgehoben wird (Abs 1 S 3). Wegen § 1414, 2 bedurfte bis 31.8.09 bei gesetzlicher Vertretung durch einen Vormund auch grds ein Ehevertrag, in dem der Versorgungsausgleich ausgeschlossen wurde, der Zustimmung des Familiengerichts (Ausnahme: schon vorher bestehende Gütertrennung). Da § 1414, 2 zum 1.9.09 aufgehoben wurde, ist der Ausschluss des Versorgungsausgleichs nun nicht mehr genehmigungsbedürftig.

4 Ein Betreuter, der nicht geschäftsunfähig ist und für den kein dahin gehender Einwilligungsvorbehalt (§ 1903) angeordnet ist, kann den Ehevertrag nur selbst schließen. Ist er geschäftsfähig, aber ein Einwilligungsvorbehalt für den Abschluss eines Ehevertrags angeordnet, schließt er den Ehevertrag zwar selbst, bedarf dazu aber der Zustimmung seines Betreuers (Abs 1 S 2). Dieser bedarf dazu der Genehmigung des Betreuungsgerichts in den Fällen, in denen der Vormund als gesetzlicher Vertreter eines beschränkt Geschäftsfähigen eine Genehmigung des Familiengerichts benötigt (Abs 1 S 3, Rn 3). Zum geschäftsunfähigen Betreuten vgl Rn 2.

§ 1412 Wirkung gegenüber Dritten

(1) Haben die Ehegatten den gesetzlichen Güterstand ausgeschlossen oder geändert, so können sie hieraus einem Dritten gegenüber Einwendungen gegen ein Rechtsgeschäft, das zwischen einem von ihnen und dem Dritten vorgenommen worden ist, nur herleiten, wenn der Ehevertrag im Güterrechtsregister des zuständigen Amtsgerichts eingetragen oder dem Dritten bekannt war, als das Rechtsgeschäft vorgenommen wurde; Einwendungen gegen ein rechtskräftiges Urteil, das zwischen einem der Ehegatten und dem Dritten ergangen ist, sind nur zulässig, wenn der Ehevertrag eingetragen oder dem Dritten bekannt war, als der Rechtsstreit anhängig wurde.

(2) Das Gleiche gilt, wenn die Ehegatten eine im Güterrechtsregister eingetragene Regelung der güterrechtlichen Verhältnisse durch Ehevertrag aufheben oder ändern.

1 I. Die Vorschrift **dient dem Schutz des Rechtsverkehrs** in seinem Vertrauen darauf, dass zwischen Eheleuten der gesetzliche Güterstand gilt.

2 II. 1. Im Güterrechtsregister eingetragen werden können: a) Der ehevertragliche **Ausschluss des gesetzlichen Güterstands** (Abs 1, 1. Fall). Gemeint ist in erster Linie die Vereinbarung der Gütertrennung. Die Vorschrift gilt aber auch, wenn ein kraft Gesetzes zwischen den Eheleuten geltender ausländischer Güterstand ausgeschlossen wird.

3 b) Eintragungsfähig sind auch **Modifikationen des gesetzlichen Güterstands** (Abs 1, 2. Fall). Gemeint sind die Fälle, in denen der gesetzliche Güterstand an sich bestehen bleibt, aber in einzelnen Punkten (zB in Bezug auf die Verfügungsbeschränkungen oder die Verwaltung) gegenüber der gesetzlich vorgesehenen Lage geändert wird.

4 c) Eintragungsfähig sind auch **Änderungen einer bereits im Güterrechtsregister eingetragenen Regelung** der güterrechtlichen Verhältnisse durch Ehevertrag (Abs 2). Nicht eingetragen werden kann die Änderung der güterrechtlichen Verhältnisse dagegen dann, wenn die geänderte Regelung nicht im Güterrechtsregister eingetragen war. An sich gilt das auch, wenn die Änderung nicht durch Ehevertrag, sondern kraft Gesetzes oder durch richterliche Entscheidung erfolgt. In diesen Fällen ist aber teilweise vorgesehen, dass § 1412 entsprechend gilt (vgl §§ 1449 II, 1470 II).

d) **Verweisungen auf § 1412** enthalten einige **Spezialregelungen**. Eintragungsfähig sind der Ausschluss der Schlüsselgewalt (§ 1357 II 2) und die Einwilligung in den Betrieb eines selbständigen Erwerbsgeschäfts in der Gütergemeinschaft (§§ 1431 III, 1456 III) und deren Widerruf.

2. Unterbleibt die Eintragung im Güterrechtsregister, hat das auf die Wirksamkeit des Ehevertrags keine Auswirkungen, genau wie umgekehrt die Eintragung einer unwirksamen Regelung diese nicht heilt. Die Ehegatten können sich aber einem **Dritten gegenüber**, der die Regelung nicht kennt, **nicht darauf berufen**, dass durch sie Einwendungen gegen ein mit dem Dritten vorgenommenes Rechtsgeschäft begründet werden. Unter den Eheleuten selbst gilt § 1412 nicht. Maßgebender Zeitpunkt für die Eintragung ist die Vornahme des Geschäfts mit dem Dritten. Eine spätere Eintragung ist auch dann wirkungslos, wenn das Geschäft mit dem Dritten noch der Zustimmung des anderen Ehegatten oder eines Gerichts bedarf und die Zustimmung erst nach der Eintragung erteilt wird. Zu beachten ist, dass § 1412 allein bei rechtsgeschäftlichem Handeln gilt. Gegenüber staatlichen Stellen, die hoheitlich handeln, können daher die Regelungen des Ehevertrags ohne die Beschränkungen des § 1412 geltend gemacht werden. Das gilt vor allem auch gegenüber den Organen der Zwangsvollstreckung. Ebenfalls keine Bedeutung hat § 1412 für gesetzliche Ansprüche (zB Unterhalt, deliktische Ansprüche, Bereicherungsansprüche).

Ist bereits eine **rechtskräftige gerichtliche Entscheidung** zwischen einem Ehegatten und dem Dritten ergangen, kommt es darauf an, ob der Ehevertrag eingetragen oder dem Dritten bekannt war, als der Rechtsstreit anhängig wurde.

III. Verfahren. Regelungen über das Verfahren der Eintragung im Güterrechtsregister, der Bekanntmachung und der Einsichtnahme enthalten §§ 1558–1563.

§ 1413 Widerruf der Überlassung der Vermögensverwaltung

Überlässt ein Ehegatte sein Vermögen der Verwaltung des anderen Ehegatten, so kann das Recht, die Überlassung jederzeit zu widerrufen, nur durch Ehevertrag ausgeschlossen oder eingeschränkt werden; ein Widerruf aus wichtigem Grunde bleibt gleichwohl zulässig.

§ 1413 regelt, wann das Recht eines Ehegatten, eine mit dem anderen Ehegatten getroffene Verwaltungsvereinbarung widerrufen werden kann. Sie setzt voraus, dass die Verwaltung des Vermögens der Eheleute einem v ihnen übertragen werden kann und dass auch der Ausschluss der Widerrufsmöglichkeit grds zulässig ist. Sie **schützt den überlassenden Ehegatten** durch die Aufstellung eines Formerfordernisses vor Übereilung und gewährleistet, dass die Überlassung immer widerrufen werden kann, wenn ein wichtiger Grund vorliegt.

Die Eheleute können vereinbaren, dass einer v ihnen allein das Vermögen beider Ehegatten verwalten soll. Diese Regelung kann in jedem Güterstand getroffen werden. Gleichzeitig können sie den **Widerruf der Überlassung** ausschließen. Die Überlassung kann in jeder beliebigen Form und auch durch schlüssiges Handeln erfolgen. Eine Form besteht nur für den Ausschluss des Widerrufs der Überlassung. Dieser kann nur durch einen Ehevertrag, also in der Form des § 1410, erfolgen. Auch dann ist aber der Widerruf nicht ausnahmslos ausgeschlossen; denn der 2. Halbs lässt einen Widerruf aus wichtigem Grund in jedem Fall zu. Derartige Gründe können etwa die Verschwendung v Vermögen, die Trennung der Eheleute, persönliche Verfehlungen gegen den überlassenden Ehegatten oder dessen Vermögensverfall sein. Der Widerruf kann in jeder beliebigen Form (auch mündlich) erfolgen.

Kapitel 2
Gütertrennung

§ 1414 Eintritt der Gütertrennung

¹Schließen die Ehegatten den gesetzlichen Güterstand aus oder heben sie ihn auf, so tritt Gütertrennung ein, falls sich nicht aus dem Ehevertrag etwas anderes ergibt. ²Das Gleiche gilt, wenn der Ausgleich des Zugewinns ausgeschlossen oder die Gütergemeinschaft aufgehoben wird.

1 I. § 1414 enthält die **einzige Vorschrift zur Gütertrennung**. In ihr wird lediglich beschrieben, in welchen Fällen die Gütertrennung kraft Gesetzes eintritt. Sie kann außerdem in einem Ehevertrag als Wahlgüterstand vereinbart werden.

2 II. 1. Die **Gütertrennung tritt ein**: durch ausdrückliche Vereinbarung dieses Güterstands, durch den Ausschluss der Zugewinngemeinschaft (S 1 1. Fall), wenn der Güterstand der Zugewinngemeinschaft aufgehoben wird, ohne dass gleichzeitig ein anderer Güterstand vereinbart wird (S 1 2. Fall), wenn der Ausgleich des Zugewinns ausgeschlossen wird, ohne zugleich den Güterstand selbst auszuschließen (S 2 1. Fall). Gütertrennung tritt auch ein, wenn die Zugewinngemeinschaft durch eine auf einen Antrag auf vorzeitige Aufhebung der Zugewinngemeinschaft ergehende gerichtliche Entscheidung aufgehoben wird (§ 1388). Außerdem tritt Gütertrennung ein, wenn die Gütergemeinschaft aufgehoben wird, ohne dass gleichzeitig ein anderer Güterstand vereinbart wird oder wenn die Gütergemeinschaft durch gerichtliche Entscheidung aufgehoben wird (§§ 1449, 1470). Zum Eintritt der Gütertrennung in den Altfällen im Zusammenhang mit der Reform des gesetzlichen Güterrechts durch das GleichberechtigungsG v 18.6.57, BGBl I 609, vgl. Art 8 I Nr 3–5 GleichberechtigungsG.

3 Durch das VersAusglStrRefG wurde **das Junktim zwischen dem Ausschluss des Versorgungsausgleichs und dem Eintritt der Gütertrennung** (S 2 2. Fall aF) beseitigt. Der Ausschluss des Versorgungsausgleichs hat jetzt also nicht mehr automatisch den Eintritt der Gütertrennung zur Folge. Die neue Rechtslage gilt für alle nach dem 31.8.2009 geschlossenen Vereinbarungen.

4 2. Der **Inhalt der Gütertrennung** erfährt im Gesetz keine Regelung. Er ergibt sich aus der Bezeichnung des Güterstands selbst. Durch die Gütertrennung stellen sich die Eheleute güterrechtlich so, als wären sie nicht verheiratet. Soweit sich nicht aus dem Recht der Ehewirkungen und dem Unterhaltsrecht vermögensrechtliche Wirkungen ergeben, stehen sich die Eheleute damit wie Fremde gegenüber. Sie können wie diese Verträge miteinander abschließen. Sie verwalten ihr Vermögen selbständig und besitzen die ihnen gehörenden Gegenstände, die nicht der ehelichen Lebensgemeinschaft dienen, allein. Verfügungsbeschränkungen bestehen nicht. Die Gläubiger eines jeden Ehegatten können ohne weiteres in dessen Vermögen vollstrecken. § 1362 hilft ihnen dabei mit einer Eigentumsvermutung in Bezug auf die sich im Besitz eines oder beider Ehegatten befindlichen Sachen.

5 3. Die **Gütertrennung endet** durch Beendigung der Ehe oder durch Vereinbarung eines anderen Güterstands. Vermögenszuwächse der Eheleute, die während der Ehe stattgefunden haben, werden nicht ausgeglichen. Das kann zu als ungerecht empfundenen Ergebnissen führen, wenn der Vermögenszuwachs des einen Ehegatten wesentlich auf die Mitarbeit oder Unterstützung durch den anderen Ehegatten zurückzuführen ist, der seinerseits keine vergleichbaren Zuwächse erzielt hat, oder wenn der eine Ehegatte den Erwerb des anderen durch eigene Zuwendungen bewirkt hat. Die Rspr hat daher verschiedene Ausgleichsmechanismen entwickelt, um diese Ergebnisse zu vermeiden. Zum einen werden die Regeln über den Wegfall der Geschäftsgrundlage (§ 313) angewendet, zum anderen wird der Abschluss einer sog Ehegatteninnengesellschaft konstruiert (zB OLG Bremen FamRZ 99, 227; OLG Schleswig FamRZ 04, 1375) oder ein familienrechtlicher Vertrag eigener Art angenommen (BGHZ 127, 48). Diese Versuche entsprechen dem Streben nach Einzelfallgerechtigkeit. Sie sind mit dem Willen der Eheleute, die bewusst alle vermögensrechtlichen Beziehungen ausgeschlossen haben, oft nur

schwer vereinbar und stellen – soweit stillschweigend geschlossene Verträge angenommen werden – nicht selten reine Unterstellungen dar. Um die Anwendung dieser Regeln nicht ausufern zu lassen, ist zu fordern, dass die Eheleute einen über die Verwirklichung der ehelichen Lebensgemeinschaft hinausgehenden Zweck verfolgen (BGH FamRZ 99, 1580). Das kommt vor allem dann in Betracht, wenn sie gemeinsam größere Vermögenswerte schaffen – und zwar selbst dann, wenn diese zur Absicherung im Alter dienen sollen. Die bloße Anschaffung einer Immobilie zu Wohnzwecken reicht dagegen nicht.

Kapitel 3
Gütergemeinschaft

Unterkapitel 1
Allgemeine Vorschriften

Vorbemerkung zu §§ 1415–1518

Die Gütergemeinschaft ist der dritte Güterstand. Er ist (heute) ein reiner Wahlgüterstand; dh er kann nur **durch den Abschluss eines Ehevertrags begründet** werden (§ 1415). **1**

In der Gütergemeinschaft gibt es **drei Vermögensmassen**: Alles, was nicht einer der anderen Vermögensmassen zugewiesen ist, gehört zum **Gesamtgut** (§ 1416). Dieses wird mit der Eheschließung (bzw dem Abschluss des Ehevertrags, wenn dieser der Eheschließung nachfolgt) automatisch Vermögen beider Ehegatten, ohne dass es übertragen zu werden braucht. Seine Verwaltung erfolgt durch die Ehegatten gemeinschaftlich, es sei denn, sie haben im Ehevertrag etwas anderes vereinbart (§ 1421, zum Verwaltungsrecht s §§ 1422 ff). Schulden eines Ehegatten lasten mit dem Eintritt des Güterstands (auch) auf dem Gesamtgut und sind daher unmittelbar auch Schulden des anderen (§ 1437 ff). Daher enthalten §§ 1441–1446, 1463–1466 detaillierte Regeln für den Innenausgleich. **2**

Sondergut sind die Gegenstände, die nicht durch Rechtsgeschäft übertragen werden können (§ 1417 II). Sie sind Eigentum dessen, der sie mit in die Ehe bringt oder später erwirbt. Sein Sondergut verwaltet jeder Ehegatte selbst, aber für Rechnung des Gesamtguts (§ 1417 III). **3**

Vorbehaltsgut sind alle Gegenstände, die v den Ehegatten im Ehevertrag dazu erklärt sind und solche, die ein Ehegatte v Todes wegen oder durch unentgeltliche Zuwendung Dritter erwirbt, wenn der Erblasser durch letztwillige Verfügung, der Dritte bei der Zuwendung bestimmt hat, dass der Erwerb Vorbehaltsgut sein soll. Außerdem gehören hierher die Gegenstände, die ein Ehegatte aufgrund eines zu seinem Vorbehaltsgut gehörenden Rechtes oder als Ersatz für die Zerstörung, Beschädigung oder Entziehung eines zum Vorbehaltsgut gehörenden Gegenstandes oder durch ein Rechtsgeschäft erwirbt, das sich auf das Vorbehaltsgut bezieht (§ 1418 II). Das Vorbehaltsgut verwaltet jeder Ehegatte selbständig und für eigene Rechnung. **4**

Das **Ende der Gütergemeinschaft** kann eintreten aufgrund der Beendigung der Ehe durch Tod (§ 1482, Ausnahme: fortgesetzte Gütergemeinschaft, § 1483), Scheidung, Eheaufhebung aufgrund Aufhebungsentscheidung (§§ 1447–1449, 1569) oder aufgrund Abschlusses eines anderen Ehevertrags (§ 1408). Folge des Endes der Gütergemeinschaft ist die Auseinandersetzung des gemeinschaftlichen Vermögens, dh nach Berichtigung der Verbindlichkeiten wird das verbleibende Vermögen unter den Ehegatten verteilt (Einzelh: §§ 1471 ff). **5**

§ 1415 Vereinbarung durch Ehevertrag

Vereinbaren die Ehegatten durch Ehevertrag Gütergemeinschaft, so gelten die nachstehenden Vorschriften.

1 Die Norm stellt klar, dass der Güterstand der Gütergemeinschaft **nur durch den Abschluss eines Ehevertrages** eintreten kann. Für den Abschluss dieses Vertrags gelten §§ 1408–1414, für die Gütergemeinschaft selbst §§ 1416–1518.

§ 1416 Gesamtgut

(1) ¹Das Vermögen des Mannes und das Vermögen der Frau werden durch die Gütergemeinschaft gemeinschaftliches Vermögen beider Ehegatten (Gesamtgut). ²Zu dem Gesamtgut gehört auch das Vermögen, das der Mann oder die Frau während der Gütergemeinschaft erwirbt.
(2) Die einzelnen Gegenstände werden gemeinschaftlich; sie brauchen nicht durch Rechtsgeschäft übertragen zu werden.
(3) ¹Wird ein Recht gemeinschaftlich, das im Grundbuch eingetragen ist oder in das Grundbuch eingetragen werden kann, so kann jeder Ehegatte von dem anderen verlangen, dass er zur Berichtigung des Grundbuchs mitwirke. ²Entsprechendes gilt, wenn ein Recht gemeinschaftlich wird, das im Schiffsregister oder im Schiffsbauregister eingetragen ist.

1 I. Die Vorschrift umschreibt, was zum Gesamtgut gehört und regelt, wem dieses zusteht. Sie wird durch § 1417 und § 1418 ergänzt, die bestimmte Gegenstände dem Sonder- bzw Vorbehaltsgut zuordnen und ausdrücklich aus dem Gesamtgut ausnehmen (jeweils Abs 1). Den Rechtscharakter der Beteiligung beschreibt § 1419. Zur Verwaltung s § 1421.

2 II. Zum Gesamtgut gehören alle Gegenstände, die nicht Sonder- (§ 1417) oder Vorbehaltsgut (§ 1418) sind. Mit Eintritt der Gütergemeinschaft (§ 1415 Rn 1) werden sie gemeinschaftliches Vermögen beider Ehegatten. Einer besonderen Übertragung durch Rechtsgeschäft bedarf es nicht (Abs 2). Entsprechendes gilt, wenn ein Ehegatte nach Eintritt des Güterstands Vermögen erwirbt. Auf den Grund des Erwerbs kommt es nicht an (Ausnahme: § 1418 II Nr 3: Ersatzgegenstände für zum Vorbehaltsgut gehörendes Vermögen werden wieder Vorbehaltsgut). Für die Zugehörigkeit v Gegenständen zum Gesamtgut spricht eine Vermutung, weil es sich insoweit um die Regel bei der Gütergemeinschaft handelt. Die Zugehörigkeit zum Sonder- oder Vorbehaltsgut muss dagegen nachgewiesen werden.

3 Die Gemeinschaft am Gesamtgut **ist eine Gesamthandsgemeinschaft** ohne eigene Rechtspersönlichkeit. Vermögensträger sind die beiden Ehegatten in ihrer gesamthänderischen Verbundenheit. Der Anteil ist nicht pfändbar (OLG München FamRZ 13, 1404). Sie sind nicht befugt, über die Gegenstände oder einen Anteil daran zu verfügen. Bei späterem Erwerb v Gegenständen werden diese ohne weiteres gemeinschaftlich, auch wenn sie nur einem Ehegatten übereignet werden.

4 Fällt ein Grundstücksrecht in das Gesamtgut, wird wegen des automatischen Eintritts der Gemeinschaft das Grundbuch unrichtig. Deswegen hat jeder Ehegatte gegen den anderen einen Anspruch auf Mitwirkung an der **Grundbuchberichtigung** (Abs 3 S 1). Entsprechendes gilt für Schiffs- und Schiffsbauregisterrechte (Abs 3 S 2). Die Eintragung v Allein- oder Miteigentum kommt nur in Betracht, wenn das Recht zum Vorbehaltsgut eines bzw beider Ehegatten gehört (BayObLG FamRZ 82, 285).

§ 1417 Sondergut

(1) Vom Gesamtgut ist das Sondergut ausgeschlossen.
(2) Sondergut sind die Gegenstände, die nicht durch Rechtsgeschäft übertragen werden können.
(3) ¹Jeder Ehegatte verwaltet sein Sondergut selbständig. ²Er verwaltet es für Rechnung des Gesamtguts.

1 Die Norm definiert, welche Gegenstände zum **Sondergut** eines jeden Ehegatten gehören und regelt dessen Verwaltung. Die Regelung ist abschließend. Das Sondergut kann daher durch Ehevertrag weder erweitert noch eingeschränkt werden. Zulässig ist nur, Gegenstände, die an sich zum Sondergut gehören würden, dem Vorbehaltsgut eines Ehegatten zuzuschlagen.

Zum Sondergut gehören alle Gegenstände, die nicht durch Rechtsgeschäft übertragen 2 werden können. Das können nur Rechte sein, weil die Übertragbarkeit v Sachen durch Rechtsgeschäft nie ausgeschlossen ist. Als Sondergut einzuordnen sind Ansprüche, deren Abtretbarkeit ausgeschlossen ist (§ 399 aE) oder deren Abtretung ihren Inhalt verändern würde (§ 399, zB Schuldbefreiungsansprüche), unpfändbare Ansprüche (§ 400, §§ 850 ff ZPO), Nießbrauchsrechte (§ 1059, 1), beschränkte persönliche Dienstbarkeiten (§ 1092 I 1), subjektiv persönliche Vorkaufsrechte (§ 1103 II) und Reallasten (§ 1111 II), Urheberrechte und Anteile an zu Gesamthandsgemeinschaften gehörenden Gegenständen sowie des Anteils an einer fortgesetzten Gütergemeinschaft aus einer früheren Ehe.

Jeder Ehegatte bleibt bzw – bei Erwerb nach Eintritt des Güterstandes – wird **Alleininhaber** 3 der in das Sondergut fallenden Rechte. Er verwaltet sein Sondergut allein, aber für Rechnung des Gesamtguts (Abs 3). Die Einkünfte aus dem Sondergut werden daher nicht dessen Bestandteil, sondern fallen ins Gesamtgut.

§ 1418 Vorbehaltsgut

(1) Vom Gesamtgut ist das Vorbehaltsgut ausgeschlossen.
(2) Vorbehaltsgut sind die Gegenstände,
1. die durch Ehevertrag zum Vorbehaltsgut eines Ehegatten erklärt sind,
2. die ein Ehegatte von Todes wegen erwirbt oder die ihm von einem Dritten unentgeltlich zugewendet werden, wenn der Erblasser durch letztwillige Verfügung, der Dritte bei der Zuwendung bestimmt hat, dass der Erwerb Vorbehaltsgut sein soll,
3. die ein Ehegatte auf Grund eines zu seinem Vorbehaltsgut gehörenden Rechts oder als Ersatz für die Zerstörung, Beschädigung oder Entziehung eines zum Vorbehaltsgut gehörenden Gegenstands oder durch ein Rechtsgeschäft erwirbt, das sich auf das Vorbehaltsgut bezieht.

(3) ¹Jeder Ehegatte verwaltet das Vorbehaltsgut selbständig. ²Er verwaltet es für eigene Rechnung.
(4) Gehören Vermögensgegenstände zum Vorbehaltsgut, so ist dies Dritten gegenüber nur nach Maßgabe des § 1412 wirksam.

I. Die Norm definiert das Vorbehaltsgut, schließt die zu ihm gehörenden Gegenstände 1 aus dem Gesamtgut aus und regelt seine Verwaltung. Die Regelung ist erschöpfend; auf andere als die in Abs 2 genannte Weise kann Vorbehaltsgut nicht begründet werden. Gegenstände, die zum Vorbehaltsgut gehören, können nur durch Ehevertrag zu Gesamtgut werden. Mangels Dispositionsfreiheit kommt eine Umdefinition zum Sondergut nicht in Betracht (§ 1417 Rn 1).

II. Zum Vorbehaltsgut gehören zunächst die Gegenstände, die eheverträglich dazu be- 2 stimmt wurden (Abs 2 Nr 1) und solche, die ein Ehegatte v Todes wegen oder durch unentgeltliche Zuwendung erwirbt, wenn der Zuwendende bestimmt hat, dass der Erwerb Vorbehaltsgut sein soll (Abs 2 Nr 2). Das muss entweder durch Testament oder bei der Zuwendung erfolgt sein. Nicht formgerechte oder verspätete Bestimmungen haben keine Wirkung. Die Bestimmung erfolgt einseitig. Das Einverständnis des betroffenen Ehegatten ist nicht erforderlich. Ist dieser nicht einverstanden, bleibt ihm nichts anderes, als die Zuwendung auszuschlagen bzw abzulehnen oder durch den Abschluss eines (neuen) Ehevertrags das Sondergut in Gesamtgut umzuwandeln. Möglich ist auch, das Entstehen v Vorbehaltsgut bereits vorbeugend in dem Ehevertrag auszuschließen, durch den die Gütergemeinschaft vereinbart wird. Schließlich gehören zum Vorbehaltsgut alle Gegenstände, die ein Ehegatte aufgrund eines zu seinem Vorbehaltsgut gehörenden Rechts (zB Annahme einer geschuldeten Leistung, Früchte) oder als Ersatz für die Zerstörung, Beschädigung oder Entziehung eines zum Vorbehaltsgut gehörenden Gegenstandes (zB Ersatzforderungen, Ansprüche auf Versicherungsleistungen) oder durch ein Rechtsgeschäft erwirbt, das sich auf das Vorbehaltsgut bezieht. Für die letzte Fallgruppe reichen alle Geschäfte, die irgendwie mit Vorbehaltsgut zusammenhängen und gerade für dieses abgeschlossen werden.

3 **Jeder Ehegatte** bleibt bzw – bei Erwerb nach Eintritt des Güterstandes – wird **Alleininhaber** der in das Vorbehaltsgut fallenden Rechte. Er verwaltet es allein für eigene Rechnung (Abs 3). Dritten gegenüber wirkt die Zugehörigkeit v Gegenständen zum Vorbehaltsgut nur nach Maßgabe des § 1412, dh wenn der Ehevertrag im Güterrechtsregister eingetragen oder dem Dritten bekannt war, als das Rechtsgeschäft vorgenommen wurde (Abs 4).

§ 1419 Gesamthandsgemeinschaft

(1) Ein Ehegatte kann nicht über seinen Anteil am Gesamtgut und an den einzelnen Gegenständen verfügen, die zum Gesamtgut gehören; er ist nicht berechtigt, Teilung zu verlangen.
(2) Gegen eine Forderung, die zum Gesamtgut gehört, kann der Schuldner nur mit einer Forderung aufrechnen, deren Berichtigung er aus dem Gesamtgut verlangen kann.

1 I. Die Norm beschreibt den **Rechtscharakter der Beteiligung am Gesamtgut**. Sie ergänzt damit § 1416, der festlegt, was zum Gesamtgut gehört und wie die Gütergemeinschaft eintritt.

2 II. Die Gütergemeinschaft ist **Gesamthands-, nicht Bruchteilsgemeinschaft**. Daher kann weder über den Anteil am Gesamtgut noch über Anteile an einzelnen Gegenständen verfügt werden (Abs 1 1. Halbs). Entsprechende Rechtsgeschäfte sind unwirksam. Ergänzt wird die Regelung durch § 860 ZPO, der die Unpfändbarkeit des Anteils anordnet.

3 Die Ehegatten sind während des Bestehens der Gütergemeinschaft auch **nicht berechtigt, Teilung zu verlangen** (Abs 1 2. Halbs). Es kann nur auf Aufhebung der Gütergemeinschaft geklagt werden (§§ 1447 ff, 1469 f).

4 Um das Gesamtgut vor Schmälerung zu schützen, ist die **Aufrechnung** gegenüber zum Gesamtgut gehörenden Forderungen auf Forderungen beschränkt, die gegen das Gesamtgut gerichtet sind (Abs 2); denn sonst würde das Vorbehalts- oder Sondergut auf Kosten des Gesamtguts geschont. Die Regelung gilt nicht für Aufrechnungen mit Forderungen des Gesamtguts und für Verrechnungsverträge (Frage der Verwaltungsbefugnis, § 1421).

§ 1420 Verwendung zum Unterhalt

Die Einkünfte, die in das Gesamtgut fallen, sind vor den Einkünften, die in das Vorbehaltsgut fallen, der Stamm des Gesamtguts ist vor dem Stamm des Vorbehaltsguts oder des Sonderguts für den Unterhalt der Familie zu verwenden.

1 Die Norm regelt unabhängig v der Verwaltung des Gesamtguts, in welcher Reihenfolge die verschiedenen Einkünfte und Gütermassen für den Unterhalt nach §§ 1360, 1361 (BGHZ 111, 248) zu verwenden sind. Dabei gilt die Regel, dass Einkünfte vor dem Vermögensstamm zu verwenden sind. Es besteht jeweils ein Verwertungsvorrang des Gesamtguts. Zunächst sind daher die in das Gesamtgut fallenden Einkünfte (dh diejenigen des Gesamt- und des Sonderguts) zu verwenden, dann die Einkünfte, die in das Vorbehaltsgut fallen, dann der Stamm des Gesamtguts und schließlich (gleichrangig) der Stamm der verschiedenen Sonder- und Vorbehaltsgüter.

§ 1421 Verwaltung des Gesamtguts

¹Die Ehegatten sollen in dem Ehevertrag, durch den sie die Gütergemeinschaft vereinbaren, bestimmen, ob das Gesamtgut von dem Mann oder der Frau oder von ihnen ge-

meinschaftlich verwaltet wird. ²Enthält der Ehevertrag keine Bestimmung hierüber, so verwalten die Ehegatten das Gesamtgut gemeinschaftlich.

Die Norm zählt die möglichen Arten der Verwaltung des Gesamtguts auf und ordnet an, was gelten soll, wenn sich die Ehegatten im Ehevertrag für eine dieser Lösungen entscheiden. Zulässig ist die Verwaltung durch den Mann allein, diejenige durch die Frau allein oder die Verwaltung durch beide Ehegatten gemeinsam. Nicht vorgesehen und daher unzulässig sind Mischformen, wie die abwechselnde Alleinverwaltung oder eine gemeinschaftliche Verwaltung, bei der beide Ehegatten ein volles Verwaltungsrecht haben (BayObLG NJW 68, 896). Fehlt eine Bestimmung im Ehevertrag, verwalten die Eheleute das Gesamtgut gemeinschaftlich (S 2). Sofern die Eheleute eine andere Verwaltungsform als die gemeinschaftliche Verwaltung wählen, muss das im Güterrechtsregister eingetragen werden, um Wirkung gegen gutgläubige Dritte zu entfalten (§ 1412). 1

Unterkapitel 2
Verwaltung des Gesamtguts durch den Mann oder die Frau

Vorbemerkung zu §§ 1422–1449

§§ 1422–1449 enthalten Regeln für die Verwaltung und die Aufhebung einer Gütergemeinschaft, bei der nur ein Ehegatte verwaltungsbefugt ist. Die entsprechenden Regelungen für eine Gütergemeinschaft mit gemeinschaftlicher Verwaltung des Gesamtguts finden sich in §§ 1450–1470. 1

§ 1422 Inhalt des Verwaltungsrechts

¹Der Ehegatte, der das Gesamtgut verwaltet, ist insbesondere berechtigt, die zum Gesamtgut gehörenden Sachen in Besitz zu nehmen und über das Gesamtgut zu verfügen; er führt Rechtsstreitigkeiten, die sich auf das Gesamtgut beziehen, im eigenen Namen. ²Der andere Ehegatte wird durch die Verwaltungshandlungen nicht persönlich verpflichtet.

I. Die Vorschrift **beschreibt den Inhalt des Verwaltungsrechts** bei Einzelverwaltung. Das Gegenstück für die Gütergemeinschaft mit gemeinschaftlicher Verwaltung enthält § 1450. 1

II. 1. Der im Ehevertrag zum **Verwalter** bestimmte Ehegatte **verwaltet das Gesamtgut allein**. Er allein ist dazu in der Lage, das Gesamtgut zu verpflichten, die zu ihm gehörenden Sachen in Besitz zu nehmen und über die zu ihm gehörenden Gegenstände zu verfügen (S 1 1. Halbs). Dritte, die Rechte an zum Gesamtgut gehörenden Gegenständen geltend machen oder ausüben wollen, müssen ihm gegenüber handeln. Er führt Rechtsstreitigkeiten, die sich auf das Gesamtgut beziehen, im eigenen Namen (S 1 aE, Zwangsvollstreckung: § 740 ZPO). Der Zustimmung seines Ehegatten bedarf der Verwalter nur in den in §§ 1423–1425 genannten Fällen. 2

Dem **Recht zur Verwaltung korrespondiert eine Verpflichtung dazu.** Verletzt sie der verwaltende Ehegatte schuldhaft (Maßstab: § 1359), ist er schadensersatzpflichtig. 3

Die Verwaltung bewirkt nicht die persönliche Verpflichtung des nicht verwaltenden Ehegatten (S 2). Aus ihr kann auch keine stillschweigende Bevollmächtigung des verwaltenden Ehegatten durch den nicht verwaltenden abgeleitet werden. Handelt der Verwalter trotzdem im Namen des anderen Ehegatten, haftet er Dritten ggf nach § 179. 4

2. Der **nicht verwaltende Ehegatte** ist v der Verwaltung des Gesamtguts grds ausgeschlossen. Seine Mitwirkung ist nur in den Fällen der §§ 1423–1425 erforderlich. Eigene Rechtspositionen ergeben sich aber aus § 1428 (Rückholrecht bei Verfügungen des verwaltenden Ehegatten ohne die erforderliche Zustimmung), § 1429 (Notverwaltungsrecht), § 1430 (Antragsbefugnis zur Ersetzung der Zustimmung des Verwalters), 5

§ 1431 (Betrieb eines selbständigen Erwerbsgeschäfts), § 1432 (Erbschafts- und Schenkungsannahme, Pflichtteils- oder Zugewinnausgleichsverzicht, Ablehnung v Vertragsangeboten) und § 1433 (Fortsetzung eines bei Eintritt des Güterstands bereits anhängigen Rechtsstreits). Der Verwalter kann den nicht verwaltenden Ehegatten außerdem bevollmächtigen.

6 Die Gütergemeinschaft bewirkt **keine Einschränkungen in der Geschäftsfähigkeit** des nicht verwaltenden Ehegatten. Er kann daher auch weiterhin selbst Verpflichtungen eingehen und Rechte erwerben. Soweit sich diese Geschäfte auf das Gesamtgut beziehen, kann er sie nicht erfüllen, weil er über die Gegenstände des Gesamtguts nicht verfügen kann (es sei denn, es läge eine Ermächtigung des verwaltenden Ehegatten vor). Insoweit können dann Schadensersatzansprüche entstehen (zB aus §§ 283, 280). Erfüllt der Vertragspartner des nicht verwaltenden Ehegatten das Geschäft, wird das Gesamtgut bereichert. Diese Bereicherung kann nach den Vorschriften über die ungerechtfertigte Bereicherung v Gesamtgut herausverlangt werden (§ 1434, Rechtsfolgenverweisung). Außerdem kann der nicht verwaltende Ehegatte die Leistungen des Dritten nicht mit Erfüllungswirkung annehmen, weil dadurch über den zum Gesamtgut gehörenden Anspruch auf die Leistung verfügt würde (vgl § 362). Tut er es trotzdem, besteht auch in diesem Fall ein Bereicherungsanspruch nach § 1434 gegen das Gesamtgut (BGH NJW 57, 1635).

§ 1423 Verfügung über das Gesamtgut im Ganzen

¹**Der Ehegatte, der das Gesamtgut verwaltet, kann sich nur mit Einwilligung des anderen Ehegatten verpflichten, über das Gesamtgut im Ganzen zu verfügen.** ²**Hat er sich ohne Zustimmung des anderen Ehegatten verpflichtet, so kann er die Verpflichtung nur erfüllen, wenn der andere Ehegatte einwilligt.**

1 I. Die Vorschrift **entspricht** dem für die Zugewinngemeinschaft geltenden § 1365. Sie dient dazu, den nicht verwaltenden Ehegatten vor dem Verlust des Gesamtguts zu schützen. Das zur Abdingbarkeit und Beweislast bei § 1365 Gesagte (Rn 2 f) gilt entsprechend. Anders als bei § 1365 werden gutgläubige Dritte dadurch geschützt, dass die Vorschriften über den Erwerb v Nichtberechtigten anzuwenden sind (§§ 892, 932 ff). Den gutgläubigen Erwerb beweglicher Sachen ausschließende grobe Fahrlässigkeit (§ 932 II) liegt immer schon dann vor, wenn die Gütergemeinschaft im Güterrechtsregister eingetragen ist. In Bezug auf den Erwerb v Grundstücken muss dagegen positives Wissen um die Gütergemeinschaft gegeben sein, damit der gutgläubige Erwerb ausgeschlossen ist (§ 892 I).

2 II. **In den Anwendungsbereich der Norm** fallen die Geschäfte, für die auch § 1365 gilt. Es gilt das dort Rn 4–9 Gesagte entsprechend.

3 **Die Erteilung der Einwilligung.** Sie bedarf keiner Form. Sie ist grds bis zur Vornahme des Geschäfts widerruflich (§ 183 I 1), wenn sie nicht in der Weise erteilt ist, dass der Ehegatte auf die Widerruflichkeit verzichtet. Die Zustimmung zum Verpflichtungsgeschäft deckt auch das Verfügungsgeschäft. Eine persönliche Verpflichtung des einwilligenden Ehegatten entsteht durch die Zustimmung nicht.

4 **Willigt der andere Ehegatte in das Verpflichtungsgeschäft nicht ein,** kann dieses nur wirksam werden, wenn er es nachträglich genehmigt oder seine Zustimmung nach § 1426 ersetzt wird. Erfolgt beides nicht, ist das Verpflichtungsgeschäft endgültig unwirksam (S 1). Damit wird das Verfügungsgeschäft zustimmungspflichtig (S 2). Erfolgt auch zu diesem keine Zustimmung, ist die Verfügung unwirksam, es sei denn, die Voraussetzungen eines gutgläubigen Erwerbs (§§ 892, 932 ff) lägen vor (Unterschied zu § 1365). Die Rechte aus der Nichtigkeit der Rechtsgeschäfte können entweder v verwaltenden Ehegatten geltend gemacht werden oder v demjenigen, dessen Zustimmung nötig war (§ 1428).

§ 1424 Verfügung über Grundstücke, Schiffe oder Schiffsbauwerke

¹Der Ehegatte, der das Gesamtgut verwaltet, kann nur mit Einwilligung des anderen Ehegatten über ein zum Gesamtgut gehörendes Grundstück verfügen; er kann sich zu einer solchen Verfügung auch nur mit Einwilligung seines Ehegatten verpflichten. ²Dasselbe gilt, wenn ein eingetragenes Schiff oder Schiffsbauwerk zum Gesamtgut gehört.

I. Die Vorschrift soll Grundstücke, Schiffe und Schiffsbauwerke als **Existenzgrundlage der Familie** vor eigenmächtigen Verfügungen durch den verwaltenden Ehegatten bewahren. Sie ist durch Ehevertrag abdingbar (LG Siegen NJW 56, 671). Zur Möglichkeit gutgläubigen Erwerbs s § 1423 Rn 1. 1

II. **Unter das Einwilligungserfordernis fallen** alle Geschäfte über Grundstücke, grundstücksgleiche Rechte (zB Erbbaurecht, § 11 ErbbVO), Schiffe und Schiffsbauwerke, die zum Gesamtgut gehören. Nicht in den Anwendungsbereich fallen dagegen Geschäfte über Grundstücksrechte und Ansprüche auf Übereignung. Entsprechendes gilt für Belastungen im Zusammenhang mit dem Erwerb eines Grundstücks. § 1424 muss insoweit teleologisch reduziert werden. Einwilligungspflichtig sind sowohl die Verpflichtung zu einer Verfügung, wie auch die Verfügung selbst. Die Verfügung ist (anders als bei § 1423 und § 1365) auch dann einwilligungspflichtig, wenn in die Verpflichtung eingewilligt wurde. Dann besteht aber ein Anspruch auf Einwilligung (vgl § 1437). 2
Zur **Erteilung der Einwilligung** und den Folgen ihres Fehlens vgl § 1423 Rn 3 f. 3

§ 1425 Schenkungen

(1) ¹Der Ehegatte, der das Gesamtgut verwaltet, kann nur mit Einwilligung des anderen Ehegatten Gegenstände aus dem Gesamtgut verschenken; hat er ohne Zustimmung des anderen Ehegatten versprochen, Gegenstände aus dem Gesamtgut zu verschenken, so kann er dieses Versprechen nur erfüllen, wenn der andere Ehegatte einwilligt. ²Das Gleiche gilt von einem Schenkungsversprechen, das sich nicht auf das Gesamtgut bezieht.
(2) Ausgenommen sind Schenkungen, durch die einer sittlichen Pflicht oder einer auf den Anstand zu nehmenden Rücksicht entsprochen wird.

I. Die Norm soll das Gesamtgut **vor eigenmächtigen Schmälerungen durch Schenkungen** des verwaltenden Ehegatten **schützen**, denn Schenkungen gehören nicht zur ordnungsgemäßen Verwaltung einer Vermögensmasse. 1
II. 1. In den **Anwendungsbereich** des § 1425 fallen der **Abschluss v Schenkungsverträgen** iSd § 516 und die zur **Erfüllung derartiger Verträge** vorgenommenen Geschäfte. Das gilt auch für gemischte Schenkungen mit ihrem Schenkungsteil. Für den Rest kann dann § 139 eingreifen. Sonstige unentgeltliche Verträge (zB Gebrauchsüberlassungen) sind nicht nach § 1425 zustimmungspflichtig. Gleiches gilt für Schenkungen, durch die einer sittlichen Pflicht (zB Geburtstags-, Weihnachtsgeschenke) oder einer auf den Anstand zu nehmenden Rücksicht (zB Mitbringsel) entsprochen wird (Abs 2). 2
Unerheblich ist, aus welcher Vermögensmasse der verschenkte Gegenstand stammt (Abs 1 S 3). Das liegt daran, dass das Gesamtgut für alle Verbindlichkeiten haftet (§ 1437). Etwas anderes gilt nur dann, wenn ausgeschlossen ist, dass das Gesamtgut in Anspruch genommen werden kann (zB Handschenkungen aus dem Vorbehaltsgut). Insoweit ist Abs 1 S 3 teleologisch zu reduzieren. 3
2. Zur **Erteilung der Einwilligung** s § 1423 Rn 3. Anders als dort kommt die Ersetzung der Einwilligung nicht in Betracht, weil § 1426 sich nur auf §§ 1423 f bezieht. Fehlt die Einwilligung, gelten §§ 1427 f in Bezug auf das Geschäft selbst. Es kommen Herausgabeansprüche gegen das Gesamtgut in Betracht, wenn dieses bereichert ist (bei Geschäften nach § 1425 selten) und Ersatzansprüche gegen den verwaltenden Ehegatten, wenn das Gesamtgut dauerhaften Schaden erlitten hat (§ 1435, 3). Insoweit ist aber zu berücksichtigen, dass auch bei Gutgläubigkeit des Dritten dessen Erwerb keinen Bestand hat, weil er nach § 816 I 2 kondiziert werden kann. 4

§ 1426 Ersetzung der Zustimmung des anderen Ehegatten

Ist ein Rechtsgeschäft, das nach den §§ 1423, 1424 nur mit Einwilligung des anderen Ehegatten vorgenommen werden kann, zur ordnungsmäßigen Verwaltung des Gesamtguts erforderlich, so kann das Familiengericht auf Antrag die Zustimmung des anderen Ehegatten ersetzen, wenn dieser sie ohne ausreichenden Grund verweigert oder durch Krankheit oder Abwesenheit an der Abgabe einer Erklärung verhindert und mit dem Aufschub Gefahr verbunden ist.

1 I. Die Vorschrift soll die **Verwaltung** des Gesamtguts **vor einer Blockade** durch den nicht verwaltungsberechtigten Ehegatten **bewahren**. Die Einwilligungserfordernisse nach § 1423 und 1424 geben dem nicht verwaltenden Ehegatten eine relativ starke Stellung. Sie würde es ihm gestatten, auch notwendige Verwaltungsmaßnahmen seines Ehegatten zu unterbinden. Das liefe dem Gedanken zuwider, dass der andere allein und eigenverantwortlich das Gesamtgut verwaltet.

2 II. Die **Ersetzung** der Einwilligung des anderen Ehegatten durch das Familiengericht (funktionelle Zuständigkeit des Richters, § 14 Nr 6 RPflG) ist **zulässig**, wenn das zustimmungspflichtige Geschäft zur ordnungsgemäßen Verwaltung des Gesamtguts erforderlich ist und der andere Ehegatte seine Zustimmung ohne ausreichenden Grund verweigert. Ob das Geschäft zur ordnungsgemäßen Verwaltung gehört, richtet sich nach einer Gesamtbetrachtung der familiären Interessen. Entsprechendes gilt für die Frage, ob ein Ehegatte einen Grund für seine Weigerung hat. Der grundlosen Zustimmungsverweigerung gleichgestellt ist der Fall, dass der andere Ehegatte durch Krankheit oder Abwesenheit an der Abgabe einer Erklärung verhindert und mit dem Aufschub Gefahr verbunden ist. Die Verwaltung darf nicht deswegen blockiert sein, weil ein Ehegatte handlungsunfähig ist.

3 Die **Ersetzung bewirkt**, dass beide Ehegatten so gestellt werden, als wäre die Einwilligung erfolgt. Die Ersetzung bleibt weder hinter der Erklärung zurück noch reicht sie weiter.

4 III. Verfahren. Die Ersetzung erfolgt auf Antrag des verwaltenden Ehegatten (nicht des Dritten).

§ 1427 Rechtsfolgen fehlender Einwilligung

(1) Nimmt der Ehegatte, der das Gesamtgut verwaltet, ein Rechtsgeschäft ohne die erforderliche Einwilligung des anderen Ehegatten vor, so gelten die Vorschriften des § 1366 Abs. 1, 3, 4 und des § 1367 entsprechend.
(2) ¹Einen Vertrag kann der Dritte bis zur Genehmigung widerrufen. ²Hat er gewusst, dass der Ehegatte in Gütergemeinschaft lebt, so kann er nur widerrufen, wenn dieser wahrheitswidrig behauptet hat, der andere Ehegatte habe eingewilligt; er kann auch in diesem Falle nicht widerrufen, wenn ihm beim Abschluss des Vertrags bekannt war, dass der andere Ehegatte nicht eingewilligt hatte.

1 Die Norm entspricht inhaltlich §§ 1366 und § 1367. Dass § 1366 II nicht in die Verweisung einbezogen, sondern durch Abs 2 ersetzt wurde, liegt allein daran, dass der Inhalt dieser Regelung nicht ganz für die Gütergemeinschaft passt. Während es beim gesetzlichen Güterstand ausreicht zu wissen, dass der Gegenüber verheiratet ist, um das Widerrufsrecht grds auszuschließen, ist der Dritte bei einem Wahlgüterstand erst dann nicht mehr schutzwürdig, wenn er v Bestehen dieses Güterstandes weiß. IÜ gelten die Erläuterungen zu §§ 1366 und 1367 entsprechend.

§ 1428 Verfügungen ohne Zustimmung

Verfügt der Ehegatte, der das Gesamtgut verwaltet, ohne die erforderliche Zustimmung des anderen Ehegatten über ein zum Gesamtgut gehörendes Recht, so kann dieser das Recht gegen Dritte gerichtlich geltend machen; der Ehegatte, der das Gesamtgut verwaltet, braucht hierzu nicht mitzuwirken.

Die Norm entspricht § 1368. Sie dient dem Schutz des nicht verwaltenden Ehegatten, indem sie ihm erlaubt, bei Verstoß des Verwalters gegen die §§ 1423–1425 die sich aus der Unwirksamkeit der Geschäfte ergebenden Rechte selbst geltend zu machen. Sie ist nicht abdingbar. Der nicht verwaltende Ehegatte macht den Rückforderungsanspruch im eigenen Namen geltend. Er kann die Leistung an den verwaltenden Ehegatten oder an sich beantragen. Im letztgenannten Fall muss er die v Dritten erbrachte Leistung an den verwaltenden Ehegatten weiterleiten. Das Antragsrecht des nicht verwaltenden Ehegatten hindert eine Klage des verwaltenden Ehegatten nicht; denn die Streitgegenstände beider Verfahren sind unterschiedlich. Eine in dem einen Verfahren ergangene gerichtliche Entscheidung entfaltet daher auch keine Rechtskraftwirkung für das andere. IÜ gelten die Erläuterungen zu § 1368.

§ 1429 Notverwaltungsrecht

¹Ist der Ehegatte, der das Gesamtgut verwaltet, durch Krankheit oder durch Abwesenheit verhindert, ein Rechtsgeschäft vorzunehmen, das sich auf das Gesamtgut bezieht, so kann der andere Ehegatte das Rechtsgeschäft vornehmen, wenn mit dem Aufschub Gefahr verbunden ist; er kann hierbei im eigenen Namen oder im Namen des verwaltenden Ehegatten handeln. ²Das Gleiche gilt für die Führung eines Rechtsstreits, der sich auf das Gesamtgut bezieht.

Die Vorschrift soll eine Blockierung der Verwaltung des Gesamtguts für den Fall verhindern, dass der verwaltende Ehegatte seinen Aufgaben nicht nachkommen kann. Sofern der das Gesamtgut verwaltende Ehegatte durch Krankheit oder durch Abwesenheit verhindert ist, ein Rechtsgeschäft vorzunehmen oder einen Rechtsstreit zu führen, der sich auf das Gesamtgut bezieht, und mit dem Aufschub Gefahr verbunden ist (zB Verjährung eines Anspruchs), darf auch der andere, an sich nicht verwaltungsberechtigte, Ehegatte die Verwaltungsmaßnahme vornehmen oder den Rechtsstreit führen. Er kann dies entweder im eigenen Namen (dann auch persönliche Verpflichtung) oder im Namen des verwaltenden Ehegatten.

§ 1430 Ersetzung der Zustimmung des Verwalters

Verweigert der Ehegatte, der das Gesamtgut verwaltet, ohne ausreichenden Grund die Zustimmung zu einem Rechtsgeschäft, das der andere Ehegatte zur ordnungsmäßigen Besorgung seiner persönlichen Angelegenheiten vornehmen muss, aber ohne diese Zustimmung nicht mit Wirkung für das Gesamtgut vornehmen kann, so kann das Familiengericht die Zustimmung auf Antrag ersetzen.

I. Die Vorschrift bildet das **Gegenstück zu §§ 1423–1425**. Sie gibt dem anderen Ehegatten die Möglichkeit, den verwaltenden Ehegatten zu einem Geschäft zu zwingen, das dieser nicht vornehmen will.

II. Die **Zustimmung** des verwaltenden Ehegatten zu einem Geschäft des anderen Ehegatten **kann ersetzt werden, wenn** dieser das Geschäft zur ordnungsmäßigen Besorgung seiner persönlichen Angelegenheiten vornehmen muss, aber ohne diese Zustimmung nicht mit Wirkung für das Gesamtgut vornehmen kann und der verwaltende Ehegatte seine Zustimmung ohne ausreichenden Grund verweigert. Das Geschäft muss einerseits notwendig sein und andererseits darf der Verwalter keinen Grund haben, die Zustimmung zu ihm zu verweigern. Ob das der Fall ist, ist im Wege einer Abwägung aller Interessen der Familie zu ermitteln. Nicht unter § 1430 fällt, dass der Verwalter an der Zustimmung aus anderen Gründen als dem Nichtwollen gehindert ist. Dann gilt § 1429.

Die Zustimmungsersetzung **muss v dem nicht verwaltenden Ehegatten beantragt werden.** Zuständig ist der Richter (§ 14 I Nr 6 RPflG) des Familiengerichts.

§ 1431 Selbstständiges Erwerbsgeschäft

(1) ¹Hat der Ehegatte, der das Gesamtgut verwaltet, darin eingewilligt, dass der andere Ehegatte selbständig ein Erwerbsgeschäft betreibt, so ist seine Zustimmung zu solchen Rechtsgeschäften und Rechtsstreitigkeiten nicht erforderlich, die der Geschäftsbetrieb mit sich bringt. ²Einseitige Rechtsgeschäfte, die sich auf das Erwerbsgeschäft beziehen, sind dem Ehegatten gegenüber vorzunehmen, der das Erwerbsgeschäft betreibt.
(2) Weiß der Ehegatte, der das Gesamtgut verwaltet, dass der andere Ehegatte ein Erwerbsgeschäft betreibt, und hat er hiergegen keinen Einspruch eingelegt, so steht dies einer Einwilligung gleich.
(3) Dritten gegenüber ist ein Einspruch und der Widerruf der Einwilligung nur nach Maßgabe des § 1412 wirksam.

1 I. Funktional entspricht die Norm § 112. Sie soll auch dem nicht verwaltenden Ehegatten den Betrieb eines Erwerbsgeschäfts ermöglichen. Das wäre ohne sie kaum möglich, weil der verwaltende Ehegatte jedem einzelnen Geschäft, das für das Gesamtgut Relevanz haben könnte, zustimmen müsste. Sie ist nicht abdingbar. Parallelvorschrift für die gemeinschaftliche Verwaltung: § 1456.
2 II. Durch die **Zustimmung des verwaltenden Ehegatten** zum Betrieb eines selbständigen **Erwerbsgeschäfts** durch den anderen Ehegatten willigt dieser gleichzeitig in alle Rechtsgeschäfte ein, die der Gewerbebetrieb mit sich bringt (nicht: Grundlagengeschäfte) und befreit ihn dadurch v den Beschränkungen des § 1422. Ein selbständig betriebenes Erwerbsgeschäft ist jedes v Ehegatten verantwortlich (dh nicht als abhängig Beschäftigter) betriebene Unternehmen einschließlich einer freiberuflichen Tätigkeit (vgl BGHZ 83, 76). Es kommt darauf an, ob der Ehegatte den Betrieb leitet; seine Mitarbeit ist nicht erforderlich. Es reicht aber, dass der Ehegatte das Unternehmen zusammen mit seinem Ehegatten leitet (BayObLG FamRZ 83, 1128) oder dass er an einer OHG beteiligt ist.
3 **Die Einwilligung muss allgemein sein.** Wird sie eingeschränkt, treten die Wirkungen des Abs 1 nicht ein. Sie bedarf keiner Form. Als Einwilligung gilt auch, wenn der verwaltende Ehegatte v dem Betrieb des Erwerbsgeschäfts weiß und dagegen keinen Einspruch erhebt (Abs 2). Die Einwilligung ist jederzeit widerruflich (dann aber Möglichkeit des Aufhebungsantrags, § 1447). Erhebt der verwaltende Ehegatte Einspruch oder widerruft er seine Einwilligung, entfallen die Wirkungen des Abs 1. Dritte werden aber nach Maßgabe des § 1412 geschützt (Abs 3); dh ihnen gegenüber wirkt der Einspruch oder Widerruf nur, wenn sie ihn kennen oder wenn er im Güterrechtsregister eingetragen ist.
4 Mit der Einwilligung entfällt die **Einwilligungsbedürftigkeit** der Einzelgeschäfte (Abs 1 S 1). Insoweit ist der nicht verwaltende Ehegatte aktiv und passiv klagebefugt. Einseitige Rechtsgeschäfte, die sich auf das Erwerbsgeschäft beziehen, sind dem Ehegatten gegenüber vorzunehmen, der das Erwerbsgeschäft betreibt (Abs 1 S 2).

§ 1432 Annahme einer Erbschaft; Ablehnung von Vertragsantrag oder Schenkung

(1) ¹Ist dem Ehegatten, der das Gesamtgut nicht verwaltet, eine Erbschaft oder ein Vermächtnis angefallen, so ist nur er berechtigt, die Erbschaft oder das Vermächtnis anzunehmen oder auszuschlagen; die Zustimmung des anderen Ehegatten ist nicht erforderlich. ²Das Gleiche gilt von dem Verzicht auf den Pflichtteil oder auf den Ausgleich eines Zugewinns sowie von der Ablehnung eines Vertragsantrags oder einer Schenkung.
(2) Der Ehegatte, der das Gesamtgut nicht verwaltet, kann ein Inventar über eine ihm angefallene Erbschaft ohne Zustimmung des anderen Ehegatten errichten.

1 Abs 1 gestattet dem nichtverwaltenden Ehegatten die **zustimmungsfreie Vornahme** bestimmter Geschäfte, die einen relativ persönlichen Charakter aufweisen. Er ist nicht abdingbar. Hierher gehören: die Annahme oder Ausschlagung einer bereits angefallenen Erbschaft oder eines bereits angefallenen Vermächtnisses, der Verzicht auf einen bereits angefallenen Pflichtteil oder einen Zugewinnausgleichsanspruch und die Ableh-

nung einer Schenkung oder eines Vertragsantrags. Nicht unter Abs 1 fällt dagegen der Verzicht auf künftige Erb- oder Pflichtteilsansprüche. Er ist zustimmungsfrei, weil durch sie das Gesamtgut ohnehin nicht berührt werden kann. Die Annahme v Vertragsangeboten oder Schenkungen fällt nie unter Abs 1; sie kann v beiden Ehegatten erklärt werden. Zu beachten ist allerdings, dass in Kollisionsfällen die Entscheidung desjenigen vorgeht, dessen Erklärung zuerst dem Antragenden zugeht (MK-BGB/Kanzleiter § 1432 Rn 4); denn nach der Annahme durch den Verwalter ist das Gesamtgut gebunden, nach der Ablehnung kann seine Verpflichtung nicht mehr eintreten.

Abs 2 ermöglicht auch dem nicht verwaltenden Ehegatten, ein **Inventar** über eine ihm angefallene Erbschaft auch ohne Zustimmung des anderen Ehegatten zu errichten, so dass beide Ehegatten dazu in der Lage sind. Das v einem errichtete Inventar wirkt auch für den anderen (§ 2008 I 3). Anders als Abs 1 ist Abs 2 abdingbar; ein Ausschluss ist aber wenig sinnvoll.

§ 1433 Fortsetzung eines Rechtsstreits

Der Ehegatte, der das Gesamtgut nicht verwaltet, kann ohne Zustimmung des anderen Ehegatten einen Rechtsstreit fortsetzen, der beim Eintritt der Gütergemeinschaft anhängig war.

Die Vorschrift **nimmt einen bereits zur Zeit des Eintritts des Güterstands anhängigen Rechtsstreit v der Beschränkung des § 1422 aus**. Rechtshängigkeit ist nicht erforderlich. Sinn der Regelung ist, dass der schon begonnene Rechtsstreit aus prozessökonomischen Gründen am besten zwischen den Parteien weitergeführt wird, die ihn begonnen haben. Die Norm gilt für Aktiv- und Passivprozesse. v der Führung des Verfahrens abgesehen liegen aber alle Verfügungsbefugnisse beim verwaltenden Ehegatten. Der prozessführende Ehegatte braucht daher dessen Zustimmung, wenn er einen Vergleich schließen oder auf einen Teil der eingeklagten Forderung verzichten will. Entsprechendes gilt für die Aufrechnung mit zum Gesamtgut gehörenden Forderungen.

§ 1430 betrifft in direkter Anwendung nur den Fall des Eintritts des Güterstands. Es spricht aber nichts dagegen, ihn **entsprechend anzuwenden**, wenn der nicht verwaltende Ehegatte im Rahmen seiner Notgeschäftsführungsbefugnis nach § 1429 eine Klage anhängig gemacht hat oder wenn die Klage anhängig wurde, als der Ehegatte noch zum selbständigen Betrieb eines Erwerbsgeschäfts ermächtigt und deswegen allein klagebefugt (§ 1431 Rn 4) war (hM).

Verfahren. Bei Anträgen des nicht verwaltenden Ehegatten muss der Antrag auf Leistung an den Verwaltenden umgestellt werden (wie bei § 265 ZPO). Der verwaltende Ehegatte kann dem Verfahren als Nebenintervenient beitreten (§ 113 I FamFG, § 69 ZPO).

§ 1434 Ungerechtfertigte Bereicherung des Gesamtguts

Wird durch ein Rechtsgeschäft, das ein Ehegatte ohne die erforderliche Zustimmung des anderen Ehegatten vornimmt, das Gesamtgut bereichert, so ist die Bereicherung nach den Vorschriften über die ungerechtfertigte Bereicherung aus dem Gesamtgut herauszugeben.

Die Norm regelt den Bereicherungsausgleich in den Fällen, in denen ein Geschäft eines der Ehegatten mangels der erforderlichen Zustimmung des anderen (Zustimmung des verwaltenden Ehegatten bei Geschäftsvornahme durch den nicht verwaltenden Ehegatten; Fälle der §§ 1423–1425 bei Geschäften des verwaltenden Ehegatten) für das Gesamtgut unwirksam geblieben ist, aber zu seiner Bereicherung geführt hat, weil alles, was ein Ehegatte erwirbt, automatisch in das Gesamtgut fällt. Sie ordnet deswegen an, dass die Bereicherung des Gesamtguts nach den Regeln über die ungerechtfertigte Bereicherung herausgegeben werden muss. Für Bereicherungen in sonstiger Weise gilt § 1434 nicht. Insoweit ist direkt auf § 812 I 1 2. Fall zurückzugreifen. Für die Bereicherung haften das Gesamtgut und der verwaltende Ehegatte, nicht aber der nicht verwaltende Ehegatte (selbst wenn er es war, der die Bereicherung herbeigeführt hat). Der Umfang der Haftung ergibt sich aus §§ 818 f. Sie ist nicht dadurch ausgeschlossen, dass einer der Ehegatten für die eingegangene Verpflichtung, die dem Gesamtgut gegenüber unwirksam ist, mit seinem Vorbehaltsgut haftet. Parallelvorschrift für die gemeinschaftliche Verwaltung: § 1457.

§ 1435 Pflichten des Verwalters

¹Der Ehegatte hat das Gesamtgut ordnungsmäßig zu verwalten. ²Er hat den anderen Ehegatten über die Verwaltung zu unterrichten und ihm auf Verlangen über den Stand der Verwaltung Auskunft zu erteilen. ³Mindert sich das Gesamtgut, so muss er zu dem Gesamtgut Ersatz leisten, wenn er den Verlust verschuldet oder durch ein Rechtsgeschäft herbeigeführt hat, das er ohne die erforderliche Zustimmung des anderen Ehegatten vorgenommen hat.

1 Die Norm regelt die Pflichten des verwaltenden Ehegatten. Er muss vor allem das **Gesamtgut ordnungsgemäß verwalten** (S 1), dh so, wie die Interessen der Familie es erfordern, vor allem es sichern und mehren und auf möglichst risikofreie Weise ein möglichst hohes Einkommen erzielen.

2 Über die Verwaltung muss er den **anderen Ehegatten regelmäßig unterrichten** und ihm auf Verlangen **Auskunft geben** (S 2). Letzteres gilt aber nur, wenn der andere Ehegatte ein begründetes Interesse an der Auskunft hat; sonst fehlt dem Begehren das Rechtsschutzbedürfnis. Der Inhalt des Auskunftsanspruchs richtet sich nach §§ 259 ff. Er ist mit einem Leistungsantrag (nicht nur mit dem Eheherstellungsantrag, MK-BGB/Kanzleiter § 1435 Rn 6) geltend zu machen und führt zu einem vollstreckbaren Titel. Die vermögensrechtlichen Interessen des nicht verwaltenden Ehegatten überlagern insoweit persönliche. § 120 III FamFG steht daher der Vollstreckung nicht entgegen.

3 Der verwaltende Ehegatte ist schadensersatzpflichtig, wenn sich das Gesamtgut mindert, weil er schuldhaft (§ 1359) gegen seine Sorgfaltspflichten bei der Verwaltung verstößt oder ein Rechtsgeschäft ohne die erforderliche Zustimmung (§§ 1423–1425) vorgenommen hat. Ein weiter gehendes Verschulden ist nicht erforderlich. Der Anspruch entsteht erst mit dem Ende der Gütergemeinschaft (§ 1446 I).

§ 1436 Verwalter unter Vormundschaft oder Betreuung

¹Steht der Ehegatte, der das Gesamtgut verwaltet, unter Vormundschaft oder fällt die Verwaltung des Gesamtguts in den Aufgabenkreis seines Betreuers, so hat ihn der Vormund oder Betreuer in den Rechten und Pflichten zu vertreten, die sich aus der Verwaltung des Gesamtguts ergeben. ²Dies gilt auch dann, wenn der andere Ehegatte zum Vormund oder Betreuer bestellt ist.

1 Die Regelung ist erforderlich, weil der Güterstand nicht dadurch berührt wird, dass über einen der Ehegatten eine Vormundschaft (bei Minderjährigen) oder Betreuung (bei Volljährigen) angeordnet wird. Während der nicht verwaltende Ehegatte v einer derartigen Anordnung nur selbst betroffen ist, ist bei dem verwaltenden Ehegatten zu berücksichtigen, dass das Gesamtgut nicht ohne Verwalter gelassen werden kann. § 1436 ordnet daher an, dass der verwaltende Ehegatte auch in Bezug auf die Verwaltung des Gesamtguts v seinem Vormund oder Betreuer vertreten wird. Kraft ausdrücklicher Anordnung in S 2 gilt das auch, wenn der Vormund oder Betreuer der andere, nicht verwaltende Ehegatte ist. Um diesem eine einfachere Verwaltung zu ermöglichen, gilt § 181 in den Fällen der §§ 1423–1425 nicht, so dass der nicht verwaltende Ehegatte die erforderlichen Zustimmungen gegenüber sich selbst erteilen kann. Parallelvorschrift für die gemeinschaftliche Verwaltung: § 1458.

Vorbemerkung zu §§ 1437–1444

§§ 1437–1444 regeln die **Schuldenhaftung in der Gütergemeinschaft** mit alleinigem 1
Verwaltungsrecht eines Ehegatten. §§ 1437–1440 betreffen das Außenverhältnis,
§§ 1440–1444 das Innenverhältnis.
Für das **Außenverhältnis** ist die Regel, dass für alle Verbindlichkeiten, die v den Ehe- 2
gatten eingegangen werden, das Gesamtgut in Anspruch genommen werden kann. Daneben haftet der verwaltende Ehegatte auch persönlich (§ 1437 II). Für Geschäfte des nichtverwaltenden Ehegatten haftet das Gesamtgut grds nur, wenn der verwaltende Ehegatte der Vornahme zugestimmt hat (§ 1438 I). Außerdem haftet es nicht für Verbindlichkeiten, die durch den Erwerb einer Erbschaft oder eines Vermächtnisses durch den nicht verwaltenden Ehegatten entstehen, wenn die Erbschaft oder das Vermächtnis nicht in das Gesamtgut fällt (§ 1439). Ausgeschlossen ist seine Haftung schließlich auch für solche Verbindlichkeiten, die infolge eines zum Vorbehalts- oder Sondergut des nicht verwaltenden Ehegatten gehörenden Rechts oder einer dazu gehörenden Sache in der Person des nicht verwaltenden Ehegatten entstehen (§ 1440).
Im **Innenverhältnis** haften die Eheleute grds zu gleichen Teilen. Eine Ausnahme sieht 3
§ 1441 für Verbindlichkeiten aus deliktischen Handlungen, Strafverfahren, Verbindlichkeiten aus einem sich auf Sonder- oder Vorbehaltsgut beziehenden Rechtsverhältnis einschließlich der Kosten eines Rechtsstreits über diese Verbindlichkeiten vor, indem er anordnet, dass diese Verbindlichkeiten grds dem Ehegatten zur Last fallen, in dessen Person sie entstehen (Gegenausnahme: § 1442 für Verbindlichkeiten des Sonderguts oder eines für Rechnung des Gesamtguts geführten Erwerbsgeschäfts). Eine Regelung über Verfahrenskosten für Verfahren zwischen den Ehegatten und des nicht verwaltenden Ehegatten mit Dritten enthält § 1443.
Verfahren. Für die Vollstreckung in das Gesamtgut ist ein Titel gegen beide Ehegatten 4
erforderlich (§ 740 II ZPO). Zur Insolvenz vgl § 37 I InsO.

§ 1437 Gesamtgutsverbindlichkeiten; persönliche Haftung

(1) Aus dem Gesamtgut können die Gläubiger des Ehegatten, der das Gesamtgut verwaltet, und, soweit sich aus den §§ 1438 bis 1440 nichts anderes ergibt, auch die Gläubiger des anderen Ehegatten Befriedigung verlangen (Gesamtgutsverbindlichkeiten).
(2) ¹Der Ehegatte, der das Gesamtgut verwaltet, haftet für die Verbindlichkeiten des anderen Ehegatten, die Gesamtgutsverbindlichkeiten sind, auch persönlich als Gesamtschuldner. ²Die Haftung erlischt mit der Beendigung der Gütergemeinschaft, wenn die Verbindlichkeiten im Verhältnis der Ehegatten zueinander dem anderen Ehegatten zur Last fallen.

I. § 1437 enthält die **Grundregel für die Haftung des Gesamtguts und des verwaltenden** 1
Ehegatten im Außenverhältnis. Sie ist durch Vertrag der Ehegatten nicht abdingbar (wohl aber durch Vertrag mit dem Dritten). Parallelvorschrift für die gemeinschaftliche Verwaltung: § 1459.
II. **Gesamtgutsverbindlichkeiten**, also Verbindlichkeiten der Ehegatten, deren Befriedi- 2
gung die Gläubiger aus dem Gesamtgut verlangen können (BGH FamRZ 86, 41), sind zunächst alle Verbindlichkeiten, die der verwaltende Ehegatte eingeht, gleichgültig, auf welche Vermögensmasse sie sich beziehen. Außerdem sind Gesamtgutsverbindlichkeiten alle, die v nicht verwaltenden Ehegatten eingegangen wurden, es sei denn, aus §§ 1438–1440 ergäbe sich etwas anderes (Abs 1). Auf den Rechtsgrund kommt es nicht an. Daher fallen neben vertraglichen Ansprüchen auch vertragsähnliche, bereicherungsrechtliche und deliktische Ansprüche unter Abs 1. Nur im Innenverhältnis hat der Rechtsgrund uU Bedeutung (vgl §§ 1441 f).
Der verwaltende Ehegatte haftet für alle Gesamtgutsverbindlichkeiten einschließlich 3
der v seinem (nichtverwaltenden) Ehegatten eingegangenen Verbindlichkeiten auch persönlich als Gesamtschuldner (Abs 2 S 1). Die Haftung erlischt mit der Beendigung der Gütergemeinschaft, wenn die Verbindlichkeiten im Verhältnis der Ehegatten zuein-

ander dem nicht verwaltenden Ehegatten zur Last fallen (Abs 2 S 2, vgl §§ 1441–1444).

4 Der nicht verwaltende Ehegatte haftet mit seinem Vorbehalts-, uU auch mit seinem Sondergut für die in seiner Person entstandenen Verbindlichkeiten, die nicht Gesamtgutsverbindlichkeiten sind (vgl §§ 1438–1440). Für Gesamtgutsverbindlichkeiten haftet der nicht verwaltende Ehegatte nur, wenn der verwaltende Ehegatte bei der Verpflichtung des Gesamtguts (und seiner selbst) außerdem als Vertreter des nicht verwaltenden Ehegatten aufgetreten ist.

§ 1438 Haftung des Gesamtguts

(1) Das Gesamtgut haftet für eine Verbindlichkeit aus einem Rechtsgeschäft, das während der Gütergemeinschaft vorgenommen wird, nur dann, wenn der Ehegatte, der das Gesamtgut verwaltet, das Rechtsgeschäft vornimmt oder wenn er ihm zustimmt oder wenn das Rechtsgeschäft ohne seine Zustimmung für das Gesamtgut wirksam ist.
(2) Für die Kosten eines Rechtsstreits haftet das Gesamtgut auch dann, wenn das Urteil dem Gesamtgut gegenüber nicht wirksam ist.

1 Die Vorschrift regelt die **Haftung des Gesamtguts** und ergänzt damit § 1437 auf der einen Seite und bildet die Entsprechung zur Regelung der Verwaltungsbefugnis in § 1422. Außerdem enthält sie in Abs 2 eine Ausnahme zu § 1440. Parallelvorschrift für die gemeinschaftliche Verwaltung: § 1460.

2 Nach Abs 1 haftet das Gesamtgut für eine Verbindlichkeit aus einem während des Bestehens der Gütergemeinschaft vorgenommenen Rechtsgeschäft nur, wenn der **verwaltende Ehegatte das Rechtsgeschäft vornimmt** oder ihm zustimmt oder wenn seine Zustimmung nicht erforderlich ist (Fälle der §§ 1429, 1431 f, 1434). Für Ansprüche aus Rechtsgeschäft (nicht deliktische oder aus GoA) bedeutet das eine Einschränkung gegenüber dem in § 1437 aufgestellten Grundsatz, dass das Gesamtgut auch für die Verbindlichkeiten des nicht verwaltenden Ehegatten haftet. Für vor dem Eintritt des Güterstands eingegangene Verpflichtungen haftet das Gesamtgut uneingeschränkt.

3 Abs 2 erweitert die Haftung des Gesamtguts gegenüber der in § 1440 aufgestellten Regel, indem er bestimmt, dass es für die **Kosten eines Rechtsstreits** auch dann haftet, wenn das Urteil dem Gesamtgut gegenüber nicht wirksam ist. Das sind die Fälle, in denen sich das Verfahren auf das Vorbehalts- oder Sondergut des nicht verwaltenden Ehegatten bezieht (vgl § 1440) oder auf ein Geschäft, für das das Gesamtgut nach §§ 1438 I, 1439 nicht haftet.

§ 1439 Keine Haftung bei Erwerb einer Erbschaft

Das Gesamtgut haftet nicht für Verbindlichkeiten, die durch den Erwerb einer Erbschaft entstehen, wenn der Ehegatte, der Erbe ist, das Gesamtgut nicht verwaltet und die Erbschaft während der Gütergemeinschaft als Vorbehaltsgut oder als Sondergut erwirbt; das Gleiche gilt beim Erwerb eines Vermächtnisses.

1 Die Vorschrift soll das Gesamtgut v einer Belastung mit gesamtgutsfremden Verbindlichkeiten des nicht verwaltenden Ehegatten persönlicher Art freihalten. Sie bestimmt in S 1, dass das Gesamtgut nicht für Verbindlichkeiten aus dem Erwerb einer Erbschaft (neben der Erbschaftsteuer Ansprüche nach §§ 1967 ff, 2130, 2147, 2192) haftet, wenn diese dem nicht verwaltenden Ehegatten anfällt und Bestandteil seines Vorbehalts- oder Sonderguts wird. S 2 erstreckt diese Folgen auf den Erwerb eines Vermächtnisses *unter denselben Bedingungen*. Parallelvorschrift für die gemeinschaftliche Verwaltung: § 1461.

§ 1440 Haftung für Vorbehalts- oder Sondergut

¹Das Gesamtgut haftet nicht für eine Verbindlichkeit, die während der Gütergemeinschaft infolge eines zum Vorbehaltsgut oder Sondergut gehörenden Rechts oder des Besitzes einer dazu gehörenden Sache in der Person des Ehegatten entsteht, der das Gesamtgut nicht verwaltet. ²Das Gesamtgut haftet jedoch, wenn das Recht oder die Sache zu einem Erwerbsgeschäft gehört, das der Ehegatte mit Einwilligung des anderen Ehegatten selbständig betreibt, oder wenn die Verbindlichkeit zu den Lasten des Sonderguts gehört, die aus den Einkünften beglichen zu werden pflegen.

Die Vorschrift enthält die **dritte Ausnahme** zu § 1437 und soll das Gesamtgut v Belastungen durch Gegenstände freihalten, die nicht zu ihm gehören. Parallelvorschrift für die gemeinschaftliche Verwaltung: § 1462. S 1 ordnet an, dass das Gesamtgut nicht für Verbindlichkeiten haftet, die in der Person des nicht verwaltenden Ehegatten während des Güterstands infolge eines zu seinem Vorbehalts- oder Sondergut gehörenden Rechts oder des Besitzes einer dazu gehörenden Sache entstehen (zB Grundsteuern, Ansprüche aus dinglichen Rechten an den zum Vorbehalts- oder Sondergut gehörenden Sachen). S 2 nimmt v dieser Einschränkung aber die Verbindlichkeiten aus, die wegen Rechten oder Sachen entstehen, die zu einem Erwerbsgeschäft gehören, das der Ehegatte mit Einwilligung des anderen Ehegatten selbständig betreibt (Fall des § 1431), oder wenn die Verbindlichkeit zu den Lasten des Sonderguts gehört, die aus den Einkünften beglichen zu werden pflegen. Das sind die Verbindlichkeiten, die sich gerade aus der Nutzung der Vermögensgegenstände ergeben oder die zu deren Erhaltung eingegangen worden sind.

§ 1441 Haftung im Innenverhältnis

Im Verhältnis der Ehegatten zueinander fallen folgende Gesamtgutsverbindlichkeiten dem Ehegatten zur Last, in dessen Person sie entstehen:
1. die Verbindlichkeiten aus einer unerlaubten Handlung, die er nach Eintritt der Gütergemeinschaft begeht, oder aus einem Strafverfahren, das wegen einer solchen Handlung gegen ihn gerichtet wird;
2. die Verbindlichkeiten aus einem sich auf sein Vorbehaltsgut oder sein Sondergut beziehenden Rechtsverhältnis, auch wenn sie vor Eintritt der Gütergemeinschaft oder vor der Zeit entstanden sind, zu der das Gut Vorbehaltsgut oder Sondergut geworden ist;
3. die Kosten eines Rechtsstreits über eine der in den Nummern 1 und 2 bezeichneten Verbindlichkeiten.

§ 1442 Verbindlichkeiten des Sonderguts und eines Erwerbsgeschäfts

¹Die Vorschrift des § 1441 Nr. 2, 3 gilt nicht, wenn die Verbindlichkeiten zu den Lasten des Sonderguts gehören, die aus den Einkünften beglichen zu werden pflegen. ²Die Vorschrift gilt auch dann nicht, wenn die Verbindlichkeiten durch den Betrieb eines für Rechnung des Gesamtguts geführten Erwerbsgeschäfts oder infolge eines zu einem solchen Erwerbsgeschäft gehörenden Rechts oder des Besitzes einer dazu gehörenden Sache entstehen.

I. § 1441 relativiert das Prinzip, dass die Gütergemeinschaft eine **wirtschaftliche Schicksalsgemeinschaft** darstellt, indem er anordnet, dass die Ehegatten für bestimmte Verbindlichkeiten dem Gesamtgut im Innenverhältnis allein haften, dh dem Gesamtgut aus ihrem Vorbehalts- oder Sondergut Ausgleich leisten müssen, wenn die Verbindlichkeiten aus ihm beglichen wurden. Eine Ausnahmeregelung für einige der in § 1441 Nr 2, 3 genannten Verbindlichkeiten enthält § 1442, weitere gleichartige Regelungen finden sich in §§ 1443–1445. Parallelvorschriften bei gemeinschaftlicher Verwaltung: §§ 1463 f.

2 II. Einem Ehegatten fallen im Innenverhältnis zunächst alle aus einer nach Eintritt des Güterstands begangenen **unerlaubten Handlung** resultierenden Verbindlichkeiten einschließlich der Kosten eines Rechtsstreits darüber und die Verbindlichkeiten aus einem Strafverfahren, das wegen einer solchen Handlung gegen ihn gerichtet wird, allein zur Last (§ 1441 Nr 1, 3). Hierher gehören vor allem Schadensersatzansprüche nach §§ 823 ff.

3 Außerdem haftet jeder Ehegatte im Innenverhältnis allein für die **Verbindlichkeiten aus einem sich auf sein Vorbehaltsgut oder sein Sondergut beziehenden Rechtsverhältnis** einschließlich der Kosten v sich darauf beziehenden Rechtsstreitigkeiten (§ 1441 Nr 2, 3). Das gilt auch, wenn die Verbindlichkeiten vor Eintritt der Gütergemeinschaft oder vor der Zeit entstanden sind, zu der das Gut Vorbehaltsgut oder Sondergut geworden ist. Ausgenommen sind aber Verbindlichkeiten, die zu den Lasten des Sondergutes gehören, die aus den Einkünften beglichen zu werden pflegen, oder die durch den Betrieb eines für Rechnung des Gesamtgutes geführten Erwerbsgeschäfts oder infolge eines zu einem solchen Erwerbsgeschäft gehörenden Rechtes oder des Besitzes einer dazu gehörenden Sache entstehen. Die Ausnahmeregelung entspricht § 1440, 2 (s § 1440 Rn 1).

§ 1443 Prozesskosten

(1) Im Verhältnis der Ehegatten zueinander fallen die Kosten eines Rechtsstreits, den die Ehegatten miteinander führen, dem Ehegatten zur Last, der sie nach allgemeinen Vorschriften zu tragen hat.
(2) ¹Führt der Ehegatte, der das Gesamtgut nicht verwaltet, einen Rechtsstreit mit einem Dritten, so fallen die Kosten des Rechtsstreits im Verhältnis der Ehegatten zueinander diesem Ehegatten zur Last. ²Die Kosten fallen jedoch dem Gesamtgut zur Last, wenn das Urteil dem Gesamtgut gegenüber wirksam ist oder wenn der Rechtsstreit eine persönliche Angelegenheit oder eine Gesamtgutsverbindlichkeit des Ehegatten betrifft und die Aufwendung der Kosten den Umständen nach geboten ist; § 1441 Nr. 3 und § 1442 bleiben unberührt.

1 I. Die Vorschrift **ergänzt** § 1441 Nr 3 um eine weitere Teilregelung für die interne Aufteilung v Verfahrenskosten. Dass das Gesetz v Kosten des Rechtsstreits spricht, ist ein Redaktionsversehen. Rechtsstreite gibt es nach der Terminologie des FamFG im Bereich des Familienverfahrensrechts nicht mehr (vgl § 113 V FamFG). Parallelvorschrift bei gemeinschaftlicher Verwaltung: § 1465.

2 II. Kosten v **Rechtsstreitigkeiten der Eheleute untereinander**, die im Außenverhältnis Gesamtgutsverbindlichkeiten sind, fallen intern dem Ehegatten zur Last, der sie nach den allg Vorschriften (zB §§ 90 ff ZPO) tragen muss (Abs 1).

3 Kosten v **Rechtsstreitigkeiten, die der nicht verwaltende Ehegatte mit Dritten führt**, fallen ihm zur Last, wenn das Urteil aus ihnen dem Gesamtgut gegenüber nicht wirksam ist (Abs 2 S 1). Das ist der Fall, wenn der nicht verwaltende Ehegatte die Zustimmung des Verwalters benötigte und dieser dem betroffenen Rechtsgeschäft nicht zugestimmt hat. Ist dagegen das Urteil dem Gesamtgut gegenüber wirksam (Zustimmung des verwaltenden Ehegatten nicht erforderlich oder erteilt) oder betrifft der Rechtsstreit eine persönliche Angelegenheit oder eine Gesamtgutsverbindlichkeit des Ehegatten und ist die Aufwendung der Kosten den Umständen nach geboten, haftet das Gesamtgut (Abs 2 S 2).

§ 1444 Kosten der Ausstattung eines Kindes

(1) *Verspricht oder gewährt der Ehegatte, der das Gesamtgut verwaltet, einem gemeinschaftlichen Kind aus dem Gesamtgut eine Ausstattung, so fällt ihm im Verhältnis der Ehegatten zueinander die Ausstattung zur Last, soweit sie das Maß übersteigt, das dem Gesamtgut entspricht.*
(2) *Verspricht oder gewährt der Ehegatte, der das Gesamtgut verwaltet, einem nicht gemeinschaftlichen Kind eine Ausstattung aus dem Gesamtgut, so fällt sie im Verhält-*

nis der Ehegatten zueinander dem Vater oder der Mutter zur Last; für den Ehegatten, der das Gesamtgut nicht verwaltet, gilt dies jedoch nur insoweit, als er zustimmt oder die Ausstattung nicht das Maß übersteigt, das dem Gesamtgut entspricht.

I. Die Vorschrift **regelt die Innenhaftung der Ehegatten** für die v verwaltenden Ehegatten (oder dem nicht verwaltenden Ehegatten mit Zustimmung des verwaltenden) **aus dem Gesamtgut gewährte Ausstattung** eines Kindes. Sie setzt voraus, dass in allen nicht genannten Fällen das Gesamtgut endgültig belastet ist, im wirtschaftlichen Ergebnis die Ausstattung v beiden Ehegatten gemeinsam getragen wird. Die Regelung ist abdingbar. Parallelvorschrift bei gemeinschaftlicher Verwaltung: § 1466. 1

II. **Ausstattungen** (Begriff: § 1624) **für ein gemeinschaftliches Kind**, die das nach den Lebensverhältnissen der Ehegatten Übliche nicht überschreiten, sind nicht ausgleichspflichtig. Soweit sie aber das dem Gesamtgut angemessene Maß überschreiten, muss der gewährende Ehegatte das Gewährte ausgleichen (Abs 1). 2

Bei Ausstattungen **für nicht gemeinschaftliche Kinder** ist zu unterscheiden: Handelt es sich um ein Kind des verwaltenden Ehegatten, fällt die Ausstattung intern diesem allein zur Last (Abs 2 S 1). Handelt es sich um ein Kind des nicht verwaltenden Ehegatten, ist bei einer v verwaltenden Ehegatten gewährten Ausstattung nur auszugleichen, wenn der nicht verwaltende Ehegatte der Ausstattungsgewährung zugestimmt hat oder soweit die Ausstattung das dem Gesamtgut entsprechende Maß übersteigt. Dann kann die Ausstattungsgewährung aber nach §§ 1425, 1427 unwirksam sein (beachte aber § 1425 II). 3

§ 1445 Ausgleichung zwischen Vorbehalts-, Sonder- und Gesamtgut

(1) Verwendet der Ehegatte, der das Gesamtgut verwaltet, Gesamtgut in sein Vorbehaltsgut oder in sein Sondergut, so hat er den Wert des Verwendeten zum Gesamtgut zu ersetzen.
(2) Verwendet er Vorbehaltsgut oder Sondergut in das Gesamtgut, so kann er Ersatz aus dem Gesamtgut verlangen.

Die Norm bestimmt, dass ein Ausgleich stattfindet, wenn der verwaltende Ehegatte Gesamtgut in sein Vorbehalts- oder Sondergut (Abs 1) oder aus seinem Vorbehalts- oder Sondergut in das Gesamtgut (Abs 2) verwendet (Parallelvorschrift bei gemeinschaftlicher Verwaltung: § 1467). Die Ansprüche hängen weder v einer fortdauernden Bereicherung des begünstigten Guts ab noch setzen sie ein Verschulden des Verwalters bei der Falschverwendung voraus. Bei Verschulden kann außerdem ein Anspruch gegen den Verwalter nach § 1435 S 2 bestehen. Der Ausgleichsanspruch wird mit Beendigung der Gütergemeinschaft fällig (§ 1446 I). Er ist dispositiv. Eine analoge Anwendung auf den nicht verwaltenden Ehegatten kommt nicht in Betracht. Insoweit gelten die allg Regeln (GoA, §§ 812 ff, uU § 826). 1

§ 1446 Fälligkeit des Ausgleichsanspruchs

(1) Was der Ehegatte, der das Gesamtgut verwaltet, zum Gesamtgut schuldet, braucht er erst nach der Beendigung der Gütergemeinschaft zu leisten; was er aus dem Gesamtgut zu fordern hat, kann er erst nach der Beendigung der Gütergemeinschaft fordern.
(2) Was der Ehegatte, der das Gesamtgut nicht verwaltet, zum Gesamtgut oder was er zum Vorbehaltsgut oder Sondergut des anderen Ehegatten schuldet, braucht er erst nach der Beendigung der Gütergemeinschaft zu leisten; er hat die Schuld jedoch schon vorher zu berichtigen, soweit sein Vorbehaltsgut und sein Sondergut hierzu ausreichen.

Da ein Ehegatte nach dem Konzept der Gütergemeinschaft über kein eigenes Vermögen verfügt, wenn er kein Sonder- oder Vorbehaltsgut hat, sieht § 1446 (Parallelvorschrift bei gemeinschaftlicher Verwaltung: § 1468) vor, dass Ausgleichsansprüche unter den Ehegatten erst fällig werden, wenn die Gütergemeinschaft endet. In den An- 1

§ 1447

wendungsbereich der Vorschrift fallen alle schuldrechtlichen Ansprüche, nicht aber dingliche Rechte, die zum Vorbehalts- oder Sondergut des anderen Ehegatten gehören. Für den nicht verwaltenden Ehegatten schränkt Abs 2 2. Halbs die Fälligkeitsregel ein: Er muss auch schon vor dem Ende der Gütergemeinschaft seine Verbindlichkeiten berichtigen, soweit sein Vorbehalts- und sein Sondergut dazu ausreichen.

Vorbemerkung zu §§ 1447–1449

1 §§ 1447–1449 regeln das Recht der Ehegatten, **die gerichtliche Aufhebung der Gütergemeinschaft zu beantragen** (Parallelvorschriften bei gemeinsamer Verwaltung: §§ 1469 f). Liegen die Voraussetzungen nicht vor, kann die Gütergemeinschaft nur durch Abschluss eines Ehevertrags beendet werden. Sie endet außerdem, wenn die Ehe durch Tod (Ausnahme: fortgesetzte Gütergemeinschaft, §§ 1483 ff), Scheidung oder Aufhebung endet.

2 Die Aufzählung der Aufhebungsgründe in § 1447 (für den nicht verwaltenden Ehegatten) und § 1448 (für den verwaltenden Ehegatten) ist **abschließend**. Ein Aufhebungsantrag kann daher nicht auf allg Rechtsinstitute (zB § 626 analog oder Wegfall der Geschäftsgrundlage, BGHZ 29, 135) gestützt werden.

3 Die gerichtliche Aufhebungsentscheidung **beendet die Gütergemeinschaft**. Es tritt kraft Gesetzes Gütertrennung ein (§ 1449). Im Außenverhältnis gilt aber § 1412, dh gutgläubige Dritte werden solange geschützt, bis die Aufhebung im Güterrechtsregister eingetragen ist.

§ 1447 Aufhebungsklage des nicht verwaltenden Ehegatten

Der Ehegatte, der das Gesamtgut nicht verwaltet, kann auf Aufhebung der Gütergemeinschaft klagen,
1. wenn seine Rechte für die Zukunft dadurch erheblich gefährdet werden können, dass der andere Ehegatte zur Verwaltung des Gesamtguts unfähig ist oder sein Recht, das Gesamtgut zu verwalten, missbraucht,
2. wenn der andere Ehegatte seine Verpflichtung, zum Familienunterhalt beizutragen, verletzt hat und für die Zukunft eine erhebliche Gefährdung des Unterhalts zu besorgen ist,
3. wenn das Gesamtgut durch Verbindlichkeiten, die in der Person des anderen Ehegatten entstanden sind, in solchem Maße überschuldet ist, dass ein späterer Erwerb des Ehegatten, der das Gesamtgut nicht verwaltet, erheblich gefährdet wird,
4. wenn die Verwaltung des Gesamtguts in den Aufgabenkreis des Betreuers des anderen Ehegatten fällt.

1 I. Die Vorschrift dient dem **Schutz des nicht verwaltenden Ehegatten**, indem sie es in vier Fällen gestattet, die gerichtliche Aufhebung der Gütergemeinschaft zu beantragen. Sie kann durch Vereinbarung zwischen den Eheleuten nicht ausgeschlossen werden. Dass das Gesetz noch v einer Klage spricht, ist ein Redaktionsversehen. Klagen gibt es nach der Terminologie des FamFG im Bereich des Familienverfahrensrechts nicht mehr (vgl § 113 V FamFG).

2 II. Zugunsten des nicht verwaltenden Ehegatten sind vier **Aufhebungsgründe** vorgesehen: Der verwaltende Ehegatte ist **zur Verwaltung des Gesamtgutes unfähig oder missbraucht sein Verwaltungsrecht**, so dass die Rechte des nicht verwaltenden Ehegatten für die Zukunft dadurch erheblich gefährdet werden können (Nr 1). Die Unfähigkeit zur Verwaltung kann sich auch aus seiner Abwesenheit ergeben. Ein Missbrauch des Verwaltungsrechts liegt zB in der Vornahme v Geschäften ohne die erforderliche Zustimmung des nicht verwaltenden Ehegatten oder dem vorsätzlichen Abschluss v Geschäften, durch die das Gesamtgut Schaden erleidet. Ein Verschulden des Verwalters ist aber sonst nicht erforderlich. Die erforderliche Gefährdung liegt vor, wenn nach den Umständen die Besorgnis besteht, dass der Verwalter sein Verhalten fortsetzen

bzw weiterhin nicht in der Lage zur Verwaltung sein wird und daraus dem Gesamtgut weiterhin Nachteile entstehen können.

Aufhebungsgrund ist auch, wenn der verwaltende Ehegatte seine **Unterhaltspflicht** verletzt hat und für die Zukunft eine erhebliche Gefährdung des Unterhalts zu besorgen ist (Nr 2). 3

Das das **Gesamtgut** durch Verbindlichkeiten, die in der Person des verwaltenden Ehegatten entstanden sind, in solchem Maße überschuldet ist, dass ein späterer Erwerb des nicht verwaltenden Ehegatten erheblich gefährdet wird, ist ebenfalls ein Grund zur Aufhebung der Gütergemeinschaft (Nr 3). Erforderlich ist, dass die Verschuldung bereits eingetreten ist; die bloße Gefahr der Überschuldung reicht nicht. Es kommt allein auf die objektive Verschuldung an, ein Verschulden des Verwalters ist nicht erforderlich. 4

Schließlich ist Aufhebungsgrund, wenn die **Verwaltung** des Gesamtguts **in den Aufgabenkreis des Betreuers** des verwaltenden Ehegatten fällt (Nr 4). Nr 4 ergänzt Nr 1, weil nicht jede Betreuung ohne weiteres die absolute Unfähigkeit des Betreuten zur Vornahme der Geschäfte voraussetzt (vgl § 1896), dem Ehegatten aber nicht zugemutet werden soll, seine Vermögensangelegenheiten auf Dauer v einem Dritten erledigen zu lassen. 5

III. Verfahren. Für die Entscheidung ist der Zustand im Zeitpunkt der letzten mündlichen Verhandlung maßgebend. Daraus folgt, dass der Antrag erfolglos ist, wenn der verwaltende Ehegatte die Aufhebungsgründe bis zu diesem Zeitpunkt beseitigt. Bietet der Verwalter auf den Antrag hin die Aufhebung der Gütergemeinschaft durch Ehevertrag an, greift nach § 113 I 2 FamFG § 93 ZPO. Es sollte daher vor Einreichung des Antrags immer erst der andere Ehegatte aufgefordert werden, einen entsprechenden Vertrag abzuschließen, um die negative Kostenfolge zu vermeiden. 6

§ 1448 Aufhebungsklage des Verwalters

Der Ehegatte, der das Gesamtgut verwaltet, kann auf Aufhebung der Gütergemeinschaft klagen, wenn das Gesamtgut infolge von Verbindlichkeiten des anderen Ehegatten, die diesem im Verhältnis der Ehegatten zueinander zur Last fallen, in solchem Maße überschuldet ist, dass ein späterer Erwerb erheblich gefährdet wird.

Die Norm bildet für den verwaltenden Ehegatten das Gegenstück zu § 1447 Nr 3. Sie ermöglicht dem Verwalter, einen Antrag auf gerichtliche Aufhebung der Gütergemeinschaft zu stellen, wenn das Gesamtgut durch Verbindlichkeiten des anderen Ehegatten, die intern v diesem allein zu tragen sind (vgl §§ 1441–1444) so sehr überschuldet ist, dass ein späterer Erwerb erheblich gefährdet ist. Dass das Gesetz noch v einer Klage spricht, ist ein Redaktionsversehen. Klagen gibt es nach der Terminologie des FamFG im Bereich des Familienverfahrensrechts nicht mehr (vgl § 113 V FamFG). IÜ gilt das § 1447 Rn 4 und 6 Gesagte entsprechend. 1

§ 1449 Wirkung der richterlichen Aufhebungsentscheidung

(1) Mit der Rechtskraft der richterlichen Entscheidung ist die Gütergemeinschaft aufgehoben; für die Zukunft gilt Gütertrennung.
(2) Dritten gegenüber ist die Aufhebung der Gütergemeinschaft nur nach Maßgabe des § 1412 wirksam.

Die Vorschrift regelt den Eintritt und die Rechtsfolgen der Aufhebung der Gütergemeinschaft. Die Gütergemeinschaft ist mit der Rechtskraft der auf den Aufhebungsantrag hin ergehenden gerichtlichen Entscheidung aufgehoben, und es tritt Gütertrennung ein (Abs 1). Gleichzeitig wird der Verwalter v seiner persönlichen Haftung frei (§ 1437 II 2) und werden die Ausgleichsansprüche der bzw gegen die Ehegatten fällig (§ 1446). Dritte werden aber nach Maßgabe des § 1412 geschützt; dh ihnen gegenüber gilt die Gütergemeinschaft erst als beendet, wenn das Ende im Güterrechtsregister ein- 1

Unterkapitel 3
Gemeinschaftliche Verwaltung des Gesamtguts durch die Ehegatten

Vorbemerkung zu §§ 1450–1470

1 §§ 1450–1470 enthalten Regeln für die Verwaltung und die Aufhebung einer Gütergemeinschaft, bei der den Ehegatten die **Verwaltungsbefugnis gemeinschaftlich** zusteht. Die entsprechenden Regelungen für eine Gütergemeinschaft mit alleiniger Verwaltung des Gesamtguts durch einen der Ehegatten finden sich in §§ 1422–1449.

2 Die Möglichkeit gemeinschaftlicher Verwaltung ist heute der **Regelfall**; denn nach § 1421, 2 tritt automatisch gemeinschaftliche Verwaltung ein, wenn die Eheleute keinen Verwalter bestimmen. Ist im Güterrechtsregister kein Verwalter eingetragen, gilt zugunsten Dritter, die v der wahren Rechtslage nichts wissen, gemeinschaftliche Verwaltung (§ 1412).

§ 1450 Gemeinschaftliche Verwaltung durch die Ehegatten

(1) ¹Wird das Gesamtgut von den Ehegatten gemeinschaftlich verwaltet, so sind die Ehegatten insbesondere nur gemeinschaftlich berechtigt, über das Gesamtgut zu verfügen und Rechtsstreitigkeiten zu führen, die sich auf das Gesamtgut beziehen. ²Der Besitz an den zum Gesamtgut gehörenden Sachen gebührt den Ehegatten gemeinschaftlich.

(2) Ist eine Willenserklärung den Ehegatten gegenüber abzugeben, so genügt die Abgabe gegenüber einem Ehegatten.

1 I. Die Vorschrift **beschreibt den Inhalt des Verwaltungsrechts** bei gemeinschaftlicher Verwaltung. Das Gegenstück für die Gütergemeinschaft mit Alleinverwaltung enthält § 1422.

2 II. **Gemeinschaftliche Verwaltung bedeutet** vor allem, dass die Eheleute nur gemeinschaftlich berechtigt sind, über Gegenstände des Gesamtguts zu verfügen (Abs 1 S 1), sie also zu übertragen, zu belasten oder inhaltlich zu ändern. Nicht betroffen ist dagegen der Erwerb zum Gesamtgut. Dieser kann durch jeden Ehegatten allein erfolgen (§ 1416 I 2). Den Eheleuten steht der Besitz an den zum Gesamtgut gehörenden Sachen gemeinschaftlich zu (Abs 1 S 2). Rechtsstreitigkeiten, die das Gesamtgut betreffen, müssen gemeinschaftlich geführt werden (Abs 1 S 1 aE). Die Ehegatten sind dann notwendige Streitgenossen (§ 113 I FamFG, § 62 ZPO). Wie auch sonst oft bei Gesamtvertretung (vgl § 125 II 3 HGB) reicht es für die Abgabe v das Gesamtgut betr Willenserklärungen aber, dass sie einem der Ehegatten zugehen (Abs 2). Ausnahmen v Erfordernis der gemeinschaftlichen Verwaltung enthalten §§ 1453–1456.

3 Gemeinschaftliches Handeln **bedeutet nicht**, dass die Ehegatten notwendigerweise zusammen handeln müssen. Es reicht, wenn der eine der Handlung des anderen zustimmt. Dafür gelten die allg Regeln. Die Zustimmung ist formfrei möglich, auch konkludent. Sie kann als Einwilligung oder Genehmigung erteilt werden, letztere uU noch durch Verfügung v Todes wegen (BGH NJW-RR 89, 1225).

4 Der gemeinschaftlichen Verwaltungsbefugnis korrespondiert eine **Mitwirkungsverpflichtung** (§ 1451). Die Mitwirkung des anderen Ehegatten ist nicht einklagbar. Die Zustimmung kann aber ersetzt werden, wenn sie ohne ausreichenden Grund verweigert wird (§ 1452). Außerdem berechtigt die grundlose Verweigerung der Mitwirkung zu einem Antrag auf gerichtliche Aufhebung der Gütergemeinschaft (§ 1469).

5 Fehlt die Zustimmung des anderen Ehegatten, ist sie nicht ausnahmsweise nicht erforderlich und kann sie auch nicht ersetzt werden, ist das Geschäft dem Gesamtgut gegen-

über unwirksam (§ 1460 I). Der handelnde Ehegatte haftet dem Dritten mit seinem Sonder- und Vorbehaltsgut uU nach § 179.

§ 1451 Mitwirkungspflicht beider Ehegatten

Jeder Ehegatte ist dem anderen gegenüber verpflichtet, zu Maßregeln mitzuwirken, die zur ordnungsmäßigen Verwaltung des Gesamtguts erforderlich sind.

Die Norm stellt klar, dass die Ehegatten nicht nur befugt sind, an der Verwaltung des 1 Gesamtguts mitzuwirken, sondern dass sie (gegenseitig, nicht gegenüber Dritten, BGH NJW 58, 2061) eine entsprechende Verpflichtung trifft, soweit die Mitwirkung zur ordnungsgemäßen Verwaltung des Gesamtguts erforderlich ist. Es fehlt daher an einer Mitwirkungsverpflichtung, wenn ein Ehegatte allein handeln kann (§§ 1450 II, 1453–1456). Ein selbständiges Klagerecht ergibt sich aus der Mitwirkungsverpflichtung nicht. Verweigert ein Ehegatte seine Mitwirkung, kann der andere die Zustimmung nur durch das Familiengericht ersetzen lassen (§ 1452). Außerdem ist die grundlose Verweigerung der Zustimmung Grund für einen Antrag auf gerichtliche Aufhebung der Gütergemeinschaft (§ 1469 I).

§ 1452 Ersetzung der Zustimmung

(1) Ist zur ordnungsmäßigen Verwaltung des Gesamtguts die Vornahme eines Rechtsgeschäfts oder die Führung eines Rechtsstreits erforderlich, so kann das Familiengericht auf Antrag eines Ehegatten die Zustimmung des anderen Ehegatten ersetzen, wenn dieser sie ohne ausreichenden Grund verweigert.
(2) Die Vorschrift des Absatzes 1 gilt auch, wenn zur ordnungsmäßigen Besorgung der persönlichen Angelegenheiten eines Ehegatten ein Rechtsgeschäft erforderlich ist, das der Ehegatte mit Wirkung für das Gesamtgut nicht ohne Zustimmung des anderen Ehegatten vornehmen kann.

I. Die Vorschrift bildet das Gegenstück zu dem für die Alleinverwaltung geltenden 1 § 1426, ist aber weiter, weil bei der gemeinschaftlichen Verwaltung die Zustimmung des anderen Ehegatten grds für alle das Gesamtgut betreffenden Geschäfte erforderlich ist (Ausnahmen in §§ 1450 II, 1453–1456). Sie soll **verhindern**, dass ein Ehegatte Verwaltungsmaßnahmen durch den anderen **grundlos blockieren kann**.
II. **Die Zustimmung kann ersetzt werden**, wenn zur ordnungsmäßigen Verwaltung des 2 Gesamtgutes die Vornahme eines Rechtsgeschäfts oder die Führung eines Rechtsstreits erforderlich ist, der andere Ehegatte seine Zustimmung aber grundlos verweigert (Abs 1). Vgl zunächst die Erläuterungen § 1426 Rn 2. Bei der (dort nicht erwähnten) Führung v Rechtsstreiten ist zu prüfen, ob für ihn eine ausreichende Erfolgsaussicht besteht (BayObLG FamRZ 90, 411). Abs 2 relativiert die Mitwirkungsverpflichtung in Bezug auf die persönlichen Angelegenheiten der Ehegatten (vgl § 1360 a Rn 8): Insoweit kommt eine Ersetzung nur in Bezug auf Rechtsgeschäfte in Betracht, die ein Ehegatte mit Wirkung für das Gesamtgut nicht ohne die Zustimmung des anderen vornehmen kann. Die Führung v Rechtsstreiten ist ausgeklammert. Wegen des persönlichen Charakters kann ein Ehegatte solche Verfahren immer ohne Zustimmung führen (BayObLG FamRZ 65, 49).
Die Ersetzung bewirkt, dass beide Ehegatten so gestellt werden, als hätte der einwilli- 3 gungspflichtige die Erklärung abgegeben. Die Ersetzung bleibt weder hinter der Erklärung zurück noch hat sie weiterreichende Folgen. Das Geschäft wird damit dem Gesamtgut und dem verweigernden Ehegatten gegenüber wirksam (vgl §§ 1459 II, 1460).
III. **Verfahren.** Zuständig ist der Richter (§ 14 Nr 6 RPflG) des Familiengerichts. Die 4 Ersetzung erfolgt nur auf Antrag eines Ehegatten; Dritte sind nicht antragsbefugt.

§ 1453 Verfügung ohne Einwilligung

(1) Verfügt ein Ehegatte ohne die erforderliche Einwilligung des anderen Ehegatten über das Gesamtgut, so gelten die Vorschriften des § 1366 Abs. 1, 3, 4 und des § 1367 entsprechend.

(2) ¹Einen Vertrag kann der Dritte bis zur Genehmigung widerrufen. ²Hat er gewusst, dass der Ehegatte in Gütergemeinschaft lebt, so kann er nur widerrufen, wenn dieser wahrheitswidrig behauptet hat, der andere Ehegatte habe eingewilligt; er kann auch in diesem Falle nicht widerrufen, wenn ihm beim Abschluss des Vertrags bekannt war, dass der andere Ehegatte nicht eingewilligt hatte.

1 Die Norm entspricht im Wesentlichen § 1427. Die Erläuterungen dazu gelten entsprechend. Dass § 1453 sich anders als § 1427 nur auf Verfügungen bezieht, liegt daran, dass ohne Zustimmung des anderen Ehegatten vorgenommene schuldrechtliche Geschäfte bei gemeinschaftlicher Verwaltung der Ehegatten ohnehin dem Gesamtgut gegenüber unwirksam sind, weil der andere Ehegatte nicht mitgewirkt hat (§ 1450 I 1). Zu beachten ist auch, dass die Möglichkeit gutgläubigen Erwerbs der Dritten bei gemeinschaftlicher Verwaltung der Ehegatten eingeschränkt ist; denn beide haben Mitbesitz (§ 1450 I 2), so dass bei eigenmächtigem Handeln des einen die Sache dem anderen abhanden kommt (§ 935).

§ 1454 Notverwaltungsrecht

¹Ist ein Ehegatte durch Krankheit oder Abwesenheit verhindert, bei einem Rechtsgeschäft mitzuwirken, das sich auf das Gesamtgut bezieht, so kann der andere Ehegatte das Rechtsgeschäft vornehmen, wenn mit dem Aufschub Gefahr verbunden ist; er kann hierbei im eigenen Namen oder im Namen beider Ehegatten handeln. ²Das Gleiche gilt für die Führung eines Rechtsstreits, der sich auf das Gesamtgut bezieht.

1 Die Norm entspricht § 1429. Das dort Gesagte gilt entsprechend.

§ 1455 Verwaltungshandlungen ohne Mitwirkung des anderen Ehegatten

Jeder Ehegatte kann ohne Mitwirkung des anderen Ehegatten
1. eine ihm angefallene Erbschaft oder ein ihm angefallenes Vermächtnis annehmen oder ausschlagen,
2. auf seinen Pflichtteil oder auf den Ausgleich eines Zugewinns verzichten,
3. ein Inventar über eine ihm oder dem anderen Ehegatten angefallene Erbschaft errichten, es sei denn, dass die dem anderen Ehegatten angefallene Erbschaft zu dessen Vorbehaltsgut oder Sondergut gehört,
4. einen ihm gemachten Vertragsantrag oder eine ihm gemachte Schenkung ablehnen,
5. ein sich auf das Gesamtgut beziehendes Rechtsgeschäft gegenüber dem anderen Ehegatten vornehmen,
6. ein zum Gesamtgut gehörendes Recht gegen den anderen Ehegatten gerichtlich geltend machen,
7. einen Rechtsstreit fortsetzen, der beim Eintritt der Gütergemeinschaft anhängig war,
8. ein zum Gesamtgut gehörendes Recht gegen einen Dritten gerichtlich geltend machen, wenn der andere Ehegatte ohne die erforderliche Zustimmung über das Recht verfügt hat,
9. ein Widerspruchsrecht gegenüber einer Zwangsvollstreckung in das Gesamtgut gerichtlich geltend machen,
10. die zur Erhaltung des Gesamtguts notwendigen Maßnahmen treffen, wenn mit dem Aufschub Gefahr verbunden ist.

I. Die Norm enthält weitere Abweichungen v dem Prinzip, dass die Ehegatten bei der Verwaltung des Gesamtguts zusammenwirken müssen. Das bedeutet, dass auch die allein v einem Ehegatten vorgenommenen Geschäfte für und gegen das Gesamtgut wirken. Die Vorschrift **entspricht weitgehend** § 1432 (**Nr 1–4**), § 1433 (**Nr 7**) und § 1428 (**Nr 8**). Die übrigen Gründe kann es wegen der Besonderheiten der alleinigen Verwaltung dort nicht geben.

II. Ohne die Zustimmung des anderen Ehegatten zulässig sind: die Annahme oder Ausschlagung einer angefallenen Erbschaft oder eines angefallenen Vermächtnisses, der Verzicht auf einen Pflichtteil oder den Ausgleich eines Zugewinns, die Ablehnung eines Vertragsantrags oder einer Schenkung und die Errichtung eines Inventars über eine ihm oder dem anderen Ehegatten angefallene Erbschaft, es sei denn, dass die dem anderen Ehegatten angefallene Erbschaft zu dessen Vorbehaltsgut oder Sondergut gehört (**Nr 1–4**). Diese Fälle entsprechen den in § 1432 genannten; die Erläuterungen dazu gelten entsprechend. Außerdem kann ein Ehegatte ohne Zustimmung des anderen ein sich auf das Gesamtgut beziehendes Rechtsgeschäft gegenüber ihm vornehmen und ein zum Gesamtgut gehörendes Recht gegen ihn gerichtlich geltend machen (**Nr 5–6**). Verlangte man dafür die Zustimmung dessen, gegen den die Maßnahme gerichtet ist, gäbe man ihm ein Vetorecht. Zustimmungsfrei kann auch ein Rechtsstreit fortgeführt werden, der beim Eintritt der Gütergemeinschaft bereits anhängig war (**Nr 7**). Das entspricht § 1433. Außerdem kann jeder Ehegatte ein zum Gesamtgut gehörendes Recht gegen einen Dritten gerichtlich geltend machen, wenn der andere Ehegatte ohne die erforderliche Zustimmung über das Recht verfügt hat (**Nr 8**) oder ein Widerspruchsrecht gegenüber einer Zwangsvollstreckung in das Gesamtgut gerichtlich geltend machen (**Nr 9**, §§ 732, 766, 767, 771, 773, 781–786, 884 ZPO). Ist die Zwangsvollstreckung bereits abgeschlossen, so dass die Widerspruchsrechte mangels Rechtsschutzinteresses nicht mehr geltend gemacht werden können, kann der Ehegatte die Bereicherungsansprüche geltend machen, die an die Stelle des Gegenstands getreten sind, auf den sich das Widerspruchsrecht bezieht (BGHZ 83, 76). Schließlich können zustimmungsfrei auch die zur Erhaltung des Gesamtgutes notwendigen Maßnahmen (auch tatsächlicher Art) getroffen werden, wenn mit dem Aufschub Gefahr verbunden ist (**Nr 10**).

§ 1456 Selbständiges Erwerbsgeschäft

(1) ¹Hat ein Ehegatte darin eingewilligt, dass der andere Ehegatte selbständig ein Erwerbsgeschäft betreibt, so ist seine Zustimmung zu solchen Rechtsgeschäften und Rechtsstreitigkeiten nicht erforderlich, die der Geschäftsbetrieb mit sich bringt. ²Einseitige Rechtsgeschäfte, die sich auf das Erwerbsgeschäft beziehen, sind dem Ehegatten gegenüber vorzunehmen, der das Erwerbsgeschäft betreibt.
(2) Weiß ein Ehegatte, dass der andere ein Erwerbsgeschäft betreibt, und hat er hiergegen keinen Einspruch eingelegt, so steht dies einer Einwilligung gleich.
(3) Dritten gegenüber ist ein Einspruch und der Widerruf der Einwilligung nur nach Maßgabe des § 1412 wirksam.

Die Norm entspricht § 1431. Die Erläuterungen dazu gelten entsprechend.

§ 1457 Ungerechtfertigte Bereicherung des Gesamtguts

Wird durch ein Rechtsgeschäft, das ein Ehegatte ohne die erforderliche Zustimmung des anderen Ehegatten vornimmt, das Gesamtgut bereichert, so ist die Bereicherung nach den Vorschriften über die ungerechtfertigte Bereicherung aus dem Gesamtgut herauszugeben.

Die Vorschrift entspricht § 1434. Die Erläuterungen dazu gelten entsprechend.

§ 1458 Vormundschaft über einen Ehegatten

Solange ein Ehegatte unter elterlicher Sorge oder unter Vormundschaft steht, verwaltet der andere Ehegatte das Gesamtgut allein; die Vorschriften der §§ 1422 bis 1449 sind anzuwenden.

1 Die Vorschrift enthält das Äquivalent zu § 1436. Anders als bei Alleinverwaltung ist es nicht erforderlich, dass eine Vertretung durch Dritte erfolgt; denn der andere Ehegatte ist ebenfalls verwaltungsbefugt. S 1 ordnet daher an, dass bei Minderjährigkeit des einen Ehegatten der andere das Gesamtgut allein verwaltet. Weil in diesem Fall die Situation des Minderjährigen weitgehend derjenigen eines Ehegatten entspricht, der v der Verwaltung des Gesamtguts ausgeschlossen ist, ordnet S 2 an, die für die Gütergemeinschaft mit alleinigem Verwaltungsrecht eines Ehegatten geltenden Vorschriften entsprechend anzuwenden. Anders als § 1436 bezieht sich die Vorschrift nicht auf den Fall des unter Betreuung stehenden Ehegatten. In diesem Fall besteht aber Grund für einen Aufhebungsantrag (§ 1469 Rn 5).

Vorbemerkung zu §§ 1459–1468

1 §§ 1459–1468 entsprechen funktional den für die Alleinverwaltung geltenden §§ 1437–1446. §§ 1459–1462 regeln die Haftung des Gesamtguts im Außenverhältnis; §§ 1463–1468 betreffen die Verteilung der Schulden im Verhältnis der Ehegatten zueinander. Dabei sind die für die Alleinverwaltung aufgestellten Grundsätze verallgemeinert:

2 Im **Außenverhältnis** haftet das Gesamtgut grds für alle Verbindlichkeiten des Mannes oder der Frau (§ 1459 I). Ausgenommen sind aber Verbindlichkeiten aus Rechtsgeschäften, zu deren Vornahme die Zustimmung des anderen Ehegatten erforderlich war, wenn diese nicht erteilt wurde (§ 1460 I). Außerdem haftet das Gesamtgut nicht für Verbindlichkeiten, die durch den Erwerb einer Erbschaft oder eines Vermächtnisses entstehen, wenn die Erbschaft oder das Vermächtnis nicht in das Gesamtgut fällt (§ 1461) und für solche Verbindlichkeiten, die infolge eines zum Vorbehalts- oder Sondergut des nicht verwaltenden Ehegatten gehörenden Rechts oder einer dazu gehörenden Sache entstehen (Einzelheiten: § 1462). Für die Verbindlichkeiten, für die das Gesamtgut haftet, haften die Eheleute außerdem mit ihrem Sonder- und Vorbehaltsgut als Gesamtschuldner (§ 1459 II).

3 Im **Innenverhältnis** haften die Eheleute grds gleich. Eine Ausnahme stellt § 1463 für Verbindlichkeiten aus deliktischen Handlungen, Strafverfahren, Verbindlichkeiten aus einem sich auf Sonder- oder Vorbehaltsgut beziehenden Rechtsverhältnis einschließlich der Kosten eines Rechtsstreits über diese Verbindlichkeiten auf, indem er anordnet, dass diese Verbindlichkeiten grds dem Ehegatten zur Last fallen, in dessen Person sie entstehen (Gegenausnahme: § 1464 für Verbindlichkeiten des Sonderguts oder eines für Rechnung des Gesamtguts geführten Erwerbsgeschäfts). Eine Regelung über Verfahrenskosten für Verfahren zwischen den Ehegatten und des nicht verwaltenden Ehegatten mit Dritten enthält § 1465, eine solche für Ausstattungen nicht gemeinschaftlicher Kinder § 1466.

4 **Verfahren.** Für die Vollstreckung in das Gesamtgut ist ein Titel gegen beide Ehegatten erforderlich (§ 740 II ZPO). Die Erstreckung eines nur gegen den einen Ehegatten ergangenen Titels gegen den anderen analog § 742 ZPO kommt nicht in Betracht (OLG Stuttgart FamRZ 87, 304). Zur Insolvenz des Gesamtguts vgl § 37 II InsO.

§ 1459 Gesamtgutsverbindlichkeiten; persönliche Haftung

(1) Die Gläubiger des Mannes und die Gläubiger der Frau können, soweit sich aus den §§ 1460 bis 1462 nichts anderes ergibt, aus dem Gesamtgut Befriedigung verlangen (Gesamtgutsverbindlichkeiten).
(2) ¹Für die Gesamtgutsverbindlichkeiten haften die Ehegatten auch persönlich als Gesamtschuldner. ²Fallen die Verbindlichkeiten im Verhältnis der Ehegatten zueinander

einem der Ehegatten zur Last, so erlischt die Verbindlichkeit des anderen Ehegatten mit der Beendigung der Gütergemeinschaft.

§ 1459 entspricht dem für die Alleinverwaltung geltenden § 1437. Er enthält die Regel 1 für die Haftung des Gesamtguts im Außenverhältnis. Abs 1 bestimmt, dass das Gesamtgut grds für alle Verbindlichkeiten haftet, die in der Person des Mannes oder der Frau während des Bestehens der Gütergemeinschaft entstehen, soweit nicht in den §§ 1460–1462 Ausnahmen enthalten sind. Abs 2 S 1 erweitert diese Haftung auf das Sonder- und Vorbehaltsgut der Ehegatten, indem er deren gesamtschuldnerische Haftung für alle Verbindlichkeiten anordnet, für die das Gesamtgut haftet. Darin liegt die Besonderheit, aber auch die Gefahr der Gütergemeinschaft mit gemeinschaftlicher Verwaltung. Die gesamtschuldnerische Haftung eines Ehegatten mit seinem Sonder- oder Vorbehaltsgut endet erst, wenn der Güterstand endet und der andere Ehegatte im Innenverhältnis diese Verbindlichkeit allein zu tragen hat (Abs 2 S 2).

§ 1460 Haftung des Gesamtguts

(1) Das Gesamtgut haftet für eine Verbindlichkeit aus einem Rechtsgeschäft, das ein Ehegatte während der Gütergemeinschaft vornimmt, nur dann, wenn der andere Ehegatte dem Rechtsgeschäft zustimmt oder wenn das Rechtsgeschäft ohne seine Zustimmung für das Gesamtgut wirksam ist.
(2) Für die Kosten eines Rechtsstreits haftet das Gesamtgut auch dann, wenn das Urteil dem Gesamtgut gegenüber nicht wirksam ist.

Die Vorschrift entspricht dem für die Alleinverwaltung geltenden § 1438. Sie schränkt 1 in Abs 1 den Grundsatz der umfassenden Haftung des Gesamtguts für alle während des Bestehens der Gütergemeinschaft entstehenden Verbindlichkeiten nebst der persönlichen Haftung beider Ehegatten mit ihrem Sonder- und Vorbehaltsgut (§ 1459) dadurch ein, dass sie **für die Haftung für rechtsgeschäftliche Verbindlichkeiten die zusätzliche Voraussetzung** aufstellt, dass der nicht handelnde Ehegatte dem Rechtsgeschäft zugestimmt hat oder dass dieses auch ohne seine Zustimmung für und gegen das Gesamtgut wirksam ist (Fälle der §§ 1454–1456, vor dem Eintritt des Güterstands eingegangene Verpflichtungen). Der Zustimmung gleichzustellen ist ihre Ersetzung durch das Familiengericht.
Für alle **nicht rechtsgeschäftlichen Verbindlichkeiten** (zB aus §§ 823 ff, 1457, 812) haf- 2 ten das Gesamtgut und der andere Ehegatte uneingeschränkt (soweit nicht einer der in §§ 1461 f geregelten Fälle vorliegt). Das gilt auch für die Kosten eines Rechtsstreits, dessen Urteil dem Gesamtgut gegenüber nicht wirkt, weil es einen der in Abs 1 genannten Gegenstände betrifft.

§ 1461 Keine Haftung bei Erwerb einer Erbschaft

Das Gesamtgut haftet nicht für Verbindlichkeiten eines Ehegatten, die durch den Erwerb einer Erbschaft oder eines Vermächtnisses entstehen, wenn der Ehegatte die Erbschaft oder das Vermächtnis während der Gütergemeinschaft als Vorbehaltsgut oder als Sondergut erwirbt.

Die Norm entspricht § 1439. Sie nimmt Verbindlichkeiten beider Ehegatten, die durch 1 den Erwerb einer Erbschaft oder eines Vermächtnisses entstehen, aus der Haftung des Gesamtguts aus, wenn der Erwerb während der Gütergemeinschaft stattfindet (also Haftung für Alt-Erbschaftsverbindlichkeiten) und das Erworbene in das Sonder- oder Vorbehaltsgut fällt. Das Gesamtgut haftet aber, wenn die Erbschaft oder das Vermächtnis ins Gesamtgut fällt.

§ 1462 Haftung für Vorbehalts- oder Sondergut

¹Das Gesamtgut haftet nicht für eine Verbindlichkeit eines Ehegatten, die während der Gütergemeinschaft infolge eines zum Vorbehaltsgut oder zum Sondergut gehörenden Rechts oder des Besitzes einer dazu gehörenden Sache entsteht. ²Das Gesamtgut haftet jedoch, wenn das Recht oder die Sache zu einem Erwerbsgeschäft gehört, das ein Ehegatte mit Einwilligung des anderen Ehegatten selbständig betreibt, oder wenn die Verbindlichkeit zu den Lasten des Sonderguts gehört, die aus den Einkünften beglichen zu werden pflegen.

1 Die Vorschrift entspricht § 1440. Die Erläuterungen dazu gelten entsprechend.

§ 1463 Haftung im Innenverhältnis

Im Verhältnis der Ehegatten zueinander fallen folgende Gesamtgutsverbindlichkeiten dem Ehegatten zur Last, in dessen Person sie entstehen:
1. die Verbindlichkeiten aus einer unerlaubten Handlung, die er nach Eintritt der Gütergemeinschaft begeht, oder aus einem Strafverfahren, das wegen einer solchen Handlung gegen ihn gerichtet wird,
2. die Verbindlichkeiten aus einem sich auf sein Vorbehaltsgut oder sein Sondergut beziehenden Rechtsverhältnis, auch wenn sie vor Eintritt der Gütergemeinschaft oder vor der Zeit entstanden sind, zu der das Gut Vorbehaltsgut oder Sondergut geworden ist,
3. die Kosten eines Rechtsstreits über eine der in den Nummern 1 und 2 bezeichneten Verbindlichkeiten.

§ 1464 Verbindlichkeiten des Sonderguts und eines Erwerbsgeschäfts

¹Die Vorschrift des § 1463 Nr. 2, 3 gilt nicht, wenn die Verbindlichkeiten zu den Lasten des Sonderguts gehören, die aus den Einkünften beglichen zu werden pflegen. ²Die Vorschrift gilt auch dann nicht, wenn die Verbindlichkeiten durch den Betrieb eines für Rechnung des Gesamtguts geführten Erwerbsgeschäfts oder infolge eines zu einem solchen Erwerbsgeschäft gehörenden Rechts oder des Besitzes einer dazu gehörenden Sache entstehen.

1 §§ 1463 f entsprechen den für die Alleinverwaltung geltenden §§ 1441 und 1442. Das zu diesen Vorschriften Gesagte gilt entsprechend.

§ 1465 Prozesskosten

(1) Im Verhältnis der Ehegatten zueinander fallen die Kosten eines Rechtsstreits, den die Ehegatten miteinander führen, dem Ehegatten zur Last, der sie nach allgemeinen Vorschriften zu tragen hat.
(2) ¹Führt ein Ehegatte einen Rechtsstreit mit einem Dritten, so fallen die Kosten des Rechtsstreits im Verhältnis der Ehegatten zueinander dem Ehegatten zur Last, der den Rechtsstreit führt. ²Die Kosten fallen jedoch dem Gesamtgut zur Last, wenn das Urteil dem Gesamtgut gegenüber wirksam ist oder wenn der Rechtsstreit eine persönliche Angelegenheit oder eine Gesamtgutsverbindlichkeit des Ehegatten betrifft und die Aufwendung der Kosten den Umständen nach geboten ist; § 1463 Nr. 3 und § 1464 bleiben unberührt.

1 Die Norm entspricht dem für die Alleinverwaltung geltenden § 1443. Während diese Regelung nur den nicht verwaltenden Ehegatten betrifft, gilt § 1465 für beide Ehegatten. IÜ gelten die Erläuterungen zu § 1443 entsprechend.

§ 1466 Kosten der Ausstattung eines nicht gemeinschaftlichen Kindes

Im Verhältnis der Ehegatten zueinander fallen die Kosten der Ausstattung eines nicht gemeinschaftlichen Kindes dem Vater oder der Mutter des Kindes zur Last.

Die Vorschrift entspricht dem für die Gütergemeinschaft mit Alleinverwaltung geltenden § 1444. Während auch bei gemeinschaftlicher Verwaltung die Regel gilt, dass Ausstattungen (zum Begriff vgl § 1624) gemeinschaftlicher Kinder gemeinschaftlich zu tragen sind, verallgemeinert § 1466 die in § 1444 für den verwaltenden Ehegatten aufgestellte Regel, dass Ausstattungen für nicht gemeinschaftliche Kinder intern v demjenigen Ehegatten zu tragen sind, v dem diese Kinder abstammen. 1

§ 1467 Ausgleichung zwischen Vorbehalts-, Sonder- und Gesamtgut

(1) Verwendet ein Ehegatte Gesamtgut in sein Vorbehaltsgut oder in sein Sondergut, so hat er den Wert des Verwendeten zum Gesamtgut zu ersetzen.
(2) Verwendet ein Ehegatte Vorbehaltsgut oder Sondergut in das Gesamtgut, so kann er Ersatz aus dem Gesamtgut verlangen.

Die Vorschrift entspricht § 1445. Die Erläuterungen dazu gelten entsprechend. 1

§ 1468 Fälligkeit des Ausgleichsanspruchs

Was ein Ehegatte zum Gesamtgut oder was er zum Vorbehaltsgut oder Sondergut des anderen Ehegatten schuldet, braucht er erst nach Beendigung der Gütergemeinschaft zu leisten; soweit jedoch das Vorbehaltsgut und das Sondergut des Schuldners ausreichen, hat er die Schuld schon vorher zu berichtigen.

Die Vorschrift entspricht dem für die Gütergemeinschaft mit Alleinverwaltung geltenden § 1446 II. Die Erläuterungen zu dieser Vorschrift gelten entsprechend. 1

§ 1469 Aufhebungsklage

Jeder Ehegatte kann auf Aufhebung der Gütergemeinschaft klagen,
1. wenn seine Rechte für die Zukunft dadurch erheblich gefährdet werden können, dass der andere Ehegatte ohne seine Mitwirkung Verwaltungshandlungen vornimmt, die nur gemeinschaftlich vorgenommen werden dürfen,
2. wenn der andere Ehegatte sich ohne ausreichenden Grund beharrlich weigert, zur ordnungsmäßigen Verwaltung des Gesamtguts mitzuwirken,
3. wenn der andere Ehegatte seine Verpflichtung, zum Familienunterhalt beizutragen, verletzt hat und für die Zukunft eine erhebliche Gefährdung des Unterhalts zu besorgen ist,
4. wenn das Gesamtgut durch Verbindlichkeiten, die in der Person des anderen Ehegatten entstanden sind und diesem im Verhältnis der Ehegatten zueinander zur Last fallen, in solchem Maße überschuldet ist, dass sein späterer Erwerb erheblich gefährdet wird,
5. wenn die Wahrnehmung eines Rechts des anderen Ehegatten, das sich aus der Gütergemeinschaft ergibt, vom Aufgabenkreis eines Betreuers erfasst wird.

§ 1470 Wirkung der richterlichen Aufhebungsentscheidung

(1) Mit der Rechtskraft der richterlichen Entscheidung ist die Gütergemeinschaft aufgehoben; für die Zukunft gilt Gütertrennung.
(2) Dritten gegenüber ist die Aufhebung der Gütergemeinschaft nur nach Maßgabe des § 1412 wirksam.

1 **I. §§ 1469 f entsprechen** den für die Gütergemeinschaft mit Alleinverwaltung geltenden **§§ 1447 und 1449.** Wie diese enthält § 1469 eine abschließende Aufzählung der Gründe, derentwegen ein Aufhebungsantrag gestellt werden kann. Dass das Gesetz noch v einer Klage spricht, ist ein Redaktionsversehen. Klagen gibt es nach der Terminologie des FamFG im Bereich des Familienverfahrensrechts nicht mehr (vgl § 113 V FamFG). § 1470 regelt dann die Wirkungen der gerichtlichen Aufhebungsentscheidung. Zu sonstigen Beendigungsgründen s Vor §§ 1447–1449 Rn 1.

2 **II. Aufhebungsgründe sind:** die Gefährdung der Rechte eines Ehegatten für die Zukunft dadurch, dass der andere Ehegatte ohne seine Mitwirkung Verwaltungshandlungen vornimmt, die nur gemeinschaftlich vorgenommen werden dürfen (Nr 1), die beharrliche Weigerung des anderen Ehegatten ohne ausreichenden Grund, an der ordnungsmäßigen Verwaltung des Gesamtgutes mitzuwirken (Nr 2). Insoweit ist ein beständiges Sichverweigern erforderlich; die Weigerung im Einzelfall reicht nicht, sondern führt nur zur Ersetzung der Zustimmung durch das Familiengericht (§ 1452). Weiterhin kann die Aufhebung der Gütergemeinschaft beantragt werden, wenn der andere Ehegatte seine Verpflichtung, zum Familienunterhalt beizutragen, verletzt hat und für die Zukunft eine erhebliche Gefährdung des Unterhalts zu besorgen ist (Nr 3, entspricht § 1447 Nr 2), wenn das Gesamtgut durch Verbindlichkeiten, die in der Person des anderen Ehegatten entstanden sind und diesem im Verhältnis der Ehegatten zueinander zur Last fallen, in solchem Maße überschuldet ist, dass sein späterer Erwerb erheblich gefährdet wird (Nr 4, entspricht § 1447 Nr 3 und § 1448) und wenn die Wahrnehmung eines Rechts des anderen Ehegatten, das sich aus der Gütergemeinschaft ergibt, v Aufgabenkreis eines Betreuers erfasst wird (Nr 5, entspricht § 1447 Nr 4). Soweit sich Überschneidungen mit §§ 1447 f ergeben, gelten die Erläuterungen zu diesen Vorschriften entsprechend.

3 Das zu § 1447 zum **Verfahren** (Rn 6) und zu § 1449 in Bezug auf die **Folgen der gerichtlichen Aufhebungsentscheidung** Gesagte gilt entsprechend.

Unterkapitel 4
Auseinandersetzung des Gesamtguts

Vorbemerkung zu §§ 1471–1482

1 §§ 1471–1482 regeln die Frage, wie das Gesamtgut auseinander zu setzen ist, wenn die Gütergemeinschaft endet. Dabei gelten §§ 1471–1473 für die Zeit v der Beendigung der Gütergemeinschaft bis zur Durchführung der Auseinandersetzung, während §§ 1474–1481 die Auseinandersetzung selbst betreffen. Eine Sonderregelung für die Beendigung des Güterstands durch Tod enthält § 1482. Soweit keine Spezialregelungen in ihnen enthalten sind, gelten neben §§ 1471 ff die §§ 741 ff. Keine Anwendung finden §§ 1471 ff, soweit mit der Beendigung des Güterstands fortgesetzte Gütergemeinschaft (§§ 1483 ff) eintritt.

§ 1471 Beginn der Auseinandersetzung

(1) Nach der Beendigung der Gütergemeinschaft setzen sich die Ehegatten über das Gesamtgut auseinander.
(2) Bis zur Auseinandersetzung gilt für das Gesamtgut die Vorschrift des § 1419.

1 Die Norm stellt die Regel auf, dass mit dem Ende der Gütergemeinschaft (Gründe: Vor §§ 1447–1449 Rn 1) **jeder Ehegatte einen Anspruch auf Auseinandersetzung** des Gesamtguts hat (Abs 1). Etwas anderes gilt nur, wenn (bei Beendigung durch Tod) die Gütergemeinschaft mit dem Erben fortgesetzt wird (§§ 1483 ff). IÜ ist bei der Beendigung der Gütergemeinschaft durch Tod zu berücksichtigen, dass eine doppelte Gesamthand bestehen kann: einmal die aus der Gütergemeinschaft resultierende am Gesamtgut und dann die aus der Erbenstellung herrührende am Nachlass. Daraus folgt, dass Nachlassgegenstand zunächst nur der Gesamthandsanteil am Gesamtgut an sich ist.

Erst nach der Auseinandersetzung des Gesamtguts werden Einzelgegenstände zu Nachlassbestandteilen. Daraus wiederum ergibt sich, dass die Auseinandersetzung des Gesamtguts derjenigen des Nachlasses vorausgehen muss.
Bis zur Auseinandersetzung besteht die Gütergemeinschaft als **Liquidationsgemeinschaft** weiter (arg e Abs 2, § 1419). Neues Vermögen und neue Schulden der Ehegatten fallen nun nicht mehr in das Gesamtgut (Ausnahme: § 1473). Die Verwaltung ist gegenüber dem bisher geltenden uU modifiziert; denn § 1472 ordnet für die Zeit bis zur Auseinandersetzung die gemeinschaftliche Verwaltung des Gesamtguts an. Mit dem Ende der Gütergemeinschaft wird die Zwangsvollstreckung in den Anteil am Gesamtgut zulässig (§ 860 II ZPO). 2

§ 1472 Gemeinschaftliche Verwaltung des Gesamtguts

(1) Bis zur Auseinandersetzung verwalten die Ehegatten das Gesamtgut gemeinschaftlich.
(2) ¹Jeder Ehegatte darf das Gesamtgut in derselben Weise wie vor der Beendigung der Gütergemeinschaft verwalten, bis er von der Beendigung Kenntnis erlangt oder sie kennen muss. ²Ein Dritter kann sich hierauf nicht berufen, wenn er bei der Vornahme eines Rechtsgeschäfts weiß oder wissen muss, dass die Gütergemeinschaft beendet ist.
(3) Jeder Ehegatte ist dem anderen gegenüber verpflichtet, zu Maßregeln mitzuwirken, die zur ordnungsmäßigen Verwaltung des Gesamtguts erforderlich sind; die zur Erhaltung notwendigen Maßregeln kann jeder Ehegatte allein treffen.
(4) ¹Endet die Gütergemeinschaft durch den Tod eines Ehegatten, so hat der überlebende Ehegatte die Geschäfte, die zur ordnungsmäßigen Verwaltung erforderlich sind und nicht ohne Gefahr aufgeschoben werden können, so lange zu führen, bis der Erbe anderweit Fürsorge treffen kann. ²Diese Verpflichtung besteht nicht, wenn der verstorbene Ehegatte das Gesamtgut allein verwaltet hat.

Für die Zeit bis zur Auseinandersetzung ordnet Abs 1 die **gemeinschaftliche Verwaltung** des Gesamtguts an. Das entspricht am besten den Interessen der Ehegatten. Eine Änderung ergibt sich nur, wenn bisher ein Alleinverwaltungsrecht eines Ehegatten bestanden hatte. In den Fällen gemeinschaftlicher Verwaltung bleibt es bei der bisher praktizierten Regelung. 1
Praktisch bedeutet die gemeinschaftliche Verwaltung, dass dem Ehegatten, der bisher noch keinen Mitbesitz hatte, dieser eingeräumt werden muss. §§ 1422 ff gelten nicht mehr. Leistungen müssen an beide Ehegatten erfolgen, können aber auch nur in der Weise gefordert werden, dass sie an beide zu erbringen sind (BGH FamRZ 58, 459). Sofern es sich nicht um Maßnahmen notwendiger Verwaltung handelt (vgl Abs 3), müssen die Ehegatten bei Verfügungen über zum Gesamtgut gehörende Gegenstände zusammenwirken. Eine Ausnahme gilt nur bei Beendigung der Gütergemeinschaft durch den Tod eines Ehegatten, Abs 4, Rn 5). Soweit keiner der genannten Ausnahmetatbestände eingreift und der handelnde Ehegatte auch nicht wegen seines guten Glaubens an das Weiterbestehen der Gütergemeinschaft geschützt wird (vgl Abs 2), verpflichten die Ehegatten bei ohne Zustimmung durch den anderen vorgenommenen Rechtsgeschäften nur sich selbst persönlich; eine Haftung des Gesamtguts oder des anderen Ehegatten scheiden aus. Ggf besteht dem Dritten gegenüber eine Haftung nach § 179. Die Kosten der Verwaltung tragen sie zu gleichen Teilen (§ 748 analog). 2
Der Befugnis zur gemeinschaftlichen Verwaltung korrespondiert eine **Verpflichtung zur gemeinschaftlichen Verwaltung.** Jeder Ehegatte ist verpflichtet, an denjenigen Maßregeln mitzuwirken, die zur ordnungsgemäßen Verwaltung des Gesamtguts erforderlich sind (Abs 3). Anders als während des Bestehens der Gütergemeinschaft (vgl § 1452) ist die Ersetzung der Zustimmung aber ausgeschlossen. Der sich weigernde Ehegatte kann nur auf Zustimmung verklagt werden. Bei Verschulden (beachte § 1359) kommen Schadensersatzansprüche des anderen Ehegatten in Betracht. Dritten gegenüber entfaltet die Mitwirkungsverpflichtung keine Wirkungen; sie ist rein intern. 3

4 **Ausnahmsweise zur Alleinverwaltung befugt** ist ein Ehegatte, wenn eine Verwaltungsmaßnahme zur Erhaltung des Gesamtguts erforderlich ist (zB Klageerhebung in Bezug auf eine v Verjährung bedrohte Gesamtgutforderung). Außerdem kann ein Ehegatte allein handeln, solange er v Ende der Gütergemeinschaft noch nichts weiß und auch nichts davon wissen muss (Abs 2, Maßstab: § 122 II). Dritte werden aber nicht geschützt, wenn sie bei der Vornahme eines Rechtsgeschäfts wissen oder wissen müssen, dass die Gütergemeinschaft beendet ist. Sie können sich in diesem Fall nicht auf die Verwaltungsbefugnis des allein handelnden Ehegatten berufen (Abs 2 S 2).

5 Wenn die **Gütergemeinschaft durch den Tod eines Ehegatten** endet, muss der überlebende Ehegatte die zur ordnungsmäßigen Verwaltung erforderlichen Geschäfte, die nicht ohne Gefahr aufgeschoben werden können, so lange führen, bis der Erbe anderweit Fürsorge treffen kann. Diese Verpflichtung besteht nicht, wenn der verstorbene Ehegatte das Gesamtgut allein verwaltet hat. Bei schuldhaftem (Maßstab: § 1359) Verstoß haftet der Überlebende dem Erben auf Schadensersatz.

§ 1473 Unmittelbare Ersetzung

(1) Was auf Grund eines zum Gesamtgut gehörenden Rechts oder als Ersatz für die Zerstörung, Beschädigung oder Entziehung eines zum Gesamtgut gehörenden Gegenstands oder durch ein Rechtsgeschäft erworben wird, das sich auf das Gesamtgut bezieht, wird Gesamtgut.

(2) Gehört eine Forderung, die durch Rechtsgeschäft erworben ist, zum Gesamtgut, so braucht der Schuldner dies erst dann gegen sich gelten zu lassen, wenn er erfährt, dass die Forderung zum Gesamtgut gehört; die Vorschriften der §§ 406 bis 408 sind entsprechend anzuwenden.

1 Im Interesse des ebenfalls am Gesamtgut beteiligten anderen Ehegatten **durchbricht** die Vorschrift die Regel, dass mit dem Ende der Gütergemeinschaft **jeder Ehegatte neues Vermögen und neue Schulden nur noch für sich** erwirbt, indem sie anordnet, dass in drei Fällen auch das nach dem Ende der Gütergemeinschaft Erworbene in das Gesamtgut fällt. Die Fälle sind: Erwerb als Ersatz wegen Zerstörung, Beschädigung oder Entziehung v Gesamtgutsgegenständen (zB Versicherungsansprüche), Erwerb aufgrund eines zum Gesamtgut gehörenden Rechts (zB Einziehung v Gesamtgutsforderungen) und Erwerb durch Rechtsgeschäft, soweit sich dieses auf das Gesamtgut bezieht. Es reicht ein wirtschaftlicher Zusammenhang mit dem Gesamtgut, wie zB, dass etwas aus Mitteln des Gesamtguts gekauft wird.

2 **Dritte werden dadurch geschützt,** dass in dem Fall, dass eine Forderung, die durch Rechtsgeschäft erworben ist, zum Gesamtgut gehört, der Schuldner das erst dann gegen sich gelten lassen muss, wenn er davon erfährt. §§ 406–408 gelten entsprechend (Abs 2). Der Schuldner kann hier so lange schuldbefreiend an den Ehegatten leisten, den er für seinen Gläubiger hält, und auch mit ihm gegen ihn zustehenden Forderungen aufrechnen. Abs 2 gilt unabhängig v einer Eintragung im Güterrechtsregister. Kennenmüssen des Schuldners reicht nicht, um seine Gutgläubigkeit zu zerstören.

§ 1474 Durchführung der Auseinandersetzung

Die Ehegatten setzen sich, soweit sie nichts anderes vereinbaren, nach den §§ 1475 bis 1481 auseinander.

1 Die Norm stellt klar, dass eine Auseinandersetzung neben dem in §§ 1475 ff vorgesehenen Verfahren auch durch Vereinbarung der Eheleute erfolgen kann. Diese Einigung ist kein Ehevertrag; sie bedarf deswegen nicht der Form des § 1410. Ein Formerfordernis besteht nur, soweit die zur Auseinandersetzung durchzuführenden Geschäfte selbst formbedürftig sind (Hauptfall: Grundstücksübertragung, § 925).

§ 1475 Berichtigung der Gesamtgutsverbindlichkeiten

(1) ¹Die Ehegatten haben zunächst die Gesamtgutsverbindlichkeiten zu berichtigen. ²Ist eine Verbindlichkeit noch nicht fällig oder ist sie streitig, so müssen die Ehegatten zurückbehalten, was zur Berichtigung dieser Verbindlichkeit erforderlich ist.
(2) Fällt eine Gesamtgutsverbindlichkeit im Verhältnis der Ehegatten zueinander einem der Ehegatten allein zur Last, so kann dieser nicht verlangen, dass die Verbindlichkeit aus dem Gesamtgut berichtigt wird.
(3) Das Gesamtgut ist in Geld umzusetzen, soweit dies erforderlich ist, um die Gesamtgutsverbindlichkeiten zu berichtigen.

I. Die **Vorschrift** beschreibt den ersten Schritt der Auseinandersetzung, die Regelung der Gesamtgutsverbindlichkeiten. Diese muss zuerst erfolgen (Abs 1 S 1), damit feststeht, ob ein Überschuss entstanden ist, der unter den Eheleuten nach §§ 1476 ff aufgeteilt werden kann. 1

II. **Gesamtgutsverbindlichkeiten** sind alle Forderungen, die während der Gütergemeinschaft entstanden sind und sich gegen das Gesamtgut richten (vgl §§ 1437, 1459, Ersatzansprüche nach §§ 1445 II, 1446 I, 1467 II). Ausnahmsweise muss man auch nach der Beendigung des Güterstands entstandene Forderungen hierher rechnen, wenn diese allein der Umschuldung v Altforderungen dienen, die sich gegen das Gesamtgut gerichtet haben, und die Gesamtguthaftung vereinbart wird (OLG München FamRZ 96, 290). Berichtigt werden müssen alle Gesamtgutsverbindlichkeiten. Muss ein Ehegatte im Innenverhältnis Schulden allein tragen (Abs 2, vgl §§ 1441–1445, 1463–1466) kann er aber die Berichtigung dieser Verbindlichkeiten aus dem Gesamtgut nicht verlangen. Insoweit kann nur der andere (dh derjenige, der die Schuld im Innenverhältnis nicht tragen muss) Berichtigung verlangen. 2

Mit **Berichtigung** sind neben der Erfüllung alle Arten v Erfüllungssurrogaten gemeint. Ziel ist es, die Belastung des Gesamtguts zum Erlöschen zu bringen. Das kann auch dadurch geschehen, dass ein Ehegatte die Schuld allein übernimmt (vgl BGH NJW 85, 3066). Soweit das Gesamtgut nicht über ausreichende flüssige Mittel verfügt, ist es in Geld umzusetzen, damit die Verbindlichkeiten getilgt werden können (Abs 3). Soweit Verbindlichkeiten streitig oder noch nicht fällig sind, so dass eine Berichtigung noch nicht angezeigt ist, müssen die Eheleute zurückbehalten, was zur Begleichung der Forderung erforderlich sein wird (Abs 1 S 2). 3

§ 1476 Teilung des Überschusses

(1) Der Überschuss, der nach der Berichtigung der Gesamtgutsverbindlichkeiten verbleibt, gebührt den Ehegatten zu gleichen Teilen.
(2) ¹Was einer der Ehegatten zum Gesamtgut zu ersetzen hat, muss er sich auf seinen Teil anrechnen lassen. ²Soweit er den Ersatz nicht auf diese Weise leistet, bleibt er dem anderen Ehegatten verpflichtet.

Die Vorschrift **regelt den zweiten Schritt der Auseinandersetzung**: Sind die Gesamtgutsverbindlichkeiten berichtigt (§ 1475), ist der verbleibende Überschuss unter den Eheleuten zu gleichen Teilen aufzuteilen (Abs 1). 1

In die **zu verteilende Masse** fällt neben dem Überschuss nach Berichtigung der Gesamtgutsverbindlichkeiten auch das, was ein Ehegatte noch zum Gesamtgut leisten muss (vgl §§ 1435,3, 1441–1444, 1445 I, 1446 I, 1463–1466, 1467 I, 1468, 1477 II), sofern das nicht schon vor Berichtigung der Gesamtgutsverbindlichkeiten geschehen ist. 2

Die Teilung des Überschusses erfolgt hälftig, ohne Rücksicht darauf, wie viel jeder Ehegatte zum Gesamtgut beigetragen hat. Auf den Anteil muss jeder sich das anrechnen lassen, was er selbst dem Gesamtgut noch ersetzen muss (Abs 2 S 1). Soweit seine Ersatzpflicht den ihm zustehenden Anteil übersteigt, muss er dem anderen Ehegatten die Differenz ausgleichen (Abs 2 S 2). Zu weiteren Modalitäten siehe § 1477. 3

§ 1477 Durchführung der Teilung

(1) Der Überschuss wird nach den Vorschriften über die Gemeinschaft geteilt.

(2) ¹Jeder Ehegatte kann gegen Ersatz des Wertes die Sachen übernehmen, die ausschließlich zu seinem persönlichen Gebrauch bestimmt sind, insbesondere Kleider, Schmucksachen und Arbeitsgeräte. ²Das Gleiche gilt für die Gegenstände, die ein Ehegatte in die Gütergemeinschaft eingebracht oder während der Gütergemeinschaft durch Erbfolge, durch Vermächtnis oder mit Rücksicht auf ein künftiges Erbrecht, durch Schenkung oder als Ausstattung erworben hat.

1 I. Die Vorschrift regelt weitere Modalitäten der Teilung und **ergänzt** damit § 1476. Sie verweist für die Durchführung der Teilung grds auf die für die Gemeinschaft geltenden Vorschriften (§§ 752–757). § 755 I ist aber durch § 1475 verdrängt.

2 II. 1. Sachlich bedeutet die Verweisung in Abs 1, dass **grds in Natur zu teilen** ist. Nur wenn das nicht geht, muss eine Teilung durch Verkauf erfolgen.

3 2. In Abweichung v den Regeln über die Gemeinschaft sieht **Abs 2** in bestimmten Fällen ein Recht eines Ehegatten auf Übernahme bestimmter Gegenstände unter Anrechnung auf seinen Anteil vor. Das **Übernahmerecht** bezieht sich auf Sachen, die ausschließlich dem persönlichen Gebrauch des Ehegatten dienen, wie Kleider, Schmucksachen und Arbeitsgeräte (Abs 2 S 1). Außerdem können alle Gegenstände übernommen werden, die ein Ehegatte in die Gütergemeinschaft eingebracht oder während der Gütergemeinschaft durch Erbfolge (auch als Miterbe, BGH NJW-RR 98, 1010), durch Vermächtnis oder mit Rücksicht auf ein künftiges Erbrecht, durch Schenkung oder als Ausstattung erworben hat (Abs 2 S 2). Die physische Identität des eingebrachten und des vorhandenen Gegenstands ist nicht erforderlich (BGH NJW-RR 98, 1009: Grundstückstausch im Flurbereinigungsverfahren); grds sind Surrogate aber v Übernahmerecht ausgeschlossen. Liegen die Übernahmevoraussetzungen bei beiden Ehegatten vor, eliminieren sich die Übernahmerechte gegenseitig. Ebenso ausgeschlossen ist die Übernahme, wenn der Gegenstand zur Tilgung der Schulden des Gesamtguts verwendet werden muss; denn die Übernahme knüpft an die Teilung an, die erst nach der Berichtigung der Verbindlichkeiten stattfindet.

4 Bei dem Übernahmerecht handelt es sich um ein **Gestaltungsrecht**, das durch Erklärung gegenüber dem anderen Ehegatten ausgeübt wird.

5 Die **übernommenen Gegenstände werden mit ihrem Wert** zur Zeit der Übernahme auf den Anteil des Übernehmenden **angerechnet** (BGH FamRZ 84, 254). Die Ehegatten können einen anderen Bewertungsstichtag festlegen. Weicht der Bewertungstermin in Bezug auf das Gesamtgut v dem Übernahmetermin ab, muss ggf eine Inflationsbereinigung stattfinden, um scheinbare Wertunterschiede zu beseitigen (BGH FamRZ 86, 42). Übersteigt der Wert des übernommenen Gegenstands den Anteil des Übernehmenden, muss er auf andere Weise für Ausgleich sorgen (Zahlung zum Gesamtgut, Verrechnung mit anderen Forderungen usw).

§ 1478 Auseinandersetzung nach Scheidung

(1) Ist die Ehe geschieden, bevor die Auseinandersetzung beendet ist, so ist auf Verlangen eines Ehegatten jedem von ihnen der Wert dessen zurückzuerstatten, was er in die Gütergemeinschaft eingebracht hat; reicht hierzu der Wert des Gesamtguts nicht aus, so ist der Fehlbetrag von den Ehegatten nach dem Verhältnis des Wertes des von ihnen Eingebrachten zu tragen.

(2) Als eingebracht sind anzusehen
1. die Gegenstände, die einem Ehegatten beim Eintritt der Gütergemeinschaft gehört haben,
2. die Gegenstände, die ein Ehegatte von Todes wegen oder mit Rücksicht auf ein künftiges Erbrecht, durch Schenkung oder als Ausstattung erworben hat, es sei denn, dass der Erwerb den Umständen nach zu den Einkünften zu rechnen war,
3. die Rechte, die mit dem Tode eines Ehegatten erlöschen oder deren Erwerb durch den Tod eines Ehegatten bedingt ist.
(3) Der Wert des Eingebrachten bestimmt sich nach der Zeit der Einbringung.

I. Die Vorschrift enthält für den Fall der Scheidung eine **Ausnahme** v dem Grundsatz, dass der nach der Berichtigung der Gesamtgutsverbindlichkeiten verbleibende Überschuss zu gleichen Teilen auf die Eheleute **aufzuteilen** ist (§ 1476 I). Sie soll verhindern, dass ein Ehegatte die Gütergemeinschaft nur vereinbart, um am Vermögen des anderen beteiligt zu werden und dann die Auflösung der Ehe durch Scheidung betreibt. Sie erlaubt es jedem Ehegatten, dafür zu optieren, statt den Überschuss zu teilen, den Wert des v ihm Eingebrachten aus dem Gesamtgut wieder zu entnehmen. 1

II. **Anwendbar** ist § 1478, wenn die Ehe vor der Beendigung der Auseinandersetzung der Gütergemeinschaft durch Scheidung oder Aufhebung beendet wird. Es reicht, dass die Gütergemeinschaft durch die Auflösung der Ehe beendet wird oder dass die Scheidung eingeleitet wird, wenn sich die Gütergemeinschaft schon im Stadium der Liquidation befindet. 2

Jeder Ehegatte kann verlangen, dass statt der Teilung des Überschusses nach Berichtigung der Gesamtgutsverbindlichkeiten eine **Auszahlung des Werts der** in die Gütergemeinschaft **eingebrachten Gegenstände** erfolgt (Abs 1 1. Halbs). Es handelt sich um ein Gestaltungsrecht, das dem anderen Ehegatten gegenüber ausgeübt werden muss. 3

Als eingebracht gelten die Gegenstände, die einem Ehegatten beim Eintritt der Gütergemeinschaft gehört haben (Abs 2 Nr 1). Hierher gehört auch der Zugewinnausgleichsanspruch, der mit der Vereinbarung der Gütergemeinschaft entstanden ist (BGHZ 109, 89). Außerdem gelten als eingebracht diejenigen Gegenstände, die ein Ehegatte v Todes wegen oder mit Rücksicht auf ein künftiges Erbrecht, durch Schenkung oder als Ausstattung erworben hat, es sei denn, dass der Erwerb den Umständen nach zu den Einkünften zu rechnen war (Abs 2 Nr 2, vgl die Erläuterungen zur Zugewinngemeinschaft, § 1374 Rn 9 ff, wo diese Gegenstände zum Anfangsvermögen gerechnet werden, um sie aus dem Ausgleich herauszuhalten) und die Rechte, die mit dem Tod eines Ehegatten erlöschen (zB dingliche Wohnrechte) oder deren Erwerb durch den Tod eines Ehegatten bedingt ist (Abs 2 Nr 3, zB Lebensversicherungsansprüche). 4

Jedem Ehegatten ist der **Wert der eingebrachten Gegenstände zu erstatten**. Dieser berechnet sich nach dem Zeitpunkt der Einbringung (Abs 3). § 1376 IV gilt nicht (BGH FamRZ 86, 776). Scheinwertsteigerungen durch Inflation sind zu bereinigen (BGHZ 84, 333). 5

Die **Erstattung erfolgt grds aus dem Gesamtgut**. Auch insoweit ist der Vorrang des § 1475 zu beachten; dh erst müssen die Verbindlichkeiten des Gesamtguts befriedigt werden. Soweit das Gesamtgut dazu nicht ausreicht, muss der Fehlbetrag v den Ehegatten persönlich getragen werden. Ihr Anteil richtet sich nicht nach Kopfteilen, sondern nach dem Verhältnis des v ihnen Eingebrachten (Abs 1 2. Halbs). 6

§ 1479 Auseinandersetzung nach richterlicher Aufhebungsentscheidung

Wird die Gütergemeinschaft auf Grund der §§ 1447, 1448 oder des § 1469 durch richterliche Entscheidung aufgehoben, so kann der Ehegatte, der die richterliche Entscheidung erwirkt hat, verlangen, dass die Auseinandersetzung so erfolgt, wie wenn der Anspruch auf Auseinandersetzung in dem Zeitpunkt rechtshängig geworden wäre, in dem die Klage auf Aufhebung der Gütergemeinschaft erhoben ist.

1 Die Vorschrift dient dazu, Manipulationen am Gesamtgut und eine Verfahrensverschleppung zu verhindern, wenn die Gütergemeinschaft durch gerichtliche Entscheidung aufgelöst wird (Fälle der §§ 1447 f, 1469). Sie gibt deswegen dem Ehegatten, der die Aufhebung der Gütergemeinschaft betrieben hat, ein Wahlrecht zwischen dem Auseinandersetzungszeitpunkt, der im Allgemeinen gilt (Beendigung der Gütergemeinschaft) und dem Zeitpunkt, zu dem der Antrag auf Aufhebung der Gütergemeinschaft rechtshängig geworden war. Dass das Gesetz noch v einer Klage spricht, ist ein Redaktionsversehen. Klagen gibt es nach der Terminologie des FamFG im Bereich des Familienverfahrensrechts nicht mehr (vgl § 113 V FamFG).

2 Die Vorschrift ist **im Voraus nicht abdingbar**. Das Wahlrecht kann bis zum Ende der Auseinandersetzung ausgeübt werden.

§ 1480 Haftung nach der Teilung gegenüber Dritten

¹Wird das Gesamtgut geteilt, bevor eine Gesamtgutsverbindlichkeit berichtigt ist, so haftet dem Gläubiger auch der Ehegatte persönlich als Gesamtschuldner, für den zur Zeit der Teilung eine solche Haftung nicht besteht. ²Seine Haftung beschränkt sich auf die ihm zugeteilten Gegenstände; die für die Haftung des Erben geltenden Vorschriften der §§ 1990, 1991 sind entsprechend anzuwenden.

1 I. Die Vorschrift soll den **Vorrang der Tilgung der Gesamtgutsverbindlichkeiten absichern** und bezweckt damit den Schutz der Gläubiger des Gesamtguts. Dieser Schutz wird dadurch realisiert, dass bei vorzeitiger Teilung des Gesamtguts die Ehegatten beide für die Gesamtgutsverbindlichkeiten auch persönlich als Gesamtschuldner haften. Soweit aber eine persönliche Haftung nicht schon ohnehin bestand, beschränkt sich die Haftung auf die zugeteilten Gegenstände (S 2 1. Halbs). Zur Haftung im Innenverhältnis s § 1481.

2 II. **Voraussetzung** für die Haftung ist die **vorzeitige Teilung**. Diese ist vollzogen, wenn die Eheleute die zum Gesamtgut gehörenden Gegenstände ganz oder teilweise unter sich aufgeteilt haben, sie also persönliches Eigentum der Ehegatten geworden sind. Die persönliche Haftung tritt nur ein, wenn noch Gesamtgutsverbindlichkeiten bestehen, die weder berichtigt sind, noch für die Rückstellungen gebildet wurden; bei Rückstellungen nach § 1475 I 2 greift § 1480 nicht.

3 Durch die vorzeitige Übernahme wird die **persönliche gesamtschuldnerische Haftung** des Ehegatten begründet, der Gegenstände aus dem Gesamtgut übernommen hat und nicht aufgrund anderer Normen ohnehin persönlich haftet. Bedeutung hat § 1480 damit für den Ehegatten, der nicht verwaltungsberechtigt war, solange die Gütergemeinschaft bestand und für den verwaltenden Ehegatten, dessen Haftung mit der Beendigung der Gütergemeinschaft erloschen ist (§§ 1437 II 2, 1459 II 2).

4 Die **Haftung ist auf die zugeteilten Gegenstände beschränkt**. §§ 1990, 1991 gelten entsprechend (S 2 2. Halbs). Die Befriedigung v Gesamtgutsverbindlichkeiten kann daher verweigert werden, wenn die übernommenen Gegenstände nicht ausreichen. Der Ehegatte kann der Haftung aber nicht dadurch entgehen, dass er den übernommenen Gegenstand an das Gesamtgut zurücküberträgt.

§ 1481 Haftung der Ehegatten untereinander

(1) Wird das Gesamtgut geteilt, bevor eine Gesamtgutsverbindlichkeit berichtigt ist, die im Verhältnis der Ehegatten zueinander dem Gesamtgut zur Last fällt, so hat der Ehegatte, der das Gesamtgut während der Gütergemeinschaft allein verwaltet hat, dem anderen Ehegatten dafür einzustehen, dass dieser weder über die Hälfte der Verbindlichkeit noch über das aus dem Gesamtgut Erlangte hinaus in Anspruch genommen wird.

(2) Haben die Ehegatten das Gesamtgut während der Gütergemeinschaft gemeinschaftlich verwaltet, so hat jeder Ehegatte dem anderen dafür einzustehen, dass dieser von dem Gläubiger nicht über die Hälfte der Verbindlichkeit hinaus in Anspruch genommen wird.

(3) Fällt die Verbindlichkeit im Verhältnis der Ehegatten zueinander einem der Ehegatten zur Last, so hat dieser dem anderen dafür einzustehen, dass der andere Ehegatte von dem Gläubiger nicht in Anspruch genommen wird.

I. Die Vorschrift ergänzt § 1480 um eine Regelung des Innenverhältnisses für den Fall, dass ein Ehegatte nach § 1480 in Anspruch genommen wird. Sie verdrängt § 426. 1

II. Geregelt sind **drei** Fälle des Innenausgleichs: Der Ehegatte, der das Gesamtgut während der Gütergemeinschaft allein verwaltet hat, steht dem anderen Ehegatten dafür ein, dass dieser weder über die Hälfte der Verbindlichkeit noch über das aus dem Gesamtgut Erlangte hinaus in Anspruch genommen wird (Abs 1). Bestand während der Gütergemeinschaft gemeinschaftliche Verwaltung, muss jeder Ehegatte dem anderen dafür einstehen, dass dieser v dem Gläubiger nicht über die Hälfte der Verbindlichkeit hinaus in Anspruch genommen wird (Abs 2). Schließlich muss ein Ehegatte dem anderen dafür einstehen, dass dieser nicht in Anspruch genommen wird, wenn die Verbindlichkeit im Verhältnis der Ehegatten zueinander ihm allein zur Last fällt (Abs 3, Fälle der §§ 1441–1444, 1463–1466). Der im Außenverhältnis in Anspruch genommene Ehegatte kann Befreiung v der Verbindlichkeit oder (nach Leistung an den Dritten) Erstattung verlangen. 2

§ 1482 Eheauflösung durch Tod

¹Wird die Ehe durch den Tod eines Ehegatten aufgelöst, so gehört der Anteil des verstorbenen Ehegatten am Gesamtgut zum Nachlass. ²Der verstorbene Ehegatte wird nach den allgemeinen Vorschriften beerbt.

Die Vorschrift regelt, welche Wirkungen die Auflösung der Gütergemeinschaft durch den Tod eines Ehegatten hat. Sie bestimmt, dass der Anteil am Gesamtgut (ebenso wie das Sonder- und das Vorbehaltsgut) des verstorbenen Ehegatten in den Nachlass fällt. Der Erbe, der nach den allg Regeln bestimmt wird (S 2), muss sich also mit dem überlebenden Ehegatten auseinander setzen. Etwas anderes gilt nur, wenn der überlebende Ehegatte Alleinerbe wird (keine Auseinandersetzung erforderlich, BGHZ 26, 381) oder wenn fortgesetzte Gütergemeinschaft (§§ 1483 ff) vereinbart ist (Fortsetzung der Gütergemeinschaft mit dem Erben). 1

Unterkapitel 5
Fortgesetzte Gütergemeinschaft

Vorbemerkung zu §§ 1483–1518

Normalerweise wird die **Gütergemeinschaft durch den Tod** eines der Ehegatten beendet. Der Verstorbene wird nach den allg Regeln beerbt, sein Anteil am Gesamtgut fällt in den Nachlass (§ 1482). Der überlebende Ehegatte muss sich mit dem oder den Erben auseinander setzen. Um ihm das zu ersparen, hat der Gesetzgeber die Möglichkeit geschaffen, eine fortgesetzte Gütergemeinschaft zu vereinbaren (bei bis 1.7.58 vereinbarten Gütergemeinschaften trat diese automatisch ein, konnte aber ausgeschlossen werden, vgl § 1508 aF). 1

Für die **fortgesetzte Gütergemeinschaft** gelten die §§ 1483–1508. Die Regelungen sind zwingend (§ 1518). Die Eheleute können also nur das Modell der fortgesetzten Gütergemeinschaft **wählen**, nicht aber dieses modifizieren. Die Gütergemeinschaft kann nur mit gemeinschaftlichen Abkömmlingen fortgesetzt werden (§ 1483). Da diese regelmäßig noch nicht geboren sind, wenn die Ehegatten die Fortsetzung vereinbaren und niemand zuverlässig absehen kann, wie sich das Verhältnis zwischen Eltern und Kindern entwickeln wird, kann der überlebende Ehegatte trotz der Vereinbarung der fortgesetzten Gütergemeinschaft die Fortsetzung der Gemeinschaft nach dem Tod des anderen Ehegatten aber ablehnen (§ 1484). 2

3 Mit dem Eintritt der fortgesetzten Gütergemeinschaft bestehen (bis zu) **vier Vermögensmassen**: das Sonder- und das Vorbehaltsgut des überlebenden Ehegatten, das Gesamtgut und die Vermögen der Abkömmlinge, mit denen die Gütergemeinschaft fortgesetzt werden soll. Das Gesamtgut wird v überlebenden Ehegatten allein verwaltet. Die Abkömmlinge, mit denen die Gütergemeinschaft fortgesetzt wird, haben die Stellung eines nicht verwaltenden Ehegatten.

§ 1483 Eintritt der fortgesetzten Gütergemeinschaft

(1) ¹Die Ehegatten können durch Ehevertrag vereinbaren, dass die Gütergemeinschaft nach dem Tod eines Ehegatten zwischen dem überlebenden Ehegatten und den gemeinschaftlichen Abkömmlingen fortgesetzt wird. ²Treffen die Ehegatten eine solche Vereinbarung, so wird die Gütergemeinschaft mit den gemeinschaftlichen Abkömmlingen fortgesetzt, die bei gesetzlicher Erbfolge als Erben berufen sind. ³Der Anteil des verstorbenen Ehegatten am Gesamtgut gehört nicht zum Nachlass; iÜ wird der Ehegatte nach den allgemeinen Vorschriften beerbt.

(2) Sind neben den gemeinschaftlichen Abkömmlingen andere Abkömmlinge vorhanden, so bestimmen sich ihr Erbrecht und ihre Erbteile so, wie wenn fortgesetzte Gütergemeinschaft nicht eingetreten wäre.

1 I. Die Norm regelt den **Eintritt der fortgesetzten Gütergemeinschaft**. Sie wird ergänzt durch § 1506 (Anteilsunwürdigkeit), § 1511 (Ausschließung v Abkömmlingen) und § 1517 (Verzicht eines Abkömmlings).

2 II. Die Fortsetzung der Gütergemeinschaft **setzt voraus**, dass die Ehegatten sie ehevertraglich vereinbart haben. Sie kommt nur in Betracht mit gemeinschaftlichen Abkömmlingen (Abs 1 S 1), nicht aber mit nicht gemeinschaftlichen Kindern, Enkeln oder anderen Verwandten. Die Fortsetzung ist ausgeschlossen, wenn der Verstorbene sie unter den Voraussetzungen des § 1509 durch letztwillige Verfügung ausgeschlossen hat oder wenn die Voraussetzungen der §§ 1506, 1511 oder 1517 vorliegen oder wenn der überlebende Ehegatte ablehnt (§ 1484).

3 **Folge** der fortgesetzten Gütergemeinschaft ist, dass die Gemeinschaft mit dem Tod des einen Ehegatten nicht beendet wird. Sie wird vielmehr mit denjenigen Abkömmlingen fortgesetzt, die als gesetzliche Erben berufen sind. Der Anteil des Verstorbenen am Gesamtgut fällt nicht in den Nachlass (Abs 1 S 3, Ausnahme zu § 1482). Nur sein Sonder- und sein Vorbehaltsgut werden nach den normalen Regeln vererbt. Wenn neben den gemeinschaftlichen Abkömmlingen noch einseitige Abkömmlinge des Verstorbenen vorhanden sind (zB Kinder aus früheren Ehen oder außereheliche Kinder), erben diese aber so, als wenn die fortgesetzte Gütergemeinschaft nicht eingetreten wäre (Abs 2). Sie erben also auch aus dem Gesamtgut und dieses muss insoweit auseinandergesetzt werden (vgl § 1485 I). Erforderlich ist aber dafür stets, dass die einseitigen Abkömmlinge als Erben am Nachlass beteiligt werden; die Stellung als Vermächtnisnehmer oder Pflichtteilsberechtigter reicht nicht.

§ 1484 Ablehnung der fortgesetzten Gütergemeinschaft

(1) Der überlebende Ehegatte kann die Fortsetzung der Gütergemeinschaft ablehnen.

(2) ¹Auf die Ablehnung finden die für die Ausschlagung einer Erbschaft geltenden Vorschriften der §§ 1943 bis 1947, 1950, 1952, 1954 bis 1957, 1959 entsprechende Anwendung. ²Steht der überlebende Ehegatte unter elterlicher Sorge oder unter Vormundschaft, so ist zur Ablehnung die Genehmigung des Familiengerichts erforderlich. ³Bei einer Ablehnung durch den Betreuer des überlebenden Ehegatten ist die Genehmigung des Betreuungsgerichts erforderlich.

(3) Lehnt der Ehegatte die Fortsetzung der Gütergemeinschaft ab, so gilt das Gleiche wie im Falle des § 1482.

I. Die Vorschrift räumt dem überlebenden Ehegatten das **Recht** ein, die **Fortsetzung** der 1 Gütergemeinschaft **abzulehnen** (Abs 1), weil niemand zu dem Zeitpunkt, in dem die Gütergemeinschaft mit dem anderen Ehegatten vereinbart wird, absehen kann, wie sich das Verhältnis zu den Abkömmlingen entwickeln wird. Dieses Recht ist nicht abdingbar.

II. Das Ablehnungsrecht hat **keine sachlichen Voraussetzungen**. Für seine Ausübung 2 gelten aber die Vorschriften über die Ausschlagung einer Erbschaft entsprechend (Abs 2 S 1). Das bedeutet, dass es innerhalb v 6 Wochen nach der Kenntnis v Eintritt der fortgesetzten Gütergemeinschaft ausgeübt werden muss (vgl § 1944). Ein unter elterlicher Sorge oder unter Vormundschaft stehender überlebender Ehegatte bedarf zur Ablehnung der Zustimmung des Familiengerichts (Abs 2 S 2). Entsprechendes (Zustimmung des Betreuungsgerichts) gilt, wenn der Betreuer des überlebenden Ehegatten die Fortsetzung der Gütergemeinschaft ablehnen will (Abs 2 S 3), nicht aber, wenn der (geschäftsfähige) Betreute selbst ablehnt.

Folge der Ablehnung ist, dass statt der in § 1483 vorgesehenen Rechtsfolgen diejenigen 3 eintreten, die für den Fall einer nicht fortgesetzten Gütergemeinschaft eintreten. Der Anteil am Gesamtgut fällt also in den Nachlass, und es findet eine Auseinandersetzung mit den Erben statt.

§ 1485 Gesamtgut

(1) Das Gesamtgut der fortgesetzten Gütergemeinschaft besteht aus dem ehelichen Gesamtgut, soweit es nicht nach § 1483 Abs. 2 einem nicht anteilsberechtigten Abkömmling zufällt, und aus dem Vermögen, das der überlebende Ehegatte aus dem Nachlass des verstorbenen Ehegatten oder nach dem Eintritt der fortgesetzten Gütergemeinschaft erwirbt.
(2) Das Vermögen, das ein gemeinschaftlicher Abkömmling zur Zeit des Eintritts der fortgesetzten Gütergemeinschaft hat oder später erwirbt, gehört nicht zu dem Gesamtgut.
(3) Auf das Gesamtgut findet die für die eheliche Gütergemeinschaft geltende Vorschrift des § 1416 Abs. 2 und 3 entsprechende Anwendung.

I. Die Vorschrift regelt, was zum **Gesamtgut der fortgesetzten Gütergemeinschaft** gehört (Abs 1 und 2) und wie es erworben wird (Abs 3). 1

II. Zum Gesamtgut der fortgesetzten Gütergemeinschaft gehört zunächst das **Gesamt-** 2 gut der bisherigen Gütergemeinschaft mit Ausnahme dessen, was ein nicht gemeinschaftlicher Abkömmling erbt (Abs 1). Außerdem fällt das **Vermögen** hinein, das der **überlebende Ehegatte** aus dem Nachlass des verstorbenen Ehegatten oder sonst nach dem Eintritt der fortgesetzten Gütergemeinschaft **erwirbt** (Abs 1 aE). Nicht zum Gesamtgut gehören das Sonder- und das Vorbehaltsgut des verstorbenen Ehegatten und das Vermögen des Abkömmlings, mit dem die Gütergemeinschaft fortgesetzt wird, gleichgültig, ob er es zum Zeitpunkt des Beginns der fortgesetzten Gütergemeinschaft bereits hat oder ob er es erst später erwirbt (Abs 2).

Der Erwerb des Gesamtguts erfolgt automatisch (Abs 3, § 1416 II). Eines Rechtsge- 3 schäfts bedarf es nicht. Soweit Grundstücke zum Gesamtgut gehören, ist das Grundbuch zu berichtigen (§ 1416 III, §§ 35 II, 47 GBO).

§ 1486 Vorbehaltsgut; Sondergut

(1) Vorbehaltsgut des überlebenden Ehegatten ist, was er bisher als Vorbehaltsgut gehabt hat oder was er nach § 1418 Abs. 2 Nr. 2, 3 als Vorbehaltsgut erwirbt.
(2) Sondergut des überlebenden Ehegatten ist, was er bisher als Sondergut gehabt hat oder was er als Sondergut erwirbt.

Die Vorschrift **ergänzt** § 1485. Sie bestimmt, was in der fortgesetzten Gütergemein- 1 schaft Vorbehalts- und was Sondergut ist. Da das Vermögen der Abkömmlinge v der

Gütergemeinschaft nicht erfasst wird (arg e § 1485 II), beschränken sich die Regelungen auf die Vermögensmassen des überlebenden Ehegatten.

2 **Vorbehaltsgut** des überlebenden Ehegatten ist nur, was schon bislang Vorbehaltsgut war oder was er nach § 1418 II Nr 2 (Erwerb v Todes wegen oder durch Schenkung bei entsprechender Bestimmung des Zuwendenden) oder Nr 3 (Erwerb aufgrund eines zum Vorbehaltsgut gehörenden Rechts, als Ersatz oder aufgrund eines sich auf das Vorbehaltsgut beziehenden Rechtsgeschäfts) erwirbt (Abs 1). Neuer Erwerb nach § 1418 II Nr 1 (Vereinbarung durch Ehevertrag) ist ausgeschlossen; denn mit dem Abkömmling, mit dem die Gütergemeinschaft fortgesetzt wird, kann kein Ehevertrag geschlossen werden, weil keine Ehe besteht.

3 **Sondergut** des überlebenden Ehegatten ist alles, was er schon bislang als Sondergut hatte, oder was er als Sondergut erwirbt (Abs 2, § 1417). Insoweit bestehen keine Besonderheiten.

§ 1487 Rechtsstellung des Ehegatten und der Abkömmlinge

(1) Die Rechte und Verbindlichkeiten des überlebenden Ehegatten sowie der anteilsberechtigten Abkömmlinge in Ansehung des Gesamtguts der fortgesetzten Gütergemeinschaft bestimmen sich nach den für die eheliche Gütergemeinschaft geltenden Vorschriften der §§ 1419, 1422 bis 1428, 1434, des § 1435 Satz 1, 3 und der §§ 1436, 1445; der überlebende Ehegatte hat die rechtliche Stellung des Ehegatten, der das Gesamtgut allein verwaltet, die anteilsberechtigten Abkömmlinge haben die rechtliche Stellung des anderen Ehegatten.
(2) Was der überlebende Ehegatte zu dem Gesamtgut schuldet oder aus dem Gesamtgut zu fordern hat, ist erst nach der Beendigung der fortgesetzten Gütergemeinschaft zu leisten.

1 I. Die Vorschrift regelt die **Rechtsstellung des überlebenden Ehegatten** und der Abkömmlinge. Die Situation entspricht grds derjenigen einer Gütergemeinschaft mit Alleinverwaltungsrecht eines Ehegatten.

2 II. In der fortgesetzten Gütergemeinschaft **sind v den Vorschriften über die Alleinverwaltung** anwendbar: § 1419. Auch die fortgesetzte Gütergemeinschaft ist also eine Gesamthandsgemeinschaft. § 1422 über die Inbesitznahme am Gesamtgut und die Verwaltungsbefugnis ist ebenso anwendbar wie die in §§ 1423–1428 enthaltenen Einschränkungen der Alleinverwaltung. Wird die Gütergemeinschaft mit mehreren Abkömmlingen fortgeführt, muss jeder einer Maßnahme zustimmen, die der überlebende Ehegatte nicht allein vornehmen kann. Sind die Abkömmlinge noch minderjährig und werden sie v dem überlebenden Ehegatten vertreten, steht § 181 der Erteilung der Zustimmung durch diesen nicht entgegen (BayObLG DNotZ 52, 163). Bei ungerechtfertigter Bereicherung des Gesamtguts durch ein Rechtsgeschäft, das der überlebende Ehegatte ohne die Zustimmung der Abkömmlinge vorgenommen hat, gilt 1434. § 1435 S 1, 3 über die Unterrichtung und Auskunftserteilung ist ebenso wie die Vertretungsregelung für den unter Vormundschaft oder Betreuung stehenden Alleinverwalter (§ 1436) und die Regelung über die Ausgleichung zwischen Vorbehalts-, Sonder- und Gesamtgut (§ 1445) anzuwenden.

3 Abs 2 entspricht § 1446 I 1. Halbs. Forderungen des Gesamtguts gegen den überlebenden Ehegatten werden erst mit der Beendigung der fortgesetzten Gütergemeinschaft fällig.

§ 1488 Gesamtgutsverbindlichkeiten

Gesamtgutsverbindlichkeiten der fortgesetzten Gütergemeinschaft sind die Verbindlichkeiten des überlebenden Ehegatten sowie solche Verbindlichkeiten des verstorbenen Ehegatten, die Gesamtgutsverbindlichkeiten der ehelichen Gütergemeinschaft waren.

Während § 1485 definiert, was zum Gesamtgut der fortgesetzten Gütergemeinschaft 1
gehört, regelt § 1488, welche Verbindlichkeiten Gesamtgutsverbindlichkeiten sind. Für
diese Verbindlichkeiten haftet der überlebende Ehegatte persönlich (§ 1489). Den Innenausgleich regeln §§ 1499 f. Die Zwangsvollstreckung setzt nur einen gegen den
überlebenden Ehegatten ergangenen Vollstreckungstitel voraus (vgl § 745 I ZPO).
Gesamtgutsverbindlichkeiten der fortgesetzten Gütergemeinschaft sind neben den Verbindlichkeiten des überlebenden Ehegatten (gleichgültig, zu welchem Zeitpunkt sie begründet wurden und welche seiner Vermögensmassen sie betreffen) v den Verbindlichkeiten des verstorbenen Ehegatten diejenigen, die Gesamtgutsverbindlichkeiten waren. 2
Wer die Verbindlichkeit im Innenverhältnis zu tragen hatte, ist unerheblich. Keine Gesamtgutsverbindlichkeiten sind Sonder- oder Vorbehaltsgutsverbindlichkeiten des verstorbenen Ehegatten und Verbindlichkeiten der Abkömmlinge, mit denen die Gütergemeinschaft fortgesetzt wird.

§ 1489 Persönliche Haftung für die Gesamtgutsverbindlichkeiten

(1) Für die Gesamtgutsverbindlichkeiten der fortgesetzten Gütergemeinschaft haftet der überlebende Ehegatte persönlich.
(2) Soweit die persönliche Haftung den überlebenden Ehegatten nur infolge des Eintritts der fortgesetzten Gütergemeinschaft trifft, finden die für die Haftung des Erben für die Nachlassverbindlichkeiten geltenden Vorschriften entsprechende Anwendung; an die Stelle des Nachlasses tritt das Gesamtgut in dem Bestand, den es zur Zeit des Eintritts der fortgesetzten Gütergemeinschaft hat.
(3) Eine persönliche Haftung der anteilsberechtigten Abkömmlinge für die Verbindlichkeiten des verstorbenen oder des überlebenden Ehegatten wird durch die fortgesetzte Gütergemeinschaft nicht begründet.

I. Die Vorschrift **ergänzt § 1488**. Sie entspricht in ihrer Funktion § 1437 II, indem sie 1
festlegt, dass und wie der überlebende Ehegatte für die Gesamtgutsverbindlichkeiten persönlich haftet.
II. Der **überlebende Ehegatte haftet auch persönlich**, dh mit seinem Vorbehalts- und 2
seinem Sondergut, **für** die in § 1488 beschriebenen **Gesamtgutsverbindlichkeiten**
(Abs 1). Der überlebende Ehegatte kann aber eine Haftungsbeschränkung herbeiführen, wie sie für die Erbenhaftung vorgesehen ist (Abs 2). Die einzige Voraussetzung dafür ist, dass der überlebende Ehegatte nicht schon vor Beginn der fortgesetzten Gütergemeinschaft für diese Verbindlichkeit persönlich haftete; denn Sinn der Norm ist es nur, eine Verschlechterung seiner Lage zu verhindern, nicht aber, ihn gegenüber der Zeit der (einfachen) Gütergemeinschaft besser zu stellen. Der überlebende Ehegatte kann also Gesamtgutsinsolvenz (§ 1975, § 37 III InsO) oder Gesamtgutsverwaltung (§§ 1975, 1981–1988) beantragen. Ihm stehen die aufschiebenden Einreden nach §§ 2014 f und die Unzulänglichkeitseinreden nach §§ 1989 f zu. Die beschränkte Haftung muss in der gerichtlichen Entscheidung vorbehalten werden (§ 113 I 2 FamFG, § 305 II ZPO).
Die an der fortgesetzten Gütergemeinschaft beteiligten **Abkömmlinge haften nicht per-** 3
sönlich (Abs 3). Eine Ausnahme besteht nur, wenn eine Verpflichtung aus einem anderen Rechtsgrund (zB Schuldbeitritt, Mitverpflichtung, Bürgschaft) besteht.

§ 1490 Tod eines Abkömmlings

¹Stirbt ein anteilsberechtigter Abkömmling, so gehört sein Anteil an dem Gesamtgut nicht zu seinem Nachlass. ²Hinterlässt er Abkömmlinge, die anteilsberechtigt sein würden, wenn er den verstorbenen Ehegatten nicht überlebt hätte, so treten die Abkömmlinge an seine Stelle. ³Hinterlässt er solche Abkömmlinge nicht, so wächst sein Anteil den übrigen anteilsberechtigten Abkömmlingen und, wenn solche nicht vorhanden sind, dem überlebenden Ehegatten an.

§ 1491   Buch 4 | Familienrecht

1 Die Vorschrift regelt, welche Folgen der Tod eines an der fortgesetzten Gütergemeinschaft beteiligten Abkömmlings hat. Entsprechend dem Gedanken, dass zu Lebzeiten des überlebenden Ehegatten noch keine Auseinandersetzung stattfinden soll, ordnet sie an, dass der Anteil des Abkömmlings nicht zu seinem Nachlass gehört (S 1). Stattdessen wird die Gütergemeinschaft mit denjenigen seiner Abkömmlinge fortgesetzt, die zur Fortsetzung der Gütergemeinschaft berufen gewesen wären, wenn der Verstorbene bereits zu dem Zeitpunkt verstorben gewesen wäre, zu dem der andere Ehegatte starb (S 2). Fehlt es an einem solchen Abkömmling oder sind die vorhandenen Abkömmlinge nach §§ 1491, 1506, 1511, 1517 ausgeschlossen, wächst der Anteil des Verstorbenen den übrigen Abkömmlingen zu, mit denen die Gütergemeinschaft fortgesetzt wird (S 3 1. Halbs). Fehlt es auch an solchen, vereinigt sich der Anteil mit dem des überlebenden Ehegatten (S 3 2. Halbs). Einer rechtsgeschäftlichen Übertragung bedarf es in diesen Fällen nicht, der Übergang erfolgt automatisch.

§ 1491 Verzicht eines Abkömmlings

(1) ¹Ein anteilsberechtigter Abkömmling kann auf seinen Anteil an dem Gesamtgut verzichten. ²Der Verzicht erfolgt durch Erklärung gegenüber dem für den Nachlass des verstorbenen Ehegatten zuständigen Gericht; die Erklärung ist in öffentlich beglaubigter Form abzugeben. ³Das Nachlassgericht soll die Erklärung dem überlebenden Ehegatten und den übrigen anteilsberechtigten Abkömmlingen mitteilen.
(2) ¹Der Verzicht kann auch durch Vertrag mit dem überlebenden Ehegatten und den übrigen anteilsberechtigten Abkömmlingen erfolgen. ²Der Vertrag bedarf der notariellen Beurkundung.
(3) ¹Steht der Abkömmling unter elterlicher Sorge oder unter Vormundschaft, so ist zu dem Verzicht die Genehmigung des Familiengerichts erforderlich. ²Bei einem Verzicht durch den Betreuer des Abkömmlings ist die Genehmigung des Betreuungsgerichts erforderlich.
(4) Der Verzicht hat die gleichen Wirkungen, wie wenn der Verzichtende zur Zeit des Verzichts ohne Hinterlassung von Abkömmlingen gestorben wäre.

1 **I.** Die Vorschrift regelt den **Verzicht eines Abkömmlings** auf die Fortsetzung der Gütergemeinschaft, **die fortgesetzte Gütergemeinschaft bereits eingetreten ist**. Der Verzicht vor Beginn der fortgesetzten Gütergemeinschaft (im Regelfall also vor dem Tod eines Ehegatten) ist dagegen Gegenstand v § 1517.

2 **II.** Der Verzicht auf den Anteil am Gesamtgut ist ohne weitere materiellrechtlichen **Voraussetzungen** zulässig (Abs 1 S 1). Er muss aber uneingeschränkt den ganzen Anteil erfassen. Die Beifügung v Bedingungen oder die (aufschiebende) Befristung ist zulässig. Da es sich um ein Rechtsgeschäft handelt, kommt bei Vorliegen der Voraussetzungen auch eine Anfechtung nach §§ 119 ff in Betracht. Stellvertretung ist zulässig.

3 Der Verzicht **muss gegenüber** dem für den verstorbenen Ehegatten zuständigen **Nachlassgericht** (vgl § 343 FamFG) erklärt werden (Abs 1 S 2). Die Erklärung ist bis zum Ende der Auseinandersetzung möglich (BayObLG MDR 52, 41). Sie muss in öffentlich beglaubigter Form erfolgen (Abs 1 S 2 2. Halbs, § 129). Statt durch Erklärung gegenüber dem Nachlassgericht kann der Verzicht auch durch Vertrag mit dem überlebenden Ehegatten und den anderen an der fortgesetzten Gütergemeinschaft beteiligten Abkömmlingen erfolgen (Abs 2 S 1). Dieser Vertrag bedarf der notariellen Beurkundung (Abs 2 S 2). Ein unter Vormundschaft oder elterlicher Sorge stehender Abkömmling kann den Verzicht nur mit Genehmigung des Familiengerichts erklären (Abs 3 S 1). Entsprechendes (Genehmigung durch das Betreuungsgericht) gilt für den Verzicht durch den Betreuer des Abkömmlings (Abs 3 S 2), nicht dagegen für den Verzicht des unter Betreuung stehenden Abkömmlings selbst (vorausgesetzt, dass dieser geschäftsfähig ist).

4 Das Nachlassgericht teilt allen anderen an der fortgesetzten Gütergemeinschaft Beteiligten den Verzicht mit (Abs 1 S 3). Durch ihn werden der Abkömmling und alle seine Abkömmlinge v **der fortgesetzten Gütergemeinschaft ausgeschlossen** (Abs 4). IÜ treten

die Wirkungen des § 1490 ein; dh das Gesamtgut wächst den übrigen an der Gütergemeinschaft beteiligten Abkömmlingen bzw dem überlebenden Ehegatten zu.

Vorbemerkung zu §§ 1492–1496

§§ 1492–1496 regeln die Beendigung der fortgesetzten Gütergemeinschaft: § 1492 die Aufhebung der Gütergemeinschaft durch den überlebenden Ehegatten, § 1493 das Ende durch Wiederverheiratung des Ehegatten, § 1494 das durch dessen Tod. §§ 1495 f regeln das Ende der fortgesetzten Gütergemeinschaft durch Aufhebungsantrag des beteiligten Abkömmlings.

§ 1492 Aufhebung durch den überlebenden Ehegatten

(1) ¹Der überlebende Ehegatte kann die fortgesetzte Gütergemeinschaft jederzeit aufheben. ²Die Aufhebung erfolgt durch Erklärung gegenüber dem für den Nachlass des verstorbenen Ehegatten zuständigen Gericht; die Erklärung ist in öffentlich beglaubigter Form abzugeben. ³Das Nachlassgericht soll die Erklärung den anteilsberechtigten Abkömmlingen und, wenn der überlebende Ehegatte gesetzlicher Vertreter eines der Abkömmlinge ist, dem Familiengericht, wenn eine Betreuung besteht, dem Betreuungsgericht mitteilen.
(2) ¹Die Aufhebung kann auch durch Vertrag zwischen dem überlebenden Ehegatten und den anteilsberechtigten Abkömmlingen erfolgen. ²Der Vertrag bedarf der notariellen Beurkundung.
(3) ¹Steht der überlebende Ehegatte unter elterlicher Sorge oder unter Vormundschaft, so ist zu der Aufhebung die Genehmigung des Familiengerichts erforderlich. ²Bei einer Aufhebung durch den Betreuer des überlebenden Ehegatten ist die Genehmigung des Betreuungsgerichts erforderlich.

I. Die Vorschrift **dient dem Schutz des überlebenden Ehegatten** gegenüber den an der Gütergemeinschaft beteiligten Abkömmlingen. Er kann zwar die Fortsetzung der Gütergemeinschaft mit ihnen ablehnen (§ 1484). Oft stellen sich Schwierigkeiten aber erst im Lauf der fortgesetzten Gütergemeinschaft heraus. § 1492 räumt ihm daher das Recht ein, jederzeit die Aufhebung der fortgesetzten Gütergemeinschaft zu verlangen. Die Norm ist weitgehend parallel zu § 1491 ausgestaltet.

II. Der überlebende Ehegatte kann die fortgesetzte Gütergemeinschaft jederzeit **durch eine öffentlich beglaubigte Erklärung** (Abs 1 S 1, 2) gegenüber dem für den Nachlass des verstorbenen Ehegatten zuständigen Nachlassgericht (§ 343 FamFG) **oder durch notariell beurkundeten Vertrag** mit den an der fortgesetzten Gütergemeinschaft beteiligten Abkömmlingen (Abs 2) aufheben. Ein unter Vormundschaft oder elterlicher Sorge stehender Ehegatte kann den Verzicht nur mit Genehmigung des Familiengerichts erklären (Abs 3 S 1). Entsprechendes (Genehmigung durch das Betreuungsgericht) gilt für den Verzicht durch den Betreuer (Abs 3 S 2), nicht aber für den Verzicht des unter Betreuung stehenden Ehegatten selbst (vgl § 1491 Rn 3).

Folge der Aufhebung ist das Ende der Gütergemeinschaft und ihre Auseinandersetzung. Eine spätere Wiederherstellung kommt nicht in Betracht. Das Nachlassgericht soll die Erklärung den anteilsberechtigten Abkömmlingen und, falls der Ehegatte gesetzlicher Vertreter eines Abkömmlings ist, dem Familiengericht, wenn eine Betreuung besteht, dem Betreuungsgericht mitteilen (Abs 1 S 3). Es handelt sich um eine Ordnungsvorschrift; ein Verstoß hat keine Konsequenzen.

§ 1493 Wiederverheiratung oder Begründung einer Lebenspartnerschaft des überlebenden Ehegatten

(1) Die fortgesetzte Gütergemeinschaft endet, wenn der überlebende Ehegatte wieder heiratet oder eine Lebenspartnerschaft begründet.

(2) ¹Der überlebende Ehegatte hat, wenn ein anteilsberechtigter Abkömmling minderjährig ist, die Absicht der Wiederverheiratung dem Familiengericht anzuzeigen, ein Verzeichnis des Gesamtguts einzureichen, die Gütergemeinschaft aufzuheben und die Auseinandersetzung herbeizuführen. ²Das Familiengericht kann gestatten, dass die Aufhebung der Gütergemeinschaft bis zur Eheschließung unterbleibt und dass die Auseinandersetzung erst später erfolgt. ³Die Sätze 1 und 2 gelten auch, wenn die Sorge für das Vermögen eines anteilsberechtigten Abkömmlings zum Aufgabenkreis eines Betreuers gehört; in diesem Fall tritt an die Stelle des Familiengerichts das Betreuungsgericht.
(3) Das Standesamt, bei dem die Eheschließung angemeldet worden ist, teilt dem Familiengericht die Anmeldung mit.

1 I. Die Vorschrift regelt die Beendigung der fortgesetzten Gütergemeinschaft durch die **Wiederverheiratung oder Verpartnerung des überlebenden Ehegatten.** Dem neuen Ehegatten bzw Lebenspartner wäre es nicht zuzumuten, dass sein Partner in einer güterrechtlichen Gemeinschaft mit Dritten lebt.
2 II. Die fortgesetzte **Gütergemeinschaft endet automatisch,** wenn der überlebende Ehegatte wieder heiratet oder eine Lebenspartnerschaft begründet (Abs 1). Eine Wiederherstellung ist auch nach dem Ende dieser Ehe bzw Lebenspartnerschaft ausgeschlossen.
3 Im Interesse der Abkömmlinge ordnet Abs 2 an, dass der überlebende Ehegatte seine **Absicht, wieder zu heiraten, dem Familiengericht bzw dem Betreuungsgericht mitteilen muss,** wenn sie minderjährig sind oder unter Betreuung für ihre Vermögensangelegenheiten stehen. Außerdem muss der Ehegatte in diesen Fällen ein Verzeichnis des Gesamtguts einreichen und die Gütergemeinschaft nach § 1492 aufheben und dadurch die Auseinandersetzung herbeiführen. Das Familien- bzw. Betreuungsgericht kann aber gestatten, dass die Aufhebung der Gütergemeinschaft bis zur Eheschließung unterbleibt und die Auseinandersetzung erst später erfolgt (Abs 2 S 2).
4 Das Standesamt, bei dem die Eheschließung angemeldet worden ist, teilt dem Familiengericht die Anmeldung mit (Abs 3).

§ 1494 Tod des überlebenden Ehegatten

(1) Die fortgesetzte Gütergemeinschaft endet mit dem Tode des überlebenden Ehegatten.
(2) Wird der überlebende Ehegatte für tot erklärt oder wird seine Todeszeit nach den Vorschriften des Verschollenheitsgesetzes festgestellt, so endet die fortgesetzte Gütergemeinschaft mit dem Zeitpunkt, der als Zeitpunkt des Todes gilt.

1 Die Vorschrift regelt das Ende der fortgesetzten Gütergemeinschaft für den Fall des **Todes** (Abs 1) und der **Todeserklärung** bzw der **Feststellung des Todeszeitpunkts** (Abs 2). Mit dem Tod oder dem Zeitpunkt der Todeserklärung oder dem Zeitpunkt, der in dem Beschluss über die Feststellung des Todeszeitpunkts angegeben ist, endet die fortgesetzte Gütergemeinschaft automatisch. Der Anteil des Ehegatten am Gesamtgut fällt ebenso in seinen Nachlass, wie sein Vorbehalts- und Sondergut. Der Erbe des Ehegatten muss sich nun mit den an der fortgesetzten Gütergemeinschaft beteiligten Abkömmlingen auseinander setzen. Wird eine Todeserklärung später wieder aufgehoben, entfallen ihre Wirkungen rückwirkend.

§ 1495 Aufhebungsklage eines Abkömmlings

Ein anteilsberechtigter Abkömmling kann gegen den überlebenden Ehegatten auf Aufhebung der fortgesetzten Gütergemeinschaft klagen,
1. wenn seine Rechte für die Zukunft dadurch erheblich gefährdet werden können, dass der überlebende Ehegatte zur Verwaltung des Gesamtguts unfähig ist oder sein Recht, das Gesamtgut zu verwalten, missbraucht,

2. wenn der überlebende Ehegatte seine Verpflichtung, dem Abkömmling Unterhalt zu gewähren, verletzt hat und für die Zukunft eine erhebliche Gefährdung des Unterhalts zu besorgen ist,
3. wenn die Verwaltung des Gesamtguts in den Aufgabenkreis des Betreuers des überlebenden Ehegatten fällt,
4. wenn der überlebende Ehegatte die elterliche Sorge für den Abkömmling verwirkt hat oder, falls sie ihm zugestanden hätte, verwirkt haben würde.

I. Während der überlebende Ehegatte jederzeit die Aufhebung der fortgesetzten Gütergemeinschaft erreichen kann (§ 1492), verlangt das Gesetz auf Seiten des an der fortgesetzten Gütergemeinschaft beteiligten Abkömmlings einen **Aufhebungsantrag** und bindet diesen an bestimmte Voraussetzungen; denn die Abkömmlinge, die für die Verbindlichkeiten des Gesamtguts nicht haften (vgl § 1489 III), sind weniger durch die Fortführung der Gütergemeinschaft betroffen als der überlebende Ehegatte. Dass das Gesetz noch v der Erhebung einer Klage spricht, ist ein Redaktionsversehen. Klagen gibt es nach der Terminologie des FamFG im Bereich des Familienverfahrensrechts nicht mehr (vgl § 113 V FamFG). 1

II. **Der Aufhebungsantrag kann** zunächst **gestellt werden**, wenn die Rechte des Abkömmlings dadurch erheblich gefährdet sind, dass der überlebende Ehegatte zur Verwaltung des Gesamtgutes unfähig ist oder sein Recht, das Gesamtgut zu verwalten, missbraucht (Nr 1). Außerdem kann der Antrag gestellt werden, wenn der überlebende Ehegatte seine Unterhaltspflicht gegenüber dem Abkömmling verletzt hat und für die Zukunft eine erhebliche Gefährdung des Unterhalts zu besorgen ist (Nr 2) oder wenn die Verwaltung des Gesamtguts in den Aufgabenkreis des Betreuers des überlebenden Ehegatten fällt (Nr 3). Der Antragsgrund nach Nr 4 (Verwirkung des Sorgerechts) hat heute keine Bedeutung mehr, da die entsprechende Möglichkeit im Sorgerecht beseitigt wurde (§ 1676 aF). Ein Ruhen der Sorge oder die Sorgerechtsentziehung nach § 1666 reicht nicht. Die Voraussetzungen müssen jeweils in der Person dessen vorliegen, der den Antrag stellt. Etwas anderes gilt nur im Fall v Nr 3; denn niemandem soll zugemutet werden, mit dem Betreuer einer anderen Person in einer so engen Gemeinschaft wie der fortgesetzten Gütergemeinschaft zusammenwirken zu müssen. 2

Zu den **Folgen** des Aufhebungsantrags vgl § 1496. Verfahrensmäßig ist zu beachten, dass eine vorschnelle Aufhebungsklage zur Kostenfolge nach § 113 I 2 FamFG, § 93 ZPO führen kann. Der überlebende Ehegatte sollte deswegen immer erst zur freiwilligen Aufhebung durch Vertrag (vgl § 1492 II) aufgefordert werden. 3

§ 1496 Wirkung des der richterlichen Aufhebungsentscheidung

¹Die Aufhebung der fortgesetzten Gütergemeinschaft tritt in den Fällen des § 1495 mit der Rechtskraft der richterlichen Entscheidung ein. ²Sie tritt für alle Abkömmlinge ein, auch wenn die richterliche Entscheidung auf die Klage eines der Abkömmlinge ergangen ist.

Die Wirkung der auf den Antrag nach § 1495 ergehenden richterlichen Aufhebungsentscheidung entspricht derjenigen der Aufhebungsentscheidung bei der einfachen Gütergemeinschaft. Das zu §§ 1449, 1470 Gesagte gilt entsprechend. Dass das Gesetz noch v der Erhebung einer auf Auskunft spricht, ist ein Redaktionsversehen. Klagen gibt es nach der Terminologie des FamFG im Bereich des Familienverfahrensrechts nicht mehr (vgl § 113 V FamFG). 1

Vorbemerkung zu §§ 1497–1505

§§ 1497–1505 enthalten Regelungen für die Auseinandersetzung der fortgesetzten Gütergemeinschaft. Sie entsprechen weitgehend §§ 1471 ff. Die Auseinandersetzung ist nur nicht erforderlich, wenn die fortgesetzte Gütergemeinschaft dadurch beendet wird, dass sich alle Anteile am Gesamtgut in einer Person vereinigen. Das ist der Fall, wenn 1 die Gemeinschaft nur mit einem Abkömmling fortgeführt wurde und sie nun durch Verzicht des Abkömmlings (§ 1491), seinen Tod ohne Hinterlassung v Abkömmlingen (§ 1490 S 3) oder den Tod des Ehegatten ohne Hinterlassung anderer Erben als des an der Gütergemeinschaft beteiligten Abkömmlings beendet wird.

§ 1497 Rechtsverhältnis bis zur Auseinandersetzung

(1) Nach der Beendigung der fortgesetzten Gütergemeinschaft setzen sich der überlebende Ehegatte und die Abkömmlinge über das Gesamtgut auseinander.
(2) Bis zur Auseinandersetzung bestimmt sich ihr Rechtsverhältnis am Gesamtgut nach den §§ 1419, 1472, 1473.

1 Die **Vorschrift entspricht** § 1471. Sie bestimmt zunächst, dass mit dem Ende der fortgesetzten Gütergemeinschaft eine Auseinandersetzung stattfinden muss (Abs 1). Bis zu deren Ende wird die Gemeinschaft fortgeführt (Abs 2). Für die Zeit bis zur Auseinandersetzung gelten §§ 1419, 1472, 1473 entsprechend. Das bedeutet:

2 Weder über den **Anteil an der Gemeinschaft** noch einen solchen **an einzelnen Gegenständen** kann verfügt werden (Abs 2, § 1419 I). Die Aufrechnung ist auf solche Forderungen beschränkt, für die aus dem Gesamtgut Befriedigung verlangt werden kann (Abs 2, § 1419 II).

3 Eine persönliche Haftung der beteiligten Abkömmlinge besteht auch weiterhin nicht. Das Gesamtgut wird nunmehr v überlebenden Ehegatten und den an der fortgesetzten Gütergemeinschaft beteiligten Abkömmlingen **gemeinschaftlich verwaltet** (Abs 2, § 1472 I). Alle sind verpflichtet, an den ordnungsmäßigen Verwaltungsmaßnahmen mitzuwirken (Abs 2, § 1472 III). Eine Ersetzung der Zustimmung kommt nicht mehr in Betracht; erforderlich ist ein auf Erteilung der Zustimmung gerichteter Antrag beim Familiengericht gegen den sich Verweigernden. Notverwaltungsmaßnahmen kann jeder an der fortgesetzten Gütergemeinschaft Beteiligte selbständig vornehmen. Bis zur Kenntniserlangung v Ende der fortgesetzten Gütergemeinschaft kann der überlebende Ehegatte so weiterhandeln wie bisher (Abs 2, § 1472 II). Die Regelung über die Fortführung der Geschäfte bis zu ihrer Aufnahme durch die Erben im Fall der Beendigung der Gütergemeinschaft durch Tod (§ 1472 IV) ist allerdings bedeutungslos, weil das beim Tod eines allein verwaltenden Ehegatten nicht gilt (§ 1472 IV 2), die fortgesetzte Gütergemeinschaft aber durch den Tod eines beteiligten Abkömmlings nicht beendet wird (vgl § 1490). Der Fall kann daher in der fortgesetzten Gütergemeinschaft nicht mehr eintreten.

4 **Zum Gesamtgut gehört** auch noch, was aufgrund eines zum Gesamtgut gehörenden Rechts oder als Ersatz für die Zerstörung, Beschädigung oder Entziehung eines zum Gesamtgut gehörenden Gegenstandes oder durch ein Rechtsgeschäft erworben wird, das sich auf das Gesamtgut bezieht (§ 1473 I, zum Schutz gutgläubiger Dritter vgl § 1473 II).

§ 1498 Durchführung der Auseinandersetzung

¹Auf die Auseinandersetzung sind die Vorschriften der §§ 1475, 1476, des § 1477 Abs. 1, der §§ 1479, 1480 und des § 1481 Abs. 1, 3 anzuwenden; an die Stelle des Ehegatten, der das Gesamtgut allein verwaltet hat, tritt der überlebende Ehegatte, an die Stelle des anderen Ehegatten treten die anteilsberechtigten Abkömmlinge. ²Die in § 1476 Abs. 2 Satz 2 bezeichnete Verpflichtung besteht nur für den überlebenden Ehegatten.

1 Die **Norm entspricht** § 1474 und ordnet die Geltung der §§ 1475–1481 grds auch für die Auseinandersetzung der fortgesetzten Gütergemeinschaft an. Ausgenommen sind lediglich § 1477 II (Übernahmerecht bezüglich persönlicher Gegenstände), der durch §§ 1502, 1515 ersetzt wird, § 1478 (Sonderregelung bei Scheidung), der bei der fortgesetzten Gütergemeinschaft keinen sachlichen Anwendungsbereich hat und § 1481 II,

der nicht anwendbar ist, weil während der fortgesetzten Gütergemeinschaft der überlebende Ehegatte das Gesamtgut allein verwaltet (§ 1487 I). Die Verweisung auf § 1476 II 2 beschränkt sich auf den überlebenden Ehegatten (S 2). Das beruht darauf, dass die an der fortgesetzten Gütergemeinschaft beteiligten Abkömmlinge nie persönlich verpflichtet werden (§ 1489 III).

Die Verweisung bedeutet, dass zunächst die Verbindlichkeiten des Gesamtguts getilgt werden. Der Überschuss wird danach gleichmäßig auf den überlebenden Ehegatten einerseits und die an der Gütergemeinschaft beteiligten Abkömmlinge andererseits zu jeweils ein halb aufgeteilt. Eine abweichende Verteilung ist möglich, wenn der überlebende Ehegatte für Verbindlichkeiten im Innenverhältnis allein haftet (§ 1499), die Abkömmlinge für Verbindlichkeiten des verstorbenen Ehegatten haften (§ 1500) oder sich Abfindungen anrechnen lassen müssen (§ 1501). Als letzter Schritt der Auseinandersetzung erfolgt die Verteilung des auf sie entfallenen Teils unter den Abkömmlingen nach §§ 1503 ff. 2

§ 1499 Verbindlichkeiten zulasten des überlebenden Ehegatten

Bei der Auseinandersetzung fallen dem überlebenden Ehegatten zur Last:
1. die ihm bei dem Eintritt der fortgesetzten Gütergemeinschaft obliegenden Gesamtgutsverbindlichkeiten, für die das eheliche Gesamtgut nicht haftete oder die im Verhältnis der Ehegatten zueinander ihm zur Last fielen;
2. die nach dem Eintritt der fortgesetzten Gütergemeinschaft entstandenen Gesamtgutsverbindlichkeiten, die, wenn sie während der ehelichen Gütergemeinschaft in seiner Person entstanden wären, im Verhältnis der Ehegatten zueinander ihm zur Last gefallen sein würden;
3. eine Ausstattung, die er einem anteilsberechtigten Abkömmling über das dem Gesamtgut entsprechende Maß hinaus oder die er einem nicht anteilsberechtigten Abkömmling versprochen oder gewährt hat.

I. Die Regelung enthält **Ausnahmen** v dem Grundsatz, dass die **Gesamtgutsverbindlichkeiten** der fortgesetzten Gütergemeinschaft bei der Auseinandersetzung **allein das Gesamtgut belasten,** indem sie anordnet, dass der überlebende Ehegatte bestimmte Verbindlichkeiten allein tragen muss. Für Abkömmlinge findet sich eine entsprechende Bestimmung in § 1500. 1

II. **Dem überlebenden Ehegatten fallen bei der Auseinandersetzung** zunächst **allein zur Last** die ihm beim Eintritt der fortgesetzten Gütergemeinschaft obliegenden Alt-Gesamtgutsverbindlichkeiten, für die das eheliche Gesamtgut nicht haftete oder die im Verhältnis zum verstorbenen Ehegatten ihm zur Last fielen (Nr 1). Gesamtgutsverbindlichkeiten, für die das Gesamtgut nicht haftete, sind nur Verbindlichkeiten eines nicht verwaltenden Ehegatten (bei Alleinverwaltung durch den anderen, §§ 1438–1440) oder bei gemeinschaftlicher Verwaltung die in §§ 1460–1462 genannten Verbindlichkeiten. Welche Verbindlichkeiten intern einem Ehegatten zur Last fallen, richtet sich nach §§ 1441–1444 (Alleinverwaltung) oder §§ 1463–1466 (gemeinschaftliche Verwaltung). Außerdem haftet der überlebende Ehegatte allein für die nach Eintritt der fortgesetzten Gütergemeinschaft entstandenen Gesamtgutsverbindlichkeiten, die, wenn sie während der ehelichen Gütergemeinschaft in seiner Person entstanden wären, im Verhältnis der Ehegatten zueinander ihm zur Last gefallen sein würden (Nr 2). Welche das sind, ergibt sich aus §§ 1441–1443 (Alleinverwaltung) oder §§ 1463–1465 (gemeinschaftliche Verwaltung); denn für die in §§ 1444; 1466 enthaltenen Fälle enthält Nr 3 eine inhaltsgleiche Spezialregelung für Ausstattungsversprechen oder -gewährungen an anteilsberechtigte Abkömmlinge über das dem Gesamtgut entsprechende Maß hinaus oder allg an nicht anteilsberechtigte Abkömmlinge. 2

In diesen Fällen kann der überlebende Ehegatte **nicht verlangen, dass die Verbindlichkeiten aus dem Gesamtgut befriedigt werden.** Falls sie seinen Anteil übersteigen, muss er Ersatz zum Gesamtgut leisten (§§ 1498, 1487, 1467 I, 1445 I). 3

§ 1500 Verbindlichkeiten zulasten der Abkömmlinge

(1) Die anteilsberechtigten Abkömmlinge müssen sich Verbindlichkeiten des verstorbenen Ehegatten, die diesem im Verhältnis der Ehegatten zueinander zur Last fielen, bei der Auseinandersetzung auf ihren Anteil insoweit anrechnen lassen, als der überlebende Ehegatte nicht von dem Erben des verstorbenen Ehegatten Deckung hat erlangen können.
(2) In gleicher Weise haben sich die anteilsberechtigten Abkömmlinge anrechnen zu lassen, was der verstorbene Ehegatte zu dem Gesamtgut zu ersetzen hatte.

1 I. Die Vorschrift enthält eine weitere Ausnahme zu dem Grundsatz, dass die Gesamtgutsverbindlichkeiten der fortgesetzten Gütergemeinschaft bei der Auseinandersetzung allein das Gesamtgut belasten, indem sie eine **Anrechnung bestimmter Verbindlichkeiten des verstorbenen Ehegatten auf den Anteil der Abkömmlinge** anordnet, mit denen die Gütergemeinschaft fortgesetzt wurde. Sie bildet damit das Gegenstück zu § 1499.

2 II. Die Abkömmlinge sind Nachfolger des verstorbenen Ehegatten in der Gütergemeinschaft. Sie **müssen sich daher die Verbindlichkeiten des verstorbenen Ehegatten anrechnen lassen**, die diesem im Verhältnis zum überlebenden Ehegatten zur Last fielen (vgl §§ 1441–1443, 1463–1465), soweit der überlebende Ehegatte nicht Deckung dafür bei dem Erben des verstorbenen Ehegatten hatte erlangen können oder wenn er den verstorbenen Ehegatten selbst beerbt hat (Abs 1). Entsprechendes gilt für das, was der verstorbene Ehegatte zum Gesamtgut ersetzen musste (Abs 2, §§ 1445 f, 1467 f).

§ 1501 Anrechnung von Abfindungen

(1) Ist einem anteilsberechtigten Abkömmling für den Verzicht auf seinen Anteil eine Abfindung aus dem Gesamtgut gewährt worden, so wird sie bei der Auseinandersetzung in das Gesamtgut eingerechnet und auf die den Abkömmlingen gebührende Hälfte angerechnet.
(2) ¹Der überlebende Ehegatte kann mit den übrigen anteilsberechtigten Abkömmlingen schon vor der Aufhebung der fortgesetzten Gütergemeinschaft eine abweichende Vereinbarung treffen. ²Die Vereinbarung bedarf der notariellen Beurkundung; sie ist auch denjenigen Abkömmlingen gegenüber wirksam, welche erst später in die fortgesetzte Gütergemeinschaft eintreten.

1 Die Vorschrift regelt das **Schicksal einer Abfindung**, die für den Verzicht eines Abkömmlings auf die Beteiligung an der fortgesetzten Gütergemeinschaft gezahlt worden ist. Da grds zunächst die anderen Abkömmlinge v dem Verzicht profitieren (vgl § 1491 IV), wird die Abfindung bei der Auseinandersetzung in das Gesamtgut eingerechnet und dann auf den auf die Abkömmlinge entfallenden Anteil angerechnet (Abs 1). Der Ausgleich unter den Abkömmlingen richtet sich nach § 1503.

2 Die Abfindungsregelung ist **abdingbar**. Das ist formlos möglich, wenn die fortgesetzte Gütergemeinschaft bereits aufgehoben ist; vorher bedarf sie der notariellen Beurkundung (Abs 2 S 2). Sie ist dann auch den Abkömmlingen gegenüber wirksam, die zum Zeitpunkt ihres Abschlusses noch nicht an der fortgesetzten Gütergemeinschaft beteiligt waren (Fall des § 1490). Soweit der überlebende Ehegatte gesetzlicher Vertreter der Abkömmlinge ist, kann er den Vertrag nicht für diese abschließen (§ 1629 II, 1795). Es muss ein Ergänzungspfleger (§ 1909) bestellt werden. Betrifft die Vereinbarung zugleich die Auseinandersetzung der Abkömmlinge untereinander, bedarf sie außerdem der Genehmigung des Familiengerichts, weil sie eine erbrechtliche Frage betrifft (§§ 1643 I, 1822 Nr 1).

§ 1502 Übernahmerecht des überlebenden Ehegatten

(1) ¹Der überlebende Ehegatte ist berechtigt, das Gesamtgut oder einzelne dazu gehörende Gegenstände gegen Ersatz des Wertes zu übernehmen. ²Das Recht geht nicht auf den Erben über.

(2) ¹Wird die fortgesetzte Gütergemeinschaft auf Grund des § 1495 durch Urteil aufgehoben, so steht dem überlebenden Ehegatten das im Absatz 1 bestimmte Recht nicht zu. ²Die anteilsberechtigten Abkömmlinge können in diesem Falle diejenigen Gegenstände gegen Ersatz des Wertes übernehmen, welche der verstorbene Ehegatte nach § 1477 Abs. 2 zu übernehmen berechtigt sein würde. ³Das Recht kann von ihnen nur gemeinschaftlich ausgeübt werden.

Die Vorschrift bildet die Entsprechung zu § 1477 II, geht aber weiter als dieser, indem 1
sie den überlebenden Ehegatten ermächtigt, nicht nur bestimmte Gegenstände, sondern das gesamte Gesamtgut oder Teile davon gegen Ersatz des Wertes (zum Zeitpunkt der Übernahme) zu übernehmen (Abs 1 S 1). Das Übernahmerecht ist höchstpersönlich und geht nicht auf den Erben des überlebenden Ehegatten über (Abs 1 S 2), kann also nicht ausgeübt werden, wenn die fortgesetzte Gütergemeinschaft durch den Tod des überlebenden Ehegatten beendet wird (§ 1494). Auch wenn die fortgesetzte Gütergemeinschaft durch richterliche Entscheidung aufgehoben wird (§ 1495), besteht kein Übernahmerecht (Abs 2 S 1). In diesem Fall besteht umgekehrt vielmehr ein Übernahmerecht der an der fortgesetzten Gütergemeinschaft beteiligten Abkömmlinge in Bezug auf alle Gegenstände, die der verstorbene Ehegatte nach § 1477 II hätte übernehmen können (Abs 2 S 2). Dieses Übernahmerecht kann nur einheitlich ausgeübt werden (Abs 2 S 3), dh der Übernahme müssen alle Abkömmlinge zustimmen. Es ist anders als das nach Abs 1 vererblich. Zum Übernahmerecht aufgrund eines durch letztwillige Verfügung eingeräumten Übernahmerechts s § 1515.

§ 1503 Teilung unter den Abkömmlingen

(1) Mehrere anteilsberechtigte Abkömmlinge teilen die ihnen zufallende Hälfte des Gesamtguts nach dem Verhältnis der Anteile, zu denen sie im Falle der gesetzlichen Erbfolge als Erben des verstorbenen Ehegatten berufen sein würden, wenn dieser erst zur Zeit der Beendigung der fortgesetzten Gütergemeinschaft gestorben wäre.
(2) Das Vorempfangene kommt nach den für die Ausgleichung unter Abkömmlingen geltenden Vorschriften zur Ausgleichung, soweit nicht eine solche bereits bei der Teilung des Nachlasses des verstorbenen Ehegatten erfolgt ist.
(3) Ist einem Abkömmling, der auf seinen Anteil verzichtet hat, eine Abfindung aus dem Gesamtgut gewährt worden, so fällt sie den Abkömmlingen zur Last, denen der Verzicht zustatten kommt.

I. Die Vorschrift regelt den **Ausgleich unter den Abkömmlingen** nach der Teilung des 1
Überschusses des Gesamtguts zwischen dem überlebenden Ehegatten einerseits und den Abkömmlingen andererseits (§§ 1498 I, 1476 I).
II. Grds richtet sich die **Aufteilung nach dem Verhältnis der Anteile**, die sie als gesetzli- 2
che Erben an dem Nachlass des verstorbenen Ehegatten gehabt hätten, wenn dieser erst zum Zeitpunkt der Beendigung der fortgesetzten Gütergemeinschaft gestorben wäre (Abs 1). Diese Regel ist abänderbar, soweit §§ 1512–1516 das gestatten.
Die Abkömmlinge müssen **Vorempfänge ausgleichen**, die sie aus dem Gesamtgut erhal- 3
ten haben (Abs 2). Die Ausgleichung richtet sich nach den für die Erbauseinandersetzung geltenden Vorschriften (§§ 2050 f, 2053–2057, § 2052 passt aus sachlichen Gründen nicht). Eine abweichende Regelung seitens der Ehegatten kommt nicht in Betracht (§ 1518).
Im Innenverhältnis der Abkömmlinge (zum Verhältnis zum überlebenden Ehegatten s 4
§ 1501) ist eine **Abfindung**, die beim Verzicht aus dem Gesamtgut gezahlt wurde, v dem zu tragen, dem das Ausscheiden des Verzichtenden zugute gekommen ist (Abs 3, § 1491).

§ 1504 Haftungsausgleich unter Abkömmlingen

¹Soweit die anteilsberechtigten Abkömmlinge nach § 1480 den Gesamtgutsgläubigern haften, sind sie im Verhältnis zueinander nach der Größe ihres Anteils an dem Gesamtgut verpflichtet. ²Die Verpflichtung beschränkt sich auf die ihnen zugeteilten Gegenstände; die für die Haftung des Erben geltenden Vorschriften der §§ 1990, 1991 finden entsprechende Anwendung.

1 Die Vorschrift regelt den Haftungsausgleich unter den an der fortgesetzten Gütergemeinschaft beteiligten Abkömmlingen. Sie setzt dabei eine Haftung im Außenverhältnis nach § 1480 voraus, also die Teilung des Gesamtguts vor der vollständigen Berichtigung der Gesamtgutsverbindlichkeiten. Intern ist die Haftung auf einen Anteil beschränkt, der sich aus der Größe ihres Anteils am Gesamtgut ergibt. Bei Inanspruchnahme im Außenverhältnis über diesen Betrag hinaus können sie Ersatz v den anderen Abkömmlingen verlangen. IÜ gilt das zur Haftungsbeschränkung bei § 1480 Gesagte (Rn 3) entsprechend; denn S 2 entspricht § 1480, 2.

§ 1505 Ergänzung des Anteils des Abkömmlings

Die Vorschriften über das Recht auf Ergänzung des Pflichtteils finden zugunsten eines anteilsberechtigten Abkömmlings entsprechende Anwendung; an die Stelle des Erbfalls tritt die Beendigung der fortgesetzten Gütergemeinschaft; als gesetzlicher Erbteil gilt der dem Abkömmling zur Zeit der Beendigung gebührende Anteil an dem Gesamtgut, als Pflichtteil gilt die Hälfte des Wertes dieses Anteils.

1 Die Norm dient dem **Schutz des Abkömmlings vor Schmälerung seines Anteils durch Schenkungen**. Sie ordnet deswegen die entsprechende Anwendung der Vorschriften über die Pflichtteilsergänzung (§§ 2325–2332) an. Zeitlich tritt an die Stelle des Erbfalls der Zeitpunkt des Endes der fortgesetzten Gütergemeinschaft. Statt des gesetzlichen Erbteils wird der dem Abkömmling zustehende Anteil am Gesamtgut zugrunde gelegt, statt des Pflichtteils die Hälfte v dessen Wert.

2 Der Anwendungsbereich v § 1505 ist **auf wirksame Schenkungen begrenzt**; denn alle anderen können ohnehin v Beschenkten zurückgefordert werden. Das bedeutet, dass die Vorschrift nur für solche gilt, die v alleinverwaltenden Ehegatten mit Zustimmung des anderen Ehegatten oder bei gemeinschaftlicher Verwaltung v beiden Ehegatten oder während der fortgesetzten Gütergemeinschaft v dem überlebenden Ehegatten vorgenommen wurden.

§ 1506 Anteilsunwürdigkeit

¹Ist ein gemeinschaftlicher Abkömmling erbunwürdig, so ist er auch des Anteils an dem Gesamtgut unwürdig. ²Die Vorschriften über die Erbunwürdigkeit finden entsprechende Anwendung.

1 Die Vorschrift enthält einen wichtigen Ausschlussgrund für die Beteiligung an der fortgesetzten Gütergemeinschaft. Wer erbunwürdig ist (§§ 2339–2345), ist automatisch auch anteilsunwürdig. § 1506 bezieht sich seiner systematischen Stellung nach nur auf das Verhältnis zum verstorbenen Ehegatten. Es wäre aber unbillig, einen Ehegatten, dem gegenüber ein Abkömmling erbunwürdig ist, in eine fortgesetzte Gütergemeinschaft mit diesem zu zwingen. Die Regelung ist daher entsprechend anzuwenden, wenn der Abkömmling im Verhältnis zum überlebenden Ehegatten erbunwürdig ist. Folge des Ausschlusses ist eine Begünstigung der übrigen Abkömmlinge (arg e § 2344). Nur wenn außer dem erbunwürdigen kein weiterer Abkömmling vorhanden ist, tritt die fortgesetzte Gütergemeinschaft nicht ein.

§ 1507 Zeugnis über Fortsetzung der Gütergemeinschaft

¹Das Nachlassgericht hat dem überlebenden Ehegatten auf Antrag ein Zeugnis über die Fortsetzung der Gütergemeinschaft zu erteilen. ²Die Vorschriften über den Erbschein finden entsprechende Anwendung.

I. Die Norm ermöglicht die Erteilung einer **Bescheinigung über den Eintritt der fortge-** 1 **setzten Gütergemeinschaft** und stellt den Verwalter der fortgesetzten Gütergemeinschaft insofern dem Erben gleich, als für diese Bescheinigung die Wirkungen eines Erbscheins angeordnet werden.

II. Die Bescheinigung über den Eintritt der fortgesetzten Gütergemeinschaft wird nur 2 **auf Antrag** erteilt. Antragsbefugt ist während der Dauer der fortgesetzten Gütergemeinschaft nur der überlebende Ehegatte (S 1), nach deren Ende auch jeder Abkömmling (arg e §§ 1498, 1472 I). Zuständig für die Erteilung des Zeugnisses ist der Rechtspfleger (§ 3 Nr 2 c RPflG) des Nachlassgerichts (S 1, § 343 FamFG).

Das **Zeugnis enthält** genaue Angaben zu den Personen der beiden Ehegatten (ein- 3 schließlich des Todestags des Verstorbenen) und bescheinigt, dass nach dem Tod des einen der andere eine schon bestehende Gütergemeinschaft mit den Abkömmlingen fortsetzt. Die genaue Benennung der Abkömmlinge ist nicht erforderlich, weil diese im Außenverhältnis nicht persönlich haften (§ 1489 III); sie ist aber zulässig. Soweit nicht gemeinschaftliche Abkömmlinge des Verstorbenen vorhanden sind, muss das im Zeugnis genannt werden. Wenn die fortgesetzte Gütergemeinschaft bereits beendet ist, ist das in die Bescheinigung aufzunehmen. Bei Veränderungen gegenüber dem Zeitpunkt der Erstausstellung (zB Wegfall v Abkömmlingen) kann Berichtigung des Zeugnisses verlangt werden.

Das **Zeugnis beweist** nur den Eintritt der fortgesetzten Gütergemeinschaft. Über den 4 weiteren Fortbestand gibt es keine Auskunft. Dritte können sich daher nicht darauf verlassen, dass sich gegenüber dem in ihm ausgewiesenen Zustand keine Änderungen ergeben haben.

§ 1508 (weggefallen)

§ 1509 Ausschließung der fortgesetzten Gütergemeinschaft durch letztwillige Verfügung

¹Jeder Ehegatte kann für den Fall, dass die Ehe durch seinen Tod aufgelöst wird, die Fortsetzung der Gütergemeinschaft durch letztwillige Verfügung ausschließen, wenn er berechtigt ist, dem anderen Ehegatten den Pflichtteil zu entziehen oder auf Aufhebung der Gütergemeinschaft zu klagen. ²Das Gleiche gilt, wenn der Ehegatte berechtigt ist, die Aufhebung der Ehe zu beantragen, und den Antrag gestellt hat. ³Auf die Ausschließung finden die Vorschriften über die Entziehung des Pflichtteils entsprechende Anwendung.

§ 1510 Wirkung der Ausschließung

Wird die Fortsetzung der Gütergemeinschaft ausgeschlossen, so gilt das Gleiche wie im Falle des § 1482.

I. § 1509 regelt, in welchen Fällen die **Fortsetzung der Gütergemeinschaft ausgeschlos-** 1 **sen werden kann** und wie die Ausschließung erfolgt, § 1510, welche Wirkungen eine Ausschließung hat. Die Vorschriften beziehen sich auf den Ausschluss der fortgesetzten Gütergemeinschaft insgesamt; den Ausschluss einzelner Abkömmlinge regelt § 1511.

II. Für den Fall der Beendigung der Gütergemeinschaft durch Tod **kann** die Fortset- 2 zung der Gütergemeinschaft durch den überlebenden Ehegatten **ausgeschlossen werden, wenn** der (dann verstorbene) Ehegatte berechtigt ist, dem anderen den Pflichtteil zu entziehen (§§ 1335–2337), die Aufhebung der Gütergemeinschaft zu beantragen (§ 1509, 1, §§ 1447 f, 1469) oder die Aufhebung der Ehe zu verlangen (§§ 1313 ff).

Außerdem ist der Ausschluss möglich, wenn der andere Ehegatte Antrag auf Aufhebung der Gütergemeinschaft erhoben hat und dafür ein Grund besteht (§ 1509, 2).

3 Die Ausschließung erfolgt **durch Verfügung v Todes wegen**, also idR durch Testament, ggf durch Erbvertrag.

4 Die **Wirkung** der Ausschließung richtet sich nach § 1482, dh der Anteil des verstorbenen Ehegatten am Gesamtgut gehört zum Nachlass, und der verstorbene Ehegatte wird nach den allg Vorschriften beerbt.

§ 1511 Ausschließung eines Abkömmlings

(1) Jeder Ehegatte kann für den Fall, dass die Ehe durch seinen Tod aufgelöst wird, einen gemeinschaftlichen Abkömmling von der fortgesetzten Gütergemeinschaft durch letztwillige Verfügung ausschließen.

(2) ¹Der ausgeschlossene Abkömmling kann, unbeschadet seines Erbrechts, aus dem Gesamtgut der fortgesetzten Gütergemeinschaft die Zahlung des Betrags verlangen, der ihm von dem Gesamtgut der ehelichen Gütergemeinschaft als Pflichtteil gebühren würde, wenn die fortgesetzte Gütergemeinschaft nicht eingetreten wäre. ²Die für den Pflichtteilsanspruch geltenden Vorschriften finden entsprechende Anwendung.

(3) ¹Der dem ausgeschlossenen Abkömmling gezahlte Betrag wird bei der Auseinandersetzung den anteilsberechtigten Abkömmlingen nach Maßgabe des § 1501 angerechnet. ²Im Verhältnis der Abkömmlinge zueinander fällt er den Abkömmlingen zur Last, denen die Ausschließung zustatten kommt.

1 I. § 1511 regelt die **Ausschließung einzelner Abkömmlinge** v der Beteiligung an der fortgesetzten Gütergemeinschaft und ergänzt damit §§ 1509 f, die die Ausschließung der fortgesetzten Gütergemeinschaft insgesamt betreffen.

2 II. Die **Voraussetzungen** des Ausschlusses einzelner Abkömmlinge sind wegen des gegenüber § 1509 geringeren Umfangs geringer: Es ist nur erforderlich, dass er durch letztwillige Verfügung (§§ 1509 f Rn 3) erklärt wird. Weitere materiellrechtliche Voraussetzungen bestehen nicht.

3 Der Ausschluss **bewirkt**, dass der ausgeschlossene Abkömmling als vor dem Beginn der fortgesetzten Gütergemeinschaft verstorben gilt. An seiner Stelle treten daher die Abkömmlinge in die fortgesetzte Gütergemeinschaft ein, die zu gesetzlichen Erben berufen gewesen wären, wenn der Ausgeschlossene bereits verstorben gewesen wäre (vgl § 1490 S 2). Fehlen solche, wächst der Anteil den übrigen Abkömmlingen zu (§ 1490 S 3). Der ausgeschlossene Abkömmling kann aber aus dem Gesamtgut der fortgesetzten Gütergemeinschaft die Zahlung eines Betrags verlangen, der ihm als Pflichtteil gebühren würde, wenn die fortgesetzte Gütergemeinschaft nicht eingetreten wäre und der Anteil des verstorbenen Ehegatten in dessen Nachlass gefallen wäre (Abs 2). Bei der Auseinandersetzung der fortgesetzten Gütergemeinschaft wird der dem ausgeschlossenen Abkömmling gezahlte Betrag den anteilsberechtigten Abkömmlingen angerechnet (§ 1501). Im Verhältnis der Abkömmlinge untereinander fällt er denen zur Last, denen die Ausschließung zustatten kommt (gleicher Gedanke wie im Fall des § 1503 III).

§ 1512 Herabsetzung des Anteils

Jeder Ehegatte kann für den Fall, dass mit seinem Tode die fortgesetzte Gütergemeinschaft eintritt, den einem anteilsberechtigten Abkömmling nach der Beendigung der fortgesetzten Gütergemeinschaft gebührenden Anteil an dem Gesamtgut durch letztwillige Verfügung bis auf die Hälfte herabsetzen.

1 Die Vorschrift ermöglicht als minus zum vollständigen Ausschluss eines Abkömmlings v der fortgesetzten Gütergemeinschaft (§ 1511), einem Abkömmling seine Beteiligung am Gesamtgut auf 50 % des eigentlich maßgeblichen Betrags herabzusetzen. Er wird damit hinsichtlich seiner Beteiligung am Gesamtgut gewissermaßen auf den Pflichtteil

gesetzt. Die Herabsetzung erfolgt durch Verfügung v Todes wegen (§ 1509 Rn 3). Der andere Ehegatte muss zustimmen (§ 1516).

§ 1513 Entziehung des Anteils

(1) ¹Jeder Ehegatte kann für den Fall, dass mit seinem Tode die fortgesetzte Gütergemeinschaft eintritt, einem anteilsberechtigten Abkömmling den diesem nach der Beendigung der fortgesetzten Gütergemeinschaft gebührenden Anteil an dem Gesamtgut durch letztwillige Verfügung entziehen, wenn er berechtigt ist, dem Abkömmling den Pflichtteil zu entziehen. ²Die Vorschrift des § 2336 Abs. 2 und 3 findet entsprechende Anwendung.
(2) Der Ehegatte kann, wenn er nach § 2338 berechtigt ist, das Pflichtteilsrecht des Abkömmlinges zu beschränken, den Anteil des Abkömmlings am Gesamtgut einer entsprechenden Beschränkung unterwerfen.

So wie § 1512 der Anordnung des Pflichtteils in Bezug auf den Anteil am Gesamtgut entspricht, **entspricht Abs 1** der Regelung über die **Pflichtteilsentziehung**. Die Entziehung des Anteils am Gesamtgut ist zulässig, wenn die Entziehung des Pflichtteils zulässig ist (Abs 1 S 1). Die formalen Anforderungen entsprechen ebenfalls denjenigen bei der Pflichtteilsentziehung (Abs 1 S 2, § 2336 II–III; die Änderung durch das G zur Änderung des Erb- und Verjährungsrechts hatte insoweit keine Auswirkungen, geändert haben sich allerdings die Pflichtteilsentziehungsgründe). Auf § 2336 I ist zwar nicht verwiesen; jedoch ordnet Abs 1 S 1 selbst an, dass die Entziehung des Anteils nur durch letztwillige Verfügung erfolgen kann. Der andere Ehegatte muss zustimmen (§ 1516). 1

Abs 2 entspricht § 2338 und erlaubt bei Vorliegen v dessen Voraussetzungen die Beschränkung des Anteils des Abkömmlings am Gesamtgut in guter Absicht durch die Anordnung einer Testamentsvollstreckung oder einer Nacherbschaft. Für die Anordnung gilt das zu Abs 1 Gesagte; denn § 2338 verweist seinerseits auf § 2336 I–III. Die Beschränkung des Anteils bedarf der Zustimmung des anderen Ehegatten (§ 1516). 2

§ 1514 Zuwendung des entzogenen Betrags

Jeder Ehegatte kann den Betrag, den er nach § 1512 oder nach § 1513 Abs. 1 einem Abkömmling entzieht, auch einem Dritten durch letztwillige Verfügung zuwenden.

Die Norm ermöglicht die Zuwendung des Betrags, der bei der Auseinandersetzung des Gesamtguts bei Ende der fortgesetzten Gütergemeinschaft deswegen übrig bleibt, weil der Anteil eines Abkömmlings herabgesetzt (§ 1512) oder seine Beteiligung am Gesamtgut ganz ausgeschlossen ist, an Dritte. Die Regelung entspricht damit ihrem Zweck nach einem Vermächtnis. Der begünstigte Dritte wird nicht an der fortgesetzten Gütergemeinschaft beteiligt; er hat nur einen Zahlungsanspruch in Höhe des dem Abkömmling entzogenen Betrags. Die Zuwendung erfolgt durch letztwillige Verfügung (§ 1509 Rn 3), die der Zustimmung des anderen Ehegatten bedarf (§ 1516). 1

§ 1515 Übernahmerecht eines Abkömmlings und des Ehegatten

(1) Jeder Ehegatte kann für den Fall, dass mit seinem Tode die fortgesetzte Gütergemeinschaft eintritt, durch letztwillige Verfügung anordnen, dass ein anteilsberechtigter Abkömmling das Recht haben soll, bei der Teilung das Gesamtgut oder einzelne dazu gehörende Gegenstände gegen Ersatz des Wertes zu übernehmen.
(2) ¹Gehört zu dem Gesamtgut ein Landgut, so kann angeordnet werden, dass das Landgut mit dem Ertragswert oder mit einem Preis, der den Ertragswert mindestens erreicht, angesetzt werden soll. ²Die für die Erbfolge geltende Vorschrift des § 2049 finden Anwendung.

(3) Das Recht, das Landgut zu dem in Absatz 2 bezeichneten Werte oder Preis zu übernehmen, kann auch dem überlebenden Ehegatten eingeräumt werden.

1 Abs 1 lässt zu, dass jeder Ehegatte für den Fall, dass nach seinem Tod die fortgesetzte Gütergemeinschaft eintritt, den an der fortgesetzten Gütergemeinschaft beteiligten Abkömmlingen das Recht einräumt, bei deren Auseinandersetzung bestimmte Gegenstände gegen Ersatz ihres Wertes zu übernehmen. Dieses Übernahmerecht geht dann dem nach § 1502 vor. Die Einräumung des Übernahmerechts muss durch letztwillige Verfügung erfolgen und bedarf der Zustimmung des anderen Ehegatten (§ 1516).

2 Zusätzlich zur Einräumung des Übernahmerechts kann unter den Voraussetzungen des Abs 1 bei einem **Landgut** angeordnet werden, dass die Anrechnung nicht mit dem Verkehrswert, sondern nur mit dem Ertragswert (oder einem darüber, aber unter dem Verkehrswert liegenden Wert) erfolgen soll (Abs 2 S 1). Diese Anordnung kann auch zugunsten des überlebenden Ehegatten getroffen werden (Abs 3). In diesem Fall (Ehegatte) ist zu berücksichtigen, dass das Übernahmerecht als solches aus § 1502 folgt. Die Anordnung geht daher ins Leere, wenn das Übernahmerecht nach §§ 1502 II, 1495 ausgeschlossen ist. Für die Bestimmung des Ertragswerts gilt § 2049 entsprechend (Abs 2 S 2).

§ 1516 Zustimmung des anderen Ehegatten

(1) Zur Wirksamkeit der in den §§ 1511 bis 1515 bezeichneten Verfügungen eines Ehegatten ist die Zustimmung des anderen Ehegatten erforderlich.
(2) ¹Die Zustimmung kann nicht durch einen Vertreter erteilt werden. ²Ist der Ehegatte in der Geschäftsfähigkeit beschränkt, so ist die Zustimmung seines gesetzlichen Vertreters nicht erforderlich. ³Die Zustimmungserklärung bedarf der notariellen Beurkundung. ⁴Die Zustimmung ist unwiderruflich.
(3) Die Ehegatten können die in den §§ 1511 bis 1515 bezeichneten Verfügungen auch in einem gemeinschaftlichen Testament treffen.

1 I. Die Norm stellt die **formalen Anforderungen für die Anordnungen** nach §§ 1511–1515 auf. Sie bindet diese an die Zustimmung des anderen Ehegatten. Das gilt nach dem Wortlaut v Abs 1 auch, wenn der andere Ehegatte der ausschließlich durch die Anordnung Begünstigte ist.

2 II. Die Zustimmung kann **als Einwilligung** vor der Vornahme der Anordnung durch den anderen Ehegatten **oder als Genehmigung** nach der Anordnung erfolgen. Sie bedarf der **notariellen Beurkundung** (Abs 2 S 2). Etwas anderes gilt nur, wenn die Eheleute die Verfügungen nach §§ 1511–1515 in ein gemeinschaftliches Testament aufnehmen; denn dieses kann auch in der Weise errichtet werden, dass ein Ehegatte es handschriftlich verfasst und unterschreibt und der andere Ehegatte mit unterzeichnet (§ 2267). In diesem Fall bedarf es keiner besonderen Zustimmung; denn der das Testament mit verfassende Ehegatte weiß, was er unterschreibt. Die Aufnahme in einen Erbvertrag ist ebenfalls möglich. Insoweit stellt sich keine Formfrage; denn der Erbvertrag bedarf ohnehin der notariellen Beurkundung (§ 2276).

3 Die Zustimmung ist **höchstpersönlich**, Vertretung ist daher ausgeschlossen (Abs 2 S 1). Sie bedarf deshalb, auch wenn der Ehegatte beschränkt geschäftsfähig ist, nicht der Zustimmung seines gesetzlichen Vertreters (Abs 2 S 1). Ist ein Ehegatte geschäftsunfähig, kommt sie nicht mehr in Betracht, weil der Betreuer den Geschäftsunfähigen insoweit nicht vertreten kann.

4 Die Zustimmung ist, einmal wirksam geworden (§ 130), **unwiderruflich** (Abs 2 S 3).

§ 1517 Verzicht eines Abkömmlings auf seinen Anteil

(1) ¹Zur Wirksamkeit eines Vertrags, durch den ein gemeinschaftlicher Abkömmling einem der Ehegatten gegenüber für den Fall, dass die Ehe durch dessen Tod aufgelöst wird, auf seinen Anteil am Gesamtgut der fortgesetzten Gütergemeinschaft verzichtet

oder durch den ein solcher Verzicht aufgehoben wird, ist die Zustimmung des anderen Ehegatten erforderlich. ²Für die Zustimmung gilt die Vorschrift des § 1516 Abs. 2 Satz 3, 4.
(2) Die für den Erbverzicht geltenden Vorschriften finden entsprechende Anwendung.

I. Während § 1491 den Verzicht eines Abkömmlings auf die Fortsetzung der Gütergemeinschaft betrifft, nachdem die fortgesetzte Gütergemeinschaft bereits eingetreten ist, betrifft § 1517 den **Verzicht vor Beginn der fortgesetzten Gütergemeinschaft**. 1

II. Der Verzicht eines gemeinschaftlichen Abkömmlings auf die Beteiligung an der fortgesetzten Gütergemeinschaft ist nur **wirksam**, wenn der **andere Ehegatte** dem Vertrag **zustimmt**, der darüber zwischen dem Abkömmling und einem Ehegatten geschlossen wird (Abs 1 S 1). Das Gleiche gilt für die Aufhebung eines Verzichts. 2

Die Zustimmung bedarf der **notariellen Beurkundung**; sie ist unwiderruflich (Abs 1 S 2, § 1516 II 3, 4). Als Zustimmung reicht auch, wenn der Verzichtsvertrag mit beiden Ehegatten geschlossen wird, weil dafür ebenfalls die notarielle Beurkundung erforderlich ist (§ 2348). 3

Abs 2 ordnet die entsprechende **Geltung der Vorschriften über den Erbverzicht** an (§§ 2346 ff). Vor allem erstreckt sich der Verzicht daher grds auf die Abkömmlinge des Verzichtenden (§ 2349 I). Der Verzicht zugunsten bestimmter Dritter (vgl § 2350) ist zwar möglich, setzt aber voraus, dass diese ebenfalls an der fortgesetzten Gütergemeinschaft beteiligt sein können. Als Begünstigte kommen deswegen nur der überlebende Ehegatte und andere gemeinschaftliche Abkömmlinge in Betracht (vgl § 1483 I). 4

§ 1518 Zwingendes Recht

¹Anordnungen, die mit den Vorschriften der §§ 1483 bis 1517 in Widerspruch stehen, können von den Ehegatten weder durch letztwillige Verfügung noch durch Vertrag getroffen werden. ²Das Recht der Ehegatten, den Vertrag, durch den sie die Fortsetzung der Gütergemeinschaft vereinbart haben, durch Ehevertrag aufzuheben, bleibt unberührt.

I. Die Vorschrift **dient dem Schutz der Abkömmlinge der Partner** der Gütergemeinschaft. Soweit fortgesetzte Gütergemeinschaft eintritt, erfolgt keine sofortige Beteiligung am Vermögen des verstorbenen Ehegatten (vgl § 1483 I 3), sondern die Abkömmlinge müssen bis zur Auseinandersetzung der fortgesetzten Gütergemeinschaft warten. Ihre Rechte sollen deswegen nicht weiter geschmälert werden, als es zulässig wäre, wenn sie Erben wären. Deswegen wird die Ausgestaltung der fortgesetzten Gütergemeinschaft und ihre Auseinandersetzung (von §§ 1511–1516 abgesehen) der Disposition der Ehegatten entzogen. 1

II. Alle Vereinbarungen der Ehegatten und alle Verfügungen v Todes wegen, durch die v den in **§§ 1483–1517 enthaltenen Regelungen abgewichen** wird, sind **nichtig** (S 1, § 134). Soweit das nicht ausnahmsweise Treu und Glauben widerspricht, kann sich auch der überlebende Ehegatte auf die Nichtigkeit einer entsprechenden Vereinbarung mit dem verstorbenen Ehegatten berufen. 2

Unberührt bleibt das Recht der Ehegatten, jederzeit die Vereinbarung über die fortgesetzte Gütergemeinschaft oder die Gütergemeinschaft selbst **aufzuheben**, wodurch ohne weiteres auch die Vereinbarung über die fortgesetzte Gütergemeinschaft hinfällig wird (S 2). § 1518 führt damit dazu, dass die Eheleute nur das Modell der fortgesetzten Gütergemeinschaft wählen können, wie es ist, nicht aber eine fortgesetzte Gütergemeinschaft eigener Art schaffen können. 3

Kapitel 4
Wahl-Zugewinngemeinschaft

§ 1519 Vereinbarung durch Ehevertrag

¹Vereinbaren die Ehegatten durch Ehevertrag den Güterstand der Wahl-Zugewinngemeinschaft, so gelten die Vorschriften des Abkommens vom 4. Februar 2010 zwischen der Bundesrepublik Deutschland und der Französischen Republik über den Güterstand der Wahl-Zugewinngemeinschaft. ²§ 1368 gilt entsprechend. ³§ 1412 ist nicht anzuwenden.

1 **I. Grundlagen.** Am 1.5.13 ist in Deutschland das Ausführungsgesetz zum Abkommen zwischen der Bundesrepublik Deutschland und der französischen Republik über den Güterstand der Wahl-Zugewinngemeinschaft v 15.3.12 in Kraft getreten (BGBl II 178). Durch dieses Gesetz wird in das deutsche Familienrecht § 1519 eingefügt, der diesen neuen Güterstand künftig durch Verweisung auf dieses Abkommen regelt. In Frankreich ist das Abkommen im Juni 2013 umgesetzt worden.

2 Mit dem Güterstand der Wahl-Zugewinngemeinschaft wurde familienrechtlich ein neuer Weg beschritten. Zum ersten Mal wurde **in zwei Staaten ein (nahezu) identisches Ehegüterrecht** in Kraft gesetzt. Das kann va Vorteile für solche Paare bringen, die Vermögen in beiden Staaten haben. Allerdings wäre es besser gewesen, hätte man in diesem Zusammenhang auch die gesamteuropäische Perspektive mehr im Auge gehabt. Zwar ist der deutsch-französische Staatsvertrag für den Beitritt weiterer Staaten offen (Art 21 des Abk). Diese können das Güterrechtsmodell aber nur so übernehmen, wie sie es jetzt vorfinden. Das wird den Beitritt nicht fördern, denn die nachfolgend Beitretenden haben auf den Inhalt der Regelungen keine Einflussnahmemöglichkeit mehr.

3 **II. Anwendungsbereich.** Die Wahl-Zugewinngemeinschaft kann **immer vereinbart werden**, wenn für das Ehegüterrecht entweder deutsches oder französisches Recht gilt. Das richtet sich nach Art 15 EGBGB. In zeitlicher Hinsicht kommen solche Vereinbarungen seit dem 1.5.13, dem Tag des Inkrafttretens des Abkommens, in Betracht (Art 19 des Abk).

4 Ob die beteiligten **Eheleute Deutsche oder Franzosen** sind, ob sie in Deutschland oder Frankreich leben, ob sie Staatsbürger eines Drittstaats sind oder in einem Drittstaat leben, ist demgegenüber ohne Bedeutung (Stürner, JZ 11, 545, 548). Die Vereinbarung des Güterstandes soll in allen Fällen möglich sein, in welchen die Parteien irgendeinen Bezug zum Nachbarstaat (und sei es durch das Vorhandensein v Vermögen in dem anderen Staat) haben, aber auch in rein „nationalen" Sachverhalten, in denen die Eheleute die Regelungen des neuen Güterstandes für sich als passend ansehen. Selbst wenn ein ausländisches IPR zum deutschen oder französischen Güterstand führt, ist das Abkommen anwendbar (Klippstein, FPR 10, 510, 512; Stürner, JZ 11, 545, 548).

5 Das neue Güterrecht gilt sowohl **für verschiedengeschlechtliche Ehepaare als auch für solche gleichen Geschlechts.** Nach der Einführung der „mariage pour tous" in Frankreich versteht es sich v selbst, dass das eheliche Güterrecht auch für Paare gleichen Geschlechts gilt, wenn sie verheiratet sind. In Deutschland wird zwar zwischen Ehen und eingetragenen Lebenspartnerschaften differenziert. Das Güterrecht der Lebenspartnerschaft entspricht aber in vollem Umfang dem Güterrecht für Ehen, so dass materiellrechtlich insoweit keine Unterschiede auftreten können und die Möglichkeit, eine deutsch-französische Wahl-Zugewinngemeinschaft zu vereinbaren, auch für diese besteht (vgl §§ 6 und 7 LPartG, wo auch auf § 1519 verwiesen ist).

6 **III. Begründung der Wahl-Zugewinngemeinschaft.** Die Ehegatten können **durch Ehevertrag** vereinbaren, dass die Wahl-Zugewinngemeinschaft ihr Güterstand ist (Art 3 I des Abk). Über die Form ist im Abkommen nichts gesagt, sie richtet sich also nach dem anwendbaren Sachrecht oder der Form des Abschlussortes (vgl Art 11 EGBGB). Erforderlich ist bei Geltung deutschen Rechts die notarielle Beurkundung des Vertrages bei

Abschnitt 1 | Bürgerliche Ehe § 1519

gleichzeitiger Anwesenheit der Beteiligten vor einem Notar (§ 1410). Stellvertretung ist zulässig.

Der Vertrag kann schon **vor der Eingehung oder während des Bestehens einer Ehe** geschlossen werden (Art 3 II 1 des Abk) und wird dann mit dem Vertragsabschluss wirksam. Der Güterstand wird aber frühestens mit dem Tag der Eheschließung wirksam (Art 3 II 3 des Abk). Unberührt lässt das Abkommen die Frage, inwieweit der Abschluss des Vertrages durch einen bis dahin bestehenden Güterstand beeinflusst wird und wie der bisherige Güterstand abzuwickeln ist (etwa die bis dahin bestehende Zugewinngemeinschaft nach §§ 1363 ff). 7

Der Vertrag **kann v den Regeln des Kapitels V des Abkommens abweichen** (Art. 3 III des Abk), also v den Regeln für den Ausgleich im engeren Sinne, wie der Berechnung des Anfangs- und des Endvermögens, der Ausgleichsquote usw sowie die Herausnahme v Gegenständen aus dem Zugewinnausgleich und ähnlichem. Ausgenommen v den Ausschlussmöglichkeiten sind nur die Verfügungsverbote, weil diese nicht im V., sondern im III. Kapitel geregelt sind. Nicht geregelt ist die Frage, ob diese Vereinbarungen einer Inhaltskontrolle unterliegen und welche Maßstäbe gegebenenfalls bei dieser anzulegen sind. Es muss deswegen insoweit bei der Anwendung des nach den Regelungen des IPR berufenen nationalen Rechts bleiben. Unter der Geltung deutschen Rechts bedeutet das, dass diese Vereinbarungen einer Inhalts- und Ausübungskontrolle unterliegen, wie das bei Eheverträgen allg üblich ist. 8

IV. Rechtslage während der Wahl-Zugewinngemeinschaft 1. Grundsatz der Vermögenstrennung. Im Güterstand der Wahl-Zugewinngemeinschaft bleibt das Vermögen der Ehegatten getrennt (Art 2 I des Abk). Insofern unterscheidet sich die Ausgangslage nicht v derjenigen bei der Zugewinngemeinschaft nach §§ 1363 ff. Die Zugewinngemeinschaft ist während der Ehe eine Gütertrennung und führt nicht zu einer dinglichen Beteiligung am Vermögen des anderen Ehegatten. Deswegen kann (vorbehaltlich gewisser Einschränkungen im Einzelfall, wie sie sich aus Art 5 des Abk ergeben) auch jeder Ehegatte über die Gegenstände seines Vermögens frei verfügen, die ihm selbst gehören (Art 4 S 1 des Abk). Ihm allein stehen die Einkünfte aus seinem Eigentum zu (Art 4 S 1 des Abk). Allerdings ergeben sich aus Art 5 und 6 des Abkommens Einschränkungen in Bezug auf die völlige Trennung der Vermögensmassen während des Bestehens des Güterstandes. 9

2. Zustimmungsbedürfnis bei Rechtsgeschäften über Haushaltsgegenstände. Der Zustimmung des anderen Ehegatten bedürfen zunächst alle Rechtsgeschäfte eines Ehegatten über Haushaltsgegenstände (Art 5 I des Abk). Was unter Haushaltsgegenständen zu verstehen ist, regelt das Abkommen nicht. Der Begriff dürfte den in gleicher Weise auszulegen sein wie in § 1369 (vgl § 1369 Rn 4). Das Zustimmungserfordernis ist auf Rechtsgeschäfte beschränkt. Andere Eingriffe Dritter, wie etwa die Zwangsvollstreckung, sind nicht zustimmungspflichtig, weil kein rechtsgeschäftliches Handeln des Ehegatten vorliegt, gegen den vollstreckt wird. 10

Dem Zustimmungserfordernis **unterworfen** sind sowohl das **Verpflichtungsgeschäft als auch die Übereignung** des verkauften Haushaltsgegenstandes. Insoweit sollte aber bei § 1369 verfahren werden: Hat der Ehegatte dem Verkauf zugestimmt, sollte man damit die Zustimmung auch für die Übereignung als erteilt und bei fehlender Zustimmung zum Verkauf die Zustimmung zur Übereignung als Genehmigung des bislang unwirksamen Kaufvertrags ansehen, wie das Art. 5 I 2 des Abk auch vorsieht. 11

Welche **Wirkungen das Fehlen einer Zustimmung** hat, wird im Abkommen nicht näher bestimmt. Gilt deutsches Güterrecht, ist die absolute Unwirksamkeit des Geschäfts anzunehmen. § 1368 gilt entsprechend (§ 1519, 2). 12

Stimmt ein Ehegatte dem Rechtsgeschäft des anderen nicht zu, weil er dazu außerstande ist oder verweigert er die Zustimmung, ohne dass Belange der Familie dies rechtfertigten, kann der andere **Ehegatte gerichtlich dazu ermächtigt werden, das beabsichtigte Rechtsgeschäft allein vorzunehmen,** zu dem die Zustimmung des anderen notwendig wäre (Art 5 II des Abk). Die Ersetzungsmöglichkeit entspricht der in §§ 1365, 1369 vorgesehenen Möglichkeit. Für das Verfahren gilt in Deutschland in vollem Umfang 13 das FamFG, denn es handelt sich um ein güterrechtliches Verfahren nach § 261 II FamFG.

14 **3. Zustimmungsbefugnis bei Rechtsgeschäften über Rechte, durch die die Familienwohnung gesichert wird.** Der Zustimmung des anderen Ehegatten bedürfen weiter alle Rechtsgeschäfte eines Ehegatten über Rechte, durch die die Familienwohnung sichergestellt wird (Art 5 I 1 des Abk). Der Begriff der Familienwohnung wird im Abkommen nicht näher definiert. Er weicht v der im deutschen Recht üblichen Bezeichnung als Ehewohnung (§§ 1361 b, 1568 a) ab. Gleichwohl dürfte im Grundsatz das Gleiche gemeint sein: Bei den Räumlichkeiten, auf die sich das Recht bezieht, muss es sich um die gemeinsame Wohnung der Eheleute handeln. Hinzu wird man auch die Fälle rechnen müssen, in denen die Ehegatten in getrennten Wohnungen leben, wenn aber bei einem (oder beiden) noch gemeinsame Kinder leben. Auch derartige Wohnungen sind Familienwohnungen. Keine Familienwohnung liegt nur dann vor, wenn die Ehegatten nie zusammengelebt haben und auch keine mit einem Ehegatten zusammen lebenden Kinder existieren oder wenn – bei einer kinderlosen Ehe – die Wohnung ihre Eigenschaft als Familienwohnung verloren hat, weil ein Ehegatte endgültig ausgezogen ist. IÜ gelten die Erläuterungen zu §§ 1361 b, 1568 a.

15 **Rechte, durch die die Familienwohnung sichergestellt wird,** sind zunächst das Eigentum und dingliche Nutzungsrechte. Insoweit können sich Überschneidungen mit § 1365 ergeben. Anders als bei § 1365 sind in den Anwendungsbereich des Art 5 I des Abk aber auch rein schuldrechtliche Rechte einbezogen, wie vor allem Miet- und Pachtverträge (Stürner, JZ 11, 545, 549; Dethloff, RabelsZ 76, 509, 516). Will also ein Ehegatte den Mietvertrag über die Familienwohnung kündigen, bedarf er dazu ebenso der Zustimmung seines Ehegatten wie zum Abschluss eines Vertrages über eine Familienwohnung.

16 IÜ gelten **die Erläuterungen zu den Verfügungsbeschränkungen bei Haushaltsgegenständen** entsprechend (Rn 11-13).

17 **4. Kein Zustimmungserfordernis für Rechtsgeschäfte über das Vermögen im Ganzen.** Kein besonderes Zustimmungserfordernis besteht nach dem Abkommen für Rechtsgeschäfte über das Vermögen im Ganzen, wie es in § 1365 für die Zugewinngemeinschaft iSd § 1363 ff. vorgesehen ist.

18 **5. Mitverpflichtung bei Schlüsselgewaltgeschäften.** In Art. 6 I des Abk ist die Regelung enthalten, dass jeder Ehegatte Verträge zur Führung des Haushalts und für den Bedarf der Kinder allein schließen kann und dass diese Verträge auch den anderen Ehegatten gesamtschuldnerisch verpflichten. Ausgenommen v der Mitverpflichtung des anderen Ehegatten sind Zahlungsverpflichtungen, die insb nach dem Lebensführung der Ehegatten offensichtlich unangemessen sind. Zusatzvoraussetzung für den Ausschluss ist aber, dass dem Vertragspartner dies bekannt war oder er es erkennen musste (Art 6 II des Abk). Zu beachten ist, dass hier die Beweislast anders geregelt ist als bei der Zugewinngemeinschaft nach §§ 1363 ff: Während dort der Vertragspartner die Angemessenheit des Geschäfts beweisen muss, liegt die Beweislast für die Unangemessenheit des Geschäfts nach Art 6 II des Abk bei den Ehegatten, die sie behauptet (Dethloff, RabelsZ 76, 509, 520). Außerdem bietet die Regelung dann keinen Schutz, wenn der Vertragspartner gutgläubig ist und der andere Ehegatte seine Mitverpflichtungsmacht missbraucht. Das ist eine deutlich negative Abweichung gegenüber der Rechtslage bei § 1357.

19 Die Regelung entspricht iÜ im Wesentlichen der Regelung in § 1357, ohne allerdings deren Begrenzungsmöglichkeiten aufzunehmen. Das Konkurrenzverhältnis der beiden Regelungen ist ungeklärt.

20 **V. Zugewinnausgleich bei Beendigung der Wahl-Zugewinngemeinschaft. 1. Mögliche Gründe für die Beendigung der Zugewinngemeinschaft.** Die Wahl-Zugewinngemeinschaft endet durch Tod oder Todeserklärung eines Ehegatten (Art 7 Nr 1 des Abk), durch den Wechsel des Güterstandes (Art 7 Nr 2 des Abk) dadurch, dass die Ehegatten einen neuen Güterstand vereinbaren oder dass ihr Güterrecht nun einer Rechtsordnung unterliegt, die die Vereinbarung der Wahl-Zugewinngemeinschaft nicht zulässt und mit Rechtskraft der Ehescheidung oder jeder anderen gerichtlichen Entscheidung, die den

Güterstand beendet (Art 7 Nr 2 des Abk), vor allem einer solchen auf vorzeitigen Zugewinnausgleich (vgl Art 18 des Abk).

Für den Fall der Beendigung durch Tod ist zu beachten, dass die Wahl-Zugewinngemeinschaft **keine pauschale Erhöhung der Erbquote um ein Zusatzviertel** kennt. Die Wahl-Zugewinngemeinschaft hat keine erbrechtlichen Wirkungen. Das bedeutet: Stirbt ein Ehegatte (und gilt für das Erbrecht deutsches Recht), kann der Überlebende den Ausgleich des Zugewinns nach den normalen Regeln verlangen (Dethloff, RabelsZ 76, 509, 528; Stürner, JZ 11, 545, 550). Seine Erbquote ergibt sich allein aus § 1931. Ist der Überlebende ausgleichspflichtig, muss er den Zugewinnausgleich an die Erben leisten. 21

2. Begriff des Zugewinns. Zugewinn ist der Betrag, um den das Endvermögen eines Ehegatten sein Anfangsvermögen übersteigt (Art 2 S 2 des Abk). Bei Beendigung des Güterstandes ergibt sich die Zugewinnausgleichsforderung aus dem Vergleich der erzielten Zugewinne der Ehegatten (Art. 2 S 3 des Abk). 22

Ein Zugewinn wurde erzielt, wenn das **Endvermögen eines Ehegatten sein Anfangsvermögen übersteigt**. Der Zugewinn kann nur positiv sein; der Ausgleich v Verlusten, die ein Ehegatte während der Ehe erzielt hat, ist ausgeschlossen (Martiny, ZEuP 2011, 577, 594). Ein Zugewinn kann aber auch dann vorliegen, wenn ein Ehegatte am Ende des Güterstandes kein positives Vermögen aufweist. In einem solchen Fall Ausgleichsansprüche kommt aber kein Zugewinnausgleichsanspruch gegen diesen Ehegatten in Betracht, weil der Ausgleichsanspruch durch das am Ende der Ehezeit vorhandene (positive) Vermögen begrenzt ist (Art 14 des Abk). Der andere Ehegatte kann aber diesen Zugewinn seinem eigenen Zugewinn gegenüberstellen, so dass auf diese Weise seine eigene Ausgleichspflicht reduziert sein kann. 23

a) **Anfangsvermögen.** Was zum Anfangsvermögen gehört, ergibt sich aus Art 8 des Abk, wie die Bewertung zu erfolgen hat, ist in Art 9 des Abk geregelt. Beides weicht v den für die Zugewinngemeinschaft iSd §§ 1363 ff geltenden Regelungen deutlich ab. 24

aa) **Zum Anfangsvermögen zu rechnende Gegenstände.** Anfangsvermögen ist das Vermögen jedes Ehegatten am Tag des Eintritts des Güterstandes (Art 8 I 1 des Abk), also am Tag der Eheschließung bzw der Vereinbarung des Güterstandes. Einzubeziehen sind alle Vermögenspositionen v wirtschaftlichem Wert, gleichgültig ob sie übertragbar sind oder nicht. Es gelten die Ausführungen zu § 1374 insoweit entsprechend. Art 8 III Nr 1 des Abk stellt klar, dass Früchte des Anfangsvermögens nicht zum Anfangsvermögen gehören. Sie werden daher im Zugewinnausgleich berücksichtigt, wenn sie zum Zeitpunkt der Berechnung des Endvermögens noch vorhanden sind. Ebenso werden Vermögenszuwächse durch Wertsteigerungen an im Anfangsvermögen vorhandenen Gegenständen grundsätzlich im Zugewinnausgleich ausgeglichen. Für Grundstücke ergibt sich insoweit allerdings eine Ausnahme aus der Bewertungsregel in Art 9 II des Abk. 25

Ebenso wie positive Vermögenspositionen werden auch **Verbindlichkeiten** im Anfangsvermögen berücksichtigt, wenn diese am relevanten Stichtag bestanden. Art 8 I 2 des Abk stellt insoweit klar, dass die Verbindlichkeiten auch dann noch abgezogen werden, wenn sie den Wert des Aktivvermögens übersteigen. Das Anfangsvermögen kann also auch negativ sein. 26

Dem Anfangsvermögen werden **Schenkungen und Erbschaften** hinzugerechnet, die ein Ehegatte nach der Begründung des Güterstandes erwirbt (Art 8 II 1 des Abk). Obwohl eine derartige Einschränkung im Abkommen fehlt, ist die Regelung für Schenkungen aber auf solche Schenkungen zu begrenzen, welche die Ehegatten v Dritten erhalten (Martiny, ZEuP 11, 577, 592; Schaal, ZNotP 10, 162, 169); denn sonst erhöhte ein Ehegatte potentiell den Zugewinnausgleichsanspruch seines Partners um die Hälfte des Wertes des Zugewendeten, wenn er seinen Partner beschenkte. Eine Schenkung bzw Erbschaft kann auch dazu führen, dass sich das Anfangsvermögen eines Ehegatten nachträglich verringert. Das ist dann der Fall, wenn die Schenkung mit so gewichtigen Auflagen versehen ist, dass diese den Wert des geschenkten Gegenstandes übersteigen oder dass der Nachlass überschuldet ist (Art 8 II 2 des Abk). 27

28 Auch Vermögen, das ein Ehegatte nach Begründung des Güterstands als **Schmerzensgeld** erwirbt, wird nach französischem Vorbild (Art 1570 I iVm Art 1404 I code civil) dem Anfangsvermögen hinzugerechnet (Art 8 II 1 des Abk). Die durch die Zurechnung zum Anfangsvermögen bewirkte Herausnahme des Schmerzensgeldes aus dem Zugewinnausgleich ist bei der Wahl-Zugewinngemeinschaft wichtig, denn die Wahl-Zugewinngemeinschaft kennt keine allg Härteklausel, wie sie in § 1381 enthalten ist.

29 **Nicht** in den privilegierten Erwerb einbezogen sind die bei der Zugewinngemeinschaft iSd §§ 1363 ff privilegierten Erwerbsgründe der **Ausstattung** (Mitgift) und der **vorweggenommenen Erbfolge**. Ob alle diese Fälle in die im Abkommen erfassten Gründe einbezogen werden können, ist eher zweifelhaft: Eine Ausstattung ist keine Schenkung, und eine vorweggenommene Erbfolge kann allenfalls dann als Schenkung eingeordnet werden, wenn sie unentgeltlich erfolgt. In vielen Fällen (gerade bei Unternehmensnachfolgen) wird der eintretende Nachfolger aber Verpflichtungen übernehmen, so dass v Unentgeltlichkeit nicht mehr gesprochen werden kann.

30 Das Anfangsvermögen kann sich neben der Übernahme v Verpflichtungen aufgrund v erhaltenen Schenkungen oder Erbschaften auch dadurch verringern, dass ein Ehegatte **Gegenstände seines Anfangsvermögens während des Güterstands an seine Verwandten in gerader Linie verschenkt** (Art 8 III Nr 2 des Abk). Die Regelung soll verhindern, dass der andere Ehegatte das Geschenk an den Verwandten gerader Linie des Schenkers mitfinanziert.

31 **bb) Beweislast für den Umfang des Anfangsvermögens.** Das Abkommen enthält ähnliche Regeln für die Beweislast in Bezug auf das Anfangsvermögen wie das für die Zugewinngemeinschaft iSd §§ 1363 ff in § 1377 der Fall ist. Danach gilt: Haben die Ehegatten bei Abschluss des Ehevertrages zur Begründung der Wahl-Zugewinngemeinschaft kein Verzeichnis über das Anfangsvermögen erstellt, wird vermutet, dass kein Anfangsvermögen vorhanden ist (Art 8 V des Abk). Der Ehegatte, der sich auf ein positives Anfangsvermögen beruft, muss also diesen Umstand ebenso beweisen wie der andere Ehegatte beweisen muss, dass das Anfangsvermögen eines Ehegatten negativ ist.

32 Haben dagegen die Ehegatten bei Abschluss des Ehevertrages ein **Verzeichnis** über ihr Anfangsvermögen erstellt, wird **vermutet, dass dieses Verzeichnis richtig** ist, wenn es v beiden Ehegatten unterzeichnet wurde (Art 8 IV des Abk). Das Abkommen fordert die Aufnahme des Verzeichnisses bei dem Abschluss des Ehevertrages, damit die beschriebenen Beweiswirkungen eintreten. Es scheint damit enger zu sein als die Regelungen bei der Zugewinngemeinschaft iSd §§ 1363 ff.

33 **cc) Bewertung des Anfangsvermögens.** Grundsätzlich wird Anfangsvermögen so bewertet, dass die am Tag des Eintritts des Güterstandes vorhandene Gegenstände mit dem Wert angesetzt werden, den sie zu diesem Zeitpunkt hatten (Art 9 I Nr 1 des Abk). Bei Hinzurechnungen werden die erworbenen Gegenstände mit dem Wert angesetzt, den sie am Tag des Erwerbs hatten (Art 9 I Nr 2 des Abk). Die gleichen Bewertungsregeln gelten für Verbindlichkeiten (Art 9 IV des Abk). v den Bewertungsstichtag an wird der ermittelte Wert an mit dem Betrag angepasst, der sich aus den gemittelten Preisänderungsraten für allg Verbraucherpreise der Vertragsstaaten ergibt, die Werte werden also indexiert (Art 9 III des Abk). Die Rechtslage entspricht damit im Wesentlichen derjenigen bei der Zugewinngemeinschaft iSd §§ 1363 ff.

34 Ein Unterschied in den Bewertungsmethoden ergibt sich im Vergleich zur Zugewinngemeinschaft nach §§ 1363 ff hinsichtlich der Bewertung v **Grundstücken**: Diese und grundstücksgleichen Rechte des Anfangsvermögens – mit Ausnahme des Nießbrauchs und des Wohnrechts – werden mit dem Wert angesetzt, den sie am Tag der Beendigung des Güterstandes haben (Art 9 II 1 des Abk). Wurden diese Gegenstände schon während der Ehe veräußert oder ersetzt, so ist der Wert am Tag der Veräußerung oder Ersetzung zugrunde zu legen (Art 9 II 2 des Abk). Auf diese Weise werden Grundstücke de facto aus dem Zugewinnausgleich herausgenommen, weil sich Wertveränderungen aufgrund v Bewertungsänderungen (zB wegen gestiegener Wertschätzung der Wohngegend) im Zugewinnausgleich nicht auswirken. Das gilt auch umgekehrt: Der im Anfangsvermögen anzusetzende Wert des Grundstücks sinkt, wenn sich die Wertschätzung in Bezug auf dieses während der Ehe negativ entwickelt hat. Das bedeutet einen

ganz erheblichen Unterschied zur Rechtslage nach § 1376 I. Die Lösung führt dazu, dass der andere Ehegatte an den Wertzuwächsen in der Ehe nicht beteiligt wird.

Konsequenterweise werden bei der geschilderten Bewertung v Grundstücken alle **Änderungen ihres Zustandes, die erst während der Ehe vorgenommen worden sind**, bei der Bewertung des Anfangsvermögens nicht berücksichtigt (Art 9 II 3 des Abk). Das bedeutet etwa, dass alle Wertsteigerungen aufgrund v Renovierungen, Umbauten, Anbauten und ähnlichem im Zugewinnausgleich auszugleichen sind. An diesen Arbeiten hat der andere Ehegatte regelmäßig erheblichen Anteil, so dass diese Einbeziehung gerechtfertigt ist. Das Gleiche gilt umgekehrt bei Wertverschlechterungen: Wird ein Haus weniger wert, weil das auf entsprechende Maßnahmen während der Ehe zurückzuführen ist, ist diese Veränderung im Anfangsvermögen des Ehegatten, dem das Grundstück gehört, nicht zu berücksichtigen. Zweifelhaft ist aber, wie bei sonstigen, aus der Ehezeit herrührenden und durch die Eheleute selbst verursachten, wie vor allem dem Wertverlust durch „Abwohnen". Auch dieser Wertverlust durch Abnutzung ist eine Zustandsänderung während der Ehe. Es ist aber fraglich, ob derartige Änderungen „vorgenommen" worden sind. Dem Sinn und Zweck der Regelung nach sollten sie in ihren Anwendungsbereich einbezogen werden, denn sie unterscheiden sich v den Wertänderungen nach Art 9 II 1 des Abk dadurch, dass sie auf das Verhalten der Eheleute selbst zurückgehen. 35

b) Endvermögen. Die Regeln über das Endvermögen (Art 10 des Abk) und seine Bewertung (Art 11, 13 des Abk) entsprechen weitgehend denjenigen bei der Zugewinngemeinschaft nach §§ 1363 ff. Allerdings gibt es auch hier im Detail Abweichungen. 36

aa) Zusammensetzung des Endvermögens. Das Endvermögen ist das **Vermögen** jedes Ehegatten am Tag der **Beendigung des Güterstandes** (Art 10 I 1 des Abk). Allerdings wird der Stichtag für die praktisch wichtigsten Fälle dahin modifiziert, dass dann, wenn die Ehe durch eine gerichtliche Entscheidung aufgelöst wird, sich die Zugewinnausgleichsforderung nach Zusammensetzung und Wert des Vermögens der Ehegatten zum Zeitpunkt der Einreichung des Antrags bei Gericht bestimmt (Art 13 des Abk). Das entspricht im Prinzip der Situation bei der Zugewinngemeinschaft iSd §§ 1363 ff. Im Unterschied zu §§ 1384, 1387 kommt es in diesen Fällen aber auf die Einreichung des Antrags und nicht auf seine Rechtshängigkeit an. 37

Zum Endvermögen gehören auch **Verbindlichkeiten**. Sie werden im Endvermögen auch insoweit berücksichtigt, als sie das Aktivvermögen übersteigen (Art. 10 I 2 des Abk). Das bedeutet, dass das Endvermögen auch negativ sein kann. Ist es höher (also weniger negativ) als das Anfangsvermögen, wurde ein Zugewinn erzielt. 38

Dem Endvermögen werden auch bestimmte, in ihm tatsächlich nicht mehr vorhandene **Gegenstände** zugeordnet, welche ein **Ehegatte illoyalerweise weggegeben** hat. Dies gilt aber nicht, wenn die illoyale Vermögensminderung mehr als 10 Jahre vor der Beendigung des Güterstandes erfolgt ist oder wenn der andere Ehegatte damit einverstanden gewesen ist (Art 10 II 2 des Abk). Die Hinzurechnungsfälle unterscheiden sich kaum v den in § 1375 geregelten Fällen: 39

Dem Endvermögen wird zunächst der Wert der Gegenstände hinzugerechnet, die ein Ehegatte **verschenkt** hat (Art 10 II 1 Nr 1 des Abk). Ausgenommen sind aber Schenkungen, die nach der Lebensführung der Ehegatten angemessen sind oder die an einen Verwandten in gerader Linie aus dem Anfangsvermögen geschenkt wurden. Grund für die zweite Ausnahme ist, dass diese Gegenstände mit der Schenkung ebenfalls aus dem Anfangsvermögen ausscheiden. Allerdings ist der Wertzuwachs durch Verbesserungen an einem solchen Gegenstand, der während der Dauer des Güterstands durch v Anfangsvermögen unabhängige Mittel erzielt wurde, dem Endvermögen gleichwohl zuzurechnen. Das ist konsequent, weil diese Werte dem Zugewinnausgleich sonst entzogen würden, weil der Gegenstand sonst gar nicht bewertet würde. 40

Außerdem gehören zum Endvermögen **Gegenstände, die ein Ehegatte in der Absicht, den anderen zu benachteiligen, veräußert** hat (Art 10 II 1 Nr 2 des Abk). Die Beweislast für die Benachteiligungsabsicht trägt der andere Ehegatte, der die Hinzurechnung zum Endvermögen des Benachteiligenden verlangt. Allzu hohe Anforderungen dürfen insoweit nicht gestellt werden, weil er sonst nie die Möglichkeit hätte, die Benachteili- 41 gungsabsicht nachzuweisen. Es muss ausreichen, dass diese das Hauptmotiv in einem Motivbündel bildet.

42 Schließlich ist zum Endvermögen noch das Vermögen hinzuzurechnen, dass ein Ehegatte **verschwendet** hat (Art 10 II 1 Nr 3 des Abk). Hier bestehen die gleichen Schwierigkeiten wie bei § 1375 abzugrenzen, was eine Verschwendung, also eine sinnlose Weggabe ohne jedes anerkennenswerte Motiv ist, und was noch als gerechtfertigte Ausgabe betrachtet werden kann.

43 In den Regelungen des Abkommens **fehlt eine Beweislastregel** wie § 1375 II 2. Der andere Ehegatte muss deswegen die für die Hinzurechnungstatbestände vollen Beweise erbringen.

44 bb) **Bewertung des Endvermögens.** Für die Bewertung des Endvermögens gelten dieselben Grundsätze, die in der Zugewinngemeinschaft iSd §§ 1363 ff gelten: Dem Endvermögen wird grundsätzlich sowohl hinsichtlich Aktivvermögen als auch Verbindlichkeiten der Wert zugrunde gelegt, den das Vermögen bei Beendigung des Güterstandes hatte (Art 11 I 1 des Abk). Allerdings gilt diese Bewertungsregel nur für den Fall der Beendigung des Güterstands durch den Tod eines Ehegatten, denn Art 13 des Abk enthält eine Sonderregelung für den Fall, dass der Güterstand durch ein gerichtliches Verfahren beendet wird, also für den Fall der Scheidung und des vorzeitigen Zugewinnausgleichs. In diesen Fällen bestimmt sich die Zugewinnausgleichsforderung nach Zusammensetzung und Wert des Vermögens der Ehegatten zum Zeitpunkt der Einreichung des Antrags bei Gericht. Es kommt also auf die Anhängigkeit, nicht die Rechtshängigkeit an. Werden Gegenstände dem Endvermögen hinzugerechnet, kommt es auf ihren Wert zum Zeitpunkt der Schenkung, Veräußerung in Benachteiligungsabsicht oder Verschwendung an (Art 11 II des Abk). Die dem Endvermögen hinzuzurechnende Wertverbesserung einer Sache, die iÜ nicht zu berücksichtigen ist (Art 10 II 2 Nr 1 b des Abk), wird zum Zeitpunkt der Schenkung des Gegenstands bewertet (Art 11 II 2 des Abk). Soweit der Bewertungsstichtag ein vorzeitiger ist, sind die Werte bis zum Bewertungsstichtag um den Betrag anzupassen, der sich aus den gemittelten Preisänderungsraten für allg Verbraucherpreise der Vertragsstaaten ergibt (Art 11 III des Abk).

45 3. **Zugewinnausgleichsanspruch.** Der Anspruch auf Zugewinnausgleich ist ein Geldanspruch (Art 12 II 1 des Abk), der in Höhe v 50 % der Differenz zugunsten des Ehegatten besteht, der in der Zeit des Güterstandes weniger Zugewinn erzielt hat (Art 12 I des Abk).

46 Die Zugewinnausgleichsforderung wird allerdings auf den **halben Wert des Vermögens des Ausgleichspflichtigen begrenzt**, das nach Abzug der Verbindlichkeiten zu dem Zeitpunkt, der für die Feststellung der Höhe der Zugewinnausgleichsforderung maßgebend ist, vorhanden ist (Art 14 S 1 des Abk). In Betracht kommen diese Fälle, wenn ein Ehegatte ein hohes negatives Anfangsvermögen hatte und mit einem positiven Endvermögen aus dem Güterstand hinausgeht. Er hat dann einen hohen Zugewinn, der dann regelmäßig sein vorhandenes Aktivvermögen weit übersteigt. Gäbe es keine Sonderregelung, müsste er deswegen den Zugewinn aus der Substanz seines gesamten Vermögens zahlen und sich ggebenenfalls sogar noch verschulden, um den Zugewinnausgleich zu leisten. Das widerspräche dem Zweck gerechter Teilung. Deswegen wird die Ausgleichsforderung in gesetzlichen Regelungen der Zugewinngemeinschaft begrenzt (vgl auch § 1378 II). Die hier gewählte Grenze liegt nur halb so hoch wie beim Zugewinnausgleich der Zugewinngemeinschaft iSd §§ 1363 ff (vgl § 1378 II). Diese Höhe ist die rechtspolitisch bessere, denn sie respektiert den Gedanken, dass am Ende der Ehe das Vermögen maximal hälftig geteilt werden soll. Die in der Reform 2009 eingeführte Regelung, dass auch das gesamte vorhandene Vermögen einzusetzen ist, ist insofern über das Ziel hinausgeschossen (aA. Finger, FuR 10, 481, 487). Bei der deutsch-französischen Wahl-Zugewinngemeinschaft ist die Kappungsgrenze v besonderer Bedeutung, denn eine allg Billigkeitskorrektur, wie sie § 1381 für die Zugewinngemeinschaft iSd §§ 1363 ff kennt, gibt es in der deutsch-französischen Wahl-Zugewinngemeinschaft nicht.

47 Die **Grenze** der Zugewinnausgleichsforderung **erhöht sich in den Hinzurechnungsfällen.** Auch insoweit wird die Hinzurechnung konsequenterweise (und anders als bei der

Zugewinngemeinschaft iSd §§ 1363 ff) auf die Hälfte des dem Endvermögen hinzuzurechnenden Betrages beschränkt. Das ist im Hinblick auf die Ausgangslage konsequent, die das Vermögen ebenfalls nur bis zur Hälfte in Anspruch nimmt.

Die Zugewinnausgleichsforderung ist zwar ein Geldanspruch (Art 12 II 1 des Abk). **48** Das Gericht kann jedoch auf Antrag eines der Ehegatten anordnen, dass **Gegenstände des Schuldners** dem Gläubiger **zum** *Zweck des Ausgleichs* **übertragen** werden, wenn das der Billigkeit entspricht (Art 12 II 2 des Abkommens). Die Rechtslage entspricht derjenigen in § 1383, ist allerdings insofern weiter, als hier beiden Ehegatten (und nicht nur dem Gläubiger) das Antragsrecht zusteht.

Die Zugewinnausgleichsforderung wird **mit ihrer Entstehung fällig.** Das Gericht kann **49** aber auf Antrag dem Schuldner die Zugewinnausgleichsforderung **stunden,** wenn die sofortige Zahlung für den Schuldner eine unbillige Härte wäre, insbesondere wenn sie ihn zur Aufgabe eines Gegenstandes zwingen würde, der seine wirtschaftliche Lebensgrundlage bildet (Art 17 I des Abk). Die Forderung ist dann zu verzinsen (Art 17 II des Abk), und auf Antrag des Gläubigers kann das Gericht anordnen, dass der Schuldner für eine gestundete Forderung Sicherheit leistet. Dabei entscheidet es über Art und Umfang der Sicherheitsleistung nach billigem Ermessen (Art 17 III des Abk). Die Möglichkeiten entsprechen denjenigen, die sich bei der Zugewinngemeinschaft iSd §§ 1363 ff aus § 1382 ergeben.

Erst **nach Beendigung des Güterstandes** ist die Zugewinnausgleichsforderung **vererb- 50 lich und übertragbar** (Art 12 III des Abk). Das bedeutet für den Scheidungsfall, dass die Scheidung erst rechtskräftig sein muss. Stirbt der Ausgleichsberechtigte vorher, ist die Zugewinngemeinschaft durch den Tod beendet. Etwas anderes gilt aber, wenn der Ausgleichsverpflichtete stirbt: In diesem Fall entsteht der Anspruch auf Zugewinn mit dem Tod des Ausgleichspflichtigen gegen dessen Erben. Die Frage der Vererblichkeit des Anspruchs stellt sich nicht (weil dieser Anspruch gar nicht dem Verstorbenen zustand).

Der Anspruch auf Zugewinnausgleich **verjährt in 3 Jahren;** die Frist beginnt mit dem **51** Zeit-punkt, in dem der Ehegatte v der Beendigung des Güterstandes erfährt, spätestens jedoch 10 Jahre nach der Beendigung des Güterstandes (Art 15 des Abk). Die Frist ist anders als bei der Zugewinngemeinschaft nach §§ 1363 ff; sie entspricht der bis 2009 dort geltenden Rechtslage.

VI. Vorzeitiger Zugewinnausgleich. Bei der Wahl-Zugewinngemeinschaft ist ebenfalls **52** die Möglichkeit vorgesehen, vorzeitig den Zugewinnausgleich zu verlangen. Anders als der deutsche Gesetzgeber bei der Zugewinngemeinschaft iSd §§ 1363 ff wird hier für die Möglichkeit, den vorzeitigen Zugewinnausgleich zu fordern, allein darauf abgestellt, dass ein **Ehegatte sein Vermögen so verwaltet,** dass dadurch die **Rechte des anderen** bei der Berechnung der Zugewinnausgleichsforderung **beeinträchtigt** (Art 18 I des Abk). Als Regelbeispiel nennt Art 18 II des Abk die Fälle, die zu der fiktiven Hinzurechnung nach Art 10 II des Abk führen. Die Zahl der Ausgleichsfälle bleibt deswegen gegenüber der in § 1385 vorgesehenen Regelung zurück. Ebenso wenig gibt es die bei der Zugewinngemeinschaft iSd §§ 1363 ff gegebene Möglichkeit, auch als Ausgleichspflichtete durch einen gerichtlichen Antrag ein Ende der Zugewinngemeinschaft herbeizuführen (vgl § 1386).

Mit der **Rechtskraft der Entscheidung,** durch die dem Antrag stattgegeben wird, gilt **53** für die Ehegatten **Gütertrennung** (Art 18 II des Abk).

§§ 1520 bis 1557 (weggefallen)

Die Vorschriften betrafen die Güterstände der Errungenschafts- und der Fahrnisge- **1** meinschaft.

Untertitel 3
Güterrechtsregister

Vorbemerkung zu §§ 1558–1563

1 Das **Güterrechtsregister** dient in erster Linie dem **Schutz Dritter**, die sich darüber informieren können sollen, welcher Güterstand zwischen Eheleuten besteht, weil sich daraus uU erhebliche Unterschiede der Außenhaftung ergeben. Es soll aber auch die Eheleute, die einen v gesetzlichen Güterstand abweichenden Güterstand vereinbart haben, vor der ungerechtfertigten Inanspruchnahme durch Dritte schützen.

2 §§ 1558–1563 enthalten Regeln über das **Verfahren der Eintragung im Güterrechtsregister**: §§ 1558 f regeln die Zuständigkeit, §§ 1560 f das Antragserfordernis, § 1562 die öffentliche Bekanntmachung und § 1563 das Recht auf Registereinsicht. Sie betreffen dagegen nicht die Wirkungen der Eintragung. Diese ergeben sich aus § 1412. Die Regelungen der §§ 1558–1563 hätten daher an sich in eine Verfahrensordnung gehört, nicht in das BGB.

2a Eine Eintragung im Güterrechtsregister bewirkt, dass ein **Dritter die eingetragene Tatsache gegen sich gelten lassen muss**, auch wenn er sie nicht kennt. Ist umgekehrt die Tatsache nicht eingetragen, braucht ein Dritter sie nur gegen sich gelten zu lassen, wenn er sie kennt (§ 1412). Das Güterrechtsregister hat aber keinen öffentlichen Glauben. Es ist lediglich ein beurkundendes Register. Es unterscheidet sich insofern v Grundbuch und v Handelsregister. In seiner jetzigen Form ist das Güterrechtsregister ohne großen Nutzen.

3 In das Güterrechtsregister **eingetragen werden können** alle Eheverträge und Lebenspartnerschaftsverträge (§ 7 LPartG) sowie deren Änderungen oder ihre Aufhebung. Gleichgültig ist, ob die Aufhebung auf Vereinbarung (§§ 1408, 1412 II) oder auf gerichtlicher Entscheidung beruht (vgl §§ 1449 II, 1470 II). Nicht eingetragen werden kann aber die Aufhebung einer Vereinbarung, die nicht selbst eingetragen worden war. Die Eintragung wäre insoweit nur Ballast des Registers; da dieses keinen öffentlichen Glauben genießt, kann sich der Dritte nach der Aufhebung ohnehin nicht mehr auf sie berufen. Eingetragen werden kann auch der bloße Ausschluss des gesetzlichen Güterstands oder des Versorgungsausgleichs, der denselben Effekt hat (§ 1414). Das Gleiche gilt für Beschränkungen oder Erweiterungen der Verwaltungsbefugnis gegenüber dem im Güterstand normalerweise Geltenden, so etwa für die Fälle der Einwilligung (und deren Widerruf) in die Führung eines selbständigen Erwerbsgeschäfts durch den nichtverwaltenden Ehegatten einer Gütergemeinschaft (§ 1431 III). Nach zutreffender Ansicht muss man auch Erweiterungen der gesetzlichen Verwaltungsbefugnisse (Verzicht auf §§ 1365, 1369) hierher rechnen. Dritte werden dadurch zwar nicht beeinträchtigt; sie haben aber ein schutzwürdiges Interesse daran, erfahren zu können, ob ein Ehegatte diese Geschäfte allein vornehmen kann (BGHZ 66, 203; aA noch BGHZ 41, 370). Eintragungsfähig ist schließlich auch der Ausschluss der Schlüsselgewalt (§ 1357 II).

4 **Nicht eintragungsfähig** ist der Eintritt der fortgesetzten Gütergemeinschaft. Dadurch ist zwar die unter den Ehegatten bestehende Gütergemeinschaft beendet, und es handelt sich auch um ein güterrechtliches Rechtsinstitut; die fortgesetzte Gütergemeinschaft tritt aber erst ein, wenn die Ehe schon beendet ist. Dritte werden nur durch die Bescheinigung über den Eintritt der fortgesetzten Gütergemeinschaft nach § 1507 geschützt.

5 Die **Prüfungskompetenz** des Registergerichts erstreckt sich nur darauf, ob die Antragsteller (§§ 1560 f) verheiratet sind und ob die Tatsache eintragungsfähig ist, die eingetragen werden soll. Wegen des fehlenden öffentlichen Glaubens des Registers wird nicht geprüft, ob diese Tatsachen auch zutreffen. Die Eintragung unzutreffender Tatsachen kann aber ebenso wie das Unterlassen der Löschung nicht mehr zutreffender Tatsachen treuwidrig sein und dann dazu führen, dass die Ehegatten so behandeln lassen müssen, als träfen diese zu.

Die **funktionelle Zuständigkeit** für die Führung des Güterrechtsregisters liegt beim Rechtspfleger, es sei denn, dass ausländisches Sachrecht anzuwenden ist (§ 3 Nr 1 e RPflG).

§ 1558 Zuständiges Registergericht

(1) Die Eintragungen in das Güterrechtsregister sind bei jedem Amtsgericht zu bewirken, in dessen Bezirk auch nur einer der Ehegatten seinen gewöhnlichen Aufenthalt hat.
(2) ¹Die Landesregierungen werden ermächtigt, durch Rechtsverordnung einem Amtsgericht für die Bezirke mehrerer Amtsgerichte die Zuständigkeit für die Führung des Registers zu übertragen. ²Die Landesregierungen können die Ermächtigung durch Rechtsverordnung auf die Landesjustizverwaltungen übertragen.

I. Die Vorschrift regelt die örtliche (und damit auch die internationale) Zuständigkeit für die Führung des Güterrechtsregisters. Sie wird durch § 1559 ergänzt, der die Verlegung des gewöhnlichen Aufenthalts eines oder beider Ehegatten betrifft. Zur funktionellen Zuständigkeit s Vor §§ 1558–1563 Rn 6.

II. Örtlich zuständig für die Eintragungen im Güterrechtsregister ist jedes Amtsgericht, in dessen Bezirk mindestens einer der Ehegatten seinen gewöhnlichen Aufenthalt hat (Abs 1). Das Bestehen eines Wohnsitzes ist nicht erforderlich, ein schlichter Aufenthalt reicht nicht. Bei Fehlen eines inländischen gewöhnlichen Aufenthaltsorts eines der Ehegatten fehlt es wegen des Gleichlaufs der internationalen Zuständigkeit mit der örtlichen Zuständigkeit deutscher Gerichte für eine Eintragung im Güterrechtsregister. Eine Auffangzuständigkeit besteht nicht.

Die Zuständigkeit kann für mehrere Amtsgerichte durch Anordnung der Landesjustizverwaltung **einem Gericht übertragen** werden (Abs 2). Dieses ist dann zuständig, wenn sich mindestens ein Ehegatte im Bezirk eines der Gerichte gewöhnlich aufhält, für das die Zuständigkeit konzentriert worden ist.

Von einem **unzuständigen Gericht** vorgenommene Eintragungen sind **unwirksam**.

§ 1559 Verlegung des gewöhnlichen Aufenthalts

¹Verlegt ein Ehegatte nach der Eintragung seinen gewöhnlichen Aufenthalt in einen anderen Bezirk, so muss die Eintragung im Register dieses Bezirks wiederholt werden. ²Die frühere Eintragung gilt als von neuem erfolgt, wenn ein Ehegatte den gewöhnlichen Aufenthalt in den früheren Bezirk zurückverlegt.

Die Vorschrift ergänzt § 1558 für den Fall, dass ein Ehegatte seinen gewöhnlichen Aufenthalt aus dem Bezirk des Gerichts wegverlegt, bei dem eine Eintragung ins Güterrechtsregister erfolgt ist. Sie ordnet an, dass in diesem Fall die alte Eintragung wirkungslos wird, indem sie bestimmt, dass die Eintragung beim Gericht im Bezirk des neuen gewöhnlichen Aufenthalts erneut vorgenommen werden muss (S 1). Das gilt auch dann, wenn der andere Ehegatte seinen gewöhnlichen Aufenthalt im Bezirk der Eintragung beibehält. Die alte Eintragung wird jedoch wieder wirksam, wenn der Ehegatte seinen gewöhnlichen Aufenthalt in den Gerichtsbezirk zurückverlegt, in dem die ursprüngliche Eintragung vorgenommen worden war (S 2). Sie ist deswegen v Gericht nicht zu löschen, auch wenn der gewöhnliche Aufenthalt verlegt wird.

§ 1560 Antrag auf Eintragung

¹Eine Eintragung in das Register soll nur auf Antrag und nur insoweit erfolgen, als sie beantragt ist. ²Der Antrag ist in öffentlich beglaubigter Form zu stellen.

§ 1561 Antragserfordernisse

(1) Zur Eintragung ist der Antrag beider Ehegatten erforderlich; jeder Ehegatte ist dem anderen gegenüber zur Mitwirkung verpflichtet.
(2) Der Antrag eines Ehegatten genügt
1. zur Eintragung eines Ehevertrags oder einer auf gerichtlicher Entscheidung beruhenden Änderung der güterrechtlichen Verhältnisse der Ehegatten, wenn mit dem Antrag der Ehevertrag oder die mit dem Zeugnis der Rechtskraft versehene Entscheidung vorgelegt wird;
2. zur Wiederholung einer Eintragung in das Register eines anderen Bezirks, wenn mit dem Antrag eine nach der Aufhebung des bisherigen Wohnsitzes erteilte, öffentlich beglaubigte Abschrift der früheren Eintragung vorgelegt wird;
3. zur Eintragung des Einspruchs gegen den selbständigen Betrieb eines Erwerbsgeschäfts durch den anderen Ehegatten und zur Eintragung des Widerrufs der Einwilligung, wenn die Ehegatten in Gütergemeinschaft leben und der Ehegatte, der den Antrag stellt, das Gesamtgut allein oder mit dem anderen Ehegatten gemeinschaftlich verwaltet;
4. zur Eintragung der Beschränkung oder Ausschließung der Berechtigung des anderen Ehegatten, Geschäfte mit Wirkung für den Antragsteller zu besorgen (§ 1357 Abs. 2).

1 I. §§ 1560 f bestimmen, dass Eintragungen im Güterrechtsregister grds nur auf **Antrag** der Ehegatten hin erfolgen sollen und regeln, welche Anforderungen an diesen Antrag zu stellen sind.

2 II. Die Eintragung im Güterrechtsregister **setzt einen Antrag voraus** (§ 1560 S 1). Der Rechtspfleger wird also nicht vAw tätig, auch wenn ihm aufgrund seiner Tätigkeit eintragungsfähige Tatsachen bekannt werden. Der Antrag bestimmt auch den Umfang der Eintragung. Die Eheleute haben es daher selbst in der Hand, was sie eintragen lassen wollen.

3 Grds ist für die Eintragung ein Antrag **beider Ehegatten** erforderlich (§ 1561 I). Jeder Ehegatte hat einen Anspruch gegen den anderen, dass er den Antrag stellt. Bei Weigerung des anderen Ehegatten kann er gerichtlich durchgesetzt werden; die Vollstreckung erfolgt nach § 120 FamFG, § 894 ZPO.

4 Ausnahmsweise reicht der Antrag **eines Ehegatten**, wenn ein Ehevertrag oder die aufgrund einer gerichtlichen Entscheidung eintretende Änderung eingetragen werden soll und der antragstellende Ehegatte den Ehevertrag oder eine mit dem Rechtskraftzeugnis versehene Ausfertigung der Entscheidung vorlegt (§ 1561 II Nr 1). Das Gleiche gilt im Fall des § 1559 bei Wiederholung der Eintragung in einem anderen Bezirk, wenn eine öffentlich beglaubigte Abschrift der Ersteintragung vorgelegt wird (§ 1561 II Nr 2). Die Regelung verlangt, dass die Abschrift erst nach der Aufgabe des bisherigen Wohnorts erteilt sein darf. Das ist inkonsequent, weil die Neueintragung bereits bei Änderung des gewöhnlichen Aufenthalts erforderlich wird (§ 1559). Auf einen inländischen Wohnsitz kommt es für die Eintragung gar nicht an. Auch für § 1561 II Nr 2 ist daher entgegen dem Gesetzeswortlaut an die Änderung des gewöhnlichen Aufenthalts anzuknüpfen. Aus der Natur der einzutragenden Tatsachen folgen die beiden letzten Ausnahmen v beiderseitigen Antrag: Der Antrag eines Ehegatten reicht auch für die Eintragung des Einspruchs gegen den selbständigen Betrieb eines Erwerbsgeschäfts bei der Gütergemeinschaft (§§ 1561 II Nr 3, 1431, 1456) und zur Eintragung der Beschränkung oder Ausschließung der Schlüsselgewalt (§§ 1561 II Nr 4, 1357 II).

5 Der Antrag bedarf der **öffentlichen Beglaubigung** (§§ 1560 S 2, 129). Ein Formverstoß führt zu seiner Nichtigkeit.

6 Kosten: Nr. 13200 KV GNotKG.

§ 1562 Öffentliche Bekanntmachung

(1) Das Amtsgericht hat die Eintragung durch das für seine Bekanntmachungen bestimmte Blatt zu veröffentlichen.
(2) Wird eine Änderung des Güterstands eingetragen, so hat sich die Bekanntmachung auf die Bezeichnung des Güterstands und, wenn dieser abweichend von dem Gesetz geregelt ist, auf eine allgemeine Bezeichnung der Abweichung zu beschränken.

Die Norm regelt die **Veröffentlichung** der Eintragung durch das Registergericht. Diese 1 erfolgt in dem **allgemein für die Veröffentlichungen dieses Amtsgerichts bestimmten Blatt** (Abs 1). Grds muss die gesamte Eintragung bekannt gemacht werden. Etwas anderes gilt nur, wenn eine Änderung des Güterstands einzutragen ist. Dann reicht es, die Bezeichnung des Güterstands und – falls die Ehegatten einige Punkte darin abweichend v der im Gesetz vorgesehenen Lage geregelt haben – die allgemeine Bezeichnung der Änderung bekannt zu machen.

Die Bekanntmachung ist **rein deklaratorisch**. Ihr Unterbleiben oder ihre Fehlerhaftig- 2 keit hat auf die Wirksamkeit der Eintragung im Güterrechtsregister keinen Einfluss.

§ 1563 Registereinsicht

¹Die Einsicht des Registers ist jedem gestattet. ²Von den Eintragungen kann eine Abschrift gefordert werden; die Abschrift ist auf Verlangen zu beglaubigen.

Die Vorschrift regelt die Einsichtnahme in das Güterrechtsregister. Sie erlaubt sie jeder- 1 mann, auch ohne den Nachweis eines berechtigten Interesses (S 1). Die Einsicht erfolgt kostenlos (§ 90 KostO). Der Einsichtnehmende kann v den Eintragungen eine Abschrift verlangen. Diese muss beglaubigt werden, wenn er das verlangt (S 2).

Titel 7
Scheidung der Ehe

Vorbemerkung zu §§ 1564–1568

Die Scheidung ist neben dem Tod und der Aufhebung einer der Gründe, durch die eine 1 Ehe beendet werden kann. Es handelt sich wie bei der Eheschließung selbst um einen **staatlichen Akt.** § 1564 bestimmt daher, dass sie nur durch gerichtliche Entscheidung ausgesprochen werden kann.

Geschieden werden kann nur eine Ehe (zu Lebenspartnerschaften s Rn 8). Es schadet 2 nicht, dass sie aufgehoben werden könnte (bei gleichzeitigem Antrag beachte § 126 III FamFG). Nur eine Nichtehe ist nicht scheidbar; denn insofern handelt es sich um ein rechtliches nullum. Andere Lebensgemeinschaften als Ehen werden durch die bloße Willensentscheidung der Beteiligten aufgelöst. Auch sie sind deswegen nicht scheidbar.

Seit dem Inkrafttreten des 1. EherechtsreformG ist einziger **Scheidungsgrund** das Schei- 3 tern der Ehe (§ 1565 I 1). Voraussetzung dafür ist die Beendigung der ehelichen Lebensgemeinschaft und die negative Prognose, dass die Lebensgemeinschaft auch nicht wieder aufgenommen werde (§ 1565 I 2). Um die Feststellung des Scheiterns zu erleichtern, hat der Gesetzgeber mehrere an die Dauer des Getrenntlebens anknüpfende unwiderlegliche Vermutungen dafür aufgestellt (§ 1566). Diese Regelungen sind nicht abdingbar. Verschuldensgesichtspunkte spielen heute für die Scheidung keine Rolle mehr. Im Scheidungsfolgenrecht ist die Bedeutung v Verschuldensargumenten ebenfalls minimiert. Nur in Extremfällen sollte das Verschulden am Ende der Ehe insoweit v Bedeutung sein (vgl §§ 1381, 1579, § 27 VersausglG).

Die wichtigste **Scheidungsfolge** ist die Beendigung der Ehe (§ 1564 S 2). Jeder Ehegatte 4 kann den Ehenamen weiterführen, kann aber auch den Geburtsnamen oder den zur Zeit der Eheschließung geführten Namen wählen. Selbst die Beifügung des Geburtsnamens zum Ehenamen ist noch zulässig (§ 1355 V). Soweit die Eheleute im gesetzlichen Güterstand oder im Güterstand der Wahl-Zugewinngemeinschaft gelebt haben, kommt es zum Zugewinnausgleich (§§ 1363 ff, 1519), falls sie den Güterstand der Gütergemeinschaft gewählt hatten, muss das Gesamtgut auseinandergesetzt werden (§§ 1471 ff). Haushaltsgegenstände und die Ehewohnung werden nach §§ 1568 a f verteilt, wenn den Eheleuten keine einvernehmliche Lösung gelingt. Mit der Scheidung enden grds auch die Unterhaltsansprüche des einen Ehegatten gegen den anderen (Prinzip der Eigenverantwortlichkeit). Nur wenn ein Ehegatte wegen Pflege und Erziehung der gemeinsamen Kinder (§ 1570), Alters (§ 1571) oder Krankheit (§ 1572) nicht erwerbstätig sein kann, wenn er keine angemessene Erwerbstätigkeit zu finden vermag (§ 1573) oder wenn er sich fortbilden oder umschulen lassen muss (§ 1575) oder wenn schwerwiegende Gründe die Versagung als unbillig erscheinen ließen (§ 1576) kann er Unterhalt v seinem ehemaligen Ehegatten verlangen. Es findet ein Versorgungsausgleich statt (§ 1587, §§ 1 ff VersAusglG). Unterhaltsansprüche der Kinder kann derjenige Ehegatte in Prozessstandschaft geltend machen, bei dem die Kinder leben (§ 1629 II). Das Sorgerecht für die Kinder wird durch Scheidung nach dem Inkrafttreten des KindschaftsrechtsreformG am 1.7.98 nicht mehr berührt. Die Eheleute behalten auch nach ihrer Scheidung grds ein gemeinsames Sorgerecht. V dem Beginn der Trennung an hat aber jeder die Möglichkeit, die Übertragung der Sorge auf sich allein zu beantragen (§ 1671).

5 Die Beseitigung v Ehefolgen ohne Beendigung der Ehe (**Trennung v Tisch und Bett**) kennt das heutige deutsche Recht nicht mehr. Die Eheleute haben das Recht, sich zu trennen, wenn die Ehe gescheitert ist (§ 1353 II). Derartige Fälle können aber noch bei Geltung eines ausländischen Sachrechts vorkommen.

6 **Verfahren.** Für das Scheidungsverfahren ist ausschließlich das Familiengericht zuständig (§§ 111 Nr 1, 121 Nr 1 FamFG). Besondere Verfahrensregeln finden sich in §§ 121 ff, 133 ff FamFG. Es herrscht grds Anwaltszwang (§ 114 FamFG). Die Scheidungssache und die Entscheidungen, die für den Fall der Scheidung beantragt werden (Folgesachen, § 137 FamFG) stehen in einem Verhandlungs- und Entscheidungsverbund. Dieser wird teilweise durch die Regeln der ZPO, teilweise durch die des FamFG bestimmt (vgl § 113 I FamFG). Für Entscheidungen über den Versorgungsausgleich herrscht ein Zwangsverbund vAw. Die Kosten der Entscheidung über die Scheidung und die Folgesachen richten sich nach § 150 FamFG. Für einstweilige Anordnungen gelten §§ 49 ff FamFG, nicht §§ 935, 940 ZPO (Einzelh: Hk-ZPO/Kemper, § 940 ZPO Rn 10).

7 **Internationalprivatrechtlich** richtet sich die Ehescheidung heute nach der Europäischen EheRVO (EU) Nr 1259/2010 („Rom III"). Diese Verordnung gilt zZ in den 14 Staaten, die sie im Wege der verstärkten Zusammenarbeit auf den Weg gebracht haben (Belgien, Bulgarien, Deutschland, Frankreich, Italien, Lettland, Luxemburg, Malta, Österreich, Portugal, Rumänien, Slowenien, Spanien und Ungarn, ab April 2014 auch in Litauen). In diesen Staaten gilt sie aber auch für Staatsangehörige aus Nichtmitgliedstaaten. Die nicht teilnehmenden Mitgliedstaaten der EU können die Verordnung aber jederzeit für sich übernehmen. Durch die Vereinheitlichung des IPR ist nun sichergestellt, dass diese Staaten das gleiche materielle Recht auf eine Scheidung anwenden. Rückverweisungsprobleme können sich deswegen nicht mehr ergeben (abgesehen davon, dass die VO den renvoi generell ausschließt).

7a Die Verordnung hat die **Wahlmöglichkeiten** der Ehegatten beim anzuwendenden Scheidungsrecht gestärkt. Die Ehegatten können die Rechtsordnung wählen, der sie eine Scheidung oder eine Trennung unterstellen wollen. Allerdings muss die gewählte Rechtsordnung eine enge Verbindung zu ihrer Lebensführung aufweisen – durch den gewöhnlichen Aufenthaltsort der Ehegatten, ihren früheren gewöhnlichen Aufenthaltsort, ihre Staatsangehörigkeit oder den Gerichtsort (vgl Art 5 Rom III-VO). Die Verordnung schützt den schwächeren Ehegatten vor einer übereilten Entscheidung auf Druck des Partners. Die Rechtswahlvereinbarung muss bestimmten Formerfordernissen genügen und ist zumindest schriftlich abzufassen (Art 6 Rom III-VO). Die Mitgliedstaaten können aber auch die notarielle Beurkundung oder eine andere Form anordnen. Davon hat Deutschland Gebrauch gemacht (vgl Art 46 d EGBGB). Die Rechtswahlvereinbarung kann auch für unwirksam erklärt werden, wenn ein Ehegatte zu ihrer Abgabe genötigt worden ist.

Wenn die Ehegatten v ihren **Wahlmöglichkeiten keinen Gebrauch** gemacht haben, wird nach objektiven Kriterien bestimmt, welches nationale Scheidungsrecht gilt, ob also die Ehe etwa nach französischem oder deutschem Recht geschieden wird. Entscheidungskriterium sind auch hier der gewöhnliche Aufenthaltsort, der letzte gewöhnliche Aufenthaltsort, die Staatsangehörigkeit der Ehegatten und schließlich der Gerichtsort (vgl Art 8 Rom III-VO). Zu Einzelh s die Kommentierung der EheRVO. 7b

Während die Scheidung im Inland immer **nur durch gerichtliche Entscheidung** erfolgen kann, selbst wenn die maßgebliche ausländische Rechtsordnung eine Privatscheidung zulässt (Art 17 II EGBGB), kann eine im Ausland vorgenommene und nach der allein maßgeblichen Rechtsordnung zulässige Privatscheidung in Deutschland anerkannt werden (BGH NJW 90, 2194; FamRZ 94, 435). Soweit aber deutsches Recht auf die Scheidung anzuwenden ist, ist die im Ausland erfolgte Privatscheidung in Deutschland wirkungslos (BGHZ 176, 365; 110, 267; OLG München FamRZ 12, 1142; KG FPR 02, 304; FamRZ 13, 1484). Derzeit ebenso wenig anerkennungsfähig ist in einem solchen Fall eine im Ausland durch eine Behörde ausgesprochene Scheidung (OLG Koblenz FamRZ 05, 1692). 7c

Eine **Lebenspartnerschaft** (Vor §§ 1297–1588 Rn 11 ff) kann ebenfalls nur durch ein richterlichen Gestaltungsakt beendet werden (§ 15 I 1 LPartG – wie § 1564, Einzelh: HK-LPartR/Kemper, 2. Aufl, § 15 LPartG, Rn 1 ff). Das LPartG spricht insofern allerdings nicht v einer Scheidung, sondern – missverständlich – v einer Aufhebung. Mit den Regeln über die Aufhebung der Ehe (§§ 1313 ff) haben die Regelungen über die Aufhebung der Lebenspartnerschaft nur wenig (vgl § 15 II LPartG) gemein; denn die Aufhebung der Lebenspartnerschaft entspricht in ihren Voraussetzungen und Folgen vielmehr im Wesentlichen der Scheidung: Die Partnerschaft kann frühestens aufgehoben werden, wenn die Partner ein Jahr getrennt leben (§ 15 II Nr 1 LPartG – wie § 1566 I). Allerdings kommt es auf das Scheitern der Beziehung nicht an (anders als § 1565). Die Aufhebungsabsicht muss in diesem Fall einverständlich sein, bei einseitiger Trennung ist eine Frist v drei Jahren einzuhalten (§ 15 II Nr 2 LPartG – entsprechend § 1566 II). Nur bei Unzumutbarkeit kann sofort aufgehoben werden (§ 15 II Nr 3 LPartG). Leben die Lebenspartner getrennt, besteht ein Unterhaltsanspruch unter Voraussetzungen, die denen während des Getrenntlebens v Eheleuten entsprechen (§ 12 LPartG, der auf § 1361 verweist). Die bislang bestehenden Unterschiede im Recht des Getrenntlebensunterhalts wurden durch das Gesetz zur Überarbeitung des Lebenspartnerschaftsrechts mWv 1.1.05 beseitigt (BGBl 04 I 3396). IÜ kann während der Trennungsphase bereits eine Regelung über die Zuteilung v Partnerschaftswohnung und an den Haushaltsgegenständen getroffen werden (§§ 13 f LPartG – wie §§ 1361 a f). 8

Untertitel 1
Scheidungsgründe

§ 1564 Scheidung durch richterliche Entscheidung

¹Eine Ehe kann nur durch richterliche Entscheidung auf Antrag eines oder beider Ehegatten geschieden werden. ²Die Ehe ist mit der Rechtskraft der Entscheidung aufgelöst. ³Die Voraussetzungen, unter denen die Scheidung begehrt werden kann, ergeben sich aus den folgenden Vorschriften.

I. Die Vorschrift sichert in erster Linie das **staatliche** Interesse an der **Kontrolle über die Auflösung v Ehen**. 1

II. Bei Geltung deutschen Rechts ist eine **Privatscheidung ausgeschlossen** (S 1). Sofern deutsches Sachrecht gilt, muss daher im Ausland durch gerichtliche Entscheidung selbst dann geschieden werden, wenn die Rechtsordnung dieses Landes eine Privatscheidung zulässt. Andere Scheidungen können nicht anerkannt werden (BGHZ 176, 2

365; 110, 267; BayObLG FamRZ 03, 381; KG FPR 02, 304). Umgekehrt wird durch Art 17 II EGBGB gesichert, dass im Inland selbst dann nur durch gerichtliche Entscheidung geschieden werden kann, wenn für die Ehescheidung eine Rechtsordnung maßgeblich ist, die eine Privatscheidung zulässt. Die Privatscheidung muss dann vor Gericht erklärt werden, dieses spricht dann erst die Scheidung aus.

3 Die Ehe wird nur **auf Antrag** geschieden. Dieser kann v jedem Ehegatten allein, aber auch v beiden gemeinsam gestellt werden (S 1). Durch den Antrag wird ein Verfahren eingeleitet, in dem grds alle Streitigkeiten, in denen eine Entscheidung für den Fall der Scheidung beantragt wird (Folgesachen), in einem Verhandlungs- und Entscheidungsverbund stehen, dh grds zusammen verhandelt und entschieden werden müssen (§ 137 FamFG). Für den Versorgungsausgleich gilt das sogar dann, wenn nicht einmal ein Antrag auf dessen Regelung gestellt ist (§ 137 I 2 FamFG, sog Zwangsverbund).

4 Scheidungsgrund ist allein das Scheitern der Ehe (§ 1565 I 1). Die Überschrift vor § 1564 ist insoweit missverständlich; denn §§ 1565 II, 1566 regeln nur, wie das Scheitern der Ehe im Scheidungsverfahren nachgewiesen werden kann. Grds kommt die Scheidung frühestens in Betracht, wenn die Eheleute mindestens ein Jahr getrennt gelebt haben (vgl § 1565 II). Das kann v den Parteien nicht abbedungen werden. Genauso wenig haben sie es in der Hand, die Scheidungsvoraussetzungen zu verschärfen oder die Scheidung ganz auszuschließen, denn mit der gesetzlichen Einführung der Scheidung bei Zerrüttung der Ehe sollte gerade verhindert werden, dass ein Ehegatte den anderen auf Dauer an einer Ehe festhalten kann, die dieser nicht mehr will (BGH NJW 90, 703; OLG Hamm FamRZ 91, 443). Zulässig ist es aber, Vereinbarungen über die Bewertung bestimmter, für die Scheidung relevanter Tatsachen zu treffen, etwa sich zu einigen, dass eine schon verstrichene Trennungszeit (nicht eine künftige) nicht auf die Zeiten nach §§ 1565 II, 1566 angerechnet werden soll (BGHZ 97, 304).

5 Mit der **Rechtskraft** des Scheidungsbeschlusses ist die **Ehe aufgelöst** (S 2). Zu den übrigen Scheidungsfolgen vgl Vor §§ 1564–1568 Rn 4.

§ 1565 Scheitern der Ehe

(1) ¹Eine Ehe kann geschieden werden, wenn sie gescheitert ist. ²Die Ehe ist gescheitert, wenn die Lebensgemeinschaft der Ehegatten nicht mehr besteht und nicht erwartet werden kann, dass die Ehegatten sie wiederherstellen.
(2) Leben die Ehegatten noch nicht ein Jahr getrennt, so kann die Ehe nur geschieden werden, wenn die Fortsetzung der Ehe für den Antragsteller aus Gründen, die in der Person des anderen Ehegatten liegen, eine unzumutbare Härte darstellen würde.

1 I. Die Norm ist die **zentrale Vorschrift des Scheidungsrechts**; denn sie enthält den einzigen Scheidungsgrund. Das Scheidungsrecht folgt dem Zerrüttungsprinzip und lässt die Scheidung immer zu, wenn die Ehe gescheitert ist (Abs 1 S 1). Abs 2 erschwert die Scheidung dadurch, dass er anordnet, dass die Ehe grds nicht vor Ablauf eines Trennungsjahres geschieden werden soll. So sollen übereilte Scheidungen vermieden werden und das Prinzip des § 1353, 1, dass die Ehe auf Lebenszeit geschlossen wird, gesichert werden.

2 II. 1. Die Ehe kann geschieden werden, wenn sie **gescheitert** ist (Abs 1 S 1). Ob das der Fall ist, ist in einer Würdigung aller Umstände des Einzelfalls zu ermitteln. Die Beweislast für die der Scheidung günstigen Umstände trägt der Antragsteller, für die ihr nachteiligen Umstände der Antragsgegner. Soweit die Vermutungen des § 1566 nicht eingreifen, muss dargelegt werden, weswegen die Ehe als gescheitert angesehen wird. Der bloße Vortrag, die Eheleute lebten seit einem Jahr getrennt und die Ehe sei gescheitert, reicht nicht (OLG Saarbrücken OLGR Saarbrücken 04, 516). Bei beiderseitigem Scheidungsantrag ist jeder Antrag einzeln zu behandeln.

3 Das **Scheitern der Ehe setzt nach Abs 1 S 2 voraus**, dass zwischen den Ehegatten **keine Lebensgemeinschaft** mehr besteht. Lebensgemeinschaft bedeutet mehr als das bloße Zusammenleben. Die Lebensgemeinschaft kann daher auch noch bestehen, wenn die Eheleute getrennte Wohnungen haben. Das gilt besonders, wenn das Nichtbestehen einer häuslichen Gemeinschaft nichts mit dem Zustand der Ehe zu tun hat, sondern auf externen Faktoren beruht (zB berufs- oder haftbedingte Trennung). Erkrankt ein Ehegatte geistig so schwer, dass er das Verständnis für die Ehe verliert, folgt daraus nicht automatisch, dass eine Lebensgemeinschaft nicht mehr besteht (BGH FPR 02, 143, aA MK-BGB/Wolf § 1565 Rn 30; Staud/Rauscher § 1565 Rn 30). Vielmehr konkretisiert sich gerade in diesen Fällen zunächst die Pflicht zur Fürsorge nach § 1353 und führt gerade zu einer gesteigerten Lebensgemeinschaft, die erst nach den normalen Regeln aufgegeben werden muss.

Die **Dauer** der Aufhebung der ehelichen Lebensgemeinschaft ist für die Frage des Scheiterns der Ehe unerheblich. Sie gewinnt aber Bedeutung für die Frage, ob eine der Scheiternsvermutungen (§ 1566) eingreift. Auch wenn das nicht der Fall ist, kann die Ehe aber geschieden werden. Das ergibt sich ohne weiteres aus Abs 2. Dann ist jedoch konkret darzulegen, warum die Fortsetzung der Ehe bis zum Ablauf eines Trennungsjahres eine unzumutbare Härte darstellen würde (Rn 8). 3a

Die **Wiederherstellung der ehelichen Lebensgemeinschaft** darf **nicht zu erwarten** sein. Es handelt sich um eine Prognoseentscheidung, die v Revisionsgericht nur begrenzt überprüfbar ist (BGH NJW 78, 1810). Zu prüfen ist, ob wahrscheinlich ist, dass die Ehegatten (noch einmal) eine Lebensgemeinschaft begründen, die dem gesetzlichen Leitbild einer auf gegenseitiger Achtung, Liebe, Treue und Verständnis beruhenden Gemeinschaft (vgl die Erläuterungen zu § 1353) entspricht. Der Maßstab ist objektiv. Die Prognose kann daher auch dann negativ sein, wenn beide Ehegatten anstreben, eine Lebensgemeinschaft zu führen, diese aber hinter den Minimalanforderungen zurückbleibt, die an eine Ehe zu stellen sind (zB ständige Dreier- und Viererbeziehungen). Praktisch werden solche Beurteilungsdifferenzen nur selten, weil das Scheidungsverfahren immer einen Antrag mindestens eines der Ehegatten voraussetzt (§ 1564, 1). 4

Umstände, die für ein Scheitern der Ehe sprechen, weil sie die Wiederaufnahme der ehelichen Lebensgemeinschaft als unwahrscheinlich erscheinen lassen, sind: die dauerhafte Zuwendung zu einem anderen Partner, ständige Misshandlungen oder Beleidigungen des einen Ehegatten durch den anderen, ständiger Streit, Angriffe auf Verwandte des Ehegatten, Gleichgültigkeit oder innere Kälte. Liegen derartige Faktoren vor, schaden kleinere Aufmerksamkeiten, Versöhnungsversuche und Besuche der negativen Prognose nicht. Das gilt vor allem, wenn diese Verhaltensweisen auch sich in einer vergleichbaren Situation befindlichen Dritten gegenüber üblich wären (zB Krankenhausbesuche bei schwerer Erkrankung, OLG Schleswig FamRZ 77, 802). 5

2. Die Scheidung ohne einjähriges Getrenntleben ist nur zulässig, wenn das Festhalten an der Ehe bis zum Ablauf der Trennungszeit für den Antragsteller eine unzumutbare Härte bedeuten würde (Abs 2). Das soll einerseits eine Mindestbedenkzeit gewährleisten und verhindern, dass ein Scheidungswilliger sofort den selbst geschaffenen Zerrüttungsgrund ausnutzt (Schutz des Scheidungsunwilligen). Andererseits soll der Scheidungswillige nicht an der Ehe festgehalten werden, wenn gewichtige Gründe das weitere Bestehen der Ehe trotz Getrenntlebens unzumutbar machen. 6

a) Die Härteregelung wird bedeutsam, wenn die Eheleute **noch nicht ein Jahr getrennt** leben (Begriff: § 1567). Auf die Dauer der Ehe kommt es nicht an. Maßgeblicher Zeitpunkt ist die letzte mündliche Verhandlung vor dem Familiengericht. Bei vorzeitig gestelltem Scheidungsantrag ist die Scheidung abzulehnen, wenn die Voraussetzungen des Abs 2 nicht vorliegen. Ist die Trennungszeit erst in der zweiten Instanz erreicht, ist an das Familiengericht zurückzuverweisen, damit dem scheidungsunwilligen Ehegatten nicht wegen der Folgeseine eine Instanz genommen wird (BGH NJW 97, 1007). 7

b) Trotz der unzureichend langen Trennung kann geschieden werden, wenn das Unterbleiben der Scheidung für den Antragsteller aus Gründen, die in der Person des anderen Ehegatten liegen, eine **unzumutbare Härte** bedeutete. Die Unzumutbarkeit muss gerade darin bestehen, mit dem anderen weiter verheiratet zu sein (OLG Köln FamRZ 13, 1738). Es reicht nicht, dass das Zusammenleben mit ihm unzumutbar ist. Bei der Beurteilung sind strenge Maßstäbe anzulegen. Als ausreichende Härten können angesehen werden: die Begehung v Straftaten gegen den scheidungswilligen Ehegatten, Prostitution (OLG Bremen FamRZ 96, 489), der Missbrauch v Kindern oder Stiefkindern, 8

Ehebruch mit Verwandten des Partners (OLG Oldenburg FamRZ 92, 682) oder unter bewusster Inkaufnahme einer HIV-Infektion, schwere Unterhaltspflichtverletzungen, bewusste wirtschaftliche Schädigungen des Partners und eine Trunk- oder Drogensucht, die der Partner wegen Uneinsichtigkeit nicht behandeln lässt (vgl OLG Bamberg FamRZ 80, 577; OLG München NJW 78, 49), wiederkehrende Drohungen und Übergriffe unter Alkoholeinfluss (OLG Schleswig SchlHA 08, 120), die Schwangerschaft mit dem Kind eines anderen Mannes, während der Lebensgemeinschaft in der Ehewohnung noch besteht (OLG Brandenburg FamRZ 04, 25).

9 Unzureichend als Härtegründe sind dag: Ehebruch (zu weit gehend AG München FamRZ 07, 1886), Homosexualität (OLG Nürnberg FamRB 07, 131; OLG Köln FamRZ 97, 24), ständiger Streit, vor der Eheschließung liegende Ereignisse, die dem Ehegatten verschwiegen wurden, auf Erkrankungen beruhendes Fehlverhalten gegenüber dem Partner sowie sonstige Umstände, für die eine Entschuldigung gefunden werden kann, wie etwa das Aussperren aus der Wohnung (OLG Zweibrücken FamRZ 05, 379). Nicht ausreichend ist auch die bloße Hinwendung des anderen Ehegatten zu einem neuen Partner (OLG München FamRZ 11, 218; OLG Köln FamRZ 92, 319) und erst Recht die Hinwendung des scheidungswilligen Ehegatten zu einem neuen Partner (Gedanke des Rechtsmissbrauchs) und zwar selbst dann, wenn die neue Beziehung zu einer Schwangerschaft geführt hat (OLG Naumburg FamRZ 05, 1839). Es reicht auch nicht, dass ein Ehegatte geisteskrank geworden ist und das Verständnis für die Bedeutung der Ehe im Wesentlichen verloren hat; denn die Ehe verwirklicht sich in diesem Stadium immer noch als Verantwortungsgemeinschaft (BGH NJW 02, 672).

10 c) Der Härtegrund muss **ausschließlich in der Person des scheidungsunwilligen Ehegatten** liegen. Trifft den anderen Ehegatten ein vergleichbares Fehlverhalten, scheidet die Anwendung v Abs 2 aus. Haben beide Ehegatten den Antrag gestellt, gilt nichts anderes. Es wäre eine im Gesetz nicht vorgesehene Verschärfung, in diesem Fall das Vorliegen v Härtegründen auf beiden Seiten zu fordern. Andererseits widerspräche der völlige Verzicht auf die Prüfung (so OLG Koblenz FamRZ 78, 33; OLG Karlsruhe FamRZ 78, 590) dem im Gesetz zum Ausdruck gekommenen Willen des Gesetzgebers, dass der beiderseitige Scheidungswille allein nicht ausreicht (OLG Stuttgart NJW 78, 546).

§ 1566 Vermutung für das Scheitern

(1) Es wird unwiderlegbar vermutet, dass die Ehe gescheitert ist, wenn die Ehegatten seit einem Jahr getrennt leben und beide Ehegatten die Scheidung beantragen oder der Antragsgegner der Scheidung zustimmt.

(2) Es wird unwiderlegbar vermutet, dass die Ehe gescheitert ist, wenn die Ehegatten seit drei Jahren getrennt leben.

1 I. Die Vorschrift ist eine **Hilfsnorm zu § 1565** und kein eigener Scheidungsgrund. Da der unmittelbare Nachweis des Scheiterns der Ehe oft schwierig ist, hat der Gesetzgeber durch die Aufstellung v zwei unwiderleglichen Vermutungen, die an die Dauer des Getrenntlebens anknüpfen, den Beweis des Scheiterns der Ehe erleichtert. Deren Voraussetzungen müssen grds schon bei Rechtshängigkeit der Scheidung, also der Zustellung der Antragsschrift, vorliegen. Fehlt es daran und an konkretem Vortrag, warum die Ehe gescheitert ist (und bei noch nicht einjähriger Trennung, warum die Voraussetzungen des § 1565 II vorliegen), kann die Scheidung ohne weiteres wegen Unschlüssigkeit des Scheidungsantrags abgelehnt werden. Der Mangel wird aber geheilt, wenn im Laufe des Verfahrens die notwendigen Fristen ablaufen. Allerdings darf das Berufungsgericht in einem solchen Fall nicht selbst scheiden, sondern muss den Rechtsstreit zurückverweisen, *damit das Familiengericht die Scheidung vornimmt;* denn sonst würde den Parteien eine Instanz genommen (OLG Hamm FamRZ 96, 1078).

2 II. 1. Die Scheiternsvermutungen **greifen ein: a)** bei **beiderseitigem Scheidungsantrag** oder bei Zustimmung des einen Ehegatten v dem anderen gestellten Scheidungsantrag nach **Getrenntleben** (Begriff: § 1567) v mindestens **einem Jahr**. Die Anforderungen an den Scheidungsantrag ergeben sich nun einheitlich aus § 133 FamFG. Die bislang bei Schei-

dungen nach Abs 1 bestehenden besonderen Mitteilungspflichten nach § 630 ZPO aF sind entfallen bzw auf alle Scheidungen ausgedehnt worden. Fehlt es an den Voraussetzungen des § 133 FamFG, handelt es sich auch bei einer Trennungszeit v über einem Jahr nicht um eine einverständliche, sondern um eine streitige Scheidung. Zu scheiden ist dann allein aus § 1565 I mit Nachweis des Scheiterns der Ehe. Werden die Scheidungsanträge zurückgenommen, handelt es sich um eine Versöhnung. Die Fristen laufen deswegen v diesem Tag an neu (OLG Bremen FamRZ 13, 301).
b) Das Scheitern der Ehe wird außerdem unwiderleglich vermutet, wenn die **Eheleute seit mindestens drei Jahren getrennt** leben. Das gilt auch, wenn ein Ehegatte der Scheidung widerspricht und die Ehe aufrechterhalten will. 3
2. **Folge** der Vermutung ist die unwiderlegliche Annahme, dass die Ehe gescheitert ist. Der Beweis des Gegenteils ist ausgeschlossen. 4

§ 1567 Getrenntleben

(1) ¹Die Ehegatten leben getrennt, wenn zwischen ihnen keine häusliche Gemeinschaft besteht und ein Ehegatte sie erkennbar nicht herstellen will, weil er die eheliche Lebensgemeinschaft ablehnt. ²Die häusliche Gemeinschaft besteht auch dann nicht mehr, wenn die Ehegatten innerhalb der ehelichen Wohnung getrennt leben.
(2) Ein Zusammenleben über kürzere Zeit, das der Versöhnung der Ehegatten dienen soll, unterbricht oder hemmt die in § 1566 bestimmten Fristen nicht.

I. Die Vorschrift ist eine **Hilfsnorm**. Sie definiert, was im Rahmen des Scheidungsrechts unter dem Begriff „Getrenntleben" zu verstehen ist. Ob an anderen Stellen, an denen das Gesetz v Getrenntleben spricht (im BGB §§ 1357 III, 1361 ff, 1385, 1629, 1672, 1678), die gleiche Definition zugrunde zu legen ist, richtet sich nach dem Zweck der jeweiligen Norm (zB keine Anwendung im Rahmen des § 1357, § 1357 Rn 6). 1
II. 1. Das Getrenntleben hat zwei Voraussetzungen: a) Zwischen den Eheleuten darf **keine häusliche Gemeinschaft** mehr bestehen (Abs 1 S 1). Diese muss ganz aufgehoben sein; eine Teiltrennung, während derer etwa die Eheleute in getrennten Wohnungen leben, die Frau aber immer noch die Wäsche für ihren Mann besorgt oder für ihn kocht, reicht nicht (OLG Köln FamRZ 13, 1738). Es schadet nicht, dass die Eheleute noch die gemeinsame Wohnung bewohnen (Abs 1 S 2). Auch dann muss aber das gemeinsame Zusammenleben aufgegeben sein. Erlaubt ist nur, dass die Eheleute wie Fremde nebeneinander in derselben Wohnung leben. Einschränkungen dieses Grundsatzes können aus der Versorgungsbedürftigkeit eines der Ehegatten (zB wegen einer Behinderung) oder im Interesse der im gemeinsamen Haushalt lebenden gemeinschaftlichen Kinder ergeben (OLG Düsseldorf FamRZ 82, 1014; OLG Köln NJW 87, 1561). Immer müssen sich die Fürsorgemaßnahmen für den anderen Ehegatten auf das absolute Mindestmaß beschränken (BGH NJW 79, 1360; OLG Koblenz, OLGR Koblenz 04, 632). Die Weiterbenutzung des gemeinsamen Schlafzimmers hindert grds die Annahme des Getrenntlebens (OLG Hamm NJWE-FER 98, 169). 2
b) Mindestens ein Ehegatte darf die häusliche Gemeinschaft nicht mehr herstellen wollen, weil er die **Lebensgemeinschaft ablehnt**. Es kommt nur auf die Ablehnung der Lebensgemeinschaft, nicht die Ehe an. Der Trennungswille muss nach außen deutlich werden. Es reicht nicht, wenn die Eheleute ihn nur untereinander äußern. Das ist besonders dann wichtig (wegen der Bestimmung des Trennungszeitpunkts), wenn die Eheleute auch während der funktionierenden Ehe räumlich getrennt waren, zB wegen ihres Berufs, wegen Haft (BGHZ 38, 266; OLG Bamberg FamRZ 81, 52) oder Krankenhaus- oder Pflegeheimaufenthalts (OLG Köln FamRZ 10, 2076). In diesen Fällen beginnt ein Getrenntleben erst mit der Bekanntgabe des Trennungswillens (nicht notwendigerweise gegenüber dem anderen Ehepartner), auch wenn die räumliche Trennung schon länger andauert. 3
2. **Ein kürzeres Zusammenleben zur Versöhnung** unterbricht die Trennung nicht (Abs 2). Das soll Versöhnungsversuche der Ehegatten fördern. Müssten diese befürchten, dass auch kurzfristige Versuche, wieder mit dem anderen zusammenzuleben, die 4

Trennung beendeten und eine ganz neue Frist erforderlich machten, würden derartige Versuche häufig unterbleiben.

5 Was noch ein Zusammenleben für **kürzere Zeit** ist, richtet sich nach den Umständen des Einzelfalls, vor allem nach dem Grad der Zerrüttung der Ehe. Unschädlich sind gemeinsame Urlaube, Besuche, auch wenn sie mit Übernachtungen verbunden sind, gelegentlicher Geschlechtsverkehr (vgl OLG Celle FamRZ 96, 804). Die Grenze ist bei einer im Vergleich zur für die Scheidung erforderlichen Trennungszeit v einem Jahr (§ 1565 II) erheblichen Dauer zu ziehen. Diese kann mit der Rspr bei etwa 25 % der Frist, also drei Monaten, angesiedelt werden (vgl OLG Saarbrücken FamRZ 10, 469; OLG Hamm NJW-RR 86, 554; großzügiger OLG Düsseldorf FamRZ 95, 96). Bei mehrfachen Versöhnungsversuchen durch Zusammenleben sind die einzelnen Zeitspannen zu addieren. Wird die zeitliche Grenze überschritten, endet das Getrenntleben. Sobald das Zusammenleben wieder aufgegeben wird, beginnt das Trennungsjahr neu. Die vorher liegende Zeit wird aber nicht mehr berücksichtigt.

6 **Zweck** des Zusammenlebens muss die **Versöhnung** der Eheleute sein. Die Wiederaufnahme des Zusammenlebens aus anderen Gründen (zB zur Kostenersparnis) beendet das Getrenntleben. Das Gleiche gilt, wenn das Zusammenleben zu einer echten Aussöhnung führt. Die Dauer des Getrenntlebens wird dann neu v einer erneuten Trennung an gerechnet.

§ 1568 Härteklausel

(1) Die Ehe soll nicht geschieden werden, obwohl sie gescheitert ist, wenn und solange die Aufrechterhaltung der Ehe im Interesse der aus der Ehe hervorgegangenen minderjährigen Kinder aus besonderen Gründen ausnahmsweise notwendig ist oder wenn und solange die Scheidung für den Antragsgegner, der sie ablehnt, auf Grund außergewöhnlicher Umstände eine so schwere Härte darstellen würde, dass die Aufrechterhaltung der Ehe auch unter Berücksichtigung der Belange des Antragstellers ausnahmsweise geboten erscheint.

(2) (weggefallen)

1 I. Die Vorschrift enthält eine **Härteklausel,** mit der eine Scheidung zur Unzeit verhindert werden soll. Sie soll dag nicht den Bestand der Ehe auf Dauer sichern. Sie setzt voraus, dass die Ehe iSd § 1565 I gescheitert ist, bzw, dass das Scheitern nach § 1566 unwiderleglich vermutet wird. Fehlt es daran, ist für eine Scheidung ohnehin kein Raum; auf § 1568 kommt es nicht an.

2 II. 1. Die Norm enthält **zwei Härtegründe**. a) Die Scheidung soll trotz des Scheiterns der Ehe unterbleiben, wenn das im **Interesse der gemeinsamen minderjährigen Kinder** der Ehegatten erforderlich ist (1. Fall). Gemeint sind außergewöhnliche Härten für die Kinder, nicht die Schwierigkeiten, die sich aus jeder Scheidung ergeben. Ausreichend sind zB schwere psychische Störungen oder Selbstmordgefährdung (OLG Hamburg FamRZ 86, 469), nicht ausreichend zB rein wirtschaftliche Interessen. Durch den Härtegrund müssen gemeinschaftliche Kinder (auch Adoptivkinder) betroffen sein. Eine Härte für ein Stiefkind reicht nicht. Die Versagung der Scheidung muss das einzige Mittel sein, das Interesse des betroffenen Kindes zu sichern. Solange noch andere Wege bestehen, muss die Ehe geschieden werden. Die Anwendung der Kindesschutzklausel ist deswegen selbst dann verneint worden, wenn sich der scheidungsunwillige Ehegatte allein um die gemeinschaftlichen behinderten Kinder kümmern muss und deshalb nicht berufstätig sein kann, weil die sich daraus ergebenden Probleme unterhaltsrechtlich abzufedern seien (vgl OLG Bamberg FamRZ 05, 810). Die Kindesschutzklausel hat wegen dieser engen Auslegung kaum Bedeutung.

3 b) Außerdem kann die Scheidung abgelehnt werden, wenn sie **für den Antragsgegner,** der sie ablehnt, aufgrund außergewöhnlicher Umstände eine so **schwere Härte** darstellen würde, dass die Aufrechterhaltung der Ehe auch unter Berücksichtigung der Belange des Antragstellers ausnahmsweise geboten erscheint (2. Fall). Derartige Härtegründe können zB eine schwere Erkrankung (besonders, wenn der Tod in naher Zeit zu erwar-

ten ist, einschränkend aber OLG Brandenburg FamRZ 10, 1803), oder die Selbstmordgefährdung des Scheidungsunwilligen (KG FamRZ 83, 1133; aA BGH NJW 81, 2808) sein. Die Gründe müssen im Vergleich zum Interesse des anderen Ehegatten an der Scheidung ein ganz besonderes Gewicht aufweisen. Es reicht nicht, dass die Scheidung dem Scheidungsunwilligen normale Nachteile bringt, wie wirtschaftliche Nachteile (BGH NJW 81, 2516; 84, 2353; OLG Düsseldorf FamRZ 80, 780), selbst wenn es sich um den Eintritt der Sozialhilfebedürftigkeit handelt (OLG Bamberg FamRZ 05, 810), die Beeinträchtigung des Umgangsrechts mit einem Kind (OLG Frankfurt NJW-RR 02, 577), ausländerrechtliche Nachteile (OLG Köln FamRZ 95, 997; OLG Nürnberg FamRZ 96, 35) oder solche gesellschaftlicher Art (OLG Hamm FamRZ 77, 802). Ebenso wenig reichen durch das Scheitern der Ehe verursachte Härten, sie müssen allein aus der Beendigung der Ehe folgen (OLG Brandenburg FamRZ 09, 1223). Die Härte muss sich auch ausschließlich durch die (zeitweilige) Versagung der Scheidung beseitigen lassen. Insoweit gilt nichts anderes als bei den Härten für Kinder (Rn 2). Hinzukommen muss aber, dass der Ehegatte die Scheidung nur verweigert, weil er die Aufrechterhaltung der Ehe will, weil er aus innerer Bindung an ihr festhält (BGH FamRZ 85, 905). Schließlich müssen bei der Entscheidung über die Versagung der Scheidung auch die Belange des anderen (scheidungswilligen) Ehegatten berücksichtigt werden. Es muss eine Abwägung zwischen den Härtegründen auf der einen Seite und den Interessen des Scheidungswilligen auf der anderen stattfinden. Die Versagung der Scheidung scheidet daher aus, wenn auf Seiten des Scheidungswilligen Gründe v ähnlichem Gewicht vorliegen wie auf Seiten des Scheidungsunwilligen.

2. Bei Vorliegen der Voraussetzungen **muss die Scheidung abgelehnt werden.** Fallen die 4 Härtegründe später weg, kann ein neuer Scheidungsantrag gestellt werden.

III. Verfahren. Die Beweislast für das Vorliegen des Härtegrundes trägt der Ehegatte, 5 der die Scheidung ablehnt (OLG Brandenburg FamRZ 13, 301).

Untertitel 1a
Behandlung der Ehewohnung und der Haushaltsgegenstände anlässlich der Scheidung

§ 1568 a Ehewohnung

(1) Ein Ehegatte kann verlangen, dass ihm der andere Ehegatte anlässlich der Scheidung die Ehewohnung überlässt, wenn er auf deren Nutzung unter Berücksichtigung des Wohls der im Haushalt lebenden Kinder und der Lebensverhältnisse der Ehegatten in stärkerem Maße angewiesen ist als der andere Ehegatte oder die Überlassung aus anderen Gründen der Billigkeit entspricht.

(2) [1]Ist einer der Ehegatten allein oder gemeinsam mit einem Dritten Eigentümer des Grundstücks, auf dem sich die Ehewohnung befindet, oder steht einem Ehegatten allein oder gemeinsam mit einem Dritten ein Nießbrauch, das Erbbaurecht oder ein dingliches Wohnrecht an dem Grundstück zu, so kann der andere Ehegatte die Überlassung nur verlangen, wenn dies notwendig ist, um eine unbillige Härte zu vermeiden. [2]Entsprechendes gilt für das Wohnungseigentum und das Dauerwohnrecht.

(3) [1]Der Ehegatte, dem die Wohnung überlassen wird, tritt
1. zum Zeitpunkt des Zugangs der Mitteilung der Ehegatten über die Überlassung an den Vermieter oder
2. mit Rechtskraft der Endentscheidung im Wohnungszuweisungsverfahren
an Stelle des zur Überlassung verpflichteten Ehegatten in ein von diesem eingegangenes Mietverhältnis ein oder setzt ein von beiden eingegangenes Mietverhältnis allein fort. [2]§ 563 Absatz 4 gilt entsprechend.

(4) Ein Ehegatte kann die Begründung eines Mietverhältnisses über eine Wohnung, die Ehegatten auf Grund eines Dienst- oder Arbeitsverhältnisses innehaben, das zwischen einem von ihnen und einem Dritten besteht, nur verlangen, wenn der Dritte einverstanden oder dies notwendig ist, um eine schwere Härte zu vermeiden.

(5) ¹Besteht kein Mietverhältnis über die Ehewohnung, so kann sowohl der Ehegatte, der Anspruch auf deren Überlassung hat, als auch die zur Vermietung berechtigte Person die Begründung eines Mietverhältnisses zu ortsüblichen Bedingungen verlangen. ²Unter den Voraussetzungen des § 575 Absatz 1 oder wenn die Begründung eines unbefristeten Mietverhältnisses unter Würdigung der berechtigten Interessen des Vermieters unbillig ist, kann der Vermieter eine angemessene Befristung des Mietverhältnisses verlangen. ³Kommt eine Einigung über die Höhe der Miete nicht zustande, kann der Vermieter eine angemessene Miete, im Zweifel die ortsübliche Vergleichsmiete, verlangen.

(6) In den Fällen der Absätze 3 und 5 erlischt der Anspruch auf Eintritt in ein Mietverhältnis oder auf seine Begründung ein Jahr nach Rechtskraft der Endentscheidung in der Scheidungssache, wenn er nicht vorher rechtshängig gemacht worden ist.

1 I. Die Norm regelt die endgültige Zuweisung der Ehewohnung anlässlich der Scheidung. Sie wurde durch das Gesetz zur Änderung des Zugewinnausgleichs- und Vormundschaftsrechts v 6.7.09 (BGBl I 1696) eingeführt und ersetzt mit Wirkung v 1.9.09 die Regelungen der §§ 2–5 HausratsVO aF. Sie ist jetzt als Anspruch formuliert. Die Voraussetzungen und möglichen Anordnungen sind aber im Wesentlichen gleich geblieben. Eine Regelung für Lebenspartner findet sich in § 17 LPartG (der wiederum auf § 1568 a verweist). Auf nichteheliche Lebensgemeinschaften ist die Norm nicht, auch nicht analog, anwendbar.

2 Für die Zeit des **Getrenntlebens** gilt nicht § 1568 a, sondern § 1361 b.

3 **II. 1. Die Norm ist nur anwendbar,** wenn, a) Gegenstand des Verfahrens eine **Ehewohnung** ist. Besondere Anforderungen bestehen insoweit zwar nicht. Es muss aber eine Wohnung sein, welche die Eheleute zumindest zeitweise gemeinsam genutzt haben. Es kann sich sowohl um Häuser oder Wohnungen, aber auch um Container, Baracken, Wohnwagen oder Gartenhäuschen handeln. Die Eigentumsverhältnisse sind unerheblich (vgl Abs 2–5). Eine Wohnungszuweisung scheidet aber aus, wenn die Eheleute nie gemeinsam in einer Wohnung gelebt haben (zB nach der Trennung bezogene Wohnung). Das Gleiche gilt, wenn die Wohnung ihre Eigenschaft als Ehewohnung verloren hat, weil ein Ehegatte endgültig ausgezogen ist oder weil das Mietverhältnis schon gekündigt wurde (OLG Köln FamRZ 05, 1993).

4 b) Es muss um eine **endgültige Regelung** anlässlich der Scheidung oder Aufhebung der Ehe (vgl § 1318 IV) gehen. Die vorläufige Nutzungszuweisung während des Getrenntlebens richtet sich nach § 1361 b.

5 **2. Voraussetzung** für die Zuweisung der Ehewohnung an einen Ehegatten ist, dass er auf deren Nutzung unter Berücksichtigung des Wohls der im Haushalt lebenden Kinder und der Lebensverhältnisse der Ehegatten in stärkerem Maße angewiesen ist als der andere Ehegatte Abs 1, 1. Fall). Dem ist gleichgestellt, dass die Überlassung aus anderen Gründen der Billigkeit entspricht (Abs 1, 2. Fall).

6 In erster Linie ist danach zu entscheiden, ob der die Wohnung beanspruchende Ehegatte **stärker auf die Wohnung angewiesen** ist als der andere. Das kommt besonders dann in Betracht, wenn Kinder in der Wohnung leben, die noch zu klein sind, dass der Zwang zum Umzug die Belastungen, die ohnehin schon wegen der Scheidung auf sie zugekommen sind, noch verstärken würden. Abs 1 stellt deswegen auch besonders klar, dass das Wohl der im Haushalt lebenden (nicht notwendigerweise gemeinschaftlichen) Kinder bei der Entscheidung besonders berücksichtigt werden muss. Andere Anwendungsfälle sind, dass eine Wohnung besonders auf die Bedürfnisse eines der Ehegatten hin eingerichtet ist, etwa aus beruflichen Gründen (Atelier, Werkstatt) oder wegen einer Behinderung.

7 Eine Entscheidung aus **Billigkeitsgründen** kommt va dann in Betracht, wenn keine Kinder vorhanden sind und auch keine sonstigen Notwendigkeiten bestehen, dass gerade dieser Ehegatte die Wohnung weiter nutzt, dass er aber schützenswerte Interessen geltend machen kann, dass gerade er in der Wohnung bleibt. In Betracht kommt etwa, dass es sich um die Wohnung handelt, in der er aufgewachsen ist (BT-Drucks 16/10798, 33).

3. Kriterien für die Entscheidung über die Ehewohnung sind in erster Linie die **Rechts-** **8** **verhältnisse an der Wohnung.** Die Entscheidung allein nach der Notwendigkeit der Nutzung oder unter Anlegung einfacher Billigkeitskriterien erfolgt nur dann, wenn die Eheleute gleichrangige dingliche Rechte an der Wohnung haben, wenn sie also beide Eigentümer sind oder wenn keiner v ihnen Eigentümer der Wohnung ist (Abs 1). Dem Eigentum sind insofern ein Nießbrauch, Erbbaurecht, ein dingliches Wohnrecht, das Wohnungseigentum und das Dauerwohnrecht gleichgestellt (Abs 2). Sind die Billigkeitskriterien für die Zuweisung der in hälftigem Miteigentum der Ehegatten stehenden Wohnung zugunsten keinem der beiden jeweils antragstellenden Ehegatten festzustellen, müssen die wechselseitigen Zuweisungsanträge abgewiesen werden. Die Ehegatten sind dann auf die zivilrechtlichen Auseinandersetzungsmöglichkeiten verwiesen, die sich aus ihrem Gemeinschaftsverhältnis als Miteigentümer ergeben (OLG Saarbrücken v 7.3.13 – 6 UF 2/13), va also auf die Forderung der Neuregelung der Benutzung (§ 745) und äußerstenfalls die Teilungsversteigerung.

Die **Maßstäbe verschärfen sich,** wenn der **Ehegatte,** v dem die Wohnung verlangt wird, **9** allein oder zusammen mit einem Dritten **Inhaber eines der genannten dinglichen Rechte** ist. In diesen Fällen reicht die einfache für den Anspruchsteller sprechende Billigkeit nicht mehr aus; erforderlich ist dann vielmehr, dass die Nichtüberlassung der Wohnung für den Anspruchsteller eine unbillige Härte bedeutet (Abs 2). Das ist der Maßstab, der auch in der Trennungszeit gilt, vgl § 1361 b Rn 5.

Noch schärfer ist der Maßstab, wenn die betroffene Wohnung eine solche ist, die die **10** Ehegatten aufgrund eines **Dienst- oder Arbeitsverhältnisses** innehaben, das zwischen einem v ihnen und einem Dritten besteht. In diesen Fällen kann ein Ehegatte die Wohnung nur verlangen, wenn der Dritte einverstanden ist oder die Überlassung notwendig ist, um eine schwere Härte zu vermeiden (Abs 4). Das ist mehr als eine unbillige Härte. Der Grund für die Verschärfung ist, dass der Dritte, der die Wohnung überlassen hat, ein gesteigertes Interesse daran hat, dass sie nur v einem Mitarbeiter bewohnt wird. Deswegen muss die Notwendigkeit der Nutzung durch den anderen Ehegatten eine gesteigerte sein. Zu denken ist etwa an den Fall, dass die Wohnung für die speziellen Bedürfnisse dieses Ehegatten umgebaut wurde (va behindertengerecht ausgestaltet wurde) oder dass der die Überlassung fordernde Ehegatte erkrankt ist, so dass ein Wechsel der Wohnung seinen Gesundheitszustand negativ beeinflussen würde (vgl AG Kerpen FamRZ 97, 1344 f).

4. Die Entscheidung über die Wohnungsüberlassung **bewirkt,** dass der Berechtigte zum **11** Mieter der Ehewohnung wird, wenn er das Verfahren weiter betreibt, indem er v Vermieter bzw dem Eigentümer den Eintritt in ein bestehendes bzw den Neuabschluss eines neuen Mietverhältnisses verlangt (Abs 3 und 5). Der Anspruch erlischt ein Jahr nach Rechtskraft der Endentscheidung in der Scheidungssache, wenn er nicht vorher rechtshängig gemacht ist (Abs 6). Erforderlich ist also die Zustellung einer entsprechenden Klage (§ 261 ZPO) oder – soweit es ein dem FamFG unterliegendes Verfahren ist (bei Beteiligung des anderen Ehegatten) eines entsprechenden Antrags. Ein Prozess- bzw Verfahrenskostenhilfegesuch allein reicht nicht.

a) Handelt es sich bei der Wohnung um eine **Mietwohnung,** tritt der berechtigte Ehe- **12** gatte mit der Rechtskraft der Endentscheidung in der Ehewohnungssache (das Gesetz spricht noch in der alten Terminologie v Wohnungszuweisungssache) in das Mietverhältnis über die Ehewohnung ein (Abs 3 S 1 Nr 2). Steht das Verfahren im Verbund mit der Scheidungssache (§ 137 FamFG) kann das nicht vor der Rechtskraft des Ausspruchs der Scheidung der Fall sein (§ 148 FamFG). Entsprechendes gilt bei einer gütlichen Einigung der Beteiligten in dem Moment, in dem die Ehegatten dem Vermieter mitteilen, dass die Wohnung an einen v ihnen endgültig überlassen wurde (Abs 3 S 1 Nr 1). Diese Mitteilung kann erst nach der Rechtskraft der Scheidung erfolgen. Sie setzt voraus, dass das Mietverhältnis zu diesem Zeitpunkt noch besteht (KG Grundeigentum 13, 942). Der Vermieter wird dadurch geschützt, dass er das Mietverhältnis innerhalb eines Monats, nachdem er v dem endgültigen Eintritt in das Mietverhältnis Kenntnis erlangt hat, außerordentlich mit der gesetzlichen Frist kündigen kann, wenn in der Person des Eingetretenen ein wichtiger Grund vorliegt (Abs 3 S 2, § 563 IV).

Das ist jedoch nur ein relativ schwacher Schutz, denn der Vermieter wird v dem am häufigsten vorkommenden wichtigen Grund, der Zahlungsunfähigkeit des anderen Ehegatten oft erst nach dem Ablauf des Monats erfahren.

13 b) Bestand über die Ehewohnung **bisher kein Mietverhältnis**, weil sie im Eigentum der Ehegatten oder mindestens eines Ehegatten allein oder zusammen mit Dritten stand, können alle Betroffenen den Abschluss eines Mietvertrages zu den ortsüblichen Bedingungen verlangen (Abs 5). Das gilt für den Ehegatten, der den Anspruch auf die Wohnungsüberlassung hat, für den anderen (den verpflichteten) Ehegatten und alle Dritten, die ein dingliches Recht iSd Abs 2 an der Wohnung haben.

14 Der Eigentümer bzw sonst dinglich Berechtigte wird dadurch geschützt, dass er unter den Voraussetzungen des § 575 Abs 1 oder wenn die Begründung eines unbefristeten Mietverhältnisses unter Berücksichtigung der berechtigten Interessen des Vermieters unbillig ist, eine angemessene **Befristung** des Mietverhältnisses verlangen kann (Abs 5 S 1). Gemeint sind die Fälle, dass der wegen der Wohnungszuweisung zum Vermieter Gewordene die Räume als Wohnung für sich, seine Familienangehörigen oder Angehörige seines Haushalts nutzen will (§ 575 I Nr 1), dass er in zulässiger Weise die Räume beseitigen oder so wesentlich verändern oder instand setzen will, dass die Maßnahmen durch eine Fortsetzung des Mietverhältnisses erheblich erschwert würden (§ 575 I Nr 2) oder dass er die Räume an einen zur Dienstleistung Verpflichteten vermieten will (§ 575 I Nr 3). Zu beachten ist in diesen Fällen die Hinweispflicht auf die Befristung bei Beginn des Vertragsverhältnisses (§ 575 I aE). Wie die Bezugnahme auf andere berechtigte Interessen zeigt, sind diese Gründe aber nicht abschließend. Zu beachten ist nur, dass dann, wenn das Familiengericht schon über die Wohnungszuweisung entschieden hat und die Wohnung dem verpflichteten Ehegatten gehört, die Möglichkeiten, noch eine Befristung zu verlangen, ausgeschlossen sind, soweit diese Befristung der gerichtlichen Wohnungszuweisung widerspricht.

15 Kommt eine Einigung über die Höhe der Miete nicht zustande, kann der Vermieter eine **angemessene Miete**, im Zweifel die ortsübliche Vergleichsmiete, verlangen (Abs 5 S 2). Der Gesetzgeber hat bewusst an die ortsübliche Vergleichsmiete als Ausgangspunkt der Beurteilung angeknüpft. Von dieser kann aber abgewichen werden, wenn das aufgrund der persönlichen oder wirtschaftlichen Verhältnisse der Betroffenen geboten ist. In Betracht kommt auch, dass die Wohnkosten schon beim Unterhalt berücksichtigt wurden.

16 III. **Verfahren:** Das Verfahren in Ehewohnungssachen richtet sich nach §§ 200 ff FamFG.

§ 1568 b Haushaltsgegenstände

(1) Jeder Ehegatte kann verlangen, dass ihm der andere Ehegatte anlässlich der Scheidung die im gemeinsamen Eigentum stehenden Haushaltsgegenstände überlässt und übereignet, wenn er auf deren Nutzung unter Berücksichtigung des Wohls der im Haushalt lebenden Kinder und der Lebensverhältnisse der Ehegatten in stärkerem Maße angewiesen ist als der andere Ehegatte oder dies aus anderen Gründen der Billigkeit entspricht.

(2) Haushaltsgegenstände, die während der Ehe für den gemeinsamen Haushalt angeschafft wurden, gelten für die Verteilung als gemeinsames Eigentum der Ehegatten, es sei denn, das Alleineigentum eines Ehegatten steht fest.

(3) Der Ehegatte, der sein Eigentum nach Absatz 1 überträgt, kann eine angemessene Ausgleichszahlung verlangen.

1 I. Die Norm **regelt die endgültige Zuweisung der Haushaltsgegenstände anlässlich der Scheidung.** Sie wurde durch das Gesetz zur Änderung des Zugewinnausgleichs- und Vormundschaftsrechts v 6.7.09 (BGBl I 1696) eingeführt und ersetzt mWv 1.9.09 die Regelungen der §§ 8–10 HausratsVO aF, v denen allerdings die §§ 9 und 10 HausratsVO nicht übernommen wurden. Sie ist jetzt als Anspruch formuliert. Die Voraussetzungen und möglichen Anordnungen sind aber im Wesentlichen gleich geblieben. Eine

Regelung für Lebenspartner findet sich in § 17 LPartG (der wiederum auf § 1568 b verweist). Auf nichteheliche Lebensgemeinschaften ist die Norm nicht, auch nicht analog, anwendbar.

Für die Zeit des **Getrenntlebens** gilt nicht § 1568 b, sondern § 1361 a. 2

II. 1. Anwendbar ist die Regelung a) **nur in Bezug auf Haushaltsgegenstände.** Der Begriff deckt sich mit demjenigen in § 1361 a. Es handelt sich um alle beweglichen Gegenstände, die der Haushaltsführung dienen (zB Inventar, Haustiere, gemeinsam genutzter Familien-Pkw, Wohnwagen, Boot, Fahrräder usw). Haushaltsgegenstände können auch Rechte sein, wie etwa die Anwartschaftsrechte aus dem Kauf unter Eigentumsvorbehalt. Insoweit hat sich nichts an der früheren Rechtslage geändert. 3

Für zum **persönlichen Gebrauch** eines Ehegatten allein bestimmte Gegenstände (zB Kleidung, beruflich genutzte Gegenstände, allein v einem Ehegatten zusammengetragene Sammlungen, die nicht zur Ausschmückung der Ehewohnung dienen, Unterlagen wie Zeugnisse oder Ähnliches) gilt § 1568 b **nicht**. 4

b) Es muss um die **endgültige Verteilung** der Haushaltsgegenstände für die Zeit nach der Scheidung gehen. Die nur vorläufige Nutzungszuweisung für die Zeit des Getrenntlebens richtet sich nach § 1361 a. 5

2. Der Anspruch des § 1568 b betrifft nur **Gegenstände, welche nicht im Eigentum des sie herausverlangenden Ehegatten** selbst stehen. Dass man diese Gegenstände v dem anderen Ehegatten herausverlangen kann, ergibt sich schon aus dem Eigentumsrecht (§ 985). Ebenso wenig können im Haushaltssachenverfahren Gegenstände im Alleineigentum des anderen Ehegatten zugewiesen werden (BGH FamRZ 11, 183; MDR 11, 726). 6

IÜ kann ein Ehegatte v dem anderen verlangen, dass ihm **der andere Ehegatte seine Haushaltsgegenstände überlässt und übereignet,** auf deren Nutzung er unter Berücksichtigung des Wohls der im Haushalt lebenden Kinder und der Lebensverhältnisse der Ehegatten in stärkerem Maße angewiesen ist als der andere Ehegatte. Gleichgestellt ist der Fall, dass die Überlassung und Übereignung aus anderen Gründen der Billigkeit entspricht (Abs 1). Das kommt in Betracht bei gemeinschaftlichem Eigentum der Ehegatten, bei Alleineigentum des anderen oder bei Eigentum eines Dritten, wenn der andere Ehegatte ein Nutzungsrecht an diesem Gegenstand hat. Zur Erleichterung der Darlegungs- und Beweislast für den Antragsteller stellt Abs 2 insoweit die Beweisregel auf, dass während der Ehe angeschaffte Gegenstände als gemeinschaftliches Eigentum der Eheleute gelten, solange nicht das Alleineigentum nachgewiesen ist. Das entspricht § 8 II HausratsVO aF. Zu beachten ist, dass § 1370 aF mit der Regelung, dass Eigentümer eines Ersatzgegenstands immer der Eigentümer des ersetzten Gegenstands wird, mWv 1.9.09 aufgehoben wurde, aber für alle früher angeschafften Gegenstände noch gilt (vgl dazu die Kommentierung in der 5. Aufl.). 7

Dass ein Ehegatte **auf die Nutzung v Haushaltsgegenständen in stärkerem Maße angewiesen** ist als der andere Ehegatte, kommt heute nur noch relativ selten vor, da Haushaltsgegenstände jeder Art ohne weiteres wiederbeschafft werden können. Zu denken ist aber an beengte finanzielle Verhältnisse, in denen der Unterhalt und die sonstigen Einkünfte des Anspruchstellers nicht ausreichen, um eine angemessene Ersatzbeschaffung des bislang genutzten Gegenstandes durchzuführen. Das kommt vor allem dann in Betracht, wenn die Haushaltsgegenstände für die im Haushalt lebenden Kinder (nicht notwendigerweise gemeinschaftliche) benötigt werden, während der andere Ehegatte keine Kinder bei sich wohnen hat und die Gegenstände auch nicht benötigt, wenn er den Umgang mit den Kindern ausübt. In der Praxis wird sich diese Problematik va bei Haustieren stellen. 8

Andere Billigkeitsgründe können sich etwa daraus ergeben, dass ein Ehegatte die Anschaffungskosten für den Haushaltsgegenstand getragen oder ihn in der Ehe gepflegt oder erhalten hat (zB bei Tieren). 9

3. Der **Anspruch** ist **inhaltlich** auf die **Überlassung** (Besitzverschaffung) und **Übereignung** gerichtet. Das gilt aber nur, soweit der Ehegatte den Gegenstand auch übereignen kann (und darf), weil er selbst Eigentümer ist. Ist ein Dritter Eigentümer, richtet sich der Anspruch nur auf die Überlassung. Zu beachten ist aber, dass auch Anwartschafts- 10 rechte Haushaltsgegenstände sein können (zB Anwartschaftsrecht des besitzenden Vorbehaltskäufers). In diesem Fall muss das Anwartschaftsrecht übertragen werden.

11 Der Ehegatte, der sein Eigentum überträgt, kann eine angemessene **Ausgleichzahlung** verlangen (Abs 3). Die Ausgleichzahlung soll sich grds am Verkehrswert orientieren (BT-Drucks 16/10798, 37 f). Wechselseitige Ausgleichzahlungen können durch Aufrechnung ausgeglichen werden. Darüber hinaus wird man dem Gericht gestatten müssen, eine einheitliche, saldierende Ausgleichzahlung festzusetzen.

12 III. **Verfahren:** Das Verfahren ist einfache Familiensache und richtet sich nach §§ 200 ff FamFG.

Untertitel 2
Unterhalt des geschiedenen Ehegatten

Vorbemerkung zu §§ 1569–1586 b

1 I. §§ 1569 ff regeln, wann **ein geschiedener Ehegatte** v anderen nach der Scheidung **Unterhalt verlangen kann** (zum Unterhalt während des Zusammenlebens vgl §§ 1360 ff, zum Unterhalt in der Trennungsphase § 1361). Ausgangspunkt ist das Prinzip der Eigenverantwortlichkeit. Mit der Scheidung ist das Solidarverhältnis, das die Versorgung des einen durch den anderen Ehegatten rechtfertigt, beendet. Ab diesem Zeitpunkt muss daher jeder wieder selbst für sich sorgen, wenn er dazu in der Lage ist. Andererseits hat eine Ehe auch nach ihrer Auflösung noch Nachwirkungen. Der Gesetzgeber hat sich daher dafür entschieden, das Prinzip der Eigenverantwortlichkeit in einigen Fällen zu durchbrechen, in denen typischerweise v einem Nachwirken der ehelichen Solidarität auszugehen ist. Er hat dazu Unterhaltsansprüche statuiert, wenn eine solche Situation bei Beendigung der Ehe oder bei Ende eines anderen Unterhaltstatbestands gegeben ist. Dabei hat er aber davon abgesehen zu verlangen, dass die Gründe, auf die der Unterhaltsanspruch gestützt wird, im konkreten Fall ehebedingt sind; es reicht vielmehr, dass ein die Unterhaltpflicht begründender Tatbestand verwirklicht war, der typischerweise ehebedingte Nachteile ausgleichen sollte. Als solche Umstände hat der Gesetzgeber angesehen: die Erziehung und Pflege gemeinschaftlicher Kinder (§ 1570), Alter (§ 1571) und Krankheit (§ 1572). Außerdem besteht ein Unterhaltsanspruch während der Zeit der Suche nach einer angemessenen Erwerbstätigkeit (§ 1573) und der Zeit einer Ausbildung, Umschulung oder Fortbildung, die wegen der Ehe unterlassen wurde oder die erforderlich ist, um eine den Verhältnissen während der Ehe angemessene Beschäftigung zu finden (§§ 1574 f). Ergänzt werden die speziellen Unterhaltstatbestände um eine positive Härteklausel, nach der ein Ehegatte dem anderen immer dann Unterhalt schuldet, soweit und solange v ihm aus anderen schwerwiegenden Gründen eine Erwerbstätigkeit nicht erwartet werden kann (§ 1576).

2 Mit Wirkung v 1.1.08 wurde allerdings das das Nachscheidungsunterhaltsrecht tiefgreifend umgestaltet. Der Grundsatz der nachehelichen Selbstverantwortung wurde erheblich betont und als Grundsatz vor das gesamte Nachscheidungsunterhaltsrecht gestellt (§ 1569 nF). Im Lichte dieser Verschärfung sind die Unterhaltsansprüche nun insgesamt neu auszulegen. Es reicht nicht mehr, dass typischerweise ehebedingt zu qualifizierende Bedarfslage vorliegt. Vielmehr ist es nun Sache des unterhaltbegehrenden Ehegatten, konkret darzulegen, wieso ihn aus der vorausgegangenen Ehe noch Nachteile treffen, die ihn bei der Sicherung seines eigenen Unterhalts beeinträchtigen (vgl § 1578 b I 2, 3). Es kommt nicht mehr (allein) auf das Vorliegen einer typischerweise ehebedingten Bedarfslage an, sondern die Bedarfslage muss auch im Einzelfall auf die Ehe zurückzuführen sein. Eine gewisse Korrektur (Stärkung der lang dauernden Ehe) hat der Gesetzgeber mit der Änderung des § 1578 b durch das G zur Durchführung des Haager Übereinkommens v 23.11.07 über die internationale Geltendmachung der Unterhaltsansprüche v Kindern und anderen Familienangehörigen sowie zur Änderung v Vorschriften auf dem Gebiet des internationalen Unterhaltsverfahrensrechts und des materiellen Unterhaltsrechts v 20.2.13 (BGBl I 273) beabsichtigt. Zu einer sichtbaren Änderung der Rspr hat die Änderung aber bislang nicht geführt.

Weitere Änderungen am Nachscheidungsunterhaltsrecht gegenüber dem früheren **3**
Rechtszustand ergaben sich aus der v BVerfG geforderten Gleichstellung der Ansprüche v verheiratet gewesenen und nichtehelichen Elternteilen, welche wegen der Betreuung v Kindern nicht dazu in der Lage sind, ihren eigenen Unterhalt zu sichern (BVerfG NJW 07, 1799) und aus dem Motiv des Gesetzgebers, Kindern gegenüber den Ansprüchen ihrer Mütter einen Vorrang einzuräumen. Das führte zu einer komplett neuen Regelung der Rangfolge v Unterhaltsberechtigten (§§ 1582, 1609), welche zu einer erheblichen Schlechterstellung der Ansprüche der geschiedenen Ehegatten führte.

II. Die **Voraussetzungen** des Unterhaltsanspruchs entsprechen mit Ausnahme des Er- **4**
fordernisses, dass einer der typisierten Unterhaltstatbestände vorliegen muss, im Wesentlichen den Voraussetzungen des Verwandtenunterhalts:

1. Ein Unterhaltsanspruch besteht nur, wenn der geschiedene Ehegatte, der Unterhalt **5**
verlangt, **nicht dazu imstande** ist, sich aus seinen Einkünften oder aus seinem Vermögensstamm **selbst zu unterhalten** (§ 1577). Insofern wurden durch die Neufassung der §§ 1569, 1570 die Anforderungen an den unterhaltbegehrenden Ehegatten deutlich verschärft. Der Unterhaltsanspruch gegen den Ehegatten geht aber den Unterhaltsansprüchen gegen Verwandte vor, soweit der Ehegatte leistungsfähig ist (§ 1584, 1). Erst wenn das nicht der Fall ist, haften die Verwandten vor dem geschiedenen Ehegatten (§ 1584, 2).

2. Umgekehrt setzt ein Unterhaltsanspruch grds voraus, dass der in Anspruch genom- **6**
mene ehemalige Ehegatte auch **leistungsfähig** ist, dh dass er den Unterhalt für den ehemaligen Partner leisten kann, ohne seinen eigenen angemessenen Unterhalt und die dem Anspruch des geschiedenen Ehegatten vorgehenden Unterhaltsansprüche zu gefährden (§ 1581). Ist der in Anspruch genommene ehemalige Partner nach der Befriedigung vorrangiger Unterhaltsansprüche nicht mehr dazu in der Lage, seinen angemessenen Bedarf zu decken (Begriff: § 1603 Rn 6), wird auch der Anspruch seines an sich unterhaltsberechtigten ehemaligen Partners bis auf den Billigkeitsunterhalt reduziert (§ 1581 S 1). Ist der auf Unterhalt in Anspruch genommene ehemalige Ehegatte nicht einmal in der Lage, seinen eigenen notwendigen Unterhalt (Begriff: § 1603 Rn 8) sicherzustellen, kommt ein Unterhaltsanspruch gar nicht mehr in Betracht. In diesem Fall muss der andere Ehegatte seine Verwandten in Anspruch nehmen, wenn er v seinen Lebensbedarf nicht selbst decken kann (§ 1584, 2).

3. Ein **Unterhaltsanspruch ist ausgeschlossen,** wenn es dem auf Unterhalt in Anspruch **7**
genommenen Ehegatten **nicht zumutbar** wäre, seinem geschiedenen Partner Unterhalt zu zahlen. Der Gesetzgeber hat insoweit zwei Billigkeitskorrekturen ermöglicht: Schon seit 1977 war in § 1579 eine negative Billigkeitskontrolle für Härtefälle vorgesehen, um so die Unzuträglichkeiten korrigieren zu können, die sich daraus ergeben können, dass heute eine Ehe auch gegen den Willen eines Ehegatten und unter Verschulden des anderen Teils geschieden werden kann. Die in § 1579 aufgezählten Fallgruppen sind abschließend; dh eine Anwendung v § 242 ist daneben grds ausgeschlossen. Durch das UÄndG neu eingefügt worden ist die Regelung des § 1578 b. Diese Vorschrift gestattet die zeitliche und betragsmäßige Begrenzung des Unterhalts, wenn eine an den ehelichen Lebensverhältnissen orientierte Bemessung des Unterhaltsanspruchs oder ein zeitlich unbegrenzter Unterhaltsanspruch auch unter Wahrung der Belange eines dem Berechtigten zur Pflege oder Erziehung anvertrauten gemeinschaftlichen Kindes unbillig wäre.

III. Der **Unterhaltsanspruch umfasst** grds den gesamten Lebensbedarf, wie er nach den **8**
ehelichen Verhältnissen angemessen ist (§ 1578 I). Hierzu gehören auch die Kosten einer angemessenen Absicherung für das Alter (§ 1578 II). Dieser Anspruch ergänzt den Versorgungsausgleich. Durch die eigenständige Alterssicherung wird das Risiko reduziert, das für die Versorgung des Unterhaltsberechtigten in der Relativität des Anspruchs liegt. Der Unterhalt ist als Geldrente monatlich im Voraus zu entrichten (§ 1585 I 1, 2). Eine Kapitalabfindung kann nur ausnahmsweise verlangt werden (§ 1585 II). Der Anspruch erlischt mit Ablauf des Monats, in dem sich der Unterhaltsberechtigte wieder verheiratet hat oder stirbt (§ 1585 I 3).

Der Unterhaltsanspruch ist grds **nur** auf die **Befriedigung gegenwärtigen Bedarfs** ge- **9**
richtet. Die Befriedigung künftigen Bedarfs ist ausgeschlossen. Unterhalt für die Ver-

gangenheit kann nur verlangt werden, soweit es sich um Sonderbedarf handelt (§ 1585 b I) oder der Schuldner sich in Verzug befindet oder der Anspruch rechtshängig ist (§ 1585 b II). Auch dann ist der Anspruch aber grds innerhalb eines Jahres nach Fälligkeit geltend zu machen (§ 1585 b III).

10 **IV.** Das Nachscheidungsunterhaltsrecht ist grds **dispositiv** (§ 1585 c). Vor der Rechtskraft der Scheidung getroffene Vereinbarungen bedürfen jedoch der notariellen Beurkundung.

11 **V. Unterhaltsrecht und Steuerrecht.** Weil die ehelichen Lebensverhältnisse zur Zeit der Scheidung maßgeblich für die Festlegung des Unterhalts sind (§ 1578 I 1), wirken auch alle Veränderungen der Steuerklasse bis zur Scheidung direkt auf den Unterhaltsanspruch. Bei der Einkommensermittlung ist daher grds die Steuerklasse I zugrunde zu legen (BGH FamRZ 91, 304); denn die Steuerklasse II wurde bereits mit der Trennung der Eheleute obsolet. Spätere Veränderungen der Steuerklassen (zB durch eine neue Heirat) wirken sich nur insofern aus, als sie die Bedürftigkeit oder Leistungsfähigkeit eines Ehegatten beeinflussen (aA BGH NJW 88, 2105 für den Fall, dass die Wiederheirat bereits kurz nach der Scheidung erfolgt). Insoweit ist aber zu beachten, dass der geschiedene Ehegatte gegenüber seinem Ex-Ehegatten verpflichtet ist, keine Steuerklasse zu wählen, durch die sein Einkommen übermäßig verringert wird. Er darf daher nicht in die Steuerklasse V wechseln, selbst wenn das für den neuen Ehegatten günstiger wäre. Entgehen dem unterhaltspflichtigen Ehegatten auf diese Weise Einkünfte, sind sie ihm als fiktive Einkünfte zuzurechnen (OLG Hamm FamRZ 93, 1089).

12 Im Rahmen der Ermittlung der Leistungsfähigkeit wird grds die **Besteuerung** des Einkommens des Unterhaltspflichtigen **in der Höhe** berücksichtigt, in der sie **tatsächlich anfällt**. Das bedeutet, dass der Wechsel in eine günstigere oder ungünstigere Steuerklasse (s dazu aber Rn 12) sich auch gegenüber dem geschiedenen, unterhaltsberechtigten Partner auswirkt. Aus der Berücksichtigung der tatsächlich anfallenden Steuer folgt aber nicht ohne weiteres, dass alle sonstigen für die Berechnung der Steuern maßgeblichen Faktoren ebenfalls übernommen werden. Das gilt vor allem für die Werbungskosten bzw Betriebsausgaben. Sie können vielmehr nur insoweit angesetzt werden, als sie auch unterhaltsrechtlich abzugsfähig sind. Dazu ist vor allem erforderlich, dass sie den für die Deckung des Lebensbedarfs zur Verfügung stehenden Betrag tatsächlich verringern (BGH FamRZ 85, 357).

13 Der Unterhaltsverpflichtete kann im Rahmen des sog **begrenzten Realsplittings** Unterhaltsleistungen als Sonderausgaben v seinen zu versteuernden Einkünften abziehen, wenn der unterhaltsberechtigte Ehegatte diese Unterhaltsleistungen seinerseits versteuert (§§ 10 I Nr 1, 22 Nr 1 a EStG, zu Einzelfragen und Berechnungsbeispielen: Butz-Seidl FuR 96, 108 ff). Das ist dann vorteilhaft, wenn der Unterhaltsverpflichtete ein sehr hohes Einkommen erzielt und deswegen in der Progression sehr weit fortgeschritten ist, während der andere außer dem Unterhalt kaum Einkommen hat. Unterhaltsrechtlich führt das dazu, dass v dem Bruttoeinkommen des Unterhaltsverpflichteten ein geringerer Betrag abgezogen wird, weil die Steuern geringer sind, so dass die Leistungsfähigkeit steigt. Außerdem steigt die Bedürftigkeit des Unterhaltsberechtigten in Höhe der Steuern. Dieser Nachteil ist daher v Unterhaltsverpflichteten auszugleichen (BGH FamRZ 83, 577). Das Realsplitting setzt einen Antrag voraus, dem der Unterhaltsberechtigte zustimmen muss. Zu der Zustimmung ist er verpflichtet, wenn sie dem Unterhaltspflichtigen die beschriebenen Vorteile bringt und dieser sich bereit erklärt, die Nachteile für den Unterhaltsberechtigten auszugleichen (OLG Stuttgart FamRZ 93, 205). Wird die Zustimmung versagt, kommen Schadensersatzansprüche gegen den Unterhaltsberechtigten in Betracht. Der Streit um diese Angelegenheiten ist seit dem Inkrafttreten des FamFG nun eine „sonstige Familiensache" iSd § 266 FamFG, so dass jetzt das Familiengericht zuständig ist (§ 111 Nr 10 FamFG).

14 **VI. Verfahren.** Wenn im Scheidungsverfahren Unterhalt geltend gemacht wird, fällt dieser Streit in den Verhandlungs- und Entscheidungsverbund, dh es ist gemeinsam mit der Scheidungssache darüber zu verhandeln und zu entscheiden (§§ 137, 142 FamFG). Das Vorliegen eines vollstreckbaren Titels über den Unterhalt während der Zeit des

Getrenntlebens hindert einen Antrag auf Nachscheidungsunterhalt nicht; denn die beiden Ansprüche sind nicht identisch.
VII. Zum Internationalen Privatrecht s die EuUntVO. 15
VIII. Für andere Lebensgemeinschaften als Ehen gelten §§ 1569 ff grds nicht. Für die 16
Partner aus eingetragenen Lebenspartnerschaften (Vor §§ 1297–1588 Rn 11 ff) wird aber seit dem Inkrafttreten des Gesetzes zur Überarbeitung des Lebenspartnerschaftsrechts am 1.1.05 (BGBl 04 I 3396) am 1.1.05 auf die §§ 1570–1581, 1583–1586 b verwiesen. Insofern sind diese Vorschriften also analog anzuwenden.

Kapitel 1
Grundsatz

§ 1569 Grundsatz der Eigenverantwortung

¹Nach der Scheidung obliegt es jedem Ehegatten, selbst für seinen Unterhalt zu sorgen. ²Ist er dazu außerstande, hat er gegen den anderen Ehegatten einen Anspruch auf Unterhalt nur nach den folgenden Vorschriften.

I. Die Norm ist keine Anspruchsgrundlage, sondern spricht nur den **Grundsatz der Ei-** 1
genverantwortung der Ehegatten nach der Scheidung aus. Die Ehegatten müssen nach der Scheidung grds wieder für sich selbst sorgen. Unterhaltsansprüche gegen den Ex-Ehegatten kommen nur in Betracht, wenn einer der in §§ 1570–1576 genannten Ausnahmefälle vorliegt und die Bedürftigkeit ehebedingt ist (§ 1578 b; anders nach früherem Recht, vgl 5. Aufl).

II. 1. Voraussetzungen eines Unterhaltsanspruchs nach der Scheidung sind: **a)** Vorliegen eines der Tatbestände der **§§ 1570–1576.** Ggf können Unterhaltsansprüche nach 2
diesen Tatbeständen miteinander kombiniert werden, so dass statt eines Teil-Unterhaltsanspruchs ein Anspruch auf den vollen Unterhalt besteht. Beispiel: Wenn neben der Kindererziehung (§ 1570) eine Halbtagstätigkeit zumutbar wäre, kann dennoch ein Unterhaltsanspruch in voller Höhe bestehen, wenn dem Ehegatten wegen Alters eine Berufstätigkeit nicht mehr zuzumuten ist (§ 1571, seltener Fall, kommt bei Annahme v Kindern vor) oder wenn er keine angemessene Halbtagstätigkeit zu finden vermag (§ 1573). Bedeutung hat diese Unterscheidung vor allem wegen des unterschiedlichen Rangs der unterschiedlichen Ansprüche (vgl § 1609). Deswegen muss immer genau entschieden werden, welcher Unterhaltstatbestand welchen Teil des Unterhaltsanspruchs deckt (vgl BGHZ 179, 43; BGH FamRZ 10, 869). Für den Aufstockungsunterhalt nimmt das OLG Hamm in diesen Fällen einen gleichen Rang an wie für den Kindesbetreuungsunterhalt (OLG Hamm FamRZ 13, 706). Dogmatisch zwingend ist das nicht, sondern dürfte eher auf dem Bedürfnis nach einer praktisch einfach handhabbaren Lösung beruhen.

b) Der **Unterhalt fordernde Ehegatte** muss **bedürftig,** dh nicht in der Lage sein, sich 3
selbst aus seinen Einkünften oder aus seinem Vermögen zu unterhalten (§ 1577 I).

c) Es darf **nicht unbillig** sein, dem unterhaltbegehrenden Ehegatten einen Unterhaltsanspruch nach den ehelichen Lebensverhältnissen auf Dauer zuzusprechen, weil seine Fä- 4
higkeit, nach der Ehe wieder für sich selbst zu sorgen, nicht wegen ehebedingter Umstände beeinträchtigt ist (§ 1578 b).

d) Der Ehegatte, v dem der Unterhalt gefordert wird, muss **leistungsfähig** sein (vgl 5
§ 1581).

e) Der Unterhaltsanspruch darf **nicht** wegen Eingreifens des § 1579 herabgesetzt oder 6
ausgeschlossen oder nach § 242 verwirkt sein (dazu vgl BGHZ 84, 280; 103, 62).

2. Der **Umfang des Unterhalts** richtet sich nach § 1578, dh grds nach den ehelichen Le- 7
bensverhältnissen (Ausnahme: Fälle des § 1578 b). Er ist grds durch Zahlung einer Geldrente zu gewähren (§ 1585 I 1), ausnahmsweise auch im Wege einer Kapitalabfindung (§ 1585 II). Soweit der Unterhaltsberechtigte Sonderbedarf hat, kann er die einmalige Zahlung v Sonderbedarf verlangen. Falls erforderlich, kann eine Sicherheitsleistung angeordnet werden (§ 1585 a).

8 3. Der **Unterhaltsanspruch endet** bei Befristung mit dem Ablauf der Frist, mit dem Wegfall des ihn begründenden Tatbestands (falls nicht ein Anschlusstatbestand eingreift), mit dem Wegfall einer der übrigen Voraussetzungen. Rückständige Unterhaltsansprüche verjähren in vier Jahren nach Maßgabe der §§ 195, 197 II.

Kapitel 2
Unterhaltsberechtigung

§ 1570 Unterhalt wegen Betreuung eines Kindes

(1) ¹Ein geschiedener Ehegatte kann von dem anderen wegen der Pflege oder Erziehung eines gemeinschaftlichen Kindes für mindestens drei Jahre nach der Geburt Unterhalt verlangen. ²Die Dauer des Unterhaltsanspruchs verlängert sich, solange und soweit dies der Billigkeit entspricht. ³Dabei sind die Belange des Kindes und die bestehenden Möglichkeiten der Kinderbetreuung zu berücksichtigen.

(2) Die Dauer des Unterhaltsanspruchs verlängert sich darüber hinaus, wenn dies unter Berücksichtigung der Gestaltung von Kinderbetreuung und Erwerbstätigkeit in der Ehe sowie der Dauer der Ehe der Billigkeit entspricht.

1 I. Die Norm enthält eine **Ausnahme v der Eigenverantwortlichkeit** nach der Scheidung für den Fall, dass die **Ehegatten mindestens ein gemeinschaftliches Kind haben**, so dass der für dieses sorgende Teil nicht in der Lage ist, durch Ausübung einer Berufstätigkeit für sich zu sorgen. Der Anspruch wurde durch das UÄndG völlig umgestaltet und mit dem Anspruch des kinderbetreuenden nicht verheirateten Elternteils (§ 1615 l) harmonisiert. Unterschieden werden nun drei Fälle: das Kind ist jünger als drei Jahre (Abs 1 S 1), das Kind ist mindestens drei Jahre alt und betreuungsbedürftig (Abs 1 S 2, 3) und das Kind ist älter als drei Jahre, nicht betreuungsbedürftig, aber die Einräumung eines Betreuungsunterhaltsanspruchs entspricht der Billigkeit (Abs 2).

2 Der Unterhaltsanspruch aus § 1570 ist **gegenüber anderen Unterhaltstatbeständen** in verschiedener Weise **privilegiert**. So besteht entgegen der allg Regel ein Unterhaltsanspruch, wenn zum Zeitpunkt der Ehescheidung zwar zu erwarten war, dass der Unterhalt des Berechtigten aus seinem Vermögen nachhaltig gesichert sein würde, das Vermögen aber später wegfällt, wenn im Zeitpunkt des Vermögenswegfalls v dem Ehegatten wegen der Pflege oder Erziehung eines gemeinschaftlichen Kindes eine Erwerbstätigkeit nicht erwartet werden kann (1577 IV 2). Bei der Beurteilung der Frage, ob ein Unterhaltsanspruch wegen Unbilligkeit zu versagen, herabzusetzen oder zeitlich zu begrenzen ist, sind die gemeinsamen Kinder besonders zu berücksichtigen (§§ 1578 b, 1579). Im Rang steht der Unterhaltsanspruch des kinderbetreuenden Elternteils heute zwar hinter dem Anspruch der minderjährigen unverheirateten Kinder und der diesen gleichstehenden privilegierten Kinder (§ 1603 II), aber geht allen anderen Ansprüchen mit Ausnahme der Ansprüche nach einer Ehe v langer Dauer und anderen wegen Kinderbetreuung Unterhaltsberechtigten (die gleichrangig sind) vor. Geht der geschiedene Ehegatte eine neue Ehe ein und wird die Ehe wieder aufgelöst, so kann er v dem früheren Ehegatten Unterhalt nach § 1570 verlangen, wenn er ein Kind aus der früheren Ehe zu pflegen oder zu erziehen hat (1586 a I).

3 II. 1. Voraussetzung des Anspruchs ist unabhängig v der Frage, welcher der Unterhaltstatbestände des § 1570 einschlägig ist, zunächst dass die geschiedenen Ehegatten (mindestens) ein **gemeinsames (auch angenommenes) Kind** haben. Pflegekinder reichen dag ebenso wenig, wie Kinder aus einer früheren Ehe oder Beziehung. Wann das gemeinschaftliche Kind geboren ist, ist unerheblich. § 1570 ist daher auch anwendbar, wenn das Kind schon vor der Eheschließung geboren war oder wenn es erst nach der Scheidung geboren wird. Das gilt allerdings nicht, wenn auch die Zeugung erst nach der Scheidung erfolgte (BGH NJW 98, 1065). Ein Ausschluss nach § 1579 Nr 6 liegt regelmäßig vor, wenn das Kind zwar ein Kind des Ehemanns ist, dies aber nur deshalb, weil der Ehemann v seiner Ehefrau v der Vaterschaftsanfechtung abgehalten worden war.

2. Es muss **einer der in § 1570 genannten drei Fälle** vorliegen, in denen die Betreuung 4
des Kindes eine eigene Erwerbstätigkeit ganz oder teilweise ausschließt und so die Unterhaltsbedürftigkeit bewirkt. Das kam in der früheren Fassung der Norm deutlicher zum Ausdruck, liegt aber auch der heutigen Fassung als selbstverständlich zugrunde.

a) Der geschiedene Ehegatte kann v seinem ehemaligen Partner wegen der Pflege oder 5
Erziehung eines gemeinschaftlichen Kindes **für mindestens 3 Jahre** Unterhalt verlangen (**Abs 1 S 1**). Die Anordnung dieses befristeten Anspruchs widerspricht an sich der Tendenz zu konkret berechneten Ansprüchen und damit der Ausgangsposition des UÄndG. Sie ist allein damit zu erklären, dass ein Gleichlauf des Betreuungsanspruchs im engen Sinne mit demjenigen des § 1615 l erreicht werden sollte, der eine entsprechende zeitliche Ausdehnung schon bisher hatte und auch in Zukunft haben soll. Die Neuerung des Anspruchs besteht darin, dass der geschiedene Ehegatte nun im Falle der Bedürftigkeit stets einen Anspruch auf Betreuungsunterhalt hat, wenn das Kind das dritte Lebensjahr noch nicht vollendet hat. Ob er das Kind in Fremdbetreuung gibt oder nicht ist seine eigene Entscheidung. Damit schafft der Gesetzgeber für den Nachscheidungsunterhalt eine Parallelregelung zu § 1615 l II 3, der für nichteheliche Mütter gilt und in dem auch bislang schon nicht auf bestehende Betreuungsmöglichkeiten abgestellt wurde und erkennt die gleiche Altersgrenze an, welche auch in verschiedenen sozialrechtlichen Regelungen als Schwelle für die Zumutbarkeit einer Erwerbstätigkeit angesehen wird (vgl § 10 I Nr 3 SGB II, § 11 IV 2-4 SGB XII). Außerdem korrespondiert die Dreijahresgrenze mit dem Zeitpunkt, v dem an ein Anspruch auf einen Kindergartenplatz besteht (§ 24 I SGB VIII).

Fraglich ist allerdings, wie in den Fällen zu verfahren ist, in denen ein **Kind schon vor** 6
der Scheidung fremdbetreut wurde, weil zB beide Elternteile direkt nach der Geburt des Kindes wieder berufstätig sein wollten und deswegen das Kind einem Verwandten oder einer Betreuungseinrichtung zur Betreuung überlassen haben. Gegen einen Unterhaltsanspruch spricht auf den ersten Blick, dass die Fremdbetreuung auch bisher dem Willen beider Elternteile entsprach. Das spräche an sich dafür anzunehmen, dass es treuwidrig ist, sich nun gegenüber dem anderen Elternteil darauf zu berufen, dass das Kind die Betreuung durch einen Elternteil benötigt. Gleichwohl ist Abs 1 S 1 eindeutig: Während der ersten drei Lebensjahre des Kindes ist es allein die Entscheidung des betreuenden Ehegatten, ob er das Kind allein betreut oder ob er auch Fremdbetreuung in Anspruch nimmt. Er kann deswegen auch jederzeit eine ausgeübte Erwerbstätigkeit wieder einstellen. Die Grenze ist erst dann erreicht, wenn die Betreuung durch den Elternteil komplett endet, etwa weil das Kind nicht mehr bei ihm lebt, sondern bei einem Dritten. In einem solchen Fall besteht gerade kein Anspruch „wegen Kindesbetreuung" mehr (Kemper, Das neue Unterhaltsrecht, Rn 148).

Der Anspruch aus Abs 1 S 1 kann **nicht nach § 1578 b befristet** werden (BGH FamRZ 7
09, 1124). Er trägt seine Befristung allein in sich selbst. In Betracht kommt aber eine Begrenzung auf den eigenangemessenen Bedarf, wenn der betreuende Elternteil dadurch nicht gezwungen wird, sich am Unterhalt der Kinder zu bedienen. Er steht bei Konkurrenz mit anderen Unterhaltsansprüchen immer im zweiten Rang. Es handelt sich um den typischen Anspruch wegen Kinderbetreuung.

b) Nach der Vollendung des dritten Lebensjahres des Kindes besteht ein Betreuungsunterhaltsanspruch weiter, wenn das **Kind noch betreuungsbedürftig** ist und seine Betreuung auch nicht im Wege der Fremdbetreuung sichergestellt werden kann (Abs 1 S 2, 3). Das kann auch noch bei einem volljährigen Kind der Fall sein (BGH FamRZ 10, 802). Kern der Regelung ist es, dass der Unterhaltsanspruch nach der Vollendung des dritten Lebensjahres des Kindes nur noch in Betracht kommt, solange und soweit das der Billigkeit entspricht. Damit wird klargestellt, dass ein Unterhaltsanspruch nur noch die Ausnahme darstellt. Er besteht nur, wenn besondere Gründe für einen längeren Unterhaltsanspruch sprechen. Daraus folgt, dass jeweils konkrete Argumente dafür angeführt werden müssen, um einen derartigen Anspruch zu rechtfertigen. Der BGH (FamRZ 09, 770) legt insofern strenge Maßstäbe an. Ausgeschlossen ist der Anspruch gleichwohl nicht. Va kommt er in Fällen in Betracht, in denen der Unterhaltsberechtigte neben einer Teilzeittätigkeit noch erhebliche Betreuungsleistungen für mehrere Kin-

§ 1570 Buch 4 | Familienrecht

der zu erbringen hat, weil deren Fremdbetreuung nicht ganztägig gewährleistet ist, und ihm auch eine ungleiche Lastenverteilung droht (OLG Frankfurt FamFR 13, 441).

9 aa) **Kriterien, welche in Billigkeitsabwägung eingestellt werden dürfen**, ergeben sich aus Abs 1 S 3. Danach sind es die Belange des bzw der Kinder, welche die Einschränkung der wegen des Grundsatzes der Eigenverantwortung grds gebotenen eigenen Erwerbstätigkeit gestatten. Allerdings wird dieser Maßstab in Abs 1 S 3 selbst schon wieder relativiert: Bei der Feststellung, inwieweit die Belange des Kindes die persönliche Betreuung des Kindes verlangen, sind aber auch „die bestehenden Möglichkeiten der Kinderbetreuung zu berücksichtigen." Daraus folgt nach Ansicht des BGH, dass es keinen Vorrang der elterlichen Erziehung mehr gibt (BGH FamRZ 10, 1880; 11, 791; OLG Hamm FamRZ 12, 1571). Das ist im Hinblick auf Art 6 I GG zumindest bedenklich.

10 Bei der Bewertung ist auf einen konkreten Maßstab abzustellen. Es kommt nicht mehr auf eine abstrakte Betrachtung an, wie das beim früheren Altersphasenmodell der Fall war, wo v bestehenden Alter auf das Maß der notwendigen Betreuung geschlossen wurde, sondern auf die konkreten Umstände des Falles. In jedem Einzelfall ist nach dem Entwicklungsstand des Kindes und den konkret bestehenden Betreuungsmöglichkeiten zu fragen, um dann diese in die Abwägung der Frage nach der Zumutbarkeit der Erwerbstätigkeit einzustellen (Viefhues/Mleczko, Rn 118). Auch die Zahl der zu betreuenden Kinder ist relevant (OLG Frankfurt FamFR 13, 441). Jede Schematisierung im Sinne eines Altersphasenmodells verbietet sich (BGH FamRZ 10, 1880; 11, 791).

11 bb) Für die Frage des **Betreuungsbedarfs** darf grds immer noch v einem normal entwickelten Kind im vergleichbaren Alter als Maßstab ausgegangen werden. Dass die Norm nun auf die konkreten Belange des Kindes abstellt, bedeutet zwar, dass auch insoweit auf den konkreten Fall abzustellen ist. Es darf aber zunächst davon ausgegangen werden, dass das Kind ähnlich entwickelt ist wie andere Kinder seines Alters. Wer etwas anderes behauptet, muss das konkret darlegen und notfalls beweisen. In Betracht kommt eine längere Betreuungszeit etwa bei Kindern, die unter ADS leiden (nur Halbtagstätigkeit bei 13-15-jährigem Kind; vgl OLG Braunschweig FamRZ 09, 977; OLG Brandenburg FamRZ 08, 1947) und bei sportlich sehr aktiven Kinder mit vielfältigen Freizeitaktivitäten (nur Halbtagstätigkeit bei zwei 9- und 11-jährigen Kindern; vgl OLG Köln FamRZ 09, 518). Auch bei gegebener Ganztagsbetreuung wird aber wegen des Aufwands, den Kinder auch über die Tagesbetreuung hinaus verursachen, gerade bei kleinen Kindern keine volle Erwerbstätigkeit in Betracht kommen (vgl OLG Zweibrücken FuR 11, 359).

12 cc) Für die Frage der **bestehenden Möglichkeiten der Kinderbetreuung** ist auf drei Punkte abzustellen: Es kommt darauf an, welche Möglichkeiten der Kinderbetreuung objektiv zur Verfügung stehen, welche davon in zumutbarer Weise genutzt werden können und wie sich diese mit den Belangen des Kindes vertragen (Kemper, Das neue Unterhaltsrecht, Rn 163),

13 Relevant sind zunächst nur bestehende und **zuverlässige Möglichkeiten der Kindesbetreuung**. Auch wenn schon v der Vollendung des dritten Lebensjahres an ein abstrakter Anspruch auf einen Kindergartenplatz besteht (§ 24, 1 SGB VIII), reicht das regelmäßig nicht aus, um eine bestehende Möglichkeit der Kinderbetreuung anzunehmen. Es kommt vielmehr darauf an, ob tatsächlich ein Kindergartenplatz in einer zumutbaren Einrichtung in angemessener räumlicher Entfernung zur Verfügung steht (Viefhues/Mleczko, Rn 133). Trotz Anspruchs auf einen Kindergartenplatz nehmen beispielsweise in vielen Orten vielfältigen Kindergärten neue Kinder erst zum neuen Kindergartenjahr auf. In der Zwischenzeit besteht trotz des abstrakten Anspruchs gerade keine Möglichkeit der Kinderbetreuung (Wellenhofer FamRZ 07, 1282, 1284).

14 Soweit ein Platz in einem **öffentlichen Kindergarten oder einer öffentlichen Kindertagsstätte** besteht, ist dieser Platz im Regelfall als zumutbar anzusehen. Entsprechendes gilt für die Betreuungsmöglichkeit bei einer Tagesmutter. Ein solcher Platz ist deswegen grds zu nutzen, es sei denn dass das Kind durch Trennung und Scheidung so traumatisiert ist, dass die Fremdbetreuung nicht seinem Wohl entspricht. Allerdings ist

bei der Beurteilung der Eignung eines Kindergartens oder sonstigen Betreuungseinrichtung ein strenger Maßstab anzulegen. An der Eignung kann es etwa fehlen, wenn der Kindergarten v einer religiösen Gemeinschaft betrieben wird, deren Vorstellungen v den Eltern des Kindes auch bislang schon einheitlich nicht geteilt wurden. Die Frage nach den bestehenden Möglichkeiten der Kinderbetreuung darf sich nicht darauf beschränken zu klären, ob überhaupt irgendwelche technische Möglichkeiten der Kinderbetreuung bestehen. Es handelt sich vielmehr auch um eine wertende Betrachtung, bei der die bisher v den Eltern praktizierten Erziehungsziele denjenigen der Einrichtungen, welche als Kinderbetreuungsstellen in Betracht kommen, gegenüber gestellt werden müssen.

15 Der unterhaltbegehrende ehemalige Ehegatte braucht sich **nicht auf unsichere Betreuungsmöglichkeiten** verweisen zu lassen. Vor allem muss die Betreuungsmöglichkeit verlässlich sein in Bezug auf den täglich gebotenen Zeitrahmen und die Langfristigkeit der Betreuung. An dieser Voraussetzung werden Betreuungsangebote durch Verwandte, vor allem durch Großeltern, in vielen Fällen scheitern. An sich sind aber auch Betreuungsangebote durch Verwandte usw zu nutzen, wenn sie zuverlässig sind und sich bereiterklären, die Betreuungsmöglichkeit vertraglich abzusichern (so dass ein echter Anspruch auf Betreuung entsteht) und nicht die Gefahr besteht, dass sie Erziehungsziele und das Verhältnis zum anderen Ehegatten untergraben. Der BGH lässt sogar ein ausreichend zuverlässiges Angebot des Unterhaltspflichtigen selbst ausreichen (BGH FamRZ 11, 1209).

16 Schließlich stellt ist eine bestehende Möglichkeit der Kinderbetreuung nur eine **erreichbare** Kinderbetreuungsmöglichkeit. Pauschalaussagen verbieten sich insofern. Es handelt sich um eine jeweils im konkreten Einzelfall zu entscheidende Frage. Je länger die Dauer der Betreuung ist, desto länger kann auch die Zeit sein, welche aufgewendet werden muss, um das Kind zu der Betreuungseinrichtung zu bringen und wieder abzuholen. Auch bei einer nur halbtägigen Betreuung (zB Kindergartenplatz ohne Übermittagtbetreuung) wird man dafür schon im Regelfall durchaus jeweils eine halbe Stunde ansetzen können. Derartige Zeiträume sind deswegen zumutbar und entsprechend weit entfernte Betreuungsmöglichkeiten in die Betrachtung ohne weiteres einzubeziehen. Eine Umzugsobliegenheit zur Erreichung besserer Kinderbetreuungsmöglichkeiten besteht dag nicht.

17 Die **Kosten** der Kinderbetreuung sind als Mehrbedarf dem Kindesunterhalt zuzurechnen. Jede Betreuung in einem Kindergarten oder -hort erfolgt auch unter pädagogischen Aspekten und erfüllt damit die Anforderungen, welche der BGH an die Berücksichtigung beim Kindesunterhalt gestellt hat (vgl FamRB 09, 203).

18 dd) Die Neuregelung in Abs 1 S 2 wirkt sich entscheidend auf die **Darlegungs- und Beweislast** aus: Wer den Unterhalt nach § 1570 verlangt, muss darlegen und beweisen, dass er nicht erwerbstätig sein kann, weil er ein gemeinschaftliches Kind betreut (Borth FamRZ 06, 813, 814; Ehinger/Rasch FamRB 07, 46, 49; Viefhues/Mleczko Rn 206). Bei einem älteren Kind trifft deswegen den Unterhalt fordernden Elternteil nunmehr die volle Darlegungslast dafür, dass die bestehenden **Betreuungsmöglichkeiten** nicht geeignet sind, um die Betreuung des Kindes in hinreichendem Umfang sicherzustellen. Wer den vollen Unterhalt verlangt, muss deswegen konkret darlegen, welche Betreuungsmöglichkeiten zur Verfügung stehen und warum diese im konkreten Fall nicht in Anspruch genommen werden können. Da in der Praxis kaum alle (abstrakt vorhandenen) Betreuungsmöglichkeiten vorgetragen werden können, wird man dem Unterhalt Fordernden die Darlegungslast aber insoweit erleichtern müssen, dass man seinen Vortrag zunächst nur zu den offensichtlich vorliegenden Betreuungsmöglichkeiten (z.B. Kindergarten in der Nachbarschaft, bisher genutzte Möglichkeiten der Kinderbetreuung) und iÜ auf einen entsprechenden Vortrag des Unterhaltspflichtigen ein substantiiertes Bestreiten verlangt. Auch der BGH betont, dass keine überzogenen Anforderungen gestellt werden dürfen (BGH FamRZ 11, 1375; 12, 1040).

19 Erst Recht ist substantiierter Vortrag erforderlich, wenn der unterhaltverlangende Elternteil geltend macht, das Kind erfordere wegen seiner besonderen Situation (Entwicklungsstörung, Behinderung oder ähnliches) einen **besonders hohen Betreuungsauf-**

wand, der in den üblichen Einrichtungen für Kindesbetreuung nicht geleistet werden könne. Das entspricht der früheren Rechtslage (vgl BGH FamRZ 06, 846, 847), weil insoweit Umstände geltend gemacht werden, welche v Regelfall abweichen.

20 ee) Wie nach bisherigem Recht auch gilt für den Betreuungsunterhaltsanspruch **kein Alles oder Nichts-Prinzip.** Die aus § 1569 folgende Erwerbsobliegenheit ist nur insoweit ausgeschlossen, als die Belange des Kindes gerade die Betreuung durch den unterhaltbegehrenden Elternteil verlangen. Erfordern die Belange des Kindes eine Vollzeitbetreuung, kommt keinerlei Erwerbstätigkeit in Betracht. Ist das Kind nur einen Teil des Tages betreuungsbedürftig (etwa, weil nur für einen Teil des Tages eine Fremdbetreuung zur Verfügung steht), ist eine Teilzeittätigkeit zumutbar, so dass die daraus erzielbaren Einkünfte den Unterhaltsbedarf mindern. Insofern ist zu beachten, dass es keinen absoluten Zusammenhang zwischen der Betreuungszeit und der Zeit einer möglichen Erwerbstätigkeit gibt. Auch wenn das Kind ganztägig in einer Betreuungseinrichtung verbringt, bleiben dennoch viele Betreuungstätigkeiten, die zu Hause geleistet werden müssen. Auch bei Vollzeitbetreuung kann deswegen eine Vollzeiterwerbstätigkeit unzumutbar sein (BGH FamRZ 09, 1124 ff; 08, 1739, 1741). Außerdem verlangt die Regelung keinen abrupten Übergang v der Unterhalts- zu der Nicht-Unterhaltsphase, sondern erlaubt einen gestuften Übergang hin zu einer Vollerwerbstätigkeit (BGH FamRZ 09, 1124, 09, 1391; 09, 770, 772; OLG Hamm FamRZ 12, 1571).

21 c) **Abs 2 verlängert den Unterhaltsanspruch, wenn dies unter Berücksichtigung der Gestaltung v Kinderbetreuung und Erwerbstätigkeit in der Ehe sowie der Dauer der Ehe der Billigkeit entspricht.** Es handelt sich um einen reinen Billigkeitsanspruch für die Zeit nachdem das Kind das dritte Lebensjahr vollendet hat. Maßgebend sind für diesen Anspruch allein ehegattenbezogene Merkmale. Der Tatbestand nimmt einen Gedanken des BVerfG auf. In der Entscheidung zu § 1615 l aF hatte es darauf hingewiesen, dass es dem Gesetzgeber unbenommen bleibe, einen geschiedenen Elternteil wegen des Schutzes, den die eheliche Verbindung durch Art 6 I GG erfährt, unterhaltsrechtlich besserzustellen als einen unverheirateten Elternteil. Bei dieser im Gesetzeszweck zum Ausdruck kommenden Motivation sei es verfassungsrechtlich unbedenklich, wenn sich aus der Förderung des Ehegatten mittelbar auch eine bessere Stellung des ehelichen Kindes ergebe (BVerfG NJW 07, 1755).

22 Rechtssystematisch hat der Gesetzgeber sich dafür entschieden, den Anspruch als einen Annexanspruch zu Abs 1 auszugestalten. Es handelt sich nicht um einen selbständigen Unterhaltstatbestand, sondern um eine „ehespezifische Ausprägung" des Betreuungsunterhaltsanspruchs. Der Anspruch ist deswegen nicht zu prüfen, wenn ein Anspruch nach Abs 1 nicht in Betracht kommt (BGH FamRZ 09, 1124). Die Einordnung als aus Kinderbetreuung resultierender Anspruch hat erhebliche Folgen: Der Anspruch nimmt an allen Vorteilen teil, welche für einen Anspruch wegen Kinderbetreuung gewährt werden, obwohl es sich tatsächlich nur um einen allgemeinen Anspruch aus Billigkeitsgründen handelt und gerade nicht um einen im Interesse des Kindes angeordneten Anspruch, mit dem dessen Betreuung gesichert werden soll. Auswirkungen hat das vor allem im Zusammenhang mit der Rangstellenproblematik.

23 Der Anspruch aus Abs 2 knüpft trotz des missverständlichen Wortlauts aber **immer noch an die Kindesbetreuung** an. Seine Besonderheit besteht nur darin, dass in diesen Fällen eine Betreuung des Kindes aus Gründen des Kindeswohls nicht mehr erforderlich ist; denn ansonsten folgte ein Unterhaltsanspruch bereits aus Abs 1 S 2, 3. Abs 2 kommt nur dann in Betracht, wenn ein Billigkeitsanspruch nach Abs 1 S 2, 3 nicht besteht. Warum dieser Anspruch ausscheidet, ist dag unerheblich. Der Anspruch nach Abs 2 kann gerade auch dann bestehen, wenn ein längerer Anspruch nach Abs 1 S 2, 3 nicht mehr besteht, weil hinreichende und zumutbare Möglichkeiten der Fremdbetreuung bestehen. Er endet dag, wenn das Kind tatsächlich nicht mehr v dem Elternteil betreut wird (BGH FamRZ 10, 1050).

24 Als **Kriterien** für die Verlängerung nennt Abs 2 die Gestaltung der Kinderbetreuung und Erwerbstätigkeit in der Ehe und die Dauer der Ehe. In Betracht kommt der Anspruch deswegen vor allem dann, wenn die Eheleute eine Abrede über die Erwerbstätigkeit neben der Kindererziehung getroffen hatten, etwa vereinbart hatten, eine Be-

rufstätigkeit scheide bis zum Abschluss der Grundschule durch das jüngste Kind aus. Maßgebend ist die in der Ehe gefundene Aufgabenverteilung. Die Belastung des betreuenden Elternteils durch berufliche Ausbildungs-, Fortbildungs- oder Qualifizierungsmaßnahmen (zB Habilitationsverfahren) stellt dag keinen elternbezogenen Grund im Sinne des § 1570 II dar, weil sie nicht auf die Notwendigkeit der Kinderbetreuung zurückzuführen ist (BGH FamRZ 12, 1624).

Aus der Formulierung, die Dauer des Unterhaltsanspruchs verlängere sich, folgt, dass der Anspruch **nur** dann in Betracht kommt, **wenn direkt zuvor ein Anspruch wegen Kindesbetreuung nach Abs 1 bestanden hat.** Verlängerungsbeginn ist also immer der Zeitpunkt, in dem der Anspruch nach Abs 1 an sich endet. Ist die Kindesbetreuung bereits beendet, bevor der verlängerte Anspruch geltend gemacht wird, ist der Verlängerungszeitraum gleichwohl v dem Zeitpunkt an zu berechnen, zu dem der Anspruch nach Abs 1 an sich endete. 25

Ist die ehebedingte Billigkeit einer Verlängerung festgestellt, **verlängert sich der Unterhaltsanspruch automatisch.** Der Regelungsmechanismus entspricht demjenigen des § 1578 b. Die Dauer der Verlängerung richtet sich ausschließlich nach Billigkeitskriterien. Ist der Anknüpfungspunkt die in der Ehe praktizierte Aufteilung zwischen Kinderbetreuung und Erwerbstätigkeit, ist die Verlängerung regelmäßig auf den Zeitpunkt begrenzt, in dem die Kinderbetreuung nach den Vorstellungen der Ehegatten enden sollte. Zu diesem Zeitpunkt wäre es nach den Vorstellungen der Ehegatten ebenfalls wieder dahin gekommen, dass der Ehegatte, der bislang die Kinder betreute, wieder verstärkt für sich selbst sorgen können. Etwas anderes kann sich dann jedoch wieder aus der Dauer der Ehe bis zu diesem Zeitpunkt ergeben. 26

Die **Darlegungs- und Beweislast** für die in die Billigkeitsabwägung einzustellenden Kriterien trägt der Ehegatte, der den verlängerten Unterhalt begehrt. Alle Zweifel an dem Vorliegen dieser Kriterien gehen zulasten dieses Ehegatten. 27

3. Der Unterhaltsanspruch kann **schon sofort v der Scheidung an** bestehen. Das braucht aber nicht der Fall zu sein. Es ist daher auch möglich, dass seine Voraussetzungen erst später erfüllt werden (zB nacheheliche Geburt eines gemeinschaftlichen Kindes, Erhöhung des Betreuungsbedarfs wegen Erkrankung des Kindes). Der Unterhaltsanspruch beläuft sich auf den vollen Unterhalt, wenn eine Erwerbstätigkeit ganz unzumutbar ist, sonst auf teilweisen Unterhalt. Dann kann aber Aufstockungsunterhalt nach § 1573 geschuldet sein, wenn der betreuende Elternteil keine adäquate Teilzeitbeschäftigung zu finden vermag (BGH FamRZ 91, 305). Im Anschluss an die Betreuung des Kindes kann ein Unterhaltsanspruch wegen Alters oder Krankheit (§§ 1571 Nr 2, 1572 Nr 2) oder bis zur Erlangung einer angemessenen Erwerbstätigkeit bestehen (§ 1573 III). 28

Der Anspruch aus § 1570 kann regelmäßig nicht nach § 1579 ausgeschlossen werden, weil durch den kompletten Ausschluss das Kindeswohl negativ beeinflusst würde. In Betracht kommt regelmäßig nur eine Herabsetzung (vgl OLG Schleswig FuR 05, 476). Entsprechendes gilt für § 1578 b: Insoweit bildet Abs 2 selbst eine Spezialregelung für die Befristung (BGH FamRZ 09, 1124), so dass nur eine Herabsetzung der Ansprüche auf das eigenangemessene Maß in Betracht kommt (vgl § 1578 b Rn 13 ff; BGH FamRZ 09, 1124). 29

III. Verfahren. Auch schon vor der Vollendung des dritten Lebensjahres kann ein Antrag auf unbefristete Unterhaltsleistung gestellt werden. Der Antrag ist nur dann abzuweisen, wenn im Zeitpunkt der Entscheidung für die Zeit nach Vollendung des dritten Lebensjahres absehbar keine kind- und elternbezogenen Verlängerungsgründe mehr vorliegen (BGHZ 180, 170 = FamRZ 2009, 770; BGH NJW 13, 3578). 30

§ 1571 Unterhalt wegen Alters

Ein geschiedener Ehegatte kann von dem anderen Unterhalt verlangen, soweit von ihm im Zeitpunkt

1. der Scheidung,
2. der Beendigung der Pflege oder Erziehung eines gemeinschaftlichen Kindes oder
3. des Wegfalls der Voraussetzungen für einen Unterhaltsanspruch nach den §§ 1572 und 1573

wegen seines Alters eine Erwerbstätigkeit nicht mehr erwartet werden kann.

1 **I.** Die Vorschrift räumt aufgrund weiterwirkender ehelicher Solidarität einen Unterhaltsanspruch ein, wenn dem geschiedenen Ehegatten **wegen seines Alters keine Erwerbstätigkeit mehr zugemutet** werden kann. Um den Anspruch aber nicht ausufern zu lassen und eine Versorgung für jeden geschiedenen Ehegatten zu ermöglichen, der wegen Alters aus dem Berufsleben ausscheidet, muss das Alter bereits vorliegen, wenn durch die Scheidung oder das Ende eines auf der Ehe beruhenden Unterhaltsanspruchs noch Verbindungen zu der vorhergehenden Ehe bestehen. Dagegen ist es nicht erforderlich, dass der Ehegatte das Alter aufgrund dessen die Erwerbstätigkeit nicht mehr zumutbar ist, erst in der Ehezeit erreicht hat. § 1571 gilt vielmehr auch, wenn das Alter bereits bei der Eheschließung vorlag. Durch das UÄndG wurde die Regelung selbst nicht verändert. Zu beachten ist aber auch hier die Betonung des Grundsatzes der Eigenverantwortung durch die Neufassung des § 1569.

2 **II. 1. Voraussetzung des Anspruchs** ist zunächst, **a)** dass der Ehegatte ein **Alter** erreicht hat, **aufgrund dessen eine Erwerbstätigkeit nicht mehr erwartet werden kann.** Eine feste Altersgrenze besteht nicht. Entscheidend sind die Umstände des Einzelfalls, vor allem, welcher Beruf ausgeübt wurde, wie lang die Berufstätigkeit zurückliegt, welchen Gesundheitszustand der Unterhalt Fordernde aufweist und welche Chancen bestehen, dass er noch eine Stelle findet. Die Altersgrenze ist jedenfalls erreicht, wenn die für diesen Beruf übliche Altersgrenze überschritten ist. Das gilt jedenfalls dann, wenn diese der allg Altersgrenze in der Rentenversicherung (65 bzw 67 Jahre) entspricht, va dann, wenn die Rente bereits bezogen wird (BGH FamRZ 12, 951). Sonst muss geprüft werden, ob der Betroffene noch die Tätigkeit in einem anderen Beruf oder eine Ausbildung aufnehmen muss. Dafür kommt es neben dem Alter und dem Gesundheitszustand auch auf die Lebensstellung während der Ehe und den Zeitraum seit der letzten Erwerbstätigkeit an. Da die Eigenverantwortung das Leitbild für das Leben nach der Ehe bildet, ist einer gesunden 50–60 jährigen grds auch nach langer Ehedauer noch eine volle Erwerbstätigkeit zuzumuten (OLG Hamm FamRZ 95, 1416; OLG Zweibrücken FamRZ 12, 643). Findet sie keine Stelle, kommt ein Unterhaltsanspruch nach § 1573 in Betracht.

3 **b)** Das Alter, aufgrund dessen die Erwerbstätigkeit nicht erwartet werden kann, muss zu **einem der in § 1571 genannten Zeitpunkte** erreicht sein. Das ist zunächst der Zeitpunkt der Rechtskraft der Scheidung (Nr 1). Diesem gleichgestellt ist der Zeitpunkt, in dem die Pflege oder Erziehung eines gemeinschaftlichen Kindes beendet wird (Nr 2). Damit ist der Zeitpunkt gemeint, zu dem die Voraussetzungen für einen Unterhaltsanspruch nach § 1570 (evtl teilweise) wegfallen. Schließlich kommt der Zeitpunkt in Betracht, zu dem die Voraussetzungen für einen Unterhalt wegen Krankheit (§ 1572) oder wegen Unmöglichkeit, eine adäquate Erwerbstätigkeit zu finden (§ 1573), wegfällt (Nr 3).

4 **2. Die Beweislast** für die Umstände, aus denen sich ergibt, dass eine Erwerbstätigkeit v dem Unterhalt Fordernden wegen seines Alters nicht mehr erwartet werden kann, liegt beim Anspruchsteller. Dieser muss daher beweisen, dass er keine Erwerbstätigkeit mehr finden kann, dass sein Allgemeinzustand bestimmte Belastungen nicht mehr erlaubt usw.

5 **3. Der Unterhalt ist** der volle Unterhalt, wenn aufgrund des Alters gar keine Tätigkeit mehr in Betracht kommt, teilweiser Unterhalt, wenn noch eine Teilzeiterwerbstätigkeit altersangemessen ist. In diesem Fall kann uU ein Anspruch aus § 1573 II auf Aufstockungsunterhalt gegeben sein.

6 Der Unterhaltsanspruch kann **nach § 1578 b begrenzt** sein (BGH FamRZ 10, 1663). Insoweit kommen die betragsmäßige Begrenzung und die Befristung in Frage. Gegen die Begrenzung kann aber va sprechen, dass der Unterhaltsberechtigte an den Versorgungsanwartschaften des anderen Ehegatten nicht in ausreichendem Maß partizipiert hat und deswegen geringere Rentenanwartschaften hat als dieser (BGH FamRZ 12, 951; 10, 1663; 11, 1381; vgl auch OLG Schleswig FamRB 09, 139). IÜ kommt die Begrenzung v Altersunterhalt durchaus in Betracht, vor allem, wenn es sich um eine Ehe handelt, die erst im Alter geschlossen wurde (OLG Koblenz OLGR Koblenz 09, 238).

§ 1572 Unterhalt wegen Krankheit oder Gebrechen

Ein geschiedener Ehegatte kann von dem anderen Unterhalt verlangen, solange und soweit von ihm vom Zeitpunkt
1. der Scheidung,
2. der Beendigung der Pflege oder Erziehung eines gemeinschaftlichen Kindes,
3. der Beendigung der Ausbildung, Fortbildung oder Umschulung oder
4. des Wegfalls der Voraussetzungen für einen Unterhaltsanspruch nach § 1573

an wegen Krankheit oder anderer Gebrechen oder Schwäche seiner körperlichen oder geistigen Kräfte eine Erwerbstätigkeit nicht erwartet werden kann.

I. § 1572 enthält eine Ausnahme v Prinzip der Eigenverantwortung für den Fall, dass v **1** dem geschiedenen Ehegatten wegen einer **Krankheit oder eines Gebrechens** oder sonstigen Schwäche keine Erwerbstätigkeit verlangt werden kann. Wie bei § 1571 ist erforderlich, dass dieser Umstand zu bestimmten Einsatzzeitpunkten vorliegt, und ebenso wenig wie dort kommt es darauf an, dass der die Unzumutbarkeit der Erwerbstätigkeit begründende Umstand ehebedingt ist, so dass der Unterhaltstatbestand auch eingreift, wenn der Unterhalt Fordernde bereits zur Zeit der Eheschließung an der Krankheit, dem Gebrechen oder der Schwäche litt (BGH FamRZ 04, 779).

II. 1. Voraussetzung des Unterhaltsanspruchs ist, a) dass der Unterhalt Fordernde un- **2** ter einer **Krankheit,** einem **Gebrechen** oder einer körperlichen oder geistigen **Schwäche** leidet. Diese Tatbestandsmerkmale sind nicht genau voneinander abzugrenzen. Sie entstammen dem Sozialversicherungsrecht. Demnach liegt wenigstens eines dieser Tatbestandsmerkmale vor, wenn ein objektiv regelwidriger Körper- oder Geisteszustand v nicht nur vorübergehender Dauer gegeben ist, der entweder ärztliche Behandlung erfordert oder zur Arbeitsunfähigkeit führt (MK-BGB/Maurer § 1572 Rn 2; OLG Hamburg FamRZ 82, 702). Der Zustand muss dauerhaft sein. Ob die Krankheit bzw das Gebrechen schuldhaft herbeigeführt ist, ist grds unerheblich. Ausgeschlossen sind jedoch die Fälle einer sog Unterhaltsneurose; denn hier handelt es sich nicht um eine objektiv feststellbare Krankheit, sondern um eine Einstellung des Betroffenen („Versorgungsmentalität", OLG Hamburg FamRZ 82, 702; vgl auch OLG Düsseldorf FamRZ 90, 68, das diese Fälle aber über § 1579 löst).

b) Wegen der Krankheit, des Gebrechens oder der Schwäche muss eine (angemessene) **3** **Erwerbstätigkeit nicht verlangt** werden können. Auf die bislang ausgeübte Tätigkeit kommt es nicht an; auch volle Erwerbsunfähigkeit braucht nicht vorzuliegen. Der Ehegatte ist daher unterhaltsberechtigt, wenn er eine Tätigkeit ausübt, diese aber angesichts seines Gesundheitszustands unzumutbar ist. Umgekehrt scheidet ein Anspruch aus, wenn der Betroffene noch leichte Tätigkeiten ausüben kann, sofern diese angemessen iSd § 1574 sind. Wenn er dadurch seinen angemessenen Unterhalt nicht sichern kann, kann er einen Anspruch auf Ergänzungsunterhalt nach § 1573 II haben (BGH NJW 91, 224).

c) **Einsatzzeitpunkt,** dh der Zeitpunkt, zu dem die unter a) und b) genannten Voraus- **4** setzungen vorliegen müssen, ist entweder der Zeitpunkt der Rechtskraft der Scheidung (Nr 1), der, zu dem die Pflege oder Erziehung eines gemeinschaftlichen Kindes beendet wird (Nr 2, zum Begriff § 1571 Rn 3), derjenige, zu dem eine zum Unterhalt berechtigende Ausbildung, Umschulung oder Fortbildung beendet wird (Nr 3) oder in dem der Unterhaltsanspruch wegen Unmöglichkeit, eine adäquate Erwerbstätigkeit zu finden (§ 1573), wegfällt (Nr 4). Die Verwirklichung der Anspruchsvoraussetzungen zu einem anderen Zeitpunkt reicht nur dann, wenn zu einem der genannten Zeitpunkte die Krankheit schon latent vorhanden war und sie in zeitlicher Nähe zum Einsatzzeitpunkt auch ausbricht (BGH FamRZ 01, 1291; noch großzügiger OLG Hamm FamRZ 02, 1564; enger OLG Düsseldorf FamRZ 03, 683).

5 2. Der Unterhaltsanspruch umfasst grds den **gesamten angemessenen Unterhalt** des Ehegatten. Im Fall der Nr 2 (Kindererziehung) ist aber zu beachten, dass er nur soweit geht, wie der Anspruch wegen Kindererziehung, der endete und an den angeknüpft wird: War der Ehegatte bereits danach zu einer teilweisen Berufstätigkeit verpflichtet, besteht auch der Unterhaltsanspruch wegen Krankheit nur teilweise; denn iÜ lag gerade keine Unterhaltsverpflichtung im Einsatzzeitpunkt vor (OLG Düsseldorf NJW-RR 94, 1415). Eine Herabsetzung des Unterhalts nach § 1578 b ist zulässig (OLG München OLGR München 04, 448 zu § 1578 I 2 aF). Ein der Begrenzung entgegenstehender ehebedingter Nachteil kann sich nur daraus ergeben, dass ein Unterhaltsberechtigter aufgrund der Rollenverteilung in der Ehe nicht ausreichend für den Fall der krankheitsbedingten Erwerbsminderung vorgesorgt hat und seine Erwerbsunfähigenrente infolge der Ehe und Kindererziehung geringer ist, als sie ohne die Ehe wäre (BGHZ 179, 43; BGH FamRZ 11, 713) oder dass sonstige Gründe für eine gesteigerte nacheheliche Solidarität der Eheleute sprechen (BGH FamRZ 11, 875). Insoweit entsprechen sich der Krankheitsunterhalt nach § 1572 BGB und der Altersunterhalt nach § 1571 BGB (vgl § 1571 Rn 6).

6 3. Der Unterhaltsanspruch **entfällt** ab dem Zeitpunkt, zu dem sich der Zustand des Berechtigten soweit verbessert, dass v nun an eine eigene Erwerbstätigkeit wieder erwartet werden kann. Einer Befristung bedarf es insoweit nicht; der Anspruchswegfall erfolgt automatisch. Zur Darlegungslast für die Genesung s BGH FamRZ 05, 1897.

7 4. Auch der Krankheitsunterhalt kann **nach § 1578 b begrenzt** werden. Das kommt regelmäßig in Betracht, weil die Krankheit idR keinen Bezug zu der Ehe hat. In solchen Fällen kann sich ein der Begrenzung entgegenstehender ehebedingter Nachteil aber daraus ergeben, dass ein Unterhaltsberechtigter aufgrund der Rollenverteilung in der Ehe nicht ausreichend für den Fall der krankheitsbedingten Erwerbsminderung vorgesorgt hat und seine Erwerbsminderungsrente infolgedessen geringer ist, als sie es gewesen wäre, wenn er seine Erwerbstätigkeit bis zum Eintritt des Versorgungsfalls fortgesetzt hätte (BGH FamRZ 13, 1291). Das kommt allerdings nur dann in Betracht, wenn der Versorgungsausgleich insoweit nicht zu einem angemessenen Ausgleich führt (BGH FamRZ 13, 853).

§ 1573 Unterhalt wegen Erwerbslosigkeit und Aufstockungsunterhalt

(1) Soweit ein geschiedener Ehegatte keinen Unterhaltsanspruch nach den §§ 1570 bis 1572 hat, kann er gleichwohl Unterhalt verlangen, solange und soweit er nach der Scheidung keine angemessene Erwerbstätigkeit zu finden vermag.
(2) Reichen die Einkünfte aus einer angemessenen Erwerbstätigkeit zum vollen Unterhalt (§ 1578) nicht aus, kann er, soweit er nicht bereits einen Unterhaltsanspruch nach den §§ 1570 bis 1572 hat, den Unterschiedsbetrag zwischen den Einkünften und dem vollen Unterhalt verlangen.
(3) Absätze 1 und 2 gelten entsprechend, wenn Unterhalt nach den §§ 1570 bis 1572, 1575 zu gewähren war, die Voraussetzungen dieser Vorschriften aber entfallen sind.
(4) [1]Der geschiedene Ehegatte kann auch dann Unterhalt verlangen, wenn die Einkünfte aus einer angemessenen Erwerbstätigkeit wegfallen, weil es ihm trotz seiner Bemühungen nicht gelungen war, den Unterhalt durch die Erwerbstätigkeit nach der Scheidung nachhaltig zu sichern. [2]War es ihm gelungen, den Unterhalt teilweise nachhaltig zu sichern, so kann er den Unterschiedsbetrag zwischen dem nachhaltig gesicherten und dem vollen Unterhalt verlangen.

1 I. Die Vorschrift **soll** dem in der Ehe nicht berufstätigen Ehegatten den **Wiedereinstieg in den Beruf erleichtern**, indem sie ihm das Risiko abnimmt, dass er nach der Scheidung nicht sofort eine angemessene Erwerbstätigkeit findet oder diese alsbald wieder wegfällt und er deswegen mittellos dasteht. Das Interesse des anderen Ehegatten, nicht auf Dauer mit dem Arbeitsmarktrisiko seines geschiedenen Partners belastet zu sein,

wird dadurch berücksichtigt, dass die Ansprüche nach § 1573 befristet werden können (§ 1578 b). Die früher in Abs 5 enthaltene Regelung über die Befristung wurde durch das UÄndG v 21.12.07 (BGBl I 3189) aufgehoben. In der Sache hat sich insofern aber nichts geändert: die Begrenzungsmöglichkeit ergibt sich jetzt aus § 1578 b.

Ein Unterhaltsanspruch aus § 1573 ist den **Ansprüchen aus §§ 1570–1572 gegenüber** 2 **nachrangig.** Soweit nach diesen Vorschriften Unterhaltsansprüche bestehen, scheidet § 1573 daher aus. Ein Anspruch nach Abs 1 kann aber zB neben einem Anspruch aus § 1570 gegeben sein, wenn der Geschiedene zur teilweisen Erwerbstätigkeit verpflichtet ist, eine solche Stelle aber nicht zu finden vermag. Ein Anspruch nach Abs 2 kann neben einem Unterhaltsanspruch aufgrund anderer Regelungen bestehen, wenn der geschiedene Ehegatte erwerbspflichtig ist, aber die v ihm gefundene Tätigkeit (zusammen mit dem Unterhalt nach §§ 1570–1572) nicht den vollen Unterhalt zu sichern vermag (BGH NJW 90, 1847).

II. 1. Voraussetzung des Anspruchs nach Abs 1 ist, dass der geschiedene Ehegatte nach 3 der Scheidung **keine angemessene Erwerbstätigkeit (§ 1574) finden kann.** Logisch setzt das voraus, dass er während der Ehe nicht oder nicht voll berufstätig war. Hatte er dag eine Erwerbstätigkeit ausgeübt, kommt ein Anspruch nach Abs 1 nicht in Betracht (evtl aber nach Abs 2 oder Abs 4). Wegen der Anknüpfung an die Angemessenheit ist es für den Anspruch unschädlich, wenn der Geschiedene eine unangemessene Stelle findet (vgl § 1574 II). Dann werden nur die Einkünfte auf den Unterhaltsanspruch angerechnet (§ 1577 I).

Abs 1 stellt darauf ab, dass der Ehegatte eine angemessene Erwerbstätigkeit **nicht zu** 4 **finden vermag.** Daraus ist abzuleiten, dass die Geschiedene nicht einfach passiv auf Arbeit oder eine Gelegenheit zu anderer Erwerbstätigkeit warten darf, sondern sich vielmehr aktiv um eine angemessene Erwerbstätigkeit bemühen muss (sog Erwerbsobliegenheit). Er muss alles tun, was ein nicht Unterhaltsberechtigter in seiner Lage auch tun würde, um möglichst schnell eine neue Erwerbstätigkeit zu finden. Dazu gehört nicht nur, dass er sich beim Arbeitsamt nach Arbeit erkundigt oder Stellenanzeigen liest. Er muss vielmehr v sich aus aktiv tätig werden (zB Aufgabe v Stellenanzeigen, Spontanbewerbungen, Probepraktika). Fehlt es an dem ernsthaften Bemühen um eine Erwerbstätigkeit, scheidet ein Unterhaltsanspruch aus. Das gilt etwa, wenn der Geschiedene jede Aktivität unterlässt oder wenn er sich selbst für potenzielle Arbeitgeber unattraktiv macht, um eine Einstellung zu vermeiden (zB unvollständige Bewerbungsunterlagen, Nichtwahrnehmung v Vorstellungsterminen, Äußerung v unrealistischen Gehaltsvorstellungen). Die Beweislast für die ausreichenden Anstrengungen bei der Suche nach einer Erwerbstätigkeit liegt beim Anspruchsteller (BGH NJW 87, 899) – und zwar auch, soweit es um die fehlende Möglichkeit geht, einen Mini- oder Midijob zu finden (BGH FamRZ 12, 517). Der unterhaltbegehrende Geschiedene muss daher konkretisieren (und nachweisen), welche Anstrengungen er unternommen hat, wenn der in Anspruch Genommene ausreichende Bemühungen bestreitet. Etwas anderes gilt nur, wenn wegen der allgemeinen Arbeitsmarktlage klar ist, dass der Geschiedene mit seinen Qualifikationen ohnehin nicht in der Lage gewesen wäre, eine Stelle zu finden (BGH FamRZ 11, 1851). Allerdings gibt es keinen Grundsatz, dass bestimmte Personen nicht mehr vermittelbar sind (OLG Köln FamRZ 05, 1912). Wer eine Vollzeittätigkeit nicht zu finden vermag, muss sich um eine Teilzeittätigkeit bemühen (OLG Köln FamRZ 05, 458), ggf auch um einen Minijob (BGH FamRZ 12, 517).

Einsatzzeitpunkt für den Anspruch aus Abs 1 ist entweder derjenige der Rechtskraft 5 der Scheidung oder der Zeitpunkt, zu dem ein Unterhaltsanspruch nach §§ 1570–1572, 1575 wegfällt (Abs 3). Tritt dag das Bedürfnis, eine neue Erwerbstätigkeit zu finden, erst später ein, ist ein Anspruch nach Abs 1 ausgeschlossen. Der unterhaltbegehrende ehemalige Ehegatte muss daher darlegen und notfalls beweisen, dass seit der Rechtskraft der Scheidung durchgängig ein Unterhaltsanspruch gegeben war, wenn er erst später einen Anspruch auf Aufstockungsunterhalt geltend macht (OLG Hamm FPR 02, 300; OLG Thüringen FamRZ 04, 1207). Gegeben sein kann in diesen Fällen, aber auch sonst ein Anspruch nach Abs 4. Das Vorliegen der Anspruchsvoraussetzungen im Einsatzzeitpunkt reicht aber auch. Dass der Anspruch erst später geltend gemacht wird, schadet nicht (BGHZ 163, 84).

6 Der **Unterhaltsanspruch** besteht während der gesamten Zeit der Arbeitssuche. Er ist nicht auf einen bestimmten Zeitabschnitt befristet, wenn v der Befristungsmöglichkeit nach § 1578 b kein Gebrauch gemacht wurde. Um die Kontrolle der Suchanstrengungen des Unterhaltsberechtigten zu ermöglichen, sollte er nur für die Zeit tituliert werden, innerhalb derer es wahrscheinlich ist, dass der Unterhaltsberechtigte eine Erwerbstätigkeit findet. Im Regelfall sollten 6 Monate nicht überschritten werden (vgl OLG Düsseldorf FamRZ 91, 193).

7 **2. Voraussetzung** des Anspruchs nach Abs 2 auf Aufstockungsunterhalt bis zum vollen Unterhalt (§ 1578) ist, dass der geschiedene Ehegatte zwar eine angemessene Erwerbstätigkeit (§ 1574) gefunden hat, dass die Einkünfte daraus nicht ausreichen, um seinen vollen Unterhalt zu sichern. Das soll den geschiedenen Ehegatten auch zur Übernahme nicht zur Sicherung des vollen Unterhalts ausreichender Tätigkeiten anhalten, damit auf diese Weise der Unterhaltspflichtige zumindest teilweise entlastet wird. Auch dieser Anspruch kann nach § 1578 b begrenzt werden.

8 a) Was eine **angemessene Erwerbstätigkeit** ist, bestimmt sich nach § 1574. Einkünfte aus nicht angemessener Tätigkeit bringen schon andere Unterhaltsansprüche (§§ 1570–1572, Abs 1, § 1575) nicht zum Erlöschen, sondern werden nur nach § 1578 II angerechnet.

9 Die Einkünfte aus der vollschichtigen (BGH FamRZ 11, 303) angemessenen Tätigkeit dürfen **nicht ausreichen**, um den **vollen Unterhalt** des Geschiedenen sicherzustellen. Solange das der Fall ist, ist ein Aufstockungsunterhalt auch bei kleinem Einkommensgefälle zwischen Unterhaltsverpflichtetem und Unterhaltsberechtigtem gegeben; eine Bagatellgrenze existiert nicht (str; wie hier OLG Hamm FamRZ 82, 70; aA OLG Düsseldorf FamRZ 96, 947, das eine Mindestforderung v 100 DM verlangte). Ist der volle Unterhalt gedeckt, kommt ein Anspruch nach Abs 2 selbst dann nicht mehr in Betracht, wenn der andere Ehegatte ein weit höheres Einkommen hat. Da sich der volle Unterhalt nach den ehelichen Lebensverhältnissen bestimmt (§ 1578 I), scheidet ein Anspruch auf Aufstockungsunterhalt auch aus, wenn die Eheleute während ihrer Ehe immer nur v ihrem eigenen Einkommen gelebt haben; denn dann war das Einkommen des einen nie prägend für die Lebensverhältnisse des anderen (OLG Zweibrücken FamRZ 82, 269; aA OLG Düsseldorf FamRZ 83, 1139).

10 b) Der **Einsatzzeitpunkt** für den Aufstockungsunterhalt entspricht dem Unterhaltsanspruch nach Abs 1 (Rn 5). Entsteht die Unfähigkeit zur Sicherung des vollen Unterhalts erst später (zB Lohnkürzung), besteht kein Anspruch nach Abs 2 mehr (OLG Hamburg FamRZ 86, 1001). Es handelt sich allein um die Verwirklichung des allgemeinen Lebensrisikos des Unterhaltsberechtigten.

11 c) Auch die **Berechnung** des Aufstockungsunterhalts richtet sich nach den ehelichen Lebensverhältnissen. Unterschieden wurden in der Rspr früher insoweit die Anrechnungsmethode für den einer „Hausfrauenehe" nachfolgenden Aufstockungsunterhalt und die Differenz- und die Summenmethode für die Doppelverdienerehe. Bei der Zuverdienerehe wurden die Methoden kombiniert (BGH FamRZ 81, 539; OLG Düsseldorf FamRZ 82, 489). Die Rspr hatte aber schon früher zum Teil erhebliche Modifikationen vorgenommen, durch welche der theoretisch zwischen den Methoden bestehende Gegensatz wieder relativiert wurde. Der Methodengegensatz spielte damit auch schon in der Vergangenheit für die Ergebnisse eine weit weniger große Rolle, als sich zunächst vermuten ließe. Gleichwohl gab es im Ergebnis oftmals Unterschiede. Die Diskussion um die Berechnungsweise ist wieder voll entflammt, nachdem der BGH seine Rspr zur Alleinverdienerehe geändert hat (BGH NJW 01, 2254 ff) und hier nun nicht mehr die Anrechnungsmethode anwenden will, sondern die Differenzmethode.

12 Die **Anrechnungsmethode** bedeutet, dass alles, was der Unterhaltsberechtigte nach der Scheidung durch seine Erwerbstätigkeit erwirbt, auf seinen Unterhaltsbedarf angerechnet wird. Sie wurde früher nach vorausgegangener Alleinverdienerehe angewendet (s 2. Aufl). Sie ist deswegen problematisch, weil durch diese Methode jeder Anreiz zu einer den vollen Unterhalt nicht mindestens deckenden Erwerbstätigkeit beseitigt wird. Das

widerspricht dem Grundsatz, dass die Familien- und die Erwerbsarbeit bei der Bemessung des nachehelichen Unterhalts grds als gleichwertig behandelt werden müssen (BVerfG NJW 02, 1185). Auch der BGH (NJW 01, 2254 ff) nimmt daher seit einiger Zeit an, dass diese Methode auch bei vorausgegangener Alleinverdienerehe nicht angemessen ist. Seine Begründung ist insoweit eine rein praktische: Der eheliche Lebensstandard hat auch in der Ehe Verbesserungen dadurch erfahren, dass der haushaltführende Ehegatte Dienstleistungen erbracht hat, die andernfalls als Fremdleistungen hätten erkauft werden müssen und hat so den Lebensstandard der Lebensgemeinschaft erhöht. Der Unterhaltsbedarf wird daher auch durch diese Leistungen mitbestimmt, weil sie die ehelichen Lebensverhältnisse mit geprägt haben. Der BGH stützt diese Ansicht außerdem darauf, dass der haushaltsführende Ehegatte durch die Haushaltsführung seine Unterhaltspflicht erfülle (§ 1360, 2 BGB). Bewertungsschwierigkeiten umgeht er dadurch, dass er die Hausarbeit mit dem Entgelt bewertet, das der Ehegatte aus der nach der Scheidung aufgenommenen Erwerbstätigkeit erzielt, weil diese nur ein Surrogat für die Haushaltsführungstätigkeit während der Ehe sei. In Betracht kommt nach Ansicht des BGH sogar, die Haushaltsführungsleistungen mit dem Wert zu bemessen, den die Haushaltsführung für einen neuen Partner hat (BGH FamRZ 04, 1170; 04, 1173).

Bei **Doppelverdienerehen** ist die Berechnung des Aufstockungsunterhalts nach zwei 13 Methoden zulässig, der Differenz- und der Summenmethode. Beide unterscheiden sich in ihren Ergebnissen nicht, wenn die Unterschiedsbeträge hälftig geteilt werden. Bei der **Differenzmethode** wird zunächst ermittelt, ob der unterhaltverlangende Ehegatte weniger Erwerbseinkommen hat als der andere. Von der Differenz zwischen beiden Einkommen erhält er 3/7 (BGH NJW 80, 2081; beachte aber § 1578 Rn 5). Die Methode wird dadurch modifiziert, dass erlaubt wird, bestimmte Beträge vor dem Vergleich der Einkommen abzusetzen. Hierzu gehören etwa Krankenversicherungsbeiträge (OLG Karlsruhe FamRZ 80, 367) und Zins- und Tilgungsleistungen für Kredite, die zur Finanzierung des Zugewinnausgleichs aufgenommen wurden. Bei der **Summenmethode** werden zunächst die beiden Einkommen der Geschiedenen zusammengerechnet. Anschließend wird zugunsten des unterhaltverlangenden Geschiedenen die 3/7-Quote errechnet (beachte aber § 1578 Rn 5). Auf diese wird dann das Einkommen des Unterhaltsberechtigten voll angerechnet. Den Restbetrag kann er als Unterhalt verlangen (OLG Karlsruhe FamRZ 82, 486; Gerhardt FamRZ 93, 261). Auch bei Anwendung dieser Methode kommen die bei der Darstellung der Differenzmethode geschilderten Modifikationen in Betracht.

3. Der Unterhaltsanspruch nach Abs 4 besteht, wenn ein geschiedener Ehegatte zu- 14 nächst eine **angemessene Erwerbstätigkeit findet**, die auch seinen Unterhalt voll oder teilweise deckt, diese **Stelle aber wieder verliert** (Abs 4 S 1). Das Gleiche gilt, wenn der geschiedene Ehegatte seine Stelle teilweise wieder verliert, so dass nur eine teilweise nachhaltige Sicherung des Unterhalts eingetreten ist (Abs 4 S 2). Der Anspruch kann nach § 1578 b begrenzt werden.

a) Voraussetzungen des Anspruchs sind: Der geschiedene Ehegatte muss eine **angemes-** 15 **sene Erwerbstätigkeit** (§ 1574) ausgeübt haben. Unerheblich ist, ob die Tätigkeit schon während des Zusammenlebens, während der Trennung oder erst nach der Scheidung aufgenommen wurde (BGH NJW 85, 430). Bei unangemessener Erwerbstätigkeit scheidet ein Anspruch nach Abs 4 aus. Es gilt allein Abs 1.

Die Erwerbstätigkeit muss **nach der Scheidung weggefallen** sein. Der Grund ist unbe- 16 achtlich.

Die Erwerbstätigkeit darf **nicht geeignet** gewesen sein, den **Unterhalt** des Anspruchstel- 17 lers nach der Scheidung **nachhaltig zu sichern**. Ob eine nachhaltige Sicherung erreicht war, richtet sich nach der Prognose, die ein optimaler Beobachter im Zeitpunkt der Scheidung abgegeben hätte. Wenn dieser in Kenntnis aller zu diesem Zeitpunkt bereits geschehenen oder angelegten Tatsachen bejaht hätte, dass die v Geschiedenen ausgeübte Tätigkeit dauerhaft sein würde, ist die Nachhaltigkeit der Unterhaltssicherung zu bejahen. Im Regelfall wird das nach etwa zwei Jahren der Fall sein (OLG Köln FamRZ 05, 1912). Ein Wegfall der Tätigkeit kann dann keinen Unterhaltsanspruch nach Abs 4 mehr auslösen. Ein Unterhaltsanspruch scheidet aber auch vorher aus, wenn der Arbeitgeber des Geschiedenen überraschend in Insolvenz fällt (BGH NJW 86, 375), bei Kündigung wegen eines nach der Scheidung vorgefallenen Fehlverhaltens des Geschiedenen oder aus betrieblichen Gründen (OLG Köln NJWE-FER 98, 219), bei Arbeitsunfähigkeit wegen eines Unfalls nach der Scheidung. Umgekehrt besteht ein Unterhaltsanspruch bei Vorliegen der übrigen Voraussetzungen wegen mangelnder Nachhaltigkeit der Unterhaltssicherung, wenn das Arbeitsverhältnis wegen einer zur Zeit der Scheidung bereits bestehenden (wenn auch nicht ausgebrochenen) Krankheit beendet wird (BGH NJW 85, 1699), bei Befristung des Arbeitsverhältnisses (OLG Frankfurt FamRZ 87, 1042) und beim Fehlen ausreichender Kenntnisse oder ausreichenden Kapitals für die begonnene selbständige Tätigkeit (BGH NJW 86, 375).

18 Der Geschiedene darf es **nicht zu vertreten** haben, dass ihm keine nachhaltige Sicherung seines Unterhalts gelungen ist. Der Geschiedene muss bei der Wahl seiner Erwerbstätigkeit die gleichen Prognosen anstellen, wie der ideale Beobachter, aus dessen Sicht die Nachhaltigkeit zu beurteilen ist (Rn 17). Ein Unterhaltsanspruch scheidet deswegen aus, wenn eine Arbeitsstelle angenommen wird, deren Wegfall wegen wirtschaftlicher Schwierigkeiten des Arbeitgebers bereits abzusehen ist oder die befristet ist, ohne dass eine vernünftige Aussicht auf eine Verlängerung besteht. Entsprechendes gilt für den Beginn eines selbständigen Erwerbsgeschäfts, wenn der Geschiedene seine Fähigkeiten, Kapitalausstattung oder Ausdauer fahrlässig falsch eingeschätzt hat. An einem Verschulden fehlt es aber, wenn der Geschiedene keine andere Stelle, die geeigneter für eine nachhaltige Sicherung des Unterhalts gewesen wäre, zu finden vermocht hätte.

19 b) Der **Unterhaltsanspruch umfasst** den vollen Unterhalt, wenn die nachhaltige Sicherung des Unterhalts insgesamt nicht gelungen ist. Ist die nachhaltige Sicherung des Unterhalts nur teilweise gelungen, beläuft sich der Anspruch auf die Differenz zwischen dem nachhaltig gesicherten Betrag und dem vollen Unterhalt.

20 4. Alle Ansprüche aus § 1573 können nach § 1578 b begrenzt werden. Die eigenständige Befristungsmöglichkeit in Abs 5 aF wurde durch das UÄndG v 21.12.07 (BGBl I 3189) beseitigt.

§ 1574 Angemessene Erwerbstätigkeit

(1) Dem geschiedenen Ehegatten obliegt es, eine angemessene Erwerbstätigkeit auszuüben.

(2) ¹Angemessen ist eine Erwerbstätigkeit, die der Ausbildung, den Fähigkeiten, einer früheren Erwerbstätigkeit, dem Lebensalter und dem Gesundheitszustand des geschiedenen Ehegatten entspricht, soweit eine solche Tätigkeit nicht nach den ehelichen Lebensverhältnissen unbillig wäre. ²Bei den ehelichen Lebensverhältnissen sind insbesondere die Dauer der Ehe sowie die Dauer der Pflege oder Erziehung eines gemeinschaftlichen Kindes zu berücksichtigen.

(3) Soweit es zur Aufnahme einer angemessenen Erwerbstätigkeit erforderlich ist, obliegt es dem geschiedenen Ehegatten, sich ausbilden, fortbilden oder umschulen zu lassen, wenn ein erfolgreicher Abschluss der Ausbildung zu erwarten ist.

1 I. Die Vorschrift ist keine Anspruchsgrundlage, sondern eine bloße **Hilfsnorm für die §§ 1570–1573, 1575 f.** Sie statuiert als Obliegenheit, dass der geschiedene Ehegatte eine angemessene Erwerbstätigkeit ausüben muss und definiert dann, welche Erwerbstätigkeit erwartet werden kann. Ist eine Erwerbstätigkeit nach diesen Grundsätzen nicht zu geboten, braucht der geschiedene Ehegatte nicht erwerbstätig zu sein und kann Unterhalt verlangen. Er muss sich jedoch ggf ausbilden, fortbilden oder umschulen lassen, wenn dann eine angemessene Erwerbstätigkeit erwartet werden kann (Abs 3).

2 Durch das **UÄndG** v 21.12.07 (BGBl I 3189) wurde die Norm völlig umgestaltet. Sie wurde deutlich schärfer gefasst als bisher. Auch die Kriterien für die Angemessenheit der Erwerbstätigkeit wurden verändert. Die ehelichen Lebensverhältnisse wurden in

ihrer Wertigkeit herabgestuft, die Bedeutung einer früheren Erwerbstätigkeit wurde umgekehrt deutlich betont.

II. 1. Den geschiedenen Ehegatten trifft die **Obliegenheit**, eine angemessene Erwerbstätigkeit auszuüben. Durch die Neufassung der Regelung macht der Gesetzgeber deutlich, dass den Ehegatten Nachteile treffen, wenn er die ihm angemessene Erwerbstätigkeit nicht ausübt. Das war zwar auch vor der Neufassung der Regelung durch das UÄndG so, die Betonung des Pflichtcharakters der Erwerbstätigkeit entspricht aber der generellen Tendenz des neuen Rechts. Zugleich betont die Neuregelung, dass die Ausübung einer Erwerbstätigkeit nach dem Ende der Ehe die Regel sein soll, während die Finanzierung des Lebensbedarfs durch Unterhalt die Ausnahme bilden soll. Es wird ein Gleichlauf mit § 1569 BGB erzielt. Eine angemessene Erwerbstätigkeit muss dabei nicht notwendigerweise eine einheitliche Vollzeitstelle sein. In Betracht kommt auch die Kombination mehrerer Teilzeitstellen (BGH FamRZ 12, 1483).

2. Ob eine Erwerbstätigkeit angemessen ist, ist auch nach neuem Recht in einer **alle Umstände des Einzelfalls berücksichtigenden Bewertung** festzustellen (BGH NJW 84, 1685). Das Gesetz nennt beispielhaft fünf Aspekte, die dabei berücksichtigt werden müssen. Die Einbeziehung anderer Faktoren ist aber nicht ausgeschlossen.

a) In die Beurteilung einzubeziehen ist zunächst die **Ausbildung,** die der Ehegatte genossen hat. Das ist aber insofern zu relativieren, als die Ausbildung noch dem durch die Ehe erreichten sozialen Standard entsprechen muss. Das gilt vor allem dann, wenn die Ehe v langer Dauer war. Einer ehemaligen Krankenschwester, die 20 Jahre lang mit einem Chefarzt verheiratet war, ist daher nicht mehr zuzumuten, wieder als Krankenschwester zu arbeiten. Entsprechendes gilt, wenn die Ehe zu einem sozialen Abstieg geführt hat. Bei der Maßgeblichkeit der Ausbildung bleibt es aber bei kürzerer Ehedauer und vor allem dann, wenn die der Ausbildung entsprechende Tätigkeit während der Ehe auch ausgeübt wurde.

b) Zu berücksichtigen sind auch die sonstigen **Fähigkeiten** des geschiedenen Ehegatten, unabhängig davon, worauf sie zurückgehen. Das kann dazu führen, dass auch Tätigkeiten angemessen sind, die außerhalb des Berufes liegen, in dem eine Ausbildung absolviert wurde.

c) Relevant sind auch das **Alter** und der **Gesundheitszustand** des geschiedenen Ehegatten. Dadurch relativiert sich die Bedeutung der anderen Umstände oft erheblich.

d) Schließlich kommt es auf die **frühere Erwerbstätigkeit** an. Auch das ist aber sachlich nichts grds Neues, sondern entspricht einer Wertung, die sich in der Rspr auch früher durchaus schon gefunden hatte (vgl BGH FamRZ 05, 23 ff). Durch die Aufnahme in den Katalog des § 1574 BGB hat sich aber die Wertigkeit des Kriteriums der früheren Erwerbstätigkeit verschoben, denn es steht jetzt auf einer Ebene mit den anderen in der Norm genannten Umständen. Die Einbeziehung der früheren Erwerbstätigkeit bedeutet, dass das, was bislang oder früher bereits als Erwerbstätigkeit ausgeübt wurde, grds auch weiterhin v dem unterhaltbegehrenden ehemaligen Ehegatten verlangt werden kann. Allerdings wird es auch künftig dabei bleiben, dass andere Umstände (Alter, Gesundheitszustand, Abstand zu der Ausübung der Tätigkeit) dazu führen können, dass sich die Wertigkeit dieses Kriteriums so weit abschwächt, dass es letztlich für die Frage der Angemessenheit der Erwerbstätigkeit nur noch eine untergeordnete Rolle spielt.

Zurückhaltung ist aber bei der **Einordnung einer Tätigkeit als frühere Erwerbstätigkeit** geboten. Nicht jede Tätigkeit, die irgendwann einmal ausgeübt wurde, kann als angemessene Erwerbstätigkeit angesehen werden. Auszuscheiden sind vor allem solche Tätigkeiten, welche nur kurzzeitig zur Überbrückung v finanziellen Engpässen ausgeübt wurden. Bei einer anderen Betrachtung könnte es dazu kommen, dass selbst im Rahmen des Studiums zu dessen Finanzierung übernommene Hilfstätigkeiten als Serviererin oder ähnliches als „frühere Erwerbstätigkeiten" eingeordnet und die unterhaltbegehrenden ehemaligen Ehegatten auf diese Tätigkeiten verwiesen werden könnten. Das überdehnte den v Gesetzgeber beabsichtigten Anwendungsbereich der Regelung. Der BGH hat früher angenommen, dass Tätigkeiten, die über einen Zeitraum v mehr als drei Jahren ausgeübt wurden, grds als angemessene Tätigkeiten angesehen werden können – und zwar gerade auch dann, wenn es sich um Tätigkeiten handelt, die eine geringere Qualifikation voraussetzen (BGH FamRZ 05, 23, 25). Unter Berücksichtigung der Tatsache, dass § 1569 BGB den Grundsatz der Eigenverantwortung deutlich betont hat, wird man diese Grenze etwas nach unten korrigieren können. Jedenfalls sollten aber im Regelfall Tätigkeiten, die keine zwei Jahre lang ausgeübt wurden, aus der Betrachtung ausgeblendet werden. Mehrere Tätigkeiten, die vergleichbar sind, die aber jeweils weniger als zwei Jahre ausgeübt werden, können aber zusammengerechnet werden.

10 e) **Kein gleichrangiger Aspekt** für die Beurteilung der Angemessenheit einer Erwerbstätigkeit sind die **ehelichen Lebensverhältnisse** mehr. Dieses Kriterium wurde durch das UÄndG zu einem bloßen Korrekturmaßstab herabgestuft (Weinreich/Klein, § 1574 BGB Rn 3 c; Kemper, Das neue Unterhaltsrecht, Rn 224).

11 **3.** Die **ehelichen Lebensverhältnisse** dienen nach neuem Recht nur noch als **Korrektiv:** Dem geschiedenen Ehegatten wird gestattet einzuwenden, wegen der anderen ehelichen Lebensverhältnisse sei die an sich angemessene Erwerbstätigkeit unbillig. Allerdings wird sich durch die neue systematische Einordnung in der Sache wahrscheinlich wenig ändern. Ob eine Erwerbstätigkeit an sich als unangemessen angesehen wird oder ob sie zwar als angemessen qualifiziert wird, aber dann wegen der entgegenstehenden ehelichen Lebensverhältnisse doch nicht verlangt wird, bedeutet iE keinen Unterschied (zur Beweislast s aber Rn 15).

12 Die **Dauer der Ehe** und die **Dauer der Kindererziehung,** die in § 1574 auch weiterhin genannt werden, sind ebenfalls keine eigenständigen Kriterien für die Beurteilung der Angemessenheit der Erwerbstätigkeit, sondern fließen nur in die Beurteilung der ehelichen Lebensverhältnisse als Berücksichtigungsfaktoren ein. Insofern ändert sich an der Rechtslage vordergründig nichts. Wegen der Herabstufung der ehelichen Lebensverhältnisse verlieren aber auch diese Umstände ihre Bedeutung, da sie das Schicksal des Hauptkriteriums teilen, bei dessen Beurteilung sie nur zu berücksichtigen sind. Kindererziehungszeiten und Ehedauer sind nur noch Einwendungen, mit denen die Korrektur der Obliegenheit zur angemessenen Erwerbstätigkeit erreicht werden kann.

13 Die Berücksichtigung der ehelichen Lebensverhältnisse kann vor allem bei längerer Ehe, während der der geschiedene Ehegatte nicht berufstätig war, dazu führen, dass auch nach der Scheidung **die an sich angemessene Berufstätigkeit nicht erwartet werden kann.** Umgekehrt führt eine Berufstätigkeit während der Ehe dazu, dass regelmäßig auch nach der Scheidung deren Fortsetzung angemessen ist (OLG Hamm FamRZ 97, 1076). Wurde während der Ehe ein Studium aufgenommen, kommt es für die Frage, ob eine Erwerbstätigkeit im vorher erlernten Beruf noch angemessen ist, darauf an, ob die Eheleute gemeinsam dem studierenden Ehegatten die Stellung eines Akademikers verschaffen wollten. Bei einverständlicher Studienplanung während des Zusammenlebens ist das regelmäßig zu bejahen (BGH NJW 80, 393), nicht dag, wenn das Studium erst nach der Trennung oder gegen den Willen des anderen Ehegatten aufgenommen wurde (OLG Düsseldorf FamRZ 80, 585).

14 Die entgegenstehenden ehelichen Lebensverhältnisse sind nur noch eine **Einwendung.** Der unterhaltfordernde ehemalige Ehegatte ist also darlegungs- und beweispflichtig dafür, dass ihm eine an sich angemessene Erwerbstätigkeit wegen der besonderen Umstände während der Ehe ausnahmsweise doch nicht zugemutet werden kann (Reinken, FPR 2005, 502, 504; Viefhues/Mleczko, Rn. 239; Kemper, Das neue Unterhaltsrecht, Rn 228). Dadurch wird gerade betont, dass eine Ausnahme v Prinzip der Eigenverantwortung vorliegt.

15 **4.** Abs 3 statuiert eine **Fortbildungsobliegenheit** des geschiedenen Ehegatten, der zZ eine angemessene Erwerbstätigkeit nicht finden kann, wenn nach einer Ausbildung, Fortbildung oder Umschulung zu erwarten ist, dass er eine angemessene Erwerbstätigkeit finden wird. Die Regelung wurde durch das UÄndG nicht verändert; sie muss aber wegen der gestiegenen Anforderungen an die Selbstverantwortlichkeit nach der Scheidung (vgl § 1569) strenger ausgelegt werden als bisher. Zumutbar ist jede Maßnahme, v der zu erwarten ist, dass sie zu einem Beruf qualifiziert. Aus- oder Fortbildungen zu nicht anerkannten Berufen fallen nicht unter Abs 2. Ebenfalls ausgeschlossen sind Maßnahmen, die sich auf Berufe beziehen, die zwar angemessen sind, aber keine reelle

Beschäftigungsmöglichkeit versprechen (BGH NJW 84, 1685: Studium der Vor- und Frühgeschichte).
Folge ist, dass der eine Ehegatte sich fortbilden muss, wenn er nicht Gefahr laufen will, 16 seine Unterhaltsansprüche ganz oder teilweise zu verlieren (vgl BGH FamRZ 86, 553; 88, 702). Der andere muss die Ausbildung, Fortbildung oder Umschulung finanzieren. Wird die Ausbildung ohne Erfolg beendet, besteht kein Anspruch auf Rückzahlung des Unterhalts.

§ 1575 Ausbildung, Fortbildung oder Umschulung

(1) ¹Ein geschiedener Ehegatte, der in Erwartung der Ehe oder während der Ehe eine Schul- oder Berufsausbildung nicht aufgenommen oder abgebrochen hat, kann von dem anderen Ehegatten Unterhalt verlangen, wenn er diese oder eine entsprechende Ausbildung sobald wie möglich aufnimmt, um eine angemessene Erwerbstätigkeit, die den Unterhalt nachhaltig sichert, zu erlangen und der erfolgreiche Abschluss der Ausbildung zu erwarten ist. ²Der Anspruch besteht längstens für die Zeit, in der eine solche Ausbildung im Allgemeinen abgeschlossen wird; dabei sind ehebedingte Verzögerungen der Ausbildung zu berücksichtigen.
(2) Entsprechendes gilt, wenn sich der geschiedene Ehegatte fortbilden oder umschulen lässt, um Nachteile auszugleichen, die durch die Ehe eingetreten sind.
(3) Verlangt der geschiedene Ehegatte nach Beendigung der Ausbildung, Fortbildung oder Umschulung Unterhalt nach § 1573, so bleibt bei der Bestimmung der ihm angemessenen Erwerbstätigkeit (§ 1574 Abs. 2) der erreichte höhere Ausbildungsstand außer Betracht.

I. Die Vorschrift regelt einen Unterhaltsanspruch **während einer Ausbildung** (Abs 1), 1 Fortbildung oder Umschulung (Abs 2). Der Anspruch soll zum einen ehebedingte Nachteile kompensieren, die einem Ehegatten daraus entstanden sind, dass er wegen der Ehe eine Ausbildung nicht aufgenommen oder abgebrochen hat, zum anderen bildet er das Gegenstück zu der Fortbildungsobliegenheit nach § 1574 III und sichert dem Ehegatten während dieser Fortbildung seinen Lebensunterhalt. Durch das UÄndG wurde die Regelung nicht verändert. Zu beachten sind jedoch die gesteigerten Anforderungen an die Selbstverantwortung nach der Scheidung (§ 1569 nF).
II. 1. Ein **Ausbildungsunterhaltsanspruch** nach Abs 1 a) setzt zunächst **voraus**, dass der 2 Geschiedene eine **Schul- oder Berufsausbildung** aufnimmt. Hierunter fällt jede Art v Qualifizierung für einen Beruf oder eine andere Ausbildung, die durch einen oder mehrere Ausbilder in geordneter Form durchgeführt wird. Selbstausbildungen (besonders solche, die auf nicht anerkannte Berufsbilder gerichtet sind) reichen nicht.
Die Ausbildung muss **in Erwartung der Ehe oder während der Ehe nicht aufgenommen** 3 **oder abgebrochen** worden sein. Erforderlich ist Kausalität zwischen Ehe und Beendigung der Ausbildung (bzw deren Nichtaufnahme). Sie wird bei Abbruch der Ausbildung während der Ehe unwiderleglich unterstellt. Bei Abbruch vor der Ehe muss das konkret dargelegt werden, in welchem Zusammenhang der Abbruch der Ausbildung mit der Ehe stand. Zu beachten ist aber der Ehebezug: Wenn die Ausbildung bereits abgebrochen wurde, als eine nichteheliche Lebensgemeinschaft mit dem späteren Ehegatten begründet wurde, ohne dass damals eine konkrete Heiratsabsicht bestand, scheiden Ansprüche nach Abs 1 aus.
Entsprechendes wie für den Abbruch der Ausbildung gilt für das **Unterlassen der Auf-** 4 **nahme einer Ausbildung.** In Betracht kommt aber nur eine Ausbildung, die vor oder in der Ehe konkret geplant war. Es reicht nicht, dass generell eine Ausbildung geplant war, wenn diese noch nicht konkret feststand.
Der Unterhaltsanspruch besteht nur, wenn die **nicht begonnene bzw abgebrochene** 5 **Ausbildung oder eine entsprechende Ausbildung fortgesetzt bzw aufgenommen** wird. In Bezug auf Vergleichbarkeit kommt es auf das Sozialprestige der Tätigkeit an, nicht auf das Berufsbild der ursprünglich angestrebten Tätigkeit (OLG Köln FamRZ 96, 867). Wurde eine Ausbildung abgebrochen, ist sie idR fortzusetzen, wenn die abgebro-

chene Ausbildung schon fortgeschritten war. Nach Abschluss des Grundstudiums in einem Fach kommt daher der Beginn eines anderen Studiums nicht mehr in Betracht.

6 Die Ausbildung muss **so bald wie möglich** aufgenommen werden, ggf sogar noch vor der Scheidung, um Wartezeiten zu vermeiden. IÜ sind unumgängliche Wartezeiten bis zur Wiederaufnahme der Ausbildung v Unterhaltsanspruch nach Abs 1 umfasst.

7 Es muss ein **erfolgreicher Abschluss** der Ausbildung **zu erwarten** sein. Dafür kommt es zunächst auf die Fähigkeiten des Ehegatten an, den Ausbildungsgang erfolgreich zu beenden.

8 Die Ausbildung muss erwarten lassen, dass durch den erlernten Beruf der **Unterhalt nachhaltig gesichert** werden kann. Das setzt die Prognose voraus, dass der Geschiedene nach dem Abschluss der Ausbildung in dem erlernten Beruf dauerhaft tätig sein können wird. Bloße Neigungsstudien, die keine Aussicht auf eine Beschäftigung bieten, brauchen nicht finanziert zu werden (OLG Karlsruhe FamRZ 09, 120; 12, 789).

9 b) Der Anspruch **besteht für die Dauer der Ausbildung**, endet aber spätestens, wenn die Zeit verstrichen ist, die normalerweise für die Absolvierung einer derartigen Ausbildung erforderlich ist (Abs 1 S 2). Maßgeblich sind Durchschnittszeiten, nicht Mindest- oder Regelausbildungszeiten. Ehebedingte Verzögerungen (zB Wiedereinarbeitungszeit, geringere Lernkapazität aufgrund gestiegenen Alters) sind zu berücksichtigen. Mit dem Ablauf der Frist erlischt der Anspruch nach Abs 1. Der Unterhaltsanspruch endet bereits früher, wenn endgültig feststeht, dass die Ausbildung nicht erfolgreich wird abgeschlossen werden können (zB wegen Nichtbestehens v Zwischenprüfungen, OLG Hamm FamRZ 88, 1280). Der bereits gezahlte Unterhalt kann nicht zurückgefordert werden; möglich ist nur eine Abänderungsantrag (§ 238 FamFG) oder ein Vollstreckungsgegenantrag (§ 767 ZPO), um die weitere Vollstreckung aus dem Unterhaltstitel zu verhindern.

10 2. Der **Unterhaltsanspruch wegen Fortbildung oder Umschulung** (Abs 2) setzt voraus, dass die Umschulung oder Fortbildung erforderlich ist, um ehebedingte Nachteile auszugleichen. Das kommt va in Betracht, wenn eine Frau während der Ehe nicht berufstätig war und ihre Kenntnisse in dem erlernten Beruf deswegen so veraltet sind, dass sie ohne Fortbildung keine Stelle finden wird oder wenn der erlernte Beruf in der bisherigen Form nicht mehr ausgeübt wird. Welcher Umfang an Fortbildung finanziert werden muss, richtet sich danach, welche berufliche Stellung der andere Ehegatte bei fortdauernder Berufstätigkeit voraussichtlich während der Ehe erreicht hätte.

11 3. Kann der aus- oder fortgebildete Ehegatte nach dem Abschluss der Aus- oder Fortbildung nicht bzw **nicht sofort eine angemessene Erwerbstätigkeit** finden und verlangt er deswegen Unterhalt nach § 1573, müsste an sich der durch die Aus- oder Weiterbildung erlangte Standard mit berücksichtigt werden. Der Gesetzgeber wollte das dem Ehegatten, der diese Ausbildung finanziert hat, nicht zumuten. Abs 3 schließt daher die Berücksichtigung des neu erlangten höheren Ausbildungsstands bei der Bestimmung der angemessenen Erwerbstätigkeit aus.

§ 1576 Unterhalt aus Billigkeitsgründen

¹Ein geschiedener Ehegatte kann von dem anderen Unterhalt verlangen, soweit und solange von ihm aus sonstigen schwerwiegenden Gründen eine Erwerbstätigkeit nicht erwartet werden kann und die Versagung von Unterhalt unter Berücksichtigung der Belange beider Ehegatten grob unbillig wäre. ²Schwerwiegende Gründe dürfen nicht allein deswegen berücksichtigt werden, weil sie zum Scheitern der Ehe geführt haben.

1 I. Die Vorschrift enthält eine **Billigkeitsklausel**, mit der die Nachteile korrigiert werden sollen, die sich aus der Aufzählung einzelner punktueller Unterhaltsansprüche ergeben. Dieser allein auf Billigkeitserwägungen beruhende Unterhaltsanspruch ist gegenüber denen nach §§ 1570–1573, 1575 subsidiär. Für die Prüfung ist daher erst dann Raum, wenn alle anderen Unterhaltsansprüche ganz verneint wurden (BGH NJW 03, 3481) oder wenn nur teilweise Unterhalt zugesprochen wurde (zB weil im Rahmen v § 1570 eine Erwerbstätigkeit zumutbar ist). Wird ein Unterhaltsanspruch in diesem Fall teilweise auf § 1576 und teilweise auf eine andere Unterhaltsnorm gestützt, muss im Unterhaltstitel der jeweilige Betrag genannt werden (BGH NJW 84, 2355), damit auf Änderungen der für die eine bzw andere Anspruchsgrundlage maßgebenden Faktoren auch unterhaltsmäßig reagiert werden kann.

II.1. Voraussetzung des Unterhaltsanspruchs ist zunächst, a) dass v dem Geschiedenen aus **schwerwiegenden Gründen**, die nicht schon durch §§ 1570–1573, 1575 berücksichtigt werden, eine **Erwerbstätigkeit nicht erwartet werden** kann. Ausgeschlossen sind nur Gründe, die in den §§ 1570–1573, 1575 bereits abschließende berücksichtigt werden (zB Pflege und Erziehung gemeinschaftlicher Kinder), und es darf nicht allein deswegen ein Grund als schwerwiegend angesehen werden, weil er zum Scheitern der Ehe geführt hat (S 2). Damit soll verhindert werden, dass persönliches Fehlverhalten zur Begründung einer Unterhaltspflicht herangezogen wird. IÜ ist es gleichgültig, worin der Grund besteht. Er kann etwa in der Pflege nicht gemeinschaftlicher Kinder bestehen (OLG Koblenz NJW-RR 05, 802), in der Sorge für Verwandte des auf Unterhalt in Anspruch genommenen Ehegatten, der Pflege v Stiefkindern, oder in der besonderen Aufopferung für die Belange des auf Unterhalt in Anspruch Genommenen während der Ehe (zB Mitaufbau v dessen wirtschaftlicher Existenz unter Zurückstellung eigener Bedürfnisse). 2

b) Die **Versagung** v Unterhalt muss auch unter Berücksichtigung der Belange des anderen Ehegatten **grob unbillig** sein. Erforderlich ist eine Abwägung zwischen den Härtegründen auf Seiten des unterhaltbegehrenden und des anderen Ehegatten. In diese dürfen alle für den auf Unterhalt in Anspruch Genommenen erheblichen Faktoren eingehen, auch, dass der andere Partner für das Scheitern der Ehe verantwortlich war. S 2 schließt nur die Begründung v Unterhaltsansprüchen mit den Gründen für das Scheitern der Ehe aus, nicht daß ihre Berücksichtigung bei der Frage, ob sie Ansprüchen entgegenstehen, sofern das nicht das einzige Argument gegen die Zubilligung v Unterhalt ist (BGH NJW 84, 1538). Der Unterhaltsanspruch ist begründet, wenn die Abwägung ein deutliches Überwiegen der Gründe des unterhaltverlangenden Teils ergibt. Dabei ist ein strenger Maßstab anzulegen. Es reicht nicht, dass der auf Unterhalt in Anspruch Genomme den Unterhalt unschwer leisten könnte. Die Härtegründe müssen vielmehr im Verhältnis zum Interesse des anderen, keinen Unterhalt leisten zu müssen, so sehr überwiegen, dass eine andere Entscheidung als die Gewährung des Unterhalts grob ungerecht erschiene. 3

2. Die Dauer und der Umfang des Unterhaltsanspruchs richten sich danach, wie lange und wie weit die Härtegründe dem anderen Ehegatten eine Erwerbstätigkeit unzumutbar machen. Je schwerwiegender die Gründe sind, desto länger braucht der Unterhaltsberechtigte keiner Erwerbstätigkeit nachzugehen und desto größere Anstrengungen muss der Verpflichtete unternehmen, um seinen Bedarf zu befriedigen (OLG Düsseldorf FamRZ 80, 56). Wegen der gegenläufigen Anspruchsvoraussetzungen kommt eine Begrenzung v Ansprüchen aus § 1576 nach § 1578 b nicht in Betracht. 4

§ 1577 Bedürftigkeit

(1) Der geschiedene Ehegatte kann den Unterhalt nach den §§ 1570 bis 1573, 1575 und 1576 nicht verlangen, solange und soweit er sich aus seinen Einkünften und seinem Vermögen selbst unterhalten kann.

(2) ¹Einkünfte sind nicht anzurechnen, soweit der Verpflichtete nicht den vollen Unterhalt (§§ 1578 und 1578 b) leistet. ²Einkünfte, die den vollen Unterhalt übersteigen, sind insoweit anzurechnen, als dies unter Berücksichtigung der beiderseitigen wirtschaftlichen Verhältnisse der Billigkeit entspricht.

(3) Den Stamm des Vermögens braucht der Berechtigte nicht zu verwerten, soweit die Verwertung unwirtschaftlich oder unter Berücksichtigung der beiderseitigen wirtschaftlichen Verhältnisse unbillig wäre.

(4) ¹War zum Zeitpunkt der Ehescheidung zu erwarten, dass der Unterhalt des Berechtigten aus seinem Vermögen nachhaltig gesichert sein würde, fällt das Vermögen aber später weg, so besteht kein Anspruch auf Unterhalt. ²Dies gilt nicht, wenn im Zeit-

punkt des Vermögenswegfalls von dem Ehegatten wegen der Pflege oder Erziehung eines gemeinschaftlichen Kindes eine Erwerbstätigkeit nicht erwartet werden kann.

1 I. Dem Prinzip der Eigenverantwortung entspricht es, dass Geschiedene ihre **Einkünfte** ebenso wie ihr **Vermögen** zunächst **einsetzen müssen,** bevor sie ihren ehemaligen Partner in Anspruch nehmen dürfen.

2 II. 1. Abs 1 bestimmt als Regel, dass ein **Unterhaltsanspruch** des geschiedenen Ehegatten **nicht** besteht, wenn er sich aus seinem **Einkommen oder Vermögen selbst unterhalten** kann. Auf welchem Grund der Unterhaltsanspruch beruht, ist gleichgültig.

3 a) Zu den **Einkünften** gehören zunächst alle Einkünfte aus **Erwerbstätigkeit.** Gemeint sind aber nur solche aus zumutbarer **Erwerbstätigkeit, einschließlich** Leistungszulagen, Prämien und sonstige Gratifikationen (OLG Brandenburg FamRZ 12, 8). Das geht zwar aus dem Wortlaut der Regelung nicht hervor, ergibt sich aber eindeutig aus ihrem Sinn und Zweck und den Gesetzesmaterialien (BT-Drucks 7/4361, 32). Die Behandlung v Einkünften aus unzumutbarer Erwerbstätigkeit richtet sich allein nach Abs 2. Zu diesen (überobligatorischen) Einkünften gehören Mehrarbeitsentschädigung dann, wenn die Mehrarbeit das berufstypische Maß (ca 10 %) überschreitet; sonst sind sie Einkünfte wie der Regellohn auch (OLG Frankfurt FamRZ 11, 1957).

4 Einkünfte sind auch alle **Erträge aus dem Vermögen** (Zinsen, Mieten, Dividenden). Das gilt auch, wenn das Vermögen erst durch den Zugewinnausgleich erworben wurde (BGH FamRZ 86, 441).

5 **Freiwillige Zuwendungen** Dritter auf privatrechtlicher Grundlage sind ebenfalls Einkünfte iSd Abs 1. Wichtigster Anwendungsfall sind die Zuwendungen eines Partners einer nichtehelichen Lebensgemeinschaft, die nach dem Ende der Ehe eingegangen wurde (sonst ggf Unbilligkeit des Unterhalts insgesamt nach § 1579) einschließlich der Wohnvorteile, die aus dem Zusammenleben mit einer anderen Person entstehen. Bedürftigkeitsmindernd sind dann sowohl finanzielle Leistungen als auch Sachleistungen (zB Überlassung der Wohnung, BGH NJW 83, 683). Hierher gehören aber auch Stipendien, auch wenn auf sie kein Rechtsanspruch besteht (zB Fördergelder der Studienstiftung des deutschen Volkes oder der Deutschen Forschungsgemeinschaft).

6 Einkünfte sind auch **Schadensersatzrenten.** Insofern gilt aber § 1610 a (§ 1578 a). Auch Schmerzensgeldzahlungen sind Einkünfte (BGH FamRZ 88, 1031). Insoweit besteht das Problem, dass § 1610 a nicht hilft (str, § 1610 a Rn 2). Das führt dazu, dass das dem Unterhalt fordernden Ehegatten gezahlte Schmerzensgeld im Ergebnis im Ergebnis allein dem Unterhaltsschuldner zugute kommen kann.

7 **Sozialleistungen und andere Zahlungen auf öffentlich-rechtlicher Grundlage** sind grds ebenfalls Einkommen iSd Abs 1. Hierher gehören zunächst die Sozialleistungen, die ein Arbeitseinkommen ersetzen, wie Alters- (BGHZ 83, 278) oder Erwerbsunfähigkeitsrenten, Arbeitslosengeld (OLG Stuttgart FamRZ 96, 415) und Krankengeld (OLG Hamburg FamRZ 92, 1308). Bei diesen Einkünften kommt es nicht darauf an, ob der Leistungsgrund durch eine zumutbare oder eine unzumutbare Erwerbstätigkeit geschaffen wurde. Außerdem sind diejenigen staatlichen Leistungen zum Einkommen zu rechnen, durch die bestimmte Zwecke gefördert werden sollen, wie Wohngeld (BGH FamRZ 80, 771; 82, 587), die Leistungen nach dem BAföG, auch wenn sie nur darlehensweise erbracht werden (OLG Hamm FamRZ 95, 1422), Blindengeld (beachte aber §§ 1578 a, 1610 a) und Pflegegeld, soweit es dem Erziehenden zugute kommen soll (Erziehungsanteil, BGH NJW 84, 2355; OLG Karlsruhe FamRZ 87, 261).

7a **Elterngeld und Betreuungsgeld** sind jedoch wegen ausdrücklicher gesetzlicher Bestimmung bis zur Höhe v grds 300 EUR monatlich nicht auf den Unterhalt des erziehenden Elternteils anrechenbar (§ 11, 1 BEEG). Das Gleiche gilt für Leistungen der Grundsicherung für Arbeitsuchende und Sozialhilfe; denn diese Leistungen sind einem Unterhaltsanspruch gegenüber subsidiär. Werden derartige Leistungen erbracht, gehen die Unterhaltsansprüche des Beziehers auf den Erbringer der Sozialleistung über und können v ihm dann gegen den Unterhaltsschuldner geltend gemacht werden (§ 33 SGB II, § 94 SGB XII). Dagegen sind Leistungen der Grundsicherung nach §§ 41 ff SGB XII (entsprechend dem früheren Grundsicherungsgesetz v 26.6.01, BGBl I 1335) bedürftigkeitsmindernd anzurechnen, weil im Rahmen der Grundsicherung ein Unterhaltsanspruch gegen einen ehemaligen Ehegatten nicht zu berücksichtigen ist (arg e § 43 I SGB XII). Zu weiteren Einzelheiten § 1602 Rn 2.

Dem Unterhaltsberechtigten sind **fiktive Einkünfte** zuzurechnen, wenn er es unterlässt, Einkünfte zu erzielen, die er erzielen könnte und die zu erzielen ihm zumutbar wäre (BGH FamRZ 93, 1304; 88, 927). Diese Fallgruppe wird besonders relevant, wenn dem Berechtigten an sich eine Erwerbstätigkeit zumutbar ist, er sich aber nicht ausreichend darum bemüht, eine Stelle zu finden, obwohl ein ausreichendes Stellenangebot vorhanden ist. Durch die Neuformulierung der §§ 1569, 1570 und 1570 durch das UÄndG wurde das besonders betont. Das gilt auch, wenn er eine Erwerbstätigkeit ausübt, diese aber nicht ausreicht, seinen Unterhalt nachhaltig zu sichern. Will er die Zurechnung fiktiver Einkünfte vermeiden, muss der Unterhaltsgläubiger deswegen ggf die ausgeübte Tätigkeit aufgeben und sich eine Stelle suchen, durch deren Einkünfte er seinen Unterhalt besser bestreiten kann (OLG Stuttgart FamRZ 91, 1059; OLG Hamm FamRZ 95, 1144). Bei Streit muss der Unterhaltsgläubiger darlegen und ggf beweisen, welche Anstrengungen er unternommen hat, um eine angemessene Erwerbstätigkeit zu finden (BGH NJW 86, 720; OLG Zweibrücken FamRZ 82, 1016). Die Zurechnung fiktiver Einkünfte kommt auch in Betracht, wenn der Unterhaltsberechtigte in einer nichtehelichen Lebensgemeinschaft mit einem neuen Partner lebt. Dann muss er sich nicht nur tatsächlich erfolgende Zuwendungen des Lebensgefährten anrechnen lassen (Rn 5), sondern auch fiktive Einkünfte für die dem neuen Partner im Haushalt erbrachten Versorgungsleistungen (BGH NJW 80, 124), jedenfalls solange er nicht voll erwerbstätig ist (OLG Brandenburg FamFR 12, 441). Anzusetzen ist deren objektiver Verkehrswert. Die für § 844 maßgeblichen Grundsätze können insoweit herangezogen werden (BGH NJW 84, 2358). Die der Berechnung zugrunde zu legenden Stunden richten sich nach der Größe des Haushalts. Die Anrechnung v fiktiven Einkünften ist aber ausgeschlossen, wenn die finanzielle Situation des neuen Lebensgefährten eine Vergütung ausschließen würde (BGH FamRZ 87, 1011; OLG Celle FamRZ 94, 1324).

b) **Vermögen** ist für den eigenen Unterhalt grds ebenfalls einzusetzen, bevor Dritte in Anspruch genommen werden dürfen (Abs 1, 3). Unter Vermögen iSd Abs 1, 3 ist (anders als iSd Abs 4) jeder Gegenstand v Wert zu verstehen, der sich im Eigentum des unterhaltverlangenden Geschiedenen befindet oder dessen Inhaber er ist. Bagatellwerte brauchen aber nicht verwertet zu werden. Eine Notreserve bleibt außer Betracht. Insoweit gilt das § 1602 Rn 3 Gesagte entsprechend. Wie sich das Vermögen zusammensetzt, ist unerheblich. Es kann sich um einen einzelnen Gegenstand oder um eine Ansammlung v Gegenständen, es kann sich um Geld oder geldwerte Gegenstände aller Art handeln. Ebenfalls ohne Bedeutung ist die Quelle, aus der das Vermögen stammt.

Die **Verwertung** des Vermögens darf **nicht unwirtschaftlich** sein (Abs 3). Die Verwertung v Aktien kann daher nicht verlangt werden, wenn gerade eine Krise herrscht, die ihren Wert erheblich reduziert hat, wenn abzusehen ist, dass ihre Bewertung sich bald verbessern wird. Die Zerschlagung einer Sammlung kann nicht verlangt werden, wenn die Sammlung geschlossen einen erheblich höheren Wert hat als die Summe des Wertes der Einzelstücke. Die Wirtschaftlichkeit kann es v Unterhaltsgläubiger auch verlangen, dass dieser sein Vermögen umschichtet. Unwirtschaftliche Anlageformen müssen ggf zugunsten v wirtschaftlicheren (dh solchen, die mehr Erträge abwerfen) aufgegeben werden (BGH NJW 92, 1046; 98, 754).

Die Verwertung des Vermögens darf **nicht unbillig** sein. Ob das der Fall ist, ist in einer die beiderseitigen wirtschaftlichen Verhältnisse berücksichtigenden Abwägung festzustellen. Die Verwertung kann etwa unzumutbar sein, wenn der andere Ehegatte den Unterhalt unschwer aus seinen laufenden Einkünften bestreiten kann und/oder noch ein vergleichbares Vermögen hat (OLG Hamburg FamRZ 96, 292; OLG Hamm FamRZ 12, 1950). In die Zumutbarkeitsprüfung kann auch die Herkunft des Vermögens eingehen. Alte Familiengegenstände etwa brauchen nicht veräußert zu werden, wenn noch andere Gegenstände zur Verfügung stehen oder wenn der andere selbst ein größeres Vermögen hat.

12 Unterlässt der den unterhaltverlangende Geschiedene die **Verwertung** seines Vermögens trotz Zumutbarkeit und Wirtschaftlichkeit, wird ihm auf seinen Bedarf **fiktiv das angerechnet**, was er aus der Verwertung seines Vermögens hätte erzielen können.

13 c) Die **Anrechnung** des Einkommens bzw des Vermögens wird – abhängig v der Eheform, in der die Geschiedenen gelebt haben – entweder nach der Differenzmethode (Allein- und Doppelverdienerehe, § 1573 Rn 13) oder nach einer Kombination v Differenz- und Summenmethode (Zuverdienerehe, § 1573 Rn 11) durchgeführt.

14 d) Der **Unterhaltsanspruch** gegen den anderen Ehegatten ist solange **ermäßigt bzw ausgeschlossen**, solange der Unterhalt Fordernde seinen Bedarf durch die eigenen Einkünfte oder durch die zumutbare wirtschaftliche Verwertung seines Vermögensstamms decken kann. Werden Werte aus der fiktiven Verwertung v Vermögen zugerechnet, und deckt er seinen Lebensbedarf aus anderen Quellen, so dass das Vermögen tatsächlich erhalten bleibt, kann das im Extremfall dazu führen, dass dasselbe Vermögen mehrfach unterhaltsmindernd angerechnet wird. Das liegt in der Natur der Berücksichtigung fiktiver Werte.

15 2. Die Anrechnung v Einkünften aus einer nicht gebotenen Erwerbstätigkeit erfolgt nur ausnahmsweise. Nach Abs 2 S 1 unterbleibt sie, wenn der Unterhaltsverpflichtete nicht den vollen Unterhalt iSd § 1578 zahlt. Das soll dem Ehegatten, der nicht seinen vollen, also seinen den ehelichen Lebensverhältnissen angemessenen Unterhalt, durch die Zahlungen seines ehemaligen Partners decken kann, ermöglichen, mit dem Ertrag aus der an sich unzumutbaren Tätigkeit erst diesen Unterhalt voll abzudecken, bevor er auf den v dem gezahlten Betrag angerechnet wird. Erst v dieser Schwelle an werden die Einkünfte auf den v anderen zu zahlenden Unterhalt angerechnet, sofern das unter Berücksichtigung der beiderseitigen wirtschaftlichen Verhältnisse der Billigkeit entspricht (Abs 2 S 2).

16 a) **Voraussetzungen für eine Anrechnung nach Abs 2** sind demnach: aa) dass der unterhaltverlangende Geschiedene **Einkünfte aus einer Tätigkeit** erzielt, die v ihm nicht erwartet werden kann. Für die Anrechnung v Einkünften aus anderen (angemessenen) Erwerbstätigkeiten gilt allein Abs 1. Wann eine Erwerbstätigkeit unzumutbar ist, richtet sich nach den bei §§ 1570–1573, 1575 f genannten Kriterien. In Betracht kommt va eine Tätigkeit nach Erreichen der Altersgrenze (BGH FamRZ 11, 454), trotz Krankheit oder neben einer Kindesbetreuung, die an sich schon die gesamte Arbeitskraft aufzehrt. Auswirkungen auf die Anwendbarkeit v Abs 2 hat insoweit vor allem die geänderte Rspr des BGH zur Anwendung der Anrechnungs- und Differenzmethode (vgl BGH NJW 01, 2254; 02, 436). Früher hatte der BGH angenommen, eine nicht zumutbare Erwerbstätigkeit während der Ehe könne die ehelichen Lebensverhältnisse nicht prägen (BGH NJW 83, 933), so dass Einkünfte daraus auch nachehelich irrelevant waren, wenn sie nach der Scheidung fortgesetzt wurden. Wenn nunmehr Einkünfte aus einer neben einer Kinderbetreuung geleisteten überobligationsmäßigen Tätigkeit in die Differenzberechnung einzustellen sind (OLG Karlsruhe NJW 02, 900), könnte das über § 1577 II zu ungerechten Ergebnissen führen, weil jetzt tendenziell der Unterhaltspflichtige bevorzugt wird (so auch OLG Hamm NJW 03, 223). Manche Oberlandesgerichte versuchen das Problem dadurch zu lösen, dass sie nicht den gesamten überobligationsmäßig erzielten Erwerb einstellen, sondern die konkreten Kinderbetreuungskosten und einen abstrakten Betreuungsbonus zugunsten des Unterhaltsberechtigten vorher absetzen, dessen Höhe sich nach Treu und Glauben richtet (KG FPR 02, 301, vgl auch OLG Karlsruhe NJW 02, 900). Dafür wird auf das Alter der betreuten Kinder, die besonderen Erschwernisse bei der Kindererziehung (zB bei Behinderung des Kindes) und die allgemeinen wirtschaftlichen Verhältnisse abgestellt. Im Übrigen wird anscheinend eine hälftige Anrechnung des überobligationsmäßig erzielten Einkommens für angemessen erachtet, ohne weitere Boni abzusetzen (OLG Hamm FamRZ 04, 376; FamRZ 04, 1108). Diese Ansicht wird auch v BGH favorisiert (BGH FamRZ 03, 520).

16a Obwohl nicht erwähnt, können auch **Vermögenswerte** unter Abs 2 fallen. Das gilt, wenn Vermögensteile zur Bestreitung v Unterhalt verwendet werden, die dazu nicht verwendet werden müssten, weil die Verwertung des Vermögens unzumutbar oder unwirtschaftlich ist. Eine Anrechnung des den vollen Unterhalt überschießenden Betrages

Abschnitt 1 | Bürgerliche Ehe § 1577

kommt aber regelmäßig nicht in Betracht, solange der volle Unterhalt nicht auf Dauer gesichert ist. Es wäre dem Geschiedenen, der überobligationsmäßig Vermögen verwertet, nicht zumutbar, dass diese Verwertung dem anderen Ehegatten zugute kommt.

bb) Der **volle Unterhalt** iSd § 1578 bzw des § 1578 b muss durch Leistungen des anderen Ehegatten gedeckt sein. Die Ergänzung der Norm durch das UÄndG macht deutlich, dass auch der begrenzte Unterhalt iSd § 1578 b als voller Unterhalt anzusehen ist. Ist der volle Unterhalt nicht durch Leistungen des anderen Ehegatten gedeckt, ist für eine Anrechnung grds (insoweit) kein Raum. Etwas anderes gilt nur, soweit die Billigkeitsabwägung nach § 1581 das verlangt. Wegen des Regelcharakters v Abs 2 S 1 muss das aber auf besondere Ausnahmefälle beschränkt bleiben. Nach Abs 2 S 2 kommt erst v der Deckung des Unterhalts an die Anrechnung des Restbetrags auf den v anderen Ehegatten zu zahlenden Unterhalt in Betracht. Zunächst muss daher immer errechnet werden, welcher Unterhalt voller Unterhalt iSd § 1578 bzw des § 1578 b ist. Danach wird der v anderen Ehegatten geschuldete Unterhalt bestimmt. Bei dessen Berechnung fließen nur die Einkünfte aus zumutbarer Erwerbstätigkeit und aus der wirtschaftlichen und zumutbaren Verwertung v Vermögen ein. Danach wird errechnet, welche Beträge dem unterhaltverlangenden Geschiedenen aus nicht zumutbarer Erwerbstätigkeit zur Verfügung stehen. Von diesen wird dann die Differenz zwischen vollem Unterhalt und geschuldetem Unterhalt abgezogen. Nur in Höhe des Restbetrags kommt eine Anrechnung nach Abs 2 S 2 in Betracht (BGH NJW 83, 933; OLG Düsseldorf FamRZ 84, 798). **17**

cc) Die Anrechnung muss unter Berücksichtigung der beiderseitigen wirtschaftlichen Verhältnisse **der Billigkeit entsprechen.** Das ist in einer alle Umstände des Einzelfalls berücksichtigenden Gesamtabwägung zu bestimmen. Darin eingehende Faktoren sind vor allem die beiderseitigen wirtschaftlichen Verhältnisse, Unterhaltspflichten gegenüber den gemeinsamen Kindern und anderen Verwandten, der Anlass, aus dem die unzumutbare Tätigkeit aufgenommen wurde (zB großzügigere Betrachtung bei Arbeitsaufnahme allein wegen der schlechten Zahlungsmoral des Unterhaltsschuldners). Sind die Verhältnisse beider Beteiligten in etwa gleich, entspricht regelmäßig die gleichmäßige Anrechnung des den vollen Unterhalt übersteigenden Einkommens der Billigkeit (OLG Hamm FamRZ 81, 362; 92, 1427). Eine höhere Anrechnung kommt in Betracht, wenn das v unterhaltverlangenden Geschiedenen erzielte Einkommen das des anderen Ehegatten weit übersteigt oder wenn die Erwerbstätigkeit den Zweck des Unterhalts erheblich gefährdet. Das kommt vor allem bei einem Unterhaltsanspruch wegen Kindesbetreuung (§ 1570) oder einem solchen zwecks Aus- oder Fortbildung (§ 1575), aber auch einem solchen während der Stellensuche (§ 1573) in Betracht. **18**

b) Die **Anrechnung erfolgt durch Abzug** des anzurechnenden Betrags v dem v Unterhaltsschuldner sonst zu zahlenden Betrags. Das Vermögen muss sukzessive verwertet werden. **19**

3. Abs 4 stellt den Grundsatz auf, dass ein **Unterhaltsanspruch auch nicht** besteht, wenn der geschiedene Ehegatte, der den Unterhalt verlangt, zur Zeit der Scheidung ein **Vermögen** besaß, dass erwarten ließ, dass sein Unterhalt nachhaltig gesichert sein würde (so dass ein Unterhaltsanspruch wegen der Anrechnung nach Abs 2 nicht bestand), dieses Vermögen aber wider Erwarten **nachträglich** doch **wegfällt.** Der andere Ehegatte sollte mit dem Risiko des nachträglichen Vermögensverfalls nicht belastet werden. Vermögen iSd Abs 4 ist nur ein solches, das die lebenslange Sicherung des Unterhalts durch dessen Erträge oder Verwertung sichert. Maßgeblich ist die Prognose, die ein optimaler Beobachter im Zeitpunkt der Scheidung abgegeben hätte. Wenn dieser in Kenntnis aller zu diesem Zeitpunkt bereits geschehenen oder angelegten Tatsachen bejaht hätte, dass das Vermögen den Unterhalt dauerhaft gewährleisten würde, ist die Nachhaltigkeit der Unterhaltssicherung zu bejahen. Auch bei Wegfall dieses Vermögens kommt dann ein Unterhaltsanspruch grds nicht mehr in Betracht (Abs 4 S 1). Etwas anderes gilt nur, wenn der Wegfall des Vermögens sich zu einer Zeit ereignet, zu der der geschiedene Ehegatte gemeinschaftliche Kinder pflegt und erzieht, so dass v ihm eine Erwerbstätigkeit nicht erwartet werden kann (§ 1570 Rn 4 f). Das ist eine v Gesetzgeber gewollte Privilegierung des Anspruchs nach § 1570. **20**

§ 1578 Maß des Unterhalts

(1) ¹Das Maß des Unterhalts bestimmt sich nach den ehelichen Lebensverhältnissen. ²Der Unterhalt umfasst den gesamten Lebensbedarf.

(2) Zum Lebensbedarf gehören auch die Kosten einer angemessenen Versicherung für den Fall der Krankheit und der Pflegebedürftigkeit sowie die Kosten einer Schul- oder Berufsausbildung, einer Fortbildung oder einer Umschulung nach den §§ 1574, 1575.

(3) Hat der geschiedene Ehegatte einen Unterhaltsanspruch nach den §§ 1570 bis 1573 oder § 1576, so gehören zum Lebensbedarf auch die Kosten einer angemessenen Versicherung für den Fall des Alters sowie der verminderten Erwerbsfähigkeit.

1 I. Die Norm enthält keine eigene Anspruchsgrundlage, sondern **bestimmt nur das Maß des Unterhalts.** Sie gilt unmittelbar für den Nachscheidungsunterhalt ehemaliger Ehegatten und kraft Verweisung für den nachpartnerschaftlichen Unterhalt nach § 16 LPartG.

2 II. 1. a) Der Unterhalt umfasst den **gesamten Lebensbedarf** des Berechtigten (Abs 1 S 2). Nicht hierunter fällt der Bedarf der gemeinschaftlichen Kinder. Dieser ist allein nach den für den Verwandtenunterhalt (§ 1601 ff) maßgebenden Regeln zu bestimmen. Eine Verknüpfung besteht nur insoweit, als der Unterhalt für die Kinder vorab zu befriedigen ist (§ 1609) und als der Ehegatte berechtigt ist, deren Unterhaltsansprüche im Wege der Prozessstandschaft gerichtlich geltend zu machen (§ 1629 III). Ob der Lebensbedarf laufender Bedarf oder Sonderbedarf ist, ist gleichgültig (BGH FamRZ 83, 29; OLG Hamm FamRZ 97, 296 zu Sonderbedarf).

3 b) Wie der **Lebensbedarf zu bemessen** ist, bestimmt sich grds nach den ehelichen Lebensverhältnissen (Rn 20 ff) bzw nach Auslaufen einer Befristung (§ 1578 b) nach den Lebensverhältnissen der geschiedenen Ehegatten. Daher müssen zunächst die Lebensverhältnisse der Ehegatten genau ermittelt werden, um den **Lebensstandard der Familie bestimmen** zu können. Maßgebend ist der Standard einer vergleichbaren Familie, dh einer solchen mit einer gleichen Zahl an Mitgliedern und gleichen Einkommen; denn Maßstab ist nicht der individuelle Standard der betroffenen Familie, sondern ein objektivierter Lebensstandard. Anhand dieses Maßstabs ist zu ermitteln, welcher Betrag für die Ehegatten während ihrer Ehe jeweils zur Verfügung stand. Dieser Betrag bestimmt den für den Unterhalt maßgeblichen Lebensstandard.

4 aa) Der **auf einen Ehegatten entfallende Betrag** entspricht grds der **Hälfte** des für beide zur Verfügung stehenden Betrags, weil davon auszugehen ist, dass in einer funktionierenden Ehe die Ehegatten das für sie zur Verfügung Stehende auch miteinander teilen. Von diesem Halbteilungsgrundsatz bestehen aber so bedeutende Ausnahmen, dass dieser in der Praxis eher die Ausnahme als die Regel darstellt. Bei der Halbteilung bleibt es regelmäßig nur, wenn keiner der Ehegatten erwerbstätig ist (BGH FamRZ 81, 1166). Zur Berechnung bei mehreren Unterhaltsberechtigten vgl Rn 32 ff.

5 bb) Die wichtigste Ausnahme v der Halbteilung besteht darin, dass die Rspr einen sog **Erwerbstätigenbonus** anerkennt. Dem erwerbstätigen Unterhaltspflichtigen soll, wie es der BGH formuliert, „ein die Hälfte des zur Verteilung stehenden maßvoll übersteigender Betrag" verbleiben (BGH FamRZ 89, 842; 90, 503; 91, 304). In der Praxis hatte es sich durchgesetzt, dem Erwerbstätigen 4/7 des zu verteilenden Betrags zuzusprechen, während der andere Ehegatte 3/7 erhält. Davon gingen inzwischen auch die Unterhaltstabellen alle aus. Nachdem der BGH allerdings 1998 einen Bonus v 1/7 neben einer fünfprozentigen Erwerbstätigenpauschale als zu großzügig beanstandet hatte (NJW 98, 2822), haben die bayerischen Oberlandesgerichte und das OLG Karlsruhe nur noch einen zusätzlichen Bonus v 10 % für zulässig erachtet. Das OLG Düsseldorf und die anderen Oberlandesgerichte haben dag an der bisherigen Praxis festgehalten. Zu beachten ist, dass der Bonus seinem Zweck, die durch eine Erwerbstätigkeit auftretenden Mehrbelastungen abzudecken, entsprechend nur für Einkünfte gilt, die auf Erwerbstätigkeit beruhen, nicht aber für solche, die aus Kapitalvermögen resultieren (OLG Koblenz FamRZ 90, 51). Ist auch der andere Ehegatte (der Unterhalt verlangt) erwerbstätig, kommt ihm ein Erwerbstätigenbonus insofern zugute, als seine auf den

Unterhalt anzurechnenden Einkünfte entsprechend gemindert werden (BGH FamRZ 89, 842; 91, 304).

cc) Zum für die Unterhaltsverteilung maßgeblichen Einkommen zählt nicht, was v den Eheleuten zur **Vermögensbildung verwendet** wird. Diese Gelder sind der Verwendung durch die Anlage entzogen; sie bestimmen daher nicht den Lebensstandard in der Ehe. Hierunter können Ersparnisse, Anlagen in Aktien oder Grundstücken, aber auch Beiträge zu Lebensversicherungen fallen (BGH NJW 92, 1045). Das gilt aber nicht für Gelder, die einen zeitlich verzögerten Konsum ermöglichen sollen (zB Ansparen v Kapital für den Haus-, Auto- oder Großgerätekauf). Das Angesparte soll dann für die Erhöhung des gemeinsamen Lebensstandards verwendet werden und muss daher auch in die Berechnung des Unterhalts eingehen. Wie Vermögensbildung und Lebensbedarf im Einzelnen abzugrenzen sind, ist zwischen den verschiedenen Gerichten streitig. Zum Teil wird angenommen, ein Unterhaltsbedarf könne immer nur bis zu einer absoluten Obergrenze bestehen (sog Sättigungsgrenze, OLG Frankfurt FamRZ 92, 823: Grenze v 3000 DM). Dem widerspricht, dass keine Obergrenze für Ehegattenunterhalt festgesetzt, sondern auf die ehelichen Lebensverhältnisse abgestellt ist. Diese können aber sehr unterschiedlich sein. Eine Grenze v 3000 DM (ca 1500 EUR) im Monat ist angesichts der verschiedenen Lebensverhältnisse in Deutschland willkürlich, zumal die Einkommensverhältnisse sich seit der Entscheidung sehr verändert haben. Das OLG Köln (FamRZ 12, 1731) hält jetzt in der Trennungsphase noch einen Unterhaltsbedarf v 5100 EUR durch die Quotenregelung gedeckt. Ob das tatsächlich auch auf die Nachehezeit zu übertragen ist, erscheint eher zweifelhaft. Der BGH wählt eine Mittellösung, indem er annimmt, normalerweise werde ein über den alten Grenzbetrag hinausgehender Unterhaltsbetrag nicht mehr für die Deckung des Lebensbedarfs, sondern zur Vermögensbildung verwendet (BGH NJW 82, 1645; 83, 683). So wird im Ergebnis ein ähnlicher Effekt erreicht wie durch die Annahme einer Sättigungsgrenze. Der BGH relativiert seinen Punkt wieder, indem er von den Umständen des konkreten Falls orientierte Schätzung der Vermögensbildungsquote verlangt. Letztlich ist die Methode aber nur halbherzig; denn sie setzt am falschen Ende an (Feststellung des Betrags der Vermögensbildung statt Feststellung des Unterhaltsbedarfs). Zutreffend erscheint allein die v einer Reihe v Oberlandesgerichten vorgenommene individuelle Betrachtung, die in Fällen, in denen ein ungewöhnlich hoher Bedarf geltend gemacht wird, die konkrete Darlegung dieses Bedarfs verlangt (OLG Hamm FamRZ 83, 924; 06, 44; OLG Koblenz FamRZ 93, 199; OLG Köln FamRZ 94, 1323). So kann das Prinzip gewahrt werden, dass der Bedarf sich an den ehelichen Lebensverhältnissen orientiert, ohne eine starre Grenze zu verabsolutieren. Die Lösung hat allerdings den Nachteil, dass jede einzelne Bedarfsposition vorgetragen und notfalls bewiesen werden muss.

dd) Abweichungen v der pauschalen Aufteilung der den Ehegatten zur Verfügung stehenden Geldbeträge können sich daraus ergeben, dass bestimmte **Aufwendungen**, die die Ehe geprägt haben, mit Trennung und Scheidung **weggefallen** sind. Das können aufwendige gemeinsame Urlaubsreisen, Geschenke an den jeweils anderen oder an Verwandte des anderen, Unterhaltsleistungen an Verwandte usw sein. In Betracht kommt auch, dass im Rahmen der Scheidung ein Ehegatte an den (weit entfernten) Ort seiner Arbeitsstätte zieht, so dass Kosten für Heimfahrten wegfallen (während der zweite Wohnsitz ohnehin schon bestand). Entsprechendes gilt, wenn die Belastungen durch das *Eigenheim* wegfallen, die die Ehezeit geprägt haben, weil das Haus wegen der Scheidung verkauft wird (OLG Hamm FamRZ 90, 886).

ee) Umgekehrt können sich auch **negative Abweichungen** v den Beträgen ergeben, die während der Ehe zur Verfügung standen, etwa wenn der unterhaltverlangende Ehegatte wegen der Trennung oder Scheidung erhebliche Mehraufwendungen hat, die dazu führen, dass der während der Ehe erreichte Lebensstandard allein mithilfe der Teilung des damals zur Verfügung stehenden Betrags nicht zu sichern ist. Die Zuschläge zu dem nach der Quotierung errechneten Betrag müssen individuell unter Berücksichtigung des konkret anfallenden Mehraufwands berechnet werden; prozentuale Zuschläge sind unzulässig (BGH NJW 82, 1873; NJW-RR 90, 578). Zuschläge kommen nur in Betracht, wenn dem Unterhaltsschuldner Einkünfte zur Verfügung stehen, die bei der Quotierung unberücksichtigt geblieben sind (vgl OLG Hamm FamRZ 92, 1308).

9 c) Der Unterhaltsbedarf richtet sich nicht mehr nach den ehelichen Lebensverhältnissen, sondern danach, was den **Lebensverhältnissen des Unterhaltsgläubigers** angemessen ist, wenn die andauernde Bemessung nach den ehelichen Lebensverhältnissen unbillig wäre, die Orientierung daran deswegen begrenzt wurde (§ 1578 b). Die früher in Abs 1 S 2 enthaltene Befristungsmöglichkeit ist hingegen durch das UÄndG entfallen.

10 d) Zum Lebensbedarf gehören auch die Kosten einer angemessenen **Krankenversicherung** (Abs 2). Diese Kosten sind unabhängig v der Unterhaltsquote zu erstatten; denn Abs 2 nennt die Krankenversicherung als getrennten Posten v normalen Lebensbedarf. Technisch bedeutet das, dass Krankenversicherungsbeiträge auf beiden Seiten vor der Quotierung abzuziehen sind. Anschließend ist der aktuelle Beitrag des Unterhaltsberechtigten voll anzusetzen und zu der Quote hinzuzurechnen (vgl BGH NJW 83, 1552; OLG Düsseldorf FamRZ 82, 610). Angemessen ist jede Krankenversicherung, die dem während der Ehe bestehenden Schutz entspricht. Bei Scheidung v einem Beamten muss die Versicherung die nunmehr wieder auch den Anteil abdecken, für den während der Ehe die Beihilfe aufgekommen ist (BGH NJW 83, 1552). Besteht eine Wahlmöglichkeit zwischen mehreren Versicherungen, braucht nicht diejenige mit den niedrigsten Beiträgen genommen zu werden. Das gilt jedenfalls, wenn schon eine Versicherung besteht oder noch ein Beitrittsrecht zu der Versicherung besteht, die während der Ehe bestanden hatte. Jeder Ehegatte darf in der Versicherung bleiben, deren Bestehen die ehelichen Verhältnisse mitgeprägt hat.

11 e) Der Krankenversicherung gleichzustellen ist die **Pflegeversicherung** (OLG Schleswig FamRZ 96, 217), weil sie zum einen an die Krankenversicherung anknüpft und zum anderen weitgehend gleiche Zwecke verfolgt.

12 f) Zum Lebensbedarf gehören auch die **Kosten einer Schul- oder Berufsausbildung** oder einer Fortbildung (Abs 2). Das Gleiche gilt für die Kosten einer Umschulung. Erforderlich ist, dass entweder der Unterhaltsberechtigte die Bildungsmaßnahme schuldet (Fälle des § 1574 III) oder dass er jedenfalls einen Anspruch auf Durchführung einer derartigen Maßnahme hat (Fälle des § 1575). Ob dann die Aus- oder Weiterbildung durchgeführt wird, während gleichzeitig noch ein anderer Unterhaltsanspruch besteht (Hauptfall: § 1570), ist unerheblich.

13 g) Zum Lebensbedarf zu rechnen sind auch die Kosten einer angemessenen Versicherung für den Fall des Alters sowie der Berufs- oder Erwerbsunfähigkeit (Abs 3, sog **Altersvorsorgeunterhalt**). Das gilt aber nur in den Fällen, in denen Unterhalt nach §§ 1570–1573, 1576 geschuldet wird. Er kommt dag nicht in Betracht, wenn Unterhalt wegen einer Aus- oder Weiterbildung gezahlt wird (§ 1575). Der Anspruch ergänzt den Versorgungsausgleich.

14 aa) **Voraussetzung** des Altersvorsorgeunterhalts ist nur, dass die Voraussetzungen für einen Unterhaltsanspruch nach §§ 1570–1573 oder § 1576 erfüllt sind.

15 bb) Der Anspruch **umfasst** die Kosten einer den ehelichen Lebensverhältnissen (nach Ablauf einer Frist iSd Abs 1 S 2 den nachehelichen Lebensverhältnissen, Rn 9–11) entsprechenden Altersvorsorge. Ist der Unterhaltsberechtigte teilweise erwerbstätig, deckt er die Differenz zu einer Versorgung, die der Berechtigte bei voller Erwerbstätigkeit erworben haben würde. Die Anrechnung v Einkünften des Berechtigten richtet sich grds nach § 1577. Einkünfte aus einer unzumutbaren Erwerbstätigkeit werden also solange nicht angerechnet, wie der Verpflichtete nicht den vollen Unterhalt leistet (§ 1577 II). Gleichwohl ist ein Altersvorsorgeunterhaltsanspruch zu verneinen, wenn der Unterhaltsberechtigte aus dieser Tätigkeit selbst Altersversorgungsanwartschaften erwirbt, die diejenigen des Unterhaltsschuldners übersteigen; denn Sinn des Altersvorsorgeunterhalts ist es nur, Lücken in der Altersversorgungsbiographie zu schließen. Der Anspruch erlischt, wenn der Unterhaltsberechtigte normalerweise selbst keine weitere Vorsorge für sein Alter getroffen hätte, spätestens also mit Erreichen der Altersgrenze v 65 bzw 67 Jahren (OLG Frankfurt FamRZ 90, 1363).

16 Die Altersvorsorge kann durch die Entrichtung v Beiträgen zur **gesetzlichen Rentenversicherung** erfolgen, wenn der Unterhaltsberechtigte die Voraussetzungen dafür erfüllt.

Möglich ist aber auch die Finanzierung einer **privaten Altersversorgung**, wenn diese wirtschaftlicher ist, an eine bereits während der Ehe begonnene Versorgung anknüpft oder wenn die Voraussetzungen für eine Entrichtung v Beiträgen für die Rentenversicherung nicht vorliegen. Der Unterhaltsberechtigte kann die Auszahlung des Altersvorsorgeunterhalts an sich verlangen; denn er bestimmt, welche Art der Alterssicherung gewählt werden soll (BGH FamRZ 83, 152). Der Unterhaltsverpflichtete kann (zunächst) nicht auf Direktzahlung an den Versorgungsträger bestehen (BGH NJW 83, 1547). Er kann aber verlangen, dass der Unterhaltsberechtigte den Altersvorsorgeunterhalt tatsächlich bestimmungsgemäß verwendet und ihm das auch nachweist. Erst bei zweckwidriger Verwendung kommt dann ein Anspruch des Unterhaltsschuldners in Betracht, den Altersvorsorgeunterhalt direkt an den Versorgungsträger entrichten zu dürfen (BGH NJW 87, 2229). In Bezug auf die zweckwidrig verwendeten Mittel ist der Unterhaltsschuldner frei geworden. Er kann sie deswegen nicht erstattet verlangen (OLG Hamm FamRZ 91, 1056).

cc) Die **Berechnung** des Altersvorsorgeunterhalts richtet sich nach dem Unterhalt, der 17 dem Unterhaltsberechtigten iÜ zusteht. Bemessungsgrundlage ist dag nicht der Unterhaltsbedarf, wie er im Alter sich nach den ehelichen Lebensverhältnissen (bzw den nachehelichen Verhältnissen) ergeben würde. Ist der Unterhalt wegen der Anrechnung v Beträgen, auch v fiktiven Beträgen, reduziert, führt das dazu, dass der Unterhaltsberechtigte auch einen Teil seines an sich eheangemessenen Altersvorsorgeunterhalts selbst tragen muss (BGH NJW 82, 1873).

Die **Praxis** errechnet zunächst aus dem nach Abs 1 geschuldeten Lebensbedarf ein fikti- 18 ves Bruttoeinkommen. Hierzu wird der Unterhalt als Nettoeinkommen betrachtet und auf ihn die Arbeitgeberbeiträge für die Rentenversicherung und die Steuern eines entsprechenden Nettoeinkommens aufgeschlagen. Nach diesem „Einkommen" werden dann Rentenversicherungsbeiträge berechnet (nach dem gesetzlich bestimmten Satz). Als Hilfsmittel dazu dient die sog „Bremer Tabelle" (Stand: 1.1.14). Diese stellen den Altersvorsorgeunterhalt dar (BGH FamRZ 82, 255; 83, 888; 85, 471). In einem zweiten Schritt wird dann der so errechnete Altersvorsorgeunterhalt v dem zu verteilenden Nettoeinkommen des Unterhaltsschuldners abgezogen. Erst danach wird dann die letztlich maßgebende 3/7-Quote errechnet. Dieser zweite Schritt unterbleibt (so dass es bei dem ursprünglich errechneten Unterhalt bleibt), wenn der Unterhaltsschuldner ein so hohes Einkommen hat, dass der als Elementarunterhalt zu zahlende Betrag und der Altersvorsorgeunterhalt zusammen nicht mehr als 50 % seines zur Verteilung stehenden Nettoeinkommens überschreiten (OLG Hamm FamRZ 95, 1578; OLG München FamRZ 94, 1459). Die Vorgehensweise der Praxis ist relativ kompliziert und führt zu ungenauen Ergebnissen (Korrekturvorschläge: Maier FamRZ 92, 1259; Jacob FamRZ 88, 997). Trotzdem hat sie sich doch als im Wesentlichen praktikabel erwiesen.

dd) Im **Verfahren** bilden Elementar- und Altersvorsorgeunterhalt unterschiedliche 19 Streitgegenstände. Der Altersvorsorgeunterhalt kann deswegen in einem zweiten Verfahren geltend gemacht werden (BGH FamRZ 85, 1537), muss aber auch dann, wenn er zugleich mit dem Elementarunterhalt eingefordert ist, gesondert tenoriert werden (BGH NJW 82, 1986). Ist das unterblieben oder wurde nur Elementarunterhalt zugesprochen, ohne dass ein Vorbehalt bezüglich des Altersvorsorgeunterhalts aufgenommen wurde, kommt nur noch ein Abänderungsantrag in Betracht (BGHZ 94, 145; OLG Zweibrücken FamRZ 81, 675).

2. Die **ehelichen Lebensverhältnisse** sind, sofern nicht ausnahmsweise die nacheheli- 20 chen Verhältnisse des Unterhaltsberechtigten maßgebend sind (§ 1578 b), entscheidend für die Bestimmung des eheangemessenen Bedarfs (Abs 1 S 1). Das soll dem geschiedenen Ehegatten möglichst den sozialen Standard bewahren, den er in der Ehe erreicht hat (BGH NJW 83, 1733). Allerdings hat sich insofern die Position der Rspr deutlich verändert. Während ursprünglich angenommen werden musste, dass nachteilige Veränderungen des Lebensstandards nach der Ehe (zB durch die Geburt v Kindern oder durch eine nichteheliche Partnerschaft mit einem sozial schwächeren Partner) grds keine Auswirkungen auf den Unterhaltsanspruch haben sollten, hat der BGH eine Zeit lang die Lehre v der sog Wandelbarkeit der Lebensverhältnisse (Einzelheiten: Rn 28 ff) vertreten. Damit sollte der Gedanke, dass bestimmte Entwicklungen berücksichtigt werden müssen, die bereits in der Ehezeit angelegt waren, deutlich gestärkt berücksichtigt werden. Diese Rspr ist mittlerweile wieder obsolet, denn das BVerfG hat ausgesprochen, dass diese Rspr BGH die Grenzen der richterlichen Rechtsfortbildung sprengte und deswegen verfassungswidrig war (BVerfG FamRZ 11, 437).

21 Umgekehrt bedeutet die Anknüpfung an die ehelichen Lebensverhältnisse, dass es einen **Mindestunterhalt** im Sinne eines notwendigen Lebensbedarfs für den geschiedenen Ehegatten an sich nicht geben kann (BGHZ 109, 72; NJW 95, 963; aA OLG Düsseldorf FamRZ 96, 167; OLG Karlsruhe FamRZ 96, 350). Waren die ehelichen Lebensverhältnisse so, dass in der Ehe ein derartiger Mindestbedarf nicht garantiert war, dann gilt das auch nach dem Ende der Ehe. Gleichwohl kann es notwendig sein, im Rahmen einer Mangelverteilung mit bestimmten Mindestwerten zu operieren, um keine Ungleichbehandlung mit gleichrangigen nichtehelichen Elternteilen zu verursachen, bei denen ein derartiger Mindestbedarf anerkannt wird. Dieser Wert liegt nach der Düsseldorfer Tabelle bei Erwerbstätigen bei 1000 EUR, bei nicht Erwerbstätigen bei 800 EUR.

22 a) Was die ehelichen Lebensverhältnisse sind, richtet sich nach einem **objektiven Vergleich mit Familien in einer vergleichbaren sozialen Lage**. Es kommt nicht auf die individuelle Gestaltung des Lebens an, sondern darauf, was eine Familie mit gleicher Einkommensstruktur für Bedürfnisse aufweist und wie sie diese befriedigt (BGH NJW 83, 1733; FamRZ 97, 281; 07, 1532). Übertrieben aufwendiger und übertrieben sparsamer Lebenswandel bleiben außer Betracht.

23 b) Die ehelichen Lebensverhältnisse werden einerseits durch die **Einkommen** und das **Vermögen** bestimmt, soweit es zum Unterhalt einzusetzen ist, andererseits durch die notwendigen **Ausgaben**. Da es sich bei der Entscheidung über den Unterhalt um eine Projektion v Verhältnissen handelt, die für die Lebensverhältnisse während der Ehe insgesamt maßgebend waren, reicht es aber nicht, dass diese Einkünfte oder Vermögensverhältnisse zufälligerweise irgendwann während der Ehe vorgelegen haben. Sie müssen die ehelichen Lebensverhältnisse vielmehr nachhaltig **geprägt** haben (BGHZ 89, 110; FamRZ 85, 161).

24 **Einkommen** zur Ermittlung der ehelichen Lebensverhältnisse ist das gesamte Einkommen, das den Eheleuten während der Ehe zur Bestreitung ihres Unterhalts zur Verfügung gestanden hat. Bei einer Doppel- oder Zuverdienerehe ist das das Einkommen beider Ehegatten (BGH NJW 82, 2439; 83, 683). Bei einer Alleinverdienerehe ist nicht nur das Einkommen des allein Erwerbstätigen anzusetzen, sondern auch der Wert der Haushaltsleistungen, die der andere Ehegatte erbringt, denn auch diese tragen zum Lebensstandard der Familie bei. Bewertungsprobleme vermeidet der BGH dadurch, dass er die Haushaltsführungsleistungen mit dem Betrag ansetzt, den der bislang haushaltsführende Ehegatte aus einer nachehelich aufgenommenen Berufstätigkeit erzielt (BGH FamRZ 04, 1173; 03, 434; NJW 01, 2254). Auf welchem Grund die Einkommen beruhen, ist grds gleichgültig (Vermögenseinkünfte, Einkünfte aus Erwerbstätigkeit, Einkünfte aus Lebensversicherungen, OLG Hamm NJWE-FER 98, 195). Unbeachtlich sind aber Einkommen aus unzumutbaren Erwerbstätigkeiten; denn sie können die ehelichen Lebensverhältnisse nicht nachhaltig prägen, weil die ihnen zugrunde liegende Tätigkeit v dem Ehegatten jederzeit aufgegeben werden kann, ohne dass das unterhaltsrechtliche Nachteile für ihn brächte (BGH FamRZ 83, 146; OLG München FamRZ 96, 169). Hierher gehören vor allem Tätigkeiten neben der Kindererziehung oder neben einer anderen vollen Berufstätigkeit, deren Einkünfte in vollem Umfang zum Unterhalt der Familie zur Verfügung stehen (OLG Schleswig FamRZ 96, 217; OLG Stuttgart FamRZ 95, 1487). Auch fiktive Einkünfte können die ehelichen Lebensverhältnisse nicht prägen (BGH NJW 97, 735). Anders als bei den Fragen der Bedürftigkeit und der Leistungsfähigkeit kommt es für die ehelichen Lebensverhältnisse darauf an, was zur Befriedigung des Lebensbedarfs tatsächlich zur Verfügung gestanden hat und nicht was hätte zur Verfügung stehen können, wenn der Ehegatte sich ehegemäß verhalten hätte.

Den Einkünften aus Erwerbstätigkeit stehen **Einkünfte aus Sozialleistungen** gleich, die 25
an die Stelle v Erwerbseinkünften treten (Krankengeld, Arbeitslosengeld, Leistungen
der Grundsicherung für Arbeitsuchende, Alters- und Erwerbsunfähigkeitsrenten). Ihnen hinzurechnen sind auch Sozialleistungen, die zu einem bestimmten Förderzweck
gezahlt werden (zB Wohngeld, Leistungen nach BAföG, Stipendien). Zuwendungen
privater Dritter sind dag unterhaltsrechtlich irrelevant, wenn sie nur dem Zuwendungsempfänger zugute kommen sollen. Das kann selbst dann vorliegen, wenn ein
Dritter ein zinsloses Darlehen gewährt, für dessen Rückerstattung eine Zeit nicht bestimmt ist (BGH FamRZ 05, 967).

Den Einkünften aus Vermögen und Erwerbstätigkeit hinzuzurechnen sind ggf außer- 26
dem **Wohnwertvorteile** (zB bei eigenem Haus, BGH NJW 98, 754). Maßgebend ist
grds der objektive Wohnwert, der durch den Mietwert ausgedrückt wird (BGH
FamRZ 86, 48; aA OLG Düsseldorf NJW-RR 97, 385: konkret ersparte Miete). Bei
deren Ermittlung müssen aber mit dem Wohnen verbundene Kosten (zB Belastungen
durch Kreditzinsen, nicht aber die Tilgungsleistungen) abgezogen werden (BGH NJW
95, 1148; 98, 754). Behält ein Ehegatte nach der Scheidung das Haus bzw die Wohnung, ist deren Wohnwert v seinem Bedarf abzusetzen. Insoweit ist aber zu berücksichtigen, dass niemand v Wohnen allein leben kann; die Wohnwertanrechnung darf daher
ein Drittel nicht übersteigen (vgl OLG Düsseldorf NJW-RR 97, 385). Wird die Wohnung im Rahmen des Scheidungsverfahrens veräußert, können die Wohnwertvorteile
insgesamt wegfallen. Es ist dann danach zu fragen, ob die Einkünfte aus dem Erlös der
Wohnung oder dieser selbst anzusetzen sind (OLG Koblenz FamRZ 89, 59; OLG
Frankfurt FamRZ 90, 62).

Abzusetzen v den Einkünften sind **Schulden,** soweit sie eheprägend waren, wie Unter- 27
haltszahlungen an gemeinschaftliche oder andere Kinder, die während der Ehe bereits
geboren waren (BGH FamRZ 90, 979; KG FamRZ 97, 1012, zu anderen Kindern vgl
Rn 29 ff). Kreditforderungen wirken nur dann eheprägend, wenn sie v einer gewissen
Dauer und Nachhaltigkeit sind. Das trifft bei einem kurzfristigen Konsumentenkredit
grds nicht zu (OLG Hamm FamRZ 90, 998). Anders liegt es beim Kredit für einen
Hausbau; denn dieser beeinflusst die ehelichen Lebensverhältnisse nicht für eine
überschaubar kurze Zeit, sondern für eine so lange Periode, dass die Eheleute kaum ein
anderes Leben als das durch die Kreditrückzahlung geprägte kennen. Diese Schulden
sind daher als die ehelichen Lebensverhältnisse negativ beeinflussende Faktoren zu berücksichtigen (aA BGH NJW 84, 1237; 88, 2376).

c) Der für die Beurteilung der ehelichen Lebensverhältnisse entscheidende **Zeitpunkt** ist 28
grds derjenige der (Rechtskraft der) Scheidung (BGHZ 89, 108; NJW 82, 1869; 87,
1555; OLG Hamm NJWE-FER 98, 6). Das gilt auch dann, wenn dieser eine lange
Trennungszeit vorausgegangen ist (BGH NJW 81, 753; aA OLG Düsseldorf FamRZ
81, 887; 82, 927).

Die Anknüpfung an feste Zeitpunkte ist aber insofern unbefriedigend, als die ehelichen 29
Lebensverhältnisse auch durch Umstände geprägt werden können, deren Eintritt erst
bevorsteht und v den Eheleuten erwartet wird. Die Rspr hat daher schon früher in die
Bewertung der ehelichen Lebensverhältnisse nicht nur solche Umstände eingestellt, die
bei Rechtskraft der Scheidung bereits oder noch vorlagen, sondern auch solche, die **in
diesem Zeitpunkt bereits vorhersehbar** sind und hat auf diese Art schon früher die harte Stichtagsregelung gemildert. Nach dieser Rspr ist nur erforderlich, dass die Änderung der Umstände bei der Scheidung bereits mit hoher Wahrscheinlichkeit zu erwarten war und deswegen die ehelichen Lebensverhältnisse bereits mit geprägt hat (BGH
NJW 87, 1555; 88, 2034; 90, 3020). Hierher gehört in jedem Fall der künftige Wegfall
v Kindesunterhalt; denn das Erwachsen- und Selbständigwerden v Kindern ist ein natürlicher Vorgang, den alle Eltern einplanen. Entsprechendes gilt für das Erreichen der
Altersgrenze, für eine Pflegebedürftigkeit aber nur dann, wenn sie bereits absehbar
war, als die Ehe beendet wurde (OLG Hamm NJWE-FER 98, 25). Eheprägend sind
auch Entwicklungen der beruflichen Karriere, die für die gewählte Laufbahn oder Berufstätigkeit typisch sind. Beförderungen, Lohn- oder Gehaltssteigerungen (OLG Karlsruhe FamRZ 88, 507), aber auch die weitere Entwicklung eines bereits in der Ehe be-

gonnenen Erwerbsgeschäfts (aA wohl BGH NJW 82, 1870) wirken daher auch dann eheprägend, wenn sie erst nach der Scheidung erfolgen. Voraussetzung ist nur, dass sie dem normalen Gang der Dinge entsprechen (BGH NJW 86, 720; OLG Nürnberg FamRZ 85, 393). Entsprechende Grundsätze wie für die Karriereentwicklung gelten hinsichtlich der Erweiterung oder Einschränkung der Berufstätigkeit. War ein Ehegatte während der Ehe bereits berufstätig, so ist grds eine Ausweitung dieser Erwerbstätigkeit eheprägend, auch wenn sie erst in der Zeit des Getrenntlebens oder nach der Scheidung erfolgt (BGH NJW 82, 1869). Entsprechendes gilt, wenn zwar während der Ehe noch keine Berufstätigkeit ausgeübt wurde, deren Aufnahme aber konkret geplant war. Zum Fall, dass während der Ehe eine Altersvorsorge unterlassen wurde, weil eine Erbschaft rechtzeitig vor dem Eintritt der Altersgrenze erwartet wurde, so dass die an sich fällig gewesenen Altersversorgungsbeiträge (die gespart wurden) eheprägend waren, s BGH FamRZ 06, 387.

30 In neuerer Zeit hat der BGH diesen Gedanken noch deutlich stärker betont: Aus dem Gedanken, dass die ehelichen Lebensverhältnisse durch Einkommensveränderungen nach der Ehe mitbestimmt werden, die bereits in der Ehe angelegt waren oder aber eine natürliche Entwicklung der in der Ehe herrschenden Zustände bedeuten, hat er generell gefolgert, dass die ehelichen Lebensverhältnisse **auch durch die Unterhaltspflichten mitbestimmt werden, welche durch oder nach der Scheidung entstehen** oder wegfallen. Das bedeutete, dass alle Verbindlichkeiten, die aus den Unterhaltsverpflichtungen gegenüber anderen Unterhaltsberechtigten bestehen, bei der Bedarfsberechnung eines geschiedenen Ehegatten vorab abgesetzt werden konnten (BGH FuR 06, 266; 07, 277; 07, 367). Das Unterhaltsrecht verwirklichte damit den Lebensstandard, wie er sich bei der Weiterführung der Ehe ergeben hätte. Der Grund dafür lag nach Ansicht des BGH darin, dass der geschiedene Ehegatte Einschränkungen seines Lebensstandards wegen dieser Unterhaltsansprüche auch dann hätte hinnehmen müssen, wenn seine Ehe fortbestanden hätte – jedenfalls dann, wenn diese Ansprüche vor- oder gleichrangig waren. Die Geburt eines weiteren Kindes hätte Einfluss auf die ehelichen Lebensverhältnisse auch dann gehabt, wenn dieses Kind kein gemeinsames Kind mit dem anderen Ehegatten gewesen wäre. Auf dessen Geburt hätte der andere Ehegatte naturgemäß keinen Einfluss gehabt. Er kann nicht deswegen besser stehen, weil die Ehe geschieden ist, wenn das Kind geboren wird.

31 Der BGH hat diese Rspr konsequent weiterausgebaut und auch auf die Bedarfsermittlung in denen Fällen angewendet, in denen ein Ehegatte nach der Scheidung erneut geheiratet hat. Vor allem kam er in diesen Fällen dazu, dass die Verteilung des für die Bedarfsberechnung zur Verfügung stehenden Einkommens in der Weise erfolgen musste, dass das gesamte Einkommen der am Unterhaltsverhältnis beteiligten Personen zusammengerechnet werden musste, um dann durch die Zahl der in die Bedarfsberechnung einbezogenen Personen geteilt zu werden (BGH FamRZ 08, 1911; 09, 23; BGHZ 179, 196; 183, 197, zu Einzelheiten s Vorauflage Rn 32 ff). So ergab sich bei zwei Unterhaltsberechtigten eine Drittelung, bei dreien eine Viertelung usw. Deswegen wurde diese Methode auch als „Drittelmethode" bezeichnet.

32 Das bedeutete einen erheblichen Unterschied zum bisherigen Recht, da zuvor die Auffassung herrschend und durch die Rspr des BVerfG abgesichert war, dass die Vorteile der zweiten Ehe auf jeden Fall den Ehegatten der zweiten Ehe erhalten bleiben müssten (BVerfG FamRZ 2003, 1821; BGH FamRZ 07, 882; 2007, 1232). Vor allem die Splittingvorteile aus der zweiten Ehe wurden deswegen nicht zur Begründung eines ehebedingten Bedarfs des Ehegatten aus erster Ehe herangezogen. Dass der BGH beiseite geschoben und angenommen, dass auch der Splittingvorteil aus der zweiten Ehe bei der Bedarfsberechnung des früheren Ehegatten einbezogen werden müsste, weil alle Ansprüche sich gegenseitig beeinflussten.

33 Diese Rspr hat v Ergebnis her Zustimmung (Gerhardt FamRZ 07, 945 ff; Gutdeutsch FamRZ 10, 1874 ff; Kemper FuR 09, 372, 373), aber auch sehr viel Kritik erfahren (Borth FamRZ 06, 852 f; Brudermüller FF 10, 134 137 ff; Graba FamRZ 10, 1131, 1134 ff). Bemängelt wurde vor allem, dass die neue Rspr dazu führen konnte, dass der frühere Ehegatte durch das Hinzutreten eines (sehr leistungsfähigen) neuen Ehegatten

begünstigt werden konnte, weil auf diese Weise der „Gesamtunterhaltstopf" deutlich besser sein gefüllt werden konnte als ohne die Wiederverheiratung,
Das BVerfG hat diese Rspr des BGH für verfassungswidrig erklärt, weil sie mit den Wortlaut des § 1578 unzulässig überdehne (BVerfG FamRZ 11, 437). Die „Drittelmethode" ist deswegen zumindest auf der Ebene der Bedarfsberechnung Geschichte. Der Bedarf des unterhaltsberechtigten Ehegatten ist deswegen wieder so wie früher zu berechnen: Es kommt darauf an, welche Lebensverhältnisse die ehelichen Lebensverhältnisse geprägt haben. Veränderungen können nur insoweit eingestellt werden, als die Veränderungen nach dem Ehezeitende bereits in der Ehe angelegt oder zu erwarten waren, so dass die bevorstehende Änderung bereits die ehelichen Verhältnisse mit prägte (so jetzt auch BGH FamRZ 11, 437; 12, 281). 34

Auf jeden Fall ist die **Grenze der Wandelbarkeit der Lebensverhältnisse** mit Relevanz für die Bedarfsberechnung erreicht, wenn die nacheheliche Steigerung des für den Unterhalt verfügbaren Einkommens auf **Umständen beruhen, die mit der Ehe nichts mehr zu tun haben**. Hierher gehört ein unerwarteter Karrieresprung, mit dem zur Zeit der Scheidung nicht gerechnet werden konnte (BGH FuR 08, 297; OLG Zweibrücken ZFE 08, 76; OLG Hamm FamRZ 08, 1446; OLG Celle FPR 08, 590; OLG Düsseldorf FF 08, 327). 35

Auf der anderen Seite (Wegfall v Einkommen) ist die Grenze der Wandelbarkeit der Lebensverhältnisse als Bestimmungsfaktor für den Nachscheidungsunterhalt erreicht, wenn das Einkommen, das für die Bestimmung der ehelichen Lebensverhältnisse maßgebend ist, sich dadurch verringert, dass derjenige, der dieses Einkommen erzielt (das muss nicht notwendigerweise der Unterhaltspflichtige sein), dieses Einkommen **leichtfertig verringert**. In diesen Fällen wird das bisherige Einkommen als **fiktives Einkommen** weiterhin in die Bedarfsberechnung eingestellt. Fraglich ist insoweit immer nur, was unter leichtfertigem Verhalten zu verstehen ist. Einigkeit scheint insoweit aber darüber zu bestehen, dass die nacheheliche Zeugung v Kindern oder das Eingehen einer neuen Partnerschaft jedenfalls kein leichtfertiges Verhalten ist, das zu einer Hinzurechnung des dadurch verbrauchten Einkommens führen kann (BGH FamRZ 06, 683, 686; Viefhues ZFE 09, 4). 36

§ 1578 a Deckungsvermutung bei schadensbedingten Mehraufwendungen

Für Aufwendungen infolge eines Körper- oder Gesundheitsschadens gilt § 1610 a.

Die Norm entspricht § 1610 a. Die Erläuterungen zu dieser Vorschrift gelten entsprechend. § 1578 a gilt für den nachpartnerschaftlichen Unterhalt nach Aufhebung der Lebenspartnerschaft entsprechend (§ 16 LPartG). 1

§ 1578 b Herabsetzung und zeitliche Begrenzung des Unterhalts wegen Unbilligkeit

(1) ¹Der Unterhaltsanspruch des geschiedenen Ehegatten ist auf den angemessenen Lebensbedarf herabzusetzen, wenn eine an den ehelichen Lebensverhältnissen orientierte Bemessung des Unterhaltsanspruchs auch unter Wahrung der Belange eines dem Berechtigten zur Pflege oder Erziehung anvertrauten gemeinschaftlichen Kindes unbillig wäre. ²Dabei ist insbesondere zu berücksichtigen, inwieweit durch die Ehe Nachteile im Hinblick auf die Möglichkeit eingetreten sind, für den eigenen Unterhalt zu sorgen, oder eine Herabsetzung des Unterhaltsanspruchs unter Berücksichtigung der Dauer der Ehe unbillig wäre. ³Nachteile im Sinne des Satzes 2 können sich vor allem aus der Dauer der Pflege oder Erziehung eines gemeinschaftlichen Kindes sowie aus der Gestaltung von Haushaltsführung und Erwerbstätigkeit während der Ehe ergeben.

(2) ¹Der Unterhaltsanspruch des geschiedenen Ehegatten ist zeitlich zu begrenzen, wenn ein zeitlich unbegrenzter Unterhaltsanspruch auch unter Wahrung der Belange eines dem Berechtigten zur Pflege oder Erziehung anvertrauten gemeinschaftlichen Kindes unbillig wäre. ²Absatz 1 Satz 2 und 3 gilt entsprechend.

(3) Herabsetzung und zeitliche Begrenzung des Unterhaltsanspruchs können miteinander verbunden werden.

1   I. Die Norm wurde als neue Härteregelung durch das UÄndG in das BGB eingefügt. Durch sie wurden die bislang verstreuten **Regeln über die Befristung und Herabsetzung** v nachehelichen Unterhaltsansprüchen **zusammengefasst und vereinheitlicht**. Die früheren allgemeinen Härteklauseln (§§ 1573 V, 1578 I 2 aF) wurden aufgehoben. Soweit in einer Unterhaltsnorm spezielle Herabsetzungs- oder Befristungsmöglichkeiten bestehen (zB bei § 1575), gehen diese vor. Mit § 1579 BGB bestehen nur hinsichtlich des § 1579 Nr 1 Überschneidungsmöglichkeiten. Diese Regelung geht im Kollisionsfall als lex specialis vor (Wellenhofer FamRZ 07, 1282, 1285). 2013 erfolgte eine Änderung der Norm, um die Bedeutung einer lang dauernden Ehe deutlicher herauszustellen (Art 3 G z Durchführung des Haager Übereinkommens v 23.11.07 über die internationale Geltendmachung der Unterhaltsansprüche v Kindern und anderen Familienangehörigen sowie zur Änderung v Vorschriften auf dem Gebiet des internationalen Unterhaltsverfahrensrechts und des materiellen Unterhaltsrechts v 20.2.13, BGBl I 273). Der BGH hat seine Rspr jedoch insoweit bislang nicht grundlegend verändert.

2   § 1578 b ist als vAw zu berücksichtigende **Einwendung** Ausdruck des das Nachscheidungsunterhaltsrecht beherrschenden Prinzips der Eigenverantwortung (vgl § 1569). Das soll dazu führen, dass ein Unterhaltsanspruch umso eher beschränkt werden kann, je geringer die ehebedingten, auf der Aufgabenverteilung in der Ehe beruhenden Nachteile sind, die beim unterhaltsberechtigten Ehegatten infolge der Scheidung eintreten.

3   Die **Struktur der Regelung** ist an die bisherigen §§ 1573 V, 1578 I 2 aF angelehnt: Während in Abs 1 die Herabsetzung der Höhe nach erlaubt wird, gestattet Abs 2 die Befristung. Durch Abs 3 wird es ermöglicht, beide Varianten miteinander zu kombinieren.

4   II. 1. **Die Voraussetzungen** der Härteklausel entsprechen im Wesentlichen den bisher schon bestehenden Regelungen. Die Rspr zu §§ 1573 V, 1578 I 2 kann daher weiter als Anhaltspunkt herangezogen werden. Zu ermitteln ist, ob eine an den ehelichen Lebensverhältnissen orientierte Bemessung des Unterhaltsanspruchs auch unter Wahrung der Belange eines dem Berechtigten zur Pflege oder Erziehung anvertrauten gemeinsamen Kindes unbillig wäre.

5   a) **Ausgangspunkt** für die Begrenzung des Anspruchs ist der volle **eheangemessene Unterhalt** nach § 1578. Die Begrenzung muss erfolgen, wenn eine lebenslange an den ehelichen Lebensverhältnissen orientierte Bemessung des Unterhaltsanspruchs auch unter Wahrung der Belange eines dem Berechtigten zur Pflege oder Erziehung anvertrauten gemeinschaftlichen Kindes **unbillig** wäre (Abs 1 S 1). Kern der Regelung ist also eine wertende Prognoseentscheidung. Es handelt sich jedoch nicht um eine Ermessensentscheidung. Liegen die Voraussetzungen vor, muss der Unterhaltsanspruch begrenzt werden. Maßstab ist die einfache Unbilligkeit, nicht die grobe wie bei § 1579. Zu ermitteln ist, inwieweit die nacheheliche Solidarität im Lichte der grds bestehenden nachehelichen Eigenverantwortung überdehnt würde, wenn dem auch als Unterhaltspflichtigen eine unbefristete Leistung des nach den ehelichen Lebensverhältnissen angemessenen Unterhalts auferlegt würde (Viefhues/Mleczko Rn 270 f).

6   b) Im Gesetz werden **Kriterien** für die Entscheidung über die Begrenzung des Unterhaltsanspruchs nur in Bezug auf die Person des Unterhaltsberechtigten genannt: **aa)** Vor allem soll zu berücksichtigen sein, inwieweit durch die Ehe **Nachteile im Hinblick auf die Möglichkeit eingetreten sind, für den eigenen Unterhalt zu sorgen** (Abs 1 S 2 BGB). Als Schlagwort eignet sich insoweit die Kennzeichnung als ehebedingte Bedürfnislage (Wellenhofer FamRZ 07, 1282, 1285) oder als ehebedingter Nachteil. Diese Fallgruppe wird als wichtigster Fall genannt, der einer Begrenzung des Unterhaltsanspruchs entgegensteht. Umgekehrt ausgedrückt bedeutet dass, dass die Begrenzung grds vorzunehmen ist, wenn es an solchen ehebedingten Nachteilen oder an sonstigen Gründen, die durch die Bezugnahme auf die ehebedingte Nachteile nicht ausgeschlossen werden, fehlt.

Als Beispiele für **Ursachen ehebedingter Nachteile** werden die Dauer der Pflege oder 7
Erziehung eines gemeinschaftlichen Kindes und die Gestaltung v Haushaltsführung
und Erwerbstätigkeit während der Ehe genannt (Abs 1 S 3 BGB). Schon aus dieser
Aufzählung wird klar, dass es um eine wertende Zurechnung zur Ehe und Familie geht,
nicht aber um eine Kausalität der Ehe im Rechtssinne für den Nachteil im dogmatischen Sinne. Ehebedingtheit liegt also immer vor, wenn der Nachteil auf die konkrete
Lebensführung der Eheleute während der Ehe zurückgeht (Palandt/Brudermüller,
§ 1578 b Rn 6).

Nachteile aus der **Dauer der Pflege oder Erziehung eines gemeinschaftlichen Kindes** 7a
können va berufliche Nachteile sein, die aus einer langen Aussetzung der Erwerbstätigkeit oder ihrer Reduzierung folgen, wie etwa der Ausschluss v Aufstiegsmöglichkeiten,
Fortbildungen und Ähnlichem. Zu beachten ist, dass die Nachteile während der Ehe
entstanden sein müssen. Eine vorehezeitliche Kinderbetreuung reicht dazu grds nicht.
Ein ehebedingter Nachteil kann sich allerdings aus der Fortsetzung der Kinderbetreuung nach der Eheschließung ergeben, soweit ein Ehegatte mit Rücksicht auf die eheliche Rollenverteilung und die Kinderbetreuung während der Ehe auf die Aufnahme
einer Erwerbstätigkeit verzichtet. Demgegenüber haben Erwerbsnachteile, die bei dem
betreuenden Elternteil bereits infolge der Geburt des Kindes oder durch die in der Zeit
vorehelicher Kinderbetreuung getroffenen beruflichen Dispositionen endgültig eingetreten sind und nicht mehr ausgeglichen werden können, aber weiterhin keine ehebedingten Ursachen (BGH FamRZ 12, 776; 13, 860).

Nachteile aus der **Gestaltung v Haushaltsführung und Erwerbstätigkeit** während der 7b
Ehe liegen nicht nur vor, wenn der unterhaltsberechtigte Ehegatte ehebedingt v der
Aufnahme einer Erwerbstätigkeit absieht oder eine bereits ausgeübte Erwerbstätigkeit
aufgibt, sondern auch dann, wenn er ehebedingt seinen Arbeitsplatz wechselt und dadurch Nachteile erleidet (BGH FamRZ 13, 935).

Die **Dauer der Ehe** war den anderen Gründen bislang gleichgestellt und wurde als der 7c
am wenigsten bedeutsame Faktor angesehen (vgl 7. Aufl, Rn 7). Der Gesetzgeber hat
deswegen § 1578 b geändert und die Dauer der Ehe nun dadurch aufgewertet, dass er
sie mit den ehebedingten Nachteilen gleichgestellt hat. Obwohl der Gesetzgeber die
Neuregelung als Klarstellung bezeichnet, ermöglicht die neue Formulierung die Auslegung, dass eine Begrenzung der nachehelichen Unterhaltsansprüche unabhängig vom
Vorliegen ehebedingter Nachteile ausgeschlossen ist, wenn die Ehe eine ausreichend
lange Dauer erreicht hat. Das führt zu weit (Kemper, FamRB 13, 20 f). Entscheidend
muss in diesen Fällen weiterhin sein, ob wegen der Dauer ein Vertrauen in den weiteren Bestand der Ehe entstanden ist, das eine Begrenzung hindert. So wird bei über 30-
jährigen Ehen grds weder eine Befristung noch eine Herabsetzung in Betracht kommen
(vgl OLG Dresden FamRZ 10, 649). Eine Ausnahme (Befristung bis zum Renteneintritt) kommt aber auch bei sehr langer Ehedauer in Betracht, wenn die Deckung des
angemessenen Lebensbedarfs danach durch die Altersversorgung gesichert erscheint
(OLG Stuttgart FamRZ 12, 983).

bb) Die Aufzählung ist **nicht abschließend**. Es kommt auf eine alle Umstände des Ein- 8
zelfalles einbeziehende Gesamtbetrachtung an. In Betracht kommt etwa eine in der
Zeit der Ehe erworbene Krankheit oder Verletzung, vor allem dann, wenn eine Tätigkeit für den anderen Ehegatten oder zur Verwirklichung der ehelichen Lebensgemeinschaft ursächlich für die Erkrankung oder Verletzung war (BGH NJW 1986, 2832,
2834: Verletzung beim Bau des Hauses). In Betracht kommt auch, dass ein Ehegatte
sich bei einer Tätigkeit im Betrieb des anderen verletzt oder eine Krankheit zugezogen
hat oder wenn diese auf einen vom anderen Ehegatten verursachten Unfall zurückgeht.
Andere Fälle, in denen eine Begrenzung des Unterhaltsanspruchs ausscheiden kann,
sind etwa nachwirkende Nachteile wegen der Pflege des Ehegatten oder eines nahen
Angehörigen des Ehegatten, wegen der Betreuung v Pflegekindern oder nicht gemeinschaftlichen Kindern des anderen Ehegatten (vgl OLG Hamm FamRZ 1994, 1108), soweit diese Fälle sich nicht schon unter die Fallgruppe der Gestaltung der Haushaltsführung und Erwerbstätigkeit subsumieren lassen. In Betracht kommen vor allem Fallgestaltungen, in denen der nun unterhaltverlangende Ehegatte erwerbstätig geblieben ist

und die genannten Leistungen überobligationsmäßig erbracht hat, so dass sein Gesundheitszustand gelitten hat. Aber auch iÜ kann der tatkräftige Einsatz des heute unterhaltsberechtigten Ehegatten für den heute unterhaltspflichtigen in die Billigkeitsabwägung eingestellt werden und so den unbefristeten oder nicht abgesenkten Unterhaltsanspruch als nicht unbillig erscheinen lassen.

9 cc) Selbst **Billigkeitsfaktoren**, welche sich nicht unbedingt als fortwirkende Nachteile einordnen lassen können, wird man in die Abwägung einbeziehen müssen, wenn sich andernfalls eine Befristung oder Herabsetzung des Unterhalts als unbillig darstellen würde. Zu denken ist vor allem an Fälle, in denen der Ehegatte, der nun Unterhalt verlangt, dem anderen seine Ausbildung finanziert hat, aus der dieser nun die wesentlich höheren Einkünfte erzielt als der Ehegatte, welcher die Ausbildung durch seine finanziellen Beiträge erst ermöglicht hat (vgl OLG Hamm NJW 91, 1447).

10 dd) Auch die **Gründe**, welche zum **Scheitern der Ehe** geführt haben, können berücksichtigt werden; denn § 1579 hilft dem Unterhaltsberechtigten nicht, weil diese Vorschrift ebenfalls nur zu einer Begrenzung des Unterhaltsanspruchs führen kann, nicht aber zu einer Abwehr einer Begrenzung.

11 ee) **Nicht ausreichend** als der Begrenzung entgegenstehende Nachteil ist daß die bloße Unterschiedlichkeit in der Fähigkeit, Einkünfte zu erzielen, wie sie sich vor allem aus der unterschiedlichen Ausbildung der Eheleute ergeben kann (sofern nicht die unterschiedliche Ausbildung ihrerseits ehebedingt ist). Es ist allen Unterhaltsansprüchen immanent, dass ein Unterhaltsgefälle besteht – bei gleichen Einkommensverhältnissen kommt schon aus rechnerischen Gründen ein Unterhaltsanspruch nicht in Frage. Ohne Vorliegen v ehebezogenen Nachteilen, auf welche die Einkommensdifferenz zurückzuführen ist, kommt die Begrenzung des Unterhaltsanspruchs auch in Fällen extremer Einkommensdifferenzen in Betracht.

12 c) Abs 1 erwähnt ausdrücklich, dass es für die Billigkeitsentscheidung auch auf die **Wahrung der Belange eines dem Berechtigten zur Pflege oder Erziehung anvertrauten gemeinschaftlichen Kindes** ankommt. Das bedeutet, dass durch die Begrenzung des Unterhalts die Situation der gemeinschaftlichen Kinder, welche vom Unterhaltsberechtigten betreut werden, grds nicht verschlechtert werden darf.

13 2. Die **Rechtsfolgen** des § 1578 b sind flexibel (Menne ZFE 06, 449, 452): Die Norm gestattet die betragsmäßige Herabsetzung (Abs 1), die zeitliche Begrenzung (Abs 2) und die Kombination aus beidem (Abs 3).

14 a) Mit **Herabsetzung** ist gemeint, dass der Unterhaltsbedarf des geschiedenen Ehegatten vom Maßstab des eheangemessenen Bedarfs, wie er auch in Zukunft grds nach § 1578 maßgebend ist, auf den angemessenen Bedarf abgesenkt werden kann, der sich nach den Lebensverhältnissen des Unterhaltsberechtigten allein berechnet. Es handelt sich um denselben Maßstab, der schon in § 1578 I 2 aF maßgebend war. Der Unterhalt richtet sich nicht mehr nach den ehelichen Lebensverhältnissen, sondern nach dem durch den Unterhaltsberechtigten selbst nach der Scheidung erworbenen Lebensstandard. Im Regelfall entspricht dieser nacheheliche angemessene Unterhalt dem vor der Ehe erreichten Lebensstandard bzw dem Lebensstandard, den der Berechtigte ohne die Ehe erreicht haben würde. Es kommt darauf an, welchen Lebensstandard der Berechtigte hätte, wenn er nicht geheiratet hätte (BGH FamRZ 11, 192). Aus der Intention des Gesetzgebers, eine Begrenzung des Unterhaltsanspruchs zu schaffen, folgt aber, dass das nur insoweit gilt, als der nacheheliche Lebensstandard unter dem nach den ehelichen Lebensverhältnissen bemessenen liegt. Dieser Unterhaltsbedarf bildet daher immer die Obergrenze.

15 Die **Untergrenze**, auf die herabgesetzt werden kann, wird durch den Eigenbedarf gebildet. Der Ehegatte darf nicht auf Beträge unterhalb dieses Minimums verwiesen werden. Der Unterhaltsbedarf kann daher nicht auf unter 1.050 EUR festgesetzt werden (Kemper, Das neue Unterhaltsrecht, Rn 291 ff; vgl auch OLG Koblenz OLGR Koblenz 09, 238; OLG Schleswig FamRZ 11, 903, jeweils zu den damals geltenden Selbstbehaltsbeträgen). Das entspricht der früheren Rechtslage (BGH FamRZ 89, 486 f.; 5. Aufl, § 1578 Rn 12). Dem Gesetzgeber ist bei der Formulierung des § 1578 b BGB allerdings ein Redaktionsversehen unterlaufen. Die Regelung spricht davon, dass der Un-

terhalts*anspruch* auf den eigenangemessenen Standard herabgesetzt werden kann. Wendete man das so an, bedeutete das, dass man bei beiderseitigen Einkünften (oder der Zurechnung v fiktiven Einkünften) nur den Unterhaltsanspruch herabsetzen könnte, wie er sich aus der Differenz der beiderseitigen Einkommen ergibt. Angesichts der 1.050 EUR-Untergrenze führte dazu, dass der Anspruch erst dann reduziert werden könnte, wenn der tatsächliche angemessene Selbstbehalt lange gedeckt ist (Viefhues/Mleczko Rn 398 ff). Ein Gleichlauf zwischen Unterhaltsanspruch und Unterhaltsbedarf besteht nur in den Fällen, in denen der Unterhaltsberechtigte kein eigenes Einkommen hat und in denen ihm auch keine fiktiven Einkünfte zugerechnet werden. In § 1578 b BGB gemeint sein muss deswegen der Unterhalts*bedarf* (Viefhues/Mleczko Rn 404; Graba FF 06, 246, 249; Kemper, Das Neue Unterhaltsrecht, Rn 294). Unterhaltsansprüche können deswegen insgesamt soweit gekürzt werden, dass dem Unterhaltsberechtigten zusammen mit seinem eigenen Einkommen 1.050 EUR verbleiben.

Auch iÜ ist **nicht immer auf den eheangemessenen Bedarf herabzusetzen**. Bei § 1578 b **16** handelt es sich um ein Instrument zur Billigkeitskorrektur einer Unterhaltsberechnung. Soweit die Billigkeit eine Absenkung nur in einem geringeren Maße gebietet als auf das Niveau des eigenen angemessenen Lebensbedarfs, muss sich die Absenkung daher auf dieses Maß beschränken. Als angemessener Lebensbedarf ist in diesen Fällen also ein Niveau anzunehmen, welches zwischen dem eheangemessenen Bedarf und dem den eigenen Lebensverhältnissen angemessenen Lebensbedarf liegt (Viefhues/Mleczko Rn 387).

Soweit die **Belange eines dem Unterhaltsberechtigten anvertrauten gemeinschaftlichen 17 Kindes** durch die Herabsetzung des Unterhaltsanspruchs der Mutter beeinträchtigt würden, scheidet eine Herabsetzung des Unterhalts aus. Derartige Fälle können in Betracht kommen, wenn durch die Absenkung der Ehegatte zu einer Erwerbstätigkeit in einem Umfang gezwungen würde, welche zu einer Vernachlässigung des Kindes führen müsste. Denkbar ist das nur in Ausnahmefällen, weil der angemessene Selbstbehalt des Ehegatten ohnehin immer die Grenze für die Herabsetzung des Anspruchs bildet (Rn 15).

Der **Zeitpunkt,** v dem an herabgesetzt wird, ist regelmäßig derjenige der Scheidung, al- **18** so des Beginns des nachehelichen Unterhaltsanspruchs. Es ist nicht erforderlich (aber gleichwohl nach Abs 3 zulässig), erst eine Übergangsfrist vorzusehen, in der der volle eheangemessene Unterhalt geleistet werden soll, bevor es zur Absenkung kommt.

b) Die zweite in § 1578 b zur Korrektur einer unbilligen Unterhaltsfestsetzung vorgese- **19** hene Möglichkeit ist die **Befristung** (zeitliche Begrenzung) des Unterhaltsanspruchs (§ 1578 b Abs. 2 BGB). Wie lange der Unterhaltsanspruch zu befristen ist, ist nach pflichtgemäßem Ermessen zu bestimmen.

Da die Befristungsmöglichkeit derjenigen in § **1573 V aF nachgebildet** ist, kann die **20** **Rspr zu dieser Regelung weiter als Anhaltspunkt** herangezogen werden. Die Frist muss also weder der absoluten Dauer der Ehe noch derjenigen der Kindeserziehung entsprechen (vgl BGH FamRZ 1989, 483). Selbst ein Zusammenhang in der Art, dass ein bestimmter Prozentsatz der Dauer v Ehe und Kindesbetreuung anzusetzen wäre, existiert nicht. Die Frist kann daher viel kürzer sein als die Dauer v Ehe und Kindererziehung (vgl OLG Hamm FamRZ 03, 1839; OLG Düsseldorf FamRZ 94, 756; OLG Karlsruhe FamRZ 05, 1179; OLG Köln NJW-RR 95, 1157, 1158). Allerdings ist in allen Fällen zu berücksichtigen, dass die Anforderungen an die nacheheliche Eigenverantwortung nun gesteigert sind (vgl § 1569). Es werden deswegen bei der konkreten Festsetzung der Fristen strengere Maßstäbe zu gelten haben als bisher. Für die Dauer der Befristung kommt es darauf an, welche Unterhaltsdauer erforderlich erscheint, damit der Berechtigte sich auf die neue Situation einstellen kann. Ihm soll eine Schonfrist eingeräumt werden, innerhalb derer er eine Entflechtung der Lebensverhältnisse beider Seiten herbeiführen und sich wirtschaftlich und psychisch auf das Leben in Selbstverantwortung ohne einen Unterhaltsanspruch gegen den ehemaligen Partner einstellen soll. Die Frist kann deswegen gegen null tendieren, wenn das Erstunterhaltsverfahren erst Jahre nach der Scheidung eingeleitet wird, nachdem die Eheleute ihre wirtschaftlichen Verhältnisse bereits vollständig neu geordnet hatten (OLG Schleswig NJW-RR 04, 220) oder wenn schon eine sehr lange Trennungszeit vorgelegen hatte. Umgekehrt ist die Frist umso länger zu bemessen, je mehr die Eheleute ihre Lebenspositionen aufeinander eingestellt haben und auf ein gemeinsames Lebensziel ausgerichtet haben, was sich vor allem darin zeigt, dass es zu einer hohen Verflechtung und Abhängigkeit der Lebensverhältnisse gekommen ist und erhebliche Nachwirkungen für die Erwerbsbiographie des Unterhaltsberechtigten hat.

21 Mit dem **Ablauf der Frist entfällt der Unterhaltsanspruch** vollständig, soweit sich die Befristung auf ihn bezieht. Ein Anschlussunterhaltsanspruch kann sich nicht ergeben, weil dieser schon bei der Prüfung der Befristung mit einbezogen werden muss (Palandt/ Brudermüller Rn 15).

22 c) Abs 3 gestattet die **Kombination v Herabsetzung und Befristung**. Die Reihenfolge beider Instrumente ist dabei freigestellt. Es kommt daher in Betracht, einen Anspruch zunächst statt nach dem eheangemessenen nur nach dem eigenangemessenen Unterhaltsbedarf zu bemessen und so einen herabgesetzten Unterhaltsanspruch zu errechnen und diesen herabgesetzten Anspruch zu befristen. Möglich ist auch eine Kombination in der Weise, dass zunächst für eine bestimmte Zeit die Zahlung eines Unterhalts angeordnet wird, welcher nach dem eheangemessenen Lebensbedarf berechnet wurde und außerdem bestimmt wird, dass nach dem Ablauf dieser Frist nur noch Unterhalt nach dem eigenangemessenen Lebensbedarf geschuldet wird. Dieser Unterhaltsanspruch kann wiederum befristet werden. Denkbar sind derartige Fälle vor allem für Konstellationen, in denen zunächst Unterhalt nach § 1570 BGB geschuldet wird, während nach einem nun schon absehbaren Zeitraum nur noch Aufstockungsunterhalt in Betracht kommt, dessen Befristung erheblich eher in Betracht kommt als beim Kindesbetreuungsunterhalt.

23 3. Die **Auswirkungen** des § 1578 b sind **bei den verschiedenen Unterhaltsansprüchen unterschiedlich:**

24 § **1570** ist deswegen in Bezug auf Befristungen eine Spezialregelung zu § 1578 b scheidet schon deswegen aus, weil § 1570 nF insoweit eine Sonderregelung für die Billigkeitsabwägung enthält (BGH FamRZ 09, 1124; Kemper, das neue Unterhaltsrecht, Rn 315). Eine Begrenzung des Betreuungsunterhalts vom eheangemessenen Unterhalt nach Abs 1 auf den angemessenen Unterhalt nach der eigenen Lebensstellung setzt einerseits voraus, dass die notwendige Erziehung und Betreuung gemeinsamer Kinder trotz des abgesenkten Unterhaltsbedarfs sichergestellt und das Kindeswohl auch sonst nicht beeinträchtigt ist, andererseits eine fortdauernde Teilhabe des betreuenden Elternteils an den abgeleiteten Lebensverhältnissen während der Ehe unbillig erscheint (BGH FamRZ 09, 770, 774; 09, 1124 ff).

25 Der Unterhalt wegen Alters (§ **1571**) ist sowohl einer Befristung als auch einer betragsmäßigen Begrenzung zugänglich. Als insoweit entgegenstehenden ehebedingten Nachteil kann man ansehen, dass der unterhaltsberechtigte Ehegatte trotz eines durchgeführten Versorgungsausgleichs geringere Renteneinkünfte erzielt, als er ohne die Ehe und die Erziehung der gemeinsamen Kinder erzielen würde. Es ist insofern aber zu berücksichtigen, dass der Ausgleich unterschiedlicher Versorgebeiträge vornehmlich Aufgabe des Versorgungsausgleichs ist, so dass diese Argumentation nur dann greift, wenn kein Versorgungsausgleich stattfindet oder er jedenfalls nicht zu einem angemessenen Ausgleich führt (OLG Schleswig FamRB 09, 139).

26 Beim Krankheitsunterhalt nach § **1572** ist zu beachten, dass die Krankheit regelmäßig nicht ehebedingt ist. Hier kann sich ein ehebedingter Nachteil nur daraus ergeben, dass ein Unterhaltsberechtigter aufgrund der Rollenverteilung in der Ehe nicht ausreichend für den Fall der krankheitsbedingten Erwerbsminderung vorgesorgt hat und seine Erwerbsunfähigkeitsrente infolge der Ehe und Kindererziehung geringer ist, als sie ohne die Ehe wäre (BGHZ 179, 43). Insoweit entsprechen sich der Krankheitsunterhalt nach § 1572 und der Altersunterhalt nach § 1571.

27 Im Bereich des § **1573** (Unterhalt wegen Arbeitslosigkeit bzw Aufstockungsunterhalt) haben sich durch die neue Härteklausel gegenüber der früheren Rechtslage keine Änderungen ergeben, weil die Befristungs- und Herabsetzungsmöglichkeiten in diesen Fällen denjenigen entsprechen, welche schon früher bestanden. Allerdings war § 1573 V aF

bei langer Ehedauer generell nicht anzuwenden, während die Ehedauer in § 1578 b BGB nur eines unter mehreren Abwägungskriterien ist. Es ist deswegen anzunehmen, dass es zu einer deutlicheren Betonung des Prinzips der Eigenverantwortung. Die Rspr hat diese Wendung in den letzten Jahren und besonders Monaten bereits vorweggenommen (vgl OLG Düsseldorf FuR 06, 89: OLG Koblenz, FuR 07, 44; OLG Naumburg FF 02, 67; OLG Hamm FamRZ 05, 1177; OLG Köln NJW-RR 95, 1157; OLG München, NJW-RR 2000, 1243; BGH FamRZ 06, 1006; FamRZ 07, 793). Die aus der langen Ehedauer folgende quasi lebenslange Garantie des ehelichen Lebensstandards, wie sie sich im Aufstockungsunterhalt manifestiert, ist damit beseitigt.

§ 1578 b gilt auch für den Ausbildungsunterhaltsanspruch nach § **1575.** Allerdings besteht für diese Ansprüche ohnehin schon eine Befristungsmöglichkeit in § 1575 I 2. Diese wird durch die neue Härteklausel nicht berührt. Die Unterhaltsrechtsreform lässt sie vielmehr unangetastet. Es spricht deswegen viel dafür, sie auch in Zukunft als lex specialis anzusehen (Borth, FamRZ 2006, 813, 816). Die Herabsetzungsmöglichkeit kann dag auch auf Ansprüche aus § 1575 angewendet werden. Die Kombination mit der Befristung ist ebenfalls möglich. 28

Unterhaltsansprüche nach § **1576** können nach § 1578 b weder herabgesetzt noch befristet werden. Die gegenläufigen Voraussetzungen schließen die Anwendung dann aus, wenn ein Anspruch bejaht wurde; in den Fällen, in denen die Voraussetzungen für eine Herabsetzung oder Befristung anzunehmen wären, fehlt es schon an einem Anspruch, weil die Voraussetzungen des § 1576 nicht erfüllt sind. 29

III. Verfahren: Die Härteregelung ist eine **Einwendung,** keine Einrede. Liegen ihre Voraussetzungen vor, ist der Unterhaltsanspruch vAw zu kürzen bzw. zu befristen. Ein Ermessen des Gerichts besteht nicht. Prozessual bestehen insoweit keine Besonderheiten, denn im Antrag, den Unterhaltsantrag abzuweisen, liegt auch als Minus der Antrag, den Anspruch zu befristen (vgl OLG München FamRZ 97, 295). Dass der Abweisungsantrag auch die Kürzung des Anspruchs deckt, versteht sich v selbst. 30

Die **Beweislast** für das Vorliegen der Voraussetzungen für die Herabsetzung und/oder Befristung trägt grds der Unterhaltspflichtige, da es sich um eine Einwendung handelt, welche zum (teilweisen) Erlöschen des Unterhaltsanspruchs führt (BGHZ 185, 1). Der Unterhaltspflichtige hat deswegen alle Tatsachen darzulegen und notfalls zu beweisen, welche für eine Herabsetzung oder eine zeitliche Begrenzung des Unterhaltsanspruchs sprechen. Das entspricht der bisherigen Rspr zu §§ 1573 V, § 1578 I 2 BGB aF. Allerdings wird die Darlegungs- und Beweislast des Unterhaltspflichtigen dadurch erleichtert, dass der Unterhaltsberechtigte auf einen hinreichend substantiierten Vortrag des Unterhaltspflichtigen selbst darlegen und beweisen muss, warum wegen konkreter ehebezogener Nachteile eine Herabsetzung oder Befristung eben doch nicht in Betracht kommt (BGHZ 185, 1; OLG Brandenburg FamRZ 12, 1396; Dose FamRZ 2007, 1289, 1296; Büttner FamRZ 07, 773, 774). Die Darlegung des einen erfordert einen gesteigerten Vortrag des anderen, und jeder muss diejenigen Tatsachen beweisen, auf die er sich selbst stützt. 31

Die Befristung des Unterhaltsanspruchs muss als Teil des ersten Verfahrens über den Unterhalt zum Verfahrensgegenstand gemacht und entschieden werden, wenn die Prognose bereits zu diesem Zeitpunkt getroffen werden kann. Wegen der zeitlichen Sperre in § 238 II FamFG und in § 767 II ZPO kann ein Versäumnis insoweit später nicht korrigiert werden. Entscheidend ist für diese allein, dass im Erstprozess die Prognoseentscheidung schon hätte getroffen werden können. Es kommt dag nicht darauf an, ob das Gericht sich mit dieser Frage bereits befasst hat. Alle Gründe, die im Zeitpunkt der Erstentscheidung bereits zuverlässig vorhersehbar sind (BGH FamRZ 07, 793) oder tatsächlich vorliegen, müssen deswegen in das Erstverfahren eingeführt werden. 32

§ 1579 Beschränkung oder Versagung des Unterhalts wegen grober Unbilligkeit

Ein Unterhaltsanspruch ist zu versagen, herabzusetzen oder zeitlich zu begrenzen, soweit die Inanspruchnahme des Verpflichteten auch unter Wahrung der Belange eines

dem Berechtigten zur Pflege oder Erziehung anvertrauten gemeinschaftlichen Kindes grob unbillig wäre, weil
1. die Ehe von kurzer Dauer war; dabei ist die Zeit zu berücksichtigen, in welcher der Berechtigte wegen der Pflege oder Erziehung eines gemeinschaftlichen Kindes nach § 1570 Unterhalt verlangen kann,
2. der Berechtigte in einer verfestigten Lebensgemeinschaft lebt,
3. der Berechtigte sich eines Verbrechens oder eines schweren vorsätzlichen Vergehens gegen den Verpflichteten oder einen nahen Angehörigen des Verpflichteten schuldig gemacht hat,
4. der Berechtigte seine Bedürftigkeit mutwillig herbeigeführt hat,
5. der Berechtigte sich über schwerwiegende Vermögensinteressen des Verpflichteten mutwillig hinweggesetzt hat,
6. der Berechtigte vor der Trennung längere Zeit hindurch seine Pflicht, zum Familienunterhalt beizutragen, gröblich verletzt hat,
7. dem Berechtigten ein offensichtlich schwerwiegendes, eindeutig bei ihm liegendes Fehlverhalten gegen den Verpflichteten zur Last fällt oder
8. ein anderer Grund vorliegt, der ebenso schwer wiegt wie die in den Nummern 1 bis 7 aufgeführten Gründe.

1 **I.** Die Vorschrift enthält eine **negative Härteklausel**, mit der die Verfassungsmäßigkeit des verschuldensunabhängigen Scheidungsfolgenrechts gesichert wird. Der Gesetzgeber hat mit ihr anerkannt, dass es Fälle geben kann, in denen es dem anderen Ehegatten schlechterdings unzumutbar ist, Unterhalt für seinen geschiedenen Partner zu leisten. Gleichwohl hat er die Zumutbarkeitsgrenzen erheblich weiter gezogen, wenn die Interessen gemeinschaftlicher Kinder betroffen sind. Das bedeutet aber keinen absoluten Ausschluss der Berücksichtigung v Härtegründen während der Zeit der Kindererziehung durch den sonst unterhaltsberechtigten Partner. Eine entsprechende Bestimmung, die ursprünglich in Abs 2 enthalten war, hat das BVerfG für verfassungswidrig erklärt (BVerfG NJW 81, 1771).

2 Die Härteklausel **gilt für** alle Ansprüche auf nachehelichen Unterhalt (§§ 1570–1573, 1575) mit Ausnahme desjenigen aus § 1576, weil dieser Unterhaltsanspruch aus Billigkeitsgründen seinerseits eine positive Billigkeitsabwägung verlangt. Dieser Anspruch und § 1579 schließen sich daher zwangsläufig aus. Über die Verweisung in § 1361 III gelten Nr 2–8 für den Getrenntlebensunterhalt (von Eheleuten und Lebenspartnern) entsprechend. § 1579 gilt für den nachpartnerschaftlichen Unterhalt nach Aufhebung der Lebenspartnerschaft (Vor §§ 1297–1588 Rn 11 ff) entsprechend (§ 16 LPartG). Nach dem Tod des Unterhaltsverpflichteten ist die Regelung im Rahmen des § 1586 b weiter anwendbar (BGH FamRZ 04, 614).

3 Die Härteklausel **greift ein**, wenn einer der Härtegründe vorliegt und die Inanspruchnahme des Unterhaltsverpflichteten grob unbillig wäre. Die Härtegründe sind enumerativ und abschließend aufgeführt. Zu beachten ist, dass mit Wirkung vom 1.1.08 durch das UÄndG eine neue Nr 2 eingefügt worden ist; alle folgenden Nummern wurden neu durchnummeriert. Die Begrenzung auf acht Unbilligkeitstatbestände ist aber eine Scheinbegrenzung, denn Nr 8 enthält eine derart weite Generalklausel, dass alle anderen Fälle auch unter sie gefasst werden könnten. Die ursprüngliche Fassung der Vorschrift hatte auch nur vier Härtegründe enthalten, die erst 1986 um die heute in Nr 5–7 enthaltenen Gründe erweitert wurden. Die neuen Gründe stellen aber nichts anderes dar als die Kodifizierung der zu Nr 4 aF (Nr 8 heutige Fassung) ergangenen Rspr. Bei der Billigkeitsabwägung müssen besonders die Interessen der gemeinsamen Kinder berücksichtigt werden.

4 Als **Rechtsfolge** lässt § 1579 entweder den völligen Ausschluss, die zeitliche Begrenzung oder die Herabsetzung des Unterhalts zu. Welche dieser Folgen eingreift, richtet sich danach, wie die Unbilligkeit der Unterhaltsleistung abgestellt werden kann. Die Unbilligkeit muss daher immer mit dem mildesten zur Verfügung stehenden Mittel beseitigt werden. Grds wirkt ein Härtegrund nur für die Zukunft. Bei besonders schwe-

ren Verstößen kann aber ausnahmsweise auch der Verlust v rückständigem Unterhalt in Betracht kommen (BGH FamRZ 04, 612 für einen Fall des § 1579 Nr. 2).

II. 1. Das Eingreifen des Härtetatbestandes **setzt zunächst voraus,** a) dass einer der in Nr 1–8 genannten **Härtegründe** verwirklicht ist. Bei diesen handelt es sich um:

aa) eine **kurze Ehedauer** (Nr 1). Bei der Ermittlung der Ehedauer ist die Zeit zu berücksichtigen, in welcher die Berechtigte wegen der Pflege oder Erziehung eines gemeinschaftlichen Kindes nach § 1570 Unterhalt verlangen kann. Ehedauer ist die Zeit v der Eheschließung an bis zur Rechtshängigkeit des Scheidungsantrags (also dem Zeitpunkt seiner Zustellung). Kurz ist die Ehedauer regelmäßig, wenn sie drei Jahre nicht überschreitet (KG FamRZ 81, 157; OLG Köln FPR 02, 307). Bei dieser Grenze handelt es sich aber um keine absolute (BGH NJW 81, 754; 82, 2064). Besonders im Grenzbereich zwischen zwei und vier Jahren muss vielmehr in einer alle Umstände des Einzelfalls berücksichtigenden Wertung ermittelt werden, wie sehr sich die Eheleute bereits auf das Verheiratetsein eingelassen und ihre Lebensplanung aufeinander abgestimmt haben (OLG Celle FamRZ 79, 708; OLG Köln FamRZ 85, 1046; zB Umzug, Änderung oder Aufgabe der Berufstätigkeit). Bedeutung hat auch das Alter der Ehegatten. Wird die Ehe erst in vorgerücktem Alter geschlossen, so kann die Schwelle zu einer nicht mehr kurzen Ehe schon erheblich vor Ablauf v drei Jahren erreicht sein (vgl BGH NJW 82, 823; kritisch zur Anlegung unterschiedlicher Maßstäbe OLG Saarbrücken FamRZ 04, 1293). Die Schwelle steigt wieder, wenn die Ehe allein zu Versorgungszwecken geschlossen wurde (OLG Hamm FamRZ 92, 326: 4 Jahre; OLG Hamburg FamRZ 81, 54: 3,5 Jahre).

Die Berücksichtigung der Dauer der **Kindererziehung,** die zu einem Unterhaltsanspruch nach § 1570 geführt hat, mit der Ehedauer selbst führt regelmäßig dazu, dass die Anwendung v Nr 1 bei Eheleuten mit Kindern deutlichen Einschränkungen unterliegt. Das UÄndG hat aber anerkannt, dass Kindererziehungszeiten nicht ausnahmslos zur Annahme einer Ehe v nicht kurzer Dauer führen; die frühere Formulierung, dass diese Zeiten der Ehedauer gleichstehen, wurde gestrichen. Über den Wortlaut hinaus können auch solche Kindererziehungszeiten berücksichtigt werden, die nicht zu einem Unterhaltsanspruch geführt haben, weil der erziehende Ehegatte während der Zeit der Kindererziehung außerdem berufstätig war oder sich selbst aus seinem Vermögen unterhalten konnte. Platz dafür ist aber die allgemeine Billigkeitsabwägung (Rn 19 f).

bb) Die durch das UÄndG neu eingefügte Nr 2 nennt das Leben in einer **verfestigten Lebensgemeinschaft** (mit einem neuen Partner) als Grund für die mögliche grobe Unbilligkeit der Inanspruchnahme des Verpflichteten. Die Voraussetzungen der Regelung decken sich im Wesentlichen mit denen, welche die Rspr schon bislang im Rahmen der Nr 7 BGB aufgestellt hatte (BGH FamRZ 02, 810, 811; 95, 540; vgl auch Schnitzler FamRZ 06, 239 ff): Nach der Gesetzesbegründung soll auf einen über längere Zeit (idR mehr als 2 Jahre) hinweg geführten gemeinsamen Haushalt, das Erscheinungsbild der Gemeinschaft in der Öffentlichkeit, das Vorhandensein v größeren gemeinsamen Investitionen und die Dauer der Verbindung abgestellt werden. Bei besonderen Umständen kann auch eine kürzere Zeit reichen (OLG Oldenburg FamRZ 12, 1223). Auf die Leistungsfähigkeit des neuen Partners kommt es dag nicht an (BGH FamRZ 11, 1854). Ebenso wenig kommt es darauf an, ob es sich um eine verschieden- oder um eine gleichgeschlechtliche Beziehung handelt, ob sie mit intimen Kontakten verbunden ist oder nicht. Es handelt sich damit um einen Härtegrund, der allein an die objektive Veränderung der Lebensverhältnisse anknüpft und nicht an ein vorwerfbares Fehlverhalten (Schnitzler FamRZ 2006, 239, 240). Es geht allein um die in der Führung einer verfestigten Lebensgemeinschaft mit einem neuen Partner liegende Abkehr v der nachehelichen Solidarität, die eine weitere (volle) Inanspruchnahme des früheren Ehegatten als venire contra factum proprium erscheinen lassen würde. Die Fortdauer der Lebensgemeinschaft ist vom Unterhaltspflichtigen zu beweisen (OLG Karlsruhe NJW-RR 11, 655).

Auch nach der weitgehenden Gleichstellung v Nachscheidungsunterhalt und Unterhaltsanspruch der **nichtehelichen Mutter** ist Nr 2 nicht analog auf den Anspruch nach § 1615 l anzuwenden (OLG Nürnberg FamRZ 11, 939; weiter gehend anscheinend

OLG Hamm FamFR 11, 107). Es fehlt an der Vergleichbarkeit der Interessenlagen und der planwidrigen Regelungslücke.

9 Die **Aufnahme intimer Beziehungen** zu einem neuen Partner ohne Begründung einer Wohngemeinschaft und ohne eine weiter gehende gemeinsame Lebensgestaltung reicht dag zur Verwirklichung der Nr 2 nicht, weil der Tatbestand eindeutig das Vorliegen einer Lebensgemeinschaft voraussetzt. Es bleibt daher weiter dabei, dass insoweit gefragt werden muss, ob ein sonstiger Grund nach § 1579 Nr 8 BGB vorliegt (was aber – wie bisher – regelmäßig zu verneinen sein wird).

10 cc) Ein Härtegrund ist auch, dass der Berechtigte sich eines **Verbrechens oder eines schweren vorsätzlichen Vergehens** gegen den Verpflichteten oder einen nahen Angehörigen des Verpflichteten schuldig gemacht hat (Nr 3). Verbrechen sind alle im Mindestmaß mit einer Freiheitsstrafe v einem Jahr bedrohten rechtswidrigen Taten (§ 12 I StGB), Vergehen solche, die im Mindestmaß mit einer geringeren Freiheitsstrafe oder Geldstrafe bedroht sind. Der Versuch, die Anstiftung oder Beihilfe reichen. Bei einem Vergehen ist aber zu beachten, dass fahrlässig begangene Taten nicht tatbestandsmäßig sind. Außerdem muss es einen Schweregrad erreichen, der demjenigen eines Verbrechens entspricht. Erforderlich ist eine Gesamtabwägung der Tat unter Berücksichtigung aller Umstände des Einzelfalls. Je stärker der Bezug der Tat zur familienrechtlichen Verbindung ist, desto eher kann die Eingreifen der Härteklausel bejaht werden. Die Straftat muss gegen den Unterhaltsverpflichteten oder einen seiner nahen (dh nahestehenden) Angehörigen begangen sein. Eine dieser Personen muss also durch die Tat geschädigt sein. Sie braucht nicht Hauptgeschädigter zu sein; das Maß des Schadens ist aber in die Billigkeitsabwägung einzubeziehen. Die Tat muss schuldhaft begangen sein (BGH NJW 82, 100; OLG Hamm NJW 90, 1119). Es ist nicht erforderlich, dass der Unterhaltsberechtigte wegen der Straftat bereits verurteilt ist. Hat aber ein Strafverfahren stattgefunden, entfaltet die dort getroffene Entscheidung Bindungswirkung. **Einzelfälle:** Ausreichend für die Bejahung der Härteklausel sein können: Prozessbetrug, vor allem im Unterhaltsverfahren (BGH NJW 97, 1439; OLG Hamm FamRZ 96, 1079; OLG Stuttgart); Körperverletzungen (OLG Düsseldorf FamRZ 83, 585), sexueller Missbrauch in der gemeinschaftlichen oder Kindern und des Partners, schwere Beleidigungen oder Verleumdungen (OLG Hamm FamRZ 95, 808), Nötigung (KG FamRZ 92, 571) und Diebstähle zum Schaden des Unterhaltsverpflichteten (OLG Hamm FamRZ 94, 168). Nicht ausreichend sind geringfügige Körperverletzungen während eines Streits mit gegenseitigen Tätlichkeiten.

11 **Folge** der Härteklausel ist der Ausschluss des Unterhaltsanspruchs für die Zukunft. Eine Rückwirkung findet nicht statt, so dass in der Vergangenheit vor der Begehung oder Kenntnis der Straftat gezahlte Beträge nicht zurückverlangt werden können (BGH NJW 84, 296).

12 dd) Ein Härtegrund liegt weiter vor, wenn der Berechtigte seine **Bedürftigkeit mutwillig herbeigeführt** hat (Nr 4). Der Unterhaltsberechtigte muss sich mindestens leichtfertig in eine Situation gebracht haben, in der er seinen Lebensbedarf nicht selbst befriedigen kann, sondern auf die Leistungen Dritter angewiesen ist. Die Mutwilligkeit muss sich auf den Unterhalt beziehen; sie kann nicht allein daraus gefolgert werden, dass der Ehegatte die Scheidung veranlasst hat oder selbst betreibt. In Betracht kommen etwa die freiwillige Aufgabe einer (angemessenen) Erwerbstätigkeit (OLG Köln FamRZ 85, 930), die Verschleuderung des bisher vorhandenen oder des im Zugewinnausgleichsverfahren erlangten Vermögens (OLG Karlsruhe FamRZ 83, 506) oder das Unterlassen einer Berufsausbildung (OLG Hamburg FamRZ 91, 445). Hierher gehören aber auch Alkoholismus oder Drogenmissbrauch (BGH NJW 81, 2805; FamRZ 88, 375), sofern die Sucht aus unterhaltsbezogenen Gründen entstanden ist oder der Süchtige sich mutwillig einer Behandlung seiner Sucht widersetzt. Letzteres setzt aber voraus, dass der Süchtige überhaupt dazu in der Lage ist, Einsicht in sein Problem zu gewinnen (BGH FamRZ 88, 375). Schließlich kann auch die Ansteckung mit Krankheiten oder die Beschädigung durch einen Unfall unter Nr 3 fallen. Auch das setzt aber voraus, dass der Unterhaltsberechtigte unterhaltsbezogen mutwillig handelt, etwa indem er gebotene Therapien unterlässt oder wenn die Ansteckung dadurch erleichtert wurde, dass

der Unterhaltsberechtigte wegen der möglichen Versorgung die Gefährdung in Kauf genommen hat. Alltägliche Selbstgefährdungen, wie im Straßenverkehr oder Sport reichen nicht. Auch die Ansteckung mit dem HI-Virus führt regelmäßig nicht zur Anwendung v Nr 3; denn insoweit handelt es sich um ein jedem Geschlechtsverkehr mit einem unbekannten Partner innewohnendes allgemeines Lebensrisiko (anders, wenn die Infektion des Sexualpartners bekannt ist und trotzdem keine Schutzmaßnahmen getroffen werden).

ee) Ein weiterer Härtegrund liegt vor, wenn der **Berechtigte sich über schwerwiegende** 13 **Vermögensinteressen des Verpflichteten mutwillig hinweggesetzt** hat (Nr 5). Dieser Grund, der erst 1986 kodifiziert wurde, betrifft einen Fall, in dem die Inanspruchnahme des Unterhaltsverpflichteten widersprüchlich wäre. Der Unterhaltsberechtigte hat dadurch, dass er sich über erhebliche wirtschaftliche Interessen des Unterhaltsberechtigten hinweggesetzt hat, die Quelle des Unterhalts selbst gefährdet. Er verhielte sich daher treuwidrig, wenn er nun aus genau den Quellen, deren Existenz er selbst aufs Spiel gesetzt hat, die Befriedigung seines Lebensbedarfs verlangte. Ein Hinwegsetzen über Vermögensinteressen liegt bereits bei einer Gefährdung dieser Interessen vor; der Schaden braucht nicht eingetreten zu sein. Vermögensinteressen sind sowohl das Interesse des Unterhaltspflichtigen an der Bewahrung seines Vermögens als auch dasjenige an dessen Vermehrung. Nr 5 kann daher auch erfüllt sein, wenn die Erwerbsquelle des Unterhaltsverpflichteten, vor allem der Arbeitsplatz, gefährdet wird. Die Gefährdung der Vermögensinteressen muss mutwillig sein, also mindestens leichtfertig (Rn 11). **Einzelfälle**: Die Härteklausel greift ein bei Verleumdungen gegenüber dem Arbeitgeber, bei der Denunziation v Fehlverhalten des Unterhaltsverpflichtigen gegenüber seinem Arbeitgeber (OLG Zweibrücken FamRZ 89, 63; OLG Hamm FamRZ 87, 946; OLG Karlsruhe NJWE-FER 98, 52) oder gegenüber Kunden oder Geschäftspartnern bei selbständig Tätigen (AG Darmstadt FamRZ 79, 507), falschen Strafanzeigen (OLG München FamRZ 82, 271). Ausreichend sein kann auch die Weigerung, an der gemeinsamen Steuererklärung mitzuwirken (OLG Celle FamRZ 94, 1324) oder eine Trennung zur Unzeit (vor allem bei im Betrieb des anderen mitarbeitenden Ehegatten). Nicht ausreichend sind dag die Zwangsvollstreckungsmaßnahmen gegen den anderen Ehegatten und die Erstattung v gerechtfertigten Strafanzeigen (vor allem solcher wegen Unterhaltspflichtverletzungen). Ebenso wenig kann die Weigerung, den Miteigentumsanteil an dem gemeinsamen Haus zu übertragen, als Härtegrund angesehen werden, denn darauf gibt es keinen Anspruch (OLG Hamm FamFR 11, 273).

ff) Härtegrund ist auch, wenn der Berechtigte vor der Trennung längere Zeit hindurch 14 seine **Pflicht, zum Familienunterhalt beizutragen, gröblich verletzt** hat (Nr 6). Hierher gehören nur diejenigen Fälle, in denen nicht schon eine strafbare Unterhaltspflichtverletzung (§ 170 b StGB) vorliegt; denn insoweit greift Nr 3 als lex specialis ein. Erfasst werden neben der Säumnis, Geld zum Unterhalt der Familie beizutragen, soweit eine Erwerbstätigkeit zumutbar ist, auch die Vernachlässigung des Haushalts und einer ggf bestehenden Mitarbeitspflicht im Betrieb des anderen Ehegatten. Wegen der Härte der Sanktion reichen vorübergehende Verstöße nicht. Nr 6 verlangt einen Verstoß über längere Zeit. Das sollte nicht unter einem Jahr angenommen werden. Außerdem muss die Unterhaltspflichtverletzung gröblich sein. Angesichts der Schwere der Sanktion kann das erst angenommen werden, wenn die Grenze zur groben Fahrlässigkeit überschritten ist (Häberle FamRZ 86, 312; aA Palandt/Brudermüller § 1579 Rn 22). Andernfalls käme es zu einem Ungleichgewicht mit den anderen in § 1579 geregelten Fällen.

gg) Härtegrund ist weiter, wenn dem Berechtigten ein **offensichtlich schwerwiegendes,** 15 **eindeutig bei ihm liegendes Fehlverhalten gegen den Verpflichteten** zur Last fällt (Nr 7). Die ebenfalls erst 1986 eingefügte Härteklausel kodifiziert die Rspr des BGH, der im Rahmen v Nr 4 aF angenommen hatte, ein Unterhaltsanspruch entfalle bei „schwerwiegendem und klar bei dem bedürftigen Ehegatten liegendem Fehlverhalten" (BGH NJW 79, 1348; 80, 1686).

Schwerwiegendes Fehlverhalten kann jeder Verstoß v einigem Gewicht gegen die in 16 §§ 1353 enthaltenen Pflichten aus der ehelichen Lebensgemeinschaft sein. Da aber vermögensbezogene Pflichtverletzungen bereits in Nr 5, unterhaltsbezogene Pflichtverletzungen in Nr 4 und 6 und sich als Straftaten darstellende Pflichtverletzungen bereits in Nr 3 abgedeckt sind, ist der Anwendungsbereich der allgemeinen Generalklausel der Nr 7 auf Pflichtverletzungen im persönlichen Bereich, die nicht den Grad einer Straftat erreichen, beschränkt, etwa auf Verstöße gegen die Verpflichtung zu ehelicher Treue, die bis zur Scheidung (jedoch nicht danach, BGH NJW 89, 1083) fortbesteht. Hierher gehören der nicht vereinzelt gebliebene Ehebruch, auch wenn er nicht zu einer länger dauernden Beziehung geführt hat (BGH FamRZ 83, 670; OLG Düsseldorf FamRZ 86, 62) und die Aufnahme eines Verhältnisses mit einem oder mehreren Partnern, erst recht, wenn es v langer Dauer ist (OLG Koblenz FPR 02, 446: 20 Jahre). Das gilt selbst dann, wenn die Beziehung nicht sexueller Art ist (KG FamRZ 89, 868; 90, 407). Vor allem aber fällt die Eingehung v Partnerschaften mit anderen Personen während des Bestehens der Ehe (auch in der Trennungszeit) unter Nr 7 (BGH NJW 81, 1214; 82, 2664; 86, 722). Partnerschaften nach Ende der Ehe sind für die Härteklausel irrelevant, können aber zur Anrechnung v fiktiven Einkünften führen. Weitere Anwendungsfälle v Nr 7 sind die Verweigerung der ehelichen Lebensgemeinschaft ohne Grund (BGH FamRZ 90, 492), die grundlose dauerhafte Verweigerung der Geschlechtsgemeinschaft (OLG Hamm FamFR 12, 347), die Unterschiebung v fremden Kindern als Kinder des Unterhaltsverpflichteten (BGH NJW 12, 1443; OLG Oldenburg FamRZ 91, 448), Verstöße gegen die Regelung des Umgangsrechts mit einem Kind (OLG Nürnberg FamRZ 94, 1393; OLG Schleswig FamRZ 03, 688), Angriffe gegen den Unterhaltsschuldner oder dessen Angehörige, selbst wenn sie nicht das für Nr 2 erforderliche Maß erreichen.

17 Das Fehlverhalten muss **einseitig** sein. Die Anwendung v Nr 7 scheidet daher aus, wenn dem Unterhaltspflichtigen vergleichbare Verstöße gegen die ehelichen Pflichten zur Last fallen (OLG Koblenz FamRZ 86, 999). Umgekehrt scheidet die Anwendung v Nr 7 auch aus, wenn den Unterhaltspflichtigen ein Mitverschulden an dem Pflichtverstoß seines Partners trifft.

18 Das Fehlverhalten muss **schuldhaft** sein, dh der Unterhaltsberechtigte muss wenigstens fahrlässig gehandelt haben.

19 hh) Schließlich kann Unterhalt gekürzt, zeitlich begrenzt oder ausgeschlossen werden, wenn ein **anderer Grund** vorliegt, **der ebenso schwer wiegt** wie die in den Nummern 1 bis 7 aufgeführten Gründe (Nr 8). Diese Generalklausel, die früher in Nr 4 aF enthalten war, soll die Fälle erfassen, in denen eine Unterhaltszahlung unbillig wäre, ohne dass dem Unterhaltsberechtigten ein persönliches Fehlverhalten zur Last fiele. Keine Anwendung findet Nr 8 daher in all denjenigen Fällen, die unter einen der ausdrücklich geregelten Härtegründe subsumiert werden können, ohne dass die erforderliche Intensität für die Bejahung des Härtegrunds erreicht ist. Die Abgrenzung ist im Einzelnen schwierig. Die Rspr ist konturenlos.

20 Einzelfälle. Nr 8 kann verwirklicht sein, wenn die eheliche Lebensgemeinschaft nie oder nur sehr kurz bestand. Das kann selbst dann gelten, wenn die Ehe selbst v langer Dauer ist. Außerdem kommen Formen der Lebensgestaltung in Betracht, die einen weiteren Kontakt des Unterhaltsverpflichteten mit seinem ehemaligen Partner schlechthin unzumutbar macht. Hierher gehört der Fall, dass der Ehegatte seinen Lebensunterhalt aus der Begehung v Straftaten oder Prostitution (vgl OLG Karlsruhe NJW 95, 2796: Telefonsex) bestreitet, aber auch der, dass ein Ehegatte während des Urlaubs des anderen den bislang gemeinsamen Haushalt auflöst (OLG Schleswig NJW-RR 04, 799). Weitere Ausschlussgründe liegen vor, wenn der Unterhaltsberechtigte sich so weit von der Ehe entfernt, dass es Dritten schlechthin unverständlich wäre, dass der Unterhaltsverpflichtete mit diesem Partner verheiratet war (zB: Geschlechtsumwandlung des Unterhaltsberechtigten, aA OLG München NJW 86, 937). Ebenfalls unzumutbar ist eine Unterhaltszahlung, wenn der Unterhaltsberechtigte nur deswegen bedürftig ist, weil er sich in der Rolle des Bedürftigen eingelebt hat (sog Unterhaltsneurose, OLG Düsseldorf NJW-RR 89, 1157). Unbillig iSv Nr 7 kann die Unterhaltsleistung auch sein, wenn die Krankheit, die den Unterhaltsanspruch nach § 1572 begründet, bereits vor der Ehe bestand (OLG Hamm FamRZ 94, 1037). Letzteres wird man aber inso-

§ 1579 Abschnitt 1 | Bürgerliche Ehe

weit einschränken müssen, als die Erkrankung dem anderen Ehegatten bekannt gewesen sein muss. Nr 7 kommt dag bei zur Zeit der Eheschließung bestehenden, den Eheleuten beiden aber nicht bekannten Krankheiten nicht in Betracht (BGH NJW 94, 1286).

Die häufigsten Anwendungsfälle der Nr 8 betreffen **Fragen im Zusammenhang mit neuen Partnern.** Insoweit besteht eine gewisse Überschneidung mit dem Anwendungsbereich v Nr 7. Während dort die Begründung für die Versagung oder Begrenzung des Unterhalts auf dem im Ausbrechen aus der Ehe liegenden Verstoß gegen die eheliche Solidarität liegt, ist der den Ausschluss bzw die Begrenzung des Unterhalts nach Nr 8 rechtfertigende Grund die Unzumutbarkeit, das Zusammenleben mit einem anderen Partner finanzieren zu müssen. Die Rspr wendet Nr 8 aber auch ohne Rücksicht auf das Bestehen einer Lebensgemeinschaft an, wenn der Unterhaltsberechtigte eine dauerhafte Beziehung zu einem neuen Partner aufnimmt (BGH NJW 02, 1947; OLG Hamm NJW-RR 96, 1474). Die Grenzziehung zwischen einer (erlaubten und den Unterhaltsanspruch nicht beeinflussenden) Beziehung zu einem anderen und einer verfestigten Beziehung, die die Unterhaltsleistung für den bisherigen Partner unzumutbar macht, ist oft schwierig. Der bisherige Ehegatte kann v seinem geschiedenen Ehegatten nicht verlangen, dass er nach der Scheidung Beziehungen zu anderen Personen unterlässt. Die neue Partnerschaft muss daher selbst solche Begleitumstände aufweisen, dass die weitere Unterhaltszahlung unzumutbar erscheint. Für die Dauer der Beziehung bedeutet das, dass eine Untergrenze v zwei bis drei Jahren verlangt werden muss, sofern nicht andere Umstände hinzutreten, aus denen die Unzumutbarkeit der Unterhaltszahlung abgeleitet werden kann (BGH NJW 89, 1086; FamRZ 97, 671). Solche können etwa sein, dass eine bereits während der Ehe begonnene ehebrecherische Beziehung fortgesetzt wird (BGH FamRZ 91, 542), dass aus ihr ein Kind hervorgeht (OLG Köln FamRZ 05, 279) oder dass die neue Beziehung auf andere Weise geeignet ist, den bisherigen Partner in der Öffentlichkeit lächerlich zu machen oder bloßzustellen. Eine bewusst auf Distanz angelegte, die Lebensbereiche getrennt haltende Beziehung reicht dag regelmäßig allein nicht aus (BGH NJW 02, 217).

b) Neben der Verwirklichung eines Härtegrundes setzt die Anwendung der Härteklausel voraus, dass wegen des Härtegrundes die **Inanspruchnahme des Verpflichteten grob unbillig** wäre. Erforderlich ist eine konkrete Abwägung der Interessen v Unterhaltsberechtigtem und Unterhaltsverpflichtetem. Besondere Bedeutung kann hierbei die Dauer der Ehe, die Pflege des Unterhaltsberechtigten während der Ehe, die Finanzierung der Ehe durch den nun Unterhaltsberechtigten oder die Hinnahme v persönlichen Nachteilen aufgrund der Eheschließung (OLG Hamm FamRZ 80, 258) haben. Je mehr positive Aspekte der Unterhaltsberechtigte vorweisen kann, desto gravierender müssen die Härtegründe sein, um den Unterhaltsanspruch vollständig auszuschließen. Wo sonst eine vollständige Versagung in Betracht käme, darf dann der Unterhalt herabgesetzt oder zeitlich begrenzt werden. Wo eine der letztgenannten Maßnahmen sonst angemessen wäre, kann bei Vorliegen genügender „Kompensationsgesichtspunkte" jede Begrenzung des Unterhalts unbillig sein.

Außerdem sind bei der Abwägung die **Belange** eines dem Unterhaltsberechtigten zur Pflege und Erziehung **anvertrauten gemeinschaftlichen Kindes** (nicht: Stiefkindes) zu berücksichtigen. Das Kind muss dem Unterhaltsberechtigten anvertraut sein. Das bedeutet, dass er das Kind entweder aufgrund einer Absprache oder einer gerichtlichen Entscheidung betreut. Die bloß tatsächliche Betreuung gegen den Willen des Unterhaltsverpflichteten reicht nicht. Anders als in Abs 2 aF ist insoweit kein vollständiger Ausschluss der Härteregelung vorgesehen. Es reicht aber nicht, dass die Belange der Kinder irgendwie in die Billigkeitsabwägung einfließen; die Belange der Kinder müssen vielmehr gewahrt werden. Das bedeutet, dass die Belange der Kinder grds Vorrang vor denjenigen des Unterhaltspflichtigen haben sollen. Trotzdem kommt der Ausschluss v Unterhaltsansprüchen in Betracht, wenn die Versorgung der Kinder durch den Unterhaltsberechtigten anderweit (zB durch Zuwendungen des neuen Lebensgefährten des Unterhaltsberechtigten, OLG Koblenz NJW-RR 89, 5) gesichert ist. Im Regelfall wird das Erfordernis, die Belange der Kinder zu wahren, aber dazu führen, dass der Unterhalt nur auf den notwendigen Unterhalt reduziert und/oder auf die Zeit der Kindererziehung begrenzt wird (BGH FamRZ 89, 1279). In Betracht kommen kann aber auch die Anordnung, Erziehungsgeld anzurechnen (OLG Schleswig FuR 05, 473).

24 2. Folge v § 1579 ist der **ganze oder teilweise Ausschluss** des Unterhaltsanspruchs. Letzteres kann entweder eine zeitliche Begrenzung oder eine betragsmäßige Begrenzung bis auf den notwendigen Unterhalt sein. Die Verwirkung ist grds endgültig. Fallen die Umstände, die zu der Verwirklichung der Härteklausel geführt haben, aber später wieder weg, kann ausnahmsweise auch die Verwirkung des Unterhaltsanspruchs wieder wegfallen (BGH FamRZ 87, 689). Insoweit besteht aber kein Automatismus. Es muss vielmehr geprüft werden, ob die Tatsache, dass in der Vergangenheit ein bestimmter Umstand vorgelegen hat, selbst noch einen der Härtegründe verwirklicht und unter Abwägung der Belange des Unterhaltsberechtigten und der gemeinschaftlichen, dem Unterhaltsberechtigten zur Pflege und Erziehung anvertrauten Kinder die Unterhaltsleistung für die Zeit nach dem Wegfall des Umstands grob unbillig macht (BGH NJW 86, 724; FamRZ 87, 1238). Das kann dazu führen, dass auch der künftige Unterhaltsanspruch herabzusetzen oder zeitlich zu begrenzen ist, auch wenn der völlige Wegfall des Unterhalts nicht mehr gerechtfertigt erscheint.

25 III. **Verfahren.** Die Beweislast für die das Eingreifen eines Härtegrundes begründenden Tatsachen trägt der Unterhaltsverpflichtete. Dem Ausschluss, der Herabsetzung oder der zeitlichen Begrenzung des Unterhalts entgegenstehende Belange der gemeinschaftlichen Kinder muss der Unterhaltsberechtigte beweisen. Der Wegfall v Härtegründen nach der Scheidung muss im Verfahren nach § 238 FamFG geltend gemacht werden. Der weiteren Vollstreckung aus einem bereits vorliegenden Unterhaltstitel kann dann mit dem Vollstreckungsgegenantrag (§ 767 ZPO) begegnet werden.

§ 1580 Auskunftspflicht

¹Die geschiedenen Ehegatten sind einander verpflichtet, auf Verlangen über ihre Einkünfte und ihr Vermögen Auskunft zu erteilen. ²§ 1605 ist entsprechend anzuwenden.

1 Die Vorschrift räumt jedem Ehegatten einen **Auskunftsanspruch** gegen den anderen ein, damit es dem Unterhaltsberechtigten einerseits möglich ist, einen bezifferten Antrag zu stellen und andererseits damit der Unterhaltsverpflichtete unberechtigte Unterhaltsverlangen seines ehemaligen Partners zurückweisen kann. Sie ist direkt nur auf geschiedene Ehegatten anwendbar. Wegen Fehlens einer entsprechenden Regelung beim Getrenntlebensunterhalt ist sie dort entsprechend anwendbar. Insoweit ist aber zu berücksichtigen, dass § 1605 II nicht gelten kann, wenn die erste Auskunft für den Getrenntlebensunterhalt eingeholt wurde, während die zweite den Geschiedenenunterhalt betreffen soll (OLG Hamm FamRZ 96, 868; 04, 377aA OLG Jena FuR 97, 57; KG FamRZ 04, 1314). Das ergibt sich schon daraus, dass beide Unterhaltsansprüche nicht identisch sind und nicht vollkommen gleichen Berechnungen unterliegen. § 1580 gilt für den nachpartnerschaftlichen Unterhalt nach Aufhebung der Lebenspartnerschaft entsprechend (§ 16 LPartG). Da auch dort eine Regelung der Problematik für den Getrenntlebensunterhalt fehlt, gilt das gerade Gesagte zur entsprechenden Anwendung des § 1580 auf den ehelichen Getrenntlebensunterhalt für den lebenspartnerschaftlichen Getrenntlebensunterhalt entsprechend.

2 **Voraussetzung** des Auskunftsanspruchs ist, dass sämtliche Voraussetzungen für einen Unterhaltsanspruch vorliegen, die nicht zu den wirtschaftlichen Verhältnissen des auf Auskunft in Anspruch Genommenen abhängen. Fehlt es dag bereits an einer dieser Voraussetzungen, wäre das Auskunftsverlangen rechtsmissbräuchlich. Weiter setzt der Auskunftsanspruch ein dahin gehendes Verlangen des geschiedenen Ehegatten voraus (S 1). Ausnahmsweise ist ein Ehegatte aber bei besonders wichtigen Entwicklungen in seinen Einkommens- und Vermögensverhältnissen verpflichtet, dem anderen auch spontan Auskunft über die Änderung zu erteilen. Das ist wegen der Zweijahressperre in § 1605 II besonders bedeutsam. Das kommt in Betracht bei Aufnahme einer Erwerbstätigkeit (OLG Hamburg FamRZ 87, 1044) oder dem Erwerb eines größeren

Vermögens, ggf auch bei der Begründung einer neuen Partnerschaft, soweit diese unterhaltsrechtliche Konsequenzen hat. Die Verletzung dieser Auskunftspflicht kann Schadensersatzansprüche nach § 826 auslösen (BGH NJW 86, 1751).
Für den **Umfang** des Auskunftsanspruchs und seine **Erfüllung** gelten § 1605 und §§ 259–261. 3
Verfahren. Im Verbundverfahren muss der Anspruch im Wege eines Stufenantrags geltend gemacht werden (OLG Hamm FamRZ 96, 736), sonst kann er es (BGH NJW 82, 1645; 97, 2176). 4

Kapitel 3
Leistungsfähigkeit und Rangfolge

§ 1581 Leistungsfähigkeit

¹Ist der Verpflichtete nach seinen Erwerbs- und Vermögensverhältnissen unter Berücksichtigung seiner sonstigen Verpflichtungen außerstande, ohne Gefährdung des eigenen angemessenen Unterhalts dem Berechtigten Unterhalt zu gewähren, so braucht er nur insoweit Unterhalt zu leisten, als es mit Rücksicht auf die Bedürfnisse und die Erwerbs- und Vermögensverhältnisse der geschiedenen Ehegatten der Billigkeit entspricht. ²Den Stamm des Vermögens braucht er nicht zu verwerten, soweit die Verwertung unwirtschaftlich oder unter Berücksichtigung der beiderseitigen wirtschaftlichen Verhältnisse unbillig wäre.

I. Ihrem Wortlaut nach enthält die Vorschrift lediglich eine negative Billigkeitsklausel für Mangelfälle und die Verwertung v Vermögen. Aus der systematischen Stellung der Norm und der Überschrift vor dem Kapitel folgt aber außerdem, dass die **Leistungsfähigkeit** des Unterhaltsverpflichteten beim Nachscheidungsunterhalt wie beim Verwandtenunterhalt auch (vgl § 1603) anspruchsbegrenzend wirkt und damit eine Voraussetzung des (vollen) Unterhaltsanspruchs darstellt. Da § 1581 für den nachpartnerschaftlichen Unterhalt nach Aufhebung einer Lebenspartnerschaft entsprechend gilt (§ 16 LPartG), gilt dieses Prinzip auch dort. 1

II. Der Unterhaltsanspruch ist danach abgestuft, wie leistungsfähig der Unterhaltsverpflichtete ist (S 1). Es lassen sich **drei Stufen** unterscheiden: volle Leistungsfähigkeit, absolute Leistungsunfähigkeit und eine geminderte Leistungsfähigkeit, bei der der Unterhaltsschuldner zwar einen Teil des Unterhalts leisten kann, aber nicht den vollen bedarfsgerechten Satz, ohne dass er selbst sich weiter einschränken müsste als der Unterhaltsberechtigte. 2

1. Die Leistungsfähigkeit des Unterhaltsverpflichteten bestimmt sich nach seinen gesamten wirtschaftlichen Verhältnissen. S 1 stellt dazu klar, dass es auf die gesamten Erwerbs- und Vermögensverhältnisse ankommt und dass die sonstigen Verpflichtungen des Unterhaltsverpflichteten zu berücksichtigen sind. Es kommt jeweils auf die Verhältnisse in dem Zeitpunkt an, für den der Unterhalt verlangt wird. Veränderungen nach der Scheidung sind daher grds (Ausnahmen Rn 54) zu berücksichtigen. 3

a) Einkünfte sind grds alle Zuflüsse aus Berufs- oder gewerblicher Tätigkeit, aus Vermögen, aus Zuwendungen privater Dritter oder aus Zuwendungen auf öffentlichrechtlicher Grundlage. Insoweit gilt nichts anderes als beim Unterhaltsberechtigten (§ 1578 Rn 28–30). Überobligationsmäßige Einkünfte sind wie bei diesem nicht anzurechnen, wenn der volle Unterhalt des Unterhaltspflichtigen nicht gedeckt ist (§ 1577 II 1 analog). Bei der Berechnung der Einkünfte ist allerdings zu berücksichtigen, dass nicht einfach der steuerliche Nettobetrag angesetzt werden darf. Splittingvorteile aus einer neuen Partnerschaft gebühren den Partnern dieser Ehe. Unterhaltsrechtlich ist daher eine Berechnung der Steuern so vorzunehmen, als sei eine spätere Ehe nicht eingegangen (BVerfG FamRZ 03, 1821; BGHZ 163, 84, OLG Koblenz FamRZ 05, 720). Entsprechendes gilt für die beamtenrechtlichen Einkommenszuschläge, die wegen der Wiederverheiratung geleistet werden (OLG Hamm FamRZ 05, 1177). 4

5 Die Zurechnung v **fiktiven Einkünften** kommt in Betracht, wenn der Unterhaltsverpflichtete eine Arbeitsstelle aufgibt oder sonstige Erwerbseinkünfte nicht erzielt, die er erzielen könnte und die zu erzielen ihm zumutbar ist (BGH NJW 82, 2491; FamRZ 88, 597). Leichtfertigkeit ist nicht erforderlich (OLG Düsseldorf NJW-RR 98, 1011). Bei Beurteilung der Frage der Zumutbarkeit der Erwerbstätigkeit dürfen aber an den Unterhaltsverpflichteten keine schärferen Anforderungen gestellt werden als an den Unterhaltsberechtigten. Das bedeutet, dass es für die Frage der Zumutbarkeit einer bestimmten Erwerbstätigkeit in erster Linie auf die ehelichen Lebensverhältnisse und deren vorhersehbare Fortentwicklung ankommt, so dass zB eine Erwerbstätigkeit zugunsten einer Ausbildung nur dann aufgegeben werden darf, wenn das der Planung der Ehegatten während der Ehe entsprach (OLG Karlsruhe FamRZ 81, 559) oder wenn der Verzicht auf eine bessere berufliche Stellung angesichts der Vorbildung und der sich daraus ergebenden Chancen unzumutbar wäre (OLG Saarbrücken FamRZ 81, 676). Ein unselbständig ausgeübter Beruf darf zugunsten einer selbständigen Erwerbstätigkeit erst dann aufgegeben werden, wenn genügend Reserven gebildet sind, damit die bei jedem Wechsel dieser Art auftretende Anlaufphase überbrückt werden kann (BGH FamRZ 88, 145). Ein Wechsel auf Teilzeittätigkeit kommt grds nicht in Betracht, wenn wegen der Unterhalt des Partners nicht mehr sichergestellt wäre. Das gilt auch für Altersteilzeit.

6 b) Für den Unterhalt ist grds auch das **Vermögen** des Unterhaltspflichtigen einzusetzen und nicht nur die Einkünfte daraus. Insoweit besteht aber eine Einschränkung. S 2 erlaubt, die Verwertung des Vermögensstamms zu unterlassen, wenn sie unwirtschaftlich oder unter Berücksichtigung der beiderseitigen wirtschaftlichen Verhältnisse unbillig wäre. Die Regelung entspricht § 1577 III. Die Erläuterungen dazu (§ 1577 Rn 10–13) gelten entsprechend.

7 c) **Abzusetzen** v den für den Unterhalt einzusetzenden Beträgen sind die sonstigen Verpflichtungen des Unterhaltsverpflichteten. Uneingeschränkt gilt das aber nur für solche Verbindlichkeiten, die dem Unterhaltsanspruch des geschiedenen Ehegatten im Rang vorgehen. Das sind vor allem die Unterhaltsansprüche der unverheirateten minderjährigen Kinder und der diesen gleichstehenden Personen, und zwar auch dann, wenn diese keine gemeinschaftlichen Kinder mit dem Unterhaltsberechtigten sind. In diesen Fällen kann der an die Kinder gezahlte Unterhalt oder der für die Betreuung durch Dritte aufgewandte Betrag (OLG Köln FamRZ 81, 366) ohne weiteres abgesetzt werden. Bei Unterhaltsleistung in Natur ist aber zu beachten, dass nach der Rspr des BGH nicht der Ansatz der vollen Naturalleistungen erfolgen, sondern nur der konkret dargelegte Mehraufwand gegenüber dem Alleinleben angesetzt werden darf (BGH FamRZ 80, 994; 83, 689). Die Oberlandesgerichte sind insofern großzügiger und lassen pauschale Festsetzungen für den Betreuungsmehraufwand zu. Diese lagen zwischen 200 DM (OLG Hamm FamRZ 96, 1077) und 400 DM (OLG Hamburg FamRZ 97, 357). Andere Oberlandesgerichte lassen pauschal den Abzug bestimmter Prozentsätze zu (OLG Schleswig FamRZ 90, 518: 15 % jedenfalls bei zusätzlicher überobligationsmäßiger Erwerbstätigkeit).

7a Bei der Unterhaltsberechnung im Mangelfall setzt der BGH für die dem Unterhaltsberechtigten gleichrangigen Kinder nunmehr den Unterhalt nach § 1612 a BGB abzüglich des auf den Barbedarf anzurechnenden Kindergelds, also den tatsächlichen Zahlbetrag, an (BGH FamRZ 09, 1300; OLG Düsseldorf FamRZ 08, 1254; OLG Hamm FamRZ 08, 893; OLG Hamm FamRZ 08, 1446, 1448; OLG Celle FamRZ 08, 997; OLG Bremen NJW 09, 925; aA OLG Düsseldorf FamRZ 09, 338).

8 **Sonstige Schulden** können v den für den Unterhalt einzusetzenden Beträgen abgezogen werden, wenn nicht eine umfassende Interessenabwägung ergibt, dass der Abzug nicht gerechtfertigt wäre, weil die Schulden ohne Bezug zur Ehe oder leichtfertig oder für Luxusaufwand eingegangen wurden (BGH NJW 82, 380). Ebenfalls nicht abgezogen werden können Aufwendungen für Kredite, mit denen der Zugewinnausgleich finanziert werden soll. Folgte man der gegenteiligen Auffassung des OLG Hamm (FamRZ 85, 483), würde man dem Ausgleichspflichtigen erlauben, den Ausgleich zum Teil durch eine Reduzierung des Unterhalts durch den Ausgleichsberechtigten mitfi-

nanzieren zu lassen. Abgezogen werden können Zahlungen für während der Ehe aufgenommene Kredite (BGH NJW 84, 1238) oder für Anschaffungen v Haushaltsgegenständen. Ebenfalls absetzbar sind die vom Unterhaltsverpflichteten gezahlten Steuern. Insofern ist aber zu berücksichtigen, dass durch die Scheidung der Unterhaltsverpflichtete wieder in die steuerliche Lage eines Ledigen versetzt worden ist. Das muss auch nach einer Wiederverheiratung so bleiben. Auch nach einer Wiederheirat gelten daher weiterhin die Sätze der Steuerklasse I. Vergünstigungen, die sich aus der tatsächlich anderen Steuerklasse ergeben, kommen grds der neuen Familie zugute (OLG Hamm FamRZ 94, 1592, beachte aber die neue Bedarfsberechnung unter Einbeziehung des Splittingvorteils der neuen Ehe, § 1577 Rn 33). Schließlich muss auch auf der Ebene der Leistungsfähigkeit berücksichtigt werden, dass der Unterhaltspflichtige besonders hohe Aufwendungen für seinen eigenen Bedarf hat (Hauptfall: Aufwendungen für Heimpflege). Diese Aufwendungen mindern deswegen die Leistungsfähigkeit (OLG Saarbrücken FamRZ 04, 1293).

2. Bei **voller Leistungsfähigkeit** ist der volle bedarfsangemessene Unterhalt zu leisten. § 1581 hat für diesen Fall keine Bedeutung. 9

3. § 1581 regelt den Fall, dass die Leistungsfähigkeit des Unterhaltsverpflichteten **nicht ausreicht**, um sowohl **für den geschiedenen Ehegatten als auch für sich selbst den vollen eheangemessenen Unterhalt** (§ 1578) sicherzustellen. Dieser Fall wird als Mangelfall bezeichnet. S 1 bestimmt, dass dann nur noch Unterhalt in einem Umfang geschuldet wird, der der Billigkeit entspricht. Die Anwendung v S 1 setzt voraus, dass zunächst ermittelt wird, welcher Unterhalt für den geschiedenen Ehegatten an sich eheangemessen wäre. Diese Beurteilung richtet sich allein nach § 1578. In einem zweiten Schritt ist zu ermitteln, welcher Unterhalt für den Unterhaltspflichtigen eheangemessen wäre. Dazu ist spiegelbildlich zu ermitteln, was der Unterhaltspflichtige nach § 1578 verlangen könnte, wenn er selbst unterhaltsberechtigt wäre (BGHZ 109, 72). Es kommt weder auf die Unterhaltsquote noch auf den nach den Unterhaltstabellen festgesetzten großen Selbstbehalt an. In einem dritten Schritt ist dann zu ermitteln, ob der Unterhaltspflichtige ausreichend leistungsfähig ist, um beide Unterhalte abdecken zu können. Das wird nur selten der Fall sein; denn bei gleichbleibendem Einkommen steigen mit der Scheidung die Aufwendungen auch auf Seiten des Unterhaltspflichtigen, so dass die zur Verteilung stehende Summe gegenüber der den eheangemessenen Bedarf bestimmenden Summe in nahezu jedem Fall niedriger sein wird. Der vom Gesetzgeber als Ausnahme angesehene Mangelfall ist Regelfall. 10

Im Mangelfall reduziert sich der an den Unterhaltsberechtigten zu zahlende Betrag auf den Unterhalt, der unter Berücksichtigung der beiderseitigen Bedürfnisse und Erwerbs- und Vermögensverhältnisse der **Billigkeit** entspricht. An die Stelle des pauschal berechneten Quotenunterhalts tritt ein individuell berechneter Unterhalt. Das Gericht muss die Verhältnisse beider Ehegatten dabei gegeneinander abwägen. Das Gesetz spricht zwar insoweit nur v der Einbeziehung der Bedürfnisse und der beiderseitigen Erwerbs- und Vermögensverhältnisse. Dem Prinzip der nachwirkenden ehelichen Solidarität entspricht aber eine alle Umstände des Einzelfalls berücksichtigende Abwägung (str). In diese können Umstände auch dann einbezogen werden, wenn sie schon einmal bei der Berechnung des zur Verteilung stehenden Betrags evaluiert wurden (zB Schulden, Frage nach der Pflicht zur Veräußerung v Vermögensteilen). Es gibt kein Verbot der Doppelverwertung. 11

Grds erfordert die Abwägung **gleiche Maßstäbe** auf beiden Seiten. Daraus folgt, dass das Außerachtlassen v Vermögensteilen auf der einen Seite grds auch die Außerachtlassung entsprechender Vermögensteile auf der anderen Seite zur Folge haben muss. Entsprechendes gilt für Einkommen aus Erwerbstätigkeit und die Frage, ob eine (andere) Erwerbstätigkeit ausgeübt werden muss. Nur wenn keine Unterschiede zwischen den ehemaligen Partnern bestehen und beide gleich belastet erscheinen, ist es vertretbar, einen gewissen Bonus zugunsten des Unterhaltspflichtigen anzunehmen; denn in den Mangelfällen wird das Prinzip der nachehelichen Solidarität wieder zunehmend v dem Prinzip der Eigenverantwortung überlagert. 12

13 **Folge der Billigkeitsabwägung** kann zunächst eine andere als die sonst maßgebliche Aufteilung des Unterhalts sein. In Betracht kommt auch die Absenkung der Zumutbarkeitsgrenze für die Aufnahme einer Erwerbstätigkeit. Ein Ehegatte kann deswegen ggf eine Tätigkeit ausüben müssen, die sonst als nicht eheangemessen unzumutbar wäre oder die wegen der Pflege und Erziehung gemeinschaftlicher Kinder nicht erwartet werden kann. Ebenso kommt in Betracht, den Bedarf zu reduzieren und zu verlangen, dass einer oder beide Teile sich mit einem geringeren Lebensstandard begnügen, als er die ehelichen Lebensverhältnisse geprägt hat. Zu beachten ist, dass die Billigkeitsverteilung des Unterhalts immer nur die Ehegatten selbst betrifft; Unterhaltsansprüche v Kindern lassen sich mit § 1581 nicht korrigieren.

14 Unterste Grenze für den dem Unterhaltspflichtigen verbleibenden Unterhalt ist der Selbstbehalt. Dieser wird v der Düsseldorfer Tabelle im Verhältnis zu Ehegatten derzeit mit 1.100 EUR angesetzt.

15 **4.** Reicht die Leistungsfähigkeit des Unterhaltspflichtigen **nicht** einmal aus, den **eigenen Lebensunterhalt abzudecken,** liegt sie also unter 1.100 EUR, besteht mangels Leistungsfähigkeit kein Unterhaltsanspruch des geschiedenen Ehegatten.

16 III. Verfahren. Als Ausnahme ist die mangelnde Leistungsfähigkeit einschließlich der dafür maßgebenden Faktoren vom Unterhaltsverpflichteten zu beweisen. Die in die Billigkeitsabwägung eingehenden Umstände müssen jeweils v dem Ehegatten vorgetragen und notfalls bewiesen werden, dem sie günstig sind. Maßgeblich für die Beurteilung des Billigkeitsunterhalts sind die Umstände zur Zeit der letzten mündlichen Verhandlung. Bei Absehbarkeit einer Änderung in den Verhältnissen der Ehegatten ist aber eine Prognoseentscheidung zu treffen.

§ 1582 Rang des geschiedenen Ehegatten bei mehreren Unterhaltsberechtigten

Sind mehrere Unterhaltsberechtigte vorhanden, richtet sich der Rang des geschiedenen Ehegatten nach § 1609.

1 Die Vorschrift regelt die **Konkurrenz v Unterhaltsansprüchen** eines früheren und eines späteren Ehegatten für den Fall, dass der Unterhaltspflichtige seinen angemessenen Unterhalt, den angemessenen Unterhalt seines früheren Ehegatten und den angemessenen Unterhalt seines neuen Ehegatten nicht sichern kann. Sie wurde durch das UÄndG v. 21.12.07 (BGBl I 3189) vollständig verändert und enthält heute nur noch eine Verweisung auf § 1609. Auf die dortige Kommentierung wird verwiesen.

§ 1583 Einfluss des Güterstands

Lebt der Verpflichtete im Falle der Wiederheirat mit seinem neuen Ehegatten im Güterstand der Gütergemeinschaft, so ist § 1604 entsprechend anzuwenden.

1 Die Vorschrift enthält Besonderheiten für den Fall, dass ein unterhaltspflichtiger geschiedener **Ehegatte wieder heiratet** und mit seinem neuen Ehegatten den Güterstand der **Gütergemeinschaft vereinbart.** In diesem Fall bestimmt sich seine Leistungsfähigkeit so, als sei er Alleininhaber des Gesamtguts (§ 1604 S 1). Das führt zu einer Erhöhung der Leistungsfähigkeit, wenn das Gesamtgut im Wesentlichen aus dem Vermögen des neuen Ehegatten stammt. Umgekehrt wird das Gesamtgut ggf auch durch Unterhaltsverpflichtungen des neuen Ehegatten belastet. Für diese haftet das Gesamtgut, als ob auch der unterhaltspflichtige Ehegatte in dem das den Unterhaltsanspruch begründenden Rechtsverhältnis seines neuen Ehegatten stünde (§ 1604 S 2). Dessen Unterhaltsberechtigung wird im Rang an die Unterhaltsberechtigung des geschiedenen Ehegatten angepasst (§ 1604 S 2 aE). Frühere Ehegatten des neuen Ehegatten sowie seine minderjährigen und die diesen gleichstehenden Kinder stehen dem geschiedenen Ehegatten also im Rang gleich.

2 § 1583 gilt für den nachpartnerschaftlichen Unterhalt nach Aufhebung einer **Lebenspartnerschaft** entsprechend (§ 16 LPartG).

§ 1584 Rangverhältnisse mehrerer Unterhaltsverpflichteter

¹Der unterhaltspflichtige geschiedene Ehegatte haftet vor den Verwandten des Berechtigten. ²Soweit jedoch der Verpflichtete nicht leistungsfähig ist, haften die Verwandten vor dem geschiedenen Ehegatten. ³§ 1607 Abs. 2 und 4 gilt entsprechend.

I. Die Norm regelt die **Ersatzhaftung der Verwandten** in dem Fall, dass der vorrangig unterhaltspflichtige ehemalige Ehegatte nicht leistungsfähig ist oder dass die Rechtsverfolgung gegen ihn im Inland ausgeschlossen oder erheblich erschwert ist. Die Regelung entspricht der Rechtslage während des Bestehens der Ehe. Sie gilt für den nachpartnerschaftlichen Unterhalt nach Aufhebung der Lebenspartnerschaft entsprechend (§ 16 LPartG). 1

II. Grds haftet der **geschiedene Ehegatte vor den Verwandten** des Unterhaltsberechtigten. Durch die Ehe ist ein der Verwandtschaft vorgehendes Solidaritätsverhältnis begründet worden. Bei diesem Vorrang bleibt es auch nach dem Scheitern der Ehe. 2

Ist der **Unterhaltspflichtige nicht genügend leistungsfähig**, um seinen angemessenen Unterhalt zu sichern, lebt die Unterhaltspflicht der Verwandten wieder auf. Der Unterhaltsberechtigte kann v ihnen nach den Grundsätzen des Verwandtenunterhalts Unterhalt verlangen. Kann der Unterhaltspflichtige den Bedarf seines geschiedenen Partners nur teilweise decken, lebt die Unterhaltspflicht der Verwandten auch nur hinsichtlich der Deckung des Restbedarfs auf. Soweit die Verwandten Unterhalt leisten, geschieht das aufgrund einer eigenen Leistungspflicht. Ein Regress gegen den geschiedenen Ehegatten ist daher selbst dann nicht möglich, wenn er später Vermögen erwirbt oder sich sein Einkommen erhöht. Es fällt dann nur die Unterhaltspflicht der Verwandten für die Zukunft weg. 3

Eine subsidiäre Haftung der Verwandten besteht in dem Fall, dass der **Unterhaltspflichtige** zwar leistungsfähig, die **Rechtsverfolgung** gegen ihn im Inland aber ausgeschlossen oder erheblich erschwert ist (S 3 iVm § 1607 II). Zu den Fallgruppen vgl § 1607 Rn 4. Leistet ein Verwandter, geht der gegen den geschiedenen Ehegatten bestehende Unterhaltsanspruch kraft Gesetzes auf ihn über (S 3 iVm § 1607 II 2). Der Übergang kann nicht zum Nachteil des Berechtigten geltend gemacht werden (§ 1607 IV). 4

Kapitel 4
Gestaltung des Unterhaltsanspruchs

§ 1585 Art der Unterhaltsgewährung

(1) ¹Der laufende Unterhalt ist durch Zahlung einer Geldrente zu gewähren. ²Die Rente ist monatlich im Voraus zu entrichten. ³Der Verpflichtete schuldet den vollen Monatsbetrag auch dann, wenn der Unterhaltsanspruch im Laufe des Monats durch Wiederheirat oder Tod des Berechtigten erlischt.
(2) Statt der Rente kann der Berechtigte eine Abfindung in Kapital verlangen, wenn ein wichtiger Grund vorliegt und der Verpflichtete dadurch nicht unbillig belastet wird.

I. Die Vorschrift regelt die **Modalitäten der Unterhaltsleistung**. Den Eheleuten steht es frei, eine abweichende Regelung zu treffen (§ 1585 c). § 1585 gilt für den nachpartnerschaftlichen Unterhalt nach Aufhebung einer **Lebenspartnerschaft** entsprechend (§ 16 LPartG). 1

II. Grds muss der Unterhalt durch eine **monatlich im Voraus zu zahlende Geldrente** entrichtet werden. Die Leistung v Naturalunterhalt ist ausgeschlossen; es fehlt eine § 1612 entsprechende Regelung. Fällig wird jede Unterhaltsrate einzeln am ersten des Monats. Der Unterhalt wird auch noch für den Monat geschuldet, in dem der Berechtigte stirbt oder wieder heiratet (Abs 1 S 2), obwohl durch diese Ereignisse der Unterhaltsanspruch erlischt. 2

Die **Abfindung des Unterhalts** durch Zahlung eines Kapitalbetrags kann vom Unterhaltsberechtigten (nicht vom Verpflichteten) verlangt werden, wenn ein wichtiger 3

Grund vorliegt und der Unterhaltspflichtige nicht unbillig belastet wird. Gründe können etwa der Aufbau einer selbständigen Existenz, der Abbau v Schulden zur Rettung eines Unternehmens, Auswanderung und Ähnliches sein. An einer unbilligen Belastung des Unterhaltspflichtigen durch die Abfindung fehlt es, wenn er die Abfindung ohne Schwierigkeiten zahlen kann und ihm daraus keine schwerwiegenden Nachteile entstehen. An dieser Voraussetzung fehlt es regelmäßig bei Beamten und Angestellten im öffentlichen Dienst, weil sie mit der Abfindung den Anspruch auf den erhöhten Ortszuschlag verlieren (vgl § 40 II Nr 3 BBesG).

§ 1585 a Sicherheitsleistung

(1) ¹Der Verpflichtete hat auf Verlangen Sicherheit zu leisten. ²Die Verpflichtung, Sicherheit zu leisten, entfällt, wenn kein Grund zu der Annahme besteht, dass die Unterhaltsleistung gefährdet ist oder wenn der Verpflichtete durch die Sicherheitsleistung unbillig belastet würde. ³Der Betrag, für den Sicherheit zu leisten ist, soll den einfachen Jahresbetrag der Unterhaltsrente nicht übersteigen, sofern nicht nach den besonderen Umständen des Falles eine höhere Sicherheitsleistung angemessen erscheint.

(2) Die Art der Sicherheitsleistung bestimmt sich nach den Umständen; die Beschränkung des § 232 gilt nicht.

1 I. Die Vorschrift dient dem **Sicherungsinteresse des Unterhaltsberechtigten.** Sie soll ihn vor Vermögensverschiebungen und sonstigen Manipulationen des Unterhaltspflichtigen schützen. Da der Unterhaltsberechtigte nur selten im Vorfeld v derartigen Vorhaben des Unterhaltspflichtigen erfahren wird, hat der Gesetzgeber in dem Weg gewählt, dem Unterhaltsberechtigten einen an (neben dem Bestehen des Unterhaltsanspruchs) keine Voraussetzungen gebundenen Sicherungsanspruch einzuräumen, den der Unterhaltspflichtige dadurch beseitigen kann, dass er darlegt und nötigenfalls beweist, dass die Erfüllung des Unterhaltsanspruchs nicht gefährdet ist. § 1585 a gilt für den nachpartnerschaftlichen Unterhalt nach Aufhebung einer **Lebenspartnerschaft** entsprechend (§ 16 LPartG).

2 II. **Voraussetzung** des Sicherungsanspruchs ist allein, dass ein Unterhaltsanspruch nach §§ 1569 ff besteht (Abs 1 S 1).

3 Der **Sicherungsanspruch entfällt,** wenn der Unterhaltspflichtige vorträgt und notfalls beweist, dass kein Grund zu der Annahme besteht, dass die Unterhaltsleistung gefährdet ist oder wenn die Sicherheitsleistung den Unterhaltspflichtigen unbillig belasten würde (Abs 1 S 2). Ersteres ist anzunehmen, wenn der Unterhalt bislang immer pünktlich bezahlt wurde, der Unterhaltsschuldner eine feste Arbeitsstelle hat und zu keinen Anlass zur Sorge gegeben hat, er werde sich in Zukunft seiner Verpflichtung entziehen. Letzteres liegt vor, wenn die Leistung der Sicherheit den Unterhaltspflichtigen in wirtschaftliche Schwierigkeiten bringen würde.

4 Als **Sicherheit** ist grds der Jahresbetrag des Unterhalts zugrunde zu legen (Abs 1 S 3). Davon kann aber bei besonderen Umständen abgewichen werden, zB wenn absehbar ist, dass die Unterhaltspflicht alsbald wegen Wiederheirat des Berechtigten, einem Absinken der Leistungsfähigkeit des Verpflichteten oder einem Ansteigen der Einkünfte des Berechtigten wegfallen wird. Die Art der Unterhaltsleistung richtet sich nach dem Ermessen des Gerichts. § 232 gilt nicht (Abs 2). Neben den in § 232 genannten Sicherungsarten kommen daher etwa auch Bürgschaften natürlicher Personen oder die Bestellung v Pfandrechten an Sachen oder Rechten als Sicherungsinstrumente in Betracht.

5 III. **Verfahren.** Die Sicherheitsleistung muss bereits in dem Verfahren angeordnet werden, in dem die Unterhaltsrente eingeklagt wird. Ist das unterblieben, kann sie nur noch angeordnet werden, wenn sich die Vermögensverhältnisse des Unterhaltspflichtigen erheblich verschlechtern (§ 238 IV FamFG). Entsprechendes gilt für eine spätere Erhöhung der Sicherheitsleistung.

§ 1585 b Unterhalt für die Vergangenheit

(1) Wegen eines Sonderbedarfs (§ 1613 Abs. 2) kann der Berechtigte Unterhalt für die Vergangenheit verlangen.
(2) Im Übrigen kann der Berechtigte für die Vergangenheit Erfüllung oder Schadensersatz wegen Nichterfüllung nur entsprechend § 1613 Abs. 1 fordern.
(3) Für eine mehr als ein Jahr vor der Rechtshängigkeit liegende Zeit kann Erfüllung oder Schadensersatz wegen Nichterfüllung nur verlangt werden, wenn anzunehmen ist, dass der Verpflichtete sich der Leistung absichtlich entzogen hat.

I. § 1585 b legt als Prinzip fest, dass **für die Vergangenheit kein Unterhalt** verlangt werden kann und nennt anschließend Durchbrechungen dieser Regel. Zweck der Norm ist es, die Summierung v Unterhaltsansprüchen zu vermeiden, die zu einer unzumutbaren Belastung des Unterhaltsschuldners werden könnte, während der mit dem Unterhalt bezweckte Erfolg, den Lebensbedarf des Berechtigten abzudecken, nicht mehr erreicht werden kann, weil er bereits gestillt ist. Unmittelbar gilt die Norm nur für den Nachscheidungsunterhalt. Sie gilt aber für den nachpartnerschaftlichen Unterhalt nach Aufhebung einer Lebenspartnerschaft entsprechend (§ 16, 2 LPartG). Durch das UÄndG wurde die Norm an die für den Verwandtenunterhalt (und den Getrenntlebensunterhalt, §§ 1361 IV, 1360 a III) geltenden Grundsätze des § 1613 I angepasst. 1

II. 1. Unterhalt kann grds **nur wegen aktuellen Bedarfs**, also für die Gegenwart und in eingeschränktem Maß auch für die Zukunft verlangt werden. 2

2. Von diesem Grundsatz bestehen drei **Ausnahmen: a)** Der Berechtigte kann wegen **Sonderbedarfs** iSd § 1613 II, also eines außerplanmäßig und unerwartet auftretenden außergewöhnlichen Bedarfs immer und bis auf die Verjährung (§ 197 II) zeitlich unbeschränkt Unterhalt für die Vergangenheit verlangen. Hauptfälle sind Behandlungskosten wegen bei Unfällen erlittenen Verletzungen oder wegen unerwartet ausgebrochener Krankheiten. 3

b) Erfüllung oder Schadensersatz wegen Nichterfüllung des **laufenden Unterhalts** kann auch für die Vergangenheit verlangt werden, wenn der Unterhaltspflichtige mit der Leistung **Verzug gekommen** ist, wenn also die Voraussetzungen des § 286 vorliegen. Da bei Unterhalt grds keine dem Kalender nach bestimmte Leistungszeit besteht (Ausnahme: Vereinbarung), setzt das eine Mahnung voraus. Die Sonderregel des § 286 III BGB hat hier praktisch keinen Anwendungsbereich, da die Anforderung v Unterhalt unüblich ist und eine entsprechende Rechnung oder Forderungaufstellung auch als Mahnung gewertet werden kann. Zu beachten ist aber, dass die Mahnung wegen der Unterscheidung v Trennungs- und Nachscheidungsunterhalt immer erst nach der Rechtskraft der Scheidung erfolgen kann (BGHZ 103, 62; FamRZ 92, 920). 4

c) Erfüllung oder Schadensersatz wegen Nichterfüllung kann auch v dem Zeitpunkt an für die Vergangenheit verlangt werden, zu dem der **Unterhaltsanspruch rechtshängig** geworden ist. 5

d) Außerdem kommt aber ein Unterhaltsanspruch für die Vergangenheit jetzt schon v dem Zeitpunkt an in Betracht, zu dem der Unterhaltsverpflichtete zur Auskunft über seine Einkommens- und Vermögensverhältnisse aufgefordert wurde (§§ 1613 I, 1605). Für das Wirksamwerden des Auskunftsverlangens kommt es auf dessen Zugang beim Unterhaltspflichtigen an. Der Unterhalt wird dann auch rückwirkend ab dem Ersten des Monats geschuldet, in den das Verlangen fällt, wenn der Anspruch dem Grunde nach zu diesem Zeitpunkt bestanden hat (§ 1613 I 2). 6

3. Der Anspruch für die Vergangenheit bezieht sich grds nur auf die Unterhaltsbeträge, die **im letzten Jahr vor dem Rechtshängigwerden** des Antrags des Berechtigten entstanden sind. Maßgeblich ist der Zeitpunkt der Zustellung der Antragsschrift an den Verpflichteten (§ 113 I 2 FamFG, § 261 ZPO); der Zeitpunkt der Anbringung eines Verfahrenskostenhilfegesuchs ist irrelevant (OLG Karlsruhe FPR 02, 444). Etwas anderes gilt nur, wenn der Verpflichtete sich der Unterhaltsleistung absichtlich entzogen hat. Dazu ist ein zweckgerichtetes Tun oder Unterlassen erforderlich, mit dem der Unterhaltsverpflichtete erreichen will, dass die Realisierung des Unterhaltsanspruchs unmög- 7

lich gemacht oder zumindest erheblich erschwert wird (BGHZ 105, 250). In einem solchen Fall bildet nur die Verjährung eine Begrenzung des Anspruchs.

§ 1585 c Vereinbarungen über den Unterhalt

¹Die Ehegatten können über die Unterhaltspflicht für die Zeit nach der Scheidung Vereinbarungen treffen. ²Eine Vereinbarung, die vor der Rechtskraft der Scheidung getroffen wird, bedarf der notariellen Beurkundung. ³§ 127 a findet auch auf eine Vereinbarung Anwendung, die in einem Verfahren in Ehesachen vor dem Prozessgericht protokolliert wird.

1 I. Die Vorschrift **ermöglicht den Abschluss v Vereinbarungen** über die nacheheliche Unterhaltsverpflichtung. Die Scheidung soll erleichtert werden, indem das Scheidungsverfahren vom Streit um den Unterhalt entlastet wird.

2 § 1585 c **betrifft nur den Ehegattenunterhalt**. Vereinbarungen über den Kindesunterhalt richten sich nach § 1629 III. Ebenso wenig fallen Vereinbarungen zwischen einem Ehegatten und einem Dritten über Unterhaltszahlungen für den Fall der Scheidung unter die Norm. Derartige Vereinbarungen sind ebenfalls zulässig. Sie können aber sittenwidrig sein, wenn der Dritte einen übermäßigen Einfluss ausübt, die Ehe zu beenden. § 1585 c gilt für den nachpartnerschaftlichen Unterhalt nach Aufhebung einer **Lebenspartnerschaft** entsprechend (§ 16 LPartG).

3 II. 1. Der Abschluss v Vereinbarungen über den Unterhalt unterlag bis zum 1.1.08 grds **keinem Formgebot**. Etwas anderes galt nur, wenn sie mit einer anderen formbedürftigen Vereinbarung verbunden werden oder wenn sie als Leibrentenversprechen iSd § 761 einzuordnen war (fixe Beträge ohne Anpassungsmöglichkeit). Das hat sich mit das Inkrafttreten des UÄndG geändert: Eine Vereinbarung, die vor der Rechtskraft der Scheidung getroffen wird, bedarf nun der notariellen Beurkundung (S 2). Diese wird durch die Aufnahme in einen gerichtlichen Vergleich ersetzt (§ 127 a). Die Regelung findet außerdem auf eine Vereinbarung Anwendung (bei der es sich nicht um einen Vergleich handelt), die in einem Verfahren in Ehesachen vor dem Prozessgericht protokolliert wird. In einem Unterhaltsverfahren reicht eine den Anforderungen an einen Vergleich nicht genügende Vereinbarung hingegen nicht, auch wenn sie in ein gerichtliches Protokoll aufgenommen wird. Vereinbarungen, welche erst nach der Rechtskraft der Scheidung getroffen werden, sind weiterhin nicht formbedürftig (wenn sie es nicht aus anderen Gründen sind).

4 2. **Inhalt** eines Vertrags über den Unterhalt können sein: a) Die **Ausgestaltung des gesetzlichen Unterhaltsanspruchs**. In Betracht kommen etwa die verbindliche Festlegung des Bedarfs oder des Maßstabs, nach dem sich der Bedarf richtet, die Aufnahme v Bedingungen oder Befristungen, die Vereinbarung v Naturalunterhalt an Stelle der Geldrente, die Anknüpfung des Unterhaltsanspruchs an ein fehlendes Verschulden am Scheitern der Ehe und die v den Voraussetzungen des § 1575 unabhängige Einräumung eines Ausbildungsunterhaltsanspruchs. Möglich ist schließlich auch, festzulegen, dass der Unterhalt in Form einer Kapitalabfindung gezahlt werden soll.

5 b) Gegenstand der Vereinbarung kann auch ein vollständiger oder teilweiser **Unterhaltsverzicht** sein. Die Eheleute können angesichts des nach der Ehe geltenden Prinzips der Eigenverantwortung grds auf jeden Unterhaltsanspruch einschließlich desjenigen aus § 1570 verzichten. Die Grenze für den Verzicht auf Unterhalt wird vom BGH aber dort gezogen, wo die vereinbarte Lastenverteilung zwischen den Eheleuten insgesamt der individuellen Gestaltung der ehelichen Lebensverhältnisse in keiner Weise mehr gerecht wird, weil sie evident einseitig ist und für den belasteten Ehegatten bei verständiger Würdigung des Wesens der Ehe unzumutbar erscheint (BGH FamRZ 04, 601: dann Sittenwidrigkeit und Unwirksamkeit nach § 138 I). Das ist dann der Fall, wenn Regelungen aus dem Kernbereich des Scheidungsfolgenrechts, wie sie die Regelungen über den Unterhalt darstellen, abbedungen werden, ohne dass dieser Nachteil durch andere Vorteile gemildert oder ausgeglichen wird oder dass der Ausschluss durch die besonderen Verhältnisse der Eheleute gerechtfertigt wird. Letzteres kann vor allem

dann angenommen werden, wenn die Eheleute beide berufstätig sind und keinen Kinderwunsch haben oder wenn die Geburt v Kindern wegen des Alters der Eheleute ausgeschlossen erscheint (OLG Frankfurt ZFE 03, 250; OLG München FamRZ 03, 376).

Ein Unterhaltsverzicht kann zudem wegen Sittenwidrigkeit **nach § 138 I unwirksam** 5a sein, wenn er allein zu dem Zweck eingegangen wurde, eine kriselnde Ehe zu sichern oder wenn der Verzicht bewusst dazu genutzt werden sollte, den verzichtenden Ehegatten in Abhängigkeit v dem anderen zu halten, um ihn bei Fehlverhalten bestrafen zu können (OLG Zweibrücken FamRZ 96, 869). Bei ungewandten und rechtsunkundigen Personen kann die Sittenwidrigkeit daraus folgen, dass ihnen beim Abschluss nicht genügend Zeit zur Einholung v Rechtsrat und zur Überlegung gelassen wurde.

Auch eine Vereinbarung über den Unterhalt, die nicht sittenwidrig ist, weil zum Zeit- 6 punkt ihres Abschlusses keine evidente Einseitigkeit vorlag (zB Unterhaltsausschluss zwischen berufstätigen Ehegatten), muss in einem zweiten Schritt daraufhin untersucht werden, ob die Berufung auf den Ausschluss gesetzlicher Scheidungsfolgen nunmehr (in dem Zeitpunkt, in dem Unterhalt verlangt wird) missbräuchlich erscheint. Das kann etwa in Betracht kommen, wenn unerwartet nach dem Unterhaltsverzicht doch noch Kinder geboren werden. Die Missbräuchlichkeit führt aber nur dazu, dass sich der **bevorteilte Ehegatte nicht auf die Vereinbarung berufen darf**, nicht aber zu deren Unwirksamkeit. In Bezug auf den Unterhaltsanspruch nach § 1570 BGB waren diese Grundsätze schon länger anerkannt (BGH FamRZ 91, 306; NJW 92, 3164), mittlerweile werden sie vom BGH aber allgemein herangezogen (BGH FamRZ 04, 601). Dabei ist zunächst nach § 313 vorzugehen, also zu fragen, ob die **Geschäftsgrundlage** des Unterhaltsverzichts **weggefallen** ist. Darüber hinaus greift der BGH auf den allgemeinen Rechtsmissbrauchsgedanken zurück, wenn die Voraussetzungen des § 313 nicht vorliegen. In Betracht kommen kann das bei unerwarteter Geburt eines Kindes (BGH FamRZ 05, 691), beim Ausbruch schwerer Krankheiten, auch wenn sie beim Vertragsschluss latent schon vorhanden waren (OLG Koblenz OLGR Koblenz 05, 355), bei wesentlich abweichender Entwicklung der wirtschaftlichen Verhältnisse (BGH NJW 05, 2386) sowie bei Veränderungen der Einkommensverhältnisse auf beiden Seiten (OLG Karlsruhe NJW 04, 3431). Dagegen reicht auch eine erhebliche Veränderung der sonstigen unterhaltsrelevanten Umstände grds nicht aus (BGH FamRZ 05, 1662).

Der Unterhaltsverzicht ist auch in denjenigen Fällen, in denen die Berufung auf ihn als 7 missbräuchlich anzusehen ist, nicht ganz bedeutungslos. Er bewirkt dann vielmehr im Regelfall eine **Herabsetzung**, nämlich dass statt des eheangemessenen Unterhalts nur noch der Unterhalt geschuldet wird, der erforderlich ist, um die Betreuung des Kindes ohne eine (volle) Erwerbstätigkeit des betreuenden Elternteils zu sichern (OLG Hamm FamRZ 04, 201). Außerdem kann der Verzicht wieder aufleben, wenn der Unbilligkeitsfaktor sich geändert hat, etwa, wenn die Kindesbetreuung beendet wird. Alters- oder Ausbildungsanschlussunterhalt gibt es dann nicht.

Von der in Rn 6 genannten Ausnahme abgesehen, **führt ein Unterhaltsverzicht** zum 8 endgültigen Erlöschen des Anspruchs. Ein Wiederaufleben kommt grds auch dann nicht in Betracht, wenn sich die v den Vertragschließenden zugrunde gelegten Verhältnisse ungünstiger entwickeln, als beim Verzicht angenommen (OLG Hamm FamRZ 93, 973). Eine Anpassung unter dem Gesichtspunkt des Wegfalls der Geschäftsgrundlage kommt nur bei ganz wesentlichen Änderungen der v den Parteien gemeinsam zugrunde gelegten Umstände in Betracht.

Kapitel 5
Ende des Unterhaltsanspruchs

§ 1586 Wiederverheiratung, Begründung einer Lebenspartnerschaft oder Tod des Berechtigten

(1) Der Unterhaltsanspruch erlischt mit der Wiederheirat, der Begründung einer Lebenspartnerschaft oder dem Tode des Berechtigten.

§ 1586 a

(2) ¹Ansprüche auf Erfüllung oder Schadensersatz wegen Nichterfüllung für die Vergangenheit bleiben bestehen. ²Das Gleiche gilt für den Anspruch auf den zur Zeit der Wiederheirat, der Begründung einer Lebenspartnerschaft oder des Todes fälligen Monatsbetrag.

1 I. Die Norm regelt das Ende des Unterhaltsanspruchs aufgrund v in der Person des Unterhaltsberechtigten liegenden Umständen, der Wiederheirat, der Begründung einer Lebenspartnerschaft und dem Tod. In den beiden ersten Fällen wird die zum Unterhaltsverpflichteten bestehende Solidaritätsbeziehung durch eine neue Beziehung gleicher Art verdrängt, und im letztgenannten Fall entfällt die Bedürftigkeit.

2 Soweit die Vorschrift die Wiederheirat betrifft, ist sie **abdingbar**. Entsprechendes gilt für die Eingehung einer Lebenspartnerschaft.

3 II. Voraussetzung für den Wegfall des Anspruchs ist entweder Tod oder Wiederheirat. Wiederheirat bedeutet das formgerechte Eingehen einer neuen Ehe oder Lebenspartnerschaft. Während eine aufhebbare Ehe reicht, muss die Lebenspartnerschaft wirksam sein; denn dort gibt es die Stufe der Aufhebbarkeit nicht.

4 Folge des Unterhaltsausschlusses ist das Erlöschen des Anspruchs für die Zukunft. Erhalten bleiben aber der Anspruch für den laufenden Monat (Abs 2 S 2, und zwar in voller Höhe) und Ansprüche auf Erfüllung rückständigen Unterhalts und Schadensersatzansprüche wegen der nicht rechtzeitigen Leistung v früher geschuldetem Unterhalt (Abs 2 S 1). Das Gleiche gilt für noch nicht fällige Ansprüche auf Abfindungszahlung für nachehelichen Unterhalt bei Wiederverheiratung des Berechtigten. Dieser Anspruch entsteht an sich schon mit dem Abschluss des Abfindungsvergleichs, so dass an sich schon in diesem Zeitpunkt die Zahlung hätte erfolgen müssen. Eine spätere Wiederheirat hätte dann keine Bedeutung gehabt. Das darf dann nicht anders sein, wenn der Berechtigte dem Verpflichteten entgegenkommt und ihm Ratenzahlung einräumt (OLG Frankfurt FamRZ 05, 1253; aA OLG Hamburg FamRZ 02, 234).

5 Ein erloschener Unterhaltsanspruch kann in den Fällen des § 1586 a **wieder aufleben**.

§ 1586 a Wiederaufleben des Unterhaltsanspruchs

(1) Geht ein geschiedener Ehegatte eine neue Ehe oder Lebenspartnerschaft ein und wird die Ehe oder Lebenspartnerschaft wieder aufgelöst, so kann er von dem früheren Ehegatten Unterhalt nach § 1570 verlangen, wenn er ein Kind aus der früheren Ehe oder Lebenspartnerschaft zu pflegen oder zu erziehen hat.
(2) ¹Der Ehegatte der später aufgelösten Ehe haftet vor dem Ehegatten der früher aufgelösten Ehe. ²Satz 1 findet auf Lebenspartnerschaften entsprechende Anwendung.

1 Die Vorschrift regelt das **Wiederaufleben des Unterhaltsanspruchs** in allen Fällen, in denen er durch die Wiederverheiratung oder Eingehung einer Lebenspartnerschaft des Unterhaltsberechtigten erloschen ist (§ 1586). Auf welchen Gründen die Auflösung der zweiten Ehe oder Lebenspartnerschaft beruht, ist gleichgültig. In Betracht kommen Aufhebung und/oder Scheidung, aber auch der Tod des neuen Partners.

2 § 1586 a gilt für Unterhaltsansprüche wegen des früheren Bestehens einer **Lebenspartnerschaft** (Vor §§ 1297–1588 Rn 11 ff) seit 1.1.05 direkt.

3 Wiederaufleben können nicht alle Unterhaltsansprüche, sondern nur solche, die mit der **Erziehung und Pflege eines gemeinschaftlichen Kindes** in Zusammenhang stehen. Es lebt also nur der Unterhaltsanspruch nach § 1570 wieder auf (Abs 1 S 1). Die früher bestehende Regelung, dass auch Unterhaltsansprüche nach §§ 1571–1573, 1575 wieder auflebten, wenn sie sich an einen Unterhaltsanspruch nach § 1570 anschlossen, wurde durch das UÄndG mit Wirkung vom 1.1.08 beseitigt. In allen nicht v § 1570 erfassten Fällen bleibt es daher jetzt beim endgültigen Erlöschen des Unterhaltsanspruchs durch die erneute Heirat.

4 Bei **mehreren** vom Unterhaltsberechtigten nacheinander geschlossenen **Ehen** oder Lebenspartnerschaften haftet der Ehegatte bzw. Lebenspartner der später aufgelösten Ehe bzw Lebenspartnerschaft vor dem Ehegatten der früher aufgelösten (Abs 2). Das ent-

spricht der Situation, wie sie ohne die spätere Ehe bzw Lebenspartnerschaft bestanden hätte.

§ 1586 b Kein Erlöschen bei Tod des Verpflichteten

(1) ¹Mit dem Tode des Verpflichteten geht die Unterhaltspflicht auf den Erben als Nachlassverbindlichkeit über. ²Die Beschränkungen nach § 1581 fallen weg. ³Der Erbe haftet jedoch nicht über einen Betrag hinaus, der dem Pflichtteil entspricht, welcher dem Berechtigten zustände, wenn die Ehe nicht geschieden worden wäre.
(2) Für die Berechnung des Pflichtteils bleiben Besonderheiten auf Grund des Güterstands, in dem die geschiedenen Ehegatten gelebt haben, außer Betracht.

I. Die Vorschrift erklärt – abweichend v der Regelung beim Verwandtenunterhalt 1 (§ 1615 I) und beim Unterhalt während des Zusammenlebens (§ 1360 a III) – den Unterhaltsanspruch des geschiedenen Ehegatten zur **Nachlassverbindlichkeit** des Nachlasses des Unterhaltsverpflichteten (Abs 1 S 1). Der Unterhaltsanspruch erlischt daher mit dem Tod des Verpflichteten nicht sofort, sondern erst, wenn der Nachlass erschöpft ist oder wenn die Grenze des hypothetischen Pflichtteilsanspruchs erreicht ist (Abs 1 S 3). Unmittelbar gilt § 1586 b nur für den nachehelichen Unterhalt. Kraft Verweisung ist 2 die Vorschrift allerdings auch auf den nachpartnerschaftlichen Unterhalt nach Aufhebung einer **Lebenspartnerschaft** entsprechend anwendbar (§ 16 LPartG).
II. **Voraussetzung** für die Anwendung der Norm ist, dass ein Unterhaltsanspruch be- 3 steht und dass ein Erbfall auf Seiten des Unterhaltsverpflichteten eintritt. Soweit ein Unterhaltsanspruch wegen Eingreifens der Härteklausel (§ 1579) ausgeschlossen ist, kann sich deswegen auch der Erbe darauf berufen – und zwar selbst dann, wenn der Erblasser das noch nicht getan hatte (BGH FamRZ 04, 614).
Mit dem Erbfall wird der **Unterhaltsanspruch Nachlassverbindlichkeit**, dh der Erbe des 4 Unterhaltsberechtigten wird Unterhaltsschuldner. Er kann aber gegenüber dem Unterhaltsberechtigten seine Haftung beschränken, wie das bei jeder Nachlassverbindlichkeit der Fall ist; der Unterhaltsanspruch genießt keine Privilegien. Mit der Umwandlung des Anspruchs in eine Nachlassverbindlichkeit fallen aber alle Beschränkungen weg, die sich bisher aus der Leistungsfähigkeit des Unterhaltsverpflichteten ergeben haben (Abs 1 S 2); denn wegen seines Todes steht nun sein gesamtes Vermögen zur Verteilung.
Grenze des Unterhaltsanspruchs ist der Pflichtteilsanspruch, der bestanden hätte, wenn 5 der Unterhaltsberechtigte und der Unterhaltsverpflichtete zur Zeit des Erbfalls noch verheiratet gewesen wären (Abs 1 S 3). Die Grenze folgt daraus, dass der Übergang des Unterhaltsanspruchs ein funktionales Äquivalent für die wegen der Scheidung fehlende Beteiligung am Nachlass darstellen soll. Das ist insofern bedenklich, als die Regelung dazu führt, dass der Unterhaltsberechtigte auch an Vermögenszuwächsen beteiligt wird, die erst nach der Scheidung stattgefunden haben. Bei der Berechnung des Pflichtteils bleiben Besonderheiten, die sich aus dem Güterstand der Geschiedenen ergeben hätten (vgl §§ 1371 II, III, 1931, 2303), außer Betracht; denn diese Faktoren hätten zu Lebzeiten des Unterhaltsverpflichteten für die Unterhaltsleistung auch keine Bedeutung gehabt. Dagegen sind Pflichtteilsergänzungsansprüche (§ 2325) mit zu berücksichtigen, weil diese sich unmittelbar auf die Berechnung des Pflichtteils auswirken (BGH NJW 01, 828; OLG Koblenz NJW 03, 439). Diese Ansprüche können aber wegen § 1990 und § 2328 entwertet sein und deswegen dann wieder außer Acht gelassen werden.
III. **Verfahren.** Der gegen den Erblasser erwirkte Unterhaltstitel kann gegen den Erben 6 umgeschrieben werden, weil es der Zweck der Regelung ist, den unterhaltsberechtigten Ehegatten dauerhaft über den Tod des Unterhaltspflichtigen hinaus zu sichern (BGH FamRZ 04, 1546; OLG Stuttgart FamRZ 04, 1220; aA OLG Oldenburg FamRZ 04, 1220). Demgegenüber ist zu vernachlässigen, dass der Erbe unterhaltsrechtlich nicht Rechtsnachfolger des Erblassers ist, weil der gegen ihn gerichtete Anspruch sich inhaltlich v dem gegen den Erblasser gerichteten unterscheidet.

Untertitel 3
Versorgungsausgleich

Vorbemerkung zu § 1587

Literatur: *Bergner*, Kommentar zum reformierten Versorgungsausgleich, 2009; *Borth*, Versorgungsausgleich, 7. Aufl. 2014; *Friederici*, Praxis des Versorgungsausgleichs, 2010; *Glockner/Hoenes/Weil*, Der neue Versorgungsausgleich, 2009; *Götsche/Rhebein/Breuers*, Versorgungsausgleichsrecht, Handkommentar, 2012; *Hauß/Eulering*, Versorgungsausgleich und Verfahren in der Praxis, 2009; *Kemper*, Versorgungsausgleich in der Praxis, 2010; *Münch*, Vereinbarungen zum neuen Versorgungsausgleich, 2010; *Ruland*, Der Versorgungsausgleich, 3. Aufl 2011, *Wick*, Der Versorgungsausgleich, 3. Aufl. 2013.

1. 1. Der **Versorgungsausgleich** soll dem geschiedenen Ehegatten, der in der Ehe selbst keine oder eine geringere Altersversorgung aufgebaut hat als sein Partner, durch Beteiligung an der während der Ehezeit geschaffenen Altersversorgung des anderen Ehegatten eine (zusätzliche) eigenständige Alterssicherung verschaffen, um diese v Unterhalt unabhängig zu machen, der wegfällt, wenn der andere Partner stirbt bzw. der hypothetische Pflichtteil aufgebraucht ist (§ 1586 b). In allen anderen Lebensgemeinschaften findet eine Beteiligung des einen Partners an den durch den anderen erworbenen Versorgungsanwartschaften nicht statt. Etwas anderes gilt nur für die Lebenspartnerschaften iSd Lebenspartnerschaftsgesetzes. Hier hat der Gesetzgeber mit Wirkung v 1.1.05 den Versorgungsausgleich ebenfalls eingeführt (§ 20 LPartG) und die Lebenspartnerschaft damit der Ehe noch weiter angeglichen.

2. 2. Die **Durchführung** des Versorgungsausgleichs hat sich durch das am 1.9.09 in Kraft getretene G zur Strukturreform des Versorgungsausgleichs (VAStrRefG, v 3.4.09, BGBl I 700) **erheblich geändert.** Das System wurde v einem Gesamtausgleich auf einen Hin- und Herausgleich der einzelnen Anrechte umgestellt.

3. a) Früher wurde der Versorgungsausgleich in der Weise durchgeführt, dass im Rahmen einer **Gesamtbilanzierung** zum Eheende ausgerechnet wurde, welche Gesamtaltersversorgung jedem Ehegatten zugestanden hätte, wenn man zu deren Berechnung nur die in der Ehezeit erworbenen Anrechte berücksichtigte. Es wurde also für jeden Ehegatten ein hypothetischer Versorgungsfall (§ 1587 a BGB aF) ausgerechnet (der mit der wirklichen Versorgung im Rentenbezugsalter grds nicht übereinstimmte). Diese Versorgungen wurden dann verglichen. Der Ehegatte mit der geringeren Versorgung hatte einen Anspruch gegen den anderen auf Übertragung oder Begründung v Versorgungsanrechten, bis die Bilanz der ehezeitbezogenen Versorgungen ausgeglichen war. Vollzogen wurde der **Ausgleich** im Regelfall **in der gesetzlichen Rentenversicherung,** weil die gesetzlichen Regeln den Gesamtausgleich nach Möglichkeit dorthin kanalisierten (vgl § 1587 b BGB aF, §§ 1, 3 b VAHRG aF). Allerdings erfolgte der Ausgleich in einem mehrstufigen System (Splitting, Quasisplitting, Realteilung, erweitertes Splitting und Quasisplitting, Beitragszahlungsanordnung, schuldrechtlicher Ausgleich) und war im Einzelnen so kompliziert, dass das Versorgungsausgleichsrecht nur noch v Experten verstanden wurde.

4 Das System des Versorgungsausgleichs hatte **erhebliche strukturelle Schwächen.** Es basierte auf dem Vergleich v hypothetischen Renten. Um diesen Vergleich vornehmen zu können, mussten Bewertungen und Prognosen vorgenommen werden. Das gesamte System war deswegen sehr störanfällig. Das lag allem daran, dass unterschiedliche Arten v Versorgungen zunächst vergleichbar gemacht werden mussten, damit sie in die Gesamtbilanz eingestellt werden konnten. Bewerkstelligt wurde das mit Hilfe der BarwertVO (letzte Fassung v 3.5.06, BGBl I 1144; zur Kritik vgl Bergner FPR 06, 55 ff; Rehme FuR 06, 112 ff). Trotz der durch die Rechenwerte mit vielen Nachkommastellen suggerierten Genauigkeit führte das System zu erheblichen Ungerechtigkeiten, weil es tendenziell denjenigen Ehegatten bevorzugte, der mehr Anwartschaften aus privaten Altersversorgungen hatte (s deswegen die besondere Abänderungsmöglichkeit für Alttitel in § 51 III VersAusglG). Hinzu kam, dass einige Anrechte nicht vergleichbar gemacht werden konnten. Das betraf va die Anrechte aus der ehemaligen DDR, weil diese Anrechte angleichungsdynamisch waren, während die Anrechte aus den alten Bundesländern das nicht sind. Für den Ausgleich in den Fällen, in denen Anrechte aus beiden Systemen zusammentrafen, musste deswegen auf eine Doppelbilanz zurückgegriffen werden. Das Ausgleichssystem wurde also insoweit bereits teilweise aufgegeben. Um die Abwicklungsprobleme zu minimieren, wurde vorgeschrieben, den Ausgleich in diesen Fällen bis zum Leistungsbezug oder bis zur Angleichung der Lebensverhältnisse in Deutschland auszusetzen. Dadurch existieren (und existierten noch) viele tausend Fälle v ausgesetzten Versorgungsausgleichsverfahren (s dazu jetzt die besondere Übergangsregelung in § 50 VersAusglG).

b) Das **neue Versorgungsausgleichsrecht** wurde **aus dem BGB ausgelagert**. In § 1587 findet sich nur noch die Skizzierung des Prinzips des Versorgungsausgleichs und die Anordnung, dass der Versorgungsausgleich im Fall der Scheidung durchzuführen ist (zur Eheaufhebung s § 1318 III), während im Übrigen auf die Regelungen des **Versorgungsausgleichsgesetzes** (VersAusglG), das den ersten Artikel des VAStrRefG bildet, verwiesen wird. Der Grund für diese Vorgehensweise liegt darin, dass an der Stelle, an der sich das Versorgungsausgleichsrecht früher befand, nicht genügend Platz für die 54 Paragrafen des neuen Rechts gewesen wäre. Im Gegenzug wurden die §§ 1587 a ff aF, das VAHRG, das VAÜG und die BarwertVO aufgehoben. 5

Das **Versorgungsausgleichsgesetz** (VersAusglG) sieht ein ganz anderes Ausgleichssystem vor als die früheren BGB-Regelungen: Das Konzept wechsel v demjenigen des ehezeitbezogenen Gesamtausgleichs zu einem Hin- und Herausgleich der in der Ehe erworbenen Versorgungsanrechte: Nun wird jedes einzelne Anrecht der Ehegatten auf eine Versorgung grds einzeln geteilt. Dabei erfolgt grds eine interne Teilung, dh eine solche im Versorgungssystem, in dem die zu teilende Versorgung besteht (§§ 10–13 VersAusglG). Regelausgleichsform ist also die Realteilung aller Anrechte. Als Konsequenz gibt es nicht mehr nur einen Ausgleichspflichtigen und einen Ausgleichsberechtigten (wie früher), sondern so viele Ausgleichspflichtige und Ausgleichsberechtigte wie Versorgungsanrechte bestehen. Eine externe Teilung (die Begründung eines Anrechts bei einem anderen Versorgungsträger) soll nur ausnahmsweise erfolgen (vgl §§ 14–17 VersAusglG). Als Notlösung für die Fälle, in denen ein Ausgleich bei der Scheidung nicht möglich ist (vgl § 19 VersAusglG) oder in denen die Eheleute sich bewusst für diese Form des Ausgleichs entscheiden (vgl § 6 VersAusglG), wird der frühere schuldrechtliche Ausgleich als „Ausgleich nach der Scheidung" beibehalten (§§ 20 ff VersAusglG). 6

3. Unterhaltsrechtlich wirkt sich der Versorgungsausgleich in der Weise aus, dass die Leistungsfähigkeit des Unterhaltsverpflichteten sinkt, sobald er die durch den Versorgungsausgleich geminderte Altersversorgung bezieht. Das Ausmaß der Minderung der Leistungsfähigkeit ist allein unterhaltsrechtlich zu bestimmen; sie muss sich nicht mit der durch den Versorgungsausgleich bedingten Minderung der Altersversorgung decken. Umgekehrt senken die durch den Versorgungsausgleich erworbenen Renteneinkünfte die Bedürftigkeit des Unterhaltsberechtigten. Zu beachten ist, dass es wegen der unterschiedlichen Berechnungszeitpunkte zu Konkurrenzen zwischen dem (Trennungs-)Unterhalt und dem Versorgungsausgleich kommen kann, wenn der Ausgleichspflichtige im Scheidungsverfahren schon eine aus einem Deckungskapital gezahlte Rente bezieht und diese unterhaltsrechtlich auch dem anderen Ehegatten zugutekommt. Der Stichtag für die Berechnung des Versorgungsausgleichs ist die Zustellung des Scheidungsantrags (vgl § 3 I VersAusglG): Alle danach ausgezahlten Renten (die das Deckungskapital mindern) gehen damit zunächst allein zulasten des Ausgleichspflichtigen, weil diese das Deckungskapital nun mindern, während der Ausgleichswert schon feststeht (sog Rentnerfalle, vgl Hauß FPR 11, 26, 29; aA Heidrich FPR 13, 227; Gutdeutsch, FamRZ 12, 73 ff). Das können bei einem länger laufenden Scheidungsverfahren ganz erhebliche Beträge sein. Sind v den geflossenen Leistungen Teile als Unterhalt an den im Versorgungsausgleich Ausgleichsberechtigten geflossen, müssen diese Teile mit Hilfe des § 27 VersAusglG aus dem Versorgungsausgleich ausgeschieden werden, damit es nicht zu einer Doppelberücksichtigung kommt. Auch iÜ versucht die Rspr mit § 5 II 2 VersAusglG bzw der Härteklausel zu helfen und verlangt, dass zeitnah zur Gerichtsentscheidung die Restwerte der Versorgungen festgestellt und im Wege der Halb- 7 teilung in die Berechnung des Versorgungsausgleichs eingestellt werden (OLG Schleswig FamFR 13, 490; OLG Hamm FamRZ 13, 1305; OLG Köln, FamRZ 13,1578). Das ist nicht unzweifelhaft; denn dem Absinken des Deckungskapitals korrespondiert eine Zuvielzahlung v Altersversorgung an den Ausgleichspflichtigen während der Dauer des Verfahrens (vgl OLG Frankfurt FamRZ 12, 1717). Wären die zu viel gezahlten Beträge angespart worden, wäre das Problem in kaum nennenswerter Höhe entstanden. Das unterscheidet die reinen Zuvielzahlungsfälle v den Unterhaltsfällen.

8 4. Der Versorgungsausgleich kann durch **Vereinbarung** zwischen den Ehegatten geregelt werden, soweit öffentliche Interessen nicht entgegenstehen (§§ 6–8 VersAusglG). Die Möglichkeiten dazu wurden durch das VAStrRefG deutlich erweitert. VA ist das gerichtliche Genehmigungserfordernis für im Scheidungsverfahren getroffene Vereinbarungen (§ 1587 o aF) ebenso weggefallen, wie die Regelung, dass eine vertragliche Regelung des Versorgungsausgleichs dann unwirksam wird, wenn binnen eines Jahres nach ihrem Abschluss ein Scheidungsantrag gestellt wird (§ 1408 II aF). Nach dem jetzt geltenden Recht ist das Gericht an eine Vereinbarung der Beteiligten gebunden, wenn die formalen Erfordernisse des § 7 VersAusglG eingehalten sind und die Vereinbarung einer Inhalts- und Ausübungskontrolle standhält (§ 8 VersAusglG).

9 5. Verfahren. Durch den Versorgungsausgleich werden öffentliche Interessen berührt; denn die ungerechtfertigte Begründung v Anwartschaften würde nicht nur die Interessen des anderen Ehegatten beeinträchtigen, sondern auch diejenigen der übrigen Versicherten des Versorgungssytems, das durch den Ausgleich betroffen ist. Der Versorgungsausgleich ist deswegen die einzige Materie, die noch im Zwangsverbund steht (§ 137 FamFG). Das bedeutet, dass das Verfahren über den Versorgungsausgleich vAw eingeleitet wird und die Ehe grds nicht geschieden werden kann, wenn nicht zugleich eine Regelung des Versorgungsausgleichs stattfindet. Dieser Grundsatz ist allerdings in mehrfacher Hinsicht durchbrochen, denn § 140 FamFG gestattet beim Versorgungsausgleich in 4 Fällen die Auflösung des Verbunds: wenn in einer Versorgungsausgleichsfolgesache vor der Auflösung der Ehe eine Entscheidung nicht möglich ist (§ 140 II Nr 1 FamFG), wenn das Verfahren ausgesetzt ist, weil ein Rechtsstreit über den Bestand oder die Höhe eines Anrechts vor einem anderen Gericht anhängig ist (§ 140 II Nr 2 FamFG), wenn seit der Rechtshängigkeit des Scheidungsantrags ein Zeitraum v 3 Monaten verstrichen ist, beide Ehegatten die erforderlichen Mitwirkungshandlungen in der Versorgungsausgleichsfolgesache vorgenommen haben und beide übereinstimmend deren Abtrennung beantragen (§ 140 II Nr 4 FamFG) und wenn sich der Scheidungsausspruch so außergewöhnlich verzögern würde, dass ein weiterer Aufschub unter Berücksichtigung der Bedeutung der Folgesache eine unzumutbare Härte darstellen würde, und ein Ehegatte die Abtrennung beantragt (§ 140 II Nr 5 FamFG). Im Verfahren kann das Familiengericht vAw Auskünfte bei den Versorgungsträgern einholen (§ 220 FamFG). Die Entscheidung über den Versorgungsausgleich wird nicht vor der Rechtskraft des Scheidungsausspruchs wirksam, selbst wenn sie schon früher rechtskräftig geworden ist (§ 148 FamFG).

10 6. Internationales Privatrecht. Der Versorgungsausgleich unterliegt grds dem für die Scheidung (EuEheVO „Rom III") maßgeblichen Recht. Nach der Reform durch das VAStrRefG ist er aber vAw nur durchzuführen, wenn danach deutsches Recht gilt und ihn das Recht mindestens eines der Staaten kennt, denen die Ehegatten im Zeitpunkt des Eintritts der Rechtshängigkeit des Scheidungsantrags angehören (Art 17 III 1 EGBGB). Damit soll es vermieden werden, den Ehegatten ein ihnen völlig fremdes Rechtsinstitut aufzudrängen. Kann ein Versorgungsausgleich danach nicht stattfinden, so ist er auf Antrag eines Ehegatten aber trotzdem nach deutschem Recht durchzuführen, wenn einer der Ehegatten in der Ehezeit eine inländische Versorgungsanwartschaft erworben hat (Hauptfall: Ehe v Ausländen gleicher Nationalität, deren Heimatrecht den Versorgungsausgleich nicht kennt), soweit seine Durchführung im Hinblick auf die beiderseitigen wirtschaftlichen Verhältnisse auch während der nicht im Inland verbrachten Zeit der Billigkeit nicht widerspricht (Art 17 III 2 EGBGB).

11 7. **In den neuen Bundesländern** gilt das Versorgungsausgleichsrecht grds erst seit dem 1.1.92 (Art 234 § 6 EGBGB). Früher geschiedene Ehen sind v Versorgungsausgleich ausgenommen, bei später geschiedenen findet der Ausgleich unabhängig davon statt, wann die Ehe geschlossen wurde. Weiter bestehende Besonderheiten in den neuen Ländern enthielten bis 2009 die für das Beitrittsgebiet geltenden Regelungen in Art 2–4 des Rentenüberleitungsgesetzes (RÜG) v 25.7.91 (BGBl I 1606) und das Versorgungsausgleichsüberleitungsgesetz (VAÜG, Art 31 RÜG). Die Unterschiede zwischen dem Versorgungsausgleichsrecht der neuen und der alten Bundesländer wurden durch das VAStrRefG beseitigt; nach dem neuen Recht können alle Anrechte auf die gleiche Art und Weise ausgeglichen werden, weil keine Gesamtbilanz mehr erstellt werden muss, sondern grds alle Anrechte real geteilt werden (interner Ausgleich, §§ 10 ff VersAusglG). Die wegen Vorhandenseins v Ost- und Westanrechten in der gesetzlichen Rentenversicherung ausgesetzten Versorgungsausgleichverfahren sollen binnen 5 Jahren nach Inkrafttreten des VersAusglG vAw oder auf Antrag wieder aufgenommen werden (§ 50 VersAusglG). Sie sind dann nach neuem Recht zu entscheiden (§ 48 I VersAusglG).

§ 1587 Verweis auf das Versorgungsausgleichsgesetz

Nach Maßgabe des Versorgungsausgleichsgesetzes findet zwischen den geschiedenen Ehegatten ein Ausgleich von im In- oder Ausland bestehenden Anrechten statt, insbesondere aus der gesetzlichen Rentenversicherung, aus anderen Regelsicherungssystemen wie der Beamtenversorgung oder der berufsständischen Versorgung, aus der betrieblichen Altersversorgung oder aus der privaten Alters- und Invaliditätsvorsorge.

Die Norm ist nach der Reform durch das VersAusglStrRefG die einzige verbliebene 1 Regelung über den Versorgungsausgleich im BGB. Einen eigenständigen Regelungsinhalt hat sie nur noch insoweit, als sie bestimmt, dass der Versorgungsausgleich bei der Scheidung stattfindet; iÜ macht sie nur deutlich, dass der Versorgungsausgleich sich nun nach den Vorschriften des VersAusglG richtet. Dieses Gesetz findet sich im Anhang zu § 1587. Die Ausgliederung war nötig, weil an der Stelle des früheren Versorgungsausgleichsrechts nicht genügend Platz für die 54 Paragrafen des neuen Rechts gewesen wäre. Zum Versorgungsausgleich bei Aufhebung der Ehe s § 1318 III, zu dem bei Aufhebung einer Lebenspartnerschaft s § 20 LPartG. Auch diese Regelungen verweisen auf das VersAusglG.

Anhang zu § 1587

Gesetz über den Versorgungsausgleich (Versorgungsausgleichsgesetz – VersAusglG)

Vom 3. April 2009, BGBl. I S. 700 (FNA 404-19-3)
zuletzt geändert durch Jahressteuergesetz 2010 vom 8.12.2010 (BGBl. I S. 1768, 1801)

Vorbemerkung zu §§ 1–54 VersAusglG

Das Gesetz wurde durch das Gesetz zur Strukturreform des Versorgungsausgleichs 1 (VAStrRefG) eingeführt und ist **am 1.9.09 in Kraft getreten.** Es enthält sämtliche Regelungen über den Versorgungsausgleich. Im BGB finden sich mit § 1587 für die Scheidung und § 1318 III für die Eheaufhebung nur noch Verweisungsnormen. Den Verweis für den Versorgungsausgleich bei Lebenspartnerschaften enthält § 20 LPartG.
Das Gesetz hat **3 Teile:** Im ersten Teil (§§ 1–38 VersAusglG) finden sich die Regelun- 2 gen über den Versorgungsausgleich selbst, also die Vorschriften über die Teilung und den sonstigen Ausgleich v Versorgungsanrechten für den Fall des Alters oder der Invalidität. Im zweiten Teil (§§ 39–47 VersAusglG) sind jetzt die Regelungen über die Bewertung v Versorgungsanrechten zusammengefasst. Der dritte Teil (§§ 48–54) schließlich enthält das Übergangsrecht.

Teil 1 Der Versorgungsausgleich

Der erste Teil des VersAusglG enthält die Regelungen über den Versorgungsausgleich 1 selbst, dh die Vorschriften darüber, welche Anrechte in den Versorgungsausgleich fallen (§§ 1–5 VersAusglG), welche Gestaltungsmöglichkeiten die Eheleute haben (§§ 6–8 VersAusglG), wie die Anrechte auszugleichen sind (§§ 9–26 VersAusglG) und wann aus besonderen Härtegründen ein Versorgungsausgleich nicht stattfindet (§ 27 VersAusglG). Außerdem finden sich ergänzende Regelungen für bestimmte Versorgungen, auf welche die allgemeinen Regeln nicht ganz passen (§ 28 VersAusglG) und zur Sicherung in bestimmten Ausnahmesituationen (§§ 29–31 VersAusglG) sowie Vorschriften über die Anpassung v Versorgungsausgleichsentscheidungen nach ihrer Rechtskraft wegen veränderter Umstände (§§ 32–38 VersAusglG).

2 Der **Gegenstand des Versorgungsausgleichs** ist im Grundsatz im Vergleich zum früheren Recht gleichgeblieben: Der Ausgleich dient dem Ausgleich v während der Ehe mit Hilfe v Arbeit oder Vermögen erworbenen Anrechten auf eine Versorgung wegen Alters oder Invalidität (§§ 1–2 VersAusglG). Im Detail hat es aber Änderungen gegeben: Um jegliche Formen der Absicherung für das Alter zu erfassen, hat der Gesetzgeber jetzt auch bestimmte Anrechte auf Einmalleistungen in den Versorgungsausgleich einbezogen (vgl § 2 II VersAusglG). Umgekehrt werden durch die Beschränkung des Ausgleichs bei der Scheidung auf ausgleichsreife Anrechte viele Anrechte aus dem Ausgleich bei der Scheidung ausgeschlossen, die bislang öffentlich-rechtlich ausgeglichen werden konnten (vgl § 19 VersAusglG). Zu beachten ist schließlich, dass es auch bei sonst in den Versorgungsausgleich einzubeziehenden Anrechten zu einem Ausschluss des Ausgleichs kommen kann, wenn die Anrechte nur geringwertig sind (§ 18 VersAusglG), wenn die Ehe v kurzer Dauer war (§ 3 III VersAusglG) oder wenn eine besondere Härte den Ausgleich verbietet (§ 27 VersAusglG).

3 Wie beim Zugewinnausgleich auch, herrscht beim Versorgungsausgleich das **Ehezeitprinzip**, dh nur in der Ehezeit (§ 3 VersAusglG) erworbene Anrechte werden ausgeglichen. Außerdem die gilt das Prinzip der **hälftigen Aufteilung** (§ 1 VersAusglG).

4 Das **Konkurrenzverhältnis zum Güterrecht** ist gleich geregelt wie früher in § 1587 III aF: Es herrscht ein Vorrang des Versorgungsausgleichs: Was in den Versorgungsausgleich einzubeziehen ist, fällt nicht in den güterrechtlichen Ausgleich (§ 2 IV VersAusglG). Das gilt auch dann, wenn de facto gar kein Versorgungsausgleich stattfindet. Insoweit ist nur zu beachten, dass sich die Grenzziehung zwischen Güterrecht und Versorgungsausgleich durch § 2 II Nr 3 VersAusglG zugunsten des Versorgungsausgleichs verschoben hat, weil jetzt auch bestimmte, auf Einmalzahlungen gerichtete Anrechte in den Versorgungsausgleich einzubeziehen sind.

5 Das **Ausgleichssystem** unterscheidet sich erheblich v demjenigen des früheren Rechts: Das Konzept wechselt v einem ehezeitbezogenen Gesamtausgleich mit Kanalisierung des Ausgleichs in die gesetzliche Rentenversicherung zu einem Hin- und Herausgleich der in der Ehe erworbenen Versorgungsanrechte: In Zukunft wird jedes einzelne Anrecht der Ehegatten auf eine Versorgung grds einzeln geteilt. Dabei ist die Regelausgleichsform die interne Teilung, dh diejenige im Versorgungssystem des jeweils ausgleichspflichtigen Ehegatten (§§ 10–13 VersAusglG). Regelausgleichsform ist damit die Realteilung der Anrechte. Als Konsequenz gibt es nicht mehr nur einen Ausgleichspflichtigen und einen Ausgleichsberechtigten (wie bisher), sondern so viele Ausgleichspflichtige und Ausgleichsberechtigte wie Versorgungsanrechte bestehen. Eine externe Teilung (die Begründung eines Anrechts bei einem anderen Versorgungsträger als demjenigen der auszugleichenden Versorgung) soll nur ausnahmsweise erfolgen (vgl. §§ 14 ff VersAusglG). Als Notlösung wird der frühere schuldrechtliche Ausgleich als Ausgleich nach der Scheidung beibehalten (§§ 20 ff VersAusglG).

6 **Vereinbarungen über den Versorgungsausgleich** sind gegenüber dem früheren Rechtszustand deutlich erleichtert worden. Der Gesetzgeber des VAStrRefG will, dass die Eheleute künftig den Versorgungsausgleich in erster Linie durch Vereinbarung regeln und hat deswegen alle Genehmigungserfordernisse für vertragliche Regelungen des Versorgungsausgleichs (§ 1587 o aF) beseitigt. Die Vereinbarung bedarf der notariellen Beurkundung (§ 7 VersAusglG). Sie unterliegt einer Inhalts- und Ausübungskontrolle (§ 8 VersAusglG), bindet aber das Gericht im Übrigen (§ 6 II VersAusglG).

7 Weiterhin gilt das Prinzip, dass bestimmte Entscheidungen über den Versorgungsausgleich **nicht in materielle Rechtskraft** erwachsen können. Sie sind vielmehr auch nach-

träglich abänderbar, wenn sich rechtliche oder tatsächliche Veränderungen nach dem Ende der Ehezeit auf den Ausgleichswert eines Anrechts zurückwirken und zu einer wesentlichen Wertänderung führen (§ 225 II FamFG). Entsprechendes gilt für Vereinbarungen (§ 226 FamFG). Anders als früher findet aber kein neuer Gesamtausgleich statt, sondern die Abänderung ist auf Anrechte iSd § 32 VersAusglG beschränkt. Va in Bezug auf private und betriebliche Anrechte ist deswegen eine nachträgliche Änderung ausgeschlossen. Zur Abänderung v Alttiteln s § 51 VersAusglG, zur Abänderung v Titeln über den schuldrechtlichen Ausgleich nach der Scheidung s § 48 FamFG (gleichgültig, ob ein Alt- oder Neutitel betroffen ist).

Kapitel 1
Allgemeiner Teil

§ 1 Halbteilung der Anrechte

(1) Im Versorgungsausgleich sind die in der Ehezeit erworbenen Anteile von Anrechten (Ehezeitanteile) jeweils zur Hälfte zwischen den geschiedenen Ehegatten zu teilen.
(2) ¹Ausgleichspflichtige Person im Sinne dieses Gesetzes ist diejenige, die einen Ehezeitanteil erworben hat. ²Der ausgleichsberechtigten Person steht die Hälfte des Werts des jeweiligen Ehezeitanteils (Ausgleichswert) zu.

I. Die Norm enthält **grundlegende Prinzipien und Begriffsbestimmungen** des Versorgungsausgleichs: Sie ordnet an, dass nur in der Ehezeit erworbene Anrechte zu teilen sind (Abs 1), dass die Teilung hälftig erfolgen muss (Abs 1, Abs 2 S 2) und definiert, was unter Ausgleichsberechtigten und Ausgleichspflichtigen zu verstehen ist. 1

II. Die Vorschrift **umschreibt das Prinzip des Versorgungsausgleichs**, indem sie bestimmt, dass während der Ehezeit erworbene Anteile v Anrechten jeweils zur Hälfte zwischen den geschiedenen Ehegatten zu teilen sind. 2

1. Voraussetzung des Versorgungsausgleichs ist damit zunächst, **a)** dass eine **Ehe auf andere Weise als durch Tod** beendet wird. Abs 1 S 1 spricht zwar nur v Scheidung; § 1587, §§ 1 ff VersAusglG gelten aber entsprechend, wenn eine Ehe aufgehoben wird (§ 1318 III). Allerdings ist es für den Ausgleich ohne Bedeutung, wenn der Ausgleichspflichtige stirbt, nachdem die Ehe geschieden ist, auch wenn über den Versorgungsausgleich noch nicht entschieden ist. Das Verfahren wird dann mit den Erben fortgesetzt, weil es sonst nicht mehr zu einem Ausgleich kommen könnte. Insoweit wird der Übergang der (tatsächlich nicht vererblichen) Versorgungsanwartschaften fingiert (OLG Brandenburg NJW-RR 02, 217). Daran hat sich nach dem neuen Recht nichts geändert. 3

Für **Lebenspartner** gilt das Versorgungsausgleichsrecht entsprechend (§ 20 LPartG). 4

b) Während der Ehe muss mindestens ein Ehegatte **Anwartschaften** auf eine Versorgung im Fall der Erwerbsunfähigkeit oder des Alters iSd § 2 VersAusglG erworben haben. Die in der Ehezeit erworbenen Anrechte der Ehegatten nennt das Gesetz **Ehezeitanteile** (Abs 1). 5

c) Ehezeit ist die Zeit v Beginn des Monats, in dem die Ehe geschlossen wurde, bis zum Ende des Monats, der dem Eintritt der Rechtshängigkeit des Scheidungs- bzw Aufhebungsantrags vorausgeht (§ 3 I VersAusglG), also der Monat vor der Zustellung der Antragsschrift (§ 113 I 2 FamFG, § 263 ZPO). Das gilt selbst dann, wenn das Verfahren zwischenzeitlich ruht (BGH NJW 80, 1161). Bei mehreren Anträgen gilt derjenige, der letztlich zur Beendigung der Ehe führt (BGH NJW 91, 2490). Das ist regelmäßig der älteste noch rechtshängige Antrag, auch wenn es zur Aussetzung oder zum tatsächlichen Stillstand dieses Scheidungsverfahrens gekommen war (BGH FamRZ 06, 260). Der frühe Endtermin soll absichern, dass über den Versorgungsausgleich gemeinsam mit der Scheidung entschieden werden kann. Das wäre nicht möglich, wenn auf die Rechtskraft der Scheidung abgestellt würde. Änderungen der Anwartschaften oder Aussichten, die nach dem genannten Termin eintreten, sind versorgungsausgleichsrechtlich irrelevant, selbst wenn sie an Zeiten anknüpfen, die in die Ehezeit fallen (zB bei Nachentrichtung v Beiträgen, BGH FamRZ 96, 1538). Allerdings sind die Entwick- 6 lungen bis zum Ende der mündlichen Verhandlung zu berücksichtigen, soweit sie auf den Ehezeitanteil zurückwirken (§ 5 II 2 VersAusglG). Das gilt va für den Wegfall des Rechts vor der Entscheidung.

7 2. Die in der Ehezeit erworbenen Anrechte der Ehegatten sind (jeweils) **hälftig zu teilen**. Die Hälfte des Werts des jeweiligen Ehezeitanteils nennt das Gesetz **Ausgleichswert** (Abs 2 S 1). Zu beachten ist, dass der Ausgleichswert nicht identisch mit dem tatsächlich auszugleichenden Wert sein muss, denn tatsächlich auszugleichen ist beim internen Ausgleich nur der Ausgleichswert abzüglich der Teilungskosten (OLG Frankfurt FamRZ 13, 1804). Der Halbteilungsgrundsatz entspricht der Annahme, dass jeder Ehegatte während der Ehe gleich viel zu dem Erwerb beigetragen hat und bildet insofern eine Parallele zum Zugewinnausgleich (§ 1378 I). Der Halbteilungsgrundsatz kann allerdings durch Vereinbarungen (§§ 6 ff VersAusglG) oder aus Härtegründen (§§ 18, 27 VersAusglG) durchbrochen werden. Wie die Teilung erfolgt, richtet sich nach §§ 9 ff VersAusglG. Dabei gilt ein Vorrang des Ausgleichs bei der Scheidung (§§ 10 ff VersAusglG) und hier wieder der internen Teilung (§§ 10–13 VersAusglG), die vereinfachend als Realteilung der Ehezeitanteile bezeichnet werden kann. Ausnahmsweise kann extern, dh durch Begründung v Anrechten bei einem anderen Versorgungsträger, ausgeglichen werden (§§ 14–17 VersAusglG). Als letzte Möglichkeit (für Anrechte, die bei der Scheidung nicht ausgeglichen werden können), steht der Ausgleich nach der Scheidung (§§ 20 ff VersAusglG), entsprechend dem früheren schuldrechtlichen Versorgungsausgleich, zur Verfügung.

8 3. Die veränderte Form des Ausgleichs ohne Gesamtausgleichsberechnung bringt es mit sich, dass die **Stellung als Ausgleichspflichtiger bzw Ausgleichsberechtigter** nicht mehr allgemein für den gesamten Ausgleich festgelegt wird, sondern anrechtsbezogen: Ausgleichspflichtige Person im Sinne dieses Gesetzes ist diejenige, die einen Ehezeitanteil erworben hat (Abs 2 S 1). Diese Stellung ist also streng anrechtsbezogen. Wer in der Ehezeit ein Anrecht erworben hat, ist insoweit ausgleichspflichtig, der andere Ehegatte ausgleichsberechtigt. Es gibt also so viele Ausgleichsberechtigte und -verpflichtete wie in den Versorgungsausgleich einbezogene Anrechte.

§ 2 Auszugleichende Anrechte

(1) Anrechte im Sinne dieses Gesetzes sind im In- oder Ausland bestehende Anwartschaften auf Versorgungen und Ansprüche auf laufende Versorgungen, insbesondere aus der gesetzlichen Rentenversicherung, aus anderen Regelsicherungssystemen wie der Beamtenversorgung oder der berufsständischen Versorgung, aus der betrieblichen Altersversorgung oder aus der privaten Alters- und Invaliditätsvorsorge.

(2) Ein Anrecht ist auszugleichen, sofern es
1. durch Arbeit oder Vermögen geschaffen oder aufrechterhalten worden ist,
2. der Absicherung im Alter oder bei Invalidität, insbesondere wegen verminderter Erwerbsfähigkeit, Berufsunfähigkeit oder Dienstunfähigkeit, dient und
3. auf eine Rente gerichtet ist; ein Anrecht im Sinne des Betriebsrentengesetzes oder des Altersvorsorgeverträge-Zertifizierungsgesetzes ist unabhängig von der Leistungsform auszugleichen.

(3) Eine Anwartschaft im Sinne dieses Gesetzes liegt auch vor, wenn am Ende der Ehezeit eine für das Anrecht maßgebliche Wartezeit, Mindestbeschäftigungszeit, Mindestversicherungszeit oder ähnliche zeitliche Voraussetzung noch nicht erfüllt ist.

(4) Ein güterrechtlicher Ausgleich für Anrechte im Sinne dieses Gesetzes findet nicht statt.

Literatur: *Kirchmeier*, Die private Altersvorsorge im Versorgungsausgleich nach der Strukturreform, VersR 09, 1581; *Langohr-Plato*, Betriebliche Altersversorgung im Versorgungsausgleich, ZAP Fach 17, 991; *Merten/Baumeister*, Der neue Versorgungsausgleich in der betrieblichen Altersvorsorge, Der Betrieb 09, 957; *Roessink*, Direktversicherungen im Ausgleich zwischen Ehegatten, FamRB 10, 282; *Rolfs/Schlüter*, Der neue Versorgungsausgleich in der betrieblichen Altersversorgung, ZfA 10, 161; *Wilhelm*, Die Reform des Versorgungsausgleichs – eine Herausforderung für den Produktanbieter, BetrAV 08, 735.

Abschnitt 1 | Bürgerliche Ehe § 1587 – VersAusglG

I. Die Norm regelt teilweise abweichend v früherem Recht, welche Anrechte in den Versorgungsausgleich einzubeziehen sind (Abs 1, 2), welche Auswirkungen die Nichterfüllung v Wartezeiten hat, welche für die Inanspruchnahme v Leistungen aus einem Versorgungssystem erfüllt sein müssen (Abs 3) und bestimmt das Konkurrenzverhältnis zum Güterrecht (Abs 4). 1

II. 1. Abs 1 und 2 bestimmen, **welche Anrechte in den Versorgungsausgleich einzubeziehen sind. a)** Dabei stellt Abs 1 zunächst klar, dass ein Versorgungsausgleich sowohl in Bezug auf Anwartschaften in Bezug auf Versorgungen in Betracht kommt als auch in Bezug auf laufende Versorgungen. Das entspricht der früheren Rechtslage, war aber damals nicht so klar geregelt. Die einzubeziehenden Anwartschaften und Versorgungen nennt das Gesetz im Folgenden Anrechte. Auch das entsprach dem früheren Sprachgebrauch, hatte dort aber keine rechtliche Grundlage. 2

Die in Abs 1 **genannten Anrechte** (Ansprüche aus der gesetzlichen Rentenversicherung, aus anderen Regelsicherungssystemen wie der Beamtenversorgung oder der berufsständischen Versorgung, aus der betrieblichen Altersversorgung oder aus der privaten Alters- und Invaliditätsvorsorge) sind nur **beispielhaft** aufgezählt. Ob ein Anrecht einzubeziehen ist oder nicht, richtet sich allein danach, ob es die Anforderungen des Abs 2 erfüllt. 3

Abs 1 stellt auch klar, dass in den Versorgungsausgleich nicht nur die in Deutschland bestehenden Anrechte einzubeziehen sind, sondern **auch ausländische, zwischenstaatliche oder überstaatliche Anrechte.** Diese sind allerdings nicht ausgleichsreif für den Ausgleich bei der Scheidung (§ 19 II Nr 4 VersAusglG). Sie unterfallen deswegen immer dem Ausgleich nach der Scheidung (§§ 20 ff VersAusglG). Ihr Vorhandensein kann dazu führen, dass auch andere Anrechte, die sonst bei der Scheidung auszugleichen wären, aus dem Ausgleich bei der Scheidung ausscheiden (vgl § 19 III VersAusglG). Zu beachten ist auch, dass durch die Änderung des Art 17 III EGBGB ein Versorgungsausgleich im Inland nach ausländischem Recht grds nicht mehr in Betracht kommt (Vor § 1587 Rn 10). 4

b) Die **Voraussetzungen** für die Einbeziehung eines Anrechts in den Versorgungsausgleich finden sich in Abs 2. **aa)** Danach setzt der Ausgleich zunächst voraus, dass das betroffene Anrecht der **Absicherung im Alter oder bei Invalidität,** insb wegen verminderter Erwerbsfähigkeit, Berufsunfähigkeit oder Dienstunfähigkeit, dient (Abs 2 Nr 2). Altersversorgung ist dabei jede Versorgung, welche im Anschluss an eine Altersgrenze eine laufende oder als Kapitalbetrag bemessene Versorgung (in den Fällen des § 2 Abs. 2 Nr. 3 VersAusglG) vorsieht. Das ist zB bei Lebensversicherungen dann zu vermuten, wenn die versprochene Rente im Zusammenhang mit der Altersgrenze für den Ausgleichspflichtigen in seinem Beschäftigungsverhältnis beginnen soll. Keine Altersversorgungen sind dag unabhängig v einer Altersgrenze gezahlte Renten (zB eine Rentenlebensversicherung auf eine Sofortrente, die durch einen Lottogewinn eingezahlt wird und sofort die Leistung aufnimmt). 5

Neben der Altersversorgung wird also auch eine kombinierte oder reine **Versorgung wegen Invalidität** erfasst. Dies entspricht dem früher geltenden Recht. Gemeint ist der Begriff „Invalidität" im Sinne einer bei allen Versorgungen möglichen Einschränkung der Arbeits- oder Dienstfähigkeit vor dem Erreichen der Regelaltersgrenze (BT-Drucks 16/10144, 47). Für selbständige private laufende Versorgungen wegen Invalidität sind die einschränkenden Voraussetzungen des § 28 VersAusglG zu beachten: Der Ausgleich kommt nur in Betracht, wenn beide Ehegatten bei der Entscheidung über den Versorgungsausgleich invalide sind und eine Versorgung aus diesem Grund beziehen (der Ausgleichspflichtige) oder zumindest die Voraussetzungen dafür erfüllen (der Ausgleichsberechtigte). 5a

Sofern eine **Hinterbliebenenversorgung** zum Leistungsspektrum des auszugleichenden Anrechts gehört, sind diese Leistungen nach Ansicht des Gesetzgebers (BT-Drucks 16/10144, 47) in den Versorgungsausgleich mit einzubeziehen. Das gelte aus Gründen der praktischen Handhabbarkeit auch dann, wenn sie im Einzelfall versicherungsmathematisch gesondert bewertet werden könnten. Allerdings kann der Versorgungsträger für solche Fälle die Hinterbliebenenversorgung für die Absicherung des Ausgleichs- 6

Hk-BGB/*Kemper*

pflichtigen ausschließen (muss dann aber die Altersversorgung entsprechend erhöhen, § 11 I 2 Nr 2 VersAusglG). Zu beachten ist aber, dass die Einbeziehung nur dann erfolgt, wenn die Hinterbliebenenversorgung an eine Versorgung wegen Alters oder Invalidität angekoppelt ist, dass also eine isolierte Hinterbliebenenversorgung nicht in den Versorgungsausgleich einzubeziehen ist.

7 Anrechte, die **andere als die genannten Absicherungszwecke** haben, wie zB Lebensversicherungen zur Hausfinanzierung oder Kapitalbildung ohne Versorgungscharakter, Lebensversicherungen als Sparverträge für Kinder (OLG Zweibrücken, NotBZ 11, 189), fallen nicht in den Versorgungsausgleich, sondern in den güterrechtlichen Ausgleich (sofern ein solcher stattfindet). Nach Auffassung des BGH und ihm folgend der OLG (BGH NJW 13, 3173; FamRZ 11, 963; OLG Stuttgart NJW 13, 2125; OLG Karlsruhe NJW 13, 2128; OLG Hamm MDR 13, 1229) gilt etwas anderes aber dann, wenn ein an sich dem Versorgungsausgleich unterfallendes Anrecht zur Sicherung eines Kredits sicherungsabgetreten wird. Dieses Anrecht ist weiter im Versorgungsausgleich auszugleichen. Dem Ausgleichsberechtigten ist dabei auch das Rückübertragungsrecht zu übertragen, damit insoweit Gesamtgläubigerschaft entsteht. Gerade diese Notlösung zeigt, dass das auszugleichende Recht hier eben kein Versorgungsanrecht mehr ist, sondern ein Anwartschaftsrecht auf Rückübertragung eines Versorgungsanrechts, das besser im güterrechtlichen Ausgleich aufgehoben gewesen wäre (Kemper/Norpoth FamRB 11, 284).

8 bb) Das Anrecht muss **durch (eigene) Arbeit oder Vermögen geschaffen oder aufrechterhalten** worden sein (Abs 2 Nr 1, früher § 1587 I 2 aF). Zu den durch **Arbeit** geschaffenen Anrechten rechnen va diejenigen Anrechte, die aufgrund der Versicherung in der gesetzlichen Rentenversicherung wegen der Anknüpfung an das Bestehen eines Arbeitsverhältnisses erworben werden, also die durch die Arbeitgeberanteile geschaffenen Anrechte. Im Rahmen der gesetzlichen Rentenversicherung sind Anrechte aus Arbeit aber auch solche, denen rentenrechtliche Zeiten iSd § 54 SGB VI zugrunde liegen, also beispielsweise Kindererziehungszeiten.

9 Aus **Vermögen** erkaufte Versorgungen fallen auch dann in den Versorgungsausgleich, wenn sie letztlich auf einer Zuwendung eines Dritten beruhen (OLG Koblenz FamRZ 05, 1255), denn die Herkunft des Vermögens ist für die Einbeziehung der damit erworbenen Anrechte grds irrelevant (BGH FamRZ 11, 877; 12, 434). Ausgleichsfrei bleiben nur Versorgungen, die der Dritte dem Begünstigten unmittelbar zuwendet (BGH FamRZ 83, 262). Bei der Gestaltung der Zuwendung ist daher darauf zu achten, dass der Zuwendende das Versorgungsanrecht begründet und dieses zuwendet, statt dem Begünstigten nur den für die Begründung der Anwartschaft erforderlichen Geldbetrag zuzuwenden, damit dieser dann selbst sich die Versorgung erkauft. Ebenfalls nicht auf Arbeit oder Vermögenseinsatz des Begünstigten beruhen etwa Unfall-, Schadensersatz- oder Schmerzensgeldrenten, aber auch Hinterbliebenenrenten (BGH FamRZ 92, 166), Waisenrenten, Abfindungen und öffentlich-rechtliche Entschädigungsleistungen aller Art. Sie fallen daher ebenfalls nicht in den Versorgungsausgleich, können aber ggf güterrechtlich auszugleichen oder unterhaltsrechtlich zu berücksichtigen sein.

10 Wie früher setzt die Einbeziehung eines Anrechts in den Versorgungsausgleich weiter voraus, dass das Anrecht auf eine **Rente** gerichtet ist (Abs 2 Nr 3 Halbs 1). Anrechte, die auf eine Kapitalleistung gerichtet sind, unterliegen dag grds nicht dem Versorgungsausgleich (beachte aber die folgende Rn). Ob eine Rente vorliegt, richtet sich zum einen danach, ob das Recht auf eine regelmäßig wiederkehrende Geldzahlung gerichtet ist und zum anderen danach, ob die Absicherung eines der Risikos, insb des biometrischen „Risikos" der Langlebigkeit, also eine Leistung für die Dauer der Lebenszeit oder aber der Invalidität der begünstigten Person gewollt ist. Leistungen, die lediglich in mehreren Teilen erbracht werden (zB in 5 hintereinander liegenden Jahren zu je 20 %), sind keine Rentenleistungen, sondern die ratenweise Auszahlung eines Kapitals. Wird ein auf eine Rente gerichtetes Anrecht vor dem Ehezeitende oder dem nach § 5 II 2 VersAusglG relevanten Zeitpunkt ein privates (also nicht unter die Ausnahmen der Rn 11 fallendes) auf Kapitalzahlung gerichtetes Anrecht, ist es insgesamt nicht mehr im Versorgungsausgleich auszugleichen (BGH FamRZ 12, 1039; BGH v 6.11.13 – XII ZB

22/13; OLG Hamm FamRZ 13, 304). In Betracht kommt nur ein güterrechtlicher Ausgleich, sofern dieser nach den güterrechtlichen Verhältnissen der Ehegatten stattfindet (BGH FamRZ 11, 1931). Ebenso wenig unterliegen auf Sachleistungen gerichtete Anrechte (zB Stromdeputate) dem Versorgungsausgleich, auch wenn sie lebenslang erbracht werden (BGH FamRZ 13, 1795).

Aweichend v früheren Recht geregelt ist in Abs 2 Nr 3 Halbs 2, dass ein **Anrecht im** 11 **Sinne des Betriebsrentengesetzes** (BetrAVG) oder des **Altersvorsorgeverträge-Zertifizierungsgesetzes** (AltZertG) unabhängig v der Leistungsform im Versorgungsausgleich auszugleichen ist. Ein Ausgleich findet also auch statt, wenn das betriebliche oder zertfizierbare Anrecht auf eine **Kapitalzahlung** gerichtet ist. Durch diese Lösung werden Manipulationsmöglichkeiten eingegrenzt: Früher konnte der Versorgungsausgleich umgangen werden, indem bei Rechtshängigkeit des Scheidungsantrags ein im Rahmen einer betrieblichen Altersversorgung bestehendes Kapitalwahlrecht ausgeübt wurde (vgl BGH FamRZ 03, 664). Das war offensichtlich ungerecht. Die nun gewählte Lösung beseitigt das Problem für alle in den Anwendungsbereich des BetrAVG oder des AltZertG fallenden Versorgungen (allerdings nicht generell, weil noch andere Konstellationen denkbar sind, in denen vergleichbare Probleme weiterhin bestehen können, s Rn 10). Außerdem ergaben sich bei dem Ausschluss v Einmalkapitalzahlungen aus dem Versorgungsausgleich strukturelle Probleme, weil diese Versorgungen dann in den Zugewinnausgleich einbezogen werden mussten, so dass bei bestehender Ausgleichspflicht dann Anrechte (sofort) ausgeglichen werden mussten, aus denen Leistungen noch gar nicht zur Verfügung standen.

Zu den **unter das AltZertG fallenden Auszahlungsformen** gehören die lebenslange 12 Leibrente genauso wie der Auszahlungsplan mit anschließender Teilkapitalverrentung (siehe § 1 I Nr 4 AltZertG). Bei diesen Anlageformen ist eine reguläre Auszahlung vor Vollendung des 60. Lebensjahres grds nicht möglich. Außerdem sind nur Auszahlungsarten begünstigt, die dem Anleger oder der Anlegerin eine lebenslange Altersversorgung gewähren. Hierzu gehören neben der lebenslangen Rente auch die Auszahlung im Rahmen eines Auszahlungsplans mit Teilverrentung ab dem 85. Lebensjahr und die zu Beginn der Auszahlungsphase mögliche Teilkapitalisierung in Höhe v 30 % des zur Verfügung stehenden Kapitals. Zu beachten (va für die Beurteilung v Altverträgen, da es nur auf die Zertifizierbarkeit und nicht auf die erfolgte Zertifizierung ankommt) ist auch, dass die Versorgungen auf Verträgen mit Unisextarifen beruhen müssen. Verträge mit unterschiedlichen Tarifen für Männer und Frauen sind nicht zertifizierbar.

Soweit eine Anlageform weder dem BetrAVG noch dem AltZertG unterfällt, bleibt es 13 dabei, dass das aus ihr folgende Anrecht nicht dem Versorgungsausgleich unterliegt. Das bedeutet für **private Lebensversicherungen**, dass ein Versorgungsausgleich über sie idR auch weiterhin nur dann stattfindet, wenn sie auf eine Rentenleistung gerichtet sind. Die Einbeziehung v auf einmalige Kapitalleistungen gerichteten Versicherungen ist ausgeschlossen. Bei Optionsrechten bestehen die in Rn 11 genannten Gestaltungsmöglichkeiten deswegen in diesen Fällen auch weiterhin.

2. Abs 3 stellt klar, dass es auch nach neuem Recht für die Frage der Ausgleichsfähig- 14 keit eines Anrechts nicht darauf ankommt, ob am Ende der Ehezeit eine für das Anrecht maßgebliche allgemeine **Wartezeit, Mindestbeschäftigungszeit, Mindestversicherungszeit** oder ähnliche zeitliche Voraussetzung bereits erfüllt ist oder nicht (gleiche Regelung wie früher in § 1587a VII 1). Eine Ausnahme besteht nur für Betriebsrenten. Wenn diese am Ende der Ehezeit (bzw im Zeitpunkt der Entscheidung über den Versorgungsausgleich) noch nicht unverfallbar sind, sind sie nicht ausgleichsreif (§ 19 II Nr 1 VersAusglG) und müssen im Ausgleich nach der Scheidung ausgeglichen werden. Zu besonderen Wartezeiten vgl § 43 III VersAusglG.

3. Das **Konkurrenzverhältnis zum Güterrecht** ist gleich geregelt wie bislang in § 1587 15 III aF: Es herrscht ein Vorrang des Versorgungsausgleichs: Was in den Versorgungsausgleich einzubeziehen ist, fällt nicht in den güterrechtlichen Ausgleich (Abs 4). Eine Doppelverwertung eines Anrechts in beiden Ausgleichssystemen wird so ausgeschlossen. Das gilt auch dann, wenn de facto gar kein Versorgungsausgleich stattfindet. Zu

Auswirkungen in Manipulationsfällen vgl Rn 11, 13. Zur Konkurrenz zwischen Unterhalt und Versorgungsausgleich s Vor § 1587 Rn 7.

§ 3 Ehezeit, Ausschluss bei kurzer Ehezeit

(1) Die Ehezeit im Sinne dieses Gesetzes beginnt mit dem ersten Tag des Monats, in dem die Ehe geschlossen worden ist; sie endet am letzten Tag des Monats vor Zustellung des Scheidungsantrags.
(2) In den Versorgungsausgleich sind alle Anrechte einzubeziehen, die in der Ehezeit erworben wurden.
(3) Bei einer Ehezeit von bis zu drei Jahren findet ein Versorgungsausgleich nur statt, wenn ein Ehegatte dies beantragt.

1 I. Die Norm regelt und modifiziert zugleich das **Ehezeitprinzip** im Versorgungsausgleich, indem sie zunächst bestimmt, was unter der Ehezeit zu verstehen ist (Abs 1) und welche Bedeutung sie hat (Abs 2), um danach den Versorgungsausgleich für Ehen v kurzer Dauer einzuschränken (Abs 3).

2 II. 1. Abs 1 bestimmt den Begriff der **Ehezeit**. Die Regelung **entspricht § 1587 II aF.** Die Vorschrift wurde lediglich sprachlich angepasst, um die Verständlichkeit zu verbessern. Die Vorschrift ist hinsichtlich des Bewertungsstichtages weder durch die Ehegatten noch durch den Versorgungsträger (OLG Saarbrücken, 5.4.2011 – 9 UF 138/10) disponibel.

3 Die Ehezeit iSd VersAusglG ist die Zeit v **Beginn des Monats,** in dem die **Ehe geschlossen** wurde, bis zum **Ende des Monats,** der dem **Eintritt der Rechtshängigkeit des Scheidungs- bzw Aufhebungsantrags vorausgeht** (§ 2 I VersAusglG), also dem Monat vor der Zustellung der Antragsschrift (§ 113 I 2 FamFG, § 263 ZPO). Das gilt selbst dann, wenn das Verfahren zwischenzeitlich ruht (BGH NJW 80, 1161). Bei mehreren Anträgen gilt derjenige, der letztlich zur Beendigung der Ehe führt (BGH NJW 91, 2490). Das ist regelmäßig der älteste noch rechtshängige Antrag, auch wenn es zur Aussetzung oder zum tatsächlichen Stillstand dieses Scheidungsverfahrens gekommen war (BGH FamRZ 06, 260). Der frühe Endtermin soll absichern, dass über den Versorgungsausgleich gemeinsam mit der Scheidung entschieden werden kann. Das wäre nicht möglich, wenn auf die Rechtskraft der Scheidung abgestellt würde.

4 2. In den Versorgungsausgleich sind alle **Anrechte** einzubeziehen, die **in der Ehezeit erworben** wurden (Abs 2). Es kommt mithin darauf an, wann die Anrechte begründet wurden, nicht darauf, für welche Zeiten Anrechte begründet wurden.

5 Den **Zeitpunkt der Begründung** regeln dir für die jeweiligen Versorgungssysteme maßgeblichen Vorschriften. In der **gesetzlichen Rentenversicherung** bedeutet das für Pflichtbeiträge, dass die Arbeitszeit, an die angeknüpft wird, in die Ehezeit fallen muss, bei freiwilligen Beiträgen kommt es dag auf den Zeitpunkt der Zahlung der Beiträge an (zB bei Nachzahlungen, Zahlungen zur Erhöhung v Renten usw). Die gleichen Grundsätze gelten bei **berufsständischen Versorgungen**. Bei **Beamten** kommt es auf die in die Ehezeit fallende Dienstzeit an. Bei privaten Altersvorsorgeverträgen ist der Zeitpunkt der Zahlung der Beiträge entscheidend („In-Prinzip").

6 In der **betrieblichen Altersversorgung** kommt es auf den Zeitpunkt der Arbeitsleistung an. Fiel diese in die Ehezeit, ist das Anrecht insoweit zuzurechnen. Eine Ausnahme davon bilden Zeitwertkonten. Ein Zeitwertguthaben kann zwar auch in der Ehezeit erwirtschaftet werden, es dient aber nicht der Altersversorgung, sondern der Finanzierung einer Freistellung vor dem Ruhestand. Deshalb ist das Zeitwertguthaben selbst auch nicht mit seinem Ehezeitanteil in den Versorgungsausgleich einzubeziehen. Die wegen der Bildung des Zeitwertguthabens noch nicht fällig gewordenen Sozialversicherungsbeiträge können noch keine Anrechte in der gesetzlichen Rentenversicherung sichern, die in einem Versorgungsausgleich zu berücksichtigen wären, wenn die Freistellung vor dem Ende der Ehezeit noch nicht begonnen hat, weil die Beiträge erst in der Freistellungsphase fällig werden und erst dann Anrechte in der gesetzlichen Rentenversicherung begründen.

Änderungen der Anrechte, die nach dem Ende der Ehezeit eintreten, sind versorgungs- 7
ausgleichsrechtlich irrelevant, selbst wenn sie an Zeiten anknüpfen, die in die Ehezeit
fallen (zB bei Nachentrichtung v Beiträgen, BGH FamRZ 96, 1538). Lediglich der
Wegfall bzw die Verringerung eines Anrechts vor der gerichtlichen Entscheidung muss
noch berücksichtigt werden; denn das Gericht darf nichts verteilen, v dem es weiß,
dass es nicht mehr existiert (vgl § 5 II 2 VersAusglG). Das betrifft sowohl die Auflösung v Anrechten als auch deren Wegfall aus sonstigen Gründen (zB Wertverfall bei
kapitalgedeckten betrieblichen Anrechten nach dem Stichtag, aber vor der letzten
mündlichen Verhandlung).

3. In den Fällen **kurzer Ehen** v bis zu 3 Jahren Dauer entscheiden die Ehegatten selbst, 8
ob sie einen Versorgungsausgleich wünschen oder nicht. Der Versorgungsausgleich findet nur dann statt, wenn mindestens ein Ehegatte den Antrag stellt, ihn durchzuführen
(Abs 3). Zu beachten ist insofern, dass der Antrag nur die Hürde des Abs 3 überwindet. Der Ausgleich findet auch trotz Antrags nach Abs 3 idR nicht statt, wenn es sich
bei den beiderseits erworbenen Anrechten um solche mit einer geringen Ausgleichsdifferenz bei gleichartigen Anrechten oder um geringwertige Anrechte handelt (vgl § 18
VersAusglG). Der Antrag kann im Scheidungsverfahren zu jeder Zeit gestellt werden;
die Frist des § 137 II FamFG gilt nicht (OLG Dresden FamRZ 11, 483; OLG Frankfurt
FamFR 12, 473). Wird der Antrag nach Abs 3 im Scheidungsverfahren nicht gestellt
und findet deswegen ein Ausgleich bei der Scheidung nicht statt, stellt das Familiengericht das in seinem Beschluss fest (§ 224 III FamFG). Diese Feststellung erwächst in
Rechtskraft, so dass ein nachträglicher Antrag keine Aussichten auf Erfolg mehr hat.

§ 4 Auskunftsansprüche

**(1) Die Ehegatten, ihre Hinterbliebenen und Erben sind verpflichtet, einander die für den
Versorgungsausgleich erforderlichen Auskünfte zu erteilen.**
**(2) Sofern ein Ehegatte, seine Hinterbliebenen oder Erben die erforderlichen Auskünfte von
dem anderen Ehegatten, dessen Hinterbliebenen oder Erben nicht erhalten können, haben sie
einen entsprechenden Auskunftsanspruch gegen die betroffenen Versorgungsträger.**
(3) Versorgungsträger können die erforderlichen Auskünfte von den Ehegatten, deren Hinterbliebenen und Erben sowie von den anderen Versorgungsträgern verlangen.
(4) Für die Erteilung der Auskunft gilt § 1605 Abs. 1 Satz 2 und 3 des Bürgerlichen Gesetzbuchs entsprechend.

I. Die Vorschrift regelt den **Auskunftsanspruch** eines Ehegatten gegen den anderen in 1
Bezug auf Versorgungsanrechte (Abs 1). Sie vereinheitlicht die bislang an unterschiedlichen Stellen geregelten Auskunftsansprüche (vgl §§ 1587 e I, 1587 k I, jeweils iVm
§ 1580, §§ 3 a VIII, 9 IV, 10 a XI VAHRG aF). Außerdem führt sie einen eigenen Auskunftsanspruch gegen die Versorgungsträger der Versorgung des anderen Ehegatten
(Abs 2) und einen Auskunftsanspruch der Versorgungsträger ein (Abs 3) und bestimmt, wie die Auskünfte erteilt werden müssen.

Die Auskunftsansprüche sind **unabhängig v der Anhängigkeit eines Verfahrens** über 2
den Versorgungsausgleich. Den Gesetzesmaterialien ist ausdrücklich zu entnehmen,
dass sie auch schon im Vorfeld eines Verfahrens bestehen sollen, damit die Eheleute die
Möglichkeit haben, eine vertragliche Regelung des Versorgungsausgleichs (vgl §§ 6–8
VersAusglG) vorzubereiten.

Ergänzt werden die durch § 4 VersAusglG gegebenen Möglichkeiten ggf durch weitere 3
materielle Auskunftsansprüche der Beteiligten aus dem jeweiligen materiellen Leistungsrecht (vgl §§ 109, 149 III, IV, 196 I SGB VI, § 4 a BetrAVG). In Bezug auf private
Versorgungsträger können auch vertragliche Auskunfts- und Informationsansprüche
bestehen.

Verfahrensrechtliche Auskunftspflichten der Beteiligten gegenüber dem Gericht sind in 4
§ 220 FamFG geregelt. In vielen Fällen wird deswegen für die Geltendmachung der eigenen materiellen Auskunftsansprüche kein Bedarf bestehen.

II. 1. Materielle Auskunftsansprüche in Bezug auf die für den Versorgungsausgleich er- 5
forderlichen Angaben bestehen zunächst **zwischen den Ehegatten, den Hinterbliebenen**

und Erben (für den Fall des § 25 VersAusglG). Gefragt werden kann nach Beschäftigungszeiten, abgeschlossenen Verträgen über Altersversorgungen, dem Schicksal v derartigen Verträgen, nach betrieblichen Altersversorgungen usw.

6 Nach Abs 2 besteht **hilfsweise ein Auskunftsrecht eines Ehegatten gegenüber den Versorgungsträgern** des anderen Ehegatten. Die Vorschrift fasst die früheren materiellen Auskunftsansprüche im Verhältnis zu den Versorgungsträgern zusammen und erweitert den Anwendungsbereich auf alle Versorgungsträger. Früher waren entsprechende Ansprüche für das Abänderungsverfahren in § 10 a XI 2 VAHRG und für den verlängerten schuldrechtlichen Versorgungsausgleich in § 3 a VIII 2 VAHRG normiert. Voraussetzung des Anspruchs ist nur, dass der Ausgleichsberechtigte die erforderlichen Auskünfte v dem anderen Ehegatten, dessen Hinterbliebenen oder Erben nicht erhalten kann. Die mangelnde Auskunftsbereitschaft des Auskunftsverpflichteten muss der Ausgleichsberechtigte gegenüber den Versorgungsträgern nachweisen. Ausreichend ist dafür schon eine vergebliche Mahnung. In dieser Regelung sind die Auswirkungen des neuen Sprachgebrauchs zu sehen: Ausgleichsberechtigt ist jeder, dessen Ehegatte irgendein Anrecht erworben hat. Gemeint ist also, dass ein Ehegatte, der nachweisen will, dass sein Partner ein Anrecht erworben hat, Auskunft in Bezug auf dieses Anrecht vom Versorgungsträger verlangt.

6a Zweifelhaft ist aber die **Reichweite des Auskunftsanspruchs.** Der Intention des Gesetzgebers scheint es zu entsprechen, einen selbständigen Anspruch mit einer eigenständig definierten Reichweite anzunehmen, so dass es nahe liegt anzunehmen, der Anspruch beziehe sich – wie derjenige in § 220 FamFG – auf alle für den Versorgungsausgleich erforderlichen Angaben. Umgekehrt spricht die Anknüpfung des Anspruchs an die Auskunftspflichten des Ehegatten dafür, den Anspruch als unselbständigen Annex zu dessen Auskunftspflicht nach Abs 1 anzusehen. Danach müsste der Versorgungsträger nicht mehr Auskünfte erteilen als die, zu denen der Ehegatte verpflichtet ist. Das würde den Auskunftsanspruch weitgehend leerlaufen lassen, soweit der Ehegatte selbst gar keine materiell-rechtlichen Auskunftsansprüche gegen seinen Versorgungsträger hat. Das ist etwa im Betriebsrentenrecht der Fall, denn hier besteht ein Anspruch gegen den Betriebsrententräger nur in Bezug auf die Auskunft zu den insgesamt erworbenen Anrechten, nicht aber auch in Bezug auf Ehezeitanteile (vgl § 4 a BetrAVG).Wie die Rspr sich in diesem Streit entscheiden wird, ist offen. Parallel dazu stellt sich die Frage, ob der Versorgungsträger zur Verwendung der im Verfahren eingeführten Formulare verpflichtet werden kann. Dag spricht va, dass für die verfahrensrechtliche Auskunftserteilung die Verwendung der Formulare explizit vorgeschrieben ist (vgl. § 220 II FamFG). Daran fehlt es bei dem Auskunftsanspruch nach § 4 VersAusglG.

7 Ein Versorgungsträger kann bei einem berechtigten Interesse entweder Auskunft v den Eheleuten, ihren Hinterbliebenen oder Erben sowie v anderen Versorgungsträgern verlangen (Abs 3). Letzteres betrifft va die Konstellation, dass ein Versorgungsträger die Höhe der auszugleichenden Versorgung nicht selbständig zu ermitteln vermag, weil diese v der Höhe einer anderen Versorgung abhängig ist, etwa bei einer Gesamtversorgung. Auch bei der Teilhabe an der Hinterbliebenenversorgung kann eine solche Auskunft benötigt werden (vgl § 3 a VIII 3 VAHRG aF), oder bei einem Anpassungsverfahren nach §§ 32–36 VersAusglG.

8 2. Der **Umfang und die Erfüllung** der Auskunftsansprüche richtet sich nach den für Unterhaltsansprüche bestehenden Grundsätzen, denn Abs 4 verweist auf § 1605 I 2, 3. Das entspricht der früheren Rechtslage (§§ 1587 e I, 1587 k I aF). Genannt werden müssen alle bestehenden Versorgungsanrechte. Das Auskunftsrecht bezieht sich aber nicht mehr auf solche Anrechte, die unzweifelhaft zum Ehezeitende nicht mehr bestehen. Sollen Schadensersatzansprüche wegen der Auflösung v Anrechten geltend gemacht werden, hilft § 4 VersAusglG nicht weiter (aA AG Böblingen FamRZ 10, 1905).

9 III. **Verfahren.** Während eines anhängigen Scheidungsverfahrens scheidet die Geltendmachung des Auskunftsanspruchs als selbständige Familiensache aus; vielmehr gehört dieser Auskunftsanspruch wie die Durchführung des Versorgungsausgleichs selbst zwingend in den Scheidungsverbund nach § 137 II Nr 1 FamFG (OLG Hamm FamRZ 13, 806).

§ 5 Bestimmung von Ehezeitanteil und Ausgleichswert

(1) Der Versorgungsträger berechnet den Ehezeitanteil des Anrechts in Form der für das jeweilige Versorgungssystem maßgeblichen Bezugsgröße, insbesondere also in Form von Entgeltpunkten, eines Rentenbetrags oder eines Kapitalwerts.
(2) ¹Maßgeblicher Zeitpunkt für die Bewertung ist das Ende der Ehezeit. ²Rechtliche oder tatsächliche Veränderungen nach dem Ende der Ehezeit, die auf den Ehezeitanteil zurückwirken, sind zu berücksichtigen.
(3) Der Versorgungsträger unterbreitet dem Familiengericht einen Vorschlag für die Bestimmung des Ausgleichswerts und, falls es sich dabei nicht um einen Kapitalwert handelt, für einen korrespondierenden Kapitalwert nach § 47.
(4) ¹In Verfahren über Ausgleichsansprüche nach der Scheidung nach den §§ 20 und 21 oder den §§ 25 und 26 ist grundsätzlich nur der Rentenbetrag zu berechnen. ²Allgemeine Wertanpassungen des Anrechts sind zu berücksichtigen.
(5) Die Einzelheiten der Wertermittlung ergeben sich aus den §§ 39 bis 47.

I. Die Vorschrift enthält **Regelungen in Bezug auf die Bestimmung v Ehezeitanteil und Ausgleichswert** der Versorgungsanrechte. Sie stellt dabei klar, dass die Berechnung des Ehezeitanteils des Anrechts durch den Versorgungsträger erfolgt (nicht durch die Eheleute oder das Gericht, Abs 1). Dieser muss dem Gericht auch einen Vorschlag für die Berechnung des Ausgleichswerts und ggf des korrespondierenden Kapitalwerts unterbreiten (Abs 3). 1

II. 1. **Die Bestimmung des Ehezeitanteils**, dh des in die Ehezeit erworbenen Anteils eines Versorgungsanrechts (vgl § 1 I VersAusglG) obliegt dem Versorgungsträger. Das ist eine Neuerung gegenüber dem früheren Recht. Früher haben viele Versorgungsträger nur die Daten der Betriebszugehörigkeit und den Wert der Versorgung mitgeteilt, weil formal der Familiengericht für die Berechnung des Ehezeitanteils auf Grundlage der mitgeteilten Daten zuständig war. Das bereitete den Gerichten erhebliche Arbeit. Der Gesetzgeber hat deswegen die Ermittlung des Ehezeitanteils nun generell in die Hand des Versorgungsträgers gelegt. 2

Die Versorgungsträger sind zunächst verpflichtet, den Ehezeitanteil **in der v ihrem jeweiligen Versorgungssystem verwandten Bemessungs- bzw Bezugsgröße** zu bestimmen. In Betracht kommen etwa ein Rentenbetrag oder Kapitalwert, aber auch ein Punktwert oder eine Kennzahl. Das ist deswegen möglich, weil das neue Ausgleichssystem – anders als das frühere Recht – nicht darauf angewiesen ist, alle Anrechte für Ausgleichszwecke vergleichbar zu machen. 3

Maßgeblicher Zeitpunkt für die Bewertung des Ehezeitanteils – und damit auch für die Bestimmung des Ausgleichswerts – ist grds das Ende der Ehezeit (§ 3 I VersAusglG). Die Anrechte sind grds zu diesem Zeitpunkt zu bewerten (Abs 2 S 1). Das entspricht der früheren Rechtslage, da Einigkeit darüber bestand, dass die Bezugnahme in § 1587 a II aF auf den „Eintritt der Rechtshängigkeit des Scheidungsantrags" fehlerhaft war. Eine Ausnahme v diesem Grundsatz besteht nur dann, wenn sich nach dem Ende der Ehezeit rechtliche oder tatsächliche Veränderungen ergeben, die auf den Ehezeitanteil zurückwirken. Diese sind zu berücksichtigen, wenn sich die Änderung noch vor der Entscheidung ereignet (Abs 2 S 2). Typische Fälle sind insoweit die *Dienstunfähigkeit des Ausgleichspflichtigen* vor Ausspruch der Scheidung und die Auflösung oder der sonstige Wegfall der Versorgung oder deren Wertverzehr (BGH FamRZ 12, 694 – nach seiner Ansicht aber nicht der Wertzuwachs) sowie Veränderungen in der Beamtenversorgung (BGH FamRZ 12, 941). Zur Pfändung und Abtretung v Anrechten s Vor § 1587 Rn 7. Die Wertung ergibt sich schon aus dem Rechtsgedanken v §§ 225, 226 FamFG (früher § 10 a VAHRG), wonach eine rechtskräftige Entscheidung zum Versorgungsausgleich nur abgeändert werden kann, wenn sich der beim Wertausgleich bei der Scheidung zugrunde gelegte Ausgleichswert aus rechtlichen oder tatsächlichen Gründen wesentlich ändert und entspricht der frühere Rspr des BGH (FamRZ 88, 1148). Nicht zu berücksichtigen sind aber (wie bei § 225 FamFG) die übliche Wertent- 4 wicklung des Anrechts (zwischenzeitlich erfolgte Anpassungen) und nachehezeitliche Veränderungen, die keinen Bezug zur Ehezeit haben (zB spätere Beförderungen).

5 2. **Die Bestimmung des Ausgleichswerts** obliegt zwar dem Gericht. Der Versorgungsträger muss dem Familiengericht aber einen Vorschlag für die Bestimmung des Ausgleichswerts und, falls es sich dabei nicht um einen Kapitalwert handelt, für einen korrespondierenden Kapitalwert nach § 47 unterbreiten (Abs 3). Das ist besonders dann wichtig, wenn v dem Halbteilungsgrundsatz (§ 2 II VersAusglG) abgewichen wird. Zu derartigen Abweichungen v der numerischen Halbteilung kann es bei Vorschlägen privater Versorgungsträger kommen, wenn sie v der Möglichkeit eines Kostenabzugs nach § 13 VersAusglG Gebrauch machen, denn die Kosten werden erst nach der Berechnung des Ehezeitanteils abgezogen. Außerdem sind Teilungsformen möglich, bei denen das Deckungskapital in der Weise verteilt wird, dass bei den Ehegatten gleich hohe Rentenbeträge erzeugt werden, obwohl die Aufteilung des korrespondierenden Kapitalwerts an sich zu unterschiedlich hohen Renten führen würde (vgl § 11 I 2 Nr 2 VersAusglG). Außerdem können sich Abweichungen ergeben, wenn das für den Ausgleichsberechtigten zu schaffende Anrecht wegen der Beschränkung des abgesicherten Risikos auf eine Altersversorgung erhöht werden muss (vgl § 11 I 2 Nr 3 VersAusglG).

6 Die Versorgungsträger müssen zusätzlich einen **korrespondierenden Kapitalwert** nach § 47 VersAusglG berechnen und vorschlagen, wenn ein Ausgleichswert in anderer Form als in einem Kapitalwert ermittelt wird (zB als Entgeltpunkt oder als Rentenbetrag). Dem Familiengericht, aber auch den Eheleuten, stehen damit für alle Anrechte Werte zur Verfügung, die den Stichtagswert der jeweiligen Ausgleichswerte als Kapitalbetrag ausdrücken. Diese Werte können dann bei Bedarf in einer Vorsorgevermögensbilanz einander gegenübergestellt werden. Außerdem sind die Werte bedeutsam für die Prüfung des Gerichts, ob der Versorgungsausgleich aus Härtefallgründen nach § 27 VersAusglG auszuschließen ist oder ob die Durchführung des Versorgungsausgleichs trotz geringfügiger Wertunterschiede nach § 18 III VersAusglG geboten ist. Die Einzelheiten der Wertermittlung ergeben sich aus §§ 39 – 47 VersAusglG (Abs 5). Zu beachten ist aber immer, dass der korrespondierende Kapitalwert nur einen Vergleichswert darstellt. Über den wahren Wert einer Versorgung gibt er grds keine Auskunft (vgl § 47 VI VersAusglG). Ebenso wenig kann aus dem korrespondierenden Kapitalwert auf die Höhe der aus dem Anrecht fließenden Versorgung geschlossen werden, da diese v weiteren Faktoren abhängt, wie etwa dem Lebensalter, dem Geschlecht, dem Rechnungszins, der Dynamik der Versorgung.

7 Abweichend v Abs 3 ermitteln die Versorgungsträger den Ehezeitanteil lediglich als **Rentenbetrag**, wenn es um eine Entscheidung über eine schuldrechtliche Ausgleichsrente nach den §§ 20 f VersAusglG oder über die Teilhabe an der Hinterbliebenenversorgung nach den §§ 25 f VersAusglG geht. Der Rentenbetrag ist hier zweckdienlich, weil es um den Ausgleich laufender Versorgungen geht. Insoweit sind auch allgemeine Anpassungen zu berücksichtigen (Abs 4 S 2, anders als bei Abs 2). Bei dem Anspruch auf Ausgleich v Kapitalzahlung nach § 22 VersAusglG und der Abfindung der künftigen schuldrechtlichen Ausgleichsrente nach §§ 23 f VersAusglG ist dag eine Kapitalzahlung auf Grundlage des Ausgleichswerts zu erbringen, so dass insofern wieder die allgemeinen Regeln greifen.

8 Das Gericht und die Anwälte der Ehegatten müssen die v den Versorgungsträgern mitgeteilten Werte für den Ehezeitanteil und den Ausgleichswert nachprüfen; denn der Versorgungsausgleich gehört zum anwaltlichen Kerngeschäft und der vertretende Ehegatte kann erwarten, dass die relevanten Angaben nachgeprüft werden. Das bedeutet für den Anwalt ein erhebliches Haftungsrisiko, denn bei Fehlern haftet er für die Begründung v fehlerhaft zu niedrig ausgeglichenen oder Wiederbegründung v fehlerhaft zu viel übertragenen Anrechten (BGH NJW 10, 1961). Damit der Anwalt (und das Gericht) zur Überprüfung in der Lage sind, müssen die Auskünfte der Versorgungsträger alle für die Feststellung des Ehezeitanteils und des Ausgleichswerts relevanten Angaben enthalten. Dazu anzugeben, sind die Versorgungsträger verpflichtet, denn sie müssen eine „übersichtliche und nachvollziehbare" Berechnung vorlegen und die für die Teilung maßgebenden Regelungen mitteilen (§ 220 IV 2 FamFG). Die bloße Angabe v Re-

chenergebnissen genügt insoweit nicht. Die Auskunft muss deswegen enthalten: die Dauer der Anwartschaftszeit (zwischen Ehezeitende und Versorgungseintritt), die Dauer der Leistungszeit (Versorgungseintritt bis erwartete Lebenserwartung), die Vorversterbenswahrscheinlichkeit (zwischen Ehezeitende und Versorgungseintritt), wertsteigernde Leistungsmerkmale (Zuschläge wegen des Wegfalls v Invaliditätsabsicherung und/oder Hinterbliebenenversorgung, vgl. § 11 II VersAusglG), den Rechnungszins der Versorgung (einschließlich Dynamik in der Anwartschafts- und/oder Leistungsphase) und die Höhe der Monatsrente. Zu einem Modell der Plausibilitätskontrolle v Auskünften s den Beitrag v Hauß FamRB 11, 156).

Kapitel 2
Ausgleich

Vorbemerkung zu §§ 6–27 VersAusglG

Das zweite Kapitel des ersten Teils des VersAusglG enthält die Kernregelungen über den Versorgungsausgleich, nämlich die Normen, die bestimmen, wie der Ausgleich durchzuführen ist. Der Ausgleich kann zunächst durch Vereinbarung geregelt werden (§§ 6–8 VersAusglG). Bereits durch die Stellung dieser Regelungen im Gesetz betont der Gesetzgeber, dass er diese Form des Ausgleichs für die wünschenswerteste hält. Einigen sich die Eheleute nicht, so wird (wie früher wohl in der Mehrzahl der Fälle) der Wertausgleich bei der Scheidung (§§ 9–19 VersAusglG) abschließend durchgeführt. Soweit Anrechte hierbei nicht ausgeglichen werden können, kann es zum nachgelagerten Ausgleich über die Ausgleichsansprüche nach der Scheidung kommen (§§ 20–26 VersAusglG). Die Härtefälle sind schließlich für alle Arten des Versorgungsausgleichs in § 27 VersAusglG geregelt. 1

Abschnitt 1
Vereinbarungen über den Versorgungsausgleich

§ 6 Regelungsbefugnisse der Ehegatten

(1) ¹Die Ehegatten können Vereinbarungen über den Versorgungsausgleich schließen. ²Sie können ihn insbesondere ganz oder teilweise
1. in die Regelung der ehelichen Vermögensverhältnisse einbeziehen,
2. ausschließen sowie
3. Ausgleichsansprüchen nach der Scheidung gemäß den §§ 20 bis 24 vorbehalten.
(2) Bestehen keine Wirksamkeits- und Durchsetzungshindernisse, ist das Familiengericht an die Vereinbarung gebunden.

Literatur: *Brambring*, Vereinbarungen über den Versorgungsausgleich und Familienrecht, FGPrax 10, 7; *Bredthauer*, Vereinbarungen über den Versorgungsausgleich, FPR 09, 500; *Hahne*, Regelungsbefugnisse der Ehegatten nach der Strukturreform des Versorgungsausgleichs, FamRZ 09, 2041; *Kemper*, Die Regelungsbefugnisse der Ehegatten bei Vereinbarungen zum Versorgungsausgleich, 2011; *Münch*, Vereinbarungen zum neuen Versorgungsausgleich, 2010; *ders.*, Vereinbarungen zum Versorgungsausgleich nach der Reform, notar 10, 4; *ders.*, Missbrauchs- statt Halbteilungskontrolle – v § 1587 o BGB zu § 8 Abs. 1 VersAusglG, FamRB 2010, 51; *Rotax*, Neues Versorgungsausgleichsrecht: Probleme mit Vereinbarungen nach §§ 6 bis 8 VersAusglG; 1408 Abs. 2 BGB, ZFE 09, 453; *Wick*, Möglichkeiten und Grenzen von Vereinbarungen über den Versorgungsausgleich nach der Reform, FuR 10, 301, 376.

I. Die Norm gestattet es den Eheleuten, den **Versorgungsausgleich durch Vereinbarung zu regeln.** Sie geht weit über das frühere Recht hinaus, weil eine Regelung wie § 1408 II aF fehlt, nach der eine Vereinbarung über den Versorgungsausgleich unwirksam wurde, wenn binnen eines Jahres nach ihrem Abschluss Scheidungsantrag gestellt wurde. Außerdem ist das Gericht nach neuem Recht an eine Vereinbarung der Eheleute gebunden, wenn diese wirksam getroffen wurde und Durchsetzungshindernisse nicht bestehen (Abs 2). Ein Genehmigungserfordernis wie in § 1587 o aF gibt es nicht mehr. 1

Die Norm gilt **für alle Vereinbarungen über den Versorgungsausgleich,** gleichgültig, ob sie während der bestehenden und funktionierenden Ehe, während der Trennungszeit 2 oder im Scheidungsverfahren abgeschlossen werden. Unterschiede in den Anforderungen an Vereinbarungen wie früher in § 1408 und 1587 o aF gibt es nicht mehr.

3 Zu den **formalen Anforderungen** an Vereinbarungen über den Versorgungsausgleich s § 7 VersAusglG, zu den **materiellen Anforderungen** s § 8 VersAusglG.

4 **II. 1.** Mögliche **Inhalte einer Vereinbarung** über den Versorgungsausgleich nennt Abs 1 S 2, nachdem Abs 1 S 1 generell die Zulässigkeit v Vereinbarungen über den Versorgungsausgleich feststellt. Die Aufzählung ist nicht abschließend. Allein durch den Hinweis, dass die Regelungsbefugnis der Eheleute nicht nur eine Gesamt-, sondern auch Teilregelungen des Versorgungsausgleichs umfasst (Abs 1 S 2 am Anfang), wird deutlich, dass sich die Gestaltungsmöglichkeiten der Eheleute deutlich erhöht haben.

5 a) Die Ehegatten können den Versorgungsausgleich ganz oder teilweise **in die Regelung der ehelichen Vermögensverhältnisse einbeziehen** (Abs 1 S 2 Nr 1). Mit dieser Bestimmung wird deutlich gemacht, dass der Versorgungsausgleich nicht zwangsläufig gesondert v den sonstigen Vermögensangelegenheiten zu regeln ist. Der Gesetzgeber hält es ausdrücklich für zulässig, im Rahmen einer notariellen Vereinbarung etwa die Stichtagswerte der Anrechte zugrunde zu legen und den Wertunterschied über andere Vermögenswerte zu kompensieren (BT-Drucks 16/10144, 52), zB durch die Einzahlung v Beiträgen in die gesetzliche Rentenversicherung, durch die Finanzierung einer Privatrente aus dem in der Ehe erworbenen Spargutbaben oder durch die Überlassung v Immobilien für die Altersvorsorge. Solche Vereinbarungen können sinnvoll sein, wenn einzelne Anrechte dem Wertausgleich bei der Scheidung entzogen sind, (Hauptfall: im Ausland erworbene Versorgungen, vgl § 19 II Nr 4 VersAusglG). Damit können die Eheleute in diesem Fall ihre Angelegenheiten doch schon abschließend regeln und sind dann nicht mehr auf die – für den Berechtigten regelmäßig viel nachteiligeren – Ausgleichsansprüche nach der Scheidung angewiesen. Umgekehrt ist der Kompensationsausgleich aber auch nicht ungefährlich. Es besteht die Gefahr, dass ein Ehegatte sich mit weniger wertbeständigen Gegenständen abfinden lässt, die verloren sind, wenn sich das Risiko des Alters oder der Erwerbsunfähigkeit realisiert. Mit § 8 VersAusglG wird in diesen Fällen nur in Ausnahmefällen zu helfen sein. Außerdem setzt eine Regelung dieser Art eine vollständige Vermögensbilanz voraus, schon damit später beurteilt werden kann, ob sich gegenüber der ursprünglichen Planung der Eheleute Abweichungen ergeben haben, so dass die Annahme eines Durchsetzungshindernisses nach § 8 VersAusglG in Betracht kommt. Dabei ist außerdem zu beachten, dass die Stichtage für Versorgungsausgleich und Güterausgleich unterschiedlich sind (vgl § 3 VersAusglG einerseits und § 1384 andererseits) und dass die Bewertung nach unterschiedlichen Maßstäben erfolgt. Da darf der korrespondierende Kapitalwert nicht unkritisch als in die Bilanz einzustellender Wert angesehen werden, denn er ist nur ein technischer Vergleichswert und gibt anders als ein versicherungsmathematisch ermittelter Barwert nicht den exakten Wert der Versorgung wieder. § 47 VI VersAusglG schreibt deswegen gerade auch für den Abschluss v Vereinbarungen die Hinzuziehung weiterer Werte vor.

6 b) Die Eheleute können den **Versorgungsausgleich ganz oder teilweise ausschließen** (Abs 1 S 2 Nr 2). Dabei bedeutet die Möglichkeit eines Teilverzichts eine deutliche Erweiterung gegenüber dem früheren Recht; denn dieses kannte den Teilverzicht nicht, weil sich ein teilweiser Ausschluss des Versorgungsausgleichs sich nach dem früheren gesamtbilanzierenden Ausgleich immer auch auf die anderen Anrechte ausgewirkt hätte. Jetzt kann ein Teilverzicht in Betracht kommen, wenn beide Ehegatten nach dem gewählten Ehemodell (va bei einer Doppelverdienerehe) keinen Bedarf für einen Ausgleich der in der Ehe erworbenen Anrechte sehen. Die Eheleute können zB sich vereinbaren, auf den Ausgleich der ergänzenden Altersvorsorge zu verzichten, also auf den Ausgleich v Betriebsrenten und v Anrechten aus der privaten Vorsorge. Dann führt das Gericht den Wertausgleich bei der Scheidung nur für die Anrechte der Regelaltersvorsorge durch. Diese Gestaltungsmöglichkeiten dürfen nur mit großer Vorsicht gehandhabt werden. Wenn nur einzelne Anrechte aus dem Ausgleich ausgeschlossen werden, ändert sich das Gesamtgefüge der Versorgung und damit des Ausgleichs. Va der verzichtende Ehegatte muss deswegen genau wissen, worauf er verzichtet und wie sich das auf seine Rente auswirkt. Das bedingt, dass die entsprechenden Werte vor dem Verzicht ausgerechnet und klargestellt werden. Jeden Anwalt oder Notar, der die Eheleute vor dem Abschluss einer entsprechenden Vereinbarung berät, muss sie deswegen auf die Auswirkungen auf die Versorgung deutlich hinweisen. Auch hier reicht die Bezugnahme auf die Kapitalwerte der Versorgungen nicht aus.

Zu beachten ist, dass der Verzicht auf den Ausgleich einzelner Anrechte **nicht der Zustimmung durch den betroffenen Versorgungsträger** bedarf (OLG Schleswig FamRZ 13, 887; OLG Celle FamRZ 12, 1722; aA OLG Schleswig FamRZ 12, 1144): Dieser ist nicht schutzwürdig, denn er steht in diesem Fall nach der Scheidung genauso wie er ohne eine Scheidung gestanden hätte, denn er behält „seinen" Berechtigten mit demselben Anrecht wie sonst auch. Können sich die Eheleute also einigen, können sie eine Lösung herbeiführen, die dem Willen des Versorgungsträgers nicht entspricht. Sind die Ehegatten dag einigungsunfähig, kann durch die Vereinbarung eines externen Ausgleichs mit einem Versorgungsträger uU ein Ergebnis herbeigeführt werden, welches wirtschaftlich dem durch Teilverzicht geschaffenen weitgehend entspricht (indem man mit dem Versorgungsträger des Ehegatten vereinbart, den Ausgleichswert in eine andere eigene Versorgung einzuzahlen, vgl § 14 II Nr 1 VersAusglG). 6a

Der Ausschluss des Versorgungsausgleichs hat **keinen Einfluss auf den Güterstand** mehr; die Regelung, dass der Ausschluss des Versorgungsausgleichs zur Gütertrennung führte (§ 1414 aF), wurde aufgehoben. 7

c) Die Eheleute können auch vollständig oder teilweise den Ausgleich bei der Scheidung ausschließen und den **Ausgleich dem Ausgleich bei der Scheidung (§§ 20–24 VersAusglG) vorbehalten.** Sinnvoll wird das aber nur in Ausnahmefällen sein, weil regelmäßig ein Interesse besteht, die Angelegenheiten abschließend schon bei der Scheidung zu regeln. Außerdem ist die Rechtsstellung des Ausgleichsberechtigten viel schwächer als beim Ausgleich bei der Scheidung, weil er grds keine eigenständige Absicherung erhält, sondern nur einen unterhaltsähnlichen Anspruch gegen den Ausgleichspflichtigen. Außerdem ist zu beachten, dass aus Anrechten, welche durch Vertrag in den schuldrechtlichen Ausgleich verschoben werden, keine Hinterbliebenenversorgung an den Ausgleichsberechtigten fließt (§ 25 II VersAusglG). 8

d) Neben diesen im Gesetz genannten Möglichkeiten für Vereinbarungen zum Versorgungsausgleich kommen weitere Regelungen in Betracht, wie etwa Bedingungen oder Befristungen, Vereinbarungen über den Zeitraum, aus dem Anrechte in den Versorgungsausgleich einbezogen werden sollen (nicht aber den Bewertungsstichtag), der Verzicht auf Antragsrechte im Verfahren (zB das nach § 3 III VersAusglG oder nach Art 17 III EGBGB), die Vereinbarung v Kompensationslösungen, mit deren Hilfe die Eheleute auf beiden Seiten Anrechte aus dem Versorgungsausgleich herausnehmen, um die Zersplitterung v Anrechten zu verhindern oder zu vermeiden, dass die erworbenen Rechte weniger wertig sind als die abgegebenen (weil zB das abgesicherte Risiko nach § 11 II VersAusglG eingeschränkt wurde). Außerdem kommen Präzisierungen der Härteklausel (vgl § 27 VersAusglG), Vereinbarungen zum externen Ausgleich und sogar die Vereinbarung in Betracht, alle vorhandenen Anrechte zu saldieren (also einen Ausgleich nach altem Muster durchzuführen). Zu Einzelheiten s Kemper ZFE 11, 179, 182 ff. 8a

2. Das **Familiengericht** darf nur prüfen, ob die Vereinbarung wirksam ist und ob ihr Durchsetzungshindernisse entgegenstehen. Wenn die Form des § 7 VersAusglG eingehalten ist und keine materiellen Wirksamkeits- oder Durchsetzungshindernisse vorliegen (vgl § 8), ist es an die Vereinbarung **gebunden** (Abs 2). Soweit sie reicht, scheidet ein Versorgungsausgleich aus. Das bedeutet gegenüber dem früheren Rechtszustand eine ganz erhebliche Einschränkung der gerichtlichen Prüfungsbefugnis. 9

In diesen Fällen stellt das Gericht nach § 224 III FamFG in der **Beschlussformel** fest, dass insoweit kein Versorgungsausgleich (durch das Familiengericht) stattfindet. Diese Entscheidung erwächst in Rechtskraft. Kommt das Familiengericht bei seiner Prüfung zu dem Ergebnis, dass die Vereinbarung unwirksam ist, so führt es den Wertausgleich bei der Scheidung vAw bzw das Verfahren über Ausgleichsansprüche nach der Scheidung auf Antrag durch. Es muss dann in den Gründen darlegen, weshalb es die Unwirksamkeit der Vereinbarung annimmt. 10

§ 7 Besondere formelle Wirksamkeitsvoraussetzungen

(1) Eine Vereinbarung über den Versorgungsausgleich, die vor Rechtskraft der Entscheidung über den Wertausgleich bei der Scheidung geschlossen wird, bedarf der notariellen Beurkundung.
(2) § 127 a des Bürgerlichen Gesetzbuchs gilt entsprechend.
(3) Für eine Vereinbarung über den Versorgungsausgleich im Rahmen eines Ehevertrags gilt die in § 1410 des Bürgerlichen Gesetzbuchs bestimmte Form.

1 Die Norm regelt die **formellen Voraussetzungen** für eine Vereinbarung über den Versorgungsausgleich. Sie wurde in Anlehnung an das frühere Recht gestaltet (vgl § 1587 o II aF). Zum möglichen Inhalt s § 6 VersAusglG, zu den materiellen Anforderungen s § 8 VersAusglG.

2 Das Formerfordernis gilt für alle Vereinbarungen über den Versorgungsausgleich, die **vor Rechtskraft der Entscheidung über den Wertausgleich bei der Scheidung** geschlossen werden (Abs 1). Wird die Vereinbarung später geschlossen (zB, um den Ausgleich nach der Scheidung zu regeln), unterliegt sie keinem Formerfordernis mehr. Ebenfalls keinem Formerfordernis unterliegt die Vereinbarung des externen Ausgleichs zwischen dem Ausgleichsberechtigten und dem Versorgungsträger des Ausgleichspflichtigen (vgl § 14 II Nr 1 VersAusglG).

3 Wie früher sind Verträge über den Versorgungsausgleich **notariell zu beurkunden**. Die notarielle Beurkundung wird durch die Aufnahme in einen gerichtlichen Vergleich ersetzt (§ 127 a BGB). Vereinbarungen über den Versorgungsausgleich können aber auch dann, wenn sie nicht den Charakter eines Vergleichs haben, in der in § 127 a BGB bestimmten Form geschlossen werden (Abs 2). Wird die Vereinbarung im Rahmen eines Ehevertrags geschlossen, ist die strengere Formvorschrift des § 1410 BGB maßgeblich (Abs 3). Es ist also eine notarielle Beurkundung in Anwesenheit beider Ehegatten erforderlich.

§ 8 Besondere materielle Wirksamkeitsvoraussetzungen

(1) Die Vereinbarung über den Versorgungsausgleich muss einer Inhalts- und Ausübungskontrolle standhalten.
(2) Durch die Vereinbarung können Anrechte nur übertragen oder begründet werden, wenn die maßgeblichen Regelungen dies zulassen und die betroffenen Versorgungsträger zustimmen.

1 I. Die Norm **dient** nur **der Klarstellung**. Sie bestimmt in Abs 1, dass eine Vereinbarung über den Versorgungsausgleich einer Inhalts- und Ausübungskontrolle standhalten muss. Das ist eine Selbstverständlichkeit. Die Regelung ist deswegen überflüssig. Das Gleiche gilt für die Bestimmung in Abs 2, dass Anrechte nur übertragen oder begründet werden können, wenn die maßgeblichen Regelungen dies zulassen und die betroffenen Versorgungsträger zustimmen. Andernfalls handelte es sich um eine Vereinbarung zulasten Dritter.

2 II. 1. Das Familiengericht muss jede Vereinbarung über den Versorgungsausgleich daraufhin überprüfen, ob der Vertrag nach den allgemeinen gesetzlichen Bestimmungen **wirksam** ist (§ 138 I) und ihm auch keine **Durchsetzungshindernisse** (§§ 313, 242) entgegenstehen. Maßstab dieser Überprüfung ist die neuere Rspr v BVerfG und BGH zur Inhalts- und Ausübungskontrolle (BVerfG FamRZ 01, 343; BGH FamRZ 04, 601) v Eheverträgen mit der sog Kernbereichslehre (OLG Hamm FamFR 13, 310).

3 a) **Unwirksam** wegen Verstoßes gegen § 138 I ist ein Ehevertrag, und damit auch ein Vertrag über den Versorgungsausgleich, wenn er zu einer **evident einseitigen Lastenverteilung** der Eheleute führt und ein Ehegatte bei dessen Abschluss in einer erheblich schwächeren Verhandlungsposition war. Dabei hat das Familiengericht in Betracht zu ziehen, inwieweit die vertraglichen Abreden unmittelbar in den Kernbereich des Scheidungsfolgenrechts eingreifen (BGH FamRZ 04, 601). Zu diesem gehört in erster Linie der Betreuungsunterhalt, dann der Krankheitsunterhalt und schließlich der Altersunter-

halt, mit dem der Versorgungsausgleich den Rang teilt. Vereinbarungen über den Versorgungsausgleich unterliegen damit einer deutlich großzügigeren Beurteilung als solche über den Betreuungsunterhalt.

Eine Vereinbarung über den Versorgungsausgleich kann außerdem unwirksam sein, 4 wenn sie voraussichtlich dazu führt, **individuelle Vorteile zum Nachteil der Grundsicherung nach SGB XII** zu erzielen (§ 138 I, vgl BGH FamRZ 83, 137; FamRZ 07, 197 zu Unterhaltsfällen; OLG Hamm FamRZ 13, 1311). Das Gericht muss prüfen, ob eine Vereinbarung nach ihrem Gesamtcharakter geeignet ist, dass die Ehegatten bewusst oder unbewusst Verpflichtungen, die auf der Ehe beruhen, objektiv zulasten der Sozialhilfe (im Alter: Grundsicherung) regeln. Es kommt darauf an, ob ein Ehegatte künftig auf die Grundsicherung im Alter oder bei Erwerbsminderung angewiesen ist, dies aber ohne die Vereinbarung nicht der Fall wäre. Es ist insoweit also eine Prognose erforderlich, die beim Versorgungsausgleich regelmäßig wegen der langen Zeit, die zwischen der Vereinbarung und dem Eintritt des Versorgungsfalles liegt, kaum getroffen werden kann. Auch wenn auf den Versorgungsausgleich verzichtet wird, kann nämlich oftmals ein Gesamt- oder Teilverzicht auf den Versorgungsausgleich durch die weitere Erwerbsbiografie kompensiert werden. Die allgemeine Gefahr einer späteren Sozialhilfebedürftigkeit reicht zur Annahme einer Sittenwidrigkeit nicht aus (vgl OLG Hamm FamRZ 13, 1311).

b) Schließlich ist bei einem vereinbarten völligen oder teilweisen Ausschluss des Versorgungsausgleichs im Rahmen der **Ausübungskontrolle** am Maßstab des § 242 bzw § 313 zu prüfen, ob infolge der Vereinbarung etwa ein Ehegatte aufgrund einvernehmlicher Änderung der gemeinsamen Lebensumstände über keine hinreichende Alterssicherung verfügt und dieses Ergebnis mit dem Gebot ehelicher Solidarität schlechthin unvereinbar erscheint (BGH FamRZ 05, 185). 5

2. Anrechte können im Rahmen einer Vereinbarung der Eheleute nur **übertragen oder** 6 **begründet** werden, wenn die maßgeblichen **Versorgungsregelungen das zulassen** und die betroffenen **Versorgungsträger zustimmen** (Abs 2). Die Regelung geht über den früheren Rechtszustand deutlich hinaus. Gleichwohl hat sie nur klarstellenden Charakter. Entsprechende Bestimmungen finden sich schon in den jeweiligen Versorgungssystemen.

Über Anrechte in den **öffentlich-rechtlichen Sicherungssystemen** können die Eheleute 7 nicht disponieren (vgl §§ 32, 46 II SGB I).

Die Regelung ist vor allem für hohe Ausgleichswerte aus **privaten Versorgungen** v Bedeutung: Hier können sich die Eheleute im Rahmen einer Gesamt-Vermögensauseinandersetzung unter Einbeziehung der beteiligten Versorgungträger darüber einigen, zugunsten der ausgleichsberechtigten Person ein Anrecht in einer gewissen Höhe zu schaffen. 8

Die **Zustimmung des Versorgungsträgers** kann noch bis zur Entscheidung über die 9 Versorgungsausgleichssache erteilt werden.

Zu beachten ist, dass das Zustimmungserfordernis **nicht** für solche **Vereinbarungen** 10 gilt, durch welche die **Ehegatten auf den Ausgleich v Anrechten** (teilweise) **verzichten** (OLG Schleswig FamRZ 13, 887; OLG Celle FamRZ 12, 1722; aA OLG Schleswig FamRZ 12, 1144). Die Versorgungsträger sind in einem solchen Fall nicht schutzwürdig, denn aufgrund der Vereinbarung bleibt gerade die Situation erhalten, die auch ohne Versorgungsausgleich bestünde: Der an sich Ausgleichspflichtige behält genau die Anrechte (oder einen Teil davon), die er auch hätte, wenn keine Scheidung in Frage stünde.

Abschnitt 2
Wertausgleich bei der Scheidung

Vorbemerkung zu §§ 9–19 VersAusglG

Literatur: *Antl*, Ausgleichszahlungen im Rahmen des Versorgungsausgleichs, StBW 10, 509; *Bergner*, Ausgleich von Entgeltpunkten und Bagatellklausel, FamFR 10, 221; *Borth*, Der Wertausgleich von Versorgungsanrechten, FamRZ 09, 1361; *Buttler*, Scheidungsfälle schnell und einfach bearbeiten – Versorgungsausgleich bei Pensionszusagen, AuA 10, 480; *Eulering/Viefhues,* Der reformierte Versorgungsausgleich – praktische Umsetzung durch die Familiengerichte, FamRZ 09, 1368; *Götsche,* Bagatellfälle des neuen Versorgungsausgleichs – erste Erfahrungen mit § 18 VersAusglG, FamRB 10, 344; *Hauß,* Der Verzicht auf Bagatellausgleiche im neuen Versorgungsausgleichsrecht, FPR 09, 214; *ders.*, Praktische Fragestellungen des neuen Versorgungsausgleichs, FamRB 10, 251; *Häußermann,* Zehn Fallstricke des neuen Versorgungsausgleichs, FPR 09, 223; *Kemper,* Versorgungsausgleich im Wandel, NJ 09, 353; Ruland, Zur Abschaffung des „Rentnerprivilegs" beim Versorgungsausgleich, FamFR 09, 37; *Vogts/Voucko-Glockner,* Einstweiliges Weitergelten des Pensionärsprivilegs in der Beamtenversorgung der Länder, FamRZ 10, 950.

1 §§ 9–19 VersAusglG enthalten die Bestimmungen über den (vorrangigen) Ausgleich bei der Scheidung. Dabei stellt § 9 VersAusglG zunächst das Rangverhältnis der Ausgleichsformen dar, §§ 10–13 VersAusglG regeln den internen Ausgleich in demselben Versorgungssystem, das Regelausgleichssystem des neuen Rechts, §§ 14–17 VersAusglG den externen Ausgleich als Sonderform des Ausgleichs. Ausnahmen für geringfügige Anrechte finden sich in § 18 VersAusglG, solche für Rechte mit mangelnder Ausgleichsreife in § 19 VersAusglG.

2 Die **Entscheidung** des Gerichts über den Wertausgleich bei der Scheidung erfolgt **vAw**. Der Ausgleich steht weiterhin im Zwangsverbund mit der Ehesache und den anderen Folgesachen (§ 137 II 2 FamFG).

3 Zum **Unterschied des neuen Ausgleichssystems zum früheren** vgl Vor § 1587 Rn 3 ff.

Unterabschnitt 1
Grundsätze des Wertausgleichs bei der Scheidung

§ 9 Rangfolge der Ausgleichsformen, Ausnahmen

(1) Dem Wertausgleich bei der Scheidung unterfallen alle Anrechte, es sei denn, die Ehegatten haben den Ausgleich nach den §§ 6 bis 8 geregelt oder die Ausgleichsreife der Anrechte nach § 19 fehlt.
(2) Anrechte sind in der Regel nach den §§ 10 bis 13 intern zu teilen.
(3) Ein Anrecht ist nur dann nach den §§ 14 bis 17 extern zu teilen, wenn ein Fall des § 14 Abs. 2 oder des § 16 Abs. 1 oder Abs. 2 vorliegt.
(4) Ist die Differenz beiderseitiger Ausgleichswerte von Anrechten gleicher Art gering oder haben einzelne Anrechte einen geringen Ausgleichswert, ist § 18 anzuwenden.

1 I. Die Norm regelt die **Rangfolge** der verschiedenen Ausgleichsformen beim Versorgungsausgleich. Die Reihenfolge ist in den Grenzen der §§ 6, 8 FamFG dispositiv.

2 II. 1. Allen anderen Ausgleichsform geht eine **Vereinbarung** nach § 6 VersAusglG vor, soweit diese Vereinbarung wirksam ist (Abs 1, vgl §§ 7, 8 VersAusglG).

3 2. Alle nicht v einer Vereinbarung erfassten Anrechte sind grds im **Ausgleich bei der Scheidung** (§§ 10–17 VersAusglG) auszugleichen (Abs 1). Ausgenommen sind nur solche Anrechte, die noch nicht ausgleichsreif sind (vgl. § 19 VersAusglG). Diese Anrechte sind im Ausgleich nach der Scheidung (§§ 20 ff VersAusglG) auszugleichen. Bei Anrechten gleicher Art mit geringem Ausgleichswert bzw einzelnen Anrechten mit geringem Ausgleichswert (§ 18 VersAusglG) soll v einem Ausgleich abgesehen werden (Abs 4).

4 Beim Ausgleich bei der Scheidung hat der **interne Ausgleich** nach §§ 10 – 13 VersAusglG Vorrang vor einem externen Ausgleich nach §§ 14–17 VersAusglG (Abs 2). Dieser darf nur in den Fällen des § 14 II VersAusglG oder des § 16 I, II VersAusglG stattfinden (Abs 3).

5 3. Soweit ein Ausgleich bei der Scheidung nicht möglich ist, findet der **Ausgleich nach der Scheidung** statt (§§ 20 ff VersAusglG). Daraus folgt, dass solche Anrechte, bei denen der Ausgleich bei der Scheidung möglich gewesen wäre, die aber nicht ausgeglichen wurden (weil sie zB vergessen wurden), nicht mehr nach der Scheidung ausgeglichen werden können (BGH FamRZ 13, 1548; 13, 1642).

Unterabschnitt 2
Interne Teilung

Literatur: *Borth*, Der Wertausgleich von Versorgungsanrechten, FamRZ 09, 1361; *Buttler*, Scheidungsfälle schnell und einfach bearbeiten – Versorgungsausgleich bei Pensionszusagen, AuA 10, 480; *Eulering/Viefhues*, Der reformierte Versorgungsausgleich – praktische Umsetzung durch die Familiengerichte, FamRZ 09, 1368; *Häußermann*, Zehn Fallstricke des neuen Versorgungsausgleichs, FPR 09, 223; *Kemper*, Versorgungsausgleich im Wandel, NJ 09, 353; *Triebs*, Grundsatz der internen Teilung nach dem Versorgungsausgleichsgesetz, FPR 09, 202.

§ 10 Interne Teilung

(1) Das Familiengericht überträgt für die ausgleichsberechtigte Person zulasten des Anrechts der ausgleichspflichtigen Person ein Anrecht in Höhe des Ausgleichswerts bei dem Versorgungsträger, bei dem das Anrecht der ausgleichspflichtigen Person besteht (interne Teilung).
(2) ¹Sofern nach der internen Teilung durch das Familiengericht für beide Ehegatten Anrechte gleicher Art bei demselben Versorgungsträger auszugleichen sind, vollzieht dieser den Ausgleich nur in Höhe des Wertunterschieds nach Verrechnung. ²Satz 1 gilt entsprechend, wenn verschiedene Versorgungsträger zuständig sind und Vereinbarungen zwischen ihnen eine Verrechnung vorsehen.
(3) Maßgeblich sind die Regelungen über das auszugleichende und das zu übertragende Anrecht.

I. Die Norm regelt die **Funktionsweise der internen Teilung v Anrechten** als der Regelform des Ausgleichs bei der Scheidung. Die Anforderungen an die interne Teilung finden sich in § 11 VersAusglG, eine Sonderregelung in Bezug auf die Rechtsfolgen der internen Teilung v Betriebsrenten in § 12 VersAusglG und eine solche über die Teilungskosten in § 13 VersAusglG. 1

II. 1. **Begriff.** Die interne Teilung eines Anrechts erfolgt innerhalb ein- und desselben Versorgungssystems. Dem Ausgleichsberechtigten wird in Höhe des Ausgleichswerts bei dem Versorgungsträger, bei dem das Anrecht der ausgleichspflichtigen Person besteht, das Anrecht des Ausgleichspflichtigen übertragen. Ziel des internen Ausgleichs ist es, dass nach der Teilung beide Seiten ein vergleichbares Anrecht v gleichem Wert in demselben Versorgungssystem haben. Dieses Ziel abzusichern, ist Gegenstand des § 11 VersAusglG. Für Betriebsrenten formuliert § 12 das Prinzip dadurch, dass die Vorschrift bestimmt, dass die ausgleichsberechtigte Person mit der Übertragung des Anrechts die Stellung eines ausgeschiedenen Arbeitnehmers im Sinne des Betriebsrentengesetzes erlangt. 2

Die Teilung erfolgt durch einen **richterlichen Gestaltungsakt** mit der Rechtskraft der Entscheidung über den Versorgungsausgleich bzw mit ihrem Wirksamwerden, wenn der Scheidungsausspruch nachfolgt (vgl § 148 FamFG). 3

Die **Teilung bewirkt,** dass ein **Rechtsverhältnis zwischen der ausgleichsberechtigten Person und dem Versorgungsträger** der ausgleichspflichtigen Person geschaffen wird, sofern dieses nicht bereits besteht. 4

Die Übertragung des Anrechts erfolgt **zulasten des Anrechts der ausgleichspflichtigen Person** (Abs 1). Daraus folgt die Befugnis des Versorgungsträgers, dieses Anrecht entsprechend zu kürzen. Die Einzelheiten dafür richten sich nach dem für das Anrecht maßgeblichen Recht (vgl § 76 SGB VI für die Abschläge beim Versorgungsausgleich in der gesetzlichen Rentenversicherung). Soweit betriebliche oder private Anrechte intern geteilt werden, sind die für die jeweilige Versorgung maßgebenden Regelungen einschlägig. 5

2. a) Sind für **beide Ehegatten Anrechte gleicher Art bei demselben Versorgungsträger** auszugleichen, vollzieht sich dieser Ausgleich zwar nur in Höhe des Wertunterschieds nach Verrechnung (Abs 2 S 1). Den Wertausgleich nimmt aber erst der Versorgungsträger vor, so dass selbst in diesen Fällen das Familiengericht noch beide Anrechte ausgleicht (Hin- und Her-Ausgleich). 6

Für die gesetzliche Rentenversicherung bestimmt § 120 f I SGB VI, dass alle bei einem Träger der gesetzlichen Rentenversicherung erworbenen **Anrechte als bei demselben** 7

Versorgungsträger erworbene Anrechte gelten. § 120 f II nimmt davon Ost-Anrechte und West-Anrechte sowie Anrechte aus der allgemeinen Rentenversicherung und in der knappschaftlichen Rentenversicherung aus, da es sich insoweit nicht um Anrechte gleicher Art handelt.

8 **Anrechte gleicher Art** sind Anrechte, die sich in Struktur und Wertentwicklung entsprechen, so dass ein Saldenausgleich nach Verrechnung im Wesentlichen zu demselben wirtschaftlichen Ergebnis führt wie ein Hin-und-her-Ausgleich. Eine Wertidentität ist nicht erforderlich, ausreichend ist eine strukturelle Übereinstimmung in den wesentlichen Fragen (zB Leistungsspektrum, Finanzierungsart, Anpassung v Anwartschaften und laufenden Versorgungen).

9 b) Entsprechendes wie nach Abs 2 S 1 gilt, wenn **verschiedene Versorgungsträger** zuständig sind und **Vereinbarungen zwischen ihnen** eine Verrechnung vorsehen. In diesen Fällen kommt es nur darauf an, ob es sich um Anrechte gleicher Art (Rn 7) handelt.

10 3. Die **Einzelheiten des Vollzugs** einer internen Teilung richten sich nach den Vorschriften für die jeweiligen Versorgungssysteme (Abs 3).

11 III. **Verfahren.** Das Gericht muss bei der internen Teilung im Tenor Bezug auf die Fassung oder das Datum der Versorgungsregelung nehme, die der Entscheidung zugrunde liegt (BGH FamRZ 11, 547).

§ 11 Anforderungen an die interne Teilung

(1) ¹Die interne Teilung muss die gleichwertige Teilhabe der Ehegatten an den in der Ehezeit erworbenen Anrechten sicherstellen. ²Dies ist gewährleistet, wenn im Vergleich zum Anrecht der ausgleichspflichtigen Person
1. für die ausgleichsberechtigte Person ein eigenständiges und entsprechend gesichertes Anrecht übertragen wird,
2. ein Anrecht in Höhe des Ausgleichswerts mit vergleichbarer Wertentwicklung entsteht und
3. der gleiche Risikoschutz gewährt wird; der Versorgungsträger kann den Risikoschutz auf eine Altersversorgung beschränken, wenn er für das nicht abgesicherte Risiko einen zusätzlichen Ausgleich bei der Altersversorgung schafft.

(2) Für das Anrecht der ausgleichsberechtigten Person gelten die Regelungen über das Anrecht der ausgleichspflichtigen Person entsprechend, soweit nicht besondere Regelungen für den Versorgungsausgleich bestehen.

1 I. Die Norm enthält **Grundsätze** (Abs 1 S 2) und **Mindestanforderungen** (Abs 1 S 2) **für die interne Teilung** v Versorgungsanrechten. Außerdem ordnet sie die grds Gleichbehandlung des übertragenen Anrechts mit dem Anrecht des Ausgleichspflichtigen an (Abs 2).

2 Die **Funktionsweise** der internen Teilung bestimmt § 10 VersAusglG, eine Sonderregelung in Bezug auf die Rechtsfolgen der internen Teilung v **Betriebsrenten** findet sich in § 12 VersAusglG und eine solche über die **Teilungskosten** in § 13 VersAusglG.

3 II. 1. § 11 VersAusglG **gilt** va für Versorgungsträger, die ihre Versorgungsordnungen kraft Satzungsautonomie regeln. Die Norm ist dag nicht anwendbar auf gesetzliche Bestimmungen über den Versorgungsausgleich, wie zB auf die leistungsrechtlichen Regelungen zur Umsetzung des Versorgungsausgleichs in der gesetzlichen Rentenversicherung oder auf die Bestimmungen über die interne Teilung v Beamtenversorgungen. Erfasst werden deswegen in erster Linie berufsständische, betriebliche und private Versorgungen. Deren Satzungen geht sie vor.

4 2. Nach dem Programmsatz des Abs 1 S 1 muss die interne Teilung die **gleichwertige Teilhabe der Ehegatten** an den in der Ehezeit erworbenen Anrechten sicherstellen. Die Teilhabe an den Anrechten des Ausgleichsberechtigten braucht aber nicht identisch mit derjenigen zu sein, welche der andere Ehegatte hat; denn gleichwertig bedeutet nicht gleich. Letztlich folgt aus dieser Norm ein Regelungsauftrag an die Versorgungsträger, Bestimmungen über die interne Teilung v Anrechten zu treffen. Diese müssen dem Halbteilungsgrundsatz entsprechen. Sehr zweifelhaft ist, ob noch mit geschlechtsspezifischen Barwertfaktoren umgerechnet werden darf. Der EuGH (C-236/09, FamRZ 11,

1127) hat entschieden, dass die in Art 5 II Richtlinie 2004/113/EG enthaltene Ausnahmeregelung, wonach unterschiedliche Prämien und Leistungen für Frauen und Männer auch in nach dem 21.12.07 abgeschlossenen privaten Versicherungsverträgen weiter zulässig waren, wenn die Risikobewertung auf relevanten und genauen versicherungsmathematischen und statistischen Daten beruht, mit Wirkung v 21.12.12 ungültig (geworden) ist, weil der Gleichbehandlungsgrundsatz verlange, dass vergleichbare Sachverhalte nicht unterschiedlich und unterschiedliche Sachverhalte nicht gleich behandelt würden, es sei denn, dass eine solche Behandlung objektiv gerechtfertigt sei. Die Vergleichbarkeit v Sachverhalten sei im Licht des Zwecks und des Ziels der Unionsmaßnahme, die die fragliche Unterscheidung einführe, zu beurteilen. Aus Art 5 I Richtlinie 2004/113/EG ergebe sich das Ziel, dass Prämien und Leistungen in der Versicherungswirtschaft geschlechtsneutral bemessen werden. Damit sei es nicht zu vereinbaren, eine Ausnahmeregelung, wie sie Art 5 II der Richtlinie enthalte, unbefristet aufrechtzuerhalten. Daraus ist in der Literatur bereits zutreffend gefolgert worden, dass die weitere Verwendung geschlechtsspezifischer Barwertfaktoren unzulässig ist (Borth FamRZ 11, 1127, 1128; Erman/Norpoth, § 47 VersAusglG Rn 9; Orgis FPR 2011, 509). Dem hat sich auch das OLG Celle (FamRB 13, 386) angeschlossen.

3. Zum Schutz des Ausgleichsberechtigten nennt Abs 1 S 2 VersAusglG **Mindestanforderungen** an die gleichwertige Teilhabe. 5

a) Erforderlich ist zunächst, dass für die ausgleichsberechtigte Person ein **eigenständiges und entsprechend gesichertes Anrecht** übertragen wird (Abs 1 S 2 Nr 1). Das bedeutet, dass sie einen **selbständigen Anspruch** gegen den Versorgungsträger des Ausgleichspflichtigen erlangen muss, der v Versorgungsschicksal des Ausgleichspflichtigen unabhängig ist. Dazu reicht zB eine Abtretung nicht aus, weil dieser Anspruch mit dem Tod des Ausgleichspflichtigen erlösche. Bei privaten Lebensversicherungsverträgen und bei Direktversicherungen der betrieblichen Altersversorgung ist es erforderlich, dass der Ausgleichsberechtigte selbst versicherte Person wird (BT-Drucks 16/10144, 57). 6

Das zu übertragende Anrecht muss **vergleichbar gesichert** sein wie das auszugleichende Anrecht. Dies ist in der Regel unproblematisch, weil die meisten Versorgungssysteme Sicherungsmechanismen kennen, die für alle Anrechte dieselbe Sicherheit gewährleisten, ohne dass es darauf ankäme, wie diese Anrechte erworben wurden. Bedeutung kann die Frage einer hinreichenden Sicherung aber bei betrieblichen Unternehmerversorgungen erlangen (Beispiel: eine GmbH sagt ihrem geschäftsführenden Alleingesellschafter eine Rente zu), weil auf Versorgungen dieser Art ist das Betriebsrentengesetz im Allgemeinen nicht anwendbar ist, wenn nicht ausnahmsweise ein Fall des § 17 BetrAVG gegeben ist. Ein Insolvenzschutz besteht deswegen idR nicht. Das bedeutet, dass auch das Anrecht des Ausgleichsberechtigten dieses Schicksal teilen kann. Der Versorgungsausgleich erfordert eine gleiche Teilhabe, aber keine Besserstellung des Ausgleichsberechtigten. In einem solchen Fall kann es für den Ausgleichsberechtigten sinnvoll sein, nach § 14 VersAusglG extern auszugleichen, um auf diese Weise ein Anrecht mit Insolvenzschutz zu erlangen. Dazu ist aber die Zustimmung des Versorgungsträgers erforderlich. Ist die Versorgung dag rückgedeckt, muss dem Ausgleichsberechtigten im Rahmen der internen Teilung ein entsprechender Insolvenzschutz verschafft werden. 7

b) Weiter ist erforderlich, dass ein **Anrecht in Höhe des Ausgleichswerts** mit vergleichbarer Wertentwicklung wie das ausgeglichene Anrecht entsteht (Abs 1 S 2 Nr 2). Für die **Herstellung der wertmäßigen Entsprechung** stehen dem Versorgungsträger 3 Wege zur Verfügung: Die Teilung kann (zB bei privaten Rentenversicherungen) auf der Grundlage des Deckungskapitals erfolgen, das v den Versorgungsträgern für den Ehezeitanteil ermittelt wird. Es kann aber auch die Halbteilung v Rentenbeträgen oder Bezugsgrößen (zB v Leistungskennzahlen, Rentenpunkten oder ähnlichem) vorgesehen werden. Da die Halbteilung v Rentenbeträgen zur Bildung unterschiedlich hohen Deckungskapitals und damit zur Belastung des Versorgungsträgers führen würde, wenn die ausgleichsberechtigte Person versicherungsmathematisch eine ungünstige Risikostruktur als die ausgleichspflichtige Person aufweist, besteht auch die Möglichkeit, dass der Versorgungsträger gleich hohe Rentenbeträge nach dem vorhandenen Deckungska- 8 pital ermittelt und dann dadurch teilt, dass er das Deckungskapital entsprechend aufteilt. Der korrekten Ermittlung des Deckungskapitals und der daraus folgenden Renten kommt deswegen im System des Versorgungsausgleichs eine überragende Bedeutung zu. Zu einer Plausibilitätskontrolle der Auskünfte der Versorgungsträger vgl die Rechentabellen bei Hauß FamRB 11, 156 ff.

9 Das übertragene Anrecht muss eine **vergleichbare Wertentwicklung** aufweisen wie das auszugleichende Anrecht. Unzulässig wäre es, ein Anrecht nicht real zu teilen, sondern aufgrund der jetzt geltenden Maßstäbe für neu abgeschlossene Versorgungsverträge neu zu begründen oder künftige Anpassungen in der Anwartschafts- oder in der Leistungsphase für den Ausgleichsberechtigten auszuschließen, wenn die am Ehezeitende gültige Satzung für das auszugleichende Anrecht eine regelmäßige Anpassung vorsieht. Erforderlich ist aber nur die Gleichstellung im Zeitpunkt der Aufteilung. Veränderungen v Satzungen und Bemessungsgrundlagen, die nach dem Ehezeitende eintreten und Einfluss auf die Wertentwicklung der Anrechte haben können, bleiben außer Betracht. Zu beachten ist insofern aber § 12 VersAusglG, der anordnet, dass der Ausgleichsberechtigte bei einer betrieblichen Altersversorgung nur die Stellung eines ausgeschiedenen Arbeitnehmers erlangt. Das kann ganz erhebliche Nachteile in Bezug auf die Portabilität und die Dynamik des Anrechts zur Folge haben.

10 Außerdem muss dem Ausgleichsberechtigten grds der **gleiche Risikoschutz** gewährt werden wie dem Ausgleichspflichtigen (Abs. 1 S 2 Nr 3). Allerdings kann der Versorgungsträger den Risikoschutz auf eine Altersversorgung beschränken, wenn er für das nicht abgesicherte Risiko einen zusätzlichen Ausgleich bei der Altersversorgung schafft. Die Invaliditätsabsicherung kann also zB entfallen oder niedriger sein, wenn die Altersversorgung entsprechend verbessert ist. Schon diese Regelung zeigt, dass die Anrechte auf beiden Seiten nach dem Ausgleich keineswegs gleich sein müssen.

10a In der **Praxis** ist zu beobachten, dass die Versorgungsträger die Majorisierung der Altersversorgung nur äußerst zurückhaltend vornehmen, so dass in vielen Fällen anzunehmen ist, dass **keine angemessene Erhöhung der Altersversorgung** vorliegt. Der Wert einer Erwerbsunfähigkeitsversorgung kann idR mit ca 16 % des Werts der Gesamtversorgung angenommen werden, derjenige der Hinterbliebenenversorgung mit ca 7 %, so dass beim Wegfall beider Risikoabsicherungen eine Majorisierung der Altersversorgung v ca 23 % angenommen werden muss und eine größere Abweichung v diesem Betrag erklärungsbedürftig ist (zu mathematisch exakteren Zahlen in Bezug auf die Bewertung der Erwerbsunfähigkeitsversorgung s Hauß FamRB 11, 156, 161). In Bezug auf die Bewertung der Hinterbliebenenversorgung können auch sog Zölibatsklauseln in den Satzungen der Versorgungsträger Aufschluss geben. Derartige Klauseln gewähren einem Versicherten eine erhöhte Altersversorgung in dem Fall, dass er auf eine Hinterbliebenenversorgung verzichtet. Abweichungen der Höhe des Zuschlags in diesem Fall v der Erhöhung im Scheidungsfall sind nicht zu tolerieren. Der Versorgungsträger muss in seinen Auskünften genau darlegen, welche Majorisierungen der Altersversorgung er vornimmt (OLG Hamm FamRZ 13, 380).

11 4. Soweit keine Regelungen getroffen wurden, gelten **für das Anrecht des Ausgleichsberechtigten die Regelungen über das Anrecht des Ausgleichspflichtigen** entsprechend (Abs 2). Damit steht es bei betrieblichen und privaten Versorgungsträgern letztlich in ihrem Ermessen, ob sie die für sie maßgebliche Rechtsordnung anpassen und gesonderte Regelungen erlassen oder aber dieselben Bestimmungen anwenden, die auch für das auszugleichende Anrecht gelten.

12 Abs 2 gilt **auch**, wenn zwar **besondere Vorschriften** erlassen wurden, diese aber gegen die in Abs 1 geregelten Grundsätze verstoßen und deshalb gem § 134 BGB **nichtig** sind. Insb ist in dem Fall, dass die Zuschläge für den Wegfall v Erwerbsunfähigkeitsabsicherung und/oder Hinterbliebenenversorgung unangemessen niedrig sind, ein Anrecht zu übertragen, das die volle Risikoabsicherung vorsieht.

§ 12 Rechtsfolge der internen Teilung von Betriebsrenten

Gilt für das auszugleichende Anrecht das Betriebsrentengesetz, so erlangt die ausgleichsberechtigte Person mit der Übertragung des Anrechts die Stellung eines ausgeschiedenen Arbeitnehmers im Sinne des Betriebsrentengesetzes.

Die Norm fingiert, dass bei einer internen Teilung betrieblicher Anrechte die ausgleichsberechtigte Person die **Rechtsstellung eines ausgeschiedenen Arbeitnehmers** im Sinne des Betriebsrentengesetzes erlangt. Daraus folgt, dass das Anrecht an Leistungsanpassungen teilhat (§ 16 BetrAVG) und den Insolvenzschutz für Betriebsrenten (§ 7 ff BetrAVG) genießt. Außerdem kann der Berechtigte die Versorgung mit eigenen Beiträgen fortsetzen (§ 1 b V Nr 1 BetrAVG). Andererseits kann das Anrecht in vielfältiger Hinsicht hinter dem Anrecht eines aktiven Beschäftigten zurückbleiben, etwa andere Abfindungsregeln (vgl § 3 I, II BetrAVG) oder Portabilitätskriterien (vgl § 4 II, III BetrAVG) aufweisen und es können andere Dynamisierungsregeln bis hin zum vollständigen Ausschluss der Dynamik gelten (vgl § 2 V BetrAVG). 1

Für **Rechtsstreitigkeiten des Ausgleichsberechtigten** mit dem Versorgungsträger ist das **Arbeitsgericht zuständig**, da der Ausgleichsberechtigte durch den richterlichen Gestaltungsakt nach § 10 I VersAusglG Rechtsnachfolger iSd § 3 AGG wird. 2

§ 13 Teilungskosten des Versorgungsträgers

Der Versorgungsträger kann die bei der internen Teilung entstehenden Kosten jeweils hälftig mit den Anrechten beider Ehegatten verrechnen, soweit sie angemessen sind.

Die Norm regelt zunächst, dass die Ehegatten die Kosten der internen Teilung v Anrechten tragen müssen. Diese Lösung ist systemgerecht: Die Ehegatten haben die Kosten durch ihre Scheidung verursacht, also sollen sie sie auch tragen. 1

Die Kostentragungspflicht bezieht sich nur auf die **Kosten der internen Teilung**, nicht dag auf die Kosten einer externen Teilung. Das ergibt sich schon aus der systematischen Stellung des § 13 VersAusglG im Abschnitt über die interne Teilung. 2

Der Versorgungsträger kann die Kosten der internen Teilung nicht direkt verlangen, er kann sie aber **mit den Versorgungsanrechten der Ehegatten jeweils hälftig verrechnen.** Das bedeutet zwangsläufig die Reduzierung der Altersversorgung, die aus dem betroffenen Anrecht fließt. Das erscheint jedenfalls in Zeiten, in denen über zu geringe Alterssicherungen geklagt wird, nicht als optimale Lösung. Vermutlich hat der Gesetzgeber diesen Weg aber bewusst gewählt, statt die Teilungskosten zu den Verfahrenskosten zu rechnen, weil in diesem Fall die Teilungskosten v der Verfahrenskostenhilfe hätten übernommen werden müssen (§ 149 FamFG). 3

Eingeschränkt ist die Verrechnungsbefugnis dadurch, dass **nur die angemessenen Kosten** berücksichtigt werden können. Was darunter zu verstehen ist, ist jedoch nirgends definiert. Klar ist allerdings, dass zu den Teilungskosten die Kosten der Auskunft nach § 220 FamFG nicht zählen (Triebs, FPR 09, 202, 205). Der Gesetzgeber wollte bewusst keine Vorgaben machen, ging aber davon aus, dass durchaus 2–3 % des Deckungskapitals anzusetzen sein könnten. Das erscheint bei höheren Versorgungswerten als recht hoch. Zudem ist es nicht einzusehen, wieso die Kosten der Teilung eines Anrechts davon abhängig sein sollen, wie wertvoll dieses Anrecht ist. Deswegen ist dieser Betrag zu deckeln. Insoweit zeichnet sich die Tendenz ab, die Teilungskosten im Falle der Pauschalierung für jedes eigenständige Anrecht auf einen Höchstbetrag v 500 EUR zu begrenzen (BGH FamRZ 12, 942; vgl auch die Rspr-Übersichten bei Brudermüller NJW 11, 3196, 3200; Wick BetrAV 11, 131, 135 f). 4

Unterabschnitt 3
Externe Teilung

Literatur: *Antl*, Ausgleichszahlungen im Rahmen des Versorgungsausgleichs, StBW 10, 509; *Borth*, Der Wertausgleich von Versorgungsanrechten, FamRZ 09, 1361; *ders*, Start der Versorgungsausgleichskasse zum 1. April 2010, FamRZ 10, 702; *Buttler*, Scheidungsfälle schnell und einfach bearbeiten –Versorgungsausgleich bei Pensionszusagen, AuA 10, 480; *Elden*, Die externe Teilung als Ausnahmefall im neuen Versorgungsausgleich, FPR 09, 206; *Erlenbach*, Versorgungsausgleichskasse in Vorbereitung, VW 09, 366; *Eulering/Viefhues*, Der reformierte Versorgungsausgleich – praktische Umsetzung durch die Familiengerichte, FamRZ 09, 1368; *Hahne*, Versorgungsausgleich für Betriebsrenten: Was ist – was kommt?, BetrAV 08, 425; *Häußermann*, Zehn Fallstricke des neuen Versorgungsausgleichs, FPR 09, 223; *dies.*, Überlegungen des Familiengerichts zur Umsetzung der gesetzlichen Neuregelung des Versorgungsausgleichs – eine Mängelliste, BetrAV 08, 428; *Höfer*, Praktische Fragestellungen des neuen Versorgungsausgleichs, FamRB 10, 251; *Jaeger*, Halbteilungsgrundsatz bei externer Teilung von Direktzusagen im Versorgungsausgleich verletzt, FamRZ 10, 1714; *Kemper*, Versorgungsausgleich im Wandel, NJ 09, 353; *Langohr-Plato*, Betriebliche Altersversorgung im Versorgungsausgleich, ZAP Fach 17, 991; *Merten/Baumeister*, Der neue Versorgungsausgleich in der betrieblichen Altersvorsorge, Der Betrieb 09, 957; *Schu*, Die Umsetzung des neuen Versorgungsausgleichs bei der Unterstützungskasse, BetrAV 10, 237; *Thurnes*, Aspekte zum neuen Versorgungsausgleich bei Pensionskassen, BetrAV 10, 230.

Vorbemerkung zu §§ 14–17 VersAusglG

1 Der dritte Unterabschnitt regelt die externe Teilung, die **Begründung eines Anrechts bei einem anderen Versorgungsträger** als demjenigen, bei dem das auszugleichende Anrecht besteht, etwa für eine auszugleichende berufsständische Versorgung die Begründung v Anrechten in der gesetzlichen Rentenversicherung oder einer privaten Altersversorgung (vgl § 14 VersAusglG). Die Ausgleichsform ist die Ausnahmeform des neuen Versorgungsausgleichs.

2 Aus § 9 ergibt sich, dass der externe Ausgleich nur dann stattfindet, wenn ein **Fall des § 14 II oder des § 16 I, II VersAusglG** vorliegt. Hinzu rechnen kann man den Fall, dass die Eheleute den externen Ausgleich vereinbaren und die Versorgungsträger dieser Vereinbarung zugestimmt haben.

3 Die **verfahrensrechtlichen Regelungen** für die externe Teilung finden sich in § 222 FamFG.

§ 14 Externe Teilung

(1) Das Familiengericht begründet für die ausgleichsberechtigte Person zulasten des Anrechts der ausgleichspflichtigen Person ein Anrecht in Höhe des Ausgleichswerts bei einem anderen Versorgungsträger als demjenigen, bei dem das Anrecht der ausgleichspflichtigen Person besteht (externe Teilung).
(2) Eine externe Teilung ist nur durchzuführen, wenn
1. die ausgleichsberechtigte Person und der Versorgungsträger der ausgleichspflichtigen Person eine externe Teilung vereinbaren oder
2. der Versorgungsträger der ausgleichspflichtigen Person eine externe Teilung verlangt und der Ausgleichswert am Ende der Ehezeit bei einem Rentenbetrag als maßgeblicher Bezugsgröße höchstens 2 Prozent, in allen anderen Fällen als Kapitalwert höchstens 240 Prozent der monatlichen Bezugsgröße nach § 18 Abs. 1 des Vierten Buches Sozialgesetzbuch beträgt.
(3) § 10 Abs. 3 gilt entsprechend.
(4) Der Versorgungsträger der ausgleichspflichtigen Person hat den Ausgleichswert als Kapitalbetrag an den Versorgungsträger der ausgleichsberechtigten Person zu zahlen.
(5) Eine externe Teilung ist unzulässig, wenn ein Anrecht durch Beitragszahlung nicht mehr begründet werden kann.

1 I. Die Norm definiert die externe Teilung (Abs 1), nennt die Voraussetzungen für diese Ausgleichsform (Abs 2, 5) und stellt Regelungen für die Durchführung des Ausgleichs auf (Abs 3, 4).

2 II. 1. Eine externe Teilung **liegt dann vor**, wenn das Familiengericht für die ausgleichsberechtigte Person zulasten des Anrechts der ausgleichspflichtigen Person ein Anrecht in Höhe des Ausgleichswerts bei einem anderen Versorgungsträger begründet als demjenigen, bei dem das Anrecht der ausgleichspflichtigen Person besteht (Abs 1). Es handelt sich um die Sonderform des Ausgleichs bei der Scheidung. Sie kommt nur in den

Fällen des Abs 2 und des § 16 I, II VersAusglG in Betracht. In allen anderen Fällen ist bei der Scheidung intern auszugleichen (§§ 10 ff VersAusglG).

Die externe Teilung erfolgt (wie die interne Teilung) durch **gerichtliche Entscheidung**. 3 Diese begründet ein Rechtsverhältnis zwischen dem Ausgleichsberechtigten und einem v ihr ausgewählten Versorgungsträger oder baut ein dort bestehendes Rechtsverhältnis aus.

Wird die **Wahl** in Bezug auf die Zielversorgung (§ 15) **nicht (rechtzeitig) ausgeübt**, er- 4 folgt der Ausgleich nach § 15 III VersAusglG über die gesetzliche Rentenversicherung bzw bei betrieblichen Anrechten über die Versorgungsausgleichskasse. Für die Ausübung des Wahlrechts kann das Gericht nach § 222 I FamFG eine Frist setzen. Diese Frist ist eine Ausschlussfrist. Innerhalb der Frist ist auch das Einverständnis des aufnehmenden Versorgungsträgers nachzuweisen (§ 222 II FamFG). Wird sie versäumt, ist der Ausgleich über die gesetzliche Rentenversicherung bzw die Versorgungsausgleichskasse zwingend. Wegen dieser sehr nachteiligen Konsequenz der Fristversäumung sollten die Fristen nicht zu kurz bemessen werden, und der Anwalt sollte seinen Mandaten dringend auf diese Folge hinweisen.

Wie bei der internen Teilung wird das **Anrecht der ausgleichspflichtigen Person entsprechend gekürzt**. 5

Das **Gericht** setzt in der Entscheidung den **Kapitalbetrag** fest, den der Versorgungsträ- 6 ger des Ausgleichspflichtigen an den Versorgungsträger des Ausgleichsberechtigten zu zahlen hat (Abs 4, § 222 III FamFG). Der Betrag ist grds v Ende der Ehezeit bis zur Rechtskraft der Entscheidung über den Versorgungsausgleich in Höhe des Rechnungszinses der auszugleichenden Versorgung zu verzinsen (BGH NJW 11, 3358; FamRZ 13, 777; 13, 1019). Das gilt nur dann nicht, wenn es sich um eine fondsgebundene Versorgung handelt; denn bei dieser besteht kein Rechnungszins und Wertveränderungen sind diesen Versorgungen immanent (BGH FamRZ 13, 1635). Das Gleiche gilt, wenn die ausgleichspflichtige Person aus dem Anrecht bereits zum Ende der Ehezeit eine Rente bezogen hat (OLG Hamm NJW-Spezial 13, 614). Der Titel ist für den Versorgungsträger des Ausgleichsberechtigten zugleich ein Vollstreckungstitel. Mit der Zahlung des v Gericht festgesetzten Betrags an den Versorgungsträger des Ausgleichsberechtigten wird der Versorgungsträger des Ausgleichspflichtigen insoweit v seinen Rechten und Pflichten befreit. Für die betriebliche Altersversorgung ist damit auch klargestellt, dass die Zusage des Arbeitgebers des Ausgleichspflichtigen insoweit erlischt.

Durch die Zahlung an den Versorgungsträger des Ausgleichsberechtigten **entsteht für** 7 **diesen das Anrecht bei dem Versorgungsträger**. Für das Anrecht gelten die gleichen Bedingungen und Bestimmungen wie für die anderen Anrechte dort auch (Abs 3 iVm § 10 III VersAusglG).

2. a) Bei der externen Teilung handelt es sich um eine **strukturelle Ausnahme** v dem 8 Grundsatz der internen Teilung. Das zeigt die Regelung des Abs 2, die die externe Teilung an besondere Bedingungen knüpft. Die Aufzählung der Fälle, in denen die externe Teilung zugelassen wird, ist abschließend. Hinzu kommen nur noch die in § 16 VersAusglG genannten Fälle.

b) Vorgesehen ist die externe Teilung kraft Wahl **nur in den 3 Fällen des Abs 2**. In die- 9 sen Fällen ist das Gericht an die Wahl der externen Teilung gebunden, auch wenn es meint, dass die Interessen des Ausgleichsberechtigten besser durch eine interne Teilung gewahrt werden.

aa) Zum einen ist der externe Ausgleich zulässig, **wenn der Ausgleichsberechtigte und** 10 **der Versorgungsträger des Ausgleichspflichtigen** eine externe Teilung **vereinbaren** (Abs 2 Nr. 1). Das zeigt wiederum, wie viel Wert der Gesetzgeber auf einvernehmliche Lösungen gelegt hat. In Betracht kommt eine solche Lösung für den Versorgungsträger idR, wenn er hinreichend liquide ist und ein Interesse daran hat, den Ausgleichsberechtigten nicht in das eigene Versorgungssystem aufzunehmen. Das kann va bei betrieblichen Versorgungen der Fall sein. Der Ausgleichsberechtigte wird ein solches Angebot annehmen, wenn er eine Versorgung bei einem anderen Versorgungsträger begründen (weil er zB dort eine bessere Wertentwicklung erwartet) oder eine bestehende andere

Versorgung ausbauen möchte (zB weil er eine Vielzahl v Renten vermeiden möchte). Für die Ausübung des Wahlrechts kann das Gericht nach § 222 I FamFG eine Frist setzen. Diese Frist ist eine Ausschlussfrist. Innerhalb der Frist ist auch das Einverständnis des aufnehmenden Versorgungsträgers nachzuweisen (§ 222 II FamFG).

11 Anders als bei Abs 2 Nr 2 sieht die gesetzliche Regelung hier **keine Obergrenzen** vor. Die Vorschrift stellt es dem Versorgungsträger und dem Ausgleichsberechtigten frei, auch über hohe Ausgleichswerte Vereinbarungen zu treffen. Zwar ist dann die ideale Halbteilung nicht mehr garantiert, denn die Zielversorgung kann sich besser oder schlechter entwickeln als das auszugleichende Anrecht. Der Ausgleichsberechtigte hat sich aber bewusst für diesen Weg entschieden und trägt deswegen die aus seiner Entscheidung resultierenden Chancen und Risiken.

12 Zu beachten ist insoweit, dass das **Formerfordernis** des § 7 VersAusglG für die Vereinbarung zwischen dem Ausgleichsberechtigten und dem Versorgungsträger **nicht gilt**, da es sich nicht um eine Vereinbarung zwischen den Ehegatten handelt (BT-Drucks 16/10144, S. 58; Elden FPR 2009, 206). Das ist bedauerlich, da der Ausgleichsberechtigte wegen der weitreichenden Konsequenzen vor einer derartigen Vereinbarung, deren Folgen er oft nur bedingt überschauen kann, gewarnt werden sollte, weil Versorgungsträger oft ein gesteigertes Eigeninteresse an dem Ausscheiden des Ausgleichsberechtigten haben werden.

13 bb) Der zweite Fall des externen Ausgleichs liegt vor, wenn der **Versorgungsträger des Ausgleichspflichtigen eine externe Teilung verlangt** und der Ausgleichswert am Ende der Ehezeit bei einem Rentenbetrag als maßgeblicher Bezugsgröße höchstens 2 %, in allen anderen Fällen als Kapitalwert höchstens 240 % der monatlichen Bezugsgröße nach § 18 Abs. 1 SGB IV beträgt (Abs 2 Nr 2). Es handelt sich – anders als bei Abs 2 Nr 1 – um ein einseitiges Gestaltungsrecht des Versorgungsträgers (Elden FPR 2009, 206, 207).

14 Gemeint sind die **Bagatellfälle**, denn die genannten Grenzbeträge sind derzeit (2014) 55,30 EUR bzw. als Kapitalwert 6.588 EUR. In diesen Fällen ist es nach Ansicht des Gesetzgebers wegen der Praktikabilität des Ausgleichs den Eheleuten zuzumuten, dass ggf v Halbteilungsgrundsatz abgewichen wird. Abs 2 Nr 2 ermöglicht es dem Versorgungsträger im Ergebnis, kleinere Ausgleichswerte auch ohne Zustimmung des Ausgleichsberechtigten abzufinden. So kann die Entstehung v Kleinstanrechten vermieden werden, weil die Abfindung dann in bestehende Versorgungen fließt oder hilfsweise in der gesetzlichen Rentenversicherung gebündelt wird. Kosten für die Verwaltung kleiner Anrechte werden vermieden.

15 Die in Abs 2 Nr 2 geregelte **Wertgrenze** ist doppelt so hoch wie diejenige des § 18 IV VersAusglG. Sie entspricht zugleich der Wertgrenze in § 3 b I Nr 1 VAHRG aF. Allerdings modifiziert § 17 VersAusglG diese Grenze systemwidrig. für Anrechte im Sinne des Betriebsrentengesetzes aus einer Direktzusage oder einer Unterstützungskasse. In diesen Fällen kann der Ausgleichswert als Kapitalwert am Ende der Ehezeit die Beitragsbemessungsgrenze nach §§ 159 f SGB VI erreichen. Das sind keine Bagatellfälle mehr, denn die Beitragsbemessungsgrenze West liegt im Jahr 2014 bei 71.400 EUR. Das entspricht einer Rente (in der gesetzlichen Rentenversicherung) v knapp 300 EUR im Monat. In der Praxis wird v dieser Möglichkeit auch tatsächlich Gebrauch gemacht. Unproblematisch sind die Fälle des § 17 VersAusglG wegen der Abweichung v Halbteilungsgrundsatz nicht. Letztlich handelt es sich um Fälle, in denen man dem Versorgungsträger die Enteignung des Ausgleichsberechtigten durch ein Herausdrängen aus der Versorgung gestattet. Die Regelung begegnet deswegen starken verfassungsrechtlichen Bedenken.

16 cc) Der dritte Fall des externen Ausgleichs betrifft die **Beamtenversorgung und ähnliche Versorgungen:** Solange der Träger einer Versorgung aus einem öffentlich-rechtlichen Dienst- oder Amtsverhältnis keine interne Teilung vorsieht, ist ein dort bestehendes Anrecht zu dessen Lasten durch Begründung eines Anrechts bei einem Träger der gesetzlichen Rentenversicherung auszugleichen (§ 16 I VersAusglG). Das Fehlen des internen Ausgleichs ist in diesen Fällen systemwidrig. Der Bundesgesetzgeber konnte aber die Einführung nicht zwingend vorschreiben, weil er damit in die Hoheitsrechte

der Länder eingegriffen hätte. Für Bundesbeamte wurde die interne Teilung aber durch das BundesbeamtenversorgungsteilungsG, das ebenfalls Bestandteil des VersAusglStrRefG war, ermöglicht. Auf jeden Fall intern geteilt werden Versorgungen aus Arbeitsverträgen, auch wenn insoweit eine Versorgung nach beamtenrechtlichen Vorschriften oder Grundsätzen zugesagt ist (BGH FamRZ 13, 608; 13, 1361). In diesen Fällen handelt es sich gerade nicht um Beamte.

3. Zu beachten ist eine **zeitliche Schranke** für den externen Ausgleich in den Fällen des 17 § 14 VersAusglG (nicht in denen des § 16 VersAusglG): Eine externe Teilung ist unzulässig, wenn ein Anrecht durch eine Beitragszahlung nicht mehr begründet werden kann (Abs 5). In der Sache entspricht die Bestimmung § 1587 e III aF (dessen Anwendungsbereich aber auf die Beitragszahlung in die gesetzliche Rentenversicherung beschränkt war). Sinn der Regelung ist es, dem Versicherungsprinzip Rechnung zu tragen, nach dem ein Risiko nicht mehr abgesichert werden kann, wenn sich das Risiko bereits verwirklicht hat. Bei einer Scheidung v Eheleuten, bei denen der Ausgleichsberechtigte bereits das Rentenalter erreicht hat oder die Voraussetzungen für den Bezug der Rente wegen Invalidität bereits erfüllt, kommt daher ein externer Ausgleich nicht mehr in Betracht (wohl aber ein Ausgleich durch internen Ausgleich nach §§ 10–13 VersAusglG).

Abs 5 ist **nur auf eine externe Teilung nach § 14 VersAusglG anwendbar,** nicht aber 18 auf den Ausgleich v Beamtenversorgungen über die gesetzliche Rentenversicherung nach § 16 VersAusglG. Sonst könnten eigenständige Anrechte nach § 16 VersAusglG grds nicht mehr begründet werden, wenn der ausgleichsberechtigte Ehegatte bereits die Regelaltersgrenze erreicht hat.

§ 15 Wahlrecht hinsichtlich der Zielversorgung

(1) Die ausgleichsberechtigte Person kann bei der externen Teilung wählen, ob ein für sie bestehendes Anrecht ausgebaut oder ein neues Anrecht begründet werden soll.
(2) Die gewählte Zielversorgung muss eine angemessene Versorgung gewährleisten.
(3) Die Zahlung des Kapitalbetrags nach § 14 Abs. 4 an die gewählte Zielversorgung darf nicht zu steuerpflichtigen Einnahmen oder zu einer schädlichen Verwendung bei der ausgleichspflichtigen Person führen, es sei denn, sie stimmt der Wahl der Zielversorgung zu.
(4) Ein Anrecht in der gesetzlichen Rentenversicherung, bei einem Pensionsfond, einer Pensionskasse oder einer Direktversicherung oder aus einem Vertrag, der nach § 5 des Altersvorsorgeverträge-Zertifizierungsgesetzes zertifiziert ist, erfüllt stets die Anforderungen der Absätze 2 und 3.
(5) ¹Übt die ausgleichsberechtigte Person ihr Wahlrecht nicht aus, so erfolgt die externe Teilung durch Begründung eines Anrechts in der gesetzlichen Rentenversicherung. ²Ist ein Anrecht im Sinne des Betriebsrentengesetzes auszugleichen, ist abweichend von Satz 1 ein Anrecht bei der Versorgungsausgleichskasse zu begründen.

I. Die Regelung **ergänzt** § 14 VersAusglG um Bestimmungen in Bezug auf die Wahl der 1 Zielversorgung beim externen Ausgleich (Abs 1, 3, 5) und stellt Mindestanforderungen für die wählbaren Versorgungen auf (Abs 2, 4).

II. 1. Beim externen Ausgleich kann der **Ausgleichsberechtigte darüber bestimmen, ob** 2 **ein neues Anrecht begründet oder ein bestehendes Anrecht ausgebaut werden soll** (Abs 1).

Zugleich kann er den **Versorgungsträger auswählen,** bei welchem das Anrecht ausge- 3 baut oder begründet werden soll. Diese Versorgung nennt das Gesetz Zielversorgung. Der ausgewählte Versorgungsträger muss mit der vorgesehenen Teilung einverstanden sein; denn sonst läge eine Bestimmung zulasten Dritter vor. Das Einverständnis muss dem Gericht gem § 222 FamFG innerhalb der v Gericht bestimmten Frist nachgewiesen werden. Der Versorgungsträger des Ausgleichspflichtigen kann zwar eine Zielversorgung vorschlagen, verbindlich ist dieser Vorschlag aber weder für den Ausgleichsberechtigten noch für den Zielversorgungsträger. Etwas anderes gilt nur in den Fällen des § 14 II Nr 1 VersAusglG. In diesen Fällen kann der Versorgungsträger sein Einverständnis mit der externen Teilung davon abhängig machen, dass die Versorgung bei einem bestimmten anderen Versorgungsträger begründet wird. Das liegt daran, dass er einem externen Ausgleich gar nicht zustimmen müsste, sondern auf einem internen Ausgleich bestehen könnte. Geht der Ausgleichsberechtigte darauf nicht ein, kommt es nicht zum externen Ausgleich.

4 In Abs 2–4 sind die **Anforderungen an den externen Ausgleich** aufgeführt, soweit die Zielversorgung betroffen ist. Genügt eine Versorgung diesen Voraussetzungen nicht, kann sie nicht gewählt werden. Es ist dann über die gesetzliche Rentenversicherung bzw über die Versorgungsausgleichskasse auszugleichen (Abs 5).

5 Zunächst darf nur eine Zielversorgung gewählt werden, die eine **angemessene Versorgung des Ausgleichsberechtigten** gewährleistet (Abs 2). Das ist bei Anrechten in der gesetzlichen Rentenversicherung, bei einem Pensionsfonds, einer Pensionskasse oder einer Direktversicherung. oder aus einem Vertrag, der nach § 5 AltZertG zertifiziert ist (Riester-Verträge), immer der Fall (Abs 4). Bei anderen Versorgungen ist die Eignung jeweils konkret zu prüfen. Sie kann va dann gegeben sein, wenn der Ausgleichsberechtigte bereits Anrechte bei einem versicherungsförmig agierenden Träger der betrieblichen Altersversorgung hat und dieser mit dem Ausbau des Anrechts einverstanden ist, so dass die zusätzliche Altersvorsorge des Ausgleichsberechtigten gebündelt werden kann. In Betracht kommt auch, dass ein Ausgleichsberechtigter, der sich bereits im Ruhestand befindet, eine Zusatzrente gegen eine Einmalzahlung begründen möchte (BT-Drucks 16/10144, 60).

6 Die Zielversorgung muss so beschaffen sein, dass die Zahlung des Kapitalbetrags nach § 14 IV VersAusglG an die gewählte Zielversorgung **nicht zu steuerpflichtigen Einnahmen** beim Ausgleichspflichtigen führt (Abs 3). Wegen der besonderen Regeln über die Besteuerung v Altersvorsorgeaufwendungen kann es zu einer Steuerpflicht der ausgezahlten Beträge kommen, wenn die Zielversorgung nicht dieselben Steuerprivilegien genießt wie die Ausgangsversorgung. Das würde den Ausgleichspflichtigen unangemessen benachteiligen. In solchen Fällen kann nur dann extern bei der gewählten Versorgung ausgeglichen werden, wenn der Ausgleichspflichtige der Wahl der Zielversorgung zustimmt.

7 **2.** Benennt der Ausgleichsberechtigte keine Zielversorgung, liegen aber die Voraussetzungen von § 14 II VersAusglG vor, ist über die **gesetzliche Rentenversicherung** auszugleichen (Abs 5 S 1).

8 Eine Ausnahme besteht nur dann, wenn ein Anrecht im Sinne des Betriebsrentengesetzes auszugleichen ist: In diesen Fällen ist ein Anrecht bei der **Versorgungsausgleichskasse** zu begründen. Dabei handelt es sich um einen Ersatzversorgungsträger, der gemeinsam v mehreren deutschen Versicherungsunternehmen betrieben wird. Für diese Ausgleichsart gilt ebenso wie für den Ausgleich über die gesetzliche Rentenversicherung, dass dieser Ausgleich wegen der im Vergleich zu anderen Zielversorgungen sehr eingeschränkten Rendite möglichst vermieden werden sollte.

§ 16 Externe Teilung von Anrechten aus einem öffentlich-rechtlichen Dienst- oder Amtsverhältnis

(1) Solange der Träger einer Versorgung aus einem öffentlich-rechtlichen Dienst- oder Amtsverhältnis keine interne Teilung vorsieht, ist ein dort bestehendes Anrecht zu dessen Lasten durch Begründung eines Anrechts bei einem Träger der gesetzlichen Rentenversicherung auszugleichen.

(2) Anrechte aus einem Beamtenverhältnis auf Widerruf sowie aus einem Dienstverhältnis einer Soldatin oder eines Soldaten auf Zeit sind stets durch Begründung eines Anrechts in der gesetzlichen Rentenversicherung auszugleichen.

(3) [1]Das Familiengericht ordnet an, den Ausgleichswert in Entgeltpunkte umzurechnen. [2]Wurde das Anrecht im Beitrittsgebiet erworben, ist die Umrechnung in Entgeltpunkte (Ost) anzuordnen.

1 **I.** Die Norm enthält **Sonderregelungen für den externen Ausgleich** v Versorgungen aus einem öffentlich-rechtlichen Dienst- oder Amtsverhältnis.

II. 1. Versorgungen aus einem **öffentlich-rechtlichen Dienst- oder Amtsverhältnis** werden extern geteilt, auch ohne dass die Voraussetzungen des § 14 II VersAusglG vorliegen, wenn eine **interne Teilung nicht vorgesehen** ist (Abs 1). Letzteres ist derzeit nur für Bundesbeamte (vgl Art 5 VAStrRefG) der Fall, so dass (noch) alle landesrechtlichen Versorgungen auf diese Weise auszugleichen sind. Das betrifft Landes- und Kommunalbeamte. Die Bundesländer warten derzeit die Erfahrungen des Bundes mit der internen Teilung ab, um dann zu entscheiden, ob sie diesem Modell folgen wollen.

2. Anrechte aus einem **Beamtenverhältnis auf Widerruf** sowie aus einem Dienstverhältnis eines **Soldaten auf Zeit** müssen immer durch Begründung eines Anrechts in der gesetzlichen Rentenversicherung ausgeglichen werden (auch bei Bundesbeamten). In diesen Fällen ist noch offen, ob die ausgleichspflichtige Person in ein Dienstverhältnis auf Lebenszeit wechselt, ob ihnen also die Versorgungsanwartschaften aus einer Beamten- oder Soldatenversorgung verbleiben. Endet das Dienstverhältnis durch Widerruf oder Zeitablauf, ist der Ausgleichspflichtige nachzuversichern (§ 8 II Nr 1 SGB VI). Für Anrechte aus einem Beamtenverhältnis nach §§ 66, 67 BeamtVG ist die Regelung entsprechend anzuwenden (BT-Drucks 16/10144, 60).

Die **Bewertung** der in Anrechte ist in § 44 IV VersAusglG geregelt.

3. Damit der Ausgleich in der gesetzlichen Rentenversicherung erfolgen kann, muss der Ausgleichswert in **Entgeltpunkte umgerechnet** werden (Abs 3). Das ist erforderlich, da nur bei einer internen Teilung v Anrechten der gesetzlichen Rentenversicherung Entgeltpunkte ausgeglichen werden. Für in den alten Bundesländern erworbene Anrechte werden Entgeltpunkte West, für solche aus den neuen Bundesländern Entgeltpunkte Ost errechnet.

§ 17 Besondere Fälle der externen Teilung von Betriebsrenten

Ist ein Anrecht im Sinne des Betriebsrentengesetzes aus einer Direktzusage oder einer Unterstützungskasse auszugleichen, so darf im Fall des § 14 Abs. 2 Nr. 2 der Ausgleichswert als Kapitalwert am Ende der Ehezeit höchstens die Beitragsbemessungsgrenze in der allgemeinen Rentenversicherung nach den §§ 159 und 160 des Sechsten Buches Sozialgesetzbuch erreichen.

I. Die Regelung enthält eine **Sonderregelung für Betriebsrenten**, die einen externen Ausgleich gegen den Willen des Ausgleichsberechtigten ermöglicht, der weit über das notwendige Maß hinausgeht. Sie ist zu Recht als systemwidrig kritisiert worden (HK-FamR/Hauß, VersausglG-E, Rn 53), denn sie führt letztlich zu einer Enteignung des Ausgleichsberechtigten in nicht geringer Höhe. Es ist deswegen zu erwarten, dass diese Regelung auf Dauer keinen Bestand haben wird.

Für **Anrechte im Sinne des Betriebsrentengesetzes** aus einer **Direktzusage** oder einer **Unterstützungskasse** gilt im Fall des § 14 II Nr 2 VersAusglG (externer Ausgleich auf Verlangen des Versorgungsträgers des Ausgleichspflichtigen) eine v der dort angegebenen Grenze abweichende Wertgrenze: Durch eine externe Teilung können solche Anrechte auch dann ausgeglichen werden, wenn der Ausgleichswert über den dort genannten Werten, aber nicht höher als die Beitragsbemessungsgrenze in der allgemeinen Rentenversicherung nach §§ 159, 160 SGB VI ist. Dieser Wert beläuft sich auf derzeit (2014) auf 71.400 EUR.

Unterabschnitt 4
Ausnahmen

§ 18 Geringfügigkeit

(1) Das Familiengericht soll beiderseitige Anrechte gleicher Art nicht ausgleichen, wenn die Differenz ihrer Ausgleichswerte gering ist.

(2) Einzelne Anrechte mit einem geringen Ausgleichswert soll das Familiengericht nicht ausgleichen.

(3) Ein Wertunterschied nach Absatz 1 oder ein Ausgleichswert nach Absatz 2 ist gering, wenn er am Ende der Ehezeit bei einem Rentenbetrag als maßgeblicher Bezugsgröße höchst-

tens 1 Prozent, in allen anderen Fällen als Kapitalwert höchstens 120 Prozent der monatlichen Bezugsgröße nach § 18 Abs. 1 des Vierten Buches Sozialgesetzbuch beträgt.

1 I. § 18 bildet die einzige Norm des vierten Unterabschnitts. Die Norm **nimmt Bagatellausgleiche grds aus dem Versorgungsausgleich heraus**. Es handelt sich nur um eine Sollvorschrift, nachdem die Regelung im Gesetzgebungsverfahren erheblich entschärft worden ist. Die Norm, die eigentlich zur Entlastung der Gerichte und Versorgungsträger beitragen soll, ist missglückt, denn sie ist unklar und hat zu zahlreichen Meinungsstreitigkeiten geführt. Die Rspr zu dieser Vorschrift ist so umfangreich wie zum gesamten Rest des VersAusglG.

2 Sinn der Regelung ist es an sich, einen im Vergleich zu den Vorteilen für den Ausgleichsberechtigten entstehenden übermäßigen Verwaltungsaufwand zu vermeiden. Dem Gericht werden Gestaltungsmöglichkeiten eingeräumt, da es sich nicht um eine zwingende Herausnahme aus dem Ausgleich handelt, sondern nur um eine regelmäßige („soll"). Das bedeutet, dass trotz Unterschreitens der Wertgrenze in Ausnahmefällen dennoch ein Ausgleich stattfinden kann. Umstände, die trotz Geringfügigkeit eines Wertausgleichs dessen ausnahmsweise Vornahme rechtfertigen können, sind **v Ausgleichsberechtigten darzulegen**, der die Feststellungslast trägt (vgl BT-Drucks 16/10144, 60 f; 16/11903, 55; OLG Bamberg FamRZ 11, 1232; OLG Düsseldorf NJW-RR 11, 808; OLG Nürnberg FamRZ 11, 1229; OLG Oldenburg FamRZ 11, 643; OLG Stuttgart, FamRZ 10, 1805; NK-BGB/Götsche, 2. Aufl, § 18 VersAusglG, Rn 16 ff).

3 II. 1. Vorgesehen ist der Ausschluss des Ausgleichs in **zwei Fällen:**

4 a) Nach Abs 1 ist v einem Ausgleich grds abzusehen, wenn die Differenz der beiderseitigen Ausgleichswerte (dh der Hälfte der Ehezeitanteile, § 1 II 2 VersAusglG) **bei Anrechten gleicher Art** gering ist. Damit sollen diejenigen Fälle sachgerecht entschieden werden, in denen beide Ehegatten in der Ehezeit annähernd gleichwertige Anrechte in gleichartigen Versorgungssystemen erworben haben, etwa weil sie durchgehend Berufe mit vergleichbarer Vergütung ausgeübt haben. Zu vergleichen sind jeweils Gruppen v Anrechten, die auf den gleichen Berechnungsprinzipien beruhen (zB beiderseitig Ausgleichsansprüche in Bezug auf Anrechte in der gesetzlichen Rentenversicherung). Gleichwohl ist die Bestimmung des Vergleichsgegenstandes nicht unproblematisch, weil es sehr schwer ist, die entsprechenden Gruppen v Versorgungen zu bilden. Darauf hat Hauß eindringlich hingewiesen (FPR 09, 214 ff, dort auch mit einer Typologie der unterschiedlichen Versorgungen). Mittlerweile entschieden ist, dass Anrechte aus der Beamtenversorgung und Anrechte in der gesetzlichen Rentenversicherung keine gleichartigen Anrechte sind (BGH FamRZ 13, 1636; OLG Celle FamRZ 12, 1058). Ebenso zu unterscheiden sind bei den Anrechten der Versorgungsanstalt des Bundes und der Länder die Tarife klassik und extra (OLG Koblenz v 26.7.13 – 13 UF 700/08).

4a Für den wichtigen Anwendungsfall der **gesetzlichen Rentenversicherung** gilt, dass **West- und Ostanrechte** jeweils gesondert betrachtet werden müssen (OLG Brandenburg FamRZ 11, 1149; OLG Stuttgart FamRZ 10, 1805; OLG Jena NJW 10, 3310; OLG Celle FamRZ 10, 979; wohl auch OLG München FamRZ 10, 1664; Kemper, Versorgungsausgleich in der Praxis, 2011, Rn VIII 56; Borth FamRZ 10, 1210, 1212; Friederici, Praxis des Versorgungsausgleichs, § 18 VersAusglG Rn 4; Götsche FamRB 10, 344, 345; für vorausgehende Addition aller Anrechte aus der gesetzlichen Rentenversicherung dag: OLG Oldenburg FamRZ 2011, 643; OLG Koblenz v 21.7.10 - 11 UF 403/10; OLG Nürnberg NJW 11, 620; OLG Dresden FamRZ 2011, 40; Bergner NJW 10, 3269, 3272, Bergner FamRB 10, 221, 222). Gegen diese Ansicht spricht zwar, dass die Anrechte Ost und West nach den gleichen Prinzipien bewertet werden, dass die Kapitalwerte damit durchaus vergleichbar sind. Für sie spricht aber entscheidend, dass die Rentenwerte West und Ost immer noch differieren, so dass sich aus den unterschiedlichen Entgeltpunkten auch unterschiedliche Renten ergeben. Allerdings ist v der Anwendung der Bagatellregelung dann abzusehen, wenn ohnehin das Rentenkonto eines Ehegatten verändert werden muss: Reicht also der Ausgleichswert eines Westanrechts (oder die Differenz der Westanrechte) aus, damit ein Versorgungsaus-

gleich durchgeführt wird, müssen auch die anderen Anrechte in der gesetzlichen Rentenversicherung ausgeglichen werden, auch wenn sie selbst unter dem Schwellenwert bleiben (BGH FamRZ 12, 192; OLG Düsseldorf v 27.5.13 – 8 UF 11/12).
b) Die zweite Gruppe bildet eine direkte **Betrachtung v Einzelanrechten** (Abs 2). Derartige Einzelanrechte mit einem geringen Ausgleichswert soll das Familiengericht ebenfalls nicht ausgleichen (Abs 2). Ob das zutrifft, kann das Gericht unmittelbar anhand des mitgeteilten Ausgleichswerts des einzelnen Anrechts entscheiden. Zweifelhaft ist, wie zu verfahren ist, wenn ein Ehegatte mehrere geringwertige Einzelanrechte hat. In diesen Fällen fällt zwar jedes einzelne Anrecht grds unter die Ausgleichsschwelle, so dass grds v dem Ausgleich abzusehen ist. § 18 erlaubt jedoch, trotzdem auszugleichen, wenn das der Billigkeit entspricht. Dafür ist eine Gesamtbetrachtung aller Umstände des Einzelfalles maßgeblich. Da ein Ausschluss v Anrechten nach § 18 VersAusglG immer eine Abweichung v Halbteilungsgrundsatz bedeutet, sollte der Ausschluss aber restriktiv gehandhabt werden und idR sollte die Bagatellgrenze nur einmal ausgeschöpft werden, so dass nur solche Einzelanrechte aus dem Ausgleich ausgenommen werden sollten, die allein oder zusammen unter der Ausgleichsschwelle bleiben (OLG Saarbrücken, Beschl v 8.4.11 – 6 UF 14/11; OLG Hamm FamFR 13, 350; aA OLG Hamm NJW-RR 13, 1415), va wenn sie eine wirtschaftliche Einheit bilden (BGH FamRZ 12, 610; OLG Schleswig FamRZ 13, 1906). Insoweit könnte man dann die Bagatellgrenze als Freibetrag bezeichnen (vorausgesetzt, dass Anrechte überhaupt unter der Schwelle bleiben). IÜ kann sich eine ausnahmsweise Teilhabe des Ausgleichsberechtigten an einem geringfügigen Anrecht durch besondere Umstände rechtfertigen, etwa bei einer offenkundig herausragenden Dynamik eines Anrechts oder dessen besonders großzügigen Leistungsvoraussetzungen, oder wenn es dem Ausgleichsberechtigten gerade durch einen geringfügigen Ausgleich gelingt, eine eigene Anwartschaft so aufzufüllen, dass hierdurch eine Wartezeit für den Bezug der Rente erfüllt ist. Weitere bedeutende Umstände sind insb das Votum der Ehegatten für oder gegen einen Ausschluss des Ausgleichs, die derzeitige und künftige Versorgungssituation beider Ehegatten unter Einbeziehung ihres Alters, Gesundheitszustandes und ihrer Erwerbsbiografie, die Ehedauer und Gestaltung v Haushaltsführung und Kindererziehung sowie die wechselseitigen Einkommens- und Vermögensverhältnisse. Ferner ist in die Abwägung die Dringlichkeit einzustellen, mit der die Ehegatten auf das Behalten der oder die Teilhabe an den in Rede stehenden Anrechten angewiesen sind. Zu West- und Ostanrechten in der gesetzlichen Rentenversicherung s Rn 4 a.
Die für den Ausschluss relevante **Wertgrenze** ergibt sich aus Abs 3. Der Wertunterschied ist gering, wenn er am Ende der Ehezeit bei einem Rentenbetrag als maßgeblicher Bezugsgröße höchstens 1 %, in allen anderen Fällen als Kapitalwert höchstens 120 % der monatlichen Bezugsgröße nach § 18 I SGB IV beträgt. Da es bei den Werten immer auf die Westwerte ankommt, liegen die Werte (bezogen auf den Ausgleichswert, also den halben Ehezeitanteil) derzeit (2014) bei 27,65 EUR, soweit es um Rentenwerte geht und bei 3.318,00 EUR, soweit es auf Kapitalbeträge ankommt. Der Rentenwert ist etwa für Beamtenversorgungen maßgebend, der Kapitalwert dag für die gesetzliche Rentenversicherung, da diese nicht in Renten, sondern in Entgeltpunkten rechnet (OLG Celle, FamRZ 10, 979; OLG Dresden v 9.9.10 – 23 UF 478/10; OLG München FamRZ 10, 1664; OLG Jena NJW 10, 3310; Kemper, Versorgungsausgleich in der Praxis, Rn VIII 73; aA Ruland, Versorgungsausgleich, 2. Aufl., Rn 481; OLG Stuttgart FamRZ 10, 1805).
2. Das **Verhältnis zwischen Abs 1 und Abs 2** ist gesetzlich nicht geregelt. Damit sich keine Potenzierungseffekte ergeben können, muss aber zunächst nach Abs 1 vorgegangen werden und erst danach dürfen die geringwertigen Einzelanrechte ausgesondert werden (BGH FamRZ 12, 192; 12, 513).
3. Folge der Anwendung des § 18 ist, dass das oder die betroffenen Anrechte ganz aus dem Versorgungsausgleich ausscheiden. Sie werden auch nicht im Ausgleich nach der Scheidung ausgeglichen. Gerade das erfordert einen behutsamen Umgang mit der Ausschlussregelung.

§ 19 Fehlende Ausgleichsreife

(1) ¹Ist ein Anrecht nicht ausgleichsreif, so findet insoweit ein Wertausgleich bei der Scheidung nicht statt. ²§ 5 Abs. 2 gilt entsprechend.
(2) Ein Anrecht ist nicht ausgleichsreif,
1. wenn es dem Grund oder der Höhe nach nicht hinreichend verfestigt ist, insbesondere als noch verfallbares Anrecht im Sinne des Betriebsrentengesetzes,
2. soweit es auf eine abzuschmelzende Leistung gerichtet ist,
3. soweit sein Ausgleich für die ausgleichsberechtigte Person unwirtschaftlich wäre oder
4. wenn es bei einem ausländischen, zwischenstaatlichen oder überstaatlichen Versorgungsträger besteht.
(3) Hat ein Ehegatte nicht ausgleichsreife Anrechte nach Absatz 2 Nr. 4 erworben, so findet ein Wertausgleich bei der Scheidung auch in Bezug auf die sonstigen Anrechte der Ehegatten nicht statt, soweit dies für den anderen Ehegatten unbillig wäre.
(4) Ausgleichsansprüche nach der Scheidung gemäß den §§ 20 bis 26 bleiben unberührt.

1 **I.** Die Norm enthält die wichtigste **Einschränkung des Versorgungsausgleichs bei der Scheidung,** indem sie bestimmt, dass nicht ausgleichsreife Anrechte (Abs 2) bei der Scheidung nicht ausgeglichen werden (Abs 1), sondern dem (schuldrechtlichen) Ausgleich nach der Scheidung (§§ 20 ff VersAusglG) überlassen bleiben (Abs 4). Für einen Sonderfall (ausländische Anrechte) erstreckt sie den Ausgleichsausschluss bei der Scheidung in Härtefällen auch auf andere Anrechte (Abs 3).

2 **II. 1. Nicht ausgleichsreife Anrechte** sind Anrechte, bei denen die Teilung zum Zeitpunkt der Entscheidung über den Wertausgleich bei der Scheidung aus verschiedenen Gründen nicht möglich ist. Das sind insb diejenigen Anrechte, bei denen ein Rechtsanspruch der ausgleichspflichtigen Person selbst auf eine Leistung noch nicht hinreichend verfestigt ist.

3 Die Beurteilung der Ausgleichsreife richtet sich grds nach der **Lage am Ende der Ehezeit** (Abs 1 S 2 iVm § 5 II 1 VersAusglG). Jedoch sind nachträgliche Veränderungen bis zur Entscheidung zu berücksichtigen (Abs 1 S 2 iVm § 5 II 2 VersAusglG). In Betracht kommt insofern va, dass ein Anrecht aus einer betrieblichen Altersversorgung nach dem Ende der Ehezeit, aber noch vor der Entscheidung unverfallbar wird.

4 Abs 2 nennt **4 Fälle** v nicht ausgleichsreifen Anrechten: **a)** Hierzu zählen zunächst dem Grund oder der Höhe nach **nicht hinreichend verfestigte Anrechte,** insb noch verfallbare Anrechte im Sinne des Betriebsrentengesetzes (Abs 2 Nr 1). Das entspricht zwar der früheren Rechtslage (1587 a II Nr 3, 3 aF), anders als früher ist aber nun keine Korrektur mehr möglich, wenn das Anrecht nachträglich unverfallbar wird. Noch verfallbar ist ein betriebliches Anrecht, wenn der Begünstigte jünger als 25 Jahre ist oder wenn die Versorgungszusage weniger als 5 Jahre zurückliegt. Nicht genügend verfestigt und deswegen nicht ausgleichsreif ist auch eine Pensionszusage, nach deren Bestimmungen die Anwartschaft verfällt, wenn der Berechtigte vor Vollendung des 50. Lebensjahres aus den Diensten der Firma ausscheidet (OLG Stuttgart FamRZ 13, 1908). Zu gepfändeten oder abgetretenen Rechten s § 2 VersAusglG Rn 7.

5 **b)** Nicht ausgleichsreif ist ein Anrecht auch, soweit es auf eine **abzuschmelzende Leistung** gerichtet ist (Abs 2 Nr 2). Auch das entspricht der früheren Rechtslage. Derartige Anrechte passen nicht in das System des Ausgleichs bei der Scheidung. Sie liegen vor, wenn Leistungen mit Leistungen aus anderen Anrechten verrechnet werden und (bei steigenden Leistungen aus den anderen Anrechten) dadurch abgebaut werden. Hierzu zählen etwa der nichtdynamische Teil der gesetzlichen Rente (§§ 307 b VI, 315 a, 319 a, 319 b SGB VI, § 4 IV Anspruchs- und AnwartschaftsüberführungsG, § 4 I Zusatzversorgungssystem-GleichstellungsG) und Abflachungsbeträge v Anrechten aus der Beamtenversorgung.

6 **c)** Die Ausgleichsreife fehlt auch, soweit sein Ausgleich für die ausgleichsberechtigte Person **unwirtschaftlich** wäre (Abs 2 Nr 3). Die Regelung ist die Nachfolgeregelung zu § 1587 b IV aF, der den öffentlich-rechtlichen Ausgleich ausschloss, wenn sich die Teilung voraussichtlich nicht zugunsten des Ausgleichsberechtigten ausgewirkt hätte. Das

trifft zu, wenn durch den Ausgleich nur ruhende Anrechte begründet werden. Der andere bisherige Anwendungsfall war derjenige eines Beamten auf Lebenszeit, der durch den Ausgleich nach § 16 I VersAusglG im Wege des externen Ausgleichs Anwartschaften in der gesetzlichen Rentenversicherung erhalten würde, die allgemeine Wartezeit v 60 Monaten für den Bezug einer gesetzlichen Rente aber voraussichtlich nicht mehr erfüllen könnte, so dass er aus dem übertragenen Anrecht nie selbst Leistungen beziehen könnte. Dieser Fall ist heute nicht mehr aktuell, denn seit Ende 2012 ist es auch in den Fällen, in denen die allgemeine Wartezeit nicht erfüllt ist, möglich, die restlichen Monate durch freiwillige Beiträge aufzuzahlen.

d) Nicht ausgleichsreif ist ein Anrecht schließlich, wenn es bei einem **ausländischen, zwischenstaatlichen oder überstaatlichen Versorgungsträger** besteht (Abs 2 Nr 4). Der Ausschluss dieser Anrechte v Ausgleich bei der Scheidung ist eine erhebliche Schlechterstellung des Ausgleichsberechtigten gegenüber dem früheren Recht, denn früher wurden diese Anrechte zumindest dann öffentlich-rechtlich ausgeglichen, wenn der Ausgleichspflichtige noch ausreichend Anwartschaften in der deutschen gesetzlichen Rentenversicherung hatte. 7

Der Ausschluss der ausländischen Anrechte ist **systembedingt.** Er berücksichtigt, dass ein ausländischer Versorgungsträger nicht durch deutsche Gerichte verpflichtet werden kann, die ausgleichsberechtigte Person in sein Versorgungssystem aufzunehmen oder das Anrecht extern auszugleichen. Er begründet für Ehegatten in Bezug auf private Versorgungen uU interessante Gestaltungsmöglichkeiten va im Hinblick auf die Regelung des § 32 VersAusglG. Da bei privaten Versorgungen eine nachträgliche Anpassung oder Abänderung ausgeschlossen ist, sind diese Anrechte beim Ausgleich bei der Scheidung endgültig verloren, auch wenn der Ausgleichsberechtigte Leistungen aus diesen Anrechten nie in Anspruch nehmen kann, weil er zB vor dem Renteneintritt stirbt. Handelt es sich dg um eine ausländische private Versorgung, behält der Ausgleichspflichtige bei der Scheidung zunächst die volle Versorgung und müsste nur schuldrechtlich nach der Scheidung ausgleichen, sobald er selbst Rente bezieht. Stirbt der ausgleichsberechtigte Ehegatte, braucht dann kein Ausgleich geleistet zu werden, die auszugleichende ausländische Versorgung steht allein dem überlebenden Ausgleichspflichtigen zu. 8

In den Fällen, in denen ein Ehegatte nicht ausgleichsreife Anrechte nach Abs 2 Nr 4 erworben hat, findet ein **Wertausgleich bei der Scheidung auch in Bezug auf die anderen – eigentlich ausgleichsreifen – Anrechte beider Eheleute nicht statt,** soweit dies für den anderen Ehegatten unbillig wäre (Abs 3). Die fehlende Ausgleichsreife eines oder mehrerer (ausländischer) Anrechte wirkt also als Ausgleichssperre in Bezug auf andere, an sich bei der Scheidung auszugleichende Anrechte, damit unbillige Ergebnisse für den anderen Ehegatten vermieden werden können. In Betracht kommt va dann, wenn ein Ehegatte in der Ehezeit erhebliche Anwartschaften bei einem ausländischen Versorgungsträger erworben hat (die nach Abs 2 Nr 4) nicht ausgleichsreif sind, der andere aber nur Anwartschaften in der (deutschen) gesetzlichen Rentenversicherung, die an sich ausgleichsreif wären. Es wäre unbillig, wenn dieser Ehegatte durch die Teilung des v ihm erworbenen Anrechts die Hälfte seiner ehezeitlichen Versorgung verlöre und gleichzeitig wegen seiner Teilhabe an den ausländischen Anrechten des anderen Ehegatten auf die schwächeren schuldrechtlichen Ausgleichsansprüche nach der Scheidung angewiesen wäre. 9

Die **Ausgleichssperre greift nicht ein,** wenn es an der Unbilligkeit fehlt, va wenn die ausländischen Anrechte nur einen geringen Ausgleichswert haben und gegenüber den sonst auszugleichenden Werten nicht wesentlich ins Gewicht fallen. Ob und wieweit es zur Anwendung des Abs 3 kommt, ist eine Einzelfallentscheidung. Sie bedingt aber in jedem Fall, dass die ausländischen Anrechte iSd Abs 2 Nr 4 wenigstens überschlägig ermittelt werden, um beurteilen zu können, welche Anrechte auf der anderen Seite ebenfalls in den Ausgleich nach der Scheidung verwiesen werden müssen (OLG Saarbrücken FamRZ 11, 1735). Ein vollständiger Ausschluss des Versorgungsausgleichs bei der Scheidung kommt nach Abs 3 nur ausnahmsweise in Betracht (OLG Brandenburg FamFR 13, 322). 10

11 2. **Folge** der fehlenden Ausgleichsreife ist, dass ein Ausgleich bei der Scheidung nicht stattfindet. Das Anrecht bleibt dem Ausgleich nach der Scheidung (§§ 20 ff VersAusglG) vorbehalten.

12 III. **Verfahren.** Das Familiengericht ist verpflichtet, noch nicht ausgleichsreife Anrechte in der Begründung zu benennen (§ 224 IV FamFG). Damit wird der Ausgleichsberechtigte daran erinnert, dass ihm insoweit noch Ansprüche zustehen können. Es handelt sich aber um eine rein informative Feststellung. Weder ist dadurch festgelegt, dass diese Anrechte noch ausgeglichen werden können (bei fehlerhafter Annahme des Bestehens derartiger Anrechte) noch sind nicht in der Entscheidung erwähnte Anrechte v Ausgleich nach der Scheidung ausgeschlossen.

Abschnitt 3
Ausgleichsansprüche nach der Scheidung

Vorbemerkung zu §§ 20–26 VersAusglG

Literatur: *Antl*, Ausgleichszahlungen im Rahmen des Versorgungsausgleichs, StBW 2010, 509; *Eichenhofer*, Zukünftiger Anwendungsbereich des schuldrechtlichen Versorgungsausgleichs (künftig: Ausgleich nach der Scheidung), FPR 2009, 211; *Grün*, Ausgleichszahlungen beim schuldrechtlichen Versorgungsausgleich, NWB 2010, 1751.

1 §§ 20 ff regeln als **subsidiäre Ausgleichsform** den Ausgleich nach der Scheidung. Diese Art des Ausgleichs findet nur statt, soweit ein Ausgleich bei der Scheidung wegen mangelnder Ausgleichsreife (§ 19 VersAusglG) nicht in Betracht kommt oder wenn die Ehegatten durch Vereinbarung Anrechte dem Ausgleich nach der Scheidung überlassen haben, die sonst im Ausgleich bei der Scheidung auszugleichen gewesen wären (vgl § 6 VersAusglG). Ist der Ausgleich bei der Scheidung wegen der Geringwertigkeitsklausel in § 18 VersAusglG ausgeschlossen, findet auch ein Ausgleich nach der Scheidung nicht statt. Ebenso wenig kommt ein Ausgleich nach der Scheidung für solche Anrechte in Betracht, die im Ausgleich bei der Scheidung auszugleichen gewesen wären, aber versehentlich nicht ausgeglichen wurden (BGH FamRZ 13, 1548; Kemper, Versorgungsausgleich in der Praxis IX Rn 18). Zu gepfändeten Anrechten s § 2 VersAusglG Rn 7; sie sind bei der Scheidung, nicht im Verfahren nach der Scheidung auszugleichen.

2 Der Ausgleich nach der Scheidung **führt nur zu einem unterhaltsähnlichen Anspruch** des Berechtigten gegen den Verpflichteten, daß nicht zu einer eigenständigen sozialversicherungsrechtlichen Stellung. Die Strukturen des früheren schuldrechtlichen Ausgleichs sind im Wesentlichen beibehalten, und nur für den besonderen Fall des Ausgleichs einer Einmalzahlung ergänzt worden (vgl § 22 VersAusglG). Die Versorgung des ausgleichsberechtigten Ehegatten tritt in jedem Fall erst ein, wenn der Ausgleichspflichtige selbst seine Versorgung bezieht (§ 20 I 1 VersAusglG). Das setzt neben dem Erreichen der Altersgrenze vor allem voraus, dass der Ausgleichspflichtige selbst die nötigen Voraussetzungen für eine Altersversorgung erfüllt. Darauf hat der Ausgleichsberechtigte keinen Einfluss. Der schuldrechtliche Versorgungsausgleich erfolgt durch Teilung dessen, was der Ausgleichspflichtige als Versorgung empfängt. Der Ausgleichspflichtige muss dem Berechtigten in Höhe seiner Berechtigung durch Zahlung einer Rente Ausgleich leisten (§ 20 I 1 VersAusglG). Stirbt er, geht dem Ausgleichsberechtigten auch seine Versorgung grds verloren. Eine Durchbrechung erfährt dieser Grundsatz nur, wenn die Versorgung des Ausgleichspflichtigen so ausgestaltet ist, dass eine Hinterbliebenenversorgung auch im Fall der Scheidung stattfindet (vgl § 25 VersAusglG).

3 Zum Ausgleich durch **Abtretung v Versorgungsansprüchen** vgl § 21 VersAusglG, zur Abfindung v Ansprüchen vgl §§ 23 f, zur Teilhabe an der Hinterbliebenenversorgung s §§ 25 f.

4 Das Familiengericht ist verpflichtet, in der **Entscheidung über den Ausgleich bei der Scheidung** noch nicht ausgleichsreife **Anrechte in der Begründung zu benennen** (§ 224 IV FamFG). Damit wird der Ausgleichsberechtigte daran erinnert, dass ihm insoweit noch Ansprüche zustehen können, die er dann im Ausgleich nach der Scheidung geltend machen muss. Es handelt sich aber um eine rein informative Feststellung. Weder ist dadurch festgelegt, dass diese Anrechte noch ausgeglichen werden können (bei fehlerhafter Annahme des Bestehens derartiger Anrechte) noch sind nicht in der Entscheidung erwähnte Anrechte v Ausgleich nach der Scheidung ausgeschlossen.

Unterabschnitt 1
Schuldrechtliche Ausgleichszahlungen

§ 20 Anspruch auf schuldrechtliche Ausgleichsrente

(1) ¹Bezieht die ausgleichspflichtige Person eine laufende Versorgung aus einem noch nicht ausgeglichenen Anrecht, so kann die ausgleichsberechtigte Person von ihr den Ausgleichswert als Rente (schuldrechtliche Ausgleichsrente) verlangen. ²Die auf den Ausgleichswert entfallenden Sozialversicherungsbeiträge oder vergleichbaren Aufwendungen sind abzuziehen. ³§ 18 gilt entsprechend.
(2) Der Anspruch ist fällig, sobald die ausgleichsberechtigte Person
1. eine eigene laufende Versorgung im Sinne des § 2 bezieht,
2. die Regelaltersgrenze der gesetzlichen Rentenversicherung erreicht hat oder
3. die gesundheitlichen Voraussetzungen für eine laufende Versorgung wegen Invalidität erfüllt.
(3) Für die schuldrechtliche Ausgleichsrente gelten § 1585 Abs. 1 Satz 2 und 3 sowie § 1585 b Abs. 2 und 3 des Bürgerlichen Gesetzbuchs entsprechend.

I. Die Norm enthält die **Voraussetzungen**, unter denen ein Ausgleich nach der Scheidung stattfindet (Abs 1) und regelt die **Fälligkeit** des Anspruchs (Abs 2). Für die **Modalitäten** des schuldrechtlichen Ausgleichs verweist sie auf unterhaltsrechtliche Regelungen (Abs 3).

II. 1. **Voraussetzung** des Versorgungsausgleichs nach der Scheidung ist zunächst, a) dass ein dahin gehender **Antrag** des ausgleichsberechtigten Ehegatten vorliegt. Anders als der Ausgleich bei der Scheidung findet der schuldrechtliche Ausgleich nach der Scheidung nicht vAw statt. Der Antrag braucht nicht beziffert zu sein (OLG Hamm FamRZ 90, 889), eine Bezifferung bindet das Gericht auch nicht. Wichtig ist nur, dass er erkennen lässt, dass der schuldrechtliche Ausgleich geregelt werden soll. Es reicht nicht, ganz allgemein die Durchführung des Versorgungsausgleichs oder ähnliches zu verlangen (OLG Düsseldorf FamRZ 88, 410).

b) **Materielle Voraussetzung** des Ausgleichs nach der Scheidung ist, dass die ausgleichspflichtige Person eine **laufende Versorgung aus einem noch nicht ausgeglichenen Anrecht** bezieht. Das ist der Fall, wenn und soweit im Wertausgleich bei der Scheidung ein Ausgleich dieses Anrechts noch nicht erfolgt ist. Die wichtigsten Anwendungsfälle sind, dass bei der Scheidung der Ausgleich wegen der noch mangelnden Ausgleichsreife des Anrechts nach § 19 VersAusglG ausgeschlossen war (Hauptfälle: ausländische Anrechte, bei der Scheidung noch nicht unverfallbare Betriebsrenten, auf abschmelzende Leistungen gerichtete Anrechte). In Betracht kommt auch, dass sich die Eheleute geeinigt haben, den Versorgungsausgleich nicht durch den Wertausgleich bei der Scheidung, sondern nach §§ 20 ff VersAusglG durchzuführen (vgl § 6 VersAusglG). Dag kommt ein Ausgleich nach der Scheidung für solche Anrechte in Betracht, die im Ausgleich bei der Scheidung auszugleichen gewesen wären, aber versehentlich nicht ausgeglichen wurden (BGH FamRZ 13, 1548 Kemper, Versorgungsausgleich in der Praxis, IX Rn 18). Zu gepfändeten Anrechten s § 2 VersAusglG Rn 7; sie sind bei der Scheidung, nicht im Verfahren nach der Scheidung auszugleichen.

Ob der fehlende Ausgleich ein **Renten- oder ein auf eine Kapitalzahlung** gerichtetes Anrecht betrifft, ist gleichgültig (vgl § 22 VersAusglG).

c) Der Ausgleich darf **nicht nach § 18 VersAusglG** wegen einer geringen Wertdifferenz gleichartiger Anrechte oder wegen eines zu geringen Ausgleichswerts des auszugleichenden Einzelanrechts **ausgeschlossen** sein (Abs 1 S 3). Der Verweis auf § 18 VersAusglG gilt auch für den Anspruch auf Abfindung einer künftigen schuldrechtlichen Ausgleichsrente (§§ 23 ff VersAusglG), denn die dafür maßgebenden Regelungen nehmen jeweils auf die schuldrechtliche Ausgleichsrente und damit auf Abs 1 Bezug.

6 2. Die **Fälligkeit** des Anspruchs tritt ein, sobald die ausgleichsberechtigte Person eine eigene laufende Versorgung im Sinne des § 2 VersAusglG (also wegen Alters oder Invalidität) bezieht (Abs 2 Nr 1), also bei ihr der Rentenfall bereits eingetreten ist (wozu auch die Stellung des Rentenantrags gehört) oder die Regelaltersgrenze der gesetzlichen Rentenversicherung erreicht hat (Abs 2 Nr 2). Diese Fallgruppe ist dann v Bedeutung, wenn der Ausgleichsberechtigte keine eigene Versorgung wegen Alters erworben hat. Schließlich tritt die Fälligkeit ein, wenn die gesundheitlichen Voraussetzungen für eine laufende Versorgung wegen Invalidität erfüllt sind (Abs 2 Nr 3). Auch diese Variante kommt nur dann in Betracht, wenn der Ausgleichsberechtigte nicht ohnehin schon eine eigene Rente wegen der Invalidität bezieht.

7 3. Die **Höhe** des Anspruchs richtet sich grds nach dem Ausgleichswert des Anrechts. Anders als nach bislang geltendem Recht sind aber die hierauf entfallenden Sozialversicherungsbeiträge in Abzug zu bringen (Abs 1 S 2). Das gilt für die Beiträge zu einer privaten Kranken- und Pflegeversicherung auch dann (anteilige Anrechnung), wenn das Renteneinkommen des Ausgleichspflichtigen die Beitragsbemessungsgrenzen überschreitet (OLG Hamm FamRZ 13, 1895; aA OLG Stuttgart FamRZ 11, 1870, 1871 f). v Bedeutung ist der Abzug vor allem in den Fällen, in denen nach § 248 SGB V pflichtversicherte Betriebsrentner auf ihre Betriebsrente den vollen Beitragssatz in der Krankenversicherung zu entrichten haben, während der ausgleichsberechtigte Ehegatte regelmäßig keiner weiteren Versicherungspflicht unterliegt. Das ist eine Änderung gegenüber der früheren Rechtslage. Zu beachten ist, dass diese Regelung auch auf Altfälle des schuldrechtlichen Ausgleichs anzuwenden ist. Ggf ist der Alttitel nach § 48 FamFG abzuändern. Problematisch an der Neuregelung ist, dass die Krankenversicherungen den an den Ausgleichsberechtigten auszukehrenden Betrag erneut der Beitragspflicht unterwerfen, weil sie ihn als Einkommen des Ausgleichsberechtigten ansehen. Auf diese Weise erfolgt eine doppelte Beitragserhebung (einmal beim Ausgleichspflichtigen und einmal beim Ausgleichsberechtigten).

8 4. Ausgeglichen wird nach Abs 1 durch Zahlung einer **Ausgleichsrente.**

9 Wegen der **Modalitäten** des Ausgleichs durch Zahlung einer Ausgleichsrente verweist Abs 3 auf das Unterhaltsrecht. Die Fälligkeit der Rente (im Voraus) bestimmt sich nach § 1585 I 2, für die Geltendmachung v Rückständen wird auf § 1585 II, III verwiesen (Abs 3).

10 Zum Ausgleich durch **Abtretung v Versorgungsansprüchen** vgl § 21 VersAusglG, zur Abfindung v Ansprüchen vgl §§ 23 f, zur Teilhabe an der Hinterbliebenenversorgung s §§ 25 f.

§ 21 Abtretung von Versorgungsansprüchen

(1) Die ausgleichsberechtigte Person kann von der ausgleichspflichtigen Person verlangen, ihr den Anspruch gegen den Versorgungsträger in Höhe der Ausgleichsrente abzutreten.
(2) Für rückständige Ansprüche auf eine schuldrechtliche Ausgleichsrente kann keine Abtretung verlangt werden.
(3) Eine Abtretung nach Absatz 1 ist auch dann wirksam, wenn andere Vorschriften die Übertragung oder Pfändung des Versorgungsanspruchs ausschließen.
(4) Verstirbt die ausgleichsberechtigte Person, so geht der nach Absatz 1 abgetretene Anspruch gegen den Versorgungsträger wieder auf die ausgleichspflichtige Person über.

1 Die Vorschrift ermöglicht die Abtretung v Versorgungsansprüchen als eine **Sonderform des Versorgungsausgleichs nach der Scheidung.** Sie entspricht § 1587 i aF. An dieser Form hat der Berechtigte ein Interesse, weil er dann selbst Inhaber der Forderung gegen den Versorgungsträger ist und nicht mehr durch die Insolvenz oder Manipulationen seitens seines ehemaligen Ehegatten beeinträchtigt werden kann. Dem Verpflichteten nützt diese Form des Ausgleichs, weil sie ihn v der monatlichen Zahlungspflicht entlastet.

2 Abgetreten werden können die Versorgungsansprüche **in Höhe der laufenden Ausgleichsrente,** die im gleichen Zeitraum fällig geworden sind oder werden (Abs 1). Das bedeutet, dass die Zeiträume sich decken müssen; eine Abtretung künftiger Versorgungsansprüche für rückständige Ausgleichsrenten ist ausgeschlossen (Abs 2). Für die Abtretung ist es unerheblich, ob diese Ansprüche nicht abgetreten werden können oder unpfändbar sind (Abs 3). Das bedeutet nicht, dass die Versorgungsansprüche dadurch generell abtretbar und pfändbar werden; sie sind es nur im Verhältnis zum ausgleichsberechtigten Ehegatten. Der Versorgungsträger soll nicht verhindern können, dass ein schuldrechtlicher Ausgleich durch Abtretung erfolgt.

Wenn die **ausgleichsberechtigte Person verstirbt**, erlischt der Ausgleichsanspruch nach 3 § 20 VersAusglG (§ 31 III 1 VersAusglG). In diesem geht der abgetretene Anspruch gegen den Versorgungsträger wieder auf die ausgleichspflichtige Person über (Abs 4). Die Abtretung führt also nicht zu einer Sicherung des Ausgleichsberechtigten über den Tod des Ausgleichspflichtigen hinaus.

§ 22 Anspruch auf Ausgleich von Kapitalzahlungen

¹Erhält die ausgleichspflichtige Person Kapitalzahlungen aus einem noch nicht ausgeglichenen Anrecht, so kann die ausgleichsberechtigte Person von ihr die Zahlung des Ausgleichswerts verlangen. ²Im Übrigen sind die §§ 20 und 21 entsprechend anzuwenden.

Die Norm ergänzt den Ausgleich nach § 20 und 21 VersAusglG für die Fälle, in denen 1 das auszugleichende Anrecht nicht auf eine Renten-, sondern auf eine Kapitalzahlung gerichtet ist. In diesen Fällen kann nicht durch Zahlung einer Rente ausgeglichen werden, sondern der Ausgleichsberechtigte ist an der Kapitalleistung durch Zahlung des Ausgleichswerts zu leisten. Im Übrigen gelten die in §§ 20, 21 VersAusglG enthaltenen Grundsätze entsprechend.

Wurde die Leistung bereits vor dem Eintritt der Fälligkeit des Ausgleichsanspruchs 2 (§ 20 II VersAusglG) an den Ausgleichspflichtigen erbracht, entsteht der Anspruch auf Ausgleich rückwirkend (BT-Drucks 16/10144, 66). Das dürfte jedoch in vielen Fällen zu keinem befriedigenden Ergebnissen führen, weil der Ausgleichspflichtige den gezahlten Betrag bereits ausgegeben haben dürfte.

Unterabschnitt 2
Abfindung

Vorbemerkung zu §§ 23–24 VersAusglG

Die Abfindung eines noch nicht ausgeglichenen Anrechts ist nun im zweiten Unterab- 1 schnitt geregelt. Damit soll deutlicher als früher auf dieses Instrument hingewiesen werden, damit es in der Praxis weitere Verbreitung erfährt als früher. §§ 23 und 24 VersAusglG sind die Nachfolgeregelungen zu §§ 1587 l–1587 n aF. Der Regelungsgehalt des § 1587 n aF wurde allerdings nicht übernommen. Die Regelung hatte das Ziel, eine doppelte Inanspruchnahme des Ausgleichspflichtigen zu vermeiden, wenn er gegenüber dem Ausgleichsberechtigten zugleich unterhaltspflichtig ist. Dieser Zweck wird aber schon durch die allgemeinen unterhaltsrechtlichen Mechanismen erreicht: Verwendet der Ausgleichsberechtigte die Abfindung bestimmungsgemäß für die Altersversorgung, entfällt im Alter insoweit die Bedürftigkeit. Verwendet er die Abfindung nicht bestimmungsgemäß, kann der Ausgleichspflichtige, der die Abfindung gezahlt hat, dem Ausgleichsberechtigten die mutwillige Herbeiführung der Bedürftigkeit iSd *§ 1579 Nr 4 BGB* entgegenhalten.

§ 23 Anspruch auf Abfindung, Zumutbarkeit

(1) ¹Die ausgleichsberechtigte Person kann für ein noch nicht ausgeglichenes Anrecht von der ausgleichspflichtigen Person eine zweckgebundene Abfindung verlangen. ²Die Abfindung ist an den Versorgungsträger zu zahlen, bei dem ein bestehendes Anrecht ausgebaut oder ein neues Anrecht begründet werden soll.
(2) Der Anspruch nach Absatz 1 besteht nur, wenn der Zahlung der Abfindung für die ausgleichspflichtige Person zumutbar ist.
(3) Würde eine Einmalzahlung die ausgleichspflichtige Person unbillig belasten, so kann sie Ratenzahlung verlangen.

§ 24 Höhe der Abfindung, Zweckbindung

(1) ¹Für die Höhe der Abfindung ist der Zeitwert des Ausgleichswerts maßgeblich. ²§ 18 gilt entsprechend.
(2) Für das Wahlrecht hinsichtlich der Zielversorgung gilt § 15 entsprechend.

1 I. Die Normen sind die Nachfolgeregelungen zu § 1587 l und § 1587 m aF. Sie ermöglichen es dem Ausgleichsberechtigten, statt der Geldrente eine Abfindung des Ausgleichsanspruchs durch Zahlung eines Einmalkapitalbetrags zu verlangen (§ 25 VersAusglG). Diese Alternative soll dem Ausgleichsberechtigten die Möglichkeit verschaffen, sich eine v der Person des Ausgleichspflichtigen losgelöste Altersversorgung zu erkaufen. Die Abfindung kann verlangt werden, wenn sie dem Ausgleichspflichtigen zumutbar ist (Abs 2). Das entspricht der Lage im Unterhaltsrecht (§ 1585 II).

2 II. 1. **Voraussetzung** der Abfindung ist zunächst, a) dass ein **bestehendes Anrecht**, für das im Versorgungsausgleich stattfindet, **noch nicht** im Ausgleich bei der Scheidung **ausgeglichen** worden ist. Worauf das beruht ist unerheblich. Ausgeschlossen sind lediglich auch weiter die Bagatellausgleiche nach § 18 VersAusglG (§ 24 I 2 VersAusglG) sowie der Ausgleich der Anrechte, die an sich im Ausgleich bei der Scheidung auszugleichen gewesen wären, damals aber versehentlich nicht ausgeglichen wurden (§ 20 VersAusglG Rn 2).

3 b) Der Anspruch auf Abfindung besteht nur, wenn diese dem Ausgleichspflichtigen **zumutbar** ist (Abs 2). Weil sie in der Regel über das noch auszugleichende Anrecht nicht verfügen kann und deshalb die Abfindung aus dem sonstigen Vermögen aufbringen muss, dürfen an die Zumutbarkeit keine geringen Anforderungen gestellt werden. Es braucht aber kein wichtiger Grund vorzuliegen, wie das im Unterhaltsrecht der Fall ist (vgl § 1585 II). An einer unbilligen Belastung des Ausgleichspflichtigen durch die Abfindung fehlt es, wenn er diese ohne Schwierigkeiten zahlen kann und ihm daraus keine schwerwiegenden Nachteile entstehen. Das kommt va in Betracht, wenn der Ausgleichsverpflichtete durch den Zugewinnausgleich einen größeren Betrag erwirbt. Dag ist die Belastung mit der Abfindung unbillig, wenn der Ausgleichspflichtige nahezu sein gesamtes Vermögen dafür aufbringen müsste, um die Abfindung zu leisten oder wenn er Grundstücke aus altem Familienbesitz dafür opfern muss.

4 c) Das Gesetz trifft keine Regelung darüber, **ab wann** der Ausgleich verlangt werden kann. Daraus folgt, dass der Ausgleich durch Abfindung sowohl in der Anwartschaftsphase als in der Leistungsphase des Anrechts verlangt werden kann (vgl BT-Drucks 16/10144, 66). Auf die Fälligkeitsvoraussetzungen des § 20 II VersAusglG, die sonst für den Ausgleich nach der Scheidung zu beachten sind, kommt es nicht an, weil die Regelung dazu dient, Versorgungen endgültig auszugleichen. Die Abfindung nach § 23 VersAusglG ist deswegen einer der Wege, im Ausgleich ausländischer oder anderer nicht ausgleichsreifer Anrechte bereits endgültig bei der Scheidung zu regeln.

5 d) Für die **Höhe der Abfindung** ist der Zeitwert des Ausgleichswerts entscheidend. Bagatellausgleiche sind ausgeschlossen (§ 24 I 2 iVm § 18 VersAusglG).

6 e) Die Abfindung kann nur **zweckgebunden** für den Auf- oder Ausbau einer Versorgung verlangt werden. Sie steht also nicht zur freien Verfügung des Ausgleichsberechtigten. Das entspricht § 1587 l III 1 aF. Die weiteren Einzelheiten zur Zielversorgung ergeben sich aus dem Verweis in § 24 II VersAusglG auf § 15 VersAusglG. Das bedeutet va, dass ein Anrecht bei der gesetzlichen Rentenversicherung bzw. der Versorgungsausgleichskasse zu begründen ist, wenn das Wahlrecht hinsichtlich der Zielversorgung nicht oder nicht wirksam ausgeübt worden ist.

7 2. Inhaltlich ist der Anspruch und damit auch der Ausspruch auf die **Zahlung des Abfindungsbetrags an den Versorgungsträger der Zielversorgung** gerichtet. Folge der Zahlung ist, dass beim Zielversorgungsträger ein entsprechendes Anrecht für den Berechtigten entsteht. Erst zu diesem Zeitpunkt kann angenommen werden, dass der Ausgleich vollzogen ist und damit auch der potentielle Anspruch auf eine Ausgleichsrente nach § 20 VersAusglG erlischt. Andernfalls bestünde eine Schutzlücke für den Ausgleichsberechtigten: Nähme man an, dass der Anspruch aus § 20 VersAusglG be-

reits dann entfiele, wenn die Verpflichtung zur Abfindung ausgesprochen ist, bestünde die Gefahr, dass ein Ausgleichspflichtiger die angeordneten Zahlungen nicht vornimmt, so dass kein Anrecht beim Zielversorgungsträger entsteht. Wenn die notwendigen Beträge auch nicht im Wege der Zwangsvollstreckung beigetrieben werden könnten, bedeutete das, dass der Berechtigte seine Ausgleichsansprüche verloren hätte, ohne dass er eine Abfindung tatsächlich erhalten hätte.

Unterabschnitt 3
Teilhabe an der Hinterbliebenenversorgung

Vorbemerkung zu §§ 25–26 VersAusglG

Der Ausgleich nach der Scheidung begründet für den Ausgleichsberechtigten grds keinen eigenständigen Anspruch der ausgleichsberechtigten Person gegen den Versorgungsträger des Ausgleichspflichtigen. Es kann daher eine **Versorgungslücke** entstehen, wenn der Ausgleichspflichtige stirbt, weil dann dessen Versorgung erlischt. 1

Dieser Gefahr wird im früher auch über einen **Anspruch gegen den Versorgungsträger** oder aber **gegen die Witwe bzw den Witwer** des Ausgleichspflichtigen Abhilfe geschaffen. Dieser Anspruch hängt aber davon ab, dass der Versorgungsträger eine Hinterbliebenenversorgung gewährt. Es handelt sich um einen eigenständigen Anspruch des Ausgleichsberechtigten gegen den Versorgungsträger bzw gegen die Witwe oder den Witwer des Ausgleichspflichtigen. 2

Früher wurden die entsprechenden Rechte als **verlängerter schuldrechtlicher Versorgungsausgleich** bezeichnet. Das neue Recht spricht zutreffender v einer Teilhabe an der Hinterbliebenenversorgung. Damit wird die Eigenständigkeit der Rechtsstellung des Berechtigten betont. 3

§ 25 Anspruch gegen den Versorgungsträger

(1) Stirbt die ausgleichspflichtige Person und besteht ein noch nicht ausgeglichenes Anrecht, so kann die ausgleichsberechtigte Person vom Versorgungsträger die Hinterbliebenenversorgung verlangen, die sie erhielte, wenn die Ehe bis zum Tod der ausgleichspflichtigen Person fortbestanden hätte.
(2) Der Anspruch ist ausgeschlossen, wenn das Anrecht wegen einer Vereinbarung der Ehegatten nach den §§ 6 bis 8 oder wegen fehlender Ausgleichsreife nach § 19 Abs. 2 Nr. 2 oder Nr. 3 oder Abs. 3 vom Wertausgleich bei der Scheidung ausgenommen worden war.
(3) ¹Die Höhe des Anspruchs ist auf den Betrag beschränkt, den die ausgleichsberechtigte Person als schuldrechtliche Ausgleichsrente verlangen könnte. ²Leistungen, die sie von dem Versorgungsträger als Hinterbliebene erhält, sind anzurechnen.
(4) § 20 Abs. 2 und 3 gilt entsprechend.
(5) Eine Hinterbliebenenversorgung, die der Versorgungsträger an die Witwe oder den Witwer der ausgleichspflichtigen Person zahlt, ist um den nach den Absätzen 1 und 3 Satz 1 errechneten Betrag zu kürzen.

I. Die Norm regelt einen **Versorgungsanspruch des Ausgleichsberechtigten gegen den Versorgungsträger** des Ausgleichspflichtigen nach dessen Tod. Zum Ausgleichsanspruch gegen die Witwe bzw den Witwer des Ausgleichspflichtigen vgl § 26 VersAusglG. 1

II. 1. **Voraussetzung** der Teilhabe an der Hinterbliebenenversorgung gegen den Versorgungsträger des Ausgleichspflichtigen ist zunächst, a) dass ein **Ausgleichspflichtiger stirbt.** 2

b) Es muss ein **noch nicht ausgeglichenes Anrecht** bestehen. Insofern gilt nichts anderes als bei dem Ausgleich nach der Scheidung selbst (vgl § 20 VersAusglG Rn 3). Die Voraussetzung ist zum einen erfüllt, wenn der verstorbene Ehegatte vor seinem Tod selbst schon eine noch auszugleichende laufende Versorgung bezog, aber auch dann, wenn er vor Erreichen des Rentenalters starb, so dass er die daraus fließende Versorgung gar nicht in Anspruch nehmen konnte. Auch in diesem Fall war der verstorbene Ehegatte 3 im Hinblick auf dieses Anrecht über Ausgleichsansprüche nach der Scheidung dem Grunde nach noch im Wege des Ausgleichs nach der Scheidung ausgleichspflichtig.

4 c) Das nicht ausgeglichene Anrecht muss eine **Hinterbliebenenversorgung** beinhalten.

5 d) Das **auszugleichende Anrecht** darf **nicht** wegen einer Vereinbarung der Ehegatten (§§ 6–8 VersAusglG) oder wegen fehlender Ausgleichsreife nach § 19 II Nr 2 (auf abzuschmelzende Leistungen gerichtete Anrechte) oder § 19 II Nr 3 (Unwirtschaftlichkeit des Ausschlusses) oder nach § 19 III VersAusglG (Ausschluss wegen nicht ausgleichsreifer anderer Anrechte) v **Wertausgleich bei der Scheidung ausgenommen** worden sein (Abs 2). In den genannten Fällen findet keine Hinterbliebenenversorgung statt. Es ist daher für den Ausgleichsberechtigten sehr gefährlich, sich damit einverstanden zu erklären, dass Anrechte in den schuldrechtlichen Ausgleich verschoben werden, die an sich im Ausgleich bei der Scheidung auszugleichen wären. Über den Verlust der Versorgung nach dem Tod des Ausgleichspflichtigen muss deswegen aufgeklärt werden.

6 e) Das Anrecht darf **nicht** zu einem **Bagatellausgleich** nach § 18 VersAusglG führen. Das ergibt sich aus der Bezugnahme in Abs 3 auf die Ausgleichsrente nach § 20 VersAusglG.

7 2. **Fällig** ist der Anspruch unter den gleichen Voraussetzungen wie der Anspruch auf Ausgleichsrente nach § 20 II VersAusglG (Abs 2, § 20 VersAusglG Rn 6 f).

8 3. **Der Inhalt des Anspruchs** gegen den Versorgungsträger wird in mehrfacher Weise eingeschränkt:

9 a) Zunächst ist der Anspruch durch die **hypothetische Hinterbliebenenversorgung** begrenzt. Der Ausgleichsberechtigte wird nur so gestellt, wie er gestanden hätte, wenn er zum Zeitpunkt des Todes des Ausgleichspflichtigen noch mit diesem verheiratet gewesen wäre (Abs 1 aE). Er erhält also maximal die v Versorgungsträger zugesagte Hinterbliebenenversorgung. Das bedeutet etwa, dass dann, wenn die entsprechende Versorgungsregelung eine Wiederverheiratungsklausel vorsieht, wonach eine Witwenrente bei Wiederheirat erlischt, diese (zulässige, BGH FamRZ 05, 189) Klausel auch für den Teilhabeanspruch des Ausgleichsberechtigten gilt. Hat er also wieder geheiratet, besteht kein Anspruch mehr.

10 b) Der Anspruch ist auf den Betrag beschränkt, den der **Ausgleichsberechtigte als schuldrechtliche Ausgleichsrente** nach § 20 VersAusglG verlangen könnte (Abs 3 S 1). Sozialversicherungsbeiträge sind hier jedoch (anders als nach § 20 I 1 VersAusglG) nicht abzuziehen, weil diese Beiträge erst beim Ausgleichsberechtigten selbst anfallen.

11 **Leistungen,** die der Ausgleichsberechtigte v **dem Versorgungsträger als Hinterbliebener** erhält, sind **anzurechnen** (Abs 3 S 2).

12 4. Die **Modalitäten** des Anspruchs richten sich nach unterhaltsrechtlichen Grundsätzen (Abs 4 iVm § 20 III VersAusglG). Vgl dazu § 20 VersAusglG Rn 8 f.

§ 26 Anspruch gegen die Witwe oder den Witwer

(1) Besteht ein noch nicht ausgeglichenes Anrecht bei einem ausländischen, zwischenstaatlichen oder überstaatlichen Versorgungsträger, so richtet sich der Anspruch nach § 25 Abs. 1 gegen die Witwe oder den Witwer der ausgleichspflichtigen Person, soweit der Versorgungsträger an die Witwe oder den Witwer eine Hinterbliebenenversorgung leistet.

(2) § 25 Abs. 2 bis 4 gilt entsprechend.

1 I. Die Norm regelt einen **Versorgungsanspruch des Ausgleichsberechtigten gegen die Witwe bzw den Witwer des Ausgleichspflichtigen** nach dessen Tod. Es handelt sich um eine Auffangnorm für den Fall, dass der Versorgungsträger im Rahmen der deutschen Gerichtsbarkeit nicht verpflichtet werden kann.

2 Zum (vorrangigen) **Ausgleichsanspruch gegen den Versorgungsträger** des Ausgleichspflichtigen vgl § 25 VersAusglG.

3 II. 1. **Voraussetzung** der Teilhabe an der Hinterbliebenenversorgung gegen die Witwe bzw den Witwer des Ausgleichspflichtigen ist, dass ein **Ausgleichspflichtiger stirbt**.

4 Es muss ein **noch nicht ausgeglichenes Anrecht bei einem ausländischen, zwischenstaatlichen oder überstaatlichen Versorgungsträger** bestehen. Alle anderen Fälle v nicht

ausgeglichenen Anrechten sind über § 25 VersAusglG zu lösen. Wann ein Anrecht noch nicht ausgeglichen ist, richtet sich nach den in § 25 VersAusglG Rn 3 genannten Kriterien.

Der ausländische, zwischen- oder überstaatliche Versorgungsträger muss an die Witwe oder den Witwer **tatsächlich eine Hinterbliebenenversorgung leisten.** 5

Das **auszugleichende Anrecht** darf **nicht** wegen einer Vereinbarung der Ehegatten (§§ 6–8 VersAusglG) oder wegen fehlender Ausgleichsreife nach § 19 II Nr 2, 3, III VersAusglG v **Wertausgleich bei der Scheidung ausgenommen** worden sein (Abs 2 iVm § 25 II VersAusglG) und das Anrecht darf nicht zu einem Bagatellausgleich nach § 18 VersAusglG führen (Abs 2 iVm § 25 III VersAusglG). 6

2. Für die **Fälligkeit** des Anspruchs gilt das zu § 25 II Gesagte entsprechend (§ 25 VersAusglG Rn 7). 7

3. Der **Inhalt** und die **Modalitäten** des Anspruchs unterliegen denselben Kriterien wie beim Anspruch aus § 25 (vgl § 25 VersAusglG Rn 8 ff), mit der Maßgabe, dass es für die Begrenzung auf die tatsächlich geleistete Hinterbliebenenversorgung ankommt. 8

Abschnitt 4
Härtefälle

§ 27 Beschränkung oder Wegfall des Versorgungsausgleichs

¹Ein Versorgungsausgleich findet ausnahmsweise nicht statt, soweit er grob unbillig wäre. ²Dies ist nur der Fall, wenn die gesamten Umstände des Einzelfalls es rechtfertigen, von der Halbteilung abzuweichen.

I. Die Norm enthält – entsprechend der in § 1579 für das Unterhaltsrecht und der in § 1381 für den Zugewinnausgleich getroffenen Regelung – eine **negative Härteklausel,** aufgrund derer der Versorgungsausgleich herabgesetzt oder ausgeschlossen werden kann, wenn die Umstände des Einzelfalls das rechtfertigen. Sie ist die Nachfolgeregelung zu § 1587 c und 1587 h aF und vereinheitlicht den Inhalt beider Normen. Der Text der Norm wurde in Anlehnung an den früheren Wortlaut gestrafft, ohne dass sich hierdurch auf der Tatbestandsseite am Regelungsgehalt etwas ändern sollte (BT-Drucks 16/10144, 68). Auf die früheren Regelbeispiele wurde verzichtet. Es kann aber weiter auf die bislang entwickelten Fallgruppen der Härtefälle zurückgegriffen werden, weil sich diese ohne weiteres aus der Generalklausel ergeben. 1

§ 27 ist eine negative Härteklausel, dh kann nur zum teilweisen oder ganzen Ausschluss des Versorgungsausgleichs führen. Die **Heraufsetzung des Versorgungsausgleichs** ist dag **nicht zulässig** (beachte aber Rn 13 f). Unzulässig wäre es deswegen etwa, einzelne Anrechte mit höheren Ausgleichswerten zu versehen, als sie sich nach § 1 VersAusglG ergeben. 2

Die Norm enthält eine Generalklausel, die eine Billigkeitsabwägung verlangt. Dazu ist (wie früher) eine **Gesamtabwägung** aller Umstände des Einzelfalls erforderlich. Die Beweislast für das Vorliegen der die Tatbestände ausfüllenden Tatsachen liegt beim Ausgleichspflichtigen (BGH FamRZ 94, 827). Die Anwendung der Härteklausel wird nicht dadurch gehindert, dass der Ausgleichspflichtige bereits verstorben ist (OLG Brandenburg NJW-RR 02, 217), sofern das Verfahren dann noch fortzusetzen ist (vgl § 31 VersAusglG). 3

Gegenüber § 242 ist § 27 VersAusglG lex specialis. Die Anwendung des § 242 ist daher in seinem Anwendungsbereich ausgeschlossen. 4

II. 1. Voraussetzung für den Ausschluss des Versorgungsausgleichs ist, dass die Inanspruchnahme des Verpflichteten **grob unbillig** wäre. Es soll verhindert werden, dass ein Versorgungsausgleich auch dann in vollem Umfang durchgeführt werden muss, wenn die besonderen Verhältnisse des Einzelfalls ihn als unerträglich erscheinen lassen, weil der Grundgedanke, dass gemeinsam Erworbenes geteilt werden muss, nicht zutrifft. Es müssen in jedem Fall alle Umstände des Einzelfalles in die Betrachtung einbezogen werden, um zu entscheiden, ob es geboten ist, v dem Grundsatz der Halbteilung abzuweichen. 5

6 2. Es ist ein **strenger Maßstab** anzulegen; denn der Ausschluss des Versorgungsausgleichs soll auf eng begrenzte Ausnahmefälle beschränkt bleiben, weil es um den Ausschluss des Ausgleichs v bereits gemeinsam Erwirtschaftetem geht. Mit der früheren Rspr lassen sich **Fallgruppen** bilden. Zu beachten ist aber, dass sich wegen der neuen Art eine generelle Änderung der Anwendung der Härteklausel ergeben hat: Im alten Recht fand die Härteklausel erst nach der Gesamtsaldierung Anwendung. Sie konnte damit nur dem insgesamt Ausgleichspflichtigen zugute kommen. Jetzt werden auf jeder Seite Anrechte ausgeglichen, so dass (fast immer) beide Ehegatten sowohl Ausgleichspflichtige wie auch Ausgleichsberechtigte sein können. Das bedeutet, dass jede einzelne Ausgleichspflicht eingeschränkt werden kann, so dass ganz flexibel auf Verhaltensweisen des einen oder anderen reagiert werden kann. Aus einem relativ grobschlächtigen ist deswegen nun ein relativ feines Instrument zur Korrektur des Versorgungsausgleichs geworden, durch das auch einzelne Anrechte ganz oder teilweise aus dem Ausgleich herausgenommen werden können.

7 a) In die Interessenabwägung gehen zunächst die **beiderseitigen Verhältnisse** der Ehegatten ein. Eine Rolle spielen können daher die Länge der Ehe, die Art der bereits aufgebauten Versorgung und die Möglichkeiten, in der Zukunft die Versorgung zu erweitern oder sich eine andere aufzubauen. So kann der Ausgleich bei großem Altersunterschied der Eheleute ausgeschlossen sein, wenn der Ausgleichspflichtige wegen seines Alters keine Möglichkeiten mehr hat, sich eine neue Altersversorgung aufzubauen, während der wesentlich jüngere Ausgleichsberechtigte ohne weiteres durch Erwerbstätigkeit nach der Scheidung sich selbst eine Altersversorgung schaffen könnte (BGH NJW 81, 1733; FamRZ 88, 489). In Betracht kommen auch die negativen Auswirkungen auf die Versorgung des Ausgleichspflichtigen, der wegen des Ausgleichs erhebliche Einbußen erleidet, für die er voraussichtlich keinen Ausgleich mehr schaffen kann (zB Verlust der Wartezeiten nach langer Ehe bei fortgeschrittenem Lebensalter, OLG Frankfurt FamRZ 90, 1259; BGH FamRZ 05, 1238). Eine Rolle kann auch der Gesundheitszustand der Eheleute, vor allem des Ausgleichsberechtigten, spielen. Der Versorgungsausgleich darf aber nicht allein deswegen ausgeschlossen werden, weil zu erwarten ist, dass der Berechtigte die Versorgung nur kurz oder gar nicht in Anspruch nehmen können wird (OLG München FamRZ 97, 752). Gegen das Risiko, dass der Berechtigte die Versorgung gar nicht in Anspruch nimmt, wird der Ausgleichspflichtige idR nach §§ 37 f VersAusglG geschützt. Das Risiko, dass die Versorgung dem Berechtigten nur kurzzeitig nutzt, besteht immer, da der Todeszeitpunkt nie vorauszusehen ist und rechtfertigt deswegen keine Versagung des Ausgleichs. Etwas anderes kann insoweit aber bei denjenigen Anrechten gelten, für die § 37 VersAusglG nicht gilt (private und betriebliche Anrechte, vgl § 32 VersAusglG). Gegen einen Versorgungsausgleich kann auch sprechen, dass ein Ehegatte aus selbst verschuldeten Gründen während der Ehe daran gehindert war, eine eigene Versorgung aufzubauen (OLG Köln NJW-RR 92, 67: Strafhaft). Das gilt nur dann nicht, wenn der andere Ehegatte dieses Risiko bewusst in Kauf genommen hat (zB bei Eheschließung erst nach Eintritt des Hinderungsgrundes, OLG Celle FamRZ 80, 1032). Das Studium eines Ehegatten, das der andere durch seine Berufstätigkeit finanziert und das im Ergebnis zu einer wesentlichen Verbesserung der Altersversorgung führen wird, kann ebenfalls zu einer Reduzierung des Versorgungsausgleichs führen (KG FamRZ 80, 800; OLG Hamm FamRZ 94, 1472; OLG Köln FamRZ 05, 1485). Ob das Studium abgeschlossen wurde oder nicht, ist irrelevant (BGH NJW-RR 87, 578). In jedem Fall ist ein Studium aber ein Grund für die Kürzung der Aufteilung der Versorgungsanwartschaften, wenn es nicht mit dem erforderlichen Eifer und der nötigen Energie betrieben wird, so dass sich das Studium verzögert (OLG Hamm FamRZ 91, 1451; NJW-RR 92, 323). Schließlich kommt ein teilweiser Ausschluss des Versorgungsausgleichs in Betracht, wenn die Eheleute so lange getrennt gelebt haben, dass sie wirtschaftlich voneinander gelöst sind, so dass der Grundgedanke des Versorgungsausgleichs, gemeinsam erwirtschaftetes zu teilen, auf sie nicht mehr zutrifft (BGH FamRZ 04, 1181). Das gilt allerdings nicht, wenn der ausgleichsberechtigte Ehegatte in der Trennungszeit mit der Pflege und Erziehung gemeinsamer Kinder eine wesentliche aus der Ehe herrührende Aufgabe allein übernommen hat; denn dann trägt die Idee des gemeinsam Erwirtschafteten weiter (BGH FamRZ 05, 2052).

b) Wie früher kann der **beiderseitige Vermögenserwerb der Eheleute während der Ehe und im Zusammenhang mit der Scheidung** deutliches Abwägungskriterium sein. Das bedeutet aber nicht, dass ein Versorgungsausgleich ganz oder teilweise zu unterbleiben hat, wenn eine Vermögensdifferenz besteht. Der Ausgleich wird vielmehr erst dann unbillig, wenn der Ausgleichsberechtigte ein so erhebliches Vermögen hat, dass eine zusätzliche Beteiligung an den Versorgungsanrechten des Ausgleichspflichtigen für die Altersversorgung nicht ins Gewicht fiele, während auf der anderen Seite der Ausgleichspflichtige dadurch schmerzliche Einbußen hinnehmen müsste (OLG Köln FamRZ 92, 322; OLG Frankfurt FamFR 13, 468). Voraussetzung dafür ist ein Vermögen des Ausgleichsberechtigten in mindestens siebenstelliger Höhe. Unbillig kann der Versorgungsausgleich auch sein, wenn der Ausgleichspflichtige dem Ausgleichsberechtigten erhebliche Beträge in der Erwartung zugewendet hat, der Ausgleichsberechtigte werde sich davon eine eigene angemessene Alterssicherung verschaffen (BGH FamRZ 88, 364; OLG Schleswig FamRZ 82, 311) oder wenn der Ausgleichsberechtigte bereits aus der Zeit vor der Ehe so hohe Anwartschaften aufweist, dass die durch den Versorgungsausgleich gewonnene Mehrbetrag gegenüber der früheren Sicherung nicht ins Gewicht fallen würde. Eine grobe Unbilligkeit lässt sich schließlich sogar dann bejahen, wenn nach dem Versorgungsausgleich der Ausgleichsberechtigte wegen bei Eheschließung schon vorhandener Anwartschaften eine höhere Altersversorgung aufweisen würde als der Ausgleichspflichtige (OLG Bremen FamRZ 80, 1129). Nicht ausreichend ist die bloße Nachteilhaftigkeit des Versorgungsausgleichs, die sich etwa darin äußert, dass der Ausgleichspflichtige nach dem Versorgungsausgleich nur noch Anwartschaften behält, die nur eine Versorgung gewähren, die unterhalb des notwendigen Selbstbehalts liegt (BGH NJW 81, 1733); denn das ist im System der Teilung des Erworbenen angelegt und keine Frage des Einzelfalls. Etwas anderes gilt aber wieder, wenn die Vermögens- und Einkommensverhältnisse der Eheleute so unterschiedlich sind, dass der im Versorgungsausgleich Ausgleichspflichtige im Fall des Rentenbezugs dann gegenüber seinem früheren Ehegatten unterhaltsberechtigt wäre (BGH FamRZ 87, 255). Schließlich reicht es für die Anwendung der Härteklausel nicht, dass die auszugleichenden Anwartschaften aus Zeiten der Schwangerschaft und Kindererziehung resultieren; denn diese Anrechte genießen keinen gesteigerten Schutz (OLG Bremen FamRZ 02, 466).

c) Schwere persönliche Verfehlungen des Ausgleichsberechtigten gegen den Ausgleichspflichtigen oder einen nahen Angehörigen des Ausgleichspflichtigen können den Versorgungsausgleich ebenfalls unbillig machen. Da es aber um die Teilung v gemeinsam Erworbenem geht, sind jedoch schwerste Verfehlungen erforderlich. Die Schwelle ist regelmäßig erst bei der Begehung v Verbrechen oder schweren vorsätzlichen Vergehen gegen den anderen Ehegatten erfüllt (OLG Brandenburg MDR 00, 522; OLG Hamm v 8.5.13 – 8 UF 3/13). Die Rspr hat als ausreichend angesehen: die Beteiligung an einem Mordversuch am Kind des Ausgleichspflichtigen (BGH NJW 90, 2745), den sexuellen Missbrauch der gemeinsamen Tochter (OLG Brandenburg FPR 02, 562), das vorsätzliche Unterschieben eines fremden Kindes als Kind des Ausgleichspflichtigen (BGH NJW 83, 117; OLG Karlsruhe FamRZ 94, 1474), in Fällen schwerer Denunziation (OLG Hamm FamRZ 97, 566, einschränkend OLG Bamberg FamRZ 06, 210) oder wenn der Ausgleichsberechtigte ein sexuelles Doppelleben führt und die ausgleichspflichtige Ehefrau, die durch Nacht- und Wochenendarbeit zusätzliche Einkünfte für das gemeinsame Leben erzielt, in besonders gemeiner Weise hintergeht (OLG Bamberg NJW 98, 1084). Nicht ausreichend sind dag Streitigkeiten, die bloße Tatsache eines Alkohol- oder Drogenmissbrauchs, gegenseitige Drohungen oder Handgreiflichkeiten (OLG Hamm v 8.5.2013 – 8 UF 3/13) und gelegentliche eheliche Untreue.

d) Ein Versorgungsausgleich findet auch nicht statt, soweit der **Berechtigte** in Erwartung der Scheidung oder nach der Scheidung durch Handeln oder Unterlassen **bewirkt** hat, dass ihm zustehende **Anwartschaften** oder Aussichten auf eine Versorgung, die an sich auszugleichen wären, **nicht entstanden oder entfallen sind.** Erfasst wird jedes Verhalten, durch das der Berechtigte (nicht der Verpflichtete) bewirkt, dass Versorgungsanwartschaften oder -aussichten, die entstanden sind oder normalerweise entstehen würden, nicht entstehen oder wieder entfallen (vgl BGH FamRZ 13, 1362). In Betracht kommen neben der Kündigung v Rentenversicherungen (soweit möglich), der Verzicht auf Anrechte (zB in der betrieblichen Altersversorgung) und das Verstreichenlassen v Fristen oder die Einstellung der Beitragszahlung (zB bei freiwilliger Versicherung). Erforderlich ist immer ein Handeln mit Bezug auf die Scheidung, dh der Ausgleichsberechtigte muss treuwidrig und mindestens bedingt vorsätzlich die eigene Versorgung gefährden und einen höheren Ausgleichsbetrag auf Seiten des anderen Ehegatten in Kauf nehmen (BGH FamRZ 86, 658; OLG Karlsruhe FamRZ 83, 818). Die Fallgruppe kommt daher nicht in Betracht, wenn die negative Einflussnahme auf die Versorgungsanwartschaften oder -aussichten gerechtfertigt ist.

11 e) Schließlich ist der Versorgungsausgleich ausgeschlossen, soweit der **Berechtigte** während der Ehe längere Zeit hindurch seine **Pflicht, zum Familienunterhalt beizutragen, gröblich verletzt** hat. Insofern können die zu § 1579 Nr 5 angestellten Überlegungen auch hier Platz greifen (§ 1579 Rn 11).

12 **3. Folge** des § 27 ist die **Abweichung v Halbteilungsgrundsatz** durch den **ganzen oder teilweisen Ausschluss** des Versorgungsausgleichs. Möglich ist neben der Herabsetzung einzelner Anteile am Versorgungsausgleich (zB Außerachtlassen der betrieblichen Altersversorgung) die Nichtberücksichtigung der gesamten Versorgungsanwartschaften aus einzelnen Tätigkeiten (zB aus einer überobligationsmäßig neben der Kindererziehung ausgeübten Berufstätigkeit) und selbst der völlige Ausschluss des gesamten Versorgungsausgleichs. Was erfolgt, richtet sich danach, was erforderlich ist, um die Härte für den (jeweils) Ausgleichspflichtigen zu beseitigen.

13 Immer jedoch ist die Folge auf eine **Reduzierung eines an sich gegebenen Versorgungsausgleichs** beschränkt (BGH FamRZ 13, 1362). Die Heraufsetzung des Ausgleichs in Bezug auf ein Anrecht kommt nicht in Betracht, auch wenn ein niedriger Ausgleich für den Ausgleichsberechtigten eine besondere Härte begründet. § 27 VersAusglG ist eine negative, keine positive Härteregelung.

14 Dieses schon unter dem alten Recht geltende Prinzip wird jedoch **faktisch** dadurch **erheblich modifiziert**, dass heute die Art des Ausgleichs ganz anders ist als bisher: Jetzt werden auf jeder Seite Anrechte ausgeglichen, so dass (fast immer) beide Ehegatten sowohl Ausgleichspflichtige wie auch Ausgleichsberechtigte sein können – und zwar in vielen Fällen in Bezug auf mehrere Anrechte auf jeder Seite. Das bedeutet, dass heute jede einzelne anrechtsbezogene Ausgleichspflicht eingeschränkt werden kann. Die Frage der Begrenzung stellt sich nicht mehr als Entweder-Oder-Entscheidung, sondern kann durchaus im Sinne eines „sowohl als auch" verstanden werden. Im Extremfall könnte der Ausgleich jedes Anrechts auf beiden Seiten ausgeschlossen werden, so dass einfach jeder Ehegatte dasjenige behält, was er selbst erworben hat, ohne an den Anrechten der anderen Seite beteiligt zu werden. Genauso ist (theoretisch) denkbar, dass die Anrechte eines Ehegatten vollständig ausgeglichen werden, während die des anderen dem Ausgleich ganz entzogen werden. Dieser Fall ist jedoch aus verfassungsrechtlichen Gründen auszuschließen. Für die Anwendung der Härteklausel gibt es nämlich die immanente Grenze, dass durch ihre Anwendung keiner der Ehegatten schlechter gestellt werden darf als er stünde, wenn eine Gesamtsaldierung vorgenommen würde und nicht besser als er stünde, wenn kein Versorgungsausgleich durchgeführt worden wäre (BT-Drucks 16/10144, 68).

15 **III. Verfahren.** Im Abänderungsverfahren ist die Bestimmung entsprechend anzuwenden (§ 226 III FamFG).

Kapitel 3
Ergänzende Vorschriften

Vorbemerkung zu §§ 28–31 VersAusglG

1 Das dritte Kapitel umfasst Vorschriften, die zwar für den Versorgungsausgleich allgemein gelten, jedoch nachrangige praktische Bedeutung haben. Deshalb ist es angemessen, sie an dieser Stelle zu regeln. Es handelt sich um Sondervorschriften für privat-

rechtliche Versorgungen wegen Invalidität (§ 28 VersAusglG), spezielle Regelungen für die Versorgungsträger (§§ 29 und 30 VersAusglG) sowie Bestimmungen für den Todesfall eines Ehegatten (§ 31 VersAusglG).

§ 28 Ausgleich eines Anrechts der Privatvorsorge wegen Invalidität

(1) Ein Anrecht der Privatvorsorge wegen Invalidität ist nur auszugleichen, wenn der Versicherungsfall in der Ehezeit eingetreten ist und die ausgleichsberechtigte Person am Ende der Ehezeit eine laufende Versorgung wegen Invalidität bezieht oder die gesundheitlichen Voraussetzungen dafür erfüllt.
(2) Das Anrecht gilt in vollem Umfang als in der Ehezeit erworben.
(3) Für die Durchführung des Ausgleichs gelten die §§ 20 bis 22 entsprechend.

I. Die Norm regelt **besondere Voraussetzungen und den Ausgleich für den Ausgleich eines Anrechts der Privatvorsorge wegen Invalidität,** also v privaten Berufsunfähigkeitsversicherungen oder privaten Berufsunfähigkeits-Zusatzversicherungen. 1

II. 1. Voraussetzung des Ausgleichs ist in diesen Fällen (zusätzlich zu den allgemeinen Voraussetzungen des Versorgungsausgleichs vor oder nach der Scheidung) zunächst, dass der **Versicherungsfall in der Ehezeit eingetreten ist** (Abs 1). Fehlt es daran, werden die genannten Anrechte gar nicht ausgeglichen. 2

Aus der Invaliditätsversorgung muss der **Ausgleichspflichtige** am Ehezeitende eine **Rente** beziehen. 3

Der **Ausgleichsberechtigte** muss selbst am Ende der Ehezeit eine **laufende Versorgung wegen Invalidität beziehen** oder wenigstens die gesundheitlichen Voraussetzungen dafür erfüllen (Abs 1). Invaliditätsversorgungsanrechte werden also nur noch ausgeglichen, wenn am Ehezeitende beide Beteiligten invalide sind. 4

2. Abweichend v den normalen Berechnungskriterien (§§ 1, 2 VersAusglG) wird bei der Invaliditätsvorsorge **fingiert, dass die gesamte Versorgung in der Ehezeit erworben wurde** (Abs 2). Das liegt an der besonderen versicherungsrechtlichen Ausgestaltung der Invaliditätsabsicherung, die eine Aufteilung der Anrechte nicht zulässt, denn es ist bei diesen Anrechte nicht möglich, die erlangte Absicherung einzelnen Zeiträumen zuzuordnen; die Invaliditätsabsicherung besteht entweder ganz oder gar nicht. 5

3. Der Ausgleich selbst richtet sich **nach den Regeln über den Ausgleich nach der Scheidung** (§§ 20 – 22 VersAusglG), erfolgt also ausschließlich schuldrechtlich (Abs 3). 6

§ 29 Leistungsverbot bis zum Abschluss des Verfahrens

Bis zum wirksamen Abschluss eines Verfahrens über den Versorgungsausgleich ist der Versorgungsträger verpflichtet, Zahlungen an die ausgleichspflichtige Person zu unterlassen, die sich auf die Höhe des Ausgleichswerts auswirken können.

Die Vorschrift entspricht § 10 d VAHRG aF. Sie gilt für alle Versorgungsträger, bei denen ein auszugleichendes Anrecht besteht. Zweck der Norm ist es, zu verhindern, dass der Versorgungsträger Leistungen erbringt, welche sich auf die Höhe des Ausgleichswerts auswirken können. Wird gegen die Regelung verstoßen, ist der Versorgungsträger schadensersatzpflichtig. Er muss sich so behandeln lassen, als sei die Zahlung nicht erfolgt. 1

§ 30 Schutz des Versorgungsträgers

(1) ¹Entscheidet das Familiengericht rechtskräftig über den Ausgleich und leistet der Versorgungsträger innerhalb einer bisher bestehenden Leistungspflicht an die bisher berechtigte Person, so ist er für eine Übergangszeit gegenüber der nunmehr auch berechtigten Person von der Leistungspflicht befreit. ²Satz 1 gilt für Leistungen des Versorgungsträgers an die Witwe oder den Witwer entsprechend.
(2) Die Übergangszeit dauert bis zum letzten Tag des Monats, der dem Monat folgt, in dem der Versorgungsträger von der Rechtskraft der Entscheidung Kenntnis erlangt hat.
(3) Bereicherungsansprüche zwischen der nunmehr auch berechtigten Person und der bisher berechtigten Person sowie der Witwe oder dem Witwer bleiben unberührt.

1 Die Regelung **fasst** die früher in § **1587 p**, § **3 a VII VAHRG** und § **10 a VII VAHRG** enthaltenen gleichartigen Regelungen **zusammen**. Sie entspricht in ihrem Zweck § 407. Sie soll verhindern, dass der Versorgungsträger eine Rente doppelt zahlen muss, weil er irrtümlich an den falschen Schuldner geleistet hat, weil inzwischen das Anrecht, aus dem sie fließt, durch das Familiengericht übertragen wurden. Der durch die Übertragung v des Anrechts zum Gläubiger gewordene Rentenberechtigte muss daher eine Leistung an den alten Rentenberechtigten noch solange gegen sich gelten lassen, bis mindestens ein Monat verstrichen ist, nachdem dem Versorgungsträger v der Rechtskraft der Entscheidung Kenntnis erlangt hat (Abs 1). Die zusätzliche Monatsfrist soll dem Versorgungsträger die Umstellung seiner EDV ermöglichen.

2 **Voraussetzung** der Norm ist neben der **Rechtskraft der Entscheidung** über den Versorgungsausgleich auch, dass diese bereits **wirksam** ist; denn vor ihrer Wirksamkeit braucht der alte Rentenberechtigte einen Eingriff in seine Rechtsstellung nicht zu dulden. Die Rechtskraft und die Wirksamkeit können in den (seltenen) Fällen auseinander fallen, in denen nur der Scheidungsausspruch mit einem Rechtsmittel angegriffen wurde (vgl § 148 FamFG). In diesen Fällen ist es allerdings zweifelhaft, ab wann die Frist laufen soll; denn das Gericht braucht dem Versorgungsträger keine Mitteilung v der Rechtskraft der Scheidung zu machen. Ist eine solche Mitteilung erfolgt, beginnt die Frist in diesem Zeitpunkt (im Ergebnis auch schon BSG FamRZ 83, 699); denn der Versorgungsträger darf nicht besser stehen, als wenn § 407 direkt auf ihn Anwendung fände. Im Übrigen läuft die Frist v dem Zeitpunkt an, zu dem der Versorgungsträger v Dritten v der Rechtskraft erfährt oder v dem an er vernünftigerweise v der Rechtskraft Kenntnis haben müsste.

3 Die **Schutzfrist für den Versorgungsträger** dauert bis zum letzten Tag des Monats, der dem Monat folgt, in dem der Versorgungsträger v der Rechtskraft der Entscheidung Kenntnis erlangt hat (Abs 2).

4 Die Schutzregelung **betrifft** sowohl **Leistungen an den Ausgleichspflichtigen** als auch Leistungen des Versorgungsträgers **an die Witwe oder den Witwer** (Abs 1 S 2).

5 Für die **Rechtsbeziehungen** zwischen dem **nunmehr** auch Berechtigten und dem **bisher Berechtigten** (bzw der Witwe oder dem Witwer in den Fällen der §§ 25 und 26 VersAusglG) bleibt es bei der Geltung des allgemeinen **Bereicherungsrechts** (Abs 3). § 30 VersAusglG ist allein eine Schutzvorschrift zugunsten der Versorgungsträger.

§ 31 Tod eines Ehegatten

(1) ¹Stirbt ein Ehegatte nach Rechtskraft der Scheidung, aber vor Rechtskraft der Entscheidung über den Wertausgleich nach den §§ 9 bis 19, so ist das Recht des überlebenden Ehegatten auf Wertausgleich gegen die Erben geltend zu machen. ²Die Erben haben kein Recht auf Wertausgleich.
(2) ¹Der überlebende Ehegatte darf durch den Wertausgleich nicht bessergestellt werden, als wenn der Versorgungsausgleich durchgeführt worden wäre. ²Sind mehrere Anrechte auszugleichen, ist nach billigem Ermessen zu entscheiden, welche Anrechte zum Ausgleich herangezogen werden.
(3) ¹Ausgleichsansprüche nach der Scheidung gemäß den §§ 20 bis 24 erlöschen mit dem Tod eines Ehegatten. ²Ansprüche auf Teilhabe an der Hinterbliebenenversorgung nach den §§ 25 und 26 bleiben unberührt. ³§ 1586 Abs. 2 Satz 1 des Bürgerlichen Gesetzbuchs gilt entsprechend.

1 I. Die Norm ist die **Nachfolgeregelung zu** § **1587 e IV** und § **1587 k II 1 aF**. Sie regelt in Abs 1 und 2 die Auswirkungen des Todes eines Ehegatten nach der Rechtskraft der Scheidung, aber vor der Rechtskraft der Entscheidung über den Versorgungsausgleich. Die frühere Unterscheidung zwischen dem Tod des Ausgleichspflichtigen und dem Tod des Ausgleichsberechtigten ist entfallen, weil nach dem neuen Recht grds jeder Ehegatte immer sowohl ausgleichsberechtigt wie ausgleichsverpflichtet ist.

2 Zum **Tod nach der Rechtskraft der Entscheidung** über den Versorgungsausgleich vgl §§ 37 f VersAusglG (in Bezug auf den Ausgleich bei der Scheidung) und Abs 3 (in Be-

zug auf den Ausgleich nach der Scheidung). In Abänderungsverfahren gilt § 31 entsprechend (BGH FamRZ 13, 1287).

Stirbt ein Ehegatte vor Rechtskraft der Scheidung, so gilt das Verfahren als in der Hauptsache erledigt (§ 131 FamFG). 3

II. 1. In Bezug auf den (öffentlich-rechtlichen) **Ausgleich bei der Scheidung** bestimmt 4 Abs 1, dass im Fall des Todes eines Ehegatten nach Rechtskraft der Scheidung, aber vor Rechtskraft der Entscheidung über den Wertausgleich das Recht des überlebenden Ehegatten auf Wertausgleich gegen die Erben geltend zu machen ist. Das Verfahren wird also gegen die Erben fortgesetzt. Das entspricht der früheren Rechtslage (vgl § 1587 e IV aF). Es handelt sich um eine rein technische Regelung; denn die Versorgungsanrechte sind ja nicht Bestandteil des Nachlasses.

Die **Erben haben kein Recht auf Wertausgleich** (Abs 1 S 2). Die Regelung des Abs 1 5 soll nur dazu führen, dass der überlebende Ehegatte den ihm zustehenden Wertausgleich erlangt, nicht dazu, dass ihm Anrechte weggenommen werden, aus denen wegen des Todes des Begünstigten oft sowieso keine Leistungen mehr fließen könnten.

Andererseits könnte diese Regelung dazu führen, dass der Überlebende deutlich besser- 6 gestellt würde als wenn sein ehemaliger Partner noch lebte: Er behielte alle seine Anrechte und bekäme die Hälfte v den Anrechten des Verstorbenen. Das wäre eine Verletzung des Halbteilungsgrundsatzes. Abs 2 S 1 bestimmt deswegen, dass der **überlebende Ehegatte durch den Wertausgleich nicht besser gestellt werden darf, als wenn der Versorgungsausgleich durchgeführt worden wäre**. Es ist deswegen eine hypothetische Vergleichsberechnung vorzunehmen: Was hat der Überlebende ohne den Versorgungsausgleich, was hätte er gehabt, wenn der Ausgleich durchgeführt worden wäre (AG Ludwigslust FamRZ 2011, 645). Der letzte Betrag bildet die Obergrenze für an ihn zu übertragende Anrechte des Verstorbenen. Das führt idR dazu, dass v den Anrechten des Verstorbenen nur einzelne zum Ausgleich herangezogen werden können. Welche das sind, hat das Familiengericht nach billigem Ermessen zu entscheiden (Abs 2 S 2). Ist nach rechtskräftigem Teilausgleich v Anwartschaften und nachfolgendem Tod eines Ehegatten noch über die nicht ausgeglichenen Anrechte zu entscheiden, kommt es für die Frage, welcher Ehegatte die höheren Anrechte erworben hat, nur auf die noch nicht ausgeglichenen Anrechte an (OLG Nürnberg FamRZ 13, 1046).

2. Ausgleichsansprüche nach der Scheidung (§§ 20–24 VersAusglG) erlöschen mit dem 7 Tod eines Ehegatten (Abs 3 S 1). Dabei ist es gleichgültig, ob der Ausgleichspflichtige oder der Ausgleichsberechtigte stirbt. Der Ausgleichsanspruch ist nicht vererblich.

Ansprüche auf **Teilhabe an der Hinterbliebenenversorgung** (§§ 25 f VersAusglG) blei- 8 ben jedoch unberührt (Abs 3 S 2). Es ist gerade der Sinn dieser Ansprüche auf Teilhabe an der Hinterbliebenenversorgung, dass sie sich nach dem Tod des Ausgleichspflichtigen realisieren.

Bestehen bleiben **Ansprüche auf Erfüllung oder Schadensersatz wegen Nichterfüllung** 9 für die Vergangenheit (Abs 3 S 3 iVm § 1586 II 1).

Kapitel 4
Anpassung nach Rechtskraft

Vorbemerkung zu §§ 32–38 VersAusglG

Literatur: *Bergner*, Das Unterhaltsprivileg der §§ 33, 34 VersAusglG, NJW 2010, 3545; *Götsche*, Das Unterhaltsprivileg im reformierten Versorgungsausgleich, ZFE 2010, 407; *Gutdeutsch*, Das Unterhaltsprivileg nach neuem Recht, FamRB 2010, 149; *Hauß*, Der neue Versorgungsausgleich, AnwBl. 2009, 577; *Kemper*, Der neue Versorgungsausgleich, ZFE 2009, 204; *Ruland*, Zur Abschaffung des „Rentnerprivilegs" beim Versorgungsausgleich, FamFR 2009, 37.

Kapitel 4 umfasst Fälle, in denen die **Rechtsfolgen der Entscheidung** über den Wertaus- 1 gleich bei der Scheidung zeitweise oder endgültig **beseitigt werden**. Diese Sachverhalte waren früher im VAHRG geregelt. Die Bestimmungen sollen grundrechtswidrige Beeinträchtigungen des Ausgleichspflichtigen beseitigen, die daraus entstehen könnten, dass ein Ausgleichspflichtiger eine spürbare Kürzung seiner Rentenansprüche hinneh-

men muss, ohne dass sich andererseits der Erwerb eines selbständigen Versicherungsschutzes angemessen für den Ausgleichsberechtigten auswirkt.
2 Neu gegenüber dem früheren Rechtszustand ist va, dass die Anpassung nach Rechtskraft **erst ab Antragstellung** wirkt. Hier erfolgt also nach der Entscheidung eine echte Rückwirkung. Das ist anders als beim Ausgleich bei der Scheidung.
3 Außerdem wurde die **Reichweite der Abänderung** begrenzt. Erfasst werden nur die in § 32 erfassten Anrechte. Damit fallen va die betrieblichen Altersversorgungen aus dem Anpassungsbereich heraus. Das ist eine erhebliche Schlechterstellung des in Bezug auf diese Anrechte Ausgleichspflichtigen gegenüber dem früheren Recht. Es ist zweifelhaft, ob insoweit den Vorgaben des BVerfG (FamRZ 80, 326) noch hinreichend Rechnung getragen ist. Gegen die Norm ist deswegen eine Verfassungsbeschwerde anhängig (1 BvR 1820/13), nachdem der BGH sie für verfassungsmäßig gehalten hat (BGH FamRZ 13, 852). Anhängige Verfahren, in denen es auf § 32 VersAusglG ankommt, sind deswegen auszusetzen (BGH FamRZ 13, 1888).
4 **Anpassungsfälle** sind die Anpassung wegen Unterhalts (§§ 33 f VersAusglG), wegen Invalidität der ausgleichspflichtigen Person oder einer für sie geltenden besonderen Altersgrenze (§§ 35 f VersAusglG) und die Anpassung wegen Todes (§§ 37 f VersAusglG).

§ 32 Anpassungsfähige Anrechte

Die §§ 33 bis 38 gelten für Anrechte aus
1. der gesetzlichen Rentenversicherung einschließlich der Höherversicherung,
2. der Beamtenversorgung oder einer anderen Versorgung, die zur Versicherungsfreiheit nach § 5 Abs. 1 des Sechsten Buches Sozialgesetzbuch führt,
3. einer berufsständischen oder einer anderen Versorgung, die nach § 6 Abs. 1 Nr. 1 oder Nr. 2 des Sechsten Buches Sozialgesetzbuch zu einer Befreiung v der Sozialversicherungspflicht führen kann,
4. der Alterssicherung der Landwirte,
5. den Versorgungssystemen der Abgeordneten und der Regierungsmitglieder im Bund und in den Ländern.

1 Die Norm nennt **abschließend** die **Anrechte**, auf welche sich die **Anpassung nach der Rechtskraft** beziehen kann. Es handelt sich ausschließlich um die (öffentlich-rechtlichen) Regelsicherungssysteme. Die Regelung ist als Ausnahmeregelung nicht analogiefähig.
2 **Ausgenommen** sind alle **Anrechte aus der ergänzenden Altersversorgung**, va alle Anrechte der betrieblichen und privaten Altersversorgung. Das bedeutet etwa, dass eine betriebliche Altersversorgung für den Ausgleichspflichtigen endgültig verloren ist, auch wenn der Ausgleichsberechtigte vor Eintritt des Leistungsfalls stirbt, also selbst keinerlei Vorteile aus dem ihm übertragenen Anrecht ziehen kann (Beispiel: Schornsteinfegerversorgung, vgl VG München, Urt v 4.11.10 – M 12 K 10.3273). Ebenso wenig werden berufsständische Zusatzversorgungen erfasst (BVerwG FamRZ 12, 1565). Das ist eine erhebliche Schlechterstellung des in Bezug auf diese Anrechte Ausgleichspflichtigen gegenüber dem früheren Recht. Es ist zweifelhaft, ob insoweit den Vorgaben des BVerfG (FamRZ 80, 326) noch hinreichend Rechnung getragen ist. Gegen die Norm ist deswegen eine Verfassungsbeschwerde anhängig (1 BvR 1820/13), nachdem der BGH sie für verfassungsmäßig gehalten hat (BGH FamRZ 13, 852). Anhängige Verfahren, in denen es auf § 32 VersAusglG ankommt, sind deswegen auszusetzen (BGH FamRZ 13, 1888).

§ 33 Anpassung wegen Unterhalt

(1) Solange die ausgleichsberechtigte Person aus einem im Versorgungsausgleich erworbenen Anrecht keine laufende Versorgung erhalten kann und sie gegen die ausgleichspflichtige Person ohne die Kürzung durch den Versorgungsausgleich einen gesetzlichen Unterhaltsanspruch hätte, wird die Kürzung der laufenden Versorgung der ausgleichspflichtigen Person auf Antrag ausgesetzt.

(2) Die Anpassung nach Absatz 1 findet nur statt, wenn die Kürzung am Ende der Ehezeit bei einem Rentenbetrag als maßgeblicher Bezugsgröße mindestens 2 Prozent, in allen anderen Fällen als Kapitalwert mindestens 240 Prozent der monatlichen Bezugsgröße nach § 18 Abs. 1 des Vierten Buches Sozialgesetzbuch betragen hat.
(3) Die Kürzung ist in Höhe des Unterhaltsanspruchs auszusetzen, höchstens jedoch in Höhe der Differenz der beiderseitigen Ausgleichswerte aus denjenigen Anrechten im Sinne des § 32, aus denen die ausgleichspflichtige Person eine laufende Versorgung bezieht.
(4) Fließen der ausgleichspflichtigen Person mehrere Versorgungen zu, ist nach billigem Ermessen zu entscheiden, welche Kürzung ausgesetzt wird.

I. Die Norm regelt die Voraussetzungen und die Folgen einer **Anpassung wegen Unterhalts**. Sie ist die Nachfolgeregelung zu § 5 VAHRG aF, unterscheidet sich aber in mehrfacher Hinsicht v dieser Regelung. VA die Bestimmung über die Höhe der möglichen Anpassung (Abs 3) unterscheidet sich v früheren Recht. 1

Die **Durchführungsbestimmungen** finden sich in § 34 VersAusglG. 2

II. 1. **Voraussetzung** der Anpassung ist zunächst, a) dass der **Ausgleichspflichtige** aus einem beim Versorgungsausgleich ausgeglichenen Anrecht bereits eine **Versorgung bezieht**, die um einen auf den Versorgungsausgleich zurückzuführenden Anteil gemindert ist. Nicht erforderlich ist, dass die Unterhaltsbelastung für den Ausgleichspflichtigen ohne die Anpassung eine unzumutbare Härte darstellt (BGH FamRZ 13, 1547). 3

b) Der aus diesem Anrecht **Ausgleichsberechtigte** darf **noch keine laufende Versorgung** aus dem beim Versorgungsausgleich übertragenen Anrecht beziehen. 4

c) Der **Ausgleichsberechtigte besäße** gegen den Ausgleichspflichtigen einen **Unterhaltsanspruch**, wenn dessen Versorgung nicht wegen des Versorgungsausgleichs nicht gekürzt worden wäre. Damit ist die Anpassung ausgeschlossen, wenn der Ausgleichspflichtige auch bei Aussetzung der Kürzung nicht leistungsfähig wäre (BT-Drucks 16/10144, 72). Die Höhe des Unterhalts ist v Familiengericht grds selbst zu berechnen. Nur wenn der Unterhalt schon tituliert ist, darf auf diesen Titel als Grundlage für die Berechnung der Aussetzung der Kürzung zurückgegriffen werden (BGH FamRZ 12, 853; OLG Hamm FamRZ 11, 815). Haben die geschiedenen Ehegatten Unterhalts- und Zugewinnausgleichsansprüche durch eine vereinbarte Einmalzahlung abgefunden, kommt eine Anpassung der Rentenkürzung wegen Unterhalt jedenfalls dann nicht in Betracht, wenn nicht festgestellt werden kann, welcher Anteil der geleisteten Summe auf den Unterhalt entfällt (BGH FamRZ 13, 1364; 13, 1640). In Vereinbarungen muss deswegen immer der Unterhaltsanteil spezifiziert werden. Teilweise verneinen die OLGe in solchen Fällen aber jede Anpassungsmöglichkeit (OLG Düsseldorf v 24.1.13 – 7 UF 150/12; KG v 24.10.12 – 25 UF 50/12). 5

d) Die Anpassung ist **ausgeschlossen**, wenn die Kürzung am Ende der Ehezeit bei einem Rentenbetrag als maßgeblicher Bezugsgröße höchstens 2 Prozent, in allen anderen Fällen als Kapitalwert höchstens 240 Prozent der monatlichen Bezugsgröße nach § 18 I SGB IV nicht überstiegen hat (Abs 2). Die Werte betragen zurzeit 55,30 EUR (Rentenbetrag) bzw. 6.636 EUR (Kapitalwert). 6

2. In formeller Hinsicht ist ein **Antrag** (beim Familiengericht) erforderlich. Einzelheiten: § 34 VersAusglG. 7

3. **Folge** des § 33 ist die **Aussetzung der Kürzung des ausgeglichenen Anrechts**. Insoweit hat sich allerdings gegenüber dem früheren Recht eine deutliche Veränderung ergeben: Die Kürzung ist nicht mehr in voller Höhe (wie früher), sondern nur noch in Höhe des Unterhaltsanspruchs auszusetzen (Abs 3). Begrenzt wird die Aussetzung der Kürzung außerdem durch die Differenz der beiderseitigen Ausgleichswerte aus denjenigen Anrechten iSd § 32, also aus den Regelsicherungssystemen aus denen die ausgleichspflichtige Person eine laufende Versorgung bezieht. 8

Bezieht der Ausgleichspflichtige **mehrere Versorgungen**, ist nach billigem Ermessen zu entscheiden, welche Kürzung ausgesetzt wird (Abs 4). Auf diese Weise kann die Aussetzung im Einzelfall entweder bei mehreren Versorgungen anteilsmäßig erfolgen oder nur bei einer oder mehreren bestimmten Versorgungen. 9

10 **III. Verfahren.** Grds ist der Betrag der Aussetzung zu titulieren. Etwas anderes kann nach Ansicht des BGH auch nicht dann angenommen werden, wenn aufgrund der Höhe der Unterhaltsleistung die gesamte Kürzung des Versorgungsausgleichs auszusetzen ist (BGH FamRZ 12, 853; OLG Hamm, FamRZ 11, 814; aA OLG Düsseldorf, Beschl v 2.5.11 – 8 UF 21/11).

§ 34 Durchführung einer Anpassung wegen Unterhalt

(1) Über die Anpassung und deren Abänderung entscheidet das Familiengericht.
(2) ¹Antragsberechtigt sind die ausgleichspflichtige und die ausgleichsberechtigte Person. ²Die Abänderung einer Anpassung kann auch von dem Versorgungsträger verlangt werden.
(3) Die Anpassung wirkt ab dem ersten Tag des Monats, der auf den Monat der Antragstellung folgt.
(4) Der Anspruch auf Anpassung geht auf die Erben über, wenn der Erblasser den Antrag nach § 33 Abs. 1 gestellt hatte.
(5) Die ausgleichspflichtige Person hat den Versorgungsträger, bei dem die Kürzung ausgesetzt ist, unverzüglich über den Wegfall oder Änderungen seiner Unterhaltszahlungen, über den Bezug einer laufenden Versorgung aus einem Anrecht nach § 32 sowie über den Rentenbezug, die Wiederheirat oder den Tod der ausgleichsberechtigten Person zu unterrichten.
(6) ¹Über die Beendigung der Aussetzung aus den in Absatz 5 genannten Gründen entscheidet der Versorgungsträger. ²Dies gilt nicht für den Fall der Änderung von Unterhaltszahlungen.

1 **I.** Die Norm regelt die **Durchführung der Anpassung wegen Unterhalts** nach § 33 VersAusglG. Es handelt sich um die Nachfolgeregelung zu § 6 VAHRG. Sie weicht va insofern v § 6 VAHRG ab, als nach dem neuen Recht nicht mehr der Versorgungsträger für die Anpassung zuständig ist, sondern das Familiengericht (Abs 1).

2 **II. 1. Zuständig** für die Anpassung und ggf eine Abänderung der Anpassung ist das **Familiengericht**, nicht mehr der Versorgungsträger. Eine Ausnahme besteht nur in den Fällen des Abs 5 (Abs 6, Rn 6).

3 **2.** Die Anpassung und die Abänderung der Anpassung erfolgen nur auf **Antrag** (§ 33 I VersAusglG). Antragsberechtigt sind die Ausgleichspflichtige und die Ausgleichsberechtigte (Abs 2 S 1). Die Abänderung einer Anpassung kann auch v dem Versorgungsträger verlangt werden (Abs 2 S 2). Das betrifft die Fälle, in denen sich die Einkommensverhältnisse der Beteiligten verändern und deswegen sich die Höhe der Unterhaltszahlungen ändert (vgl Abs 6 S 2). Ein Antragsrecht v Hinterbliebenen gibt es dag nicht mehr. Im Verbund kann die Anpassung nicht geltend gemacht werden, weil es sich insofern um eine Entscheidung für den Fall der Scheidung handelt (OLG Celle FamRZ 13, 1313).

4 **3.** Die Anpassung wird **wirksam** ab dem ersten Tag des Monats, der auf den Monat der Antragstellung folgt (Abs 3). Die Anpassung wirkt also – abweichend v früheren Recht – nur noch für die Zukunft.

5 Der Anspruch auf Anpassung **geht auf die Erben über,** wenn der Erblasser den Antrag nach § 33 Abs. 1 gestellt hatte (Abs 4). Er betrifft dann nur noch rückständige Ansprüche.

6 **4.** Die **Anpassung unterliegt ihrerseits wiederum der Abänderung,** wenn sich die Umstände in Bezug auf die Unterhaltpflicht oder den Rentenbezug ändern (§ 225 FamFG).

7 Um das abzusichern, muss der Ausgleichspflichtige den Versorgungsträger, bei dem die Kürzung ausgesetzt ist, unverzüglich über den Wegfall oder Änderungen seiner Unterhaltszahlungen, über den Bezug einer laufenden Versorgung aus einem Anrecht nach § 32 VersAusglG sowie über den Rentenbezug, die Wiederheirat oder den Tod der ausgleichsberechtigten Person **unterrichten** (Abs 5). Diese Auskünfte ermöglichen es dem Versorgungsträger entweder einen Antrag auf Abänderung der Anpassung zu stellen (Abs 6 S 2: wenn sich Unterhaltszahlungen ändern) oder die Anpassung selbst abzuändern, wenn einer der anderen in Abs 5 genannten Gründe vorliegt (Abs 6 S 1).

§ 35 Anpassung wegen Invalidität der ausgleichspflichtigen Person oder einer für sie geltenden besonderen Altersgrenze

(1) Solange die ausgleichspflichtige Person eine laufende Versorgung wegen Invalidität oder Erreichens einer besonderen Altersgrenze erhält und sie aus einem im Versorgungsausgleich erworbenen Anrecht keine Leistung beziehen kann, wird die Kürzung der laufenden Versorgung auf Grund des Versorgungsausgleichs auf Antrag ausgesetzt.
(2) § 33 Abs. 2 gilt entsprechend.
(3) Die Kürzung ist höchstens in Höhe der Ausgleichswerte aus denjenigen Anrechten im Sinne des § 32 auszusetzen, aus denen die ausgleichspflichtige Person keine Leistung bezieht.
(4) Fließen der ausgleichspflichtigen Person mehrere Versorgungen zu, so ist jede Versorgung nur insoweit nicht zu kürzen, als dies dem Verhältnis ihrer Ausgleichswerte entspricht.

I. Die Regelung soll die **Härten der Reform** im Bereich der Invaliditätsrenten abmildern. Sie wurde durch das VAStrRefG neu eingeführt und ist § 33 VersAusglG nachgebildet. Zur Durchführung der Anpassung s § 36.

II. 1. **Voraussetzung** der Anpassung ist, a) dass beim **Ausgleichspflichtigen der Versorgungsfall wegen Invalidität** oder Erreichens einer **besonderen Altersgrenze** eingetreten ist (Beispiel: ein Bundeswehrpilot wird nach Vollendung des 42. Lebensjahres pensioniert). Folge davon ist, dass er aus dem eigenen gekürzten Anrecht Leistungen erhält, die allerdings ebenfalls gekürzt sind.

b) Der Ausgleichspflichtige darf **aus einem anderen im Versorgungsausgleich erworbenen Anrecht keine Leistungen** beziehen können, weil er die dort vorgesehene Regelaltersgrenze noch nicht erreicht hat oder aber dessen abweichende Voraussetzungen für eine Invaliditätsrente nicht erfüllt (Beispiel: der Ausgleichspflichtige hat im Bundeswehr-Beispiel nur Anrechte aus der gesetzlichen Rentenversicherung erworben mit der für diese geltenden Altersgrenze). Allerdings ist nicht jede wegen des Versorgungsausgleichs eintretende Absenkung des Versorgungsniveaus für eine Anpassung relevant. Eine befristete Herabsetzung des Versorgungsausgleichs ist nicht bereits deshalb geboten, weil das Verfahren über den Versorgungsausgleich ausgesetzt war und dem ausgleichspflichtigen Ehegatten, wäre über den Versorgungsausgleich nach dem bis zum 31.8.09 geltenden Recht entschieden worden, das sog Rentnerprivileg (§ 101 SGB VI III aF) zugutegekommen wäre (BGH FamRZ 13, 690). In diesem Fall beruht die Änderung des Versorgungsniveaus auf der Gesetzesänderung, nicht auf dem Versorgungsausgleich.

c) Die Anpassung ist **ausgeschlossen**, wenn die Kürzung am Ende der Ehezeit bei einem Rentenbetrag als maßgeblicher Bezugsgröße höchstens 2 Prozent, in allen anderen Fällen als Kapitalwert höchstens 240 Prozent der monatlichen Bezugsgröße nach § 18 I SGB IV nicht überstiegen hat (Abs 2 iVm § 33 II VersAusglG). Die Werte betragen zur Zeit (2014) 55,30 EUR (Rentenbetrag) bzw 6.636 EUR (Kapitalwert).

2. In formeller Hinsicht ist ein **Antrag** (beim Versorgungsträger) erforderlich. Einzelheiten: § 36 VersAusglG.

3. **Folge** des § 35 VersAusglG ist die **Aussetzung der Kürzung** des ausgeglichenen Anrechts. Die Obergrenze dafür ist die Höhe der Ausgleichswerte aus denjenigen Anrechten im Sinne des § 32 VersAusglG, aus denen die ausgleichspflichtige Person keine Leistung bezieht (Abs 3).

Bezieht der Ausgleichspflichtige **mehrere Versorgungen**, erfolgt eine anteilsmäßige Aufteilung der Aussetzung der Kürzung (Abs 4).

§ 36 Durchführung einer Anpassung wegen Invalidität der ausgleichspflichtigen Person oder einer für sie geltenden besonderen Altersgrenze

(1) Über die Anpassung, deren Abänderung und Aufhebung entscheidet der Versorgungsträger, bei dem das auf Grund des Versorgungsausgleichs gekürzte Anrecht besteht.

(2) Antragsberechtigt ist die ausgleichspflichtige Person.
(3) § 34 Abs. 3 und 4 gilt entsprechend.
(4) Sobald die ausgleichspflichtige Person aus einem im Versorgungsausgleich erworbenen Anrecht eine Leistung im Sinne des § 35 Abs. 1 beziehen kann, hat sie den Versorgungsträger, der die Kürzung ausgesetzt hat, unverzüglich darüber zu unterrichten.

1 I. Die Norm regelt die **Durchführung der Anpassung wegen Invalidität oder einer besonderen Altersgrenze** nach § 35 VersAusglG. Sie weicht v § 34 VersAusglG insofern ab, als hier nur der Versorgungsträger für die Anpassung zuständig ist (Abs 1).

2 II. 1. **Zuständig** für die Anpassung, ggf eine Abänderung und die Aufhebung der Anpassung ist immer der Versorgungsträger.

3 2. Die Anpassung und die Abänderung der Anpassung erfolgen nur auf **Antrag** (§ 35 I VersAusglG). Antragsberechtigt ist nur der Ausgleichspflichtige (Abs 2).

4 3. Die Anpassung wird **wirksam** ab dem ersten Tag des Monats, der auf den Monat der Antragstellung folgt (Abs 3 iVm § 34 III VersAusglG). Die Abänderung wirkt also nur für die Zukunft.

5 Der Anspruch auf Anpassung **geht auf die Erben über**, wenn der Erblasser den Antrag nach § 33 Abs. 1 gestellt hatte (Abs 3 iVm § 34 IV VersAusglG). Er betrifft dann nur noch rückständige Ansprüche.

6 4. Die **Anpassung unterliegt** ihrerseits wiederum der **Abänderung** (und ggf der Aufhebung), wenn sich die Umstände in Bezug auf die Unterhaltspflicht oder den Rentenbezug ändern.

7 Um das abzusichern, muss der Ausgleichspflichtige **den Versorgungsträger**, bei dem die Kürzung ausgesetzt ist, unverzüglich darüber **unterrichten**, sobald er aus einem im Versorgungsausgleich erworbenen Anrecht eine Leistung beziehen kann.

§ 37 Anpassung wegen Tod der ausgleichsberechtigten Person

(1) ¹Ist die ausgleichsberechtigte Person gestorben, so wird ein Anrecht der ausgleichspflichtigen Person auf Antrag nicht länger auf Grund des Versorgungsausgleichs gekürzt. ²Beiträge, die zur Abwendung der Kürzung oder zur Begründung von Anrechten zugunsten der ausgleichsberechtigten Person gezahlt wurden, sind unter Anrechnung der gewährten Leistungen an die ausgleichspflichtige Person zurückzuzahlen.
(2) Die Anpassung nach Absatz 1 findet nur statt, wenn die ausgleichsberechtigte Person die Versorgung aus dem im Versorgungsausgleich erworbenen Anrecht nicht länger als 36 Monate bezogen hat.
(3) Hat die ausgleichspflichtige Person im Versorgungsausgleich Anrechte im Sinne des § 32 von der verstorbenen ausgleichsberechtigten Person erworben, so erlöschen diese, sobald die Anpassung wirksam wird.

1 I. Die Norm regelt die Voraussetzungen und die Folgen einer **Anpassung wegen Todes des Ausgleichsberechtigten**. Sie ist die Nachfolgeregelung zu § 4 VAHRG aF, unterscheidet sich aber in mehrfacher Hinsicht v dieser Regelung. VA die Bestimmung über die Höchstdauer der Inanspruchnahme v Leistungen (Abs 2) unterscheidet sich v früheren Recht.

2 Die **Durchführungsbestimmungen** finden sich in § 38 VersAusglG.

3 II. 1. **Voraussetzung** der Anpassung ist zunächst, a) dass der **Ausgleichsberechtigte gestorben** ist. Zu beachten ist, dass die Betrachtung jetzt streng anrechtsbezogen ist; es kommt also auf das jeweilige Einzelanrecht an, nicht mehr auf eine insgesamt bestehende Ausgleichsberechtigung.

4 b) Der Ausgleichsberechtigte darf die **Versorgung aus dem ausgeglichenen Anrecht nicht länger als 36 Monate** bezogen haben (Abs 2). Die Zeit wurde gegenüber dem früheren Rechtszustand um ein Drittel verlängert. Ist der Einsatzzeitpunkt der im Versorgungsausgleich übertragenen Versorgungen unterschiedlich, kommen insofern unterschiedliche Endzeitpunkte in Betracht.

5 2. In formeller Hinsicht ist ein **Antrag** (beim Versorgungsträger) erforderlich. Einzelheiten: § 38 VersAusglG.

3. Folge der Anpassung ist zunächst, dass das **Anrecht des Ausgleichspflichtigen nicht** **6**
länger aufgrund des Versorgungsausgleichs gekürzt wird (Abs 1 S 1)
Beiträge, die **zur Abwendung der Kürzung** (vgl § 187 SGB VI, § 58 BeamtVG) oder **zur** **7**
Begründung v Anrechten zugunsten des Ausgleichsberechtigten (vgl § 3 b I Nr 2
VAHRG aF) gezahlt wurden, sind unter Anrechnung der gewährten Leistungen an die
ausgleichspflichtige Person zurückzuzahlen (Abs 1 S 2).
Alle **Anrechte** iSd § 32 VersAusglG, welche der Ausgleichspflichtige selbst v **Aus-** **8**
gleichsberechtigten erworben hat, erlöschen (Abs 3), denn sonst stünde der Ausgleichspflichtige besser als er ohne Ausgleich gestanden hätte. Es muss deswegen immer erst geprüft werden, ob der Anpassungsberechtigte der „Nettoverlierer" beim Versorgungsausgleich war. Erschwert wird das dadurch, dass diese Bilanz sich nur auf die Anrechte iSd § 32 VersAusglG beziehen darf. Betriebliche und private Anrechte bleiben bei dieser Betrachtung also außen vor.

§ 38 Durchführung einer Anpassung wegen Tod der ausgleichsberechtigten Person

(1) ¹Über die Anpassung entscheidet der Versorgungsträger, bei dem das auf Grund eines Versorgungsausgleichs gekürzte Anrecht besteht. ²Antragsberechtigt ist die ausgleichspflichtige Person.
(2) § 34 Abs. 3 und 4 gilt entsprechend.
(3) ¹Die ausgleichspflichtige Person hat die anderen Versorgungsträger, bei denen sie Anrechte der verstorbenen ausgleichsberechtigten Person auf Grund des Versorgungsausgleichs erworben hat, unverzüglich über die Antragstellung zu unterrichten. ²Der zuständige Versorgungsträger unterrichtet die anderen Versorgungsträger über den Eingang des Antrags und seine Entscheidung.

I. Die Norm regelt die **Durchführung der Anpassung wegen Todes des Ausgleichsbe-** **1**
rechtigten nach § 37 VersAusglG. Sie weicht v § 34 VersAusglG insofern ab, als hier nur der Versorgungsträger für die Anpassung zuständig ist, bei dem das gekürzte Anrecht besteht (Abs 1).
II. 1. **Zuständig** für die Anpassung, ggf eine Abänderung und die Aufhebung der An- **2**
passung ist immer der Versorgungsträger, bei dem das gekürzte Anrecht besteht (Abs 1).
2. Die Anpassung und die Abänderung der Anpassung erfolgen nur auf **Antrag** (§ 35 I **3**
VersAusglG). Antragsberechtigt ist nur der Ausgleichspflichtige (Abs 2). Das Antragsrecht der Hinterbliebenen ist entfallen.
3. Die Anpassung wird **wirksam** ab dem ersten Tag des Monats, der auf den Monat **4**
der Antragstellung folgt (Abs 2 iVm § 34 III VersAusglG). Die Abänderung wirkt also nur für die Zukunft.
Der Anspruch auf Anpassung **geht auf die Erben über,** wenn der Erblasser den Antrag **5**
nach § 33 Abs. 1 gestellt hatte (Abs 2 iVm § 34 IV VersAusglG). Er betrifft dann nur noch rückständige Ansprüche.
4. Der **Ausgleichspflichtige muss die anderen Versorgungsträger**, bei denen er Anrechte **6**
der verstorbenen ausgleichsberechtigten Person aufgrund des Versorgungsausgleichs erworben hat, unverzüglich über die Antragstellung **unterrichten** (Abs 3 S 1). Sinn der Regelung ist es, den Versorgungsträgern rechtzeitig zu ermöglichen, die Leistungen aus diesen Anrechten einzustellen
Der zuständige **Versorgungsträger unterrichtet die anderen Versorgungsträger** über den **7**
Eingang des Antrags und seine Entscheidung (Abs 3 S 2). Diese sollen verlässlich erfahren, v welchem Zeitpunkt an sie die Leistung einstellen können. Damit der zuständige Versorgungsträger diese Informationspflichten erfüllen kann, wird er im Rahmen des Antragsverfahrens wiederum v dem Ausgleichspflichtigen den Nachweis verlangen, dass er seine Pflichten nach Abs 4 S 1 erfüllt hat. Der Antragsteller muss daher eine Sterbeurkunde des Ausgleichsberechtigten vorlegen, außerdem eine Kopie des Scheidungsurteils bzw -beschlusses, dem sämtliche beteiligte Versorgungsträger zu entnehmen sind und den Nachweis über die erfolgte Information Abs 4 S 1.

Teil 2 Wertermittlung

Vorbemerkung zu §§ 39–47 VersAusglG

1 Der zweite Teil des VersAusglG enthält die Vorschriften über die Wertermittlung v Anrechten. Unterschieden werden allgemeine Wertermittlungsvorschriften (§§ 39–42 VersAusglG) und Spezialvorschriften für einzelne Versorgungen (§§ 43–46 VersAusglG). Eine Regelung über den Korrespondierenden Kapitalwert als Hilfsgröße enthält § 47 VersAusglG.

2 Im Hinblick darauf, dass es Sache des Versorgungsträgers ist, dem Familiengericht einen Vorschlag für die Bestimmung des Ausgleichswerts und, falls es sich dabei nicht um einen Kapitalwert handelt, für den korrespondierenden Kapitalwert nach § 47 VersAusglG zu unterbreiten (§ 5 III VersAusglG), beschränkt sich die folgende Kommentierung auf ein Mindestmaß an Erläuterungen, um den Rahmen eines Handkommentars zum BGB nicht zu sprengen.

Kapitel 1
Allgemeine Wertermittlungsvorschriften

Vorbemerkung zu §§ 39–42 VersAusglG

Literatur: *Hoffmann/Rauch/Gerlach*, Berechnung des Ausgleichswerts von Lebensversicherungen, FamRZ 11, 333.

1 Das erste Kapitel enthält die **allgemeinen Wertermittlungsvorschriften**. Unterschieden werden die (vorrangige) unmittelbare Bewertung einer Anwartschaft (§ 39 VersAusglG), die zeitratierliche Bewertung einer Anwartschaft (§ 40 VersAusglG), die Bewertung einer laufenden Versorgung (§ 41 VersAusglG) und hilfsweise die Billigkeitsbewertung (§ 42 VersAusglG).

2 Spezielle Bewertungsvorschriften für Anrechte aus der gesetzlichen Rentenversicherung enthält § 43 VersAusglG, solche für Anrechte aus einem öffentlich-rechtlichen Dienstverhältnis § 44 VersAusglG, für Anrechte nach dem Betriebsrentengesetz § 45 VersAusglG und für Anrechte aus Privatversicherungen § 46 VersAusglG.

§ 39 Unmittelbare Bewertung einer Anwartschaft

(1) Befindet sich ein Anrecht in der Anwartschaftsphase und richtet sich sein Wert nach einer Bezugsgröße, die unmittelbar bestimmten Zeitabschnitten zugeordnet werden kann, so entspricht der Wert des Ehezeitanteils dem Umfang der auf die Ehezeit entfallenden Bezugsgröße (unmittelbare Bewertung).

(2) Die unmittelbare Bewertung ist insbesondere bei Anrechten anzuwenden, bei denen für die Höhe der laufenden Versorgung Folgendes bestimmend ist:
1. die Summe der Entgeltpunkte oder vergleichbarer Rechengrößen wie Versorgungspunkten oder Leistungszahlen,
2. die Höhe eines Deckungskapitals,
3. die Summe der Rentenbausteine,
4. die Summe der entrichteten Beiträge oder
5. die Dauer der Zugehörigkeit zum Versorgungssystem.

1 Die unmittelbare Bewertung (teilweise auch als „beitragsorientierte Bewertung" bezeichnet) ist dann vorzunehmen, wenn sich der Wert nach einer Bezugsgröße richtet, die unmittelbar bestimmten Zeitabschnitten zugeordnet werden kann. Sie hat **Vorrang** vor allen anderen Bewertungsregeln und gilt nicht nur für die Anrechte in der Anwartschaftsphase, sondern auch in der Leistungsphase (§ 41 I VersAusglG). Soweit ein Anrecht teilweise zeitratierlich zu bewerten ist (§ 40 VersAusglG), ist teilweise nach § 39, teilweise nach § 40 VersAusglG zu bewerten. So ist zB der Kindererziehungszuschlag nach § 50 a BeamtVG unmittelbar zu bewerten, während die restliche Versorgung zeitratierlich bewertet wird (OLG Celle FamRZ 2012, 132).

2 Das Anrecht ist in diesen Fällen so zu bewerten, dass der **Wert des Ehezeitanteils dem Umfang der auf die Ehezeit entfallenden Bezugsgröße entspricht.**

In einer **nicht abschließenden Aufzählung** sind in Abs 2 beispielhaft diejenigen Versorgungssysteme aufgezählt, die unmittelbar bewertet werden können. Der in der Praxis wichtigste Fall sind die Ansprüche aus der gesetzlichen Rentenversicherung (vgl dazu auch noch § 43 VersAusglG). 3

Für den **Zeitpunkt der Bewertung** der Anrechte gilt § 5 II VersAusglG. 4

§ 40 Zeitratierliche Bewertung einer Anwartschaft

(1) Befindet sich ein Anrecht in der Anwartschaftsphase und richtet sich der Wert des Anrechts nicht nach den Grundsätzen der unmittelbaren Bewertung gemäß § 39, so ist der Wert des Ehezeitanteils auf der Grundlage eines Zeit-Zeit-Verhältnisses zu berechnen (zeitratierliche Bewertung).

(2) ¹Zu ermitteln ist die Zeitdauer, die bis zu der für das Anrecht maßgeblichen Altersgrenze höchstens erreicht werden kann (n). ²Zudem ist der Teil dieser Zeitdauer zu ermitteln, der mit der Ehezeit übereinstimmt (m). ³Der Wert des Ehezeitanteils ergibt sich, wenn das Verhältnis der in die Ehezeit fallenden Zeitdauer und der höchstens erreichbaren Zeitdauer (m/n) mit der zu erwartenden Versorgung (R) multipliziert wird (m/n x R).

(3) ¹Bei der Ermittlung der zu erwartenden Versorgung ist von den zum Ende der Ehezeit geltenden Bemessungsgrundlagen auszugehen. ²§ 5 Abs. 2 Satz 2 bleibt unberührt.

(4) Die zeitratierliche Bewertung ist insbesondere bei Anrechten anzuwenden, bei denen die Höhe der Versorgung von dem Entgelt abhängt, das bei Eintritt des Versorgungsfalls gezahlt werden würde.

(5) Familienbezogene Bestandteile des Ehezeitanteils, die die Ehegatten nur auf Grund einer bestehenden Ehe oder für Kinder erhalten, dürfen nicht berücksichtigt werden.

Die Norm regelt die (**nachrangige**) **zeitratierliche Bewertung** v Anrechten. Sie ist anzuwenden, wenn kein direkter Zusammenhang zwischen einer Bezugsgröße aus der Ehezeit und der Höhe der Versorgung besteht. Die zeitratierliche Bewertung geht davon aus, dass ein Versorgungsanrecht im Laufe der Zeit gleichmäßig aufgebaut wird, ohne dass eine unmittelbare Zuordnung v Wertbestandteilen zur Ehezeit möglich wäre. Die zeitratierliche Methode ist wegen dieser Annahme ungenauer als die unmittelbare Bewertung. 1

Die zeitratierliche Bewertung ist va bei **Anrechten** anzuwenden, **bei denen die Höhe der Versorgung v dem Entgelt abhängt,** das bei Eintritt des Versorgungsfalls gezahlt werden würde (Abs 5). Das ist va bei der Beamtenversorgung, aber auch zahlreichen berufsständischen Versorgungen der Fall. 2

Bei der **Durchführung** der zeitratierlichen Bewertung sind zwei **Zeiträume** (in Tagen, Monaten oder Jahren) zu bestimmen: Dies ist nach Abs 2 S 1 zunächst die bis zur für das Anrecht maßgeblichen Altersgrenze höchstens erreichbare Zeitdauer der Zugehörigkeit zum Versorgungssystem (n – gemeint ist die Zeit v Beginn der Beschäftigung bis zum voraussichtlichen Eintritt in den Ruhestand), nach Abs 2 S 2 zum anderen deren Teil, der in die Ehezeit fällt (m). Neben den Zeitperioden m und n ist die **zu erwartende Versorgung** (R) zu ermitteln. Sowohl die heranzuziehende Altersgrenze als auch die voraussichtliche Versorgung sind den für die Versorgung maßgeblichen Bestimmungen zu entnehmen. Familienbezogene Bestandteile des Ehezeitanteils, die die Ehegatten nur aufgrund einer bestehenden Ehe oder für Kinder erhalten, dürfen nicht berücksichtigt werden (Abs 5). Etwas anderes gilt aber für solche Teile, die wegen einer früheren Scheidung bereits gekürzt sind. Insoweit ist bei der Berechnung der ungekürzte Teil anzusetzen (KG FamRZ 11, 223). Auf Grundlage dieser Werte ist nach Abs 2 S 3 der **Ehezeitanteil** mit der Formel „m/n × R" zu berechnen. 3

Für den **Zeitpunkt der Bewertung** der Anrechte gilt § 5 II VersAusglG (Abs 3). 4

§ 41 Bewertung einer laufenden Versorgung

(1) Befindet sich ein Anrecht in der Leistungsphase und wäre für die Anwartschaftsphase die unmittelbare Bewertung maßgeblich, so gilt § 39 Abs. 1 entsprechend.

(2) ¹Befindet sich ein Anrecht in der Leistungsphase und wäre für die Anwartschaftsphase die zeitratierliche Bewertung maßgeblich, so gilt § 40 Abs. 1 bis 3 entsprechend. ²Hierbei sind

die Annahmen für die höchstens erreichbare Zeitdauer und für die zu erwartende Versorgung durch die tatsächlichen Werte zu ersetzen.

1 Die Regelung stellt klar, dass die Bewertungsgrundsätze der §§ 39 f VersAusglG auch für laufende Versorgungen gelten. Bei der zeitratierlichen Bewertung sind lediglich die höchstens erreichbare Zeitdauer und die zu erwartende Versorgung durch die tatsächlichen Werte zu ersetzen.

§ 42 Bewertung nach Billigkeit
Führt weder die unmittelbare Bewertung noch die zeitratierliche Bewertung zu einem Ergebnis, das dem Grundsatz der Halbteilung entspricht, so ist der Wert nach billigem Ermessen zu ermitteln.

1 § 42 ist ein **Auffangtatbestand**. Die Norm lässt eine Bewertung nach Billigkeit zu, wenn eine Bewertung nach §§ 39 f VersAuslG nicht möglich ist oder wenn sie zu einem Ergebnis führt, das dem Grundsatz der Halbteilung nicht entspricht.

Kapitel 2
Sondervorschriften für bestimmte Versorgungsträger
Vorbemerkung zu §§ 43–46 VersAusglG

1 §§ 43–46 enthalten **spezielle Bewertungsvorschriften** für Anrechte aus der gesetzlichen Rentenversicherung (§ 43 VersAusglG), solche für Anrechte aus einem öffentlich-rechtlichen Dienstverhältnis (§ 44 VersAusglG), für Anrechte nach dem Betriebsrentengesetz (§ 45 VersAusglG) und für Anrechte aus Privatversicherungen (§ 46 VersAusglG). Diese Regelungen gehen den allgemeinen Bewertungsregeln (§§ 39–42 VersAusglG) vor.

§ 43 Sondervorschriften für Anrechte aus der gesetzlichen Rentenversicherung
(1) Für Anrechte aus der gesetzlichen Rentenversicherung gelten die Grundsätze der unmittelbaren Bewertung.
(2) Soweit das Anrecht auf eine abzuschmelzende Leistung nach § 19 Abs. 2 Nr. 2 gerichtet ist, ist der Ehezeitanteil für Ausgleichsansprüche nach der Scheidung nach dem Verhältnis der auf die Ehezeit entfallenden Entgeltpunkte (Ost) zu den gesamten Entgeltpunkten (Ost) zu bestimmen.
(3) Besondere Wartezeiten sind nur dann werterhöhend zu berücksichtigen, wenn die hierfür erforderlichen Zeiten bereits erfüllt sind.

1 Abs 1 stellt klar, dass für Anrechte aus der gesetzlichen Rentenversicherung die **unmittelbare Berechnungsmethode** des § 39 VersAusglG anzuwenden ist. Das entspricht dem früheren Recht.

2 Soweit das **Anrecht auf eine abzuschmelzende Leistung** nach § 19 II Nr 2 VersAusglG gerichtet ist, ist der Ehezeitanteil nicht mittels der unmittelbaren Bewertung nach § 39 VersAusglG zu bestimmen ist, sondern nach einer zeitratierlichen Methode zu erfolgen hat (Abs 2). Die Bestimmung entspricht (§ 3 I Nr 6 S 3 VAÜG aF).

3 Besondere Wartezeiten in der gesetzlichen Rentenversicherung wirken nur dann werterhöhend, wenn sie im nach § 5 II VersAusglG maßgeblichen Zeitpunkt bereits erfüllt sind (Abs 3). Die Vorschrift erweitert § 1587 a VII 2 BGB aF, der auf die Rente nach Mindesteinkommen nach § 262 SGB VI abstellte, und bezieht jetzt auch die Rente nach § 70 IIIa SGB VI ein (Höherbewertung bei 25 Jahren Pflichtversicherung und Kindererziehungszeiten).

§ 44 Sondervorschriften für Anrechte aus einem öffentlich-rechtlichen Dienstverhältnis

(1) Für Anrechte
1. aus einem Beamtenverhältnis oder einem anderen öffentlich-rechtlichen Dienstverhältnis und
2. aus einem Arbeitsverhältnis, bei dem ein Anspruch auf eine Versorgung nach beamtenrechtlichen Vorschriften oder Grundsätzen besteht,

sind die Grundsätze der zeitratierlichen Bewertung anzuwenden.

(2) Stehen der ausgleichspflichtigen Person mehrere Anrechte im Sinne des Absatzes 1 zu, so ist für die Wertberechnung von den gesamten Versorgungsbezügen, die sich nach Anwendung der Ruhensvorschriften ergeben, und von der gesamten in die Ehezeit fallenden ruhegehaltfähigen Dienstzeit auszugehen.

(3) ¹Stehen der ausgleichspflichtigen Person neben einem Anrecht im Sinne des Absatzes 1 weitere Anrechte aus anderen Versorgungssystemen zu, die Ruhens- oder Anrechnungsvorschriften unterliegen, so gilt Absatz 2 sinngemäß. ²Dabei sind die Ruhens- oder Anrechnungsbeträge nur insoweit zu berücksichtigen, als das nach Satz 1 berücksichtigte Anrecht in der Ehezeit erworben wurde und die ausgleichsberechtigte Person an diesem Anrecht im Versorgungsausgleich teilhat.

(4) Bei einem Anrecht aus einem Beamtenverhältnis auf Widerruf oder aus einem Dienstverhältnis einer Soldatin oder eines Soldaten auf Zeit ist der Wert maßgeblich, der sich bei einer Nachversicherung in der gesetzlichen Rentenversicherung ergäbe.

1 Die Anrechte aus öffentlich-rechtlichen Dienstverhältnissen und aus Arbeitsverhältnissen mit Anspruch auf Versorgung nach beamtenrechtlichen Vorschriften unterliegen der **zeitratierlichen Bewertung** (Abs 1).

2 Bei **mehreren Versorgungen** bemisst sich die Wertberechnung nach den gesamten Versorgungsbezügen nach Berücksichtigung der Anrechnungs- und Ruhensregelungen, wenn es um Anrechte aus öffentlich-rechtlichen Dienstverhältnissen geht (Abs 3). Für das Zusammentreffen mit anderen Versorgungen vgl Abs 4.

3 Eine Sonderregelung für **Anrechte aus einem Beamtenverhältnis auf Widerruf oder aus einem Dienstverhältnis eines Soldaten auf Zeit** enthält Abs 4. Diese Anrechte sind mit dem Wert der Nachversicherung in der gesetzlichen Rentenversicherung zu bewerten

§ 45 Sondervorschriften für Anrechte nach dem Betriebsrentengesetz

(1) ¹Bei einem Anrecht im Sinne des Betriebsrentengesetzes ist der Wert des Anrechts als Rentenbetrag nach § 2 des Betriebsrentengesetzes oder der Kapitalwert nach § 4 Abs. 5 des Betriebsrentengesetzes maßgeblich. ²Hierbei ist anzunehmen, dass die Betriebszugehörigkeit der ausgleichspflichtigen Person spätestens zum Ehezeitende beendet ist.

(2) ¹Der Wert der Ehezeitanteils ist nach Grundsätzen der unmittelbaren Bewertung zu ermitteln. ²Ist dies nicht möglich, so ist eine zeitratierliche Bewertung durchzuführen. ³Hierzu ist der nach Absatz 1 ermittelte Wert des Anrechts mit dem Quotienten zu multiplizieren, der aus der ehezeitlichen Betriebszugehörigkeit und der gesamten Betriebszugehörigkeit bis zum Ehezeitende zu bilden ist.

(3) Die Absätze 1 und 2 gelten nicht für ein Anrecht, das bei einem Träger einer Zusatzversorgung des öffentlichen oder kirchlichen Dienstes besteht.

1 Die Norm ordnet zusammen mit den allgemeinen Vorschriften (§§ 39–42 VersAusglG) die **Wertermittlung für betriebliche Anrechte** grundlegend neu und abweichend v früherem Recht. Dabei lehnt sich die Regelung so weit wie möglich an das Bewertungsrecht des Betriebsrentengesetzes an.

2 Die Vorschrift gilt **für alle Anrechte der betrieblichen Altersversorgung in der Privatwirtschaft**, unabhängig v Durchführungsweg. Für Anrechte aus der Zusatzversorgung des öffentlichen oder kirchlichen Dienstes gelten dag die allgemeinen Bewertungsvorschriften, also § 39 ff VersAusglG (Abs 3).

3 Bei einem auszugleichenden Anrecht im Sinne des Betriebsrentengesetzes ist v Wert des Anrechts entweder als **Rentenbetrag** nach § 2 BetrAVG (Höhe der unverfallbaren An-

wartschaft) oder als **Kapitalwert** nach § 4 Abs. 5 BetrAVG (Übertragungswert) auszugehen (Abs 1 S 1). Es bleibt dem betrieblichen Versorgungsträger überlassen, die Bezugsgröße für die interne oder externe Teilung zu bestimmen.

4 Für die Wertermittlung ist das **Ausscheiden aus dem Betrieb** zum Eheende **anzunehmen**, falls die Mitgliedschaft der ausgleichspflichtigen Person im Betriebsrentensystem zu diesem Zeitpunkt noch fortbesteht (Abs 1 S 2).

5 Für die Bestimmung des Ehezeitanteils des betrieblichen Anrechts gilt ein **Vorrang der unmittelbaren vor der zeitratierlichen Bewertung.** Ist ausnahmsweise zeitratierlich zu bewerten, ist der nach Abs 1 ermittelte Wert des Anrechts ist mit dem Quotienten zu multiplizieren, der aus der ehezeitlichen Betriebszugehörigkeit und der gesamten Betriebszugehörigkeit bis zum Eheende zu bilden ist (Abs 2 S 3).

§ 46 Sondervorschriften für Anrechte aus Privatversicherungen

¹Für die Bewertung eines Anrechts aus einem privaten Versicherungsvertrag sind die Bestimmungen des Versicherungsvertragsgesetzes über Rückkaufswerte anzuwenden. ²Stornokosten sind nicht abzuziehen.

1 Maßgebliche Bezugsgröße für die Bewertung eines Anrechts (im Rahmen des § 39 VersAusglG) aus einer **Privatversicherung** ist der auf die Ehezeit entfallende **Rückkaufswert** (S 1). Der Rückkaufswert ist v Versicherer im Fall der Kündigung durch den Versicherungsnehmer oder im Fall der Aufhebung des Vertrags durch Kündigung oder Rücktritt seitens des Versicherers zu zahlen. Er bildet den Stichtagswert am Ende der Ehezeit als Kapitalwert des Anrechts ab.

2 **Stornokosten** sind bei der Bewertung nicht abzuziehen (S 2). Im Versorgungsausgleich wird der Rückkaufswert bei der internen Teilung nicht ausgezahlt, so dass keine Stornokosten entstehen und ein Stornoabschlag deshalb nicht erforderlich ist.

3 Für **Verträge nach § 10 I Nr 2 Buchstabe b EStG** (sog Basisrente bzw. „Rürup-Rente") ist der Wert unmittelbar nach § 39 VersAusglG zu ermitteln, weil es dort einen Rückkaufswert nicht gibt, denn wegen der steuerrechtlichen Regelungen darf das Anrecht nicht kapitalisierbar sein.

Kapitel 3
Korrespondierender Kapitalwert als Hilfsgröße

§ 47 Berechnung des korrespondierenden Kapitalwerts

(1) Der korrespondierende Kapitalwert ist eine Hilfsgröße für ein Anrecht, dessen Ausgleichswert nach § 5 Abs. 3 nicht bereits als Kapitalwert bestimmt ist.

(2) Der korrespondierende Kapitalwert entspricht dem Betrag, der zum Ende der Ehezeit aufzubringen wäre, um beim Versorgungsträger der ausgleichspflichtigen Person für sie ein Anrecht in Höhe des Ausgleichswerts zu begründen.

(3) Für Anrechte im Sinne des § 44 Abs. 1 sind bei der Ermittlung des korrespondierenden Kapitalwerts die Berechnungsgrundlagen der gesetzlichen Rentenversicherung entsprechend anzuwenden.

(4) ¹Für ein Anrecht im Sinne des Betriebsrentengesetzes gilt der Übertragungswert nach § 4 Abs. 5 des Betriebsrentengesetzes als korrespondierender Kapitalwert. ²Für ein Anrecht, das bei einem Träger einer Zusatzversorgung des öffentlichen oder kirchlichen Dienstes besteht, ist als korrespondierender Kapitalwert der Barwert im Sinne des Absatzes 5 zu ermitteln.

(5) Kann ein korrespondierender Kapitalwert nach den Absätzen 2 bis 4 nicht ermittelt werden, so ist ein nach versicherungsmathematischen Grundsätzen ermittelter Barwert maßgeblich.

(6) Bei einem Wertvergleich in den Fällen der §§ 6 bis 8, 18 Abs. 1 und § 27 sind nicht nur die Kapitalwerte und korrespondierenden Kapitalwerte, sondern auch die weiteren Faktoren der Anrechte zu berücksichtigen, die sich auf die Versorgung auswirken.

1 Der korrespondierende Kapitalwert ist eine **Hilfsgröße** für ein Anrecht, dessen Ausgleichswert nach § 5 Abs. 3 nicht bereits als Kapitalwert bestimmt ist (Abs 1). Dieser

Wert ist v Versorgungsträger mitzuteilen. Er dient der Vergleichbarmachung v Anrechten, soweit dies im neuen Ausgleichssystem noch erforderlich ist. Abs 6 stellt aber klar, dass bei einem Wertvergleich in den Fällen der §§ 6–8, 18 I und 27 VersAusglG nicht nur die Kapitalwerte und korrespondierenden Kapitalwerte zu berücksichtigen sind, sondern auch die weiteren Faktoren der Anrechte, die sich auf die Versorgung auswirken. Das relativiert die Bedeutung des korrespondierenden Kapitalwerts und zeigt schon, dass es sich bei diesem Wert um einen reinen technischen Wert handelt, nicht aber um eine Aussage.

Der korrespondierende Kapitalwert ist der Betrag, mit dem der Ausgleichspflichtige bei 2 seinem Versorgungsträger ein Anrecht in Höhe des Ausgleichswerts für sich begründen könnte (Abs 2). Es handelt sich um den **„Einkaufspreis"** des auszugleichenden Anrechts.

Für **Anrechte iSd § 44 I VersAusglG** (Anrechte aus einem öffentlich-rechtlichen Dienst- 3 verhältnis) sind bei der Ermittlung des korrespondierenden Kapitalwerts die Berechnungsgrundlagen der gesetzlichen Rentenversicherung entsprechend anzuwenden (Abs 4).

Für **Anrechte iSd Betriebsrentengesetzes** gilt der Übertragungswert nach § 4 V des Be- 4 triebsrentengesetzes als korrespondierender Kapitalwert (Abs 4 S 1).

Für **Anrechte, die bei einem Träger einer Zusatzversorgung des öffentlichen oder** 5 **kirchlichen Dienstes bestehen,** ist als korrespondierender Kapitalwert der Barwert zu ermitteln (Abs 4 S 2). Sehr zweifelhaft ist, ob noch mit geschlechtsspezifischen Barwertfaktoren umgerechnet werden darf. Der EuGH (C-236/09 FamRZ 2011, 1127) hat entschieden, dass die in Art 5 II RL 2004/113/EG enthaltene Ausnahmeregelung, wonach unterschiedliche Prämien und Leistungen für Frauen und Männer auch in nach dem 21.12.07 abgeschlossenen privaten Versicherungsverträgen weiter zulässig waren, wenn die Risikobewertung auf relevanten und genauen versicherungsmathematischen und statistischen Daten beruht, mit Wirkung v 21.12.12 ungültig (geworden) ist, weil der Gleichbehandlungsgrundsatz verlange, dass vergleichbare Sachverhalte nicht unterschiedlich und unterschiedliche Sachverhalte nicht gleichbehandelt werden, es sei denn, dass eine solche Behandlung objektiv gerechtfertigt sei. Die Vergleichbarkeit v Sachverhalten sei im Licht des Zwecks und des Ziels der Unionsmaßnahme, die die fragliche Unterscheidung einführe, zu beurteilen. Aus Art 5 I RL 2004/113/EG ergebe sich das Ziel, dass Prämien und Leistungen in der Versicherungswirtschaft geschlechtsneutral bemessen werden. Damit sei es nicht zu vereinbaren, eine Ausnahmeregelung, wie sie Art 5 II der RL enthalte, unbefristet aufrechtzuerhalten. Daraus ist in der Literatur bereits zutreffend gefolgert worden, dass die weitere Verwendung geschlechtsspezifischer Barwertfaktoren unzulässig ist (Borth FamRZ 11, 1127, 1128; Erman/Norpoth, § 47 VersAusglG Rn 9; Orgis FPR 2011, 509). Dem hat sich auch das OLG Celle (FamRB 13, 386) angeschlossen.

Der nach versicherungsmathematischen Grundsätzen berechnete **Barwert** ist auch dann 6 maßgeblich, wenn ein korrespondierender Kapitalwert nach den Abs 2–4 nicht ermittelt werden kann (Abs 5).

Teil 3 Übergangsvorschriften

Vorbemerkung zu §§ 48–54 VersAusglG

Literatur: *Bergmann,* Der reformierte Versorgungsausgleich und die Übergangsvorschriften, FuR 2009, 421; *Götsche,* Das Übergangsrecht zur Reform des Versorgungsausgleichs, ZFE 2010, 295; *ders.* Umstellung von alt auf Neu: Die Abänderung der Versorgungsausgleichsentscheidung nach § 51 VersAusglG, ZFE 2010, 324; *Hauß,* Die Abänderbarkeit von Versorgungsausgleichsentscheidungen nach neuem Recht, NJW 2013, 1761; *Kemper,* Die Übergangsregeln des Referentenentwurfs zur Strukturreform des Versorgungsausgleichs, ZFE 2008, 164; *ders.,* Die Übergangsregelungen des Gesetzes zur Strukturreform des Versorgungsausgleichs, FPR 2009, 227; *ders.,* Die Abänderung von Altentscheidungen zum Versorgungsausgleich, FuR 2013, 500.

Der dritte Teil enthält die Übergangsvorschriften des neuen Versorgungsausgleichs- 1 rechts. Ihnen kommt besondere Bedeutung zu, weil das neue materielle Recht so grundlegend v dem früheren abweicht. Der **Grundsatz** dieser Regelungen ist, dass das neue Recht in allen Verfahren anzuwenden ist, die v 1.9.09 an anhängig gemacht worden sind, während in den früher anhängig gemachten Verfahren grds das alte Recht anzuwenden ist (§ 48 I VersAusglG). Sobald die Versorgungsausgleichsverfahren aber ruhten, ausgesetzt oder abgetrennt waren oder nach dem 1.9.09 zum Ruhen gebracht, ausgesetzt oder abgetrennt werden, ist auf sie das neue Recht anzuwenden (§ 48 II VersAusglG). Die letzte Zeitgrenze bildete insofern der 31.8.10: Alle Verfahren, in denen bis zu diesem Zeitpunkt keine Endentscheidung der ersten Instanz vorlag, sind am 1.9.10 in das neue Recht überführt worden (§ 48 III VersAusglG). Altes Recht kann deswegen nur noch in solchen seltenen Verfahren zur Anwendung kommen, die sich jetzt noch in zweiter oder dritter Instanz befinden.

2 **Im Einzelnen** finden sich Regelungen für anhängige Verfahren (§ 48 VersAusglG), für Auswirkungen des Versorgungsausgleichs in den VAHRG-Fällen, (§ 49 VersAusglG), für die ausgesetzten VAÜG-Fälle (§ 50 VersAusglG), für die Abänderung des öffentlich-rechtlichen Versorgungsausgleichs (§§ 51 f VersAusglG), über den Teilausgleich bei Ausgleichsansprüchen nach der Scheidung (§ 53 VersAusglG) und für die Altfälle für Sachverhalte vor dem 1.7.77.

§ 48 Allgemeine Übergangsvorschrift

(1) In Verfahren über den Versorgungsausgleich, die vor dem 1. September 2009 eingeleitet worden sind, ist das bis dahin geltende materielle Recht und Verfahrensrecht weiterhin anzuwenden.

(2) Abweichend von Absatz 1 ist das ab dem 1. September 2009 geltende materielle Recht und Verfahrensrecht anzuwenden in Verfahren, die

1. am 1. September 2009 abgetrennt oder ausgesetzt sind oder deren Ruhen angeordnet ist oder
2. nach dem 1. September 2009 abgetrennt oder ausgesetzt werden oder deren Ruhen angeordnet wird.

(3) Abweichend von Absatz 1 ist in Verfahren, in denen am 31. August 2010 im ersten Rechtszug noch keine Endentscheidung erlassen wurde, ab dem 1. September 2010 das ab dem 1. September 2009 geltende materielle Recht und Verfahrensrecht anzuwenden.

1 Die Norm enthält die allgemeine Regelung des Übergangsrechts des Versorgungsausgleichs. Das **neue Recht** ist in allen Verfahren anzuwenden, die **v 1.9.09 an eingeleitet**, dh anhängig gemacht werden, während in den früher anhängig gemachten Verfahren grds das alte Recht anzuwenden war (§ 48 I VersAusglG). Die Einreichung eines Prozesskostenhilfegesuchs reichte dabei für die Wahrung des alten Rechts nicht, wenn erst nach dem 31.8.09 über das PKH-Gesuch entschieden wurde, weil durch das Gesuch das Verfahren nur vorbereitet werden sollte und die Entscheidung, ob es tatsächlich durchgeführt werden würde, gerade noch nicht gefallen war (aA Holzwarth FamRZ 08, 2168, 2170).

2 Sobald die vor dem 1.9.09 anhängig gemachten Versorgungsausgleichsverfahren am 1.9.09 **ruhten, ausgesetzt** oder **abgetrennt** waren oder nach dem 1.9.09 zum Ruhen gebracht, ausgesetzt oder abgetrennt wurden oder werden, ist auf sie das neue Recht anzuwenden (Abs 2). Das gilt auch dann, wenn sich diese Verfahren bereits in zweiter oder dritter Instanz befinden oder befanden.

3 Die letzte Zeitgrenze in Bezug auf die Übergangsregelungen bildete der **31.8.10**: Alle Verfahren, in denen bis zu diesem Zeitpunkt keine Endentscheidung der ersten Instanz vorlag, wurden am 1.9.10 in das neue Recht überführt (Abs 3).

§ 49 Übergangsvorschrift für Auswirkungen des Versorgungsausgleichs in besonderen Fällen

Für Verfahren nach den §§ 4 bis 10 des Gesetzes zur Regelung von Härten im Versorgungsausgleich, in denen der Antrag beim Versorgungsträger vor dem 1. September 2009 eingegangen ist, ist das bis dahin geltende Recht weiterhin anzuwenden.

Für die Verfahren nach den §§ 4–10 gelten die Grundsätze des § 48 I VersAusglG entsprechend. Nicht anwendbar sind daß die Regeln, durch welche schon früher eingeleitete Verfahren in das neue Recht übergeleitet werden (§ 48 II, III VersAusglG).

§ 50 Wiederaufnahme von ausgesetzten Verfahren nach dem Versorgungsausgleichs-Überleitungsgesetz

(1) Ein nach § 2 Abs. 1 Satz 2 des Versorgungsausgleichs-Überleitungsgesetzes ausgesetzter Versorgungsausgleich
1. ist auf Antrag eines Ehegatten oder eines Versorgungsträgers wieder aufzunehmen, wenn aus einem im Versorgungsausgleich zu berücksichtigenden Anrecht Leistungen zu erbringen oder zu kürzen wären;
2. soll von Amts wegen spätestens bis zum 1. September 2014 wieder aufgenommen werden.

(2) Der Antrag nach Absatz 1 Nr. 1 ist frühestens sechs Monate vor dem Zeitpunkt zulässig, ab dem auf Grund des Versorgungsausgleichs voraussichtlich Leistungen zu erbringen oder zu kürzen wären.

§ 50 VersAusglG bestimmt, zu welchem Zeitpunkt die **nach § 2 I 2 VAÜG aF ausgesetzten Versorgungsausgleichsverfahren** wieder aufzunehmen sind. Nach früherem Recht waren die Versorgungsausgleichsverfahren bis zu einer Einkommensangleichung auszusetzen, wenn die Eheleute sowohl über West- als auch über Ostanrechte verfügten, weil dann eine Gesamtsaldierung nicht möglich war. Auf diese Weise ist es zu vielen tausend ruhenden Verfahren gekommen, in denen eine Entscheidung nicht erfolgen konnte. Nach neuem Recht spielt die Unterschiedlichkeit der Versorgungsanrechte keine Rolle für den Ausgleich mehr, weil alle Rechte grds intern geteilt werden. Die ruhenden Verfahren können also einer Lösung zugeführt werden.

Für die Wiederaufnahme sieht § 50 VersAusglG **zwei Wege** vor, die Wiederaufnahme auf Antrag und die Wiederaufnahme vAw.

Nach § 2 II iVm § 2 I 1 Nr 2 VAÜG aF war der Versorgungsausgleich vor der Einkommensangleichung **auf Antrag** eines Ehegatten, eines Hinterbliebenen oder eines betroffenen Versorgungsträgers wieder aufzunehmen, wenn aus einem im Versorgungsausgleich zu berücksichtigenden Anrecht aufgrund des Versorgungsausgleichs Leistungen zu erbringen oder zu kürzen gewesen wären. Dieser Fall der Wiederaufnahme auf Antrag wird nunmehr in Abs 1 Nr 1 VersAusglG geregelt. Anders als nach früherem Recht kann der Antrag bereits bis zu 6 Monate vor dem Zeitpunkt gestellt werden, in dem aufgrund des Versorgungsausgleichs voraussichtlich Leistungen zu erbringen oder zu kürzen wären (Abs 2). Damit soll erreicht werden, dass das Wiederaufnahmeverfahren bereits vor Erreichen der Regelaltersgrenze eingeleitet und die gerichtliche Entscheidung über den Versorgungsausgleich unter Umständen schon bei der Festsetzung der Rente berücksichtigt werden kann.

Abs 1 Nr 2 sieht außerdem eine **Wiederaufnahme vAw** spätestens 5 Jahre nach dem Inkrafttreten der Reform vor. Gegenüber dem ursprünglichen Regierungsentwurf ist die Frist aber abgeschwächt worden. Während zunächst eine zwingende Frist v 5 Jahren vorgesehen war, handelt es sich jetzt nur noch um eine Sollvorschrift. Das lässt den Gerichten genügend Spielraum, wenn die vielen Verfahren nicht innerhalb der ersten 5 Jahre wieder aufgegriffen werden könne. Umgekehrt muss aber auch beachtet werden, dass eine Sollvorschrift keine unverbindliche Vorgabe darstellt, sondern die Aufforderung an die Gerichte, die Aufgabe innerhalb der gesetzten Frist zu erledigen. Nur wegen außergewöhnlicher Schwierigkeiten darf die Frist deswegen überschritten werden.

Nach § 48 II VersAusglG ist bei Wiederaufnahme des Verfahrens nach **neuem Recht** zu entscheiden.

§ 51 Zulässigkeit einer Abänderung des öffentlich-rechtlichen Versorgungsausgleichs

(1) Eine Entscheidung über einen öffentlich-rechtlichen Versorgungsausgleich, die nach dem Recht getroffen worden ist, das bis zum 31. August 2009 gegolten hat, ändert das Gericht

bei einer wesentlichen Wertänderung auf Antrag ab, indem es die in den Ausgleich einbezogenen Anrechte nach den §§ 9 bis 19 teilt.
(2) Die Wertänderung ist wesentlich, wenn die Voraussetzungen des § 225 Abs. 2 und 3 des Gesetzes über das Verfahren in Familiensachen und in den Angelegenheiten der freiwilligen Gerichtsbarkeit vorliegen, wobei es genügt, dass sich der Ausgleichswert nur eines Anrechts geändert hat.
(3) ¹Eine Abänderung nach Absatz 1 ist auch dann zulässig, wenn sich bei Anrechten der berufsständischen, betrieblichen oder privaten Altersvorsorge (§ 1587 a Abs. 3 oder 4 des Bürgerlichen Gesetzbuchs in der bis zum 31. August 2009 geltenden Fassung) der vor der Umrechnung ermittelte Wert des Ehezeitanteils wesentlich von dem dynamisierten und aktualisierten Wert unterscheidet. ²Die Aktualisierung erfolgt mithilfe der aktuellen Rentenwerte der gesetzlichen Rentenversicherung. ³Der Wertunterschied nach Satz 1 ist wesentlich, wenn er mindestens 2 Prozent der zum Zeitpunkt der Antragstellung maßgeblichen monatlichen Bezugsgröße nach § 18 Abs. 1 des Vierten Buches Sozialgesetzbuch beträgt.
(4) Eine Abänderung nach Absatz 3 ist ausgeschlossen, wenn für das Anrecht nach einem Teilausgleich gemäß § 3 b Abs. 1 Nr. 1 des Gesetzes zur Regelung von Härten im Versorgungsausgleich noch Ausgleichsansprüche nach der Scheidung gemäß den §§ 20 bis 26 geltend gemacht werden können.
(5) § 225 Abs. 4 und 5 des Gesetzes über das Verfahren in Familiensachen und in den Angelegenheiten der freiwilligen Gerichtsbarkeit gilt entsprechend.

1 I. Früher konnten Entscheidungen über den öffentlich-rechtlichen Versorgungsausgleich nach § 10 a VAHRG aF nachträglich korrigiert werden. Die Regelung war eingeführt worden, weil die Ergebnisse des früheren Rechts einer gerechten Teilhabe nicht entsprachen und das BVerfG deswegen diese Möglichkeit verlangt hatte (BVerfG FamRZ 93, 161). Da sich durch das neue Recht für die Altfälle nichts an dieser Situation geändert hat, hat der Gesetzgeber in den §§ 51 f VersAusglG eine **Nachfolgeregelung für § 10 a VAHRG aF** vorgesehen. Diese unterscheidet sich allerdings wesentlich v § 10 a VAHRG aF. Die bloße Übertragung dieser Änderungsmöglichkeit in das neue Recht hätte dazu geführt, dass auch weiterhin das alte Recht hätte angewendet werden müssen, weil die Korrektur sich systemkonform an die alte Entscheidung hätte anschließen müssen. Deswegen ordnet Abs 1 nun an, dass die Entscheidung bei einer wesentlichen Wertänderung auf Antrag abgeändert wird, indem das Gericht die in den Ausgleich einbezogenen Anrechte nach den §§ 9–19 VersAusglG teilt. Liegen die Änderungsvoraussetzungen vor, wird also ein komplett neuer Versorgungsausgleich nach neuem Recht durchgeführt.
2 II. 1. In welchen **Fällen** eine wesentliche Wertänderung vorliegt, bestimmen grds Abs 2 und 3. Außerdem ist eine Abänderung nach Abs 5 iVm § 225 IV FamFG auch dann möglich, wenn durch sie eine Wartezeit erfüllt wird, die für die Versorgung der ausgleichsberechtigten Person maßgebend ist.
3 a) In Betracht kommen zunächst **Wertänderungen des auszugleichenden Anrechts aufgrund rechtlicher oder tatsächlicher Veränderungen** nach dem Ende der Ehezeit (Abs 2 iVm § 225 II FamFG). Insofern kommt es allein auf die Änderung des Ausgleichswerts *eines* Anrechts, weil alle Anrechte einzeln und gesondert ausgeglichen werden. Es kommt dag nicht mehr darauf an, ob sich der *gesamte* Wertunterschied nach Saldierung der Ehezeitanteile geändert hat. Für die Höhe der Wertänderung verweist Abs 2 auf die Wesentlichkeitsgrenze in § 225 III FamFG. Erforderlich ist also eine Differenz v mindestens 5 % des bisherigen Ausgleichswerts des Anrechts und bei einem Rentenbetrag als maßgeblicher Bezugsgröße mindestens 1 % (2014 entsprechend 27,65 EUR), in allen anderen Fällen als Kapitalwert 120 % (2011 entsprechend 3.318 EUR) der am Ende der Ehezeit maßgeblichen monatlichen Bezugsgröße nach § 18 I SGB IV.
4 b) Abs 3 gestattet die **Abänderung bei Wertverzerrungen**, die durch die Dynamisierung v nicht-volldynamischen Anrechten mit Hilfe der Barwert-Verordnung und die fiktive Einzahlung der sich daraus ergebenden Summe in die gesetzliche Rentenversicherung entstanden sind. Die tatsächlichen Wertsteigerungen in der gesetzlichen Rentenversicherung haben die dabei vorgenommene Abzinsung idR bei weitem nicht kompensiert.

Die Bewertungen sind also tendenziell falsch. Betroffen sind Anrechte der betrieblichen und privaten Altersversorgung (§ 1587 a II Nr 3 und 5 aF) und sonstige Anrechte im Sinne v § 1587 a II Nr 4 aF, va aus berufsständische Versorgungen. Ermittelt werden muss, ob der ursprünglich errechnete Wert des Ehezeitanteils der Versorgung v dem in den Saldo jetzt einzustellenden aktualisierten Wert abweicht. Zu vergleichen sind der zum Zeitpunkt der abzuändernden Entscheidung v Versorgungsträger mitgeteilte bzw ermittelte Wert des Ehezeitanteils der auszugleichenden Versorgung und der Wert, der sich ergibt, wenn der damals mit der Barwert-Verordnung dynamisierte Wert des Ehezeitanteils durch den damaligen aktuellen Rentenwert dividiert und mit dem heutigen aktuellen Rentenwert multipliziert wird.

Wesentlich ist der Wertunterschied, wenn diese beiden Beträge um 2 % der bei Antragstellung maßgeblichen monatlichen Bezugsgröße nach § 18 I SGB IV abweichen (Abs 3 S 3). Das entspricht dem auch nach Abs 2 maßgebenden Betrag. Der Betrag liegt 2014 bei 55,30 EUR.

Die Abänderung ist jedoch **ausgeschlossen,** wenn für das betroffene Anrecht nach einem Teilausgleich nach § 3 b I Nr 1 VAHRG aF (**Fälle des sog. Supersplittings**) noch Ausgleichsansprüche nach der Scheidung nach den §§ 20–26 VersAusglG geltend gemacht werden können. In diesen Fällen wird der zum Teil ausgeglichene Betrag nach § 53 VersAusglG entsprechend seiner tatsächlichen Entwicklung in der gesetzlichen Rentenversicherung angerechnet.

Zu beachten ist, dass eine Abänderung zulässig ist, wenn ein schuldrechtlich auszugleichender Rest nach einem anderen Ausgleich nach dem VAHRG (zB nach § 1 III VAHRG aF) verblieben ist (BT-Drucks 16/11903, 116). Das Gleiche gilt, wenn der Ausgleich durch Supersplitting erschöpfend war, also wenn nicht noch weitere Teile in den schuldrechtlichen Ausgleich verwiesen wurden.

c) Auch ohne wesentliche Wertveränderung ist die **Abänderung** dann zulässig, **wenn** sie dazu führt, dass eine **versorgungsrechtlich relevante Wartezeit erfüllt wird** (Abs 5 iVm § 225 IV FamFG). Sie ist jedoch nur zuzunehmen, wenn sie sich zugunsten eines Ehegatten oder seiner Hinterbliebenen auswirkt (Abs 5 iVm § 225 V FamFG). Dafür ist wiederum auf die Auswirkung bei dem jeweils betroffenen Anrecht abzustellen.

2. Die **Durchführung der Abänderung** richtet sich nach § 52 VersAusglG. Zu beachten ist, dass die Abänderung sich nur auf in den Ausgleich der Ausgangsentscheidung einbezogene Anrechte bezieht. Die nachträgliche Einbeziehung vergessener, verschwiegener oder übersehener Anrechte ist mit Hilfe des § 51 nicht möglich (BGH FamRZ 13, 1642).

§ 52 Durchführung einer Abänderung des öffentlich-rechtlichen Versorgungsausgleichs

(1) Für die Durchführung des Abänderungsverfahrens nach § 51 ist § 226 des Gesetzes über das Verfahren in Familiensachen und in den Angelegenheiten der freiwilligen Gerichtsbarkeit anzuwenden.

(2) Der Versorgungsträger berechnet in den Fällen des § 51 Abs. 2 den Ehezeitanteil zusätzlich als Rentenbetrag.

(3) Beiträge zur Begründung von Anrechten zugunsten der ausgleichsberechtigten Person sind unter Anrechnung der gewährten Leistungen zurückzuzahlen.

Die Norm regelt, **wie die Abänderung nach § 51 VersAusglG durchzuführen ist.** Sie verweist auf § 226 FamFG. Diese Norm regelt die Antragsberechtigung (§ 226 I FamFG), den frühesten zulässigen Zeitpunkt der Antragstellung (§ 226 II FamFG), die Anwendung der Härtefallbestimmung in § 27 VersAusglG (§ 226 III FamFG), den Zeitpunkt der Wirkung der Abänderung (§ 226 IV FamFG) sowie die Regelungen für den Fall, dass einer der Ehegatten während des Abänderungsverfahrens verstirbt (§ 226 V FamFG).

Der Versorgungsträger muss in den Fällen des § 51 II VersAusglG (Abänderung wegen Wertveränderungen) dem Gericht auch den Ehezeitanteil des abzuändernden Anrechts als Rentenbetrag mitteilen. Dieser ist nach den veränderten rechtlichen bzw. tatsächlichen Bedingungen, aber zum Stichtag Ehezeitende zu ermitteln. Nachehezeitliche Bestandteile, Karrieresprünge etc. sind also nicht zu berücksichtigen.

3 In den Fällen des § 51 III VersAusglG (Wertverzerrungen durch Dynamisierung) ist eine ergänzende Berechnung durch den Versorgungsträger dag nicht erforderlich, weil es in diesen Fällen nur auf den Vergleich des ursprünglichen mit dem aktualisierten Ehezeitanteil ankommt.

4 **Beiträge,** die zur Begründung v Anrechten zugunsten des Ausgleichsberechtigten gezahlt worden sind (zB Fälle des § 3 b I Nr 2 VAHRG), sind an den Ausgleichsberechtigten **zurückzuerstatten.** Anders als früher (vgl. § 10 a VIII VAHRG aF) ergibt sich diese Folge jetzt unmittelbar aus dem Gesetz, so dass es keiner gerichtlichen Anordnung hierzu bedarf.

§ 53 Bewertung eines Teilausgleichs bei Ausgleichsansprüchen nach der Scheidung

Ist bei Ausgleichsansprüchen nach der Scheidung gemäß den §§ 20 bis 26 ein bereits erfolgter Teilausgleich anzurechnen, so ist dessen Wert mithilfe der aktuellen Rentenwerte der gesetzlichen Rentenversicherung zu bestimmen.

1 Macht ein ehemaliger Ehegatte **Ausgleichsansprüche nach der Scheidung** geltend (§§ 20–26 VersAusglG), gilt für dieses Verfahren, wenn es nach Inkrafttreten des VersAusglG anhängig wird, das neue Recht (§ 48 I VersAusglG). Wurde nach altem Recht schon ein Teilausgleich durchgeführt, muss dieser Teilausgleich dann bei der Ermittlung des Ausgleichs berücksichtigt werden, damit es nicht zu einem Doppelausgleich kommt. Derartige Teilausgleiche kamen vor allem in den Fällen des „Supersplittings" nach § 3 b I Nr 1 VAHRG aF bei Betriebsrenten und bei hohen berufsständischen Versorgungen (vgl § 1587 b V aF, 1 III VAHRG aF) vor.

2 § 53 VersAusglG regelt, **welcher Wert** dabei zugrunde zu legen ist. Anzuwenden ist die sog. Rentenwert- oder Hochrechnungsmethode. Diese ist v der Rspr im Anschluss an eine Entscheidung des OLG Karlsruhe (FamRZ 00, 238) entwickelt worden (OLG Oldenburg FamRZ 01, 1528, 1531; OLG Celle FamRZ 02, 244, 246; OLG Saarbrücken FamRZ 03, 614, 615). Der zum Zeitpunkt der ursprünglichen Entscheidung mit der Barwert-Verordnung umgerechnete und öffentlich-rechtlich ausgeglichene Teil der Versorgung wird durch den aktuellen Rentenwert zum Ehezeitende dividiert und mit dem aktuellen Rentenwert zum Zeitpunkt der Entscheidung über die Ausgleichsansprüche nach der Scheidung multipliziert. Dies entspricht auch der in § 51 III VersAusglG angeordneten Methode der Aktualisierung.

§ 54 Weiter anwendbare Übergangsvorschriften des Ersten Gesetzes zur Reform des Ehe- und Familienrechts und des Gesetzes über weitere Maßnahmen auf dem Gebiet des Versorgungsausgleichs für Sachverhalte vor dem 1. Juli 1977

Artikel 12 Nr. 3 Satz 1, 4 und 5 des Ersten Gesetzes zur Reform des Ehe- und Familienrechts vom 14. Juni 1976 (BGBl. I S. 1421), das zuletzt durch Artikel 142 des Gesetzes vom 19. April 2006 (BGBl. I S. 866) geändert worden ist, und Artikel 4 § 4 des Gesetzes über weitere Maßnahmen auf dem Gebiet des Versorgungsausgleichs vom 8. Dezember 1986 (BGBl. I S. 2317), das zuletzt durch Artikel 143 des Gesetzes vom 19. April 2006 (BGBl. I S. 866) geändert worden ist, sind in der bis zum 31. August 2009 geltenden Fassung weiterhin anzuwenden.

1 Die Regelung bestimmt, dass die Übergangsvorschriften für Altfälle aus der Zeit vor dem Inkrafttreten des Ersten Gesetzes zur Reform des Ehe- und Familienrechts und des Gesetzes über weitere Maßnahmen auf dem Gebiet des Versorgungsausgleichs für Sachverhalte vor dem 1.7.77 weiterhin anzuwenden sind.

§§ 1587a-1587 p (aufgehoben)

Titel 8
Kirchliche Verpflichtungen

§ 1588

Die kirchlichen Verpflichtungen in Ansehung der Ehe werden durch die Vorschriften dieses Abschnitts nicht berührt.

Die (überflüssige) Norm stellt klar, dass das BGB nur die staatliche Ehe und ihre Wirkungen regelt, während es jeder Religionsgemeinschaft vorbehalten bleibt, eigene Regelungen für die religiöse Eheschließung und die sich daraus ergebenden Konsequenzen zu treffen. Diese Normen sind umgekehrt für die Beurteilung der staatlichen Ehe durch die staatlichen Gerichte irrelevant. 1

Abschnitt 2
Verwandtschaft

Vorbemerkung zu §§ 1589–1772

Verwandtschaft iSd zweiten Abschnitts umfasst neben der Blutsverwandtschaft (§ 1589) die durch Eheschließung vermittelte Schwägerschaft mit den Verwandten des Ehegatten (§ 1590) und die durch Annahme entstehende rein rechtliche Verwandtschaft (§§ 1741 ff). 1

Internationalprivatrechtlich richtet sich die Abstammung grds nach dem Recht des Staates, in dem das Kind seinen gewöhnlichen Aufenthalt hat (Art 19 I 1 EGBGB). Im Verhältnis zu den Eltern kann sie aber auch nach dem Recht des Staats bestimmt werden, dessen Staatsangehörigkeit der Elternteil besitzt (Art 19 I 2 EGBGB). Bei verheirateten oder ehemals verheirateten Eltern kommt außerdem eine Bestimmung nach dem Ehewirkungsstatut in Betracht (Art 19 I 3 EGBGB). Die Abstammung kann nach jedem Recht angefochten werden, aus dem sich ihre Voraussetzungen ergeben und nach dem Recht des Staates, in dem das Kind seinen gewöhnlichen Aufenthalt hat (Art 20 EGBGB). Zur internationalprivatrechtlichen Beurteilung der Annahme s Vor §§ 1741–1772 Rn 3. Vgl im Übrigen die Erläuterungen zu Art 19–23 EGBGB. 2

Titel 1
Allgemeine Vorschriften

§ 1589 Verwandtschaft

(1) ¹Personen, deren eine von der anderen abstammt, sind in gerader Linie verwandt. ²Personen, die nicht in gerader Linie verwandt sind, aber von derselben dritten Person abstammen, sind in der Seitenlinie verwandt. ³Der Grad der Verwandtschaft bestimmt sich nach der Zahl der sie vermittelnden Geburten.
(2) *(weggefallen)*

Die Norm enthält die Grundregel für die **Bestimmung der Verwandtschaft** aufgrund natürlicher Abstammung (zur Verwandtschaft aufgrund einer Annahme s §§ 1741 ff). Unterschieden wird zwischen der Verwandtschaft in gerader Linie und der Verwandtschaft in der Seitenlinie. In gerader Linie verwandt sind Personen, die voneinander abstammen (S 1), also Eltern und Kinder, Großeltern und Enkel, Urgroßeltern und Urgroßenkel usw. In der Seitenlinie verwandt sind alle Personen, die zwar nicht voneinander abstammen, die aber v derselben dritten Person abstammen (S 2), also Geschwister, Cousins und Cousinen, Neffe/Nichte und Tante/Onkel usw. Der Grad der Verwandtschaft bestimmt sich nach der Zahl der sie vermittelnden Geburten (S 3). Eltern 1 sind daher mit ihren Kindern im ersten Grad verwandt (zwischen ihnen liegt nur die Geburt des Kindes), Enkel mit Großeltern im zweiten Grad (zwischen ihnen liegt die Geburt des betreffenden Elternteils und die Geburt des Enkels), Geschwister ebenfalls im zweiten Grad (zwischen ihnen liegen ihre Geburten; die Geburt des „vermittelnden" Verwandten in gerader Linie wird nicht mitgezählt).

2 Für die Verwandtschaft **außerehelich geborener Kinder** mit ihren Vätern gelten keine Besonderheiten mehr. Seit dem Inkrafttreten des NichtehelichenG ist Abs 2 aF beseitigt, der vorsah, dass eine Verwandtschaft zwischen dem unehelichen Kind und dem Erzeuger nicht bestand. Das KindschaftsrechtsreformG und das UnterhaltsrechtsreformG haben dann mit Wirkung v 1.7.98 auch die letzten Unterschiede zwischen ehelichen und nichtehelichen Kindern beseitigt.

3 Die wichtigsten **Wirkungen der Verwandtschaft** sind die Unterhaltsverpflichtung v Verwandten gerader Linie (§§ 1601 ff), das elterliche Sorgerecht (§§ 1626 ff), das auf Verwandtschaft beruhende gesetzliche Erbrecht (§§ 1924 ff) und das darauf aufbauende Pflichtteilsrecht bestimmter Verwandter (§§ 2303 ff). Privilegien für Verwandte bestehen im Vormundschafts- und Betreuungsrecht (§§ 1776, 1779 II 3, 1899, 1900), wo sich auch Anhörungsrechte bei gerichtlichen Entscheidungen über Verwandte (§§ 1847, 1862 I 2, 1897, 1915) finden. Bestimmten Verwandten steht in gerichtlichen Verfahren ein Zeugnisverweigerungsrecht zu (vgl § 383 Nr 3 ZPO, § 52 Nr 3 StPO). Im Strafrecht wirken verwandtschaftliche Beziehungen zwischen Täter und Opfer teilweise strafbegründend (zB § 173 StGB) oder -schärfend, teilweise aber auch privilegierend (zB §§ 180 I 2, 247 StGB). Für Ehen zwischen bestimmten Verwandten bestehen Eheverbote (§ 1307). Bestimmte Verwandte sind an der Mitwirkung in gerichtlichen Verfahren über ihre Verwandten ausgeschlossen (zB § 41 Nr 3 ZPO, § 22 Nr 3 StPO).

§ 1590 Schwägerschaft

(1) ¹Die Verwandten eines Ehegatten sind mit dem anderen Ehegatten verschwägert. ²Die Linie und der Grad der Schwägerschaft bestimmen sich nach der Linie und dem Grade der sie vermittelnden Verwandtschaft.
(2) Die Schwägerschaft dauert fort, auch wenn die Ehe, durch die sie begründet wurde, aufgelöst ist.

1 Die Vorschrift regelt parallel zur Verwandtschaft die Schwägerschaft. Sie bestimmt, dass ein Ehegatte **mit den Verwandten seines Ehegatten verschwägert** ist. Schwägerschaft besteht also zu allen Personen, zu denen der Ehegatte während der Ehe in einer verwandtschaftlichen Beziehung steht. Verschwägert ist man daher auch mit den nicht gemeinschaftlichen Kindern des Ehegatten, die vor oder in der Ehe geboren sind, auch wenn es sich dabei um Ehebruchskinder handelt, nicht aber mit Kindern aus einer v Ehegatten nach der Scheidung geschlossenen neuen Ehe. Keine Schwägerschaft besteht auch unter den Eheleuten selbst sowie mit den Ehegatten der Verwandten des Ehegatten (sog Schwippschwager). Seit dem Inkrafttreten des Lebenspartnerschaftsgesetzes (Vor §§ 1297–1588 Rn 11 ff) gilt auch der **Lebenspartner** mit den Verwandten seines Lebenspartners als verschwägert (§ 11 II 1 LPartG). Das leibliche oder angenommene Kind eines Lebenspartners ist deswegen (solange keine Stiefkindadoption stattgefunden hat) mit dem anderen Lebenspartner nicht verwandt, sondern nur verschwägert. Für die Bestimmung des Grades und der Linie der Schwägerschaft und die Fortdauer des Verhältnisses über die Beendigung der Lebenspartnerschaft hinaus gelten Abs 1 S 2 und Abs 2 entsprechende Regeln (§ 11 II 2 und 3 LPartG).

2 Der **Grad der Schwägerschaft** wird durch den Grad der sie vermittelnden Verwandtschaft bestimmt. Verwandte zweiten Grades (zB Geschwister) sind also mit dem Ehegatten der Verwandten im zweiten Grad verschwägert. Schwäger ersten Grades sind die Schwiegereltern und die Kinder des Ehegatten.

3 Die Schwägerschaft hat geringere **Rechtswirkungen** als die Verwandtschaft; vor allem begründet sie Aussageverweigerungsrechte (§ 383 Nr 3 ZPO, § 52 Nr 3 StPO). Das

Eheverbot der Schwägerschaft ist dag durch das EheschließungsrechtsG v 4.5.98 (BGBl I 833) beseitigt worden.
Die Schwägerschaft wird durch das **Ende** der sie vermittelnden Ehe nicht berührt. 4

Titel 2
Abstammung

§ 1591 Mutterschaft

Mutter eines Kindes ist die Frau, die es geboren hat.

Die Vorschrift durchbricht das v historischen Gesetzgeber für die Mutter als selbstverständlich angesehene Prinzip, dass Abstammung immer genetische Abstammung ist. Die moderne Reproduktionsmedizin erlaubt heute, dass eine Frau ein Kind austrägt, das genetisch nicht v ihr abstammt (Fall der Austragung einer fremden Eizelle durch eine an sich unfruchtbare Frau, sog Eispende, oder Austragung des Eis einer (gebärunfähigen) Frau, sog Leihmutterschaft). Der Gesetzgeber des KindschaftsrechtsreformG hat sich dafür entschieden, nur der gebärenden Frau die Mutterschaft zuzusprechen und eine Korrektur nicht zuzulassen. Eine gespaltene Mutterschaft sollte auf jeden Fall verhindert werden. Die Entscheidung für die austragende Frau beruhte auf der Annahme, dass diese in der Schwangerschaft eine große emotionale Bindung zu dem ungeborenen Kind aufbaut. Der Staat wollte nicht an der Zerstörung dieser Bindung mitwirken. Im Übrigen bewirkt die Regelung, dass Leihmutterschaften unattraktiver werden, weil die gewünschte Folge, Mutter zu werden, nur schwieriger erreicht werden kann. Leihmutterschaften sind zwar verboten (§ 1 I 1 EmbrSchG, §§ 13 c f AdVermG), es ist aber nicht auszuschließen, dass Frauen derartige Behandlungen im Ausland vornehmen lassen. Flankierend zur Regelung des § 1591 wurde auch die Annahme des in Leihmutterschaft geborenen Kinds erschwert (§ 1741 I 2): Die Annahme des Kindes muss zu dessen Wohl erforderlich sein, während es sonst reicht, dass das Wohl des Kindes der Annahme nicht entgegensteht. 1

§ 1592 Vaterschaft

Vater eines Kindes ist der Mann,
1. **der zum Zeitpunkt der Geburt mit der Mutter des Kindes verheiratet ist,**
2. **der die Vaterschaft anerkannt hat oder**
3. **dessen Vaterschaft nach § 1600 d oder § 182 Abs. 1 des Gesetzes über das Verfahren in Familiensachen und in den Angelegenheiten der freiwilligen Gerichtsbarkeit gerichtlich festgestellt ist.**

I. Die Norm enthält die **Entsprechung zu § 1591 für die Vaterschaft.** Ihr Inhalt entspricht im Wesentlichen den vor Inkrafttreten des KindschaftsrechtsreformG in §§ 1591, 1600 a aF enthaltenen Gedanken; denn sie ordnet an, dass die Vaterschaft nicht automatisch aus der genetischen Abstammung folgt, sondern voraussetzt, dass der Erzeuger mit der Mutter des Kindes (§ 1591) verheiratet ist, die Vaterschaft anerkannt hat oder als Vater gerichtlich festgestellt worden ist. Die inzidente Feststellung der Vaterschaft ist damit ausgeschlossen. Nur ausnahmsweise, zB im Verfahren zur Erlangung einstweiligen Unterhalts bis zur Vaterschaftsfeststellung (§ 237 FamFG) oder im Regressprozess zwischen dem Scheinvater und dem v ihm vermuteten Erzeuger des Kindes (vgl OLG Hamm FamFR 13, 395) dürfen aus einer (vermuteten) Abstammung rechtliche Konsequenzen abgeleitet werden. 1

II. **Vater ist der Mann, 1. der zum Zeitpunkt der Geburt mit der Mutter des Kindes verheiratet** ist (Nr 1). Das entspricht der früheren Rechtslage (§ 1591 aF). Im Unterschied zu dieser ist aber nicht mehr der Fall erfasst, dass das Kind bereits vor dem Ende der Ehe gezeugt, aber erst danach geboren wird. Die frühere Regelung hatte zu einer Vielzahl v Anfechtungsverfahren geführt, weil die nach einer Scheidung geborenen 2

Kinder wegen der dieser vorausgehenden Trennungsphase oft nicht mehr v Ehemann der alten Ehe, sondern bereits v einem neuen Partner stammen. Die nun geltende Regelung würde an sich auch dazu führen, dass bei Tod des Ehemanns zwischen Zeugung und Geburt des Kindes eine Vaterschaftsfeststellung nach Nr 3 stattfinden müsste. Das wäre Mutter und Kind unzumutbar. § 1593 S 1 ordnet daher an, dass Nr 1 entsprechend gilt, wenn die Ehe durch Tod aufgelöst wurde und innerhalb v dreihundert Tagen nach dem Tod ein Kind geboren wird (zu längeren Zeiten s § 1593 S 2). Zur Beseitigung der Vaterschaft nach Nr 1 s §§ 1598–1600 c.

3 Vater ist auch, wer die **Vaterschaft anerkannt** hat (Nr 2). Die Anerkennung ist in §§ 1594–1598 geregelt. Die Anerkennungswirkung kann durch Anfechtung der Vaterschaft wieder beseitigt werden (Einzelheiten: §§ 1598–1600 c). Da es in den vergangenen Jahren wegen der günstigen ausländerrechtlichen Bestimmungen zugunsten v Vätern eines oder einer Deutschen (vgl BVerfG FamRZ 06, 187: keine Ausweisung des Vaters eines Deutschen) immer häufiger zu Scheinvaterschaftsanerkennungen gekommen war, wurde 2008, ein behördliches Vaterschaftsanfechtungsrecht eingeführt (vgl § 1600 I Nr 5). Dieses ist allerdings v BVerfG wegen Verstoßes gegen Art 16 GG für verfassungswidrig erklärt worden (BVerfG v 17.12.13 – 1 BvL 6/10), weil es beim Kind zur Entziehung der Staatsangehörigkeit führen kann.

4 Schließlich ist Vater der Mann, dessen Vaterschaft **gerichtlich festgestellt** wurde (Nr 3). Das ist erforderlich, wenn der Erzeuger nicht klar und/oder nicht bereit ist, seine Vaterschaft anzuerkennen. Die Einzelheiten richten sich nach §§ 1600 d f.

§ 1593 Vaterschaft bei Auflösung der Ehe durch Tod

¹§ 1592 Nr. 1 gilt entsprechend, wenn die Ehe durch Tod aufgelöst wurde und innerhalb von 300 Tagen nach der Auflösung ein Kind geboren wird. ²Steht fest, dass das Kind mehr als 300 Tage vor seiner Geburt empfangen wurde, so ist dieser Zeitraum maßgebend. ³Wird von einer Frau, die eine weitere Ehe geschlossen hat, ein Kind geboren, das sowohl nach den Sätzen 1 und 2 Kind des früheren Ehemanns als auch nach § 1592 Nr. 1 Kind des neuen Ehemanns wäre, so ist es nur als Kind des neuen Ehemanns anzusehen. ⁴Wird die Vaterschaft angefochten und wird rechtskräftig festgestellt, dass der neue Ehemann nicht Vater des Kindes ist, so ist es Kind des früheren Ehemanns.

1 I. Die Vorschrift **ergänzt § 1592** um die Regelung einiger Sonderfälle, die sich mithilfe v § 1592 allein nicht befriedigend lösen lassen. Es finden sich Sonderregelungen für den Fall der Auflösung der Ehe durch den Tod des Ehemanns zwischen der Zeugung und der Geburt des Kindes. Abs 2 der durch das KindschaftsrechtsreformG eingeführten Norm wurde bereits durch das EheschließungsrechtsG wieder aufgehoben.

2 II. Die Norm regelt die Vaterschaft in zwei Fällen: Wird die **Ehe durch den Tod des Ehemannes vor der Geburt des Kindes aufgelöst** und hat die Mutter vor der Geburt nicht wieder geheiratet, dann kann die Vaterschaft nach § 1592 Nr 1 nicht mehr eintreten, weil diese Norm voraussetzt, dass im Zeitpunkt der Geburt des Kindes eine Ehe besteht. An sich müsste daher eine Vaterschaftsfeststellung nach § 1592 Nr 3 stattfinden, weil auch eine Vaterschaftsanerkennung naturgemäß nicht mehr möglich wäre. Das wäre sowohl dem Kind als auch der Mutter unzumutbar, weil die Interessenlage, die sonst zum Ausschluss der nachehelichen Geburten aus dem Anwendungsbereich des § 1592 Nr 1 führt (Wahrscheinlichkeit der Zuwendung zu einem neuen Partner), typischerweise nicht gegeben ist. S 1 ordnet daher an, dass § 1592 Nr 1 entsprechend gilt, wenn die Ehe durch Tod aufgelöst wurde und innerhalb v dreihundert Tagen nach der Auflösung ein Kind geboren wird. Das Kind gilt als Kind des Ehemanns der Mutter. Eine Korrektur kommt nur durch eine Vaterschaftsanfechtung in Betracht (BGH FuR 13, 292). Die Herabsetzung der Empfängniszeit gegenüber der früheren Rechtslage (302 Tage) beruht auf einer Vereinheitlichung im europäischen Rahmen. Sie hat keine Auswirkungen; denn, abgesehen davon, dass Überschreitungen der Dreihunderttagesfrist nur selten vorkommen, lässt Satz 2 die Berücksichtigung einer längeren Emp-

fängniszeit zu. Die Regelung entspricht § 1592 II aF Die Empfängniszeit muss in diesem Fall konkret nachgewiesen werden. Bei Unklarheiten bleibt es dabei, dass der Verstorbene nicht Vater des Kindes ist.

Ist die Ehe durch den **Tod des Ehemannes vor der Geburt des Kindes** aufgelöst worden, hat die Mutter aber vor dieser erneut geheiratet, ergibt sich aus der Regelung v S 1 das Folgeproblem, dass das Kind nach § 1592 Nr 1 als Kind des neuen Ehemanns, nach S 1 aber als Kind des alten Ehemannes anzusehen ist. S 3 löst das Kollisionsproblem dahin auf, dass das Kind nur als Kind des neuen Ehemanns anzusehen ist, weil nach der Lebenserfahrung davon auszugehen ist, dass seine Vaterschaft wahrscheinlich ist. Nur wenn die Vaterschaft v diesem erfolgreich angefochten worden ist, ist das Kind des verstorbenen ersten Ehemanns (S 4). Die Regelung entspricht dem bis zum 1.7.98 geltenden § 1600 I, II aF. 3

§ 1594 Anerkennung der Vaterschaft

(1) Die Rechtswirkungen der Anerkennung können, soweit sich nicht aus dem Gesetz anderes ergibt, erst von dem Zeitpunkt an geltend gemacht werden, zu dem die Anerkennung wirksam wird.
(2) Eine Anerkennung der Vaterschaft ist nicht wirksam, solange die Vaterschaft eines anderen Mannes besteht.
(3) Eine Anerkennung unter einer Bedingung oder Zeitbestimmung ist unwirksam.
(4) Die Anerkennung ist schon vor der Geburt des Kindes zulässig.

I. Die Vorschrift regelt die **Voraussetzungen und Wirkungen der Anerkennungserklärung** eines Mannes, dh der Erklärung, durch die jemand, der nicht schon Vater nach § 1592 Nr 1 ist, Vater eines Kindes wird. Die einzelnen Regelungen entsprechen denjenigen, die vor dem Inkrafttreten des KindschaftsrechtsreformG für die Anerkennung des nichtehelichen Vaters galten. Abs 1 entspricht § 1600 a, 2 aF, Abs 2 § 1600 b III aF, Abs 3 § 1600 b I aF und Abs 4 § 1600 b II aF. 1

II. 1. Die Anerkennung kann schon vor der Geburt des Kindes erfolgen (Abs 4), aber auch danach. Das gilt auch für die erforderlichen Zustimmungserklärungen (§ 1595). Ist die Anerkennung bereits vor der Geburt erfolgt, stirbt dann aber das Kind ab oder wird tot geboren, erledigt sich die Anerkennung ohne weiteres (bis auf die unterhaltsrechtlichen Wirkungen nach § 1615 l). Eines Widerrufs oder einer formellen Aufhebung der Erklärung bedarf es nicht. Auch nach dem Tod des Kindes kann aber anerkannt werden, wenn dieses lebend geboren wurde (BayObLG FamRZ 01, 1543). In diesem Fall hat die Anerkennung nur keine namensrechtlichen Wirkungen. 2

Die Anerkennung kann **nicht unter einer Bedingung oder Zeitbestimmung** erfolgen. Enthält sie eine solche Bestimmung, ist sie unwirksam (Abs 3). Mit der statusgestaltenden Wirkung der Anerkennung wäre es nicht zu vereinbaren, wenn Unsicherheiten über ihre Wirksamkeit bestünden. Wie nach früherem Recht (BGHZ 99, 236) kommt aber eine Anerkennung unter der Bedingung der wirksamen Anfechtung der Vaterschaft in Betracht; denn nur so kann verhindert werden, dass nach einer Vaterschaftsanfechtung zunächst ein „vaterloser" Zustand eintritt. Abs 2 bestimmt zwar nunmehr für alle Fälle der Vaterschaft, dass die Anerkennung nicht wirksam ist, solange die Vaterschaft eines anderen Mannes besteht. Damit ist aber nicht gemeint, dass eine während dieser Zeit abgegebene Erklärung unheilbar nichtig ist. Die Erklärung ist nur während des Bestehens der Vaterschaft des anderen Mannes schwebend unwirksam. Mit dem Wegfall der Vaterschaft wird sie voll wirksam. 3

Zur Anerkennung durch **nicht oder beschränkt Geschäftsfähige** s § 1596. 4

2. **Die Wirkungen** der Anerkennung können grds erst v dem **Zeitpunkt** an geltend gemacht werden, zu dem die Anerkennung wirksam wird (Abs 1). Niemand kann sich daher auf seine genetische Vaterschaft berufen, der nicht Vater nach § 1592 Nr 1 ist, bevor seine Anerkennung wirksam geworden ist (oder seine Vaterschaft festgestellt ist, § 1600 d IV). Inzidentfeststellungen der Vaterschaft in anderen Verfahren sind auch weiterhin nicht möglich. Umgekehrt kann ein Mann grds nicht wegen seiner Vater- 5

schaft in Anspruch genommen werden, solange die Anerkennung (oder die gerichtliche Feststellung) nicht wirksam ist. Daher können Kind und Mutter erst v dem Wirksamwerden der Anerkennung an v Vater (endgültig) Unterhalt verlangen. Auch der Scheinvaterregress ist grds erst ab diesem Zeitpunkt möglich (zu einem Ausnahmefall vgl BGH FamRZ 09, 32; OLG Hamm FamFR 13, 395). Die einzige Durchbrechung dieses Prinzips enthält § 237 FamFG (entsprechend § 1615 o aF), der die Inanspruchnahme auf Unterhalt für Kind und Mutter im Wege einstweiliger Anordnung zulässt, auch ohne dass die Vaterschaft anerkannt oder festgestellt zu sein braucht.

§ 1595 Zustimmungsbedürftigkeit der Anerkennung

(1) Die Anerkennung bedarf der Zustimmung der Mutter.
(2) Die Anerkennung bedarf auch der Zustimmung des Kindes, wenn der Mutter insoweit die elterliche Sorge nicht zusteht.
(3) Für die Zustimmung gilt § 1594 Abs. 3 und 4 entsprechend.

1 I. Die Norm bindet in Abweichung v dem vor dem 1.7.98 geltenden Recht (vgl § 1600 c aF) die Anerkennung der Vaterschaft grds an die **Zustimmung der Mutter** und stärkt so deren Stellung im Abstammungsrecht. Die Ersetzung der Zustimmung der Mutter ist nicht vorgesehen. Bei Verweigerung der Zustimmung muss daher eine Klage auf Feststellung der Vaterschaft erhoben werden. Die Zustimmung des Kindes ist dag für die Vaterschaftsanerkennung grds nicht erforderlich. Das Kind wird v der Mutter vertreten, solange keine Sorgeerklärung nicht vorliegt (§ 1626 a II). Ein Zustimmungserfordernis in Bezug auf das Kind hätte bedeutet, dass die Mutter zwei Erklärungen (einmal für sich und einmal für das Kind) hätte abgeben müssen. Das wäre überflüssiger Formalismus gewesen. Die Zustimmung des Kindes ist daher nur dann notwendig, wenn die Mutter nicht Inhaberin der elterlichen Sorge ist (Abs 2). Zur Zustimmung des zur Zeit der Geburt mit der Mutter verheirateten Mannes s § 1599 II.

2 II. 1. Der Anerkennung müssen zustimmen: a) die **Mutter** des Kindes. Diese ist in erster Linie für ihr Kind verantwortlich und vertritt es nach außen hin. Sie weiß idR am besten, wer als Vater ihres Kindes in Betracht kommt. Der genetische Vater hat keinen Anspruch auf Zustimmung zum Vaterschaftsanerkenntnis. Weigert sich die Mutter zuzustimmen, muss er Vaterschaftsfeststellungsklage gegen das Kind erheben.

3 b) Ausnahmsweise muss das **Kind** der Vaterschaftsanerkennung zustimmen, wenn die Mutter insoweit keine elterliche Sorge hat (Abs 2). Hauptfall ist der, dass das Kind bereits volljährig ist. Es kann dann nur selbst zustimmen. Ebenfalls hierher gehört der Fall, dass der Mutter die Sorge ganz oder teilweise entzogen ist oder ruht und ein Vormund oder Pfleger bestellt ist. In diesem Fall vertritt der Vormund oder Pfleger das Kind bei der Zustimmungserklärung. Stimmt das Kind nicht zu, kommt eine Vaterschaft kraft Anerkennung nicht in Betracht. Der potentielle Vater muss vielmehr ein gerichtliches Feststellungsverfahren gegen das Kind betreiben.

4 2. Die **Zustimmungserklärung** ist bedingungs- und befristungsfeindlich (Abs 3 iVm § 1594 III). Sie kann auch schon vor der Geburt des Kindes abgegeben werden (Abs 3 iVm § 1594 IV). Zur Zustimmung durch nicht oder beschränkt Geschäftsfähige s § 1596.

§ 1596 Anerkennung und Zustimmung bei fehlender oder beschränkter Geschäftsfähigkeit

(1) [1]Wer in der Geschäftsfähigkeit beschränkt ist, kann nur selbst anerkennen. [2]Die Zustimmung des gesetzlichen Vertreters ist erforderlich. [3]Für einen Geschäftsunfähigen kann der gesetzliche Vertreter mit Genehmigung des Familiengerichts anerkennen; ist der gesetzliche Vertreter ein Betreuer, ist die Genehmigung des Betreuungsgerichts erforderlich. [4]Für die Zustimmung der Mutter gelten die Sätze 1 bis 3 entsprechend.
(2) [1]Für ein Kind, das geschäftsunfähig oder noch nicht 14 Jahre alt ist, kann nur der gesetzliche Vertreter der Anerkennung zustimmen. [2]Im Übrigen kann ein Kind, das in

der Geschäftsfähigkeit beschränkt ist, nur selbst zustimmen; es bedarf hierzu der Zustimmung des gesetzlichen Vertreters.
(3) Ein geschäftsfähiger Betreuter kann nur selbst anerkennen oder zustimmen; § 1903 bleibt unberührt.
(4) Anerkennung und Zustimmung können nicht durch einen Bevollmächtigten erklärt werden.

I. Die Vorschrift enthält Regelungen für den Fall, dass der Anerkennende oder der der Anerkennung Zustimmende **beschränkt oder nicht geschäftsfähig** ist. Abs 1 S 1–2 entsprechen nach der Novellierung durch das Gesetz zur weiteren Verbesserung v Kinderrechten nun vollkomen § 1600 d aF. Abs 1 S 3 erstreckt die Regelung dann auf die Zustimmung der Mutter. Abs 2–4 entsprechen § 1600 d II–IV aF vor Inkrafttreten des KindschaftsrechtsreformG. 1

II. Anerkennung und Zustimmung zu einer Anerkennung sind höchstpersönliche Rechtsgeschäfte. Sie können daher **nicht durch** einen rechtsgeschäftlich bestellten **Vertreter** erfolgen (Abs 4). 2

Die Anerkennung oder Zustimmung durch einen **Geschäftsunfähigen** ist nicht zulässig. Für ihn handelt sein gesetzlicher Vertreter mit Zustimmung des Familien- (bei Minderjährigen) bzw Betreuungsgerichts (bei Erwachsenen). Handelt es sich bei dem Geschäftsunfähigen, dessen Zustimmung erforderlich ist, um ein Kind, handelt der gesetzliche Vertreter. Nach dem Wegfall des Zustimmungserfordernisses hinsichtlich des Kindes, sind derartige Fälle selten. Sie kommen nur vor, wenn die Mutter selbst noch minderjährig und geschäftsunfähig ist (§ 104 Nr 2) oder wenn ausnahmsweise das Kind der Anerkennung zustimmen muss (§ 1595 II). Muss der gesetzliche Vertreter eines Kindes zustimmen, entfällt die gerichtliche Genehmigung. Die Lücke, die im Gesetz dadurch entstanden war, dass für das Zustimmungserfordernis auf Seiten der Mutter keine Möglichkeit der Ersetzung der Zustimmung vorgesehen war, so dass das Kind einer geschäftsunfähigen Mutter nicht anerkannt werden konnte, wurde durch das G zur weiteren Verbesserung v Kinderrechten v 9.4.02 (BGBl I 1239) beseitigt. Zustimmen kann nun der gesetzliche Vertreter der Mutter mit Genehmigung des Familien- bzw Betreuungsgerichts. 3

Ein beschränkt Geschäftsfähiger kann die Vaterschaft nur selbst anerkennen. Er braucht hierzu die (ebenfalls persönlich zu erklärende) Zustimmung seines gesetzlichen Vertreters (Abs 1 S 1). Die Zustimmung zu einer Anerkennung kann ein beschränkt geschäftsfähiges Kind, das sein 14. Lebensjahr vollendet hat, nur selbst geben. Es braucht dazu die Zustimmung seines gesetzlichen Vertreters (Abs 2 S 2). Ist die elterliche Sorge unterschiedlichen Personen übertragen, müssen alle Träger des Sorgerechts zustimmen, deren Aufgabengebiet berührt ist. Bei einer Aufspaltung in Personensorge einerseits und Vermögenssorge andererseits sind das beide, weil die Anerkennung auch wegen des Unterhaltsanspruchs auch die Vermögenssorge betrifft. Ist das Kind zwar beschränkt geschäftsfähig, aber jünger als 14 Jahre, wird es so behandelt, als sei es noch geschäftsunfähig. Das bedeutet, dass die Zustimmung v dem gesetzlichen Vertreter erteilt wird (Abs 2 S 1). Dieser bedarf dazu nicht der gerichtlichen Genehmigung. 4

Ein Betreuer, der nicht geschäftsunfähig ist, kann die Anerkennung nur selbst erklären oder einer Anerkennung zustimmen (Abs 3 S 1). Anders ist es nur, sofern gerade für diesen Bereich ein Einwilligungsvorbehalt angeordnet ist (Abs 3 S 2). Dann muss der Betreuer der Anerkennung oder Zustimmung zustimmen. Ist der Betreute geschäftsunfähig, gilt das in Rn 3 Gesagte. 5

Eine **Frist** besteht für die Abgabe der Zustimmungserklärungen (anders als nach früherem Recht, § 1600 e III 1 aF) nicht mehr. Der Anerkennende hat allerdings die Möglichkeit, die Anerkennung zu widerrufen, wenn sie wegen Fehlens der Erklärungen nicht binnen eines Jahres wirksam geworden ist (§ 1597 III). 6

§ 1597 Formerfordernisse; Widerruf

(1) Anerkennung und Zustimmung müssen öffentlich beurkundet werden.
(2) Beglaubigte Abschriften der Anerkennung und aller Erklärungen, die für die Wirksamkeit der Anerkennung bedeutsam sind, sind dem Vater, der Mutter und dem Kind sowie dem Standesamt zu übersenden.
(3) ¹Der Mann kann die Anerkennung widerrufen, wenn sie ein Jahr nach der Beurkundung noch nicht wirksam geworden ist. ²Für den Widerruf gelten die Absätze 1 und 2 sowie § 1594 Abs. 3 und § 1596 Abs. 1, 3 und 4 entsprechend.

1 I. Die Vorschrift regelt neben dem **Formerfordernis** für die Anerkennung und die Zustimmungserklärungen auch (Abs 1), in welcher Weise die Betroffenen v der Anerkennung in Kenntnis zu setzen sind (Abs 2). Schließlich ermöglicht sie dem Mann den Widerruf seiner Anerkennung, wenn v dieser nicht binnen eines Jahres nach ihrer Abgabe Gebrauch gemacht worden ist (Abs 3).

2 II. Die Anerkennung und die Zustimmung dazu müssen **öffentlich beurkundet** werden (Abs 1). Gegenüber der vor dem Inkrafttreten des KindschaftsrechtsreformG geltenden Rechtslage ist das eine Verschärfung insofern, als früher die Zustimmung des gesetzlichen Vertreters nur in öffentlich beglaubigter Form abgegeben werden musste (§ 1600 e I 2 aF). Der Gesetzgeber hat wegen der großen materiellrechtlichen Bedeutung der Zustimmungserklärungen die Verschärfung des Formgebots für angemessen erachtet. Die Beurkundung kann durch einen Notar (§ 20 BNotO), das Amtsgericht (§ 62 Nr 1 BeurkG, § 3 Nr 1 RPflG), das Standesamt (§ 44 I PStG, § 58 BeurkG), den Urkundsbeamten beim Jugendamt (§ 59 I 1 Nr 1 SGB VIII, § 59 BeurkG) oder das Gericht erfolgen, bei dem die Vaterschaftsklage anhängig ist (§ 180 FamFG).

3 Von der Anerkennung und allen Erklärungen, die für die Wirksamkeit der Anerkennung bedeutsam sind, also den Zustimmungserklärungen nach §§ 1595, 1596, sind **beglaubigte Abschriften** an den Vater, die Mutter, das Kind und das Standesamt zu senden (Abs 2). Alle Beteiligten sollen einen Überblick darüber erhalten, ob und wann eine wirksame Anerkennung abgegeben wurde. Deswegen sind jedem Genannten alle Erklärungen in Abschrift zu übersenden, auch diejenigen, die er selbst abgegeben hat.

4 Der Anerkennende kann seine **Anerkennung widerrufen,** wenn sie nach einem Jahr nach Abgabe der Erklärung noch nicht wirksam geworden ist (Abs 3). Der Hauptanwendungsfall dafür ist der, dass die Zustimmungserklärungen nach §§ 1595, 1596 nicht rechtzeitig abgegeben werden. Das kommt besonders in Fällen mit Auslandsberührung in Betracht. Für die Zustimmungserklärungen besteht anders als nach früherem Recht keine Frist mehr. Die Widerrufsmöglichkeit nach Ablauf eines Jahres kompensiert mögliche Unzuträglichkeiten, die sich für den Mann aus der Verzögerung ergeben können. Macht er v dem Widerrufsrecht keinen Gebrauch, bewirkt auch eine nach mehr als einem Jahr wirksam werdende Zustimmungserklärung das Wirksamwerden der Anerkennung. Hat er dag wegen Überschreitung der Jahresfrist die Anerkennung widerrufen, geht eine verspätet eintreffende Zustimmung ins Leere. Sie wird nur dann relevant, wenn der Mann erneut eine Anerkennung erklärt. Unterlässt er das, bleibt nur die Möglichkeit der Vaterschaftsfeststellung nach § 1600 d.

§ 1598 Unwirksamkeit von Anerkennung, Zustimmung und Widerruf

(1) Anerkennung, Zustimmung und Widerruf sind nur unwirksam, wenn sie den Erfordernissen der vorstehenden Vorschriften nicht genügen.
(2) Sind seit der Eintragung in ein deutsches Personenstandsregister fünf Jahre verstrichen, so ist die Anerkennung wirksam, auch wenn sie den Erfordernissen der vorstehenden Vorschriften nicht genügt.

1 I. Die Norm soll die Funktion der Anerkennung **absichern,** den Status des Kindes mit Wirkung gegenüber jedermann zu verändern. Mit dieser Funktion wäre es nicht vereinbar, wenn gegen die Wirksamkeit der Anerkennung beliebige Einwendungen geltend gemacht werden können. Abs 1 beschränkt daher die Unwirksamkeitsgründe auf das

Fehlen der in §§ 1594–1597 genannten Voraussetzungen. Außerdem stärkt Abs 2 aber die Rechtssicherheit dadurch, dass er anordnet, dass eine Anerkennung, die nicht diesen Voraussetzungen entspricht, gleichwohl wirksam ist, wenn sie seit 5 Jahren in einem deutschen Personenstandsbuch eingetragen ist.

II. Eine Anerkennung ist **nur unwirksam, wenn** sie den Anforderungen der §§ 1594– 1597 nicht genügt (Abs 1). Das bedeutet, dass nicht die Vaterschaft eines anderen Mannes besteht, dass weder sie noch die Zustimmungserklärungen unter einer Bedingung oder Zeitbestimmung abgegeben sein dürfen, dass sie und die Zustimmungserklärungen nicht durch bestellte Vertreter erfolgt sind (§ 1596 IV), dass die erforderlichen Zustimmungserklärungen (§§ 1595, 1599 II) vorliegen müssen, dass wenn der Anerkennende oder Zustimmende ihre Erklärungen wegen des Fehlens der vollen Geschäftsfähigkeit nicht selbst oder nicht allein abgeben können, in der erforderlichen Art und Weise vertreten sein müssen bzw die Zustimmung ihres gesetzlichen Vertreters erhalten haben müssen (§ 1596 I–III), dass die erforderliche Form eingehalten sein muss (§ 1597 I) und dass sie nicht wegen Überschreitens der Jahresfrist widerrufen sein darf (§ 1597 III). Über den Wortlaut v Abs 1 hinaus ist die Anerkennung außerdem unwirksam, wenn die Vaterschaft wegen Unrichtigkeit der Anerkennung angefochten wurde und damit die Nichtvaterschaft des Anerkennenden rechtskräftig feststeht (vgl § 1599 I). 2

Trotz Vorliegens eines **Mangels** iSd Abs 1 wird eine Anerkennung **wirksam,** wenn seit der Eintragung der Vaterschaft in ein deutsches Personenstandsregister 5 Jahre vergangen sind (Abs 2). In der Sache entspricht die Regelung dem früheren § 1600 f II, stellt aber nunmehr klar, dass es sich um eine vollwertige Vaterschaft handelt. v Wirksamwerden der Anerkennung an kann sie nur noch durch Anfechtung der Vaterschaft beseitigt werden. 3

§ 1598 a Anspruch auf Einwilligung in eine genetische Untersuchung zur Klärung der leiblichen Abstammung

(1) ¹Zur Klärung der leiblichen Abstammung des Kindes können
1. der Vater jeweils von Mutter und Kind,
2. die Mutter jeweils von Vater und Kind und
3. das Kind jeweils von beiden Elternteilen

verlangen, dass diese in eine genetische Abstammungsuntersuchung einwilligen und die Entnahme einer für die Untersuchung geeigneten genetischen Probe dulden. ²Die Probe muss nach den anerkannten Grundsätzen der Wissenschaft entnommen werden.
(2) Auf Antrag eines Klärungsberechtigten hat das Familiengericht eine nicht erteilte Einwilligung zu ersetzen und die Duldung einer Probeentnahme anzuordnen.
(3) Das Gericht setzt das Verfahren aus, wenn und solange die Klärung der leiblichen Abstammung eine erhebliche Beeinträchtigung des Wohls des minderjährigen Kindes begründen würde, die auch unter Berücksichtigung der Belange des Klärungsberechtigten für das Kind unzumutbar wäre.
(4) ¹Wer in eine genetische Abstammungsuntersuchung eingewilligt und eine genetische Probe abgegeben hat, kann von dem Klärungsberechtigten, der eine Abstammungsuntersuchung hat durchführen lassen, Einsicht in das Abstammungsgutachten oder Aushändigung einer Abschrift verlangen. ²Über Streitigkeiten aus dem Anspruch nach Satz 1 entscheidet das Familiengericht.

I. Die Norm regelt ein Verfahren, mit dem die Mitwirkung an der Klärung der Vaterschaft erreicht werden kann, wenn eine Vaterschaftsanfechtung nicht in Betracht kommt oder nicht durchgeführt werden soll, weil die Statusfolge nicht beabsichtigt ist. Die Möglichkeit wurde **durch das G zur Klärung der Vaterschaft unabhängig v Anfechtungsverfahren v 26.3.08 (BGBl I 441) geschaffen.** Ziel ist es, die in der Praxis vielfach vorgekommenen illegalen privaten heimlichen Begutachtungen (BGHZ 162, 1) überflüssig zu machen und Männern auch dann noch ein Instrument zur Klärung der Vaterschaft ohne Statusfolge zu geben, wenn eine Anfechtung nicht mehr in Betracht 1 kommt. Mit der Neuregelung kam der Gesetzgeber einem Auftrag des BVerfG (FamRZ 07, 441) nach.

2 **Inhaltlich** ist das Verfahren ganz anders ausgestaltet als die Anfechtungsverfahren: Die Regelung gewährt nur einen materiellen Anspruch auf Mitwirkung an der Klärung der Abstammung und gestattet es dem Gericht ggf die Einwilligungserklärung in die Probenentnahme und Begutachtung zu ersetzen.

3 **Folgen** für den Status des Kindes hat das Verfahren nach § 1598 a nicht. Das ergibt sich schon daraus, dass die Norm nur die Mitwirkung an der Begutachtung zum Gegenstand hat und an keiner Stelle auf das Ergebnis dieser Begutachtung Bezug nimmt. Bedeutung kann das Verfahren aber für die Dauer der Vaterschaftsanfechtungsfrist haben: Diese ist gehemmt, solange das Verfahren läuft (§ 1600 b V).

4 **II. 1.** Der Anspruch nach § 1598 a hat **keine besonderen Voraussetzungen.** Geltend machen können ihn der Vater, die Mutter und das Kind. Er richtet sich jeweils gegen die beiden anderen genannten Personen. Keinen Anspruch hat ein biologischer Vater, der geklärt haben möchte, ob er tatsächlich der Erzeuger des Kindes ist. Er ist auf die Anfechtung beschränkt und kann die rechtliche Vaterschaft nur dann in Frage stellen können, wenn er selbst bereit ist, auch rechtlich die Stellung des Vaters zu übernehmen (§ 182 II FamFG).

5 Der Anspruch kann **unbefristet** geltend gemacht werden. Eine Grenze bildet nur der allgemeine Rechtsmissbrauchsgedanke.

6 **2. Inhaltlich** richtet sich der Anspruch auf die Abgabe der **Einwilligung** (§ 183), die zur Vornahme einer privaten Abstammungsuntersuchung erforderlich ist. Außerdem kann die auf Duldung der Entnahme einer für die Untersuchung geeigneten genetischen Probe verlangt werden. Das ist idR eine Blutprobe, weil nur diese optimale Analysemöglichkeiten bietet. In begründeten Ausnahmefällen kann aber auch ein Mundschleimhautabstrich verwendet werden (vgl Richtlinien der Bundesärztekammer FamRZ 02, 1159 f).

7 Die **Probe muss nach den anerkannten Grundsätzen der Wissenschaft** entnommen werden (Abs 1 S 2). Dazu gehört auch, dass die Probe v einer dazu geeigneten Stelle entnommen wird und dass bei der Entnahme geprüft wird, wer die Probe abgibt. Zur Erfüllung des Anspruchs reicht es daher nicht aus, wenn das verpflichtete Familienmitglied sich selbst eine Probe entnimmt und dem Klärungsberechtigten übergibt. Es muss vielmehr ein Arzt oder ein Labor aufgesucht werden, v dem die Identitätsprüfung vorgenommen und dokumentiert wird (BT-Drucks 16/6561, 13).

8 Wer in die Abstammungsuntersuchung eingewilligt und eine genetische Probe abgegeben hat, kann v dem Klärungsberechtigten, der eine Abstammungsuntersuchung hat durchführen lassen, **Einsicht in das Abstammungsgutachten** oder **Aushändigung einer Abschrift** verlangen (Abs. 4 S 1). Es entspricht ihrem legitimen Interesse, über das Ergebnis einer Untersuchung unterrichtet zu werden, in die sie einbezogen waren.

9 **III. Verfahren.** Verweigert einer der Betroffenen die Einwilligung Auf Antrag eines Klärungsberechtigten, muss das **Familiengericht** die Einwilligung ersetzen und die Duldung einer Probeentnahme anordnen (Abs 2). Das muss keine Blutprobe sein; die Konkretisierung des Antrags in diese Richtung ist deswegen zu eng (OLG München FamRZ 11, 1878). Das Verfahren ist einfache Familiensache (§ 169 Nr 2, 3FamFG), auf welche das gesamte FamFG anwendbar ist. Antragsberechtigt sind ausschließlich die in Abs 1 genannten Berechtigten. Für das minderjährige Kind kann der Antrag nur durch einen Ergänzungspfleger gestellt werden, denn der Vater und die Mutter können das Kind in dem Verfahren nach § 1578 a (wohl aber bei der Zustimmung) nicht vertreten (§ 1629 IIa). Der Antrag braucht nicht begründet zu werden.

10 Das **Gericht setzt das Verfahren aus,** wenn und solange die Klärung der leiblichen Abstammung eine erhebliche Beeinträchtigung des Wohls des minderjährigen Kindes begründen würde, die auch unter Berücksichtigung der Belange des Klärungsberechtigten für das Kind unzumutbar wäre (Abs 3). In dieser Ausnahmesituation muss das Recht des zweifelnden Antragstellers auf Kenntnis der Abstammung zumindest zeitweise hinter das besondere Schutzbedürfnis des Kindes zurücktreten. Eine derartige Ausnahme darf nicht vorschnell angenommen werden. Das BVerfG (FamRZ 07, 441) hat ange-

nommen, dass das Interesse des Klärungsberechtigten an der Klärung der Vaterschaft grds das Interesse des Kindes überwiegt, mit einem derartigen Verfahren nicht behelligt zu werden. In Betracht kommen deswegen nur gravierende psychische und physische Gründe in der Person des Kindes (OLG Karlsruhe, FamRZ 12, 1734; OLG Koblenz NJW-RR 13, 1349), wie etwa Suizidgefahr oder die Gefahr der gravierenden Verschlechterung einer bereits bestehenden schweren Krankheit des Kindes. Die Aussetzung ist zu befristen, damit das Gericht immer wieder überprüfen kann, ob die Voraussetzungen des Abs 3 noch vorliegen.

Die **Ersetzung** der Einwilligung erfolgt, wenn der Anspruchsverpflichtete die Einwilligung verweigert. Die Ersetzung der Einwilligung hat die gleiche Wirkung wie die Einwilligung des Betroffenen. Ein Vollstreckungsverfahren ist nur erforderlich, wenn die Abgabe einer genetischen Probe verweigert wird. 11

Die **Abstammungsuntersuchung** selbst wird nicht v Gericht, sondern v dem Klärungsberechtigten in Auftrag gegeben. Deswegen erstreckt sich auch eine für dieses Verfahren bewilligte Verfahrenskostenhilfe darauf nicht. Die Wahl der Untersuchungsmethode und des Anbieters ist dem Klärungsberechtigten freigestellt. Allgemeine Qualitätsanforderungen für die Untersuchung der genetischen Probe sieht das Gesetz nicht vor. 12

§ 1599 Nichtbestehen der Vaterschaft

(1) § 1592 Nr. 1 und 2 und § 1593 gelten nicht, wenn auf Grund einer Anfechtung rechtskräftig festgestellt ist, dass der Mann nicht der Vater des Kindes ist.

(2) ¹§ 1592 Nr. 1 und § 1593 gelten auch nicht, wenn das Kind nach Anhängigkeit eines Scheidungsantrags geboren wird und ein Dritter spätestens bis zum Ablauf eines Jahres nach Rechtskraft des dem Scheidungsantrag stattgebenden Urteils die Vaterschaft anerkennt; § 1594 Abs. 2 ist nicht anzuwenden. ²Neben den nach den §§ 1595 und 1596 notwendigen Erklärungen bedarf die Anerkennung der Zustimmung des Mannes, der im Zeitpunkt der Geburt mit der Mutter des Kindes verheiratet ist; für diese Zustimmung gelten § 1594 Abs. 3 und 4, § 1596 Abs. 1 Satz 1 bis 3, Abs. 3 und 4, § 1597 Abs. 1 und 2 und § 1598 Abs. 1 entsprechend. ³Die Anerkennung wird frühestens mit Rechtskraft des dem Scheidungsantrag stattgebenden Urteils wirksam.

I. Die Norm fasst die Anfechtung der Ehelichkeit und die Anfechtung der Vaterschaft früheren Rechts im einheitlichen Rechtsinstitut der **Anfechtung der Vaterschaft** zusammen. Abs 1 stellt klar, dass ein Mann, dessen Vaterschaft rechtskräftig angefochten ist, nicht mehr Vater des Kindes ist. Abs 2 enthält eine Sonderregelung für den Fall, dass die Mutter des Kindes sich bereits vor der Zeugung des Kindes v ihrem Ehemann getrennt hatte und über die Ehe bei der Geburt des Kindes ein Scheidungsverfahren anhängig ist. Im vor dem Inkrafttreten des KindschaftsrechtsreformG geltenden Recht gab es eine derartige Regelung nicht. Die neue Norm bezweckt, die Fälle zufrieden stellender zu lösen, in denen sich die Ehefrau bereits in der Trennungszeit einem neuen Partner zugewandt hat und v diesem ein Kind erwartet. In diesen Fällen soll eine teure Vaterschaftsanfechtung vermieden werden, wenn allen Beteiligten klar ist, dass das Kind nicht v Ehemann der Mutter stammt. 1

II. 1. **Die Vaterschaft entfällt**, wenn aufgrund einer **Anfechtung** rechtskräftig festgestellt ist, dass der Mann, der wegen seiner Ehe mit der Mutter des Kindes (§§ 1592 Nr 1, 1593) oder wegen einer Anerkennung (§ 1592 Nr 2) Vater ist, nicht der Erzeuger des Kindes ist. Die Anfechtung der Vaterschaft ist im Einzelnen in §§ 1600–1600 c geregelt, die verfahrensrechtlichen Regeln dafür finden sich in §§ 169 ff FamFG. Zur Reichweite der Rechtskraft einer Abweisung des Anfechtungsantrags s BGH NJW 98, 2976; 03, 585). 2

Aus der Vorschrift ergibt sich das **Verbot der Inzidentfeststellung**; dh ohne gerichtliche Anfechtung kann die Nichtabstammung v dem als Vater geltenden Mann nicht geltend gemacht werden. Der Vater iSd §§ 1592, 1593 muss daher bis zum Ende des Anfechtungsverfahrens Unterhalt zahlen und hat ein Umgangs- und das Sorgerecht, wenn er mit der Mutter verheiratet ist oder war oder eine Sorgerechtserklärung (§ 1626 a) ab- 3 gegeben wurde. Die Sperre für rechtliche Schlussfolgerungen aus der Nichtabstammung eines Kindes reicht aber nur soweit, wie der Status des Kindes betroffen ist. Die Nichtabstammung kann daher auch ohne vorherige Durchführung des Statusverfahrens in einem Verfahren zwischen Dritten geltend gemacht werden, wenn dieses Verfahren keine Auswirkungen auf das Kind haben kann. Es wäre sonst nicht möglich, gegen einen Anwalt Schadensersatzansprüche wegen der Versäumung der Anfechtungsfrist geltend zu machen. Ebenso müssen Klagen wegen Schadensersatzansprüchen gegen die Ehefrau zugelassen werden, wenn sie den Ehemann v der rechtzeitigen Anfechtung der Vaterschaft abgehalten hat. Im Scheidungsverfahren kann bei der Frage nach der Versagung v Unterhalt aus diesem Grund (§ 1579 Nr 7) ebenfalls auf die vorherige Durchführung des Anfechtungsverfahrens verzichtet werden (BGH FamRZ 12, 779); denn insoweit handelt es sich um eine Billigkeitsabwägung. Das Gleiche gilt für den Ausschluss des Versorgungsausgleichs aus Billigkeitsgründen (BGH FamRZ 12, 845). Das bedeutet aber nicht, dass jeder Streit zwischen Ehegatten, bei dem die Abstammung des Kindes eine Rolle spielt, v der vorherigen Durchführung des Anfechtungsverfahrens ausgenommen werden kann. Das würde dem Zweck des Anfechtungsverfahrens widersprechen, die Abstammung eines Kindes mit Wirkung gegenüber jedermann klären zu lassen, bevor aus ihr Rechtsfolgen abgeleitet werden können. Es geht daher zu weit, wenn die Annahme, eine Ehe sei gescheitert, auf die Nichtabstammung des Kindes gestützt wird (OLG Bamberg FamRZ 85, 1069, zu Recht aA BGHZ 45, 356), die noch nicht im Statusverfahren geklärt ist.

4   2. Die Vaterschaft entfällt auch, wenn das **Kind nach Anhängigkeit eines Scheidungsantrags geboren** wird und ein **Dritter** spätestens bis zum Ablauf eines Jahres nach Rechtskraft des dem Scheidungsantrag stattgebenden Urteils die **Vaterschaft anerkennt** (Abs 2). Für diesen Fall ist die Wahrscheinlichkeit höher, dass das Kind v dem Anerkennenden abstammt und nicht v dem Mann, der mit der Mutter zur Zeit der Geburt verheiratet ist. Die Anerkennung kann auch während des Bestehens der anderen Vaterschaft erfolgen; § 1594 II gilt nicht. Sie wird aber frühestens mit Rechtskraft des dem Scheidungsantrag stattgebenden Beschlusses wirksam. Für die Fristberechnung ist nicht allein auf die Abgabe der Anerkennungserklärung abzustellen. Bis zum Ablauf der Jahresfrist müssen vielmehr auch alle erforderlichen Zustimmungen (Rn 5) erteilt sein (OLG Stuttgart FamRZ 04, 1054; aA OLG Zweibrücken FamRZ 00, 546; OLG Köln FamRZ 11, 651).

5   Die **Interessen des Mannes**, mit dem die Mutter zur Zeit der Geburt des Kindes verheiratet ist (des früheren Ehemanns), werden dadurch **gewahrt**, dass er der Anerkennung zustimmen muss (Abs 2 S 2). Dafür gelten die auch für die Zustimmung der Mutter oder des Kindes geltenden Anforderungen (§§ 1594 III, IV, 1596 I 1–3, III, IV, 1597 I, II, 1598 I entsprechend (Abs 2 S 3). Eine Ersetzung der Zustimmung kommt nicht in Betracht. Wird sie verweigert, muss die Vaterschaft angefochten werden. Das kann das Kind oder die Mutter, nicht aber der Dritte.

6   Mit dem Wirksamwerden der Anerkennung (wenn sie der Rechtskraft der Scheidung nachfolgt) bzw mit der Rechtskraft der Scheidung (bei vorher abgegebener Anerkennung) entfällt die Vaterschaft des früheren Ehemannes und der Anerkennende ist Vater des Kindes. Ein **Anfechtungsverfahren** ist unnötig und unstatthaft. Das erspart den Beteiligten uU hohe Kosten.

§ 1600 Anfechtungsberechtigte

(1) Berechtigt, die Vaterschaft anzufechten, sind:
1. der Mann, dessen Vaterschaft nach § 1592 Nr. 1 und 2, § 1593 besteht,
2. der Mann, der an Eides statt versichert, der Mutter des Kindes während der Empfängniszeit beigewohnt zu haben,
3. die Mutter,
4. das Kind und
5. die zuständige Behörde (anfechtungsberechtigte Behörde) in den Fällen des § 1592 Nr. 2.

(2) Die Anfechtung nach Absatz 1 Nr. 2 setzt voraus, dass zwischen dem Kind und seinem Vater im Sinne von Absatz 1 Nr. 1 keine sozial-familiäre Beziehung besteht oder im Zeitpunkt seines Todes bestanden hat und dass der Anfechtende leiblicher Vater des Kindes ist.
(3) Die Anfechtung nach Absatz 1 Nr. 5 setzt voraus, dass zwischen dem Kind und dem Anerkennenden keine sozial-familiäre Beziehung besteht oder im Zeitpunkt der Anerkennung oder seines Todes bestanden hat und durch die Anerkennung rechtliche Voraussetzungen für die erlaubte Einreise oder den erlaubten Aufenthalt des Kindes oder eines Elternteiles geschaffen werden.
(4) ¹Eine sozial-familiäre Beziehung nach den Absätzen 2 und 3 besteht, wenn der Vater im Sinne von Absatz 1 Nr. 1 zum maßgeblichen Zeitpunkt für das Kind tatsächliche Verantwortung trägt oder getragen hat. ²Eine Übernahme tatsächlicher Verantwortung liegt in der Regel vor, wenn der Vater im Sinne von Absatz 1 Nr. 1 mit der Mutter des Kindes verheiratet ist oder mit dem Kind längere Zeit in häuslicher Gemeinschaft zusammengelebt hat.
(5) Ist das Kind mit Einwilligung des Mannes und der Mutter durch künstliche Befruchtung mittels Samenspende eines Dritten gezeugt worden, so ist die Anfechtung der Vaterschaft durch den Mann oder die Mutter ausgeschlossen.
(6) ¹Die Landesregierungen werden ermächtigt, die Behörden nach Absatz 1 Nr. 5 durch Rechtsverordnung zu bestimmen. ²Die Landesregierungen können diese Ermächtigung durch Rechtsverordnung auf die zuständigen obersten Landesbehörden übertragen. ³Ist eine örtliche Zuständigkeit der Behörde nach diesen Vorschriften nicht begründet, so wird die Zuständigkeit durch den Sitz des Gerichts bestimmt, das für die Klage zuständig ist.

I. Die Norm regelt die **Anfechtungsberechtigung** für die Vaterschaftsanfechtung nach § 1599 Abs 1. Sie vereinheitlicht die früher unterschiedliche Regelung für die Ehelichkeitsanfechtung und die Anfechtung des Vaterschaftsanerkenntnisses (vgl §§ 1594 I, 1595 a-1597, 1600 g aF). Durch das Gesetz zur Ergänzung des Rechts zur Anfechtung der Vaterschaft v 18.3.2008 (BGBl I 313) wurde die Norm um ein behördliches Anfechtungsrecht erweitert (Abs 1 Nr 5). Dieses ist allerdings v BVerfG wegen Verstoßes gegen Art 16 GG für verfassungswidrig erklärt worden (BVerfG v 17.12.13 – 1 BvL 6/10), weil es beim Kind zur Entziehung der Staatsangehörigkeit führen kann. 1

II. 1. Gegenüber der früheren Rechtslage wurde bereits 1998 die Anfechtungsberechtigung der Eltern des Ehemannes (§ 1595 a aF) beseitigt und die Anfechtungsberechtigung der Mutter eingeführt. Anfechtungsberechtigt sind daher seitdem das Kind, der Mann, der nach § 1592 Nr 1 oder 2, 1593 wegen seiner Ehe mit der Mutter des Kindes oder wegen seiner Anerkennung Vater ist und die Mutter. Daran hat sich nichts geändert. 2

2. Auch nach den Änderungen 1998 hatte dag weiterhin ein Dritter, der sich der Vaterschaft berühmte (sog **Vaterschaftsprätendent**), kein eigenes Anfechtungsrecht (OLG Köln NJW 02, 525). Der genetische Vater konnte daher ohne Mitwirkung des rechtlichen Vaters oder der Mutter des Kindes nicht erreichen, dass er auch zum rechtlichen Vater wurde. Dieser ausnahmslose Ausschluss ist v BVerfG als verfassungswidrig beanstandet worden (BVerfG FamRZ 03, 1578). Seinem Auftrag, diesen Zustand zu ändern, ist der Gesetzgeber mit dem G v 23.4.04 (BGBl I 598) nachgekommen, indem er nunmehr auch einem Mann ein Anfechtungsrecht einräumt, der an Eides statt versichert, mit der Mutter des Kindes Geschlechtsverkehr gehabt zu haben. Das kann auch der Samenspender sein, wenn die Einwilligung des rechtlichen Vaters nach Abs 5 nicht vorlag (BGH FamRZ 13, 1209). 3

Einschränkende Voraussetzung ist allerdings in diesem Fall, dass zwischen dem Kind und dem Vater, dessen Vaterschaft wegen seiner Ehe mit der Mutter des Kindes oder wegen seiner Anerkennung besteht, **keine sozial-familiäre Beziehung** besteht oder im Zeitpunkt seines Todes bestanden hat. Damit soll verhindert werden, dass sich Fremde in eine funktionierende Familie hineindrängen und diese zerstören. Die Vaterschaftsanfechtung kommt deswegen erst dann in Betracht, wenn der rechtliche Vater des Kindes 4 mit diesem keine sozial-familiäre Beziehung (mehr) führt, weil er oder die Mutter das nicht (mehr) will. Endete daß die sozial-familiäre Beziehung durch den Tod des rechtlichen Vaters, kommt auch danach eine Anfechtung der Vaterschaft durch den Vaterschaftsprätendenten nicht in Betracht. Für den Ausschluss der Anfechtung reicht es, dass die sozial-familiäre Beziehung erst nach der Stellung des Anfechtungsantrages zustande gekommen ist; es kommt auf den Zeitpunkt der letzten mündlichen Verhandlung an (OLG Bremen FamRZ 10, 1821; OLG Karlsruhe FamRZ 10, 1174).

5 Eine sozial-familiäre Beziehung setzt voraus, dass der Mann, der wegen seiner Ehe oder der Anerkennung als Vater gilt, **für das Kind tatsächliche Verantwortung trägt** bzw getragen hat (Abs 4 S 1). Eine Lebensgemeinschaft ist dazu nicht unbedingt erforderlich (BGH FamFR 10, 154). Umgekehrt nennt Abs 4 S 2 es aber als Regelfall einer sozial-familiären Beziehung, dass der rechtliche Vater mit der Mutter des Kindes verheiratet ist oder mit dem Kind längere Zeit in häuslicher Gemeinschaft lebt bzw gelebt hat. Die eheliche oder länger dauernde nichteheliche Lebensgemeinschaft begründet also eine Vermutung dafür, dass tatsächlich Verantwortung übernommen wird und eine sozial-familiäre Beziehung besteht.

6 Die Anfechtung ist **erfolgreich, wenn der Anfechtende leiblicher Vater** des Kindes ist. Sie scheidet deswegen aus, wenn der rechtliche Vater zwar nicht leiblicher Vater des Kindes ist, der anfechtende Dritte aber auch nicht. Auf diese Weise soll verhindert werden, dass ein Dritter das Kind eines jeden Vaters berauben kann.

7 3. a) Durch das Gesetz zur Ergänzung des Rechts zur Anfechtung der Vaterschaft v 18.3.08 (BGBl I 313) wurde die Norm für die Fälle v Scheinvaterschaften um ein **behördliches Anfechtungsrecht** erweitert (Abs 1 Nr 5). Mit dieser Regelung sollte die Möglichkeit geschaffen werden, gegen die missbräuchliche Anerkennungen v Vaterschaften vorzugehen, die nicht dazu dienen, ein wahres Eltern-Kind-Verhältnis abzusichern, sondern allein dem anerkennenden (ausländischen) Vater oder der ausländischen Mutter des Kindes (bei Anerkennung durch einen Deutschen) ein Aufenthaltsrecht in Deutschland zu verschaffen.

8 b) Das behördliche Anfechtungsrecht kommt **nur bei einer durch Anerkennung der Vaterschaft** begründeten Vaterschaft in Betracht. In allen anderen Fällen, va der Vaterschaft aufgrund bestehender Ehe, hat die Behörde kein Anfechtungsrecht. Seine verfassungsrechtliche Zulässigkeit war schon länger bestritten (vgl OLG Bremen NJW 11, 1840); der BGH hat die Frage dem BVerfG zur Entscheidung vorgelegt (BGH FamRZ 12, 1489). Dieses hat die Regelung wegen Verstoßes gegen Art 16 GG für verfassungswidrig erklärt (BVerfG v 17.12.13 – 1 BvL 6/10), weil es beim Kind zur Entziehung der Staatsangehörigkeit führen kann. Das behördliche Anfechtungsrecht ist deswegen schon wieder Geschichte.

9 Zu den Einzelheiten zum behördlichen Anfechtungsrecht siehe die 7. Aufl, Rn 9-13.

10 4. Da der BGH das Anfechtungsrecht des Vaters als unverzichtbares höchstpersönliches Recht ansieht, war früher die Vaterschaftsanfechtung auch in solchen Fällen zulässig, in denen der **Vater einer Erzeugung des Kindes mit dem Samen eines anderen Mannes zugestimmt** hatte (BGHZ 87, 169; 129, 297).

11 Der Anfechtende war dem Kind nur zum Ausgleich der materiellen Nachteile verpflichtet, welche die Anfechtung für dieses mit sich brachte. Gleichwohl wurde die Vaterschaftsanfechtung in diesen Fällen weithin als unbillig und als rechtsmissbräuchlich angesehen.

12 Deswegen hat der Gesetzgeber durch das Gesetz zur weiteren Verbesserung v Kinderrechten die Anfechtung der Vaterschaft durch den Vater und die Mutter (nicht aber durch das Kind selbst) ausgeschlossen, wenn das Kind durch künstliche Befruchtung mittels Samenspende eines Dritten gezeugt worden ist und der Vater darin eingewilligt hatte (Abs 5).

14 Ob eine Einwilligung vorliegt, richtet sich nach den allgemeinen Grundsätzen, die an Einwilligungen in medizinische Maßnahmen zu stellen sind. Sie liegt auch dann vor, wenn der Ehemann einer Insemination im Wege einer Leihmutterschaft zugestimmt hat (OLG Hamburg FamRZ 13, 228).

Zulässig bleibt die Anfechtung durch den Vater oder die Mutter (und nun auch den Dritten) mit der Begründung, das **Kind** sei **nicht aus der künstlichen Befruchtung entstanden**, sondern aus einem natürlichen Akt mit einem Dritten.
Zulässig ist auch der Einwand, es habe sich nicht um eine konsentierte Insemination gehandelt (BGH FamRZ 13, 1209). Ohne Einschränkungen zulässig ist die Anfechtung durch das Kind. Damit wird seinem Interesse Rechnung getragen, die rechtliche Zuordnung der genetischen anzupassen.

§ 1600 a Persönliche Anfechtung; Anfechtung bei fehlender oder beschränkter Geschäftsfähigkeit

(1) Die Anfechtung kann nicht durch einen Bevollmächtigten erfolgen.
(2) ¹Die Anfechtungsberechtigten im Sinne von § 1600 Abs. 1 Nr. 1 bis 3 können die Vaterschaft nur selbst anfechten. ²Dies gilt auch, wenn sie in der Geschäftsfähigkeit beschränkt sind; sie bedürfen hierzu nicht der Zustimmung ihres gesetzlichen Vertreters. ³Sind sie geschäftsunfähig, so kann nur ihr gesetzlicher Vertreter anfechten.
(3) Für ein geschäftsunfähiges oder in der Geschäftsfähigkeit beschränktes Kind kann nur der gesetzliche Vertreter anfechten.
(4) Die Anfechtung durch den gesetzlichen Vertreter ist nur zulässig, wenn sie dem Wohl des Vertretenen dient.
(5) Ein geschäftsfähiger Betreuter kann die Vaterschaft nur selbst anfechten.

I. Die Norm enthält **Regelungen über die Stellvertretung** bei der Vaterschaftsanfechtung. Sie folgt dabei wie bei der Anerkennung der Regel, dass die Anfechtung höchstpersönlich ist und eine Vertretung nur in Betracht kommt, wenn der Anfechtende nicht voll geschäftsfähig ist.

II. Grds muss die Anfechtung **persönlich** erfolgen. Die Vertretung durch einen rechtsgeschäftlich bestellten Vertreter ist ausgeschlossen (Abs 1).

Für **Geschäftsunfähige** wird die Anfechtung durch ihre gesetzlichen Vertreter vorgenommen (Abs 2 S 3, Abs 3). Sie ist nur zulässig, wenn sie dem Wohl des Vertretenen dient. Das ist bei einer Anfechtung durch den Vater nicht problematisch; denn die Korrektur der fehlerhaft zugeordneten Abstammung entspricht immer dem Wohl des Scheinvaters. Erfolgt die Anfechtung durch die Mutter, ist zugunsten der Anfechtung zu berücksichtigen, dass der wahre Vater erst durch sie in die Lage versetzt wird, auch zum rechtlichen Vater des Kindes zu werden. Das kann für die Mutter besonders wichtig sein. Entsprechendes gilt für die Anfechtung durch den Mann, der während der Empfängniszeit mit der Mutter Geschlechtsverkehr hatte (§ 1600 I Nr 2). Nur durch die Anfechtung kann er auch zum rechtlichen Vater des Kindes werden. Gegen die Anfechtung kann etwa die Störung des Familienfriedens sprechen. Bei der Anfechtung durch das Kind darf nicht als entscheidender gegen das Wohl des Kindes sprechender Umstand gewertet werden, dass das Kind durch die Anfechtung seinen Vater und damit einen Unterhaltsschuldner verliert. Das Interesse des Kindes, seinem Erzeuger zugeordnet zu werden, überwiegt dieses wirtschaftliche Interesse regelmäßig.

Der Mann, dessen Vaterschaft nach §§ 1592 Nr 1 und 2, 1593 besteht, die Mutter des Kindes und der Vaterschaftsprätendent (§ 1600 I Nr 2) können die Vaterschaft auch dann nur selbst anfechten, wenn sie **beschränkt geschäftsfähig** sind (Abs 2 S 2 1. Halbs). Sie bedürfen nicht der Zustimmung ihres gesetzlichen Vertreters (Abs 2 S 2 2. Halbs). Für ein beschränkt geschäftsfähiges Kind kann dag nur der gesetzliche Vertreter anfechten. Dann ist erforderlich, dass die Anfechtung dem Wohl des Kindes dient (Abs 3, Rn 3).

Ein **Betreuter**, der nicht geschäftsunfähig ist, kann die Vaterschaft nur selbst anfechten (Abs 4). Er braucht dazu nicht die Einwilligung seines Betreuers; ein Einwilligungsvorbehalt kommt insoweit nicht in Betracht. Zur Anfechtung durch einen geschäftsunfähigen Betreuten s Rn 3.

§ 1600 b Anfechtungsfristen

(1) ¹Die Vaterschaft kann binnen zwei Jahren gerichtlich angefochten werden. ²Die Frist beginnt mit dem Zeitpunkt, in dem der Berechtigte von den Umständen erfährt, die gegen die Vaterschaft sprechen; das Vorliegen einer sozial-familiären Beziehung im Sinne des § 1600 Abs. 2 erste Alternative hindert den Lauf der Frist nicht.
(1 a) ¹Im Fall des § 1600 Abs. 1 Nr. 5 kann die Vaterschaft binnen eines Jahres gerichtlich angefochten werden. ²Die Frist beginnt, wenn die anfechtungsberechtigte Behörde von den Tatsachen Kenntnis erlangt, die die Annahme rechtfertigen, dass die Voraussetzungen für ihr Anfechtungsrecht vorliegen. ³Die Anfechtung ist spätestens nach Ablauf von fünf Jahren seit der Wirksamkeit der Anerkennung der Vaterschaft für ein im Bundesgebiet geborenes Kind ausgeschlossen; ansonsten spätestens fünf Jahre nach der Einreise des Kindes.
(2) ¹Die Frist beginnt nicht vor der Geburt des Kindes und nicht, bevor die Anerkennung wirksam geworden ist. ²In den Fällen des § 1593 Satz 4 beginnt die Frist nicht vor der Rechtskraft der Entscheidung, durch die festgestellt wird, dass der neue Ehemann der Mutter nicht der Vater des Kindes ist.
(3) ¹Hat der gesetzliche Vertreter eines minderjährigen Kindes die Vaterschaft nicht rechtzeitig angefochten, so kann das Kind nach dem Eintritt der Volljährigkeit selbst anfechten. ²In diesem Falle beginnt die Frist nicht vor Eintritt der Volljährigkeit und nicht vor dem Zeitpunkt, in dem das Kind von den Umständen erfährt, die gegen die Vaterschaft sprechen.
(4) ¹Hat der gesetzliche Vertreter eines Geschäftsunfähigen die Vaterschaft nicht rechtzeitig angefochten, so kann der Anfechtungsberechtigte nach dem Wegfall der Geschäftsunfähigkeit selbst anfechten. ²Absatz 3 Satz 2 gilt entsprechend.
(5) ¹Die Frist wird durch die Einleitung eines Verfahrens nach § 1598 a Abs. 2 gehemmt; § 204 Abs. 2 gilt entsprechend. ²Die Frist ist auch gehemmt, solange der Anfechtungsberechtigte widerrechtlich durch Drohung an der Anfechtung gehindert wird. ³Im Übrigen sind § 204 Absatz 1 Nummer 4, 8, 13, 14 und Absatz 2 sowie die §§ 206 und 210 entsprechend anzuwenden.
(6) Erlangt das Kind Kenntnis von Umständen, auf Grund derer die Folgen der Vaterschaft für es unzumutbar werden, so beginnt für das Kind mit diesem Zeitpunkt die Frist des Absatzes 1 Satz 1 erneut.

1 I. Die Norm enthält eine **einheitliche Anfechtungsfrist v grds 2 Jahren** für alle Fälle der Anfechtung (Abs 1). Eine Sonderregelung besteht nur für das behördliche Anfechtungsrecht bei durch Anerkennung begründeten Scheinvaterschaften (§ 1600 Abs 1 Nr 5), wo die Frist nur ein Jahr beträgt (Abs 1 a). Diese Regelung ist allerdings nun gegenstandslos, weil das BVerfG das behördliche Anfechtungsrecht wegen Verstoßes gegen Art 16 GG für verfassungswidrig erklärt hat (BVerfG v 17.12.13 – 1 BvL 6/10), weil es beim Kind zur Entziehung der Staatsangehörigkeit führen kann.

1a Der Beginn des Fristlaufs ist unterschiedlich, je nachdem, wer die Vaterschaft anficht und ob er in der Geschäftsfähigkeit eingeschränkt ist (Abs 2–4). Auch nach Verlust des Anfechtungsrechts bei allen Anfechtungsberechtigten wegen Fristablaufs kann in der Person des Kindes ein neues Anfechtungsrecht (mit einer neuen Zweijahresfrist) entstehen, wenn das Kind Kenntnis v Umständen erhält, aufgrund derer die Folgen der Vaterschaft für es unzumutbar werden (Abs 6 S 1). Abs 5 regelt schließlich die Hemmung des Fristlaufs.

2 II. 1. **Die Anfechtungsfrist** beträgt einheitlich für alle **Anfechtungen durch die betroffenen Personen** 2 Jahre (Abs 1 S 1). Der Gesetzgeber hat die Frist übernommen, die früher für die Ehelichkeitsanfechtung des Mannes und des Kindes sowie die Anfechtung einer Vaterschaft durch das Kind galt (§§ 1594 I, 1596 II, 1600 i I aF). Eine Korrektur wurde allein durch das ggf neu entstehende Anfechtungsrecht des Kindes nach Abs 5 geschaffen. Es bleibt daher auch dann bei dem Ausschluss der Anfechtung, wenn sich nach Ablauf der Frist herausstellt, dass die Vaterschaft des Anfechtungsberechtigten biologisch ausgeschlossen ist (OLG Brandenburg FamRZ 01, 1631).

Abweichend ausgestaltet ist nur die Frist für die **Anfechtung** einer durch Anerkennung **3** begründeten Scheinvaterschaft **durch die Behörde** nach § 1600 Abs 1 Nr 5. In diesen Fällen kann die Vaterschaft nur binnen eines Jahres gerichtlich angefochten werden (Abs 1 a S 1). Diese Regelung ist allerdings nun gegenstandslos, weil das BVerfG das behördliche Anfechtungsrecht wegen Verstoßes gegen Art 16 GG für verfassungswidrig erklärt hat (BVerfG v 17.12.13 –1 BvL 6/10), weil es beim Kind zur Entziehung der Staatsangehörigkeit führen kann.

2. a) Bei der **Anfechtung durch eine der betroffenen Personen beginnt die** Anfechtungs- **4** **frist zu laufen,** wenn der Anfechtungsberechtigte v **Umständen Kenntnis erlangt,** die gegen die Vaterschaft sprechen (Abs 1 S 2). Es reichen weder bloße Gerüchte, dass das Kind nicht v dem rechtlichen Vater stammt, noch ist das sichere Wissen erforderlich, dass der als Vater geltende Mann nicht sein Erzeuger sein kann. Es reicht der auf Tatsachen gestützte Verdacht, nicht der Vater des Kindes zu sein. Maßgeblich ist, ob ein verständiger Betrachter (ohne Rücksicht auf den Bildungsstand der konkret betroffenen Person) die vorliegenden Anhaltspunkte als ausreichend ansehen würde, um berechtigte Zweifel an der Vaterschaft zu hegen (OLG Rostock FamRZ 04, 479). Ausreichend ist etwa die Kenntnis eines Ehebruchs der Mutter des Kindes während der Empfängniszeit (OLG Karlsruhe FamRZ 13, 555), die Tatsache, dass der letzte Geschlechtsverkehr des rechtlichen Vaters mit der Mutter mehr als 11 Monate zurückliegt (OLG Brandenburg OLG-NL 96, 138), ein Geständnis der Mutter. Nicht ausreichend sind dag bloße körperliche Unähnlichkeiten des Kindes, soweit diese nicht völlig aus dem Rahmen fallen (zB Geburt eines farbigen Kindes), ein aufgrund unsubstantiierten Geredes entstehender Verdacht oder das aus einem heimlichen Vaterschaftstest erlangte Wissen, nicht der Erzeuger des Kindes zu sein (BGH, 12.1.2005 – XII ZR 60/03).

Das Bestehen einer **sozial-familiären Beziehung** iSd § 1600 II **hindert den Lauf der Frist** **5** **nicht.** Das gilt gerade auch für die Anfechtung durch den Vaterschaftsprätendenten. Das kann dazu führen, dass die Anfechtung durch ihn ausgeschlossen wird, weil der rechtliche Vater weiterhin die sozial-familiäre Beziehung zu dem Kind aufrechterhält, obwohl (auch) er v den Zweifeln an der Vaterschaft weiß. Der Dritte kann dann den Ablauf der Frist, die für ihn selbst gilt, nicht verhindern, ohne anfechten zu können (vgl § 1600 II 1).

b) Die Sonderregelung für die Anfechtung der **Behörde** (Abs 1 S 2, 3) ist gegenstands- **6** los, weil das BVerfG das behördliche Anfechtungsrecht wegen Verstoßes gegen Art 16 GG für verfassungswidrig erklärt hat (BVerfG v 17.12.13 – 1 BvL 6/10), weil es beim Kind zur Entziehung der Staatsangehörigkeit führen kann.

c) Die Anfechtungsfrist beginnt nie vor der **Geburt** des Kindes und bevor eine Anerken- **7** nung wirksam geworden ist (Abs 2 S 1). Auch im Fall des § 1593 I 4 ist der Fristbeginn herausgeschoben: Sie läuft nicht vor der Rechtskraft der Entscheidung, in der festgestellt wird, dass der neue Ehemann der Mutter nicht der Vater des Kindes ist (Abs 2 S 2). Sinn der Regelungen ist es, die Anfechtungsfrist erst dann laufen zu lassen, wenn tatsächlich ein Vater rechtlich feststeht. Das setzt in jedem Falle die Geburt des Kindes voraus (vgl § 1592), bei Anerkennung außerdem, dass diese wirksam geworden ist, im Fall der erfolgreichen Anfechtung der Vaterschaft durch den zur Zeit der Geburt mit der Mutter verheirateten Mann (mit der Folge der automatischen Vaterschaft des früheren Ehemannes) die Rechtskraft dieser Entscheidung.

c) Für die **Anfechtung der Vaterschaft durch ein Kind** gilt grds das in Rn 4 f Gesagte. **8** Für die Kenntnis kommt es auch auf das Kennen des gesetzlichen Vertreters an. Unabhängig davon beginnt aber für ein Kind, dessen gesetzlicher Vertreter nicht rechtzeitig angefochten hat, eine neue Zweijahresfrist, wenn das Kind volljährig wird und v Umständen Kenntnis erhält, die gegen die Vaterschaft sprechen (Abs 3). Das gilt jedoch nur für eine Anfechtung als Kind, nicht aber eine solche als Vater oder Mutter; denn insoweit ist das Kind selbst anfechtungsberechtigt, sobald es beschränkt geschäftsfähig ist. Auch nach Ablauf dieser Frist kann das Kind aber anfechten, wenn ihm nachträglich Umstände bekannt werden, aufgrund derer die Folgen der Vaterschaft für es unzumutbar werden (Abs 6). Der Gesetzgeber hat insofern bewusst darauf verzichtet, bestimmte Fälle aufzuzählen. Hierher ist zunächst der Fall zu rechnen, dass der Mann, der fälschlicherweise Vater ist, unter einer schweren Erbkrankheit leidet (§ 1596 I Nr 5 aF). Außerdem kommt in Betracht, dass der Vater schwere Verfehlungen, wie etwa lang andauernde Unterhaltspflichtverletzungen, Körperverletzungen, Tötungsversuche, aber auch Eigentumsdelikte, gegen das Kind begangen hat (§ 1596 I Nr 4 aF). Hierher gehört aber auch der Fall, dass die Ehe der Eltern aufgelöst ist und die Mutter des Kindes seinen Erzeuger geheiratet hat. Im Übrigen ist beim Rückgriff auf die Fallgruppen des § 1596 aF Zurückhaltung geboten; denn das Bedürfnis nach einer Anfechtung wird in diesen Fällen heute durch die großzügigere Fristberechnung und die Einräumung einer erneuten Anfechtungsfrist ab Volljährigkeit regelmäßig schon abgedeckt. Umgekehrt kann die Generalklausel aber auch eingreifen, wenn keiner der in § 1596 aF genannten Fälle vorliegt.

9 d) Bei **Geschäftsunfähigen** beginnt eine neue Anfechtungsfrist, wenn die Geschäftsunfähigkeit wegfällt und der bis dahin Geschäftsunfähige Kenntnis v gegen die Vaterschaft sprechenden Umständen erhält (Abs 4). Insoweit spielt es keine Rolle, ob das Anfechtungsrecht des Vaters, der Mutter oder des Kindes betroffen ist.

10 3. Der Lauf der Anfechtungsfrist ist **gehemmt**, wenn der Berechtigte durch Drohung an der Anfechtung gehindert wird (Abs 5 S 1). Außerdem gelten §§ 204 I Nr 4, 8, 13, 14, II, §§ 206, 210 über die Hemmung der Verjährung entsprechend (Abs 5 S 3). Praktisch wichtig ist davon nur § 210; denn danach endet die Frist bei beschränkt Geschäftsfähigen ohne gesetzlichen Vertreter nicht vor Ablauf v 6 Monaten nach der Volljährigkeit bzw der Bestellung eines Vormunds. Abs 4 reduziert aber die Bedeutung auch dieser Regelung erheblich.

§ 1600 c Vaterschaftsvermutung im Anfechtungsverfahren

(1) In dem Verfahren auf Anfechtung der Vaterschaft wird vermutet, dass das Kind von dem Mann abstammt, dessen Vaterschaft nach § 1592 Nr. 1 und 2, § 1593 besteht.

(2) Die Vermutung nach Absatz 1 gilt nicht, wenn der Mann, der die Vaterschaft anerkannt hat, die Vaterschaft anficht und seine Anerkennung unter einem Willensmangel nach § 119 Abs. 1, § 123 leidet; in diesem Falle ist § 1600 d Abs. 2 und 3 entsprechend anzuwenden.

1 I. Die Norm regelt die **Beweislast im Anfechtungsverfahren**. Sie entspricht § 1600 m aF.

2 II. Abs 1 stellt die Regel auf, dass im Verfahren auf Anfechtung der Vaterschaft die **Vaterschaft** dessen **vermutet wird,** der wegen seiner Ehe mit der Mutter des Kindes (§§ 1592 Nr 1, 1593) oder seiner Anerkennung Vater ist. Das bedeutet, dass im Vaterschaftsanfechtungsverfahren der volle Beweis dafür erbracht werden muss, dass der Betreffende nicht der Vater des Kindes ist. Bleiben Zweifel, ist wegen der Vermutung die Anfechtungsklage abzuweisen. In Bezug auf die Substantiierungslast bedeutet die Vermutung, dass der als Vater Vermutete Umstände vortragen muss, die bei objektiver Betrachtung geeignet sind, Zweifel an der Vaterschaft zu wecken. Die bloße Berufung auf ein (noch zu erstellendes) Sachverständigengutachten reicht nicht (BGH NJW 98, 2976).

3 Die **Vermutung gilt nicht,** wenn die Anerkennung der Vaterschaft unter einem Willensmangel iSd § 119 I (Erklärungs- oder Inhaltsirrtum) oder iSd § 123 (Täuschung oder Drohung) leidet (Abs 2 S 1). Ist dem Mann die Darlegung (und notfalls der Beweis) des Willensmangels gelungen, wird er so gestellt, als hätte er die Anerkennung nicht abgegeben. Die Vaterschaft muss dann entsprechend § 1600 d II, III positiv festgestellt werden (Abs 2 S 2). Verbleibende Zweifel an der Vaterschaft führen zum Erfolg der Anfechtungsklage. Gelingt der Nachweis der Vaterschaft, wird die Anfechtungsklage abgewiesen (OLG Hamm FamRZ 94, 649; keine Feststellung).

§ 1600 d Gerichtliche Feststellung der Vaterschaft

(1) Besteht keine Vaterschaft nach § 1592 Nr. 1 und 2, § 1593, so ist die Vaterschaft gerichtlich festzustellen.
(2) ¹Im Verfahren auf gerichtliche Feststellung der Vaterschaft wird als Vater vermutet, wer der Mutter während der Empfängniszeit beigewohnt hat. ²Die Vermutung gilt nicht, wenn schwerwiegende Zweifel an der Vaterschaft bestehen.
(3) ¹Als Empfängniszeit gilt die Zeit von dem 300. bis zu dem 181. Tage vor der Geburt des Kindes, mit Einschluss sowohl des 300. als auch des 181. Tages. ²Steht fest, dass das Kind außerhalb des Zeitraums des Satzes 1 empfangen worden ist, so gilt dieser abweichende Zeitraum als Empfängniszeit.
(4) Die Rechtswirkungen der Vaterschaft können, soweit sich nicht aus dem Gesetz anderes ergibt, erst vom Zeitpunkt ihrer Feststellung an geltend gemacht werden.

I. Die Norm enthält die **Grundlagen der gerichtlichen Vaterschaftsfeststellung**. Abs 1 entspricht § 1600 n I aF, Abs 2 folgt § 1600 o II 1 aF, Abs 3 enthält eine gegenüber dem früheren Recht leicht verkürzte Regelung der Empfängniszeit, und Abs 4 entspricht mit dem Ausschluss v Inzidentfeststellungen dem § 1600 a aF (zur entsprechenden Regelung für die Anerkennung s § 1594 I). Die Regelung der Aktiv- und Passivlegitimation findet sich ergänzend in § 1600 e. 1

II. 1. Die Vaterschaft **muss gerichtlich festgestellt werden**, wenn weder eine Vaterschaft aufgrund der Ehe eines Mannes mit der Mutter des Kindes besteht (§§ 1592 Nr 1, 1593) noch eine solche aufgrund einer Anerkennung (§ 1592 Nr 2). Worauf das Fehlen einer Vaterschaft iSd genannten Vorschriften beruht, ist unerheblich. Es kann sein, dass eine nach diesen Vorschriften bestehende Vaterschaft erfolgreich nach §§ 1600 a–1600 c angefochten wurde; möglich ist aber auch, dass v vornherein keiner dieser Fälle vorlag, weil die Mutter zur Zeit der Geburt des Kindes nicht verheiratet war und unklar war, wer der Erzeuger des Kindes war. 2

Der Vorbehalt der gerichtlichen Vaterschaftsfeststellung bedeutet, dass Rechtsfolgen aus einer Vaterschaft erst abgeleitet werden können, wenn die Vaterschaft rechtskräftig festgestellt ist (Abs 4). Die **Inzidentfeststellung** einer Vaterschaft in einem anderen Verfahren ist grds **ausgeschlossen**. Das bedeutet etwa, dass der wahre Erzeuger des Kindes noch nicht auf Unterhalt in Anspruch genommen werden kann (zur Ausnahme für das Vaterschaftsfeststellungsverfahren s § 247 FamFG), dass ihm aber auch keine elterliche Sorge und kein Umgangsrecht zustehen. Eine Ausnahme v diesem Grundsatz erkennt der BGH aber für das Regressverfahren des Scheinvaters gegen den wahren Erzeuger (vgl § 1607) an, wenn davon auszugehen ist, dass das Vaterschaftsfeststellungsverfahren längere Zeit v dem dazu Berechtigten nicht durchgeführt werden wird (BGH FamRZ 09, 32; 12, 437). 3

2. Im Feststellungsverfahren wird **als Vater vermutet**, wer der Mutter während der Empfängniszeit beigewohnt hat (Abs 2 S 1). Es muss nur bewiesen werden, dass Geschlechtsverkehr stattgefunden hat. Dessen Kausalität für die Schwangerschaft wird dann vermutet. Als Empfängniszeit gilt seit dem 1.7.98 die Zeit v 300. bis zum 181. Tag vor der Geburt des Kindes unter Einschluss dieser beiden Tage (Abs 3 S 1). Die Verkürzung der Frist (von früher 302 Tagen) dient der Rechtsvereinheitlichung in Europa. Praktische Auswirkungen hat sie nicht; denn Schwangerschaften v einer derartigen Länge kommen heute idR nicht mehr vor, weil v ärztlicher Seite vorher die Geburt eingeleitet wird. Kommt es doch einmal auf die Einhaltung der Frist an, ist entscheidend, wann das Kind die Geburt vollendet hat. Bei Mehrlingsgeburten reicht es aber, dass das erste Kind innerhalb der Frist geboren ist. Ist das Kind außerhalb der Frist nach Abs 2 S 1 geboren, muss nachgewiesen werden, dass die Empfängnis außerhalb des Zeitraums lag. Gelingt das, greift die Vaterschaftsvermutung wieder ein (Abs 3 S 2). 4

Greift die Vermutung nicht ein (weil zB der Geschlechtsverkehr in der Empfängniszeit streitig ist und nicht bewiesen werden kann) oder weil trotz der Vermutung schwerwiegende Zweifel an der Vaterschaft verbleiben (Abs 2 S 2), muss die **Vaterschaft positiv** 5 festgestellt werden. Das wichtigste Beweismittel ist dafür das Sachverständigengutachten. Insoweit kommen verschiedene Untersuchungsmethoden in Betracht, die unterschiedliche Zuverlässigkeitsgrade aufweisen. Ggf ist die Sicherheit der Aussage durch die Kombination mehrerer Untersuchungsmethoden zu erhöhen. Am unzuverlässigsten sind Gutachten über den Reifegrad oder die Zeugungsfähigkeit des Mannes; denn durch sie lässt sich regelmäßig nicht mit ausschließen, dass der Mann auch zum Empfängniszeitpunkt vollkommen zeugungsunfähig war. Anthropologisch-erbbiologische Gutachten haben den Nachteil, dass sie erst erstellt werden können, wenn das Kind ein gewisses Alter hat. Ihre Ergebnisse sind ebenfalls nicht immer zweifelsfrei. Die größte Zuverlässigkeit weisen heute Blut- und Gewebeuntersuchungen auf. Dabei werden die klassischen Blutgruppenuntersuchungen (HLA-Gutachten) zunehmend durch die immer größere Zuverlässigkeit erlangenden und preiswerter werdenden **DNA-Gutachten** verdrängt. Diese haben den Vorteil, dass die Untersuchung relativ einfach auch auf weitere DNA-Abschnitte erstreckt werden kann, wodurch nahezu immer eindeutige Ergebnisse erzielt werden können. Lediglich bei Geschlechtsverkehr mit eineiigen Zwillingen kann auch durch eine DNA-Analyse im Regelfall die Frage der Vaterschaft nicht mit hinreichender Sicherheit geklärt werden (vgl OLG Celle FamRZ 13, 1669).

6 Die für die Begutachtung erforderlichen **Blut- oder Gewebeprobe** müssen sich die als Väter in Betracht kommenden Personen entnehmen lassen, wenn die Untersuchung ohne Gefährdung der Gesundheit erfolgen kann (§ 178 FamFG). Bei Weigerung kann Zwang ausgeübt werden.

7 Die **für eine Vaterschaftsfeststellung erforderliche Gewissheit** ist regelmäßig erst bei einer sehr hohen Vaterschaftswahrscheinlichkeit gegeben. Für den Normalfall wurde eine biostatistische Wahrscheinlichkeit jedenfalls v mehr als 99,85 % als ausreichend angesehen (OLG Hamburg DAVorm 85, 147; 86, 81). Gelegentlich wurde eine Vaterschaftsfeststellung aber auch bei geringeren Wahrscheinlichkeitswerten ab 99,73 % vorgenommen (BGH NJW 1974, 606; OLG Hamm FamRZ 94, 649). Dem ist für den Fall zuzustimmen, dass keine Anhaltspunkte ernsthaft für die Vaterschaft eines anderen Mannes sprechen. In Ausnahmefällen, in denen die Mutter des Kindes mit sehr vielen Männern innerhalb der Empfängniszeit Geschlechtsverkehr hatte (zB Prostituierte), ist dag eine weit höhere Wahrscheinlichkeit zu verlangen. Der BGH hat richtigerweise in einem solchen Fall einmal eine Wahrscheinlichkeit v 99,99 % nicht ausreichen lassen, weil noch Umstände gegen die Vaterschaft sprachen, deren Bedeutung das vorinstanzliche Gericht nicht geklärt hatte (BGH NJW 87, 2296).

§ 1600 e (aufgehoben)

Titel 3
Unterhaltspflicht

Vorbemerkung zu §§ 1601–1615 o

1 §§ 1601–1615 o **regeln die Unterhaltspflicht unter Verwandten.** §§ 1601–1615 gelten dabei für alle Verwandten, §§ 1615 a ff nur für Kinder v nicht miteinander verheirateten Eltern (nichteheliche Kinder alten Rechts). Derartige Sonderregelungen gibt es aber im BGB nicht mehr. Die letzte Spezialnorm, durch die eine besondere einstweilige Regelungsmöglichkeit für den Unterhaltsanspruch für die unmittelbare Zeit nach der Geburt des Kindes bereitgestellt wurde (§ 1615 o I aF), wurde durch das FGG-RG in das FamFG eingegliedert (vgl § 237 FamFG). Die übrigen Besonderheiten für Kinder nicht miteinander verheirateter Eltern, die bis zum 30.6.98 in §§ 1615 a ff enthalten waren, waren schon durch das am 1.7.98 in Kraft getretene KindschaftsrechtsreformG (v 16.12.97, BGBl I 2942) und das KindesunterhaltsG (v 6.4.98, BGBl I 666) beseitigt worden. Übrig geblieben sind damit nur noch Ansprüche der nichtehelichen Mutter (bzw des nichtehelichen Vaters, wenn dieser das Kind versorgt).

2 **Ergänzt** wird das Verwandtenunterhaltsrecht durch die Regelungen des Familienunterhalts bei bestehender Ehe während der Lebensgemeinschaft (§§ 1360–1360 b), den

Ausbildungsunterhaltsanspruch der Stiefkinder (§ 1371 IV, vgl § 1371 Rn 6) und die Regelungen über die Verwendung v Einkünften des Gesamtguts (§ 1420) und des Kindesvermögens (§ 1649). Entsprechende Regelungen für Lebenspartnerschaften nach dem LPartG enthalten §§ 5, 12, 16 LPartG.

Prinzip des Verwandtenunterhalts ist, dass ein Unterhaltsanspruch nur dann besteht, 3 wenn der Anspruchsteller bedürftig ist, dh nicht dazu in der Lage ist, seinen Lebensbedarf selbst zu decken, und der in Anspruch Genommene leistungsfähig ist, dh den Unterhalt leisten kann, ohne seinen eigenen Unterhalt zu gefährden. Dabei wird danach differenziert, wie hilfsbedürftig der Unterhalt Begehrende ist, wobei allerdings eine typisierende Betrachtung greift: minderjährigen unverheirateten Kindern und in der Ausbildung befindlichen Kindern bis zur Vollendung des 21. Lebensjahrs (§ 1603 II) gegenüber ist ein Unterhaltspflichtiger zu viel größeren Einschränkungen verpflichtet als gegenüber den übrigen volljährigen Kindern oder gegenüber Verwandten in aufsteigender Linie (Einzelheiten: § 1603 Rn 6 ff).

Wie im Geschiedenenunterhaltsrecht wird auch die Praxis des Unterhaltsrechts durch 4 die **Düsseldorfer Tabelle** (derzeitiger Stand: 1.1.13) und die v den Oberlandesgerichten herausgegebenen Leitlinien dazu bestimmt. Die Tabelle ist aber nicht verbindlich, sondern nur eine Orientierungshilfe, v der bei Besonderheiten im Einzelfall abgewichen werden kann und muss. Ihr Zweck ist es allein, die Entscheidungspraxis der Gerichte zu vereinheitlichen. Die Tabelle wird jeweils aktualisiert, wenn sich wegen Anpassung der Werte des steuerlichen Existenzminimums neue Mindestunterhaltssätze ergeben, jetzt also jährlich zum 1.1. Im Jahr 2014 ergeben sich insoweit allerdings Probleme, weil noch nicht bekannt ist, wie die neue Bundesregierung die Kinderfreibetragssätze verändern wird, diese aber (wegen § 1612 a) für die Berechnung der Unterhaltssätze maßgebend sind. Es ist deswegen vorläufig noch die Tabelle 2013 anzuwenden.

Vereinbarungen der Beteiligten über den Unterhalt sind jedenfalls dann möglich, wenn 5 sie den Anspruch nur ausgestalten sollen (BGH NJW 86, 374). Ein Formerfordernis besteht nicht. Für die Vergangenheit (nicht die Zukunft, § 1614 I) kann auch auf Unterhalt verzichtet werden.

Die für die Unterhaltsbeziehung **maßgebliche Rechtsordnung** richtet sich nach dem 6 Haager Unterhaltsprotokoll, das am 18.6.11 in Kraft getreten ist. Zu Einzelh siehe die Kommentierung des Unterhaltsprotokolls.

Verfahren. Für die Geltendmachung der Unterhaltsansprüche unter Verwandten und 7 der Ansprüche nach §§ 1615 l ff ist das Familiengericht ausschließlich zuständig (§§ 111 Nr 8, 231 Nr 1, 3 FamFG). Bei Änderung der Umstände nach dem Zustandekommen des Unterhaltstitels kann ein Abänderungsantrag (§§ 238 ff FamFG, früher § 323 ZPO) gestellt werden. Seit dem 1.7.98 steht für den Unterhalt aller (nicht nur der nichtehelichen) minderjährigen Kinder ein vereinfachtes Verfahren zur Verfügung (§ 1612 a, §§ 249 ff FamFG), das es ermöglicht, auf einfache Art einen Unterhaltstitel zu erlangen, der sich durch die Veränderung des gesetzlichen Mindestunterhalts automatisch an Veränderungen der allg Lebensumstände anpasst.

Untertitel 1
Allgemeine Vorschriften

§ 1601 Unterhaltsverpflichtete

Verwandte in gerader Linie sind verpflichtet, einander Unterhalt zu gewähren.

Die Vorschrift enthält die **Grundnorm für den Verwandtenunterhalt**, indem sie anord- 1 net, dass Verwandte in gerader Linie verpflichtet sind, einander Unterhalt zu gewähren. Aus ihr ergibt sich damit einerseits die Begrenzung der Unterhaltspflicht auf bestimmte Verwandte, andererseits aber auch das Prinzip der Gegenseitigkeit. Trotzdem darf das Unterhaltsverhältnis nicht als Leistungs- und Gegenleistungsverhältnis missverstanden werden. Ein Unterhaltsanspruch setzt nicht voraus, dass der Berechtigte be-

reits Unterhalt geleistet hat oder dass auch nur die Wahrscheinlichkeit besteht, dass er einmal in diese Situation kommen wird.
2 Der Unterhaltsanspruch setzt voraus, dass der Unterhalt Begehrende und der in Anspruch Genommene miteinander **in gerader Linie verwandt** sind, also voneinander abstammen (§ 1589, 1). Die Voraussetzung ist auch erfüllt, wenn die Verwandtschaft durch Annahme begründet wurde (§§ 1741 ff). Unterhaltsansprüche können gegen Aszendenten wie gegen Deszendenten bestehen. Auf den Grad der Verwandtschaft kommt es nicht an. Ggf sind daher auch Urenkel für ihre Urgroßeltern unterhaltspflichtig (und umgekehrt). Das kann Spannungen zum Sozialhilferecht mit sich bringen, weil dort der Übergang v Unterhaltsansprüchen auf den Sozialhilfeträger auf Ansprüche gegen Verwandte ersten Grades beschränkt ist. Soweit der Sozialhilfeträger Ansprüche nicht überleiten kann, ist die Konkurrenz zwischen Sozialhilfe und Unterhaltsrecht dadurch aufzulösen, dass die Sozialhilfe bedarfsmindernd auf den Unterhalt angerechnet wird, damit der Unterhaltsberechtigte nicht insgesamt mehr erhält als ihm zusteht (Staudinger/Kappe/Engler § 1602 Rn 2; aA BGHZ 115, 230, der § 242 anwendet).
3 **Kein Unterhaltsanspruch** besteht zwischen Verwandten in der Seitenlinie, also zB zwischen Geschwistern, gegenüber Stiefeltern oder -kindern (BGH NJW 69, 2007) und Schwägern.

§ 1602 Bedürftigkeit

(1) Unterhaltsberechtigt ist nur, wer außerstande ist, sich selbst zu unterhalten.
(2) Ein minderjähriges unverheiratetes Kind kann von seinen Eltern, auch wenn es Vermögen hat, die Gewährung des Unterhalts insoweit verlangen, als die Einkünfte seines Vermögens und der Ertrag seiner Arbeit zum Unterhalt nicht ausreichen.

1 I. § 1602 stellt das Prinzip auf, dass **Unterhalt nur verlangen kann, wer bedürftig**, also nicht selbst dazu in der Lage ist, seinen eigenen angemessenen Unterhalt zu bestreiten (Abs 1). Für minderjährige unverheiratete Kinder wird das insofern modifiziert, als v ihnen nicht verlangt wird, den Stamm ihres Vermögens für ihren Unterhalt einzusetzen (Abs 2).
2 II. 1. Unterhaltsberechtigt ist nur, wer bedürftig ist (Abs 1), sich also **weder aus seinem Einkommen noch aus seinem Vermögen** angemessen (§ 1610) unterhalten kann.
3 a) **Vermögen** ist in vollem Umfang einzusetzen. Einsatzfrei ist nur ein „Notgroschen" als Reserve für unvorhergesehene Zwischenfälle. Dieser Betrag darf den Monatsunterhalt nicht übersteigen (großzügiger OLG Karlsruhe FamRZ 12, 1573: identisch mit den Schonbeträgen nach SGB II). Soweit das Vermögen nicht aus Geld besteht, muss es verwertet werden. Dem Unterhalt Begehrenden kann in diesem Fall aber eine Schonfrist eingeräumt werden (mit der Folge, dass in dieser Zeit ein Anspruch besteht), um die unwirtschaftliche Verschleuderung zu vermeiden. Die Länge der Frist richtet sich nach den Umständen des Einzelfalls, vor allem nach der Leistungsfähigkeit des Verpflichteten. Im Übrigen kommt es dafür für die Frage des Vermögenseinsatzes auf die Leistungsfähigkeit des Verpflichteten nicht an. Das Vermögen ist daher auch zu verwerten, wenn der Verpflichtete in so günstigen Verhältnissen lebt, dass er den Unterhalt leicht leisten könnte (OLG Düsseldorf FamRZ 90, 1137).
4 b) Als **Einkommen** einzusetzen ist zunächst das Arbeitseinkommen. Das gilt unabhängig davon, ob die Erwerbstätigkeit zumutbar ist; entscheidend ist nur der tatsächliche Zufluss (aA OLG Köln NJW-RR 96, 707). Der Unterhaltsberechtigte ist verpflichtet, seine Arbeitskraft voll auszunutzen und möglichst hohe Einkommen zu erzielen. Die Maßstäbe sind insoweit strenger als beim Geschiedenenunterhalt (§ 1570 Rn 5). Auch die Betreuung eines Kindes schließt daher die Verpflichtung zur Erwerbstätigkeit nicht immer aus (OLG Hamm NJW-RR 91, 580), zu berücksichtigen ist aber die Wertung des Gesetzgebers, dass ein Kind in den 3 ersten Lebensjahren grds v der Mutter betreut werden können soll (OLG Köln NJW 13, 2448). Minderjährige, die sich nicht in einer Ausbildung befinden, sind uneingeschränkt erwerbspflichtig, volljährige in der Ausbil-

dung befindliche Kinder dann, wenn sie wegen der Eigenart ihrer Ausbildung erwerbstätig sein können (OLG Hamburg FamRZ 06, 503: Besuch einer Abendschule). In der Wartezeit zwischen Abitur und unmittelbarer Studienaufahme besteht keine Erwerbsobliegenheit, bei anderen Wartezeiten dag schon (OLG Karlsruhe FamRZ 12, 1648). Wird eine zumutbare Erwerbstätigkeit unterlassen, werden die Einkünfte, die daraus hätten erzielt werden können, als fiktives Einkommen zugerechnet (BGHZ 93, 127).

Zuwendungen Dritter reduzieren die Bedürftigkeit, wenn sie dem Unterhaltsberechtigten endgültig verbleiben sollen und nicht zu einem Anspruchsübergang (§§ 1606 ff, § 94 SGB XII, § 33 SGB II) führen. Entscheidend ist, ob der Dritte den Unterhaltspflichtigen entlasten will. Ein Anspruch auf die Leistung des Dritten braucht nicht zu bestehen. Anzurechnen sind daher zB auch freiwillige Leistungen des Partners einer nichtehelichen Lebensgemeinschaft (OLG Koblenz FamRZ 91, 1469; aA OLG Celle FamRZ 93, 352), Ausbildungsbeihilfen v Verwandten, Stipendien (OLG Bamberg FamRZ 86, 1028) und Leistungen aus Ausbildungsfonds (OLG München FamRZ 92, 213), Schmerzensgeld und Schadensersatzrenten (beachte § 1610 a). 5

Bei **öffentlich-rechtlichen Leistungen** ist nach deren Zweck und Ausgestaltung zu differenzieren. Renten wegen Alters und Erwerbsunfähigkeit mindern die Bedürftigkeit in vollem Umfang. Das Gleiche gilt für Wohngeld, Leistungen, soweit kein Anspruchsübergang stattfindet (selbst dann, wenn die Leistung nur in einem Darlehen besteht, BGH NJW 85, 2331), Waisenrenten (BGH NJW 81, 168), Arbeitslosen- und Krankengeld. Zur Anrechnung v Kindergeld s § 1612 b, v ähnlichen öffentlichrechtlichen Leistungen § 1612 c. Nicht bedürftigkeitsmindernd wirken subsidiäre öffentlich-rechtliche Leistungen, vor allem Sozialhilfe (wegen des Anspruchsübergangs nach § 94 SGB XII, anders, wenn kein Anspruchsübergang erfolgt, § 1601 Rn 2), Leistungen nach dem UnterhaltsvorschussG (wegen des Anspruchsübergangs nach § 7 UVG) und der Ausbildungsförderung, soweit ein Anspruchsübergang erfolgt ist. 6

2. Besonderheiten bei unverheirateten minderjährigen Kindern bestehen insoweit, als diese nicht verpflichtet sind, den Stamm ihres Vermögens für ihren Unterhalt zu verwenden (Abs 2). In der Ausbildung befindliche, dem Hausstand des Unterhaltsberechtigten angehörende Kinder bis zur Vollendung des 21. Lebensjahres (§ 1603 II 2) stehen den minderjährigen unverheirateten Kindern insofern nicht gleich, sind also zur Verwertung des Vermögensstamms verpflichtet. Unverheiratet ist das Kind nur vor einer Eheschließung; auch die Aufhebung oder Scheidung der Ehe führt diesen Status nicht wieder herbei. 7

§ 1603 Leistungsfähigkeit

(1) Unterhaltspflichtig ist nicht, wer bei Berücksichtigung seiner sonstigen Verpflichtungen außerstande ist, ohne Gefährdung seines angemessenen Unterhalts den Unterhalt zu gewähren.
(2) ¹Befinden sich Eltern in dieser Lage, so sind sie ihren minderjährigen unverheirateten Kindern gegenüber verpflichtet, alle verfügbaren Mittel zu ihrem und der Kinder Unterhalt gleichmäßig zu verwenden. ²Den minderjährigen unverheirateten Kindern stehen volljährige unverheiratete Kinder bis zur Vollendung des 21. Lebensjahrs gleich, solange sie im Haushalt der Eltern oder eines Elternteils leben und sich in der allgemeinen Schulausbildung befinden. ³Diese Verpflichtung tritt nicht ein, wenn ein anderer unterhaltspflichtiger Verwandter vorhanden ist; sie tritt auch nicht ein gegenüber einem Kind, dessen Unterhalt aus dem Stamme seines Vermögens bestritten werden kann.

I. Die Norm bildet als Ausprägung des Verhältnismäßigkeitsprinzips (BVerfG FPR 02, 14) das **Gegenstück zu § 1602 für den Unterhaltspflichtigen**. Sie verlangt v Unterhaltspflichtigen, dass er ebenfalls alle Kräfte anspannt, um den Bedarf des Berechtigten zu stillen. Er muss daher sein Einkommen und sein Vermögen bis zur Grenze des eigenen (angemessenen, § 1610) Unterhalts einsetzen (Abs 1). Gegenüber Kindern besteht eine noch gesteigerte Unterhaltspflicht: Die Eltern sind verpflichtet, für ihre minderjährigen 1

§ 1603

unverheirateten (Abs 2 S 1) und die diesen gleichgestellten in Ausbildung befindlichen Kinder (Abs 2 S 2) alle verfügbaren Mittel gleichmäßig zu verwenden. Das bedeutet den Einsatz aller Mittel bis zur Gefährdung des eigenen notwendigen Unterhalts. v den volljährigen Kindern privilegiert sind nur solche, die das 21. Lebensjahr noch nicht vollendet haben, im Haushalt der Eltern oder wenigstens eines Elternteils leben und sich in der allg Schulausbildung befinden. Nicht privilegiert sind deswegen Kinder unterhalb der Altersgrenze, wenn sie in einer eigenen Wohnung leben oder wenn sie sich in einer Ausbildung befinden, die nicht mehr der allg Schulausbildung zuzurechnen ist (OLG Dresden FamRZ 05, 1004: Besuch einer Berufsfachschule).

2 II. 1. Der Unterhaltspflichtige muss zum Unterhalt sowohl sein **Einkommen als auch sein Vermögen einsetzen.** a) Zum **Vermögen** gehören alle geldwerten Gegenstände des Unterhaltspflichtigen. Sofern es sich nicht um Geld handelt, sind sie zu veräußern. Eine Schonfrist kann eingeräumt werden, damit eine Verschleuderung unterbleibt (BGH NJW 86, 1345). Der zu schonende Notgroschen ist beim Unterhaltspflichtigen aber größer. Eine Pflicht zur Vermögensveräußerung besteht auch nicht, wenn aus dem Vermögen erhebliche Einkünfte erzielt werden und deren Wegfall den künftigen Unterhalt gefährden würde. Das gilt sowohl beim Deszendenten- wie beim Aszendentenunterhalt (BGH FamRZ 04, 1184).

3 b) Zum **Einkommen** zählt, was der Unterhaltsverpflichtete erwirbt oder aus einer zumutbaren Arbeitstätigkeit erwerben könnte. Unterlässt er die Arbeit aus vorwerfbaren unterhaltsbezogenen Gründen, werden fiktive Einkünfte in entsprechender Höhe zugerechnet (wie § 1602 Rn 2; OLG Hamm NJW 98, 1084, OLG Naumburg FPR 03, 30). Das gilt etwa, wenn ein Unterhaltsschuldner seine Stelle wegen Strafhaft verliert, wenn diese gerade wegen eines Fehlverhaltens gegenüber dem Unterhaltsberechtigten verhängt wurde (BGH NJW 02, 1799, zB Körperverletzung, Unterhaltspflichtverletzung). Dag reicht es nicht, dass die Haft und damit der Arbeitsplatzverlust zu erwarten war (BGH FamRZ 00, 815; OLG Koblenz FamRZ 04, 1313).

3a Aus der Wertung des Abs 2 ergibt sich, dass bei einer Unterhaltspflicht für minderjährige unverheiratete Kinder und diesen gleichstehenden Kinder in Ausbildung bis zur Vollendung des 21. Lebensjahrs eine verstärkte Arbeitspflicht besteht. Ein unterhaltspflichtiger Elternteil darf deshalb in einer neuen Ehe grds nicht die Rolle des Haushaltsführenden übernehmen und auf eigene Einkünfte aus Erwerbstätigkeit verzichten (BGH FamRZ 06, 1827; OLG Schleswig FamRZ 89, 997; OLG Karlsruhe NJW-RR 94, 141). Reichen die Einkünfte aus einer regulären Beschäftigung nicht aus, um den Bedarf der Kinder zu stillen, muss ggf eine Nebentätigkeit aufgenommen werden (OLG Dresden FamRZ 05, 1584: sogar trotz eines arbeitsvertraglichen Verbots). Unzumutbare Anforderungen dürfen insoweit allerdings nicht gestellt werden. Mehr als 200 Stunden im Monat zu arbeiten, kann v niemandem verlangt werden (OLG Bamberg, FamRZ 05, 1114). Wenn durch einen Berufswechsel oder einen Umzug ein höheres Einkommen zu erzielen ist, besteht eine Verpflichtung dazu. Ein Selbständiger muss sich intensiv und nachhaltig um eine entsprechend vergütete unselbständige Arbeit bemühen, wenn sich abzeichnet, dass bei Fortführung seines Gewerbes kein ausreichendes Einkommen erzielt werden kann und die Gefahr der Insolvenz besteht (OLG Köln FamRZ 05, 1584). Auch das v Ehegatten gezahlte (oder zu zahlende) Taschengeld ist Einkommen. Deswegen kann sich eine Eheschließung zum Vorteil des Unterhaltsberechtigten auswirken, wenn dadurch der eigene Unterhalt des baruntehaltspflichtigen Elternteils gesichert wird (BGH NJW 02, 1646). Dass dies zu einer indirekten Unterhaltszahlung des Ehegatten des Unterhaltspflichtigen führt, ist systembedingt. Im Übrigen s § 1602 Rn 4 ff, zur Lage bei Gütergemeinschaft § 1604.

4 2. V den zur Verfügung stehenden Mitteln sind **abzusetzen:** a) der **Unterhalt** für gegenüber dem Unterhaltsberechtigten **vorrangig Berechtigte** (Rangfolge: § 1609).

5 b) V dem für den Unterhalt grds einzusetzenden Betrag sind auch sonstige **Schulden** abzuziehen, soweit der Zweck der Verbindlichkeit, ihr Entstehungszeitpunkt und ihre Dringlichkeit das rechtfertigen. Es entscheiden die Umstände des Einzelfalls; ein genereller Vorrang v Unterhaltsverpflichtungen gegenüber anderen Schulden besteht nicht (BGH NJW 82, 380; OLG Hamm FamRZ 95, 1218). Vor allem, wenn die Schulden zu einem Zeitpunkt eingegangen wurden, als der Unterhaltspflichtige v seiner (künftigen) Verpflichtung noch nichts wusste, kommt daher ein Vorabzug in Betracht. Ggf muss dann nur eine Umschuldung erfolgen, damit der Unterhaltsverpflichtete beiden Verpflichtungen nachkommen kann (BGH FamRZ 82, 232; OLG Bamberg FamRZ 97, 23). Ausgeschlossen v einer unterhaltsrechtlichen Berücksichtigung sind Schulden, die absichtlich eingegangen wurden, um die Leistungsfähigkeit zu vermindern und solche, die leichtfertig eingegangen wurden (OLG Hamm FamRZ 96, 959, OLG Karlsruhe FPR 03, 28), vor allem Spielschulden (OLG Hamm FamRZ 92, 1178).

c) Bei Unterhaltsverlangen v anderen Verwandten, die nicht minderjährige unverheiratete Kinder oder diesen gleichstehende Kinder bis 21 Jahren, die sich in der allg Schulausbildung befinden, sind, also auch bei Kindern ab 21 Jahren, ist schließlich der eigene **angemessene Unterhalt** des Unterhaltspflichtigen v dem für den Unterhalt zur Verfügung stehenden Betrag abzuziehen. Die Höhe des angemessenen Unterhalts bestimmt sich nach § 1610. Die Düsseldorfer Tabelle setzt bei einem Unterhaltsverlangen v Deszendenten 1.200 EUR an. Es zeichnet sich aber hier eine Entwicklung ab, die zumindest bei Unterhaltsansprüchen entfernterer Verwandter (zB im Verhältnis Großeltern-Enkel) zu einer für den Unterhaltspflichtigen noch günstigeren Lösung führt. Der BGH hat insoweit bereits die Ansicht vertreten, dass Großeltern gegenüber ihren Enkeln dieselbe Selbstbehalte zugebilligt werden müssen wie Verwandten gegenüber ihren Aszendenten zustehen (BGH FamRZ 06, 26 im Anschluss an OLG Schleswig FamRZ 04, 1060 m Anm Luthin; OLG Hamm FamRZ 05, 58). Zu den Sätzen vgl die folgende Rn. 6

Bei **Unterhaltsverlangen v Aszendenten** ist die Rspr nämlich schon bislang großzügiger gewesen. Der BGH sprach früher nur v einem maßvollen Zuschlag (BGH FamRZ 92, 795). Die Praxis der unterinstanzlichen Gerichte lag dann aber bei einem Zuschlag v etwa 30 % gegenüber dem Deszendentenunterhalt (Zusammenstellung: Menter FamRZ 97, 919 ff; Miesen FF 00, 199; OLG Oldenburg NJW 00, 524: 25 %). Die Düsseldorfer Tabelle erlaubt heute einen Selbstbehalt v 1.600 EUR zuzüglich der Hälfte des darüber hinausgehenden Einkommens (bei Zusammenlebensvorteilen 45 %) und setzt für den Bedarf des zusammenlebenden Ehegatten mindestens 1.280 EUR an. Der BGH (NJW 03, 128) nimmt an, dass diese Erhöhung des Selbstbehalts um 50 % nicht als rechtsfehlerhaft angesehen werden kann, betont aber zugleich, dass es immer auf eine Einzelfallbetrachtung ankommt. Vor allem stellt er jetzt auch die Beträge frei, die der auf Unterhalt in Anspruch Genommene benötigt, um eine angemessene Altersversorgung aufzubauen. Dazu gehören nicht nur die Sozialversicherungsbeiträge, sondern außerdem ca. 5 % des Bruttoeinkommens, weil die primäre Altersversorgung nicht reichen würde, im Alter einen angemessenen Lebensstandard aufrecht zu erhalten (BGH FamRZ 04, 792; 13, 1554). Zur Berechnung des Betrages für den Fall, dass das Kind und sein Ehegatte Einkommen erzielen s BGH FamRZ 10, 1535. Nicht angegriffen werden muss auch der Wert einer selbstgenutzten Immobilie (BGH FamRZ 13, 1554). Für den Normalfall scheiden damit Unterhaltsansprüche v Aszendenten aus. An deren Stelle treten zur Versorgung des Bedürftigen die Leistungen nach §§ 41 ff SGB XII (entsprechend dem früheren Grundsicherungsgesetz v 26.6.01, BGBl I 1310, 1355). 7

d) Zu Mehraufwendungen bei **Körper- und Gesundheitsschäden** s § 1610a. 8

e) **Kosten des Umgangs** mit dem Unterhaltsberechtigten sind grds nicht als die Leistungsfähigkeit reduzierend zu berücksichtigen (BGH NJW 95, 717). Umgangskosten fallen dem Umgangsberechtigten zur Last. Das kann nur ausnahmsweise aus Billigkeitsgründen anders sein, wenn es sonst dem Unterhaltspflichten unmöglich gemacht würde, mit seinem Kind Umgang zu haben (OLG Karlsruhe FPR 03, 28). 9

3. **Gegenüber minderjährigen unverheirateten Kindern** besteht grds eine verschärfte Unterhaltspflicht (Abs 2 S 1). Seit 1.7.98 gilt das Gleiche für volljährige unverheiratete Kinder bis zur Vollendung des 21. Lebensjahres, solange sie im Haushalt der Eltern oder eines Elternteils leben und sich in der allg Schulausbildung befinden (Abs 2 S 2). Um eine allg Schulausbildung handelt es sich, wenn das Ausbildungsziel auf einen allg Schulabschluss, nicht ein konkretes Berufsziel gerichtet ist, wenn durch die zeitliche Beanspruchung die Arbeitskraft des Schülers im Wesentlichen beansprucht wird und die 10

Organisationsstruktur der Ausbildung den Besuch eines kontrollierten Unterrichts erfordert (BGH NJW 01, 2633). Dazu gehören jedenfalls die gymnasiale Oberstufe, die Fachoberschule und die höhere Handelsschule (BGH NJW 02, 2026).

11 Die **erhöhte Unterhaltpflicht** besagt, dass der Unterhaltspflichtige **alle für den Unterhalt zur Verfügung stehenden Mittel gleichmäßig** für seinen und den Unterhalt des Unterhaltsberechtigten verwenden muss. Das gilt auch, wenn auf diese Weise der eigene angemessene Unterhalt nicht gesichert werden kann. Erst die Gefährdung des notwendigen Unterhalts bildet die Grenze. Diese orientiert sich an der Sozialhilfe (BGH NJW 84, 1614). Die Düsseldorfer Tabelle setzt 800 EUR (nicht erwerbstätiger Unterhaltspflichtiger) bzw. 1.000 EUR (erwerbstätiger Unterhaltspflichtiger) an. Auch bei der Abwägung, ob Schulden zu berücksichtigen sind, ist im Fall des Abs 2 ein härterer Maßstab anzulegen, als bei anderen Verwandten. Zu den verschärften Anforderungen an einen Erwerb durch Arbeit s Rn 3.

12 Die **erweiterte Haftung** des Unterhaltspflichtigen gilt **nicht**, wenn ein **anderer unterhaltspflichtiger Verwandter** vorhanden ist (Abs 2 S 3 1. Halbs). Das kann auch der andere Ehegatte sein. Bei Gefährdung des angemessenen Unterhalts des Verpflichteten ändert sich das Rangverhältnis der Unterhaltspflichtigen also und ein an sich nachrangig Verpflichteter muss eintreten. Das gilt aber nur, wenn dieser Verwandte selbst leistungsfähig ist. Ist er es nicht, bleibt es bei der erhöhten Leistungspflicht der Eltern.

13 Die erhöhte Leistungspflicht besteht auch nicht gegenüber einem Kind, dessen Unterhalt aus dem **Stamm seines Vermögens** bestritten werden kann (Abs 2 S 3 2. Halbs, Ausnahme zu § 1602 II).

§ 1604 Einfluss des Güterstands

¹Lebt der Unterhaltspflichtige in Gütergemeinschaft, bestimmt sich seine Unterhaltspflicht Verwandten gegenüber so, als ob das Gesamtgut ihm gehörte. ²Haben beide in Gütergemeinschaft lebende Personen bedürftige Verwandte, ist der Unterhalt aus dem Gesamtgut so zu gewähren, als ob die Bedürftigen zu beiden Unterhaltspflichtigen in dem Verwandtschaftsverhältnis stünden, auf dem die Unterhaltspflicht des Verpflichteten beruht.

1 § 1604 regelt die Besonderheiten, die sich aus der Gütergemeinschaft für das Unterhaltsrecht ergeben. Im Geschiedenenunterhaltsrecht gilt er entsprechend (§ 1583). Der Unterhaltsschuldner wird auch bezüglich des Gesamtguts so behandelt, als sei er Alleineigentümer (S 1). Hinsichtlich seines Vorbehalts- und seines Sonderguts ist er das ohnehin. Die Unterhaltspflicht ist Gesamtgutsverbindlichkeit (§§ 1437 I, 1459 I), muss aber bei Auseinandersetzung des Gesamtguts ausgeglichen werden (§§ 1441 I Nr 2, 1463 Nr 2). Sind beide Ehegatten unterhaltspflichtig, wird fingiert, dass das Verwandtschaftsverhältnis aller Unterhaltsberechtigten zu beiden besteht (S 2). Rangfolge der Unterhaltsberechtigten: § 1609.

§ 1605 Auskunftspflicht

(1) ¹Verwandte in gerader Linie sind einander verpflichtet, auf Verlangen über ihre Einkünfte und ihr Vermögen Auskunft zu erteilen, soweit dies zur Feststellung eines Unterhaltsanspruchs oder einer Unterhaltsverpflichtung erforderlich ist. ²Über die Höhe der Einkünfte sind auf Verlangen Belege, insbesondere Bescheinigungen des Arbeitgebers, vorzulegen. ³Die §§ 260, 261 sind entsprechend anzuwenden.
(2) Vor Ablauf von zwei Jahren kann Auskunft erneut nur verlangt werden, wenn glaubhaft gemacht wird, dass der zur Auskunft Verpflichtete später wesentlich höhere Einkünfte oder weiteres Vermögen erworben hat.

1 I. Die Norm räumt Verwandten in gerader Linie gegeneinander **Ansprüche auf Auskunftserteilung** über Einkommen und Vermögen ein. Sie sollen vor einem Rechtsstreit

die Chancen einschätzen können, um eine unnötige Befassung der Gerichte zu vermeiden.

II. 1. Voraussetzung des Anspruchs ist, a) dass Anspruchsteller und Anspruchsgegner miteinander **in gerader Linie verwandt** (§ 1589, 1) sind. Ein Anspruch gegen Verwandte in der Seitenlinie (§ 1589, 2, zB Geschwister) besteht selbst dann nicht, wenn v deren Leistungsfähigkeit die Höhe der eigenen Verpflichtung abhängt (Hauptfall: unterhaltsberechtigte Eltern mit mehreren unterhaltsverpflichteten Kindern). Der BGH wendet im Verhältnis v Eheleuten untereinander § 242 an (BGH NJW 88, 1906).

b) Die Auskunft muss **verlangt** werden. Eine Pflicht zur ungefragten Auskunft kann sich nur aus § 242 ergeben. Unaufgefordert meldepflichtig ist zB die Aufnahme einer Erwerbstätigkeit (OLG Hamburg FamRZ 87, 1044), der Abbruch einer Ausbildung, die Eheschließung, die Eingehung einer Lebenspartnerschaft und das Zusammenleben mit einem neuen Lebensgefährten (sofern unterhaltsrelevant). Immer muss es sich um so schwere Gründe handeln, dass dem Unterhaltspflichtigen die Weiterleistung des Unterhalts trotz Eintritts der Tatsache, die Gegenstand der Informationspflicht ist, auch für kurze Zeit unzumutbar wäre.

c) Seit der letzten Auskunft müssen **zwei Jahre** vergangen sein, es sei denn, der Anspruchsteller hat Anhaltspunkte dafür, dass der Verpflichtete seit Erteilung der letzten Auskunft wesentlich höhere Einkünfte erzielt oder weiteres Vermögen erworben hat (Abs 2).

2. Der Auskunftsanspruch **bezieht sich** nicht nur auf Einkommen und Vermögen, sondern auch auf andere unterhaltsrelevante Umstände in der Person des in Anspruch Genommenen (OLG Karlsruhe FamRZ 90, 756). Tatsachen, die sich auf einen Dritten (zB den Ehegatten des in Anspruch Genommenen) beziehen, fallen dag nicht unter die Auskunftspflicht (OLG Karlsruhe FamRZ 93, 1481). Angegeben werden müssen nur das Vermögen und das Einkommen im Zeitpunkt des Auskunftsverlangens, nicht aber früher vorhandenes oder erzieltes (OLG Karlsruhe FamRZ 86, 271; OLG Hamburg FamRZ 85, 394). Außerdem ist der Auskunftsanspruch entsprechend seinem Zweck begrenzt, die Grundlagen für einen Unterhaltsstreit klarzustellen. Steht fest, dass ein Unterhaltsanspruch (wegen Einkommens oder Vermögens des Berechtigten) nur in einer bestimmten (niedrigen) Höhe bestehen kann, besteht auch der Auskunftsanspruch nur soweit, wie das Einkommen und das Vermögen für den verbleibenden Unterhaltsrest relevant sein können. Scheidet ein Unterhaltsanspruch aus, besteht auch kein Auskunftsanspruch.

3. Die Auskunft ist in Form einer **geordneten Aufstellung** zu erteilen (Abs 1 S 3, §§ 259 f; BGH NJW 83, 2243). Sie muss schriftlich abgefasst und eigenhändig unterschrieben werden (OLG München FamRZ 96, 307). Über die Einkünfte sind auf Verlangen Belege, vor allem Bescheinigungen des Arbeitgebers, vorzulegen (Abs 1 S 2). Im Regelfall reicht aber die Vorlage der Lohnsteuerbescheinigung. Bei Zweifeln an der sorgfältigen Erstellung des Verzeichnisses ist die Richtigkeit und Vollständigkeit an Eides statt zu versichern (Abs 1 S 3, § 259 II).

4. Wird die Auskunftspflicht schuldhaft nicht, zu spät oder schlecht erfüllt, besteht nach allg Regeln (§§ 280, 826) eine **Schadensersatzpflicht** (BGH NJW 84, 868). Zu viel gezahlter Unterhalt ist nach § 812 zu erstatten.

III. Verfahren: Nach § 235 FamFG kann das Familiengericht den Beteiligten eines Unterhaltsverfahrens aufgeben, unter Vorlage entsprechender Belege Auskunft über ihr Einkommen und die persönlichen wirtschaftlichen und persönlichen Verhältnisse zu erteilen, die für die Beurteilung des Unterhaltsanspruchs wesentlich sind. Kommt der Beteiligte der Aufforderung nicht nach, kann das Gericht über bestimmte relevante Umstände selbst Auskunft einholen (§ 236 FamFG).

§ 1606 Rangverhältnisse mehrerer Pflichtiger

(1) Die Abkömmlinge sind vor den Verwandten der aufsteigenden Linie unterhaltspflichtig.

§ 1607

(2) Unter den Abkömmlingen und unter den Verwandten der aufsteigenden Linie haften die näheren vor den entfernteren.
(3) ¹Mehrere gleich nahe Verwandte haften anteilig nach ihren Erwerbs- und Vermögensverhältnissen. ²Der Elternteil, der ein minderjähriges unverheiratetes Kind betreut, erfüllt seine Verpflichtung, zum Unterhalt des Kindes beizutragen, in der Regel durch die Pflege und die Erziehung des Kindes.

1 **I. Die Vorschrift regelt das Rangverhältnis unter den wegen Verwandtschaft Unterhaltsverpflichteten.** Der vorgehende schließt die nachrangigen Verwandten grds v der Leistungspflicht aus. Etwas anderes gilt nur, wenn der vorrangig Haftende nicht leistungsfähig oder die Rechtsverfolgung gegen ihn im Inland erschwert ist. Dann lebt die Haftung des nachrangig Haftenden auf (§ 1607 I, II 1). Wird ein nachrangiger Verwandter wegen Erschwerung der Rechtsverfolgung in Anspruch genommen, geht der Unterhaltsanspruch gegen den an sich Unterhaltsverpflichteten auf ihn über (§ 1607 II 2). Zum Verhältnis zum unterhaltspflichtigen Ehegatten s § 1608, zur Reihenfolge v Unterhaltsberechtigten § 1609.

2 **II. Das Rangverhältnis unter Verwandten** bestimmt sich nach der Aszendenz bzw Deszendenz und danach, wer näher mit dem Unterhaltsberechtigten verwandt ist. Die Abkömmlinge des Unterhaltsberechtigten haften vor seinen Verwandten aufsteigender Linie (Abs 1). Verwandte aufsteigender Linie (Eltern, Großeltern, Urgroßeltern ...) sind also v der Unterhaltspflicht ausgeschlossen, solange ein leistungsfähiger Abkömmling (Kinder, Enkel, Urenkel ...) vorhanden ist. Unter den Abkömmlingen haften die näher verwandten vor den entfernteren, also Kinder vor Enkeln vor Urenkeln. Entsprechendes gilt für die Aszendenten: Eltern haften vor Großeltern vor Urgroßeltern (Abs 2). Dabei kann auch der betreuende Elternteil selbst in die Betrachtung einbezogen werden: Die Großeltern haften solange nicht, wie der betreuende Elternteil noch haftet (BGH FamRZ 08, 137; MDR 11, 728).

3 Sind mehrere **ranggleiche Verwandte** vorhanden, haften diese **anteilig** nach ihren Erwerbs- und Vermögensverhältnissen (Abs 3 S 1). Es liegt also nur eine Teilschuld, nicht aber eine Gesamtschuld vor (BGH NJW 71, 1983), und der Unterhaltsberechtigte muss alle Verpflichteten in Anspruch nehmen, um seinen Bedarf zu decken. Er kann sich nicht darauf beschränken, den Unterhalt bei einem der Verpflichteten einzufordern und es dann diesem überlassen, bei den anderen Regress zu nehmen. Die Größe des Haftungsteils richtet sich nicht nach der Kopfzahl der gleichrangig haftenden Verwandten, sondern nach ihrer Leistungsfähigkeit. Da jeder Unterhaltsverpflichtete nur als Teilschuldner haftet, hat ein Unterhaltsverzicht gegenüber einem in Bezug auf die anderen keine Auswirkungen.

4 **Für Eltern** gilt die Besonderheit, dass der Elternteil, der ein minderjähriges unverheiratetes Kind betreut, seine Verpflichtung, zum Kindesunterhalt beizutragen, idR durch dessen Pflege und die Erziehung erfüllt (Abs 3 S 2). Bei Alleinversorgung des Kindes durch einen Elternteil besteht ein Barunterhaltsanspruch nur gegen den anderen Elternteil. Betreuen beide Eltern das Kind, besteht der Barunterhaltsanspruch jeweils zur Hälfte (BGH NJW 85, 1461). Ein voller Barunterhaltsanspruch gegen beide Eltern besteht, wenn sie die Betreuung einem Dritten überlassen (OLG Hamm NJW-RR 90, 900). Bei volljährigen Kindern bleibt es dag bei der anteiligen Haftung, auch wenn das Kind weiterhin im Haushalt der Eltern lebt (BGH NJW 02, 2026; OLG Hamm NJW 99, 3274).

5 Zur Haftung bei **Ausfall** v Unterhaltsschuldnern s § 1607.

§ 1607 Ersatzhaftung und gesetzlicher Forderungsübergang

(1) Soweit ein Verwandter auf Grund des § 1603 nicht unterhaltspflichtig ist, hat der nach ihm haftende Verwandte den Unterhalt zu gewähren.
(2) ¹Das Gleiche gilt, wenn die Rechtsverfolgung gegen einen Verwandten im Inland ausgeschlossen oder erheblich erschwert ist. ²Der Anspruch gegen einen solchen Ver-

wandten geht, soweit ein anderer nach Absatz 1 verpflichteter Verwandter den Unterhalt gewährt, auf diesen über.
(3) ¹Der Unterhaltsanspruch eines Kindes gegen einen Elternteil geht, soweit unter den Voraussetzungen des Absatzes 2 Satz 1 anstelle des Elternteils ein anderer, nicht unterhaltspflichtiger Verwandter oder der Ehegatte des anderen Elternteils Unterhalt leistet, auf diesen über. ²Satz 1 gilt entsprechend, wenn dem Kind ein Dritter als Vater Unterhalt gewährt.
(4) Der Übergang des Unterhaltsanspruchs kann nicht zum Nachteil des Unterhaltsberechtigten geltend gemacht werden.

I. § 1607 regelt die **Ersatzhaftung** eines wegen Vorhandenseins eines vorrangig Unter- 1
haltspflichtigen (§ 1606) an sich nicht verpflichteten Verwandten. Die Norm gilt für den Ausfall v an sich gleichrangig Verpflichteten, nicht bei Leistung durch den Sozialhilfeträger (cessio legis nach § 94 SGB XII) oder das Arbeitsamt bei Leistungen der Grundsicherung für Arbeitslose („Hartz IV"-Leistungen, cessio legis nach § 33 SGB II), Vorleistung nach dem UnterhaltsvorschussG (cessio legis nach § 7 UVG) und Leistungen durch Dritte, wenn kein Fall des Abs 3 vorliegt (Ersatzansprüche nach § 683 bzw § 812).

II. **Die Ersatzhaftung tritt in zwei Fällen ein.** 1. Zunächst kommt sie in Betracht, wenn 2
ein an sich unterhaltspflichtiger **Verwandter nicht ausreichend leistungsfähig** ist, um den angemessenen Unterhalt (§ 1610) des Unterhaltsberechtigten bzw den auf ihn entfallenden Anteil zu leisten. Das trifft grds zu, wenn nach Befriedigung der vorrangigen Unterhaltspflichten und Schulden nicht mehr genügend übrig ist, um den angemessenen Lebensbedarf zu decken (§ 1603 Rn 6). Bei Eltern im Verhältnis zu unverheirateten minderjährigen und diesen gleichgestellten Kindern (§ 1603 Rn 7) ist erforderlich, dass ihnen nicht einmal ausreichend bleibt, um den notwendigen Lebensbedarf zu stillen. Zu beachten ist darüber hinaus, dass jede Erwerbsobliegenheit ausgeschöpft sein muss. Unterhaltsansprüche gegen Großeltern kommen deswegen erst in Betracht, wenn die Eltern nicht leistungsfähig sind und ihnen auch keine weitere Erwerbstätigkeit mehr zumutbar ist (OLG Hamm FamRZ 13, 899).

Die Ersatzhaftung gilt **nur für die Zukunft**. Unterhaltsansprüche gegen den vorrangig 3
Verpflichteten, die bereits entstanden sind, als dieser noch leistungsfähig war, können daher gegen den Ersatzhaftenden nicht geltend gemacht werden. Der Ersatz-Unterhaltsanspruch besteht solange, wie gegen den vorrangig Verpflichteten wegen dessen Leistungsunfähigkeit kein Anspruch besteht. Ein Übergang des Unterhaltsanspruchs gegen den vorrangig Verpflichteten erfolgt nicht, weil dessen Verpflichtung wegen des Fehlens der Voraussetzung „Leistungsfähigkeit" erloschen ist. Auch Regressansprüche scheiden daher aus.

2. Eine Ersatzhaftung besteht auch, wenn die **Rechtsverfolgung** gegen einen vorrangig 4
haftenden Verwandten **im Inland ausgeschlossen oder erheblich erschwert** ist (Abs 2 S 1). Hierher gehört vor allem, dass sich der Unterhaltspflichtige im Ausland aufhält, seinen Wohnort ständig wechselt oder sonst untertaucht, so dass die Realisierung v Unterhaltsansprüchen gegen ihn Schwierigkeiten bereitet. Der Unterhaltsanspruch besteht, kann aber nicht durchgesetzt werden. Der Unterhaltspflichtige soll deshalb durch die Ersatzleistung nicht entlastet werden. Daher geht der Anspruch gegen den vorrangig Unterhaltspflichtigen auf den tatsächlich leistenden nachrangig Haftenden über (Abs 2 S 2).

Leistet ein **nicht unterhaltspflichtiger Verwandter oder der Ehegatte des anderen El-** 5
ternteils Unterhalt an ein Kind anstelle des Unterhaltspflichtigen, gegen den die Rechtsverfolgung im Inland ausgeschlossen oder erschwert ist, geht der Unterhaltsanspruch ebenfalls auf ihn über (Abs 3 S 1).

Entsprechendes gilt, wenn jemand als **Scheinvater** Unterhalt leistet (Abs 3 S 2). Inso- 6
weit handelt es sich um eine reine Regressregelung, nicht eine Ersatzhaftung, weil der Leistende nicht selbst unterhaltspflichtig ist. Sie soll die Bereitschaft stärken, im Notfall für die Bedürftigen in Vorleistung zu treten. Auf die Kenntnis des Unterhalt Leistenden v der Nichtvaterschaft kommt es deswegen nicht an (Staud/Engler Rn 44; aA AG Wip-

perfürth FamRZ 01, 783). Geltend gemacht werden kann der Regressanspruch grds erst, wenn die Vaterschaft durch den Pflichtigen anerkannt oder festgestellt wurde (BGH NJW 93, 1195; OLG Celle NJW-RR 00, 451). Etwas anderes gilt nur dann, wenn davon auszugehen ist, dass ein Vaterschaftsfeststellungsverfahren auf längere Zeit nicht stattfinden wird, weil die dazu Befugten das ablehnen oder aber über längere Zeit davon keinen Gebrauch gemacht haben (BGH FamRZ 08, 1424; 09, 32; 12, 200). Zumindest muss aber die Vaterschaft angefochten sein (BGH FamRZ 12, 437). Die Kosten der Anfechtung der Vaterschaft sind jedoch keine Unterhaltsleistungen; sie sind deswegen nach § 1607 nicht erstattungsfähig (OLG Celle FamRZ 05, 1853).

7 In allen Fällen des Anspruchsübergangs kann der **Übergang nicht zum Nachteil des Unterhaltsberechtigten** geltend gemacht werden (Abs 4). Die übergegangenen Ansprüche gehen den neuen Unterhaltsansprüchen daher immer im Rang nach.

§ 1608 Haftung des Ehegatten oder Lebenspartners

(1) ¹Der Ehegatte des Bedürftigen haftet vor dessen Verwandten. ²Soweit jedoch der Ehegatte bei Berücksichtigung seiner sonstigen Verpflichtungen außerstande ist, ohne Gefährdung seines angemessenen Unterhalts den Unterhalt zu gewähren, haften die Verwandten vor dem Ehegatten. ³§ 1607 Abs. 2 und 4 gilt entsprechend. ⁴Der Lebenspartner des Bedürftigen haftet in gleicher Weise wie ein Ehegatte.

(2) (weggefallen)

1 I. Die Vorschrift regelt das **Verhältnis** zwischen dem **Unterhaltsanspruch gegen Verwandte** und demjenigen **gegen den Ehegatten bzw Lebenspartner**. Dabei wird als Prinzip festgelegt, dass der Ehegatte bzw Lebenspartner vor den Verwandten haftet. Parallelregelung für den Scheidungsunterhalt: § 1584.

2 II. Grds haften **der Ehegatte und der Lebenspartner vor allen Verwandten** des Unterhaltsberechtigten (S 1). Das gilt für alle Unterhaltsansprüche (§§ 1360, 1361, 1570 ff; §§ 5, 12, 16 LPartG). Dieses Verhältnis kehrt sich aber um, wenn er den Unterhalt für seinen Partner nicht leisten kann, ohne seinen eigenen angemessenen Unterhalt zu gefährden (S 2). Dann sind die Verwandten vorrangig leistungspflichtig. Das Verhältnis unter ihnen bestimmt sich nach § 1607. Da die Unterhaltsverpflichtung in diesem Fall an diejenige des Ehegatten bzw Lebenspartners anknüpft, gelten für die Verpflichtung der Verwandten auch die für diese geltenden Grenzen. Das bedeutet, dass die Obergrenze des Anspruchs gegen die Verwandten immer durch den Anspruch gegen den Ehegatten oder Lebenspartner bestimmt wird, selbst wenn der Verwandtenunterhalt höher sein sollte. Ein Anspruchsübergang erfolgt nicht; ein Regress scheidet aus.

3 Ist der Ehegatte oder Lebenspartner leistungsfähig, die **Rechtsverfolgung gegen ihn im Inland aber ausgeschlossen oder erschwert** (§ 1607 Rn 4), werden die Verwandten ebenfalls leistungspflichtig. Der Anspruch gegen den Ehegatten geht dann aber auf den Leistenden über (S 3 iVm § 1607 II). Der Übergang kann nicht zum Nachteil des Unterhaltsberechtigten geltend gemacht werden (S 3 iVm § 1607 IV).

§ 1609 Rangfolge mehrerer Unterhaltsberechtigter

Sind mehrere Unterhaltsberechtigte vorhanden und ist der Unterhaltspflichtige außerstande, allen Unterhalt zu gewähren, gilt folgende Rangfolge:
1. minderjährige unverheiratete Kinder und Kinder im Sinne des § 1603 Abs. 2 Satz 2,
2. Elternteile, die wegen der Betreuung eines Kindes unterhaltsberechtigt sind oder im Fall einer Scheidung wären, sowie Ehegatten und geschiedene Ehegatten bei einer Ehe von langer Dauer; bei der Feststellung einer Ehe von langer Dauer sind auch Nachteile im Sinne des § 1578 b Abs. 1 Satz 2 und 3 zu berücksichtigen,
3. Ehegatten und geschiedene Ehegatten, die nicht unter Nummer 2 fallen,
4. Kinder, die nicht unter Nummer 1 fallen,
5. Enkelkinder und weitere Abkömmlinge,

6. Eltern,
7. weitere Verwandte der aufsteigenden Linie; unter ihnen gehen die Näheren den Entfernteren vor.

I. Während §§ 1606–1608 die Rangfolge unter Unterhaltspflichtigen betreffen, regelt 1 § 1609 das **Rangverhältnis unter mehreren Unterhaltsberechtigten** für den Fall, dass die zur Verteilung stehenden Mittel nicht zur Befriedigung des Bedarfs aller ausreichen. Für die Rangordnung hat der Gesetzgeber eine Stufenfolge angeordnet. Dabei gilt das Prinzip, dass ein Berechtigter einer niedrigeren Stufe immer erst dann zum Zuge kommt, wenn der gesamte angemessene Bedarf des Berechtigten auf der vorrangigen Stufe gedeckt ist. Der Bedarf v auf derselben Stufe stehenden Unterhaltsberechtigten wird dag nur anteilig gedeckt, wenn die Leistungsfähigkeit des Verpflichteten nicht ausreicht, um den gesamten Bedarf dieser Unterhaltsberechtigten zu befriedigen.

Spiegelbildlich zur Reihenfolge bei der Verpflichtung gilt, dass die **Abkömmlinge den** 2 **Aszendenten** und in jeder Gruppe die jeweils **näheren den entfernteren** Berechtigten vorgehen. Die Ansprüche eines Ehegatten gehen denen v minderjährigen unverheirateten Kindern nach der Reform durch das UÄndG, durch welche die Regelung vollkommen umgestaltet wurde, nun nach. Für die Rangfolge unter Ehegatten wird darauf abgestellt, ob die Unterhaltsberechtigung auf der Betreuung v Kindern beruht oder ob die Ehe v langer Dauer war (dann Vorrang vor allen anderen Ehegatten und ehemaligen Ehegatten). Nichteheliche Elternteile, die nach § 1615 l unterhaltsberechtigt sind, sind den anderen wegen Kindesbetreuung unterhaltsberechtigten Ehegatten nun gleichgestellt und gehen anderen Ehegatten ebenso vor wie allen Verwandten, die keine minderjährigen unverheirateten oder diesen nach § 1603 II gleichstehenden Kinder sind.

Lebenspartner sind im Katalog des § 1609 nicht erwähnt. Wegen der Verweisungen in 3 §§ 5, 12 und 16 LPartG (die allerdings nicht alle Fälle erfassen) besteht aber Einigkeit, dass sie in allen Beziehungen so zu behandeln sind wie Eheleute, dass sie also entweder in den zweiten oder dritten Rang einzuordnen sind.

Die früher in § 1582 enthaltene besondere Regelung für den Anspruch des geschiede- 4 nen Ehegatten sind in § 1609 aufgegangen. § 1582 enthält nur noch einen Verweis. Die spezielle Rangregelung für den Anspruch des Kinder betreuenden außerehelichen Elternteils ind § 1615 l III wurde durch das UÄndG aufgehoben. Der Rang dieser Ansprüche ergibt sich jetzt aus Nr 2.

II. § 1609 sieht in der Form eines Kataloges eine **siebenstufige Rangfolge** für die Kon- 5 kurrenz mehrerer Unterhaltsberechtigter vor. Berechtigte einer nachfolgenden Stufe werden (wie bisher) immer erst dann berücksichtigt, wenn die Ansprüche der Berechtigten vorangehender Stufen vollständig befriedigt sind, Berechtigte gleicher Stufe werden ggf anteilig befriedigt. Entscheidend ist damit immer noch, welcher Unterhaltsberechtigte welcher Stufe zugeordnet wird.

1. Unter mehreren Personen mit Unterhaltsansprüchen gehen die **minderjährigen un-** 6 **verheirateten Kinder** und die unverheirateten **Kinder bis zur Vollendung des 21. Lebensjahres**, die im Haushalt der Eltern oder eines Elternteils leben und sich in der allg Schulausbildung befinden (§ 1603 II 2), allen anderen Unterhaltsberechtigten vor (Nr 1). Die Bedürfnisse der anderen Unterhaltsberechtigten werden erst befriedigt, wenn diese Kinder iSd in voller Höhe zum Zuge gekommen sind. Dabei ist in die Berechnung des Unterhalts der nachrangigen Unterhaltsberechtigten der an das Kind tatsächlich gezahlte Betrag (nicht der Tabellenbetrag) anzusetzen (BGH FamRZ 09, 1300; OLG Düsseldorf FamRZ 08, 1254; OLG Hamm FamRZ 08, 1446, 1448; OLG Celle FamRZ 08, 997; OLG Bremen NJW 09, 925; aA OLG Düsseldorf FamRZ 09, 338; Schürmann FamRZ 08, 313, 314; Maurer FamRZ 08, 1985, 1991). Maßgebend ist also der Tabellenbetrag abzüglich des anzurechnenden Kindergelds (§ 1612 b) bzw der anderen kindbezogenen Leistungen (§ 1612 c).

2. In den **zweiten Rang** fallen alle **Elternteile, die wegen der Betreuung eines Kindes** 7 **unterhaltsberechtigt sind** oder im Fall einer Scheidung wären. Auf die Art ihrer Beziehung kommt es nicht an. Es kann sich um verheiratet oder verheiratet gewesene Personen, um verpartnerte oder verpartnert gewesene Personen oder um nichteheliche Eltern handeln. Den wegen Kindesbetreuung Unterhaltsberechtigten sind Ehegatten und geschiedene Ehegatten v **Ehen langer Dauer** gleichgestellt.

8 a) Elternteile, die **wegen der Betreuung eines gemeinschaftlichen Kindes unterhaltsberechtigt** sind, sind zunächst alle Elternteile, welche Ansprüche aus § 1615 l II sein. Insoweit bestehen keine Anwendungsprobleme, weil es für diese Personengruppe keine anderen Unterhaltsansprüche gibt als diejenigen, die gerade auf der Betreuung v Kindern beruhen. Ansprüche nichtehelicher Elternteile stehen deswegen immer im zweiten Rang. Im Übrigen kann sich eine Unterhaltsberechtigung wegen der Betreuung v Kindern nur auf Ansprüche v ehemaligen Ehegatten beziehen, weil die Ansprüche während bestehender Ehe (§§ 1360, 1361 BGB) nicht an eine Kinderbetreuung anknüpfen, sondern an die Tatsache des Verheiratetseins. In Betracht kommt der zweite Rang deswegen nur für die Ansprüche aus § 1570 BGB.

9 Folgt der Unterhaltsanspruch des ehemaligen Ehegatten **nur teilweise aus § 1570 oder aus § 1615 l II**, zum Teil aber auch aus einem der anderen Unterhaltstatbestände, steht nur der Teil des Anspruchs im zweiten Rang, der gerade auf die Kinderbetreuung zurückzuführen ist. In Betracht kommen derartige Konstellationen va, wenn neben dem Anspruch aus § 1570 ein solcher auf Aufstockungsunterhalt (§ 1573 II) besteht, aber auch dann, wenn wegen eines geringer gewordenen Betreuungsbedarfs des Kindes eine teilweise Erwerbstätigkeit zwar zumutbar wäre, wegen Krankheit oder Gebrechens aber gleichwohl ausscheidet.

10 b) Außerdem Fallen die Ansprüche derjenigen Ehegatten in den zweiten Rang, die **wegen Kindesbetreuung unterhaltsberechtigt wären**. Gemeint sind die Ansprüche v Ehegatten einer bestehenden Ehe (§§ 1360, 1361), denn diese Tatbestände knüpfen selbst nicht an den Umstand der Kindesbetreuung an. In diesen Fällen ist hypothetisch zu ermitteln, ob ein Anspruch wegen Kinderbetreuung bestünde, wenn die Ehe jetzt geschieden würde. Dabei sind alle Umstände einzubeziehen, vor allem auch die Frage, ob ein derartiger Anspruch zeitlich oder betragsmäßig nach § 1570 bzw § 1578 b zu begrenzen wäre oder ob dem Anspruch Härtegründe nach § 1579 entgegengesetzt werden könnten. Nur soweit sich der tatsächliche aus §§ 1360, 1361 abgeleitete Unterhaltsanspruch und der hypothetische Anspruch aus § 1570 decken, kann der Anspruch im zweiten Rang stehen, die Differenz zwischen tatsächlichem und hypothetischem Anspruch steht nur in Rang 3. Das ist die Konsequenz daraus, dass das Gesetz jetzt auf die Rollenverteilung bei der Kinderbetreuung abstellt, einen Umstand, der bislang für die Frage des Rangs v Unterhaltsansprüchen keine Rolle spielte (Einzelh: Kemper, Das neue Unterhaltsrecht, Rn 452 ff).

11 c) Den kindesbetreuenden Ehegatten werden diejenigen Ehegatten gleichgestellt, deren **Ehe v langer Dauer** war. Insofern kommt es zunächst allein auf die Ehedauer an; weder die Zeit eines vorehelichen Zusammenlebens noch die Zeit einer nachehelichen Kindesbetreuung sind gleichgestellt. Gleichwohl ist die Beurteilung keine reine Rechenoperation: Vielmehr sind bei der Feststellung, ob eine Ehe v langer Dauer ist oder war, auch Nachteile iSd § 1578 b I 2 zu berücksichtigen. Ein Indiz für das Vorliegen einer Ehe v langer Dauer ist es daher, wenn v der Begrenzung des Unterhaltsanspruchs nach § 1578 b abgesehen wird. In diesen Fällen liegen gerade ehebedingte Nachteile oder andere Gründe dafür vor, die dafür sprechen, einen unbefristeten Anspruch in voller Höhe zuzusprechen. Dem entspricht es dann, diesen Anspruch in den zweiten Rang zu stellen.

12 Die reine **Zeitgrenze** dürfte gegenüber den bisher in § 1582 maßgebenden Grenzen ebenfalls herabzusetzen sein. Insoweit ist zu beachten, dass in dieser Regelung bislang die Zeit der Kinderbetreuung der Ehezeit gleichgestellt wurde. Unter einer Dauer v 10–12 Jahren (ohne gravierende ehebedingte Nachteile dürfte die Einstufung in den zweiten Rang deswegen grds nicht in Betracht kommen.

13 3. Im dritten Rang der Unterhaltsberechtigten folgen alle **Ehegatten, die nicht wegen Kindeserziehung unterhaltsberechtigt sind oder wären** und deren Ehe auch nicht v langer Dauer war (Nr 3). Die Rechtsstellung eines Ehegatten verschlechtert sich deswegen in dem Moment, in dem die Kindesbetreuung endet. Er fällt dadurch v zweiten Rang in den dritten Rang zurück, wenn seine Ehe zu diesem Zeitpunkt noch nicht v langer

Dauer war. Die frühere Kindesbetreuung führt nicht automatisch zu einer Privilegierung der Anschlussunterhaltsansprüche, sondern nur dann, wenn sich aus ihr fortwirkende ehebedingte Nachteile für den Unterhaltsberechtigten ergeben. Der Rangrücktritt wird daher die Regel sein. Durch die Rangrückstufung sind die Ansprüche wegen Alters, Krankheit usw damit faktisch zu Unterhaltsansprüchen mineren Ranges geworden.

In den **vierten Rang** der Unterhaltsberechtigten fallen alle **Kinder, die nicht zu den min-** 14 **derjährigen unverheirateten Kindern und den ihnen gleichgestellten privilegierten Kindern** bis zur Vollendung des 21. Lebensjahres gehören. Betroffen v dieser Regelung sind vor allem studierende Kinder, denn diese gehören selbst dann nicht mehr zum privilegierten Kreis nach § 1603 II 2, wenn sie noch zu Hause wohnen, weil das Studium keine allg Schulausbildung mehr ist.

An **fünfter Stelle** der Rangordnung folgen die Enkelkinder und alle weiteren Abkömm- 15 linge, an **sechster Stelle** die Eltern und erst an **siebter Stelle** die weiteren Verwandten der aufsteigenden Linie. Unter diesen gehen die näheren den entfernteren vor. Insofern ändert sich an der Rangfolge der Unterhaltsberechtigten nichts. Die Reihenfolge entspricht der schon früher im Rahmen v § 1609 angeordneten.

§ 1610 Maß des Unterhalts

(1) Das Maß des zu gewährenden Unterhalts bestimmt sich nach der Lebensstellung des Bedürftigen (angemessener Unterhalt).
(2) Der Unterhalt umfasst den gesamten Lebensbedarf einschließlich der Kosten einer angemessenen Vorbildung zu einem Beruf, bei einer der Erziehung bedürftigen Person auch die Kosten der Erziehung.

I. § 1610 bestimmt, **was unter dem angemessenen Unterhalt zu verstehen ist.** Er legt 1 fest, dass der Unterhalt sich nach der (jeweiligen) Lebensstellung des Bedürftigen bestimmt (Abs 1) und macht klar, dass der Anspruch umfassend ist, also auch die Kosten einer Ausbildung oder Erziehung umfassen kann (Abs 2).

II. 1. Die Höhe des Unterhalts bestimmt sich nach der **Lebensstellung des Bedürftigen** 2 zur Zeit des Unterhaltsverlangens. Sie kann sich daher im Laufe der Zeit sowohl verbessern (zB wegen Fortschreitens der Ausbildung) als auch verschlechtern. Die Lebensstellung v minderjährigen unverheirateten Kindern leitet sich v der ihrer Eltern bzw bei deren Getrenntleben des Elternteils ab, bei dem sie leben. Dasselbe gilt bei volljährigen Kindern, wenn sie noch im Haushalt der Eltern oder eines Elternteils leben (vgl § 1603 II 2) oder sich erst eine eigene Lebensposition aufbauen (zB zu Beginn des Studiums an einem anderen als dem Heimatort). Bei Wechsel des Aufenthaltsorts ins Ausland kann sich die Lebensstellung ändern (OLG Düsseldorf FamRZ 91, 1095; OLG Celle FamRZ 93, 105).

2. Der Unterhalt umfasst den **gesamten Lebensbedarf** (Abs 2). Maßgeblich ist nur der 3 gegenwärtige Bedarf, nicht der vergangene oder zukünftige. Außerdem kommt es nur auf den Bedarf des Unterhaltsberechtigten persönlich an. Der Unterhaltsanspruch einer nichtehelichen Mutter gegen ihre Eltern umfasst daher nicht den Bedarf des Kindes.

a) Zum Lebensbedarf gehört zunächst alles, was für die **Ernährung, Wohnen, Kleidung** 4 und **Krankheitsfürsorge** erforderlich ist, einschließlich der Kosten einer Krankenversicherung. Zum Lebensbedarf gehören auch Kosten für die Teilnahme am kulturellen Leben, uU auch für die Betreuung durch Dritte, sofern der Unterhaltsberechtigte diese nicht selbst sicherstellen kann, sowie ein Taschengeld.

b) Zum Lebensbedarf gehören bei minderjährigen Kindern auch die **Kosten der Betreu-** 5 **ung und Erziehung des Kindes.** Das gilt auch, wenn die Eltern die Erziehung Dritten überlassen (zB Kosten einer Privatschule, BGH NJW 83, 393, Nachhilfekosten, OLG Düsseldorf FamRZ 06, 223) oder wenn sie durch Staatsakt (§ 1666) Dritten übertragen wurde. Außerdem bilden die Kosten der Betreuung v Kindern einen besonderen Bedarf des Kindes, der nicht durch die Tabellensätze abgedeckt ist (BGH FamRB 09, 203).

6 **c) Berufsausbildungskosten** sind ebenfalls dem Lebensbedarf zuzurechnen. Ausbildung ist nur diejenige zu einem anerkannten Beruf, nicht eine solche zu Tätigkeiten mit unklaren Berufsbildern (zB Schriftsteller) oder zu sozial als minderwertig angesehenen Tätigkeiten (zB Stripper). Welche Ausbildung zu finanzieren ist, richtet sich nach den Neigungen und Fähigkeiten des Unterhaltsberechtigten einerseits und der Leistungsfähigkeit des Unterhaltsverpflichteten andererseits. Der Unterhaltsberechtigte muss erwarten lassen, dass er die Ausbildung erfolgreich abschließen wird (OLG Hamburg FamRZ 86, 382) und sie zügig betreiben (BGH NJW 98, 1556 mwN). Auf die Vorstellungen der Eltern über die Ausbildung kommt es nur bei Minderjährigen an und dort nur insoweit, als sie sich im Rahmen des Erziehungsrechts halten (§ 1631 a). Überschreitet der Unterhaltsberechtigte die normale Ausbildungsdauer (bei Studium die Regelstudienzeit) ohne Grund (zB Krankheit, OLG Hamm FamRZ 90, 304), entfällt der Unterhaltsanspruch.

7 Finanziert werden muss (neben dem Unterhalt für die Zeit der Suche nach einem Ausbildungsplatz, KG FamRZ 85, 419) die **gesamte Ausbildung bis zum berufsqualifizierenden Abschluss** (zuzüglich einer Übergangszeit für die Stellensuche, OLG Hamm FamRZ 90, 904). Das gilt auch dann, wenn zwischen dem Ende der Schulausbildung und der Aufnahme der Ausbildung eine längere Wartezeit gelegen hat (BGH FamRZ 13, 1375). Weiterqualifizierungen brauchen grds nicht mehr finanziert zu werden (zB Promotion nach Staatsexamen, OLG Hamm FamRZ 90, 904; aA OLG Karlsruhe Justiz 80, 23). Eine Zweitausbildung muss nur finanziert werden, wenn (neben der Neigung und Eignung des Unterhaltsberechtigten für den gewählten Beruf) zwischen der Erst- und der Folgeausbildung ein enger zeitlicher und sachlicher Zusammenhang besteht. Die zweite Ausbildung (in der Regel ein Studium an einer Fachhochschule oder Universität) muss sich als logische Weiterentwicklung des in der ersten Ausbildung erworbenen Wissens darstellen. Das kann der Fall sein bei Mechanikerlehre-Abitur-Fachhochschulstudium (OLG Brandenburg NJWE-FER 97, 150); Bauzeichnerlehre-Architekturstudium (BGH FamRZ 89, 853) und Banklehre-Jurastudium (BGH NJW 92, 501), ist dag immer zu verneinen, wenn kein sachlicher Bezug zwischen dem Fach der ersten Ausbildung und demjenigen der zweiten besteht (BGH FamRZ 91, 1044; NJW 93, 2238, FamRZ 01, 1601). Im heutigen Bachelor-Master-System reicht idR die Finanzierung nur des Bachelorstudiums nicht aus, weil dieser Abschluss nur theoretisch berufsqualifizierend ist (OLG Celle FamFR 10, 228; OLG Brandenburg FamFR 11, 104). Der notwendige zeitliche Zusammenhang zwischen den Ausbildungen besteht nur, wenn der Unterhaltsberechtigte die zweite Ausbildung bald nach Abschluss der ersten aufnimmt. Eine nicht nur übergangsweise Tätigkeit in dem erlernten Beruf, mit der nicht nur die Wartezeit bis zum Beginn der Zweitausbildung überbrückt werden soll, zerstört einen Unterhaltsanspruch für diese (BGH NJW 89, 2253; 98, 1556). IdR dürfte die Grenze bei einem Jahr liegen. Der BGH hat jedenfalls eine Unterbrechung v 2 Jahren als zu lang beurteilt (BGH FamRZ 01, 1601).

8 **d)** Zum Unterhaltsbedarf gehört ein **Prozess- bzw Verfahrenskostenvorschuss** für persönliche Rechtsstreitigkeiten. Es fehlt insoweit zwar (anders: Ehegattenunterhalt, § 1360 a IV) eine Regelung. Die Grundsätze des § 1360 a IV lassen sich aber übertragen, da die Interessenlage gleich ist (OLG Köln FamRZ 94, 1409; OLG Hamm NJW-RR 98, 1376). Das gilt auch für das Verfahren in Bezug auf den Unterhalt selbst, und zwar auch für den um den Unterhaltsanspruch eines Volljährigen. Der Anspruch steht dem Kind gegen beide – auch den betreuenden – Elternteile zu (OLG Koblenz NJWE-FER 00, 173).

9 3. In der Praxis wird die Festlegung des angemessenen Lebensbedarfs v Kindern durch die **Tabellen und Richtlinien der verschiedenen Oberlandesgerichte** bestimmt (Vor §§ 1601–1615 o Rn 4). Die Düsseldorfer Tabelle staffelt – ausgehend v gesetzlichen Mindestunterhalt (§ 1612 a) – den Bedarf nach Einkommens- und Altersklassen. Er beträgt bei Kindern bis zu 5 Jahren zwischen 317 und 508 EUR, bei Kindern zwischen dem 6. und 12. Lebensjahr (bis zum 12. Geburtstag) 364 bis 583 EUR und für ältere Kinder bis zur Volljährigkeit 426 bis 682 EUR im Monat. Bei volljährigen Kindern sieht die Tabelle Sätze v 488 bis 781 EUR vor. Für Studierende wird ein durchschnittlicher Bedarfssatz v 670 EUR angenommen. Kalkuliert sind die Sätze auf der Basis einer Familie mit einem unterhaltsberechtigten Kind (also zwei Unterhaltsberechtigten). Bei größerer Kinderzahl sind sie entsprechend zu ermäßigen. Die Tabelle geht davon aus, dass die Kinder bei einem Elternteil leben und v ihm betreut werden. Leben sie bei Dritten, verdoppeln sich die Barunterhaltssätze. Bei überdurchschnittlichen Einkommensverhältnissen und im Ausland lebenden Berechtigten (Rn 2) sind die Tabellenwerte unanwendbar, weil sie derartige Lebensverhältnisse nicht berücksichtigen. Dann muss der Bedarf individuell berechnet werden (BGH NJW 00, 954).

§ 1610 a Deckungsvermutung bei schadensbedingten Mehraufwendungen

Werden für Aufwendungen infolge eines Körper- oder Gesundheitsschadens Sozialleistungen in Anspruch genommen, wird bei der Feststellung eines Unterhaltsanspruchs vermutet, dass die Kosten der Aufwendungen nicht geringer sind als die Höhe dieser Sozialleistungen.

I. Die Vorschrift dient zur **Vermeidung v Härten**, die sich daraus ergeben können, dass 1 bedürftigkeitsmindernd wie leistungsfähigkeitssteigernd alle Einkünfte angerechnet werden, die ein Unterhaltsberechtigter oder -pflichtiger erzielt (§ 1602 Rn 4 ff, § 1603 Rn 3). Würde man auch Sozialleistungen anrechnen, die wegen Körper- und Gesundheitsschäden gezahlt werden, müsste der Geschädigte diese Leistungen mit dem Unterhaltsberechtigten oder -pflichtigen teilen, wenn es ihm nicht gelingt nachzuweisen, dass den Sozialleistungen Mehraufwendungen für den eigenen Unterhalt in gleicher Höhe gegenüberstehen. Das könnte zur zweckwidrigen Verwendung der Sozialleistungen führen. Durch § 1610 a wird daher die Beweislast umgekehrt: Es wird vermutet, dass den Sozialleistungen, die wegen Körper- und Gesundheitsschäden gezahlt werden, Mehraufwendungen in mindestens gleicher Höhe gegenüberstehen. Die andere Seite muss daher nachweisen, dass sie tatsächlich niedriger sind, damit die Sozialleistungen unterhaltsrechtlich relevant werden.

§ 1610 a gilt **auch für den Getrenntlebens-** (§ 1361 I 1) und den **Geschiedenenunterhalt** 2 (§ 1578 a). Dass beim Familienunterhalt (§ 1360) ein Verweis fehlt, liegt daran, dass bei bestehender Lebensgemeinschaft aus einem Topf gewirtschaftet und alles geteilt wird.

II. In den **Anwendungsbereich** der Vorschrift fallen alle wegen Körper- oder Gesund- 3 heitsschäden gezahlten Sozialleistungen (Begriff: § 11 SGB I) und zwar gleichgültig, ob sie an den Unterhaltsberechtigten oder den Unterhaltspflichtigen gezahlt werden. Hierher gehören Blindengeld (OLG Schleswig NJW-RR 92, 390), Pflegegeld für behinderte Kinder, die Grundrente nach § 31 BVG sowie die Zulagen nach §§ 11 III, 14, 15, 18, 31 V, 35 BVG) und allen Gesetzen, in denen diese Leistungsregelungen des BVG für entsprechend anwendbar erklärt werden (Übersicht: Künkel FamRZ 91, 1132). Privatrechtliche Entschädigungsleistungen (zB Leistungen aus Unfallversicherungen, Schmerzensgeld) fallen schon nach dem Wortlaut v § 1610 a nicht in seinen Anwendungsbereich. Auch eine Analogie kommt nicht in Betracht (BGH NJW 95, 1487; aA Diederichsen, FS Gernhuber, 601 f); denn der Gesetzgeber hat sich bewusst dafür entschieden, nur Sozialleistungen zu regeln. Keine Anwendung findet § 1610 a auch auf Berufsschadensausgleichsrenten (OLG Hamm FamRZ 92, 186), Sozialleistungen mit Einkommensersatzfunktion und steuerliche Subventionen. Hat eine Sozialleistung eine Doppelfunktion, gilt § 1610 a nur teilweise.

Folge des § 1610 a ist, dass vermutet wird, dass der Sozialleistung Mehraufwendungen 4 des Empfängers der Leistung in mindestens gleicher Höhe gegenüberstehen. Die Leistungen sind damit unterhaltsrechtlich neutralisiert, solange der andere Teil nicht nachweist, dass die tatsächlichen Aufwendungen des Leistungsempfängers wegen seiner Körper- oder Gesundheitsbeschädigung geringer sind. Der Auskunftsanspruch über die Verwendung der Leistungen und die Aufwendungen (§ 1605) ist insoweit teleologisch zu reduzieren, um den Zweck des § 1610 a nicht zu konterkarieren: Die Auskunft kann erst verlangt werden, wenn bereits gelungen ist, die Vermutung erheblich zu erschüttern (aA OLG Hamm FamRZ 91, 1198).

§ 1611 Beschränkung oder Wegfall der Verpflichtung

(1) ¹Ist der Unterhaltsberechtigte durch sein sittliches Verschulden bedürftig geworden, hat er seine eigene Unterhaltspflicht gegenüber dem Unterhaltspflichtigen gröblich vernachlässigt oder sich vorsätzlich einer schweren Verfehlung gegen den Unterhaltspflichtigen oder einen nahen Angehörigen des Unterhaltspflichtigen schuldig gemacht, so braucht der Verpflichtete nur einen Beitrag zum Unterhalt in der Höhe zu leisten, die der Billigkeit entspricht. ²Die Verpflichtung fällt ganz weg, wenn die Inanspruchnahme des Verpflichteten grob unbillig wäre.
(2) Die Vorschriften des Absatzes 1 sind auf die Unterhaltspflicht von Eltern gegenüber ihren minderjährigen unverheirateten Kindern nicht anzuwenden.
(3) Der Bedürftige kann wegen einer nach diesen Vorschriften eintretenden Beschränkung seines Anspruchs nicht andere Unterhaltspflichtige in Anspruch nehmen.

1 I. Die Norm enthält einen **Ausdruck des Solidaritätscharakters** des Unterhaltsrechts: Stellt sich der Unterhaltsberechtigte gegen den Unterhaltsverpflichteten, wird der Anspruch verwirkt. Das Ausmaß der Verwirkung hängt v der Schwere des Verstoßes ab (Abs 1). Gegenüber minderjährigen unverheirateten Kindern gilt die Regelung nicht (Abs 2).

2 II. 1. **Voraussetzung** einer Verwirkung des Unterhaltsanspruchs ist zunächst, a) dass einer der in Abs 1 genannten **Verwirkungstatbestände vorliegt.** Hierher gehört zunächst, dass der Berechtigte durch sein eigenes sittliches Verschulden bedürftig geworden ist, etwa wegen Arbeitsscheu, Alkohol- oder Drogensucht (OLG Celle FamRZ 90, 1142) oder Spielsucht, die zum Verlust des Arbeitsplatzes führt. Krankheitsbedingte Bedürftigkeit reicht ebenso wenig wie ein selbstverschuldeter Verlust der Arbeitsstelle, sofern es sich dabei um ein vereinzeltes Vorkommnis handelt (zB fristlose Kündigung wegen Diebstahls). Weiterer Verwirkungsgrund ist, dass der Bedürftige seine eigene Unterhaltspflicht gegenüber dem Unterhaltspflichtigen gröblich vernachlässigt hat. Der Ausschlussgrund entspricht § 1579 Nr 5 (§ 1579 Rn 11). Obwohl der Wortlaut v Abs 1 nicht verlangt, dass die Unterhaltspflichtverletzung längere Zeit angedauert hat, ist wie dort eine gewisse Dauer unabdingbar, wenn der Verstoß zu einem längerfristigen Unterhaltsausschluss führen soll. Verwirkungsgrund ist schließlich, dass der Berechtigte sich vorsätzlich einer schweren Verfehlung gegen den Unterhaltspflichtigen oder einen nahen Angehörigen des Unterhaltspflichtigen schuldig gemacht hat. Die Schwere eines Grundes iSd § 1579 Nr 2 braucht nicht erreicht zu sein. Es reicht jedes Verhalten, das dem Pflichtigen die Unterhaltsleistung ganz oder teilweise als unzumutbar erscheinen lässt, wie tätliche Angriffe, Beleidigungen (OLG Hamm FamRZ 93, 468), Verleumdungen (OLG Hamm FamRZ 95, 958) und Betrugsversuche (OLG Hamm FamRZ 13, 1407: vorsätzlich falsche Auskünfte über Studium und Einkünfte). Dag reicht die bloße Verweigerung des persönlichen Kontakts mit dem Unterhaltspflichtigen nicht (OLG Frankfurt NJW-RR 96, 708; OLG Köln NJW-RR 96, 707). Entsprechend dem Gedanken v Abs 2 sind Verfehlungen in der Zeit der Minderjährigkeit irrelevant.

3 b) Bei dem Unterhaltsberechtigten darf es sich **nicht um ein minderjähriges unverheiratetes Kind** (§ 1602 Rn 7) handeln (Abs 2). Gegenüber ihm besteht eine gesteigerte Unterhaltspflicht, und außerdem ist der Unterhaltspflichtige idR für die Erziehung mitverantwortlich.

4 2. **Folge** der Verwirkung ist, dass der Unterhaltspflichtige statt des vollen Unterhalts nur einen der Billigkeit entsprechenden Unterhaltsbeitrag schuldet (Abs 1 S 1). Das Interesse des Berechtigten an Versorgung ist gegen das Interesse des Pflichtigen abzuwägen, wegen der Verwirkung v Bindungen frei zu sein. Dabei sind alle Umstände des Falles, vor allem auch die Mitschuld des Unterhaltspflichtigen abzuwägen. Die Unterhaltspflicht entfällt ganz, wenn die Inanspruchnahme des Verpflichteten grob unbillig

wäre (Abs 1 S 2). Soweit der Unterhalt verwirkt ist, haften auch nachrangig Unterhaltspflichtige (§§ 1607 f) nicht (Abs 3).

§ 1612 Art der Unterhaltsgewährung

(1) ¹Der Unterhalt ist durch Entrichtung einer Geldrente zu gewähren. ²Der Verpflichtete kann verlangen, dass ihm die Gewährung des Unterhalts in anderer Art gestattet wird, wenn besondere Gründe es rechtfertigen.
(2) ¹Haben Eltern einem unverheirateten Kind Unterhalt zu gewähren, können sie bestimmen, in welcher Art und für welche Zeit im Voraus der Unterhalt gewährt werden soll, sofern auf die Belange des Kindes die gebotene Rücksicht genommen wird. ²Ist das Kind minderjährig, kann ein Elternteil, dem die Sorge für die Person des Kindes nicht zusteht, eine Bestimmung nur für die Zeit treffen, in der das Kind in seinen Haushalt aufgenommen ist.
(3) ¹Eine Geldrente ist monatlich im Voraus zu zahlen. ²Der Verpflichtete schuldet den vollen Monatsbetrag auch dann, wenn der Berechtigte im Laufe des Monats stirbt.

I. § 1612 regelt die **Modalitäten der Unterhaltsleistung**. Grds ist die Zahlung einer 1
Geldrente vorgesehen (Abs 1 S 1, Abs 3; Parallele beim Geschiedenenunterhalt: § 1585). Der Unterhaltspflichtige kann aber aus besonderen Gründen die Gestattung einer anderen Unterhaltsleistung verlangen (Abs 1 S 2). Gegenüber unverheirateten Kindern kehrt sich die Regel um: die Eltern bestimmen die Unterhaltsleistung (Abs 2 S 1). Die frühere Regelung, dass die Bestimmung v Familiengericht aus besonderen Gründen geändert werden kann (Abs 2 S 2 aF), wurde durch das ÄndG aufgehoben.

II. 1. Grds ist der Unterhalt als monatlich im Voraus zu entrichtende **Rente** zu zahlen 2
(Abs 1 S 1, Abs 3 S 1). Trotz des Erlöschens des Anspruchs mit dem Tod des Berechtigten (§ 1615 I) wird er für den Todesmonat noch in voller Höhe geschuldet (Abs 3 S 2). Neben dem Rentenanspruch kann ein Anspruch auf Einmalzahlungen wegen Sonderbedarfs (§ 1613 a) treten.

Der Unterhaltspflichtige kann verlangen, dass eine **andere Art** der Unterhaltsgewäh- 3
rung gestattet wird, wenn **besondere Gründe** dafür vorliegen (Abs 1 S 2). Diese können in der Person des Pflichtigen oder des Berechtigten liegen. Es reicht nicht, dass die Rentenzahlung dem Pflichtigen lästig ist oder er Naturalunterhalt einfacher leisten könnte. Im Vergleich zur gewünschten Unterhaltsleistung muss die Rentenzahlung unverhältnismäßig schwer sein.

2. Die **Regel des Abs 1 dreht sich bei Unterhaltsgewährung an unverheiratete Kinder** 4
um (Abs 2 S 1): Die Eltern bestimmen, wie und für welche Zeit im Voraus sie den Unterhalt gewähren. Das soll es ihnen ermöglichen, Kinder mit Naturalunterhalt zu versorgen.

a) Abs 2 greift bei allen **unverheirateten Kindern** ein. Auf die Minderjährigkeit des Un- 5
terhaltsberechtigten kommt es nicht an. Das Alter ist nur für die Frage bedeutsam, ob die Unterhaltsbestimmung unzumutbar ist und daher geändert werden muss. Ebenfalls irrelevant ist, ob das Kind in einer nichtehelichen Partnerschaft lebt oder selbst eigene Kinder hat.

b) Die **Unterhaltsbestimmung** kann v beiden **Eltern** getroffen werden, gegenüber min- 6
derjährigen Kindern aber nur, wenn beide sorgeberechtigt sind (arg e Abs 2 S 3). Das Unterhaltsbestimmungsrecht steht dann den Eltern gemeinsam zu, wenn sie miteinander verheiratet sind oder waren (ohne dass nach der Trennung eine Zuweisung der Sorge an einen v ihnen erfolgt ist) oder wenn (bei nichtverheirateten Eltern) eine Sorgeerklärung (§ 1626 b) vorliegt. Können sie sich über die Unterhaltsbestimmung nicht einigen, muss die Regelung nach § 1628 erfolgen. Der Mutter steht das Unterhaltsbestimmungsrecht allein zu, wenn es sich um ein außereheliches Kind handelt, für das keine Sorgeerklärung abgegeben wurde (§ 1626 a II). Das Gleiche gilt für den Elternteil, dem nach Trennung die Sorge allein übertragen wurde (§ 1671). Ausnahmsweise kann der Elternteil, dem die Sorge nicht zusteht, die Bestimmung aber für die Zeit tref-

fen, in der das Kind in seinem Haushalt aufgenommen ist (Abs 2 S 3); in dieser Zeit wird er wie Sorgeberechtigte behandelt.

7 c) Eine **Form** ist für die Unterhaltsbestimmung nicht vorgeschrieben. Sie kann jederzeit für die Zukunft getroffen (und geändert) werden und muss dann auch im Rechtsstreit (einschließlich des Vollstreckungsverfahrens) sofort beachtet werden.

8 d) **Inhalt der Unterhaltsbestimmung** kann jede Festlegung der Art und des Umfangs der Vorausleistung des Unterhalts sein. Vor allem kann bestimmt werden, dass das Kind statt der Geldrente Naturalunterhalt entgegennehmen muss. Die Bestimmung kann sich umfassend auf den gesamten Unterhalt beziehen; zulässig ist aber auch die Beschränkung auf Teilaspekte (zB Überlassen v Wohnraum). Es muss lediglich immer klar sein, dass insgesamt der gesamte Lebensbedarf abgedeckt ist (BGH NJW 83, 2198). Ist das nicht der Fall, ist die Unterhaltsbestimmung unwirksam. Es kann aber arglistig sein, sich auf diese Unwirksamkeit zu berufen, wenn der Unterhaltsbestimmung aus anderen Gründen nicht gefolgt wird und die Eltern nicht zu einer Ergänzung aufgefordert werden (OLG Köln NJW-RR 01, 1442).

9 e) Die frühere Regelung, dass die Unterhaltsbestimmung v **Familiengericht** geändert werden kann, wenn das Kind es beantragt und besondere Gründe dafür sprechen (Abs 2 S 2 aF), wurde durch das UÄndG beseitigt. Die Bestimmung hatte in der Vergangenheit zu deutlichen Verzögerungen im Unterhaltsverfahren geführt. Die Aufhebung v Abs 2 S 2 führt dazu, dass nun die Wirksamkeit einer Unterhaltsbestimmung als **Vorfrage einer gerichtlichen Prüfung des Antrags des Kindes auf Barunterhalt** geprüft werden muss. Wirksam ist die Bestimmung nur dann, wenn auf die Belange des Kindes die gebotene Rücksicht genommen wird. Dafür gelten die Kriterien, die bislang für die Abänderung der Bestimmung durch das Familiengericht gegolten haben. Abzuwägen sind auf der einen Seite die durch die Bestimmung bewirkte Erleichterung der Unterhaltsleistung, auf der anderen die wohlverstandenen Interessen des Kindes. Gegen die Zulassung v Naturalunterhalt können zB sprechen: Gewalttätigkeiten zwischen den Beteiligten (OLG Köln FamRZ 96, 963), Unerreichbarkeit, weil der Unterhaltsberechtigte gegen die Weisung des Aufenthaltsbestimmungsberechtigten verstoßen müsste, um den Unterhalt entgegenzunehmen (OLG Köln NJW 98, 320), tiefgreifende Entfremdung (BayObLG NJW-RR 92, 1219 f), weitgehende Eingriffe in das Leben des volljährigen Unterhaltsberechtigten (KG FamRZ 06, 60), Unerreichbarkeit der Unterhaltsleistung wegen Notwendigkeit eines auswärtigen Studiums (OLG Hamburg FamRZ 87, 1183). Nicht ausreichend sind dag zB der einseitige Wunsch eines volljährigen Kindes nach Unterhalt in Geld (KG FamRZ 90, 791) und gelegentliche Spannungen in der Familie (OLG Karlsruhe NJW 77, 681).

§ 1612 a Mindestunterhalt minderjähriger Kinder

(1) ¹Ein minderjähriges Kind kann von einem Elternteil, mit dem es nicht in einem Haushalt lebt, den Unterhalt als Prozentsatz des jeweiligen Mindestunterhalts verlangen. ²Der Mindestunterhalt richtet sich nach dem doppelten Freibetrag für das sächliche Existenzminimum eines Kindes (Kinderfreibetrag) nach § 32 Abs. 6 Satz 1 des Einkommensteuergesetzes. ³Er beträgt monatlich entsprechend dem Alter des Kindes
1. für die Zeit bis zur Vollendung des sechsten Lebensjahrs (erste Altersstufe) 87 Prozent,
2. für die Zeit vom siebten bis zur Vollendung des zwölften Lebensjahrs (zweite Altersstufe) 100 Prozent und
3. für die Zeit vom 13. Lebensjahr an (dritte Altersstufe) 117 Prozent
eines Zwölftels des doppelten Kinderfreibetrags.
(2) ¹Der Prozentsatz ist auf eine Dezimalstelle zu begrenzen; jede weitere sich ergebende Dezimalstelle wird nicht berücksichtigt. ²Der sich bei der Berechnung des Unterhalts ergebende Betrag ist auf volle Euro aufzurunden.
(3) Der Unterhalt einer höheren Altersstufe ist ab dem Beginn des Monats maßgebend, in dem das Kind das betreffende Lebensjahr vollendet.

I. Die Vorschrift erlaubt es einem **minderjährigen Kind,** v seinen Eltern den Mindestunterhalt **zu verlangen.** Sie ersetzt die Bestimmung über den Regelunterhalt, der seit dem 1.7.98 sowohl für eheliche als auch für außereheliche Kinder verlangt werden konnte (§ 1615 f aF). Der Mindestunterhalt kann in einem vereinfachten Verfahren geltend gemacht werden, so dass dem Kind relativ schnell ein vollstreckbarer Titel zur Verfügung steht, weil bestimmte Einwendungen ausgeschlossen sind (§§ 249 ff FamFG). Darüber hinaus steht es jedem Kind frei, einen zusätzlichen Unterhaltsbetrag mit einer Abänderungsantrag einzufordern, wenn der im vereinfachten Verfahren festgesetzte Unterhalt den angemessenen Bedarf (§ 1610) nicht in vollem Umfang deckt (§ 240 FamFG). Ein weiterer Vorteil des Mindestunterhaltstitels ist, dass er sich an generelle Änderungen der Lebenshaltungskosten automatisch anpasst, wenn sich das steuerliche Existenzminimum ändert.

II. 1. Voraussetzung für den Anspruch auf den Mindestunterhalt ist a), dass es sich bei dem Unterhaltsberechtigten um ein **minderjähriges Kind** handelt (Abs 1 S 1). Es kommt nicht darauf an, ob es noch unverheiratet ist. Abs 1 S 1 bedeutet aber nicht, dass ein volljähriges Kind nicht mehr v einem Mindestunterhaltstitel profitieren kann. Erforderlich ist nur, dass der Titel erlangt wird, solange das Kind minderjährig ist. Wegen der Identität des Verwandtenunterhaltsanspruchs über die Volljährigkeit hinaus kann er nach der Volljährigkeit noch weiter ausgenutzt werden. Umgekehrt kommt die Erstreckung des Mindestunterhalts auf das erstmalige Verlangen v Volljährigen auch dann nicht in Betracht, wenn es sich um privilegierte Volljährige (§ 1603 II) handelt. Dafür spricht schon der ausdrückliche Wortlaut der gesetzlichen Regelung.

b) Der Unterhaltsberechtigte darf **nicht mit dem Unterhaltsverpflichteten in einem Haushalt** leben. Dazu reicht das Zusammenleben in irgendeiner Form einer Lebensgemeinschaft. Dass diese irgendwie rechtlich verfestigt ist, ist nicht erforderlich.

2. Verlangt werden kann der Mindestunterhalt oder ein Prozentsatz davon. a) **Der Mindestunterhalt** orientiert sich am steuerlichen Existenzminimum. Er beträgt 1/12 des doppelten Freibetrags für das sächliche Existenzminimum des Kindes (sog. Kinderfreibetrag, § 32 VI 1 EStG). Veränderungen des steuerlichen Existenzminimums wirken sich deswegen direkt auf die Höhe des Unterhaltsanspruchs aus. Besondere Änderungsverordnungen, wie im Regelbetragssystem erforderlich waren, sind überflüssig.

Beibehalten wurde das System des **nach Altersklassen gestaffelten** Unterhalts. Die Altersstufen entsprechen den bisherigen: bis zur Vollendung des sechsten Lebensjahres, v siebten bis zur Vollendung des zwölften Lebensjahres und für die Zeit v dreizehnten Lebensjahr an. Für die erste Altersstufe können 87 % des steuerlichen Existenzminimums, für die zweite Stufe 100 % und für die dritte Stufe 117 % des steuerlichen Existenzminimums verlangt werden. Der Regelbetrag einer höheren Altersstufe ist ab dem Beginn des Monats maßgebend, in dem das Kind das betreffende Lebensjahr vollendet (Abs 3).

Für die erste Altersstufe beträgt der Mindestunterhalt 317 EUR, für die zweite Stufe 364 EUR und für die dritte Stufe 426 EUR. Mit der Veränderung der Beträge ist im Laufe des Jahres 2014 zu rechnen, da das steuerliche Existenzminimum angehoben werden muss, da es das tatsächliche Existenzminimum nicht mehr korrekt abbildet. Wegen der Anlaufschwierigkeiten der neuen Bundesregierung ist es dazu bis zum 1.1.14 noch nicht gekommen. Zur Anrechnung des Kindergeldes s § 1612 b, zur Anrechnung ähnlicher kindbezogener Leistungen § 1612 c.

b) Statt den Regelbetrag kann das Kind auch den **Mindestbetrag der jeweils einschlägigen Altersgruppe** verlangen. Dazu ist zu raten, wenn bis zur Volljährigkeit noch mehrere Altersstufen zu durchlaufen sind.

c) Dem Kind steht es frei, einen **niedrigeren Unterhaltsbetrag** zu verlangen. Das kann sinnvoll sein, wenn die Einkommensverhältnisse des Unterhaltspflichtigen so schlecht sind, dass zu erwarten ist, dass ein Abänderungsantrag zur Herabsetzung (§ 240 FamFG) Erfolg haben wird. Das Kind kann daher auch einen Prozentsatz des Mindestunterhalts verlangen. Dieser ist auf eine Dezimalstelle zu begrenzen; jede weitere Dezimalstelle wird nicht berücksichtigt (Abs 2 S 1). Der sich bei der Berechnung des Unterhalts ergebende Betrag ist auf volle Euro aufzurunden (Abs 2 S 2).

8a Zu beachten ist aber, dass in dem Unterhaltsverfahren bis zur Höhe des Mindestunterhalts der auf Unterhalt in Anspruch genommene Elternteil die **Beweislast** für seine verminderte Leistungsfähigkeit trägt. Daran hat sich durch die Neuregelung gegenüber dem früheren Zustand (BGHZ 150, 12; auch bei Anspruchsübergang: BGH NJW 03, 969) nichts geändert.

9 d) Statt eines niedrigeren kann das Kind auch einen **höheren Satz** als den Mindestunterhalt verlangen (arg e § 240 FamFG), zB wenn klar ist, dass die Mindestunterhaltsbeträge angesichts des Lebensstandards und der Leistungsfähigkeit des Unterhaltspflichtigen zu niedrig sind. Auch in diesem Fall muss ein Prozentsatz des Regelbetrags verlangt werden (zB 150 %). Im Übrigen gilt das Rn 7 Gesagte entsprechend.

10 **III. Verfahren.** Der Mindestunterhalt kann im vereinfachten Verfahren nach §§ 249 ff FamFG beantragt werden, sofern nicht ein Satz eingeklagt wird, der (vor Anrechnung der in §§ 1612 b, 1612 c genannten Leistungen) das 1,2-fache des Mindestunterhalts übersteigt (§ 249 I FamFG) und noch kein anderes gerichtliches Verfahren darüber anhängig ist (§ 249 II FamFG). Zuständig ist der Rechtspfleger. Einwendungen können nur in beschränktem Maß geltend gemacht werden bzw nur dann, wenn ein vorläufiger Unterhaltstitel geschaffen wird (§ 252 FamFG). Das Verfahren schließt mit einem Titel ab, in dem entweder ein Betrag genannt ist (der dem Unterhaltsbetrag abzüglich der Leistungen nach §§ 1612 b f entspricht) oder in dem der Pflichtige zur Leistung des jeweiligen Mindestunterhalts der betr Altersstufe (bzw eines Prozentsatzes davon) abzüglich der nach §§ 1612 b f anzurechnenden Leistungen verpflichtet wird. Den Beteiligten steht es frei, nach Abschluss des vereinfachten Verfahrens eine Erhöhung oder Herabsetzung des Unterhalts zu beantragen (§ 240 FamFG).

§ 1612 b Deckung des Barbedarfs durch Kindergeld

(1) ¹Das auf das Kind entfallende Kindergeld ist zur Deckung seines Barbedarfs zu verwenden:
1. zur Hälfte, wenn ein Elternteil seine Unterhaltspflicht durch Betreuung des Kindes erfüllt (§ 1606 Abs. 3 Satz 2);
2. in allen anderen Fällen in voller Höhe.

²In diesem Umfang mindert es den Barbedarf des Kindes.

(2) Ist das Kindergeld wegen der Berücksichtigung eines nicht gemeinschaftlichen Kindes erhöht, ist es im Umfang der Erhöhung nicht bedarfsmindernd zu berücksichtigen.

§ 1612 c Anrechnung anderer kindbezogener Leistungen

§ 1612 b gilt entsprechend für regelmäßig wiederkehrende kindbezogene Leistungen, soweit sie den Anspruch auf Kindergeld ausschließen.

1 I. §§ 1612 b f sollen die früher sehr streitige und im Regelunterhalts- und Individualunterhaltsbereich unterschiedlich gehandhabte **Anrechnung v Kindergeld** und ähnlichen Leistungen **vereinheitlichen und vereinfachen**. Sie gehen im Grundsatz v einer Teilung des Kindergelds aus und gestatten die hälftige Anrechnung bei jedem Elternteil (Abs 1 Nr 1, Ausnahmen: Abs 1 Nr 2, Rn 4 f). Erhöhungen des Kindergelds, die sich aus dem Vorhandensein v nicht gemeinschaftlichen Kindern ergeben, verbleiben aber demjenigen Elternteil, dessen Kinder die Erhöhung verursachen (Abs 2, Rn 6). Die Regelung wurde durch das UÄndG völlig neu gefasst und erheblich vereinfacht, weil im Mindestunterhaltssystem eine Anrechnung des Unterhalts immer in Betracht kommt.

2 II. **Der Anwendungsbereich** der Anrechnungsregelungen erstreckt sich auf Kindergeld (§ 1612 b) und die anderen wiederkehrenden kindbezogenen Leistungen, die den Anspruch auf Kindergeld ausschließen (§ 1612 c). Es kommt nicht darauf an, ob es sich um ein minderjähriges oder ein volljähriges Kind handelt.

3 1. a) **Kindergeld** ist nur die unter dieser Bezeichnung gezahlte staatliche Sozialleistung, nicht aber die für die im Rahmen des steuerlichen Familienlastenausgleichs stattfindende steuerliche Berücksichtigung der Kindererziehungskosten. Das Kindergeld wird je

Kind nur einem Berechtigten gezahlt (§ 64 I EStG), bei mehreren Berechtigten demjenigen, der das Kind in seinen Haushalt aufgenommen hat (§ 64 II EStG). Lebt das Kind bei keinem der Berechtigten, wird das Kindergeld an denjenigen ausgezahlt, der die höhere Unterhaltsrente zahlt (§ 64 III EStG).

b) Das Kindergeld ist **zur Hälfte auf den Unterhaltsanspruch anzurechnen,** wenn es 4 nicht an den barunterhaltspflichtigen Elternteil gezahlt wird (Abs 1 Nr 1). Sind beide Elternteile barunterhaltspflichtig, weil das Kind bei einem Dritten aufwächst (§ 1606 Rn 4) und wird das Kindergeld an einen v ihnen ausgezahlt, dann ist das Kindergeld in voller Höhe auf den Barbedarf anzurechnen (Abs 1 Nr 2). Das führt dazu, dass sich der Unterhaltsanspruch im Verhältnis der Aufteilung der Unterhaltslast ermäßigt. Dem Elternteil, der mehr v Unterhalt zu tragen hat, kommt aus diesem Grund das Kindergeld auch verhältnismäßig in größerem Umfang zugute.

Ist **nur der barunterhaltspflichtige Elternteil kindergeldberechtigt** (zB bei Tod des ande- 5 ren Elternteils), wird das Kindergeld aber an einen Dritten ausgezahlt, dann muss das Kindergeld in voller Höhe auf den Barunterhalt angerechnet werden (Abs 1 Nr 2). Derartige Fälle kommen vor, wenn das Kindergeld wegen Verletzung der Unterhaltspflicht an das Kind oder einen Dritten ausgezahlt wird (§ 74 EStG) oder wenn der Kindergeldanspruch an das Kind abgetreten ist. Gerechtfertigt ist die volle Anrechnung dadurch, dass der allein barunterhaltspflichtige Elternteil in diesen Fällen die volle Unterhaltslast tragen muss. Das bedeutet, dass sich die normalen Barunterhaltssätze verdoppeln. Daher ist auch die volle Anrechnung des Kindergelds nur eine konsequente Übertragung der auch sonst geltenden Grundsätze.

c) Wird ein Kindergeld gezahlt, das deswegen erhöht ist, weil der Berechtigte neben 6 den gemeinschaftlichen Kindern mit dem anderen Elternteil des Unterhaltsberechtigten noch weitere Kinder hat (sog **Zählkindvorteil**), dann wäre es unbillig, den Vorteil beiden Elternteilen zukommen zu lassen, weil einer durch die zusätzliche Unterhaltspflicht gegenüber dem nicht gemeinschaftlichen Kind belastet ist. Der Zählkindvorteil verbleibt daher dem Elternteil, in dessen Person er wegen des zusätzlichen nicht gemeinschaftlichen Kindes entstanden ist und wird nicht auf den Unterhaltsanspruch angerechnet. Er wirkt sich unterhaltsrechtlich nur insoweit aus, als durch das zusätzliche Kindergeld das Einkommen des Unterhaltspflichtigen erhöht und damit seine Leistungsfähigkeit gesteigert wird.

d) Die frühere Kappungsgrenze für die Anrechnung des Kindergelds (§ 1612 b V aF) ist 7 durch das UÄndG entfallen.

2. Die gerade genannten Anrechnungsregeln gelten entsprechend für alle **wiederkehren-** 8 **den kindbezogenen Leistungen,** die den Bezug v Kindergeld ausschließen (§ 1612 c, Aufzählung in § 65 EStG). Bei diesen Leistungen kommt es nicht darauf an, welcher Elternteil anspruchsberechtigt ist. Der Ausschluss des Kindergelds in diesen Fällen dient der Vermeidung v Doppelleistungen aus öffentlichen Kassen; er soll sich dag nicht unterhaltsrechtlich negativ zulasten des einen oder des anderen Elternteils auswirken. Die Anrechnung auf den Unterhalt erfolgt bis zur Höhe eines fiktiven Kindergelds (arg e „soweit"). Ist die Leistung höher, wird der überschießende Betrag als Einkommen des Beziehers angesehen und erhöht auf diese Weise ggf den Unterhaltsanspruch.

§ 1613 Unterhalt für die Vergangenheit

(1) ¹Für die Vergangenheit kann der Berechtigte Erfüllung oder Schadensersatz wegen Nichterfüllung nur von dem Zeitpunkt an fordern, zu welchem der Verpflichtete zum Zwecke der Geltendmachung des Unterhaltsanspruchs aufgefordert worden ist, über seine Einkünfte und sein Vermögen Auskunft zu erteilen, zu welchem der Verpflichtete in Verzug gekommen oder der Unterhaltsanspruch rechtshängig geworden ist. ²Der Unterhalt wird ab dem Ersten des Monats, in den die bezeichnete Ereignisse fallen, geschuldet, wenn der Unterhaltsanspruch dem Grunde nach zu diesem Zeitpunkt bestanden hat.

§ 1613

(2) Der Berechtigte kann für die Vergangenheit ohne die Einschränkung des Absatzes 1 Erfüllung verlangen
1. wegen eines unregelmäßigen außergewöhnlich hohen Bedarfs (Sonderbedarf); nach Ablauf eines Jahres seit seiner Entstehung kann dieser Anspruch nur geltend gemacht werden, wenn vorher der Verpflichtete in Verzug gekommen oder der Anspruch rechtshängig geworden ist;
2. für den Zeitraum, in dem er
   a) aus rechtlichen Gründen oder
   b) aus tatsächlichen Gründen, die in den Verantwortungsbereich des Unterhaltspflichtigen fallen,
   an der Geltendmachung des Unterhaltsanspruchs gehindert war.

(3) ¹In den Fällen des Absatzes 2 Nr. 2 kann Erfüllung nicht, nur in Teilbeträgen oder erst zu einem späteren Zeitpunkt verlangt werden, soweit die volle oder die sofortige Erfüllung für den Verpflichteten eine unbillige Härte bedeuten würde. ²Dies gilt auch, soweit ein Dritter vom Verpflichteten Ersatz verlangt, weil er anstelle des Verpflichteten Unterhalt gewährt hat.

1 I. **Für die Vergangenheit** ist ein **Unterhaltsanspruch idR ausgeschlossen**, weil sonst schnell Beträge auflaufen könnten, deren Zahlung jeden Unterhaltspflichtigen überforderte. § 1613 enthält die Ausnahmen v diesem Grundsatz. Durch das KindesunterhaltsG wurde die Regelung erweitert: Ein Unterhaltsanspruch für die Vergangenheit kommt nun schon v dem Zeitpunkt an in Betracht, zu dem der Unterhaltsverpflichtete zur Auskunft über seine Einkommens- und Vermögensverhältnisse aufgefordert wurde (Abs 1, § 1605). Zur Verwirkung eines entstandenen Unterhaltsanspruchs nach den allg Regeln (§ 242) s OLG Karlsruhe FPR 02, 444. Durch das UÄndG wurde der für den Nachscheidungsunterhalt geltende § 1585 b an § 1613 angepasst.

2 II. 1. Grds kann Unterhalt immer nur wegen eines **gegenwärtig bestehenden Bedarfs** verlangt werden. Weder vergangener noch zukünftiger Bedarf sind anspruchsbegründend. Zur Krankenversicherung s aber § 1610 Rn 4.

3 2. **Unterhalt für die Vergangenheit** kann in fünf Ausnahmefällen verlangt werden: a) Ein Unterhaltsanspruch für die Vergangenheit (bzw ein Schadensersatzanspruch wegen Nichterfüllung eines Unterhaltsanspruchs in der Vergangenheit) besteht v dem Zeitpunkt an, zu dem der Unterhaltsberechtigte den Verpflichteten nach § 1605 zur **Erteilung v Auskunft über sein Einkommen** und sein Vermögen **aufgefordert hat** (Abs 1 S 1, 1. Fall). Von diesem Zeitpunkt an muss der Verpflichtete mit der Geltendmachung v Unterhaltsansprüchen rechnen. Er ist deswegen nicht schutzwürdig, wenn er sich darauf verlässt, ein Anspruch bestehe nicht. Für das Wirksamwerden des Auskunftsverlangens kommt es auf dessen Zugang beim Unterhaltspflichtigen an. Der Unterhalt wird dann ab dem Ersten des Monats geschuldet, in den das Verlangen fällt, wenn der Anspruch dem Grunde nach zu diesem Zeitpunkt bestanden hat (Abs 1 S 2).

4 b) Erfüllung oder Schadensersatz wegen Nichterfüllung kann auch für die Vergangenheit verlangt werden, wenn der Pflichtige mit dem Unterhalt **in Verzug gekommen** ist, wenn also die Voraussetzungen des § 286 vorliegen. Da bei Unterhalt grds keine dem Kalender nach bestimmte Leistungszeit besteht (Ausnahme: Vereinbarung), setzt das grds eine Mahnung voraus. Etwas anderes gilt nur bei klarer Verweigerung der Unterhaltsleistung (BGH NJW 85, 486; 87, 1551) oder bei vertraglicher Festlegung v Fälligkeitsterminen (BGHZ 105, 254). Wenig Bedeutung dürfte die Sonderregel des § 286 III haben, nach dem der Verzug spätestens dreißig Tage nach Zugang einer Rechnung oder gleichwertigen Forderungsaufstellung und Fälligkeit der Forderung eintritt, weil in der Forderungsaufstellung meist schon eine Mahnung gesehen werden können wird. Abs 1 S 2 (Rn 3) gilt auch hier.

5 c) Erfüllung oder Schadensersatz wegen Nichterfüllung kann auch auf den Zeitpunkt rückwirkend verlangt werden, zu dem der **Unterhaltsanspruch rechtshängig** geworden ist. Abs 1 S 2 (Rn 3) gilt entsprechend.

6 d) Für die Vergangenheit kann auch **Sonderbedarf** verlangt werden. Das ist ein außerplanmäßig und unerwartet auftretender außergewöhnlicher Bedarf (Abs 2 Nr 1). Uner-

wartet und außerplanmäßig bedeutet, dass der Bedarf nicht so beschaffen sein darf, dass er ohne weiteres als ständiger Bedarf in die Monatsrate einkalkuliert werden kann (wie etwa Kosten des Schulbesuchs, OLG Köln NJW 99, 295; Nachhilfekosten, OLG Düsseldorf FamRZ 06, 223; Altenpflegekosten, OLG Hamm FamRZ 96, 1218). Der Bedarf muss außerdem im Verhältnis zu dem monatlichen Unterhalt besonders hoch sein. Sonderbedarf kann daher bei bescheidenen finanziellen Verhältnissen eher angenommen werden als bei guten. Zum Sonderbedarf gehören regelmäßig etwa Krankenbehandlungskosten (OLG Frankfurt FamRZ 11, 570 zu kieferorthopädischen Maßnahmen), Kosten für eine vorübergehende Vormundschaft oder Betreuung (OLG Koblenz FPR 02, 310), Kosten für einmalig zu beschaffende Ausbildungsmittel (OLG Frankfurt FamRZ 95, 631), einmalige Familienfeiern (OLG Schleswig FamRZ 05, 1277: Konfirmation), Umzugskosten (BGH NJW 83, 224) und Prozesskostenvorschüsse (OLG Stuttgart FamRZ 88, 207). Kein Sonderbedarf sind dag idR zB Kosten für Kindergartenbesuch, Zuzahlungen für medizinische Hilfsmittel, Urlaubsreisen.

Der Anspruch wegen Sonderbedarfs kann **nur rückwirkend für ein Jahr** geltend gemacht werden. Maßgeblich für die Fristberechnung ist die Zustellung der Antragsschrift an den Verpflichteten (§ 113 I 2 FamFG, § 263 ZPO); der Zeitpunkt der Anbringung eines Verfahrenskostenhilfegesuchs ist irrelevant. Nur, wenn der Verpflichtete sich in Verzug befindet oder der Anspruch rechtshängig ist, bildet nur die Verjährung eine Begrenzung des Anspruchs. 7

e) Auch für laufenden Unterhalt kann schließlich für die Vergangenheit Unterhalt verlangt werden, selbst wenn keiner der in Abs 1 genannten Fälle vorliegt, wenn der **Unterhaltsberechtigte** aus rechtlichen oder aus tatsächlichen Gründen, die in den Verantwortungsbereich des Unterhaltspflichtigen fallen, **an der Geltendmachung** des Unterhaltsanspruchs **gehindert** war (Abs 2 Nr 2). Ersteres trifft vor allem dann zu, wenn es sich bei dem Unterhaltsberechtigten um ein Kind handelt, für das eine Vaterschaft nach § 1592 noch nicht besteht. Die Vaterschaft löst Rechtswirkungen erst aus, wenn einer der dort genannten Fälle vorliegt. Vorher ist das Kind also aus rechtlichen Gründen gehindert, Unterhaltsansprüche geltend zu machen (§ 1594 Rn 5). Das gilt nicht nur für den Unterhaltsanspruch gegen den Vater selbst, sondern auch für den Ersatzanspruch gegen die Verwandten bei Leistungsunfähigkeit des Vaters aus § 1607 (BGH FamRZ 04, 800). Aus tatsächlichen Gründen, die in den Verantwortungsbereich des Unterhaltspflichtigen fallen, ist die Geltendmachung v Unterhaltsansprüchen vor allem dann gehindert, wenn der Unterhaltspflichtige "abgetaucht" ist, um sich seiner Unterhaltspflicht zu entziehen. 8

In beiden Ausnahmefällen kann **Erfüllung nicht, nur in Teilbeträgen oder erst** zu einem **späteren** Zeitpunkt verlangt werden, soweit die volle oder die sofortige Erfüllung für den Verpflichteten eine unbillige Härte bedeuten würde (Abs 3 S 1) oder soweit ein Dritter v Verpflichteten Ersatz verlangt, weil er an Stelle des Verpflichteten Unterhalt gewährt hat (Abs 3 S 2, §§ 1607 f). Die Regelung entspricht im wesentlichen § 1615 i I, II aF, verzichtet aber auf eine Zeitschranke, weil Zeitaspekte ohnehin im Rahmen der umfassenden Billigkeitsabwägung zu berücksichtigen sind. Es handelt es sich um eine echte Einwendung und nicht nur um eine verfahrensrechtliche Regelung über Stundung und Erlass. Abs 3 ist daher im Unterhaltsverfahren unmittelbar zu berücksichtigen. 9

§ 1614 Verzicht auf den Unterhaltsanspruch; Vorausleistung

(1) Für die Zukunft kann auf den Unterhalt nicht verzichtet werden.
(2) Durch eine Vorausleistung wird der Verpflichtete bei erneuter Bedürftigkeit des Berechtigten nur für den im § 760 Abs. 2 bestimmten Zeitabschnitt oder, wenn er selbst den Zeitabschnitt zu bestimmen hatte, für einen den Umständen nach angemessenen Zeitabschnitt befreit.

I. Die Vorschrift dient dem **Schutz des Unterhaltsanspruchs** und der öffentlichen Kassen vor Inanspruchnahme v Sozialleistungen, indem sie den Unterhaltsverzicht für die Zukunft verbietet und die Erfüllungswirkung v Vorausleistungen begrenzt. 1

2 **II.** Ein **Unterhaltsverzicht** für die Zukunft kommt im Bereich des Verwandtenunterhalts für die Zukunft nicht in Betracht. Alle dahin gehenden Vereinbarungen sind unwirksam. Das gilt auch für Teilverzichtserklärungen. Die früher in § 1615 e für nichteheliche Kinder vorgesehene Ausnahme wurde durch das UnterhaltsreformG beseitigt. Ein Unterhaltsverzicht für die Vergangenheit ist wirksam.

3 **Vorausleistungen** befreien den Unterhaltspflichtigen nur im Rahmen des in § 760 II genannten Zeitraums. Im Normalfall beträgt diese Frist 3 Monate. Wer für einen längeren Zeitraum vorleistet, geht das Risiko ein, bei fortbestehender Bedürftigkeit erneut leisten zu müssen.

§ 1615 Erlöschen des Unterhaltsanspruchs

(1) Der Unterhaltsanspruch erlischt mit dem Tode des Berechtigten oder des Verpflichteten, soweit er nicht auf Erfüllung oder Schadensersatz wegen Nichterfüllung für die Vergangenheit oder auf solche im Voraus zu bewirkende Leistungen gerichtet ist, die zur Zeit des Todes des Berechtigten oder des Verpflichteten fällig sind.
(2) Im Falle des Todes des Berechtigten hat der Verpflichtete die Kosten der Beerdigung zu tragen, soweit ihre Bezahlung nicht von dem Erben zu erlangen ist.

1 **I.** Die Norm regelt das Ende des Unterhaltsanspruchs durch Tod und die Kostentragung für die Beerdigung des Unterhaltsberechtigten.
2 **II.** Der **Unterhaltsanspruch** für die Zukunft **endet** sowohl durch den Tod des Verpflichteten wie denjenigen des Berechtigten (Abs 1). Bei Tod des Berechtigten ist aber zu beachten, dass für den laufenden Monat noch der volle Unterhaltsbetrag geschuldet ist (§ 1612 III). Unterhaltsrückstände und fällige Vorauszahlungen bleiben ebenfalls geschuldet. Sie werden vererbt. Bei Tod des Verpflichteten entsteht bei fortdauernder Bedürftigkeit des Berechtigten ein eigener Unterhaltsanspruch gegen den nächsten haftenden Verwandten (§ 1606).
3 Die **Beerdigungskosten** für den Unterhaltsberechtigten muss in erster Linie sein Erbe tragen (§ 1968). Ist er dazu nicht in der Lage oder kann die Bezahlung nicht v ihm erlangt werden, haftet der Unterhaltspflichtige (Abs 2). Dieser hat dann einen Ausgleichsanspruch nach § 426 gegen den Erben.

Untertitel 2
Besondere Vorschriften für das Kind und seine nicht miteinander verheirateten Eltern

§ 1615 a Anwendbare Vorschriften

Besteht für ein Kind keine Vaterschaft nach § 1592 Nr. 1, § 1593 und haben die Eltern das Kind auch nicht während ihrer Ehe gezeugt oder nach seiner Geburt die Ehe miteinander geschlossen, gelten die allgemeinen Vorschriften, soweit sich nichts anderes aus den folgenden Vorschriften ergibt.

1 Die Vorschrift stellt klar, dass **für außerehelich geborene Kinder dieselben unterhaltsrechtlichen Regeln gelten wie für ehelich geborene.** Nach Aufhebung der §§ 1615 b–1615 k durch das KindesunterhaltsG war die einzige verbliebene Besonderheit die Möglichkeit, durch einstweilige Verfügung eine vorläufige Regelung der Unterhaltspflicht zu erwirken (§ 1615 o aF). Diese Regelung wurde durch das FGG-RG aufgehoben und in das FamFG überführt (§ 247 FamFG). Die übrigen Regelungen betreffen Ansprüche der Mutter wegen der Entbindungskosten (§ 1615 l I 2) und auf Unterhalt während der Schwangerschaft oder der Kinderbetreuung (§ 1615 l I 1, II–IV), Unterhaltsansprüche des das Kind betreuenden Vaters auf Unterhalt (§ 1615 l V) und eine Regelung über die Tragung der Beerdigungskosten im Fall des Todes der Mutter aus Anlass der Schwangerschaft oder Entbindung (§ 1615 m).

§§ 1615 b bis 1615 k (weggefallen)

§ 1615 l Unterhaltsanspruch von Mutter und Vater aus Anlass der Geburt

(1) ¹Der Vater hat der Mutter für die Dauer von sechs Wochen vor und acht Wochen nach der Geburt des Kindes Unterhalt zu gewähren. ²Dies gilt auch hinsichtlich der Kosten, die infolge der Schwangerschaft oder der Entbindung außerhalb dieses Zeitraums entstehen.
(2) ¹Soweit die Mutter einer Erwerbstätigkeit nicht nachgeht, weil sie infolge der Schwangerschaft oder einer durch die Schwangerschaft oder die Entbindung verursachten Krankheit dazu außerstande ist, ist der Vater verpflichtet, ihr über die in Absatz 1 Satz 1 bezeichnete Zeit hinaus Unterhalt zu gewähren. ²Das Gleiche gilt, soweit von der Mutter wegen der Pflege oder Erziehung des Kindes eine Erwerbstätigkeit nicht erwartet werden kann. ³Die Unterhaltspflicht beginnt frühestens vier Monate vor der Geburt und besteht für mindestens drei Jahre nach der Geburt. ⁴Sie verlängert sich, solange und soweit dies der Billigkeit entspricht. ⁵Dabei sind insbesondere die Belange des Kindes und die bestehenden Möglichkeiten der Kinderbetreuung zu berücksichtigen.
(3) ¹Die Vorschriften über die Unterhaltspflicht zwischen Verwandten sind entsprechend anzuwenden. ²Die Verpflichtung des Vaters geht der Verpflichtung der Verwandten der Mutter vor. ³§ 1613 Abs. 2 gilt entsprechend. ⁴Der Anspruch erlischt nicht mit dem Tode des Vaters.
(4) ¹Wenn der Vater das Kind betreut, steht ihm der Anspruch nach Absatz 2 Satz 2 gegen die Mutter zu. ²In diesem Falle gilt Absatz 3 entsprechend.

I. Die Vorschrift regelt nach der umfassenden Neugestaltung durch das Kindschafts- **1** rechtsreformG und das KindesunterhaltsG den **Anspruch der Mutter** auf Ersatz der **Entbindungskosten** (früher § 1615 k) und auf **Unterhalt wegen der Betreuung des Kindes**. Daraus folgt, dass der Anspruch auf Ersatz der Entbindungskosten nun ebenfalls v der Bedürftigkeit der Mutter und der Leistungsfähigkeit des Vaters abhängt. Durch das UÄndG wurde der Anspruch wegen der Betreuung des Kindes im Wesentlichen an den Anspruch aus § 1570 angeglichen, so dass das dort zum Unterhaltsanspruch der geschiedenen Mutter gegen den Exmann Gesagte grds entsprechend gilt. Das gilt auch für die Dauer des zu titulierenden Anspruchs (vgl BGH NJW 13, 3578).

II. 1. Die **Mutter eines Kindes** hat gegen den Vater, mit dem sie nicht verheiratet ist, **2** zunächst einen Unterhaltsanspruch während der allg **Mutterschutzfrist** v 6 Wochen vor und 8 Wochen nach der Geburt. Der Anspruch verlängert sich, wenn die Mutter wegen der Schwangerschaft oder einer durch die Schwangerschaft oder Geburt verursachten Krankheit längere Zeit nicht dazu in der Lage ist, einer Berufstätigkeit nachzugehen (Abs 1 S 1). Er beginnt dann frühestens 4 Monate vor der Geburt und endet grds 3 Jahre nach der Geburt (Abs 2 S 3, Rn 5). Hinzu kommt ein Anspruch auf Ersatz des **Sonderbedarfs**, der durch die Kosten der medizinischen Behandlung während der Schwangerschaft (zB Vorsorgeuntersuchungen) sonst schwangerschaftsbedingt (Kleidung) und anlässlich der Geburt (Kosten für Arzt, Hebamme, Medikamente, ggf Bestattungskosten für das Kind) entsteht (Abs 1 S 2).

Der Anspruch setzt nunmehr für alle Elemente sowohl die **Leistungsfähigkeit des Man-** **3** nes als auch die **Bedürftigkeit der Frau** voraus. Diese braucht allerdings nicht schwangerschaftsbedingt zu sein, so dass Unterhalt auch gefordert werden kann, wenn die Frau auch ohne die Schwangerschaft bedürftig gewesen wäre. Ein Anspruch scheidet aber aus, wenn die Frau ausreichendes Einkommen oder Vermögen hat, um sich selbst zu unterhalten und auch die Kosten der Schwangerschaft abzudecken. Vor allem scheidet der Anspruch auf laufenden Unterhalt daher aus, solange die Frau Lohnfortzahlung erhält. Der Anspruch auf Ersatz der Entbindungs- und Schwangerschaftskosten entfällt, soweit die Frau durch Versicherungen abgesichert ist.

4 2. Der Elternteil, der das Kind betreut, hat gegen den anderen einen Anspruch auf **Unterhalt während der Zeit der Kinderbetreuung**. Der Anspruch kann seit dem 1.7.1998 sowohl der Mutter (Abs 2 S 2) als auch dem Vater zustehen (Abs 4).

5 Der Anspruch besteht **mindestens für 3 Jahre** nach der Geburt des Kindes (Abs 2 S 3). Etwas anderes gilt nur dann, wenn es der Billigkeit entspricht, einen Unterhaltsanspruch für eine längere Zeit zu gewähren (Abs 2 S 3). Bei der Abwägung sind besonders die Interessen des Kindes zu berücksichtigen. In diesem Rahmen spielen auch die Betreuungsmöglichkeiten eine Rolle. Der Unterhaltstatbestand entspricht § 1570 I BGB. Auf die Erläuterung dazu wird in vollem Umfang verwiesen.

6 Es **fehlt** dag eine **Entsprechung zu § 1570 II**, da diese Norm allein durch die nachwirkende eheliche Solidarität begründet wird, die es bei einer außerehelichen Geburt nicht geben kann. Allerdings hat der Gesetzgeber eine Brücke gebaut, um entsprechende Wertungen im Bedarfsfall doch berücksichtigen zu können. Der Unterhaltstatbestand unterscheidet sich durch das Wort „insbesondere" v § 1570 I. Das bedeutet, dass ausnahmsweise auch nicht kindbezogene Gründe für eine Verlängerung des Anspruchs herangezogen werden dürfen, etwa der Umstand, dass das Kind in einer Vergewaltigung gezeugt wurde oder dass zwischen den Eltern eine eheähnlich ausgestaltete Lebensgemeinschaft bestand, aus der sich Vertrauensschutzaspekte ergeben können, die für eine längere Unterhaltsdauer sprechen können (BGHZ 177, 172 ff).

7 3. Für die Ansprüche nach § 1615 l **gelten die Regelungen über den Verwandtenunterhalt** grds entsprechend (Abs 3 S 1). Für die Bestimmung der Leistungsfähigkeit und Bedürftigkeit die in §§ 1602 f angegebenen Kriterien maßgeblich, und als Unterhalt wird der gesamte angemessene Lebensbedarf geschuldet (§ 1610). Der angemessene Selbstbehalt des Unterhaltspflichtigen liegt nach der Düsseldorfer Tabelle bei 1.100 EUR. Die Bedürftigkeit und der Bedarf richten sich allein nach der Lebensstellung dessen, der den Unterhalt verlangt – und zwar auch dann, wenn es sich um eine ehemals verheiratete Frau handelt, so dass dann auch für die Unterhalt nach § 1615 l die ehemals ehelichen Lebensverhältnisse maßgebend sein können (OLG Hamm FamRZ 05, 1276). Eine Teilhabe an der Lebensstellung des anderen Elternteils scheidet aus (OLG Koblenz NJW 00, 669; OLG Naumburg FamRZ 01, 1321; OLG Köln FamRZ 01, 1322). Das gilt auch dann, wenn zwischen dem Unterhaltsberechtigten und dem Unterhaltspflichtigen eine nichteheliche Lebensgemeinschaft bestanden hat (BGHZ 177, 172 ff). Die Düsseldorfer Tabelle setzt für den Bedarf in der Regel mindestens 800 EUR an. Auch hier richtet sich das Maß des Unterhalts ausschließlich nach der Lebensstellung des Berechtigten vor der Verwirklichung des Unterhaltstatbestands. Maßgebend ist deswegen idR das Einkommen vor der Geburt des Kindes (OLG Köln FamRZ 01, 1322). Ist dieses erheblich höher als das Einkommen des auf Unterhalt in Anspruch Genommenen, so ist der sog Halbteilungsgrundsatz zu beachten. Der Unterhaltspflichtige braucht für den Unterhalt nicht mehr als die Hälfte seines Einkommens aufzuwenden (BGH, FamRZ 05, 442). Für das Verlangen nach Unterhalt für die Vergangenheit gilt § 1613 II entsprechend (Abs 3 S 4). Auch nach der **weitgehenden Gleichstellung v Nachscheidungsunterhalt** und Unterhaltsanspruch der nichtehelichen Mutter ist § **1579 Nr 2** nicht analog auf den Anspruch nach § 1615 l anzuwenden (OLG Nürnberg FamRZ 11, 939; weiter gehend anscheinend OLG Hamm FamFR 11, 107). Es fehlt an der Vergleichbarkeit der Interessenlagen und der planwidrigen Regelungslücke.

8 Der **Rang** des Anspruchs nach § 1615 l richtet sich nach § 1609. Der Anspruch der nichtehelichen Mutter bzw des nichtehelichen Vaters steht auf der gleichen Stufe wie derjenige einer (gewesenen) Ehefrau oder eines (gewesenen) Ehemannes, die wegen Kinderbetreuung unterhaltsberechtigt sind oder wären und den Ansprüchen v Ehegatten v Ehen langer Dauer. Ihm gehen nur die Ansprüche der minderjährigen unverheirateten Kinder und die Ansprüche der privilegierten erwachsenen Kinder (§ 1603 II) vor. Die Rangstelle der Ansprüche des unterhaltsberechtigten nichtehelichen Elternteils haben sich durch das UÄndG erheblich verbessert.

9 Der Anspruch nach § 1615 l **erlischt** nicht mit dem Tod des Verpflichteten (Abs 3 S 4, Ausnahme zu § 1615). In diesem Fall haften die Erben. Dag entfällt der Unterhaltsanspruch, wenn der Berechtigte heiratet oder eine Lebenspartnerschaft eingeht. Der nicht verheiratete Elternteil stünde sonst besser als ein Ex-Ehegatte, für dessen Unterhaltsanspruch das Erlöschen in § 1586 angeordnet ist. Diese Regelung ist deswegen analog anzuwenden.

III. Verfahren. Ebenso wie beim Betreuungsunterhalt nach § 1570 ist auch ein vor der Vollendung des dritten Lebensjahres des Kindes gestellter Antrag auf künftigen Betreuungsunterhalt gem § 1615 l nur dann abzuweisen, wenn im Zeitpunkt der Entscheidung für die Zeit nach Vollendung des dritten Lebensjahres absehbar keine kind- und elternbezogenen Verlängerungsgründe mehr vorliegen (BGH NJW 13, 3578). 10

§ 1615 m Beerdigungskosten für die Mutter

Stirbt die Mutter infolge der Schwangerschaft oder der Entbindung, so hat der Vater die Kosten der Beerdigung zu tragen, soweit ihre Bezahlung nicht von dem Erben der Mutter zu erlangen ist.

Die Norm entspricht dem für den allg Verwandtenunterhalt geltenden § 1615 II. Stirbt die Mutter des Kindes infolge der Schwangerschaft oder der Geburt, muss der Vater die Beerdigungskosten tragen, wenn die Kosten v Erben nicht zu erlangen sind. Das zu § 1615 II Gesagte (§ 1615 Rn 3) gilt entsprechend. 1

§ 1615 n Kein Erlöschen bei Tod des Vaters oder Totgeburt

¹Die Ansprüche nach den §§ 1615 l, 1615 m bestehen auch dann, wenn der Vater vor der Geburt des Kindes gestorben oder wenn das Kind tot geboren ist. ²Bei einer Fehlgeburt gelten die Vorschriften der §§ 1615 l, 1615 m sinngemäß.

Die Vorschrift regelt die Folgen des **Todes des Vaters vor der Geburt** des Kindes und diejenigen einer **Tot- bzw Fehlgeburt**. 1

Sowohl der **Tod des Mannes** als auch die **Totgeburt** des Kindes (dh die Geburt eines ausgereiften, aber toten Kindes) haben keine Auswirkung auf den Bestand der Ansprüche nach § 1615 l und 1615 m. Bei Tod des Vaters ist dessen Erbe verpflichtet. Dass der Tod des Kindes oder seine Totgeburt an den Ansprüchen der Mutter nichts ändert, versteht sich v selbst; denn diese Ereignisse ändern nichts mehr an der Kausalität der Schwangerschaft bzw Geburt für die Aufwendungen der Mutter. 2

Bei einer **Fehlgeburt** (Geburt eines toten, lebensunreifen Kindes) gelten §§ 1615 l f entsprechend; dh der Vater muss die Kosten der Geburt (auch wenn es sich um eine durch Schwangerschaftsabbruch gegen seinen Willen herbeigeführte handelt), Unterhalt für die Mutter und ggf die Beerdigungskosten zahlen. 3

§ 1615 o (aufgehoben, jetzt § 247 FamFG)

Titel 4
Rechtsverhältnis zwischen den Eltern und dem Kinde im allgemeinen

Vorbemerkung zu §§ 1616–1625

§§ 1616–1625 betreffen das Rechtsverhältnis zwischen den Eltern und dem Kind im Allgemeinen. Regelungsgegenstände sind das Namensrecht (§§ 1616–1618), das Gebot zu gegenseitigem Beistand und Rücksichtnahme (§ 1618 a), die Dienstleistungspflicht (§ 1619), die Erstattung v Aufwendungen eines volljährigen Kindes für seine Eltern (§ 1620) und die Ausstattung des Kindes (§§ 1624–1625). v Namensrecht abgesehen ist die praktische Relevanz der Normen gering. 1

Vorbemerkung zu §§ 1616–1618

1 §§ 1616 ff regeln, welchen **Familiennamen** ein Kind erhält und wie sich Änderungen des Namens seiner Eltern auf es auswirken. Nach der Gleichstellung v ehelichen und nichtehelichen Kindern einerseits und der Aufhebung der Pflicht zur Führung eines gemeinsamen Ehenamens bei Eheleuten andererseits (§ 1355 Rn 3, 13) wird heute für die Namenserteilung in erster Linie darauf abgestellt, welchen Familiennamen die Eltern des Kindes führen. Diesen erhält es als Geburtsnamen (§ 1617). Fehlt bei der Geburt des Kindes ein Ehename der Eltern, steht ihnen aber die Sorge gemeinsam zu, bestimmen sie den Geburtsnamen des Kindes durch gemeinschaftliche Erklärung (§ 1617). Führen sie keinen Ehenamen und steht nur einem v ihnen die elterliche Sorge zu, erhält das Kind den Namen dieses Elternteils (§ 1617 a I), bei Bestimmung durch diesen Elternteil denjenigen des anderen (§ 1617 a II). Tritt später die gemeinsame Sorge über das Kind ein, besteht das Recht, den bisherigen Namen des Kindes in entsprechender Weise zu ändern (§ 1617 b). Schließlich können ein Elternteil, dem die elterliche Sorge für ein unverheiratetes Kind allein zusteht, und sein Ehegatte, der nicht Elternteil des Kindes ist, dem Kind ihren Ehenamen erteilen (§ 1618). Zur Zustimmungspflicht des Kindes bei Namensänderungen s § 1617 c.

2 In anderen als den in §§ 1616 ff genannten Fällen kann eine Namensänderung nur durch eine **öffentlich-rechtliche Namensänderung** erfolgen. Zum Namen des angenommenen Kindes s § 1757.

3 Nicht in den Regelungsbereich der §§ 1616 ff fällt der **Vorname**. Die Namensgebung ist insoweit Annex des elterlichen Sorgerechts (§§ 1626 ff). Konflikte zwischen den Eltern sind über § 1628 zu lösen. Es gilt das Prinzip der Geschlechtseindeutigkeit. Das bedeutet, dass Jungen mit einem eindeutig männlichen, Mädchen mit einem eindeutig weiblichen Vornamen benannt werden müssen. Mädchen darf auch als zweiter oder weiterer Name kein männlicher Name gegeben werden, Jungen kein weiblicher (einzige Ausnahme aus historischen Gründen: Maria). Bei neutralen Vornamen (Heike, Eike, Mike, Bo usw) muss ein geschlechtsidentifizierender Vorname beigefügt werden. Vornamen dürfen nicht anstößig, allgemein oder ohne Kennzeichnungskraft sein. Akademische Titel kommen ebenso wenig in Betracht wie Namen, die nach allg Sprachgebrauch nur als Familiennamen vorkommen (zB „Schmitz", OLG Köln FPR 02, 571, zu einem Fall, in dem ein Name Familienname oder Vorname sein kann OLG Frankfurt StAZ 00, 237). Voraussetzung ist aber insoweit, dass das Kindeswohl durch den Namen beeinträchtigt würde. Allein das Sprachgefühl ist kein hinreichendes Kriterium (BVerfG FamRZ 05, 2049). Die Rspr zur Vornamenswahl ist unübersehbar und auch nicht widerspruchsfrei. Zur Änderung des Vornamens bei Annahme s § 1757 II, bei Geschlechtsumwandlung § 1 TSG.

4 **Internationalprivatrechtlich** richtet sich der Name grds nach der Staatsangehörigkeit (Art 10 I EGBGB). Eine Rechtswahl in Bezug auf den Kindesnamen ist insofern möglich, als der Sorgeberechtigte gegenüber dem Standesamt erklären kann, dass das Kind den Namen nach dem Recht eines Staates erhalten soll, dem ein Elternteil angehört, auch wenn das Kind mit einem anderen Staat enger verbunden ist oder Deutscher ist. Ein Kind kann immer einen Namen nach deutschem Recht erhalten, wenn sich wenigstens ein Elternteil gewöhnlich in Deutschland aufhält, und eine Namenserteilung kann nach dem Recht des Erteilenden erfolgen (Art 10 III EGBGB). Die Zustimmung des Kindes zu einer Namenserteilung unterliegt immer auch zusätzlich dem Recht des Staates, dem das Kind angehört (Art 23 EGBGB).

§ 1616 Geburtsname bei Eltern mit Ehenamen

Das Kind erhält den Ehenamen seiner Eltern als Geburtsnamen.

1 Die Vorschrift enthält die Regel für den einfachsten Fall der Namensweitergabe an ein Kind, den Fall, dass die **Eltern des Kindes einen gemeinsamen Ehenamen** nach § 1355 I 1 führen. Voraussetzung des § 1616 ist nur die gemeinsame Führung eines Ehenamens iSd § 1355 I 1. Es ist nicht erforderlich, dass die Eltern zur Zeit der Geburt

des Kindes noch verheiratet sind. Es kommt nur auf die gemeinsame Namensführung an. Sind die Ehegatten geschieden und hat einer v ihnen den Geburts- oder den vor der Ehe angenommenen Namen wieder angenommen (§ 1355 V), greift § 1616 nicht ein. Ebenso wenig gilt die Norm, wenn die Eltern zum Zeitpunkt der Geburt noch nicht miteinander verheiratet sind, aber später heiraten und einen gemeinsamen Ehenamen wählen. In diesem Fall richtet sich die Namensführung zunächst nach § 1617 a. Nach der Eheschließung kann dann eine Namensänderung nach §§ 1617 b f erfolgen.
Weitergegeben wird **nur der Ehename.** Ein voran- oder nachgestellter Begleitname (§ 1355 IV) wird nicht zum Bestandteil des Namens des Kindes. Doppelnamen sind immer unzulässig. Diese Einschränkung ist verfassungsmäßig (BVerfG NJW 02, 1256).

§ 1617 Geburtsname bei Eltern ohne Ehenamen und gemeinsamer Sorge

(1) ¹Führen die Eltern keinen Ehenamen und steht ihnen die Sorge gemeinsam zu, so bestimmen sie durch Erklärung gegenüber dem Standesamt den Namen, den der Vater oder die Mutter zur Zeit der Erklärung führt, zum Geburtsnamen des Kindes. ²Eine nach der Beurkundung der Geburt abgegebene Erklärung muss öffentlich beglaubigt werden. ³Die Bestimmung der Eltern gilt auch für ihre weiteren Kinder.
(2) ¹Treffen die Eltern binnen eines Monats nach der Geburt des Kindes keine Bestimmung, überträgt das Familiengericht das Bestimmungsrecht einem Elternteil. ²Absatz 1 gilt entsprechend. ³Das Gericht kann dem Elternteil für die Ausübung des Bestimmungsrechts eine Frist setzen. ⁴Ist nach Ablauf der Frist das Bestimmungsrecht nicht ausgeübt worden, so erhält das Kind den Namen des Elternteils, dem das Bestimmungsrecht übertragen ist.
(3) Ist ein Kind nicht im Inland geboren, so überträgt das Gericht einem Elternteil das Bestimmungsrecht nach Absatz 2 nur dann, wenn ein Elternteil oder das Kind dies beantragt oder die Eintragung des Namens des Kindes in ein deutsches Personenstandsregister oder in ein amtliches deutsches Identitätspapier erforderlich wird.

I. Die Vorschrift regelt die Namensführung des Kindes für den Fall, dass die Eltern zwar das **gemeinsame Sorgerecht** haben, dass sie aber **keinen gemeinsamen Ehenamen** führen. Zur Namensführung bei gemeinsamen Ehenamen s § 1616, bei einseitigem Sorgerecht § 1617 a.

II. 1. **Voraussetzung** für eine Namenserteilung nach § 1617 ist zunächst, **a)** dass die Eltern des Kindes **keinen gemeinsamen Ehenamen** führen. Das kommt außer bei nicht verheirateten Eltern vor, wenn sie verheiratet sind, aber davon abgesehen haben, einen gemeinsamen Ehenamen zu wählen (§ 1355 I 3) oder wenn sie sich haben scheiden lassen und bei der Scheidung mindestens einer seinen Geburts- oder den zur Zeit der Eheschließung geführten Namen wieder angenommen hat (§ 1355 V 2).
b) Weiter setzt § 1617 voraus, dass den Eltern die **Sorge für das Kind gemeinschaftlich** zusteht. Das ist bei zusammenlebenden Eltern immer der Fall, wenn sie miteinander verheiratet sind (§ 1626) und keinem das Sorgerecht entzogen wurde (§ 1666). Nach der Trennung kommt das nur in Betracht, wenn nicht eine Sorgerechtsregelung getroffen wurde, durch welche das Sorgerecht auf ein Elternteil allein übertragen wurde (§ 1671). Bei nichtverheirateten Eltern ist die Voraussetzung nur erfüllt, wenn bereits *vor der Geburt des Kindes* eine Sorgeerklärung abgegeben wurde, durch welche der nichteheliche Vater Mitinhaber des Sorgerechts wurde (§§ 1626 a, 1626 b II).
2. Name des Kindes wird der **Name, den die Eltern** gegenüber dem Standesamt zum Geburtsnamen des Kindes **bestimmen.** Gewählt werden können der zur Zeit der Geburt des Kindes geführte Name des Vaters oder der Name der Mutter. Die Bildung eines Doppelnamens ist ebenso ausgeschlossen wie die Weitergabe eines früheren Namens. Ein Bestimmungsrecht besteht aber nicht mehr, wenn die Eltern schon ein gemeinschaftliches Kind haben. In diesem Fall kann auch für die weiteren Kinder nur der Name des ersten Kindes gewählt werden (Abs 1 S 3). Diese Einschränkung verletzt weder die Grundrechte der Eltern noch des Kindes (BVerfG NJW 02, 2861). Bei nicht miteinander verheirateten Eltern greift sie aber nur ein, wenn bereits zur Zeit der Namenser-

teilung gemeinsame Sorge besteht, also die Sorgerechtserklärung bereits vor der Geburt abgegeben wurde (OLG Hamm FamRZ 05, 1009). Liegt die Erklärung noch nicht vor, kann die nichteheliche Mutter dem Kind den Namen nach § 1617 a erteilen.

5 Die Namensbestimmung muss **gemeinschaftlich** erfolgen. Stellvertretung ist zulässig. Wird der Name erst nach der Geburt des Kindes bestimmt, ist die Erklärung öffentlich zu beglaubigen (Abs 1 S 2). Sie muss innerhalb eines Monats nach der Geburt des Kindes erfolgen (arg e Abs 2).

6 3. Bestimmen die Eltern nicht innerhalb eines Monats nach der Geburt des Kindes dessen Namen, **überträgt das Familiengericht das Bestimmungsrecht** vAw auf einen Elternteil. Die Auswahl des Elternteils unterliegt nach der Vorstellung des Gesetzgebers den auch für Entscheidungen nach § 1628 maßgeblichen Kriterien. In der Praxis wird der Richter regelmäßig danach auswählen, welchen Namen er für den geeigneteren hält. Das Gericht kann dem Elternteil für die Ausübung des Bestimmungsrechts eine Frist setzen (Abs 2 S 3). Deren Länge richtet sich nach dem Grad der Uneinigkeit zwischen den Eltern. Ist nach Fristablauf das Bestimmungsrecht nicht ausgeübt worden, erhält das Kind den Namen des Elternteils, dem das Bestimmungsrecht übertragen ist (Abs 2 S 4). Auf den Grund, aus dem die Frist versäumt wurde, kommt es nicht an; eine Wiedereinsetzung in den vorigen Stand ist ausgeschlossen (OLG Hamm FamRZ 04, 731).

7 Ist das Kind (auf das deutsches Namensrecht anwendbar ist) **nicht im Inland geboren**, kommt die gerichtliche Übertragung des Bestimmungsrechts nur in Betracht, wenn ein Elternteil oder das Kind das beantragt oder wenn die Eintragung des Namens des Kindes in ein deutsches Personenstandsregister oder in ein amtliches deutsches Identitätspapier erforderlich wird (Abs 3).

§ 1617 a Geburtsname bei Eltern ohne Ehenamen und Alleinsorge

(1) Führen die Eltern keinen Ehenamen und steht die elterliche Sorge nur einem Elternteil zu, so erhält das Kind den Namen, den dieser Elternteil im Zeitpunkt der Geburt des Kindes führt.
(2) ¹Der Elternteil, dem die elterliche Sorge für ein unverheiratetes Kind allein zusteht, kann dem Kind durch Erklärung gegenüber dem Standesamt den Namen des anderen Elternteils erteilen. ²Die Erteilung des Namens bedarf der Einwilligung des anderen Elternteils und, wenn das Kind das fünfte Lebensjahr vollendet hat, auch der Einwilligung des Kindes. ³Die Erklärungen müssen öffentlich beglaubigt werden. ⁴Für die Einwilligung des Kindes gilt § 1617 c Abs. 1 entsprechend.

1 I. § 1617 a regelt den Namen des Kindes, wenn die **Eltern weder ein gemeinsames Sorgerecht** haben (dann § 1617, wenn kein gemeinsamer Ehename) **noch einen Ehenamen** führen (dann § 1616).

2 II. 1. Als Regel gilt, dass das Kind bei **Alleinsorge** eines Elternteils den **Namen** erhält, den **dieser Elternteil** zur Zeit der Geburt des Kindes führt (Abs 1). a) **Alleinsorge** eines Elternteils kann bestehen, wenn die Ehe geschieden ist und eine Sorgerechtsregelung getroffen wurde, durch die die Sorge einem Elternteil allein zugewiesen wurde (§ 1671), wenn ein Elternteil verstorben ist (§ 1680 I) oder ihm das Sorgerecht entzogen wurde (§ 1666). Allein sorgeberechtigt ist auch die Mutter eines nichtehelichen Kindes, wenn keine Sorgeerklärung abgegeben wurde (§ 1626 a II). Erlangt der Vater, der mit der danach allein sorgeberechtigten Mutter nicht verheiratet war, nach deren Tod die Sorge für das Kind, kann er dem Kind seinen Namen nicht erteilen. Es gibt dafür bewusst keine gesetzliche Regelung. Eine Analogie ist deswegen ausgeschlossen (BGH FamRZ 05, 1984).

3 b) **Einen Ehenamen führen nicht:** unverheiratete Eltern, Eltern, die bei der Eheschließung v der Wahl eines gemeinsamen Ehenamens abgesehen haben und auch nachträglich keinen gewählt haben und Eltern, die zwar einen gemeinsamen Ehenamen hatten, v denen sich bei der Scheidung aber mindestens einer entschieden hat, den Geburts- oder den vor der Eheschließung geführten Namen wieder anzunehmen (§ 1355 V 2).

Haben sie den Ehenamen beide beibehalten, kommt auch bei Alleinsorge nicht § 1617 a, sondern nur § 1616 in Betracht.

2. Ausnahmsweise erhält das Kind den Namen des nichtsorgeberechtigten Elternteils. Das setzt voraus, dass der allein sorgeberechtigte Elternteil dem Standesamt gegenüber erklärt, das Kind solle den Namen des anderen Elternteils tragen (Abs 2 S 1). Die Erklärung muss öffentlich beglaubigt werden, wenn sie nach der Geburt des Kindes abgegeben wird (Abs 2 S 3). Die Namenserteilung bedarf der Einwilligung des anderen Elternteils und der Einwilligung des Kindes, wenn es das fünfte Lebensjahr vollendet hat. Für diese gilt § 1617 c I entsprechend.

§ 1617 b Name bei nachträglicher gemeinsamer Sorge oder Scheinvaterschaft

(1) ¹Wird eine gemeinsame Sorge der Eltern erst begründet, wenn das Kind bereits einen Namen führt, so kann der Name des Kindes binnen drei Monaten nach der Begründung der gemeinsamen Sorge neu bestimmt werden. ²Die Frist endet, wenn ein Elternteil bei Begründung der gemeinsamen Sorge seinen gewöhnlichen Aufenthalt nicht im Inland hat, nicht vor Ablauf eines Monats nach Rückkehr in das Inland. ³Hat das Kind das fünfte Lebensjahr vollendet, so ist die Bestimmung nur wirksam, wenn es sich der Bestimmung anschließt. ⁴§ 1617 Abs. 1 und § 1617 c Abs. 1 Satz 2 und 3 und Abs. 3 gelten entsprechend.

(2) ¹Wird rechtskräftig festgestellt, dass ein Mann, dessen Familienname Geburtsname des Kindes geworden ist, nicht der Vater des Kindes ist, so erhält das Kind auf seinen Antrag oder, wenn das Kind das fünfte Lebensjahr noch nicht vollendet hat, auch auf Antrag des Mannes den Namen, den die Mutter im Zeitpunkt der Geburt des Kindes führt, als Geburtsnamen. ²Der Antrag erfolgt durch Erklärung gegenüber dem Standesamt, die öffentlich beglaubigt werden muss. ³Für den Antrag des Kindes gilt § 1617 c Abs. 1 Satz 2 und 3 entsprechend.

I. Während §§ 1616–1617 a die Frage betreffen, welchen Namen ein Kind bei seiner Geburt erhält, regelt Abs 1, wie sich der **spätere Eintritt gemeinsamer elterlicher Sorge** auf den Namen auswirkt, Abs 2, welche namensrechtlichen Folgen die Feststellung hat, dass der namensgebende Mann nicht sein Vater ist.

II. 1. Wird eine **gemeinsame elterliche Sorge für ein Kind erst begründet, wenn das Kind schon einen Namen führt,** kann der Kindesname neu bestimmt werden (Abs 1 S 1). Das gilt aber nur, wenn die Eltern keinen gemeinsamen Ehenamen führen, denn für diesen Fall trifft § 1617 c eine Spezialregelung. Übrig bleiben damit die Fälle, dass die Eltern einander heiraten und keinen gemeinsamen Ehenamen bestimmen oder dass eine Sorgeerklärung abgegeben wird, nachdem der Name des Kindes bestimmt wurde.

Die **Namensbestimmung** richtet sich nach **§ 1617 I,** dh gewählt werden können der Name der Mutter oder der Name des Vaters. Haben die Eltern schon ein gemeinschaftliches Kind, dessen Name schon bestimmt ist, kann auch für das Geschwister nur dieser Name gewählt werden.

Die **Namensänderung erfolgt durch einverständliche Bestimmung** gegenüber dem Standesamt. Ein Verfahren für die Entscheidung eines Streits der Sorgeberechtigten ist – anders als im Fall des § 1617 – nicht vorgesehen. Das Kind behält in einem solchen Fall seinen bisherigen Namen. Die Erklärungen der Sorgeberechtigten sind öffentlich zu beglaubigen (Abs 1 S 3, § 1617 I 2), weil die Fälle des § 1617 b erst nach der Geburt des Kindes vorkommen können. Das Kind, das bereits das 5. Lebensjahr vollendet hat, muss der Namensänderung zustimmen (Abs 1 S 2). Dafür gilt § 1617 c Abs 1 Satz 2 und 3, Abs. 3 entsprechend. Stimmt das Kind nicht zu, kann die Namensänderung nicht erfolgen. Es kann daher dazu kommen, dass Geschwister unterschiedliche Namen tragen.

Die Namensänderung muss **binnen drei Monaten** seit dem Eintritt der gemeinsamen Sorge erfolgen. Hat ein Elternteil bei Begründung der gemeinsamen Sorge seinen gewöhnlichen Aufenthalt nicht in Deutschland, endet die Frist aber nicht vor Ablauf eines Monats nach seiner Rückkehr (Abs 1 S 2).

6 2. Abs 2 regelt den Fall, dass ein Kind zunächst den Namen eines bestimmten Mannes als Geburtsnamen erhält, weil dieser als sein Vater gilt, während sich **später aber herausstellt, dass der Namensgeber doch nicht der Vater ist** und dies rechtskräftig festgestellt wird. Das Kind kann dann beantragen, dass es den Namen erhält, den die Mutter zur Zeit seiner Geburt geführt hat (Abs 2 S 1, 1. Fall). Ist es noch keine 5 Jahre alt, kann auch der Mann einen entsprechenden Antrag stellen (Abs 2 S 1, 2. Fall). Die Antragstellung erfolgt durch öffentlich beglaubigte Erklärung gegenüber dem Standesamt (Abs 2 S 2). Für den Antrag des Kindes gilt § 1617 c I 2, 3 entsprechend. Das bedeutet vor allem, dass ein mindestens 14-jähriger beschränkt Geschäftsfähiger die Erklärung nur selbst abgeben kann, dazu aber der Zustimmung seines gesetzlichen Vertreters bedarf.

7 3. **Erlangt** umgekehrt ein **Vater**, der mit der danach allein sorgeberechtigten Mutter nicht verheiratet war, nach deren Tod die **Sorge** für das Kind, kann er dem Kind seinen Namen nicht erteilen. Es gibt dafür bewusst keine gesetzliche Regelung. Eine Analogie ist deswegen ausgeschlossen (BGH FamRZ 05, 1984). Das Kind behält den Namen der Mutter.

§ 1617 c Name bei Namensänderung der Eltern

(1) ¹Bestimmen die Eltern einen Ehenamen, nachdem das Kind das fünfte Lebensjahr vollendet hat, so erstreckt sich der Ehename auf den Geburtsnamen des Kindes nur dann, wenn es sich der Namensgebung anschließt. ²Ein in der Geschäftsfähigkeit beschränktes Kind, welches das 14. Lebensjahr vollendet hat, kann die Erklärung nur selbst abgeben; es bedarf hierzu der Zustimmung seines gesetzlichen Vertreters. ³Die Erklärung ist gegenüber dem Standesamt abzugeben; sie muss öffentlich beglaubigt werden.

(2) Absatz 1 gilt entsprechend,
1. wenn sich der Ehename, der Geburtsname eines Kindes geworden ist, ändert oder
2. wenn sich in den Fällen der §§ 1617, 1617 a und 1617 b der Familienname eines Elternteils, der Geburtsname eines Kindes geworden ist, auf andere Weise als durch Eheschließung oder Begründung einer Lebenspartnerschaft ändert.

(3) Eine Änderung des Geburtsnamens erstreckt sich auf den Ehenamen oder den Lebenspartnerschaftsnamen des Kindes nur dann, wenn sich auch der Ehegatte oder der Lebenspartner der Namensänderung anschließt; Absatz 1 Satz 3 gilt entsprechend.

1 I. Die Vorschrift stellt **zugunsten des Kindes**, das das 5. Lebensjahr vollendet hat, ein **Zustimmungserfordernis bei Namensänderungen** auf und trägt so der hohen Relevanz einer Namensänderung für die Persönlichkeit Rechnung. Sie ist in den Fällen der § 1617 a II und 1617 b entsprechend anzuwenden.

2 II. Anwendbar ist § 1617 c, wenn die Eltern, die bisher keinen Ehenamen geführt haben, nunmehr einen solchen bestimmen (Abs 1 S 1). Hierher gehören der Fall, dass die Eltern des Kindes heiraten und dass Eheleute, die bislang keinen Ehenamen bestimmt hatten, einen solchen nachträglich wählen. § 1617 c ist aber auch anwendbar, wenn sich der Ehename, der Geburtsname des Kindes geworden ist, ändert (Abs 2 Nr 1). Das ist der Fall, wenn der Name nach dem NamensänderungsG geändert wird (§ 1355 Rn 8) oder wenn der namensgebende Elternteil angenommen wird (§ 1757). Schließlich gilt § 1617 c, wenn sich in den Fällen der §§ 1617, 1617 a, 1617 b der Familienname eines Elternteils, der Geburtsname eines Kindes geworden ist, auf andere Weise als durch Eheschließung oder Eingehung einer Lebenspartnerschaft ändert. Hierher gehören wiederum die Fälle der verwaltungsrechtlichen Namensänderung und derjenigen durch Annahme (§ 1757). Ändert sich der Name des namensgebenden Elternteils durch Heirat oder Eingehung einer Lebenspartnerschaft, ist das kindesnamensrechtlich nur relevant, wenn ein Fall des § 1617 b I vorliegt. In diesem Fall gilt Abs 1 S 2, 3, Abs 3 entsprechend.

3 In den genannten Fällen **erstreckt sich die Namensänderung** auf Seiten der Eltern bzw des namensgebenden Elternteils nur auf das Kind, wenn es entweder jünger als fünf

Jahre ist oder – wenn es das fünfte Lebensjahr bereits vollendet hat – wenn es der Namensänderung zustimmt. Solange es noch nicht 14 Jahre alt ist, wird es dabei durch seine gesetzlichen Vertreter vertreten. Ist es beschränkt geschäftsfähig und hat es das 14. Lebensjahr vollendet, kann es sich der Namensänderung nur selbst anschließen, bedarf dazu aber die Zustimmung seines gesetzlichen Vertreters (Abs 1 S 2). Das volljährige Kind erklärt die Anschließung selbst; einer gerichtlichen Genehmigung bedarf es nicht. Die Erklärung ist gegenüber dem Standesamt abzugeben; sie muss öffentlich beglaubigt werden (Abs 1 S 3).

Ist das **Kind bereits selbst verheiratet** und ist der Name des Kindes Ehename geworden, erstreckt sich die Änderung des Geburtsnamens auch auf den Ehenamen, wenn sich auch der Ehegatte des Kindes der Namensänderung anschließt (Abs 3 S 1). Das gilt auch dann, wenn das Kind in einer Lebenspartnerschaft lebt und sein Name Lebenspartnerschaftsname (§ 3 LPartG) geworden ist. Auch diese Erklärung muss gegenüber dem Standesamt abgegeben und öffentlich beglaubigt werden (Abs 3 S 2, Abs 1 S 3). 4

§ 1618 Einbenennung

¹Der Elternteil, dem die elterliche Sorge für ein unverheiratetes Kind allein oder gemeinsam mit dem anderen Elternteil zusteht, und sein Ehegatte, der nicht Elternteil des Kindes ist, können dem Kind, das sie in ihren gemeinsamen Haushalt aufgenommen haben, durch Erklärung gegenüber dem Standesamt ihren Ehenamen erteilen. ²Sie können diesen Namen auch dem von dem Kind zur Zeit der Erklärung geführten Namen voranstellen oder anfügen; ein bereits zuvor nach Halbsatz 1 vorangestellter oder angefügter Ehename entfällt. ³Die Erteilung, Voranstellung oder Anfügung des Namens bedarf der Einwilligung des anderen Elternteils, wenn ihm die elterliche Sorge gemeinsam mit dem den Namen erteilenden Elternteil zusteht oder das Kind seinen Namen führt, und, wenn das Kind das fünfte Lebensjahr vollendet hat, auch der Einwilligung des Kindes. ⁴Das Familiengericht kann die Einwilligung des anderen Elternteils ersetzen, wenn die Erteilung, Voranstellung oder Anfügung des Namens zum Wohl des Kindes erforderlich ist. ⁵Die Erklärungen müssen öffentlich beglaubigt werden. ⁶§ 1617 c gilt entsprechend.

I. Die Norm ermöglicht die **Einbenennung eines Kindes im Fall der Wiederverheiratung** des sorgeberechtigten Elternteils, wenn ein anderer Name Ehename wird als der Name, den das Kind trägt. Durch das Gesetz zur weiteren Verbesserung v Kinderrechten wurde die bislang auf den Fall der alleinigen Sorge des heiratenden Elternteils beschränkte Einbenennung (zur Vorgeschichte und den Änderungen vgl Gaaz FPR 02, 127 ff) mit Wirkung v 10.4.02 auch auf die Fälle der gemeinsamen Sorge ausgedehnt. Die Regelung dient der Integration des Kindes in die Stieffamilie. Möglich sind sowohl die Erteilung des Ehenamens allein wie auch eine Doppelnamenslösung. Die Lage entspricht derjenigen im Adoptionsrecht (§ 1757 IV). Seit dem 1.1.05 besteht auch im Fall der Begründung einer Lebenspartnerschaft die Möglichkeit der Einbenennung eines Kindes, das einer der Lebenspartner mit in die Lebenspartnerschaft bringt (§ 9 V LPartG, der auf § 1618 verweist). 1

II. 1. **Voraussetzung der Einbenennung** ist zunächst, a) dass das betroffene **Kind** noch **minderjährig und unverheiratet** ist. Gleichgültig ist, ob es sich um ein eheliches oder ein außerehelich geborenes Kind handelt. 2

b) Das Kind muss **im Haushalt der neuen Familie leben**. Insofern sind die Voraussetzungen seit dem Inkrafttreten des Gesetzes zur Verbesserung v Kinderrechten (BGBl 02 I 1239) enger als zuvor. Gerechtfertigt ist diese Voraussetzungsverschärfung aber nur in den Fällen, in denen die Sorge den Eltern des Kindes noch gemeinsam zusteht; denn dann sollte die Einbenennung nur dann in Betracht kommen, wenn auch durch die häusliche Gemeinschaft mit dem neuen Ehegatten die Bindung an den anderen Elternteil soweit gelockert ist, dass das Kind der neuen Familie zuzuordnen ist. 3

c) aa) Die Einbenennung ist zulässig, wenn das Kind unter der **alleinigen elterlichen Sorge** des Elternteils steht, der die Ehe eingegangen ist, deren Ehename nun Name des 4

Kindes werden soll. Das ist der Fall, wenn es sich entweder um ein außereheliches Kind handelt, für das keine Sorgeerklärung abgegeben war (§ 1626 a II), oder wenn bei einem Kind, für das zunächst ein gemeinsames Sorgerecht bestand, dieses durch gerichtliche Regelung (§§ 1666, 1671) auf einen Elternteil übertragen oder aus sonstigen Gründen (zB Tod des anderen Elternteils, § 1680 I) auf ihn allein übergegangen ist.

5 bb) Seit Inkrafttreten des Gesetzes zur weiteren Verbesserung v Kinderrechten (BGBl 02 I 1239) erfasst § 1618 nun auch ausdrücklich den Fall, dass die elterliche **Sorge** dem Elternteil, der die Ehe schließt und dem anderen Elternteil **gemeinsam** zusteht. In diesem Fall ist aber grds die Einwilligung des mitsorgeberechtigten Elternteils in die Einbenennung erforderlich (S 3).

6 d) Die Einbenennung muss v dem allein sorgeberechtigten **Elternteil und seinem neuen Ehegatten** (bzw Lebenspartner) **gemeinsam** erklärt werden. Die Erklärung erfolgt gegenüber dem Standesamt; sie muss öffentlich beglaubigt werden.

7 e) Hat das **Kind** bereits das fünfte Lebensjahr vollendet, muss es in die Einbenennung **einwilligen** (S 3). Die Zustimmung kann nicht ersetzt werden. Die Erklärung muss öffentlich beglaubigt werden (S 5). § 1617 c gilt entsprechend (S 6, § 1617 c Rn 3).

8 f) Führt das Kind bislang den Namen des **anderen Elternteils oder ist dieser mit sorgeberechtigt**, muss auch dieser der Einbenennung **zustimmen** (S 3). Damit wird seine Namensverbundenheit mit dem Kind geschützt.

9 Die **Einwilligung** kann durch das Familiengericht **ersetzt werden**, wenn das Wohl des Kindes die Einbenennung erfordert (S 4). Keinesfalls reicht es, dass die Namensänderung nur für das Wohl des Kindes förderlich wäre, ohne aber den Grad der Erforderlichkeit für das Kindeswohl zu erreichen. Die Situation gleicht damit jetzt derjenigen im öffentlichen Namensänderungsrecht, nachdem das BVerwG dort seine Anforderungen verschärft hat (vgl BVerwG FPR 02, 565). Die Erforderlichkeit der Namensänderung kann angenommen werden, wenn die Einbenennung für das Kind einen so hohen Nutzen verspricht, dass ein sich um sein Kind sorgender Elternteil auf die Erhaltung des Namensbandes zum Kind nicht bestünde (OLG Oldenburg NJW 00, 367). Insgesamt ist aber ein strenger Maßstab anzulegen. Die Namensänderung muss sich als unabdingbar erforderlich darstellen, so dass ein hoher Leidensdruck auf Seiten des Kindes notwendig ist (BGH NJW 02, 300; OLG Thüringen FamRZ 01, 1547). Vor allem in dem Fall, dass bei gemeinsam sorgeberechtigten Eltern die Einwilligung ersetzt werden soll, sind sehr hohe Anforderungen zu stellen, weil sonst auch in das Sorgerecht eingegriffen wird. Die Eingriffsschwelle muss hier deswegen so hoch liegen wie bei einer (teilweisen) Sorgerechtsentziehung selbst.

10 2. Für die Einbenennung bestehen **drei Möglichkeiten:** Der Ehename kann zum alleinigen Namen des Kindes bestimmt werden, er kann dem bisherigen Namen des Kindes vorangestellt oder diesem Namen angefügt werden. Die Wahl ist den Einbenennenden überlassen.

§ 1618 a Pflicht zu Beistand und Rücksicht
Eltern und Kinder sind einander Beistand und Rücksicht schuldig.

1 Die Vorschrift beschreibt das **Idealbild der** angestrebten **Familie** als einer v gegenseitiger Rücksicht und Beistand geprägten Gemeinschaft. Unter Ehegatten folgt entsprechendes aus § 1353.

2 § 1618 a gilt **für alle Arten v Eltern-Kind-Verhältnissen.** Es kommt weder auf die Minderjährigkeit noch auf die eheliche Abstammung noch das Bestehen einer Hausgemeinschaft an.

3 *Rspr und Literatur* haben aus dem wenig konkreten Normgebot eine Vielzahl v **Einzelpflichten** hergeleitet. Diese Pflichten sind echte Rechtspflichten und damit ggf gerichtlich erzwingbar. Ihre schuldhafte Verletzung macht das betreffende Familienmitglied schadensersatzpflichtig. Hierher gehören: der Anspruch des Kindes gegen die Mutter auf Benennung des Vaters (LG Passau NJW 88, 144) oder gegen den Vater auf Benennung der Großmutter (AG Lüdinghausen FamRZ 13, 633), ein Anspruch auf regelmä-

ßigen Kontakt (KG FamRZ 88, 1044), die Verpflichtung, bestehende Ansprüche nicht geltend zu machen, ein Anspruch gegen Geschwister auf ungehinderten Kontakt zu dem bei ihnen lebenden Elternteil (AG Arnsberg FamRZ 96, 1435), ein Anspruch darauf, es zu unterlassen, die Kinder in die Haftung für Geschäfte mit einzubeziehen (BGH NJW 97, 52) und ein Anspruch gegen volljährige Kinder auf Auszug aus der elterlichen Wohnung (AG Gladbeck FamRZ 91, 980). Bei der Ableitung v Pflichten aus § 1618 a muss darauf geachtet werden, dass auf diese Weise nicht die Wertungen umgangen werden dürfen, die der Gesetzgeber durch die bis ins Detail gehenden Regelungen mancher Materien (zB Unterhaltsrecht, Umgangsrecht) selbst in das Familienrecht hineingetragen hat. Eine über § 1619 hinausreichende Dienstleistungspflicht kann daher aus § 1618 a nicht hergeleitet werden (OLG Bamberg NJW 85, 2724). Das Bestehen und das Maß der einzelnen Pflichten richten sich nach den Umständen des Einzelfalls. Je älter die Kinder sind und je besser die wirtschaftlichen Verhältnisse, desto weiterreichender können sie sein.

§ 1619 Dienstleistungen in Haus und Geschäft

Das Kind ist, solange es dem elterlichen Hausstand angehört und von den Eltern erzogen oder unterhalten wird, verpflichtet, in einer seinen Kräften und seiner Lebensstellung entsprechenden Weise den Eltern in ihrem Hauswesen und Geschäft Dienste zu leisten.

I. Die Norm ordnet eine **Dienstleistungspflicht** des dem Haushalt der Eltern angehörenden Kindes als Kompensation für die dem Kind daraus erwachsenden Vorteile an. Bedeutung hat sie vor allem im Hinblick auf § 845. Die Vorschrift hindert nicht den (auch konkludenten) Abschluss v echten Dienstverträgen zwischen Eltern und Kindern. Für solche Verträge muss aber ein Bindungswille beider Seiten festgestellt werden (Beweislast bei dem, der aus dem Vertrag Rechte ableiten will). Wichtigstes Indiz für eine vertragliche Verpflichtung ist die Zahlung v Steuern und Sozialabgaben. 1

II. **Voraussetzungen** der Dienstleistungspflicht sind, dass es sich um ein **Kind** handelt. Angesichts der Gleichstellung v angenommenen mit leiblichen Kindern kann es auf die Blutsverwandtschaft nicht ankommen. Irrelevant ist auch, ob das Kind minderjährig oder volljährig ist, ob es verheiratet oder ledig ist. Das Kind muss dem **Hausstand der Eltern angehören**, dh dort den Lebensmittelpunkt (nicht unbedingt seinen Wohnsitz, zB auswärts studierendes Kind) haben, wo die Eltern leben. Das Kind muss v den Eltern noch erzogen oder unterhalten werden. Auch Volljährige, die noch durch die Eltern unterhalten werden, sind daher ohne weiteres dienstleistungspflichtig. Es kommt nur darauf an, ob die Eltern noch im Wesentlichen den Unterhalt bestreiten. 2

Folge ist, dass das Kind den Eltern nach seinen Kräften und seiner Lebensstellung entsprechend Dienste im Haus und Geschäft leisten muss. Hierher gehören die Mithilfe bei der Besorgung des Haushalts und der Betreuung v Geschwistern ebenso wie Dienste im Geschäft oder Handwerksbetrieb der Eltern (wichtigster Fall: Mithilfe in der Landwirtschaft), aber auch in der Anwalts- oder Arztpraxis. Der Umfang der Dienstleistungspflicht wird auf einerseits durch die Fähigkeiten des Kindes bestimmt, so dass sie (zumindest bei volljährigen Kindern) ausscheidet, wenn es seine volle Arbeitskraft für eine anderweitige entgeltliche Tätigkeit einsetzt (BGH NJW 98, 308) oder wenn das Ausbildungsziel gefährdet würde. Andererseits entscheidet die Lebensstellung, die durch diejenige der Eltern bestimmt wird. Sind beide Eltern berufstätig, kommt daher eine weiter gehende Dienstleistungspflicht in Betracht als bei einer „Hausfrauenehe". Bei Kindern ab 14 Jahren ist aber jedenfalls eine Stunde am Tag angemessen (BGH NJW 73, 1654). Die Dienstleistung ist Kompensation des Unterhalts und wird daher nicht vergütet. Während der Tätigkeit wird nur nach dem Maßstab des § 1664 gehaftet. Volljährigen steht es frei, die Dienstleistungspflicht dadurch zu beenden, dass sie ihren Lebensmittelpunkt verlegen. Erbrechtlich kommt ein Ausgleich nach § 2057 a, § 12 VII HöfeO in Betracht. 3

§ 1620 Aufwendungen des Kindes für den elterlichen Haushalt

Macht ein dem elterlichen Hausstand angehörendes volljähriges Kind zur Bestreitung der Kosten des Haushalts aus seinem Vermögen eine Aufwendung oder überlässt es den Eltern zu diesem Zwecke etwas aus seinem Vermögen, so ist im Zweifel anzunehmen, dass die Absicht fehlt, Ersatz zu verlangen.

1 Die Norm enthält eine widerlegliche **Auslegungsregel**. Eine entsprechende Regelung für Eheleute findet sich in § 1360 b, für Unterhaltsleistungen unter Verwandten in § 685 II.

2 **Voraussetzungen** des § 1620 sind, dass ein **volljähriges Kind**, das dem **Hausstand seiner Eltern** angehört (§ 1619 Rn 3), **Aufwendungen für den Haushalt** erbringt. Deren Quelle ist gleichgültig. § 1620 greift dag nicht ein, wenn das Kind sonstige Leistungen an die Eltern erbringt, zB Schulden tilgt oder zu ihrem Wirtschaftsbetrieb Geld beisteuert.

3 **Folge** des § 1620 ist die widerlegliche Vermutung, dass das Kind für die Aufwendungen keinen Ersatz beanspruchen will. Erstattungsansprüche scheiden deswegen aus. Die Vermutung kann dadurch widerlegt werden, dass bei der Zuwendung eine Erstattungspflicht vereinbart wird. Das ist auch stillschweigend möglich und kommt zB in Betracht, wenn die Leistungen des Kindes in keinem Verhältnis zu den durch seine Hausstandszugehörigkeit verursachten Kosten stehen.

§§ 1621 bis 1623 (weggefallen)

§ 1624 Ausstattung aus dem Elternvermögen

(1) Was einem Kind mit Rücksicht auf seine Verheiratung oder auf die Erlangung einer selbständigen Lebensstellung zur Begründung oder zur Erhaltung der Wirtschaft oder der Lebensstellung von dem Vater oder der Mutter zugewendet wird (Ausstattung), gilt, auch wenn eine Verpflichtung nicht besteht, nur insoweit als Schenkung, als die Ausstattung das den Umständen, insbesondere den Vermögensverhältnissen des Vaters oder der Mutter, entsprechende Maß übersteigt.
(2) Die Verpflichtung des Ausstattenden zur Gewährleistung wegen eines Mangels im Recht oder wegen eines Fehlers der Sache bestimmt sich, auch soweit die Ausstattung nicht als Schenkung gilt, nach den für die Gewährleistungspflicht des Schenkers geltenden Vorschriften.

1 **I.** §§ 1624 stellt angemessene Ausstattungen, die v den Eltern aus ihrem Vermögen einem Kind gewährt werden, v der Anwendung der **Schenkungsregeln frei** und führt so zu einem erhöhten Bestandsschutz dieser Zuwendungen. Die Norm schafft aber keinen Anspruch auf eine Ausstattung. Ein solcher kann auch aus § 1618 a nicht abgeleitet werden (Ausnahme: § 12 VI HöfeO). Zur Ausstattung aus dem Kindesvermögen s § 1625.

2 **II. Ausstattung ist** alles, was die Eltern (oder ein Elternteil) dem Kind im Hinblick auf die Verheiratung oder die Erlangung einer selbständigen Lebensstellung zuwenden (Abs 1). Hauptfall ist die sog Aussteuer oder Mitgift (BGHZ 11, 206 ff). Hierher gehören aber auch die Einrichtung eines Erwerbsgeschäfts, die Übernahme v Schulden oder der Kauf einer Wohnung oder eines Hauses. Eine Ausstattung liegt nur vor, wenn die Zuwendung v den Eltern an ihr Kind erfolgt. Zuwendungen Dritter anlässlich der Eheschließung sind ebenso wenig Ausstattungen wie die Zuwendung an Dritte, vor allem den künftigen Ehepartner des Kindes.

3 Das Versprechen der Ausstattung ist **keine Schenkung**, soweit nicht das den Umständen entsprechende Maß überschritten wird. Maßgeblich für die Beurteilung sind vor allem die Vermögensverhältnisse des Zuwendenden (Abs 1). Das bedeutet, dass das Versprechen weder formbedürftig ist, noch dem Schenkungswiderruf (§§ 527 ff), noch der Gläubiger- oder Insolvenzanfechtung (§ 3 I Nr 3 AnfG, § 129 ff InsO) unterworfen ist. Der Betreuer bedarf aber zum Versprechen oder Gewähren einer Ausstattung aus

dem Vermögen des Betreuten der Genehmigung des Familiengerichts (§ 1908). Nach Schenkungsrecht bestimmt sich aber die Mängelhaftung. (Abs 2, §§ 523 f). Dabei gilt der Maßstab des § 521. Ausstattungen, die das angemessene Maß überschreiten, sind Schenkungen. Für sie gelten alle genannten Privilegierungen nicht.

Im Übrigen haben Ausstattungen **güter- und erbrechtliche Folgen**. In der Zugewinngemeinschaft werden sie auch dann dem Anfangsvermögen zugerechnet, wenn sie nach der Eheschließung erfolgen (§ 1374 II). In der Gütergemeinschaft kann ein Ehegatte ausgleichspflichtig werden, wenn er aus dem Gesamtgut eine Ausstattung gewährt (§§ 1444, 1466, 1499). Es besteht ein Übernahmerecht über das aus Ausstattungen in das Gesamtgut Eingebrachte (§ 1477). Ausstattungen werden auf den Pflichtteil angerechnet (§§ 2315 f).

§ 1625 Ausstattung aus dem Kindesvermögen

¹Gewährt der Vater einem Kind, dessen Vermögen kraft elterlicher Sorge, Vormundschaft oder Betreuung seiner Verwaltung unterliegt, eine Ausstattung, so ist im Zweifel anzunehmen, dass er sie aus diesem Vermögen gewährt. ²Diese Vorschrift findet auf die Mutter entsprechende Anwendung.

Die Vorschrift enthält die Vermutung, dass eine Ausstattung (§ 1624), die v einem Elternteil oder den Eltern gewährt wird, denen die Verwaltung des Vermögens des Kindes zusteht, aus dem Kindesvermögen stammt. Das gilt unabhängig davon, ob die Vermögensverwaltung auf elterlicher Sorge, Vormundschaft oder Betreuung beruht. Bei der Vermögensherausgabe am Ende der Verwaltung (§§ 1698, 1890, 1908 i) kann die Ausstattung daher abgezogen werden.

Titel 5
Elterliche Sorge

Vorbemerkung zu §§ 1626–1704

Die elterliche Sorge ist **Ausfluss des durch Art 6 II GG geschützten Elternrechts**. Die Regelungen des Fünften Titels bewegen sich deswegen zwischen den Polen der Wahrung des Rechts der Eltern, über ihre Kinder zu bestimmen, und dem Interesse des Kindes an einer ungestörten körperlichen und geistigen Entwicklung. Über die richtige Balance wacht der Staat in Ausübung seines Wächteramts (Art 6 II 2 GG). Das Sorgerecht sieht daher eine Vielzahl v Kontrollmöglichkeiten und Regelungsbefugnissen zugunsten des Familiengerichts vor.

Hatte ursprünglich das Sorgerecht ganz im Zeichen der väterlichen Gewalt gestanden und wurde es auch nach der Gleichstellung der Mutter noch als Gewaltverhältnis verstanden, dem das Kind unterworfen war, wird heute die Verantwortung der Eltern für ihre Kinder betont und die elterliche Sorge in erster Linie als **Pflichtenbeziehung** angesehen. Das ist durch das KindschaftsrechtsreformG nochmals betont worden, indem § 1626 umformuliert wurde, so dass es nun heißt „Die Eltern haben die Pflicht und das Recht, für das minderjährige Kind zu sorgen" (statt „das Recht und die Pflicht").

Aus der Pflicht der Eltern, für ihre Kinder zu sorgen, folgt, dass grds beide auch die Möglichkeit haben müssen, ihrer Verpflichtung gegenüber dem Kind nachzukommen. Der Gesetzgeber hat deswegen grds bei allen Kindern die Möglichkeit geschaffen, dass **beide Eltern** sorgeberechtigt sind. Wird ein Kind in eine Ehe hineingeboren oder heiraten die Eltern einander später, haben Mutter und Vater kraft Gesetzes die gemeinsame Sorge (arg e § 1626). Diese Sorge behalten sie auch, wenn ihre Ehe geschieden oder aufgehoben wird. Eine zwingende Sorgerechtszuweisung an einen Elternteil (§ 1670 aF) gibt es seit dem 1.7.98 nicht mehr. Im Rahmen des Scheidungs- oder Eheaufhebungsverfahrens wird nur über die elterliche Sorge entschieden, wenn ein Ehegatte es beantragt. Sind die Eltern des Kindes im Zeitpunkt seiner Geburt nicht miteinander verheiratet, steht die elterliche Sorge grds der Mutter allein zu. Seit 1.7.98 besteht aber die Möglichkeit, dass auch ein nichtehelicher Vater Anteil am Sorgerecht erhält. Es kann nun bereits vor der Geburt des Kindes eine Sorgeerklärung abgegeben werden, durch die der nichteheliche Vater eine Sorgerechtsposition erhält, die derjenigen eines ehelichen Vaters im Wesentlichen entspricht. Der Unterschied zu der Situation in der Ehe war bislang, dass er nicht erzwingen konnte, dass ihm die Mitsorge übertragen wurde. War aber erst die Sorgeerklärung abgegeben, war seine Stellung v derjenigen der Mutter unabhängig. Die Stellung des nichtehelichen Vaters ist jüngst durch das G zur Reform der elterlichen Sorge nicht miteinander verheirateter Eltern v 16.4.13 (BGBl I, 795) verbessert worden. Der Vater hat nun erstmals die Möglichkeit, auch gegen oder ohne den Willen der Mutter die gemeinsame Sorge zu erreichen, indem er einen Antrag beim Familiengericht stellt, ihm die elterliche Sorge mit zu übertragen (§ 1626 a I Nr 3, II).

4 **Die elterliche Sorge umfasst** (§ 1626 I 1) die Sorge für die persönlichen Angelegenheiten des Kindes (Personensorge, § 1631), diejenige für sein Vermögen (Vermögenssorge) und seine Vertretung im Verhältnis zu Dritten (§ 1629).

5 Soweit den Eltern die Sorge gemeinsam zusteht, **üben sie sie gemeinschaftlich aus** (§ 1627). Die Sorge kann nicht übertragen werden, ihre Ausübung kann aber einem anderen überlassen werden. Gemeinschaftliche Sorge heißt nicht, dass die Eltern immer gemeinschaftlich handeln müssen. Gegenseitige Bevollmächtigungen sind – besonders für Alltagsangelegenheiten – zulässig und in der Praxis die Regel. Aus der gemeinschaftlichen Sorge ergibt sich die Notwendigkeit, übereinstimmend zu agieren; denn sonst würden sich die Eltern bei gegenläufigen Entscheidungen im Außenverhältnis neutralisieren. Können sich die Eltern im Einzelfall nicht einigen, müssen sie v Familiengericht die Entscheidungsbefugnis auf einen v ihnen übertragen lassen (§ 1628). Das ist aber auf Einzelfälle beschränkt. Zeigt sich durch immer wieder auftretende Konflikte, dass die Eltern zur gemeinsamen Sorge unfähig sind, muss der Staat eingreifen und den Konflikt dadurch beenden, dass er einem Elternteil die Sorge entzieht (§ 1666).

6 **Beschränkungen der elterlichen Sorge** kommen zum Schutz des Kindes in mehrfacher Hinsicht vor. Die Vertretung des Kindes ist ausgeschlossen, soweit ein Vormund nach § 1795 v der Vertretung ausgeschlossen ist (§ 1629 II). Die Eltern können in Vertretung des Kindes grds keine Schenkungen machen (§ 1641). Vermögen, das das Kind v Dritten durch Schenkung oder v Todes wegen erwirbt, kann v diesen der Verwaltung durch die Eltern entzogen werden (§§ 1638 f). Entwürdigende Erziehungsmaßnahmen sind verboten (§ 1631 II). Die Eltern können in eine Sterilisation des Kindes nicht einwilligen (§ 1631 c), ihre Einwilligung in die Beschneidung eines männlichen Kindes ist an Zusatzvoraussetzungen geknüpft (§ 1631 d). Genehmigungen des Familiengerichts sind erforderlich bei Unterbringung des Kindes (§ 1631 b) und in den Fällen, in denen ein Vormund nach §§ 1821, 1822 Nr 1,3, 5, 8–11 der Genehmigung bedarf (§ 1643 I 1). Eine Genehmigung soll vor der Eröffnung eines Erwerbsgeschäfts auf den Namen des Kindes eingeholt werden (§ 1645).

7 **Staatliche Eingriffe** in das Sorgerecht sind zulässig, wenn die Eltern die Sorge nicht den Interessen des Kindes gemäß ausüben. Ihnen kann dann der Sorge ganz oder teilweise entzogen werden (§ 1666). Entscheidungsmaßstab ist allein das Kindeswohl. Seine Gefährdung löst den staatlichen Eingriff aus, es limitiert seine Reichweite (§ 1697).

8 Die elterliche **Sorge ruht** bei fehlender oder beschränkter Geschäftsfähigkeit (§ 1673) oder tatsächlichen Hindernissen (§ 1674), die ihrer Ausübung entgegenstehen. Die Sorge wird dann v dem anderen (sorgeberechtigten) Elternteil allein ausgeübt (§ 1678).

9 **Die elterliche Sorge endet**, wenn das Kind das 18. Lebensjahr vollendet. Ist es weiterhin betreuungsbedürftig, muss ein Betreuer bestellt werden (§§ 1896 ff). Die Sorge verlängert sich nicht automatisch. Sie endet auch, wenn das Kind stirbt. In diesem Fall müssen die Eltern aber solange die Geschäfte besorgen, die nicht aufgeschoben werden können, bis der Erbe anderweit Vorsorge treffen kann (§ 1698 b). Die Sorge endet auch mit dem Tod oder der Todeserklärung des Sorgeberechtigten (§§ 1680 f). Sie steht in diesem Fall dem anderen Sorgeberechtigten v nun an allein zu.

Verfahren. Verfahren in Bezug auf die elterliche Sorge sind Familiensachen und fallen in die Zuständigkeit des Familiengerichts (§ 111 Nr 2 iVm § 151 Nr 1 FamFG). Der früher bestehende Zwangsverbund zwischen einer Scheidungssache und der Entscheidung über die elterliche Sorge wurde schon 1998 beseitigt. Im Scheidungsverfahren muss nur noch über die elterliche Sorge gemeinsam mit dem Ausspruch über die Scheidung entschieden werden, wenn einer der Ehegatten das beantragt (§ 137 III FamFG). Etwas anderes gilt nur für Verfahren nach § 1666.

Internationales Privatrecht. Die Kollisionsnormen für das elterliche Sorgerecht finden sich in Art 21 EGBGB. Diese sind allerdings weitgehend durch die Regeln des Haager Kinderschutzabkommens verdrängt. Zu Einzelheiten vgl die Erläuterungen zu Art 21 EGBGB.

§ 1626 Elterliche Sorge, Grundsätze

(1) ¹Die Eltern haben die Pflicht und das Recht, für das minderjährige Kind zu sorgen (elterliche Sorge). ²Die elterliche Sorge umfasst die Sorge für die Person des Kindes (Personensorge) und das Vermögen des Kindes (Vermögenssorge).

(2) ¹Bei der Pflege und Erziehung berücksichtigen die Eltern die wachsende Fähigkeit und das wachsende Bedürfnis des Kindes zu selbständigem verantwortungsbewusstem Handeln. ²Sie besprechen mit dem Kind, soweit es nach dessen Entwicklungsstand angezeigt ist, Fragen der elterlichen Sorge und streben Einvernehmen an.

(3) ¹Zum Wohl des Kindes gehört in der Regel der Umgang mit beiden Elternteilen. ²Gleiches gilt für den Umgang mit anderen Personen, zu denen das Kind Bindungen besitzt, wenn ihre Aufrechterhaltung für seine Entwicklung förderlich ist.

I. Die Norm ist die **Kernvorschrift der Regelungen der elterlichen Sorge.** Sie stellt den Pflichtcharakter gegenüber dem Kind und den Rechtscharakter der Sorge gegenüber Dritten heraus, definiert ihre wichtigsten Inhalte und stellt klar, wer ihr unterworfen ist und wem sie grds zusteht. Die wichtigste Ergänzung zu § 1626 enthält § 1629, der klarstellt, dass zur elterlichen Sorge auch die Vertretung des Kindes gehört.

II. 1. Die elterliche Sorge ist gleichzeitig eine **Rechts- und Pflichtbeziehung.** a) Gegenüber dem Kind hat das Sorgeverhältnis vor allem **Pflichtcharakter.** Das wird seit der Wortlautänderung v Abs 1 („die Pflicht und das Recht" statt „das Recht und die Pflicht") durch das KindschaftsrechtsreformG besonders deutlich. Die Eltern üben die Sorge insoweit nicht als eigenes Recht aus, sondern im Interesse des Kindes, um es zu einem vernünftigen, eigenständigen Menschen zu erziehen. Missbrauchen sie die Sorge oder zeigt sich, dass sie nicht dazu in der Lage sind, sie im Interesse des Kindes zu gebrauchen, darf daher der Staat in Ausübung seines Wächteramts (Art 6 II GG) bis hin zum Entzug in das Sorgerecht eingreifen.

Der Pflichtcharakter der Sorge findet auch Ausdruck in Abs 2, der den **Leitsatz für die Erziehung** des Kindes enthält. Danach müssen die Eltern bei der Erziehung des Kindes seine wachsende Fähigkeit und sein Bedürfnis nach selbständigem verantwortungsvollem Handeln beachten (Abs 2 S 1). Soweit das Kind dazu in der Lage ist, müssen die Eltern es betreffende Angelegenheiten mit ihm besprechen und sich um Einvernehmen bemühen (Abs 2 S 2). Gemeint ist damit, dass die Eltern sich um eine partnerschaftliche Erziehung bemühen sollen. Es ist kein Mitentscheidungsrecht des Kindes angeordnet, sondern nur ein jegliche Wünsche des Kindes außer Acht lassender autoritärer Erziehungsstil verboten. Ebenfalls unzulässig ist die Übertragung v Entscheidungen auf das Kind allein, weil die Eltern damit jede Autorität aufgeben.

Ausfluss des Pflichtcharakters des Sorge ist auch das in Abs 3 besonders erwähnte Interesse des Kindes am **Umgang des Kindes mit beiden Eltern und wichtigen Bezugspersonen** (s §§ 1684 ff). Bedeutung gewinnt das vor allem, wenn die Eltern getrennt leben und die Sorge einem v ihnen übertragen wurde. Abs 3 stellt klar, dass die Verweigerung des Umgangs mit dem anderen Elternteil hier zu einer Korrektur der Sorgezuweisung führen kann. Das Gleiche gilt bei Unterbindung des Kontakts zu anderen Bezugspersonen. Dann muss aber der weitere Kontakt des Kindes zu diesen Personen dem

Wohl des Kindes förderlich sein, dh positive Auswirkungen darauf haben. Es reicht nicht, dass der Kontakt nur keine negativen Auswirkungen auf das Kindeswohl hat.

5 **b)** Gegenüber allen anderen Personen einschließlich des Staats ist die elterliche Sorge ein **absolutes Recht** der Eltern. Eingriffe des Staates sind in den engen Grenzen des § 1666 gestattet, weil er ein eigenes Wächteramt in Bezug auf die elterliche Sorge ausübt (Art 6 II 2 GG). Gegenüber allen Privatpersonen ist das elterliche Sorgerecht auch absolutes Recht iSd § 823 I, so dass Eingriffe eine Unterlassungs- und Schadensersatzpflicht auslösen (BGHZ 111, 168).

6 **2.** Die elterliche Sorge steht grds **beiden Eltern gemeinsam** zu. Das gilt jedenfalls, wenn sie verheiratet sind (§§ 1626 I 1, 1626 a I Nr 2) oder waren (falls keine Zuweisung der Alleinsorge nach § 1671 vorgenommen wurde) oder wenn sie zwar nicht verheiratet sind oder waren, aber Sorgeerklärungen abgegeben haben (§ 1626 a I Nr 2). Eine Alleinsorge besteht bei nichtehelichen Müttern, falls keine Sorgeerklärung abgegeben wurde (§ 1626 a II), bei Entziehung der Sorge eines Elternteils (§§ 1666, 1680 III), bei Zuweisung der Sorge an einen Elternteil allein im Rahmen der Trennung der Eltern (§ 1671) oder bei Tod eines Elternteils. Soweit gemeinsame Sorge besteht, üben die Eltern sie gemeinschaftlich aus und müssen sich bemühen, Einigung zu erzielen (§ 1627). Bei unbehebbaren Differenzen im Einzelfall überträgt das Familiengericht die Entscheidungsbefugnis auf einen v ihnen (§ 1628).

7 **3.** Das Sorgerecht besteht **nur gegenüber minderjährigen Kindern**, dh v der Geburt an bis zur Vollendung des 18. Lebensjahrs (§ 2). Es besteht noch nicht während der Schwangerschaft, so dass ein zukünftiger Vater nicht gestützt auf sein Sorgerecht der künftigen Mutter über eine Entscheidung nach § 1628 die Abtreibung verbieten lassen kann (aA AG Köln FamRZ 85, 519). Nach Volljährigkeit scheiden sorgerechtliche Maßnahmen der Eltern selbst dann aus, wenn das Kind wegen Krankheit oder Behinderung nicht dazu in der Lage ist, seine Angelegenheiten selbst zu besorgen (dann Anordnung einer Betreuung, § 1896) oder wenn das Kind noch im Haushalt seiner Eltern lebt. Einflussreste verbleiben allein durch das Unterhaltsbestimmungsrecht (§ 1610 II) und über die Dienstleistungspflicht nach § 1619 a. Die Heirat des minderjährigen Kindes führt nicht zum Erlöschen der Sorge, sondern nur zu einer Einschränkung der Personensorge (§ 1633).

8 **4. Inhalt** der elterlichen Sorge sind die Personensorge und die Vermögenssorge. Beide umfassen tatsächliche Aspekte und die Vertretung des Kindes. **a)** Zur **Sorge für die Person** gehört vor allem seine Erziehung (Rn 3), die Bestimmung seines Namens (§§ 1616 ff), vor allem seines Vornamens (Vor §§ 1616–1618 Rn 3), die Entscheidung über ärztliche Behandlungen einschließlich evtl erforderlich werdender Bluttransfusionen oder Schwangerschaftsabbrüche, über den Umgang des Kindes (Rn 4) und über das religiöse Bekenntnis, sofern nicht das Kind insofern schon selbst zu bestimmen hat (vgl Gesetz über die religiöse Kindererziehung v 15.7.21, RGBl 939, 1263). Sofern für die persönlichen Angelegenheiten Rechtsgeschäfte erforderlich sind, vertreten die Eltern das Kind dabei. Zur Personensorge gehören auch die Ermächtigungen nach §§ 112, 113, die Ausübung v Auskunfts- oder Zeugnisverweigerungsrechten, die Mitwirkung bei der Vaterschaftsanerkennung (§§ 1595 f) oder Annahme (§ 1746) sowie die Entscheidungen über die Annahme oder den Verlust der Staatsangehörigkeit.

9 **b)** Unter die **Vermögenssorge** fallen alle tatsächlichen und rechtlichen Verhaltensweisen, durch die das Kindesvermögen erhalten, vermehrt oder verwertet werden soll. Hierher gehört die außergerichtliche und gerichtliche Geltendmachung v Ansprüchen des Kindes ebenso wie die Abwehr v gegen das Kind erhobenen Ansprüchen. Die Eltern nehmen die Sachen des Kindes in Besitz (arg § 1698 I). Zum Kindesvermögen gehören neben dem vorhandenen Vermögen auch die Einkünfte daraus und aus Erwerbstätigkeit, soweit sie nicht für den Unterhalt zu verwenden sind (§ 1649). Ausgenommen v der Vermögenssorge ist nur, was die Eltern oder Dritte mit Zustimmung der Eltern dem Kind zur freien Verfügung oder für einen bestimmten Zweck überlassen haben (§ 110, beachte aber § 1644) oder was Dritte dem Kind v Todes wegen oder unentgeltlich mit der Bestimmung überlassen haben, dass es nicht der Verwaltung durch den gesetzlichen Vertreter unterliegen soll (§§ 1638 f). Einschränkungen der Vermö-

genssorge zum Schutz des Kindes vor einer Vermögensschmälerung enthalten §§ 1640–1646.
5. Für **Pflichtverletzungen** bei der Ausübung der elterlichen Sorge haften die Sorgeberechtigten nur nach dem Maßstab des § 1664.

§ 1626 a Elterliche Sorge nicht miteinander verheirateter Eltern; Sorgeerklärungen

(1) Sind die Eltern bei der Geburt des Kindes nicht miteinander verheiratet, so steht ihnen die elterliche Sorge gemeinsam zu,
1. wenn sie erklären, dass sie die Sorge gemeinsam übernehmen wollen (Sorgeerklärungen),
2. wenn sie einander heiraten oder
3. soweit ihnen das Familiengericht die elterliche Sorge gemeinsam überträgt.

(2) ¹Das Familiengericht überträgt gemäß Absatz 1 Nummer 3 auf Antrag eines Elternteils die elterliche Sorge oder einen Teil der elterlichen Sorge beiden Eltern gemeinsam, wenn die Übertragung dem Kindeswohl nicht widerspricht. ²Trägt der andere Elternteil keine Gründe vor, die der Übertragung der gemeinsamen elterlichen Sorge entgegenstehen können, und sind solche Gründe auch sonst nicht ersichtlich, wird vermutet, dass die gemeinsame elterliche Sorge dem Kindeswohl nicht widerspricht.

(3) Im Übrigen hat die Mutter die elterliche Sorge.

I. Die Vorschrift **ergänzt** § 1626 I 1 für die Fälle, in denen die Eltern bei der Geburt des Kindes nicht miteinander verheiratet sind. Sie räumt in diesen Fällen die elterliche Sorge auch dem Vater ein, wenn entweder eine Sorgeerklärung abgegeben wird (deren Einzelheiten in §§ 1626 b–1626 e geregelt sind), wenn er nach der Geburt des Kindes die Mutter heiratet oder wenn das Familiengericht den Eltern die Sorge gemeinsam überträgt (Abs 1, Voraussetzungen für die Übertragung in Abs 2). Im Übrigen bleibt es bei dem schon früher für nichteheliche Kinder geltenden Grundsatz, dass die elterliche Sorge der Mutter zusteht (Abs 3). Das ist verfassungsmäßig (BVerfG NJW 03, 955). Durch das BeistandschaftsG v 4.12.1997 (BGBl I 2942) wurden alle bisher bestehenden Einschränkungen der Sorge einer nichtehelichen Mutter beseitigt (§§ 1706 ff aF). An die Stelle der Amtspflegschaft alten Zuschnitts ist das freiwillige Angebot einer Beistandschaft getreten (§§ 1712 ff).

II. 1. Die **elterliche Sorge** steht (neben verheirateten, § 1626) auch Eltern, die bei der Geburt des Kindes nicht verheiratet sind, **gemeinsam** zu, wenn sie a) eine **Sorgeerklärung** iSd §§ 1626 b ff abgeben (Abs 1 Nr 1). Dabei handelt es sich um die Erklärungen v Vater und Mutter, dass sie in Zukunft die Sorge gemeinsam übernehmen wollen. Gegen den Willen der Mutter kann der Vater daher auf diese Weise kein Sorgerecht erhalten. Das ist v BVerfG als verfassungswidrig beanstandet worden, soweit keine Möglichkeit besteht, die Weigerung gerichtlich überprüfen zu lassen (BVerfG FamRZ 10, 1403; aA noch BGH FamRZ 01, 907; zur Ersetzung der Zustimmung der Mutter in Fällen, in denen die unverheirateten Eltern bereits vor dem 1.7.98 getrennt haben, vgl Art 224 § 2 III EGBGB). Der Gesetzgeber hat deswegen durch das G zur Reform der elterlichen Sorge nicht miteinander verheirateter Eltern v 16.4.13, BGBl I 795 eine weitere Möglichkeit geschaffen, die dem Vater die Einräumung der Mitsorge auch ohne oder gegen den Willen der Mutter gestattet (Rn 4 ff).

Die Erklärungen **brauchen nicht zusammen abgegeben zu werden**. Die Wirkung tritt ein, sobald übereinstimmende Erklärungen v beiden Teilen vorliegen. Das kann bereits vor der Geburt der Fall sein (§ 1626 b II), so dass dann die väterliche Mitsorge bereits ab der Geburt besteht, kann aber auch erst später erfolgen. In diesem Fall tritt die väterliche Mitsorge ex nunc v Wirksamwerden der Sorgeerklärung an ein. Durch die Sorgeerklärung erhält der Vater einen eigenständigen Anteil an der Sorge, nicht nur eine subsidiäre, v der Mutter abgeleitete Sorge. Bei der Trennung kann er daher selbst beantragen, ihm das Sorgerecht allein zu übertragen (§ 1671 I).

b) Die gemeinsame Sorge tritt auch ein, wenn der **Vater** eines nichtehelichen Kindes **die Mutter heiratet** (Abs 1 Nr 2). Das entspricht in Bezug auf die sorgerechtliche Wirkung (nicht aber in Bezug auf die Statuswirkung) der früheren Legitimation durch nachfolgende Ehe (§ 1719 aF).

4 c) Die gemeinsame elterliche Sorge tritt außerdem seit Inkrafttreten des G zur Reform der elterlichen Sorge nicht miteinander verheirateter Eltern v 16.4.13, BGBl I 795 ein, wenn das **Familiengericht sie beiden Eltern gemeinsam überträgt**. Den Antrag dafür kann der Vater auch gegen den Willen der Mutter stellen. Bis zur Entscheidung hat diese die alleinige elterliche Sorge.

5 Voraussetzung für die Übertragung der gemeinsamen elterlichen Sorge ist nur, dass durch sie das **Kindeswohl nicht gefährdet** wird. Für die Übertragung ist dag keine positive Feststellung dahingehend erforderlich, dass die gemeinsame Sorge dem Kindeswohl entspricht (anders als in der Übergangsregelung des BVerfG, vgl BVerfGE, 127, 132 ff). Es handelt sich um eine bewusste Entscheidung des Gesetzgebers: Dem Elternrecht des Vaters soll grds der Vorrang zukommen. Deswegen wird vermutet, dass das Kindeswohl durch seine Beteiligung an der elterlichen Sorge nicht gefährdet wird (Abs 2 S 2). Die Mutter muss deswegen derartige Gründe vortragen. Allerdings ist immer ein Mindestmaß an Übereinstimmung zwischen den Eltern erforderlich. Fehlt es daran und sind die Eltern zur Kooperation weder bereit noch in der Lage, kann die gemeinsame Sorge für das Kind dem Kindeswohl zuwiderlaufen. Das ist insbesondere der Fall, wenn wiederholt eine Einigung über das Umgangsrecht nicht ohne gerichtliche Entscheidung möglich gewesen ist (OLG Brandenburg JAmt 13, 541).

6 Das **Verfahren** zur Übertragung der gemeinsamen elterlichen Sorge richtet sich nach § 155 a FamFG.

7 2. Liegt keiner der in Abs 1 genannten Fälle vor, hat die **Mutter** die alleinige Sorge (Abs 3). Zum Fall der minderjährigen Mutter s § 1673. Die Mutter kann eine Beistandschaft nach §§ 1712 ff beantragen.

§ 1626 b Besondere Wirksamkeitsvoraussetzungen der Sorgeerklärung

(1) Eine Sorgeerklärung unter einer Bedingung oder einer Zeitbestimmung ist unwirksam.
(2) Die Sorgeerklärung kann schon vor der Geburt des Kindes abgegeben werden.
(3) Eine Sorgeerklärung ist unwirksam, soweit eine gerichtliche Entscheidung über die elterliche Sorge nach den § 1626 a Absatz 1 Nummer 3 oder § 1671 getroffen oder eine solche Entscheidung nach § 1696 Abs. 1 Satz 1 geändert wurde.

§ 1626 c Persönliche Abgabe; beschränkt geschäftsfähiger Elternteil

(1) Die Eltern können die Sorgeerklärungen nur selbst abgeben.
(2) [1]Die Sorgeerklärung eines beschränkt geschäftsfähigen Elternteils bedarf der Zustimmung seines gesetzlichen Vertreters. [2]Die Zustimmung kann nur von diesem selbst abgegeben werden; § 1626 b Abs. 1 und 2 gilt entsprechend. [3]Das Familiengericht hat die Zustimmung auf Antrag des beschränkt geschäftsfähigen Elternteils zu ersetzen, wenn die Sorgeerklärung dem Wohl dieses Elternteils nicht widerspricht.

§ 1626 d Form; Mitteilungspflicht

(1) Sorgeerklärungen und Zustimmungen müssen öffentlich beurkundet werden.
(2) Die beurkundende Stelle teilt die Abgabe von Sorgeerklärungen und Zustimmungen unter Angabe des Geburtsdatums und des Geburtsorts der Kindes sowie des Namens, den das Kind zur Zeit der Beurkundung seiner Geburt geführt hat, dem nach § 87 c Abs. 6 Satz 2 des Achten Buches Sozialgesetzbuch zuständigen Jugendamt zu den in § 58 a des Achten Buches Sozialgesetzbuch genannten Zwecken unverzüglich mit.

1 I. §§ 1626 b–1626 d regeln die **Modalitäten der Sorgeerklärung**. Diese sind an diejenigen der Vaterschaftsanerkennung angeglichen. Nur bei Fehlen einer dieser Voraussetzungen ist die Sorgeerklärung unwirksam (§ 1626 e).

II. Wegen ihrer Bedeutung sind die Sorgeerklärungen **bedingungs- und befristungsfeindlich** (§ 1626 b I). Sie können aber **bereits vor der Geburt** abgegeben werden (§ 1626 b II) und entfalten ihre Wirkung dann mit der Geburt (sofern auch eine wirksame Vaterschaftsanerkennung vorliegt) bzw mit dem Wirksamwerden der Vaterschaftsanerkennung. Das gilt auch, wenn die Mutter des Kindes noch mit einem anderen Mann verheiratet ist und die Vaterschaft angefochten wird, sofern der leibliche Vater die Vaterschaft nach § 1599 II anerkannt hat. Seine Sorgeerklärung wird dann zusammen mit der Vaterschaftsanerkennung in dem Moment wirksam, in dem die Scheidung der Mutter rechtskräftig wird (BGH FamRZ 04, 802).   2

Sorgeerklärungen können **nicht** abgegeben werden, **wenn schon eine Entscheidung über das Sorgerecht nach § 1671** vorliegt (§ 1626 b III). Das kann der Fall sein, wenn bereits einmal eine gemeinsame Sorge nach § 1626 a bestanden hatte, diese dann aber nach Trennung der Eltern durch eine gerichtliche Entscheidung wieder einem Elternteil allein übertragen wurde. Die gemeinsame Sorge kann dann durch eine Änderungsentscheidung nach § 1696 wieder hergestellt werden. In Betracht kommt auch, dass dem Vater die Alleinsorge übertragen war. In diesem Fall muss diese Entscheidung geändert werden. Entsprechendes gilt, wenn die Sorge zunächst auf den Vater und dann durch Änderung der Entscheidung auf die Mutter übertragen wurde (§ 1696). Auch hier kann die gemeinsame Sorge nur über die Änderung der gerichtlichen Entscheidung hergestellt werden. Die Zulassung v Sorgeerklärungen könnte in diesen Fällen zu einem dem Kindeswohl unzuträglichen Hin und Her führen. Eine gerichtliche Entscheidung garantiert dag eine Kindeswohlprüfung. Eine Sorgeerklärung wird andererseits nicht dadurch gehindert, dass der Mutter zunächst nach § 1666 die Sorge entzogen war und ihr dann zurück übertragen wurde; denn in diesem Fall ist durch die zweite gerichtliche Entscheidung die Situation wieder hergestellt worden, die vor der ersten bestanden hatte.   3

Die Sorgeerklärung kann **nur v den Eltern persönlich** abgegeben werden (§ 1626 c I). Die Sorgeerklärung eines beschränkt geschäftsfähigen Elternteils bedarf der Zustimmung seines gesetzlichen Vertreters (§ 1626 c II 1). Diese kann nur v dem gesetzlichen Vertreter selbst abgegeben werden. Sie kann schon vor der Geburt des Kindes erteilt werden und ist bedingungs- und befristungsfeindlich (§ 1626 c II 2. Halbs). Wird sie verweigert, kann sie v Familiengericht ersetzt werden, wenn der beschränkt geschäftsfähige Elternteil es beantragt und die Sorgeerklärung seinem Wohl nicht widerspricht (§ 1626 c II 3). Das kann nur dann bejaht werden, wenn gewichtige Gründe gegen die Abgabe der Sorgeerklärung sprechen. Im Regelfall ist die Zustimmung zu ersetzen. Geschäftsunfähige Eltern können keine Sorgeerklärung abgeben. Ihre Sorge würde ohnehin bis zur Behebung der Geschäftsunfähigkeit ruhen (§ 1674 I).   4

Die **Ersetzung einer Sorgeerklärung** kommt grds nicht in Betracht. Gegen den Willen der Mutter kann der Vater also auf diesem Wege regelmäßig nicht erreichen, dass er an der Sorge für sein Kind beteiligt wird. Etwas anderes gilt nur dann, wenn die Eltern nie die Möglichkeit hatten, einverständlich die gemeinsame Sorge für ihr Kind herzustellen, weil es zu dem Zeitpunkt, zu dem sie sich trennten, noch keine rechtliche Möglichkeit gab, die gemeinsame Sorge zu erlangen. Für die Fälle einer Trennung vor dem 1.7.98 wurde deswegen eine Übergangsregelung geschaffen, welche auch jetzt noch die Ersetzung einer Sorgeerklärung gestattet, wenn die Eltern mit dem Kind längere Zeit in häuslicher Gemeinschaft gelebt und für das Kind gemeinsam Verantwortung getragen hatten (Art 224 EGBGB). Diese Übergangsregelung dürfte sich durch Zeitablauf erledigt haben. Will der Vater heute gegen den Willen der Mutter eine Beteiligung an der elterlichen Sorge erreichen, muss er einen Antrag auf Beteiligung an der elterlichen Sorge nach § 1626 a I Nr 3, II stellen.   5

Die Sorgeerklärungen und die Zustimmungen müssen **öffentlich beurkundet** werden (§ 1626 d I) oder in einer gerichtlich genehmigten Elternvereinbarung enthalten sein (§ 127 a, BGH FamRZ 11, 486). Das entspricht der auch sonst bei wichtigen familienrechtlichen Erklärungen erforderlichen Form (vgl § 1596 I für die Vaterschaftsanerkennung). Die Beurkundung kann auch v Jugendamt vorgenommen werden (§ 59 I 1 SGB VIII). Die beurkundende Stelle teilt die Abgabe v Sorgeerklärungen und Zustim-   6 mungen unter Angabe des Geburtsdatums, des Geburtsorts des Kindes sowie des Namens, den das Kind zur Zeit der Beurkundung seiner Geburt geführt hat, dem nach § 87 c VI 2 SGB VIII zuständigen Jugendamt (das ist das des Geburtsorts) unverzüglich mit (§ 1626 d II). Die Mitteilung dient dazu, dem Jugendamt die Kenntnis v Vorliegen der Voraussetzungen für die Erteilung einer Auskunft nach § 58 a SGB VIII zu verschaffen. Die Angabe des Namens, den das Kind zur Zeit der Geburt geführt hat, soll sicherstellen, dass auch bei späterem Namenswechsel eine zuverlässige Zuordnung der Sorgeerklärung zu dem durch sie betroffenen Kind möglich ist.

§ 1626 e Unwirksamkeit

Sorgeerklärungen und Zustimmungen sind nur unwirksam, wenn sie den Erfordernissen der vorstehenden Vorschriften nicht genügen.

1 Die Regelung dient der Rechtssicherheit, indem sie die Unwirksamkeit einer Sorgeerklärung auf den Verstoß gegen §§ 1626 a-1626 c beschränkt. Andere Mängel sind für die Gültigkeit der Erklärung daher ohne Bedeutung. Die Irrtumsanfechtung nach §§ 119 ff scheidet aus.

§ 1627 Ausübung der elterlichen Sorge

¹Die Eltern haben die elterliche Sorge in eigener Verantwortung und in gegenseitigem Einvernehmen zum Wohl des Kindes auszuüben. ²Bei Meinungsverschiedenheiten müssen sie versuchen, sich zu einigen.

1 Die Norm macht klar, dass jeder Elternteil seine Sorge gleichberechtigt in eigener Verantwortung ausübt. Die Sorge wird gemeinschaftlich ausgeübt. Die Eltern können aber Aufteilungen ihrer Aufgabenbereiche festlegen. In der Praxis ist das die Regel. Die Eltern müssen die Sorge im Einvernehmen ausüben und sich bei Meinungsverschiedenheiten um eine Einigung bemühen, bevor sie gerichtliche Hilfe in Anspruch nehmen (§ 1628). Daraus folgt, dass die ständige Nichteinigung der Eltern in Sorgerechtsangelegenheiten Anlass für staatliche Eingriffe in das Sorgerecht selbst sein kann (§ 1666).

§ 1628 Gerichtliche Entscheidung bei Meinungsverschiedenheiten der Eltern

¹Können sich die Eltern in einer einzelnen Angelegenheit oder in einer bestimmten Art von Angelegenheiten der elterlichen Sorge, deren Regelung für das Kind von erheblicher Bedeutung ist, nicht einigen, so kann das Familiengericht auf Antrag eines Elternteils die Entscheidung einem Elternteil übertragen. ²Die Übertragung kann mit Beschränkungen oder mit Auflagen verbunden werden.

1 I. Die Norm **vermeidet** eine aus Uneinigkeit resultierende **Handlungsunfähigkeit der Eltern**. Es widerspräche dem Wohl des Kindes, die streitige Frage unentschieden zu lassen, weil dann für das Kind nicht gehandelt werden könnte. Andererseits kommt ein abstrakt ex ante festgelegtes Entscheidungsrecht, wie es früher mit dem Stichentscheid des Vaters bestand, nicht in Betracht, weil dadurch der andere Elternteil diskriminiert würde. Der Gesetzgeber hat sich daher dafür entschieden, jeweils im konkreten Fall prüfen zu lassen, welcher Elternteil für die Entscheidung der Frage geeigneter ist und diesem die Entscheidungsbefugnis zu übertragen. Eine Parallele für Uneinigkeiten bei der Bestimmung des Geburtsnamens enthält § 1617 II.

2 II. 1. Die gerichtliche Entscheidung **setzt voraus**, a) dass eine **einzelne Angelegenheit oder eine bestimmte Art v Angelegenheiten** der Sorge betroffen ist. Damit ist klargestellt, dass § 1628 sich nur auf punktuelle Streitigkeiten bezieht, nicht auf den Fall, dass die Eltern generell einigungsunfähig sind (dann § 1666, ggf § 1671). Hierher gehören etwa Uneinigkeiten über die Ausbildung, ärztliche Behandlungen, das Umgangsrecht, die Aufenthaltsbestimmung usw.

b) Die Angelegenheit muss für das Kind v **erheblicher Bedeutung** sein. Das sind regelmäßig die körperliche Integrität betr Meinungsunterschiede, wie zB solche über die Notwendigkeit v Impfungen (KG FamRZ 06, 142) oder Bluttransfusionen, solche um Ausbildungsfragen, Umgang und religiöse Erziehung. Unerheblich sind dag regelmäßig Streitigkeiten in Bezug auf einzelne Erziehungsmethoden, Taschengeld, Fernsehkonsum, Lektüre, Hausaufgaben usw. In diesen Fällen lehnt das Gericht die Entscheidung des Streits ab. 3

c) Die **Eltern** können sich **nicht einigen**. Auch während des Verfahrens muss das Gericht noch auf eine gütliche Einigung hinwirken (§ 156 FamFG). 4

d) Ein Sorgeberechtigter (nicht das Kind) muss die gerichtliche Entscheidung **beantragen**. VAw kann nur im Fall des § 1666 eingegriffen werden. 5

2. Das Gericht entscheidet nicht in der Sache. Es **überträgt** vielmehr **die Entscheidungsbefugnis** auf einen Elternteil. Dieser hat dann in der Angelegenheit bzw der Art der Angelegenheiten die alleinige Sorge, entscheidet also und vertritt das Kind allein. Er ist grds auch nicht gehindert, seine bisherige Ansicht aufzugeben und in dem Sinn zu entscheiden, den der andere Elternteil für richtig hielt. Will das Gericht das verhindern, muss es die Übertragung der Entscheidungsbefugnis mit Einschränkungen oder Auflagen versehen (S 2). Insoweit darf es aber nicht darüber hinausgehen, was die Eltern selbst gewollt haben. § 1628 dient der Entscheidung v Konflikten der Eltern, nicht der Durchsetzung der nach Ansicht des Gerichts „besten" Entscheidung. Der Elternwille darf nur in den Fällen des § 1666 außer Acht gelassen werden. Dann muss aber auch eine Entscheidung nach dieser Vorschrift (und nicht nach § 1628) ergehen. Entscheidungen in der Sache selbst verstoßen nicht nur gegen § 1628, sondern auch gegen Art 6 II GG (BVerfG NJW 03, 1031). 6

III. **Verfahren.** Zuständig ist der Richter (§ 14 Nr 5 RPflG) des Familiengerichts. Rechtsmittel ist die einfache Beschwerde (aA OLG Frankfurt FamRZ 91, 1336). Ist einem Elternteil durch eine einstweilige Anordnung die alleinige Entscheidungsbefugnis übertragen und hat er diese ausgenutzt und für das Kind entschieden, bleibt die Entscheidung auch dann wirksam, wenn im Hauptsacheverfahren die einstweilige Anordnung aufgehoben wird (OLG Hamm NJW 02, 2477). 7

§ 1629 Vertretung des Kindes

(1) ¹Die elterliche Sorge umfasst die Vertretung des Kindes. ²Die Eltern vertreten das Kind gemeinschaftlich; ist eine Willenserklärung gegenüber dem Kind abzugeben, so genügt die Abgabe gegenüber einem Elternteil. ³Ein Elternteil vertritt das Kind allein, soweit er die elterliche Sorge allein ausübt oder ihm die Entscheidung nach § 1628 übertragen ist. ⁴Bei Gefahr im Verzug ist jeder Elternteil dazu berechtigt, alle Rechtshandlungen vorzunehmen, die zum Wohl des Kindes notwendig sind; der andere Elternteil ist unverzüglich zu unterrichten.

(2) ¹Der Vater und die Mutter können das Kind insoweit nicht vertreten, als nach § 1795 ein Vormund von der Vertretung des Kindes ausgeschlossen ist. ²Steht die elterliche Sorge für ein Kind den Eltern gemeinsam zu, so kann der Elternteil, in dessen Obhut sich das Kind befindet, Unterhaltsansprüche des Kindes gegen den anderen Elternteil geltend machen. ³Das Familiengericht kann dem Vater und der Mutter nach § 1796 die Vertretung entziehen; dies gilt nicht für die Feststellung der Vaterschaft.

(2 a) Der Vater und die Mutter können das Kind in einem gerichtlichen Verfahren nach § 1598 a Abs. 2 nicht vertreten.

(3) ¹Sind die Eltern des Kindes miteinander verheiratet, so kann ein Elternteil, solange die Eltern getrennt leben oder eine Ehesache zwischen ihnen anhängig ist, Unterhaltsansprüche des Kindes gegen den anderen Elternteil nur im eigenen Namen geltend machen. ²Eine von einem Elternteil erwirkte gerichtliche Entscheidung und ein zwischen den Eltern geschlossener gerichtlicher Vergleich wirken auch für und gegen das Kind.

I. Die Vorschrift enthält die wichtigste Ergänzung zu § 1626, denn sie **regelt die Vertretung des Kindes gegenüber Dritten.** Als Prinzip gilt auch hier, dass die Eltern die Ver- 1 tretung gemeinschaftlich ausüben, sie haben Gesamtvertretungsmacht. Alleinvertretungsmacht besteht nur bei Gefahr im Verzug (Abs 1 S 4) oder bei Übertragung des Sorgerechts nach § 1628 (Abs 1 S 2) und in Bezug auf die Geltendmachung v Unterhalt, wenn zwar gemeinsame Sorge besteht, sich das Kind aber in der Obhut nur eines Elternteils befindet (Abs 2 S 2). Für den Fall, dass verheiratete Eltern getrennt leben oder dass sogar eine Ehesache zwischen ihnen anhängig ist, ist das sogar dahin erweitert, dass Unterhaltsansprüche des Kindes gegen den anderen Elternteil ausschließlich in Verfahrensstandschaft geltend gemacht werden können (Abs 3).

2 **Ausgeschlossen** v der Vertretung des Kindes sind die Eltern in den Fällen, in denen auch ein Vormund nach § 1795 ausgeschlossen ist (Abs 2 S 1). Darüber hinaus kann das Familiengericht für einzelne Angelegenheiten die Vertretungsmacht entziehen, wenn das wegen eines konkreten Interessengegensatzes zwischen Kind und Eltern erforderlich ist (Abs 2 S 3).

3 **II. 1.** Die **Vertretung** des Kindes ist **Teil des Sorgerechts**. Sie steht damit grds demjenigen zu, der die elterliche Sorge für das Kind hat. **a)** Ist **nur ein Elternteil sorgeberechtigt** (§ 1626 a Rn 2 f), vertritt er das Kind allein.

4 **b)** Sind **beide Eltern sorgeberechtigt** (§ 1626 a Rn 4), ist die Vertretung durch die Eltern Gesamtvertretung, dh die Eltern handeln gemeinschaftlich. Das bedeutet, dass Erklärungen für das Kind nur v beiden Eltern gemeinschaftlich abgegeben werden können. Bei Uneinigkeit muss versucht werden, Einigkeit zu erzielen (§ 1627), ggf muss eine Sorgerechtsübertragung nach § 1628 erfolgen. Zulässig ist die gegenseitige Bevollmächtigung der Eltern mit dem Inhalt, den jeweils anderen bei der Vertretung des Kindes zu vertreten. Bei Gefahr im Verzug, dh wenn mit der Einholung der Zustimmung des anderen Elternteils eine derartige Verzögerung verbunden wäre, dass das Wohl des Kindes voraussichtlich beeinträchtigt würde, ist jeder Elternteil zur alleinigen Vertretung des Kindes befähigt (Abs 1 S 4). Hierher gehört vor allem eine dringende ärztliche Behandlung (nicht aber eine Operation, die ohne Not aufgeschoben werden kann, bis die Zustimmung des anderen Elternteils eingeholt wurde). Der andere Elternteil muss unverzüglich (§ 121) informiert werden. Erklärungen, die gegenüber dem Kind abgegeben werden müssen (§ 131), werden immer bereits wirksam, wenn sie einem der Sorgeberechtigten zugehen (Abs 1 S 2 2. Halbs).

5 **Trotz gemeinsamen Sorgerechts** besteht eine **Alleinvertretungsmacht** in Bezug auf die Geltendmachung v **Unterhalt**, wenn sich das Kind in der ausschließlichen Obhut eines Elternteils befindet (Abs 2 S 2). Gedacht ist getrennt lebende Eltern, gleichgültig, ob sie verheiratet sind oder nicht. Derjenige, bei dem sich das Kind befindet, soll unterhaltsrechtlich nicht schlechter stehen, als wenn keine gemeinsame Sorge bestünde; denn gäbe es Abs 2 S 2 nicht, müsste dem anderen Teil erst die Vertretung entzogen werden, bevor er in der Lage wäre, allein gegen ihn Unterhaltsansprüche des Kindes geltend zu machen. Die Obhut hat derjenige Elternteil, bei dem der Schwerpunkt der Fürsorge und Erziehung des Kindes liegt. Auch ein längerer Ferienaufenthalt bei dem anderen Elternteil ändert daran nichts (OLG Köln FamRZ 05, 1852).

6 Zum **Alleinvertretungsrecht in Angelegenheiten des täglichen Lebens** des Elternteils, in dessen Obhut sich das Kind befindet, nach der Trennung der Eltern: § 1687.

7 **c)** Die Sorgeberechtigten können das Kind **nicht vertreten**, wenn auch ein **Vormund** nach § 1795 v der Vertretung des Kindes ausgeschlossen wäre (Abs 2 S 1, § 1795 Rn 3 ff). Bei gemeinsamer Sorge reicht es, dass die Voraussetzungen des § 1795 in der Person eines Elternteils verwirklicht sind; ausgeschlossen ist dann auch der andere (arg e „der Vater und die Mutter").

8 Die Vertretung des Kindes ist auch ausgeschlossen, soweit **spezialgesetzlich bestimmt** ist, dass das Kind eine Erklärung nur selbst abgeben kann. Abs 2 a enthält eine derartige Regelung für die Verfahren nach § 1598 a II, durch die ein Anspruch auf Mitwirkung an einer Vaterschaftsbegutachtung geltend gemacht wird. In diesen Fällen besteht regelmäßig ein großer Interessenkonflikt zwischen den Eltern und dem Kind. Weitere Ausschlüsse des Vertretungsrecht enthalten etwa §§ 1411 I 3, 1617 a II 4, 1617 b I 4, II 2, 1617 c, 1618 S 6, 1629 IIa, 1728 I, 1729 I, 1740 c, 1746 I, 1757 II, 2064, 2229, 2274, 2275 II, 2282 II, 2284, 2290 I, 2296 I, 2347 II 1, 2351.

d) Besteht für das Kindeswohl im Einzelfall oder bei einer bestimmten Art v Angelegenheiten eine Gefährdung, kann das **Familiengericht den Sorgeberechtigten** insoweit die **Sorge entziehen** (Abs 3, § 1796) und einen Pfleger bestellen. Ausgeschlossen ist das nur für die Feststellung der Vaterschaft. Die Regelungen nach Abs 2 dürfen wie die nach § 1628 nur punktuelle sein. Die Entziehung der gesamten Vertretung ist nur unter den Voraussetzungen des § 1666 möglich. Voraussetzung des Eingreifens ist ein erheblicher Interessenkonflikt zwischen Kind und gesetzlichem Vertreter. Das kann angenommen werden, wenn das Kind Gläubiger seines gesetzlichen Vertreters ist, wenn die Eltern ankündigen, trotz unstreitiger Nichtvaterschaft des Mannes eine Vaterschaftsanfechtung zu unterlassen (BayObLG FamRZ 94, 1196) oder wenn die Eltern eines behandlungsbedürftigen Kindes die Vornahme dieser Behandlung ablehnen.

2. Die gesetzliche Vertretungsmacht ist zum Schutz der Kindesinteressen in vielen Fällen dadurch eingeschränkt, dass die Handlungsfähigkeit des Vertreters an eine **familiengerichtliche Genehmigung** gebunden ist. Derartige Genehmigungserfordernisse enthalten §§ 112, 1303 III, 1484 II 2, 1491 III, 1492 III, 1517 II, 1639 II, 1643–1645, 1667 II, 1683, 2290 III, 2291 I 2, 2347 I, II 2.

3. Für den Fall, dass verheiratete Eltern getrennt leben (§ 1567) oder dass eine Ehesache (§ 121 FamFG, Hauptfall: Scheidung) zwischen ihnen anhängig ist, sieht Abs 3 S 1 vor, dass ein Elternteil Unterhaltsansprüche des gemeinsamen Kindes gegen den anderen Elternteil nur im eigenen Namen geltend machen kann (Fall **gesetzlicher Verfahrensstandschaft**, beachte wegen der Terminologie § 113 V FamFG). Sinn der Regelung ist es, das Kind aus dem Streit der Eltern herauszuhalten. Sie greift aber nur ein, wenn der Elternteil generell befugt ist, Unterhaltsansprüche des Kindes geltend zu machen. Das bedeutet, dass er entweder allein sorgeberechtigt sein oder dass ein Fall des Abs 2 (Rn 5) vorliegen muss. In diesem Fall erlischt die Verfahrensführungsbefugnis, wenn der andere (beklagte) Elternteil das Kind in Obhut nimmt (OLG Hamm FamRZ 90, 890), und zwar auch für die schon früher begründeten Ansprüche (OLG Köln FamFR 13, 92). Die Verfahrensstandschaft endet in jedem Fall, wenn das Kind volljährig wird (OLG Frankfurt FamRZ 91, 1210; OLG München FamRZ 96, 422). Das Kind muss dann im Wege eines gewillkürten Beteiligtenwechsels in das Verfahren eintreten (BGH FamRZ 13, 1378). Die Verfahrensstandsschaft bleibt dag bestehen, wenn die Scheidung während des Unterhaltsverfahrens ausgesprochen wird, sofern dem den Antrag stellenden Ehegatten entweder die Alleinsorge übertragen ist oder die gemeinsame Sorge und Obhut des das Verfahren führenden Elternteils fortbestehen.

Die v dem Elternteil erstrittene **Entscheidung wirkt** ebenso **für und gegen das Kind** wie ein v ihm abgeschlossener gerichtlicher Vergleich (Abs 3 S 2). Solange die Voraussetzungen v Abs 3 S 1 vorliegen, kann der Elternteil auch aus dem Beschluss vollstrecken. Wird das Kind volljährig, kann es den Titel auf sich umschreiben lassen (§ 113 I 2 FamFG, § 727 ZPO analog).

§ 1629 a Beschränkung der Minderjährigenhaftung

(1) ¹Die Haftung für Verbindlichkeiten, die die Eltern im Rahmen ihrer gesetzlichen Vertretungsmacht oder sonstige vertretungsberechtigte Personen im Rahmen ihrer Vertretungsmacht durch Rechtsgeschäft oder eine sonstige Handlung mit Wirkung für das Kind begründet haben, oder die auf Grund eines während der Minderjährigkeit erfolgten Erwerbs von Todes wegen entstanden sind, beschränkt sich auf den Bestand des bei Eintritt der Volljährigkeit vorhandenen Vermögens des Kindes; dasselbe gilt für Verbindlichkeiten aus Rechtsgeschäften, die der Minderjährige gemäß §§ 107, 108 oder § 111 mit Zustimmung seiner Eltern vorgenommen hat oder für Verbindlichkeiten aus Rechtsgeschäften, zu denen die Eltern die Genehmigung des Familiengerichts erhalten haben. ²Beruft sich der volljährig Gewordene auf die Beschränkung der Haftung, so finden die für die Haftung des Erben geltenden Vorschriften der §§ 1990, 1991 entsprechende Anwendung.

(2) Absatz 1 gilt nicht für Verbindlichkeiten aus dem selbständigen Betrieb eines Erwerbsgeschäfts, soweit der Minderjährige hierzu nach § 112 ermächtigt war, und für

Verbindlichkeiten aus Rechtsgeschäften, die allein der Befriedigung seiner persönlichen Bedürfnisse dienten.
(3) Die Rechte der Gläubiger gegen Mitschuldner und Mithaftende, sowie deren Rechte aus einer für die Forderung bestellten Sicherheit oder aus einer deren Bestellung sichernden Vormerkung werden von Absatz 1 nicht berührt.
(4) ¹Hat das volljährig gewordene Mitglied einer Erbengemeinschaft oder Gesellschaft nicht binnen drei Monaten nach Eintritt der Volljährigkeit die Auseinandersetzung des Nachlasses verlangt oder die Kündigung der Gesellschaft erklärt, ist im Zweifel anzunehmen, dass die aus einem solchen Verhältnis herrührende Verbindlichkeit nach dem Eintritt der Volljährigkeit entstanden ist; Entsprechendes gilt für den volljährig gewordenen Inhaber eines Handelsgeschäfts, der dieses nicht binnen drei Monaten nach Eintritt der Volljährigkeit einstellt. ²Unter den in Satz 1 bezeichneten Voraussetzungen wird ferner vermutet, dass das gegenwärtige Vermögen des volljährig Gewordenen bereits bei Eintritt der Volljährigkeit vorhanden war.

1 I. Die durch das MinderjährigenhaftungsbegrenzungsG v 25.8.98 (BGBl I 2487), das am 1.1.99 in Kraft getreten ist, neu in das BGB eingefügte Vorschrift **begrenzt die Auswirkungen der Vertretungsmacht der Sorgeberechtigten** in der Weise, dass ein Volljähriger für Verpflichtungen aus Geschäften, die während seiner Minderjährigkeit eingegangen wurden, nur mit dem beim Eintritt der Volljährigkeit vorhandenen Vermögen haftet. Die Regelung ist Konsequenz eines Beschlusses des BVerfG aus dem Jahr 1986 (BVerfGE 72, 155). In diesem Beschluss wurde § 1629 I iVm § 1643 I insoweit als für mit Art 2 I GG nicht für vereinbar erklärt, als Eltern im Rahmen der Fortführung eines zum Nachlass gehörenden Handelsgeschäfts ohne eine gerichtliche Genehmigung als gesetzliche Vertreter für ihre minderjährigen Kinder Verpflichtungen eingehen können, die über die mit der Erbschaft erworbene Haftungsmasse hinausgehen. Bewirkt wird der Schutz durch die Einräumung einer Einrede (Abs 1 S 2). Die Gläubiger werden in einigen Fällen dadurch geschützt, dass zu ihren Gunsten bestimmte Vermutungen eingreifen (Abs 4), wenn der volljährig Gewordene nicht in engem zeitlichen Zusammenhang mit dem Erreichen der Volljährigkeit eine Haftungsbegrenzung für die Zukunft realisiert (Rn 7, 11). Sicherheiten für unter die Haftungsbeschränkung fallende Forderungen bleiben unangetastet (Abs 3, Rn 12). Im Übrigen kann zugunsten der Gläubiger das Verbot des Rechtsmissbrauchs (§ 242) eingreifen und die Anwendung der Haftungsbeschränkung ausschließen (Rn 10).

2 II. 1. **Voraussetzung** der Anwendung v § 1629 a ist zunächst, a) dass eine Verpflichtung besteht, die auf einen der in Abs 1 genannten **Verpflichtungsgründe** zurückgeht. Das sind zunächst alle **Geschäfte**, die Eltern **im Rahmen** ihrer gesetzlichen **Vertretungsmacht** oder sonstige vertretungsberechtigte Personen im Rahmen ihrer Vertretungsmacht durch Rechtsgeschäft mit Wirkung für das Kind begründet haben (Abs 1 S 1 Halbs 1 1. Fall). Dass die Handelnden sich im Rahmen der Vertretungsmacht gehalten haben müssen, versteht sich v selbst; andernfalls ist das Kind ohnehin nicht verpflichtet. Die als mögliche Handelnde neben dem Sorgeberechtigten genannten Dritten sind vor allem Mitgesellschafter, Prokuristen oder Testamentsvollstrecker. Hierher gehören aber auch sonstige Personen, die v Kind (mit Einwilligung der Eltern, § 111) oder den Eltern insoweit bevollmächtigt wurden.

3 Außerdem gehören hierher Verpflichtungen, die eine dieser Personen durch eine **sonstige Handlung mit Wirkung für das Kind** begründet hat (Abs 1 S 1 Halbs 1 2. Fall). Diese Handlungen sind Realakte, die hieraus resultierenden Verpflichtungen idR Schadensersatzansprüche.

4 Ebenfalls unter § 1629 a fallen Verpflichtungen, die aufgrund eines während der Minderjährigkeit erfolgten **Erwerbs v Todes wegen** entstanden sind (Abs 1 S 1 Halbs 1 3. Fall). Auch wenn die Eltern es unterlassen haben, durch Anträge auf Nachlassverwaltung oder ein Nachlassinsolvenzverfahren die Haftung auf die Erbschaft zu beschränken, soll der Betroffene nach Erreichen der Volljährigkeit noch einmal Gelegenheit haben, seine Haftung zu beschränken.

Erfasst werden auch **durch das Kind selbst eingegangene Verbindlichkeiten** (Abs 1 S 1 Halbs 2 1. Fall). Es kann keinen Unterschied machen, ob eine Verpflichtung dadurch entsteht, dass die Eltern das Kind selbst verpflichten, oder dadurch, dass das Kind die entsprechende Verpflichtungserklärung selbst abgibt, während die Eltern nur zustimmen (§§ 107 f, 111); denn anderenfalls wäre unschwer eine Umgehung der Haftungsbeschränkung möglich.

Schließlich greift die Vorschrift selbst bei Verbindlichkeiten aus Rechtsgeschäften ein, zu denen die Eltern die **Genehmigung des Familiengerichts** erhalten haben (Abs 1 S 1 Halbs 2 2. Fall). Eigenständige Bedeutung hat diese Fallgruppe nicht; denn alle hier erfassten Fälle lassen sich auch unter Abs 1 S 1 Halbs 1 1. Fall oder Abs 1 S 1 Halbs 2 1. Fall subsumieren. Sie soll lediglich klarstellen, dass auch die gerichtliche Genehmigung die Anwendung v § 1629 a nicht hindert. Das ist angemessen, weil sich zum Zeitpunkt der gerichtlichen Genehmigung die Wirkungen des Geschäfts oft noch nicht in allen Einzelheiten übersehen lassen.

b) Die Verpflichtung muss **zur Zeit der Minderjährigkeit** des Verpflichteten begründet worden sein. Das Gegenteil wird vermutet, wenn das volljährig gewordene Mitglied einer Erbengemeinschaft oder Gesellschaft nicht binnen drei Monaten nach Eintritt der Volljährigkeit die Auseinandersetzung des Nachlasses verlangt oder die Kündigung der Gesellschaft (§ 723 I 2 Nr 2) erklärt (Abs 4 S 1). Entsprechendes gilt für den volljährig gewordenen Inhaber eines Handelsgeschäfts, der dieses nicht binnen drei Monaten nach Eintritt der Volljährigkeit einstellt (Abs 4 S 1 Halbs 2). Nach der Volljährigkeit eingegangene Verpflichtungen sind ebenso uneingeschränkt zu erfüllen, wie die Verpflichtungen, bei denen die Vermutung nach Abs 4 nicht widerlegt werden kann.

c) Die Verpflichtung darf **nicht** unter den Ausnahmetatbestand des Abs 2 fallen. Durch diese Regelung werden Verbindlichkeiten aus dem **selbständigen Betrieb eines Erwerbsgeschäfts,** zu dem der Minderjährige nach § 112 ermächtigt war, und für Verbindlichkeiten aus Rechtsgeschäften, die allein der **Befriedigung seiner persönlichen Bedürfnisse** dienen, aus dem Anwendungsbereich des § 1629 a ausgenommen. Im erstgenannten Fall ist die Haftungsbegrenzung nicht gerechtfertigt, weil die Ermächtigung gerade bewirken soll, den Minderjährigen einem voll Geschäftsfähigen gleichzustellen. Die Ausnahme der Geschäfte zur Befriedigung persönlicher Bedürfnisse ist dadurch gerechtfertigt, dass bei derartigen Geschäften unzumutbar hohe Verbindlichkeiten nicht entstehen können. Zu diesen Kleingeschäften gehören zB solche über Kleidung oder Schulbedarf, EDV-Ausstattung usw.

d) Die Haftungserleichterung greift **erst mit dem Eintritt der Volljährigkeit** ein. Für Minderjährige bewirkt die Vorschrift (noch) keine Haftungsbeschränkung. Solange die Minderjährigkeit besteht, können sie daher ohne Einschränkungen in Anspruch genommen werden. Verurteilungen ergehen ohne Einschränkungen. Zur Vollstreckung nach Volljährigkeit Rn 13.

e) Die Haftungserleichterung darf **nicht** ausnahmsweise wegen **Rechtsmissbrauchs** ausgeschlossen sein. Insoweit ist aber ein strenger Maßstab anzulegen. Es reicht nicht, dass die Eltern leichtfertig für ihr Kind eine Verpflichtung eingegangen sind. In Betracht kommt die Annahme v Rechtsmissbrauch aber, wenn kurz vor der Volljährigkeit ohne zwingenden Grund Verpflichtungen in größerem Umfang eingegangen werden, ohne dass nennenswertes Vermögen des Kindes vorhanden ist. Zu den Einschränkungen der Wirkungen des § 1629 a durch § 15 HGB Behnke, NJW 98, 3081.

2. Folge v § 1629 a ist, dass der Volljähriggewordene für die genannten Verbindlichkeiten nur mit demjenigen **Vermögen haftet, das zum Zeitpunkt seiner Volljährigkeit vorhanden** ist. Für andere Verbindlichkeiten haftet er unbeschränkt weiter. Das betrifft vor allem Schadensersatzansprüche aus unerlaubten Handlungen (§§ 823 ff), Unterhaltsansprüche (§§ 1601 ff) und Herausgabeansprüche (§§ 985, 812, 816). Welches Vermögen zum Zeitpunkt des Eintritts der Volljährigkeit vorhanden war, ist v demjenigen darzulegen und notfalls zu beweisen, der den volljährig Gewordenen in Anspruch nehmen will. Das folgt schon daraus, dass Abs 4 S 2 die Beweislast umkehrt, wenn das volljährig gewordene Mitglied einer Erbengemeinschaft oder Gesellschaft nicht binnen drei Monaten nach Eintritt der Volljährigkeit die Auseinandersetzung des

Nachlasses verlangt oder die Kündigung der Gesellschaft erklärt, weil dann vermutet wird, dass das Vermögen erst nach der Volljährigkeit erworben wurde (Abs 4 S 1). Entsprechendes gilt für den volljährig gewordenen Inhaber eines Handelsgeschäfts, der dieses nicht binnen drei Monaten nach Eintritt der Volljährigkeit einstellt (Abs 4 S 1 Halbs 2).

12 Die **Rechte der Gläubiger gegen Mitschuldner und Mithaftende** sowie deren Rechte aus einer für die Forderung bestellten Sicherheit oder aus einer deren Bestellung sichernden Vormerkung werden durch die persönlich wirkende Haftungsbeschränkung zugunsten des nun Volljähriggewordenen nicht berührt (Abs 3). Das versteht sich für nicht akzessorische Sicherheiten v selbst. Bedeutung hat die Regelung nur für die akzessorischen Sicherungsrechte (zB Bürgschaften). Sie bewirkt insoweit eine Durchbrechung der Akzessorietät (vgl zB § 768).

13 **III. Verfahren.** Die Haftungsbeschränkung wird durch **Einrede** im Verfahren geltend gemacht. Durch den Verweis auf die beschränkte Erbenhaftung ergibt sich, dass der volljährig gewordene im gegen ihn gerichteten Verfahren erklären muss, das zum Zeitpunkt der Volljährigkeit vorhandene Vermögen reiche zur Befriedigung der Gläubiger nicht aus. Dann wird ein entsprechender Vorbehalt in das Urteil aufgenommen (§§ 780, 786 ZPO). Nur wenn feststeht, dass zum Zeitpunkt der Volljährigkeit kein vollstreckbares Vermögen vorhanden war, wird die Klage abgewiesen. War die Verurteilung bereits zur Zeit der Minderjährigkeit erfolgt, muss die Haftungsbegrenzung durch eine Vollstreckungsgegenklage (§ 767 ZPO) durchgesetzt werden.

§ 1630 Elterliche Sorge bei Pflegerbestellung oder Familienpflege

(1) Die elterliche Sorge erstreckt sich nicht auf Angelegenheiten des Kindes, für die ein Pfleger bestellt ist.
(2) Steht die Personensorge oder die Vermögenssorge einem Pfleger zu, so entscheidet das Familiengericht, falls sich die Eltern und der Pfleger in einer Angelegenheit nicht einigen können, die sowohl die Person als auch das Vermögen des Kindes betrifft.
(3) ¹Geben die Eltern das Kind für längere Zeit in Familienpflege, so kann das Familiengericht auf Antrag der Eltern oder der Pflegeperson Angelegenheiten der elterlichen Sorge auf die Pflegeperson übertragen. ²Für die Übertragung auf Antrag der Pflegeperson ist die Zustimmung der Eltern erforderlich. ³Im Umfang der Übertragung hat die Pflegeperson die Rechte und Pflichten eines Pflegers.

1 I. Die Vorschrift **sichert den Vorrang einer Pflegschaft** vor der elterlichen Sorge, indem sie die Vertretung durch die Eltern ausschließt oder einschränkt, wenn ein Pfleger bestellt ist (Abs 1, 2). Das Gleiche gilt seit 1.7.98 auch, wenn das Kind in Familienpflege gegeben wurde und das Familiengericht der Pflegeperson Angelegenheiten der elterlichen Sorge übertragen hat (Abs 3). Eine Parallelvorschrift für die Vormundschaft enthält § 1794.

2 II. Die **Vertretung des Kindes** durch die sonst Sorgeberechtigten ist **ausgeschlossen**, soweit für eine Angelegenheit, auf die sich normalerweise auch die elterliche Sorge erstreckt, ein **Pfleger bestellt ist.** Eine solche Pflegerbestellung kommt in Betracht in den Fällen der §§ 1629 II 1, 3, 1638, 1666, 1667, 1693. Der Pfleger handelt nach Vormundschaftsrecht (§ 1915), nicht nach den für die Eltern geltenden Regeln. Handeln die Eltern im Aufgabenbereich des Pflegers, sind sie Vertreter ohne Vertretungsmacht und haften ggf nach § 179.

3 Berührt eine Angelegenheit zugleich die Personen- und die Vermögenssorge und ist nur für einen dieser Bereiche ein Pfleger bestellt, können Meinungsverschiedenheiten zwischen Eltern und Pfleger entstehen (zB Differenzen über die Verwendung v Mitteln des Kindes für seinen Unterhalt, BayObLG FamRZ 75, 219). Diese Streitigkeiten werden v Familiengericht entschieden. Maßstab ist dabei das Kindeswohl. Die Entscheidung ersetzt die Zustimmung des Unterliegenden zu der streitigen Maßnahme. Bei ständigen Meinungsverschiedenheiten kommen weiter gehende Eingriffe in das Sorgerecht (§ 1666) oder die Entlassung des Pflegers (und Bestellung eines neuen) in Betracht.

Die Stellung eines Pflegers (mit der Folge, dass Abs 1 und 2 auch insoweit gelten) erlangt auch eine **Pflegeperson**, zu der ein Kind für längere Zeit in Familienpflege (§ 33 SGB VIII) gegeben wurde, wenn das Familiengericht ihr Angelegenheiten der elterlichen Sorge übertragen hat (Abs 3 S 1, 3). Das kann auf Antrag der Sorgeberechtigten (über den Wortlaut v Abs 3 S 1 auch den der allein sorgeberechtigten nichtehelichen Mutter) mit Zustimmung der Pflegeperson oder auf Antrag der Pflegeperson mit Zustimmung des Sorgeberechtigten (Abs 3 S 2) erfolgen. Die Zustimmungen sind unverzichtbar. Beantragen die Sorgeberechtigten die Rückübertragung der Sorge, muss das Gericht daher die Rückübertragung vornehmen. 4

III. **Verfahren.** Zuständig ist der Richter (§ 14 Nr 5, 6 a RPflG) des Familiengerichts. 5

§ 1631 Inhalt und Grenzen der Personensorge

(1) Die Personensorge umfasst insbesondere die Pflicht und das Recht, das Kind zu pflegen, zu erziehen, zu beaufsichtigen und seinen Aufenthalt zu bestimmen.
(2) ¹**Kinder haben ein Recht auf gewaltfreie Erziehung.** ²**Körperliche Bestrafungen, seelische Verletzungen und andere entwürdigende Maßnahmen sind unzulässig.**
(3) Das Familiengericht hat die Eltern auf Antrag bei der Ausübung der Personensorge in geeigneten Fällen zu unterstützen.

I. Die Norm **ergänzt § 1626**, indem sie den Inhalt der Personensorge definiert und die Zulässigkeit v Erziehungsmaßregeln reglementiert. 1

II. Die **Personensorge umfasst** die Pflege und Erziehung des Kindes, seine Beaufsichtigung und das Recht, über seinen Aufenthalt zu bestimmen. 2

Pflege ist die Sorge für das Wohlbefinden und die physische Existenz. Hierher gehören die Unterhaltsgewährung, die Geltendmachung v Unterhaltsansprüchen des Kindes gegen Dritte (§ 1629 II, III) und die Entscheidung über ärztliche Behandlungen und sonstige medizinische Maßnahmen einschließlich der Organentnahme im Todesfall, nicht aber die Sterilisation (§ 1631 c). 3

Erziehung ist die Sorge für die geistige, seelische und sittliche Entwicklung des Kindes. Den Eltern kommt insoweit ein Vorrang gegenüber aller staatlichen Zielbestimmung zu. Erziehung ist Privatsache. Der Staat darf nur darüber wachen, dass die Eltern ihre Position nicht missbrauchen (Art 6 II 2 GG). Auch ungewöhnliche Erziehungsziele und -ideen, die nicht v der Allgemeinheit geteilt werden, müssen daher toleriert werden, wenn sie nicht das Wohl des Kindes oder die Rechte Dritter eklatant missachten. Als Erziehungsmittel steht den Eltern grds das gesamte Repertoire pädagogischer Maßnahmen zur Verfügung. In Betracht kommen vor allem Erklärungen, Ermahnungen, der Entzug v Annehmlichkeiten (zB Taschengeldkürzung, Hausarrest, Fernsehverbot). Dag stellt Abs 2 nach seiner Reform durch das Gesetz zur Ächtung der Gewalt in der Erziehung und zur Änderung des Kindesunterhaltsrechts v 2.11.00 (BGBl I 1479) nunmehr ausdrücklich klar, dass Kinder ein Recht auf eine gewaltfreie Erziehung haben, das Körperstrafen aller Art (auch die Ohrfeige und den sog „Klaps") ohne Ausnahme verbietet (so auch Riemer, ZJJ 05, 403; großzügiger in Bezug auf präventive körperliche Einwirkungen Huber/Scherer FamRZ 01, 799). Ebenso verboten sind seelische Verletzungen des Kindes (zB Ignorieren des Kindes, Sprachentzug) und andere entwürdigende Maßnahmen (zB Lächerlichmachen in der Öffentlichkeit). Verstoßen die Eltern gegen diese Verbote, muss das Familiengericht Gegenmaßnahmen ergreifen (§ 1666). Zur Berufsausbildung s § 1631 a. 4

Die **Beaufsichtigung** umfasst einerseits das Recht, sich jederzeit über die sein Kind betr Angelegenheiten zu informieren und andererseits die Pflicht, das Kind zu überwachen, damit es Dritte nicht schädigt (vgl § 832). 5

Schließlich haben die Sorgeberechtigten das Recht, den **Aufenthalt zu bestimmen,** die Wohnung und den Wohnort festzulegen. Zum Wohnsitz s § 11, zur Unterbringung § 1631 b. 6

§ 1631 a Ausbildung und Beruf

¹In Angelegenheiten der Ausbildung und des Berufs nehmen die Eltern insbesondere auf Eignung und Neigung des Kindes Rücksicht. ²Bestehen Zweifel, so soll der Rat eines Lehrers oder einer anderen geeigneten Person eingeholt werden.

1 Die Norm konkretisiert das Gebot zur kooperativen Erziehung (§ 1626 II) für **Ausbildung und Berufswahl.** Sie soll sichern, dass die Eltern die Entscheidung dieser Fragen nur am Kindeswohl ausrichten und nicht an eigenem Prestigedenken.
2 Bei der Entscheidung v Fragen der Ausbildung und des Berufs müssen die Sorgeberechtigten **auf die Eignung und Neigung des Kindes Rücksicht nehmen.** Die Begriffe Ausbildung und Beruf überschneiden sich, soweit eine Berufsausbildung betroffen ist; der Begriff der Ausbildung ist aber weiter und bezieht auch die Schulausbildung und das außerschulische Lernen (zB Musik- oder künstlerische Ausbildung) mit ein. Vorrang vor der Orientierung an der Neigung hat die Eignung des Kindes. Die Eltern brauchen daher keiner Ausbildung zuzustimmen, die das Kind zwar wünscht, für die es aber ungeeignet ist. Verstoßen die Eltern gegen das Rücksichtnahmegebot, kann das Familiengericht nach § 1666 eingreifen.
3 In allen **Zweifelsfällen** sollen die Eltern den **Rat** eines Lehrers oder einer anderen geeigneten Person **einholen** (S 2). Zweifelsfälle sind solche, in denen die Eltern nicht genau wissen, was der Eignung und Neigung ihres Kindes am besten entspricht oder wenn sie sich darüber nicht einigen können. Der Verstoß gegen das Gebot, Beratung zu suchen, ist nicht sanktionsbewehrt.

§ 1631 b Mit Freiheitsentziehung verbundene Unterbringung

¹Eine Unterbringung des Kindes, die mit Freiheitsentziehung verbunden ist, bedarf der Genehmigung des Familiengerichts. ²Die Unterbringung ist zulässig, wenn sie zum Wohl des Kindes, insbesondere zur Abwendung einer erheblichen Selbst- oder Fremdgefährdung, erforderlich ist und der Gefahr nicht auf andere Weise, auch nicht durch andere öffentliche Hilfen, begegnet werden kann. ³Ohne die Genehmigung ist die Unterbringung nur zulässig, wenn mit dem Aufschub Gefahr verbunden ist; die Genehmigung ist unverzüglich nachzuholen.

1 I. Die Norm unterwirft mit Freiheitsbeschränkungen verbundene **Unterbringungen** Minderjähriger wegen des damit verbundenen Grundrechtseingriffs der Pflicht zur **familiengerichtlichen Genehmigung** (S 1, §§ 111 Nr 2, 151 Nr 6 FamFG). Eine Ausnahme besteht nur, wenn mit dem durch die Einholung der vorherigen gerichtlichen Zustimmung Gefahr verbunden ist. Die Genehmigung muss dann unverzüglich nachgeholt werden (S 2). Zur Unterbringung Volljähriger s § 1906.
2 II. 1. Der **Genehmigungspflicht unterliegen** alle mit Freiheitsentziehung verbundenen Unterbringungen des Kindes. Das sind solche, bei denen der Bewegungsraum des Kindes auf gewisse Dauer bzw auf bestimmte Räumlichkeiten begrenzt, sein Aufenthalt dort überwacht wird und ihm die Möglichkeit genommen ist, mit Personen außerhalb dieser Räumlichkeiten in Kontakt zu treten. Hierher gehören Unterbringungen in sog geschlossenen Anstalten oder Heimen oder in entsprechend geschlossenen Abteilungen v sonst offenen Heimen oder Krankenhäusern (zB bei Drogentherapie oder Infektionsgefahr). Entscheidend ist, ob das Maß der Einschränkung und Kontrolle über das hinausgeht, was bei Kindern derselben Altersgruppe üblich und allg anerkannt ist. Normale Internatsunterbringung ist daher ebenso wenig eine genehmigungspflichtige Unterbringung wie zeitlich begrenzte Erziehungsmaßnahmen (Ausgehverbote, Hausarrest).
3 Nicht unter § 1631 b fallen **unterbringungsähnlichen Maßnahmen** iSd § 1906 IV (§ 1906 Rn 8). Insoweit eine Analogie zu ziehen (Palandt/Diederichsen § 1631 b Rn 3) geht zu weit (BGH FamRZ 13, 1646; OLG Frankfurt FamRZ 13, 1225); denn anders als bei Volljährigen besteht bei Kindern ein Erziehungsrecht (§ 1626 Rn 3), durch das diese Maßnahmen gedeckt werden.

2. Die Unterbringung ist nur zulässig, wenn sie zum **Wohl des Kindes**, insb zur Abwendung einer erheblichen Selbst- oder Fremdgefährdung, erforderlich ist und der Gefahr nicht auf andere Weise, auch nicht durch andere öffentliche Hilfen, begegnet werden kann. Die Unterbringung kommt also nur als ultima ratio in Betracht. Fehlen Anhaltspunkte für eine Gefährdung des Kindes selbst oder Dritter, die als erheblich eingestuft werden können, sondern liegen nur kleinere Schwierigkeiten vor, kommt die Unterbringung deswegen nicht in Betracht (OLG Brandenburg FamRZ 11, 489 für „Ritzen" und Alkoholkonsum).

3. Die Genehmigung ist **grds vor der Unterbringung** einzuholen. Nur wenn mit der dadurch bewirkten Verzögerung Gefahr für das Kind (zB Selbstmordgefahr) oder Dritte (zB Gefahr der Begehung v Straftaten) verbunden ist, kann die Unterbringung zunächst ohne Genehmigung erfolgen; diese ist dann aber so schnell wie möglich nachzuholen (S 2).

Die Genehmigung **betrifft allein die Unterbringung als solche**, nicht daß die Auswahl der Unterbringungseinrichtung. Für diese ist allein der Inhaber des Sorgerechts verantwortlich, im Regelfall also die Eltern (OLG Brandenburg FamRZ 04, 815).

Die Genehmigung muss **zurückgenommen werden**, wenn das Wohl des Kindes die Unterbringung nicht mehr erfordert. Um das beurteilen zu können, muss das Gericht die Notwendigkeit der Unterbringung regelmäßig überprüfen.

III. Verfahren. Zuständig für die Genehmigung ist das Familiengericht. Kind, Eltern, Vertretungsberechtigte, Pflegeltern und Jugendamt sind anzuhören (§§ 34 I, 167 IV, V FamFG).

§ 1631c Verbot der Sterilisation

¹Die Eltern können nicht in eine Sterilisation des Kindes einwilligen. ²Auch das Kind selbst kann nicht in die Sterilisation einwilligen. ³§ 1909 findet keine Anwendung.

Die Vorschrift **soll Sterilisationen Minderjähriger verhindern,** damit kein voreiliger und in seinen Konsequenzen nicht einsichts- und urteilsfähigen männlichen Kindes körperlicher Eingriff erfolgt. Der Gesetzgeber hat dazu zunächst die elterliche Sorge beschränkt: Die Eltern können in eine Sterilisation nicht einwilligen. Auch der Minderjährige kann (entgegen den sonst für körperliche Eingriffe geltenden Prinzipien) in eine Sterilisation nicht einwilligen (S 2). Schließlich kann zu diesem Zweck auch kein Ergänzungspfleger bestellt werden. Wird ohne Einwilligung eine Sterilisation vorgenommen, handelt der Sterilisierende rechtswidrig und macht sich schadensersatzpflichtig (§§ 823 I, II, 826). Zur Situation bei der Vormundschaft s § 1800, zur Sterilisation Volljähriger § 1905.

§ 1631d Beschneidung des männlichen Kindes

(1) ¹Die Personensorge umfasst auch das Recht, in eine medizinisch nicht erforderliche Beschneidung des nicht einsichts- und urteilsfähigen männlichen Kindes einzuwilligen, wenn diese nach den Regeln der ärztlichen Kunst durchgeführt werden soll. ²Dies gilt nicht, wenn durch die Beschneidung auch unter Berücksichtigung ihres Zwecks das Kindeswohl gefährdet wird.
(2) In den ersten sechs Monaten nach der Geburt des Kindes dürfen auch von einer Religionsgesellschaft dazu vorgesehene Personen Beschneidungen gemäß Absatz 1 durchführen, wenn sie dafür besonders ausgebildet und, ohne Arzt zu sein, für die Durchführung der Beschneidung vergleichbar befähigt sind.

I. Die Norm wurde eingefügt durch das G über den Umfang der Personensorge bei einer Beschneidung des männlichen Kindes v 20.12.12 (BGBl I 2749). Sie soll die Interessen des Kindes an seiner körperlichen Unversehrtheit, aber auch sein Interesse an einer ungestörten Religionsausübung sowie das Recht der Eltern auf Bestimmung der Religionszugehörigkeit und Religionsausübung für ihr Kind miteinander in Ausgleich bringen und ist insofern Ausfluss des staatlichen Wächteramts aus Art. 6 I GG.

2 II. 1. Die Regelung stellt klar, dass die **elterliche Sorge** auch das Recht der Eltern umfasst, in eine medizinisch nicht notwendige **Beschneidung eines männlichen Kindes** einzuwilligen. Ist die Beschneidung medizinisch notwendig, versteht sich das v selbst. Für diese Fälle gilt § 1631 d nicht. Die Regelung gilt auch dann nicht, wenn das Kind selbst in seine Beschneidung einwilligt und dafür auch schon einwilligungsfähig ist. Das kann bei Jugendlichen durchaus schon deutlich vor der Volljährigkeit der Fall sein.

3 2. Einschränkungen finden sich in Bezug auf das Entscheidungsrecht der Eltern in dreifacher Hinsicht:

4 Zum einen muss die Beschneidung grds v einem **Arzt** vorgenommen werden. Eine Ausnahme besteht nur in den ersten sechs Monaten des Lebens des Kindes. In dieser Zeit dürfen auch v einer Religionsgesellschaft dazu vorgesehene Personen Beschneidungen durchführen, wenn sie dafür besonders ausgebildet und, ohne Arzt zu sein, für die Durchführung der Beschneidung vergleichbar befähigt sind (Abs 2). Die Regelung soll es ermöglichen, dass ausgebildete jüdische Beschneider Beschneidungen vornehmen können und stellt einen Kompromiss zwischen der Wahrung der Belange des Kindes in Bezug auf seine körperliche Unversehrtheit und dem Interesse der Eltern an einer religionskonformen Beschneidung dar. Die Ausnahme ist inkonsequent und sollte gestrichen werden.

5 Ob die Beschneidung v einem Arzt oder einer anderen Person vorgenommen wird, sie muss jedenfalls nach den **Regeln der ärztlichen Kunst** durchgeführt werden.

6 Schließlich darf die Beschneidung **nicht** erfolgen, wenn durch sie auch unter Berücksichtigung ihres Zwecks das **Kindeswohl gefährdet** wird. Die negativen Wirkungen müssen größer sein als das normalerweise mit einer solchen Behandlung einhergehende Risiko. In Betracht kommen va besondere auf der individuellen Konstitution des Kindes beruhende Gefahren. Zu beachten ist, dass die Gefahren, die eine Beschneidung hindern, umso geringfügiger sein können, als die Religionsausübung in den Hintergrund tritt (vgl OLG Hamm FamRZ 13, 1818).

7 3. Die Wirksamkeit der Einwilligung der Eltern bzw des Personensorgeberechtigten in die Beschneidung hängt v einer v ihnen bzw ihm darzulegenden und nachzuweisenden ordnungsgemäßen und umfassenden **Aufklärung** über die Chancen und Risiken des Eingriffs durch die mit der Durchführung der Beschneidung beauftragten Person ab (OLG Hamm FamRZ 13, 1818). Insoweit gelten keine Besonderheiten gegenüber sonstigen medizinischen Behandlungen.

§ 1632 Herausgabe des Kindes; Bestimmung des Umgangs; Verbleibensanordnung bei Familienpflege

(1) Die Personensorge umfasst das Recht, die Herausgabe des Kindes von jedem zu verlangen, der es den Eltern oder einem Elternteil widerrechtlich vorenthält.
(2) Die Personensorge umfasst ferner das Recht, den Umgang des Kindes auch mit Wirkung für und gegen Dritte zu bestimmen.
(3) Über Streitigkeiten, die eine Angelegenheit nach Absatz 1 oder 2 betreffen, entscheidet das Familiengericht auf Antrag eines Elternteils.
(4) Lebt das Kind seit längerer Zeit in Familienpflege und wollen die Eltern das Kind von der Pflegeperson wegnehmen, so kann das Familiengericht von Amts wegen oder auf Antrag der Pflegeperson anordnen, dass das Kind bei der Pflegeperson verbleibt, wenn und solange das Kindeswohl durch die Wegnahme gefährdet würde.

1 I. Die Vorschrift **ergänzt** § 1631, indem sie bestimmt, dass die Personensorgeberechtigten über den Umgang des Kindes bestimmen und v Dritten die Herausgabe verlangen können (Abs 1, 2). Einschränkungen bei Herausnahme des Kindes aus einer Pflegefamilie: Abs 4, Rn 3.

2 II. 1. Die Personensorge umfasst das Recht, die **Herausgabe des Kindes** v jedem Dritten zu verlangen, der dem Sorgeberechtigten das Kind widerrechtlich vorenthält (Abs 1). Dieser Dritte macht sich zugleich strafbar (§ 235 StGB) und schadensersatzpflichtig (§ 823 I, BGHZ 111, 168 [Sorge], §§ 823 II; 235 StGB). Zum Schutz bei internatioler Kindesentführung s das Haager Übereinkommen über die zivilrechtlichen Aspekte internationaler Kindesentführung v 25.10.80, BGBl 90 II 206, Anhang 2 zu Art 21 EGBGB, zu dessen Verfassungsmäßigkeit auch bei Zwang zur Kindesherausgabe in das Ausland BVerfG NJW 96, 3145.

Der Herausgabeanspruch steht den **Eltern gemeinsam** zu, weil sie die Aufenthaltsbestimmung als Teil der Personensorge gemeinschaftlich ausüben (§ 1627). Ein Anspruch gegen einen anderen Elternteil besteht daher nur, wenn diesem die Sorge ganz fehlt (zB nichtehelicher Vater, wenn keine Sorgeerklärungen abgegeben wurden) oder wenn ihm das Aufenthaltsbestimmungsrecht entzogen wurde (§ 1666). Der Anspruch richtet sich gegen jeden, der dem Aufenthaltsbestimmungsberechtigten das Kind widerrechtlich vorenthält. Das bedeutet, dass er das Kind in seiner Gewalt hat. Die Widerrechtlichkeit folgt ohne weiteres aus dem entgegenstehenden Willen des Aufenthaltsbestimmungsberechtigten (str, aA Münder NJW 86, 812 ff). Etwas anderes gilt nur dann, wenn wegen höherrangiger gesetzlicher Regelungen der Wille des Aufenthaltsbestimmungsberechtigten unbeachtlich ist. Das gilt für die öffentlich-rechtlichen Regelungen über die Schulpflicht, aber auch diejenige über das Umgangsrecht (§§ 1684 f) und für Abs 4. Nach dieser Regelung kann das Familiengericht anordnen, dass ein Kind in einer Pflegefamilie (§§ 33, 44 ff SGB VIII) verbleibt, wenn es sich dort bereits seit längerer Zeit aufhält und das Kindeswohl durch die Wegnahme gefährdet würde. Die Entscheidung erfolgt auf Antrag der Pflegeperson oder vAw. Bei der Kindeswohlprüfung sind trotz der Wortlautänderung durch das KindschaftsrechtsreformG Art und Anlass der Familienpflege zu berücksichtigen. Für die Frage, ob bereits eine Familienpflege v längerer Dauer vorliegt, kommt es auf das Alter des Kindes und vor allem darauf an, wie stark die Bindungen des Kindes an die Pflegefamilie sind (OLG Celle FamRZ 90, 192). Auch bei mehrjährigem Aufenthalt in der Pflegefamilie ist daher der Aufenthalt nicht „von längerer Dauer", wenn sich das Kind in der Familie nicht eingelebt hat (OLG Frankfurt NJW-RR 87, 259). Umgekehrt kann bei ganz kleinen Kindern schon ein relativ kurzer Aufenthalt zu einer intensiven Bindung führen und damit zu einer „längeren Dauer" iSd Abs 4 werden. 3

Die **Herausgabeentscheidung bezieht sich allein auf das Kind,** nicht aber auf die dem Kind gehörenden oder sonst für es wichtigen Gegenstände (Kleidung, Spielzeug usw). 4

2. Teil der Personensorge ist auch die Bestimmung des **Umgangs** des Kindes (Abs 2). Diese Bestimmung wirkt unmittelbar auch gegenüber Dritten. Das bedeutet, dass die den Umgang des Kindes betreffende Ge- und Verbote der Eltern auch diesen gegenüber direkt durchgesetzt werden können. Missachtungen lösen Schadensersatzansprüche aus. 5

Bei gemeinsamer Sorge ist die Umgangsbestimmung v beiden Eltern **gemeinschaftlich** zu treffen. Sind sich die Eltern einig oder ist einer allein bestimmungsberechtigt, ist die Bestimmung nur dann unwirksam, wenn sie gegen höherrangiges Recht verstößt. Hauptfälle sind die §§ 1684 f. Im Übrigen gilt nur die Grenze des § 1666. Unzulässig ist etwa die vollkommene Isolation eines Kindes (LG Wiesbaden FamRZ 74, 663) oder die Unterbindung freundschaftlicher oder auch sexueller Kontakte der nahezu volljährigen Kinder mit Gleichaltrigen. In der Pubertät kann dag der Kontakt zu wesentlich älteren Personen ebenso unterbunden werden, wie gleichgeschlechtliche Kontakte (LG Berlin FamRZ 85, 519), um die ungestörte sexuelle Entwicklung des Kindes zu schützen. 6

III. Verfahren. Seit 1.7.98 ist für alle Streitigkeiten über Umgang, Kindesherausgabe und die Entscheidung über das Verbleiben in der Pflegefamilie das Familiengericht zuständig. Die Pflegeperson ist Kannbeteiligte iSd § 7 III FamFG (§ 161 I 1 FamFG). 7

§ 1633 Personensorge für verheirateten Minderjährigen

Die Personensorge für einen Minderjährigen, der verheiratet ist oder war, beschränkt sich auf die Vertretung in den persönlichen Angelegenheiten.

1 Die Norm ist eine **Schutzvorschrift für eine v einem Minderjährigen eingegangene Ehe**, indem sie die Personensorge der Eltern v der Eheschließung an einschränkt und so Einmischungen der Eltern in die internen Angelegenheiten der Eheleute verhindert. Mit der Eheschließung beschränkt sich die Personensorge auf die Vertretung. Die tatsächliche Sorge, vor allem das Erziehungs-, das Aufenthaltsbestimmungs- und das Umgangsbestimmungsrecht, entfallen. Erhalten bleiben aber das Vertretungsrecht in persönlichen Angelegenheiten und die gesamte Vermögenssorge mit Ausnahme des Abschlusses eines Ehevertrags (§§ 1411, 1421). Soweit die Personensorge erlischt, ist das ersatzlos. Ein Personensorgerecht des Ehegatten entsteht nicht.

§§ 1634 bis 1637 (weggefallen)

§ 1638 Beschränkung der Vermögenssorge

(1) Die Vermögenssorge erstreckt sich nicht auf das Vermögen, welches das Kind von Todes wegen erwirbt oder welches ihm unter Lebenden unentgeltlich zugewendet wird, wenn der Erblasser durch letztwillige Verfügung, der Zuwendende bei der Zuwendung bestimmt hat, dass die Eltern das Vermögen nicht verwalten sollen.
(2) Was das Kind auf Grund eines zu einem solchen Vermögen gehörenden Rechts oder als Ersatz für die Zerstörung, Beschädigung oder Entziehung eines zu dem Vermögen gehörenden Gegenstands oder durch ein Rechtsgeschäft erwirbt, das sich auf das Vermögen bezieht, können die Eltern gleichfalls nicht verwalten.
(3) ¹Ist durch letztwillige Verfügung oder bei der Zuwendung bestimmt, dass ein Elternteil das Vermögen nicht verwalten soll, so verwaltet es der andere Elternteil. ²Insoweit vertritt dieser das Kind.

§ 1639 Anordnungen des Erblassers oder Zuwendenden

(1) Was das Kind von Todes wegen erwirbt oder was ihm unter Lebenden unentgeltlich zugewendet wird, haben die Eltern nach den Anordnungen zu verwalten, die durch letztwillige Verfügung oder bei der Zuwendung getroffen worden sind.
(2) Die Eltern dürfen von den Anordnungen insoweit abweichen, als es nach § 1803 Abs. 2, 3 einem Vormund gestattet ist.

1 I. Die Vorschriften dienen dazu, dem **Willen einer Person, die einem Kind etwas unentgeltlich oder v Todes wegen zuwendet, zur Durchsetzung zu verhelfen**. Soweit es der Zuwendende bestimmt, unterliegt das Zugewendete daher nicht der Verwaltung durch die Eltern (§ 1638) bzw ist v den Eltern nach den Anweisungen des Zuwendenden zu verwalten (§ 1639).

2 II. 1. **Voraussetzung** der Anwendung v §§ 1638 f ist zunächst, a) dass **einem Kind etwas v Todes wegen** (dh als Erbe, Vermächtnisnehmer oder Pflichtteilsberechtigter) **oder unentgeltlich**, dh ohne Gegenleistung des Kindes, **zugewendet wird**.

3 b) Der Zuwendende muss in einer **Bestimmung** festgelegt haben, dass ein Elternteil oder beide v der Verwaltung des zugewendeten Vermögens ausgeschlossen sein sollen oder dass sie bestimmten Anweisungen Folge zu leisten haben. Die Bestimmung kann bei einer Zuwendung v Todes wegen in einem Nachtragstestament getroffen werden, bei Schenkungen dag nur gleichzeitig mit deren Vornahme, weil sonst bereits durch die vorausgegangene einschränkungslose Schenkung ein Anspruch des Kindes auf die Leistung entstanden ist.

4 2. **Folge** der Bestimmung ist a) bei **Entziehung** des Zugewendeten aus der Vermögenssorge, dass (bei gemeinsamer Sorge) der Elternteil, dem die Verwaltung nicht entzogen ist, das Zugewendete allein verwaltet (§ 1638 III 1) und das Kind insofern allein vertritt (§ 1638 III 2). Ist die Vermögenssorge aller Sorgeberechtigten ausgeschlossen, muss ein Pfleger bestellt werden (§ 1909). Zu beachten ist, dass die Einschränkung erst eintritt, wenn dem Kind das Vermögen bereits angefallen ist. Die Entscheidung über das Ob des Anfalls kann den Eltern aber nicht entzogen werden. Sie können über die

Ausschlagung einer Erbschaft (vorbehaltlich § 1643 II) daher immer selbst entscheiden (OLG Karlsruhe FamRZ 65, 573 f). Ist dag der Ausschluss der Verwaltung wirksam geworden, erstreckt er sich nicht nur auf das Zugewendete selbst, sondern auch auf alles, was das Kind als Ersatz für die Zerstörung, Entziehung oder Beschädigung eines zum Zugewendeten gehörenden Gegenstands erwirbt oder durch ein Rechtsgeschäft, das sich auf dieses Vermögen bezieht. Hierher gehören auch die Einkünfte des Vermögens.

b) Bei **Verwaltungsanordnungen** müssen die Eltern die Verwaltung nach den vorgegebenen Anweisungen führen. Halten sie sich nicht daran, kann das Familiengericht nach § 1666 die notwendigen Maßregeln zur Durchsetzung der Anordnungen treffen. Die Aufhebung v § 1639 I 2 hat insofern keine Änderung gebracht. Die Eltern dürfen die Verwaltungsanordnung aber außer Acht lassen, wenn auch ein Vormund das dürfte (§ 1639 II, § 1803 Rn 3).

§ 1640 Vermögensverzeichnis

(1) ¹Die Eltern haben das ihrer Verwaltung unterliegende Vermögen, welches das Kind von Todes wegen erwirbt, zu verzeichnen, das Verzeichnis mit der Versicherung der Richtigkeit und Vollständigkeit zu versehen und dem Familiengericht einzureichen. ²Gleiches gilt für Vermögen, welches das Kind sonst anläßlich eines Sterbefalls erwirbt, sowie für Abfindungen, die anstelle von Unterhalt gewährt werden, und unentgeltliche Zuwendungen. ³Bei Haushaltsgegenständen genügt die Angabe des Gesamtwertes.

(2) Absatz 1 gilt nicht,
1. wenn der Wert eines Vermögenserwerbes 15 000 Euro nicht übersteigt oder
2. soweit der Erblasser durch letztwillige Verfügung oder der Zuwendende bei der Zuwendung eine abweichende Anordnung getroffen hat.

(3) Reichen die Eltern entgegen Absatz 1, 2 ein Verzeichnis nicht ein oder ist das eingereichte Verzeichnis ungenügend, so kann das Familiengericht anordnen, dass das Verzeichnis durch eine zuständige Behörde oder einen zuständigen Beamten oder Notar aufgenommen wird.

I. Die Norm dient dem **Schutz der Integrität des Kindesvermögens** und der Erleichterung der Kontrolle der Vermögensverwaltung, indem sie den Sorgeberechtigten aufgibt, einen bedeutenden Erwerb des Kindes v Todes wegen oder anlässlich eines Todes, als Abfindung für Unterhalt oder als unentgeltliche Zuwendung in einem Vermögensverzeichnis aufzuzeichnen und dieses dem Familiengericht zu übermitteln. Weitergehende Inventarisierungspflichten können sich aus §§ 1667, 1683 ergeben.

II. **Voraussetzung** des § 1640 ist zunächst, dass ein unter elterlicher Sorge stehendes Kind Vermögen im Wert ab 15.000 EUR erwirbt (Abs 2 Nr 1). Es muss sich um einen Vermögenserwerb v Todes wegen (Erbe, Vermächtnisnehmer, Pflichtteilsberechtigter) oder aus Anlass eines Sterbefalls (Schadensersatz nach § 844, Lebensversicherung, Rente) oder durch eine unentgeltliche Zuwendung (vor allem Schenkung) oder als Abfindung für Unterhalt (Abs 1 S 1) handeln. Für den letztgenannten Fall ist zu beachten, dass ein Unterhaltsverzicht für die Zukunft beim Kindesunterhalt unwirksam ist (§ 1614 I). Die Abfindung kann sich daher nur auf Unterhaltsrückstände beziehen (Unterhaltsabfindungen nach § 1585 c dürften bei Minderjährigen in der Praxis nicht vorkommen). Bei Zuwendungen v Todes wegen hat der Erblasser, in den anderen Fällen der Zuwendende den Sorgeberechtigten die Inventarisierungspflicht nicht erlassen (Abs 2 Nr 2).

Die Sorgeberechtigten müssen die v Kind erworbenen Gegenstände in einer **geordneten Aufstellung** so genau inventarisieren, dass die Identifizierung der Einzelgegenstände auch nach längerer Zeit noch möglich ist. Lediglich Hausratsgegenstände dürfen mit ihrem Gesamtwert angesetzt werden (Abs 1 S 3). Die Aufstellung bedarf keiner bestimmten Form, ihre Kosten sind Kosten der Verwaltung und fallen dem Kind zur Last. Das Verzeichnis muss mit der Versicherung der Vollständigkeit und Richtigkeit versehen und dem Familiengericht eingereicht werden.

4 Kommen die Eltern der Inventarisierungspflicht nicht nach, kann das Familiengericht sie zu ihrer **Erfüllung mit Zwangsmitteln nach § 35 FamFG**. Reicht das nicht, kann es die **Aufnahme des Verzeichnisses durch die zuständige Behörde**, einen Beamten oder Notar anordnen (Abs 3). Darüber hinaus kann ihnen unter den Voraussetzungen des § 1666 die Vermögenssorge entzogen werden.

§ 1641 Schenkungsverbot

¹Die Eltern können nicht in Vertretung des Kindes Schenkungen machen. ²Ausgenommen sind Schenkungen, durch die einer sittlichen Pflicht oder einer auf den Anstand zu nehmenden Rücksicht entsprochen wird.

1 Die Vorschrift **dient dem Schutz des Kindesvermögens**, indem sie es den Vermögenssorgeberechtigten grds **verbietet**, aus dem Kindesvermögen **Schenkungen** vorzunehmen. Derartige Geschäfte sind unwirksam. Sie sind daher auch nicht genehmigungsfähig. Ein dinglicher Erwerb des Beschenkten kommt nur unter den Voraussetzungen der §§ 932 ff in Betracht.

2 Ausgenommen v Schenkungsverbot sind nur die Pflicht- und Anstandsschenkungen, also Schenkungen in angemessenem Rahmen zu den üblichen Feier- und zu Geburtstagen. Hierher zu rechnen sein können auch Schenkungen zur Sicherung des Familienfriedens oder unentgeltliche Zuwendungen an Geschwister zur Ermöglichung eines Studiums oder einer sonstigen Ausbildung.

§ 1642 Anlegung von Geld

Die Eltern haben das ihrer Verwaltung unterliegende Geld des Kindes nach den Grundsätzen einer wirtschaftlichen Vermögensverwaltung anzulegen, soweit es nicht zur Bestreitung von Ausgaben bereitzuhalten ist.

1 Die Norm dient dem Schutz des Kindesvermögens. Die Eltern dürfen das Vermögen des Kindes nicht ungenutzt ruhen lassen, sondern müssen es anlegen. Sie sind dabei nicht auf die für den Vormund vorgeschriebenen mündelsicheren Anlagen (§§ 1808 f) beschränkt, sondern dürfen jede Anlage wählen, die den Grundsätzen einer wirtschaftlichen Vermögensverwaltung entspricht. Auf der einen Seite müssen die Eltern für die größtmögliche Sicherheit des Vermögens sorgen, auf der anderen für eine möglichst große Rendite. Als Faustregel kann gelten, dass die Eltern nichts falsch machen, wenn sie mündelsichere Anlageformen wählen oder solche, die eine vergleichbare Sicherheit bieten. Gehören zum Vermögen des Kindes unsichere Ansprüche oder Rechte, müssen diese in sichere umgewandelt werden. Bei Verstößen gegen § 1642 haften die Sorgeberechtigten nach § 1664. Ggf kann das Familiengericht die Vermögenssorge einschränken oder entziehen (§§ 1666 ff).

§ 1643 Genehmigungspflichtige Rechtsgeschäfte

(1) Zu Rechtsgeschäften für das Kind bedürfen die Eltern der Genehmigung des Familiengerichts in den Fällen, in denen nach § 1821 und nach § 1822 Nr. 1, 3, 5, 8 bis 11 ein Vormund der Genehmigung bedarf.
(2) ¹Das Gleiche gilt für die Ausschlagung einer Erbschaft oder eines Vermächtnisses sowie für den Verzicht auf einen Pflichtteil. ²Tritt der Anfall an das Kind erst infolge der Ausschlagung eines Elternteils ein, der das Kind allein oder gemeinsam mit dem anderen Elternteil vertritt, so ist die Genehmigung nur erforderlich, wenn dieser neben dem Kind berufen war.
(3) Die Vorschriften der §§ 1825, 1828 bis 1831 sind entsprechend anzuwenden.

1 I. Die Norm schränkt die Vermögenssorge durch die Aufstellung v **Genehmigungserfordernissen** für bestimmte Geschäfte ein, stellt die Eltern aber freier als den Vormund.

Genehmigungsbedürftig ist das v den Eltern in Vertretung des Kindes vorgenommene Geschäft ebenso wie die Zustimmung zu einem v dem Kind vorgenommenen Geschäft. Ein weiteres Genehmigungserfordernis (allerdings als Sollvorschrift) enthält § 1645.

II. Genehmigungsbedürftig sind die Geschäfte, für die ein Vormund nach § 1821 und § 1822 I Nr 1, 3, 5, 8–11 eine Genehmigung benötigt. Zu den erfassten Fällen s § 1821 Rn 2 ff und § 1822 Rn 2 f, 6 f, 9–12. Zu beachten ist aber, dass der Genehmigungsvorbehalt bei Eltern die Ausnahme v der elterlichen Autonomie darstellt, die durch Art 6 I GG geschützt wird. Anders als beim Vormund verbleibt ihnen daher eine Dispositionsbefugnis, die gerichtlich nur beschränkt überprüfbar ist (OLG Zweibrücken FamRZ 01, 1236). Der Genehmigungspflicht unterliegen nicht die Geschäfte, für die ein Vormund nur nach § 1822 I Nr 2, 4, 6–7, 12–13 einer Genehmigung bedarf. In diesen Fällen kann das Gericht nur unter den Voraussetzungen des § 1629 II 3 oder des § 1666 eingreifen. 2

Genehmigungsbedürftig sind auch die **Ausschlagung einer Erbschaft** (auch einer Nacherbschaft) oder eines **Vermächtnisses** und der **Verzicht auf einen Pflichtteil** (Abs 2 S 1). Das Genehmigungserfordernis entfällt nur dann, wenn die erbrechtliche Position dem Kind gerade deswegen zuwächst, weil die Eltern (bzw der berechtigte Elternteil) ihrerseits ausgeschlagen haben (Abs 1 S 2). Es bleibt dagegen bestehen, wenn die Ausschlagung des Kindes dem Elternteil zugute kommt, also wenn dieser neben dem Kind berechtigt ist (Abs 2 S 2 aE) oder wenn er gar erst wegen der Ausschlagung des Kindes zum Zuge kommt oder wenn das Kind zwar durch die Ausschlagung des Eltern(teils) seine erbrechtliche Stellung verbessert hat (Hauptfall: Quotenerhöhung), aber schon zuvor eine derartige Position hatte. In diesem Fall ist zu beachten, dass die Eltern wegen §§ 1795 II, 181 die Ausschlagung nicht selbst erklären können, da sie ihnen unmittelbare Vorteile bringt, so dass ein Ergänzungspfleger bestellt werden muss (§ 1909, aA Coing NJW 85, 9). 3

Maßstab für die Erteilung der Genehmigung ist allein das Kindeswohl (§ 1697a). Das schließt wirtschaftliche und nichtwirtschaftliche Gesichtspunkte ein, wenngleich erstere regelmäßig dominieren werden. Eine Erbausschlagung ist daher regelmäßig zu genehmigen, wenn der Nachlass überschuldet ist. 4

Für die **Erteilung der Genehmigung** gelten §§ 1825 (über eine allg Ermächtigung), 1828 (über die Erklärung), 1829 (über die nachträgliche Genehmigung), 1830 (über das Widerrufsrecht des Geschäftsgegners) und 1831 (über einseitige Rechtsgeschäfte) entsprechend (Abs 3, zu Einzelheiten s die Kommentierungen zu diesen Vorschriften). 5

III. Verfahren. Zuständig ist das Familiengericht. 6

§ 1644 Überlassung von Vermögensgegenständen an das Kind

Die Eltern können Gegenstände, die sie nur mit Genehmigung des Familiengerichts veräußern dürfen, dem Kind nicht ohne diese Genehmigung zur Erfüllung eines von dem Kind geschlossenen Vertrags oder zu freier Verfügung überlassen.

Die Vorschrift verhindert Umgehungen des § 1643 mit Hilfe des § 110, indem sie in den Fällen, in denen nach § 1643 die Genehmigung des Familiengerichts erforderlich ist, auch die Überlassung v Gegenständen zum Zweck der Erfüllung eines solchen v Kind getätigten Geschäfts oder zur freien Verfügung v der gerichtlichen Genehmigung abhängig macht. 1

§ 1645 Neues Erwerbsgeschäft

Die Eltern sollen nicht ohne Genehmigung des Familiengerichts ein neues Erwerbsgeschäft im Namen des Kindes beginnen.

Bei § 1645 handelt es sich (anders als bei § 1643) um eine Sollvorschrift. Durch sie wird der Beginn (nicht die Fortführung) eines neuen selbständigen Erwerbsgeschäfts durch den Sorgeberechtigten auf den Namen des Kindes v einer familiengerichtlichen 1

Genehmigung abhängig gemacht. Diese Genehmigung ersetzt nicht andere (zB nach § 1643 erforderliche) Genehmigungen, die deswegen zusätzlich eingeholt werden müssen. Erteilungskriterium ist das Kindeswohl (§ 1697 a). Das Fehlen der Genehmigung hindert die Wirksamkeit der Geschäftseröffnung nicht, so dass das Kind auch ohne Genehmigung etwa Kaufmann wird, wenn die handelsrechtlichen Voraussetzungen dafür vorliegen. Das Familiengericht kann dann aber nach §§ 1666 ff einschreiten.

§ 1646 Erwerb mit Mitteln des Kindes

(1) ¹Erwerben die Eltern mit Mitteln des Kindes bewegliche Sachen, so geht mit dem Erwerb das Eigentum auf das Kind über, es sei denn, dass die Eltern nicht für Rechnung des Kindes erwerben wollen. ²Dies gilt insbesondere auch von Inhaberpapieren und von Orderpapieren, die mit Blankoindossament versehen sind.
(2) Die Vorschriften des Absatzes 1 sind entsprechend anzuwenden, wenn die Eltern mit Mitteln des Kindes ein Recht an Sachen der bezeichneten Art oder ein anderes Recht erwerben, zu dessen Übertragung der Abtretungsvertrag genügt.

1 Die Norm ordnet zum Schutz des Kindesvermögens eine **dingliche Surrogation** an, wenn die Sorgeberechtigten in eigenem Namen, aber für Rechnung des Kindes etwas erwerben. Handeln die Eltern im Namen des Kindes, folgen Berechtigung und Erwerb des Kindes bereits aus § 164; der Anwendung v § 1646 bedarf es dann nicht.

2 **Voraussetzung** v § 1646 ist nur, dass die Sorgeberechtigten ein selbst im eigenen Namen abgeschlossenes Geschäft mit Mitteln des Kindes erfüllen. Der Erwerb des Kindes tritt aber nicht ein, wenn die Eltern für sich und nicht das Kind erwerben wollten (Abs 1 S 1 aE). Dafür tragen sie die Darlegungs- und Beweislast. Das Kind hat dann einen Anspruch auf Erstattung der v den Eltern aufgewendeten Mittel.

3 **Folge** v § 1646 ist der unmittelbare dingliche Erwerb des Kindes. Das Kind wird jedoch nicht Partei des schuldrechtlichen Geschäfts. Einen Anspruch auf dessen Erfüllung hat es daher nicht.

§ 1647 (weggefallen)

§ 1648 Ersatz von Aufwendungen

Machen die Eltern bei der Ausübung der Personensorge oder der Vermögenssorge Aufwendungen, die sie den Umständen nach für erforderlich halten dürfen, so können sie von dem Kind Ersatz verlangen, sofern nicht die Aufwendungen ihnen selbst zur Last fallen.

1 Die Norm räumt den Sorgeberechtigten einen **Erstattungsanspruch** hinsichtlich der Aufwendungen für die Personen- und die Vermögenssorge ein, soweit es sich dabei nicht um Unterhaltsleistungen handelt. Sie ist lex specialis zu § 670. §§ 683 ff (auch § 685 II) sind ausgeschlossen, weil die Sorgeberechtigten ihre Sorge „mit Auftrag" ausüben.

2 **Ersatzfähig** sind alle Aufwendungen, dh alle freiwilligen Vermögensopfer gegenüber Dritten (nicht der Zeitaufwand), die die Sorgeberechtigten zur Ausübung der Personen- und Vermögenssorge für erforderlich halten durften. Es gilt der Maßstab des § 1664. Die Rechtmäßigkeit der Maßnahme ist nicht unbedingt erforderlich. Die Aufwendungen dürfen nicht als Unterhalt geschuldet gewesen sein. Das wird bei Personensorgemaßnahmen regelmäßig der Fall sein. § 1648 greift daher überwiegend hinsichtlich der Kosten der Vermögensverwaltung ein, die grds aus den Einkünften des Vermögens selbst bestritten werden (§ 1649).

§ 1649 Verwendung der Einkünfte des Kindesvermögens

(1) ¹Die Einkünfte des Kindesvermögens, die zur ordnungsmäßigen Verwaltung des Vermögens nicht benötigt werden, sind für den Unterhalt des Kindes zu verwenden. ²Soweit die Vermögenseinkünfte nicht ausreichen, können die Einkünfte verwendet werden, die das Kind durch seine Arbeit oder durch den ihm nach § 112 gestatteten selbständigen Betrieb eines Erwerbsgeschäfts erwirbt.
(2) ¹Die Eltern können die Einkünfte des Vermögens, die zur ordnungsmäßigen Verwaltung des Vermögens und für den Unterhalt des Kindes nicht benötigt werden, für ihren eigenen Unterhalt und für den Unterhalt der minderjährigen unverheirateten Geschwister des Kindes verwenden, soweit dies unter Berücksichtigung der Vermögens- und Erwerbsverhältnisse der Beteiligten der Billigkeit entspricht. ²Diese Befugnis erlischt mit der Eheschließung des Kindes.

I. Die Norm dient dem **Schutz des Kindesvermögens**, weil aus ihr hervorgeht, dass der Vermögensstamm eines Kindes unangetastet bleibt, und soll Lebensstandardabweichungen innerhalb einer Familie begrenzen helfen, indem sie bestimmt, dass Vermögenseinnahmen des Kindes nicht nur für die Verwaltungskosten, sondern auch für den Unterhalt des Kindes (Abs 1) und – falls ein Überschuss bleibt – der übrigen Familie verwendet werden können (Abs 2). 1

II. 1. Einkünfte des Kindesvermögens sind a) zunächst **für die Kosten der ordnungsmäßigen Verwaltung des Vermögens zu verwenden**. Hierher gehören Depotgebühren, die Kosten der zwangsweisen Durchsetzung v Forderungen, Versicherungsprämien, ggf aber auch Reparaturkosten für ein Haus oder die Kosten der Bebauung eines Grundstücks des Kindes. 2

b) In zweiter Linie sind Vermögenseinkünfte für den **Unterhalt des Kindes selbst** einzusetzen. Soweit sie den Unterhalt nicht voll decken, können die Sorgeberechtigten auch Arbeitseinkünfte und Einkünfte aus einer selbständigen Erwerbstätigkeit des Kindes (§§ 112 f) dafür einsetzen. 3

c) Ist der volle (§ 1610) Unterhalt des Kindes durch seine Vermögenseinkünfte allein (also nicht unter Hinzunahme der Arbeits- und Erwerbstätigkeitseinkünfte) abgedeckt, dürfen die Eltern den Überschuss der Vermögenseinkünfte (nicht anderer Einkünfte) für ihren eigenen Unterhalt und den der minderjährigen unverheirateten **Geschwister** (auch Halbgeschwister) des Kindes einsetzen, wenn dies unter Berücksichtigung der Einkommens- und Vermögensverhältnisse aller Beteiligten der Billigkeit entspricht. Diese Befugnis endet mit der Volljährigkeit oder der Heirat des Kindes. 4

2. Die in § 1649 zugelassene Verwendung der Vermögenseinkünfte stellt **nur eine Befugnis** der Sorgeberechtigten dar. Die Eltern können v der Verwendung der Einkünfte auch absehen. Geschwister haben auch bei ausreichenden Einkünften weder einen Anspruch auf Auskehr des Überschusses gegen das Kind noch einen solchen gegen die Eltern auf Herbeiführung einer entsprechenden Verwendung. § 1649 schließt weiter gehende Unterhaltsansprüche der Eltern (§§ 1601 ff) nicht aus. 5

3. Nicht verwendete Vermögenseinkünfte sind **anzulegen** (§ 1642). 6

§§ 1650 bis 1663 (weggefallen)

§ 1664 Beschränkte Haftung der Eltern

(1) Die Eltern haben bei der Ausübung der elterlichen Sorge dem Kind gegenüber nur für die Sorgfalt einzustehen, die sie in eigenen Angelegenheiten anzuwenden pflegen.
(2) Sind für einen Schaden beide Eltern verantwortlich, so haften sie als Gesamtschuldner.

I. Die Vorschrift legt einerseits den **Haftungsmaßstab** fest, den Eltern gegenüber ihren Kindern einhalten müssen (vgl § 1359 für das Verhältnis v Eheleuten untereinander) und ist andererseits die **Anspruchsgrundlage**, mit deren Hilfe Kinder die aus Pflichtver- 1 letzungen der Eltern resultierenden Schäden ersetzt verlangen können (aA Petersen, Jura 98, 399). Für Dritte gilt § 1664 nicht, selbst wenn sie im Auftrag der Eltern handeln (BGH NJW 96, 54: Haushaltshilfe).

2 II. Ihren Kindern gegenüber haften die Eltern nur für die **Sorgfalt, die sie auch in eigenen Angelegenheiten anzuwenden pflegen.** Das ist insofern günstiger, als dadurch die Haftung für einfache Fahrlässigkeit ausgeschlossen ist (§ 277).

3 Das Haftungsprivileg greift grds bei allen **Handlungen und Unterlassungen** der Eltern **in Ausübung der Personen- oder Vermögenssorge** ein (Abs 1). Auf umgangsberechtigte Eltern (§ 1684) ist es während der Ausübung des Umgangsrechts analog anzuwenden (BGHZ 103, 345). Ausgeschlossen ist es, wenn die Eltern sich dem Kind gegenüber zu einem höheren Schutzstandard verpflichtet haben (vertragliche Haftung nach allg Kriterien), bei einer deliktischen Haftung, vor allem wegen der gemeinsamen Teilnahme am Straßenverkehr (OLG Karlsruhe Justiz 76, 511), einer Haftung gegenüber Dritten (vgl § 832) und bei einer Haftung gegenüber dem Kind wegen einer Aufsichtspflichtverletzung; denn mit der Annahme einer Aufsichtspflicht ist es nicht vereinbar, ihre Erfüllung nur an den in der Familie üblichen Sorgfaltsmaßstab zu binden (OLG Stuttgart VersR 80, 952; aA OLG Hamm NJW 93, 542). Überlassen die Eltern die Aufsicht Dritten, haften sie für deren Verhalten nach § 278. Sie haften mit dem Dritten als Gesamtschuldner (BGHZ 103, 344 f).

4 Sind für einen Schaden beide Eltern verantwortlich, haften sie als **Gesamtschuldner** (Abs 2).

5 Besteht ein Anspruch, kann sich aus § 1618 a trotzdem eine **Pflicht des Kindes ergeben, ihn nicht geltend zu machen,** wenn es auf den Schadensersatz nicht unmittelbar angewiesen ist. Das kann am ehesten bei Schmerzensgeldansprüchen angenommen werden, dag grds nicht bei materiellen Schäden, weil diese Verluste ausgeglichen werden müssen, damit dem Kind bei Volljährigkeit ein unbeeinträchtigter Start in das selbständige Leben möglich ist.

§ 1665 (weggefallen)

Vorbemerkung zu §§ 1666–1667

1 Die Vorschriften enthalten zum Schutz des Kindeswohls Befugnisse zum Eingriff in die elterliche Sorge. Sie sind Ausprägungen des staatlichen Wächteramts (Art 6 II 2 GG). Sie wurden zuletzt durch das Gesetz zur Erleichterung familiengerichtlicher Maßnahmen bei Gefährdung des Kindeswohls v 4.7.08 (BGBl I 1188) neu strukturiert. § 1666 enthält nun die Generalklausel mit den Voraussetzungen für Eingriffe in das Sorgerecht und einen Beispielskatalog möglicher Maßnahmen, § 1666 a schränkt die Eingriffsmöglichkeiten für den Fall ein, dass das Kind v seinen Eltern getrennt werden oder die Personensorge ganz entzogen werden soll, und § 1667 erweitert sie in Bezug auf die Vermögenssorge.

2 Für alle Eingriffe in das Sorgerecht nach §§ 1666 ff ist das **Familiengericht zuständig.**

3 §§ 1666 ff werden ergänzt durch das öffentlich-rechtliche **Jugendhilferecht.** Dieses ist im Kinder- und Jugendhilfegesetz (KJHG = SGB VIII) v 28.6.90 (BGBl I 1163) idF der Bekanntmachung v 3.5.93 (BGBl I 637) geregelt.

§ 1666 Gerichtliche Maßnahmen bei Gefährdung des Kindeswohls

(1) Wird das körperliche, geistige oder seelische Wohl des Kindes oder sein Vermögen gefährdet und sind die Eltern nicht gewillt oder nicht in der Lage, die Gefahr abzuwenden, so hat das Familiengericht die Maßnahmen zu treffen, die zur Abwendung der Gefahr erforderlich sind.

(2) In der Regel ist anzunehmen, dass das Vermögen des Kindes gefährdet ist, wenn der Inhaber der Vermögenssorge seine Unterhaltspflicht gegenüber dem Kind oder seine mit der Vermögenssorge verbundenen Pflichten verletzt oder Anordnungen des Gerichts, die sich auf die Vermögenssorge beziehen, nicht befolgt.

(3) Zu den gerichtlichen Maßnahmen nach Absatz 1 gehören insbesondere
1. Gebote, öffentliche Hilfen wie zum Beispiel Leistungen der Kinder- und Jugendhilfe und der Gesundheitsfürsorge in Anspruch zu nehmen,
2. Gebote, für die Einhaltung der Schulpflicht zu sorgen,
3. Verbote, vorübergehend oder auf unbestimmte Zeit die Familienwohnung oder eine andere Wohnung zu nutzen, sich in einem bestimmten Umkreis der Wohnung aufzuhalten oder zu bestimmende andere Orte aufzusuchen, an denen sich das Kind regelmäßig aufhält,
4. Verbote, Verbindung zum Kind aufzunehmen oder ein Zusammentreffen mit dem Kind herbeizuführen,
5. die Ersetzung von Erklärungen des Inhabers der elterlichen Sorge,
6. die teilweise oder vollständige Entziehung der elterlichen Sorge.
(4) In Angelegenheiten der Personensorge kann das Gericht auch Maßnahmen mit Wirkung gegen einen Dritten treffen.

I. Die Norm ist die **Kernvorschrift für Eingriffe in die elterliche Sorge**. Sie knüpft an die Gefährdung des Kindeswohls an und erlaubt, in diesem Fall die erforderlichen Maßnahmen bis hin zur vollständigen Entziehung der Sorge zu treffen. Damit steht jeder staatliche Eingriff unter dem Vorbehalt der Verhältnismäßigkeit und muss daher unterbleiben, wenn die Eltern selbst dazu in der Lage und bereit sind, die Gefahr zu beseitigen. Im Übrigen ist immer das mildeste Mittel zu wählen, das ausreicht, um die Gefährdung des Kindeswohls zuverlässig abzustellen. Ein Entzug der gesamten Personensorge oder die Trennung des Kindes v seinen Eltern kommt nur als ultima ratio in Betracht (§ 1666 a), die Vermögenssorge darf erst entzogen werden, wenn die anderen in § 1667 genannten Maßnahmen nicht mehr ausreichen.

II. 1. **Voraussetzung** für einen Eingriff in die elterliche Sorge ist zunächst, a) eine **Gefährdung des Kindeswohls oder Kindesvermögens**. Zum Kindeswohl gehören das körperliche, geistige und seelische Wohlbefinden. Eine Gefährdung liegt vor, wenn bei ungehindertem Fortgang ein Schaden an einem dieser Güter zu entstehen droht. Es kommt auf die Prognose im Zeitpunkt der gerichtlichen Entscheidung an. Stellt sich später heraus, dass sie falsch war, macht das die Entscheidung nicht rechtswidrig (aber ex nunc aufhebbar). Ob eine Gefährdung des Kindeswohls vorliegt, richtet sich nach den allg Lebensumständen des Kindes (sog Milieu) und wesentlich nach seinem Alter. Eine Vermögensgefährdung wird vermutet, wenn der Inhaber der Vermögenssorge seine Unterhaltspflicht gegenüber dem Kind oder die mit der Vermögenssorge verbundenen Pflichten (§§ 1638–1645, 1649) verletzt oder sich auf die Vermögenssorge beziehende Anordnungen des Gerichts missachtet (Abs 2). Wegen der Schwere des Grundrechtseingriffs reichen einzelne oder nur kurzzeitige Pflichtverletzungen nicht; erforderlich ist eine gewisse Dauer, die aber um so kürzer sein kann, je schwerer die Pflichtverletzung oder die Missachtung ist.

b) **Worauf die Gefährdung** des Kindeswohls bzw des Kindesvermögens **beruht**, ist **gleichgültig**. Die früher in Abs 1 enthaltene Liste v möglichen Gründen wurde durch das Gesetz zur Erleichterung familiengerichtlicher Maßnahmen bei Gefährdung des Kindeswohls v 4.7.08 (BGBl I 1188) gestrichen. Sachlich ergibt sich daraus aber kaum ein Unterschied, denn der bisherige Katalog war so weit gefasst, dass sich Einschränkungen aus der Aufzählung nicht ergaben.

aa) Erfasst werden zunächst Fälle des **Missbrauchs der elterlichen Sorge**, vor allem körperliche oder seelische Misshandlungen des Kindes (BayObLG FamRZ 97, 572; 84, 928) und sexueller Missbrauch (OLG Frankfurt FamRZ 01, 1086), Verabreichen v Drogen an das Kind (OLG Bremen MDR 11, 665). Das Unterlassen v medizinisch dringend angezeigten Behandlungen (OLG Brandenburg v 29.10.13 - 13 UF 208/13) oder sonstigen Maßnahmen (vor allem Bluttransfusionen, die drohende „Beschneidung" v Mädchen oder die Beschneidung v Jungen, ohne dass die Voraussetzungen des § 1631 d vorliegen, Anstiftung zu strafbaren oder sozial unwertigen (Betteln) Handlungen, Abhalten des Kindes v Schulbesuch (OLG Brandenburg FamRZ 06, 358; OLG Hamm FamRZ 06, 358) oder Tolerieren des „Schulschwänzens" (OLG Koblenz

FamRZ 06, 57), Vereitelung des Umgangsrechts, Erziehung zu Intoleranz, Staatsfeindlichkeit und Ausländerhass, Verheiratungsversuche gegen den Willen des Kindes (OLG Köln FamRZ 01, 1087) reichen ebenfalls aus, um ein Eingreifen des Gerichts zu rechtfertigen. Dag reicht es nicht, wenn die Eltern das Kind im Sinne einer religiösen oder weltanschaulichen Minderauffassung erziehen, wenn diese nur abstrakt Gefahren für das Kindeswohl mit sich bringt (zB Zeugen Jehovas wegen der Ablehnung bestimmter medizinischer Maßnahmen), das Übergehen des Kindeswillens bei Meinungsverschiedenheiten oder die Versagung der Einwilligung in einen Schwangerschaftsabbruch (LG München FamRZ 79, 850).

5 bb) In Betracht kommen auch Gefährdungen durch die **Vernachlässigung** des Kindes, wie etwa die mangelnde Versorgung in Bezug auf Nahrung, Kleidung und Wohnen, so dass das Kind der Fürsorge Dritter anheim fällt, damit diese Bedürfnisse befriedigt werden, und die mangelnde Beaufsichtigung, aufgrund derer das Kind in „schlechte Gesellschaft" gerät, die Schule nicht mehr besucht usw.

6 cc) Maßnahmen nach § 1666 können auch bei **unverschuldetem Versagen** der Eltern getroffen werden. Es ist aber besonders zu berücksichtigen, dass die Eltern grds allein entscheidungsbefugt in den Angelegenheiten des Kindes sind, während dem Staat nur ein Wächteramt zusteht. Eingegriffen werden darf daher nur, wenn eine schwere und offensichtliche Kindeswohlgefährdung vorliegt, zB bei Suchterkrankung des Sorgeberechtigten (OLG Frankfurt FamRZ 83, 530), psychischen Erkrankungen, die ihn daran hindern, eine emotionale Bindung zu dem Kind aufzubauen oder seine Bedürfnisse zu befriedigen (BayObLG FamRZ 97, 956; 95, 503).

7 dd) Schließlich kann die Gefährdung des Kindeswohls auf dem **Verhalten Dritter** beruhen. Wichtigste Fälle sind Übergriffe des Stiefvaters oder neuen Partners der Sorgeberechtigten (OLG Düsseldorf NJW 95, 1970). In Betracht kommen dann vor allem Umgangsverbote.

8 c) Die Sorgeberechtigten dürfen **nicht bereit und in der Lage** sein, die Gefährdung des Kindeswohls abzuwenden. Es reicht, dass entweder die Fähigkeit oder der Wille dazu fehlt.

9 2. Als **Maßnahmen** für die Beseitigung der Kindeswohlgefährdung kann das Gericht alles anordnen, was zur Abwehr der Gefahr geeignet und erforderlich ist. Es muss immer das mildeste geeignete Mittel gewählt werden. Als extreme Maßnahmen nennen Abs 3 Nr 6 und § 1666 a die Trennung des Kindes v Sorgeberechtigten und die gesamte Entziehung der Personensorge. Unterhalb dieser Schwelle kommen die Maßnahmen in Betracht, welche Abs 3 nicht abschließend nennt. Dazu gehören zunächst Gebote, öffentliche Hilfen (zB Leistungen der Kinder- und Jugendhilfe und der Gesundheitsfürsorge) in Anspruch zu nehmen (Abs 3 Nr 1), Gebote, für die Einhaltung der Schulpflicht zu sorgen (Abs 3 Nr 2), Verbote, vorübergehend oder auf unbestimmte Zeit die Familienwohnung oder eine andere Wohnung zu nutzen, sich in einem bestimmten Umkreis der Wohnung aufzuhalten oder zu bestimmende andere Orte aufzusuchen, an denen sich das Kind regelmäßig aufhält (Abs 3 Nr 3) sowie das Verbot, Verbindung zum Kind aufzunehmen oder ein Zusammentreffen mit dem Kind herbeizuführen (Abs 3 Nr 4). Außerdem können Erklärungen des Inhabers der elterlichen Sorge ersetzt werden (). Schließlich kommt auch die teilweise oder vollständige Entziehung der elterlichen Sorge (zB der Umgangsbestimmung, der Aufenthaltsbestimmung, des Entscheidungsrechts über medizinische Behandlungen) in Betracht (Abs 3 Nr 6). In diesem Fall steht die Sorge entweder dem anderen Elternteil zu (§ 1680 III), oder – wenn auch diesem die Sorge entzogen ist oder Alleinsorge vorlag – es muss ein Pfleger bestellt werden (§ 1909).

10 Im Bereich der Personensorge kann das Gericht auch **Maßnahmen mit unmittelbarer Wirkung gegenüber Dritten** anordnen. Insoweit kommen zB Umgangsverbote, Aufenthaltsverbote in der Nähe des Kindes bis zur Anordnung eines Wohnsitzwechsels (OLG Zweibrücken NJW 94, 1741) und Ge- und Verbote in Bezug auf das Verhalten gegenüber dem Kind (zB Verbot, bestimmte Gegenstände zugänglich zu machen) in Betracht.

11 3. Das Gericht muss die angeordneten Maßnahmen in regelmäßigen Zeitabständen auf ihre Eignung und weitere Erforderlichkeit hin **überprüfen** und ggf aufheben (§ 1696).

III. Verfahren. Für Eingriffe in das elterliche Sorgerecht ist der Richter (§ 14 Nr 8 12
RPflG) des Familiengerichts ausschließlich zuständig. Das Gericht handelt vAw. Seine
Maßnahmen gehen solchen des Jugendamts vor. Es müssen die Sorgeberechtigten, ggf
die Pflegeperson, das Jugendamt und das Kind angehört werden, bei Maßnahmen gegen Dritte auch diese (§§ 156, 159–162 FamFG). Beschwerde kann neben den durch
die Entscheidung betroffenen Sorgeberechtigten oder Dritten das Kind (§ 59 I, 60
FamFG) einlegen. Das Beschwerderecht v Verwandten (zB Großeltern) und Interessierten (§ 57 I Nr 8, 9 FGG aF) wurde dag durch das FamFG beseitigt.

§ 1666 a Grundsatz der Verhältnismäßigkeit; Vorrang öffentlicher Hilfen

(1) ¹Maßnahmen, mit denen eine Trennung des Kindes von der elterlichen Familie verbunden ist, sind nur zulässig, wenn der Gefahr nicht auf andere Weise, auch nicht durch öffentliche Hilfen, begegnet werden kann. ²Dies gilt auch, wenn einem Elternteil vorübergehend oder auf unbestimmte Zeit die Nutzung der Familienwohnung untersagt werden soll. ³Wird einem Elternteil oder einem Dritten die Nutzung der vom Kind mitbewohnten oder einer anderen Wohnung untersagt, ist bei der Bemessung der Dauer der Maßnahme auch zu berücksichtigen, ob diesem das Eigentum, das Erbbaurecht oder der Nießbrauch an dem Grundstück zusteht, auf dem sich die Wohnung befindet; Entsprechendes gilt für das Wohnungseigentum, das Dauerwohnrecht, das dingliche Wohnrecht oder wenn der Elternteil oder Dritte Mieter der Wohnung ist.
(2) Die gesamte Personensorge darf nur entzogen werden, wenn andere Maßnahmen erfolglos geblieben sind oder wenn anzunehmen ist, dass sie zur Abwendung der Gefahr nicht ausreichen.

Die Vorschrift stellt die Geltung des **Verhältnismäßigkeitsprinzips** bei den einschnei- 1
dendsten Eingriffen in die Personensorge klar, nämlich bei deren vollständiger Entziehung und der Trennung des Kindes v der Familie. Logisch ist eine Ergänzung zu
§ 1666 und kein eigener Eingriffstatbestand. Deswegen ist es rechtspolitisch sehr fragwürdig, dass der Gesetzgeber durch das Gesetz zur weiteren Verbesserung v Kinderrechten (BGBl 02 I 1239) in Abs 1 zwei neue Sätze eingefügt hat, in denen er letztlich
die Voraussetzungen für eine Wohnungsverweisung normiert. Diese Regelungen hätten
in das Gewaltschutzgesetz gehört (Anhang 2 zu § 1361 b), das der Gesetzgeber aber
anscheinend so kurze Zeit nach dessen Inkrafttreten nicht schon wieder novellieren
wollte.

Maßnahmen, die mit der **Trennung** des Kindes v seiner Familie verbunden sind, dürfen 2
nur angeordnet werden, wenn die Gefahr für das Kindeswohl nicht anders behoben
werden kann (Abs 1). Hierher gehört nicht nur die physische Herausnahme des Kindes
aus der Familie (zB bei Unterbringung in einem Heim oder einer Pflegefamilie), sondern bereits die Entziehung des Aufenthaltsbestimmungsrechts, weil d va an sich die
Eltern gegen eine Wegnahme des Kindes nicht mehr wehren können (BayObLG NJW
92, 1972). Auf andere Weise behoben werden kann die Gefahr vor allem, wenn sie auf
Überforderung der Eltern beruht. Abs 1 verpflichtet den Staat dann, sie durch Rat,
Verfügbarmachung, ggf auch Bezahlung v Hilfskräften zu unterstützen. Erst wenn das
nicht reicht, darf das Kind v der Familie getrennt werden. In Betracht kommt das vor
allem bei massiver Gewaltanwendung gegen das Kind (OLG Hamm FamRZ 05,
1274).

Auf andere Weise behoben werden kann die Gefahr vor allem, wenn sie auf Überforde- 3
rung der Eltern beruht. Abs 1 verpflichtet den Staat dann, sie durch Rat, Verfügbarmachung, ggf auch Bezahlung v Hilfskräften zu unterstützen. Erst wenn das nicht reicht,
darf das Kind v der Familie getrennt werden.

Auch die **Untersagung der Nutzung der Familienwohnung durch einen Elternteil** für 4
eine vorübergehende (bestimmte) oder unbestimmte Zeit ist an den Vorrang öffentlicher Hilfen gebunden (Abs 1 S 2), darf also erst dann angeordnet werden, wenn durch
sonstige öffentliche Maßnahmen die Gefahr für das Kind nicht beseitigt werden kann.

Das ist folgerichtig; denn auch insoweit handelt es sich um eine Trennung des Kindes v einem Teil seiner Familie.

5 Bei der Entscheidung, ob einem Elternteil oder einem Dritten (Hauptfall: der neue Lebensgefährte des Elternteils) die Nutzung der auch v Kind mitbewohnten Wohnung oder einer anderen Wohnung untersagt werden kann, weil die Mitnutzung dem Kindeswohl zuwiderliefe, sind auch die **Eigentums- und Nutzungsverhältnisse** an der Wohnung zu berücksichtigen. Es gelten hier die gleichen Prinzipien wie bei der Entscheidung über die Nutzung der Wohnung nach dem Gewaltschutzgesetz (Anhang zu § 1361 b). Bei der Bemessung der Dauer der Maßnahme ist auch zu berücksichtigen, ob diesem das Eigentum, das Erbbaurecht oder der Nießbrauch an dem Grundstück zusteht, auf dem sich die Wohnung befindet. Entsprechendes gilt für das Wohnungseigentum, das Dauerwohnrecht, das dingliche Wohnrecht oder wenn der Elternteil oder der Dritte Mieter der Wohnung ist. Das bedeutet, dass in den genannten Fällen eine Verweisung nur zurückhaltender vorgenommen werden darf als in den Fällen, in denen der Wegzuweisende kein eigenes Nutzungsrecht an der Wohnung hat.

6 Die **gesamte Personensorge** darf nur entzogen werden, wenn andere Maßnahmen erfolglos geblieben sind oder keinen Erfolg versprechen (Abs 2). Vor der Entziehung muss daher geprüft werden, ob die bisherigen Maßnahmen unzureichend waren und ob noch andere zur Abwehr der Gefahr für das Kindeswohl in Betracht kommen. Nur wenn das zu verneinen ist, kann die Personensorge entzogen werden. Die Entziehung der Personensorge ist (auch in den Fällen des § 1673 II 2) einer Befristung grds nicht zugänglich, weil eine zuverlässige Prognose insoweit kaum möglich ist (OLG Karlsruhe FamRZ 05, 1272). Fällt die Kindeswohlgefährdung weg, muss die Maßnahme aufgehoben werden.

§ 1667 Gerichtliche Maßnahmen bei Gefährdung des Kindesvermögens

(1) ¹Das Familiengericht kann anordnen, dass die Eltern ein Verzeichnis des Vermögens des Kindes einreichen und über die Verwaltung Rechnung legen. ²Die Eltern haben das Verzeichnis mit der Versicherung der Richtigkeit und Vollständigkeit zu versehen. ³Ist das eingereichte Verzeichnis ungenügend, so kann das Familiengericht anordnen, dass das Verzeichnis durch eine zuständige Behörde oder durch einen zuständigen Beamten oder Notar aufgenommen wird.

(2) ¹Das Familiengericht kann anordnen, dass das Geld des Kindes in bestimmter Weise anzulegen und dass zur Abhebung seine Genehmigung erforderlich ist. ²Gehören Wertpapiere, Kostbarkeiten oder Schuldbuchforderung gegen den Bund oder ein Land zum Vermögen des Kindes, so kann das Familiengericht dem Elternteil, der das Kind vertritt, die gleichen Verpflichtungen auferlegen, die nach §§ 1814 bis 1816, 1818 einem Vormund obliegen; die §§ 1819, 1820 sind entsprechend anzuwenden.

(3) ¹Das Familiengericht kann dem Elternteil, der das Vermögen des Kindes gefährdet, Sicherheitsleistung für das seiner Verwaltung unterliegende Vermögen auferlegen. ²Die Art und den Umfang der Sicherheitsleistung bestimmt das Familiengericht nach seinem Ermessen. ³Bei der Bestellung und Aufhebung der Sicherheit wird die Mitwirkung des Kindes durch die Anordnung des Familiengerichts ersetzt. ⁴Die Sicherheitsleistung darf nur dadurch erzwungen werden, dass die Vermögenssorge gemäß § 1666 Abs. 1 ganz oder teilweise entzogen wird.

(4) Die Kosten der angeordneten Maßnahmen trägt der Elternteil, der sie veranlasst hat.

1 I. Die Vorschrift nennt **Maßnahmen**, die das Familiengericht treffen kann, wenn das **Kindesvermögen gefährdet** ist. Die Grundlage des Eingriffs ist nach Aufhebung v Abs 1 aF durch das KindschaftsrechtsreformG immer § 1666.

2 II. **Voraussetzung** für das familiengerichtliche Einschreiten ist, dass das Kindesvermögen durch einen der in § 1666 genannten Umstände (§ 1666 Rn 2–7) gefährdet ist. Die selbständigen Voraussetzungen des Abs 1 aF (Pflichtverletzungen oder Vermögensverfall) sind in diesen Voraussetzungen aufgegangen.

Wie im Rahmen v § 1666 allg muss das Gericht die **erforderlichen Maßnahmen** tref- 3
fen, um die Gefahr für das Kindesvermögen abzustellen. Die in § 1667 genannten
Maßnahmen stehen daher weder in einem Stufenverhältnis, so dass das Gericht erforderlichenfalls auch gleich die gesamte Vermögenssorge entziehen kann, noch ist der
Katalog abschließend.

Auch ohne dass die Voraussetzungen des § 1640 vorliegen, kann das Gericht anord- 4
nen, dass die Sorgeberechtigten ein **Verzeichnis des Kindesvermögens** vorlegen und die
Vollständigkeit und Richtigkeit versichern müssen (Abs 1). Einzelheiten: § 1640 Rn 3.
Außerdem kann das Gericht in entsprechender Weise aufgeben, über die Verwaltung
des Kindesvermögens Rechnung zu legen.

Das Gericht kann die Vermögenssorge der Eltern so beschränken, dass sie im Ergebnis 5
so stehen **wie ein Vormund** (Abs 2). Es kann Bestimmungen über die Anlegung v Geld
treffen und anordnen, dass zur Abhebung des Geldes die gerichtliche Genehmigung erforderlich ist. Im Übrigen kann es die in §§ 1814–1816, 1818 vorgesehenen Maßnahmen treffen. Dafür gelten §§ 1819 f entsprechend. Einzelheiten: Kommentierungen dieser Vorschriften.

Das Gericht kann eine **Sicherheitsleistung** des Elternteils anordnen, der das Kindesver- 6
mögen gefährdet (Abs 3). Es bestimmt dabei die Höhe der Sicherheitsleistung nach
freiem Ermessen. §§ 232 ff gelten nicht. Die Anordnung des Familiengerichts ersetzt
die Mitwirkung des Kindes bei der Bestellung und Aufhebung der Sicherheitsleistung;
ein Pfleger ist daher nicht zu bestellen. Die Sicherheitsleistung kann nicht erzwungen
werden (anders: § 1844); insoweit kommt nur die Entziehung der Vermögenssorge in
Betracht.

Die härteste und deswegen nur als **ultima ratio** in Betracht zu ziehende Maßnahme ist 7
die teilweise oder vollständige Entziehung der Vermögenssorge. Steht in diesem Fall die
Sorge nicht dem anderen Elternteil allein zu (weil dieser das Kindesvermögen nicht gefährdet, § 1680 III), muss ein Pfleger bestellt werden (§ 1909).

Die **Kosten** für die Maßnahmen nach § 1667 sind keine Verwaltungskosten iSd 8
§ 1649. Sie sind v dem Elternteil zu tragen, der sie verursacht hat (Abs 4).

§§ 1668 bis 1670 (weggefallen)

§ 1671 Übertragung der Alleinsorge bei Getrenntleben der Eltern

(1) ¹Leben Eltern nicht nur vorübergehend getrennt und steht ihnen die elterliche Sorge
gemeinsam zu, so kann jeder Elternteil beantragen, dass ihm das Familiengericht die
elterliche Sorge oder einen Teil der elterlichen Sorge allein überträgt. ²Dem Antrag ist
stattzugeben, soweit
1. der andere Elternteil zustimmt, es sei denn, das Kind hat das 14. Lebensjahr vollendet und widerspricht der Übertragung, oder
2. zu erwarten ist, dass die Aufhebung der gemeinsamen Sorge und die Übertragung
   auf den Antragsteller dem Wohl des Kindes am besten entspricht.

(2) ¹Leben Eltern nicht nur vorübergehend getrennt und steht die elterliche Sorge nach
§ 1626 a Absatz 3 der Mutter zu, so kann der Vater beantragen, dass ihm das Familiengericht die elterliche Sorge oder einen Teil der elterlichen Sorge allein überträgt.
²Dem Antrag ist stattzugeben, soweit
1. die Mutter zustimmt, es sei denn, die Übertragung widerspricht dem Wohl des
   Kindes oder das Kind hat das 14. Lebensjahr vollendet und widerspricht der Übertragung, oder
2. eine gemeinsame Sorge nicht in Betracht kommt und zu erwarten ist, dass die
   Übertragung auf den Vater dem Wohl des Kindes am besten entspricht.

(3) ¹Ruht die elterliche Sorge der Mutter nach § 1751 Absatz 1 Satz 1, so gilt der Antrag des Vaters auf Übertragung der gemeinsamen elterlichen Sorge nach § 1626 a Absatz 2 als Antrag nach Absatz 2. ²Dem Antrag ist stattzugeben, soweit die Übertragung
der elterlichen Sorge auf den Vater dem Wohl des Kindes nicht widerspricht.

§ 1671   **Buch 4 | Familienrecht**

(4) Den Anträgen nach den Absätzen 1 und 2 ist nicht stattzugeben, soweit die elterliche Sorge auf Grund anderer Vorschriften abweichend geregelt werden muss.

1 I. Während § 1671 bis zum 30.6.98 die Regelung der Sorge bei Scheidung zum Gegenstand hatte, betrifft die nun gültige Fassung die Regelung der Sorge in allen Fällen, in denen zunächst ein gemeinsames Sorgerecht bestand (§ 1626 a Rn 2) und die Eltern zusammengelebt haben, in denen sie sich dann aber dauerhaft trennen und mindestens einer v ihnen das **Weiterbestehen der gemeinsamen elterlichen Sorge nicht mehr will** und deswegen die Zuweisung der alleinigen Sorge beantragt sowie in den Fällen, in denen die elterliche Sorge nur der Mutter zustand und nun (nach der Trennung) der Vater erreichen will, dass ihm die elterliche Sorge ganz oder teilweise allein übertragen wird. Durch das G zur Reform der elterlichen Sorge nicht miteinander verheirateter Eltern v 16.4.13 (BGBl I 795) wurden die bisher in den §§ 1671 und 1672 BGB enthaltenen Regelungsgegenstände zusammengefasst und an die Neuregelung des gemeinsamen Sorgerechts für nicht miteinander verheiratete Eltern angepasst.

2 II. **1.** Grds besteht ein einmal begründetes **gemeinsames Sorgerecht auch nach der Trennung** der Eltern und selbst nach der Scheidung **weiter**. Die Automatik v § 1671, § 623 III ZPO aF, durch die erzwungen wurde, dass bei einer Scheidung immer auch über die Sorge zu entscheiden war (sog Zwangsverbund), wurde schon mit Wirkung zum 1.7.98 beseitigt. Die gemeinsame Sorge ist auch nach der Trennung der Regelfall, wenngleich ihr kein unbedingter Vorrang eingeräumt wurde (BGH NJW 00, 203). Ebenso wenig ändert die Trennung etwas an der Alleinsorge der nicht verheirateten Mutter nach § 1626 a III.

3 **2.** Das **Ende des gemeinsamen Sorgerechts** und dessen Zuweisung an einen Elternteil **a)** setzen voraus: **aa)** das **bisherige** Bestehen eines **gemeinsamen Sorgerechts**. Hat ein Elternteil bereits aus anderen Gründen (zB Entziehung nach § 1666) die Sorge verloren, kann eine Entscheidung nach § 1671 nicht erfolgen. Will er die Sorge übertragen bekommen, muss er erst durch Aufhebung der Entscheidung nach § 1666 dafür sorgen, dass wieder gemeinschaftliche Sorge entsteht.

4 **bb)** Weiter erforderlich ist die nicht nur vorübergehende **Trennung** der Eltern. Für die Frage, wann eine Trennung nicht mehr nur vorübergehend ist, können die Regeln des § 1566 nicht entsprechend herangezogen werden. Eine endgültige Trennung ist vielmehr schon nach kürzerer Zeit anzunehmen, wenn einer der Eltern sich v der Gemeinschaft mit dem anderen Teil endgültig lossagt. Nur auf diese Weise werden Schutzlücken vermieden, die sich zulasten des Kindes auswirken könnten. § 1671 ermöglicht aber auch bei großzügiger Auslegung keine sorgerechtliche Vorbereitung einer Trennung in der Weise, dass schon vorab die Sorge geregelt wird. Will ein Elternteil den anderen zusammen mit den Kindern verlassen, kann er nur über § 1628 eine Regelung der Aufenthaltsbestimmungsfrage herbeiführen, § 1671 hilft nicht.

5 **cc)** Die alleinige Sorge muss **beantragt** werden. Der Antrag kann sich auf die Zuweisung der gesamten Sorge richten, kann aber auch (anders als nach altem Recht) sachlich eingegrenzt werden, zB auf die Übertragung des Aufenthaltsbestimmungsrechts, der Vermögenssorge, der Entscheidung über medizinische Behandlungen usw. Das wird jedoch nur selten zweckmäßig sein. VAw kann das Gericht nur in den Fällen des § 1666 eingreifen. Mit dem Entzug des Sorgerechts eines Elternteils erwirbt der andere dann automatisch die Alleinsorge (§ 1680 III).

6 **dd)** Der **andere Elternteil stimmt zu** und das mindestens vierzehnjährige **Kind widerspricht nicht** (Abs 1 Nr 1) **oder** die Übertragung der **Alleinsorge entspricht dem Wohl** des Kindes am besten (Abs 1 Nr 2). Die Zustimmung des anderen Elternteils ist bedingungs- und befristungsfeindlich. Sie kann nicht ersetzt werden. Wird sie verweigert, kommt ein Alleinsorgerecht nur unter den Voraussetzungen v Abs 1 Nr 2 in Betracht. Das Gleiche gilt, wenn zwar der andere Elternteil der Übertragung der Sorge zustimmt, das mindestens vierzehnjährige Kind der Zuweisung der Sorge aber widerspricht. Das Kind kann also erreichen, dass eine Kindeswohlprüfung stattfindet. Es kann aber die Sorgerechtsübertragung nicht endgültig verhindern.

Fehlt die Zustimmung des anderen Elternteils oder hat das mindestens vierzehnjährige 7
Kind der Zuweisung der Alleinsorge widersprochen, kann die gemeinsame Sorge nur
aufgehoben und die Alleinsorge an den Antragsteller zugewiesen werden, wenn beides
dem **Kindeswohl am besten entspricht.** Die Prüfung ist eine doppelte: die Aufhebung
der gemeinsamen Sorge einerseits und die Zuweisung der Alleinsorge gerade an den
Antragsteller andererseits müssen die beste Lösung für das Kindeswohl darstellen.
Für die **Aufhebung der gemeinsamen Sorge** ist das regelmäßig der Fall, wenn die Eltern 8
wegen ihrer persönlichen Differenzen nicht mehr dazu in der Lage sind, eine am Wohl
des Kindes orientierte Sorge auszuüben. Das Kind soll nicht Zankapfel zwischen den
Eltern sein. Häufige Verfahren nach § 1628 oder ständiger Streit um die Befugnisse
nach § 1687 (OLG Nürnberg NJW-RR 01, 1519) sprechen daher für die Aufhebung
der gemeinsamen Sorge. Die Alleinsorge darf aber nicht vorschnell angeordnet werden,
Meinungsverschiedenheiten (auch über die Frage der religiösen Erziehung, BGH
FamRZ 05, 1167) oder persönliche Konflikte zwischen den Eltern reichen daher ebenso wenig, wie die bloße Ablehnung der gemeinsamen Sorge durch einen Elternteil;
denn die Eltern sind zur gemeinsamen Sorge verpflichtet (OLG Karlsruhe FamRZ 99,
801; OLG Hamm FamRZ 04, 1668; OLG Köln FamRZ 05, 2087). Ist nicht erkennbar, dass sich das schlechte Verhältnis zwischen den Eltern bislang negativ auf das Kindeswohl ausgewirkt hat, und ist auch nicht zu befürchten, dass sich zukünftig negative
Auswirkungen ergeben könnten, verbleibt es trotz der Kommunikationsschwierigkeiten zwischen den Eltern daher bei der gemeinsamen elterlichen Sorge. Andererseits
kann die gemeinsame Sorge dem Kindeswohl zuwiderlaufen, wenn das Kind selbst den
Kontakt zu einem Elternteil abbricht, weil es den andauernden Streit zwischen seinen
Eltern nicht erträgt (KG FamRZ 05, 1768). Auch eine größere räumliche Trennung
braucht nicht gegen die gemeinsame Sorge zu sprechen, wenn die Eltern kooperationsfähig und kooperationsbereit sind (OLG Hamm FPR 02, 91).
Ob auch die **Alleinsorge gerade des Antragstellers** (und nicht des anderen Elternteils) 9
für das Kind die beste Lösung ist, richtet sich nach den auch bei § 1671 aF maßgeblichen Kriterien. Es kommt darauf an, ob dieser Elternteil auch die Persönlichkeitsentwicklung des Kindes am nachhaltigsten fördern kann, dh ob er für das Kind die bessere
und stabilere Bezugsperson sein wird und darauf, ob gerade zu diesem Elternteil die engeren Bindungen des Kindes bestehen (um so wichtiger, je jünger das Kind ist). Ebenso
ist bedeutsam, ob er die Kontinuität der bisherigen Erziehung sichern kann oder ob das
Kind gezwungen sein wird, sein gewohntes Umfeld zu verlassen, ob er das Umgangsrecht des Kindes mit dem anderen Elternteil und den sonstigen Bezugspersonen
(§§ 1684 f) respektieren wird (OLG Celle FamRZ 04, 1667; daher idR auch keine Eignung v Kindesentführern) und welche Wünsche das Kind selbst äußert, ohne dass diesen aber Vorrang gegenüber den anderen Kriterien zukommt. Vor allem sollten Geschwister nicht getrennt werden, auch wenn der Wunsch eines oder mehrerer Kinder
dahin geht (OLG Dresden NJW 03, 147). Schließlich ist auch zu berücksichtigen, ob in
der Person des Antragstellers Umstände vorliegen, die eine gesunde und geregelte Erziehung des Kindes in Frage stellen, wie zB psychische Erkrankungen, Sucht (OLG
Brandenburg FPR 02, 92), Gewalttätigkeit (OLG Brandenburg FPR 02, 15), Hang zu
Straftaten usw.
ee) Die Sorge darf **nicht aufgrund anderer Vorschriften** abweichend zu regeln sein 10
(Abs 4). Ein Sorgerechtsentzug nach § 1666 geht dem Verfahren nach § 1671 vor.
Wenn in der Person des Antragstellers die Voraussetzungen des § 1666 vorliegen, muss
das Gericht den Antrag also ablehnen und dem Antragsteller zusätzlich die Sorge entziehen. Liegen die Voraussetzungen des § 1666 in der Person des anderen Elternteils
vor, wird der Antragsteller schon durch die Entziehung v dessen Sorge zum Alleinsorgeberechtigten (§ 1680 III). Einer Entscheidung nach § 1671 bedarf es dann nicht. Ist
die Sorge beider Eltern zu entziehen, müssen der Antrag abgelehnt, die Sorge entzogen
und ein Pfleger bzw Vormund bestellt werden (§ 1697).
b) Liegen die Voraussetzungen vor, **weist das Gericht dem Antragsteller die Sorge in** 11
dem beantragten Umfang zu. Gleichzeitig erlischt insoweit das Sorgerecht des anderen
Elternteils. Fehlt eine Voraussetzung, lehnt das Gericht den Antrag ab. Es bleibt beim

gemeinsamen Sorgerecht. Etwas anderes gilt nur, wenn auch der andere Elternteil die Alleinsorge beantragt hatte und in seiner Person die Voraussetzungen für die Alleinsorge vorliegen. Fehlt es an einem solchen Gegenantrag, ist das Gericht bis zur Grenze des § 1666 an einem Eingriff in das gemeinsame Sorgerecht gehindert.

12 3. **Neu** in § 1671 aufgenommen wurden die Regelungsmöglichkeiten in Bezug auf die elterliche Sorge, wenn der **Mutter bislang die alleinige Sorge** zustand (Fälle des § 1626 a III). Mit der Neuregelung durch das G zur Reform der elterlichen Sorge nicht miteinander verheirateter Eltern v 16.4.13 (BGBl I 795) kam der Gesetzgeber einer Anordnung des BVerfG nach, das beanstandet hatte, dass der nicht mit der Mutter verheiratete Vater eines Kindes auf seinen Antrag hin die elterliche Sorge nach Trennung v der Mutter nur mit deren Zustimmung erhalten konnte (§ 1672 I aF). Die Neuregelung passt die nun bestehenden Möglichkeiten und ihre Voraussetzungen an den neu gestalteten § 1626 a an.

13 a) Der **Vater**, dem kein Sorgerecht zusteht, weil er mit der Mutter weder verheiratet ist noch war noch eine Sorgeerklärung abgegeben wurde oder ihm die Mitsorge gerichtlich übertragen war, erhält die **Alleinsorge** zugewiesen, wenn aa) Mutter und Vater zunächst zusammengelebt haben und sich nun dauerhaft trennen (Rn 4). Eine Sorgezuweisung kommt daher nicht in Betracht, solange die Eltern noch zusammenleben oder wenn nie eine Lebensgemeinschaft bestanden hat. In diesem Fall kann nur nach § 1626 a I Nr 3, II die gemeinschaftliche Sorge beantragt werden.

14 bb) Der Vater muss die Zuweisung der Alleinsorge **beantragen** (Einzelheiten: Rn 5). In dem besonderen Fall, dass die elterliche Sorge der Mutter nach § 1751 I 1 ruht, gilt der Antrag des Vaters auf Übertragung der gemeinsamen elterlichen Sorge nach § 1626 a II als Antrag nach Abs 2 (Abs 3 S 1). Dem Antrag ist in dieser besonderen Konstellation stattzugeben, soweit die Übertragung der elterlichen Sorge auf den Vater dem Wohl des Kindes nicht widerspricht.

15 cc) Die **Mutter** muss der Übertragung der Sorge **zustimmen**. Die Ersetzung der Zustimmung kommt nicht in Betracht. Fehlt die Zustimmung der Mutter, kann die Alleinsorge gleichwohl übertragen werden, wenn eine gemeinsame Sorge nicht in Betracht kommt und zu erwarten ist, dass die Übertragung auf den Vater dem Wohl des Kindes am besten entspricht (Abs 3 Nr 2).

16 dd) Das **über 14-jährige Kind** widerspricht der Übertragung der elterlichen Sorge **nicht**. Die Ersetzung der Zustimmung ist ebenfalls nicht vorgesehen. In Betracht kommt die Übertragung der Alleinsorge aber gleichwohl, wenn eine gemeinsame Sorge der Eltern nicht in Betracht kommt und zu erwarten ist, dass die Übertragung auf den Vater dem Wohl des Kindes am besten entspricht (Abs 3 Nr 2).

17 ee) Die Übertragung der Alleinsorge darf dem **Kindeswohl nicht widersprechen**. Es findet also (anders als in den Fällen des Abs 1 Nr 1) eine Kindeswohlprüfung statt. Der Maßstab wurde gegenüber der bisherigen Regelung in § 1672 aF abgesenkt, wo noch verlangt wurde, dass die Übertragung dem Wohl des Kindes dienen, dh dieses positiv beeinflussen, musste. Maßgebend für die Kindeswohlprüfung sind die in Rn 7 genannten Kriterien. Wollen die Eltern der Kindeswohlprüfung entgehen, müssen sie zunächst durch eine Sorgeerklärung (§ 1626 a I Nr 1) die gemeinsame Sorge herbeiführen und dann nach Abs 1 Nr 1 die Zuweisung der Alleinsorge an den Vater beantragen.

18 ff) Alternativ zu den in Abs 2 Nr 1 genannten Voraussetzungen (Rn 15–17) kommt die Übertragung der Alleinsorge auch in Betracht, wenn eine gemeinsame Sorge der Eltern nicht in Betracht kommt und zu erwarten ist, dass die **Übertragung auf den Vater dem Wohl des Kindes am besten entspricht**. In diesem Fall muss die Alleinsorge die für das Kindeswohl beste Lösung sein. Die Anforderungen entsprechen denen in Abs 1 Nr 2 (Rn 7–9).

19 gg) Die Sorge darf **nicht aufgrund anderer Vorschriften abweichend zu regeln** sein (Abs 4, Rn 10).

20 b) Mit der Übertragung der Alleinsorge auf den Vater ist die Möglichkeit ausgeschlossen, durch Abgabe einer Sorgeerklärung ein gemeinsames Sorgerecht zu erlangen (§ 1626 b III). Das kommt nur noch über eine Änderung der Entscheidung nach § 1696 in Betracht

III. Verfahren. Zuständig ist der Richter (§ 14 I Nr 15 RPflG) des Familiengerichts. 21
Wird die Entscheidung im Scheidungsverfahren bzw im Verfahren auf Aufhebung einer
Lebenspartnerschaft für den Fall der Scheidung (bzw der Aufhebung der Lebenspartnerschaft) beantragt, steht sie mit der Scheidungssache (bzw Lebenspartnerschaftssache) und den anderen Folgesachen im Verhandlungs- und Entscheidungsverbund, wenn ein entsprechender Antrag gestellt wurde (§ 137 FamFG) und muss dann zusammen mit diesen verhandelt und entschieden werden. Der frühere Zwangsverbund (§ 623 III ZPO aF), dh die Einleitung und Verbindung des Verfahrens vAw auch ohne Antrag war schon 1998 beseitigt worden. Das FamFG hat die Einbeziehung der Kindschaftssachen in den Verbund weiter erschwert und verlangt jetzt sogar einen Antrag für die Einbeziehung des Verfahrens in den Verbund. Das ist folgerichtig, weil das FamFG für Kindschaftssachen den Beschleunigungsgrundsatz stark betont (vgl § 155 FamFG). Zu den Anhörungsrechten s §§ 159 – 162 FamFG, zum Rechtsmittel §§ 58, 70 FamFG, zur Beschwerdebefugnis § 59 FamFG.

§ 1672 (aufgehoben)

§ 1673 Ruhen der elterlichen Sorge bei rechtlichem Hindernis

(1) Die elterliche Sorge eines Elternteils ruht, wenn er geschäftsunfähig ist.
(2) ¹Das Gleiche gilt, wenn er in der Geschäftsfähigkeit beschränkt ist. ²Die Personensorge für das Kind steht ihm neben dem gesetzlichen Vertreter des Kindes zu; zur Vertretung des Kindes ist er nicht berechtigt. ³Bei einer Meinungsverschiedenheit geht die Meinung des minderjährigen Elternteils vor, wenn der gesetzliche Vertreter des Kindes ein Vormund oder Pfleger ist; andernfalls gelten § 1627 Satz 2 und § 1628.

§ 1674 Ruhen der elterlichen Sorge bei tatsächlichem Hindernis

(1) Die elterliche Sorge eines Elternteils ruht, wenn das Familiengericht feststellt, dass er auf längere Zeit die elterliche Sorge tatsächlich nicht ausüben kann.
(2) Die elterliche Sorge lebt wieder auf, wenn das Familiengericht feststellt, dass der Grund des Ruhens nicht mehr besteht.

§ 1674 a Ruhen der elterlichen Sorge der Mutter für ein vertraulich geborenes Kind

Die elterliche Sorge der Mutter für ein nach § 25 Absatz 1 des Schwangerschaftskonfliktgesetzes vertraulich geborenes Kind ruht. Ihre elterliche Sorge lebt wieder auf, wenn das Familiengericht feststellt, dass sie ihm gegenüber die für den Geburtseintrag ihres Kindes erforderlichen Angaben gemacht hat.

§ 1675 Wirkung des Ruhens

Solange die elterliche Sorge ruht, ist ein Elternteil nicht berechtigt, sie auszuüben.

I. §§ 1673–1675 regeln die **Voraussetzungen und die Folgen des Ruhens der elterlichen** 1
Sorge. *Das Gesetz unterscheidet dabei das* Ruhen aus rechtlichen (§ 1673) und das aus tatsächlichen Gründen (§ 1674). Die Folgen sind gleich: der betroffene Sorgeberechtigte ist nicht berechtigt, die Sorge auszuüben (§ 1675). Zur Sorge für das Kind in diesem Fall s § 1678.

II. Aus **rechtlichen Gründen** ruht die elterliche Sorge zunächst, wenn der sorgeberech- 2
tigte Elternteil **geschäftsunfähig** ist (§ 1673 I). Es müssen die Voraussetzungen v § 104 Nr 2 vorliegen. Die Geschäftsunfähigkeit braucht nicht umfassend zu sein; es reicht, dass sie sich auf die wesentlichen Gegenstände des Sorgerechts bezieht. Mit dem Wegfall der Geschäftsunfähigkeit entfällt auch das Ruhen der Sorge automatisch (BayObLG Rpfleger 68, 22).

3 Die Sorge ruht auch bei **beschränkter Geschäftsfähigkeit,** also Minderjährigkeit (§ 106) eines Elternteils (§ 1673 II 1). Der minderjährige Elternteil hat neben dem gesetzlichen Vertreter seines Kindes nur die tatsächliche Personensorge. Auch in diesen Angelegenheiten ist er aber nicht zur Vertretung des Kindes berechtigt. Diese obliegt dem gesetzlichen Vertreter, dh dem anderen Elternteil oder einem Vormund (vgl § 1678) ebenso wie die Vermögenssorge. Bei Meinungsverschiedenheiten über die tatsächliche Personensorge geht die Ansicht des minderjährigen Elternteils vor, wenn der gesetzliche Vertreter des Kindes ein Vormund oder Pfleger ist (§ 1673 II 2 1. Halbs). Ist der andere Elternteil gesetzlicher Vertreter, stehen beide gleich. Meinungsverschiedenheiten sind nach §§ 1627 f zu lösen (§ 1673 II 2 2. Halbs). Mit der Volljährigkeit (§ 2) endet das Ruhen automatisch und der bisher Minderjährige erwirbt die gemeinsame bzw die Alleinsorge.

4 Aus **tatsächlichen Gründen** ruht die Sorge, wenn der Berechtigte längere Zeit gehindert ist, sie auszuüben (§ 1674 I). Anders als nach § 1673 tritt das Ruhen nicht automatisch ein, sondern erst, wenn das Familiengericht feststellt, dass die Voraussetzungen dafür vorliegen. Es entfällt auch erst, wenn der Wegfall der Voraussetzungen festgestellt wird (§ 1674 II). Verhinderungsfälle sind zB psychische oder mit einem Aufenthalt in einer geschlossenen Klinik verbundene Erkrankungen, Strafhaft, längerdauernde Untersuchungshaft, Verschollenheit, Auslandsaufenthalte, wenn durch sie der Kontakt zum Kind und seiner Umwelt erheblich beeinträchtigt ist und Entführungen.

4a Die elterliche Sorge der Mutter ruht außerdem, wenn ein **Kind nach § 25 I Schwangerschaftskonfliktgesetz vertraulich geboren wird** (§ 1674 a S 1). Die Regelung wurde durch Art 6 des G zum Ausbau der Hilfen für Schwangere und zur Regelung der vertraulichen Geburt v 28.8.13 in das BGB eingefügt. Sie wird am 1.5.14 in Kraft treten. Sinn der Norm ist es, die Frau, die vertraulich ein Kind entbunden hat, dazu zu veranlassen, die erforderlichen Angaben für den Geburtseintrag doch noch zu machen. Die elterliche Sorge lebt deswegen wieder auf, wenn das FamG feststellt, dass die Mutter ihm gegenüber die für den Geburtseintrag ihres Kindes erforderlichen Angaben gemacht hat. Das Ruhen der elterlichen Sorge endet also nicht ohne weiteres, sondern erst mit der entsprechenden Feststellung des Familiengerichts.

5 Durch das Ruhen erlischt die Sorge nicht. Der betroffene Elternteil ist nur **nicht berechtigt, die Sorge auszuüben.** Wer für das Kind sorgt, ergibt sich aus § 1678.

6 III. **Verfahren.** Für die Feststellung, dass die Voraussetzungen des § 1674 vorliegen, ist das Familiengericht zuständig. Wegen fehlender Nennung in § 14 RPflG ist das Angelegenheit des Rechtspflegers. Alle Beschlüsse werden mit Bekanntgabe an die Beteiligten wirksam (§§ 41 FamFG).

§ 1676 (weggefallen)

§ 1677 Beendigung der Sorge durch Todeserklärung

Die elterliche Sorge eines Elternteils endet, wenn er für tot erklärt oder seine Todeszeit nach den Vorschriften des Verschollenheitsgesetzes festgestellt wird, mit dem Zeitpunkt, der als Zeitpunkt des Todes gilt.

1 Wie die **Sorge** automatisch mit dem Tod des Sorgeberechtigten endet, **endet sie, wenn er für tot erklärt oder sein Todeszeitpunkt festgestellt wird** (§§ 1 ff, 29, 39, 44 VerschG). Ende ist der als Todeszeit festgestellte Zeitpunkt. Wer dann sorgeberechtigt ist, richtet sich nach § 1680 I, II (§ 1681 I). Stellt sich heraus, dass der Elternteil noch lebt, muss ihm die Sorge wieder in dem Umfang übertragen werden, in dem er sie zuvor hatte, wenn das dem Wohl des Kindes nicht widerspricht (§ 1681 II).

2 **Verfahren.** Die Todeserklärung bzw die Feststellung des Todeszeitpunkts ist dem Familiengericht anzuzeigen (§ 158 FamFG).

§ 1678 Folgen der tatsächlichen Verhinderung oder des Ruhens für den anderen Elternteil

(1) Ist ein Elternteil tatsächlich verhindert, die elterliche Sorge auszuüben, oder ruht seine elterliche Sorge, so übt der andere Teil die elterliche Sorge allein aus; dies gilt nicht, wenn die elterliche Sorge dem Elternteil nach § 1626 a Abs. 3 oder § 1671 allein zustand.

(2) Ruht die elterliche Sorge des Elternteils, dem sie gemäß § 1626 a Absatz 3 oder § 1671 allein zustand, und besteht keine Aussicht, dass der Grund des Ruhens wegfallen werde, so hat das Familiengericht die elterliche Sorge dem anderen Elternteil zu übertragen, wenn dies dem Wohl des Kindes nicht widerspricht.

Die Norm ergänzt § 1675. Während § 1675 festlegt, dass ein Elternteil nicht berechtigt ist, die Sorge auszuüben, solange sie ruht, regelt § 1678, wer dann für das Kind sorgt. Außerdem ist der Fall geregelt, dass die Sorge zwar noch nicht aus tatsächlichen Gründen ruht, weil noch eine entsprechende gerichtliche Feststellung fehlt, dass aber ein Elternteil an der Sorgeausübung gehindert ist. 1

Steht den Eltern die Sorge gemeinsam zu und ruht sie oder ist ein Elternteil sonst an ihrer Ausübung verhindert, steht die Sorge dem anderen Teil allein zu. Das Kind ist bei dem anderen Elternteil am besten aufgehoben, weil dieser im Zweifel die Vorstellungen des Verhinderten teilt. 2

Steht einem Elternteil die Sorge allein zu, weil es sich um eine nichteheliche Mutter handelt und keine Sorgeerklärung abgegeben war (§ 1626 a III) oder weil ihm die Sorge nach Trennung der Eltern nach § 1671 übertragen war, geht die Sorge nicht automatisch auf den anderen Elternteil über, wenn er an ihrer Ausübung verhindert ist oder die Sorge ruht. Dann muss die gerichtliche Entscheidung geändert werden (§ 1696), wenn die Alleinsorge auf einer solchen Entscheidung beruht. Die Sorge kann dann dem anderen Elternteil übertragen werden, muss es aber nicht. Bei Sorgeberechtigung nach § 1626 a III (nichteheliche Mutter), muss das Gericht die Sorge dem Vater übertragen, wenn es sich um einen unbehebbaren Grund für das Ruhen der Sorge handelt (zB dauernde psychische Erkrankung), so dass keine Aussicht besteht, dass das Ruhen bald wegfallen wird. In diesem Fall muss die Übertragung des Sorgerechts aber dem Wohl des Kindes dienen, dh dieses positiv fördern. Das kann in der Regel angenommen werden, wenn der Vater mit der Mutter und dem Kind in einer Lebensgemeinschaft gelebt hat. Fördert die Übertragung der Sorge das Kindeswohl nicht, muss ein Vormund bestellt werden. Ist die Verhinderung nur vorübergehend, reicht es, einen Pfleger zu bestellen. Beruhte die Alleinsorge auf einer Entscheidung nach § 1666 (§ 1680 III), kann der andere Elternteil die Sorge nur über eine Änderung dieser Entscheidung erlangen (§ 1696). 3

§ 1679 (weggefallen)

§ 1680 Tod eines Elternteils oder Entziehung des Sorgerechts

(1) Stand die elterliche Sorge den Eltern gemeinsam zu und ist ein Elternteil gestorben, so steht die elterliche Sorge dem überlebenden Elternteil zu.
(2) Ist ein Elternteil, dem die elterliche Sorge gemäß § 1626 a Abs. 3 oder § 1671 allein zustand, gestorben, so hat das Familiengericht die elterliche Sorge dem überlebenden Elternteil zu übertragen, wenn dies dem Wohl des Kindes nicht widerspricht.
(3) Die Absätze 1 und 2 gelten entsprechend, soweit einem Elternteil die elterliche Sorge entzogen wird.

I. Die Vorschrift regelt, wem die **elterliche Sorge zusteht, wenn ein Elternteil stirbt** oder ihm die **Sorge entzogen** wird. Sie gilt entsprechend, wenn die Sorge eines Elternteils durch Todeserklärung oder Feststellung des Todeszeitpunkts endet (§ 1681). Leitgedanke ist, dass sorgeberechtigt in erster Linie derjenige sein soll, der es schon zu Leb- 1 zeiten des verstorbenen Elternteils (bzw vor dem Entzug der Sorge) mit diesem zusammen war.

2 II. Hatten die Eltern **gemeinsame Sorge**, steht die Sorge nach dem Tod ohne weiteres dem anderen Elternteil allein zu (Abs 1), ebenso wie beim Ruhen der Sorge oder bei tatsächlicher Verhinderung des anderen Sorgeberechtigten (§ 1678).

3 Hatte ein Elternteil nur deswegen die **Alleinsorge**, weil sie ihm im Rahmen einer Trennung v Gericht nach § **1671 übertragen** wurde, geht die Sorge nicht automatisch auf den anderen Elternteil über. Es muss eine Kindeswohlprüfung stattfinden, weil diese regelmäßig auch im Rahmen der Entscheidung über die Zuweisung der Alleinsorge erfolgt war und gerade dazu geführt hatte, dass der überlebende bzw der nicht durch die Sorgeentziehung betroffene Elternteil nicht die Sorge erhalten hatte. Es reicht schon aber, dass die Sorge durch ihn dem Kindeswohl nicht widerspricht, dh es darf durch die Sorge nur keine Verschlechterung eintreten. Lebt der andere Elternteil nicht mehr oder würde durch seine Sorge das Kindeswohl gefährdet, muss ein Vormund bestellt werden.

4 Hatte die **Mutter Alleinsorge nach § 1626 a III**, muss die Sorge auf den Vater des Kindes übertragen werden, wenn das dem Wohl des Kindes dient, dh wenn dieses durch die Sorge des Vaters gefördert wird. Das kann idR angenommen werden, wenn der Vater mit dem Kind zusammengelebt hat, weil die sonst erforderliche Bestellung eines Vormunds das Kind unter die Sorge einer ihm weniger vertrauten Person bringen würde (BVerfG FamRZ 08, 2185). Sofern der Vater bereits verstorben ist oder seine Sorge das Kindeswohl nicht fördern würde, ist ein Vormund zu bestellen.

§ 1681 Todeserklärung eines Elternteils

(1) § 1680 Abs. 1 und 2 gilt entsprechend, wenn die elterliche Sorge eines Elternteils endet, weil er für tot erklärt oder seine Todeszeit nach den Vorschriften des Verschollenheitsgesetzes festgestellt worden ist.
(2) Lebt dieser Elternteil noch, so hat ihm das Familiengericht auf Antrag die elterliche Sorge in dem Umfang zu übertragen, in dem sie ihm vor dem nach § 1677 maßgebenden Zeitpunkt zustand, wenn dies dem Wohl des Kindes nicht widerspricht.

1 Die Vorschrift ergänzt § 1680 um eine Regelung für den Fall, dass ein Sorgeberechtigter **für tot erklärt oder seine Todeszeit festgestellt wird** und seine Sorge deswegen endet (§ 1677). § 1680 I, II gilt dann entsprechend (Abs 1), dh bei bisher gemeinsamer Sorge steht die Sorge nun dem anderen Elternteil allein zu, bei nach § 1671 begründeter Alleinsorge nur, wenn dies dem Kindeswohl nicht widerspricht und bei bisheriger Alleinsorge der Mutter dann, wenn sie das Wohl des Kindes fördert. Zum Umgangsrecht des biologischen Vaters s § 1686 a.

2 Stellt sich heraus, dass der für **tot Erklärte doch noch lebt**, kann er beantragen, dass ihm die Sorge zurückübertragen wird. Dem wird aber nur entsprochen, wenn das dem Wohl des Kindes nicht widerspricht. Die negative Kindeswohlprüfung verhindert, dass die Sorge auch dann zurückübertragen werden muss, wenn das Kind dem vermeintlich Toten bereits entfremdet ist und sich an neuen Bezugspersonen orientiert hat.

§ 1682 Verbleibensanordnung zugunsten von Bezugspersonen

¹Hat das Kind seit längerer Zeit in einem Haushalt mit einem Elternteil und dessen Ehegatten gelebt und will der andere Elternteil, der nach den §§ 1678, 1680, 1681 den Aufenthalt des Kindes nunmehr allein bestimmen kann, das Kind von dem Ehegatten wegnehmen, so kann das Familiengericht von Amts wegen oder auf Antrag des Ehegatten anordnen, dass das Kind bei dem Ehegatten verbleibt, wenn und solange das Kindeswohl durch die Wegnahme gefährdet würde. ²Satz 1 gilt entsprechend, wenn das Kind seit längerer Zeit in einem Haushalt mit einem Elternteil und dessen Lebenspartner oder einer nach § 1685 Abs. 1 umgangsberechtigten volljährigen Person gelebt hat.

Abschnitt 2 | Verwandtschaft § 1684

I. Die durch das KindschaftsrechtsreformG neu eingefügte Norm **ergänzt** §§ 1678, 1680 f. Sie dient dem Schutz des Kindes, das mit einem Elternteil und einer anderen Person als Familie gelebt hat. Auch bei Tod, Sorgerechtsentziehung oder Todeserklärung (bzw Feststellung des Todeszeitpunkts) des Elternteils soll das Kind nicht ohne weiteres aus der Familie herausgerissen werden können; denn es hat oft zu dem Partner des Elternteils erhebliche innere Bindungen aufgebaut. Die Situation entspricht insofern derjenigen bei der Pflegefamilie (§ 1632).

II. 1. Das Familiengericht **kann das Verbleiben des Kindes** bei einem Stiefelternteil (S 1) oder bei Großeltern oder volljährigen Geschwistern (S 2) **anordnen,** wenn a) ein Kind **seit längerer Zeit** zusammen mit dem sorgeberechtigten Elternteil in einer **Gemeinschaft mit einem neuen Ehegatten oder einem Lebenspartner** dieses Elternteils, einem volljährigen Bruder oder einer volljährigen Schwester oder mindestens einem Großelternteil gelebt hat. Für die Frage, ab wann eine längere Dauer vorliegt, gelten die gleichen Kriterien wie bei § 1632 (§ 1632 Rn 3).

b) Durch Ruhen der Sorge, tatsächliche Verhinderung, Tod, Todeserklärung oder Feststellung des Todeszeitpunkts muss die **Alleinsorge auf den Elternteil übergegangen sein,** der bislang nicht mit dem Kind zusammengelebt hat (§§ 1678, 1680, 1681).

c) Es muss die **Gefahr** bestehen, dass der nun sorgeberechtigte Elternteil das **Kind aus der bisherigen Lebensgemeinschaft herausnimmt.**

d) Die Herausnahme des Kindes aus der Lebensgemeinschaft mit dem Partner des Elternteils, den Großeltern oder dem Bruder bzw der Schwester würde das **Kindeswohl gefährden,** dh negativ beeinflussen. Die Anordnung unterbleibt daher, wenn die durch die Herausnahme des Kindes aus der Lebensgemeinschaft entstehenden Nachteile durch Vorteile anderer Art wieder kompensiert werden. Im Zweifel sollte der Kontinuität der Bezugsperson der Vorrang vor anderen Kriterien gegeben werden.

e) Das Familiengericht entscheidet **auf Antrag oder vAw.**

2. Liegen die Voraussetzungen vor, **ordnet das Gericht an, dass das Kind in der Lebensgemeinschaft verbleibt,** in der es sich bislang befunden hat. Das Aufenthaltsbestimmungsrecht des nun sorgeberechtigten Elternteils ist insoweit eingeschränkt.

§ 1683 (aufgehoben)

§ 1684 Umgang des Kindes mit den Eltern

(1) Das Kind hat das Recht auf Umgang mit jedem Elternteil; jeder Elternteil ist zum Umgang mit dem Kind verpflichtet und berechtigt.

(2) [1]Die Eltern haben alles zu unterlassen, was das Verhältnis des Kindes zum jeweils anderen Elternteil beeinträchtigt oder die Erziehung erschwert. [2]Entsprechendes gilt, wenn sich das Kind in der Obhut einer anderen Person befindet.

(3) [1]Das Familiengericht kann über den Umfang des Umgangsrechts entscheiden und seine Ausübung, auch gegenüber Dritten, näher regeln. [2]Es kann die Beteiligten durch Anordnungen zur Erfüllung der in Absatz 2 geregelten Pflicht anhalten. [3]Wird die Pflicht nach Absatz 2 dauerhaft oder wiederholt erheblich verletzt, kann das Familiengericht auch eine Pflegschaft für die Durchführung des Umgangs anordnen (Umgangspflegschaft). [4]Die Umgangspflegschaft umfasst das Recht, die Herausgabe des Kindes zur Durchführung des Umgangs zu verlangen und für die Dauer des Umgangs dessen Aufenthalt zu bestimmen. [5]Die Anordnung ist zu befristen. [6]Für den Ersatz von Aufwendungen und die Vergütung des Umgangspflegers gilt § 277 des Gesetzes über das Verfahren in Familiensachen und in den Angelegenheiten der freiwilligen Gerichtsbarkeit entsprechend.

(4) [1]Das Familiengericht kann das Umgangsrecht oder den Vollzug früherer Entscheidungen über das Umgangsrecht einschränken oder ausschließen, soweit dies zum Wohl des Kindes erforderlich ist. [2]Eine Entscheidung, die das Umgangsrecht oder seinen Vollzug für längere Zeit oder auf Dauer einschränkt oder ausschließt, kann nur ergehen, wenn andernfalls das Wohl des Kindes gefährdet wäre. [3]Das Familiengericht kann insbesondere anordnen, dass der Umgang nur stattfinden darf, wenn ein mitwirkungs-

§ 1684

bereiter Dritter anwesend ist. [4]Dritter kann auch ein Träger der Jugendhilfe oder ein Verein sein; dieser bestimmt dann jeweils, welche Einzelperson die Aufgabe wahrnimmt.

1 **I.** Die Vorschrift regelt den **Umgang des Kindes mit seinen Eltern** (andere Personen: § 1685). Sie bezieht sich (nur) auf minderjährige Kinder. Das ergibt sich schon aus der systematischen Stellung der Norm und aus der Bezugnahme auf die Erziehung in Abs 2. Das Umgangsrecht wurde durch das KindschaftsrechtsreformG grundlegend neu gestaltet. Während § 1684 aF das Umgangsrecht in erster Linie als Recht der Eltern ausgestaltet hatte, so dass der Umgang des Kindes mit seinen Eltern nur als Reflex geschützt war, betont die Neuregelung, dass das Umgangsrecht in erster Linie ein Recht des Kindes ist, weil der dauernde Kontakt mit Eltern und anderen Bezugspersonen für seine ungestörte Entwicklung v großer Bedeutung ist. Die Sorgeberechtigten sind verpflichtet, die Erfüllung dieses Rechts zu sichern (Abs 1 2. Halbs; § 1626 III). Unterlassen sie das oder vereiteln sie das Umgangsrecht des Kindes gar bewusst, kann das daher bis zur Entziehung der gesamten Sorge führen (§ 1666). Die zwangsweise Durchsetzung des Umgangs mit einem jeden Kontakt ablehnenden Elternteil wird dag idR nicht dem Wohl des Kindes dienen. Wenn das aber nicht der Fall ist, greift die Durchsetzung auch unzulässig in das Grundrecht des verweigernden Elternteils aus Art 2 I GG ein (BVerfG NJW 08, 1287).

2 **II. 1. Umgang ist** neben dem persönlichen Kontakt des Kindes mit den Eltern, wie er durch Besuche, gemeinsame Ferien usw ausgeübt werden kann, auch der telefonische und schriftliche Kontakt. Das ist nach der Neufassung des Umgangsrechts eindeutig; denn der Gesetzgeber hat bewusst darauf verzichtet, den Umgang als „persönlichen" zu definieren. Das Kind hat Anspruch auf alle Formen des Kontakts, so dass eine Beschränkung auf brieflichen oder telefonischen Kontakt unzulässig ist.

3 **2.** Das Kind hat einen **Anspruch auf Umgang mit beiden Elternteilen**; die Eltern haben das Recht und die Pflicht, Umgang mit ihrem Kind zu pflegen (zur Doppelnatur der Sorge: § 1626 Rn 2 ff). Das gilt auch für den nichtehelichen Vater. Sein Umgangsrecht unterscheidet sich nicht mehr v demjenigen ehelicher Väter oder der Mütter. Notfalls kann der Umgang sogar erzwungen werden (OLG Köln FamRZ 04, 52; OLG Frankfurt v 9.7.13 – 6 UF 140/13). Zwangsmittel dürfen jedoch nur als ultima ratio eingesetzt werden, wenn der Umgang zum Wohl des Kindes erforderlich ist und ohne Zwang nicht oder nur in völlig unzureichender Weise erfolgen würde. Zum Umgangsrecht des biologischen Vaters vgl § 1686 a.

4 Ausfluss des Umgangsrechts ist, dass die **Eltern alles unterlassen müssen, was** die Beziehung des Kindes zum jeweils anderen Elternteil oder die Erziehung des Kindes durch ihn **behindert** (Abs 2 S 1). Entsprechendes gilt, wenn sich das Kind in der Obhut Dritter befindet (Abs 2 S 2; zB Pflegefamilie, Vormund). Es handelt sich um einen echten Anspruch. Verboten sind die Vereitelung des persönlichen Umgangs, das Unterdrücken v Post, das Aufhetzen des Kindes gegen den anderen Elternteil bzw die Obhutsperson und der Versuch, das Kind diesen Personen zu entfremden. Entstehen dem Umgangsberechtigten dadurch Mehraufwendungen, dass der andere Elternteil den Umgang nicht in dem notwendigen Maß gewährt, hat dieser dem Umgangsberechtigten die Mehraufwendungen nach § 280 zu ersetzen (vgl BGH NJW 02, 2566, der in einem Fall aus der Zeit vor der Schuldrechtsreform die Regeln der Positiven Forderungsverletzung anwendet).

5 Umfang und Inhalt des Umgangs unterliegen der Vereinbarung der Eltern. Das **Familiengericht kann über den Umfang des Umgangsrechts entscheiden** und seine Ausübung näher regeln (Abs 3 S 1), wenn das erforderlich ist. Gerichtliche Regelungen müssen so konkret sein, dass die Betroffenen genau wissen, woran sie sich halten müssen (OLG Celle FamRZ 13, 1237). Das Gericht kann etwa Besuchszeiten nach Zahl und Dauer v Telefongesprächen festlegen, Regelungen für die Ferien und die Wochenenden treffen und Art und Ort des Umgangs bestimmen. Außerdem kann es die Beteiligten durch Anordnungen zur Erfüllung ihrer Verpflichtung nach Abs 2 anhalten (Abs 3 S 2), also etwa dem umgangsberechtigten Elternteil aufgeben, mit dem Kind bestimmte

Abschnitt 2 | Verwandtschaft § 1684

Erziehungsfragen (Schulbildung, Berufsziele) nicht zu besprechen oder das Kind nicht mit Versprechen v Vorteilen dazu zu verlocken, sich gegenüber dem anderen Elternteil aufzulehnen. Dem anderen Elternteil kann es aufgeben, bestimmte Verhaltensweisen zu unterlassen, die es dem Umgangsberechtigten erschweren, den Umgang auszuüben (zB bewusste Übermüdung des Kindes an den Tagen vor den Besuchen des Umgangsberechtigten, „Schlechtmachen" des Umgangsberechtigten). Bei Verstoß gegen die Wohlverhaltenspflicht kommen außerdem unterhaltsrechtliche Sanktionen (§ 1579 Rn 13), eine Neuregelung des Sorgerechts insgesamt (§§ 1696, evtl auch § 1666 eine Entziehung des Aufenthaltsbestimmungsrechts, vgl. OLG Frankfurt FamRZ 04, 1311) und Schadensersatzansprüche des Umgangsberechtigten wegen der Mehraufwendungen (Rn 4) in Betracht. Umgekehrt muss auch der Umgangsberechtigte sich an die Modalitäten des Umgangs halten. Verstöße können zur Einschränkung des Rechts führen und Schadensersatzansprüche des anderen Elternteils auslösen (OLG Bremen NJW 02, 2962).

Durch das FGG-Reformgesetz neu geschaffen wurde die Befugnis des Familiengerichts, 6 eine Pflegschaft für die Durchführung des Umgangs (**Umgangspflegschaft**) anzuordnen, wenn die Verpflichtung zum Umgang dauerhaft oder wiederholt erheblich verletzt wird (Abs 3 S 3). Die Umgangspflegschaft umfasst das Recht, die Herausgabe des Kindes zur Durchführung des Umgangs zu verlangen und für die Dauer des Umgangs dessen Aufenthalt zu bestimmen (Abs 3 S 4). Die Anordnung ist wegen ihres besonderen Eingriffscharakters zu befristen. Für den Ersatz v Aufwendungen und die Vergütung des Umgangspflegers gilt § 277 FamFG analog (Abs 3 S 6).

3. Das Familiengericht kann den **Umgangsrecht** und den Vollzug früherer Entscheidun- 7 gen über das Umgangsrecht nach Abs 3 **einschränken oder ausschließen**, soweit das zum Wohl des Kindes erforderlich ist (Abs 4 S 1). Soll das auf längere Zeit geschehen, ist Voraussetzung dafür, dass sonst das Wohl des Kindes gefährdet wäre (Abs 4 S 2). Das bedeutet, dass es keinen anderen Weg geben darf, um die Gefährdung des Kindeswohls auszuschließen (OLG Köln FamRZ 05, 1770).

Einzelfälle: Ein Ausschluss des persönlichen Kontakts kommt in Betracht, wenn der El- 8 ternteil unter einer hoch infektiösen Krankheit leidet oder wenn das Kind den persönlichen Kontakt zu dem Elternteil nicht erträgt, etwa weil es Zeuge v dessen Gewaltausübungen gegen den anderen Elternteil geworden ist (OLG Köln FamRZ 05, 2011). Das Gleiche gilt, wenn der andere Elternteil bekennender Salafist ist und im Internet zu Terrorakten aufgerufen hat (OLG Köln FamRZ 13, 1237). Die bloße Tatsache, dass dieser in einer kriminellen oder sonst für das Kind schädlichen Umgebung lebt, ist dag unerheblich; denn diese Gefahr kann dadurch abgestellt werden, dass Regeln für den Umgang angeordnet werden, durch die diese Gefahr ausgeschlossen wird (zB anderer Umgangsort). Bei Angriffsgefahr, Gefahr eines sexuellen Missbrauchs und Ähnlichem kommt die Anordnung in Betracht, dass der Umgang nur stattfinden darf, wenn ein Dritter anwesend ist (Abs 4 S 3, 4), bei Gefährdung des Kindes durch Haustiere des Umgangsberechtigten die Anordnung, dass der Umgang nur in Abwesenheit des Haustiers ausgeübt werden darf (KG FPR 02, 569). Erst wenn diese Maßnahmen nicht durchführbar sind (Hauptfall: Weigerung des Umgangsberechtigten), darf das Umgangsrecht ausgeschlossen werden (OLG Köln FamRZ 01, 1163). Keinen Grund für den Ausschluss des Umgangsrechts stellt in jedem Fall die wachsende Eingliederung des Kindes in die neue Familie des Elternteils dar, bei dem das Kind lebt (OLG Karlsruhe FamRZ 99, 184). Entsprechendes gilt für dauernden Streit zwischen den Eltern (OLG Hamm FamRZ 99, 326). Hier ergibt sich aus Abs 2 S 1 die Verpflichtung der Eltern zur Mäßigung. Die Grenze ist jedoch erreicht, wenn das Verhältnis der Eltern so angespannt ist, dass das Umgangsrecht jeweils nur mit Zwang durchgesetzt werden könnte und damit für das Kind eine große psychische Belastung bedeutete. In diesem Fall kommt zur „Abkühlung" des Verhältnisses der Eltern eine befristete Einschränkung des Umgangs in Betracht (OLG Frankfurt FPR 03, 30; OLG Zweibrücken Streit 13, 78). Keine Einschränkung des Umgangsrechts rechtfertigt auch die Tatsache, dass der Umgangsberechtigte aus einem muslimischen Land stammt und zu diesem enge Beziehungen aufrecht erhält; anders erst bei konkreter Entführungsgefahr (OLG Brandenburg NJW 03, 978).

9 Dem Gericht stehen **drei Eingriffsinstrumente** zur Verfügung: Es kann das Umgangsrecht einschränken (zB auf Brief- und telefonische Kontakte), ganz ausschließen oder die Vollstreckung v Entscheidungen aussetzen, mit denen das Umgangsrecht durchgesetzt werden sollte. Welches Mittel im Einzelnen gewählt wird, ist eine Frage der Verhältnismäßigkeit. Es muss immer das sein, das das Kind am wenigsten belastet und (bei gleicher Belastung des Kindes) das Umgangsrecht am wenigsten einschränkt.

10 4. Die **Kosten** des Umgangs trägt der Elternteil, mit dem das Kind den Umgang ausübt. Er muss das Kind (mangels anderer Regelung) auch abholen und zurückbringen, wenn er sein Umgangsrecht ausübt (BGH NJW 95, 717; FPR 02, 563; OLG Nürnberg NJWE-FER 99, 146). Ggf können die Kosten über die Herabsetzung der Leistungsfähigkeit beim Unterhalt in Ansatz gebracht werden (OLG Jena FamRZ 10, 2979). Das kommt aber nur bei besonders hohen Kosten in Betracht, die weder aus Kindergeld noch aus anderen Mitteln getragen werden können. Erschwert der andere Elternteil die Ausübung des Umgangs und entstehen dadurch Mehrkosten, hat der Umgangsberechtigte einen Schadensersatzanspruch gegen den anderen Elternteil (BGH NJW 02, 2566).

§ 1685 Umgang des Kindes mit anderen Bezugspersonen

(1) Großeltern und Geschwister haben ein Recht auf Umgang mit dem Kind, wenn dieser dem Wohl des Kindes dient.
(2) ¹Gleiches gilt für enge Bezugspersonen des Kindes, wenn diese für das Kind tatsächliche Verantwortung tragen oder getragen haben (sozial-familiäre Beziehung). ²Eine Übernahme tatsächlicher Verantwortung ist in der Regel anzunehmen, wenn die Person mit dem Kind längere Zeit in häuslicher Gemeinschaft zusammengelebt hat.
(3) ¹§ 1684 Abs. 2 bis 4 gilt entsprechend. ²Eine Umgangspflegschaft nach § 1684 Abs. 3 Satz 3 bis 5 kann das Familiengericht nur anordnen, wenn die Voraussetzungen des § 1666 Abs. 1 erfüllt sind.

1 I. Die Vorschrift ergänzt § 1684 um ein **Umgangsrecht mit Großeltern, Geschwistern und anderen Bezugspersonen** des Kindes. Die Regelung wurde durch das Kindschaftsrechtsreformg eingeführt und im Jahre 2004 nochmals erheblich erweitert. Sie geht über das bisherige Recht hinaus, das nur ein Umgangsrecht zugunsten v Elternteilen kannte. Gegenüber dem Umgangsrecht nach § 1684 ist das nach § 1685 insofern eingeschränkt, als es davon abhängt, dass der Umgang das Wohl des Kindes dient.

2 II. Früher betraf das **Umgangsrecht** nach § 1685 Großeltern, Geschwister, Stiefeltern und frühere Stiefeltern, mit denen das Kind längere Zeit (Begriff: § 1632 Rn 3) in häuslicher Gemeinschaft gelebt hatte, Personen, bei denen es längere Zeit in Familienpflege war und Lebenspartner. Großeltern und Geschwister haben auch weiterhin ein Umgangsrecht wie schon bisher (Abs 1). Mit Wirkung v 30.4.04 (BGBl I 598) wurde das Umgangsrecht aber auch auf alle engen Bezugspersonen des Kindes erstreckt, wenn diese für das Kind tatsächlich Verantwortung tragen oder getragen haben (Abs 2 S 1). Das ist in der Regel anzunehmen, wenn das Kind längere Zeit mit der Bezugsperson in häuslicher Gemeinschaft gelebt hat (Abs. 2 S 2). Erfasst kann deswegen heute auch ein nichtehelicher Lebensgefährte (gleich welchen Geschlechts) sein, wenn das Kind mit ihm über längere Zeit hinweg zusammengelebt hat, ja selbst der Erzeuger des Kindes, der die Vaterschaft nie anerkannt hat. Stiefeltern, frühere Stiefeltern und Lebenspartner (OLG Karlsruhe NJW 11, 1012), die schon bislang ein Umgangsrecht haben konnten, werden durch diese Regelung ebenfalls erfasst. Zu beachten ist, dass die eheliche Gemeinschaft nur als Regelbeispiel für die sozialfamiliäre Beziehung genannt ist, nicht als zwingende Voraussetzung. Eine solche Beziehung kann deswegen in Ausnahmefällen auch dann angenommen werden, wenn die Person, die das Umgangsrecht erstrebt, und das Kind nie zusammen gelebt haben.

Das Umgangsrecht **setzt voraus**, dass der Umgang dem Wohl des Kindes dient, dh dieses positiv beeinflusst. Das ist idR anzunehmen, wenn das Kind mit dem Umgangsberechtigten so lange zusammengelebt hat, dass dieser zu einer festen Bezugsperson geworden ist, weil dann jede Trennung v ihm das seelische Gleichgewicht des Kindes erheblich negativ beeinflussen würde. Regelmäßig dient dem Kindeswohl etwa der weitere Umgang mit seinen Großeltern, wenn es zu diesen bislang Kontakt hatte und sie nicht versuchen, das Erziehungsrecht des personensorgeberechtigten Elternteils zu unterminieren (OLG Hamm FamRZ 03, 953; OLG Brandenburg FamRZ 10, 1991). Schwerwiegende Streitigkeiten oder Missstimmungen zwischen den Eltern und den Großeltern, welche das Kind in Loyalitätskonflikte stürzen würden, können es aber erfordern, den Umgang mit den Großeltern auszuschließen (OLG Hamm FamRZ 05, 2012). Das Gleiche gilt, wenn zu erwarten ist, dass die Großeltern anderen Personen, mit denen das Umgangsrecht ausgeschlossen ist (zB der Mutter des Kindes), Zugang zum Kind gewähren werden (OLG Frankfurt v 19.3.13 - 4 UF 261/12). 3

Für die **Einzelheiten des Umgangsrechts**, vor allem die Art und Dauer des Umgangs, die Einflussnahme des Elternteils, bei dem das Kind lebt und die Regelungsmöglichkeiten des Familiengerichts gilt § 1684 II–IV entsprechend (§ 1684 Rn 4–8). Eine Umgangspflegschaft nach § 1684 III 3–5 kann das Familiengericht aber nur anordnen, wenn die Voraussetzungen des § 1666 I erfüllt sind. Es darf nicht ohne Not in das Elternrecht eingreifen. Die Eltern haben vielmehr im Rahmen ihres Erziehungsrechts auch das Recht, über den Umgang des Kindes mit seinen Verwandten und sonstigen Bezugspersonen zu bestimmen. Wegen des staatlichen Wächteramts darf aber eingegriffen werden, sobald diese Ausschlüsse das Kindeswohl beeinträchtigen. 4

In **verfahrensrechtlicher Hinsicht** ist zu beachten, dass für eine gerichtliche Regelung des Umgangsrechts der Dritten erst dann ein Rechtsschutzinteresse besteht, wenn der bzw die Sorgeberechtigten den Umgang abgelehnt haben (OLG Dresden FamRZ 05, 1275). 5

§ 1686 Auskunft über die persönlichen Verhältnisse des Kindes

Jeder Elternteil kann vom anderen Elternteil bei berechtigtem Interesse Auskunft über die persönlichen Verhältnisse des Kindes verlangen, soweit dies dem Wohl des Kindes nicht widerspricht.

I. Die Vorschrift regelt einen **Auskunftsanspruch der Eltern** eines Kindes **untereinander** in Bezug auf die persönlichen Angelegenheiten ihres Kindes. Die Regelung entspricht § 1634 III aF. § 1686 ist für den Fall gedacht, dass die Eltern nicht die gemeinsame Sorge für das Kind haben; denn bei gemeinschaftlicher Sorge folgt die Informationspflicht schon aus der Notwendigkeit der Kooperation (§ 1627). 1

II. 1. **Voraussetzung** des Auskunftsanspruchs ist, a) dass er v einem **Elternteil gegen den anderen** geltend gemacht wird. § 1686 hilft nicht gegenüber Dritten. 2

b) Die Auskunft muss die **persönlichen Verhältnisse des Kindes** (zB Entwicklung, Schulleistungen, Gesundheit) betreffen. Auskünfte über die Verhältnisse des anderen Ehegatten können nur verlangt werden, wenn sie zugleich das Kind betreffen (zB Wohnverhältnisse). 3

c) Der den Auskunftsanspruch geltend machende Elternteil muss ein **berechtigtes Interesse** an der Auskunft haben. Das ist dann nicht der Fall, wenn er sich die Informationen unschwer auf andere Weise selbst beschaffen könnte (OLG Brandenburg FamRZ 08, 638; OLG Hamm FamFR 10, 46) oder wenn es sich um Informationen handelt, die bei einem persönlichen Kontakt mit dem Kind auch nicht hätten erlangt werden können; denn historisch gesehen ist der Auskunftsanspruch eine Art Restanspruch für die Fälle gewesen, in denen ein Elternteil keinen persönlichen Umgang mit dem Kind haben konnte. 3a

d) Die Auskunftserteilung darf dem **Wohl des Kindes nicht widersprechen**. Das kommt etwa in Betracht, wenn das (persönliche) Umgangsrecht ausgeschlossen ist (§ 1684 IV) 4 und der Auskunft begehrende Elternteil die Informationen dazu nutzen will, doch einen Kontakt mit dem Kind herzustellen.

5 2. Die Auskunft kann **in jeder beliebigen Form** gegeben werden. Soweit das erforderlich ist, um einen zutreffenden Eindruck zu gewinnen, kann der Auskunftsberechtigte auch Bilder des Kindes, Zeugniskopien usw verlangen. Insoweit ist aber Zurückhaltung geboten. Die Auskunftspflicht bedeutet nicht, dass der Auskunftspflichtige alle Stationen im Leben des Kindes durch die Weitergabe v Abschriften, Dokumenten usw dokumentieren muss.

§ 1686 a Rechte des leiblichen, nicht rechtlichen Vaters

(1) Solange die Vaterschaft eines anderen Mannes besteht, hat der leibliche Vater, der ernsthaftes Interesse an dem Kind gezeigt hat,
1. ein Recht auf Umgang mit dem Kind, wenn der Umgang dem Kindeswohl dient, und
2. ein Recht auf Auskunft von jedem Elternteil über die persönlichen Verhältnisse des Kindes, soweit er ein berechtigtes Interesse hat und dies dem Wohl des Kindes nicht widerspricht.

(2) Hinsichtlich des Rechts auf Umgang mit dem Kind nach Absatz 1 Nummer 1 gilt § 1684 Absatz 2 bis 4 entsprechend. Eine Umgangspflegschaft nach § 1684 Absatz 3 Satz 3 bis 5 kann das Familiengericht nur anordnen, wenn die Voraussetzungen des § 1666 Absatz 1 erfüllt sind.

1 I. Der durch das **G zur Stärkung der Rechte des leiblichen, nicht rechtlichen Vaters** v 4.7.13 (BGBl I 2176) eingeführte § 1686 a BGB ordnet unter bestimmten Voraussetzungen ein Umgangsrecht auch für den biologischen Vater an, der nicht die Hürde des § 1685 BGB nehmen kann. Unter denselben Voraussetzungen sieht er des Weiteren nach dem Vorbild des § 1686 ein Auskunftsrecht des biologischen Vaters gegenüber jedem Elternteil vor. Auslöser für die Schaffung der neuen Norm war die Entscheidung des EGMR (FamRZ 11, 269) im Fall Anayo (gegen BVerfG FamRZ 03, 816). Der EGMR hatte der Beschwerde eines Nigerianers stattgegeben, dem das OLG Karlsruhe den Umgang mit seinen leiblichen Kindern verwehrt hatte, weil er mangels sozial-familiärer Beziehung zu den Kindern keine enge Bezugsperson im Sinne des § 1685 II sei. Der EGMR stellte fest, das Umgangsrecht könne nicht pauschal ohne Kindeswohlprüfung unter Hinweis auf die bestehende familiäre Beziehung versagt werden.

2 II. 1. a) Voraussetzung des **Umgangsrechts aa)** ist zunächst, dass eine Person, die **leiblicher Vater** eines Kindes ist, den Umgang mit diesem Kind will. Dazu muss der Antragsteller zunächst an Eides statt versichern, der Mutter des Kindes während der Empfängniszeit beigewohnt zu haben (§ 167 a I FamFG). In dem Verfahren muss die Abstammung dann inzident geklärt werden (vgl § 167 a II FamFG). Ob die Abstammung oder die kindeswohlbezogenen Voraussetzungen zunächst geklärt werden, steht im Ermessen des Gerichts.

3 bb) Diese Person darf **nicht rechtlicher Vater** des Kindes sein; seine Vaterschaft darf also weder auf Ehe beruhen noch anerkannt oder festgestellt sein. Rechtlicher Vater muss vielmehr eine andere Person sein, deren Vaterschaft die Begründung der Vaterschaft des biologischen Vaters derzeit ausschließt.

4 cc) Der leibliche Vater muss **ernsthaftes Interesse an dem Kind** gezeigt haben, etwa durch Begleitung während der Schwangerschaft zu Untersuchungen oder zur Entbindung, Besuche, durch Auskunftsverlangen, durch das Bekenntnis zum Kind und Ähnliches. Nicht erforderlich ist, dass er versucht, die Vaterschaft des anderen Mannes zu beseitigen. IdR werden dafür auch die Voraussetzungen nicht erfüllt sein (weil eine sozial-familiäre Beziehung zwischen Kind und dem rechtlichen Vater besteht).

5 dd) Der **Umgang muss dem Kindeswohl dienen,** dh dieses positiv fördern. Dabei ist va auch zu prüfen, ob und gggf inwieweit Umgangskontakte mit einem „zweiten" Vater für das Kind eine seelische Belastung darstellen, ob das Kind dadurch in einer dem Kindswohl abträglichen Weise verunsichert wird, inwieweit die Kindesmutter und der

biologische Vater ihre Konflikte nach der Trennung begrenzen können und wie der Umgang im Interesse einer gesunden Persönlichkeitsentwicklung und der Identitätsfindung des Kindes bewertet wird.

b) Für das Umgangsrecht **gilt § 1684 II–IV entsprechend** (Abs 2 S 1, vgl § 1684 Rn 4–10). Insoweit gilt nichts anderes als bei § 1685. Eine Umgangspflegschaft nach § 1684 III 3–5 kann das Familiengericht nur anordnen, wenn die Voraussetzungen des § 1666 I erfüllt sind (Abs 2 S 2).

2. Das **Auskunftsrecht** hat ebenfalls als **Voraussetzung**, dass ein biologischer, nicht rechtlicher Vater ernsthaftes Interesse an dem Kind gezeigt hat (Rn 2–4). Hinzutreten muss ein berechtigtes Interesse an der Auskunft. Das kann darin liegen, dass der Vater sich über die Lebensumstände des Kindes unterrichten will, va dann, wenn die Auskunft die Geltendmachung eines Umgangsrechts erst ermöglichen soll.

Schließlich darf die Erteilung der Auskunft dem **Kindeswohl nicht widersprechen**. Es wird wie bisher beim Auskunftsanspruch des rechtlichen Elternteils darauf verzichtet, eine positive Kindeswohldienlichkeit zu verlangen.

III. Verfahren. Das Verfahren richtet sich nach § 167 a FamFG.

§ 1687 Ausübung der gemeinsamen Sorge bei Getrenntleben

(1) ¹Leben Eltern, denen die elterliche Sorge gemeinsam zusteht, nicht nur vorübergehend getrennt, so ist bei Entscheidungen in Angelegenheiten, deren Regelung für das Kind von erheblicher Bedeutung ist, ihr gegenseitiges Einvernehmen erforderlich. ²Der Elternteil, bei dem sich das Kind mit Einwilligung des anderen Elternteils oder auf Grund einer gerichtlichen Entscheidung gewöhnlich aufhält, hat die Befugnis zur alleinigen Entscheidung in Angelegenheiten des täglichen Lebens. ³Entscheidungen in Angelegenheiten des täglichen Lebens sind in der Regel solche, die häufig vorkommen und die keine schwer abzuändernden Auswirkungen auf die Entwicklung des Kindes haben. ⁴Solange sich das Kind mit Einwilligung dieses Elternteils oder auf Grund einer gerichtlichen Entscheidung bei dem anderen Elternteil aufhält, hat dieser die Befugnis zur alleinigen Entscheidung in Angelegenheiten der tatsächlichen Betreuung. ⁵§ 1629 Abs. 1 Satz 4 und § 1684 Abs. 2 Satz 1 gelten entsprechend.

(2) Das Familiengericht kann die Befugnisse nach Absatz 1 Satz 2 und 4 einschränken oder ausschließen, wenn dies zum Wohl des Kindes erforderlich ist.

I. Die Vorschrift bildet eine notwendige **Ergänzung zu** § 1627 für die Fälle, in denen den Eltern ein gemeinsames Sorgerecht zusteht, sie aber getrennt leben. Sie erlaubt dem Elternteil, bei dem sich das Kind aufhält, Alleinentscheidungen in den Angelegenheiten, die für das Kind nicht v erheblicher Bedeutung sind, um die Sorge für das Kind zu erleichtern.

II. Auch nach der Trennung besteht die **gemeinsame Sorge** weiter, wenn keine Regelung nach § 1671 erfolgt. Das bedeutet, dass grds auch **§ 1627 gilt** und die Eltern einvernehmlich handeln müssen. Dabei bleibt es uneingeschränkt in allen Angelegenheiten, die für das Kind v erheblicher Bedeutung sind (Abs 1 S 1). Das sind solche, in denen bei Uneinigkeit eine Entscheidung nach § 1628 erforderlich ist (§ 1628 Rn 3). Bei Gefahr im Verzug, dh wenn die Handlung nicht bis zur Zustimmung des anderen Elternteils aufgeschoben werden kann, ohne dass schwerwiegende Nachteile für das Wohl des Kindes eintreten, ist jeder Elternteil berechtigt, alle Rechtshandlungen vorzunehmen, die zum Wohl des Kindes notwendig sind (Hauptfall: Einwilligung in dringend erforderliche medizinische Behandlungen). Er muss dann den anderen Elternteil unverzüglich unterrichten (Abs 1 S 5, § 1629 I 4).

In **Angelegenheiten des täglichen Lebens** hat der Elternteil, bei dem sich das Kind mit Einwilligung des anderen Elternteils oder aufgrund einer gerichtlichen Entscheidung gewöhnlich aufhält, die Befugnis zur Alleinentscheidung (Abs 1 S 2). Das sind solche, die häufig vorkommen und die keine schwer abzuändernden Auswirkungen auf die Entwicklung des Kindes haben (Abs 1 S 3). Hierher gehören etwa Fragen der Erziehung, des Taschengelds, des Fernsehkonsums, des Kontakts zu anderen Kindern, der

Freizeitgestaltung usw, nicht dag solche Entscheidungen, die sich auf die Schul- oder Ausbildung (OLG München FamRZ 99, 111), die Gesundheit des Kindes (KG FamRZ 06, 142: Impfung) oder ähnlich bedeutsame Rechtsgüter auswirken können (OLG Köln NJW 99, 295: Urlaubsreise nach Afrika). Solange sich das Kind mit Einwilligung dieses Elternteils oder aufgrund einer gerichtlichen Entscheidung bei dem anderen Elternteil aufhält, hat dieser die Befugnis zur alleinigen Entscheidung in Angelegenheiten der tatsächlichen Betreuung (Abs 1 S 4); denn die Interessenlage ist nun auf seiner Seite identisch mit derjenigen, wie sie sonst bei dem Elternteil besteht, bei dem sich das Kind sonst gewöhnlich aufhält. Für die Ausübung der Alleinsorge gilt der Grundsatz, dass die Eltern alles unterlassen müssen, was das Verhältnis des Kindes zum jeweils anderen Elternteil beeinträchtigt oder die Erziehung erschwert (Abs 1 S 5, § 1684 II 1).

4 Das **Familiengericht** kann die Alleinentscheidungsbefugnis (Abs 1 S 2, 4) **einschränken oder ausschließen**, wenn es zum Wohl des Kindes erforderlich ist (Abs 2). Das kommt vor allem in Betracht, wenn die Alleinentscheidungsbefugnis missbraucht wird, um das Kind gegen den anderen Elternteil aufzubringen oder dessen Erziehung zu konterkarieren. Entscheidungskriterium ist das Kindeswohl (§ 1697 a).

§ 1687 a Entscheidungsbefugnisse des nicht sorgeberechtigten Elternteils

Für jeden Elternteil, der nicht Inhaber der elterlichen Sorge ist und bei dem sich das Kind mit Einwilligung des anderen Elternteils oder eines sonstigen Inhabers der Sorge oder auf Grund einer gerichtlichen Entscheidung aufhält, gilt § 1687 Abs. 1 Satz 4 und 5 und Abs. 2 entsprechend.

1 Die Vorschrift erstreckt die Alleinentscheidungsbefugnis in alltäglichen Angelegenheiten (§ 1687) auf den Fall, dass sich das Kind bei einem Elternteil aufhält, der nicht (mehr) sorgeberechtigt ist, dh wenn es mit diesem Elternteil sein Umgangsrecht (§ 1685) ausübt. Einzelheiten: § 1687 Rn 3 f.

§ 1687 b Sorgerechtliche Befugnisse des Ehegatten

(1) ¹Der Ehegatte eines allein sorgeberechtigten Elternteils, der nicht Elternteil des Kindes ist, hat im Einvernehmen mit dem sorgeberechtigten Elternteil die Befugnis zur Mitentscheidung in Angelegenheiten des täglichen Lebens des Kindes. ²§ 1629 Abs. 2 Satz 1 gilt entsprechend.
(2) Bei Gefahr im Verzug ist der Ehegatte dazu berechtigt, alle Rechtshandlungen vorzunehmen, die zum Wohl des Kindes notwendig sind; der sorgeberechtigte Elternteil ist unverzüglich zu unterrichten.
(3) Das Familiengericht kann die Befugnisse nach Absatz 1 einschränken oder ausschließen, wenn dies zum Wohl des Kindes erforderlich ist.
(4) Die Befugnisse nach Absatz 1 bestehen nicht, wenn die Ehegatten nicht nur vorübergehend getrennt leben.

1 I. **Die Norm** wurde durch das Gesetz zur Beendigung der Diskriminierung gleichgeschlechtlicher Gemeinschaften: Lebenspartnerschaften (Vor §§ 1297–1588 Rn 11 ff) **eingeführt**, weil im Lebenspartnerschaftsgesetz eine entsprechende Regelung für die Partner einer Lebenspartnerschaft (§ 9 I–IV LPartG) enthalten ist. Die Bevorzugung der Partner einer gleichgeschlechtlichen Partnerschaft gegenüber anderen Stiefeltern wäre aber ohne jeden sachlichen Grund und damit verfassungswidrig (wegen Verstoßes gegen Art 3 I GG, weiter gehend: Kanther NJW 03, 797, der § 9 LPartG wegen Eingriffs in das Elternrecht aus Art 6 II 1 GG für verfassungswidrig hält).

2 § 1687 b **enthält** zum einen ein **Mitentscheidungsrecht** des Ehegatten in den Angelegenheiten des täglichen Lebens des Kindes (Abs 1, 3 und 4). Dieses, an das Sorgerecht des Ehegatten anknüpfende Sorgerecht wird allg als „kleines" Sorgerecht bezeichnet. Daneben wird dem Stiefelternteil nunmehr ein **Notsorgerecht** für den Fall zugestanden, dass das Wohl des Kindes ein Handeln des Stiefelternteils erfordert (Abs 2).

§ 1687 b

II. 1. Das kleine Sorgerecht a) setzt voraus, aa) dass ein Elternteil für sein Kind **allein sorgeberechtigt** ist. Solange – wie heute im Regelfall (vgl § 1671) – auch nach der Scheidung gemeinsame Sorge mit dem früheren Ehegatten besteht, ist § 1687 b nicht anwendbar, weil damit zugleich in das Elternrecht des anderen Elternteils eingegriffen würde.

bb) Der allein sorgeberechtigte **Elternteil** muss (wieder) **verheiratet** sein. Das Zusammenleben mit einem Partner in einer nichtehelichen Lebensgemeinschaft reicht nicht. Für Partner einer Eingetragenen Lebenspartnerschaft enthält aber das Lebenspartnerschaftsgesetz in § 9 I–IV LPartG eine entsprechende Regelung.

cc) Der **Ehegatte** darf **nicht auch Elternteil** des Kindes sein; denn dann besteht grds volle gemeinsame Sorge (§ 1626), es sei denn, dass dem Elternteil die Sorge nach §§ 1666 ff entzogen ist, so dass der andere Elternteil allein sorgeberechtigt ist (§ 1680 III). In diesem Fall darf aber der Entzug des Sorgerechts nicht durch die Einräumung des kleinen Sorgerechts umgangen werden.

dd) Die Eheleute dürfen **nicht dauerhaft getrennt leben** (Abs 4, zum Begriff des Getrenntlebens s § 1567).

ee) Über das Bestehen des kleinen Sorgerechts muss **Einvernehmen** zwischen den Eheleuten bestehen. Weder darf dieses Sorgerecht dem neuen Ehegatten aufgezwungen werden noch darf sich umgekehrt der neue Ehegatte in die Eltern-Kind-Beziehung seines Partners hineindrängen. Das Einvernehmen ist jederzeit widerruflich (aA Schwab FamRZ 01, 394, anscheinend auch Kanther NJW 03, 798); das folgt als minus daraus, dass der Elternteil in seiner Entscheidung frei ist, ob er den Partner überhaupt an der Sorge beteiligt.

ff) Das **Familiengericht** darf die Befugnisse des neuen Ehegatten **nicht ausgeschlossen oder eingeschränkt** haben, weil das zum Wohl des Kindes (§ 1697 a) erforderlich ist.

b) Das kleine Sorgerecht **ermächtigt den Ehegatten zur Mitentscheidung** in allen Angelegenheiten des täglichen Lebens (Begriff: § 1687 Rn 3) des Kindes. Mitentscheidung heißt, dass der Ehegatte in diesen Angelegenheiten Entscheidungen mit Wirkung für das Kind treffen darf. Es handelt sich aber nicht um eine Alleinentscheidungsbefugnis wie sie in § 1687 vorgesehen ist; denn der Ehegatte leitet sein Sorgerecht nur v demjenigen des Elternteils ab, so dass dieser jederzeit die Möglichkeit hat, die Mitwirkungsmöglichkeit des anderen wieder zu beenden (Rn 7). Die Mitentscheidungsbefugnis ist daher eher einer Unterbevollmächtigung vergleichbar. Für die Vertretung des Kindes bedeutet das, dass der Ehegatte das Kind allein vertreten kann. Seine Vertretungsmacht ist aber durch ein Widerspruchsrecht des Ehegatten beschränkt, v dem er sein kleines Sorgerecht ableitet. Widerspricht dieser einer Entscheidung, muss ihre Ausführung unterbleiben. Umgekehrt hat der Elternteil weiterhin die Alleinvertretungsbefugnis; er wird durch die Einräumung des Mitentscheidungsrechts nicht in seinen eigenen Rechten beschränkt.

Für das kleine Sorgerecht **gilt § 1629 II 1 entsprechend** (Abs 1 S 2). Auch der Ehegatte des allein sorgeberechtigten Elternteils kann das Kind daher nicht vertreten, soweit ein Vormund nach § 1795 v der Vertretung ausgeschlossen wäre. Das soll verhindern, dass der allein sorgeberechtigte Elternteil mithilfe des kleinen Sorgerechts die ihn selbst treffenden Beschränkungen umgeht.

2. Das **Notsorgerecht** nach Abs 2 **setzt** nur **voraus**, dass Gefahr im Verzug ist, dh dass dem Kind Schaden droht, wenn eine Rechtshandlung unterbleibt, die zum Wohl des Kindes erforderlich ist. Die Regelung entspricht § 1629 I 4. Das dazu Gesagte (§ 1629 Rn 4) gilt entsprechend. Das Recht hängt nicht davon ab, ob der Ehegatte ein kleines Sorgerecht nach Abs 1 hat, und es kann auch v Familiengericht nicht eingeschränkt werden, weil Abs 4 sich allein auf Abs 1, nicht aber auf Abs 2 bezieht. Das entspricht dem Sinn dieses Instituts, eine Gefährdung des Kindeswohls möglichst schnell und effektiv abzuwenden.

In den Fällen des Abs 2 ist der Ehegatte des allein sorgeberechtigten Elternteils **allein entscheidungsbefugt** und hat Alleinvertretungsmacht. Er muss den sorgeberechtigten Elternteil unverzüglich (§ 121) über die Gefahr und den getroffenen Maßnahmen unterrichten (Abs 2, 2. HS).

§ 1688 Entscheidungsbefugnisse der Pflegeperson

(1) ¹Lebt ein Kind für längere Zeit in Familienpflege, so ist die Pflegeperson berechtigt, in Angelegenheiten des täglichen Lebens zu entscheiden sowie den Inhaber der elterlichen Sorge in solchen Angelegenheiten zu vertreten. ²Sie ist befugt, den Arbeitsverdienst des Kindes zu verwalten sowie Unterhalts-, Versicherungs-, Versorgungs- und sonstige Sozialleistungen für das Kind geltend zu machen und zu verwalten. ³§ 1629 Abs. 1 Satz 4 gilt entsprechend.

(2) Der Pflegeperson steht eine Person gleich, die im Rahmen der Hilfe nach den §§ 34, 35 und 35 a Abs. 1 Satz 2 Nr. 3 und 4 des Achten Buches Sozialgesetzbuch die Erziehung und Betreuung eines Kindes übernommen hat.

(3) ¹Die Absätze 1 und 2 gelten nicht, wenn der Inhaber der elterlichen Sorge etwas anderes erklärt. ²Das Familiengericht kann die Befugnisse nach den Absätzen 1 und 2 einschränken oder ausschließen, wenn dies zum Wohl des Kindes erforderlich ist.

(4) Für eine Person, bei der sich das Kind auf Grund einer gerichtlichen Entscheidung nach § 1632 Abs. 4 oder § 1682 aufhält, gelten die Absätze 1 und 3 mit der Maßgabe, dass die genannten Befugnisse nur das Familiengericht einschränken oder ausschließen kann.

1 **I. Die Vorschrift** trifft eine §§ 1687 f vergleichbare Regelung für Kinder in Familienpflege oder Eingliederungshilfe (§ 35 a I 2 Nr 3 SGB VIII). Auch insoweit besteht ein Bedürfnis nach Klarheit über die Befugnisse der Pflegeperson. Diese kann zwar auch dadurch erreicht werden, dass der Inhaber der Sorge deren Ausübung auf die Pflegeperson überträgt. Das unterbleibt in der Praxis jedoch oft. Es wäre dann für die Pflegeperson problematisch, für das Kind zu sorgen, weil für jede Entscheidung die Zustimmung der gesetzlichen Vertreter eingeholt werden müsste.

2 **II. Die Norm gilt für Pflegepersonen**, bei denen das Kind längere Zeit (Begriff: § 1632 Rn 3) in Familienpflege (§ 33 SGB VIII) oder im Rahmen einer Eingliederungshilfe für seelisch behinderte Kinder und Jugendliche (§ 35 a SGB VIII) lebt. Das Zusammenleben mit der Pflegeperson braucht noch nicht längere Zeit gedauert haben; es reicht, dass der längere Aufenthalt beabsichtigt ist, so dass § 1688 ab dem ersten Tag des Aufenthalts bei der Pflegeperson eingreift.

3 Der Aufenthalt des Kindes bei der Pflegeperson berührt das Sorgerecht der Eltern nicht. Die **Pflegeperson ist** aber **befugt**, in Angelegenheiten des täglichen Lebens (§ 1687 I 3) zu entscheiden und den Inhaber der Sorge insoweit zu vertreten (Abs 2 S 1). Sie ist außerdem befugt, den Arbeitsverdienst des Kindes zu verwalten sowie Unterhalts-, Versicherungs-, Versorgungs- und sonstige Sozialleistungen für das Kind geltend zu machen und zu verwalten (Abs 2 S 2). Schließlich ist sie berechtigt, alle Rechtshandlungen vorzunehmen, die zum Wohl des Kindes notwendig sind, wenn die Handlung nicht bis zur Zustimmung des Sorgeberechtigten aufgeschoben werden kann, ohne dass schwerwiegende Nachteile für das Wohl des Kindes eintreten. Sie muss dann die Eltern aber unverzüglich unterrichten (Abs 1 S 3, § 1629 I 4).

4 Da die elterliche Sorge grds durch die Pflege nicht beeinträchtigt ist, können die Sorgeberechtigten die in Abs 1 und 2 genannten Befugnisse der Pflegeperson durch entsprechende **Erklärung** gegenüber dieser **ganz oder teilweise ausschließen** (Abs 3 S 1). Das Familiengericht kann die Befugnisse auch gegen den Willen v Sorgeberechtigten und Pflegeperson einschränken oder ausschließen, wenn das zum Wohl des Kindes erforderlich ist (Abs 3 S 2), zB wenn die Pflegeperson Unterhaltsforderungen des Kindes nicht genügend energisch durchsetzt, wenn sie den Arbeitsverdienst nicht sorgfältig genug verwaltet usw. Ist die elterliche Sorge ausnahmsweise eingeschränkt (zB bei einer Verbleibensanordnung nach § 1632 IV oder § 1682), kommt es für den Ausschluss oder die Einschränkung der Alleinentscheidungsbefugnisse nur auf die Entscheidung des Familiengerichts an (Abs 4), weil sonst der Sorgeberechtigte, dessen Sorge eingeschränkt ist, auf diese Weise die Tätigkeit der Pflegeperson erheblich behindern könnte.

§§ 1689 bis 1692 (weggefallen)

§ 1693 Gerichtliche Maßnahmen bei Verhinderung der Eltern

Sind die Eltern verhindert, die elterliche Sorge auszuüben, so hat das Familiengericht die im Interesse des Kindes erforderlichen Maßregeln zu treffen.

Die Norm schützt das Kind bei Verhinderung der Eltern an der Sorgeausübung, indem 1 sie die Befugnis des Familiengerichts begründet, in diesem Fall die erforderlichen Maßregeln zu treffen. Die Eingriffsbefugnis setzt bei gemeinsamer Sorge voraus, dass beide Eltern verhindert sind, weil bei Verhinderung nur eines v ihnen der andere die Alleinsorge hat (§ 1678 I). Die Verhinderung muss grds förmlich festgestellt werden. Etwas anderes gilt nur, wenn das Zuwarten bis zum Ende der Feststellung (zB Begutachtung bei Krankheit) mit einer Gefährdung des Kindeswohls verbunden ist. Das Gericht kann alle erforderlichen Maßnahmen treffen, um die Gefährdung des Kindeswohls bis zum Ende der Verhinderung oder einer endgültigen Regelung zu beseitigen.

§§ 1694 und 1695 (weggefallen)

§ 1696 Abänderung gerichtlicher Entscheidungen und gerichtlich gebilligter Vergleiche

(1) ¹Eine Entscheidung zum Sorge- oder Umgangsrecht oder ein gerichtlich gebilligter Vergleich ist zu ändern, wenn dies aus triftigen, das Wohl des Kindes nachhaltig berührenden Gründen angezeigt ist. ²Entscheidungen nach § 1626 a Absatz 2 können gemäß § 1671 Absatz 1 geändert werden; § 1671 Absatz 4 gilt entsprechend. ³§ 1678 Absatz 2, § 1680 Absatz 2 sowie § 1681 Absatz 1 und 2 bleiben unberührt.
(2) Eine Maßnahme nach den §§ 1666 bis 1667 oder einer anderen Vorschrift des Bürgerlichen Gesetzbuchs, die nur ergriffen werden darf, wenn dies zur Abwendung einer Kindeswohlgefährdung oder zum Wohl des Kindes erforderlich ist (kindesschutzrechtliche Maßnahme), ist aufzuheben, wenn eine Gefahr für das Wohl des Kindes nicht mehr besteht oder die Erforderlichkeit der Maßnahme entfallen ist.

I. Die Vorschrift legt fest, dass **Entscheidungen** des Familiengerichts (Beschlüsse und 1 gerichtlich gebilligte Vergleiche nach § 156 II FamFG) in Bezug auf das Sorgerecht für Kinder **nicht endgültig** sind, sondern ständig überprüft und geändert werden müssen, wenn aus triftigen, das Wohl des Kindes nachhaltig berührenden Gründen eine Änderung angezeigt ist (Abs 1) bzw wenn eine Gefahr für das Kindeswohl nicht mehr vorliegt (Abs 2).
II. Die **Aufhebung** v Maßnahmen nach §§ **1666** ff muss erfolgen, wenn die Gefahr für 2 das Kindeswohl, die die Anordnung der Maßnahme rechtfertigte, nicht mehr vorliegt (Abs 2). Dann verlangt es das verfassungsrechtlich geschützte Elternrecht, dass die Eltern ihre Sorge wieder in vollem Umfang ausüben dürfen. Anordnungsvoraussetzungen: § 1666 Rn 2 ff. Damit das Gericht feststellen kann, ob die Voraussetzungen einer Aufhebung der Maßnahme nach § 1666 ff in Betracht kommt, muss es seine Anordnung in angemessenen Zeitabständen überprüfen (Abs 3).
Andere Maßnahmen, vor allem also Sorgeentscheidungen nach § 1626 a II oder 3 § 1671, müssen geändert werden, wenn es aus triftigen, das Wohl des Kindes nachhaltig berührenden Gründen angezeigt ist (Abs 1). Die Regelung dient nicht dazu, dem bei der Sorgezuweisung unterlegenen Elternteil eine Art dauernden Rechtswegs zu eröffnen. Die Korrektur der Entscheidung muss allein aus wichtigen Gründen des Kindeswohls erforderlich sein. Das kommt vor allem dann in Betracht, wenn die Umstände, die zu der Zuweisung der Sorge an einen Elternteil geführt haben, sich geändert haben, wenn etwa der Elternteil, bei dem sich das Kind wegen der besseren Betreuungsmöglichkeiten befindet, eine volle Berufstätigkeit aufnimmt, wenn er systematisch den Umgang mit dem anderen Elternteil oder den in § 1685 genannten Bezugspersonen vereitelt, wenn die Eltern wieder harmonisch zusammenleben, so dass die gemeinsame Sor-

ge wieder angezeigt erscheint oder wenn eine Erkrankung, die kausal für die Zuweisung der Sorge an den anderen Elternteil war, inzwischen geheilt ist. Es reicht aber nicht, wenn die Gründe, die zu der Zuweisung an einen Elternteil geführt haben, zwar nicht mehr aktuell auftreten, aber latent noch vorhanden sind und sich jederzeit wieder realisieren können (BayObLG FamRZ 97, 956: psychische, in Schüben verlaufende Krankheit auch bei längerem Nichtauftreten eines Schubs).

4 **III.** Durch das G zur Erleichterung familiengerichtlicher Maßnahmen bei Gefährdung des Kindeswohls war die **Verpflichtung des Familiengerichts** eingefügt worden, seine Entscheidung in angemessenem Zeitabstand, in der Regel nach drei Monaten, zu **überprüfen**, wenn es v Maßnahmen nach §§ 1666–1667 abgesehen hat (Abs 3 S 2 aF). Diese Regelung findet sich jetzt in § 166 III FamFG.

5 **IV. Verfahren.** Zuständig ist das Familiengericht. Die örtliche Zuständigkeit richtet sich nach den aktuellen Gegebenheiten zur Zeit des Änderungsverlangens. Im Änderungsverfahren gelten dieselben Beteiligungs- und Anhörungspflichten wie in dem Verfahren, in dem die zu ändernde Entscheidung ergangen ist. Dem Kind ist ein Verfahrensbeistand zu bestellen (§ 158 FamFG).

§ 1697 (aufgehoben)

§ 1697a Kindeswohlprinzip

Soweit nichts anderes bestimmt ist, trifft das Gericht in Verfahren über die in diesem Titel geregelten Angelegenheiten diejenige Entscheidung, die unter Berücksichtigung der tatsächlichen Gegebenheiten und Möglichkeiten sowie der berechtigten Interessen der Beteiligten dem Wohl des Kindes am besten entspricht.

1 Die Norm stellt klar, dass Entscheidungsmaßstab für alle Entscheidungen über die elterliche Sorge das Kindeswohl ist und ergänzt damit alle Vorschriften, in denen eine gerichtliche Eingriffs- oder Entscheidungsbefugnis begründet ist. Sachlich entspricht das der auch schon vor der Reform geltenden Rechtslage. Konturen weist der unbestimmte Rechtsbegriff nicht auf. Er ist vielmehr jeweils in Bezug auf einzelne Fragestellungen zu konkretisieren, über die entschieden werden muss (zB Ausbildung, Umgang, medizinische Behandlung). Das Gericht muss daher in jedem Fall ermitteln, welche Entscheidung das Wohl des Kindes in der konkreten Sachfrage am besten fördert. Dabei sind nicht nur die tatsächlichen Gegebenheiten, vor allem die Möglichkeiten der Eltern, das Kind zu fördern, zu berücksichtigen, sondern auch die berechtigten Interessen der Beteiligten (besonders die der Eltern). Das Kindeswohl ist daher kein abstrakter Maßstab, sondern muss im Einzelfall unter Abwägung aller Möglichkeiten und Beschränkungen ermittelt werden. So kann eine Ausbildung, die sowohl der Neigung als auch den Fähigkeiten des Kindes entspricht, nicht seinem Wohl entsprechen, wenn die Eltern nicht dazu in der Lage sind, sie zu finanzieren. Entsprechendes gilt für medizinische Behandlungen. Berechtigte Interessen sind zB das Interesse der Eltern, über die Erziehung ihres Kindes grds selbst zu bestimmen und das Umgangsrecht (§ 1684).

§ 1698 Herausgabe des Kindesvermögens; Rechnungslegung

(1) Endet oder ruht die elterliche Sorge der Eltern oder hört aus einem anderen Grunde ihre Vermögenssorge auf, so haben sie dem Kind das Vermögen herauszugeben und auf Verlangen über die Verwaltung Rechenschaft abzulegen.

(2) Über die Nutzungen des Kindesvermögens brauchen die Eltern nur insoweit Rechenschaft abzulegen, als Grund zu der Annahme besteht, dass sie die Nutzungen entgegen der Vorschrift des § 1649 verwendet haben.

1 Die Norm regelt die **Verpflichtung der Sorgeberechtigten,** am Ende oder bei Ruhen ihrer Vermögenssorge das Vermögen herauszugeben und Rechnung über die Vermö-

gensverwaltung zu legen. Endet oder ruht die Vermögenssorge beider Elternteile, haften sie als Gesamtschuldner.

Der Herausgabeanspruch bezieht sich auf das gesamte Vermögen des Kindes. Der Sorgeberechtigte muss alle dazu gehörenden Gegenstände sofort nach Beendigung oder bei Ruhen der Sorge an das Kind oder den dann zur Vermögenssorge Berufenen (den anderen Elternteil, einen Pfleger oder Vormund) herausgeben, dh ihm den unmittelbaren Besitz daran verschaffen.

Für die Rechnungslegung gelten §§ 259 ff. Das bedeutet, dass ein Bestandsverzeichnis vorlegt werden (§ 260 I) und ggf dessen Richtigkeit an Eides statt versichert werden muss (§ 260 II). Auf die Nutzungen des Kindesvermögens erstreckt sich die Rechnungslegungspflicht nur, wenn Anhaltspunkte dafür bestehen, dass die Sorgeberechtigten die Nutzungen anders verwendet haben, als in § 1649 vorgeschrieben (Abs 2). Damit sollen überflüssige Streitigkeiten zwischen Eltern und Kindern verhindert werden. Verlangt das Kind gerichtlich die Rechnungslegung, ist der Antrag nur begründet, wenn es die Anhaltspunkte für die zweckwidrige Verwendung darlegt und notfalls beweist.

§ 1698 a Fortführung der Geschäfte in Unkenntnis der Beendigung der elterlichen Sorge

(1) ¹Die Eltern dürfen die mit der Personensorge und mit der Vermögenssorge für das Kind verbundenen Geschäfte fortführen, bis sie von der Beendigung der elterlichen Sorge Kenntnis erlangen oder sie kennen müssen. ²Ein Dritter kann sich auf diese Befugnis nicht berufen, wenn er bei der Vornahme eines Rechtsgeschäfts die Beendigung kennt oder kennen muss.
(2) Diese Vorschriften sind entsprechend anzuwenden, wenn die elterliche Sorge ruht.

Die Norm schützt die sorgeberechtigten Eltern im Fall des Endes (Abs 1) oder des Ruhens (Abs 2) der Sorge, v der sie nichts wissen und nichts wissen können. Sie bildet damit das Korrelat zu § 1698 b, der den Eltern bei Ende der Sorge durch den Tod des Kindes eine Verpflichtung zur Weiterführung der Sorge auferlegt.

Die Eltern dürfen die mit der Sorge verbundenen Geschäfte fortführen, solange sie v deren Ende keine Kenntnis haben und das auch nicht kennen müssen. Dafür gilt der Maßstab des § 276, nicht derjenige des § 1664. Dritte werden aber nur geschützt, wenn sie selbst bei der Vornahme des Geschäfts durch die Eltern weder etwas v dem Ende oder dem Ruhen der Sorge wussten noch davon wissen mussten (Abs 1 S 2). Wussten die Eltern um das Ende der Sorge oder hätten sie davon wissen müssen, haften sie als Vertreter ohne Vertretungsmacht (§§ 177 ff).

§ 1698 b Fortführung dringender Geschäfte nach Tod des Kindes

Endet die elterliche Sorge durch den Tod des Kindes, so haben die Eltern die Geschäfte, die nicht ohne Gefahr aufgeschoben werden können, zu besorgen, bis der Erbe anderweit Fürsorge treffen kann.

Die Vorschrift ordnet eine Notgeschäftsführung der Eltern für den Erben an, falls die Sorge durch den Tod des Kindes endet. Sie müssen in diesem Fall alle Handlungen vornehmen, die nicht ohne Gefahr für das Vermögen des Kindes (und des Erben) solange unterbleiben können, bis der Erbe selbst dazu in der Lage ist, sie vorzunehmen (zB Reparatur eines Hauses nach Unwetterschaden, Geltendmachung v Insolvenzforderungen). Bei Zuwiderhandlung machen sich die Eltern schadensersatzpflichtig.

§§ 1699 bis 1711 (weggefallen)

Titel 6
Beistandschaft

Vorbemerkung zu §§ 1712–1717

1 Der Sechste Titel regelt die Beistandschaft in einigen der Fälle, in denen bis zum 30.6.98 ein Amtspfleger bestellt werden musste (§ 1706 aF). Das Institut der zwangsweise anzuordnenden Amtspflegschaft wurde abgeschafft, weil es eine nicht mehr zeitgemäße Bevormundung nichtehelicher Mütter darstellte. Da die Tätigkeit des Amtspflegers aber v vielen Frauen durchaus begrüßt wurde, weil er wegen seiner Erfahrung regelmäßig besser in der Lage war, die in seinen Tätigkeitsbereich fallenden Verfahren zu betreiben und der Frau unangenehme Auseinandersetzungen mit dem Vater ihres Kindes ersparte, hat sich der Gesetzgeber dafür entschieden, als Ersatz für die Zwangspflegschaft eine Beistandschaft auf freiwilliger Basis für die Vaterschaftsfeststellung und die Geltendmachung v Unterhaltsansprüchen einzuführen. Diese ist nicht mehr auf nichteheliche Mütter beschränkt; sie kann v jedem Elternteil beantragt werden. Sie ist nur eine zusätzliche Hilfe und schränkt die Sorge nicht ein (§ 1716). Gleichzeitig mit der Neuregelung wurde die Beistandschaft des alten Rechts (§§ 1685–1692 aF) abgeschafft.

§ 1712 Beistandschaft des Jugendamts; Aufgaben

(1) Auf schriftlichen Antrag eines Elternteils wird das Jugendamt Beistand des Kindes für folgende Aufgaben:
1. die Feststellung der Vaterschaft,
2. die Geltendmachung von Unterhaltsansprüchen sowie die Verfügung über diese Ansprüche; ist das Kind bei einem Dritten entgeltlich in Pflege, so ist der Beistand berechtigt, aus dem vom Unterhaltspflichtigen Geleisteten den Dritten zu befriedigen.

(2) Der Antrag kann auf einzelne der in Absatz 1 bezeichneten Aufgaben beschränkt werden.

§ 1713 Antragsberechtigte

(1) ¹Den Antrag kann ein Elternteil stellen, dem für den Aufgabenkreis der beantragten Beistandschaft die alleinige elterliche Sorge zusteht oder zustünde, wenn das Kind bereits geboren wäre. ²Steht die elterliche Sorge für das Kind den Eltern gemeinsam zu, kann der Antrag von dem Elternteil gestellt werden, in dessen Obhut sich das Kind befindet. ³Der Antrag kann auch von einem nach § 1776 berufenen Vormund gestellt werden. ⁴Er kann nicht durch einen Vertreter gestellt werden.

(2) ¹Vor der Geburt des Kindes kann die werdende Mutter den Antrag auch dann stellen, wenn das Kind, sofern es bereits geboren wäre, unter Vormundschaft stünde. ²Ist die werdende Mutter in der Geschäftsfähigkeit beschränkt, so kann sie den Antrag nur selbst stellen; sie bedarf hierzu nicht der Zustimmung ihres gesetzlichen Vertreters. ³Für eine geschäftsunfähige werdende Mutter kann nur ihr gesetzlicher Vertreter den Antrag stellen.

1 I. § 1712 definiert, für welche **Gebiete** die Anordnung einer Beistandschaft in Betracht kommt, legt fest, wer zum Beistand bestellt werden kann und stellt klar, dass die Beistandschaft **nur auf Antrag angeordnet** werden kann. § 1713 regelt dann die Einzelheiten des Antrags.

2 II. 1. Die Beistandschaft kann angeordnet werden zur Feststellung der Vaterschaft (§ 1712 I Nr 1, § 1600 d, nicht aber die Anfechtung eines Vaterschaftsanerkenntnisses, OLG Nürnberg FamRZ 01, 705) und für die Geltendmachung v Unterhaltsansprüchen (§ 1712 I Nr 2, §§ 1601 ff). Hierzu gehört auch die Geltendmachung v Abfindungsansprüchen für Unterhalt (aus der Vergangenheit). Der Beistand ist auch zur Verfügung

über Unterhaltsansprüche berechtigt (sofern das nach dem sonstigen materiellen Recht nicht ohnehin ausgeschlossen ist, § 1614 I) und darf aus dem als Unterhalt Geleisteten direkt einen Dritten befriedigen, bei dem sich das Kind entgeltlich in Pflege befindet (§ 1712 I Nr 2). Auf diese Weise wird sichergestellt, dass der Dritte schnell das ihm zustehende Entgelt erhält.

2. Die Anordnung der Beistandschaft erfolgt **nur auf Antrag**. Das betont ihren freiwilligen Charakter. Der Antrag kann sachlich eingeschränkt werden. Es ist daher möglich, die Beistandschaft nur für die Vaterschaftsfeststellung oder nur für die Geltendmachung v Unterhalt zu beantragen (§ 1712 II) oder sogar, jeden dieser Aufgabenkreise einzuschränken, zB bei der Vaterschaftsfeststellung auf das Verfahren gegen bestimmte Personen zu beschränken oder bei der Geltendmachung v Unterhalt Abfindungen auszunehmen. 3

Der Antrag kann v **jedem Elternteil** (also nicht nur der Mutter) gestellt werden, dem für die Angelegenheit die **alleinige elterliche Sorge** zusteht. In Bezug auf die Vaterschaftsfeststellung kommt sie nur auf Antrag der nichtehelichen Mutter in Betracht; denn bei in eine Ehe hineingeborenen Kindern ist eine Vaterschaftsfeststellung nicht erforderlich (§ 1592 Nr 1). Bei nichtehelichen Vätern kommt eine Beistandschaft nicht in Betracht; denn sie können die Vaterschaft anerkennen und damit die Vaterschaftswirkung herbeiführen, so dass ein Rechtsschutzbedürfnis für eine Beistandschaft fehlt. Aber auch, wenn für die Anerkennung eine Zustimmung (§ 1595) fehlt, ist der Vater nicht antragsberechtigt, weil ihm die Sorge für das Kind noch nicht zusteht, da die Vaterschaft erst Wirkungen auslöst, wenn sie anerkannt oder festgestellt ist. 4

Bei **gemeinsamer Sorge** ist die Anordnung einer Beistandschaft nach Inkrafttreten des G zur weiteren Verbesserung v Kinderrechten (BGBl 02 I 1239) ebenfalls möglich. Praktische Bedeutung hat das allerdings nur bei Unterhaltsfragen, weil die Vaterschaft in diesen Fällen zwangsläufig bereits geklärt ist. Rechtspolitisch ist die Regelung nicht zwingend. Wenn die Eltern sich über den Unterhalt für das Kind nicht einigen können, spricht viel dafür, insoweit die Alleinsorge herbeizuführen (§ 1628), nicht aber einen Beistand neben beiden Eltern zu bestellen. Gleichwohl hat der Gesetzgeber sich für diese Möglichkeit entschieden. In den Fällen gemeinsamer Sorge ist derjenige Elternteil antragsberechtigt, in dessen Obhut sich das Kind befindet. 5

Eine **zukünftige Mutter** kann den Antrag auch stellen, wenn das **Kind**, sofern es schon geboren wäre, **unter Vormundschaft stünde** (§ 1713 II 1, Hauptfall: Minderjährigkeit der Mutter, § 1791 c). So wird die Zeit bis zum Eintritt der Amtsvormundschaft (§ 1791 c) überbrückt und die Wahrnehmung der Kindesinteressen gewährleistet. Nach der Geburt ist für eine Beistandschaft kein Raum mehr, weil dann das Kind schon unter Vormundschaft steht. 6

Der Antrag muss **schriftlich** gestellt werden. Er ist an das Jugendamt zu richten (§ 1714, 1). Er kann bereits vor der Geburt des Kindes gestellt werden (§ 1713 II 1). Es handelt sich um einen **höchstpersönlichen Akt**. Vertretung ist unzulässig (§ 1713 I 2, Ausnahme: geschäftsunfähiger Antragsteller, § 1713 II 3). Ist die Mutter beschränkt geschäftsfähig, kann sie den Antrag nur selbst stellen; sie bedarf hierzu nicht der Zustimmung ihres gesetzlichen Vertreters. 7

3. Zum Beistand kann nur das **Jugendamt** werden, nicht andere Personen, auch wenn sie dem Kind näher stehen. Die Hilfe durch diese Personen kann nur dadurch erreicht werden, dass der Sorgeberechtigte ihn durch Bevollmächtigung zum Vertreter bestellt. Das Jugendamt überträgt die Führung der Beistandschaft einem einzelnen Mitarbeiter (§ 55 II SGB VIII). 8

§ 1714 Eintritt der Beistandschaft

¹Die Beistandschaft tritt ein, sobald der Antrag dem Jugendamt zugeht. ²Dies gilt auch, wenn der Antrag vor der Geburt des Kindes gestellt wird.

§ 1715 Beendigung der Beistandschaft

(1) ¹Die Beistandschaft endet, wenn der Antragsteller dies schriftlich verlangt. ²§ 1712 Abs. 2 und § 1714 gelten entsprechend.
(2) Die Beistandschaft endet auch, sobald der Antragsteller keine der in § 1713 genannten Voraussetzungen mehr erfüllt.

§ 1716 Wirkungen der Beistandschaft

¹Durch die Beistandschaft wird die elterliche Sorge nicht eingeschränkt. ²Im Übrigen gelten die Vorschriften über die Pflegschaft mit Ausnahme derjenigen über die Aufsicht des Familiengerichts und die Rechnungslegung sinngemäß; die §§ 1791, 1791 c Abs. 3 sind nicht anzuwenden.

1 I. § 1714 beschreibt den **Eintritt**, § 1715 (unvollständig) das **Ende der Beistandschaft**. § 1717 enthält dann eine Regelung über den **Inhalt der Beistandschaft**.

2 II. 1. Die Beistandschaft **tritt automatisch ein**, wenn der Antrag (§ 1713) dem Jugendamt zugeht (§ 1714, 1; Einzelheiten: § 130 Rn 1, 4). Das gilt auch dann, wenn der Antrag vor der Geburt des Kindes gestellt wurde (§ 1714, 2). Einer Anordnung bedarf es nicht. Die Übertragung ihrer Führung auf einen bestimmten Mitarbeiter des Jugendamts (§ 55 II SGB VIII) ist ein rein interner Akt. Sie ist weder Voraussetzung für den Eintritt der Beistandschaft, noch hat die Abberufung des Mitarbeiters Auswirkungen auf ihr Weiterbestehen.

3 2. Durch die Beistandschaft erlangt das **Jugendamt** eine **Stellung**, die der **eines Pflegers** vergleichbar ist; es gelten die Vorschriften über die Pflegschaft (§ 1716, 2). Dass § 1716, 2 die Vorschriften über die Rechnungslegung ausnimmt, hat keine Auswirkungen; denn wegen des eingeschränkten Aufgabenkreises des Beistands wird eine Rechnungslegung ohnehin nicht erforderlich. Im Unterschied zur Pflegschaft (§ 1630 I) schränkt die Beistandschaft die elterliche Sorge nicht ein. Der allein sorgeberechtigte Elternteil ist daher weiter dazu befugt, die Vaterschaftsfeststellung und Geltendmachung v Unterhalt selbst zu betreiben.

4 Die **Verweisung auf das Pflegschaftsrecht** und die in § 1915 enthaltene Weiterverweisung auf das Vormundschaftsrecht **bedeuten** vor allem, dass das Jugendamt gesetzlicher Vertreter des Kindes ist (§ 1793, 1). Die Körperschaft, bei der das Jugendamt errichtet ist, haftet dem Kind für Pflichtverletzungen nach § 1833 und § 839, Art 34 GG. Das Jugendamt erhält weder Vergütung noch Aufwandsentschädigung (§§ 1836 IV, 1836 a, 4).

5 3. Die **Beistandschaft endet**, wenn der Antragsteller das schriftlich verlangt (§ 1716 I 1). Entsprechendes gilt, wenn ein Antrag eingeschränkt wird (§§ 1716 I 2, 1712 II). Der Antrag wird mit Zugang beim Jugendamt wirksam; eine Aufhebung der Beistandschaft ist nicht nötig. (§§ 1716 I 2, 1714). Die Beistandschaft endet auch, wenn die Voraussetzungen des § 1713 nicht mehr erfüllt sind, dh bei Volljährigkeit oder Tod des Kindes, Tod oder Geschäftsunfähigkeit des Antragstellers, Entzug der Sorge des Antragstellers (§ 1666) oder Eintritt gemeinsamer Sorge (durch Heirat oder Abgabe einer Sorgeerklärung, § 1626 a I) oder durch Annahme des Kindes durch einen Dritten. Bei vorgeburtlicher Antragstellung endet die Beistandschaft mit dem Tod der Mutter oder der Beendigung der Schwangerschaft ohne Geburt eines lebenden Kindes und wenn eine volljährige werdende Mutter den Vater des Kindes heiratet. Wird eine minderjährige nichteheliche werdende Mutter volljährig, hat das auf die Beistandschaft keine Auswirkungen; denn sie ist trotz Volljährigkeit weiterhin antragsbefugt. Schließlich endet die Beistandschaft, wenn die Angelegenheit, für die sie beantragt war, erledigt ist (§§ 1716, 2, 1915, 1918 III).

§ 1717 Erfordernis des gewöhnlichen Aufenthalts im Inland

¹Die Beistandschaft tritt nur ein, wenn das Kind seinen gewöhnlichen Aufenthalt im Inland hat; sie endet, wenn das Kind seinen gewöhnlichen Aufenthalt im Ausland begründet. ²Dies gilt für die Beistandschaft vor der Geburt des Kindes entsprechend.

Die Norm begrenzt die Beistandschaft auf Fälle mit genügendem Inlandsbezug, indem sie bestimmt, dass die Beistandschaft nur eintreten kann, wenn das Kind (bzw. die Schwangere) den gewöhnlichen Aufenthalt in Deutschland hat. Auf die Staatsangehörigkeit v Kind oder Mutter kommt es nicht an. Die Vorschrift ist lex specialis zu Art 24 EGBGB. Das Haager Minderjährigenschutzabkommen (BGBl 1971 II 217, 1150, Anhang 1 zu Art 21 EGBGB) ist insoweit nicht einschlägig, weil es sich bei der Beistandschaft um eine freiwillige Maßnahme handelt, die zudem nicht an die Entscheidung einer staatlichen Stelle gebunden ist, sondern automatisch eintritt. 1

§§ 1718 bis 1740 (weggefallen)

Titel 7
Annahme als Kind

Vorbemerkung zu §§ 1741–1772

Der Siebte Titel regelt die Annahme als Kind (Adoption). Dabei wird unterschieden zwischen der **Annahme Minderjähriger** (§§ 1741–1767), die zum Ausscheiden des angenommenen Kindes aus seiner bisherigen Familie und zur vollständigen Eingliederung in die Familie des Annehmenden führt, und der **Adoption Volljähriger** (§§ 1767–1772), die (von der Beziehung zu den leiblichen Eltern abgesehen) nicht zum Ausscheiden aus der Abstammungsfamilie führt und auch nur die Verwandtschaft zum Annehmenden begründet. 1

Die Adoption wird heute durch einen Beschluss des Familiengerichts begründet (§ 1752, sog **Dekretsystem**). Zuständig ist der Richter (§ 14 RPflG) des Familiengerichts. Die internationale und die örtliche Zuständigkeit ergeben sich aus §§ 101, 186 FamFG. Der Annahmebeschluss (Inhalt: § 1752) wird mit der Zustellung an den Annehmenden wirksam (§ 197 II FamFG). Er ist weder anfechtbar noch abänderbar (§ 197 III FamFG). Dem Bestandsschutz der Annahme dient auch die Beschränkung der Aufhebungsgründe (§§ 1759–1763, 1771). 2

Einen engen Zusammenhang mit der Annahme hat die **Adoptionsvermittlung**. Geregelt ist diese im AdoptionsvermittlungsG (v 27.11.89, BGBl I 2014, neu gefasst durch Bekanntmachung v 22.12.2001, BGBl 02 I 354, zuletzt geändert durch Art 8 G v. 10.12.08, BGBl I 2403). Darunter fällt das Zusammenführen v Personen, die Kinder annehmen wollen, mit Kindern unter 18 Jahren oder den Nachweis der Gelegenheit, ein Kind anzunehmen oder annehmen zu lassen (§ 1 AdVermG). Die Regelung der Adoptionsvermittlung soll einen „Kinderhandel" unterbinden. Zugelassen ist nur die Vermittlung durch das Jugendamt, das Landesjugendamt und die örtlichen und zentralen Stellen des Diakonischen Werks, des Deutschen Caritasverbandes, der Arbeiterwohlfahrt und der diesen Verbänden angeschlossenen Fachverbände sowie sonstiger Organisationen, wenn sie v der nach Landesrecht zuständigen Behörde als Adoptionsvermittlungsstellen anerkannt worden sind (§ 2 AdVermG). Mit der Adoptionsvermittlung dürfen nur erfahrene Fachkräfte betraut werden (§ 3 AdVermG). Im Übrigen ist die Adoptionsvermittlung untersagt (§ 5 AdVermG, Ausnahmen: § 5 II AdVermG). Das gilt auch für Werbemaßnahmen in Zeitungen usw (§ 6 AdVermG). Die Mitwirkung an einer gesetzes- oder sittenwidrigen Adoptionsvermittlung führt zur Verschärfung der Annahmevoraussetzungen (§ 1741 I 2, vgl § 1741 Rn 5). Ergänzt werden die Regelungen des AdoptionsvermittlungsG durch Adoptionsvermittlungsstellenanerkennungs- und Kostenverordnung – AdVermiStAnKoV (v 4.5.2005, BGBl I 1266). 3

4 Zur internationalen Adoption vgl das Adoptionswirkungsgesetz v 5.11.2001, BGBl I 2950 (zuletzt geändert durch Art 68 des G v 17.12.2008, BGBl I 2586), das Gesetz zur Ausführung des Haager Übereinkommens v 29.5.1993 über den Schutz v Kindern und die Zusammenarbeit auf dem Gebiet der internationalen Adoption v 5.11.2001, BGBl I 2950 (zuletzt durch Art 4 XVII des G v 17.12.2006, BGBl I 3171) sowie Art 22 f EGBGB. Die Anerkennung ausländischer Adoptionsentscheidungen regeln §§ 108 f FamFG.

Untertitel 1
Annahme Minderjähriger

§ 1741 Zulässigkeit der Annahme

(1) ¹Die Annahme als Kind ist zulässig, wenn sie dem Wohl des Kindes dient und zu erwarten ist, dass zwischen dem Annehmenden und dem Kind ein Eltern-Kind-Verhältnis entsteht. ²Wer an einer gesetzes- oder sittenwidrigen Vermittlung oder Verbringung eines Kindes zum Zwecke der Annahme mitgewirkt oder einen Dritten hiermit beauftragt oder hierfür belohnt hat, soll ein Kind nur dann annehmen, wenn dies zum Wohl des Kindes erforderlich ist.
(2) ¹Wer nicht verheiratet ist, kann ein Kind nur allein annehmen. ²Ein Ehepaar kann ein Kind nur gemeinschaftlich annehmen. ³Ein Ehegatte kann ein Kind seines Ehegatten allein annehmen. ⁴Er kann ein Kind auch dann allein annehmen, wenn der andere Ehegatte das Kind nicht annehmen kann, weil er geschäftsunfähig ist oder das 21. Lebensjahr noch nicht vollendet hat.

1 I. Die Vorschrift regelt die **Grundvoraussetzungen für die Annahme Minderjähriger** und die Annahme Volljähriger (vgl § 1767). Sie stellt klar, dass eine Annahme nur zulässig ist, wenn sie dem Wohl des Kindes dient und die Entstehung eines Eltern-Kind-Verhältnisses prognostiziert werden kann (Abs 1 S 1). Dazu ordnet sie ergänzend an, dass ein Kind grds nur gemeinschaftlich angenommen werden kann, wenn der Annahmewillige verheiratet ist (Abs 2 S 2, Ausnahmen: Abs 2 S 3, 4); denn nur so kann sichergestellt werden, dass das Kind in eine Familienbeziehung zu beiden Ehegatten hineinwächst. Der Kindeswohlförderung dient auch Abs 1 S 2, wonach eine Annahme nur unter engeren Voraussetzungen erlaubt ist, wenn die Annahmewilligen an einer gesetzes- oder sittenwidrigen Vermittlung oder Verbringung eines Kindes zum Zwecke der Annahme mitgewirkt, Dritte damit beauftragt oder dafür belohnt haben. Die Regelung soll verhindern, dass Kinder aus armen, aber intakten Familien gerissen und zum Objekt v Geschäften gemacht werden.
1a Grundvoraussetzung für eine Annahme nach §§ 1741 ff ist die **Minderjährigkeit** des Anzunehmenden. Sie scheidet deswegen auch dann aus, wenn der Anzunehmende im Lauf des Verfahrens volljährig wird (KG FamRZ 04, 1315). In Betracht kommt dann nur noch eine Annahme nach §§ 1767 ff.
2 **Weitere Voraussetzungen** für die Kindesannahme enthalten §§ 1742, 1743 und 1745. Außerdem ist die Annahme an die Einwilligung des Kindes, seiner leiblichen Eltern, der Annehmenden und uU des Ehegatten v Kind oder Annehmendem gebunden (vgl §§ 1746–1749).
3 Die Annahme wird **durch Beschluss** ausgesprochen (§ 1752). Zu den **Wirkungen** vgl §§ 1754–1758. Die **Aufhebung** der Annahme ist in §§ 1759–1766 speziell geregelt und verdrängt insofern die allg Unwirksamkeitsgründe.
4 II. 1. § 1741 stellt **zwei Voraussetzungen** für die Annahme auf: a) Erforderlich ist zunächst, dass die Annahme dem **Wohl des Kindes dient** (Abs 1 S 1). Die Annahme muss also zu einer Verbesserung der Rechtsstellung des Kindes oder seiner persönlichen Verhältnisse führen. Das kann schon vorliegen, wenn es durch die Annahme in einen funktionierenden Familienverband eingegliedert werden wird, während es ohne sie ohne Familie aufwachsen müsste. Umgekehrt kann die Herauslösung des Kindes aus seiner Familie seinem Wohl so sehr widersprechen, dass die Annahme unterbleiben muss (LG

Lüneburg, Beschl. v. 18.10.10 – 3 T 66/10). Ebenso dient eine Annahme dem Wohl des Kindes regelmäßig nicht, wenn der Annahmewillige nur noch eine kurze Lebenserwartung hat und deswegen zu erwarten ist, dass das Kind bald (wieder) ohne lebende Eltern dastehen wird. Es ist daher zulässig, die Entscheidung über die Annahme v einem Gesundheitstest (vor allem: Aids-Test) abhängig zu machen (KG FamRZ 91, 1101). Aus einer Ablehnung des Tests darf aber nicht allein auf einen unzureichenden Gesundheitszustand geschlossen werden. An der Kindeswohldienlichkeit einer Annahme kann es auch fehlen, wenn der Altersunterschied zwischen Kind und Annahmewilligem zu klein oder zu groß ist (OLG Hamm FamFR 13, 526). Homosexualität ist dag kein Grund, die Ungeeignetheit als Annehmender zu begründen.

Die **Kindeswohlprüfung** ist **verschärft**, wenn der Annahmewillige an einer gesetzes- 5 oder sittenwidrigen Vermittlung oder Verbringung eines Kindes zum Zwecke der Annahme mitgewirkt oder einen Dritten hiermit beauftragt oder hierfür belohnt hat. Dann soll die Annahme nur erfolgen, wenn sie zum Wohl des Kindes erforderlich ist. Es reicht nicht, dass sie das Kindeswohl nur fördert; dieses muss ohne die Annahme bedroht sein. Die Regelung soll den Kinderhandel und ähnliche Praktiken erschweren, indem sie Mitwirkenden die rechtliche Verwirklichung des Kindeswunsches erschwert (vgl BT-Drucks 13/8511, 75).

b) Die zweite Voraussetzung für die Annahme ist, dass zu erwarten ist, dass zwischen 6 dem Annehmenden und dem Kind ein **Eltern-Kind-Verhältnis** entstehen wird (Abs 1 aE). Erforderlich ist eine auf objektive Anhaltspunkte gestützte Prognose, dass zwischen Annehmendem und Kind eine Beziehung entstehen wird, wie sie zwischen leiblichen Eltern und ihren Kindern besteht. Es reicht nicht, dass nur der Annahmewillige den Wunsch äußert, eine derartige Beziehung aufzubauen, wenn die bisherige Lebensgeschichte oder die Willensäußerungen des Kindes die Erwartung nahe legen, dass es zum Aufbau einer sozialen Bindung unfähig ist. Anhaltspunkte liefert das Zusammenleben v Kind und Annehmendem in der Zeit der Adoptionspflege. Die Annahme soll daher erst ausgesprochen werden, wenn der Annahmewillige das Kind über eine angemessene Zeit in Pflege hatte (vgl § 1744).

2. Um das Entstehen einer Eltern-Kind-Beziehung zu erleichtern, stellt Abs 2 Regeln 7 über die **Zahl der Annehmenden** auf. **Nicht verheiratete Personen** können ein Kind nur allein annehmen (Abs 2 S 1). Die Annahme eines Kindes durch beide Partner einer nichtehelichen Lebensgemeinschaft ist daher ausgeschlossen.

Ehepaare können Kinder grds nur gemeinschaftlich annehmen (Abs 2 S 2), damit eine 8 verwandtschaftliche Beziehung beider zu dem Kind entsteht und eine bessere Eingliederung in die Familie gewährleistet ist. Ausnahmen bestehen nur, wenn das Kind schon mit dem Ehegatten verwandt ist, weil es sein leibliches Kind ist (Abs 2 S 3) oder wenn der Ehegatte das einundzwanzigste Lebensjahr noch nicht vollendet hat oder geschäftsunfähig ist (Abs 2 S 4). Der Ehegatte muss dann der Annahme zustimmen (vgl § 1749).

An dem Prinzip, dass eine gemeinschaftliche Kindesannahme nur Eheleuten vorbehal- 9 ten ist, haben auch das Lebenspartnerschaftsgesetz (Vor §§ 1297–1588 Rn 11 ff) und das G zur Überarbeitung des Lebenspartnerschaftsrechts nichts geändert. Die **Partner einer Eingetragenen Lebenspartnerschaft** können Kinder jeweils nur allein annehmen. Der Gesetzgeber hat bewusst davon abgesehen, die für Eheleute vorgesehene Ausnahmeregelung (Abs 2) auch auf sie zu erstrecken. Allerdings ist durch das Gesetz zur Überarbeitung des Lebenspartnerschaftsrechts (BGBl 04 I 3396) einem Lebenspartner die Möglichkeit eröffnet worden, das leibliche Kind seines Partners als Kind anzunehmen (Stiefkindadoption, § 9 VII LPartG). Die Annahme v bereits durch den Partner angenommenen Kindern war dag bislang ausgeschlossen, damit es nicht doch noch zu einer gemeinsamen Annahme kommt. Diese Lösung stellte einen typischen politischen Kompromiss dar, der allerdings die Kindesinteressen nur unzureichend berücksichtigte. Insofern spielt es keine Rolle, ob das Kind mit seinem Elternteil blutsverwandt oder durch Annahme verwandt ist: Sein Interesse geht in beiden Fällen dahin, in die neue Familie auch rechtlich eingegliedert zu werden (unterstellt, dass die faktischen Voraussetzungen dafür gegeben sind). Das BVerfG hat deswegen mittlerweile das Verbot der Sukzessivadoption für Lebenspartner für verfassungswidrig erklärt (BVerfG FamRZ

13, 521). Lebenspartner können wegen Fehlens einer entsprechenden gesetzlichen Regelung deswegen zurzeit Kinder nicht gemeinschaftlich annehmen. Nach der Adoption des Kindes durch einen Lebenspartner kann der andere sofort das Stiefkind annehmen. Sind beide Akte gut vorbereitet, gleicht das Ergebnis nahezu einer gemeinschaftlichen Annahme.

§ 1742 Annahme nur als gemeinschaftliches Kind

Ein angenommenes Kind kann, solange das Annahmeverhältnis besteht, bei Lebzeiten eines Annehmenden nur v dessen Ehegatten angenommen werden.

1 Die Norm statuiert den **Ausschließlichkeitscharakter** der Annahme, indem sie eine weitere Adoption zu Lebzeiten des Annehmenden nur durch dessen Ehegatten zulässt. Sie soll Kettenadoptionen vermeiden und will damit das Kind davor schützen, bei „Nichtgefallen" wieder zur Adoption freigegeben zu werden. Für Lebenspartner fehlt eine § 1742 entsprechende Bestimmung. Sie können nur ein leibliches Kind ihres Partners annehmen, nicht aber ein adoptiertes. Für die Volljährigenadoption gilt § 1742 entsprechend (§ 1767 Abs. 2 S. 1).

2 Zu Lebzeiten des Annehmenden ist eine **weitere Annahme nur möglich**, wenn die erste Adoption nichtig ist, wenn die Adoption aufgehoben wurde (§§ 1759 ff) oder wenn der Annehmende der Ehegatte des Annehmenden der ersten Annahme ist (Stiefkindadoption). Wegen § 1741 II 2 kann dieser Fall nur vorkommen, wenn die Annahme erfolgte, als der Annehmende noch nicht oder mit einem anderen Partner verheiratet war oder wenn er das 21. Lebensjahr noch nicht vollendet hatte, als die Annahme ausgesprochen wurde. Nach dem Tod des Annehmenden ist eine erneute Adoption ohne Einschränkungen möglich. Die Adoption durch den Ehegatten bedarf nicht der Zustimmung der leiblichen Eltern, weil das Verwandtschaftsverhältnis zu ihnen bereits durch die erste Adoption erloschen war (§ 1755). Zur Sukzessivadoption durch Lebenspartner s § 1741 Rn 9.

§ 1743 Mindestalter

¹Der Annehmende muss das 25., in den Fällen des § 1741 Abs. 2 Satz 3 das 21. Lebensjahr vollendet haben. ²In den Fällen des § 1741 Abs. 2 Satz 2 muss ein Ehegatte das 25. Lebensjahr, der andere Ehegatte das 21. Lebensjahr vollendet haben.

1 § 1743 soll sicherstellen, dass der **Annehmende eine gewisse geistige und erzieherische Reife** aufweist. Es soll erwartet werden können, dass eine echte Eltern-Kind-Beziehung entsteht. Zum Alter des Kindes sagt die Norm nichts; es ergibt sich schon aus dem Titel des Abschnitts, dass es sich um einen Minderjährigen handeln muss.

2 Nimmt jemand ein Kind allein an (§ 1741 II 1), muss er mindestens 25 Jahre alt sein. Das gilt auch, wenn er mit dem Anzunehmenden verwandt ist. Eine Ausnahme besteht nur, wenn er ein Kind annimmt, das ein Kind seines Ehegatten oder Lebenspartners (§ 9 VII 2 LPartG) ist; denn dann ist das Entstehen eines Eltern-Kind-Verhältnisses auch zum Stiefelternteil erheblich wahrscheinlicher als bei Annahme eines Kindes, das zu keinem der Annehmenden eine Beziehung hat.

3 Nehmen Ehegatten ein Kind gemeinsam an (§ 1741 II 2), muss einer mindestens 25 Jahre alt sein. Der andere braucht dann nur 21 Jahre alt zu sein.

§ 1744 Probezeit

Die Annahme soll in der Regel erst ausgesprochen werden, wenn der Annehmende das Kind eine angemessene Zeit in Pflege gehabt hat.

1 § 1744 regelt die sog **Adoptionspflege**. Durch ein längeres Zusammenleben v Annehmenden und Anzunehmendem während einer Probezeit soll dem Gericht die Prognose

erleichtert werden, ob ein Eltern-Kind-Verhältnis entstehen wird. Es handelt sich um eine Sollvorschrift. Das Fehlen der Adoptionspflege macht die Annahme weder unwirksam noch aufhebbar. Sie kann va dann überflüssig sein, wenn die Elternschaft auf andere Weise als durch Adoption nicht möglich ist, aber auf der einen Seite schon eine Eltern-Kind-Beziehung besteht (zB Stiefkindannahme durch Lebenspartner, vgl AG Elmshorn NJW 11, 1086).

Das Kind soll **angemessene Zeit in Pflege** bei dem Anzunehmenden sein, bevor die Annahme ausgesprochen wird. Eine starre Zeitgrenze besteht nicht. Die Dauer kann bei Kleinstkindern erheblich kürzer sein als bei älteren. Sie muss so bemessen sein, dass sich die Hindernisse zeigen können, die der Begründung eines Eltern-Kind-Verhältnisses entgegenstehen können. Eine Dauer v unter 3 Monaten reicht dazu regelmäßig nicht. 2

Während des Pflegeverhältnisses sind die Rechte und Pflichten der Adoptionspflegenden denen v Eltern angeglichen. Das ist unproblematisch, wenn die Einwilligung der leiblichen Eltern in die Adoption schon vorliegt, weil dann die elterliche Sorge ruht und das Jugendamt Vormund ist (§ 1751), das die Ausübung der Sorge dem Pflegenden überlassen wird. Während der Adoptionspflege gilt im Übrigen § 1688 I, III (§ 1751 I 5). Der Adoptionspflegende ist daher in Angelegenheiten des täglichen Lebens entscheidungsbefugt und vertritt den Sorgerechtsinhaber in solchen Angelegenheiten. Diese Befugnis kann allerdings v Sorgeinhaber ausgeschlossen werden, oder das Familiengericht kann sie ausschließen oder einschränken, wenn das zum Wohl des Kindes erforderlich ist (vgl § 1688 III). 3

§ 1745 Verbot der Annahme

¹Die Annahme darf nicht ausgesprochen werden, wenn ihr überwiegende Interessen der Kinder des Annehmenden oder des Anzunehmenden entgegenstehen oder wenn zu befürchten ist, dass Interessen des Anzunehmenden durch Kinder des Annehmenden gefährdet werden. ²Vermögensrechtliche Interessen sollen nicht ausschlaggebend sein.

§ 1745 ist das **Gegenstück zu § 1741**. Er ermöglicht es, bei der Entscheidung über die Adoption auch die Interessen der Kinder des Annehmenden und des Anzunehmenden sowie des Anzunehmenden selbst zu berücksichtigen. Anders als bei § 1741 ist nicht erforderlich, dass die genannten Interessen die Adoption fördern; sie dürfen nur nicht gefährdet werden. 1

Die Annahme ist ausgeschlossen, wenn eine Abwägung ergibt, dass ihr **überwiegende Interessen der Kinder des Annehmenden oder des Anzunehmenden** entgegenstehen (S 1). Die Annahme darf also nicht stattfinden, wenn die Interessen der Kinder des Annehmenden oder diejenigen der Kinder des Anzunehmenden gegen die Annahme sprechen und das Interesse des Anzunehmenden daran, adoptiert zu werden, übersteigen. Vermögensrechtliche Interessen sind in die Abwägung einzubeziehen, sollen aber nicht ausschlaggebend sein (S 2). In Betracht kommt vor allem, dass sich durch die Annahme die Zahl der Unterhaltsberechtigten so erhöht, dass der Unterhalt der übrigen Kinder des Annehmenden gefährdet wäre. 2

Eine Annahme darf auch nicht erfolgen, wenn die **Interessen des Anzunehmenden durch Kinder des Annehmenden gefährdet werden** (S 1 aE). Hier kommt es nur auf die Gefährdung, nicht auf eine Abwägung an. Die Regelung ist überflüssig; denn in diesem Fall wird man schon nicht annehmen können, dass die Annahme dem Wohl des Anzunehmenden dient. 3

Vorbemerkung zu §§ 1746–1750

§§ 1746–1749 regeln, wer in eine Adoption einwilligen muss. § 1750 enthält dann die Einzelheiten der Einwilligungserklärungen. Erforderlich sind die Einwilligung des Kindes (§ 1747), der Eltern (§§ 1747 f) und des Ehegatten des Annehmenden, wenn die Annahme durch diesen allein erfolgen soll. Die Zustimmung des Annehmenden ergibt 1 sich schon daraus, dass er den Antrag auf Annahme stellt (vgl § 1752 I). Einwilligung bedeutet nach § 183, 1 die vorherige Zustimmung. Eine nachträgliche Zustimmung (Genehmigung) ist ausgeschlossen. In bestimmten Fällen kann die Einwilligung ersetzt werden (§§ 1746 III, 1748, 1749 I 2).

§ 1746 Einwilligung des Kindes

(1) ¹Zur Annahme ist die Einwilligung des Kindes erforderlich. ²Für ein Kind, das geschäftsunfähig oder noch nicht 14 Jahre alt ist, kann nur sein gesetzlicher Vertreter die Einwilligung erteilen. ³Im Übrigen kann das Kind die Einwilligung nur selbst erteilen; es bedarf hierzu der Zustimmung seines gesetzlichen Vertreters. ⁴Die Einwilligung bedarf bei unterschiedlicher Staatsangehörigkeit des Annehmenden und des Kindes der Genehmigung des Familiengerichts; dies gilt nicht, wenn die Annahme deutschem Recht unterliegt.

(2) ¹Hat das Kind das 14. Lebensjahr vollendet und ist es nicht geschäftsunfähig, so kann es die Einwilligung bis zum Wirksamwerden des Ausspruchs der Annahme gegenüber dem Familiengericht widerrufen. ²Der Widerruf bedarf der öffentlichen Beurkundung. ³Eine Zustimmung des gesetzlichen Vertreters ist nicht erforderlich.

(3) Verweigert der Vormund oder Pfleger die Einwilligung oder Zustimmung ohne triftigen Grund, so kann das Familiengericht sie ersetzen; einer Erklärung nach Absatz 1 durch die Eltern bedarf es nicht, soweit diese nach den §§ 1747, 1750 unwiderruflich in die Annahme eingewilligt haben oder ihre Einwilligung nach § 1748 durch das Familiengericht ersetzt worden ist.

1 Die Vorschrift bestimmt, dass für die Annahme die **Einwilligung des Anzunehmenden** erforderlich ist. Das folgt schon daraus, dass das Kind nicht zum bloßen Objekt staatlichen Handelns gemacht werden darf. Soweit es typischerweise noch nicht selbst fähig ist, die Bedeutung der Einwilligung einzusehen, wird die Einwilligung v dem gesetzlichen Vertreter erteilt; sonst muss er zustimmen, damit keine voreiligen Zustimmungen gegeben werden, die dem Wohl des Kindes widersprechen könnten. Soweit es sich bei dem gesetzlichen Vertreter um die Eltern des Kindes handelt, ist zu berücksichtigen, dass die Annahme in ihr Elternrecht (Art 6 II GG) eingreift. Sie kann daher ohne deren Zustimmung nicht erfolgen (vgl § 1750). Andererseits wäre es bloßer Formalismus, die Zustimmung der Eltern zur Einwilligung des Kindes auch dann zu verlangen, wenn sie der Annahme bereits zugestimmt haben. Nach Abs 3 2. Halbs bedarf es der Einwilligung daher nicht, wenn schon eine unwiderrufliche Zustimmung zur Annahme vorliegt oder ersetzt wurde.

2 Die Einwilligung des Kindes kann nur v **den gesetzlichen Vertretern erklärt** werden, wenn es **geschäftsunfähig ist** (§ 104) oder noch nicht das 14. Lebensjahr vollendet hat (Abs 1 S 1). Gesetzliche Vertreter sind beide Eltern gemeinschaftlich (Ausnahme: außerehelich geborene Kinder, wenn keine Sorgeerklärung abgegeben wurde, § 1626 a II: Mutter). Soweit die elterliche Sorge entzogen wurde, kommt es darauf an, wem die Personensorge zusteht. Bei Interessenkonflikten zwischen gesetzlichem Vertreter und Kind muss ihm ggf das Sorgerecht entzogen werden (§ 1629 II 3). Die Einwilligung der Eltern ist nicht nötig, wenn sie schon unwiderruflich in die Annahme eingewilligt haben oder ihre Einwilligung durch das Familiengericht ersetzt worden ist (Abs 3 2. Halbs). Soweit ein Vormund oder Pfleger gesetzlicher Vertreter ist, kann sie durch das Familiengericht ersetzt werden, wenn kein triftiger Grund für die Verweigerung vorliegt (Abs 3). Die Erteilung der Einwilligung ist ein höchstpersönliches Geschäft; Vertretung ist unzulässig (§ 1750 II 2).

3 **Hat das Kind das 14. Lebensjahr vollendet** (und ist es nicht geschäftsunfähig), kann es die Einwilligung nur selbst erteilen; es bedarf dazu der Einwilligung des gesetzlichen Vertreters (Abs 1 S 2). Für diese gilt das in Rn 2 Gesagte. Die Ersetzung der Einwilligung des Kindes kommt nicht in Betracht. Fehlt sie, muss die Annahme unterbleiben. Die Einwilligung ist bis zum Wirksamwerden des Ausspruchs der Annahme gegenüber dem Familiengericht widerruflich. Der Widerruf muss beurkundet werden (Abs 2 S 3).

Das kann durch einen Notar (§ 128), aber auch durch das Jugendamt (§ 59 I 1 Nr 6 SGB VIII) erfolgen. Die Zustimmung des gesetzlichen Vertreters ist nicht erforderlich (Abs 2 S 3).
Bei Auslandsadoptionen, (verschiedene Staatsangehörigkeit v Kind und Annehmendem) muss das Familiengericht die Annahme genehmigen (Abs 1 S 3). Das gilt aber nicht, wenn sie ohnehin nach deutschem Recht zu beurteilen ist.

§ 1747 Einwilligung der Eltern des Kindes

(1) ¹Zur Annahme eines Kindes ist die Einwilligung der Eltern erforderlich. ²Sofern kein anderer Mann nach § 1592 als Vater anzusehen ist, gilt im Sinne des Satzes 1 und des § 1748 Abs. 4 als Vater, wer die Voraussetzung des § 1600 d Abs. 2 Satz 1 glaubhaft macht.
(2) ¹Die Einwilligung kann erst erteilt werden, wenn das Kind acht Wochen alt ist. ²Sie ist auch dann wirksam, wenn der Einwilligende die schon feststehenden Annehmenden nicht kennt.
(3) Steht nicht miteinander verheirateten Eltern die elterliche Sorge nicht gemeinsam zu, so
1. kann die Einwilligung des Vaters bereits vor der Geburt erteilt werden;
2. kann der Vater durch öffentlich beurkundete Erklärung darauf verzichten, die Übertragung der Sorge nach § 1626 a Absatz 2 und § 1671 Absatz 2 zu beantragen; § 1750 gilt sinngemäß mit Ausnahme von Absatz 1 Satz 2 und Absatz 4 Satz 1;
3. darf, wenn der Vater die Übertragung der Sorge nach § 1626 a Absatz 2 oder § 1671 Absatz 2 beantragt hat, eine Annahme erst ausgesprochen werden, nachdem über den Antrag des Vaters entschieden worden ist.
(4) ¹Die Einwilligung eines Elternteils ist nicht erforderlich, wenn er zur Abgabe einer Erklärung dauernd außerstande oder sein Aufenthalt dauernd unbekannt ist. ²Der Aufenthalt der Mutter eines gemäß § 25 Absatz 1 des Schwangerschaftskonfliktgesetzes vertraulich geborenen Kindes gilt als dauernd unbekannt, bis sie gegenüber dem Familiengericht die für den Geburtseintrag ihres Kindes erforderlichen Angaben macht.
[bis 30.4.14 gilt Abs 4 in folgender Fassung:]
(4) Die Einwilligung eines Elternteils ist nicht erforderlich, wenn er zur Abgabe einer Erklärung dauernd außerstande oder sein Aufenthalt dauernd unbekannt ist.

[Die Kommentierung basiert auf der ab 1.5.14 geltenden Fassung.]
I. § 1747 wurde durch das KindschaftsrechtsreformG grundlegend umgestaltet, um ihn an die Änderungen des Kindschaftsrechts anzupassen und den Anforderungen Rechnung zu tragen, die das BVerfG in seiner Entscheidung zu § 1747 aF (NJW 95, 2155) aufgestellt hatte. Die Zustimmungsbedürftigkeit der Annahme ist **Ausfluss des Elternrechts** (Art 6 GG). Die Einwilligung der Eltern kann nur unter den Voraussetzungen des § 1748 ersetzt werden.
II. **Einwilligungsbedürftig sind** die Annahme des Kindes einschließlich der Wiederholung wegen Wirksamkeitsbedenken (OLG Frankfurt FamRZ 92, 985) und einer erneuten Annahme (§ 1763 III).
Einwilligungsberechtigt sind **beide Eltern gemeinschaftlich.** Da das Zustimmungserfordernis Ausfluss des Elternrechts ist, kommt es nicht darauf an, ob sie miteinander verheiratet sind oder waren oder nicht. Sind sie nicht miteinander verheiratet, und ist die Vaterschaft weder anerkannt noch gerichtlich festgestellt, gilt derjenige Mann als Vater, der die Voraussetzungen des § 1600 d II 1 (Beiwohnung während der Empfängniszeit, ohne dass schwerwiegende Zweifel an der Vaterschaft bestehen) glaubhaft macht. Ggf muss daher die Zustimmung mehrerer potenzieller Väter eingeholt werden, wenn die Annahme bereits vor der Feststellung der Vaterschaft stattfinden soll. Sinnvoller ist es dann, bis zur gerichtlichen Klärung der Vaterschaft zu warten. Die Einwilligung Dritter (zB Großeltern oder anderer Verwandter, Stiefeltern, Pflegeeltern) ist nie erfor-

derlich. Sie können daher die Annahme (und den damit verbundenen Verlust der Verwandtschaft zu dem Kind) nicht verhindern.

4 **Ausnahmsweise nicht erforderlich ist die Einwilligung**, wenn ein Elternteil zur Abgabe einer Erklärung dauernd außerstande ist oder wenn sein Aufenthalt dauernd unbekannt ist (Abs 4); denn eine Vertretung scheidet wegen des höchstpersönlichen Charakters der Einwilligung aus (vgl § 1750 III 1). Hierher gehören neben den Findelkindern und den Babyklappen-Fällen die Fälle der Geschäftsunfähigkeit der Eltern (§ 104). Außerdem gilt der Aufenthalt einer Mutter eines gem § 25 I Schwangerschaftskonflikt geborenen Kindes als dauernd unbekannt, bis sie gegenüber dem Familiengericht die für den Geburtseintrag ihres Kindes erforderlichen Angaben macht (Abs. 4 S 2). Diese Regelung gilt mWv 1.5.14. Will also eine Frau, die ihr Kind vertraulich geboren hat, erreichen, dass für die Annahme ihre Zustimmung erforderlich ist, muss sie zunächst die erforderlichen Angaben machen. Zur Ersetzung der Einwilligung s § 1748.

5 **Die Erteilung der Einwilligung** richtet sich zunächst nach § 1750. Sie kann erst erteilt werden, wenn das Kind 8 Wochen alt ist (Abs 2 S 1, bei vorzeitiger Einwilligung Aufhebung der Annahme: § 1760 II). Eine Ausnahme besteht nur für nichteheliche Väter ohne Sorgerecht (Abs 3 Nr 1: schon vor der Geburt). Sie ist auch dann wirksam, wenn der Einwilligende die schon feststehenden Annehmenden nicht kennt (Abs 2 S 2, Fall der Incognitoadoption). Haben die Eltern der Einwilligung des Kindes in die Annahme zugestimmt (vgl § 1746), liegt darin regelmäßig auch die eigene Einwilligung nach § 1747 (BayObLGZ 21, 197). Bei nicht miteinander verheirateten Eltern, die kein gemeinsames Sorgerecht haben, kann die Einwilligung des Vaters (nicht die der Mutter) bereits vor der Geburt erteilt werden (Abs 3 Nr 1). Hat der Vater die Übertragung der Sorge nach §§ 1626 a II, 1671 II beantragt, darf die Annahme erst ausgesprochen werden, nachdem über den Antrag des Vaters entschieden worden ist (Abs 3 Nr 3); denn erst dann steht fest, wer gesetzlicher Vertreter des Kindes ist und damit, unter welchen Voraussetzungen seine Einwilligung ersetzt werden kann (vgl § 1748 IV). Die erleichterte Ersetzbarkeit der Einwilligung des Vaters kann auch dadurch hergestellt werden, dass der Vater auf einen Antrag nach §§ 1626 a II, 1671 II verzichtet; denn damit steht automatisch fest, dass er niemals gesetzlicher Vertreter des Kindes sein wird. Abs 3 Nr 2 gestattet diesen Verzicht. Die Verzichtserklärung muss öffentlich beurkundet werden. § 1750 gilt für sie bis auf Abs 4 S 1 sinngemäß.

§ 1748 Ersetzung der Einwilligung eines Elternteils

(1) ¹Das Familiengericht hat auf Antrag des Kindes die Einwilligung eines Elternteils zu ersetzen, wenn dieser seine Pflichten gegenüber dem Kind anhaltend gröblich verletzt hat oder durch sein Verhalten gezeigt hat, dass ihm das Kind gleichgültig ist, und wenn das Unterbleiben der Annahme dem Kind zu unverhältnismäßigem Nachteil gereichen würde. ²Die Einwilligung kann auch ersetzt werden, wenn die Pflichtverletzung zwar nicht anhaltend, aber besonders schwer ist und das Kind voraussichtlich dauernd nicht mehr der Obhut des Elternteils anvertraut werden kann.

(2) ¹Wegen Gleichgültigkeit, die nicht zugleich eine anhaltende gröbliche Pflichtverletzung ist, darf die Einwilligung nicht ersetzt werden, bevor der Elternteil vom Jugendamt über die Möglichkeit ihrer Ersetzung belehrt und nach Maßgabe des § 51 Abs. 2 des Achten Buches Sozialgesetzbuch beraten worden ist und seit der Belehrung wenigstens drei Monate verstrichen sind; in der Belehrung ist auf die Frist hinzuweisen. ²Der Belehrung bedarf es nicht, wenn der Elternteil seinen Aufenthaltsort ohne Hinterlassung seiner neuen Anschrift gewechselt hat und der Aufenthaltsort vom Jugendamt während eines Zeitraums von drei Monaten trotz angemessener Nachforschungen nicht ermittelt werden konnte; in diesem Falle beginnt die Frist mit der ersten auf die Belehrung und Beratung oder auf die Ermittlung des Aufenthaltsorts gerichteten Handlung des Jugendamts. ³Die Fristen laufen frühestens fünf Monate nach der Geburt des Kindes ab.

(3) Die Einwilligung eines Elternteils kann ferner ersetzt werden, wenn er wegen einer besonders schweren psychischen Krankheit oder einer besonders schweren geistigen oder seelischen Behinderung zur Pflege und Erziehung des Kindes dauernd unfähig ist und wenn das Kind bei Unterbleiben der Annahme nicht in einer Familie aufwachsen könnte und dadurch in seiner Entwicklung schwer gefährdet wäre.
(4) In den Fällen des § 1626 a Abs. 3 hat das Familiengericht die Einwilligung des Vaters zu ersetzen, wenn das Unterbleiben der Annahme dem Kind zu unverhältnismäßigem Nachteil gereichen würde.

I. § 1748 gestattet im Interesse des Kindes, die nach §§ 1746 f erforderliche **Einwilligung der Eltern** in eine Annahme zu ersetzen. Der dadurch bedingte Eingriff in das Elternrecht ist durch das überwiegende Interesse des Kindes gerechtfertigt (vgl BVerfG NJW 68, 2233). 1

II. Die Ersetzung der Einwilligung in die Annahme ist im Allgemeinen **in vier Fällen** zulässig. Hinzu kommt eine **Sonderregelung für nichteheliche Väter**, denen kein Sorgerecht zusteht (Abs 4). 2

1. Die Ersetzung der Einwilligung ist zulässig, wenn ein Elternteil seine **Pflichten** gegenüber dem Kind **anhaltend gröblich verletzt** hat und das Unterbleiben der Annahme dem Kind zu unverhältnismäßigem Nachteil gereichen würde (Abs 1 1. Fall). Betroffen sein muss immer das Kind, dessen Annahme in Frage steht (OLG Frankfurt FamRZ 08, 296). Gemeint sind Pflichtverletzungen, die auch zum Entzug des Sorgerechts führen können (§ 1666). Hierher gehören zB Verwahrlosung der Wohnung (Indizien: Ungeziefer, Müllagerung, fehlende Heizung), Misshandlung oder sexueller Missbrauch des Kindes, Verweigerung v Unterhaltsleistungen trotz Leistungsfähigkeit. Erforderlich ist, dass die Pflichtverletzung anhaltend ist, also schon längere Zeit andauert und sich auch nicht in naher Zukunft ändern wird. Ist eine Änderung des Verhaltens anzunehmen (zB bei bevorstehender Entlassung aus Haft), ist die Ersetzung daher wegen Unverhältnismäßigkeit des Eingriffs in das Elternrecht unzulässig. Ein Verschulden des Elternteils in Bezug auf die Pflichtverletzung ist aber nicht erforderlich. 3

Das Unterbleiben der Annahme muss dem Kind zu **unverhältnismäßigem Nachteil** gereichen. Soweit Pflichtverletzungen keine nachteiligen Folgen für das Kind haben, bleiben sie daher außer Betracht. Deshalb reichen eine Drogen- oder Alkoholsucht, Haft oder Krankheit nicht, wenn gesichert ist, dass das Kind ausreichend versorgt wird (OLG Düsseldorf DAVorm 77, 751). Ebenso wenig reicht die bloße Nichtzahlung v Unterhalt (BayObLG NJWE-FER 98, 173). 4

2. Die Einwilligungsersetzung ist auch zulässig, wenn der Elternteil durch sein Verhalten gezeigt hat, dass ihm sein **Kind gleichgültig** ist und das Unterbleiben der Annahme dem Kind zu unverhältnismäßigem Nachteil gereichen würde (Abs 1, 2. Fall). Die Gleichgültigkeit muss sich manifestiert haben; die bloße innere Einstellung reicht nicht. Zu denken ist etwa an ein Alleinlassen des Kindes im Heim (vgl LG Hamburg DAVorm 78, 49), eine ihm gegenüber bestehende emotionale Kälte oder die teilnahmslose Hinnahme des Annahmevorhabens. UU kann sich dies sogar gerade in einem übersteigerten Besitzwillen an dem Kind zeigen, wenn nämlich die Ablehnung der Annahme des Kindes darauf beruht, dass der Elternteil das Kind keinem anderen „gönnt". Auf welchen Gründen die Gleichgültigkeit beruht, ist unerheblich. 5

Ist die Gleichgültigkeit nicht mit anhaltenden gröblichen Pflichtverletzungen verbunden, darf die Einwilligung nicht ersetzt werden, bevor der Elternteil v Jugendamt über die Möglichkeit ihrer Ersetzung **belehrt und nach § 51 II SGB VIII beraten** worden ist und seit der Belehrung wenigstens **3 Monate** verstrichen sind (Abs 2 S 1). In der Belehrung ist auf die Frist hinzuweisen. Sie ist nur überflüssig, wenn der Elternteil seinen Aufenthaltsort ohne Hinterlassung seiner neuen Anschrift gewechselt hat und dieser v Jugendamt in 3 Monaten trotz angemessener Nachforschungen nicht ermittelt werden konnte; dann beginnt die Frist mit der ersten auf die Belehrung und Beratung oder auf die Ermittlung des Aufenthaltsorts gerichteten Handlung des Jugendamts. Die Fristen laufen frühestens 5 Monate nach der Geburt des Kindes ab. Wird der Aufenthalt des 6

Elternteils während des Verfahrens ermittelt, müssen Beratung und Belehrung nachgeholt werden (OLG Köln FamRZ 87, 203).

7 Aus dem Unterbleiben der Annahme muss ein **unverhältnismäßiger Nachteil** für das Kind folgen (Rn 4).

8 3. Eine Einwilligungsersetzung kommt auch in Betracht bei **besonders schweren Pflichtverletzungen**, wenn das Kind voraussichtlich dauernd nicht mehr der Obhut des Elternteils anvertraut werden kann (Abs 1 S 2). Besonders schwere Pflichtverletzungen sind etwa die Tötung des anderen Elternteils (OLG Zweibrücken FamRZ 01, 1730; OLG Brandenburg FamRZ 07, 2006), schwerer sexueller Missbrauch oder schwere Misshandlungen. In diesen Fällen brauchen weder die Pflichtverletzungen anhaltend zu sein, so dass auch einmalige Vorgänge ausreichen können, noch brauchen dem Kind unverhältnismäßige Nachteile zu drohen, wenn die Annahme unterbleibt (BayObLG FamRZ 89, 429). Es reicht, dass das Kind wegen der Pflichtverletzung voraussichtlich dauernd nicht mehr der Obhut des Elternteils anvertraut werden kann.

9 4. Die Einwilligung kann auch ersetzt werden, wenn der Elternteil wegen einer **besonders schweren psychischen Krankheit** oder einer besonders schweren **geistigen oder seelischen Behinderung** zur Pflege und Erziehung des Kindes dauernd unfähig ist und wenn das Kind bei Unterbleiben der Annahme nicht in einer Familie aufwachsen könnte und dadurch in seiner Entwicklung schwer gefährdet wäre (Abs 3). Hierher gehören schwere Depressionen oder andere geistige Erkrankungen, durch welche die Sicherheit des Kindes gefährdet wird. Erforderlich ist, dass die Krankheit so schwerwiegend ist, dass das Kind in einem Heim untergebracht werden muss. Solange es bei Verwandten oder in einer Pflegefamilie (OLG Frankfurt/Main FGPrax 96, 109) aufwachsen kann, ist die Einwilligungsersetzung daher ausgeschlossen. Das Gleiche gilt, wenn das Kind zwar in einem Heim untergebracht werden muss, die Unterbringung dort aber seine Entwicklung nicht gefährdet.

10 5. Bei **nichtehelichen Vätern,** denen kein Sorgerecht zusteht, weil keine Sorgeerklärung abgegeben wurde, kann die Einwilligung ersetzt werden, wenn das Unterbleiben der Annahme dem Kind zu unverhältnismäßigem Nachteil gereichen würde (Abs 4). Der Vater, der nie die Sorge und damit die Verantwortung getragen hat, soll kein Vetorecht gegen die Annahme haben. Insoweit besteht zwar eine Diskrepanz zur Lage bei einer Mutter, die ihr Sorgerecht durch Übertragung auf den Vater verloren hat (§ 1672, bei ihr greift nur Abs 1). Das ist aber gerechtfertigt, weil die Mutter sonst durch Verhinderung der Annahme durch den Vater mit dem Kind allein gelassen werden könnte (BT-Drucks 13/4899, 124). Allerdings ist Abs 4 im Lichte des Art 6 GG eng auszulegen, damit nicht das grundsätzlich geschützte Elternrecht des Vaters entwertet wird. v einem zur Einwilligungsersetzung führenden „unverhältnismäßigen Nachteil" kann deswegen erst dann gesprochen werden, wenn die Adoption für das Kind einen solchen Vorteil hätte, das ein sich verständig um das Kind sorgender Elternteil auf der Erhaltung des Verwandtschaftsbandes nicht bestehen würde (BGH NJW 05, 1781). Dazu ist auch eine Prüfung des Vorverhaltens des Vaters erforderlich, vor allem die Prüfung, welche Gründe den Vater an der Aufrechterhaltung eines zunächst gelebten Vater-Kind-Verhältnisses gehindert haben, wenn es ein solches Verhältnis gab (BVerfG FamRZ 06, 94). In Betracht kommt die Ersetzung aber etwa, wenn der Vater inhaftiert ist und in der Vergangenheit keinerlei reales Interesse an seinem zu ihm keinen Kontakt erhaltenden Kind gezeigt sowie Unterhaltszahlungen verweigert hat und das Kind in eine neue Familie voll integriert ist und den vorsorgenden Partner seiner Mutter als seinen Vater betrachtet (OLG Saarbrücken FamRZ 05, 1586).

11 **III. Verfahren.** Der Abschluss des Verfahrens um die Ersetzung der Einwilligung ist Voraussetzung für den Ausspruch der Annahme. Zur Zuständigkeit des Familiengerichts vgl §§ 111 Nr 4, 186 FamFG; funktionell zuständig ist der Richter (§ 14 Nr 3 f RPflG). Derjenige, dessen Einwilligung ersetzt werden soll ist Mussbeteiligter am Verfahren (§ 188 Abs. 1 Nr. 2), das Jugendamt und das Landesjugendamt sind Mussbeteiligte auf Antrag (§ 188 Abs. 2 FamFG). Die Beteiligten müssen vor der Entscheidung über die Ersetzung der Einwilligung angehört werden (§ 34 FamFG). Zusätzliche Verfahrensvoraussetzungen bei Ersetzung der Einwilligung wegen Gleichgültigkeit: Rn 6.

Der Beschluss über die Ersetzung der Einwilligung wird mit seiner Rechtskraft wirksam (§ 198 Abs. 1 S. 1 FamFG). Bei Gefahr im Verzug kann das Gericht aber die sofortige Wirksamkeit anordnen (§ 198 Abs. 1 S. 2). Der Beschluss wird dann mit der Bekanntgabe an den Antragsteller wirksam (§ 198 Abs. 1 S. 3 FamFG). Die Abänderung oder die Wiederaufnahme des Verfahrens ist ausgeschlossen (§ 198 Abs. 1 S. 3 FamFG). Gegen die Ablehnung der Ersetzung ist ebenso wie gegen die Ersetzung die Beschwerde gegeben (§ 59 FamFG).

§ 1749 Einwilligung des Ehegatten

(1) ¹Zur Annahme eines Kindes durch einen Ehegatten allein ist die Einwilligung des anderen Ehegatten erforderlich. ²Das Familiengericht kann auf Antrag des Annehmenden die Einwilligung ersetzen. ³Die Einwilligung darf nicht ersetzt werden, wenn berechtigte Interessen des anderen Ehegatten und der Familie der Annahme entgegenstehen.

(2) Zur Annahme eines Verheirateten ist die Einwilligung seines Ehegatten erforderlich.

(3) Die Einwilligung des Ehegatten ist nicht erforderlich, wenn er zur Abgabe der Erklärung dauernd außerstande oder sein Aufenthalt dauernd unbekannt ist.

I. § 1749 regelt Fälle, in denen die Annahme die **Einwilligung eines Ehegatten** erfordert: die Annahme durch einen Ehegatten allein und die Annahme eines verheirateten Minderjährigen. Für Lebenspartner gelten Abs 1 S. 2, 3 und Abs 3 entsprechend (§ 9 VI LPartG). Der Konsens beider Partner bei Annahme eines Kindes durch einen v ihnen entspricht wie bei der Ehe dem Prinzip der Lebenspartnerschaft als umfassender Lebensgemeinschaft. 1

II. **Die Einwilligung des Ehegatten des Annehmenden** ist erforderlich, wenn die Annahme entgegen § 1741 II 2 nur durch einen der Ehepartner erfolgen soll (Abs 1). Bei gemeinschaftlicher Annahme liegt die Einwilligung schon darin, dass an der Annahme zusammen mit dem anderen Ehegatten mitgewirkt wird. Nimmt ein Ehegatte das Kind seines Ehegatten an, ist dessen Zustimmung schon als Elternteil erforderlich (§ 1747). Der Anwendungsbereich v Abs 1 beschränkt sich daher auf die Annahme des eigenen nichtehelichen Kindes und auf die Fälle des zu geringen Alters des Ehegatten. Nicht erforderlich ist die Einwilligung, wenn der Ehegatte geschäftsunfähig ist, sein Aufenthalt unbekannt ist (Abs 3) oder die Ehe aufgelöst wurde. Getrenntleben macht die Einwilligung dag nicht überflüssig. Wird die Einwilligung verweigert, kann sie ersetzt werden, wenn nicht Interessen des anderen Ehegatten oder solche der Familie der Annahme entgegenstehen (Abs 1 S 2). 2

Die Einwilligung des Ehegatten des Anzunehmenden ist immer erforderlich, weil er durch die Annahme insofern mitbetroffen ist, als er mit der neuen Familie des Angenommenen verschwägert wird (§ 1590). Solche Fälle sind selten, aber nicht auszuschließen, da bereits mit 16 Jahren geheiratet werden kann (§ 1303). Die Einwilligung kann nicht ersetzt werden. Sie ist nur nicht erforderlich, wenn der Ehegatte geschäftsunfähig ist, sein Aufenthalt unbekannt ist (Abs 3) oder die Ehe aufgelöst wurde (wie Rn 2). 3

III. **Verfahren.** Die Form der Einwilligungserklärung richtet sich nach § 1750. Für ihre Ersetzung im Fall des Abs 1 S 2 ist der Richter zuständig (§ 14 I Nr 3 f RPflG). 4

§ 1750 Einwilligungserklärung

(1) ¹Die Einwilligung nach §§ 1746, 1747 und 1749 ist dem Familiengericht gegenüber zu erklären. ²Die Erklärung bedarf der notariellen Beurkundung. ³Die Einwilligung wird in dem Zeitpunkt wirksam, in dem sie dem Familiengericht zugeht.

(2) ¹Die Einwilligung kann nicht unter einer Bedingung oder einer Zeitbestimmung erteilt werden. ²Sie ist unwiderruflich; die Vorschrift des § 1746 Abs. 2 bleibt unberührt.

(3) ¹Die Einwilligung kann nicht durch einen Vertreter erteilt werden. ²Ist der Einwilligende in der Geschäftsfähigkeit beschränkt, so bedarf seine Einwilligung nicht der Zustimmung seines gesetzlichen Vertreters. ³Die Vorschrift des § 1746 Abs. 1 Satz 2, 3 bleibt unberührt.
(4) ¹Die Einwilligung verliert ihre Kraft, wenn der Antrag zurückgenommen oder die Annahme versagt wird. ²Die Einwilligung eines Elternteils verliert ferner ihre Kraft, wenn das Kind nicht innerhalb von drei Jahren seit dem Wirksamwerden der Einwilligung angenommen wird.

1 I. Die Norm regelt Einzelheiten der Einwilligungserklärungen nach §§ 1746 f, 1749 in Bezug auf Form, Inhalt, Zulässigkeit der Vertretung und Erlöschen.

2 II. Die Erklärungen müssen notariell beurkundet werden (§ 128) und dem Familiengericht gegenüber abgegeben werden (Abs 1 S 1, 2). Sie werden erst wirksam, wenn sie dem Familiengericht zugehen (Abs 1 S 3). Das hat in der Praxis dazu geführt, dass die Erklärungen schon frühzeitig bei einem Notar aufgenommen werden, dann aber dem Gericht erst mit langer Verzögerung zugeleitet werden. Damit soll den Annahmewilligen, bei denen sich das Kind in Pflege befindet, eine Art Anwartschaft gesichert werden.

3 Die Einwilligung ist befristungs- und bedingungsfeindlich (Abs 2 S 1). Sie kann im Interesse der Rechtssicherheit – v Fall der Einwilligung des über 14 jährigen Kindes abgesehen – auch nicht widerrufen werden (Abs 3 S 2). Die Anfechtung wegen Irrtums ist aber zulässig, wenn die Annahme noch nicht erfolgt ist (OLG Frankfurt FamRZ 81, 206 f); denn insoweit überwiegt das Interesse des Einwilligungspflichtigen an der Berücksichtigung des Willensmangels.

4 Stellvertretung ist bei der Einwilligung ausgeschlossen. Sie ist höchstpersönlich (Abs 3 S 1). Daher bedarf sie bei beschränkter Geschäftsfähigkeit (Ausnahme: Einwilligung des über 14 jährigen Kindes, § 1746 I 2, 3) auch nicht der Zustimmung des gesetzlichen Vertreters.

5 Die Einwilligung wird unwirksam, wenn die Annahme abgelehnt oder der Antrag zurückgenommen wird oder die Annahme nicht binnen 3 Jahren nach der Einwilligung erfolgt (Abs 4). Entsprechendes gilt, wenn die Personen, auf deren Annahme sich die Einwilligung bezogen hatte, erklären, diese nicht weiter zu betreiben (BayObLG FamRZ 83, 761).

§ 1751 Wirkung der elterlichen Einwilligung, Verpflichtung zum Unterhalt

(1) ¹Mit der Einwilligung eines Elternteils in die Annahme ruht die elterliche Sorge dieses Elternteils; die Befugnis zum persönlichen Umgang mit dem Kind darf nicht ausgeübt werden. ²Das Jugendamt wird Vormund; dies gilt nicht, wenn der andere Elternteil die elterliche Sorge allein ausübt oder wenn bereits ein Vormund bestellt ist. ³Eine bestehende Pflegschaft bleibt unberührt. ⁴Für den Annehmenden gilt während der Zeit der Adoptionspflege § 1688 Abs. 1 und 3 entsprechend.
(2) Absatz 1 ist nicht anzuwenden auf einen Ehegatten, dessen Kind vom anderen Ehegatten angenommen wird.
(3) Hat die Einwilligung eines Elternteils ihre Kraft verloren, so hat das Familiengericht die elterliche Sorge dem Elternteil zu übertragen, wenn und soweit dies dem Wohl des Kindes nicht widerspricht.
(4) ¹Der Annehmende ist dem Kind vor den Verwandten des Kindes zur Gewährung des Unterhalts verpflichtet, sobald die Eltern des Kindes die erforderliche Einwilligung erteilt haben und das Kind in die Obhut des Annehmenden mit dem Ziel der Annahme aufgenommen ist. ²Will ein Ehegatte ein Kind seines Ehegatten annehmen, so sind die Ehegatten dem Kind vor den anderen Verwandten des Kindes zur Gewährung des Unterhalts verpflichtet, sobald die erforderliche Einwilligung der Eltern des Kindes erteilt und das Kind in die Obhut der Ehegatten aufgenommen ist.

I. § 1751 soll die **Lösung des Kindes v seinen leiblichen Eltern** einleiten. Sobald diese durch die Einwilligung nach § 1747 ihr Einverständnis damit erklärt haben, dass das Kind demnächst v ihnen getrennt werden wird, ist es nicht mehr gerechtfertigt, dass sie noch die Sorge für es ausüben. Umgekehrt ist es nicht länger angemessen, sie und die bisherigen Verwandten in der bisherigen Weise zum Unterhalt heranzuziehen. Das Kind wird bald Verwandter des Annehmenden werden; daher soll dieser zunächst für seinen Unterhalt sorgen.

II. 1. Die **elterliche Sorge ruht**, sobald ein Elternteil in die Annahme eingewilligt hat (§ 1747, Wirksamwerden: Zugang beim Familiengericht, § 1750 I 3) oder seine Einwilligung ersetzt wird (§ 1748). Etwas anderes gilt nur bei Einwilligung in die Annahme durch den anderen Ehegatten oder Lebenspartner (§ 9 VII LPartG); denn dann scheidet das Kind nicht aus dem Verwandtschaftsverhältnis aus (§ 1755 II). Das Ruhen der Sorge bedeutet, dass der einwilligende Elternteil nicht mehr berechtigt ist, sie auszuüben (§ 1675). Sofern nicht der andere Ehegatte (der nicht in die Annahme eingewilligt hat) nun alleiniger Träger der Sorge ist (§ 1678) oder ein Vormund schon bestellt ist, wird das Jugendamt Amtsvormund (Abs 1 S 2). Das Familiengericht muss ihm daher eine Bescheinigung über den Eintritt der Vormundschaft ausstellen (Abs 1 S 3, wie in den Fällen des § 1791 c). Evtl bestehende Pflegschaften werden durch das Ruhen der Sorge nicht beeinflusst (Abs 1 S 4). Sie müssen jedoch aufgehoben werden, wenn ihr Zweck entfallen ist (§ 1919). Befindet sich das Kind in Adoptionspflege, so darf die Pflegeperson in Angelegenheiten des täglichen Lebens allein entscheiden; diese Befugnis kann erweitert oder eingeschränkt werden, wenn der Inhaber der Sorge (das Jugendamt) etwas anderes erklärt oder das Familiengericht das zum Wohle des Kindes anordnet (Abs 1 S 5, § 1688 I, III analog).

Gleichzeitig mit dem Ruhen der Sorge **entfällt das Umgangsrecht** mit dem Kind (§ 1684).

Die **Folgen** der Einwilligung in Bezug auf das Umgangsrecht **enden** automatisch, wenn die Einwilligung aus den § 1750 Rn 5 genannten Gründen unwirksam wird. Das Sorgerecht lebt aber nicht automatisch wieder auf; es muss erst v Familiengericht zurückübertragen werden (Abs 3). Dem Gericht soll das die Prüfung erlauben, ob ein (familiengerichtliches) Verfahren auf Sorgerechtsentziehung (§ 1666) eingeleitet werden muss.

2. Mit der Einwilligung wird die **Unterhaltspflicht der leiblichen Eltern** gegenüber einer (neu eintretenden) Unterhaltspflicht des Annehmenden **subsidiär**, sofern der Annehmende das Kind in Adoptionspflege genommen hat (Abs 4 S 1). Will ein Ehegatte ein Kind seines Ehegatten oder Lebenspartners (§ 9 VII LPartG) annehmen, sind die Ehegatten bzw Lebenspartner dem Kind vor den anderen Verwandten des Kindes unterhaltspflichtig, sobald die erforderliche Einwilligung der Eltern des Kindes erteilt und das Kind in die Obhut der Ehegatten bzw. Lebenspartner aufgenommen ist (Abs 4 S 2, § 9 VII 2 LPartG). Soweit nur die Einwilligung eines Elternteils erforderlich ist, braucht nur diese vorzuliegen. Mit dem Ende der Pflege lebt auch die Unterhaltspflicht (automatisch) wieder in vollem Umfang auf.

§ 1752 Beschluss des Familiengerichts, Antrag

(1) **Die Annahme als Kind wird auf Antrag des Annehmenden vom Familiengericht ausgesprochen.**
(2) ¹**Der Antrag kann nicht unter einer Bedingung oder einer Zeitbestimmung oder durch einen Vertreter gestellt werden.** ²**Er bedarf der notariellen Beurkundung.**

Die Norm legt zunächst fest, dass die Annahme heute durch ein **Annahmedekret auf Antrag des Annehmenden** ausgesprochen wird (Abs 1). Für den Antrag, der funktionell der Einwilligung des Anzunehmenden, seiner Eltern und seines Ehegatten entspricht, gilt wie für diese, dass er bedingungs- und befristungsfeindlich ist, dass Stellvertretung ausgeschlossen ist (zulässig aber Überbringen durch Boten, vgl § 1753 II), und dass er der notariellen Beurkundung (§ 128) bedarf (Abs 2). Zur Annahme nach dem Tod des Annehmenden s § 1753.

2 In dem **Beschluss**, durch den das Familiengericht die Annahme ausspricht, ist anzugeben, auf welche Gesetzesvorschriften sie sich gründet; wenn die Einwilligung eines Elternteils nach § 1747 IV nicht für erforderlich erachtet wurde, muss das ebenfalls aufgenommen werden (§ 197 I 1 FamFG). Er wird mit der Zustellung an den Annehmenden, nach dem Tod des Annehmenden mit der Zustellung an das Kind wirksam (§ 197 II FamFG). Er ist unanfechtbar und unabänderbar (§ 197 III FamFG).

§ 1753 Annahme nach dem Tode
(1) Der Ausspruch der Annahme kann nicht nach dem Tode des Kindes erfolgen.
(2) Nach dem Tode des Annehmenden ist der Ausspruch nur zulässig, wenn der Annehmende den Antrag beim Familiengericht eingereicht oder bei oder nach der notariellen Beurkundung des Antrags den Notar damit betraut hat, den Antrag einzureichen.
(3) Wird die Annahme nach dem Tode des Annehmenden ausgesprochen, so hat sie die gleiche Wirkung, wie wenn sie vor dem Tode erfolgt wäre.

1 I. § 1753 regelt, welche **Auswirkungen der Tod** des Annehmenden oder des Anzunehmenden (vor der Zustellung des Annahmebeschlusses an den Annehmenden, vgl § 197 II FamFG) auf die Annahme hat. Sie folgt der Regel, dass die Annahme sinnlos wird, wenn der Anzunehmende verstirbt, weil ein Toter nicht mehr in eine andere Familie aufgenommen werden kann. Umgekehrt kann der Anzunehmende ein Interesse daran haben, in die andere Familie eingegliedert zu werden, obwohl der Annehmende nicht mehr lebt. Die Annahme ist daher noch möglich, wenn der Annehmende zu Lebzeiten seinen Annahmewillen durch einen notariell beurkundeten Antrag bekundet hat.

2 II. **Der Tod des Anzunehmenden** beendet das Annahmeverfahren. Die Annahme post mortem scheidet aus (Abs 1). Das Kind wird gesetzlich v seiner bisherigen Familie beerbt.

3 Stirbt der Annehmende, kann die Annahme trotzdem erfolgen, wenn der Annehmende entweder den Annahmeantrag bereits beim Familiengericht gestellt hat oder ihn hat notariell beurkunden lassen und den Notar ermächtigt hat, ihn einzureichen (Abs 2). Er hat dann bereits ausreichend klar gemacht, dass er die Verwandtschaft zu dem Kind begründen will. Dazu reicht es aber nicht, dass der Notar den Antrag erst nach dem Tode des Annehmenden einreichen sollte. In diesem Fall sollte es zu Lebzeiten gerade nicht zu einem Verwandtschaftsverhältnis kommen (OLG München ZFE 2010, 352). Ob die Annahme ausgesprochen wird, richtet sich nur nach dem Kindeswohl (§ 1741 I 1); denn ein Eltern-Kind-Verhältnis zum Annehmenden kann nicht mehr entstehen. Die nach dem Tod des Annehmenden erfolgte Annahme wirkt auf den Zeitpunkt vor dessen Tod zurück. Das Kind ist daher nach ihm gesetzlich erb- (§ 1924 I) und bei Enterbung pflichtteilsberechtigt (§ 2303 I). Eine Verfügung v Todes wegen ist anfechtbar (§ 2079).

4 Die **Annahme wird** (rückwirkend) mit der Zustellung des Annahmebeschlusses an den Annehmenden (bzw seinen gesetzlichen Vertreter) **wirksam** (§ 197 II FamFG). War eine gemeinschaftliche Annahme beantragt und verstirbt ein Antragsteller, tritt die Wirksamkeit mit der Zustellung an den Überlebenden ein.

§ 1754 Wirkung der Annahme
(1) Nimmt ein Ehepaar ein Kind an oder nimmt ein Ehegatte ein Kind des anderen Ehegatten an, so erlangt das Kind die rechtliche Stellung eines gemeinschaftlichen Kindes der Ehegatten.
(2) In den anderen Fällen erlangt das Kind die rechtliche Stellung eines Kindes des Annehmenden.
(3) Die elterliche Sorge steht in den Fällen des Absatzes 1 den Ehegatten gemeinsam, in den Fällen des Absatzes 2 dem Annehmenden zu.

§ 1755 Erlöschen von Verwandtschaftsverhältnissen

(1) ¹Mit der Annahme erlöschen das Verwandtschaftsverhältnis des Kindes und seiner Abkömmlinge zu den bisherigen Verwandten und die sich aus ihm ergebenden Rechte und Pflichten. ²Ansprüche des Kindes, die bis zur Annahme entstanden sind, insbesondere auf Renten, Waisengeld und andere entsprechende wiederkehrende Leistungen, werden durch die Annahme nicht berührt; dies gilt nicht für Unterhaltsansprüche.
(2) Nimmt ein Ehegatte das Kind seines Ehegatten an, so tritt das Erlöschen nur im Verhältnis zu dem anderen Elternteil und dessen Verwandten ein.

§ 1756 Bestehenbleiben von Verwandtschaftsverhältnissen

(1) Sind die Annehmenden mit dem Kind im zweiten oder dritten Grad verwandt oder verschwägert, so erlöschen nur das Verwandtschaftsverhältnis des Kindes und seiner Abkömmlinge zu den Eltern des Kindes und die sich aus ihm ergebenden Rechte und Pflichten.
(2) Nimmt ein Ehegatte das Kind seines Ehegatten an, so erlischt das Verwandtschaftsverhältnis nicht im Verhältnis zu den Verwandten des anderen Elternteils, wenn dieser die elterliche Sorge hatte und verstorben ist.

§§ 1754–1756 regeln die abstammungsrechtlichen **Folgen der Annahme**: Nach § 1754 1 wird der Angenommene zum Kind des Annehmenden, bei gemeinschaftlicher Annahme (oder Annahme durch den Ehegatten, § 1755 II – Entsprechendes gilt bei Annahme durch den Lebenspartner, § 9 VII 2 LPartG) gemeinschaftliches Kind der Ehegatten (§ 1754 I, II). Gleichzeitig werden (anders: Erwachsenenadoption, § 1770) die Verwandtschaft zu allen Verwandten des Annehmenden und die Schwägerschaft zu allen Schwägern des Annehmenden begründet. Das Kind steht einem leiblichen Kind in allem gleich. Es hat ein gesetzliches Erbrecht nach dem Annehmenden und dessen Verwandten (und umgekehrt). Die elterliche Sorge folgt der Abstammungsregelung: Ist das Kind gemeinschaftliches Kind der Annehmenden geworden, haben beide die elterliche Sorge gemeinsam, hat eine Person allein angenommen, hat diese die elterliche Sorge allein (§ 1754 III, § 9 VII 2 LpartG). Soweit die Staatsangehörigkeit an die Abstammung anknüpft, erhält das Kind die Staatsangehörigkeit des Annehmenden. Unterschiede zu leiblichen Kindern bestehen noch im Strafrecht (Unanwendbarkeit des § 173 StGB) und im Eherecht (Eheverbot nach § 1308 statt nach § 1307).

§ 1755 ordnet an, dass die **Verwandtschaftsverhältnisse zu der alten Familie erlöschen** 2 (Ausnahmen: § 1755 II, § 1756). Das gilt auch für die Abkömmlinge des Angenommenen. Mit der Annahme erlöschen daher Unterhaltsansprüche, gesetzliche Erb- oder Pflichtteilsrechte, die elterliche Sorge und das Umgangsrecht der leiblichen Eltern usw. Ansprüche des Kindes, die bis zur Annahme entstanden sind, vor allem auf Renten, Waisengeld und entsprechende Leistungen, werden durch die Annahme aber nicht berührt (§ 1755 I 2). Auch eine bereits entstandene Erb- oder Pflichtteilsberechtigung und Ansprüche auf rückständigen Unterhalt (BGH NJW 81, 2298) bleiben erhalten. Das soll Anreize gegen die Annahme vermeiden. Verlöre das Kind Ansprüche auf Leistungen, die es ohne die Annahme hätte, würde die Neigung gefördert, sich mit einem Dauerpflegeverhältnis zu begnügen.

Ausnahmen v Erlöschen der Verwandtschaft sehen § 1755 II, 1756 vor. Nach 3 § 1755 II, § 9 VII 2 LpartG erlischt die Verwandtschaft nicht, wenn ein Ehegatte oder Lebenspartner das Kind seines Ehegatten bzw Lebenspartners annimmt (**Stiefkindadoption**). Das Kind soll dann gerade nicht aus der Familie des Elternteils ausscheiden, der mit dem Annehmenden verheiratet bzw verpartnert ist. Es ist deswegen auch nicht gerechtfertigt, die Verwandtschaft des Kindes zu ihm und seinen Verwandten zu beenden. Bei der Annahme eines nichtehelichen Kindes oder Kindes aus einer früheren Ehe des einen Ehegatten durch den anderen Ehegatten bzw Lebenspartner erlischt daher nur das Verwandtschaftsverhältnis zu dem anderen leiblichen Elternteil des Kindes und zu dessen Verwandten.

4 § 1756 schränkt das Erlöschen der Verwandtschaft für die **Verwandtenannahme und die Annahme des Kindes eines verstorbenen Ehegatten** ein. Insoweit ist es nicht erforderlich, das Kind ganz aus seiner Herkunftsfamilie herauszulösen. Es reicht, dass die Bindung zu den leiblichen Eltern beseitigt wird, um das Kind in die neue Familie eingliedern zu können; denn im ersten Fall bleiben die bisherigen Verwandten mit dem Kind verwandt und im zweiten besteht kein Grund für die Beseitigung der durch den anderen leiblichen Elternteil vermittelten bisherigen Verwandtschaftsverhältnisse, weil der andere Elternteil bereits verstorben ist. Ohne § 1756 I würden den Großeltern nach dem Tod ihres Kindes (des Elternteils des Angenommenen) auch noch die Enkel genommen.

5 Bei der **Verwandten- oder Verschwägertenadoption** erlischt die Verwandtschaft des Kindes und seiner Abkömmlinge zu den bisherigen Verwandten mit Ausnahme der Eltern entgegen § 1755 nicht, wenn die Annahme durch Verwandte oder Schwäger im zweiten oder dritten Grad erfolgt. Bei einer Annahme durch entferntere Verwandte (zB Großtanten, Großcousins) ist es dag nicht sinnvoll, die bisherigen Verwandtschaftsgrade beizubehalten. Hier wird die Verwandtschaft daher so umgestellt, als sei die Annahme durch Fremde erfolgt.

6 Bei der **Annahme eines Ehegatten- oder Lebenspartnerkindes** erlischt die Verwandtschaft zu den Verwandten des Ehegatten bzw Lebenspartners nicht, wenn der Ehegatte oder Lebenspartner die elterliche Sorge hatte (Mitsorgeberechtigung reicht; vgl § 1626 a) und verstorben ist (§ 1756 II, § 9 VII 2 LpartG). Das soll den Großeltern, deren Kind verstorben ist, wenigstens die Verwandtschaftsbeziehung zu ihren Enkeln erhalten.

§ 1757 Name des Kindes

(1) ¹Das Kind erhält als Geburtsnamen den Familiennamen des Annehmenden. ²Als Familienname gilt nicht der dem Ehenamen oder dem Lebenspartnerschaftsnamen hinzugefügte Name (§ 1355 Abs. 4; § 3 Abs. 2 des Lebenspartnerschaftsgesetzes).

(2) ¹Nimmt ein Ehepaar ein Kind an oder nimmt ein Ehegatte ein Kind des anderen Ehegatten an und führen die Ehegatten keinen Ehenamen, so bestimmen sie den Geburtsnamen des Kindes vor dem Ausspruch der Annahme durch Erklärung gegenüber dem Familiengericht; § 1617 Abs. 1 gilt entsprechend. ²Hat das Kind das fünfte Lebensjahr vollendet, so ist die Bestimmung nur wirksam, wenn es sich der Bestimmung vor dem Ausspruch der Annahme durch Erklärung gegenüber dem Familiengericht anschließt; § 1617 c Abs. 1 Satz 2 gilt entsprechend.

(3) Die Änderung des Geburtsnamens erstreckt sich auf den Ehenamen des Kindes nur dann, wenn sich auch der Ehegatte der Namensänderung vor dem Ausspruch der Annahme durch Erklärung gegenüber dem Familiengericht anschließt; die Erklärung muss öffentlich beglaubigt werden.

(4) ¹Das Familiengericht kann auf Antrag des Annehmenden mit Einwilligung des Kindes mit dem Ausspruch der Annahme
1. Vornamen des Kindes ändern oder ihm einen oder mehrere neue Vornamen beigeben, wenn dies dem Wohl des Kindes entspricht;
2. dem neuen Familiennamen des Kindes den bisherigen Familiennamen voranstellen oder anfügen, wenn dies aus schwerwiegenden Gründen zum Wohl des Kindes erforderlich ist.

²§ 1746 Abs. 1 Satz 2, 3, Abs. 3 erster Halbsatz ist entsprechend anzuwenden.

1 I. Die Norm regelt die **namensrechtlichen Folgen der Annahme.** Auch hier gilt das Prinzip der Eingliederung in die neue Familie.

2 II. Das Kind erhält idR **als Geburtsnamen den Familiennamen des Annehmenden** (Abs 1). Es verliert seinen alten Namen. Soweit der Annehmende einen Begleitnamen führt (§ 1355 IV, § 3 II LPartG), wird dieser nicht Bestandteil des Geburtsnamens des Kindes.

Bei gemeinschaftlicher Annahme und Annahme des Kindes des Ehegatten oder Lebenspartners erhält das Kind den **Ehenamen bzw den Lebenspartnerschaftsnamen der Annehmenden.** Falls sie keinen Ehenamen bzw Lebenspartnerschaftsnamen führen, bestimmen sie den Geburtsnamen des Kindes vor dem Ausspruch der Annahme durch Erklärung gegenüber dem Familiengericht (Abs 2 S 1). Gewählt werden kann der Name des einen oder des anderen Ehegatten bzw Lebenspartners zur Zeit der Annahme (Abs 2 S 1 iVm § 1617 I 1). Soweit bereits eine Erklärung in Bezug auf ein anderes Kind abgegeben wurde, gilt diese auch für ein neu angenommenes Kind (Abs 2 S 1 iVm § 1617 I 3). Anders als bei leiblichen Kindern ist die Möglichkeit ausgeschlossen, dass die Annehmenden sich nicht über die Namensgebung einigen und das Bestimmungsrecht deswegen auf einen der Ehegatten bzw Lebenspartner übertragen lassen (vgl § 1617 II). Das Familiengericht muss dann die Annahme verweigern, bis die Annehmenden den Namen des Kindes festgelegt haben. Dem Selbstbestimmungsrecht des Kindes wird dadurch Rechnung getragen, dass die Namensbestimmung durch die Annehmenden nur wirksam ist, wenn es sich der Bestimmung vor dem Ausspruch der Annahme anschließt. Da bei Kleinstkindern nicht davon auszugehen ist, dass der Name für sie schon Bedeutung gewonnen hat, gilt das aber nur, wenn das Kind das 5. Lebensjahr vollendet hat (Abs 2 S 2). Das Kind wird bis zur Vollendung des 14. Lebensjahres durch seinen gesetzlichen Vertreter vertreten. Danach kann es die Erklärung nur selbst abgeben; es bedarf aber der Zustimmung seines gesetzlichen Vertreters (Abs 2 S 2, § 1617 c I 2). 3

Ist das Kind verheiratet, erstreckt sich die Änderung des Namens auf den **Ehenamen** nur, wenn sich der Ehegatte der Namensänderung vor der Annahme durch Erklärung gegenüber dem Familiengericht anschließt; die Erklärung ist öffentlich zu beglaubigen (Abs 3). Fehlt die Anschließung, bleibt es auch beim bisherigen Ehenamen. Das kann auch nachträglich noch gerichtlich festgestellt werden (OLG Frankfurt StAZ 92, 378; OLG Zweibrücken, Beschl v 21.3.11 – 6 UF 31/11). Der Gesetzgeber brauchte für Lebenspartnerschaften keine entsprechende Regelung zu treffen; denn Lebenspartnerschaften können – anders als Ehen – erst eingegangen werden, wenn beide Partner volljährig sind (§ 1 II LPartG). 4

Auf Antrag des Annehmenden mit Zustimmung des Kindes kann der **bisherige Familienname** des Kindes dem neuen **vorangestellt oder angefügt** werden, wenn das zum Wohl des Kindes erforderlich ist (Abs 4 S 1 Nr 2). Das ist idR anzunehmen, wenn das Kind ein gewisses Alter hat und schon Bindungen zu seinem Familiennamen besitzt. Der neue Name mit dem hinzugefügten alten Namen ist ein zweigliedriger Name; der hinzugefügte alte Name ist nicht nur Begleitname iSd § 1355 IV. Für die Einwilligung des Kindes gilt (§ 1746 I 2, 3, III, 1. Halbs) entsprechend. Das Kind kann die Einwilligung also nur selbst erteilen und bedarf der Zustimmung seines gesetzlichen Vertreters. Soweit nicht deutsches Recht gilt, ist die Genehmigung des Familiengerichts erforderlich, wenn Kind und Annehmender unterschiedliche Staatsangehörigkeiten haben. Die v einem Vormund oder Pfleger verweigerte Zustimmung kann v Familiengericht ersetzt werden. 5

Die **Änderung des Vornamens** erfolgt auf Antrag des Annehmenden mit Einwilligung des Kindes mit dem Ausspruch der Annahme, wenn sie dem Wohl des Kindes entspricht (Abs 4 S 1 Nr 1). Entsprechendes gilt für die Hinzufügung v neuen Vornamen. Das soll es ermöglichen, dass die Adoptiveltern eine noch engere Verbindung zu dem Kind schaffen und gleichzeitig verhindern, dass die Adoptiveltern das Kind nur faktisch mit einem neuen Vornamen benennen, während es rechtlich einen anderen führt. Das könnte zu einer Identitätskrise des Kindes führen. Das Gericht darf dem Antrag entsprechen, wenn die Aufgabe des bisherigen Vornamens keine Gefährdung des Kindeswohls verursacht, zB weil das Kind noch keine Bindung dazu hat (Kleinstkinder) oder wenn keine enge Bindung an den Namen besteht und zu erwarten ist, dass die Namensänderung bzw -ergänzung zur verbesserten Integration in die neue Familie führt. Zur Einwilligung des Kindes s Rn 5. 6

§ 1758 Offenbarungs- und Ausforschungsverbot

(1) Tatsachen, die geeignet sind, die Annahme und ihre Umstände aufzudecken, dürfen ohne Zustimmung des Annehmenden und des Kindes nicht offenbart oder ausgeforscht werden, es sei denn, dass besondere Gründe des öffentlichen Interesses dies erfordern.
(2) ¹Absatz 1 gilt sinngemäß, wenn die nach § 1747 erforderliche Einwilligung erteilt ist. ²Das Familiengericht kann anordnen, dass die Wirkungen des Absatzes 1 eintreten, wenn ein Antrag auf Ersetzung der Einwilligung eines Elternteils gestellt worden ist.

1 I. Die Norm sichert die Herauslösung des Kindes aus seiner bisherigen Familie durch die Aufstellung eines umfassenden Nachforschungs- und Offenbarungsverbots.
2 II. Abs 1 spricht das grds **Verbot** aus, Tatsachen, die geeignet sind, die Annahme und ihre Umstände aufzudecken, zu offenbaren oder auszuforschen. Etwas anderes gilt nur dann, wenn der Annehmende und das Kind (beide) zustimmen oder wenn besondere Gründe des öffentlichen Interesses das erfordern. Letzteres ist nur sehr restriktiv anzunehmen; denn das Gesetz verlangt ausdrücklich „besondere" Gründe, wie etwa, wenn die Abstammungsfrage wichtig ist für die Frage, ob eine Straftat vorliegt. Nicht geregelt ist das Verhältnis zwischen dem Kind und dem Annehmenden selbst. Wann dem Kind offenbart wird, dass es nicht das leibliche, sondern ein angenommenes Kind ist, ist eine Erziehungsfrage. Es wird aber spätestens v der Annahme erfahren, wenn es heiratet; denn dann ist ein Auszug aus dem Geburtenregister vorzulegen (vgl § 12 II PStG). Es kann außerdem ab der Vollendung seines 16. Lebensjahres einen beglaubigten Registerauszug aus dem Geburtseintrag beantragen (§ 63 I 3 PStG).
3 **Das Offenbarungs- und Ausforschungsverbot beginnt,** wenn die Einwilligungserklärung nach § 1747 (Eltern) durch Zugang beim Familiengericht (§ 1750 I 3) wirksam wird (Abs 2 S 1). Willigen die Eltern nicht freiwillig ein, so dass ein Einwilligungsersetzungsverfahren (§ 1748) erforderlich wird, kann angeordnet werden, dass das Verbot bereits vorzeitig wirksam wird (Abs 2 S 2). Es gilt dann ab dem Wirksamwerden dieses Beschlusses.

§ 1759 Aufhebung des Annahmeverhältnisses

Das Annahmeverhältnis kann nur in den Fällen der §§ 1760, 1763 aufgehoben werden.

1 Eine Annahme kann nur in den in § 1760 (Mängel der Annahme) und § 1763 (Kindeswohl) genannten Fällen aufgehoben werden. Den einzigen Fall der automatischen Beendigung des Annahmeverhältnisses regelt § 1766 (Eheschließung zwischen Mündel und Annehmendem). Zum Verfahren s §§ 191, 198 FamFG. Es entscheidet der Richter (§ 14 Nr 3 f RPflG).

§ 1760 Aufhebung wegen fehlender Erklärungen

(1) Das Annahmeverhältnis kann auf Antrag vom Familiengericht aufgehoben werden, wenn es ohne Antrag des Annehmenden, ohne die Einwilligung des Kindes oder ohne die erforderliche Einwilligung eines Elternteils begründet worden ist.
(2) Der Antrag oder eine Einwilligung ist nur dann unwirksam, wenn der Erklärende
a) zur Zeit der Erklärung sich im Zustand der Bewusstlosigkeit oder vorübergehenden Störung der Geistestätigkeit befand, wenn der Antragsteller geschäftsunfähig war oder das geschäftsunfähige oder noch nicht 14 Jahre alte Kind die Einwilligung selbst erteilt hat,
b) nicht gewusst hat, dass es sich um eine Annahme als Kind handelt, oder wenn er dies zwar gewusst hat, aber einen Annahmeantrag nicht hat stellen oder eine Einwilligung zur Annahme nicht hat abgeben wollen oder wenn sich der Annehmende in der Person des anzunehmenden Kindes oder wenn sich das anzunehmende Kind in der Person des Annehmenden geirrt hat,

c) durch arglistige Täuschung über wesentliche Umstände zur Erklärung bestimmt worden ist,
d) widerrechtlich durch Drohung zur Erklärung bestimmt worden ist,
e) die Einwilligung vor Ablauf der in § 1747 Abs. 2 Satz 1 bestimmten Frist erteilt hat.
(3) ¹Die Aufhebung ist ausgeschlossen, wenn der Erklärende nach Wegfall der Geschäftsunfähigkeit, der Bewusstlosigkeit, der Störung der Geistestätigkeit, der durch die Drohung bestimmten Zwangslage, nach der Entdeckung des Irrtums oder nach Ablauf der in § 1747 Abs. 2 Satz 1 bestimmten Frist den Antrag oder die Einwilligung nachgeholt oder sonst zu erkennen gegeben hat, dass das Annahmeverhältnis aufrechterhalten werden soll. ²Die Vorschriften des § 1746 Abs. 1 Satz 2, 3 und des § 1750 Abs. 3 Satz 1, 2 sind entsprechend anzuwenden.
(4) Die Aufhebung wegen arglistiger Täuschung über wesentliche Umstände ist ferner ausgeschlossen, wenn über Vermögensverhältnisse des Annehmenden oder des Kindes getäuscht worden ist oder wenn die Täuschung ohne Wissen eines Antrags- oder Einwilligungsberechtigten v jemand verübt worden ist, der weder antrags- noch einwilligungsberechtigt noch zur Vermittlung der Annahme befugt war.
(5) ¹Ist beim Ausspruch der Annahme zu Unrecht angenommen worden, dass ein Elternteil zur Abgabe der Erklärung dauernd außerstande oder sein Aufenthalt dauernd unbekannt sei, so ist die Aufhebung ausgeschlossen, wenn der Elternteil die Einwilligung nachgeholt oder sonst zu erkennen gegeben hat, dass das Annahmeverhältnis aufrechterhalten werden soll. ²Die Vorschrift des § 1750 Abs. 3 Satz 1, 2 ist entsprechend anzuwenden.

§ 1761 Aufhebungshindernisse

(1) Das Annahmeverhältnis kann nicht aufgehoben werden, weil eine erforderliche Einwilligung nicht eingeholt worden oder nach § 1760 Abs. 2 unwirksam ist, wenn die Voraussetzungen für die Ersetzung der Einwilligung beim Ausspruch der Annahme vorgelegen haben oder wenn sie zum Zeitpunkt der Entscheidung über den Aufhebungsantrag vorliegen; dabei ist es unschädlich, wenn eine Belehrung oder Beratung nach § 1748 Abs. 2 nicht erfolgt ist.
(2) Das Annahmeverhältnis darf nicht aufgehoben werden, wenn dadurch das Wohl des Kindes erheblich gefährdet würde, es sei denn, dass überwiegende Interessen des Annehmenden die Aufhebung erfordern.

I. § 1760 findet einen **Kompromiss zwischen dem Interesse des Kindes** am Fortbestand des durch die Annahme begründeten Familienverhältnisses **und den Interessen der zustimmungsberechtigten Personen,** dass die Annahme nicht ohne ihre Zustimmung erfolgt, indem er anordnet, dass die Annahme aufgehoben werden kann, wenn sie ohne Antrag des Annehmenden, die Einwilligung des Kindes oder die erforderliche Zustimmung eines Elternteils ausgesprochen worden ist (§ 1760 I) und gleichzeitig die Gründe aufzählt, aus denen eine dieser Erklärungen unwirksam sein kann (§ 1760 II) sowie Heilungstatbestände normiert (§ 1760 III–V). Weitere Ausschlussgründe enthält § 1761. Die Aufhebung muss v Familiengericht ausgesprochen werden; automatisch erlischt die Annahme nur bei Eheschließung zwischen Kind und Annehmendem (§ 1766).

II. 1. **Aufhebungsgründe** sind das Fehlen eines Antrags des Annehmenden (vgl § 1752), der Zustimmung des Kindes (§ 1746) oder der Eltern (§ 1747). Fehlt nur die Zustimmung des Ehegatten (§ 1749), ist das für die Wirksamkeit der Annahme ohne Bedeutung. Das Fehlen der Zustimmungen kommt in Betracht, wenn diese fälschlicherweise als nicht erforderlich angesehen wurden (vgl 1760 V) oder wenn sie ausnahmsweise unwirksam sind.

Die **Unwirksamkeit v Zustimmungserklärungen** hat der Gesetzgeber durch die in § 1760 II enthaltenen Regeln bewusst eingeschränkt, um der Annahme einen erhöhten Bestandsschutz zu verleihen. Die Gründe sind: a) Bewusstlosigkeit oder vorübergehende Störung der Geistestätigkeit bei allen Erklärungen, Geschäftsunfähigkeit des Antragstellers (bei Geschäftsunfähigkeit des Kindes erteilt der gesetzliche Vertreter die Einwilligung, § 1746 I 2; bei Geschäftsunfähigkeit eines Elternteils ist dessen Zustimmung nicht erforderlich, § 1747 IV) und die Erteilung der Einwilligung durch ein geschäftsunfähiges oder noch nicht 14 Jahre altes Kind selbst. Unbeachtlich ist, ob der gesetzliche Vertreter, der der Erklärung des über 14-jährigen Kindes zustimmen muss (§ 1746 I 3), im Zeitpunkt der Zustimmung geschäftsfähig war; denn das Familiengericht hat unabhängig v ihm noch einmal geprüft, ob die Annahme dem Wohl des Kindes entspricht. b) Irrtümer sind nur relevant, als sie sich darauf beziehen, dass der Erklärende nicht gewusst hat, dass es sich um eine Annahme als Kind handelt, oder wenn er dies zwar gewusst hat, aber einen Annahmeantrag nicht hat stellen oder eine Einwilligung zur Annahme nicht hat abgeben wollen oder wenn sich der Annehmende in der Person des anzunehmenden Kindes oder wenn sich das anzunehmende Kind in der Person des Annehmenden geirrt hat (§ 1760 II b). Die Lage entspricht derjenigen im Eherecht (vgl § 1314 II). Dag sind Irrtümer über persönliche Eigenschaften des Anzunehmenden oder des Annehmenden unbeachtlich. c) Unwirksam sind auch Erklärungen, zu deren Abgabe der Erklärende durch arglistige Täuschung über wesentliche Umstände (§ 1760 II c) oder widerrechtlich durch Drohung (§ 1760 II d) bestimmt worden ist. Allerdings ist die Aufhebung der Annahme ausgeschlossen, wenn die Täuschung (anders bei Drohung) ohne Wissen eines Antrags- oder Einwilligungsberechtigten v jemandem verübt worden ist, der weder antrags- noch einwilligungsberechtigt noch zur Vermittlung der Annahme befugt war (§ 1760 IV, 2. Fall); denn wer sich nur auf die v Dritten mitgeteilten Informationen verlässt, ist nicht schutzwürdig. Unbeachtlich ist auch, wenn über Vermögensverhältnisse des Annehmenden oder des Kindes getäuscht worden ist (§ 1760 IV, 1. Fall); denn finanzielle Umstände sollen die Entscheidung über die Zustimmung zur Annahme nicht beeinflussen. d) Schließlich ist eine Einwilligung unwirksam, wenn sie vor Ablauf der in § 1747 II 1 bestimmten Achtwochenfrist erteilt wurde.

4 2. Im Interesse des Kindes am Bestand der Annahme hat der Gesetzgeber **Ausschlussgründe** normiert, bei deren Vorliegen die Aufhebung der Annahme trotz ursprünglicher Mangelhaftigkeit einer Zustimmung ausgeschlossen ist.

4a Die Aufhebung ist zunächst ausgeschlossen, wenn der Erklärende nach Wegfall des Wirksamkeitshindernisses den **Antrag oder die Einwilligung nachgeholt** oder sonst zu erkennen gegeben hat, dass das Annahmeverhältnis aufrechterhalten werden soll (§ 1760 III 1). Für diese Erklärung gelten die für die Einwilligung vorgesehenen Voraussetzungen hinsichtlich der Höchstpersönlichkeit der Erklärung (§ 1760 III 2). Entsprechendes gilt, wenn zu Unrecht angenommen worden war, dass ein Elternteil zur Abgabe der Erklärung dauernd außerstande oder sein Aufenthalt dauernd unbekannt sei (§ 1760 IV).

5 Das Fehlen einer Zustimmung ist für die Wirksamkeit der Annahme auch irrelevant, wenn die **Voraussetzungen für die Ersetzung der Einwilligung** beim Ausspruch der Annahme vorgelegen haben oder wenn sie zum Zeitpunkt der Entscheidung über den Aufhebungsantrag vorliegen (§ 1761 I). Der an Zustimmungsberechtigte ist dann nicht schutzwürdig; denn er hätte die Annahme ohnehin nicht verhindern können oder könnte sich jedenfalls gegen ihre erneute Vornahme nicht erfolgreich zur Wehr setzen. Anwendbar ist § 1761 I nur auf diejenigen Einwilligungen, die v Gesetz als erforderlich bezeichnet werden. Das sind die Fälle der §§ 1746 III (Vormund oder Pfleger bei Kindeseinwilligung) und 1748 I, III (Eltern). Das Fehlen v Ehegatteneinwilligungen (§ 1749) führt nie zur Aufhebung der Annahme und ist deswegen unbeachtlich. Der Ausschluss der Aufhebung kommt nur bei fehlender oder unwirksamer Einwilligung in Betracht, nicht aber, wenn die Annahme entgegen einer abgelehnten Ersetzung der Einwilligung ausgesprochen worden war; denn dann spricht das Interesse am Bestand der Entscheidung im Ersetzungsverfahren gegen den Ausschluss der Aufhebung. Dieser kommt daher allenfalls unter Abs 2 in Betracht.

6 Die Annahme darf außerdem nicht aufgehoben werden, wenn **dadurch das Wohl des Kindes** erheblich gefährdet würde (Abs 2). Das kann vor allem dann angenommen werden, wenn die Annahme schon einige Zeit zurückliegt und das Kind fest in die neue

Familie eingegliedert ist, selbst wenn die Fristen des § 1762 noch nicht abgelaufen sind. Eine Ausnahme v Aufhebungsausschluss gilt nur dann, wenn überwiegende Interessen des Annehmenden die Aufhebung der Annahme erfordern. Das ist nur ganz ausnahmsweise der Fall, etwa bei Unwirksamkeit des Annahmeantrags.
3. Die **Aufhebung erfolgt nur auf Antrag.** Er muss v demjenigen gestellt werden, dessen 7
Zustimmung fehlerbehaftet war (vgl § 1762).

§ 1762 Antragsberechtigung; Antragsfrist, Form

(1) ¹Antragsberechtigt ist nur derjenige, ohne dessen Antrag oder Einwilligung das Kind angenommen worden ist. ²Für ein Kind, das geschäftsunfähig oder noch nicht 14 Jahre alt ist, und für den Annehmenden, der geschäftsunfähig ist, können die gesetzlichen Vertreter den Antrag stellen. ³Im Übrigen kann der Antrag nicht durch einen Vertreter gestellt werden. ⁴Ist der Antragsberechtigte in der Geschäftsfähigkeit beschränkt, so ist die Zustimmung des gesetzlichen Vertreters nicht erforderlich.
(2) ¹Der Antrag kann nur innerhalb eines Jahres gestellt werden, wenn seit der Annahme noch keine drei Jahre verstrichen sind. ²Die Frist beginnt
a) in den Fällen des § 1760 Abs. 2 Buchstabe a mit dem Zeitpunkt, in dem der Erklärende zumindest die beschränkte Geschäftsfähigkeit erlangt hat oder in dem dem gesetzlichen Vertreter des geschäftsunfähigen Annehmenden oder des noch nicht 14 Jahre alten oder geschäftsunfähigen Kindes die Erklärung bekannt wird;
b) in den Fällen des § 1760 Abs. 2 Buchstabe b, c mit dem Zeitpunkt, in dem der Erklärende den Irrtum oder die Täuschung entdeckt;
c) in dem Falle des § 1760 Abs. 2 Buchstabe d mit dem Zeitpunkt, in dem die Zwangslage aufhört;
d) in dem Falle des § 1760 Abs. 2 Buchstabe e nach Ablauf der in § 1747 Abs. 2 Satz 1 bestimmten Frist;
e) in den Fällen des § 1760 Abs. 5 mit dem Zeitpunkt, in dem dem Elternteil bekannt wird, dass die Annahme ohne seine Einwilligung erfolgt ist.
³Die für die Verjährung geltenden Vorschriften der §§ 206, 210 sind entsprechend anzuwenden.
(3) Der Antrag bedarf der notariellen Beurkundung.

I. § 1762 regelt **Antragsberechtigung** (Abs 1), **Form** (Abs 3) und **Frist** (Abs 2) für den 1
Antrag auf Aufhebung der Annahme.
II. **Antragsberechtigt** ist nur der, ohne dessen Antrag oder Einwilligung das Kind ange- 2
nommen worden ist (Abs 1 S 1). Das können sein: der Annehmende (bei Fehlen seines Antrags, § 1752 I), das Kind (bei Fehlen seiner Einwilligung, § 1746), die leiblichen Eltern (bei Fehlen der Einwilligung, § 1747) und der gesetzliche Vertreter des Kindes (bei Fehlen seiner Einwilligung, § 1746). Weder der übergangene Ehegatte oder Lebenspartner (vgl § 1749) noch Verwandte des Kindes oder des Annehmenden sind antragsberechtigt. Für ein Kind, das geschäftsunfähig oder noch nicht 14 Jahre alt ist, und für den Annehmenden, der geschäftsunfähig ist, können die gesetzlichen Vertreter den Antrag stellen (Abs 1 S 2). Im Übrigen kann der Antrag nicht durch einen Vertreter gestellt werden (Abs 1 S 3). Wenn der Antragsberechtigte in der Geschäftsfähigkeit beschränkt ist, ist die Zustimmung des gesetzlichen Vertreters nicht erforderlich (Abs 1 S 4).
Im Interesse des Bestandsschutzes gilt für die Aufhebung eine **Frist** v 3 Jahren seit der 3
Annahme (Abs 2). Nach Ablauf der Frist kommt eine Aufhebung nur noch nach § 1763 in Betracht. Außerdem gilt aber, dass der Antrag innerhalb einer Frist v einem Jahr gestellt werden muss. Der Fristbeginn ist für die unterschiedlichen Aufhebungsgründe verschieden geregelt. Im Fall des Geschäftsfähigkeitsmangels (§ 1760 II a) beginnt sie, wenn der Erklärende wenigstens beschränkt geschäftsfähig wird oder wenn dem gesetzlichen Vertreter des geschäftsunfähigen Annehmenden oder des noch nicht 14 Jahre alten oder geschäftsunfähigen Kindes die Erklärung bekannt wird (Abs 2 S 2 a). Bei Täuschung oder Irrtum (§ 1760 II b, c) beginnt sie bei Entdeckung des Wil-

lensmangels (Abs 2 S 2 b, c), bei Drohung (§ 1760 II d), wenn die Zwangslage wegfällt (Abs 2 S 2 d), bei Einwilligung vor Ablauf der Achtwochenfrist nach § 1747 II 1 mit dem Ablauf dieser Frist (Abs 2 S 2 e), im Fall des § 1750 V (unzutreffende Annahme, dass ein Elternteil dauernd zur Abgabe der Einwilligung außerstande oder unbekannten Aufenthalts ist), wenn dem Elternteil bekannt wird, dass die Annahme ohne seine Einwilligung erfolgt ist. §§ 206, 210 gelten entsprechend.

4 Der Antrag bedarf der **notariellen Beurkundung** (Abs. 3, § 128).

§ 1763 Aufhebung von Amts wegen

(1) Während der Minderjährigkeit des Kindes kann das Familiengericht das Annahmeverhältnis von Amts wegen aufheben, wenn dies aus schwerwiegenden Gründen zum Wohl des Kindes erforderlich ist.
(2) Ist das Kind von einem Ehepaar angenommen, so kann auch das zwischen dem Kind und einem Ehegatten bestehende Annahmeverhältnis aufgehoben werden.
(3) Das Annahmeverhältnis darf nur aufgehoben werden,
a) nur in dem Falle des Absatzes 2 der andere Ehegatte oder wenn ein leiblicher Elternteil bereit ist, die Pflege und Erziehung des Kindes zu übernehmen, und wenn die Ausübung der elterlichen Sorge durch ihn dem Wohl des Kindes nicht widersprechen würde oder
b) wenn die Aufhebung eine erneute Annahme des Kindes ermöglichen soll.

1 I. § 1763 erlaubt die **Aufhebung der Annahme vAw.** Wegen des Eingriffs in die familiäre Beziehung zwischen Annehmendem und Angenommenem ist sie auf schwerwiegende Fälle beschränkt; denn auch diese Beziehung ist durch Art 6 GG geschützt.

2 II. Die Aufhebung der Annahme **setzt zunächst voraus**, dass das angenommene Kind **minderjährig** ist. Nach seiner Volljährigkeit kommt nur noch die Aufhebung nach § 1760 in Betracht.

3 Die Aufhebung der Annahme muss **aus schwerwiegenden Gründen zum Wohl des Kindes erforderlich** sein, etwa weil die Adoptiveltern das Kind misshandeln oder sexuell missbrauchen, Kind und Annehmende tiefgreifend entfremdet sind oder das Kind wegen kriminellen oder unsittlichen Lebenswandels der Annehmenden selbst auf „die schiefe Bahn" zu geraten droht. Das Verhältnismäßigkeitsprinzip schließt die Aufhebung der Annahme aber aus, wenn Maßnahmen nach § 1666 ausreichen, um das Kindeswohl zu sichern. Nicht ausreichend ist die Scheidung der Ehe der Annehmenden (OLG Düsseldorf FamRZ 98, 1196; BayObLG FamRZ 00, 768; OLG Köln FamRZ 09, 1692).

4 Die Aufhebung der Annahme ist auch zulässig, wenn so **eine erneute Annahme des Kindes ermöglicht werden** soll (Abs 3 b); denn solange die Annahme besteht, ist eine weitere Annahme nicht möglich (§ 1742). Es reicht, dass sie vorbereitet wird; sie braucht noch nicht entscheidungsreif zu sein. Die leiblichen Eltern müssen der neuen Annahme zustimmen (§ 1747 Rn 2).

5 Bei einer **Ehegattenadoption** (§ 1741 II 2, 3, 1754 I) ist auch die Aufhebung des Annahmeverhältnisses nur zu einem v ihnen zulässig (Abs 2), wenn das ausreicht, um die Gefährdung des Kindeswohls zu beseitigen. Damit wird dem Grundsatz des geringstmöglichen Eingriffs Rechnung getragen. Im Übrigen darf die Aufhebung nur erfolgen, wenn der andere Ehegatte oder wenn ein leiblicher Elternteil bereit ist, die Pflege und Erziehung des Kindes zu übernehmen, und wenn die Ausübung der elterlichen Sorge durch ihn dem Wohl des Kindes nicht widerspricht oder wenn eine neue Annahme vorbereitet wird (Rn 4).

§ 1764 Wirkung der Aufhebung

(1) ¹Die Aufhebung wirkt nur für die Zukunft. ²Hebt das Familiengericht das Annahmeverhältnis nach dem Tode des Annehmenden auf dessen Antrag oder nach dem To-

de des Kindes auf dessen Antrag auf, so hat dies die gleiche Wirkung, wie wenn das Annahmeverhältnis vor dem Tode aufgehoben worden wäre.
(2) Mit der Aufhebung der Annahme als Kind erlöschen das durch die Annahme begründete Verwandtschaftsverhältnis des Kindes und seiner Abkömmlinge zu den bisherigen Verwandten und die sich aus ihm ergebenden Rechte und Pflichten.
(3) Gleichzeitig leben das Verwandtschaftsverhältnis des Kindes und seiner Abkömmlinge zu den leiblichen Verwandten des Kindes und die sich aus ihm ergebenden Rechte und Pflichten, mit Ausnahme der elterlichen Sorge, wieder auf.
(4) Das Familiengericht hat den leiblichen Eltern die elterliche Sorge zurückzuübertragen, wenn und soweit dies dem Wohl des Kindes nicht widerspricht; andernfalls bestellt es einen Vormund oder Pfleger.
(5) Besteht das Annahmeverhältnis zu einem Ehepaar und erfolgt die Aufhebung nur im Verhältnis zu einem Ehegatten, so treten die Wirkungen des Absatzes 2 nur zwischen dem Kind und seinen Abkömmlingen und diesem Ehegatten und dessen Verwandten ein; die Wirkungen des Absatzes 3 treten nicht ein.

§§ 1764 f regeln die **Folgen der Aufhebung.** Sie entsprechen grds spiegelbildlich denjenigen der Annahme und treten ex nunc v Wirksamwerden der Aufhebung an ein (Abs 1 S 1). Etwas anderes gilt nur, wenn der Annehmende oder das Kind stirbt und die Annahme nach dem Tod auf einen vorher gestellten Antrag des Verstorbenen hin aufgehoben wird (Abs 1 S 2). Dann wirkt die Aufhebung auf die Zeit vor dem Tod des Antragstellers zurück, damit das Erbrecht nach dem Verstorbenen ausgeschlossen ist. Die Ausnahme greift aber nur ein, wenn gerade derjenige stirbt, der den Aufhebungsantrag gestellt hat. Bei Aufhebung vAw (§ 1763), auf Antrag der Eltern des Angenommenen (§ 1760 I) oder des Überlebenden ist sie nicht anzuwenden. 1

Die wichtigste Wirkung der Aufhebung der Annahme ist, dass das **Verwandtschaftsverhältnis des Kindes** und seiner Abkömmlinge **zum Annehmenden und dessen Verwandten** erlischt (Abs 2). Gleichzeitig lebt das Verwandtschaftsverhältnis des Kindes und seiner Abkömmlinge zu den leiblichen Verwandten des Kindes wieder auf (Abs 3). Eine Ausnahme gilt nur für die elterliche Sorge. Insoweit wäre es problematisch, den leiblichen Eltern automatisch wieder die vollen Rechte zu übertragen, weil uU eine erhebliche Entfremdung zwischen ihnen und dem Kind eingetreten ist. Die Sorge muss den Eltern daher gesondert durch das Familiengericht zurückübertragen werden (Abs 4 1. Halbs). Dieses nimmt eine Kindeswohlprüfung vor. Kommt es zu dem Ergebnis, dass die Rückübertragung dem Kindeswohl ganz oder teilweise widerspricht, unterbleibt die Rückübertragung, und es bestellt dem Kind einen Vormund oder Pfleger (Abs 4 2. Halbs). Das trifft zu, wenn einer der Gründe vorliegt, die nach § 1666 zur Entziehung der elterlichen Sorge berechtigen würden. 2

Wird bei einer **Ehegattenadoption** die Annahme nur bezüglich eines Ehegatten aufgehoben (§ 1763 Rn 5), erlischt die Verwandtschaft des Kindes und seiner Abkömmlinge nur zu diesem. Die Verwandtschaft zu den leiblichen Verwandten wird nicht wieder hergestellt (Abs 5). 3

§ 1765 Name des Kindes nach der Aufhebung

(1) ¹Mit der Aufhebung der Annahme als Kind verliert das Kind das Recht, den Familiennamen des Annehmenden als Geburtsnamen zu führen. ²Satz 1 ist in den Fällen des § 1754 Abs. 1 nicht anzuwenden, wenn das Kind einen Geburtsnamen nach § 1757 Abs. 1 führt und das Annahmeverhältnis zu einem Ehegatten allein aufgehoben wird. ³Ist der Geburtsname zum Ehenamen oder Lebenspartnerschaftsnamen des Kindes geworden, so bleibt dieser unberührt.
(2) ¹Auf Antrag des Kindes kann das Familiengericht mit der Aufhebung anordnen, dass das Kind den Familiennamen behält, den es durch die Annahme erworben hat, wenn das Kind ein berechtigtes Interesse an der Führung dieses Namens hat. ²§ 1746 Abs. 1 Satz 2, 3 ist entsprechend anzuwenden.

(3) Ist der durch die Annahme erworbene Name zum Ehenamen oder Lebenspartnerschaftsnamen geworden, so hat das Familiengericht auf gemeinsamen Antrag der Ehegatten oder Lebenspartner mit der Aufhebung anzuordnen, dass die Ehegatten oder Lebenspartner als Ehenamen oder Lebenspartnerschaftsnamen den Geburtsnamen führen, den das Kind vor der Annahme geführt hat.

1 § 1765 ergänzt § 1764 um die Regelung der **namensrechtlichen Folgen** der Aufhebung der Annahme.

2 Mit der Aufhebung der Annahme verliert der Angenommene das Recht, den durch die Annahme erhaltenen Namen (1757) weiterzuführen und erhält den **Familiennamen seiner leiblichen Eltern** zurück. Ob sich die Namensänderung auf seine Abkömmlinge erstreckt, richtet sich nach § 1616 a. Der Vorname ist durch die Aufhebung der Annahme selbst dann nicht betroffen, wenn er bei der Annahme geändert oder ergänzt wurde (vgl § 1757 IV Nr 1).

3 Der Namensverlust **tritt nicht ein**, wenn ein Name nach § 1757 I geführt und die **Annahme nur im Verhältnis zu einem Elternteil** aufgehoben wird (Abs 2 S 2). Dann kann das Recht, den Namen desjenigen zu tragen, zu dem das Annahmeverhältnis gelöst wurde, noch v dem Ehegatten abgeleitet werden, zu dem das Annahmeverhältnis bestehen bleibt. Die Änderung des Namens wäre daher ein Verstoß gegen den Verhältnismäßigkeitsgrundsatz. Das Familiengericht kann auch auf Antrag des Kindes anordnen, dass es den mit der Annahme erworbenen Namen behält, wenn das Kind ein **berechtigtes Interesse an der Weiterführung** des Namens hat (Abs 2 S 1), zB wenn es sich mit dem Namen identifiziert hat, so dass ein Namenswechsel für es nachteilige Folgen (zB eine Identitätskrise) hätte. Schließlich findet kein Namenswechsel statt, wenn der Angenommene bereits geheiratet hat oder eine Lebenspartnerschaft eingegangen ist und **der durch die Annahme erworbene Name Ehename oder Lebenspartnerschaftsname geworden** ist (Abs 1 S 3). Die Eheleute bzw Lebenspartner können aber beim Familiengericht (gemeinsam) beantragen, dass sie als Ehenamen bzw Lebenspartnerschaftsnamen den Namen führen, den das Kind vor der Annahme trug (Abs 3). Das Gericht ändert dann den Ehenamen bzw Lebenspartnerschaftsnamen zugleich mit dem Ausspruch über die Aufhebung der Annahme. Ist Ehename oder Lebenspartnerschaftsname der Name des anderen Ehegatten bzw Lebenspartners, bleibt es dabei. Sofern das Kind aber seinen Namen dem Ehenamen oder Lebenspartnerschaftsnamen hinzugefügt hat (§ 1355 IV, § 3 II LPartG), ändert sich der Begleitname.

§ 1766 Ehe zwischen Annehmendem und Kind

¹Schließt ein Annehmender mit dem Angenommenen oder einem seiner Abkömmlinge den eherechtlichen Vorschriften zuwider die Ehe, so wird mit der Eheschließung das durch die Annahme zwischen ihnen begründete Rechtsverhältnis aufgehoben. ²§§ 1764, 1765 sind nicht anzuwenden.

1 Die Vorschrift ergänzt §§ 1760, 1763 um den einzigen Grund einer **automatischen Auflösung** der Annahme. Heiraten Annehmender und Kind einander, wird mit der Heirat das zwischen ihnen bestehende Annahmeverhältnis aufgehoben. Die Eheschließung zwischen einem Adoptivelternteil und dem Kind ist zwar nach § 1308 I vor Aufhebung der Annahme nicht zulässig. Ein Verstoß macht die Eheschließung aber nicht unwirksam oder aufhebbar. Ohne § 1766 könnte es zu der rechtsethisch zu missbilligenden Situation kommen, dass eine Ehe zwischen Adoptivmutter und –sohn oder Adoptivtochter und –vater besteht. Das wird durch das automatische Erlöschen der Rechtsbeziehung bei Eheschließung verhindert.

2 Das Annahmeverhältnis erlischt **nur zwischen den Eheschließenden**. In Bezug auf alle anderen Personen, mit denen durch die Annahme eine Verwandtschaft begründet wurde, bleibt diese erhalten. Auch namensrechtlich ist die Aufhebung ohne Bedeutung (S 3).

Untertitel 2
Annahme Volljähriger

Vorbemerkung zu §§ 1767–1772

Die Volljährigenadoption ist v Gesetzgeber trotz einiger Zweifel an ihrer Berechtigung bei der Neuregelung des Adoptionsrechts beibehalten worden, um in Härtefällen, in denen sich zwischen Volljährigen ein echtes Eltern-Kind-Verhältnis gebildet hat, auch die rechtliche Zuordnung zu ermöglichen. Die Volljährigenadoption soll die Ausnahme bleiben; sie ist daher an zusätzliche Voraussetzungen gebunden (§§ 1767, 1769). Außerdem ist sie eine Annahme mit geringeren Wirkungen als die Annahme Minderjähriger; denn sie führt grds nicht zur vollständigen Eingliederung des Angenommenen in die Familie des Annehmenden und zum vollständigen Ausscheiden aus seiner bisherigen Familie (§ 1770). Das Verfahren entspricht im Wesentlichen demjenigen bei der Annahme Minderjähriger (vgl § 1768). 1

§§ 1767–1772 enthalten nur Sonderregelungen für die Volljährigenadoption. Im Übrigen gelten die Regeln für die Minderjährigenadoption entsprechend (§ 1767 II). 2

§ 1767 Zulässigkeit der Annahme, anzuwendende Vorschriften

(1) Ein Volljähriger kann als Kind angenommen werden, wenn die Annahme sittlich gerechtfertigt ist; dies ist insbesondere anzunehmen, wenn zwischen dem Annehmenden und dem Anzunehmenden ein Eltern-Kind-Verhältnis bereits entstanden ist.
(2) ¹Für die Annahme Volljähriger gelten die Vorschriften über die Annahme Minderjähriger sinngemäß, soweit sich aus den folgenden Vorschriften nichts anderes ergibt. ²§ 1757 Abs. 3 ist entsprechend anzuwenden, wenn der Angenommene eine Lebenspartnerschaft begründet hat und sein Geburtsname zum Lebenspartnerschaftsnamen bestimmt worden ist. ³Zur Annahme einer Person, die eine Lebenspartnerschaft führt, ist die Einwilligung des Lebenspartners erforderlich.

Die Norm enthält in Abs 1 die Grundnorm für die **Voraussetzungen der Volljährigenadoption**. In Abs 2 ordnet sie an, dass die Vorschriften für die Minderjährigenadoption entsprechend gelten, sofern nicht etwas anderes bestimmt ist. Soweit eine Minderjährigenadoption nicht in Betracht kommt, scheidet daher eine Volljährigenadoption ebenfalls aus. 1

Voraussetzung der Volljährigenadoption ist zunächst, dass die Annahme dem **Wohl des Anzunehmenden** dient und zu erwarten ist, dass zwischen dem Annehmenden und dem Angenommenen ein **Eltern-Kind-Verhältnis** entsteht (vgl § 1740 I). Die Annahme muss daher immer verweigert werden, wenn sich auch nur auf einer Seite der Wille zeigt, ein derartiges Verhältnis nicht zu begründen. Außerdem ist erforderlich, dass die Annahme sittlich gerechtfertigt ist (Abs 1). Als Beispiel dafür nennt Abs 1, dass zwischen Annehmendem und Anzunehmendem bereits ein Eltern-Kind-Verhältnis entstanden ist. Das kann etwa vorkommen, wenn der Anzunehmende bereits lange als Pflegekind bei dem Annahmewilligen lebt. Die sittliche Rechtfertigung kann sich aber auch daraus ergeben, dass mehrere Mitglieder einer Familie angenommen werden sollen, v denen einige minderjährig, andere aber schon volljährig sind oder wenn ein künftiger Hof- oder Unternehmenserbe, der sich bereits seit langer Zeit um den Erblasser kümmert, auch in die Familie eingegliedert werden soll. Nicht ausreichend sind aber die nur freundschaftliche Verbundenheit (BayObLG NJWE-FER 98, 36), wirtschaftliche Gründe, die Absicht, einen Familiennamen vor dem Aussterben zu bewahren (BayObLG FamRZ 93, 236) oder einem v Abschiebung bedrohten Ausländer ein Bleiberecht zu verschaffen (BayObLG FamRZ 96, 183; KG FamRZ 82, 641; aA OLG Celle StAZ 95, 171, zum – fehlenden – Aufenthaltsrecht des adoptierten Ausländers vgl BVerfG NJW 89, 2195). Dag schadet ein nur geringer Altersunterschied zwischen Annahmewilligem und Anzunehmenden nicht ohne weiteres. Ebenso wenig kann pauschal das Vorhandensein v eigenen minderjährigen Kindern des Annehmenden als 2

Grund angesehen werden, die sittliche Rechtfertigung der Annahme zu verneinen (OLG München, Beschl v 10.1.2011 – 33 UF 988/10; aA noch BayObLG FamRZ 1984, 419, 420).

3 Ergänzend gilt für **Lebenspartnerschaften**, dass die Änderung des Geburtsnamens des Angenommenen sich auf den Lebenspartnerschaftsnamen (§ 3 LPartG) nur dann auswirkt, wenn der Lebenspartner dem zustimmt; seine Erklärung bedarf der öffentlichen Beglaubigung (Abs 2 S 2 nF, § 1757 III). Die Regelung ist erforderlich, weil § 1757 direkt nur für Ehen, nicht aber Eingetragene Lebenspartnerschaften gilt, die vor Erreichen der Volljährigkeit nicht eingegangen werden können (§ 1 II LPartG). Der Lebenspartner muss der Annahme zustimmen (Abs 2 S 3).

§ 1768 Antrag

(1) ¹Die Annahme eines Volljährigen wird auf Antrag des Annehmenden und des Anzunehmenden vom Familiengericht ausgesprochen. ²§§ 1742, 1744, 1745, 1746 Abs. 1, 2, § 1747 sind nicht anzuwenden.
(2) Für einen Anzunehmenden, der geschäftsunfähig ist, kann der Antrag nur von seinem gesetzlichen Vertreter gestellt werden.

1 § 1768 enthält für die Erwachsenenadoption **Spezialregelungen für den Annahmeantrag** und in Bezug auf Annahmehindernisse.

2 Die Erwachsenenadoption setzt, anders als in § 1752 für die Minderjährigenannahme vorgesehen, einen **Antrag des Annehmenden und einen Antrag des Anzunehmenden** voraus (Abs 1 S 1). Dafür entfällt die Einwilligung des Anzunehmenden (Abs 1 S 2, § 1746 I, II). Den Antrag kann nur der Anzunehmende selbst stellen. Nur bei Geschäftsunfähigkeit vertritt ihn sein gesetzlicher Vertreter (Abs 2), der nach § 1896 bestellte Betreuer (§ 1902).

3 **§ 1742 gilt nicht** (Abs 1 S 2). Auch jemand, der schon (gleich ob als Minder- oder als Volljähriger) adoptiert worden war, kann daher erneut adoptiert werden. Das ermöglicht Rückadoptionen, wenn der Elternteil, dessen Ehegatte das Kind angenommen hatte, nach Auflösung dieser Ehe den anderen leiblichen Elternteil des Angenommenen wieder geheiratet hat.

4 Unanwendbar ist auch die Regelung (§ 1745) über die **Adoptionspflege** (Abs 1 S 2). Das widerspräche dem Selbstbestimmungsrecht des volljährigen Anzunehmenden. Entsprechendes gilt für die **Einwilligung der leiblichen Eltern** in die Annahme (§ 1747).

§ 1769 Verbot der Annahme

Die Annahme eines Volljährigen darf nicht ausgesprochen werden, wenn ihr überwiegende Interessen der Kinder des Annehmenden oder des Anzunehmenden entgegenstehen.

1 Die Regelung entspricht § 1745 S 1 1. Halbs. Die Annahme ist zu versagen, wenn die Interessen der Kinder des Anzunehmenden oder des Annehmenden das Interesse des Anzunehmenden und des Annehmenden selbst an der Durchführung der Annahme überwiegen. Das Familiengericht muss die genannten Interessen abwägen. Es ist nicht zulässig, pauschal einen Vorrang der Interessen der leiblichen Kinder des Annehmenden anzunehmen (OLG München, Beschl v 10.1.11 – 33 UF 988/10 gegen BayObLG FamRZ 1984, 419, 420). Dass der 2. Halbs aus § 1745 nicht übernommen wurde, beruht darauf, dass bei der Erwachsenenannahme der Anzunehmende selbst den Antrag auf Annahme stellt und deswegen nicht schutzwürdig ist, wenn seine Interessen durch Kinder des Annehmenden gefährdet werden. Der geringere Rang der Erwachsenenadoption zeigt sich aber daran, dass im Rahmen der Prüfung des § 1769 auch vermögensrechtliche Interessen berücksichtigt werden und sogar den Ausschlag geben dürfen. Das gilt vor allem für die Frage, wie sich die Beteiligung des Adoptivkindes am Nachlass des Annehmenden auf die Stellung der übrigen Kinder auswirkt.

Die Kinder sind im Adoptionsverfahren anzuhören (BVerfG NJW 2009, 138). Sie sind 2
zu beteiligen, weil sie durch die Annahme in eigenen Rechten betroffen werden.

§ 1770 Wirkung der Annahme

(1) ¹Die Wirkungen der Annahme eines Volljährigen erstrecken sich nicht auf die Verwandten des Annehmenden. ²Der Ehegatte oder Lebenspartner des Annehmenden wird nicht mit dem Angenommenen, dessen Ehegatte oder Lebenspartner wird nicht mit dem Annehmenden verschwägert.
(2) Die Rechte und Pflichten aus dem Verwandtschaftsverhältnis des Angenommenen und seiner Abkömmlinge zu ihren Verwandten werden durch die Annahme nicht berührt, soweit das Gesetz nichts anderes vorschreibt.
(3) Der Annehmende ist dem Angenommenen und dessen Abkömmlingen vor den leiblichen Verwandten des Angenommenen zur Gewährung des Unterhalts verpflichtet.

§ 1770 regelt die **Folgen der Erwachsenenannahme**. Diese sind gegenüber denjenigen 1
der Minderjährigenadoption (§§ 1754–1757) erheblich reduziert. Zur ausnahmsweise
bestehenden Möglichkeit, die Wirkungen einer Minderjährigenadoption herbeizuführen, s § 1772.
Bei Erwachsenenadoptionen **beschränken sich die Wirkungen auf den Angenommenen** 2
und seine Abkömmlinge und den Annehmenden. Eine vollständige Eingliederung in die
Familie des Annehmenden unterbleibt. Er und seine Abkömmlinge werden mit den
Verwandten des Annehmenden nicht verwandt (Abs 1 S 1). Die Kinder des Angenommenen werden also zwar Enkel des Annehmenden, nicht aber Neffen oder Nichten v
dessen Geschwistern. Mehrere als Erwachsene v derselben Person Angenommene sind
nicht miteinander verwandt (wenn sie es nicht schon waren). Erfolgt die Annahme
durch einen Verheirateten allein (entgegen § 1741 II 1) wird der Angenommene mit
dessen Ehegatten oder Lebenspartner ebenso wenig verschwägert wie der Ehegatte
oder Lebenspartner des Angenommenen mit dem Annehmenden (Abs 1 S 2).
Umgekehrt werden bei der Erwachsenenadoption die **Bindungen zur bisherigen Familie** 3
nicht gelöst (Abs 2). Der Angenommene bleibt also mit seinen bisherigen Verwandten
einschließlich seiner Eltern auch nach der Annahme verwandt. Beim Tod des Angenommenen erben seine leiblichen und seine Adoptiveltern nebeneinander als gesetzliche Erben. Auch Unterhaltspflichten bestehen im Verhältnis zu den leiblichen Eltern
wie zum Annehmenden. Abs 3 ordnet aber an, dass der Annehmende dem Angenommenen und dessen Abkömmlingen vor den leiblichen Verwandten zum Unterhalt verpflichtet ist.

§ 1771 Aufhebung des Annahmeverhältnisses

¹Das Familiengericht kann das Annahmeverhältnis, das zu einem Volljährigen begründet worden ist, auf Antrag des Annehmenden und des Angenommenen aufheben, wenn
ein wichtiger Grund vorliegt. ²Im Übrigen kann das Annahmeverhältnis nur in sinngemäßer Anwendung der Vorschrift des § 1760 Abs. 1 bis 5 aufgehoben werden. ³An die
Stelle der Einwilligung des Kindes tritt der Antrag des Anzunehmenden.

§ 1771 regelt die **Aufhebung der Erwachsenenadoption**. Den schwächeren Wirkungen 1
dieser Annahme korrespondiert eine erleichterte Aufhebbarkeit des Annahmeverhältnisses. Es kann nicht nur nach § 1760 aufgehoben werden, sondern auch auf Antrag v
Annehmenden und Angenommenen bei Vorliegen eines wichtigen Grundes. Die Anwendung v § 1771 ist auf den Fall der Erwachsenenadoption beschränkt. Eine Analogie bei Minderjährigenannahmen nach Eintritt der Volljährigkeit des Angenommenen ist ausgeschlossen (BayObLG FamRZ 90, 204; OLG Düsseldorf NJW-RR 86,
300), weil die Minderjährigenannahme wegen der weiter gehenden Wirkungen einen
höheren Bestandsschutz genießen muss.

2 Die Aufhebung der Erwachsenenadoption ist zunächst in den in § 1760 genannten Fällen unter den dafür auch bei Minderjährigenadoption geltenden Voraussetzungen zulässig (S 2). Wegen des andersartigen Annahmeerfordernisses ist nur statt auf die Einwilligung des Kindes auf den Antrag des Angenommenen (vgl § 1768 I 1) abzustellen (S 3). Außerdem kann wegen fehlender oder unwirksamer Einwilligung der Eltern keine Aufhebung betrieben werden, weil diese bei der Erwachsenenannahme nicht erforderlich ist (§ 1768 I 2).
3 Außerdem ist die Aufhebung der Annahme zulässig, **wenn ein wichtiger Grund besteht und der Annehmende und der Angenommene die Aufhebung beantragen (S 1).** Erforderlich ist ein Antrag v beiden (BGHZ 103, 12; str). Das gilt auch, wenn der Annehmende inzwischen verstorben ist. Soweit er v seinem Tod keinen Antrag gestellt hatte, scheidet die Aufhebung der Annahme deswegen aus (OLG Stuttgart NJW-RR 10, 1231). Ein wichtiger Grund kann in der ernstlichen Zerrüttung der Beziehung zwischen Annehmendem und Angenommenem liegen, wie sie etwa in der Begehung v Straftaten des einen gegen den anderen zum Ausdruck kommt oder in ehebrecherischen Beziehungen zum Ehegatten des Annehmenden oder Angenommenen. Es reicht nicht, dass diejenigen Umstände wegfallen, die die Annahme sittlich gerechtfertigt haben (vgl § 1767 I) oder dass die Annahme v sachfremden Motiven getragen war (zB Erlangung einer Aufenthaltserlaubnis). Für die Aufhebung aus wichtigem Grund gelten die Schranken einer Aufhebung nach § 1760 (§§ 1761 f) nicht. Im Übrigen kann die Annahme wegen **Willensmängeln** auch auf einseitigen Antrag hin aufgehoben werden (S 2 iVm § 1760 I-V).
4 Die **Wirkungen der Aufhebung** richten sich nach §§ 1764 f.

§ 1772 Annahme mit den Wirkungen der Minderjährigenannahme

(1) ¹Das Familiengericht kann beim Ausspruch der Annahme eines Volljährigen auf Antrag des Annehmenden und des Anzunehmenden bestimmen, dass sich die Wirkungen der Annahme nach den Vorschriften über die Annahme eines Minderjährigen oder eines verwandten Minderjährigen richten (§§ 1754 bis 1756), wenn
a) ein minderjähriger Bruder oder eine minderjährige Schwester des Anzunehmenden von dem Annehmenden als Kind angenommen worden ist oder gleichzeitig angenommen wird oder
b) der Anzunehmende bereits als Minderjähriger in die Familie des Annehmenden aufgenommen worden ist oder
c) der Annehmende das Kind seines Ehegatten annimmt oder
d) der Anzunehmende in dem Zeitpunkt, in dem der Antrag auf Annahme bei dem Familiengericht eingereicht wird, noch nicht volljährig ist.
²Eine solche Bestimmung darf nicht getroffen werden, wenn ihr überwiegende Interessen der Eltern des Anzunehmenden entgegenstehen.
(2) ¹Das Annahmeverhältnis kann in den Fällen des Absatzes 1 nur in sinngemäßer Anwendung der Vorschrift des § 1760 Abs. 1 bis 5 aufgehoben werden. ²An die Stelle der Einwilligung des Kindes tritt der Antrag des Anzunehmenden.

1 I. § 1772 enthält Ausnahmen zu §§ 1770 f. Er lässt es in vier Fällen zu, dass die Erwachsenenadoption statt mit den Wirkungen des § 1770 mit den Wirkungen der Minderjährigenannahme ausgesprochen wird und verleiht ihr für diesen Fall denselben Bestandsschutz wie dieser. Die Volladoption kann nur auf Antrag des Annehmenden und des Anzunehmenden ausgesprochen werden (Abs 1 S 1). Dieser kann mit dem Annahmeantrag verbunden werden.
2 II. Die Anordnung einer **Volladoption ist zulässig**, wenn ein minderjähriges Geschwisterkind des Anzunehmenden v dem Annehmenden als Kind angenommen worden ist oder gleichzeitig angenommen wird (Abs 1 S 1 a), weil alle Geschwister die gleiche Stellung zum Annehmenden erhalten sollen. Gleiches gilt, wenn deswegen eine besonders starke Bindung zwischen Annehmendem und Anzunehmendem besteht, weil dieser schon als Minderjähriger in die Familie des Annehmenden aufgenommen wurde

und dort tatsächlich gelebt hat (Abs 1 S 1 b, vgl OLG München FamRZ 10, 2088) oder weil es sich bei dem Anzunehmendem um das Kind seines Ehegatten oder Lebenspartners handelt (Abs 1 S 1 c, § 9 VII 2 LPartG). Schließlich soll einem Adoptierten daraus kein Nachteil erwachsen, dass die Annahme nicht rechtzeitig während seiner Minderjährigkeit ausgesprochen werden konnte. Abs 1 S 1 d lässt die Volladoption daher zu, wenn der Anzunehmende in dem Zeitpunkt, in dem der Antrag auf Annahme bei dem Familiengericht eingereicht wird, noch nicht volljährig ist.

Trotz Vorliegens einer der Fallgruppen muss die **Volladoption unterbleiben,** wenn ihr **überwiegende Interessen der Eltern des Anzunehmenden entgegenstehen** (Abs 1 S 2). Das können persönliche Interessen, aber auch vermögensrechtliche sein. 3

Die **Wirkungen** der Volladoption richten sich nach §§ 1754–1756. 4

Die **Aufhebung** der Volladoption richtet sich nach § 1760 (Abs 2). Dazu gilt das § 1771 Rn 2 Gesagte entsprechend. Eine Aufhebung aus wichtigem Grund (§ 1772 I) ist unzulässig. 5

Abschnitt 3
Vormundschaft, Rechtliche Betreuung, Pflegschaft

Vorbemerkung zu §§ 1773–1921

Der Dritte Abschnitt hatte ursprünglich Regelungen für Vormundschaften über Minderjährige und Volljährige sowie als Annex Regelungen über Pflegschaften enthalten. Durch das BetreuungsG wurde er dann dahingehend umgestaltet, dass es nur noch eine Vormundschaft über Minderjährige (§§ 1773–1895) gibt, während die Vormundschaft über Volljährige in dem Rechtsinstitut der Betreuung (§§ 1896–1908 i) aufgegangen ist, das dem Betroffenen ein größeres Maß an Eigenständigkeit sichern soll, als es die alten Regelungen konnten, die automatisch zum Verlust der Geschäftsfähigkeit der unter Vormundschaft stehenden Person führten. Die Pflegschaft (§§ 1909–1921) beschließt den Dritten Abschnitt. Sie hat viel v ihrer Bedeutung verloren, seit die Gebrechlichkeitspflegschaft abgeschafft wurde. 1

Der Vormund übt wie der Beistand, der Betreuer und der Pfleger ein **privatrechtliches Amt** aus. Es gilt das Prinzip des Einzelamts, dh dass Vormundschaft oder Betreuung nach Möglichkeit v einer Person geführt werden sollen, um eine möglichst umfassende und dem Betroffenen nahe Hilfe zu ermöglichen. Außerdem sollen Vormundschaft und Betreuung möglichst v natürlichen Personen durchgeführt werden. Die Bestellung eines Vereins oder einer Behörde ist daher nur zulässig, wenn keine geeignete natürliche Person zur Verfügung steht (vgl §§ 1791 a–1791 c, 1887 I, 1900, 1915 I). Schließlich ist das Amt des Vormunds, Betreuers usw grds ein Ehrenamt. Der Amtsträger erhält daher grds nur Aufwendungsersatz, nicht aber eine Vergütung für seine Tätigkeit (§§ 1835–1836 e). Dieser Grundsatz ist allerdings durchbrochen, wenn der Mündel/Betreute über so ausreichende Mittel verfügt, dass es unbillig wäre, den Vormund/Betreuer ohne Vergütung zu lassen oder wenn diesem so viele Vormundschaften/Betreuungen übertragen sind, dass diese nur mit einem Aufwand geführt werden können, der normalerweise auf eine Berufsausübung verwendet wird (Einzelheiten: §§ 1836 ff). 2

Der Vormund ist grds autonom, dh er entscheidet, welche Maßnahmen zugunsten des Mündels vorgenommen werden sollen. Das Familiengericht überwacht ihn nur. Es kann dem Vormund Weisungen erteilen (§ 1837), und umgekehrt muss der Vormund in einer Reihe v Fällen die Genehmigung des Familiengerichts einholen, bevor er handelt (§§ 1809 ff). Selbst kann es nur handeln, wenn noch kein Vormund bestellt ist. Die Vormundschaft tritt nicht automatisch ein (Ausnahme: Amtsvormundschaft nach § 1791 c). Es bedarf vielmehr einer Anordnung und der Bestellung des Vormunds durch das Familiengericht. Entsprechendes gilt für die Betreuung und im Pflegschaftsrecht. 3

Internationalprivatrechtlich gilt der Grundsatz, dass die Entstehung der Betreuung, Vormundschaft oder Pflegschaft dem Recht des Staates unterliegen, dem der Betroffene 4 angehört (Art 24 I 1 EGBGB). Für die Maßnahmen in bezug auf Minderjährige ist das Haager Kinderschutzabkommen (KSA) zu berücksichtigen (Aufenthaltszuständigkeit mit Anwendung des Rechts des Aufenthaltsstaats), für Erwachsene das Erwachsenenschutzabkommen (ESÜ). Für die Betreuung bestimmt Art 24 I 2 EGBGB ergänzend, dass sie für einen fremden Staatsangehörigen auch dann nach deutschem Recht angeordnet werden kann, wenn der Ausländer sich gewöhnlich oder, falls er keinen gewöhnlichen Aufenthalt hat, schlicht in Deutschland aufhält. Pflegschaften, die für unbekannte Beteiligte oder Personen angeordnet werden, die sich in einem anderen Staat befinden, richten sich nach dem Recht des Staates, das für die Angelegenheit selbst maßgebend ist (Art 24 II EGBGB). Der Inhalt der Vormundschaft, Betreuung oder Pflegschaft richtet sich nach dem Recht des Staates, der sie angeordnet hat (Art 24 III EGBGB).

5 **Die internationale Zuständigkeit** deutscher Gerichte für Vormundschafts-, Betreuungs- und Pflegschaftssachen richtet sich nach § 99 FamFG (Minderjährige) bzw nach § 104 FamFG (Erwachsene), soweit nicht die Brüssel IIa VO, das KSA oder das Erwachsenenschutzabkommen vorgehen. Zur Anerkennung ausländischer Entscheidungen s §§ 108 f FamFG.

Titel 1
Vormundschaft

Vorbemerkung zu §§ 1773–1895

1 Der Erste Titel des Dritten Abschnitts **enthält** die Regelungen über die Vormundschaft über Minderjährige. Er bildet den Hauptteil des Dritten Abschnitts; denn in den beiden anderen Abschnitten wird immer wieder auf ihn Bezug genommen (vgl §§ 1908 i, 1917). Der Titel ist in sechs Untertitel gegliedert: In §§ 1773–1792 finden sich Regeln über die Begründung der Vormundschaft, in §§ 1793–1836 solche über deren Führung, §§ 1837–1847 enthalten Vorschriften über die Fürsorge und die Aufsicht des Familiengerichts, § 1851 (ergänzt durch das KJHG = SGB VIII) die Mitwirkung des Jugendamts, §§ 1852–1857 a regeln die befreite Vormundschaft und §§ 1882–1895 die Beendigung der Vormundschaft.

2 Die Vormundschaft über Minderjährige tritt nur automatisch **ein**, wenn ein nichteheliches Kind ohne gesetzlichen Vertreter ist (§ 1791 c). Sonst muss sie v Familiengericht angeordnet werden. Es kann daher dazu kommen, dass ein Minderjähriger zeitweise ohne gesetzlichen Vertreter ist. Damit keine Gefährdung des Kindeswohls eintritt, kann das Familiengericht in dieser Übergangsperiode selbst handeln und das Erforderliche veranlassen (§ 1846).

3 Die Bestellung eines Vormunds ist ein **Hoheitsakt**. Dritten gegenüber ist sie daher nur wirkungslos, wenn sie nichtig ist, wie etwa, weil der Betroffene nicht (mehr) existiert oder die zum Vormund bestellte Person geschäftsunfähig ist (§ 1780). Die Bestellung durch ein unzuständiges Gericht reicht dag nicht. Die Vormundschaft muss dann nur aufgehoben (und ggf v zuständigen Gericht neu angeordnet) werden. Das Gleiche gilt, wenn die Voraussetzungen für die Bestellung des Vormunds nachträglich wegfallen, zB weil die Verhinderung der Eltern wieder entfällt. Die einzigen Ausnahmen bilden insoweit die Volljährigkeit und der Tod des Mündels. Dann endet die Vormundschaft automatisch. Der Vormund kann aber noch verpflichtet sein, für den Mündel bzw dessen Erben Geschäfte zu besorgen, solange noch ein Fürsorgebedürfnis besteht (§§ 1893 I, 1698 a f). Wird die Vormundschaft aufgehoben, bleiben Handlungen des Vormunds selbst dann wirksam, wenn die Anordnung der Vormundschaft oder die Bestellung des Vormunds fehlerhaft war. Es kommen nur Schadensersatzansprüche des Mündels nach § 839, Art 34 GG in Betracht.

4 In Bezug auf die **internationale Zuständigkeit** deutscher Gerichte für die Anordnung v Vormundschaften über Minderjährige wird die autonome Regelung in § 99 FamFG überlagert durch das Haager Kinderschutzabkommen (vgl Anhang 1 zu Art 21

EGBGB). Mittelbar bestimmt dieses Abkommen dann auch das anwendbare Recht, die autonome Regelung in Art 24 EGBGB hat kaum eine Bedeutung.
Das Haager Kinderschutzabkommen hat das Haager Minderjährigenschutzabkommen 5 zum 1.1.11 ersetzt. Mitgliedstaaten sind: Albanien, Armenien, Australien, Belgien, Bulgarien, Deutschland, Dänemark, Dominikanische Republik, Ecuador, Estland, Finnland, Frankreich, Griechenland, Großbritannien, Irland, Italien, Kroatien, Lettland, Litauen, Luxemburg, Malta, Marokko, Monaco, Niederlande, Österreich, Polen, Portugal, Rumänien, Schweden, Schweiz, Slowakei, Slowenien, Spanien, Tschechische Republik, Ukraine, Ungarn, Uruguay, USA, Zypern. Ein Überblick über das Übereinkommen findet sich bei Schulz FamRZ 11, 156 ff. Der Text und eine aktualisierte Übersicht über die Mitgliedstaaten sind unter www.hcch.net als Übereinkommen Nr. 34 zu finden.

Verfahren. Seit dem 1.9.09 sind für alle Verfahren in Bezug auf Vormundschaften die 6 Familiengerichte zuständig (§§ 111 Nr 2, 151 Nr 4 FamFG). Die örtliche Zuständigkeit richtet sich nach § 152 FamFG. Das Verfahren wird v Amtsermittlungsgrundsatz (§ 26 FamFG) beherrscht. Richtschnur für jede Entscheidung ist das Wohl des Mündels. Gegen die Anordnung einer Vormundschaft beschwerdeberechtigt sind der Mündel selbst, sofern er mindestens 14 Jahre alt und nicht geschäftsunfähig ist (§§ 59 f FamFG).

Untertitel 1
Begründung der Vormundschaft

§ 1773 Voraussetzungen

(1) Ein Minderjähriger erhält einen Vormund, wenn er nicht unter elterlicher Sorge steht oder wenn die Eltern weder in den die Person noch in den das Vermögen betreffenden Angelegenheiten zur Vertretung des Minderjährigen berechtigt sind.
(2) Ein Minderjähriger erhält einen Vormund auch dann, wenn sein Familienstand nicht zu ermitteln ist.

I. Die Norm regelt die Voraussetzungen der Minderjährigenvormundschaft. Für Kinder 1 nicht verheirateter Eltern wird sie durch § 1791 c ergänzt.
II. Voraussetzung der Anordnung einer Vormundschaft ist, dass der Betroffene **minder-** 2 **jährig** ist. Das ist v Gericht zu klären (OLG Oldenburg JAmt 10, 456). Für Volljährige kann nur eine Betreuung (§ 1896) angeordnet werden. Wurde irrtümlich eine Vormundschaft für einen Volljährigen angeordnet, ist diese aufzuheben (OLG Köln ZKJ 13, 419). Mit der Volljährigkeit des Mündels endet die Vormundschaft.
1. Eine Vormundschaft ist anzuordnen, wenn der Minderjährige entweder **nicht unter** 3 **elterlicher Sorge** steht oder wenn seine **Sorgeberechtigten** sowohl v der Personen- als auch der Vermögenssorge **ausgeschlossen** sind (Abs 1). Der erste Fall ist gegeben, wenn ein in eine Ehe hineingeborenes Kind keinen lebenden Elternteil mehr hat oder beiden die elterliche Sorge entzogen wurde (§ 1666). Das Gleiche gilt in Bezug auf ein nichtehelich geborenes Kind, für das eine Sorgeerklärung abgegeben wurde oder bei dem gemeinsame elterliche Sorge angeordnet wurde (§ 1626 a I). War das nicht der Fall, reicht es, dass die sorgeberechtigte Mutter des Kindes stirbt oder ihr die Sorge entzogen wird. Die an sich Sorgeberechtigten sind weder zur Personen- noch Vermögenssorge berechtigt, wenn das Sorgerecht ruht (§§ 1673–1675). Erforderlich ist aber immer, dass beide Bereiche betroffen sind und – falls mehrere Personen an sich sorgeberechtigt sind – beide ausgeschlossen sind. Fehlt es an ersterem, ist ein Pfleger zu bestellen (§ 1909), fehlt es an letzterem, hat derjenige die volle Sorge, der weiterhin sorgeberechtigt ist (§ 1678 I).
2. Eine Vormundschaft ist dann anzuordnen, **wenn der Familienstand eines Minderjäh-** 4 **rigen nicht zu ermitteln ist** (Abs 2, Hauptfall: Findelkinder). Die örtliche Zuständigkeit des Familiengerichts richtet sich dann nach dem Fundort des Kindes (§ 152 IV FamFG).

§ 1774 Anordnung von Amts wegen

¹Das Familiengericht hat die Vormundschaft von Amts wegen anzuordnen. ²Ist anzunehmen, dass ein Kind mit seiner Geburt eines Vormunds bedarf, so kann schon vor der Geburt des Kindes ein Vormund bestellt werden; die Bestellung wird mit der Geburt des Kindes wirksam.

1 Die Vorschrift stellt **Grundsätze für die Begründung v Vormundschaften** auf. S 1 stellt zunächst klar, dass eine Vormundschaft grds nicht v selbst eintritt, sondern angeordnet werden muss. Eine Ausnahme bildet insoweit nur § 1791 c für den Fall, dass ein nichtehliches Kind bereits bei der Geburt ohne gesetzlichen Vertreter wäre. Die Anordnung der Vormundschaft kann mit der Bestellung des Vormunds zusammengefasst werden.
2 Die Anordnung der Vormundschaft erfolgt vAw. Das bedeutet gleichzeitig, dass für die Ermittlung der für die Anordnung der Vormundschaft maßgeblichen Tatsachen der Amtsermittlungsgrundsatz (§ 26 FamFG) gilt. Außerdem werden in Spezialregelungen bestimmte öffentliche Stellen verpflichtet, dem Familiengericht v der Erforderlichkeit einer Vormundschaft Mitteilung zu machen, nämlich das Standesamt (§ 57 SGB VIII, § 168 a FamFG), das Jugendamt (§ 42 II 3 Nr 2, III 4, 50 III 1, 53 III SGB VIII), Gerichte (§ 22 a FamFG) und die Staatsanwaltschaft (§ 70 JGG). Bei Tod eines Vormunds müssen seine Erben (§ 1894 I) und – falls vorhanden – der Gegenvormund (§ 1895) das Familiengericht verständigen. Entsprechendes gilt für den Vormund beim Tod eines Mitvormunds und des Gegenvormunds (§ 1894 II).
3 Im Interesse eines Kindes, zu keinem Zeitpunkt ohne eine Person zu sein, die für es sorgen und es vertreten kann, ermöglicht Satz 2 die Anordnung einer **Vormundschaft bereits vor der Geburt**. Die Bestellung wird dann mit der Geburt wirksam.

§ 1775 Mehrere Vormünder

¹Das Familiengericht kann ein Ehepaar gemeinschaftlich zu Vormündern bestellen. ²Im Übrigen soll das Familiengericht, sofern nicht besondere Gründe für die Bestellung mehrerer Vormünder vorliegen, für den Mündel und, wenn Geschwister zu bevormunden sind, für alle Mündel nur einen Vormund bestellen.

1 I. Die Norm stellt den **Grundsatz** auf, dass **nur ein Vormund** bestellt werden soll. Nur ein Ehepaar kann gemeinschaftlich bestellt werden, ohne dass eine besondere Notwendigkeit besteht. Damit soll sichergestellt werden, dass der Mündel nicht zum Objekt der Fürsorge wird, sondern dass eine Person (bzw ein Paar) sich um ihn kümmert und zur echten Bezugsperson wird. Für die Partner einer Lebenspartnerschaft hat der Gesetzgeber keine vergleichbare Regelung geschaffen. Da es mittlerweile für Lebenspartner ein Adoptionsrecht gibt (vgl § 9 LPartG), das v BVerfG zu einem Sukzessivadoptionsrecht für beide Lebenspartner aufgewertet wurde, ist v einer nachträglichen Regelungslücke auszugehen und die Regelung deswegen in diesen Fällen entsprechend anzuwenden.
2 II. Grds soll für einzelne Mündel, aber auch für mehrere Geschwister, **nur ein Vormund** bestellt werden. Eine Ausnahme besteht nur für Ehepaare, weil dann eine Art Elternersatz geboten werden kann (Zu Lebenspartnern s Rn 1). Das Gebot der Einzelvormundschaft gilt auch für Halbgeschwister; denn es soll für Personen, die zusammen gehören, auch eine gemeinsame Fürsorge geschaffen werden.
3 **Mehrere Vormünder** (Mitvormünder) können nur bestellt werden, wenn dafür besondere Gründe bestehen (Ausnahme: Ehepaar auch ohne besonderen Grund). Das entscheidet das Gericht nach freiem Ermessen. Es kommt in Betracht bei Vorhandensein v Mündelvermögen an weit auseinander liegenden Orten, das für die Verwaltung die Anwesenheit eines Vertreters erfordert oder bei verschiedenen religiösen Bekenntnissen v Mündel und Vormund, wenn nur so eine dem Bekenntnis des Mündels entsprechende religiöse Erziehung erreicht werden kann. Neben einem Vormund, der v den Eltern des Kindes berufen wurde (vgl §§ 1776 f), darf ein Mitvormund nur bestellt werden, wenn der Vormund zustimmt (§ 1778 IV). Als Mitvormund kommt jede Person in Betracht,

die zum alleinigen Vormund bestellt werden könnte, also auch das Jugendamt. Mitvormünder führen die Vormundschaft grds gemeinschaftlich (§ 1797 I).

§ 1776 Benennungsrecht der Eltern

(1) Als Vormund ist berufen, wer von den Eltern des Mündels als Vormund benannt ist.
(2) Haben der Vater und die Mutter verschiedene Personen benannt, so gilt die Benennung durch den zuletzt verstorbenen Elternteil.

§ 1777 Voraussetzungen des Benennungsrechts

(1) Die Eltern können einen Vormund nur benennen, wenn ihnen zur Zeit ihres Todes die Sorge für die Person und das Vermögen des Kindes zusteht.
(2) Der Vater kann für ein Kind, das erst nach seinem Tode geboren wird, einen Vormund benennen, wenn er dazu berechtigt sein würde, falls das Kind vor seinem Tode geboren wäre.
(3) Der Vormund wird durch letztwillige Verfügung benannt.

§ 1778 Übergehen des benannten Vormunds

(1) Wer nach § 1776 als Vormund berufen ist, darf ohne seine Zustimmung nur übergangen werden,
1. wenn er nach den §§ 1780 bis 1784 nicht zum Vormund bestellt werden kann oder soll,
2. wenn er an der Übernahme der Vormundschaft verhindert ist,
3. wenn er die Übernahme verzögert,
4. wenn seine Bestellung das Wohl des Mündels gefährden würde,
5. wenn der Mündel, der das 14. Lebensjahr vollendet hat, der Bestellung widerspricht, es sei denn, der Mündel ist geschäftsunfähig.
(2) Ist der Berufene nur vorübergehend verhindert, so hat ihn das Familiengericht nach dem Wegfall des Hindernisses auf seinen Antrag anstelle des bisherigen Vormunds zum Vormund zu bestellen.
(3) Für einen minderjährigen Ehegatten darf der andere Ehegatte vor den nach § 1776 Berufenen zum Vormund bestellt werden.
(4) Neben dem Berufenen darf nur mit dessen Zustimmung ein Mitvormund bestellt werden.

I. §§ 1776–1778 ermöglichen es den Eltern, für den Fall, dass eine Vormundschaft erforderlich wird, sicherzustellen, dass eine Person als Vormund bestellt wird, die ihr Vertrauen genießt. Sie sind Ausfluss des Elternrechts (Art 6 II GG). 1

II. 1. Eine Berufung zum Vormund erfolgt durch eine Benennung **durch die Eltern** (Abs 1). Gemeint ist, wer zur Zeit des Todes für das Kind sorgeberechtigt war (§§ 1777 I, 1626, 1626 a). Bei eingeschränkter Sorge ist auch das Benennungsrecht eingeschränkt (BayObLG FamRZ 92, 1346). Bei gemeinsamer Sorge muss auch die Benennung gemeinsam erfolgen. Divergieren die Benennungen, gilt die Benennung durch den zuletzt verstorbenen Elternteil (§ 1776 II); nach dem Tod des anderen stand ihm die Sorge wenigstens kurzzeitig allein zu. Ein Vater kann einen Vormund bereits vor der Geburt des Kindes benennen. Diese Benennung ist wirksam, wenn der Vater benennungsberechtigt gewesen wäre, wenn das Kind zur Zeit der Benennung bereits geboren gewesen wäre (§ 1777 II). 2

Benannt werden kann jeder, der zum Vormund bestellt werden kann, mit Ausnahme des Jugendamts. Auch ungeeignete Personen können benannt werden; sie sind aber bei der Bestellung zu übergehen (§ 1778 I Nr 1). 2a

Die Benennung erfolgt **durch letztwillige Verfügung** (§ 1777 III), also in einem Testament oder Erbvertrag. Die Beifügung v Bedingungen oder Zeitbestimmungen ist zuläs- 3 sig. Zu Gestaltungsmöglichkeiten bezüglich der Führung der Vormundschaft s §§ 1797 III, 1803, 1852 ff.

4 2. a) Die wichtigste **Folge** der Benennung ist, dass der Benannte bei der Auswahl des Vormunds nur unter den in § 1778 I genannten Gründen übergangen werden darf. Generellen Vorrang vor ihm haben nur der andere Ehegatte (§ 1778 III) und die kraft Gesetzes eintretende Amtsvormundschaft (§ 1791 c). Übergangen werden kann er, wenn er nach den §§ 1780 ff nicht zum Vormund bestellt werden kann oder soll (§ 1778 I Nr 1). Betroffen sind Geschäftsunfähige, Minderjährige, unter Betreuung Stehende, im Insolvenzverfahren befindliche Personen sowie Beamte oder Religionsdiener ohne die erforderliche Erlaubnis. § 1782 hat in diesem Zusammenhang keine praktische Bedeutung, weil sich seine Voraussetzungen mit denjenigen des § 1776 I widersprechen. Übergangen werden kann der Benannte auch, wenn er an der Übernahme der Vormundschaft dauernd verhindert ist (§ 1778 I Nr 2). Bei nur vorübergehender Verhinderung wird zwar zunächst ein anderer Vormund bestellt, der Benannte muss aber nach dem Wegfall der Verhinderung auf seinen Antrag hin bestellt (und der bisherige Vormund entlassen) werden (§ 1778 II). Übergangen werden kann der Benannte auch, wenn er die Übernahme der Vormundschaft verzögert (§ 1778 I Nr 3). Gleiches gilt, wenn die Bestellung des Benannten das Wohl des Mündels gefährden würde (§ 1778 I Nr 4), wie etwa, wenn er zu alt oder körperlich nicht in der Lage ist, für den Mündel zu sorgen oder wenn er und der Mündel sich tiefgreifend entfremdet haben. Hierher gehören außerdem Interessenkollisionen aller Art. Außerdem kann der Benannte übergangen werden, wenn der nicht geschäftsunfähige Mündel, der das 14. Lebensjahr vollendet hat, der Bestellung widerspricht (§ 1778 I Nr 5). Schließlich darf er übergangen werden, wenn er damit einverstanden ist (vgl § 1778 I aA).

5 b) Die Benennung führt nur zu einer Erweiterung des Rechtskreises des Benannten. Er kann **nicht gezwungen werden**, die Vormundschaft zu übernehmen. Für ihn gilt nichts anderes als für nicht benannte Personen (vgl § 1785).

6 c) Der Benannte ist insofern privilegiert, als ein **Mitvormund ohne seine Zustimmung nicht bestellt** werden darf (§ 1778 IV). Das gilt allerdings nicht, wenn die Eltern mehrere Vormünder benannt hatten (und Gründe iSd § 1775 vorliegen).

7 III. Verfahren. Der übergangene Benannte kann gegen die Bestellung des Vormunds Beschwerde einlegen (§§ 58, 59 I FamFG).

§ 1779 Auswahl durch das Familiengericht

(1) Ist die Vormundschaft nicht einem nach § 1776 Berufenen zu übertragen, so hat das Familiengericht nach Anhörung des Jugendamts den Vormund auszuwählen.
(2) ¹Das Familiengericht soll eine Person auswählen, die nach ihren persönlichen Verhältnissen und ihrer Vermögenslage sowie nach den sonstigen Umständen zur Führung der Vormundschaft geeignet ist. ²Bei der Auswahl unter mehreren geeigneten Personen sind der mutmaßliche Wille der Eltern, die persönlichen Bindungen des Mündels, die Verwandtschaft oder Schwägerschaft mit dem Mündel sowie das religiöse Bekenntnis des Mündels zu berücksichtigen.
(3) ¹Das Familiengericht soll bei der Auswahl des Vormunds Verwandte oder Verschwägerte des Mündels hören, wenn dies ohne erhebliche Verzögerung und ohne unverhältnismäßige Kosten geschehen kann. ²Die Verwandten und Verschwägerten können von dem Mündel Ersatz ihrer Auslagen verlangen; der Betrag der Auslagen wird von dem Familiengericht festgesetzt.

1 I. Die Norm nennt das **Verfahren und die Kriterien für die Auswahl eines Vormunds**, wenn entweder kein Vormund benannt ist oder der Benannte zu übergehen ist. Sie gilt auch für die Bestellung v Ergänzungspflegern (OLG Düsseldorf FamRZ 11, 742).

2 II. 1. **Kriterium** für die **Auswahl des Vormunds** ist seine Eignung für die Führung der Vormundschaft (Abs 2 S 1). Sie wird v Familiengericht nach freiem Ermessen beurteilt. Es wählt unter mehreren geeigneten Kandidaten zunächst nach den in Abs 2 S 2 ge-

nannten Kriterien, sonst danach aus, wer das Wohl des Mündels am besten fördern kann.
Die **Eignung** des Vormunds bestimmt sich nach seinen **gesamten persönlichen Verhältnissen** einschließlich seiner Vermögenslage. Faktoren sind zB die Belastung mit anderen Vormundschaften oder durch seinen Beruf (selbst wenn die Schwelle des § 1786 nicht erreicht ist), die fehlende Bereitschaft zur Übernahme der Vormundschaft (bei vorhandener Bereitschaft einer in gleicher Weise geeigneten Person), ein bereits früher aufgetretenes Erziehungsversagen, wirtschaftliche Interessenkonflikte sowie das Verhältnis zwischen dem Kandidaten und dem Mündel. 3

Besonders bei der Auswahl zu berücksichtigen sind neben dem mutmaßlichen Willen (bei geäußertem Willen gilt § 1776) der Eltern, die **persönlichen Bindungen** und Verwandtschaft und Schwägerschaft mit dem Mündel (Abs 2 S 2). Unter den Verwandten und Schwägern ist unabhängig v Grad der Geeignetste auszusuchen. Lebt einer der Verwandten oder Schwäger schon länger mit dem Kind zusammen, wird es wegen seiner engen Bindung zu dem Kind regelmäßig keinen geeigneteren Vormund geben. Auch Verwandte müssen aber geeignet sein zur Führung der Vormundschaft. Die Verwandtenstellung allein qualifiziert nicht (OLG Saarbrücken v 14.10.13 – 6 UF 160/13). 4

Besondere Rücksicht ist auch auf das **religiöse Bekenntnis** zu nehmen (Abs 2 S 2 aE). Ein Kandidat gleicher Religions- bzw Konfessionszugehörigkeit wie der Mündel hat daher grds Vorrang vor einem, der eine andere Religion oder Konfession besitzt. Diese Regel gilt aber nicht ausnahmslos. Ist der konfessions- oder religionsverschiedene Kandidat im Übrigen geeigneter, ist er zu bestellen und dem Mündel für die Wahrnehmung seiner religiösen Angelegenheiten ein Pfleger zu bestellen. Im Übrigen geht die Bestellung einer natürlichen Person immer der einer juristischen Person vor. Der religions- bzw konfessionsverschiedene Kandidat ist daher auch dann zu bestellen, wenn ein konfessionsgebundener Verein als Vereinsvormund bereitstünde. 5

2. Der v Familiengericht **Ausgewählte muss die Vormundschaft übernehmen** (§ 1785), es sei denn, in seiner Person läge einer der in §§ 1780–1786 genannten Gründe vor. 6

III. Verfahren. Vor der Auswahl des Vormunds muss das Familiengericht das Jugendamt (Abs 1) und Verwandte oder Verschwägerte des Mündels hören, dies aber nur, wenn dies ohne erhebliche Verzögerung und ohne unverhältnismäßige Kosten geschehen kann (Abs 3 S 1). Die Verwandten und Verschwägerten können v dem Mündel Ersatz ihrer Auslagen verlangen (Abs 3 S 2). Zu den Verwandten gehört auch der nichteheliche Vater, sofern seine Vaterschaft anerkannt oder festgestellt ist. Gegen die Bestellung des Vormunds beschwerdeberechtigt ist der Mündel. Großeltern, die zum Vormund bestellt werden wollen, steht dag kein eigenes Beschwerderecht zu, wenn ihrem Wunsch nicht entsprochen wird (BGH FamRZ 13, 1380; OLG Hamm NJW-RR 11, 585). Hat die Beschwerde Erfolg, muss der Vormund entlassen werden. Die Entlassung wirkt nur ex nunc, damit der Mündel keine Nachteile durch das zeitweise Fehlen eines gesetzlichen Vertreters hat. 7

§ 1780 Unfähigkeit zur Vormundschaft

Zum Vormund kann nicht bestellt werden, wer geschäftsunfähig ist.

Die Vorschrift regelt einen Nichtigkeitsgrund für die Bestellung eines Vormunds. Vormund kann nicht sein, wer selbst (nach § 104 Nr 2) geschäftsunfähig ist. Tritt die Geschäftsunfähigkeit nach der Bestellung ein, ist der Vormund nach §§ 1886, 1781 Nr 2 zu entlassen, wenn ein Betreuer bestellt wird. Übersehen hat der Gesetzgeber, dass ein Vormund auch geschäftsunfähig werden kann, ohne dass gleich ein Betreuer bestellt wird. In diesem Fall ist nach § 1886 zu entlassen, weil die Fortführung des Amtes das Wohl des Mündels gefährden würde. 1

§ 1781 Untauglichkeit zur Vormundschaft

Zum Vormund soll nicht bestellt werden:
1. wer minderjährig ist,
2. derjenige, für den ein Betreuer bestellt ist.

1 Die Vorschrift regelt, wer für die Übernahme der Vormundschaft ungeeignet ist. Es handelt sich um eine Sollvorschrift; ein Verstoß macht die Bestellung des Vormunds daher nicht unwirksam, sondern führt nur dazu, dass der Vormund entlassen werden muss (§ 1886).

2 Ausgeschlossen sind: Minderjährige, dh Personen mit einem Alter unter 18 Jahren (Nr 1) und unter Betreuung stehende Personen (Nr 2, vgl § 1896).

§ 1782 Ausschluss durch die Eltern

(1) ¹Zum Vormund soll nicht bestellt werden, wer durch Anordnung der Eltern des Mündels von der Vormundschaft ausgeschlossen ist. ²Haben die Eltern einander widersprechende Anordnungen getroffen, so gilt die Anordnung des zuletzt verstorbenen Elternteils.
(2) Auf die Ausschließung ist die Vorschrift des § 1777 anzuwenden.

1 Als Ausfluss des elterlichen Erziehungsrechts **lässt die Norm zu, dass die Eltern bestimmte Personen v der Vormundschaft ausschließen.** Sie ist eine Sollvorschrift; ein Verstoß führt nicht zur Unwirksamkeit der Auswahl des Vormunds, sondern nur zu seiner Entlassung (§ 1886).

2 **Ausgeschlossen werden können:** Einzelpersonen, aber auch Personengruppen, denn da jedes einzelne Mitglied der Gruppe ausgeschlossen werden könnte, muss es auch möglich sein, die ganze Gruppe auszuschließen (str). Der Ausschluss bedarf der Form einer letztwilligen Verfügung (Testament, Erbvertrag). Bei widersprüchlichen Ausschließungen der Eltern gilt die Verfügung des Längstlebenden; denn dieser war nach dem Tod des anderen alleiniger Sorgerechtsträger.

§ 1783 (weggefallen)

§ 1784 Beamter oder Religionsdiener als Vormund

(1) Ein Beamter oder Religionsdiener, der nach den Landesgesetzen einer besonderen Erlaubnis zur Übernahme einer Vormundschaft bedarf, soll nicht ohne die vorgeschriebene Erlaubnis zum Vormund bestellt werden.
(2) Diese Erlaubnis darf nur versagt werden, wenn ein wichtiger dienstlicher Grund vorliegt.

1 **Die Vorschrift dient** dem Schutz der dienstlichen Belange der Anstellungskörperschaft eines Beamten bzw Religionsdieners (Geistlichen) und bindet die Bestellung einer solchen Person zum Vormund an die Erlaubnis des Dienstherrn bzw der Religionsgemeinschaft (Abs 1). Wird die Erlaubnis nicht erteilt, ist der Beamte bzw Religionsdiener zu entlassen. Bis dahin ist seine Bestellung wirksam.

2 **Voraussetzung** des Genehmigungserfordernisses ist, dass die Erlaubnis des Dienstherrn gesetzlich (bei Beamten) bzw durch die interne Rechtsordnung der Religionsgemeinschaft vorgeschrieben ist. Die Genehmigungserfordernisse für Beamte finden sich in § 65 BBG (Bundesbeamte) bzw in den zu § 42 I BRRG ergangenen Landesgesetzen (Landesbeamte).

3 Die **Genehmigung** darf nur aus wichtigem Grund versagt werden (Abs 2). Ob ein solcher vorliegt, bestimmt sich bei Beamten nach dem Nebentätigkeitsrecht, bei Geistlichen nach dem Recht der Religionsgemeinschaft.

§ 1785 Übernahmepflicht

Jeder Deutsche hat die Vormundschaft, für die er von dem Familiengericht ausgewählt wird, zu übernehmen, sofern nicht seiner Bestellung zum Vormund einer der in den §§ 1780 bis 1784 bestimmten Gründen entgegensteht.

Die Norm statuiert die **Pflicht zur Übernahme der Vormundschaft**. Sie soll die Versorgung v Mündeln mit Vormündern zu sichern. Weigert sich ein zur Übernahme der Vormundschaft Verpflichteter, können Ordnungsstrafen verhängt werden (§ 1788). UU macht sich der Ablehnende dem Mündel schadensersatzpflichtig (§ 1787). 1

Verpflichtet, die Vormundschaft zu übernehmen, ist **jeder Deutsche** iSd Art 116 GG, der nicht als Vormund ungeeignet (§§ 1780–1784) oder berechtigt ist, die Übernahme abzulehnen (§ 1786). Gemeint sind natürliche Personen; denn aus § 1791 a I 2 ergibt sich, dass ein Verein nur mit seiner Zustimmung bestellt werden kann. Die Pflicht des Jugendamts zur Übernahme der Vormundschaft ergibt sich aus dem Auffangcharakter der Amtsvormundschaft (vgl § 1791 b). 2

Daraus, dass **Ausländer** nicht zur Vormundschaft verpflichtet sind, darf nicht geschlossen werden, dass sie nicht bestellt werden dürfen. Auch die Entlassung eines Vormunds kann nicht allein darauf gestützt werden, dass dieser Ausländer ist, sondern nur auf Eignungsmängel (zB Sprachprobleme). 3

Verfahren. Gegen eine die Weigerung zurückweisende Verfügung findet die Beschwerde statt (§ 58 I FamFG). Sie kann nicht auf mangelnde Eignung gestützt werden. Die Vormundschaft muss bis zur Entscheidung der Beschwerde vorläufig übernommen werden (§ 1787 II). 4

§ 1786 Ablehnungsrecht

(1) Die Übernahme der Vormundschaft kann ablehnen:
1. ein Elternteil, welcher zwei oder mehr noch nicht schulpflichtige Kinder überwiegend betreut oder glaubhaft macht, dass die ihm obliegende Fürsorge für die Familie die Ausübung des Amts dauernd besonders erschwert,
2. wer das 60. Lebensjahr vollendet hat,
3. wem die Sorge für die Person oder das Vermögen von mehr als drei minderjährigen Kindern zusteht,
4. wer durch Krankheit oder durch Gebrechen verhindert ist, die Vormundschaft ordnungsmäßig zu führen,
5. wer wegen Entfernung seines Wohnsitzes von dem Sitz des Familiengerichts die Vormundschaft nicht ohne besondere Belästigung führen kann,
6. (weggefallen)
7. wer mit einem anderen zur gemeinschaftlichen Führung der Vormundschaft bestellt werden soll,
8. wer mehr als eine Vormundschaft, Betreuung oder Pflegschaft führt; die Vormundschaft oder Pflegschaft über mehrere Geschwister gilt nur als eine; die Führung von zwei Gegenvormundschaften steht der Führung einer Vormundschaft gleich.

(2) Das Ablehnungsrecht erlischt, wenn es nicht vor der Bestellung bei dem Familiengericht geltend gemacht wird.

I. Die Norm regelt die Gründe, aus denen eine zum Vormund berufene Person ihre Bestellung ablehnen darf. Die Aufzählung ist abschließend (aA LG Bielefeld NJW-RR 88, 713). Eine analoge Anwendung scheidet aus. 1

II. Die Ablehnungsgründe sind: die Betreuung v mindestens zwei noch nicht schulpflichtigen Kindern oder sonstige dauernde Erschwerung des Amts wegen der Fürsorge für die Familie (Abs 1 Nr 1), Vollendung des 60. Lebensjahrs (Abs 1 Nr 2), Personen- und/oder Vermögenssorge für mindestens 4 minderjährige Kinder (Abs 1 Nr 3), Hinderung an der ordnungsgemäßen Führung der Vormundschaft durch Krankheit oder Gebrechen (Abs 1 Nr 4), besondere Belästigung durch die Führung der Vormundschaft wegen der Entfernung v Sitz des Familiengerichts (Abs 1 Nr 5). Es 2 kommt auf die Umstände des Einzelfalls an; eine schematische Anknüpfung an Gerichtsbezirke usw verbietet sich. Sofern dem Familiengericht schriftliche Berichte ausreichen, sind auch große Entfernungen unbeachtlich. Ein Ablehnungsrecht besteht auch bei beabsichtigter Bestellung zum gemeinschaftlichen Vormund iSd § 1797 I, weil im Interesse des Mündels niemandem zugemutet werden soll, mit einer Person zusammenzuarbeiten, mit der er nicht kooperieren will (Abs 1 Nr 7). Das Gleiche gilt für Personen, die bereits mindestens zwei Vormundschaften, Pflegschaften oder Betreuungen führen (Abs 1 Nr 8). Die Führung v Vormundschaften oder Pflegschaften für Geschwister gilt als eine, zwei Gegenvormundschaften zählen als eine Vormundschaft.

3 Der Ablehnungsgrund muss vor der Bestellung zum Vormund beim Familiengericht geltend gemacht werden (Abs 2). Unterbleibt das, ist er verwirkt. Bei nachträglich auftretendem Ablehnungsgrund muss der Vormund entlassen werden (§ 1889).

4 **III. Verfahren.** Wenn ein Ablehnungsgrund rechtzeitig geltend gemacht wurde (Abs 2), findet gegen die den Grund zurückweisenden Beschluss die Beschwerde statt (§ 58 I FamFG). Bis zur Entscheidung muss die Vormundschaft vorläufig übernommen werden (§ 1787 II).

§ 1787 Folgen der unbegründeten Ablehnung

(1) Wer die Übernahme der Vormundschaft ohne Grund ablehnt, ist, wenn ihm ein Verschulden zur Last fällt, für den Schaden verantwortlich, der dem Mündel dadurch entsteht, dass sich die Bestellung des Vormunds verzögert.
(2) Erklärt das Familiengericht die Ablehnung für unbegründet, so hat der Ablehnende, unbeschadet der ihm zustehenden Rechtsmittel, die Vormundschaft auf Erfordern des Familiengerichts vorläufig zu übernehmen.

1 Abs 1 ordnet die **Verpflichtung zum Schadensersatz** für den Fall an, dass sich jemand unberechtigt einer Vormundschaft zu entziehen versucht. Es handelt sich um eine Schadensersatzpflicht wegen Verletzung eines Schuldverhältnisses zwischen Mündel und Ablehnendem, nicht um eine solche aus unerlaubter Handlung. Es gilt daher die Verjährungsfrist des § 195.

2 **Voraussetzung** des Schadensersatzanspruchs ist nur die schuldhafte Ablehnung, die Vormundschaft zu übernehmen, obwohl der Ausgewählte weder ungeeignet (§§ 1780–1784) noch berechtigt ist (§ 1786), die Übernahme der Vormundschaft abzulehnen. Ersatzfähig ist jeder Schaden, der dem Mündel durch die Verzögerung der Bestellung eines Vormunds entsteht. Dass das Familiengericht diesen Schaden durch eigenes Eingreifen (§ 1846) hätte verringern können, entlastet den Ausgewählten nicht.

3 Ein **Rechtsmittel** gegen die Verfügung, mit der das Familiengericht die Weigerung, die Vormundschaft zu übernehmen, als unberechtigt zurückweist, hat **keine aufschiebende Wirkung** (Abs 2), so dass der Ablehnende verpflichtet ist, die Vormundschaft vorläufig zu übernehmen. Dagegen besteht kein Ablehnungsrecht, so dass die vorläufige Übernahme mit Zwangsmitteln nach § 1788 erzwungen werden und die Weigerung Schadensersatzansprüche nach Abs 1 auslösen kann, selbst wenn der Beschwerde schließlich stattgegeben wird.

§ 1788 Zwangsgeld

(1) Das Familiengericht kann den zum Vormund Ausgewählten durch Festsetzung von Zwangsgeld zur Übernahme der Vormundschaft anhalten.
(2) ¹Die Zwangsgelder dürfen nur in Zwischenräumen von mindestens einer Woche festgesetzt werden. ²Mehr als drei Zwangsgelder dürfen nicht festgesetzt werden.

1 § 1788 regelt, wie die Übernahme der Vormundschaft erzwungen werden kann. Es kommt nur die dreimalige Anordnung v Zwangsgeld in Betracht, zwischen denen jeweils mindestens eine Woche liegen muss. Zwangshaft oder die Umwandlung v Zwangsgeld in Haft scheidet aus.

§ 1789 Bestellung durch das Familiengericht

¹Der Vormund wird von dem Familiengericht durch Verpflichtung zu treuer und gewissenhafter Führung der Vormundschaft bestellt. ²Die Verpflichtung soll mittels Handschlags an Eides statt erfolgen.

Die Norm regelt die Bestellung des Vormunds, den besonderen öffentlich-rechtlichen Rechtsakt, durch den die ausgewählte Person die Stellung eines Vormunds erhält. Es ist kein Rechtsgeschäft, so dass §§ 119 ff, 154 ff unanwendbar sind. § 1789 gilt nur für die Vormundschaft natürlicher Personen, nicht die Vereins- (vgl § 1791 a II) und Amtsvormundschaft (§ 1791 b II). Auf Pfleger ist die Regelung auch nach Inkrafttreten des FamFG entsprechend anwendbar, so dass auch deren Vergütungsansprüche erst nach einer wirksamen Bestellung entstehen können (OLG Hamm v 26.09.13 – II-6 WF 211/13; OLG Stuttgart FamRZ 11, 846, aA LG Münster FamRZ 10, 473). 1

Der Vormund wird durch Verpflichtung zu treuer und gewissenhafter Führung der Vormundschaft bestellt (S 1). Die Verpflichtung muss diese Prinzipien klar zum Ausdruck bringen; einer bestimmten Formel bedarf es aber nicht. Eine konkludente Verpflichtung ist ausgeschlossen. Die Verpflichtung erfolgt grds durch Handschlag an Eides statt, setzt also die persönliche Anwesenheit des Vormunds beim Familiengericht voraus. Vertretung ist ausgeschlossen. Die Verpflichtung ist auch nötig, wenn der Vormund mit den Rechten und Pflichten eines Vormunds vertraut ist; denn sie bezieht sich auf die Stellung im konkreten Fall. 2

Durch die Verpflichtung wird der Verpflichtete zum Vormund. Die später ausgestellte Bestallung (§ 1791) ist nur der Nachweis darüber. Nach der Verpflichtung kann der Vormund sein Amt nur durch Entlassung wieder verlieren (vgl §§ 1886 ff). 3

Fehlt eine Verpflichtung, besteht keine Vormundschaft. Ist die Verpflichtung zwar erfolgt, die Form nach S 2 aber nicht eingehalten, ist sie trotzdem wirksam; denn S 2 ist eine Sollvorschrift. 4

§ 1790 Bestellung unter Vorbehalt

Bei der Bestellung des Vormunds kann die Entlassung für den Fall vorbehalten werden, dass ein bestimmtes Ereignis eintritt oder nicht eintritt.

Die Vorschrift schließt die Lücke, die sich daraus ergeben kann, dass bei der Bestellung des Vormunds die Beifügung einer Zeitbestimmung oder Bedingung nicht möglich ist, weil es sich nicht um ein Rechtsgeschäft handelt. Die Vormundschaft endet auch in den Fällen des § 1790 erst mit der Entlassung des Vormunds. 1

§ 1791 Bestallungsurkunde

(1) Der Vormund erhält eine Bestallung.
(2) Die Bestallung soll enthalten den Namen und die Zeit der Geburt des Mündels, die Namen des Vormunds, des Gegenvormunds und der Mitvormünder sowie im Falle der Teilung der Vormundschaft die Art der Teilung.

§ 1791 bestimmt, dass der **Vormund eine Bestallung erhält** (Abs 1) und regelt Einzelheiten des Inhalts der Bestallungsurkunde (Abs 2). Sie gilt nur für zum Vormund bestellte natürliche Personen, nicht aber für die Amts- (§ 1791 b II) und den Vereinsvormund (§ 1791 a II). Die Bestallungsurkunde ist (nur) der Ausweis des Vormunds über seine Bestellung. Ihr Fehlen hat daher keine Auswirkungen auf den Bestand der Vormundschaft. Sie bewirkt keinerlei Rechtsschein, so dass Dritte, die mit dem Mündel durch den Vormund Geschäfte vornehmen wollen, sich immer beim Familiengericht erkundigen müssen, ob und welchem Umfang der Vormund für den Mündel handeln kann. 1

Nach Abs 2 **soll die Bestallung enthalten:** den Namen und das Geburtsdatum des Mündels, die Namen des Vormunds, des Gegenvormunds und der Mitvormünder so- 2 wie bei Teilung der Befugnisse die Art der Teilung. Die Aufnahme weiterer Daten ist zulässig und zweckmäßig, wenn diese die Stellung des Vormunds beeinflussen (zB Befreiungen). Wird der Inhalt der Bestallung unrichtig, ist sie zu berichtigen. Bei Entlassung muss der Vormund die Bestallung zurückgeben.

§ 1791 a Vereinsvormundschaft

(1) ¹Ein rechtsfähiger Verein kann zum Vormund bestellt werden, wenn er vom Landesjugendamt hierzu für geeignet erklärt worden ist. ²Der Verein darf nur zum Vormund bestellt werden, wenn eine als ehrenamtlicher Einzelvormund geeignete Person nicht vorhanden ist oder wenn er nach § 1776 als Vormund berufen ist; die Bestellung bedarf der Einwilligung des Vereins.
(2) Die Bestellung erfolgt durch Beschluss des Familiengerichts; die §§ 1789, 1791 sind nicht anzuwenden.
(3) ¹Der Verein bedient sich bei der Führung der Vormundschaft einzelner seiner Mitglieder oder Mitarbeiter; eine Person, die den Mündel in einem Heim des Vereins als Erzieher betreut, darf die Aufgaben des Vormunds nicht ausüben. ²Für ein Verschulden des Mitglieds oder des Mitarbeiters ist der Verein dem Mündel in gleicher Weise verantwortlich wie für ein Verschulden eines verfassungsmäßig berufenen Vertreters.
(4) Will das Familiengericht neben dem Verein einen Mitvormund oder will es einen Gegenvormund bestellen, so soll es vor der Entscheidung den Verein hören.

1 **I.** Unter Bekräftigung des Prinzips der Einzelvormundschaft (vgl Abs 1 S 2) gestattet die Vorschrift die **Bestellung eines Vereins zum Vormund**, der v Landesjugendamt dafür für geeignet erklärt worden ist, und normiert Einzelheiten in Bezug auf die Bestellung und die Führung der Vormundschaft. Im Übrigen gelten die allg Bestimmungen.

2 **II. Voraussetzung der Bestellung** ist, dass es sich um einen rechtsfähigen Verein (§ 21) handelt. Sonstige Zusammenschlüsse kommen ebenso wenig in Betracht wie Stiftungen oder Körperschaften. Vereinszweck muss die Förderung der Jugendwohlfahrt sein. Der Verein muss zur Zeit der Bestellung v Landesjugendamt für geeignet erklärt worden sein (Abs 1 S 1; § 54 SGB VIII) und er muss der Bestellung zustimmen (Abs 1 S 2 2. Halbs). Zur Zeit der Bestellung darf keine zur Bestellung als Einzelvormund geeignete Einzelperson vorhanden sein (Abs 1 S 2). Eine Ausnahme besteht nur, wenn der Vereinsvormund v den Eltern des Mündels ausdrücklich berufen wurde (§ 1776). Unschädlich ist das, wenn das Jugendamt die Vormundschaft übernehmen könnte. Es gibt keinen Vorrang des Jugendamts vor dem Verein. Auch fiskalische Interessen dürfen nicht dazu führen, dass das Jugendamt bestellt wird, wenn ein geeigneter Vereinsbetreuer vorhanden ist (OLG Celle JAmt 10, 257).

3 **Die Bestellung** erfolgt durch schriftliche Verfügung; §§ 1785, 1791 gelten nicht (Abs 2). Will das Familiengericht einen Mit- oder Gegenvormund bestellen, soll es den Verein vorher hören (Abs 4, Sollvorschrift).

4 **Die Führung der Vormundschaft** muss v Verein zwingend auf ein einzelnes Mitglied oder einen Mitarbeiter übertragen werden (Abs 3 S 1). Dabei ist jetzt va auch § 55 II 4 SGB VIII zu beachten: Ein vollzeitbeschäftigter Beamter oder Angestellter, der nur mit der Führung v Vormundschaften oder Pflegschaften betraut ist, soll höchstens 50 Vormundschaften oder Pflegschaften führen. Hat er auch andere Tätigkeiten auszuüben, reduziert sich diese Zahl weiter. Die Person, welcher die Vormundschaft übertragen wird, braucht nicht satzungsmäßig berufenes Mitglied des Vereins zu sein. Kraft Gesetzes ausgeschlossen sind lediglich solche Personen, die den Mündel in einem Heim des Vereins als Erzieher betreuen (Abs 3 S 1 aE). Für alle Mitglieder und Mitarbeiter haftet der Verein, als wären sie satzungsmäßig berufene Vertreter (Abs 3 S 2 iVm § 31, anders aber, wenn die Mitglieder direkt persönlich bestellt wurden, vgl OLG Koblenz FamRZ 10, 755). Der Vereinsvormund ist befreiter Vormund (§ 1857 a iVm §§ 1852, 1854).

5 Der Verein ist als Vormund **zu entlassen**, sobald eine als Vormund geeignetere natürliche Person gefunden ist (vgl §§ 1887, 1889 II 1) und auf eigenen Antrag hin, wenn ein

wichtiger Grund vorliegt (§ 1889 II 2). Die Bestellungsverfügung ist dann zurückzugeben (§ 1893 II).

§ 1791 b Bestellte Amtsvormundschaft des Jugendamts

(1) ¹Ist eine als ehrenamtlicher Einzelvormund geeignete Person nicht vorhanden, so kann auch das Jugendamt zum Vormund bestellt werden. ²Das Jugendamt kann von den Eltern des Mündels weder benannt noch ausgeschlossen werden.
(2) Die Bestellung erfolgt durch Beschluss des Familiengerichts; die §§ 1789, 1791 sind nicht anzuwenden.

I. Die Norm gestattet die **Bestellung des Jugendamts** zum Vormund, ordnet aber 1 gleichzeitig an, dass das nur als ultima ratio in Betracht kommt, weil kein anderer Vormund zur Verfügung steht (Abs 1). Die Eltern können die Vormundschaft des Jugendamts daher nicht ausschließen (Abs 1 S 2). Wegen des öffentlichen Interesses, unnötige Belastungen der Behörde zu vermeiden, können sie es umgekehrt auch nicht als Vormund benennen (Abs 1 S 2).
II. **Voraussetzung der Bestellung** des Jugendamts ist, dass kein anderer (auch kein Ver- 2 eins-)Vormund vorhanden ist (OLG Celle JAmt 10, 257). Worauf der Mangel beruht, ist unerheblich. Das Familiengericht muss intensive Nachforschungen nach einer Person anstellen, die die Interessen des Mündels wahrnehmen könnte. Erst wenn das zu keinem Ergebnis führt, darf das Jugendamt bestellt werden. Eine Benennung des Jugendamts kommt ebenso wenig in Betracht wie sein Ausschluss.
Die Bestellung des Jugendamts erfolgt durch schriftliche Verfügung; §§ 1789, 1791 3 gelten nicht. Es kann als Einzel-, Mit- oder Gegenvormund bestellt werden. Umgekehrt darf aber bei Vormundschaft des Jugendamts ein Gegenvormund nicht bestellt werden (§ 1792 I 2).
Wie bei der Vereinsvormundschaft auch hat das Jugendamt die **Führung der Vormund-** 4 **schaft** auf einzelne Mitarbeiter zu übertragen (§ 55 SGB VIII). Damit wird dem Interesse des Mündels an individueller Rechnung getragen. Neu ist insofern, dass einem Mitarbeiter nicht mehr als 50 Vormundschaften, Pflegschaften usw übertragen werden dürfen (§ 55 II 4 SGB VIII). Das Jugendamt ist befreiter Vormund (§ 1857 a iVm §§ 1852–1854). Im Übrigen gelten die allg Regeln.
Das Jugendamt ist zu entlassen, wenn ein geeigneter anderer Vormund zur Verfügung 5 steht (§§ 1887, 1889 II). Eine Entlassung auf Antrag gibt es wegen der Subsidiarität der Vormundschaft des Jugendamts auch bei wichtigem Grund nicht.

§ 1791 c Gesetzliche Amtsvormundschaft des Jugendamts

(1) ¹Mit der Geburt eines Kindes, dessen Eltern nicht miteinander verheiratet sind und das eines Vormunds bedarf, wird das Jugendamt Vormund, wenn das Kind seinen gewöhnlichen Aufenthalt im Geltungsbereich dieses Gesetzes hat; dies gilt nicht, wenn bereits vor der Geburt des Kindes ein Vormund bestellt ist. ²Wurde die Vaterschaft nach § 1592 Nr. 1 oder 2 durch Anfechtung beseitigt und bedarf das Kind eines Vormunds, so wird das Jugendamt in dem Zeitpunkt Vormund, in dem die Entscheidung rechtskräftig wird.
(2) War das Jugendamt Pfleger eines Kindes, dessen Eltern nicht miteinander verheiratet sind, endet die Pflegschaft kraft Gesetzes und bedarf das Kind eines Vormunds, so wird das Jugendamt Vormund, das bisher Pfleger war.
(3) Das Familiengericht hat dem Jugendamt unverzüglich eine Bescheinigung über den Eintritt der Vormundschaft zu erteilen; § 1791 ist nicht anzuwenden.

I. Die Vorschrift dient dem Interesse eines **Kindes, nicht ohne gesetzlichen Vertreter** zu 1 sein. Sie ordnet daher an, dass dann, wenn ein nichteheliches Kind geboren wird, das eines Vormunds bedarf, kraft Gesetzes die Amtsvormundschaft des Jugendamts eintritt. Nicht in eine Ehe hineingeborene Kinder sind insofern schutzbedürftiger als eheliche Kinder, weil bei ihnen die Sorge grds der Mutter allein zusteht (§ 1626 a II), so dass schon dann, wenn sie (zB wegen Minderjährigkeit) ihr Kind nicht selbst vertreten kann oder bei der Geburt stirbt, das Kind einen Vormund braucht, während bei ehelichen Kindern automatisch der zweite Elternteil bereitsteht, um die Sorge zu übernehmen.

2 **II. 1. Voraussetzung** des Eintritts der Amtsvormundschaft ist, a) dass der Betroffene ein **Kind ist, dessen Eltern nicht miteinander verheiratet sind.** Ausreichend ist auch, dass eine spätere Gerichtsentscheidung eine Vaterschaft nach § 1593 Nr 1 oder Nr 2 beseitigt und damit eine Lage herbeigeführt hat, die derjenigen gleicht, wenn das Kind v nicht miteinander verheirateten Eltern geboren wird (Abs 1 S 2). Für Kinder miteinander verheirateter Eltern kommt nie § 1791 c, sondern allenfalls eine bestellte Vormundschaft des Jugendamts nach § 1791 b in Betracht.

3 b) Das Kind muss sich **in Deutschland gewöhnlich aufhalten.** Schlichter Aufenthalt (zB durch Besuch bei Großeltern oder Durchreise) reicht nicht. Die Staatsangehörigkeit des Kindes ist unerheblich.

3a c) Das Kind muss eines **Vormunds bedürfen.** Das ist der Fall, wenn die Mutter verstorben ist oder ihre elterliche Sorge ruht (vgl § 1673), es sei denn, der Vater hätte das Sorgerecht (vgl § 1626 a I). Eines Vormunds bedarf es auch nicht, wenn schon vor der Geburt einer bestellt wurde. Daher tritt in diesem Fall keine Amtsvormundschaft ein (Abs 1 S 1 2. Halbs).

4 **2.** Die Amtsvormundschaft tritt **automatisch** ein. Auf diese Weise soll die Kontinuität der Betreuung des Kindes gewahrt bleiben. Einer Bestellung des Jugendamts bedarf es nicht. Das Familiengericht stellt über den Eintritt der Amtsvormundschaft eine Bescheinigung aus (Abs 3). Diese ersetzt die Bestallungsurkunde bzw die Bestellungsverfügung.

5 Sofern ein **Jugendamt bereits Pfleger** des Kindes war, endet die Pflegschaft und wird das Jugendamt Vormund, das bisher Pfleger war (Abs 2).

§ 1792 Gegenvormund

(1) ¹Neben dem Vormund kann ein Gegenvormund bestellt werden. ²Ist das Jugendamt Vormund, so kann kein Gegenvormund bestellt werden; das Jugendamt kann Gegenvormund sein.
(2) Ein Gegenvormund soll bestellt werden, wenn mit der Vormundschaft eine Vermögensverwaltung verbunden ist, es sei denn, dass die Verwaltung nicht erheblich oder dass die Vormundschaft von mehreren Vormündern gemeinschaftlich zu führen ist.
(3) Ist die Vormundschaft von mehreren Vormündern nicht gemeinschaftlich zu führen, so kann der eine Vormund zum Gegenvormund des anderen bestellt werden.
(4) Auf die Berufung und Bestellung des Gegenvormunds sind die für die Begründung der Vormundschaft geltenden Vorschriften anzuwenden.

1 I. Das Institut der **Gegenvormundschaft dient dazu,** eine intensivere Kontrolle des Vormunds zu ermöglichen als sie bei Aufsicht durch das Familiengericht allein erfolgen könnte. Der Gegenvormund ist – anders als der Mitvormund (vgl §§ 1795, 1797) – ein reines Kontrollorgan (vgl §§ 1799, 1809, 1823, 1826, 1842, 1891), nicht ein weiterer Vertreter des Mündels.

2 II. Ein Gegenvormund **soll bestellt werden,** wenn mit der Vormundschaft eine Vermögensverwaltung verbunden ist (Abs 2 S 1). Etwas anderes gilt, wenn ein Mitvormund für die gleichen Angelegenheiten bestellt ist, weil dann eine ausreichende Kontrolle durch den Mitvormund gewährleistet ist. Soweit die Aufgabenbereiche getrennt sind, tritt das Kontrollbedürfnis wieder hervor. Zur Vereinfachung gestattet Abs 3 aber, die für getrennte Aufgabenbereiche bestellten Vormünder jeweils zum Gegenvormund der anderen zu bestimmen. Ein Gegenvormund braucht auch nicht bestellt zu werden, wenn die Vermögensverwaltung nicht erheblich ist. Das kann auch bei einem größeren Vermögen der Fall sein, wenn weder größere Verwaltungsaufgaben noch nennenswerte Einnahmen anfallen (zB in der Nutzung langfristig festgelegter Grundbesitz).

Ausgeschlossen ist die Bestellung eines Gegenvormunds bei Amtsvormundschaft (Abs 1 S 2). 3

Zum Gegenvormund bestellt werden können jede geeignete natürliche Person, ein Verein und das Jugendamt (Abs 1 S 2 aE, vgl auch § 58 III SGB VIII). 4

Berufung und Bestellung des Gegenvormunds erfolgen nach den allg Regeln (Abs 4, §§ 1776–1791). Das Jugendamt schlägt geeignete Personen vor (§ 53 SGB VIII). Zur Gegenvormundschaft bei Mitvormundschaft siehe Rn 2. 5

Untertitel 2
Führung der Vormundschaft

Vorbemerkung zu §§ 1793–1857

Der **Vormund** ist der **umfassende Vertreter des Mündels**. Ihm obliegt die gesamte Personen- und Vermögenssorge. Er ist selbständig, dh er bedarf grds nicht der Mitwirkung Dritter. Er handelt allein, dh niemand sonst ist befugt, an seiner Stelle für den Mündel zu handeln. 1

Modifiziert werden diese Grundsätze zunächst durch die Möglichkeit, den Aufgabenkreis des Vormunds zu beschränken, indem mehrere Vormünder mit getrennten Aufgabenbereichen bestellt werden (§ 1797 II) oder indem ihm eine Angelegenheit entzogen wird (§ 1801) oder weil Teile des Mündelvermögens durch Anordnung des Zuwendenden v der Verwaltung durch den Vormund ausgenommen wurden (§ 1803). Außerhalb seines Aufgabenkreises hat der Vormund weder Sorge noch Vertretungsmacht. Für bestimmte Geschäfte, bei denen generell die Gefahr v Interessenkollisionen besteht, kann der Vormund den Mündel nicht vertreten (§§ 1795, 1804). Der Mündel wird außerdem durch Regeln über die Verwendung (§ 1805) und die Anlegung (§§ 1806 ff) v Mündelvermögen, Vorschriften über die Mitwirkung des Gegenvormunds (§§ 1810, 1812 ff, 1824) und durch eine Reihe v Genehmigungserfordernissen (§§ 1821 ff, 1828 ff) geschützt. Schließlich kann das Familiengericht im Interesse des Mündels konkrete Einzelfallanordnungen treffen (vgl §§ 1818 f, 1837, 1844 über die Einschränkung, § 1817 über die Erweiterung der Befugnisse. 2

Der **Vormund** ist bei schuldhaften Pflichtverletzungen **schadensersatzpflichtig** (§ 1833). 3

Der **Mündel** hat dem Vormund gegenüber nur die Verpflichtung zur Zahlung v Auslagenersatz (§ 1835) und evtl einer Vergütung (§ 1836). Im Übrigen bestehen keine Pflichten. 4

§ 1793 Aufgaben des Vormunds, Haftung des Mündels

(1) ¹Der Vormund hat das Recht und die Pflicht, für die Person und das Vermögen des Mündels zu sorgen, insbesondere den Mündel zu vertreten. ²§ 1626 Abs. 2 gilt entsprechend. ³Ist der Mündel auf längere Dauer in den Haushalt des Vormunds aufgenommen, so gelten auch die §§ 1618 a, 1619, 1664 entsprechend.

(1 a) ¹Der Vormund hat mit dem Mündel persönlichen Kontakt zu halten. ²Er soll den Mündel in der Regel einmal im Monat in dessen üblicher Umgebung aufsuchen, es sei denn, im Einzelfall sind kürzere oder längere Besuchsabstände oder ein anderer Ort geboten.

(2) Für Verbindlichkeiten, die im Rahmen der Vertretungsmacht nach Absatz 1 gegenüber dem Mündel begründet werden, haftet der Mündel entsprechend § 1629 a.

I. Die Norm beschreibt den der elterlichen Sorge nachgebildeten **Inhalt der Vormundschaft**. Dem Vormund obliegt danach neben der Personen- und der Vermögenssorge die Vertretung des Mündels (Abs 1 S 1). Zu den Grundsätzen der Amtsführung vgl Vor §§ 1793–1857 Rn 1 ff. Bei seiner Tätigkeit wird der Vormund v Jugendamt unterstützt (§ 53 II SGB VIII). Der Vormund darf sich auch anderer Hilfspersonen bedienen, soweit das seine Tätigkeit erfordert. Immer muss der Vormund selbst aber ein Mindestmaß an persönlichem Kontakt zum Mündel halten: Der durch das G zur Änderung 1 des Vormundschafts- und Betreuungsrechts (BGBl 2011 I 1306) eingeführte Abs 1 a schreibt ausdrücklich vor, dass der Vormund den Mündel grds einmal im Monat in dessen üblicher Umgebung aufsuchen soll. Die Übertragung der Rechtsstellung insgesamt ist ebenfalls unzulässig. Für schuldhafte Pflichtverletzungen haftet der Vormund nach § 1833. Das gilt auch bei unzulässiger Übertragung v Aufgaben auf Hilfspersonen. Soweit diese zulässig ist, haftet er dag nur für die Auswahl, Unterweisung und Beaufsichtigung des Dritten. Im Übrigen haftet der Dritte selbst.

2 **II. Die Personensorge** bestimmt sich grds nach §§ 1631–1633 (§ 1800). Besondere Rücksicht haben Vormund und Familiengericht auf das religiöse Bekenntnis des Mündels zu nehmen (Einzelheiten: § 1801). Für die Erziehung des Mündels gilt § 1626 II (Abs 1 S 2). Ist der Mündel auf längere Zeit in den Haushalt des Vormunds aufgenommen, ist er diesem wie dessen eigenen Eltern zu Beistand und Rücksicht verpflichtet (§ 1618 a) und dienstleistungspflichtig (§ 1619). Für die Haftung gilt dann § 1664 (Erleichterung auf diligentia quam in suis). Abs. 1 a konkretisiert die Pflicht des Vormunds zum **persönlichen Kontakt** mit dem Mündel. Der Vormund soll den Mündel in dem erforderlichen Umfang persönlich treffen. Die Regelung gilt für alle Arten v Vormündern, für Betreuer (§ 1908 i) und für Pfleger (§ 1915). Ihr Sinn ist es, dass der Vormund sich in regelmäßigen Abständen ein eigenes Bild v den persönlichen Lebensumständen des Mündels verschafft. Deswegen soll die Kontaktaufnahme grds am üblichen Aufenthaltsort des Mündels erfolgen (vgl auch § 278 I 3 FamFG). Bloße telefonische Kontakte reichen nicht. Umfang und Häufigkeit des persönlichen Kontakts richten sich nach den Erfordernissen des Einzelfalls. Für den Regelfall hält der Gesetzgeber einen persönlichen Kontakt einmal im Monat für erforderlich. Ggf muss der Vormund den Mündel aber auch häufiger treffen. Bei stabilen unveränderten Verhältnissen kann aber auch ausnahmsweise ein seltenerer Kontakt ausreichen. Das darf jedoch nicht schematisch und vorschnell angenommen werden. V dem an sich vorgeschriebenen Ort der Kontaktaufnahme kann etwa abgewichen werden, wenn der Mündel in Anwesenheit der unmittelbaren Pflegepersonen nicht frei reden oder handeln kann oder will. Die Dauer des Kontakts ist nicht im Einzelnen geregelt. Das Treffen v Mündel und Vormund muss so lange dauern, dass der Vormund ein Vertrauensverhältnis aufbauen bzw. aufrecht erhalten und sich ein zuverlässiges Bild v der Lebenssituation des Mündels verschaffen kann, das es ihm erlaubt, seine Pflichten zu erfüllen. Alibibesuche sind zu vermeiden.

3 **Die Vermögenssorge** ist näher durch §§ 1802–1842 ausgestaltet. Leitprinzip dieser Regelungen ist es, das Vermögen des Mündels möglichst zu erhalten, damit er nach seiner Volljährigkeit ungeschmälert darüber verfügen kann. Der Vermögensverwaltung unterworfen ist das gesamte Vermögen des Mündels, soweit es nicht v dem Zuwendenden v der Verwaltung durch den Vormund ausgeschlossen wurde (§ 1803) oder der Testamentsvollstreckung unterliegt (RGZ 106, 187). Der Vormund ist unmittelbarer Besitzer der verwalteten Sachen, der Mündel mittelbarer. Zugunsten des Mündels gilt die Haftungsbeschränkung nach § 1629 a entsprechend (Abs 2). Der Mündel haftet daher nach Eintritt der Volljährigkeit grds nur mit dem zum Zeitpunkt der Vollendung des 18. Lebensjahres vorhandenen Vermögen (§ 1629 a).

4 Der Vormund ist **gesetzlicher Vertreter** des Mündels. Das bedeutet, dass er für den Mündel grds alle Arten v Rechtsgeschäften vornehmen und ihn vor Gericht vertreten kann. Er ist zuständig für die Zustimmung zu Rechtsgeschäften, die der Mündel nicht selbst vornehmen kann (vgl §§ 107, 108). Die v Vormund vorgenommenen Geschäfte berechtigen und verpflichten den Mündel direkt (§ 164). Im Übrigen haftet der Mündel für seinen Vormund nach § 278 für Pflichtverletzungen im vertraglichen und vorvertraglichen Bereich. Eine weiter gehende deliktische Haftung besteht nicht.

5 **Keine Vertretung** des Mündels findet statt, soweit der Mündel selbst voll geschäftsfähig ist (§§ 112, 113). Bei nur rechtlich vorteilhaften Geschäften ist der Vormund neben dem Mündel vertretungsberechtigt. Ausgeschlossen ist die Vertretung auch bei höchstpersönlichen Rechtsgeschäften (zB Eheschließung, § 1311, Vaterschaftsanerkennung, § 1596 I 1). Außerhalb des dem Vormund übertragenen Aufgabenkreises findet ebenfalls keine Vertretung statt (vgl §§ 1797, 1803). Das Gleiche gilt im Fall der in § 1795 genannten Interessenkollisionen, wenn ein Pfleger bestellt ist, in dessen Aufgabenkreis

(§ 1796), bei Geschäften, die dem Vormund verboten sind (§ 1804), bei genehmigungsbedürftigen Geschäften, wenn die Genehmigung nicht erteilt worden ist (§§ 1809 ff, 1821 ff) und bei Ausübung der Personensorge im Rahmen einer Hilfe zur Erziehung (§ 38 SGB VIII). Handelt der Vormund trotzdem, ist er Vertreter ohne Vertretungsmacht und haftet Dritten nach § 179.

§ 1794 Beschränkung durch Pflegschaft

Das Recht und die Pflicht des Vormunds, für die Person und das Vermögen des Mündels zu sorgen, erstreckt sich nicht auf Angelegenheiten des Mündels, für die ein Pfleger bestellt ist.

Die Vorschrift **entspricht § 1630**. Sie stellt klar, dass der Vormund für den Mündel soweit nicht sorge- und vertretungsberechtigt ist, wie ein Pfleger bestellt ist. Gemeint sind die in §§ 1795, 1796, 1801 genannten Fälle. Damit die Pflegerbestellung erfolgt, wenn sie erforderlich ist, bestehen Anzeigepflichten des Vormunds (§ 1908 II) und des Jugendamts (§ 50 II, III, 53 III 3, 5 SGB VIII). 1

Verfahren. Weil die Pflegerbestellung seine Rechtsstellung einschränkt, ist der Vormund beschwerdebefugt (§ 59 I FamFG). Streitigkeiten zwischen Vormund und Pfleger entscheidet der Richter (§ 14 Nr 5 RPflG) des Familiengerichts (§§ 1798, 1915 I analog). 2

§ 1795 Ausschluss der Vertretungsmacht

(1) Der Vormund kann den Mündel nicht vertreten:
1. **bei einem Rechtsgeschäft zwischen seinem Ehegatten, seinem Lebenspartner oder einem seiner Verwandten in gerader Linie einerseits und dem Mündel andererseits, es sei denn, dass das Rechtsgeschäft ausschließlich in der Erfüllung einer Verbindlichkeit besteht,**
2. **bei einem Rechtsgeschäft, das die Übertragung oder Belastung einer durch Pfandrecht, Hypothek, Schiffshypothek oder Bürgschaft gesicherten Forderung des Mündels gegen den Vormund oder die Aufhebung oder Minderung dieser Sicherheit zum Gegenstand hat oder die Verpflichtung des Mündels zu einer solchen Übertragung, Belastung, Aufhebung oder Minderung begründet,**
3. **bei einem Rechtsstreit zwischen den in Nummer 1 bezeichneten Personen sowie bei einem Rechtsstreit über eine Angelegenheit der in Nummer 2 bezeichneten Art.**

(2) Die Vorschrift des § 181 bleibt unberührt.

I. Die Norm dient dem Schutz des Mündels vor Interessenkollisionen, indem sie § 181 auf den Vormund für anwendbar erklärt (Abs 2) und die Vertretungsmacht in weiteren Fällen ausschließt, in denen typischerweise zu vermuten ist, dass der Vormund sein Handeln nicht immer am Interesse des Mündels orientiert (Abs 1). Eine allg Befreiung des Vormunds durch Vater oder Mutter des Mündels ist nicht möglich. Zu Ausnahmen bei der Amtsvormundschaft s § 56 II 2 SGB VIII. 1

Folge des Vertretungsverbots ist, dass das v Vormund vorgenommene Geschäft schwebend unwirksam ist, sofern es ein zweiseitiges Rechtsgeschäft ist (§ 177) und v volljährig gewordenen Mündel oder einem ggf bestellten Pfleger (§ 1909) genehmigt werden kann. Einseitige Rechtsgeschäfte sind nichtig. Der Vormund haftet Dritten nach § 179. Im Prozess gilt der Mündel als nicht vertreten (§§ 56, 89 ZPO, Restitutionsgrund nach § 579 Nr 4 ZPO). 2

II. Die Vertretung des Mündels durch den Vormund ist ausgeschlossen: in den Fällen des § 181 (Abs 2), also bei Geschäften des Mündels mit dem Vormund selbst (Insichgeschäft) und Geschäften des Mündels mit einem ebenfalls durch den Vormund vertretenen Dritten (Doppelvertretung). Erfasst werden der Abschluss v Verträgen (einschließlich Gesellschaftsverträgen, BGH NJW 61, 724; OLG München ZEV 10, 646) ebenso wie die Vornahme einseitiger Rechtsgeschäfte (zB Anfechtung, Kündigung). Nicht un- 3 ter Abs 2, § 181 fallen solche Geschäfte, bei denen der Vormund und der Mündel zwar jeweils für sich Erklärungen abgeben, diese aber nicht wechselbezüglich sind, sondern sich auf einen Dritten beziehen (sog Parallelgeschäfte).

4 **Ausgenommen** v Vertretungsverbot sind Geschäfte, die ausschließlich der Erfüllung einer Verbindlichkeit dienen (§ 181 aE). Das Gleiche gilt bei Gestattung im Einzelfall durch Vater oder Mutter oder das Familiengericht (Erm/Holzhauer § 1795 Rn 6, aA BGHZ 21, 234, nicht dag allgemein, vgl OLG Hamm FamRZ 75, 510). Da insoweit kein Schutzbedürfnis des Mündels besteht, greift Abs 2 auch nicht ein, wenn ihm das Geschäft lediglich einen rechtlichen Vorteil bringt (zB Schenkung an den Mündel, vgl BGHZ 59, 236).

5 Abs 1 Nr 1 erweitert das Verbot des § 181 auf **Rechtsgeschäfte zwischen dem Mündel und dem** (aktuellen, nicht früheren) **Ehegatten** bzw **Lebenspartner** und **Verwandten in gerader Linie** (vgl § 1589) des Vormunds, die nicht v diesem vertreten werden (sonst gilt § 181 direkt). Nicht erfasst sind Schwäger und Verwandte in der Seitenlinie. In diesen Fällen kommt nur § 1796 in Betracht. Die Ausnahmen entsprechen den Ausnahmen, die für den Vormund selbst gelten (Rn 4).

6 Abs 1 Nr 2 schließt die Vertretung des Vormunds bei **Rechtsgeschäften** aus, die die Übertragung oder Belastung einer durch Pfandrecht, Hypothek, Schiffshypothek oder Bürgschaft gesicherten Forderung des Mündels gegen den Vormund oder die Aufhebung oder Minderung dieser Sicherheit zum Gegenstand haben oder die die Verpflichtung des Mündels zu einer solchen Übertragung, Belastung, Aufhebung oder Minderung begründen. Die Vorschrift gilt analog für Grundschulden sowie die Genehmigung einer Schuldübernahme.

7 Abs 1 Nr 3 erstreckt die Vertretungsmacht nach Abs 1 Nr 1 und 2 auch auf **Rechtsstreitigkeiten** über diese Gegenstände. Die Regelung ist überflüssig, denn bei richtiger Auslegung werden durch das Vertretungsverbot auch Rechtsstreitigkeiten ohne weiteres erfasst.

§ 1796 Entziehung der Vertretungsmacht

(1) Das Familiengericht kann dem Vormund die Vertretung für einzelne Angelegenheiten oder für einen bestimmten Kreis von Angelegenheiten entziehen.
(2) Die Entziehung soll nur erfolgen, wenn das Interesse des Mündels zu dem Interesse des Vormunds oder eines von diesem vertretenen Dritten oder einer der in § 1795 Nr. 1 bezeichneten Personen in erheblichem Gegensatz steht.

1 I. Zum Schutz des Mündels vor Beeinträchtigungen seines Wohls durch andere als die schon in § 1795 genannten Interessenkonflikte ermöglicht es die Norm, dem Vormund für eine einzelne Angelegenheit oder einen Kreis v Angelegenheiten **die Vertretungsmacht zu entziehen**. Es muss dann ein Pfleger bestellt werden (§ 1909 I). Der Vormund ist verpflichtet, dem Familiengericht die Notwendigkeit der Pflegerbestellung mitzuteilen (§ 1909 II).

2 II. **Voraussetzung** der Entziehung der Vertretungsmacht ist, dass ein erheblicher **Gegensatz** zwischen dem **Interesse des Mündels** einerseits und dem **Interesse des Vormunds**, eines anderen v diesem vertretenen Dritten, des Ehegatten des Vormunds oder einem in gerader Linie mit dem Vormund Verwandten besteht (Abs 2). Unterschiedliche Sichtweisen bestimmter Umstände oder unterschiedliche Handlungsalternativen reichen noch nicht, um einen erheblichen Interessengegensatz anzunehmen. Es muss sich vielmehr aufdrängen, dass wegen unterschiedlicher Interessen des Mündels und des Vormunds (bzw der anderen genannten Personen) der Vormund nicht ausschließlich die Interessen des Mündels verfolgen wird. Solange der Vormund im Interesse des Mündels handelt, kann das Gericht nicht eingreifen.

3 Das Familiengericht muss auf den erheblichen Interessenkonflikt mit der **Entziehung der Vertretungsmacht** reagieren (Abs 1). Anders als der Wortlaut („kann") zunächst nahelegt, handelt es sich um eine zwingende Regelung. Dem Erforderlichkeitsgrundsatz entsprechend begrenzt es seinen Eingriff auf die schonendste Maßnahme. In Betracht

kommen die Entziehung für eine einzelne Angelegenheit, eine befristete oder bedingte Entziehung für einen Kreis v Angelegenheiten oder die Entziehung für einen Angelegenheitenkreis ohne Einschränkungen. Falls diese Maßnahmen nicht reichen, die Gefährdung des Mündelinteresses abzustellen, muss das Familiengericht den Vormund entlassen (§ 1886). Soweit notwendig bestellt das Familiengericht dem Mündel einen Pfleger (§ 1909).

§ 1797 Mehrere Vormünder

(1) ¹Mehrere Vormünder führen die Vormundschaft gemeinschaftlich. ²Bei einer Meinungsverschiedenheit entscheidet das Familiengericht, sofern nicht bei der Bestellung ein anderes bestimmt wird.
(2) ¹Das Familiengericht kann die Führung der Vormundschaft unter mehrere Vormünder nach bestimmten Wirkungskreisen verteilen. ²Innerhalb des ihm überwiesenen Wirkungskreises führt jeder Vormund die Vormundschaft selbständig.
(3) Bestimmungen, die der Vater oder die Mutter für die Entscheidung von Meinungsverschiedenheiten zwischen den von ihnen benannten Vormündern und für die Verteilung der Geschäfte unter diese nach Maßgabe des § 1777 getroffen hat, sind von dem Familiengericht zu befolgen, sofern nicht ihre Befolgung das Interesse des Mündels gefährden würde.

I. Die Norm regelt die **Amtsführung v Mitvormündern.** Besondere Bedeutung wird der 1 Bestimmung durch Vater und Mutter eingeräumt (Abs 3, § 1777). Zur Bestellung der Mitvormünder s §§ 1775, 1791 b (Jugendamt).
II. 1. Grds führen Mitvormünder die Vormundschaft **gemeinschaftlich** (Abs 1 S 1). Sie 2 müssen also Übereinstimmung erzielen. Es besteht Gesamtvertretungsmacht. Bei Fehlen einer Zustimmung ist der andere Mitvormund Vertreter ohne Vertretungsmacht und haftet Dritten gegenüber ggf nach § 179. Bei Erklärungen gegenüber Mitvormündern reicht der Zugang bei einem. Entsprechendes gilt für die Zustellung einer Klage oder eines Antrags (§ 171 III ZPO). Da die Mitvormünder einander kontrollieren sollen, haften sie bei Verstößen des einen gegen seine Pflichten ggf wegen Verstoßes gegen die Aufsichtspflicht gesamtschuldnerisch mit dem anderen aus § 1833.
Bei **Meinungsverschiedenheiten** zwischen den Vormündern entscheidet der Richter 3 (§ 14 I Nr 5 RPflG) des Familiengerichts (Abs 1 S 2), es sei denn, dass bei der Bestellung etwas anderes bestimmt wird. Das kommt vor allem in Betracht, wenn die Eltern bei der Bestellung des Vormunds etwas anderes bestimmt haben (Abs 3, dazu Rn 6). Anders als im Fall des § 1628 entscheidet das Familiengericht in der Sache, indem es der Auffassung eines Mitvormunds beitritt. Dadurch wird die Zustimmung des anderen ersetzt. Unzulässig ist eine Entscheidung, die nicht an die Ansicht eines der Mitvormünder anknüpft; denn so griffe das Familiengericht unzulässig in die selbständige Amtsführung der Vormünder ein.
Verfahren. Zum Schutz des Mündels hat bei gemeinschaftlicher Führung der Vor- 4 mundschaft jeder Mitvormund ein umfassendes Beschwerderecht (§ 59 I FamFG).
2. Ausnahmsweise kann das Familiengericht die Führung der **Vormundschaft unter** 5 **den Mitvormündern aufteilen** (Abs 2). Die Trennung kann umfassend sein, kann sich aber auch nur auf Teilbereiche beziehen, während im Übrigen eine gemeinsame Führung der Vormundschaft stattfindet. Im zur eigenverantwortlichen Wahrnehmung übertragenen Aufgabenkreis führt jeder Vormund die Vormundschaft selbständig (Abs 2 S 2). Sein Beschwerderecht ist insoweit ausschließlich. Zulässig (und wegen der gebotenen Kontrolle regelmäßig erforderlich) ist die Bestellung des anderen Mitvormunds zum Gegenvormund für den Bereich, in dem keine gemeinschaftliche Führung der Vormundschaft stattfindet (§ 1792 III).
3. Haben der **Vater oder die Mutter** nach § 1777 **Bestimmungen** über die Verteilung 6 der Aufgabenkreise oder die Entscheidung v Meinungsverschiedenheiten getroffen, gehen diese vor. Voraussetzung ist aber, das das Familiengericht diese Regeln in die Be-

stellung übernommen hat (Abs 1 S 2 aE). Dazu ist es verpflichtet, es sei denn, die Befolgung der Bestimmungen gefährdete das Kindeswohl.

§ 1798 Meinungsverschiedenheiten
Steht die Sorge für die Person und die Sorge für das Vermögen des Mündels verschiedenen Vormündern zu, so entscheidet bei einer Meinungsverschiedenheit über die Vornahme einer sowohl die Person als das Vermögen des Mündels betreffenden Handlung das Familiengericht.

1 Die Norm bestimmt, dass bei Meinungsverschiedenheiten zwischen Mitvormündern (zu Differenzen zwischen Vormund und Pfleger vgl § 1794), v denen einem die Personen- und dem anderen die Vermögenssorge übertragen ist, das Familiengericht entscheidet, wenn die Angelegenheit beide Bereiche betrifft (wie § 1797 Rn 3). Zuständig ist der Richter (§ 14 I Nr 5 RPflG). Keine Anwendung findet die Vorschrift, wenn Vater und Mutter für die Entscheidung v Streitigkeiten zwischen Mitvormündern eine anderweite Regelung getroffen haben.

§ 1799 Pflichten und Rechte des Gegenvormunds
(1) ¹Der Gegenvormund hat darauf zu achten, dass der Vormund die Vormundschaft pflichtmäßig führt. ²Er hat dem Familiengericht Pflichtwidrigkeiten des Vormunds sowie jeden Fall unverzüglich anzuzeigen, in welchem das Familiengericht zum Einschreiten berufen ist, insbesondere den Tod des Vormunds oder den Eintritt eines anderen Umstands, infolgedessen das Amt des Vormunds endigt oder die Entlassung des Vormunds erforderlich wird.
(2) Der Vormund hat dem Gegenvormund auf Verlangen über die Führung der Vormundschaft Auskunft zu erteilen und die Einsicht der sich auf die Vormundschaft beziehenden Papiere zu gestatten.

1 I. § 1799 regelt die Pflichten des Gegenvormunds und die diesbezüglichen Mitwirkungspflichten des Vormunds.
2 II. Der **Gegenvormund überwacht den Vormund**. Er hat darauf zu achten, dass dieser seinen Pflichten nachkommt (Abs 1 S 1) und muss Pflichtverletzungen dem Familiengericht unverzüglich (§ 121) mitteilen (Abs 1 S 2), damit dieses nach § 1837 oder ggf durch Entlassung des Vormunds (§ 1886) einschreiten kann. Was Pflichtverletzungen des Vormunds sind, bestimmt sich nach dem Mündelinteresse. Dem Gegenvormund steht bei der Feststellung ein Beurteilungsspielraum zu, der gerichtlich nicht überprüfbar ist. Den Gegenvormund trifft weiter die Verpflichtung, dem Familiengericht jeden weiteren Fall anzuzeigen, in dem sein Eingreifen erforderlich ist, vor allem den Tod des Vormunds sowie sonstige Umstände, aufgrund derer das Amt des Vormunds endet (weil dann ein neuer Vormund bestellt werden muss) oder aufgrund derer die Entlassung notwendig wird (die nur v Familiengericht ausgesprochen werden kann).
3 **Die Mitwirkung des Gegenvormunds ist erforderlich** bei der Aufstellung des Anfangsvermögens des Mündels (§ 1802 I 3), bei der Jahresrechnung (§ 1842) und bei der Abrechnung bei Beendigung des Amts (§ 1892 I). Bei der Vermögensverwaltung wirkt der Gegenvormund durch die Erteilung bzw Verweigerung v Genehmigungen mit (vgl §§ 1809 f, 1812 f, 1824, 1832).
4 Der Gegenvormund muss dem Vormund jederzeit **Auskunft erteilen** (§§ 1839, 1891 II).
5 Für **Amtspflichtverletzungen** haftet der Gegenvormund dem Mündel nach § 1833.
6 Bei bestimmten Angelegenheiten hat der Gegenvormund ein **Anhörungsrecht** vor der Entscheidung des Familiengerichts (§§ 1826, 1836 II).
7 Zur Erleichterung seiner Tätigkeit hat er gegen den Vormund einen **Anspruch auf Auskunftserteilung** und Gestattung der Einsichtnahme in die die Vormundschaft betr Pa-

piere (Abs 2) einschließlich des Rechts (auf eigene Kosten) Abschriften oder Kopien anzufertigen.

§ 1800 Umfang der Personensorge

¹Das Recht und die Pflicht des Vormunds, für die Person des Mündels zu sorgen, bestimmen sich nach §§ 1631 bis 1633. ²Der Vormund hat die Pflege und Erziehung des Mündels persönlich zu fördern und zu gewährleisten.

Durch die Verweisung auf §§ 1631–1633 stellt die Vorschrift klar, dass der Vormund 1
hinsichtlich der Personensorge den Eltern gleichgestellt sein soll. Der Vormund hat das Recht, das Kind zu erziehen (zur religiösen Erziehung vgl aber § 1801) und unterliegt insofern den gleichen Einschränkungen wie Eltern (vgl § 1631). Ihm steht die Entscheidung über die Ausbildung zu. V Dritten kann er die Herausgabe des Kindes verlangen (vgl § 1632). Zur Personensorge gehört auch, die Feststellung der Vaterschaft zu betreiben, soweit das wegen des Fehlens einer Vaterschaftsanerkennung nötig ist (vgl § 1600 d) und Unterhaltsansprüche geltend zu machen. Schließlich kann der Vormund den Mündel unter den Voraussetzungen des § 1631 b unterbringen.

Zu den persönlich zu erfüllenden Pflichten des Vormunds gehört auch die Förderung 2
und Gewährleistung der Pflege und Erziehung des Mündels (S 2). Das ergibt sich schon aus dem Prinzip der Einzelvormundschaft; es ist für den Einzelvormund selbstverständlich, dass er sich persönlich um den Mündel kümmert. Das gilt auch für den Amtsvormund (vgl. auch § 55 III 2 SGB VIII). Es reicht in keinem Fall, dass ein Vormund (gleich welcher Art) die Erfüllung dieser Pflichten ausschließlich anderen überlässt (zB den Mitarbeitern des Sozialen Dienstes des Jugendamtes oder den Pflegeeltern).

§ 1801 Religiöse Erziehung

(1) Die Sorge für die religiöse Erziehung des Mündels kann dem Einzelvormund von dem Familiengericht entzogen werden, wenn der Vormund nicht dem Bekenntnis angehört, in dem der Mündel zu erziehen ist.
(2) Hat das Jugendamt oder ein Verein als Vormund über die Unterbringung des Mündels zu entscheiden, so ist hierbei auf das religiöse Bekenntnis oder die Weltanschauung des Mündels und seiner Familie Rücksicht zu nehmen.

Abs 1 ergänzt § 1631; denn auch die religiöse Erziehung ist Bestandteil der Personen- 1
sorge. Die Norm trägt der Bedeutung einer der Religion des Mündels entsprechenden Erziehung Rechnung. Das Bekenntnis ist zwar schon bei der Auswahl des Vormunds zu berücksichtigen. Trotzdem muss gelegentlich ein Vormund bestellt werden, dessen Bekenntnis v dem des Mündels abweicht. Droht dann eine dem Bekenntnis des Mündels nicht entsprechende Erziehung, kann das Familiengericht dem Vormund die Sorge insoweit entziehen und einem Mitvormund oder Pfleger übertragen. Die bloße Religionsverschiedenheit reicht aber nicht; es muss konkrete Anzeichen dafür geben, dass der Vormund in das Bekenntnis des Mündels steuernd eingreift.

Abs 2 dient der Sicherung des religiösen Bekenntnisses bei Unterbringung durch den 2
Vereins- oder Amtsvormund und ergänzt so § 1631 b. Bei der Auswahl der Unterbringungseinrichtung ist auf das religiöse Bekenntnis des Mündels und seiner Familie Rücksicht zu nehmen. Der Vorrang ist nicht absolut; bei Fehlen einer bekenntniszugehörigen Unterbringungsmöglichkeit in zumutbarer Entfernung darf auch bekenntnisfremd untergebracht werden.

§ 1802 Vermögensverzeichnis

(1) ¹Der Vormund hat das Vermögen, das bei der Anordnung der Vormundschaft vorhanden ist oder später dem Mündel zufällt, zu verzeichnen und das Verzeichnis, nach-

§ 1803

dem er es mit der Versicherung der Richtigkeit und Vollständigkeit versehen hat, dem Familiengericht einzureichen. ²Ist ein Gegenvormund vorhanden, so hat ihn der Vormund bei der Aufnahme des Verzeichnisses zuzuziehen; das Verzeichnis ist auch von dem Gegenvormund mit der Versicherung der Richtigkeit und Vollständigkeit zu versehen.
(2) Der Vormund kann sich bei der Aufnahme des Verzeichnisses der Hilfe eines Beamten, eines Notars oder eines anderen Sachverständigen bedienen.
(3) Ist das eingereichte Verzeichnis ungenügend, so kann das Familiengericht anordnen, dass das Verzeichnis durch eine zuständige Behörde oder durch einen zuständigen Beamten oder Notar aufgenommen wird.

1 I. Die Vorschrift ordnet zur **Erleichterung der Kontrolle der Vermögensverwaltung** an, dass zu Beginn der Vormundschaft ein Verzeichnis über das gesamte Vermögen des Mündels erstellt werden und jeweils ergänzt werden muss, wenn der Mündel neues Vermögen erwirbt. Sie bildet das funktionelle Äquivalent zu § 1640. Die Norm gilt für alle Arten v Vormundschaften. Eine Befreiung ist nicht möglich.

2 II. In das Verzeichnis **müssen** alle bei Beginn der Vormundschaft **zum Mündelvermögen gehörenden Gegenstände** aufgenommen werden. Es ist unerheblich, ob sie der Verwaltung des Vormunds unterliegen (anders bei Eltern: § 1640). Ist die Vormundschaft aber nach Sachgebieten aufgeteilt (vgl § 1797 II), ist jeder Vormund nur verpflichtet, diejenigen Gegenstände zu verzeichnen, die in seine Verwaltung fallen. Werden später bedeutsame Vermögensgegenstände erworben, muss das Verzeichnis ergänzt werden. Die Aufzeichnung muss eine geordnete Aufstellung der Aktiven und Passiven enthalten. Belege sind nicht erforderlich. Sofern der Vormund das für nötig hält, kann er sich bei der Aufstellung einer der in Abs 2 genannten Personen bedienen (Ausnahme: unverhältnismäßige Kosten). Der Gegenvormund ist an der Aufnahme des Verzeichnisses zu beteiligen (Abs 1 S 2, 1. Halbs). Er muss es selbständig prüfen und die Richtigkeit und Vollständigkeit durch einen entsprechenden Vermerk bestätigen (Abs 1 S 2, 2. Halbs). Ggf muss er Beanstandungen anmerken.

3 Bei Vorlage eine **unzureichenden Verzeichnisses** kann das Familiengericht die Aufnahme durch eine Behörde, einen Beamten oder Notar anordnen (Abs 3), Zwangsmittel gegen den Vormund einsetzen oder ihn äußerstenfalls entlassen (§ 1886).

4 Die **Kosten** für die Aufstellung des Verzeichnisses trägt der Mündel.

§ 1803 Vermögensverwaltung bei Erbschaft oder Schenkung

(1) Was der Mündel von Todes wegen erwirbt oder was ihm unter Lebenden von einem Dritten unentgeltlich zugewendet wird, hat der Vormund nach den Anordnungen des Erblassers oder des Dritten zu verwalten, wenn die Anordnungen von dem Erblasser durch letztwillige Verfügung, von dem Dritten bei der Zuwendung getroffen worden sind.
(2) Der Vormund darf mit Genehmigung des Familiengerichts von den Anordnungen abweichen, wenn ihre Befolgung das Interesse des Mündels gefährden würde.
(3) ¹Zu einer Abweichung von den Anordnungen, die ein Dritter bei einer Zuwendung unter Lebenden getroffen hat, ist, solange er lebt, seine Zustimmung erforderlich und genügend. ²Die Zustimmung des Dritten kann durch das Familiengericht ersetzt werden, wenn der Dritte zur Abgabe einer Erklärung dauernd außerstande oder sein Aufenthalt dauernd unbekannt ist.

1 I. Die **Vorschrift dient** der Verwirklichung des Interesses, dass das dem Mündel unentgeltlich Zugewendete dem Willen des Zuwendenden entsprechend verwendet wird (Abs 1, 3). Im Interesse des Mündels sind nach dem Tod des Zuwendenden Durchbrechungen des Willensvorrangs zulässig, wenn sonst seine Interessen gefährdet würden (Abs 2). Die Vorschrift gilt für alle Arten v Vormundschaften. Erfasst werden das Zugewendete und seine Surrogate.

II. Der Vormund muss Vermögen, das der Mündel durch Verfügung v Todes wegen 2
oder durch unentgeltliche Zuwendung erwirbt, **nach der Anordnung des Zuwendenden
verwalten,** wenn dieser in der Verfügung v Todes wegen oder bei der Vornahme der
Zuwendung getroffen wurde (Abs 1). Spätere Anordnungen sind ebenso unwirksam
wie solche, die nicht v Zuwendenden selbst (oder einem seiner Vertreter) stammen. Inhalt der Anordnung können sowohl Befreiungen v Verwaltungsbeschränkungen
(§§ 1807 ff, 1814 ff), aber auch weitere Einschränkungen der Befugnisse des Vormunds
sein, wie die Vorgabe v Anlagearten oder eine Erweiterung der Hinterlegungspflicht.
Hat der Zuwendende bestimmt, dass der Vormund das Zugewendete nicht verwalten
darf, muss dem Mündel ein Pfleger bestellt werden (§ 1909 I 2).

Abweichungen v der Anordnung sind bei Zuwendungen unter Lebenden ohne weiteres 3
zulässig, wenn der Zuwendende zustimmt (Abs 3 S 1). Die Ersetzung der Zustimmung
durch das Familiengericht kommt nur in Betracht, wenn er zur Abgabe der Erklärung
(zB wegen dauernder Geisteskrankheit) dauernd außerstande oder sein Aufenthalt dauernd unbekannt ist, so dass er nicht gefragt werden kann (Abs 3 S 2). Sie ist im Übrigen unzulässig, wenn der Zuwendende noch lebt. Erst nach seinem Tod darf das Gericht einer Abweichung des Vormunds v einer Anordnung zustimmen, wenn bei ihrer
Befolgung das Mündelinteresse gefährdet würde (Abs 2).

Weicht der Vormund unbefugt v der Anordnung ab, sind seine Handlungen gleich- 4
wohl wirksam. Er macht sich aber **schadensersatzpflichtig** (§ 1833). Bei häufigem unbefugtem Abweichen ist er **zu entlassen** (§ 1886).

§ 1804 Schenkungen des Vormunds

¹Der Vormund kann nicht in Vertretung des Mündels Schenkungen machen. ²Ausgenommen sind Schenkungen, durch die einer sittlichen Pflicht oder einer auf den Anstand zu nehmenden Rücksicht entsprochen wird.

Die Norm dient dem Schutz des Mündelvermögens vor Weggabe ohne Gegenleistung. 1
Sie entspricht § 1641. Ihre Geltung im Rahmen der Betreuung (§ 1908 i II 1) ist bedenklich, weil sie eine vorweggenommene Erbfolge nach dem Betreuten verhindert bzw
erheblich beschränkt (BayObLGZ 96, 118; großzügiger deswegen OLG Stuttgart
FamRZ 2005, 262).

Dem Vormund verboten sind alle Schenkungen iSd § 516, die er im Namen des Mün- 2
dels macht (S 1) mit Ausnahme der Pflicht- und Anstandsschenkungen (S 2). Darunter
kann auch die Änderung der Bezugsberechtigung einer Lebensversicherung fallen (LG
Düsseldorf FamRZ 13, 1836). Nicht erfasst werden sonstige unentgeltliche Zuwendungen (zB Gebrauchsüberlassungen). Gemischte Schenkungen fallen mit ihrem Schenkungsteil unter § 1804 (vgl OLG Hamm NJW-RR 92, 1170). Pflicht- und Anstandsschenkungen sind neben denjenigen zu Feiertagen (Weihnachten, Geburtstage usw)
sonstige Schenkungen, die den Lebensverhältnissen des Mündels entsprechen.

Alle nicht unter Satz 2 fallenden Schenkungen sind nichtig. Die Zulässigkeit der Schen- 3
kung nach § 1804 schließt ihre Genehmigungsbedürftigkeit nach anderen Vorschriften
nicht aus.

§ 1805 Verwendung für den Vormund

¹Der Vormund darf Vermögen des Mündels weder für sich noch für den Gegenvormund verwenden. ²Ist das Jugendamt Vormund oder Gegenvormund, so ist die Anlegung von Mündelgeld gemäß § 1807 auch bei der Körperschaft zulässig, bei der das
Jugendamt errichtet ist.

Die Norm verbietet die Verwendung des Mündelvermögens für den Vormund und den 1
Gegenvormund (S 1). Verwendung ist jede Art der Nutzung, also neben der Übertragung auch die Nutzung v Sachen des Mündels oder die Ausnutzung seiner Rechtspositionen. Das liegt auch dann vor, wenn der Vormund im eigenen Namen ein Treuhand-

konto für den Mündel führt (LG Münster BtPrax 12, 219). Unerheblich ist, ob der Vormund oder Gegenvormund ein Entgelt zahlt. Wegen der vergleichbaren Interessenlage muss man § 1805 auf die Ausnutzung der Arbeitskraft des Mündels entsprechend anwenden. Wegen fehlender Gefährdung der Interessen des Mündels ist abw v S 1 die Anlegung v Mündelgeld durch das vom Vormund oder Gegenvormund bestellte Jugendamt auch bei der Körperschaft zulässig, bei der es errichtet ist (S 2).

2 Ein Verstoß gegen § 1805 führt **nicht zur Unwirksamkeit** des Geschäfts. Der Vormund bzw Gegenvormund muss verwendetes Geld aber verzinsen (§ 1834) und Schadensersatz leisten (§ 1833). Regelmäßig ist er v Familiengericht zu entlassen (§ 1886). Strafrechtlich kann sein Verhalten Untreue (§ 266 StGB) oder veruntreuende Unterschlagung (§ 246 II StGB) sein.

§ 1806 Anlegung von Mündelgeld

Der Vormund hat das zum Vermögen des Mündels gehörende Geld verzinslich anzulegen, soweit es nicht zur Bestreitung von Ausgaben bereitzuhalten ist.

1 § 1806 soll das **Vermögen des Mündels gegen Verluste durch Inflation** schützen, indem er anordnet, dass das Vermögen des Mündels verzinslich anzulegen ist. Ausgenommen sind nur die Beträge, die zur Bestreitung v Ausgaben bereitgehalten werden müssen. Die Norm gilt für alle Arten v Vormundschaften. Eine Befreiung ist nicht möglich.

2 **Anzulegen ist** das gesamte Vermögen des Mündels, das nicht für die (baldige) Bestreitung v Ausgaben erforderlich ist. Die Herkunft des Vermögens spielt keine Rolle. Anzulegen sind daher auch unentgeltliche Zuwendungen und nicht verbrauchte Einkünfte aus angelegtem Vermögen. Was zur Bestreitung v Ausgaben erforderlich ist, richtet sich nach den Lebensverhältnissen des Mündels. Dazu gehören vor allem die für den laufenden Unterhalt, aber auch für Sonderbedarf erforderlichen Beträge.

3 Die Anlegung richtet sich nach §§ 1807–1811.

4 **Bei Verstößen gegen das Anlagegebot** ist der Vormund schadensersatzpflichtig (§ 1833). Das Familiengericht muss aber v sich aus tätig werden und den Vormund anweisen (§ 1837), wenn es einen Verstoß bemerkt, damit dieser schnellstmöglich abgestellt wird. Unterlässt es das, entstehen Amtshaftungsansprüche (§ 839). Das Spruchrichterprivileg gilt nicht.

§ 1807 Art der Anlegung

(1) Die im § 1806 vorgeschriebene Anlegung von Mündelgeld soll nur erfolgen:
1. in Forderungen, für die eine sichere Hypothek an einem inländischen Grundstück besteht, oder in sicheren Grundschulden oder Rentenschulden an inländischen Grundstücken;
2. in verbrieften Forderungen gegen den Bund oder ein Land sowie in Forderungen, die in das Bundesschuldbuch oder in das Landesschuldbuch eines Landes eingetragen sind;
3. in verbrieften Forderungen, deren Verzinsung vom Bund oder einem Land gewährleistet ist;
4. in Wertpapieren, insbesondere Pfandbriefen, sowie in verbrieften Forderungen jeder Art gegen eine inländische kommunale Körperschaft oder die Kreditanstalt einer solchen Körperschaft, sofern die Wertpapiere oder die Forderungen von der Bundesregierung mit Zustimmung des Bundesrates zur Anlegung von Mündelgeld für geeignet erklärt sind;
5. *bei einer inländischen öffentlichen Sparkasse*, wenn sie von der zuständigen Behörde des Landes, in welchem sie ihren Sitz hat, zur Anlegung von Mündelgeld für geeignet erklärt ist, oder bei einem anderen Kreditinstitut, das einer für die Anlage ausreichenden Sicherungseinrichtung angehört.

(2) Die Landesgesetze können für die innerhalb ihres Geltungsbereichs belegenen Grundstücke die Grundsätze bestimmen, nach denen die Sicherheit einer Hypothek, einer Grundschuld oder einer Rentenschuld festzustellen ist.

I. Zum Schutz des Mündelvermögens schreibt die Norm **bestimmte Anlagearten** für die nach § 1806 angeordnete Anlage vor. Abweichende Anlagearten können jedoch v Familiengericht nach § 1811 gestattet werden. Ergänzt wird § 1807 durch § 1809, der für Anlagen nach Abs 1 Nr 5 einen Sperrvermerk fordert und durch § 1810, der Regelungen über die Mitwirkung des Gegenvormunds und des Familiengerichts bei der Anlage enthält. 1

Von den zulässigen Anlagearten **muss der Vormund** diejenige auswählen, die bei gleicher Sicherheit die beste Rendite bietet. Bei unterschiedlicher Sicherheit ist grds die sicherste zu wählen. Bei unzulässiger Anlage oder Verstoß gegen die Auswahlregeln (zB Wahl eines Sparbuchs zum Mindestzinssatz, wenn auch andere Anlageformen möglich wären) ist der Vormund schadensersatzpflichtig (§ 1833). Außerdem muss das Familiengericht durch Weisungen (§ 1837), ggf durch Entlassung (§ 1886) eingreifen. 2

II. **Als Anlagearten sind zugelassen: Forderungen,** für die eine **sichere Hypothek** an einem inländischen Grundstück besteht, sichere **Grund- und Rentenschulden** an inländischen Grundstücken (Abs 1 Nr 1). Dazu gehören auch durch Grundpfandrechte an Wohnungs- oder Teileigentum gesicherte Forderungen; denn auch diese beziehen sich auf Grundstücke. § 18 ErbbauVO stellt Grundpfandrechte an Erbbaurechten denjenigen an Grundstücken gleich. Wie die Sicherheit des Grundpfandrechts festzustellen ist, kann landesrechtlich bestimmt werden. Regelungen bestehen in Baden-Württemberg (§ 45 AGBGB v 26.11.74, GBl 74, 498); Bayern und ehemals bayrischer Teil des Saarlands (Art 67 AGBGB vom 20.9.82, GVBl 82, 803; Berlin, Nordrhein-Westfalen, ehemals preußischer Teil des Saarlands (Art 73 PrABGB v 20.9.99, SGVBW Nr 40); Bremen (§ 56 AGBGB v 18.7.99, SaBremR 400-a-1), Hamburg §§ 74, 74 a AGBGB v 14.7.99 idF v 1.7.58, GVBl 58, 195); Hessen (§ 28 AGBGB v 18.12.84, GVBl II 230–5). Keine Vorschriften gibt es für Niedersachsen, Rheinland-Pfalz und die neuen Bundesländer. Als Faustregel kann aus den genannten Vorschriften abgeleitet werden, dass Grundpfandrechte sicher sind, die den Grundstückswert zu weniger als 60 % ausschöpfen. 3

Verbriefte Forderungen gegen den Bund oder ein Bundesland und solche Forderungen, die in das Bundesschuldenbuch oder das Schuldenbuch eines Bundeslands eingetragen sind (Abs 1 Nr 2). Hierher gehören Bundesschatzbriefe und -obligationen, Wechsel und sonstige Darlehen, für die der Bund oder ein Bundesland einen Schuldschein ausgestellt hat. Nach der Privatisierung aufgenommene Anleihen v Bahn und Post sind dag nicht mündelsicher nach Abs 1 Nr 2. 4

Verbriefte Forderungen, deren Verzinsung v Bund oder einem Bundesland gewährleistet ist (Abs 1 Nr 3). Es kommt nur auf die Sicherung der Zinszahlung, nicht auf die der Forderung selbst an. Die Regelung betrifft alle verbrieften Forderungen gegen Unternehmen, für die der Bund oder ein Land generell die Gewähr übernommen haben. 5

Wertpapiere aller Art (auch ausländische) und **verbriefte Forderungen** jeder Art **gegen inländische Körperschaften** oder deren **Kreditanstalten,** die v der Bundesregierung mit Zustimmung des Bundesrats **für mündelsicher erklärt** wurden (Abs 1 Nr 4). Für die letztgenannte Gruppe trifft das zu, sofern die Papiere entweder durch den Gläubiger kündbar sind oder eine regelmäßige Tilgung stattfindet (vgl Bekanntmachung v 18.6.28, RGBl 28, 191). Weitergeltende landesrechtliche Regelungen über die Mündelsicherheit enthalten Art 74 PrABGB v 20.9.99 (SGVNW Nr 40, gilt für Berlin, Nordrhein-Westfalen und den ehemals preußischen Teil des Saarlands) und Art 32 BayAGBGB v 6.9.99 (gilt nach Aufhebung in Bayern nur noch im ehemals bayrischen Teil des Saarlands, BS Saar 400–3). Zu Pfandbriefen vgl die VO v 7.5.40, RGBl 40, 756, zu Schiffshypotheken die VO v 18.3.41, RGBl 41, 156. 6

Mündelsicher ist auch die Anlage bei einer **inländischen Sparkasse, die v der zuständigen Landesbehörde für geeignet erklärt worden ist** (Abs 1 Nr 5). Das ist inzwischen für alle Sparkassen geschehen. Gleichgestellt sind außerdem alle **Kreditinstitute, die einer** 7 für die Einlage ausreichenden Sicherungseinrichtung angehören (Abs 1 Nr 5 aE). Das trifft auf alle Banken zu, die am Einlagensicherungsfonds beteiligt sind. Letztlich sind damit mittlerweile Anlagen bei allen deutschen Banken und bei ausländischen Banken mit Niederlassungen in Deutschland möglich. Erforderlich ist dann nur, dass die gewählte Anlage auch v Einlagensicherungsfonds gedeckt ist. Die Anlagen sollen mit einem Sperrvermerk versehen werden (§ 1809). Kraft anderweiter gesetzlicher Regelung gleichgestellt sind: die Deutsche Genossenschaftsbank (BGBl 75 I 3171), die Deutsche Siedlungs- und Landesrentenbank (BGBl 65 I 1001, 80 I 1558), die Kreditanstalt für Wiederaufbau (BGBl 69 I 574), die Landwirtschaftliche Rentenbank (BGBl 63 I 465) und die Lastenausgleichsbank (BGBl 54 I 293).

§ 1808 (weggefallen)

§ 1809 Anlegung mit Sperrvermerk

Der Vormund soll Mündelgeld nach § 1807 Abs. 1 Nr. 5 nur mit der Bestimmung anlegen, dass zur Erhebung des Geldes die Genehmigung des Gegenvormunds oder des Familiengerichts erforderlich ist.

1 **I.** Die Vorschrift ergänzt einerseits § 1807 I Nr 5 und dient andererseits dazu, § 1813 I Nr 3 für die Anlage v Mündelvermögen auszuschalten. V ihr kann durch die Eltern Befreiung erteilt werden (§§ 1852 II, 1853). Vereins- und Amtsvormund sind gesetzlich befreit (§ 1857 a).

2 **II.** Der Vormund darf Mündelgeld bei den für mündelsicher erklärten Sparkassen und anderen Geldinstituten (vgl § 1807 Rn 7) **nur in der Weise anlegen, dass zur Abhebung** des Geldes **die Genehmigung des Gegenvormunds oder des Familiengerichts erforderlich** ist. Das bedeutet regelmäßig, dass ein Sperrvermerk vereinbart wird, dahin gehend, dass die Bank nur befreiend an den Vormund (oder den Mündel mit Zustimmung des Vormunds) leisten kann, wenn der Gegenvormund oder das Familiengericht zustimmen. Ein solcher Vermerk ist uU überflüssig, wenn die Satzung der Sparkasse eine pauschale Einschränkung diesen Inhalts für Mündelgeld enthält. Dann muss der Vormund bei der Anlage des Geldes aber dafür sorgen, dass das Geld des Mündels entsprechend gekennzeichnet wird.

3 Da die Norm dem Schutz des Mündelvermögens vor Beeinträchtigungen gerade durch den Vormund dient, greift sie **nicht**, wenn Dritte auf das Geld im Wege der **Zwangsvollstreckung** zugreifen. Die Zwangsvollstreckung darf daher trotz des Sperrvermerks ohne Zustimmung des Gegenvormunds bzw des Familiengerichts erfolgen.

4 **Vor Erteilung der Genehmigung** muss der Gegenvormund bzw das Familiengericht die Notwendigkeit der Abhebung unter Berücksichtigung der geplanten Verwendung prüfen. Falls nötig muss es die Wahrung des Mündelinteresses durch Weisungen (§ 1837) sicherstellen.

5 **Handelt der Vormund ohne Genehmigung**, wird der Schuldner nicht frei. § 808 ist insoweit eingeschränkt. So kann die Bank den an den Vormund gezahlten Betrag nicht v Mündel zurückverlangen, sondern muss die ursprüngliche Buchung wieder herstellen. Der Vormund haftet nach § 1833, wenn er Geld ohne Sperrvermerk anlegt oder wenn er trotz Sperrvermerks ohne Genehmigung Geld einzieht, sofern dem Mündel daraus ein Schaden entsteht (§ 1833). Daneben kann auch eine Haftung der Bank für weitere Schäden nach §§ 280, 311 II in Betracht kommen, wenn die Bank den Vormund nicht auf die Notwendigkeit eines Sperrvermerks hinweist.

§ 1810 Mitwirkung von Gegenvormund oder Familiengericht

¹Der Vormund soll die in den §§ 1806, 1807 vorgeschriebene Anlegung nur mit Genehmigung des Gegenvormunds bewirken; die Genehmigung des Gegenvormunds wird durch die Genehmigung des Familiengerichts ersetzt. ²Ist ein Gegenvormund nicht vorhanden, so soll die Anlegung nur mit Genehmigung des Familiengerichts erfolgen, so-

fern nicht die Vormundschaft von mehreren Vormündern gemeinschaftlich geführt wird.

Die Norm verstärkt den Schutz des Mündelvermögens, indem sie die Mitwirkung des 1 Gegenvormunds, Familiengerichts oder Mitvormunds bereits bei der nach §§ 1806 f vorgeschriebenen Anlage des Mündelvermögens vorschreibt. Die Mitwirkungsregelung gilt daher nicht, soweit die Anlage nicht unter § 1806 fällt (zB vorläufige Anlage). Die Befreiungsmöglichkeiten entsprechen denen in § 1809 (§§ 1852 II, 1853, 1857 a, vgl § 1809 Rn 1).

Der Vormund **darf die nach §§ 1806 f zwingende Anlegung grds nur mit Zustimmung** 2 **des Gegenvormunds vornehmen** (S 1). Ist kein Gegenvormund vorhanden, tritt an die Stelle seiner Genehmigung diejenige des Familiengerichts (S 2). Sind mehrere Mitvormünder mit dem gleichen Aufgabenkreis bestellt (und fehlt es deswegen an einem Gegenvormund, § 1792 II), tritt die Zustimmung des Mitvormunds an die Stelle der Genehmigung des Gegenvormunds. Die Ersetzung der Zustimmung ist dann unzulässig. Verweigert dag der Gegenvormund die Zustimmung, kann sie v Familiengericht ersetzt werden (S 1, 2. Halbs). Das beruht auf dem gegenüber einem Mitvormund geringeren Aufgabenkreis (nur Kontrolle, § 1799 Rn 1) des Gegenvormunds.

Zuwiderhandlungen gegen § 1810 machen die Anlage nicht unwirksam. Erleidet der 3 Mündel durch die fehlerhaft durchgeführte Anlage Schäden, ist der Vormund ersatzpflichtig (§ 1833).

§ 1811 Andere Anlegung

¹Das Familiengericht kann dem Vormund eine andere Anlegung als die in § 1807 vorgeschriebene gestatten. ²Die Erlaubnis soll nur verweigert werden, wenn die beabsichtigte Art der Anlegung nach Lage des Falles den Grundsätzen einer wirtschaftlichen Vermögensverwaltung zuwiderlaufen würde.

I. Die Norm dient dazu, die wegen der starren Anlageregeln des § 1807 uU im Einzel- 1 fall auftretenden **Spannungen und Nachteile für das Mündelvermögen zu vermeiden.** Sie gestattet, im Einzelfall eine v § 1807 abweichende Anlage zu erlauben. Sie dient dag nicht zur allg Durchbrechung v § 1807. Allgemeine Genehmigungen sind daher unzulässig.

II. **Voraussetzung der Genehmigung** ist zunächst, dass die Umstände des Einzelfalls 2 eine andere Anlage als die in § 1807 gestattete nahe legen. Dieses Erfordernis ist zwar nicht ausdrücklich genannt, ergibt sich aber aus dem Ausnahmecharakter v § 1811. Außerdem muss die v Vormund beabsichtigte Anlage eine vergleichbare Sicherheit bieten wie die in § 1807 Genannten und den Grundsätzen einer wirtschaftlichen Vermögensverwaltung entsprechen (arg e S 2). In Betracht kommen grds alle Arten v Anlagen, etwa auch solche in Immobilien, Kunstwerken, Rechten usw neben Finanzprodukten, die nicht unter § 1807 fallen. Beachtet man aber den Ausnahmecharakter der Vorschrift, bedeutet das, dass die Anlage gegenüber den normalen nach § 1807 vorgeschriebenen Anlageformen erhebliche wirtschaftliche Vorteile bringen muss (KG NJW 68, 55; aA Eberding NJW 68, 943). Je größer diese Vorteile sind, desto risikoreicher darf die Anlage sein. In Betracht kommen dann auch Aktienfonds (OLG Köln FamRZ 2001, 708; OLG Schleswig NJWE-FER 2000, 121; OLG München FamRZ 2009, 1860) und offene Immobilienfonds (OLG Frankfurt/M. FamRZ 2003, 59).

Die **Genehmigung** muss klar und unzweideutig sein, weil im Zweifelsfall wegen des 3 Ausnahmecharakters eine enge Auslegung der Gestattung geboten ist.

III. **Verfahren.** Zuständig ist der Rechtspfleger (§ 3 Nr 2 a RPflG). Bei Versagung der 4 Anlage ist der Mündel (vertreten durch den Vormund) beschwerdebefugt (§ 59 I FamFG).

§ 1812 Verfügungen über Forderungen und Wertpapiere

(1) ¹Der Vormund kann über eine Forderung oder über ein anderes Recht, kraft dessen der Mündel eine Leistung verlangen kann, sowie über ein Wertpapier des Mündels nur mit Genehmigung des Gegenvormunds verfügen, sofern nicht nach den §§ 1819 bis 1822 die Genehmigung des Familiengerichts erforderlich ist. ²Das Gleiche gilt von der Eingehung der Verpflichtung zu einer solchen Verfügung.
(2) Die Genehmigung des Gegenvormunds wird durch die Genehmigung des Familiengerichts ersetzt.
(3) Ist ein Gegenvormund nicht vorhanden, so tritt an die Stelle der Genehmigung des Gegenvormunds die Genehmigung des Familiengerichts, sofern nicht die Vormundschaft von mehreren Vormündern gemeinschaftlich geführt wird.

1 **I. Die Vorschrift ergänzt** § 1810, indem sie über die Mitwirkung des Gegenvormunds bei der Anlage v Mündelvermögen auch die Mitwirkung bei der Verfügung über Forderungen, Rechte und Wertpapiere sowie zu den zugehörigen Verpflichtungsgeschäften anordnet. Sie wird durch § 1813 ergänzt. Unanwendbar ist sie bei befreiter Vormundschaft (§§ 1852 II, 1853) und bei der Amts- und Vereinsvormundschaft (§ 1857 a).

2 **II. Unter die Zustimmungspflicht des Gegenvormunds fallen** Verfügungen, also alle Geschäfte, durch die ein Recht übertragen, belastet, inhaltlich geändert oder aufgehoben wird, sowie die Verpflichtungen dazu. Wichtigste Fälle sind Änderungsverträge, Kündigungen, Erlassverträge, Verzichte und vor allem die Annahme der geschuldeten Leistung, weil dadurch die Forderung erlischt (vgl § 362). Insoweit ist aber § 1813 zu berücksichtigen, durch den wichtige Fälle aus dem Anwendungsbereich des § 1812 ausgenommen werden. Betroffen sein müssen Forderungen (Ansprüche, § 194), sonstige Rechte, kraft derer der Mündel eine Leistung verlangen kann, oder Wertpapiere des Mündels. Es reicht, dass der Mündel nur Mitinhaber ist. Auch der Verzicht auf Grundpfandrechte durch Zustimmung zur Löschung gehört hierher (OLG Hamm FGPrax 11, 242). Nicht erfasst werden dag Verfahrenshandlungen (LSG NRW FamRZ 10, 1473).

3 **Ausgenommen** v der Genehmigungspflicht seitens des Gegenvormunds sind solche Geschäfte, die ohnehin der Genehmigung des Familiengerichts bedürfen. Da die Genehmigung des Familiengerichts diejenige des Gegenvormunds ersetzt (Abs 2), ist die Genehmigung eines konkreten Geschäfts durch den Gegenvormund ferner nicht erforderlich, wenn das Familiengericht eine allg Ermächtigung für Geschäfte dieser Art erteilt hat (§ 1825).

4 Für die **Erteilung der Genehmigung** gelten §§ 1828–1832. Das Familiengericht kann die Genehmigung ersetzen, wenn der Gegenvormund sie unberechtigterweise verweigert. Ggf ist der Gegenvormund zu entlassen (§ 1886).

§ 1813 Genehmigungsfreie Geschäfte

(1) Der Vormund bedarf nicht der Genehmigung des Gegenvormunds zur Annahme einer geschuldeten Leistung:
1. wenn der Gegenstand der Leistung nicht in Geld oder Wertpapieren besteht,
2. wenn der Anspruch nicht mehr als 3 000 Euro beträgt,
3. wenn der Anspruch das Guthaben auf einem Giro- oder Kontokorrentkonto zum Gegenstand hat oder Geld zurückgezahlt wird, das der Vormund angelegt hat,
4. wenn der Anspruch zu den Nutzungen des Mündelvermögens gehört,
5. wenn der Anspruch auf Erstattung von Kosten der Kündigung oder der Rechtsverfolgung oder auf sonstige Nebenleistungen gerichtet ist.

(2) ¹Die Befreiung nach Absatz 1 Nr. 2, 3 erstreckt sich nicht auf die Erhebung von Geld, bei dessen Anlegung ein anderes bestimmt worden ist. ²Die Befreiung nach Absatz 1 Nr. 3 gilt auch nicht für die Erhebung von Geld, das nach § 1807 Abs. 1 Nr. 1 bis 4 angelegt ist.

Abschnitt 3 | Vormundschaft, Rechtliche Betreuung, Pflegschaft Vor §§ 1814–1820

I. **Die Norm modifiziert** § 1812, indem sie häufig vorkommende Geschäfte, solche, bei 1
denen eine unmittelbare Bereicherung des Vormunds unwahrscheinlich ist, und solche
geringerer Bedeutung aus dessen Anwendungsbereich ausnimmt.
II. **Nicht der Genehmigung** des Gegenvormunds bedürfen Verfügungen und Verpflich- 2
tungen über **Forderungen, deren Gegenstand nicht in Geld oder Wertpapieren besteht**
(Abs 1 S 1), wie die Annahme v Warenlieferungen oder anderen Sachleistungen. Wandeln sich diese Forderungen aber in Geldforderungen um (zB im Fall des § 280), wird
die Genehmigung des Gegenvormunds für die Einziehung erforderlich, sofern nicht ein
anderer Ausnahmetatbestand (zB Abs 1 Nr 2) eingreift.
Ausgenommen sind weiter **Ansprüche, die höchstens 3.000 EUR betragen** (Abs 1 3
Nr 2). So soll dem Vormund ein einfaches Wirtschaften und die Unterhaltung des
Mündels ohne vermeidbaren Aufwand ermöglicht werden. Die Regelung gilt nicht,
wenn bei der Anlegung des Geldes etwas anderes bestimmt wurde (Abs 2 S 1). Ob sie
im Übrigen greift, richtet sich nach der Höhe des Anspruchs zur Zeit der Verpflichtung
bzw der Verfügung. Das führte früher dazu, dass bei Bankguthaben auch Abhebungen
unter 3.000 EUR unter Abs 1 Nr 2 fielen, weil dadurch die gesamte gegen die Bank
bestehende Forderung geändert wird (OLG Köln FamRZ 95, 187; aA OLG Köln
FamRZ 95, 1081). Das widersprach zwar dem Zweck der Regelung, ließ sich aber de
lege lata nicht ändern. Dieses Problem wurde durch das G zur Änderung des Zugewinnausgleichs- und Vormundschaftsrechts v 6.7.09 (BGBl I 1696) behoben, indem
Abs 1 Nr 3 modifiziert wurde. Diese Regelung geht deswegen Abs 1 Nr 2 jetzt als Spezialregelung vor und nimmt **Ansprüche, die das Guthaben auf einem Giro- oder Kontokorrentkonto zum Gegenstand haben,** generell v der Genehmigungspflicht aus.
Genehmigungsfrei ist auch die **Rückzahlung v Geld, das der Vormund angelegt hat** 4
(Abs 1 Nr 3), es sei denn, die Genehmigungsfreiheit wurde bei der Anlegung ausgeschlossen (Abs 2 S 1), oder es handelt sich um eine Anlage nach § 1807 I Nr 1–4. Das
Gleiche gilt nach dem Inkrafttreten des G zur Änderung des Zugewinnausgleichs- und
Vormundschaftsrechts v 6.7.09 (BGBl I 1696), wenn der Anspruch das Guthaben auf
einem Giro- oder Kontokorrentkonto zum Gegenstand hat. Zu den Gründen vgl Rn 3.
Nicht der Genehmigung unterliegen alle Geschäfte über **Nutzungen des Mündelvermö-** 5
gens (Abs 1 Nr 4). Gemeint sind nur die Nutzungen nach § 100 selbst, nicht Surrogate.
Schließlich sind ausgenommen **Ansprüche auf Erstattung der Kosten für eine Kündi-** 6
gung (ebenso bei Rücktritt) **oder der Rechtsverfolgung** (zB Verfarenskosten) sowie
auf **Nebenleistungen** (vor allem Zinsen).

Vorbemerkung zu §§ 1814–1820

§§ 1814–1820 ordnen die **Hinterlegung** v Inhaberpapieren (§ 1814), sonstigen Wertpa- 1
pieren und Kostbarkeiten (im Ausnahmefall, § 1818) durch den Vormund **an,** um den
Mündel vor Bereicherungen durch den Vormund zu schützen. Statt der Hinterlegung
kommt in bestimmten Fällen die Umschreibung des Papiers in Betracht, mit der Folge,
dass der Vormund nicht mehr ohne Genehmigung des Familiengerichts darüber verfügen kann (§ 1815). Buchforderungen gegen den Bund oder ein Bundesland sind durch
Sperrvermerk zu sperren (§ 1816).
Die Vorschriften sind **auf alle Einzelvormünder** mit Ausnahme der befreiten Vormün- 2
der (§§ 1852, 1855) **anzuwenden.** Amts- und Vereinsvormünder sind kraft Gesetzes
ausgenommen (§ 1857a). Aus besonderem Grund kann der Vormund aber v Familiengericht v den ihn nach §§ 1814–1816 treffenden Verpflichtungen befreit werden
(§ 1817).
Hinterlegungsstellen sind neben den Amtsgerichten im Fall des § 1814 auch die Ban- 3
ken, die für Anlagen nach § 1807 I Nr 5 zugelassen sind (vgl § 1807 Rn 7).
Die Hinterlegung wird bewirkt mit der **Bestimmung, dass die Herausgabe nur mit Ge-** 4
nehmigung des Familiengerichts verlangt werden kann (§ 1814, 1 aE). Entsprechendes
gilt für die Einziehung im Fall der Umschreibung und Eintragung eines Sperrvermerks
(vgl § 1816). Soweit die Genehmigung erforderlich ist, kann der Vormund über die be-

troffenen Gegenstände weder Verfügungen treffen, noch sich zu solchen verpflichten (§§ 1819 f).

§ 1814 Hinterlegung von Inhaberpapieren

¹Der Vormund hat die zu dem Vermögen des Mündels gehörenden Inhaberpapiere nebst den Erneuerungsscheinen bei einer Hinterlegungsstelle oder bei einem der in § 1807 Abs. 1 Nr. 5 genannten Kreditinstitute mit der Bestimmung zu hinterlegen, dass die Herausgabe der Papiere nur mit Genehmigung des Familiengerichts verlangt werden kann. ²Die Hinterlegung von Inhaberpapieren, die nach § 92 zu den verbrauchbaren Sachen gehören, sowie von Zins-, Renten- oder Gewinnanteilscheinen ist nicht erforderlich. ³Den Inhaberpapieren stehen Orderpapiere gleich, die mit Blankoindossament versehen sind.

1 Der Vormund muss bestimmte, zum Vermögen des Mündels gehörende **Wertpapiere hinterlegen**. Die Verpflichtung greift nur bei Alleineigentum des Mündels, nicht bei Mit- oder Gesamthandseigentum oder anderer dinglicher Berechtigung. Die Hinterlegungspflicht bezieht sich auf Inhaberpapiere iSd § 793, Inhaberaktien (§§ 10, 24 AktG) und auf den Inhaber ausgestellte Grund- oder Rentenschuldbriefe (S 1) einschließlich etwaiger Erneuerungsscheine. Gleichgestellt sind mit Blankoindossament versehene Orderpapiere iSd §§ 363 ff HGB, Art 15–17, 19 ScheckG, Art 13 f, 16, 77 WG (S 3). Nicht hinterlegungspflichtig sind aber die sog hinkenden Inhaberpapiere (§ 808), Inhaberpapiere, die zu den verbrauchbaren Sachen iSd § 92 gehören (S 2; Hauptbeispiele: Banknoten, Umsatzwechsel und –schecks) und Zins-, Renten- und Gewinnanteilsscheine (S 2 aE). Das Familiengericht kann die Hinterlegungspflicht im Einzelfall erweitern oder Befreiung davon erteilen (§ 1818).
2 Zu den **Hinterlegungsstellen** vgl Vor §§ 1814–1820 Rn 3. Statt zu hinterlegen, kann der Vormund Inhaberpapiere nach § 1815 mit einem Sperrvermerk versehen lassen.
3 **Unterbleibt die Hinterlegung**, muss das Familiengericht nach § 1837 eingreifen. Im Extremfall ist der Vormund zu entlassen (§ 1886). Er haftet für Schäden des Mündels nach § 1833.

§ 1815 Umschreibung und Umwandlung von Inhaberpapieren

(1) ¹Der Vormund kann die Inhaberpapiere, statt sie nach § 1814 zu hinterlegen, auf den Namen des Mündels mit der Bestimmung umschreiben lassen, dass er über sie nur mit Genehmigung des Familiengerichts verfügen kann. ²Sind die Papiere vom Bund oder einem Land ausgestellt, so kann er sie mit der gleichen Bestimmung in Schuldbuchforderungen gegen den Bund oder das Land umwandeln lassen.
(2) Sind Inhaberpapiere zu hinterlegen, die in Schuldbuchforderungen gegen den Bund oder ein Land umgewandelt werden können, so kann das Familiengericht anordnen, dass sie nach Absatz 1 in Schuldbuchforderungen umgewandelt werden.

1 **Die Norm dient dazu,** bei gleichem Schutzstandard das umständliche Hinterlegungsverfahren zu vermeiden. Sie lässt es daher zu, dass der Vormund Inhaberpapiere, die an sich nach § 1814 zu hinterlegen wären, in der Weise umschreiben lässt, dass aus den Inhaber- Namenspapiere auf den Namen des Mündels und nicht ohne Genehmigung des Familiengerichts darüber verfügen kann (Abs 1 S 1). Der Aussteller des Papiers kann zur Umschreibung aber nicht gezwungen werden. Soweit es sich um Briefrechte gegen den Bund oder ein Land handelt, kann der Vormund sie in Buchforderungen mit entsprechendem Sperrvermerk umwandeln (Abs 1 S 2). In diesem Fall kann auch das Familiengericht die Umwandlung anordnen (Abs 2) und mit Zwangsmitteln durchsetzen, weil die öffentliche Hand die Umschreibung nicht ablehnen kann. Ausgenommen sind lediglich der befreite Vormund (§§ 1853, 1855), (insoweit) der Vormund eines Mündels, dem Vermögen v einem Dritten mit dieser Bestimmung zugewendet wurde (vgl § 1803) und der Amts- sowie der Vereinsvormund (§ 1857 a).

§ 1816 Sperrung von Buchforderungen

Gehören Schuldbuchforderungen gegen den Bund oder ein Land bei der Anordnung der Vormundschaft zu dem Vermögen des Mündels oder erwirbt der Mündel später solche Forderungen, so hat der Vormund in das Schuldbuch den Vermerk eintragen zu lassen, dass er über die Forderungen nur mit Genehmigung des Familiengerichts verfügen kann.

Die Vorschrift ergänzt § 1815. Soweit der Mündel bei Beginn der Vormundschaft Buchforderungen gegen den Bund oder ein Bundesland hat oder solche später erwirbt, muss der Vormund einen § 1815 entsprechenden Sperrvermerk unverzüglich in das Schuldbuch eintragen lassen. Soweit Vormünder § 1815 nicht unterliegen (§ 1815 Rn 1), gilt auch § 1816 nicht.

§ 1817 Befreiung

(1) ¹Das Familiengericht kann den Vormund auf dessen Antrag von den ihm nach den §§ 1806 bis 1816 obliegenden Verpflichtungen entbinden, soweit
1. der Umfang der Vermögensverwaltung dies rechtfertigt und
2. eine Gefährdung des Vermögens nicht zu besorgen ist.

²Die Voraussetzungen der Nummer 1 liegen im Regelfall vor, wenn der Wert des Vermögens ohne Berücksichtigung von Grundbesitz 6 000 Euro nicht übersteigt.
(2) Das Familiengericht kann aus besonderen Gründen den Vormund von den ihm nach den §§ 1814, 1816 obliegenden Verpflichtungen auch dann entbinden, wenn die Voraussetzungen des Absatzes 1 Nr. 1 nicht vorliegen.

I. Im Interesse des Mündels **kann das Familiengericht den Vormund** v allen oder einzelnen der in §§ 1814, 1816 und konsequenterweise auch dem in § 1815 II genannten Geboten **befreien**. Es werden dabei zwei Fallgruppen unterschieden: die geringe Bedeutung der Vermögensverwaltung durch den Vormund (Abs 1) und das Vorliegen besonderer Gründe (Abs 2).

II. Auf Antrag des Vormunds kann eine Befreiung erfolgen, wenn der Umfang der Vermögensverwaltung das rechtfertigt und eine Vermögensgefährdung nicht zu befürchten ist (Abs 1 S 1). Das betrifft in erster Linie **Bagatellfälle**. Abs 1 S 2 nennt daher als Regelbeispiel für den die Befreiung erlaubenden Umfang der Vermögensverwaltung, dass der Wert des Vermögens ohne Grundbesitz 6.000 EUR nicht übersteigt.

Außerdem ist die Befreiung möglich, wenn **besondere Gründe** vorliegen, aufgrund derer eine Gefährdung des Mündelvermögens bei Aufbewahrung der Papiere durch den Vormund oder Absehen v der Aufnahme eines Sperrvermerks ausgeschlossen erscheint (Abs 2, entspricht § 1817 aF). Es reicht nicht, dass bestimmte Banken als besonders sicher gelten oder dass der Vormund einen guten Ruf hat. Ausreichend sein kann aber, dass das Gericht diesen Vormund in anderen Vormundschaften als besonders zuverlässig kennen gelernt hat.

§ 1818 Anordnung der Hinterlegung

Das Familiengericht kann aus besonderen Gründen anordnen, dass der Vormund auch solche zu dem Vermögen des Mündels gehörende Wertpapiere, zu deren Hinterlegung er nach § 1814 nicht verpflichtet ist, sowie Kostbarkeiten des Mündels in der in § 1814 bezeichneten Weise zu hinterlegen hat; auf Antrag des Vormunds kann die Hinterlegung von Zins-, Renten- und Gewinnanteilscheinen angeordnet werden, auch wenn ein besonderer Grund nicht vorliegt.

Die Vorschrift bildet das Gegenstück zu § 1817, indem sie gestattet, dass das Familiengericht aus besonderen Gründen auch die Hinterlegung anderer als der in § 1814 genannten Gegenstände verlangen kann. Der persönliche Anwendungsbereich entspricht demjenigen v § 1815 (vgl § 1815 Rn 1). Erfasst werden zunächst alle Wertpapiere, die nicht unter § 1814 fallen, und Kostbarkeiten (1. Halbs). Wann es sich um solche handelt, bestimmt sich nach der Verkehrsanschauung. Hierher können neben Antiquitäten auch hochwertige Sammlungsstücke oder wertvolle Gegenstände v wissenschaftlichem Interesse zu rechnen sein. Entscheidend ist hoher Wert bei geringem Volumen. Die Hinterlegung ist anzuordnen, wenn dem Mündel durch die Aufbewahrung der Papiere/Kostbarkeiten beim Vormund Schaden droht. Diese Gefahr braucht nicht in der Vermutung zu bestehen, dass der Vormund sich die Gegenstände aneignen wird; in einem solchen Fall wäre der Vormund vielmehr regelmäßig sofort zu entlassen (§ 1886). Die Hinterlegung v Zins-, Renten- und Gewinnanteilscheinen kann auf bloßen Antrag des Vormunds hin angeordnet werden; ein besonderer Grund braucht nicht vorzuliegen (2. Halbs). Soweit eine Hinterlegung angeordnet wurde, richten sich die Rechtsfolgen nach §§ 1814, 1819.

§ 1819 Genehmigung bei Hinterlegung

¹Solange die nach § 1814 oder nach § 1818 hinterlegten Wertpapiere oder Kostbarkeiten nicht zurückgenommen sind, bedarf der Vormund zu einer Verfügung über sie und, wenn Hypotheken-, Grundschuld- oder Rentenschuldbriefe hinterlegt sind, zu einer Verfügung über die Hypothekenforderung, die Grundschuld oder die Rentenschuld der Genehmigung des Familiengerichts. ²Das Gleiche gilt von der Eingehung der Verpflichtung zu einer solchen Verfügung.

1 Zum Schutz des Mündelvermögens vor Verlust v Vermögensgegenständen und vor Schadensersatzansprüchen erweitert die Vorschrift die Wirkung der Hinterlegung v der Unmöglichkeit des Vormunds, die Herausgabe ohne Genehmigung des Familiengerichts zu bewirken, auf das Verbot v Verfügungen über die hinterlegten Gegenstände (nicht aber vor der Hinterlegung oder nach der Rückgabe) und verbietet darüber hinaus Verpflichtungen zu derartigen Verfügungen (§ 1812 Rn 2). Geschäfte, die gegen § 1819 verstoßen, verpflichten den Mündel nicht, weil der Vormund in seiner Vertretungsmacht beschränkt ist. Er haftet dem Dritten nach § 179 als Vertreter ohne Vertretungsmacht.

§ 1820 Genehmigung nach Umschreibung und Umwandlung

(1) Sind Inhaberpapiere nach § 1815 auf den Namen des Mündels umgeschrieben oder in Schuldbuchforderungen umgewandelt, so bedarf der Vormund auch zur Eingehung der Verpflichtung zu einer Verfügung über die sich aus der Umschreibung oder der Umwandlung ergebenden Stammforderungen der Genehmigung des Familiengerichts.
(2) Das Gleiche gilt, wenn bei einer Schuldbuchforderung des Mündels der im § 1816 bezeichnete Vermerk eingetragen ist.

1 Die Regelung entspricht für die nach § 1815 und § 1816 umgeschriebenen Inhaberpapiere bzw mit einem Sperrvermerk versehenen Buchforderungen der in § 1819 für hinterlegte Gegenstände getroffenen Bestimmung. Wie für diese bedarf der Vormund für alle Verfügungen (§ 1812 Rn 2) und Verpflichtungen über die betroffenen Forderungen der Zustimmung des Familiengerichts, solange die Umschreibung besteht bzw der Sperrvermerk eingetragen ist. Folgen: § 1819 Rn 1.

Vorbemerkung zu §§ 1821–1822

1 **Im Interesse des Mündels** ordnen die §§ 1821 f eine Reihe v **Genehmigungserfordernissen** an. Der Gesetzgeber wollte in diesen besonders wichtigen Fällen die Beteiligung des Familiengerichts sicherstellen, weil ihm die Beteiligung des Gegenvormunds allein nicht ausreichend schien, um die Wahrung der Interessen des Mündels zu sichern. Für Eltern gelten § 1821 und § 1822 Nr 1, 3 5, 8–11 entsprechend (§ 1643 I).

Der **Rechtscharakter** der Genehmigungserfordernisse ist umstritten. Die hM (BGH NJW 86, 2829; BayObLG FamRZ 89, 540) nimmt an, es handele sich um Ermessensentscheidungen. Dem ist zuzustimmen; denn die Normen ordnen nur an, wann Genehmigungen erforderlich sind, nicht aber, nach welchen Maßstäben sie zu erteilen sind. Es handelt sich darum um einen Freiraum auf der Rechtsfolgenseite. Damit liegt eine Ermessensentscheidung und kein unbestimmter Rechtsbegriff vor (so aber Soergel/Damrau § 1828 Rn 8). Eine volle gerichtliche Nachprüfung kommt daher nur in Betracht, wenn das Ermessen des Gerichts auf eine einzige mögliche Entscheidung reduziert ist.

§§ 1821 f sind **nicht abschließend.** Weitere zwingende Genehmigungserfordernisse enthalten zB §§ 1491 III, 1517 II (Verzicht des Abkömmlings auf Gesamtgutsanteil); §§ 1800, 1631 b in Bezug auf die Unterbringung des Mündels, § 1812, 1814 ff in Bezug auf Forderungen und hinterlegte Kostbarkeiten, §§ 2282 II, 2290 f (Anfechtung bzw Aufhebung eines Erbvertrags), § 125 II FamFG für den Scheidungsantrag bei geschäftsunfähigen Mündeln (praktisch kaum vorkommender Fall); die Regelung ist für die Stellung eines Aufhebungsantrags bei Lebenspartnerschaften (Vor §§ 1297–1588 Rn 11 ff) entsprechend anwendbar (§ 270 I FamFG), hat dort aber nur Bedeutung für den Betreuer, weil Lebenspartnerschaften nur v Volljährigen eingegangen werden können (§ 1 II Nr 1 LPartG). Andere Genehmigungserfordernisse: § 3 RelKG (religiöses Bekenntnis), § 16 III VerschG (Aufgebotsverfahren zur Todeserklärung), § 181 II ZVG (Teilungsversteigerung). Weitere zwingende Genehmigungserfordernisse finden sich in öffentlich-rechtlichen Spezialregelungen. Das früher in § 640 b ZPO aF enthaltene Zustimmungserfordernis für Vaterschafts- und Ehelichkeitsanfechtungsklagen wurde schon durch das KindschaftsrechtsreformG beseitigt. Ein als Sollvorschrift ausgestaltetes Genehmigungserfordernis enthält § 1823.

§§ 1821 f **gelten für alle Vormünder** einschließlich des Amts- und des Vereinsvormunds. Ihnen ist das Vermögen des Mündels soweit unterworfen, wie die Verwaltung des Vormunds reicht. Sie gelten daher nicht für Gegenstände, die der Testamentsvollstreckung unterliegen, oder die einer juristischen Person oder Gesellschaft gehören, an welcher der Mündel beteiligt ist.

Handelt der Vormund ohne die erforderliche Genehmigung, ist er Vertreter ohne Vertretungsmacht. Er haftet ggf nach § 179.

§ 1821 Genehmigung für Geschäfte über Grundstücke, Schiffe oder Schiffsbauwerke

(1) Der Vormund bedarf der Genehmigung des Familiengerichts:
1. zur Verfügung über ein Grundstück oder über ein Recht an einem Grundstück;
2. zur Verfügung über eine Forderung, die auf Übertragung des Eigentums an einem Grundstück oder auf Begründung oder Übertragung eines Rechts an einem Grundstück oder auf Befreiung eines Grundstücks von einem solchen Recht gerichtet ist;
3. zur Verfügung über ein eingetragenes Schiff oder Schiffsbauwerk oder über eine Forderung, die auf Übertragung des Eigentums an einem eingetragenen Schiff oder Schiffsbauwerk gerichtet ist;
4. zur Eingehung einer Verpflichtung zu einer der in den Nummern 1 bis 3 bezeichneten Verfügungen;
5. zu einem Vertrag, der auf den entgeltlichen Erwerb eines Grundstücks, eines eingetragenen Schiffes oder Schiffsbauwerks oder eines Rechts an einem Grundstück gerichtet ist.

(2) Zu den Rechten an einem Grundstück im Sinne dieser Vorschriften gehören nicht Hypotheken, Grundschulden und Rentenschulden.

I. Zu **Normzweck**, weiteren Genehmigungserfordernissen und zum persönlichem Anwendungsbereich Vor §§ 1821–1822.

II. 1. In **sachlicher Hinsicht** unterfallen der Genehmigungspflicht nur Geschäfte über Grundstücke und Rechte an Grundstücken (mit Ausnahme der Hypotheken, Grundschulden und Rentenschulden, Abs 2), eingetragene Seeschiffe und Schiffsbauwerke.

Auch die grundstücksgleichen Rechte Erbbaurecht, Wohnungs- und Teileigentum fallen in den Anwendungsbereich.

3 Genehmigungsbedürftig sind zunächst alle **Verfügungen über das Eigentum** über einen der genannten Gegenstände (Abs 1 Nr 1 und 3 jeweils aA) sowie die **Verpflichtung zu einer derartigen Verfügung** (Abs 1 Nr 3). Es reicht, dass der Mündel Miteigentümer oder Gesamthandseigentümer ist. Nicht ausreichend ist die Beteiligung an einer Gesellschaft, der ein Grundstück, grundstücksgleiches Recht, Schiff oder Schiffsbauwerk gehört, wenn diese darüber verfügen will. Verfügungen sind alle Rechtsgeschäfte, durch die das Eigentum übertragen, belastet oder eine Belastung inhaltlich geändert wird. Hierher gehören vor allem die Auflassung (einschließlich einer Rückauflassung) und die Belastung mit Grundpfandrechten (Hypotheken, Grund- und Rentenschulden usw einschließlich der Eigentümerpfandrechte). Auszunehmen ist allerdings die Belastung mit Grundpfandrechten, die zur Sicherung der Restkaufpreisforderung bestellt werden (BGH NJW 98, 453) denn wirtschaftlich gesehen erfolgt in diesem Fall nur der Erwerb eines schon belasteten Grundstücks. Genehmigungspflichtig sind auch alle Rechtsgeschäfte, mit denen ein Erwerb unmittelbar wieder rückgängig gemacht (Hauptfall: Anfechtung) oder der Schein eines Erwerbs beseitigt wird (Bewilligung der Grundbuchberichtigung). Wegen der Einbeziehung der Verpflichtungsgeschäfte sind auch Anfechtung, Rücktritt, Wandlung usw des zugrunde liegenden Verpflichtungsgeschäfts genehmigungspflichtig. Hierher gehört auch die Bestellung einer Vormerkung, weil diese den schuldrechtlichen Anspruch auf Eigentumswechsel dinglich sichert (vgl OLG Celle Rpfleger 80, 187, str).

4 Genehmigungsbedürftig sind weiter alle **Verfügungen über Grundstücksrechte** (Abs 1 Nr 1 aE) und die **dahin gehenden Verpflichtungen** (Abs 1 Nr 2 aE). Ausgenommen sind aber Hypotheken, Grund- und Rentenschulden (Abs 2). Für Geschäfte über diese reicht die Genehmigung des Gegenvormunds (§ 1812), es sei denn, das Familiengericht hätte ausnahmsweise die Hinterlegung angeordnet (§ 1819).

5 Der Genehmigungspflicht unterliegen weiter **Verfügungen über Forderungen**, die auf **Übertragung des Eigentums** an einem Grundstück, einem eingetragenen Schiff oder Schiffsbauwerk oder auf Begründung oder Übertragung eines Rechts an einem Grundstück oder auf Befreiung eines Grundstücks v einem solchen Recht gerichtet sind (Abs 1 Nr 2 und 3) und Verpflichtungen zu diesen Geschäften (Abs 1 Nr 4). Die Einbeziehung dieser Geschäfte folgt aus ihrer wirtschaftlichen Gleichartigkeit mit den in Abs 1 Nr 1 und 2 Genannten. Obwohl in der Auflassung als Erfüllung einer Forderung auf Übertragung des Eigentums eine Verfügung über Forderung liegt, weil diese mit der Auflassung erlischt, handelt es sich nicht um einen genehmigungspflichtigen Vorgang; denn auf diese Weise erwirbt der Mündel zugleich das Recht, auf das er bislang nur einen Anspruch hatte. In Bezug auf die Geschäfte über Grundstücksrechte ist zu beachten, dass Hypotheken, Grund- und Rentenschulden nicht in den Anwendungsbereich v § 1821 fallen, so dass insoweit die Genehmigung durch den Gegenvormund ausreichend ist (§ 1812).

6 Genehmigungspflichtig sind schließlich alle **Verträge**, die auf den **entgeltlichen Erwerb** eines **Grundstücks, eines eingetragenen Schiffs oder Schiffsbauwerks** oder eines Rechts an einem Grundstück gerichtet sind (Abs 1 Nr 5). Darunter fallen alle Verpflichtungsgeschäfte, die nicht Schenkungen sind, einschließlich der gemischten Schenkungen (OLG Brandenburg MittBayNot 09, 155) und der im Rahmen einer Versteigerung abgeschlossenen. Auch hier ist der entgeltliche Erwerb einer Hypothek, Grund- oder Rentenschuld ausgenommen (Abs 2).

7 2. Ist eine **Genehmigung** für das Verpflichtungsgeschäft erteilt, deckt sie auch die Verfügung (BayObLG Rpfleger 85, 235); wird die Genehmigung für die Verfügung erteilt, heilt sie ein Verpflichtungsgeschäft, für das eine Genehmigung fehlte. Im Übrigen s die Anmerkungen zu §§ 1828–1831.

§ 1822 Genehmigung für sonstige Geschäfte
Der Vormund bedarf der Genehmigung des Familiengerichts:
1. zu einem Rechtsgeschäft, durch das der Mündel zu einer Verfügung über sein Vermögen im Ganzen oder über eine ihm angefallene Erbschaft oder über seinen künftigen gesetzlichen Erbteil oder seinen künftigen Pflichtteil verpflichtet wird, sowie zu einer Verfügung über den Anteil des Mündels an einer Erbschaft,
2. zur Ausschlagung einer Erbschaft oder eines Vermächtnisses, zum Verzicht auf einen Pflichtteil sowie zu einem Erbteilungsvertrag,
3. zu einem Vertrag, der auf den entgeltlichen Erwerb oder die Veräußerung eines Erwerbsgeschäfts gerichtet ist, sowie zu einem Gesellschaftsvertrag, der zum Betrieb eines Erwerbsgeschäfts eingegangen wird,
4. zu einem Pachtvertrag über ein Landgut oder einen gewerblichen Betrieb,
5. zu einem Miet- oder Pachtvertrag über einem anderen Vertrag, durch den der Mündel zu wiederkehrenden Leistungen verpflichtet wird, wenn das Vertragsverhältnis länger als ein Jahr nach dem Eintritt der Volljährigkeit des Mündels fortdauern soll,
6. zu einem Lehrvertrag, der für längere Zeit als ein Jahr geschlossen wird,
7. zu einem auf die Eingehung eines Dienst- oder Arbeitsverhältnisses gerichteten Vertrag, wenn der Mündel zu persönlichen Leistungen für längere Zeit als ein Jahr verpflichtet werden soll,
8. zur Aufnahme von Geld auf den Kredit des Mündels,
9. zur Ausstellung einer Schuldverschreibung auf den Inhaber oder zur Eingehung einer Verbindlichkeit aus einem Wechsel oder einem anderen Papier, das durch Indossament übertragen werden kann,
10. zur Übernahme einer fremden Verbindlichkeit, insbesondere zur Eingehung einer Bürgschaft,
11. zur Erteilung einer Prokura,
12. zu einem Vergleich oder einem Schiedsvertrag, es sei denn, dass der Gegenstand des Streites oder der Ungewissheit in Geld schätzbar ist und den Wert von 3 000 Euro nicht übersteigt oder der Vergleich einem schriftlichen oder protokollierten gerichtlichen Vergleichsvorschlag entspricht,
13. zu einem Rechtsgeschäft, durch das die für eine Forderung des Mündels bestehende Sicherheit aufgehoben oder gemindert oder die Verpflichtung dazu begründet wird.

I. Die Vorschrift **ergänzt** § 1821 durch weitere Genehmigungsvorbehalte. 1

II. **Die Genehmigungserfordernisse betreffen:** 1. **Verpflichtungen zu Verfügungen über** 2 **das Vermögen im Ganzen** (Nr 1 aA). Gemeint sind – anders als bei § 1365 nur Geschäfte über das Vermögen en bloc (BGH DNotZ 57, 504; aA Kurz NJW 92, 1799). Das ergibt sich aus der Gleichstellung mit Geschäften über Erbschaften. Unter Nr 1 fallen daher nur Geschäfte iSd § 311 aF und solche, mit denen eine Gütergemeinschaft vereinbart oder aufgehoben wird (vgl §§ 1411 I 2, 1484 II, 1492 III).

2. Verpflichtungen zur Verfügung über eine bereits angefallene **Erbschaft** oder den Anteil an einer Erbschaft sind ebenso genehmigungsbedürftig wie solche über künftige Erbschaften und Pflichtteile (Nr 1 aE). Verfügungen über Erbschaften sind deren Veräußerung (§§ 2371 ff, 2385) und die Belastung mit einem Nießbrauch (§ 1089). Verfügungen über den Anteil an einer Erbschaft sind Veräußerungen oder Belastungen des Erbteils einschließlich des Verzichts zugunsten anderer Erben. Verfügungen über den künftigen Erb- oder Pflichtteil sind Geschäfte unter zukünftigen Erben. Genehmigungspflicht sind auch die Ausschlagung einer Erbschaft (Nr 2) einschließlich der Anfechtung der Annahme, weil diese als Ausschlagung gilt (§ 1957) und die Ausschlagung eines Vermächtnisses (Nr 2). Hier fehlt es an der Gleichstellung der Anfechtung der Annahme, so dass diese genehmigungsfrei ist. Der Genehmigungspflicht unterliegen weiter der Verzicht auf einen Pflichtteil (Nr 2) und alle Erbteilungsverträge, dh die Vereinbarungen zwischen Miterben über die Auseinandersetzung des Nachlasses einschließlich einer Teilauseinandersetzung.

4 3. **Verträge im Zusammenhang mit dem Erwerb oder der Veräußerung eines Erwerbsgeschäfts; Gesellschaftsverträge** (Nr 3). Ein Erwerbsgeschäft ist jede selbständig beruflich ausgeübte Tätigkeit (vgl RGZ 133, 11), wobei der Gegenstand im Übrigen ohne Bedeutung ist. Es reicht, dass die Tätigkeit mit anderen Personen zusammen ausgeübt wird. Genehmigungspflichtig sind alle Verträge, die auf den entgeltlichen Erwerb oder die Veräußerung des Erwerbsgeschäfts gerichtet sind. Hierher gehören neben Verträgen, die ausdrücklich auf den Erwerb des Geschäfts gerichtet sind, Verträge über den Erwerb v Gesellschaftsanteilen, wenn deren Erwerb faktisch dazu dient, das gesamte Geschäft zu übernehmen. Entsprechendes gilt für Veräußerungen. Nicht genehmigungspflichtig sind der unentgeltliche Erwerb des Erwerbsgeschäfts durch Schenkung oder Erbschaft. Das konnte zu Problemen führen, wenn ein ererbtes Geschäft nach dem Tod des früheren Inhabers in ungeteilter Erbengemeinschaft fortgeführt wurde, weil der Mündel dann für die Verpflichtungen haftete, die in diesem Stadium eingegangen wurden (vgl BGH NJW 85, 136). Das BverfG hat das für verfassungswidrig erklärt und den Gesetzgeber aufgefordert, diese Rechtslage zu ändern (BverfG NJW 86, 1859). Das ist mit der Einfügung v § 1629 a zum 1.1.99 geschehen.

5 Genehmigungspflichtige **Gesellschaftsverträge** sind neben der Gründung einer Gesellschaft der Beitritt des Mündels zu einer Gesellschaft. Welcher Art die Gesellschafterstellung des Mündels ist, ist unerheblich. Genehmigungspflichtig ist daher auch die Beteiligung an einer KG als Kommanditist und die Beteiligung als stiller Gesellschafter (LG München II NJW-RR 99, 108). Nach zutreffender Auffassung sind auch alle Verträge genehmigungspflichtig, durch die neue Gesellschafter aufgenommen oder durch die Bedingungen des Gesellschaftsvertrages über Gewinnverteilung geändert werden (MK-BGB/Wagenitz § 1822 Rn 28). Soweit der BGH für „unwesentliche" Änderungen anderer Ansicht ist (BGHZ 38, 26), überzeugt das nicht, weil § 1822 auf den Inhalt der Vereinbarung nicht abstellt. Die Geringfügigkeit sagt nichts über das Genehmigungserfordernis, sondern nur etwas über die Genehmigungsfähigkeit aus. Beteiligungen des Mündels, die auf andere Weise als durch Vertrag (zB Erbschaft aufgrund Nachfolgeklausel) entstehen, sind nicht genehmigungspflichtig.

6 4. **Pachtverträge über Landgüter** (vgl §§ 585 ff) **oder gewerbliche Betriebe** (Nr 4), ohne Rücksicht auf die Dauer des Vertrags und darauf, ob der Mündel Pächter oder Verpächter ist. Pachtverträge über andere Gegenstände können unter Nr 5 fallen.

7 5. **Miet-, Pacht-** oder andere **Verträge**, durch die der Mündel zu wiederkehrenden Leistungen verpflichtet wird, die **länger als ein Jahr nach Eintritt seiner Volljährigkeit fortdauern** sollen (Nr 5). Unter die Vorschrift fallen alle Miet- und Pachtverträge, gleichgültig, welche Stellung der Mündel darin hat, sowie alle sonstigen Verträge, die zur Erbringung wiederkehrender Leistungen verpflichten, wie Versicherungsverträge (OLG Hamm NJW-RR 92, 1186), Bausparverträge (LG Dortmund MDR 54, 546), Ratengeschäfte, Rentenversprechen usw. Unterhaltsversprechen können hierher gehören, wenn durch sie nicht nur eine gesetzliche Unterhaltspflicht ausgestaltet wird. Die Vertragsverhältnisse müssen für eine Dauer eingegangen sein, die ein Jahr nach Volljährigkeit des Mündels übersteigt. Das trifft nicht zu, wenn das Verhältnis zwar für längere Dauer abgeschlossen ist, aber früher gekündigt werden kann. Etwas anderes gilt nur, wenn die Kündigung wirtschaftlich so unsinnig wäre, dass sie dem Mündel nicht zugemutet werden kann (zB wegen des niedrigen Rückkaufwerts bei Lebensversicherungen in der Anfangsphase, vgl BGHZ 28, 78). Ist ein Vertrag trotz Eingreifens v Nr 5 nicht genehmigt, gilt § 139. Der Vertrag ist daher für die genehmigungsfreie Zeit gültig, wenn anzunehmen ist, dass die Parteien einen solchen Vertrag abgeschlossen hätten. Das kommt in Betracht, wenn der Vertrag eine Klausel enthält, dass die Nichtigkeit einzelner Bestimmungen die Gültigkeit des Vertrags im Übrigen nicht berühren soll (vgl BGH FamRZ 62, 154).

8 6. **Für längere Zeit als ein Jahr abgeschlossene Lehr-** (Nr 6) **oder Dienst- oder Arbeitsverträge**, durch die der Mündel für länger als ein Jahr zu persönlichen Leistungen verpflichtet werden soll (Nr 7). Die Norm gilt nicht für den Amtsvormund (§ 56 II SGB VIII). Dauer: Rn 7. Bei der Erteilung der Genehmigung muss das Gericht umfassend prüfen, ob die Interessen des Mündels gewahrt sind. Die Berücksichtigung nur finanzieller Aspekte reicht nicht.

7. Die Aufnahme v Kredit auf den Namen des Mündels (Nr 8). Hierher gehört der Abschluss aller Arten v Darlehensverträgen für den Mündel einschließlich der Vereinbarung eines Kontokorrentkredits (zB Girokonto mit Überziehungsmöglichkeit, KG FamRZ 10, 402), der Abschluss v Vorverträgen und die Abgabe v Schuldanerkenntnissen. Ein Ratenzahlungskauf fällt nicht unter Nr 8, wohl aber ein drittfinanzierter Teilzahlungskauf, weil bei diesem ein v Kaufvertrag verschiedener Darlehensvertrag abgeschlossen wird (BGH NJW 61, 166).

8. Ausstellung v Schuldverschreibungen auf den Inhaber (§§ 793 ff) und Eingehung v Verbindlichkeiten aus **Orderpapieren** (Nr 9), wie Wechsel, Scheck, Papiere nach §§ 373 ff HGB.

9. Die Übernahme einer fremden Verbindlichkeit, vor allem die Übernahme einer **Bürgschaft** (Nr 10). Die Regel dient dazu, den Mündel vor der leichtfertigen Eingehung v Verpflichtungen zu bewahren, die der Vormund als unbedeutend einstuft, weil der Mündel einen Erstattungsanspruch gegen den Schuldner der Verbindlichkeit hat (Pal/Diederichsen § 1822 Rn 22). Sie ist daher nicht anwendbar, wenn der Mündel selbst die Schuld letztlich selbst erfüllen muss; zB Übernahme einer Grundschuld im Rahmen eines Grundstückserwerbs, beachte in diesem Fall aber § 1821 I Nr 5). Unter die Genehmigungspflicht fallen die Übernahme einer Bürgschaft, die Übernahme fremder Schulden iSd §§ 414 ff, die Verpfändung oder Sicherungsübereignung zur Sicherung fremder Schulden, der Erwerb v Miteigentumsanteilen bei gesamtschuldnerischer Haftung für den gesamten Kaufpreis, der Beitritt zu einer Gesellschaft, sofern der Mündel weiter oder haften kann (zB §§ 24, 26 GmbHG), als es seinem Anteil entspricht (BGHZ 107, 24).

10. Die Erteilung einer Prokura (Nr 11). Der Genehmigungsvorbehalt gilt nur für die Erteilung einer Prokura iSd §§ 48 ff HGB. Sonstige Vollmachten sind genehmigungsfrei. Erforderlich ist auch, dass der Prokurist Vertreter des Mündels ist. Vertritt er nur eine juristische Person, an der der Mündel beteiligt ist (GmbH, AG), greift Nr 11 nicht. Nicht genehmigungspflichtig ist auch die Weiterführung einer Prokura, die bereits zu dem Zeitpunkt besteht, zu dem der Mündel in das Geschäft eintritt. Das Gleiche gilt für den Widerruf einer Prokura.

11. Der Abschluss eines Vergleichs (§ 779) **oder Schiedsvertrags** (vgl §§ 1025 ff ZPO) (Nr 12). Voraussetzung ist in beiden Fällen, dass der Gegenstand des Streits oder der Ungewissheit 3000 EUR übersteigt oder unschätzbar ist. Der Wert des Gesamtanspruchs ist unerheblich. Ein Vergleich braucht keine Genehmigung, wenn es einem schriftlichen oder protokollierten gerichtlichen Vergleichsvorschlag entspricht (Nr 12 aE). Er ist bereits v einem Gericht geprüft; eine erneute Prüfung wäre eine Verschwendung öffentlicher Mittel.

12. Die Aufhebung oder Minderung einer für eine Mündelforderung bestehenden Sicherheit und die entsprechende Verpflichtung (Nr 13). Sicherheiten sind neben Pfandrechten auch Sicherungsübereignung oder –abtretung. Genehmigungspflichtig sind die Verpflichtung, eine solche Sicherheit aufgeben (zB durch Verzicht) oder mindern (zB durch Rangrücktritt, Aufteilung eines Gesamtgrundpfandrechts) zu wollen sowie die Aufgabe oder Minderung selbst.

§ 1823 Genehmigung bei einem Erwerbsgeschäft des Mündels

Der Vormund soll nicht ohne Genehmigung des Familiengerichts ein neues Erwerbsgeschäft im Namen des Mündels beginnen oder ein bestehendes Erwerbsgeschäft des Mündels auflösen.

Die Vorschrift ergänzt die zwingenden Genehmigungserfordernisse um eine Sollvorschrift. Der Vormund soll danach ohne Genehmigung des Familiengerichts weder ein Erwerbsgeschäft im Namen des Mündels beginnen noch ein bestehendes Erwerbsgeschäft des Mündels beenden. Tut er es gleichwohl, kommen Maßregeln des Familiengerichts (§ 1837) und eine Schadensersatzhaftung in Betracht. Ergänzt wird § 1823 durch § 112, der dem Minderjährigen die volle Geschäftsfähigkeit für die beim Betrieb eines solche Erwerbsgeschäfts vorgenommenen Handlungen zugesteht und § 1822 Nr 3, der die Genehmigungsbedürftigkeit des entgeltlichen Erwerbs oder der Veräußerung eines Erwerbsgeschäfts sowie eines Gesellschaftsvertrags anordnet, der zum Betrieb eines Erwerbsgeschäfts eingegangen wird.

2 § 1823 gilt nur für den Beginn oder die Beendigung eines Erwerbsgeschäfts, nicht aber für die Fortführung eines schon bestehenden. Die Vorschrift findet deswegen keine Anwendung, wenn aufgrund eines zu Lebzeiten eines Elternteils des Mündels geschlossenen Gesellschaftsvertrages die Gesellschaft mit dem Mündel nach dem Tod des Gesellschafters fortgeführt wird (anders dag, wenn die Gesellschaft beendet wurde und ein neuer Gesellschaftsvertrag mit dem Mündel geschlossen werden muss).

§ 1824 Genehmigung für die Überlassung von Gegenständen an den Mündel

Der Vormund kann Gegenstände, zu deren Veräußerung die Genehmigung des Gegenvormunds oder des Familiengerichts erforderlich ist, dem Mündel nicht ohne diese Genehmigung zur Erfüllung eines von diesem geschlossenen Vertrags oder zu freier Verfügung überlassen.

1 § 1824 soll die Umgehung der Genehmigungserfordernisse verhindern, die mit Hilfe des § 110 möglich wäre. Da diese Norm dem Minderjährigen die eigene Vornahme v Geschäften erlaubt, wäre es ohne § 1824 möglich, dass der Vormund dem Mündel die Mittel für ein Geschäft überließe, das genehmigungspflichtig wäre, wenn er es selbst vornähme, so dass der Mündel das Geschäft dann selbst ohne Genehmigung vornehmen könnte. Dieser Weg wird durch § 1824 versperrt, indem die Norm anordnet, dass für die Überlassung Gegenstände, zu deren Veräußerung der Vormund die Genehmigung des Gegenvormunds oder des Familiengerichts erforderlich ist, an den Mündel ebenfalls der Genehmigung bedarf. § 1812 II gilt entsprechend.

§ 1825 Allgemeine Ermächtigung

(1) Das Familiengericht kann dem Vormund zu Rechtsgeschäften, zu denen nach § 1812 die Genehmigung des Gegenvormunds erforderlich ist, sowie zu den in § 1822 Nr. 8 bis 10 bezeichneten Rechtsgeschäften eine allgemeine Ermächtigung erteilen.
(2) Die Ermächtigung soll nur erteilt werden, wenn sie zum Zwecke der Vermögensverwaltung, insbesondere zum Betrieb eines Erwerbsgeschäfts, erforderlich ist.

1 Die Vorschrift soll die Führung der Vormundschaft in Fällen erleichtern, in denen erfahrungsgemäß immer wieder gleichartige Geschäfte genehmigungsbedürftig werden und dann ohne § 1825 jeweils einzeln genehmigt werden müssten. Sie erlaubt es daher, für nach § 1812 oder § 1822 Nr 8–10 genehmigungsbedürftige Geschäfte eine allg Ermächtigung zu erteilen, damit nicht in jedem Einzelfall erst eine Genehmigung eingeholt werden muss. Für andere Genehmigungserfordernisse gilt die Erleichterung nicht. Sie soll außerdem nur erteilt werden, wenn sie zur Vermögensverwaltung und dort vor allem zum Betrieb eines Erwerbsgeschäfts erforderlich ist (Abs 2). Zu anderen Zwecken erteilte allg Ermächtigungen sind zwar wirksam, aber zu widerrufen. Die allg Ermächtigung kann umfassend oder auf bestimmte Arten v Geschäften beschränkt sein.

§ 1826 Anhörung des Gegenvormunds vor Erteilung der Genehmigung

Das Familiengericht soll vor der Entscheidung über die zu einer Handlung des Vormunds erforderliche Genehmigung den Gegenvormund hören, sofern ein solcher vorhanden und die Anhörung tunlich ist.

Die Vorschrift ordnet an, dass vor der Entscheidung über die Erteilung einer Genehmi- 1
gung durch das Familiengericht der Gegenvormund gehört werden soll, damit dieser
seine Bedenken und Anregungen in den Entscheidungsprozess einbringen kann. Ihm
soll Gelegenheit gegeben werden, sich zu der anstehenden Genehmigung mündlich
oder schriftlich zu äußern. Die Anhörung ist nicht erforderlich, wenn sie untunlich, also
entweder mit zu großem Zeitaufwand verbunden oder zu teuer ist. Die Unterlassung
der Anhörung macht die Entscheidung nicht unwirksam, sondern nur rechtswidrig.

§ 1827 (weggefallen)

§ 1828 Erklärung der Genehmigung

Das Familiengericht kann die Genehmigung zu einem Rechtsgeschäft nur dem Vormund gegenüber erklären.

I. § 1828 regelt, auf welche Weise eine Familiengerichtliche Genehmigung erteilt wird. 1
Die Norm bestimmt, dass die Genehmigung immer dem Vormund gegenüber erklärt
werden muss, damit dieser auf jeden Fall die letzte Entscheidung über die Vornahme
der Handlung behält. Die Rechtslage weicht damit v derjenigen im Bereich der allg
Rechtsgeschäftslehre (vgl § 182) ab. Auch im Übrigen ist unter einer Genehmigung iSd
Vormundschaftsrechts etwas anderes zu verstehen, als in § 184. Gemeint ist hier sowohl
die vorherige als auch die nachträgliche Zustimmung.
II. Trotz des weiter gehenden Wortlauts ist **Voraussetzung** des § 1828, dass die Gene- 2
migung des Familiengerichts für die Wirksamkeit des v Vormund vorzunehmenden Geschäfts
erforderlich ist. Keine Anwendung findet er daher, wenn die Genehmigung des
Familiengerichts nur eine Sollvoraussetzung darstellt (wie bei §§ 1810 f, 1823). Dagegen
ist es gleichgültig, ob der Vormund selbst das die Genehmigungsbedürftigkeit auslösende
Geschäft vornimmt oder einem Geschäft zustimmen will, das der Mündel vorgenommen
hat.
Die Rechtsnatur der familiengerichtlichen Genehmigung wird teilweise als reine Ver- 3
fahrenshandlung angesehen, mit der Folge, dass die Anwendung der Irrtumsregeln ausscheidet
und allein ein Widerruf nach § 48 FamFG in Betracht kommt (Gernhuber/
Coester-Waltjen § 52 III 1 zur entsprechenden Fallgestaltung nach dem früher geltenden
§ 18 FGG aF). Nach anderer und zutreffender Ansicht ist dag die Genehmigung
durch das Familiengericht so rechtsgeschäftsähnlich, dass auch wichtige Regelungen
über Rechtsgeschäfte auf sie (mindestens entsprechend) angewendet werden müssen
(vgl RGZ 137, 345; BayObLG FamRZ 90, 1132). Die Genehmigung kann daher nicht
nur v Familiengericht widerrufen sondern auch wegen Irrtums, Drohung, Täuschung
oder Übermittlungsfehlers v Vormund angefochten werden. Die nachträglich erteilte
Genehmigung wirkt auf die Vornahme des Geschäfts zurück (§ 184, RGZ 142, 62).
Eine befristete Genehmigung muss innerhalb der in ihr genannten Frist ausgenutzt werden.
Wird die Genehmigung unter einer Bedingung erteilt, ist das eine Verweigerung
der beantragten Genehmigung und eine Genehmigung eines entsprechend eingeschränkten
Geschäfts.
Maßstab für die Erteilung der Genehmigung ist das Interesse des Mündels (BayObLG 4
FamRZ 89, 540). Das Gericht fällt eine Ermessensentscheidung, in die neben der rechtlichen
Zulässigkeit auch Zweckmäßigkeitsgesichtspunkte, einzubeziehen sind. Maßgeblich
ist die Lage zur Zeit der Genehmigung. Genehmigt werden müssen grds sowohl
das Verpflichtungs- als auch das Verfügungsgeschäft. Jedoch ist regelmäßig auch die
Genehmigung der Verpflichtung anzunehmen, wenn nur das Verfügungsgeschäft genehmigt
wird. Genehmigt werden kann immer nur das Geschäft, das der Vormund
vorlegt. Das Familiengericht kann kein eigenes Geschäft an die Stelle des v Vormund in
Aussicht genommenen setzen.
Die Genehmigung kann **in jeder beliebigen Form** erteilt werden. Keine Genehmigung 5
sind aber das Negativattest und die Ankündigung, eine Genehmigung demnächst erteilen
zu wollen.

6 III. **Verfahren.** Die Erteilung der Genehmigung erfolgt vAw. Für das Verfahren gilt der Amtsermittlungsgrundsatz (§ 26 FamFG). Anzuhören sind der Mündel, der Gegenvormund und die nahen Angehörigen des Mündels (vgl § 1826, §§ 159 f FamFG). Bis zu ihrem Wirksamwerden (mit der Rechtskraft) kann die Genehmigung jederzeit formlos widerrufen werden (§ 40 FamFG). Danach kommt eine Änderung nicht mehr in Betracht (vgl § 48 III FamFG). Beschwerdeberechtigt gegen die Verweigerung ist grds nur der Mündel (§ 59 I FamFG). Eine Beschwerdeberechtigung Dritter kommt nur in Betracht, wenn eine erteilte Genehmigung unzulässigerweise widerrufen wurde oder wenn das Geschäft keiner Genehmigung bedurfte. Gegen die Erteilung der Genehmigung können der Mündel (§ 59 FamFG) und der Gegenvormund (§ 1826) Beschwerde einlegen. Der Vormund ist nur beschwerdebefugt, wenn die Genehmigung nicht ein v ihm vorgenommenes Geschäft betrifft, sondern ein solches, für dessen Durchführung ein Pfleger bestellt war, wenn die Genehmigung nicht nötig war oder sie gegen den Willen des Vormunds erteilt wurde.

§ 1829 Nachträgliche Genehmigung

(1) ¹Schließt der Vormund einen Vertrag ohne die erforderliche Genehmigung des Familiengerichts, so hängt die Wirksamkeit des Vertrags von der nachträglichen Genehmigung des Familiengerichts ab. ²Die Genehmigung sowie deren Verweigerung wird dem anderen Teil gegenüber erst wirksam, wenn sie ihm durch den Vormund mitgeteilt wird.
(2) Fordert der andere Teil den Vormund zur Mitteilung darüber auf, ob die Genehmigung erteilt sei, so kann die Mitteilung der Genehmigung nur bis zum Ablauf von vier Wochen nach dem Empfang der Aufforderung erfolgen; erfolgt sie nicht, so gilt die Genehmigung als verweigert.
(3) Ist der Mündel volljährig geworden, so tritt seine Genehmigung an die Stelle der Genehmigung des Familiengerichts.

1 I. §§ 1829–1831 treffen Regelungen für den Fall, dass die **Genehmigung** des Familiengerichts **noch nicht vorliegt,** wenn das genehmigungsbedürftige **Geschäft vorgenommen** wird. Sie entsprechen grds den Regeln bei beschränkter Geschäftsfähigkeit (§§ 108 f, 111) und Vertretung ohne Vertretungsmacht (§§ 177 f, 180). Im Einzelnen gibt es jedoch einige Abweichungen, die aus der besonderen Schutzbedürftigkeit des Mündels resultieren. §§ 1829 f regeln das Schicksal eines Vertrags, § 1831 das eines einseitigen Rechtsgeschäfts.

2 II. Liegt die Genehmigung des Familiengerichts **bei Vornahme des Geschäfts** durch den Vormund vor, ist das Geschäft mit seiner Vornahme wirksam.

3 Fehlt bei der Vornahme des Geschäfts die Genehmigung des Familiengerichts, ist zu unterscheiden: **Einseitige Rechtsgeschäfte** sind nichtig (§ 1831, 1).

4 **Verträge** sind bis zur Genehmigung durch das Familiengericht schwebend unwirksam (Abs 1 S 1). Die Genehmigung wird aber erst wirksam, wenn sie dem Dritten v Vormund mitgeteilt wird (anders: §§ 108, 177). Dem Vormund soll immer die Entscheidung darüber verbleiben, ob er v der Genehmigung Gebrauch macht. Der Dritte kann sich – anders als im Fall der §§ 109, 178 – während der Schwebezeit nicht einfach durch Widerruf v dem Vertrag lösen, sondern nur, wenn der Vormund wahrheitswidrig das Vorliegen der Genehmigung behauptet hat (§ 1830). Der Dritte hat aber die Möglichkeit, den Vormund zur Mitteilung darüber aufzufordern, ob die Genehmigung erteilt ist. Dann kann die Mitteilung der Genehmigung nur bis zum Ablauf v 4 Wochen nach dem Zugang der Aufforderung erfolgen. Erfolgt sie nicht rechtzeitig, gilt sie als verweigert (Abs 2). Eine evtl später noch erteilte Genehmigung geht ins Leere.

5 **Die Genehmigung richtet sich nach § 1828.** Die Mitteilung der Genehmigung durch den Vormund (Abs 1 S 2) ist Rechtsgeschäft und nicht nur Wissenserklärung; denn sie enthält die Entscheidung darüber, dass das Geschäft voll wirksam sein soll. Sie ist daher wegen Willensmängeln anfechtbar und nur solange widerruflich, bis sie durch Zugang beim Dritten wirksam geworden ist (§ 130 I 2). Sie bedarf keiner Form, kann also

auch konkludent erfolgen. Ihre Auslegung richtet sich nach dem objektivierten Empfängerhorizont (§§ 133, 157).

Ist der **Mündel volljährig geworden**, tritt seine Genehmigung an die Stelle der familiengerichtlichen (Abs 3). Eine gerichtliche Genehmigung ist wirkungslos, selbst wenn sie noch während der Minderjährigkeit beantragt wurde. Lief die Zweiwochenfrist des Abs 2 bereits, muss die Genehmigung des Mündels dem Vertragspartner innerhalb der Frist zugehen. 6

Verweigert das Familiengericht die Genehmigung, ist das Geschäft endgültig unwirksam, wenn die Verweigerung dadurch wirksam geworden ist, dass der Vormund sie dem Dritten mitgeteilt hat. Die Parteien müssen das Geschäft erneut abschließen, wenn sie noch auf dem Beschwerdeweg eine Genehmigung und die Wirksamkeit erreichen wollen; denn das ursprüngliche Geschäft, dessen Genehmigung verweigert wurde, kann nicht mehr wirksam werden. 7

§ 1830 Widerrufsrecht des Geschäftspartners

Hat der Vormund dem anderen Teil gegenüber der Wahrheit zuwider die Genehmigung des Familiengerichts behauptet, so ist der andere Teil bis zur Mitteilung der nachträglichen Genehmigung des Familiengerichts zum Widerruf berechtigt, es sei denn, dass ihm das Fehlen der Genehmigung bei dem Abschluss des Vertrags bekannt war.

I. Die Norm enthält ein gegenüber §§ 108 I, 178 erheblich eingeschränktes **Widerrufsrecht** zugunsten des Partners des genehmigungsbedürftigen Geschäfts, für das bei seiner Vornahme noch keine Genehmigung vorlag. Das Widerrufsrecht schließt als lex specialis die Anfechtung (§§ 119, 120, 123) aus. 1

II. **Voraussetzung des Widerrufsrechts** sind a) dass bei der Vornahme des Geschäfts die Genehmigung durch das Familiengericht noch nicht vorlag, b) dass der Vormund wahrheitswidrig das Vorliegen der Genehmigung behauptete und c) dass der Dritte nicht wusste, dass es tatsächlich an der Genehmigung fehlte. d) Das Widerrufsrecht erlischt, wenn die Genehmigung nachträglich erteilt und dies dem Geschäftspartner mitgeteilt wird (§ 1829 I). 2

Der Widerruf bewirkt, dass der Geschäftspartner nicht mehr gebunden ist. Ihm können Ansprüche gegen den Vormund aus unerlaubter Handlung (vor allem § 826) oder aus §§ 311 II, 280 (Repräsentantenhaftung) zustehen. Ein Anspruch aus § 179 ist ausgeschlossen. Der Mündel kann gegen den Vormund einen Schadensersatzanspruch nach § 1833 haben. 3

§ 1831 Einseitiges Rechtsgeschäft ohne Genehmigung

¹Ein einseitiges Rechtsgeschäft, das der Vormund ohne die erforderliche Genehmigung des Familiengerichts vornimmt, ist unwirksam. ²Nimmt der Vormund mit dieser Genehmigung ein solches Rechtsgeschäft einem anderen gegenüber vor, so ist das Rechtsgeschäft unwirksam, wenn der Vormund die Genehmigung nicht vorlegt und der andere das Rechtsgeschäft aus diesem Grunde unverzüglich zurückweist.

I. Die Regelung ordnet die **Unwirksamkeit** v ohne vorherige Genehmigung vorgenommenen **einseitigen Rechtsgeschäften** an. Außerdem bestimmt sie, dass der Dritte ein einseitiges Rechtsgeschäft zurückweisen kann, wenn der Vormund nicht bei seiner Vornahme die Genehmigung vorlegt. 1

II. Ein einseitiges Rechtsgeschäft ist nur wirksam, wenn die **gerichtliche Genehmigung bereits zur Zeit seiner Vornahme** vorliegt. Einseitige Rechtsgeschäfte sind alle, die nicht der Mitwirkung einer anderen Person bedürfen, um vollständig zu sein, also alle Willenserklärungen, die nicht Bestandteil einer vertraglichen Einigung sind bzw sein sollen. Die Genehmigung muss spätestens vorliegen, wenn diese Geschäfte wirksam werden, regelmäßig also im Zeitpunkt des Zugangs der zugehörigen Willenserklärung 2 beim Adressaten (vgl § 130). Liegt die Genehmigung dann nicht vor, ist das Geschäft unheilbar nichtig. Der Vormund ist aber nicht gehindert, es zu wiederholen, um doch noch den beabsichtigten Erfolg zu erzielen.

3 Auch bei rechtzeitiger Genehmigung ist das einseitige Rechtsgeschäft unwirksam, wenn der Vormund bei der Vornahme des einseitigen Rechtsgeschäfts die **Genehmigung** des Familiengerichts nicht **vorlegt** und derjenige, dem gegenüber das einseitige Rechtsgeschäft vorgenommen wird, das unverzüglich (§ 121) **beanstandet** (S 2). Für gegenüber Behörden oder Gerichten abzugebende Erklärungen gilt die Vorschrift nicht.

§ 1832 Genehmigung des Gegenvormunds

Soweit der Vormund zu einem Rechtsgeschäft der Genehmigung des Gegenvormunds bedarf, finden die Vorschriften der §§ 1828 bis 1831 entsprechende Anwendung; abweichend von § 1829 Abs. 2 beträgt die Frist für die Mitteilung der Genehmigung des Gegenvormunds zwei Wochen.

1 Die Norm erstreckt die für gerichtliche Genehmigungen geltenden Regeln auch auf die Genehmigungen durch den Gegenvormund. Das gilt aber nur für solche Genehmigungserfordernisse, bei denen das Fehlen der Genehmigung zur Unwirksamkeit des Geschäfts führt. Das trifft nur in den Fällen der §§ 1809, 1812 und 1813 II zu, nicht im Fall des § 1810. Im Übrigen ist die Genehmigung des Gegenvormunds Rechtsgeschäft (nicht Verfahrenshandlung), so dass auf sie die Regeln über Rechtsgeschäfte uneingeschränkt anwendbar sind. Die Frist für die Mitteilung der Genehmigung des Gegenvormunds ist aber kürzer als beim Vormund (nach der Reform durch das FamFG): Sie beträgt nur 2 Wochen (und ist damit genauso lang wie nach bisherigem Recht).

§ 1833 Haftung des Vormunds

(1) ¹Der Vormund ist dem Mündel für den aus einer Pflichtverletzung entstehenden Schaden verantwortlich, wenn ihm ein Verschulden zur Last fällt. ²Das Gleiche gilt von dem Gegenvormund.
(2) ¹Sind für den Schaden mehrere nebeneinander verantwortlich, so haften sie als Gesamtschuldner. ²Ist neben dem Vormund für den von diesem verursachten Schaden der Gegenvormund oder ein Mitvormund nur wegen Verletzung seiner Aufsichtspflicht verantwortlich, so ist in ihrem Verhältnis zueinander der Vormund allein verpflichtet.

1 I. Die Norm statuiert eine **besondere familienrechtliche Schadensersatzpflicht** des Vormunds (Abs 1 S 1) und des Gegenvormunds (Abs 1 S 2). Sie betrifft nur das Verhältnis zum Mündel, nicht daß zu Dritten. Insoweit bleibt es bei den allg Regeln, dh vor allem der Beschränkung auf §§ 823 ff. Für die Haftung des Amtsvormunds und des Familienrichters gilt nur Staatshaftung nach § 839, Art 34 GG.

2 II. 1. Voraussetzung der Schadensersatzpflicht ist zunächst, a) dass eine **wirksame Bestellung** zum Vormund, Mitvormund oder Gegenvormund besteht. Eine Haftung nach § 1833 scheidet daher aus, wenn der Bestellte zur Übernahme der Vormundschaft unfähig war (§ 1780).

3 b) Der Vormund muss eine **Pflichtverletzung** begangen haben, also gegen eine seiner gesetzlich angeordneten Verpflichtungen (auch solche aus Sollvorschriften) oder eine Weisung des Familiengerichts verletzt haben oder die Interessen des Mündels ohne Grund außer Acht gelassen haben; denn das Wohl des Mündels ist die wichtigste Richtschnur für seine gesamte Tätigkeit.

4 c) Dem Mündel muss durch die Pflichtverletzung ein **Schaden** entstanden sein. Es gelten §§ 249 ff. Mitverschulden des Mündels führt zur Kürzung des Ersatzanspruchs (§ 254).

5 d) Die Pflichtverletzung muss **schuldhaft** erfolgen. Der Vormund haftet für jede Fahrlässigkeit und Vorsatz (§ 276). Er muss sein Verhalten jeweils selbst kritisch überprüfen; es entlastet ihn deswegen nicht in jedem Fall, dass das Familiengericht sein Verhal-

ten genehmigt hat. Vor allem bei wirtschaftlichen Entscheidungen kommt es darauf an, was der Vormund selbst an Gefährdungen des Vermögens des Mündels vorhersehen konnte.

2. **Mehrere Verursacher** des Schadens (zB Mitvormünder) haften als **Gesamtschuldner** 6 (Abs 2 S 1). Für das Schicksal des Anspruchs folgt aus der Einordnung als besondere familienrechtliche Schadensersatzverpflichtung, dass weder deliktische noch vertragliche Verjährungsfristen gelten, sondern die Dreijahresfrist des § 195. Die Verjährung ist zudem nach Maßgabe der §§ 206, 210 gehemmt. Der Anspruch kann aber bereits während des Bestehens der Vormundschaft (durch einen Pfleger) geltend gemacht werden (§ 1843 II).

3. Für den **Innenausgleich** bestimmt Abs 2 S 2, dass der Vormund allein verpflichtet 7 ist, wenn neben ihm für den Schaden der Gegenvormund oder ein Mitvormund nur wegen Verletzung seiner Aufsichtspflicht verantwortlich ist. Er muss ihn daher v der Verpflichtung gegenüber dem Mündel freistellen bzw die zur Erfüllung des Anspruchs getätigten Aufwendungen ersetzen. In den übrigen Fällen bleibt es dag bei einer Haftung nach den allg zu § 426 entwickelten Grundsätzen, also grds einer Haftung zu gleichen Teilen. Entsprechendes gilt bei Mithaftung Dritter (Ausnahme: Vormundschaftsrichter, § 841).

§ 1834 Verzinsungspflicht

Verwendet der Vormund Geld des Mündels für sich, so hat er es von der Zeit der Verwendung an zu verzinsen.

Die Vorschrift ergänzt § 1805, der die Verwendung v Mündelgeldern für den Vor- 1 mund verbietet, indem sie anordnet, dass, wenn das gleichwohl geschieht, vom Vormund Zinsen für die Zeit seit der Verwendung, dh dem tatsächlichen Ausscheiden des Geldes aus dem Mündelvermögen, gezahlt werden müssen. Der Zinssatz beträgt 4 % (§ 246). Ein weiter gehender Anspruch kann sich aus § 1833 ergeben.

Vorbemerkung zu §§ 1835–1836 e

§§ 1835–1836 e betreffen die Frage des Aufwendungsersatzes und der Vergütung in al- 1 len Fällen amtlich angeordneter Hilfe. Sie finden direkte Anwendung auf den Vormund und Gegenvormund und Anwendung kraft Verweisung auf den Beistand (§ 1716, 2), den Einzel- (§ 1908 i), den Amts- und den Vereinsbetreuer (§§ 1908 e, 1908 h) sowie den Pfleger (§ 1915 I). Für Eltern gilt § 1648, für Verwandte und Verschwägerte § 1779 III 2, 1847, 2.

Die Hilfsämter sind v Gesetzgeber **grds** als **unentgeltlich** zu führende Ehrenämter ge- 2 dacht (vgl § 1836 I 1). Daraus folgt, dass grds nur der Ersatz v Aufwendungen verlangt werden kann (§ 1835). Eine Vergütung muss v Familiengericht besonders bewilligt werden (§ 1836 I 2). An die Stelle v Aufwendungsersatz und Vergütung kann aus Vereinfachungsgründen eine pauschalierte Aufwandsentschädigung treten (§ 1835 a). Vergütung und Aufwendungsersatz können dag nebeneinander verlangt werden.

Anspruchsgegner ist in erster Linie der Mündel. Ist dieser nicht in der Lage, den An- 3 spruch zu erfüllen, besteht ein Anspruch gegen die Staatskasse (§§ 1835 IV, 1836 a ff).

§ 1835 Aufwendungsersatz

(1) ¹Macht der Vormund zum Zwecke der Führung der Vormundschaft Aufwendungen, so kann er nach den für den Auftrag geltenden Vorschriften der §§ 669, 670 von dem Mündel Vorschuss oder Ersatz verlangen; für den Ersatz von Fahrtkosten gilt die in § 5 des Justizvergütungs- und -entschädigungsgesetzes für Sachverständige getroffene Regelung entsprechend. ²Das gleiche Recht steht dem Gegenvormund zu. ³Ersatzansprüche erlöschen, wenn sie nicht binnen 15 Monaten nach ihrer Entstehung gericht-

lich geltend gemacht werden; die Geltendmachung des Anspruchs beim Familiengericht gilt dabei auch als Geltendmachung gegenüber dem Mündel.

(1 a) ¹Das Familiengericht kann eine von Absatz 1 Satz 3 abweichende Frist von mindestens zwei Monaten bestimmen. ²In der Fristbestimmung ist über die Folgen der Versäumung der Frist zu belehren. ³Die Frist kann auf Antrag vom Familiengericht verlängert werden. ⁴Der Anspruch erlischt, soweit er nicht innerhalb der Frist beziffert wird.

(2) ¹Aufwendungen sind auch die Kosten einer angemessenen Versicherung gegen Schäden, die dem Mündel durch den Vormund oder Gegenvormund zugefügt werden können oder die dem Vormund oder Gegenvormund dadurch entstehen können, dass er einem Dritten zum Ersatz eines durch die Führung der Vormundschaft verursachten Schadens verpflichtet ist; dies gilt nicht für die Kosten der Haftpflichtversicherung des Halters eines Kraftfahrzeugs. ²Satz 1 ist nicht anzuwenden, wenn der Vormund oder Gegenvormund eine Vergütung nach § 1836 Abs. 1 Satz 2 in Verbindung mit dem Vormünder- und Betreuervergütungsgesetz erhält.

(3) Als Aufwendungen gelten auch solche Dienste des Vormunds oder des Gegenvormunds, die zu seinem Gewerbe oder seinem Beruf gehören.

(4) ¹Ist der Mündel mittellos, so kann der Vormund Vorschuss und Ersatz aus der Staatskasse verlangen. ²Absatz 1 Satz 3 und Absatz 1 a gelten entsprechend.

(5) ¹Das Jugendamt oder ein Verein kann als Vormund oder Gegenvormund für Aufwendungen keinen Vorschuss und Ersatz nur insoweit verlangen, als das einzusetzende Einkommen und Vermögen des Mündels ausreicht. ²Allgemeine Verwaltungskosten einschließlich der Kosten nach Absatz 2 werden nicht ersetzt.

1 **I. Die Norm regelt** den Aufwendungsersatz für den Vormund und Gegenvormund. Auf sie wird für den Aufwendungsersatz für andere amtlich bestellte Hilfspersonen verwiesen (Vor §§ 1835–1836 e, Rn 1).

2 **II. 1. Voraussetzung** des Anspruchs ist, a) dass der Vormund **Aufwendungen getätigt** hat. Darunter ist das Gleiche zu verstehen wie bei § 256 und § 670, also ein freiwilliges Vermögensopfer. Hierher gehören vor allem Auslagen für Telefon, Porto, Fotokopien und alle sonstigen v Vormund für den Mündel in Anspruch genommenen Tätigkeiten Dritter gezahlten Entgelte. Fahrtkosten werden nach Maßgabe der Regelungen für Sachverständige in § 5 JVEG erstattet (Abs 1 S 1 2. Halbs). Das bedeutet, dass grds ein Kilometergeld v 0,30 EUR gezahlt wird. Abs. 3 stellt darüber hinaus klar, dass der Vormund auch für solche Dienste ein Entgelt als Aufwendungsersatz verlangen kann, die zu seinem Beruf oder Gewerbe gehören. Angesichts der grds Unentgeltlichkeit der Vormundschaft (§ 1836 I 1) soll der Mündel keinen Vorteil daraus ziehen, dass die für ihn zum Vormund bestellte Person zufälligerweise Dienste verrichten kann, die normalerweise bezahlt werden müssten. Ein zum Vormund bestellter Rechtsanwalt kann daher die normale Vergütung für einen Prozess verlangen, den er für den Mündel geführt hat oder wenn seine Tätigkeit sonst eine für seinen Beruf spezifische ist (BayObLG NJW 02, 1660: Geltendmachung v Unterhaltsansprüchen), ein Arzt die dem Mündel erbrachte Behandlung nach der GOÄ abrechnen. Entsprechendes gilt für andere Berufe.

3 Zu den erstattungsfähigen Aufwendungen gehören **auch** die Kosten einer angemessenen **Versicherung** für Schädigungen des Mündels oder eines Dritten (Abs 2 S 1). Das ist eine Haftpflichtversicherung. Der Gesetzgeber hat jedoch die Kfz-Haftpflichtversicherung ausdrücklich ausgenommen; denn die Kosten für diese Pflichtversicherung werden über die Fahrtkosten abgerechnet. Obwohl nicht genannt, gehören auch die Kosten einer Eigenversicherung des Vormunds zu den ersatzfähigen Aufwendungen; denn es wäre dem Vormund nicht zuzumuten, die Gefahr v Schädigungen durch den Mündel schutzlos hinzunehmen. Hierher gehört auch die Kfz-Vollkasko-Versicherung. Ein Anspruch auf Ersatz der Versicherungskosten kommt aber nicht in Betracht, wenn der Vormund eine Vergütung nach § 1836 II in Verbindung mit dem Vormünder- und BetreuervergütungsG erhält (Abs 2 S 2, sog Berufsvormund) oder wenn es sich um einen Amts- oder Vereinsvormund handelt (Abs 5 S 2).

Keine Aufwendungen und damit nicht ersatzfähig sind: die Kosten für die Ausbildung des Vormunds, der Wert seiner Arbeitszeit (vom Fall des Abs 3 abgesehen) und Schäden, die er bei seiner Tätigkeit erleidet. Dem Amts- und dem Vereinsvormund werden allg Verwaltungskosten nicht ersetzt (Abs 5 S 2).

b) Der Vormund muss die Aufwendungen für erforderlich halten dürfen. Der Maßstab sind die Lebensverhältnisse des Mündels und dessen objektive Bedürfnisse. Hinsichtlich der Versicherung fehlt zwar die Einschränkung in Abs 2, sie folgt aber daraus, dass die Versicherung „angemessen" sein muss. Das ist dann nicht der Fall, wenn bereits eine gesetzliche oder anderweite Versicherung besteht, die das Risiko abdeckt.

2. a) Der Anspruch beläuft sich auf den Ersatz der Aufwendungen zuzüglich einer Verzinsung in Höhe des Basiszinssatzes seit der Aufwendung (§§ 670, 256, 246). Der Vormund hat Anspruch auf einen Vorschuss (§ 669). Ist er Verbindlichkeiten eingegangen, kann er Befreiung verlangen (§ 257, 1), bei noch nicht fälligen Verbindlichkeiten Sicherheitsleistung (§ 257, 2).

b) Der Anspruch richtet sich grds gegen den Mündel (Abs 1). Den geschuldeten Betrag darf der Vormund selbst dem Vermögen des Mündels entnehmen (§§ 1795 II, 181). Reichen das einzusetzende Einkommen und Vermögen des Mündels (§ 1836 c, §§ 1836 c-1836 Rn 3) nicht aus, um den Anspruch des Vormunds zu befriedigen, ist er gegen die Staatskasse gerichtet (Abs 4). Das gilt jedoch nicht für den Amts- und den Vereinsvormund (Abs 5 S 1). Ob Mittellosigkeit vorliegt, ist vAw zu ermitteln. Entscheidender Zeitpunkt ist derjenige der Entscheidung des Familiengerichts (vgl BayObLG BtPrax 96, 29). Die Beweislast trägt der Vormund (OLG Oldenburg FamRZ 94, 1331).

c) Der Anspruch erlischt, wenn er nicht binnen 15 Monaten nach seiner Entstehung gerichtlich geltend gemacht wird. Die Geltendmachung gegenüber dem Familiengericht (im Fall der Mittellosigkeit des Mündels) gilt auch als Geltendmachung gegenüber dem Mündel.

Das Familiengericht kann eine **abweichende Frist** v mindestens 2 Monaten bestimmen (Abs 1 a S 1). Die Frist kann v Familiengericht verlängert werden (Abs 1 a S 3). In der Fristsetzung muss das Familiengericht über die Folgen einer Fristversäumung belehren (Abs 1 a S 2). Der Anspruch des Vormunds erlischt, wenn er nicht innerhalb der Frist geltend gemacht wird (Abs 1 a S 4).

§ 1835 a Aufwandsentschädigung

(1) ¹Zur Abgeltung seines Anspruchs auf Aufwendungsersatz kann der Vormund als Aufwandsentschädigung für jede Vormundschaft, für die ihm keine Vergütung zusteht, einen Geldbetrag verlangen, der für ein Jahr dem Neunzehnfachen dessen entspricht, was einem Zeugen als Höchstbetrag der Entschädigung für eine Stunde versäumter Arbeitszeit (§ 22 des Justizvergütungs- und –entschädigungsgesetzes) gewährt werden kann (Aufwandsentschädigung). ²Hat der Vormund für solche Aufwendungen bereits Vorschuss oder Ersatz erhalten, so verringert sich die Aufwandsentschädigung entsprechend.

(2) Die Aufwandsentschädigung ist jährlich zu zahlen, erstmals ein Jahr nach Bestellung des Vormunds.

(3) Ist der Mündel mittellos, so kann der Vormund die Aufwandsentschädigung aus der Staatskasse verlangen; Unterhaltsansprüche des Mündels gegen den Vormund sind insoweit bei der Bestimmung des Einkommens nach § 1836 c Nr. 1 nicht zu berücksichtigen.

(4) Der Anspruch auf Aufwandsentschädigung erlischt, wenn er nicht binnen drei Monaten nach Ablauf des Jahres, in dem der Anspruch entsteht, geltend gemacht wird; die Geltendmachung des Anspruchs beim Familiengericht gilt auch als Geltendmachung gegenüber dem Mündel.

(5) Dem Jugendamt oder einem Verein kann keine Aufwandsentschädigung gewährt werden.

1 I. Die Norm dient dazu, die Stellung des ehrenamtlichen Vormunds zu stärken, indem sie es gestattet, geringfügige Aufwendungen pauschal abzugelten. Damit wird es dem ehrenamtlichen Vormund erspart, auch kleinste Aufwendungen einzeln abzurechnen.

2 II. 1. Voraussetzung der Aufwandsentschädigung ist a) dass eine wirksame Bestellung zum Vormund vorliegt, die keine Vereins- oder Behördenvormundschaft ist (Abs 5). Der Anspruch steht auch Vormündern zu, die mit dem Mündel verwandt sind. Für eine teleologische Reduktion besteht kein Anlass. Er ist für das Jugendamt und Vereinsvormünder ausgeschlossen (Abs 5).

3 b) Dem Vormund darf **keine Vergütung** nach § 1836 zustehen.

4 2. Das Gericht setzt als pauschale Aufwandsentschädigung einen **Betrag** fest, der dem 19-fachen einer Entschädigung für eine Arbeitsstunde nach § 22 JVEG entspricht (Abs 1 S 1). 2014 sind das höchstens 21 EUR pro Stunde. Mit diesem Betrag sind alle Bagatellauslagen, nicht jedoch größere Auslagen über ca 5 EUR abgegolten. Für diese kann weiter Ersatz nach § 1835 verlangt werden. Soweit der Vormund aber für Bagatellaufwendungen bereits nach § 1835 Vorschuss oder Ersatz erhalten hat, werden diese auf die Pauschalaufwandsentschädigung angerechnet (Abs 1 S 2). Führt der Vormund mehrere Vormundschaften unentgeltlich, steht ihm die pauschale Aufwandsentschädigung mehrfach zu. Der Anspruch besteht jährlich, das erste Mal ein Jahr nach der Bestellung des Vormunds (Abs 2). Er richtet sich grds gegen den Mündel, bei dessen Mittellosigkeit gegen die Staatskasse (Abs 3). Die Mittellosigkeit bestimmt sich nach § 1836 c, Unterhaltsansprüche des Mündels gegen den Vormund sind aber in keinem Fall als Einkommen des Mündels anzurechnen (Abs 3 aE).

5 Der Anspruch auf Aufwandsentschädigung **erlischt**, wenn er nicht binnen 3 Monaten nach Ablauf des Jahres, in dem er entstanden ist, geltend gemacht wird. Die Geltendmachung beim Familiengericht gilt auch als Geltendmachung gegenüber dem Mündel (Abs 4).

§ 1836 Vergütung des Vormunds

(1) ¹Die Vormundschaft wird unentgeltlich geführt. ²Sie wird ausnahmsweise entgeltlich geführt, wenn das Gericht bei der Bestellung des Vormunds feststellt, dass der Vormund die Vormundschaft berufsmäßig führt. ³Das Nähere regelt das Vormünder- und Betreuervergütungsgesetz.

(2) Trifft das Gericht keine Feststellung nach Absatz 1 Satz 2, so kann es dem Vormund und aus besonderen Gründen auch dem Gegenvormund gleichwohl eine angemessene Vergütung bewilligen, soweit der Umfang oder die Schwierigkeit der vormundschaftlichen Geschäfte dies rechtfertigen; dies gilt nicht, wenn der Mündel mittellos ist.

(3) Dem Jugendamt oder einem Verein kann keine Vergütung bewilligt werden.

1 I. Die Norm regelt die Frage der **Vergütung des Vormunds**. Sie wurde durch das 2. BetreuungsrechtsänderungsG erheblich umgestaltet. **Sachlich hat sich** durch die Neufassung in Bezug auf **die Voraussetzungen und die** Modalitäten des Vergütungsanspruchs **des Vormunds** nichts geändert. Wesentliche Änderungen gab es dag in Bezug auf die die Höhe der Vergütung bestimmenden Prinzipien.

2 Ausgangspunkt ist die **Unentgeltlichkeit der Vormundschaft** (Abs 1 S 1). Nur wenn der Mündel nicht mittellos ist und der Umfang und die Bedeutung der Geschäfte es erfordern, soll dem Vormund und aus besonderen Gründen auch dem Gegenvormund eine Vergütung bewilligt werden (Abs 2). Außerdem wird die Vormundschaft ausnahmsweise entgeltlich geführt, wenn das Gericht bei der Bestellung des Vormunds feststellt, dass der Vormund die Vormundschaft berufsmäßig führt. In diesem Fall wäre es unbillig, den Vormund ohne Vergütung zu lassen; denn er könnte sonst seinen Lebensunterhalt nicht bestreiten. Das wäre eine unverhältnismäßige Belastung Einzelner mit Aufgaben der Allgemeinheit. Die in Abs 1 S 2 aF aufgeführten Voraussetzungen für die Feststellung der Berufsmäßigkeit der Führung der Vormundschaft finden sich nun in § 1 I VBVG (Anhang zu § 1836). Umgekehrt folgt aus der Regelung, dass ein Vergütungsan-

spruch nicht in Betracht kommt, wenn die Vormundschaft jemandem übertragen wird, der die Übernahme v Vormundschaften als öffentliche oder satzungsmäßige Aufgabe hat. Abs 3 schließt daher die Festsetzung einer Vergütung zugunsten des Jugendamts oder eines Vereins aus.

II. 1. Voraussetzung des Vergütungsanspruchs ist a) die wirksame **Bestellung** des Vormunds. 3

b) Handelt es sich bei dem Vormund nicht um einen Berufsvormund (Rn 6), kommt 4 die Festsetzung einer Vergütung grds nur in Betracht, wenn die **Bedeutung oder die Schwierigkeit** der v Vormund wahrgenommenen Angelegenheiten die Bewilligung einer **Vergütung rechtfertigt** (Abs 2). Da es sich insoweit nur um eine Sollvorschrift handelt, kann das Familiengericht aber auch ausnahmsweise in anderen Fällen eine Vergütung festsetzen. Das kann vor allem in Betracht kommen, wenn die Führung der Vormundschaft dem Vormund einen besonders hohen Einsatz abverlangt. Die Vergütung v alltäglichen Verrichtungen ohne besonderen Schwierigkeitsgrad ist ausgeschlossen. Für eine Vergütung sprechen ein hoher Zeitaufwand, eine schwierige Kommunikation mit dem Mündel oder dessen besonders aggressives Verhalten (zB tätliche Angriffe gegen den Vormund). Eine Vergütung scheidet aus, wenn der Mündel mittellos ist (Abs 3 aE, §§ 1836 c–1836 d). Dem Gegenvormund kann nur aus besonderen Gründen eine Vergütung bewilligt werden. Seine Aufgaben sind grds weniger aufwändig als die des Vormunds, weil er nur Kontrollaufgaben hat. Eine Vergütung wird deswegen nur in Ausnahmefällen in Betracht zu ziehen sein.

Die Höhe der Vergütung wird v Gericht nach freiem Ermessen unter Berücksichtigung 5 aller Umstände des Einzelfalls festgesetzt. § 287 ZPO gilt entsprechend. Für den Zeitaufwand kommt es darauf an, was der Vormund für erforderlich halten durfte (BayObLG FamRZ 96, 1169). Hat er aus Verkennung des Erforderlichen oder wegen eigener Unfähigkeit mehr Stunden benötigt, als danach erforderlich waren, kommt für die überschießende Zeit eine Vergütung nicht in Betracht. Die für den Berufsbetreuer genannten Werte bilden insoweit eine Orientierung für die Höhe des Stundensatzes.

Die Festsetzung kann v Gericht jederzeit für die Zukunft geändert werden. Auch die 6 gesamte Entziehung der Vergütung ist möglich. Das kommt auch als Sanktion für ein rechtswidriges oder nicht mit dem Familiengericht abgestimmtes Verhalten des Vormunds in Betracht.

c) Für **Berufsvormünder**, muss eine Vergütung auch dann bewilligt werden, wenn die 7 Voraussetzungen des Abs 2 nicht vorliegen (Abs 1 S 2). Die Anordnung einer Vergütung ist in diesem Fall zwingend. Wer zu diesem Personenkreis gehört, richtet sich nach § 1 VBVG. Erforderlich ist, dass dem Vormund in einem solchen Umfang Vormundschaften übertragen sind, dass er sie nur im Rahmen seiner Berufsausübung führen kann, oder wenn zu erwarten ist, dass dem Vormund in absehbarer Zeit Vormundschaften in diesem Umfang übertragen sein werden. Für die Berufsmäßigkeit stellt das Gesetz zwei Vermutungen auf: Sie liegt im Regelfall vor, wenn der Vormund mehr als 10 Vormundschaften bzw. Betreuungen führt oder wenn die für die Führung der Vormundschaft erforderliche Zeit voraussichtlich 20 Wochenstunden nicht unterschreitet. Die zweite Variante hat nur Bedeutung für die Vormundschaft oder Pflegschaft, nicht aber für die Betreuung (§ 4 III 2 VBVG). Die Berufsmäßigkeit muss v Familiengericht festgestellt sein.

Wesentliche Änderungen haben sich durch das 2. BetreuungsrechtsänderungsG in Be- 8 zug auf die für die **Feststellung der Höhe des Anspruchs geltenden Prinzipien** ergeben. Diese sind nunmehr für den Vormund in § 3 VBVG geregelt. Für die Vergütung v Betreuern finden sich weitere Regelungen in §§ 4 ff VBVG. Entgegen der in Abs 2 S 2 aF ausgesprochenen Regel bemessen sich die Sätze des Vormunds nun nicht mehr konkret nach den für die Führung der Vormundschaft nutzbaren Fachkenntnissen des Vormunds und dem Umfang und der Schwierigkeit der vormundschaftlichen Geschäfte, sondern grds nach festen Sätzen, die nur ausnahmsweise erhöht werden können. Das ist letztlich nur eine konsequente Fortsetzung der durch das 1. BetreuungsrechtsänderungsG bereits eingeleiteten Tendenz zur Pauschalierung v Vormundvergütungen.

9 Die **Vergütung** wird nach Stundensätzen bemessen (§ 3 VBVG für Vormünder, § 4 VBVG für Betreuer). Diese sollen den Zeitaufwand und die Bürokosten des Vormunds decken. Eine gesonderte Erstattung dieser Kosten kommt daher nicht in Betracht. Etwas anderes gilt aber für die Umsatzsteuer; denn der Gesetzgeber wollte dem Vormund die Vergütung ungeschmälert zukommen lassen (§ 3 I 2 VBVG). Die Vergütung wird für die gesamte Tätigkeit gezahlt, also auch für die Vormundschaften, die für sich betrachtet die Einordnung als Berufsvormund noch nicht rechtfertigen würden. Der Vormund muss seine Tätigkeitszeiten zusammenrechnen; er darf nur die letzte angefangene Stunde aufrunden (LG Koblenz FamRZ 95, 691). Auch insoweit gilt darüber hinaus die Grenze des Rechtsmissbrauchs; vor allem dürfen nicht absichtlich so kurze Abrechnungszeiträume gewählt werden, dass die Rundung der letzten Stunde zu einer signifikanten Erhöhung der Vergütung führt. Für Betreuer wird nach pauschalen Stundenzahlansätzen abgerechnet (§§ 4, 5 VBVG). Zu Einzelheiten s die Kommentierung des VBVG im Anhang zu § 1836.

10 d) Das **Jugendamt** und der **Vereinsvormund** erhalten nie eine Vergütung (Abs 3).

11 **2. Anspruchsgegner** ist sowohl für den Anspruch nach Abs 1 S 2 als auch denjenigen nach Abs 2 zunächst der Mündel. Ist dieser mittellos, kommt ein Anspruch nach Abs 2 nicht in Betracht. Ein Berufsvormund hat dag im Fall der Mittellosigkeit des Mündels einen Anspruch gegen die Staatskasse (dazu §§ 1836 c–1836 e).

12 **3.** Die Regelung über das **Erlöschen** des Vergütungsanspruchs, die früher in Abs 2 S 3 enthalten war, ist nun in § 2 VBVG enthalten. Das Recht, **Abschlagszahlungen** zu verlangen, folgt aus § 3 IV VBVG

13 **III. Verfahren.** Vor der Bewilligung, Änderung oder Entziehung der Vergütung soll der Vormund und, falls vorhanden oder zu bestellen, auch der Gegenvormund gehört werden (Abs 3).

Anhang zu § 1836

Gesetz über die Vergütung von Vormündern und Betreuern
(Vormünder- und Betreuervergütungsgesetz – VBVG)

Vom 21. April 2005 (BGBl. I S. 1073, 1076)

(BGBl. III 400-16)

geändert durch FGG-ReformG v 17.12.2008 (BGBl. I S. 2586)

Abschnitt 1
Allgemeines

§ 1 Feststellung der Berufsmäßigkeit und Vergütungsbewilligung

(1) ¹Das Familiengericht hat die Feststellung der Berufsmäßigkeit gemäß § 1836 Abs. 1 Satz 2 des Bürgerlichen Gesetzbuchs zu treffen, wenn dem Vormund in einem solchen Umfang Vormundschaften übertragen sind, dass er sie nur im Rahmen seiner Berufsausübung führen kann, oder wenn zu erwarten ist, dass dem Vormund in absehbarer Zeit Vormundschaften in diesem Umfang übertragen werden sollen. ²Berufsmäßigkeit liegt im Regelfall vor, wenn
1. der Vormund mehr als zehn Vormundschaften führt oder
2. die für die Führung der Vormundschaft erforderliche Zeit voraussichtlich 20 Wochenstunden nicht unterschreitet.

(2) ¹Trifft das Familiengericht die Feststellung nach Absatz 1 Satz 1, so hat es dem Vormund oder dem Gegenvormund eine Vergütung zu bewilligen. ²Ist der Mündel mittellos im Sinne des § 1836 d des Bürgerlichen Gesetzbuchs, so kann der Vormund die nach Satz 1 zu bewilligende Vergütung aus der Staatskasse verlangen.

§ 2 Erlöschen der Ansprüche

¹Der Vergütungsanspruch erlischt, wenn er nicht binnen 15 Monaten nach seiner Entstehung beim Familiengericht geltend gemacht wird; die Geltendmachung des Anspruchs gegenüber

dem Familiengericht gilt dabei auch als Geltendmachung gegenüber dem Mündel. ²§ 1835 Abs 1 a des Bürgerlichen Gesetzbuchs gilt entsprechend.

Abschnitt 2
Vergütung des Vormunds

§ 3 Stundensatz des Vormunds

(1) ¹Die dem Vormund nach § 1 Abs. 2 zu bewilligende Vergütung beträgt für jede Stunde der für die Führung der Vormundschaft aufgewandten und erforderlichen Zeit 19,50 Euro. ²Verfügt der Vormund über besondere Kenntnisse, die für die Führung der Vormundschaft nutzbar sind, so erhöht sich der Stundensatz
1. auf 25 Euro, wenn diese Kenntnisse durch eine abgeschlossene Lehre oder eine vergleichbare Ausbildung erworben sind;
2. auf 33,50 Euro, wenn diese Kenntnisse durch eine abgeschlossene Ausbildung an einer Hochschule oder durch eine vergleichbare abgeschlossene Ausbildung erworben sind.

Eine auf die Vergütung anfallende Umsatzsteuer wird, soweit sie nicht nach § 19 Abs. 1 des Umsatzsteuergesetzes unerhoben bleibt, zusätzlich ersetzt.

(2) ¹Bestellt das Familiengericht einen Vormund, der über besondere Kenntnisse verfügt, die für die Führung der Vormundschaft allgemein nutzbar und durch eine Ausbildung im Sinne des Absatzes 1 Satz 2 erworben sind, so wird vermutet, dass diese Kenntnisse auch für die Führung der dem Vormund übertragenen Vormundschaft nutzbar sind. ²Dies gilt nicht, wenn das Familiengericht aus besonderen Gründen bei der Bestellung des Vormunds etwas anderes bestimmt.

(3) ¹Soweit die besondere Schwierigkeit der vormundschaftlichen Geschäfte dies ausnahmsweise rechtfertigt, kann das Familiengericht einen höheren als den in Absatz 1 vorgesehenen Stundensatz der Vergütung bewilligen. ²Dies gilt nicht, wenn der Mündel mittellos ist.

(4) Der Vormund kann Abschlagszahlungen verlangen.

Abschnitt 3
Sondervorschriften für Betreuer

§ 4 Stundensatz und Aufwendungsersatz des Betreuers

(1) ¹Die dem Betreuer nach § 1 Abs. 2 zu bewilligende Vergütung beträgt für jede nach § 5 anzusetzende Stunde 27 Euro. ²Verfügt der Betreuer über besondere Kenntnisse, die für die Führung der Betreuung nutzbar sind, so erhöht sich der Stundensatz
1. auf 33,50 Euro, wenn diese Kenntnisse durch eine abgeschlossene Lehre oder eine vergleichbare abgeschlossene Ausbildung erworben sind;
2. auf 44 Euro, wenn diese Kenntnisse durch eine abgeschlossene Ausbildung an einer Hochschule oder durch eine vergleichbare abgeschlossene Ausbildung erworben sind.

(2) ¹Die Stundensätze nach Absatz 1 gelten auch Ansprüche auf Ersatz anlässlich der Betreuung entstandener Aufwendungen sowie anfallende Umsatzsteuer ab. ²Die gesonderte Geltendmachung von Aufwendungen im Sinne des § 1835 Abs. 3 des Bürgerlichen Gesetzbuchs bleibt unberührt.

(3) ¹§ 3 Abs. 2 gilt entsprechend. ²§ 1 Abs. 1 Satz 2 Nr. 2 findet keine Anwendung.

§ 5 *Stundensatz des Betreuers*

(1) ¹Der dem Betreuer zu vergütende Zeitaufwand ist
1. in den ersten drei Monaten der Betreuung mit fünfeinhalb,
2. im vierten bis sechsten Monat mit viereinhalb,
3. im siebten bis zwölften Monat mit vier,
4. danach mit zweieinhalb Stunden im Monat anzusetzen.

²Hat der Betreute seinen gewöhnlichen Aufenthalt nicht in einem Heim, beträgt der Stundenansatz
1. in den ersten drei Monaten der Betreuung achteinhalb,
2. im vierten bis sechsten Monat sieben,

3. im siebten bis zwölften Monat sechs,
4. danach viereinhalb Stunden im Monat.

(2) ¹Ist der Betreute mittellos, beträgt der Stundenansatz
1. in den ersten drei Monaten der Betreuung viereinhalb,
2. im vierten bis sechsten Monat dreieinhalb,
3. im siebten bis zwölften Monat drei,
4. danach zwei Stunden im Monat.

²Hat der Betreute seinen gewöhnlichen Aufenthalt nicht in einem Heim, beträgt der Stundenansatz
1. in den ersten drei Monaten der Betreuung sieben,
2. im vierten bis sechsten Monat fünfeinhalb,
3. im siebten bis zwölften Monat fünf,
4. danach dreieinhalb Stunden im Monat.

(3) ¹Heime im Sinne dieser Vorschrift sind Einrichtungen, die dem Zweck dienen, Volljährige aufzunehmen, ihnen Wohnraum zu überlassen sowie tatsächliche Betreuung und Verpflegung zur Verfügung zu stellen oder vorzuhalten, und die in ihrem Bestand von Wechsel und Zahl der Bewohner unabhängig sind und entgeltlich betrieben werden. ²§ 1 Abs. 2 des Heimgesetzes gilt entsprechend.

(4) ¹Für die Berechnung der Monate nach den Absätzen 1 und 2 gelten § 187 Abs. 1 und § 188 Abs. 2 erste Alternative des Bürgerlichen Gesetzbuchs entsprechend. ²Ändern sich Umstände, die sich auf die Vergütung auswirken, vor Ablauf eines vollen Monats, so ist der Stundensatz zeitanteilig nach Tagen zu berechnen; § 187 Abs. 1 und § 188 Abs. 1 des Bürgerlichen Gesetzbuchs gelten entsprechend. ³Die sich dabei ergebenden Stundenansätze sind auf volle Zehntel aufzurunden.

(5) ¹Findet ein Wechsel von einem beruflichen zu einem ehrenamtlichen Betreuer statt, sind dem beruflichen Betreuer der Monat, in der der Wechsel fällt, und der Folgemonat mit dem vollen Zeitaufwand nach den Absätzen 1 und 2 zu vergüten. ²Dies gilt auch dann, wenn zunächst neben dem beruflichen Betreuer ein ehrenamtlicher Betreuer bestellt war und dieser die Betreuung allein fortführt. ³Absatz 4 Satz 2 und 3 ist nicht anwendbar.

§ 6 Sonderfälle der Betreuung

¹In den Fällen des § 1899 Abs. 2 und 4 des Bürgerlichen Gesetzbuchs erhält der Betreuer eine Vergütung nach § 1 Abs. 2 in Verbindung mit § 3; für seine Aufwendungen kann er Vorschuss und Ersatz nach § 1835 des Bürgerlichen Gesetzbuchs mit Ausnahme der Aufwendungen im Sinne von § 1835 Abs. 2 des Bürgerlichen Gesetzbuchs beanspruchen. ²Ist im Falle des § 1899 Abs. 4 des Bürgerlichen Gesetzbuchs die Verhinderung tatsächlicher Art, sind die Vergütung und der Aufwendungsersatz nach § 4 in Verbindung mit § 5 zu bewilligen und nach Tagen zu teilen; § 5 Abs. 4 Satz 3 sowie § 187 Abs. 1 und § 188 Abs. 1 des Bürgerlichen Gesetzbuchs gelten entsprechend.

§ 7 Vergütung und Aufwendungsersatz für Betreuungsvereine

(1) ¹Ist ein Vereinsbetreuer bestellt, so ist dem Verein eine Vergütung und Aufwendungsersatz nach § 1 Abs. 2 in Verbindung mit den §§ 4 und 5 zu bewilligen. ²§ 1 Abs. 1 sowie § 1835 Abs. 3 des Bürgerlichen Gesetzbuchs finden keine Anwendung.

(2) ¹§ 6 gilt entsprechend; der Verein kann im Fall von § 6 Satz 1 Vorschuss und Ersatz der Aufwendungen nach § 1835 Abs. 1, 1 a und § 1835 a des Bürgerlichen Gesetzbuchs verlangen. ²§ 1835 Abs. 5 Satz 2 des Bürgerlichen Gesetzbuchs gilt entsprechend.

(3) Der Vereinsbetreuer selbst kann keine Vergütung und keinen Aufwendungsersatz nach diesem Gesetz oder nach den §§ 1835 bis 1836 des Bürgerlichen Gesetzbuchs geltend machen.

§ 8 Vergütung und Aufwendungsersatz für Behördenbetreuer

(1) ¹Ist ein Behördenbetreuer bestellt, so kann der zuständigen Behörde eine Vergütung nach § 1836 Abs. 2 des Bürgerlichen Gesetzbuchs bewilligt werden, soweit der Umfang oder die

Schwierigkeit der Betreuungsgeschäfte dies rechtfertigen. ²Dies gilt nur, soweit eine Inanspruchnahme des Betreuten nach § 1836 c des Bürgerlichen Gesetzbuchs zulässig ist.
(2) Unabhängig von den Voraussetzungen nach Absatz 1 Satz 1 kann die Betreuungsbehörde Aufwendungsersatz nach § 1835 Abs. 1 Satz 1 und 2 in Verbindung mit Abs. 5 Satz 2 des Bürgerlichen Gesetzbuchs verlangen, soweit eine Inanspruchnahme des Betreuten nach § 1836 c des Bürgerlichen Gesetzbuchs zulässig ist.
(3) Für den Behördenbetreuer selbst gilt § 7 Abs. 3 entsprechend.
(4) § 2 ist nicht anwendbar.

§ 9 Abrechnungszeitraum für die Betreuungsvergütung

¹Die Vergütung kann nach Ablauf von jeweils drei Monaten für diesen Zeitraum geltend gemacht werden. ²Dies gilt nicht für die Geltendmachung von Vergütung und Aufwendungsersatz in den Fällen des § 6.

§ 10 Mitteilung an die Betreuungsbehörde

(1) Wer Betreuungen entgeltlich führt, hat der Betreuungsbehörde, in deren Bezirk er seinen Sitz oder Wohnsitz hat, kalenderjährlich mitzuteilen
1. die Zahl der von ihm im Kalenderjahr geführten Betreuungen aufgeschlüsselt nach Betreuten in einem Heim oder außerhalb eines Heims und
2. den von ihm für die Führung von Betreuungen im Kalenderjahr erhaltenen Geldbetrag.
(2) ¹Die Mitteilung erfolgt jeweils bis spätestens 31. März für den Schluss des vorangegangenen Kalenderjahrs. ²Die Betreuungsbehörde kann verlangen, dass der Betreuer die Richtigkeit der Mitteilung an Eides Statt versichert.
(3) Die Betreuungsbehörde ist berechtigt und auf Verlangen des Betreuungsgerichts verpflichtet, dem Betreuungsgericht diese Mitteilung zu übermitteln.

Abschnitt 4
Schlussvorschriften

§ 11 Umschulung und Fortbildung von Berufsvormündern

(1) ¹Durch Landesrecht kann bestimmt werden, dass es einer abgeschlossenen Lehre im Sinne des § 3 Abs. 1 Satz 2 Nr. 1 und § 4 Abs. 1 Satz 2 Nr. 1 gleichsteht, wenn der Vormund oder Betreuer besondere Kenntnisse im Sinne dieser Vorschrift durch eine dem Abschluss einer Lehre vergleichbare Prüfung vor einer staatlichen oder staatlich anerkannten Stelle nachgewiesen hat. ²Zu einer solchen Prüfung darf nur zugelassen werden, wer
1. mindestens drei Jahre lang Vormundschaften oder Betreuungen berufsmäßig geführt und
2. an einer Umschulung oder Fortbildung teilgenommen hat, die besondere Kenntnisse im Sinne des § 3 Abs. 1 Satz 2 und § 4 Abs. 1 Satz 2 vermittelt, welche nach Art und Umfang den durch eine abgeschlossene Lehre vermittelten vergleichbar sind.
(2) ¹Durch Landesrecht kann bestimmt werden, dass es einer abgeschlossenen Ausbildung an einer Hochschule im Sinne des § 3 Abs. 1 Satz 2 Nr. 2 und § 4 Abs. 1 Satz 2 Nr. 2 gleichsteht, wenn der Vormund oder Betreuer Kenntnisse im Sinne dieser Vorschrift durch eine Prüfung vor einer staatlichen oder staatlich anerkannten Stelle nachgewiesen hat. ²Zu einer solchen Prüfung darf nur zugelassen werden, wer
1. mindestens fünf Jahre lang Vormundschaften oder Betreuungen berufsmäßig geführt und
2. an einer Umschulung oder Fortbildung teilgenommen hat, die besondere Kenntnisse im Sinne des § 3 Abs. 1 Satz 2 und § 4 Abs. 1 Satz 2 vermittelt, welche nach Art und Umfang den durch eine abgeschlossene Ausbildung an einer Hochschule vermittelten vergleichbar sind.
(3) ¹Das Landesrecht kann weitergehende Zulassungsvoraussetzungen aufstellen. ²Es regelt das Nähere über die an eine Umschulung oder Fortbildung im Sinne des Absatzes 1 Satz 2 Nr. 2, Absatzes 2 Satz 2 Nr. 2 zu stellenden Anforderungen, über Art und Umfang der zu erbringenden Prüfungsleistungen, über das Prüfungsverfahren und über die Zuständigkeiten. ³Das Landesrecht kann auch bestimmen, dass eine in einem anderen Land abgelegte Prüfung im Sinne dieser Vorschrift anerkannt wird.

1 **I.** Durch das Vormünder- und Betreuervergütungsgesetz wurden die früher in § 1836 I 3, 4, II BGB aF, dem Berufsvormündervergütungsgesetz sowie weiteren Vorschriften des BGB enthaltenen **Regeln über die Vergütung v Berufsvormündern und Berufsbetreuern zusammengeführt**. Es ergaben sich dabei wesentliche Änderungen vor allem dadurch, dass sowohl die Stundensätze als auch die typischerweise anzusetzenden Stundenzahlen pauschaliert wurden. Nach der offiziell vertretenen Linie sollte das zu einer Stärkung des Ehrenamts führen. In Wirklichkeit war dag wohl eher an Einsparungen für die öffentlichen Kassen gedacht, weil die neuen Regeln zu einer grds Herabsetzung der Vergütungen v Vormündern und Betreuern geführt haben. Zu einer Stärkung des Ehrenamts ist es deswegen notgedrungen gekommen, weil sich Betreuungen für Betreuer gerade in den komplizierten Fällen nicht mehr lohnen, weil nicht mehr kostendeckend gearbeitet werden kann.

2 **II. 1.** Die Regeln des Vormünder- und Betreuervergütungsgesetzes **gelten nur für Berufsvormünder und Berufsbetreuer**. Wer zu diesem Personenkreis gehört, richtet sich nach § 1 VBVG. Erforderlich ist, dass dem Vormund in einem solchen Umfang Vormundschaften übertragen sind, dass er sie nur im Rahmen seiner Berufsausübung führen kann, oder wenn zu erwarten ist, dass dem Vormund in absehbarer Zeit Vormundschaften in diesem Umfang übertragen sein werden. Für die Berufsmäßigkeit stellt das Gesetz zwei Vermutungen auf: Sie liegt im Regelfall vor, wenn der Vormund mehr als 10 Vormundschaften bzw. Betreuungen führt oder wenn die für die Führung der Vormundschaft erforderliche Zeit voraussichtlich 20 Wochenstunden nicht unterschreitet. Die zweite Variante hat nur Bedeutung für die Vormundschaft oder Pflegschaft, nicht aber für die Betreuung (§ 4 III 2 VBVG).

3 Liegt die Berufsmäßigkeit vor, dann **muss eine Vergütung bewilligt werden**. Ob sich der Anspruch gegen den Mündel bzw den Betreuten oder gegen die Staatskasse richtet, hängt davon ab, ob der Mündel bzw Betreute mittellos ist oder nicht. Hat er selbst ausreichende Mittel, ist er der Schuldner des Anspruchs (§ 1836 BGB), ist er mittellos, richtet sich der Anspruch gegen die Staatskasse (§ 1 II 2 VBVG).

4 Der Anspruch auf Vergütung **erlischt**, wenn er nicht binnen 15 Monaten nach seiner Entstehung beim Familiengericht geltend gemacht wird; die Geltendmachung des Anspruchs gegenüber dem Familiengericht gilt dabei auch als Geltendmachung gegenüber dem Mündel (§ 2 VBVG, für Behördenbetreuungen unanwendbar, § 8 IV VBVG). Die Regelung entspricht in der Sache § 1836 II 4 BGB aF.

5 **2.** **Völlig neu konzipiert** wurden die Regelungen über die **Höhe der Vergütung und die anzusetzenden Stundenzahlen**. Hier wurde ein erheblicher Schritt v einer konkret bemessenen Vergütung zu einer ausschließlich pauschalierten Vergütung getan. § 3 VBVG enthält für diese Fragen die Grundregelung, §§ 4 ff VBVG die besonderen Regelungen für Betreuer.

6 **a)** Die **Vergütung des Vormunds** ergibt sich aus § 3 VBVG, wo im Wesentlichen die früher in § 1 BVormVG enthaltenen Regeln übernommen werden – allerdings mit der Ausnahme, dass die Regelungen nunmehr für die **Vergütungsansätze** (und nicht nur die bei Mittellosigkeit des Mündels) gelten. Die Sätze sind nach der beruflichen Qualifikation und der Nutzbarkeit der Kenntnisse des Vormunds für die Führung der Vormundschaft gestaffelt. Die Vergütung beträgt grds für jede Stunde der für die Führung der Vormundschaft aufgewandten und erforderlichen Zeit 19,50 EUR. Dabei werden alle Stunden gleich berücksichtigt. Auf die Schwierigkeit der einzelnen Tätigkeit kommt es nicht an. Der Stundensatz erhöht sich, wenn der Vormund über besondere Kenntnisse verfügt, die für die Führung der Vormundschaft nutzbar sind. Er beträgt 25 EUR, wenn diese Kenntnisse durch eine abgeschlossene Lehre oder eine vergleichbare Ausbildung erworben sind und 33,50 EUR, wenn diese Kenntnisse durch eine abgeschlossene Ausbildung an einer Hochschule oder durch eine vergleichbare abgeschlossene Ausbildung erworben sind.

7 Ist ein Vormund bestellt, der über **besondere Kenntnisse** verfügt, die für die Führung der Vormundschaft allg nutzbar und durch eine Ausbildung isV § 3 I 2 VBVG erworben sind, so wird vermutet, dass diese Kenntnisse auch für die Führung der dem Vormund übertragenen Vormundschaft nutzbar sind. Dies gilt nur dann nicht, wenn das

Familiengericht aus besonderen Gründen bei der Bestellung des Vormunds etwas anderes bestimmt hat. In Betracht kann das kommen, wenn der Vormund aus persönlichen Gründen bestellt werden wollte, während auch eine andere Person zur Verfügung gestanden hätte, deren Sätze niedriger gewesen wären oder wenn die besonderen Kenntnisse des Vormunds für seine Tätigkeit völlig unnötig sind.

Die **Stundensätze können ausnahmsweise erhöht werden**, wenn die besondere Schwierigkeit der vormundschaftlichen Geschäfte dies ausnahmsweise rechtfertigt (§ 3 III 1 VBVG). Die Erhöhung ist aber ausgeschlossen, wenn der Mündel mittellos ist und die Vergütung des Vormunds aus der Staatskasse gezahlt werden muss. 8

Eine auf die Vergütung anfallende **Umsatzsteuer** wird zusätzlich ersetzt, sofern sie tatsächlich erhoben wird. 9

Der Vormund kann **Abschlagszahlungen** verlangen. 10

b) aa) Die **Vergütung des Betreuers** richtet sich grds nach §§ 4 ff VBVG. Die wesentliche Neuerung besteht darin, dass nicht nur Stundensätze festgelegt werden, sondern dass auch die Stundenzahlen pauschaliert werden. Die Stundensätze decken dabei nicht nur die Vergütung des Betreuers ab, sondern auch die darauf entfallende Umsatzsteuer und alle Aufwendungen des Vormunds (§ 4 II 1 VBVG, ausgenommen sind nur Aufwendungen wegen besonderer beruflicher Tätigkeiten nach § 1835 III BGB). Eine detaillierte Abrechnung wie beim Vormund gibt es deswegen beim Betreuer nicht mehr. Zu Sonderfällen der Vergütung s § 6 VBVG (Rn 20), zur Vergütung v Betreuungsvereinen § 7 VBVG (Rn 21), zur Vergütung v Behördenbetreuern § 8 VBVG (Rn 23 ff). 11

(1) Die dem Betreuer zu bewilligende Vergütung **beträgt für jede** nach § 5 VBVG anzusetzende **Stunde** 27 EUR. Verfügt der Betreuer über besondere Kenntnisse, die für die Führung der Betreuung nutzbar sind, so erhöht sich der Stundensatz auf 33,50 EUR, wenn diese Kenntnisse durch eine abgeschlossene Lehre oder eine vergleichbare abgeschlossene Ausbildung erworben sind und auf 44 EUR, wenn diese Kenntnisse durch eine abgeschlossene Ausbildung an einer Hochschule oder durch eine vergleichbare abgeschlossene Ausbildung erworben sind. das entspricht (bis auf die Höhe der Sätze) der Lage im Vormundschaftsrecht. Auch die Vermutung des § 3 II VBVG in Bezug auf die Nutzbarkeit der Ausbildung gilt entsprechend (§ 4 III 1 VBVG, Rn 7). 12

(2) Welche **Stundenzahl** ein Betreuer in Ansatz bringen kann, hängt davon ab, wie lange die Betreuung schon besteht, ob der Betreute in einem Heim lebt oder nicht und ob der Betreute oder der Staat (wegen Mittellosigkeit des Betreuten) die Vergütung zahlt. Im Einzelnen gilt: 13

Lebt der **Betreute in einem Heim** (Definition: § 5 III VBVG), ist den dem Betreuer zu vergütende Zeitaufwand in den ersten 3 Monaten der Betreuung mit 5 1/2, im 4. bis 6. Monat mit 4 1/2, im 7. bis 12. Monat mit 4 und danach mit 2 1/2 Stunden im Monat anzusetzen. Das gilt aber nur dann, wenn sich der Vergütungsanspruch gegen den Betreuten selbst richtet, dieser also **nicht mittellos** ist (§ 5 I 1 VBVG). 14

Lebt der **Betreute in einem Heim,** ist aber **mittellos**, beträgt der Stundenansatz in den ersten 3 Monaten der Betreuung 4 1/2, im 4. bis 6. Monat 3 1/2, im 7. bis 12. Monat 3 und danach 2 Stunden im Monat (§ 5 II 1 VBVG). Der Betreuungsstandard ist also erheblich abgesenkt, wenn die Staatskasse für die Betreuung aufkommen muss. 15

Hat der **Betreute,** der die **Vergütung selbst zahlen** muss, weil er nicht mittellos ist, seinen **gewöhnlichen Aufenthalt nicht in einem Heim,** beträgt der Stundenansatz in den ersten 3 Monaten der Betreuung 8 1/2, im 4. bis 6. Monat 7, im 7. bis 12. Monat 6 und danach 4 1/2 Stunden im Monat (§ 5 I 2 VBVG). 16

Hat der **mittellose Betreute** seinen **gewöhnlichen Aufenthalt nicht in einem Heim,** beträgt der Stundenansatz in den ersten 3 Monaten der Betreuung 7, im 4. bis 6. Monat 5 1/2, im 7. bis 12. Monat 5 und danach 3 1/2 Stunden im Monat (§ 5 II 2 VBVG). 17

Für die **Berechnung der Monate** gelten §§ 187 I, 188 II, 1. Fall BGB entsprechend (§ 5 IV 1 VBVG). Wenn sich Umstände, die sich auf die Vergütung auswirken, vor Ablauf eines vollen Monats ändern (zB Einzug im Heim), so ist der Stundensatz zeitanteilig nach Tagen zu berechnen. §§ 187 I, 188 I BGB gelten entsprechend (§ 5 IV 2 VBVG). Die sich dabei ergebenden Stundenansätze sind auf volle Zehntel aufzurunden (§ 5 IV 18

3 VBVG). Zur Vergütung bei einem Wechsel v einem beruflichen zu einem ehrenamtlichen Betreuer s § 5 V VBVG).

19 **Abschlagszahlungen** stehen dem Betreuer **nicht** zu. Anders als der Vormund kann der Betreuer aber dreimonatlich abrechnen (§ 9 VBVG).

20 bb) Eine besondere Vergütungsregelung findet sich in § 6, 1 VBVG für **Sterilisationsbetreuer** und **Verhinderungsbetreuer** (Ergänzungsbetreuer), sofern die Verhinderung nicht tatsächlicher Art ist (dann bleibt es bei §§ 4, 5 VBVG, § 6, 2 VBVG). Für diese gilt nicht § 4, sondern § 3 VBVG. Die Stundensätze sind also niedriger (vgl Rn 6). Andererseits bestehen aber keine festen Stundengrenzen, und dem Betreuer steht ein zusätzlicher Aufwendungsersatz nach § 1835 BGB zu. V diesem ausgenommen sind aber die besonderen berufsbezogenen Aufwendungen nach § 1835 II BGB.

21 cc) **Vergütung und Aufwendungsersatz für Betreuungsvereine** sind in § 7 VBVG geregelt. Die Norm entspricht § 1908 e BGB aF, der durch das 2. Betreuungsrechtsänderungs G aufgehoben wurde. Das bedeutet: Betreuungsvereine gelten immer als Berufsbetreuer (§ 7, 2 VBVG). Ihre Vergütung richtet sich damit grds nach §§ 4, 5 VBVG. Die Geltendmachung v Aufwendungen nach § 1835 II BGB ist jedoch ausgeschlossen. Sofern ein Betreuungsverein als Sterilisations- oder Verhinderungsbetreuer bestellt ist, kommt § 6 VBVG (Rn 19) zur Anwendung. Allerdings sind bei den Aufwendungen allg Verwaltungskosten nicht zu ersetzen (§ 7 II 2 VBVG). Das entspricht der früheren Rechtslage.

22 Der Vereinsbetreuer selbst kann weder **Vergütung** noch **Aufwendungsersatz** verlangen (§ 7 III VBVG). Die Regelung entspricht § 1908 e II BGB aF.

23 dd) Die Vergütung und der Aufwendungsersatz für **Behördenbetreuer** ergibt sich aus § 8 VBVG. Die Regelung übernimmt § 1908 h BGB aF. Ist ein Behördenbetreuer bestellt, kann der Behörde eine angemessene Vergütung nach § 1836 II BGB bewilligt werden, wenn der Umfang oder die Schwierigkeit der Betreuungsgeschäfte das rechtfertigen und der Betreute selbst in Anspruch genommen werden kann (§ 1836 c BGB). Die Höhe der Vergütung richtet sich nicht nach §§ 3–5 VBVG, sondern steht allein im Ermessen des Familiengerichts. Allerdings werden die genannten Regelungen Anhaltspunkte für den Regelfall bilden, so dass das Gericht sich daran orientieren sollte.

24 Neben der Vergütung kann die Betreuungsbehörde Vorschuss und **Ersatz für Aufwendungen** nach § 1835 I 1, 2 BGB verlangen, sofern die Inanspruchnahme des Betreuten in Betracht kommt.

25 Der **Behördenbetreuer** selbst kann weder **Vergütung** noch **Aufwendungsersatz** verlangen (§ 8 III VBVG iVm § 7 III VBVG).

26 Die **Erlöschensfrist** des § 2 VBVG gilt für die Ansprüche der Betreuungsbehörde **nicht** (§ 8 IV VBVG).

27 3. Die **Abrechnungen** der Betreuer können – außer in den Fällen des § 6 (Rn 20) – **dreimonatlich** erfolgen (§ 9 VBVG).

28 4. Damit die Vergütungen zutreffend festgesetzt werden können, ordnet § 10 VBVG bestimmte **Mitteilungspflichten** des Betreuers über vergütungsrelevante Tatsachen an. Gegebenenfalls muss der Betreuer die Richtigkeit seiner Angaben an Eides statt versichern.

§§ 1836 a und 1836 b (aufgehoben)

§ 1836 c Einzusetzende Mittel des Mündels

Der Mündel hat einzusetzen:
1. nach Maßgabe des § 87 des Zwölften Buches Sozialgesetzbuch sein Einkommen, soweit es zusammen mit dem Einkommen seines nicht getrennt lebenden Ehegatten oder Lebenspartners die nach den §§ 82, 85 Abs. 1 und § 86 des Zwölften Buches Sozialgesetzbuch maßgebende Einkommensgrenze für die Hilfe nach dem Fünften bis Neunten Kapitel des Zwölften Buches Sozialgesetzbuch übersteigt. Wird im Einzelfall der Einsatz eines Teils des Einkommens zur Deckung eines bestimmten

Bedarfs im Rahmen der Hilfe nach dem Fünften bis Neunten Kapitel des Zwölften Buches Sozialgesetzbuch zugemutet oder verlangt, darf dieser Teil des Einkommens bei der Prüfung, inwieweit der Einsatz des Einkommens zur Deckung der Kosten der Vormundschaft einzusetzen ist, nicht mehr berücksichtigt werden. Als Einkommen gelten auch Unterhaltansprüche sowie die wegen Entziehung einer solchen Forderung zu entrichtenden Renten;
2. sein Vermögen nach Maßgabe des § 90 des Zwölften Buches Sozialgesetzbuch.

§ 1836 d Mittellosigkeit des Mündels

Der Mündel gilt als mittellos, wenn er den Aufwendungsersatz oder die Vergütung aus seinem einzusetzenden Einkommen oder Vermögen
1. nicht oder nur zum Teil oder nur in Raten oder
2. nur im Wege gerichtlicher Geltendmachung von Unterhaltsansprüchen
aufbringen kann.

§ 1836 e Gesetzlicher Forderungsübergang

(1) ¹Soweit die Staatskasse den Vormund oder Gegenvormund befriedigt, gehen Ansprüche des Vormundes oder Gegenvormunds gegen den Mündel auf die Staatskasse über. ²Nach dem Tode des Mündels haftet sein Erbe nur mit dem Wert des im Zeitpunkt des Erbfalls vorhandenen Nachlasses; § 102 Abs. 3 und 4 des Zwölften Buches Sozialgesetzbuch gilt entsprechend, § 1836 c findet auf den Erben keine Anwendung.
(2) Soweit Ansprüche gemäß § 1836 c Nr. 1 Satz 3 einzusetzen sind, findet zugunsten der Staatskasse § 850 b der Zivilprozessordnung keine Anwendung.

I. §§ 1836 c–1836 e bestimmen, inwieweit der Mündel für die Kosten der Vormundschaft in Anspruch genommen werden kann. Die Regelungen wurden durch das BetreuungsrechtsänderungsG v 25.6.98 (BGBl I 1580) eingeführt. Sie sind zu Recht auf Kritik gestoßen, weil sie der Staatskasse einen Regress gegen den Mündel und seine Erben erlauben. 1

II. 1. Ein Anspruch des Vormunds gegen die Staatskasse kommt nur in Betracht, wenn die in § 1836 genannten Voraussetzungen vorliegen und der **Mündel mittellos** ist (§ 1 II 1 VBVG). Mittellosigkeit liegt vor, wenn der Mündel den Aufwendungsersatz oder die Vergütung aus seinem einzusetzenden Einkommen oder Vermögen nicht oder nur zum Teil oder nur in Raten oder nur im Wege gerichtlicher Geltendmachung v Unterhaltsansprüchen aufbringen kann (§ 1836 d). Dem Mündel soll nicht zugemutet werden, derartige Verfahren selbst zu führen, nur um seinen Vormund bezahlen zu können. Ob Mittellosigkeit vorliegt, ist für den gesamten Abrechnungszeitraum einheitlich zu beurteilen (BGH FamRZ 11, 368). 2

Inwieweit der Mündel sein **Vermögen und Einkommen einsetzen** muss, ergibt sich aus § 1836 c. Nach dieser Norm wird ihm etwa genau soviel Eigenbelastung zugemutet wie jedem, der Hilfe in besonderen Lebenslagen erhält. Verwiesen wird auf §§ 82, 85 I, 86 und 87 SGB XII. Der Gesetzgeber wollte so eine Gleichbehandlung v Mündeln mit Hilfebedürftigen in vergleichbaren Situationen erreichen. Die Anwendung der sozialhilferechtlichen Maßstäbe entspricht dabei der schon zuvor in der Rspr herrschenden Tendenz (BayObLG FamRZ 95, 1375 f; 96, 436 f). Nach der Eingliederung des BSHG in das Sozialgesetzbuch sind die §§ 82 ff SGB XII anzuwenden. 3

Für die **Berücksichtigung des Vermögens** kommt es auf die Schongrenze für die Hilfe in besonderen Lebenslagen an, die sich allein nach § 90 SGB XII bestimmt (BGH NJW 02, 366). Dem Betroffenen gezahltes Schmerzensgeld gehört nicht dazu (OLG Thüringen FamRZ 05, 1199). 4

Im Unterschied zu den sozialhilferechtlichen Regelungen braucht aber das **Einkommen der Eltern des minderjährigen unverheirateten Mündels** nicht eingesetzt zu werden. Eine Besserstellung gegenüber den sozialhilferechtlichen Regelungen besteht auch darin, dass der Mündel nur sein Einkommen einzusetzen hat (und nicht auch das seines 5 mit ihm zusammenlebenden Ehegatten oder Lebenspartners). Das Einkommen des Ehegatten bzw Lebenspartners ist nur Rechnungsposten. Es kann aber nicht selbst für die Kosten der Vormundschaft herangezogen werden. Letztlich kann § 1836 c damit nur dazu führen, dass der Mündel sein gesamtes Einkommen einsetzen muss. Reicht dieses nicht zur Befriedigung der Ansprüche des Vormunds, bleibt es dabei; ein Rückgriff auf die Einkünfte des Ehegatten bzw Lebenspartners ist unzulässig.

6 Schließlich stellt § 1836 c Nr 1 S 1 2. Halbs klar, dass der Einsatz gleicher Einkommensteile nicht einmal bei der Berechnung v Hilfe in besonderen Lebenslagen und andererseits bei der Frage nach der Vergütung des Vormunds in Betracht kommt, sondern dass wegen der Subsidiarität der Sozialhilfe (§ 2 I SGB XII) **zunächst auf die Sozialhilfe angerechnet** werden muss und das angerechnete Einkommen dann bei der Berechnung nach § 1836 c unberücksichtigt bleibt.

7 2. Die **Höhe der Vergütung** des Vormunds bestimmt sich seit dem Inkrafttreten des 2. BetreuungsrechtsänderungsG nach § 3 VBVG, für Betreuer nach §§ 4,5 VBVG (Anhang zu § 1836).

8 3. Der Mündel bekommt die staatliche Vergütung oder Auslagenerstattung nur noch dann endgültig als Zuschuss, wenn er nicht innerhalb der Verjährungsfrist (§ 195) wieder so leistungsfähig wird, dass er die gezahlten Beträge erstatten kann; denn sobald die Staatskasse den Vormund oder Gegenvormund befriedigt, **gehen** dessen **Ansprüche auf die Staatskasse über** (§ 1836 e I 1) und können bis dahin (§ 1836 e I 3) gegen den Mündel oder seinen Erben geltend gemacht werden. Die Frist wurde durch das G zur Änderung des Erb- und Verjährungsrechts mit Wirkung v 1.1.10 erheblich verkürzt; denn bislang war eine Zehnjahresfrist für die Geltendmachung der Ansprüche vorgesehen.

9 Bis zum Ablauf der Frist kann die Staatskasse bei dem Mündel **Regress** nehmen, wenn er später Vermögen erwirbt oder ein über den Schongrenzen liegendes Einkommen hat oder wenn sich nachträglich herausstellt, dass er zu Unrecht für mittellos gehalten wurde. Der Regress ist aber nicht zwingend. § 168 II 3 FamFG erlaubt dem Gericht vielmehr in Fällen, in denen ein Regress aussichtslos erscheint, v der Geltendmachung abzusehen.

10 Mit dem **Tod des Mündels** gehen die Verbindlichkeiten des Mündels gegenüber der Staatskasse als Nachlassverbindlichkeiten auf seinen Erben über. Für diesen gelten die in § 1836 c genannten Schonungen nicht. Die Haftung ist aber insofern erleichtert, als § 1836 e I 3 die Haftung auf das im Zeitpunkt des Todes des Mündels vorhandene Vermögen begrenzt und auf § 102 SGB XII verweist. Der Regress kommt gegen einen Erben daher nicht in Betracht, wenn der Wert des Nachlasses unter dem doppelten Grundbetrag nach § 85 SGB XII liegt, wenn der Nachlass weniger wert ist als 15.340 EUR, sofern der Erbe der Ehegatte des Mündels oder ein Verwandter ist, der bis zu seinem Tode mit ihm in häuslicher Gemeinschaft gelebt und ihn gepflegt hat oder wenn die Inanspruchnahme nach den Umständen des Einzelfalls eine besondere Härte bedeuten würde. Schließlich gilt eine verkürzte Dauer des Anspruchs: Er erlischt in jedem Fall 3 Jahre nach dem Tod des Mündels.

Untertitel 3
Fürsorge und Aufsicht des Familiengerichts

§ 1837 Beratung und Aufsicht

(1) ¹Das Familiengericht berät die Vormünder. ²Es wirkt dabei mit, sie in ihre Aufgaben einzuführen.

(2) ¹Das Familiengericht hat über die gesamte Tätigkeit des Vormunds und des Gegenvormunds die Aufsicht zu führen und gegen Pflichtwidrigkeiten durch geeignete Gebote und Verbote einzuschreiten. ²Es hat insbesondere die Einhaltung der erforderlichen persönlichen Kontakte des Vormunds zu dem Mündel zu beaufsichtigen. ³Es kann dem Vormund und dem Gegenvormund aufgeben, eine Versicherung gegen Schäden, die sie dem Mündel zufügen können, einzugehen.

(3) ¹Das Familiengericht kann den Vormund und den Gegenvormund zur Befolgung seiner Anordnungen durch Festsetzung von Zwangsgeld anhalten. ²Gegen das Jugendamt oder einen Verein wird kein Zwangsgeld festgesetzt.
(4) §§ 1666, 1666 a und 1696 gelten entsprechend.

I. Die Vorschrift regelt das **Verhältnis zwischen Vormund und Familiengericht.** Sie gilt entsprechend für den Gegenvormund, Betreuer, Beistand und Pfleger. Aus ihr ergibt sich vor allem, dass der Vormund die Vormundschaft grds selbständig und in eigener Verantwortung führt. Das Familiengericht hat Beratungs- (Abs 1) und Überwachungsaufgaben (Abs 2–4), aber keine eigenen Handlungsbefugnisse (Ausnahme: § 1846). **Pflichtverletzungen** des Vormunds oder des Gegenvormunds führen zu einer Haftung nach § 1833. Für Fehler des Familiengerichts tritt Staatshaftung nach § 839, Art 34 GG ein. Das Spruchrichterprivileg gilt insoweit nicht. 1

2

II. 1. Das **Familiengericht berät und unterstützt den Vormund** (Abs 1 S 1). Vor allem wirkt es an seiner Einführung in die Tätigkeit als Vormund mit (Abs 1 S 2). Es muss dem Vormund zu Beginn der Vormundschaft seine Rechte und Pflichten erläutern, sofern der Vormund nicht schon über ausreichende Erfahrung verfügt. Im Verlauf der Vormundschaft muss das Gericht Fragen des Vormunds beantworten, ihn aber auch v sich aus darauf aufmerksam machen, wenn es seine Maßnahmen für rechtswidrig oder unzweckmäßig hält oder wenn es meint, dass der Vormund bestimmte Maßnahmen vornehmen muss oder soll, an die er noch nicht selbst gedacht hat. Die Beratung des Vormunds ist außerdem Aufgabe des Jugendamts. Dieses ist auch für die Durchführung v Fortbildungen zuständig. 3

Für **Beratungen des Mündels** ist das Familiengericht **nicht** zuständig. Diese obliegen allein dem Vormund und ggf dem Gegenvormund. 4

2. a) Die **Aufsicht** des Familiengerichts über die Tätigkeit des Vormunds ist eine **doppelte:** Zunächst muss das Gericht sicherstellen, dass der Vormund die gesetzlichen Vorschriften über die Führung der Vormundschaft einhält (**allg Überwachung**) und muss insofern auch die Einhaltung der erforderlichen persönlichen Kontakte des Vormunds zu dem Mündel beaufsichtigen (Abs 2 S 2). Darüber hinaus ist das Familiengericht direkt an der Vormundschaft beteiligt, indem es zur Erteilung der vorgeschriebenen **Genehmigungen** eingeschaltet werden (§§ 1809 ff) und die Rechnung des Vormunds kontrollieren muss (§§ 1840 ff). Die Aufsicht erstreckt sich auf alle Bereiche der Vermögens- und der Personensorge. Einen kontrollfreien Raum gibt es nicht. Die Kontrolle beginnt mit der Bestellung des Vormunds. Sie endet mit seiner Entlassung. Zwangsmaßnahmen nach Abs 2 gegen den Vormund sind daher ausgeschlossen, sobald er entlassen ist. Seine Verpflichtung zur Legung einer Schlussrechnung kann also nicht mehr auf diese Weise durchgesetzt werden. Die Überwachungstätigkeit des Familiengerichts wird erleichtert durch das Recht, v Vormund Auskunft über die Angelegenheiten des Mündels zu verlangen (§ 1839) und die regelmäßigen Berichtspflichten des Vormunds (§ 1840). 5

b) Das Familiengericht kann verschiedene **Maßnahmen** treffen, wenn dies zum Wohl des Mündels erforderlich scheint: Es kann zunächst anordnen, dass der Vormund und der Gegenvormund eine Versicherung gegen die Schäden abschließen, die sie dem Mündel bei der Ausübung ihrer Tätigkeit möglicherweise zufügen (Abs 2 S 3). Im Übrigen kann es alle Anordnungen treffen, die erforderlich sind, damit der Vormund pflichtwidriges Verhalten einstellt bzw gar nicht erst beginnt. Unzulässig ist es daß, dass das Familiengericht selbst an Stelle des Vormunds handelt oder dass es Handlungen des Vormunds aus reinen Zweckmäßigkeitskeitsgesichtspunkten beanstandet (OLG München BtPrax 09, 237). Die Ge- und Verbote kann es nach Abs 3 S 1, § 35 FamFG mit Hilfe eines Zwangsgelds durchsetzen. Das gilt allerdings nicht gegenüber dem Behörden- und dem Vereinsvormund (Abs 3 S 2). In diesem Fall kommt nur die Entlassung in Betracht. 6

Pflichtwidrigkeiten sind Verstöße gegen Rechtsvorschriften oder Anordnungen des Familiengerichts. Das gilt auch, wenn diese Anordnungen v Familiengericht nur aus Zweckmäßigkeitsgründen getroffen worden waren. Ob das Gericht einschreiten muss, 7 richtet sich in erster Linie nach dem Wohl des Mündels. Das ergibt sich aus der Verweisung in Abs 4 auf §§ 1666, 1666 a und § 1696. Insoweit muss das Gericht aber berücksichtigen, dass der Vormund ein eigenes Erziehungsrecht ausübt (anders beim Betreuer, vgl § 1908 i). Bloße Meinungsverschiedenheiten über die Zweckmäßigkeit der Entscheidung des Vormunds rechtfertigen daher einen Eingriff nicht, wenn nicht schon vorher eine bindende Weisung an den Vormund bestand, über die dieser sich hinweggesetzt hat. Ob der Vormund schuldhaft handelt, ist unerheblich; das Familiengericht muss allen Gefährdungen des Mündels begegnen.

8 Einzelfälle: Als zulässige Maßnahmen sind anzusehen: die Verhinderung des Kontakts des Mündels zu seinen leiblichen Eltern oder anderen Verwandten, das Einschreiten gegen Verstöße gegen die Verpflichtung zur mündelsicheren Anlage v Geld, die Verletzung v Rechnungslegungsvorschriften oder Verschwendung v Mündelvermögen, die Anordnung, bisher v Vormund unterlassene gebotene medizinische Behandlungen einzuleiten, die Anweisung, den Mündel unterzubringen oder nicht aus der Unterbringung herauszunehmen.

9 **III. Verfahren.** Zuständig ist der Rechtspfleger (§§ 3 Nr 2 a, 14 RPflG). Beschwerdebefugt sind der Vormund und der Mündel (§ 59 I FamFG).

§ 1838 (weggefallen)

§ 1839 Auskunftspflicht des Vormunds

Der Vormund sowie der Gegenvormund hat dem Familiengericht auf Verlangen jederzeit über die Führung der Vormundschaft und über die persönlichen Verhältnisse des Mündels Auskunft zu erteilen.

1 Die Vorschrift ordnet eine Auskunftspflicht des Vormunds gegenüber dem Familiengericht an, um diesem seine Tätigkeit im Interesse des Mündels zu erleichtern. Sie gilt für alle Arten v Vormundschaften, Pflegschaften und Betreuungen. Sie ergänzt § 1840, der nur die jährliche Berichterstattung anordnet. Sie kann persönliche Angelegenheiten des Mündels betreffen sowie wirtschaftliche Umstände, die in der Rechnungslegung nicht aufgeführt zu werden brauchen. Entsprechend § 1799 II muss § 1839 um ein Recht des Familiengerichts ergänzt werden, in die Papiere des Vormunds Einsicht zu nehmen, die sich auf die Vormundschaft beziehen. Das Auskunftsrecht kann v Familiengericht jederzeit ausgeübt werden. Es ist an keinen bestimmten Turnus gebunden. Der Vormund darf die Auskunft schriftlich erteilen oder sich sogar eines Vertreters bedienen. Dann kann ihm aber aufgegeben werden, die Auskunft persönlich und in mündlicher Verhandlung zu erteilen. Solange die Vormundschaft besteht, kann die Auskunftspflicht nach § 1837 II durchgesetzt werden.

§ 1840 Bericht und Rechnungslegung

(1) Der Vormund hat über die persönlichen Verhältnisse des Mündels dem Familiengericht mindestens einmal jährlich zu berichten. Der Bericht hat auch Angaben zu den persönlichen Kontakten des Vormunds zu dem Mündel zu enthalten.
(2) Der Vormund hat über seine Vermögensverwaltung dem Familiengericht Rechnung zu legen.
(3) [1]Die Rechnung ist jährlich zu legen. [2]Das Rechnungsjahr wird von dem Familiengericht bestimmt.
(4) Ist die Verwaltung von geringem Umfang, so kann das Familiengericht, nachdem die Rechnung für das erste Jahr gelegt worden ist, anordnen, dass die Rechnung für längere, höchstens dreijährige Zeitabschnitte zu legen ist.

1 **I. Die Norm regelt** zum einen die Pflicht des Vormunds, über die persönlichen Angelegenheiten des Mündels im Jahresturnus **Auskunft** zu erteilen (Abs 1) und dem Fami-

liengericht jährlich über die seine Vermögensverwaltung **Rechnung zu legen** (Abs 2–4). Das soll dem Gericht die Kontrolle des Vormunds erleichtern.

II. 1. Die Auskunft über die persönlichen Angelegenheiten muss im Jahresturnus erteilt werden, erstmals ein Jahr nach der Bestellung des Vormunds. Weder zu Beginn noch am Ende der Vormundschaft muss ein gesonderter Bericht abgegeben werden. Für die Auskunftserteilung ist keine Form vorgeschrieben. Das zu § 1839 Gesagte gilt entsprechend. Durch das G zur Änderung des Vormundschafts- und Betreuungsrechts v 29.6.11 (BGBl I 1306) wurde Abs 1 um die Verpflichtung des Vormunds ergänzt, auch über den persönlichen Kontakt zum Mündel zu berichten. Dem Gericht soll es dadurch ermöglicht werden, auch seinen Kontrollpflichten in Bezug auf den persönlichen Kontakt nachzukommen (vgl § 1837).

2. Die Pflicht zur Rechnungslegung trifft jeden Vormund außer den befreiten Vormund (§§ 1854, 1855, 1857 a). Bei einer Vormundschaft über mehrere Mündel braucht die Rechnungslegung nicht getrennt zu erfolgen, wenn auch das Vermögen der Mündel ungeteilt ist. Besteht Mitvormundschaft, muss die Rechnung gemeinsam gelegt werden. Ist sie jeweils auf bestimmte Aufgabenkreise beschränkt, muss jeder Vormund für seinen Bereich gesondert Rechnung legen. Die Rechnungslegungspflicht entfällt, wenn weder Vermögen noch Einkommen vorhanden ist.

In der Rechnung müssen das gesamte der Verwaltung des Vormunds unterworfene Vermögen des Mündels sowie die Einkünfte und Ausgaben des Mündels aufgeführt werden. Die Abgabe der Erklärung kann v Familiengericht nach § 1837 II erzwungen werden. Anders als bei § 259 ist der Vormund aber nicht verpflichtet, die Vollständigkeit und Richtigkeit der Rechnung an Eides statt zu erklären. Eine derartige Verpflichtung besteht nur hinsichtlich der Endrechnung nach § 1890. Fehler in der Rechnungslegung, die zu Schäden des Mündels führen, machen den Vormund schadensersatzpflichtig.

Die Rechnungslegung muss grds **jährlich** erfolgen (Abs 3 S 1, beachte aber § 1839). Die genaue Rechnungsperiode wird v Familiengericht festgelegt (Abs 3 S 2). Bei Verwaltungen geringen Umfangs kann das Gericht anordnen, dass die Rechnung für längere, höchstens dreijährige Zeitabschnitte zu legen ist, nachdem die Rechnung für das erste Jahr gelegt worden ist (Abs 4).

§ 1841 Inhalt der Rechnungslegung

(1) Die Rechnung soll eine geordnete Zusammenstellung der Einnahmen und Ausgaben enthalten, über den Ab- und Zugang des Vermögens Auskunft geben und, soweit Belege erteilt zu werden pflegen, mit Belegen versehen sein.
(2) [1]Wird ein Erwerbsgeschäft mit kaufmännischer Buchführung betrieben, so genügt als Rechnung ein aus den Büchern gezogener Jahresabschluss. [2]Das Familiengericht kann jedoch die Vorlegung der Bücher und sonstigen Belege verlangen.

Als Sonderregelung gegenüber § 259 bestimmt § 1841, wie die v Vormund nach § 1840 vorzulegende Rechnung erteilt werden muss. Sie soll eine geordnete Zusammenstellung der Einnahmen und Ausgaben enthalten und über den Ab- und Zugang des Vermögens Auskunft geben. Das setzt voraus, dass sie sich an das Vermögensverzeichnis nach § 1802 oder an eine vorausgegangene Jahresrechnung anschließt. Soweit Belege erteilt zu werden pflegen, muss sie mit Belegen versehen sein. Betreibt der Vormund im Namen des Mündels ein Erwerbsgeschäft mit kaufmännischer Buchführung, genügt ein Jahresabschluss iSd §§ 242 ff HGB. Das Familiengericht kann die Vorlage der Handelsbücher und sonstiger Belege verlangen, wenn ihm die Informationen aus dem Jahresabschluss nicht ausreichen oder unklar sind.

§ 1842 Mitwirkung des Gegenvormunds

[1]Ist ein Gegenvormund vorhanden oder zu bestellen, so hat ihm der Vormund die Rechnung unter Nachweisung des Vermögensbestands vorzulegen. [2]Der Gegenvor-

mund hat die Rechnung mit den Bemerkungen zu versehen, zu denen die Prüfung ihm Anlass gibt.

1 Ist ein **Gegenvormund vorhanden**, muss der Vormund ihm nicht nur die Rechnung im Sinne des § 1841 vorlegen, sondern auch einen Nachweis über den aktuell vorhandenen Vermögensbestand (Satz 1). Das soll dem Gegenvormund ermöglichen, die Rechnung des Vormunds konkret zu überprüfen. Der Gegenvormund muss die Rechnung prüfen und mit den Bemerkungen kommentieren, die aufgrund der Prüfung erforderlich sind (Satz 2). Auf Verlangen des Gegenvormunds muss der Vormund über die Führung der Vormundschaft weitere Auskunft erteilen und die Einsicht der sich auf die Vormundschaft beziehenden Papiere gestatten (§ 1799 II). Bei unsorgfältiger Prüfung oder unzureichender Kommentierung der Rechnung macht sich der Gegenvormund schadenersatzpflichtig (§ 1833).
2 Ist noch **kein Gegenvormund vorhanden, muss aber ein solcher bestellt werden**, ist er zunächst zu bestellen; denn seine Mitwirkung an der Rechnungslegung ist erforderlich.
3 Die Norm gilt nicht für die v der Gegenvormundschaft **befreite Vormundschaft** (§ 1854 III).

§ 1843 Prüfung durch das Familiengericht

(1) Das Familiengericht hat die Rechnung rechnungsmäßig und sachlich zu prüfen und, soweit erforderlich, ihre Berichtigung und Ergänzung herbeizuführen.
(2) Ansprüche, die zwischen dem Vormund und dem Mündel streitig bleiben, können schon vor der Beendigung des Vormundschaftsverhältnisses im Rechtsweg geltend gemacht werden.

1 Die Norm regelt in erster Linie die **Prüfung der v Vormund erstellten Rechnung durch das Familiengericht** (Abs 1). Dieses muss die Rechnung rechnungsmäßig, dh auf ihre rechnerische Richtigkeit hin und dann auf ihre sachliche Richtigkeit, dh auf die Vollständigkeit der Einnahmen (sowohl der Aufstellung nach als auch der Möglichkeit, solche zu erzielen) und die Vollständigkeit und Berechtigung der angegebenen Ausgaben, prüfen. Das Gericht prüft auch, ob der Vormund die gesetzlichen Bestimmungen eingehalten hat, also die erforderlichen Genehmigungen eingeholt und das Vermögen des Mündels in der vorgeschriebenen Weise angelegt hat. Fehlt es an einer ausreichenden Rechnungslegung, kann das Gericht weitere Auskünfte einholen. Es kann außerdem den Vormund nach § 1837 dazu anhalten, die Rechnung zu vervollständigen. Es ist dag nicht befugt, aus der Rechnung selbst einzelne Posten zu streichen, andere Posten aufzunehmen oder den Vormund zur Änderung der Rechnung zu zwingen, wenn es einzelne Ausgaben für unnötig hält. Auch die Weisung, auf der Einnahmeseite Schadensersatzforderungen des Mündels gegen den Vormund einzustellen, kommt nicht in Betracht.
2 **Bestreitet der Mündel Ansprüche** des Vormunds, müssen diese vor dem gerichtlich geltend gemacht werden. Abs 2 stellt klar, dass das bereits vor dem Ende der Vormundschaft geschehen kann. Dem Mündel muss dann nach § 1909 ein Pfleger bestellt werden.

§ 1844 (weggefallen)

§ 1845 (aufgehoben)

§ 1846 Einstweilige Maßregeln des Familiengerichts

Ist ein Vormund noch nicht bestellt oder ist der Vormund an der Erfüllung seiner Pflichten verhindert, so hat das Familiengericht die im Interesse des Betroffenen erforderlichen Maßregeln zu treffen.

I. **Die Norm schließt die Schutzlücke**, die sich daraus ergeben kann, dass das **Familien-** 1
gericht grds **nur** die Arbeit des Vormunds **überwacht** und durch Genehmigungen bzw
deren Verweigerung unterstützt. Sie ermöglicht es dem Familiengericht, selbst für den
Mündel tätig zu werden, solange ein Vormund noch nicht bestellt ist oder an der Erfüllung seiner Pflichten verhindert ist.
II. **Voraussetzung des Tätigwerdens** ist, dass ein Vormund entweder noch nicht bestellt 2
oder aber zwar bestellt, aber an der Erfüllung seiner Pflichten verhindert ist. Auf die
Dauer der Verhinderung kommt es nicht an, so dass ggf das Familiengericht für eine
längere Zeit für den Mündel tätig sein muss. Dann ist aber zu prüfen, ob nicht der
Vormund zu entlassen und ein neuer, besser geeigneter Vormund zu bestellen ist. Verhinderung bedeutet, dass der Vormund die Angelegenheiten des Mündels nicht besorgen kann. Allein auf seinem Willen beruhendes Nichthandeln reicht daher ebenso wenig wie eine bloße Erschwernis der Aufgabenerfüllung.
Das Familiengericht kann **alle im Interesse des Mündels erforderlichen Maßnahmen** 3
treffen. Regelmäßig ist an die Bestellung eines Pflegers zu denken (vgl § 1909 I, III). Bei
dringendem Handlungsbedarf darf das Familiengericht den mit der Pflegerbestellung
verbundenen Zeitaufwand aber nicht in Kauf nehmen, sondern muss selbst für den Betroffenen handeln. Das gilt auch, wenn die Maßnahme nicht mehr rückgängig zu machen ist (zB Kündigung, Einwilligung in eine Operation, AG Nettetal FamRZ 96,
1104; vorläufige Unterbringung).
III. **Verfahren.** Zuständig ist neben dem Familiengericht, in dessen Bezirk das Kind sei- 4
nen gewöhnlichen Aufenthalt hat, auch das, in dessen Bezirk das Fürsorgebedürfnis
hervortritt (§ 152 FamFG). Bei Anhängigkeit einer Ehesache ist das Gericht der Ehesache ausschließlich zuständig für die Kindschaftssache (§ 152 I FamFG).

§ 1847 Anhörung der Angehörigen

¹Das Familiengericht soll in wichtigen Angelegenheiten Verwandte oder Verschwägerte
des Mündels hören, wenn dies ohne erhebliche Verzögerung und ohne unverhältnismäßige Kosten geschehen kann. ²§ 1779 Abs. 3 Satz 2 gilt entsprechend.

I. **Die Norm statuiert** ergänzend zu §§ 159 f FamFG, die die Anhörung des Mündels 1
und ggf seiner Eltern regeln, ein Anhörungsrecht zugunsten der Verwandten und
Schwäger des Mündels. So sollen in wichtigen Angelegenheiten die dem Mündel nahe
stehenden Personen in den Entscheidungsprozess einbezogen werden. Auf sonstige
Dritte, wie nichteheliche Lebensgefährten, bezieht sich das Anhörungsrecht nicht.
II. **Die Anhörung soll stattfinden** in wichtigen Angelegenheiten des Mündels. Das sind 2
in erster Linie die die Person betr Genehmigungserfordernisse (zB § 1746). Hierher gehören aber auch wirtschaftlich bedeutsame Angelegenheiten wie die Genehmigung des
Verkaufs eines Grundstücks oder der Aufnahme oder Untersagung eines selbständigen
Erwerbsgeschäfts (§ 1823). Die Anhörung unterbleibt, wenn sie entweder zu einer erheblichen Verzögerung oder zu unverhältnismäßigen Kosten führt. Die Voraussetzungen des § 1847 prüft das Familiengericht vAw. § 1847 ist eine Sollvorschrift. Die Anhörung muss also grds durchgeführt werden, wenn die Voraussetzungen vorliegen,
kann aber v den Begünstigten nicht erzwungen werden.
Die Verwandten und Schwäger können v dem Mündel **Ersatz ihrer Auslagen** verlan- 3
gen. Der Betrag der Auslagen wird v dem Familiengericht festgesetzt (S 2, § 1779 III
2).

§ 1848 (weggefallen)

Untertitel 4
Mitwirkung des Jugendamts

§§ 1849 und 1850 (weggefallen)

§ 1851 Mitteilungspflichten

(1) Das Familiengericht hat dem Jugendamt die Anordnung der Vormundschaft unter Bezeichnung des Vormunds und des Gegenvormunds sowie einen Wechsel in der Person und die Beendigung der Vormundschaft mitzuteilen.
(2) Wird der gewöhnliche Aufenthalt eines Mündels in den Bezirk eines anderen Jugendamts verlegt, so hat der Vormund dem Jugendamt des bisherigen gewöhnlichen Aufenthalts und dieses dem Jugendamt des neuen gewöhnlichen Aufenthalts die Verlegung mitzuteilen.
(3) Ist ein Verein Vormund, so sind die Absätze 1 und 2 nicht anzuwenden.

1 Die Norm stellt mehrere **Informationspflichten** auf, die es den Jugendämtern erleichtern sollen, ihren Überwachungsaufgaben § 53 III SGB VIII nachzukommen. **Das Familiengericht** muss das Jugendamt informieren über die Anordnung und das Ende v Vormundschaft und Gegenvormundschaft sowie über die Personen, die diese Ämter ausüben. Auch ein Wechsel des Vormunds oder Gegenvormunds ist mitzuteilen (Abs 1). **Der Vormund** muss den Wechsel des gewöhnlichen (nicht des schlichten) Aufenthalts des Mündels in den Zuständigkeitsbereich eines anderen Jugendamts anzeigen (Abs 2). Beide Informationspflichten bestehen nicht, wenn ein Verein Vormund ist (Abs 3).

Untertitel 5
Befreite Vormundschaft

§ 1852 Befreiung durch den Vater

(1) Der Vater kann, wenn er einen Vormund benennt, die Bestellung eines Gegenvormunds ausschließen.
(2) ¹Der Vater kann anordnen, dass der von ihm benannte Vormund bei der Anlegung von Geld den in den §§ 1809, 1810 bestimmten Beschränkungen nicht unterliegen und zu den in § 1812 bezeichneten Rechtsgeschäften der Genehmigung des Gegenvormunds oder des Familiengerichts nicht bedürfen soll. ²Diese Anordnungen sind als getroffen anzusehen, wenn der Vater die Bestellung eines Gegenvormunds ausgeschlossen hat.

§ 1853 Befreiung von Hinterlegung und Sperrung

Der Vater kann den von ihm benannten Vormund von der Verpflichtung entbinden, Inhaber- und Orderpapiere zu hinterlegen und den in § 1816 bezeichneten Vermerk in das Bundesschuldbuch oder das Schuldbuch eines Landes eintragen zu lassen.

§ 1854 Befreiung von der Rechnungslegungspflicht

(1) Der Vater kann den von ihm benannten Vormund von der Verpflichtung entbinden, während der Dauer seines Amtes Rechnung zu legen.
(2) ¹Der Vormund hat in einem solchen Falle nach dem Ablauf von je zwei Jahren eine Übersicht über den Bestand des seiner Verwaltung unterliegenden Vermögens dem Familiengericht einzureichen. ²Das Familiengericht kann anordnen, dass die Übersicht in längeren, höchstens fünfjährigen Zwischenräumen einzureichen ist.
(3) ¹Ist ein Gegenvormund vorhanden oder zu bestellen, so hat ihm der Vormund die Übersicht unter Nachweisung des Vermögensbestands vorzulegen. ²Der Gegenvormund hat die Übersicht mit den Bemerkungen zu versehen, zu denen die Prüfung ihm Anlass gibt.

§ 1855 Befreiung durch die Mutter

Benennt die Mutter einen Vormund, so kann sie die gleichen Anordnungen treffen wie nach den §§ 1852 bis 1854 der Vater.

I. Der Gesetzgeber gestattet den Eltern und den ihnen gleichgestellten Personen einen v ihnen benannten **Vormund v bestimmten Verpflichtungen und Einschränkungen zu befreien** (§§ 1852, 1855, bei Differenzen: § 1856). Das kann umfassend sein (anzunehmen, wenn die Erklärung über die Befreiung keine Einschränkungen enthält) oder in Bezug auf einzelne Verpflichtungen.

II. Voraussetzung einer Befreiung ist, dass der **Vormund v Vater** (bei § 1855: der Mutter) **benannt** wurde (vgl § 1776). Sie gilt daher nicht für einen Nachfolger dieses Vormunds, einen Pfleger, der bei seiner Verhinderung an seiner Stelle handelt, und einen Mitvormund, für den die Voraussetzungen nicht in seiner Person vorliegen.

Die Befreiung wird durch Erklärung des Vaters erteilt. Sie kann mit der Benennung des Vormunds verbunden werden, darf ihr aber auch nachfolgen. Für die Auslegung gelten die allg Regeln über die Auslegung v letztwilligen Verfügungen. Im Zweifel ist bei umfassenden Erklärungen anzunehmen, dass sie sich auf alle Befreiungsmöglichkeiten erstrecken, die in §§ 1852–1854 vorgesehen sind. Ein Ausschluss der Gegenvormundschaft führt im Zweifel zur Annahme, dass der Vormund auch denen in § 1852 II 1 genannten Beschränkungen nicht unterliegt (§ 1852 II 2). Der Vater kann jedoch auch etwas anderes anordnen.

Die Befreiung kann sich erstrecken auf alle in §§ 1852–1854 genannten Befugnisse, aber auch nur auf Einzelne v ihnen. Die **Befreiung v der Gegenvormundschaft** nach § 1852 I kann umfassend sein, kann sich aber auch auf einzelne Geschäfte beziehen. Der Vormund braucht dann für die in die Befreiung einbezogenen Geschäfte nicht die Genehmigung des Gegenvormunds. Mit der umfassenden Befreiung v der Gegenvormundschaft wird der Vormund grds zugleich v den in §§ 1809, 1810 und 1812 enthaltenen Einschränkungen befreit (§ 1852 II 2). Wird trotz Befreiung ein Gegenvormund bestellt, ist die Bestellung nicht nichtig, muss aber auf Beschwerde des Vormunds hin aufgehoben werden.

Nach § 1852 II 1 kann der Vormund v den in § 1809 (Anlage v Mündelgeld nach § 1807 I Nr 5 oder nach § 1808), § 1810 (Anlegung v Geld nach §§ 1806–1808) und § 1812 (Verfügungen über Forderungen und Wertpapiere) enthaltenen Beschränkungen befreit werden. Die Befreiung v der Gegenvormundschaft gilt grds auch als Befreiung nach § 1852 II 1 (§ 1852 II 2, Rn 3).

Der Vormund kann (umfassend oder auf einzelne Gegenstände bezogen) davon befreit werden, **Inhaber- und Orderpapiere zu hinterlegen** (vgl § 1814) und den Sperrvermerk nach § 1816 eintragen zu lassen (§ 1853). Durch die Befreiung wird zugleich die Umwandlungsanordnung nach § 1815 II ausgeschlossen, weil diese an eine Verpflichtung zur Hinterlegung anknüpft. Das Gleiche gilt für eine Hinterlegungsanordnung nach § 1818. Wird trotzdem mit Sperrvermerk hinterlegt oder eine Buchforderung mit einem Sperrvermerk versehen, löst das keine Verfügungsbeschränkungen aus.

Der Vormund kann v seiner **Verpflichtung zur jährlichen Rechnungslegung** nach § 1840 befreit werden (§ 1854 I). Die Befreiung bezieht sich nicht auf die Schlussrechnung nach § 1890. Der befreite Vormund muss jeweils nach 2 Jahren dem Familiengericht eine Übersicht über den Bestand des seiner Verwaltung unterliegenden Vermögens einreichen (§ 1854 II 1). Dabei kann auf die Übersicht nach § 1802 Bezug genommen werden. Die Frist kann v Familiengericht auf einen höchstens fünfjährigen Turnus verlängert werden (§ 1854 II 2). Trotz Befreiung kann das Familiengericht aber Auskunft verlangen, wenn es das für erforderlich hält. Ist ein Gegenvormund vorhanden oder zu bestellen, so hat ihm der Vormund trotz der Befreiung nach § 1854 I die Übersicht unter Nachweisung des Vermögensbestandes vorzulegen. Der Gegenvormund muss sie prüfen und ggf mit den Bemerkungen versehen, zu denen die Prüfung ihm Anlass gibt (§ 1854 III). Soweit dazu erforderlich, kann der Gegenvormund auch weiter gehende Auskünfte verlangen.

8 Andere als die in §§ 1852–1854 genannte Befreiungen sind nicht gestattet und daher ohne Wirkung. Das gilt vor allem für die Befreiung v der Verpflichtung zur Einreichung eines Vermögensverzeichnisses (§ 1802), v den Verpflichtungen im Zusammenhang mit der Anlage v Mündelgeld mit Ausnahme der in § 1852 II genannten, v den Genehmigungserfordernisse nach §§ 1821 f (OLG Kassel OLGZ 14, 265), v der Aufsicht des Familiengerichts (§ 1837), v der Sicherheitsleistung nach § 1844 und v der Rechenschaftslegung am Ende der Vormundschaft (§ 1890).

§ 1856 Voraussetzungen der Befreiung

¹Auf die nach den §§ 1852 bis 1855 zulässigen Anordnungen ist die Vorschrift des § 1777 anzuwenden. ²Haben die Eltern denselben Vormund benannt, aber einander widersprechende Anordnungen getroffen, so gelten die Anordnungen des zuletzt verstorbenen Elternteils.

1 Die Befreiungen nach §§ 1852–1855 erfolgen durch letztwillige Verfügung (S 1, § 1777 I). Die Befreiung setzt wie die Benennung des Vormunds voraus, dass dem Befreiten im Zeitpunkt seines Todes die Vermögens- und Personensorge zusteht bzw zugestanden hätte, wenn das Kind noch vor dem Tod geboren worden wäre (S 1, § 1777 I, II). Bei Benennung unterschiedlicher Vormünder gilt das v Längerlebenden Angeordnete (§ 1776 II). Dann kommt es auch allein auf die v diesem ausgesprochenen Befreiungen an. Das gilt auch, wenn Eltern denselben Vormund benannt haben, sich aber die Befreiungen unterscheiden (S 2).

§ 1857 Aufhebung der Befreiung durch das Familiengericht

Die Anordnungen des Vaters oder der Mutter können von dem Familiengericht außer Kraft gesetzt werden, wenn ihre Befolgung das Interesse des Mündels gefährden würde.

1 In Wahrnehmung seines Wächteramts kann (gemeint ist: muss) das Familiengericht die Befreiungen außer Kraft setzen, wenn das Interesse des Mündels das gebietet. Nach Wegfall der Interessengefährdung ist die Befreiung wieder in Kraft zu setzen. Vor der Entscheidung müssen der Vormund und die Verwandten und Verschwägerten des Mündels (§ 1847) angehört werden. Der Vormund ist beschwerdebefugt, weil durch den Widerruf der Befreiung in seine Rechtsstellung eingegriffen wird (§ 59 FamFG).

§ 1857 a Befreiung des Jugendamts und des Vereins

Dem Jugendamt und einem Verein als Vormund stehen die nach § 1852 Abs. 2, §§ 1853, 1854 zulässigen Befreiungen zu.

1 1. Für die Vereins- und die Amtsvormundschaft gelten die in §§ 1852 II–1854 zugelassenen **Befreiungen kraft Gesetzes**. Allein die Befreiung v der Gegenvormundschaft ist in die Verweisung nicht einbezogen. Bedeutung hat das aber nur für die Vereinsvormundschaft; denn die Gegenvormundschaft kommt bei der Amtsvormundschaft nicht in Betracht (vgl § 1792 I 2). Weitergehende Befreiungen sind ebenso wenig zulässig wie die Aufhebung der Befreiung; denn § 1857 gilt nicht. Das Familiengericht kann nur eine Einzelvormundschaft anordnen, wenn es meint, die Interessen des Mündels würden durch die Vereins- oder Amtsvormundschaft nicht hinreichend gewahrt.

2 2. Die Vorschrift **ordnet an**, dass dem Jugendamt und einem Verein, der als Vormund bestellt wird, kraft Gesetzes die in § 1852 II (Befreiung v §§ 1809, 1810, 1812, vgl §§ 1852–1855 Rn 5), die in § 1853 (Befreiung v der Hinterlegungspflicht und der Eintragung des Sperrvermerks, vgl §§ 1852–1855 Rn 6) und die in § 1854 (Befreiung v der jährlichen Rechnungslegung, vgl §§ 1852–1855 Rn 7) genannten Befreiungen zustehen. Dass nicht auf § 1852 I verzichtet wird, hat für das Jugendamt keinen sachlichen Un-

terschied zu einem völlig befreiten Vormund zur Folge; denn bei Amtsvormundschaft darf ohnehin kein Gegenvormund bestellt werden (§ 1792 I 2). Das ist bei einem Verein zwar nicht so; insoweit spricht aber nichts dag, die Befreiung v einer Anordnung des Vaters oder der Mutter abhängig zu machen, weil insoweit ein erhöhtes Schutzbedürfnis des Mündels nicht ausgeschlossen werden kann.

§§ 1858 bis 1881 (weggefallen)

Untertitel 6
Beendigung der Vormundschaft

Vorbemerkung zu §§ 1882–1895

Beendigung der Vormundschaft iSd Terminologie des BGB ist einerseits die Beendigung der Vormundschaft insgesamt (§§ 1882–1884). Zum anderen ist Beendigung der Vormundschaft das Ende des Amts des Vormunds (§§ 1886–1889). 1

§ 1882 Wegfall der Voraussetzungen

Die Vormundschaft endigt mit dem Wegfall der in § 1773 für die Begründung der Vormundschaft bestimmten Voraussetzungen.

Die Vorschrift nennt den **wichtigsten Fall für das Ende der Vormundschaft insgesamt**, 1 den Wegfall der Voraussetzungen für die Bestellung eines Vormunds. Die Vormundschaft endet dann automatisch. Das trifft zu, wenn der Minderjährige volljährig (§ 2) wird; denn die Vormundschaft darf nur über Minderjährige angeordnet werden, wenn die elterliche Sorge in vollem Umfang eintritt (zB bei Annahme, § 1754) bzw wieder eintritt (zB bei Aufhebung einer Sorgerechtsentziehung nach § 1666). Schließlich endet die Vormundschaft automatisch bei Tod des Mündels (anders bei Verschollenheit oder Todeserklärung: § 1884). Andere Gründe führen nicht automatisch zum Ende der Vormundschaft.

Auch nach dem Ende der Vormundschaft können noch **Nachwirkungen** bestehen: Der 2 Vormund muss noch die erforderlichen Genehmigungen für vorher vorgenommene Rechtsgeschäfte herbeiführen, er kann Vergütung für seine Tätigkeit verlangen (§ 1836) und muss abschließend Rechnung legen (§§ 1890 ff). Außerdem besteht eine Notgeschäftsführungsbefugnis und –pflicht, bis der Vormund vom Ende der Vormundschaft erfährt oder wenn (bei Tod des Mündels) Geschäfte nicht aufgeschoben werden können, bis der Erbe Fürsorge trifft (§§ 1893, 1698 a f).

§ 1883 (weggefallen)

§ 1884 Verschollenheit und Todeserklärung des Mündels

(1) ¹Ist der Mündel verschollen, so endigt die Vormundschaft erst mit der Aufhebung durch das Familiengericht. ²Das Familiengericht hat die Vormundschaft aufzuheben, wenn ihm der Tod des Mündels bekannt wird.
(2) Wird der Mündel für tot erklärt oder wird seine Todeszeit nach den Vorschriften des Verschollenheitsgesetzes festgestellt, so endigt die Vormundschaft mit der Rechtskraft des Beschlusses über die Todeserklärung oder die Feststellung der Todeszeit.

Anders als in § 1892 für den Regelfall bestimmt, endet die Vormundschaft bei Ver- 1 schollenheit oder Todeserklärung des Mündels nur aufgrund einer gerichtlichen Entscheidung. Bei der Verschollenheit ist die ausdrückliche Aufhebung der Vormundschaft durch das Familiengericht erforderlich (Abs 1). Das gilt allerdings nicht mehr, wenn während der Verschollenheit einer der sonstigen Beendigungsgründe (Hauptfall: Volljährigkeit) eintritt (Pal/Diederichsen § 1884 Rn 1; aA OLG Oldenburg NdsRpfl 52,

30); denn dann hätte die Vormundschaft auch ohne Verschollenheit geendet. Bei Todeserklärung oder gerichtlicher Feststellung der Todeszeit (§§ 2 ff, 39 ff VerschG) endet die Vormundschaft mit der Rechtskraft des Beschlusses, durch den die Todeserklärung ausgesprochen bzw der Todeszeitpunkt festgestellt wird (Abs 2). Bei späterer Aufhebung der Todeserklärung bleibt es bei der Aufhebung der Vormundschaft; es muss ggf erneut eine Vormundschaft angeordnet werden.

§ 1885 (weggefallen)

§ 1886 Entlassung des Einzelvormunds

Das Familiengericht hat den Einzelvormund zu entlassen, wenn die Fortführung des Amts, insbesondere wegen pflichtwidrigen Verhaltens des Vormunds, das Interesse des Mündels gefährden würde oder wenn in der Person des Vormunds einer der in § 1781 bestimmten Gründe vorliegt.

1 I. § 1886 enthält die wichtigsten Gründe für eine Entlassung des Vormunds vAw. Sie wird ergänzt durch § 1888. Eine Entlassung auf Antrag des Vormunds ermöglicht § 1889 I. Auf die Amts- oder Vereinsvormundschaft ist § 1886 nicht anwendbar; für sie gilt § 1887.

2 II. 1. Ein Entlassungsgrund ist vor allem a) die **Gefährdung der Interessen des Mündels.** Es reicht, dass die Möglichkeit einer Schädigung des Mündels nahe liegt (BayObLGZ 18 A 206). Der Schaden braucht noch nicht eingetreten zu sein; eine Prognose reicht, selbst wenn sich bei einer ex post-Betrachtung herausstellt, dass der Schaden sich doch nicht realisieren konnte. In Betracht kommen: Pflichtverstöße des Vormunds, wie das Unterlassen v Rechnungslegung (OLG Hamm Rpfleger 66, 17), mangelnde Kooperation zwischen Vormund und Familiengericht, ständige Interessenkollisionen (BayObLGZ 6, 735), eine tief greifende Entfremdung zwischen Vormund und Mündel, aber auch schon eine lang andauernde Erkrankung oder Verhinderung des Vormunds. Das Gericht muss den Vormund entlassen, wenn es die Gefährdung des Mündelinteresses feststellt. Etwas anderes gilt nur, wenn ihm noch andere Maßnahmen zur Verfügung stehen und diese geeignet sind, die Gefährdung der Interessen des Mündels abzuwehren. Betrifft die Gefährdung gerade ein einzelnes Geschäft, so reicht es zB regelmäßig, dem Vormund die Vertretung in dieser Angelegenheit zu entziehen und einen Pfleger zu bestellen.

3 b) Als weiteren Entlassungsgrund nennt § 1886, dass in der Person einer der in § 1781 genannten **Ausschlussgründe** vorliegt. Bedeutung hat das nur für den Eintritt der Gründe nach der Bestellung, weil die Bestellung nichtig ist, wenn sie trotz Vorliegens eines Ausschlussgrunds erfolgt.

4 c) Weitere, in anderen Vorschriften geregelte Entlassungsgründe sind: Die **Rücknahme** einer nach Landesrecht erforderlichen **Erlaubnis** der Anstellungskörperschaft eines Beamten oder Religionsdieners (§ 1888), der Wegfall der vorübergehenden Verhinderung des als Vormund Berufenen (§ 1788 II Nr 2) und der Eintritt eines Ereignisses, wenn der Vormund unter dem Vorbehalt des Eintritts dieses Ereignisses bestellt worden war (§ 1790). Schließlich kann eine Entlassung erfolgen, wenn so eine fehlerhafte Auswahl korrigiert werden soll (BayObLG FamRZ 91, 1353).

5 2. Die **Entlassung bewirkt**, dass das Amt des Vormunds endet. Da die Notwendigkeit einer Vormundschaft weiterbesteht, muss sogleich ein neuer Vormund bestellt werden.

6 III. **Verfahren.** Zuständig ist der Rechtspfleger (§ 3 Nr 2 a RPflG). Die Entscheidung wird mit ihrer Bekanntmachung wirksam (§ 40 I FamFG). Gegen die Entlassung gegen den Willen des Vormunds bzw die Ablehnung der Entlassung findet die Beschwerde statt (§ 58 I FamFG). Beschwerdeberechtigt gegen die Entlassung sind der Vormund, der Mündel und Dritte, die ein rechtliches Interesse haben (§ 59 I FamFG). Gegen die Ablehnung der Entscheidung beschwerdeberechtigt sind der Mündel, der Gegenvormund und Dritte, die an der Angelegenheit ein berechtigtes Interesse haben (§ 59 I, II FamFG). Bei Aufhebung der Aufhebungsentscheidung wird der entlassene Vormund

wieder automatisch Vormund. Ein zwischenzeitlich bestellter neuer Vormund muss entlassen werden.

§ 1887 Entlassung des Jugendamts oder Vereins

(1) Das Familiengericht hat das Jugendamt oder den Verein als Vormund zu entlassen und einen anderen Vormund zu bestellen, wenn dies dem Wohl des Mündels dient und eine andere als Vormund geeignete Person vorhanden ist.
(2) ¹Die Entscheidung ergeht von Amts wegen oder auf Antrag. ²Zum Antrag ist berechtigt der Mündel, der das 14. Lebensjahr vollendet hat, sowie jeder, der ein berechtigtes Interesse des Mündels geltend macht. ³Das Jugendamt oder der Verein sollen den Antrag stellen, sobald sie erfahren, dass die Voraussetzungen des Absatzes 1 vorliegen.
(3) Das Familiengericht soll vor seiner Entscheidung auch das Jugendamt oder den Verein hören.

I. Die Vorschrift ist im Zusammenspiel mit § 1889 II zu sehen. Sie regelt die **Entlassung des Amts- oder Vereinsvormunds im Interesse des Mündels**, während § 1889 die Entlassung auf Antrag im Interesse des Jugendamts bzw des Vereins betrifft. 1

II. **Voraussetzung der Entlassung** ist zunächst, dass eine andere zur Führung der Vormundschaft geeignete Person vorhanden ist. Sie braucht nicht geeigneter als das Jugendamt bzw der Verein zu sein, die gleiche Eignung reicht. Es gelten die allg Kriterien für die Auswahl des Vormunds (§§ 1779 ff). 2

Der **Wechsel des Vormunds muss dem Wohl des Mündels dienen**, dh es fördern. Anders als im Betreuungsrecht (vgl § 1897 I, Vor §§ 1896–1908 i Rn 5) besteht bei der Vormundschaft kein absoluter Vorrang der Einzelbetreuung. Grds ist aber anzunehmen, dass für ein Kind besser durch eine Einzelperson als durch einen Verein oder eine Behörde gesorgt werden kann. 3

Die **Entlassung** beendet das Amt des Vormunds. Damit der Mündel nicht unvertreten ist, bestellt das Gericht die andere Person zum neuen Vormund. 4

III. **Verfahren.** Der Rechtspfleger (§ 3 Nr 2 a RPflG) muss den Amts- oder Vereinsvormund vAw entlassen, wenn ihm das Vorliegen der Voraussetzungen für den Wechsel des Vormunds bekannt wird (Abs 1). Der Antrag (Abs 2) dient nur dazu, dass das Gericht v der Notwendigkeit des Wechsels erfährt. Ihn können der mindestens 14 Jahre alte Mündel, der Vormund und jeder Dritte stellen, der ein berechtigtes Interesse des Mündels geltend macht (Abs 2 S 2). Der Vormund soll ihn stellen, wenn er v Vorliegen der Voraussetzungen erfährt (Abs 2 S 3); dh er ist dann dazu verpflichtet. Vor der Entscheidung sollen das Jugendamt bzw der Verein angehört werden (Abs 3), vor allem zur Person des in Aussicht genommenen Vormunds. Für das Wirksamwerden der Entscheidung und die Beschwerdebefugnis gilt das § 1896 Rn 6 Gesagte mit der Maßgabe entsprechend, dass die Beschwerde auch stattfindet, wenn Amts- oder Vereinsvormund die Entlassung beantragt haben und der Antrag abgelehnt wird. 5

§ 1888 Entlassung von Beamten und Religionsdienern

Ist ein Beamter oder ein Religionsdiener zum Vormund bestellt, so hat ihn das Familiengericht zu entlassen, wenn die Erlaubnis, die nach den Landesgesetzen zur Übernahme der Vormundschaft oder zur Fortführung der vor dem Eintritt in das Amts- oder Dienstverhältnis übernommenen Vormundschaft erforderlich ist, versagt oder zurückgenommen wird oder wenn die nach den Landesgesetzen zulässige Untersagung der Fortführung der Vormundschaft erfolgt.

Die Vorschrift ergänzt § 1784 und sichert das Mitspracherecht der Anstellungskörperschaft des Beamten und der Religionsgemeinschaft. Das Familiengericht muss bei Rücknahme der Erlaubnis den Vormund vAw entlassen; ein Antrag ist nicht erforderlich. 1

§ 1889 Entlassung auf eigenen Antrag

(1) Das Familiengericht hat den Einzelvormund auf seinen Antrag zu entlassen, wenn ein wichtiger Grund vorliegt; ein wichtiger Grund ist insbesondere der Eintritt eines Umstands, der den Vormund nach § 1786 Abs. 1 Nr. 2 bis 7 berechtigen würde, die Übernahme der Vormundschaft abzulehnen.

(2) ¹Das Familiengericht hat das Jugendamt oder den Verein als Vormund auf seinen Antrag zu entlassen, wenn eine andere als Vormund geeignete Person vorhanden ist und das Wohl des Mündels dieser Maßnahme nicht entgegensteht. ²Ein Verein ist auf seinen Antrag ferner zu entlassen, wenn ein wichtiger Grund vorliegt.

1 Die Norm regelt die **Entlassung** v Einzelvormund (Abs 1) und Amts- und Vereinsvormund (Abs 2) **auf ihren Antrag** hin in ihrem Interesse. Sie ergänzt §§ 1886 f.

2 Ein **Einzelvormund** ist zu entlassen, wenn ein wichtiger Grund vorliegt und er deswegen die Entlassung beantragt (Abs 1). Ob ein solcher Grund gegeben ist, richtet sich nach einer umfassenden Betrachtung der Umstände des Einzelfalls. Entscheidend ist die Abwägung gegen das Interesse des Mündels an der Weiterführung der Vormundschaft. Die Entlassung ist aber zwingend, wenn einer der Gründe des § 1786 I Nr 2–7 vorliegt. Dann wird unwiderleglich vermutet, dass die Führung der Vormundschaft dem Wohl des Mündels nicht entspricht, wenn der Betroffene deswegen die Vormundschaft ablehnt. Nicht in jedem Fall reicht dag die Belastung durch mehrere eigene Kinder (§ 1786 I Nr 1) bzw durch mehrere Vormundschaften (§ 1786 I Nr 8). Insoweit ist vielmehr eine konkrete Abwägung vorzunehmen.

3 **Jugendamt und Verein** sind auf ihren Antrag hin zu entlassen, wenn eine als Vormund geeignete Person zur Verfügung steht und das Mündelinteresse nicht entgegensteht (Abs 2 S 1). Das gilt auch dann, wenn durch diesen Wechsel erst Gebührenansprüche ausgelöst werden (BGH FamRZ 13, 946). Anders als bei § 1887 braucht das Mündelinteresse aber den Wechsel nicht zu verlangen. Der Verein ist außerdem zu entlassen, wenn ein wichtiger Grund vorliegt (Abs 2 S 2). Es reicht schon, dass Einkünfte oder Mitgliederbestand sich negativ verändert haben, so dass er nicht mehr in der Lage ist, seine Aufgaben im bisherigen Umfang weiterzuführen.

4 **Verfahren.** Der Antrag auf Entlassung ist Verfahrensvoraussetzung. Gegen die Ablehnung der Entlassung ist nur der Antragsteller beschwerdebefugt, bei Entlassung nur denjenige, der ein berechtigtes Interesse an der Angelegenheit hat (vgl § 59 FamFG).

§ 1890 Vermögensherausgabe und Rechnungslegung

¹Der Vormund hat nach der Beendigung seines Amts dem Mündel das verwaltete Vermögen herauszugeben und über die Verwaltung Rechenschaft abzulegen. ²Soweit er dem Familiengericht Rechnung gelegt hat, genügt die Bezugnahme auf diese Rechnung.

1 Die Norm regelt die wichtigsten **Folgen des Endes des Amts des Vormunds**, indem sie bestimmt, dass er am Ende der Vormundschaft das Vermögen des Mündels herausgeben und eine Schlussrechnung legen muss (S 1). Auch letzteres gilt selbst dann, wenn er v der regelmäßigen Rechnungslegung befreit ist (§§ 1854, 1855, 1857 a). Beide Ansprüche stehen dem Mündel zu, der sie entweder selbst oder durch einen neuen Vormund geltend machen muss. Bei der Rechnungslegung wirken der Gegenvormund (§ 1891) und das Familiengericht (§ 1892) mit.

2 Der **Herausgabeanspruch** bezieht sich auf das **gesamte Vermögen des Mündels.** Der Vormund muss alle dazu gehörenden Gegenstände sofort nach Beendigung seines Amts an den Mündel herausgeben, dh dem Mündel den unmittelbaren Besitz daran verschaffen. Allerdings hat er wegen seiner Aufwendungsersatz- und Vergütungsansprüche, die er gegen den Mündel hat, ein Zurückbehaltungsrecht (§ 273). Außerdem muss der Vormund ein Bestandsverzeichnis vorlegen (§ 260 I). Ggf muss er dessen Richtigkeit an Eides statt versichern (§ 260 II). Umgekehrt kann er eine Quittung über die Herausgabe verlangen (§ 368).

Für die Rechnungslegung gelten §§ 259 ff und § 1841. Soweit dem Familiengericht schon nach §§ 1840 f Rechnung gelegt wurde, kann darauf Bezug genommen werden (S 2). 3

§ 1891 Mitwirkung des Gegenvormunds

(1) [1]Ist ein Gegenvormund vorhanden, so hat ihm der Vormund die Rechnung vorzulegen. [2]Der Gegenvormund hat die Rechnung mit den Bemerkungen zu versehen, zu denen die Prüfung ihm Anlass gibt.
(2) Der Gegenvormund hat über die Führung der Gegenvormundschaft und, soweit er dazu imstande ist, über das von dem Vormund verwaltete Vermögen auf Verlangen Auskunft zu erteilen.

Die Vorschrift enthält in Abs 1 für die Schlussabrechnung eine der für die laufende Rechnungslegung (§ 1842) entsprechende Regelung für die Beteiligung des Gegenvormunds. Der Vormund muss ihm die Abrechnung vorlegen, und der Gegenvormund sie mit den Bemerkungen versehen, die aufgrund seiner Überprüfung erforderlich sind. In Abs 2 räumt die Norm darüber hinaus einen eigenen Auskunftsanspruch gegen den Gegenvormund ein. Dieser muss dem Mündel über die Führung der Gegenvormundschaft und – soweit er dazu aufgrund seiner Kenntnisse in der Lage ist – das v Vormund verwaltete Vermögen Auskunft erteilen. 1

§ 1892 Rechnungsprüfung und -anerkennung

(1) Der Vormund hat die Rechnung, nachdem er sie dem Gegenvormund vorgelegt hat, dem Familiengericht einzureichen.
(2) [1]Das Familiengericht hat die Rechnung rechnungsmäßig und sachlich zu prüfen und deren Abnahme durch Verhandlung mit den Beteiligten unter Zuziehung des Gegenvormunds zu vermitteln. [2]Soweit die Rechnung als richtig anerkannt wird, hat das Familiengericht das Anerkenntnis zu beurkunden.

Die Norm enthält für die Schlussrechnung **das funktionelle Äquivalent zu** der für die laufende Rechnungslegung geltenden Regelung des **§ 1843**. Neben den hier genannten Aufgaben obliegt es dem Familiengericht vor allem noch, die Rückgabe der Bestallungsurkunde (§ 1893 II) durchzusetzen und dem Vormund die noch ausstehende Vergütung und den Aufwendungsersatz zu bewilligen (§§ 1835 ff). 1

§ 1892 gilt für alle Vormünder, auch den befreiten (§§ 1854 f), den Amts- und den Vereinsvormund (§ 1857 a); denn die Befreiung bezieht sich nur auf die laufende Rechnungslegung. 2

Aufgabe des Familiengerichts ist es, die Verpflichtung des Vormunds durchzusetzen, eine Schlussrechnung vorzulegen. Dazu kann es gegen den Vormund Ordnungsmittel nach § 1837 II verhängen. Das setzt aber voraus, dass materiell noch ein Anspruch auf Rechnungslegung besteht. Das ist nicht der Fall, wenn der Vormund bereits mit dem Mündel abgerechnet und dieser die Rechnung anerkannt hat oder wenn der Vormund gar kein Vermögen des Mündels zu verwalten hatte. Das Gericht prüft die Rechnung entsprechend § 1843. Bei unvollständiger oder erkennbar unrichtiger Rechnungslegung muss das Familiengericht auf die Berichtigung der Rechnung hinwirken. Zwangsmittel stehen ihm insoweit aber nicht zur Verfügung. Das Gericht muss die Abnahme der Rechnung durch den Mündel unter Zuziehung des Gegenvormunds vermitteln (Abs 2 S 1). Das erfolgt in einer Verhandlung unter Beteiligung des Mündels, des Vormunds und des Gegenvormunds. Wird die Entlastung erteilt, beurkundet das Gericht das Anerkenntnis. Das Anerkenntnis durch einen neuen Vormund muss durch den Gegenvormund bzw das Familiengericht genehmigt werden (§ 1812). Erfolgt auch trotz des Hinwirkens des Familiengerichts darauf keine Entlastung des Vormunds, muss dieser muss dieser seine Entlastung mit einem Feststellungsantrag gerichtlich durchsetzen. 3

§ 1893 Fortführung der Geschäfte nach Beendigung der Vormundschaft, Rückgabe von Urkunden

(1) Im Falle der Beendigung der Vormundschaft oder des vormundschaftlichen Amts finden die Vorschriften der §§ 1698 a, 1698 b entsprechende Anwendung.

(2) ¹Der Vormund hat nach Beendigung seines Amts die Bestallung dem Familiengericht zurückzugeben. ²In den Fällen der §§ 1791 a, 1791 b ist der Beschluss des Familiengerichts, im Falle des § 1791 c die Bescheinigung über den Eintritt der Vormundschaft zurückzugeben.

1 Die Norm soll die Beendigung der Vormundschaft zur Unzeit verhindern und ordnet an, dass am Ende der Vormundschaft die Papiere, die den Eintritt der Vormundschaft bzw die Bestellung des Vormunds enthalten, zurückgegeben werden müssen, damit nicht trotz Endes des Vormundschaft der Rechtsschein einer solchen entstehen kann.

2 Damit dem Mündel bzw seinem Erbe, aber auch dem Vormund aus der Beendigung der Vormundschaft keine Nachteile entstehen, bleibt der Vormund auch nach Beendigung der Vormundschaft berechtigt, Geschäfte mit Wirkung für und gegen den Mündel vorzunehmen, solange er die Beendigung der Vormundschaft weder kennt noch kennen muss (Abs 1, § 1698 a). Bis zu diesem Zeitpunkt handelt der Vormund als Vertreter mit Vertretungsmacht, und es können evtl erforderliche Familiengerichtliche Genehmigungen erteilt werden. Das gilt jedoch nicht, wenn dem Dritten, mit dem der Vormund das Geschäft vornimmt oder im Fall der Genehmigung dem Familiengericht das Ende der Vormundschaft bekannt ist (Gedanke der §§ 122 II, 179 III). Entsprechendes gilt bei der Kenntnis des Familiengerichts; denn dieses darf nicht an Rechtshandlungen mitwirken, deren Unrichtigkeit es kennt. Nach Kenntnis bzw Kennenmüssen v Ende der Vormundschaft ist der Vormund Vertreter ohne Vertretungsmacht. Dritte werden in ihrem guten Glauben an das Fortbestehen der Vormundschaft nicht geschützt. Ihnen stehen nur Ansprüche gegen den Vormund zu (§ 179). Der Mündel kann uU Ansprüche aus §§ 677 ff haben.

3 Stirbt der Mündel, muss der Vormund noch alle Geschäfte vornehmen, mit deren Aufschub Gefahr verbunden ist (Abs 1, § 1698 b). Bei Unterlassen ist er schadensersatzpflichtig (§ 1833).

4 Nach Beendigung der Vormundschaft muss der Vormund seine Bestallung, der Vereins- oder Amtsvormund die schriftliche Verfügung nach §§ 1791 a II, 1791 b II, der gesetzliche Amtsvormund die Bescheinigung über den Eintritt der Vormundschaft (§ 1791 c III) zurückgeben, damit kein Missbrauch mit diesen Urkunden getrieben werden kann. Bei Beendigung der Vormundschaft durch den Tod des Vormunds trifft die Herausgabepflicht dessen Erben.

§ 1894 Anzeige bei Tod des Vormunds

(1) Den Tod des Vormunds hat dessen Erbe dem Familiengericht unverzüglich anzuzeigen.

(2) Den Tod des Gegenvormunds oder eines Mitvormunds hat der Vormund unverzüglich anzuzeigen.

1 Die Norm statuiert Mitteilungspflichten beim Tod des Vormunds (Abs 1), des Gegen- und des Mitvormunds (Abs 2). Sie sollen es dem Familiengericht ermöglichen, schnell Kenntnis v dem durch den Tod ausgelösten Handlungsbedarf zu erhalten, damit der Mündel nicht unnötig lange unvertreten ist. Die Mitteilungspflicht trifft beim Tod des Vormunds die Erben (Abs 1) und den Gegenvormund (§ 1799 I 2). Beim Tod des Gegenvormunds oder eines Mitvormunds ist der Vormund mitteilungspflichtig (Abs 2). Die Mitteilung muss unverzüglich (§ 121) erfolgen. Wird sie versäumt, wird uU eine Haftung nach § 1833 begründet.

§ 1895 Amtsende des Gegenvormunds

Die Vorschriften der §§ 1886 bis 1889, 1893, 1894 finden auf den Gegenvormund entsprechende Anwendung.

Aus der entsprechenden Anwendung der Vorschriften über die Vormundschaft ergibt 1 sich, dass das **Amt des Gegenvormunds unter denselben Voraussetzungen** durch Entlassung **endet, wie das des Vormunds:** wenn die Fortführung des Amts das Interesse des Mündels gefährden würde (§ 1886), wenn das Jugendamt oder ein Verein die Vormundschaft führt, aber eine andere gleich geeignete Person gefunden wird (§ 1887), wenn einem Beamten oder Religionsdiener die nach Landesrecht erforderliche Erlaubnis versagt oder entzogen wird (§ 1888) oder wenn der Gegenvormund es selbst beantragt, weil ihre weitere Führung ihm nicht mehr zuzumuten bzw (bei Verein oder Behörde) eine geeignete natürliche Person vorhanden ist (§ 1889). Im Übrigen endet das Amt des Gegenvormunds, wenn das Familiengericht die Gegenvormundschaft aufhebt, weil ihre Voraussetzungen weggefallen sind oder wenn der Gegenvormund stirbt.

Der Gegenvormund bleibt unter denselben Voraussetzungen wie der Vormund zur 2 **Notgeschäftsführung** berechtigt und verpflichtet (vgl § 1893 I). Er muss seine Bestallung zurückgeben (§ 1893 II). Endet die Gegenvormundschaft durch Tod, sind sowohl der Vormund (§ 1894 II) als auch die Erben des Gegenvormunds verpflichtet, das dem Familiengericht mitzuteilen.

Titel 2
Rechtliche Betreuung

Vorbemerkung zu §§ 1896–1908 k

Die **Betreuung** (eingeführt durch das Betreuungsgesetz v 12.9.90, BGBl I 2002) **ersetzt** 1 **seit 1.1.92** die Vormundschaft oder Pflegschaft über Volljährige, die wegen eines Gebrechens, Alters oder einer Krankheit ihre Angelegenheiten nicht (mehr) besorgen können. Die Betreuung erlaubt es, einem hilfebedürftigen Erwachsenen ohne Rücksicht auf seine Geschäftsfähigkeit eine Hilfsperson beizuordnen, die ihn im Rechtsverkehr vertritt. Der Aufgabenkreis des Betreuers **darf dabei nicht weiter zugeschnitten werden, als die Krankheit oder Behinderung erfordert** (vgl § 1896 II), so dass der staatliche Eingriff in die Rechte des Betroffenen so gering bleibt wie möglich. Die Bestellung des Betreuers hat auch keinen Einfluss auf die Geschäftsfähigkeit des Betroffenen. Falls erforderlich, kann aber zusätzlich zur Betreuung ein Einwilligungsvorbehalt angeordnet werden. Dadurch hat der Betroffene dann eine Stellung, die in etwa derjenigen eines beschränkt Geschäftsfähigen entspricht (§ 1903 I 2). Im Gegensatz zu diesen können die unter Einwilligungsvorbehalt stehenden Personen aber auch rechtlich nachteilige Geschäfte abschließen, wenn diese zu den geringfügigen Angelegenheiten des täglichen Lebens gehören (§ 1903 III).

Die Einführung der Betreuung sollte auch das **Selbstbestimmungsrecht** des Betroffenen 2 stärken. An verschiedenen Stellen ist deswegen ausdrücklich bestimmt, dass auf die Wünsche des Betreuten Rücksicht zu nehmen ist (§§ 1897 IV, 1901 III, 1901 a, 1901 c). Weil nicht erforderlich, ist eine Betreuung ganz ausgeschlossen, wenn der Betroffene durch die Erteilung v Vollmachten genügend Vorsorge für die Wahrnehmung seiner Angelegenheiten auch im Fall seiner Betreuungsbedürftigkeit getroffen hat (§ 1896 III, § 1896 Rn 13). Auch kann der Betroffene bereits in gesunden Tagen festlegen, v wem er betreut werden möchte (sog Betreuungsverfügung, vgl § 1897 Rn 5, § 1901 c Rn 2) und schließlich kann er in einer Patientenverfügung schon in gesunden Zeiten niederlegen, wann und unter welchen Voraussetzungen eine medizinische Behandlung eingestellt werden soll (§ 1901 a, vgl Rn 8).

Die Position des **Betreuten als Grundrechtsträger** wird gegenüber der alten Rechtslage 3 durch Genehmigungserfordernisse bei Eingriffen in die körperliche Integrität (§§ 1904 f), die Bewegungsfreiheit (§ 1906) und den Post- und Fernmeldeverkehr (§ 1896 IV) weiter gehend abgesichert. Hinzugekommen sind 2013 Regelungen für die

Zwangsbehandlung (§ 1906 II–IIIa nF), welche dem Betroffenen einen weitaus größeren Schutz seines Selbstbestimmungsrechts gewährleisten als das früher der Fall war.

4 Die Betreuung ist stärker auf eine **persönliche Betreuung** hin ausgerichtet, als es bei der Vormundschaft und der Gebrechlichkeitspflegschaft der Fall war. Grundsatz ist die Einzelbetreuung durch eine natürliche Person (§ 1987 I). Mehrere Betreuer sollen nur bestellt werden, wenn das zur sachgerechten Durchführung der Betreuung erforderlich ist (§ 1899). Die Betreuung durch einen Betreuungsverein kommt erst in Betracht, wenn eine natürliche Person nicht zur Verfügung steht (vgl § 1900 I), diejenige durch die Betreuungsbehörde erst, wenn auch ein Betreuungsverein nicht zur Verfügung steht (§ 1900 IV).

5 Der Betreuer wird **gesetzlicher Vertreter** des Betroffenen, der seine Geschäftsfähigkeit aber nicht verliert. Daraus können sich Koordinationsprobleme ergeben (vgl § 1902 Rn 2). Im Übrigen gelten weitgehend die Regelungen der Vormundschaft (vgl § 1908 i).

6 **Internationalprivatrechtlich** ist nach der internen Regelung des Art 24 I 1 EGBGB für die Betreuung das Recht des Staates maßgeblich, dem die Person angehört, für die Fürsorge getroffen werden soll. Für Ausländer mit gewöhnlichem Aufenthalt in Deutschland und solche, die sich in Deutschland schlicht aufhalten, ohne einen gewöhnlichen Aufenthalt in einem anderen Staat zu haben, kann eine Betreuung nach deutschem Recht angeordnet und geführt werden (Art 24 I 2 EGBGB). Die Anordnung einer Betreuung stellt aber auch eine Maßnahme iSd **Haager Erwachsenenschutzabkommens** (s das G v 17.3.07 zu dem Haager Übereinkommen v 13.1.2000 über den internationalen Schutz v Erwachsenen, BGBl. II 323) dar. Art. 24 EGBGB ist daher auf Personen mit gewöhnlichem Aufenthalt in Deutschland nicht mehr anwendbar. Insoweit gilt allein das ESÜ und führt zur Anwendung deutschen Rechts. Einzelheiten: Kommentierung zu Art 24 EGBGB.

7 Das **Verfahren** zur Bestellung eines Betreuers ist heute ein Einheitsverfahren, in dem zugleich über die Person des Betreuers entschieden wird. Die internationale Zuständigkeit deutscher Gerichte für Betreuungssachen bestimmt sich nach dem Haager Erwachsenenschutzabkommen (Einzelh: Art 24 EGBGB Rn 2 ff) und nach § 104 FamFG, soweit das Abkommen nicht eingreift. Zur Anerkennung ausländischer Entscheidungen s § 108 FamFG.

8 Nicht ganz systemgerecht wurden durch das Dritte BetreuungsrechtsänderungsG v 29.7.09 (BGBl I 2286) im Abschnitt über das Betreuungsrecht die Regelungen über die sog **Patientenverfügung** eingefügt, also Willensbekundungen, durch die jemand bestimmte medizinische Behandlungen ausschließt oder einen Vertreter dafür bestimmt, medizinische Behandlungen abzubrechen. Da solche Anordnungen nicht unbedingt das Vorhandensein eines Betreuers im Zeitpunkt der Entscheidung über die Behandlung voraussetzen (Beispiel: Koma nach Unfall), hätte die Regelung besser in einem allg Abschnitt im zweiten Buch über die Einwilligung in ärztliche Maßnahmen Platz gefunden.

§ 1896 Voraussetzungen

(1) [1]Kann ein Volljähriger auf Grund einer psychischen Krankheit oder einer körperlichen, geistigen oder seelischen Behinderung seine Angelegenheiten ganz oder teilweise nicht besorgen, so bestellt das Betreuungsgericht auf seinen Antrag oder von Amts wegen für ihn einen Betreuer. [2]Den Antrag kann auch ein Geschäftsunfähiger stellen. [3]Soweit der Volljährige auf Grund einer körperlichen Behinderung seine Angelegenheiten nicht besorgen kann, darf der Betreuer nur auf Antrag des Volljährigen bestellt werden, es sei denn, dass dieser seinen Willen nicht kundtun kann.

(1 a) Gegen den freien Willen des Volljährigen darf ein Betreuer nicht bestellt werden.

(2) [1]Ein Betreuer darf nur für Aufgabenkreise bestellt werden, in denen die Betreuung erforderlich ist. [2]Die Betreuung ist nicht erforderlich, soweit die Angelegenheiten des Volljährigen durch einen Bevollmächtigten, der nicht zu den in § 1897 Abs. 3 bezeichneten Personen gehört, oder durch andere Hilfen, bei denen kein gesetzlicher Vertreter bestellt wird, ebenso gut wie durch einen Betreuer besorgt werden können.

(3) Als Aufgabenkreis kann auch die Geltendmachung von Rechten des Betreuten gegenüber seinem Bevollmächtigten bestimmt werden.
(4) Die Entscheidung über den Fernmeldeverkehr des Betreuten und über die Entgegennahme, das Öffnen und das Anhalten seiner Post werden vom Aufgabenkreis des Betreuers nur dann erfasst, wenn das Gericht dies ausdrücklich angeordnet hat.

I. Die Norm regelt die **Voraussetzungen** für die Anordnung einer Betreuung und die 1 Kriterien für den **Zuschnitt der Aufgabenbereiche** des Betreuers. Spiegelbildlich sind das auch die Voraussetzungen für die Aufhebung der Betreuung und die Einschränkung der Aufgabenkreise des Betreuers; denn § 1908 d verweist insoweit auf § 1896. Wer zum Betreuer bestellt werden darf, richtet sich dag nach §§ 1897, 1900. Durch das 2. BetreuungsrechtsänderungsG wurde § 1896 um einen Absatz 1 a ergänzt. Die neue Regelung betont den Vorrang des Willens des Betreuten. Dieser soll nicht Objekt staatlichen Handelns sein, sondern sein Leben solange selbst bestimmen können, wie ihm eine freie Willensbestimmung möglich ist. Sie stellt deswegen klar, dass die Bestellung eines Betreuers gegen den frei bestimmten Willen des Betreuten nicht in Betracht kommt. Einzelheiten: Rn 30 ff.

II. 1. Voraussetzung für die Anordnung einer Betreuung ist zunächst, a) dass der Be- 2 troffene **volljährig** ist. Für Minderjährige kann sie nur angeordnet werden, wenn sie bereits das 17. Lebensjahr vollendet haben und zu erwarten ist, dass sie beim Eintritt der Volljährigkeit betreuungsbedürftig sind (§ 1908 a). Die Wirksamkeit der Betreuung beginnt dann mit der Volljährigkeit. Eine Betreuung für Tote ist ausgeschlossen, weil sie bereits ihre Rechtsfähigkeit verloren haben (aA AG Hersbruck, NJW 94, 3245).

b) **Medizinische Voraussetzung** für die Betreuungsanordnung ist, dass der Betroffene 3 unter einer psychischen Krankheit oder einer körperlichen, geistigen oder seelischen Behinderung leidet. Das ist durch ein ärztliches Gutachten konkret festzustellen (§ 280 FamFG; Rn 25). Andere Benachteiligungen (zB sozialer Art) rechtfertigen eine Betreuung auch dann nicht, wenn sie für den Betroffenen das Tätigwerden im Rechtsverkehr erheblich erschweren.

Psychische Krankheiten sind neben körperlich nicht begründbaren (endogenen) Psy- 4 chosen und Paranoia die auf organischen Schädigungen des Gehirns (Alzheimersche Krankheit, senile Demenz, Arteriosklerose) beruhenden Psychosen und solche, die auf den Genuss v Alkohol und anderen Drogen zurückzuführen sind. Alkoholismus oder Drogensucht ist aber allein noch keine psychische Krankheit. Erforderlich ist vielmehr, dass die Sucht bereits zu hirnorganischen Veränderungen oder psychischen Defekten geführt hat (BayObLG BtPrax 95, 26). Neurosen und Psychopathien reichen nur, wenn sie Krankheitswert v klinischem Ausmaß erreicht haben (zB Querulantenwahn, Antriebslosigkeit).

Eine **körperliche Behinderung** allein reicht nur selten, um die Anordnung einer Betreu- 5 ung zu rechtfertigen, weil ein Körperbehinderter regelmäßig noch für seine Vertretung Vollmachten erteilen kann, so dass die Anordnung einer Betreuung nicht erforderlich ist (vgl Abs 2). Es verbleiben die Fälle einer Totallähmung oder einer Mehrfachbehinderung (zB Blind-Taubheit verbunden mit Sprachunfähigkeit). Dann kommt eine Betreuung grds nur auf Antrag des Betroffenen in Betracht (Abs 1 S 3). Nur wenn zugleich eine psychische oder seelische Behinderung vorliegt, entfällt dieses Erfordernis.

Geistige Behinderungen sind alle Intelligenzdefekte (zB Mongolismus, Schwachsinn). 6 Wenn die Gesetzesbegründung nur frühzeitig erworbene Defekte hierher rechnen will (BT-Drucks 11/45128, 116), überzeugt das nicht und hat auch im Gesetzeswortlaut keinen Ausdruck gefunden.

Seelische Behinderungen sind bleibende psychische Beeinträchtigungen aufgrund psy- 7 chischer Krankheiten. Hierher gehören vor allem die Folgen des geistigen Altersabbaus.

c) Aufgrund der psychischen Krankheit oder Behinderung muss der Betroffene **nicht** 8 **dazu in der Lage sein, seine Angelegenheiten** ganz oder teilweise **zu besorgen**. Die Krankheit bzw Behinderung allein rechtfertigt den mit der Anordnung einer Betreuung verbundenen Grundrechtseingriff nicht; erforderlich ist vielmehr ihre Kausalität für Beeinträchtigungen des Betroffenen in seinem Rechtskreis. Die Bestellung eines Betreuers zur Stellung eines Rentenantrags ist daher nur zulässig, wenn die Weigerung gerade in seiner psychischen Krankheit liegt. Weigert der Betroffene sich aus anderen Gründen, ist eine Betreuung unzulässig (BayObLG FamRZ 94, 1551). IdR kommt deswegen eine Betreuung nicht in Betracht, solange der Betroffene noch in der Lage ist, jemanden mit der Wahrnehmung seiner Angelegenheiten zu beauftragen (BGH v 21.11.13 – XII ZB 481/12).

9 Außerdem muss die Unfähigkeit zur Besorgung der eigenen Angelegenheiten darauf beruhen, dass der **Betroffene aufgrund seiner Krankheit oder Behinderung nicht dazu in der Lage ist, seinen Willen frei zu bestimmen** (BayObLG FamRZ 94, 720). Diese Einschränkung ist geboten, weil die Anordnung der Betreuung einen tief greifenden Eingriff in das Persönlichkeitsrecht des Betroffenen bedeutet, der nicht vorschnell vorgenommen werden darf. Ob der Betroffene geschäftsunfähig ist oder nicht, ist dag unerheblich.

10 Die Formulierung der Voraussetzung lässt es fraglich erscheinen, ob eine Betreuung auch dann angeordnet werden kann, **wenn ausschließlich ein Dritter** daran ein Interesse hat (zB Arbeitgeber, der das Arbeitsverhältnis kündigen will). Im Interesse des Rechtsverkehrs und des Betroffenen ist das zumindest dann dann zu bejahen, wenn der Betroffene geschäftsunfähig ist. Sonst würde man den Betroffenen v der Teilnahme am Rechtsverkehr ausschließen und es Dritten unmöglich machen, ihre Rechte gegen ihn durchzusetzen (vgl §§ 105, 131 I; § 171 I ZPO). Das würde die durch Art 1 GG geschützte Rechtssubjektivität des Betreuten zu wenig achten.

11 d) Als weitere legislative **negative Voraussetzung** der Anordnung einer Betreuung bestimmt der durch das 2. BetreuungsrechtsänderungsG eingefügte Abs 1 a, dass **gegen den freien Willen eines Volljährigen ein Betreuer nicht bestellt** werden darf. Damit wird der Vorrang des Willens des Betroffenen betont. Ein Volljähriger, der frei einen eigenen Willen bilden und äußern kann, soll nicht unter Missachtung seiner gegenteiligen Entscheidung zum Objekt einer Betreuerbestellung gemacht werden. Diese Voraussetzung ist deswegen in jedem Betreuungsverfahren zu prüfen, wenn der Betroffene die Betreuung ablehnt (BGH FamRZ 11, 630; 13, 287). Abs 1 a ist letztlich die Kodifizierung der v der Rspr bereits zuvor praktizierten Einschränkung des § 1896, dass eine Betreuerbestellung nur dann in Betracht kommt, wenn der Betroffene aufgrund seiner Krankheit oder Behinderung nicht dazu in der Lage ist, seinen Willen frei zu bestimmen (vgl Rn 9).

12 Für die Frage, ob der **Betroffene einen Willen frei bestimmen kann**, gelten dieselben Anforderungen wie bei § 104 Nr 2. Die freie Willensbestimmung ist ausgeschlossen, wenn der Betroffene wegen Einsichtsunfähigkeit nicht dazu in der Lage ist, eine freie Entscheidung nach Abwägung der in Betracht kommenden Gesichtspunkte zu treffen oder wenn er nicht dazu in der Lage ist, nach der gewonnenen Einsicht zu handeln.

13 Ob der Betroffene **einsichtsfähig** ist, richtet sich danach, ob er dazu in der Lage ist, die für und gegen eine Betreuerbestellung sprechenden Gesichtspunkte zu erkennen und gegeneinander abzuwägen. Daran kann es zB in Demenzfällen oder bei Drogensucht fehlen, während ein unter psychotischen Störungen leidender Mensch nicht ohne weiteres als einsichtsunfähig angesehen werden kann. Überspannte Anforderungen an die Einsichtsfähigkeit dürfen nicht gestellt werden: Es reicht, dass der Betroffene nach Aufklärung durch den Richter versteht, was eine Betreuung bedeutet und welche Vor- und Nachteile sie ihm bringen würde.

14 Ob die **Willensbestimmung** des Betroffenen **frei** ist, richtet sich vor allem danach, inwieweit seine Entscheidung autonom getroffen ist. Ausgeschlossen ist die Freiheit der Willensbildung dann, wenn der Betroffene unter dem bestimmenden Einfluss eines Dritten steht. In Betracht kommt vor allem, dass ein Dritter den Betroffenen intensiv beeinflusst, dessen Interessen denjenigen des Betroffenen gegenläufig sind. In diesen Fällen ist aber zunächst zu versuchen, den Einfluss des Dritten zurückzudrängen, zB in dem der Richter mit dem Betroffenen spricht, wenn der Dritte nicht anwesend ist. Dag rechtfertigt die mangelnde Fähigkeit eines alten Menschen, aus seinen vorhandenen bescheidenen Mitteln Schulden abzutragen und das Auflaufen neuer bescheidener Schul-

den zu verhindern, nicht die Feststellung, dass er in der Wahrnehmung seines Selbstbestimmungsrechts erheblich beeinträchtigt und zu eigenverantwortlichen Entscheidungen nicht in der Lage ist (OLG Köln FamRZ 06, 288). Insoweit handelt es sich um allg, aus der Lebenssituation folgende Zwänge, nicht um eine Frage der Fähigkeit zu einer autonomen Willensentscheidung.

Folge des frei bestimmten gegen die Betreuung gerichteten Willens ist, dass eine Betreuung nicht angeordnet werden darf. 15

Kann der Betroffene nur einen **natürlichen Willen** bilden, hat er aber keine Einsichtsfähigkeit oder nicht die Fähigkeit, nach seiner Einsicht zu handeln, wird die Anordnung der Betreuung durch diesen Willen nicht gehindert. Der Wille ist aber gleichwohl zu berücksichtigen. Vor allem auf die Auswahl des Betreuers kann der Betroffene auch so Einfluss nehmen (vgl § 1897 IV). 16

e) Ein Betreuer darf nur für Aufgabenkreise bestellt werden, in denen die **Betreuung erforderlich** ist (Abs 2). Diese unverzichtbare (OLG Köln FamRZ 96, 249) Einschränkung berücksichtigt das Verhältnismäßigkeitsgebot auch im Betreuungsrecht. Sie hat Parallelen in §§ 1903 I 1, 1906 I, 1908 a, 2 und 1908 d III. 17

Der Erforderlichkeitsgrundsatz bedeutet zunächst, dass die Betreuung **nicht weitergehen** darf **als das wegen der krankheits- oder behinderungsbedingten Einschränkungen der Handlungsfähigkeit** des Betroffenen **nötig** ist. Ist die Beeinträchtigung partiell (zB Querulantenwahn in Bezug auf eine einzelne Angelegenheit oder Behörde), darf eine Betreuung auch nur insoweit angeordnet werden, bei einer schubförmig verlaufenden Krankheit kommt eine Betreuung nur für die Phasen des Krankheitsschubs in Betracht. Entsprechendes gilt, wenn der Vollmachtgeber noch selbst dazu in der Lage ist, den Bevollmächtigten zu kontrollieren (BayObLG NJWE-FER 99, 270). 18

Abs 2 S 2 stellt klar, dass die Betreuung **nicht** erforderlich ist, **soweit die Angelegenheiten des Volljährigen auch durch einen Bevollmächtigten** oder durch andere Hilfen, bei denen kein gesetzlicher Vertreter bestellt wird, genauso gut wie durch einen Betreuer besorgt werden können. Eine Betreuung kann daher nicht angeordnet werden, solange der Betroffene seine Angelegenheiten mit Unterstützung Dritter noch selbst besorgen kann. Betreuungsbedürftigkeit ist deswegen nicht mit Pflegebedürftigkeit gleichzusetzen. Entscheidend ist, ob der Betroffene einen gesetzlichen Vertreter benötigt. Die Erforderlichkeit einer Betreuung entfällt auch, soweit die Angelegenheiten des Betroffenen durch einen Bevollmächtigten des Betroffenen geregelt werden können. Der Wille des Betroffenen hat Vorrang. Es reicht deswegen nicht, dass nach der Auffassung des Gerichts die Besorgung der Angelegenheiten des Betroffenen durch einen Betreuer vorzuziehen ist (OLG Brandenburg FamRZ 05, 1859). Um Betreuungsanordnungen zu vermeiden wird zunehmend versucht, durch die Erteilung einer Generalvollmacht (sog Altersvorsorgevollmacht) an eine Person des Vertrauens im Stadium vor der Betreuungsbedürftigkeit die spätere Bestellung eines Betreuers zu vermeiden. Bevollmächtigt werden kann jeder mit Ausnahme derjenigen Personen, die zu der Anstalt oder dem Heim, in dem der Betroffene untergebracht ist oder wohnt, in einem Abhängigkeitsoder Näheverhältnis steht (§ 1897 III, § 1897 Rn 3). Durch eine Betreuungsvollmacht kann selbst die Befugnis zur Entscheidung über freiheitsentziehende Maßnahmen geregelt werden (beachte §§ 1904 II, 1906 V). Soweit nicht bestimmte Maßnahmen ausdrücklich vorgesehen sein müssen (vgl §§ 1904 II, 1906 V), reicht es, dass sich die Befugnis des Betreuers durch Auslegung ermitteln lassen. Dafür können alle Umstände herangezogen werden, die allg bekannt oder zumindest dem betroffenen Personenkreis bekannt oder erkennbar sind (OLG Frankfurt FamRZ 04, 1322). Vorsorgevollmachten können seit dem 1.3.05 in einem zentralen Register, das bei der Bundesnotarkammer geführt wird, registriert werden (§ 1 Vorsorgeregister-VO, VRegV v 21.2.05, BGBl 05 I 318). Zweck des Registers ist es, überflüssige Betreuungen zu verhindern, indem Vorsorgevollmachten auch gefunden werden, wenn eine Betreuung angeordnet werden soll. 19

Wenn eine **Altersvorsorgevollmacht** erteilt wurde, kommt grds nur die Bestellung eines Betreuers zur Kontrolle des Bevollmächtigten (sog Vollmachtsbetreuer) in Betracht (Rn 21). Auch insoweit ist aber der Grundsatz der Erforderlichkeit zu beachten: Die 19a

Bestellung eines Vollmachtbetreuers ist daher nicht zulässig, wenn keine Anhaltspunkte dafür vorliegen, dass der Bevollmächtigte Handlungen gegen den Willen des Betroffenen vornehmen könnte, es sei denn, der Umfang oder die Schwierigkeit der v dem Bevollmächtigten vorzunehmenden Geschäfte ließen eine weiter gehende Überwachung erforderlich erscheinen (BayObLG FamRZ 94, 1550; 05, 1777). Das Bedürfnis nach einer Kontrollbetreuung kann nicht allein damit begründet werden, dass der Vollmachtgeber aufgrund seiner Erkrankung nicht mehr selbst in der Lage ist, den Bevollmächtigten zu überwachen. Das ist Voraussetzung gerade für die Bestellung des Bevollmächtigten. Es müssen vielmehr weitere Umstände hinzutreten, die die Errichtung einer Kontrollbetreuung erforderlich machen. Notwendig ist der konkrete, dh durch hinreichende tatsächliche Anhaltspunkte untermauerte Verdacht, dass mit dem Vollmacht dem Betreuungsbedarf nicht Genüge getan wird (BGH FamRZ 12, 871; 12, 1631). Ausnahmsweise kann aber ein Betreuer trotz Vorliegens einer umfassenden Vorsorgevollmacht bestellt werden, wenn wegen heftiger innerfamiliärer Streitigkeiten die Vollmacht im familiären Umfeld des Betroffenen nicht anerkannt wird, so dass der Bevollmächtigte es ablehnt, v seiner Befugnis Gebrauch zu machen (BayObLG FamRZ 04, 1403) oder wenn der Bevollmächtigte als zur Wahrnehmung der Interessen des Betroffenen nicht tauglich erscheint (BGH FamRZ 11, 964). In diesem Fall ist der Betroffene in gleicher Weise schutzbedürftig als hätte er keinen Bevollmächtigten.

20 Schließlich entfällt die Erforderlichkeit einer Maßnahme, wenn sich mit ihr der angestrebte **Zweck nicht erreichen** lässt (BayObLG FamRZ 94, 1551). Eine Betreuung im Bereich Gesundheitsfürsorge scheidet daher aus, wenn der Betroffene gesund ist (BayObLG FamRZ 95, 1085). Eine Betreuung zur Vermögensfürsorge kann nicht angeordnet werden, wenn kein Vermögen vorhanden ist (BayObLG FamRZ 95, 1085).

21 2. Der Erforderlichkeitsgrundsatz bestimmt auch, **welche Aufgaben** dem Betreuer übertragen werden dürfen: Sein Aufgabenkreis darf nicht weiter sein, als es die Krankheit oder Behinderung des Betroffenen verlangt. UU kann daher ein Betreuer für ein einziges Geschäft zu bestellen sein. Es gibt keine gesetzlich definierten Aufgabenkreise. In der Praxis haben sich aber einige typische Aufgabenbereiche herausgebildet. Werden dem Betreuer mehrere v ihnen übertragen, handelt es sich gleichwohl um eine einheitliche Betreuung.

22 Der Aufgabenbereich „**Aufenthaltsbestimmung**" kann dem Betreuer übertragen werden, wenn die Wohnverhältnisse des Betroffenen seinem Wohl nicht entsprechen, er aber unfähig ist, die aus dieser Situation entstandenen Gefahren zu beheben. Er gibt dem Betreuer das Recht, über den weiteren Verbleib des Betroffenen zu entscheiden. Er kann ihn in einem Heim unterbringen (mit Genehmigung des Betreuungsgerichts, § 1906) und seine Wohnung kündigen (bzw weitervermieten) und auflösen (mit Genehmigung des Betreuungsgerichts, § 1907). V Dritten darf der Betreuer die Herausgabe des Betroffenen verlangen (§§ 1908 i I 1, 1632 I, III).

23 Der Aufgabenbereich „**Gesundheitsfürsorge**" kann angeordnet werden, wenn der Betroffene selbst nicht einsieht, dass er behandlungsbedürftig ist oder dieser Einsicht gemäß handeln kann. Der Erforderlichkeitsgrundsatz ist zu beachten. Vor allem muss die Betreuung auf den nervenärztlichen Bereich beschränkt werden, wenn der Betroffene nur insoweit keine Krankheitseinsicht hat und sich der Behandlung verschließt (BayObLG FamRZ 96, 250; FPR 02, 203). Der Betreuer hat das Recht, über die Vornahme der Behandlungen zu entscheiden und die dazu erforderlichen Arzt- und Krankenhausverträge abzuschließen. Dag ist er nicht befugt, darüber zu entscheiden, ob dem Betreuten nach dessen Tod Organe zu Transplantationszwecken entnommen werden dürfen. Die Betreuung kann auch insoweit erweitert werden, denn sie ist mangels Dringlichkeit der Entscheidung nicht erforderlich. Zu Zwangsbehandlungen s § 1906.

24 § 1896 selbst nennt in Abs 4 die **Post- und Fernmeldekontrolle** als möglichen Aufgabenkreis des Betreuers. Die Post- und Fernmeldekontrolle kann erforderlich sein, wenn der Betroffene seine Post wegwirft, ohne sie gelesen oder den Inhalt v Post oder Gesprächen verstanden zu haben, so dass er in die Gefahr gerät, Fristen zu versäumen oder wichtige Gestaltungserklärungen nicht mitzubekommen. Wegen des Grundrechts-

eingriffs (Art 10 GG) muss die Anordnung der Post- oder Fernmeldekontrolle immer ausdrücklich erfolgen (Abs 4).

Für den Aufgabenbereich „**Einwilligung in eine Sterilisation**" (vgl § 1905) muss immer ein besonderer Betreuer bestellt werden (§ 1899 II). Die Kombination mit anderen Aufgaben ist nicht zulässig. Der Aufgabenkreis des Betreuers erstreckt sich auf alle mit der Sterilisation zusammenhängenden Fragen, auch den Abschluss des Arztvertrages (§ 1899 Rn 3). 25

Der Aufgabenkreis „**Vermögensbetreuung**" ist dem Betreuer zu übertragen, wenn der Betroffene sein Vermögen nicht verwalten kann oder dazu neigt, sich mit unnötigen Vertragsabschlüssen zu belasten (Verschwendungssucht alten Rechts). Die bloße Zweckdienlichkeit der Fremdverwaltung reicht nicht (BGH FamRZ 12, 1365). Es ist möglich, die Betreuung nur für Einzelne besonders wichtige Geschäfte anzuordnen. Das kann dadurch geschehen, dass Geschäfte mit Verpflichtungen bis zu einer bestimmten Obergrenze aus dem Aufgabenbereich des Betreuers herausgenommen werden oder dass die Vermögensbetreuung gegenständlich beschränkt wird (zB auf alle Angelegenheiten in Zusammenhang mit der Verwaltung eines Hauses). Hierher gehört auch die Geltendmachung v Ansprüchen des Betreuten, vor allem auch die Geltendmachung v Rentenansprüchen und die Stellung v Rentenanträgen (LG Berlin FPR 02, 20). Nicht zu den Vermögensangelegenheiten gehören dag die Unterhaltsangelegenheiten. Die Vermögensbetreuungsbefugnis gibt dem Betreuer kein Recht, über die Verwendung der Einkünfte für den Unterhalt des Betroffenen zu bestimmen. Dazu muss ihm vielmehr der Aufgabenkreis „**Unterhaltsbestimmung**" (zusätzlich) übertragen sein. 26

Als Aufgabenkreis kann auch die Geltendmachung v Rechten des Betreuten gegenüber seinem Bevollmächtigten bestimmt werden (Abs 3, sog **Vollmachtsbetreuung**). Die Aufgabe erfordert, dass er im Extremfall die Vollmacht widerrufen kann (BayObLG FamRZ 94, 1550). Vor Missbräuchen der Befugnisse durch den Vollmachtsbetreuer ist der Betroffene dadurch geschützt, dass dieser der Kontrolle durch das Betreuungsgericht unterliegt (vgl § 1837). Die Vollmachtsbetreuung darf nicht angeordnet werden, wenn der Betroffene selbst durch Bestellung mehrerer Vertreter, die einander kontrollieren, Vorsorge gegen Missbräuche der Vertretungsmacht getroffen hat. 27

Die **Wohnungsentrümpelung** kann dem Betreuer übertragen werden, wenn der Betroffene seine Wohnung nicht sauber halten kann oder dort Gerümpel aller Art ansammelt (sog Vermüllungssyndrom, BayObLG NJW-RR 01, 1513). Der Aufgabenkreis „gewaltsames Öffnen der Wohnung zwecks Renovierung und Entrümpelung" ist aber wegen des Eingriffs in das Grundrecht auf Unverletzlichkeit der Wohnung (Art 13 GG) nicht zulässig, weil es an einer entsprechenden gesetzlichen Eingriffsermächtigung fehlt (LG Frankfurt, BtPrax 94, 216; aA LG Berlin, FamRZ 96, 821, einschränkend auch BayObLG aaO). 28

III. Verfahren. Sachlich zuständig für die Anordnung einer Betreuung ist das Betreuungsgericht. Die Entscheidung ist (bis auf den Fall der Vollmachtsbetreuung) dem Richter vorbehalten (§ 3 Nr 2 a, § 14 Nr 4 RPflG). Für das Verfahren ist der Betroffene ohne Rücksicht auf seine Geschäftsfähigkeit verfahrensfähig (§ 275 FamFG). Ihm ist aber ein **Verfahrenspfleger** zu bestellen, soweit dies zur Wahrnehmung seiner Interessen erforderlich ist (§ 276 FamFG). 29

Die Anordnung der Betreuung erfolgt **auf Antrag oder vAw** (Abs 1 S 1). Der Antrag ist immer erforderlich, wenn die Betreuung ausschließlich wegen einer Körperbehinderung angeordnet werden kann und der Betroffene seinen Willen kundtun kann (Abs 1 S 3). Er kann in jedem Fall nur v dem Volljährigen selbst gestellt werden, nicht v einem Vertreter. Für ihn ist keine Geschäftsfähigkeit erforderlich (Abs 1 S 2). „Anträge" Dritter haben lediglich die Bedeutung einer Anregung, vAw tätig zu werden (vgl § 24 FamFG). 30

Das Verfahren unterliegt dem **Amtsermittlungsgrundsatz** (§ 26 FamFG). Da das Gericht zur Beurteilung der durch Krankheit oder psychische Behinderung hervorgerufenen Willensbeeinträchtigung regelmäßig nicht die notwendige Sachkunde aufweist, muss es sich sachverständig beraten lassen. Das Gericht muss konkret und medizinisch nachvollziehbar darlegen, dass die Voraussetzungen der Betreuung gegeben sind. Die 31 stereotype Wiedergabe pauschaler Wertungen (zB „Altersstarrsinn") reicht nicht (BayObLG FPR 02, 93).

32 Vor der Entscheidung über die Anordnung der Betreuung ist der Betroffene grds persönlich **anzuhören**, damit sich das Gericht einen unmittelbaren Eindruck v seinem Zustand verschaffen kann (§ 278 I FamFG). Das gilt grds auch im Beschwerdeverfahren (BGH FamRZ 11, 880). Dazu kann der Betroffene nötigenfalls vorgeführt werden (§ 278 V FamFG). V der Anhörung kann aber abgesehen werden, wenn v ihr erhebliche Nachteile für die Gesundheit des Betroffenen zu besorgen sind oder wenn der Betroffene nach dem unmittelbaren Eindruck des Gerichts offensichtlich nicht dazu in der Lage ist, seinen Willen kundzutun (§ 278 IV FamFG). Wenn der Betroffene es verlangt oder es der Sachaufklärung dient, sind auch die Betreuungsbehörde und dem Betroffenen nahe stehende Personen anzuhören (Einzelheiten: § 279 FamFG); sonst steht die Anhörung dieser Personen im Ermessen des Gerichts.

33 Die Anordnung der Betreuung ist zu **befristen**. Ihre Höchstdauer darf 7 Jahre nicht überschreiten (§ 294 III FamFG). Für die Anordnung der weiteren Betreuung gelten dann dieselben Voraussetzungen wie bei der Erstbetreuung (§ 295 I FamFG). V einer Begutachtung kann aber abgesehen werden, wenn sich aufgrund einer Anhörung des Betroffenen und eines ärztlichen Zeugnisses ergibt, dass die Betreuungsbedürftigkeit in gleichem Umfang fortbesteht (§ 295 I 2 FamFG).

34 Die Entscheidung über die **Anordnung der Betreuung** wird grds mit ihrer Bekanntgabe an den Betreuer **wirksam** (§ 287 FamFG). Eine Ausnahme gilt nur für die vorsorgliche Bestellung eines Betreuers für einen noch Minderjährigen (§ 1908 a, 2).

35 Die **Beschwerde** gegen eine vAw erfolgte Bestellung eines Betreuers kann v Betroffenen selbst, seinem Ehegatten (nicht des Lebensgefährten, BayObLG NJW 98, 1567), seinem Lebenspartner oder seinen Eltern, Großeltern, Pflegeeltern, Abkömmlingen, Geschwistern und Vertrauenspersonen eingelegt werden, sofern sie zuvor am Verfahren beteiligt waren (§ 303 II FamFG). Das Beschwerderecht des **Betroffenen** wird dabei nicht dadurch eingeschränkt, dass die Betreuung auf seinen Antrag hin eingerichtet wurde. Eine Beschwerdebefugnis der anderen Personen besteht dag nicht, wie die Bestellung des Betreuers auf Antrag des Betroffenen erfolgte. Das ergibt sich jetzt eindeutig aus § 303 II FamFG. Ein Beschwerderecht **sonstiger** Dritter besteht nur, wenn sie in ihren eigenen Rechten verletzt werden (§ 59 I FamFG).

§ 1897 Bestellung einer natürlichen Person

(1) Zum Betreuer bestellt das Betreuungsgericht eine natürliche Person, die geeignet ist, in dem gerichtlich bestimmten Aufgabenkreis die Angelegenheiten des Betreuten rechtlich zu besorgen und ihn in dem hierfür erforderlichen Umfang persönlich zu betreuen.
(2) ¹Der Mitarbeiter eines nach § 1908 f anerkannten Betreuungsvereins, der dort ausschließlich oder teilweise als Betreuer tätig ist (Vereinsbetreuer), darf nur mit Einwilligung des Vereins bestellt werden. ²Entsprechendes gilt für den Mitarbeiter einer in Betreuungsangelegenheiten zuständigen Behörde, der dort ausschließlich oder teilweise als Betreuer tätig ist (Behördenbetreuer).
(3) Wer zu einer Anstalt, einem Heim oder einer sonstigen Einrichtung, in welcher der Volljährige untergebracht ist oder wohnt, in einem Abhängigkeitsverhältnis oder in einer anderen engen Beziehung steht, darf nicht zum Betreuer bestellt werden.
(4) ¹Schlägt der Volljährige eine Person vor, die zum Betreuer bestellt werden kann, so ist diesem Vorschlag zu entsprechen, wenn es dem Wohl des Volljährigen nicht zuwiderläuft. ²Schlägt er vor, eine bestimmte Person nicht zu bestellen, so soll hierauf Rücksicht genommen werden. ³Die Sätze 1 und 2 gelten auch für Vorschläge, die der Volljährige vor dem Betreuungsverfahren gemacht hat, es sei denn, dass er an diesen Vorschlägen erkennbar nicht festhalten will.
(5) Schlägt der Volljährige niemanden vor, der zum Betreuer bestellt werden kann, so ist bei der Auswahl des Betreuers auf die verwandtschaftlichen und sonstigen persönlichen Bindungen des Volljährigen, insbesondere auf die Bindungen zu Eltern, zu Kin-

dern, zum Ehegatten und zum Lebenspartner, sowie auf die Gefahr von Interessenkonflikten Rücksicht zu nehmen.

(6) ¹Wer Betreuungen im Rahmen seiner Berufsausübung führt, soll nur dann zum Betreuer bestellt werden, wenn keine andere geeignete Person zur Verfügung steht, die zur ehrenamtlichen Führung der Betreuung bereit ist. ²Werden dem Betreuer Umstände bekannt, aus denen sich ergibt, dass der Volljährige durch eine oder mehrere andere geeignete Personen außerhalb einer Berufsausübung betreut werden kann, so hat er dies dem Gericht mitzuteilen.

(7) ¹Wird eine Person unter den Voraussetzungen des Absatzes 6 Satz 1 erstmals in dem Bezirk des Betreuungsgerichts zum Betreuer bestellt, soll das Gericht zuvor die zuständige Behörde zur Eignung des ausgewählten Betreuers und zu den nach § 1 Abs. 1 Satz 1 zweite Alternative des Vormünder- und Betreuervergütungsgesetzes zu treffenden Feststellungen anhören. ²Die zuständige Behörde soll die Person auffordern, ein Führungszeugnis und eine Auskunft aus dem Schuldnerverzeichnis vorzulegen.

(8) Wird eine Person unter den Voraussetzungen des Absatzes 6 Satz 1 bestellt, hat sie sich über Zahl und Umfang der von ihr berufsmäßig geführten Betreuungen zu erklären.

I. Während § 1896 bestimmt, wann eine Betreuung angeordnet werden kann, **enthält** 1
§ 1897 Regelungen darüber, **wer zum Betreuer bestellt werden soll** (Abs 1, 2, 4–8) und wer v diesem Amt ausgeschlossen ist (Abs 3). Eine Ergänzung enthält § 1900. Zum Betreuer soll vorrangig eine Einzelperson bestellt werden. Hauptauswahlkriterium ist die Eignung zur Betreuung (Abs 1). Die Wünsche des Betroffenen sind aber zu beachten, sofern das nicht seinem Wohl widerspricht (Abs 4); äußert er keine Wünsche, müssen bei der Auswahl des Betreuers die verwandtschaftlichen und sonstigen Bindungen des Betroffenen besonders berücksichtigt werden (Abs 5). Vorrangig ist ein ehrenamtlicher Betreuer zu bestellen (Abs 6).

II. Der **Grundsatz der Einzelbetreuung** bedeutet, dass vorrangig eine natürliche Person 2 als Betreuer bestellt werden soll. Zulässig ist aber, Mitarbeiter v Betreuungsvereinen und Behörden persönlich als Einzelbetreuer zu bestellen (Abs 2, sog Vereins- und Behördenbetreuer). Mehrere Betreuer sollen nur bestellt werden, wenn die Angelegenheiten des Betreuten dann besser besorgt werden können (§ 1899 I). Können natürliche Personen nicht gefunden werden, die bereit und in der Lage sind, die Betreuung zu übernehmen oder ist die Betreuung durch eine Einzelne natürliche Person nicht sinnvoll, kann auch ein Betreuungsverein als solcher bestellt werden (§ 1900 I). Kann auch ein solcher nicht gefunden werden, muss (als letzter Ausweg) die Betreuungsbehörde bestellt werden (§ 1900 IV).

Entscheidend für die Auswahl des Betreuers ist zunächst die **Eignung** der in Betracht 3 gezogenen Person. Daran fehlt es, wenn die als Betreuer ausgesuchte Person selbst nicht voll geschäftsfähig ist. Ebenfalls ungeeignet sind Personen, die den erforderlichen persönlichen Kontakt zum Betroffenen aufgrund der räumlichen Entfernung nicht oder nicht oft genug herstellen können (OLG Köln FamRZ 96, 506), Personen, die wegen Verletzung v Betreuerpflichten gerichtsbekannt sind, und Personen, bei denen Interessenkonflikte bestehen. Abs 3 schließt ausdrücklich die Personen aus, die zu einer Anstalt, einem Heim oder einer sonstigen Einrichtung, in welcher der Volljährige untergebracht ist oder wohnt, in einem Abhängigkeitsverhältnis oder in einer anderen engen Beziehung stehen. Entsprechendes muss gelten, wenn der Ehegatte des in Aussicht genommenen Betreuers in einem derartigen Verhältnis steht (OLG Düsseldorf FamRZ 94, 1416). Die Interessenkollision muss sonst aber konkret feststellbar sein. Eine abstrakte Gefahr allein rechtfertigt es nicht, die v Betroffenen gewünschte Person nicht zum Betreuer zu bestellen (KG FamRZ 95, 1442; OLG Düsseldorf, FamRZ 95, 894; OLG Schleswig FamRZ 05, 1860).

Vorrangig ist ein **ehrenamtlicher Betreuer** zu bestellen (Abs 6). Erst wenn sich kein eh- 4 renamtlicher Betreuer findet, darf ein Berufsbetreuer (§ 1836 Rn 6) bestellt werden. Werden diesem während der Betreuung potentielle ehrenamtliche Betreuer bekannt, muss er das Betreuungsgericht benachrichtigen. Er ist dann ggf zu entlassen (§ 1908 b I

2). Vor der erstmaligen Bestellung eines Berufsbetreuers soll das Gericht die zuständige Behörde zu seiner Eignung und Qualifikation (wichtig wegen der Festsetzung seiner Vergütung) anhören (Abs 7). Zur Nachforschungspflicht des Gerichts bei der Bestellung v Berufsbetreuern s Rn 8.

5 Voraussetzung für die Bestellung ist weiter, dass die in Betracht gezogene Person sich mit der Übernahme der Betreuung einverstanden erklärt (§ 1898 II). Ein Vereins- oder Behördenbetreuer darf nur bestellt werden, wenn der Verein bzw. die Behörde einverstanden ist (Abs 2).

6 Einem **Vorschlag** des Betroffenen ist zu entsprechen, wenn die Bestellung der vorgeschlagenen Person seinem Wohl nicht widerspricht (Abs 4 S 1). Der Vorrang des Willens des Betreuten ist grds absolut (BGH FamRZ 11, 880). Sein Vorschlag darf nur übergangen werden, wenn die vorgeschlagene Person ungeeignet ist, also etwa nicht die Gewähr dafür bietet, das Amt zum Wohl des Betreuten zu führen (OLG Köln NJWE-FER 99, 57) oder wenn der Vorgeschlagene wegen erhebliche Differenzen mit anderen Familienmitgliedern, bei denen der Betreute lebt, sein Amt voraussichtlich nicht wird effizient ausüben können (BayObLG FamRZ 04, 976). Es reicht dag nicht, dass eine andere Person dem Gericht als geeigneter erscheint. Schließt der Betroffene nur bestimmte Personen aus, ohne einen positiven Wunsch zu nennen, ist darauf Rücksicht zu nehmen (Abs 4 S 2). Das Gericht ist also an den Wunsch nicht gebunden. Die dadurch betroffene Person kann aber deswegen als Betreuer ungeeignet sein, wenn zu erwarten ist, dass der Betroffene die Kooperation mit ihr verweigern wird. Auch vor dem Eintritt der Betreuungsbedürftigkeit niedergelegte Wünsche (Betreuungsverfügungen, s auch § 1901 c) sind zu beachten, es sei denn, dass der Betroffene erkennbar nicht an ihnen festhalten will (Abs 4 S 3). Dafür besteht kein Formerfordernis. Geschäftsfähigkeit ist weder für den Vorschlag (BGH FamRZ 11, 880; 11, 285; BayObLG FamRZ 94, 530; NJWE-FER 01, 234) noch die Äußerung des Willens erforderlich, an einem früher geäußerten Vorschlag nicht mehr festhalten zu wollen (BayObLG FamRZ 93, 1110).

7 Ist **kein** Betreuer vorgeschlagen und niemand abgelehnt, entscheidet das Gericht aufgrund einer umfassenden Interessenabwägung. Dabei sind neben den möglichen Ausschlussgründen die verwandtschaftlichen und sonstigen persönlichen Bindungen des Volljährigen, vor allem zu Eltern, Kindern und zum Ehegatten bzw Lebenspartner, zu berücksichtigen (Abs 5). Den genannten Personen kommt kein automatischer Vorrang zu, sie sind aber bei gleicher Eignung idR zu bevorzugen. Gegen die Bestellung v nahen Angehörigen können aber Interessengegensätze (vgl BayObLG FamRZ 01, 1402) oder die Tatsache sprechen, dass der Betreute sich nicht mit dem in Aussicht genommenen Betreuer versteht.

8 **III. Verfahren.** Durch das 2. BetreuungsrechtsänderungsG ist die **Fähigkeit des Betreuungsgerichts** gestärkt worden, **die Eignung des Vormunds, mögliche Interessenkollisionen und die Festsetzung der Vergütung des Vormunds zu beurteilen.** Das Gericht soll die Betreuungsbehörde nach den Auskünften fragen, die es braucht, um die Eignung des Betreuers zu beurteilen. Darüber hinaus kann es die Auskünfte verlangen, die für die Beurteilung der Berufsmäßigkeit der Betreuung erforderlich sind. Diese Informationen benötigt das Gericht, um die Vergütung des Berufsbetreuers festzusetzen. Deswegen kann es v Betreuer auch die Angabe der Zahl der Betreuungen verlangen (Abs 8, wichtig wegen § 1 I Nr 1 VBVG) und v der Betreuungsbehörde Auskünfte über den Zeitaufwand der Betreuung (Abs 7 S 1, wichtig wegen § 1 I Nr. 2 VBVG).

9 Damit die Behörde selbst die notwendigen Auskünfte über die Eignung des Betreuers erteilen kann, soll sie den künftigen Betreuer auffordern, ein **Führungszeugnis** und eine **Auskunft aus dem Schuldnerregister** (vgl § 915 ZPO) vorzulegen.

10 Eine auf die Auswahl des Betreuers beschränkte **Beschwerde** ist als Teilanfechtung der Entscheidung über die Anordnung der Betreuung zulässig (BGH NJW 96, 1825). Beschwerdebefugnis: § 1896 Rn 9. Ein Beschwerderecht der in Abs 5 genannten Personen gegen die Bestellung eines anderen Betreuers fehlt aber, da kein eigenes Recht verletzt ist (§ 59 I FamFG).

§ 1898 Übernahmepflicht

(1) Der vom Betreuungsgericht Ausgewählte ist verpflichtet, die Betreuung zu übernehmen, wenn er zur Betreuung geeignet ist und ihm die Übernahme unter Berücksichtigung seiner familiären, beruflichen und sonstigen Verhältnisse zugemutet werden kann.
(2) Der Ausgewählte darf erst dann zum Betreuer bestellt werden, wenn er sich zur Übernahme der Betreuung bereit erklärt hat.

Die Norm stellt zunächst die **Verpflichtung** auf, eine Betreuung zu übernehmen, wenn 1 die v Betreuungsgericht ausgewählte Person zur Übernahme der Betreuung geeignet ist (§ 1897 Rn 3) und sie ihr unter Berücksichtigung ihrer sonstigen Verpflichtungen zuzumuten ist. Die Zumutbarkeit der Betreuungsübernahme ist in einer Gesamtbetrachtung der Lebensverhältnisse des potenziellen Betreuers festzustellen. Anders als im Vormundschaftsrecht (vgl § 1786) hat der Gesetzgeber bewusst darauf verzichtet, die die Zumutbarkeit ausschließenden Gründe positiv aufzuführen. Den dort genannten Gründen ist aber auch im Betreuungsrecht Indizwirkung zuzumessen. Darüber hinaus kann etwa der schlechte Gesundheitszustand der in Betracht gezogenen Person, die Zahl der bereits v ihr übernommenen Betreuungen und das persönliche Verhältnis zum Betreuten (soweit es nicht schon die Eignung ausschließt) die Zumutbarkeit der Betreuungsübernahme entfallen lassen.

Die **Bestellung** der ausgewählten Person zum Betreuer **darf** erst erfolgen, wenn sie der 2 Übernahme der Betreuung zugestimmt hat. Sollen mehrere Betreuer bestellt werden, muss das Einverständnis aller eingeholt werden. Fehlt das Einverständnis, ist die Bestellung rechtswidrig und ebenso aufzuheben wie in dem Fall, dass es später wieder widerrufen wird.

Weigert sich die v Betreuungsgericht ausgewählte Person, die Betreuung zu überneh- 3 men, obwohl sie dazu verpflichtet ist, kommen Schadensersatzansprüche des Betroffenen nach § 1787 I in Betracht, der über die Verweisung in § 1908 i auch auf Betreuungen Anwendung findet. Zwangsmaßnahmen sind im Betreuungsrecht nicht vorgesehen.

§ 1899 Mehrere Betreuer

(1) ¹Das Betreuungsgericht kann mehrere Betreuer bestellen, wenn die Angelegenheiten des Betreuten hierdurch besser besorgt werden können. ²In diesem Falle bestimmt es, welcher Betreuer mit welchem Aufgabenkreis betraut wird. ³Mehrere Betreuer, die eine Vergütung erhalten, werden außer in den in den Absätzen 2 und 4 sowie § 1908 i Abs. 1 Satz 1 in Verbindung mit § 1792 geregelten Fällen nicht bestellt.
(2) Für die Entscheidung über die Einwilligung in eine Sterilisation des Betreuten ist stets ein besonderer Betreuer zu bestellen.
(3) Soweit mehrere Betreuer mit demselben Aufgabenkreis betraut werden, können sie die Angelegenheiten des Betreuten nur gemeinsam besorgen, es sei denn, dass das Gericht etwas anderes bestimmt hat oder mit dem Aufschub Gefahr verbunden ist.
(4) Das Gericht kann mehrere Betreuer auch in der Weise bestellen, dass der eine die Angelegenheiten des Betreuten nur zu besorgen hat, soweit der andere verhindert ist.

I. Im Betreuungsrecht gibt es keinen Gegenvormund (§ 1799). Ebenso wenig ist die Be- 1 stellung eines Pflegers möglich, wenn ein Betreuer eine bestimmte Angelegenheit des Betreuten nicht besorgen kann oder darf; denn in § 1909 ist die Betreuung nicht genannt. Außerdem kann es eine Reihe v Fällen geben, in denen die Betreuung des Betroffenen durch eine einzelne Person nicht geeignet ist, seine Interessen in optimaler Weise wahrzunehmen. Die Norm ermöglicht es daher, **mehrere Betreuer zu bestellen**, wenn auf diese Weise die Angelegenheiten des Betreuten besser besorgt werden können (Abs 1). Sie verlangt sie zwingend, wenn die Betreuung auch die Entscheidung über die Einwilligung in eine Sterilisation (vgl § 1905) zum Gegenstand hat (Abs 2). Für den Fall, dass mehrere Betreuer bestellt sind, regelt die Norm ihr Verhältnis (Abs 3, 4). Be-

2 **II. Voraussetzung** für die Bestellung mehrerer Betreuer ist, dass auf diese Weise die **Angelegenheiten des Betroffenen besser besorgt werden können** (Abs 1 S 1). Die Voraussetzungen der Betreuung richten sich allein nach § 1896, die Auswahl nach §§ 1897, 1900. Die Bestellung mehrerer Betreuer kann angezeigt sein, wenn die Betreuung Aufgabenbereiche umfasst, in denen Spezialkenntnisse erforderlich sind oder wenn die Aufgaben an weit voneinander entfernten Orten zu erfüllen sind. Nahe liegend, wenn auch nicht zwingend (OLG Schleswig FamRZ 05, 1278) ist es auch, bei Behinderten beide Eltern zu Betreuern zu bestellen. Sie müssen dann bereit und geeignet sein, gemeinsam zum Wohl des Kindes weiterzuhandeln, was wiederum eine harmonische Beziehung zwischen ihnen und zum Kind voraussetzt (OLG Schleswig NJW-RR 02, 292). Auch vor einem Betreuerwechsel kann es sinnvoll sein, für eine Übergangszeit den bisherigen und den künftigen Alleinbetreuer gemeinsam zu bestellen, um dem neuen Betreuer die Einarbeitung zu erleichtern. Unzulässig ist dag die sog Delegationsbetreuung, dh die Bestellung eines weiteren Betreuers, dessen Aufgabenkreis allein v der Übertragung v Aufgaben durch den ursprünglichen Betreuer abhängt. Diese ursprünglich in Abs 4 2. Fall aF vorgesehene Möglichkeit wurde mit Wirkung v 1.7.05 abgeschafft, weil sie sich nicht bewährt hatte.

3 Mindestens ein **weiterer** Betreuer muss bestellt werden, wenn der vorhandene Betreuer an der Betreuung aus tatsächlichen oder rechtlichen Gründen gehindert ist (Ergänzungsbetreuer, vgl Abs 4, 1. Fall). Ein weiterer Betreuer ist auch für die Entscheidung über die Einwilligung in eine Sterilisation zu bestellen (Abs 2). So soll sichergestellt werden, dass die Entscheidung über diese sehr einschneidende Maßnahme nicht mit sonstigen Belangen verquickt wird. Ein Betreuungsverein oder die Betreuungsbehörde darf insoweit nicht bestellt werden (§ 1900 II). Der Aufgabenkreis des Sterilisationsbetreuers erstreckt sich entgegen dem restriktiven Wortlaut des Gesetzes auf alle mit der Sterilisation zusammenhängenden Fragen, vor allem auch den Abschluss des Arztvertrages, um gegenläufige Entscheidungen des anderen Betreuers zu verhindern.

4 Das Gericht muss die **Aufgabenkreise** der Betreuer genau festlegen (Abs 1 S 2). Ist das unterblieben, oder sind mehrere Betreuer kraft gerichtlicher Anordnung für denselben Aufgabenkreis bestellt, können sie die Angelegenheiten des Betreuten nur gemeinsam besorgen, es sei denn, dass mit dem Aufschub Gefahr verbunden ist (Abs 3). Ist ein Ergänzungsbetreuer bestellt, verliert der andere Betreuer die Befugnis, in dem Aufgabenkreis tätig zu werden. Handelt er trotzdem, ist er Vertreter ohne Vertretungsmacht und haftet nach § 179.

5 **III.** Die **Bestellung mehrerer Betreuer** ist seit dem Inkrafttreten des 2. BetreuungsrechtsänderungsG **eingeschränkt.** Um die Kosten für Betreuungen in einem vertretbaren Rahmen zu halten, bestimmt Abs 1 S 3, dass grds nicht mehrere Betreuer bestellt werden können, welche eine Vergütung erhalten. Das betrifft alle Berufsbetreuer. Ausgenommen sind lediglich der Sterilisationsbetreuer (Abs 2), der Ergänzungsbetreuer (Abs 4, Rn 3) und der Gegenbetreuer (§ 1908 i iVm § 1792). Es ist dag nicht mehr zulässig, für unterschiedliche Bereiche unterschiedliche vergütete Betreuer zu bestellen. Der Betreuer kann nur auf die Dienste Dritter ausweichen, wenn er für bestimmte Bereiche nicht genügend eigenen Sachverstand mitbringt (zB bei Verwaltung großer Vermögen mit ganz unterschiedlichen Bestandteilen).

§ 1900 Betreuung durch Verein oder Behörde

(1) ¹Kann der Volljährige durch eine oder mehrere natürliche Personen nicht hinreichend betreut werden, so bestellt das Betreuungsgericht einen anerkannten Betreuungsverein zum Betreuer. ²Die Bestellung bedarf der Einwilligung des Vereins.
(2) ¹Der Verein überträgt die Wahrnehmung der Betreuung einzelnen Personen. ²Vorschlägen des Volljährigen hat er hierbei zu entsprechen, soweit nicht wichtige Gründe entgegenstehen. ³Der Verein teilt dem Gericht alsbald mit, wem er die Wahrnehmung der Betreuung übertragen hat.

(3) Werden dem Verein Umstände bekannt, aus denen sich ergibt, dass der Volljährige durch eine oder mehrere natürliche Personen hinreichend betreut werden kann, so hat er dies dem Gericht mitzuteilen.
(4) ¹Kann der Volljährige durch eine oder mehrere natürliche Personen oder durch einen Verein nicht hinreichend betreut werden, so bestellt das Gericht die zuständige Behörde zum Betreuer. ²Die Absätze 2 und 3 gelten entsprechend.
(5) Vereinen oder Behörden darf die Entscheidung über die Einwilligung in eine Sterilisation des Betreuten nicht übertragen werden.

I. **Die Norm regelt**, wer zum Betreuer zu bestellen ist, wenn der Betroffene durch eine (oder mehrere) natürliche Person nicht hinreichend betreut werden kann. Für diesen Fall ordnet sie an, dass der Betroffene in erster Linie durch einen Betreuungsverein betreut werden soll. Erst wenn auch ein solcher die Betreuung nicht übernehmen kann, darf die Betreuungsbehörde bestellt werden. 1

II. 1. a) Ein **Betreuungsverein darf nur zum Betreuer bestellt werden**, wenn die Betreuung des Betroffenen durch natürliche Personen nicht möglich ist, etwa weil keine natürliche Person gefunden werden kann, die bereit und in der Lage wäre, die Betreuung zu übernehmen oder weil die Betreuung des Betroffenen durch eine oder mehrere bestimmte Personen nicht sinnvoll ist (Abs 1). Letzteres kommt in Betracht, wenn der Betroffene unfähig ist, eine Vertrauensbeziehung zu Einzelpersonen aufzubauen, weil er bereits nach kurzer Zeit aggressiv auf mit ihm in Kontakt tretende Personen reagiert oder wenn erst in einer Übergangsphase ermittelt werden soll, wer am besten mit ihm zusammenarbeiten kann. 2

Für die Entscheidung über die Einwilligung in eine **Sterilisation** darf ein Betreuungsverein nicht bestellt werden (Abs 5). In diesem Fall soll immer eine konkrete natürliche Person für die Entscheidung verantwortlich sein und v Betroffenen angesprochen werden können. 3

Bestellungsvoraussetzung ist weiter, dass der **Betreuungsverein** sich zur Übernahme der Betreuung bereit erklärt (Abs 1 S 2). Dazu besteht keine Verpflichtung. Verweigert der Verein die Zustimmung, muss entweder ein anderer gesucht werden, oder es muss die Betreuungsbehörde bestellt werden. Der Betreuungsverein überträgt die Betreuung intern auf eine oder mehrere natürliche Personen (Abs 2). Bei deren Auswahl muss sie die Wünsche des Betroffenen berücksichtigen, wenn dem nicht wichtige Gründe entgegenstehen. Es reichen wichtige Gründe auf Seiten des Betreuungsvereins (Organisation, Überforderung einzelner Mitarbeiter). Der Betreuungsverein muss dem Betreuungsgericht mitteilen, wem er die Wahrnehmung der Betreuung übertragen hat (Abs 2 S 2). Der Benannte wird nicht selbst zum Betreuer. Er ist kein Vereinsbetreuer iSd § 1897 II. 4

b) Die **Betreuung durch die Betreuungsbehörde** ist nur **zulässig**, wenn der Betroffene weder durch eine oder mehrere natürliche Personen noch durch einen Betreuungsverein hinreichend betreut werden kann. Die Zustimmung der Behörde zur Übernahme der Betreuung ist nicht erforderlich. Als Sterilisationsbetreuer darf die Betreuungsbehörde nicht bestellt werden (Abs 5). Die **Betreuungsbehörde überträgt die Betreuung intern auf einzelne Personen** und muss dabei auf Wünsche des Betreuten Rücksicht nehmen. Dem Gericht wird mitgeteilt, wem die Betreuung übertragen ist. Insoweit gilt das zum Betreuungsverein Gesagte entsprechend (Rn 4, Abs 4 S 2). Die Durchführung der Betreuung durch die Behörde richtet sich nach dem BetreuungsbehördenG (Art 8 des Betreuungsgesetzes) und den dazu ergangenen landesrechtlichen Ausführungsgesetzen. 5

2. Die Vereins- oder Behördenbetreuung **muss beendet werden**, wenn eine geeignete natürliche Person gefunden wird, die die Betreuung übernehmen kann, die Behördenbetreuung außerdem dann, wenn nunmehr ein Betreuungsverein zur Verfügung steht. Das Betreuungsgericht muss deswegen regelmäßig überprüfen, ob die Betreuung durch eine natürliche Person (und im Fall der Behördenbetreuung durch einen Betreuungsverein) erfolgen kann. 6

§ 1901 Umfang der Betreuung, Pflichten des Betreuers

(1) Die Betreuung umfasst alle Tätigkeiten, die erforderlich sind, um die Angelegenheiten des Betreuten nach Maßgabe der folgenden Vorschriften rechtlich zu besorgen.

(2) ¹Der Betreuer hat die Angelegenheiten des Betreuten so zu besorgen, wie es dessen Wohl entspricht. ²Zum Wohl des Betreuten gehört auch die Möglichkeit, im Rahmen seiner Fähigkeiten sein Leben nach seinen eigenen Wünschen und Vorstellungen zu gestalten.

(3) ¹Der Betreuer hat Wünschen des Betreuten zu entsprechen, soweit dies dessen Wohl nicht zuwiderläuft und dem Betreuer zuzumuten ist. ²Dies gilt auch für Wünsche, die der Betreute vor der Bestellung des Betreuers geäußert hat, es sei denn, dass er an diesen Wünschen erkennbar nicht festhalten will. ³Ehe der Betreuer wichtige Angelegenheiten erledigt, bespricht er sie mit dem Betreuten, sofern dies dessen Wohl nicht zuwiderläuft.

(4) ¹Innerhalb seines Aufgabenkreises hat der Betreuer dazu beizutragen, dass Möglichkeiten genutzt werden, die Krankheit oder Behinderung des Betreuten zu beseitigen, zu bessern, ihre Verschlimmerung zu verhüten oder ihre Folgen zu mildern. ²Wird die Betreuung berufsmäßig geführt, hat der Betreuer in geeigneten Fällen auf Anordnung des Gerichts zu Beginn der Betreuung einen Betreuungsplan zu erstellen. ³In dem Betreuungsplan sind die Ziele der Betreuung und die zu ihrer Erreichung zu ergreifenden Maßnahmen darzustellen.

(5) ¹Werden dem Betreuer Umstände bekannt, die eine Aufhebung der Betreuung ermöglichen, so hat er dies dem Betreuungsgericht mitzuteilen. ²Gleiches gilt für Umstände, die eine Einschränkung des Aufgabenkreises ermöglichen oder dessen Erweiterung, die Bestellung eines weiteren Betreuers oder die Anordnung eines Einwilligungsvorbehalts (§ 1903) erfordern.

1 I. Die Vorschrift stellt die **Grundregeln für die Ausübung der Betreuung** auf. Diese beschränken die Vertretungsmacht des Betreuers zwar nicht. Ihre Einhaltung ist aber v Betreuungsgericht zu kontrollieren und durchzusetzen (§§ 1908 i I 1, 1837). Verstöße können bis zur Entlassung des Betreuers führen (vgl § 1908 b).

2 II. 1. Die **Betreuung umfasst** alle Tätigkeiten, die erforderlich sind, um die Angelegenheiten des Betreuten zu erledigen, die in den Kreis der Aufgaben fallen, die dem Betreuer übertragen sind (Abs 1). Kümmert sich der Betreuer darüber hinaus um den Betreuten (zB Hilfe bei der Körperpflege oder Ernährung), ist das nicht mehr Gegenstand der Betreuung. Er kann für diese Tätigkeiten daher auch keine Vergütung beanspruchen (LG Koblenz FPR 02, 99).

3 2. Der Betreuer muss die Angelegenheiten des Betroffenen **so besorgen, wie es dessen Wohl entspricht** (Abs 2 S 1) Er muss den Betroffenen als Person behandeln und nicht nur als Objekt staatlicher Bevormundung und Verwaltung. Dazu gehört, dass er möglichst oft persönlichen Kontakt mit ihm pflegt. Abs 2 S 2 stellt klar, dass zum Wohl des Betreuten auch die Möglichkeit gehört, dass er im Rahmen seiner Fähigkeiten sein Leben nach seinen Wünschen und Vorstellungen gestalten kann. Der Betreuer darf daher das Wohl des Betroffenen nicht rein objektiv bestimmen. Zum Wohl gehört das durch die subjektiven Bedürfnisse des Betroffenen bestimmte Wohlbefinden. Ihm muss daher nach Möglichkeit sein bisheriger Lebenszuschnitt erhalten bleiben (BayObLG NJW 91, 432). Der Betreuer darf nicht etwa im Interesse der künftigen Erben den Lebenszuschnitt des Betroffenen auf ein bescheidenes Maß zurückführen, um Geld zu sparen, das der Betroffene vererben könnte.

4 3. **Wünsche** des Betroffenen in Bezug auf die Führung der Betreuung sind für den Betreuer verbindlich, soweit sie dem Wohl des Betreuten nicht zuwiderlaufen und ihre Erfüllung dem Betreuer zumutbar ist (Abs 3). Für die Äußerung eines Wunsches ist Geschäftsfähigkeit nicht erforderlich. Er kann sich auf jeden Gesichtspunkt erstrecken, der in den Aufgabenbereich des Betreuers fällt. Andere Wünsche sind für den Betreuer nicht verbindlich. Durch sie kann der Betreute den Aufgabenbereich des Betreuers nicht erweitern; Bedeutung haben sie daher nur, wenn der Betreute geschäftsfähig ist

und der Wunsch als Auftrag und Bevollmächtigung des Betreuers zur Vornahme ausgelegt werden kann. Wann der Wunsch geäußert wurde, ist unerheblich. Abs 3 S 2 stellt ausdrücklich klar, dass auch Wünsche, die der Betreute vor der Bestellung des Betreuers geäußert hat, für den Betreuer verbindlich sind, es sei denn, dass der Betroffene an diesen Wünschen erkennbar nicht festhalten will. Vorrangig ist aber immer der aktuell geäußerte Wunsch. Der Betreuer muss daher jeweils den aktuellen Willen des Betroffenen erforschen. Dazu hat er zumindest vor der Wahrnehmung wichtiger Angelegenheiten mit dem Betroffenen zu sprechen (Abs 3 S 3). Eine Ausnahme gilt wiederum, wenn die Besprechung dem Wohl des Betroffenen zuwiderlaufen würde. Was wichtige Angelegenheiten sind, richtet sich nach den Lebensverhältnissen des Betroffenen. Die Angelegenheiten, in denen eine besondere betreuungsgerichtliche Erlaubnis für das Handeln des Betreuers erforderlich ist (vgl §§ 1821, 1822, 1896 IV, 1904–1907), gehören immer hierher. Andere Angelegenheiten sind wichtig, wenn sie für den Betroffenen erhebliche Bedeutung haben. Das kann auch objektiv unbedeutende Fragen betreffen (zB die Anschaffung v Kleidungs- oder Einrichtungsstücken).

Unmaßgeblich ist der Wunsch des Betroffenen, wenn er seinem **Wohl** zuwiderläuft. Es 5 reicht jede Gefährdung der Rechtsgüter des Betroffenen, die im Rang über dem mit dem Wunsch verfolgten Interesse stehen. Der Betreuer muss die Erfüllung eines Wunsches daher vor allem dann ablehnen, wenn dadurch das Leben, die Gesundheit oder Persönlichkeitsrechte des Betroffenen gefährdet würden. Darüber hinaus sind Wünsche unbeachtlich, durch welche die Vermögenssituation des Betroffenen so beeinträchtigt wird, dass sein Unterhalt gefährdet wird. Bei alten Menschen ist es aber nicht das Ziel, Vermögen für die Erben zu erhalten. Solange der Betreute v seinen Einkünften und aus seinem Vermögen sich voraussichtlich bis zu seinem Tod wird unterhalten können, darf der Betreuer einen Wunsch des Betreuten nicht wegen Vermögensgefährdung ablehnen (vgl OLG Karlsruhe FamRZ 10, 2018).

4. Der Betreuer muss alles tun, um die **Krankheit** oder Behinderung des Betreuten **zu** 6 **beseitigen oder zu bessern**, ihre Verschlimmerung zu verhüten und ihre Folgen zu mildern (Abs 4). Die Mitwirkungspflicht ist aber auf seinen Aufgabenkreis beschränkt. Während ein für die Gesundheitsfürsorge bestellter Betreuer daher immer an der Rehabilitation des Betroffenen mitwirken muss, gilt das etwa für den Vermögensbetreuer nur insoweit, als die finanzielle Sicherung der Rehabilitationsmaßnahmen betroffen ist. Eine Einmischung in nicht übertragene Aufgabenbereiche ist ausgeschlossen.

5. Der Betreuer muss dem Gericht über alle ihm bekannt werdenden Umstände **berich-** 7 **ten**, die eine Aufhebung der Betreuung oder die Einschränkung des Aufgabenkreises ermöglichen oder dessen Erweiterung, die Bestellung eines weiteren Betreuers oder die Anordnung eines Einwilligungsvorbehalts erfordern. Auf diese Weise soll sichergestellt werden, dass das Betreuungsgericht jederzeit in der Lage ist, die Betreuungsmaßnahmen an das zum Wohl des Betreuten Erforderliche anzupassen, um neue Gefahren abzuwehren oder zu weitgehende Eingriffe zu beseitigen. Der Betreuer braucht nur sein eigenes Wissen weiterzugeben; ihn trifft keine Ermittlungspflicht. Weitere Mitteilungspflichten ergeben sich aus § 1897 VI 2 (für Berufsbetreuer über potenzielle ehrenamtliche Betreuer), § 1900 III, IV 2 (für Betreuungsverein und Betreuungsbehörde über Umstände, die erwarten lassen, dass der Betroffene nun durch eine oder mehrere natürliche Personen hinreichend vertreten werden kann), § 1903 IV (Parallelregelung für den Einwilligungsvorbehalt) und den allg Regeln über die Rechnungslegung durch den Vormund (§§ 1839 ff), die über die Verweisung in § 1908 i I auch für den Betreuer gelten.

6. Durch das 2. BetreungsrechtsänderungsG ist den Berufsbetreuern als **Aufgabe** die 8 **Erstellung eines Betreuungsplans** auferlegt worden. Zuvor war der Betreuer dazu nicht ausdrücklich verpflichtet. Dabei bleibt es auch heute für den ehrenamtlichen Betreuer und denjenigen Berufsbetreuer, bei dem das Gericht nicht zu Anfang der Betreuung anordnet, dass ein Betreuungsplan zu erstellen ist. Das kann sinnvoll sein, wenn die Betreuung nur auf einzelne, eng begrenzte Aufgaben begrenzt ist. Ehrenamtliche Betreuer wollte der Gesetzgeber nicht durch die Belastung mit einer weiteren Aufgabe abschre-

cken. So sinnvoll auch in diesen Fällen ein Betreuungsplan sein kann, so sehr wurde befürchtet, dass die Aufgabe ehrenamtliche Betreuer überfordern könnte.

9 Im Betreuungsplan müssen die **Ziele der Betreuung und die zu ihrer Umsetzung zu ergreifenden Maßnahmen** dargestellt werden (Einzelheiten: Fröschle BtPrax 06, 43 ff). Das erleichtert es dem Betreuungsgericht, die Effizienz der Betreuung zu überwachen. Wie genau der Betreuungsplan ausgestaltet sein muss, ist nicht geregelt. Er darf aber weder zu pauschal sein noch darf das Gericht umgekehrt überzogene Anforderungen an Detailliertheit und Genauigkeit der Zielsetzung stellen. Entscheidend sind die zugewiesenen Aufgabenkreise, die Komplexität der Betreuung, die Wünsche und Widerstände des Betroffenen sowie die Art seiner Erkrankung oder Behinderung.

10 Die Verpflichtung zur Erstellung des Betreuungsplans **erschöpft sich nicht in der einmaligen Aufstellung** des Plans. Ergeben sich im Laufe der Betreuung neue Probleme oder zeigt es sich, dass die Zielsetzung des Planes erreicht wurde oder nicht mehr erreicht werden kann, weil sich die Krankheit des Betroffenen verschlimmert hat, muss der Betreuer das Gericht benachrichtigen und den Plan ergänzen bzw modifizieren.

§ 1901a Patientenverfügung

(1) ¹Hat ein einwilligungsfähiger Volljähriger für den Fall seiner Einwilligungsunfähigkeit schriftlich festgelegt, ob er in bestimmte, zum Zeitpunkt der Festlegung noch nicht unmittelbar bevorstehende Untersuchungen seines Gesundheitszustands, Heilbehandlungen oder ärztliche Eingriffe einwilligt oder sie untersagt (Patientenverfügung), prüft der Betreuer, ob diese Festlegungen auf die aktuelle Lebens- und Behandlungssituation zutreffen. ²Ist dies der Fall, hat der Betreuer dem Willen des Betreuten Ausdruck und Geltung zu verschaffen. ³Eine Patientenverfügung kann jederzeit formlos widerrufen werden.

(2) ¹Liegt keine Patientenverfügung vor oder treffen die Festlegungen einer Patientenverfügung nicht auf die aktuelle Lebens- und Behandlungssituation zu, hat der Betreuer die Behandlungswünsche oder den mutmaßlichen Willen des Betreuten festzustellen und auf dieser Grundlage zu entscheiden, ob er in eine ärztliche Maßnahme nach Absatz 1 einwilligt oder sie untersagt. ²Der mutmaßliche Wille ist aufgrund konkreter Anhaltspunkte zu ermitteln. ³Zu berücksichtigen sind insbesondere frühere mündliche oder schriftliche Äußerungen, ethische oder religiöse Überzeugungen und sonstige persönliche Wertvorstellungen des Betreuten.

(3) Die Absätze 1 und 2 gelten unabhängig von Art und Stadium einer Erkrankung des Betreuten.

(4) ¹Niemand kann zur Errichtung einer Patientenverfügung verpflichtet werden. ²Die Errichtung oder Vorlage einer Patientenverfügung darf nicht zur Bedingung eines Vertragsschlusses gemacht werden.

(5) Die Absätze 1 bis 3 gelten für Bevollmächtigte entsprechend.

1 I. Die Norm wurde durch das Dritte BetreuungsrechtsänderungsG (v 29.7.09, BGBl I 2286) eingefügt. Sie regelt erstmals die sog **Patientenverfügung** (auch Patiententestament genannt), mit der für den Fall Vorsorge getroffen werden soll, dass der auf einen Behandlungsabbruch gerichtete Wille nicht mehr geäußert werden kann. Wie zu verfahren ist, wenn eine derartige Situation eintritt, va wann ein Behandlungsabbruch einer betreuungsgerichtlichen Genehmigung bedarf, ergibt sich aus Abs 1 S 1, § 1904 II. Außerdem regelt Abs 2 nun ausdrücklich, wie ein Betreuer oder Bevollmächtigter zu handeln hat, wenn keine Patientenverfügung vorliegt oder nicht auf die eingetretene Situation passt.

2 Die früher in § 1901a enthaltene Regelung über **Betreuungsverfügungen** findet sich nun in § 1901c.

3 Die Regelung wendet sich sowohl an **Betreuer** (Abs 1) als auch an **Bevollmächtigte** (Abs 5). In Bezug auf die Vollmacht ist zu beachten, dass die Anforderungen des § 1904 V 2 erfüllt sein müssen, wenn dieser auch ein eigenes Entscheidungsrecht in Be-

zug auf die Einwilligung und den Widerruf v Einwilligungen in Heilbehandlungen hat (ausdrückliche Erstreckung, Schriftform).

II. Patientenverfügung. 1. Den **Begriff der Patientenverfügung** definiert Abs 1 S 1. Es 4 handelt sich um die Bestimmung darüber, ob jemand in bestimmte, zum Zeitpunkt der Festlegung noch nicht unmittelbar bevorstehende Untersuchungen seines Gesundheitszustandes, Heilbehandlungen oder ärztliche Eingriffe einwilligt oder sie untersagt. Mit diesen Begriffen soll wie bei § 1904 alle denkbaren medizinischen Maßnahmen abgedeckt werden (vgl § 1904 Rn 6).

Der **Inhalt** einer Patientenverfügung kann v dem Verfasser selbst bestimmt werden, oh- 5 ne an spezielle gesetzliche Vorgaben gebunden zu sein. Sie kann umfassend sein und sich mit Behandlungssituationen in allg Weise befassen (zB Anordnungen nur für den Fall eines Wachkomas), sie kann aber auch nur einzelne Behandlungen ausschließen (zB Wiederbelebungen, Bluttransfusionen, bestimmte Medikationen, künstliche Ernährung). Umgekehrt kann eine Patientenverfügung auch Einwilligungen in Behandlungen umfassen, welche selbst mit einer Lebensverkürzung oder Lebensgefahr verbunden sind, wie etwa die Anordnung, dass bestimmte Schmerzmedikationen vorgenommen werden müssen, selbst wenn sie – objektiv betrachtet – zu einer Verkürzung der restlichen Lebensdauer führen. Jeder hat das Recht, sein eigenes Leiden am Lebensende menschenwürdig zu gestalten und so zu sterben, wie er selbst das für würdig und angemessen hält. Sein Wille ist unabhängig v Art und Stadium einer Erkrankung des Betroffenen zu berücksichtigen (Abs 3). Die Grenze für die Wünsche des Verfassers bildet aber immer das Verlangen nach aktiver Sterbehilfe (§ 216 StGB, § 134).

Eine Patientenverfügung liegt nur vor, wenn die Anordnungen sich mit **noch nicht un-** 6 **mittelbar bevorstehenden Untersuchungen und Heilbehandlungen** befassen. Unmittelbar vor der Behandlung getroffene Bestimmungen eines einwilligungsfähigen Patienten unterfallen den Einschränkungen des § 1901 a nicht. Va brauchen sie nicht schriftlich abgefasst zu sein. Nicht erforderlich ist, dass die Patientenverfügung sich auf den Fall bezieht, in dem eine generelle Einwilligungsunfähigkeit gegeben ist.

Die Patientenverfügung kann mit der **Bevollmächtigung** einer Vertrauensperson (Vor- 7 sorgevollmacht) für die Entscheidung v nicht geregelten Fragen und die Durchsetzung des Willens des Verfassers verbunden werden. Für diese Personen gelten die Verfahrensregeln in §§ 1901 a und 1904 entsprechend (Abs 5, § 1904 V 1).

2. Eine Patientenverfügung bedarf der **Schriftform** (Abs 1 S 2). Sie muss also hand- 8 schriftlich unterschrieben sein (§ 126). Eine Aktualisierung in bestimmten Zeitabständen ist nicht vorgeschrieben, gleichwohl aber sinnvoll, um zu zeigen, dass die Verfügung noch den aktuellen Willen des Verfassers spiegelt.

Sie kann nur v einem (einwilligungsfähigen) **Volljährigen** errichtet werden (Abs 1 S 1). 9 Die v einem Minderjährigen errichtete Patientenverfügung ist selbst dann unwirksam, wenn der Minderjährige wegen schon vorhandener Einsichtsfähigkeit im Behandlungsfall selbst in die Behandlung einwilligen oder die Einwilligung verweigern kann. Wegen des höchstpersönlichen Charakters der Erklärung ist auch eine Stellvertretung ausgeschlossen.

Die Autonomie des Betroffenen wird **im Verhältnis zu Dritten** durch ein doppeltes Ver- 10 bot geschützt: Zum einen kann niemand kann zur Errichtung einer Patientenverfügung verpflichtet werden (Abs 4 S 1). Aus dieser engen Formulierung (kann statt darf) ist abzuleiten, dass eine entsprechende Verpflichtungserklärung nichtig ist. Damit soll verhindert werden, dass Dritte, die an einem möglichst schnellen und komplikationslosen Ableben des Betroffenen haben könnten (zB Krankenversicherungen) ihre Vertragspartner dazu zwingen, eine Patientenverfügung zu errichten, welche einen möglichst schnellen Tod ohne die Inanspruchnahme v aufwändigen Leistungen gewährleistet. Die Nichtigkeit der Verpflichtung wirkt über § 134 auch auf die Patientenverfügung.

In die gleiche Richtung geht die Bestimmung in Abs 4 S 2, dass die **Errichtung oder** 11 **Vorlage einer Patientenverfügung nicht zur Bedingung eines Vertragsschlusses** gemacht werden darf. Das Verpflichtungsverbot des Abs 4 S 1 könnte sonst dadurch umgangen werden, dass v einem Vertragsschlusswilligen verlangt wird, eine Patientenverfügung (mit einem bestimmten Inhalt) vorzulegen, bevor überhaupt ein Vertrag errichtet wird. Auch insoweit muss angenommen werden, dass eine entgegen dem Verbot errichtete Patientenverfügung unwirksam sein muss (§ 134), weil nur so ein effektiver Schutz des Betroffenen erreicht werden kann. Das kann allerdings dann nicht gelten, wenn nur die Vorlage einer Patientenverfügung verlangt wird, denn sonst bestünde die Gefahr, dass eine ohne Zusammenhang mit dem Verlangen errichtete Verfügung durch das nachträgliche Verlangen nach Vorlage durch einen Dritten ihre Wirksamkeit verlieren könnte.

12 3. Die **Bedeutung** der Patientenverfügung liegt zunächst darin, dass sie **selbst die Einwilligung** in bestimmte Behandlungen oder Untersuchungen enthalten kann. Für diese Einwilligungen gilt nichts anderes als für die Einwilligungen in Körperverletzungen, wie sie sonst bei ärztlichen Behandlungen erforderlich sind (§ 823 Rn 88 f). Ihr Vorliegen schließt die Rechtswidrigkeit des medizinischen Eingriffs bzw der Behandlung aus. Entsprechendes gilt für die Verweigerung der Einwilligung. Der Verfasser hat diese Fragen selbst entschieden, für eine Entscheidung des Betreuers oder Bevollmächtigten ist kein Raum (BT-Drucks 16/8442, 14). Erforderlich dafür ist aber immer, dass die Patientenverfügung eine hinreichend konkrete Behandlungsentscheidung in einer bestimmten Krankheitssituation enthält. Allg Aussagen, wie „keine lebensverlängernden Maßnahmen, sobald ich dement bin", reichen nicht.

13 Außerdem ist die Patientenverfügung eine **Handlungsanweisung an den Betreuer bzw den Bevollmächtigten** (Abs 1 S 1, 2, Abs 5). Diese Personen müssen prüfen, ob die in der Patientenverfügung enthaltenen Festlegungen auf die aktuelle Lebens- und Behandlungssituation des Verfassers zutreffen. Wenn das der Fall ist, muss der Betreuer bzw der Bevollmächtigte dem Willen des Verfassers Ausdruck und Geltung zu verschaffen (Abs 1 S 2). Ein in einer Patientenverfügung zum Ausdruck kommender Wille ist also wie bei einer aktuellen Entscheidung des Verfassers selbst bindend, wenn der Verfasser Festlegungen gerade für diejenige Lebens- und Behandlungssituation getroffen hat, die nun zu entscheiden ist, sein Wille nicht auf ein Verhalten gerichtet ist, das einem gesetzlichen Verbot unterliegt, der geäußerte Wille in der Behandlungssituation noch aktuell ist und keine Anhaltspunkte dafür bestehen, dass die Patientenverfügung durch äußeren Druck oder aufgrund eines Irrtums zustande gekommen ist (BT-Drucks 16/8442, 8). Bedeutung hat die Handlungsanweisung an den Betreuer bzw Bevollmächtigten va deswegen, weil seine Tätigkeit in diesen Fällen weiterhin notwendig für alle anderen in der Patientenverfügung nicht vorweg getroffenen Erklärungen und Entscheidungen ist. Das betrifft zB die Auswahl des Arztes oder Krankenhauses sowie die vermögensrechtliche Seite der Behandlung.

14 4. Die Patientenverfügung **verliert ihre Wirksamkeit**, wenn sie widerrufen wird. Der Widerruf ist jederzeit auch formlos möglich (Abs 1 S 3). Zum Sinn v Aktualisierungen s Rn 8.

15 5. **Verfahrensweise in Fällen ohne passende Patientenverfügung**. Abs 2 bestimmt, wie zu verfahren ist, wenn keine Patientenverfügung vorliegt oder wenn eine vorhandene Patientenverfügung die konkrete Behandlungssituation nicht erfasst. Das kann der Fall sein, wenn die Festlegungen in einer schriftlichen Patientenverfügung nicht auf die anstehende konkrete Lebens- und Behandlungssituation zutreffen oder wenn die Willensbekundung nicht schriftlich vorliegt, und zwar ohne Rücksicht darauf, ob die mündlich oder in anderer Weise geäußerten Entscheidungen über die Einwilligung in eine Behandlung auf die konkrete Behandlungssituation zutreffen. Hierunter ist auch der Fall zu fassen, dass behandlungsrelevante schriftliche Willensbekundungen später mündlich ganz oder teilweise abgeändert oder widerrufen wurden. Schließlich gehören hierher die häufigen Fälle, dass in der Patientenverfügung festgelegt wurde, dass die Verfügung nicht unmittelbar gelten soll, sondern der Bevollmächtigte oder Betreuer die Entscheidung über die Behandlung zu treffen hat.

16 In solchen Fällen muss der Betreuer bzw Bevollmächtigte die Behandlungswünsche oder den **mutmaßlichen Willen des Betreuten feststellen** und auf dieser Grundlage zu entscheiden, ob er in eine ärztliche Maßnahme einwilligt oder sie untersagt (Abs 2 S 1). Abs 3 stellt klar, dass die Berücksichtigung des Willens unabhängig v Art und Stadium

einer Erkrankung des Betroffenen ist. Zur Ermittlung dieses Willens dient va das Gespräch zur Ermittlung des Patientenwillens nach § 1901 b.
Der mutmaßliche Wille ist **aufgrund konkreter Anhaltspunkte** zu ermitteln. Zu berücksichtigen sind insb frühere mündliche oder schriftliche Äußerungen, ethische oder religiöse Überzeugungen und sonstige persönliche Wertvorstellungen des Betreuten, va in Bezug auf das Erleiden v Schmerzen oder Angstzuständen. Auch die noch vorhandene Lebenserwartung wird in diese Beurteilung eingehen können, va wenn der Betroffene sich darüber und in Bezug auf den Wunsch weiter zu leben, geäußert hat 17

§ 1901 b Gespräch zur Feststellung des Patientenwillens

(1) ¹Der behandelnde Arzt prüft, welche ärztliche Maßnahme im Hinblick auf den Gesamtzustand und die Prognose des Patienten indiziert ist. ²Er und der Betreuer erörtern diese Maßnahme unter Berücksichtigung des Patientenwillens als Grundlage für die nach § 1901 a zu treffende Entscheidung.
(2) Bei der Feststellung des Patientenwillens nach § 1901 a Absatz 1 oder der Behandlungswünsche oder des mutmaßlichen Willens nach § 1901 a Absatz 2 soll nahen Angehörigen und sonstigen Vertrauenspersonen des Betreuten Gelegenheit zur Äußerung gegeben werden, sofern dies ohne erhebliche Verzögerung möglich ist.
(3) Die Absätze 1 und 2 gelten für Bevollmächtigte entsprechend.

I. Die Bestimmung ist eine **Folgeregelung zu § 1901 a.** Sie regelt die Vorgehensweise in den Fällen des § 1901 a, unabhängig davon, ob eine Patientenverfügung vorliegt oder nicht. Dabei werden zum Teil berufsrechtliche Regelungen der Ärzteschaft aufgegriffen und zur Klarstellung noch einmal im Betreuungsrecht klargestellt. 1

II. 1. **Anwendbar** ist die Regelung in allen Fällen des § 1901 a, gleichgültig, ob eine Patientenverfügung vorliegt oder nicht und ob ein Betreuer oder ein Bevollmächtigter (Abs 3) für den Betroffenen agiert. 2

2. **Ausgangspunkt** jeder Entscheidung ist, dass der behandelnde **Arzt prüft,** welche ärztliche Maßnahme im Hinblick auf den Gesamtzustand und die Prognose des Patienten **indiziert ist** (Abs 1 S 1). Nur was medizinisch notwendig oder förderlich ist, darf durchgeführt werden. Insoweit gilt nichts anderes als bei allen anderen medizinischen Behandlungen. 3

An zweiter Stelle steht, sofern ein Betreuer oder Bevollmächtigter bestellt ist, die **Erörterung** dieser indizierten Maßnahme zwischen dem Betreuer und dem behandelnden Arzt. Bei dieser Erörterung müssen beide den Patientenwillen berücksichtigen (§ 1901 a I, II). 4

Als Ergebnis dieser Erörterungen **handelt der Betreuer entsprechend dem festgestellten Patientenwillen.** Soweit sich aus einer Patientenverfügung eine eigenständige Entscheidung des Falles durch den Betroffenen ergibt, setzt er diese durch, ansonsten entscheidet er nach dem mutmaßlichen Willen des Betroffenen. 5

3. **Abs 2** enthält eine besondere Bestimmung für die Ermittlung des Willens des Betroffenen. Erfasst werden zwar auch die **Fälle des** § 1901 a I (zB bei Notwendigkeit einer Auslegungshilfe für die Patientenverfügung und die Feststellung, ob die Erklärungen in der Patientenverfügung auf die aktuelle Lebens- und Behandlungssituation zutreffen). Hauptanwendungsbereich ist aber die Feststellung v Behandlungswünschen und des mutmaßlichen Willens im Rahmen des **§ 1901 a II.** 6

In beiden Fällen sollen der Betreuer (bzw der Bevollmächtigte) und der behandelnde Arzt nahen **Angehörigen** und sonstigen **Vertrauenspersonen** des Betroffenen **Gelegenheit zur Äußerung** geben. Zu diesem Personenkreis zählen va der Ehegatte, der Lebenspartner, Eltern, Geschwister und Kinder. Sonstige Vertrauenspersonen können auch nicht mit dem Betreuten verwandte Personen sein, es kommt hierbei allein auf das Vertrauensverhältnis an, das zu dem Betreuten bestand. Auch Pflegekräfte kommen im Einzelfall in Betracht. 7

Abgesehen werden kann **v der** Einräumung der **Gelegenheit zur Äußerung,** wenn die Äußerung der genannten Personen nur mit erheblicher Zeitverzögerung möglich ist. 8

Ob erhebliche zeitliche Verzögerungen vorliegen, ist in Abhängigkeit v der Dringlichkeit des vorzunehmenden Eingriffs, der Notwendigkeit aufwändiger Personen- oder Anschriftenermittlungen und der Erreichbarkeit der genannten Personen zu beurteilen. Zudem sollte der Betreuer (bzw Bevollmächtigte) v der Beteiligung einzelner Personen absehen, wenn diese dem erklärten oder erkennbaren Willen des Betroffenen widerspricht (BT-Drucks 16/13314, 20 f).

§ 1901 c Schriftliche Betreuungswünsche, Vorsorgevollmacht

¹Wer ein Schriftstück besitzt, in dem jemand für den Fall seiner Betreuung Vorschläge zur Auswahl des Betreuers oder Wünsche zur Wahrnehmung der Betreuung geäußert hat, hat es unverzüglich an das Betreuungsgericht abzuliefern, nachdem er von der Einleitung eines Verfahrens über die Bestellung eines Betreuers Kenntnis erlangt hat. ²Ebenso hat der Besitzer das Betreuungsgericht über Schriftstücke, in denen der Betroffene eine andere Person mit der Wahrnehmung seiner Angelegenheiten bevollmächtigt hat, zu unterrichten. ³Das Betreuungsgericht kann die Vorlage einer Abschrift verlangen.

1 I. Die Norm, die bislang als § 1901 a eingeordnet war, soll **sichern**, dass die Verfügungen, die eine Person für eine evtl erforderlich werdende Betreuung getroffen hat, als sie noch nicht daran gehindert was, ihren Willen frei zu bestimmen (sog **Betreuungsverfügungen**), Wirkung entfalten können, wenn es zu einem Betreuungsverfahren über ihren Urheber kommt. Sie ordnet dazu für jeden, der eine derartige Verfügung in seinem Besitz hat, die Verpflichtung an, diese unverzüglich an das Betreuungsgericht abzuliefern, bei dem das Betreuungsverfahren anhängig ist. Durch das 2. Betreuungsrechtsänderungsg wurde der Anwendungsbereich der Norm auch auf Vorsorgevollmachten erstreckt (Einzelheiten: Rn 5).

2 II. **Betreuungsverfügungen** sind alle Schriftstücke, in denen eine Person, für die eine Betreuung angeordnet werden soll, Regelungen dafür getroffen hat. Diese können die Person des Betreuers (vgl § 1897 IV) betreffen. Möglich sind aber auch Regelungen über die Aufgabenbereiche oder die Führung der Betreuung und Wünsche über die Lebensgestaltung während der Betreuung. In Betracht kommen auch vorausschauende Einwilligungen in Maßnahmen, für die sonst besondere Genehmigungen erforderlich wären, wie ärztliche Behandlungen (beachte § 1904 II: Genehmigungserfordernis), Wohnungsauflösung, Unterbringung (beachte Genehmigungserfordernis nach § 1906 V), freiheitsentziehende Maßnahmen (beachte Genehmigungserfordernis nach § 1906 V).

3 Die **Ablieferungspflicht entsteht**, wenn das Betreuungsverfahren über der Urheber der Betreuungsverfügung anhängig ist und derjenige, die diese in Besitz hat, davon Kenntnis erlangt. Eine vorzeitige Ablieferung ist im Gesetz nicht vorgesehen. Nicht geregelt ist auch, ob der Besitzer einer Betreuungsverfügung diese bis zu diesem Zeitpunkt aufbewahren muss. Das ergibt sich in den Fällen, in denen der Urheber selbst die Betreuungsverfügung einem anderen übergeben hat, damit dieser im Fall eines Betreuungsverfahrens das Nötige veranlasst, aus einem zumindest stillschweigend geschlossenen Verwahrungsvertrag. Wer Eigentümer der Betreuungsverfügung ist, ist für die Ablieferungspflicht unerheblich. Abzuliefern sind deswegen nicht nur die v Betroffenen ausdrücklich als solche bezeichneten Betreuungsverfügungen, sondern auch alle sonstigen Schriftstücke, in denen der Betroffene auch Wünsche für den Fall einer Betreuung geäußert hat, zB Briefe an Verwandte.

4 III. Die **Erfüllung** der Ablieferungspflicht wird durch das Betreuungsgericht nach § 35 FamFG durchgesetzt. Ein subjektives Recht zugunsten des Betroffenen begründet § 1901 c dag nicht.

5 IV. Durch das 2. **Betreuungsrechtsänderungsg** wurde § 1901 c um eine der bislang schon geltenden Norm entsprechende Regelung für Vorsorgevollmachten ergänzt. Die **Ablieferungspflicht** nach S 1 erstreckt sich daher nun auch auf **Vorsorgevollmachten**, mit denen eine Person eine andere bevollmächtigt, damit diese ihre Angelegenheiten re-

gelt. Ob sie damit verhindern will, dass ein Betreuer bestellt werden muss oder ob die Vollmacht aus sachlichen oder praktischen Erwägungen erteilt wurde, ist unerheblich. In jedem Fall steht sie der Anordnung einer Betreuung für den betroffenen Sachbereich entgegen. In Betracht kommt nur noch eine Vollmachtsbetreuung (vgl § 1896 III).

Der einzige **Unterschied** zur Ablieferung v Betreuungswünschen besteht darin, dass der 6 Besitzer einer Vorsorgevollmachtsurkunde das **Original behalten** darf und nur das Gericht informieren muss. Dieses kann dann aber eine Abschrift oder Kopie der Vollmacht verlangen. Dass der Besitzer nicht das Original der Vollmacht herausgeben muss, liegt daran, dass der Bevollmächtigte dieses uU benötigt, um sich im Rechtsverkehr zu legitimieren (vgl § 174). Bei notarieller Beurkundung muss das Original außerdem in den Notariatsakten verbleiben.

§ 1902 Vertretung des Betreuten

In seinem Aufgabenkreis vertritt der Betreuer den Betreuten gerichtlich und außergerichtlich.

I. Die Norm **beschreibt den wichtigsten Inhalt der Betreuung:** die Befugnis des Betreu- 1 ers, den Betroffenen im ihm übertragenen Aufgabenkreis gerichtlich und außergerichtlich zu vertreten. Eine Betreuung ohne Vertretungsmacht ist nicht denkbar. Selbst der Vollmachtbetreuer, dessen Aufgabe allein in der Überwachung der v Betroffenen bestellten Vertreter besteht, vertritt ihn insoweit, als es um die Ausübung der Rechte aus dem der Vollmachterteilung zugrunde liegenden Verhältnis geht.

II. Der **Umfang** der Vertretungsbefugnis richtet sich zunächst nach den **allg Grundsät-** 2 **zen des Vertretungsrechts und dem Umfang der Bestellungsanordnung.** Innerhalb der Grenzen der Vertretungsmacht kann der Betreuer Erklärungen für den Betreuten abgeben und an diesen gerichtete Willenserklärungen empfangen. Er kann für den Betroffenen Klagen erheben und Anträge stellen, und gegen diesen gerichtete Klagen und Anträge können ihm zugestellt werden. Ist der Betreute trotz seiner Behinderung oder Krankheit geschäftsfähig, tritt die Vertretungsbefugnis des Betreuers neben seine eigene Handlungsfähigkeit. Daraus können sich Probleme ergeben, wenn Betroffener und Betreuer Rechtsgeschäfte mit gegenläufigem Inhalt oder Geschäfte im selben Bereich mit verschiedenen Dritten vornehmen. Vertragsabschlüsse sind dann beide wirksam, so dass der Betreute unter Umständen Schadensersatzansprüchen wegen Nichterfüllung ausgesetzt sein kann, wenn er seinen Verpflichtungen aus einem der Verträge nicht nachkommt. Bei gestaltenden Erklärungen (Anfechtungen, Kündigungen) kann es ebenfalls zu Kollisionen der Entscheidungen v Betreuer und Betroffenem kommen. Soweit der Betroffene geschäftsunfähig ist oder für ihn ein Einwilligungsvorbehalt angeordnet ist, handelt für ihn im Rechtsverkehr ausschließlich der Betreuer. Auf seinen Willen kommt es in diesem Fall ebenso wenig an wie auf seine eigenen Handlungen.

Keine Vertretung findet statt, soweit **höchstpersönliche Rechte** des Betroffenen in Fra- 3 ge stehen. Das gilt ohne weiteres bei geschäftsfähigen Betreuten, bei spezieller Regelung aber auch dann, wenn der Betroffene geschäftsunfähig ist und diese Rechte selbst nicht ausüben kann.

Schon **nach allg Stellvertretungsrecht untersagt** sind dem Betreuer Insichgeschäfte und 4 Geschäfte, bei denen der Betreuer gleichzeitig als Vertreter eines Dritten handelt, es sei denn, sie bestehen ausschließlich in der Erfüllung einer Verbindlichkeit des Betroffenen gegenüber dem Betreuer oder sind ihm durch den (geschäftsfähigen) Betroffenen gestattet (§ 181). Soweit die Betreuung ausgeschlossen ist, muss ein zweiter Betreuer bestellt werden. Die Bestellung eines Ergänzungspflegers kommt nicht in Betracht, weil die Betreuung in § 1909 nicht genannt ist. Der Betreuer kann auch keine Schenkungen aus dem Vermögen des Betreuten tätigen, die über Anstands- oder Gelegenheitsschenkungen hinausgehen oder aufgrund einer sittlichen Verpflichtung des Betreuten geboten sind (§§ 1908 i II 1, 1804).

Zum Schutz des Betreuten sieht das Betreuungsrecht auch eine Reihe v **Genehmigungs-** 5 **erfordernissen** vor. Liegt die Genehmigung nicht vor, bindet das Handeln des Betreuers den Betroffenen nicht. Genehmigungspflichtig sind: die Einwilligung in ärztliche Untersuchungen oder Heilmaßnahmen, wenn die Gefahr besteht, dass der Betreute aufgrund der Maßnahme stirbt oder einen länger andauernden schweren Gesundheitsschaden erleidet sowie der Abbruch v Behandlungen (§ 1904), die Einwilligung in eine Sterilisation (§ 1905), die Unterbringung oder eine unterbringungsähnliche Maßnahme (§ 1906), die Kündigung der Wohnung des Betreuten oder der Abschluss eines entsprechenden Aufhebungsvertrags (§ 1907) und die Gewährung v Ausstattungen aus dem Vermögen des Betreuten (§ 1908). Weitere Grenzen der Vertretungsmacht ergeben sich aus den Genehmigungserfordernissen, die für den Vormund angeordnet sind (§§ 1821, 1822). Über die Verweisung in § 1908 i gelten sie auch für den Betreuer. Der Betreute kann den Vormund in diesen Fällen selbst dann nicht v der Pflicht zur Einholung einer betreuungsgerichtlichen Genehmigung freistellen, wenn er geschäftsfähig ist; denn die Genehmigungserfordernisse dienen auch dem öffentlichen Interesse an der uneigennützigen Führung v Betreuungen und sind deswegen unverzichtbar. Aus demselben Grund ist eine dem Betreuer insoweit erteilte Vollmacht unwirksam.

6 Die **Vertretungsmacht** des Betreuers endet, wenn er entlassen wird (§ 1908 b), die Betreuung aufgehoben wird (§ 1908 d) oder der Betroffene stirbt. Sie wird eingeengt, wenn das Gericht den Aufgabenkreis des Betreuers enger definiert. Eine Fortdauer bzw ein Weiterbestehen im alten Umfang über diese Zeitpunkte hinaus kommt aber in Betracht, wenn der Betroffene bzw seine Erben handlungsunfähig sind und die Geschäfte nicht ohne Gefahr aufgeschoben werden können (Notgeschäftsführungsbefugnis, §§ 1908 i I, 1893 I, 1698 b). Solange die Notgeschäftsführungsbefugnis besteht, hat der Betreuer auch Vertretungsmacht. Sonstige gerichtliche Eingriffe in die Vertretungsmacht des Betreuers sind nicht zulässig; § 1666 gilt nicht. Auch der Betreute kann die Vertretungsmacht des Betreuers nicht einschränken; denn sie beruht nicht auf seinem Willen, sondern einem staatlichen Hoheitsakt.

7 Bei **Überschreitung** der Grenzen der Vertretungsmacht gelten §§ 177 ff. Darüber hinaus kommt eine Eigenhaftung des Betreuers aus §§ 280, 311 III in Betracht, wenn er entweder ein eigenes wirtschaftliches Interesse am Zustandekommen des Geschäfts hat oder eigenes Vertrauen in Anspruch nimmt (BGH NJW 95, 1213). Letzteres darf aber nicht allein daraus gefolgert werden, dass er als Betreuer tätig wird oder einen Beruf ausübt, der in dem Ruf besonderer Seriosität steht (zB Jurist, Mediziner).

§ 1903 Einwilligungsvorbehalt

(1) ¹Soweit dies zur Abwendung einer erheblichen Gefahr für die Person oder das Vermögen des Betreuten erforderlich ist, ordnet das Betreuungsgericht an, dass der Betreute zu einer Willenserklärung, die den Aufgabenkreis des Betreuers betrifft, dessen Einwilligung bedarf (Einwilligungsvorbehalt). ²Die §§ 108 bis 113, 131 Abs. 2 und § 210 gelten entsprechend.
(2) Ein Einwilligungsvorbehalt kann sich nicht erstrecken auf Willenserklärungen, die auf Eingehung einer Ehe oder Begründung einer Lebenspartnerschaft gerichtet sind, auf Verfügungen von Todes wegen und auf Willenserklärungen, zu denen ein beschränkt Geschäftsfähiger nach den Vorschriften des Buches vier und fünf nicht der Zustimmung seines gesetzlichen Vertreters bedarf.
(3) ¹Ist ein Einwilligungsvorbehalt angeordnet, so bedarf der Betreute dennoch nicht der Einwilligung seines Betreuers, wenn die Willenserklärung dem Betreuten lediglich einen rechtlichen Vorteil bringt. ²Soweit das Gericht nichts anderes anordnet, gilt dies auch, wenn die Willenserklärung eine geringfügige Angelegenheit des täglichen Lebens betrifft.
(4) § 1901 Abs. 5 gilt entsprechend.

1 **I.** Die Norm schließt die Lücke, die dadurch entstanden ist, dass die Anordnung einer **Betreuung** nicht mehr automatisch zur **Geschäftsunfähigkeit** des Betroffenen führt. §§ 104 Nr 2 und 105 II helfen insofern nicht ausreichend, weil für jedes Geschäft erneut festgestellt werden muss, ob der Tatbestand erfüllt ist. Außerdem verwirklicht

§ 1903 das Prinzip der Subsidiarität des staatlichen Eingriffs in die Rechtsstellung des Betroffenen. Es gibt nicht mehr nur die Möglichkeit, die Geschäftsfähigkeit ganz zu beseitigen, sondern es kann gezielt eingegriffen werden, uU sogar auf einzelne Geschäfte beschränkt.

Der Eingriff in die Geschäftsfähigkeit wird durch die **Anordnung eines Einwilligungsvorbehalts** bewirkt. Die Anordnungsvoraussetzungen sind denen für die Betreuung nachgebildet, aber dadurch gesteigert, dass eine erhebliche Gefahr für die Person oder das Vermögen des Betroffenen verlangt wird, die nur durch den Eingriff abgewehrt werden kann. Durch den Einwilligungsvorbehalt erlangt der Betroffene im Wesentlichen die Stellung eines beschränkt Geschäftsfähigen (sofern nicht die Voraussetzungen des § 104 vorliegen). Seine Position ist jedoch insofern besser, als er für Geschäfte des täglichen Lebens auch dann geschäftsfähig bleibt, wenn diese rechtlich nachteilig sind (Abs 3 S 2). Insoweit entspricht die Rechtslage derjenigen bei erwachsenen Geschäftsunfähigen (vgl § 105 a).

II. 1. Die Anordnung eines Einwilligungsvorbehalts **setzt** zunächst **voraus, a)** dass eine **Betreuung** mit demselben Aufgabenkreis angeordnet ist, den auch der Einwilligungsvorbehalt betreffen soll. Es reicht aber, dass die Anordnung der Betreuung und des Einwilligungsvorbehalts gleichzeitig wirksam werden. Beide Verfahren können daher verbunden werden.

b) Der Einwilligungsvorbehalt muss zur **Abwehr einer erheblichen Gefahr** für die Person oder das Vermögen des Betreuten erforderlich sein (Abs 1 S 1). Gefahren für Dritte rechtfertigen einen Einwilligungsvorbehalt ebenso wenig wie die Gefahr geringfügiger Vermögensschäden oder die nur entfernte Gefahr, dass der Betroffene sich selbst schädigen wird.

c) Aus dem zwingenden Zusammenhang des Einwilligungsvorbehalts mit einer Betreuung folgt, dass die **Gefahr gerade aus der psychischen Krankheit oder Behinderung des Betroffenen resultieren muss,** weil er deswegen seinen Willen nicht frei bestimmen kann (BayObLG FuR 93, 228; FamRZ 93, 852, 853). Geschäftsunfähigkeit des Betroffenen ist zwar nicht erforderlich, schließt den Einwilligungsvorbehalt aber auch nicht aus (BayObLG FamRZ 94, 1135). Ein Einwilligungsvorbehalt ist sogar besonders sinnvoll, wenn der Betroffene nicht immer unzweifelhaft geschäftsunfähig ist, weil das verhindert, dass er in jedem Einzelfall nachweisen muss, dass er zur Zeit der Vornahme dieses Geschäfts geschäftsunfähig war.

d) Der Einwilligungsvorbehalt muss **erforderlich** sein, **um die Gefahr abzuwenden.** Er muss daher so eng wie möglich zugeschnitten werden. Soweit ein auf bestimmte Geschäfte beschränkter Einwilligungsvorbehalt ausreicht, um die Gefahr abzuwenden, ist ein Totalvorbehalt daher unzulässig. Möglich ist zB die Begrenzung des Einwilligungsvorbehalts auf Rentenangelegenheiten, die Verwaltung und Sanierung eines Grundstücks (BayObLG FamRZ 95, 1517) oder Rechtsgeschäfte, die Verpflichtungen begründen, die über einen bestimmten Betrag hinausgehen (BayObLGZ 93, 346: 500 DM). Der Einwilligungsvorbehalt kann sich nur auf rechtsgeschäftliche Erklärungen beziehen. Das ergibt sich schon daraus, dass er nur Auswirkungen auf die Geschäftsfähigkeit hat. Wo diese keine Rolle spielt, ist ein Einwilligungsvorbehalt ein ungeeignetes Mittel zur Gefahrenabwehr und deswegen nicht erforderlich. Für den Bereich „Aufenthaltsbestimmung" ist ein Einwilligungsvorbehalt deswegen nur zulässig, wenn die Gefahr besteht, dass der Betroffene sich durch rechtsgeschäftliche Erklärungen (zB Wohnungskündigung) schädigt. Soweit allein der natürliche Wille (Bewegungswille) zu Gefahren führt, scheidet ein Einwilligungsvorbehalt dag aus (str; enger LG Köln FamRZ 92, 858, weiter BayObLG FamRZ 93, 853).

e) **Ausgeschlossen** ist die Anordnung eines Einwilligungsvorbehalts in **bestimmten höchstpersönlichen Angelegenheiten:** Abs 2 spricht insoweit v Willenserklärungen, die auf die Eingehung einer Ehe oder die Begründung einer Lebenspartnerschaft gerichtet sind, Verfügungen v Todes wegen (Testamente und Erbverträge) und Willenserklärungen, zu denen ein beschränkt Geschäftsfähiger nach den Vorschriften des Vierten und Fünften Buches nicht der Zustimmung seines gesetzlichen Vertreters bedarf. Das sind aus dem Familienrecht die Fälle der §§ 1355 II 1, 1516 II 2, 1596 I 1, 1597 III 3, 1747

II iVm 1750 III 2, 1760 III 2, 1760 V 2, 1762 I und aus dem Erbrecht die der §§ 2229 II, 2271 I 1, 2282 I 2, 2290 II 2, 2296 I 1 und 2347 II 1. In diesen Fällen handelt es sich allerdings ohnehin meist um letztwillige Verfügungen. Ebenso ausgeschlossen ist ein Einwilligungsvorbehalt für die Wahl des religiösen Bekenntnisses (Religionswechsel, Kirchenaustritt). Dag ist ein Einwilligungsvorbehalt zulässig in Bezug auf die Anerkennung einer Vaterschaft (§ 1596 III), weil dann auch das Interesse des Kindes an seiner Zuordnung betroffen ist.

8 **2.** Derjenige, für den ein Einwilligungsvorbehalt angeordnet wird, **steht** insoweit grds **einem beschränkt Geschäftsfähigen gleich,** ist sonst aber geschäftsfähig (es sei denn aus §§ 104 f ergäbe sich etwas anderes). Daraus folgt:

9 Ohne Einwilligung kann der Betroffene alle Geschäfte tätigen, die ihm **lediglich einen rechtlichen Vorteil** bringen (vgl § 107 Rn 2). Dem stellt Abs 4 den Fall gleich, dass das Geschäft nur eine geringfügige **Angelegenheit des täglichen Lebens** betrifft und nicht ausnahmsweise auch dafür ein Einwilligungsvorbehalt angeordnet ist. Was ein Geschäft des täglichen Lebens ist, richtet sich nach der Verkehrsanschauung für Personen mit einem der Situation des Betroffenen vergleichbaren Lebensstandard. Regelmäßig gehört hierher der Erwerb v Nahrung, Kleidung und Genussmitteln. Das Gericht kann aber zB bei Alkoholsucht Geschäfte zum Erwerb v Alkohol in den Einwilligungsvorbehalt einbeziehen oder bei krankhaftem Kaufdrang selbst den Kauf v Kleidung oder Schuhen.

10 **Ohne Einwilligung** seines Betreuers handeln kann der Betroffene auch, wenn er die vertragsmäßige Leistung **mit Mitteln** bewirkt, die ihm zur freien Verfügung oder zu diesem Zweck v dem Betreuer oder einem Dritten mit Zustimmung des Betreuers **überlassen** sind (Abs 1 S 2 iVm § 110). Zu beachten ist insoweit vor allem, dass – anders als bei den Alltagsgeschäften – das Geschäft erst wirksam wird, wenn der Betroffene seine Verpflichtung daraus erfüllt. Einwilligungsfrei handeln kann er auch insoweit, als er zum selbständigen Betrieb eines Erwerbsgeschäfts ermächtigt ist (Abs 1 S 2 iVm § 112, praktisch kaum relevant) oder ermächtigt ist, in Dienst oder Arbeit zu treten (Abs 1 S 2 iVm § 113).

11 In allen anderen Fällen bedarf ein v dem Betroffenen vorgenommenes Geschäft, das in den Bereich des Einwilligungsvorbehalts fällt, der **Einwilligung seines Betreuers** (Begriff und Voraussetzungen: §§ 182 f). Fehlt diese, sind die v ihm vorgenommenen einseitigen Rechtsgeschäfte unwirksam (Abs 1 S 2 iVm § 111). Die Wirksamkeit der v Betroffenen geschlossenen Verträge hängt v der Genehmigung durch den Betreuer ab (Abs 1 S 2 iVm § 108 I). Bis zur Genehmigung kann der andere Teil seine v dem Vertragsschluss gerichtete Erklärung widerrufen. Fordert er den Betreuer zur Genehmigung auf, werden vorher gegenüber dem Betroffenen erklärte Genehmigungen oder Genehmigungsverweigerungen unwirksam, und die Genehmigung kann nur noch gegenüber dem Dritten erteilt werden. Wird sie innerhalb v 2 Wochen nach der Aufforderung nicht erteilt, gilt sie als verweigert (Abs 1 S 2 iVm § 108 II). Zugunsten des Betroffenen gilt § 210.

12 **III. Verfahren.** Die Anordnung eines Einwilligungsvorbehalts **erfolgt** vAw; ein Antrag ist nicht erforderlich. Verfahren: §§ 272 ff FamFG. Erforderlich sind: die Anhörung des Betroffenen (§ 278 FamFG) und der sonstigen Beteiligten, der Betreuungsbehörde und des gesetzlichen Vertreters (§ 279 FamFG), die Begutachtung des Betroffenen durch einen Sachverständigen, der die medizinischen Voraussetzungen für die Anordnung des Einwilligungsvorbehalts feststellen muss (§ 280 FamFG). Der Einwilligungsvorbehalt ist so genau und eng wie möglich zu fassen (§ 286 II FamFG).

13 Der Einwilligungsvorbehalt ist **aufzuheben** bzw zu beschränken, sobald nicht mehr erforderlich ist (§ 1908 d I, IV). Damit das Gericht das feststellen kann, muss ihm der Betreuer entsprechende ihm bekannt werdende Umstände mitteilen (Abs 4, § 1901 V).

§ 1904 Genehmigung des Betreuungsgerichts bei ärztlichen Maßnahmen

(1) ¹Die Einwilligung des Betreuers in eine Untersuchung des Gesundheitszustands, eine Heilbehandlung oder einen ärztlichen Eingriff bedarf der Genehmigung des Be-

treuungsgerichts, wenn die begründete Gefahr besteht, dass der Betreute auf Grund der Maßnahme stirbt oder einen schweren und länger dauernden gesundheitlichen Schaden erleidet. ²Ohne die Genehmigung darf die Maßnahme nur durchgeführt werden, wenn mit dem Aufschub Gefahr verbunden ist.
(2) Die Nichteinwilligung oder der Widerruf der Einwilligung des Betreuers in eine Untersuchung des Gesundheitszustands, eine Heilbehandlung oder einen ärztlichen Eingriff bedarf der Genehmigung des Betreuungsgerichts, wenn die Maßnahme medizinisch angezeigt ist und die begründete Gefahr besteht, dass der Betreute auf Grund des Unterbleibens oder des Abbruchs der Maßnahme stirbt oder einen schweren und länger dauernden gesundheitlichen Schaden erleidet.
(3) Die Genehmigung nach den Absätzen 1 und 2 ist zu erteilen, wenn die Einwilligung, die Nichteinwilligung oder der Widerruf der Einwilligung dem Willen des Betreuten entspricht.
(4) Eine Genehmigung nach den Absätzen 1 und 2 ist nicht erforderlich, wenn zwischen Betreuer und behandelndem Arzt Einvernehmen darüber besteht, dass die Erteilung, die Nichterteilung oder der Widerruf der Einwilligung dem nach § 1901 a festgestellten Willen des Betreuten entspricht.
(5) ¹Die Absätze 1 bis 4 gelten auch für einen Bevollmächtigten. ²Er kann in eine der in Absatz 1 Satz 1 oder Absatz 2 genannten Maßnahmen nur einwilligen, nicht einwilligen oder die Einwilligung widerrufen, wenn die Vollmacht diese Maßnahmen ausdrücklich umfasst und schriftlich erteilt ist.

I. § 1904 wurde durch das Dritte BetreuungsrechtsänderungsG (v 29.7.09, BGBl I 2286) tiefgreifend umgestaltet. Die Norm enthält nun **zwei Regelungskomplexe**: 1
1. **Zum einen dient § 1904 dem Schutz des Betroffenen vor gefährlichen medizinischen Behandlungen**, die nicht unbedingt nötig sind (Abs 1, 3, 4, 5). Dieser ursprüngliche Regelungsgehalt resultiert letztlich aus dem Misstrauen des Gesetzgebers vor einem unkontrollierbaren Zusammenwirken v Betreuern und Ärzten. Sie ist unklar gefasst und wirft eine Reihe v Problemen auf, die aus der unklaren Formulierung der Norm einerseits und andererseits dadurch entstehen, dass sie erst anwendbar ist, wenn es überhaupt auf die Entscheidung des Betreuers ankommt, nicht aber dann, wenn der Betreute selbst in die ärztliche Behandlung einwilligt. Das kann er solange, wie er die natürliche Fähigkeit besitzt, die Bedeutung und Gefahr der Behandlung zu erkennen; Geschäftsfähigkeit ist nicht erforderlich. 1a
2. Durch das Dritte BetreuungsrechtsänderungsG wurde der Anwendungsbereich der Norm auf den **Widerruf v Einwilligungen in Heilbehandlungen** und die Verweigerung v Einwilligungen in derartige Behandlungen erweitert (Abs 2). Die neue Regelung fällt in den Komplex der Einführung v Bestimmungen über die Patientenverfügung und die Stärkung der Autonomie am Lebensende. Insofern sollte der Betroffene keinen geringeren Schutz erhalten als in dem Fall, dass durch die Einwilligung in eine Behandlung in seine Autonomie eingegriffen wird. Zur **Zwangsbehandlung untergebrachter Betreuter** s § 1906 III–IIIa. 2
II. 1. a) Die Anwendung des § 1904 setzt zunächst grds voraus, dass ein **Betreuer** mit einem Aufgabenkreis **bestellt** ist, der die Einwilligung in die beabsichtigte medizinische Maßnahme umfasst. Die Norm setzt die Möglichkeit v Zwangsbehandlungen voraus. Diese wird aber dadurch eingeschränkt, dass auch in Bezug auf medizinische Maßnahmen grds der Vorrang des Willens des Betroffenen zu beachten ist (§ 1901 III 1). Abweichungen sind dem Betreuer daher nur gestattet, wenn das Wohl des Betreuten das verlangt oder die Befolgung seines Willens dem Betreuer nicht zuzumuten ist. Beides ist nicht anzunehmen, wenn der Betroffene die Ablehnung bestimmter Behandlungen in einer Patientenverfügung (§ 1901 a) niedergelegt hat, als er noch die Bedeutung dieser Entscheidung überschauen konnte. 3
Nach der Erweiterung durch das (erste) BetreuungsrechtsänderungsG gilt § 1904 auch für die Einwilligung eines **Bevollmächtigten** in medizinische Behandlungen (Abs 5 S 1). Außerdem muss die Vollmacht schriftlich abgefasst sein und sich ausdrücklich auf die 4

Einwilligung, die Nichteinwilligung und den Widerruf v Einwilligungen in medizinische Maßnahmen erstrecken (Abs 5 S 2).

5 Nicht anwendbar ist § 1904 auf Einwilligungen und Einwilligungsverweigerungen, welche der noch einsichtsfähige **Betroffene** noch selbst vornimmt. Es ist seine freie Entscheidung, ob er sich behandeln lässt oder nicht. Daran hat das Betreuungsgericht nichts mitzubestimmen, wenn nicht der Betreuer oder Bevollmächtigte gegenläufig handelt. Einzelheiten: § 1901 a Rn 1 ff.

6 b) Nur bestimmte Handlungen und Unterlassungen im medizinischen Bereich bedürfen der Genehmigung des Betreuungsgerichts: **aa)** Als die **Genehmigung** des Betreuungsgerichts **erfordernde medizinische Maßnahmen** nennt Abs 1 S 1 die Untersuchung des Gesundheitszustands, Heilbehandlungen und ärztliche Eingriffe. Mit dieser Aufzählung sollen alle denkbaren medizinischen Maßnahmen abgedeckt werden. Nicht erfasst werden Organspenden. Diese sind nicht genehmigungsfähig.

7 Eine Genehmigungspflicht besteht in diesen Fällen nur, wenn die begründete **Gefahr** besteht, dass der **Betreute bei der Maßnahme stirbt** oder einen **schweren und länger dauernden gesundheitlichen Schaden** erleidet. Für eine begründete Gefahr ist mehr als eine bloß entfernte Wahrscheinlichkeit zu verlangen, dass sich das Risiko verwirklicht; denn der Gesetzgeber wollte mit diesem Kriterium die Schwelle der Genehmigungsbedürftigkeit anheben. Wenig wahrscheinliche Risiken lösen daher noch keine Genehmigungspflicht aus. Für einen „schweren und länger dauernden gesundheitlichen Schaden" müssen beide Voraussetzungen kumulativ erfüllt sein. Es reichen also weder die Gefahr schwerer Schäden, die nur kurz dauern (zB Operationswunden) noch die Gefahr langdauernder Schäden, die aber nicht schwer sind (zB Narbenbildung an normalerweise v Kleidung bedeckten Stellen). Die lange Dauer eines Schadens ist idR erst bei etwa einjähriger Mindestdauer zu bejahen. Gerade bei der Behandlung mit Psychopharmaka kann aber bereits eine kürzere Frist ausreichend sein, wenn sie dazu führt, dass der Betroffene Teile seines Ichs, vor allem sein Erinnerungsvermögen, verliert. Auch bei Anlegung dieses (engen) Maßstabs fällt aber eine Elektrokrampftherapie nicht unter das Genehmigungserfordernis; denn die durch diese Therapie bewirkte Amnesie hält allenfalls wenige Monate an (LG Hamburg NJWE-FER 98, 203; aA LG Hamburg FamRZ 94, 1204).

8 **bb)** Die **Nichteinwilligung** oder der **Widerruf der Einwilligung** des Betreuers in eine Untersuchung des Gesundheitszustands, eine Heilbehandlung oder einen ärztlichen Eingriff bedarf nach der Reform durch das Dritte BetreuungsrechtsänderungsG ebenfalls der Genehmigung des Betreuungsgerichts.

9 Voraussetzung für das Genehmigungserfordernis ist in diesen Fällen, dass die **Maßnahme medizinisch angezeigt ist** und die begründete **Gefahr** besteht, dass der **Betreute** aufgrund des Unterbleibens oder des Abbruchs der Maßnahme **stirbt oder einen schweren und länger dauernden gesundheitlichen Schaden erleidet** (Abs 2). Damit kann der Betreuer bzw Bevollmächtigte auch ohne Genehmigung des Betreuungsgerichts die Einstellung der Behandlung verlangen, wenn die Maßnahme nicht (mehr) medizinisch angezeigt ist, weil der Sterbevorgang seinen Lauf nimmt und die Fortsetzung der medizinischen Behandlung daran nichts mehr ändern würde. Ebenso ist selbstverständlich, dass keine Genehmigung erforderlich ist, wenn der Abbruch der medizinischen Behandlung nicht zu einem schweren oder länger andauernden Schaden des Betroffenen führt. In diesen Fällen kann der Betreuer bzw der Bevollmächtigte autonom entscheiden. Der Arzt muss sich auch bei entgegenstehender eigener Ansicht beugen.

10 c) Auch wenn die Voraussetzungen des Abs 1 oder 2 vorliegen, ist eine Genehmigung nur dann erforderlich, wenn zwischen dem Betreuer und dem behandelndem Arzt **kein Einvernehmen** darüber besteht, dass die Erteilung, die Nichterteilung oder der Widerruf der Einwilligung dem nach § 1901 a festgestellten Willen des Betreuten entspricht. Solange der behandelnde Arzt und der Betreuer (bzw Bevollmächtigte) sich einig sind, dass der Betroffene die Behandlung wünscht oder ablehnt, sind sie an dessen Willen gebunden. Ein gerichtliches Genehmigungserfordernis besteht nicht mehr. Wird trotzdem eine Genehmigung beantragt, erteilt das Gericht ein Negativattest (LG Kleve FamRZ 10, 1841).

2. Bei der Entscheidung muss das Betreuungsgericht die mit der medizinischen Maßnahme verbundenen **Risiken** gegen die daraus erwachsenden **Chancen** auf eine Verbesserung seines Gesundheitszustands abwägen. Verspricht eine Behandlung keine Besserung, ist sie abzulehnen. In den Fällen des Abs 1 bedeutet das, dass die Behandlung nicht durchgeführt werden darf, weil v Anfang an keine wirksame Einwilligung in ihre Durchführung vorliegt. In den Fällen des Abs 2 fällt die zunächst erteilte Einwilligung wieder weg oder es liegt v Anfang an keine Einwilligung vor. 11

3. **Auch ohne betreuungsgerichtliche Genehmigung** ist die medizinische Maßnahme zulässig, wenn mit dem Aufschub Gefahr für Leib oder Leben des Betroffenen verbunden ist (Abs 1 S 2). Entscheidend ist, ob die Verzögerung, die aus der Einholung der betreuungsgerichtlichen Genehmigung entstehen würde, eine entsprechende Gefahr bewirkt. Dann kann (und muss) die medizinische Maßnahme unverzüglich durchgeführt werden. Die Genehmigung braucht in diesen Fällen (anders als bei einer Unterbringung) auch nicht nachgeholt zu werden; denn es fehlt an einer § 1906 II 2 2. Halbs entsprechenden Regelung. 12

§ 1905 Sterilisation

(1) ¹Besteht der ärztliche Eingriff in einer Sterilisation des Betreuten, in die dieser nicht einwilligen kann, so kann der Betreuer nur einwilligen, wenn
1. die Sterilisation dem Willen des Betreuten nicht widerspricht,
2. der Betreute auf Dauer einwilligungsunfähig bleiben wird,
3. anzunehmen ist, dass es ohne die Sterilisation zu einer Schwangerschaft kommen würde,
4. infolge dieser Schwangerschaft eine Gefahr für das Leben oder die Gefahr einer schwerwiegenden Beeinträchtigung des körperlichen oder seelischen Gesundheitszustands der Schwangeren zu erwarten wäre, die nicht auf zumutbare Weise abgewendet werden könnte, und
5. die Schwangerschaft nicht durch andere zumutbare Mittel verhindert werden kann.

²Als schwerwiegende Gefahr für den seelischen Gesundheitszustand der Schwangeren gilt auch die Gefahr eines schweren und nachhaltigen Leides, das ihr drohen würde, weil betreuungsgerichtliche Maßnahmen, die mit ihrer Trennung vom Kind verbunden wären (§§ 1666, 1666 a), gegen sie ergriffen werden müssten.

(2) ¹Die Einwilligung bedarf der Genehmigung des Betreuungsgerichts. ²Die Sterilisation darf erst zwei Wochen nach Wirksamkeit der Genehmigung durchgeführt werden. ³Bei der Sterilisation ist stets der Methode der Vorzug zu geben, die eine Refertilisierung zulässt.

I. § 1905 ist **lex specialis zu § 1904**. Ein Vorgehen nach § 1904 ist daher ausgeschlossen, wenn die medizinische Maßnahme eine Sterilisation sein soll. Sterilisationen sollen wegen der Schwere des Eingriffs nur erfolgen, wenn sie unabdingbar sind. Für die Einwilligung in eine Sterilisation muss immer ein besonderer Betreuer bestellt werden (§ 1899 II). Insoweit kann nur eine natürliche Person ausgewählt werden (§ 1900 V). Der Betreuer darf nur in die Sterilisation einwilligen, wenn bestimmte Gründe vorliegen. Das Betreuungsgericht muss sie genehmigen (Abs 2 S 1). In diesem Verfahren muss dem Betroffenen grds ein Verfahrenspfleger bestellt werden (§ 297 V FamFG, Ausnahme: Vertretung durch Rechtsanwalt oder andere geeignete Person), und es müssen mindestens zwei Sachverständigengutachten eingeholt werden (§ 297 VI FamFG). Die Sterilisation darf erst nach einer weiteren Wartezeit v 2 Wochen durchgeführt werden (Abs 2 S 2). 1

II. 1. Die Vorschrift findet nur Anwendung auf **Sterilisationen Volljähriger** (Männer wie Frauen), **in die diese nicht selbst einwilligen können.** Sterilisationen Minderjähriger sind verboten (§ 1631 c). Nicht erfasst wird die Sterilisationen nicht geschäftsfähiger, aber noch einwilligungsfähiger Personen. Das ist bedauerlich, weil damit ein besonders leicht beeinflussbarer Personenkreis v dem Schutz ausgenommen wird. 2

3 a) Sterilisation ist jede Maßnahme, durch die die Zeugungs- oder Gebärfähigkeit dauerhaft beseitigt wird. Ob dazu ein Eingriff in den Körper erforderlich ist, ist unerheblich. Die Möglichkeit einer Refertilisierung ist unbeachtlich (arg ex Abs 2 S 3).

4 b) Abs 1 stellt **fünf Voraussetzungen** für die Einwilligung in eine Sterilisation auf. Diese müssen **kumulativ** erfüllt sein. aa) Die Sterilisation darf zunächst dem natürlichen **Willen des Betroffenen nicht widersprechen** (Abs 1 S 1 Nr 1). Es kommt weder auf Geschäfts- noch Einsichtsfähigkeit an. Maßgebend ist der Wille im Zeitpunkt der Vornahme der Sterilisation. Zwangssterilisationen sind damit ausgeschlossen. bb) Der **Betroffene** muss **dauernd einwilligungsunfähig sein** (Abs 1 S 1 Nr 2). Bei nur vorübergehender Einwilligungsunfähigkeit darf nicht sterilisiert werden; es muss abgewartet werden, bis der Betroffene wieder einwilligungsfähig wird und selbst einwilligt. cc) Es muss anzunehmen sein, dass es ohne die Sterilisation zu einer **Schwangerschaft kommen wird** (Abs 1 S 1 Nr 3). Erforderlich ist eine Erwartung aufgrund konkreter Umstände; die bloße Erfahrung, dass es bei Personen einer bestimmten Altersgruppe wegen ihrer sexuellen Aktivität zu Schwangerschaften kommen kann, reicht nicht (BayObLG NJW 02, 149). Die Schwangerschaft braucht nicht bei der betreuten Person einzutreten; unter § 1905 fallen auch Männer. dd) Als **Folge der Schwangerschaft** muss eine **Gefahr für das Leben** oder die Gefahr einer **schwerwiegenden Beeinträchtigung des körperlichen oder seelischen Gesundheitszustandes der Schwangeren** zu erwarten sein, die nicht auf zumutbare Weise abgewendet werden kann (Abs 1 S 1 Nr 4). In Betracht kommen etwa Krankheiten der Frau, die eine Geburt oder Herz- und Kreislauferkrankungen, die schon eine Schwangerschaft zu einer Gefahr für ihre Gesundheit machen, aber auch Depressionen, die sich wegen der Schwangerschaft verstärken und in eine Selbstmordneigung umschlagen könnten. Zu beachten ist aber, dass die Sterilisation nur als ultima ratio vorgenommen werden darf; solange die Gefahren anders abgewendet werden können, darf nicht sterilisiert werden. Abs 1 S 2 stellt der schwerwiegenden Gefahr für den seelischen Gesundheitszustand der Schwangeren die Gefahr eines schweren und nachhaltigen Leids gleich, das ihr drohen würde, weil anderfalls Maßnahmen, die mit ihrer Trennung v Kind verbunden wären (§§ 1666, 1666 a), gegen sie ergriffen werden müssten. ee) Schließlich darf die **Schwangerschaft nicht durch andere zumutbare Mittel verhindert werden können** (Abs 1 S 1 Nr 5). Eine Sterilisation scheidet daher aus, wenn der oder die Partner(in) der betroffenen Person, durch Verhütung eine Schwangerschaft verhindern kann.

5 2. Das Betreuungsgericht muss die **Genehmigung versagen**, wenn die Voraussetzungen des Abs 1 nicht erfüllt sind. Sterilisiert werden darf erst nach einer Wartezeit v 2 Wochen (Abs 2 S 2). Die Frist soll es der betroffenen Person ermöglichen, noch vor der Sterilisation ein Rechtsmittel einzulegen. Sie beginnt erst mit dem Wirksamwerden der betreuungsgerichtlichen Genehmigung, also dem Zeitpunkt ihrer letzten Bekanntgabe (§ 297 VII FamFG). Erst dann kann der Betreuer wirksam einwilligen. Erfolgt die Sterilisation verfrüht, wird deren Rechtswidrigkeit durch die nachträgliche Genehmigung nicht geheilt; insoweit fehlt es an einer § 1906 II 2, 2. Halbs entsprechenden Regelung (OLG Düsseldorf FamRZ 96, 375).

6 III. Verfahren. Mit Durchführung der Sterilisation ist das Verfahren auf betreuungsgerichtliche Genehmigung in der Hauptsache erledigt. Nach den allg Regeln könnte daher über die **Beschwerde** gegen die Durchführung der Sterilisation nicht mehr in der Sache entschieden werden. Das widerspräche dem Schutzbedürfnis der sterilisierten Person, weil so einer rechtswidrigen Sterilisation auf Dauer der Anschein der Rechtmäßigkeit verliehen werden könnte. Eine v dem Betroffenen eingelegte Beschwerde ist daher trotz Erledigung des Genehmigungsverfahrens zulässig und sachlich zu entscheiden.

§ 1906 Genehmigung des Betreuungsgerichts bei der Unterbringung

(1) Eine Unterbringung des Betreuten durch den Betreuer, die mit Freiheitsentziehung verbunden ist, ist nur zulässig, solange sie zum Wohl des Betreuten erforderlich ist, weil

1. auf Grund einer psychischen Krankheit oder geistigen oder seelischen Behinderung des Betreuten die Gefahr besteht, dass er sich selbst tötet oder erheblichen gesundheitlichen Schaden zufügt, oder
2. zur Abwendung eines drohenden erheblichen gesundheitlichen Schadens eine Untersuchung des Gesundheitszustands, eine Heilbehandlung oder ein ärztlicher Eingriff notwendig ist, ohne die Unterbringung des Betreuten nicht durchgeführt werden kann und der Betreute auf Grund einer psychischen Krankheit oder geistigen oder seelischen Behinderung die Notwendigkeit der Unterbringung nicht erkennen oder nicht nach dieser Einsicht handeln kann.

(2) ¹Die Unterbringung ist nur mit Genehmigung des Betreuungsgerichts zulässig. ²Ohne die Genehmigung ist die Unterbringung nur zulässig, wenn mit Aufschub Gefahr verbunden ist; die Genehmigung ist unverzüglich nachzuholen. ³Der Betreuer hat die Unterbringung zu beenden, wenn ihre Voraussetzungen wegfallen. ⁴Er hat die Beendigung der Unterbringung dem Betreuungsgericht anzuzeigen.

(3) ¹Widerspricht eine ärztliche Maßnahme nach Absatz 1 Nummer 2 dem natürlichen Willen des Betreuten (ärztliche Zwangsmaßnahme), so kann der Betreuer in sie nur einwilligen, wenn
1. der Betreute auf Grund einer psychischen Krankheit oder einer geistigen oder seelischen Behinderung die Notwendigkeit der ärztlichen Maßnahme nicht erkennen oder nicht nach dieser Einsicht handeln kann,
2. zuvor versucht wurde, den Betreuten von der Notwendigkeit der ärztlichen Maßnahme zu überzeugen,
3. die ärztliche Zwangsmaßnahme im Rahmen der Unterbringung nach Absatz 1 zum Wohl des Betreuten erforderlich ist, um einen drohenden erheblichen gesundheitlichen Schaden abzuwenden,
4. der erhebliche gesundheitliche Schaden durch keine andere dem Betreuten zumutbare Maßnahme abgewendet werden kann und
5. der zu erwartende Nutzen der ärztlichen Zwangsmaßnahme die zu erwartenden Beeinträchtigungen deutlich überwiegt.

²§ 1846 ist nur anwendbar, wenn der Betreuer an der Erfüllung seiner Pflichten verhindert ist.

(3 a) ¹Die Einwilligung in die ärztliche Zwangsmaßnahme bedarf der Genehmigung des Betreuungsgerichts. ²Der Betreuer hat die Einwilligung in die ärztliche Zwangsmaßnahme zu widerrufen, wenn ihre Voraussetzungen wegfallen. ³Er hat den Widerruf dem Betreuungsgericht anzuzeigen.

(4) Die Absätze 1 und 2 gelten entsprechend, wenn dem Betreuten, der sich in einer Anstalt, einem Heim oder einer sonstigen Einrichtung aufhält, ohne untergebracht zu sein, durch mechanische Vorrichtungen, Medikamente oder auf andere Weise über einen längeren Zeitraum oder regelmäßig die Freiheit entzogen werden soll.

(5) ¹Die Unterbringung durch einen Bevollmächtigten und die Einwilligung eines Bevollmächtigten in Maßnahmen nach den Absätzen 3 und 4 setzt voraus, dass die Vollmacht schriftlich erteilt ist und die in den Absätzen 1, 3 und 4 genannten Maßnahmen ausdrücklich umfasst. ²Im Übrigen gelten die Absätze 1 bis 4 entsprechend.

I. Die **Norm umfasst heute drei Regelungskomplexe:** zunächst jede Form v freiheitsentziehender **Unterbringung** (Abs 1–2), dann alle anderen Formen **freiheitsentziehender Maßnahmen**, die nicht mit einer Unterbringung verbunden sind (Abs 4) und schließlich die möglichen **Zwangsbehandlungen** im Zusammenhang mit der Unterbringung (Abs 3 und 3 a, eingefügt durch Art 1 G zur Regelung der betreuungsrechtlichen Einwilligung in eine ärztliche Zwangsmaßnahme v 8.2.13, BGBl I 266). In allen Fällen ist die Maßnahme v der Genehmigung des Betreuungsgerichts abhängig gemacht. Die Vorschrift gilt aber nur, wenn der Betroffene nicht selbst einwilligt. Nach dem Willen des Gesetzgebers soll dazu Geschäftsfähigkeit nicht erforderlich sein, sondern nur die Fähigkeit, einen natürlichen Willen zu bilden und zu entscheiden, diesen aufzugeben (BT-Drucks 11/4528, 146). Das relativiert zumindest im Bereich der freiheitsentziehenden Maßnahmen und der Unterbringung die Bedeutung der Schutzvorschrift sehr; es ergeben sich bedenkliche Umgehungsmöglichkeiten (Kemper, FuR 96, 248, 259; Schwab, FamRZ 90, 687). Nach der Erweiterung durch das BetreuungsrechtsänderungsG gilt § 1906 auch für die Einwilligung eines **Bevollmächtigten** in Unterbringungen und unterbringungsähnliche Maßnahmen (Abs 5 S 1). Die Vollmacht muss schriftlich abgefasst sein und sich ausdrücklich auf die in Abs 1 und 4 genannten Maßnahmen erstrecken. Die Einwilligung des Bevollmächtigten ist genehmigungsbedürftig. Für die Zustimmung des Betreuungsgerichts gelten keine Besonderheiten gegenüber der Zustimmung zu einer Maßnahme eines Betreuers.

2 § 1906 regelt nur die Unterbringung, die Anwendung anderer freiheitsentziehenden Maßnahmen und Zwangsbehandlungen **bei Volljährigen, die unter Betreuung stehen.** Für Minderjährige gilt allein § 1631 b (BGH FamRZ 13, 1646). Hat der Unterzubringende noch keinen Betreuer, dessen Aufgabenkreis gerade auch die Unterbringung umfasst (BGH FamRZ 13, 1726), kommen Maßnahmen nach § 1906 grds nur in Betracht, wenn die Betreuung nur deswegen nicht angeordnet wurde, weil der Betroffene einen Bevollmächtigten bestellt hat; Abs 5 ordnet insoweit die entsprechende Geltung v Abs 1–4 an. Die Bevollmächtigung muss schriftlich erfolgt sein und die Maßnahmen nach § 1906 ausdrücklich einbeziehen. Ohne vorherige Bestellung eines Betreuers bzw. eine Bevollmächtigung kommt eine Unterbringung nur in Eilfällen in Betracht. Auch dann muss das Gericht aber durch geeignete Maßnahmen sicherstellen, dass dem Betroffenen unverzüglich ein Betreuer oder ein vorläufiger Betreuer (§ 300 FamFG) bestellt wird. Ohne solche Maßnahmen ist die Unterbringung rechtswidrig und muss unverzüglich aufgehoben werden (BGH NJW 02, 1801).

3 Die Vorschrift **gilt nicht für öffentlich-rechtliche Unterbringungen und andere Maßnahmen.** Deren Voraussetzungen richten sich ausschließlich nach den Unterbringungsgesetzen der Länder. Daran hat das Betreuungsgesetz nichts geändert. Vereinheitlicht wurde lediglich das Verfahren (§§ 312 ff FamFG). Das Freiheitsentziehungsgesetz des Bundes betrifft nur Fallgestaltungen, die keinen Zusammenhang mit den in § 1906 geregelten Fällen aufweisen (Freiheitsentziehung zwecks Abschiebung und zur Verhinderung der Verbreitung v gefährlichen Krankheiten, zum Verfahren vgl §§ 415 ff FamFG).

4 § 1906 **deckt nur die Unterbringung** bzw die freiheitsentziehenden Maßnahmen selbst. Einwilligungen in medizinische Maßnahmen richten sich grds nach § 1904, solche in Sterilisationen nach § 1905. Zwangsbehandlungen (solche, die gegen den natürlichen Willen des Betreuten durchgeführt werden sollen und wegen derer gerade die Unterbringung angeordnet wird) werden jetzt aber durch Abs 3 und 3 a erfasst. Sollen gegen einen bereits Untergebrachten freiheitsbeschränkende Maßnahmen angeordnet werden, die über den durch die genehmigte Unterbringung bewirkten Freiheitsentzug hinausgehen, bedarf es einer erneuten Prüfung, ob die Voraussetzungen auch insoweit vorliegen und einer Erweiterung der Genehmigung (Rn 10).

5 II. 1. a) **Unterbringung** iSd Abs 1 **ist die mit Freiheitsentziehung verbundene stationäre Betreuung** des Betroffenen (zB in einem Heim, das v einem übermannshohen Zaun umgeben ist, dessen Haupteingang v einem Pförtner bewacht wird und dessen Nebeneingänge ständig verschlossen sind). Zeitweilige Beeinträchtigungen der Bewegungsfreiheit (zB nächtliches Anbinden im Bett, Verschließen der Tür) sind dag keine Freiheitsentziehung. Es kann dann aber eine nach Abs 4 genehmigungspflichtige Maßnahme vorliegen.

6 b) Die Unterbringung ist in zwei Fällen zulässig: **aa)** Sie kommt zunächst in Betracht, wenn und soweit sie erforderlich ist, eine erhebliche gesundheitliche **Selbstgefährdung** oder die **Selbsttötung** des Betroffenen zu verhindern (§ 1906 I Nr 1 BGB). Notwendig ist eine ernstliche und konkrete Gefahr; eine akute, unmittelbar bevorstehende Gefahr ist nicht erforderlich (BGH FamRZ 12, 1705; FuR 10, 686). In Betracht kommt das etwa bei einem alkohol- und medikamentenabhängigen Betroffenen, wenn ohne Unterbringung die Gefahr eines Rückfalles mit lebensbedrohlichen Zuständen droht (BayObLG FamRZ 06, 288). Es reicht dag weder die Gefahr v geringfügigen Körperschäden (zB durch Sehbehinderung bewirkte Gefahr, sich durch die Kollision mit Möbelstücken in der eigenen Wohnung Schürfwunden oder ähnliches zuzuziehen),

noch eine Gefahr für das Vermögen des Betroffenen („Verschwendungssucht") noch eine Gefahr für Dritte. Eine Unterbringung nach Nr 1 kann daher nicht bei „Gemeingefährlichkeit" des Betroffenen angeordnet werden, wenn keine Gefahr besteht, dass er sich bei seinen Aktionen selbst schwerwiegend verletzt (zB bei Exhibitionismusneigung). Insoweit kommt nur eine öffentlich-rechtliche Unterbringung in Betracht. Die Erforderlichkeit der Unterbringung entfällt, wenn andere Hilfen (zB Überwachung) ausreichten, um ihren Zweck zu erreichen. Gerade bei unterbringungsähnlichen Maßnahmen, die wegen der personellen Ausstattung der Einrichtung erforderlich werden, in welcher der Betroffene lebt, muss deswegen immer geprüft werden, ob nicht die Verlegung des Betroffenen in ein anderes Heim in Betracht kommt, das dem Betroffenen mehr Freiraum zur Fortbewegung bieten würde (OLG München FamRZ 06, 63).

bb) Die Unterbringung darf außerdem angeordnet werden, um die **Untersuchung und** 7 **Behandlung zu ermöglichen,** deren Notwendigkeit der Betroffene aufgrund seiner Behinderung oder psychischen Krankheit nicht erkennen kann (§ 1906 I Nr 2 BGB). Trotz unklaren Gesetzeswortlauts ist auch insoweit eine erhebliche Gesundheitsgefahr erforderlich, die durch die Untersuchung verifiziert werden soll und zu deren Beseitigung die Behandlung dient. Die Diagnose und Behandlung zu Bagatellbeschwerden rechtfertigt nicht einen derart weitgehenden Grundrechtseingriff, wie ihn eine Unterbringung darstellt. Die Weigerung des Betroffenen, sich untersuchen oder behandeln zu lassen, muss auf einer psychischen Krankheit oder eine geistigen oder seelischen Behinderung beruhen. Lehnt er die Heilbehandlung aus anderen Gründen ab (zB wegen der Kosten), ist die Anordnung einer Unterbringung daher ausgeschlossen. Das gilt auch dann, wenn die Behandlung generell abgelehnt wird, diese Entscheidung aber nicht auf der seelischen oder geistigen Behinderung beruht, vor allem dann, wenn eine wirksame Patientenverfügung aus früherer Zeit vorliegt, in der die Behinderung noch nicht bestand (OLG Celle FamRZ 06, 440). Ebenso ist die Unterbringung (mangels Erforderlichkeit) unzulässig, wenn die Heilbehandlung keinen Erfolg verspricht. Dann kann die Unterbringung aber nach § 1906 I Nr 1 BGB zum Schutz vor Selbsttötung oder Selbstgefährdung erforderlich sein (zB zur Entgiftung). Stellt sich nach der Unterbringung heraus, dass die Behandlung nicht durchgeführt werden kann oder v den in der Einrichtung tätigen Ärzten abgelehnt wird, ist die Unterbringung aufzuheben (BGH FamRZ 10, 202),

2. Unterbringungsähnliche Maßnahmen a) sind **Behinderungen der Bewegungsfreiheit,** 8 die v Betroffenen nicht mit eigenen Kräften überwunden werden können und die geradehin individuell betreffen, zB Festbinden am Bett, Fixiertische an Rollstühlen (vgl LG Frankfurt FamRZ 93, 601), Einschließen. Wegen der gleichartigen Wirkung gehört auch jede medikamentöse Behandlung hierher, durch die der Betroffene in der Bewegungsfreiheit beschränkt wird, wenn das die beabsichtigte Wirkung des Medikaments ist (zB Beruhigungs- oder Schlaftabletten). Soweit der BGH vertreten hat, Dauermedikationen fielen nicht unter Abs 4, betraf das nur einen Fall, in dem die Medikation ambulant durchgeführt wurde (FamRZ 01, 149). Dem ist insoweit zuzustimmen, die Medikation in einer Einrichtung fällt dag unter Abs 4.

b) Unterbringungsähnliche Maßnahmen **bedürfen der Genehmigung durch das Betreu-** 9 **ungsgericht,** wenn aa) sie gegen einen **Betreuten** angewendet werden sollen. Maßnahmen gegen nicht unter Betreuung stehende Volljährige sind nicht genehmigungsfähig (Ausnahme: bei Fehlen einer Betreuung wegen Bevollmächtigung, Abs 5, Rn 2).

bb) Der Betroffene muss sich in einer Anstalt, einem Heim oder einer Einrichtung auf- 10 halten, **ohne dort untergebracht zu sein.** Maßnahmen gegen Untergebrachte können nicht nach Abs 4 genehmigt werden. In diesem Fall muss die Maßnahme durch die Unterbringungsanordnung selbst gedeckt sein. Ggf muss diese erweitert werden (vgl OLG Düsseldorf FamRZ 95, 118; BayObLG FamRZ 94, 721; aA Holzhauer FuR 92, 252).

cc) Die Maßnahme **muss den Betroffenen gegen seinen Willen an der Ausübung seiner** 11 **Bewegungsfreiheit hindern.** Es kommt insoweit auf den natürlichen Fortbewegungswillen an. Es liegt daher keine unterbringungsähnliche Maßnahme vor, wenn der Betroffene sich aus tatsächlichen Gründen nicht mehr fortbewegen kann (zB Querschnittslähmung ab dem Hals).

12 dd) Die unterbringungsähnliche Maßnahme muss **über einen längeren Zeitraum oder regelmäßig** erfolgen. Ausgenommen sind daher Freiheitsbeschränkungen, die im Rahmen einer Therapie nur vorübergehend vorgenommen werden (zB Stilllegen eines Beins durch Hochbinden, Anlegung v Kathetern und Tropfleitungen usw). Regelmäßig ist die Freiheitsbeschränkung, wenn sie entweder aus wiederkehrendem Anlass (zB bei nächtlicher Ruhestörung) oder immer zur selben Zeit (zB täglich zur Mittagsruhe oder bei der Reinigung des Zimmers) erfolgen.

13 ee) Die Freiheitsbeschränkung muss **durch** einen der in Abs 1 genannten **Gründe gerechtfertigt** sein (Rn 6–7).

14 3. Spezielle Regelungen für **Zwangsbehandlungen** gab es in § 1906 zunächst nicht. Vielmehr wurde davon ausgegangen, dass die Unterbringung auch die Vornahme der medizinischen Handlungen deckte. Der BGH hat dann aber in zwei Entscheidungen aus dem Jahr 2012 (FamRZ 12, 1366; FamRB 12, 282) seine bisherige Rspr aufgegeben und entschieden, dass es an einer den verfassungsrechtlichen Anforderungen genügenden gesetzlichen Regelung für eine betreuungsrechtliche Behandlung gegen den natürlichen Willen des Patienten fehlt. Dem hatte sich das BVerfG (FamRZ 13, 767) angeschlossen. Deswegen hat der Gesetzgeber durch das G zur Regelung der betreuungsrechtlichen Einwilligung in eine ärztliche Zwangsmaßnahme v 18.2.13 (BGBl I 266) eine neue Rechtsgrundlage für derartige Behandlungen geschaffen. Eine Zwangsbehandlung ist danach eine Untersuchung des Gesundheitszustands, eine Heilbehandlung oder ein ärztlicher Eingriff gegen den natürlichen Willen des Betreuten, die zur Abwendung eines drohenden erheblichen gesundheitlichen Schadens notwendig ist. Für die Erteilung der Zustimmung gelten die Regeln in Abs 3 und 3 a:

15 a) Die **Zustimmung des Betreuers** kommt für eine ärztliche Maßnahme nur dann in Betracht, wenn aa) es um eine **Maßnahme nach Abs 1 Nr 2** geht, wenn also eine Untersuchung des Gesundheitszustands, eine Heilbehandlung oder ein ärztlicher Eingriff in Frage steht, wegen der die Unterbringung erforderlich war, um einen drohenden erheblichen gesundheitlichen Schadens abzuwenden. Bei reiner Suizid- oder Selbstverletzungsgefahr (Abs 1 Nr 1) kommt nur eine Unterbringung, nicht aber eine Zwangsbehandlung in Betracht. Die Maßnahme muss ärztlich indiziert sein. Sonst kann die Unterbringung zum Zweck ihrer Durchführung niemals erforderlich sein.

16 bb) Die Maßnahme muss dem **natürlichen Willen des Betreuten widersprechen** (Abs 3 S 1 am Anfang). Hat der Betreute zum Ausdruck gebracht, dass er mit der Behandlung oder sonstigen Maßnahme nun doch einverstanden ist, sind die Zustimmung des Betreuers und die betreuungsgerichtliche Genehmigung nicht erforderlich.

17 cc) Der **Betreute** kann aufgrund einer psychischen Krankheit oder einer geistigen oder seelischen Behinderung die **Notwendigkeit** der ärztlichen Maßnahme **nicht erkennen oder nicht nach dieser Einsicht handeln** (Abs 3 S 1 Nr 1). Dieses Merkmal entspricht den Anforderungen an die Unterbringung nach Abs 1 Nr 2. Da es sich bei der ärztlichen Zwangsmaßnahme um einen eigenständigen Grundrechtseingriff handelt, bezieht sich das Merkmal aber hier auf die Notwendigkeit der ärztlichen Maßnahme, nicht auf die Unterbringung.

18 dd) Es muss **versucht worden sein, den Betreuten v der Notwendigkeit der ärztlichen Maßnahme zu überzeugen** (Abs 3 S 1 Nr 2). Das setzt stets voraus, dass die Information für den Betroffenen entsprechend seiner Fähigkeiten verständlich aufbereitet sein muss, damit er verstehen kann, wie notwendig ihre Durchführung und wie gefährlich ihr Unterbleiben ist, seine Bedenken artikulieren und ggf überwinden kann. Auch bei sehr geistesschwachen Betreuten ist der Überzeugungsversuch deswegen erforderlich. Er kann nur unterbleiben, wenn mit dem Betreuten keinerlei Kommunikation mehr möglich ist,

19 ee) Die ärztliche Zwangsmaßnahme muss im Rahmen der Unterbringung **zum Wohl des Betreuten erforderlich sein**, um einen drohenden erheblichen gesundheitlichen Schaden abzuwenden (Abs 3 S 1 Nr 3). Es muss mindestens um einen drohenden Schaden v einigem Gewicht gehen. Je größer der drohende Schaden ist, desto geringer braucht die Wahrscheinlichkeit seines Eintritts aber zu sein. Je kleiner der der drohende Schaden ist, desto größer muss die Wahrscheinlichkeit sein, dass er eintritt. In weniger gewichtigen Fällen oder solchen mit einem unwahrscheinlichen Schadenseintritt stehen die Belastungen für den Betreuten bei Überwindung seines natürlichen Willens außer Verhältnis zu dem Nutzen der Maßnahme.

ff) Der erhebliche gesundheitliche Schaden darf durch **keine andere dem Betreuten zumutbare Maßnahme** abgewendet werden können (Abs 3 S 1 Nr 4). Wäre das der Fall, wäre der durch die Zwangsbehandlung eintretende Grundrechtseingriff unverhältnismäßig. Die Zwangsbehandlung kommt immer nur als ultima ratio in Betracht. Bedeutung hat diese einschränkende Voraussetzung va dann, wenn mehrere Behandlungsmethoden möglich sind. Zu wählen ist immer die schonendste Methode, auch wenn sie mit größerem Aufwand verbunden ist.

gg) Der **zu erwartende Nutzen** der ärztlichen Zwangsmaßnahme muss die **zu erwartenden Beeinträchtigungen deutlich überwiegen** (Abs 3 S 1 Nr 5). Je schwerwiegender der Eingriff ist, umso deutlicher muss der Nutzen für den Betreuten hervortreten (BT-Drucks 17/11513, 7). Im Hinblick auf die bestehenden Prognoseunsicherheiten und sonstigen methodischen Schwierigkeiten des hierfür erforderlichen Vergleichs stellt die Norm auf ein deutlich feststellbares Übergewicht des Nutzens ab. Halten sich die zu erwartenden Beeinträchtigungen und der Nutzen für den Betreuten die Waage, darf deswegen die Zwangsbehandlung nicht durchgeführt werden.

hh) Die Einwilligung in die ärztliche Zwangsmaßnahme bedarf der **Genehmigung des Betreuungsgerichts** (Abs 3 a S 1). Der Betreuer darf diese wichtige Frage nicht allein entscheiden.

III. 1. **Die Genehmigung der Unterbringung bzw der unterbringungsähnlichen Maßnahme ist aufzuheben,** wenn die Voraussetzungen wegfallen. Das gilt auch, wenn der Betreuer den Betroffenen tatsächlich aus der Unterbringung entlassen hat; denn der durch die noch vorhandene Genehmigung bewirkte Schein muss beseitigt werden, damit der Betreuer nicht v derselben Genehmigung noch einmal Gebrauch machen kann. Der Betreuer muss deswegen den Wegfall der Voraussetzungen anzeigen (Abs 2 S 3). Der Betreuer muss auch die **Einwilligung in die ärztliche Zwangsmaßnahme widerrufen,** wenn ihre Voraussetzungen wegfallen (Abs 3 a S 2). Er hat den Widerruf dem Betreuungsgericht anzuzeigen (Abs 3 a S 3).

2. **Vorläufige Maßnahmen** können v Betreuer in Bezug auf die Unterbringung oder in Bezug auf unterbringungsähnliche Maßnahmen ohne vorherige Genehmigung durch das Betreuungsgericht vorgenommen werden, wenn mit dem Aufschub Gefahr verbunden ist (Abs 1 S 2). Die Genehmigung muss dann unverzüglich nachgeholt werden. Sofern ausreichend Zeit ist, ist die Genehmigung aber vorab einzuholen, notfalls als einstweilige Unterbringung im Wege einer einstweiligen Anordnung (vgl §§ 331 f FamFG). Diese Anordnung verliert ihre Wirksamkeit, sobald die endgültige Entscheidung ergeht (KG FamRZ 93, 84). Das Betreuungsgericht kann nur dann selbst unterbringen, wenn noch kein Betreuer bestellt ist (vgl § 1846, OLG Schleswig NJW 92, 2974). Angesichts der gesetzgeberischen Entscheidung für das doppelstufige Verfahren ist es jedoch vorzugswürdig, dass auch in diesen Fällen zugleich ein (vorläufiger) Betreuer bestellt wird, der dann die Unterbringung anordnet (diesen Weg halten für ausschließlich gangbar OLG Frankfurt FamRZ 93, 357; Wienand FamRZ 91, 1022).

Bei **ärztlichen Zwangsmaßnahmen** ist § 1846 nur anwendbar, wenn der Betreuer an der Erfüllung seiner Pflichten verhindert ist (Abs 3 S 2). Die eigenständige Anordnungsbefugnis des Betreuungsgerichts nach § 1846 BGB wird also auf den Fall beschränkt, dass der Betreuer an der Erfüllung seiner Pflichten verhindert ist. In sonstigen Eilfällen muss erst durch **einstweilige Anordnung des Betreuungsgerichts ein Betreuer bestellt** sowie durch einstweilige Anordnung dessen Einwilligung in eine ärztliche Zwangsmaßnahme genehmigt werden. Zudem kann in Eilfällen eine Unterbringung und Behandlung nach den Gesetzen über Hilfen und Schutzmaßnahmen sowie Unterbringungen bei psychischen Krankheiten (Psychisch-Kranken- bzw Unterbringungsgesetze) der Länder in Betracht kommen.

IV. **Verfahren:** Für ärztliche Zwangsmaßnahmen gelten dieselben Regelungen wie für Unterbringungen. Nach § 313 FamFG ist für eine zivilrechtliche Unterbringung grds das Gericht zuständig, bei dem ein Verfahren zur Bestellung eines Betreuers eingeleitet oder das Betreuungsverfahren anhängig ist. An seiner Zuständigkeit ändert sich durch eine vorläufige Unterbringung des Betroffenen in einer in einem anderen Gerichtsbezirk belegenen Einrichtung nichts. Ist noch kein Betreuungsverfahren anhängig, richtet sich die Zuständigkeit für die Anordnung einer privatrechtlichen Unterbringung nach dem gewöhnlichen Aufenthalt des Betroffenen bzw nach dem Ort, an dem das Bedürfnis nach der Unterbringung hervortritt und für Deutsche schließlich das AG Berlin Schöneberg, wenn keines der vorgehenden Zuständigkeitskriterien erfüllt ist.

28 In Unterbringungssachen kommt wegen der Schwere des Eingriffs in die Grundrechte des Betroffenen seiner **persönlichen Anhörung** ein besonders großes Gewicht zu. § 319 IV FamFG ordnet daher an, dass Anhörungen grds nicht im Wege der Rechtshilfe erfolgen sollen. Allein die Begründung, dass der Betroffene selbst v der Notwendigkeit seiner „derzeitigen" Unterbringung ausgeht, kann das Absehen v der persönlichen Anhörung in keinem Fall rechtfertigen (BayObLG FamRZ 95, 695). Auch die sonstigen Beteiligten und die zuständige Behörde sind im Unterbringungsverfahren zwingend anzuhören (§ 320 FamFG).

29 In formaler Hinsicht setzt die Genehmigung einer privatrechtlichen Unterbringung **keinen förmlichen Antrag** des Betreuers voraus (BayObLG FamRZ 94, 1416; aA LG Hildesheim BtPrax 93, 210 für unterbringungsähnliche Maßnahmen).

30 Ein **Sachverständigengutachten** in einer Unterbringungsgenehmigungssache muss enthalten: die Darstellung der durchgeführten Untersuchungen und Befragungen, der sonstigen Erkenntnisse sowie ihre sachverständige Erörterung, die Darlegung v Art und Ausmaß der psychischen Krankheit oder geistigen oder seelischen Behinderung und eine Stellungnahme zur Frage, ob und inwieweit der Betroffene hierdurch gehindert ist, seinen Willen bezüglich der geschlossenen Unterbringung frei zu bestimmen, die Stellungnahme zur voraussichtlichen Dauer der Unterbringung und die Erörterung v Alternativen (BayObLG FamRZ 95, 695).

31 **Das Betreuungsgericht genehmigt nur** die Unterbringung, die unterbringungsähnliche Maßnahme oder die ärztliche Zwangsmaßnahme, es ordnet sie nicht selbst an (Rn 26). Das bleibt vielmehr dem Betreuer überlassen. Dieser entscheidet auch, wo sie konkret durchzuführen ist, denn die Genehmigung bezieht sich nur auf die Art der Maßnahme, nicht auf eine bestimmte Einrichtung (BayObLG FamRZ 95, 1296).

§ 1907 Genehmigung des Betreuungsgerichts bei der Aufgabe der Mietwohnung

(1) ¹Zur Kündigung eines Mietverhältnisses über Wohnraum, den der Betreute gemietet hat, bedarf der Betreuer der Genehmigung des Betreuungsgerichts. ²Gleiches gilt für eine Willenserklärung, die auf die Aufhebung eines solchen Mietverhältnisses gerichtet ist.

(2) ¹Treten andere Umstände ein, auf Grund derer die Beendigung des Mietverhältnisses in Betracht kommt, so hat der Betreuer dies dem Betreuungsgericht unverzüglich mitzuteilen, wenn sein Aufgabenkreis das Mietverhältnis oder die Aufenthaltsbestimmung umfasst. ²Will der Betreuer Wohnraum des Betreuten auf andere Weise als durch Kündigung oder Aufhebung eines Mietverhältnisses aufgeben, so hat er dies gleichfalls unverzüglich mitzuteilen.

(3) Zu einem Miet- oder Pachtvertrag oder zu einem anderen Vertrag, durch den der Betreute zu wiederkehrenden Leistungen verpflichtet wird, bedarf der Betreuer der Genehmigung des Betreuungsgerichts, wenn das Vertragsverhältnis länger als vier Jahre dauern oder vom Betreuer Wohnraum vermietet werden soll.

1 I. Die Norm **stellt die Wohnung des Betreuten als den Mittelpunkt seines Lebens unter einen besonderen Schutz.** Der Betreute soll nicht nach einer Krankenhausbehandlung plötzlich ohne Wohnung dastehen, weil der Betreuer sie zwischenzeitlich aufgelöst und gekündigt hat, so dass er gezwungen ist, den Rest seines Lebens in einem Heim zu verbringen. Die Wirksamkeit der Kündigung eines Mietverhältnisses über Wohnraum, den der Betreute gemietet hat, wird daher v der Genehmigung des Betreuungsgerichts abhängig gemacht. Ergänzend ordnet Abs 2 die Verpflichtung des Betreuers an, dessen

Aufgabenkreis das Mietverhältnis oder die Aufenthaltsbestimmung umfasst, das Betreuungsgericht über alle anderen Umstände zu informieren, aufgrund derer die Beendigung des Mietverhältnisses in Betracht kommt. Bei Betroffenen, die über ein eigenes Haus oder eine Eigentumswohnung verfügen, ist der Schutz des Betroffenen zunächst dadurch sichergestellt, dass der Betreuer zur Veräußerung der Genehmigung des Betreuungsgerichts bedarf (§§ 1812, 1821 Nr 1–4). Dieser Schutz wird durch Abs 3 insoweit erweitert, als auch der Abschluss eines nur schuldrechtlichen Miet- oder Pachtvertrags dem Genehmigungserfordernis unterworfen wird. Im Übrigen muss der Betreuer das Gericht informieren, wenn er Wohnraum des Betroffenen auf andere Weise aufgeben will (Abs 2 S 2).

II. 1. Die Vorschrift **setzt zunächst voraus, a)** dass ein Betreuer mit dem Wirkungskreis **„Wohnungsangelegenheiten"** bestellt ist. Nur dann kann der Betreuer den Betroffenen kraft Gesetzes vertreten (§ 1902). Das Genehmigungserfordernis besteht daher nicht, wenn ein Betreuer nur für andere Angelegenheiten bestellt ist, aber dieser bevollmächtigt ist, die Wohnung zu kündigen oder weiterzuvermieten, oder wenn keine Betreuung besteht und nur ein v Betroffenen vorsorglich bestellter Vertreter handelt. Es wird dag nicht dadurch beseitigt, dass der Betroffene selbst geschäftsfähig ist und den Betreuer zur Kündigung autorisiert; denn das Gesetz stellt auf die Geschäftsfähigkeit des Betroffenen nicht ab.

b) Genehmigungspflichtig ist zunächst die **Kündigung** eines Mietverhältnisses über den Wohnraum des Betroffenen, an dem der Betroffene als Partei beteiligt ist. Das Gleiche gilt für den Abschluss v **Aufhebungsverträgen**. In Betracht kommt das Genehmigungserfordernis auch bei der Ausgabe v dinglichen Wohnrechten (BGH FamRZ 12, 967). Es ist nicht erforderlich, dass der Betroffene den Mietvertrag selbst abgeschlossen hat oder dass er die Wohnung tatsächlich bewohnt. Genehmigungspflichtig ist auch die **Vermietung v Wohnraum des Betroffenen** und der Abschluss eines länger als 4 Jahre laufenden Miet-, Pacht- oder sonstigen Vertrags, durch die der Betroffene sich zur Erbringung wiederkehrender Leistungen verpflichtet (Abs 3). Der Gesetzeswortlaut spricht zwar unklar nur v „Wohnraum". Der Zweck der Vorschrift, dem Lebensraum des Betreuten zu sichern, verlangt aber die Beschränkung auf die Weitervermietung des Wohnraums des Betroffenen bzw die sonst seinem Gebrauch dienenden Räume (LG Münster MDR 94, 276). Für v Betreuten nicht selbst genutzten Wohnraum bestehen nur die allg Genehmigungserfordernisse des § 1822 Nr 4.

2. Die **Erteilung der Genehmigung** richtet sich nach dem Wohl des Betroffenen (§ 1901 II 1); auf seine Wünsche ist Rücksicht zu nehmen (§ 1901 III 1). Für die Beibehaltung der Wohnung kann sprechen, dass der Betreute enge Bindungen daran aufweist, so dass ihr Verlust zu einer erheblichen Gesundheitsverschlechterung führen würde. Für die Erteilung der Genehmigung sprechen vor allem die erhebliche Erschwernis der Pflege des Betroffenen im häuslichen Umfeld oder seine finanzielle Überforderung durch die Miete oder die Instandhaltungskosten.

3. Um die Wohnung des Betroffenen möglichst umfassend zu sichern, ist der Betreuer, dessen Aufgabenkreis das Mietverhältnis oder die Aufenthaltsbestimmung umfasst, verpflichtet, dem Betreuungsgericht **unverzüglich mitzuteilen**, wenn andere Umstände eintreten, aufgrund derer die Beendigung des Mietverhältnisses in Betracht kommt oder wenn er Wohnraum des Betreuten auf andere Weise als durch Kündigung oder Aufhebung eines Mietverhältnisses aufgeben will. Zur ersten Kategorie gehört zB die Kündigung des Mietverhältnisses durch den Vermieter, zur letztgenannten Maßnahmen des Betreuers, die in ihrer Wirkung einer Kündigung des Mietverhältnisses bzw. der Weitervermietung der Wohnung gleichkommen, wie die Veräußerung der gesamten Wohnungseinrichtung. Das Betreuungsgericht kann dann ggf nach § 1837 eingreifen.

§ 1908 Genehmigung des Betreuungsgerichts bei der Ausstattung

Der Betreuer kann eine Ausstattung aus dem Vermögen des Betreuten nur mit Genehmigung des Betreuungsgerichts versprechen oder gewähren.

§ 1908 a

1 **I.** § 1908 soll das **Vermögen des Betroffenen** gegen eine Minderung durch das Versprechen unangemessen hoher Ausstattungen (Legaldefinition: § 1624 I) **schützen**. Bei diesen handelt es sich nicht um Schenkungen, wenn sie einem Kind zugewendet werden und das den Umständen, insb den Vermögensverhältnissen des Betroffenen entsprechende Maß nicht übersteigen. Sie fallen daher insoweit nicht unter das in §§ 1908 i II, 1804 angeordnete Schenkungsverbot. Der Anwendungsbereich der Norm ist gering. Er beschränkt sich im Wesentlichen auf Hofübertragungen und Betriebsübertragungen im Wege vorweggenommener Erbfolge.

2 **II. Genehmigungspflichtig** ist sowohl das Versprechen der Ausstattung (Verpflichtung) als auch das Gewähren (Übertragung). Sind aber bereits im Verpflichtungsgeschäft die als Ausstattung zu gewährenden Gegenstände genau bezeichnet, ist eine erneute Genehmigung der Übertragung überflüssig; die Genehmigung des Verpflichtungsgeschäfts deckt auch das Übertragungsgeschäft.

3 Die Genehmigung **ist zu erteilen,** wenn der Betroffene das wünscht und die Ausstattung das den Verhältnissen des Betroffenen entsprechende Maß nicht überschreitet. Ist die Ausstattung umfangreicher oder wird sie einer anderen Person als einem Kind des Betroffenen gewährt, muss die Genehmigung abgelehnt werden. In diesem Fall richtet sich die Wirksamkeit des Versprechens allein nach §§ 1908 i II, 1804, dh es ist nur dann wirksam, wenn es einer sittlichen Pflicht des Betroffenen entspricht, eine entsprechend erhöhte Ausstattung zu versprechen, wenn der Anstand eine derartige Ausstattung gebietet oder wenn es sich um ein Gelegenheitsgeschenk handelt, das der Betreuer mit Rücksicht auf die Wünsche des Betroffenen machen will und dessen Lebensverhältnissen entspricht. Das wird allenfalls dann angenommen werden können, wenn die Ausstattung einer anderen Person als einem Kind zugewendet werden soll (zB Stiefkind, Enkel) und nur deswegen nicht unter den Ausstattungsbegriff des § 1624 I fällt; denn die Voraussetzungen decken sich im Übrigen mit denen des § 1624 I.

4 Hat das Gericht **irrtümlich eine Genehmigung erteilt,** obwohl es sich bei dem Geschäft nicht um die Gewährung einer Ausstattung, sondern um eine Schenkung handelt, ändert das an der aus §§ 1908 i II, 1804 folgenden Unwirksamkeit des Geschäfts nichts.

§ 1908 a Vorsorgliche Betreuerbestellung und Anordnung des Einwilligungsvorbehalts für Minderjährige

¹Maßnahmen nach den §§ 1896, 1903 können auch für einen Minderjährigen, der das 17. Lebensjahr vollendet hat, getroffen werden, wenn anzunehmen ist, dass sie bei Eintritt der Volljährigkeit erforderlich werden. ²Die Maßnahmen werden erst mit dem Eintritt der Volljährigkeit wirksam.

1 **I.** Die Norm ermöglicht die **vorsorgliche Anordnung** einer Betreuung und eines Einwilligungsvorbehalts für einen **über 17-jährigen Minderjährigen,** bei dem zu erwarten ist, dass er bei Eintritt der Volljährigkeit betreuungsbedürftig sein wird, damit keine Lücken nach der Volljährigkeit entstehen können, in denen er ohne den Schutz eines gesetzlichen Vertreters ist. Damit nicht in das bis zur Vollendung des 18. Lebensjahres bestehende Recht der Eltern eingegriffen wird, den Minderjährigen zu erziehen und zu vertreten, wird die Betreuung erst mit der Volljährigkeit des betroffenen Kindes wirksam.

2 **II.** Die **Voraussetzungen** für die Anordnung der Betreuung folgen aus § 1896, diejenigen für den Einwilligungsvorbehalt aus § 1903. Soweit in diesen Normen ein Antrag vorausgesetzt wird, ist ein Antrag des Minderjährigen gemeint; die Eltern haben kein Antragsrecht.

3 Die **Rechtsfolgen** der Anordnung v Betreuung und Einwilligungsvorbehalt treten erst mit dem Erreichen der Volljährigkeit ein. Zuvor hat die zum Betreuer bestellte Person keine Befugnisse. Auch ein Umgangsrecht steht ihr nicht zu.

§ 1908 b Entlassung des Betreuers

(1) ¹Das Betreuungsgericht hat den Betreuer zu entlassen, wenn seine Eignung, die Angelegenheiten des Betreuten zu besorgen, nicht mehr gewährleistet ist oder ein anderer wichtiger Grund für die Entlassung vorliegt. ²Ein wichtiger Grund liegt auch vor, wenn der Betreuer eine erforderliche Abrechnung vorsätzlich falsch erteilt oder den erforderlichen persönlichen Kontakt zum Betreuten nicht gehalten hat. ³Das Gericht soll den nach § 1897 Abs. 6 bestellten Betreuer entlassen, wenn der Betreute durch eine oder mehrere andere Personen außerhalb einer Berufsausübung betreut werden kann.
(2) Der Betreuer kann seine Entlassung verlangen, wenn nach seiner Bestellung Umstände eintreten, auf Grund derer ihm die Betreuung nicht mehr zugemutet werden kann.
(3) Das Gericht kann den Betreuer entlassen, wenn der Betreute eine gleich geeignete Person, die zur Übernahme bereit ist, als neuen Betreuer vorschlägt.
(4) ¹Der Vereinsbetreuer ist auch zu entlassen, wenn der Verein dies beantragt. ²Ist die Entlassung nicht zum Wohl des Betreuten erforderlich, so kann das Betreuungsgericht stattdessen mit Einverständnis des Betreuers aussprechen, dass dieser die Betreuung künftig als Privatperson weiterführt. ³Die Sätze 1 und 2 gelten für den Behördenbetreuer entsprechend.
(5) Der Verein oder die Behörde ist zu entlassen, sobald der Betreute durch eine oder mehrere natürliche Personen hinreichend betreut werden kann.

I. Die Norm regelt, wann der Betreuer entlassen werden kann. Sie dient zum einen dem 1 Interesse des Betreuten, nicht durch eine Person vertreten zu werden, die wegen Pflichtverletzungen nicht die Gewähr dafür bietet, jederzeit zu seinem Wohl zu handeln (Abs 1 S 1 und 2), oder die der Betreute weniger als Betreuer wünscht als eine andere Person (Abs 3). Außerdem verwirklicht die Vorschrift das Interesse des Betreuers, nicht mit Betreuungen befasst zu sein, die ihm unzumutbar sind (Abs 2). Das Prinzip der Ehrenamtlichkeit der Betreuung wird dadurch betont, dass ein Berufsbetreuer entlassen werden soll, wenn ein oder mehrere ehrenamtliche Betreuer gefunden sind (Abs 1 S 3). Der Abhängigkeit des Vereins- und des Behördenbetreuers wird dadurch Rechnung getragen, dass die Entlassung der für den Verein bzw für die Behörde tätigen Personen bereits dann vorzunehmen ist, wenn der Verein bzw. die Behörde dies wünscht (Abs 4). Schließlich soll die Regelung dazu beitragen, dem Vorrang der Individualbetreuung dadurch Geltung zu verschaffen, dass sie die Entlassung des Betreuungsvereins bzw. der Betreuungsbehörde anordnet, wenn eine natürliche Person gefunden wird, die in der Lage und bereit ist, die Betreuung zu übernehmen (Abs 5). Regelungsgegenstand der Vorschrift ist dag nicht, wann die Betreuung insgesamt aufgehoben werden muss. Das richtet sich ausschließlich nach § 1908 d.

II. 1. Ein **Betreuer** ist vAw **zu entlassen**, a) wenn seine **Eignung,** die Angelegenheiten 2 des Betreuten wahrzunehmen, **nicht mehr gewährleistet** ist oder ein anderer **wichtiger Grund** für die Entlassung vorliegt (Abs 1 S 1). Speziell genannt ist, dass der Betreuer den erforderlichen persönlichen Kontakt zum Betreuten nicht gehalten hat (Abs 1 S 2). Es genügt aber auch jeder andere Grund, der den Betreuer für eine weitere Betreuung als ungeeignet erscheinen lässt, wie: die Gefahr v Interessenkonflikten (BayObLG FamRZ 93, 1226), Pflichtverletzungen des Betreuers, wie etwa unzureichende Rechnungslegung (BayObLG MDR 94, 277), unzureichende Mietzahlung eines Vermögensbetreuers an den Betreuten (OLG Köln NJWE-FER 98, 201), die tatenlose Hinnahme des Verfalls der Gesundheit oder des Hauses des Betreuten (OLG Hamm NJWE-FER 98, 34) oder der Verstoß gegen Berichtspflichten (BayObLG FamRZ 96, 509), Untätigkeit oder Unfähigkeit des Betreuers oder ein unüberwindliches Zerwürfnis zwischen dem Betreuer und dem Betreuten. In Betracht kommen auch der Widerruf der Bereiterklärung des Betreuers, selbst wenn er nicht die Voraussetzungen des § 1908 b II BGB erfüllt, weil es nicht im Interesse des Betreuten sein kann, einen sich gegen die Betreuung wehrenden Betreuer zu haben (LG Duisburg FamRZ 93, 851) und der Wunsch des Betreuten nach der Bestellung eines neuen Betreuers (Gedanke des § 1897 IV BGB, BayObLG BtPrax 93, 171). Das Gericht handelt vAw. Auf den Willen des Betroffenen kommt es nicht an. Bei Gefahr im Verzug ist eine einstweilige Anordnung möglich (§ 300 II FamFG)

3 Durch das 2. BetreuungsrechtsänderungsG wurde Abs 1 um einen weiteren Grund ergänzt, aus dem ein Betreuer zu entlassen ist: die **vorsätzlich falsche Erteilung einer Abrechnung**. Das betrifft Berufsbetreuer, soweit sie eine Vergütung nach dem VBVG abrechnen und ehrenamtliche Betreuer, soweit sie Aufwendungsersatz abrechnen. Liegen die Voraussetzungen v Abs 1 S 2 vor, ist der Betreuer zwingend zu entlassen. Alle Betreuer, die den erforderlichen persönlichen Kontakt zum Betreuten nicht eingehalten haben (vgl § 1793 Ia), sind ebenfalls zu entlassen. Das bestimmt Abs 1 S 2 aE in der durch das G zur Änderung des Vormundschafts- und Betreuungsrechts mWv 6.7.11 (BGBl I 1306) geänderten Fassung. Auch insoweit besteht kein Ermessen.

4 b) Ein **Berufsbetreuer** soll entlassen werden, wenn eine oder mehrere Personen gefunden werden, die die Betreuung auch **ehrenamtlich führen würden** (Abs 1 S 2). Das soll den Betreuten v den sonst an den Berufsbetreuer zu zahlenden Vergütungen entlasten.

5 c) **Vereins- und Behördenbetreuer** müssen als solche entlassen werden, wenn der Verein bzw die Behörde es beantragt (Abs 4 S 1). Die Betreuung endet dann aber nicht schon mit der Entpflichtung des Betreuers durch den Verein oder die Behörde, sondern erst mit der Entlassung durch das Betreuungsgericht. Dem Interesse des Betroffenen an der Kontinuität der Betreuung wird dadurch Rechnung getragen, dass das Betreuungsgericht anordnen kann, dass der bisherige Vereins- oder Behördenbetreuer die Betreuung als Einzelbetreuer weiterführt, wenn der Betreute (und der Betreuer, § 1898) damit einverstanden ist und die Entlassung des Betreuers nicht zum Wohl des Betreuten erforderlich ist. Damit wird erreicht, dass alle schon erteilten gerichtlichen Genehmigungen wirksam bleiben und weiter ausgenutzt werden können.

6 d) Ein **Betreuungsverein** oder die **Betreuungsbehörde** müssen entlassen werden, wenn der Betroffene durch eine natürliche Person hinreichend vertreten werden kann (Abs 5). Das soll den Vorrang der Einzelbetreuung sichern. Eine anderweite hinreichende Betreuungsmöglichkeit ist gegeben, wenn eine natürliche Person sich bereit erklärt, die Betreuung zu übernehmen und dazu geeignet ist. Eine gleich gute Eignung wie diejenige des Vereins oder der Behörde ist nicht nötig (aA LG Mainz BtPrax 93, 176), solange die Betreuung durch diese Person mit dem Wohl des Betreuten vereinbar ist. Das Vorliegen der Voraussetzungen ist dem Gericht v Betreuungsverein bzw der Behörde mitzuteilen (§ 1900 III, IV 2). Das Gericht entscheidet vAw.

7 **2. Auf seinen Antrag** hin ist der Betreuer zu entlassen, **wenn** ihm die Weiterführung der Betreuung wegen nachträglich eingetretener Umstände **unzumutbar** ist (Abs 2). Die Gründe sind ebenso unerheblich wie die Frage, ob durch die Unzumutbarkeit die Effizienz der Betreuung beeinträchtigt wird. In Betracht kommen vor allem: eine erhebliche Entfremdung zwischen Betreuer und Betroffenem, erhebliche Belastungen des Betreuers durch vorrangige Verpflichtungen (zB Eintritt der Pflegebedürftigkeit bei Ehefrau oder nahen Verwandten) oder die Verschlechterung der Gesundheit des Betreuers. Ein wichtiger Grund ist aber auch dann anzunehmen, wenn der Betreuer für seine Tätigkeit nur eine Vergütung erhält, die nicht ausreicht, um seine tatsächlichen Aufwendungen zu decken. Die Entlassung setzt einen Antrag des Betreuers voraus. Zulässig ist auch ein Antrag auf Entlastung durch Teilentlassung. Das Gericht hat kein Ermessen; bei Vorliegen des wichtigen Grundes muss es entlassen.

8 **3. Auf Antrag des Betroffenen** kann der Betreuer entlassen werden, wenn der Betreute eine mindestens gleich geeignete andere Person vorschlägt, die bereit ist, die Betreuung zu übernehmen (Abs 3). Mit dieser Vorschrift soll dem Willen des Betreuten Vorrang eingeräumt und seine Rechtssubjektivität gestärkt werden. Für den Antrag ist Geschäftsfähigkeit nicht erforderlich. Auch wenn die Voraussetzungen des Abs 3 erfüllt sind, ist das Gericht nicht verpflichtet, den Betreuer zu entlassen. Es handelt sich um eine Ermessensentscheidung. Bei dieser ist allein das Wohl des Betreuten ausschlaggebend. Die Entlassung des bisherigen Betreuers ist daher abzulehnen, wenn zu befürchten ist, dass der v Betroffenen gewünschte Betreuer den Interessen des Betroffenen zuwiderhandeln wird oder wenn der Wunsch des Betroffenen auf die Beeinflussung durch

die gewünschte Person zurückgeht. Zum Recht des Betreuten, die Aufhebung der Betreuung insgesamt zu verlangen, vgl § 1908 d II 1.
III. Verfahren. Dem Betroffenen, der nicht in der Lage ist, seinen Willen kundzutun, ist 9
auch im Verfahren über die Entlassung des Betreuers ein Verfahrenspfleger zu bestellen (BayObLG Rpfleger 93, 491). Widerspricht der Betroffene der Entlassung des Betreuers, sind er und der Betreuer persönlich anzuhören (§ § 296 I FamFG).
Gegen die Entscheidung findet die **Beschwerde** statt. Die Beschwerdeberechtigung rich- 10
tet sich nach §§ 59, 303 FamFG. Die Rechtsbeschwerde findet nur bei Zulassung statt (§ 70 I FamFG, BGH FamRZ 11, 632; BtPrax 12, 39).

§ 1908 c Bestellung eines neuen Betreuers
Stirbt der Betreuer oder wird er entlassen, so ist ein neuer Betreuer zu bestellen.

Da die Betreuung nicht dadurch endet, dass der Betreuer stirbt oder entlassen wird, 1
ordnet § 1908 c an, dass in diesen Fällen ein neuer Betreuer bestellt werden muss, um den für den Betroffenen nachteiligen Zustand zu beenden. Dessen Auswahl richtet sich nach §§ 1897, 1900. In Eilfällen ist die Neubestellung durch einstweilige Anordnung möglich (§ 300 FamFG).

§ 1908 d Aufhebung oder Änderung von Betreuung und Einwilligungsvorbehalt
(1) ¹Die Betreuung ist aufzuheben, wenn ihre Voraussetzungen wegfallen. ²Fallen diese Voraussetzungen nur für einen Teil der Aufgaben des Betreuers weg, so ist dessen Aufgabenkreis einzuschränken.
(2) ¹Ist der Betreuer auf Antrag des Betreuten bestellt, so ist die Betreuung auf dessen Antrag aufzuheben, es sei denn, dass eine Betreuung von Amts wegen erforderlich ist. ²Den Antrag kann auch ein Geschäftsunfähiger stellen. ³Die Sätze 1 und 2 gelten für die Einschränkung des Aufgabenkreises entsprechend.
(3) ¹Der Aufgabenkreis des Betreuers ist zu erweitern, wenn dies erforderlich wird. ²Die Vorschriften über die Bestellung des Betreuers gelten hierfür entsprechend.
(4) Für den Einwilligungsvorbehalt gelten die Absätze 1 und 3 entsprechend.

I. Die Norm regelt zunächst die **Voraussetzungen für die Aufhebung der Betreuung** 1
und des Einwilligungsvorbehalts und die nachträgliche Einschränkung des Aufgabenkreises des Betreuers bzw des Einwilligungsvorbehalts (Abs 1, 3). Sie trägt dem Subsidiaritätsprinzip Rechnung, indem sie anordnet, dass die Betreuung und der Einwilligungsvorbehalt aufgehoben bzw eingeschränkt werden müssen, wenn die Voraussetzungen (§ 1896) nicht mehr oder nicht mehr in vollem Umfang vorliegen. Andererseits dient sie der Verwirklichung v Rechtssicherheit, weil sie die Einschränkung und das Ende v Betreuung und Einwilligungsvorbehalt nicht automatisch eintreten lässt, sondern an eine gerichtliche Anordnung bindet (zur teilweise anderen Lage bei Vormundschaft und Pflegschaft vgl §§ 1892; 1918). Eine Ausnahme bildet nur der Tod des Betreuten. Dann endet die Betreuung automatisch. Nur Notgeschäftsführungsrechte (vgl §§ 1908 i; 1893) können weiter bestehen. Soll nur der Betreuer entlassen werden, nicht aber die Betreuung bzw der Einwilligungsvorbehalt eingeschränkt werden, gilt nicht § 1908 d, sondern § 1908 b.
Weiterer Gegenstand der Vorschrift ist die **Erweiterung v Betreuung oder Einwilli-** 2
gungsvorbehalt. Hierfür gelten die Regeln für die Erstanordnung (§§ 1896; 1903) entsprechend.
II. 1. Die Betreuung bzw der Einwilligungsvorbehalt ist aufzuheben, wenn die Voraus- 3
setzungen (endgültig, nicht nur vorübergehend, BayObLG FamRZ 94, 319) wegfallen, die zu ihrer Anordnung geführt hatten (Abs 1, 3). Das Gleiche gilt, wenn sich herausstellt, dass die Anordnungsvoraussetzungen nicht vorlagen (Abs 1, 3 analog).
Eine Betreuung, die auf Antrag des Betroffenen hin eingerichtet wurde, ist grds aufzu- 4
heben, wenn der Betroffene es beantragt. Es ist aber zu unterscheiden: Leidet der Be-

troffene allein unter einer körperlichen Behinderung, ist sein Antrag Anordnungsvoraussetzung, so dass bei seiner Rücknahme die Aufhebung der Betreuung schon nach Abs 1 zwingend ist. Leidet der Betroffene unter einer psychischen Erkrankung oder einer geistigen oder seelischen Behinderung, kann die Betreuung auch vAw angeordnet werden. Das Gericht muss daher prüfen, ob die Weiterführung veranlasst ist und darf die Betreuung nur aufheben, wenn das nicht der Fall ist (Abs 2 S 1).

5 Für den **Einwilligungsvorbehalt gilt Abs 2 nicht**, weil er nur vAw angeordnet werden kann.

6 2. Für die **Einschränkung des Aufgabenbereichs des Betreuers** bzw des **Einwilligungsvorbehalts** gilt das zur Aufhebung Gesagte entsprechend (Abs 1 S 2, Abs 3). Sie kommt in Betracht, wenn zwar weiterhin Betreuungsbedürftigkeit besteht, aber nicht mehr in dem Umfang, der ursprünglich bei der Anordnung der Betreuung bzw des Einwilligungsvorbehalts vorlag.

7 3. Die **Erweiterung** des Aufgabenkreises des Betreuers bzw des Einwilligungsvorbehalts richtet sich materiell- und verfahrensrechtlich nach den für die Erstanordnung geltenden Vorschriften (§§ 1896; 1903; § 293 FamFG). So wird sichergestellt, dass nicht eine ursprünglich begrenzte Betreuung nach und nach ohne Prüfung der Erforderlichkeit zu einer umfassenden wird.

§ 1908 e (aufgehoben)

§ 1908 f Anerkennung als Betreuungsverein

(1) Ein rechtsfähiger Verein kann als Betreuungsverein anerkannt werden, wenn er gewährleistet, dass er
1. eine ausreichende Zahl geeigneter Mitarbeiter hat und diese beaufsichtigen, weiterbilden und gegen Schäden, die diese anderen im Rahmen ihrer Tätigkeit zufügen können, angemessen versichern wird,
2. sich planmäßig um die Gewinnung ehrenamtlicher Betreuer bemüht, diese in ihre Aufgaben einführt, sie fortbildet und sie sowie Bevollmächtigte bei der Wahrnehmung ihrer Aufgaben berät und unterstützt,
[bis 30.6.14 gilt Abs 1 Nr 2 in folgender Fassung:]
2. sich planmäßig um die Gewinnung ehrenamtlicher Betreuer bemüht, diese in ihre Aufgaben einführt, fortbildet und sie sowie Bevollmächtigte berät,
2a. planmäßig über Vorsorgevollmachten und Betreuungsverfügungen informiert,
3. einen Erfahrungsaustausch zwischen den Mitarbeitern ermöglicht.
(2) ¹Die Anerkennung gilt für das jeweilige Land; sie kann auf einzelne Landesteile beschränkt werden. ²Sie ist widerruflich und kann unter Auflagen erteilt werden.
(3) ¹Das Nähere regelt das Landesrecht. ²Es kann auch weitere Voraussetzungen für die Anerkennung vorsehen.
(4) Die anerkannten Betreuungsvereine können im Einzelfall Personen bei der Errichtung einer Vorsorgevollmacht beraten.

[Die Kommentierung basiert auf der ab 1.7.14 geltenden Fassung.]

1 Die Norm bezweckt, einen **Mindestqualitätsstandard bei Betreuungsvereinen** dadurch zu sichern, dass ein Anerkennungserfordernis aufgestellt wird. Ausdrücklich ermöglicht Abs 3 S 2 die Aufstellung weiterer Voraussetzungen durch das Landesrecht. V dieser Möglichkeit ist inzwischen in allen Bundesländern in unterschiedlichem Umfang Gebrauch gemacht worden (Überblick: Dodegge NJW 92, 1936; 94, 2383; 95, 2389). Erst nach der Anerkennung können der Verein als Betreuer oder seine Mitarbeiter als Vereinsbetreuer (§ 1897 II) bestellt werden und können dem Verein Aufwendungsersatz- und Vergütungsansprüche zustehen (vgl § 1908 e).

2 Durch das **2. BetreuungsrechtsänderungsG** ist die Anerkennung v Betreuungsvereinen und ihre Tätigkeit insofern **neu gefasst worden**, als der gewachsenen Bedeutung v Bevollmächtigungen Rechnung getragen wird.

Um anerkannt werden zu können, muss der Verein nun auch die Beratung v Bevollmächtigten als satzungsgemäße Aufgabe haben (Abs 1 Nr 2). Durch das am 1.7.14 in Kraft tretende G zur Stärkung der Funktionen der Betreuungsbehörde v 28.8.13 (BGBl I 3393) werden diese Aufgaben der Betreuungsvereine noch einmal gestärkt, indem nun auch die Unterstützung der Bevollmächtigten bei der Wahrnehmung ihrer Aufgaben in den Katalog aufgenommen wird (vgl Abs 1 Nr 2 nF).

3
Der Betreuungsverein darf darüber hinaus Personen bei der Errichtung v Vorsorgevollmachten beraten (Abs 4). Diese Beratung verstößt deswegen nicht gegen das RechtsberatungsG. Um eine Pflichtaufgabe handelt es sich nicht. Der Gesetzgeber hat bewusst davon abgesehen, die Beratung im Einzelfall zu einer solchen zu machen, weil die Betreuungsvereine sehr unterschiedlich mit Personal ausgestattet sind und gerade die kleineren Vereine nicht in der Lage wären, eine derartige Pflichtaufgabe zu leisten.

§ 1908 g Behördenbetreuer

(1) Gegen einen Behördenbetreuer wird kein Zwangsgeld nach § 1837 Abs. 3 Satz 1 festgesetzt.
(2) Der Behördenbetreuer kann Geld des Betreuten gemäß § 1807 auch bei der Körperschaft anlegen, bei der er tätig ist.

Abs 1 erweitert das Verbot, ein Zwangsgeld gegen eine Behörde festzusetzen (vgl § 1837 III), auf den Fall, dass nicht die Behörde selbst, sondern einer ihrer Mitarbeiter zum Betreuer bestellt ist (Behördenbetreuer, § 1897 II 2), weil auch dieser eine öffentliche Aufgabe wahrnimmt. Abs 2 gestattet dem Behördenbetreuer die Anlage des Geldes des Betroffenen auch bei der Körperschaft, bei der er tätig ist.

§ 1908 h (aufgehoben)

§ 1908 i Entsprechend anwendbare Vorschriften

(1) ¹Im Übrigen sind auf die Betreuung § 1632 Abs. 1 bis 3, §§ 1784, 1787 Abs. 1, § 1791 a Abs. 3 Satz 1 zweiter Halbsatz und Satz 2, §§ 1792, 1795 bis 1797 Abs. 1 Satz 2, §§ 1798, 1799, 1802, 1803, 1805 bis 1821, 1822 Nr. 1 bis 4, 6 bis 13, §§ 1823 bis 1826, 1828 bis 1836, 1836 c bis 1836 e, 1837 Abs. 1 bis 3, §§ 1839 bis 1843, 1846, 1857 a, 1888, 1890 bis 1895 sinngemäß anzuwenden. ²Durch Landesrecht kann bestimmt werden, dass Vorschriften, welche die Aufsicht des Betreuungsgerichts in vermögensrechtlicher Hinsicht sowie beim Abschluss von Lehr- und Arbeitsverträgen betreffen, gegenüber der zuständigen Behörde außer Anwendung bleiben.
(2) ¹§ 1804 ist sinngemäß anzuwenden, jedoch kann der Betreuer in Vertretung des Betreuten Gelegenheitsgeschenke auch dann machen, wenn dies dem Wunsch des Betreuten entspricht und nach seinen Lebensverhältnissen üblich ist. ²§ 1857 a ist auf die Betreuung durch den Vater, die Mutter, den Ehegatten, den Lebenspartner oder einen Abkömmling des Betreuten sowie auf den Vereinsbetreuer und den Behördenbetreuer sinngemäß anzuwenden, soweit das Betreuungsgericht nichts anderes anordnet.

I. Die Norm enthält weit reichende **Verweisungen auf das Vormundschaftsrecht**. Es handelt sich zwar nicht um eine Pauschalverweisung wie bei der Pflegschaft (§ 1915). Das liegt aber allein daran, dass für Betreuungen schon eine Reihe v eigenständigen Regeln getroffen wurden.

II. 1. Bei der **Bestellung des Betreuers** ist zu beachten, dass ein Beamter oder Religionsdiener nur bestellt werden soll, wenn er die nach Landesrecht erforderliche Erlaubnis dazu hat (§ 1784); die Verletzung der Vorschrift hat aber auf die Wirksamkeit der Bestellung keinen Einfluss. Der Betreuer ist dann allerdings zu entlassen (§ 1888). Ein Betreuungsverein darf die Betreuung nicht durch eine Person führen lassen, die den Betreuten in einem Heim des Vereins betreut (§ 1791 a III 1, 2. Halbs). Wer schuldhaft die Übernahme der Betreuung grundlos ablehnt, ist zum Ersatz des Schadens verpflichtet, der aus der verspäteten Bestellung eines Betreuers entsteht (§ 1787 I).

3 2. Für die **Führung der Betreuung** bedeutet die Verweisung: Soweit sich der Aufgabenkreis des Betreuers auf die Aufenthaltsbestimmung erstreckt, kann er Herausgabe des Betreuten v Dritten verlangen und seinen Umgang bestimmen (§ 1632 I–III). Der für Vermögensangelegenheiten zuständige Betreuer muss ein Vermögensverzeichnis errichten und dem Betreuungsgericht einreichen (§ 1802). Ist das eingereichte Verzeichnis unzureichend, kann das Betreuungsgericht das Verzeichnis durch eine Behörde oder einen Notar aufnehmen lassen (§ 1802 III). Vermögen hat der Betreuer unter den gleichen Voraussetzungen anzulegen wie ein Vormund (§§ 1805–1819). Jedoch kann der Behördenbetreuer Geld des Betreuten auch bei der Körperschaft anlegen, bei der er tätig ist (§ 1908 g II).

4 Sofern der Vormund für ein Rechtsgeschäft der **Genehmigung des Betreuungsgerichts** bedarf (§§ 1819–1825), gilt das auch für den Betreuer. Die Erteilung der Genehmigung erfolgt in der gleichen Weise wie beim Vormund. Dritte haben dieselben Rechte, die sie bei Vormundschaft hätten (§§ 1825–1831). Anders als der Vormund kann der Betreuer in Vertretung des Betreuten Gelegenheitsgeschenke auch dann machen, wenn das dem Wunsch des Betreuten entspricht und nach seinen Lebensverhältnissen üblich ist (Abs 2 S 1). Im Übrigen gilt § 1804 entsprechend.

4a Ist der Vater des Betreuten, seine Mutter, sein Ehegatte, Lebenspartner oder einer seiner Abkömmlinge zum Betreuer bestellt, oder hat der Betreute einen Vereinsbetreuer oder Behördenbetreuer, ist der Betreuer **befreiter Betreuer**, dh er genießt kraft Gesetzes alle Befreiungen, die nach § 1857 a dem Jugendamt oder einem Verein als Vormund zustehen (Abs 2 S 2): die Befreiung nach § 1852 II (Befreiung v §§ 1809, 1810, 1812, vgl §§ 1852–1855 Rn 5), die nach § 1853 (Befreiung v der Hinterlegungspflicht und der Eintragung des Sperrvermerks, vgl §§ 1852–1855 Rn 6) und die nach § 1854 (Befreiung v der jährlichen Rechnungslegung, vgl §§ 1852–1855 Rn 7). Anders als im Vormundschaftsrecht kann das Betreuungsgericht aber die Befreiung einschränken, wenn das zum Wohl des Betreuten erforderlich ist. Die größeren Befugnisse des Gerichts erklären sich daraus, dass der in Abs 2 S 2 befreite Personenkreis erheblich größer ist als der in § 1857 a genannte.

5 Der **Betreuer haftet** wie ein Vormund, dh bei schuldhafter Pflichtverletzung (§ 1833). Ein Betreuungsverein haftet für das Verschulden des die Betreuung durchführenden Mitarbeiters wie für das Verschulden eines verfassungsmäßig berufenen Vertreters (§ 31, § 1791 a III 2).

6 Soweit **mehrere Betreuer bestellt** sind, führen sie die Betreuung grds gemeinschaftlich (§ 1797). Der Betreuer kann den Betreuten insoweit nicht vertreten, wie auch ein Vormund den Mündel nicht vertreten kann (§ 1795). Ihm kann im Interesse des Betreuten die Vertretungsmacht für einzelne oder einen bestimmten Kreis v Angelegenheiten entzogen werden (§ 1796).

7 Abgesehen v den Sonderregeln für den Vereinsbetreuer in § 1908 e richten sich auch die **Vergütung und der Aufwendungsersatz** nach den für den Vormund geltenden Regeln (§§ 1833–1836 e).

8 Der Betreuer unterliegt der **Aufsicht** des Betreuungsgerichts und muss diesem berichten und Rechnung legen (§§ 1837 ff). Dass in der Verweisung § 1837 IV ausgenommen ist, bezweckt keinen sachlichen Unterschied, denn bei Volljährigen haben §§ 1666 ff, 1696 keinen Anwendungsbereich. Das Gericht darf bei der Beurteilung der Handlungen des Vormunds kein Erziehungsrecht berücksichtigen. Durch Landesrecht kann bestimmt werden, dass Vorschriften, welche die Aufsicht des Betreuungsgerichts in vermögensrechtlicher Hinsicht sowie beim Abschluss v Lehr- und Arbeitsverträgen betreffen, gegenüber der zuständigen Behörde außer Anwendung bleiben (Abs 1 S 2).

9 3. **Ende der Betreuung.** Es gelten die für den Vormund maßgeblichen Regeln über die Anzeigepflicht beim Tod des Mündels (§ 1894), Rechnungslegung und Herausgabe des Vermögens (§§ 1890, 1892) und die Notgeschäftsführungsbefugnis (§ 1893).

§ 1908 k (aufgehoben)

Titel 3
Pflegschaft

Vorbemerkung zu §§ 1909–1921

Wie elterliche Sorge, Vormundschaft und Betreuung ist die **Pflegschaft ein Rechtsinstitut, das der Fürsorge für Personen dient,** die ihre Angelegenheiten nicht selbst wahrnehmen können. V elterlicher Sorge und Vormundschaft unterscheidet sie sich vor allem dadurch, dass sie grds auf einzelne Angelegenheiten beschränkt ist. Praktische Bedeutung hat besonders die Ergänzungspflegschaft (§ 1909), die die Lücke schließt, die entsteht, wenn der gesetzliche Vertreter eines Minderjährigen v dessen Vertretung ausgeschlossen oder tatsächlich an ihrer Wahrnehmung gehindert ist. 1

Die Regelungen über die Anordnung der Pflegschaft sind abschließend. Wegen des mit ihrer Anordnung verbundenen Eingriffs in die Grundrechte des Betroffenen und seiner Eltern ist die analoge Anwendung ausgeschlossen. Soweit in anderen Normen Pflegschaften oder ähnliche Fürsorgemaßnahmen angeordnet sind (zB § 16 VwVfG, § 207 BauGB, §§ 290 ff, 433 StPO), können die Pflegschaftsregeln über die Führung aber entsprechend angewendet werden, wenn das mit dem Zweck der anordnenden Normen vereinbar ist. 2

Das Verfahren ähnelt demjenigen bei Vormundschaft und Betreuung. Die Anordnung der Pflegschaft erfolgt grds vAw; es gilt der Amtsermittlungsgrundsatz (§ 27 FamFG). Es entscheidet grds der Rechtspfleger (§ 3 Nr 2 a RPflG). Soweit die Entscheidung über die Anordnung der Pflegschaft dem Richter vorbehalten ist (vgl § 14 Nr 4 RPflG), bleibt der Rechtspfleger für die Auswahl des Pflegers zuständig. 3

Internationalprivatrechtlich gilt für die Pflegschaft das Recht des Staates, dem derjenige angehört, für den gesorgt werden soll (Art 24 I 1 EGBGB). Für Ausländer mit gewöhnlichem Aufenthalt in Deutschland und solche, die sich hier schlicht aufhalten, ohne einen gewöhnlichen Aufenthalt in einem anderen Staat zu haben, kann eine Pflegschaft nach deutschem Recht angeordnet und geführt werden (Art 24 I 2 EGBGB). Für eine Pflegschaft für Unbekannte gilt die Rechtsordnung, die für die zu besorgende Angelegenheit maßgeblich ist (Art 24 II EGBGB). Die Anordnung einer Pflegschaft stellt aber eine Maßnahme iSd Haager Kinderschutzabkommens (KSÜ, siehe dazu Hk-FamFG/Kemper, § 99 FamFG Rn. 14 ff) und iSd Haager Erwachsenenschutzabkommens (ESÜ, vgl Hk-FamFG/Kemper, § 104 FammFG Rn 2 ff) dar. Art. 24 EGBGB ist daher auf Personen mit gewöhnlichem Aufenthalt in Deutschland nicht anwendbar. Insoweit gilt allein das KSÜ bzw. das ESÜ und führt zur Anwendung deutschen Rechts. 4

Zur **internationalen Zuständigkeit** für die Pflegschaft vgl § 104 FamFG. Auch insoweit sind das Haager Kinderschutzabkommen, das Haager Minderjährigenschutzabkommen, das Haager Erwachsenenschutzabkommen und die EuEheVO zu beachten. 5

§ 1909 Ergänzungspflegschaft

(1) ¹Wer unter elterlicher Sorge oder unter Vormundschaft steht, erhält für Angelegenheiten, an deren Besorgung die Eltern oder der Vormund verhindert sind, einen Pfleger. ²Er erhält insbesondere einen Pfleger zur Verwaltung des Vermögens, das er von Todes wegen erwirbt oder das ihm unter Lebenden unentgeltlich zugewendet wird, wenn der Erblasser durch letztwillige Verfügung, der Zuwendende bei der Zuwendung bestimmt hat, dass die Eltern oder der Vormund das Vermögen nicht verwalten sollen.
(2) Wird eine Pflegschaft erforderlich, so haben die Eltern oder der Vormund dies dem Familiengericht unverzüglich anzuzeigen.
(3) Die Pflegschaft ist auch dann anzuordnen, wenn die Voraussetzungen für die Anordnung einer Vormundschaft vorliegen, ein Vormund aber noch nicht bestellt ist.

1 I. Die Norm soll die Lücke schließen, die entsteht, wenn der gesetzliche Vertreter einer natürlichen Person v der Vertretung ausgeschlossen oder aus tatsächlichen Gründen verhindert ist. Keine Anwendung findet sie bei unter Betreuung stehenden Personen. Bei ihnen kommt keine Pflegerbestellung in Betracht, weil die Betreuung in Abs 1 nicht genannt ist.

2 II. 1. Voraussetzung der Pflegerbestellung ist a) **Verhinderung des Trägers der elterlichen Sorge oder des Vormunds.** Bei der Verhinderung kann es sich um eine **rechtliche** handeln, die sich daraus ergibt, dass der gesetzliche Vertreter eines Minderjährigen kraft Gesetzes oder nach (teilweiser) Entziehung des Sorgerechts v der Vertretung ausgeschlossen ist (§§ 1629 II, 1680 I 3, 1666, 1667, 1795 f, 1801). In Abs 1 S 2 ist ausdrücklich der Fall des § 1638 angesprochen. Erfolgt der Ausschluss automatisch, reicht es, dass eine erhebliche Wahrscheinlichkeit für das Eingreifen der Vorschrift spricht, wenn der Ausgeschlossene der Bestellung eines Pflegers zustimmt; denn sonst könnte es zu einem dem Wohl des Minderjährigen abträglichen Schwebezustand kommen. Die Verhinderung kann **auch eine tatsächliche** (zB wegen Krankheit, längerer Abwesenheit wegen Haft) sein.

3 b) Ungeschriebenes Tatbestandsmerkmal ist das Vorliegen eines **Fürsorgebedürfnisses.** Das bedeutet, dass in einer Angelegenheit des Minderjährigen eine Entscheidung getroffen werden muss, die der gesetzliche Vertreter nicht treffen kann. Die vorsorgliche Pflegerbestellung ohne konkreten Entscheidungsbedarf ist unzulässig. An einem Fürsorgebedürfnis fehlt es auch, wenn durch die Verhinderung des einen Elternteils keine Vertretungslücke entsteht, weil die Sorge automatisch auf den anderen Elternteil übergeht oder ihm zu übertragen ist (§§ 1666, 1680), wenn das Gericht die Handlung vornehmen kann (1667, 1693, 1844 II, 1846) oder soweit der Minderjährige selbst handlungsfähig ist (rechtlich vorteilhafte Geschäfte, Fälle der §§ 112, 113).

4 c) Auch ohne dass die genannten Voraussetzungen vorliegen, darf ein Pfleger bestellt werden, wenn **die Voraussetzungen für die Anordnung einer Vormundschaft vorliegen, ein Vormund aber noch nicht bestellt ist** (Abs 3). Durch diese Regelung soll verhindert werden, dass der Minderjährige während des Bestellungsverfahrens ohne gesetzliche Vertretung ist.

5 2. Damit sichergestellt ist, dass immer ein Pfleger bestellt wird, wenn das nach Abs 1 oder 3 erforderlich ist, ordnet Abs 2 an, dass die **Eltern bzw der Vormund** dem Familiengericht unverzüglich (§ 121) **anzeigen müssen,** wenn eine Pflegerbestellung notwendig wird. Das Gleiche ordnen § 1799 I für den Gegenvormund, § 1915 I für den Pfleger (Ergänzungspflegschaft), §§ 1716, 1915 für den Beistand und § 1850 für das Jugendamt an.

6 3. Für die **Auswahl des Pflegers** gelten die Regeln für die Vormundschaft nicht entsprechend (§ 1916); im Fall der Pflegschaft wegen Bestimmung durch denjenigen, der ein Vermögen zuwendet, (Abs 1 S 2) gilt § 1917. Der Pfleger ist im ihm übertragenen Aufgabenkreis gesetzlicher Vertreter des Kindes. Für ihn gelten grds die Vorschriften über die Vormundschaft (§ 1915). Die Pflegschaft endet mit der Erledigung einer Einzelnen übertragenen Angelegenheit automatisch (§ 1918 III), sonst durch Aufhebung (§ 1919).

7 III. Verfahren. Für Anordnung und Führung der Pflegschaft ist das Gericht zuständig, in dessen Bezirk der Pflegling seinen gewöhnlichen Aufenthalt hat (§ 152 II FamFG) oder (subsidiär) wo das Bedürfnis der Fürsorge auftritt. Gegen die Anordnung beschwerdeberechtigt sind die Eltern bzw der Vormund, weil in ihr Sorgerecht eingegriffen wird (§ 59 FamFG), und das Kind, wenn es mindestens 14 Jahre alt und nicht geschäftsunfähig ist (§§ 59 f FamFG).

§ 1910 (weggefallen)

§ 1911 Abwesenheitspflegschaft

(1) ¹Ein abwesender Volljähriger, dessen Aufenthalt unbekannt ist, erhält für seine Vermögensangelegenheiten, soweit sie der Fürsorge bedürfen, einen Abwesenheitspfleger. ²Ein solcher Pfleger ist ihm insbesondere auch dann zu bestellen, wenn er durch

Erteilung eines Auftrags oder einer Vollmacht Fürsorge getroffen hat, aber Umstände eingetreten sind, die zum Widerruf des Auftrags oder der Vollmacht Anlass geben.
(2) Das Gleiche gilt von einem Abwesenden, dessen Aufenthalt bekannt, der aber an der Rückkehr und der Besorgung seiner Vermögensangelegenheiten verhindert ist.

I. Die Norm lässt die Pflegschaft zu, wenn jemand wegen **Abwesenheit** seine Vermögensangelegenheiten nicht besorgen kann und dafür keine ausreichende Vorsorge getroffen hat. Leges speciales zu § 1909 enthalten § 364 FamFG (Nachlassteilung), § 365 FamFG (Auseinandersetzung des Gesamtguts). Für Verwaltungsverfahren s § 16 VwVfG, § 207 BauGB.

II. 1. **Voraussetzung** für die Anordnung einer Abwesenheitspflegschaft ist zunächst die
a) **Abwesenheit** des Betroffenen. Diese kann bei unbekanntem (Abs 1 S 1) als auch bei bekanntem (Abs 2) Aufenthaltsort gegeben sein. Abwesenheit liegt vor, wenn der Betroffene an seinem Wohnort nicht zu erreichen ist. Die erforderliche Dauer richtet sich nach der Bedeutung der zu besorgenden Angelegenheit. **Unbekannt** ist der **Aufenthalt**, wenn er v Gericht nicht ohne weiteres zu ermitteln ist. Verschollenheit iSd § 1 VerschG braucht nicht vorzuliegen. Die Anordnung der Pflegschaft ist aber ausgeschlossen, wenn der Abwesende für tot erklärt wurde (dann nur noch Nachlasspflegschaft, § 1961) oder die Lebensvermutung (§§ 10, 9 III, IV VerschG) nicht mehr eingreift. **Bei bekanntem Aufenthalt** kann die Pflegschaft angeordnet werden, wenn der Betroffene nicht dahin gelangen kann, wo die Angelegenheit besorgt werden muss.

b) Die Pflegschaft darf nur zur Wahrung der **Vermögensinteressen** angeordnet werden. Eine Pflegerbestellung zur Wahrnehmung anderer Rechte (zB zur Wahrung v Rechten in einem Vaterschaftsanerkennungs- oder Adoptionsverfahren) ist ausgeschlossen. Eine gleichwohl erfolgte Bestellung ist nichtig (OLG Koblenz FamRZ 74, 207).

c) Die Pflegschaft darf nur angeordnet werden, wenn ein **Fürsorgebedürfnis** besteht. Daran fehlt es, wenn der Abwesende einen gesetzlichen Vertreter (Eltern, Vormund, Betreuer) hat, wenn er sich um die Angelegenheit nicht kümmern will oder wenn er selbst durch Bestellung eines Vertreters Vorsorge getroffen hat. Eine Ausnahme gilt nur, wenn Umstände eingetreten sind, die zum Widerruf der Vollmacht Anlass geben (Abs 1 S 2).

2. **Der für den Pfleger anzuordnende Geschäftskreis** wird durch das Fürsorgebedürfnis und die voraussichtliche Dauer der Abwesenheit bestimmt. Eine umfassende Pflegschaft deckt sowohl die Vermögenserhaltung als auch dessen Verwaltung. In diesem Rahmen ist der Pfleger gesetzlicher Vertreter des Abwesenden. Nicht Vermögensangelegenheiten betr Handlungen kommen dag nicht in Betracht. Die einzige Ausnahme ist insoweit das Recht des Pflegers, die Todeserklärung des Abwesenden zu beantragen (§ 16 II b, III VerschG, BGHZ 18, 393). Zur Beendigung der Pflegschaft s die Erläuterungen zu § 1921.

III. **Verfahren.** Zuständig für die Anordnung und Führung der Pflegschaft ist das Gericht am gewöhnlichen Aufenthaltsort des Betroffenen (§§ 341, 272 I Nr 2 FamFG), für Deutsche ohne Wohnsitz und Aufenthalt im Inland das AG Schöneberg in Berlin (§§ 341, 272 I Nr 4 FamFG) und für Ausländer ohne inländischen Wohnsitz das Gericht, in dessen Bezirk das Fürsorgebedürfnis auftritt (§ 341, 272 I Nr 3 FamFG). Zur Auseinandersetzungspflegschaft siehe §§ 364 f FamFG. Gegen die Anordnung der Pflegschaft ist nur der Abwesende beschwerdeberechtigt; denn nur er kann durch sie in seinen Rechten beeinträchtigt werden (§ 59 I FamFG). Gegen die Ablehnung der Pflegschaftsanordnung ist ein Dritter nur dann beschwerdeberechtigt, wenn er durch die Ablehnung der Abwesenheitspflegschaft v einem effektiven Rechtsschutz abgeschnitten wäre (BGH FamRZ 11, 465; 12, 1204).

§ 1912 Pflegschaft für eine Leibesfrucht

(1) Eine Leibesfrucht erhält zur Wahrung ihrer künftigen Rechte, soweit diese einer Fürsorge bedürfen, einen Pfleger.

(2) Die Fürsorge steht jedoch den Eltern insoweit zu, als ihnen die elterliche Sorge zustünde, wenn das Kind bereits geboren wäre.

1 I. Die Norm dient dem **Schutz zukünftiger Rechte** eines noch nicht geborenen Menschen.

2 II. 1. **Voraussetzung** für die Anordnung der Pflegschaft ist a) das Vorliegen einer **Schwangerschaft**. Vorher kann ein Pfleger nur nach § 1913 bestellt werden.

3 b) Es muss ein **Fürsorgebedürfnis** zugunsten des Ungeborenen bestehen. Das ist nur anzunehmen, wenn schon vor der Geburt feststeht, dass dem Kind selbst bestimmte Rechte zustehen werden (zB kraft Gesetzes bestehende Unterhalts- oder Schadensersatzansprüche wegen entgehenden Unterhalts, Rechte aus Erbschaft). Das alleinige Interesse Dritter an einer Pflegerbestellung reicht nicht. Das Fürsorgebedürfnis fehlt, soweit die Leibesfrucht unter der Sorge seiner Eltern stehen würde, wenn sie bereits geboren wäre; denn die Eltern sind (bei Tod des Vaters während der Schwangerschaft die Mutter) bereits vor der Geburt in gleicher Weise fürsorgeberechtigt, wie sie es später sein werden (Abs 2). Am Fürsorgebedürfnis fehlt es auch, wenn anderweit gesichert ist, dass die Interessen des Ungeborenen gewahrt werden, zB bei Vorhandensein eines Testamentsvollstreckers (§ 2222) oder Nachlasspflegers (§ 1960).

4 2. In seinem Aufgabenkreis ist der **Pfleger gesetzlicher Vertreter** der Leibesfrucht und kann für sie unter den Voraussetzungen handeln, unter denen das ihr gesetzlicher Vertreter nach der Geburt könnte. Soweit dieser Genehmigungen einholen müsste, muss das auch der Pfleger; soweit dessen Vertretung ausgeschlossen wäre, ist auch der Pfleger ausgeschlossen.

5 3. **Die Pflegschaft endet** kraft Gesetzes mit der Erledigung, wenn es sich nur um eine einzelne Angelegenheit handelte (§ 1918 III) und der Geburt des Kindes (§ 1918 II), sonst durch Aufhebung, wenn die Voraussetzungen nicht mehr vorliegen (zB Absterben des Embryos) oder nie bestanden haben (zB Scheinschwangerschaft).

6 III. **Verfahren.** Zuständig für Anordnung und Führung der Pflegschaft ist das Amtsgericht, das für eine Vormundschaft zuständig wäre, also grds das Gericht, in dessen Bezirk der Betroffene seinen gewöhnlichen Aufenthalt hat (§§ 151, 152 II 1 FamFG), wenn ein solcher fehlt, das Gericht, in dessen Bezirk das Fürsorgebedürfnis besteht (§§ 151, 152 III FamFG).

§ 1913 Pflegschaft für unbekannte Beteiligte

¹Ist unbekannt oder ungewiss, wer bei einer Angelegenheit der Beteiligte ist, so kann dem Beteiligten für diese Angelegenheit, soweit eine Fürsorge erforderlich ist, ein Pfleger bestellt werden. ²Insbesondere kann einem Nacherben, der noch nicht gezeugt ist oder dessen Persönlichkeit erst durch ein künftiges Ereignis bestimmt wird, für die Zeit bis zum Eintritt der Nacherbfolge ein Pfleger bestellt werden.

1 I. Die Norm dient dazu, das Fürsorgebedürfnis zu befriedigen, das entstehen kann, wenn **ungewiss ist, wer an einer bestimmten Angelegenheit beteiligt ist.** Wie in den Fällen der § 1909–1911 handelt es sich um eine Personalpflegschaft, nicht um die Pflegschaft für eine Vermögensmasse wie im Fall des § 1914. Sie kommt sowohl in Bezug auf natürliche als auch bezüglich juristischer oder im Entstehen begriffener juristischer Personen in Betracht.

2 II. 1. **Voraussetzung** für die Anordnung der Pflegschaft ist zunächst, dass **der in einer Angelegenheit Beteiligte unbekannt oder ungewiss ist** (S 1). Das ist regelmäßig in Bezug auf künftige Nacherben der Fall, weil der Eintritt der Nacherbschaft an den Eintritt eines zukünftigen ungewissen Ereignisses geknüpft ist (vgl §§ 2101, 2104, 2105 I, 2106 II, 2139). Deswegen ist dieser Fall als Regelbeispiel für die Pflegerbestellung in S 2 ausdrücklich genannt. In Betracht kommen auch Unklarheiten im Gesellschafterbestand einer Gesellschaft aus Rechtsgründen.

3 Aus der Unkenntnis des bzw der Ungewissheit über den Beteiligten muss ein **Fürsorgebedürfnis** folgen. Es liegt vor, wenn für den Beteiligten ein Geschäft vorgenommen

werden kann, um ihm eine vorteilhaftere Rechtsposition zu verschaffen oder wenn gehandelt werden muss, um Nachteile v ihm abzuwenden. Es fehlt, wenn die Angelegenheit allein im Interesse eines Dritten zu besorgen ist (zB Kündigung gegenüber dem unbekannten bzw ungewissen Beteiligten) oder wenn anderweit Vorsorge getroffen ist.

2. Der **Pfleger ist** im Rahmen seines Aufgabenkreises **gesetzlicher Vertreter** des Pfleglings. Durch die Pflegschaft darf aber nicht in die Rechte Dritter weiter eingegriffen werden, als die unbekannte bzw ungewisse Beteiligte das selbst könnte. Im Fall der Pflegschaft für einen künftigen Nacherben kann der Pfleger daher nur die Rechte geltend machen, die dem Nacherben kraft Gesetzes eingeräumt sind (§§ 2114, 2116–2118, 2120–2123, 2127 ff, 2142).

Die **Pflegschaft endet** automatisch, wenn sie nur für eine einzelne Angelegenheit angeordnet und diese erledigt ist (§ 1918 III), sonst durch Aufhebung (§ 1919, zB Eintritt des Nacherbfalls).

III. Verfahren. Zuständig ist das Gericht an dem Ort, an dem das Fürsorgebedürfnis auftritt (§§ 341, 272 I Nr 3 FamFG). Gegen die Anordnung der Pflegschaft beschwerdeberechtigt ist, wer durch die Pflegerbestellung in seinen Rechten beeinträchtigt wird (§ 59 I FamFG), vor allem der Beteiligte selbst und der Testamentsvollstrecker (KG OLGZ 73, 106).

§ 1914 Pflegschaft für gesammeltes Vermögen

Ist durch öffentliche Sammlung Vermögen für einen vorübergehenden Zweck zusammengebracht worden, so kann zum Zwecke der Verwaltung und Verwendung des Vermögens ein Pfleger bestellt werden, wenn die zu der Verwaltung und Verwendung berufenen Personen weggefallen sind.

I. Die Norm regelt einen atypischen Fall der Pflegschaft, weil die Pflege weder einer schon existierenden noch einer künftigen Person gilt, sondern einer Vermögensmasse ohne eigene Rechtspersönlichkeit zukommt. Grds steht eine solche Vermögensmasse zunächst im Miteigentum der Spender. Die Verfügungsgewalt über das Gesammelte liegt jedoch bei den Veranstaltern der Sammlung. Fallen diese weg, entsteht daher ein Fürsorgebedürfnis.

II. Voraussetzung der Pflegerbestellung ist zunächst, dass es sich um ein **Vermögen** handelt, dass durch öffentliche Sammlung für einen vorübergehenden Zweck zusammengebracht wurde. Es muss nicht aus Geld bestehen. In Betracht kommen auch Nahrungs-, Kleider- oder Bücherspenden. Öffentlich ist eine Sammlung, wenn sie nicht auf einen bestimmten Personenkreis beschränkt ist. Dass dann tatsächlich nur Spenden aus einem einzelnen Personenkreis erfolgen, ist unerheblich. Der Zweck der Sammlung muss ein vorübergehender sein. Eine Pflegerbestellung scheidet daher aus, wenn das Vermögen gesammelt werden soll, um auf Dauer einen bestimmten Zweck zu verfolgen (zB Stipendienvergabe). Dazu muss eine Stiftung errichtet werden. Die Sammlung des dafür nötigen Kapitals fällt dann wieder unter § 1914.

Die **zur Verwaltung und Verwendung berufenen Personen** müssen **weggefallen** sein. Der Grund ist unerheblich. In Betracht kommen zB Tod, Geschäftsunfähigkeit oder Ausscheiden aus dem Sammlungskreis. Dag reicht es nicht, dass die Sammelnden sich als unfähig zur ordentlichen Verwaltung erwiesen haben; die Norm dient nicht der Sammlungsaufsicht.

Der **Pfleger ist amtlicher Verwalter und Verwender** des gesammelten Vermögens. Er kann auch die versprochenen, aber noch nicht bezahlten Beträge einziehen. Er kann als Partei kraft Amtes klagen und verklagt werden. Dag ist er nicht befugt, das Vermögen durch Weitersammeln zu erweitern. Ebenso wenig ist er Vertreter der Spender und unterliegt daher deren Weisungen nicht. Zum Ende der Pflegschaft s §§ 1918 III, 1919.

III. Verfahren. Zuständig ist das Gericht an dem Ort, an dem die Verwaltung des Sammelvermögens geführt wurde (§§ 341, 272 I Nr 1 FamFG).

§ 1915 Anwendung des Vormundschaftsrechts

(1) ¹Auf die Pflegschaft finden die für die Vormundschaft geltenden Vorschriften entsprechende Anwendung, soweit sich nicht aus dem Gesetz ein anderes ergibt. ²Abweichend von § 3 Abs. 1 bis 3 des Vormünder- und Betreuervergütungsgesetzes bestimmt sich die Höhe einer nach § 1836 Abs. 1 zu bewilligenden Vergütung nach den für die Führung der Pflegschaftsgeschäfte nutzbaren Fachkenntnissen des Pflegers sowie nach dem Umfang und der Schwierigkeit der Pflegschaftsgeschäfte, sofern der Pflegling nicht mittellos ist. ³An die Stelle des Familiengerichts tritt das Betreuungsgericht; dies gilt nicht bei der Pflegschaft für Minderjährige oder für eine Leibesfrucht.
(2) Die Bestellung eines Gegenvormunds ist nicht erforderlich.
(3) § 1793 Abs. 2 findet auf die Pflegschaft für Volljährige keine Anwendung.

1 **I. Die Norm** unterwirft die Pflegschaft in Abs 1 grds den für die Vormundschaft geltenden Regeln, gleichgültig, ob diese aus den §§ 1793 ff folgen oder aus Normen, die systematisch an anderer Stelle eingeordnet sind (zB § 207). Wegen des gegenüber einem Vormund geringeren Aufgabenkreises ist die Bestellung eines Gegenvormunds nicht erforderlich (Abs 2). Sie bleibt aber zulässig (Ausnahme: § 1917). Die Bedeutung v § 1915 ist erheblich geringer geworden, seitdem eine Pflegerbestellung für Volljährige nur noch bei Abwesenheit in Betracht kommt (§ 1911), während im Übrigen die Regeln über die Betreuung (§§ 1896 ff) als leges speciales vorgehen. Dort findet sich eine Parallelvorschrift in § 1908 i.

2 **II. Im Einzelnen** bedeutet die Verweisung auf das Vormundschaftsrecht: Die Pflegschaft **tritt** erst mit der Bestellung des Pflegers ein. In dieser müssen die Aufgaben des Pflegers möglichst genau beschrieben werden, damit keine Unklarheiten auftreten können. Stellt sich später heraus, dass der angeordnete Aufgabenkreis nicht genügt, muss eine weiter gehende Bestellung erfolgen. Für die Auswahl des Pflegers gelten die Vorschriften über die Auswahl des Vormunds grds nicht (§ 1916 Rn 1). Seine Verpflichtung erfolgt nach § 1789 (vgl OLG Stuttgart FamRZ 11, 846).

3 **Zuständig** für die mit der Pflegschaft verbundenen gerichtlichen Verrichtungen ist das Familiengericht, wenn es sich um eine Pflegschaft für Minderjährige oder eine Leibesfrucht handelt. Bei Pflegschaften für andere Personen ist das Betreuungsgericht zuständig (Abs 1 S 3).

4 **Bei der Durchführung der Pflegschaft** unterliegt der Pfleger denselben Bindungen wie ein Vormund. Es gelten §§ 1793 ff. Ausgeschlossen ist aber die Anwendung v § 1793 II (mit der Weiterverweisung auf § 1629 a), wenn es sich um eine Pflegschaft für Volljährige handelt; denn diese Haftungsbegrenzung ist ihrem Zweck nach auf Minderjährige beschränkt. Soweit für den Vormund eine Genehmigung seines Handelns durch einen Gegenvormund angeordnet (und nicht ausnahmsweise ein "Gegenpfleger" bestellt) ist, kommt es auf die Genehmigung durch das Gericht an. Auch für den Pfleger gilt § 1821. In einem solchen Fall muss entweder der Pfleger entlassen und ein neuer Pfleger bestellt oder ein Ergänzungspfleger bestellt werden (BayObLG FamRZ 59, 32). Letzteres ist nur praktisch, wenn es sich um einen rein punktuellen Konflikt handelt.

5 Auch die **Vergütung des Pflegers** richtete sich früher nach den für den Vormund geltenden Vorschriften (§§ 1836 ff). Durch das **2. BetreuungsrechtsänderungsG** wurde sie aber seit dem 1.7.05 v diesen Regeln abgekoppelt. Die Änderung wurde erforderlich, weil die Übertragung der **Pauschalen nach § 3 VBVG** (Anhang zu § 1836), die nur ausnahmsweise erhöht werden können, auf alle Fälle der Pflegschaft zu **unbilligen Ergebnissen** führen könnte. Vor allem bei Nachlasspflegern käme es sonst zu einer unangemessen niedrigen Vergütung. Die Höhe der Vergütung bemisst sich bei der Pflegschaft deswegen nach den für die Führung der Pflegschaftsgeschäfte nutzbaren Fachkenntnissen des Pflegers sowie nach dem Umfang und der Schwierigkeit der Pflegschaftsgeschäfte. Das kann sich mit den Sätzen des § 3 VBVG decken, muss es aber nicht. Ist der Pflegling mittellos oder ein Nachlass masselos, bleibt es dag bei den nach § 3 VBVG bestimmten Sätzen.

Die **Pflegschaft endet** grds durch Aufhebung (§§ 1919, 1921 I, II), nur in den Fällen 6
der §§ 1918, 1921 III automatisch. Die Bedeutung der Verweisung (Abs 1) beschränkt
sich auf die Verpflichtung des Pflegers zur Rechnungslegung (§§ 1840, 1841).

§ 1916 Berufung als Ergänzungspfleger
Für die nach § 1909 anzuordnende Pflegschaft gelten die Vorschriften über die Berufung zur Vormundschaft nicht.

Die Vorschrift ordnet an, dass bei der Auswahl des Ergänzungspflegers (bei den übri- 1
gen Pflegschaften folgt das schon aus deren Eigenart) die Vorschriften über die Auswahl des Vormunds nicht gelten. Dadurch soll verhindert werden, dass Personen, bei denen wegen ihrer engen Beziehungen zum ausgeschlossenen gesetzlichen Vertreter ähnliche Interessenkonflikte bestehen können wie bei dem gesetzlichen Vertreter selbst quasi automatisch zum Pfleger bestellt werden (vgl §§ 1776 ff für den Vormund). Die Norm schließt es dag nicht aus, auch nahe Verwandte zu Pflegern zu bestellen, wenn sichergestellt ist, dass in ihrer Person kein Interessenkonflikt vorliegt. Anwendbar bleibt nämlich § 1779 Abs. 2, nach dem die persönlichen Bindungen des Kindes (unter anderem) zu berücksichtigen sind. Daraus kann sich auch ergeben, dass Pflegeeltern zu Ergänzungspflegern bestellt werden können, wenn zu ihnen ein gutes Vertrauensverhältnis besteht. Die Auswahl richtet sich aber allein nach dem Wohl des Kindes. Wünsche der Eltern können nur insoweit berücksichtigt werden, als sie mit dem Wohl des Kindes vereinbar sind (OLG Stuttgart FamRZ 11, 742).
§ 1916 gilt nicht für Pflegschaften nach § 1909 I 2. Hier hat der Zuwendende ein Be- 2
stimmungsrecht (§ 1917).
Wer nicht zum Pfleger bestellt wurde, obwohl er das wollte, hat in der Regel kein eige- 3
nes Beschwerderecht, weil er kein eigenes Recht dazu geltend machen kann, gerade selbst zum Pfleger bestellt zu werden (vgl § 59 I FamFG).

§ 1917 Ernennung des Ergänzungspflegers durch Erblasser und Dritte
(1) Wird die Anordnung einer Pflegschaft nach § 1909 Abs. 1 Satz 2 erforderlich, so ist als Pfleger berufen, wer durch letztwillige Verfügung oder bei der Zuwendung benannt worden ist; die Vorschrift des § 1778 ist entsprechend anzuwenden.
(2) ¹Für den benannten Pfleger können durch letztwillige Verfügung oder bei der Zuwendung die in den §§ 1852 bis 1854 bezeichneten Befreiungen angeordnet werden. ²Das Familiengericht kann die Anordnungen außer Kraft setzen, wenn sie das Interesse des Pfleglings gefährden.
(3) ¹Zu einer Abweichung von den Anordnungen des Zuwendenden ist, solange er lebt, seine Zustimmung erforderlich und genügend. ²Ist er zur Abgabe einer Erklärung dauernd außerstande oder ist sein Aufenthalt dauernd unbekannt, so kann das Familiengericht die Zustimmung ersetzen.

I. Die Norm ergänzt § 1909 I 2. Nach dieser Vorschrift ist eine Pflegschaft erforder- 1
lich, wenn ein Minderjähriger etwas durch Schenkung oder v Todes wegen zugewendet erhält, sofern der Zuwendende bestimmt hat, dass der gesetzliche Vertreter des Minderjährigen das Zugewendete nicht verwalten darf. § 1917 bestimmt nun, dass der Zuwendende auch über die Person des Pflegers bestimmen darf und stellt Sonderregeln für die Führung der Pflegschaft auf, mit denen der Wille des Zuwendenden zur Geltung gebracht werden soll.
II. Als Pfleger benennen kann der Zuwendende jedermann (auch sich selbst). Unzuläs- 2
sig ist lediglich eine negative Bestimmung dergestalt, dass nur bestimmte Personen v Pflegschaft ausgeschlossen werden. Damit griffe der Zuwendende in das Sorgerecht der Eltern ein; denn aus § 1782 ergibt sich, dass die Ablehnung v Personen diesen zukommt. Der Benannte ist zum Pfleger zu bestellen, es sei denn, in seiner Person läge einer der Gründe des § 1778 vor.

3 Der Zuwendende kann dem Pfleger die Führung der Pflegschaft dadurch erleichtern, dass er ihn v den in §§ 1852–1854 genannten Einschränkungen befreit (Abs 2 S 1). Die Lage entspricht derjenigen bei Benennung eines Vormunds durch Vater oder Mutter. Bedeutet die Befreiung für das Wohl des Pfleglings eine Gefahr, muss das Familiengericht sie außer Kraft setzen (Abs 2 S 2). Dass die Norm insoweit nur v „kann" spricht, beruht darauf, dass dem Gericht die Kompetenz eingeräumt wird und nicht, dass bei der Entscheidung ein Ermessen besteht. Nach Abs 3 ist zu Lebzeiten des Zuwendenden für ein Abweichen v seinen Anordnungen über die Befreiung aber seine Zustimmung nötig. Stimmt er zu, kann die Änderung umgekehrt auch dann erfolgen, wenn eine Gefährdung des Wohls des Pfleglings nicht vorliegt. In Bezug auf die Auswahl des Pflegers besteht dag – entgegen ihrem etwas missverständlichen Wortlaut – keine Bindung an die Zustimmung des Zuwendenden. Das ergibt sich aus Abs 1 S 2; denn die Verweisung wäre unsinnig, weil ein Zuwendender, der sich selbst benannt hat, sonst nicht einmal unter den dort genannten Voraussetzungen übergangen werden könnte.

§ 1918 Ende der Pflegschaft kraft Gesetzes

(1) Die Pflegschaft für eine unter elterlicher Sorge oder unter Vormundschaft stehende Person endigt mit der Beendigung der elterlichen Sorge oder der Vormundschaft.
(2) Die Pflegschaft für eine Leibesfrucht endigt mit der Geburt des Kindes.
(3) Die Pflegschaft zur Besorgung einer einzelnen Angelegenheit endigt mit deren Erledigung.

1 Die Norm regelt einen schmalen Ausschnitt der Gründe, die zum Ende einer Pflegschaft führen können. Die hier genannten Gründe führen alle zum automatischen Erlöschen der Pflegschaft. Das ist sonst nur bei Todeserklärung eines Abwesenden der Fall (§ 1921 III). Auch ohne Regelung gilt das – weil selbstverständlich – außerdem beim Tod des Pflegebefohlenen (Ausnahme: Abwesenheitspflegschaft, § 1921 II). Im Übrigen gilt, dass die Pflegschaft erst endet, wenn sie vom Familiengericht aufgehoben wird (§§ 1919, 1921 I, II).

2 Die **Ergänzungspflegschaft** (§ 1909) soll die Vertretung des Kindes auch dann sichern, wenn seine gesetzlichen Vertreter verhindert sind. Sie geht daher nicht weiter als die gesetzliche Vertretung und endet wie diese, wenn der Pflegling volljährig wird (Abs 1). Die **Pflegschaft für eine Leibesfrucht** (§ 1912) endet mit der Geburt des Kindes (Abs 2). Soweit Interessenkonflikte zwischen dem gesetzlichen Vertreter und dem Kind bestehen (vgl § 1795) oder dies sonst gesetzlich vorgeschrieben ist, muss dem Kind dann notfalls ein Ergänzungspfleger bestellt werden. **Eine auf eine einzelne Angelegenheit beschränkte Pflegschaft** endet mit deren Besorgung (Abs 3), zB wenn der Pfleger nur bestellt worden war, weil die Eltern daran gehindert waren, ein bestimmtes Geschäft für das Kind abzuschließen und dieses nun getätigt ist (vgl §§ 1629 II, 1795) oder wenn der Pfleger zur Führung eines Prozesses bestellt war und das Verfahren beendet ist. Können dag noch in den Anordnungsbereich der Pflegschaft fallende Geschäfte vorkommen, ist die Besorgung noch nicht endgültig, auch wenn kein aktueller Handlungsbedarf besteht. Es kommt nur eine Beendigung durch Aufhebung in Betracht (§ 1919).

§ 1919 Aufhebung der Pflegschaft bei Wegfall des Grundes

Die Pflegschaft ist aufzuheben, wenn der Grund für die Anordnung der Pflegschaft weggefallen ist.

1 I. § 1919 beschreibt den wichtigsten Grund für die Beendigung der Pflegschaft, den Wegfall des Fürsorgebedürfnisses. Die Pflegschaft muss aufgehoben werden, sie wird nicht automatisch beendet (anders §§ 1918, 1921 III). Die Vorschrift gilt erst dann, wenn sich später herausstellt, dass der Grund für die Anordnung der Pflegschaft nie gegeben war. Nicht unter die Norm fällt die Frage, ob der Pfleger wegen Pflichtverletzun-

gen zu entlassen ist. Dabei geht es nicht um das Ende der Pflegschaft, sondern um die Person des Pflegers. Einschlägig sind §§ 1915, 1886.
II. **Voraussetzung** für die Aufhebung der Pflegschaft ist nur, dass der **Grund** für ihre Anordnung **weggefallen** ist. 2
Mit dem Wirksamwerden des Beschlusses durch Zustellung an den Pfleger (§ 40 I FamFG) **endet die Pflegschaft.** Das gilt unabhängig davon, ob der Anordnungsgrund tatsächlich weggefallen ist. Stellt sich später die Unrichtigkeit des Aufhebungsbeschlusses heraus, müssen die Pflegschaft neu angeordnet und der Pfleger neu bestellt werden. 3
III. **Verfahren.** Der Pfleger ist beschwerdebefugt, wenn die Aufhebung der Pflegschaft verweigert wird; denn dann ist er in seiner persönlichen Rechtsstellung betroffen, weil er weiter mit der Pflegschaft belastet bleibt (§ 59 I FamFG). Gegen die Aufhebung beschwerdeberechtigt sind ebenfalls die in ihrer Rechtsposition Beeinträchtigten (vgl § 59 I FamFG). Der Pfleger ist nicht beschwerdebefugt, weil ihm kein subjektives Recht auf den Fortbestand der Pflegschaft zusteht und sein Interesse am Fortbestehen der Pflegschaft nur ein tatsächliches ist (BGH LM § 1919 Nr 1). 4

§ 1920 (weggefallen)

§ 1921 Aufhebung der Abwesenheitspflegschaft

(1) Die Pflegschaft für einen Abwesenden ist aufzuheben, wenn der Abwesende an der Besorgung seiner Vermögensangelegenheiten nicht mehr verhindert ist.
(2) ¹Stirbt der Abwesende, so endigt die Pflegschaft erst mit der Aufhebung durch das Betreuungsgericht. ²Das Betreuungsgericht hat die Pflegschaft aufzuheben, wenn ihm der Tod des Abwesenden bekannt wird.
(3) Wird der Abwesende für tot erklärt oder wird seine Todeszeit nach den Vorschriften des Verschollenheitsgesetzes festgestellt, so endigt die Pflegschaft mit der Rechtskraft des Beschlusses über die Todeserklärung oder die Feststellung der Todeszeit.

Die Norm regelt das **Ende der Abwesenheitspflegschaft** für den Fall, dass der Abwesende nicht mehr an der Besorgung seiner Angelegenheiten verhindert ist oder dass endgültig feststeht, dass er seine Angelegenheiten nicht mehr selbst besorgen kann, weil er verstorben ist oder für tot erklärt wurde. Bei Wegfall des Pflegschaftsbedürfnisses und bei Tod endet die Pflegschaft nicht automatisch; sie muss erst aufgehoben werden. Bei Todeserklärung endet sie mit der Rechtskraft der Entscheidung darüber (nicht dem festgestellten Todeszeitpunkt). Handlungen des Pflegers, die nach dem festgestellten Zeitpunkt, aber vor der Rechtskraft des Feststellungsbeschlusses vorgenommen wurden, sind wirksam und binden die Erben des Abwesenden. Automatisch endet die Pflegschaft, wenn der Pfleger für eine einzelne Angelegenheit bestellt und diese erledigt ist (§ 1918 III). 1

Buch 5
Erbrecht

Vorbemerkung zu §§ 1922–2385

1 **I. Begriff, Gegenstand und Grundlagen des Erbrechts.** 1. Der **Begriff** des Erbrechts lässt sich sowohl in einer objektiven als auch in einer subjektiven Bedeutung verstehen. Objektiv beschreibt er den grds Regelungsgegenstand des Erbrechts. Dieser besteht darin, das Schicksal des Vermögens einer Person nach ihrem Tod zu klären. Was als Eigentum zu Lebzeiten einer Person geschützt ist, soll nach deren Tod nicht untergehen, sondern vielmehr durch Weitergabe an Rechtsnachfolger auch darüber hinaus erhalten werden können (BVerfG NJW 95, 2977). Der Schutz des Erbrechts neben dem Schutz des Privateigentums in Art 14 I GG (näher Rn 3) ist vor diesem Hintergrund nur eine Konsequenz des letzteren. Die Möglichkeit der Weitergabe von Vermögen nach dem Tod ist zugleich Anreiz zur Schaffung von Vermögen zu Lebzeiten und gestattet, zumindest in materieller Hinsicht, auch eine Fortsetzung der Fürsorge für nahe stehende Personen über den Tod hinaus. Als Ausdruck des Schutzes des Privatvermögens erstreckt sich das Erbrecht nicht auf öffentlich-rechtliche Vermögenspositionen wie Sozialversicherungsansprüche. Deren Schicksal ist daher auch hins des Todesfalls Regelungsgegenstand der einschlägigen öffentlich-rechtlichen Vorschriften. Da das Erbrecht ferner nur die vermögensrechtlichen Verhältnisse betrifft, erfasst es auch nicht höchstpersönliche Rechte des Erblassers, die mit seinem Tod untergehen (vgl aber zum postmortalen Persönlichkeitsschutz BVerfG NJW 71, 1645; BGHZ 50, 133 „Mephisto"). Letztlich setzt das Erbrecht den Tod einer natürlichen Person voraus. Bei juristischen Personen gibt es keinen Tod und damit auch keine Erbfolge, sondern allenfalls eine Abwicklung (vgl Rn 17).

2 In seiner **subjektiven** Bedeutung meint das Erbrecht die Rechtsposition des oder der im Todesfall zum Erben Berufenen bzw die Gesamtheit der sich mit dem Tod des Erblassers in seiner Person vereinigenden Befugnisse (BGHZ 1, 345; zu den im Einzelnen streitigen Definitionsversuchen ausf Dörner FS Ferid 88, S 57 ff). Dieses Recht entsteht erst mit dem Tod des Erblassers. Vorher ist es auch nicht als Anwartschaftsrecht existent (BVerfGE 67, 341), sondern nur als rechtlich nicht geschützte tatsächliche Erwerbsaussicht. Es kann allein Gegenstand eines Verzichts (§§ 2346, 2352) sein. Anders als beim Pflichtteilsrecht (§ 2303) ist eine gerichtliche Feststellung des subjektiven Erbrechts daher zu Lebzeiten des Erblassers nicht möglich (BGHZ 37, 145).

3 2. Das Erbrecht findet seine **verfassungsrechtliche Grundlage** in Art 14 I GG, der es in S 1 ebenso wie das Privateigentum „gewährleistet". Die ausdrückliche Nennung des Erbrechts neben dem Eigentum zeigt, dass die Verfassung gerade auch die vermögensrechtliche Nachfolge nach dem Tod schützen wollte. Die Gewährleistung erstreckt sich einmal auf das Erbrecht als Rechtsinstitut und des Weiteren auf das Erbrecht als Individualgrundrecht (BVerfGE 67, 340), das sowohl zugunsten des Erben als auch des Erblassers wirkt. Bei der Ausgestaltung von Inhalt und Schranken des Erbrechts (Art 14 I 2 GG) hat der Gesetzgeber insb den Verhältnismäßigkeitsgrundsatz (BVerfG NJW 95, 2977) und die Wesensgehaltsgarantie des Art 19 II GG zu beachten (BVerfG NJW 85, 1455). Dies führt im Zusammenhang mit einer Betrachtung der Grundprinzipien des Erbrechts zu einer Herausbildung konkreter Schutzgüter, die jedenfalls garantiert werden. Zu diesen gehören die **Privaterbfolge**, die **Testierfreiheit** und die **Familienerbfolge** (vgl außerdem Rn 21 ff). Das Prinzip der Privaterbfolge gehört zum unantastbaren Wesensgehalt der Erbrechtsgarantie (BVerfGE 67, 340; 91, 358). Ein generelles Erbrecht des Staates wäre also mit Art 14 I GG unvereinbar. Die Vorschrift des § 1936 ist hingegen unbedenklich, da sie nur subsidiär eingreift. Konsequenzen hat dies auch für die Bemessung der Erbschaftsteuer, durch die der Staat mittelbar auf die Erbschaft zugreift. Die Grenze des Zulässigen kann nach der Rspr nicht erst bei einer erdrosselnden Steuer (BVerfGE 63, 327), sondern auch schon darunter erreicht werden (grdlg BVerfGE 93, 165). Die in der letztgenannten Entscheidung des BVerfG niedergelegten Grundsätze, nach denen Familienangehörigen jedenfalls der deutlich überwiegende Teil

der Erbschaft steuerfrei zugute kommen muss und sonstige Erben nicht übermäßig belastet werden dürfen, machte eine grundlegende Reform des Erbschaftsteuerrechts erforderlich (BGBl I 1996, 2049; ausf hierzu MK/Leipold Einl Rn 218 ff). Ebenfalls zum Wesensgehalt des Art 14 I 1 GG gehört die Testierfreiheit (BVerfGE 67, 341). Einschränkungen insofern können sich aber insb aus der gleichfalls garantierten Familienerbfolge (offen in BVerfGE 67, 341, praktisch aber anerkannt durch BVerfGE 67, 174) ergeben, die einer Abschaffung des Pflichtteilsrechts nächster Angehöriger entgegenstünde (BGHZ 98, 233) und Grundlage der gesetzlichen Erbfolge ist. Eine Pflichtteilsentziehung unter bestimmten Voraussetzungen ist allerdings iR von Art 14 I 2 GG möglich (BGH NJW 89, 2055). Das subjektive Erbrecht, auch soweit es um nächste Angehörige geht, hat aber grds keinerlei Auswirkungen auf die Freiheit des Erblassers, über sein Vermögen unter Lebenden zu verfügen. Die grundrechtliche Garantie beginnt erst mit dem Tod. Anderweitige Regelungen sind grds zurückhaltend zu beurteilen. Der gegenwärtige Schutz (vgl insb §§ 2325–2331) ist jedenfalls genügend (BVerfGE 67, 342).

3. Rechtsgeschichtliche Entwicklung. a) Das Erbrecht des BGB fußt im Wesentlichen 4 auf dem gemeinen **römischen Recht**, wie es im Deutschland des 19. Jahrhunderts gegolten hat. Folglich finden sich die Grundlagen der heutigen Erbrechtsordnung bereits in der Antike. Universalsukzession, Testierfreiheit und Verwandtenerbrecht waren der römischen Jurisprudenz ebenso bekannt wie einzelne Institute, etwa das Pflichtteilsrecht oder die Ausgleichspflicht unter Miterben.

b) Im **Mittelalter** wurden einerseits die Regelungen des römischen Rechts übernommen, 5 andererseits die Möglichkeiten der Ausgestaltung letztwilliger Verfügungen erweitert, namentlich um Erbverträge und gemeinsame Testamente. Zudem befand sich das Erbrecht unter zunehmendem Einfluss des kanonischen Rechts, zumal die Kirche lange Zeit die Rspr in Testamentssachen für sich in Anspruch nahm.

c) Die Leistung des BGB-Gesetzgebers bestand nach alledem va in der **Vereinheitli-** 6 **chung** der bestehenden Partikularrechte; Reformbestrebungen wurden nicht verfolgt (Mot V 382).

d) Auch nach Inkrafttreten des BGB ist es zu einer grundlegenden Reform des Erb- 7 rechts nicht gekommen, obgleich eine solche während der Diktatur der Nationalsozialisten in Rede stand (vgl Die Denkschriften des Erbrechtsausschusses der Akademie für Deutsches Recht zwischen 1937–1942). Die **jüngere Entwicklung** brachte Änderungen des Erbrechts daher vornehmlich aufgrund veränderter Rahmenbedingungen in anderen Rechtsgebieten, namentlich dem Familienrecht. So führte zB das GleichberechtigungsG v 18.6. 57 (BGBl I 609) zu einer Anpassung des § 1371. Das Gesetz über die rechtliche Gleichstellung der nichtehelichen Kinder v 19.8.69 (BGBl I 1243), das auf BVerfGE 25, 167 zurückgeht, gliederte nichteheliche Kinder grds in die gesetzliche Erbfolge ein und schuf den (mittlerweile zugunsten einer teilweisen Gleichbehandlung wieder entfallenen, s sogleich Rn. 10) Erbersatzanspruch der §§ 1934 a ff. Das Gesetz zur Beendigung der Diskriminierung gleichgeschlechtlicher Gemeinschaften: Lebenspartnerschaften v 16.2.01 (Lebenspartnerschaftsgesetz, BGBl I 266) führte zu einer Änderung der §§ 1936 I 1, 1938, 2279 II, 2280, 2292 und somit zu einer Gleichstellung zwischen Ehegatten und den eingetragenen Lebenspartnern. Treibende Kraft der Fortentwicklung des Erbrechts waren damit Wissenschaft und Rspr, vor allem die des BVerfG (vgl Johannsen WM 77, 302, mit Hinweisen auf die Dokumentation der älteren Rspr desselben Autors). So machte ferner die Entscheidung des BVerfG in Band 93, 165 eine umfangreiche Reform des Erbschaftsteuerrechts erforderlich (Art 2 des JahressteuerG 97 v 20.12.96, BGBl I 2049). Durch das Erbrechtsgleichstellungsgesetz v 16.12.97 (BGBl I 2968) wurde die durch das NichtehelichenG geschaffene unterschiedliche erbrechtliche Behandlung ehelicher und nichtehelicher (Erbersatzanspruch) Kinder beendet, was insb zur Aufhebung der §§ 1934 a–e, 2338 a führte. Die Insolvenzordnung v 5.10.94 (BGBl I 2866), die zum 1.1.99 in Kraft getreten ist, brachte Änderungen beim Nachlassinsolvenzverfahren (§§ 315 ff InsO) und redaktionelle Anpassungen va der §§ 1975 ff mit sich. Zu Reformempfehlungen für die Zukunft vgl Lange/Kuchinke ErbR § 2 V.

8 e) Durch das Gesetz zur Beendigung der Diskriminierung gleichgeschlechtlicher Gemeinschaften (Lebenspartnerschaftsgesetz, BGBl 2001 I 266), wird auch die erbrechtliche Stellung gleichgeschlechtlicher Lebenspartner verbessert. Soweit es sich um eine eingetragene Lebenspartnerschaft handelt, wird dem Lebenspartner ein gesetzliches Erbrecht (§ 10 I LPartG) sowie ein Pflichtteil (§ 10 VI LPartG) eingeräumt. In neuerer Zeit wurde zudem die im Vergleich zur Ehe strengere Besteuerung von eingetragenen Lebenspartnern durch das ErbStG mit BVerfGE 126, 400 als mit Art 3 I GG unvereinbar erklärt und der Gesetzgeber in die Pflicht genommen. Dieser hatte zum 1.1.11 im ErbStG eine entspr Gleichstellung vorgenommen (vgl nur §§ 15 I, 16 I).

9 f) Weitere Änderungen ergeben sich aufgrund des **Personenstandsrechtsreformgesetzes vom 19.2.07** (BGBl 2007 I 122, Gesetzesbegründung: BT-Drucks 16/1831 und 16/3309) und des **Gesetzes zur Reform des Verfahrens in Familiensachen und in den Angelegenheiten der freiwilligen Gerichtsbarkeit** (BGBl 2008 I 2586, Gesetzesbegründung: BT-Drucks 16/6308 und 16/9733). Letzteres führt insb im Rahmen des BGB zu einer Verschiebung verfahrensrechtlicher Vorschriften in das FamFG.

10 g) Punktuelle Änderungen des materiellen Rechts haben sich aufgrund des Gesetzes zur Änderung des Erb- und Verjährungsrechts ergeben (Gesetzesbegründung: BT-Drucks 16/8954 und 16/13543), das zum 1.1.10 in Kraft getreten ist. Unter Berücksichtigung der Entscheidung der BVerfG vom 19.4.05 (BVerfGE 112, 332 ff) werden durch die Reform das Selbstbestimmungsrecht und somit die Testierfreiheit des Erblassers erweitert, die Rechte der Erben ggü den Pflichtteilsberechtigten gestärkt und familiensolidarische Leistungen stärker honoriert und ausgeglichen. Darüber hinaus ist es Ziel der Reform, das Gesetz zu vereinfachen und zu modernisieren und die bisherige familien- und erbrechtliche Sonderverjährung (vgl Rn 32) soweit wie möglich an die 3-jährige Regelverjährung anzupassen (vgl hierzu auch Langenfeld NJW 09, 3121). Wesentlich weitergehende Änderungsvorschläge zum Pflichtteilsrecht, zB eine Herabsetzung der Pflichtteilsquote, hat der Gesetzgeber hingegen nicht aufgegriffen (vgl Leipold § 3 Rn 85 a).

10a Am 16.4.11 ist zudem das Zweite Gesetz zur erbrechtlichen Gleichstellung nichtehelicher Kinder in Kraft getreten (BR-Drucks 104/11, RegE BT-Drucks 17/3305, BR-Drucks 104/11(B), BGBl I 615). Das Gesetz sieht vor, dass alle vor dem 1.7.1949 geborenen nichtehelichen Kinder rückwirkend für alle Erbfälle ab dem 29.5.09 gesetzliche Erben des Vaters werden (dazu zB OLG München ZErb 13, 60). Trotz der grds vorgesehenen erbrechtlichen Gleichstellung von ehelichen und nichtehelichen Kindern bestand zuvor eine gesetzliche Sonderregelung für nichteheliche Kinder, die vor dem 1.7.1949 geboren wurden. Diese Ungleichbehandlung hatte der EGMR am 28.5.09 gerügt, da sie im Widerspruch zur Europäischen Menschenrechtskonvention steht (Art. 14 iVm 8). Für Erbfälle vor dem 29.5.09 ist es hingegen bei der alten Regelung geblieben, wenn nicht der Fiskus gem § 1936 erbt (Art. 12 § 10 II NEhelG). Sowohl der BGH (NJW 12, 231) als auch daraufhin das BVerfG (NJW 13, 2103) haben diese Stichtagsregelung mit Rücksicht auf den Vertrauensschutz für die vor dem Urt des EGMR eingetretenen Erbfälle gebilligt.

11 4. Bei **rechtsvergleichender Betrachtung** steht das Erbrecht des BGB wegen seiner römisch-rechtlichen Grundlagen weitgehend in einer gemeinsamen Tradition mit den übrigen kontinentaleuropäischen Rechtsordnungen (ausf Ebenroth ErbR Rn 70 ff).

12 a) Die **deutlichsten Parallelen** bestehen zum **griechischen ZGB**, dessen Aufbau, Systematik und Terminologie sich deutlich an das BGB anlehnt (Regelung ebenfalls im Fünften Buch in Art 1710–2035 ZGB). Ähnliches gilt für das schweizerische Recht (vgl Art 457–460 ZGB).

13 b) Die gemeinsame Wurzel zeigt sich auch im Verhältnis zum zivilen Erbrecht **Frankreichs und Italiens** (vgl die jeweiligen Kernregelungen in Art 718–1100 Code civil bzw Art 458–768 Codice Civile). Allerdings bestehen wesentliche Unterschiede in der Ausgestaltung einzelner Rechtsinstitute, etwa der gesetzlichen Erbfolge oder des Pflichtteilsrechts.

14 c) Die Erbrechtsordnungen **Englands und Irlands** hingegen weichen gänzlich von den genannten Strukturen ab. Sie sind dem anglo-amerikanischen Rechtskreis zugehörig und basieren daher nicht auf der römischen Rechtsordnung. Gewisse Gemeinsamkeiten bestehen jedoch auch hier, etwa im Hinblick auf den Grundsatz der Testierfreiheit und die Familienerbfolge.

II. Grundbegriffe und Grundprinzipien des Erbrechts des BGB. 1. Das materielle Erbrecht ist im Wesentlichen im **Fünften Buch** des BGB (§§ 1922–2385) geregelt. Teilweise finden sich aufgrund des Sachzusammenhangs allerdings auch erbrechtliche Vorschriften an anderer Stelle im Gesetz. Zu nennen sind hier zB §§ 857, 1371 oder auch § 563. Eine Vielzahl von Einzelvorschriften ist auch außerhalb des BGB (zB im VerschollenheitsG) normiert. Des Weiteren sind außerhalb des Erbrechts stehende Vorschriften zu berücksichtigen, die ebenfalls bestimmte Rechtsfolgen des Todes eines Menschen regeln, so im Sozialrecht die Regelung der Sozialversicherungsansprüche (§§ 56 ff SGB I) oder im Beamtenrecht die Regelung der Versorgungsansprüche (§§ 16 ff BeamtVG). Von Bedeutung sind ferner das Bestattungsrecht (MK/Küpper § 1968 Rn 4 f) und das gesetzlich nicht geregelte Recht der **Totenfürsorge**. Nach in der Rspr gefestigtem Gewohnheitsrecht ist für Entscheidungen über Art und Ort der Bestattung, über eine Umbettung oder Exhumierung oder Ähnliches vorrangig derjenige befugt, den der Erblasser bestimmt hat (BGH FamRZ 1992, 834; NJW 12, 1648; NJW 12, 1651). Fehlt es an einem, auch aus den Umständen feststellbaren Erblasserwillen, obliegt die Totenfürsorge den nächsten Angehörigen, vorrangig dem Ehegatten, die den in irgendeiner Form geäußerten oder mutmaßlichen Willen des Verstorbenen zu beachten haben (RGZ 100, 171; BGH FamRZ 78, 15; KG FamRZ 69, 414). Kannte der Erblasser einen nahen Angehörigen nicht, kann dieser nicht zur Totenfürsorge berufen sein (BGH NJW 12, 1651; zu Ansprüchen auf Erstattung der Beerdigungskosten aus GoA vgl § 1968). Die bisher unklaren (hierzu noch MK/Leipold Einl Rn 7) Fragen im Zusammenhang mit der **Transplantation** von Organen Verstorbener sind mittlerweile durch das TransplantationsG v 5.11.97 (BGBl I 2631) geregelt (hierzu Deutsch NJW 98, 777; Taupitz NJW 03, 1145).

2. Aus der Terminologie des Gesetzes lassen sich die folgenden **Grundbegriffe** herausgreifen (vgl insb § 1922), die für das Verständnis des gesamten Erbrechts elementar sind.

a) Der Tod einer Person wird aus der Sicht des Erbrechts als **Erbfall** bezeichnet (§ 1922 I). Die verstorbene Person ist der **Erblasser**, dessen Vermögen mit dem Tod auf einen oder mehrere Erben übergeht. Es kann sich dabei nur um eine natürliche Person handeln, da ein „Tod" juristischer Personen schon begrifflich nicht denkbar ist. Einschlägig ist in letzterem Fall stattdessen die entspr Liquidationsvorschriften (vgl §§ 60 ff GmbHG, 264 ff AktG; auch Rn 1).

b) Gegenstand des Rechtsüberganges ist die **Erbschaft** bzw der Nachlass, also das hinterlassene Vermögen einschließlich aller Aktiva und Passiva (vgl § 1967; BGHZ 32, 369), denn das Vermögen geht „als Ganzes" (§ 1922 I) im Wege der Universalsukzession auf den oder die Erben über.

c) Erbe ist die Person, auf die der Nachlass im Erbfall übergeht (§ 1922 I). Je nachdem, ob eine oder mehrere Personen Gesamtrechtsnachfolger des Erblassers werden, kann man darüber hinaus zwischen Allein- und Miterbschaft unterscheiden. Voraussetzung dafür, Erbe werden zu können, ist die Erbfähigkeit (§ 1923). Je nach Berufungsgrund wird zwischen gesetzlichen Erben (§§ 1924 ff) und testamentarischen Erben, die durch eine letztwillige Verfügung des Erblassers berufen sind (§ 1937), unterschieden.

d) Von den Erben streng zu unterscheiden sind Personen, die infolge des Erbfalles keine dingliche Berechtigung am Nachlass, sondern lediglich **schuldrechtliche Ansprüche** gegen die Erben erwerben. Zu nennen sind diesbezüglich va Vermächtnisnehmer (§§ 2147 ff) und Pflichtteilsberechtigte (§§ 2303 ff).

3. Vorrangiges Ziel der Regelungen des BGB ist es, den Vermögensübergang klar, überschaubar und im Interesse eines umfassenden Verkehrsschutzes auszugestalten (Palandt/Weidlich Einl v § 1922 Rn 3). Aus dieser Zielsetzung und aus den verfassungsrechtlichen Vorgaben (Rn 3) ergeben sich für das deutsche Erbrecht zugrunde liegenden und dieses kennzeichnenden **wesentlichen Prinzipien**. Zu diesen gehören die übergreifenden auch verfassungsrechtlichen Grundentscheidungen für die Privaterbfolge, die Testierfreiheit und das Familienerbrecht. Im Rahmen der konkreten Ausgestaltung dieser Prinzipien sind weitere charakteristische Leitgedanken zum Ausdruck gekommen, zu denen der Grundsatz der Universalsukzession (Gesamtrechtsnachfolge), sowie der Formzwang, der Typenzwang und der Zwang zur Höchstpersönlichkeit bei der Errichtung letztwilliger Verfügungen gehören.

22 a) Die **Privaterbfolge** sichert das Privateigentum auch über den Tod des Erblassers hinaus, indem das Vermögen von privater Hand in private Hand übergeht, ohne dass der Staat einen erbrechtlichen Anteil an der Erbschaft erhält. Ein staatliches Erbrecht existiert daher nur in den engen Grenzen des § 1936, und auch dort nur subsidiär, um bei Fehlen eines privaten Erben die Herrenlosigkeit des Nachlasses zu vermeiden. In gewissem Umfang findet dennoch eine Partizipation des Staates am Nachlass statt, nämlich in Form der Erbschaftsteuer, die die Privaterbfolge zwar nicht rechtlich, wohl aber wirtschaftlich beeinträchtigt. Das Ausmaß dieses mittelbaren Zugriffs war und ist daher Anlass verfassungsrechtlicher Diskussion (vgl insb BVerfGE 93, 165 und ausf Rn 3).

23 b) Eng damit verbunden ist der Grundsatz des **Familienerbrechts**. Dieser findet seinen gesetzlichen Ausdruck va in den §§ 1924 ff, 1371, wonach mangels anderweitiger letztwilliger Verfügung des Erblassers seine Familie (Verwandte und Ehegatte) zur Erbfolge berufen ist, und im Pflichtteilsrecht (§§ 2303 ff). Letzteres sichert den Genannten auch im Falle einer Enterbung durch den Erblasser eine Mindestbeteiligung am Nachlass und stellt somit auch eine immanente mittelbare Einschränkung der Testierfreiheit dar. Die gesetzliche Erbfolge der §§ 1924 ff folgt dem Prinzip der Ordnungen, das einer Bevorzugung der jüngeren Generation dient. Auch die Familienerbfolge genießt verfassungsrechtlichen Schutz nach Art 14 I iVm Art 6 I GG (ebenso Jauernig/Stürner vor § 1922 Rn 1; offengelassen in BVerfGE 67, 340 vgl nun aber 93, 165; ausf o Rn 3). Den Reformbefugnissen des Gesetzgebers sind folglich Grenzen gesetzt. So würde etwa eine ersatzlose Streichung des Pflichtteilsrechts nächster Verwandter die verfassungsrechtlichen Grenzen überschreiten (in diese Richtung auch BGHZ 98, 233).

24 c) Der Grundsatz der **Testierfreiheit** bringt die privatautonome Gestaltungsmacht des Erblassers zum Ausdruck, also das Recht, überhaupt letztwillige Verfügungen zu treffen und damit das Schicksal seines Vermögens nach seinem Tod zu bestimmen, sowie diese Verfügungen frei von der Einflussnahme Dritter zu treffen und auszugestalten. Er kann insb beliebige Personen, die nicht zu den gesetzlichen Erben zählen müssen, zu Erben einsetzen. Auch bei der **Auslegung** letztwilliger Verfügungen ist die Testierfreiheit zu berücksichtigen. Zu ermitteln ist also stets der wirkliche oder mutmaßliche Erblasserwille. Die Testierfreiheit ist wesentlicher Teil des durch Art 14 I GG gewährten Schutzes (Rn 3). Sie bringt zum Ausdruck, dass die freie Verfügungsmacht über das Eigentum zu Lebzeiten auch über den Tod hinaus reicht. Die gewillkürte Erbfolge (§§ 1937–1941, 2064–2302) geht der gesetzlichen (§§ 1924 ff) vor. Eine vertragliche Einschränkung der Testierfreiheit oder eine irgendwie geartete Bindung des Erblassers ist nach § 2302 unwirksam und eine Ausübung der Testierfreiheit steht dem Erblasser nur **höchstpersönlich** zu (§§ 2064, 2274). Eine beschränkte Bindungswirkung besteht nur bei wechselbezüglichen Verfügungen (§ 2271 II 1) und bei vertragsmäßigen Verfügungen iR eines Erbvertrags (§ 2289 I 2). Allerdings findet die Testierfreiheit vor dem Hintergrund des Familienerbrechts (Rn 23) eine Grenze im **Pflichtteilsrecht**; eine Pflichtteilsentziehung ist dem Erblasser nur ausnahmsweise beim Vorliegen besonders schwerwiegender Gründe erlaubt (§ 2333 ff). Allgemeinen gesetzlichen Verboten (§ 134) und dem Verbot sittenwidriger Geschäfte (§ 138) unterliegt freilich der Erblasser auch bei seinen letztwilligen Verfügungen. In Teilbereichen sind speziell erbrechtliche gesetzliche Verbote zu beachten, namentlich das Verbot der Bedenkung von Heimpersonal oder Heimträgern nach § 14 HeimG (vgl BGH NJW 12, 155; OLG Celle Urt v 5.1.12 – 6 U 90/11; OLG München NJW 06, 2642; zur Verfassungsmäßigkeit BVerfG NJW 98, 2964). Auch hins der Rahmenbedingungen der Errichtung des letzten Willens ist der Erblasser im Interesse der Rechtssicherheit nicht gänzlich frei. So unterliegt er dem **Typenzwang** letztwilliger Verfügungen (§§ 1937 ff) und den strengen **Formerfordernissen** des Erbrechts (§§ 2231, 2247, 2267, 2276).

d) Prägend für die gesamte gesetzliche Ausgestaltung des Erbrechts im BGB ist letztlich 25
der Grundsatz der **Universalsukzession** bzw Gesamtrechtsnachfolge. Im Ggs zur Singularsukzession findet die Rechtsnachfolge nicht hins einzelner Gegenstände und Rechte statt, sondern unmittelbar mit dem Tode des Erblassers geht dessen gesamtes Vermögen als Ganzes auf den oder die Erben über (§ 1922 I). Es bedarf hierzu keiner Willenserklärung des Erben. Die Rechtsnachfolge vollzieht sich vielmehr im Wege des Anfalls- oder Vonselbsterwerbs (ausf § 1942 Rn 1 ff). Das Vermögen des Erblassers geht dabei mit allen Aktiva und Passiva auf den Erben über, so dass dieser auch für evtl Verbindlichkeiten haftet (§ 1967 I). Diese zunächst unbeschränkte persönliche Haftung kann der Erbe aber unter bestimmten Voraussetzungen auf den Nachlass beschränken (näher bei §§ 1975 ff).

4. Abzugrenzen von den Verfügungen von Todes wegen sind Rechtsgeschäfte unter Le- 26
benden, insb die **lebzeitigen Geschäfte auf den Todesfall** (vgl ausf § 2301 Rn 3 ff), wie va der Vertrag zugunsten Dritter auf den Todesfall, die Schenkung auf den Todesfall (§ 2301) oder die Vollmacht über den Tod hinaus. Schon das Vorhandensein der Sondervorschrift des § 2301 zeigt, dass diese Geschäfte nicht grds den erbrechtlichen Bestimmungen unterworfen werden dürfen, sondern als eine Möglichkeit der Verfügung unter Lebenden außerhalb des Erbrechts stehen. Die Schwierigkeit besteht vielmehr darin, den Anwendungsbereich des § 2301, der bestimmte Verfügungen unter Lebenden (auf den Todesfall) ausnahmsweise den erbrechtlichen Vorschriften unterstellt, präzise abzugrenzen (näher hierzu § 2301 Rn 1 ff).

III. Erbrechtliche Sonderregelungen. Sonderregelungen für den landwirtschaftlichen Be- 27
reich, die das Erbrecht des BGB zum Teil erheblich modifizieren, enthält das **Höfe- bzw Anerbenrecht**, das in unterschiedlichen bundes- und landesgesetzlichen Regelungen normiert ist (Übbl über die Regelungen bei MK/Leipold Einl Rn 141 ff). Vorrangiges Ziel dieser Regelungen ist es, den landwirtschaftlichen Hof als Einheit zu erhalten und vor der Zersplitterung infolge des Erbfalls zu bewahren. Dies geschieht dadurch, dass der Hof grds an nur einen Erben, den Hof- bzw Anerben, fällt.

IV. Internationales Erbrecht. Das anwendbare Erbrecht wird de lege lata primär durch 28
die **Staatsangehörigkeit** des Erblassers zum Zeitpunkt seines Todes bestimmt (Art 25 I EGBGB). Ausn von diesem Staatsangehörigkeitsprinzip sehen Art 25 II EGBGB (eingeschränkte Möglichkeit der Rechtswahl im Testament) sowie die allg Bestimmungen über im Ausland belegene Gegenstände, die dort besonderen Vorschriften unterliegen (Art 3 a II EGBGB), vor. Rück- und Weiterverweisungen (Art 4 I EGBGB) sind bei Anwendbarkeit eines ausländischen Erbrechts zu beachten. Alles kann zu einer ausnahmsweisen Nachlassspaltung, also der Anwendbarkeit verschiedener Rechte auf einen Erbfall, führen. Die Formgültigkeit von Verfügungen von Todes wegen ist in Art 26 EGBGB für internationale Erbfälle gesondert geregelt. Von der Anwendbarkeit eines ausländischen Erbrechts kann bei Verstoß gegen den ordre public gem Art 6 EGBGB abzusehen sein. Für die wesentliche erbrechtliche Schlechterstellung von Frauen oder nichtehelichen Kindern sollte dies bejaht werden (zweifelnd Jauernig/Stürner Vor § 1922 Rn 3).

In Zukunft wird jedoch die am 16.8.12 in Kraft getretene **Europäische Erbrechts-VO** 28a
Nr 650/2012 zu beachten sein. Zwar gilt der Großteil ihrer Vorschriften erst ab dem 17.8.15 und auch nur für Erbfälle ab diesem Zeitpunkt (Art 84, 83 I). Allerdings bestehen in Art 83 II–IV Übergangsbestimmungen für vor diesem Stichtag getroffene Rechtswahlen sowie Verfügungen von Todes wegen, welche es für deren Wirksamkeit unter der EU-ErbVO bereits jetzt zu berücksichtigen gilt und die unter Umständen zu Anpassungen bereits getroffener Geschäfte zwingen. Die VO trifft Regelungen zur internationalen Zuständigkeit, zum anwendbaren Recht zur Vollstreckung ausländischer Entscheidungen und zum europäischen Nachlasszeugnis, welches mit dem Erbschein (vgl §§ 2353 ff) vergleichbare Wirkungen entfaltet. Zu einem Paradigmenwechsel (Simon/Buschbaum NJW 12, 2393) für das deutsche Recht führt die Anknüpfung an den gewöhnlichen Aufenthalt (Art 21) (ausf Dörner ZEV 2012, 505).

V. Erbrecht und die ehemalige DDR. Seit dem 3.10.90 gilt das Erbrecht des BGB gem 29
Art 230 EGBGB im gesamten Bundesgebiet. Art 235 und 236 EGBGB enthalten aller-

dings **Übergangsvorschriften**, nach denen in bestimmten Altfällen das Erbrecht der ehemaligen DDR vorgeht, das va in den §§ 362–427 ZGB geregelt war. Nach Art 235 § 1 I EGBGB ist das BGB grds für alle Erbfälle ab dem 3.10.90 anzuwenden. Die Ausn nach Art 235 § 1 II EGBGB aF. für nichteheliche Kinder, wurde durch das ErbGleichG vom 12.4.11 aufgehoben, so dass in diesem Rahmen nunmehr eine vollständige Gleichstellung von ehelichen und nichtehelichen Kindern besteht. Für Erbfälle vor diesem Zeitpunkt gilt das ZGB, wenn der Erblasser seinen gewöhnlichen Aufenthalt in der ehemaligen DDR hatte. Auch wenn der Erblasser seinen gewöhnlichen Aufenthalt in der Bundesrepublik hatte, gilt für in der DDR belegene Grundstücke entspr Art 3 a II EGBGB das ZGB. Verfügungen von Todes wegen unterliegen Art 235 § 2 EGBGB. War die Verfügung von Todes wegen vor dem 3.10.90 errichtet, ist das ZGB auch dann maßgeblich, wenn der Erbfall danach eintritt. Entspr gilt für die Bindung beim gemeinschaftlichen Testament von Ehegatten. Insgesamt reduziert sich mit fortschreitender Zeit die Bedeutung des Erbrechts des ZGB (ausf zu den einzelnen Regelungen MK/Leipold Einl Rn 377 ff).

30 **VI. Rechtsnachfolge in öffentlich-rechtliche Rechte und Pflichten und Erbschaftsteuerrecht. 1.** Öffentlich-rechtliche Beziehungen werden von den erbrechtlichen Regelungen des BGB nicht erfasst (vgl Rn 1). Die Rechtsnachfolge in entspr Rechte und Pflichten ist daher primär nach spezifisch öffentlich-rechtlichen Regelungen oder Prinzipien zu bestimmen. Hier gelten im Sozialversicherungsrecht die §§ 56 ff SGB I oder im Beamtenversorgungsrecht die §§ 16 ff BeamtVG. Bei der Nachfolge in polizeirechtliche Pflichten wird differenziert, ob es sich um eine Verhaltens- oder Zustandshaftung handelt bzw ob der Verwaltungsakt einen dinglichen Charakter hat.

31 **2.** Die **Erbschaftsteuer** bestimmt sich nach dem durch Art 2 des Jahressteuergesetzes v 20.12.96 (BGBl I 2049) grdlg reformierten ErbschaftsteuerG. Die Reform beruht va auf der Entscheidung des BVerfG zu den Einheitswerten (BVerfGE 93, 165) und gilt rückwirkend zum 1.1.96.

32 **VII. Verjährung.** Die Ansprüche des fünften Buches des BGB („Erbrecht") unterliegen nach den Änderungen durch das Gesetz zur Änderung des Erb- und Verjährungsrechts (dazu Vor §§ 1922–2385 Rn 10) seit dem 1.1.10 der Regelverjährung nach §§ 195, 199. Lediglich für die Herausgabeansprüche nach den §§ 2018, 2130 und 2362 gilt nach § 197 I Nr 1 weiterhin die 30-jährige Sonderverjährung. Die Überleitungsvorschrift in Art 229 § 23 EGBGB enthält nähere Ausführungen zum anwendbaren Verjährungsrecht.

33 **VIII. Verfahren.** In verfahrensrechtlicher Hinsicht besteht häufig eine Zuständigkeit des **Nachlassgerichts**. So erfolgt die Erklärung der Ausschlagung sowie die Anfechtung von Annahme oder Ausschlagung ggü dem Nachlassgericht (§§ 1945, 1955). Es ist ua zuständig für die Nachlasssicherung (§ 1962), die Anordnung der Nachlassverwaltung (§ 1981), die Bestimmung einer Inventarfrist (§ 1994), die Entgegennahme von Anfechtungserklärungen (§ 2081) und das Erbscheinsverfahren. Das Nachlassgericht ist nach § 23 a II Nr 2 iVm § 23 a I GVG das Amtsgericht, dort nach § 38 LFGG BW den Notariaten zugewiesen. Das Verfahren vor dem Nachlassgericht ist im FamFG geregelt, sofern nicht besondere Bestimmungen eingreifen. In verfahrensrechtlicher Hinsicht sind des Weiteren Vorschriften der ZPO von Bedeutung, so zB die vollstreckungsrechtlichen Vorschriften der §§ 778 ff ZPO. Aufgrund der im Erbrecht häufig erforderlichen notariellen Beurkundung (§§ 2033, 2232, 2276, 2282 III, 2348, 2371) ist das BeurkG ebenfalls von großer praktischer Bedeutung.

Abschnitt 1
Erbfolge

Vorbemerkung zu §§ 1922–1941

1 **1.** Wie allg im BGB folgt auch das Fünfte Buch der Systematik, allg Regelungen quasi vor die Klammer, die besonderen Vorschriften, zu ziehen. Der erste Abschnitt enthält grundlegende Vorschriften hins des Vermögensübergangs vom Erblasser auf den Erben

(§ 1922), die Erbfähigkeit (§ 1923) und die verschiedenen Berufungsgründe (§§ 1924–1936 für die gesetzliche Erbfolge und §§ 1937–1941 für die gewillkürte Erbfolge).
2. Für die Rechtsanwendung von besonderer Bedeutung ist va die Ausgestaltung des gesetzlichen Erbrechts (§§ 1924 ff). Die Vorschriften über die Verfügungen von Todes wegen haben dag primär deklaratorischen Charakter, die materiell maßgeblichen Vorschriften finden sich va im Dritten und Vierten Abschnitt (§§ 2064 ff, Testament; §§ 2274 ff, Erbvertrag).

§ 1922 Gesamtrechtsnachfolge

(1) Mit dem Tode einer Person (Erbfall) geht deren Vermögen (Erbschaft) als Ganzes auf eine oder mehrere andere Personen (Erben) über.
(2) Auf den Anteil eines Miterben (Erbteil) finden die sich auf die Erbschaft beziehenden Vorschriften Anwendung.

I. 1. Die zwingende Vorschrift enthält zwei der grundlegenden Strukturprinzipien des deutschen Erbrechts, den Grundsatz der **Universalsukzession und das Anfallsprinzip** (Einf Rn 21 ff).
2. Maßgebliche Bedeutung kommt der Bestimmung zu, was als **Vermögen** Gegenstand der Gesamtrechtsnachfolge ist. Unabhängig davon, ob man sich eines allg oder spezifisch erbrechtlichen (vgl Soergel/Stein § 1922 Rn 13) Vermögensbegriffes bedient, bilden den Kern des Vermögens die geldwerten Güter des Erblassers (Kipp-Coing ErbR § 91 III 1). Dies gilt auch im Erbrecht, wenngleich auch nicht vermögenswerte Rechte vererbt werden können bzw bestimmte Vermögenspositionen im Falle des Versterbens erlöschen (zB Nießbrauch § 1061 S 1). Zum Vermögen zählt damit die Gesamtheit aller, auch bedingten, befristeten und zukünftigen vermögensrechtlichen Beziehungen des Erblassers (BGHZ 32, 369). Streitig ist, ob dieser Definition auch die Passiva, also Schulden und Verbindlichkeiten des Erblassers, unterfallen (so die hM, BGHZ 32, 369; Jauernig/Stürner § 1922 Rn 3 mwN), oder ob der Übergang diesbezüglich erst durch § 1967 angeordnet wird (Kipp-Coing ErbR § 91 II 2). Im Ergebnis jedenfalls findet der Übergang auf den Erben auch hins der Passiva statt; eine auf die Aktiva beschränkte Teilannahme ist nicht möglich, § 1950.
II. 1. Mit dem Erbfall treten die **Erben** im Wege des Vonselbsterwerbs in die vermögensrechtliche Position des Erblassers ein (zu den Begriffen Erbfall, Erblasser, Erbe und Vonselbsterwerb vgl Einl Rn 16 ff).
2. Gegenstand des Übergangs ist das Vermögen (s Rn 2) des Erblassers, die **Erbschaft** bzw der **Nachlass**. Im Einzelnen ist hier indes zu differenzieren, da es auch unvererbliche Rechte und Pflichten gibt, bei denen eine Rechtsnachfolge von Todes wegen ausgeschlossen ist und die zum Teil mit dem Tod des Erblassers erlöschen.
a) Nicht vererblich ist der **Leichnam** des Erblassers. Für die rechtliche Zulässigkeit von Obduktionen und Organentnahmen kommt es auf den Willen des Verstorbenen an; erst wenn ein solcher nicht feststellbar ist, ist nachrangig der Wille der Familienangehörigen zu berücksichtigen (vgl § 2 FeuerbestattungsG).
b) Umstritten ist die erbrechtliche Behandlung von **künstlichen Körperteilen**, die mit dem Körper fest verbunden sind, etwa eines Herzschrittmachers, eines künstlichen Gelenkes uÄ (vgl auch LG Mainz MedR 84, 199 mwN). Zutreffend ist es insofern, zu Lebzeiten des Erblassers von einer Zugehörigkeit zum Körper auszugehen, der der Vorrang vor der Sachqualität der Teile zukommt. Im Todesfall entsteht ein Aneignungsrecht seitens der Erben, das aus Gründen der Pietät an die Zustimmung der nächsten Angehörigen gebunden ist (LG Mainz aaO).
c) Das **Persönlichkeitsrecht** des Erblassers ist höchstpersönlich und damit nicht vererblich. Allerdings erkennen Rspr und Schrifttum mittlerweile nahezu einhellig einen zivilrechtlichen postmortalen Persönlichkeitsschutz über § 823 I an, mittels dessen der Erblasser vor Verunglimpfungen seinem Tod geschützt werden soll (s hierzu ausf § 823; grdlg BGHZ 50, 136; BVerfGE 30, 194 „Mephisto"; krit Westermann FamRZ 69, 561; BGH ZEV 07, 131). Die **Schutzdauer** der vermögenswerten Bestandteile des

postmortalen Persönlichkeitsrechts ist nach der Rspr in entspr Anwendung des § 22 S 3 KUG auf 10 Jahre begrenzt (BGH ZEV 07, 131). Probleme bereitet zudem die Frage, wer das Persönlichkeitsrecht des Verstorbenen wahrnehmen soll, soweit jener keine entspr Anordnung getroffen hat (falls eine Anordnung getroffen wurde, ist dieser Wille auch ohne Niederlegung in einer letztw Verf vorrangig, BGHZ 15, 249, 259). Vertretbar ist es, in der Einsetzung des oder der Erben auch die Übertragung der Wahrnehmungskompetenzen zu sehen (Soergel/Stein § 1922 Rn 24). Allerdings ist zu bedenken, dass oft auch die Rechte noch lebender Familienangehöriger betroffen sind. Bedenkt man zudem, dass die Wahrung der Ehre des Toten traditionell der Familie des Verstorbenen obliegt, ist es überzeugender, in einer Parallele zur Totenfürsorge kraft Gewohnheitsrechts unabhängig von der Erbeinsetzung eine Priorität zugunsten der Familie anzunehmen.

8 d) Mit der dogmatischen Herleitung der soeben beschriebenen Ansprüche ist zudem die Frage eng verbunden, ob postmortale Verletzungen **Entschädigungsansprüche** wegen immaterieller Schäden auslösen. Dies lässt sich nur bejahen, wenn man als verletztes Rechtsgut nicht das Persönlichkeitsrecht des Toten, sondern das Recht der Angehörigen ansieht, ihre emotionale Beziehung zu dem Verstorbenen nicht beeinträchtigt zu sehen. Denn dann sind die Angehörigen auch Anspruchsinhaber, Sühne- und Genugtuungsfunktion des Schmerzensgeldes können noch erreicht werden. Auf der Basis der hM, die den Verstorbenen zutreffend als Verletzten ansieht, scheidet ein Entschädigungsanspruch dag regelmäßig aus, da der Zweck des Ersatzes immateriellen Schadens regelmäßig nicht mehr erreicht werden kann (BGH NJW 74, 1371; Brox ErbR Rn 16).

9 e) Uneingeschränkt vererblich sind **Schadensersatzansprüche**. Dies gilt seit Aufhebung des § 847 I 2 aF im Jahre 1990 mittlerweile auch für Schmerzensgeldansprüche (vgl § 253 II). Zuvor war der Anspruch unübertragbar und unvererblich, soweit er nicht schon vor dem Todesfall rechtshängig geworden war oder durch den Schädiger anerkannt wurde. Diese Regelung entsprach zwar der generellen Zurückhaltung des Gesetzgebers bzgl des Ersatzes von Drittschäden, führte aber in der Praxis oft zu einem „Wettlauf mit dem Tode" und war daher erheblicher Kritik ausgesetzt, die letztlich zu einer Korrektur durch den Gesetzgeber führte. Gleiches gilt für die Novellierung der § 53 LuftVG, §§ 29 AtomG, 34 BGSG (zur alten Rechtslage ausf 8. Aufl Erm/Schiemann § 823 Rn 17).

10 f) Keine Ansprüche des Verstorbenen, sondern **eigene Ansprüche der Hinterbliebenen** beinhalten dag die §§ 844, 845. Damit sind sie zwar Rechtsfolge des Todes, jedoch kein Bestandteil des Nachlasses.

11 g) **Familienrechtliche Rechtsbeziehungen**, etwa die sich aus einer Ehe ergebenden Rechte und Pflichten, sind regelmäßig höchstpersönlicher Art und daher nicht vererblich. Etwas anderes gilt nur, wenn der vermögensrechtliche Charakter der fraglichen Position überwiegt: Vererblich ist etwa eine schon zu Lebzeiten begründete Zugewinnausgleichsforderung (§ 1378). Letzteres gilt auch für Rechtsbeziehungen erbrechtlicher Art, die zu Lebzeiten begründet wurden. War der Erblasser seinerseits Erbe, Vermächtnisnehmer oÄ, gehen die dementsprRechte auf den Erben über (ausf Diederichsen NJW 77, 360 f).

12 h) Für **Schuldverhältnisse** gilt ebenso wie für **dingliche Rechte** und **Anwartschaften** der Grundsatz der Vererblichkeit. Ausn gelten auch hier nur hins höchstpersönlicher Rechte und Pflichten. Unvererblich sind etwa dingliche Rechte, die ausschließlich der Sicherung des persönlichen Unterhalts des Erblassers dienen (zB Reallasten für Leibrenten §§ 759, 1105). Gleiches gilt für Rechte und Pflichten aus Schuldverhältnissen, die zwingend an die Person des Verstorbenen gebunden sind, zB bei Arbeits-, Geschäftsbesorgungs- und Dienstleistungspflichten (§§ 613, 673). Zu beachten sind ferner die Besonderheiten, die sich hins der Verträge zugunsten Dritter auf den Todesfall, namentlich hins bestehender Lebensversicherungsverträge mit Bezugsberechtigung, ergeben. Die Forderungsrechte entstehen hier unmittelbar in der Person des Begünstigten und fallen damit nicht in den Nachlass (BGHZ 32, 47, vgl zudem unten § 2301).

3. Im Schnittfeld zwischen **Erbrecht und Gesellschaftsrecht** liegt die Rechtsnachfolge **13** von Todes wegen beim Tod eines Gesellschafters. Ob sich Mitgliedschaftsrechte als vererblich erweisen, bemisst sich maßgeblich nach der jeweiligen Gesellschafsform.
a) Anteile an **Kapitalgesellschaften** sind ohne weiteres vererblich. Für **Geschäftsanteile 14 einer GmbH** ergibt sich dies aus § 15 I GmbHG. Miterben erwerben sie in gesamthänderischer Bindung. Str ist indes, ob die Vererblichkeit durch Gesellschaftsvertrag ausgeschlossen werden kann (s Erm/Schlüter § 1922 Rn 21). Vererblich sind ferner auch die **Mitgliedschaftsrechte des Aktionärs** einer AG oder KGaA. Dies gilt selbst dann, wenn durch die Satzung ihre rechtsgeschäftliche Übertragung an die Zustimmung der Gesellschaft gebunden ist, § 68 II 1 AktG.
b) Der Tod eines Gesellschafters einer **OHG** führt zum Ausscheiden des Verstorbenen **15** unter Fortführung der Gesellschaft mit den übrigen Gesellschaftern (§ 131 III Nr 1 HGB). Die Gesellschaft wird nur dann aufgelöst, wenn dies im Gesellschaftsvertrag vereinbart wurde. Der Anteil des Verstorbenen wächst den übrigen Gesellschaftern zu (§ 105 III HGB iVm § 738 I 1). In diesem Fall werden die Erben abgefunden, außer wenn der Gesellschaftsvertrag die Abfindung ausgeschlossen hat. Entspr gilt für den Komplementär einer **KG**, § 161 II iVm § 131 III Nr 1, HGB, während die Beteiligung eines Kommanditisten kraft Gesetzes vererblich ist (§ 177 HGB).
aa) In dem Gesellschaftsvertrag kann bestimmt werden, dass statt des Ausscheidens die **16** Gesellschaft mit den Erben des Verstorbenen fortgesetzt werden soll (**Nachfolgeklausel,** 139 I HGB). In diesem Fall wird die ganze Beteiligung durch Gesamtnachfolge übertragen, ohne dass der Erbe oder die Gesellschaft sich mit dem Erwerb einverstanden erklären muss.
bb) Bei Auslegung der Nachfolgeklausel sind sowohl das Interesse des im Gesell- **17** schaftsvertrag Benannten, die Testierfreiheit des Erblassers als auch die Interessen der Gesellschaft an Sicherheit und Klarheit bzgl der Nachfolgeregelung zu berücksichtigen. Dabei ist zunächst str, ob es zulässig ist, die Abwicklung rein auf der Grundlage des Gesellschaftsvertrages als **Rechtsgeschäft unter Lebenden** auszugestalten. Möglich ist es einerseits, eine Nachfolgeklausel als Zuwendung unter Lebenden zuzulassen (Brox ErbR Rn 787; Lange/Kuchinke ErbR § 5 VI 4). Dag spricht entscheidend, dass mit der unmittelbaren Zuwendung eines Gesellschaftsanteiles immer auch der Eintritt in die Pflichten des Erblassers verbunden ist, es sich letztlich also um einen unzulässigen Vertrag zulasten Dritter handeln würde (so auch die hM, vgl grdlg BGHZ 68, 231). Unbedenklich ist daher nur eine Eintrittsklausel, die dem Begünstigten das Recht, nicht aber die Pflicht zum Eintritt in die Gesellschaft gibt. Abgesehen von der soeben dargelegten Einschränkung legt die Rspr zudem die Nachfolgeklauseln tendenziell in Richtung einer **erbrechtlichen Lösung** aus (BGHZ 108, 192 mwN).
cc) Kollisionen zwischen Erbrecht und Gesellschaftsrecht treten auf, wenn der Gesell- **18** schafter von mehreren Erben beerbt wird.
Sieht der Gesellschaftsvertrag vor, dass der Gesellschaftsanteil auf alle Miterben über- **19** geht (einfache Nachfolgeklausel), müsste nach dem Prinzip der Gesamtrechtsnachfolge dann die Miterbengemeinschaft in gesamthänderischer Bindung Gesellschafterin werden. Da dies nach ganz überwiegender Ansicht jedoch nicht möglich ist (etwa BGH NJW 83, 2376, st Rspr), erwirbt jeder Erbe stattdessen einen eigenständigen, seiner Erbquote entsprGesellschaftsanteil (so jetzt auch Brox ErbR Rn 790).
Noch komplexer sind die Fragen, die eine **qualifizierte Nachfolgeklausel** aufwirft. Eine **20** solche liegt vor, wenn im Gesellschaftsvertrag nicht alle Miterben zum Eintritt in die Gesellschaft berufen sind. Nach einer älteren Ansicht sollten in diesem Fall nur die Erben, die im Gesellschaftsvertrag begünstigt werden, entspr ihrer Erbquote Gesellschafter werden, während die übrigen Miterben auf einen schuldrechtlichen Abfindungsanspruch zur gesamten Hand beschränkt sein sollten. Im Innenverhältnis zwischen den verbleibenden Gesellschaftern sollten die eintretenden Erben sodann einen schuldrechtlichen Anspruch gegen die Altgesellschafter auf Erhöhung ihrer Anteile bis zur Gesamthöhe des Gesellschaftsanteils des Verstorbenen haben (BGHZ 22, 193 ff). Dieses komplizierte Verfahren würde jedoch durch das zwischenzeitliche Anwachsen unter den Altgesellschaftern zu einer ungewollten Privilegierung von deren Privatgläubigern und

dementspr zur unvorteilhaften Verschiebung der jeweiligen Insolvenzrisiken führen. Daher geht die heute hM zutreffend davon aus, dass die Erben, die in die Gesellschaft eintreten, unmittelbar im Ganzen in die Gesellschaft eintreten. Die jeweiligen Erbquoten sind nur noch dafür maßgeblich, in welcher Höhe den übrigen, an der Gesellschaft nicht beteiligten Erben, Wertausgleich zu leisten ist (BGHZ 98, 56).

21 c) Der Tod eines BGB-Gesellschafters führt kraft Gesetzes zu deren Auflösung (§ 727 I). Hintergründe dafür sind das durch den Gesetzgeber ggü der Vererblichkeit des entspr Gesellschaftsanteiles als vorrangig angesehene besondere Vertrauensverhältnis zwischen den Gesellschaftern bzw die an die Person des Gesellschafters gebundenen Erwartungen. Die Fortsetzung der Gesellschaft kann aber im Gesellschaftsvertrag vorgesehen werden. Soll die Gesellschaft aufgrund einer so genannten **Fortsetzungsklausel** ausschließlich unter den verbleibenden Gesellschaftern fortbestehen, wird ein evtl schuldrechtlicher Abfindungsanspruch (vgl § 738) Teil des Nachlasses. Wird demggü vereinbart, dass die Gesellschaft mit dem Erben fortgesetzt werden soll, nimmt dieser dieselbe Stellung ein wie ein Gesellschafter einer OHG gem § 139 HGB (vgl Rn 16 ff).

22 4. Für den **Bereich der Landwirtschaft** sieht der Gesetzgeber spezielle Lösungen vor, um den Hof des Erblassers auch über dessen Tod hinaus als wirtschaftliche Einheit zu erhalten (vgl Einl Rn 27). Nach § 4 HöfeO fällt der Hof, obgleich Teil der Erbschaft, nur einem der Erben zu. Das Gesetz ordnet also eine Sondererbfolge an. Diese geht so weit, dass selbst die Gestaltungsmacht des Erblassers insoweit beschränkt ist, als seiner privatautonomen Entscheidung, wer Hoferbe werden soll, bestimmte Grenzen gesetzt sind (ausf Faßbender/Hötzel/v Jeinsen HöfeO).

23 5. Zu beachten sind schließlich die Besonderheiten des **Wohnraummietrechts**. Dort treten gem § 563 I, II mit dem Tode des Mieters dessen Ehegatte, Familienangehörige und der nichteheliche Lebenspartner (BGH NJW 93, 999) in das bestehende Mietverhältnis ein, sofern sie zum Zeitpunkt des Todes mit dem Verstorbenen einen gemeinsamen Hausstand geführt haben. Dieser Vertragsübergang ist von der Erbenstellung der Mitbewohner losgelöst und geht sogar einer abw letztwilligen Verfügung vor, da Normzweck nicht die Verwirklichung des Erblasserwillens, sondern die Erhaltung der äußeren Lebensumstände der betroffenen Personen ist.

24 6. Für den weiten Bereich der Vererbung **öffentlich-rechtlicher Ansprüche und Pflichten** sind primär die einschlägigen Spezialgesetze (zB §§ 56 ff SGB I für das Sozialrecht) maßgeblich. Im Übrigen ist danach zu fragen, ob der Sinn und Zweck der jeweiligen Norm es rechtfertigt, einen Dritten in die Rechtsstellung des Erblassers eintreten zu lassen (BVerwGE 36, 253 f).

25 III. Auf einen **Erbteil** finden nach Abs 2 die für die Alleinerbschaft geltenden Vorschriften entspr Anwendung. Vorrangig zu beachten sind freilich die Regelungen der Erbengemeinschaft in §§ 2032 ff.

§ 1923 Erbfähigkeit

(1) Erbe kann nur werden, wer zur Zeit des Erbfalls lebt.
(2) Wer zur Zeit des Erbfalls noch nicht lebte, aber bereits gezeugt war, gilt als vor dem Erbfall geboren.

1 I. **Abs 1** bringt den allg Grundsatz zum Ausdruck, dass Erbe nur werden kann, wer zum Zeitpunkt des Todesfalles existiert. Gemeint sind dabei trotz des insofern zu engen Wortlautes auch juristischen Personen, sowie über §§ 124, 161 HGB die OHG und die KG. Auch eine ausländische Stiftung, die erst nach dem Eintritt des Erbfalls errichtet wird, kann grds erbfähig iSv § 1923 sein, wenn sie nach ihrem Heimatrecht Rechtsfähigkeit erlangt hat (OLG München ZErb 09, 165). Auf eine Beschränkung der Erbfähigkeit der juristischen Personen, wie es etwa das Gemeine Recht vorsah (Erbe konnten nur der Fiskus, Gemeinden und kirchliche Institutionen werden), hat das BGB verzichtet. Abs 2 enthält eine Sonderregelung für den Nasciturus.

2 II. 1. Erbfähig sind alle **natürlichen und juristischen Personen**, nicht hingegen Tiere. Darüber hinaus kann das bereits gezeugte, aber noch nicht geborene Kind, also der

Nasciturus, erben (§ 1923 II). Erreicht wird dies im Wege der gesetzlichen Fiktion, da die Rechtsfähigkeit erst mit der Geburt beginnt (§ 1). Allerdings muss das Kind später lebend, wenngleich nicht notwendigerweise dauerhaft lebensfähig, zur Welt kommen. Kommt es daß zu einer Fehl- oder Totgeburt oder zum Tod von Mutter und Leibesfrucht vor der Geburt, gilt der Erbanfall als nicht erfolgt. Es erben stattdessen die Nächstberufenen.

2. Besondere Probleme treten auf in den Fällen der künstlichen Insemination. So ist es etwa denkbar, dass der spätere Erblasser Samen spendet, es aber erst nach seinem Tod zur Befruchtung der Eizelle und damit zur Zeugung kommt, sog **postmortale Zeugung**. Aufgrund der im Vergleich zur natürlichen Befruchtung identischen Interessenlage, zur Vermeidung von Beweis- und Abgrenzungsproblemen und zum Schutz des Kindes sollte § 1923 dabei analog angewendet werden (sehr str, wie hier MK/Leipold § 1923 Rn 17; aA ausf Mansees Das Erbrecht des Kindes nach künstlicher Befruchtung, 1991, S 63 ff).

3. Streitig ist, ob § 1923 II im Wege der Analogie auf **juristische Personen in der Entstehung** erstreckt werden kann. Von der überwiegenden Meinung wird dies unter Hinweis auf den Ausnahmecharakter der Vorschrift abgelehnt (Palandt/Weidlich § 1923 Rn 7). Vieles spricht aber für eine Analogie, zumal im gesetzlich geregelten Fall des § 84 für die Stiftung ein ähnlicher Gedanke zum Ausdruck kommt (Soergel/Stein § 1923 Rn 8). Zu beachten ist auch § 2101 II.

4. Wer verschollen ist, kann Erbe werden, weil zu seinen Gunsten die (widerlegbare) Vermutung des § 10 VerschollenheitsG greift. Für Personen, die beim gleichen Ereignis verstorben oder für tot erklärt wurden (zB Flugzeugabsturz), gilt daße die Vermutung **gleichzeitigen Todes** mit der Folge, dass eine wechselseitige Erbschaft nicht stattfindet. Nach zutreffender hA findet daher auch kein Zugewinnausgleich (gem § 1372 oder analog § 1371 II) unter den gleichzeitig versterbenden Ehegatten mit Wirkung für und gegen deren Erben statt (BGHZ 72, 89; Palandt/Brudermüller § 1371 Rn 13; aA Leipold, NJW 11, 1179 unter Berufung auf Art 6 I und 14 I GG; Gernhuber/Coester-Waltjen § 37 Rn 26).

§ 1924 Gesetzliche Erben erster Ordnung

(1) Gesetzliche Erben der ersten Ordnung sind die Abkömmlinge des Erblassers.
(2) Ein zur Zeit des Erbfalls lebender Abkömmling schließt die durch ihn mit dem Erblasser verwandten Abkömmlinge von der Erbfolge aus.
(3) An die Stelle eines zur Zeit des Erbfalls nicht mehr lebenden Abkömmlings treten die durch ihn mit dem Erblasser verwandten Abkömmlinge (Erbfolge nach Stämmen).
(4) Kinder erben zu gleichen Teilen.

I. 1. §§ 1924–1936 regeln die gesetzliche Erbfolge, die ggü der gewillkürten Erbfolge subsidiär ist. Tragende Prinzipien sind dabei die **Privat- und die Familienerbfolge**. Neben letztere tritt das Erbrecht des Ehegatten. Die Sonderbehandlung nichtehelicher Kinder durch die früheren §§ 1934 a–e ist nach Aufhebung dieser Vorschriften durch Art 1 Nr 3 ErbGleichG v 16.12.1997 (in Kraft seit 1.4.98) entfallen (erg Einf Rn 7, 10).

2. Im Übrigen wird das gesetzliche Erbrecht bestimmt durch das **Ordnungs- oder Parentelsystem**. Wer von den Verwandten des Erblassers zum Erben berufen ist, bestimmt sich auch für Ehegatten nach der Zugehörigkeit zu einer der in §§ 1924–1929 unterschiedenen Ordnungen. Grundprinzip ist dabei der in § 1930 normierte Grundsatz, wonach ein Verwandter einer entfernteren Ordnung durch einen lebenden Verwandten einer näheren Ordnung von der Erbfolge ausgeschlossen ist (so auch § 1930 Rn 1).

3. Mit der Entscheidung für das Ordnungssystem hat sich das BGB gegen das Gradualsystem entschieden. Hierbei richtet sich die Berufung nach dem Grad der vermittelnden Geburten (vgl § 1589 S 3). Demzufolge würde etwa die Mutter des Erblassers dessen Enkelin von der Erbfolge ausschließen, da sie seine Verwandte ersten Grades, die Enkelin aber nur Verwandte zweiten Grades ist. Umgekehrt verhält es sich nach dem

BGB: Die Enkelin schließt als Angehörige der ersten Ordnung die Mutter des Erblassers von der Erbfolge aus (§§ 1924 I, 1925 I, 1930). Hintergrund dieser Regelung ist die **Privilegierung der jüngeren Generation**, zugunsten derer letztlich ein höherer Finanzbedarf zum Aufbau einer eigenen Existenz vermutet wird (Lange/Kuchinke ErbR § 10 III 3 b). Das Gradualsystem gilt allerdings (praktisch selten) ab der Vierten Ordnung (§§ 1928, 1929), weil in den höheren Ordnungen die vorgenannten Erwägungen eine Zersplitterung des Nachlasses nicht mehr rechtfertigen und auf diese Weise die Auffindung von Erben erleichtert werden soll (so § 1928 Rn 1).

4   4. Ergänzt wird das Parentelsystem durch das Stammes- und Liniensystem sowie das Repräsentationssystem.

5   a) Das **Stammes- und Liniensystem** dient dazu, die Auswahl zwischen den Personen innerhalb einer Ordnung zu treffen. Beispielsweise begründet jedes Kind des Erblassers einen Stamm, zu dem auch alle seine Abkömmlinge zählen. Jeder Stamm in derselben Ordnung enthält den gleichen Erbteil, und zwar unabhängig davon, wie viele Personen dem Stamm angehören. Bsp: Der verwitwete Erblasser E hinterlässt drei Kinder A, B und C. A hat seinerseits drei Kinder, B eine Tochter, C ist kinderlos. Denkbar wäre es, den Nachlass entspr der Anzahl der beteiligten Personen zu verteilen. A erhielte dann als eigenen Erbteil 1/7, zuzüglich 3/7 für die drei Kinder, also zusammen 4/7. Der Stamm des B käme auf 2/7, C würde nur zu einem 1/7 erben. Stattdessen erbt jeder Stamm in gleicher Höhe: der kinderlose C erbt also ebenso 1/3 wie A und B. Beachte dazu auch die Klarstellung in § 1924 IV (kein Erbvorrecht des Erstgeborenen).

6   b) Darauf abgestimmt ist das **Repräsentationssystem**, das für die erste Ordnung in § 1924 II ausdrücklich angesprochen, im Übrigen aber für jede Ordnung entspr gilt. Danach wird jeder Stamm durch das Familienoberhaupt repräsentiert. Im vorgenannten Bsp etwa repräsentiert A seinen Stamm, also seine drei Kinder, die er von der Erbfolge ausschließt. Ein lebendes Stammelternteil schließt also alle Abkömmlinge aus, die nur durch es mit dem Erblasser verwandt sind. Mit dem Repräsentationsprinzip korrespondiert das Eintrittsrecht (§ 1924 III). Bei Fortfall des Repräsentanten treten die Abkömmlinge (nicht etwa sein Ehegatte!) an seine Stelle und schließen ihrerseits die nachfolgenden Unterstämme aus, ohne dass es auf den Grund des Fortfalls ankäme (vgl zur Enterbung durch Verf vTw BGHZ 189, 171).

7   II. 1. Zur ersten Ordnung gehören alle Abkömmlinge des Erblassers, egal ob sie ehelich oder nichtehelich sind, aus einer oder mehreren Ehen des Erblassers stammen. Maßgeblich ist aber nicht die biologische, sondern die **rechtliche Verwandtschaft**. Zu beachten ist daher zB die Vaterschaftsvermutung des § 1592. Wird also ein Kind während einer bestehenden Ehe geboren und die Vaterschaft nicht angefochten, gilt der Ehemann als der Vater, dh das Kind ist ihm ggü erbberechtigt. Eine Erbberechtigung ggü dem biologischen Vater besteht demggü bis zur Feststellung der Vaterschaft nicht.

8   2. Sonderfälle: Mit der **Adoption** werden minderjährige Kinder in vollem Umfang in den Familienverband des Annehmenden aufgenommen, dh es entsteht eine familien- und erbrechtliche Beziehung zu dem Annehmenden wie auch zu dessen Familie (sog Volladoption, so § 1754). Im Gegenzug erlischt aber das Verwandtschaftsverhältnis zu den leiblichen Eltern, dh es besteht diesbezüglich auch kein Erbrecht mehr (§ 1755). Abweichendes gilt bei der Adoption Erwachsener, bei der sich die Annahme nicht auf die Verwandten des Annehmenden erstreckt (§ 1770 I 1). Der volljährig Adoptierte bleibt demzufolge ggü seinen leiblichen Eltern gesetzlich erbberechtigt.

9   III. Verfahren. Die Beweislast für seine Abstammung vom Erblasser trägt derjenige, der sein gesetzliches Erbrecht behauptet. Allerdings ist der gesetzliche Erbe nicht verpflichtet, das Nichtvorliegen einer Verfügung von Todes wegen zu beweisen.

§ 1925 Gesetzliche Erben zweiter Ordnung

(1) Gesetzliche Erben der zweiten Ordnung sind die Eltern des Erblassers und deren Abkömmlinge.
(2) Leben zur Zeit des Erbfalls die Eltern, so erben sie allein und zu gleichen Teilen.

(3) ¹Lebt zur Zeit des Erbfalls der Vater oder die Mutter nicht mehr, so treten an die Stelle des Verstorbenen dessen Abkömmlinge nach den für die Beerbung in der ersten Ordnung geltenden Vorschriften. ²Sind Abkömmlinge nicht vorhanden, so erbt der überlebende Teil allein.
(4) In den Fällen des § 1756 sind das angenommene Kind und die Abkömmlinge der leiblichen Eltern oder des anderen Elternteils des Kindes im Verhältnis zueinander nicht Erben der zweiten Ordnung.

Die zweite, also ggü den unter § 1924 genannten Personen nachrangige Ordnung in der Verwandtenerbfolge, bilden die **Eltern** des Erblassers und deren Abkömmlinge, also seine Voll- und Halbgeschwister einschließlich ihrer Kinder und Kindeskinder (Nichten, Neffen, Großnichten, Großneffen etc des Erblassers). Ggü den Geschwistern gebührt dabei den Eltern der Vorrang. Leben sie zum Zeitpunkt des Erbfalls beide noch, fällt das Erbe ihnen zu, die Geschwister erben nicht (Abs 2). 1

Erlebt ein Elternteil die Erbfolge nicht oder ist er als jemand, der vorverstorben ist, zu behandeln (Ausschlagung, Erbunwürdigkeit, Verzicht etc), treten seine **Abkömmlinge** entspr der Vorschriften über die erste Ordnung an seine Stelle (Abs 3 iVm § 1924; OLG Zweibrücken Rpfleger 97, 24). Daher erben die Abkömmlinge des Vorverstorbenen dessen Erbteil zu gleichen Teilen; war ein Abkömmling bereits weggefallen, treten nach allg Regeln dessen Abkömmlinge an ihre Stelle. 2

§ 1926 Gesetzliche Erben dritter Ordnung

(1) Gesetzliche Erben der dritten Ordnung sind die Großeltern des Erblassers und deren Abkömmlinge.
(2) Leben zur Zeit des Erbfalls die Großeltern, so erben sie allein und zu gleichen Teilen.
(3) ¹Lebt zur Zeit des Erbfalls von einem Großelternpaar der Großvater oder die Großmutter nicht mehr, so treten an die Stelle des Verstorbenen dessen Abkömmlinge. ²Sind Abkömmlinge nicht vorhanden, so fällt der Anteil des Verstorbenen dem anderen Teil des Großelternpaars und, wenn dieser nicht mehr lebt, dessen Abkömmlingen zu.
(4) Lebt zur Zeit des Erbfalls ein Großelternpaar nicht mehr und sind Abkömmlinge der Verstorbenen nicht vorhanden, so erben die anderen Großeltern oder ihre Abkömmlinge allein.
(5) Soweit Abkömmlinge an die Stelle ihrer Eltern oder ihrer Voreltern treten, finden die für die Beerbung in der ersten Ordnung geltenden Vorschriften Anwendung.

I. Durch das **Adoptionsgesetz** v 2.7.76 (BGBl I 1749) wurden die Bezeichnungen „väterliche" und „mütterliche" Großeltern durch „Großelternpaar" ersetzt, um der im Falle des § 1756 bestehenden Möglichkeit Rechnung zu tragen, dass ein Adoptivkind mehr als zwei Großelternpaare besitzt. 1

II. Im Wesentlichen folgt die Vorschrift den in § 1924 vorgegebenen Strukturen. Leben die Großeltern zum Zeitpunkt des Erbfalles nicht mehr, treten an ihre Stelle ihre Abkömmlinge. Dies sind zwar auch die Erben der zweiten Ordnung (also die Eltern des Erblassers), da letztere aber ohnehin schon nach § 1925 erben, wird § 1926 nur in den seltenen Fällen praktisch, in denen Onkel, Tanten, Vettern und Cousinen sowie deren Kinder und Kindeskinder als Erben in Betracht kommen. 2

§ 1927 Mehrere Erbteile bei mehrfacher Verwandtschaft

¹Wer in der ersten, der zweiten oder der dritten Ordnung verschiedenen Stämmen angehört, erhält den in jedem dieser Stämme ihm zufallenden Anteil. ²Jeder Anteil gilt als besonderer Erbteil.

Dass eine Person aufgrund ihrer Zugehörigkeit zu verschiedenen Ordnungen mehrfach erbberechtigt ist, ist infolge des **Ausschlusses** einer höheren durch die vorhergehenden 1

Ordnungen ausgeschlossen (§ 1930). Denkbar ist aber, dass eine Person innerhalb einer Ordnung verschiedenen, grds gleichberechtigten Stämmen zugehörig ist. Diesen seltenen Fall regelt § 1927. Er ist gegeben im Fall der Verwandtenheirat oder -adoption, wenn zB Cousin und Cousine heiraten, beerben ihre Kinder die Urgroßeltern sowohl von Seiten der mütterlichen wie der väterlichen Linie. Die jeweiligen Erbteile behandelt das Gesetz als unabhängig voneinander (S 2). Das Kind kann daher beide isoliert annehmen oder ausschlagen. Eine entsprRegelung findet sich in § 1934 S 2 für die (noch selteneren) Fälle, in denen der überlebende Ehegatte zugleich Verwandter ist.

§ 1928 Gesetzliche Erben vierter Ordnung

(1) Gesetzliche Erben der vierten Ordnung sind die Urgroßeltern des Erblassers und deren Abkömmlinge.
(2) Leben zur Zeit des Erbfalls Urgroßeltern, so erben sie allein; mehrere erben zu gleichen Teilen, ohne Unterschied, ob sie derselben Linie oder verschiedenen Linien angehören.
(3) Leben zur Zeit des Erbfalls Urgroßeltern nicht mehr, so erbt von ihren Abkömmlingen derjenige, welcher mit dem Erblasser dem Grade nach am nächsten verwandt ist; mehrere gleich nahe Verwandte erben zu gleichen Teilen.

1 Die Vorschrift modifiziert die gesetzliche Erbfolge insoweit, als ab der vierten Ordnung anstelle des Ordnungssystems das **Gradualsystem** (also die Erbschaft nach der Anzahl der vermittelnden Geburten) gilt, um der zunehmenden Zersplitterung des Erbes entgegenzuwirken und die Auffindung von Erben zu erleichtern (so § 1924 Rn 3 sowie folgende Rn 2).

2 Im Übrigen ist ein gesetzliches Erbrecht ab und über die vierte Ordnung hinaus eine **Besonderheit des deutschen Rechts**. In den meisten kontinental-europäischen und anglo-amerikanischen Rechtsordnungen bricht die gesetzliche Erbfolge ab, insb um hohe Kosten bei der Ermittlung weit entfernter Verwandter zu vermeiden. Gleiches galt für das ZGB DDR aF. Eine Reform des BGB im Zuge des Einigungsvertrages wäre also wünschenswert und rechtspolitisch geboten gewesen (krit zum geltenden Recht auch Soergel/Stein Einl Rn 73). Dennoch ist die Entscheidung des AG Starnberg (FamRZ 03, 1131) zu Recht auf Ablehnung gestoßen, nach der § 1928 wegen Verstoßes gg Art 3 und 14 GG verfassungswidrig sei und unangewendet bleiben könne, da es sich um vorkonstitutionelles Recht handele. Ungeachtet der materiellen Probleme dieser Ansicht hat der nachkonstitutionelle Gesetzgeber diese Vorschrift jedoch spätestens mit der Neuverkündung des BGB iRd SchRModG in seinen Willen aufgenommen, so dass es einer Vorlage nach Art 100 I 1 GG bedurft hätte (vgl MK/Leipold Rn 1 mwN).

§ 1929 Fernere Ordnungen

(1) Gesetzliche Erben der fünften Ordnung und der ferneren Ordnungen sind die entfernteren Voreltern des Erblassers und deren Abkömmlinge.
(2) Die Vorschrift des § 1928 Abs. 2, 3 findet entsprechende Anwendung.

1 Die Norm bekräftigt den Grundsatz des unbegrenzten **Verwandtenerbrechts** (so § 1928 Rn 2).

2 Praktisch findet die unbegrenzte Verwandtenerbschaft ihre Grenze regelmäßig in der fehlenden **Nachweisbarkeit** der Verwandtschaft. Es erbt dann, nach Durchführung eines kostspieligen Ermittlungsverfahrens (§§ 1964, 1965), der Staat (§ 1936).

§ 1930 Rangfolge der Ordnungen

Ein Verwandter ist nicht zur Erbfolge berufen, solange ein Verwandter einer vorhergehenden Ordnung vorhanden ist.

Die Vorschrift spricht den Grundsatz nochmals aus, der sich schon aus den vorherigen Vorschriften ergibt und bekräftigt damit die Entscheidung für das **Ordnungssystem** (so auch § 1924 Rn 2).

§ 1931 Gesetzliches Erbrecht des Ehegatten

(1) ¹Der überlebende Ehegatte des Erblassers ist neben Verwandten der ersten Ordnung zu einem Viertel, neben Verwandten der zweiten Ordnung oder neben Großeltern zur Hälfte der Erbschaft als gesetzlicher Erbe berufen. ²Treffen mit Großeltern Abkömmlinge von Großeltern zusammen, so erhält der Ehegatte auch von der anderen Hälfte den Anteil, der nach § 1926 den Abkömmlingen zufallen würde.
(2) Sind weder Verwandte der ersten oder der zweiten Ordnung noch Großeltern vorhanden, so erhält der überlebende Ehegatte die ganze Erbschaft.
(3) Die Vorschrift des § 1371 bleibt unberührt.
(4) Bestand beim Erbfall Gütertrennung und sind als gesetzliche Erben neben dem überlebenden Ehegatten ein oder zwei Kinder des Erblassers berufen, so erben der überlebende Ehegatte und jedes Kind zu gleichen Teilen; § 1924 Abs. 3 gilt auch in diesem Falle.

I. Die Vorschrift regelt, inwiefern der überlebende Ehegatte des Erblassers Erbe wird. Sie ist indes für die Rechtslage nicht allein maßgeblich, sondern muss immer im Kontext mit **Parallelvorschriften des Familienrechts** gelesen werden, insb mit § 1371 für den gesetzlichen und damit praktisch häufigsten Fall der Zugewinngemeinschaft.

II. 1. Das Erbrecht des Ehegatten setzt voraus, dass er den Partner überlebt (arg § 1923 I) und die Ehe zum Zeitpunkt des Todes noch besteht. Der Ehegatte wird daher kein gesetzlicher Erbe, wenn die **Ehe geschieden oder aufgehoben worden war** (vgl §§ 1564 ff; §§ 1313 ff). § 1933 legt den eigentlich erst mit Rechtskraft des Scheidungsurt/Aufhebungsurt feststehenden Ausschluss auf den Zeitpunkt vor, in dem die sachlichen Voraussetzungen der Scheidung/Aufhebung gegeben waren und der Erblasser die Scheidung/Aufhebung beantragt oder (im Falle der Scheidung) ihr zugestimmt hat.

2. Folgerichtig wird auch der **nichteheliche Lebenspartner** kein Erbe. Dies mag man aus Gründen der Einzelfallgerechtigkeit kritisieren und rechtspolitisch diskutieren. Der Ausschluss findet seine Rechtfertigung aber in der bewussten Entscheidung der Partner gegen eine Ehe einerseits und im grundgesetzlichen Schutz der Ehe (Art 6 I GG) andererseits. Zur Beendigung der Diskriminierung gleichgeschlechtlicher Lebenspartner, die durch das Lebenspartnerschaftsgesetz (LPartG) gewährleistet werden soll, wurde ein gesetzliches Erbrecht für gleichgeschlechtliche Lebenspartner eingeführt, die eine eingetragene Lebenspartnerschaft führen (vgl § 10 LPartG). Die Beschränkung dieser Eintragungsmöglichkeit auf gleichgeschlechtliche Lebenspartner ist indessen mit Blick auf Art 3 I GG verfassungsrechtlich bedenklich. Der nichteheliche Lebenspartner kann einen Anspruch auf den sog „Dreißigsten" unter den Voraussetzungen des § 1969 haben, weil der dortige Begriff des „Familienangehörigen" untechnisch zu verstehen ist (OLG Düsseldorf NJW 83, 1566).

3. Für die **Höhe des Erbteiles** sind zum einen die mit dem Ehegatten zusammentreffenden Verwandten, zum anderen der jeweilige Güterstand maßgeblich. Aus Abs 1 und 2 ergibt sich dabei der Grundsatz, dass der Erbteil des Ehegatten umso höher liegt, je entfernter die blutsmäßige Verwandtschaft des Erblassers zu den Miterben ist. Daher erbt der Ehegatte neben den Abkömmlingen des Erblassers unabhängig vom Güterstand zu 1/4 ohne Rücksicht auf deren Anzahl und Alter, neben seinen Eltern und deren Abkömmlingen zu 1/2, selbst wenn diese nur von einem Elternteil stammen (OLG Celle FamRZ 03, 560), neben den Großeltern zu 1/2 sowie in Höhe der rechnerisch an die Abkömmlinge fallenden Teile, darüber hinaus allein.

4. Im Hinblick auf den Einfluss des ehelichen Güterrechts ist nach den **jeweiligen Güterständen** zu unterscheiden. Das vermögensrechtliche Verhältnis der Ehegatten, das sich im Güterstand widerspiegelt, setzt sich im Erbrecht fort.

6 5. Weitgehende Modifikationen des Ehegattenerbrechts und damit des § 1931 ergeben sich im Falle der **Zugewinngemeinschaft** durch § 1371, dessen Geltung gem § 1931 III ausdrücklich unberührt bleibt. Dabei ist Folgendes zu beachten: Nach § 1371 I wird der Erbteil des Ehegatten um 1/4 des Nachlasses erhöht, um den (nicht notwendigerweise auch tatsächlich bestehenden) Zugewinnausgleichsanspruch pauschal abzugelten. Daher erbt der Ehegatte neben Abkömmlingen des Erblassers „erbrechtlich" zu 1/4 (§ 1931 I) und „familienrechtlich" zu einem weiteren Viertel (§ 1371 I), also insgesamt zu 1/2. Neben den Verwandten zweiter Ordnung kommt er auf eine Erbquote von 3/4 (1/2 gem § 1931 I und 1/4 gem § 1371), im Verhältnis zu höheren Ordnungen erbt er ohnehin allein (§ 1931 II).

7 6. Die vorgenannten Erwägungen gelten jedoch nur dann, wenn der Ehegatte Erbe oder Vermächtnisnehmer des Erblassers wird (arg § 1371 II, III). Wird er kein Erbe, hat er statt dessen einen Anspruch auf den **Pflichtteil** gem § 2303 II sowie (soweit bestehend) einen Anspruch auf Ausgleich des Zugewinns (sog güterrechtliche im Ggs zu der unter Rn 6 erläuterten erbrechtlichen Lösung). Dies kann uU für den Ehegatten sogar günstiger sein, ihm ist dann zu raten, die Erbschaft auszuschlagen. Als Faustregel gilt: Je höher der Zugewinnausgleichsanspruch, desto günstiger ist die güterrechtliche Lösung. Bei der Berechnung ist jedoch zu beachten, dass der Ehegatte, der in der Hoffnung auf den Zugewinnausgleich die Erbschaft ausschlägt, auch seinen Anspruch auf den Voraus verliert (so § 1932 Rn 3). Zudem kann er nach der zutreffenden hM nicht den sog großen Pflichtteil auf der Basis des pauschal um 1/4 erhöhten Erbteiles anstatt des Zugewinnausgleichs nebst kleinem Pflichtteil verlangen, da dem Zweck des Zugewinnausgleichs so vollständig Rechnung getragen wird (grdlg BGHZ 42, 182).

8 7. Im Falle der **Gütertrennung** gilt § 1371 schon aus systematischen Gründen nicht. Es ist nur § 1931 IV zu beachten: Nach dieser Vorschrift muss der Ehegatte mind ebenso viel erben wie jedes einzelne Kind. Daher erhält der Ehegatte neben dem einzigen Kind des Erblassers 1/2, und nicht – wie sich aus § 1931 I ergeben würde – lediglich 1/4. Neben zwei Kindern erbt der überlebende Gatte 1/3. Sind drei Kinder vorhanden, ist der Ehegatte dag schon über § 1931 I gleichgestellt, bei mehr als drei Kindern wird er sogar ggü dem einzelnen Kind privilegiert.

9 8. Bei der **Gütergemeinschaft** schließlich bedarf es eines erbrechtlichen Schutzes nicht, weil der überlebende Ehegatte ohnehin schon über seine güterrechtliche Beteiligung am Gesamtgut hinreichend geschützt ist, erbrechtlich also nur der Anteil des Erblassers am gemeinsamen Vermögen wird (so iE § 1416).

10 9. Zum **Versorgungsausgleich**, also der Beteiligung der Ehegatten an den während der Ehe erworbenen sozialrechtlichen Versorgungsanwartschaften, vgl §§ 1587–1587 p.

§ 1932 Voraus des Ehegatten

(1) ¹Ist der überlebende Ehegatte neben Verwandten der zweiten Ordnung oder Großeltern gesetzlicher Erbe, so gebühren ihm außer dem Erbteil die zum ehelichen Haushalt gehörenden Gegenstände, soweit sie nicht Zubehör eines Grundstücks sind, und die Hochzeitsgeschenke als Voraus. ²Ist der überlebende Ehegatte neben Verwandten der ersten Ordnung gesetzlicher Erbe, so gebühren ihm diese Gegenstände, soweit er sie zur Führung eines angemessenen Haushalts benötigt.
(2) Auf den Voraus sind die für Vermächtnisse geltenden Vorschriften anzuwenden.

1 I. 1. Abs 1 S 2 ist durch das **Gleichberechtigungsgesetz** v 18.7.57 (BGBl I 609) für alle Erbfälle nach dem 1.7.58 eingefügt worden, der ehemalige S 2 ist seither Abs 2.

2 2. Der in § 1932 normierte Voraus dient dazu, dem überlebenden Ehegatten einen Teil seines äußeren Lebensbereiches zu erhalten, indem ihm bestimmte Haushaltsgegenstände im Wege eines **gesetzlichen Vermächtnisses** neben seinem eigentlichen Erbteil zugewendet werden. Die Vorschrift folgt insoweit einem deutschrechtlichen Vorbild. Eine ähnliche Zielsetzung verfolgt § 563 (Verbleib des Ehegatten in der ehelichen Wohnung), wenngleich sich der Gesetzgeber in diesen Fällen einer anderen Rechtstechnik, nämlich eines Sondererbrechts, bedient.

II. 1. Der Anspruch auf den Voraus kommt zum Tragen, wenn der überlebende Ehegatte **gesetzlicher Miterbe** des Erblassers ist. Demzufolge hat der Ehegatte kein Recht auf den Voraus, wenn er das gesetzliche Erbe ausschlägt (§ 1953 I) oder testamentarischer oder erbvertraglicher Erbe wird. Im letztgenannten Fall soll die letztwillige Verfügung abschließend sein, was indes nicht ausschließt, dass der Erblasser seinem Ehegatten stillschweigend (Frage der Auslegung) neben dem zugewendeten Erbteil auch den Voraus in gesetzlicher Höhe zuspricht. Im Übrigen ist der Anspruch auf den Voraus ausgeschlossen in den Fällen des § 1933, es besteht insoweit keine Besonderheit ggü dem gesetzlichen Erbteil. Anderes gilt für die Wechselwirkung mit dem ehelichen Güterrecht. Während das Erbrecht durch den Güterstand beeinflusst wird (so §§ 1371, 1931), besteht das Recht auf den Voraus unabhängig von den diesbezüglichen lebzeitigen Vereinbarungen. Ungeschriebene Voraussetzung ist schließlich, dass die Ehegatten bereits einen gemeinschaftlichen Haushalt gegründet haben, weil anderenfalls der vorgenannte Normzweck nicht erreicht werden kann und muss. Streitig ist, wie zu verfahren ist, wenn ein vormals bestehender Haushalt schon vor dem Tod des Erblassers aufgelöst wurde. Die wohl überwiegende Ansicht will dem Überlebenden dann die Gegenstände zubilligen, die aus dem Haushalt bei dem Verstorbenen verblieben waren, ggf sogar deren Surrogat gem §§ 2169 III iVm § 1932 II (Erm/Schlüter § 1932 Rn 10 mwN). Diese Sichtweise verkennt jedoch, dass ein schützenswerter äußerer Lebensbereich in dem genannten Fall regelmäßig schon nicht mehr vorhanden ist, die Auseinandersetzung zwischen den Ehegatten hat vielmehr bereits stattgefunden. Richtigerweise ist daher ein Anspruch auf den Voraus auch in diesem Fall nicht anzuerkennen (wie hier auch Soergel/Stein § 1932 Rn 5).

2. Rechtsfolge ist ein (nur) schuldrechtlicher (arg Abs 2) Anspruch des überlebenden Ehegatten auf **Herausgabe der zum Haushalt gehörenden Gegenstände** (so auch §§ 1361 a, 1369), soweit sie nicht Zubehör eines Grundstückes sind (Vorrang der §§ 97, 98). Damit sind die Gegenstände gemeint, die dem Lebensbereich beider Ehegatten zugeordnet waren, also nicht allein dem Gebrauch eines Ehegatten dienten. Dies gilt unabhängig vom Wert der betroffenen Gegenstände, so dass selbst zB ein wertvolles Gemälde Gegenstand des Anspruches sein kann, wenn es als Haushaltsgegenstand zu qualifizieren ist. Des Weiteren sind umfasst die Hochzeitsgeschenke, die sich im Eigentum des Erblassers befanden. Befanden sich die Geschenke im Mit- oder Gesamthandseigentum beider Ehegatten, bezieht sich der Voraus auf das Anteilsrecht des Verstorbenen. Letzteres wird oftmals der Fall sein, wenn Gegenstände iR der sog „Schlüsselgewalt" gem § 1357 erworben wurden. Letzterer kommt zwar regelmäßig nach zutreffender Ansicht keine dingliche Wirkung kraft Gesetzes zu (BGHZ 114, 78; anders LG Münster NJW-RR 89, 391), der erwerbende Ehegatte wird indes regelmäßig für beide Ehegatten erwerben wollen (Frage der Auslegung; vgl MK/Roth § 1357 Rn 42, 43).

3. Hins des Umfanges des Anspruchs differenziert das Gesetz danach, ob der Ehegatte **neben Verwandten erster Ordnung** (idR also den gemeinsamen, aber auch anderen Kindern) erbt. In diesem Fall macht Abs 1 S 2 eine Einschränkung insoweit, als sich der Anspruch nur auf Gegenstände bezieht, derer es zu einer angemessenen Haushaltsführung bedarf, während ansonsten keine Einschränkungen gelten. Was angemessen ist, beurteilt sich im Einzelfall nach der bisherigen Lebensführung der Eheleute.

4. Neben dem Anspruch auf den Voraus hat der überlebende Ehegatte zudem auch den Anspruch auf den sog „Dreißigsten", also einen zeitlich begrenzten Unterhaltsanspruch (so iE § 1969).

§ 1933 Ausschluss des Ehegattenerbrechts

¹Das Erbrecht des überlebenden Ehegatten sowie das Recht auf den Voraus ist ausgeschlossen, wenn zur Zeit des Todes des Erblassers die Voraussetzungen für die Scheidung der Ehe gegeben waren und der Erblasser die Scheidung beantragt oder ihr zugestimmt hatte. ²Das Gleiche gilt, wenn der Erblasser berechtigt war, die Aufhebung der

Ehe zu beantragen, und den Antrag gestellt hatte. ³In diesen Fällen ist der Ehegatte nach Maßgabe der §§ 1569 bis 1586 b unterhaltsberechtigt.

1 I. 1. Die Vorschrift wurde neu gefasst durch die DurchführungsVO zu § 27 I EheG v 27.7.38 (RGBl I 926). Danach wurde sie zuletzt durch das EheRG v 14.7.76 (BGBl I 1421) im Hinblick auf den **Wegfall des Verschuldenserfordernisses** modifiziert. Die Formulierung „soweit der Ehegatte ... als schuldig anzusehen wäre" wurde gestrichen, um dem nunmehr geltenden Zerrüttungsprinzip Rechnung zu tragen.

2 2. Die Regelung will verhindern, dass bei zerrütteter Ehe wechselseitige Erbansprüche bestehen bzw über das Bestehen des Ehegattenerbrechts entschieden wird. Verfassungsrechtlich ist dies im Hinblick auf Art 6 I GG nicht zu beanstanden, soweit beide Ehegatten mit der Scheidung einverstanden sind. Problematischer sind die Fälle **einseitigen Scheidungsverlangens**. Hier verliert zwar der Antragsgegner das Erbrecht, nicht aber der Antragsteller selbst. Letzteres ist im Hinblick auf das Prinzip gegenseitiger Erbberechtigung aus Art 3, 6, 14 GG verfassungswidrig (bislang mangels Entscheidungserheblichkeit offen gelassen von BVerfG NJW 95, 769; BGHZ 111, 333; 128, 135; anders und unter Verzicht auf eine Vorlage an das BVerfG OLG Koblenz, FamRZ 07, 590 mwN).

3 II. 1. Ein vorzeitiger Erbausschluss setzt zunächst einen **Antrag auf Scheidung** durch den Erblasser voraus (§§ 124, 133 FamFG), wobei man die Einreichung bei Gericht in Ansehung des Normzwecks analog § 167 ZPO ausreichen lassen sollte (anders auf die Zustellung abstellend BGHZ 111, 332; OLG Köln FamRZ 12, 1755; MK/Leipold Rn 5). Dem gleichgestellt ist die Aufhebungsklage (§ 1313; §§ 253, 261 ZPO).

4 2. Ferner muss ein **Scheidungs- bzw Aufhebungsgrund** vorliegen (§§ 1565–1568; § 1314). Im Falle des § 1566 I reicht die grds Zustimmung des Ehegatten zur Scheidung aus, eine weitergehende Einigung über die Folgen der Scheidung (§§ 133 f FamFG) muss noch nicht getroffen sein (str, wie hier OLG Köln Beschl v 11.3.13 – 2 Wx 64/13; OLG Stuttgart, FamRZ 12, 480; wie hier noch zu § 630 ZPO aF OLG Frankfurt NJW-RR 90, 137; anders OLG Zweibrücken NJW 01, 237; OLG Schleswig NJW 93, 1083). Die Zustimmung des Erblassers zum Scheidungsbegehren braucht dabei nicht ausdrücklich erklärt zu werden; es reicht, wenn sich aus den Gesamtumständen hinreichend klar ergibt, dass auch der Erblasser die Ehe für gescheitert hält und einer Scheidung nicht entgegentritt (OLG Köln NJW-RR 03, 655). Für die Annahme einer Zustimmung reicht es indes nicht ohne weiteres aus, dass der Erblasser dem Scheidungsantrag seines Ehegatten nicht entgegentritt (OLG Düsseldorf NJW-RR 11, 1642). Ein Nichtbetreiben des Scheidungsverfahrens für 21 Jahre ist zudem als endgültige Aufgabe des Scheidungswillens zu verstehen, so dass § 1933 keine Anwendung findet (OLG Saarbrücken, FamRZ 11, 760).

5 **3. Rechtsfolge.** Liegen die genannten Voraussetzungen vor, fallen Erb- und Pflichtteilsrecht des überlebenden Ehegatten weg, ohne dass der Zugewinnausgleichsanspruch und Unterhaltsanspruch berührt würden (OLG Frankfurt NJW 97, 3099). Für beide Ansprüche ist analog § 1384 die Rechtshängigkeit des Scheidungsantrages maßgeblich (BGHZ 99, 307 gegen die Vorinstanz und OLG Celle FamRZ 84, 55).

6 **III. Verfahren.** Derjenige hat die unter Rn 3 und 4 genannten Voraussetzungen zu beweisen, der sich ggü dem überlebenden Ehegatten auf den Ausschluss von dessen Erbrecht beruft. Er kann sich dabei auf die Vermutungen des § 1566 stützen (OLG Bremen FamRZ 86, 834). Demggü trägt der überlebende Ehegatte die Beweislast dafür, dass die Ehe trotz bestehenden Scheidungsgrundes wegen einer besonderen Härte nicht geschieden worden wäre (§ 1568).

§ 1934 Erbrecht des verwandten Ehegatten

¹Gehört der überlebende Ehegatte zu den erbberechtigten Verwandten, so erbt er zugleich als Verwandter. ²Der Erbteil, der ihm auf Grund der Verwandtschaft zufällt, gilt als besonderer Erbteil.

Die Vorschrift betrifft die praktisch wenig relevante Verwandtenheirat, sie entspricht in ihrem Regelungsgehalt § 1927.

§ 1935 Folgen der Erbteilserhöhung
Fällt ein gesetzlicher Erbe vor oder nach dem Erbfall weg und erhöht sich infolgedessen der Erbteil eines anderen gesetzlichen Erben, so gilt der Teil, um welchen sich der Erbteil erhöht, in Ansehung der Vermächtnisse und Auflagen, mit denen dieser Erbe oder der wegfallende Erbe beschwert ist, sowie in Ansehung der Ausgleichungspflicht als besonderer Erbteil.

I. Die Vorschrift soll vermeiden, dass ein Erbe dadurch übermäßig beschwert wird, dass ihm ein weiterer, mit Vermächtnissen und Auflagen belasteter Erbteil zuwächst. Bsp: A und B sind die alleinigen Erben ihres Vaters. Nur der Erbteil des B soll nach dem Willen des Vaters mit einem Vermächtnis belastet sein. Unterstellt man, dass B seinerseits keine eintrittsberechtigten Verwandten hat, wird er im Falle seines Versterbens von A beerbt. Dies hätte zur Folge, dass A ggf mehr belastet würde, als vom Erblasser gewollt. Daher unterscheidet das Gesetz zugunsten des Überlebenden nach den beiden Erbteilen, A muss also das Vermächtnis maximal bis zur Höhe des von B ererbten Erbteiles erfüllen. Zu beachten ist aber, dass die Norm die **Erbteile nur in Ansehung von Vermächtnissen und Auflagen** getrennt, im Übrigen als Einheit betrachtet. Daher hat der verbleibende Erbe kein eigenständiges Ausschlagungsrecht, er kann weder seinen ursprünglichen Erbteil noch die spätere Erhöhung selbstständig übertragen.

II. Nach ihrem Wortlaut ist die Vorschrift nur auf gesetzliche Erbteile anwendbar. Allerdings besteht eine identische Interessenlage in den Fällen des § 2088, in denen sich der Erbteil des oder der gesetzlichen Erben erhöht, weil unter den eingesetzten Erben keine Anwachsung nach § 2094 stattfindet. Trotz des scheinbar entgegenstehenden Normtextes ist § 1935 daher auch auf diesen Fall anzuwenden.

§ 1936 Gesetzliches Erbrecht des Staates
¹Ist zur Zeit des Erbfalls kein Verwandter, Ehegatte oder Lebenspartner des Erblassers vorhanden, erbt das Land, in dem der Erblasser zur Zeit des Erbfalls seinen letzten Wohnsitz oder, wenn ein solcher nicht feststellbar ist, seinen gewöhnlichen Aufenthalt hatte. ²Im Übrigen erbt der Bund.

I. Die Norm statuiert das **subsidiäre gesetzliche Erbrecht** des Staates für die Fälle, in denen sonstige gesetzliche Erben (durch das LPartG wurde auch hier der eingetragene Lebenspartner als gesetzlicher Erbe anerkannt) fehlen. Dadurch soll die Einheitlichkeit der gesetzlichen Regelung gewahrt werden, indem die Herrenlosigkeit eines Nachlasses verhindert wird. Ferner soll im Ausland befindliches Vermögen eines Deutschen der eigenen Volkswirtschaft erhalten bleiben und nicht einem fremden Staat anheim fallen. Durch das Gesetz zur Änderung des Erb- und Verjährungsrechts (dazu Vor §§ 1922–2385 Rn 10) wurde der Wortlaut des Gesetzes an die heutigen Gegebenheiten angepasst.

II. 1. Erbberechtigt ist das Bundesland, in dem der Erblasser deutscher Staatsangehörigkeit seine letzte Niederlassung hatte, § 4 I der VO über die deutsche Staatsangehörigkeit v 5.2.34 (RGBl I 85). Entscheidend ist damit nicht zwingend der melderechtliche erste Wohnsitz, sondern der tatsächliche, wenn auch nicht nur vorübergehende Aufenthaltsort des Erblassers.

2. Die Besonderheiten des gesetzlichen (nicht gewillkürten!) Staatserbrechts ergeben sich aus dem Normzweck. So ist der Staat zur Annahme der Erbschaft verpflichtet, er kann weder ausschlagen (§ 1942 II), noch ohne die Einsetzung eines Dritten isoliert enterbt werden. Im Ergebnis nichts anderes gilt hins einer Erbunwürdigkeitserklärung: eine solche scheidet schon deshalb aus, weil keine anfechtungsberechtigte, also im Falle

des Durchdringens der Erbunwürdigkeitserklärung zum Erben berufene Person mehr vorhanden ist (§ 2341).

4 3. Durch den S 2 wird klargestellt, dass zukünftig auch bei Erblassern mit fremder Staatsangehörigkeit der Bund erben kann. Voraussetzung ist jedoch, dass deutsches Erbrecht gilt. Gem Art 25 I EGBGB wird grds (noch, so Vor §§ 1922–2385 Rn 28 a) an die Staatsangehörigkeit des Erblassers angeknüpft. Sofern der Erblasser folglich ausländischer Staatsangehöriger war, kommt das Recht des Staates zur Anwendung, dem der Erblasser angehörte. Nur für den Fall, dass das ausländische Recht auf deutsches Recht zurückverweist, kommt der Bund als Erbe für insb im Inland belegene unbewegliche Nachlassgegenstände in Betracht (vgl Art 4 I EGBGB).

5 4. Zudem haftet der Fiskus anders als andere gesetzliche Erben vor der Annahme nicht nur beschränkt. Er wird aber gem § 780 II ZPO regelmäßig die Beschränkung geltend machen können, ohne dass es eines entspr Vorbehalts im Urt bedarf.

6 III. Verfahren. Die Feststellung der staatlichen Erbberechtigung ist geregelt in §§ 1964–1966, sowie Art 138 und 139 EGBGB.

Vorbemerkung zu §§ 1937–1941

1 Die §§ 1937–1941 führen einige erbrechtliche Institute der **gewillkürten Erbfolge** begrifflich ein, ohne sie im Detail auszugestalten. Insofern kommt diesen Vorschriften primär eine klarstellende bzw definitorische Funktion zu. Die materiellen Regelungen finden sich im dritten und vierten Abschnitt (§§ 2064–2273, 2274–2302, Testament und Erbvertrag).

§ 1937 Erbeinsetzung durch letztwillige Verfügung

Der Erblasser kann durch einseitige Verfügung von Todes wegen (Testament, letztwillige Verfügung) den Erben bestimmen.

1 Die Vorschrift stellt das Verhältnis zwischen **gesetzlicher und gewillkürter Erbfolge** klar. Während die erstere als Regelfall angesehen wird, kommt der letzteren der Vorrang zu. Eine Verpflichtung zur Errichtung oder Nichterrichtung einer Verfügung von Todes wegen ist nichtig, § 2302.

2 Das Gesetz verwendet die Bezeichnung „Verfügung von Todes wegen" als Oberbegriff für **Testamente**, dh einseitige Verfügungen von Todes wegen (§ 1937), gemeinschaftliche Testamente, dh Verfügungen von Todes wegen von Ehepartnern (§§ 2265 ff), Erbverträge, dh vertragliche Verfügungen von Todes wegen, einschließlich der Anordnung von Vermächtnissen und Auflagen (§ 1941).

3 **Inhalt** einer letztwilligen Verfügung können nicht nur die Erbeinsetzung, sondern darüber hinaus weitere Anordnungen des Erblassers sein, zB die Errichtung einer Stiftung von Todes wegen (§ 83). Nicht hierhin, sondern zu den Rechtsgeschäften unter Lebenden gehört jedoch das sog **Patiententestament** (dazu jetzt § 1901 a, der durch das 3. Gesetz zur Änderung des Betreuungsrechts neu eingefügt wurde; Gesetzesbegr: BT-Drucks 16/8442 und 16/13314). Demnach ist der Wille des Betroffenen, unabhängig von Art und Stadium der Erkrankung, unbedingt zu beachten. Festlegungen in einer Patientenverfügung, die auf eine verbotene Tötung auf Verlangen gerichtet sind, bleiben unwirksam.

4 Abgesehen von diesem Sonderfall ist die **Abgrenzung** zwischen einer Verfügung von Todes wegen und **lebzeitiger Verfügung** eine Frage der Auslegung. Dabei soll nach herrschender Ansicht § 2084 entspr angewendet werden (BGHZ LM Nr 3 zu § 2084), wenngleich das Vorliegen einer für die Analogie notwendigen Regelungslücke im Hinblick auf §§ 133, 157 zweifelhaft erscheint (richtig BayObLG FamRZ 81, 402).

§ 1938 Enterbung ohne Erbeinsetzung

Der Erblasser kann durch Testament einen Verwandten, den Ehegatten oder den Lebenspartner von der gesetzlichen Erbfolge ausschließen, ohne einen Erben einzusetzen.

Die Vorschrift stellt die Möglichkeit des **negativen Testamentes**, die sich bereits aus 1
dem Grundsatz der Testierfreiheit ergibt, nochmals klar. Sie findet ihre Grenze in
§ 1936. Ein Ausschluss des Staates ohne Einsetzung eines Dritten ist nicht möglich, damit herrenlose Nachlässe vermieden werden.

Zweifelhaft ist, ob bereits die Einsetzung eines Dritten zum Erben (§ 1937) die Enter- 2
bung des gesetzlichen Erben **schlüssig** mitenthält. Dies wird zT im Hinblick auf § 2066
für den Regelfall behauptet (BGH NJW-RR 06, 948; BayObLG NJW-RR 92, 840),
sollte aber nicht pauschal angenommen, sondern im Einzelfall geprüft werden (ähnlich
zur Enterbung aller Verwandten OLG Hamm FamRZ 12, 1091).

Ebenfalls im Einzelfall zu prüfen ist, ob sich die Enterbung auch auf die **Abkömmlinge** 3
des weggefallenen Erben erstrecken soll. Letzteres wird man nur annehmen können,
wenn sich im Wege der Auslegung der Wille des Erblassers zum Ausschluss des gesamten Stammes feststellen lässt (OLG Karlsruhe BWNotZ 84, 69). Anderenfalls treten die
Abkömmlinge nach allg Regeln (§ 1924 III) ein.

Dem ausgeschlossenen Erben können gleichwohl **Pflichtteilsansprüche** zustehen 4
(§§ 2303 ff). Bei Lebenspartnern ergibt sich der Pflichtteilsanspruch aus § 10 VI
LPartG. Demggü verliert der von der Erbfolge ausgeschlossene Ehegatte auch sein
Recht auf den Voraus.

§ 1939 Vermächtnis

Der Erblasser kann durch Testament einem anderen, ohne ihn als Erben einzusetzen, einen Vermögensvorteil zuwenden (Vermächtnis).

Die Vorschrift hat nahezu keine eigenständige Bedeutung. Die maßgeblichen Vorschrif- 1
ten betr das **Vermächtnis**, also des schuldrechtlichen Forderungsrechtes gegen den oder
die Erben, finden sich in den §§ 2147 ff.

§ 1940 Auflage

Der Erblasser kann durch Testament den Erben oder einen Vermächtnisnehmer zu einer Leistung verpflichten, ohne einem anderen ein Recht auf die Leistung zuzuwenden (Auflage).

Die **Auflage** wird in § 1940 zwar angesprochen, die Regelungen hierzu finden sich aber 1
in §§ 2192–2196. Grds beinhaltet sie wie das Vermächtnis eine Verpflichtung des Erben zu einer Leistung. Mit dieser korrespondiert aber kein Forderungsrecht des Begünstigten, der folgerichtig auch niemals Schadensersatz wegen Nichterfüllung verlangen kann. Stattdessen besteht lediglich ein Vollziehungsanspruch zugunsten der in
§ 2194 genannten Personen.

Eine letztwillige Verfügung kann zugleich mit einer Auflage und der auflösenden Be- 2
dingung der Nichterfüllung dieser Auflage versehen werden. Die Testierfreiheit (Art 14
I 1 GG) garantiert die Möglichkeit einer solchen Kombination erbrechtlicher Gestaltungsmittel. Die Verwirkungsklausel kann durch die Verknüpfung mit der Auflage
ihren speziellen Gehalt bekommen (BGH NJW-RR 09, 1455).

§ 1941 Erbvertrag

(1) Der Erblasser kann durch Vertrag einen Erben einsetzen sowie Vermächtnisse und Auflagen anordnen (Erbvertrag).
(2) Als Erbe (Vertragserbe) oder als Vermächtnisnehmer kann sowohl der andere Vertragschließende als ein Dritter bedacht werden.

1 Auch der Erbvertrag ist in seinen Einzelheiten erst in den §§ 2274 ff geregelt. Die Vorschrift stellt klar, dass Erbeinsetzung, Vermächtnis- und Auflagenanordnung auch **vertraglich** vollzogen werden können. Abzugrenzen ist der Erbvertrag vom Erbverzichtsvertrag (§§ 2346 ff), der keine Verfügung des Erblassers enthält. Entspr gilt für Verfügungen über das Vermögen eines noch lebenden Dritten (§ 311 b IV, V). Schließlich ist die Hofübergabe (§ 17 HöfeO), obgleich Vertrag, kein Erbvertrag, sondern ein auf Erfüllung vor dem Tod des Übergebenden gerichtetes Rechtsgeschäft.

Abschnitt 2
Rechtliche Stellung des Erben

Vorbemerkung zu §§ 1942–2063

1 Der zweite Abschnitt enthält Regelungen über die **rechtliche Stellung des Erben**. Im Einzelnen finden sich Vorschriften über Annahme und Ausschlagung der Erbschaft sowie die Fürsorge für die Erbschaft, über die Haftung des Erben, den Erbschaftsanspruch und die Erbengemeinschaft.
2 Die Regelung der rechtlichen Stellung des Erben erschöpft sich jedoch in den genannten Vorschriften nicht. **Weitere materiellrechtliche Vorschriften** finden sich im Allgemeinen Teil (§§ 130 II, 153, 185 II – Konvaleszenz, 207), im Schuldrecht (§§ 672, 168 S 1) und im Sachenrecht (§ 857), verfahrensrechtliche Regelungen in der ZPO (§§ 239, 241, 243, 246, 325, 727 und 778–785) und im FamFG. Zu beachten sind auch §§ 83, 315 ff InsO.
3 Schließlich sind **einzelne Fragen nicht oder nur andeutungsweise** normiert. Namentlich fehlt, obgleich verschiedentlich vorausgesetzt (§§ 1976, 1991 II, 2175), eine explizite Regelung hins des Erlöschens von Rechtsverhältnissen durch Zusammenfall von Recht und Verbindlichkeit bzw Recht und Belastung in der Person des Erben (Konfusion, Konsolidation).

Titel 1
Annahme und Ausschlagung der Erbschaft, Fürsorge des Nachlassgerichts

§ 1942 Anfall und Ausschlagung der Erbschaft

(1) Die Erbschaft geht auf den berufenen Erben unbeschadet des Rechts über, sie auszuschlagen (Anfall der Erbschaft).
(2) Der Fiskus kann die ihm als gesetzlichem Erben angefallene Erbschaft nicht ausschlagen.

1 I. 1. Mit der **Gesamtrechtsnachfolge** ist der Eintritt des Erben auch in die Pflichtenstellung des Erblassers verbunden. Um zu vermeiden, dass dem Erben diese Pflichten gegen seinen Willen aufgedrängt werden, bedarf es daher seines Schutzes. Dazu stehen zwei Wege zur Verfügung. Einerseits ist es denkbar, den Eintritt – ggf wie im angloamerikanischen Rechtskreis unter Zwischenschaltung eines Treuhänders – von einer Willenserklärung des Erben abhängig zu machen (sog Antrittserwerb). Andererseits besteht die Möglichkeit, den Erben sofort mit dem Erbfall vorläufig in die Rechtsposition eintreten zu lassen, ihm aber die Gelegenheit zur rückwirkenden Lösung durch Anfechtung einzuräumen (sog Anfalls- oder **Vonselbsterwerb**).
2 2. Den letzten Weg geht das BGB, indem es das Anfallsprinzip in § 1922 statuiert, in § 1942 wiederholt und um das Ausschlagungsrecht ergänzt. Ziel ist dabei die Schaffung einer einfachen und lebensnahen Lösung (Mot V 486 f), die zudem die Entstehung einer ruhenden herrenlosen Erbschaft (hereditas iacens) vermeidet.
3 3. **Erbfall und Anfall** fallen dementspr zusammen, und zwar im Regelfall tatsächlich, in Einzelfällen kraft gesetzlicher Fiktion (§§ 1953 II, 2344 II, 1923 II). Eine Ausn bildet

allein die Nacherbschaft (§ 2139), da in diesem Fall zunächst der Vorerbe die Erbschaft antritt, Herrenlosigkeit also nicht droht.

II. 1. § 1942 ist **zwingendes Recht**, dh der Anfall der vorläufigen Erbschaft findet unbedingt, unmittelbar und unbeschadet etwaiger Vorbehalte des Erben statt, denen regelmäßig keine rechtsgeschäftliche Bedeutung zukommt. Erst mit der wirksamen Ausschlagung wird der rückwirkende Wegfall (§ 1953) fingiert. 4

2. Die **vorläufige Erbschaft** erstarkt zur endgültigen mit Annahme durch den Erben, spätestens mit Ablauf der Anfechtungsfrist (§ 1943). 5

3. Während der **Überlegungsfrist** ist der vorläufige Erbe umfassend geschützt (vgl §§ 207, 1958, 1995 II, §§ 239 V, 778 ZPO). Insb geht die Erbschaft als Sondervermögen (§ 1958) erst bei Annahme oder Ablauf der Anfechtungsfrist endgültig im sonstigen Vermögen des Erben auf. 6

4. Handlungen des vorläufigen Erben sind dem endgültigen Erben unter bestimmten Umständen zurechenbar. Insb muss sich der endgültige Erbe iR von § 131 InsO die Begünstigungsabsicht des vorläufigen Erben entgegenhalten lassen (BGH NJW 69, 1349). 7

§ 1943 Annahme und Ausschlagung der Erbschaft

Der Erbe kann die Erbschaft nicht mehr ausschlagen, wenn er sie angenommen hat oder wenn die für die Ausschlagung vorgeschriebene Frist verstrichen ist; mit dem Ablauf der Frist gilt die Erbschaft als angenommen.

Die Annahme ist die **einseitige, nicht empfangsbedürftige Willenserklärung**, endgültig Erbe sein zu wollen bzw auf das Ausschlagungsrecht zu verzichten. Ihr gleichgestellt ist das Verstreichenlassen der gesetzlichen Ausschlagungsfrist (letzter Halbs). In beiden Fällen finden die Regeln des AT vorbehaltlich etwaiger Sonderregelungen (vgl etwa §§ 1954–1957) Anwendung. Insb bedarf es voller Geschäftsfähigkeit, zumal eine Genehmigung gem § 111 ausscheidet (beachte zudem §§ 1432, 1455 für die Gütergemeinschaft, § 83 InsO im Insolvenzverfahren). 1

Die Annahme bedarf keiner Form und kann daher auch **schlüssig** erklärt werden (zB Verkauf einzelner Nachlassgegenstände, BayObLG FamRZ 88, 213). Im Einzelfall schwierig sein kann die Abgrenzung einer schlüssigen Annahme von einem bloßen Fürsorgeverhalten (§ 1959). Diesbezüglich bietet es sich an, nach dem Vorbild des Art 778 Code Civil nur dann von einer stillschweigenden Annahme auszugehen, wenn das Verhalten des zur Erbschaft Berufenen zwingend ein endgültiges Behaltenwollen voraussetzt (ebenso Erm/Schlüter § 1943 Rn 3). 2

Wird die Annahme **ggü Unbeteiligten** erklärt, sind an den Annahmewillen erhöhte Anforderungen zu stellen. Erfolgt sie ggü einer abwesenden Person, ist trotz der fehlenden Empfangsbedürftigkeit eine entspr Anwendung von § 130 I 2, also ein Widerrufsrecht, zu erwägen. 3

Strittig sind schließlich die Fälle, in denen die Annahme objektiv schlüssig erklärt wird, es dem Erben aber an einem entspr **Willen fehlt**. Hier ist von einer Annahme auszugehen, dem Erben aber die Möglichkeit der Anfechtung einzuräumen (iE sehr str; su § 1954 Rn 3 f, vgl auch BayObLGZ 83, 153; wie hier MK/Leipold Rn 4). 4

§ 1944 Ausschlagungsfrist

(1) Die Ausschlagung kann nur binnen sechs Wochen erfolgen.
(2) ¹Die Frist beginnt mit dem Zeitpunkt, in welchem der Erbe von dem Anfall und dem Grunde der Berufung Kenntnis erlangt. ²Ist der Erbe durch Verfügung von Todes wegen berufen, beginnt die Frist nicht vor Bekanntgabe der Verfügung von Todes wegen durch das Nachlassgericht. ³Auf den Lauf der Frist finden die für die Verjährung geltenden Vorschriften der §§ 206, 210 entsprechende Anwendung.
(3) Die Frist beträgt sechs Monate, wenn der Erblasser seinen letzten Wohnsitz nur im Ausland gehabt hat oder wenn sich der Erbe bei dem Beginn der Frist im Ausland aufhält.

§ 1944　　Buch 5 | Erbrecht

1　I. Die Vorschrift dient dem Ausgleich zwischen dem Schutz des Erben und den Belangen der Nachlassgläubiger. Während der Erbe in der Lage sein muss, sich Informationen über die Nachlassverhältnisse zu verschaffen, haben die Gläubiger ein schützenswertes Interesse an möglichst **baldiger Klarheit** über den Verbleib der Erbschaft und damit über die Person ihres zukünftigen Schuldners.

2　II. 1. Die gesetzliche Ausschlagungsfrist beginnt nicht notwendigerweise mit dem Anfall der Erbschaft, sondern setzt weiter gehend sichere **positive Kenntnis** des Erben vom Anfall und der eigenen Berufung voraus (BayObLG NJW-RR 94, 203; OLG München NJW-RR 06, 1668; nicht ausreichend fahrlässige Unkenntnis, BGH Rpfleger 68, 183). Kenntnis ergibt sich idR schon aus dem Wissen um den Verwandtschaftsgrad (OLG Zweibrücken NJW-RR 06, 1594) oder, im Fall gewillkürter Erbfolge, aus der Kenntnis der letztwilligen Verfügung. Das Fehlen eines Aktivnachlasses oder die Annahme, ein solcher fehle, kann bei einem Laien die Kenntnis vom Anfall der Erbschaft ausschließen (BayObLGZ 33, 337).

3　2. **Tatsachenirrtümer** schließen die Kenntnis und damit den Fristbeginn ebenso aus wie auf der Unkenntnis der gesetzlichen Vorschriften beruhende Rechtsirrtümer. Ein Rechtsirrtum liegt jedoch nicht schon bei fehlerhafter Subsumtion vor, sondern erst dann, wenn der Erbe die Rechtslage auch nach den Maßstäben eines Laien missverstanden hat.

4　3. Soweit **Minderjährige** Erben geworden sind, ist die Kenntnis der gesetzlichen Vertreter maßgeblich (BayObLGZ 69, 18), aus Gründen der Praktikabilität sollte dabei die Kenntnis eines Elternteils ausreichen (str, wie hier Soergel/Stein § 1944 Rn 11 mwN; anders OLG Frankfurt FamRZ 13, 403, Kenntnis des letzten von den gemeinsamen Erziehungsberechtigten). Fällt ein gesetzlicher Vertreter nach Kenntniserlangung durch Tod weg, beginnt für seinen Nachfolger eine neue Frist, um den Schutz des Minderjährigen nicht zu beeinträchtigen.

5　4. Erlangt ein **Bevollmächtigter** Kenntnis von Erbfall und Berufung, setzt die Frist allenfalls ein, wenn sich die Vollmacht auch auf Annahme und Ausschlagung der Erbschaft bezieht (str, wie hier BayObLG NJW 153, 1431; aA MK/Leipold § 1944 Rn 14 mwN, der allein auf den Vertreter abstellt).

6　5. Für die **Leibesfrucht** beginnt die Frist nicht vor der Geburt des Kindes zu laufen. Im Hinblick auf §§ 1923 II, 1912 II spricht jedoch vieles dafür, Annahme und Ausschlagung durch die Eltern schon zwischen Erbfall und Geburt des Kindes zuzulassen (str, wie hier OLG Stuttgart NJW 93, 2250; OLG Oldenburg NJW-RR 94, 651; aA LG Berlin und AG Schöneberg Rpfleger 90, 362).

7　6. Die Frist beginnt im Falle der **Nacherbschaft** mit Kenntnis von Nacherbfall und Berufungsgrund. Auch hier kommt aber eine vorzeitige Ausschlagung oder Annahme nach dem ersten Erbfall in Betracht. Gleiches gilt für den Ersatzerben.

8　7. Im Rahmen der Herauslösung der Vorschriften zur Eröffnung von Verfügungen von Todes wegen wurde der Begriff der „Verkündung" durch den der „Bekanntgabe" in Abs 2 S 2 ersetzt. Die Vorschrift stellt klar, dass die Ausschlagungsfrist vor Bekanntgabe der Verfügung von Todes wegen, sei es mündlich im Rahmen eines Eröffnungstermins nach § 348 II FamFG oder schriftlich nach § 348 III FamFG im praktischen Regelfall der stillen Eröffnung, nicht zu laufen beginnt.

9　8. Auf den **Lauf der Frist** finden die Vorschriften des Allgemeinen Teils (§§ 187 I, 188 II, 193) Anwendung. Ein Fall der Hemmung (Abs 2 S 3 iVm § 206) liegt nach heute hM (vgl Palandt/Weidlich § 1944 Rn 7 mwN; anders RGZ 118, 147) aus Gründen höherer Gewalt nur, wenn eine wegen §§ 1643 II, 1822 Nr 2 notwendige vormundschaftliche Genehmigung unterbleibt, da eine Anfechtung gem § 1956 mangels Irrtums bei Verzögerung der Gerichtsentscheidung nicht möglich ist. Demggü wird man bzgl der ehemaligen DDR eine Hemmung durch Stillstand der Rechtspflege nicht annehmen können (Adlerstein-Desch DtZ 91, 193).

10　III. Die Frage, ob und wann ein Erbe Kenntnis vom Anfall der Erbschaft sowie vom Grund der Berufung zur Erbfolge erlangt hat, liegt im tatsächlichen Bereich (BGH Rpfleger 68, 183). Das Rechtsbeschwerdegericht ist folglich an die **Feststellungen der Tatsacheninstanz** gebunden (§ 72 FamFG). Eine Ausn gilt nur, wenn die Feststellungen der Tatsacheninstanz verfassungswidrig zustande gekommen sind, der Sachverhalt nicht ausreichend ermittelt wurde, nicht alle geeigneten Beweise erhoben wurden oder die Beweiswürdigung rechtsfehlerhaft war (BayObLG FamRZ 91, 1234).

§ 1945 Form der Ausschlagung

(1) Die Ausschlagung erfolgt durch Erklärung gegenüber dem Nachlassgericht; die Erklärung ist zur Niederschrift des Nachlassgerichts oder in öffentlich beglaubigter Form abzugeben.
(2) Die Niederschrift des Nachlassgerichts wird nach den Vorschriften des Beurkundungsgesetzes errichtet.
(3) ¹Ein Bevollmächtigter bedarf einer öffentlich beglaubigten Vollmacht. ²Die Vollmacht muss der Erklärung beigefügt oder innerhalb der Ausschlagungsfrist nachgebracht werden.

Ausschlagung ist die unwiderrufliche, fristgebundene und amtsempfangsbedürftige (beachte § 130) Willenserklärung, das Erbe nicht antreten zu wollen. Hins der Anwendbarkeit des Allgemeinen Teils, des Familienrechts und der Insolvenzordnung gilt das zur Annahme Gesagte sinngemäß (§ 1943 Rn 1). 1

Die Ausschlagung für ein **minderjähriges Kind** muss durch beide Eltern erfolgen (BayObLG 77, 163). Es reicht nicht aus, wenn ein Elternteil die Ausschlagung des anderen nachträglich formlos genehmigt (BayObLGZ 57, 361). Probleme bereiten die Fälle, in denen ein Elternteil zum Erbe berufen ist, soweit das Kind als Erbe wegfällt. Vieles spricht hier für eine erweiternde Anwendung des § 181, obgleich die Eltern regelmäßig ohnehin der Genehmigung des Vormundschaftsgerichts gem § 1643 II bedürfen. 2

Die Ausschlagung muss **ggü dem Nachlassgericht** entweder zu dessen Niederschrift oder in öffentlich beglaubigter Form abgegeben werden. Lediglich für Erben, die sich dauernd im Ausland aufhalten, sollte aus Gründen der Praktikabilität die Form des Aufenthaltsortes ausreichen (str, wie hier unter Hinweis auf Art 11 EGBGB Palandt/Weidlich § 1945 Rn 3). Örtlich zuständig ist das Gericht, in dessen Bezirk der Erblasser seinen Wohnsitz hatte (vgl § 343 I FamFG). Ein besonderer Gerichtsstand wurde durch das FGG-RG in § 344 VII FamFG für die Entgegennahme einer Erklärung, mit der die Erbschaft ausgeschlagen wird, neu eingeführt. Danach ist auch das Nachlassgericht zuständig, in dessen Bezirk der Ausschlagende seinen Wohnsitz hat. Die Niederschrift über eine solche Erklärung ist gem § 344 VII 2 FamFG an das zuständige Nachlassgericht zu übersenden. Eine Erklärung ggü dem unzuständigen Gericht ist jedoch unschädlich, wenn sich das Gericht für zuständig erklärt oder die Erklärung innerhalb der Frist an das zuständige Gericht gem § 2 FamFG weiterleitet (vgl auch BGH Rpfleger 77, 406). 3

Das Nachlassgericht hat den Empfang der Ausschlagungserklärung in öffentlich beglaubigter Form zu bestätigen. 4

§ 1946 Zeitpunkt für Annahme oder Ausschlagung

Der Erbe kann die Erbschaft annehmen oder ausschlagen, sobald der Erbfall eingetreten ist.

Die Norm betrifft grds nur Annahme und Ausschlagung einer (zu Lebzeiten des Erblassers ohnehin noch nicht existenten) **Erbschaft**. Davon zu trennen sind lebzeitige Geschäfte mit dem Erblasser, namentlich der Erbverzicht (§ 2346) und Geschäfte unter zukünftigen Erben (§ 311 b V). 1

Ebenso zuzulassen sind Annahme und Ausschlagung durch die Eltern nach dem Erbfall, aber vor der **Geburt des Nasciturus** (so § 1944 Rn 6, str). 2

Im Falle der **Vor- und Nacherbschaft** geht § 2142 als Sondervorschrift vor (BayObLGZ 62, 241). 3

§ 1947 Bedingung und Zeitbestimmung

Die Annahme und die Ausschlagung können nicht unter einer Bedingung oder einer Zeitbestimmung erfolgen.

1 Die Norm dient der **Schaffung von Rechtssicherheit.** Daher ist im Einzelfall durch Auslegung gem §§ 133, 157 zu ermitteln, ob eine unzulässige rechtsgeschäftliche Bedingung/Zeitbestimmung iSd §§ 158 ff (zB Annahme nur dann, „wenn der Nachlass nicht überschuldet ist") oder eine bloß überflüssige und damit unschädliche Erklärung etwa der Beweggründe des Erben vorliegt.

2 Wird **zugunsten eines Dritten** ausgeschlagen, ist entscheidend, ob der gewollte Erbanfall echte Bedingung oder bloße gesetzliche Folge der Ausschlagung war. Im ersten Fall ist die Ausschlagung unwirksam, es sei denn, sie lässt sich unter den Voraussetzungen des § 140 in eine Annahme und Verpflichtung zur Übertragung auf den Dritten umdeuten (§ 2033).

§ 1948 Mehrere Berufungsgründe

(1) Wer durch Verfügung von Todes wegen als Erbe berufen ist, kann, wenn er ohne die Verfügung als gesetzlicher Erbe berufen sein würde, die Erbschaft als eingesetzter Erbe ausschlagen und als gesetzlicher Erbe annehmen.
(2) Wer durch Testament und durch Erbvertrag als Erbe berufen ist, kann die Erbschaft aus dem einen Berufungsgrund annehmen und aus dem anderen ausschlagen.

1 Die Vorschrift ermöglicht dem Erben entgg § 1947 die **Beschränkung der Erbannahme** auf das gesetzliche Erbe. Dadurch soll ihm ermöglicht werden, den infolge gewillkürter Erbfolge eintretenden Beschwerungen zu entgehen. Die praktische Bedeutung der Vorschrift ist indes gering, da viele Beschwerungen bestehen bleiben (§§ 2085, 2162, 2192, 2320) bzw andere Normen vorrangig eingreifen (§§ 2069, 2094, 2096, 2102 I).

2 Eine noch geringere praktische Bedeutung hat Abs 2. Gemeint sind die Fälle, in denen das Testament ggü einem Erbvertrag **weiter gehende Beschränkungen** enthält. Zu beachten ist aber immer auch § 2289, wonach eine letztwillige Verfügung durch einen späteren Erbvertrag unter bestimmten Voraussetzungen ohnehin aufgehoben wird.

§ 1949 Irrtum über den Berufungsgrund

(1) Die Annahme gilt als nicht erfolgt, wenn der Erbe über den Berufungsgrund im Irrtum war.
(2) Die Ausschlagung erstreckt sich im Zweifel auf alle Berufungsgründe, die dem Erben zur Zeit der Erklärung bekannt sind.

1 I. Die Vorschrift ordnet die **Nichtigkeit** von Annahme und Ausschlagung im Falle des Irrtums über den Berufungsgrund kraft Gesetzes an. Es bedarf keiner Anfechtung durch den Erben. Damit steht die Norm im Widerspruch zur sonstigen Irrtumssystematik des BGB (vgl §§ 119–123, 142). Eine Korrektur über § 122 analog kommt (entgg Jauernig/Stürner § 1949 Rn 1, 2) nicht in Betracht. Auch kommt es nicht auf die Vorwerfbarkeit des Irrtums an.

2 II. 1. Abs 1 gilt auch für die Anfechtbarkeit einer **schlüssigen Annahme**, nicht aber für die Annahme kraft Ablaufs der Anfechtungsfrist (§ 1943), da letztere ja gerade die Kenntnis vom Berufungsgrund voraussetzt (Staud/Otte § 1949 Rn 2).

3 2. Ein **Irrtum** über den Berufungsgrund liegt vor, wenn der konkret vorgestellte und der tatsächliche Berufungsgrund voneinander abweichen. Kein Irrtum liegt vor, wenn dem Erben gleichgültig war, warum er angenommen hat (so zB für den umgekehrten Fall einer Ausschlagung „aus allen Berufungsgründen" OLG Hamm FamRZ 11, 1426). Kein Irrtum liegt weiterhin vor, wenn vor Erteilung des Erbscheins die Wirksamkeit und Auslegung des Testaments kontrovers diskutiert wurden, ein entspr Irrtum für die Annahmehandlung aber nicht kausal war (OLG Karlsruhe ZEV 07, 380).

3. Irrt der Erbe über etwas **anderes** als den Berufungsgrund, gelten §§ 119 ff, 1954 ff. 4

§ 1950 Teilannahme; Teilausschlagung

¹Die Annahme und die Ausschlagung können nicht auf einen Teil der Erbschaft beschränkt werden. ²Die Annahme oder Ausschlagung eines Teils ist unwirksam.

I. 1. Die Vorschrift dient wie § 1947 der **Rechtssicherheit** und dem Gläubigerschutz, 1 indem sie verhindert, dass der Erbe die Annahme auf besonders lukrative Teile der Erbschaft (etwa eine Immobilie, ein Handelsgeschäft oÄ) beschränkt bzw mit Verbindlichkeiten belastete Nachlassgegenstände isoliert ausschlägt.
2. In Anbetracht dieses Schutzzwecks handelt es sich bei § 1950 um **zwingendes Recht**, 2 das selbst durch eine gegenteilige Verfügung des Erblassers nicht abgeändert werden kann (beachte aber die besondere Konstellation des § 1951 III).
II. 1. Sind Teilannahme oder Teilausschlagung unwirksam, ist zunächst an eine Um- 3 deutung in eine Vollannahme und -ausschlagung zu denken. Da es aber regelmäßig an den Voraussetzungen des § 140 fehlen wird, ist die Willenserklärung im Ganzen **unwirksam**, dh die Erbschaft gilt mangels Ausschlagung nach Ablauf der Annahmefrist als angenommen (§ 1943). Dem Erben bleibt in diesem Fall nur der Weg über die Anfechtung (§ 1956).
2. Streitig ist, ob auch ein Fall des § 1950 vorliegt, wenn der Erbe ausschlägt, sich aber 4 den **Pflichtteil vorbehält**. Dies ist unproblematisch nicht der Fall in den Sonderfällen des § 2306 I und § 1371 III, in denen eine entspr Teilausschlagung schon kraft Gesetzes zugelassen wird. Im Übrigen sollten ähnliche Überlegungen gelten wie bei der Ausschlagung zugunsten eines Dritten (so § 1947 Rn 2). War das Bestehen des Pflichtteilsanspruches bloßes Motiv für die Ausschlagung, ist die Beschränkung auf den Pflichtteil zulässig. War sie dag echte Bedingung, führt dies zur Unzulässigkeit (str, wie hier OLG Hamm MDR 81, 1017; aA Staud/Otte § 1950 Rn 6).
III. Nach § 11 HöfeO kann der Erbe die Erbschaft annehmen, aber den Hof ausschla- 5 gen. Im umgekehrten Fall findet § 1950 dag Anwendung, da der Hof kein Erbteil iSd § 1951 ist und die HöfeO eine Beschränkung auf die Annahme des Hofes gerade nicht vorsieht (Erm/Schlüter § 1950 Rn 4; aA v Olshausen AgrarR 77, 138).

§ 1951 Mehrere Erbteile

(1) Wer zu mehreren Erbteilen berufen ist, kann, wenn die Berufung auf verschiedenen Gründen beruht, den einen Erbteil annehmen und den anderen ausschlagen.
(2) ¹Beruht die Berufung auf demselben Grund, so gilt die Annahme oder Ausschlagung des einen Erbteils auch für den anderen, selbst wenn der andere erst später anfällt. ²Die Berufung beruht auf demselben Grund auch dann, wenn sie in verschiedenen Testamenten oder vertragsmäßig in verschiedenen zwischen denselben Personen geschlossenen Erbverträgen angeordnet ist.
(3) Setzt der Erblasser einen Erben auf mehrere Erbteile ein, so kann er ihm durch Verfügung von Todes wegen gestatten, den einen Erbteil anzunehmen und den anderen auszuschlagen.

I. Die Vorschrift enthält für den besonderen Fall der Berufung zu mehreren Erbteilen 1 aus verschiedenen Gründen **Sonderregelungen** ggü den §§ 1948, 1950. Sie wird wegen ihres vergleichsweise geringen praktischen Anwendungsbereiches und ihrer zT nicht nachvollziehbaren Differenzierungen (Rn 2 f) zu Recht als unbefriedigend empfunden, zumal es an rechtshistorischen Vorbildern fehlt (ausf Lange/Kuchinke ErbR § 8 VI 3 e).
II. 1. Eine **Berufung aus mehreren Gründen** liegt in den folgenden Fällen vor: beim An- 2 fall eines Erbteiles durch Verfügung von Todes wegen, eines anderen kraft Gesetzes; Anfall eines Erbteiles durch Testament, eines anderen durch Erbvertrag; Anfall mehrerer Teile durch Erbverträge, die der Erblasser mit verschiedenen Personen (nicht zwischen denselben Personen, vgl u Rn 3) geschlossen hat (zB im Fall drittbegünstigender

vertragsmäßiger Verfügungen); Berufung eines Verwandten oder Ehegatten kraft Gesetzes auf mehrere Erbteile (§§ 1927, 1934).

3 2. Als **Berufung aus demselben Grunde** betrachtet das Gesetz dag die Einsetzung durch ein Testament, zB der Erbe ist hins mehrerer Erbteile durch verschiedene Nacherbeneinsetzungen beschränkt (KG JFG 6, 143); durch mehrere Testamente (vorrangig ist deren Wirksamkeit zu prüfen!); durch einen Erbvertrag; durch mehrere Erbverträge eines Erblassers mit derselben Person (§ 1951 II 2).

4 3. In den unter Rn 3 genannten Fällen steht es dem Erblasser jedoch frei, den Erben trotz einheitlichen Berufungsgrundes auf mehrere Erbteile einzusetzen und ihm zu **gestatten,** jeden Teil einzeln anzunehmen oder auszuschlagen (§ 1951 III). Im Hinblick auf § 1950 gilt dies jedoch nicht für einen einheitlichen Erbteil, den der Erblasser nur teilt, um dem Erben eine Teilannahme oder -ausschlagung zu ermöglichen (str, wie hier Erm/Schlüter § 1950 Rn 3; aA Soergel/Stein § 1950 Rn 7 mwN).

5 4. Für die **Hoferbfolge** gilt § 1951 nicht, da es sich bei dem Hof nicht um einen Erbteil im vg Sinne handelt (so § 1950 Rn 5).

6 5. Ist die Teilausschlagung oder -annahme nach § 1951 **unwirksam,** gilt die Annahme nach Ablauf der Überlegungsfrist als erfolgt (§ 1943). Sie ist aber anfechtbar gem § 1956 (so § 1950 Rn 3).

§ 1952 Vererblichkeit des Ausschlagungsrechts

(1) Das Recht des Erben, die Erbschaft auszuschlagen, ist vererblich.
(2) Stirbt der Erbe vor dem Ablauf der Ausschlagungsfrist, so endigt die Frist nicht vor dem Ablauf der für die Erbschaft des Erben vorgeschriebenen Ausschlagungsfrist.
(3) Von mehreren Erben des Erben kann jeder den seinem Erbteil entsprechenden Teil der Erbschaft ausschlagen.

1 I. 1. Das Recht zur Ausschlagung ist wegen seiner Bindung an die Erbenstellung ein höchstpersönliches, nicht übertragbares Gestaltungsrecht (OLG Zweibrücken NJW-RR 08, 239). Dem steht auch § 2033 nur scheinbar entgg, da die dortige „Verfügung" über den Nachlassanteil regelmäßig die stillschweigende Annahme der Erbschaft voraussetzt.

2 2. Allerdings ist das Recht zur Ausschlagung **vererblich** (Abs 1), da der Erbe des Erben (der „Erbeserbe") dessen Gesamtrechtsnachfolge antritt, also auch in dessen vorläufige Erbenstellung eintritt.

3 3. Dem **Erbeserben** steht es demzufolge frei, beide Erbschaften auszuschlagen oder anzunehmen. Denkbar ist es auch, dass er zwar die Erbschaft des Erben annimmt, aber die des ersten Erblassers ausschlägt. Logisch ausgeschlossen ist demggü die Annahme nur der Erbschaft des ersten Erblassers, da der Erbeserbe das Recht zur Annahme nur erwirbt, wenn er die Erbschaft des Ersterben annimmt und dadurch in dessen Rechtsstellung eintritt.

4 II. 1. Abs 2 schützt den Erbeserben in den Fällen, in denen die **Frist zur Ausschlagung** für den Erben zum Zeitpunkt von dessen Tod bereits begonnen hatte. In diesem Fall läuft die Ausschlagungsfrist zwar unabhängig von der Kenntnisnahme durch den Erbeserben weiter, verlängert sich aber mind bis zum Ende der Ausschlagungsfrist der für den Erbeserben unmittelbaren Erbschaft, ggf darüber hinaus, etwa wenn bzgl der ersten Erbschaft ein Fall des § 1944 III vorlag.

5 2. Tritt eine **Miterbengemeinschaft** das Erbeserbe an, kann jeder Miterbe gem Abs 3 selbstständig den Teil der ersten Erbschaft ausschlagen, der seinem Anteil an der ersten Erbschaft entspricht. Dieser Klarstellung bedarf es im Hinblick auf §§ 1950, 2033 II (zu letzterem RGZ 162, 401). Umstritten ist die Rechtsfolge einer solchen (Teil-)Ausschlagung. Im Schrifttum wurde darauf abgestellt, dass in der Sache ein Teil der Erbschaft des ersten Erblassers ausgeschlagen werde. Folgerichtig müsse statt des ausschlagenden Miterbeserben derjenige Erbe werden, den der erste Erblasser beerbt hätte, wenn bereits der Erbe teilweise hätte ausgeschlagen können. Gewichtiger erscheint indes die praktische Erwägung, dass die Erbeserben dem Erbe des Erben näher stehen, zu dem auch der Erbteil des Erblassers gehört (Lange/Kuchinke ErbR § 8 V 3 mwN in Fn 113). Richtigerweise ist daher aus Gründen der Praktikabilität von einer Anwachsung unter den verbleibenden Miterbeserben auszugehen (ausf mit zT abw Schlussfolgerungen v Olshausen FamRZ 76, 678).

§ 1953 Wirkung der Ausschlagung

(1) Wird die Erbschaft ausgeschlagen, so gilt der Anfall an den Ausschlagenden als nicht erfolgt.
(2) Die Erbschaft fällt demjenigen an, welcher berufen sein würde, wenn der Ausschlagende zur Zeit des Erbfalls nicht gelebt hätte; der Anfall gilt als mit dem Erbfall erfolgt.
(3) ¹Das Nachlassgericht soll die Ausschlagung demjenigen mitteilen, welchem die Erbschaft infolge der Ausschlagung angefallen ist. ²Es hat die Einsicht der Erklärung jedem zu gestatten, der ein rechtliches Interesse glaubhaft macht.

I. Die Norm enthält eine **doppelte Fiktion**, indem sie sowohl die Ausschlagung des Erstberufenen (Abs 1) als auch den Erbanfall in der Person des Nächstberufenen (Abs 2 letzter Halbs) auf den Zeitpunkt des Erbfalles zurückbezieht. Dadurch wird bewirkt, dass der ausschlagende Erbe nie, der Nächstberufene vorbehaltlich eigener Ausschlagung von Anfang an Erbe gewesen ist. 1

II. 1. Bei **gesetzlicher Erbfolge** folgen auf den Ausschlagenden die nächstberufenen Erben späterer Ordnungen (§§ 1924 ff). 2

2. Demggü ist bei **gewillkürter Erbfolge** vorrangig der Ersatzerbe zum nächsten Erben berufen (§§ 2096, 2069). Fehlt ein solcher, tritt der gesetzliche Erbe an die Stelle des Erstberufenen. 3

3. Ebenfalls zwischen gesetzlicher und gewillkürter Erbfolge ist zu unterscheiden bei Ausschlagung durch einen **Miterben**. Im ersten Fall tritt Erhöhung (§ 1935), im letzten Fall Anwachsung (§ 2094) unter den übrigen Miterben ein. 4

4. Im Fall der **Vor- und Nacherbschaft** erstarkt die Vorerbschaft zur Vollerbschaft, wenn der Nacherbe ausschlägt. Etwas anderes gilt nur dann, wenn der Erblasser einen Ersatznacherben berufen hatte (§ 2142 II). 5

5. Problematisch und zT str ist die rechtliche Würdigung von Verfügungen des Ausschlagenden über Nachlassgegenstände während der Schwebezeit. Im **Verhältnis zu dem endgültigen Erben** haftet der vorläufige Erbe nicht als Erbschaftsbesitzer iSd § 2018, sondern wegen der Sondervorschrift des § 1959 I nur wie ein Geschäftsführer ohne Auftrag (so § 2018 Rn 3). 6

6. Schwieriger ist die Beurteilung des **Verhältnisses ggü Dritten**. Grds liegt in solchen Fällen eine Verfügung durch einen Nichtberechtigten vor, soweit nicht ein Fall des § 1959 II oder III vorliegt (vgl dort). Für den Erwerber kommt daher nur ein gutgläubiger Erwerb in Betracht, der jedoch im Hinblick auf die §§ 2366 und 2367 insofern selten ist, als die Beantragung eines Erbscheins regelmäßig zugleich die Annahme der Erbschaft beinhaltet. Praktisch relevant wird ein gutgläubiger Erwerb daher nur, wenn der vorläufige Erbe zunächst einen Erbschein beantragt, die damit verbundene Annahme später aber wirksam anficht. 7

7. Streitig ist, ob sich der vorläufige Erbe, der die Nachlasssache in Besitz nimmt, einer verbotenen Eigenmacht (§ 858) schuldig macht bzw ob die Nachlasssache dem endgültigen Erben **abhandenkommt** (§§ 857, 935). Das Gesetz ermöglicht dem vorläufigen Erben die Besitzergreifung über § 1959. 8

8. Abs 3 dient dazu, die Zuordnung des Nachlasses zu dem **nächstberufenen Erben** zu ermöglichen. Die in S 1 normierte Mitteilungspflicht begründet zugleich eine Ermittlungspflicht vAw (§ 26 FamFG), deren Verletzung Schadensersatzansprüche auslösen kann (§ 839). Die Formulierung als Sollvorschrift steht dem nicht entgg, sondern dient nur der Klarstellung, dass die Mitteilung keine Wirksamkeitsvoraussetzung für Ausschlagung und Erbanfall in der Person des Nächstberufenen ist (MK/Leipold Rn 14). 9

10 9. Das Recht zur **Einsichtnahme** (S 2) setzt – wie im Erbrecht üblich (§§ 2010, 2081, 2146, 2228, 2384; vgl auch § 256 ZPO) – ein „rechtliches Interesse" voraus, also eine stärkere Betroffenheit ggü nur berechtigtem Interesse (vgl etwa § 12 I 1 GBO, § 13 II 1 FamFG). Die Unterscheidung ist für die Praxis wenig hilfreich, die Unterschiede sind marginal.

11 III. Im Prozess führt die Ausschlagung nicht dazu, dass der endgültige Erbe Rechtsnachfolger des vorläufigen Erben iSd § 265 ZPO wird (BGHZ 106, 364).

§ 1954 Anfechtungsfrist

(1) Ist die Annahme oder die Ausschlagung anfechtbar, so kann die Anfechtung nur binnen sechs Wochen erfolgen.
(2) ¹Die Frist beginnt im Falle der Anfechtbarkeit wegen Drohung mit dem Zeitpunkt, in welchem die Zwangslage aufhört, in den übrigen Fällen mit dem Zeitpunkt, in welchem der Anfechtungsberechtigte von dem Anfechtungsgrund Kenntnis erlangt. ²Auf den Lauf der Frist finden die für die Verjährung geltenden Vorschriften der §§ 206, 210, 211 entsprechende Anwendung.
(3) Die Frist beträgt sechs Monate, wenn der Erblasser seinen letzten Wohnsitz nur im Ausland gehabt hat oder wenn sich der Erbe bei dem Beginn der Frist im Ausland aufhält.
(4) Die Anfechtung ist ausgeschlossen, wenn seit der Annahme oder der Ausschlagung 30 Jahre verstrichen sind.

1 I. 1. Sofern sich ein Erbe über den **Grund seiner Berufung** irrt, ist seine Annahmeerklärung nach § 1949 I unwirksam. Eine etwa erfolgte Ausschlagung erstreckt sich nach § 1949 II iZw nur auf die bekannten Berufungsgründe. Insofern besteht für eine Anfechtung wegen Irrtums über den Berufungsgrund kein Bedarf.

2 2. Darüber hinaus sind indes auch **weitere Irrtümer** denkbar, die die Möglichkeit einer Anfechtung von Annahme oder Ausschlagung durch den Berufenen erforderlich erscheinen lassen. Diese Anfechtung richtet sich grds nach den allg Vorschriften (§§ 119 ff). Die §§ 1954–1957 beinhalten daher im Ggs zu §§ 2078–2079 **keine Erweiterung der Anfechtungsgründe** (beachte aber § 2308), sondern modifizieren den Allgemeinen Teil nur in Bezug auf Form (§ 1955), Frist (§ 1954), Gegenstand (§ 1956) und Wirkung (§ 1957) der Anfechtungserklärung.

3 II. 1. Abs 1 knüpft an die Anfechtbarkeit der Annahme oder Ausschlagung an. Für die Anfechtungserklärung gelten die §§ 143, 1955. Anfechtungsberechtigt ist nur der Erbe, nicht der Nachlassverwalter, Testamentsvollstrecker oder Nachlassinsolvenzverwalter. Als **Anfechtungsgründe** kommen zunächst die in § 119 I genannten Fälle in Betracht. Wenig praktisch ist dabei wegen des formalisierten Verfahrens die Situation des Erklärungsirrtums, also ein Versprechen oder Verschreiben des Erben.

4 a) Wahrscheinlicher und in der Praxis häufiger sind **Inhaltsirrtümer**, etwa dann, wenn das Verhalten des Erben eine schlüssige Annahme darstellt, ein entspr Wille aber nicht vorlag (so § 1943 Rn 4). Hier ist dem Erben die Möglichkeit zur Anfechtung selbst dann einzuräumen, wenn er sich nicht bewusst war, überhaupt rechtserhebliche Handlungen vorzunehmen (vgl auch BayObLGZ 83, 153, ungenau dort aber die wechselnde Bezeichnung als Inhalts- und Erklärungsirrtum).

5 b) Nach allg Grundsätzen unbeachtlich sind dag **Motiv- und Rechtsfolgenirrtümer**. Solche liegen zB vor bei der Fehlvorstellung über die Person der Nächstberufenen (Stuttgart OLGZ 83, 304) oder die güter- oder pflichtteilsrechtlichen Konsequenzen der Ausschlagung (str, wie hier Soergel/Stein § 1954 Rn 2; aA OLG Hamm NJW 82, 47). Allerdings berechtigt die irrige Vorstellung des unter Beschwerungen als Alleinerbe eingesetzten Pflichtteilsberechtigten, er dürfe die Erbschaft nicht ausschlagen, um seinen Anspruch auf den Pflichtteil nicht zu verlieren, die Anfechtung einer auf dieser Vorstellung beruhenden Annahme der Erbschaft (BGH NJW 06, 3353).

6 c) Unter den Voraussetzungen des § 119 II anfechtbar sind hingegen Irrtümer über eine **verkehrswesentliche Eigenschaft** des Nachlasses. Eine solche ist zB die Höhe der Quo-

te, mit der der Erbe an einer Miterbengemeinschaft beteiligt ist (OLG Hamm NJW 66, 1080; vgl auch §§ 2047 I, 2060).

d) Ebenso als ein Fall des § 119 II wird heute überw der Irrtum über die **Überschuldung des Nachlasses** angesehen (vgl nur RGZ 158, 50 sowie statt aller Lüke JuS 78, 256). Darin kommt zum Ausdruck, dass der Nachlass als „Sache" iSd § 119 angesehen wird. Die Überschuldung ist als Eigenschaft des Nachlasses zu betrachten, die dessen wertbildende Faktoren im Ganzen widerspiegelt, also nicht bloßes Werturt ist.

e) Streitig ist demggü, ob auch ein Irrtum über das Bestehen oder Nichtbestehen **einzelner Aktiva und Passiva** zur Anfechtung berechtigen soll (bejahend Lange/Kuchinke ErbR § 8 VII 2 d in Fn 175; verneinend Staud/Otte § 1954 Rn 14 jeweils mwN, OLG Düsseldorf NJW-RR 09, 12; differenzierend BGHZ 106, 363). Richtigerweise ist dies zu verneinen, da der Gesetzgeber von einem Anfechtungsbedarf nur in der besonderen Situation des § 2308 I ausgeht, die Einräumung weiter gehender Rechte diese Sondervorschrift jedoch leerlaufen ließe.

f) Unstrittig einen unbeachtlichen Motivirrtum stellt die **Fehlbewertung** einzelner Nachlassgegenstände dar.

g) Ebenso kein tauglicher Anfechtungsgrund ist die Fehleinschätzung der weiteren politischen **Entwicklung in der DDR** (Bsp: Der Erbe schlägt aus, weil er den Wert eines zum Nachlass gehörenden Grundstückes in der DDR nicht für realisierbar hält), da der Erbe sich hins der zum Zeitpunkt des Erbanfalls maßgeblichen Gegebenheiten nicht geirrt, sondern lediglich eine falsche Zukunftsprognose abgegeben hat und insofern einem unbeachtlichen Motivirrtum unterliegt (OLG Düsseldorf ZEV 95, 32; KG DNotZ 92, 445; diese Rspr hält BVerfG DtZ 94, 312 für unbedenklich; vgl a de Leve DtZ 96, 199).

2. Gegenstand der Anfechtung ist die Annahme- oder Ausschlagungserklärung. In § 1956 wird die Anfechtungsmöglichkeit auf Versäumung der Ausschlagungsfrist erstreckt, die zwar selbst keine Willenserklärung ist, aber dadurch, dass der Ablauf der Frist nach § 1943 2. Halbs als Annahme gilt, die gleichen Wirkungen hat. Möglich, weil eine Willenserklärung betr, ist die Anfechtung der Anfechtung. Umstritten ist indes, ob in Bezug auf Form und Frist die §§ 1954, 1955 anzuwenden sind. Dies wird von der wohl hM unter Hinweis darauf verneint, dass Annahme oder Ausschlagung gerade nicht Gegenstand der Anfechtung sind, also der „Normalfall" der §§ 121, 124, 143 vorliege (BayObLG 1980, 29). Dem ist indes entgegenzuhalten, dass Anfechtung und Anfechtung der Anfechtung erbrechtlich die gleiche Wirkung haben. Entspr §§ 1954, 1955 sollte auch ein Verfahren identisch sein (wie hier Soergel/Stein § 1954 Rn 10, vgl OLG Hamm ZErb 09, 137).

3. Die **Anfechtungsfrist** wird in § 1954 abw von §§ 121, 124 geregelt. Die Frist beträgt grds 6 Wochen (Abs 1), ausnahmsweise, unter den Voraussetzungen des Abs 3, 6 Monate. Für die Fristhemmung gelten gem Abs 2 S 2 die §§ 206, 210 (wichtig bei minderjährigen Erben) und 211 (für den Fall des Todes des Anfechtungsberechtigten vor Fristablauf) entspr. Die allg Ausschlussfrist (also unabhängig davon, ob die reguläre Frist gem Abs 2 schon zu laufen begonnen hat) beträgt nach Abs 4 30 Jahre. Die Frist beginnt nach Abs 2 bei der Anfechtung wegen Drohung mit dem Ende der Zwangslage, ansonsten mit der Kenntnis des Anfechtungsgrundes.

4. Die **Wirkung** der Anfechtung regelt § 1957.

§ 1955 Form der Anfechtung

¹Die Anfechtung der Annahme oder der Ausschlagung erfolgt durch Erklärung gegenüber dem Nachlassgericht. ²Für die Erklärung gelten die Vorschriften des § 1945.

1. § 1955 S 1 schließt als **Sondervorschrift** § 143 III, IV aus. Dies ist schon deshalb folgerichtig, weil ein Anfechtungsgegner im eigentlichen Sinne nicht existiert.

2. S 2 verweist auf § 1945 (so dort Rn 1). Örtlich zuständig ist gem § 344 VII FamFG nunmehr auch das Nachlassgericht, in dessen Bezirk der Anfechtende seinen Wohnsitz hat. Dementspr ist auch bei der Anfechtung durch einen **Bevollmächtigten** § 1945 III mit der Folge zu beachten, dass die Vollmacht öffentlich beglaubigt und der Anfechtungserklärung beigefügt sein muss. Notfalls kann die formgerechte Vollmacht jedoch auch während der Anfechtungsfrist nachgereicht werden. Derjenige, der sich auf die Anfechtung beruft, hat die wirksame Bevollmächtigung zu beweisen. Beruft sich hingegen ein Dritter auf Annahme oder Ausschlagung, weil die Anfechtung durch den Bevollmächtigten angeblich verfristet war, hat er zu beweisen, dass die Vollmachtserteilung verspätet eingereicht wurde.

3 3. Möglich ist grds auch die **Anfechtung der Anfechtung** (dazu § 1954 Rn 11). Die Anfechtung der Erklärung zur Anfechtung einer Erbschaftsannahme ist möglich, wobei die Anfechtungserklärung in analoger Anwendung der Form des § 1945 BGB bedarf (OLG Hamm ZErb 09, 137).

§ 1956 Anfechtung der Fristversäumung

Die Versäumung der Ausschlagungsfrist kann in gleicher Weise wie die Annahme angefochten werden.

1 **I.** § 1956 stellt klar, dass auch das irrtumsbedingte Verstreichenlassen der Anfechtungsfrist bzw die dadurch fingierte Annahme (§ 1943) anfechtbar sind. Dieser Klarstellung bedarf es insoweit, als im Fall des § 1943 eine **Willenserklärung** gerade nicht vorliegt bzw es für eine analoge Anwendung der §§ 119 ff wohl an der Planwidrigkeit der Regelungslücke fehlen würde.

2 **II. 1.** Als **Anfechtungsgrund** kommt unstreitig das Verstreichenlassen der Frist aufgrund arglistiger Täuschung oder widerrechtlicher Drohung (§ 123) in Betracht. Problematisch waren dag lange Zeit die Fälle, in denen der Erbe von falschen Voraussetzungen der Frist ausgeht oder untätig bleibt, weil er glaubt, bereits wirksam ausgeschlagen zu haben. Auch hier besteht jedoch heute Einigkeit darüber, dass – vorbehaltlich der übrigen Voraussetzungen der Irrtumsanfechtung – eine Anfechtung unabhängig davon in Betracht kommt, ob der Erbe die Frist bewusst oder unbewusst hat verstreichen lassen (RGZ 143, 423, vgl OLG Düsseldorf RNotZ 13, 303).

3 **2.** Für **Form und Frist** der Anfechtung gelten die §§ 1954, 1955. Fristbeginn ist entspr § 1954 II der Zeitpunkt, in dem der Anfechtungsberechtigte gesicherte Kenntnis von deren Ablaufen und ihrer Wirkung hat (OLG Hamm OLGZ 85, 286).

§ 1957 Wirkung der Anfechtung

(1) Die Anfechtung der Annahme gilt als Ausschlagung, die Anfechtung der Ausschlagung gilt als Annahme.
(2) ¹Das Nachlassgericht soll die Anfechtung der Ausschlagung demjenigen mitteilen, welchem die Erbschaft infolge der Ausschlagung angefallen war. ²Die Vorschrift des § 1953 Abs. 3 Satz 2 findet Anwendung.

1 Werden Annahme und Ausschlagung angefochten, führt dies gem § 142 I rückwirkend zur Nichtigkeit. § 1957 I führt darüber hinaus im Wege **gesetzlicher Fiktion** dazu, dass die jeweils gegenteilige Entscheidung stattfindet.
2 Hins der Mitteilungspflicht des Nachlassgerichtes (Abs 2) s § 1953 Rn 9.

§ 1958 Gerichtliche Geltendmachung von Ansprüchen gegen den Erben

Vor der Annahme der Erbschaft kann ein Anspruch, der sich gegen den Nachlass richtet, nicht gegen den Erben gerichtlich geltend gemacht werden.

1 **I.** Die Vorschrift rundet den Schutz des Erben während der Schwebezeit ab. Dadurch, dass der Erbe nicht gezwungen ist, **Passivprozesse** zu führen, wird verhindert, dass er sich bereits wie ein endgültiger Erbe (und damit Schuldner der Nachlassgläubiger) zu verhalten hat.

II. 1. Fraglich ist, ob der Erbe auf den Schutz des § 1958 verzichten, sich also **auf den** 2
Prozess einlassen kann. Dies wird von der hM verneint, da es sich um eine vAw zu
prüfende Voraussetzung handele (Erm/Schlüter § 1958 Rn 11; vgl auch RGZ 60, 181).
Dem ist jedoch entgegenzuhalten, dass die Norm nur dem Schutz des vorläufigen Erben dient (Brox ErbR Rn 315), die Aufnahme des Prozesses also seiner Entscheidung
überlassen bleiben sollte.
2. Nicht betroffen sind **Aktivprozesse**, die sich nicht „gegen" den Nachlass richten. 3
Zudem wird in der gerichtlichen Geltendmachung idR die schlüssige Annahme der
Erbschaft (so § 1943 Rn 2 f), jedenfalls aber eine Verwaltungstätigkeit iSd § 1959 zu
sehen sein.
3. Ebenso nicht gemeint sind Prozesse, die bereits zum Zeitpunkt des Todesfalles gegen 4
den Erblasser **anhängig waren.** Hier ist die prozessuale Korrespondenzvorschrift § 239
ZPO einschlägig, wonach das gegen den Erblasser anhängige Verfahren unterbrochen
(Abs 1) und der Erbe bis zur endgültigen Annahme zur Fortsetzung nicht verpflichtet
ist (Abs 5). Weiteren Schutz bieten die §§ 778, 779 ZPO.
4. Keine Anwendung findet § 1958 wegen seines eindeutigen Wortlautes auf die **außer-** 5
gerichtliche Geltendmachung von Ansprüchen gegen den Erben. Hier geht § 1959 III
als Spezialvorschrift vor. Der Erbe kann zwar wirksam gemahnt werden, gerät aber
vor der Annahme nicht in Verzug, weil er zur Leistung (noch) nicht verpflichtet ist.
5. § 1958 gilt ebenso **nicht** für Testamentsvollstrecker, Nachlasspfleger oder -verwal- 6
ter, gegen die die prozessuale und außerprozessuale Geltendmachung von Rechten unbeschränkt zulässig ist (so § 1960 Rn 10; vgl auch §§ 2213 II, 1984 I 3, 1960 III, 1961;
§§ 749, 727 ZPO).

§ 1959 Geschäftsführung vor der Ausschlagung

(1) Besorgt der Erbe vor der Ausschlagung erbschaftliche Geschäfte, so ist er demjenigen gegenüber, welcher Erbe wird, wie ein Geschäftsführer ohne Auftrag berechtigt
und verpflichtet.
(2) Verfügt der Erbe vor der Ausschlagung über einen Nachlassgegenstand, so wird die
Wirksamkeit der Verfügung durch die Ausschlagung nicht berührt, wenn die Verfügung nicht ohne Nachteil für den Nachlass verschoben werden konnte.
(3) Ein Rechtsgeschäft, das gegenüber dem Erben als solchem vorgenommen werden
muss, bleibt, wenn es vor der Ausschlagung dem Ausschlagenden gegenüber vorgenommen wird, auch nach der Ausschlagung wirksam.

I. Vor Annahme der Erbschaft besteht grds keine Verpflichtung seitens des Erben, **Für-** 1
sorgemaßnahmen im Hinblick auf den Nachlass wahrzunehmen. Diese Aufgabe obliegt gem § 1960 dem Nachlassgericht. Wird der vorläufige Erbe dennoch tätig, ohne
dadurch die Erbschaft annehmen zu wollen (was vorrangig zu prüfen ist; vgl § 1943
Rn 2, 4), hat er ggü dem endgültigen Erben nach späterer Anfechtung oder Ausschlagung eine Position inne, die der eines Treuhänders vergleichbar ist. Folgerichtig wird er
ggü einem Erbschaftsbesitzer privilegiert und haftet nicht gem §§ 2018 ff als Erbschaftsbesitzer, sondern lediglich nach den Vorschriften über die Geschäftsführung ohne Auftrag, §§ 677 ff.
II. 1. Die Wirksamkeit von Seiten des vorläufigen Erben mit Dritten abgeschlossenen 2
Verpflichtungsgeschäften bleibt von der Ausschlagung unberührt. Der vorläufige Erbe
haftet daher auch nach der Ausschlagung weiterhin mit seinem gesamten Vermögen,
wenn er nicht erkennbar nur für den Nachlass gehandelt hat (Staud/Marotzke § 1959
Rn 12).
2. Davon zu trennen ist das **Innenverhältnis** zwischen vorläufigem und endgültigem Er- 3
ben. Beispielsweise kann der vorläufige Erbe unter den Voraussetzungen der §§ 1959 I,
683, 670 Ersatz beanspruchen für die Aufwendungen, die er zugunsten des Nachlasses
getätigt hat. Diese Ansprüche sind Nachlassverbindlichkeiten des endgültigen Erben
(§ 1967), im Falle der Nachlassinsolvenz Masseschuld (§ 324 I Nr 6 InsO).

4 3. Bei **Verfügungsgeschäften**, also der Übertragung, Aufhebung, Belastung oder sonstigen inhaltlichen Veränderung absoluter Rechte, stellt sich das Problem des rückwirkenden Verlustes der Verfügungsmacht seitens des vorläufigen Erben nach der Anfechtung. Grds kommt dann nur noch gutgläubiger Erwerb in Betracht (ausf so § 1953 Rn 7), es sei denn, es lag ein Fall der Unaufschiebbarkeit iSd Abs 2 vor. Wann ein Geschäft iSd Abs 2 dringlich ist, richtet sich nach den objektiven Maßstäben eines wirtschaftlich denkenden Durchschnittserben.

5 4. Abs 3 betrifft **einseitige Rechtsgeschäfte**, die ggü dem Erben vorzunehmen sind, also etwa eine Kündigung oder die Annahme eines Vertragsantrages, den der Erblasser ausgesprochen hatte (beachte § 130 II). Sie bleiben auch ggü dem endgültigen Erben wirksam, selbst wenn der Erklärende die Vorläufigkeit der Erbenstellung seines Gegenübers kannte.

6 5. Zweifelhaft ist schließlich die Einordnung der **Entgegennahme einer Zahlung** des Schuldners durch den vorläufigen Erben. Denkbar ist zunächst die Subsumtion unter Abs 2 (vgl dazu Staud/Marotzke § 1959 Rn 11; Erm/Schlüter § 1959 Rn 4). Dies hat zur Folge, dass die Forderung nur erlischt, wenn die Entgegennahme objektiv unaufschiebbar war. Für diese Lösung spricht vordergründig der Normtext: die Annahme der Leistung ist wegen § 362 Verfügung über die Forderung, die zum Erlöschen gebracht wird. Allerdings muss der Schuldner auch an den Erben leisten, so dass grds auch die Subsumtion unter Abs 3 in Betracht kommt, die Frage der Dringlichkeit also für das Erlöschen der Forderung ohne Belang ist (vgl MK/Leipold § 1959 Rn 10; Kipp-Coing ErbR § 90 III 3 c). Für die letzte Ansicht spricht der Grundsatz des Schuldnerschutzes: Da der vorläufige Erbe den Schuldner verklagen kann, muss letzterer auch befreiend leisten können. Zu beachten ist indes, dass auch die erstgenannte Ansicht regelmäßig zu gleichen Ergebnissen führt, indem sie die Entgegennahme der geschuldeten Leistung als unaufschiebbar, weil ansonsten Annahmeverzug (§§ 293 ff) begründend, ansieht.

§ 1960 Sicherung des Nachlasses; Nachlasspfleger

(1) ¹Bis zur Annahme der Erbschaft hat das Nachlassgericht für die Sicherung des Nachlasses zu sorgen, soweit ein Bedürfnis besteht. ²Das Gleiche gilt, wenn der Erbe unbekannt oder wenn ungewiss ist, ob er die Erbschaft angenommen hat.
(2) Das Nachlassgericht kann insbesondere die Anlegung von Siegeln, die Hinterlegung von Geld, Wertpapieren und Kostbarkeiten sowie die Aufnahme eines Nachlassverzeichnisses anordnen und für denjenigen, welcher Erbe wird, einen Pfleger (Nachlasspfleger) bestellen.
(3) Die Vorschrift des § 1958 findet auf den Nachlasspfleger keine Anwendung.

1 I. Die Vorschrift dient dazu, dem Nachlass die notwendige **Fürsorge** auch in den Fällen zuteil werden zu lassen, in denen der Erbe den Nachlass nicht selbst verwalten kann oder muss, etwa weil er unbekannt ist oder die Erbschaft noch nicht angenommen hat. Das Mittel des Gesetzes ist die gerichtliche Nachlassfürsorge. Diese kommt indes nicht bereits dann in Betracht, wenn der oder die Erben eine gerichtliche Fürsorge für notwendig oder sinnvoll erachten. Vielmehr sind nur bestimmte Fallgruppen erfasst, bei denen ein Bedürfnis nach gerichtlicher Nachlassfürsorge nahe liegt. Liegt ein solches Bedürfnis vor, hat das Gericht vAw die Nachlassfürsorge sicherzustellen (auf Antrag im Fall des § 1961). Die Auswahl der Mittel (Abs 2) im Einzelfall liegt im pflichtgemäßen Ermessen des Gerichts.

2 II. 1. Sachlich **zuständig** für die Anordnung von Sicherungsmaßnahmen einschließlich der Bestellung des Nachlasspflegers (vgl Abs 2) ist das Amtsgericht als Nachlassgericht (§ 23 a II GVG). In Baden-Württemberg wird diese Aufgabe von den Notariaten übernommen (Art 147 EGBGB, §§ 1 II, 38, 40 ff LFGG BW). Örtlich zuständig ist das Nachlassgericht, in dessen Bezirk der Erblasser zZ des Erbfalls seinen Wohnsitz hatte (§ 343 FamFG), sowie jedes Gericht, in dessen Bezirk ein Fürsorgebedürfnis hervortritt

(§ 344 FamFG). Die funktionelle Zuständigkeit liegt beim Rechtspfleger (§ 3 Nr 2 c RPflG iVm § 342 FamFG).

2. Die materiellen **Voraussetzungen** für die Anordnung der Nachlassfürsorge ergeben sich aus Abs 1. Verlangt wird eine Ungewissheit über den endgültigen Erben in Form fehlender Annahme der Erbschaft (S 1), eine Ungewissheit hins der erfolgten Annahme oder die Unbekanntheit des Erben (S 2) sowie ein Fürsorgebedürfnis.

a) Die **Ungewissheit** über den endgültigen Erben kann neben der fehlenden Annahme oder Ungewissheit der Annahme va daraus folgen, dass der Erbe unbekannt ist (S 2). Hiervon zu unterscheiden ist der Fall des bekannten, aber nicht auffindbaren Erben, bei dem eine Abwesenheitspflegschaft (§ 1911) in Betracht kommt. Unbekannt kann der Erbe aber bereits dann sein, wenn zur Bestimmung umfangreiche und schwierige Ermittlungen erforderlich sind, wenn die Erbenstellung Gegenstand eines Rechtsstreits ist, oder wenn Zweifel an der Gültigkeit eines Testaments bestehen (BGH FamRZ 12, 1869). Dazu zählt auch der Fall des § 1923 II nach der Zeugung, aber vor der Geburt des Kindes. Sind einige von mehreren Miterben bekannt, kommen Fürsorgemaßnahmen bzgl der betroffenen Erbteile in Betracht. Denkbar ist auch, dass zwar die Erben als solche, nicht aber die Höhe der jeweiligen Erbteile iR einer Miterbengemeinschaft feststehen.

b) Des Weiteren ist ein **Fürsorgebedürfnis** erforderlich. Ein solches ist, orientiert am Zweck der Vorschrift, zu bejahen, wenn ohne gerichtliche Sicherungsmaßnahmen der Erhalt des Nachlassbestands inkl evtl geltend zu machender Nachlassforderungen gefährdet wäre (KG FamRZ 00, 445). Ist ein Testamentsvollstrecker oder ein Nachlassverwalter bestellt, ist das Fürsorgebedürfnis zu verneinen, obwohl dem Nachlasspflegern keine vergleichbare Stellung zukommt (BayObLG NJW-RR 01, 297). Gleiches gilt, wenn die Sicherung anderweitig (zB durch den vorläufigen Erben oder einen Angehörigen) gewährleistet ist.

3. Liegen die genannten Voraussetzungen vor, hat das Gericht nach Abs 1 S 1 für die Sicherung des Nachlasses zu sorgen. Es ist also verpflichtet einzuschreiten, und nur die **Auswahl der Fürsorgemaßnahmen** liegt im pflichtgemäßen Ermessen des Gerichts. Die in Abs 2 genannten Maßnahmen sind nicht abschließend, sondern stellen nur eine beispielhafte Aufzählung dar („insbesondere"). Neben den Genannten kommen zB Ermittlungen bzgl der Erben, Verkauf verderblicher Sachen oder ähnliches in Frage. Ist die Vornahme von Rechtsgeschäften oder die prozessuale Durchsetzung von Ansprüchen erforderlich, bleibt nur die Bestellung eines Nachlasspflegers.

4. Die Anordnung der **Nachlasspflegschaft** ist die in der Praxis bedeutsamste Sicherungsmaßnahme, die neben der Verwaltung und Erhaltung des Nachlasses va der Ermittlung des unbekannten Erben dient. Wenn nur ein Erbe unbekannt ist, ist auch eine Teilpflegschaft möglich (vgl KG NJW 71, 565).

a) Der Nachlasspfleger ist **Vertreter** des unbekannten Erben (BGHZ 49, 5). Die Nachlasspflegschaft ist ein Sonderfall der Pflegschaft für unbekannte Beteiligte (§ 1913) und ggü dieser vorrangig (zum Verhältnis zu § 1911 vgl Rn 4). Auf die Nachlasspflegschaft als eine Form der allg Pflegschaft sind über § 1915 die Vorschriften über die Vormundschaft entspr anwendbar.

b) Der Pfleger besitzt nach außen unbeschränkte **Vertretungsmacht und Verfügungsbefugnis,** für die es auf die Zweckmäßigkeit seines Handelns nicht ankommt (Ebenroth ErbR Rn 1077). Bestimmte Geschäfte bedürfen allerdings nach §§ 1915, 1812, 1821, 1822 der Genehmigung des Nachlassgerichts (§ 1962). Unberührt davon bleiben die entspr Befugnisse des endgültigen (Lange/Kuchinke ErbR § 38 IV 5 e mit Fn 173) und des vorläufigen Erben (Schlüter ErbR Rn 538); die Vertretungsmacht des Nachlasspflegers ist also nicht verdrängend.

c) Zu den **Aufgaben und Pflichten** des Nachlasspflegers gehört neben der Ermittlung des Erben vorbehaltlich einer inhaltlichen Einschränkung iR der Bestellung die umfassende Verwaltung des Nachlasses im Interesse des Erben. Dies erfordert va die **Inbesitznahme** des Nachlasses (BGH NJW 83, 226). Hierzu billigt die Rspr dem Nachlasspfleger einen selbstständigen Herausgabeanspruch aus eigenem Recht zu (rekurriert also nicht auf § 2018), der bis zur rechtskräftigen Klärung der endgültigen Erbenstellung auch ggü dem wahren Erben durchsetzbar ist. Für den eigenen Herausgabeanspruch gilt § 2019 analog (BGH NJW 83, 227). Ferner hat der Nachlasspfleger nach §§ 1915, 1802 dem Nachlassgericht ein **Vermögensverzeichnis** einzureichen. Gläubigern hat der Nachlasspfleger Auskunft über den Nachlassbestand zu erteilen (§ 2012 I 2), er kann aber weder auf die Beschränkung der Haftung des Erben verzichten (§ 2012 I 3), noch kann ihm eine Inventarfrist nach § 1994 gesetzt werden (§ 2012 I 1), obgleich der Pfleger freiwillig ein Inventarverzeichnis gem § 1993 errichten kann. Er kann die Eröffnung eines **Nachlassinsolvenzverfahrens** (§ 317 I InsO), mangels Erforderlichkeit aber nicht die Nachlassverwaltung (§ 1975), beantragen. Zur Beantragung des Insolvenzverfahrens ist der Nachlasspfleger ggü den Gläubigern aber mangels Nennung in § 1985 II nicht gem § 1980 verpflichtet. Eine Antragstellung kann aber im Interesse des vertretenen Erben geboten sein. Die **Befriedigung der Gläubiger** obliegt ihm nicht primär. Da er aber immer im Interesse des Erben handeln muss, kann er zur Befriedigung eindeutiger Forderungen gehalten sein, um unnötige Prozesskosten zu vermeiden. Der Teilnachlasspfleger darf nicht die **Auseinandersetzung** einer Erbengemeinschaft betreiben, hat aber an von anderer Seite betriebenen Auseinandersetzung mitzuwirken (KG NJW 71, 565). Die Anfechtung letztwilliger Verfügungen, Annahme oder Ausschlagung eines Erbschaft oder Beantragung eines Erbscheins stehen ihm nicht zu.

11 d) Der Nachlasspfleger vertritt den Erben auch **prozessual**. Er ist aktiv und passiv (§ 1960 III) prozessführungsbefugt und, aufgrund seiner Verfügungsbefugnis, auch aktiv und passiv legitimiert in Bezug auf Nachlassforderungen und gegen den Erben gerichtete Nachlassverbindlichkeiten (vgl OLG Köln NJW-RR 97, 1091). Der Erbe steht nach § 53 ZPO einer nicht prozessfähigen Person gleich und wird durch den Nachlasspfleger vertreten. Für oder gegen den Nachlasspfleger ergangene Urt entfalten ohne weiteres Rechtskraft ggü dem Erben (§ 325 I ZPO). Prozesse über das Erbrecht als solches fallen nicht in den Aufgabenbereich des Nachlasspflegers.

12 e) Der Nachlasspfleger haftet ggü den Erben wie der Vormund seinem Mündel haftet (§ 1833 I). Streitig ist, ob und in welchem Umfang auch eine **Haftung** ggü den Nachlassgläubigern in Betracht kommt. Nach vertretener Ansicht soll der Pfleger für jede schuldhafte Pflichtverletzung entspr § 1985 II 1 haften (v Lübtow ErbR Bd 2, 759; unter Beschränkung auf kleine Nachlässe auch Lange/Kuchinke ErbR § 38 IV 5 c mwN in Fn 162). Gegen eine solche Analogie spricht jedoch, dass der Pfleger anders als der Verwalter nicht die Interessen der Nachlassgläubiger, sondern nur die des Erben wahrzunehmen hat. Ferner ist eine derart weitgehende persönliche Haftung mit der Rolle eines Vertreters schwerlich zu vereinbaren. Richtigerweise sollte der Pfleger daher unmittelbar persönlich nur wegen unerlaubter Handlungen in Anspruch genommen werden können (wie hier die wohl überwiegende Meinung, vgl nur MK/Leipold § 1960 Rn 63 f; Staud/Marotzke § 1960 Rn 53 f, jeweils mwN). Im Übrigen untersteht der Nachlasspfleger gem §§ 1915, 1837 der **Aufsicht** des Nachlassgerichts.

13 5. Der **Vergütungsanspruch** des Nachlasspflegers richtet sich nach den §§ 1915, 1836. Nach § 1836 I 2 bereits bei Bestellung des Pflegers vom Nachlassgericht zu entscheiden, ob die Pflegschaft berufsmäßig geführt wird. Davon ist im Regelfall auszugehen, wenn mehr als zehn Pflegschaften geführt werden oder der erforderliche Aufwand voraussichtlich nicht unter 20 Wochenstunden liegen wird (§ 1836 I 4). In § 1836 II 2 finden sich konkretere Kriterien für die Bemessung der Vergütungshöhe. Bei Mittellosigkeit (§ 1836 d) greift § 1836 a. Die Möglichkeit einer Pauschalierung sieht § 1836 b vor. Wird die Pflegschaft nicht berufsmäßig iSd § 1836 I 2 geführt, kann eine Vergütung aus besonderen Gründen gewährt werden, wenn eine Mittellosigkeit vorliegt (§ 1836 III). Die Aufwandsentschädigung ist in §§ 1835, 1835 a geregelt.

14 6. **Beendigt** wird die Pflegschaft (außer im Fall des § 1918 III) allein durch Aufhebung durch das Nachlassgericht (§§ 1919, 1962). Die Aufhebung wird mit Bekanntgabe des Beschlusses an den Pfleger (§ 40 FamFG) wirksam. Sie hat zu erfolgen, wenn die Anordnungsvoraussetzungen weggefallen sind, insb wenn der wahre Erbe bekannt ist. Nach Aufhebung hat der Pfleger den Nachlass an den Erben herauszugeben und Rechenschaft abzulegen (§§ 1915, 1890). Wurde eine Vergütung bewilligt, steht dem Nachlasspfleger aber ein Zurückbehaltungsrecht zu.

III. **Verfahrensrechtlich** liegt die Zuständigkeit zur Anordnung von Sicherungsmaßnahmen beim Nachlassgericht (vgl ausf Rn 2). Dieses entscheidet vAw über die Anordnung von Sicherungsmaßnahmen. Hins der Voraussetzungen kommt es auf den tatsächlichen Kenntnisstand des Gerichts zum Zeitpunkt seiner Entscheidung an (beim Zutagetreten neuer Tatsachen ist die Bestellung aber möglicherweise aufzuheben, vgl Rn 14). Dem Nachlassgericht obliegt auch die Auswahl des Nachlasspflegers. Es trifft diese aufgrund der Eignung (§ 1779 II 1) nach pflichtgemäßem Ermessen. Gegen die Bestellung und Auswahl steht den Erbanwärtern die Beschwerde (§§ 58, 59 FamFG) zu, dem Testamentsvollstrecker nur gegen die Bestellung. Der Nachlasspfleger selbst ist bzgl der Anordnung der Pflegschaft ebenfalls beschwerdeberechtigt. 15

§ 1961 Nachlasspflegschaft auf Antrag

Das Nachlassgericht hat in den Fällen des § 1960 Abs. 1 einen Nachlasspfleger zu bestellen, wenn die Bestellung zum Zwecke der gerichtlichen Geltendmachung eines Anspruchs, der sich gegen den Nachlass richtet, von dem Berechtigten beantragt wird.

I. Die Vorschrift ist im Zusammenhang mit §§ 1958, 1960 III zu lesen. Da der vorläufige Erbe sich nicht auf einen gegen den Nachlass gerichteten Prozess einlassen muss bzw nach hM sogar nicht darauf einlassen darf (so § 1958 Rn 2), bedarf es anderen **Schutzes der Nachlassgläubiger** während der Schwebezeit. Hier greift § 1961, der ihnen ein Recht zur Bestellung eines Nachlasspflegers einräumt, gegen den der Anspruch sodann gerichtlich geltend gemacht werden kann (§ 1960 III; beachte auch § 792 ZPO, § 17 ZVG). 1

II. 1. Die **Zuständigkeit** entspricht der des § 1960 (so dort Rn 2). 2

2. Der Nachlassgläubiger muss seinen Anspruch nicht glaubhaft machen, um eine Nachlasspflegschaft beantragen zu können (BayObLG Rpfleger 84, 102). Auch der **Miterbe**, der die Auseinandersetzung der Miterbengemeinschaft begehrt (§ 2042), kann die Nachlasspflegschaft für die übrigen Miterben beantragen. 3

§ 1962 Zuständigkeit des Nachlassgerichts

Für die Nachlasspflegschaft tritt an die Stelle des Familiengerichts oder Betreuungsgerichts das Nachlassgericht.

Grds finden auf die Nachlasspflegschaft die Vorschriften über die Pflegschaft einschließlich der Vorschriften über das Vormundschaftsrecht entspr Anwendung (§ 1915). Damit wären grds das Familiengericht oder das Betreuungsgericht auch für Nachlasspflegschaften zuständig. Aus Praktikabilitätsgründen macht § 1962 jedoch eine Ausn; zuständig ist das Amtsgericht (Ausn: Baden-Württemberg – staatliches Notariat) als **Nachlassgericht**, es gelten also die besonderen Zuständigkeitsregeln der §§ 23 a I Nr 2, II Nr 2 GVG iVm § 342 I Nr 2 und § 364 FamFG. 1

Die Zuständigkeit **erstreckt** sich auf die Anordnung der Pflegschaft, die Auswahl und die Bestellung des Pflegers und die Bewilligung einer Vergütung. 2

§ 1963 Unterhalt der werdenden Mutter eines Erben

¹Ist zur Zeit des Erbfalls die Geburt eines Erben zu erwarten, so kann die Mutter, falls sie außerstande ist, sich selbst zu unterhalten, bis zur Entbindung angemessenen Unterhalt aus dem Nachlass oder, wenn noch andere Personen als Erben berufen sind, aus dem Erbteil des Kindes verlangen. ²Bei der Bemessung des Erbteils ist anzunehmen, dass nur ein Kind geboren wird.

I. Die Vorschrift ergänzt letztlich die Fiktion des § 1923 II, indem sie die materielle Versorgung des erwarteten Kindes dadurch sicherstellt, dass der Mutter ein **Unterhalts-** 1 anspruch für die Zeit zwischen Erbfall und Niederkunft kraft Gesetzes zugebilligt wird.

2 II. 1. **Gläubigerin** des Anspruches ist die Mutter, dh sie macht einen eigenen Anspruch geltend, nicht etwa den des Kindes als Standschafterin.

3 2. **Anspruchsgegner** sind der oder die Erben; im Falle der Alleinerbschaft also das Neugeborene, im Falle der Miterbschaft die Erbengemeinschaft unter Einschluss des Kindes. Im letzteren Fall wird der Erbteil des Kindes zwar nicht isoliert betrachtet, dient aber der rechnerischen Begrenzung des Anspruches, da dieser letztlich nur dem Nasciturus, nicht aber den übrigen Erben zugute kommt.

4 3. Weitere Voraussetzung ist, dass die **Geburt eines Erben** zu erwarten ist. Ferner muss die Mutter außerstande sein, sich selbst zu unterhalten. Hier gilt der unterhaltsrechtliche Bedürftigkeitsbegriff des § 1601 I.

5 4. Der Anspruch ist gerichtet auf **angemessenen** (vor dem 31.12.61: „standesgemäßen") Unterhalt. Gemeint sind damit zunächst die allg Lebenshaltungskosten, die sich zum Schutz des Kindes an den bisherigen Verhältnissen der Mutter orientieren. Darüber hinaus werden die Kosten der ärztlichen Behandlung der Schwangeren (selbst wenn sie nicht auf die Schwangerschaft zurückzuführen sind) einschließlich der Entbindungskosten ersetzt. Wegen des eindeutigen Wortlautes („bis zur Entbindung") sind dag die Wochenbettkosten und die Behandlungskosten nach der Entbindung nicht erstattungsfähig. Diese Differenzierung mag man rechtspolitisch kritisieren, sie ist aber im Wege juristischer Methodik nicht zu unterlaufen. Im Übrigen können die §§ 1610 ff entspr angewendet werden mit Ausn des wegen seines abw Schutzzweckes nicht übertragbaren § 1613 (Staud/Marotzke § 1963 Rn 7 mwN).

6 5. Problematisch sind die Folgen einer **Totgeburt**, weil dann eine Erbschaft zugunsten des Kindes nicht anfällt. Hier will eine Ansicht den Nächstberufenen einen Anspruch gegen die Mutter aus ungerechtfertigter Bereicherung zubilligen, da § 1963 ansonsten faktisch die vom Gesetzgeber nicht gewollte Wirkung eines gesetzlichen Vermächtnisses zugunsten der Mutter habe (Soergel/Stein § 1963 Rn 6). Dem steht jedoch entgg, dass § 1963 nur voraussetzt, dass eine Geburt zu „erwarten war", die bloße Erwartung ist insofern bereits hinreichender Rechtsgrund für die Vermögensverschiebung (wie hier MK/Leipold § 1963 Rn 9). Zudem bestehen für den Fall, dass die Mutter eine Schwangerschaft vorspiegelt, Ansprüche aus §§ 823 II iVm 263 StGB, § 826 und §§ 812, 819 I, 818 IV.

§ 1964 Erbvermutung für den Fiskus durch Feststellung

(1) Wird der Erbe nicht innerhalb einer den Umständen entsprechenden Frist ermittelt, so hat das Nachlassgericht festzustellen, dass ein anderer Erbe als der Fiskus nicht vorhanden ist.

(2) Die Feststellung begründet die Vermutung, dass der Fiskus gesetzlicher Erbe sei.

§ 1965 Öffentliche Aufforderung zur Anmeldung der Erbrechte

(1) ¹Der Feststellung hat eine öffentliche Aufforderung zur Anmeldung der Erbrechte unter Bestimmung einer Anmeldungsfrist vorauszugehen; die Art der Bekanntmachung und die Dauer der Anmeldungsfrist bestimmen sich nach den für das Aufgebotsverfahren geltenden Vorschriften. ²Die Aufforderung darf unterbleiben, wenn die Kosten dem Bestand des Nachlasses gegenüber unverhältnismäßig groß sind.
(2) ¹Ein Erbrecht bleibt unberücksichtigt, wenn nicht dem Nachlassgericht binnen drei Monaten nach dem Ablauf der Anmeldungsfrist nachgewiesen wird, dass das Erbrecht besteht oder dass es gegen den Fiskus im Wege der Klage geltend gemacht ist. ²Ist eine öffentliche Aufforderung nicht ergangen, so beginnt die dreimonatige Frist mit der gerichtlichen Aufforderung, das Erbrecht oder die Erhebung der Klage nachzuweisen.

§ 1966 Rechtsstellung des Fiskus vor Feststellung

Von dem Fiskus als gesetzlichem Erben und gegen den Fiskus als gesetzlichen Erben kann ein Recht erst geltend gemacht werden, nachdem von dem Nachlassgericht festgestellt worden ist, dass ein anderer Erbe nicht vorhanden ist.

Die §§ 1964–1966 gestalten das Verfahren zur Feststellung des **subsidiären Erbrechtes des Staates** aus. Dementspr finden sie keine Anwendung, wenn der Staat gewillkürter Erbe ist, da es in diesem Fall schon an der Tatbestandsvoraussetzung des § 1964 mangelt, dass der Erbe nicht ermittelt werden kann. 1

Das Feststellungsverfahren steht **selbstständig** neben dem Erbscheinsverfahren (BayObLG 83, 204). 2

Wurde das Erbrecht des Staates iSd § 1964 II festgestellt, führt dies nicht zum Verlust der Rechtsstellung der wahren Erben. Die Vermutung ist vielmehr **widerlegbar**. Gegen den Beschl steht denjenigen ein Beschwerderecht zu, die ihr vermeintliches Erbrecht nach Ablauf einer in öffentlicher Aufforderung gesetzten Frist, aber vor dem Feststellungsbeschluss angemeldet haben (OLG Schleswig-Holstein SchlHA 13, 70). 3

Ob das Feststellungsverfahren auch durchzuführen ist, wenn der Nachlass **nicht existent oder überschuldet** ist, wird kontrovers beurteilt (bejahend LG Düsseldorf Rpfleger 81, 358; verneinend Frohn Rpfleger 86, 38). Den praktischen Gegebenheiten wird es am ehesten gerecht, die Entscheidung in richterliches Ermessen zu stellen (BayObLG 57, 364). 4

Titel 2
Haftung des Erben für die Nachlassverbindlichkeiten

Vorbemerkung zu §§ 1967–2017

I. Mit dem Erbfall geht gem §§ 1922, 1942 das Vermögen des Erblassers von selbst und als Ganzes auf den oder die Erben über. Dies schließt auch einen **Übergang der Verbindlichkeiten** des Erblassers ein. Daher stellt § 1967 I grds fest, dass der Erbe für die Nachlassverbindlichkeiten haftet. 1

1. Bei der Ausgestaltung seiner Haftung iE gilt es, einen **Ausgleich zwischen den Interessen** des Erben, der Nachlassgläubiger und der Eigengläubiger des Erben zu finden. Die Ausgangsüberlegung ist die, dass den Nachlassgläubigern jedenfalls der Zugriff auf die Haftungsmasse möglich sein muss, die ihnen schon vor dem Erbfall zur Verfügung stand, nämlich den Nachlass. Mit der Erweiterung der Haftungsmasse auf das Eigenvermögen des Erben können die Nachlassgläubiger hingegen nicht rechnen, wohl aber damit, dass der Nachlass nicht durch den Zugriff von Eigengläubigern des Erben zu ihren Lasten geschmälert wird. Entspr verhält es sich aus der Sicht des Erben, der den Nachlassgläubigern letztlich jedenfalls mit dem Nachlass haften muss, während die Haftung mit seinem Eigenvermögen für Schulden des Erblassers nicht gerechtfertigt erscheint. 2

2. Zum Ausgleich dieser Interessen sind verschiedene Konzeptionen denkbar, für die es jeweils **historische Vorbilder** gab. Eine Möglichkeit, die sich im germanischen Recht durchgesetzt hatte, ist es, die Haftung des Erben ggü den Nachlassgläubigern von vornherein **gegenständlich** auf den Nachlass zu beschränken (gegenständlich beschränkte Haftung – Haftung cum viribus hereditatis). Dieses Konzept erscheint freilich nur angemessen, wenn zugleich eine strikte Trennung der Vermögensmassen gewährleistet ist. Eine andere Möglichkeit ist die **rechnerisch** auf den Nachlass beschränkte Haftung (Haftung pro viribus hereditatis). Der Erbe haftet den Nachlassgläubigern hier zwar auch mit seinem Eigenvermögen, dies aber nur in Höhe des Wertes des Nachlasses. Hier entfällt das Erfordernis einer strikten Trennung der Vermögensmassen zugunsten des Erfordernisses einer umfassenden Bewertung des Nachlasses. Die dritte Möglichkeit, die sich im römischen Recht unter Justinian durchgesetzt hatte, ist die zunächst **unbeschränkte** Haftung des Erben bei gleichzeitiger Verschmelzung des Nach- 3

lasses und des Eigenvermögens zu einer einheitlichen Vermögensmasse (confusio bonorum) mit der Möglichkeit, eine Haftungsbeschränkung durch Absonderung des Nachlasses (separatio bonorum) herbeizuführen.

4 3. Bei **rechtsvergleichender** Betrachtung finden sich auch in den geltenden kontinentaleuropäischen Rechtsordnungen die verschiedensten Modelle von einer gegenständlichen Beschränkung in Portugal bis hin zu einer unbeschränkten, aber durch Absonderung beschränkbaren Haftung in der Schweiz und Schweden wieder.

5 **II.** Das BGB ist in der Grundentscheidung dem römischen Recht gefolgt. Mit dem Anfall der Erbschaft verschmelzen der Nachlass und das Eigenvermögen des Erben zunächst zu einer **einheitlichen Vermögensmasse**. Demnach ist die Haftung des Erben eine persönliche und zunächst **unbeschränkte**, aber durch Absonderung des Nachlasses vom Eigenvermögen **beschränkbare**. Vorbehaltlich der Herbeiführung dieser Haftungsbeschränkung (vgl § 1975 Rn 1 ff) hat der Erbe also für Nachlassverbindlichkeiten in voller Höhe auch mit seinem Eigenvermögen einzustehen.

6 1. Der Grundsatz des § 1967 I ist somit die **vorläufig unbeschränkte** Haftung des Erben. Diese kann zu einer endgültig unbeschränkten und unbeschränkbaren Haftung werden (vgl § 2013). Ggü allen Gläubigern tritt dies ein bei der Nichterrichtung des Inventars oder bei Verlangen eines Gläubigers (§ 1994 I 2) oder bei der Inventaruntreue (§ 2005 I 1). Ggü bestimmten Gläubigern haftet der Erbe im Falle der verweigerten eidesstattlichen Versicherung auf einen entspr Antrag hin unbeschränkt (§ 2006 III 1).

7 2. Das **Aufgebot** der Nachlassgläubiger (§§ 1970 ff) führt zu einer partiell beschränkten Haftung. Ggü im Aufgebotsverfahren ausgeschlossenen Gläubigern haftet der Erbe gem § 1973 I 1, II 1 nur nach Bereicherungsrecht, soweit der Nachlass nach Befriedigung der übrigen Gläubiger noch einen Überschuss aufweist.

8 3. Eine **allgemeine Beschränkung** der Haftung auf den Nachlass ist nach § 1975 durch Absonderung und Fremdverwaltung (Nachlassverwaltung, Nachlassinsolvenzverfahren) zu erreichen.

9 4. Scheiden diese Möglichkeiten mangels einer das Verfahren deckenden Masse aus, kommt ausnahmsweise eine Haftungsbeschränkung ohne formelle Trennung der Vermögensmassen in Form der **Dürftigkeitseinrede** des § 1990 in Betracht.

10 5. **Miterben** können vor der Teilung der Erbengemeinschaft dem Zugriff auf ihr Eigenvermögen widersprechen, § 2059.

11 6. Kein Mittel zur Haftungsbeschränkung ist hingegen die **Inventarerrichtung** (§§ 1993 ff). Hieraus ergeben sich für den Erben vielmehr Gefahren, da er bei Verweigerung des beantragten Inventars bzw der eidesstattlichen Versicherung oder bei Inventaruntreue die Möglichkeit zur Haftungsbeschränkung verliert (s Rn 6 ff).

12 7. Einen **vorläufigen Schutz** bietet dem Erben die **Dreimonatseinrede** des § 2014, die ihm die Möglichkeit gibt, sich den für die Entscheidung über die Herbeiführung einer Haftungsbeschränkung erforderlichen Kenntnisstand zu verschaffen. Vor Annahme der Erbschaft haftet der Erbe hingegen grds nicht (§ 1958, § 778 ZPO).

13 **III.** Eine weitere Gefahr für den Erben bergen die **verfahrensrechtlichen Anforderungen** an die Haftungsbeschränkung in §§ 778 ff ZPO.

Untertitel 1
Nachlassverbindlichkeiten

§ 1967 Erbenhaftung, Nachlassverbindlichkeiten

(1) Der Erbe haftet für die Nachlassverbindlichkeiten.
(2) Zu den Nachlassverbindlichkeiten gehören außer den vom Erblasser herrührenden Schulden die den Erben als solchen treffenden Verbindlichkeiten, insbesondere die Verbindlichkeiten aus Pflichtteilsrechten, Vermächtnissen und Auflagen.

1 **I.** Die Vorschrift hat eine Doppelfunktion. Zum einen ergänzt und vervollständigt sie § 1922, indem sie in Abs 1 nochmals klarstellt, dass der Erbe mit dem Anfall der Erb-

schaft auch für die Nachlassverbindlichkeiten haftet (vgl § 1922 Rn 2 zum Streitstand bzgl des Verhältnisses zwischen § 1922 und § 1967). Sie ist damit Ausgangspunkt des dem BGB zugrunde liegenden Prinzips der vorläufig **unbeschränkten, aber beschränkbaren** Haftung (näher Vor §§ 1967–2017 Rn 5 ff). Zum anderen nennt Abs 2 beispielhaft Fälle von Nachlassverbindlichkeiten.

II. 1. Haftender **Erbe** iS der Vorschrift ist auch der Vor- bzw Nacherbe und der Miterbe (Besonderheiten aber in §§ 2058 ff). Vor Annahme der Erbschaft schützen § 1958 iVm § 778 ZPO.

2. Die Haftung des Erben nach § 1967 I erstreckt sich auf **Nachlassverbindlichkeiten**. Als solche nennt Abs 2 „die vom Erblasser herrührenden Schulden", die sog Erblasserschulden, und „die den Erben als solchen treffenden Verbindlichkeiten", die sog Erbfallschulden. Davon zu unterscheiden sind die reinen Eigenverbindlichkeiten des Erben und die sog Nachlasserbenschulden, die sowohl Nachlass- als auch Eigenverbindlichkeiten sind.

a) Unter **Erblasserschulden** sind alle Verbindlichkeiten, die bereits zu Lebzeiten durch den Erblasser begründet wurden und nicht mit dessen Tod erloschen sind, zu verstehen. Dabei kann es sich sowohl um Verbindlichkeiten handeln, die auf Gesetz beruhen (etwa gegen den Erblasser gerichtete Deliktsansprüche), als auch um solche, die aus vertraglichen Verpflichtungen herrühren (zB Kaufpreisschuld). In beiden Fällen ist jeweils vorab zu prüfen, ob es sich um höchstpersönliche, nicht übergangsfähige Verbindlichkeiten handelt (zB Pflicht zur Dienstleistung gem § 613). Schwierig kann zudem uU die – für die Frage der möglichen Haftungsbegrenzung relevante – **Abgrenzung zu einer Eigenschuld** des Erben sein. Dies gilt va dann, wenn die Entstehung der Verbindlichkeit bereits zu Lebzeiten des Erblassers begonnen hat, aber noch nicht abgeschlossen ist, namentlich bei bedingten und befristeten Rechtsgeschäften in der Schwebezeit oder bei Dauerschuldverhältnissen. In diesem Fall kommt es darauf an, ob die in Rede stehende Verbindlichkeit zeitlich eindeutig zuzuordnen ist (Bsp: Mietzins für den Zeitraum bis zum nächstmöglichen Kündigungstermin gem § 569 ist Erblasserschuld, danach Eigenschuld des Erben; iE str, vgl Soergel/Stein § 1967 Rn 2 mwN; BGH NJW 13, 933 jedenfalls dann reine Nachlassverbindlichkeit, wenn das mit dem Erben gem § 564 S 1 fortgesetzte Mietverhältnis innerhalb der in § 564 S 2 bestimmten Frist beendet wird). Ist dies nicht der Fall, soll entscheidend sein, ob der Schwerpunkt der Entstehung dem Erblasser oder schon dem Erben zuzuordnen ist, wenngleich dadurch einer Einzelfalljudikatur Vorschub geleistet wird. Erblasserschulden im erbrechtlichen Sinne sind die Verbindlichkeiten, die der Erblasser in einem von ihm betriebenen Geschäft begründet hat. Demzufolge kann der Erbe die Haftung mit den erbrechtlichen Instrumentarien auf den Nachlass beschränken. Allerdings ist neben der erbrechtlichen beschränkbaren Haftung bei einer **Fortführung des Handelsgeschäftes** durch den Erben immer auch die handelsrechtliche Haftung unter den Voraussetzungen des § 27 HGB zu beachten. Dort soll eine Haftungsbeschränkung unter den besonderen Möglichkeiten von § 25 II HGB möglich sein (so die hM mit dem Argument, § 27 I beziehe sich auch auf § 25 II; gegen die Möglichkeit zur Haftungsbeschränkung mit beachtlichen Gründen K. Schmidt HandelsR § 8 IV 3 a mwN). Zu Erbschafts- und Haftungsfragen, wenn der Erblasser OHG-Gesellschafter oder Kommanditist war, vgl § 1922 Rn 15 ff.

b) Nachlassverbindlichkeiten sind auch die „den Erben als solchen treffenden Verbindlichkeiten". Sie sind in § 1967 II beispielhaft („insbesondere") aufgezählt. Diese sog **Erbfallschulden** sind Verbindlichkeiten, die nicht schon in der Person des Erblassers, sondern erst mit oder nach dem Erbfall in der Person des Erben entstanden sind. Streng genommen handelt es sich daher auch bei den Erbfallschulden um Eigenschulden iwS. Im Ggs zu den unter Rn 2 genannten Eigenschulden sind es jedoch immer Schulden, die durch den Erbfall ausgelöst wurden. Dazu zählen neben den in Abs 2 aE genannten Verbindlichkeiten (Pflichtteilsrechte (vgl BayObLG NJW-RR 01, 438), Vermächtnisse und Auflagen) auch die Schulden aus einem Vorausvermächtnis (§ 2150; RG 93, 196), aus gesetzlichen Vermächtnissen, dem Voraus und dem Dreißigsten (§§ 1932, 1969), die Verpflichtung zum Ausgleich des Zugewinns (BGHZ 37, 64) und zur Zahlung nachehelichen Unterhalts (§ 1586 b; OLG Koblenz ZEV 03, 111) und grds auch Beerdigungs- oder Feuerbestattungskosten (vgl aber § 1968 Rn 3, 4).

6 c) Keine eigene Kategorie, sondern nur einen Spezialfall der Erbfallschulden stellen die **Kosten** dar, die im Zuge der **Nachlassabwicklung oder -verwaltung** entstehen.

7 d) Eigenständige Bedeutung besitzen dag die **Nachlasserbenschulden**, für deren Erfüllung sowohl der Nachlass als auch das Erben(eigen)vermögen haften. Für den Erben besteht daher **keine** Möglichkeit zur **Haftungsbeschränkung**, der Gläubiger kann in beide Vermögensmassen unbeschränkt vollstrecken. Solche Nachlasserbenschulden entstehen regelmäßig dann, wenn der Erbe zwar objektiv für den Nachlass tätig wird, dabei aber seine eigene Haftung nicht ausschließt. Lässt etwa der Erbe einen Rohrbruch in einem zum Nachlass gehörenden Haus reparieren, ohne die Haftung vorab ggü dem Installateur auf den Nachlass zu beschränken, muss er gem § 631 I als Besteller für die Zahlung des Werklohnes einstehen. Zugleich begründet der Erbe jedoch auch eine Nachlassverbindlichkeit, da sich das Geschäft aus Sicht eines objektiven Beobachters als ordnungsgemäße Nachlassverwaltung darstellt. Dies gilt unabhängig davon, ob der Erbe und der Gläubiger (im Bsp der Installateur) den Nachlassbezug ausdrücklich vereinbart haben oder der Gläubiger diesen erkannt hat (BGHZ 71, 182 ff). Dadurch hat der (Mit-)Erbe den Vorteil, für die aus dem Eigenvermögen verauslagte Summe unter den Voraussetzungen des § 1978 III Ersatz aus dem Nachlass verlangen zu können.

8 3. Besondere Probleme bereiten schließlich die **postmortale Vollmacht** und die **Prokura**, die der Erblasser als Einzelkaufmann erteilt hat (§ 52 III HGB: kein Erlöschen durch den Tod des Inhabers). Denkbar sind diesbezüglich eine Reihe von Lösungen mit verschiedenen haftungsrechtlichen Konsequenzen. So kann man vertreten, dass der Bevollmächtigte ausschließlich Erblasserschulden begründet, weil die Zurechnung des Rechtsgeschäfts letztlich auf der Bevollmächtigung durch den Erblasser beruht. Dag spricht jedoch, dass die Rechtsfolgen der Handlungen des Bevollmächtigten nach dem Tod des Erblassers nach allg Regeln und gegen den Erben wirken (§ 164). Zudem wird die Möglichkeit der Haftungsbeschränkung zeitlich zulasten der Gläubiger ausgedehnt, wenn der Erbe die Bevollmächtigung fortbestehen lässt. Demzufolge ist es vorzugswürdig, die nach dem Tode entstandenen Verbindlichkeiten dem Erben zuzurechnen. Eine andere Frage ist es dann, ob Nachlasserbenschulden oder reine Erbeneigenschulden entstanden sind (dazu im iE oben Rn 7).

9 4. Für die Frage, ob der Erbe für **öffentlich-rechtliche Verbindlichkeiten** des Erblassers einzustehen hat, ist § 1967 grds ohne Bedeutung, da das BGB nur die privatrechtlichen Folgen des Versterbens regelt (MK/Leipold, Einl Rn 180 ff). Maßgeblich sind stattdessen primär die **jeweiligen öffentlich-rechtlichen Spezialvorschriften**, etwa die §§ 90 ff BSHG für den praktisch wichtigen Sozialhilfebereich.

10 III. In **verfahrensrechtlicher** Hinsicht besteht die Möglichkeit, Nachlassverbindlichkeiten im besonderen Gerichtsstand der §§ 27, 28 ZPO geltend zu machen. Im Übrigen ist es von großer Bedeutung, die Möglichkeit der Haftungsbeschränkung im Urt gem § 780 ZPO vorbehalten zu lassen (näher bei §§ 1975 ff).

§ 1968 Beerdigungskosten

Der Erbe trägt die Kosten der Beerdigung des Erblassers.

1 Die Vorschrift betrifft nur die Frage der Kostentragung, ohne eine privatrechtliche oder gar öffentlich-rechtliche Pflicht des Erben zur Bestattung des Erblassers zu begründen.

2 **Schuldner des Anspruches** sind die Erben, **Anspruchsinhaber** ist derjenige, der die Bestattung ausgerichtet hat. Dies gilt jedoch nicht, wenn derjenige, der die Bestattung veranlasst hat, ein eigenes Recht zur Totenfürsorge besaß. So hat zB der Bestattungsunternehmer keinen Anspruch aus § 1968, sondern nur gegen seinen Auftraggeber, der nicht zwingend mit dem Erben personengleich sein muss, aus § 631. Wurde ein Vertrag nicht geschlossen, kommen Ansprüche aus GoA oder Bereicherungsrecht in Be-

tracht. Findet sich keine Person, die als Totenfürsorgeberechtigter in Betracht kommt und die Bestattung vornimmt, so dass die zuständige Ordnungsbehörde einschreitet, bestimmt sich die Person des Geschäftsherrn nach den einschlägigen Landesbestattungsgesetzen, ohne dass die Regeln der GoA durch diese oder die Möglichkeit zur Ersatzvornahme verdrängt werden (BGH NJW 12, 1648).

Fraglich ist, ob der Totenfürsorgeberechtigte, welcher kein Erbe geworden ist und die Beerdigung selbst nicht veranlasst hat, aus GoA für die Beerdigungskosten haften muss (dafür LG Bonn Beschl v 2.7.09 – 8 S 122/09; offengelassen aber mwN BGH NJW 12, 1651). Jedenfalls entfalte § 1968 keine Vorrangwirkung ggü Ansprüchen gegen weitere Verpflichtete aus anderen Rechtsgründen, da diesen der Regress gegen die Erben offenbleibe (BGH aaO). 2a

Grds sind die Beerdigungskosten Erbfallschulden. Möglich ist aber auch eine vertragliche Verpflichtung des Erben ggü einem Dritten ohne Beschränkung auf den Nachlass. Eine solche ist va ggü Bestattungsunternehmern üblich (vgl die entspr Formularverträge) und führt zur Entstehung von Nachlasserbenschulden (vgl § 1967 Rn 7). 3

Nicht unter § 1968 fallen die Folgekosten einer Beerdigung, zB die Kosten für die Anreise naher Angehöriger (BGHZ 32, 74) oder die Grabpflege (st Rspr, zuletzt OLG Oldenburg DNotZ 93, 135). 4

§ 1969 Dreißigster

(1) ¹Der Erbe ist verpflichtet, Familienangehörigen des Erblassers, die zur Zeit des Todes des Erblassers zu dessen Hausstand gehören und von ihm Unterhalt bezogen haben, in den ersten 30 Tagen nach dem Eintritt des Erbfalls in demselben Umfang, wie der Erblasser es getan hat, Unterhalt zu gewähren und die Benutzung der Wohnung und der Haushaltsgegenstände zu gestatten. ²Der Erblasser kann durch letztwillige Verfügung eine abweichende Anordnung treffen.

(2) Die Vorschriften über Vermächtnisse finden entsprechende Anwendung.

Die Vorschrift dient der Sicherung der mit dem Erblasser in häuslicher Gemeinschaft lebenden Personen, indem sie ihnen ggü dem Erben ein schuldrechtliches Forderungsrecht im Wege eines **gesetzlichen Vermächtnisses** (arg § 1939) einräumt, das auf eine 30-tägige Unterhaltsgewährung gerichtet ist. 1

Anspruchsberechtigt sind nach dem Wortlaut die Familienangehörigen des Erblassers, die zZ des Todes zu dessen Hausstand gehören und von ihm Unterhalt bezogen haben. Entscheidendes Gewicht kommt dabei der zweiten Voraussetzung zu, während der Begriff des **Familienangehörigen untechnisch zu verstehen** ist und daher zB auch den nichtehelichen Lebenspartner umfasst (zutreffend OLG Düsseldorf NJW 83, 1566; vgl auch § 1931 Rn 3). 2

Der Anspruch ist während der Dreißigtagesfrist gerichtet auf **Erfüllung in Natur**. Nur wenn der Haushalt aufgelöst wird, ist stattdessen Geldersatz zu leisten. Sein Umfang richtet sich danach, in welchem Umfang der Erblasser dem berechtigten Personenkreis tatsächlich Unterhalt gewährt hat. 3

Dem Normzweck entspr ist der **Anspruch weder übertragbar noch pfändbar**, vgl §§ 399 ff, §§ 850 b I Nr 2, 851 ZPO. 4

Untertitel 2
Aufgebot der Nachlassgläubiger

§ 1970 Anmeldung der Forderungen

Die Nachlassgläubiger können im Wege des Aufgebotsverfahrens zur Anmeldung ihrer Forderungen aufgefordert werden.

I. 1. Das Aufgebotsverfahren dient dazu, dem **Erben Aufschluss über die Höhe der Nachlassverbindlichkeiten** zu geben und um ihm die Entscheidung darüber zu erleich- 1 tern, entweder den Nachlass fortan selbst zu verwalten und ein Nachlassinventar zu errichten (vgl §§ 1993, 2001) oder ggf die notwendigen Maßnahmen (Nachlassverwaltung oder -insolvenzverfahren) zu ergreifen. Ferner hat das Verfahren eine **Ausschlussfunktion** dahingehend, dass die Gläubiger zwar zur Anmeldung ihrer Forderungen nicht gezwungen sind, im Falle der Nichtanmeldung aber Nachteile hinnehmen müssen. Zwar erlischt ihre Forderung nicht (ausf § 1973 Rn 1), der Erbe haftet aber nach Abschluss des Verfahrens den bis dahin nicht benannten Gläubigern nur mit dem nach Befriedigung der benannten Gläubiger verbleibenden Nachlassüberschuss (§ 1973). Er kann folglich den Zugriff auf das Eigenvermögen verhindern. Dies gilt indes nicht für den in § 1971 genannten Personenkreis (vgl iE dort) sowie für Gläubiger, deren Forderung erst nach Beginn der Ausschlussfrist dem Grunde nach entstanden ist, da ihnen eine Anmeldung nicht zuzumuten ist.

2 2. Außerdem wird der Erbe dadurch geschützt, dass die Dreimonatseinrede des § 2014 sich für die Dauer des Verfahrens verlängert (§ 2015); sog Aufgebotseinrede. Der Erbe kann daher die Befriedigung der Gläubiger bis zum Abschluss des Verfahrens verweigern.

3 3. Darüber hinaus soll die **ordnungsgemäße Verteilung des Nachlasses** unter den Gläubigern sichergestellt werden, insb dann, wenn Schulden nur zum Teil befriedigt werden können.

4 II. 1. Die **praktische Umsetzung** des Aufgebotsverfahrens wurde durch das FGG-RG aus dem Neunten Buch der ZPO in das Achte Buch des FamFG überführt, vgl dort §§ 433 ff FamFG. Zuständig ist das Amtsgericht als Nachlassgericht, § 23 a II Nr 7, I GVG, funktionell der Rechtspfleger, § 3 Nr 1 c RPflG.

5 2. Den **Antrag** auf Einl des Aufgebotsverfahrens kann in erster Linie jeder **Erbe** stellen, der die Erbschaft bereits angenommen hat und nicht schon unbeschränkt haftet, § 455 I FamFG. Die Antragstellung durch einen Miterben gilt dabei ebenso wie das erwirkte Ausschlussurtil auch für die übrigen Miterben, § 460 FamFG. Ferner sind aktivlegitimiert der Erbschaftskäufer, der Nachlasspfleger, der Nachlassverwalter und der Testamentsvollstrecker, der zur Verwaltung des Nachlasses berechtigt ist (§ 455 II FamFG).

§ 1971 Nicht betroffene Gläubiger

¹Pfandgläubiger und Gläubiger, die im Insolvenzverfahren den Pfandgläubigern gleichstehen, sowie Gläubiger, die bei der Zwangsvollstreckung in das unbewegliche Vermögen ein Recht auf Befriedigung aus diesem Vermögen haben, werden, soweit es sich um die Befriedigung aus den ihnen haftenden Gegenständen handelt, durch das Aufgebot nicht betroffen. ²Das Gleiche gilt von Gläubigern, deren Ansprüche durch eine Vormerkung gesichert sind oder denen im Insolvenzverfahren ein Aussonderungsrecht zusteht, in Ansehung des Gegenstands ihres Rechts.

1 Die Vorschrift **beschränkt die Ausschlussfunktion** des Aufgebotsverfahrens hins bestimmter Gläubiger. Sie erklärt sich daraus, dass der Erbe eines besonderen Schutzes bzw einer Inkenntnissetzung bzgl der in Rede stehenden Verbindlichkeiten nicht bedarf. Nicht betroffen sind namentlich die Realgläubiger, § 10 ZVG, also Personen, die bei der Zwangsvollstreckung in das unbewegliche Vermögen ein gesondertes Recht auf Befriedigung haben. Praktisch wichtig ist dies bei Grundschuld- und Hypothekengläubigern, wobei im letzteren Falle allerdings zu beachten ist, dass bei einem Vorgehen aus der zugrunde liegenden persönlichen Forderung diese sehr wohl angemeldet werden muss.

2 Ebenfalls privilegiert werden **Pfandgläubiger**, mag das Pfandrecht auf Rechtsgeschäft (§§ 1204 ff), Gesetz (Bsp: § 647) oder Pfändung beruhen (§ 804 II ZPO, § 50 InsO).

3 Der weitgehenden Wirkung einer **Vormerkung** wegen sind die dahingehend Berechtigten (S 2), sowie die im Insolvenzverfahren Aussonderungsberechtigten (§§ 47 ff InsO) gleichgestellt.

§ 1972 Nicht betroffene Rechte

Pflichtteilsrechte, Vermächtnisse und Auflagen werden durch das Aufgebot nicht betroffen, unbeschadet der Vorschrift des § 2060 Nr. 1.

Die Vorschrift beruht auf der Erwägung, dass der Erbe die Gläubiger bereits aus der Verfügung von Todes wegen **kennt**. 1

Zu beachten sind aber §§ 1973 I 2, 1974, wonach die Schulden **nachrangig** sind, selbst 2 ggü den ausgeschlossenen und säumigen Gläubigern. Damit wird eine Harmonisierung mit der Insolvenzordnung erreicht, innerhalb derer die Nachlassgläubiger Vorrang vor den Pflichtteilsberechtigten haben, die ihrerseits vor den Vermächtnisnehmern und Auflagenbegünstigten zu befriedigen sind (vgl § 327 InsO).

§ 1973 Ausschluss von Nachlassgläubigern

(1) ¹Der Erbe kann die Befriedigung eines im Aufgebotsverfahren ausgeschlossenen Nachlassgläubigers insoweit verweigern, als der Nachlass durch die Befriedigung der nicht ausgeschlossenen Gläubiger erschöpft wird. ²Der Erbe hat jedoch den ausgeschlossenen Gläubiger vor den Verbindlichkeiten aus Pflichtteilsrechten, Vermächtnissen und Auflagen zu befriedigen, es sei denn, dass der Gläubiger seine Forderung erst nach der Berichtigung dieser Verbindlichkeiten geltend macht.
(2) ¹Einen Überschuss hat der Erbe zum Zwecke der Befriedigung des Gläubigers im Wege der Zwangsvollstreckung nach den Vorschriften über die Herausgabe einer ungerechtfertigten Bereicherung herauszugeben. ²Er kann die Herausgabe der noch vorhandenen Nachlassgegenstände durch Zahlung des Wertes abwenden. ³Die rechtskräftige Verurteilung des Erben zur Befriedigung eines ausgeschlossenen Gläubigers wirkt einem anderen Gläubiger gegenüber wie die Befriedigung.

Die Norm beschreibt die wichtigsten **Folgen** des Aufgebotsverfahrens, va die inhaltli- 1 che Abwertung der ausgeschlossenen Forderungen durch das Ausschlussurt. Danach braucht der Erbe die Zwangsvollstreckung in das Eigenvermögen durch die ausgeschlossenen Gläubiger (§ 1970 Rn 1) nicht mehr zu dulden, wenn das Verfahren durch ein Ausschlussurt beendet worden ist. Stattdessen kann er die sog Ausschluss- oder Erschöpfungseinrede geltend machen, also außergerichtlich oder im Prozess nachweisen, dass der Nachlass nach Befriedigung der nicht ausgeschlossenen Gläubiger erschöpft ist.

Zudem wird der Erbe in weiterer Hinsicht privilegiert. Selbst wenn der Nachlass eine 2 Befriedigung der ausgeschlossenen Gläubiger zulässt, ist er berechtigt, diese erst nach den nicht ausgeschlossenen Gläubigern zu befriedigen. Zudem haftet er mit dem Nachlassüberschuss nur nach **Bereicherungsrecht** (Abs 2 S 1). Er kann den Wegfall der Bereicherung geltend machen (§ 818, beachte aber § 819 bei Kenntnis von der Forderung). Schließlich besitzt er eine Ersetzungsbefugnis: Er kann statt der Herausgabe noch vorhandener Nachlassgegenstände deren Wert ersetzen.

Allerdings haben die ausgeschlossenen Gläubiger ihrerseits **Vorrang** vor den Pflicht- 3 teils- und Vermächtnisberechtigten sowie den Auflagenbegünstigten (§ 1972 Rn 2).

§ 1974 Verschweigungseinrede

(1) ¹Ein Nachlassgläubiger, der seine Forderung später als fünf Jahre nach dem Erbfall dem Erben gegenüber geltend macht, steht einem ausgeschlossenen Gläubiger gleich, es sei denn, dass die Forderung dem Erben vor dem Ablauf der fünf Jahre bekannt geworden oder im Aufgebotsverfahren angemeldet worden ist. ²Wird der Erblasser für tot erklärt oder wird seine Todeszeit nach den Vorschriften des Verschollenheitsgesetzes festgestellt, so beginnt die Frist nicht vor dem Eintritt der Rechtskraft des Beschlusses über die Todeserklärung oder die Feststellung der Todeszeit.
(2) Die dem Erben nach § 1973 Abs. 1 Satz 2 obliegende Verpflichtung tritt im Verhältnis von Verbindlichkeiten aus Pflichtteilsrechten, Vermächtnissen und Auflagen zu-

einander nur insoweit ein, als der Gläubiger im Falle des Nachlassinsolvenzverfahrens im Range vorgehen würde.
(3) Soweit ein Gläubiger nach § 1971 von dem Aufgebot nicht betroffen wird, finden die Vorschriften des Absatzes 1 auf ihn keine Anwendung.

1 Die Vorschrift vervollständigt das berechtigte Interesse des Erben an Rechtssicherheit und Klarheit über die zu erfüllenden Nachlassverbindlichkeiten, indem es Forderungen, die erst 5 Jahre nach dem Erbfall geltend gemacht werden, im Wege der Fiktion ausgeschlossenen Forderungen gleichstellt.
2 Der Erbe kann in diesem Fall die sog **Verschweigungseinrede** geltend machen, es sei denn, er wusste um die Existenz der Forderung (Abs 1 S 1 aE).
3 Besondere Bedeutung hat § 1974 in den Fällen, in denen entweder ein Aufgebotsverfahren **nicht stattgefunden** hat, der Gläubiger die Forderung erst nach dem Verfahren erworben hat (vgl § 1970 Rn 1) oder von jenem nicht betroffen ist (§ 1972).
4 Ohne Wirkung bleibt die Säumnis hins **dinglich gesicherter** Forderungen (§ 1974 III iVm § 1971) und in den Fällen, in denen der Erbe unbeschränkt haftet.
5 Keine Säumnis tritt ein, wenn die Forderung **geltend gemacht** wurde, und zwar auch dann nicht, wenn dies ggü dem vorläufigen Erben geschah, der später ausgeschlagen hat. Für die Miterbengemeinschaft ist § 2060 Nr 2 zu beachten.

Untertitel 3
Beschränkung der Haftung des Erben

§ 1975 Nachlassverwaltung; Nachlassinsolvenz

Die Haftung des Erben für die Nachlassverbindlichkeiten beschränkt sich auf den Nachlass, wenn eine Nachlasspflegschaft zum Zwecke der Befriedigung der Nachlassgläubiger (Nachlassverwaltung) angeordnet oder das Nachlassinsolvenzverfahren eröffnet ist.

1 I. 1. Die §§ 1975 ff regeln die **Beschränkung der Haftung des Erben**. Ab Annahme der Erbschaft (davor s § 1958, § 778 ZPO) haftet der Erbe grds unbeschränkt mit dem Nachlass und dem Eigenvermögen für sämtliche Nachlassverbindlichkeiten (§ 1967). Dies steht im Einklang damit, dass Nachlass und Eigenvermögen mit dem Erbfall rechtlich zunächst zu einer einheitlichen Vermögensmasse verschmelzen (§ 1922). Eine Beschränkung der Haftung **Minderjähriger** ist durch das Minderjährigenhaftungsbeschränkungsgesetz v 25.8.98 (BGBl I 2487; hierzu Behnke NJW 98, 3078) eingeführt worden. Diese haften nach § 1629 a I 1 ua für Verbindlichkeiten aufgrund eines während der Minderjährigkeit erfolgten Erwerbs von Todes wegen grds nur mit dem bei Eintritt der Volljährigkeit vorhandenen Vermögen. Die Ausgestaltung im Einzelnen folgt dem Modell der §§ 1990, 1991 (vgl § 1629 a I 2 und ausf die Kommentierung zu § 1629 a). Die, abgesehen von diesen Besonderheiten bei Minderjährigen, **vorläufige unbeschränkte Haftung** des Erben ist aber im Regelfall gegenständlich auf den Nachlass **beschränkbar**, nämlich nach §§ 1975 ff, 1990 durch Anordnung der Nachlassverwaltung, Eröffnung des Nachlassinsolvenzverfahrens sowie die Dürftigkeitseinrede. Die Beschränkbarkeit der Haftung muss sich der Erbe aber, um sie einem Gläubiger später entgegenhalten zu können, in einem von diesem erwirkten Urt gem § 780 ZPO vorbehalten lassen. Hat er dies getan und tritt die Haftungsbeschränkung dann später ein, kann der Erbe die Aufhebung etwa erfolgter Vollstreckungsmaßnahmen in sein Eigenvermögen (die bis dahin gem § 781 ZPO möglich sind) verlangen (§§ 784, 785 ZPO). Wurde der **Vorbehalt der Beschränkbarkeit** der Haftung im Urt versäumt, haftet der Erbe diesem Gläubiger ggü endgültig unbeschränkt mit dem Nachlass und dem Eigenvermögen. Die gleiche Rechtsfolge, also die endgültig **unbeschränkte und unbeschränkbare Haftung** (vgl § 2013) tritt ein, wenn der Erbe ein beantragtes Inventar nicht fristgemäß errichtet (§ 1994 I 2), das Inventar in Benachteiligungsabsicht unrichtig oder unvollständig errichtet (§ 2005 I; sog Inventaruntreue) oder die Abgabe der ei-

desstattlichen Versicherung des § 2006 I verweigert (§ 2006 III; hier tritt die unbeschränkte Haftung allerdings nur ggü dem beantragenden Gläubiger ein).

2. Die **Beschränkung der Haftung** des Erben für Nachlassverbindlichkeiten **auf den Nachlass** unter Schonung des Eigenvermögens tritt nach § 1975 nur im Falle der Nachlassabsonderung durch Anordnung der Nachlassverwaltung oder Eröffnung des Nachlassinsolvenzverfahrens ein (zur Ausn beim dürftigen Nachlass vgl § 1990). Diese amtliche **Nachlassabsonderung** dient der Trennung des Nachlasses vom Eigenvermögen des Erben im Hinblick auf die Verwertung des ersteren. Nachlassgläubiger werden vom Zugriff auf das Eigenvermögen, Eigengläubiger vom Zugriff auf den Nachlass ausgeschlossen. Die Verwaltungs- und Verfügungsbefugnis über den Nachlass geht auf den Nachlassverwalter (§ 1984) bzw den Insolvenzverwalter (§ 80 InsO) über. Der Erbe behält zwar formell die materielle Berechtigung am Nachlass, dennoch gehen die Vermögensmassen rechtlich verschiedene Wege. Die an sich mit dem Erbfall eintretende Verschmelzung von Eigenvermögen und Nachlass (§ 1922) wird praktisch rückwirkend wieder aufgehoben. Dies hat Konsequenzen für vor dieser Trennung eingetretene Rechtsänderungen. Durch Konfusion und Konsolidation erloschene Forderungen oder Rechte werden als fortbestehend fingiert (§ 1976). Aufrechnungen von Nachlassgläubigern gegen Eigenforderungen des Erben und Aufrechnungen von Eigengläubigern gegen Nachlassforderungen gelten als nicht erfolgt (§ 1977). Angesichts der bisherigen Verwaltung des Nachlasses wird der Erbe wie ein Verwalter fremden Vermögens behandelt (§ 1978).

II. Die **Beschränkung der Haftung** für Nachlassverbindlichkeiten auf den Nachlass tritt nach § 1975 mit Anordnung der Nachlassverwaltung oder Eröffnung des Nachlassinsolvenzverfahrens ein (zu den Besonderheiten bei Minderjährigen vgl oben Rn 1).

1. Die **Nachlassverwaltung** wird in § 1975 als Nachlasspflegschaft zum Zwecke der Befriedigung der Nachlassgläubiger definiert. Die allg Vorschriften über die Pflegschaft (§§ 1915 ff) gelten subsidiär (RGZ 72, 263). Die Absonderung des Nachlasses vom Eigenvermögen wird hier dadurch verwirklicht, dass die Verwertung des an sich zur Gläubigerbefriedigung ausreichenden Nachlasses in die Hände eines Verwalters gelegt wird. Der Nachlassverwalter ist im Prozess Partei kraft Amtes (herrschende Amtstheorie). Die Nachlassverwaltung geht einem Nachlassinsolvenzverfahren häufig voraus. Sie endet mit letzterem (§ 1988). Die Anordnung der Nachlassverwaltung obliegt gem § 1981 dem Nachlassgericht, welches nur auf Antrag tätig wird. Antragsberechtigt sind der Erbe (§ 1981 I), es sei denn er haftet unbeschränkbar (§ 2013 I) und unter bestimmten Voraussetzungen die Nachlassgläubiger (§ 1981 II). Vgl im Übrigen die Kommentierung zu den jeweiligen Vorschriften.

2. Das **Nachlassinsolvenzverfahren** ist die andere Möglichkeit zur Haftungsbeschränkung. Die Verfahrenseröffnung erfolgt durch das zuständige Insolvenzgericht (§§ 2, 315 InsO). Den erforderlichen Antrag kann gem § 317 InsO jeder Erbe, abw von der Nachlassverwaltung (§ 2062) auch jeder Miterbe für sich (vgl § 317 II InsO), der Nachlassverwalter, ein Nachlasspfleger, ein Testamentsvollstrecker und (befristet, § 319 InsO) jeder Nachlassgläubiger stellen. Im Unterschied zur Nachlassverwaltung verliert der unbeschränkt haftende Erbe das Antragsrecht nicht (§ 316 I InsO). Er kann den Antrag bereits vor Annahme der Erbschaft stellen (§ 316 I InsO). Nach Teilung einer Miterbengemeinschaft ist Nachlassverwaltung im Ggs zum Nachlassinsolvenzverfahren ausgeschlossen (§ 2062 2. Halbs, § 316 II InsO). Eröffnungsgründe sind Zahlungsunfähigkeit, Überschuldung und bei Beantragung durch Nachlassverwalter, Nachlasspfleger oder Testamentsvollstrecker auch die drohende Zahlungsunfähigkeit (§ 320 InsO); sie sind substantiiert darzulegen (BGH MDR 07, 1342). Zum Fortgang des Verfahrens vgl Lange/Kuchinke ErbR § 49 IV.

3. Genügt der Nachlass nicht zur Bestreitung der Kosten der Nachlassverwaltung oder des Nachlassinsolvenzverfahrens, kann Anordnung bzw Eröffnung **mangels Masse** abgelehnt werden (§ 1982, § 26 I InsO). In diesen Fällen des dürftigen Nachlasses kann der Erbe sich gem § 1990 I einredeweise auf seine auf den Nachlass beschränkte Haftung berufen.

7 4. **Nach Beendigung** des Nachlassinsolvenzverfahrens bleibt die Haftungsbeschränkung auf den Nachlass bestehen. Das Gesetz erreicht dies durch eine Gleichstellung der verbleibenden Gläubiger mit solchen, die im Aufgebotsverfahren ausgeschlossen wurden (§§ 1989, 1973). Im Übrigen kann der Erbe sich bei Beendigung der Nachlassverwaltung in entspr Anwendung auf § 1990 berufen (BGH NJW 54, 635).

8 III. **Verfahrensrechtlich** ist zu beachten, dass die beschränkte Erbenhaftung ggü dem Gläubiger nur geltend gemacht werden kann, wenn sie dem Erben gem § 780 I ZPO im Urt vorbehalten ist (Ausn § 780 II ZPO). Bis zur Annahme der Erbschaft wird der Erbe vor Passivprozessen durch § 1958 geschützt. Eine Vollstreckung in das Eigenvermögen in diesem Zeitraum verhindert § 778 ZPO. Nach Annahme kann jedoch der Erbe wegen Nachlassverbindlichkeiten verklagt und verurteilt werden. Da zu diesem Zeitpunkt die Haftungsbeschränkung noch nicht greifen muss, weil noch keine Nachlassverwaltung angeordnet oder das Nachlassinsolvenzverfahren noch nicht eröffnet ist, steht einer Vollstreckung in das Eigenvermögen des Erben zunächst nichts im Wege (§ 781 ZPO). Sind derartige Vollstreckungshandlungen erfolgt und tritt die Haftungsbeschränkung anschließend ein, ist der Erbe darauf verwiesen, die Aufhebung der Vollstreckungsmaßnahmen im Wege der Vollstreckungsgegenklage gem §§ 784, 785, 767 ZPO zu betreiben. Voraussetzung hierfür ist allerdings der Vorbehalt gem § 780 I ZPO. Wurde dieser versäumt, bleibt der Eingriff in das Eigenvermögen unumkehrbar. Der Vorbehalt nach § 780 I ZPO ist auch erforderlich, wenn sich der Erbe später auf die Dürftigkeitseinrede des § 1990 berufen will (BGH NJW 91, 2839). Der **Minderjährige** kann sich bei einem vor Eintritt der Volljährigkeit gegen ihn ergangenen Titel auch ohne Vorbehalt gem § 780 I ZPO auf die Haftungsbeschränkung des § 1629 a I 1 (vgl Rn 1) berufen (Behnke NJW 98, 3080).

§ 1976 Wirkung auf durch Vereinigung erloschene Rechtsverhältnisse

Ist die Nachlassverwaltung angeordnet oder das Nachlassinsolvenzverfahren eröffnet, so gelten die infolge des Erbfalls durch Vereinigung von Recht und Verbindlichkeit oder von Recht und Belastung erloschenen Rechtsverhältnisse als nicht erloschen.

1 I. Die Vorschrift zieht die Konsequenz aus der im Falle der Haftungsbeschränkung nach § 1975 rückwirkend eintretenden Nachlassabsonderung. Die **ex tunc wirkende Trennung** von Nachlass und Eigenvermögen muss sich daher auch auf die durch Konfusion und Konsolidation erloschenen Rechtsverhältnisse erstrecken. Die Nachlassabsonderung dient sowohl dem Schutz des Eigenvermögens des Erben vor einem Vollstreckungszugriff durch Nachlassgläubiger als auch dem Schutz der Nachlassgläubiger, indem ihnen nach Möglichkeit der ungeschmälerte Nachlass als Haftungsmasse erhalten wird.

2 II. 1. Die Vorschrift setzt das Erlöschen einer Schuld durch **Konfusion** (Vereinigung von Gläubiger- und Schuldnerstellung in einer Person) oder eines Rechtsverhältnisses durch **Konsolidation** (Vereinigung von Recht und Belastung) infolge des Erbfalls voraus. Die Norm greift nicht, wenn das Rechtsverhältnis trotz Vereinigung fortbesteht (zB §§ 889, 1063 II, 1256 II). Dies ist auch bei Miterbengemeinschaften und bei angeordneter Verwaltungstestamentsvollstreckung der Fall (BGHZ 25, 283; 48, 219).

3 2. Die Vorschrift ist auch bei **unbeschränkter Haftung** des Erben anwendbar (vgl die fehlende Erwähnung in § 2013 I). Im möglichen Nachlassinsolvenzverfahren kann der Erbe also eigene Ansprüche, die ihm gegen den Erblasser zustanden, geltend machen (§ 326 I InsO).

4 3. Eine Nachlassverwaltung oder das Nachlassinsolvenzverfahren müssen **angeordnet bzw eröffnet** worden sein, damit die Wirkungen des § 1976 eintreten.

5 4. Die **Rechtsfolge** der Vorschrift besteht in einer Fiktion. Die durch Konfusion und Konsolidation erloschenen Rechtsverhältnisse gelten rückwirkend als nicht erloschen (vgl OLG Brandenburg ErbR 2011, 248).

6 a) War der Erbe Gläubiger des Erblassers, kann er diese **Forderung** gegen den Nachlassverwalter oder Nachlassinsolvenzverwalter **geltend machen** (§ 1984 I 3, § 326

InsO). Umgekehrt hat der Erbe Forderungen des Erblassers gegen ihn auch jetzt noch zu begleichen.

b) Eine zur Sicherung einer Forderung des Erben bestellte **Hypothek** wird von der Eigentümergrundschuld (§ 1177) wieder zur Fremdhypothek. Endgültige Veränderungen können allerdings durch die Fiktion des § 1976 nicht rückgängig gemacht werden. Ist also die Eigentümergrundschuld gelöscht worden, kann die Neueintragung der wiederbestellten Hypothek im Range nur nach den bestehen gebliebenen aufgerückten Rechten erfolgen (MK/Küpper § 1976 Rn 5). 7

c) Aufgrund der Absonderung lässt der BGH es zu, dass – obwohl der Erbe formell Träger beider Vermögensmassen bleibt – zwischen Nachlassverwalter und Erben auch **neue Rechtsbeziehungen** begründet werden (NJW-RR 91, 683). 8

III. 1. Die Vorschrift findet **entspr Anwendung,** wo der Nachlassbestand zZ des Erbfalls Berechnungsgrundlage für eine Forderung des Erben gegen den Nachlass ist (Pflichtteilsansprüche, Quotenvermächtnis). Parallele Bestimmungen sind die §§ 1991 II, 2175, 2377. 9

2. Für die **Konvaleszenz** (§ 185 II) hat die Vorschrift keine Bedeutung, da § 185 II die unbeschränkte Haftung des Erben voraussetzt. Ist danach eine Konvaleszenz eingetreten, bleibt diese auch bei späterer Eröffnung eines Nachlassinsolvenzverfahrens bestehen. 10

§ 1977 Wirkung auf eine Aufrechnung

(1) Hat ein Nachlassgläubiger vor der Anordnung der Nachlassverwaltung oder vor der Eröffnung des Nachlassinsolvenzverfahrens seine Forderung gegen eine nicht zum Nachlass gehörende Forderung des Erben ohne dessen Zustimmung aufgerechnet, so ist nach der Anordnung der Nachlassverwaltung oder der Eröffnung des Nachlassinsolvenzverfahrens die Aufrechnung als nicht erfolgt anzusehen.

(2) Das Gleiche gilt, wenn ein Gläubiger, der nicht Nachlassgläubiger ist, die ihm gegen den Erben zustehende Forderung gegen eine zum Nachlass gehörende Forderung aufgerechnet hat.

I. Die Vorschrift trägt wie § 1976 der **rückwirkenden Absonderung** des Nachlasses vom Eigenvermögen Rechnung. Aus den gleichen Gründen wie dort gilt hier die Aufrechnung von Forderungen aus zu trennenden Vermögensmassen (Nachlass und Eigenvermögen) als nicht erfolgt. Damit werden Erbe und Nachlassgläubiger gleichermaßen geschützt. 1

II. Die Vorschrift erfasst in Abs 1 die Aufrechnung eines Nachlassgläubigers gegen eine **Eigenforderung** des Erben, in Abs 2 die Aufrechnung eines Eigengläubigers gegen eine **Nachlassforderung**. 2

1. Abs 1 betrifft die Aufrechnung eines Gläubigers gegen eine Eigenforderung des Erben mit einer gegen den Nachlass gerichteten Forderung (Hauptforderung ist Eigenforderung und Gegenforderung ist Nachlassschuld). Diese Aufrechnung steht von ihrer Wirkung her der Befriedigung eines Nachlassgläubigers mit Eigenmitteln gleich. Dies wäre aber mit der auf den Nachlass beschränkten Haftung des Erben nicht vereinbar. 3

a) Die Aufrechnung muss **vor Eintritt der Haftungsbeschränkung** erfolgt sein. Nach Anordnung der Nachlassverwaltung oder nach Eröffnung des Nachlassinsolvenzverfahrens kann der Gläubiger seine Forderung ohnehin nur noch gegen den Nachlass (§ 1984 I 3) bzw Insolvenzverwalter (§ 81 InsO) geltend machen. Für eine Aufrechnung fehlt es an der Gegenseitigkeit (Jauernig/Stürner § 1977 Rn 2). 4

b) Aus dem Zweck der Vorschrift, dem Schutz des Erben vor der Verwendung von Eigenmitteln für die Tilgung von Nachlassschulden, folgt, dass sich der Erbe **nicht auf die Unwirksamkeit** der Aufrechnung **berufen** kann, wenn er **unbeschränkt** haftet. Denn dann muss er ohnehin Eigenmittel zur Befriedigung von Nachlassgläubigern einsetzen. Gesetzlich geregelt ist dies in § 2013 I, der § 1977 für unanwendbar erklärt. Haftet der Erbe nur einzelnen Gläubigern unbeschränkt, soll § 1977 I nach § 2013 II wieder anwendbar sein. Dies kann indes nur ggü den anderen Gläubigern gelten. Der Gläubiger, 5 demgggü unbeschränkt gehaftet wird, kann nach wie vor aufrechnen; Abs 1 gilt insofern nicht.

6 c) Die Berufung auf die Unwirksamkeit bleibt dem Erben aus dem gleichen Grunde versagt, wenn er der Aufrechnung des Nachlassgläubigers **zustimmt** (Abs 1). Entspr gilt, wenn der Erbe selbst die Aufrechnung erklärt. In diesen Fällen kann der Erbe aber einen Aufwendungsersatzanspruch nach §§ 1978 III, 1979 haben. Dieser ist im Insolvenzverfahren Masseverbindlichkeit nach §§ 324 I Nr 1, 55 InsO, die vorweg zu befriedigen ist (§ 53 InsO). Liegen die Voraussetzungen des § 1978 III nicht vor, geht dennoch die Forderung des befriedigten Nachlassgläubigers auf den Erben über, sofern er nicht unbeschränkt haftet, und kann als gewöhnliche Insolvenzforderung (§ 38 InsO) vom Erben geltend gemacht werden (§ 326 II InsO).

7 2. Nach **Abs 2** gilt das Gleiche, wenn ein Eigengläubiger des Erben mit seiner, diesem ggü bestehenden Verbindlichkeit gegen eine Nachlassforderung aufrechnet. Eine solche Aufrechnung entspricht in ihrer Wirkung der Befriedigung von Eigengläubigern mit Nachlassmitteln. Die Anordnung ihrer Unwirksamkeit dient daher dem Schutz der Nachlassgläubiger, denen ein möglichst ungeschmälerter Nachlasswert zugute kommen soll.

8 a) Aufgrund dieses abw Zweckes des Abs 2 kann es hier keine Rolle spielen, ob der Erbe die Aufrechnung selbst erklärt oder ihr **zustimmt** (MK/Küpper § 1977 Rn 6, str).

9 b) Aus nämlichen Erwägungen ist Abs 2 auch bei **unbeschränkter Haftung** des Erben anzuwenden. Die Vorschrift des § 2013 I ist insofern in reduzierender Auslegung nicht anzuwenden.

10 3. Die **Rechtsfolge** der Vorschrift besteht in der Unbeachtlichkeit der erfolgten Aufrechnung. Diese gilt als nicht erfolgt. Entgg § 389 bestehen folglich Haupt- und Gegenforderung fort (inkl etwaiger Pfand- und Nebenrechte). Der Nachlassgläubiger muss seinen Anspruch daher gegen den Nachlassverwalter (§ 1984 I 3) oder im Nachlassinsolvenzverfahren geltend machen und haftet dem Erben aus dessen Eigenforderung. Der Eigengläubiger kann sich an den Erben halten, während er vom Nachlass- oder Insolvenzverwalter wegen seiner Nachlassschuld in Anspruch genommen werden kann.

§ 1978 Verantwortlichkeit des Erben für bisherige Verwaltung, Aufwendungsersatz

(1) ¹Ist die Nachlassverwaltung angeordnet oder das Nachlassinsolvenzverfahren eröffnet, so ist der Erbe den Nachlassgläubigern für die bisherige Verwaltung des Nachlasses so verantwortlich, wie wenn er von der Annahme der Erbschaft an die Verwaltung für sie als Beauftragter zu führen gehabt hätte. ²Auf die vor der Annahme der Erbschaft von dem Erben besorgten erbschaftlichen Geschäfte finden die Vorschriften über die Geschäftsführung ohne Auftrag entsprechende Anwendung.
(2) Die den Nachlassgläubigern nach Absatz 1 zustehenden Ansprüche gelten als zum Nachlass gehörend.
(3) Aufwendungen sind dem Erben aus dem Nachlass zu ersetzen, soweit er nach den Vorschriften über den Auftrag oder über die Geschäftsführung ohne Auftrag Ersatz verlangen könnte.

1 I. Die Vorschrift regelt die **Verantwortlichkeit** des Erben für die zwischen Erbfall und Eintritt der Haftungsbeschränkung erfolgte Verwaltung des Nachlasses. Die Haftungsbeschränkung nach § 1975 kann geraume Zeit nach dem Erbfall eintreten. Zwischenzeitliche Verfügungen und Verwaltungsmaßnahmen des Erben sind nach dem Gesetz indes nicht wie Konfusion, Konsolidation oder Aufrechnung (§§ 1976, 1977) ex tunc unwirksam. Vielmehr setzt § 1978 die andauernde Wirksamkeit der Rechtshandlungen des Erben voraus und regelt lediglich, inwieweit der Erbe den Nachlassgläubigern für seine bisherige Verwaltung verantwortlich ist.

2 II. 1. **Abs 1** regelt die Verantwortlichkeit des Erben. Dabei unterscheidet die Vorschrift zwischen der Verwaltung vor und nach der Annahme der Erbschaft.

3 a) **Vor Annahme der Erbschaft** gelten gem Abs 1 S 2 die Vorschriften über die Geschäftsführung ohne Auftrag entspr. Eine Pflicht zum Tätigwerden besteht für den Er-

ben vor Annahme nicht. Wird er tätig, muss sowohl die Übernahme des Geschäfts als auch seine Ausführung dem objektiven Interesse der Nachlassgläubiger entsprechen. Andernfalls macht der Erbe sich schadensersatzpflichtig (Pflichtverletzung, § 280 I iVm § 677 und § 678). Dies kann insb bei der Tilgung von Eigenverbindlichkeiten mit Nachlassmitteln der Fall sein.

b) Nach Annahme der Erbschaft ist der Erbe so verantwortlich, wie wenn er die Verwaltung des Nachlasses als Beauftragter der Nachlassgläubiger führen würde. Die §§ 662 ff sind entspr anzuwenden, soweit sie nicht eine rechtsgeschäftliche Übernahme des Auftrags voraussetzen. Insb trifft den Erben damit die Auskunfts- und Rechenschaftspflicht der §§ 666, 259, 260. Er muss ferner den Nachlass und alles aus der Geschäftsbesorgung Erlangte gem § 667 herausgeben. Beim rechtsgeschäftlichen Erwerb mit Nachlassmitteln ist zu differenzieren. Das Gesetz kennt iR des § 1978 (anders zB §§ 2019, 2111) keine dingliche Surrogation. Erworbene Gegenstände fallen somit nur dann in den Nachlass und unterliegen der Herausgabepflicht nach § 667, wenn der Erbe für den Nachlass erwerben wollte. Wollte er hingegen mit Nachlassmitteln für sich selbst erwerben, unterliegt das Erworbene nicht der Herausgabepflicht des § 667. Insofern kommt allerdings ein Schadensersatzanspruch gem § 280 wegen Verletzung der Verwaltungspflichten in Betracht (BGH NJW-RR 89, 1226). **4**

c) Die Haftung des Erben nach Abs 1 ist eine persönliche Haftung mit dem **Eigenvermögen**. **5**

d) Haftet der Erbe bereits allen Nachlassgläubigern ggü **unbeschränkt**, ist § 1978 gem § 2013 I nicht anwendbar. Hier besteht kein Bedarf nach einer eigenständigen Haftung für die Verwaltung, da der Zugriff auf das Eigenvermögen des Erben ohnehin möglich ist. **6**

2. Die Ansprüche nach Abs 1 stehen an sich den Nachlassgläubigern zu. Im Wege der Fiktion bestimmt **Abs 2** indes, dass sie als zum Nachlass gehörend gelten. Sie sind daher vom Nachlass- bzw Insolvenzverwalter gegen den Erben geltend zu machen. Bedeutung hat diese Zuordnung der Ansprüche zum Nachlass dort, wo es auf dessen Wert ankommt (§§ 1982, 1988 II, § 26 InsO – unzureichende Masse; § 1990). Erhebt der Erbe die Dürftigkeitseinrede des § 1990, können die Nachlassgläubiger Ansprüche nach Abs 1 selbst geltend machen (BGH NJW-RR 89, 1226). **7**

3. Aufwendungsersatzansprüche des Erben regelt Abs 3. Ihr Bestehen richtet sich vor Annahme nach den Vorschriften über die GoA (§§ 683, 670; 684, 818), nach Annahme nach Auftragsrecht (§ 670). Soweit dem Erben hiernach Aufwendungsersatz zusteht, ist sein Anspruch Masseverbindlichkeit (§ 324 I Nr 1 InsO). Ein Zurückbehaltungsrecht wegen dieser Ansprüche hat der Erbe nicht (§ 323 InsO). Dies gilt auch für die Nachlassverwaltung. Befriedigt der Erbe Nachlassgläubiger aus Eigenmitteln, ohne dass ein Aufwendungsersatzanspruch begründet wird, oder aus Nachlassmitteln, ohne dass die Voraussetzungen des § 1979 gegeben sind (dann haftet er freilich nach § 1978 I), geht die befriedigte Forderung auf den Erben über (§ 326 II InsO) und kann als normale Insolvenzverbindlichkeit geltend gemacht werden. Im Falle der Zahlung aus Nachlassmitteln setzt dies die Erstattung des entnommenen Betrages voraus. **8**

§ 1979 Berichtigung von Nachlassverbindlichkeiten

Die Berichtigung einer Nachlassverbindlichkeit durch den Erben müssen die Nachlassgläubiger als für Rechnung des Nachlasses erfolgt gelten lassen, wenn der Erbe den Umständen nach annehmen durfte, dass der Nachlass zur Berichtigung aller Nachlassverbindlichkeiten ausreiche.

I. Die Vorschrift regelt die Berichtigung von Nachlassverbindlichkeiten durch den Erben vor Eintritt der Haftungsbeschränkung. Durch eine eindeutige Bestimmung, wann die Tilgung als für Rechnung des Nachlasses erfolgt gilt, sollen sowohl der Erbe als auch die Nachlassgläubiger geschützt werden. **1**

2 II. **1.** Die Vorschrift ist nur anwendbar, wenn der Erbe **nicht allg unbeschränkbar haftet**, § 2013 I 2. Die ggü einzelnen Gläubigern eingetretene unbeschränkbare Haftung steht der Anwendbarkeit nicht entgg (§ 2013 II).

3 **2.** Erfasst wird nur die Tilgung von **Nachlassverbindlichkeiten**. Erfüllt der Erbe eigene Schulden mit Nachlassmitteln, haftet er gem § 1978 I auf Ersatz des entspr Betrages. War die erfüllte Verbindlichkeit aber Nachlassverbindlichkeit, kommt § 1979 sowohl bei der Befriedigung aus Eigenmitteln als auch aus Nachlassmitteln zur Anwendung.

4 **3.** Entscheidende Voraussetzung des § 1979 ist, dass der Erbe annehmen durfte, der Nachlass **reiche zur Befriedigung aller Nachlassverbindlichkeiten aus**. Dies setzt eine den Umständen angemessene sorgfältige Überprüfung durch den Erben voraus. Meist wird die Errichtung eines Inventars und Beantragung des Aufgebotsverfahrens erforderlich sein (vgl § 1980 II 2). Zeigt sich die Unzulänglichkeit des Nachlasses, darf der Erbe die Verbindlichkeit nicht erfüllen. Vielmehr muss er das Nachlassinsolvenzverfahren beantragen (§ 1980 I), um die Zwangsvollstreckung titulierter Forderungen zu verhindern (§ 89 InsO).

5 **4. a)** Die **Rechtsfolge** des § 1979 besteht darin, dass die Nachlassgläubiger die Zahlung als für Rechnung des Nachlass erfolgt gelten lassen müssen. Bei einer Tilgung aus Nachlassmitteln heißt dies, dass ein Ersatzanspruch gem § 1978 I nicht in Betracht kommt. Die Möglichkeit einer Insolvenzanfechtung (§§ 130 ff, § 322 InsO; außerhalb des Insolvenzverfahrens Gläubigeranfechtung nach dem AnfG) bleibt freilich unberührt. Hat der Erbe die Nachlassverbindlichkeit aus Eigenmitteln getilgt, besteht regelmäßig der Aufwendungsersatzanspruch des Erben gem §§ 1978 III, 670 (Masseschuld nach § 324 I Nr 1 InsO).

6 **b)** Sind die **Voraussetzungen** der Vorschrift **nicht gegeben**, gilt Folgendes: Im Falle einer Befriedigung aus Nachlassmitteln ist die Erfüllung der Verbindlichkeit unbeschadet der Möglichkeit einer Insolvenzanfechtung grds wirksam. Der Erbe haftet aber gem § 1978 I auf Schadensersatz. Erstattet der Erbe den Betrag, erwirbt er die befriedigte Forderung als normale Insolvenzforderung (§ 326 II InsO). Erfolgte die Befriedigung aus Eigenmitteln, erlangt der Erbe keinen Aufwendungsersatzanspruch. Ihm steht lediglich ein Bereicherungsanspruch gem §§ 1978 III, 684 gegen den Nachlassverwalter zu. Wird das Nachlassinsolvenzverfahren eröffnet, erwirbt er gem § 326 II InsO die befriedigte Forderung (inkl etwaiger Nebenrechte, §§ 412, 401) und kann diese als Insolvenzforderung geltend machen.

§ 1980 Antrag auf Eröffnung des Nachlassinsolvenzverfahrens

(1) ¹Hat der Erbe von der Zahlungsunfähigkeit oder der Überschuldung des Nachlasses Kenntnis erlangt, so hat er unverzüglich die Eröffnung des Nachlassinsolvenzverfahrens zu beantragen. ²Verletzt er diese Pflicht, so ist er den Gläubigern für den daraus entstehenden Schaden verantwortlich. ³Bei der Bemessung der Zulänglichkeit des Nachlasses bleiben die Verbindlichkeiten aus Vermächtnissen und Auflagen außer Betracht.

(2) ¹Der Kenntnis der Zahlungsunfähigkeit oder der Überschuldung steht die auf Fahrlässigkeit beruhende Unkenntnis gleich. ²Als Fahrlässigkeit gilt es insbesondere, wenn der Erbe das Aufgebot der Nachlassgläubiger nicht beantragt, obwohl er Grund hat, das Vorhandensein unbekannter Nachlassverbindlichkeiten anzunehmen; das Aufgebot ist nicht erforderlich, wenn die Kosten des Verfahrens dem Bestand des Nachlasses gegenüber unverhältnismäßig groß sind.

1 I. Die Vorschrift **ergänzt** § 1978 I, der die Haftung des Erben für die Verwaltung vor Eintritt der Haftungsbeschränkung iSd § 1975 regelt. Im Interesse der Nachlassgläubiger, denen ein weitgehend ungeschmälerter Nachlass erhalten werden soll, hat der Erbe unverzüglich nach Eintritt eines Eröffnungsgrundes für das Insolvenzverfahren ein solches zu beantragen. Verletzt er diese Pflicht vorsätzlich oder fahrlässig, haftet er den Nachlassgläubigern.

II. 1. Voraussetzungen der Vorschrift sind das Vorliegen eines Eröffnungsgrundes für das Insolvenzverfahren und die Kenntnis (Abs 1) oder fahrlässige Unkenntnis (Abs 2) desselben durch den Erben.

a) In objektiver Hinsicht wird das Vorliegen eines **Eröffnungsgrundes** (gem § 320 S 1 InsO) verlangt, also die Zahlungsunfähigkeit oder die Überschuldung des Nachlasses. Die drohende Zahlungsunfähigkeit (§ 18 II InsO) löst die Antragspflicht nicht aus. Sie führt lediglich zu einem Antragsrecht des Erben (§ 320 S 1 InsO). Zahlungsunfähigkeit bedeutet die Unfähigkeit, die fälligen Zahlungspflichten zu erfüllen. Sie ist bei Zahlungseinstellung idR anzunehmen (§ 17 II InsO). Überschuldung liegt vor, wenn das Vermögen die bestehenden Verbindlichkeiten nicht mehr deckt (§ 19 II InsO), wenn also die Passiva die Aktiva übersteigen. Allerdings bleiben bei Ermittlung der Antragspflicht iSd Abs 1 S 1 Verbindlichkeiten aus Vermächtnissen und Auflagen (nicht Pflichtteilsansprüchen) auf der Passivseite außer Betracht, § 1980 I 3. Ebenso wenig sind in diesem Zusammenhang Verbindlichkeiten von Gläubigern zu berücksichtigen, die durch das Aufgebotsverfahren ausgeschlossen wurden (§§ 1973, 1974), da insoweit eine Beeinträchtigung der übrigen Gläubiger nicht zu befürchten ist (§ 327 III InsO).

b) In subjektiver Hinsicht verlangt die Vorschrift **Kenntnis oder fahrlässige Unkenntnis** des Eröffnungsgrundes (Abs 1 S 1 und Abs 2 S 1). Gemeint ist im ersten Fall Kenntnis solcher Tatsachen, die den Schluss auf das Vorliegen eines Eröffnungsgrundes aufzwingen. Fahrlässige Unkenntnis liegt nach Abs 2 S 2 insb vor, wenn der Erbe Grund hatte, das Vorhandensein unbekannter Nachlassgläubiger anzunehmen und dennoch ein Aufgebot nicht beantragt hat. Ist das Aufgebot nicht erforderlich (Abs 2 S 2 2. Halbs), muss sich der Erbe anderweitig um Kenntnis bemühen.

2. Primäre Rechtsfolge ist die **Antragspflicht** des Erben. In zeitlicher Hinsicht ist der Antrag unverzüglich (§ 121 I 1) zu stellen.

a) Die Antragspflicht gilt **nicht vor Annahme** der Erbschaft, wenngleich der Erbe schon vorher antragsberechtigt ist (§§ 316 I, 317 InsO). Nach Annahme der Erbschaft befreit ein schwebender Erbprätendentenfall den Erben trotz angeordneter Nachlasspflegschaft nicht von seiner Verpflichtung, Insolvenzantrag zu stellen (BGH NJW 2005, 756).

b) **Keine Anwendung** findet § 1980 ferner, wenn der Erbe allg unbeschränkbar haftet, § 2013 I. In diesem Fall würde eine Ersatzhaftung des ohnehin mit dem Eigenvermögen haftenden Erben auch wenig Sinn machen.

c) Die Antragspflicht kann durch **Vereinbarung** mit allen Nachlassgläubigern ausgeschlossen werden.

d) Nach Anordnung der **Nachlassverwaltung** behält der Erbe zwar sein Antragsrecht, die Antragspflicht geht jedoch auf den Nachlassverwalter über (§ 1985 II).

3. Sekundäre Rechtsfolge bei Verletzung der Antragspflicht, ist die **Schadensersatzhaftung** gem Abs 1 S 2. Ein Schaden entsteht in Form der geringeren Insolvenzquote der Gläubiger, wenn die Insolvenzmasse (zB durch zwischenzeitliche Vollstreckungsmaßnahmen) nach Entstehung der Antragspflicht geschmälert wird. Geschieht dies durch Handlungen des Erben selbst, insb die Befriedigung von Gläubigern, so haftet der Erbe bereits aus §§ 1978 I, 1979. Der Anspruch steht der Masse zu und ist vom Nachlassinsolvenzverwalter geltend zu machen (vgl § 1978 II, auch § 328 II InsO).

III. Nachlasspfleger und Testamentsvollstrecker trifft unbeschadet ihres Antragsrechts (§ 317 I InsO) keine Antragspflicht. Eine durch den Nachlasspfleger schuldhaft verspätete Stellung des Antrags ist dem Erben gem §§ 166 I, 278 nicht zuzurechnen, da der Nachlasspfleger hier nicht im Pflichtenkreis des Schuldner, dh des Erben ggü seinem Gläubiger eingesetzt ist (BGH NJW 2005, 756). Sie können aber nach allg Grundsätzen bei Unterlassung des Antrags dem Erben ggü verantwortlich sein. Für den Nachlassverwalter vgl § 1985 II.

§ 1981 Anordnung der Nachlassverwaltung

(1) Die Nachlassverwaltung ist von dem Nachlassgericht anzuordnen, wenn der Erbe die Anordnung beantragt.

§ 1981

(2) ¹Auf Antrag eines Nachlassgläubigers ist die Nachlassverwaltung anzuordnen, wenn Grund zu der Annahme besteht, dass die Befriedigung der Nachlassgläubiger aus dem Nachlass durch das Verhalten oder die Vermögenslage des Erben gefährdet wird. ²Der Antrag kann nicht mehr gestellt werden, wenn seit der Annahme der Erbschaft zwei Jahre verstrichen sind.
(3) Die Vorschrift des § 1785 findet keine Anwendung.

1 I. Die Nachlassverwaltung wird nach § 1981 ausschließlich auf **Antrag** angeordnet (anders die gewöhnliche Nachlasspflegschaft gem § 1960).

2 II. 1. Abs 1 regelt das **Antragsrecht des Erben**. Dieser kann zur Herbeiführung der beschränkten Haftung ohne weitere Voraussetzungen die Nachlassverwaltung beantragen, sofern er noch nicht allg unbeschränkbar haftet (§ 2013 I 1 2. Halbs). Haftet der Erbe nur einzelnen Nachlassgläubigern ggü unbeschränkt, besteht sein Antragsrecht indes grds fort (§ 2013 II). Der Erbe kann den Antrag bereits vor Annahme der Erbschaft stellen. Im Ggs zu Abs 2 sieht Abs 1 auch keine zeitliche Beschränkung des Antragsrechts vor. Miterben können gem § 2062 die Nachlassverwaltung nur gemeinschaftlich und nach Teilung überhaupt nicht mehr beantragen. Der Nacherbe hat ein selbstständiges Antragsrecht (§ 2144). Entspr § 317 InsO steht auch dem verwaltenden Testamentsvollstrecker ein Antragsrecht zu. Ein Antragsrecht des Nachlasspflegers wird hingegen überw abgelehnt (BayObLGZ 76, 172).

3 2. Abs 2 regelt das Antragsrecht der **Nachlassgläubiger**. Dieses Recht, das auch bei allg unbeschränkbarer Erbenhaftung besteht (vgl § 2013 I 1 2. Halbs), ist im Ggs zu Abs 1 an weitere Voraussetzungen geknüpft.

4 a) In **personeller Hinsicht** fallen unter die antragsberechtigten Nachlassgläubiger auch gem §§ 1973, 1974 ausgeschlossene Gläubiger, Pflichtteils- und Vermächtnisgläubiger sowie der Nachlassgläubiger, der selbst Miterbe ist (dann unabhängig von § 2062). Das Recht, die Anordnung der Nachlassverwaltung zu beantragen, steht auch dem Erbeserben zu (OLG Jena NJW-RR 09, 12).

5 b) In **zeitlicher Hinsicht** ist ein Antrag durch Nachlassgläubiger nicht mehr möglich, wenn seit Annahme der Erbschaft 2 Jahre verstrichen sind (Abs 2 S 2). Die Beantragung der Nachlassverwaltung durch den Erbeserben unterliegt keiner zeitlichen Begrenzung (OLG Jena NJW-RR 09, 12).

6 c) **Sachliche Voraussetzung** des Antrags ist die begründete Annahme einer Gefährdung der Befriedigung aller Nachlassgläubiger aus dem Nachlass, die auf dem Verhalten des Erben beruht. Dies ist beispielsweise bei Verschleuderung des Nachlasses oder der willkürlichen Befriedigung einzelner Gläubiger der Fall. Die schlechte Lage des Eigenvermögens genügt, da damit die Gefahr des Zugriffs von Eigengläubigern auf den Nachlass wächst. Es ist ausreichend, wenn die Voraussetzungen in der Person eines Miterben vorliegen. Die Anordnung der Nachlassverwaltung ist aber kein Mittel zur Überwindung der Passivität einzelner Miterben bei der Auseinandersetzung, sofern dieses Verhalten nicht den Nachlass konkret gefährdet (OLG Düsseldorf FamRZ 12, 1421).

7 III. **Verfahrensrechtlich** entscheidet über den Antrag gem Abs 1 das Nachlassgericht (§ 23 a GVG, § 343 FamFG). Die funktionale Zuständigkeit liegt beim Rechtspfleger (§ 3 Nr 2 c RPflG). Abweichende landesgesetzliche Regelungen sind möglich (Art 147 EGBGB, vgl zB § 38 LFGG BW). Für die Voraussetzungen der Antragsberechtigung gilt der Amtsermittlungsgrundsatz (§ 26 FamFG). Stellt der Erbe den Antrag, hat er seine Berechtigung durch Erbschein oder letztwillige Verfügung nachzuweisen. Der Gläubiger muss seine Forderung und die Gefährdung glaubhaft machen (KG OLGZ 77, 312). Die **Entscheidung** des Nachlassgerichts wird wirksam mit ihrer Bekanntmachung (§ 40 FamFG). Erfolgte die Anordnung der Nachlassverwaltung zu Unrecht, ist die Entscheidung aufzuheben (und bis dahin wirksam). Die Aufhebung kann gem § 48 I FamFG vAw erfolgen. Die auf Antrag des Erben angeordnete Nachlassverwaltung ist nicht anfechtbar (§ 359 I FamFG). Gegen die Zurückweisung des Antrags steht dem Antragsteller die einfache Beschwerde nach § 359 II FamFG zu.

§ 1982 Ablehnung der Anordnung der Nachlassverwaltung mangels Masse

Die Anordnung der Nachlassverwaltung kann abgelehnt werden, wenn eine den Kosten entsprechende Masse nicht vorhanden ist.

I. Die Vorschrift regelt die Möglichkeit der **Ablehnung der Nachlassverwaltung mangels Masse** (vgl für das Nachlassinsolvenzverfahren § 26 InsO). 1

II. Unter die **Kosten** des Nachlassinsolvenzverfahrens fallen neben den Gerichtsgebühren (§ 106 KostO) va der Auflagen iR des § 1983 (auch Auslagen nach § 136 KostO) und die Vergütung des Nachlassverwalters (§ 1987). In die entgegenzusetzende Masse fallen auch Ersatzansprüche gegen den Erben nach §§ 1978 ff. Notfalls ist Schätzung durch einen Sachverständigen erforderlich. Ein geringfügiger Überschuss der Masse kann außer Betracht bleiben. Leistet der Erbe einen Vorschuss entspr § 26 I 1 InsO, darf das Gericht die Anordnung nicht nach § 1982 ablehnen. Im Falle der Ablehnung verbleibt dem Erben die Dürftigkeitseinrede nach § 1990. 2

§ 1983 Bekanntmachung

Das Nachlassgericht hat die Anordnung der Nachlassverwaltung durch das für seine Bekanntmachungen bestimmte Blatt zu veröffentlichen.

I. Die Anordnung der Nachlassverwaltung ist nach der Vorschrift **öffentlich bekannt zu machen**, um eine hinreichende Publizität zu gewährleisten (für das Nachlassinsolvenzverfahren vgl § 30 InsO). 1

II. 1. Die Bekanntmachung **beinhaltet** insb die Bezeichnung des Nachlasses und die Angabe von Name und Anschrift des Verwalters. Im Übrigen richten sich die Einzelheiten gem § 486 FamFG nach den entspr landesrechtlichen Vorschriften über die öffentliche Bekanntmachung. Eine Veröffentlichung im Bundesanzeiger wird nicht verlangt (anders § 30 I 2 InsO). 2

2. Die Bekanntmachung ist **nicht Wirksamkeitsvoraussetzung** der Nachlassverwaltung. Insofern genügt die Zustellung des Beschlusses an den Erben (§ 40 I FamFG). Bedeutsam ist die Bekanntmachung insb für die befreiende Wirkung von Leistungen an den Erben nach Anordnung der Nachlassverwaltung (§ 1984 I, § 82 InsO). 3

3. Die Verfügungsbeschränkung des Erben (§ 1984) bedarf, damit ihre Wirkung ggü Dritten sichergestellt ist (§§ 892, 893 iVm § 1984 I, § 81 InsO), der **Eintragung in das Grundbuch**. Allerdings fehlen insofern besondere gesetzliche Vorschriften (anders § 32 InsO). Daher kann das Nachlassgericht nicht gem § 38 GBO vAw das Grundbuchamt um Eintragung ersuchen (eine dennoch auf ein derartiges Ersuchen erfolgte Eintragung macht allerdings das Grundbuch nicht unrichtig). Der Antrag ist vielmehr gem § 13 I 2 GBO vom Nachlassverwalter zu stellen. 4

§ 1984 Wirkung der Anordnung

(1) ¹Mit der Anordnung der Nachlassverwaltung verliert der Erbe die Befugnis, den Nachlass zu verwalten und über ihn zu verfügen. ²Die Vorschriften der §§ 81 und 82 der Insolvenzordnung finden entsprechende Anwendung. ³Ein Anspruch, der sich gegen den Nachlass richtet, kann nur gegen den Nachlassverwalter geltend gemacht werden.

(2) Zwangsvollstreckungen und Arreste in den Nachlass zugunsten eines Gläubigers, der nicht Nachlassgläubiger ist, sind ausgeschlossen.

I. Die Vorschrift regelt die **wesentlichen Wirkungen** der Anordnung der Nachlassverwaltung (zu weiteren Wirkungen vgl insb §§ 1975–1977, 2000). Dabei nimmt Abs 1 S 1 dem Erben in Parallele zu § 80 InsO die Verwaltungs- und Verfügungsbefugnis über den Nachlass. Abs 1 S 2 regelt durch Verweis auf §§ 81, 82 InsO die Rechtsfolgen dennoch vorgenommener Verfügungen des Erben bzw dennoch an ihn bewirkter Leistungen. Die Vorschrift dient sowohl dem Schutz der Nachlassgläubiger, denen ein 1 möglichst ungeschmälerter Nachlass zur Verfügung stehen soll (daher keine Vollstreckung von Eigengläubigern in den Nachlass, Abs 2), als auch dem Schutz des Erben (daher keine Geltendmachung von Nachlassverbindlichkeiten gegen den Erben, Abs 1 S 3).

2 II. 1. Nach Abs 1 S 1 verliert der Erbe mit Anordnung der Nachlassverwaltung die **Verwaltungs- und Verfügungsbefugnis** über den Nachlass (vgl a § 80 InsO). Maßgeblicher Zeitpunkt ist die Wirksamkeit der Anordnung durch das Nachlassgericht. Hierfür ist die Bekanntmachung an den Erben (§ 40 I FamFG), nicht aber die öffentliche Bekanntmachung gem § 1983 erforderlich.

3 a) Den Nachlass betr **Rechtshandlungen** des Erben entfalten grds keine Wirkung mehr für oder gegen den Nachlass. Verfügungen sind gem Abs 1 S 2, § 81 I 1 InsO grds absolut, also ggü jedermann, unwirksam. Der andere Teil hat einen Anspruch auf Rückgewähr seiner Gegenleistung aus der Insolvenzmasse, soweit diese bereichert ist (§ 81 I 3 InsO).

4 b) Nach Maßgabe von Abs 2 S 2, § 81 I 2 InsO ist trotz der fehlenden Verfügungsbefugnis des Erben ein **gutgläubiger Erwerb** durch Dritte möglich. Grundstücksrechte können folglich gem §§ 892, 893 gutgläubig erworben werden, wenn es an der Eintragung der Nachlassverwaltung im Grundbuch (hierzu § 1983 Rn 4) fehlt. Ein gutgläubiger Erwerb beweglicher Sachen scheidet hingegen aus, da § 81 I 2 InsO nicht auf §§ 932 ff verweist. Guter Glaube des Erwerbers in Bezug auf die Anordnung der Nachlassverwaltung vermag daher die Unwirksamkeit der Verfügung nicht zu hindern. Gutgläubiger Erwerb beweglicher Sachen ist hingegen nach hM möglich, wenn sich die Gutgläubigkeit des Erwerbers nicht auf die fehlende Anordnung der Nachlassverwaltung, sondern auf die fehlende Zugehörigkeit des Gegenstands zum Nachlass bezieht. Allerdings greift § 935, wenn der Nachlassverwalter den Nachlass bereits in Besitz genommen hat. Vorbehaltlich des § 935 ist auch der gutgläubige Erwerb eines Zweitwerbers geschützt, da es sich hier nicht mehr um eine Verfügung des Erben handelt.

5 c) Mit Verlust der Verfügungsbefugnis verliert der Erbe auch die Empfangszuständigkeit für **Leistungen von Nachlassschuldnern**. Grds kommt daher Zahlungen von Nachlassschuldnern an den Erben, die nach Anordnung der Nachlassverwaltung erfolgen, keine befreiende Wirkung mehr zu. Der Schuldner bleibt dem Erfüllungsanspruch des Nachlassverwalters ausgesetzt und ist seinerseits auf einen Bereicherungsanspruch gegen den Erben verwiesen (§ 812 I 1 1. Alt). Der Nachlassschuldner wird jedoch durch Abs 1 S 2, § 82 InsO geschützt, wonach seine Leistung an den Erben befreiende Wirkung hat, wenn er die Anordnung der Nachlassverwaltung nicht kannte. Letzteres wird gem § 82 S 2 InsO vermutet, wenn die Leistung vor der öffentlichen Bekanntmachung (§ 1983) erbracht wurde.

6 2. Der Erbe verliert mit der Verwaltungsbefugnis auch die **Prozessführungsbefugnis**.

7 a) Für die **aktive Prozessführungsbefugnis** ergibt sich dies ohne weiteres aus dem Verlust der Verwaltungsbefugnis. Aktiv prozessführungsbefugt ist vielmehr der Nachlassverwalter in gesetzlicher Prozessstandschaft als Partei kraft Amtes. Gewillkürte Prozessstandschaft des Erben nach Ermächtigung durch den Nachlassverwalter ist bei Vorliegen eines schutzwürdigen Interesses allerdings möglich (BGHZ 38, 281).

8 b) Der Verlust der **passiven Prozessführungsbefugnis** wird in Abs 1 S 3 ausdrücklich bestimmt. Eine Klage gegen den Erben aufgrund einer Nachlassverbindlichkeit ist daher ohne weiteres unzulässig. War ein Rechtsstreit eines Nachlassgläubigers gegen den Erben bereits rechtshängig, wird der Prozess gem § 241 III ZPO durch Anordnung der Nachlassverwaltung unterbrochen (Ausn § 246 ZPO). Eine Fortsetzung ist nur mit dem Nachlassverwalter möglich.

9 3. Die Trennung von Nachlass und Eigenvermögen soll auch eine **Vollstreckung** von Eigengläubigern des Erben in den Nachlass verhindern (Abs 2). Dem Nachlassverwalter steht gegen derartige Vollstreckungsmaßnahmen nach Anordnung der Nachlassverwaltung gem §§ 784 II, 785 767 ZPO die Vollstreckungsgegenklage zu. Auf gleichem Wege kann der Verwalter auch Aufhebung bereits erfolgter Vollstreckungsmaßnahmen von Eigengläubigern in den Nachlass verlangen, ohne dass es darauf ankäme, ob der Erbe das Recht zur Haftungsbeschränkung bereits verloren hatte. Haben Nachlassgläubiger in das Eigenvermögen des Erben vollstreckt, kann dieser gem §§ 784 I, 785, 767 ZPO Aufhebung der Vollstreckungsmaßnahmen verlangen, wenn er sich die beschränkte Haftung gem § 780 ZPO vorbehalten hatte und noch nicht allg unbeschränkbar haftet. Gegen Vollstreckungsmaßnahmen nach Anordnung der Nachlassverwaltung kann sich der Erbe gem §§ 780, 781, 785, 767 ZPO zu Wehr setzen.

§ 1985 Pflichten und Haftung des Nachlassverwalters

(1) Der Nachlassverwalter hat den Nachlass zu verwalten und die Nachlassverbindlichkeiten aus dem Nachlass zu berichtigen.
(2) ¹Der Nachlassverwalter ist für die Verwaltung des Nachlasses auch den Nachlassgläubigern verantwortlich. ²Die Vorschriften des § 1978 Abs. 2 und der §§ 1979, 1980 finden entsprechende Anwendung.

I. Die Vorschrift regelt die **Pflichten und Aufgaben** des Nachlassverwalters sowie seine **Verantwortlichkeit** ggü den Nachlassgläubigern. 1

II. 1. Seiner **Rechtsstellung** nach ist der Nachlassverwalter amtlich bestelltes Organ zur Verwaltung einer fremden Vermögensmasse, nicht Vertreter des Erben oder der Nachlassgläubiger (so in Parallele zum Insolvenzverwalter die herrschende Amtstheorie; RGZ 135, 307; 151, 62). Im Prozess ist er Partei kraft Amtes. Rechtsträger des Nachlasses bleibt der Erbe, die Nachlassverwaltung bewirkt also keine materielle Zuordnung des Vermögens an den Verwalter. Diesem stehen lediglich die Verwaltungs- und Verfügungsbefugnisse an Stelle des Erben zu. 2

2. Die Nachlassverwaltung ist gem § 1975 zugleich **Pflegschaft**. Über § 1915 I finden daher ergänzend die Vorschriften über die Vormundschaft (§§ 1773 ff) Anwendung, soweit sich nicht aus der Natur der Nachlasspflegschaft oder speziellen Regelungen in §§ 1975 ff Abweichungen ergeben. Insb ist der Nachlassverwalter gem § 1779 vom Nachlassgericht zu benennen und entspr § 1789 zu verpflichten. Eine Übernahmepflicht gem § 1785 besteht indes nach § 1981 III nicht. Entgg § 1836 I 1 erhält der Nachlassverwalter aber gem § 1987 eine Vergütung. Anwendung finden ferner va die §§ 1802 (Vermögensverzeichnis), 1821 ff (Genehmigungsbedürftigkeit), 1839 ff (Auskunft und Rechnungslegung), 1886 (Entlassung) und 1837, 1962 (Aufsicht des Nachlassgerichts). Die §§ 1812, 1813 sind hingegen nicht anwendbar. 3

3. **Gegenstand der Nachlassverwaltung** ist der gesamte Nachlass, dh das gesamte der Zwangsvollstreckung unterliegende Vermögen des Erblassers. Ausgeschlossen ist somit das gem § 811 ZPO unpfändbare Vermögen (parallel § 36 I InsO). Maßgeblich insofern ist die Person des Erben. Ebenfalls ausgeschlossen sind höchstpersönliche Rechte. Mitgliedschaftsrechte bei Personengesellschaften kann der Nachlassverwalter ebenfalls nicht ausüben. Der Nachlassverwaltung unterliegt hier lediglich die vermögensmäßige Beteiligung. Die Ausübung eines Kündigungsrechts (§ 725, § 135 HGB), um Zugriff auf das Auseinandersetzungsguthaben zu erlangen, bleibt möglich. Bei Kapitalgesellschaften ist die Ausübung der Mitgliedschaftsrechte durch den Nachlassverwalter nicht beschränkt. 4

4. Nach der tautologischen Formulierung des Gesetzes hat der Nachlassverwalter den Nachlass zu verwalten. Die **Aufgaben des Nachlassverwalters** bestehen freilich vorrangig in der Befriedigung der Nachlassgläubiger. Darüber hinaus meint Verwaltung des Nachlasses aber auch alle Maßnahmen, die zur Erhaltung und Vermehrung des Nachlassbestandes erforderlich sind. 5

a) Zu den in Abs 1 bezeichneten Zwecken hat der Verwalter den Nachlass zunächst **in Besitz zu nehmen** (vgl à § 1986 I). Notfalls bedarf er hierzu eines Herausgabetitels gegen den Erben. Anders als der Eröffnungsbeschluss im Insolvenzverfahren (§ 27 InsO), der zugleich einen Vollstreckungstitel hins der Inbesitznahme der Insolvenzmasse darstellt (§§ 794 I Nr 3 ZPO, 34 InsO), genügt die Anordnung der Nachlassverwaltung insofern nicht. Der Nachlassverwalter muss folglich eine auf § 1985 I gestützte Herausgabeklage gegen den Erben erheben. Erfolgt Inbesitznahme, ist der Verwalter Be- 6 sitzmittler des Erben. Der Nachlassverwalter hat beim Gericht ein Bestandsverzeichnis einzureichen (§§ 1915, 1802).

7 b) Die Verwaltungs- und Verfügungsbefugnis, die der Erbe nach § 1984 I verliert, geht auf den Nachlassverwalter über. Dieser kann mit Wirkung für und gegen den Nachlass **Verpflichtungen** eingehen und **Verfügungen** treffen.

8 c) Zur **Befriedigung der Nachlassgläubiger** muss der Nachlassverwalter zunächst die Gläubiger ermitteln. Er kann hierzu das Aufgebot (§§ 1970 ff) beantragen (§ 991 II ZPO). Gem Abs 2 hat der Nachlassverwalter bei der Befriedigung der Gläubiger § 1979 zu beachten Er darf also Zahlungen nur vornehmen, wenn er von der Zulänglichkeit des Nachlasses ausgehen durfte. Von den Einreden nach §§ 2014, 2015 hat er, falls erforderlich, Gebrauch zu machen. Andernfalls muss er gem § 1980 das Nachlassinsolvenzverfahren beantragen, mit dessen Anordnung die Nachlassverwaltung endet (§ 1988 I). Bei Dürftigkeit des Nachlasses muss der Verwalter gem § 1988 II die Aufhebung der Nachlassverwaltung beantragen. Auf §§ 1990, 1991 kann er sich selbst nicht berufen. Zum Zwecke der Befriedigung kann der Verwalter nach eigener Entscheidung den Nachlass veräußern. Die Auseinandersetzung einer Miterbengemeinschaft fällt hingegen nicht in den Aufgabenbereich des Nachlassverwalters.

9 5. Die **Verantwortlichkeit des Nachlassverwalters** ggü den Nachlassgläubigern regelt Abs 2 S 1. Eine Schadensersatzhaftung aufgrund der Verletzung der Pflicht zur sorgfältigen Verwaltung des Nachlasses kann insb dann entstehen, wenn der Verwalter den Antrag auf Eröffnung des Insolvenzverfahrens verspätet stellt oder trotz unzureichendem Nachlass einzelne Gläubiger befriedigt und sich dadurch die Quote der übrigen verringert (Abs 2 S 2 iVm §§ 1979, 1980). Haftungsbegründend kann auch ein Verstoß gegen § 1986 wirken. Die entspr Ansprüche gelten als zum Nachlass gehörend (Abs 2 S 2 iVm § 1978 II). Darüber hinaus ist der Verwalter auch dem **Erben** ggü verantwortlich, wenn er seine Verwalterpflichten schuldhaft verletzt (§§ 1985 I, 1915 I, 1833).

§ 1986 Herausgabe des Nachlasses

(1) Der Nachlassverwalter darf den Nachlass dem Erben erst ausantworten, wenn die bekannten Nachlassverbindlichkeiten berichtigt sind.
(2) ¹Ist die Berichtigung einer Verbindlichkeit zur Zeit nicht ausführbar oder ist eine Verbindlichkeit streitig, so darf die Ausantwortung des Nachlasses nur erfolgen, wenn dem Gläubiger Sicherheit geleistet wird. ²Für eine bedingte Forderung ist Sicherheitsleistung nicht erforderlich, wenn die Möglichkeit des Eintritts der Bedingung eine so entfernte ist, dass die Forderung einen gegenwärtigen Vermögenswert nicht hat.

1 I. Die Vorschrift hat klarstellende Bedeutung. Sie regelt, wann bzw unter welchen Bedingungen der Nachlassverwalter dem Erben den Nachlass wieder herausgeben darf, **ohne** sich ggü den Nachlassgläubigern **schadensersatzpflichtig** zu machen.

2 II. 1. Die Nachlassverwaltung dient gem § 1975 der **Befriedigung der Gläubiger**. Ist dieser Zweck erfüllt, ist die Verwaltung aufzuheben (§ 1919; ohne Befriedigung aller Gläubiger endet die Verwaltung in den Fällen der § 1988 I, II). Damit hat der Verwalter dem Erben den Rest des von ihm in Besitz genommenen Nachlasses (§ 1985 Rn 6) herauszugeben, da dieser Träger des Vermögens geblieben ist (vgl a § 1890).

3 2. Abs 1 bestimmt demggü, ab wann der Verwalter ohne Verschulden den Nachlass an den Erben herausgeben darf (selbst wenn er mangels Aufhebung der Verwaltung noch nicht hierzu verpflichtet ist). Vor Befriedigung aller bekannten Nachlassgläubiger darf der Verwalter gem Abs 1 den Nachlass grds **nicht an den Erben herausgeben**. Andernfalls hat er für etwaige entstehende Schäden einzustehen. Wenngleich die Vorschrift nur von bekannten Nachlassverbindlichkeiten spricht, haftet der Nachlassverwalter den verbleibenden Gläubigern auch, wenn er die Beantragung des Aufgebotsverfahrens (§§ 1970 ff) unterlassen hat, wie § 1980 II 2 zeigt. Diese Haftung ist insb deshalb bedeutsam, weil die Haftungsbeschränkung des Erben auf den Nachlassrest auch nach Beendigung der Nachlassverwaltung entspr § 1990 bestehen bleibt (vgl o § 1975 Rn 7).

Ist der Rest verbraucht, bleiben die nicht befriedigten Gläubiger auf Ersatzansprüche gegen den Verwalter angewiesen. Bei streitigen Forderungen ist nach Abs 2 Sicherheitsleistung erforderlich.

§ 1987 Vergütung des Nachlassverwalters

Der Nachlassverwalter kann für die Führung seines Amts eine angemessene Vergütung verlangen.

Das Verfahren zur Festsetzung der Vergütung eines Nachlassverwalters richtet sich 1 nach §§ 340, 292, 168 FamFG. Die weitere Beschwerde ist nur noch als sofortige und nur dann gegeben, wenn sie durch das Beschwerdegericht zugelassen ist (BayObLG NJW-RR 01, 870).

§ 1988 Ende und Aufhebung der Nachlassverwaltung

(1) Die Nachlassverwaltung endigt mit der Eröffnung des Nachlassinsolvenzverfahrens.
(2) Die Nachlassverwaltung kann aufgehoben werden, wenn sich ergibt, dass eine den Kosten entsprechende Masse nicht vorhanden ist.

I. Die Nachlassverwaltung endet grds erst mit ihrer Aufhebung durch das Nachlassgericht (§§ 1919, 1962). Eine Ausn regelt § 1988 I, der im Falle der Eröffnung des **Nachlassinsolvenzverfahrens** die Nachlassverwaltung kraft Gesetzes beendet.
II. 1. Die Beendigung nach Abs 1 tritt mit Eröffnung des Nachlassinsolvenzverfahrens 2 von selbst ein. Die Verwaltungs- und Verfügungsbefugnis hins des Nachlasses geht dann vom Nachlassverwalter auf den Insolvenzverwalter über (§ 80 InsO). Der Nachlass ist diesem herauszugeben (insofern ist der Eröffnungsbeschluss nach § 27 InsO Vollstreckungstitel, § 794 I Nr 3 ZPO, § 34 InsO). Nimmt der Nachlassverwalter nach Eröffnung des Insolvenzverfahrens noch Rechtshandlungen vor, sind diese unwirksam (hM, aA Jauernig/Stürner § 1988 Rn 1 – für Anwendbarkeit der §§ 81, 82 InsO).
2. Die **Beendigung im Übrigen** setzt immer einen Aufhebungsbeschluss des Nachlassgerichts (§§ 1919, 1962) voraus. Dieses ist auch dann Voraussetzung, wenn alle Nachlassverbindlichkeiten berichtigt sind und deshalb gem § 1986 eine Herausgabe des Nachlasses an den Erben erfolgen kann. Die Ablehnung des Aufhebungsantrags von Erben oder Nachlassverwalter kann von diesen mit der Beschwerde (§ 58 FamFG) angegriffen werden (bzw Erinnerung nach § 11 RPflG). Gegen den ergangenen Aufhebungsbeschluss steht das Beschwerderecht hingegen nur dem Erben und den Nachlassgläubigern, nicht dem Nachlassverwalter zu. Wird ein wirksam gewordener (§ 40 I FamFG) Aufhebungsbeschluss auf eine Beschwerde hin aufgehoben, ist die Nachlassverwaltung erneut anzuordnen.
a) **Aufhebungsgrund nach Abs 2** ist eine die Kosten nicht deckende Masse (zur anfänglichen Dürftigkeit vgl § 1982; vgl a die Parallelbestimmung des § 207 InsO). Als Kosten kommt hier insb der Anspruch des Nachlassverwalters auf Vergütung (§ 1987) in Betracht (vgl im Übrigen bei § 1982). Die Haftung des Erben bei Aufhebung nach Abs 2 richtet sich nach §§ 1990, 1991.
b) Weiterer Aufhebungsgrund ist nach § 1919 die **Erreichung des Zwecks der Nachlassverwaltung**, nämlich der Befriedigung der bekannten Gläubiger (§ 1975). Unter der gleichen Voraussetzung kann der Nachlassverwalter gem § 1986 dem Erben den Nachlass herausgeben, dies allein führt aber noch nicht zur Beendigung der Verwaltung. Hierfür ist ein entspr Beschl des Nachlassgerichts erforderlich (vgl bei § 1986).
c) Unabhängig von den genannten Gründen ist eine Aufhebung auch dann möglich, 6 wenn alle **Nachlassgläubiger zustimmen**. Der Tod des Erben rechtfertigt die Aufhebung nicht.
3. Die **Wirkung** der Aufhebung tritt mit Bekanntmachung des Beschlusses an den Ver- 7 walter ein (§ 40 I FamFG). Die Verwaltungs- und Verfügungsbefugnis hins des Nach-

lasses fällt zurück an den Erben. Diesem steht nunmehr ein Anspruch auf Herausgabe des Nachlassrestes gegen den Verwalter zu, der allerdings wegen seiner Vergütungs- und Aufwendungsersatzansprüche ein Zurückbehaltungsrecht nach § 273 geltend machen kann (anders bei Beendigung durch Eröffnung des Nachlassinsolvenzverfahrens, § 323 InsO entspr). Der Nachlassverwalter muss Schlussrechnung legen (§ 1890).

§ 1989 Erschöpfungseinrede des Erben
Ist das Nachlassinsolvenzverfahren durch Verteilung der Masse oder durch einen Insolvenzplan beendet, so findet auf die Haftung des Erben die Vorschrift des § 1973 entsprechende Anwendung.

1 I. Die Vorschrift regelt die **Fortwirkung der Haftungsbeschränkung** bei Beendigung des Insolvenzverfahrens durch Verteilung der Masse oder Insolvenzplan. Nicht befriedigten Nachlassgläubigern ggü haftet der Erbe nur noch wie solchen Gläubigern, die im Aufgebotsverfahren ausgeschlossen sind (§ 1973). Die Rechtslage entspricht in diesen Fällen der Beendigung der Nachlassverwaltung, bei der die Haftungsbeschränkung ebenfalls fortwirkt (§ 1975 Rn 7).

2 II. 1. Das Insolvenzverfahren muss durch **Verteilung der Masse** (§ 200 InsO) oder durch **Insolvenzplan** (§ 258 InsO) **beendet** worden sein. Die Vorschrift gilt nicht für Aufhebungen des Verfahrens aus anderen Gründen. Keine fortwirkende Haftungsbeschränkung tritt demnach ein bei der Aufhebung des Eröffnungsbeschlusses (§ 34 III InsO) und bei der Einstellung des Verfahrens mit Zustimmung des Gläubiger (§ 213 InsO; hier haftet der Erbe vorrangig nach den getroffenen Vereinbarungen, und muss ansonsten eine Haftungsbeschränkung gem § 1975 herbeiführen). Bei der Ablehnung der Eröffnung oder der Einstellung des Insolvenzverfahrens mangels Masse (§§ 26, 207 InsO) kann sich der Erbe auf § 1990 berufen.

3 2. Die **Rechtsfolge** besteht in der Fortwirkung der auf den Nachlass beschränkten Haftung. Erreicht wird dies durch den Verweis auf § 1973. Damit wird vom Grundsatz der unbeschränkten Nachhaftung (§ 201 I InsO) abgewichen. Eine unbeschränkte Haftung kommt auch wegen Versäumnis einer Inventarfrist nicht mehr in Betracht (§ 2000 S 3). Aus den Vereinbarungen im Insolvenzplan kann sich eine anderweitige Haftung des Erben ergeben.

4 3. **Keine Anwendung** findet § 1989, wenn der Erbe den Gläubigern bereits vor Eröffnung des Insolvenzverfahrens allg unbeschränkbar haftet (§ 2013 I).

§ 1990 Dürftigkeitseinrede des Erben
(1) ¹Ist die Anordnung der Nachlassverwaltung oder die Eröffnung des Nachlassinsolvenzverfahrens wegen Mangels einer den Kosten entsprechenden Masse nicht tunlich oder wird aus diesem Grunde die Nachlassverwaltung aufgehoben oder das Insolvenzverfahren eingestellt, so kann der Erbe die Befriedigung eines Nachlassgläubigers insoweit verweigern, als der Nachlass nicht ausreicht. ²Der Erbe ist in diesem Falle verpflichtet, den Nachlass zum Zwecke der Befriedigung des Gläubigers im Wege der Zwangsvollstreckung herauszugeben.
(2) Das Recht des Erben wird nicht dadurch ausgeschlossen, dass der Gläubiger nach dem Eintritt des Erbfalls im Wege der Zwangsvollstreckung oder der Arrestvollziehung ein Pfandrecht oder eine Hypothek oder im Wege der einstweiligen Verfügung eine Vormerkung erlangt hat.

1 I. Die **Dürftigkeitseinrede** des § 1990 gibt dem Erben die Möglichkeit der Haftungsbeschränkung ohne Nachlassverwaltung oder Nachlassinsolvenzverfahren. Dies trägt dem Umstand Rechnung, dass ansonsten bei einem nicht kostendeckenden Nachlassmasse eine Haftungsbeschränkung für den Erben nur durch Vorschuss eines entspr Betrages aus eigenen Mitteln erreichbar wäre (§§ 1982, 1988 II, §§ 26, 207 InsO). Die Vorschrift ist im Zusammenhang mit §§ 1991, 1992 zu sehen.

II. 1. Vorausgesetzt wird die **Dürftigkeit** des Nachlasses (auch Unzulänglichkeit, Erschöpfung). Dies steht – auch für das Prozessgericht bindend (BGH NJW-RR 89, 1226) – fest, wenn Nachlass- oder Insolvenzgericht die Anordnung der Nachlassverwaltung (§ 1982) oder die Eröffnung des Insolvenzverfahrens (§ 26 InsO) mangels Masse abgelehnt oder die Verfahren mangels Masse aufgehoben haben (§ 1988 II, § 207 InsO). Auch ohne eine entspr Entscheidung kann die Dürftigkeitseinrede aber erhoben werden, wenn Anordnung oder Eröffnung des Verfahrens mangels Masse „nicht tunlich" sind. Der Erbe muss also nicht erst einen nutzlosen Antrag stellen, sondern kann sich bereits allein bei Vorhandensein einer dürftigen Masse hierauf berufen. In diesem Fall hat er freilich die Dürftigkeit zu beweisen (zB durch Inventarerrichtung, § 2009), ohne dass ihm insofern eine gerichtliche Entscheidung zugute käme.

2. Der für die Feststellung der Dürftigkeit **maßgebliche Zeitpunkt** ist der, in dem über die Einrede zu entscheiden ist (BGHZ 85, 274). Es kommt also nicht auf den Erbfall an. Ist die Dürftigkeit durch Handlungen des Erben eingetreten, kommen Ersatzansprüche nach §§ 1991 I, 1978 I in Betracht, die gem § 1978 II als zum Nachlass gehörig gelten. Aufgrund dieser Hinzurechnung kann die Dürftigkeit uU zu verneinen sein.

3. Die Berufung auf § 1990 ist **ausgeschlossen**, wenn der Erbe bereits allg unbeschränkbar haftet, § 2013 I.

4. Liegen die genannten Voraussetzungen vor, kann der Erbe die **Befriedigung** von Nachlassgläubigern insoweit **verweigern**, als der Nachlass nicht ausreicht.

a) Im Falle der Geltendmachung einer gegen den Nachlass gerichteten Forderung gibt die Vorschrift dem Erben das Recht zur **Erhebung der Einrede**. Das gleiche Recht steht dem Nachlasspfleger und dem Testamentsvollstrecker zu. Je nach Umfang der Nachlassmasse besteht die Einrede als Dürftigkeits-, Unzulänglichkeits- und Erschöpfungseinrede.

aa) Die **Dürftigkeitseinrede** hindert den Zugriff von Gläubigern auf das Eigenvermögen, wenn der Nachlass zwar hins der Kosten der Nachlassverwaltung oder des Nachlassinsolvenzverfahrens dürftig, aber für die Befriedigung der Gläubiger dennoch zulänglich ist. Die Gläubiger werden dann voll, aber allein aus dem Nachlass befriedigt. Kommt es zu einem Rechtsstreit, muss sich der Erbe die Haftungsbeschränkung gem § 780 I ZPO im Urt vorbehalten lassen (wenn nicht das Gericht im Urt die Beschränkung ohnehin auf bestimmte Nachlassgegenstände beschränkt, was in seinem Ermessen steht; BGH NJW 83, 2379). Vollstreckt der Gläubiger dennoch in das Eigenvermögen des Erben, muss dieser gem §§ 781, 785, 767 ZPO hiergegen vorgehen. In diesem Verfahren wird dann idR auch die Begründetheit der Einrede geprüft.

bb) Die **Unzulänglichkeitseinrede** setzt die Überschuldung des dürftigen Nachlasses voraus. Die Erhebung im Prozess führt entweder (wenn die Unzulänglichkeit bewiesen ist) zur teilweisen Abweisung der Klage (in Höhe der Unzulänglichkeit), oder zur vollen Verurteilung unter dem Vorbehalt des § 780 I ZPO. Der Gläubiger erlangt dann bei Vollstreckung in den gem Abs 1 S 2 zu diesem Zwecke herausgegebenen Nachlass Befriedigung nur, soweit der Nachlass ausreicht (zur Reihenfolge vgl bei § 1991 BayObLG FamRZ 00, 909). Gegen den Versuch einer Vollstreckung (wegen des Restes) in das Eigenvermögen kann sich der Erbe gem §§ 781, 785, 767 ZPO erwehren.

cc) Die **Erschöpfungseinrede** greift letztlich, wenn gar kein Nachlasswert mehr vorhanden ist. Ist die Erschöpfung erwiesen, führt die Einrede bereits zur Abweisung der Klage des Gläubigers im Erkenntnisverfahren. Andernfalls wird der Erbe unter dem Vorbehalt des § 780 I ZPO verurteilt und muss sich dann einer Vollstreckung in das Eigenvermögen nach §§ 781, 785, 767 ZPO erwehren.

b) Die Verweigerung der Befriedigung ist nach **Abs 2** auch möglich, wenn der Gläubiger nach dem Erbfall im Zwangsvollstreckungsverfahren oder durch einstweilige Verfügung eine dingliche Sicherung (Pfandrecht, Sicherungshypothek, Vormerkung) für seine Forderung erlangt hat. Entspr § 784 I ZPO kann der Erbe die Aufhebung von Vollstreckungsmaßnahmen in sein Eigenvermögen verlangen. Vollstreckungsmaßnahmen in den Nachlass haben dag vorbehaltlich § 1991 IV Bestand (§ 1991 III).

c) Nicht geregelt ist die Vollstreckung von Eigengläubigern des Erben in den Nachlass. Da es unbillig wäre, die Gläubiger auf einen Ersatzanspruch gegen den Erben gem

§ 1978 I zu verweisen, wird eine analoge Anwendung von § 784 II ZPO erwogen (Lange/Kuchinke ErbR § 49 VIII 8 e mwN). Zu berücksichtigen ist aber, dass man zum gleichen Ergebnis wie die Gegenansicht (zB MK/Küpper § 1990 Rn 7) gelangt, wenn der Erbe ein Vorgehen gegen die Vollstreckung nach §§ 784 II, 785, 767 ZPO unterlässt.

12 5. Nach Abs 1 S 2 ist der Erbe nach Erhebung der Einrede verpflichtet, den **Nachlass zum Zwecke der Zwangsvollstreckung herauszugeben.** Eine Abwendung durch Wertersatz ist anders als in § 1992 nicht vorgesehen. Die Reihenfolge der Befriedigung steht grds im Belieben des Erben. Einschränkungen ergeben sich allein aus § 1991 IV.

13 6. Sofern der Erbe eine Verwertungsvereinbarung mit Gläubigern trifft (um einer Haftung aus §§ 1991, 1978 I zu entgehen), kann er (um Prozesskosten zu sparen) den Nachlass auch **freiwillig** den Gläubigern zur Befriedigung überlassen (vgl zu Einzelheiten MK/Küpper § 1990 Rn 16).

14 7. Ebenfalls durch § 1990 ausgeschlossen ist die **Aufrechnung** eines Nachlassgläubigers gegen eine Eigenforderung des Erben (BGHZ 35, 327). Gegen Nachlassforderungen ist die Aufrechnung möglich.

§ 1991 Folgen der Dürftigkeitseinrede

(1) Macht der Erbe von dem ihm nach § 1990 zustehenden Recht Gebrauch, so finden auf seine Verantwortlichkeit und den Ersatz seiner Aufwendungen die Vorschriften der §§ 1978, 1979 Anwendung.
(2) Die infolge des Erbfalls durch Vereinigung von Recht und Verbindlichkeit oder von Recht und Belastung erloschenen Rechtsverhältnisse gelten im Verhältnis zwischen dem Gläubiger und dem Erben als nicht erloschen.
(3) Die rechtskräftige Verurteilung des Erben zur Befriedigung eines Gläubigers wirkt einem anderen Gläubiger gegenüber wie die Befriedigung.
(4) Die Verbindlichkeiten aus Pflichtteilsrechten, Vermächtnissen und Auflagen hat der Erbe so zu berichtigen, wie sie im Falle des Insolvenzverfahrens zur Berichtigung kommen würden.

1 I. Die Erhebung der Einrede des § 1990 führt zur Beschränkung der Haftung auf den Nachlass, obgleich dieser nicht wie bei der Nachlassverwaltung oder der Nachlassinsolvenz einer amtlichen Verwaltung unterliegt, sondern in den Händen des Erben verbleibt. Zur **Verhinderung** der ungerechtfertigten **Verringerung der Haftungsmasse** unterstellt § 1991 I den Erben der Verwalterhaftung des § 1978 I. Zugleich sind aber Aufwendungsersatzansprüche des Erben möglich.

2 II. 1. Abs 1 erklärt die §§ 1978, 1979 für entspr anwendbar. Entgg dem Wortlaut ist auch § 1980 anwendbar (BGH FamRZ 92, 1409). Allerdings dürfte dies kaum von Bedeutung sein, wenn der Nachlass ohnehin die Kosten des Verfahrens nicht deckt (anders, wenn die Dürftigkeit erst durch Verzögerung des Antrags auf Eröffnung des Insolvenzverfahrens herbeigeführt wurde).

3 a) Kraft der Verweisung unterliegt der Erbe ab Erhebung der Einrede der **Verwalterhaftung** nach § 1978 I (vgl im Einzelnen dort). Da die Ansprüche gem § 1978 II als zum Nachlass gehörend gelten, kann die Dürftigkeit iSd § 1990 zu verneinen sein.

4 b) Eine **Reihenfolge der Befriedigung** von Nachlassgläubigern ist dem Erben grds nicht vorgeschrieben. Allerdings verweist Abs 1 auch auf § 1979. Solange der Erbe annehmen darf, dass der Nachlass zur Befriedigung aller Nachlassgläubiger ausreicht, kann er sie nach Belieben befriedigen. Sobald der Erbe aber wissen muss, dass der Nachlass unzulänglich ist, greift § 1979 in sich nicht mehr. Allerdings führt dies nicht dazu, dass der Erbe die Befriedigung aller Nachlassgläubiger verweigern und das Insolvenzverfahren beantragen muss, um sich nicht schadensersatzpflichtig zu machen, denn iR der §§ 1990, 1991 ist dieses mangels Masse gerade entbehrlich (fehlt es, uU aufgrund des § 1978 II, an der Dürftigkeit, bleibt es bei der Insolvenzantragspflicht des § 1980 und einer entspr Haftung bei Versäumnis). Auch nach Kenntnis der Unzulänglichkeit kann der Erbe also die Nachlassgläubiger in der Reihenfolge befriedigen, wie sie sich melden (insb hat er die insolvenzrechtliche Rangfolge nicht zu beachten). Die Kenntnis oder fahrlässige Unkenntnis der Unzulänglichkeit iSv § 1979 führt daher lediglich dazu, dass der Erbe bei der Befriedigung § 1991 III und IV zu berücksichtigen hat.

c) Dem Erben stehen auch **Aufwendungsersatzansprüche** gem § 1978 III zu. Wegen dieser und wegen sonstiger eigener Ansprüche gegen den Nachlass, die nach Abs 2 als nicht erloschen gelten, steht der Erbe einem titulierten Gläubiger iSd Abs 3 gleich. Dies führt praktisch zu einem **Vorwegbefriedigungsrecht** des Erben, da er sich ggü einem Nachlassgläubiger auf Erschöpfung des Nachlasses berufen kann, sobald der Wert die eigenen Ansprüche nicht mehr voll abdeckt. Der entspr Teil des Nachlasses ist also dem Gläubigerzugriff ebenfalls entzogen.

2. Nach Abs 2 gelten aufgrund des Erbfalls durch **Konfusion und Konsolidation** erloschene Rechtsverhältnisse als nicht erloschen. Anders als bei § 1976 gilt diese Fiktion aber nicht absolut, sondern nur relativ im Verhältnis zum jeweiligen Gläubiger. Bedeutung hat dies für den Umfang der Befriedigungsverweigerung, da der Erbe hins dieser eigenen Ansprüche einem titulierten Gläubiger nach Abs 3 gleichgestellt wird (oben Rn 5) und den entspr Betrag dem Gläubiger vorenthalten darf. Zur Aufrechnung vgl § 1990 Rn 14.

3. Die **Abs 3 und 4** sind bei der Reihenfolge der Befriedigung von Nachlassgläubigern durch den Erben von diesem zu berücksichtigen, sobald er nicht mehr von der Zulänglichkeit des Nachlasses iSd § 1979 ausgehen durfte.

a) **Titulierte Forderungen** stehen nach Abs 3 der Befriedigung gleich. Dies bedeutet, dass der Erbe sich ggü einem später kommenden Gläubiger schon dann auf Erschöpfung des Nachlasses berufen kann, soweit dieser zur Befriedigung des titulierten Gläubigers erforderlich ist. Den erforderlichen Wert kann der Erbe folglich zurückhalten und muss ihn nicht an den später Kommenden zum Zwecke der Zwangsvollstreckung herausgeben. Hins der eigenen Ansprüche ist der Erbe einem titulierten Gläubiger gleichgestellt (oben Rn 5). Dies führt zu einem Vorwegbefriedigungsrecht, welches er auch den bereits titulierten Gläubigern entgegenhalten kann.

b) Ansprüche aus **Pflichtteilsrechten, Vermächtnissen und Auflagen** sind nach Abs 4 und § 327 I Nr 1, 2 InsO nachrangig zu befriedigen.

c) Nach §§ 1973, 1974 **ausgeschlossene Gläubiger** sind ebenfalls nachrangig zu befriedigen.

4. Befriedigt der Erbe einen Gläubiger in Unkenntnis der bestehenden Einrede aus § 1990 und hätte er bei Kenntnis die Befriedigung verweigern können, richtet sich sein **Rückforderungsanspruch** nach §§ 813, 814.

§ 1992 Überschuldung durch Vermächtnisse und Auflagen

¹Beruht die Überschuldung des Nachlasses auf Vermächtnissen und Auflagen, so ist der Erbe, auch wenn die Voraussetzungen des § 1990 nicht vorliegen, berechtigt, die Berichtigung dieser Verbindlichkeiten nach den Vorschriften der §§ 1990, 1991 zu bewirken. ²Er kann die Herausgabe der noch vorhandenen Nachlassgegenstände durch Zahlung des Wertes abwenden.

I. Die Vorschrift dient der **Vermeidung des Nachlassinsolvenzverfahrens**, wenn die Überschuldung des Nachlasses nur auf Vermächtnissen und Auflagen beruht (sog Überschwerung). In diesen Fällen kann er ggü den betroffenen Gläubigern seine Haftungsbeschränkung auch ohne Dürftigkeit des Nachlasses gem §§ 1990, 1991 herbeiführen. Zur fehlenden Antragspflicht in diesen Fällen vgl § 1980 I 3.

II. 1. Vorausgesetzt wird eine Überschuldung des Nachlasses, die **nur auf Vermächtnissen und Auflagen** beruht. Wäre der Nachlass auch ansonsten überschuldet, bleibt es bei den allg Regeln (Palandt/Weidlich § 1992 Rn 1, str).

2. Der Erbe darf noch **nicht allg unbeschränkbar haften**, § 2013 I.

3. Die **Überschwerungseinrede** kann sowohl vom Erben als auch vom Nachlassverwalter, Testamentsvollstrecker und Nachlasspfleger erhoben werden, allerdings nur ggü

den Vermächtnis- und Auflagengläubigern. Bei einem Urt muss die beschränkte Haftung gem § 780 ZPO vorbehalten werden.

4. Die **Haftungsbeschränkung** bei Erhebung der Einrede richtet sich nach §§ 1990, 1991. Aufgrund der Nachrangigkeit der betroffenen Ansprüche (§ 1991 IV) hat der Erbe den Nachlass nur abzüglich des Wertes der sonstigen Verbindlichkeiten zur Befriedigung herauszugeben. Die Herausgabe kann durch Zahlung des Wertes abgewendet werden (§ 1992 S 2). Richten sich die Ansprüche auf eine Sachleistung, ist ein entspr gekürzter Geldbetrag geltend zu machen. Der Gläubiger kann jedoch gegen Zahlung des Restbetrages den Gegenstand selbst verlangen.

Untertitel 4
Inventarerrichtung, unbeschränkte Haftung des Erben

Vorbemerkung zu §§ 1993–2013

1 I. In den §§ 1993–2013 findet sich eine detaillierte Regelung der Errichtung des Nachlassinventars durch den Erben. Unter einem **Inventar** versteht man ein Verzeichnis der Aktiva und Passiva des Nachlasses. Regelungsgegenstand im Einzelnen sind ua das Recht zur Inventarerrichtung (§ 1993) und die Obliegenheit des Erben zu einer solchen, um nicht das Recht zur Haftungsbeschränkung zu verlieren (§ 1994 I 2), die Inventarfrist (§§ 1994–2000), der Inhalt und die Aufnahme (§§ 2001–2004). Besonders bedeutsam sind die §§ 2005 I 1 (Inventaruntreue) und 2006 III 1 (Verweigerung der eidesstattlichen Versicherung), da sie wie die Fristversäumung nach § 1994 I 2 die **unbeschränkte Haftung** des Erben nach sich ziehen, deren Folgen im Einzelnen in § 2013 geregelt sind.

2 II. Der **Sinn der Inventarerrichtung** ergibt sich mittelbar aus § 2009. Nach dieser Vorschrift wird widerleglich vermutet, dass beim Erbfall keine weiteren Nachlassgegenstände, als die im Inventar verzeichneten, vorhanden sind. Die Inventarerrichtung führt nicht (wie ursprünglich geplant) zur Haftungsbeschränkung des Erben. Sie ist vielmehr ein Mittel der Nachlassgläubiger, den Nachlassbestand einigermaßen zuverlässig feststellen zu lassen. Für den Erben wird dies zum Risiko, da ihn **Obliegenheiten** treffen, bei deren Nichtbeachtung er das ansonsten bestehende Recht zur Haftungsbeschränkung auf den Nachlass (§§ 1975 ff) verliert, und dann unbeschränkt haftet (vgl Rn 1).

3 III. Die Inventarerrichtung bewirkt also **keine Haftungsbeschränkung**. Dieser Umstand wird mitunter in der rechtspolitischen Diskussion bemängelt und zum Anlass für eine Forderung nach einer Revision des komplexen Haftungsrechtes genommen. Danach soll das geltende System der beschränkten Haftung, die ggf zu einer unbeschränkten werden kann, dadurch ersetzt werden, dass der Erbe die Haftung durch die Errichtung des Inventars beschränken kann (Soergel/Stein Vor § 1967 Rn 30).

§ 1993 Inventarerrichtung

Der Erbe ist berechtigt, ein Verzeichnis des Nachlasses (Inventar) bei dem Nachlassgericht einzureichen (Inventarerrichtung).

1 Die Errichtung des Inventars ist grds **freiwillig** (Vor §§ 1993–2013 Rn 2). Im Verhältnis zwischen mehreren Miterben hat jeder ein entspr Recht, ohne dass eine Pflicht zur Mitwirkung seitens der übrigen Miterben besteht. Ohne Bedeutung ist, ob sich der Erbe im Besitz des Nachlasses befindet. Selbst während der Nachlassverwaltung und dem Nachlassinsolvenzverfahren ist eine Inventarerrichtung möglich.

2 Die Inventarerrichtung findet grds durch Einreichung einer vollständigen Aufstellung der Nachlassaktiva und -passiva bei dem örtlich **zuständigen Nachlassgericht** (vgl § 343 FamFG), in BW bei einem staatlichen Notariat (§§ 1 II, 38, 40 ff FGG-BW) statt. Schon vorab kann sich der Erbe aber jedes zuständigen AG bedienen (§ 2002).

3 Für **Ehegatten**, die in Gütertrennung oder im gesetzlichen Güterstand leben, bestehen keine Besonderheiten. Die Inventarerrichtung obliegt demjenigen, der Erbe geworden

ist. Dies gilt dem Grunde nach auch, wenn die Ehegatten Gütergemeinschaft vereinbart haben. Zusätzlich kann der allein verwaltende Ehegatte auch für seinen erbenden Partner ein Inventar errichten. Im Falle gemeinschaftlicher Verwaltung kann jeder Ehegatte für beide die Inventarerrichtung übernehmen, soweit die Erbschaft nicht Vorbehalts- oder Sondergut des jeweils anderen ist, vgl § 1455 Nr 3.

§ 1994 Inventarfrist

(1) ¹Das Nachlassgericht hat dem Erben auf Antrag eines Nachlassgläubigers zur Errichtung des Inventars eine Frist (Inventarfrist) zu bestimmen. ²Nach dem Ablauf der Frist haftet der Erbe für die Nachlassverbindlichkeiten unbeschränkt, wenn nicht vorher das Inventar errichtet wird.
(2) ¹Der Antragsteller hat seine Forderung glaubhaft zu machen. ²Auf die Wirksamkeit der Fristbestimmung ist es ohne Einfluss, wenn die Forderung nicht besteht.

I. Die Vorschrift benennt eine der zentralen **Wirkungen** der Inventarerrichtung. Dem 1
Nachlassgläubiger wird das Recht eingeräumt, beim Nachlassgericht formlos eine Frist zu beantragen, innerhalb derer der Erbe das Inventar zu errichten hat (Abs 1 S 1). Der Gläubiger kann den Erben zwar nicht im Klagewege zur Errichtung des Inventars zwingen (§ 888 ZPO). Lässt aber der Erbe die Frist fruchtlos verstreichen, **haftet er gem Abs 1 S 2** grds **unbeschränkt**. Etwas anderes gilt nur ggü Gläubigern, ggü denen er bereits beschränkt haftet (§§ 1973, 1974, 2000 S 3, 2063 II, 2144 III) oder wenn er sich darauf berufen kann, dass bereits ein Dritter ein Inventar errichtet hat (§§ 2008, 2063 I, 2144 II, 2383 II).
II. 1. **Antragsberechtigt** ist jeder Nachlassgläubiger, ferner die am Nachlass beteiligten 2
Vermächtnisnehmer und Pflichtteilsberechtigten sowie der Gläubiger, der einen Erbteil gepfändet hat (BayObLGZ 126, 141). Streitig ist, ob auch ausgeschlossene Gläubiger (vgl § 1973) und Miterben die Inventarerrichtung beantragen können. Im ersten Fall sollte dies um der Sanktionswirkung von § 1973 willen verneint werden (anders Erm/ Schlüter § 1994 Rn 2 mwN). Ebenso wenig macht es Sinn, dem Miterben ein Antragsrecht einzuräumen, da sich der Erbe diesem ggü gem § 2063 II auch bei ansonsten unbeschränkter Haftung auf eine Haftungsbeschränkung berufen kann (aA MK/Küpper § 1994 Rn 2 mwN).
2. Weitere Voraussetzung ist, dass der Gläubiger das Bestehen einer gegen den Nach- 3
lass gerichteten Forderung **glaubhaft macht**, ohne dass eine Forderung tatsächlich bestehen oder gar durchsetzbar sein muss (Abs 2 iVm § 31 FamFG). Möglich ist insb die Abgabe einer eidesstattlichen Versicherung (BayObLGZ 18, 171).
3. Schließlich braucht der Erbe die Erbschaft noch nicht angenommen haben, er darf 4
sie aber auch noch nicht endgültig ausgeschlagen haben. Keine **Fristsetzung** darf ggü dem Fiskus als gesetzlichem Erben (§ 2011 S 1) sowie dem Nachlasspfleger oder -verwalter (§ 2012) erfolgen.
4. Die **Fristbestimmung** erfolgt durch Beschl des Rechtspflegers nach Anhörung des Er- 5
ben, gegen sie ist der Rechtsbehelf der Rechtspflegererinnerung gem § 11 RPflG gegeben.
5. Ggü **Miterben** muss die Frist jeweils gesondert gesetzt werden und kann daher auch 6
zu verschiedenen Zeitpunkten beginnen und enden.

§ 1995 Dauer der Frist

(1) ¹Die Inventarfrist soll mindestens einen Monat, höchstens drei Monate betragen. ²Sie beginnt mit der Zustellung des Beschlusses, durch den die Frist bestimmt wird.
(2) Wird die Frist vor der Annahme der Erbschaft bestimmt, so beginnt sie erst mit der Annahme der Erbschaft.
(3) Auf Antrag des Erben kann das Nachlassgericht die Frist nach seinem Ermessen verlängern.

1 Abs 1 enthält eine **Sollvorschrift**, deren Nichtbeachtung folglich nicht zur Unwirksamkeit der Fristbestimmung führt. Sowohl Erbe als auch Nachlassgläubiger haben aber in diesem Fall das Recht zur sofortigen Beschwerde (BayObLG FamRZ 92, 1326).
2 **Besonderheiten** gelten in Fällen des Abs 3 und bei §§ 1996, 1998, 2008 I 2 (OLG Düsseldorf WM 97, 2132). Irrt der Erbe über den Umfang seiner Ermittlungsobliegenheiten, kann das Gericht dieses iR seines Ermessens aufklären und eine Nachfrist zubilligen (OLG Hamm FamRZ 10, 2022).
3 Die **Frist** beginnt mit der Zustellung des Beschlusses an den Erben, bei Miterben für jeden Erben gesondert (§ 40 I FamFG, §§ 166 ff ZPO). Die Berechnung folgt allg Regeln (§ 222 I ZPO iVm §§ 187 ff).

§ 1996 Bestimmung einer neuen Frist

(1) War der Erbe ohne sein Verschulden verhindert, das Inventar rechtzeitig zu errichten, die nach den Umständen gerechtfertigte Verlängerung der Inventarfrist zu beantragen oder die in Absatz 2 bestimmte Frist von zwei Wochen einzuhalten, so hat ihm auf seinen Antrag das Nachlassgericht eine neue Inventarfrist zu bestimmen.
(2) Der Antrag muss binnen zwei Wochen nach der Beseitigung des Hindernisses und spätestens vor dem Ablauf eines Jahres nach dem Ende der zuerst bestimmten Frist gestellt werden.
(3) Vor der Entscheidung soll der Nachlassgläubiger, auf dessen Antrag die erste Frist bestimmt worden ist, wenn tunlich gehört werden.

1 Die Norm regelt eine **besondere Form der Wiedereinsetzung in den vorherigen Stand** (vgl § 233 ZPO).
2 Der **Antrag auf Neufestsetzung** muss bei Gericht innerhalb der in Abs 2 genannten Frist gestellt werden, Rechtsbehelf (etwa für den Fall der Nichtgewährung) ist die Rechtspflegererinnerung (§ 11 RPflG).
3 Abs 3 muss im Hinblick auf Art 103 I GG **verfassungskonform** im Sinne einer obligatorischen Anhörung des Nachlassgläubigers **ausgelegt** werden.

§ 1997 Hemmung des Fristablaufs

Auf den Lauf der Inventarfrist und der im § 1996 Abs. 2 bestimmten Frist von zwei Wochen finden die für die Verjährung geltenden Vorschriften des § 210 entsprechende Anwendung.

1 **Hemmung** tritt nach dieser Vorschrift auch im Falle des § 210 ein.
2 Eine **Fristversäumnis** durch den gesetzlichen Vertreter wirkt für und gegen den Erben (§§ 278, 166).

§ 1998 Tod des Erben vor Fristablauf

Stirbt der Erbe vor dem Ablauf der Inventarfrist oder der in § 1996 Abs. 2 bestimmten Frist von zwei Wochen, so endigt die Frist nicht vor dem Ablauf der für die Erbschaft des Erben vorgeschriebenen Ausschlagungsfrist.

1 Die Vorschrift enthält eine **Parallelbestimmung zu § 1952 II** (vgl dort Rn 4). Zu beachten ist ferner, dass sich der Erbeserbe notfalls auf § 1996 I stützen kann.
2 Im Falle der **Miterbschaft** kann die Frist für jeden Miterben gesondert laufen (so auch § 1994 Rn 6).

§ 1999 Mitteilung an das Gericht

[1]Steht der Erbe unter elterlicher Sorge oder unter Vormundschaft, so soll das Nachlassgericht dem Familiengericht von der Bestimmung der Inventarfrist Mitteilung machen.

²Fällt die Nachlassangelegenheit in den Aufgabenkreis eines Betreuers des Erben, tritt an die Stelle des Familiengerichts das Betreuungsgericht.

Sinn der Norm ist es, dem Gericht die Möglichkeit zu geben, für eine Einhaltung der Frist durch den Vormund, Betreuer oder die Eltern vAw Sorge zu tragen (§§ 1667 ff, 1837). Ein Verstoß gegen die Sollvorschrift bleibt für den Ablauf der Frist folgenlos.

§ 2000 Unwirksamkeit der Fristbestimmung

¹Die Bestimmung einer Inventarfrist wird unwirksam, wenn eine Nachlassverwaltung angeordnet oder das Nachlassinsolvenzverfahren eröffnet wird. ²Während der Dauer der Nachlassverwaltung oder des Nachlassinsolvenzverfahrens kann eine Inventarfrist nicht bestimmt werden. ³Ist das Nachlassinsolvenzverfahren durch Verteilung der Masse oder durch einen Insolvenzplan beendet, so bedarf es zur Abwendung der unbeschränkten Haftung der Inventarerrichtung nicht.

Gegenstand der Vorschrift ist die **Unzulässigkeit** der Bestimmung (S 2) bzw die **Unwirksamkeit** der erfolgten Bestimmung (S 1) einer Inventarfrist ab Anordnung der Nachlassverwaltung oder Eröffnung des Nachlassinsolvenzverfahrens (hierzu §§ 1975 ff). S 3 stellt klar, dass eine Inventarerrichtung nach Beendigung des Nachlassinsolvenzverfahrens zur Erhaltung der Haftungsbeschränkungsmöglichkeit nicht mehr erforderlich ist. Hintergrund der Regelung ist, dass bei Durchführung der genannten Verfahren keine schützenswerten Gläubigerinteressen an der Errichtung des Inventars mehr bestehen, da die Vermögensmassen (Eigenvermögen und Nachlass) sogar schon getrennt sind und in beiden Fällen ein Nachlassverzeichnis erstellt wird (§§ 1915, 1802, §§ 151 ff InsO). Nach Beendigung des Nachlassinsolvenzverfahrens in den genannten Fällen richtet sich die Haftung des Erben ohnehin nach §§ 1989, 1973. Nach Beendigung der Nachlassverwaltung ist eine Inventarfrist hingegen noch möglich. Der Erbe kann sich hier aber auf das vom Nachlassverwalter (§§ 1915, 1802) erstellte Vermögensverzeichnis berufen (§ 2004).

§ 2001 Inhalt des Inventars

(1) In dem Inventar sollen die bei dem Eintritt des Erbfalls vorhandenen Nachlassgegenstände und die Nachlassverbindlichkeiten vollständig angegeben werden.
(2) Das Inventar soll außerdem eine Beschreibung der Nachlassgegenstände, soweit eine solche zur Bestimmung des Wertes erforderlich ist, und die Angabe des Wertes enthalten.

Die Norm ist reine **Ordnungsvorschrift**. Angegeben werden sollen die beim Eintritt des Erbfalles vorhandenen Nachlassgegenstände sowie die bei Errichtung des Inventars bereits vorhandenen Nachlassverbindlichkeiten. Nicht ausreichend ist eine pauschale Zusammenfassung oder Saldierung.

Die Wirksamkeit der Inventarerrichtung wird durch dessen **Unvollständigkeit** nicht berührt. Zu beachten ist aber immer § 2005 (vgl iE dort).

Kein Inventar im Rechtssinne ist ein rein privates Verzeichnis ohne Mitwirkung des Nachlassgerichtes, vgl § 2002.

§ 2002 Aufnahme des Inventars durch den Erben

Der Erbe muss zu der Aufnahme des Inventars eine zuständige Behörde oder einen zuständigen Beamten oder Notar zuziehen.

Die Vorschrift enthält **zwingendes Recht**. Der Erbe muss das Inventar persönlich unterschreiben (Vertretung ist zulässig, RGZ 77, 246), um seine eigene Urheberschaft und

Verantwortung zu dokumentieren (die Gegenauffassung lässt die Unterschrift der Amtsperson ausreichen, vgl Staud/Marotzke § 2002 Rn 2).

2 Die Mitwirkung der Amtsperson erschöpft sich in der eines **Beistands**, dh sie muss – sieht man vom Sonderfall des § 2003 (vgl dort Rn 3) ab – nicht für Richtigkeit und Vollständigkeit einstehen. Amtshaftungsansprüche bestehen bei fehlerhaftem Inventar daher nicht; sie kommen aber bei schuldhaft verspäteter Mitwirkung und daraus folgender Fristversäumnis in Betracht.

3 Zuständig ist die nach Landesrecht (§ 148 EGBGB) **zuständige Behörde**, also das zuständige Nachlassgericht bzw das staatliche Notariat. Allerdings hindert nur die Mitwirkung einer sachlich unzuständigen Behörde die Wirksamkeit, die Beteiligung eines örtlich unzuständigen Nachlassgerichtes schadet nicht.

4 Zur **Fristwahrung** bedarf es der Einreichung bei dem Nachlassgericht, die bloße Hinzuziehung der Amtsperson reicht nicht aus (zutreffend OLG Hamm NJW 62, 53).

§ 2003 Amtliche Aufnahme des Inventars

(1) ¹Die amtliche Aufnahme des Inventars erfolgt auf Antrag des Erben durch einen vom Nachlassgericht beauftragten Notar. ²Sind nach Landesrecht die Aufgaben der Nachlassgerichte den Notaren übertragen, so hat der zuständige Notar das Inventar selbst aufzunehmen. ³Durch die Stellung des Antrags wird die Inventarfrist gewahrt.
(2) Der Erbe ist verpflichtet, die zur Aufnahme des Inventars erforderliche Auskunft zu erteilen.
(3) Das Inventar ist von dem Notar bei dem Nachlassgericht einzureichen.

1 **Antragsberechtigt** ist jeder Erbe bzw Miterbe (beachte in letzterem Fall § 2063 I), nicht aber ein Nachlassgläubiger, mag er auch am Nachlass als Vermächtnisnehmer, Auflagen- oder Pflichtteilsberechtigter beteiligt sein. Der Antrag muss an das zuständige Nachlassgericht (bzw Notariat) gerichtet sein, die Übertragung an eine bestimmte Amtsperson übernimmt dann das Gericht.

2 Die Antragstellung wahrt die **Inventarfrist** (§ 2003 I 2).

3 Nach der Antragstellung ist die Behörde für die **Aufnahme des Inventars** verantwortlich. Es können anders als im Falle des § 2002 ggf Amtshaftungsansprüche (§ 839) in Betracht kommen.

4 Der Erbe hat gem Abs 2 eine **Auskunftspflicht**, die jedoch nicht durch das Gericht erzwungen werden kann. Verweigert der Erbe aber die Auskunft oder verzögert er sie in erheblichem Maße, kommt Inventaruntreue mit der Folge des Verlusts der Möglichkeit zur Haftungsbeschränkung in Betracht, § 2005 (vgl KG OLGZ 14, 295).

§ 2004 Bezugnahme auf ein vorhandenes Inventar

Befindet sich bei dem Nachlassgericht schon ein den Vorschriften der §§ 2002, 2003 entsprechendes Inventar, so genügt es, wenn der Erbe vor dem Ablauf der Inventarfrist dem Nachlassgericht gegenüber erklärt, dass das Inventar als von ihm eingereicht gelten soll.

1 Die Vorschrift betrifft die Fälle, in denen eine **dritte Person** bereits ein Inventar erstellt hat. Das kann namentlich durch einen Erbschaftsbesitzer (vgl § 2018) erfolgt sein. Nicht gemeint sind dag die Fälle, in denen ein gesetzlicher oder gewillkürter Vertreter des Erben (§§ 2008, 2063, 2144, 2383) ein Verzeichnis eingereicht hat. In diesen Fällen bedarf es keiner gesonderten Erklärung des Erben mehr, um sich das Verzeichnis zu Eigen zu machen (arg § 164, unrichtig Staud/Marotzke § 2004 Rn 2). Erfasst ist auch das vom Nachlassverwalter erstellte Vermögensverzeichnis (§§ 1915, 1802).

2 Die **Erklärung der Bezugnahme** ist an die Inventarfrist gebunden, kann aber formlos, ggf auch durch einen Bevollmächtigten erfolgen.

3 Nimmt der Erbe wissentlich auf ein unrichtiges Inventar Bezug, macht er sich der **Inventaruntreue** mit den Folgen des § 2005 (so dort Rn 4) schuldig.

§ 2005 Unbeschränkte Haftung des Erben bei Unrichtigkeit des Inventars

(1) ¹Führt der Erbe absichtlich eine erhebliche Unvollständigkeit der im Inventar enthaltenen Angabe der Nachlassgegenstände herbei oder bewirkt er in der Absicht, die Nachlassgläubiger zu benachteiligen, die Aufnahme einer nicht bestehenden Nachlassverbindlichkeit, so haftet er für die Nachlassverbindlichkeiten unbeschränkt. ²Das Gleiche gilt, wenn er im Falle des § 2003 die Erteilung der Auskunft verweigert oder absichtlich in erheblichem Maße verzögert.
(2) Ist die Angabe der Nachlassgegenstände unvollständig, ohne dass ein Fall des Absatzes 1 vorliegt, so kann dem Erben zur Ergänzung eine neue Inventarfrist bestimmt werden.

I. **Der Sinn der Vorschrift** besteht darin, den Erben für eine wissentliche Falscherstellung des Inventars durch den Verlust der Möglichkeit zur Haftungsbeschränkung zu sanktionieren. Damit soll das Vertrauen der Gläubiger in die Richtigkeit des Inventars gestärkt und der Erbe von einer Gläubigerbenachteiligung abgeschreckt werden. 1

II. 1. Der Erbe macht sich einer **Inventaruntreue** iSv Abs 1 unter folgenden alternativen Voraussetzungen schuldig: 2

a) **Absichtlich** (Fahrlässigkeit reicht nicht aus) unvollständige Angabe einzelner Nachlassgegenstände. Dabei kommt es wegen des eindeutigen Wortlautes („oder") nicht auf die Absicht zur Gläubigerbenachteiligung an. Zur Vermeidung der Sanktionierung bereits in Bagatellfällen sollte die Angabe aber erheblich unvollständig sein (OLG Rostock OLGZ 30, 189). 3

b) Aufnahme einer **nichtbestehenden Nachlassschuld** in das Inventar in der Absicht, die Gläubiger zu benachteiligen. In diesem Fall kommt auch eine Strafbarkeit wegen Bankrotts gem § 283 I Nr 4 StGB in Betracht. 4

c) **Wissentliche Bezugnahme** auf ein unrichtiges Inventar eines Dritten (§ 2004 Rn 3). 5

d) **Verzögerung oder Verweigerung** der erforderlichen Auskünfte im Falle amtlicher Inventaraufnahme (Abs 1 S 2 iVm § 2003). Dabei muss vorher eine Fristsetzung erfolgen, da eine Fristversäumnis sanktioniert werden soll (Prot V 756). 6

2. Macht sich der **gesetzliche Vertreter** des Erben der genannten Verfehlungen schuldig, haftet der Erbe unter den Voraussetzungen des § 278; dies gilt auch hins des Nachlasspflegers. 7

3. **Keine Untreue** liegt dag vor, wenn der Erbe absichtlich einen nichtvorhandenen Gegenstand aufnimmt, absichtlich die Aufnahme einer bestehenden Schuld unterlässt, der Erbe unrichtige Wertangaben macht, die amtliche Inventaraufnahme nur unerheblich verzögert wird oder sich der Beamte die notwendigen Informationen anderweitig beschafft. 8

4. **Rechtsfolge** der Inventaruntreue ist der **Eintritt unbeschränkter Haftung** jedenfalls dann, wenn es sich um eine Inventarerrichtung auf Antrag des Gläubigers handelt. Streitig ist, ob die Rechtsfolge auch eintritt, wenn es sich um ein freiwillig errichtetes Inventar handelt. Mit der ganz überwiegenden Meinung (Palandt/Weidlich § 2005 Rn 1; Erm/Schlüter § 2005 Rn 3; Soergel/Stein § 2005 Rn 2) ist dies zu bejahen, da sich § 2005 systematisch auch auf § 2002 bezieht und der Sinn der Vorschrift eine Begrenzung auf eine Inventarerrichtung auf Antrag nicht rechtfertigt. 9

5. Der Erbe kann sich der Sanktion durch Berichtigung des Inventars nicht entziehen. Eine solche **tätige Reue** ist selbst während der Inventarfrist nicht möglich, da ansonsten das freiwillige Inventar ggü dem erzwungenen schlechter gestellt würde. 10

6. Eine neue **Inventarfrist** bedarf eines Antrags des Gläubigers (Abs 2). 11

§ 2006 Eidesstattliche Versicherung

(1) Der Erbe hat auf Verlangen eines Nachlassgläubigers zu Protokoll des Nachlassgerichts an Eides statt zu versichern, dass er nach bestem Wissen die Nachlassgegenstände so vollständig angegeben habe, als er dazu imstande sei.

(2) Der Erbe kann vor der Abgabe der eidesstattlichen Versicherung das Inventar vervollständigen.

(3) ¹Verweigert der Erbe die Abgabe der eidesstattlichen Versicherung, so haftet er dem Gläubiger, der den Antrag gestellt hat, unbeschränkt. ²Das Gleiche gilt, wenn er weder in dem Termin noch in einem auf Antrag des Gläubigers bestimmten neuen Termin erscheint, es sei denn, dass ein Grund vorliegt, durch den das Nichterscheinen in diesem Termin genügend entschuldigt wird.

(4) Eine wiederholte Abgabe der eidesstattlichen Versicherung kann derselbe Gläubiger oder ein anderer Gläubiger nur verlangen, wenn Grund zu der Annahme besteht, dass dem Erben nach der Abgabe der eidesstattlichen Versicherung weitere Nachlassgegenstände bekannt geworden sind.

1 I. 1. Der Wortlaut in Abs 1 ist im Zuge der Umwandlung des Offenbarungseides in eine **eidesstattliche Versicherung** mit Wirkung vom 1.1.70 geändert worden (BGBl I 911). Hierdurch soll den Gläubigern eine gewisse Gewähr für die Richtigkeit des Inventars gegeben werden.

2 2. Der Erbe ist ggü dem Nachlassgläubiger schon nach anderen Vorschriften zur ggf eidesstattlich bekräftigten Auskunftserteilung verpflichtet (vgl zB §§ 1978, 660, 681, 259, 260). Allerdings muss der Gläubiger einen solchen Anspruch notfalls im Klagewege vor dem Prozessgericht geltend machen. Durch § 2006 wird der Gläubiger insofern wesentlich bevorzugt, als die Vorschrift mit der Anordnung unbeschränkter Haftung bei Verweigerung der eidesstattlichen Versicherung in Abs 3 S 1 eine **eigene Sanktion** enthält. Die Erzwingbarkeit der Abgabe ist daher entbehrlich. Das Verfahren findet vor dem Nachlassgericht statt (§ 361 FamFG).

3 II. 1. Die **Voraussetzungen** der Pflicht zur Abgabe einer Versicherung an Eides statt sind die folgenden:

4 a) Ein Nachlassgläubiger muss die Abgabe der eidesstattlichen Versicherung nach Abs 1 **verlangen**. Der Nachlassgläubiger muss vorher nicht selbst ein Inventar nach § 1994 beantragt haben. Er muss lediglich seine Forderung gegen den Nachlass glaubhaft machen. Auch ausgeschlossene Gläubiger (§§ 1973 ff), Pflichtteilsberechtigte (BayObLG 22, 188) oder Vermächtnisnehmer (RGZ 129, 239) haben ein Antragsrecht.

5 b) Der Erbe muss bereits ein **Inventar errichtet** haben. Es spielt keine Rolle, ob er dies freiwillig oder nach Setzung einer Inventarfrist gem § 1994 getan hat. Haftet der Erbe allerdings nach § 2005 (Inventaruntreue) bereits allg unbeschränkbar, entfällt das Antragsrecht der Nachlassgläubiger.

6 2. **Verpflichteter** ist der Erbe, nicht aber der Nachlassverwalter, Nachlasspfleger oder Nachlassinsolvenzverwalter. Im Falle des § 2008 trifft die Verpflichtung auch den Ehegatten.

7 3. **Gegenstand** der eidesstattlichen Versicherung ist nach Abs 1 die nach bestem Wissen des Erben vollständige Angabe der Nachlassgegenstände. Gemeint sind damit nur die Nachlassaktiva (vgl § 2001). Eine Beschreibung und Wertangabe ist ebenfalls nicht erforderlich. Nach Abs 2 hat der Erbe vor Abgabe der Versicherung die Möglichkeit zur Inventarergänzung.

8 4. **Rechtsfolge** einer Verweigerung der Abgabe der eidesstattlichen Versicherung (oder unentschuldigter Säumnis in einem neuen Termin, Abs 3 S 2) ist nach Abs 3 S 1 der Eintritt der **unbeschränkten Haftung** ggü dem beantragenden Gläubiger (§ 2013 II) hins der im Antrag bezeichneten Forderung. Dag deckt die Norm eine so weitgehende Rechtsfolge nicht hins weiterer, dem Erben ggf noch nicht bekannter Forderungen des Nachlassgläubigers (weiter gehend Soergel/Stein § 2006 Rn 6). Anders als bei § 260 kann die Abgabe der Versicherung nicht erzwungen werden, wenn der Erbe sich für die unbeschränkte Haftung entscheidet. Gibt er die Versicherung ab, führt dies zum Erhalt des Rechts zur Haftungsbeschränkung, ohne dass jedoch die Vermutung des § 2009 erhärtet würde, die dortigen Gegenbeweise bleiben zulässig (§ 2009 Rn 3).

9 III. 1. **Verfahrensrechtlich** bestimmt das Nachlassgericht auf Antrag des Gläubigers oder des Erben einen Termin zur Abgabe der Versicherung (§ 361 FamFG). Die Versi-

cherung erfolgt nach Abs 1 zu Protokoll des Nachlassgerichts; funktionell zuständig ist der Rechtspfleger (§ 3 Nr 2 c RPflG). Die §§ 478–480, 483 ZPO gelten entspr (§ 361 S 4 FamFG). Beide Teile sind zu laden (§ 361 S 2 FamFG), die Abwesenheit des Gläubigers schadet aber nicht (§ 361 S 3 FamFG). Unentschuldigtes Ausbleiben des Erben in einem vom Gläubiger beantragten neuen Termin führt zur unbeschränkten Haftung nach Abs 3 S 2.
2. **Rechtsmittel** gegen die Ablehnung eines Termins und gegen die Abnahme der Versicherung ist die Erinnerung nach § 58 I FamFG.

§ 2007 Haftung bei mehreren Erbteilen

¹Ist ein Erbe zu mehreren Erbteilen berufen, so bestimmt sich seine Haftung für die Nachlassverbindlichkeiten in Ansehung eines jeden der Erbteile so, wie wenn die Erbteile verschiedenen Erben gehörten. ²In den Fällen der Anwachsung und des § 1935 gilt dies nur dann, wenn die Erbteile verschieden beschwert sind.

Die schwierig zu lesende Norm nimmt letztlich **Bezug auf § 1951** (vgl iE dort). Da im Regelfall die Haftungsbeschränkung hins aller Erbteile ebenso wie der Lauf der Inventarfrist gleich sein wird, kommt ihr eine praktische Bedeutung kaum zu.

§ 2008 Inventar für eine zum Gesamtgut gehörende Erbschaft

(1) ¹Ist ein in Gütergemeinschaft lebender Ehegatte Erbe und gehört die Erbschaft zum Gesamtgut, so ist die Bestimmung der Inventarfrist nur wirksam, wenn sie auch dem anderen Ehegatten gegenüber erfolgt, sofern dieser das Gesamtgut allein oder mit seinem Ehegatten gemeinschaftlich verwaltet. ²Solange die Frist diesem gegenüber nicht verstrichen ist, endet sie auch nicht dem Ehegatten gegenüber, der Erbe ist. ³Die Errichtung des Inventars durch den anderen Ehegatten kommt dem Ehegatten, der Erbe ist, zustatten.
(2) Die Vorschriften des Absatzes 1 gelten auch nach der Beendigung der Gütergemeinschaft.

I. 1. Gehört die Erbschaft zum ehelichen **Gesamtgut** (§ 1416) der in **Gütergemeinschaft** lebenden Ehegatten, wird auch der nichterbende Ehegatte, der das Gesamtgut allein oder mitverwaltet, durch die Handlungen seines Partners in erheblichem Maße betroffen. Namentlich haftet er persönlich für die Nachlassverbindlichkeiten (§§ 1437, 1439; 1459, 1461). Daher hat der nichterbende Ehegatte seinerseits ein großes Eigeninteresse an einer fristgemäßen Inventarerrichtung und die Möglichkeit zur Haftungsbeschränkung nicht zu verlieren. Diesem Umstand trägt Abs 1 S 1 dadurch Rechnung, dass die Inventarfrist auch dem nichterbenden Ehegatten gesetzt werden muss. Dies gilt selbst nach Beendigung des Güterstandes (Abs 2) oder wenn erst nach Anfall der Erbschaft Gütergemeinschaft vereinbart wird. § 2008 gilt dag nicht, soweit die Erbschaft Vorbehalts- oder Sondergut ist.
II. 1. Die Vorschrift **setzt voraus**, dass die Ehegatten im Güterstand der Gütergemeinschaft (§§ 1415 ff) leben, die Erbschaft zum Gesamtgut (§ 1416) gehört (also nicht Vorbehalts- oder Sondergut ist; §§ 1417 f) und der nicht erbende Ehegatte das Gesamtgut allein oder mitverwaltet. Die Beendigung der Gütergemeinschaft ändert nach Abs 2 nichts.
2. Die **Inventarfrist** ist dann beiden Ehegatten zu setzen. Sie ist jedem Ehegatten zuzustellen und kann unterschiedlicher Dauer sein. Nach Abs 1 S 2 endet die Frist des erbenden Ehegatten jedoch nicht vor der des Nichterbenden.
3. Das **Recht zur Inventarerrichtung** steht nach Abs 1 S 3 auch dem nicht erbenden Ehegatten zu, der Allein- oder Mitverwalter des Gesamtguts ist. Ein von diesem errichtetes Inventar kommt auch dem anderen zustatten (hindert also zB Fristversäumnis iSv § 1994 I 2). Der erbende Ehegatte bleibt aber innerhalb der ihm gesetzten Frist dane-

ben zur Errichtung eines eigenen Inventars befugt. Dadurch kann er eine mögliche Inventaruntreue oder eine Inventarsäumnis des anderen Ehegatten praktisch „retten".

5 4. Ein **Verzicht** des Erben auf die Haftungsbeschränkung ist nur mit Zustimmung des (mit)verwaltenden Ehegatten wirksam.
6 5. Die **Pflicht zur eidesstattlichen Versicherung** iSv § 2006 trifft im Falle des § 2008 auch den Ehegatten, der das Gesamtgut (mit)verwaltet.

§ 2009 Wirkung der Inventarerrichtung

Ist das Inventar rechtzeitig errichtet worden, so wird im Verhältnis zwischen dem Erben und den Nachlassgläubigern vermutet, dass zur Zeit des Erbfalls weitere Nachlassgegenstände als die angegebenen nicht vorhanden gewesen seien.

1 Die Vorschrift erleichtert dem Erben den **Nachw ordnungsgemäßer Verwaltung** iSv § 1978 ggü den Nachlassgläubigern und begrenzt seine Herausgabepflicht in den Fällen, in denen er nur noch in beschränktem Umfang herausgabepflichtig ist, vgl etwa §§ 1973 II 1, 1974, 1989, 1990 I 2, 1992.
2 Zu beachten ist aber, dass die widerlegliche Vermutung nur eingeschränkt **ggü Nachlassgläubigern** gilt, also nicht ggü Eigengläubigern des Erben, dem Erbschaftskäufer, Nacherben, Testamentsvollstreckern oder Erbschaftsbesitzern. Die Vermutung bezieht sich entspr § 2001 I auf den Zeitpunkt des Erbfalles und wirkt ausschließlich negativ. Es wird nur vermutet, dass außer den genannten Gegenständen keine weiteren zum Nachlass gehören. Dag spricht umgekehrt keine Vermutung für die tatsächliche Zugehörigkeit der aufgeführten Gegenstände zum Nachlass.
3 Der **Gegenbeweis** ist mit allen zulässigen Mitteln gegen eine Tatsachenvermutung möglich (Musielak/Huber § 292 ZPO Rn 5).

§ 2010 Einsicht des Inventars

Das Nachlassgericht hat die Einsicht des Inventars jedem zu gestatten, der ein rechtliches Interesse glaubhaft macht.

1 Ein **rechtliches Interesse** an der Einsichtnahme hat jedermann, auf dessen Rechtsbeziehungen der Nachlass Einfluss haben kann. Der Begriff ist daher – obgleich ein praktisches Bedürfnis für eine Differenzierung rechtspolitisch nicht besteht – enger zu verstehen als der des bloßen berechtigten Interesses (vgl etwa § 13 II FamFG), das zB schon bei einem wissenschaftlichen Interesse gegeben sein kann.
2 Die **Entscheidung** über die Einsichtnahme fällt der Rechtspfleger. Gegen die Ablehnung ist die Rechtspflegererinnerung statthaft (§§ 3 Nr 2 c, 11 RPflG).

§ 2011 Keine Inventarfrist für den Fiskus als Erbe

¹Dem Fiskus als gesetzlichem Erben kann eine Inventarfrist nicht bestimmt werden. ²Der Fiskus ist den Nachlassgläubigern gegenüber verpflichtet, über den Bestand des Nachlasses Auskunft zu erteilen.

1 Hintergrund der Vorschrift ist, dass der **Staat als gesetzlicher Zwangserbe** weder ausschlagen noch auf sein Erbe verzichten kann (vgl iE § 1936 Rn 3). Daher bedarf er zum Ausgleich besonderen Schutzes beim Anfall überschuldeter Nachlässe, der sich in einer faktisch stets beschränkten Haftung manifestiert.
2 *§ 2011 gilt nicht*, wenn der Staat in einer letztwilligen Verfügung als Erbe eingesetzt worden ist.
3 Eine **Auskunftspflicht** (S 2, vgl auch § 260) besteht hins des gegenwärtigen Nachlasses. Ihr ist genüge getan, wenn sich der Staat auf das Verzeichnis beruft, das der vorab zur Ermittlung der Erben bestellte Pfleger erstellt hat.

§ 2012 Keine Inventarfrist für den Nachlasspfleger und Nachlassverwalter

(1) ¹Einem nach den §§ 1960, 1961 bestellten Nachlasspfleger kann eine Inventarfrist nicht bestimmt werden. ²Der Nachlasspfleger ist den Nachlassgläubigern gegenüber verpflichtet, über den Bestand des Nachlasses Auskunft zu erteilen. ³Der Nachlasspfleger kann nicht auf die Beschränkung der Haftung des Erben verzichten.
(2) Diese Vorschriften gelten auch für den Nachlassverwalter.

Die Vorschrift ordnet für Nachlasspfleger und -verwalter die gleiche **Privilegierung** an, 1 die auch der Staat genießt (§ 2011). Dies erklärt sich aus den entspr Pflichten. Zudem wird ein Verzicht auf die Haftungsbeschränkung verhindert (Abs 1 S 3).

§ 2013 Folgen der unbeschränkten Haftung des Erben

(1) ¹Haftet der Erbe für die Nachlassverbindlichkeiten unbeschränkt, so finden die Vorschriften der §§ 1973 bis 1975, 1977 bis 1980, 1989 bis 1992 keine Anwendung; der Erbe ist nicht berechtigt, die Anordnung einer Nachlassverwaltung zu beantragen. ²Auf eine nach § 1973 oder nach § 1974 eingetretene Beschränkung der Haftung kann sich der Erbe jedoch berufen, wenn später der Fall des § 1994 Abs. 1 Satz 2 oder des § 2005 Abs. 1 eintritt.
(2) Die Vorschriften der §§ 1977 bis 1980 und das Recht des Erben, die Anordnung einer Nachlassverwaltung zu beantragen, werden nicht dadurch ausgeschlossen, dass der Erbe einzelnen Nachlassgläubigern gegenüber unbeschränkt haftet.

I. Der Vorschrift, der es an sprachlicher Klarheit mangelt, sind in Abs 1 die Folgen des 1 allg **Verlustes der Möglichkeit zur Haftungsbeschränkung** (§§ 1994 I 2, 2005, allg Verzicht) zu entnehmen. Abs 2 regelt die sich aus nur einem partiellen Verlust ggü bestimmten Gläubigern (§ 2006 III, § 780 ZPO, individueller Verzicht) ergebenden Besonderheiten.

II. 1. Folge ist namentlich der **Verlust der Einreden** aus §§ 1973, 1974, es sei denn, es 2 liegt ein Fall des § 2013 I 2 (so Rn 5) vor. Zudem ist es ihm nicht mehr möglich, ein Gläubigeraufgebot zu beantragen (§ 991 I ZPO) und die §§ 1978-1980 gelten nicht mehr, da der Erbe ohnehin mit dem gesamten Vermögen haftet.

2. Auch bei Nachlassverwaltung oder Nachlassinsolvenz ist nunmehr **eine persönliche** 3 **Inanspruchnahme** nicht ausgeschlossen (§ 784 I ZPO). Die Fiktion des § 1976 bei Konfusion (Vereinigung von Recht und Verbindlichkeit) und Konsolidation (Vereinigung von Recht und Belastung) bleibt aber bestehen. Dag ist § 1977 ausgeschlossen, dh Aufrechnungen bleiben wirksam (vgl iE dort).

3. Die **Ausn des Abs 1 S 2** betrifft Konstellationen, in denen die Voraussetzungen von 4 §§ 1973, 1974 bereits erfüllt waren, ehe der Erbe durch Inventaruntreue oder Fristversäumnis der unbeschränkten Haftung verlustig gegangen ist.

4. Bei der **unbeschränkten Haftung hins einzelner Nachlassgläubiger** (Abs 2, Bsp: 5 § 2006 Rn 6) gelten grds die gleichen Erwägungen. Allerdings kann der Erbe nach wie vor den übrigen Gläubigern ggü die Beschränkung der Haftung geltend machen. Zu beachten ist, dass eine Haftung nur ggü einzelnen Gläubigern handelsrechtlich in den Fällen der §§ 27, 139 HGB in Betracht kommt.

Untertitel 5
Aufschiebende Einreden

Vorbemerkung zu §§ 2014–2017

Die §§ 2014–2017 ergänzen und vervollständigen den **Schutz des Erben** für den Zeit- 1 raum **nach der Annahme der Erbschaft**. Vor der Annahme wird der Erbe durch § 1985 und § 778 ZPO vor der gerichtlichen Inanspruchnahme durch die Gläubiger des Erblassers geschützt. Nach der Annahme besteht ein Bedürfnis für einen solch weitgehenden Schutz nicht mehr. Der Erbe, der nunmehr als der Rechtsnachfolger des Erblassers feststeht, kann grds uneingeschränkt in Anspruch genommen werden.

2 Dennoch muss auch dem endgültigen Erben die Möglichkeit gegeben werden, sich über die Höhe bestehender Verbindlichkeiten und den Nachlassbestand hinreichend zu informieren, um evtl notwendige Maßnahmen ergreifen zu können (§§ 1970 ff, 1975 ff, 1993 ff). Daher gewährt ihm das Gesetz in den §§ 2014–2017 eine nochmalige, zeitlich befristete Verschonung.

§ 2014 Dreimonatseinrede

Der Erbe ist berechtigt, die Berichtigung einer Nachlassverbindlichkeit bis zum Ablauf der ersten drei Monate nach der Annahme der Erbschaft, jedoch nicht über die Errichtung des Inventars hinaus, zu verweigern.

1 Die in § 2014 normierte sog **Dreimonatseinrede** steht dem Erben, dem Nachlasspfleger (beachte hier die Fristbesonderheiten nach § 2017), dem Nachlassverwalter sowie dem Testamentsvollstrecker mit Verwaltungsrecht (vgl § 2213) während der ersten 3 Monate nach der Annahme der Erbschaft, längstens also bis 3 Monate nach Ablauf der Überlegungsfrist (§§ 1943, 1944) zu. Die Berechnung der Frist richtet sich nach allg Regeln, also nach §§ 187 I, 188 II, III. Nach Errichtung des Inventars steht dem Erben die Einrede nicht mehr zu.

2 **Kein Recht** zur Erhebung der Dreimonatseinrede besteht gem § 2016, wenn der Erbe das Recht zur Haftungsbeschränkung verloren hat, etwa in den Fällen der §§ 1994 I 2, § 2005 I.

3 Hins der **Wirkung** der Dreimonatseinrede ist zwischen materiellrechtlichen und prozessualen Folgen zu unterscheiden. Unstreitig hat die Einrede prozessuale und vollstreckungsrechtliche Folgen (so Rn 4, 5), während materiellrechtliche Folgen nicht allg anerkannt werden (so Rn 6).

4 Im **Erkenntnisverfahren** schließt die Einrede eine Verurteilung des Erben zur Leistung grds nicht aus. Es ergeht allerdings, ohne dass es eines förmlichen Antrages bedarf, ein Urt unter dem Vorbehalt der beschränkten Haftung (§ 305 ZPO). Dabei handelt es sich nicht um ein Vorbehaltsurt, da das Urt den Prozess endgültig abschließt. Vielmehr nimmt das Urt nur den allg Vorbehalt beschränkbarer Haftung des § 780 ZPO auf.

5 Gegen die **Zwangsvollstreckung** kann der Schuldner sodann im Wege der Vollstreckungsabwehrklage verlangen, dass die Zwangsvollstreckung während der Schonfrist auf solche Maßnahmen beschränkt wird, die zur Vollziehung eines Arrestes (§§ 916 ff, 930, 932 ZPO) notwendig sind (§§ 767, 782, 785 ZPO). Der Vollstreckungsschutz wird durch § 783 ZPO hins der Nachlassgegenstände auf persönliche Gläubiger erstreckt.

6 Sehr str ist, ob die Einrede **materiellrechtliche Konsequenzen** hat, namentlich einen Schuldnerverzug des Erben wegen fehlender Fälligkeit ausschließt. Gegen eine solche Wirkung wird der systematische Zusammenhang von § 2014 mit § 305, 782, 783 ZPO vorgebracht, und va der Zweck der Vorschrift, dem mit einer vollstreckungsrechtlichen Gütersonderung hinreichend Rechnung getragen werde (hM, RGZ 79, 204 ff; Schlüter ErbR Rn 1080 mwN). Gegen diese Auffassung spricht jedoch nicht allein die Entstehungsgeschichte der Vorschrift (vgl Prot V 785: „materiellrechtliche Wirkung"), sondern va die Erwägung, dass der Erbe, der sich auf eine gesetzliche Schonfrist beruft, jedenfalls nicht schuldhaft (§ 286 IV) handelt (Brox ErbR Rn 706 mwN).

§ 2015 Einrede des Aufgebotsverfahrens

(1) Hat der Erbe den Antrag auf Einleitung des Aufgebotsverfahrens der Nachlassgläubiger innerhalb eines Jahres nach der Annahme der Erbschaft gestellt und ist der Antrag zugelassen, so ist der Erbe berechtigt, die Berichtigung einer Nachlassverbindlichkeit bis zur Beendigung des Aufgebotsverfahrens zu verweigern.

(2) (aufgehoben)
(3) Wird der Ausschließungsbeschluss erlassen oder der Antrag auf Erlass des Ausschließungsbeschlusses zurückgewiesen, so ist das Aufgebotsverfahren erst dann als beendet anzusehen, wenn der Beschluss rechtskräftig ist.

I. Zweck der Vorschrift ist es, unbekannte Gläubiger davor zu schützen, dass andere sich vordrängen und vorab befriedigt werden. Dadurch soll die gleichmäßige Verteilung des Nachlasses unter den Gläubigern gewährleistet werden (vgl auch § 1970 Rn 2 f). Rechtstechnisch ist die Aufgebotseinrede eine dilatorische, also aufschiebende Einrede. 1

II. 1. Der in Abs 1 in Bezug genommene verfahrenseinleitende Antrag ist in § 434 I FamFG geregelt. Maßgeblicher Zeitpunkt für den Beginn der Einrede des schwebenden Aufgebots ist der zu Beginn des Verfahrens zu stellenden Antrag und der daraufhin ergehende Erlass des Aufgebots. 2

2. Aufgrund der Überführung des Aufgebotsverfahrens von einem zivilprozessualen Verfahren in ein solches der freiwilligen Gerichtsbarkeit durch das FGG-RG konnte Abs 2 ersatzlos entfallen. Die Durchführung eines Termins ist nicht mehr erforderlich und etwaige Handlungen in einem Termin iSd § 32 FamFG haben keine Wirkung im Hinblick auf die Beendigung des Verfahrens. 3

3. Die mit der Umgestaltung in ein Verfahren der freiwilligen Gerichtsbarkeit verbundene generelle Anfechtbarkeit des Ausschließungsbeschlusses bewirkt, dass das Aufgebotsverfahren erst dann als beendet anzusehen ist, wenn entweder der Ausschließungsbeschluss oder die Zurückweisung des auf seinen Erlass gerichteten Antrags rechtskräftig sind. Der die Einrede erhebende Erbe hat es selbst in der Hand, ob er nach dem Erlass des Ausschließungsbeschlusses einen Rechtsmittelverzicht erklärt oder nicht. Der generellen Verlängerung der Einrede des schwebenden Aufgebotsverfahrens nach Erlass der Aufgebotsentscheidung um 2 Wochen wie in § 957 I ZPO bedarf es somit nicht. Hierdurch wird die Möglichkeit eröffnet, das Zivilverfahren im Fall der sofortigen Rechtskraft des Ausschließungsbeschlusses erheblich zu straffen. Gleichzeitig werden die mit der Ausgestaltung des zivilprozessualen Aufgebotsverfahrens verbundenen und auf das materielle Recht durchschlagenden Ungereimtheiten beseitigt; im Interesse einer raschen Befriedigung der Nachlassgläubiger besteht nämlich kein Grund dafür, dem Erben die Einrede nach § 2015 I auch dann noch zu erhalten, wenn das Aufgebotsverfahren verfahrensrechtlich erledigt ist (BT-Drucks 16/6308, 348). 4

§ 2016 Ausschluss der Einreden bei unbeschränkter Erbenhaftung

(1) Die Vorschriften der §§ 2014, 2015 finden keine Anwendung, wenn der Erbe unbeschränkt haftet.
(2) Das Gleiche gilt, soweit ein Gläubiger nach § 1971 von dem Aufgebot der Nachlassgläubiger nicht betroffen wird, mit der Maßgabe, dass ein erst nach dem Eintritt des Erbfalls im Wege der Zwangsvollstreckung oder der Arrestvollziehung erlangtes Recht sowie eine erst nach diesem Zeitpunkt im Wege der einstweiligen Verfügung erlangte Vormerkung außer Betracht bleibt.

Hintergrund der Vorschrift ist, dass die mit §§ 2014, 2015 verfolgten gesetzlichen Zwecke nicht mehr erreicht werden können, wenn der Erbe bereits unbeschränkt haftet. Anders verhält es sich daher mit Nachlassverwalter und Testamentsvollstrecker mit Verwaltungsrecht, die noch das Aufgebot beantragen und die Aufgebotseinrede unter den Voraussetzungen des § 2015 geltend machen können. 1

Ebenfalls ausgeschlossen ist die **Geltendmachung von Einreden** ggü Realgläubigern, soweit diese sich auf die Durchsetzung der dinglich gesicherten Ansprüche beschränken. In der Sache nichts anderes gilt für den Vormerkungsberechtigten (vgl §§ 883 ff), da dieser sich auf ein quasi-dingliches Recht berufen kann (so auch § 1971 Rn 1–3). 2

§ 2017 Fristbeginn bei Nachlasspflegschaft

Wird vor der Annahme der Erbschaft zur Verwaltung des Nachlasses ein Nachlasspfleger bestellt, so beginnen die in § 2014 und in § 2015 Abs. 1 bestimmten Fristen mit der Bestellung.

1 Die Vorschrift erklärt sich aus dem Umstand, dass der **Nachlasspfleger** bereits vor der Annahme durch den Erben bestellt (vgl § 1960 Rn 5 f) und damit in die Lage versetzt wird, die Einreden aus §§ 2014, 2015 zu erheben. Dies bedingt jedoch, dass die Fristen abw von der zeitlich späteren Annahme geregelt werden müssen. Nur dadurch kann vermieden werden, dass die Gläubiger bis drei Monate nach der Annahme abwarten müssen, obgleich sie die Ansprüche gegen den Pfleger schon vor der Annahme geltend machen können (§§ 1960 III, 1958, 1961). Fristbeginn ist daher die Bestellung.
2 Gleiches gilt für die (praktisch seltene) Nachlassverwaltung (die auch Pflegschaft ist) **vor der Annahme**, nicht aber für die Testamentsvollstreckung (Staud/Marotzke § 2017 Rn 2, 4).
3 Wird die Nachlasspflegschaft infolge der Annahme der Erbschaft aufgehoben (§ 1919), laufen die Fristen dennoch weiter.

Titel 3
Erbschaftsanspruch

Vorbemerkung zu §§ 2018–2031

1 **I. Normzweck. 1.** Als **Gesamtrechtsnachfolger** des Erblassers stehen dem Erben unterschiedliche Einzelansprüche in Bezug auf Nachlassgegenstände, die sich im Besitz Dritter befinden, zu. Aufgrund der Eigentümer- und Besitzerstellung (§ 857) sind hier va der Herausgabeanspruch aus § 985, der Bereicherungsanspruch aus § 812, Schadenersatzansprüche (§§ 992, 823 ff) und Besitzansprüche (§§ 861, 1007) zu nennen.
2 **2.** Um dem Erben das Herausgabeverlangen zu erleichtern, stellt das Gesetz ihm daher zusätzlich mit den §§ 2018 ff einen spezifisch erbrechtlichen **Gesamtanspruch**, gerichtet auf Herausgabe des gesamten Nachlasses, gegen denjenigen zur Verfügung, der Erbschaftsgegenstände aufgrund eines behaupteten, in Wahrheit aber nicht gegebenen Erbrechts (Erbschaftsbesitzer) erlangt hat. Gegen die übrigen Besitzer von Nachlassgegenständen, die kein eigenes Erbrecht behaupten, bleibt der Erbe auf die in Rn 1 genannten Einzelansprüche verwiesen.
3 **II. Rechtsgeschichtlich** ist der **Erbschaftsanspruch**, dessen Einf während des Gesetzgebungsverfahrens wegen der weitgehenden Privilegierung des Erben (Beweislast, Verjährung, Verfahrensrecht usw, dazu iE unten) umstritten war, der römisch- und gemeinrechtlichen hereditatis petitio nachgebildet. Er setzt aber, anders als jene voraus, dass sich der Anspruchsgegner hins der Nachlassgegenstände ein Erbrecht anmaßt.
4 **III. Rechtsvergleichung.** Ein Erbschaftsanspruch findet sich, abgesehen vom angelsächsischen Rechtskreis, überall. Unterschiede bestehen jedoch im **Regelungsumfang**. Während sich das schweizerische ZGB eng an das BGB anlehnt, begnügt sich das österreichische ABGB mit einer kurzen Erwähnung der Klage auf „Abtretung der Erbschaft" in §§ 823, 824. Im französischen Recht findet sich zwar nur eine Teilregelung in Art 137 Code Civil, die Erbschaftsklage ist jedoch auch hier von der Praxis anerkannt.

§ 2018 Herausgabepflicht des Erbschaftsbesitzers

Der Erbe kann von jedem, der auf Grund eines ihm in Wirklichkeit nicht zustehenden Erbrechts etwas aus der Erbschaft erlangt hat (Erbschaftsbesitzer), die Herausgabe des Erlangten verlangen.

1 **I.** Der Erbschaftsanspruch ist seiner Natur nach ein auf **Herausgabe** gerichteter Gesamtanspruch des Erben. Er tritt neben die dem Erben als Rechtsnachfolger des Erblassers und Besitzer des Nachlasses (§ 857) zustehenden Einzelansprüche. Er dient, va

aufgrund der Erstreckung auf Surrogate und Nutzungen (§§ 2019, 2020), den Interessen des Erben den Nachlass möglichst in seiner (wertmäßigen) Gesamtheit zu erlangen. Daneben wird über §§ 2021, 2022, 2029 aber auch der gutgläubige Erbschaftsbesitzer geschützt.

II. 1. Anspruchsberechtigter des Erbschaftsanspruches ist der wahre Erbe (auch Miterbe), sowie, da der Anspruch selbst abtretbar und vererbbar ist, dessen Rechtsnachfolger (auch der Erbteilserwerber). Zur Geltendmachung des Anspruchs befugt sind auch der Testamentsvollstrecker, §§ 2211, 2212; der Nachlassverwalter, § 1984 und der Nachlassinsolvenzverwalter, § 80 InsO. Umstritten ist, ob auch dem Nachlasspfleger der Erbschaftsanspruch zugebilligt werden sollte. Letzteres ist mit der hM im Schrifttum (MK/Helms § 2018 Rn 13 mwN) im Interesse der Sicherung des Nachlasses grds zu bejahen, wenngleich der namentlich von der Rspr (BGH NJW 72, 1752) vorgeschlagene Weg über § 1960 im Wesentlichen zu gleichen Ergebnissen kommt. Anspruchsberechtigt sind auch der Vorerbe während seiner Berechtigungszeit und der Miterbe. Letzterer kann jedoch entspr § 2039 nur Herausgabe, Verwahrung oder Hinterlegung zugunsten aller Erben verlangen. Der Erbschaftsanspruch verjährt nach § 197 I Nr 1 in 30 Jahren.

2. Schuldner ist der Erbschaftsbesitzer, also derjenige, der sich – sei es gut- oder bösgläubig – ein ihm tatsächlich nicht oder nicht in voller Höhe zustehendes (Mit)Erbrecht an dem Nachlass anmaßt. Der Schuldner muss seinen Besitz (wenigstens auch) durch ein vermeintliches Erbe rechtfertigen. Folglich ist derjenige, der sich auf lebzeitigen Erwerb oder ein Vermächtnis beruft, ebenso wenig passiv legitimiert wie ein Dieb. Weniger eindeutig sind dagg die Fälle, in denen eine Erbschaft zunächst anfällt, dann aber rückwirkend wegfällt. Unstreitig kein Erbschaftsbesitzer ist derjenige, der zunächst Erbe geworden ist, dann aber die Erbschaft ausgeschlagen hat: er haftet nach der Sondervorschrift des § 1959 lediglich wie ein Geschäftsführer ohne Auftrag (so § 1959 Rn 1). Strittig ist demggü, wie zu verfahren ist, wenn der ursprüngliche Erbe später für erbunwürdig erklärt bzw das Testament wirksam angefochten wird. In diesen Fällen sollten §§ 2018 ff grds unabhängig davon Anwendung finden, ob sich der ursprüngliche Erbe weiterhin auf eine Erbschaft beruft (also etwa die Gültigkeit der Anfechtung bestreitet) oder nicht (vgl BGH FamRZ 85, 1019 mwN). Keine Erbschaftsbesitzer sind schließlich Nachlasspfleger, Insolvenzverwalter usw, da diese Personen kein Erbrecht für sich in Anspruch nehmen. Eine Inanspruchnahme kommt daher allenfalls dann in Betracht, wenn sie Gegenstände verwalten, hins derer sich bereits der Erblasser ein Erbrecht angemaßt hat (str, aA Lange/Kuchinke ErbR § 40 II 3 Fn 32).

3. Inhaltlich kann der Erbe nach § 2018 vom Erbschaftsbesitzer Herausgabe des aus der Erbschaft Erlangten verlangen. Aus der Erbschaft erlangt ist jeder Vermögensvorteil, der aus dem Nachlass stammt oder als Surrogat (§ 2019) erworben wurde. Auch eine Grundbuchberichtigung (§ 894) kann Gegenstand des Anspruchs sein.

4. Verteidigung ist möglich durch alle auch ggü den Einzelansprüchen geltend gemachten Einzeleinreden. Richtigerweise kann sich der Schuldner dag nicht deshalb auf ein Zurückbehaltungsrecht berufen, weil ihm ein Pflichtteilsanspruch zusteht. Der Erbe soll durch die §§ 2018 ff gerade erst in die Lage versetzt werden, gegen den Nachlass gerichtete Ansprüche zu erfüllen (BGH FamRZ 93, 181).

5. Mehrere (Mit-)Erbschaftsbesitzer haften als Gesamtschuldner, vorausgesetzt der vermeintliche Nachlass wurde noch nicht geteilt. Ist dies bereits geschehen, erstreckt sich die Bereicherungshaftung des gutgläubigen Besitzers nur auf seinen „Erbteil".

III. 1. Beweisen muss der Erbe die Tatsachen, aus denen sich sein Erbrecht ergibt (beachte auch § 2365) sowie den Erbschaftsbesitz. Misslingt der Beweis des Erbschaftsbesitzes, kommt eine Klageumstellung auf die maßgeblichen Einzelansprüche in Betracht (§ 264 ZPO).

2. Wenngleich der Erbschaftsanspruch ein Gesamtanspruch ist, muss der Erbe im **Klageantrag** alle herausverlangten Gegenstände schon deshalb einzeln bezeichnen, um eine Vollstreckung zu ermöglichen oder jedenfalls zu vereinfachen, vgl §§ 253 II Nr 2, 883 ZPO.

9 3. Allgemeiner **Gerichtsstand** ist der des Beklagten (§§ 12 ff ZPO), zudem der besondere Gerichtsstand der Erbschaft (§ 27 ZPO), der entgg der hM auch auf die Einzelansprüche Anwendung finden sollte (vgl § 2029 Rn 3).

§ 2019 Unmittelbare Ersetzung

(1) Als aus der Erbschaft erlangt gilt auch, was der Erbschaftsbesitzer durch Rechtsgeschäft mit Mitteln der Erbschaft erwirbt.
(2) Die Zugehörigkeit einer in solcher Weise erworbenen Forderung zur Erbschaft hat der Schuldner erst dann gegen sich gelten zu lassen, wenn er von der Zugehörigkeit Kenntnis erlangt; die Vorschriften der §§ 406 bis 408 finden entsprechende Anwendung.

1 I. Die Vorschrift führt dazu, dass als vom Erbschaftsbesitzer erlangt alles gilt, was er durch Rechtsgeschäft mit Mitteln aus der Erbschaft erwirbt. Damit wird der Nachlass als Vermögenseinheit zumindest wertmäßig erhalten. Rechtstechnisch findet die Ersetzung im Wege **dinglicher Surrogation** unmittelbar statt (vgl auch §§ 2041, 2111). Das Erworbene wird ohne Durchgangserwerb des Erbschaftsbesitzers Bestandteil des Nachlasses. Dementspr umfangreich ist der wahre Erbe geschützt: § 894, § 22 GBO, § 771 ZPO, § 47 InsO finden zu seinen Gunsten Anwendung. Erwirbt etwa der Erbschaftsbesitzer aus Mitteln des Nachlasses ein Grundstück, kann der wahre Erbe ihm ggü unmittelbar Grundbuchberichtigung verlangen (§ 894; zur Inanspruchnahme des Miterben vgl OLG Hamm NJW-Spezial 13, 264).

2 II. 1. Als Surrogat gehört nach Abs 1 zum Nachlass, was der Erbschaftsbesitzer durch Rechtsgeschäft mit Mitteln der Erbschaft erwirbt (sog **Mittelsurrogation**).

3 a) Ob sich das Rechtsgeschäft objektiv oder subjektiv auf den Nachlass **bezieht**, ist gleichgültig. Allein entscheidend ist der Einsatz von Nachlassmitteln zum Erwerb (unten Rn 6).

4 b) Obgleich – anders etwa als in §§ 2041, 2111 I – nicht ausdrücklich angesprochen, ist die **gesetzliche Surrogation** dem rechtsgeschäftlichen Erwerb gleichzustellen. Wird also ein zum Nachlass gehörender Vermögensgegenstand beschädigt, zerstört oder entzogen, stehen die dadurch erworbenen Ansprüche dem Erben ebenfalls zu (hM). Gleiches sollte für Gegenstände gelten, die in einer Zwangsversteigerung mit Mitteln aus der Erbschaft erworben werden (hM gegen RGZ 136, 353). Allerdings kann sich der Schuldner in diesen Fällen nicht auf Abs 2 berufen, da jener einen rechtsgeschäftlichen Erwerb voraussetzt.

5 c) Auch **Kettensurrogation** ist denkbar, also die Surrogation bereits ersetzter Gegenstände (Bsp: Ein Nachlassgegenstand wird getauscht, das Tauschobjekt anschließend verkauft und übereignet. Gegenstand des Anspruches aus § 2019 ist nunmehr die Kaufpreisforderung).

6 2. Nach Abs 1 fällt in den Nachlass, was der Erbschaftsbesitzer durch Rechtsgeschäft (vgl aber Rn 2) **mit Mitteln der Erbschaft** erwirbt. Hierunter fallen in Abgrenzung von Eigenmitteln des Erbschaftsbesitzers alle Gegenstände und Rechte, die zum Nachlass gehören. Bei gemischtem Erwerb mit Eigen- und Nachlassmitteln entsteht Miteigentum (§§ 1008, 741 ff) in entspr Verhältnis. Die Surrogation setzt nach inzwischen hM keine anfänglich wirksame Verfügung über die Nachlassmittel voraus. Ausreichend ist die tatsächliche Weggabe dieser Mittel. Verlangt der Erbe vom Erbschaftsbesitzer den Gegenstand heraus, liegt darin die nachträgliche Genehmigung der Verfügung (§ 185 II), da er ansonsten zusätzlich vom Vertragspartner die geleisteten Nachlassmittel verlangen könnte.

7 3. **Rechtsfolge** ist die dingliche Surrogation. Die erworbenen Gegenstände und Rechte fallen unmittelbar in den Nachlass. Die Surrogation kann sich zB auf das Eigentum an einem erworbenen Gegenstand, aber auch bereits auf eine erlangte, noch nicht erfüllte Forderung beziehen.

8 a) Strittig ist demggü, ob unmittelbare Ersetzung auch dann stattfinden soll, wenn der Erbschaftsbesitzer **Kreditgeschäfte** tätigt, also die Gegenleistung bzw Forderung er-

wirbt, bevor tatsächlich Nachlassmittel in Anspruch genommen werden. Richtigerweise ist in beiden Fällen von einem Direkterwerb des Erben auszugehen, da nur so dem Schutzzweck der Norm hinreichend Rechnung getragen werden kann (Soergel/Dieckmann § 2019 Rn 1; aA MK/Helms § 2019 Rn 14, für Durchgangserwerb des Erbschaftsbesitzers).

b) **Keine Surrogation** findet demggü statt, wenn der Gegenwert zur Gänze im Privatvermögen des Erbschaftsbesitzers aufgeht (vgl Palandt/Weidlich § 2019 Rn 3). Da in diesen Fällen ein Surrogat gerade nicht vorhanden ist, kommt nur Wertersatz gem § 2121 in Betracht. 9

c) Sehr strittig ist, ob dingliche Ersetzung auch stattfindet, wenn der Erbschaftsbesitzer einen Nachlassgegenstand als **Einlage in eine Personengesellschaft** eingebracht hat. Letzteres wird von der Rspr nunmehr für einen Kommanditanteil ausdrücklich bejaht (BGHZ 109, 214 gegen BGH NJW 77, 433). 10

4. Abs 2 schützt den gutgläubigen Schuldner, der auf Forderungen leistet, die kraft dinglicher Surrogation in den Nachlass fallen, deren wahrer Gläubiger also nicht der Erbschaftsbesitzer, sondern der tatsächliche Erbe ist. Der Schuldner wird durch Zahlung an den Erbschaftsbesitzer in entspr Anwendung der §§ 406 ff frei, soweit er von der Zugehörigkeit der Forderung zum Nachlass keine Kenntnis hat. 11

III. Hins eines möglichen **gutgläubigen Erwerbs** Dritter vom Erbschaftsbesitzer gelten die allg Vorschriften. Bei beweglichen Sachen greift aber wegen § 857 regelmäßig § 935 ein. Weitergehenden Schutz genießt der Dritte nur, wenn der Erbschaftsbesitzer einen Erbschein hat (§ 2366). 12

§ 2020 Nutzungen und Früchte

Der Erbschaftsbesitzer hat dem Erben die gezogenen Nutzungen herauszugeben; die Verpflichtung zur Herausgabe erstreckt sich auch auf Früchte, an denen er das Eigentum erworben hat.

Nutzungen sind Sachfrüchte, Rechtsfrüchte, Gebrauchsvorteile, vgl iE §§ 99, 100. 1

Anspruchsinhalt: Herauszugeben sind nur die tatsächlich gezogenen Nutzungen (Ausn §§ 2023–2025). 2

Rechtsnatur des Anspruches: Bei Gebrauchsvorteilen ist der Anspruch gerichtet auf Werterstattung (beachte § 2021). Bei Sachfrüchten ist maßgeblich, ob der gutgläubige Erbschaftsbesitzer gem § 955 Eigentum erworben hat. Ist dies der Fall, besteht nur ein schuldrechtlicher Verschaffungsanspruch (Konsequenz: kein Aussonderungsrecht nach § 47 InsO), anderenfalls ein dinglicher Herausgabeanspruch (§ 953). 3

§ 2021 Herausgabepflicht nach Bereicherungsgrundsätzen

Soweit der Erbschaftsbesitzer zur Herausgabe außerstande ist, bestimmt sich seine Verpflichtung nach den Vorschriften über die Herausgabe einer ungerechtfertigten Bereicherung.

I. Zweck der Vorschrift ist die Privilegierung des gutgläubigen, unverklagten Erbschaftsbesitzers durch Rechtsfolgenverweisung auf die §§ 818 ff. Die Voraussetzungen des Bereicherungsanspruchs brauchen nicht vorzuliegen (RGZ 81, 206). 1

II. 1. Zur Herausgabe außerstande ist der Erbschaftsbesitzer, dem es – ohne dass es auf den Grund ankommt – unmöglich ist, seine Pflichten aus §§ 2018-2020 zu erfüllen. 2

2. Der Erbschaftsbesitzer kann sich auf **Entreicherung** (§ 818 III) berufen, wenn er eine dem Erben über § 2019 zustehende Geldforderung nicht erfüllen kann. Dies gilt jedoch nicht für unentgeltliche Verfügungen (§§ 816 I 2, 822). Diese rechtsvernichtende Einrede hat er zu beweisen. 3

3. Verwendungen sind auf die Bereicherung anzurechnen (§ 2022). Dies gilt jedoch nicht für Aufwendungen, die erst der Erlangung des Nachlasses dienen (Erbschein, Prozessführung usw). 4

§ 2022 Ersatz von Verwendungen und Aufwendungen

(1) ¹Der Erbschaftsbesitzer ist zur Herausgabe der zur Erbschaft gehörenden Sachen nur gegen Ersatz aller Verwendungen verpflichtet, soweit nicht die Verwendungen durch Anrechnung auf die nach § 2021 herauszugebende Bereicherung gedeckt werden. ²Die für den Eigentumsanspruch geltenden Vorschriften der §§ 1000 bis 1003 finden Anwendung.
(2) Zu den Verwendungen gehören auch die Aufwendungen, die der Erbschaftsbesitzer zur Bestreitung von Lasten der Erbschaft oder zur Berichtigung von Nachlassverbindlichkeiten macht.
(3) Soweit der Erbe für Aufwendungen, die nicht auf einzelne Sachen gemacht worden sind, insbesondere für die im Absatz 2 bezeichneten Aufwendungen, nach den allgemeinen Vorschriften in weiterem Umfang Ersatz zu leisten hat, bleibt der Anspruch des Erbschaftsbesitzers unberührt.

1 I. Die Vorschrift betrifft die **Verwendungen (Abs 1)** und **Aufwendungen (Abs 2)**, die der gutgläubige Erbschaftsbesitzer **vor der Rechtshängigkeit** gemacht hat. Dem Wortlaut nach setzt die Norm einen dinglichen Herausgabeanspruch voraus. Sie ist aber im Hinblick auf Sinn und Zweck auch auf einen bestehenden Grundbuchberichtigungsanspruch (§ 894) sowie auf die Fälle anzuwenden, in denen der Erbe Verschaffung des Eigentums der im Eigentum des Erbschaftsbesitzers befindlichen Früchte (§ 2020 S 2) verlangt.

2 II. 1. Der Besitzer muss **Verwendungen (Abs 1)** oder **Aufwendungen (Abs 2)** getätigt haben. Dabei spielt es iÜ zur Regelung im Eigentümer-Besitzer-Verhältnis keine Rolle, ob die Verwendungen notwendig oder wertsteigernd waren. Ersatz kann selbst dann verlangt werden, wenn sich die Investition objektiv als nutzlos und überflüssig erweist.

3 2. Da der Erbschaftsanspruch Gesamtanspruch ist, ist es ferner nicht erforderlich, dass die Verwendung auf die herauszugebende Sache gemacht wurde. Ausreichend ist vielmehr, dass die **Verwendung der Erbschaft im Ganzen zugute** kommt bzw nicht ausschließlich eigenen Belangen des Besitzers dient. Setzt der Besitzer seine Arbeitskraft ein, um die Sache zu erhalten, besteht ein Ersatzanspruch jedoch nur, wenn er dadurch an einem anderweitigen entgeltlichen Einsatz gehindert worden ist (KG OLGZ 74, 17).

4 3. Wurden darüber hinaus Verwendungen nicht auf einzelne Nachlassgegenstände gemacht, sondern auf die Erbschaft im allg (praktisch wichtigster Fall: Zahlung der Erbschaftsteuer), bleiben gem **Abs 3** weiter gehende Ansprüche unberührt. Solche Ansprüche ergeben sich aus Bereicherungsrecht, nicht aber aus §§ 687 ff, da es am Fremdgeschäftsführungswillen mangelt.

5 4. **Rechtsfolgen**: Der Erbe muss dem Besitzer dessen Verwendungen ersetzen, soweit sie nicht schon bei der Minderung der Bereicherungshaftung (§ 2021) Berücksichtigung gefunden haben.

6 5. Für die **Geltendmachung** des Verwendungsersatzes gelten nach § 2022 I 2 die §§ 1000–1003. Damit hat der Besitzer bis zur Befriedigung seines Ersatzanspruches ein Zurückbehaltungsrecht (§ 1000 S 1, Ausn: Erlangung der Erbschaftssache durch eine vorsätzliche unerlaubte Handlung, § 1000 S 2) und ein pfandähnliches Befriedigungsrecht (§ 1003) an sämtlichen, noch in seinem Besitz befindlichen Erbschaftsgegenständen.
Für das Zurückbehaltungsrecht ist es unerheblich, ob die Verwendungen nur einzelnen, möglicherweise schon nicht mehr vorhandenen Nachlassgegenständen oder dem Gesamtnachlass zugute gekommen sind (RGZ Warn 13, Nr 233).

7 6. Für die im Klagewege geltend gemachten Verwendungsersatzansprüche ist die **Ausschlussfrist** des § 1002 zu beachten.

§ 2023 Haftung bei Rechtshängigkeit, Nutzungen und Verwendungen

(1) Hat der Erbschaftsbesitzer zur Erbschaft gehörende Sachen herauszugeben, so bestimmt sich von dem Eintritt der Rechtshängigkeit an der Anspruch des Erben auf

Schadensersatz wegen Verschlechterung, Untergangs oder einer aus einem anderen Grund eintretenden Unmöglichkeit der Herausgabe nach den Vorschriften, die für das Verhältnis zwischen dem Eigentümer und dem Besitzer von dem Eintritt der Rechtshängigkeit des Eigentumsanspruchs an gelten.
(2) Das Gleiche gilt von dem Anspruch des Erben auf Herausgabe oder Vergütung von Nutzungen und von dem Anspruch des Erbschaftsbesitzers auf Ersatz von Verwendungen.

I. 1. Die Vorschrift regelt die **Schlechterstellung des Besitzers** für den Fall der Rechtshängigkeit (§§ 261 I, II, 696 III ZPO). Damit wird auch für den Erbschaftsanspruch der allg Grundsatz (vgl § 989) klargestellt, dass derjenige, der damit rechnen muss, eine Sache möglicherweise wieder herausgeben zu müssen, letztlich nur noch die Stellung eines Verwalters innehat, den erhöhte Sorgfalts- (§§ 276 ff) und Nutzungspflichten (§§ 2023 II, 987 II) treffen. 1

2. Auch hins der **Gegenansprüche** wird die Position des Besitzers geschwächt. Er kann Verwendungen nach § 2023 II iVm §§ 994 II, 677 ff nur in beschränktem Umfang als Geschäftsführer ohne Auftrag geltend machen (§§ 2023 II, 994 II, 677 ff). Da der Erbschaftsanspruch aber auch nach Rechtshängigkeit ein Gesamtanspruch bleibt, macht es für den Ersatz notwendiger Verwendungen keinen Unterschied, ob sie gerade auf den herauszugebenden Gegenstand gemacht wurden (str, hM Soergel/Dieckmann § 2023 Rn 3; aA Palandt/Weidlich § 2023 Rn 3). 2

II. 1. Streitig ist die **Auswirkung der Haftungsverschärfung auf den Besitzer**, der nur nach Bereicherungsrecht haftet (§ 2021). Grds haftet er nach den allg Vorschriften (vgl §§ 818 IV, 291, 292, 987 ff). Fraglich ist aber, ob sich der Erbe damit in keinem Fall mehr auf den Wegfall der Bereicherung berufen kann. Dies ist zu bejahen, da mit Eintritt der Rechtshängigkeit endgültig feststehen sollte, in welchem Umfang Ansprüche bestehen (str). 3

2. Ist der Erbschaftsbesitzer zwar verklagt, aber weiterhin **gutgläubig**, verschärft ein etwaiger Verzug seine Haftung nicht (§ 2024 S 3 e contrario). 4

3. **Zahlungen auf Nachlassverbindlichkeiten** nach Rechtshängigkeit sind nur dann als Verwendungen ersatzfähig, wenn der Erbschaftsbesitzer die Regeln der §§ 1978–1980, 1991 beachtet hat. 5

§ 2024 Haftung bei Kenntnis

¹Ist der Erbschaftsbesitzer bei dem Beginn des Erbschaftsbesitzes nicht in gutem Glauben, so haftet er so, wie wenn der Anspruch des Erben zu dieser Zeit rechtshängig geworden wäre. ²Erfährt der Erbschaftsbesitzer später, dass er nicht Erbe ist, so haftet er in gleicher Weise von der Erlangung der Kenntnis an. ³Eine weitergehende Haftung wegen Verzugs bleibt unberührt.

I. 1. Die Vorschrift ergänzt die Haftungsverschärfung des § 2023 und entspricht insoweit § 990 für das Eigentümer-Besitzer-Verhältnis. 1

2. Die **Haftungsverschärfung** betrifft sowohl schuldrechtliche als auch dingliche Ansprüche. Dadurch wird vermieden, dass die Haftung hins des Anspruchs aus § 2021, der ansonsten wegen § 819 Kenntnis vom Mangel des Rechtsgrundes voraussetzen würde, von den übrigen Ansprüchen abweicht. 2

3. Zu beachten ist schließlich S 3, wonach sich die Haftung des bösgläubigen Besitzers im Verzugsfall bis zur Zufallshaftung steigert. 3

II. 1. **Bösgläubig** ist der Erbschaftsbesitzer, der bei Inbesitznahme der Erbschaft weiß oder infolge grober Fahrlässigkeit nicht weiß (§ 932 II), dass er nicht Erbe ist. Dem steht es nach S 2 gleich, wenn der zunächst gutgläubige Erbschaftsbesitzer später positive Kenntnis von der fehlenden Erbenstellung erlangt oder sich der Kenntniserlangung vorsätzlich entzieht (zB sich weigert, ein ihm vorgelegtes Testament zu lesen). Spätere grob fahrlässige Unkenntnis schadet ihm demggü nicht mehr. 4

5 2. Probleme bereiten die Fälle, in denen der Erbschaftsbesitzer zwar hins der fehlenden Erbenstellung bösgläubig ist, aber in gutem Glauben auf ein tatsächlich fehlendes **Besitzrecht** vertraut. Vertreten werden sowohl die unterschiedslose Behandlung als gutgläubiger Besitzer als auch eine solche als bösgläubiger Besitzer. Sachgerecht ist indes eine differenzierte Lösung, die den Besitzer zwar grds verschärft haften lässt, ihm aber hins des maßgeblichen Gegenstandes die vollwertigen Einzeleinreden des gutgläubigen Besitzers einräumt.

§ 2025 Haftung bei unerlaubter Handlung

¹Hat der Erbschaftsbesitzer einen Erbschaftsgegenstand durch eine Straftat oder eine zur Erbschaft gehörende Sache durch verbotene Eigenmacht erlangt, so haftet er nach den Vorschriften über den Schadensersatz wegen unerlaubter Handlungen. ²Ein gutgläubiger Erbschaftsbesitzer haftet jedoch wegen verbotener Eigenmacht nach diesen Vorschriften nur, wenn der Erbe den Besitz der Sache bereits tatsächlich ergriffen hatte.

1 I. Die Norm ist § 992 nachgebildet und rundet so das Haftungssystem der §§ 2023 ff ab. Die Verweisung auf §§ 823 ff ist Rechtsgrundverweisung, dh die Voraussetzungen des Deliktsrechts müssen vorliegen.

2 II. 1. Als (nicht notwendigerweise, aber praktisch regelmäßig bösgläubig begangene) Straftat bei der Besitzerlangung kommen namentlich **Urkundendelikte** in Frage, etwa dann, wenn der spätere Erbschaftsbesitzer einen Erbschein oder eine letztwillige Verfügung fälscht. Nicht ausreichend ist demgegü im Hinblick auf die im Strafrecht herrschende, so genannte kleine berichtigende Auslegung eine Unterschlagung von Nachlassgegenständen, da ansonsten schon die bloße Inbesitznahme zur Verschärfung iSd § 2025 führen könnte.

3 2. Einer Straftat gleichgestellt ist die **Inbesitznahme durch verbotene Eigenmacht**. Da letztere wegen § 857 auch ggü dem Erben möglich ist, der den Nachlassgegenstand noch nicht ergriffen hat, macht S 2 klar, dass die verschärfte Haftung nur bei tatsächlicher Ergreifung durch den wahren Erben gelten soll. Wegen der Gleichstellung mit einer Straftat und dem Verweis auf das Deliktsrecht muss die verbotene Eigenmacht zwingend schuldhaft begangen worden sein.

4 3. Nach dem Gesetz zur Änderung des Erb- und Verjährungsrechts (dazu Vor §§ 1922 – 2385 Rn 10), wonach ausdrücklich nur noch die Herausgabeansprüche sowie deren Hilfsansprüche der 30-jährigen Sonderverjährung des § 197 I Nr 1 unterliegen sollen (BT-Drucks 16/8954, 11, 13), gilt nun die **Regelverjährung der §§ 195, 199**.

§ 2026 Keine Berufung auf Ersitzung

Der Erbschaftsbesitzer kann sich dem Erben gegenüber, solange nicht der Erbschaftsanspruch verjährt ist, nicht auf die Ersitzung einer Sache berufen, die er als zur Erbschaft gehörend im Besitz hat.

1 I. Der Erbschaftsanspruch **verjährt** unabhängig davon, ob es sich bei den maßgeblichen Einzelansprüchen um obligatorische oder dingliche Rechte handelt, einheitlich in 30 Jahren (§ 197 I Nr 1). § 2026 stellt dies auch in Bezug auf das Verhältnis von Verjährung und Ersitzung klar. Während Buchersitzung (§ 900: 30 Jahre) und die Verjährungsfrist des § 197 I Nr 1 (30 Jahre) ohnehin nahezu deckungsgleich sind, es also einer Klarstellung nicht bedarf, droht hins beweglicher Sachen wegen § 937 I (10 Jahre) *ein Widerspruch, den § 2026 zugunsten der Einheitlichkeit des Anspruches auflöst.*

2 II. 1. Str ist lediglich die **dogmatische Konstruktion**: Die wohl hM geht unter Hinweis auf den Normtext von einer Ersitzung seitens des Erbschaftsbesitzers nach Ablauf der Zehnjahresfrist aus, billigt aber dem Erben einen schuldrechtlichen Rückübertragungsanspruch zu, der zudem in der Insolvenz zur Aussonderung berechtigen und bei einer Einzelvollstreckung drittwiderspruchsfähig sein soll. Im Hinblick auf die letztgenann-

ten Problemfälle ist es indes überzeugender, von einer ggü dem Erben relativ unwirksamen Ersitzung auszugehen.
2. Str ist ferner, wann die **Verjährung des Gesamtanspruches** zu laufen beginnt. Dies soll für jeden Gegenstand einzeln beurteilt werden. Demggü ist jedoch auf die dann auftretenden Probleme im Surrogationsfall und auf den Charakter des Anspruches als Gesamtanspruch zu verweisen. Richtigerweise beginnt die Verjährung daher einheitlich dann, wenn der Erbschaftsbesitzer etwas aus der Erbmasse erlangt hat, also mit Entstehung des Anspruchs (§ 200, so auch BT-Drucks 16/8954, 13). 3
3. Für **Hemmung und Neubeginn** der Verjährung gelten grds die allg Vorschriften. Zu beachten ist, dass eine Klageerhebung trotz des Gesamtanspruches nur hins der im Antrag bezeichneten Gegenstände zur Verjährungsunterbrechung führt. Für den Erben ist es daher ratsam, im Wege der Stufenklage (§ 254 ZPO) vorzugehen und sich die genaue Bezeichnung der Nachlassgegenstände vorzubehalten. 4

§ 2027 Auskunftspflicht des Erbschaftsbesitzers

(1) Der Erbschaftsbesitzer ist verpflichtet, dem Erben über den Bestand der Erbschaft und über den Verbleib der Erbschaftsgegenstände Auskunft zu erteilen.
(2) Die gleiche Verpflichtung hat, wer, ohne Erbschaftsbesitzer zu sein, eine Sache aus dem Nachlass in Besitz nimmt, bevor der Erbe den Besitz tatsächlich ergriffen hat.

Die in Abs 1 normierte **Auskunftspflicht des Erbschaftsbesitzers** ermöglicht es dem Erben im Prozess eine iSv § 253 II ZPO hinreichend bestimmte Klage (vgl oben § 2018 Rn 7 f) zu erheben. Zwar ist der Erbschaftsbesitzer schon gem §§ 2018 iVm 260 gehalten, dem Erben ein – ggf durch Versicherung an Eides statt bekräftigtes – Bestandsverzeichnis vorzulegen. § 2027 dehnt diese Pflicht jedoch dahingehend aus, dass sich die Auskunftspflicht auf Ersatzgegenstände (§ 2019), Nutzungen (§ 2020) und den Verbleib nicht mehr vorhandener Erbschaftsgegenstände bezieht. Der Auskunftsanspruch des Erben verjährt nach § 197 I Nr 1. 1
Gem **Abs 2** hat in gleicher Weise Auskunft zu geben, wer sich, ohne Erbschaftsbesitzer zu sein, Gegenstände aus dem Nachlass angeeignet hat, bevor der Erbe tatsächlichen, unmittelbaren oder mittelbaren Besitz ergriffen hat. Unerheblich ist dabei der Grund der Inbesitznahme, ebenso wie eine etwaige Unkenntnis von der Nachlasszugehörigkeit (hM). Keine Auskunftspflicht besteht demggü wegen des eindeutigen Wortlautes „aus dem Nachlass" bei Besitzergreifung noch zu Lebzeiten des Erblassers. 2
Die **Klage** auf Auskunftserteilung als solche macht den Erbschaftsanspruch nicht rechtshängig und führt daher auch nicht zum Neubeginn der Verjährung (RGZ 115, 29). Vorteilhaft ist daher die Erhebung einer Stufenklage auf Auskunftserteilung, ggf Abgabe der Versicherung an Eides statt und Herausgabe gem § 254 ZPO. 3

§ 2028 Auskunftspflicht des Hausgenossen

(1) Wer sich zur Zeit des Erbfalls mit dem Erblasser in häuslicher Gemeinschaft befunden hat, ist verpflichtet, dem Erben auf Verlangen Auskunft darüber zu erteilen, welche erbschaftlichen Geschäfte er geführt hat und was ihm über den Verbleib der Erbschaftsgegenstände bekannt ist.
(2) Besteht Grund zu der Annahme, dass die Auskunft nicht mit der erforderlichen Sorgfalt erteilt worden ist, so hat der Verpflichtete auf Verlangen des Erben zu Protokoll an Eides statt zu versichern, dass er seine Angaben nach bestem Wissen so vollständig gemacht habe, als er dazu imstande sei.
(3) Die Vorschriften des § 259 Abs. 3 und des § 261 finden Anwendung.

Die Vorschrift dient dazu, dem Erben einen möglichst umfassenden Übbl über den Nachlass zu verschaffen. Dementspr weit ist der Begriff der **häuslichen Gemeinschaft** in Abs 1 auszulegen: Vorausgesetzt wird weder die Zugehörigkeit zum Hausstand (§ 1619), noch zur Familie oder zur Verwandtschaft (§ 1969). Maßgeblich ist vielmehr 1 eine räumliche Nähe des Auskunftpflichtigen zum Nachlass, sei sie auch, wie etwa beim Familienbesuch in den letzten Tagen vor dem Tode, nur kurzfristiger Art.

2 Allerdings besteht im Verhältnis zum Erbschaftsbesitzer eine weniger weit reichende **Auskunftspflicht des Hausgenossen**. So bezieht sich zB eine (ohnehin nur bei Verdacht einer unsorgfältigen Auskunftserteilung abzugebende) Erklärung an Eides statt nicht auf die Vollständigkeit des Nachlassbestandes, sondern nur auf die Richtigkeit und Vollständigkeit der erteilten Auskunft. Der Auskunftsanspruch des Erben verjährt nach § 197 I Nr 1.

3 Bei bekanntermaßen durch den Hausgenossen vorgenommenen Geschäften besteht zudem eine Auskunftspflicht unter dem Gesichtspunkt der **Geschäftsführung ohne Auftrag** (vgl §§ 681, 666, 259, 260).

§ 2029 Haftung bei Einzelansprüchen des Erben

Die Haftung des Erbschaftsbesitzers bestimmt sich auch gegenüber den Ansprüchen, die dem Erben in Ansehung der einzelnen Erbschaftsgegenstände zustehen, nach den Vorschriften über den Erbschaftsanspruch.

1 Grds steht es dem Erben frei, die ggü dem Erbschaftsbesitzer bestehenden Ansprüche im Wege des Gesamtanspruches oder durch Einzelansprüche geltend zu machen. Damit jedoch die Position des Erbschaftsbesitzers von diesem **Wahlrecht** unberührt bleibt, führt § 2029 zu einer Harmonisierung von dessen Rechten und Pflichten, indem alle Vorschriften, die Art und Umfang der Leistungspflicht regeln, auch auf die Einzelansprüche (einschließlich der Besitzschutzansprüche) anwendbar erklärt werden (§§ 2019–2024). Dies führt in vielen Punkten zu seiner Besserstellung (etwa hins des erweiterten Verwendungsersatzes § 2022, der entgg § 863 auch ggü der Besitzentziehungsklage geltend gemacht werden kann), im Einzelfall aber auch zu einer Benachteiligung (vgl etwa § 2024 S 1 ggü § 819).

2 Die Herausgabeansprüche des Erben verjähren nach § 197 I Nr 1 in 30 Jahren (Beginn: § 200).

3 Entgg der hM (OLG Nürnberg OLGZ 81, 115) sollte § 2029 auch auf § 27 ZPO mit der Folge durchschlagen, dass der dortige **Gerichtsstand** auch für alle Einzelklagen gilt.

§ 2030 Rechtsstellung des Erbschaftserwerbers

Wer die Erbschaft durch Vertrag von einem Erbschaftsbesitzer erwirbt, steht im Verhältnis zu dem Erben einem Erbschaftsbesitzer gleich.

1 Die Norm ergänzt den **Schutz des Erben**, indem sie neben dem Vorgehen gegen den Erbschaftsbesitzer auch ein solches gegen den Erbschaftserwerber ermöglicht. Der Wortlaut ist indes insoweit irreführend, als der dingliche „Erwerb" der Erbschaft als Ganzes im Ggs etwa zu dem eines Erbteils (§ 2033) nicht möglich ist. Der **Begriff des Erwerbs** ist daher so zu verstehen, dass zwei Fälle gemeint sind: Einerseits der Abschluss des auf den Erwerb gerichteten Verpflichtungsgeschäftes und die anschließende, nicht notwendigerweise wirksame Inbesitznahme durch den Erwerber, andererseits die vermeintliche Übertragung eines Erbteiles, bei der ein gutgläubiger Erwerb an der Gleichstellung des Erwerbers mit dem Erbschaftsbesitzer scheitert (Staud/Gursky § 2030 Rn 2; Soergel/Dieckmann § 2020 Rn 1). Geboten ist dabei eine der weitergehenden Folgen für den Erwerber eine Abgrenzung zum bloßen Kauf von einzelnen Nachlassgegenständen, selbst wenn diese dessen wesentlichen Teil ausmachen.

2 Grds kann der wahre Erbe sowohl den Erbschaftsbesitzer auf Herausgabe des Veräußerungserlöses (§ 2019) als auch den Erbschaftserwerber in Anspruch nehmen. Dies darf aber nicht zu seiner **Doppelbefriedigung** führen: Wenn etwa der Erbe die Erbschaft gegenständlich zurückerhält, ist ein weiteres Vorgehen gegen den veräußernden Erbschaftsbesitzer ausgeschlossen, zumal letzterer dem Erwerber unter dem Gesichtspunkt des Rechtsmangels haftet (§§ 2376, 440, 439). Daher ist die Entgegennahme der

Erbmasse von dem Erwerber auch als die endgültige Verweigerung der für die Geltendmachung des Anspruches aus § 2019 konstitutiven Genehmigung des Veräußerungsgeschäftes zu sehen. Unberührt bleiben jedoch weitergehende Schadensersatzansprüche gegen den Erbschaftsbesitzer (§§ 2023 ff). Im umgekehrten Fall (Entgegennahme des Entgelts von dem Erbschaftsbesitzer) genehmigt der Erbe demggü die Veräußerung und kann daher nicht mehr gegen den Erben vorgehen.

Weitere Probleme bereiten die Fälle, in denen der Erbe von dem Erwerber **nur teilweise befriedigt wird**. Hier ist ihm ein Restanspruch gegen den Erbschaftsbesitzer aus § 2019 in Höhe des Fehlbetrages zuzubilligen, allerdings nur Zug-um-Zug gegen Abtretung des Restanspruches gegen den Erwerber (§ 255). 3

Für die **Verteidigung des Erwerbers** ggü dem Erbschaftsbesitzer gelten grds keine Besonderheiten. Zu beachten ist aber, dass der an diesen gezahlte Kaufpreis dem Erben nicht als Verwendung (§ 2022) entgegengehalten werden kann. 4

Entspr anzuwenden ist § 2030, wenn der Erbschaftsbesitzer den Nachlass einem Dritten vermacht hat. 5

Auch für den Anspruch gegen den Erwerber gilt der **Gerichtsstand** des § 27 ZPO. 6

§ 2031 Herausgabeanspruch des für tot Erklärten

(1) ¹Überlebt eine Person, die für tot erklärt oder deren Todeszeit nach den Vorschriften des Verschollenheitsgesetzes festgestellt ist, den Zeitpunkt, der als Zeitpunkt ihres Todes gilt, so kann sie die Herausgabe ihres Vermögens nach den für den Erbschaftsanspruch geltenden Vorschriften verlangen. ²Solange sie noch lebt, wird die Verjährung ihres Anspruchs nicht vor dem Ablauf eines Jahres nach dem Zeitpunkt vollendet, in welchem sie von der Todeserklärung oder der Feststellung der Todeszeit Kenntnis erlangt.
(2) Das Gleiche gilt, wenn der Tod einer Person ohne Todeserklärung oder Feststellung der Todeszeit mit Unrecht angenommen worden ist.

I. **Sinn der Regelung** ist es, denjenigen, der fälschlich für tot gehalten oder erklärt wurde, rasch in die Lage zu versetzen, sein Vermögen zurückzufordern. Das Gesetz stellt ihm dazu einen **Gesamtanspruch** zur Seite, der – obgleich mangels Erbfalles naturgemäß nicht auf Herausgabe des Nachlasses, sondern auf Herausgabe des Vermögens gerichtet – im Wesentlichen dem des Erben entspricht. 1

II. 1. **Anspruchsinhaber** ist derjenige, der zu Unrecht für tot gehalten oder erklärt wurde. 2

2. **Anspruchsgegner** ist unstreitig der vermeintliche „Erbschafts"besitzer, also derjenige, der sich ein Erbrecht an dem Vermögen des scheinbar Toten anmaßt. Gleiches gilt im Wege des „Erst-Recht-Schlusses" für denjenigen, der sich als der Totgeglaubte ausgibt. In Anbetracht der systematischen Stellung und des Normzweckes geht es jedoch zu weit, auch sonstige Eingriffe in das Vermögen des Totgeglaubten zur Entstehung des Anspruches ausreichen zu lassen. Nicht jede Form der Vermögensbeeinträchtigung belastet den Anspruchsgegner mit einem Gesamtanspruch. 3

3. Gem § 2031 I 2 wird die **Verjährung** zugunsten des vermeintlich Toten gehemmt, solange er von der fälschlichen Todeserklärung noch keine Kenntnis hat. 4

4. Der Anspruch aus § 2031 ist **vererblich**, verwandelt sich dadurch aber nicht in einen Erbschaftsanspruch, weil der Besitzer das Vermögen lebzeitig erworben hat (aA RGRK/Kregel § 2031 Rn 5). 5

5. Keine Anwendung auf den Anspruch aus § 2031 findet der **Gerichtsstand** des § 27 ZPO. 6

Titel 4
Mehrheit von Erben

Vorbemerkung zu §§ 2032–2063

1 **I. 1.** Die §§ 2032 ff stellen besondere Regelungen für den **praktisch häufigen** Fall auf, dass nicht eine Person allein erbt, sondern der Nachlass einer Mehrheit von Erben anfällt. Die allg Vorschriften über die Alleinerbschaft sind daneben anwendbar, soweit die §§ 2032 ff nicht eine Sonderregelung enthalten. Die Regelungen wollen der besonderen **Interessenlage** Rechnung tragen, die bei einer mehr oder weniger zufälligen Verbindung mehrerer Personen zu einer an einem Nachlass berechtigten Erbengemeinschaft gegeben ist. Je nach Grad der Bindung dieser Personen untereinander und im Verhältnis zum Erblasser können das Interesse an Erhaltung des ungeteilten Nachlasses und der Gruppe der daran Berechtigten oder das Interesse an einer zügigen Realisierung des Wertes des jeweiligen Erbteils überwiegen. Das Gesetz muss diesen Interessenkollisionen durch Regelungen über die **Auseinandersetzung** (§§ 2042 ff) der Gemeinschaft Rechnung tragen. Des Weiteren muss jeder Beteiligte prinzipiell an der Verwaltung des Nachlasses beteiligt werden, ohne dass ein Zustand der allg Handlungsunfähigkeit eintritt. Daher sind spezielle Regelungen über die **Verwaltung** des Nachlasses geboten (§§ 2038 ff). Die Gläubiger haben demggü regelmäßig ein Interesse, noch aus dem ungeteilten Nachlass Befriedigung zu erlangen, um sich nicht einer in eine Vielzahl kleinerer Teile zersplitterten Haftungsmasse gegenüberzusehen. Die **Befriedigung der Gläubiger** hat daher der Auseinandersetzung vorauszugehen (§ 2046 I).

2 **2.** Die **Systematik** der gesetzlichen Regelung orientiert sich im groben an diesen regelungsbedürftigen Interessen. Das Verhältnis der Erben untereinander (Innenverhältnis) ist Regelungsgegenstand der §§ 2032–2057 a, während die §§ 2058–2063 die Beziehungen zu den Gläubigern betreffen (Außenverhältnis). Die §§ 2032–2041 behandeln die Situation vor der Auseinandersetzung (§ 2032 II), die dann im Einzelnen von §§ 2042 ff erfasst wird.

3 **II. 1.** Das BGB gestaltet die Miterbengemeinschaft als **Gesamthandsgemeinschaft**, was sich va aus § 2032 I („gemeinschaftliches Vermögen") und aus § 2033 ergibt, wonach eine Verfügung über den Anteil an einzelnen Nachlassgegenständen nicht möglich ist. Die Entscheidung fiel gegen die Bruchteilsgemeinschaft aus (§§ 741 ff).

4 **a)** Sie ist damit die dritte derartige Gemeinschaft neben der **Gesellschaft** bürgerlichen Rechts (§§ 705 ff) und der **Gütergemeinschaft** (§§ 1415 ff). Wie bei diesen (§§ 719 I, 1419 I) und im Ggs zur Bruchteilsgemeinschaft (§ 747 S 1) ist die Verfügung über den Anteil an einzelnen Gegenständen des gemeinschaftlichen Vermögens ausgeschlossen.

5 **b)** Die Besonderheiten der Erbengemeinschaft führen aber auch zu **Abweichungen** ggü der Regelung von Gesellschaft und Gütergemeinschaft. Da die Erbengemeinschaft im Ggs zu den anderen Gesamthandsgemeinschaften nicht aufgrund eines gemeinsamen Entschlusses der Beteiligten, sondern zufällig und kraft Gesetz entsteht, ist sie in weit geringerem Ausmaß auf einen dauerhaften Bestand angelegt. Ziel ist vielmehr von vornherein die **Auseinandersetzung**, die jeder Miterbe jederzeit verlangen kann (§ 2042 I; anders hingegen §§ 719 I 2. Halbs, 1419 I 2. Halbs). Auch eine **Verfügung** über den Anteil am Nachlass als solchen ist gem § 2033 I 1 abw von §§ 719 I 1. Halbs 1. Alt, 1419 I 1. Halbs 1. Alt möglich. Dadurch wird dem einzelnen Miterben eine Möglichkeit gegeben, den Wert seines Anteils bereits vor der Auseinandersetzung zu realisieren, die insb durch die vorher erforderliche Berichtigung von Nachlassverbindlichkeiten (§ 2046 I, vgl a § 2045 I 1) verzögert werden kann. Bei der **Verwaltung** gilt zwar nach § 2038 I 1 der Grundsatz der Gemeinschaftlichkeit (vgl §§ 709 I, 1421 S 2), über § 2038 II 1 findet aber auch hier eine Annäherung an die Bruchteilsgemeinschaft statt. In Bezug auf Nachlassforderungen sind die Miterben Mitgläubiger, und es besteht ein **Forderungsrecht** jedes Einzelnen auf Leistung an alle Erben (§§ 432 I 1, 2039 S 1). Auch hier unterscheidet sich die Erbengemeinschaft von den anderen Gesamthandsgemeinschaften, deren Mitglieder grds Gesamthandsgläubiger sind, also die Leistung vor-

behaltlich besonderer Vereinbarungen im Innenverhältnis nur gemeinschaftlich fordern können.

2. Die Ausgestaltung der Miterbengemeinschaft als Gesamthandsgemeinschaft ist auch wesentlich für die **Rechtsposition des einzelnen Miterben**. Der Nachlass ist ein gesamthänderisch gebundenes Sondervermögen und streng vom Eigenvermögen des Miterben zu trennen. Dies wird va in § 2059 I 1 deutlich, wonach der Miterbe vor der Teilung den Zugriff von Gläubigern auf sein Eigenvermögen abwehren kann. Bis zur Teilung können sich Nachlassgläubiger nur an das gesamthänderisch gebundene Sondervermögen (den Nachlass) halten (§ 2059 II, § 747 ZPO).

a) Die vermögenswerte Rechtsposition des einzelnen Miterben besteht in seinem **Anteil am Sondervermögen**. Dieser Anteil wird durch die Erbquote ausgedrückt, die aber aufgrund möglicher Ausgleichs- und Ersatzpflichten nicht mit dem eigentlichen Auseinandersetzungsanteil übereinstimmen muss. Über diesen Anteil am Nachlass kann der einzelne Miterbe gem § 2033 I 1 verfügen. Rechtsgrund für eine derartige Verfügung wird häufig ein Erbschaftskauf sein. Die Vorschriften der §§ 2371 ff finden über § 1922 II entspr Anwendung. Sowohl Verpflichtungs- (§§ 1922 II, 2385, 2371) als auch Verfügungsgeschäft (§ 2033 I 2) bedürfen der notariellen Beurkundung. Die übrigen Miterben werden durch ein Vorkaufsrecht (§ 2034) vor dem unerwünschten Eindringen Dritter in die Erbengemeinschaft geschützt. Der Anteil ist nach § 859 II ZPO der Pfändung unterworfen.

b) Über den Anteil an den einzelnen **Nachlassgegenständen** kann der Miterbe gem § 2033 II genauso wenig verfügen wie über einzelne Nachlassgegenstände im Ganzen (§ 2040). Dies bedeutet zugleich, dass eine Verfügung über einen Nachlassgegenstand, die ein späterer Miterbe als Nichtberechtigter getätigt hat, nicht mit dem Erbfall wirksam wird. Es fehlt an den Voraussetzungen des § 185 II 1, da der Erblasser nicht von dem Verfügenden (alleine) beerbt wird (kein Fall der Konvaleszenz).

3. Der Nachlass selbst ist **gesamthänderisch gebundenes Sondervermögen**. Dies ist Grundlage der va im Interesse der Nachlassgläubiger erforderlichen Trennung vom Eigenvermögen der jeweiligen Miterben.

a) **Gläubiger** von Nachlassforderungen bzw **Schuldner** von Nachlassverbindlichkeiten ist folglich nicht der einzelne Erbe, sondern genauer „die Erbengemeinschaft". Da der Erbengemeinschaft allerdings keine eigene Rechts- oder Parteifähigkeit (BGH NJW 89, 2133) zukommt, wäre es treffender, stattdessen von den Miterben in gesamthänderischer Verbundenheit zu sprechen. So verstanden gibt es also keine Identität zwischen einzelnem Erben und Erbengemeinschaft als Träger von Rechten und Pflichten.

b) Ist etwa einer der Miterben Gläubiger des Nachlasses, erlischt die Forderung **nicht** im Wege der **Konfusion**, da auch nach dem Erbfall Gläubiger (der einzelne Erbe) und Schuldner (die Erbengemeinschaft) nicht identisch sind. Gleiches gilt für den Fall der **Konsolidation**, also in dem Fall, in dem einer der Erben bereits vor dem Erbfall an einem Nachlassgegenstand dinglich berechtigt war. So zB wenn einer der Erben das Recht besitzt, auf einem zum Nachlass gehörigen Grundstück eine Tankstelle zu betreiben. Die beschränkt persönliche Dienstbarkeit (§ 1092) erlischt nicht, weil Eigentümer des Grundstückes nicht etwa der Erbe, sondern die Miterben in Gesamthandsgemeinschaft werden.

c) Ebenso kann ein Nachlassschuldner nicht mit einer ihm gegen einen einzelnen Miterben zustehenden Forderung **aufrechnen** (§ 2040 II; Hauptforderung der Erbengemeinschaft, Gegenforderung gegen Miterben). Es fehlt an der Gegenseitigkeit, da die Forderung, mit der aufgerechnet werden soll, gesamthänderisch gebunden ist. Entspr gilt für das Zurückbehaltungsrecht aus § 273. Dieses gilt für Eigenforderungen des Miterben im Verhältnis zu Nachlassgläubigern (Hauptforderung des Miterben, Gegenforderung der Erbengemeinschaft).

d) In das **Grundbuch** werden die Miterben mit einem auf die Gesamthandsgemeinschaft hinweisenden Zusatz eingetragen („A, B und C in ungeteilter Erbengemeinschaft", vgl § 47 GBO).

e) Der **Erhaltung** des Nachlasses als einheitliches Sondervermögen dienen schließlich der Grundsatz der dinglichen Surrogation (vgl iE § 2041) und die Verpflichtung zur

Leistung an alle Erben (vgl iE § 2039). Zu den Besonderheiten der Nachlassverwaltung vgl § 2038.

15 f) Das Prinzip der **gesamthänderischen Bindung** wird in besonderen Konstellationen **durchbrochen**. Dies gilt etwa hins des Anteils an einer Personengesellschaft (so § 1922 Rn 13 ff), im Höfeerbrecht (vgl § 4 HöfeO, auch § 1922 Rn 22), im Wohnraummietrecht (vgl § 563 a, auch § 1922 Rn 23) und im Sozialrecht (§ 56 SGB I).

16 **III.** Die gesamthänderische Verbundenheit der Miterben wirkt sich auch im **Verfahrensrecht** aus.

17 **1. Aktivprozesse** über eine Nachlassforderung begründen jedenfalls keine prozessual notwendige Streitgenossenschaft aller Miterben, da jeder Miterbe nach § 2039 die Forderung allein geltend machen kann (BGHZ 23, 213, zweifelnd BGH NJW 89, 2134; str). Die Rspr nimmt bei einer Klage mehrerer oder aller Miterben daher nur einfache Streitgenossenschaft an (auch Musielak/Weth § 62 ZPO Rn 7; Soergel/Wolf § 2039 Rn 12). Die Gegenansicht bejaht eine notwendige Streitgenossenschaft aufgrund der Unteilbarkeit des Streitgegenstands (Thomas/Putzo/Hüßtege § 62 Rn 8). Dies lässt die Rspr indes nicht genügen, da sie eine materiell rechtlich notwendige Streitgenossenschaft allein in den Fällen der Rechtskrafterstreckung bejaht (BGHZ 92, 354). Eine solche liegt hier aber nicht vor. Zwar kommt ein stattgebendes Urt tatsächlich allen Miterben zugute, da der Schuldner zur Leistung an alle Erben verpflichtet wird (§ 2039 S 1). Jedoch könnte im Falle des abweisenden Urt gegen einen Miterben ein anderer erneut und mit unterschiedlichem Ergebnis klagen (Soergel/Wolf § 2039 Rn 10). Die Rechtskraft des früheren Urt steht wegen fehlender Parteiidentität nicht entgg.

18 **2.** Bei **Passivprozessen** ist zu unterscheiden. Nimmt der Nachlassgläubiger die einzelnen Miterben nach § 2058 als Gesamtschuldner in Anspruch (**Gesamtschuldklage**), besteht keine notwendige Streitgenossenschaft. Für eine Vollstreckung in den Nachlass müsste der Gläubiger aber wegen § 747 ZPO ein Urt gegen alle Miterben erwirken. Eine Vollstreckung in das Eigenvermögen kann der Miterbe bei entspr Vorbehalt (§ 780 ZPO) nach Herbeiführung der Haftungsbeschränkung abwenden (§§ 785, 767 ZPO). Bei der nur bis zur Teilung möglichen **Gesamthandsklage** auf Befriedigung aus dem ungeteilten Nachlass (§ 2059 II) besteht indes eine materiell rechtlich notwendige Streitgenossenschaft der Miterben. Ein entspr Urt erlaubt allerdings allein die Vollstreckung in den Nachlass.

Untertitel 1
Rechtsverhältnis der Erben untereinander
§ 2032 Erbengemeinschaft

(1) Hinterlässt der Erblasser mehrere Erben, so wird der Nachlass gemeinschaftliches Vermögen der Erben.
(2) Bis zur Auseinandersetzung gelten die Vorschriften der §§ 2033 bis 2041.

1 **I.** Die Vorschrift bringt in Abs 1 die Grundentscheidung des Gesetzgebers zum Ausdruck, die Erbengemeinschaft als **Gesamthandsgemeinschaft** auszugestalten. Der Nachlass wird gemeinschaftliches Vermögen aller Miterben, zerfällt also nicht per se in einzelnen Erben zugeordnete Bruchteile (näher Vor §§ 2032–2063 Rn 3). Bis zur Auseinandersetzung (§§ 2042 ff) gelten nach Abs 2 die §§ 2033–2041, die sich vornehmlich mit der Verwaltung des gesamthänderisch gebundenen Sondervermögens befassen.

2 **II. 1.** Die **Entstehung** der Erbengemeinschaft erfolgt kraft Gesetzes allein aufgrund der Tatsache, dass der Erblasser mehrere Erben hinterlässt. Ob die Erbenstellung auf gesetzlicher oder gewillkürter Erbfolge beruht, ist ohne Bedeutung. Erforderlich ist lediglich die tatsächliche Erbenstellung, die zB im Fall der Enterbung (§ 1938), Ausschlagung (§ 1953), Erbunwürdigkeit (§ 2344) oder des Erbverzichts (§ 2346) fehlt. Die Entstehung der Erbengemeinschaft ipso iure macht sie aus Sicht der Beteiligten zu einer Zufallsgemeinschaft, was teilweise zu einer unterschiedlichen Behandlung im Vergleich zu anderen Gesamthandsgemeinschaften führt, die regelmäßig auf einem gemeinsamen

Willensentschluss der Beteiligten beruhen (vgl Vor §§ 2032–2063 Rn 4). Beim Tod eines Miterben treten dessen Erben, uU als weitere Miterbengemeinschaft, in die ursprüngliche Erbengemeinschaft ein. Die Erbengemeinschaft endet mit der Auseinandersetzung.

2. Der Nachlass wird nach Abs 1 **gemeinschaftliches Vermögen** der Miterben. Eigentümer oder Inhaber von zum Nachlass gehörenden Gegenständen und Rechten ist also nicht, auch nicht zu einem bestimmten Bruchteil, der einzelne Erbe, sondern es sind die Miterben in gesamthänderischer Verbundenheit. Der Nachlass bildet ein der Gesamthand zugeordnetes Sondervermögen (Vor §§ 2032–2063 Rn 7 ff). **3**

a) Missverständlich ist es, von der „Erbengemeinschaft" oder der „Gesamthandsgemeinschaft" als Eigentümerin oder Rechtsinhaberin zu sprechen, denn die Erbengemeinschaft ist wie die Gesellschaft bürgerlichen Rechts **kein eigenständiges Rechtssubjekt**. Sie ist weder juristische Person, noch ansonsten selbstständig rechts-, handlungs- oder im Zivilprozess nach § 50 ZPO parteifähig (BGH NJW 89, 2134; NJW 02, 3390; NJW 06, 3715; aA insb K. Schmidt Gesellschaftsrecht § 8 III; vgl auch BGH NJW 98, 2904). Die Fähigkeit der Miterben, in gesamthänderischer Verbundenheit Gesellschafter einer Gesellschaft bürgerlichen Rechts zu werden, dürfte indes anzuerkennen sein, nachdem der BGH diese Möglichkeit den ebenfalls gesamthänderisch verbundenen Gesellschaftern einer eben solchen eröffnet hat (BGH NJW 98, 376; aA MK/Gergen § 2032 Rn 14). Die Eintragung im Grundbuch führt gem § 47 GBO die einzelnen Mitglieder mit dem Zusatz „in ungeteilter Erbengemeinschaft" auf. Zu den zivilprozessualen Besonderheiten vgl Vor §§ 2032–2063 Rn 16 ff. **4**

Aus Sicht des LG Hamburg (ZMR 13, 348) führt die Nennung einer **Erbengemeinschaft** in einem **Mietvertrag** allerdings dazu, dass alle Erben Vermieter werden, jedoch nicht zu einer hinreichenden Bestimmtheit iSd § 550 (wie BGH NJW 02, 3389). Dies gilt nach LAG Hamm (FamRZ 12, 1907) entspr für eine Erbengemeinschaft, die als solche keine Arbeitsvertragspartei sein kann; Träger der Arbeitgeberrechte und -pflichten werden die Miterben zur gesamten Hand.5 **4a**

b) Das gesamthänderisch gebundene **Sondervermögen** ist aber insofern eigenständig, als es streng vom sonstigen Vermögen der einzelnen Miterben zu trennen ist (Vor §§ 2032–2063 Rn 6 ff).

c) Sehr strittig ist, ob die **Erbengemeinschaft gem § 31 analog haftet**, wenn ein Miterbe eine unerlaubte Handlung bei der Nachlassverwaltung begeht. Dies wird überw unter Hinweis darauf verneint, dass sie gerade keine juristische Person ist. Zudem sei ein hinreichender Schutz Dritter über § 831 und § 278 unter den dortigen Voraussetzungen möglich (Erm/Schlüter § 2032 Rn 5). Die Gegenansicht spricht sich aufgrund der identischen Interessenlage für eine entspr Anwendung der Vorschrift aus (K Schmidt NJW 85, 2789 mwN), wobei aber zu berücksichtigen ist, dass diese Auffassung ohnehin für die Anerkennung der Rechtssubjektivität der Gesamthand einsetzt, dem die bislang hM nicht folgt. **6**

3. Besondere Schwierigkeiten wirft die **Nachfolge** einer Erbengemeinschaft **in Unternehmen** auf. **7**

a) Ein **Einzelhandelsgeschäft** ist grds vererblich (§ 22 I HGB) und kann nach überwiegender Auffassung durch eine Erbengemeinschaft ohne zeitliche Begrenzung weitergeführt werden (BGHZ 92, 263; K. Schmidt NJW 85, 2785). Die unverzügliche Liquidation ist nicht erforderlich. Aufgrund der Mehrheit der Unternehmensträger erscheint eine Umwandlung des Einzelhandelsgeschäfts in eine Handelsgesellschaft (OHG) zwar wünschenswert. Dies ist indes nicht zwingend und erfordert den Abschluss eines entspr Gesellschaftsvertrages sowie eine Übertragung der Vermögenswerte. Die Fortführung als Einzelhandelsgeschäft kann mit oder ohne Nachfolgezusatz unter der bisherigen Firma erfolgen, jedoch nicht unter Beibehaltung eines schon bestehenden Inhabervermerks. Im Handelsregister werden die Miterben als Erbengemeinschaft eingetragen. Die Haftung für bestehende Geschäftsverbindlichkeiten richtet sich nach §§ 27 I, 25 I HGB und erfasst auch das Privatvermögen der Miterben. Probleme bereitet auch die Beteiligung von Minderjährigen an der Erbengemeinschaft. Eine etwa notwendige vormundschaftliche Genehmigung (analog) § 1822 Nr 3 wird von BGHZ 92, 267 aus **8**

Praktikabilitätsgründen (Schwebezustand/Zeitverlust) nicht für notwendig erachtet, sofern nicht ein Gesellschaftsvertrag geschlossen wird.

9 b) Zur Problematik der Rechtsnachfolge der Erbengemeinschaft in die Gesellschafterstellung des Erblassers bei **Personengesellschaften** (so § 1922 Rn 13 ff)

10 c) Der Geschäftsanteil einer **GmbH** ist nach § 15 I GmbHG vererblich und steht den Miterben dann in gesamthänderischer Verbundenheit zu. Die daraus resultierenden Rechte können sie nach § 18 I GmbHG nur gemeinschaftlich ausüben. Für Rechtshandlungen, die ggü dem Anteilsinhaber vorzunehmen sind, sieht § 18 III 2 GmbHG eine Sonderregelung vor. Bestimmt der Gesellschaftsvertrag die Nachfolge nur einzelner Miterben, ist dies vorrangig zu beachten.

11 d) Bei **Aktiengesellschaften** erwerben die Miterben die Rechte ebenfalls gesamthänderisch. Die Ausübung hat nach § 69 I AktG durch einen gemeinschaftlichen Vertreter zu erfolgen, der zu bestellen ist.

12 **III.** Im **Steuerrecht** ist zu beachten, dass die Auseinandersetzung unter den Miterben kein Teil des erbrechtlichen Erwerbsvorganges, sondern einen getrennten steuerlichen Erwerbsvorgang darstellt (BFH NJW 91, 249).

§ 2033 Verfügungsrecht des Miterben

(1) ¹Jeder Miterbe kann über seinen Anteil an dem Nachlass verfügen. ²Der Vertrag, durch den ein Miterbe über seinen Anteil verfügt, bedarf der notariellen Beurkundung.
(2) Über seinen Anteil an den einzelnen Nachlassgegenständen kann ein Miterbe nicht verfügen.

1 **I. 1.** Die gesamthänderische Verbindung der Miterben in der Erbengemeinschaft ist im Ggs zur Gesellschaft bürgerlichen Rechts (§ 705 ff) und der ehelichen Gütergemeinschaft (§ 1415 ff) keine freiwillige, sondern sie entsteht mit dem Erbfall zufällig kraft Gesetzes (Vor §§ 2032–2063 Rn 4, § 2032 Rn 2). Vor diesem Hintergrund erscheint es besonders unbillig, den Erben bis zur häufig langwierigen Auseinandersetzung in der Gesamthandsgemeinschaft zu binden und ihm die **wirtschaftliche Verwertung** seines Erbteils bis zu diesem Zeitpunkt zu versagen. Daher gibt § 2033 I dem Miterben eine Möglichkeit, seinen Erbteil bereits vor der Auseinandersetzung der Erbengemeinschaft zu verwerten und sich so aus der Gesamthandsgemeinschaft zu lösen. Diese Lösungsmöglichkeit wird indes nicht wie bei der Bruchteilsgemeinschaft (§ 747 S 1) durch eine Verfügungsmöglichkeit über den Anteil an den einzelnen Gegenständen gewährt (Abs 2), sondern durch die in Abs 1 vorgesehene Möglichkeit der **Verfügung über den Anteil am Nachlass** als solchen. Damit weicht der Gesetzgeber bei der Erbengemeinschaft von der Situation bei der Gesellschaft bürgerlichen Rechts und der Gütergemeinschaft ab (§§ 719 I, 1419 I), um den geschilderten Besonderheiten Rechnung zu tragen (vgl Vor §§ 2032–2063 Rn 5).

2 **2.** In Konsequenz dieser Ausstiegsmöglichkeit eines einzelnen Miterben wird ein **Schutz der übrigen Miterben** erforderlich, denen nicht ohne weiteres ein neuer Gesamthänder in Person des Anteilserwerbers aufgedrängt werden kann. Das Gesetz verwirklicht diesen Schutz durch ein Vorkaufsrecht der verbleibenden Miterben (§§ 2034 ff).

3 **II. 1.** Das Recht, über seinen Nachlassanteil zu verfügen, steht dem **Miterben** und dessen Rechtsnachfolger (§ 2037) zu. Einem Alleinerben ist dieser Weg verschlossen. Er muss die zum Nachlass gehörenden Gegenstände grds einzeln dinglich übertragen (vgl auch § 2374). Das Verfügungsrecht des Miterben über den Anteil ist nicht beschränkbar. Sowohl eine entspr Anordnung des Erblassers als auch eine Vereinbarung der Erben entfalten keine dingliche Wirkung (§ 137).

4 **2.** Unter der **Verfügung** über den Erbteil ist nach allg Grundsätzen jede unmittelbare Einwirkung auf ein Recht durch Rechtsgeschäft in Form seiner Übertragung, Belastung, Inhaltsänderung oder Aufhebung zu verstehen. Von der Verfügung ist die zugrunde liegende Verpflichtung zu unterscheiden (unten Rn 10). Bei der Verfügung über den Erbteil ist neben der praktisch wichtigsten Übertragung auch die Belastung von Be-

deutung, etwa durch Verpfändung (§ 1273) oder durch die Bestellung eines Nießbrauches (§ 1068).

a) **Gegenstand der Verfügung** kann der Erbteil in seiner Gesamtheit sein, möglich ist 5 aber auch die Verfügung über einen Bruchteil des Anteils. Folge ist der anteilige Eintritt des Dritten bei gleichzeitigem anteiligen Verbleib des verfügenden Erben in die Erbengemeinschaft. Bsp: A und B bilden eine Miterbengemeinschaft, sie sind jeweils zur Hälfte als Erbe eingesetzt. A verfügt über ein Viertel seines Erbteiles zugunsten des C. C ist nunmehr zu 1/8, A zu 3/8, B weiterhin zur Hälfte am Gesamtnachlass berechtigt. Niemals Gegenstand der Verfügung sind hingegen nach Abs 2 einzelne Nachlassgegenstände oder der Anteil hieran. Vorschriften, die sich hierauf beziehen, wie etwaige Form- und Genehmigungserfordernisse, Verfügungsbeschränkungen (zB § 719) oder auf einzelne Gegenstände bezogene Vorkaufsrechte, sind nicht anwendbar. Ebenfalls nicht verfügen kann der Erbe nach der Rspr über seinen Anspruch auf das Auseinandersetzungsguthaben (RGZ 60, 132). Ein hierauf gerichteter Verpflichtungsvertrag (Rn 10) ist allerdings wirksam (§ 311 a I).

b) In **zeitlicher Hinsicht** ist die Verfügung frühestens mit dem Erbfall möglich, da erst 6 ab diesem Zeitpunkt ein Anteil am Nachlass besteht (arg e § 2032 I). Eine Verfügung über einen künftigen Anteil kommt nicht in Betracht (BGHZ 37, 324 f). Ausgeschlossen ist die Verfügung über den Anteil, sobald die Erbengemeinschaft nicht mehr besteht, sei es infolge der Auseinandersetzung oder der Vereinigung aller Anteile in der Person eines Miterben. Ab diesem Zeitpunkt ist eine dingliche Einzelübertragung aller Nachlassgegenstände erforderlich.

c) Jede Verfügung über den Anteil am Nachlass, also nicht nur dessen Übertragung, ist 7 **formbedürftig** (§§ 2033 I 2, 128, § 20 BNotO). Dies gilt selbst dann, wenn die Verfügung der Vollziehung der formlos möglichen Erbauseinandersetzung dient, an ihrem Ende also die Liquidation der Erbengemeinschaft steht (Erm/Schlüter § 2033 Rn 6 mwN, auch für die Gegenauffassung). Verfügt ein Minderjähriger, ist gem §§ 1643 I, 1822 Nr 1 die vormundschaftsgerichtliche Genehmigung erforderlich. Gleiches gilt gem § 1822 Nr 10 wegen der Haftungsfolge des § 2382 für den Erwerb.

d) Ein **gutgläubiger Erwerb** kommt nicht in Betracht, da Gegenstand der Verfügung 8 nicht einzelne Gegenstände sind, wie es §§ 932, 892 oder 2366 voraussetzen.

3. Rechtsfolge der Verfügung ist der Eintritt des Erwerbers in die vermögensrechtliche 9 Stellung des Erben. Der Erwerber wird damit zum Mitglied der Gesamthandsgemeinschaft. Die entspr gesamthänderisch gebundene Berechtigung an den einzelnen Nachlassgegenständen erwirbt er im Wege der Gesamtrechtsnachfolge (§ 413), nicht durch (anteilige) Einzelübertragung der Gegenstände. Er tritt auch in die Verwaltungsrechte und die Rechtsposition des Miterben iR der Auseinandersetzung ein. Der Erwerber wird hingegen **nicht Erbe**. Ein vor der Übertragung zugunsten des Veräußerers erteilter Erbschein behält seine Richtigkeit. Der Miterbe bleibt befugt, gem § 2227 die Entlassung des Testamentsvollstreckers zu beantragen (RG DJZ 29, 1347) und im Erbscheinsverfahren Beschwerde einzulegen (BayObLG FamRZ 02, 851). Ein nach der Übertragung erteilter Erbschein muss den Veräußerer als Erben bezeichnen. Zudem wird der Veräußerer nicht in jeder Hinsicht aus seiner Pflichtenstellung entlassen, er haftet weiterhin für bestehende Nachlassverbindlichkeiten (§ 2382 I 2). Aus dem gleichen Grunde behält er jedoch gewisse Rechte. Er bleibt „Beteiligter" am Nachlass, dh er kann die Entlassung eines Testamentsvollstreckers aus wichtigem Grunde (§ 2227) beantragen (RG DJZ 29, 1347).

4. Grundlage der Verfügungsgeschäfts ist das nach allg Grundsätzen hiervon zu tren- 10 nende **schuldrechtliche Verpflichtungsgeschäft**. Der Anteilsübertragung wird häufig ein Erbschaftskauf zugrunde liegen (§§ 2385, 2371), der seinerseits formgebunden ist. Fehlt es insofern an der notariellen Beurkundung, kommt eine Heilung entspr § 311 b I durch formgerechte Verfügung nach st Rspr nicht in Betracht (BGH NJW 67, 1128; RGZ 137, 175). Rückforderungsansprüche erwachsen bei unwirksamer Verpflichtung aus § 812 I 1 1. Alt. Als Grund der Anteilsübertragung kann freilich auch eine Schenkung des Miterben an eine dritte Person in Betracht kommen. Hier gelten die entspr Formerfordernisse und Heilungsmöglichkeiten (§ 518).

§ 2034

11 5. Wird eine Erbengemeinschaft durch **Übertragung aller Erbanteile an einen Miterben** aufgelöst, kann die Gemeinschaft trotz Nichtigkeit des zugrunde liegenden Kausalgeschäfts nicht wiederhergestellt werden. Eine wirksame Auflösung liegt jedoch nicht vor, wenn auch die dingliche Übertragung nichtig ist (BGH NJW-RR 05, 808).

12 III. Nicht vom Erben, sondern von seinem Gläubiger geht die **Pfändung** eines Miterbenanteiles aus (vgl § 859 II ZPO). Diese ist möglich, weil der Erbteil nicht Gegenstand des Nachlasses, sondern des Eigenvermögens des Miterben ist (vgl zu Einzelheiten BGH NJW 67, 200). Ein Anteil eines Miterben an einem zum Nachlass gehörenden Grundstück kann nach § 2033 II nicht verpfändet werden (OLG München BeckRS 2009, 08108). Die Erbteilsübertragung im Wege einer Pfändung führt indes zur Unrichtigkeit des Grundbuchs (OLG Sachsen-Anhalt NJW-Spezial 13, 135). Zu beachten ist jedoch, dass die Miterben Drittschuldner iSv § 857 I ZPO sind, die Pfändung also erst mit Zustellung des Beschlusses an alle Erben wirksam wird (RGZ 75, 179).

§ 2034 Vorkaufsrecht gegenüber dem Verkäufer

(1) Verkauft ein Miterbe seinen Anteil an einen Dritten, so sind die übrigen Miterben zum Vorkauf berechtigt.
(2) ¹Die Frist für die Ausübung des Vorkaufsrechts beträgt zwei Monate. ²Das Vorkaufsrecht ist vererblich.

1 I. Die Vorschrift stellt eine Ergänzung zum Verfügungsrecht des einzelnen Miterben über seinen Anteil nach § 2033 I 1 dar, die die **Interessen der übrigen Miterben** schützen soll. Sinn des Vorkaufsrechtes ist es, dass den nach der Veräußerung des Erbteiles verbleibenden Miterben kein Erwerber gegen deren Willen aufgezwungen wird, was vor dem Hintergrund der gemeinschaftlichen Verwaltung und der Notwendigkeit zum Zusammenwirken hierbei von großer Bedeutung ist. Der Schutz wird dadurch bewerkstelligt, dass der Erbe zwar seinen Anteil an einen beliebigen Dritten veräußern kann, den Miterben aber ein **gesetzliches Vorkaufsrecht** (das einzige dieser Art im BGB) eingeräumt wird. Diese Regelung, die keinen vollkommenen Schutz bietet, ist Ausdruck des Kompromisses bei der Wahrung der Interessen des ausscheidungswilligen Miterben (hierzu § 2033 Rn 1) und der verbleibenden Gesamthänder.

2 2. Auf das Vorkaufsrecht sind primär die Vorschriften der §§ 2034–2037 anwendbar. Die allg Vorschriften der §§ 463 ff kommen ergänzend zur Anwendung, wenn sich aus den Besonderheiten der erbrechtlichen Regelung nichts anderes ergibt.

3 II. An **Voraussetzungen** sind im Einzelnen ein Vorkaufsfall, nämlich der Verkauf seines Anteils durch einen Miterben an einen Dritten (§ 2034 I), die Vorkaufsberechtigung („die übrigen Miterben") und die fristgerechte (§ 2034 II 1) Ausübung des Vorkaufsrechts erforderlich, damit deren Wirkungen eintreten.

4 1. In § 2034 I ist als **Vorkaufsfall** der Verkauf seines Anteils (oder eines Bruchteils daran, vgl § 2033 Rn 5) durch einen Miterben (oder dessen Erben, BGHZ 121, 48) an einen Dritten benannt. Diese Voraussetzung ist wörtlich zu verstehen und erfasst allein den wirksamen insb formgültigen Verkauf an einen Dritten. Kein **Verkauf** iSd Vorschrift ist zB die Schenkung, die gemischte Schenkung oder der Tausch (BGH NJW 57, 1515; Staud/Werner § 2034 Rn 4). Dies zeigt, dass der Schutz der verbleibenden Miterben höchst unvollkommen ist, beruht aber auf der gesetzgeberischen Entscheidung. Zur Erfassung von Umgehungskonstruktionen, deren wirtschaftlicher Zweck einem Kaufvertrag entspricht vgl bei § 463. Ebenfalls keinen Vorkaufsfall stellt der Erwerb des Anteils von Todes wegen durch Erben des Miterben dar. **Dritter** im vorgenannten Sinne ist nicht ein anderer Miterbe, da in diesem Fall der Normzweck, nämlich die Verhinderung des Eindringens Außenstehender in die Erbengemeinschaft, nicht berührt ist.

5 2. a) **Vorkaufsberechtigte** sind sämtliche Miterben gemeinschaftlich (§§ 2034 I, 472 S 1), wobei das Vorkaufsrecht als Gestaltungsrecht den Erben wiederum zur gesamten Hand zusteht (BGH NJW 82, 330). Allerdings sind die Miterben nicht verpflichtet, sich gleichzeitig zu erklären (RGZ 158, 57). Verzichtet ein Miterbe auf sein Recht, kann es gleichwohl durch die übrigen Miterben gemeinschaftlich ausgeübt werden. Kein Vorkaufsrecht steht Anteilserwerbern zu, die nicht Miterbe sind und durch den Anteilserwerb auch keine Miterbenstellung erlangen (§ 2033 Rn 9), denn diese haben sich freiwillig in die Erbengemeinschaft begeben.

b) Das Vorkaufsrecht ist auch **nicht selbstständig übertragbar.** Weder geht es mit dem Erwerb eines Anteils auf den Erwerber über (oben Rn 5), noch kann es isoliert durch Abtretung übertragen (BGH NJW 83, 2142, vgl auch § 473) oder gepfändet werden (§ 473, § 851 ZPO). Das Vorkaufsrecht eines Miterben lebt nach Veräußerung seines Erbteils auch dann nicht in der Person des Erwerbers wieder auf, wenn dieser den Miterben später beerbt (BGHZ 188, 109; OLG Düsseldorf ZErb 13, 154). Die Anerkennung einer Vorkaufsberechtigung in einem solchen Fall bedeute die vom Gesetz gerade ausgeschlossene Öffnung der Verkehrsfreiheit des Vorkaufsrechts und sei daher abzulehnen (BGH Urt v 19.1.11 – IV – ZR 169/10). Abweichendes gilt im Hinblick auf Abs 2 S 2 nur hins der Vererblichkeit, der insofern § 473 als lex specialis verdrängt.

3. Die **Ausübung** des Vorkaufsrechtes erfolgt vor der Anteilsübertragung gem § 464 I durch formlose Erklärung ggü dem veräußernden Miterben. Nach der Übertragung ist es gem § 2035 I ggü dem Erwerber auszuüben. Die Ausübung des den verbleibenden Miterben gesamthänderisch zustehenden Vorkaufsrechts muss gemeinschaftlich erfolgen (oben Rn 5). Dies verlangt zwar keine Gleichzeitigkeit der Erklärungen, wohl aber Erklärungen aller vorkaufsberechtigten Miterben, die auf ihr Recht nicht verzichtet haben, in denen die gemeinschaftliche Ausübung Ausdruck findet und Übertragung des Anteils an alle verlangt wird. Können sich die Miterben nicht einigen, fehlt es an einer wirksamen Ausübung des Vorkaufsrechts, was in der Praxis zu einer weiteren Abschwächung des intendierten Schutzes führen kann. Die **Frist** zur Ausübung beträgt nach § 2034 II 1 (abw von § 469 II) einheitlich 2 Monate. Die Frist beginnt für jeden Miterben individuell mit dem Empfang der formlosen Mitteilung des veräußernden Miterben über den Kaufvertrag (§ 469).

Mit Ablauf der Frist erlischt das Recht ebenso wie mit **Verzicht** seitens eines Berechtigten. In beiden Fällen spielt es keine Rolle, ob die Anteilsübertragung bereits vollzogen wurde.

4. **Rechtsfolge** des vor Übertragung des Anteils wirksam ausgeübten Vorkaufsrechtes ist die gesetzliche Entstehung eines Kaufvertrages zwischen den vorkaufsberechtigten Miterben und dem Veräußerer unter den Bestimmungen, die letzterer mit dem Dritten vereinbart hatte (§§ 464 II, 433 ff). Demzufolge haben die Vorkaufsberechtigten einen Anspruch gegen den Veräußerer auf Übertragung des Anteils (§§ 464 II, 433 I 1). Für die Geltendmachung des Anspruchs gelten die §§ 2039, 432. Im Falle der Übertragung erwerben die Miterben den Anteil wie bei der Anwachsung entspr der Höhe ihrer Anteile in gesamthänderischer Verbundenheit. Für den Kaufpreis haften die Vorkaufsberechtigten als Gesamtschuldner persönlich (§ 427). Die Verteilung im Innenverhältnis (§ 426 I) richtet sich nach dem Verhältnis ihrer Erbteile. Im Übrigen gelten die §§ 320 ff. Für die Ausübung des Vorkaufsrechts nach Übertragung des Anteils vgl § 2035 (auch BGHZ 6, 88).

§ 2035 Vorkaufsrecht gegenüber dem Käufer

(1) ¹Ist der verkaufte Anteil auf den Käufer übertragen, so können die Miterben das ihnen nach § 2034 dem Verkäufer gegenüber zustehende Vorkaufsrecht dem Käufer gegenüber ausüben. ²Dem Verkäufer gegenüber erlischt das Vorkaufsrecht mit der Übertragung des Anteils.
(2) Der Verkäufer hat die Miterben von der Übertragung unverzüglich zu benachrichtigen.

I. Die Vorschrift **erweitert den Schutz** der vorkaufsberechtigten Miterben ggü einem nach §§ 463 ff Berechtigten, indem es die Wirkung des Vorkaufsrechts auf den Zeitraum nach Erfüllung des (ersten) Kaufvertrages mit dem Anteilserwerber ausdehnt. Während im Falle eines Vorkaufsrechts nach §§ 463 ff dem Vorkaufsberechtigten nach

Erfüllung ggü dem Ersterwerber nur ein Schadensersatzanspruch gem §§ 280 ff gegen den Vorkaufsverpflichteten bleibt, kann der vorkaufsberechtigte Miterbe sein Vorkaufsrecht auch dann noch gegen den Erwerber (oder weitere Erwerber, § 2037) durchsetzen. In diesem Rahmen erhält das Vorkaufsrecht eine quasi-dingliche Wirkung, obgleich es theoretisch ein schuldrechtliches Vorkaufsrecht bleibt.

2 II. 1. Soweit die übrigen Voraussetzungen vorliegen (vgl hierzu bei § 2034), kann das Vorkaufsrecht **nach Übertragung** des Anteils an den Erwerber gem Abs 1 S 1 ggü diesem ausgeübt werden. Ggü dem Veräußerer erlischt es (Abs 1 S 2). Es verbleibt bei der Frist des § 2034 II 1 (ausf BGHZ 6, 85). Um die Vorkaufsberechtigten vom Wechsel des Erklärungsgegners in Kenntnis zu setzen, sieht Abs 2 eine unverzügliche (§ 121) Benachrichtigungspflicht vor. Die Verletzung dieser Pflicht hat indes keine Auswirkungen auf die Frist. Sie führt aber dazu, dass entspr § 407 das Vorkaufsrecht weiterhin wirksam ggü dem veräußernden Miterben ausgeübt werden kann (MK/Gergen § 2035 Rn 12).

3 2. Die **Wirkung** der Ausübung ggü dem Erwerber unterscheidet sich von der bei Ausübung vor Anteilsübertragung. Es entsteht kein Kaufvertrag, sondern ein gesetzliches Schuldverhältnis zwischen den vorkaufsberechtigten Miterben und dem Erwerber. Dieser muss sich so behandeln lassen, als ob ein ihn bindender Kaufvertrag zwischen Veräußerer und den Miterben bestünde (BGHZ 15, 104). Die Miterben haben einen Anspruch auf Übertragung des Erbteils (BGHZ 6, 85), auf den die §§ 320 ff aber nicht anwendbar sind. Insb besteht kein Rücktrittsrecht nach § 323, weshalb die Miterben im Falle des Verzugs auf eine gerichtliche Durchsetzung des Übertragungsanspruchs angewiesen sind. Zug um Zug gegen Übertragung des Anteils sind die Miterben als Gesamtschuldner dem Erwerber zur Erstattung des Kaufpreises (vor Zahlung zur Freistellung) und seiner Aufwendungen verpflichtet. Bis diese erfolgt, hat der Erwerber ein Zurückbehaltungsrecht, welches die Rspr auf § 273 (BGHZ 15, 106), ein Teil des Schrifttums auf § 1100 stützt.

§ 2036 Haftung des Erbteilkäufers

¹Mit der Übertragung des Anteils auf die Miterben wird der Käufer von der Haftung für die Nachlassverbindlichkeiten frei. ²Seine Haftung bleibt jedoch bestehen, soweit er den Nachlassgläubigern nach den §§ 1978 bis 1980 verantwortlich ist; die Vorschriften der §§ 1990, 1991 finden entsprechende Anwendung.

1 Die Vorschrift steht im Zusammenhang mit §§ 2382 I 2, 2383, wonach neben dem Veräußerer auch der Erwerber eines Erbteils für die Nachlassverbindlichkeiten haftet, ohne dass die Haftung durch Vereinbarung mit dem Veräußerer ausgeschlossen werden kann (vgl § 2382 II). Muss der Erwerber den Anteil auf die Vorkaufsberechtigten zurück übertragen, entfällt die Übertragung der Vermögensmasse als eigentlicher Grund für diese Haftung, da der Gläubiger nunmehr nicht auf das Nachlassvermögen Zugriff nehmen kann. Daher ordnet S 1 den Wegfall der Haftung an, sobald der Erwerber den Erbteil auf die Vorkaufsberechtigten überträgt.

2 Davon unberührt bleibt jedoch die nach wie vor bestehende Haftung für **Verwaltungshandlungen** (S 2).

§ 2037 Weiterveräußerung des Erbteils

Überträgt der Käufer den Anteil auf einen anderen, so finden die Vorschriften der §§ 2033, 2035, 2036 entsprechende Anwendung.

1 Die Vorschrift **ergänzt** § 2035 dadurch, dass die dortige Rechtsfolge auch ggü allen weiteren Erwerbern des Erbteils gilt.

2 Zu beachten ist jedoch, dass nicht etwa jeweils ein neues Vorkaufsrecht entsteht, sondern lediglich die Wirkung des ursprünglichen auch ggü Dritten fortgilt. Dies hat na-

mentlich zur Folge, dass die **Zweimonatsfrist** nicht jeweils neu beginnt, sondern nur einmalig läuft.

Vorbemerkung zu §§ 2038–2041

I. Regelungsgegenstand der §§ 2038 ff sind die **Verwaltung** (§ 2038) des Nachlasses und die **Verfügung** über Nachlassgegenstände (§ 2040) durch die Miterben. Für beides gilt prinzipiell das Erfordernis gemeinschaftlichen Handelns, was aus der gesamthänderischen Verbindung der Miterben folgt. In § 2039, der § 432 entspricht, ist festgestellt, dass die Miterben **gemeinschaftliche Gläubiger** mit Einzelforderungsrecht an alle Miterben sind (anders bei der Gesellschaft bürgerlichen Rechts, wo Gesamthandsgläubigerschaft besteht, vgl Vor §§ 2032–2063 Rn 5). Der in § 2041 niedergelegte Grundsatz der **Surrogation** will schließlich das gesamthänderisch gebundene Sondervermögen jedenfalls wertmäßig erhalten und schützt damit va die Nachlassgläubiger (Vor §§ 2032–2063 Rn 14).

II. 1. Das Erfordernis gemeinschaftlichen Handelns macht die Verwaltung des Nachlasses uU **schwerfällig**, wurde aber vom Gesetzgeber vor dem Hintergrund in Kauf genommen, dass die Erbengemeinschaft ihrer Natur nach ohnehin auf Abwicklung ausgerichtet ist. Dem einzelnen Miterben, der sich dieser Schwerfälligkeit bei der Verwaltung, die auch zu Verzögerungen im Hinblick auf die Auseinandersetzung führen kann, entziehen will, bleibt die Veräußerung seines Anteils als Ausstiegsmöglichkeit (§ 2033 Rn 1). Darüber hinaus sieht § 2038 im Interesse der Erhaltung des Nachlasses Ausn vom Grundsatz der Gemeinschaftlichkeit vor.

2. Von der weit auszulegenden **Nachlassverwaltung** iSv § 2038 sind alle Maßnahmen umfasst, die auf die Erhaltung, Verwahrung, Sicherung, Nutzung oder Vermehrung des Nachlassvermögens gerichtet sind (BGH FamRZ 65, 267). Unerheblich ist dabei, ob der Verwaltung eine Rechtshandlung oder ein nur tatsächliches Verhalten zugrunde liegt. Die Vorschrift selbst differenziert nicht zwischen Geschäftsführung im Innenverhältnis und Vertretung im Außenverhältnis (anders zB §§ 709, 714 bei der GbR), weshalb sich der Begriff der Verwaltung auf beide Seiten erstreckt (näher § 2038 Rn 2).

3. **Verfügung** iSv § 2040 ist jedes Rechtsgeschäft, durch das auf ein dingliches Recht unmittelbar eingewirkt, es also übertragen, belastet, inhaltlich verändert oder aufgehoben wird (vgl nur BGHZ 1, 304). Im Ggs zur Verwaltungsbefugnis sieht § 2040 seinem Wortlaut nach keine Ausn vom Grundsatz der Gemeinschaftlichkeit vor, was zu Kollisionen führen kann, wenn sich Verwaltungsmaßnahmen zugleich als Verfügung darstellen (näher § 2038 Rn 2).

III. Zu den **verfahrensrechtlichen** Fragen bei der Geltendmachung von Ansprüchen durch die Miterben und gegen die Miterben vgl Vor §§ 2032–2063 Rn 16 ff.

§ 2038 Gemeinschaftliche Verwaltung des Nachlasses

(1) ¹Die Verwaltung des Nachlasses steht den Erben gemeinschaftlich zu. ²Jeder Miterbe ist den anderen gegenüber verpflichtet, zu Maßregeln mitzuwirken, die zur ordnungsmäßigen Verwaltung erforderlich sind; die zur Erhaltung notwendigen Maßregeln kann jeder Miterbe ohne Mitwirkung der anderen treffen.

(2) ¹Die Vorschriften der §§ 743, 745, 746, 748 finden Anwendung. ²Die Teilung der Früchte erfolgt erst bei der Auseinandersetzung. ³Ist die Auseinandersetzung auf längere Zeit als ein Jahr ausgeschlossen, so kann jeder Miterbe am Schluss jedes Jahres die Teilung des Reinertrags verlangen.

I. Die Vorschrift stellt für die Verwaltung des Nachlasses in Abs 1 S 1 den Grundsatz der Gemeinschaftlichkeit (also Einstimmigkeit) auf. Dieser Grundsatz wird aber in S 2 durchbrochen, so dass § 2038 I iErg eine **3-fach abgestufte Regelung** der Verwaltung darstellt. Zu unterscheiden ist zwischen der gemeinschaftlichen wesentlichen (vgl Abs 2 S 1 und § 745 III) Verwaltung nach Abs 1 S 1, die Einstimmigkeit verlangt, der ordnungsgemäßen Verwaltung nach Abs 1 S 2 1. Halbs, die Stimmenmehrheit verlangt

(Abs 2 S 1 und § 745 I), und der Notverwaltung nach Abs 1 S 2 2. Halbs, die jeder Miterbe alleine vornehmen kann. Die Prüfung der Wirksamkeit einer Verwaltungsmaßnahme setzt daher die Einordnung in eine dieser Gruppen voraus, um die entspr Mitwirkungsanforderungen zu ermitteln.

2 II. 1. Der **Begriff der Verwaltung** iSd Vorschrift ist sehr weit reichend. Er erfasst alle Handlungen zur Erhaltung, Nutzung oder Mehrung des Nachlasses unter Einschluss der Tilgung von Nachlassverbindlichkeiten. Diese Maßnahmen können sowohl solche der **Geschäftsführung** im Innenverhältnis als auch solche der Vertretung im Außenverhältnis ggü Dritten sein. Es kommt somit zu einem Gleichlauf zwischen der Geschäftsführungsbefugnis und der **Vertretungsmacht** eines tätig werdenden Miterben. Das Bestehen von beidem, und damit auch die Haftung des tätigen Miterben nach innen und außen, hängt also davon ab, ob die an eine konkrete Verwaltungsmaßnahme zu stellenden Mitwirkungserfordernisse eingehalten sind. Auch **Verfügungsgeschäfte** können wie die Geltendmachung von Nachlassforderungen Teil der Verwaltung des Nachlasses sein (BGH WM 65, 345). Insofern kann es zu Kollisionen mit den §§ 2039, 2040 kommen, die aber grds als Spezialregelungen vorgehen. Eine Ausn besteht nur, wenn die Verfügung sich als Notverwaltungsmaßnahme nach Abs 1 S 2 2. Halbs darstellt. Entgg dem zwingenden Erfordernis gemeinschaftlicher Verfügung des § 2040 I kann eine solche Maßnahme auch dann von einem einzelnen Miterben wirksam vorgenommen werden, wenn sie in einer Verfügung besteht. Eine weitere Ausnahme vom Vorrang des § 2040 I besteht ferner im Falle einer Kündigung eines Mietvertrags über ein Nachlassgrundstück durch Miterben (vgl Rn 5).

3 2. Die an eine konkrete Verwaltungsmaßnahme zu stellenden **Wirksamkeitsanforderungen** hängen davon ab, ob es sich um eine Maßnahme wesentlicher gemeinschaftlicher Verwaltung, ordnungsgemäßer Verwaltung oder Notverwaltung handelt. Sind die entspr Anforderungen nicht erfüllt, fehlt es sowohl an der Geschäftsführungsbefugnis im Innenverhältnis als auch an der Vertretungsmacht im Außenverhältnis. Zu den jeweiligen Folgen fehlender Verwaltungsbefugnis vgl u Rn 8.

4 a) Die **wesentliche gemeinschaftliche Verwaltung** gem Abs 1 S 1 verlangt die Mitwirkung aller Erben an der Maßnahme zumindest im Sinne einer einstimmigen Befürwortung. Ein Auftreten eines einzelnen Miterben im Außenverhältnis ist nur bei gemeinschaftlichem Handeln oder einstimmiger Bevollmächtigung (§ 167) bzw einstimmiger Zustimmung (§ 185) wirksam. Insofern ergeben sich bei dieser Verwaltungsart keine Kollisionen mit § 2040 I, der ebenfalls die gemeinschaftliche Verfügung aller Miterben verlangt. Verpflichtungsgeschäfte in diesem Rahmen beziehen sich nur auf den Nachlass, nicht auf das Eigenvermögen der Miterben. Die gemeinschaftliche Verwaltung ist praktisch nicht der Normalfall. Sie ist nur erforderlich, wenn die Verwaltungsmaßnahme über die in Abs 1 S 2 1. Halbs behandelte ordnungsgemäße Verwaltung hinausgeht. Aus Abs 2 iVm § 745 I, III folgt daher, dass gemeinschaftliche Verwaltung nur erforderlich ist, wenn sie eine **wesentliche Veränderung** des Nachlasses zum Gegenstand hat. Dies ist im Einzelfall unter Berücksichtigung des Nachlasswertes zu ermitteln.

5 b) **Maßnahmen ordnungsmäßiger Verwaltung** gem Abs 1 S 2 1. Halbs iVm Abs 2 und § 745 I erfordern hingegen kein gemeinschaftliches Tätigwerden, sondern sind **Mehrheitsverwaltung**. Eine Geschäftsführungsmaßnahme ist wirksam, wenn sie mit Stimmenmehrheit (berechnet nicht nach Köpfen, sondern nach der Größe der Erbteile, § 745 I 2) beschlossen wurde. Gleiches gilt für das Außenverhältnis. Hier genügt die Mitwirkung einer Mehrheit bzw die Bevollmächtigung durch Mehrheitsbeschluss. Die einzelnen Miterben trifft nach Abs 1 S 2 1. Halbs und Abs 2 iVm § 745 II eine Mitwirkungspflicht an den im gemeinsamen Interesse liegenden ordnungsgemäßen Verwaltungsmaßnahmen. Die Verletzung dieser Pflicht begründet Schadensersatzansprüche aus § 280 I. Soweit die Verwaltungsmaßnahme eine **Verfügung** darstellt, ist allerdings die im Verhältnis zu § 2038 engere Spezialregelung des § 2040 I im Grundsatz vorrangig. Das bedeutet, dass insofern ein mehrheitliches Handeln oder eine Zustimmung der Mehrheit (§ 185) nicht genügt und eine dennoch getroffene Verfügung unwirksam ist. Vielmehr ist für Verfügungen gem § 2040 I auch iR der ordnungsgemäßen Mehrheitsverwaltung immer ein gemeinschaftliches Handeln aller Miterben erforderlich. Verweigern einzelne Miterben ihre Mitwirkung, bleibt nur die Möglichkeit, sie aufgrund des Abs 1 S 2 1. Halbs hierzu zu verklagen (BGHZ 164, 181). Im Falle der Klage auf Erteilung der Einwilligung gem § 185 I kann die Willenserklärung gem § 894 ZPO durch das Urt ersetzt werden. Bei Mietvertragskündigungen durch Miterben wird die Regelung des § 2040 I allerdings von § 2038 Abs 1 S 2 1. Halbs iVm Abs 2 und § 745 I verdrängt. Die Erben können ein Mietverhältnis über eine zum Nachlass gehörende Sache wirksam mit Stimmenmehrheit kündigen, wenn sich die Kündigung als Maßnahme ordnungsgemäßer Nachlassverwaltung darstellt. Dies folge spiegelbildlich als actus contrarius aus der Berechtigung, durch Mehrheitsbeschluss auch solche Verträge abzuschließen, gelte jedoch auch dann, wenn der Vertrag bereits vor dem Erbfalle bestanden hat (BGHZ 183, 131). Die ordnungsgemäße mehrheitliche Verwaltung liegt bei allen Maßnahmen vor, die der Erhaltung oder Vermehrung des Nachlasses dienen, im objektiven Interesse aller Miterben wirtschaftlich sinnvoll sind und **nicht zu einer wesentlichen Veränderung** des gesamten Nachlasses führen (zB BGH NJW 89, 2542 – Beseitigung einer Störung, für die die Erbengemeinschaft haftet; LG Mannheim ZMR 66, 178 – Abschluss und Kündigung von Mietverhältnissen als Vermieters). Mit dieser Entscheidung wurde den Ansichten eine Absage erteilt, die einerseits auf das Interesse des nicht mitwirkenden Miterben an der Werthaltigkeit des Nachlasses abstellten oder andererseits mit der alten Rspr für Verfügungen an § 2040 I als lex specialis festhalten wollten (vgl mwN Brox ErbR Rn 507 sowie BGHZ 183, 131; dieser Entscheidung folgend nunmehr auch BGH NJW 2013, 166 – Erteilung einer Einziehungsermächtigung; OLG Brandenburg FamRZ 2012, 821 – Kündigung eines Girovertrags; OLG Frankfurt FamRZ 2012, 247 – Kündigung eines Darlehens).

c) Die dritte Art von Verwaltungsmaßnahmen sind die **Notverwaltungsmaßnahmen** 6 gem Abs 1 S 2 2. Halbs. Diese kann jeder Miterbe ohne die Mitwirkung der anderen eigenständig vornehmen. Er ist also allein geschäftsführungsbefugt und nach außen allein vertretungsberechtigt. Aufgrund des die Miterben verbindenden gesetzlichen Schuldverhältnisses ist der Einzelne zur Vornahme unaufschiebbarer Notverwaltungsmaßnahmen auch verpflichtet und droht bei Untätigkeit schadensersatzpflichtig zu werden. Anders als bei der ordnungsgemäßen Mehrheitsverwaltung berechtigt die Notverwaltung in Abweichung vom Grundsatz des § 2040 I auch zur alleinigen **Verfügung** über Nachlassgegenstände (BGHZ 108, 21 und BGHZ 183, 131 mwN). Eine Maßnahme der Notverwaltung liegt vor, wenn andernfalls dem Nachlass ein Schaden entstehen würde und die Maßnahme so **dringlich** ist, dass die Herbeiführung eines Mehrheitsbeschlusses iR der ordnungsgemäßen Verwaltung nicht mehr möglich ist. Bsp für Notmaßnahmen: BGH JZ 53, 706 (Maßnahmen zur Verkehrssicherung), VGH Kassel NJW 58, 1203 (Rechtsbehelf gegen Enteignung), BGHZ 108, 30 (Klageerhebung, Anfechtung eines Gesellschafterbeschlusses). Vgl iÜ die Ausführungen unter Rn 5, die entspr gelten.

3. Wird ein Miterbe iR der ordnungsgemäßen Mehrheitsverwaltung als Vertreter der 7 übrigen oder iR der Notverwaltung selbstständig tätig, kann er seine **Aufwendungen** unter Abzug des auf ihn selbst entfallenden Anteils (Abs 2 iVm § 748) gem § 670 von den übrigen Miterben (als Gesamthänder) ersetzt verlangen. Bei schuldhaften Schädigungen des Nachlasses ist er seinerseits Schadensersatzansprüchen aus § 280 I ausgesetzt.

4. Sind Maßnahmen **nicht vom Verwaltungsrecht gedeckt**, ist zwischen dem Außen- 8 und dem Innenverhältnis zu differenzieren. Im Innenverhältnis fehlt es dem tätigen Miterben an der Geschäftsführungsbefugnis. Für evtl Schäden haftet er nach § 280 I. Im Außenverhältnis fehlt die Vertretungsmacht. Vorbehaltlich einer Genehmigung (§ 177 I) durch die übrigen Miterben oder im Falle des Abs 1 S 2 1. Halbs der Mehrheit, haftet er als Vertreter ohne Vertretungsmacht dem Vertragspartner persönlich (§ 179). Verfügungen die entgg § 2040 I und Abs 1 S 2 1. Halbs nicht gemeinsam getroffen wurden, sind unwirksam (näher bei § 2040).

9 5. **Abs 2 S 2 und 3** behandeln die Fruchtziehung (§ 99). Die Verteilung erfolgt im Grundsatz erst bei der Auseinandersetzung und zwar entspr der Erbteile. Der gleiche Maßstab kommt im Sonderfall der jährlichen Verteilung nach S 3 zur Anwendung.

§ 2039 Nachlassforderungen

¹Gehört ein Anspruch zum Nachlass, so kann der Verpflichtete nur an alle Erben gemeinschaftlich leisten und jeder Miterbe nur die Leistung an alle Erben fordern. ²Jeder Miterbe kann verlangen, dass der Verpflichtete die zu leistende Sache für alle Erben hinterlegt oder, wenn sie sich nicht zur Hinterlegung eignet, an einen gerichtlich zu bestellenden Verwahrer abliefert.

1 I. Die Vorschrift ist **lex specialis** ggü § 2038. Grds ist die Geltendmachung von zum Nachlass gehörigen Ansprüchen eine Verwaltungsmaßnahme. Die gemeinschaftliche Geltendmachung könnte aber insb mit Rücksicht auf die Verjährung ebenso wie die Herbeiführung eines Mehrheitsbeschlusses die Durchsetzung der Ansprüche und damit mittelbar den Wert des Nachlasses gefährden. Daher erleichtert § 2039 die Anspruchsdurchsetzung, ohne dabei die gesamthänderische Gebundenheit völlig außer Acht zu lassen. Jeder Erbe kann zum Nachlass gehörende Ansprüche alleine außergerichtlich und gerichtlich geltend machen. Er kann jedoch Leistung nur an die Miterben gemeinschaftlich verlangen. Die Vorschrift entspricht damit § 432. Die Miterben sind gemeinschaftliche Gläubiger und nicht Gesamthandsgläubiger wie zB die Gesellschafter einer Gesellschaft bürgerlichen Rechts (vgl Vor §§ 2032–2063 Rn 5).

2 II. 1. Die Vorschrift setzt einen zum Nachlass gehörenden **Anspruch** voraus. Nicht hierher gehören daher sonstige Rechte der Miterben ohne Anspruchscharakter, wie zB die Aufrechnung, Anfechtung, Kündigung, Ausübung eines Stimmrechtes auf einer Gesellschafterversammlung usw. Für diese gelten die Grundsätze über Verwaltungsmaßnahmen des § 2038 bzw § 2040 I, soweit die Ausübung des Gestaltungsrechts zugleich eine Verfügung darstellt (wie Aufrechnung, Kündigung, Anfechtung, Rücktritt oder Widerruf; vgl Palandt/Ellenberger Überbl v § 104 Rn 17). Dag macht es für die Anwendung von § 2039 keinen Unterschied, ob der in Rede stehende Anspruch privat- oder öffentlich-rechtlicher Art oder schuldrechtlicher oder dinglicher Natur ist.

3 2. Da die Miterben nach §§ 2039 S 1, 432 gemeinschaftliche Gläubiger sind, wirkt nur die **Leistung an alle Miterben** zusammen für den Schuldner befreiend. Ausn hierzu können sich aus Treu und Glauben ergeben (OLG Koblenz NJW- Spezial 06, 14). Rechtlich gleichbedeutend ist die Leistung an einen von allen Miterben Bevollmächtigten oder von allen Miterben Empfangsermächtigten (§§ 362 II, 185). Mehrheitsbeschlüsse genügen insofern nicht. Verweigert nur einer der Miterben die Annahme, führt dies aufgrund der gemeinschaftlichen Annahmeverpflichtung trotz des § 432 II zum Annahmeverzug aller (MK/Bydlinski§ 432 Rn 9) und zum Recht des Schuldners auf Hinterlegung (§§ 372 ff).

4 3. Jeder Miterbe kann die Leistung an alle **fordern**, und zwar sowohl außergerichtlich als auch prozessual. Die Aufrechnung mit einer Nachlassschuld kann er allerdings wegen § 2040 I nicht allein erklären, da dies zugleich eine Verfügung wäre.

5 a) Die Möglichkeit **prozessualer Durchsetzung** betrifft sowohl das Erkenntnis- (RGZ 75, 26) als auch das Zwangsvollstreckungsverfahren (KG NJW 57, 1154; BGH NJW 06, 1969). Da der Miterbe im eigenen Namen (auch) fremde Rechte geltend macht, ist er gesetzlicher Prozessstandschafter der übrigen Miterben. Wenn mehrere Miterben klagen, bedeutet dies, dass jeder jeweils sein Recht aus § 2039 geltend macht. Daher kann ein Urt auch ggü jedem Miterben anders ausfallen. Es liegt kein Fall notwendiger, sondern nur einfacher Streitgenossenschaft vor (BGHZ 23, 213). Nach OLG Frankfurt (NJW 2012, 2595; wie BGHZ 44, 367) soll eine Klage aus § 2039 rechtsmissbräuchlich sein, wenn die Miterben dieser widersprochen haben.

6 b) Ein Urt entfaltet mangels Parteiidentität **Rechtskraft** nur für und gegen den oder die klagenden Miterben. Die gegenteilige Auffassung, die die Rechtskraft auch auf die übrigen Miterben erstrecken will, führt zu weit und muss zwischen einem obsiegenden

und unterliegenden Urt unterscheiden, um die anderen Erben hinreichend zu schützen (nicht überzeugend daher Jauernig/Stürner § 2039 Rn 6). Tatsächlich kommt aufgrund der Verpflichtung zur Leistung an alle ein obsiegendes Urt freilich auch den übrigen Miterben zugute.

§ 2040 Verfügung über Nachlassgegenstände, Aufrechnung

(1) Die Erben können über einen Nachlassgegenstand nur gemeinschaftlich verfügen.
(2) Gegen eine zum Nachlass gehörende Forderung kann der Schuldner nicht eine ihm gegen einen einzelnen Miterben zustehende Forderung aufrechnen.

I. Die Vorschrift dient dazu, das gesamthänderisch gebundene Sondervermögen möglichst weitgehend den Miterben als solches zu erhalten. Gläubigerschutz wird über § 2041 verwirklicht. Zugleich stellt sich § 2040 I als **Ausn zu** § 2038 dar. Verfügungen können mit Ausn der Notverwaltung (§ 2038 Rn 6) oder uU der ordnungsgemäßen Verwaltung (§ 2038 Rn 5) immer nur von allen Miterben gemeinschaftlich getroffen werden. Dies erlangt va Bedeutung bei der Erfüllung von Geschäften, die zulässigerweise durch Mehrheitsbeschluss iR der ordnungsgemäßen Verwaltung eingegangen wurden. Verweigern einzelne Miterben hier die Erfüllung, bleibt nur die Klage auf Zustimmung. Abs 2 betont noch einmal die Selbstständigkeit des gesamthänderisch gebundenen Sondervermögens und stellt klar, dass es an der Gegenseitigkeit zwischen Nachlassforderung und Eigenschuld fehlt. 1

II. 1. Unter **Verfügung** ist iR des Abs 1 wie allg jede unmittelbare Einwirkung auf ein Recht in Form der Übertragung, Belastung, Aufhebung oder Inhaltsänderung zu verstehen. Gegenstand der Verfügung sind grds nur zum Nachlass gehörige Gegenstände oder Rechte, nicht der Erbteil insgesamt (dort gilt § 2033). 2

a) Zu den Verfügungen idS gehört auch die Ausübung von **Gestaltungsrechten** (vgl schon § 2039 Rn 2) wie Aufrechnung, Anfechtung, Rücktritt und Kündigung (missverständlich hierzu BGH LM § 2038 Nr 1, zutr MK/Gergen § 2040 Rn 4 ff). Diese Maßnahmen können also grds nur von allen Miterben gemeinschaftlich getroffen werden. Eine nachträgliche Genehmigung durch die anderen Miterben scheidet hier aus, da § 185 II auf Gestaltungsrechte, die keinen Schwebezustand vertragen, nicht anwendbar ist (BGHZ 114, 366; BGH NJW 97, 1152). 3

b) Zur Kündigung gilt das oben § 2038 Rn 5 Gesagte. Allerdings wird teilweise eine enge Auslegung des Verfügungsbegriffes vertreten (vgl MK/Gergen Rn 5), da sonst § 2038 weitgehend gegenstandslos würde. Für eine solche Auslegung ließe sich zudem anführen, dass auf diese Weise in vielen Fällen die Durchbrechungen des grds Verhältnis des § 2040 zu § 2038 als lex specialis vermieden werden könnten und § 2040 nicht anwendbar wäre. 3a

c) Der **Widerruf einer Willenserklärung** nach § 130 I 2, namentlich eines Vertragsangebots, stellt hingegen noch keine Verfügung dar, da ein Recht, auf das unmittelbar eingewirkt werden könnte, vor Annahme noch nicht entstanden ist (anders bei einem nach Vertragsschluss möglichen Widerruf oder beim Widerruf eines wirksam geschlossenen Vergleichs; nicht aber bei einem Vergleich unter Widerrufsvorbehalt; vgl Soergel/Wolf § 2040 Rn 4). Ebenfalls keine Verfügungen stellen die verbraucherschützenden Widerrufsrechte aus §§ 312 g, 485, 495 dar, da hier der Vertrag bis zum Ablauf der Widerrufsfrist noch schwebend unwirksam ist (BGHZ 131, 85; aA Palandt/Ellenberger Überbl v § 104 Rn 17). In allen Fällen bewirkt der Widerruf keine Änderung der aktuellen Rechtslage, sondern verhindert eine Änderung der künftigen Rechtslage. Soweit der Widerruf hiernach also keine Verfügung darstellt, gilt für die Ausübung § 2038 und nicht § 2040 I (so wohl auch Soergel/Wolf § 2301 Rn 24). Besondere praktische Bedeutung hat dies im Zusammenhang mit dem Widerruf von Vertragsangeboten des Erblassers, die ein Dritter gem §§ 130 II, 153 auch noch nach dessen Tod annehmen kann, sofern sie nicht vor Zugang wirksam von den Erben nach § 130 I 2 widerrufen wurden (vgl insb § 2301 Rn 45). Für den Widerruf bei einer Mehrheit von Erben wäre idR nach § 2038 I 2 1. Halbs jedenfalls ein Mehrheitsbeschluss der Erben zu verlan- 4 gen. Doch wird man aufgrund der Dringlichkeit, die aus dem Erfordernis des Widerrufs vor Zugang der Erklärung beim Dritten folgt, meist eine Notverwaltungsmaßnahme iSv § 2038 I 2 2. Halbs und damit eine wirksame Widerrufserklärung durch jeden Miterben annehmen können.

5 **2.** Die Verfügung muss von den Miterben **gemeinschaftlich** vorgenommen werden, dh sie muss vom rechtsgeschäftlichen Willen aller Miterben getragen werden. Gleichzeitigkeit der Erklärungen ist nicht erforderlich. Die Verfügung eines einzelnen Miterben ist mit Einwilligung der anderen (§ 185 I) wirksam oder wird es mit ihrer Genehmigung (§ 185 II). Letzteres gilt allerdings nicht bei Gestaltungserklärungen, bei denen § 185 II unanwendbar ist (o Rn 3). Das Erfordernis der Gemeinschaftlichkeit gilt auch, wenn die Verfügung als Verwaltungsmaßnahme schon von einer **Mehrheit** (§ 2038 I 2 1. Halbs) wirksam getroffen werden könnte. Die hierin liegende Behinderung der Verwaltung wird teilweise kritisiert (Soergel/Wolf § 2038 Rn 5, für Vorrang der Mehrheitsverwaltung), entspricht aber der gesetzlichen Grundentscheidung, an die durch Verfügungen drohende Schmälerung des Sondervermögens besonders strenge Anforderungen zu stellen (vgl BGHZ 56, 50). Verweigert ein Miterbe seine Mitwirkung an der Verfügung, ist er hierauf zu verklagen (§ 2038 I 2 1. Halbs; vgl § 2038 Rn 5). **Notverwaltungsmaßnahmen** (§ 2038 I 2 2. Halbs) können hingegen auch dann von einzelnen Miterben wirksam vorgenommen werden, wenn es sich um Verfügungen handelt (§ 2038 Rn 6).

6 **3.** Auch Verfügungen **ggü der Erbengemeinschaft** sind an sämtliche Miterben zu richten (zB Kündigung oder Anfechtung; für die dingliche Erfüllung folgt dies schon aus § 432).

7 **4.** Abs 2 stellt klar, dass zwischen einer Nachlassforderung und einer Eigenschuld eines Miterben keine Gegenseitigkeit besteht. Gleiches gilt für das Zurückbehaltungsrecht.

§ 2041 Unmittelbare Ersetzung

¹Was auf Grund eines zum Nachlass gehörenden Rechts oder als Ersatz für die Zerstörung, Beschädigung oder Entziehung eines Nachlassgegenstands oder durch ein Rechtsgeschäft erworben wird, das sich auf den Nachlass bezieht, gehört zum Nachlass. ²Auf eine durch ein solches Rechtsgeschäft erworbene Forderung findet die Vorschrift des § 2019 Abs. 2 Anwendung.

1 **I.** Die Vorschrift dient dazu, den Nachlass jedenfalls seinem Wert nach möglichst ungeschmälert zu erhalten. Erreicht wird dies durch Anordnung **dinglicher Surrogation**. Was als Ersatz für Nachlassgegenstände oder aus auf den Nachlass bezogenen Rechtsgeschäften erlangt wurde, gehört seinerseits kraft Gesetzes dinglich zum Nachlass. Hierdurch schützt die Vorschrift sowohl das Interesse der Miterben am wertmäßigen Erhalt des Nachlasses im Hinblick auf die Auseinandersetzung als auch die Interessen der Gläubiger, denen der Nachlass als Zugriffsobjekt erhalten wird (BGH NJW 87, 434). Die Anwendung der Vorschrift ist in weiten Teilen parallel zu §§ 2019, 2111.

2 **II. 1.** S 1 unterscheidet drei Surrogationsfälle: **Rechts-, Ersatz- und Beziehungssurrogation.**

3 **a)** Die in S 1 1. Var beschriebene **Rechtssurrogation** erfasst alles, was auf Grund eines zum Nachlasse gehörenden Rechtes erworben wird. Damit sind alle Gegenstände erfasst, die in Erfüllung zum Nachlass gehöriger schuldrechtlicher oder dinglicher Ansprüche erlangt werden. Häufig wird es sich um noch durch den Erblasser begründete rechtsgeschäftliche Ansprüche handeln.

4 **b)** Die in S 1 2. Var aufgeführte **Ersatzsurrogation** erfasst va Schadensersatz-, Versicherungs- und Bereicherungsansprüche oder die aufgrund solcher erlangten Gegenstände.

5 **c)** Die meisten Probleme bereitet die in S 1 3. Var behandelte **Beziehungssurrogation** bei rechtsgeschäftlichem Erwerb. Eindeutig und ohne weitere Voraussetzungen gehört die sog Mittelsurrogation hierher, also der Fall, in dem etwas mit oder aus Mitteln des Nachlasses erworben wird. Hier genügt die objektive Beziehung zum Nachlass, auch wenn ein Miterbe für sich persönlich erwerben will (BGH NJW 68, 1824; iE str, vgl

den Übbl bei MK/Gergen § 2041 Rn 12 ff). Schwieriger zu beurteilen ist der Erwerb mit Mitteln, die nicht aus dem Nachlass stammen. Auch hier ist grds eine Surrogation möglich (aA MK/Gergen § 2041 Rn 25). Sie erfordert aber, dass zum einen ein objektiver Zusammenhang zwischen dem Erwerb und dem Nachlass besteht und dass des Weiteren der subjektive Wille des handelnden Miterben hinzutritt, für den Nachlass zu erwerben (OLG Köln OLGZ 65, 117; näher bei § 2019).
2. An der Surrogation nehmen nicht nur die in Erfüllung begründeter Ansprüche erlangten Werte, sondern bereits die erlangte **Forderung selbst** teil. Zum Schutz des Schuldners erklärt S 2 die Vorschrift des § 2019 II für entspr anwendbar. 6
3. Die **Wirkung** der Surrogation ist eine dingliche. Das Surrogat fällt also unmittelbar und ohne einen rechtsgeschäftlichen Übertragungsakt in den Nachlass und nimmt an der gesamthänderischen Bindung teil. 7

§ 2042 Auseinandersetzung

(1) Jeder Miterbe kann jederzeit die Auseinandersetzung verlangen, soweit sich nicht aus den §§ 2043 bis 2045 ein anderes ergibt.
(2) Die Vorschriften des § 749 Abs. 2, 3 und der §§ 750 bis 758 finden Anwendung.

I. Da die Erbengemeinschaft kraft Gesetzes mit dem Erbfall entsteht (Vor §§ 2032–2063 Rn 5), müssen die Erben (ebenso wie der Erwerber eines Erbteils oder der Pfandgläubiger bei Verkaufsreife, vgl RGZ 84, 396) die Möglichkeit zur jederzeitigen **Loslösung** von ihrer Zwangsgemeinschaft haben. Diesem Umstand trägt § 2042 Rechnung, der mangels Verweis auf § 758 a ZPO selbst eine Vollstreckung zur Unzeit zulässt. Enge Ausn finden sich nur in §§ 2043–2045. 1
II. 1. Zur Durchführung der Auseinandersetzung stehen verschiedene Wege zur Verfügung. Der häufigste Fall ist die **außergerichtliche Auseinandersetzung** unter den Miterben durch Vertrag (su Rn 4 f). Eine solche Vereinbarung kann (muss aber nicht) auf Antrag (§ 363 I FamFG) durch die Einschaltung einer staatlichen Stelle, also des Nachlassgerichtes oder des Notars (kraft Landesrecht zB in Bayern, Hessen, Niedersachsen), beurkundet bzw bestätigt werden. Ebenso kann die Auseinandersetzung gem § 2204 I durch den **Testamentsvollstrecker** veranlasst werden. Seltener erfolgt die Auseinandersetzung unter Einschaltung eines durch den Erblasser (vgl § 1066 ZPO) oder die Beteiligten eingesetzten Schiedsrichters. Schließlich kann die Auseinandersetzung durch das Gericht erfolgen (zur Auseinandersetzungsklage Rn 7). 2
2. Inhaltlich richtet sich die Auseinandersetzung in erster Linie nach den **Vorgaben des Erblassers**, vgl insb § 2048. Darüber hinaus steht es den Miterben frei, sich auf die weiteren Grundsätze der Auseinandersetzung zu einigen. Nur wenn weder Anordnungen des Erblassers noch Regelungen durch die Miterben getroffen wurden, greifen die gesetzlichen **Ergänzungsvorschriften** der §§ 2046 ff, 752 ff ein (Einzelheiten bei BGHZ 21, 232). 3
3. Erfolgt die Auseinandersetzung durch **Vertrag**, so ist dieser formlos gültig, es sei denn, andere Vorschriften (§ 311 b I, § 15 GmbHG, beachte dort auch § 17 GmbHG) zwingen zur Beachtung einer gesetzlichen Form. Dies bedeutet, dass § 2371 (Pflicht zur Beurkundung eines Erbschaftskaufes) nicht gilt. Ein formnichtiger Erbschaftsverkauf unter Miterben kann im Wege der Umdeutung über § 140 als Auseinandersetzung aufrechterhalten bleiben (RGZ 129, 123). Sind mehr als zwei Miterben beteiligt, kann die Auseinandersetzung auch durch mehrere, an sich eigenständige Verträge erfolgen. Allerdings bedarf es eines inneren Zusammenhanges zwischen den Verträgen insoweit, als erkennbar sein muss, dass sich die Auseinandersetzung über alle Miterben erstreckt (RG HRR 30 Nr 1466). 4
4. Im Übrigen sind die **allg Regelungen** für Rechtsgeschäfte, insb Anfechtungsrechte (§§ 119, 123 bzw – soweit es sich in der Sache um einen Vergleich handelt – § 779) anwendbar. Dies hat zur Folge, dass auch der Schutz Minderjähriger, hier va § 181, zu beachten ist (vgl BGH FamRZ 68, 245 und RGZ 93, 336). 5

6 Bei der vertraglichen Erbauseinandersetzung haften die übertragenden Miterben nach den Regeln des allg Schuldrechts. Es gelten über § 757, auf den § 2042 II verweist, ebenfalls die §§ 437 ff. Diese Ansprüche des erwerbenden Miterben können in vielen Fällen gem § 442 wegen Kenntnis oder grob fahrlässiger Unkenntnis ausgeschlossen sein, da er bisher schon Miteigentümer war. Ein etwaiger Rücktritt ist wegen der Unteilbarkeit des Rücktrittsrechts ggü allen anderen Miterben zu erklären (§ 351); gleiches gilt für die Minderung (§ 441 II). Die Ausübung des gesetzlichen (**nicht des vertraglichen**) Rücktrittsrechts kann nicht dazu führen, dass durch vertragliche Vereinbarung die bereits beendete Erbengemeinschaft wiederhergestellt wird, jedoch gehören die dinglichen Rückforderungsrechte auf Grund der Ausübung eines gesetzlichen Rücktrittsrechts als Rechtssurrogat (§ 2041, Rn 3) noch zum Nachlass, mit der Konsequenz, dass alle zurückzugewährenden Nachlassgegenstände oder ihr Ersatz gesamthänderisches Eigentum aller Miterben werden (aA Staud/Werner § 2042, Rn 64).

7 5. Eine **Auseinandersetzungsklage** setzt voraus, dass der Nachlass tatsächlich teilungsreif ist, da sie auf Zustimmung zur Teilung gerichtet ist. Das Urt ersetzt dann die Zustimmung zur Teilung (§ 894 ZPO). Daher ist die Klage auf den gesamten Nachlass zu erstrecken, wenngleich sie aus Gründen der Prozessökonomie auch auf einzelne Streitpunkte (dann als Feststellungsklage) beschränkt werden kann, wenn im übrigen Einigkeit besteht (vgl BGH NJW-RR 90, 1220; OLG München NJW-RR 91, 1097). Allerdings muss der Kläger auch tatsächlich die Auseinandersetzung bezwecken (KG ErbR 2013, 85). Zuständig ist das Nachlassgericht (§ 27 ZPO).

8 6. Wenngleich eine **Teilauseinandersetzung** dem gesetzlichen Leitbild der endgültigen Auseinandersetzung widerspricht, ist sie möglich, um ein rasches Ausscheiden jedes Miterben zu ermöglichen, der die Gemeinschaft verlassen will, soweit die Belange der Erbengemeinschaft und der Miterben nicht beeinträchtigt werden (OLG Koblenz MDR 2013, 349). Denkbar sind sowohl eine persönliche Auseinandersetzung, etwa mit nur einem Erben, (BGH NJW 85, 51) als auch eine gegenständliche Teilauseinandersetzung, die auf einzelne Nachlassgegenstände beschränkt ist (BGH FamRZ 84, 688).

§ 2043 Aufschub der Auseinandersetzung

(1) Soweit die Erbteile wegen der zu erwartenden Geburt eines Miterben noch unbestimmt sind, ist die Auseinandersetzung bis zur Hebung der Unbestimmtheit ausgeschlossen.
(2) Das Gleiche gilt, soweit die Erbteile deshalb noch unbestimmt sind, weil die Entscheidung über einen Antrag auf Annahme als Kind, über die Aufhebung des Annahmeverhältnisses oder über die Anerkennung einer vom Erblasser errichteten Stiftung als rechtsfähig noch aussteht.

1 I. Die Vorschrift trägt besonderen Fallkonstellationen Rechnung, in denen eine Erbauseinandersetzung aus praktischen oder rechtlichen Gründen **noch nicht stattfinden kann**. Abs 1 bezieht sich allein auf § 1923 II, sichert also die Beteiligung des Nasciturus an der Auseinandersetzung, während Abs 2 sich auf Sonderfälle aus dem Familienrecht (vgl §§ 1723 ff, §§ 1741 ff, §§ 1760 ff) bzw aus dem Allgemeinen Teil (§§ 80, 81) bezieht.

2 II. 1. Wegen des **Ausnahmecharakters** der Vorschrift ist eine Anwendung auf andere Fälle, in denen die Höhe der Erbteile noch nicht feststeht, ausgeschlossen. Insb kann § 2043 nicht allein deshalb angewendet werden, weil einer der Beteiligten die Erbschaft ggf noch ausschlagen kann.

3 2. § 2043 ist **kein Verbotsgesetz** iSv § 134. Eine entgg der Vorschrift vorgenommene Auseinandersetzung ist nicht nichtig. Damit kann die zunächst schwebend unwirksame Auseinandersetzung durch den später hinzutretenden Miterben (oder im Falle des Neugeborenen durch dessen gesetzlichen Vertreter unter Beachtung von § 181) ohne weiteres genehmigt werden (§§ 177, 185 II). Im umgekehrten Fall (späterer Wegfall eines

zunächst angenommenen Erben) erfolgt hins der Gegenstände, die ihm zunächst im Wege der Auseinandersetzung zugewendet wurden, unter den verbliebenen Erben eine nachträgliche Auseinandersetzung.

§ 2044 Ausschluss der Auseinandersetzung

(1) ¹Der Erblasser kann durch letztwillige Verfügung die Auseinandersetzung in Ansehung des Nachlasses oder einzelner Nachlassgegenstände ausschließen oder von der Einhaltung einer Kündigungsfrist abhängig machen. ²Die Vorschriften des § 749 Abs. 2, 3, der §§ 750, 751 und des § 1010 Abs. 1 finden entsprechende Anwendung.
(2) ¹Die Verfügung wird unwirksam, wenn 30 Jahre seit dem Eintritt des Erbfalls verstrichen sind. ²Der Erblasser kann jedoch anordnen, dass die Verfügung bis zum Eintritt eines bestimmten Ereignisses in der Person eines Miterben oder, falls er eine Nacherbfolge oder ein Vermächtnis anordnet, bis zum Eintritt der Nacherbfolge oder bis zum Anfall des Vermächtnisses gelten soll. ³Ist der Miterbe, in dessen Person das Ereignis eintreten soll, eine juristische Person, so bewendet es bei der dreißigjährigen Frist.

1. Die Möglichkeit, die Erbauseinandersetzung **auszuschließen**, haben der Erblasser (sei es durch letztwillige Verfügung oder Erbvertrag, sei es in Ansehung gewillkürter oder gesetzlicher Erbfolge, zu letzterem BayObLGZ 66, 408) und die Miterben durch Vereinbarung. Dabei ist es sowohl möglich die Auseinandersetzung im Ganzen als auch hins einzelner Gegenstände auszuschließen. 1
a) Das Teilungsverbot kann im Einzelfall unterschiedlich zu verstehen sein (Frage der Auslegung). Einerseits ist es denkbar, dass seitens des Erblassers eine **Auflage** zum Nachteil der Miterben gewollt war mit der Folge, dass die Auseinandersetzung trotz Einverständnis aller nicht möglich ist. Indes wirkt eine Auflage nur schuldrechtlich, nicht aber dinglich. Die Erben, die sich trotz bestehender Auflage auseinander setzen, verletzen zwar die schuldrechtliche Anordnung des Erblassers. Die Teilung ist aber wirksam, weil die §§ 134 ff nicht gelten. 2
b) Andererseits können auch einzelne Personen mit einem **Vermächtnis** zugunsten der übrigen Miterben dergestalt belastet sein, dass jene im Wege der Einwendung Unterlassung der Auseinandersetzung verlangen können. Im Unterschied zu einer Auflage können die Miterben daher auch ohne Verstoß gegen den Willen des Erblassers auf ihr Recht verzichten bzw die Teilung ermöglichen. 3
c) Der Auseinandersetzungsausschluss als solcher kann auch als **besondere Art einer letztwilligen Verfügung** verstanden werden. In diesem Fall ist er weder Vermächtnis noch Auflage (Muscheler ZEV 10, 340). 4
2. Ausgeschlossen ist das **Teilungsverbot**, wenn es zu einer Aushöhlung des gesetzlichen Pflichtteilsrechtes führen würde. Insb kann der Erbe Auseinandersetzung verlangen, der nur zur Hälfte seines gesetzlichen Erbteiles eingesetzt worden ist (vgl § 2306). 5
Ebenso unberührt bleibt wegen der Verweisung in S 2 auf § 749 II, III das Recht der Erben, die Gemeinschaft aus wichtigem Grunde zu kündigen. 6

§ 2045 Aufschub der Auseinandersetzung

¹Jeder Miterbe kann verlangen, dass die Auseinandersetzung bis zur Beendigung des nach § 1970 zulässigen Aufgebotsverfahrens oder bis zum Ablauf der im § 2061 bestimmten Anmeldungsfrist aufgeschoben wird. ²Ist der Antrag auf Einleitung des Aufgebotsverfahrens noch nicht gestellt oder die öffentliche Aufforderung nach § 2061 noch nicht erlassen, so kann der Aufschub nur verlangt werden, wenn unverzüglich der Antrag gestellt oder die Aufforderung erlassen wird.

Die Vorschrift ist im Zusammenhang mit §§ 2060, 2061 zu lesen, vgl iE dort. 1

§ 2046 Berichtigung der Nachlassverbindlichkeiten

(1) ¹Aus dem Nachlass sind zunächst die Nachlassverbindlichkeiten zu berichtigen. ²Ist eine Nachlassverbindlichkeit noch nicht fällig oder ist sie streitig, so ist das zur Berichtigung Erforderliche zurückzubehalten.
(2) Fällt eine Nachlassverbindlichkeit nur einigen Miterben zur Last, so können diese die Berichtigung nur aus dem verlangen, was ihnen bei der Auseinandersetzung zukommt.
(3) Zur Berichtigung ist der Nachlass, soweit erforderlich, in Geld umzusetzen.

1 I. Abs 1 stellt klar, dass Nachlassverbindlichkeiten **vor der Teilung** zu berichtigen sind. In der Sache stellt die Vorschrift damit eine Modifikation der Verweisung von § 2042 II auf die Vorschriften betr die Bruchteilsgemeinschaft dar, weil anders als bei § 755 Berichtigung schon vor der Aufhebung verlangt werden kann.

2 Zweck der Vorschrift ist der Schutz der Miterben: Da sie nur bis zur Teilung den Zugriff auf ihr Eigenvermögen verhindern können (§ 2059), haben sie ein Interesse an vorheriger Berichtigung der Nachlassverbindlichkeiten. Dementspr besteht die Verpflichtung zur vorzeitigen Berichtigung nur **unter den Miterben**. Die Gläubiger können sich dag nicht auf § 2046 berufen, es sei denn, sie sind selbst Miterben (RGZ 93, 197). Zudem ist die Vorschrift **dispositiv**, kann also durch die Miterben ebenso wie durch abweichende Anordnungen des Erblassers (§ 2048) ausgeschlossen werden.

3 II. Abs 2 betrifft Fälle, in denen einzelne Nachlassverbindlichkeiten nur einzelne Miterben betreffen. Gemeint sind Vermächtnisse und Auflagen (also das **Außenverhältnis ggü Dritten**), aber auch Konstellationen, in denen der Erblasser angeordnet hat, dass bestimmte Belastungen im **Innenverhältnis** von bestimmten Erben alleine getragen werden sollen. Auch in diesen Fällen geht die Berichtigung der Verbindlichkeiten der Verteilung des Überschusses vor (BGH LM Nr 1 zu § 2046).

4 III. Abs 3 verweist auf §§ 753, 754 (Palandt/Weidlich § 2046 Rn 3: „Versilberung"). Dabei bedarf es wegen §§ 2038 II, 745 einer einstimmigen Entscheidung, welche Nachlassgegenstände verwertet werden sollen, Stimmenmehrheit reicht nicht aus.

5 §§ 15 II, III HöfeO, 16 II GrdsVG sind leges speciales.

§ 2047 Verteilung des Überschusses

(1) Der nach der Berichtigung der Nachlassverbindlichkeiten verbleibende Überschuss gebührt den Erben nach dem Verhältnis der Erbteile.
(2) Schriftstücke, die sich auf die persönlichen Verhältnisse des Erblassers, auf dessen Familie oder auf den ganzen Nachlass beziehen, bleiben gemeinschaftlich.

1 I. § 2047 regelt den Anspruch der Miterben auf das nach Abzug der Verbindlichkeiten verbleibende **Nettoauseinandersetzungsguthaben**. Damit ist klargestellt, dass der Überschuss nicht ipso iure anteilig auf die Miterben übergeht, sondern zunächst im Gesamthandsvermögen der Miterbengemeinschaft verbleibt. Die anschließende Teilung richtet sich nach §§ 752–754, es sei denn, der Erblasser oder die Erben haben etwas anderes angeordnet bzw vereinbart.

2 Der Anspruch ist für sich gesehen weder mit dinglicher Wirkung abtretbar noch verpfändbar (RGZ 60, 131).

3 II. Abs 2 soll den ungehinderten Zugang aller Erben auf Schriftstücke des Erblassers gewährleisten. Folglich steht er einer freiwilligen Aufteilung durch Vereinbarung zwischen den Miterben nicht entgg.

§ 2048 Teilungsanordnungen des Erblassers

¹Der Erblasser kann durch letztwillige Verfügung Anordnungen für die Auseinandersetzung treffen. ²Er kann insbesondere anordnen, dass die Auseinandersetzung nach dem billigen Ermessen eines Dritten erfolgen soll. ³Die von dem Dritten auf Grund der

Anordnung getroffene Bestimmung ist für die Erben nicht verbindlich, wenn sie offenbar unbillig ist; die Bestimmung erfolgt in diesem Falle durch Urteil.

I. Nach dieser Vorschrift kann der Erblasser den Miterben verbindlich bestimmte Vorgaben für die Auseinandersetzung machen. Damit wird es dem Erblasser mit (allerdings nur) **schuldrechtlicher Wirkung** ermöglicht, die Miterben nach seinen Vorstellungen mit einzelnen Gegenständen zu bedenken. Die Norm dient also iErg der Durchsetzung der Testierfreiheit.

II. Von der Anordnung **unberührt** bleibt die **Höhe der Erbteile**. Die Wirkung der Anordnung erschöpft sich in der Aufteilung der in Rede stehenden Nachlassgegenstände (BGH NJW 85, 51). Damit ist der Miterbe zur Ausgleichung in Geld aus seinem Privatvermögen verpflichtet, wenn der Wert der ihm kraft Anordnung zugewendeten Gegenstände den Wert seines Erbteiles übersteigt. Streitig ist, ob die Teilungsanordnung unter der aufschiebenden Bedingung der Ausgleichungszahlung steht (so Eidenmüller JA 91, 155; Soergel/Wolf § 2048 Rn 8) oder unbedingt erfolgt (BGH NJW-RR 96, 577; Palandt/Weidlich § 2048 Rn 4). Richtigerweise ist ersteres anzunehmen, da der Miterbe ansonsten durch die Teilungsanordnung zum Zugriff auf sein Eigenvermögen verpflichtet würde. Eine Pflicht zur Ausgleichung besteht iÜ nicht, wenn die Auslegung ergibt, dass keine Teilungsanordnung, sondern ein Vorausvermächtnis vorliegt (zur Abgrenzung Rn 4 f und BGH FamRZ 90, 396).

1. Inhaltlich stehen dem Erblasser mehrere Möglichkeiten offen, die Zuweisung vorzunehmen. Will er unbedingt, dass ein Gegenstand einem Erben zugewiesen wird, spricht man von einer sog **Erblasserzuweisung**. Im Ggs dazu kann er es der Entscheidung des Miterben anheim stellen, ob er Zugriff auf einen bestimmten Gegenstand nimmt. Dann wird er die Anordnung regelmäßig als **Übernahmerecht** ausgestalten.

2. Insb im letztgenannten Fall stellt sich regelmäßig die Frage der **Abgrenzung von Anordnung und Vorausvermächtnis** (§§ 1939, 2150). Bei einem Vorausvermächtnis ist der Wille des Erblassers dahin gehend auszulegen, dass der Miterbe die Gegenstände in jedem Fall erhalten soll, ohne zur Ausgleichung eines Vermögensvorteiles verpflichtet zu sein. Entscheidend ist also der Umfang der seitens des Erblassers gewollten Begünstigung.

III. Form: Die Teilungsanordnung kann nur durch letztwillige Verfügung erfolgen. Dies gilt auch für die Anrechnung von Vorempfängen auf den Erbteil über die dazu bestehenden Grenzen (insb § 2050) hinaus (BGH FamRZ 10, 27). Der Grundsatz der Höchstpersönlichkeit wird dadurch abgemildert, dass der Erblasser die Teilung durch einen Dritten nach dessen billigem Ermessen anordnen kann (S 2). Bei diesem Dritten kann es sich auch um einen Miterben handeln (RGZ 110, 274). Die Einschränkung offenbarer Unbilligkeit entspricht der des § 319 I.

§ 2049 Übernahme eines Landguts

(1) Hat der Erblasser angeordnet, dass einer der Miterben das Recht haben soll, ein zum Nachlass gehörendes Landgut zu übernehmen, so ist im Zweifel anzunehmen, dass das Landgut zu dem Ertragswert angesetzt werden soll.
(2) Der Ertragswert bestimmt sich nach dem Reinertrag, den das Landgut nach seiner bisherigen wirtschaftlichen Bestimmung bei ordnungsmäßiger Bewirtschaftung nachhaltig gewähren kann.

I. Sinn der Vorschrift ist es, denjenigen Miterben vor einer Überschuldung zu schützen, der laut einer Anordnung des Erblassers ein zum Nachlass gehöriges Landgut übernehmen soll. Da der Verkehrswert eines solchen Landgutes dessen Ertragswert und damit dessen tatsächliche wirtschaftliche Verwertbarkeit übersteigen wird, würde der Erbe unverhältnismäßig belastet, wenn seine Miterben bezogen auf den Verkehrswert entschädigen (sprich: durch Bargeld abfinden) müsste. Daher soll nach der **Auslegungsregel** des § 2049 für die Berechnung der Abfindung im Zweifel (also nachdem ein anders lautender letzter Wille nicht festgestellt werden konnte) der Ertragswert des Grundstückes zugrunde gelegt werden. Damit wird zudem verhindert, dass der übernehmende Miterbe im Zuge der Auseinandersetzung zur Veräußerung des Gutes gezwungen wird.

2 II. 1. Nicht anwendbar ist die Zweifelsregelung, wenn der Miterbe nur einen Bruchteil eines Landgutes übernimmt, da hier regelmäßig die vorgenannten nachteiligen Folgen nicht drohen (ausf BGH NJW 73, 995).

3 2. Nach Abs 2 berechnet sich der **Ertragswert** anhand von betriebswirtschaftlichen Grundsätzen durch Kapitalisierung des Reinertrages (vgl OLG Düsseldorf FamRZ 86, 168). Darüber hinaus haben die Länder gem Art 137 EGBGB die Möglichkeit, zur Vermeidung schwieriger Berechnungen im Einzelfall Pauschalsätze anzusetzen. In der Regel wird der 25fache Betrag des jährlichen Reinertrages zugrunde gelegt, in Bayern der 18fache Betrag.

4 3. Konkurrenzen: Zu beachten ist, dass die Vorschrift nur anzuwenden ist, wenn die Übertragung des Gutes im Wege bürgerlich-rechtlicher Gesamtrechtsnachfolge vorgenommen wird, nicht aber, wenn die landesrechtliche Sondererbfolge kraft HöfeO Anwendung findet (dazu § 1922 Rn 22).

§ 2050 Ausgleichungspflicht für Abkömmlinge als gesetzliche Erben

(1) Abkömmlinge, die als gesetzliche Erben zur Erbfolge gelangen, sind verpflichtet, dasjenige, was sie von dem Erblasser bei dessen Lebzeiten als Ausstattung erhalten haben, bei der Auseinandersetzung untereinander zur Ausgleichung zu bringen, soweit nicht der Erblasser bei der Zuwendung ein anderes angeordnet hat.

(2) Zuschüsse, die zu dem Zwecke gegeben worden sind, als Einkünfte verwendet zu werden, sowie Aufwendungen für die Vorbildung zu einem Beruf sind insoweit zur Ausgleichung zu bringen, als sie das den Vermögensverhältnissen des Erblassers entsprechende Maß überstiegen haben.

(3) Andere Zuwendungen unter Lebenden sind zur Ausgleichung zu bringen, wenn der Erblasser bei der Zuwendung die Ausgleichung angeordnet hat.

§ 2051 Ausgleichungspflicht bei Wegfall eines Abkömmlings

(1) Fällt ein Abkömmling, der als Erbe zur Ausgleichung verpflichtet sein würde, vor oder nach dem Erbfall weg, so ist wegen der ihm gemachten Zuwendungen der an seine Stelle tretende Abkömmling zur Ausgleichung verpflichtet.

(2) Hat der Erblasser für den wegfallenden Abkömmling einen Ersatzerben eingesetzt, so ist im Zweifel anzunehmen, dass dieser nicht mehr erhalten soll, als der Abkömmling unter Berücksichtigung der Ausgleichungspflicht erhalten würde.

§ 2052 Ausgleichungspflicht für Abkömmlinge als gewillkürte Erben

Hat der Erblasser die Abkömmlinge auf dasjenige als Erben eingesetzt, was sie als gesetzliche Erben erhalten würden, oder hat er ihre Erbteile so bestimmt, dass sie zueinander in demselben Verhältnis stehen wie die gesetzlichen Erbteile, so ist im Zweifel anzunehmen, dass die Abkömmlinge nach den §§ 2050, 2051 zur Ausgleichung verpflichtet sein sollen.

§ 2053 Zuwendung an entfernteren oder angenommenen Abkömmling

(1) Eine Zuwendung, die ein entfernterer Abkömmling vor dem Wegfall des ihn von der Erbfolge ausschließenden näheren Abkömmlings oder ein an die Stelle eines Abkömmlings als Ersatzerbe tretender Abkömmling von dem Erblasser erhalten hat, ist nicht zur Ausgleichung zu bringen, es sei denn, dass der Erblasser bei der Zuwendung die Ausgleichung angeordnet hat.

(2) Das Gleiche gilt, wenn ein Abkömmling, bevor er die rechtliche Stellung eines solchen erlangt hatte, eine Zuwendung von dem Erblasser erhalten hat.

§ 2054 Zuwendung aus dem Gesamtgut

(1) ¹Eine Zuwendung, die aus dem Gesamtgut der Gütergemeinschaft erfolgt, gilt als von jedem der Ehegatten zur Hälfte gemacht. ²Die Zuwendung gilt jedoch, wenn sie an einen Abkömmling erfolgt, der nur von einem der Ehegatten abstammt, oder wenn einer der Ehegatten wegen der Zuwendung zu dem Gesamtgut Ersatz zu leisten hat, als von diesem Ehegatten gemacht.
(2) Diese Vorschriften sind auf eine Zuwendung aus dem Gesamtgut der fortgesetzten Gütergemeinschaft entsprechend anzuwenden.

§ 2055 Durchführung der Ausgleichung

(1) ¹Bei der Auseinandersetzung wird jedem Miterben der Wert der Zuwendung, die er zur Ausgleichung zu bringen hat, auf seinen Erbteil angerechnet. ²Der Wert der sämtlichen Zuwendungen, die zur Ausgleichung zu bringen sind, wird dem Nachlass hinzugerechnet, soweit dieser den Miterben zukommt, unter denen die Ausgleichung stattfindet.
(2) Der Wert bestimmt sich nach der Zeit, zu der die Zuwendung erfolgt ist.

§ 2056 Mehrempfang

¹Hat ein Miterbe durch die Zuwendung mehr erhalten, als ihm bei der Auseinandersetzung zukommen würde, so ist er zur Herauszahlung des Mehrbetrags nicht verpflichtet. ²Der Nachlass wird in einem solchen Falle unter den übrigen Erben in der Weise geteilt, dass der Wert der Zuwendung und der Erbteil des Miterben außer Ansatz bleiben.

§ 2057 Auskunftspflicht

¹Jeder Miterbe ist verpflichtet, den übrigen Erben auf Verlangen Auskunft über die Zuwendungen zu erteilen, die er nach den §§ 2050 bis 2053 zur Ausgleichung zu bringen hat. ²Die Vorschriften der §§ 260, 261 über die Verpflichtung zur Abgabe der eidesstattlichen Versicherung finden entsprechende Anwendung.

§ 2057a Ausgleichungspflicht bei besonderen Leistungen eines Abkömmlings

(1) ¹Ein Abkömmling, der durch Mitarbeit im Haushalt, Beruf oder Geschäft des Erblassers während längerer Zeit, durch erhebliche Geldleistungen oder in anderer Weise in besonderem Maße dazu beigetragen hat, dass das Vermögen des Erblassers erhalten oder vermehrt wurde, kann bei der Auseinandersetzung eine Ausgleichung unter den Abkömmlingen verlangen, die mit ihm als gesetzliche Erben zur Erbfolge gelangen; § 2052 gilt entsprechend. ²Dies gilt auch für einen Abkömmling, der den Erblasser während längerer Zeit gepflegt hat.
(2) ¹Eine Ausgleichung kann nicht verlangt werden, wenn für die Leistungen ein angemessenes Entgelt gewährt oder vereinbart worden ist oder soweit dem Abkömmling *wegen seiner Leistungen* ein Anspruch aus anderem Rechtsgrund zusteht. ²Der Ausgleichungspflicht steht es nicht entgegen, wenn die Leistungen nach den §§ 1619, 1620 erbracht worden sind.
(3) Die Ausgleichung ist so zu bemessen, wie es mit Rücksicht auf die Dauer und den Umfang der Leistungen und auf den Wert des Nachlasses der Billigkeit entspricht.
(4) ¹Bei der Auseinandersetzung wird der Ausgleichungsbetrag dem Erbteil des ausgleichungsberechtigten Miterben hinzugerechnet. ²Sämtliche Ausgleichungsbeträge werden vom Werte des Nachlasses abgezogen, soweit dieser den Miterben zukommt, unter denen die Ausgleichung stattfindet.

§§ 2050–2057 a

1 I. 1. Die §§ 2050–2057 a haben eine (wertmäßig) gerechte Erbauseinandersetzung zwischen den Miterben zum Ziel. Dazu werden bereits zu Lebzeiten gemachte Zuwendungen des Erblassers (so Rn 4 ff) wie auch die lebzeitige Mitarbeit oder Pflegetätigkeit eines Erben bei der Erbauseinandersetzung (so Rn 8) berücksichtigt.

2 2. Die Regelungen gelten ausschließlich für die **gesetzliche Erbfolge**, weil das Gesetz vermutet, dass der Erblasser die Übertragung von Vermögenswerten zu Lebzeiten bereits bei der Höhe der jeweiligen Erbeinsetzung berücksichtigt hat. Zudem sind sie **dispositiv**, dh der Erblasser wie auch die Miterben untereinander können abweichende Anordnungen treffen. Dies ist auch konkludent möglich, jedoch reicht der Nachw der stetigen Gleichbehandlung von Kindern aus (OLG Koblenz NotBZ 2013, 59).

3 3. Die Ausgleichung findet nur zwischen den **Abkömmlingen** statt, also Kindern, Enkeln, Urenkeln usw, soweit sie gesetzliche Erben sind. Ohne Auswirkung bleibt die Ausgleichung für andere Erben (va den Ehegatten), dessen Erbteil vorab auszuscheiden ist (vgl Bsp bei Rn 7).

4 II. 1. Die Ausgleichspflichten berühren die **Erbenstellung** der Miterben nicht, sondern setzen diese im Gegenteil sachlogisch voraus. Damit bleibt auch derjenige Erbe mit allen Rechten und Pflichten, der nach der Berechnung der Ausgleichsbeträge (vgl § 2055) nichts mehr erhält. Ein Erbe, der bereits zu Lebzeiten mehr erhalten hat, als ihm nach seinem Erbteil zustünde, ist gleichwohl nicht zur Zuzahlung verpflichtet. Namentlich muss er den übrigen keine Pflichtteilszahlung entrichten (vgl § 2056 und RGZ 77, 282).

5 2. Zum Begriff der **Ausstattung** vgl die Legaldefinition des § 1624 I 1. Gemeint sind damit die sog Mitgift oder Aussteuer im Falle der Eheschließung (dazu BGHZ 14, 205).

6 3. Sehr strittig war und ist der **Stichtag für die Berechnung** der Erbmasse (§ 2055). In Betracht kommt sowohl der Tag der Auseinandersetzung als auch der Tag des Erbfalles (Nachw zum Streitstand bei Meinke AcP Bd 178, 45). Der BGH hat sich im letztgenannten Sinne entschieden (BGHZ 96, 181). Dies überzeugt, da auch für die Berechnung von Pflichtteilsansprüchen auf den Erbfall abzustellen ist (§ 2311 iVm § 2316).

7 4. Bsp: Erbmasse (nach Befriedigung von Nachlassverbindlichkeiten) = 100.000 EUR. Die Witwe W erhält vorweg 50.000 EUR (§§ 1371 I, 1931 I, 2047 I). Da sie kein Abkömmling ist, nimmt sie an der folgenden Ausgleichung nicht teil (so Rn 3). Tochter T und Sohn S erhalten damit zusammen 50.000 EUR. Vorausempfang der T = 10.000 EUR. Erhöhte Teilungsmasse = 50.000 EUR + 10.000 EUR Vorausempfang = 60.000 EUR (§ 2055 I 2). Davon erhält T 60.000 EUR : 2 = 30.000 EUR – 10.000 EUR Vorausempfang = 20.000 EUR. S = 60.000 EUR : 2 = 30.000 EUR. Zu beachten ist jedoch, dass in der Praxis evtl Kaufkraftverluste (Inflation) zwischen dem Zeitpunkt der Zuwendung und der Auseinandersetzung zu berücksichtigen sind (BGHZ 65, 77).

8 5. § 2057 a gilt für Erbfälle nach dem 1.7.70 jedoch auch dann, wenn die Arbeits- oder Pflegetätigkeit vorher erbracht worden ist (Bosch FamRZ 72, 173). Sie macht den (vor ihrem Inkrafttreten üblichen) Rückgriff auf die Annahme konkludent geschlossener Arbeits- oder Gesellschaftsverträge hinfällig.

9 6. Zu beachten ist, dass § 2057 a **erhebliche Leistungen** voraussetzt. Richtigerweise ist dabei als Maßstab das Erblasservermögen anzulegen (zutreffend MK/Ann § 2057 a Rn 22). Es gilt eine Gesamtschau (OLG Schleswig-Holstein ZEV 2013, 86). In jedem Fall müssen bloße Unterhaltspflichten (§§ 1601 ff) überschritten werden.

10 7. Durch das Gesetz zur Änderung des Erb- und Verjährungsrechts (dazu Vor §§ 1922–2385 Rn 10) wurde die Anrechnung von Pflegeleistungen geringfügig geändert. Der Plan, bei der Reform die Ausgleichungspflicht für erbrachte Pflegeleistungen durch Einfügung eines neuen § 2057 b auf alle als gesetzliche Erben berufenen Personen zu erweitern, wurde nicht verwirklicht (Leipold § 21 Rn 754 a). Es wurde lediglich die Ausgleichung unter Abkömmlingen wegen Pflege durch Änderung des § 2057 a I 2 erweitert. § 2057 a I 2 setzt nun nicht mehr voraus, dass die Pflege unter Verzicht auf

berufliches Einkommen erfolgte. Damit soll die Benachteiligung derer verhindert werden, die zusätzlich zu ihrer beruflichen Tätigkeit noch die Pflege eines Eltern- oder Großelternteils übernehmen und dadurch doppelt belastet sind (BT-Drucks 16/13543, 20).

Untertitel 2
Rechtsverhältnis zwischen den Erben und den Nachlassgläubigern
Vorbemerkung zu §§ 2058–2063

Bei den §§ 2058–2063 handelt es sich um **Sondervorschriften** zu den §§ 1967–2017, da sie für Miterben einige Abweichungen betr Nachlassverwaltung, Haftung usw anordnen. Die allg Regeln, die für jeden Miterben grds getrennt gelten, finden gleichwohl Anwendung, soweit sich im „Besonderen Teil" (so zutreffend Jauernig/Stürner Anm zu §§ 2058–2063 Rn 1) der §§ 2058 ff keine Sonderregelungen finden. 1

Neben den §§ 2058 ff sind aus dem Prozess- bzw Vollstreckungsrecht immer auch die §§ 780–785 ZPO zu berücksichtigen. 2

§ 2058 Gesamtschuldnerische Haftung

Die Erben haften für die gemeinschaftlichen Nachlassverbindlichkeiten als Gesamtschuldner.

I. 1. Die Vorschrift erweitert das Prinzip der gesamthänderischen Bindung für die Passiva dahingehend, dass die Miterben für gemeinschaftliche Nachlassverbindlichkeiten als **Gesamtschuldner** (§ 421) haften. 1

2. Aus Sicht des Gläubigers führt § 2058 damit dazu, dass er bis zur Teilung des Nachlasses im Prozess Ansprüche gegen (einen, mehrere oder alle) Erben als Gesamtschuldner oder gegen die Erbengemeinschaft als solche (§ 2059 II) geltend machen kann. Im ersteren Falle spricht man von der **Gesamtschuldklage**, im letzteren von der **Gesamthandsklage**. Beide Klagearten sind streng voneinander zu unterscheiden. So sind die Miterben iR einer Gesamtschuldklage keine notwendigen Streitgenossen (§ 62 ZPO, st Rspr, vgl nur RGZ 121, 345), wohl aber bei einer gegen die Gemeinschaft gerichteten Gesamthandsklage (RGZ 71, 366). Das bedeutet, dass nur die letztere Klage gegen alle Miterben erhoben werden muss. 2

3. Gesamtschuldklage und Gesamthandsklage können **wahlweise** oder auch nebeneinander erhoben werden. Ist nur eine Klage erhoben, ist es Auslegungsfrage, ob ein Vorgehen gegen die Miterben (dann: Gesamtschuldklage) oder gegen die Gemeinschaft nur aus dem Nachlass (dann: Gesamthandsklage) gewollt war. Wird eine Gesamtschuldklage auf eine Gesamthandsklage umgestellt, liegt kein Fall der Klageänderung, sondern eine Beschränkung des Klageantrages iSv § 264 Nr 2 ZPO vor (RGZ 93, 198). 3

4. Die Trennung von gesamtschuldnerischer Haftung und gesamthänderischer Bindung beraubt die Miterben indes nicht ihrer **Verteidigungsmöglichkeiten**. Beispielsweise kann ein Miterbe auch die gesamtschuldnerische Inanspruchnahme verweigern bzw ihr ein Zurückbehaltungsrecht (§ 273) entgegenhalten, wenn der Gläubiger sich ggü der Erbengemeinschaft im Wege der Aufrechnung befriedigen kann. Dies lässt sich etwa mit der Parallele zu §§ 128 iVm 139 III HGB begründen. Auch der Gesellschafter einer OHG, der ebenfalls gesamtschuldnerisch haftet, kann die Befriedigung eines Gesellschaftsgläubigers verweigern, solange letzterer ggü der Gesellschaft zur Aufrechnung berechtigt ist (zutreffend BGHZ 38, 126). 4

II. 1. Das Merkmal der „**Gemeinschaftlichkeit**" schränkt die Gesamtschuldnerschaft nicht allzu sehr ein. Vielmehr ist es der Regelfall, dass Nachlassverbindlichkeiten „gemeinschaftlich" sind. Ausn können sich aus der Erbeinsetzung selbst ergeben, beispielsweise, wenn sich Vermächtnisse oder Auflagen ersichtlich nur an einen Miterben richten. 5

6　2. Auch ein **Gläubiger**, der selbst **Miterbe** ist, kann gegen die übrigen Miterben im Wege der Gesamtschuldklage vorgehen (BGH NJW-RR 88, 710; anders noch RGZ 93, 197). Richtigerweise ist schon in diesem Erstprozess der Anspruch um einen seiner Erbquote entspr Teil zu kürzen, da anderenfalls ein Regresskreisel über § 426 ausgelöst würde (OLG Düsseldorf MDR 70, 766; abw Sonderfall bei BGH NJW-RR 88, 710). Zur Frage, ob er zudem die **Gesamthandsklage** erheben kann, vgl § 2059 Rn 6.

7　3. Der **Innenausgleich** zwischen den Miterben nach erfolgter Inanspruchnahme richtet sich nach § 426 I 2. Alt, II, und zwar in Höhe der jeweiligen Erbquote.

§ 2059 Haftung bis zur Teilung

(1) ¹Bis zur Teilung des Nachlasses kann jeder Miterbe die Berichtigung der Nachlassverbindlichkeiten aus dem Vermögen, das er außer seinem Anteil an dem Nachlass hat, verweigern. ²Haftet er für eine Nachlassverbindlichkeit unbeschränkt, so steht ihm dieses Recht in Ansehung des seinem Erbteil entsprechenden Teils der Verbindlichkeit nicht zu.
(2) Das Recht der Nachlassgläubiger, die Befriedigung aus dem ungeteilten Nachlass von sämtlichen Miterben zu verlangen, bleibt unberührt.

1　1. Abs 1 S 1 ordnet zusätzlich zu den Möglichkeiten der §§ 1967 ff (insb §§ 1975 ff) für jeden Miterben die auf den Nachlass beschränkbare Haftung bis zur Teilung des Nachlasses an. Damit stellt die Vorschrift dem Miterben eine dilatorische, weil zeitlich befristete Einschränkungsmöglichkeit zur Verfügung.

2　a) **Prozessual** hindert dies zwar die Verurteilung des Miterben nicht. Er kann aber die Vollstreckung in sein Eigenvermögen durch Erhebung der Vollstreckungsabwehrklage verhindern, soweit ein entspr Vorbehalt in das Urt aufgenommen wurde (§§ 780, 781, 785, 767 ZPO; Einzelheiten zu § 780 ZPO bei § 2014 Rn 4).

3　b) Weitergehend wird der Miterbe gem **Abs 1 S 2** selbst geschützt, wenn er nach allg Regeln bereits unbeschränkt haftet. Zwar kann er die Befriedigung aus dem Nachlass – auch in voller Höhe – nicht mehr verhindern, wohl aber aus seinem Eigenvermögen. Diesbezüglich muss er die Forderung nur in Höhe seines Erbteiles befriedigen, während er sich betr der dann noch verbleibenden Restforderung auf Abs 1 S 1 berufen kann. Hier ist wiederum ein entspr Vorbehalt im Urt erforderlich.

4　c) Die **Teilung des Nachlasses** setzt den Vollzug der Auseinandersetzung voraus, vgl Einzelheiten bei § 2042.

5　2. **Abs 2** betrifft die Gesamthandsklage, die gegen die Erbengemeinschaft als solche zu richten ist (zur Abgrenzung zur Gesamtschuldklage vgl § 2058 Rn 2 f). Ihr Ziel ist die unbeschränkte Befriedigung aus dem ungeteilten Nachlass.

6　Der **Miterbe, der zugleich Nachlassgläubiger ist**, kann auch die Gesamthandsklage erheben. Da er sich jedoch nicht selbst verklagen kann, muss er auch die Gesamthandsklage gegen sämtliche übrigen Miterben richten.

§ 2060 Haftung nach der Teilung

Nach der Teilung des Nachlasses haftet jeder Miterbe nur für den seinem Erbteil entsprechenden Teil einer Nachlassverbindlichkeit:
1. wenn der Gläubiger im Aufgebotsverfahren ausgeschlossen ist; das Aufgebot erstreckt sich insoweit auch auf die in § 1972 bezeichneten Gläubiger sowie auf die Gläubiger, denen der Miterbe unbeschränkt haftet;
2. wenn der Gläubiger seine Forderung später als fünf Jahre nach dem in § 1974 Abs. 1 bestimmten Zeitpunkt geltend macht, es sei denn, dass die Forderung vor dem Ablauf der fünf Jahre dem Miterben bekannt geworden oder im Aufgebotsverfahren angemeldet worden ist; die Vorschrift findet keine Anwendung, soweit der Gläubiger nach § 1971 von dem Aufgebot nicht betroffen wird;
3. wenn das Nachlassinsolvenzverfahren eröffnet und durch Verteilung der Masse oder durch einen Insolvenzplan beendet worden ist.

§ 2061 Aufgebot der Nachlassgläubiger

(1) ¹Jeder Miterbe kann die Nachlassgläubiger öffentlich auffordern, ihre Forderungen binnen sechs Monaten bei ihm oder bei dem Nachlassgericht anzumelden. ²Ist die Aufforderung erfolgt, so haftet nach der Teilung jeder Miterbe nur für den seinem Erbteil entsprechenden Teil einer Forderung, soweit nicht vor dem Ablauf der Frist die Anmeldung erfolgt oder die Forderung ihm zur Zeit der Teilung bekannt ist.
(2) ¹Die Aufforderung ist durch den Bundesanzeiger und durch das für die Bekanntmachungen des Nachlassgerichts bestimmte Blatt zu veröffentlichen. ²Die Frist beginnt mit der letzten Einrückung. ³Die Kosten fallen dem Erben zur Last, der die Aufforderung erlässt.

Grds haften die Miterben **auch nach Vollzug der Erbauseinandersetzung gesamtschuldnerisch**. Etwas anderes gilt nur in den Sonderfällen der §§ 2060, 2061, in denen der Miterbe lediglich entspr des Bruchteils seiner Schuld haftet. Diesen Fällen ist gemeinsam, dass entweder der betroffene Gläubiger Obliegenheiten verletzt hat, etwa seine Forderung trotz Aufgebotsverfahrens nicht geltend gemacht hat (§ 2061 I) oder bereits das Nachlassinsolvenzverfahren eröffnet worden ist. 1

§ 2062 Antrag auf Nachlassverwaltung

Die Anordnung einer Nachlassverwaltung kann von den Erben nur gemeinschaftlich beantragt werden; sie ist ausgeschlossen, wenn der Nachlass geteilt ist.

§ 2062 trifft eine **Sonderregel** insoweit, als zwar die Miterben grds getrennt zu behandeln sind, die Nachlassverwaltung jedoch nur von den Miterben gemeinsam beantragt werden kann. Anders verhält es sich im Nachlassinsolvenzverfahren, das auch von jedem einzelnen Miterben beantragt werden kann (vgl § 317 I InsO). 1

§ 2063 Errichtung eines Inventars, Haftungsbeschränkung

(1) Die Errichtung des Inventars durch einen Miterben kommt auch den übrigen Erben zustatten, soweit nicht ihre Haftung für die Nachlassverbindlichkeiten unbeschränkt ist.
(2) Ein Miterbe kann sich den übrigen Erben gegenüber auf die Beschränkung seiner Haftung auch dann berufen, wenn er den anderen Nachlassgläubigern gegenüber unbeschränkt haftet.

1. Abs 1: Die Vorschrift privilegiert die Erben insoweit, als ihnen bereits eine Inventarerrichtung durch einen Miterben zugute kommt. Hintergrund der Vorschrift ist, dass seitens des Gläubigers Bedarf ohnehin nur für ein Inventar besteht. 1

2. Abs 2: Da ein Miterbe, der zugleich Nachlassgläubiger ist, eines Schutzes insoweit nicht bedarf, als er sich selbst über den Bestand des Nachlasses erkundigen kann, wirken ihm ggü Verfehlungen bei der Inventarerrichtung nicht. Stattdessen können sich die übrigen Miterben selbst dann auf eine beschränkte Haftung berufen, wenn dies ggü anderen Gläubigern nicht mehr möglich ist. 2

Abschnitt 3
Testament

Vorbemerkung zu §§ 2064–2273

I. Mit dem dritten Abschnitt beginnt der „Besonderer Teil des Erbrechts" insoweit, als einzelne Institute betr die **gewillkürte Erbfolge** bzw die **Verfügung von Todes wegen** im Detail ausgestaltet sind. Der Begriff der Verfügung ist dabei untechnisch zu verstehen, da sie anders als im Allgemeinen keine unmittelbare Rechtsänderung nach sich zieht, sondern Rechtswirkungen erst mit dem Tod des Erblassers eintreten. Dementspr er- 1 wirbt der Bedachte auch keine gesicherte Rechtsposition, sondern lediglich eine tatsächliche Aussicht (BGHZ 12, 118). Für das Verständnis der Normen ist es empfehlenswert, sich zunächst die Strukturen zu vergegenwärtigen, die der Regelung zugrunde liegen.

2 **II.** Die Möglichkeit, die eigenen Angelegenheiten über den Tod hinaus im Wege der privatautonomen Errichtung einer Verfügung von Todes wegen auszugestalten, ist letztlich Ausfluss der Vorgaben des Grundgesetzes (Art 14 I, 2 I GG). Man spricht insofern von der **Testierfreiheit**, mittels derer der Erblasser in die Lage versetzt wird, seine Angelegenheiten auch über den Tod hinaus frei und ohne die Einflussnahme Dritter zu regeln. Sie findet ihre Grenzen letztlich nur in allg Grundsätzen, namentlich in den Vorschriften der §§ 134 und 138 (vgl iE dort und bei § 2064 sowie BGH NJW 01, 2338; LG Darmstadt, NJW-RR 01, 1015).

3 **III.** Subjektive Voraussetzung ist dabei auf Seiten des Erblassers seine **Testierfähigkeit**, die vergleichbar ist mit der Geschäftsfähigkeit des Allgemeinen Teils. Abweichendes gilt allein im Hinblick auf die maßgeblichen Altersstufen: Gem § 2229 I besitzen Minderjährige bereits mit **Vollendung des 16. Lebensjahres** die (bis zur Vollendung des 18. Lebensjahres allerdings noch eingeschränkte) Testierfähigkeit. Des Weiteren sind die **Verfügungen von Todes wegen persönlich zu errichten und unterliegen dem Grundsatz erbrechtlicher Formenstrenge**, wenngleich die diesbezüglichen Anforderungen zwischen den jeweiligen Rechtsinstituten variieren (vgl nur §§ 2231, 2267, 2276).

4 **IV.** Verfügung von Todes wegen ist der **Oberbegriff** für Testament und Erbvertrag, wobei sich innerhalb dieser Rechtsinstitute weitere Differenzierungen, etwa zwischen alleinigem und gemeinschaftlichem Testament (vgl §§ 2265 ff) finden. Keine erbrechtlichen Vorgänge sind dag Rechtsgeschäfte unter Lebenden, auch wenn sie die Gestaltung zukünftiger Rechtsverhältnisse nach dem Tode eines Beteiligten zum Gegenstand haben mögen. Zu nennen sind in diesem Zusammenhang etwa Firmen- oder Geschäftsübergabeverträge oder die Sonderbestimmungen aus dem Höferecht (vgl §§ 7, 17 HöfeO). Gleiches gilt für das sog Patiententestament, mittels dessen der Erklärende vorab seine Einwilligung oder Nichteinwilligung in eine bestimmte Behandlungsmethode für den Fall späterer Geschäftsunfähigkeit erklärt (Einzelfragen und Schrifttumsnachweise bei § 1937 Rn 2).

Titel 1
Allgemeine Vorschriften

§ 2064 Persönliche Errichtung

Der Erblasser kann ein Testament nur persönlich errichten.

1 Die Vorschrift ist im Zusammenhang mit § 2065 zu lesen. Beide Normen stellen klar, dass das Testierrecht höchstpersönliches und originäres Recht des Erblassers ist, das weder einer Stellvertretung schon während des Errichtungsaktes (§ 2064) noch einer Delegation der Entscheidungsbefugnisse bei der Erbenbestimmung (§ 2065) zugänglich ist. Dementspr führen Verstöße gegen diese Prinzipien zur Unwirksamkeit der Verfügung bzw zum Eintritt der gesetzlichen Erbfolge, eine Genehmigung ist nicht möglich (BGHZ 15, 200).

2 § 2064 ist aufgrund des unter Rn 1 genannten Normzwecks auf alle Formen der Testamentserrichtung einschließlich des Widerrufstestamentes (§ 2254) anzuwenden.

§ 2065 Bestimmung durch Dritte

(1) Der Erblasser kann eine letztwillige Verfügung nicht in der Weise treffen, dass ein anderer zu bestimmen hat, ob sie gelten oder nicht gelten soll.
(2) Der Erblasser kann die Bestimmung der Person, die eine Zuwendung erhalten soll, sowie die Bestimmung des Gegenstands der Zuwendung nicht einem anderen überlassen.

1. § 2065 ergänzt und erweitert das in § 2064 zum Ausdruck kommende Prinzip der Höchstpersönlichkeit um das **Verbot der Vertretung im Willen bzw den Ausschluss der Fremdbestimmung.** Damit darf der Erblasser grds keine Entscheidungen auf Dritte delegieren. Soweit Abweichendes – vgl etwa §§ 2048 S 2, 2151 I, 2193 I, 2198 I 1 – gilt, muss dies im Gesetz ausdrücklich angeordnet sein. Die maßgeblichen Vorschriften sind als Ausnahmeregeln nicht analogiefähig.

2. IÜ sind Grenzfälle anhand des Normzweckes zu beurteilen. So wurde beispielsweise die Anordnung für zulässig erachtet, unter mehreren Erben das Los entscheiden zu lassen (RG SeuffA 91 Nr 106). Dem ist insofern zuzustimmen, als der Erblasser sich zwar der Verantwortung entzogen, diese aber nicht auf die Willensbetätigung eines Dritten übertragen hat. Problematisch sind demggü Entscheidungen, bei denen es als mit § 2065 vereinbar angesehen wurde, wenn ein Dritter (zB der als Vorerbe eingesetzte Ehegatte) aus einem eng umrissenen Personenkreis die für die Übernahme eines Geschäftes geeignetste Person auswählen sollte (RGZ 159, 299; BGH LM § 2065 Nr 2). Dies entspricht zwar durchaus einem praktischen Bedürfnis, etwa wenn die Nacherben zum Zeitpunkt der Testamentserrichtung noch sehr jung sind, eine Feststellung ihrer Eignung dem Erblasser also nicht möglich ist. Gegen die Zulässigkeit spricht der **Normzweck** von § 2065, dem widersprochen wird, wenn an die Stelle der subjektiven Wertung des Erblassers die eines Dritten tritt. Zudem ist die Entscheidung des Gesetzgebers zu respektieren, der eine entspr Regelung allein für das Höferecht getroffen hat (§ 14 III HöfeO).

Vorbemerkung zu §§ 2066–2073

1. Die §§ 2066–2073 enthalten eine Vielzahl von **Auslegungs- und Ergänzungsregeln,** Fiktionen und Vermutungen. Gegenstand der Regelungen sind Fälle, in denen der Erblasser Personen, die auch im Falle gesetzlicher Erbfolge zu Erben berufen wären, kraft letztwilliger Verfügung zu Erben eingesetzt, aber die Festsetzung der Erbquoten aber unterlassen hat. Das Gesetz hilft diesem Versäumnis mittels der – ggü der Feststellung des wahren Erblasserwillens durch Auslegung nachrangigen (RGZ 70, 391) – Vermutung ab, dass die Erben im Verhältnis ihrer gesetzlichen Erbteile erben.

2. Dieser Grundgedanke ist auf **ähnliche Fälle,** etwa die Einsetzung der Geschwister des Erblassers und deren leiblicher Kinder sinngemäß anwendbar (OLG Hamm Rpfleger 86, 480). Mit OLG Köln Rpfleger 92, 301 sollte dies nicht gelten, wenn der Erblasser seine Enkel einsetzt und die Auslegung ergibt, dass auch Enkel umfasst werden sollen, die bei dem Erbfall noch nicht gezeugt wurden.

3. Die §§ 2066 ff gelten nicht nur für die Einsetzung zum (Voll)Erben, sondern **auch für andere Formen der Zuwendung,** namentlich Vermächtnisse oder die Einsetzung zum Nacherben. Keine Anwendung finden sie dag auf Auflagen, da dort kein Recht zugewendet wird (Arg aus § 2081 III).

§ 2066 Gesetzliche Erben des Erblassers

¹Hat der Erblasser seine gesetzlichen Erben ohne nähere Bestimmung bedacht, so sind diejenigen, welche zur Zeit des Erbfalls seine gesetzlichen Erben sein würden, nach dem Verhältnis ihrer gesetzlichen Erbteile bedacht. ²Ist die Zuwendung unter einer aufschiebenden Bedingung oder unter Bestimmung eines Anfangstermins gemacht und tritt die Bedingung oder der Termin erst nach dem Erbfall ein, so sind im Zweifel diejenigen als bedacht anzusehen, welche die gesetzlichen Erben sein würden, wenn der Erblasser zur Zeit des Eintritts der Bedingung oder des Termins gestorben wäre.

I. Bei S 1 handelt es sich um eine **Ergänzungsregel,** nach der alle zZ des Erbfalls vorhandenen Erben nach Maßgabe ihrer gesetzlichen Erbteile bedacht sind. Ist sie (ggf auch entspr) anwendbar, scheidet eine Verteilung nach Kopfteilen (vgl § 2091) aus.

Sie gilt auch bei einer Rechtsänderung zwischen letztwilliger Verfügung und Erbfall, dh **maßgeblich ist der Zeitpunkt des Erbfalles:** Hatte etwa ein in Zugewinngemeinschaft lebender Ehegatte sein Testament vor Eingehung der Ehe verfasst, erbt der überlebende Ehegatte den erhöhten Erbteil nach §§ 1931, 1371 (KG FamRZ 61, 447).

3 II. S 2 enthält eine **Auslegungsregel**, die im Zusammenhang mit §§ 158, 163, 2067 und 2074 zu lesen ist. Maßgeblicher Zeitpunkt ist hierbei abw von S 1 der **Bedingungseintritt**, der dem Erbfall zeitlich nachfolgen kann. S 2 ist entspr anwendbar, wenn der Erblasser seine gesetzlichen Erben als Nacherben eingesetzt hat.

4 Auf Erbverträge ist § 2066 unmittelbar anwendbar, wenn einseitige Verfügungen in Rede stehen (§ 2299 II 1), analog bei vertragsmäßigen Verfügungen (§ 2279 I).

5 Eine Parallelvorschrift enthält § 160 II 1 VVG für den praktisch wichtigen Fall der Bezugsberechtigung bei einer Kapitallebensversicherung.

§ 2067 Verwandte des Erblassers

¹Hat der Erblasser seine Verwandten oder seine nächsten Verwandten ohne nähere Bestimmung bedacht, so sind im Zweifel diejenigen Verwandten, welche zur Zeit des Erbfalls seine gesetzlichen Erben sein würden, als nach dem Verhältnis ihrer gesetzlichen Erbteile bedacht anzusehen. ²Die Vorschrift des § 2066 Satz 2 findet Anwendung.

1 I. 1. § 2067 ist eine **Auslegungsregel**, der zwei Funktionen zukommen. Einerseits präzisiert die Vorschrift die Erbeinsetzung von „Verwandten" ohne nähere Angaben dahin gehend, dass nur Verwandte bedacht sind, die auch gesetzliche Erben würden. Dies gilt jedoch nur, wenn sich aus der sonstigen Testamentsauslegung nichts anderes ergibt.

2 2. Ferner hilft die Vorschrift dem Umstand ab, dass der Erblasser die Erbquoten nicht konkretisiert hat: Die Verwandten werden entspr ihrer gesetzlichen Erbteile eingesetzt.

3 II. Die Vorschrift kann, soweit es der Normzweck und die Kollision etwa mit dem Stammesprinzip zulassen, **entspr** angewendet werden, wenn der Erblasser zwar bereits eine Einschränkung auf bestimmte Verwandte vorgenommen hat, aber die Erbteile schuldig geblieben ist (BayObLG NJW 92, 322).

§ 2068 Kinder des Erblassers

Hat der Erblasser seine Kinder ohne nähere Bestimmung bedacht und ist ein Kind vor der Errichtung des Testaments mit Hinterlassung von Abkömmlingen gestorben, so ist im Zweifel anzunehmen, dass die Abkömmlinge insoweit bedacht sind, als sie bei der gesetzlichen Erbfolge an die Stelle des Kindes treten würden.

1 Vorrangig ist der wahre **Erblasserwille** durch Auslegung zu ermitteln. Führt dies zu keinem sicheren Ergebnis, stellt § 2068 die Regel auf, dass der Erblasser, der seine Kinder bedenkt, damit auch den jeweiligen Stamm meint, soweit ein **Kind bereits vor der Errichtung des Testaments gestorben** ist. In diesem Fall rücken die Kindeskinder nach § 1924 III, IV ein.

2 Bei der Erbeinsetzung von Kindern **dritter** Personen soll § 2068 nicht entspr anwendbar sein (KG NJW-RR 91, 394). Dem ist zuzustimmen. Angezeigt ist stattdessen ein Vorgehen nach allg Auslegungskriterien.

3 Unanwendbar ist § 2068, wenn ein **Kind nach der Testamentserrichtung** wegfällt. Einschlägig ist dann § 2069.

§ 2069 Abkömmlinge des Erblassers

Hat der Erblasser einen seiner Abkömmlinge bedacht und fällt dieser nach der Errichtung des Testaments weg, so ist im Zweifel anzunehmen, dass dessen Abkömmlinge insoweit bedacht sind, als sie bei der gesetzlichen Erbfolge an dessen Stelle treten würden.

I. § 2069 ist eine der zentralen und praktisch bedeutsamsten Auslegungsregeln des Erbrechts. Gleichwohl ist sie **nachrangig ggü der individuellen Auslegung** (BGHZ 33, 63; BayObLG FamRZ 97, 1241). 1

II. 1. Die Regel trägt dem Stammesprinzip dadurch Rechnung, dass sie eine **konkludente Einsetzung der Abkömmlinge eines eingesetzten Abkömmlings** des Erblassers annimmt, sofern jener nach der Testamentserrichtung wegfällt – BayObLG FamRZ 00, 58; BGH NJW-RR 01, 1154). Bsp: E setzt seine Söhne A und B als Erben ein. Noch vor dem Tod des E verunglückt B tödlich und hinterlässt seinerseits zwei Kinder. Erben des E werden – vorbehaltlich eines abw Auslegungsergebnisses (Rn 1) – neben A die beiden Kinder des B. 2

2. Unter dem **Wegfall** sind nicht nur der **Tod**, sondern auch **Ausschlagung** (BGHZ 33, 63) oder **Verzicht** zugunsten der Abkömmlinge zu verstehen. Schwieriger sind dag die Fälle der Erbunwürdigkeit und der wirksamen Enterbung des ursprünglich Bedachten zu würdigen. Hier ist entscheidend, ob der Erblasser die Enterbung auch auf die Abkömmlinge beziehen wollte bzw bei Kenntnis der Erbunwürdigkeit den gesamten Stamm nicht bedacht hätte (BGH LM § 2069 Nr 4). 3

3. Unanwendbar ist § 2069, wenn die Vorschrift zu einer **Doppelbegünstigung des Stammes** führen würde, etwa wenn ein Erbverzicht auf einer lebzeitigen vollen Abfindung des Abkömmlings beruhte (BGH NJW 74, 43). Eine Doppelbegünstigung ist nicht schon dann anzunehmen, wenn im Falle der Ausschlagung der Pflichtteil verlangt wird, da in diesem Fall die Kindeskinder ohnehin die Pflichtteilslast tragen müssen (dennoch gegen eine Anwendung von § 2069 BGHZ 33, 62 und die obergerichtliche Rspr, zB OLG München MDR 07, 36). 4

4. § 2069 ist **nicht anwendbar auf den Wegfall Dritter**, da es insofern an einer planwidrigen Regelungslücke fehlt (statt dessen ergänzende Auslegung, vgl OLG Karlsruhe NJW-RR 92, 1482; OLG München NJW-RR 06, 1597). 5

§ 2070 Abkömmlinge eines Dritten

Hat der Erblasser die Abkömmlinge eines Dritten ohne nähere Bestimmung bedacht, so ist im Zweifel anzunehmen, dass diejenigen Abkömmlinge nicht bedacht sind, welche zur Zeit des Erbfalls oder, wenn die Zuwendung unter einer aufschiebenden Bedingung oder unter Bestimmung eines Anfangstermins gemacht ist und die Bedingung oder der Termin erst nach dem Erbfall eintritt, zur Zeit des Eintritts der Bedingung oder des Termins noch nicht gezeugt sind.

Um die schwierige Vorschrift verstehen zu können, ist sie im Zusammenhang mit §§ 1923, 2101 I, 2105 II, 2106 II zu lesen. Ein zum Zeitpunkt des Erbfalles noch nicht Gezeugter kann nicht zum Erben, sondern allenfalls zum Nacherben eingesetzt werden, wobei der Nacherbfall erst mit der Geburt eintritt. § 2070 stellt diesbezüglich die widerlegliche Vermutung auf, dass eine derart komplexe Anordnung seitens des Erblassers jedenfalls dann nicht gewollt wurde, wenn er die Abkömmlinge eines Dritten (etwa eines Freundes oder Bekannten) eingesetzt hat. 1

Die praktische Bedeutung der Regelung ist gering, zumal § 2070 dann nicht (auch nicht entspr) gilt, wenn der Erblasser eine Generation überspringt, also die Abkömmlinge seiner Kinder einsetzt (OLG Köln NJW-RR 92, 1032). 2

§ 2071 Personengruppe

Hat der Erblasser ohne nähere Bestimmung eine Klasse von Personen oder Personen bedacht, die zu ihm in einem Dienst- oder Geschäftsverhältnis stehen, so ist im Zweifel anzunehmen, dass diejenigen bedacht sind, welche zur Zeit des Erbfalls der bezeichneten Klasse angehören oder in dem bezeichneten Verhältnis stehen.

Die Regel betrifft insb die Zuwendung an **Arbeiter und Angestellte** des Erblassers. Ihre Bedeutung ist aufgrund der veränderten gesellschaftlichen Strukturen rückläufig. 1

2 Die Vorschrift ist lediglich **Auslegungsregel**. Ergibt die Individualauslegung, dass der Erblasser auf den Zeitpunkt der letztwilligen Verfügung abstellen wollte, ist dies vorrangig.

§ 2072 Die Armen

Hat der Erblasser die Armen ohne nähere Bestimmung bedacht, so ist im Zweifel anzunehmen, dass die öffentliche Armenkasse der Gemeinde, in deren Bezirk er seinen letzten Wohnsitz gehabt hat, unter der Auflage bedacht ist, das Zugewendete unter Arme zu verteilen.

1 § 2072 bezieht sich auf einen Fall der Umdeutung (§ 140). Da eine pauschale Zuwendung an „Arme" mangels hinreichender Bestimmtheit unwirksam wäre (vgl § 2065), wird die Erbmasse stattdessen an die Träger der örtlichen Sozialhilfe (§§ 9, 96 BSHG, der Begriff der „öffentlichen Armenkasse" ist historisch bedingt) verteilt.
2 Eine **analoge Anwendung** ist angezeigt, wenn der Erblasser zwar nicht „die Armen", aber generell bedürftige Personen, zB eine bestimmte Gruppe wie die „Kriegsbeschädigten" (KG NJW-RR 93, 76) oder „die Behinderten", aber auch einen bestimmten Personenkreis wie „die Bedürftigen" oder „die sozial Schwachen", bedacht hat. In jedem Fall muss der Zuwendungsempfänger erkennbar sein (BayObLG ZEV 01, 22). Diesem Erfordernis wird nicht gerecht, wer weder Personen noch eine Einrichtung oÄ angegeben hat. Nicht erforderlich ist, dass tatsächlich alle der durch den Erblasser bezeichneten Personen arm sind.

§ 2073 Mehrdeutige Bezeichnung

Hat der Erblasser den Bedachten in einer Weise bezeichnet, die auf mehrere Personen passt, und lässt sich nicht ermitteln, wer von ihnen bedacht werden sollte, so gelten sie als zu gleichen Teilen bedacht.

1 § 2073 sieht eine **gesetzliche Fiktion** für mehrdeutige Anordnungen des Erblassers vor. Der Anwendungsbereich ist gering, da primär der wahre Wille des Erblassers durch Auslegung festzustellen ist. Nur wenn dies fehlschlägt, bleibt Raum für die Verteilung auf alle Personen (OLG Celle NJW-RR 03, 368).
2 Anwendbar ist § 2073 auch, wenn im Wege der **Auslegung** bestimmte, aber nicht alle potentiellen Erben ausgeschieden werden können (Verteilung dann auf die übrigen Personen).
3 Einer **analogen Anwendung** bedarf es, wenn der Erblasser eine Aufzählung irrtümlich für erschöpfend hielt (BayObLG FamRZ 90, 1275).

§ 2074 Aufschiebende Bedingung

Hat der Erblasser eine letztwillige Zuwendung unter einer aufschiebenden Bedingung gemacht, so ist im Zweifel anzunehmen, dass die Zuwendung nur gelten soll, wenn der Bedachte den Eintritt der Bedingung erlebt.

1 Dazu BayObLG FamRZ 00, 380.

§ 2075 Auflösende Bedingung

Hat der Erblasser eine letztwillige Zuwendung unter der Bedingung gemacht, dass der Bedachte während eines Zeitraums von unbestimmter Dauer etwas unterlässt oder fortgesetzt tut, so ist, wenn das Unterlassen oder das Tun lediglich in der Willkür des Bedachten liegt, im Zweifel anzunehmen, dass die Zuwendung von der auflösenden Bedingung abhängig sein soll, dass der Bedachte die Handlung vornimmt oder das Tun unterlässt.

§ 2076 Bedingung zum Vorteil eines Dritten

Bezweckt die Bedingung, unter der eine letztwillige Zuwendung gemacht ist, den Vorteil eines Dritten, so gilt sie im Zweifel als eingetreten, wenn der Dritte die zum Eintritt der Bedingung erforderliche Mitwirkung verweigert.

§§ 2074–2076

I. Den Vorschriften der §§ 2074–2076 ist gemeinsam, dass sie Fälle behandeln, in denen der Erblasser um den Eintritt eines künftigen Ereignissen nicht weiß, es aber in seine Entscheidung um die Erbeinsetzung einfließen lässt. Damit ist der Begriff der Bedingung als eines zukünftigen objektiv ungewissen Ereignisses deckungsgleich mit dem des Allgemeinen Teiles. Die allg Regeln sind, soweit sich aus dem Erbrecht nichts anderes ergibt, anwendbar (vgl die Kommentierung zu §§ 158 ff). Für das Erbrecht ist es von besonderer Bedeutung, die Bedingung von bloßen Motiven des Erblassers zu unterscheiden, namentlich bei Formulierungen wie „Falls ich die Operation nicht überlebe", „Falls ich von der Reise nicht zurückkehre" usw (vgl BayObLG FamRZ 12, 1976). 1

II. 1. Bei der bedingten Erbeinsetzung treten folgende **Rechtsfolgen** ein: 2
a) Ist der Erbe unter einer **aufschiebenden Bedingung** eingesetzt worden (§ 2074 iVm § 158 I), gilt § 2105 I. Damit werden die gesetzlichen Erben des Erblassers Vorerben, der testamentarische Erbe Nacherbe. 3

b) Ist der Erbe unter einer **auflösenden Bedingung** (§ 2075) eingesetzt worden, hat er die Stellung eines Vorerben. Dabei wird es jedoch dem mutmaßlichen Willen des Erblassers entsprechen, den Bedachten von bestimmten Beschränkungen und Verpflichtungen zu befreien. Daher ist von einer Einsetzung zum befreiten Vorerben auszugehen (BayObLG NJW 62, 1060). 4

c) Keine eigene Fallgruppe, sondern einen Sonderfall der auflösenden Bedingung und damit einen Anwendungsfall des § 2075 bilden die sog **Verwirkungsklauseln**. Gemeint sind damit Fälle, in denen der Erblasser für Fälle, in denen sich sein Erbe seinen Anordnungen zuwider verhält, auf den Pflichtteil gesetzt oder gänzlich von der Erbfolge ausgeschlossen wird. Ein derartiges strafbewehrtes Verhalten kann insb vorliegen, wenn ein Kind im Falle des gemeinschaftlichen Testaments bereits nach dem Tod des Erstversterbenden den Pflichtteil verlangt, obwohl es als Schlusserbe eingesetzt ist (ausf v Olshausen DNotZ 79, 707). Streitig ist, welche Anforderungen an das Fehlverhalten des Erben gestellt werden sollen. Während der BGH eine böswillige Verletzung des Erblasserwillens für erforderlich hält (WM 85, 175), nehmen die Obergerichte teilweise den Bedingungseintritt bereits bei einem bewussten Zuwiderhandeln an. Richtigerweise handelt es sich um eine Frage der Auslegung. Sie sollte daher ebenso von Fall zu Fall entschieden werden, wie es bei weiter gehenden Fragen betr den Wegfall der Bindungswirkung bei § 2271 (vgl dort) oder des Folgeproblems, ob statt des weggefallenen Erben dessen Abkömmlinge (§ 2069) oder die gesetzlichen Erben des Erblassers (§ 2104) Erbe werden, vollzogen wird. 5

d) **Bedingungen zugunsten eines Dritten** sind praktisch insofern selten, als den Bedürfnissen dritter Personen zumeist durch Vermächtnisse (§§ 2147 ff) oder Auflagen (§§ 2192 ff) Rechnung getragen wird. In beiden Fällen gilt § 2076 mangels Vorliegens einer Bedingung nicht, da dabei jeweils die Zuwendung sofort und unmittelbar anfällt, belastet nur durch einen schuldrechtlichen Erfüllungsanspruch des Dritten (Vermächtnis) oder der Rechtspflicht zu einem bestimmten Handeln (Auflage). Im Übrigen gilt § 2076 neben § 162, indem er ebenso wie dieser den Grundsatz von Treu und Glauben für die Frage des Bedingungseintritts präzisiert (vgl Einzelheiten bei § 162). 6

2. Ein dogmatisch nach wie vor nicht abschließend geklärtes Problem stellen schließlich die in der Praxis gleichwohl häufigen, auch im Hinblick auf Art 6 GG nicht zu beanstandenden (BGH FamRZ 65, 600), sog „**Wiederverheiratungsklauseln**" dar. Bsp: „Meine Alleinerbin soll meine Frau F sein. Geht sie nach meinem Tode eine Heirat ein, soll mein Nachlass an meine Kinder fallen." Derartige Anordnungen sind zuletzt wiederholt Gegenstand gerichtlicher Entscheidung gewesen. Der BGH geht unter Anschluss der zutreffenden hM nunmehr davon aus, dass der Ehegatte zugleich auflösend 7

bedingter Vollerbe und aufschiebend bedingter – regelmäßig befreiter – Vorerbe ist (BGHZ 96, 204; OLG Celle ZEV 13, 40; aA: auflösend bedingte Vorerbschaft und eine aufschiebend bedingte Vollerbschaft etwa MK/Musielak § 2269 Rn 54 mwN). Vgl auch die Kommentierung zum praktisch wichtigsten Anwendungsfall des gemeinschaftlichen Testamentes bei § 2269 Rn 8 ff.

§ 2077 Unwirksamkeit letztwilliger Verfügungen bei Auflösung der Ehe oder Verlobung

(1) [1]Eine letztwillige Verfügung, durch die der Erblasser seinen Ehegatten bedacht hat, ist unwirksam, wenn die Ehe vor dem Tode des Erblassers aufgelöst worden ist. [2]Der Auflösung der Ehe steht es gleich, wenn zur Zeit des Todes des Erblassers die Voraussetzungen für die Scheidung der Ehe gegeben waren und der Erblasser die Scheidung beantragt oder ihr zugestimmt hatte. [3]Das Gleiche gilt, wenn der Erblasser zur Zeit seines Todes berechtigt war, die Aufhebung der Ehe zu beantragen, und den Antrag gestellt hatte.
(2) Eine letztwillige Verfügung, durch die der Erblasser seinen Verlobten bedacht hat, ist unwirksam, wenn das Verlöbnis vor dem Tode des Erblassers aufgelöst worden ist.
(3) Die Verfügung ist nicht unwirksam, wenn anzunehmen ist, dass der Erblasser sie auch für einen solchen Fall getroffen haben würde.

1   I. 1. Die Vorschrift wurde zuletzt durch das EheschlRG v 4.5.98 (BGBl I 833) **geändert**, nachdem der Gesetzgeber das EheG aufgehoben und die Materie wieder im vierten Buch des BGB geregelt hat.
2   2. § 2077 ist im Zusammenhang mit allg Nichtigkeitsregeln, namentlich also §§ 125, 134, 138, aber auch § 14 I HeimG zu lesen. In der Sache wird eine widerlegliche Nichtigkeitsvermutung für die Fälle aufgestellt, in denen der Erblasser seinen Ehegatten bedacht hat, die Ehe aber später geschieden wird. Fraglich ist dabei die **Rechtsnatur der Vorschrift**. Ein Teil des Schrifttums geht vom Vorliegen einer Ergänzungsregel (v Lübtow ErbR I S 293) oder dispositivem Gesetzesrecht (Kipp-Coing ErbR § 23 V 4) aus, während die heute ganz herrschende Meinung eine **dispositive Auslegungsregel** annimmt (BGH NJW 03, 2095, BGH FamRZ 61, 366; aus dem Schrifttum statt vieler Soergel/Loritz § 2077 Rn 2 f mwN). Die besseren Gründe, insb im Hinblick auf den Normtext des Abs 3, sprechen indes für die letztgenannte Ansicht. Da Abs 3 auf den hypothetischen bzw (erst recht auch) auf einen entspr realen Willen des Erblassers abstellt, steht das subjektive Element ggü einer objektiven Sichtweise im Vordergrund.
3   II. 1. Entspr, aber um weiter gehende Rechtsfolgen modifiziert, gilt § 2077 bei gemeinschaftlichem Testament (§ 2268) bzw Erbvertrag (§ 2279).
4   2. Voraussetzung für Abs 1 S 1 ist die **Auflösung der Ehe**, die sich nunmehr nach §§ 1313 ff richtet. Es bedarf eines rechtskräftigen Urt. Zum Verfahren vgl §§ 124 ff, 133 ff FamFG. Der Scheidung gleichgestellt sind Fälle, in denen zum Zeitpunkt des Erbfalles deren Voraussetzungen vorliegen und der Erblasser die **Scheidung beantragt oder ihr zugestimmt** hat (BayObLG FamRZ 97, 760).
5   3. Die Beantragung der Scheidung erfolgt dabei durch Einreichung der Antragsschrift und Zustellung an den Ehegatten (§§ 113 I 2, 124 S 1 FamFG, 253, 261 ZPO). Streitig ist insofern, ob es ausreicht, wenn im Todeszeitpunkt die Antragsschrift zwar bei Gericht eingereicht, aber noch nicht zugestellt ist. Die hM will diesbezüglich denkbare entspr Anwendung von § 167 ZPO (Rückbeziehung zur Fristwahrung) nicht zulassen, da es nicht um eine Fristwahrung, sondern um den Eintritt weitergehender materiellrechtlicher Folgen gehe (BGH JZ 90, 1134; Staud/Otte § 2077 Rn 15 mwN). Diese Argumentation erscheint indes zu formal. Im Hinblick auf eine interessengerechte Abwicklung des Nachlasses sollte einer analogen Anwendung nichts entgegenstehen (vgl auch die Parallelproblematik im Falle gesetzlicher Erbfolge § 1933 Rn 3 mwN). Nach der Entscheidung des OLG Stuttgart FamRZ 12, 480 sind die Erklärungen nach § 133 I Nr 2 FamFG keine Voraussetzung für § 2077 I 2, wenn nach § 1566 I das Scheitern der Ehe unwiderlegbar vermutet wird. Diese Vorverlagerung der Scheidungsvorausset-

zungen hat das BVerfG mit Beschl v 12.1.12 mit Art 6 I GG für vereinbar erklärt (1 BvR 2761/11).

4. Ein weiteres Problem stellt sich bei **Lebensversicherungen, wenn der Ehegatte für den Todesfall bezugsberechtigt** ist. Hier kommt nur eine **analoge Anwendung von** § 2077 in Betracht, da es sich bei der Bezugsberechtigung nicht um eine Erbeinsetzung, sondern um einen Vertrag zugunsten Dritter (vgl § 159 VVG iVm § 328) handelt. Die Interessenlage ist ggü der Erbeinsetzung auf den ersten Blick identisch. Hätte der Erblasser um die bevorstehende Scheidung gewusst, hätte er den Ehegatten nicht als Berechtigten eingesetzt. Demzufolge tritt eine starke Schrifttumsmeinung für eine entspr Anwendung ein (Fuchs JuS 89, 181; MK/Leipold § 2077 Rn 36 ff). Dennoch spricht entscheidend gegen eine Analogie, dass der Erblasser nicht nur seinen Ehegatten, sondern jeden beliebigen Dritten als Bezugsberechtigten einsetzen kann. Würde man aber § 2077 analog anwenden, würde nur der Ehegatte über § 2077 schlechter gestellt, während die Einsetzung anderer Personen, für die § 2077 unstreitig auch nicht analog angewendet werden kann, fortdauernde Geltung beanspruchen könnte. Zudem kann der Erblasser mit der Bezugsberechtigung ggü der Erbeinsetzung abweichende Ziele, etwa die Absicherung eines gemeinsam mit dem Ehegatten aufgenommenen Kredites verfolgen, die auch durch eine Scheidung nicht berührt werden. Mit der höchstrichterlichen Rspr und einem Teil des Schrifttums (BGH MDR 07, 952; NJW 76, 290; vgl Schneider in: Prölss/Martin VVG § 160 Rn 7) ist eine **analoge Anwendung** daher **abzulehnen.** Dies hindert indes nicht, im Einzelfall die Frage des **Wegfalls der Geschäftsgrundlage** (§ 313) aufzuwerfen, deren Voraussetzungen ggü § 2077 enger sind.

5. Ebenfalls keine Anwendung findet § 2077 auf bereits **vollzogene Schenkungen,** während für Schenkungen auf den Todesfall iSv § 2301 I 1 die Vorschriften für die Verfügungen von Todes wegen, also auch § 2077, anzuwenden sind. Die Abgrenzung zwischen beiden ist im Einzelfall sehr schwierig, vgl dazu ausf die Kommentierung bei § 2301.

6. Weiterhin ist eine analoge Anwendung des § 2077 auf die Erbeinsetzung von Schwiegerkindern nicht möglich (BGH NJW 03, 2095).

7. Schließlich gilt Abs 1 auch, wenn der Erblasser die letztwillige Verfügung bereits **vor der Eheschließung** errichtet hat (BayObLG NJW-RR 93, 12).

8. Abs 2 betrifft den Fall des Verlöbnisses und besitzt daher schon per se einen vergleichsweise geringen Anwendungsbereich (OLG Stuttgart Rpfleger 97, 437). Einer erwägenswerten entspr Anwendung auf die nichteheliche Lebensgemeinschaft stehen va die Schwierigkeiten entgg, die Existenz einer solchen Gemeinschaft festzustellen. Es ist daher folgerichtig, dass die Rspr eine Analogie ablehnt (BayObLG Rpfleger 83, 440).

9. Abs 3 statuiert den Vorrang des hypothetischen Erblasserwillens, ist jedoch im Wege des „Erst-recht-Schlusses" **auch bei** einem entgegenstehenden **tatsächlichen Erblasserwillen** anzuwenden. Streitig ist, ob insofern allein auf den **Willen zum Zeitpunkt der Testamentserrichtung** (so die hM BGH FamRZ 60, 29; Brox, Die Einschränkung der Irrtumsanfechtung (1960), 156 mwN) abzustellen ist **oder darüber hinaus spätere Willensänderungen** zu berücksichtigen sind (Foer AcP Bd 153, 514). Zutreffend ist nur die erstgenannte Ansicht, da die Gegenauffassung das erbrechtliche Prinzip der Formstrenge dadurch aushöhlt, dass spätere Willensänderungen unabhängig von ihrer formgerechten Kundgabe berücksichtigt werden. Nach § 2279 II gelten die Vorschriften des § 2079 für einen Erbvertrag zwischen Ehegatten auch insoweit, als ein Dritter bedacht ist (OLG München ZEV 08, 290).

Vorbemerkung zu §§ 2078–2083

Die §§ 2078 ff haben die **Anfechtung letztwilliger Verfügungen** zum Gegenstand. Sie gelten nicht für die Anfechtung der Ausschlagung oder Annahme der Erbschaft (vgl hierzu §§ 1954 ff). Die Vorschriften sind im Zusammenhang mit den §§ 119 ff zu lesen, die teilweise modifiziert, teilweise ergänzt werden. Die Anfechtungsgründe sind allerdings in §§ 2078 ff speziell und abschließend geregelt. Unterschiede zum Allgemeinen Teil (insb bei den Anfechtungsgründen, § 2078 II, der Anfechtungsberechtigung,

§ 2080, und dem fehlenden Ersatz des Vertrauensschadens, § 2078 III) ergeben sich va daraus, dass im Vordergrund der §§ 2078 ff mit Ausn der Anfechtung des Erbvertrags durch den Erblasser (§§ 2281 ff) nicht das Anfechtungsinteresse des Erklärenden, sondern das Dritter steht (§ 2080). Es geht hier nicht um den Erblasser, der, wenn er nicht ausnahmsweise nach §§ 2271 II 1, 2289 I 2 gebunden ist (dann gelten hins der Anfechtung §§ 2281 ff in analoger bzw direkter Anwendung mit den dort dargestellten Besonderheiten), seine letztwillige Verfügung ohnehin jederzeit widerrufen kann, sondern um seine (potentiellen) Erben. Diese sollen vor der Bindungswirkung fehlerhafter Erklärungen des Erblassers geschützt werden. Ferner ist dem Verkehrsschutz nicht in gleichem Maße wie bei den §§ 119 ff Rechnung zu tragen, weil die Verfügung des Erblassers keinen Erklärungsempfänger hat, dessen Vertrauensschaden zu ersetzen wäre (vgl § 2078 III, der die Anwendbarkeit des § 122 ausschließt).

2 Die **Prüfungsfolge** gestaltet sich parallel zur Anfechtung nach §§ 119 ff. Notwendig ist eine Anfechtungserklärung (§ 2081 und ergänzend § 143) des Anfechtungsberechtigten (§ 2080), die auf einem Anfechtungsgrund (§§ 2078, 2079) beruht und innerhalb der Anfechtungsfrist (§ 2081) abgegeben wird. Rechtsfolge der Anfechtung ist die Nichtigkeit (§ 142 I).

3 Ferner gelten bestimmte methodische Prinzipien ebenso wie im Allgemeinen Teil. Insb **geht die Auslegung der Anfechtung vor**. Nur wenn die fehlerhafte Willensbildung oder -äußerung nicht im Wege der Auslegung korrigiert werden kann, kommt die Anfechtung zum Zuge (BGH NJW 78, 266). Dieser Grundsatz ist im Erbrecht von nicht zu unterschätzender Bedeutung, da die Rechtsfolge der Anfechtung lediglich in der Beseitigung der fehlerhaften Verfügung des Erblassers besteht, aber gerade nicht seinem wirklichen oder hypothetischen Willen zur Geltung verhilft. Um dies in möglichst weitem Umfang zu gewährleisten, sind die Möglichkeiten der interessengerechten Auslegung der letztwilligen Verfügung weitestgehend, auch durch ergänzende Auslegung, auszuschöpfen. Zugleich sind an die Bejahung der Anfechtungsvoraussetzungen strenge Anforderungen zu stellen.

§ 2078 Anfechtung wegen Irrtums oder Drohung

(1) Eine letztwillige Verfügung kann angefochten werden, soweit der Erblasser über den Inhalt seiner Erklärung im Irrtum war oder eine Erklärung dieses Inhalts überhaupt nicht abgeben wollte und anzunehmen ist, dass er die Erklärung bei Kenntnis der Sachlage nicht abgegeben haben würde.
(2) Das Gleiche gilt, soweit der Erblasser zu der Verfügung durch die irrige Annahme oder Erwartung des Eintritts oder Nichteintritts eines Umstands oder widerrechtlich durch Drohung bestimmt worden ist.
(3) Die Vorschrift des § 122 findet keine Anwendung.

1 I. § 2078 regelt die Anfechtungsgründe für die Anfechtung letztwilliger Verfügungen und geht insoweit den §§ 119 ff als abschließende Sonderregelung vor. Neben den Anfechtungsgründen des Inhalts- und Erklärungsirrtums (Abs 1) und der widerrechtlichen Drohung (Abs 2 2. Alt), die insoweit §§ 119, 123 entsprechen, lässt Abs 2 1. Alt die Anfechtung abw von § 119 auch bei bloßen **Motivirrtümern** zu. Abs 3 bestimmt, dass im Ggs zu § 122 kein Vertrauensschaden zu ersetzen ist.

2 II. 1. Anfechtungsgründe nach Abs 1 sind entspr § 119 I der **Erklärungs- und Inhaltsirrtum**. Insofern gilt freilich in besonderem Maße der Vorrang der Auslegung, wonach immer der wirkliche Wille des Erblassers zu ermitteln ist. Liegt ein Irrtum vor, ist erforderlich, dass der Erblasser die Erklärung bei Kenntnis der Sachlage nicht abgegeben haben würde. Im Ggs zu § 119 I kommt es hier nicht auf eine (objektiv) „verständige Würdigung des Falles" an, sondern allein auf die subjektive Perspektive des Erblassers. Damit wird der Testierfreiheit und der Tatsache Rechnung getragen, dass bei letztwilligen Verfügungen typischerweise kein schützenswertes Vertrauen eines Erklärungsempfängers zu berücksichtigen ist (vgl Vor §§ 2078–2083 Rn 1). Wird die vom Erblasser

angestrebte Situation trotz des Irrtums annähernd erreicht, scheidet eine Anfechtung nach Abs 1 aus (MK/Leipold § 2078 Rn 19 ff).

2. Abs 2 behandelt in Abweichung von §§ 119 ff in der 1. Alt ganz allg den **Motivirr-** 3 **tum** und in der 2. Alt die **widerrechtliche Drohung**. Eine besondere Regelung der arglistigen Täuschung war entbehrlich, da bereits ein nicht auf Täuschung beruhender Motivirrtum einen Anfechtungsgrund darstellt.

a) Wegen ihrer **Reichweite** ist die Anerkennung des **Motivirrtums** als Anfechtungs- 4 grund für letztwillige Verfügungen von besonderer praktischer Bedeutung. Die „irrige Annahme eines Umstandes" bezieht sich auf die Vergangenheit, während die „Erwartung des Eintrittes oder Nichteintrittes eines Umstandes" Prognosen des Erblassers betrifft, die sich später als unzutreffend erwiesen haben. Die Rspr lässt insoweit **Fehlvorstellungen jedweder Art** ausreichen. Beispielsweise sind die irrige Annahme, bestimmte Abkömmlinge lebten in besseren wirtschaftlichen Verhältnissen als andere (RGZ 172, 83), die falsche Erwartung einer harmonischen Ehe (BayObLG FamRZ 83, 1275) oder die Vorstellung, der Erbe lebe in geordneten Verhältnissen, wenn jener später einer religiösen Sekte beitritt (OLG München NJW 83, 2577), als Anfechtungsgründe anerkannt worden. Grds ist dem, in Anbetracht der besonderen Bedeutung des Erblasserwillens zuzustimmen. Insb das letztgenannte Bsp macht jedoch deutlich, dass die kollidierenden (Grund)Rechte der Betroffenen, hier das Recht auf Religionsfreiheit aus Art 4 GG, jedenfalls in eine tragfähige Begr sowohl im richterlichen Urt als auch in der Fallbearbeitung mit einfließen sollten.

b) Auch der Ansatz der Rspr (seit RGZ 86, 207), das Anfechtungsrecht faktisch da- 5 durch einzuschränken, dass **sich der Erblasser tatsächliche Gedanken gemacht haben muss**, ist nicht bedenkenfrei, zumal die Abgrenzung zu bloßen Hypothesen nicht durchgängig gelingt. Der BGH erkennt zB auch „unbewusste (irrige) Vorstellungen" als zur Anfechtung berechtigend an bzw Umstände, die „so selbstverständlich sind, dass der Erblasser sie zwar nicht konkret im Bewusstsein hat, aber dennoch jederzeit abrufen und ins Bewusstsein holen kann" (NJW-RR 87, 1413; ebenso wie obergerichtliche Rspr, zuletzt OLG München ZErb 08, 420). Da beide Formulierungen zu unbestimmt sind, bilden sie ein Einfallstor für eine unerwünschte Einzelfalljudikatur. Vorzugswürdig ist es daher, auch unbewusste Fehlvorstellungen in den Anfechtungsbereich mit einzubeziehen.

c) Schließlich muss auch iR des insofern auf Abs 1 verweisenden Abs 2 der **Irrtum für** 6 **die Erbeinsetzung kausal** oder erheblich gewesen sein. Dazu genügt keine bloße (Mit-)Ursächlichkeit, sondern der **Irrtum muss den bewegenden Grund für die Einsetzung** ausmachen (BGH WM 87, 1020). Die diesbezügliche Beweislast trägt der Anfechtende. Er muss nachweisen, dass der Erblasser die Verfügung bei Kenntnis der wahren Sachlage nicht in der angefochtenen Form errichtet hätte. Bsp: Die Erblasserin enterbt ihren Sohn, weil dieser aus der DDR entflohen ist und für „Republikflüchtlinge" der Einzug des Erbteiles durch den Staat droht. Als der Sohn später anficht, behauptet die zur Alleinerbin eingesetzte Tochter, die Enterbung sei unabhängig von den politischen Rahmenbedingungen gewesen, vielmehr habe es zwischen Mutter und Sohn Zerwürfnisse gegeben. Beweispflichtig dafür, dass er aufgrund der rechtlichen Bedingungen enterbt worden ist, ist der Anfechtende, im Bsp der Sohn (BGH FamRZ 94, 307; vgl auch OLG Dresden FamRZ 94, 269 f).

3. Rechtsfolge der wirksamen Anfechtung ist die **Nichtigkeit der Verfügung von An-** 7 **fang an** (§ 142 I), wobei alle von dem Irrtum betroffenen Verfügungen unwirksam sind (BGH NJW 85, 2026). An ihre Stelle tritt dann das Gesetzesrecht, also die gesetzliche Erbfolge. Dem hypothetischen Erblasserwillen kann folglich durch eine Anfechtung nicht zur Geltung verholfen werden, was eine grds strenge Anwendung der Vorschrift im Hinblick auf eine mögliche Auslegung gebietet. Der Auslegung sollte Vorrang eingeräumt werden, denn während die Anfechtung sogleich zu einer Vernichtung der letztwilligen Erklärung führt, kann durch ergänzende Auslegung der letzte Wille, auch wenn er nicht ausdrücklich erklärt ist, noch Berücksichtigung finden (vgl BayObLG ZEV 02, 191). Allerdings schließt die Nichtigkeitsfolge im Hinblick auf § 2085 nicht aus, dass bestimmte Verfügungen, die von dem angefochtenen Teil unabhängig sind, fortgelten (OLG Köln NJW-RR 92, 1357: Fortgeltung einer postmortalen Bevollmächtigung trotz iÜ wirksamer Anfechtung).

§ 2079 Anfechtung wegen Übergehung eines Pflichtteilsberechtigten

¹Eine letztwillige Verfügung kann angefochten werden, wenn der Erblasser einen zur Zeit des Erbfalls vorhandenen Pflichtteilsberechtigten übergangen hat, dessen Vorhandensein ihm bei der Errichtung der Verfügung nicht bekannt war oder der erst nach der Errichtung geboren oder pflichtteilsberechtigt geworden ist. ²Die Anfechtung ist ausgeschlossen, soweit anzunehmen ist, dass der Erblasser auch bei Kenntnis der Sachlage die Verfügung getroffen haben würde.

1 I. § 2079 hat insofern klarstellende Funktion, als der **besondere Motivirrtum der Übergehung eines Pflichtteilsberechtigten,** der ohnehin schon unter § 2078 II fallen würde, nochmals ausdrücklich erwähnt wird. Seine **Bedeutung besteht in der Verteilung der Beweislast:** Da es regelmäßig nicht dem Willen des Erblassers entsprechen wird, einen ihm unbekannten Pflichtteilsberechtigten auf den Pflichtteil zu beschränken, muss der Anfechtungsberechtigte anders als bei § 2078 II die Ursächlichkeit zwischen Irrtum und Übergehen nicht beweisen. Stattdessen hat der Anfechtungsgegner, wie sich aus S 2 ergibt, zu beweisen, dass der Erblasser den Pflichtteilsberechtigten auch bei Kenntnis von dessen Existenz übergangen hätte (OLG Hamburg FamRZ 90, 912). Diese Regelung gilt auch für die nachträglich entstandene Pflichtteilsberechtigung (OLG Frankfurt ZErb 12, 241 zum Erbvertrag gem § 2281 I).

2 Vor dem Hintergrund der oben Vorb Rn 10 geschilderten Entwicklungen ist in diesem Zusammenhang auf Art 12 § 10 III NEhelG idF des Zweiten ErbRGleichstellungsG 2011 hinzuweisen, wonach die nachträgliche Gewährung des Pflichtteilsrechts für vor dem 1.7.49 geborene uneheliche Kinder für Erbfälle ab dem 29.5.09 den § 2079 nicht zur Anwendung bringt (dazu Leipold FPR 11, 275, 277).

3 II. Ein **Übergehen** des Pflichtteilsberechtigten liegt schon dann vor, wenn ihm keine wesentliche Zuwendung gemacht worden ist. Pflichtteilsberechtigt iSv § 2079 sind auch nichteheliche Kinder und zwar unabhängig davon, ob die letztwillige Verfügung vor dem 1.1.70, also dem Inkrafttreten des Nichtehelichengesetzes, errichtet wurde.

§ 2080 Anfechtungsberechtigte

(1) Zur Anfechtung ist derjenige berechtigt, welchem die Aufhebung der letztwilligen Verfügung unmittelbar zustatten kommen würde.
(2) Bezieht sich in den Fällen des § 2078 der Irrtum nur auf eine bestimmte Person und ist diese anfechtungsberechtigt oder würde sie anfechtungsberechtigt sein, wenn sie zur Zeit des Erbfalls gelebt hätte, so ist ein anderer zur Anfechtung nicht berechtigt.
(3) Im Falle des § 2079 steht das Anfechtungsrecht nur dem Pflichtteilsberechtigten zu.

1 I. Die Vorschrift engt den **Kreis der Personen** ein, die eine irrtumsbehaftete letztwillige Verfügung im Wege der Anfechtung beseitigen können. Die Anfechtung soll auf das Notwendige beschränkt werden, um dem Erblasserwillen zugunsten der betroffenen Personen zur Geltung zu verhelfen. Ausgeschlossen sein soll daß die Anfechtung seitens unbeteiligter Personen, die etwa aus öffentlichem Interesse eine Anfechtung durchsetzen wollen.

2 II. 1. Ein **unmittelbares Zustattenkommen** iSv Abs 1 liegt vor, wenn die Unwirksamkeit der letztwilligen Verfügung dem Anfechtenden einen Vorteil einbringt, den er ansonsten nicht erhalten würde. Ein solcher Vorteil kann, namentlich in einem gesetzlichen Erbrecht bestehen, aber auch im Wegfall einer Beschwerung (Bsp: der anfechtungsberechtigte gesetzliche Alleinerbe ist zwar auch in der letztwilligen Verfügung als alleiniger Erbe eingesetzt, aber mit einem Vermächtnis zugunsten eines Dritten beschwert oder einer Auflage). Daß fehlt der Unmittelbarkeitszusammenhang, wenn im Falle der erfolgreichen Anfechtung ein Dritter erben würde, der jedoch bereits im Vor-

feld in Aussicht gestellt hat, zugunsten des Anfechtenden zu verzichten. Hier steht kein unmittelbarer Vorteil, sondern eine bloße Erwerbsaussicht im Vordergrund.
2. Sehr str ist, ob eine **letztwillige Verfügung** durch den Anfechtungsberechtigten mit der Folge **bestätigt** werden kann, dass er sein Anfechtungsrecht verliert (§ 144 II). Kernpunkt der Auseinandersetzung ist dabei, ob man eine fremde Willenserklärung anfechten kann (deshalb abl Kipp-Coing ErbR § 24 VII 2). Trotz dieser Bedenken sollte man nach hM (BayObLG NJW 54, 1039; Soergel/Loritz § 2080 Rn 24) eine Bestätigung zulassen, da die Gegenmeinung die Besonderheiten des Erbrechts nicht hinreichend berücksichtigt.

§ 2081 Anfechtungserklärung

(1) Die Anfechtung einer letztwilligen Verfügung, durch die ein Erbe eingesetzt, ein gesetzlicher Erbe von der Erbfolge ausgeschlossen, ein Testamentsvollstrecker ernannt oder eine Verfügung solcher Art aufgehoben wird, erfolgt durch Erklärung gegenüber dem Nachlassgericht.
(2) [1]Das Nachlassgericht soll die Anfechtungserklärung demjenigen mitteilen, welchem die angefochtene Verfügung unmittelbar zustatten kommt. [2]Es hat die Einsicht der Erklärung jedem zu gestatten, der ein rechtliches Interesse glaubhaft macht.
(3) Die Vorschrift des Absatzes 1 gilt auch für die Anfechtung einer letztwilligen Verfügung, durch die ein Recht für einen anderen nicht begründet wird, insbesondere für die Anfechtung einer Auflage.

I. 1. § 2081 trägt der **Rechtssicherheit** dadurch Rechnung, dass auch die Anfechtungserklärung in den wichtigsten Fällen (Abs 1 und 3) an ein bestimmtes formalisiertes Vorgehen gebunden ist (vgl auch RGZ 143, 352). Hintergrund dafür sind zwei Überlegungen. Zum einen kennt die Anfechtung einer letztwilligen Verfügung keinen Anfechtungsgegner wie er in § 143 I vorausgesetzt wird. Zum anderen geht der Kreis, der durch die Anfechtung betroffenen Personen, über den, bei der Anfechtung eines (zB beidseitigen) Rechtsgeschäftes hinaus.
2. Diese Grundsätze gelten indes nicht in den Fällen, in denen ein Bedürfnis im vorgenannten Sinne nicht besteht. Der relevanteste Ausnahmefall dürfte die Anfechtung eines Vermächtnisses durch den Beschwerten sein, die nach allg Regeln (§ 143 IV 1) ggü dem Vermächtnisnehmer als dem unmittelbar Bevorteilten erfolgt (KG FamRZ 77, 273). Sonderregelungen gelten ferner für den Erbvertrag, beachte dazu §§ 2282 ff.
II. 1. Die Erklärung der Anfechtung erfolgt **formlos ggü dem Nachlassgericht**, wobei sich der Wille zur Anfechtung eindeutig aus dem Vorbringen des Anfechtenden ergeben muss. Allerdings bedarf es zu diesem Zeitpunkt noch keiner Angabe von Anfechtungsgründen, da diese erst in einem etwaigen Anfechtungsprozess vorgebracht werden müssen (BayObLGZ 90, 330; OLG Frankfurt FamRZ 92, 226).
2. **Grds unwirksam sind Anfechtungserklärungen**, die **einem der Beteiligten** ggü erklärt worden sind. Die überwiegende Meinung will davon jedoch eine Ausn in Fällen machen, in denen die dritte Person die Wirksamkeit der Anfechtung vertraglich anerkennt (RG WarnR 18, 212; Erm/M. Schmidt § 2078 Rn 12). Diese Meinung führt jedoch zu Folgeproblemen, wenn weitere Personen beteiligt sind. Da der Dritte nicht für diese anerkennen kann (unzulässiger Vertrag zulasten Dritter), kommt man zwangsläufig zu einer nur teilweisen Wirksamkeit, also zu einem Ergebnis, das der Rechtssicherheit als tragendem Normzweck des § 2081 widerspricht.
3. Ist die Anfechtung erfolgt, nachdem ein Erbschein zugunsten einer dritten Person ausgestellt worden ist, hat das Nachlassgericht vAw zu prüfen, ob die Voraussetzungen einer Einziehung, (§ 2361) vorliegen (BayObLG FamRZ 93, 1125).

§ 2082 Anfechtungsfrist

(1) Die Anfechtung kann nur binnen Jahresfrist erfolgen.
(2) ¹Die Frist beginnt mit dem Zeitpunkt, in welchem der Anfechtungsberechtigte von dem Anfechtungsgrund Kenntnis erlangt. ²Auf den Lauf der Frist finden die für die Verjährung geltenden Vorschriften der §§ 206, 210, 211 entsprechende Anwendung.
(3) Die Anfechtung ist ausgeschlossen, wenn seit dem Erbfall 30 Jahre verstrichen sind.

1 I. Auch § 2082 dient der Rechtssicherheit, indem die Anfechtbarkeit letztwilliger Verfügungen (nicht nur in den Fällen des § 2081 sondern auch iÜ) begrenzt wird. Die Vorschrift ist lex specialis zu §§ 122, 124 und enthält eine **gesetzliche zu beachtende Ausschlussfrist**, also nicht etwa eine Verjährungsfrist, auf die sich der Dritte berufen müsste.

2 II. 1. Maßgeblich für den **Fristbeginn** ist nach Abs 2 die Kenntnis des Anfechtungsberechtigten von dem Anfechtungsgrund. Darunter ist das **Wissen um die wesentlichen Tatsachen, die ein Anfechtungsrecht begründen,** zu verstehen. Zuverlässige Kenntnis von den anfechtbaren Regelungen erhält der Anfechtungsberechtigte in jedem Fall dann, wenn er von dem Nachlassgericht über den Regelungsumfang eines Testamentes unterrichtet wird (OLG Frankfurt ZEV 02, 110). Schwierig ist die Beurteilung von Fällen, in denen der Anfechtungsberechtigte die maßgeblichen Tatsachen fehlinterpretiert oder unzutreffende rechtliche Schlüsse zieht. Während Tatsachenirrtümer nach einhelliger Ansicht relevant sein sollen, also den Fristbeginn hemmen, ist die **Behandlung von Rechtsirrtümern** str. Eine im Schrifttum vertretene Ansicht (MK/Leipold § 2082 Rn 7) will diese grds nicht zugunsten des Anfechtungsberechtigten eingreifen lassen, während die überwiegende Gegenauffassung danach differenziert, ob der in Frage stehende Rechtsirrtum zu einer falschen Beurteilung der tatsächlichen Lage geführt hat. In diesem Fall soll die Frist – anders als bei einem „reinen" Rechtsirrtum – dennoch relevant sein (BGH FamRZ 70, 79; Jauernig/Stürner § 2082 Rn 2; Erm/M Schmidt § 2082 Rn 2 mwN).

3 2. Über § 2082 II finden die §§ 206, 210, 211 entspr Anwendung. Von Bedeutung ist dabei insofern, dass **zum Schutze eines Nichtgeschäftsfähigen auch § 181 eingreift** (RGZ 143, 354). Dies hat zur Folge, dass eine ablaufhemmende fehlende gesetzliche Vertretung zugunsten eines Nichtgeschäftsfähigen auch eingreift, wenn sein gesetzlicher Vertreter infolge eines Interessenkonfliktes an der Vertretung gehindert ist. Bsp: Der Vormund des anfechtungsberechtigten Kindes ist als Erbe eingesetzt. Im Falle wirksamer Erbfolge würde das Kind gesetzlicher Erbe.

§ 2083 Anfechtbarkeitseinrede

Ist eine letztwillige Verfügung, durch die eine Verpflichtung zu einer Leistung begründet wird, anfechtbar, so kann der Beschwerte die Leistung verweigern, auch wenn die Anfechtung nach § 2082 ausgeschlossen ist.

1 § 2083 sichert dem Leistungsverpflichteten im Falle der Anfechtbarkeit ein Leistungsverweigerungsrecht ggü einem Anspruch. Die Vorschrift hat damit in der Sache einen ähnlichen Regelungsgehalt wie §§ 438 IV, 821, 853. Erfüllt der Anfechtungsberechtigte **in Unkenntnis der Anfechtbarkeit**, kann er gem § 813 das Geleistete zurückfordern, da § 2083 ein dauerndes Leistungsverweigerungsrecht beinhaltet. Etwas anderes gilt nur, wenn er trotz Kenntnis der Anfechtbarkeit geleistet hat: Hier steht § 814 (der seinerseits letztlich Ausfluss des Verbotes des selbstwidersprüchlichen Verhaltens ist) einer Rückforderung entgg.

Vorbemerkung zu §§ 2084–2099

1 I. Die §§ 2084 ff enthalten neben einer Reihe anderer Vorschriften Regelungen über die Auslegung von letztwilligen Verfügungen. Von besonderer Wichtigkeit ist diesbezüglich die **Auslegung von Testamenten**. Testamente sind nicht nur in der Praxis die weit-

aus häufigste Form letztwilliger Verfügung, sie kommen auch häufig ohne rechtskundige Beratung zustande (anders etwa der Erbvertrag, vgl die dortige Formenstrenge in § 2276 I 1). Sie sind insofern „fehleranfällig" bzw auslegungsbedürftig. Zudem ergeben sich aufgrund der Einseitigkeit und Nichtempfangsbedürftigkeit Besonderheiten.
In der Sache befindet sich die Auslegung von Testamenten im **Spannungsfeld zwischen privatautonomer Gestaltungsmacht des Erblassers und erbrechtlicher Formenstrenge.** Die Auslegung entscheidet darüber, was der wahre Wille des Erblassers gewesen ist oder – bei Kenntnis späterer Umstände – gewesen wäre (so Rn 3 ff). Im zweiten Schritt ist dann zu fragen, ob dieser Wille in der letztwilligen Verfügung hinreichenden Anklang gefunden hat, um den **Formerfordernissen des Erbrechts** (insb § 2247) zu genügen. 2

II. **Die Feststellung des Erblasserwillens** richtet sich, nach den allg Regeln, insb nach § 133. Dabei ist zu beachten, dass dem **Gesichtspunkt des Vertrauensschutzes Dritter keine besondere Bedeutung zukommt.** Hintergrund dafür ist, dass ein (einseitiges nicht empfangsbedürftiges) Testament ohnehin jederzeit widerruflich ist, schon kraft Gesetzes also dem **subjektiven Willen des Erblassers der unbedingte Vorrang vor Erwartungen potentieller Erben eingeräumt wird** (vgl auch § 2078, wonach anders als bei § 119 jeder Willensmangel anfechtungserheblich ist). Dementspr ist dem subjektiven Element eine ggü objektiven Kriterien größere Gewichtung bei der Auslegung beizumessen. Auf den sog **Empfängerhorizont kommt es nicht an** (Ausn Rn 5). Auch ist dem Erblasserwillen im Wege der Auslegung zur Geltung zu verhelfen (vgl auch § 2084). Etwaige Zweifels- und Auslegungsregeln kommen nur in Betracht, wenn die Auslegung nicht weiterhilft. Gleiches gilt für die Anfechtung. Sie ist nur möglich, wenn die Auslegung dazu führt, dass der Erblasser das Erklärte nicht gewollt hat, es sich aber nicht feststellen lässt, was statt dessen angeordnet werden sollte (RGZ 70, 393; BayObLG FamRZ 91, 982; Leipold ErbR Rn 419 jeweils mwN). 3

Begrifflich lassen sich nach dem Vorgenannten zwei Arten der Auslegung unterscheiden. Die **erläuternde Auslegung** knüpft an den **Wortlaut der Erklärung an,** hat also die Ermittlung dessen zum Ziel, was der Erblasser wirklich ausgedrückt hat bzw hat ausdrücken wollen (Einzelheiten bei Rn 5 f). Demggü betrifft die **ergänzende Auslegung** Konstellationen, in denen eine am Wortlaut verhaftete Auslegung dem Erblasserwillen deshalb nicht zur Geltung verhelfen kann, weil wesentliche Umstände, die zeitlich nach der Testamentserrichtung stattgefunden haben, nicht in die Willensbildung einfließen konnten. In derartigen Fällen hat die Auslegung die Feststellung des **hypothetischen Erblasserwillens** zum Ziel, wenngleich jeweils auch das Problem der Formbedürftigkeit zu beachten ist (Einzelheiten Rn 7 ff). 4

1. Ausgangspunkt der **Auslegung** ist **der Wortlaut** der Erklärung, so wie der Erblasser seine Erklärung verstanden hat. Nur bei wechselbezüglichen Verfügungen im gemeinschaftlichen Testament und bei Erbverträgen (empfangsbedürftige Willenserklärungen!) kommt dem Empfängerhorizont eigenständige Bedeutung zu, es gelten also die Grundsätze der §§ 133, 157 (vgl BGH NJW 93, 256). Deckt sich der allg Sprachgebrauch nicht mit der Intention des Erblassers, kommt letzterer der Vorrang zu. Hat etwa die Erblasserin bestimmt, dass „Vater" Alleinerbe sein soll, kann damit gemeint sein, dass ihr Ehegatte erben soll, etwa dann, wenn sich die Eheleute wechselseitig als „Vater" und „Mutter" bezeichnet haben. Weitergehend geht der **wahre Wille sogar vor, wenn der klare und eindeutige Sprachgebrauch von dem wirklich Gewollten abweicht** (BGH JZ 83, 709; FamRZ 87, 487). Schulbsp: Der Erblasser vermacht seinem Neffen seinen Weinkeller, den er zeit seines Lebens als seine „Bibliothek" bezeichnet hat. Gegenstand des Vermächtnisses ist hier der Weinkeller. Dogmatisch lassen sich derartige Fälle auch über die „falsa demonstratio" (Einzelheiten bei §§ 133, 157) lösen, die nach zutreffender ganz hA auch im Testament unschädlich ist (BGHZ 80, 252). 5

2. Nichts anderes gilt, wenn der Erblasser Rechtsbegriffe abw von ihrem Sinngehalt verwendet oder einzelne Passagen in sich widersprüchlich sind. Beispielsweise kann selbst dann, wenn der Erbe anordnet, seine Kinder sollen „Nacherben" (§§ 2100–2146) seiner Ehefrau sein, in der Sache eine bloße Ersatzerbschaft für den Fall des Vor- 6 versterbens der Ehefrau gemeint sein (so § 2269 Rn 5). Wenn und soweit das Gesetz in derartigen Fällen **Zweifelsregelungen** (vgl etwa zum vorliegenden Fall § 2102 II) aufstellt, sind diese wiederum **nur** dann anzuwenden, **wenn die Auslegung nicht zum Ziel führt**.

7 3. Die **ergänzende Auslegung** hilft weiter, wenn der ursprüngliche Erblasserwille aufgrund dem Erblasser unbekannter, zeitlich nach der Testamentserrichtung **liegender tatsächlicher oder rechtlicher Umstände nicht mehr erreicht werden kann**. In solchen Fällen können selbst außerhalb des Testaments liegende Umstände zur Feststellung des Erblasserwillens herangezogen werden. Bsp: Das Vermögen des Erblassers besteht aus einem Grundstück und Barvermögen in Form von Aktien der IG Farben, deren Wert in etwa dem des Grundstücks entspricht. Er errichtet 1938 ein Testament, in dem er einem Erben das Grundstück, dem anderen die Aktien hinterlässt. Nach Ende des Zweiten Weltkrieges wird die IG Farben liquidiert, die Aktien sind praktisch wertlos. Der Erblasser verstirbt 1955, ohne das Testament geändert zu haben. Hier ergibt die ergänzende Auslegung, dass es die primäre Zielsetzung des Erblassers war, beide Erben in gleicher Höhe am Nachlass partizipieren zu lassen. Das Nachlassgericht wird also einen gemeinsamen Erbschein zugunsten der Miterben erteilen, die auch gemeinsam in das Grundbuch eingetragen werden.

8 Problem der ergänzenden Auslegung ist insb die **Formenstrenge** letztwilliger Verfügungen. Die hM behilft sich diesbezüglich damit, dass der **wahre Wille** des Erblassers **in der letztwilligen Verfügung angedeutet** worden sein bzw Anklang gefunden haben muss (st Rspr, etwa BGHZ 86, 41; aus dem Schrifttum Kipp-Coing ErbR § 21 III 1; MK/Leipold § 2084 Rn 87). Demggü lehnt eine andere Ansicht (vgl va Brox JA 84, 549; ders ErbR Rn 200; OLG Frankfurt NJW 80, 1592 in einem Vorlagebeschluss, den BGHZ 80, 242 jedoch abgelehnt hat) das Kriterium der Andeutung ab. Dieser Ansatz führe zu großer Rechtsunsicherheit, weil es der unkalkulierbaren Entscheidung des Richters obliege, ob er eine Andeutung annehme oder nicht. Zudem werde der weitschweifige ggü dem knapp formulierenden Erblasser zu Unrecht privilegiert.

9 In jedem Fall ist es zulässig, dass in einem (formwirksamen) Testament auf eine andere wirksame letztwillige Verfügung, insb auf ein notarielles Testament, verwiesen wird (vgl BGH MDR 80, 831). In einem solchen Fall der Bezugnahme auf eine andere formwirksame letztwillige Verfügung von Todes wegen ist es auch nicht erforderlich, dass das verweisende Testament selbst isoliert verständlich bleibt und die Bezugnahme lediglich der Erläuterung dient. Da die Testamentsform sowohl des verweisenden als auch des in Bezug genommenen Testaments in jedem Fall gewahrt ist, reicht es aus, wenn sich die Gesamtverständlichkeit erst aus beiden Urkunden ergibt (BGH ZEV 10, 364).

§ 2084 Auslegung zugunsten der Wirksamkeit

Lässt der Inhalt einer letztwilligen Verfügung verschiedene Auslegungen zu, so ist im Zweifel diejenige Auslegung vorzuziehen, bei welcher die Verfügung Erfolg haben kann.

1 I. § 2084 ist nicht isoliert, sondern im Gesamtkontext der „Auslegung von Verfügungen von Todes wegen" (vgl Vor §§ 2084–2099) zu sehen. Ihr eigenständiger Anwendungsbereich ist daher wegen der Fülle der **Auslegungsgrundsätze** eher gering. Stattdessen ist die Vorschrift sowohl im Zusammenhang mit der allg Auslegungsregel des § 133 als auch mit den besonderen erbrechtlichen Auslegungsregeln zu prüfen (§§ 2066–2076, 2096 ff, 2101 f, 2108 II, 2148, 2165, 2167, 2169 III, 2173 ff).

2 II. 1. § 2084 regelt für sich gesehen nur den speziellen Fall einer (**auch nach Anwendung der oben genannten Auslegungsgrundsätze immer noch**) **mehrdeutigen Verfügung**, in der von mehreren Auslegungsmöglichkeiten eine oder mehrere zur Unwirksamkeit der Verfügung führen würde(n). § 2084 stellt diesbezüglich den **Grundsatz der wohlwollenden Auslegung** dahin gehend auf, dass der Auslegung zur Wirkung verhol-

fen wird, die dem Erblasserwillen zur Geltung verhilft, also die Wirksamkeit der Verfügung gewährleistet (BayObLG FamRZ 00, 580).

2. Ferner sollte die Norm weiter gehend auch dann angewendet werden, wenn zwar keine der Auslegungsmöglichkeiten zur Unwirksamkeit, jedoch nur eine zu einem **praktikablen Ergebnis** führt. Bsp (ähnl Kipp-Coing ErbR § 21 V b): E setzt in seinem Testament die Fußballvereine der Bundesrepublik zu seinen Erben ein. Hier kann das Testament so ausgelegt werden, dass alle Vereine bzw (soweit diese keine juristischen Personen und damit nicht rechtsfähig sind) deren Mitglieder Erben sind. Da dieses Ergebnis indes zu einer unüberschaubaren Anzahl von Miterben führen würde, ist das Testament analog § 2084 so auszulegen, dass der DFB Erbe wird, jedoch im Wege der Auflage zur anteiligen Verteilung des Vermögens an seine Mitgliedsvereine verpflichtet ist (für eine Anwendung von § 2084 auch Kipp-Coing ErbR aaO; BayObLG NJW 60, 1765).

3. **Unanwendbar ist § 2084** hingegen, wenn die **Auslegung** zu einem **eindeutigen Ergebnis** geführt hat, und zwar selbst dann, wenn dieses zur Unwirksamkeit der Verfügung führt. Möglich ist dann nur noch eine Umdeutung gem § 140, wenn ermittelt werden kann, dass der Erblasser auch eine in dem unwirksamen Geschäft enthaltene wirksame Verfügung gewollt hätte, wenn er die Nichtigkeit gekannt hätte. Hierfür ist nach einem rechtlich zulässigen Weg zu suchen, der unter Berücksichtigung der tatsächlichen wirtschaftlichen Absichten und Zielsetzungen des Erblassers zu einem jedenfalls annähernd gleichem Ergebnis führt (BGH NJW-RR 04, 1086).

§ 2085 Teilweise Unwirksamkeit

Die Unwirksamkeit einer von mehreren in einem Testament enthaltenen Verfügungen hat die Unwirksamkeit der übrigen Verfügungen nur zur Folge, wenn anzunehmen ist, dass der Erblasser diese ohne die unwirksame Verfügung nicht getroffen haben würde.

I. 1. § 2085 ist lex specialis zu § 139 für einseitige Verfügungen von Todes wegen. Die allg Regel, wonach die Teilnichtigkeit im Zweifel zur Gesamtnichtigkeit führt, wird umgekehrt, weil das Gesetz ähnl wie in § 2084 davon ausgeht, dass der Erblasser eine jedenfalls teilweise wirksame Verfügung einer völligen Unwirksamkeit vorziehen würde (OLG Hamm FamRZ 00, 985).

2. Folgerichtig gilt die Vorschrift **nicht für wechselbezügliche Verfügungen** (§§ 2270, 2298). In diesen Fällen kommt es wegen der inhaltlichen Verknüpfung der in Rede stehenden Verfügungen nicht allein auf den Willen des einen Erblassers, sondern auch der anderen Person an, die an der Errichtung der Verfügung beteiligt war.

II. 1. **Voraussetzung** für die Anwendung von § 2085 ist das **Vorliegen mehrerer selbstständiger Verfügungen**, von denen manche sich auch nach erfolgter Auslegung als rechtlich oder tatsächlich nicht haltbar und damit unwirksam erweisen. Bsp (BayObLG FamRZ 89, 325): Irrtümliche Zuwendung eines nicht mehr zum Nachlass gehörigen Hauses an die Tochter unter gleichzeitiger (wirksamer) Zuwendung von Firmenvermögen an die übrigen Kinder. Zunächst war der hypothetische Erblasserwille für den Fall der Kenntnis der Unwirksamkeit der Verfügung festzustellen. Da jener auf die Zuwendung des elterlichen Vermögens an alle Kinder zu gleichen Teilen gerichtet war, musste das Gericht in einem zweiten Schritt (ergänzend/erläuternd) feststellen, ob diesem Ziel bereits durch lebzeitige Verfügungen Rechnung getragen wurde. Da auch dies der Fall war, blieb die Verfügung zugunsten der übrigen Kinder wirksam.

2. Die **Gründe für die Unwirksamkeit** der jeweiligen Verfügungen sind **ohne Belang**. § 2085 ist anwendbar unabhängig davon, ob die Unwirksamkeit auf Formfehlern (BayObLG FamRZ 86, 727; OLG Zweibrücken ZEV 03, 368), nachträglicher (Teil)Anfechtung (BGH NJW 85, 2025), Sittenwidrigkeit oder auf sonstigen Gründen (Bsp bei Rn 3) beruht. Dag liegt **kein Fall des § 2085** vor bei unwirksamen Zusätzen zu einem ansonsten gültigen Testament, etwa bei maschinenschriftlichen Zusätzen zu einem formgültigen eigenhändigen Testament.

5 3. Fraglich ist, wie zu entscheiden ist, wenn **nur eine, jedoch teilbare Verfügung vorliegt,** von der ein Teil nichtig ist. § 2085 ist nach seinem Wortlaut unanwendbar. Es kommt also eine analoge Anwendung in Betracht, wie sie im Schrifttum (MK/Leipold § 2085 Rn 11) zum Teil befürwortet wird. Gegen eine Analogie bestehen indes methodische Bedenken insoweit, als es an einer planwidrigen Regelungslücke im Hinblick auf § 139 fehlt. Die Rspr (etwa RGZ 63, 23; BGH NJW 62, 912; anders für den Fall teilweiser Sittenwidrigkeit BGH NJW 69, 1343) wendet daher § 139, nicht aber § 2085 an, wenngleich damit das Ziel der möglichst weitgehenden Durchsetzung des Erblasserwillens gefährdet wird.

6 4. Mangels Selbstständigkeit der jeweiligen Verfügung ist § 2085 **unanwendbar bei wechselbezüglichen Verfügungen** in einem gegenseitigen Testament (beachte dazu § 2270 I). Etwas anderes gilt für Verfügungen, die nicht im Verhältnis der Wechselseitigkeit stehen, hier gilt § 2085. Bei **Erbverträgen** ist § 2298 zu beachten.

7 5. Zu beachten ist schließlich, dass der Erblasser selbst für den Fall der Teilnichtigkeit durch eine sog **salvatorische Klausel** Vorkehrungen treffen, etwa eine andere Rechtsfolge anordnen kann.

§ 2086 Ergänzungsvorbehalt

Ist einer letztwilligen Verfügung der Vorbehalt einer Ergänzung beigefügt, die Ergänzung aber unterblieben, so ist die Verfügung wirksam, sofern nicht anzunehmen ist, dass die Wirksamkeit von der Ergänzung abhängig sein sollte.

1 Die Vorschrift betrifft den in der Praxis **seltenen Fall,** dass der Erblasser sich Ergänzungen des Testamentes vorbehält. Hier vermutet das Gesetz die Wirksamkeit der ersten Verfügung, auch wenn der angekündigte Nachtrag fehlt, da der Erblasser die Testamentserrichtung regelmäßig nicht von dem Zusatz hat abhängig machen wollen.

2 Kein Fall des § 2086 liegt bei einem **unvollständigen Testament** vor, etwa wenn eine Seite fehlt. Hier ist das übrige Testament zunächst im Wege der Auslegung zu ergänzen. Führt diese nicht zum Ziel, ist § 2085, im Extremfall sogar mit der Folge der Gesamtnichtigkeit, anzuwenden.

Titel 2
Erbeinsetzung

§ 2087 Zuwendung des Vermögens, eines Bruchteils oder einzelner Gegenstände

(1) Hat der Erblasser sein Vermögen oder einen Bruchteil seines Vermögens dem Bedachten zugewendet, so ist die Verfügung als Erbeinsetzung anzusehen, auch wenn der Bedachte nicht als Erbe bezeichnet ist.

(2) Sind dem Bedachten nur einzelne Gegenstände zugewendet, so ist im Zweifel nicht anzunehmen, dass er Erbe sein soll, auch wenn er als Erbe bezeichnet ist.

1 I. 1. Gegenstand der Vorschrift ist die (allerdings durch die Norm nicht abschließend vorgenommene) **Abgrenzung von Vermächtniszuwendung und Erbeinsetzung** in Fällen, in denen sich der Erblasser einer Wortwahl bedient, die sowohl die eine wie die andere Möglichkeit zulässt. Streitig ist dabei die Rechtsnatur der Vorschrift. Während die hM § 2087 I als dispositives Gesetzesrecht qualifiziert (KG OLGZ 67, 361 mwN), geht die Gegenauffassung (Soergel/Loritz § 2087 Rn 3 mwN) vom Vorliegen einer **Auslegungsregel** aus.

2 2. In der Sache verhilft die Vorschrift dem wahren **Erblasserwillen** zur Geltung, selbst wenn der Erblasser die Zuwendung im Rechtssinne falsch bezeichnet hat (BayObLG NJW-RR 97, 247, FamRZ 05, 1933). Es gelten insoweit letztlich ähnliche Erwägungen wie bei Auslegung von Testamenten im Allg (vgl Vor §§ 2084-2099).

3 II. 1. Abs 1 bestimmt, dass die Zuwendung eines Vermögensbruchteiles als Erbeinsetzung gelten soll, betrifft also va die Abgrenzung zwischen Erbeinsetzung zu einem

Bruchteil und Zuwendung eines sog Quotenvermächtnisses. Im Zweifelsfall soll hier eine Erbeinsetzung vorliegen, wenngleich eine gegenteilige Auslegung möglich ist (Bsp bei BGH NJW 60, 1759; vgl auch BayObLG FamRZ 86, 605: „Restbetrag meines Vermögens"; BGH NJW 97, 392).

2. Gem Abs 2 erfolgt die **Zuwendung von einzelnen Vermögensgegenständen** in Zweifelsfällen (anders bei eindeutigem entgegenstehendem Willen, vgl OLG Köln FamRZ 93, 735, OLG München NJW-RR 07, 1162) trotz anderslautender Bezeichnung (vgl Rn 2) über die **Einsetzung als Vermächtnisnehmer** (BayObLG FamRZ 97, 1569, BayObLG NJW-RR 01, 657). Die Vorschrift hat eine große praktische Bedeutung insofern, als sich oftmals Redewendungen wie „Mein Erbe soll E sein, nur den Wohnzimmerschrank soll meine treue Haushälterin H erben" finden. Problematisch ist die Auslegungsregel, wenn die vermeintliche Zuwendung **mehrere Vermögensgegenstände** (Bsp: „Meine Grundstücke") umfasst. Für die Annahme einer Erbeinsetzung ist nicht zwingend Voraussetzung, dass dem Erben dem Werte nach der größte Teil des Nachlasses verbleibt (BGH ZEV 04, 375). Bei Zuwendungen mehrerer Gegenstände wird daher regelmäßig eine Erbeinsetzung gewollt sein (BayObLG FamRZ 00, 60). 4

§ 2088 Einsetzung auf Bruchteile

(1) Hat der Erblasser nur einen Erben eingesetzt und die Einsetzung auf einen Bruchteil der Erbschaft beschränkt, so tritt in Ansehung des übrigen Teils die gesetzliche Erbfolge ein.
(2) Das Gleiche gilt, wenn der Erblasser mehrere Erben unter Beschränkung eines jeden auf einen Bruchteil eingesetzt hat und die Bruchteile das Ganze nicht erschöpfen.

Die Vorschrift hat klarstellende Funktion insoweit, als **testamentarische und gesetzliche Erbfolge sich nicht ausschließen**, der Erblasser kann also auch nur über einen Bruchteil seines Vermögens testamentarisch verfügen. 1

Folgeproblem und eine Frage der Auslegung ist dann jeweils, ob der **bereits testamentarisch Begünstigte** auch noch in Höhe seiner gesetzlichen Erbquote erben soll (vgl BayObLGZ 65, 166). Dies wird in Zweifelsfällen deshalb zu verneinen sein, weil der Erblasser durch die testamentarische Verfügung in aller Regel die Partizipation des Begünstigten am Nachlass wird abschließend regeln wollen. 2

§ 2089 Erhöhung der Bruchteile

Sollen die eingesetzten Erben nach dem Willen des Erblassers die alleinigen Erben sein, so tritt, wenn jeder von ihnen auf einen Bruchteil der Erbschaft eingesetzt ist und die Bruchteile das Ganze nicht erschöpfen, eine verhältnismäßige Erhöhung der Bruchteile ein.

Die Vorschrift betrifft Fälle, in denen der Erblasser fälschlich nur einen Teil seines Vermögens verteilt, dabei aber die Begünstigten als die alleinigen Miterben einsetzen will. Hier ordnet das Gesetz vorbehaltlich eines abw Erblasserwillens eine Erhöhung der Bruchteile an, um dem **Erblasserwillen** zur Geltung zu verhelfen. 1

Die Vorschrift gilt gem § 2157 für Vermächtnisse **entspr.** 2

§ 2090 Minderung der Bruchteile

Ist jeder der eingesetzten Erben auf einen Bruchteil der Erbschaft eingesetzt und übersteigen die Bruchteile das Ganze, so tritt eine verhältnismäßige Minderung der Bruchteile ein.

§ 2090 ist die Parallelvorschrift zu § 2089 für die Fälle, in denen der Erblasser **irrtümlich** mehr verteilt, als der Nachlass beinhaltet. Dementspr mindert sich die Höhe der jeweiligen Bruchteile. 1

2 § 2090 ist im Verhältnis der beiden überlebenden Ehegatten **analog** anzuwenden, wenn der Erblasser eine Doppelehe geführt hat, die zweite Ehe aber mangels Aufhebung nach §§ 1306, 1314 I weiter fortbestanden hat. Einzelheiten bei Epple FamRZ 64, 184.
3 Die Vorschrift gilt gem § 2157 für Vermächtnisse **entspr.**

§ 2091 Unbestimmte Bruchteile

Sind mehrere Erben eingesetzt, ohne dass die Erbteile bestimmt sind, so sind sie zu gleichen Teilen eingesetzt, soweit sich nicht aus den §§ 2066 bis 2069 ein anderes ergibt.

1 1. Die Vorschrift enthält erbe **Ergänzungsregel** (BayObLG FamRZ 90, 1405) für Fälle, in denen der Erblasser mehrere Erben eingesetzt, deren Erbteile aber unbestimmt gelassen hat. Ihr Anwendungsbereich ist insofern gering, als eine Anwendung von § 2091 nicht in Betracht kommt, wenn sich im Wege der Auslegung feststellen lässt, in welcher Höhe die Begünstigten am Nachlass teilhaben sollen (BayObLG FamRZ 00, 120).
2 2. Darüber hinaus wird für den praktisch häufigsten Fall der Einsetzung der gesetzlichen Erben den §§ 2066-2069 der ausdrückliche Vorrang eingeräumt. Zweifelhaft ist insofern nur, ob dies dann gilt, wenn der Erblasser anstelle einer Sammelbezeichnung die gesetzlichen Erben **namentlich** benennt. Hier will die hM § 2091 anwenden (Soergel/Loritz § 2066 Rn 6 f). Dies überzeugt jedoch schon wegen des ausdrücklichen Nachranges des § 2091 nicht, der gleichsam nur als „ultima ratio" Anwendung findet, wenn sich der wahre oder hypothetische Erblasserwille nicht feststellen lässt. Folgerichtig spricht selbst die hM in Zusammenhang mit § 2091 von einem Ausdruck gesetzgeberischer „Resignation" (Soergel/Loritz § 2091 Rn 1).
3 3. Die Vorschrift gilt gem § 2157 für **Vermächtnisse** entspr.

§ 2092 Teilweise Einsetzung auf Bruchteile

(1) Sind von mehreren Erben die einen auf Bruchteile, die anderen ohne Bruchteile eingesetzt, so erhalten die letzteren den freigebliebenen Teil der Erbschaft.
(2) Erschöpfen die bestimmten Bruchteile die Erbschaft, so tritt eine verhältnismäßige Minderung der Bruchteile in der Weise ein, dass jeder der ohne Bruchteile eingesetzten Erben so viel erhält wie der mit dem geringsten Bruchteil bedachte Erbe.

1 Die Vorschrift erfasst Fälle, in denen ein Teil der Erben **auf Bruchteile**, die übrigen Erben ohne weitere Bestimmung eingesetzt sind. Dementspr gering ist der praktische Anwendungsbereich der Norm, die für Vermächtnisse über § 2157 sinngemäß gilt.
2 In den Fällen des Abs 1 findet auf die Erben, deren Erbteile nicht näher bestimmt sind, § 2091 hins des **Restvermögens** entspr Anwendung.
3 **Erschöpfen** bereits die bestimmten Bruchteile den Nachlass, tritt eine verhältnismäßige Minderung der Bruchteile ein (Abs 2). Damit greift § 2092 den Gedanken des § 2090 auf (vgl dort Rn 1).

§ 2093 Gemeinschaftlicher Erbteil

Sind einige von mehreren Erben auf einen und denselben Bruchteil der Erbschaft eingesetzt (gemeinschaftlicher Erbteil), so finden in Ansehung des gemeinschaftlichen Erbteils die Vorschriften der §§ 2089 bis 2092 entsprechende Anwendung.

1 Die Anwendbarkeit der Norm ist praktisch äußerst selten. Die Regelung geht davon aus, dass einige (also mind zwei) der eingesetzten Erben innerhalb einer größeren Miterbengemeinschaft **ihrerseits auf einen gemeinsamen Erbteil** berufen sind. § 2093 setzt voraus, dass die betroffenen Erben seitens des Erblassers nahezu als „eine Person" bedacht werden sollten. Dementspr reicht es nicht aus, dass die Erben gemeinsam bezeichnet werden (Bsp: Meine Nichten erben die Hälfte; vgl auch BayObLG FamRZ 88,

Abschnitt 3 | Testament § 2095

215). Es muss darüber hinaus im Verhältnis zu den anderen Erben eine engere Gemeinschaft vorhanden sein, etwa wenn die Erben miteinander verheiratet sind.
Liegt ein Fall des § 2093 vor, bemisst sich die Handhabung des (dann gemeinsamen) Bruchteiles nach den §§ 2089–2092. 2

§ 2094 Anwachsung

(1) ¹Sind mehrere Erben in der Weise eingesetzt, dass sie die gesetzliche Erbfolge ausschließen, und fällt einer der Erben vor oder nach dem Eintritt des Erbfalls weg, so wächst dessen Erbteil den übrigen Erben nach dem Verhältnis ihrer Erbteile an. ²Sind einige der Erben auf einen gemeinschaftlichen Erbteil eingesetzt, so tritt die Anwachsung zunächst unter ihnen ein.
(2) Ist durch die Erbeinsetzung nur über einen Teil der Erbschaft verfügt und findet in Ansehung des übrigen Teils die gesetzliche Erbfolge statt, so tritt die Anwachsung unter den eingesetzten Erben nur ein, soweit sie auf einen gemeinschaftlichen Erbteil eingesetzt sind.
(3) Der Erblasser kann die Anwachsung ausschließen.

1. Die Vorschrift enthält eine **Vermutung** dahin gehend, dass der Erblasser, der testamentarische Erben eingesetzt und damit die gesetzliche Erbfolge ausgeschlossen hat, den Ausschluss der gesetzlichen Erbfolge auch für die Fälle gewollt hat, in denen einer (oder mehrere) der testamentarischen Erben wegfallen. In derartigen Fällen wächst folgerichtig der gleichsam „frei werdende" Erbteil den verbleibenden testamentarischen Erben zu, kommt also nicht den gesetzlichen Erben zugute. 1
a) Der von § 2094 vorausgesetzte Wegfall des testamentarischen Erben kann vor oder nach dem Erbfall stattfinden. Ein **Wegfall nach dem Erbfall** liegt indes nur vor, wenn dieser auf den Erbfall zurückwirkt, namentlich wenn der Begünstigte mit ex tunc Wirkung **ausschlägt** oder für **erbunwürdig erklärt** wird. Demggü liegt kein Fall des § 2084 vor, wenn der Erbe nach dem Tod des Erblassers stirbt, da sein Anteil am Nachlass schon an ihn übergangenen ist und damit seinerseits in seinen Nachlass fällt bzw den Erbeserben zusteht. 2
b) Streitig ist ferner, ob ein **Fall des § 2094** vorliegt, **wenn die Einsetzung des Erben von Anfang an nichtig** war, beispielsweise wenn die Einsetzung einer Geliebten (heute nur noch im Ausnahmefall der „Hingabe für Hergabe") gem § 138 sittenwidrig war. Ein Teil der Literatur lehnt eine Anwendung von § 2094 mangels späteren Wegfalls ab (Jauernig/Stürner § 2094 Rn 2). Indes ist zu beachten, dass im Falle des § 2096 unstreitig davon ausgegangen wird, dass unter einem „Wegfall" auch die von Anfang an nichtige Erbeinsetzung zu verstehen sei. Insofern ist es systemwidrig, beide Begriffe unterschiedlich auszulegen. Zudem hat § 2089 lediglich die rechnerische Ermittlung eines bereits ursprünglich feststehenden, nur falsch berechneten Erbteils zum Gegenstand (vgl § 2089 Rn 1). Demggü geht der Erblasser, dessen Erbeinsetzung hins eines Miterben unwirksam ist, nicht von Anfang an davon aus, die übrigen Erben auf sein ganzes Vermögen einzusetzen. Daher liegt es mit KG NJW 56, 1523 näher, § 2094 bei Nichtigkeit der Erbeinsetzung entspr anzuwenden. 3
2. Sind mehrere Erben als Nacherben (§ 2100) eingesetzt und fallen einer oder mehrere vor Eintritt des Nacherbfalls weg, so geht die Vererblichkeit des Anwartschaftsrechts des Nacherben nach § 2108 II der Anwachsung vor (BayObLG FamRZ 96, 1241). 4

§ 2095 Angewachsener Erbteil

Der durch Anwachsung einem Erben anfallende Erbteil gilt in Ansehung der Vermächtnisse und Auflagen, mit denen dieser Erbe oder der wegfallende Erbe beschwert ist, sowie in Ansehung der Ausgleichungspflicht als besonderer Erbteil.

Die Norm ist **Parallelvorschrift zu § 1935**. Die dortigen Ausführungen gelten sinngemäß. 1

§ 2096 Ersatzerbe

Der Erblasser kann für den Fall, dass ein Erbe vor oder nach dem Eintritt des Erbfalls wegfällt, einen anderen als Erben einsetzen (Ersatzerbe).

1 **I. 1.** Die Vorschrift normiert die **Ersatzerbschaft**. Eine solche liegt vor, wenn der Betroffene **unmittelbarer Rechtsnachfolger des Erblassers deshalb wird, weil** eine andere, vorrangig als Erbe eingesetzte Person, der sog **Erstberufene, vor Eintritt des Erbfalles weggefallen ist**.

2 **2.** Inhaltlich und begrifflich ist die Ersatzerbschaft **zu unterscheiden von der Nacherbschaft**, bei der zunächst eine andere Person (Vor-)Erbe wird, ehe der Nacherbe die Rechtsnachfolge des Erblassers antritt (vgl dazu iE §§ 2100 ff). Bei der Auslegung einer letztwilligen Verfügung ist jedoch stets zu bedenken, dass beide Begriffe von einem rechtsunkundigen Erblasser verwechselt werden können. Entscheidend für die Abgrenzung im Einzelfall ist daher der wirkliche Wille des Erblassers, auf die ggf unzutreffende Bezeichnung kommt es nicht an.

3 **II. 1.** Ein **Wegfall des Erstberufenen** setzt voraus, dass jener **nie Erbe geworden ist**. Mit anderen Worten ist die **Einsetzung des Ersatzerben aufschiebend bedingt durch den Wegfall des Erstberufenen** (§ 158 I). Der Bedingungseintritt liegt vor im Falle des Vorversterbens (§ 1923) bzw des Todes vor Bedingungseintritt (§ 2074, dazu §§ 2074–2076 Rn 2), der Ausschlagung (§ 1953), der Anfechtung (§ 2078), der Erbunwürdigkeit (§ 2344) und des Erbverzichts (§ 2352). Gleiches gilt im Falle des gemeinschaftlichen Testamentes, soweit eine Verfügung gem § 2270 unwirksam ist (vgl Einzelheiten dort). Schließlich gilt der Nächstberufene als „weggefallen", wenn seine Einsetzung von Anfang an nichtig war (etwa wegen § 138), vgl die Erwägungen bei § 2094 Rn 3 (bei § 2096 sogar unstrittig).

4 **2.** Die **Berufung zum Ersatzerben** erfolgt durch die Einsetzung in der letztwilligen Verfügung. Ferner sind die gesetzlichen Fälle der §§ 2069, 2102 zu beachten. Kollidiert eine testamentarische Einsetzung mit § 2069, muss im Einzelfall entschieden werden, welcher Einsetzung der Vorrang zukommt (Einzelheiten bei BayObLGZ 93, 355).

5 **3.** Fraglich ist die **Rechtsstellung des Ersatzerben nach dem Tode des Erblassers**, aber vor dem Wegfall des Erstberufenen. Hier ist mit der hM (BayObLGZ 60, 410; Palandt/Weidlich § 2096 Rn 4 mwN) richtigerweise von einer **schützenswerten Anwartschaft** auszugehen, da nur die Annahme einer solchen dem Erblasserwillen zur Geltung verhilft. Bedeutung hat dies va, wenn der Ersatzerbe nach dem Tod des Erblassers, aber vor einer Ausschlagung des Erstberufenen stirbt. Die Anwartschaft geht hier im Wege der Gesamtrechtsnachfolge auf die Erben des Ersatzerben über, dh diese werden letztlich Ersatzerben (BayObLG FamRZ 00, 58).

§ 2097 Auslegungsregel bei Ersatzerben

Ist jemand für den Fall, dass der zunächst berufene Erbe nicht Erbe sein kann, oder für den Fall, dass er nicht Erbe sein will, als Ersatzerbe eingesetzt, so ist im Zweifel anzunehmen, dass er für beide Fälle eingesetzt ist.

1 **1.** Die Vorschrift betrifft Fälle, in denen eine Person unter bestimmten Voraussetzungen als Ersatzerbe eingesetzt worden ist, der Anfall später jedoch auf **anderen Ereignissen** beruht. Hat beispielsweise der Erblasser den Ersatzerben für den Fall des Vorversterbens eingesetzt, so wird die Erbersatzeinsetzung im Zweifel auch dann gelten, wenn der Erstberufene ausschlägt (so etwa RGZ 113, 50).

2 **2.** Dag gilt § 2097 entgg der zu weit geratenen Formulierung nicht in Konstellationen, in denen der Erblasser die Erbersatzeinsetzung von vornherein hat beschränken wollen. In diesen Fällen, in denen der Erblasser also die Ersatzerbschaft nur auf einen bestimmten, in concreto nicht eingetretenen Fall des Wegfalls hat beschränken wollen, gilt § 2074. Insofern ist § 2097 eine **Auslegungsregel**, die nur Anwendung findet, wenn ein anders lautender Erblasserwille nicht festzustellen ist.

3 **3.** § 2097 findet über § 2190 entspr Anwendung beim **Ersatzvermächtnis**.

§ 2098 Wechselseitige Einsetzung als Ersatzerben

(1) Sind die Erben gegenseitig oder sind für einen von ihnen die übrigen als Ersatzerben eingesetzt, so ist im Zweifel anzunehmen, dass sie nach dem Verhältnis ihrer Erbteile als Ersatzerben eingesetzt sind.
(2) Sind die Erben gegenseitig als Ersatzerben eingesetzt, so gehen Erben, die auf einen gemeinschaftlichen Erbteil eingesetzt sind, im Zweifel als Ersatzerben für diesen Erbteil den anderen vor.

1. § 2098 ist eine (wiederum ggü dem tatsächlichen abw Erblasserwillen nachrangige) **Auslegungsregel** für den seltenen Fall, dass der Erblasser mehrere Personen gegenseitig als Ersatzerben eingesetzt hat. Bsp: A setzt B als Erstberufenen, C als Ersatzerben ein. D und E sollen ihrerseits Ersatzerbe des C sein. § 2098 I stellt hier die Regel auf, dass C und D im Verhältnis ihrer ursprünglichen Erbteile zu Erben berufen sind.
2. Dag gilt § 2098 **nicht**, wenn mehrere Personen nebeneinander zu Ersatzerben berufen sind, im Bsp also C, D und E als Ersatzerben des B eingesetzt sind. Hier gilt § 2091 mit der Folge, dass alle im Zweifel zu gleichen Teilen Ersatzerben sind.
Abs 2 privilegiert darüber hinaus die gemeinschaftlich auf einen Erbteil berufenen Ersatzerben.
3. Entspr Anwendung beim **Ersatzvermächtnis** (§ 2190).

§ 2099 Ersatzerbe und Anwachsung

Das Recht des Ersatzerben geht dem Anwachsungsrecht vor.

Gegenstand der Vorschrift ist das Verhältnis der Ersatzerbschaft zur Anwachsung iSv § 2094. Hier räumt § 2099 der Ersatzerbschaft den **Vorrang** ein. In der Sache ist die Vorschrift nur deklaratorischer Natur, da die Einsetzung eines Ersatzerben zugleich den Ausschluss der Anwachsung durch den Erblasser iSv § 2094 III bedingt.
Entspr Anwendung beim Ersatzvermächtnis (§ 2190).

Titel 3
Einsetzung eines Nacherben

Vorbemerkung zu §§ 2100–2146

I. **Wesensmerkmale der Vor- und Nacherbschaft.** Durch Anordnung der Nacherbfolge kann der Erblasser mehrere hintereinander zu Erben berufen. Er hat somit einen größeren Einfluss auf den Verbleib seines Vermögens nach dem Erbfall. Zwar wird der Vorerbe wahrer Erbe, jedoch darf er nur nach Maßgabe der §§ 2112 ff über die Erbschaft verfügen. Der Nachlass bildet ein **Sondervermögen**, das vom übrigen Vermögen des Vorerben zu trennen ist. Die Verfügungsbeschränkungen zulasten des Vorerben bewirken, dass dieses Sondervermögen mit Eintritt des Nacherbfalles in seiner Substanz im Wesentlichen ungeschmälert dem Nacherben anfällt. Tritt der Nacherbfall mit dem Tod des Vorerben ein, so kommt dessen Erben das Sondervermögen nicht zugute, sondern allein dem noch vom ursprünglichen Erblasser bestimmten Nacherben. Die Erben des Vorerben erwerben lediglich dessen übriges Vermögen. Hierin zeigt sich besonders deutlich, dass der Wille des ursprünglichen Erblassers bei Anordnung einer Nacherbfolge in größerem Umfang maßgeblich bleibt. Denn fehlte die Anordnung der Nacherbfolge, würde sich der Nachlass mit dem Vermögen des Erben vereinigen und bei dessen Tod fiele der gesamte Nachlass, inkl des zunächst selbst Ererbten, an dessen Erben.
1. **Vorerbe und Nacherbe sind beide Erben des ursprünglichen Erblassers** und derselben Erbschaft, allerdings zeitlich aufeinander folgend. Der Nacherbe ist weder Erbe des Vorerben, noch bilden Vor- und Nacherbe eine Erbengemeinschaft, denn sie sind

nicht zur gleichen Zeit teilweise hins der Erbschaft berechtigt, sondern zu unterschiedlichen Zeiten voll.

3 2. **Abzugrenzen** ist die Vor- und Nacherbschaft häufig beim gemeinschaftlichen Ehegattentestament von der sog Voll- und Schlusserbschaft. Diese liegt bei der der Auslegungsregel des § 2269 entspr sog **Einheitslösung** vor. Jeder Ehegatte setzt hier den anderen zum Erben ein. Zugleich wird ein Dritter, häufig die gemeinsamen Kinder, zum Schlusserben eingesetzt, dh als Ersatzerbe für den vorversterbenden Ehegatten. Stirbt ein Ehegatte, erwirbt der andere dessen Vermögen als Erbe. Der Nachlass verbindet sich mit dem eigenen Vermögen des Überlebenden zu einem einheitlichen Vermögen, über das zu Lebzeiten frei verfügt werden kann. Im Falle des Todes wird dann der Dritte „Schlusserbe" der gesamten Vermögensmasse und zwar als (Ersatz-)Erbe nach dem letztversterbenden Elternteil. Bei der **Trennungslösung** hingegen wird der Ehegatte Vor- und der Dritte Nacherbe des erstversterbenden Teils. Die Vermögensmassen bleiben getrennt: einerseits der Nachlass des Erstverstorbenen als Sondervermögen, andererseits das eigene Vermögen des hinterbliebenen Ehegatten. Mit Eintritt des Nacherbfalles wird der Dritte dann Nacherbe nach dem Erstverstorbenen hins des Sondervermögens und normaler Erbe nach dem Letztverstorbenen hins dessen sonstigen Vermögens.

4 **II. Historische Entwicklung.** Vorläufer im römischen Recht war die Figur des Universalfideikommisses. Hierbei gab es zwar formell nicht zwei sukzessive Erben, aber der berufene Erbe konnte vom Erblasser zur späteren Herausgabe des Nachlasses an einen Dritten verpflichtet werden. Auch im gemeinen Recht blieb der Dritte auf einen schuldrechtlichen Anspruch gegen den Erben beschränkt. Jedoch fand sich mit der Restitution – uno actu Übertragung – schon eine Variante zur Einzelrechtsübertragung. Die Bezeichnung der Vor- und Nacherbschaft findet sich zuerst im österreichischen Recht.

5 **III. Verfahren. 1. a) Prozessual** liegt bis zum Eintritt des Nacherbfalls die Aktiv- und Passivlegitimation beim Vorerben. Bei einem vor Eintritt der Nacherbfolge rechtskräftig gewordenen Urt ist hins der Rechtskrafterstreckung zu unterscheiden. Bei einem Passivprozess, also einem Prozess gegen den Vorerben über eine Nachlassverbindlichkeit, wirkt das Urt gem § 326 I ZPO nie gegen, sondern nur für den Nacherben. Bei einem Aktivprozess über einen der Nacherbfolge unterliegenden Gegenstand wirkt das Urt gem § 326 I ZPO ebenfalls immer für den Nacherben, also wenn es ihm günstig ist. Gegen den Nacherben wirkt ein ihm ungünstiges Urt gem § 326 II ZPO nur dann, wenn der Vorerbe nach den §§ 2212 ff ohne Zustimmung des Nacherben über den Gegenstand verfügen durfte. Bei Eintritt des Nacherbfalls vor Rechtskraft gelten §§ 242, 246 ZPO (vgl dazu bei § 2139).

6 **b)** Gegen eine **Zwangsvollstreckung** kann der Nacherbe nach Maßgabe der § 2115, §§ 773, 771 ZPO mit der Drittwiderspruchsklage vorgehen.

7 2. Im **Erbschein** für den Vorerben ist gem § 2363 die Tatsache der Nacherbschaft, die Person des Nacherben und der Nacherbfall einzutragen.

8 3. Im **Grundbuch** ist der Nacherbenvermerk gem § 51 GBO stets vAw einzutragen.

§ 2100 Nacherbe

Der Erblasser kann einen Erben in der Weise einsetzen, dass dieser erst Erbe wird, nachdem zunächst ein anderer Erbe geworden ist (Nacherbe).

1 I. Die Vorschrift regelt die **Grundlagen der Vor- und Nacherbschaft**. Dem Wortlaut nach wird lediglich der Nacherbe legaldefiniert, jedoch wird der Vorerbe als „anderer" ebenfalls vorausgesetzt. Beide sind zeitlich nacheinander Erben des Erblassers.

2 **II. 1.** Die **Einsetzung** als Nacherbe geschieht durch den Erblasser. Er ordnet die Nacherbfolge durch Verfügung von Todes wegen an. Eine gesetzliche Nacherbfolge gibt es nicht. Dies ist auch bei der sog konstruktiven Nacherbfolge nicht anders, bei der die besonderen gesetzlichen Auslegungsregeln (§§ 2101, 2104, 2105, 2106) zur Ermittlung des Erblasserwillens herangezogen werden (BayObLG FamRZ 00, 983).

a) Grds ist auch hier im Einzelfall durch **Auslegung** der letztwilligen Verfügung zu ermitteln, ob die Anordnung einer Vor- und Nacherbschaft gegeben ist. Insofern kommt es nicht auf den Wortlaut, sondern den tatsächlichen Erblasserwillen an (BGH NJW 93, 256; BayObLG NJW-RR 02, 297). Entscheidend ist, ob der Eingesetzte eine bestimmte Zeit lang „Herr des Nachlasses" und danach ein anderer Erbe sein sollte. Auch bei der Verwendung des Begriffes „Ersatzerbe" kann Vor- und Nacherbschaft gewollt sein. Nur wenn die Auslegung zu keinem eindeutigen Ergebnis führt, ist Raum für die Anwendung der besonderen Auslegungsregeln der §§ 2101 ff (ergänzend BayObLG FamRZ 00, 60).

b) Insb kann die Abgrenzung zum **Nießbrauchvermächtnis** zweifelhaft sein. Dieses zeichnet sich dadurch aus, dass dem Begünstigten lediglich ein schuldrechtlicher Anspruch gegen den Erben auf Einräumung eines Nießbrauchs am Nachlass zustehen soll (§§ 1089, 1085, 2147 ff). Hingegen erlangt der Vorerbe bereits im Zeitpunkt des Erbfalles die volle Inhaberschaft am Nachlass. Maßgeblich kann somit bei der Abgrenzung sein, ob der Begünstigte auf die Vornahme von Rechtshandlungen durch einen Dritten angewiesen sein soll. Gegen Vor- und Nacherbschaft kann es sprechen, wenn die Annahme eines Nießbrauchs zu günstigerer Erbschaftsbesteuerung führt (MK/Grunsky § 2100 Rn 3).

c) Dem **Umfang der Verfügungsbefugnis** kommt bei der Auslegung keine hervorgehobene Bedeutung zu, denn diese kann auch bei der Vorerbschaft durch Auflagen über die §§ 2113 ff hinaus eingeschränkt werden.

d) Zur Auslegungsregel des § 2269 beim **gemeinschaftlichen Testament** so Vor § 2100 Rn 3.

2. Der Erblasser kann Vor- und Nacherbschaft unter **Bedingungen und Befristungen** anordnen. Dies liegt bei der Vorerbschaft hins einer auflösenden Bedingung oder Befristung auf der Hand, was sich schon aus § 2106 ersehen lässt.

a) Der Anfall der **Vorerbschaft** kann von einer Bedingung abhängig gemacht werden. Bei Nichteintritt derselben wird dann der Nacherbe bereits mit dem Erbfall Erbe (MK/Grunsky § 2100 Rn 14).

b) Ebenso kann die Einsetzung als **Nacherbe** von Bedingungen oder Befristungen abhängig gemacht werden. Zum Bsp kann der Nacherbe unter der Bedingung eingesetzt sein, dass der Vorerbe wieder heiratet oder kinderlos bleibt, oder dass der Nacherbe nicht heiratet oder sich über einen gewissen Zeitraum gut führt oder sich in einer sonst bestimmten Weise verhält.

c) Zulässig ist sogar die Bedingung, dass der **Vorerbe nicht anderweitig testiert** (BGHZ 2, 36). Dies gibt dem Vorerben eine besonders starke Stellung. Er ist als durch sein Verhalten, nämlich anderweitige eigene letztwillige Verfügung, aufschiebend bedingt eingesetzter Vollerbe und zugleich als auflösend bedingter Vorerbe anzusehen. Hierin liegt kein Verstoß gegen § 2065 II (Lange/Kuchinke ErbR § 28 II 1. b).

d) Auch bei sog **Wiederverheiratungsklauseln** iR eines gemeinschaftlichen Testaments liegen Bedingungen verschiedener Art vor. Bei der Einheitslösung (Voll- und Schlusserbschaft) liegt in der Wiederverheiratungsklausel eine durch die Wiederheirat auflösend bedingte Vollerbschaft verbunden mit einer aufschiebend bedingten Vor- und Nacherbschaft. Nacherbfall soll idR die Wiederheirat sein. Bei der Trennungslösung liegt ohnehin Vor- und Nacherbschaft vor, so dass die Wiederverheiratungsklausel hier lediglich den Eintritt des Nacherbfalls als anderweitige Bestimmung gem § 2106 I auf den Zeitpunkt der Wiederverheiratung vorverlegt.

3. a) Die **Rechtsstellung des Vorerben** ist mit dem Erbfall die eines wahren Erben. Er ist Inhaber aller zum Nachlass gehörenden Rechte. Sein Recht erlischt allerdings mit Eintritt des Nacherbfalles, er hört auf, Erbe zu sein. Dann hat er dem Nacherben gem § 2130 die Erbschaft herauszugeben. In der Zwischenzeit ist er gem § 2113 ff in der Verfügung über Nachlassgegenstände beschränkt, um dem Nacherben die Substanz zu erhalten. Die Nutzungen (§ 100) gebühren indes dem Vorerben (vgl §§ 2111 I 1, 2133).

b) Da die Anordnung der Nacherbschaft die Rechte des Vorerben beschränkt, gelten bei **pflichtteilsberechtigten Vorerben** Besonderheiten. Übersteigt der Erbteil des Vorerben die Hälfte des gesetzlichen Erbteils nicht, gilt die Nacherbschaft gem § 2306 I 1 als nicht angeordnet. Den Restpflichtteil kann er nach § 2305 verlangen. Ist der mit der Nacherbschaft belastete Erbteil des Vorerben größer als die Hälfte des gesetzlichen Erbteils, kann der Vorerbe gem § 2306 I 2 ausschlagen und den Pflichtteil verlangen.

14   4. Auch die **Rechtsstellung des Nacherben** ist die eines Erben unmittelbar nach dem Erblasser. Er ist dessen Rechtsnachfolger, nicht etwa der des Vorerben. Im Einzelnen ist zu differenzieren.

15   a) **Zwischen Erbfall und Nacherbfall** hat der Nacherbe neben seinem künftigen Erbrecht ein gegenwärtiges **Anwartschaftsrecht**. Dieses Anwartschaftsrecht ist unentziehbar, unbeschränkbar, vererblich und übertragbar (BGHZ 87, 369). Für die Vererblichkeit ergibt sich dies bereits aus § 2108 II 1. Bei der Übertragung des Anwartschaftsrechts ist zwischen Verpflichtungs- und Verfügungsgeschäft zu unterscheiden. Der Verpflichtungsvertrag bedarf entspr § 2371, 2385, der Verfügungsvertrag entspr § 2033 der notariellen Beurkundung. Vererblichkeit und Übertragbarkeit kann der Erblasser allerdings, wie sich aus § 2108 II 1 ergibt, ausschließen. Es gelten für die Veräußerung die allg Regeln des Leistungsstörungsrechts, insb § 433 I 2 (Verpflichtung zur rechtsmangelfreien Übertragung als kaufrechtliche Hauptleistungspflicht). Mitnacherben oder, wenn nicht vorhanden, auch dem Vorerben (analoge Anwendung des § 2034) steht ein Vorkaufsrecht (§§ 463 ff) zu (MK/Grunsky § 2100 Rn 37). Ist das Anwartschaftsrecht indes wirksam übertragen, tritt der Erwerber voll in die Stellung des Nacherben ein. Mit dem Nacherbfall fällt ihm die Erbschaft ohne Durchgangserwerb an. Gem § 857 ZPO ist das Anwartschaftsrecht des Nacherben auch pfändbar.

16   b) **Mit dem Nacherbfall** fällt die gesamte Erbschaft unmittelbar in der Person des Nacherben an. Ihm stehen dann die Ansprüche der §§ 2130 ff zu.

§ 2101 Noch nicht gezeugter Nacherbe

(1) ¹Ist eine zur Zeit des Erbfalls noch nicht gezeugte Person als Erbe eingesetzt, so ist im Zweifel anzunehmen, dass sie als Nacherbe eingesetzt ist. ²Entspricht es nicht dem Willen des Erblassers, dass der Eingesetzte Nacherbe werden soll, so ist die Einsetzung unwirksam.
(2) Das Gleiche gilt von der Einsetzung einer juristischen Person, die erst nach dem Erbfall zur Entstehung gelangt; die Vorschrift des § 84 bleibt unberührt.

1   I. Die Vorschrift steht im Zusammenhang mit § 1923. Danach kann eine noch nicht gezeugte Person nicht Erbe sein. Eine entspr Erbeinsetzung wäre unwirksam.

2   1. Die **Auslegungsregel** des § 2101 I führt zur Annahme der Einsetzung des noch nicht Gezeugten als Nacherben. Diese Einsetzung ist wirksam, da es nach §§ 2108 I, 1923 für die Erbfähigkeit auf den Zeitpunkt des Nacherbfalls ankommt (Brox ErbR Rn 347). Dieser tritt im Falle des § 2101 I 1 mit der Geburt des Nacherben ein (§ 2106 II 1). Zu diesem Zeitpunkt ist die Erbfähigkeit indes gegeben.

3   2. Für **juristische Personen** bestimmt § 2101 II entspr, wenn die juristische Person erst nach dem ursprünglichen Erbfall zur Entstehung gelangt. Sie gilt als Nacherbin und der Nacherbfall tritt mit der Entstehung ein, § 2106 II 2. Eine nach dem Erbfall genehmigte Stiftung gilt allerdings gem § 84, der nach § 2101 II 2. Halbs unberührt bleibt, als schon vor dem Tod entstanden. Sie wird also mit der Genehmigung rückwirkend Erbin, nicht bloß Nacherbin (MK/Grunsky § 2101 Rn 7).

4   II. 1. Es muss feststehen, dass der Erblasser einen noch nicht Erzeugten bedenken wollte. Diese Einsetzung ist dann nach § 2101 I 1 **im Zweifel Einsetzung als Nacherbe**. Die eingesetzte Person muss eindeutig bestimmbar sein (zB „Kind meiner Schwester"). Steht fest, dass der Erblasser eine **Erbeinsetzung** gewollt hat, ist für eine Auslegung kein Raum. § 2101 I 1 führt dann zu einer **Umdeutung** in eine Nacherbeneinsetzung (MK/Grunsky § 2101 Rn 1). Unwirksam ist die Erbeinsetzung nach § 2101 I 2 nur wenn sicher feststeht, dass eine Nacherbeneinsetzung nicht gewollt war.

5   2. **Vorerben** sind in den Fällen des § 2101 die gesetzlichen Erben, wenn der Erblasser nichts anderes bestimmt hat. Dies ergibt sich aus § 2105 II.

3. Nacherbfall ist gem § 2106 II im Zweifel die Geburt des Bedachten bzw. die Entstehung der juristischen Person.
4. Steht fest, dass der als Erbe eingesetzte **nicht mehr geboren werden kann**, werden die Vorerben endgültige und unbeschränkte Erben. Entspr gilt bei Überschreitung der 30-Jahres Grenze des § 2109 (OLG Hamm FamRZ 97, 316).
III. Das Nacherbenrecht kann auch in den Fällen des § 2101 in den **Erbschein** und ins **Grundbuch** eingetragen werden (§ 2363, § 51 GBO), notfalls unter Bezeichnung der Eltern. Nach § 1913 S 2 kann für den noch nicht Erzeugten auch ein Pfleger bestellt werden.

§ 2102 Nacherbe und Ersatzerbe

(1) Die Einsetzung als Nacherbe enthält im Zweifel auch die Einsetzung als Ersatzerbe.
(2) Ist zweifelhaft, ob jemand als Ersatzerbe oder als Nacherbe eingesetzt ist, so gilt er als Ersatzerbe.

I. Für das Verständnis der Vorschrift ist der Unterschied der durch Ersatz- bzw Nacherbschaft gewährten Rechtspositionen wichtig.
1. Die Stellung des Ersatzerben ist regelmäßig schwächer als die des Nacherben (MK/Grunsky § 2102 Rn 1). Der Ersatzerbe iSv § 2096 wird nur dann Erbe, wenn der primär Berufene wegfällt, also nicht Erbe wird. Dies ist beispielsweise der Fall, wenn der Berufene vor dem Erbfall stirbt. Wird der Berufene jedoch Erbe, geht der Ersatzerbe endgültig leer aus.
2. Der Nacherbe wird hingegen mit Eintritt des Nacherbfalls **regelmäßig Erbe**. Die Stellung des Vorerben ist nur vorläufig. Der Nacherbe erhält somit eine stärkere Rechtsposition als der Ersatzerbe.
II. § 2102 enthält **zwei Auslegungsregeln. 1.** Nach § 2102 I enthält die Nacherbeneinsetzung **im Zweifel auch** die schwächere **Ersatzerbeneinsetzung**. Dieses „Weniger" wird idR vom Erblasser mitgewollt sein. Im Ergebnis wird der Nacherbe sofort mit dem Tod des Erblassers Erbe, wenn der als Vorerbe Berufene wegfällt.
a) Als Auslegungsregel gilt § 2102 I nur **im Zweifel**. Der Erblasser kann eine abweichende Regelung treffen. Steht fest, dass der als Nacherbe Eingesetzte unter allen Umständen erst nach einer bestimmten Frist oder beim Eintritt bestimmter Ereignisse Erbe werden sollte, gilt die Regel nicht. Bis zum Nacherbfall tritt in diesem Fall gem § 2105 I Vorerbschaft der gesetzlichen Erben ein. Ist der Nacherbfall hingegen der Tod des Vorerben (vgl § 2106 I), wird die Auslegungsregel meist greifen (MK/Grunsky § 2102 Rn 3).
b) Die **Auslegungsregel gilt nicht umgekehrt**. Die Einsetzung als Ersatzerbe bedeutet nicht zugleich die Einsetzung als Nacherbe (MK/Grunsky § 2102 Rn 5). Dies lässt sich damit begründen, dass die Stellung als Nacherbe stärker ist (so Rn 3), und man dem Erblasser im Zweifel nicht unterstellen kann, diese weitergehende Verfügung getroffen zu haben. Unberührt bleibt allerdings die Notwendigkeit, trotz Verwendung des Begriffes „Ersatzerbschaft" durch Auslegung zu ermitteln, ob der Erblasser nicht tatsächlich eine Nacherbschaft gewollt und nur aus Rechtsunkenntnis eine falsche Bezeichnung gewählt hat (BGH LM § 2100 Nr 1).
2. Nach der Auslegungsregel des § 2102 II ist **im Zweifel Ersatzerbschaft** anzunehmen, wenn auch nach Erschöpfung aller Auslegungsmöglichkeiten zweifelhaft bleibt, ob der Erblasser Ersatz- oder Nacherbschaft wollte (vgl OLG Hamm FamRZ 08, 723). Es ist nicht davon auszugehen, dass der Erblasser den zunächst als Erben eingesetzten mit der stärker belastenden Nacherbschaft beschweren will, wenn er dies nicht deutlich zum Ausdruck bringt.
III. Nicht ausdrücklich in § 2102 geregelt, jedoch den Grundsätzen nach möglich ist die **Ersatznacherbschaft**. Diese wird relevant, wenn nicht der Vorerbe, sondern der Nacherbe wegfällt, und für diesen ein Ersatzerbe eingesetzt ist. Es sind verschiedene Konstellationen zu unterscheiden. Insb kommen ein Wegfall des Nacherben vor dem Erbfall, sowie ein Wegfall zwischen dem Erb- und dem Nacherbfall in Betracht. Ein

Wegfall nach dem Nacherbfall ist nur bei Rückwirkung denkbar, zB bei der Ausschlagung durch den Nacherben.

9 1. Hins der **Rechtsstellung des Ersatznacherben** zwischen Erbfall und Ersatz(nach)erbfall ist zu differenzieren.

10 a) Mit dem Erbfall erwirbt auch der Ersatznacherbe ein vererbliches und übertragbares **Anwartschaftsrecht** an der Erbschaft (BayObLG FamRZ 92, 729; MK/Grunsky § 2102 Rn 9). Dieses erstarkt mit dem Ersatznacherbfall zum Vollrecht. Fällt der ursprüngliche Nacherbe nicht weg, erlischt das Anwartschaftsrecht.

11 b) **Kontroll-, Sicherungs- oder Zustimmungsrechte** hat der Ersatznacherbe hingegen vor dem Ersatzerbfall nicht. Dies gilt insb für die Zustimmung zu Verfügungen über Nachlassgegenstände iSv §§ 2113, 2114 (BGHZ 40, 119; MK/Grunsky § 2102 Rn 12).

12 2. Bei **Wegfall des Nacherben durch Tod** zwischen Erb- und Nacherbfall kann es problematisch sein, ob der Ersatznacherbe oder gem § 2108 II 1 die Erben des verstorbenen Nacherben in dessen Stellung einrücken. In der Einsetzung eines Ersatznacherben kann nicht ohne weiteres ein anderer Wille des Erblassers iSv § 2108 II 1 aE angenommen werden (MK/Grunsky § 2102 Rn 6 f; Palandt/Weidlich § 2108 Rn 4), da die Ersatznacherbschaft nicht unbedingt für den Todesfall angeordnet gewesen sein muss. Ob der Erblasser mit der Einsetzung eines Ersatznacherben die Vererblichkeit der Anwartschaft der ursprünglichen Erben ausschließen wollte, ist vielmehr durch Auslegung im Einzelfall zu ermitteln. Hierbei spricht eine ausdrückliche Einsetzung eines Ersatznacherben häufig eher für einen Ausschluss (vgl iE MK/Grunsky § 2102 Rn 6 f).

§ 2103 Anordnung der Herausgabe der Erbschaft

Hat der Erblasser angeordnet, dass der Erbe mit dem Eintritt eines bestimmten Zeitpunkts oder Ereignisses die Erbschaft einem anderen herausgeben soll, so ist anzunehmen, dass der andere als Nacherbe eingesetzt ist.

1 I. Die Vorschrift enthält eine ergänzende **Auslegungsregel**, die nicht zwingend ist (Palandt/Weidlich § 2103 Rn 1). Sie dient insb der Abgrenzung zum befristeten oder bedingten Vermächtnis. Dieses ist dadurch gekennzeichnet, dass der Wille des Erblassers nur auf Herausgabe einzelner Gegenstände oder einer Quote (sog Quotenvermächtnis, vgl Lange/Kuchinke ErbR § 29 II 2 a) geht, während bei der Nacherbschaft regelmäßig die Herausgabe des gesamten Nachlasses oder zumindest eines Bruchteils gewollt ist. Die Vorschrift trägt dem Umstand Rechnung, dass im täglichen Leben statt der gewollten rechtlichen Ursache (Einsetzung als Nacherbe) häufig die augenscheinlichste gewollte Folge (Herausgabe des Nachlasses, vgl § 2130) genannt wird (Palandt/Weidlich § 2103 Rn 1).

2 II. Es gelten die folgenden **Voraussetzungen**: 1. Der Erblasser muss die Herausgabe der Erbschaft (oder eines Bruchteils) an einen anderen angeordnet haben. Die Auslegung kann allerdings ergeben, dass keine Nacherbeneinsetzung gewollt war, sondern beispielsweise die Einsetzung des Dritten als Testamentsvollstrecker (MK/Grunsky § 2103 Rn 3).

3 2. Die Herausgabeanordnung muss sich auf einen Zeitpunkt oder ein Ereignis beziehen, die eine gewisse Zeit **nach dem Erbfall** liegen. Ist sofortige Herausgabe angeordnet, kommt allenfalls die sofortige Erbeinsetzung des Dritten unter gleichzeitiger Ernennung des als Erben bezeichneten zum Testamentsvollstrecker in Betracht (MK/Grunsky § 2103 Rn 2; Palandt/Weidlich § 2103 Rn 2). Die Bestimmung des Zeitpunktes darf nicht einem Dritten überlassen werden (BGHZ 15, 199).

4 III. Bei Anordnung der Herausgabe des **Überrestes** ist gem §§ 2137, 2138 Nacherbeneinsetzung unter Befreiung des Vorerben iSv § 2136 anzunehmen.

§ 2104 Gesetzliche Erben als Nacherben

¹Hat der Erblasser angeordnet, dass der Erbe nur bis zu dem Eintritt eines bestimmten Zeitpunkts oder Ereignisses Erbe sein soll, ohne zu bestimmen, wer alsdann die Erb-

schaft erhalten soll, so ist anzunehmen, dass als Nacherben diejenigen eingesetzt sind, welche die gesetzlichen Erben des Erblassers sein würden, wenn er zur Zeit des Eintritts des Zeitpunkts oder des Ereignisses gestorben wäre. ²Der Fiskus gehört nicht zu den gesetzlichen Erben im Sinne dieser Vorschrift.

I. Die §§ 2104, 2105 enthalten Ergänzungsregeln für den Fall, dass die **letztwillige Verfügung des Erblassers unvollständig** ist, und zwar derart, dass er zwar einen Vorerben zeitlich begrenzt eingesetzt, aber keinen Nacherben benannt hat (§ 2104) oder ab einem bestimmten Zeitpunkt einen Nacherben eingesetzt, aber keinen Vorerben bezeichnet hat (§ 2105). In diesen Fällen greifen die §§ 2104, 2105 ein und ersetzen die jeweils fehlende Bestimmung (sog **konstruktive Vor- und Nacherbfolge**, BayObLG FamRZ 96, 1577). Zur Vermeidung der Unwirksamkeit der letztwilligen Verfügung ist allerdings erforderlich, dass zumindest der Vor- (§ 2104) oder der Nacherbe (§ 2105) eindeutig benannt sind (MK/Grunsky § 2104 Rn 1).

II. 1. Die Vorschrift setzt eine Anordnung des Erblassers voraus, nach der der eingesetzte Erbe nur bis zum Eintritt eines bestimmten Zeitpunkts oder Ereignisses Erbe, also nur **Vorerbe sein soll**. Zugleich muss die **Benennung eines Nacherben fehlen** und insb auch durch Auslegung nicht ermittelbar sein. Gleichzustellen ist die Konstellation, in der es an der Nacherbenbenennung nicht von vornherein, sondern nachträglich durch eigenen Willensentschluss des Erblassers, nämlich durch den Widerruf der ursprünglichen Nacherbeneinsetzung, fehlt (BayObLG FamRZ 91, 1114; vgl a Lange/Kuchinke ErbR § 28 II 1 d). Demggü ist § 2104 nicht anwendbar, wenn die erfolgte Nacherbeneinsetzung aus sonstigen Gründen unwirksam ist oder es infolge einer Anfechtung wird (BGH NJW 86, 1812). Dasselbe gilt, wenn der eingesetzte Nacherbe durch Vorversterben ausfällt. Dann wird der Vorerbe Vollerbe. Nur ausnahmsweise werden entspr § 2104 die gesetzlichen Erben zu Nacherben, wenn der Vorerbe die Erbschaft auf keinen Fall über den bestimmten Zeitpunkt hinaus erhalten sollte (KG DNotZ 33, 286).

2. Als **Rechtsfolge** sieht § 2104 die Nacherbenstellung derjenigen vor, die zZ des Eintritts des Nacherbfalls **gesetzliche Erben** des Erblassers sein würden, wenn jener zu diesem Zeitpunkt gestorben wäre. Der Fiskus (vgl § 1936) ist nach § 2104 S 2 allerdings ausgenommen. Fehlt es außer dem Fiskus an gesetzlichen Erben, verbleibt die Erbschaft beim Vorerben. Durch Auslegung, die der Auslegungsregel des § 2104 vorgeht, kann sich aber Abweichendes ergeben, beispielsweise dass der Fiskus als Nacherbe berufen sein sollte oder die Erbschaft auch nach einem bestimmten Ereignis dauerhaft beim Vorerben verbleibt. Im Übrigen kommt es nicht auf die gesetzlichen Erben zZ des Erbfalls, sondern auf die hypothetischen gesetzlichen Erben des Erblassers zZ des Nacherbfalls an. Da diese zum Zeitpunkt des Erbfalls noch nicht feststehen, erwerben sie mit dem Vorerbfall noch kein vererbliches Anwartschaftsrecht gem § 2108 II (BayObLGZ 66, 229).

III. Hat der Erblasser seine gesetzlichen Erben als Nacherben berufen, sieht **§ 2066 S 2** eine dem § 2104 entspr Anknüpfung vor.

§ 2105 Gesetzliche Erben als Vorerben

(1) Hat der Erblasser angeordnet, dass der eingesetzte Erbe die Erbschaft erst mit dem Eintritt eines bestimmten Zeitpunkts oder Ereignisses erhalten soll, ohne zu bestimmen, wer bis dahin Erbe sein soll, so sind die gesetzlichen Erben des Erblassers die Vorerben.

(2) Das Gleiche gilt, wenn die Persönlichkeit des Erben durch ein erst nach dem Erbfall eintretendes Ereignis bestimmt werden soll oder wenn die Einsetzung einer zur Zeit des Erbfalls noch nicht gezeugten Person oder einer zu dieser Zeit noch nicht entstandenen juristischen Person als Erbe nach § 2101 als Nacherbeinsetzung anzusehen ist.

I. Während § 2104 die konstruktive Nacherbschaft behandelt, regelt § 2105 die **konstruktive Vorerbschaft**. Da es keine auch nur zeitweise herrenlose Erbschaft geben kann, sind nach der Ergänzungsregel die gesetzlichen Erben – abw von § 2104 inkl des Fiskus – als Vorerben anzusehen, wenn der Erblasser lediglich einen Nacherben bestimmt hat. Die Vorschrift ordnet eine gesetzliche und keine gewillkürte Vorerbschaft an.

2 II. **1.** Abs 1 setzt voraus, dass nach Anordnung des Erblassers der Erbe die Erbschaft erst mit dem Eintritt eines bestimmten Zeitpunkts oder Ereignisses erhalten soll, also Nacherbe ist, und es zugleich an der **Bestimmung eines Vorerben** fehlt. Dieser darf auch durch Auslegung nicht ermittelbar sein. Die Vorschrift ist entspr anzuwenden, wenn die Einsetzung des Vorerben nichtig ist, die Nacherbeneinsetzung aber wirksam bleibt (Palandt/Weidlich § 2105 Rn 1; Jauernig/Stürner § 2105 Rn 2; aA MK/Grunsky § 2105 Rn 2 – für Auslegung und Unanwendbarkeit des § 2105).

3 **2.** Nach Abs 2 gilt das gleiche, wenn die Person des Erben zum Zeitpunkt des Erbfalls noch unbestimmt ist, zB wenn die künftige Ehefrau des noch unverheirateten Sohnes als Erbe eingesetzt ist. Normale Erbfolge tritt indes ein, wenn das Ereignis noch vor dem Erbfall eintritt. Dann wird die eingesetzte Person sofort Erbe (Palandt/Weidlich § 2105 Rn 2). Ferner enthält § 2105 II die notwendige Ergänzung zu § 2101. Die Vorerbschaft der gesetzlichen Erben dauert in diesem Fall bis zur Geburt des eingesetzten Erben bzw bis zur Entstehung der juristischen Person (vgl § 2106 II).

4 **3.** Als **Rechtsfolge** bestimmt § 2105 die Vorerbenstellung der gesetzlichen Erben des Erblassers. Es versteht sich von selbst, dass hier der Zeitpunkt des Erbfalls maßgeblich ist. Die Auslegung kann aber ergeben, dass bestimmte gesetzliche Erben (zB der Fiskus) nicht Vorerben werden sollen und daher lieber sofort der eingesetzte Nacherbe Erbe werden soll (MK/Grunsky § 2105 Rn 1). Bleibt der Nacherbfall endgültig aus, verbleibt der Nachlass den nach § 2105 berufenen gesetzlichen Erben auf Dauer.

§ 2106 Eintritt der Nacherbfolge

(1) Hat der Erblasser einen Nacherben eingesetzt, ohne den Zeitpunkt oder das Ereignis zu bestimmen, mit dem die Nacherbfolge eintreten soll, so fällt die Erbschaft dem Nacherben mit dem Tode des Vorerben an.

(2) ¹Ist die Einsetzung einer noch nicht gezeugten Person als Erbe nach § 2101 Abs. 1 als Nacherbeinsetzung anzusehen, so fällt die Erbschaft dem Nacherben mit dessen Geburt an. ²Im Falle des § 2101 Abs. 2 tritt der Anfall mit der Entstehung der juristischen Person ein.

1 I. Die Vorschrift regelt ergänzend den **Zeitpunkt des Eintritts des Nacherbfalls** (zum Nacherbfall vgl § 2139). Der Erblasser kann aufgrund seiner Testierfreiheit in den Grenzen des § 2109 frei bestimmen, mit welchem Zeitpunkt oder mit dem Eintritt welchen Ereignisses der Nachlass dem Nacherben anfallen soll. Fehlt eine derartige Bestimmung des Erblassers, greift § 2106 ein. Der Erblasser darf wegen § 2065 die Bestimmung des Nacherbfalls nicht einem Dritten überlassen (BGHZ 15, 199). Tut er es dennoch, greift auch in diesem Fall § 2106 ein (Jauernig/Stürner § 2106 Rn 1), wenn nicht die Auslegung zur Unwirksamkeit der Nacherbeneinsetzung führt (MK/Grunsky § 2106 Rn 1). Zulässig ist es hingegen, wenn der Erblasser den Nacherbfall von einem Ereignis abhängig macht, über dessen Eintritt der Vor- oder Nacherbe entscheiden kann, zB eine Wiederverheiratung (BayObLGZ 66, 227).

2 II. **1.** Fehlt es an einer Bestimmung durch den Erblasser, fällt nach § 2106 I die Nacherbschaft dem Nacherben grds **mit dem Tode des Vorerben** an. Zwischen Erbfall und Anfall der Nacherbschaft hat der Nacherbe idR ein übertragbares und vererbliches Anwartschaftsrecht (vgl § 2108 II).

3 **2.** Eine **Sonderregelung für die Fälle des** § 2101 enthält § 2106 II. Gilt die Erbeinsetzung einer noch nicht gezeugten Person oder einer noch nicht entstandenen Gesellschaft nach § 2101 als Nacherbeneinsetzung, dann soll der Nacherbfall nicht erst mit dem Tode des Vorerben (gem § 2105 II im Zweifel die gesetzlichen Erben), sondern bereits mit Geburt oder Entstehung der Nacherben eintreten. Die Vorschrift greift nur in den Fällen des § 2101, nicht aber, wenn der Erblasser ausdrücklich einen noch nicht

Gezeugten als Nacherben eingesetzt hat. In diesen Fällen gilt § 2106 I, wenn der Erblasser den Nacherbfall nicht bestimmt hat.
III. Der für den Eintritt des Nacherbfalls maßgebliche Zeitpunkt bzw. das maßgebliche Ereignis ist auch in den Fällen des § 2106 im **Erbschein** anzugeben.

§ 2107 Kinderloser Vorerbe

Hat der Erblasser einem Abkömmling, der zur Zeit der Errichtung der letztwilligen Verfügung keinen Abkömmling hat oder von dem der Erblasser zu dieser Zeit nicht weiß, dass er einen Abkömmling hat, für die Zeit nach dessen Tode einen Nacherben bestimmt, so ist anzunehmen, dass der Nacherbe nur für den Fall eingesetzt ist, dass der Abkömmling ohne Nachkommenschaft stirbt.

I. 1. Es handelt sich um eine **Auslegungsregel**. Vor Anwendung der Vorschrift ist also der wirkliche, mutmaßliche oder hypothetische Wille des Erblassers zu ermitteln. Erst wenn diese Auslegung zu keinem Ergebnis führt, kann auf § 2107 zurückgegriffen werden (BayObLG NJW-RR 92, 839; vgl a OLG Nürnberg FamRZ 13, 660).
2. Der Vorschrift liegt der **Gedanke** zugrunde, dass der Erblasser Nachkommen eines von ihm bedachten Abkömmlings nicht zugunsten Dritter von der Erbschaft ausschließen will (BayObLG FamRZ 96, 1240). Die Einsetzung eines Nacherben nach einem aus Sicht des Erblassers kinderlosen Vorerben soll im Zweifel nur gelten, wenn der eingesetzte Vorerbe tatsächlich kinderlos stirbt. Das Gesetz geht davon aus, dass der Erblasser idR anders testiert hätte, wenn er um die Abkömmlinge des Vorerben gewusst hätte. Die Norm greift deshalb nur, wenn der Nacherbfall mit dem Tode des bedachten Abkömmlings eintreten sollte. Daher kommt § 2107 in den Fällen der §§ 2105, 2106 II keine Bedeutung zu, da hier davon auszugehen ist, dass dem Erblasser die Nacherbeneinsetzung wichtiger war als die Bevorzugung weiterer Abkömmlinge des Vorerben. Einen dem § 2107 ähnlichen Rechtsgedanken enthalten §§ 2069, 2079.
II. 1. Die Vorschrift verlangt die **Einsetzung eines Abkömmlings zum Vorerben**, wobei **Nacherbfall der Tod** des eingesetzten Vorerben sein muss. Dabei ist es gleichgültig, ob sich dies aus einer ausdrücklichen entspr Anordnung des Erblassers oder aus § 2601 I ergibt. Ob der Nacherbe ebenfalls ein Abkömmling des Erblassers oder ein familienfremder Dritter ist, spielt keine Rolle (BGH NJW 81, 2744).
2. Der eingesetzte Abkömmling muss bei seinem Tod **selbst weitere Abkömmlinge hinterlassen** haben. Abkömmlinge sind auch Adoptiv- (BayObLG NJW-RR 92, 839) oder nichteheliche Kinder, gleichgültig ob solche eines Sohnes oder einer Tochter des Erblassers. Ausreichend ist, dass der Abkömmling zZ des Todes des Vorerben gezeugt war.
3. Die Abkömmlinge des Vorerben müssen zum Zeitpunkt der Testamentserrichtung entweder **noch nicht vorhanden** oder dem Erblasser **unbekannt** gewesen sein. Andernfalls ist deutlich, dass der Erblasser anstelle des Abkömmlings den eingesetzten Nacherben wollte. Nach dem Wortlaut der Vorschrift, der auf den Testamentserrichtungszeitpunkt abstellt, kommt es nicht darauf an, ob der Erblasser nach Errichtung des Testaments von einem Abkömmling des Vorerben erfährt. Jedoch kann die unterlassene Testamentsänderung in diesem Fall Bedeutung für die der Regelung des § 2107 vorrangigen Auslegung erlangen und dazu führen, dass es bei der testamentarischen Verfügung des Erblassers bleibt.
4. Die vom Erblasser bedachte Abkömmling hat **zeitlebens die Stellung eines Vorerben**, da sich erst bei seinem Tod entscheidet, ob er selbst Abkömmlinge hinterlässt. Dies gilt selbst dann, wenn vorher ein Abkömmling geboren wird, da die Rechtsfolge des § 2107 nur dann greift, wenn dieser den bedachten Abkömmling des Erblassers – also seine Mutter oder seinen Vater – überlebt. Sind beim Tod des Vorerben Abkömmlinge vorhanden, wird der Vorerbe rückwirkend zum Vollerben (BGH NJW 81, 2744), da nach § 2107 die Nacherbeneinsetzung entfällt. Alle zwischenzeitlich getroffenen Verfügungen unter Lebenden und von Todes wegen werden damit uneingeschränkt wirksam. Insb kann er seine nun vorhandenen Abkömmlinge testamentarisch bedenken.

Diese sind dann seine Erben, nicht Nacherben. Es steht dem Abkömmling aber frei, anderweitige Verfügungen von Todes wegen zu treffen, auch solche zulasten seiner eigenen Abkömmlinge.

7 5. Die **Nacherbenstellung ist durch das Vorhandensein von Abkömmlingen des Vorerben** bei dessen Tod, auf die die sonstigen Voraussetzungen der Vorschrift zutreffen, **auflösend bedingt.** Bis zum Eintritt dieser Bedingung hat er ein übertragbares und vererbbares Anwartschaftsrecht (BayObLG Rpfleger 81, 64; vgl a BGH NJW 80, 1277).

§ 2108 Erbfähigkeit; Vererblichkeit des Nacherbrechts

(1) Die Vorschrift des § 1923 findet auf die Nacherbfolge entsprechende Anwendung.
(2) ¹Stirbt der eingesetzte Nacherbe vor dem Eintritt des Falles der Nacherbfolge, aber nach dem Eintritt des Erbfalls, so geht sein Recht auf seine Erben über, sofern nicht ein anderer Wille des Erblassers anzunehmen ist. ²Ist der Nacherbe unter einer aufschiebenden Bedingung eingesetzt, so bewendet es bei der Vorschrift des § 2074.

1 I. **Abs 1** erklärt § 1923 für entspr anwendbar. Der Nacherbe muss also zZ des Erbfalls noch leben. Nicht erforderlich ist indes, dass der Nacherbe zZ des Erbfalls **schon lebt** oder gezeugt ist (RG JW 29, 2596), da sich insofern aus § 2101 I 1 ergibt, dass auf den Nacherbfall abzustellen ist.

2 1. **Stirbt der Nacherbe vor dem Erblasser** (also vor dem Erbfall), wird die Nacherbeneinsetzung hinfällig. Mit dem Tod des Erblassers erwirbt der eingesetzte Vorerbe die Erbschaft sogleich als Vollerbe, es sei denn, es war ein weiterer Nacherbe oder ein Ersatznacherbe eingesetzt (OLG Karlsruhe FamRZ 00, 63). Zu beachten ist in diesem Zusammenhang die Vorschrift des § 2069, die auch dann gilt, wenn ein Abkömmling des Erblassers als Nacherbe eingesetzt ist. In diesem Fall würden also bei Tod des als Nacherben eingesetzten Abkömmlings vor dem Erbfall dessen Abkömmlinge als Ersatzerben an seine Stelle treten, soweit sie auch nach der gesetzlichen Erbfolge an dessen Stelle treten würden.

3 2. Der Nacherbe braucht hingegen **zZ des Erbfalls noch nicht zu leben** oder gezeugt zu sein. Insofern bedeutet die durch § 2108 I angeordnete entspr Anwendung des § 1923, dass der Nacherbe zZ des **Nacherbfalls** geboren oder gezeugt sein muss. Ist der Nacherbe zu diesem Zeitpunkt noch nicht gezeugt, so ist er im Zweifel zweiter Nacherbe nach den gesetzlichen Erben (entspr § 2104) zZ des Nacherbfalls.

4 II. **Abs 2** behandelt die Vererblichkeit des Anwartschaftsrechts des Nacherben. Mit dem Erbfall erwirbt der zu diesem Zeitpunkt lebende eingesetzte Nacherbe ein Anwartschaftsrecht.

5 1. Das Anwartschaftsrecht des Nacherben ist gem § 2108 II 1 im Zweifel vererblich, es sei denn, es ist ein anderer Wille des Erblassers anzunehmen. **Beim Tod des Nacherben zwischen Erbfall und Nacherbfall** geht das Anwartschaftsrecht somit idR auf dessen Erben über. Unerheblich ist, ob die Erben des Nacherben gesetzlich oder testamentarisch berufen sind.

6 2. Kein Fall des § 2108 II ist gegeben, wenn der Nacherbe **nach Eintritt des Nacherbfalls** stirbt. Mit Erstarken des Anwartschaftsrechts zum Vollrecht wird der Nacherbe Gesamtrechtsnachfolger des Erblassers und kann über das Vermögen nach allg Grundsätzen verfügen.

7 3. Der Erblasser kann die **Vererblichkeit des Anwartschaftsrechts ausschließen.** Ob dies der Fall ist, ist mangels ausdrücklicher Bestimmung durch den Erblasser im Wege der Auslegung zu ermitteln. Bei einem schlichten Ausschluss wird der Vorerbe mit dem Tod des Nacherben zum Vollerben.

8 a) Ein Ausschluss kann insb in der Einsetzung eines **Nachnacherben** zu sehen sein, nämlich dann, wenn der Nachnacherbfall der Tod des Nacherben ist.

9 b) Ob in der Einsetzung eines **Ersatznacherben** (auch im Fall des § 2069) ein Ausschluss der Vererblichkeit zu sehen ist, ist im Einzelfall zu ermitteln, denn die Ersatznacherbschaft kann auch für andere Fälle als den Tod des Nacherben gewollt sein. Häufig wird aber die ausdrückliche Einsetzung eines Ersatznacherben zugleich den

Ausschluss der Vererblichkeit des Anwartschaftsrechts beinhalten (Keim NJW-Spezial 2009, 399). Im Falle des § 2069 kommt indes der Vererblichkeit des Anwartschaftsrechts idR Vorrang zu (BGH NJW 63, 1150). Auch hier ist zu prüfen, ob der Erblasser das Vermögen in erster Linie in der Familie halten wollte.

4. Ist der Nacherbe unter einer **aufschiebenden Bedingung** eingesetzt, gilt gem §§ 2108 II 2, 2074, dass der Nacherbe die Bedingung im Zweifel erleben muss. Stirbt also der Nacherbe vor Bedingungseintritt, ist die Anwartschaft regelmäßig nicht vererblich. Bei einer auflösenden Bedingung bleibt die Vererblichkeit indes bestehen. Bei Eintritt der auflösenden Bedingung geht das Anwartschaftsrecht allerdings unter.

§ 2109 Unwirksamwerden der Nacherbschaft

(1) ¹Die Einsetzung eines Nacherben wird mit dem Ablauf von 30 Jahren nach dem Erbfall unwirksam, wenn nicht vorher der Fall der Nacherbfolge eingetreten ist. ²Sie bleibt auch nach dieser Zeit wirksam:
1. wenn die Nacherbfolge für den Fall angeordnet ist, dass in der Person des Vorerben oder des Nacherben ein bestimmtes Ereignis eintritt, und derjenige, in dessen Person das Ereignis eintreten soll, zur Zeit des Erbfalls lebt,
2. wenn dem Vorerben oder einem Nacherben für den Fall, dass ihm ein Bruder oder eine Schwester geboren wird, der Bruder oder die Schwester als Nacherbe bestimmt ist.

(2) Ist der Vorerbe oder der Nacherbe, in dessen Person das Ereignis eintreten soll, eine juristische Person, so bewendet es bei der dreißigjährigen Frist.

I. Zur Verhinderung einer dauerhaften Bindung des Erblasservermögens durch letztwillige Verfügung bestimmt § 2109 I 1 die Unwirksamkeit der Nacherbeneinsetzung mit dem Ablauf von **30 Jahren** nach dem Erbfall. Die Gefahr einer übermäßigen Bindung besteht insb deshalb, weil der Erblasser beliebig viele Nacherben hintereinander anordnen kann. Durch die Vorschrift bleibt diese Freiheit des Erblassers zwar unberührt, jedoch wird die (nächste) Nacherbeneinsetzung mit Ablauf der Frist unwirksam, so dass derjenige Vollerbe wird, der zum Zeitpunkt des Fristablaufs gerade Vorerbe ist.

II. 1. Mit Ablauf einer Frist von 30 Jahren nach dem Erbfall wird die **Einsetzung eines Nacherben unwirksam**, wenn der Nacherbfall innerhalb dieser Frist nicht eingetreten ist. Die Erbschaft verbleibt dann endgültig dem Vorerben. Bei mehreren hintereinander eingesetzten Nacherben gilt die Unwirksamkeitsfolge für die Nacherbeneinsetzungen, deren Nacherbfall innerhalb der Frist seit dem Erbfall noch nicht eingetreten ist.

2. Ist der Nacherbe zZ des Fristablaufs **gezeugt, aber noch nicht geboren**, fällt ihm die Nacherbschaft mit der Geburt an. Maßgeblich für die Frage des Fristablaufs ist in diesem Fall also der Zeitpunkt der Zeugung.

3. Die **Auslegung** kann ergeben, dass mit Ablauf der Dreißigjahresfrist spätestens der Nacherbfall eintreten soll, bevor der Vorerbe zum endgültigen Erben wird und der Nacherbe leer ausgeht.

4. Die Vorschrift macht in § 2109 I 2 Nr 1 und 2 **zwei Ausn** von der Unwirksamkeitsfolge nach Fristablauf. In diesen Fällen sind Nacherbfälle nach beliebiger Dauer möglich.

a) Nr 1 setzt voraus, dass der **Nacherbfall ein bestimmtes Ereignis in der Person des Vor- oder Nacherben** ist und die entspr Person zZ des Erbfalls lebt, wobei es ausreicht, wenn sie zZ des Erbfalls gezeugt war. Zu den Ereignissen iSd Vorschrift zählen zB die Verheiratung, das Erreichen eines gewissen Alters oder der Tod des Vorerben (KG Rpfleger 76, 249). Das Ereignis kann auch ein solches sein, das der Vor- oder Nacherbe durch eigenes Tun herbeiführt. Soll das Ereignis hingegen in der Person eines Dritten eintreten, ist die Ausn nicht einschlägig. Bei der Einsetzung von mehreren Nacherben hintereinander ist entscheidend, ob alle zZ des Erbfalls leben. Nach Abs 2 gilt diese Ausn nicht, wenn es sich bei dem Vor- oder Nacherben, in dessen Person das Ereignis eintreten soll, um eine juristische Person handelt.

b) Nr 2 erfasst den Fall der Einsetzung von ungeborenen Geschwistern als Nacherben.

§ 2110 Umfang des Nacherbrechts

(1) Das Recht des Nacherben erstreckt sich im Zweifel auf einen Erbteil, der dem Vorerben infolge des Wegfalls eines Miterben anfällt.
(2) Das Recht des Nacherben erstreckt sich im Zweifel nicht auf ein dem Vorerben zugewendetes Vorausvermächtnis.

1 I. Die Vorschrift enthält zwei Auslegungsregeln. Ein abw Wille des Erblassers geht vor, soweit er feststellbar ist.
2 II. 1. Nach Abs 1 soll der Nacherbe im Zweifel die gleiche Position erwerben, die der Vorerbe inne hatte. Ist dieser Mitglied einer Erbengemeinschaft und vergrößert sich dessen Erbteil durch Erhöhung gem § 1935, Anwachsung gem § 2094 oder Ersatzberufung gem § 2096, so erwirbt der Nacherbe beim Nacherbfall diesen **vergrößerten Erbteil**.
3 2. Ein **Vorausvermächtnis** (§ 2150) soll hingegen gem Abs 2 dem Vorerben im Zweifel endgültig zugute kommen. Er erwirbt den Vermächtnisgegenstand frei von Rechten des Nacherben.

§ 2111 Unmittelbare Ersetzung

(1) ¹Zur Erbschaft gehört, was der Vorerbe auf Grund eines zur Erbschaft gehörenden Rechts oder als Ersatz für die Zerstörung, Beschädigung oder Entziehung eines Erbschaftsgegenstands oder durch Rechtsgeschäft mit Mitteln der Erbschaft erwirbt, sofern nicht der Erwerb ihm als Nutzung gebührt. ²Die Zugehörigkeit einer durch Rechtsgeschäft erworbenen Forderung zur Erbschaft hat der Schuldner erst dann gegen sich gelten zu lassen, wenn er von der Zugehörigkeit Kenntnis erlangt; die Vorschriften der §§ 406 bis 408 finden entsprechende Anwendung.
(2) Zur Erbschaft gehört auch, was der Vorerbe dem Inventar eines erbschaftlichen Grundstücks einverleibt.

1 I. 1. Die Vorschrift will sicherstellen, dass der Bestand der Erbschaft im Wesentlichen zugunsten des Nacherben erhalten bleibt. Zu diesem Zweck ordnet sie die **dingliche Surrogation** in bestimmten Fällen an, so dass sich der Nacherbe nicht auf schuldrechtliche Ersatzansprüche verweisen lassen muss.
2 2. Während also die Substanz der Erbschaft einschließlich der Surrogate dem Nacherben zustehen solle, werden die **Nutzungen dem Vorerben** zugewiesen.
3 3. § 2111 ist die zentrale Vorschrift hins der Aufteilung der Erbschaft zwischen Vor- und Nacherben. Die Vorschrift gilt nur zugunsten des Nacherben, nicht zugunsten etwaiger Nachlassgläubiger (BGHZ 81, 12).
4 II. 1. Zur Erbschaft, die dem Nacherben mit dem Nacherbfall (§ 2106) anfällt (§ 2139) und ihm vom Vorerben gem § 2130 I herauszugeben ist, gehört kraft dinglicher Surrogation das, was der **Vorerbe unter den Voraussetzungen des § 2111 I 1. Halbs** erwirbt. Für das kraft Surrogation zur Erbschaft Gehörende gelten in vollem Umfang die Vorschriften über die Vor- und Nacherbschaft, wobei es im Zusammenhang mit den Verfügungsbeschränkungen der §§ 2112 ff auf das Surrogat ankommt (BayObLGZ 86, 213). Als selbstverständlich setzt die Vorschrift voraus, dass zur Erbschaft alle Gegenstände inkl etwaiger Wertsteigerungen gehören, die schon zZ des Erbfalls zum Nachlass gehörten.
5 a) Die Vorschrift erfasst den **Zuwachs auf Grund eines zur Erbschaft gehörenden Rechts**. Hierher gehören zB Ersitzung (§§ 937 ff), Verbindung oder Vermischung (§§ 946 ff). Der Fallgruppe unterfällt grds nur der gesetzliche, nicht der rechtsgeschäftliche Erwerb.
6 b) Zur Erbschaft gehören ferner die **Ersatzvorteile**, die der Vorerbe für die Zerstörung, Beschädigung oder Entziehung eines Erbschaftsgegenstandes erhält. Dies umfasst Schadensersatzansprüche, Versicherungsleistungen, Enteignungsentschädigungen. Dazu ge-

hört auch der Erlös aus der Zwangsversteigerung eines Nachlassgrundstücks, der als Ersatz für die Entziehung des Gegenstandes anzusehen ist (BGH NJW 93, 3199).

c) Schließlich ist dasjenige erfasst, was der Vorerbe **durch Rechtsgeschäft mit Mitteln der Erbschaft erwirbt**. Die Art des Rechtsgeschäfts, auf dem der Erwerb beruht, ist belanglos. Es ist kein formal enger, sondern zum Schutz des Nacherben ein wirtschaftlicher Maßstab anzulegen (BGHZ 40, 123). Es ist auch irrelevant, ob der Vorerbe den Gegenstand zum eigenen Gebrauch verwendet hat. Allein maßgeblich ist es, dass der Gegenwert für den erworbenen Gegenstand objektiv aus dem Nachlass stammt (BGHZ 110, 178). Zum Nachlass gehören demnach die noch offene Kaufpreisforderung beim Verkauf eines Erbschaftsgegenstandes bzw der eingezogene Betrag im Falle der Erfüllung der Forderung. Der veräußerte Gegenstand gehört bis zu seiner Übereignung zum Nachlass. Bei Beteiligung an einer Gesellschaft mit Nachlassmitteln umfasst die Surrogation den Anspruch auf das Auseinandersetzungsguthaben und auf etwaige Bezugsrechte (BGH NJW 84, 364), darüber hinaus zumindest dann den Gesellschaftsanteil selbst, wenn dieser frei übertragbar ist (inzw weiter gehend BGHZ 109, 214; ausf MK/Grunsky § 2111 Rn 12 ff). Bei Tilgung einer Hypothek mit Nachlassmitteln fällt die entstehende Eigentümergrundschuld in den Nachlass, obgleich es sich nicht um einen rechtsgeschäftlichen Erwerb handelt. Insoweit greift aber die angesprochene weite Auslegung dieses Begriffs unter wirtschaftlichen Gesichtspunkten (BGHZ 40, 123). Wird die Gegenleistung nur teilweise aus dem Nachlass erbracht, tritt auch nur eine Teilsurrogation ein (BGH NJW 77, 1631; aA Wolf JuS 81, 14 f).

d) Nach **Abs 2** gehören auch die Gegenstände zum Nachlass, die der Vorerbe dem **Inventar** eines Erbschaftsgrundstücks einverleibt (vgl hierzu §§ 588, 1048). Hier ist nicht Voraussetzung, dass der Gegenstand mit Erbschaftsmitteln erworben wurde, da ansonsten schon Abs 1 einschlägig wäre. Ersatzansprüche des Vorerben gegen den Nacherben regeln §§ 2124, 2125.

e) Die **Rechtsfolge** des § 2111 I 1. Halbs besteht in der dinglichen Surrogation des Rechts oder Gegenstands aus der Erbschaft durch den erworbenen Vermögensgegenstand. Dieser fällt in den Nachlass. Er ist somit beim Nacherbfall insb vom Herausgabeanspruch des Nacherben aus § 2130 I erfasst.

aa) Ob den Vorerben hins des Surrogats **Verfügungsbeschränkungen nach §§ 2112 ff** treffen, beurteilt sich allein nach dem Surrogatgegenstand. Weder setzt sich eine Verfügungsbeschränkung, die hins des ursprünglichen Gegenstands bestand, per se am Surrogat fort, noch kann allein deshalb über das Surrogat frei verfügt werden, weil dies hins des Erbschaftsgegenstandes der Fall war. Ist das Surrogat ein Grundstück, ist der Nacherbenvermerk nach § 51 GBO einzutragen (vgl dazu OLG München FamRZ 12, 1169 mit Bezugnahme auf BGHZ 171, 350 – Eintragung nach Auseinandersetzung der Erbengemeinschaft erforderlich).

bb) Besteht das Surrogat in einer Forderung, ist der **Schuldner gem § 2111 I 2** geschützt.

2. Nicht der Surrogation unterliegen gem § 2111 I 2 die **Nutzungen** (§ 100), soweit sie dem Vorerben gebühren.

a) Zu den Nutzungen gehören insb Zinsen (BGHZ 81, 13) sowie Unternehmensgewinne (vgl Palandt/Weidlich § 2111 Rn 9 mwN; MK/Grunsky § 2111 Rn 16).

b) Sie **gebühren grds dem Vorerben** (BGHZ 78, 178) soweit sie iR einer ordnungsgemäßen Nachlassverwaltung iSv § 2130 I 1 gezogen werden. Eine Einschränkung ergibt sich für Übermaßfrüchte aus § 2133. Von der Frage, wem die Nutzungen, insb die Früchte schuldrechtlich gebühren, ist die Frage des Eigentumserwerbs zu unterscheiden. Dieser tritt gem §§ 953 ff regelmäßig beim Vorerben ein. Ob er diese Früchte auch behalten darf oder ob er sie beim Nacherbfall herausgeben muss, ergibt sich aus §§ 2111, 2130 I, 2133. Gemeint sind nur die Nutzungen, die zwischen Erb- und Vorerbfall anfallen. Vorherige fallen in den Nachlass und gebühren ab dem Nacherbfall, spätere sogleich dem Nacherben. Korrespondierend zum Nutzungsvorteil hat der Vorerbe gem § 2124 die gewöhnlichen Erhaltungskosten zu tragen.

15 c) Die Verteilung der Nutzungen hat nur im Verhältnis zwischen Vor- und Nacherben Bedeutung. Ggü Nachlassgläubigern gehören Nutzungen immer zum Nachlassvermögen.

§ 2112 Verfügungsrecht des Vorerben

Der Vorerbe kann über die zur Erbschaft gehörenden Gegenstände verfügen, soweit sich nicht aus den Vorschriften der §§ 2113 bis 2115 ein anderes ergibt.

1 I. Die Vorschrift normiert den Grundsatz der **Verfügungsfreiheit des Vorerben** hins der zur Erbschaft gehörenden Gegenstände. Beschränkungen ergeben sich aus den §§ 2113-2115, von denen der Erblasser aber den Vorerben gem § 2136 teilweise befreien kann. Eine Ausweitung der Verfügungsbeschränkungen durch den Erblasser ist indes mit dinglicher Wirkung nicht möglich, was bereits aus § 137 S 1 folgt (vgl BGHZ 40, 117; 56, 278). Im Wege der Auflage (§§ 2192 ff) lassen sich Verfügungsbeschränkungen nur mit schuldrechtlicher Wirkung begründen (BGH LM § 2100 Nr 2). Ansonsten wäre zu einer weiterreichenden, dinglich wirkenden Entziehung der Verfügungsbefugnis des Vorerben die Anordnung von Testamentsvollstreckung erforderlich (vgl § 2211 I). Die Verfügungsbeschränkungen sollen sicherstellen, dass dem Nacherben zumindest eine gewisse Substanz des Nachlasses zugute kommt.

2 II. 1. Die in § 2112 statuierte Verfügungsbefugnis ergibt sich bereits aus der Stellung des Vorerben als wahrem Erben. Als solcher ist er **Eigentümer des Nachlasses** und schon von daher hins der Nachlassgegenstände verfügungsbefugt.

3 2. Die **Gegenstände der unbeschränkten Verfügungsbefugnis** ergeben sich aus der gemeinsamen Betrachtung des Grundsatzes und der in §§ 2113- 2115 niedergelegten Ausn.

4 a) Verfügen kann der Vorerbe insb über seinen **Miterbenanteil** als solchen (§ 2033) sowie über die **Erbschaft insgesamt**. Die Nacherbenstellung wird hierdurch nicht beeinträchtigt, da der Erwerber den Nachlass oder den Erbteil mit der Belastung durch die Nacherbschaft erwirbt. Ein gutgläubiger Erwerb des Nachlasses oder Erbteils ohne die Belastung durch die Nacherbschaft ist nicht möglich. Es greift weder § 2113 III ein, noch ist § 2366 anwendbar, der sich nur auf Erbschaftsgegenstände, nicht aber auf den Nachlass oder einen Erbteil bezieht.

5 b) Aus denselben Gründen kann der Vorerbe **Gütergemeinschaft** vereinbaren.

6 c) Der Vorerbe entscheidet allein über die **Fortführung eines zum Nachlass gehörenden Handelsgeschäfts** (MK/Grunsky § 2112 Rn 3).

7 d) Auch **Gesellschaftsanteile** unterliegen der Verfügungsfreiheit, soweit der Vorerbe mit dem Erbfall nach den entspr gesellschaftsrechtlichen und gesellschaftsvertraglichen Bestimmungen in die Gesellschafterstellung eintritt. Dies gilt auch, wenn Grundstücke zum Gesellschaftsvermögen gehören; § 2113 erfasst diesen Fall nicht (str). Der Vorerbe kann also kündigen und den Anteil veräußern, sofern dies gesellschaftsrechtlich/-vertraglich möglich ist.

8 e) Der Vorerbe kann **frei testieren**, seine Erben unterliegen dann ebenfalls der Beschränkung durch die Nacherbschaft. Von Bedeutung ist dies allerdings nur, soweit der Nacherbfall erst nach dem Tod des Vorerben eintritt, andernfalls ist die letztwillige Verfügung des Vorerben gegenstandslos.

9 3. a) **Rechtsfolge** bei Verfügungen iR des § 2112 ist die unbeschränkte dingliche Wirksamkeit des Rechtsgeschäfts.

10 b) Hins der Eingehung von **Verpflichtungen** unterliegt der Vorerbe ohnehin keinen Beschränkungen (BGH NJW 86, 2823). Diese binden den Nacherben als Nachlassverbindlichkeit allerdings nur, soweit sie iR einer ordnungsgemäßen Nachlassverwaltung bleiben (BGHZ 32, 64; 110, 179; BGH MDR 73, 749; NJW 84, 367). Andernfalls haftet hierfür allein der Vorerbe.

11 c) Zu unterscheiden von der Wirksamkeit der vorgenommenen Verfügung ist im Übrigen die Frage, ob der Vorerbe im Verhältnis zum Nacherben **verfügen durfte**. Überschreitet die Verfügung die Grenzen einer ordnungsgemäßen Nachlassverwaltung (vgl

§ 2130 I 1), haftet der Vorerbe unter Berücksichtigung des Sorgfaltsmaßstabs des § 2131 (diligentia quam in suis, vgl § 277) dem Nacherben wegen Verletzung seiner Verwaltungspflichten aus § 280 I auf Schadensersatz.

III. 1. Hat der Erblasser eine **Vollmacht über den Tod hinaus** erteilt, berechtigt diese zur Vertretung des Vorerben bis zum Nacherbfall. Danach kann der Nacherbe vertreten werden. Während der Dauer der Vorerbschaft kann der Vorerbe, danach der Nacherbe die Vollmacht widerrufen.

2. Eine vom **Vorerben erteilte Vollmacht** erlischt idR mit dem Nacherbfall, wenn nicht der Nacherbe zugestimmt hat (KG NJW 57, 755).

§ 2113 Verfügungen über Grundstücke, Schiffe und Schiffsbauwerke; Schenkungen

(1) Die Verfügung des Vorerben über ein zur Erbschaft gehörendes Grundstück oder Recht an einem Grundstück oder über ein zur Erbschaft gehörendes eingetragenes Schiff oder Schiffsbauwerk ist im Falle des Eintritts der Nacherbfolge insoweit unwirksam, als sie das Recht des Nacherben vereiteln oder beeinträchtigen würde.
(2) ¹Das Gleiche gilt von der Verfügung über einen Erbschaftsgegenstand, die unentgeltlich oder zum Zwecke der Erfüllung eines von dem Vorerben erteilten Schenkungsversprechens erfolgt. ²Ausgenommen sind Schenkungen, durch die einer sittlichen Pflicht oder einer auf den Anstand zu nehmenden Rücksicht entsprochen wird.
(3) Die Vorschriften zugunsten derjenigen, welche Rechte von einem Nichtberechtigten herleiten, finden entsprechende Anwendung.

I. 1. Die Vorschrift stellt eine **Ausn vom Grundsatz der Verfügungsfreiheit gem § 2112** dar. Sie dient dem Schutz des Nacherben, indem sie die Unwirksamkeit bestimmter Verfügungen anordnet, durch die die vermögensrechtliche Stellung des Nacherben besonders gefährdet ist. Es soll verhindert werden, dass der Vorerbe das Erblasservermögen verschleudert und der Nacherbe leer ausgeht.
2. Der Erblasser kann den Vorerben nur von Verfügungsbeschränkungen befreien, die in § 2113 I aufgeführt sind. Die Beschränkungen des § 2113 II sind zwingend.

II. Es werden in Abs 1 und 2 der Vorschrift **zwei Fallgruppen** unterschieden.
1. Abs 1 regelt Verfügungsbeschränkungen bei **Grundstücken und Rechten an Grundstücken** sowie eingetragenen Schiffen und Schiffsbauwerken.
a) Vorausgesetzt wird die **Verfügung** über ein Grundstück oder ein Recht an einem Grundstück. Unter Verfügung ist die Übertragung, Aufhebung, Inhaltsänderung, Belastung oder Aufgabe eines solchen Rechts zu verstehen, beispielsweise die Übereignung eines Grundstücks oder die Belastung mit einem Grundpfandrecht. Auf die Übernahme einer öffentlich-rechtlichen Baulast wird die Vorschrift entspr angewendet (VGH Mannheim NJW 90, 268).
b) Das Grundstück muss **zur Erbschaft gehören**. Über eigene Grundstücke kann der Vorerbe unbeschränkt verfügen (vgl § 2286).
c) Problematisch stellt sich die Rechtslage dar, wenn das Grundstück zum Vermögen einer **Gesamthandsgemeinschaft** gehört, an der der Vorerbe beteiligt ist. Auszugehen ist davon, dass der Nachlassgegenstand nicht das Grundstück, sondern vielmehr der Gesamthandsanteil als solcher ist. Wollen die Gesamthänder das Grundstück veräußern, kommt § 2113 schon deshalb nicht zur Anwendung, weil man den Schutz des Nacherben nicht zulasten der anderen Gesamthänder ausdehnen kann (vgl BGH NJW 07, 2114). Gleiches gilt für die Verfügung über ein zum Gesamtgut einer Gütergemeinschaft gehörendes Grundstück durch den verstorbenen Ehegatten beerbenden Vorerben (BGH NJW 76, 893 unter Aufgabe von BGH NJW 70, 943; vgl auch OLG Stuttgart ZErb 06, 389) sowie in dem Fall, in dem ein Miterbe Vorerbe eines verstorbenen anderen Miterben wird, hins eines zur ursprünglichen Erbengemeinschaft gehörigen Grundstücks (BGH NJW 78, 698). In allen diesen Fällen gehört nicht das Grundstück, sondern lediglich der Gesamthandsanteil zum Nachlass.

§ 2113

8 d) Aus den oben dargelegten Erwägungen greift § 2113 I erst recht nicht, wenn der Vorerbe über seinen Gesamthandsanteil oder den **Anteil an einer Kapitalgesellschaft** verfügen will, zu deren Vermögen im Wesentlichen Grundstücke gehören.

9 e) Abs 1 setzt des Weiteren voraus, dass das Recht des Nacherben durch die Verfügung **vereitelt oder beeinträchtigt** würde. Maßgeblich ist eine rechtliche, keine wirtschaftliche Betrachtungsweise. Es kommt also nicht darauf an, ob dem Nachlass (im Wege der Surrogation gem § 2111) im Zusammenhang mit der fraglichen Verfügung eine äquivalente Gegenleistung zufließt. Eine Beeinträchtigung liegt nicht vor, wenn der Vorerbe verfügt, um noch vom Erblasser begründete Nachlassverbindlichkeiten (wie eine noch von diesem erklärte Auflassung oder ein angeordnetes Vermächtnis) zu erfüllen (OLG Düsseldorf DNotZ 03, 637; OLG Hamm NJW-RR 95, 1289; BayObLG FamRZ 92, 728; aA MK/Grunsky § 2113 Rn 14 – Zustimmungspflicht entspr § 2120). Dies gilt nach OLG Hamm FamRZ 13, 581 auch für die Löschung eines letztrangigen Grundpfandrechts.

10 f) Bei Vorliegen der genannten Voraussetzungen ordnet die Vorschrift als **Rechtsfolge** die Unwirksamkeit der Verfügung im Falle des Eintritts der Nacherbfolge an.

11 aa) Unwirksamkeit tritt **erst mit dem Nacherbfall** ein (BGHZ 52, 270). Bis zu diesem Zeitpunkt ist die Verfügung wirksam (OLG München FamRZ 71, 93) und bleibt es dauerhaft, falls die Nacherbfolge wegfällt. Tritt allerdings mit dem Nacherbfall Unwirksamkeit ein, so wirkt diese nicht relativ, sondern absolut. Es kann sich also jeder, nicht nur der Nacherbe auf sie berufen.

12 bb) Eine **Rückabwicklung** erfolgt nach allg Grundsätzen, also insb gem §§ 894, 985.

13 cc) Im Falle der **Zustimmung des Nacherben** ist die Verfügung uneingeschränkt wirksam (BGHZ 40, 115). Diese Möglichkeit wird in § 2120 vorausgesetzt. Für die Zustimmung gelten die §§ 182 ff. Sie kann also als Einwilligung oder als Genehmigung sowohl dem Vorerben als auch dem Dritten ggü erklärt werden. Analog § 185 II kann der Nacherbe mit ex nunc-Wirkung auch die unwirksame Verfügung noch genehmigen. Unmittelbar ist die Vorschrift nicht anwendbar, weil der Vorerbe als Berechtigter verfügt.

14 2. Abs 2 der Vorschrift betrifft **unentgeltliche Verfügungen**. Hierbei kommt es auf den Gegenstand der Verfügung nicht an. Anders als bei Abs 1 sind also auch bewegliche Sachen oder Forderungen erfasst. Der Erblasser kann gem § 2136 hins unentgeltlicher Verfügungen gem § 2113 II keine Befreiung erteilen.

15 a) Der Begriff der **Unentgeltlichkeit** hat zwei Komponenten (BGH NJW 99, 2038). Objektiv muss es an einer vollwertigen Gegenleistung in den Nachlass fehlen. Subjektiv wird verlangt, dass der Vorerbe dies weiß oder iR der gem § 2130 erforderlichen ordnungsgemäßen Nachlassverwaltung zumindest hätte erkennen müssen (BGH NJW 91, 842; 84, 366 st Rspr). Die (vollwertige) Gegenleistung muss auch gerade dem Nachlass zufließen (BGHZ 69, 51).

16 b) Ausdrücklich erwähnt ist die **Erfüllung eines vom Vorerben erteilten Schenkungsversprechens**. Es kommt also nicht darauf an, ob der Vorerbe sich zur Vornahme der Verfügung verpflichtet hat. Die Wirksamkeit einer solchen Verpflichtung bleibt von § 2113 unberührt. Sie trifft den Nacherben als Nachlassverbindlichkeit (vgl bei § 2144) allerdings nur, wenn es sich um eine iR der ordnungsgemäßen Nachlassverwaltung begründete Verpflichtung handelt. Anders verhält es sich bei der Erfüllung eines noch vom Erblasser gegebenen Schenkungsversprechens. Diese Verfügung ist wirksam (MK/Grunsky § 2113 Rn 23).

17 c) Auch iR des Abs 2 ist die **Beeinträchtigung oder Vereitelung des Rechts des Nacherben** erforderlich, wie sich aus dem Verweis auf Abs 1 ergibt. Hier kommt es indes darauf an, ob der Nacherbe durch Vornahme der Verfügung iE wirtschaftlich schlechter gestellt wird (BGHZ 7, 279).

18 d) **Ausgenommen** sind gem § 2113 II 2 **Anstandsschenkungen** sowie solche, durch die der Vorerbe einer **sittlichen Pflicht** entspricht (vgl dazu OLG Köln OLGZ 69, 263). Es handelt sich um dieselben Fälle wie bei § 534.

19 e) **Rechtsfolge** ist die Unwirksamkeit der Verfügung mit Eintritt des Nacherbfalls.

3. Abs 3 schützt den gutgläubigen Erwerb, indem er die Vorschriften über den Erwerb 20
vom Nichtberechtigten für entspr anwendbar erklärt. Maßgeblich sind §§ 892, 932.
a) Ein gutgläubiger Erwerb von **Grundstücken oder Rechten an Grundstücken** erfolgt 21
trotz § 2113 I über § 2113 III und § 892. Der gute Glaube des Erwerbers muss sich
darauf beziehen, dass der Vorerbe Vollerbe oder zumindest befreiter Vorerbe sei. Dies
setzt voraus, dass entgg § 51 GBO der Nacherbenvermerk nicht im Grundbuch eingetragen ist oder dass eine Befreiung von § 2113 I zu Unrecht eingetragen ist. Ein gutgläubiger Erwerb aufgrund des fehlenden Nacherbenvermerks kommt nicht in Betracht, wenn der Vorerbe selbst noch nicht im Grundbuch eingetragen ist (BGH NJW
70, 943).
b) Ein **gutgläubiger unentgeltlicher Erwerb** ist iR von §§ 892, 932 möglich. Da § 2136 22
eine Befreiung von § 2113 II nicht zulässt, kommt guter Glaube des Erwerbers an eine
Befreiung des Vorerben nicht in Betracht. IÜ gilt auch hier, dass der Erwerber von
einer Vollerbenstellung des Vorerben ausgehen muss. Es muss also bei Immobilien der
Nacherbenvermerk gem § 51 GBO fehlen. Bei beweglichen Sachen darf die Annahme
wegen § 932 II nicht auf grober Fahrlässigkeit beruhen. Anders ist dies, wenn die
Nacherbfolge nicht im Erbschein (§ 2366) angegeben ist. Ein Irrtum über die Unentgeltlichkeit ist nicht geschützt.
c) Im Fall des gutgläubigen unentgeltlichen Erwerbs hat der Nacherbe gegen den Er- 23
werber den **Bereicherungsanspruch aus § 816 I 2**.

§ 2114 Verfügungen über Hypothekenforderungen, Grund- und Rentenschulden

¹Gehört zur Erbschaft eine Hypothekenforderung, eine Grundschuld, eine Rentenschuld oder eine Schiffshypothekenforderung, so steht die Kündigung und die Einziehung dem Vorerben zu. ²Der Vorerbe kann jedoch nur verlangen, dass das Kapital an
ihn nach Beibringung der Einwilligung des Nacherben gezahlt oder dass es für ihn und
den Nacherben hinterlegt wird. ³Auf andere Verfügungen über die Hypothekenforderung, die Grundschuld, die Rentenschuld oder die Schiffshypothekenforderung findet
die Vorschrift des § 2113 Anwendung.

I. Die in dieser Vorschrift genannten Rechte (Hypotheken-, Grund- und Rentenschul- 1
den) sind Rechte an einem Grundstück – Verfügungen darüber unterfallen daher im
Grundsatz den Regelungen des § 2113 I. Dies wird durch § 2114 S 3 noch einmal ausdrücklich klargestellt. Für die Kündigung und Einziehung stellt die Norm **eine Ausn
ggü § 2113 I** dar. Für alle sonstigen Verfügungen verbleibt es indes bei der dortigen
Grundregel (vgl § 2114 S 3).
II. 1. Kündigung und Einziehung der genannten Rechte stehen nach S 1 **grds dem Vor-** 2
erben zu, ohne dass es einer Mitwirkung des Nacherben bedarf. Entspricht die Kündigung nicht einer ordnungsgemäßen Nachlassverwaltung, so ist sie im Verhältnis zum
Nacherben dennoch wirksam. So kommen allenfalls Schadensersatzansprüche gem
§ 2131 in Betracht. Die Einziehung umfasst auch die prozessuale Geltendmachung.
2. Die **Einziehung** unterliegt allerdings der **Einschränkung des § 2114 S 2**. Zahlung an 3
sich selbst kann der Vorerbe nur verlangen, wenn er die Einwilligung des Nacherben
beibringt. Möglicherweise kann der Vorerbe diese Einwilligung gem § 2120 erzwingen.
Fehlt es an der Einwilligung kommt nur Hinterlegung für den Vor- und Nacherben in
Betracht (§§ 372 ff). Die Vorschrift gilt auch bei freiwilliger Zahlung des Schuldners
(BGH WM 70, 221). Von der Einschränkung des § 2114 S 2 kann der Erblasser den
Vorerben gem § 2136 befreien.
3. Eine Zahlung mit Einwilligung oder eine Hinterlegung **fällt gem § 2111 als Surrogat** 4
in den Nachlass. Eine Zahlung ohne Einwilligung des Nacherben befreit den Schuldner
nicht (BGH FamRZ 70, 192).
4. Für **Zinsen** gilt § 2114 nicht. Hier bleibt es bei der Grundregel des § 2112. 5

§ 2115 Zwangsvollstreckungsverfügungen gegen Vorerben

¹Eine Verfügung über einen Erbschaftsgegenstand, die im Wege der Zwangsvollstreckung oder der Arrestvollziehung oder durch den Insolvenzverwalter erfolgt, ist im Falle des Eintritts der Nacherbfolge insoweit unwirksam, als sie das Recht des Nacherben vereiteln oder beeinträchtigen würde. ²Die Verfügung ist unbeschränkt wirksam, wenn der Anspruch eines Nachlassgläubigers oder ein an einem Erbschaftsgegenstand bestehendes Recht geltend gemacht wird, das im Falle des Eintritts der Nacherbfolge dem Nacherben gegenüber wirksam ist.

1 I. Die Vorschrift verfolgt den **Zweck**, den Nacherben davor zu schützen, dass die Erbschaft wertmäßig durch den Vollstreckungszugriff von Eigengläubigern des Vorerben geschmälert wird, denen ggü der Nacherbe nicht haftet. Dies kommt in S 2 deutlich zum Ausdruck. Die Norm geht insoweit über § 2113 hinaus, als nicht nur Verfügungen über Grundstücke oder unentgeltliche Verfügungen erfasst sind, sondern die Vollstreckung in jeden der Nacherbfolge unterliegenden Gegenstand.

2 II. 1. Die Vorschrift normiert die folgenden **Voraussetzungen**: a) Erfasst sind **Zwangsverfügungen** über Nachlassgegenstände, also die Zwangsvollstreckung, Vollziehung eines Arrests sowie vom Insolvenzverwalter vorgenommene Verfügungen.

3 aa) Bei der **Zwangsvollstreckung** kommt es nicht darauf an, in welche Gegenstände vollstreckt wurde, solange es sich nur um Erbschaftsgegenstände handelt. Irrelevant ist, ob der Vorerbe normalerweise über den entspr Gegenstand verfügen könnte. Erfasst ist nur die Vollstreckung wegen Geldforderungen (§§ 803–871 ZPO).

4 bb) Ausdrücklich gleichgestellt wird der Zwangsvollstreckung die Vollziehung eines Arrests (§ 928 ZPO).

5 cc) Einbezogen sind **Verfügungen des Insolvenzverwalters** in der Insolvenz des Vorerben. Die Untersagung entspr Verfügungen wird auch in § 83 II InsO festgeschrieben.

6 dd) Eine **Aufrechnung** durch einen persönlichen Gläubiger des Vorerben gegen eine Nachlassforderung ist analog § 394 unwirksam (RGZ 80, 33). Rechnet der Vorerbe mit einer Nachlassforderung gegen eine persönliche Schuld auf, folgt die Unwirksamkeit aus § 2113 II: Dem Nachlass fließt kein Gegenwert zu, weil die Befreiung nur in der Person des Vorerben eintritt.

7 ee) Nicht erfasst ist die Teilungsversteigerung iR der Auseinandersetzung einer Erbengemeinschaft zwischen mehreren Vorerben.

8 b) Objekt der Zwangsverfügung muss ein **Nachlassgegenstand** sein. Dies meint Grundstücke, bewegliche Sachen, Forderungen und sonstige Rechte. In **Nutzungen** bleibt eine Vollstreckung indes möglich, da diese gem § 2111 grds dem Vorerben gebühren. Möglich ist daher insb die Anordnung der Zwangsverwaltung eines Grundstücks.

9 c) Zuletzt muss die Zwangsverfügung das **Recht des Nacherben vereiteln oder beeinträchtigen**. Nur insoweit tritt die Rechtsfolge der Vorschrift ein (s dazu § 2113 Rn 9 f).

10 2. **Rechtsfolge** ist die Unwirksamkeit der Zwangsverfügung im Falle des Eintritts der Nacherbfolge (s dazu § 2113 Rn 9 f, 19). Es handelt sich wie bei § 2113 um eine absolute Unwirksamkeit.

11 a) **Bis zum Nacherbfall** sind die Vollstreckungsmaßnahmen wirksam. Jedoch verbietet § 773 ZPO die Verwertung und eröffnet bei Zuwiderhandlung die Drittwiderspruchsklage gem § 771 ZPO.

12 b) Mit dem Nacherbfall tritt die Unwirksamkeit der Verfügungen ein. Der Nacherbe kann dann insb **Aufhebung der Vollstreckungsmaßnahmen** verlangen.

13 c) Ein **gutgläubiger Erwerb** kommt bei Vollstreckungsmaßnahmen grds nicht in Betracht, da die §§ 932, 892 rechtsgeschäftlichen Erwerb voraussetzen. Bei freihändigem Verkauf (§ 825 ZPO) und öffentlicher Versteigerung durch den Gerichtsvollzieher gelten allerdings die allg Regeln. Ebenso bei rechtsgeschäftlicher Veräußerung durch den Insolvenzverwalter entgg § 83 II InsO. Bei Erwerb iR der Zwangsversteigerung erlöschen die Nacherbenrechte, wenn entgg § 51 GBO kein Nacherbenvermerk im Grundbuch enthalten ist und keine rechtzeitige Anmeldung nach § 37 Nr 4, 5 ZVG erfolgt ist.

d) Die Zwangsverfügung ist ggü dem Nacherben **voll wirksam**, wenn die Voraussetzungen des § 2115 S 2 gegeben sind. 14

aa) Dies ist einmal hins der **Nachlassverbindlichkeiten** der Fall. Für diese würde nach dem Nacherbfall auch der Nacherbe haften. Es spielt keine Rolle, ob die Nachlassverbindlichkeit noch vom Erblasser begründet wurde (vgl § 1967), oder ob sie iR ordnungsgemäßer Verwaltung durch den Vorerben begründet wurde, und der Nacherbe dafür haften muss (BGHZ 110, 179). Wirksam sind auch Verfügungen des Insolvenzverwalters, die nur der Befriedigung von Nachlassgläubigern dienen (OLG Jena HRR 33 Nr 830), sowie derartige Verfügungen des Nachlassverwalters (OLG Braunschweig OLGZ 88, 394). 15

bb) Ferner gehört der Fall hierher, dass ein dingliches Recht an einem Erbschaftsgegenstand geltend gemacht wird, das nach dem Nacherbfall auch dem Nacherben ggü wirksam wäre. Auch dieses Recht kann schon vor dem Erbfall bestanden haben oder erst vom Vorerben mit Wirkung gegen den Nacherben begründet worden sein. Zu letzteren gehören insb solche Rechte, die auf Verfügungen iR des § 2112 oder solchen mit Zustimmung des Nacherben beruhen. 16

§ 2116 Hinterlegung von Wertpapieren

(1) ¹Der Vorerbe hat auf Verlangen des Nacherben die zur Erbschaft gehörenden Inhaberpapiere nebst den Erneuerungsscheinen bei einer Hinterlegungsstelle mit der Bestimmung zu hinterlegen, dass die Herausgabe nur mit Zustimmung des Nacherben verlangt werden kann. ²Die Hinterlegung von Inhaberpapieren, die nach § 92 zu den verbrauchbaren Sachen gehören, sowie von Zins-, Renten- oder Gewinnanteilscheinen kann nicht verlangt werden. ³Den Inhaberpapieren stehen Orderpapiere gleich, die mit Blankoindossament versehen sind.

(2) Über die hinterlegten Papiere kann der Vorerbe nur mit Zustimmung des Nacherben verfügen.

I. Die Vorschrift dient dem **Schutz des Nacherben**. Die genannten Papiere sind in besonderem Maße verkehrsfähig, ihr Wert kann dem Nachlass somit sehr leicht entzogen werden. Der Nacherbe kann daher Hinterlegung derartiger Papiere verlangen. 1

II. 1. Zu den Inhaberpapieren gehören insb **nicht Legitimationspapiere** wie Sparbücher. 2

2. Der Vorerbe muss die Papiere nicht von sich aus hinterlegen, sondern nur dann, wenn der Nacherbe dies **verlangt**. Selbst dann muss Hinterlegung nicht erfolgen, wenn der Vorerbe befreit ist (§ 2136) oder wenn er gem § 2117 vorgeht (su). 3

3. Ohne Hinterlegung kann der Vorerbe **grds iR §§ 2112, 2113 II frei verfügen**. 4

4. **Nach Hinterlegung** ist gem § 2116 II eine Verfügung nur noch mit der **Zustimmung des Nacherben** möglich. Eine entspr Verpflichtung kann aus § 2120 folgen. Eine dennoch erfolgte Verfügung ist von Anfang an unwirksam, kann aber vom Nacherben genehmigt werden. Hins eines gutgläubigen Erwerbs vgl § 934. 5

III. **Hinterlegungsstellen** sind grds die Amtsgerichte, ansonsten die Staatsbanken (dh Bundesbank und Landeszentralbanken), vgl §§ 1, 27, 31 ff HinterlO. Die bisher gleichermaßen als besondere Hinterlegungsstellen bezeichneten Banken, dh die Reichsbank, die „Deutsche Zentralgenossenschaftsbank und die Deutsche Girozentrale (Deutsche Kommunalbank), wurden mit dem Gesetz über die weitere Bereinigung von Bundesrecht v 8.12.10 (BGBl I 1864) aus dem Gesetzeswortlaut entfernt, da das besondere Hinterlegungsverfahren bei diesen Stellen in der Praxis keine nennenswerte Bedeutung erlangt hat (vgl Gesetzesentwurf der Bundesregierung v 23.4.10). 6

§ 2117 Umschreibung; Umwandlung

¹Der Vorerbe kann die Inhaberpapiere, statt sie nach § 2116 zu hinterlegen, auf seinen Namen mit der Bestimmung umschreiben lassen, dass er über sie nur mit Zustimmung des Nacherben verfügen kann. ²Sind die Papiere vom Bund oder von einem Land aus-

gestellt, so kann er sie mit der gleichen Bestimmung in Buchforderungen gegen den Bund oder das Land umwandeln lassen.

1 Erfolgt eine Umschreibung der Papiere gem der Vorschrift, kann der Nacherbe **nicht mehr Hinterlegung der Papiere verlangen**. Eine Befreiung gem § 2136 ist möglich. Die Umschreibung selbst erfolgt nach § 806.

§ 2118 Sperrvermerk im Schuldbuch

Gehören zur Erbschaft Buchforderungen gegen den Bund oder ein Land, so ist der Vorerbe auf Verlangen des Nacherben verpflichtet, in das Schuldbuch den Vermerk eintragen zu lassen, dass er über die Forderungen nur mit Zustimmung des Nacherben verfügen kann.

1 Bezweckt wird der Schutz des Nacherben gegen Verfügungen des Vorerben. Der Sperrvermerk ist vom Vorerben nicht per se, sondern **nur auf Verlangen des Nacherben** einzutragen. Eine Befreiung gem § 2136 ist möglich. Ist der Vermerk eingetragen, ist eine Verfügung des Vorerben ohne Zustimmung des Nacherben unwirksam. Eine Zustimmungspflicht kann sich aus § 2120 ergeben.

§ 2119 Anlegung von Geld

Geld, das nach den Regeln einer ordnungsmäßigen Wirtschaft dauernd anzulegen ist, darf der Vorerbe nur nach den für die Anlegung von Mündelgeld geltenden Vorschriften anlegen.

1 I. Die Vorschrift dient der Erhaltung von Kapital zugunsten des Nacherben.
2 II. 1. Das **Geld** kann sich von Anfang an im Nachlass befinden, oder später gem § 2111 als Surrogat hinzukommen.
3 2. Die Pflicht zur Anlage besteht **nach den Regeln einer ordnungsgemäßen Wirtschaft**. Insofern kommt es nicht iSv § 2131 auf die Lebensstellung des Vorerben an, sondern auf objektiv wirtschaftliche Gesichtspunkte (RGZ 73, 6).
4 3. In diesem Sinne anzulegendes Geld **muss** der Vorerbe anlegen. Er hat entg dem etwas unklaren Wortlaut der Vorschrift nicht die Wahl (MK/Grunsky § 2119 Rn 3).
5 4. Das Geld ist **wie Mündelgeld anzulegen**. Einschlägig sind also die §§ 1806 ff. Nach hM gelten allerdings nur die §§ 1806–1808, nicht aber die §§ 1809, 1810 entspr (aA MK/Grunsky § 2119 Rn 4). Eine Zustimmung des Nacherben zur Abhebung des angelegten Geldes ist also nicht erforderlich.
6 5. Eine **Befreiung** gem § 2136 ist möglich.

§ 2120 Einwilligungspflicht des Nacherben

¹Ist zur ordnungsmäßigen Verwaltung, insbesondere zur Berichtigung von Nachlassverbindlichkeiten, eine Verfügung erforderlich, die der Vorerbe nicht mit Wirkung gegen den Nacherben vornehmen kann, so ist der Nacherbe dem Vorerben gegenüber verpflichtet, seine Einwilligung zu der Verfügung zu erteilen. ²Die Einwilligung ist auf Verlangen in öffentlich beglaubigter Form zu erklären. ³Die Kosten der Beglaubigung fallen dem Vorerben zur Last.

1 I. Der **Zweck der Vorschrift** besteht darin, dem Vorerben eine ordnungsgemäße Nachlassverwaltung zu ermöglichen. Hierfür können Verfügungen notwendig sein, die der Vorerbe aufgrund der §§ 2113 ff ohne Zustimmung des Nacherben nicht wirksam vornehmen könnte. Dieser Situation trägt § 2120 in zweifacher Weise Rechnung. Sie gibt dem Vorerben die Möglichkeit, die durch §§ 2113 ff eingeschränkte Verfügungsbefugnis zu erweitern und sich **ggü Dritten entspr zu legitimieren**. Ferner schützt sie den

Vorerben im Innenverhältnis gegen Ansprüche des Nacherben wegen Verletzung der Pflichten aus §§ 2130, 2131.

II. 1. Der Wortlaut der Vorschrift geht von einer erforderlichen Verfügung aus. Die Vorschrift ist allerdings auf die **Verpflichtung zur genehmigungsbedürftigen Verfügung** entspr anzuwenden. Dies dient der Klarstellung der Wirksamkeit der geplanten Verfügung sowie der Haftung des Nacherben für die entstehende Nachlassverbindlichkeit (RGZ 90, 96). Denn eine solche ist zu bejahen, wenn die Verbindlichkeit iR der ordnungsgemäßen Nachlassverwaltung begründet wurde (so § 2144) bzw eine Zustimmung vorliegt, auf die der Vorerbe unter denselben Voraussetzungen einen Anspruch hat.

2. Die Verfügung muss zur **ordnungsgemäßen Verwaltung** (vgl § 2130 I 1) erforderlich sein. Diese steht unter der Prämisse der Substanzerhaltung zugunsten des Nacherben (BGH NJW 93, 1582). Abzustellen ist immer auf das Nachlassinteresse, nicht auf persönliche Erfordernisse des Vorerben. Der Einsatz von Nachlassvermögen für eigene Zwecke entspricht daher idR nie einer ordnungsgemäßen Verwaltung.

a) Insb erfasst ist die **Verwendung von Nachlassvermögen zur Tilgung von Nachlassverbindlichkeiten**, soweit keine ausreichenden flüssigen Mittel vorhanden sind. Die Erfüllung selbst bedarf ohnehin nicht der Zustimmung (Jauernig/Stürner § 2120 Rn 5). Nachlassverbindlichkeiten sind dabei insb die noch vom Erblasser eingegangenen Verbindlichkeiten. Vom Vorerben begründete Verbindlichkeiten sind grds keine Nachlassverbindlichkeiten, für die auch der Nacherbe haftet, sondern treffen den Vorerben idR selbst. Etwas anderes gilt, wenn die Begr der Verbindlichkeit iR einer ordnungsgemäßen Nachlassverwaltung erforderlich war (BGHZ 32, 60).

b) Diesen Anforderungen genügt eine **Kreditaufnahme** nicht, wenn absehbar ist, dass Zinsen und Tilgung mangels sonstiger Einkünfte den Nachlass immer weiter aufzehren würden (BGHZ 110, 181).

3. Sind diese Voraussetzungen gegeben, sieht die Vorschrift als **Rechtsfolge** die **Zustimmungspflicht des Nacherben**, also einen entspr Anspruch des Vorerben vor. Bis die Zustimmung des Nacherben vorliegt, ist die Verfügung auch dann unwirksam, wenn eine entspr Verpflichtung des Nacherben besteht.

a) Die Zustimmung kann über den Wortlaut hinaus als Einwilligung oder Genehmigung dem Vorerben oder dem Dritten ggü erklärt werden (§§ 182 ff).

b) Anspruchsinhaber ist nur der Vorerbe, nicht der Dritte. Allerdings kann der Vorerbe den Anspruch abtreten (MK/Grunsky § 2120 Rn 8). Anders beurteilt dies das OLG Frankfurt (FamRZ 11, 1620). Danach findet § 2120 analoge Anwendung, so dass der Vertragspartner eines befreiten Vorerben (vgl § 2136) vom Nacherben die Zustimmung verlangen kann.

c) Die Zustimmung ist **formfrei**. Der Vorerbe kann aber nach S 2 verlangen, dass sie in öffentlich beglaubigter Form abgegeben wird (§ 129). Die Zustimmung zur Verfügung über ein Nachlassgrundstück bedarf allerdings unabhängig von S 2 der Form des § 311 b I (BGH NJW 72, 581).

4. Die **Kosten** einer Beglaubigung gem S 2 hat nach S 3 der Vorerbe zu tragen. Er darf sie nicht dem Nachlass entnehmen. Es handelt sich vielmehr um Erhaltungskosten iSv § 2124 I.

§ 2121 Verzeichnis der Erbschaftsgegenstände

(1) ¹Der Vorerbe hat dem Nacherben auf Verlangen ein Verzeichnis der zur Erbschaft gehörenden Gegenstände mitzuteilen. ²Das Verzeichnis ist mit der Angabe des Tages der Aufnahme zu versehen und von dem Vorerben zu unterzeichnen; der Vorerbe hat auf Verlangen die Unterzeichnung öffentlich beglaubigen zu lassen.

(2) Der Nacherbe kann verlangen, dass er bei der Aufnahme des Verzeichnisses zugezogen wird.

(3) Der Vorerbe ist berechtigt und auf Verlangen des Nacherben verpflichtet, das Verzeichnis durch die zuständige Behörde oder durch einen zuständigen Beamten oder Notar aufnehmen zu lassen.

(4) Die Kosten der Aufnahme und der Beglaubigung fallen der Erbschaft zur Last.

1 I. Die Vorschrift dient der **Transparenz der vermögensrechtlichen Beziehungen** zwischen dem Vor- und Nacherben. Sie bezweckt sowohl die Sicherung des Vorerben, indem dieser bei Eintritt des Nacherbfalls einen Überblick über die zur Erbschaft gehörenden (und gem § 2130 I herauszugebenden) Gegenstände hat, als auch den Schutz des Vorerben vor Ersatzansprüchen.

2 II. 1. Der Anspruch steht dem Nacherben grds **nur einmal** zu (BGHZ 127, 366). Über danach eingetretene Veränderungen kann der Nacherbe nur unter den Voraussetzungen des § 2127 Auskunft verlangen. Der Anspruch besteht nur während der Dauer der Vorerbschaft (RGZ 98, 25).

3 a) **Anspruchsberechtigter** ist der Nacherbe, bei einer Nacherbenmehrheit jeder Einzelne. Der Ersatznacherbe hat indes den Anspruch vor Eintritt des Ersatzfalls nicht (RGZ 145, 316).

4 b) **Anspruchsverpflichteter** ist der Vorerbe. Bei angeordneter Testamentsvollstreckung muss der Testamentsvollstrecker das Verzeichnis erstellen. Das Verzeichnis ist nur auf Verlangen des Nacherben zu erstellen.

5 c) Eine **Befreiung** ist gem § 2136 nicht möglich.

6 d) Das Verzeichnis muss den Umfang des Nachlasses zum **Zeitpunkt seiner Errichtung**, nicht zum Zeitpunkt des Erbfalls wiedergeben (BGHZ 127, 365; RGZ 164, 208). Aufzuführen sind also Surrogate, die bis zur Errichtung gem § 2111 zum Nachlass gekommen sind, nicht aber bis dahin veräußerte Gegenstände.

7 e) Nach **Abs 2** kann der Nacherbe verlangen, bei der Erstellung hinzugezogen zu werden. Eine Einflussnahmemöglichkeit besteht gegen den Willen des Vorerben jedoch nicht.

8 f) Das Verzeichnis bedarf gem Abs 1 S 2 1. Halbs grds der **Schriftform**. Auf Verlangen des Nacherben ist die Unterzeichnung gem Abs 1 S 2 2. Halbs öffentlich zu beglaubigen. Er kann gem Abs 3 auch verlangen, dass das Verzeichnis durch die zuständige Behörde oder den zuständigen Beamten (die Zuständigkeit richtet sich nach Landesrecht) oder Notar (vgl 20 I BNotO) aufgenommen wird.

9 g) Die **Kosten** für die Aufnahme sind gem Abs 4 Nachlassverbindlichkeiten.

10 2. Die **Rechtswirkungen** des Verzeichnisses sind begrenzt. Prozessual ist es als Beweisurkunde zu behandeln, die der freien richterlichen Beweiswürdigung (§ 286 ZPO) unterliegt. Eine Vollständigkeitsvermutung gibt es anders als beim Inventar nach § 2009 nicht. Der Nacherbe kann auch keine eidesstattliche Versicherung verlangen (KG OLGZ 21, 325). Hier bleibt ihm nur der Weg über §§ 2127, 260.

11 III. **Prozessual** ist der Anspruch im Prozesswege, nicht im Verfahren der freiwilligen Gerichtsbarkeit geltend zu machen (OLG Stuttgart OLGZ 8, 274).

§ 2122 Feststellung des Zustands der Erbschaft

¹Der Vorerbe kann den Zustand der zur Erbschaft gehörenden Sachen auf seine Kosten durch Sachverständige feststellen lassen. ²Das gleiche Recht steht dem Nacherben zu.

1 I. Die Vorschrift dient ebenfalls der **Klärung künftiger Ansprüche** des Nach- gegen den Vorerben. Sie bezieht sich nur auf die Feststellung des Zustandes von Gegenständen, nicht auf den Wert. Der Nacherbe kann das Recht aus S 2 mehrfach geltend machen, eine Grenze bildet das Schikaneverbot aus § 226. Er kann Vorlage der Sache zur Besichtigung nach § 809 verlangen. Eine Befreiung des Vorerben von der Duldungspflicht ist nach § 2136 nicht möglich.

2 II. Das **Verfahren** richtet sich nach § 410 Nr 2 FamFG.

§ 2123 Wirtschaftsplan

(1) ¹Gehört ein Wald zur Erbschaft, so kann sowohl der Vorerbe als der Nacherbe verlangen, dass das Maß der Nutzung und die Art der wirtschaftlichen Behandlung durch

einen Wirtschaftsplan festgestellt werden. ²Tritt eine erhebliche Änderung der Umstände ein, so kann jeder Teil eine entsprechende Änderung des Wirtschaftsplans verlangen. ³Die Kosten fallen der Erbschaft zur Last.
(2) Das Gleiche gilt, wenn ein Bergwerk oder eine andere auf Gewinnung von Bodenbestandteilen gerichtete Anlage zur Erbschaft gehört.

Eine **Befreiung** von dieser Vorschrift ist nach § 2136 zulässig. Die Kosten der Wirtschaftsplanerstellung sind Nachlassverbindlichkeiten. Vgl a die parallele Vorschrift des § 1038. 1

§ 2124 Erhaltungskosten

(1) Der Vorerbe trägt dem Nacherben gegenüber die gewöhnlichen Erhaltungskosten.
(2) ¹Andere Aufwendungen, die der Vorerbe zum Zwecke der Erhaltung von Erbschaftsgegenständen den Umständen nach für erforderlich halten darf, kann er aus der Erbschaft bestreiten. ²Bestreitet er sie aus seinem Vermögen, so ist der Nacherbe im Falle des Eintritts der Nacherbfolge zum Ersatz verpflichtet.

§ 2125 Verwendungen; Wegnahmerecht

(1) Macht der Vorerbe Verwendungen auf die Erbschaft, die nicht unter die Vorschrift des § 2124 fallen, so ist der Nacherbe im Falle des Eintritts der Nacherbfolge nach den Vorschriften über die Geschäftsführung ohne Auftrag zum Ersatz verpflichtet.
(2) Der Vorerbe ist berechtigt, eine Einrichtung, mit der er eine zur Erbschaft gehörende Sache versehen hat, wegzunehmen.

§ 2126 Außerordentliche Lasten

¹Der Vorerbe hat im Verhältnis zu dem Nacherben nicht die außerordentlichen Lasten zu tragen, die als auf den Stammwert der Erbschaftsgegenstände gelegt anzusehen sind. ²Auf diese Lasten findet die Vorschrift des § 2124 Abs. 2 Anwendung.

I. System der §§ 2124–2126. 1. Die §§ 2124–2126 regeln, wer im Verhältnis zwischen 1
Vor- und Nacherben die im Zusammenhang mit der Nachlassverwaltung anfallenden **Kosten letztlich zu tragen** hat. Da der Vorerbe zu einer ordnungsgemäßen Nachlassverwaltung verpflichtet ist (§ 2130), muss er alle erforderlichen Aufwendungen zunächst selbst erbringen. Unter Umständen kann er aber in diesem Fall nach Maßgabe der §§ 2124–2126 vom Nacherben Ersatz verlangen. § 2124 I betrifft nur das Innenverhältnis zwischen dem Vor- und dem Nacherben und schränkt die Haftung des Nachlasses für Schulden aus § 1967 nicht ein (KG KGR Berlin 09, 405).
2. Die Vorschriften nehmen eine **Dreiteilung** vor. Zu unterscheiden ist zwischen **Erhaltungskosten** (§ 2124), die sich in gewöhnliche (Abs 1) und sonstige (Abs 2) unterteilen lassen, **sonstigen Verwendungen** (§ 2125) und **außerordentlichen Lasten** (§ 2126). 2
3. Eine **Befreiung** gem § 2136 ist grds nicht möglich. Der Erblasser kann aber ein ähnliches Ergebnis durch ein Vermächtnis zugunsten des Vorerben erreichen (MK/Grunsky § 2124 Rn 1; Palandt/Weidlich § 2124 Rn 1). Vor- und Nacherbe können ferner abweichende Vereinbarungen hins der Lastentragung treffen. 3
II. Voraussetzungen und Rechtsfolgen iE. 1. § 2124 behandelt die **Erhaltungskosten**. 4
a) Gem Abs 1 trägt der Vorerbe die **gewöhnlichen** Erhaltungskosten. Dies steht im Einklang mit § 2111, der dem Vorerben die Nutzungen des Nachlasses zuweist. Unter Abs 1 fallen alle Kosten, die nach den rechtlichen und wirtschaftlichen Umständen des Nachlasses regelmäßig aufgewendet werden müssen, um das Vermögen in seinen Gegenständen tatsächlich und rechtlich zu erhalten (BGH NJW 93, 3198). Hierher gehören zB Verschleißreparaturen, gewöhnliche Lasten wie Grundsteuer oder Versicherungsprämien sowie laufende Betriebskosten eines Unternehmens (aA MK/Grunsky § 2124 Rn 4). Kennzeichnend ist, dass die Kosten in gewisser Regelmäßigkeit anfallen. 5

Keine Bedeutung für die Qualifizierung als gewöhnliche oder sonstige Erhaltungskosten hat die Tatsache, ob die Nutzungen die Kosten decken (BGH NJW 93, 3198).

6 b) Derartige Kosten **hat der Vorerbe zu tragen**. Unterlässt er zur gewöhnlichen Erhaltung notwendige Aufwendungen, macht er sich wegen Verletzung seiner Pflicht zur ordnungsgemäßen Nachlassverwaltung schadensersatzpflichtig (§§ 2130, 2131). Die erforderlichen Mittel muss der Vorerbe also seinem eigenen Vermögen (oder den ihm zustehenden Nutzungen des Nachlasses) entnehmen. Entnimmt er sie aus dem Nachlass, begründet dies einen Erstattungsanspruch des Nacherben, der vor Eintritt des Nacherbfalls auf Rückführung der entnommenen Mittel geht (MK/Grunsky § 2124 Rn 8).

7 c) Etwas anderes gilt gem **Abs 2 für sonstige Erhaltungskosten**, also solche, die über das Gewöhnliche iSv Abs 1 hinausgehen.

8 aa) Die Aufwendungen müssen der Erhaltung von Erbschaftsgegenständen dienen, also **notwendig sein**. Andernfalls kommt ein Ersatz nur nach § 2125 in Betracht. In Abgrenzung zu Abs 1 handelt es sich idR um Erhaltungsmaßnahmen mit wertsteigernder Wirkung, zB der Einbau einer besseren Heizungsanlage (BGH NJW 93, 3198). Hierher gehören auch Wiederherstellungsmaßnahmen.

9 bb) Die Aufwendungen musste der Vorerbe nach den Umständen **für erforderlich halten dürfen**. Auf die tatsächliche Erforderlichkeit kommt es nicht an, sondern wie bei § 670 auf das gutgläubig ausgeübte Ermessen des Vorerben.

10 d) aa) Derartige Kosten kann der Vorerbe gem § 2124 II 1 **aus der Erbschaft bestreiten**. Ist im Nachlass nicht genügend Geld vorhanden, kann der Vorerbe Nachlassgegenstände veräußern (vgl § 2111) und wenn notwendig die evtl erforderliche Einwilligung des Nacherben gem § 2120 erzwingen. Wichtig ist, dass der Vorerbe erforderliche Aufwendungen nicht einfach unterlassen darf, da er sich ansonsten wegen Verletzung der Pflicht zur ordnungsgemäßen Nachlassverwaltung schadensersatzpflichtig ggü dem Nacherben macht (§§ 2130, 2131; vgl a oben).

11 bb) Bestreitet der Vorerbe Aufwendungen iSv § 2124 II **aus seinem Vermögen**, so kann er gem S 2 nach Eintritt des Nacherbfalls vom Nacherben Ersatz verlangen. Zum Vermögen des Vorerben gehören auch die ihm gem § 2111 gebührenden Nutzungen. Der Anspruch entsteht erst mit dem Nacherbfall. Davor kann der Vorerbe seine Aufwendungen jederzeit aus dem Nachlass ausgleichen.

12 2. Für **sonstige Verwendungen**, also solche, die nicht unter § 2124 fallen, gilt **§ 2125**.

13 a) Zu den sonstigen Verwendungen iSv der Vorschrift gehören diejenigen, die der Vorerbe nicht für erforderlich halten durfte, und solche, die **über die Erhaltung von Nachlassgegenständen hinausgehen**. Dies können zB völlige Umgestaltungen oder Betriebserweiterungen sein (krit MK/Grunsky § 2125 Rn 1), aber auch schlichte Luxusanschaffungen.

14 b) Ersatz für solche Verwendungen kann der Vorerbe nach Eintritt der Nacherbfolge nur **nach den Vorschriften über die GoA** verlangen. Entsprechen sie dem Interesse und dem wirklichen oder mutmaßlichen Willen des Nacherben, entsteht der Ersatzanspruch (§§ 677, 683, 670) mit dem Nacherbfall. Andernfalls besteht mangels Genehmigung nur ein Bereicherungsanspruch (§ 684).

15 c) § 2125 II gewährt dem Vorerben ein **Wegnahmerecht**. Dies ist nur ein Recht, keine Wegnahmepflicht. Die Ausübung des Wegnahmerechts ist auch vor Eintritt des Nacherbfalls möglich.

16 3. **Außerordentliche Lasten** behandelt § 2126. Sie treffen den Nacherben, dem ja auch die Vermögenssubstanz zugute kommt.

17 a) Kennzeichen außerordentlicher Lasten ist ihr **einmaliger Anfall**. Insb gehören **Nachlassverbindlichkeiten** hierher, ferner Ansprüche aus Auflagen und Vermächtnissen, sofern die Auslegung nicht die Belastung des Vorerben ergibt. Außerdem ist die Erbschaftsteuer erfasst, wenngleich der Nacherbe den Vorerben oder dessen Erben freistellen muss, wenn die Steuer erst nach Eintritt der Nacherbfolge festgesetzt wird (LG Bonn FamRZ 12, 1981; vgl a Hessisches Finanzgericht Beschl v 26.2.13 – 1 V 2578/12).

b) Hins der **Rechtsfolge** verweist § 2126 S 2 auf § 2124 II (vgl dort). 18

§ 2127 Auskunftsrecht des Nacherben

Der Nacherbe ist berechtigt, von dem Vorerben Auskunft über den Bestand der Erbschaft zu verlangen, wenn Grund zu der Annahme besteht, dass der Vorerbe durch seine Verwaltung die Rechte des Nacherben erheblich verletzt.

I. Die Vorschrift **bezweckt** den **Schutz des Nacherben**, indem diesem Kontroll- und Sicherungsmittel an die Hand gegeben werden. Diese Rechte sind insb deshalb wesentlich, weil der Nacherbe nicht die Unterlassung bestimmter Maßnahmen des Vorerben verlangen kann, sondern im Falle nicht ordnungsgemäßer Verwaltung auf Schadensersatzansprüche nach Eintritt des Nacherbfalls verwiesen ist. 1

II. Der Auskunftsanspruch kann bei (erneutem) Vorliegen seiner Voraussetzungen **beliebig oft** geltend gemacht werden, wodurch er sich von dem einmaligen Anspruch auf Erstellung eines Verzeichnisses gem § **2121** unterscheidet. Er wird daher insb in Betracht kommen, wenn sich nach Erstellung eines Verzeichnisses Änderungen des Nachlassbestands ergeben haben. 2

1. Anspruchsvoraussetzung ist die **Besorgnis der erheblichen Verletzung der Rechte des Nacherben** durch die Verwaltung des Vorerben. Dies ist nicht der Fall, wenn die Maßnahme zur ordnungsgemäßen Verwaltung erforderlich und der Nacherbe zur Zustimmung gem § 2120 verpflichtet war (RGZ 149, 68). Die Besorgnis muss sich immer auf die Art und Weise der Verwaltung durch den Vorerben gründen. Nicht genügend ist die bloße schlechte Vermögenslage des Nachlasses (anders bei § 2128). 3
2. **Anspruchsinhaber** ist der Nacherbe, nicht der Ersatznacherbe. 4
3. In **zeitlicher** Hinsicht besteht der Anspruch bis zum Eintritt des Nacherbfalls. Danach kommt § 2130 II iVm § 260 in Betracht (RGZ 98, 26). 5
4. Der **Auskunftsanspruch** hat den aktuellen Bestand des Nachlasses zum Gegenstand, nicht den Verbleib von Gegenständen oder Veränderungen. Zum aktuellen Bestand gehören auch die nach § 2111 hinzugekommenen Surrogate. 6
5. Eine **Befreiung** des Vorerben gem § 2136 ist möglich. 7

§ 2128 Sicherheitsleistung

(1) Wird durch das Verhalten des Vorerben oder durch seine ungünstige Vermögenslage die Besorgnis einer erheblichen Verletzung der Rechte des Nacherben begründet, so kann der Nacherbe Sicherheitsleistung verlangen.
(2) Die für die Verpflichtung des Nießbrauchers zur Sicherheitsleistung geltende Vorschrift des § 1052 findet entsprechende Anwendung.

I. **Zweck der Vorschrift** ist wie bei §§ 2127, 2129 der Schutz der Vermögensposition des Nacherben, in diesem Fall durch Sicherheitsleistung. 1
II. 1. Voraussetzung ist wie bei § 2127 die **Besorgnis einer erheblichen Verletzung der Rechte des Nacherben**. 2
a) Die Besorgnis kann sich einmal aus dem **Verhalten** des Vorerben ergeben, wobei ein Verschulden nicht erforderlich ist (RG JW 20, 380). Ausreichend ist ein objektiver Verstoß gegen die Pflicht zur ordnungsgemäßen Nachlassverwaltung (vgl § 2130). Als Beispiele sind die Vornahme unentgeltlicher Verfügungen, die Unterlassung der Geltendmachung von Ansprüchen uÄ zu nennen. 3
b) Anders als bei § 2127 kann die Besorgnis sich auch auf die **ungünstige Vermögenslage des Vorerben** stützen. Die Gefährdung der Rechte des Nacherben liegt hier in der drohenden Vollstreckung durch Gläubiger des Vorerben in Nachlassgegenstände, und zwar ohne Rücksicht auf die Unwirksamkeit solcher Zwangsverfügungen nach § 2115. 4
2. Der Anspruch richtet sich auf **Leistung einer Sicherheit**. Ihr Inhalt bestimmt sich nach §§ 232 ff. Die Höhe der Sicherheit erreicht idR den Wert des Nachlasses und kann mit Nachlassmitteln erbracht werden. 5

6 3. Nach **Abs 2 iVm** § 1052 kommt eine **Zwangsverwaltung** des Nachlasses in Betracht. Voraussetzung ist die rechtskräftige Verurteilung des Vorerben zur Sicherheitsleistung, das Verstreichen einer gerichtlich gesetzten Frist zur Erbringung (vom Prozessgericht gem § 255 II oder später vom Vollstreckungsgericht, vgl § 764 ZPO) und ein entspr Antrag des Nacherben. Die Folgen richten sich nach § 2129 (vgl dort). Bei nachträglicher Leistung der Sicherheit ist die Bestellung aufzuheben (§ 1052 III).

7 4. Eine **Befreiung** von der Vorschrift ist gem § 2136 zulässig.

8 III. Zuständig für die Bestellung eines Verwalters ist das Vollstreckungs- (§ 764 ZPO), nicht das Prozessgericht. Die Möglichkeit allg Sicherungsmaßnahmen wie Arrest und einstweilige Verfügung bleibt von § 2128 unberührt.

§ 2129 Wirkung einer Entziehung der Verwaltung

(1) Wird dem Vorerben die Verwaltung nach der Vorschrift des § 1052 entzogen, so verliert er das Recht, über Erbschaftsgegenstände zu verfügen.

(2) ¹Die Vorschriften zugunsten derjenigen, welche Rechte von einem Nichtberechtigten herleiten, finden entsprechende Anwendung. ²Für die zur Erbschaft gehörenden Forderungen ist die Entziehung der Verwaltung dem Schuldner gegenüber erst wirksam, wenn er von der getroffenen Anordnung Kenntnis erlangt oder wenn ihm eine Mitteilung von der Anordnung zugestellt wird. ³Das Gleiche gilt von der Aufhebung der Entziehung.

1 I. Die Vorschrift knüpft an § 2128 II iVm § 1052 an und **regelt weitergehende Folgen der angeordneten Zwangsverwaltung.**

2 II. 1. Neben dem Verwaltungsrecht **verliert der Vorerbe gem Abs 1 auch die Verfügungsbefugnis**, welche auf den Verwalter übergeht.

3 a) Diese Wirkung tritt **mit Erlass der Entscheidung** des Vollstreckungsgerichts ein, welches die Verwaltung gem §§ 2128 II, 1052 angeordnet hat, (vgl §§ 793, 794 I Nr 3 ZPO).

4 b) Die Verfügungsbefugnis des Verwalters **entspricht** umfänglich **der des Vorerben**. Zustimmungserfordernisse des Nacherben in den Fällen der §§ 2113 ff bleiben ebenso unberührt, wie ein evtl Anspruch auf Zustimmung aus § 2120, für den nunmehr der Verwalter aktivlegitimiert ist.

5 c) Der Nachlass ist an den Verwalter **herauszugeben**. Vollstreckungstitel ist insofern der Beschl, der die Verwaltung anordnet (§ 794 I Nr 3 ZPO).

6 d) Der **Vorerbe verliert die Verfügungsbefugnis**. Eine dennoch von ihm vorgenommene Verfügung ist unwirksam (zum Gutglaubensschutz su). Sie werden gem § 185 wirksam, wenn eine Zustimmung (Einwilligung oder Genehmigung) des Verwalters oder des Nacherben vorliegt.

7 e) Die Nutzungen gebühren nach wie vor dem Vorerben und sind diesem vom Verwalter herauszugeben.

8 f) Eine **Grundbucheintragung** der Verfügungsbeschränkung geschieht nicht nach § 51 GBO vAw, sondern auf Antrag des Verwalters oder des Nacherben gem §§ 13, 22 GBO bzw auf Ersuchen des Vollstreckungsgerichts gem § 38 GBO.

9 2. Abs 2 regelt den **Gutglaubensschutz**.

10 a) Nach Abs 2 S 1 finden die Vorschriften über den gutgläubigen Erwerb entspr Anwendung. Die Vorschrift verweist auf § 932 **und** § 892, die insb zur Anwendung kommen, wenn die Verfügungsbeschränkung des Vorerben nicht eingetragen ist. Zu beachten ist in diesem Fall aber § 2113 III, so dass ein gutgläubiger Grundstückserwerb vom Vorerben neben der fehlenden Eintragung der Entziehung der Verfügungsbefugnis voraussetzt, dass auch der Nacherbenvermerk nicht eingetragen ist, der Vorerbe befreit ist, oder der Nacherbe der Verfügung zugestimmt hat. Zu beachten ist ferner § 878.

11 b) Besonderen Schutz gewährt Abs 2 S 2 den **Schuldnern** einer Nachlassforderung. Die Entziehung der Verwaltungsbefugnis, die dem Vorerben die iR des § 362 zu fordernde Empfangszuständigkeit nimmt, muss der Schuldner erst gegen sich gelten lassen, wenn er sie kennt oder ihm eine Mitteilung zugestellt ist (§ 132). Vorher kann er befreiend an den Vorerben leisten. Für den Zessionar einer Nachlassforderung gilt dieser Schutz nicht.

c) Derselbe Schuldnerschutz besteht gem Abs 2 S 3, der sich nur auf Abs 2 S 2 und nicht auf S 1 bezieht, bei **Aufhebung der Zwangsverwaltung**. In diesem Fall befreit also die Zahlung an den Verwalter.

§ 2130 Herausgabepflicht nach dem Eintritt der Nacherbfolge, Rechenschaftspflicht

(1) ¹Der Vorerbe ist nach dem Eintritt der Nacherbfolge verpflichtet, dem Nacherben die Erbschaft in dem Zustand herauszugeben, der sich bei einer bis zur Herausgabe fortgesetzten ordnungsmäßigen Verwaltung ergibt. ²Auf die Herausgabe eines landwirtschaftlichen Grundstücks findet die Vorschrift des § 596 a, auf die Herausgabe eines Landguts finden die Vorschriften der §§ 596 a, 596 b entsprechende Anwendung.
(2) Der Vorerbe hat auf Verlangen Rechenschaft abzulegen.

§ 2131 Umfang der Sorgfaltspflicht

Der Vorerbe hat dem Nacherben gegenüber in Ansehung der Verwaltung nur für diejenige Sorgfalt einzustehen, welche er in eigenen Angelegenheiten anzuwenden pflegt.

I. Die Vorschrift erfüllt eine **Doppelfunktion**. Einmal ist sie Grundlage für den **Herausgabeanspruch** des Nacherben gegen den Vorerben bei Eintritt des Nacherbfalls. Darüber hinaus besagt die Norm, welche **Sorgfaltspflicht** den Vorerben hins des Nachlasses während der Dauer der Vorerbschaft trifft: eine fortgesetzte ordnungsgemäße Verwaltung. Die Verletzung dieser Sorgfaltspflicht begründet iR des Haftungsmaßstabs des § 2131 einen Schadensersatzanspruch des Nacherben.

II. 1. § 2131 I 1 ist Grundlage für den **Herausgabeanspruch** des Nacherben hins der Erbschaft.

a) Gem § 2139 fällt die Erbschaft mit dem Nacherbfall ohne weiteres dem Nacherben an. Er ist somit Eigentümer von Nachlassgegenständen und Inhaber von zum Nachlass gehörenden Forderungen oder sonstigen Rechten. Der Herausgabeanspruch kann aus diesem Grund seiner **Rechtsnatur** nach nicht auf Verschaffung der entspr Rechte gerichtet sein. Der Anspruch ist vielmehr erbrechtlicher Natur und ähnelt daher § 2018. Die Ansprüche unterscheiden sich aber insofern, als es bei § 2130 nicht darauf ankommt, in wessen Besitz der Nachlass sich befindet. Selbst wenn der Vorerbe den Eintritt des Nacherbfalls bestreitet, verdrängt § 2130 den § 2018 (aA MK/Grunsky § 2130 Rn 2). Neben dem Anspruch auf Herausgabe der Erbschaft stehen dem Nacherben die aus seiner Eigentümerstellung folgenden Ansprüche aus §§ 985, 894 hins der einzelnen Nachlassgegenstände zu.

b) **Anspruchsgegner** ist grds allein der Vorerbe. Tritt der Nacherbfall mit dessen Tod ein, richtet sich der Anspruch gegen dessen Erben (RGZ 163, 53). Ggü Dritten muss der Nacherbe nach § 2018 oder aus §§ 985, 894 vorgehen.

c) Seinem **Inhalt** nach richtet sich der Anspruch auf Herausgabe der Erbschaft. Herauszugeben sind also alle vorhandenen Erbschaftsgegenstände inkl der nach § 2111 hinzugekommen Surrogate. Hins der Gegenstände, die sich tatsächlich nicht im Nachlass befinden, sich aber bei ordnungsmäßiger Verwaltung im Nachlass befunden hätten, kann auch bei nicht befreiten Vorerben kein Herausgabeanspruch bestehen. In Betracht kommt hier aber ein Schadensersatzanspruch. Nicht herauszugeben sind ferner die dem Vorerben zustehenden Nutzungen (vgl § 2111).

d) Besonderheiten gelten gem **Abs 1 S 2**, der auf §§ 596 a, b verweist, für landwirtschaftliche Grundstücke oder Landgüter.

e) Ein **Zurückbehaltungsrecht** des Vorerben kann sich insb aus einem Verwendungsersatzanspruch gem § 2125 ergeben.

2. Kann der Vorerbe die Erbschaft nicht in dem Zustand herausgeben, der sich bei fortlaufender ordnungsgemäßer Verwaltung des Nachlasses ergeben hätte, kommt ein

Schadensersatzanspruch des Nacherben in Betracht. Grundlage ist die schuldhafte Verletzung der aus § 2130 I 1 folgenden Pflicht zu ordnungsgemäßer Verwaltung.

9 a) Die **Sorgfaltspflichtverletzung** besteht in der nicht ordnungsgemäßen Verwaltung der Erbschaft. Allerdings kommt es hier nicht auf einzelne Verwaltungsmaßnahmen des Vorerben an, sondern auf die Verwaltung insgesamt (BGH MDR 73, 749), was erst am Ende derselben beurteilt werden kann und eine spätere Kompensation anfänglicher Fehler zulässt. Dies folgt aus der Formulierung des § 2130 I 1, der auf den **Zustand der Erbschaft** bei ordnungsgemäßer Verwaltung abstellt. Leitlinie für die Verwaltung ist dabei das auf Substanzerhaltung gerichtete Interesse des Nacherben (vgl § 2120).

10 b) Im Rahmen des Verschuldens ist der **Haftungsmaßstab** des § 2131 zu beachten. Beachtlich ist also nur die Verletzung der Sorgfalt, die der Vorerbe in eigenen Angelegenheiten anzuwenden pflegt (diligentia quam in suis). Jedenfalls haftet der Vorerbe gem § 277 für grobe Fahrlässigkeit. Dieser Haftungsmaßstab gilt nicht, wenn dem Vorerben durch spezielle Vorschriften bestimmte Pflichten auferlegt werden (zB §§ 2112 ff).

11 c) Der Anspruch ist **inhaltlich** auf Schadensersatz gerichtet. Es ist also der Zustand herzustellen, der bei ordnungsgemäßer Verwaltung bestünde (§§ 249 ff). Dies kann durch Naturalrestitution, wird aber idR durch Wertersatz geschehen.

12 3. Gem § 2136 kann der Erblasser den Vorerben von den Verpflichtungen der §§ 2130 und 2131 **befreien**.

13 a) Bezogen auf § 2130 betrifft eine Befreiung **nicht den Herausgabeanspruch**, sondern allein den möglicherweise zur Schadensersatzpflicht führenden Sorgfaltsmaßstab. Demgemäß schuldet der vollumfänglich befreite Vorerbe nach § 2138 I 1 Herausgabe des vorhandenen Nachlassbestandes und darüber hinaus (mit Ausn von § 2138 II) keinen Schadensersatz, sollte dieser Bestand hinter dem zurückbleiben, was bei ordnungsgemäßer Verwaltung vorhanden wäre.

14 b) Bei einer **Befreiung von § 2131** haftet der Vorerbe nicht einmal für grobe Fahrlässigkeit, sondern neben § 2138 II nur für solche Nachlassminderungen, die er mit **Benachteiligungsabsicht** vornimmt (vgl RGZ 70, 332).

15 4. Nach § 2130 II besteht eine **Rechenschaftspflicht** des Vorerben. Die Vorschrift bezieht sich auf § 259. Hins des Herausgabeanspruchs gilt § 260. Prozessual kann der Anspruch im Wege der Stufenklage gem 254 ZPO geltend gemacht werden.

§ 2132 Keine Haftung für gewöhnliche Abnutzung

Veränderungen oder Verschlechterungen von Erbschaftssachen, die durch ordnungsmäßige Benutzung herbeigeführt werden, hat der Vorerbe nicht zu vertreten.

1 Die Vorschrift hat nur **klarstellende Funktion**. Es ergibt sich bereits aus § 2130, dass der Vorerbe für Verschlechterungen iR ordnungsgemäßer Nutzung nicht haftet. Klargestellt wird ferner, dass der Vorerbe grds zur Benutzung berechtigt ist (vgl a §§ 538, 602, 1050).

§ 2133 Ordnungswidrige oder übermäßige Fruchtziehung

Zieht der Vorerbe Früchte den Regeln einer ordnungsmäßigen Wirtschaft zuwider oder zieht er Früchte deshalb im Übermaße, weil dies infolge eines besonderen Ereignisses notwendig geworden ist, so gebührt ihm der Wert der Früchte nur insoweit, als durch den ordnungswidrigen oder den übermäßigen Fruchtbezug die ihm gebührenden Nutzungen beeinträchtigt werden und nicht der Wert der Früchte nach den Regeln einer ordnungsmäßigen Wirtschaft zur Wiederherstellung der Sache zu verwenden ist.

1 I. 1. Die Vorschrift, deren Wortlaut nicht ganz klar ist, regelt einen **Anspruch des Nacherben** auf Wertersatz, wenn der Vorerbe Übermaßfrüchte zieht.

2 2. Der Vorerbe erwirbt als Eigentümer der Nachlassgegenstände gem § 953 grds **Eigentum** an allen Erzeugnissen der Sache, also auch an den Übermaßfrüchten. Die Nutzun-

gen gebühren dem Vorerben gem § 2111 aber nur, soweit sie iR einer ordnungsgemäßen Verwaltung anfallen. Daher regelt die Vorschrift einen von § 101 abw schuldrechtlichen Wertersatzanspruch.

II. 1. Voraussetzung ist, dass der Vorerbe **Übermaßfrüchte** zieht. Dies sind nicht solche, die iR ordnungsgemäßer Verwaltung anfallen und dem Vorerben daher gebühren (§§ 2111, 2130). Umgekehrt spielt es aber keine Rolle, ob die Übermaßfrüchte aufgrund der nicht ordnungsgemäßen Verwaltung (zB Raubbau) oder aufgrund eines besonderen Ereignisses (zB Windbruch, Schneebruch) anfallen, der Vorerbe im zweiten Fall also quasi zur Fruchtziehung gezwungen ist. 3

2. Keinen Wertersatz muss der Vorerbe leisten, wenn durch die Ziehung der Übermaßfrüchte die ihm gebührende Fruchtziehung in der Folgezeit beeinträchtigt ist. Dh, auch die Übermaßfrüchte gebühren dem Vorerben, wenn er sie insgesamt in gleichem Umfang nur später oder über einen längeren Zeitraum hinweg gezogen hätte. Maßgeblich ist also die Saldierung über den gesamten Zeitraum der Vorerbschaft. Dies gilt allerdings nur dann, wenn die Übermaßfrüchte nicht zur Wiederherstellung der Sache notwendig sind. Der Vorerbe soll also nicht Übermaßfrüchte unter Verrechnung auf später potentiell gezogene Früchte behalten dürfen, wenn dies auf Kosten der Sachsubstanz geschieht. 4

3. Inhaltlich geht der Anspruch auf Wertersatz nicht auf Herausgabe der Übermaßfrüchte. Der Anspruch entsteht erst mit dem Nacherbfall. 5

4. Im Falle einer **Befreiung** gem § 2136 braucht der Vorerbe auch für gezogene Übermaßfrüchte keinen Ersatz zu leisten. 6

§ 2134 Eigennützige Verwendung

¹Hat der Vorerbe einen Erbschaftsgegenstand für sich verwendet, so ist er nach dem Eintritt der Nacherbfolge dem Nacherben gegenüber zum Ersatz des Wertes verpflichtet. ²Eine weitergehende Haftung wegen Verschuldens bleibt unberührt.

I. Aus den §§ 2111, 2130 ergibt sich, dass dem Vorerben dauerhaft nur die iR einer ordnungsgemäßen Verwaltung gezogenen Nutzungen verbleiben sollen, während der Nachlass seiner Substanz nach letztlich dem Nacherben gebührt, und diesem herauszugeben ist. Verwendet der Vorerbe entgg diesem Grundsatz Erbschaftsgegenstände für sich, so gewährt die Vorschrift in S 1 dem Nacherben einen **Anspruch auf Wertersatz**. S 2 lässt weitergehende verschuldensabhängige Ansprüche unberührt. 1

II. 1. Der **Wertersatzanspruch** aus S 1 hat die folgenden Voraussetzungen. 2

a) Der Vorerbe muss einen **Erbschaftsgegenstand** für sich verwendet haben. Erbschaftsgegenstand meint alle zum Nachlass gehörenden Sachen und Rechte, auch wenn sie erst als Surrogat gem § 2111 zum Nachlass gekommen sind. 3

b) Von einem **Verwenden** ist insb bei Verfügungen auszugehen, in deren Gegenzug kein Surrogat in den Nachlass gelangt. Andernfalls geht § 2111 vor und schließt die Anwendung des § 2134 S 1 aus, da der Erbschaft kein Nachteil entsteht (BGHZ 40, 124). 4

c) Auf ein Verschulden kommt es anders als bei S 2 nicht an. 5

d) **Inhaltlich** geht der Anspruch auf Wertersatz. Gemeint ist der objektive Wert zum Zeitpunkt der Verwendung des Gegenstands. Der Anspruch kann erst mit dem Nacherbfall geltend gemacht werden. 6

2. Verschuldensabhängige weiter gehende **Schadensersatzansprüche** bleiben nach S 2 unberührt. Grundlage kann insofern die Verletzung der Pflicht zur ordnungsgemäßen Verwaltung (§§ 2130, 2131) bzw §§ 280, 2130, 2131 sein. Der Anspruchsinhalt richtet sich nach § 249 ff und kann daher über den Wertersatzanspruch des S 1 hinausgehen. Die Vorschrift stellt zugleich klar, dass der Vorerbe sich nicht für die eigennützige Verwendung unter Wertersatz entscheiden darf, sondern dass ihm diese grds nicht erlaubt ist. 7

3. Von der Wertersatzpflicht kann der Erblasser gem § 2136 **Befreiung** erteilen. 8

§ 2135 Miet- und Pachtverhältnis bei der Nacherbfolge

Hat der Vorerbe ein zur Erbschaft gehörendes Grundstück oder eingetragenes Schiff vermietet oder verpachtet, so findet, wenn das Miet- oder Pachtverhältnis bei dem Eintritt der Nacherbfolge noch besteht, die Vorschrift des § 1056 entsprechende Anwendung.

1 I. Die Vorschrift verweist auf § 1056 und dieser seinerseits auf § 566. Dadurch wird der dort niedergelegte Grundsatz „Veräußerung bricht nicht Miete" in das Recht der Vor- und Nacherbschaft übertragen.

2 II. 1. Die Vorschrift gilt nur für vermietete **Grundstücke** (und eingetragene Schiffe). Vermietet der Vorerbe bewegliche Sachen, ist der Nacherbe an den Vertrag nicht gebunden und kann Herausgabe aus § 985 verlangen, es sei denn, die Vermietung über den Zeitpunkt der Vorerbschaft hinaus entsprach einer ordnungsgemäßen Verwaltung. Davon kann möglicherweise dann ausgegangen werden, wenn der Gegenstand sich am Markt nur langfristig vermieten lässt. Sofern der Nacherbe an den Mietvertrag über bewegliche Sachen nicht gebunden ist, ist der Vorerbe dem Mieter ggü nach allg Grundsätzen schadensersatzpflichtig.

3 2. Vorausgesetzt ist ferner, dass **der Vorerbe den Vertrag geschlossen hat**. An Verträge des Erblassers ist der Nacherbe schon kraft seiner Stellung als Gesamtrechtsnachfolger gebunden.

4 3. Als Rechtsfolge **verweist** die Vorschrift auf § 1056. Dieser verweist in Abs 1 seinerseits auf die §§ 566, 566 a, 566 b I, 566 c–e, 567 b.

5 a) Insb ist also der Nacherbe an den Mietvertrag gebunden und muss dem Mieter den Gebrauch der Sache gewähren. Dem Herausgabeanspruch aus § 985 kann der Mieter sein Besitzrecht aus dem Mietvertrag entgegenhalten.

6 b) Der Nacherbe (nicht der Mieter) kann gem § 1056 II 1 den Vertrag mit **gesetzlicher Frist kündigen**. Insb die mietrechtlichen Kündigungsschutzbestimmungen sind allerdings zu beachten. Dieses ist jedoch ausgeschlossen, wenn sich der Nacherbe bereits vor Eintritt des Nacherbfalls an dem Vertrag beteiligt hat oder diesem später beigetreten ist (OLG Frankfurt FamRZ 11, 1693).

§ 2136 Befreiung des Vorerben

Der Erblasser kann den Vorerben von den Beschränkungen und Verpflichtungen des § 2113 Abs. 1 und der §§ 2114, 2116 bis 2119, 2123, 2127 bis 2131, 2133, 2134 befreien.

1 I. 1. Die Vorschrift gibt dem Erblasser die Möglichkeit, den Vorerben von verschiedenen Beschränkungen zu **befreien**. Dadurch wird die Stellung des Vorerben ggü dem gesetzlichen Leitbild modifiziert. Während grds dem Nacherben die gesamte ordnungsgemäß verwaltete Nachlasssubstanz zukommen und der Vorerbe lediglich die iR dieser Verwaltung anfallenden Nutzungen erhalten soll, ist die Stellung des befreiten Vorerben wesentlich günstiger. Der in den Grenzen des § 2136 befreite Vorerbe ist in der Verwaltung frei und kann die Erbschaft weitgehend für sich verwenden, während der Nacherbe nur noch das erhält, was übrig bleibt.

2 2. Auf der anderen Seite kann der Erblasser den Vorerben auch weiter gehend **beschränken** oder ihm die Verfügungs- und Verwaltungsbefugnisse durch Bestellung eines Testamentsvollstreckers gänzlich entziehen (vgl BGH NJW 90, 2065).

3 II. 1. Die **Anordnung der Befreiung**.

4 a) Sie kann ausschließlich in einer **letztwilligen Verfügung** des Erblassers enthalten sein. Üblicherweise wird dies in derselben Verfügung geschehen, die die Nacherbschaftsanordnung enthält.

5 b) Der Erblasser muss weder den Begriff „Befreiung" noch eine sonstige bestimmte Ausdrucksweise verwenden (OLG München FamRZ 12, 1092). Ob und in welchem Umfang eine Befreiung angeordnet ist, ist nach den allg Grundsätzen durch **Auslegung**

zu ermitteln (BayObLGZ 74, 312; BayObLG FamRZ 81, 403). Allerdings muss die Anordnung der Befreiung in der letztwilligen Verfügung zumindest angedeutet sein.

c) Bedeutsam sind **insb** die Erbeinsetzung des Ehegatten und die Einsetzung von Abkömmlingen als Vorerben für den Fall der **Wiederverheiratung**. Hierin wird eine Befreiung des Ehegatten zu sehen sein. Die Einsetzung als **Alleinerbe** besagt noch nichts über eine Befreiung, denn auch der nicht befreite Vorerbe ist Alleinerbe.

d) Die Gestattung einer anderweitigen letztwilligen Verfügung des Vorerben durch den Erblasser ist **keine Befreiung**, sondern eine durch eine abweichende letztwillige Verfügung des Vorerben auflösend bedingte Nacherbschaft.

2. Der **Umfang der Befreiung** ist variabel. § 2136 legt nur die äußersten Grenzen einer zulässigen Befreiung fest (vgl BGHZ 7, 276).

a) Nicht befreit werden kann der Vorerbe vom Verbot unentgeltlicher Verfügungen gem § 2113 II, vom Surrogationsgrundsatz des § 2111 sowie von §§ 2115, 2121, 2122 und 2138.

b) Innerhalb dieser Grenzen kann der Erblasser den Vorerben **umfassend** oder lediglich **von einzelnen** Beschränkungen oder Verpflichtungen befreien. Als vollständige Befreiung gilt gem § 2137 die Einsetzung des Nacherben auf den Rest (vgl dort). Im Falle einer umfassenden Befreiung kann der Vorerbe insb Grundstücksverfügungen vornehmen. Er ist nicht zur ordnungsgemäßen Verwaltung des Nachlasses verpflichtet. Er kann Nachlassgegenstände oder den Erlös aus Verfügungen für sich verbrauchen. Eine Schadensersatzpflicht trifft ihn dann nur im Falle des § 2138 II.

III. 1. Die Befreiung ist gem § 2363 I 2 im **Erbschein anzugeben**.

2. Gem § 51 GBO ist die Befreiung vAw im **Grundbuch** zu vermerken.

§ 2137 Auslegungsregel für die Befreiung

(1) Hat der Erblasser den Nacherben auf dasjenige eingesetzt, was von der Erbschaft bei dem Eintritt der Nacherbfolge übrig sein wird, so gilt die Befreiung von allen in § 2136 bezeichneten Beschränkungen und Verpflichtungen als angeordnet.
(2) Das Gleiche ist im Zweifel anzunehmen, wenn der Erblasser bestimmt hat, dass der Vorerbe zur freien Verfügung über die Erbschaft berechtigt sein soll.

I. 1. Es handelt sich bei **Abs 1** um eine **Ergänzungsregel**. Eine abweichende Auslegung ist daher nicht möglich, wenn der Erblasser den Nacherben **auf den Überrest** einsetzt.

2. Bei **Abs 2** handelt es sich aufgrund des abw Wortlauts („im Zweifel") um eine **Auslegungsregel**.

II. 1. Die Nacherbeneinsetzung **auf den Überrest** gem Abs 1, wobei der Erblasser auch gleichbedeutende Formulierungen verwenden kann, führt zur vollständigen Befreiung des Vorerben, soweit sie nach § 2136 zulässig ist.

2. Die gleiche Rechtsfolge gilt im Zweifel (so Rn 2), wenn der Erblasser dem Vorerben die **freie Verfügung** über die Erbschaft gestattet. In diesem Fall ist allerdings durch Auslegung zu ermitteln, ob tatsächlich eine vollständige Befreiung oder nur eine Befreiung von §§ 2113 I, 2114 gewollt war.

§ 2138 Beschränkte Herausgabepflicht

(1) ¹Die Herausgabepflicht des Vorerben beschränkt sich in den Fällen des § 2137 auf die bei ihm noch vorhandenen Erbschaftsgegenstände. ²Für Verwendungen auf Gegenstände, die er infolge dieser Beschränkung nicht herauszugeben hat, kann er nicht Ersatz verlangen.
(2) Hat der Vorerbe der Vorschrift des § 2113 Abs. 2 zuwider über einen Erbschaftsgegenstand verfügt oder hat er die Erbschaft in der Absicht, den Nacherben zu benachteiligen, vermindert, so ist er dem Nacherben zum Schadensersatze verpflichtet.

I. Die Vorschrift regelt in Abs 1 entgg ihrem Wortlaut nicht eine beschränkte Herausgabepflicht des Vorerben. Sie stellt vielmehr klar, dass der Vorerbe grds **nicht scha-**

densersatzpflichtig ist, wenn er bei Befreiung von der Pflicht zur ordnungsgemäßen Verwaltung Erbschaftsgegenstände für sich verbraucht. Abs 2 statuiert die **Mindesthaftung** des Vorerben, die ihn auch bei Befreiung trifft.

2 II. 1. Nach **Abs 1 S 1** hat der Vorerbe in den Fällen des § 2137 nur noch die bei ihm vorhandenen Erbschaftsgegenstände an den Nacherben herauszugeben. Der Wortlaut der Vorschrift ist in mehrfacher Hinsicht ungenau.

3 a) Über den Wortlaut hinaus greift die Rechtsfolge **nicht nur in den Fällen des § 2137**, sondern in allen Fällen, in denen der Vorerbe von der Pflicht des § 2130 I 1 zur ordnungsgemäßen Verwaltung der Erbschaft befreit ist.

4 b) Die Herausgabepflicht beschränkt sich auf diejenigen Gegenstände, die beim Vorerben noch vorhanden sind, was Surrogate im Sinne des § 2111 einschließt. Hier liegt jedoch nicht der eigentliche Regelungsgehalt der Vorschrift. Denn auch iR des § 2130 I 1 ist die Herausgabepflicht notwendigerweise entspr beschränkt. Aus § 2138 I 1 folgt vielmehr, dass der **Vorerbe nicht schadensersatzpflichtig** ist, wenn er Gegenstände nicht herausgeben kann, die er bei fortgesetzter ordnungsgemäßer Verwaltung der Erbschaft hätte herausgeben können. Darin liegt der Unterschied zu § 2130 I 1 iVm § 2131. Der Vorerbe ist in den Fällen des § 2138 von der Pflicht zur ordnungsgemäßen Verwaltung befreit und kann den Nachlass für sich verbrauchen. Dementspr scheidet auch ein Wertersatzanspruch nach § 2134 aus.

5 2. Konsequent ist die Regelung in **Abs 1 S 2**, die dann, wenn den Vorerben aufgrund der Nichtherausgabe eines Gegenstandes keine Ersatzpflicht trifft, **Verwendungsersatzansprüche** aus §§ 2124 II, 2125 **ausschließt**. Dies gilt nicht, wenn die Unmöglichkeit der Herausgabe nicht auf der Befreiung beruht, sondern zB auf einem zufälligen Untergang der Sache.

6 3. Abs 2 regelt die **Schadensersatzpflicht des befreiten Vorerben**. Schadensersatzansprüche aus der Verletzung der §§ 2130, 2131 scheiden aufgrund der Befreiung der Pflicht zur ordnungsgemäßen Verwaltung naturgemäß aus. Sie bestehen vielmehr nur bei **unentgeltlichen Verfügungen** entgg § 2113 II, von denen gem § 2136 eine Befreiung nicht möglich ist, sowie bei solchen Verfügungen, die in **Benachteiligungsabsicht** vorgenommen wurden.

§ 2139 Wirkung des Eintritts der Nacherbfolge

Mit dem Eintritt des Falles der Nacherbfolge hört der Vorerbe auf, Erbe zu sein, und fällt die Erbschaft dem Nacherben an.

1 I. In den §§ 2139–2146 werden die **Wirkungen des Nacherbfalls** geregelt. Die Vorschrift des § 2139 behandelt den Anfall der Erbschaft an den Nacherben.

2 II. 1. Der **Eintritt des Nacherbfalls** wird in der Vorschrift vorausgesetzt. Wann dies der Fall ist, regelt nicht § 2139, sondern richtet sich nach der entspr Bestimmung des Erblassers bzw nach § 2106, wenn es an einer solchen Bestimmung fehlt (vgl im Einzelnen dort).

3 2. Mit dem Eintritt des Nacherbfalls **fällt die Erbschaft dem Nacherben an**. Dieser wird Erbe des Erblassers, nicht etwa des Vorerben (BGHZ 44, 153). Es handelt sich hierbei um einen Vonselbsterwerb, ohne dass es hins der einzelnen Nachlassgegenstände eines Übertragungsakts des Vorerben oder dessen Erben bedürfte. Die Erbenstellung kann durch jedes beliebige Beweismittel nachgewiesen werden. Eines Erbscheins bedarf es nicht, so dass auch eine entspr Klausel in AGB unwirksam ist (BGH Urt v 8.10.13 – XI ZR 401/12 zur Erbnachweisklausel in den AGB-Sparkassen; vgl a RGZ 54, 344).

4 a) Mit dem Nacherbfall wird der Nacherbe also **Gesamtrechtsnachfolger** des Erblassers. Zu diesem Zeitpunkt wird der Erbe also Eigentümer zum Nachlass gehörender Sachen (auch § 2111), Gläubiger von Nachlassforderungen und Schuldner von Nachlassverbindlichkeiten. Solche sind jedenfalls die des Erblassers. Vom Vorerben begründete Verbindlichkeiten sind Nachlassverbindlichkeiten, wenn sie iR ordnungsgemäßer Verwaltung begründet wurden (vgl iE § 2144). Der Nacherbe kann also die Herausgabe von Nachlassgegenständen schon kraft seiner Eigentümerstellung aus § 985 verlan-

gen. Daher ist der Herausgabeanspruch des § 2130 nicht auf Verschaffung des Eigentums gerichtet, sondern erbrechtlicher Natur (vgl dort).

b) Eine vom Erblasser über den Tod hinaus erteilte **Vollmacht** bleibt auch nach dem Nacherbfall bestehen (Staud/Avenarius § 2139 Rn 5). Der Nacherbe ist Rechtsnachfolger. Hingegen erlischt eine vom Vorerben erteilte Vollmacht grds mit dem Nacherbfall, es sei denn, der Nacherbe hätte eingewilligt (KG NJW 57, 754).

c) Der **Besitz** (auch der mittelbare, § 870) an Nachlassgegenständen geht gem § 857 unmittelbar auf den Nacherben über, wenn und soweit der Vorerbe noch keinen unmittelbaren Besitz ausgeübt hat. Auf den vom Vorerben ausgeübten unmittelbaren Besitz ist § 857 nicht anwendbar. Dies ergibt sich aus dem Herausgabeanspruch des § 2130 und aus der Vorschrift des § 2140, da diese andernfalls wegen § 935 keine Bedeutung hätte.

3. Eine **Übertragung der Erbschaft** vom Vor- auf den Nacherben durch Erbschaftskauf (§§ 2371 ff) ist auch schon vor Eintritt des Nacherbfalls möglich.

III. 1. In **prozessualer** Hinsicht bewirkt der Nacherbfall gem §§ 242, 239 ZPO die Unterbrechung des Verfahrens (uU Aussetzung im Fall des § 246 ZPO), sofern es sich um einen Aktivprozess des Vorerben über einen seiner Verfügungsbefugnis unterliegenden Gegenstand handelt (vgl § 326 II ZPO zur Rechtskrafterstreckung für und gegen den Nacherben in diesem Fall). Nur in diesem Fall wird der Nacherbe prozessual so behandelt, als sei er Rechtsnachfolger des Vorerben. In den anderen Fällen (Aktivprozess bei fehlender Verfügungsbefugnis, Passivprozess) geht der Rechtsstreit zwischen dem Vorerben und dem Dritten weiter. Bei Passivprozessen kommt es iR der Begründetheit darauf an, ob der Vorerbe für die Nachlassverbindlichkeiten haftet (§ 2145). Ein Aktivprozess bei fehlender Verfügungsbefugnis verliert die Erfolgsaussicht, da der Vorerbe nicht mehr berechtigt an dem Gegenstand ist. Will der Vorerbe eine Abweisung mangels Aktivlegitimation vermeiden, muss er den Rechtsstreit für erledigt erklären. Ist Nacherbfall der Tod des Vorerben, gilt für diese Prozesse § 239. Eine Verfahrensaufnahme müsste durch die Rechtsnachfolger des Vorerben geschehen (zu denen der Nacherbe nicht gehört!).

2. Ein dem Vorerben erteilter **Erbschein** wird durch den Nacherbfall unrichtig und ist vom Nachlassgericht einzuziehen, § 2361. Der Nacherbe kann – ohne dabei einer zeitlichen Beschränkung zu unterliegen (BGHZ 47, 58; OLG Köln Rpfleger 03, 193) – gem §§ 2363 II, 2362 I Herausgabe des Erbscheins an das Nachlassgericht verlangen. Der Nacherbe kann Erteilung eines Erbscheins an sich selbst beantragen.

3. Unrichtig wird ferner das **Grundbuch**. Der Nacherbe kann eine Eintragung verlangen. Dafür bedarf der Nacherbe nach hM auch dann eines Erbscheins (§ 35 I 1 GBO), wenn vorher der Nacherbenvermerk gem § 51 GBO eingetragen war (BGHZ 84, 196; vgl hierzu Staud/Avenarius § 2139 Rn 21 f – Offenkundigkeit im Sinne § 29 I 2 GBO bei Vorlage der Sterbeurkunde des Vorerben).

§ 2140 Verfügungen des Vorerben nach Eintritt der Nacherbfolge

¹Der Vorerbe ist auch nach dem Eintritt des Falles der Nacherbfolge zur Verfügung über Nachlassgegenstände in dem gleichen Umfang wie vorher berechtigt, bis er von dem Eintritt Kenntnis erlangt oder ihn kennen muss. ²Ein Dritter kann sich auf diese Berechtigung nicht berufen, wenn er bei der Vornahme eines Rechtsgeschäfts den Eintritt kennt oder kennen muss.

I. Die Vorschrift bezweckt den **Schutz des gutgläubigen Vorerben**, wenn dieser in Unkenntnis des mittlerweile eingetretenen Nacherbfalls über Nachlassgegenstände verfügt. Ohne die Vorschrift liefe der Vorerbe Gefahr, dem Dritten oder dem Nacherben ggü zu haften.

II. Mit Eintritt des Nacherbfalls wird der Vorerbe **zum Nichtberechtigten** hins einer möglichen Verfügung über Nachlassgegenstände.

1. Diesbezüglich greift der Schutz des § 2140 S 1, wenn der Nacherbe den Eintritt des Nacherbfalls **nicht kennt oder kennen muss**. Kennenmüssen meint die fahrlässige Un-

kenntnis im Sinne § 122 II. Nicht anzuwenden ist die Vorschrift, wenn der Vorerbe gar nicht um die Anordnung der Nacherbschaft weiß oder im Irrtum über die Person des Nacherben den Nachlass an den Falschen herausgibt.

4 2. Unter diesen Voraussetzungen ist der Nacherbe aufgrund der Vorschrift auch nach Eintritt des Nacherbfalls **noch verfügungsbefugt**.

5 3. Diese Verfügungsbefugnis besteht **im gleichen Umfang** wie zZ der noch andauernden Vorerbschaft. Befreiungen wirken also fort, soweit sie erteilt waren. War der Vorerbe indes nicht befreit, kann er selbstverständlich auch jetzt nicht über Grundstücke verfügen.

6 4. Liegen die Voraussetzungen vor, ist die iR seiner vorher bestehenden Verfügungsbefugnis vorgenommene **Verfügung wirksam**. Dies gilt für bewegliche Sachen ebenso wie für Forderungen und (im Falle der Befreiung) Grundstücke.

7 a) Der **Erlös** der wirksamen Verfügung soll nach § 816 I 1 dem Nacherben zustehen (MK/Grunsky § 2140 Rn 3). Allerdings passt der Wortlaut der Vorschrift nicht genau, wenn man den Vorerben wegen § 2140 S 1 weiterhin als Berechtigten ansieht. Daher sollte man die entspr Anwendung des § 2111 erwägen.

8 b) In jedem Fall besteht **kein Schadensersatzanspruch** des Nacherben, auch wenn wegen der Bösgläubigkeit des anderen Teils die Verfügung nach S 2 (su) unwirksam ist.

9 c) Die Vorschrift ist **entspr anzuwenden**, wenn der gutgläubige Vorerbe iR ordnungsgemäßer Verwaltung Nachlassverbindlichkeiten zu begründen meint. In diesem Fall muss der Nacherbe den Vorerben von der zunächst ihn selbst treffenden Verbindlichkeit befreien.

10 5. Ist der **Dritte bösgläubig**, ist die Verfügung gem S 2 absolut unwirksam. Eine Verantwortlichkeit des Vorerben bleibt ausgeschlossen.

11 6. Ist der **Vorerbe bösgläubig**, genießt der Dritte keinen Schutz nach § 2140. Einschlägig sind dann allein die allg Vorschriften der §§ 892, 932, 2366. Der gute Glaube an den noch nicht eingetretenen Nacherbfall hilft insofern nicht, solange nur die Nacherbschaftsanordnung in Grundbuch und Erbschein eingetragen ist.

12 7. Ein **gutgläubiger Nachlassschuldner**, der nach Eintritt des Nacherbfalls noch an den Vorerben leistet, wird entspr §§ 406–408, 412 geschützt. Auch hier ist fahrlässige Unkenntnis der Kenntnis gleichzusetzen.

§ 2141 Unterhalt der werdenden Mutter eines Nacherben

Ist bei dem Eintritt des Falles der Nacherbfolge die Geburt eines Nacherben zu erwarten, so findet auf den Unterhaltsanspruch der Mutter die Vorschrift des § 1963 entsprechende Anwendung.

1 Der Anspruch richtet sich **gegen den Nachlass**, der vom Pfleger des noch nicht geborenen Nacherben (vgl § 1923 II) vertreten wird. Die Verweisung auf § 1963 ist Rechtsgrundverweisung. Die Vorschrift gilt entspr, wenn der Anfall der Nacherbschaft nicht gem § 1923 II zurückbezogen wird, sondern wenn Nacherbfall erst die Geburt des Nacherben ist. Ab Empfängnis kann die Mutter Unterhalt aus dem Nachlass verlangen, der vom Vorerben zu bewirken ist.

§ 2142 Ausschlagung der Nacherbschaft

(1) Der Nacherbe kann die Erbschaft ausschlagen, sobald der Erbfall eingetreten ist.
(2) Schlägt der Nacherbe die Erbschaft aus, so verbleibt sie dem Vorerben, soweit nicht der Erblasser ein anderes bestimmt hat.

1 I. Auch der Nacherbe kann, was Abs 1 klarstellt, die Erbschaft gem §§ 1942 ff **ausschlagen**. Die Wirkung einer Ausschlagung durch den Nacherben regelt Abs 2.

2 II. 1. Der Nacherbe kann gem Abs 1 und § 1946 die Nacherbschaft bereits **mit dem Erbfall**, nicht erst mit dem Nacherbfall ausschlagen (BayObLGZ 66, 274).

2. Die Ausschlagung bedarf der **Erklärung durch den Nacherben** (§ 1945). Stirbt der Nacherbe vor dem Nacherbfall, geht das Ausschlagungsrecht auf dessen Erben über, soweit die Anwartschaft nach § 2108 II 1 iVm den Anordnungen des Erblassers auf selbige übergeht. Beim Tod nach dem Nacherbfall gilt § 1952. 3
3. Die **Ausschlagungsfrist** beginnt, unbeschadet des Rechts bereits ab dem Eintritt des Erbfalls auszuschlagen, gem §§ 1944 II, 2139 frühestens mit Kenntnis des Nacherbfalls (RGZ 59, 341). Da jedoch der im Falle der Ausschlagung möglicherweise bestehende Pflichtteilsanspruch (§ 2306 II) gem §§ 195, 2332 I in 3 Jahren ab Kenntnis vom Erbfall verjährt, kann der Nacherbe faktisch gezwungen sein, vor Beginn der Ausschlagungsfrist auszuschlagen. 4
4. Die **Rechtsfolge** der Ausschlagung durch den Nacherben besteht nach Abs 2 im Zweifel darin, dass die Nacherbfolge gegenstandslos wird, und die Erbschaft dem Vorerben verbleibt. 5
a) Etwas anderes gilt idR bei mehreren eingesetzten Nacherben. Hier **geht das Anwachsungsrecht des** § 2094 vor (BayObLG FamRZ 62, 538). 6
b) Ist ein **Ersatznacherbe** bestellt, so geht das Nacherbenrecht mit der Ausschlagung regelmäßig auf diesen über. 7
c) Zu beachten ist ferner § 2069, wonach im Zweifel die Abkömmlinge des ausschlagenden Nacherben an dessen Stelle treten. 8
5. Auch hins der **Annahme** durch den Nacherben gilt § 1946. Diese kann also ebenfalls schon vor dem Nacherbfall erfolgen. 9

§ 2143 Wiederaufleben erloschener Rechtsverhältnisse

Tritt die Nacherbfolge ein, so gelten die infolge des Erbfalls durch Vereinigung von Recht und Verbindlichkeit oder von Recht und Belastung erloschenen Rechtsverhältnisse als nicht erloschen.

I. Die Vorschrift trägt dem Umstand Rechnung, dass mit dem Erbfall nach allg Regeln Verbindlichkeiten des Vorerben ggü dem Erblasser und solche des Erblassers ggü dem Vorerben durch Vereinigung von Gläubiger- und Schuldnerstellung in der Person des Vorerben (**Konfusion**) erlöschen. Es wäre nicht gerechtfertigt, ein solches Erlöschen auch den Nacherbfall überdauern zu lassen, denn der Nachlass ist grds vom sonstigen Vermögen des Vorerben zu trennen und soll letztlich dem Nacherben zugute kommen. In dessen Person liegen jedoch die Voraussetzungen der Konfusion in den genannten Fällen nicht vor. Die Vorschrift führt dazu, dass der Vorerbe seine Verbindlichkeiten ggü dem Erblasser nun dem Nacherben schuldet, und dieser vom Vorerben das verlangen kann, was der Erblasser ihm schuldete. 1
II. 1. Voraussetzung ist der **Eintritt der Nacherbfolge**. Ansonsten verbleibt es beim Erlöschen der Forderungen durch Konfusion. 2
2. Die **Wirkung** des § 2143 soll in einem Wiederaufleben der durch Konfusion erloschenen Forderungen bestehen. Aufgrund der Tatsache, dass auch Nebenrechte wie Bürgschaften und Pfandrechte wieder aufleben, könnte man auch von einem Ruhen oder einer Lähmung sprechen. 3
a) Diese Wirkung tritt **ex nunc** ein. Es fallen keine Zinsen zwischen Erb- und Nacherbfall an. 4
b) Die **Verjährung** ist während der Dauer der Vorerbschaft gem § 205 gehemmt. 5
III. Bereits vor dem Nacherbfall ist hins der betroffenen Forderungen **Feststellungsklage** möglich (BGH LM § 2100 Nr 5). 6

§ 2144 Haftung des Nacherben für Nachlassverbindlichkeiten

(1) Die Vorschriften über die Beschränkung der Haftung des Erben für die Nachlassverbindlichkeiten gelten auch für den Nacherben; an die Stelle des Nachlasses tritt dasjenige, was der Nacherbe aus der Erbschaft erlangt, mit Einschluss der ihm gegen den Vorerben als solchen zustehenden Ansprüche.

(2) Das von dem Vorerben errichtete Inventar kommt auch dem Nacherben zustatten.
(3) Der Nacherbe kann sich dem Vorerben gegenüber auf die Beschränkung seiner Haftung auch dann berufen, wenn er den übrigen Nachlassgläubigern gegenüber unbeschränkt haftet.

1 I. Die Vorschrift regelt die **Haftung des Nacherben**.
2 1. Mit **Eintritt des Nacherbfalls** ist der Vorerbe Erbe und haftet als solcher grds für alle Nachlassverbindlichkeiten (§§ 1967 ff). Mit der Erbenstellung des Vorerben endet andererseits grds dessen Haftung für Nachlassverbindlichkeiten. Zu den Einschränkungen des § 2145 vgl dort.
3 2. Zu den **Nachlassverbindlichkeiten** gem § 1967, für die der Nacherbe haftet, gehören neben den vom Erblasser herrührenden Verbindlichkeiten, Vermächtnissen und Auflagen, die nicht allein den Vorerben treffen sollen (vgl § 1967 II), auch solche Verbindlichkeiten, die der Vorerbe iR ordnungsgemäßer Verwaltung des Nachlasses begründet hat (BGHZ 32, 64). Für Schulden, die der Vorerbe durch nicht ordnungsgemäße Verwaltung begründet hat, haftet dieser auch nach dem Nacherbfall ausschließlich alleine. Im Übrigen haftet der Nacherbe für die Nachlassverbindlichkeiten in dem Zustand, in dem sie sich bei Eintritt des Nacherbfalls befinden. So treffen ihn die Rechtsfolgen eines bestehenden Verzugs. Er profitiert aber auch von einer gewährten Stundung.
4 II. An diese allg Grundsätze anknüpfend regelt § 2144 eine **Beschränkung der Haftung**.
5 1. Nach Abs 1 gelten grds die allg Vorschriften, also die §§ **1975 ff**. Dabei tritt an die Stelle des Nachlasses das, was der Nacherbe aus dem Nachlass erlangt, inkl der ihm gegen den Vorerben zustehenden Ansprüche. Es spielt keine Rolle, ob der Vorerbe beschränkt oder unbeschränkt haftete. Ein vom Vorerben erwirktes Aufgebot iSd §§ 1970 ff wirkt fort. Dies gilt gem §§ 998, 997 ZPO auch für ein erwirktes Ausschlussurt. Nachlassverwaltung und Nachlassinsolvenz dauern grds ebenfalls an (vgl im Einzelnen MK/Grunsky § 2144 Rn 5).
6 2. Ein vom Vorerben errichtetes **Nachlassinventar** (§§ 1993 ff) kommt gem § 2144 II dem Nacherben zugute.
7 3. Ggü **Ansprüchen des Vorerben** (zB aus §§ 2124 II ff, 2121 IV, 2143) haftet der Nacherbe stets beschränkt. Er muss zur Geltendmachung dieser beschränkten Haftung aber den Vorbehalt des § 780 ZPO erwirken.

§ 2145 Haftung des Vorerben für Nachlassverbindlichkeiten

(1) ¹Der Vorerbe haftet nach dem Eintritt der Nacherbfolge für die Nachlassverbindlichkeiten noch insoweit, als der Nacherbe nicht haftet. ²Die Haftung bleibt auch für diejenigen Nachlassverbindlichkeiten bestehen, welche im Verhältnis zwischen dem Vorerben und dem Nacherben dem Vorerben zur Last fallen.
(2) ¹Der Vorerbe kann nach dem Eintritt der Nacherbfolge die Berichtigung der Nachlassverbindlichkeiten, sofern nicht seine Haftung unbeschränkt ist, insoweit verweigern, als dasjenige nicht ausreicht, was ihm von der Erbschaft gebührt. ²Die Vorschriften der §§ 1990, 1991 finden entsprechende Anwendung.

1 I. Grds endet mit Fortfall seiner Erbenstellung auch die Haftung des Vorerben für Nachlassverbindlichkeiten. Die undeutliche Vorschrift des § 2145 macht von diesem Grundsatz bestimmte **Ausn**.
2 II. Auch nach dem Nacherbfall haftet der Vorerbe in den **folgenden Fällen**:
3 1. Nach Abs 2 S 1 haftet der Vorerbe weiter, wenn er bereits vor dem Nacherbfall **unbeschränkt** haftete. Die Haftung tritt gesamtschuldnerisch neben die des Nacherben.
4 2. Ferner haftet der Vorerbe gem Abs 1 S 1, soweit der **Nacherbe nicht haftet**. Dies ist zB der Fall, wenn der Nacherbe beschränkt haftet und dies nicht zur Erfüllung aller Nachlassverbindlichkeiten ausreicht. Der Vorerbe haftet zumindest mit dem, was ihm aus der Erbschaft verblieben ist (insb Nutzungen gem § 2111) auch dann, wenn der Nacherbe zwar unbeschränkt haftet, aber die Verbindlichkeit tatsächlich nicht erfüllen kann.

3. Nach Abs 1 S 2 haftet der Vorerbe für die Verbindlichkeiten, die **ihm im Verhältnis** 5
zum Nacherben zur Last fallen. Wann dies der Fall ist, regeln die §§ 2124 ff. Insb sind
die gewöhnlichen Erhaltungskosten des § 2124 I gemeint. Nach außen haften Vor- und
Nacherbe als Gesamtschuldner. Im Innenverhältnis kann der Nacherbe Ersatz verlangen, soweit er in Anspruch genommen wird.
4. Der Vorerbe haftet auch für **Eigenverbindlichkeiten** weiter. Dies sind einmal An- 6
sprüche der Nachlassgläubiger wegen Verletzung der Verwaltungspflicht gem §§ 1978,
1991. Ferner Ersatzansprüche des Nacherben nach den §§ 2130, 2131, 2134, 2138 II.
Zuletzt alle iR der Nachlassverwaltung begründeten Verbindlichkeiten. Geschah die
Eingehung der Verbindlichkeit iR ordnungsgemäßer Verwaltung, haftet der Vorerbe
neben dem Nacherben, andernfalls haftet der Vorerbe allein.
5. Selbstverständlich haftet der Vorerbe für ihm persönlich auferlegte **Vermächtnisse** 7
und Auflagen.
6. Nach **Abs 2** kann der Vorerbe seine Forthaftung in bestimmten Fällen auf das **be-** 8
schränken, was ihm aus der Erbschaft gebührt, insb also die Nutzungen (vgl § 2111).
Diese Beschränkung kommt allerdings nicht bei unbeschränkter Haftung des Vorerben
sowie bei Haftung für Eigenverbindlichkeiten oder ihn selbst treffende Vermächtnisse
und Auflagen in Betracht.
III. Prozessual kann der Vorerbe in den Fällen des Abs 2 nachweisen, dass er aus der 9
Erbschaft nichts mehr hat. Die Klage ist dann abzuweisen. Möglich ist auch die Erwirkung des Vorbehalts des § 780 ZPO.

§ 2146 Anzeigepflicht des Vorerben gegenüber Nachlassgläubigern

(1) ¹Der Vorerbe ist den Nachlassgläubigern gegenüber verpflichtet, den Eintritt der
Nacherbfolge unverzüglich dem Nachlassgericht anzuzeigen. ²Die Anzeige des Vorerben wird durch die Anzeige des Nacherben ersetzt.
(2) Das Nachlassgericht hat die Einsicht der Anzeige jedem zu gestatten, der ein rechtliches Interesse glaubhaft macht.

Die **Anzeigepflicht** trifft den Vorerben, im Falle seines Todes seine Erben. Der Nacher- 1
be hat keine selbstständige Anzeigepflicht. Erfolgt jedoch Anzeige durch ihn, wird der
Vorerbe von seiner Pflicht gem Abs 1 S 2 frei. Versäumt der Vorerbe die Anzeige, wird
er ggü den Nachlassgläubigern schadensersatzpflichtig.

Titel 4
Vermächtnis

Vorbemerkung zu §§ 2147–2191

I. Regelungszusammenhang. 1. Ein **Vermächtnis** liegt vor, wenn der Erblasser jeman- 1
dem, ohne ihn als Erben einzusetzen, einen Vermögensvorteil zuwendet (vgl die **Legal-**
definition in § 1939).
2. Der Begriff des **Vermögensvorteils** wird von der hM weit ausgelegt. Darunter fallen 2
nicht nur der unmittelbare Vermögenszuwachs, wie zB der Erwerb von Sachen, Forderungen, Zahlung einer Rente und das Recht, vom Beschwerten ein bestimmtes Tun
oder Unterlassen (zB Nichteinziehung einer Forderung) zu verlangen, sondern auch
mittelbare Vermögensvorteile (zB die Gelegenheit, ein Grundstück zu einem bestimmten Preis zu erwerben).
3. Im Ggs zum Erben wird der Vermächtnisnehmer nicht unmittelbarer Rechtsnachfol- 3
ger des Erblassers bzgl des zugewendeten Gegenstands (kein Vindikationslegat). Er erlangt lediglich einen **schuldrechtlichen Anspruch aus § 2174** gegen den Beschwerten
(sog Damnationslegat) und ist somit Nachlassgläubiger (§ 1967 II), allerdings nachrangiger (vgl § 327 I Nr 2 InsO).
4. Vermächtnisnehmer kann jede natürliche oder juristische Person sowie die Gesamt- 4
handsgemeinschaft (Lange/Kuchinke ErbR § 29 III 2 a; str) sein. Ein Vermächtnis kann

testamentarisch angeordnet werden und in einem gemeinschaftlichen Testament (§ 2270 III) sowie in einem Erbvertrag vereinbart werden (§§ 2278, 2299).

5 5. Ob ein **Vermächtnis oder eine Erbeinsetzung** vorliegt, ist durch Auslegung zu ermitteln. Nach § 2087 II ist die Zuwendung einzelner Nachlassgegenstände im Allgemeinen als Vermächtnis anzusehen. Allerdings kann auch ein Bruchteil (sog Quotenvermächtnis) oder das Gesamtvermögen (sog Universalvermächtnis) als Vermächtnis zugewendet werden. Der Umfang eines Vermächtnisses ist nicht begrenzt. Es kann auch zur vollständigen Erschöpfung des Erbteils führen.

6 6. Der **Voraus** an den Ehegatten (§ 1932) und der sog **Dreißigste** (§ 1969) werden als **gesetzliche Vermächtnisse** bezeichnet. Auf sie sind die Regeln der §§ 2147 ff entspr anwendbar.

7 7. Die allg **Auslegungsregeln der §§ 2064–2086** sind anwendbar. § 2065 II wird allerdings durch die §§ 2151–2156 verdrängt.

8 8. Die Vorschriften des **allgemeinen Teils des Schuldrechts** über einseitige Schuldverhältnisse sind auf das Vermächtnis anwendbar. Hierzu gehören die Regeln über Unmöglichkeit (§§ 275 ff), Verzug (§§ 286 ff) und Schadensersatz wegen Pflichtverletzung (§ 280), nicht jedoch die Grundsätze über den Wegfall der Geschäftsgrundlage (BGH NJW 93, 850; näher § 2174 Rn 6).

9 9. Zu unterscheiden sind **Stück-** (§ 2169) und **Gattungsvermächtnis** (§ 2155). Besondere Formen des Vermächtnisses bilden Wahlvermächtnis (§ 2154), Forderungsvermächtnis (§ 2173), Verschaffungsvermächtnis (§ 2170), Vorausvermächtnis (§ 2150) und Nachvermächtnis (§ 2191).

10 10. Das Vermächtnis unterliegt der Erbschaftsteuer (§§ 1 I Nr 1, 3 I Nr 1 ErbStG). Schuldner ist auch bei Vornahme anderweitiger Absprachen der Vermächtnisnehmer (FG Hamburg DStRE 2012, 476). Als Nachlassverbindlichkeit mindert es die Steuerschuld des Erben (§ 10 II Nr 2 ErbStG).

11 II. **Rechtsgeschichte und Rechtsvergleichung. 1.** Das heutige Vermächtnis, das dem Vermächtnisnehmer nur einen schuldrechtlichen Anspruch gegen den Erben gewährt, geht bereits auf das **römische Recht** zurück. Beim **legatum per damnationem** ging die vermachte Sache zuerst auf den Erben über, und der Legatar konnte mit der actio ex testamento die Leistung fordern. Durch die lex Faldicia wurde das Recht, solche Legate auszulegen, dahin gehend beschränkt, dass dem Erben nach Abzug der Legate noch ein Viertel seines Erbteils verbleiben musste (sog falzidische Quart).

12 2. Im **deutschen Recht** war überw das Vindikationslegat (vgl Rn 3) zulässig, so im Preußischen ALR und im Sächsischen BGB. Die Verfasser des BGB haben sich für das Damnationslegat (vgl Rn 3) entschieden, um die Interessen der Nachlassgläubiger besser zu schützen (Mot V 133 ff, 176).

13 3. In **Österreich** (§ 684 ABGB) und der Schweiz ist ebenfalls nur das schuldrechtlich wirkende Vermächtnis zulässig. In Frankreich wird zwischen dem Anfall der Erbschaft kraft Gesetzes an die Blutsverwandten und dem Universallegat an die eingesetzten Erben unterschieden, wobei letztere teils Erben, teils Vermächtnisnehmer sind. Das Vindikationslegat ist in Frankreich (Art 1014 I Code Civil), Italien, Spanien, Portugal sowie Süd- und Mittelamerika anerkannt. Im englischen und nordamerikanischen Recht gibt es das Rechtsinstitut des Vermächtnisses nicht direkt, es finden sich aber vergleichbare Formen (ausf zur Rechtsgeschichte und Rechtsvergleichung Lange/Kuchinke ErbR § 29 I; Ebenroth ErbR § 7 III).

§ 2147 Beschwerter

¹Mit einem Vermächtnis kann der Erbe oder ein Vermächtnisnehmer beschwert werden. ²Soweit nicht der Erblasser ein anderes bestimmt hat, ist der Erbe beschwert.

1 I. Der **Beschwerte** ist derjenige, der nach dem Willen des Erblassers zur Erfüllung der Verbindlichkeit aus dem Vermächtnis verpflichtet ist. Mit einem Vermächtnis kann nur beschwert werden, wer als **Erbe oder Vermächtnisnehmer** etwas aus der Erbschaft erlangt hat. Die Beschwerung selbst kann der Erblasser in einem Testament (§ 1939)

oder einem Erbvertrag (§ 1941 I, auch als vertragsmäßige Verfügung, § 2278 II) anordnen.

II. 1. Beschwerter eines Vermächtnisses kann der **Erbe oder Vermächtnisnehmer** (sog Untervermächtnis, s Rn 4) sein. Es spielt keine Rolle, ob die Beschwerten gesetzlich, testamentarisch oder erbvertraglich bedacht sind.

a) Beschwert werden können auch **Ersatzerben und Nacherben**, dann aber erst bei Wegfall des Erstberufenen bzw mit dem Eintritt des Nacherbfalls. Nicht beschwert werden kann hingegen derjenige, der **nur den Pflichtteil** erhält, da es Sinn des Pflichtteils ist, dass dieser dem Berechtigten ungeschmälert verbleibt (vgl näher bei § 2306). Als Erbe kann weiterhin beschwert werden, wer einen Hof im Wege der vorweggenommenen Erbfolge erhält (analog § 17 II HöfeO; BGHZ 37, 194).

b) Wird ein Vermächtnisnehmer mit der Erfüllung eines Vermächtnisses beschwert, so handelt es sich um ein sog **Untervermächtnis** (dazu §§ 2186, 2187). Auch der Begünstigte eines gesetzlichen Vermächtnisses kann mit einem Vermächtnis beschwert werden.

c) Wegen der wirtschaftlichen Gleichwertigkeit kann auch derjenige beschwert werden, der aus einem **Vertrag zugunsten Dritter** (häufiger Fall: Lebensversicherung) mit dem Tod des Erblassers Rechte erwirbt (Brox ErbR Rn 427; Lange/Kuchinke ErbR § 29 III 1 a; str).

2. S 2 enthält eine **Auslegungsregel**. Hat der Erblasser niemanden ausdrücklich zur Erfüllung eines zugewendeten Vermächtnisses bestimmt, so sind der oder die Erben beschwert.

§ 2148 Mehrere Beschwerte

Sind mehrere Erben oder mehrere Vermächtnisnehmer mit demselben Vermächtnis beschwert, so sind im Zweifel die Erben nach dem Verhältnis der Erbteile, die Vermächtnisnehmer nach dem Verhältnis des Wertes der Vermächtnisse beschwert.

I. Die Vorschrift enthält eine **Auslegungsregel** über die Verteilung der Haftung bei mehreren Beschwerten. Wenn es mehrere Beschwerte gibt, so sind diese nach dem Verhältnis des Wertes des jeweiligen Erbteils oder Vermächtnisses beschwert, soweit sich nicht aus dem Willen des Erblassers etwas anderes ergibt. Umstritten ist, ob die Vorschrift nur im Innenverhältnis der Beschwerten untereinander gilt (so die hM) oder teilweise auch im Außenverhältnis anwendbar ist.

II. 1. Wenn **alle Miterben** beschwert und alle Beschwerten Miterben sind, so haften diese im Außenverhältnis nach § 2058 als Gesamtschuldner, denn § 2148 gilt nur im Innenverhältnis.

2. Ist hingegen nur ein **Teil der Miterben** beschwert oder sind Miterben und Vermächtnisnehmer beschwert (dann gilt § 2148 analog, vgl u Rn 4), findet § 2058 keine Anwendung. Teilweise wird vorgeschlagen, in diesem Fall bei teilbaren Leistungen § 2148 auch im Außenverhältnis anzuwenden, während bei unteilbarer Leistung Gesamtschuldnerschaft bestehen soll (RGRK/Johannsen § 2148 Rn 3; Erm/Schmidt § 2148 Rn 2). Das würde für den Vermächtnisnehmer bedeuten, dass er sich bei teilbaren Leistungen zwingend an mehrere Schuldner halten müsste. Nach der zu bevorzugenden Gegenansicht liegt im Außenverhältnis immer eine Gesamtschuld vor, da es keinen Unterschied macht, ob alle oder nur einige Erben beschwert werden (vgl nur Soergel/Wolf § 2148 Rn 1). **Abweichende Anordnungen** durch den Erblasser sind möglich.

3. Die Vorschrift ist **entspr** anwendbar, wenn Erben und Vermächtnisnehmer gemeinsam beschwert sind (vgl Palandt/Weidlich § 2148 Rn 2).

4. Der **Ausgleich** im Innenverhältnis (§§ 426 I 1 aE, 2148) richtet sich bei mehreren Erben nach dem Verhältnis der Erbteile, bei mehreren Vermächtnisnehmern nach dem Wert der Vermächtnisse und beim Zusammentreffen von Erben und Vermächtnisnehmern einheitlich nach dem Wert der Zuwendung (MK/Schlichting § 2148 Rn 9).

§ 2149 Vermächtnis an die gesetzlichen Erben

¹Hat der Erblasser bestimmt, dass dem eingesetzten Erben ein Erbschaftsgegenstand nicht zufallen soll, so gilt der Gegenstand als den gesetzlichen Erben vermacht. ²Der Fiskus gehört nicht zu den gesetzlichen Erben im Sinne dieser Vorschrift.

1 Wenn die eingesetzten Erben ausdrücklich bestimmte Gegenstände nicht erhalten sollen, so gelten diese nach der **Ergänzungsregel** als Vermächtnis zugunsten der gesetzlichen Erben nach dem Verhältnis ihrer gesetzlichen Erbteile.
2 Zu den gesetzlichen Erben iSd Vorschrift zählt nicht der **Fiskus**. Sind keine gesetzlichen Erben mit Ausn des Fiskus vorhanden, so fällt der Gegenstand daher dennoch an den eingesetzten Erben, wenn nicht die Auslegung eindeutig etwas anderes ergibt.
3 Wenn sich der Erblasser lediglich **vorbehalten** hat, noch über bestimmte Erbschaftsgegenstände zu verfügen, findet § 2086 Anwendung.

§ 2150 Vorausvermächtnis

Das einem Erben zugewendete Vermächtnis (Vorausvermächtnis) gilt als Vermächtnis auch insoweit, als der Erbe selbst beschwert ist.

1 I. 1. Ein **Vorausvermächtnis** liegt vor, wenn jemandem, der auch Erbe ist, zusätzlich ein Vermächtnisgegenstand zugewendet wird, den er sich nicht auf seinen Erbteil anrechnen lassen muss. Die Vorschrift stellt im Wesentlichen klar, dass auch bei eigener Beschwerung des Erben ein Vermächtnis vorliegt. Die Bedeutung liegt va in der getrennten rechtlichen Behandlung zB bei Ausschlagung des einen oder anderen.
2 2. Bei beschwerten Miterben hat das Vorausvermächtnis den weiteren Vorteil, dass der Vorausvermächtnisnehmer **Nachlassgläubiger** (§ 1967 II) ist, so dass er von einer Miterbengemeinschaft nach § 2059 II Befriedigung aus dem ungeteilten Nachlass verlangen kann.
3 II. 1. Beschwert ist entweder der Erbe selbst, wenn er Alleinerbe ist, oder die **Miterbengemeinschaft**. Bei Alleinerbschaft hat das Vermächtnis ausnahmsweise eine dingliche Wirkung.
4 2. Die **Rechtsstellung** als Erbe und Vermächtnisnehmer besteht unabhängig voneinander, so dass die Unwirksamkeit der einen die andere unberührt lässt (§ 2085). Die Erbschaft kann ausgeschlagen, aber das Vermächtnis angenommen werden oder umgekehrt.
5 3. Bei **Vor- und Nacherbschaft** steht dem Nacherben das dem Vorerben zugewendete Vorausvermächtnis nicht zu (§ 2110 II). Der Vorerbe erwirbt den Vermächtnisgegenstand mit dem Vorerbfall (BGHZ 32, 60), so dass der Vorerbe bzgl des Vorausvermächtnisses nicht den Beschränkungen der §§ 2113 ff unterliegt.
6 4. Das Vorausvermächtnis ist von der **Teilungsanordnung** (§ 2048) zu unterscheiden (vgl OLG Frankfurt Urt v 13.7.11 – 1 U 43/10). Bei letzterer muss der Wert des zugewendeten Gegenstandes auf den Wert des Erbteils angerechnet werden, während im Vorausvermächtnis im Allgemeinen davon auszugehen ist, wenn der Erblasser dem Bedachten einen **besonderen Vermögensvorteil** (aufgrund der Stellung als Nachlassgläubiger, o Rn 2) ggü den Miterben zuwenden wollte (BGHZ 36, 118; vgl auch § 2048 Rn 4). Allerdings kann die Auslegung auch ergeben, dass auch bei der Anrechnung des Wertes des Zugewendeten auf den Erbteil ein Vorausvermächtnis vorliegen soll, zB wenn dem Erben der zugewendete Gegenstand unabhängig von seiner Erbenstellung in jedem Fall zufallen soll (BGH FamRZ 95, 228).

§ 2151 Bestimmungsrecht des Beschwerten oder eines Dritten bei mehreren Bedachten

(1) Der Erblasser kann mehrere mit einem Vermächtnis in der Weise bedenken, dass der Beschwerte oder ein Dritter zu bestimmen hat, wer von den mehreren das Vermächtnis erhalten soll.

(2) Die Bestimmung des Beschwerten erfolgt durch Erklärung gegenüber demjenigen, welcher das Vermächtnis erhalten soll; die Bestimmung des Dritten erfolgt durch Erklärung gegenüber dem Beschwerten.
(3) ¹Kann der Beschwerte oder der Dritte die Bestimmung nicht treffen, so sind die Bedachten Gesamtgläubiger. ²Das Gleiche gilt, wenn das Nachlassgericht dem Beschwerten oder dem Dritten auf Antrag eines der Beteiligten eine Frist zur Abgabe der Erklärung bestimmt hat und die Frist verstrichen ist, sofern nicht vorher die Erklärung erfolgt. ³Der Bedachte, der das Vermächtnis erhält, ist im Zweifel nicht zur Teilung verpflichtet.

I. Die Bestimmung des Vermächtnisnehmers kann durch den Erblasser, den Beschwerten oder einen Dritten erfolgen. § 2151 enthält demnach eine **Ausnahmeregelung zu § 2065 II** (vgl Mayer ZEV 95, 247 ff). 1

II. 1. Wenn der Erblasser die Bestimmung nicht selbst trifft, muss er einen **bestimmten, abgegrenzten Personenkreis** bezeichnen, aus dem der Dritte den Vermächtnisnehmer bestimmen muss (zB „eines meiner Kinder"). Häufig kommt dieser Fall beim Unternehmertestament vor, wenn die Kinder noch minderjährig sind und der Erblasser erreichen möchte, dass das fähigste seiner Kinder später einmal das Unternehmen leitet. In derartigen Fällen ist durch Auslegung zu ermitteln, ob der Erblasser nur bereits lebende Personen meinte oder auch später Geborene berücksichtigt werden sollen. Wenn der Personenkreis nicht genau abgegrenzt ist, kann die Verfügung uU als Auflage ausgelegt werden (§ 2193 I; Brox ErbR Rn 432). 2

2. Ob der Bestimmungsberechtigte seine Auswahl **frei oder nach billigem Ermessen** zu treffen hat, richtet sich nach dem Erblasserwillen (Lange/Kuchinke ErbR § 29 III 2 b), da iU zu § 2156 kein Verweis auf die §§ 315 ff erfolgt. Gibt es mehrere Bestimmungsberechtigte, so müssen diese die Erklärung analog §§ 317 II, 2224 I 1 gemeinsam abgeben. 3

3. Die Bestimmung des Bedachten ist eine **formlose, unwiderrufliche, empfangsbedürftige** (bei Bestimmung durch den Beschwerten ggü dem Bedachten, bei Bestimmung durch einen Dritten ggü dem Beschwerten abzugebende) **Willenserklärung**. Sie ist nach den allg Regeln anfechtbar. 4

4. Bei **Ausfall des Bestimmungsberechtigten** tritt nach Abs 3 Gesamtgläubigerschaft (§ 428) der Gruppe der Bezeichneten ein. Abw von § 430 ist derjenige Bedachte, der das Vermächtnis erhält, nach Abs 3 S 3 nicht zur Ausgleichung mit den übrigen verpflichtet. Dies überlässt das Auswahlrecht praktisch dem Beschwerten. 5

5. Setzt der Erblasser seine gesetzlichen Erben als Vermächtnisnehmer ein, so gelten im Zweifel die allg Auslegungsregeln der §§ 2066 ff. 6

§ 2152 Wahlweise Bedachte

Hat der Erblasser mehrere mit einem Vermächtnis in der Weise bedacht, dass nur der eine oder der andere das Vermächtnis erhalten soll, so ist anzunehmen, dass der Beschwerte bestimmen soll, wer von ihnen das Vermächtnis erhält.

Hat der Erblasser keine ausdrückliche Anordnung darüber getroffen, wer von mehreren **alternativ Bedachten** das Vermächtnis erhalten soll, so ist im Zweifel der Beschwerte bestimmungsberechtigt. Unterlässt der Beschwerte die Bestimmung, ist § 2151 III anzuwenden. 1

§ 2153 Bestimmung der Anteile

(1) ¹Der Erblasser kann mehrere mit einem Vermächtnis in der Weise bedenken, dass der Beschwerte oder ein Dritter zu bestimmen hat, was jeder von dem vermachten Gegenstand erhalten soll. ²Die Bestimmung erfolgt nach § 2151 Abs. 2.

(2) ¹Kann der Beschwerte oder der Dritte die Bestimmung nicht treffen, so sind die Bedachten zu gleichen Teilen berechtigt. ²Die Vorschrift des § 2151 Abs. 3 Satz 2 findet entsprechende Anwendung.

1 I. Die Vorschrift ist neben § 2152 eine weitere Ausn zu § 2151. Sie erlaubt es dem Erblasser, dem Beschwerten oder einem Dritten zu überlassen, den jeweiligen **Anteil** von mehreren Bedachten am Vermächtnisgegenstand **zu bestimmen**. Im Ggs zu § 2151 stehen hier also die Bedachten fest, nur nicht deren Anteil am Vermächtnis.

2 II. 1. Die Bestimmung der Anteile ist **unwiderruflich** und für die Bedachten außer bei Arglist unanfechtbar (Palandt/Weidlich § 2153 Rn 2; vgl Staud/Otte § 2151 Rn 8).

3 2. Bei Ausfall des Bestimmungsberechtigten fällt das Vermächtnis den Bedachten zu gleichen Teilen zu (im Ggs zu § 2151 III 1, wo Gesamtgläubigerschaft eintritt).

§ 2154 Wahlvermächtnis

(1) ¹Der Erblasser kann ein Vermächtnis in der Art anordnen, dass der Bedachte von mehreren Gegenständen nur den einen oder den anderen erhalten soll. ²Ist in einem solchen Falle die Wahl einem Dritten übertragen, so erfolgt sie durch Erklärung gegenüber dem Beschwerten.
(2) ¹Kann der Dritte die Wahl nicht treffen, so geht das Wahlrecht auf den Beschwerten über. ²Die Vorschrift des § 2151 Abs. 3 Satz 2 findet entsprechende Anwendung.

1 I. Ein **Wahlvermächtnis** begründet eine **Wahlschuld** nach §§ 262–265. Im Ggs zu § 2152, wo mehrere Bedachte zur Auswahl stehen, stellt der Erblasser bei § 2154 die Bestimmung der Vermächtnisgegenstände zur Wahl. Die auszuwählenden Gegenstände müssen allerdings schon bestimmt sein.

2 II. 1. Die **Auswahl des Vermächtnisgegenstandes** kann dem Beschwerten, dem Bedachten oder einem Dritten überlassen werden. Vorrangig ist mangels anderer Anordnung der Beschwerte als Schuldner des Vermächtnisanspruches nach § 262 wahlberechtigt.

3 2. Ist nach dem Willen des Erblassers der **Bedachte wahlberechtigt**, so kann dieser nach §§ 280 I, 265 S 2 Schadensersatz verlangen, wenn die Leistung durch Verschulden des Beschwerten unmöglich wird.

4 3. Sollen **mehrere Dritte** die Auswahl treffen, müssen diese nach § 317 II eine Einigung erzielen. Der Beschwerte ist nach § 809 verpflichtet, die zur Auswahl stehenden Gegenstände vorzuzeigen.

5 4. Befinden sich die Gegenstände nicht im Vermögen des Erblassers, so handelt es sich um ein **Wahlverschaffungsvermächtnis**.

6 5. Die Vorschrift gilt für die Auflage entspr (§ 2192).

§ 2155 Gattungsvermächtnis

(1) Hat der Erblasser die vermachte Sache nur der Gattung nach bestimmt, so ist eine den Verhältnissen des Bedachten entsprechende Sache zu leisten.
(2) Ist die Bestimmung der Sache dem Bedachten oder einem Dritten übertragen, so finden die nach § 2154 für die Wahl des Dritten geltenden Vorschriften Anwendung.
(3) Entspricht die von dem Bedachten oder dem Dritten getroffene Bestimmung den Verhältnissen des Bedachten offenbar nicht, so hat der Beschwerte so zu leisten, wie wenn der Erblasser über die Bestimmung der Sache keine Anordnung getroffen hätte.

1 I. 1. Ein **Gattungsvermächtnis** liegt vor, wenn der Erblasser den Vermächtnisgegenstand nur der Gattung nach bestimmt hat. Der Vermächtnisgegenstand muss sich entgg § 2169 I nicht im Nachlass befinden.

2 2. Hat der Erblasser bestimmt, dass die zu leistende Sache aus den im Nachlass befindlichen auszuwählen ist, so liegt ein **beschränktes Gattungsvermächtnis** vor.

3 II. 1. Abw von § 243 I ist beim Gattungsvermächtnis nicht eine Sache mittlerer Art und Güte zu leisten, sondern gem Abs 1 eine, die den **Verhältnissen** des Bedachten ent-

spricht. Die Verhältnisse des Bedachten bestimmen sich nach der Einschätzung des Erblassers (Staud/Otte § 2155 Rn 7). Ergeben sich keine Anhaltspunkte für den Erblasserwillen, so ist hilfsweise eine Sache mittlerer Art und Güte zu leisten.

2. Das **Bestimmungsrecht** obliegt nach § 243 II dem Beschwerten. Der Bedachte muss eine Leistung, die nicht seinen Verhältnissen entspricht, nicht annehmen. Wenn er allerdings auf Leistung einer entspr Sache klagt, darf ein Gericht die zu leistende Sache nicht selbst bestimmen, sondern nur konkrete Grundsätze über die Beschaffenheit der zu leistenden Sache aufstellen (Soergel/Wolf § 2155 Rn 5).

3. Hat der Erblasser die Bestimmung der Sache dem Bedachten oder einem **Dritten** überlassen, so sind für die Auswahl die entspr Vorschriften des Wahlvermächtnisses anwendbar (vgl iE § 2154 Rn 2 f).

4. Zur Rechts- und Sachmängelhaftung des Beschwerten vgl §§ 2182, 2183. Nach § 2192 ist die Vorschrift auf die Auflage **entspr** anwendbar.

§ 2156 Zweckvermächtnis

¹Der Erblasser kann bei der Anordnung eines Vermächtnisses, dessen Zweck er bestimmt hat, die Bestimmung der Leistung dem billigen Ermessen des Beschwerten oder eines Dritten überlassen. ²Auf ein solches Vermächtnis finden die Vorschriften der §§ 315 bis 319 entsprechende Anwendung.

I. Ein Zweckvermächtnis liegt vor, wenn der Erblasser anordnet, dass das Vermächtnis der **Erfüllung eines bestimmten Zwecks** dienen soll, zB der Finanzierung eines Studiums.

II. 1. In diesem Fall muss der Erblasser nur die **Zweckbestimmung** selbst treffen, die Bestimmung der konkreten Leistung kann er einem Dritten oder dem Beschwerten überlassen. Dem Bedachten selbst darf er die Bestimmung nicht überlassen (BGH NJW 91, 1885).

2. Es kann eine **Kombination mit** § 2151 erfolgen, so dass auch die Bestimmung des Vermächtnisnehmers durch den Beschwerten oder einen Dritten erfolgen kann.

3. Die §§ 315–319 sind entspr anwendbar (S 2). Die Bestimmung der Leistung erfolgt demnach nach **billigem Ermessen** (§ 317 I).

§ 2157 Gemeinschaftliches Vermächtnis

Ist mehreren derselbe Gegenstand vermacht, so finden die Vorschriften der §§ 2089 bis 2093 entsprechende Anwendung.

Bei **mehreren Vermächtnisnehmern**, die mit demselben Vermächtnis bedacht sind, gelten für das Rechtsverhältnis der Vermächtnisnehmer untereinander die §§ 2089–2093. Mangels anderer Festlegung sind die Vermächtnisnehmer also **zu gleichen Teilen** bedacht (§ 2091).

§ 2158 Anwachsung

(1) ¹Ist mehreren derselbe Gegenstand vermacht, so wächst, wenn einer von ihnen vor oder nach dem Erbfall wegfällt, dessen Anteil den übrigen Bedachten nach Verhältnis ihrer Anteile an. ²Dies gilt auch dann, wenn der Erblasser die Anteile der Bedachten bestimmt hat. ³Sind einige der Bedachten zu demselben Anteil berufen, so tritt die Anwachsung zunächst unter ihnen ein.
(2) Der Erblasser kann die Anwachsung ausschließen.

Die Vorschrift ist eine **Parallelvorschrift zu** § 2094 für den Erben. Bei Wegfall eines von mehreren Bedachten (vgl auch § 2094 Rn 2 f), fällt dessen Anteil den übrigen Bedachten nach dem Verhältnis ihrer Anteile zu (sog **Anwachsung**). Bei einem Wegfall des Bedachten nach dem Erbfall setzt die Anwachsung voraus, dass die Erben des Bedachten ausschlagen, da ab dem Erbfall ein vererblicher Anspruch (§ 2176) oder ein vererbliches Anwartschaftsrecht besteht (§ 2177 Rn 2)

§ 2159 Selbständigkeit der Anwachsung

Der durch Anwachsung einem Vermächtnisnehmer anfallende Anteil gilt in Ansehung der Vermächtnisse und Auflagen, mit denen dieser oder der wegfallende Vermächtnisnehmer beschwert ist, als besonderes Vermächtnis.

1 Die Vorschrift ist eine **Parallelvorschrift** zu §§ 2095, 1935 für den Erben. Der anwachsungsberechtigte Vermächtnisnehmer **haftet** einem etwaigen Untervermächtnisnehmer nur mit dem Wert des beschwerten Anteils (§ 2187 II).

§ 2160 Vorversterben des Bedachten

Ein Vermächtnis ist unwirksam, wenn der Bedachte zur Zeit des Erbfalls nicht mehr lebt.

1 Ein Vermächtnis ist **unwirksam**, wenn der **Bedachte vor dem Erbfall verstorben** ist bzw wenn eine juristische Person nicht mehr besteht.
2 Allerdings muss im Ggs zum Erben (vgl § 1923 II) der Bedachte **nicht bereits leben oder gezeugt sein**. Hier ist lediglich die Frist des § 2162 II zu beachten.
3 Die Vorschrift findet keine Anwendung, wenn ein **Ersatzvermächtnisnehmer** berufen wurde (§ 2190) oder wenn **Anwachsung** eintritt (§ 2158).

§ 2161 Wegfall des Beschwerten

¹**Ein Vermächtnis bleibt, sofern nicht ein anderer Wille des Erblassers anzunehmen ist, wirksam, wenn der Beschwerte nicht Erbe oder Vermächtnisnehmer wird.** ²**Beschwert ist in diesem Falle derjenige, welchem der Wegfall des zunächst Beschwerten unmittelbar zustatten kommt.**

1 Ein **Wegfall des Beschwerten** führt nicht zur Unwirksamkeit des Vermächtnisses.
2 **Gründe für den Wegfall** können Vorversterben, Ausschlagung (§§ 1942, 2180), Erb- oder Vermächtnisunwürdigkeit (§§ 2339, 2345) sein.
3 **Neuer Beschwerter** wird derjenige, dem der Wegfall unmittelbar zustatten kommt (zB Ersatzerbe, -vermächtnisnehmer, gesetzlicher anstelle des testamentarischen Erben).
4 § 2161 ist nur eine **Auslegungsregel**. Lässt sich aus der Verfügung von Todes wegen entnehmen, dass der Erblasser nur eine ganz bestimmte Person beschweren wollte, dann ist das Vermächtnis mit Wegfall dieser Person unwirksam.

§ 2162 Dreißigjährige Frist für aufgeschobenes Vermächtnis

(1) Ein Vermächtnis, das unter einer aufschiebenden Bedingung oder unter Bestimmung eines Anfangstermins angeordnet ist, wird mit dem Ablauf von 30 Jahren nach dem Erbfall unwirksam, wenn nicht vorher die Bedingung oder der Termin eingetreten ist.
(2) Ist der Bedachte zur Zeit des Erbfalls noch nicht gezeugt oder wird seine Persönlichkeit durch ein erst nach dem Erbfall eintretendes Ereignis bestimmt, so wird das Vermächtnis mit dem Ablauf von 30 Jahren nach dem Erbfall unwirksam, wenn nicht vorher der Bedachte gezeugt oder das Ereignis eingetreten ist, durch das seine Persönlichkeit bestimmt wird.

1 Aufschiebend bedingte oder befristete Vermächtnisse (vgl § 2177) werden spätestens **nach 30 Jahren unwirksam**, wenn bis dahin nicht die Bedingung oder der Termin eingetreten ist (vgl auch § 2109 für die Nacherbschaft).

Das Gleiche gilt nach Abs 2, wenn der Bedachte noch **nicht gezeugt** ist (§ 2160 Rn 2) 2
oder seine Persönlichkeit durch ein nach dem Erbfall eintretendes Ereignis (zB Heirat
des Schwiegersohns) bestimmt wird.
Die **Fristberechnung** erfolgt nach § 188 II 1. Alt, und kann sich im Falle des Abs 2 3
noch um die Empfängniszeit verlängern.

§ 2163 Ausnahmen von der dreißigjährigen Frist

(1) Das Vermächtnis bleibt in den Fällen des § 2162 auch nach dem Ablauf von 30 Jahren wirksam:
1. wenn es für den Fall angeordnet ist, dass in der Person des Beschwerten oder des Bedachten ein bestimmtes Ereignis eintritt, und derjenige, in dessen Person das Ereignis eintreten soll, zur Zeit des Erbfalls lebt,
2. wenn ein Erbe, ein Nacherbe oder ein Vermächtnisnehmer für den Fall, dass ihm ein Bruder oder eine Schwester geboren wird, mit einem Vermächtnis zugunsten des Bruders oder der Schwester beschwert ist.

(2) Ist der Beschwerte oder der Bedachte, in dessen Person das Ereignis eintreten soll, eine juristische Person, so bewendet es bei der dreißigjährigen Frist.

§ 2163 enthält Ausn zu § 2162, die denjenigen bei Vor- und Nacherbschaft entspre- 1
chen (vgl bei § 2109).

§ 2164 Erstreckung auf Zubehör und Ersatzansprüche

(1) Das Vermächtnis einer Sache erstreckt sich im Zweifel auf das zur Zeit des Erbfalls vorhandene Zubehör.
(2) Hat der Erblasser wegen einer nach der Anordnung des Vermächtnisses erfolgten Beschädigung der Sache einen Anspruch auf Ersatz der Minderung des Wertes, so erstreckt sich im Zweifel das Vermächtnis auf diesen Anspruch.

Die Vorschrift enthält eine Auslegungsregel über den **Umfang der Leistungspflicht** 1
beim Stückvermächtnis. Nach Abs 1 erstreckt sich das Vermächtnis auch auf das Zubehör (§ 97), nach Abs 2 auf einen Ersatzanspruch des Erblassers wegen einer nach der Anordnung des Vermächtnisses erfolgten Beschädigung der Sache.
Die **Zubehöreigenschaft** muss im Zeitpunkt des Erbfalls bestehen. Dies gilt auch bei 2
hinausgeschobenem Anfall (§ 2177).
Der Ersatzanspruch nach Abs 2 kann auf Vertrag (zB Versicherung) oder Gesetz 3
(§ 823) beruhen.

§ 2165 Belastungen

(1) ¹Ist ein zur Erbschaft gehörender Gegenstand vermacht, so kann der Vermächtnisnehmer im Zweifel nicht die Beseitigung der Rechte verlangen, mit denen der Gegenstand belastet ist. ²Steht dem Erblasser ein Anspruch auf die Beseitigung zu, so erstreckt sich im Zweifel das Vermächtnis auf diesen Anspruch.
(2) Ruht auf einem vermachten Grundstück eine Hypothek, Grundschuld oder Rentenschuld, die dem Erblasser selbst zusteht, so ist aus den Umständen zu entnehmen, ob die Hypothek, Grundschuld oder Rentenschuld als mitvermacht zu gelten hat.

Nach der **Auslegungsregel** des Abs 1 wird ein Stückvermächtnis im Zweifel mit sämtli- 1
chen Belastungen vermacht. Hat der Erblasser aber einen Anspruch auf Beseitigung, so
gilt dieser als mitvermacht.
Der Erblasserwille wird im Allgemeinen darauf gerichtet sein, dass die **Befreiung von** 2
gesetzlichen Pfandrechten (§§ 562, 647) verlangt werden kann (Palandt/Weidlich
§ 2165 Rn 1).

3 Ist der Vermächtnisgegenstand zwar nicht belastet, aber **an Dritte sicherungsübereignet**, so ist im Zweifel davon auszugehen, dass der Beschwerte den Gegenstand dem Bedachten verschaffen soll (§ 2170).
4 Für **Eigentümergrundpfandrechte** (§§ 1163, 1168, 1170 II, 1172, 1196) ist Abs 1 nicht anwendbar. Bei diesen ist nach Abs 2 durch Auslegung zu ermitteln, ob sie mitvermacht sein sollen.
5 § 2165 findet auf **Gattungs- und Verschaffungsvermächtnisse** keine Anwendung (zur Haftung dort vgl § 2182).

§ 2166 Belastung mit einer Hypothek

(1) ¹Ist ein vermachtes Grundstück, das zur Erbschaft gehört, mit einer Hypothek für eine Schuld des Erblassers oder für eine Schuld belastet, zu deren Berichtigung der Erblasser dem Schuldner gegenüber verpflichtet ist, so ist der Vermächtnisnehmer im Zweifel dem Erben gegenüber zur rechtzeitigen Befriedigung des Gläubigers insoweit verpflichtet, als die Schuld durch den Wert des Grundstücks gedeckt wird. ²Der Wert bestimmt sich nach der Zeit, zu welcher das Eigentum auf den Vermächtnisnehmer übergeht; er wird unter Abzug der Belastungen berechnet, die der Hypothek im Range vorgehen.
(2) Ist dem Erblasser gegenüber ein Dritter zur Berichtigung der Schuld verpflichtet, so besteht die Verpflichtung des Vermächtnisnehmers im Zweifel nur insoweit, als der Erbe die Berichtigung nicht von dem Dritten erlangen kann.
(3) Auf eine Hypothek der in § 1190 bezeichneten Art finden diese Vorschriften keine Anwendung.

1 I. 1. Die §§ 2166–2168 regeln die **Haftung des Vermächtnisnehmers für Grundpfandrechte**, mit denen ein vermachtes Grundstück belastet ist.
2 2. Nach der **Auslegungsregel** des Abs 1 muss der Vermächtnisnehmer Hypotheken im Zweifel übernehmen.
3 II. 1. Wenn der Erblasser für die durch die Hypothek gesicherte Forderung auch **persönlich gehaftet** hat, so haftet der Vermächtnisnehmer dem Erben (auf den die persönliche Schuld mit dem Erbfall übergegangen ist) dafür, dass die Hypothekenschuld erfüllt wird, soweit sie durch den Wert des Grundstücks gedeckt ist. Maßgeblich ist der Verkehrswert im Zeitpunkt des Eigentumsübergangs auf den Vermächtnisnehmer. Der Hypothek vorrangige Belastungen werden abgezogen.
4 2. Befriedigt der Vermächtnisnehmer den Hypothekengläubiger und übersteigt seine Zahlung den Wert des Grundstücks, so geht die Forderung gegen den persönlichen Schuldner (Erben) nach § 1143 auf ihn über.
5 3. Zahlt der Erbe die Schuld, dann geht die Hypothek bis zur Höhe des Grundstückswertes auf diesen über.
6 4. § 2166 ist auf die **Grundschuld** entspr anwendbar (BGH NJW 63, 1612), allerdings dann nicht, wenn diese zur Sicherung eines Kredites in laufender Rechnung dient (BGHZ 37, 246). Hingegen ist die Vorschrift nach Abs 3 auf die **Höchstbetragshypothek** nicht anwendbar.

§ 2167 Belastung mit einer Gesamthypothek

¹Sind neben dem vermachten Grundstück andere zur Erbschaft gehörende Grundstücke mit der Hypothek belastet, so beschränkt sich die in § 2166 bestimmte Verpflichtung des Vermächtnisnehmers im Zweifel auf den Teil der Schuld, der dem Verhältnis des Wertes des vermachten Grundstücks zu dem Werte der sämtlichen Grundstücke entspricht. ²Der Wert wird nach § 2166 Abs. 1 Satz 2 berechnet.

1 Die Vorschrift findet Anwendung, wenn der Vermächtnisgegenstand ein **Grundstück** ist, das zusammen mit anderen zur Erbschaft gehörenden Grundstücken mit einer **Gesamthypothek** (vgl § 1132) belastet ist.

Im **Außenverhältnis** haftet der Bedachte dem Gläubiger der Gesamthypothek bis zur vollen Höhe der Gesamthypothek.

Im **Innenverhältnis** ggü den anderen Hypothekenschuldnern haftet er nur mit dem verhältnismäßigen Anteil seines Grundstückswertes. Beträgt zB der Wert des Vermächtnisgrundstücks 100.000 EUR und der Wert der Grundstücke insgesamt 200.000 EUR, dann haftet der Vermächtnisnehmer bei einer Gesamthypothek von 100.000 EUR nur mit 50.000 EUR (vgl zur Wertberechnung § 2166 I 2).

§ 2168 Belastung mit einer Gesamtgrundschuld

(1) ¹Besteht an mehreren zur Erbschaft gehörenden Grundstücken eine Gesamtgrundschuld oder eine Gesamtrentenschuld und ist eines dieser Grundstücke vermacht, so ist der Vermächtnisnehmer im Zweifel dem Erben gegenüber zur Befriedigung des Gläubigers in Höhe des Teils der Grundschuld oder der Rentenschuld verpflichtet, der dem Verhältnis des Wertes des vermachten Grundstücks zu dem Wert der sämtlichen Grundstücke entspricht. ²Der Wert wird nach § 2166 Abs. 1 Satz 2 berechnet.
(2) Ist neben dem vermachten Grundstück ein nicht zur Erbschaft gehörendes Grundstück mit einer Gesamtgrundschuld oder einer Gesamtrentenschuld belastet, so finden, wenn der Erblasser zur Zeit des Erbfalls gegenüber dem Eigentümer des anderen Grundstücks oder einem Rechtsvorgänger des Eigentümers zur Befriedigung des Gläubigers verpflichtet ist, die Vorschriften des § 2166 Abs. 1 und des § 2167 entsprechende Anwendung.

Für **Gesamtgrundschulden und -rentenschulden** gilt die gleiche Regelung wie für Gesamthypotheken (vgl § 2167).

Abs 2 erfasst den Fall, dass eine Gesamtgrundschuld oder -rentenschuld auf einem Grundstück lastet, das nicht zur Erbschaft gehört. Für den Fall, dass der Erblasser ggü dem Eigentümer des anderen Grundstücks zur Befriedigung verpflichtet ist, erfolgt ein Verweis auf §§ 2166 I, 2167. Folglich ist der Vermächtnisnehmer zur anteiligen Begleichung der Schuld bis zur Höhe des Grundstückswertes verpflichtet (vgl § 2167 Rn 3).

§ 2168 a Anwendung auf Schiffe, Schiffsbauwerke und Schiffshypotheken

§ 2165 Abs. 2, §§ 2166, 2167 gelten sinngemäß für eingetragene Schiffe und Schiffsbauwerke und für Schiffshypotheken.

§ 2169 Vermächtnis fremder Gegenstände

(1) Das Vermächtnis eines bestimmten Gegenstands ist unwirksam, soweit der Gegenstand zur Zeit des Erbfalls nicht zur Erbschaft gehört, es sei denn, dass der Gegenstand dem Bedachten auch für den Fall zugewendet sein soll, dass er nicht zur Erbschaft gehört.
(2) Hat der Erblasser nur den Besitz der vermachten Sache, so gilt im Zweifel der Besitz als vermacht, es sei denn, dass er dem Bedachten keinen rechtlichen Vorteil gewährt.
(3) Steht dem Erblasser ein Anspruch auf Leistung des vermachten Gegenstands oder, falls der Gegenstand nach der Anordnung des Vermächtnisses untergegangen oder dem Erblasser entzogen worden ist, ein Anspruch auf Ersatz des Wertes zu, so gilt im Zweifel der Anspruch als vermacht.
(4) Zur Erbschaft gehört im Sinne des Absatzes 1 ein Gegenstand nicht, wenn der Erblasser zu dessen Veräußerung verpflichtet ist.

I. 1. Wenn der Erblasser bestimmt, dass ein bestimmter Gegenstand (Ggs zu § 2155) vermacht werden soll, so liegt ein **Stückvermächtnis** vor. Dieses ist im Zweifel unwirksam, wenn der Gegenstand zZ des Erbfalls nicht zur Erbschaft gehört. Hierbei wurde davon ausgegangen, dass der Erblasser nur über diejenigen Gegenstände letztwillig verfügen will, die auch wirklich zu seinem Vermögen gehören (BGHZ 31, 16).

2 2. **Gegenstand** eines Stückvermächtnisses können Sachen, Forderungen (§ 2173) und Rechte sein.

3 II. 1. Die Vorschrift gilt auch für erbvertragliche und in einem bindenden gemeinschaftlichen Testament vereinbarte Vermächtnisse (BGHZ 31, 17).

4 2. Hat der Erblasser nur den **Besitz** der Sache (zB bei Sicherungsübereignung), so gilt dieser als vermacht. Der Besitz gewährt keinen rechtlichen Vorteil, wenn mit der baldigen Geltendmachung des Herausgabeanspruchs des Eigentümers zu rechnen ist (Staud/Otte § 2169 Rn 14).

5 3. Wenn der vermachte Gegenstand zwischen der Errichtung der Verfügung und dem Eintritt des Erbfalls untergegangen, verändert oder dem Erblasser entzogen worden ist, gilt nach Abs 3 im Zweifel der dem Erblasser zustehende **Ersatzanspruch als vermacht**. Wurde der Ersatzanspruch bereits erfüllt, gilt § 2173 (vgl dort Rn 1 ff). Der BGH hat eine analoge Anwendung des § 2169 III bei Veräußerung des Vermächtnisgegenstandes durch den Erblasser abgelehnt. Allerdings kann die ergänzende Auslegung ergeben, dass der Erlös als vermacht gelten soll (BGHZ 22, 359 f).

6 4. Auf das beschränkte Gattungsvermächtnis (vgl § 2155 Rn 2) ist § 2169 **entspr** anwendbar.

§ 2170 Verschaffungsvermächtnis

(1) Ist das Vermächtnis eines Gegenstands, der zur Zeit des Erbfalls nicht zur Erbschaft gehört, nach § 2169 Abs. 1 wirksam, so hat der Beschwerte den Gegenstand dem Bedachten zu verschaffen.
(2) ¹Ist der Beschwerte zur Verschaffung außerstande, so hat er den Wert zu entrichten. ²Ist die Verschaffung nur mit unverhältnismäßigen Aufwendungen möglich, so kann sich der Beschwerte durch Entrichtung des Wertes befreien.

1 I. Ein **Verschaffungsvermächtnis** liegt vor, wenn die Auslegung ergibt, dass ein Gegenstand, der zum Zeitpunkt des Erbfalls nicht zur Erbschaft gehört, entgg § 2169 I dennoch vermacht sein soll. Der Beschwerte ist dann verpflichtet, dem Bedachten den Gegenstand zu verschaffen (ausf Bühler DNotZ 64, 581 ff).

2 II. 1. Ein entspr **Erblasserwille** ist idR anzunehmen, wenn dieser das Vermächtnis in Kenntnis der Tatsache angeordnet hat, dass der Gegenstand nicht zu seinem Vermögen gehört (BGH WM 83, 1212). Nicht zur Erbschaft gehören auch Gegenstände einer Gesamthandsgemeinschaft, an denen der Erblasser beteiligt ist.

3 2. Der Beschwerte kann entweder den Gegenstand selbst **erwerben** und auf den Vermächtnisnehmer übertragen oder einen Vertrag zugunsten des Bedachten schließen (§ 328).

4 3. Bei **Unvermögen** oder **Unzumutbarkeit** der Verschaffung muss der Beschwerte nach Abs 2 Wertersatz leisten, es besteht also kein Schadensersatzanspruch wegen Nichterfüllung (zur objektiven Unmöglichkeit vgl § 2171). Der Beschwerte muss sich aber vorher um die Verschaffung ausreichend bemüht haben

5 4. Zur **Rechtsmängelhaftung** vgl § 2182 II, für Sachmängel besteht im Umkehrschluss aus § 2183 keine Haftung (vgl § 2183 Rn 5).

6 III. Die Vollstreckung des Verschaffungsanspruchs erfolgt nach § 887 ZPO.

§ 2171 Unmöglichkeit, gesetzliches Verbot

(1) Ein Vermächtnis, das auf eine zur Zeit des Erbfalls für jedermann unmögliche Leistung gerichtet ist oder gegen ein zu dieser Zeit bestehendes gesetzliches Verbot verstößt, ist unwirksam.
(2) Die Unmöglichkeit der Leistung steht der Gültigkeit des Vermächtnisses nicht entgegen, wenn die Unmöglichkeit behoben werden kann und das Vermächtnis für den Fall zugewendet ist, dass die Leistung möglich wird.

(3) Wird ein Vermächtnis, das auf eine unmögliche Leistung gerichtet ist, unter einer anderen aufschiebenden Bedingung oder unter Bestimmung eines Anfangstermins zugewendet, so ist das Vermächtnis gültig, wenn die Unmöglichkeit vor dem Eintritt der Bedingung oder des Termins behoben wird.

I. § 2171 I regelt den Fall der **anfänglichen objektiven Unmöglichkeit** der Leistung des Vermächtnisses. Entscheidend ist, dass die Leistung nicht im Zeitpunkt der Testamentserrichtung, sondern zum Zeitpunkt des Erbfalls (genauer: des Vermächtnisfalls) besteht. Die nachträgliche objektive Unmöglichkeit, dh das Unmöglichwerden der Leistung nach Eintritt des Erbfalls, bestimmt sich nach den allg Vorschriften in den §§ 275, 283, 285. Als Rechtsfolge wird durch § 2171 die Unwirksamkeit des Vermächtnisses angeordnet. 1

II. Das auf eine unmögliche Leistung gerichtete Vermächtnis bleibt gem Abs 2 dann wirksam, wenn sich die Unmöglichkeit als **behebbar** erweist und für diesen Fall auch zugewendet worden ist. Wie dem Abs 3 zu entnehmen ist, handelt es sich bei dem Möglichwerden der Leistung um einen besonderen Fall einer aufschiebenden Bedingung. Fällt das Vermächtnis erst mit dem **Eintritt einer aufschiebenden Bedingung oder eines Anfangstermins** an, so erweist es sich als gültig, wenn die im Zeitpunkt des Erbfalls bestehende Unmöglichkeit noch vor Eintritt der Bedingung oder des Termins behoben wird (Abs 3). 2

III. Bei einem Verstoß gegen ein gesetzliches Verbot ist das Vermächtnis bereits nach § 134 nichtig. Durch die Vorschrift wird lediglich der für die Gesetzeswidrigkeit maßgebliche Zeitpunkt präzisiert, so dass hier ebenfalls der Zeitpunkt des Erbfalls oder des späteren Eintritts einer aufschiebenden Bedingung oder eines Endtermins maßgebend ist (vgl Rn 1, 2). 3

§ 2172 Verbindung, Vermischung, Vermengung der vermachten Sache

(1) Die Leistung einer vermachten Sache gilt auch dann als unmöglich, wenn die Sache mit einer anderen Sache in solcher Weise verbunden, vermischt oder vermengt worden ist, dass nach den §§ 946 bis 948 das Eigentum an der anderen Sache sich auf sie erstreckt oder Miteigentum eingetreten ist, oder wenn sie in solcher Weise verarbeitet oder umgebildet worden ist, dass nach § 950 derjenige, welcher die neue Sache hergestellt hat, Eigentümer geworden ist.
(2) ¹Ist die Verbindung, Vermischung oder Vermengung durch einen anderen als den Erblasser erfolgt und hat der Erblasser dadurch Miteigentum erworben, so gilt im Zweifel das Miteigentum als vermacht; steht dem Erblasser ein Recht zur Wegnahme der verbundenen Sache zu, so gilt im Zweifel dieses Recht als vermacht. ²Im Falle der Verarbeitung oder Umbildung durch einen anderen als den Erblasser bewendet es bei der Vorschrift des § 2169 Abs. 3.

Nach dieser Vorschrift liegt Unmöglichkeit vor, wenn einer der Tatbestände der §§ 946–948 bzw 950 vorliegt. Als **Rechtsfolge** tritt nach § 2171 Unwirksamkeit des Vermächtnisses ein. 1

Abs 2 enthält eine Regelung für den Fall, dass die Verbindung, Vermischung oder Vermengung der vermachten Sache ohne den Willen des Erblassers vorgenommen wurde. In diesem Fall gilt das Miteigentum als vermacht. 2

§ 2173 Forderungsvermächtnis

¹Hat der Erblasser eine ihm zustehende Forderung vermacht, so ist, wenn vor dem Erbfall die Leistung erfolgt und der geleistete Gegenstand noch in der Erbschaft vorhanden ist, im Zweifel anzunehmen, dass dem Bedachten dieser Gegenstand zugewendet sein soll. ²War die Forderung auf die Zahlung einer Geldsumme gerichtet, so gilt im Zweifel die entsprechende Geldsumme als vermacht, auch wenn sich eine solche in der Erbschaft nicht vorfindet.

1 I. Wenn eine vermachte Forderung bereits vor dem Erbfall erfüllt wird, ist das Vermächtnis eigentlich auf eine unmögliche Leistung gerichtet, so dass nach § 2171 Unwirksamkeit eintreten würde. Da dies idR nicht dem Erblasserwillen entspricht, ordnet die **Auslegungsregel** des § 2173 an, dass der als Erfüllung geleistete Gegenstand als vermacht gilt, sofern er sich noch in der Erbschaft befindet.

2 II. 1. **Voraussetzung** für die Anwendung von § 2173 ist, dass es sich bei dem Vermächtnis um eine dem Erblasser zustehende Forderung handelt. Dies ist auch gegeben, wenn Wertpapiere vermacht sind, die eine Forderung verbriefen (Ein etwaiger Verkaufserlös oder der Rückzahlungsbetrag bei Fälligkeit stehen also dem Vermächtnisnehmer zu). Beim Sparbuch soll hingegen nur das im Zeitpunkt des Erbfalls vorhandene Guthaben vermacht sein, so dass vom Erblasser nach der Vermächtnisanordnung abgehobene Beträge nicht unter § 2173 fallen (Soergel/Wolf § 2173 Rn 2). Die Ersatzansprüche nach § 2164 II und § 2169 III gehören ebenfalls zu den Forderungen iSv § 2173.

3 2. Die Leistung auf die Forderung muss **vor dem Erbfall** erfolgt sein, bei Leistung nach dem Erbfall ist § 285 einschlägig. Eine Leistung liegt auch vor, wenn sie nicht zum Erlöschen der Forderung, sondern zum Übergang vom Erblasser und den Leistenden führt (zB § 268 III, § 774 I). Ob dem Vermächtnisnehmer Zinsen zustehen, richtet sich nach § 2184. Vor dem Erbfall angefallene Zinsen stehen ihm also grds nicht zu.

4 3. Eine entspr Anwendung von § 2173 auf **Erfüllungssurrogate** (§ 364 I) ist möglich, wenn der angenommene Gegenstand dem ursprünglich geschuldeten wirtschaftlich gleichwertig ist (Staud/Otte § 2173 Rn 4). Ebenfalls der Erfüllung gleichzustellen ist die entgeltliche Veräußerung der Forderung durch den Erblasser an einen Dritten; dem Vermächtnisnehmer steht dann der Verkaufserlös zu.

5 4. Besteht die Erfüllung in einer **Geldsumme**, so ist diese nach S 2 auch vermacht, wenn sie sich beim Erbfall nicht mehr im Nachlass befindet.

§ 2174 Vermächtnisanspruch

Durch das Vermächtnis wird für den Bedachten das Recht begründet, von dem Beschwerten die Leistung des vermachten Gegenstands zu fordern.

1 I. § 2174 ist die **zentrale Anspruchsgrundlage** des Vermächtnisrechts. Die Vorschrift macht deutlich, dass das BGB kein Vindikationsvermächtnis kennt, dh der vermachte Gegenstand nicht unmittelbar mit dem Erbfall auf den Vermächtnisnehmer übergeht. § 2174 stellt dem Vermächtnisnehmer zur Geltendmachung des Vermächtnisses einen **schuldrechtlichen Anspruch** zur Verfügung.

2 II. 1. **Gläubiger** des Vermächtnisanspruchs ist der **Vermächtnisnehmer** (dazu Vor §§ 2147 ff Rn 4), **Schuldner** ist der **Beschwerte** (dazu § 2147).

3 2. Der Vermächtnisanspruch **entsteht** grds **mit dem Erbfall** (vgl § 2176; Ausn §§ 2177, 2178). Ein Schuldverhältnis besteht zuvor zwischen dem Erblasser und dem Bedachten nicht (OLG München NJW-RR 89, 1412). Insb kann der Anspruch des Bedachten auch nicht durch Eintragung einer Vormerkung gesichert werden (BGHZ 12, 115; Staud/Otte § 2174 Rn 21). Die **Fälligkeit** tritt nach § 271 I im Zweifel sofort mit dem Anfall (§ 2176) des Vermächtnisses ein (Ausn §§ 2181, 2186).

4 3. **Erfüllungsort** ist nach § 269 I der Wohnsitz des Beschwerten. Die Vermächtnisschuld ist grds eine Holschuld (Soergel/Wolf § 2174 Rn 9).

5 4. Die **Erfüllungshandlung** richtet sich nach der Art des Vermächtnisgegenstandes. Bewegliche Sachen sind nach den §§ 929 ff zu übereignen, gutgläubiger Erwerb nach §§ 932 ff ist möglich. Bei Grundstücken ist neben der Eintragung im Grundbuch eine Auflassung erforderlich. Vermachte Forderungen sind nach § 398 abzutreten. Die Kosten der Erfüllung muss der Beschwerte tragen.

6 5. Der Beschwerte **haftet nach den Regeln des allg Schuldrechts** für Verzug (§ 286), Unmöglichkeit (§§ 275 ff; zur Schadensberechnung BGH NJW 84, 2570) und weitere Pflichtverletzungen (§ 280 I). §§ 286 III, 288 II sind bei Verzug nicht anwendbar, da das Vermächtnis keine Entgeltforderung (s § 286 Rn 22) ist. Ein Schadensersatzan-

spruch aus § 826 bei der Beteiligung eines Dritten am Vertragsbruch einer Partei kann auch bei der Verletzung einer Leistungspflicht aus einem einseitigen Vermächtnis entstehen (BGH FamRZ 92, 1067). Ab dem Zeitpunkt des Anfalls kann der Vermächtnisanspruch abgetreten und gepfändet werden. Der Bedachte hat einen Anspruch auf die für die Geltendmachung des Vermächtnisanspruchs erforderlichen Auskünfte; über die Höhe der Erbschaft allerdings nur, wenn ihm eine bestimmte Quote des Nachlasses vermacht wurde. Zinsen ab dem Anfall kann der Bedachte grds nur bei Verzug verlangen (zu den Früchten vgl § 2184). Zur Rechts- und Sachmängelhaftung vgl §§ 2182, 2183. Die Regeln über den Wegfall der Geschäftsgrundlage greifen nicht ein, idR reichen die Grundsätze über die Auslegung der Verfügung von Todes wegen (BGH NJW 93, 850).

6. Der Vermächtnisanspruch unterliegt nunmehr (vgl Vor §§ 1922–2385 Rn 10) der **Regelverjährung** gem §§ 195, 199.

III. Für die **Geltendmachung** des Vermächtnisanspruchs stehen der besondere Gerichtsstand des § 27 ZPO oder der allg Gerichtsstand des Beschwerten nach § 13 ZPO zur Verfügung.

§ 2175 Wiederaufleben erloschener Rechtsverhältnisse

Hat der Erblasser eine ihm gegen den Erben zustehende Forderung oder hat er ein Recht vermacht, mit dem eine Sache oder ein Recht des Erben belastet ist, so gelten die infolge des Erbfalls durch Vereinigung von Recht und Verbindlichkeit oder von Recht und Belastung erloschenen Rechtsverhältnisse in Ansehung des Vermächtnisses als nicht erloschen.

Da eine vermachte Forderung mit dem Erbfall zunächst auf den Erben übergeht, würde diese, falls es sich um eine Forderung des Erblassers gegen den Erben handelt, durch die Vereinigung von Gläubiger- und Schuldnerstellung in einer Person normalerweise erlöschen (**Konfusion**). Das Gleiche gilt bei einem vermachten Recht, das dem Erblasser an einem dem Erben gehörenden Gegenstand zusteht (**Konsolidation**).

Damit ein solcher Vermächtnisanspruch nicht unerfüllbar wird, ordnet die Vorschrift daher das **Nichterlöschen** an.

§ 2176 Anfall des Vermächtnisses

Die Forderung des Vermächtnisnehmers kommt, unbeschadet des Rechts, das Vermächtnis auszuschlagen, zur Entstehung (Anfall des Vermächtnisses) mit dem Erbfall.

I. Unter dem **Anfall des Vermächtnisses** wird das Entstehen des schuldrechtlichen Anspruchs des Vermächtnisnehmers aus § 2174 auf Leistung des Vermächtnisgegenstandes gegen den Beschwerten verstanden. Dieser entsteht grds mit dem Erbfall (zu Ausn vgl §§ 2177–2179).

II. 1. Vor dem Erbfall hat der Vermächtnisnehmer lediglich eine tatsächliche Aussicht auf den Erwerb des Vermächtnisses und **keine** rechtlich geschützte **Anwartschaft** (BGHZ 112, 118). Deswegen kann auch vor dem Erbfall zugunsten des Vermächtnisnehmers keine Auflassungsvormerkung eingetragen werden. Kein Anwartschaftsrecht besteht auch beim Erbvertrag, denn Verfügungen zu Lebzeiten sind nach § 2286 noch möglich.

2. Der Vermächtnisanspruch entsteht unabhängig vom Erwerb der Erbschaft durch den Erben, kann allerdings erst mit **Annahme** der Erbschaft klageweise geltend gemacht werden (§ 1958).

3. Vom Anfall des Vermächtnisses ist dessen **Fälligkeit** zu unterscheiden. Trotz sofortigen Anfalls des Vermächtnisses mit dem Erbfall, kann sich aus der Verfügung des Erblassers ergeben, dass die Fälligkeit erst später eintreten soll (vgl OLG München Urt v 5.6.13 – 20 U 5005/12).

§ 2177 Anfall bei einer Bedingung oder Befristung

Ist das Vermächtnis unter einer aufschiebenden Bedingung oder unter Bestimmung eines Anfangstermins angeordnet und tritt die Bedingung oder der Termin erst nach dem Erbfall ein, so erfolgt der Anfall des Vermächtnisses mit dem Eintritt der Bedingung oder des Termins.

1 I. Die Vorschrift regelt den Anfall von aufschiebend **bedingten oder befristeten** Vermächtnissen als Ausn zu § 2176. Der Anfall ist in diesen Fällen bis zum Eintritt der Bedingung oder des Termins (zB Erreichen der Volljährigkeit) hinausgeschoben. Dies entspricht den Regelungen in §§ 158 I, 163. Zu beachten sind aber die zeitlichen Grenzen der §§ 2162, 2163.

2 II. 1. Mit dem Erbfall erwirbt der Vermächtnisnehmer eine rechtlich geschützte **Anwartschaft** (§ 160), die übertragen und gepfändet werden kann.

3 2. Beim aufschiebend bedingten Vermächtnis ist die Auslegungsregel des § 2074 zu beachten, wonach der Bedachte den Eintritt der Bedingung **erleben** muss. Die Auslegung kann aber auch ergeben, dass ersatzweise die Erben des Bedachten Vermächtnisnehmer sein sollen (§ 2069). Beim aufschiebend befristeten Vermächtnis kommt § 2074 nicht zur Anwendung, so dass der Vermächtnisnehmer bereits mit dem Erbfall eine vererbliche Anwartschaft erwirbt.

4 3. Der aufschiebend bedingte Anfall ist vom **Aufschub der Fälligkeit** zu unterscheiden. Bei letzterem entsteht der Vermächtnisanspruch zwar mit dem Erbfall, muss vom Beschwerten aber erst am Fälligkeitstermin erfüllt werden.

5 4. Beim Vermächtnis **wiederkehrender Leistungen** (Zahlung einer Leibrente) kann entweder ein einheitliches Vermächtnis, oder es können einzelne nach § 2177 zu beurteilende Vermächtnisse (wichtig für § 2162) vorliegen (vgl dazu auch Staud/Otte § 2177 Rn 6).

6 5. Ein Vermächtnis unter **auflösender Bedingung oder Befristung** ist ein Nachvermächtnis nach § 2191, wenn mit Eintritt der Bedingung oder des Termins ein anderer das Vermächtnis erhalten soll. Hat der Erblasser bestimmt, dass mit Eintritt der Bedingung oder Befristung das Vermächtnis an den Beschwerten herauszugeben ist, so liegt ein Rückvermächtnis vor.

§ 2178 Anfall bei einem noch nicht gezeugten oder bestimmten Bedachten

Ist der Bedachte zur Zeit des Erbfalls noch nicht gezeugt oder wird seine Persönlichkeit durch ein erst nach dem Erbfall eintretendes Ereignis bestimmt, so erfolgt der Anfall des Vermächtnisses im ersteren Falle mit der Geburt, im letzteren Falle mit dem Eintritt des Ereignisses.

1 Im Ggs zum Erben (vgl § 1923) muss der Vermächtnisnehmer im Zeitpunkt des Erbfalls nicht bereits leben oder gezeugt sein. Für solche Fälle bestimmt die Vorschrift, dass der Anfall des Vermächtnisses nicht mit dem Erbfall erfolgt, sondern bis zur **Geburt des Vermächtnisnehmers** hinausgeschoben ist.

2 Das Gleiche gilt, wenn die Person des Bedachten erst durch ein **Ereignis** bestimmt wird, das nach dem Erbfall eintritt. In diesem Fall ist der Anfall bis zum Eintritt des Ereignisses hinausgeschoben. Die Bestimmung des Bedachten nach § 2151 fällt nicht unter diese Fallgruppe.

3 In beiden Fällen sind die **Fristen** der §§ 2162, 2163 zu beachten. Nach Ablauf dieser Fristen kann der Anfall nicht mehr erfolgen, das Vermächtnis wird unwirksam.

§ 2179 Schwebezeit

Für die Zeit zwischen dem Erbfall und dem Anfall des Vermächtnisses finden in den Fällen der §§ 2177, 2178 die Vorschriften Anwendung, die für den Fall gelten, dass eine Leistung unter einer aufschiebenden Bedingung geschuldet wird.

Bei einem aufschiebend bedingten oder befristeten Vermächtnis erfolgt der Anfall später als der Erbfall (vgl § 2177 Rn 1). Damit der Vermächtnisnehmer in diesem Zeitraum einen gewissen **Schutz** vor Verfügungen des Beschwerten genießt, gelten die §§ 160 I, 161, 162 entspr.

§ 2180 Annahme und Ausschlagung

(1) Der Vermächtnisnehmer kann das Vermächtnis nicht mehr ausschlagen, wenn er es angenommen hat.
(2) ¹Die Annahme sowie die Ausschlagung des Vermächtnisses erfolgt durch Erklärung gegenüber dem Beschwerten. ²Die Erklärung kann erst nach dem Eintritt des Erbfalls abgegeben werden; sie ist unwirksam, wenn sie unter einer Bedingung oder einer Zeitbestimmung abgegeben wird.
(3) Die für die Annahme und die Ausschlagung einer Erbschaft geltenden Vorschriften des § 1950, des § 1952 Abs. 1, 3 und des § 1953 Abs. 1, 2 finden entsprechende Anwendung.

Abs 1 ist eine **Parallelvorschrift** zu § 1943 für den Erben. Der Vermächtnisnehmer 1 kann das Vermächtnis annehmen oder ausschlagen. Im Ggs zur Erbschaft (vgl § 1944 I) ist für das Vermächtnis keine Ausschlagungsfrist vorgesehen. Die Regelung des § 1944 findet auf das Vermächtnis keine Anwendung. Auch eine analoge Anwendung des § 1944 kommt angesichts der eindeutigen Regelung in § 2180 III nicht in Betracht (BGH NJW 11, 1353).
Annahme und Ausschlagung sind formlose empfangsbedürftige **Willenserklärungen**, 2 die ggü dem Beschwerten bzw Nachlasspfleger oder Testamentsvollstrecker abzugeben sind. Sie sind unwiderruflich, aber nach allg Regeln anfechtbar. Eine Annahme oder Ausschlagung ggü dem Nachlassgericht ist nicht zulässig, kann aber gültig sein, wenn sie vom Nachlassgericht an den Beschwerten weitergeleitet wird (RGZ 113, 237). Die Erklärung kann erst nach dem Erbfall, bei bedingten und befristeten Vermächtnissen (§ 2177) aber schon vor dem Anfall abgegeben werden.
Eine **stillschweigende** Annahme oder Ausschlagung erfolgt idR durch die Entgegennah- 3 me bzw Ablehnung des zugewendeten Gegenstandes. Nach Annahme des Vermächtnisses kann der Bedachte hins des Anspruchs aus dem Vermächtnis in Annahmeverzug gesetzt werden (§ 372).
Durch **Ausschlagung** wird das Vermächtnis hinfällig, sofern keine Anwachsung 4 (§ 2158) eintritt oder ein Ersatzvermächtnisnehmer (§ 2190) bestimmt wurde.
Abs 3 verweist auf einige Vorschriften über Annahme und Ausschlagung der Erb- 5 schaft. So kann auch ein Vermächtnis nicht teilweise angenommen oder ausgeschlagen werden (Abs 3 iVm § 1950). Das Ausschlagungsrecht ist vererblich (Abs 3 iVm § 1952 I), bei mehreren Vermächtnisnehmern kann jeder seinen Anteil ausschlagen (Abs 3 iVm § 1952 III). Nach § 1953 I gilt der Anfall des Vermächtnisses bei Ausschlagung als nicht erfolgt.

§ 2181 Fälligkeit bei Beliebigkeit

Ist die Zeit der Erfüllung eines Vermächtnisses dem freien Belieben des Beschwerten überlassen, so wird die Leistung im Zweifel mit dem Tode des Beschwerten fällig.

Die Vorschrift ist eine **Auslegungsregel** für die Fälligkeit der Vermächtnisforderung, 1 falls der Erblasser diese dem freien Belieben des Beschwerten überlassen hat. In diesem Fall wird das Vermächtnis erst mit dem Tode des Beschwerten fällig. Nach § 271 II steht es ihm allerdings frei, die Erfüllung schon vorher zu tätigen
Ob im Fall des § 2181 die **Früchte** herausgegeben werden müssen (§ 2184), ist Ausle- 2 gungsfrage.
Die §§ 2162, 2163 gelten nur für den Anfall, nicht für die Fälligkeit des Vermächtnis- 3 ses.

§ 2182 Haftung für Rechtsmängel

(1) ¹Ist ein nur der Gattung nach bestimmter Gegenstand vermacht, so hat der Beschwerte die gleichen Verpflichtungen wie ein Verkäufer nach den Vorschriften des § 433 Abs. 1 Satz 1, der §§ 436, 452 und 453. ²Er hat den Gegenstand dem Vermächtnisnehmer frei von Rechtsmängeln im Sinne des § 435 zu verschaffen. ³§ 444 findet entsprechende Anwendung.
(2) Dasselbe gilt im Zweifel, wenn ein bestimmter nicht zur Erbschaft gehörender Gegenstand vermacht ist, unbeschadet der sich aus dem § 2170 ergebenden Beschränkung der Haftung.
(3) Ist ein Grundstück Gegenstand des Vermächtnisses, so haftet der Beschwerte im Zweifel nicht für die Freiheit des Grundstücks von Grunddienstbarkeiten, beschränkten persönlichen Dienstbarkeiten und Reallasten.

1 I. Die Vorschrift regelt die Haftung für Rechtsmängel (§ 435) bei Gattungsvermächtnissen (§ 2155). Durch das Gesetz zur Änderung des Erb- und Verjährungsrecht (dazu Vor §§ 1922–2385 Rn 10) wurde der Wortlaut an die Terminologie des neuen Schuldrechts angepasst.

2 II. 1. Der Beschwerte muss also dem Vermächtnisnehmer **lastenfreies** Eigentum am Vermächtnisgegenstand übertragen (§§ 433 I 1, 435). Bei Grundstücken haftet der Beschwerte entgg § 433 I 1 nicht für die Freiheit von den in Abs 3 genannten Dienstbarkeiten.

3 Abs 1 verweist ferner auf § 436, wonach der Beschwerte beim Grundstückskauf die Kosten für alle Baumaßnahmen zu tragen hat, die bis zum Anfall des Vermächtnisses begonnen worden sind (s § 436 Rn 4). Der Erblasser kann in der Verfügung von Todes wegen bestimmen, dass die Beiträge vom Bedachten zu tragen sind (Brambring ZEV 02, 140).

4 2. Für das **Verschaffungsvermächtnis** (§ 2170) gelten nach der Auslegungsregel des Abs 2 die gleichen Regeln. Nach § 2170 II hat der Beschwerte allerdings die Möglichkeit, Wertersatz zu leisten.

5 3. Für **Stückvermächtnisse** besteht keine Rechtsmängelhaftung, da davon ausgegangen wurde, dass der Bedachte den Gegenstand so erhalten soll, wie er sich im Nachlass befindet.

§ 2183 Haftung für Sachmängel

¹Ist eine nur der Gattung nach bestimmte Sache vermacht, so kann der Vermächtnisnehmer, wenn die geleistete Sache mangelhaft ist, verlangen, dass ihm anstelle der mangelhaften Sache eine mangelfreie geliefert wird. ²Hat der Beschwerte einen Sachmangel arglistig verschwiegen, so kann der Vermächtnisnehmer anstelle der Lieferung einer mangelfreien Sache Schadensersatz statt der Leistung verlangen, ohne dass er eine Frist zur Nacherfüllung setzen muss. ³Auf diese Ansprüche finden die für die Sachmängelhaftung beim Kauf einer Sache geltenden Vorschriften entsprechende Anwendung.

1 Die Vorschrift regelt die Gewährleistung für **Sachmängel beim Gattungsvermächtnis**. Für das auf den Nachlass beschränkte Gattungsvermächtnis (vgl § 2155 Rn 2) findet § 2183 keine Anwendung. Durch das Gesetz zur Änderung des Erb- und Verjährungsrecht (dazu Vor §§ 1922 – 2385 Rn 10) wurde der Wortlaut an die Terminologie des neuen Schuldrechts angepasst.

2 Der Vermächtnisnehmer kann wie der Käufer (§§ 437 Nr 1, 439) Lieferung einer **mangelfreien** Sache verlangen. Im Ggs zum Kaufvertrag besteht aber kein Anspruch auf *Rücktritt oder Minderung*. Das Vorliegen eines Sachmangels wird nach § 434 beurteilt, allerdings muss zusätzlich § 2155 herangezogen werden. Da nach S 3 Kaufrecht entspr gilt, kann der Bedachte nach neuem Recht anstelle einer Nachlieferung entspr §§ 437 I Nr 1, 439 auch Nachbesserung der mangelhaften Sache wählen. Trotz Abschaffung des § 476 aF steht es dem Erblasser frei, die Gewährleistung von vornherein auf Nachbesserung zu beschränken. Es gilt die Gewährleistungsfrist des § 438.

Obwohl S 3 auf das Kaufrecht verweist, wonach der Käufer für den Mangelschaden 3
uU schon bei Fahrlässigkeit des Verkäufers Ersatz fordern kann (§§ 437 Nr 3, 440,
280), beschränkt S 2 den Anspruch auf **Schadensersatz statt der Leistung** ausdrücklich
auf das arglistige Verschweigen eines Sachmangels.
Bei arglistigem Verschweigen eines Fehlers kann der Bedachte **Schadensersatz statt der** 4
Leistung verlangen.
Beim Verschaffungs- und beim **Stückvermächtnis** haftet der Beschwerte nicht für Sach- 5
mängel. Allerdings kann sich ein Anspruch aus § 280 I ergeben.

§ 2184 Früchte; Nutzungen

¹Ist ein bestimmter zur Erbschaft gehörender Gegenstand vermacht, so hat der Beschwerte dem Vermächtnisnehmer auch die seit dem Anfall des Vermächtnisses gezogenen Früchte sowie das sonst auf Grund des vermachten Rechts Erlangte herauszugeben. ²Für Nutzungen, die nicht zu den Früchten gehören, hat der Beschwerte nicht Ersatz zu leisten.

Da zwischen Anfall und Erfüllung des Vermächtnisses häufig eine längere Zeitspanne 1
liegt, ordnet § 2184 an, dass dem Vermächtnisnehmer beim Stückvermächtnis die seit
dem Anfall (vgl §§ 2176 ff) **gezogenen Früchte** (§ 99) zustehen.
Beim **Gattungs-** oder **Verschaffungsvermächtnis** besteht ein Anspruch auf Früchte (zB 2
Zinsen bei einer Geldsumme) erst bei Verzug des Beschwerten.
Herausgegeben werden müssen nur die tatsächlich gezogenen Früchte. Bei Verzug 3
kann sich allerdings eine Schadensersatzpflicht wegen nicht gezogener Früchte ergeben.

§ 2185 Ersatz von Verwendungen und Aufwendungen

Ist eine bestimmte zur Erbschaft gehörende Sache vermacht, so kann der Beschwerte für die nach dem Erbfall auf die Sache gemachten Verwendungen sowie für Aufwendungen, die er nach dem Erbfall zur Bestreitung von Lasten der Sache gemacht hat, Ersatz nach den Vorschriften verlangen, die für das Verhältnis zwischen dem Besitzer und dem Eigentümer gelten.

Die Vorschrift verweist beim **Stückvermächtnis** bzgl der Verwendungen, die der Be- 1
schwerte nach dem Erbfall noch getätigt hat, auf die Vorschriften des Eigentümer-Besitzer-Verhältnisses. Dem Beschwerten stehen also die Ansprüche des Besitzers nach
den §§ 994-1003 zu.
Die Vorschrift gilt beim **Verschaffungsvermächtnis** nach Besitzerlangung durch den Be- 2
schwerten entspr (Palandt/Weidlich § 2185 Rn 1).
Für die **Kenntnis** des Beschwerten kommt es auf die Kenntnis vom eingetretenen oder 3
erwarteten Anfall des Vermächtnisses an.

§ 2186 Fälligkeit eines Untervermächtnisses oder einer Auflage

Ist ein Vermächtnisnehmer mit einem Vermächtnis oder einer Auflage beschwert, so ist er zur Erfüllung erst dann verpflichtet, wenn er die Erfüllung des ihm zugewendeten Vermächtnisses zu verlangen berechtigt ist.

Nach § 2147 kann auch ein Vermächtnisnehmer mit einem Vermächtnis beschwert 1
werden. Für diesen Fall ordnet § 2186 an, dass das **Untervermächtnis** erst dann fällig
wird, wenn auch der beschwerte Hauptvermächtnisnehmer die Erfüllung des ihm zugedachten Vermächtnisses verlangen kann. Die Annahme des Hauptvermächtnisses ist
nicht erforderlich.

§ 2187 Haftung des Hauptvermächtnisnehmers

(1) Ein Vermächtnisnehmer, der mit einem Vermächtnis oder einer Auflage beschwert ist, kann die Erfüllung auch nach der Annahme des ihm zugewendeten Vermächtnisses insoweit verweigern, als dasjenige, was er aus dem Vermächtnis erhält, zur Erfüllung nicht ausreicht.
(2) Tritt nach § 2161 ein anderer an die Stelle des beschwerten Vermächtnisnehmers, so haftet er nicht weiter, als der Vermächtnisnehmer haften würde.
(3) Die für die Haftung des Erben geltende Vorschrift des § 1992 findet entsprechende Anwendung.

1 Die Vorschrift regelt die **Haftung** eines Untervermächtnisnehmers. Sie ist auf den Wert des ihm selbst zugewendeten Vermächtnisses beschränkt. Über diesen Wert hinaus kann er die Erfüllung verweigern. Dies gilt auch für einen Ersatzvermächtnisnehmer (Abs 2).
2 **Mehrere** Vermächtnisnehmer gelten hins der Haftungsbeschränkung als selbstständig.
3 Gemäß Abs 3 hat der Vermächtnisnehmer bei **Überschuldung** die Rechte des Erben nach §§ 1992, 1990.

§ 2188 Kürzung der Beschwerungen

Wird die einem Vermächtnisnehmer gebührende Leistung auf Grund der Beschränkung der Haftung des Erben, wegen eines Pflichtteilsanspruchs oder in Gemäßheit des § 2187 gekürzt, so kann der Vermächtnisnehmer, sofern nicht ein anderer Wille des Erblassers anzunehmen ist, die ihm auferlegten Beschwerungen verhältnismäßig kürzen.

1 Die Vorschrift erlaubt es einem Vermächtnisnehmer, dessen Leistung gekürzt wurde, die ihm selbst auferlegten Vermächtnisse oder Auflagen ebenfalls anteilig zu **kürzen**.
2 Eine Kürzung kann nach §§ 1990–1992, 2187, 2318 I, 2322 f erfolgen.
3 Bei unteilbarer Leistung muss der Beschwerte nur den gekürzten **Wert** ersetzen (BGHZ 19, 309).

§ 2189 Anordnung eines Vorrangs

Der Erblasser kann für den Fall, dass die dem Erben oder einem Vermächtnisnehmer auferlegten Vermächtnisse und Auflagen auf Grund der Beschränkung der Haftung des Erben, wegen eines Pflichtteilsanspruchs oder in Gemäßheit der §§ 2187, 2188 gekürzt werden, durch Verfügung von Todes wegen anordnen, dass ein Vermächtnis oder eine Auflage den Vorrang vor den übrigen Beschwerungen haben soll.

1 Der Erblasser kann anstelle der gesetzlich vorgesehenen Kürzungen (vgl § 2188 Rn 2) eine bestimmte **Rangfolge** der Vermächtnisse oder Auflagen anordnen.

§ 2190 Ersatzvermächtnisnehmer

Hat der Erblasser für den Fall, dass der zunächst Bedachte das Vermächtnis nicht erwirbt, den Gegenstand des Vermächtnisses einem anderen zugewendet, so finden die für die Einsetzung eines Ersatzerben geltenden Vorschriften der §§ 2097 bis 2099 entsprechende Anwendung.

1 I. 1. Der Erblasser kann für den Fall, dass der Vermächtnisnehmer das Vermächtnis nicht erwirbt, einen **Ersatzvermächtnisnehmer** bestimmen. Gründe für den Nichterwerb können das Vorversterben des Bedachten (§ 2160), die Ausschlagung (§ 2180), der Verzicht (§ 2352) oder die Vermächtnisunwürdigkeit (§ 2345 I) sein.
2 2. Die **Berufung** eines Ersatzvermächtnisnehmers kann ausdrücklich erfolgen oder sich aus der Auslegungsregel des § 2069 ergeben.

II. 1. Die Vorschriften der §§ 2097–2099 für die **Ersatzerbschaft** gelten entspr.
2. Die Unwirksamkeitsfolge des § 2160 tritt bei Berufung eines Ersatzvermächtnisnehmers nicht ein. Anwachsung ist in einem solchen Fall nach § 2158 II iVm § 2099 ausgeschlossen.
3. Ab dem Eintritt des Erbfalls ist das Ersatzvermächtnis **vererblich** (§§ 2160, 2178), so dass der Ersatzberufene nur den Erbfall überleben muss.
4. Ein **Nachvermächtnisnehmer** gilt im Zweifel als Ersatzvermächtnisnehmer (§ 2191 II iVm § 2102 I).

§ 2191 Nachvermächtnisnehmer

(1) Hat der Erblasser den vermachten Gegenstand von einem nach dem Anfall des Vermächtnisses eintretenden bestimmten Zeitpunkt oder Ereignis an einem Dritten zugewendet, so gilt der erste Vermächtnisnehmer als beschwert.
(2) Auf das Vermächtnis finden die für die Einsetzung eines Nacherben geltenden Vorschriften des § 2102, des § 2106 Abs. 1, des § 2107 und des § 2110 Abs. 1 entsprechende Anwendung.

I. Ein **Nachvermächtnis** liegt vor, wenn der Erblasser verfügt, dass der Vermächtnisgegenstand zu einem bestimmten Zeitpunkt oder Ereignis nach Anfall des Vermächtnisses an einen Dritten fallen soll. Der Dritte hat dann als Nachvermächtnisnehmer den Anspruch aus § 2174 gegen den ersten Vermächtnisnehmer (den sog Vorvermächtnisnehmer).
II. 1. Wegen der Ähnlichkeit zum Untervermächtnis sind die §§ 2186–2189 entspr anwendbar. **Verwendungsersatzansprüche** des ersten Vermächtnisnehmers bestimmen sich nach § 2185 und nicht nach § 2124 (BGHZ 114, 18).
2. Zwar bestehen gewisse **Ähnlichkeiten zur Nacherbschaft**, allerdings ist der Nacherbe mit Eintritt des Nacherbfalls unmittelbarer Rechtsnachfolger des Erblassers, während der Nachvermächtnisnehmer nur einen schuldrechtlichen Anspruch gegen den Vorvermächtnisnehmer erwirbt. Daher sind auch nur die ausdrücklich in Abs 2 genannten Vorschriften der §§ 2100 ff entspr anwendbar.
3. Insb gelten für den Vorvermächtnisnehmer die **Verfügungsbeschränkungen** der §§ 2113 ff nicht. Allerdings ist der Vorvermächtnisnehmer auch schon vor dem Anfall des Nachvermächtnisses zu einer ordnungsgemäßen Verwaltung verpflichtet, da er gem §§ 2177, 2179, 160 für eine schuldhafte Vereitelung oder Beeinträchtigung des nachvermachten Rechtes einzustehen hat (BGHZ 114, 21).
4. Im Zweifel ist der Nachvermächtnisnehmer auch **Ersatzvermächtnisnehmer** (Abs 2 iVm § 2102 I).

Titel 5
Auflage

Vorbemerkung zu §§ 2192–2196

I. Eine **Auflage** liegt nach § 1940 vor, wenn der Erblasser einen Erben oder einen Vermächtnisnehmer zu einer Leistung verpflichtet, ohne einem anderen ein Recht auf die Leistung zuzuwenden. Im Ggs zum Vermächtnis steht also nicht die Zuwendung an den Begünstigten im Vordergrund, sondern die Verpflichtung des Beschwerten. Dieser ist zwar zur Erfüllung der Auflage verpflichtet, der Begünstigte hat aber keinen eigenen Anspruch auf die Leistung; die Vollziehung der Auflage können nur die in § 2194 genannten Personen verlangen.
1. Die Bestimmung eines aus der Auflage **Begünstigten** ist nicht in jedem Fall erforderlich. Die Auflage kann zB auch in der Betreuung eines Tieres oder Pflege eines Grabes bestehen. Häufig findet sich in einer Auflage die Bestimmung eines unbestimmten Personenkreises.

3 2. Die **Anordnung** einer Auflage kann in einem Testament, als wechselbezügliche Verfügung in einem gemeinschaftlichen Testament (§ 2270 III) und als bindende vertragsmäßige Verfügung in einem Erbvertrag (§ 2278 II) erfolgen. Die Auslegungsregeln der §§ 2066 ff finden Anwendung.

4 3. Dem mit der Auflage **Beschwerten** (§ 2192 Rn 3) kann jedes Tun oder Unterlassen auferlegt werden, soweit das Verhalten nicht nur ihn selbst betrifft (zB „kein Alkoholgenuss mehr", dies wäre Bedingung) und Gegenstand eines Schuldverhältnisses sein kann. Die Leistung braucht keinen Vermögenswert darzustellen. Zu beachten ist § 2302. Der Beschwerte kann hiernach nicht durch die Auflage verpflichtet werden, eine Verfügung von Todes wegen zu errichten. Die Anfechtung einer Auflage ist ggü dem Nachlassgericht zu erklären (§ 2081 III).

5 4. § 71 I ZGB der früheren DDR sah für den Erblasser die Möglichkeit vor, im Testament Auflagen anzuordnen. Die Definition in § 382 I ZGB entspricht im Wesentlichen der in § 1940. Nach § 382 II ZGB kann allerdings jeder, der ein berechtigtes Interesse nachweist, die Erfüllung der Auflage verlangen.

6 II. **Rechtsgeschichte.** Die Auflage wurde im römischen Recht entwickelt und wurde durch die Kommentatoren in das gemeine deutsche Recht eingeführt (vgl ausf Lange/Kuchinke ErbR § 30 I 2).

7 III. **Rechtsvergleichung.** In Österreich, Italien, Frankreich und der Schweiz gibt es die Auflage ebenfalls, aber der Anspruch auf Vollziehung ist unterschiedlich geregelt. Das anglo-amerikanische Recht kennt die Auflage nicht (vgl ausf Lange/Kuchinke ErbR § 30 I 2; Ebenroth ErbR § 7 III).

§ 2192 Anzuwendende Vorschriften

Auf eine Auflage finden die für letztwillige Zuwendungen geltenden Vorschriften der §§ 2065, 2147, 2148, 2154 bis 2156, 2161, 2171, 2181 entsprechende Anwendung.

1 I. Die Vorschrift erklärt Vorschriften des **Vermächtnisrechts** für **entspr anwendbar.** So gelten die Vorschriften über den Beschwerten (§§ 2147, 2148, 2161), über Wahl-, Gattungs- und Zweckvermächtnis (§§ 2154–2156), über Unmöglichkeit (§ 2171), über die Fälligkeit der Leistung (§ 2181) und **über die Gewährleistung** (§§ 2182, 2183; Schlichting ZEV 02, 480) entspr. Die §§ 2186–2189 gelten unmittelbar auch für den mit einer Auflage Beschwerten. Weiterhin sind auch die nicht ausdrücklich genannten Vorschriften des Vermächtnisrechts auf die Auflage entspr anwendbar, soweit die fehlende Gläubigerstellung des Auflagebegünstigten dies nicht ausschließt (MK/Schlichting § 2192 Rn 3).

2 II. 1. Im Ggs zum Vermächtnis, wo **§ 2065 II** durch § 2151 keine Anwendung findet, ist dieser bei der Auflage zu beachten. Der Erblasser muss demnach die Bestimmung des Auflagebegünstigten (sofern es einen gibt) selbst treffen (Ausn § 2193 I).

3 2. **Beschwert** werden können Erben und Vermächtnisnehmer (Einzelheiten vgl §§ 2147, 2148). Die Beschwerung eines Auflagebegünstigten mit einer Auflage (als Parallele zum Untervermächtnis) ist demnach nicht möglich. Der Umfang der Leistungspflicht des beschwerten Vermächtnisnehmers ergibt sich aus den §§ 2187, 2188. Die Gewährleistungsvorschriften der §§ 2182–2184 sind entspr anzuwenden (MK/Schlichting § 2192 Rn 9). Ob auch ein Anspruch auf Verwendungsersatz (§ 2185) besteht, ist strittig, sollte aber aufgrund gleichartiger Interessenlage bejaht werden (so auch MK/Schlichting § 2192 Rn 9; aA Staud/Otte § 2192 Rn 24).

4 3. Abw vom Wahlvermächtnis geht das **Wahlrecht** bei der Auflage nicht nach § 264 I auf den Begünstigten über, da dieser kein Gläubiger ist. Der Begünstigte kann aber als Dritter wahlberechtigt bzw bei der Gattungsauflage konkretisierungsberechtigt sein.

5 4. Entspr § 2150 ist eine den **Erben begünstigende** Auflage, die ihn selbst mitbeschwert möglich. Ebenfalls entspr anwendbar sind die §§ 2157–2160 sowie die §§ 2176–2180 (Lange/Kuchinke ErbR § 30 III 1). § 2176 ist bei der Auflage dahin gehend auszulegen, dass mit dem Erbfall der Vollziehungsanspruch (§ 2194) entsteht (Brox ErbR Rn 463).

Hingegen gelten die Vorschriften über die zeitliche Begrenzung (§§ 2160, 2161) für die Auflage nicht, da stiftungsähnliche Wirkungen herbeigeführt werden sollten.

§ 2193 Bestimmung des Begünstigten, Vollziehungsfrist

(1) Der Erblasser kann bei der Anordnung einer Auflage, deren Zweck er bestimmt hat, die Bestimmung der Person, an welche die Leistung erfolgen soll, dem Beschwerten oder einem Dritten überlassen.
(2) Steht die Bestimmung dem Beschwerten zu, so kann ihm, wenn er zur Vollziehung der Auflage rechtskräftig verurteilt ist, von dem Kläger eine angemessene Frist zur Vollziehung bestimmt werden; nach dem Ablauf der Frist ist der Kläger berechtigt, die Bestimmung zu treffen, wenn nicht die Vollziehung rechtzeitig erfolgt.
(3) ¹Steht die Bestimmung einem Dritten zu, so erfolgt sie durch Erklärung gegenüber dem Beschwerten. ²Kann der Dritte die Bestimmung nicht treffen, so geht das Bestimmungsrecht auf den Beschwerten über. ³Die Vorschrift des § 2151 Abs. 3 Satz 2 findet entsprechende Anwendung; zu den Beteiligten im Sinne dieser Vorschrift gehören der Beschwerte und diejenigen, welche die Vollziehung der Auflage zu verlangen berechtigt sind.

Der Erblasser kann bei einer Auflage, deren Zweck er bestimmt hat, die **Bestimmung** 1 des Begünstigten dem Beschwerten oder einem Dritten überlassen. § 2193 enthält also eine Ausn zu § 2065 II. Zusätzlich kann er auch die Bestimmung des Leistungsgegenstandes nach § 2192 iVm § 2156 dem Beschwerten oder einem Dritten überlassen.

Das Vorliegen einer wirksamen **Zweckbestimmung** wird von der Rspr großzügig ausgelegt (vgl zB BGH WM 87, 564, Verteilung eines Geldbetrags für mildtätige und gemeinnützige Zwecke an geeignete Vereine und bedürftige Personen; BayObLG NJW 88, 2742 – Zuwendung an Tierschutzorganisation; KG OLGZ 21, 359 – Verteilung unter den bedürftigen Verwandten). Die Zweckbestimmung kann nicht durch die Angabe eines Personenkreises ersetzt werden, aus dem der Bestimmungsberechtigte die Auswahl treffen soll. Durch diese Angabe lässt sich allerdings uU die vom Erblasser gewollte Zweckbestimmung ermitteln.

Im Ggs zu § 2156 verweist § 2193 nicht auf die §§ 315–319, so dass die Auswahl des 3 Begünstigten nach **freiem Ermessen** erfolgen kann. Sie kann gerichtlich daraufhin überprüft werden, ob sie den vom Erblasser verfolgten Zweck offensichtlich verfehlt oder auf Arglist beruht (BGHZ 121, 361).

Nach Abs 2 kann das Bestimmungsrecht vom Beschwerten auf einen **Vollziehungsberechtigten** 4 (dazu § 2194 Rn 2–5) übergehen, wenn der Beschwerte rechtskräftig zur Vollziehung verurteilt ist und ihm eine angemessene Frist gesetzt wurde. Die Vorschrift soll verhindern, dass der Beschwerte die Bestimmung und damit auch die Vollziehung der Auflage zu lange verzögert. Eine unwirksame Ausübung des Bestimmungsrechts durch den Beschwerten führt nicht zum Übergang auf den Vollziehungsberechtigten (BGHZ 121, 362).

Ist ein Dritter bestimmungsberechtigt, so trifft er die Bestimmung durch Erklärung ggü 5 dem Beschwerten. Bei Ausfall des Dritten ist § 2151 III 2 entspr anwendbar.

§ 2194 Anspruch auf Vollziehung

¹Die Vollziehung einer Auflage können der Erbe, der Miterbe und derjenige verlangen, welchem der Wegfall des mit der Auflage zunächst Beschwerten unmittelbar zustatten kommen würde. ²Liegt die Vollziehung im öffentlichen Interesse, so kann auch die zuständige Behörde die Vollziehung verlangen.

I. Die Vorschrift verdeutlicht, dass der aus der Auflage **Begünstigte** im Ggs zum Ver- 1 mächtnisnehmer (vgl § 2174) keinen eigenen Anspruch auf Vollziehung der Auflage hat. Um aber die Vollziehung der Auflage nicht vom Belieben des Beschwerten abhängig zu machen, räumt § 2194 den genannten Personen (Rn 2 ff) den Anspruch ein, vom

Beschwerten die Vollziehung der Auflage verlangen zu können. Der Berechtigte kann allerdings nicht Leistung an sich, sondern nur an den durch die Auflage Begünstigten verlangen.

2 II. 1. **Anspruchsberechtigt** ist der Erbe, wobei jeder Miterbe die Vollziehung allein und unabhängig von den anderen Miterben verlangen kann. Er kann die Vollziehung auch fordern, wenn er selbst mitbeschwert ist. Der Nacherbe ist mit Eintritt des Nacherbfalls, der Ersatzerbe mit Wegfall des Erstberufenen anspruchsberechtigt.

3 2. Weitere Anspruchsberechtigte sind die Personen, denen der Wegfall des Beschwerten unmittelbar **zustatten kommt**. Hierzu gehören ein etwaiger Ersatzerbe/-vermächtnisnehmer, ein anwachsungsberechtigter Miterbe/-vermächtnisnehmer oder ein gesetzlicher Erbe, der an die Stelle des testamentarischen oder gesetzlichen Erben treten würde.

4 3. Vollziehungsberechtigt ist auch der **Testamentsvollstrecker** (§§ 2203, 2208 II, 2223), allerdings darf er dann nicht die Vollziehung vom Erben fordern, wenn er selbst zur Erfüllung der Auflage in der Lage ist. Der Anspruch des Testamentsvollstreckers schließt den Anspruch der Erben nicht aus (Staud/Otte § 2194 Rn 5).

5 4. Weiterhin steht es dem **Erblasser** frei, Vollziehungsberechtigte ausdrücklich zu bestimmen oder die Genannten davon auszuschließen.

6 5. Ein Vollziehungsberechtigter kann grds auch dann die Vollziehung der Auflage verlangen, wenn er **selbst Begünstigter** der Auflage ist (MK/Schlichting § 2194 Rn 3; Staud/Otte § 2194 Rn 9). Dies stellt keine Umgehung des § 1940 dar (so aber Soergel/Dieckmann § 2194 Rn 7), sondern trägt dem Umstand Rechnung, dass der Beschwerte zur Erfüllung der Auflage verpflichtet ist.

7 6. Ob ein Berechtigter von seinem **Vollziehungsrecht** Gebrauch macht, ist dessen freier Entscheidung überlassen. Der Vollziehungsanspruch unterliegt nunmehr (vgl Vor §§ 1922 – 2385 Rn 10) der Regelverjährung der §§ 195, 199. Die Vollziehungsberechtigung ist nicht übertragbar und mangels Vermögenswertes auch nicht pfändbar.

8 7. Wenn die Vollziehung der Auflage in **öffentlichem Interesse** steht, kann auch eine Behörde die Vollziehung verlangen. Die Zuständigkeit der Behörde ergibt sich aus landesrechtlichen Vorschriften (zB Art 7 Preuß AusführungsVO zum BGB für NRW, Berlin und Saarland; vgl iÜ die Zusammenstellung bei Staud/Otte § 2194 Rn 10 f). Ob ein öffentliches Interesse vorliegt, ist nach pflichtgemäßem Ermessen zu entscheiden.

9 III. 1. Der Berechtigte kann die Durchsetzung des Vollziehungsanspruchs klageweise im **Gerichtsstand** des § 27 ZPO geltend machen. Der Begünstigte kann als Prozessstandschafter für den Berechtigten klagen.

10 2. Bei **Nichtvollziehung** der Auflage kann der Anspruch aus § 2194 nicht auf einen Schadensersatzanspruch gerichtet sein, denn mangels Anspruchs auf die Zuwendung kann auch kein Schaden entstehen.

§ 2195 Verhältnis von Auflage und Zuwendung

Die Unwirksamkeit einer Auflage hat die Unwirksamkeit der unter der Auflage gemachten Zuwendung nur zur Folge, wenn anzunehmen ist, dass der Erblasser die Zuwendung nicht ohne die Auflage gemacht haben würde.

1 Die Vorschrift präzisiert § 2085 für die Auflage. Die **Unwirksamkeit** der Auflage führt im Regelfall nicht zur Unwirksamkeit der unter der Auflage gemachten Zuwendung (Erbschaft, Vermächtnis).

2 § 2195 ist sowohl anwendbar, wenn die Auflage von vornherein unwirksam war und auch, wenn sie später unwirksam wird. **Unwirksamkeitsgründe** können zB die Unmöglichkeit der Vollziehung, Sittenwidrigkeit, Anfechtung, Ausfall einer Bedingung sein. Wenn veränderte Umstände lediglich eine andere Form der Vollziehung der Auflage erfordern, ist noch keine Unwirksamkeit gegeben (Staud/Otte § 2195 Rn 2; BGHZ 42, 329: Auflage war jährlicher Besuch der Familiengruft, Erblasser wurde aber später umgebettet).

Wenn der Erblasser die Zuwendung nicht ohne die Auflage gemacht hätte, führt deren 3
Unwirksamkeit auch zur Unwirksamkeit der **Zuwendung** (zB Geldzuwendung zur Pflege eines Tieres entfällt mit dem Tode des Tieres). Dies ist anzunehmen, wenn die Zuwendung mit der Auflage stehen und fallen sollte (MK/Schlichting § 2195 Rn 2). Die Beweislast trägt derjenige, dem der Wegfall der Zuwendung zustatten kommt.

§ 2196 Unmöglichkeit der Vollziehung

(1) Wird die Vollziehung einer Auflage infolge eines von dem Beschwerten zu vertretenden Umstands unmöglich, so kann derjenige, welchem der Wegfall des zunächst Beschwerten unmittelbar zustatten kommen würde, die Herausgabe der Zuwendung nach den Vorschriften über die Herausgabe einer ungerechtfertigten Bereicherung insoweit fordern, als die Zuwendung zur Vollziehung der Auflage hätte verwendet werden müssen.
(2) Das Gleiche gilt, wenn der Beschwerte zur Vollziehung einer Auflage, die nicht durch einen Dritten vollzogen werden kann, rechtskräftig verurteilt ist und die zulässigen Zwangsmittel erfolglos gegen ihn angewendet worden sind.

I. 1. Die Vorschrift soll verhindern, dass der Beschwerte einen Vorteil daraus zieht, 1
dass die Vollziehung der Auflage aufgrund eines von ihm zu **vertretenden** Umstandes unmöglich wird.
2. Hat der Beschwerte die Unmöglichkeit zu vertreten (§§ 276, 278) und bleibt die Zu- 2
wendung nach § 2195 wirksam, so muss die Zuwendung nach den §§ 818 ff insoweit **herausgegeben** werden, als sie zur Vollziehung der Auflage hätte verwendet werden müssen. Bei nicht zu vertretender Unmöglichkeit wird der Beschwerte nach § 275 von seiner Leistungspflicht frei. Wird die Zuwendung aufgrund der Unwirksamkeit der Auflage ebenfalls unwirksam (vgl § 2195 Rn 3), so ist § 2196 nicht anwendbar.
II. 1. **Anspruchsberechtigter** ist derjenige, dem der Wegfall des Beschwerten unmittel- 3
bar zustatten kommt (vgl dazu § 2194 Rn 3). Bei mehreren Berechtigten steht bei teilbaren Leistungen jedem der Anspruch anteilig zu (§ 420), bei unteilbaren Leistungen gilt § 432.
2. Der **Umfang des Anspruchs** richtet sich nach §§ 818, 819. Herausgegeben werden 4
muss nur das, was zur Erfüllung der Auflage hätte verwendet werden müssen. Der Beschwerte soll wirtschaftlich nicht besser stehen, als wenn er die Auflage erfüllt hätte, so dass ein Anspruch nicht nur entstehen kann, wenn mit der Auflage eine geldwerte Leistung verbunden ist, sondern auch dann, wenn bei deren Erfüllung Kosten anfallen würden (MK/Schlichting § 2196 Rn 6). Der Wegfall der Bereicherung (§ 818 III) kann geltend gemacht werden. Wertersatz nach § 818 II ist auch dann zu leisten, wenn der zugewendete Gegenstand nur teilweise zur Erfüllung der Auflage hätte verwendet werden müssen und eine teilweise Herausgabe nicht möglich ist. Die Rechtshängigkeit nach § 818 IV bezieht sich auf den Anspruch aus § 2194. Allerdings kann eine Erfüllung des Anspruchs aus § 2196 dann verweigert werden, wenn er zwar nicht selbst, wohl jedoch derjenige aus § 2194 verjährt und anschließend unmöglich geworden ist (OLG Frankfurt ZErb 13, 40).
3. Der Herausgabeberechtigte ist nicht verpflichtet, mit dem Erlangten die Auflage zu 5
erfüllen (Staud/Otte § 2196 Rn 6; MK/Schlichting § 2196 Rn 8; aA Kipp/Coing ErbR § 65 III).
III. Der Bereicherungsanspruch besteht nach Abs 2 auch, wenn der Beschwerte zur 6
Vollziehung einer Auflage, die nicht durch einen Dritten vollzogen werden kann, rechtskräftig verurteilt worden ist, und Zwangsmittel erfolglos geblieben sind. Hierbei handelt es sich um die Vornahme von **unvertretbaren Handlungen** (§ 888 ZPO) und um **Unterlassungen und Duldungen** (§ 890 ZPO).

Titel 6
Testamentsvollstrecker

Vorbemerkung zu §§ 2197–2228

1 **I. 1. Normzweck.** Die §§ 2197 ff setzen den rechtlichen Rahmen für die Ausführung der letztwilligen Anordnungen durch einen Testamentsvollstrecker. Durch letztwillige Verfügung kann der Erblasser bestimmen, dass seine letztwilligen Anordnungen durch einen Testamentsvollstrecker ausgeführt werden sollen, was ihm die Möglichkeit gibt, mittelbar das Schicksal seines Vermögens auch über den Tod hinaus dauerhaft zu steuern. Der Testamentsvollstrecker hat in dem ihm durch den Erblasser eingeräumten Umfang (vgl §§ 2208, 2216 II), begrenzt durch die gesetzlichen Regelungen der §§ 2197 ff, bestimmte Verwaltungs-, Verpflichtungs-, Verfügungs- und Prozessführungsbefugnisse hins des Nachlasses (§§ 2205 ff, 2211 ff). Während der Erbe auf der anderen Seite weiterhin Inhaber der Rechte an dem Nachlass bleibt, sind ihm die genannten Verwaltungs- und Verfügungsbefugnisse in weitem Umfang entzogen. Zum Ausgleich bestehen lediglich schadensersatzbewährte Sorgfaltspflichten des Testamentsvollstreckers ggü dem Erben (§§ 2216 ff). Folge der Anordnung der Testamentsvollstreckung ist weiter, dass persönliche Gläubiger des Erben für die Zeit der Testamentsvollstreckung nicht in den Nachlass vollstrecken können (§ 2214). Es kommt also zu einer Aufspaltung der Rechtsträgerschaft und der tatsächlichen Verwaltungsmacht im Hinblick auf den Nachlass. Es kommt faktisch zu einer Absonderung des Nachlasses vom Eigenvermögen (§§ 2211, 2214), ohne dass dies allein aber bereits zu einer Haftungsbeschränkung führen würde. Diese ist allg nach §§ 1975 ff herbeizuführen.

2 **2.** Der Erblasser kann mit der Einsetzung eines Testamentsvollstreckers unterschiedliche **Ziele** verfolgen. Die Anordnung der Testamentsvollstreckung kann beispielsweise dann sinnvoll sein, wenn der Erblasser den Nachlassbestand auf längere Zeit erhalten will, und der Erbe im Geschäftsverkehr unerfahren ist, oder der Erblasser aus anderen Gründen befürchtet, der Erbe werde seine letztwilligen Anordnungen nur nachlässig umsetzen. Bei einer Erbengemeinschaft kann der Testamentsvollstrecker bei der Auseinandersetzung vermittelnd wirken und versuchen, Streit zwischen den Miterben bei der Teilung zu verhindern. Für den Erben kann sich die Testamentsvollstreckung indes nachteilig auswirken, da er eine Bevormundung durch den Testamentsvollstrecker namentlich bei der Verwaltungsvollstreckung (§ 2209) nicht verhindern kann. Die Vorschriften über die zeitliche Beschränkung auf 30 Jahre (§ 2210), die Freigabe von Nachlassgegenständen (§ 2217), die Haftung (§§ 2219 f) und die Entlassungsmöglichkeit (§ 2227) vermögen die Interessen des Erben auch nicht umfassend zu wahren. Letztlich beruht dies aber auf der Testierfreiheit des Erblassers. Ist dieser schon nicht gezwungen, dem Erben überhaupt etwas zuzuwenden, ist das Recht nicht zu leugnen, die Zuwendung durch Anordnung einer Testamentsvollstreckung zu beschränken. Dem bedachten Erben bleibt, soweit ihm das Gesetz denn eine Mindestbeteiligung am Nachlass zuerkennt (§ 2303), immer die Möglichkeit, sich unter Ausschlagung der durch Anordnung der Testamentsvollstreckung beschränkten Erbschaft mit dem **Pflichtteil** zu begnügen (§ 2306).

3 **3.** Die Aufgaben des Testamentsvollstreckers richten sich nach den Bestimmungen des Erblassers. Diesem stehen verschiedene **Arten** der Testamentsvollstreckung zur Verfügung. Der gesetzlich vorgesehene Regelfall ist die **Abwicklungs-** bzw Auseinandersetzungsvollstreckung (§§ 2203–2207). Stattdessen ist aber auch die sog **Verwaltungsvollstreckung** möglich (§ 2209), welche in Dauervollstreckung (§ 2209 S 1 2. Halbs) und Verwaltungsvollstreckung ieS (§ 2209 S 1 1. Halbs) untergliedert werden kann. Die Höchstdauer einer Vollstreckung nach § 2209 regelt § 2210.

4 **4.** Die **Rechtsstellung** des Testamentsvollstreckers ist ähnl wie die des Insolvenzverwalters umstritten. Teilweise wird der Testamentsvollstrecker als Vertreter der Erben oder des Nachlasses eingeordnet. Mit der hM ist der Testamentsvollstrecker indes als Treuhänder und Träger eines privaten Amtes anzusehen (statt vieler BGHZ 25, 275; Lange/

Kuchinke ErbR § 31 III 2 f). Für die **Amtstheorie** spricht insb, dass der Testamentsvollstrecker im Prozess als Partei (kraft Amtes) im eigenen Namen auftritt. Andererseits entfalten die vom Testamentsvollstrecker iR seiner Verwaltungsbefugnisse vorgenommenen Handlungen unmittelbare Rechtswirkungen für und gegen den Erben als Rechtsträger des Nachlasses. Nach § 2216 II 1 hat der Testamentsvollstrecker Anordnungen des Erblassers zu befolgen. Enger verbunden, nämlich durch ein gesetzliches Schuldverhältnis (§§ 2215 ff), ist er aber dem Erben. Dieser ist faktisch auch zur Kontrolle der Tätigkeit des Testamentsvollstreckers berufen, indem er insb die ihm in §§ 2218 (iVm dem Auftragsrecht), 2219 gewährten Rechte geltend machen kann. Einer Aufsicht durch das Nachlassgericht unterliegt er nicht. Dessen Befugnisse sind auf Einzelmaßnahmen nach Antrag oder die Entgegennahme von Erklärungen beschränkt (§§ 2198 I 2, 2200, 2202 II 1, 2216 II 2, 2227). Die Position des Erben wird in der neueren Rspr im Zusammenhang mit der Möglichkeit eines Zusammenwirkens mit dem Testamentsvollstrecker zunehmend betont (BGHZ 40, 118; 57, 93).

5. Abzugrenzen ist die Testamentsvollstreckung von sonstigen Möglichkeiten des Erblassers, einer vom Erben verschiedenen Vertrauensperson auch nach seinem Tod Einwirkungsmöglichkeiten auf den Nachlass zukommen zu lassen. Insb kommen hier die Vollmacht auf den Todesfall (postmortale Vollmacht) bzw die Vollmacht über den Tod hinaus (§§ 672, 674, 168 S 1; transmortale Vollmacht) in Betracht. Diese Lösungen kommen ergänzend zu (insb für die Übergangszeit bis zur Annahme des Testamentsvollstreckeramts, § 2202) oder anstatt einer Testamentsvollstreckung in Betracht. In beiden Fällen stellen sich va Formfragen angesichts des Zusammenhangs mit letztwilligen Verfügungen und Fragen nach der Widerrufsmöglichkeit des nach dem Tode des Erblassers vertretenen Erben. Zur Frage, ob eine postmortale oder transmortale Vollmacht mit Erbringung der Leistung nach dem Tod des Erblassers durch den Bevollmächtigten bei Schenkungen von Todes wegen zum Vollzug iSv § 2301 II genügt, vgl § 2301 Rn 37.

a) Die **Vollmacht auf den Todesfall** (vgl RGZ 114, 354; BGH NJW 95, 250) wird vom Erblasser erteilt (§ 167, uU mit § 130 II) und setzt mit dessen Tod ein. Der Bevollmächtigte vertritt dann den Erben rechtsgeschäftlich, ohne dass dieser die Vertretung noch einmal positiv legitimieren oder davon auch nur Kenntnis haben müsste. Die Vollmachtserteilung bedarf als Rechtsgeschäft unter Lebenden nicht der für Verfügungen von Todes wegen vorgeschriebenen Form, kann aber gleichwohl auch in einem Testament enthalten sein. Der Bevollmächtigte kann iR der erteilten Vollmacht und in Vertretung des Erben Rechtsgeschäfte für und gegen den Nachlass vornehmen. Es besteht weder seitens des Bevollmächtigten, noch seitens des Geschäftspartners eine Warte- oder Rückfragepflicht, ob der Erbe die Vollmacht widerrufen möchte (BGH NJW 95, 251). Die prinzipiell bestehende **Widerruflichkeit** der Vollmacht (§ 168 S 2) durch den oder die Erben (bei Erbenmehrheit besteht die Widerrufsmöglichkeit für jeden einzelnen), kann der Erblasser nur in begrenztem Umfang ausschließen. Jedenfalls der Widerruf aus wichtigem Grund ist immer möglich (Palandt/Weidlich Einf v § 2197 Rn 13). Im Übrigen muss an der Unwiderruflichkeit ein besonderes Interesse des Erblassers bestehen (MK/Zimmermann Vor § 2197 Rn 18; für weiter gehende Widerruflichkeit, Soergel/Damrau § 2205 Rn 63). Ohne Kenntnis der Vollmacht kann eine Erklärung des Erben mangels Erklärungsbewusstseins nicht als schlüssiger Widerruf der Vollmacht behandelt werden. Dies gilt selbst dann, wenn der Bevollmächtigte die Erklärung als Widerruf hätte verstehen können, da die Lehre vom potentiellen Erklärungsbewusstsein nicht zulasten des Erklärungsempfängers angewendet werden kann (BGH NJW 95, 953).

b) Für die **Vollmacht über den Tod hinaus** (transmortale Vollmacht) gilt im Wesentlichen dasselbe. Diese Vollmacht besteht bereits zu Lebzeiten und erlischt grds nicht mit dem Tod des Erblassers (§§ 672, 674, 168 S 1). Auch sie kann aber nach dem Tod vom Erben widerrufen werden.

II. Rechtsgeschichtlich war das Institut der Testamentsvollstreckung dem römischen Recht weitgehend fremd. Es widerspricht im Grundsatz der dem römischen Recht entstammenden Idee der Verfügungsfreiheit des Erben. Seinen Vorläufer findet der Testamentsvollstrecker vielmehr im Salmannen des germanischen Rechts. Dieser war Treuhänder des Erblassers, der ihm sein Vermögen ganz oder teilweise übereignete, damit der Salmann es später entspr den Anweisungen des Erblassers verwendete. Bedeutung gewann die Figur eines Testamentsvollstreckers besonders als im 12. Jahrhundert das Testament auch im deutschen Recht allg Anerkennung fand. Es wurde nunmehr eine Vertrauensperson ernannt, die die letztwilligen Verfügungen des Erblassers durchzuführen hatte. Vor allem die Kirche förderte ihre Einsetzung als Testamentsvollstrecker, um letztwillige Zuwendungen zu frommen Zwecken durchführen und beaufsichtigen zu können. Durch kirchliche und weltliche Praxis entwickelte sich im weiteren Verlauf die Testamentsvollstreckung. Eine umfassende Regelung des Instituts erfolgte jedoch erst durch das BGB.

9 **III. 1. Rechtsvergleichung.** In den vom Code Civile geprägten Rechtsordnungen ist die Rechtsstellung des Testamentsvollstreckers erheblich eingeschränkter. So ist die Testamentsvollstreckung auf einen bestimmten Zeitraum begrenzt, eine Dauervollstreckung also nicht möglich. Dieses gilt beispielsweise für den exécuteur testamentaire im französischen Recht. Die Testamentsvollstreckung endet hier grds nach einem Jahr und einem Tag. Das schweizerische Recht kennt die Person des „Willensvollstreckers", deren Ausgestaltung im Wesentlichen der des Testamentsvollstreckers im bürgerlichen Recht entspricht. Das englische Recht hat in besonderem Maße die ursprüngliche germanische Form des Testamentsvollstreckers bewahrt. Der Vollstrecker (executor oder administrator) und nicht der Erbe ist Gesamtrechtsnachfolger des Erblassers. Er hat die Verwaltung und Verteilung des Nachlasses vorzunehmen. Ihm kommt in diesem System also entscheidende Bedeutung zu. Allerdings kann auch der Erbe – selbst der Alleinerbe – als executor eingesetzt werden, der dann die Übertragung des Vermögens an sich selbst vornimmt (ausf Ebenroth ErbR § 10 V).

10 **2.** Die einzige die Testamentsvollstreckung in der **DDR** regelnde Vorschrift war § 371 III ZGB. Diese lückenhafte Regelung zeigt die geringe Bedeutung des Instituts in der sozialistischen Rechts- und Wirtschaftsordnung. Die rechtliche Position des Testamentsvollstreckers war wesentlich schwächer als die des BGB. So kann der Erblasser nach § 371 II ZBG die Erben nicht in ihrer Verfügungsbefugnis beschränken. Die Vorschriften finden nach Art 235 EGBGB teilweise auch heute noch Anwendung. Im Falle der Nachlassspaltung – ein westdeutscher Erblasser besaß Immobilienvermögen in beiden Teilen Deutschlands – kommt es auch zu einer gespaltenen Testamentsvollstreckung. Für den Westnachlass sind also §§ 2197 ff anzuwenden, während sich die Vollstreckung des Ostnachlasses nach § 371 III ZGB richtet (weiterführend hierzu Morgen/Götting DtZ 94, 199).

§ 2197 Ernennung des Testamentsvollstreckers

(1) Der Erblasser kann durch Testament einen oder mehrere Testamentsvollstrecker ernennen.
(2) Der Erblasser kann für den Fall, dass der ernannte Testamentsvollstrecker vor oder nach der Annahme des Amts wegfällt, einen anderen Testamentsvollstrecker ernennen.

1 **I.** Die §§ 2197–2201 behandeln die verschiedenen Möglichkeiten der Ernennung von Testamentsvollstreckern. Dabei betrifft § 2197 den gesetzlichen Normalfall der Ernennung eines Testamentsvollstreckers durch den Erblasser in der Form des **Testaments**. Die Ernennung des Testamentsvollstreckers beinhaltet zugleich die Anordnung der Testamentsvollstreckung.

2 **II. 1.** Die **Anordnung** der Testamentsvollstreckung hat durch einseitige Verfügung von Todes wegen (Testament, § 1937) zu erfolgen. Im Erbvertrag kann sie also nur als einseitige und nicht als vertragsmäßig bindende Verfügung enthalten sein (§§ 2299 I, 2278 II). Ebenso ist sie im Ehegattentestament als wechselbezügliche Verfügung nicht zulässig (§ 2270 III). Während für die Anordnung der Testamentsvollstreckung beim Grundsatz der Höchstpersönlichkeit verbleibt, ist die Ernennung des Testamentsvollstreckers im Ggs zu § 2065 auch durch Dritte möglich (§§ 2198, 2200). Die Anord-

nung kann bei ansonsten eingreifender gesetzlicher Erbfolge isoliert in einem Testament, aber auch im Zusammenhang mit sonstigen letztwilligen Verfügungen erfolgen. Die Ernennung (und damit auch die Anordnung als solche) kann der Erblasser auflösend oder aufschiebend bedingen und befristen, sowie auf bestimmte Aufgaben beschränken (vgl §§ 2208, 2209, 2210 S 2).

2. Die Ernennung eines Testamentsvollstreckers ist im Zweifel durch **Auslegung** gem § 133 zu ermitteln. So kann die ernannte Person auch als Verwalter, Treuhänder, Beistand etc bezeichnet werden, solange aus dem Inhalt des Testamentes ersichtlich wird, dass der Erblasser die Ausführung seiner letztwilligen Verfügungen fremdnützig durch diese Person wollte. Hat der Erblasser zwar Testamentsvollstreckung angeordnet aber keinen Testamentsvollstrecker ernannt, wird die Auslegung in den meisten Fällen zu einer Ernennung durch das Nachlassgericht gem § 2200 führen.

3. a) Grds kann jede **Person** zum Testamentsvollstrecker ernannt werden. Für das Amt geeignet sind somit sowohl natürliche als auch juristische Personen. Eine Einschränkung macht § 2201 für Fälle der beschränkten oder fehlenden Geschäftsfähigkeit oder der Betreuung der ernannten Person.

b) Für **juristische Personen** folgt die Ernennungsfähigkeit aus dem Verweis in § 2210 S 3. Testamentsvollstrecker können also beispielsweise Banken, Beratungs- oder Treuhandgesellschaften sein. Auch teilrechtsfähige Personenhandelsgesellschaften (OHG, KG) können Testamentsvollstrecker sein.

c) Der **Alleinerbe** kann nicht alleiniger Testamentsvollstrecker, sondern allenfalls Mitvollstrecker gem § 2224 sein, soweit er nicht lediglich zum Vermächtnisvollstrecker entspr § 2223 ernannt ist (BGH FamRZ 05, 614). Setzt der Erblasser den Alleinerben dennoch zum Testamentsvollstrecker ein, weil er dies in laienhafter Wertung für möglich erachtet, ist darin noch kein Widerruf der Erbeinsetzung zu sehen (BayObLG FamRZ 05, 1933). Dies folgt daraus, dass die Testamentsvollstreckung gerade zu einer Einschränkung der Befugnisse des Erben führen soll, sich in diesem Fall aber die Rechtsmacht des Testamentsvollstreckers mit derjenigen des Erben deckt (RGZ 77, 177; 163, 57 f). Auch der alleinige Vorerbe kann wegen der gegenläufigen Interessen nicht alleiniger Nacherbenvollstrecker sein (aA Rohloff DNotZ 71, 518). Miterben, Vermächtnisnehmer, Pflichtteilsberechtigte, Nacherben, Nießbraucher können hingegen zu Testamentsvollstreckern ernannt werden. So kann es sinnvoll sein, alle Miterben zu Testamentsvollstreckern zu ernennen. Bei Streitigkeiten über die gemeinsame Verwaltung entscheidet dann nämlich nicht ein Mehrheitsvotum, wie bei der Erbengemeinschaft gem §§ 2038 II, 745, sondern das Nachlassgericht gem § 2224 I 1.

4. Nach Abs 2 kann der Erblasser auch eine ersatzweise Ernennung vornehmen. Wegfall des Ernannten liegt auch vor, wenn dieser das Amt nicht annimmt (§ 2202). Fehlt es an einer Ersatzbenennung gem Abs 2, ist die Ernennung im Fall des Todes des Ernannten vor dem Erbfall oder der Annahme unwirksam. Hat der Erblasser für diesen Fall nicht eine Ernennung nach § 2200 vorgesehen, ist damit auch die Anordnung der Testamentsvollstreckung als solche unwirksam. Zum Tod nach Annahme und Erbfall vgl § 2210. Zur Ablehnung des Amtes vgl § 2202 Rn 14.

§ 2198 Bestimmung des Testamentsvollstreckers durch einen Dritten

(1) ¹Der Erblasser kann die Bestimmung der Person des Testamentsvollstreckers einem Dritten überlassen. ²Die Bestimmung erfolgt durch Erklärung gegenüber dem Nachlassgericht; die Erklärung ist in öffentlich beglaubigter Form abzugeben.
(2) Das Bestimmungsrecht des Dritten erlischt mit dem Ablauf einer ihm auf Antrag eines der Beteiligten von dem Nachlassgericht bestimmten Frist.

I. Durch die Regelung kann der Erblasser die **Ernennung** der konkreten Person des Testamentsvollstreckers, soweit er die Testamentsvollstreckung selbst angeordnet hat, einem Dritten übertragen. Die Vorschrift bildet damit eine Ausn zu § 2065, nach welcher der Erblasser grds keine Entscheidungen auf Dritte delegieren darf.

2 II. 1. Voraussetzung für die Ernennung eines Testamentsvollstreckers durch einen Dritten ist zunächst, dass der Erblasser überhaupt die Testamentsvollstreckung, und zwar **selbst, angeordnet** hat.

3 a) Die Anordnung kann entspr § 2197 I nur durch **Testament** erfolgen. Ist dieses der Fall kann er in Abweichung zu § 2065 in gleicher Form anordnen, dass ein Dritter die Wahl der Person des Testamentsvollstreckers vornehmen soll. Allerdings können der Anordnung spezielle Vorschriften entgegenstehen. So stellt die Regelung in einem notariellen Testament, dass der Notar die Person des Testamentsvollstreckers bestimmen soll, einen rechtlichen Vorteil zugunsten des Notars dar und ist gem § 7 Nr. 1 BeurkG unwirksam (NJW 13, 52).

4 b) **Dritter** iSd Vorschrift kann auch der Erbe selbst sein (RGZ 92, 72). Der Dritte muss, wie der Testamentsvollstrecker selbst (§ 2201), geschäftsfähig sein.

5 2. a) Die **Ernennung** hat gem § 2198 I 2 durch Erklärung ggü dem Nachlassgericht (§ 23 a GVG) zu erfolgen, und zwar in öffentlich beglaubigter Form.

6 b) Grds kann der Dritte jede **Person** zum Testamentsvollstrecker ernennen, die auch der Erblasser hätte wählen können. Dh, grds kann der Bestimmungsberechtigte sich auch selbst zum Testamentsvollstrecker ernennen. Dies gilt allerdings nicht, wenn aus der Anordnung des Erblassers etwas Gegenteiliges hervorgeht, oder wenn der Bestimmungsberechtigte zugleich der Erbe (vgl § 2197 Rn 6) oder der beurkundende Notar (§§ 7, 27 BeurkG) ist. Der Bestimmungsberechtigte muss nicht tätig werden. Vor diesem Hintergrund kann es sich für den Erblasser empfehlen, für den Fall der Nichtausübung binnen einer bestimmten Frist eine Anordnung nach § 2197 II oder § 2200 zu treffen.

7 3. Gem Abs 2 **erlischt** das Bestimmungsrecht mit Ablauf einer auf Antrag eines Beteiligten von dem Nachlassgericht bestimmten Frist. Beteiligter idS kann jeder sein, der an der Klarstellung ein rechtliches Interesse hat. Hierzu zählen Erben, Mitvollstrecker, Pflichtteilsberechtigte, Vermächtnisnehmer (BGH FamRZ 13, 1035), Erbersatzanspruchsberechtigte, Nachlassgläubiger oder Auflagenbegünstigte (Palandt/Weidlich § 2198, Rn 4; Staud/Reimann § 2198 Rn 24). Nimmt der Dritte innerhalb der gesetzten Frist keine Ernennung vor, so erlischt sein Bestimmungsrecht. Hat der Erblasser für diesen Fall keine anderweitige Anordnung getroffen, so findet keine Testamentsvollstreckung statt. Eine Frist zur Ausübung des Bestimmungsrechts kann auch der Erblasser setzen (o Rn 6).

§ 2199 Ernennung eines Mitvollstreckers oder Nachfolgers

(1) Der Erblasser kann den Testamentsvollstrecker ermächtigen, einen oder mehrere Mitvollstrecker zu ernennen.
(2) Der Erblasser kann den Testamentsvollstrecker ermächtigen, einen Nachfolger zu ernennen.
(3) Die Ernennung erfolgt nach § 2198 Abs. 1 Satz 2.

1 I. Während § 2197 die Ernennung von einem oder mehreren Testamentsvollstreckern bzw deren Ersatzleuten durch den Erblasser vorsieht und §§ 2198, 2200 die Ernennung durch Dritte bzw das Nachlassgericht ermöglicht, eröffnet diese Vorschrift dem Erblasser die Möglichkeit, den **Testamentsvollstrecker zu ermächtigen**, selbst die Ernennung von Mitvollstreckern oder seines Nachfolgers vorzunehmen. In Verbindung mit der Kündigungsmöglichkeit des § 2226 führt dies praktisch zu einer Übertragbarkeit des Amts.

2 II. 1. Die **Ermächtigung** des Erblassers hat wie die Anordnung der Testamentsvollstreckung an sich als einseitige Verfügung von Todes wegen zu erfolgen. Der Testamentsvollstrecker ist nicht verpflichtet, von dieser Ermächtigung Gebrauch zu machen, es sei denn, er ist eine entspr schuldrechtliche Verpflichtung mit dem Erblasser oder dem Erben eingegangen. Ist der Testamentsvollstrecker auf diese Weise ermächtigt worden, so muss ihm vor dem Wirksamwerden seiner Entlassung Gelegenheit gegeben werden, von diesem Recht Gebrauch zu machen (OLG Hamm NJW-RR 07, 878).

2. Die **Ernennung** der Mitvollstrecker oder des Nachfolgers erfolgt gem §§ 2199 III, 2198 I 2 durch öffentlich beglaubigte Erklärung ggü dem Nachlassgericht. Wenn nicht der Erblasser den Personenkreis beschränkt hat, kann der Testamentsvollstrecker grds jede Person ernennen, die auch der Erblasser hätte ernennen können. Ernennt er eine ungeeignete Person, so haftet er unter den Voraussetzungen des § 2219.

§ 2200 Ernennung durch das Nachlassgericht

(1) Hat der Erblasser in dem Testament das Nachlassgericht ersucht, einen Testamentsvollstrecker zu ernennen, so kann das Nachlassgericht die Ernennung vornehmen.
(2) Das Nachlassgericht soll vor der Ernennung die Beteiligten hören, wenn es ohne erhebliche Verzögerung und ohne unverhältnismäßige Kosten geschehen kann.

I. Nach dieser Vorschrift kann der Erblasser die Ernennung des Testamentsvollstreckers dem Nachlassgericht überlassen. Auch hier gilt, dass er die Anordnung der Testamentsvollstreckung als solche selbst durch Testament vornehmen muss. Häufig wird der Erblasser die Ernennungsbefugnis des Nachlassgerichts ersatzweise einräumen für den Fall, dass der von ihm Benannte vorzeitig verstirbt (BayObLG NJW-RR 88, 387), das Amt nicht annimmt (BayObLG FamRZ 87, 100) oder frühzeitig wegen Kündigung (§ 2226; BayObLG FamRZ 03, 790) oder Entlassung (§ 2227; OLG Düsseldorf NJWE-FER 98, 135) beendet oder ein Dritter iSv § 2198 keine Bestimmung binnen einer vom Erblasser vorgesehenen Zeit trifft (OLG Zweibrücken ZEV 01, 27).

II. 1. Voraussetzung für die Ernennung durch das Nachlassgericht ist zunächst, dass der Erblasser das Gericht in der Form des Testaments hierzu **ermächtigt** hat.

a) Die Ermächtigung kann auch **konkludent** erfolgen oder im Wege der ergänzenden Vertragsauslegung zu ermitteln sein (OLG Zweibrücken FamRZ 06, 891). Letzteres trifft jedenfalls zu, wenn der Erblasser ausdrücklich die Testamentsvollstreckung anordnet, ohne jedoch eine Person zu ernennen oder einem Dritten die Ernennungsmöglichkeit einzuräumen. Weiterhin ist das Nachlassgericht zur Ernennung ermächtigt, wenn der durch das Testament ernannte Testamentsvollstrecker das Amt ablehnt (BayObLG NJW-RR 03, 224).

b) Häufig wird versucht, im Wege der ergänzenden Vertragsauslegung zu einer Ermächtigung des Nachlassgerichts zu gelangen, wenn die ursprüngliche Ernennung fehlgeht oder der Vollstrecker vorzeitig aus dem Amt scheidet. Hier muss sich ein entspr **Wille** des Erblassers jedoch aus dem Inhalt des Testamentes ergeben.

c) Das Nachlassgericht prüft das Vorliegen der Ermächtigung. Nimmt es eine solche in Wahrheit nicht vorliegende Ermächtigung **irrtümlich** an und ernennt dementspr einen Testamentsvollstrecker, so ist die Ernennung dennoch aus Gründen der Rechtssicherheit wirksam. Auf Antrag kann ein derart fehlerhaft ernannter Testamentsvollstrecker allerdings gem § 2227 entlassen werden. Fehlt es hingegen an der Anordnung der Testamentsvollstreckung durch den Erblasser überhaupt, ist eine erfolgte Ernennung von Anfang an rechtlich bedeutungslos.

2. Die **Ernennung** und Auswahl eines Testamentsvollstreckers liegt im Ermessen des Nachlassgerichts. Es „kann" bei Vorliegen einer wirksamen Ermächtigung einen Testamentsvollstrecker ernennen (OLG Zweibrücken FamRZ 13, 1068). So kann das Gericht aus Zweckmäßigkeitsgründen von einer Ernennung absehen. Eine Gegenansicht nimmt bei Vorliegen der Ermächtigung und einer Vollstreckungsaufgabe eine Ermessensreduzierung an, die zu einer Ernennungspflicht führt (MK/Zimmermann § 2200 Rn 5).

a) Das Gericht kann jede **Person** zum Testamentsvollstrecker ernennen, die auch der Erblasser hätte ernennen können.

b) Die Ernennung erfolgt gem § 16 I Nr 2 RPflG durch Richterentscheid. Sie wird gem § 15 FamFG mit der Bekanntgabe an den ernannten Testamentsvollstrecker wirksam.

c) Das Nachlassgericht soll gem **Abs 2** vor der Ernennung die Beteiligten (vgl § 2198 Rn 7) hören.

10 III. Gegen die Ernennung kann von jedem Beteiligten Beschwerde gem §§ 58 FamFG erhoben werden. Die Entscheidung, kraft derer ein Testamentsvollstrecker ernannt wird, kann von einem Miterben, dessen Erbanteil von der Anordnung nicht betroffen ist, nicht mit dem beschränkten Ziel der Abänderung der Auswahlentscheidung zur Person des Testamentsvollstreckers angefochten werden (OLG Hamm ZEV 08, 334). Zudem ist auch der vom Erblasser in der letztwilligen Verfügung aufschiebend bedingt bestimmte Ersatztestamentsvollstrecker beschwerdeberechtigt gegen die Ernennung eines Ersatztestamentsvollstreckers durch das Nachlassgericht, wenn durch die gerichtliche Ernennung der Eintritt der Bedingung hinausgeschoben wird (OLG München OLGR München 09, 203).

§ 2201 Unwirksamkeit der Ernennung

Die Ernennung des Testamentsvollstreckers ist unwirksam, wenn er zu der Zeit, zu welcher er das Amt anzutreten hat, geschäftsunfähig oder in der Geschäftsfähigkeit beschränkt ist oder nach § 1896 zur Besorgung seiner Vermögensangelegenheiten einen Betreuer erhalten hat.

1 I. Die Regelung enthält die einzige **Einschränkung** hins der Personen, die zum Testamentsvollstrecker ernannt werden können (vgl aber o § 2198 Rn 3 ff). Dem § 1781 vergleichbare Untauglichkeitsgründe gibt es nicht. Die Ernennung des beurkundenden Notars zum Testamentsvollstrecker ist allerdings nach §§ 7, 27 BeurkG unwirksam. Ferner kann der Erbe selbst nicht zum alleinigen Testamentsvollstrecker ernannt werden (§ 2197 Rn 6).

2 II. 1. **Unwirksamkeitsgründe** sind die Geschäftsunfähigkeit (§ 104), die beschränkte Geschäftsfähigkeit (§ 106) oder die Betreuung (§ 1896). Einer dieser Gründe muss im **Zeitpunkt**, in dem der Ernannte das Amt anzutreten hat, vorliegen. Überwiegend wird hierbei auf den Zeitpunkt abgestellt, in dem der Ernannte von der Ernennung erfährt (Palandt/Weidlich § 2201 Rn 1), denn ab diesem Zeitpunkt kann und sollte sich der Ernannte zur Ablehnung oder Annahme des Amtes äußern. Teilweise wird aber auch auf den Zeitpunkt des Zugangs der Annahmeerklärung bei dem Nachlassgericht abgestellt (MK/Zimmermann § 2201 Rn 3). Der Wortlaut der Vorschrift spricht für die letztgenannte Auffassung, da der Amtsantritt mit dem Beginn iSv § 2202 gleichzusetzen ist. Dies folgt schon daraus, dass es dem Ernannten bei Kenntniserlangung freisteht, ob er das Amt antreten will oder nicht, er es also zu diesem Zeitpunkt nicht „anzutreten hat".

3 2. **Rechtsfolge** ist die Unwirksamkeit der Ernennung. Das Amt entsteht nicht. Eine spätere Aufhebung oder Entlassung ist nicht erforderlich. Eine unwirksame Ernennung wird auch bei späterem Wegfall des Unwirksamkeitsgrundes nicht wirksam.

4 3. Tritt einer der genannten Unwirksamkeitsgründe erst **nach Amtsantritt** ein, so erlischt das Amt gem § 2225.

§ 2202 Annahme und Ablehnung des Amts

(1) Das Amt des Testamentsvollstreckers beginnt mit dem Zeitpunkt, in welchem der Ernannte das Amt annimmt.
(2) ¹Die Annahme sowie die Ablehnung des Amts erfolgt durch Erklärung gegenüber dem Nachlassgericht. ²Die Erklärung kann erst nach dem Eintritt des Erbfalls abgegeben werden; sie ist unwirksam, wenn sie unter einer Bedingung oder einer Zeitbestimmung abgegeben wird.
(3) ¹Das Nachlassgericht kann dem Ernannten auf Antrag eines der Beteiligten eine Frist zur Erklärung über die Annahme bestimmen. ²Mit dem Ablauf der Frist gilt das Amt als abgelehnt, wenn nicht die Annahme vorher erklärt wird.

1 I. 1. Die Übernahme des Amtes eines Testamentsvollstreckers ist **freiwillig**. Die ernannte Person bestimmt selbst über Annahme oder Ablehnung. Niemand kann einseitig

durch den Erblasser zur Übernahme gezwungen werden. Daher empfiehlt es sich, wenn die Annahme nicht gesichert erscheint, eine Ersatzernennung nach § 2197 II vorzunehmen. Andererseits besteht jedoch das Bedürfnis, zügig Gewissheit über Abnahme oder Annahme zu schaffen, da die Wirkungen der Testamentsvollstreckung für den Nachlass schon in der Zwischenzeit der Erbe gem § 2211 nicht mehr wirksam über Nachlassgegenstände verfügen, und Gläubiger des Erben können gem § 2214 nicht mehr in den Nachlass vollstrecken. Aus diesem Grund kann das Nachlassgericht gem Abs 3 eine Frist zur Erklärung setzen.

2. Es herrscht weiterhin Streit über die Frage, inwieweit der Ernannte privatrechtlich zur Annahme des Amtes verpflichtet werden kann.

a) Die Möglichkeit einer **vertraglichen Verpflichtung** wird überw bejaht. Die Ablehnung des Amtes kann in diesem Falle eine Schadensersatzpflicht oder eine Vertragsstrafe auslösen (Soergel/Damrau § 2202 Rn 1, 2). Strittig ist innerhalb dieser Meinungsgruppe, ob auch eine Klage auf Abgabe der Annahmeerklärung gem § 894 ZPO möglich ist (so Brox ErbR Rn 389; abl Soergel/Damrau § 2202 Rn 1, 2). Die Befürworter einer solchen Klage machen geltend, dass gem § 2218 I auf das Rechtsverhältnis zwischen Testamentsvollstrecker und Erben die Regeln des Auftragsrechts Anwendung finden und deshalb auch eine entspr Klage auf Erfüllung möglich sein müsse. Aber auch die Anhänger dieser Ansicht räumen ein, dass die Klage auf Abgabe der Annahmeerklärung wegen der jederzeitigen Kündigungsmöglichkeit gem § 2226 wenig zweckmäßig ist.

b) Genau mit diesem **Kündigungsrecht** begründen andere die generelle Unmöglichkeit einer wirksamen Verpflichtung (Staud/Reimann § 2202 Rn 25).

c) Eine **Verpflichtung** des Erblassers, eine bestimmte Person zu ernennen, scheitert an § 2302.

II. Das Amt beginnt nach Abs 1 mit der **Annahme**. Die Annahmeerklärung erfolgt ggü dem Nachlassgericht. Wenn sowohl das Nachlassgericht als auch das Grundbuchamt bei demselben Amtsgericht angegliedert sind, kann der Testamentsvollstrecker die Annahme seines Amts ausnahmsweise auch ggü dem Grundbuchamt wirksam erklären (LG Saarbrücken ErbR 09, 168). Sie muss unbedingt und unbefristet sein (Abs 2).

1. Die Annahmeerklärung unterliegt keiner bestimmten **Form**, kann also privatschriftlich oder mündlich zu Protokoll der Geschäftsstelle des Nachlassgerichtes erfolgen (Staud/Reimann § 2202 Rn 5). Erfolgt die Erklärung mündlich, so wird wegen § 2228 die Protokollierung der Erklärung als Wirksamkeitsvoraussetzung verlangt. Andere halten die Protokollierung zwar für geboten, sehen in ihr jedoch keine Wirksamkeitsvoraussetzung (MK/Zimmermann § 2202 Rn 5). In jedem Fall ist der Zugang der Erklärung (§ 130) erforderlich.

2. Die Annahmeerklärung kann erst **nach Eintritt des Erbfalles** wirksam abgegeben werden. Vorhergehende Testamentseröffnung oder Annahme der Erbschaft durch den Erben sind nicht erforderlich. Hat der Erblasser die Testamentsvollstreckung aufschiebend bedingt, indem er einen späteren Anfangstermin bestimmt hat, so kann der Ernannte das Amt schon vor diesem Zeitpunkt annehmen. Das Amt beginnt jedoch erst mit Bedingungseintritt bzw am festgesetzten Datum.

3. Rechtsfolge der Annahme ist nach Abs 1 der Beginn des Amtes. Mit diesem Zeitpunkt erlangt der Testamentsvollstrecker die Verwaltungs-, Verfügungs- und Prozessführungsbefugnisse bezogen auf den Nachlass. Für den Erben bestehen die Wirkungen der angeordneten Testamentsvollstreckung (insb §§ 2211, 2214) indes schon vor der Annahme.

a) Rechtsgeschäfte, die der Ernannte **vor Annahme** des Amtes getätigt hat, sind grds zunächst unwirksam und werden auch nicht mit späterer Annahme des Amtes automatisch wirksam (aA Lange/Kuchinke ErbR § 31 V 3, die § 1959 II analog heranziehen wollen).

b) Das Wirksamwerden von **Verpflichtungsgeschäften** erfordert eine Genehmigung gem §§ 177, 184 durch den nunmehr im Amt befindlichen Testamentsvollstrecker. Ein

einseitiges Rechtsgeschäft ist gem § 180 S 1 nichtig. Eine Heilungsmöglichkeit besteht nicht.
12 c) **Verfügungsgeschäfte** werden nach hM schon mit Amtsannahme gem § 185 II 1 2. Alt wirksam. Andere verlangen eine Genehmigung der Vorverfügung gem § 185 II 1 1. Alt.
13 d) Eine Einwilligung des Erben in die Verfügung des noch nicht im Amt befindlichen Testamentsvollstreckers ändert die Rechtslage nicht. Der Erbe ist auch zwischen Erbfall und Annahme des Testamentsvollstreckeramtes nicht mehr verfügungsberechtigt (§ 2211 und o Rn 9) und kann somit nicht wirksam einwilligen.
14 4. Erfolgt **keine Annahme**, beginnt das Amt des ernannten Testamentsvollstreckers nicht. Hat der Erblasser eine Ersatzernennung (§ 2197 II) vorgenommen oder für diesen Fall eine Ernennung durch das Nachlassgericht (§ 2000) angeordnet, so hat der Zweiternannte die Annahme oder Ablehnung des Amtes zu erklären. Fehlt es an einer derartigen Zweiternennung, endigt die angeordnete Testamentsvollstreckung, und der Erbe gewinnt die Verfügungsbefugnis zurück. Bis dahin vorgenommene Rechtsgeschäfte (von ihm oder dem ablehnenden Testamentsvollstrecker) kann er genehmigen. Tut er dies nicht, bleiben sie unwirksam.
15 5. Auf Antrag der Beteiligten (§ 2198 Rn 7) kann das Nachlassgericht dem Ernannten nach Abs 3 eine **Annahmefrist** setzen.
16 III. Für die Fristsetzung ist gem § 3 Nr 2 c RPflG der **Rechtspfleger** zuständig. Die Fristsetzung wird gem § 40 I FamFG mit Bekanntgabe an den Ernannten wirksam. Dem Ernannten steht gegen die Verfügung die Rechtspflegererinnerung zu, § 11 RPflG, § 355 FamFG.

§ 2203 Aufgabe des Testamentsvollstreckers
Der Testamentsvollstrecker hat die letztwilligen Verfügungen des Erblassers zur Ausführung zu bringen.

1 I. Die Vorschrift bildet die Grundnorm der **Abwicklungsvollstreckung**. Die rechtlichen Befugnisse dieser Vollstreckungsart für den Testamentsvollstrecker ergeben sich im Einzelnen aus §§ 2204–2208, 2212 und 2213, können aber durch den Erblasser modifiziert werden (§ 2208). Die Abwicklungsvollstreckung oder ausführende Vollstreckung stellt den gesetzlichen Regelfall dar, während die in § 2209 vorgesehene Verwaltungsvollstreckung nur dann Anwendung findet, wenn sie der Erblasser ausdrücklich angeordnet hat. Die Aufgabe des Testamentsvollstreckers liegt bei der Abwicklungsvollstreckung darin, die Verfügungen des Erblassers auszuführen und so den vom Erblasser gewünschten Zustand herbeizuführen.
2 II. 1. Gesetzlich vorgesehen ist die Vollstreckung des gesamten Nachlasses durch einen sog **Generalvollstrecker**. Der Erblasser kann die Befugnisse des Testamentsvollstreckers aber auch auf bestimmte Nachlassgegenstände oder Aufgaben beschränken (§ 2208). Auch eine Kombination von Abwicklungs- und Verwaltungsvollstreckung kann durch den Erblasser angeordnet werden, beispielsweise in der Form, dass zunächst Verwaltungs- und erst ab einem späteren Zeitpunkt Abwicklungsvollstreckung durchzuführen ist. Auch kann der Erblasser gem § 2208 II und insoweit abw von § 2203 bestimmen, dass der Testamentsvollstrecker selbst kein eigenes Verfügungsrecht innehat, sondern lediglich für die Beaufsichtigung der Erben zuständig ist (sog beaufsichtigende Vollstreckung).
3 2. Die Abwicklungsvollstreckung umfasst eine Vielzahl von möglichen **Aufgaben** des Testamentsvollstreckers, die im Einzelnen durch den Erblasser konkretisiert oder eingeschränkt werden können. Zu diesen zählen ua sämtliche Verfügungen, die, wäre keine Testamentsvollstreckung angeordnet worden, die Erben vorzunehmen hätten, also beispielsweise die Ausführung von Vermächtnissen und sonstigen Auflagen und die Erfüllung von Pflichtteilsansprüchen. Weiter hat der Testamentsvollstrecker beispielsweise die Eintragung der Erben im Grundbuch mit Testamentsvollstreckervermerk gem § 52 GBO zu veranlassen, die Auseinandersetzung gem § 2204 zu bewirken, eine Be-

stattungsanordnung auszuführen oder nach § 28 II UrhG bestehende Urheberrechte auszuüben. Auch die Begleichung der Steuerschulden, insb der Erbschaftsteuer, obliegt dem Testamentsvollstrecker. Bei vorsätzlicher oder grob fahrlässiger Verletzung seiner Pflichten aus dem Steuerschuldverhältnis haftet er gem §§ 34, 69 AO neben den Erben persönlich. Zu Beginn der Vollstreckung hat er – soweit dieses noch nicht geschehen ist – die Eröffnung des Testaments herbeizuführen, um sich über Art und Umfang seiner Aufgaben zu informieren. Der Testamentsvollstrecker ist berechtigt, das Nachlassinsolvenzverfahren zu beantragen, wenn ihm die Verwaltung des Nachlasses zusteht (§ 317 I InsO).

a) Die Ausführung der letztwilligen Verfügungen gem § 2203 setzt zunächst die **Wirk-** 4 **samkeit** der Anordnungen voraus, die der Testamentsvollstrecker festzustellen hat. Ferner kann und muss der Testamentsvollstrecker die Verfügungen auslegen, sollte aber bei größeren Unsicherheiten ein Einvernehmen mit den Erben erzielen. Führt der Testamentsvollstrecker eine nur vermeintliche Anordnung, zB ein in der Form nicht bestehendes Vermächtnis aus, so macht er sich gem § 2219 schadensersatzpflichtig. Um dieser Haftung vorzubeugen, hat der Testamentsvollstrecker die Möglichkeit zur Klärung der Gültigkeit oder Auslegung einer Verfügung eine Feststellungsklage gem 256 ZPO zu erheben.

b) Der Testamentsvollstrecker verwaltet den Nachlass und nicht die Rechte der Erben 5 am Nachlass. Dementspr ist er **nicht** befugt, über **das Erbrecht als solches** zu bestimmen, zB die Erbschaft anzunehmen oder auszuschlagen. Auch ein Anfechtungsrecht gem § 2078 hat der Testamentsvollstrecker grds nicht. Hins der testamentarischen Ernennung zum Testamentsvollstrecker ist dies auch wegen der notwendigen Annahmeerklärung gem § 2202 und dem jederzeitigen Kündigungsrecht gem § 2226 nicht erforderlich. Ein Anfechtungsrecht ist ihm lediglich dann zu gewähren, wenn eine weitere letztwillige Verfügung die Rechte des Testamentsvollstreckers einschränkt. Zur Geltendmachung der Anfechtbarkeitseinrede gem § 2083 benötigt der Testamentsvollstrecker die Zustimmung der Erben.

3. Die Abwicklungsvollstreckung ist im Ggs zur Dauervollstreckung grds zeitlich **unbe-** 6 **fristet**.

§ 2204 Auseinandersetzung unter Miterben

(1) Der Testamentsvollstrecker hat, wenn mehrere Erben vorhanden sind, die Auseinandersetzung unter ihnen nach Maßgabe der §§ 2042 bis 2057 a zu bewirken.
(2) Der Testamentsvollstrecker hat die Erben über den Auseinandersetzungsplan vor der Ausführung zu hören.

I. Die Vorschrift enthält die zweite Aufgabe des Testamentsvollstreckers in der Ab- 1 wicklungsvollstreckung, wenn eine **Erbengemeinschaft** vorhanden ist. Neben der Ausführung der letztwilligen Anordnungen des Erblassers gem § 2203 obliegt ihm hiernach des Weiteren die Bewirkung der Auseinandersetzung nach §§ 2042–2057 a. Durch das Gesetz zur Änderung des Erb- und Verjährungsrechts (dazu Vor §§ 1922– 2385 Rn 10) wurden auch die §§ **2057, 2057 a** einbezogen. Der Testamentsvollstrecker kann nun die Auseinandersetzung unter den Miterben vollständig durchführen, da er jetzt auch die besonderen Leistungen eines Abkömmlings nach § 2057 a berücksichtigen kann.

II. Der Testamentsvollstrecker ist zur Durchführung der Auseinandersetzung **verpflich-** 2 **tet**. Betreibt er sie nicht, so kann er von den Erben auf Durchführung verklagt werden. Eine Auseinandersetzung ohne Mitwirkung des Testamentsvollstreckers ist den Erben verwehrt. Die Vorschrift des § 2042 gilt mit der Maßgabe, dass Teilung nur vom Testamentsvollstrecker verlangt werden kann. Allerdings kann der Testamentsvollstrecker die Teilung nicht gegen den Willen aller Miterben durchführen oder fortsetzen.

1. Die **Auseinandersetzung** erfolgt gem den §§ 2042–2057 a. Vorrangig sind daher 3 nach § 2046 die Nachlassverbindlichkeiten zu berichtigen, wenngleich die Auseinandersetzung unter Zurückhaltung der erforderlichen Beträge bereits begonnen werden

kann (BGHZ 51, 127). Unter den Voraussetzungen der §§ 2043 ff ist die Auseinandersetzung aufzuschieben oder zu unterlassen. Primär sind gem § 2048 Teilungsanordnungen des Erblassers zu berücksichtigen. Die Verteilung von Nachlasswerten an die jeweiligen Miterben erfolgt durch rechtsgeschäftliche Einzelübertragung, die der Testamentsvollstrecker aufgrund seiner nach § 2205 S 2 bestehenden Verfügungsmacht vornimmt.

4 2. Abs 2 wird als Auftrag an den Testamentsvollstrecker verstanden, einen **Teilungsplan** aufzustellen. Dieser ersetzt einen Auseinandersetzungsvertrag (BayObLGZ 67, 240) und bedarf keiner Genehmigung durch die Erben oder (anders als ein Erbteilungsvertrag bei minderjährigen Miterben, § 1822 Nr 2) des Vormundschaftsgerichts. Ist der Plan aufgestellt, ist der Testamentsvollstrecker daran grds gebunden. Die vorgesehene Anhörung der Erben hindert die Wirksamkeit des Plans im Falle ihres Fehlens nicht. Der Plan muss jedoch im Einklang mit den gesetzlichen Vorschriften und va den Anordnungen des Erblassers stehen, andernfalls ist er unwirksam. Die Teilungsregeln der §§ 2042 II, 752 ff binden den Testamentsvollstrecker nicht, da insofern der Teilungsplan vorrangig ist.

§ 2205 Verwaltung des Nachlasses, Verfügungsbefugnis

¹Der Testamentsvollstrecker hat den Nachlass zu verwalten. ²Er ist insbesondere berechtigt, den Nachlass in Besitz zu nehmen und über die Nachlassgegenstände zu verfügen. ³Zu unentgeltlichen Verfügungen ist er nur berechtigt, soweit sie einer sittlichen Pflicht oder einer auf den Anstand zu nehmenden Rücksicht entsprechen.

1 I. Die Vorschrift regelt die grds **Befugnisse** des Testamentsvollstreckers hins des Nachlasses bei der Erfüllung seiner Aufgabe. Danach obliegt dem Testamentsvollstrecker die Verwaltung (S 1), er hat den Nachlass in Besitz zu nehmen und kann über Nachlassgegenstände verfügen (S 2), diese aber im Regelfall nicht verschenken (S 3). Die Vorschrift wird durch weitere Regelungen ergänzt. So bestimmt § 2216, dass mit dem Verwaltungsrecht des Testamentsvollstreckers eine Pflicht zur ordnungsgemäßen Verwaltung korrespondiert. Das Recht, Aktivprozesse zu führen, das ebenfalls den Verwaltungsbefugnissen zuzurechnen ist, wird in § 2212 dem Erben noch einmal ausdrücklich entzogen. Gleiches oder Entspr gilt für die Verfügungsbefugnis, § 2211. Die in § 2205 genannten Befugnisse sind also dem Testamentsvollstrecker ausschließlich und unter Verdrängung des Erben zugeordnet. Der Nachlass wird zu einem fremdverwalteten Sondervermögen (§ 2214), freilich ohne dass dies wie in den §§ 1975 ff bereits zu einer Haftungsbeschränkung führte. Wird über das Vermögen des Erben Insolvenz angeordnet, so fällt der Nachlass in die Insolvenzmasse und bildet bis zur Beendigung der Testamentsvollstreckung eine Sondermasse, auf welche die Nachlassgläubiger, nicht hingegen die Erbengläubiger zugreifen können (BGH NJW 06, 2698). Trotz des umfassenden Entzugs der Verwaltungs- und Verfügungsrechte bleibt der Erbe Rechtsträger des Nachlasses. Die Norm wird ferner ergänzt durch die §§ 2206–2208. In § 2206 wird noch einmal klargestellt, was an sich bereits aus der Verwaltungsbefugnis folgt, nämlich dass der Testamentsvollstrecker auch eine Verpflichtungsbefugnis zulasten des Nachlasses hat. Die weit reichenden Befugnisse des Testamentsvollstreckers kann der Erblasser beschränken (§ 2208).

2 II. 1. Nach S 1 obliegt dem Testamentsvollstrecker die **Verwaltung** des Nachlasses. Dies umfasst grds alle rechtlichen und tatsächlichen Maßnahmen mit Bezug zum Nachlass. Vorbehaltlich einer Beschränkung nach § 2208 erstreckt sie sich auf den gesamten Nachlass. In zeitlicher Hinsicht dauert sie so lange an, wie die Testamentsvollstreckung selbst. Handelt es sich um eine reine Verwaltungsvollstreckung (§ 2209), gilt die zeitliche Grenze des § 2210. Für Urheberrechte gilt die Sonderbestimmung des § 28 UrhG. Hins einzelner Gegenstände endet die Verwaltungsbefugnis mit Freigabe nach § 2217. Die Verwaltungsbefugnis ist dem Testamentsvollstrecker grds ausschließlich, also unter Verdrängung des Erben, zugewiesen. Für die aktive Prozessführungsbefugnis stellt dies § 2212 noch einmal ausdrücklich klar. Zur Verwaltung gehört an sich auch

die in § 2206 separat behandelte Verpflichtungsbefugnis. Abs 2 des § 2206 ist nicht dahin gehend zu verstehen, dass der Testamentsvollstrecker zur wirksamen Verpflichtung der Einwilligung des Erben bedürfe. Auch hier bleibt es bei der ausschließlichen Zuweisung der Verwaltungsbefugnisse an den Testamentsvollstrecker. § 2206 II dient nur der Absicherung desselben vor Schadensersatzansprüchen (§ 2219). Der umfassenden Verwaltungsbefugnis steht die Pflicht zur ordnungsgemäßen Verwaltung gem § 2216 ggü, bei deren Verletzung ebenfalls ein Schadensersatzanspruch der Erben gem § 2219 gegen den Testamentsvollstrecker oder seine Entlassung gem § 2227 in Betracht kommt.

a) Grundlage einer ordnungsgemäßen Verwaltung ist das Recht zur **Inbesitznahme** nach S 2. Gem § 857 tritt zunächst der Erbe in die besitzrechtliche Position des Erblassers ein. Aus dem Recht zur Inbesitznahme kann der Testamentsvollstrecker lediglich einen schuldrechtlichen Anspruch auf Besitzübergabe gegen den Erben herleiten, den er ggf einklagen muss. Es handelt sich nicht um einen von der materiellen Rechtslage losgelösten Anspruch (KG FamRZ 13, 977). Hat der Testamentsvollstrecker den unmittelbaren Besitz erlangt, so bleibt der Erbe mittelbarer Besitzer. Der Testamentsvollstrecker kann nach Besitzerlangung die Besitzschutzrechte gem §§ 859 ff geltend machen.

b) Zu den allg **Verwaltungsmaßnahmen** zählen beispielsweise die Beitreibung von Nachlassforderungen, auch wenn Schuldner der Forderungen der Erbe selbst ist, sowie die Erfüllung von Nachlassverbindlichkeiten, wie Steuerschulden des Erblassers und die Erbschaftsteuer. Pflichtteilsansprüche können nicht ohne Willen des Erben rechtsgeschäftlich anerkannt werden (BGHZ 51, 125). Hierfür spricht, dass ausnahmsweise nur der Erbe gem § 2213 I 3 im Falle der gerichtlichen Geltendmachung eines solchen Anspruchs passivlegitimiert ist. Der Testamentsvollstrecker kann die Nachlassverwaltung (§ 1981) und das Nachlassinsolvenzverfahren (§ 317 I InsO) ebenso wie das Aufgebot (§ 991 II ZPO) beantragen und die Einreden aus §§ 2014 ff geltend machen. Den Erbschaftsanspruch aus § 2018 kann er geltend machen.

c) Die Verwaltungsbefugnis erstreckt sich **nicht** auf höchstpersönliche Rechte des Erben, der Rechtsträger des Nachlasses bleibt. Es steht dem Testamentsvollstrecker daher weder die Annahme oder Ausschlagung der Erbschaft noch die Anfechtung nach § 2078 zu.

d) Zur **Verpflichtungsbefugnis** des Testamentsvollstreckers vgl § 2206.

e) Zu den Besonderheiten der Verwaltung, wenn ein **Handelsgeschäft oder Gesellschaftsanteile** in den Nachlass fallen vgl u Rn 14 ff.

2. S 2 gewährt dem Testamentsvollstrecker auch eine generelle **Verfügungsbefugnis**, die lediglich durch das Verbot unentgeltlicher Verfügungen in S 3 und evtl einschränkende Bestimmungen des Erblassers gem § 2208 begrenzt wird. Auch die Verfügungsbefugnis ist eine ausschließliche, da § 2211 diese dem Erben ausdrücklich entzieht. Die Verfügungsbefugnis des Testamentsvollstreckers geht damit deutlich über diejenige eines Vorerben in §§ 2112–2115 hinaus.

a) Der **Umfang** der Verfügungsbefugnis ist weit reichend. Sie erstreckt sich vorbehaltlich einer Einschränkung durch den Erblasser (§ 2208) auf alle Nachlassgegenstände. Sie ist im Interesse der Rechtssicherheit im Außenverhältnis auch dann unbeschränkt, wenn sie nicht für eine ordnungsgemäße Verwaltung erforderlich ist (abw für die Verpflichtungsbefugnis § 2206 I 1). Dem Testamentsvollstrecker drohen dann freilich Schadensersatzansprüche des Erben (§ 2219). Da die Verfügungsbefugnis sich ausdrücklich nur auf Nachlassgegenstände erstreckt, kann der Testamentsvollstrecker nicht über einen Miterbenanteil (§ 2033) verfügen. Den Beschränkungen der §§ 2113 f unterliegt der Testamentsvollstrecker auch dann nicht, wenn er allein für einen nicht befreiten **Vorerben** eingesetzt ist (RG JW 38, 1454; OLG Stuttgart BWNotZ 80, 92; aA MK/Zimmermann § 2205 Rn 64; sehr str).

b) Beschränkungen der Verfügungsbefugnis ergeben sich aus S 3 für **unentgeltliche Geschäfte**. Unentgeltlichkeit liegt vor, wenn objektiv dem weggegebenen Vermögensgegenstand kein entspr Gegenwert gegenübersteht und der Testamentsvollstrecker dies subjektiv wusste oder wissen musste (BGH NJW 91, 842). Maßgeblicher Zeitpunkt ist die Vornahme der Verfügung. Zum Nachw der Entgeltlichkeit können auch allgemeine

Erfahrungssätze herangezogen werden (OLG München FamRZ 12, 1170). Rechtsgrundlosigkeit steht der Unentgeltlichkeit gleich. Das Verbot gilt nicht beim Vollzug von Schenkungsversprechen des Erblassers. Ebenso wenig gilt es für solche unentgeltlichen Verfügungen, die einer sittlichen Pflicht oder einer auf den Anstand zu nehmenden Rücksicht entsprechen (vgl § 2113 II 2). Die Wirkung der Verfügungsbeschränkung ist eine dingliche. Widersprechende Verfügungen sind folglich unwirksam. Diese Rechtsfolge tritt dann nicht ein, wenn alle durch das Verbot geschützten Personen (Erben, Nacherben, Vermächtnisnehmer) der Verfügung zugestimmt haben oder sie genehmigen. S 3 erfordert eine unmittelbare Einwirkung auf das Vermögen des Erben. Ggü einer kontoführenden Bank ist die Vorschrift daher nicht anwendbar, wenn der Testamentsvollstrecker auf das Guthaben des Erben zugreift (OLG Koblenz ZEV 08, 334).

11 c) Eine **Beschränkung** der Verfügungsbefugnis kann auch **durch den Erblasser** angeordnet werden (§ 2208 I 1). Auch diese Beschränkung wirkt dinglich; es kommt aber gem §§ 2368 III, 2366 ein Schutz des gutgläubigen Erwerbers in Betracht, wenn die Verfügungsbeschränkung nicht gem § 2368 I 2 im Testamentsvollstreckerzeugnis angegeben war.

12 d) Des Weiteren ist die Vorschrift des § 181 über **Insichgeschäfte** auf den Testamentsvollstrecker entspr anwendbar (BGHZ 30, 69). Die Auslegung kann eine Gestattung durch den Erblasser ergeben, jedoch muss in diesem Fall bei jedem konkreten Geschäft hinzukommen, dass es sich iR ordnungsgemäßer Verwaltung bewegt (BGHZ 30, 70).

13 3. Dem Nachw der **Legitimation** des Testamentsvollstreckers dient das Testamentsvollstreckerzeugnis (ausf § 2368) sowie die Eintragung des Testamentsvollstreckervermerks in das Grundbuch (§ 52 GBO) und der Nachw der Verfügungsbefugnis ggü dem Grundbuchamt nach §§ 29, 35 II GBO.

14 III. Unterliegen **Handelsgeschäfte, Gesellschaftsanteile** oder andere Beteiligungen und Mitgliedschaften der Verwaltung eines Testamentsvollsteckers, so führt dieses teilweise zu Kollisionen mit Regelungen des Handels- und Gesellschaftsrechts.

15 1. In § 22 HGB ist vorgesehen, dass der Erbe eines **einzelkaufmännischen Unternehmens** dieses unter der bisherigen Firma mit oder ohne Nachfolgezusatz fortführen darf. Für Altschulden haftet er, wenn er unter der alten Firma auftritt, unbeschränkt, wenn er unter einer neuen Firma auftritt, auf den Nachlass beschränkt. Für neue Verbindlichkeiten haftet der das Geschäft fortführende Erbe stets unbeschränkt. Aus erbrechtlicher Sicht gehören die neuen vom Testamentsvollstrecker eingegangenen Geschäftsschulden aber zu den Nachlassverbindlichkeiten, die Gegenstand beschränkbarer Haftung sind. Zur Lösung dieses Konfliktes hins des Haftungsumfanges sind verschiedene Ansätze entwickelt worden (vgl hierzu auch Weidlich NJW 11, 641).

16 a) Ein Teil der Literatur will den erbrechtlichen Regelungen Vorrang einräumen (Baur FS Dölle 1963, Bd I S 249 ff; **Testamentsvollstreckerlösung**). Danach verwalte der Testamentsvollstrecker das Handelsgeschäft. Für die durch ihn iR dieser Verwaltung eingegangenen Verbindlichkeiten hafte er selbst nicht und der Erbe auf den Nachlass beschränkt. Um diese einschränkbare Haftung offen zu legen, müsse die Testamentsvollstreckung in das Handelsregister eingetragen werden. Dieser Ansicht wird entgegengehalten, dass die Testamentsvollstreckung keine eintragungsfähige Tatsache sei, weil der Umfang der Befugnisse des Testamentsvollstreckers divergiere und die Eintragung damit zu unbestimmt sei (RGZ 132, 141). Vor allem löst sie jedoch den Widerspruch zur handelsrechtlichen Haftungsordnung nicht.

17 b) Das Haftungsproblem soll nach der **Vollmachtslösung** durch eine vom Erben erteilte Bevollmächtigung des Testamentsvollstreckers, welche eine unbeschränkbare Haftung des Erben ermöglichen würde, gelöst werden. Der Erbe wird zunächst ohne weiteren Zusatz als Inhaber in das Handelsregister eingetragen und haftet als solcher für Neuschulden persönlich und unbeschränkt. Um den Erben in dieser Weise über den Nachlass hinaus verpflichten zu können, bedarf der Testamentsvollstrecker einer im Zeitraum der Testamentsvollstreckung unwiderruflichen Vollmacht des Erben. Der Erblasser kann die Bevollmächtigung dadurch forcieren, dass er sie zur Auflage gem §§ 1940, 2192 ff oder Bedingung gem §§ 2074 ff macht. Auch die Erteilung einer postmortalen

Vollmacht ist denkbar. Um einen Widerruf durch einen Erben zu vermeiden, muss in diesem Fall der Erblasser die Erbeinsetzung oder das Vermächtnis unter die Bedingung des Nichtwiderrufs bzw unter eine entspr Auflage stellen. Teilweise wird heute auch angenommen, dass sich eine Pflicht des Erben zur Bevollmächtigung des Testamentsvollstreckers schon aus § 2205 selbst ergebe (Lange/Kuchinke ErbR § 31 V 7 b). Ein Teil der Literatur sieht zwar grds in der freiwilligen Bevollmächtigung durch den Erben eine Lösungsmöglichkeit, meint jedoch, dass der Erbe nicht durch den Erblasser gezwungen werden könne, eine solche Vollmacht zu erteilen (MK/Zimmermann § 2205 Rn 25 f). Wenn sich der Erbe weigere, den Testamentsvollstrecker entspr zu bevollmächtigen, versage nach dieser Ansicht die Vollmachtslösung.

c) Während die zuvor genannte Vollmachtslösung zu einer unbeschränkten Haftung **18** des Erben führt, geht eine dritte Meinungsgruppe von der Idee aus, die unbeschränkte Haftung nicht beim Erben, sondern beim handelnden Testamentsvollstrecker herbeizuführen. Hierbei nimmt der Testamentsvollstrecker die Position eines Treuhänders ein, die **Treuhandlösung**. Er wird als Inhaber des Geschäftes in das Handelsregister ohne weiteren Zusatz eingetragen. Nach außen stellt sich der Vorgang als Geschäftsübertragung dar. Für den Erben kommt es einer Geschäftseinstellung gleich, die zu einer Haftungsbeschränkung auf Altschulden gem § 27 II HGB führt. Den nunmehr in eigenem Namen auftretenden Testamentsvollstrecker trifft die persönliche Haftung (RGZ 132, 142; BGHZ 12, 102). Im Innenverhältnis zwischen Testamentsvollstrecker und den Erben gelten die Regelungen des Testamentsvollstreckerrechts, so dass der Testamentsvollstrecker Befreiung von Verbindlichkeiten und Aufwendungsersatz gem §§ 2218 I, 670 verlangen kann. Zur Treuhandlösung dürfte der Testamentsvollstrecker idR jedoch nicht bereit sein, denn während er im Außenverhältnis persönlich haftet, haften ihm die Erben im Innenverhältnis auf den Nachlass beschränkbar.

2. Verstirbt ein persönlich haftender Gesellschafter einer **OHG oder KG**, so kann dieses unterschiedliche Konsequenzen für die Gesellschaft und die Testamentsvollstreckung haben. **19**

a) Nach §§ 131 III Nr 1, 161 II HGB führt der Tod eines Gesellschafters mangels abw **20** vertraglicher Bestimmung nur zum Ausscheiden des Gesellschafters.

b) Mit Tod des Gesellschafters entsteht somit ein Abfindungsanspruch gem § 738 I, **21** der Teil des Nachlasses ist und damit ebenfalls der Testamentsvollstreckung unterliegt.

c) Der Gesellschaftsvertrag kann auch eine erbrechtliche **Nachfolgeklausel** enthalten. **22** Der Benannte wird in diesem Fall im Wege der Sondererbfolge (Singularsukzession) Inhaber des Gesellschaftsanteils. Auch dann gehört der Anteil heute unstreitig zum Nachlass und unterfällt damit ebenfalls der Testamentsvollstreckung. In der Ausübung von Mitgliedschaftsrechten ist der Testamentsvollstrecker allerdings beschränkt (näher BGHZ 98, 48; OLG Düsseldorf ZEV 08, 142). Hier kommt es zu einem ähnlichen Haftungskonflikt wie bei der Vererbung eines einzelkaufmännischen Unternehmens. Während nach Gesellschaftsrecht der Anteilsinhaber auch persönlich für die Verbindlichkeiten der Gesellschaft haftet, sehen die erbrechtlichen Regelungen eine auf den Nachlass beschränkbare Haftung der Erben vor. Auch hier werden Treuhand- und Vollmachtslösung vertreten.

3. Die lange umstrittene Frage, ob **Kommanditanteile** der Testamentsvollstreckung un- **23** terliegen, wird heute nach einem klärenden Urt in BGHZ 108, 195 im Grundsatz bejaht, denn der Erbe haftet als Kommanditist nach § 171 I HGB nur beschränkt, eine Divergenz zum Erbrecht besteht damit idR nicht.

4. Anteile an **Kapitalgesellschaften** unterliegen der Verwaltung des Testamentsvollstre- **24** ckers, ohne dass dies besondere Probleme aufwirft. Die Wahrnehmung der Gesellschafterrechte bzgl eines zum Nachlass gehörenden GmbH-Anteils ist nur insoweit ausgeschlossen, wie die Satzung anderweitige Regelungen trifft (OLG Frankfurt ZEV 08, 606).

§ 2206 Eingehung von Verbindlichkeiten

(1) ¹Der Testamentsvollstrecker ist berechtigt, Verbindlichkeiten für den Nachlass einzugehen, soweit die Eingehung zur ordnungsmäßigen Verwaltung erforderlich ist. ²Die Verbindlichkeit zu einer Verfügung über einen Nachlassgegenstand kann der Testamentsvollstrecker für den Nachlass auch dann eingehen, wenn er zu der Verfügung berechtigt ist.

(2) Der Erbe ist verpflichtet, zur Eingehung solcher Verbindlichkeiten seine Einwilligung zu erteilen, unbeschadet des Rechts, die Beschränkung seiner Haftung für die Nachlassverbindlichkeiten geltend zu machen.

1 I. Die Vorschrift regelt die Befugnis des Testamentsvollstreckers, **Verpflichtungen** zulasten des Nachlasses einzugehen. Hins des Umfangs dieser Verpflichtungsbefugnis wird differenziert. Grds ist sie, anders als die Verfügungsbefugnis (§ 2205 S 2), auf solche Geschäfte beschränkt, die iR einer ordnungsgemäßen Verwaltung erforderlich sind (Abs 1 S 1). Damit aber die umfassende Verfügungsbefugnis nicht ihre Bedeutung verliert, kann der Testamentsvollstrecker die dafür erforderlichen Verpflichtungen soweit eingehen, wie seine Verfügungsbefugnis reicht (Abs 1 S 2). Der Erblasser kann dem Testamentsvollstrecker gem § 2207 eine weiter gehende Verpflichtungsbefugnis einräumen. Ebenso kann er die Rechte des Testamentsvollstreckers nach § 2208 einschränken. Von einer Erweiterung ist idR bei der Verwaltungsvollstreckung des § 2209 auszugehen.

2 II. 1. Die **Berechtigung** zum Abschluss eines Verpflichtungsgeschäftes kann sich sowohl aus § 2206 I 1 als auch aus § 2206 I 2 ergeben.

3 a) In Abs 1 S 1 wird dem Testamentsvollstrecker die Verpflichtungsbefugnis gewährt, soweit dies zur **ordnungsgemäßen Verwaltung** erforderlich ist. Entgg dem Wortlaut wird im Interesse der Rechtssicherheit allg angenommen, dass eine Verpflichtung auch dann wirksam ist, wenn sie nicht objektiv zur ordnungsgemäßen Verwaltung erforderlich war, der Dritte aber subjektiv ohne Fahrlässigkeit hiervon ausgehen durfte (BGH NJW 83, 40).

4 b) Abs 1 S 2 erteilt dem Testamentsvollstrecker die Verpflichtungsbefugnis auch für solche Erklärungen, die zur Vornahme einer dem Testamentsvollstrecker (nach §§ 2205 S 2, 2208) möglichen **Verfügung über Nachlassgegenstände** verpflichten. Das einschränkende Merkmal der Erforderlichkeit zur ordnungsgemäßen Verwaltung besteht hier nicht. Durch die Regelung wird ein Auseinanderfallen von Verpflichtungs- und Verfügungsbefugnis vermieden. Kann der Testamentsvollstrecker über einen Gegenstand wirksam verfügen, so sollen auch das zugrunde liegende Kausalgeschäft wirksam und bereicherungsrechtliche Ansprüche ausgeschlossen sein. Überschreitet das Kausalgeschäft die ordnungsgemäße Verwaltung, haben die Erben lediglich einen Schadensersatzanspruch gem § 2219. Einschränkend sind hier die im Vertreterrecht entwickelten Grundsätze des Missbrauchs der Vertretungsmacht anzuwenden. Haben Dritter und Testamentsvollstrecker bewusst gemeinsam zur Schädigung der Erben gehandelt, ist das Kausalgeschäft unwirksam. Ferner sollen sich auch dann auf den Missbrauch der Vertretungsmacht berufen können, wenn der Testamentsvollstrecker sich ersichtlich verdächtig verhalten hat (BGH NJW-RR 89, 643).

5 2. Die **Rechtsfolgen** fehlender Verpflichtungsbefugnis ergeben sich aus §§ 177 ff. Grds wird der Nachlass nicht wirksam verpflichtet, es sei denn, der Erbe genehmigt das Geschäft nachträglich (§ 177). Bleibt die Genehmigung aus, haftet der Testamentsvollstrecker als Vertreter ohne Vertretungsmacht (§ 179). Diese Haftung ist allerdings nach § 179 III ausgeschlossen, wenn der andere Teil im Fall des Abs 1 S 1 wusste oder wissen musste, dass das Geschäft nicht zur ordnungsgemäßen Verwaltung des Nachlasses erforderlich war (musste er dies nicht wissen, besteht ohnehin eine Verpflichtungsbefugnis, vgl o Rn 3).

6 3. Nach **Abs 2** sind die Erben verpflichtet, in die Eingehung von Verbindlichkeiten nach Abs 1 einzuwilligen. Die Wirksamkeit der Verpflichtung richtet sich aber allein nach Abs 1. Besteht danach eine Verpflichtungsbefugnis, wird diese durch die fehlende Einwilligung nach Abs 2 nicht genommen. Der Zweck des Abs 2 ist vielmehr ein ande-

rer. Durch die **Einwilligung** kann sich der Testamentsvollstrecker gegen eine spätere Schadensersatzforderung der Erben gem § 2219 schützen. Willigen die Erben in die Verpflichtung ein, so können sie später einen Schadensersatzanspruch nicht mehr geltend machen, wenn die Verpflichtung tatsächlich nicht iR ordnungsgemäßer Verwaltung lag. Die Verpflichtung zur Einwilligung besteht daher nur, wenn das Rechtsgeschäft zur ordnungsgemäßen Verwaltung erforderlich ist, und zwar auch dann, wenn der Testamentsvollstrecker eine Verpflichtungsbefugnis aus § 2206 I 2 hat. Unterliegt die Verbindlichkeit nicht der ordnungsgemäßen Verwaltung, kann das Geschäft zwar gem § 2206 I 2 wirksam sein, eine Zustimmung hierzu kann der Testamentsvollstrecker aber nicht verlangen.

§ 2207 Erweiterte Verpflichtungsbefugnis

¹Der Erblasser kann anordnen, dass der Testamentsvollstrecker in der Eingehung von Verbindlichkeiten für den Nachlass nicht beschränkt sein soll. ²Der Testamentsvollstrecker ist auch in einem solchen Falle zu einem Schenkungsversprechen nur nach Maßgabe des § 2205 Satz 3 berechtigt.

I. Nach dieser Vorschrift kann der Erblasser die nach § 2206 beschränkte Verpflich- 1
tungsbefugnis **erweitern**, sie also auch auf Geschäfte, die außerhalb des zur ordnungsgemäßen Verwaltung erforderlichen liegen, ausdehnen. Die Vorschrift kommt va den Vertragspartnern des Testamentsvollstreckers zugute.

II. 1. Der Erblasser muss die erweiterte Verpflichtungsbefugnis ausdrücklich oder kon- 2
kludent durch letztwillige Verfügung **anordnen**. Bei der Verwaltungsvollstreckung gilt die erweiterte Verpflichtungsbefugnis im Zweifel gem § 2209 S 2 als erteilt. Auch wenn der Testamentsvollstrecker ein Verschaffungsvermächtnis zu erfüllen hat, ist idR eine hierzu erforderliche erweiterte Befugnis anzunehmen, da der Erwerb des Gegenstandes die Grenzen des zur ordnungsgemäßen Verwaltung Erforderlichen übersteigt (RGZ 85, 7; zweifelnd MK/Zimmermann § 2207 Rn 4).

2. Die **Wirkung** der Vorschrift besteht darin, dass ein Dritter grds von der Verpflich- 3
tungsbefugnis des Testamentsvollstreckers ausgehen darf ohne zu überprüfen, ob die Maßnahme innerhalb der ordnungsgemäßen Verwaltung liegt.

a) Ist ein **Missbrauch** der Verpflichtungsbefugnis durch den Testamentsvollstrecker 4
dem Dritten bei Abschluss des Rechtsgeschäfts jedoch erkennbar, so ist das Geschäft unwirksam (MK/Zimmermann § 2207 Rn 3).

b) Im **Innenverhältnis** zwischen Testamentsvollstrecker und Erben hat die erweiterte 5
Verpflichtungsbefugnis des Testamentsvollstreckers keine Auswirkungen. Für einen Schadensersatzanspruch der Erben gem § 2219 gilt weiterhin der Maßstab des § 2206 I 1. Der Anspruch der Erben aus § 2219 ist gem § 2220 auch nicht abdingbar. Der Testamentsvollstrecker kann daher auch bei erweiterter Verpflichtungsbefugnis die Zustimmung der Erben gem § 2206 II verlangen, wenn das Verpflichtungsgeschäft zur ordnungsgemäßen Verwaltung gehört.

3. Zur Abgabe eines **Schenkungsversprechens**, welches nicht einer sittlichen Pflicht 6
oder einer auf den Anstand zu nehmenden Rücksicht entspricht, ist der Testamentsvollstrecker auch bei einer erweiterten Verpflichtungsbefugnis gem § 2207 S 2 nicht berechtigt. Auch die Erstreckung der Verpflichtungsbefugnis auf das Privatvermögen der Erben durch den Erblasser ist nicht möglich.

III. Gem § 2368 I 2 ist die Erweiterung der Verpflichtungsbefugnis in das Testaments- 7
vollstreckerzeugnis einzutragen.

§ 2208 Beschränkung der Rechte des Testamentsvollstreckers, Ausführung durch den Erben

(1) ¹Der Testamentsvollstrecker hat die in den §§ 2203 bis 2206 bestimmten Rechte nicht, soweit anzunehmen ist, dass sie ihm nach dem Willen des Erblassers nicht zustehen sollen. ²Unterliegen der Verwaltung des Testamentsvollstreckers nur einzelne

Nachlassgegenstände, so stehen ihm die in § 2205 Satz 2 bestimmten Befugnisse nur in Ansehung dieser Gegenstände zu.
(2) Hat der Testamentsvollstrecker Verfügungen des Erblassers nicht selbst zur Ausführung zu bringen, so kann er die Ausführung von dem Erben verlangen, sofern nicht ein anderer Wille des Erblassers anzunehmen ist.

1 I. Die Vorschrift ermöglicht es dem Erblasser, die dem Testamentsvollstrecker in §§ 2203–2206 für den Normalfall eingeräumten Befugnisse zu **beschränken**. Sie bringt damit den allg Grundsatz zum Ausdruck, dass bei Bestimmung von Art, Gegenstand und Umfang der Testamentsvollstreckung vorrangig der Wille des Erblassers maßgeblich ist. Abs 1 S 2 behandelt den Fall gesondert, in dem nur einzelne Gegenstände der Testamentsvollstreckung unterliegen, Abs 2 den Fall der beaufsichtigenden Testamentsvollstreckung.

2 II. 1. Nach Abs 1 S 1 hat der Testamentsvollstrecker die Rechte aus den §§ 2203–2206 insoweit nicht, als sie ihm nach dem **Willen des Erblassers** nicht zustehen sollen. Eine derartige Beschränkung der Rechtsmacht kann ausdrücklich oder konkludent erfolgen und zwar durch Begrenzung der Aufgaben des Testamentsvollstreckers oder durch Begrenzung konkreter Befugnisse.

3 a) Der Testamentsvollstrecker kann für einen **umgrenzten Aufgabenbereich** oder nur eine einzelne Aufgabe eingesetzt werden. Insofern kommen neben der Verwaltung nur einzelner Gegenstände (Abs 1 S 2) va die Beschränkung auf die reine Verwaltung (§ 2209 S 1), die Nacherbenvollstreckung (§ 2222), die Vermächtnisvollstreckung (§ 2223), aber auch die Beschränkung auf eine ganz bestimmte Verwaltungsaufgabe (zu bestimmten Verwaltungsanordnungen s § 2216 II) oder die positive Gewährung im Einzelnen benannter Befugnisse in Betracht.

4 b) Der Erblasser kann auch die Rechtsmacht des Testamentsvollstreckers **individuell beschränken**. So kann er die Verwaltungs- und Verpflichtungsbefugnis für bestimmte Geschäfte entziehen oder von der Zustimmung der Erben abhängig machen. Auch eine Verfügungsbeschränkung, zB ein Verfügungsverbot hins bestimmter Gegenstände, ist mit dinglicher Wirkung möglich (zum gutgläubigen Erwerb vgl u Rn 9).

5 c) Insb eine Verfügungsbeschränkung kann mit **Zustimmung** aller Erben überwunden werden (BGHZ 40, 118). Dies verhindert vor dem Hintergrund des § 2211, dass ein Gegenstand rechtsgeschäftlicher Verfügung überhaupt entzogen bleibt.

6 2. Abs 1 S 2 regelt den Fall der **gegenständlichen Beschränkung**. Bezieht sich die Testamentsvollstreckung nur auf bestimmte Gegenstände, zB ein Handelsgeschäft oder ein Grundstück, beschränken sich auch die Rechte des Testamentsvollstreckers auf diesen Gegenstand. Andere Nachlassgegenstände darf er also weder in Besitz nehmen noch über sie verfügen oder entspr Verpflichtungen eingehen. Auch die Beschränkung auf einen Erbteil ist möglich. Dies berechtigt den Testamentsvollstrecker zur Ausübung der Miterbenrechte, nicht aber zur Verfügung über den Erbteil (§ 2033).

7 3. Abs 2 regelt die **beaufsichtigende Testamentsvollstreckung**. Hier stehen dem Testamentsvollstrecker gar keine unmittelbaren Verwaltungs-, Verpflichtungs- oder Verfügungsbefugnisse hins des Nachlasses zu, sondern er ist auf die Beaufsichtigung der Nachlassverwaltung durch den Erben beschränkt. Fehlt dem Testamentsvollstrecker das Verwaltungsrecht, stehen ihm nach §§ 2212, 2213 I 2 weder aktives noch passives Prozessführungsrecht zu. Auch das Verfügungsverbot des § 2211 und das Vollstreckungsverbot des § 2214 gelten nicht. Im Zweifel soll der Testamentsvollstrecker vom Erben die Ausführung bestimmter Anordnungen des Erblassers verlangen können. Diesen Anspruch kann er gerichtlich gegen den Erben durchsetzen und evtl Aufwendungen über § 2218 ersetzt verlangen.

8 4. Eine **Erweiterung** der Befugnisse (neben § 2207 zB durch Dauervollstreckung nach § 2209 S 1 2. Halbs, gem § 2048 S 2) unterliegt der Grenze des § 2220.

9 III. Die Beschränkungen sind nach § 2368 I 2 im **Testamentsvollstreckerzeugnis** anzugeben, womit insb die Wirkung von Verfügungsbeschränkungen ggü Dritten sichergestellt wird. Ein gutgläubiger Erwerb ist bei fehlender Eintragung nach §§ 2368 III, 2366 möglich.

§ 2209 Dauervollstreckung

¹Der Erblasser kann einem Testamentsvollstrecker die Verwaltung des Nachlasses übertragen, ohne ihm andere Aufgaben als die Verwaltung zuzuweisen; er kann auch anordnen, dass der Testamentsvollstrecker die Verwaltung nach der Erledigung der ihm sonst zugewiesenen Aufgaben fortzuführen hat. ²Im Zweifel ist anzunehmen, dass einem solchen Testamentsvollstrecker die in § 2207 bezeichnete Ermächtigung erteilt ist.

I. 1. Die Vorschrift regelt die beiden Formen der sog **Verwaltungsvollstreckung**. Dabei erfasst S 1 1. Halbs die Verwaltungsvollstreckung ieS, bei der dem Testamentsvollstrecker von Anfang an nur die Nachlassverwaltung und nicht die Ausführung der letztwilligen Verfügung obliegt. S 1 2. Halbs regelt die Dauervollstreckung, bei der der Testamentsvollstrecker zunächst wie bei der Abwicklungsvollstreckung die letztwilligen Verfügungen ausführt, den Nachlass aber auch nach der Durchführung dieser Aufgaben weiter verwaltet. Während bei der reinen Abwicklungsvollstreckung nach §§ 2203, 2204 das Verwaltungsrecht des § 2205 lediglich eine untergeordnete Befugnis darstellt, um dem Testamentsvollstrecker die Erfüllung seiner eigentlichen Aufgaben, der Ausführung der letztwilligen Anordnungen des Erblassers und der Herbeiführung der Erbauseinandersetzung, zu ermöglichen, ist es bei der eigentlichen Verwaltungsvollstreckung von wesentlicher Bedeutung. Eine zeitliche Grenze findet die Verwaltungsvollstreckung in § 2210.

2. In formeller Hinsicht stellt sich die schlichte Verwaltungsvollstreckung als Einschränkung, die Dauerverwaltungsvollstreckung als Erweiterung der Befugnisse des Testamentsvollstreckers dar. Tatsächlich bedeutet aber die Anordnung jeder Art der Verwaltungsvollstreckung für den Erben eine ggü der Abwicklungsvollstreckung wesentlich einschneidendere **Beschränkung** seiner Rechte, denn der Nachlass wird ihm faktisch für einen langfristigen Zeitraum entzogen. Will der Erbe dies nicht hinnehmen, bleibt ihm nur die Ausschlagung und Geltendmachung des Pflichtteils (§ 2306).

II. 1. Die **Anordnung** der Verwaltungsvollstreckung erfolgt durch letztwillige Verfügung. Der Wille des Erblassers ist notfalls durch Auslegung zu ermitteln. Sind einem Testamentsvollstrecker für einen Alleinerben keine besonderen Aufgaben zugewiesen, kann von der Anordnung einer Verwaltungsvollstreckung ausgegangen werden (BGH NJW 83, 2247). Auch die Verwaltungsvollstreckung kann gegenständlich auf bestimmte Nachlassgegenstände oder einzelne Verwaltungsaufgaben beschränkt werden.

2. Die **Aufgaben und Befugnisse** des Verwaltungstestamentsvollstreckers hängen zum einen, wie allg, von den entspr speziellen Anordnungen des Erblassers ab, zum anderen variieren sie bei der schlichten Verwaltungsvollstreckung und der Dauerverwaltungsvollstreckung. Die Anordnungen müssen möglicherweise ausgelegt werden, so dass die Anordnung der Verwaltung ohne Zuweisung anderer Aufgaben im Zweifel auch die Befugnis umfasst, über Nachlassgegenstände zu verfügen (OLG Bremen MDR 13, 531).

a) Die **schlichte Verwaltungsvollstreckung** nach S 1 1. Halbs erschöpft sich in der Verwaltung des Nachlasses. Insb obliegen dem Testamentsvollstrecker nicht die Ausführung letztwilliger Verfügungen und die Auseinandersetzung der Erbengemeinschaft wie bei der Abwicklungsvollstreckung nach §§ 2203, 2204. Die Verwaltung kann auf bestimmte Gegenstände oder Aufgaben beschränkt werden. In diesem Rahmen stehen dem Verwaltungsvollstrecker die Verwaltungs-, Verpflichtungs- und Verfügungsbefugnisse der §§ 2205 f zu, und er obliegt der Pflicht zur ordnungsgemäßen Verwaltung des § 2216 I. Nach S 2 kommt ihm im Zweifel die erweiterte Verpflichtungsermächtigung des § 2207 zugute.

b) Die **Dauervollstreckung** ist dadurch gekennzeichnet, dass sich faktisch eine Verwaltungsvollstreckung an eine Abwicklungsvollstreckung anschließt. Nach Erledigung der Aufgaben iSd §§ 2203 f erlischt das Amt des Testamentsvollstreckers anders als bei der reinen Abwicklungsvollstreckung (BGHZ 41, 23) nicht, sondern es schließt sich praktisch eine Verwaltungsvollstreckung an. Dementspr kommt es zu einer Kumulation der Befugnisse und Aufgaben. Die nach S 2 im Zweifel anzunehmende erweiterte Verpflichtungsbefugnis gilt indes von vornherein. Eine Dauervollstreckung über den Nachlass eines Kommanditisten ist mit Testamentsvollstreckervermerk in das Handelsregister einzutragen, um mögliche Haftungsrisiken auszuschließen (BGH FamRZ 12, 706).

7 c) Besondere Bedeutung kommt bei der Verwaltungsvollstreckung der Pflicht zur **jährlichen Rechnungslegung** aus § 2218 II zu. Ob die iR der Verwaltung erzielten Erträge an den Erben herauszugeben sind, richtet sich nach dem Willen des Erblassers. Für den Fall des § 2338 I 2 ist dies ausdrücklich gesetzlich bestimmt. Fehlt es an einer entspr Willensäußerung des Erblassers, kann man eine Herausgabepflicht aus dem Rechtsgedanken des § 2217 I 1 unter den dort bestimmten Voraussetzungen entnehmen.

8 3. **Grenzen** der Verwaltungsvollstreckung ergeben sich in zeitlicher Hinsicht aus § 2210 (beachte die Sonderregelung in § 28 II UrhG). Eine Außerkraftsetzung der gesamten angeordneten Verwaltungsvollstreckung nach § 2116 II 2 ist nicht möglich, da die Vorschrift sich nur auf einzelne die Verwaltung betr Anordnungen bezieht. Bei übermäßiger Belastung des Erben kommt eine Unwirksamkeit der Anordnung nach § 138 in Betracht (Lange JuS 70, 107), jedoch wird dies insb aufgrund der Möglichkeit des § 2306 nur selten anzunehmen sein.

9 III. Die Anordnung der Verwaltungsvollstreckung und ihre Dauer sind im **Testamentsvollstreckerzeugnis** anzugeben (insb S 2 iVm §§ 2207, 2368 I 2).

§ 2210 Dreißigjährige Frist für die Dauervollstreckung

¹Eine nach § 2209 getroffene Anordnung wird unwirksam, wenn seit dem Erbfall 30 Jahre verstrichen sind. ²Der Erblasser kann jedoch anordnen, dass die Verwaltung bis zum Tode des Erben oder des Testamentsvollstreckers oder bis zum Eintritt eines anderen Ereignisses in der Person des einen oder des anderen fortdauern soll. ³Die Vorschrift des § 2163 Abs. 2 findet entsprechende Anwendung.

1 I. Grds richtet sich die Dauer der Verwaltungsvollstreckung im Ggs zur Abwicklungsvollstreckung, die automatisch mit der Erfüllung der Aufgaben gem §§ 2203, 2204 endet, nach den Anordnungen des Erblassers. Dem zieht § 2210 S 1 eine **Höchstgrenze**, wenn der Erblasser bestimmte Anordnungen iSd S 2 unterlassen hat. Die Regelung verfolgt den Zweck, dass der Nachlass nicht übermäßig lange in der Hand des Testamentsvollstreckers verbleibt, und der Erbe dadurch auf unbestimmte Zeit von der wirtschaftlichen Verwertung der Erbschaft ausgeschlossen ist. Wäre eine endlose Verwaltung möglich, so würde dies nicht nur die Erben stark benachteiligen, sondern es würde unter Umgehung der entspr Genehmigungserfordernisse eine stiftungsähnliche Situation entstehen. Die Vorschrift findet Parallelen in §§ 2044 II 1 (Ausschluss der Auseinandersetzung bei Erbengemeinschaft), 2109 (Frist bei der Nacherbschaft) und 2162 (Frist für das aufgeschobene Vermächtnis).

2 II. 1. S 1 sieht eine zeitliche Höchstgrenze der Verwaltungsvollstreckung von **30 Jahren** seit dem Erbfall vor. Für die Abwicklungsvollstreckung gilt diese Frist nicht, da das Gesetz davon ausgeht, dass die Aufgaben nach §§ 2203, 2204 regelmäßig vorher erfüllt sein werden, womit die Abwicklungsvollstreckung automatisch endet. Der Erblasser kann eine kürzere Frist bestimmen. Mit Fristablauf endet die Vollstreckung ohne Aufhebung von selbst. Die Vorschrift stellt eine gemäß Art 14 I 2 GG zulässige Beschränkung der Testierfreiheit des Erblassers dar (BVerfG FamRZ 09, 1039).

3 2. S 2 lässt allerdings eine **längere Vollstreckungsdauer** zu, wenn der Erblasser entspr Anordnungen getroffen hat. Konkret kann die Dauer bis zum Tode des Testamentsvollstreckers oder des Erben oder bis zum Eintritt eines anderen Ereignisses (bestimmtes Alter, Heirat) in einer dieser Personen ausgedehnt werden. Je nach Zeitpunkt des Eintrittes dieses Ereignisses kann folglich die Dreißigjahresfrist überschritten werden.

4 a) Im Zusammenhang mit § 2199 II, also dem Recht des Testamentsvollstreckers einen Nachfolger zu ernennen, könnte S 2 letztlich zu einer fortwährenden Testamentsvollstreckung führen. Es herrscht daher Einigkeit, dass auch für diesen Fall eine zeitliche Grenze gilt. Nach der Rspr (BGH ZEV 08, 138 mit Anm Reimann) kann die Testamentsvollstreckung nur dann über die Dreißigjahresfrist hinausgehen, wenn der Testa-

mentsvollstrecker vor Ablauf von 30 Jahren seit dem Erbfall ernannt wurde (Amtstheorie). Einen gerechten Ausgleich der Interessen bietet der Lösungsvorschlag, die Verlängerung der Vollstreckung bis zum Tod des nachfolgenden Testamentsvollstreckers nur dann gelten zu lassen, wenn dieser bei Eintritt des Erbfalls bereits lebte (Kipp-Coing ErbR § 69 III 2).
b) Nach § 2210 S 3, welcher auf § 2163 II verweist, bleibt es auch im Falle einer Anordnung nach S 2 bei der 30-jährigen Frist, wenn die Person bei der das Ereignis eintreten soll, eine **juristische Person** ist.
3. Für ein vererbtes **Urheberrecht** gilt § 2210 gem § 28 II UrhG nicht, da die Schutzfrist gem § 64 I UrhG bis siebzig Jahre post mortem auctoris beträgt.

§ 2211 Verfügungsbeschränkung des Erben

(1) Über einen der Verwaltung des Testamentsvollstreckers unterliegenden Nachlassgegenstand kann der Erbe nicht verfügen.
(2) Die Vorschriften zugunsten derjenigen, welche Rechte von einem Nichtberechtigten herleiten, finden entsprechende Anwendung.

I. 1. Korrespondierend mit § 2205 S 2, der dem Testamentsvollstrecker die Verfügungsbefugnis über Nachlassgegenstände zuweist, wird diese dem Erben durch § 2211 genommen. Die Verfügungsbefugnis des Testamentsvollstreckers wird damit zu einer ausschließlichen. Hat der Erblasser diese nach § 2208 S 1 ebenfalls eingeschränkt, könnten bestimmte Nachlassgegenstände einer rechtsgeschäftlichen Verfügung gänzlich entzogen sein. Daher wird trotz einer solchen Einschränkung eine Verfügung des Testamentsvollstreckers mit Zustimmung der Erben für wirksam gehalten (§ 2208 Rn 5). Im Zusammenhang mit § 2214 führt § 2211 eine **Vermögensabsonderung** herbei. Eigenvermögen des Erben und Nachlass werden getrennt, und letzterer unterliegt einer Fremdverwaltung. Zur Haftungsbeschränkung führt diese Vermögensabsonderung nicht. Hier ist nach wie vor der Weg über die §§ 1975 ff zu gehen.
2. Die Vorschrift nimmt dem Erben mit dinglicher Wirkung die Verfügungsbefugnis hins der Nachlassgegenstände. Es handelt sich aber nicht um ein gesetzliches oder rechtsgeschäftliches (anders, Ausn von § 137, offenbar BayObLGZ 52, 250) Veräußerungsverbot iSd §§ 135, 137 (BGHZ 56, 278), sondern um die gesetzliche Folge der Anordnung der Testamentsvollstreckung, dem das Gesetz die **alleinige Verfügungsbefugnis** zuweist (BGHZ 48, 219; RGZ 87, 432). Abs 2 lässt allerdings einen gutgläubigen Erwerb vom Erben zu. Sofern über das Vermögen des Erben ein Insolvenzverfahren eröffnet wurde und der Nachlass daher in die Insolvenzmasse fällt (vgl § 1922 Rn 3), gilt die Beschränkung des § 2211 auch für den **Insolvenzverwalter,** so dass die Erbengläubiger bis zur Beendigung der Testamentsvollstreckung keinen Zugriff auf den Nachlass nehmen können (BGH NJW 06, 2698).
II. Die Entziehung der Verfügungsbefugnis des Erben tritt nur ein, wenn der Gegenstand der **Verwaltung des Testamentsvollstreckers** unterliegt. Der Erbe bleibt also im Falle des § 2208 I 2 oder bei sonstigen Beschränkungen der Rechte des Testamentsvollstreckers über die nicht der Verwaltung unterliegenden Gegenstände verfügungsbefugt. Bei einer beaufsichtigenden Testamentsvollstreckung gem § 2208 II verbleibt die Verfügungsbefugnis insgesamt beim Erben.
1. Die Verfügungsbeschränkung **beginnt** mit dem Erbfall. Ob der Testamentsvollstrecker sein Amt bereits angenommen hat (§ 2202 I), spielt keine Rolle (BGHZ 48, 220). Dennoch sind in der Zwischenzeit vorgenommene Verfügungen des Erben unwirksam, können aber vom Testamentsvollstrecker nach § 184 genehmigt werden. Ebenso sind Verfügungen des Testamentsvollstreckers vor Annahme unwirksam, können jedoch mit Amtsantritt von ihm selbst genehmigt werden (§ 2202 Rn 11). Lehnt der Ernannte das Amt ab und hat der Erblasser keine Ersatzbenennung nach § 2197 II vorgenommen, ist die Anordnung der Testamentsvollstreckung gegenstandslos. Vom Erben in der Zwischenzeit vorgenommene Verfügungen sind dann von Anfang an wirksam. Bei späterem Wegfall der Verfügungsbefugnis des Testamentsvollstreckers durch **Ende** des

Amtes oder Freigabe (§ 2217 I) erlangt der Erbe die Verfügungsbefugnis automatisch zurück. Vorher von ihm vorgenommene Verfügungen werden dann nach § 185 wirksam.

5 2. Erfasst von der Vorschrift sind **Verfügungen** über Nachlassgegenstände. Hierauf bezogene Verpflichtungsgeschäfte kann der Erbe eingehen, wenngleich er sie während der Amtsdauer des Testamentsvollstreckers nur mit dessen Zustimmung erfüllen kann. Die begründete Forderung ist keine Nachlassverbindlichkeit, sondern trifft allein den Erben persönlich. Verweigert der Testamentsvollstrecker die Mitwirkung an der Erfüllung und kann der Erbe nicht über § 2217 I 1 die Freigabe der betroffenen Gegenstände erlangen, verletzt er eine Pflicht und haftet zB nach §§ 275 IV, 280, 283. Die Verfügungsbeschränkung betrifft ferner nur Nachlassgegenstände, nicht den **Erbteil** als solchen. Diesen kann der Miterbe also gem § 2033 I veräußern. Die Beschränkungen durch die Testamentsvollstreckung treffen den Erwerber selbst dann, wenn die Testamentsvollstreckung entgg § 2364 nicht im Erbschein angegeben ist, denn § 2366 ist auf den Erwerb eines Erbteils nicht anwendbar (MK/Gergen § 2033 Rn 20; Lange/Kuchinke ErbR § 39 VII 3 b Fn 242). Wenn der Erwerber des Erbteils von der Testamentsvollstreckung nichts weiß (§ 439 I), haftet ihm der veräußernde Erbe nach §§ 2376, 440 I.

6 3. Die Verfügungsbeschränkung führt zur **Unwirksamkeit** dennoch vom Erben vorgenommener Verfügungen (zu Verfügungen vor Annahme des Amtes durch den Testamentsvollstrecker vgl Rn 4).

7 a) Sie werden aber gem § 185 wirksam, wenn der Testamentsvollstrecker eingewilligt hat oder die Verfügung genehmigt sowie wenn seine Verfügungsbefugnis durch Amtsbeendigung oder nach § 2217 I entfällt. Gemeinschaftlich können Erbe und Testamentsvollstrecker sich auch über eine, den Testamentsvollstrecker gem § 2208 I treffende Verfügungsbeschränkung hinwegsetzen (BGHZ 40, 118).

8 b) Des Weiteren ist nach Abs 2 ein **gutgläubiger Erwerb** von Nachlassgegenständen (nicht seines Erbteils, o Rn 5) von verfügungsbeschränkten Erben entspr §§ 892 f, 932 ff, 1032, 1207 möglich. Der Erwerber muss gutgläubig hins der Verfügungsbefugnis sein, also ohne grobe Fahrlässigkeit (§ 932 II) nichts von der Verfügungsbeschränkung des Erben wissen, bzw es muss der Testamentsvollstreckervermerk im Grundbuch (§ 52 GBO) fehlen. Bei beweglichen Sachen scheidet gutgläubiger Erwerb gem § 935 aus, wenn dem Testamentsvollstrecker die Sache abhanden gekommen ist (zur Inbesitznahme vgl § 2205 Rn 3). Weiß der Erwerber um die Zugehörigkeit des erworbenen Gegenstands zum Nachlass, sind zusätzlich §§ 2364, 2366 anzuwenden. Fehlt der Testamentsvollstreckervermerk entgg § 2364, schadet dem Erwerber nur positive Kenntnis (also nicht die grob fahrlässige Unkenntnis) der Verfügungsbeschränkung. Ist der Erbschein indes richtig und weiß der Erwerber um die Zugehörigkeit des Gegenstands zum Nachlass, wird von grober Fahrlässigkeit iSv § 932 II auszugehen sein, wenn er sich den Erbschein nicht vorlegen lässt (Soergel/Damrau § 2211 Rn 8). Anders ist dies zu beurteilen, wenn der Erwerber nicht um die Nachlasszugehörigkeit des Gegenstandes weiß.

9 c) **Nicht** nach Abs 2 geschützt ist der gute Glaube an die Verfügungsmacht des Testamentsvollstreckers, wenn der veräußerte Gegenstand der Verfügungsmacht tatsächlich nicht unterliegt. Hier kommt über §§ 2368 I 2, III, 2366 ein Schutz nur bei unrichtigem Testamentsvollstreckerzeugnis in Betracht, wenn der Erwerber die Unrichtigkeit nicht kennt. Hält der Erwerber den Testamentsvollstrecker für den Eigentümer, gelten die allg Vorschriften über den gutgläubigen Erwerb.

10 d) Entspr ist Abs 2 iVm § 407 auf Leistungen eines Nachlassschuldners an den Erben anwendbar.

§ 2212 Gerichtliche Geltendmachung von der Testamentsvollstreckung unterliegenden Rechten

Ein der Verwaltung des Testamentsvollstreckers unterliegendes Recht kann nur von dem Testamentsvollstrecker gerichtlich geltend gemacht werden.

I. Die Vorschrift und der folgende § 2213 ergänzen die Verwaltungsbefugnis des Testamentsvollstreckers (§ 2205 S 1) um die Regelung der aktiven (Geltendmachung von Nachlassforderungen) und passiven (Verteidigung gegen die Geltendmachung von Nachlassverbindlichkeiten) **Prozessführungsbefugnis**. Die Vorschrift des § 2212 ist nicht zwingend. So kann der Erblasser auch die Prozessführungsbefugnis des Testamentsvollstreckers zugunsten der Erben beschränken (§ 2208). Ebenso kann der Testamentsvollstrecker einen Erben im Wege gewillkürter Prozessstandschaft zur Führung eines Prozesses ermächtigen (u Rn 11). 1

II. Die Vorschrift weist dem Testamentsvollstrecker die **ausschließliche** aktive Prozessführungsbefugnis zu, indem sie bestimmt, dass ein der Verwaltung des Testamentsvollstreckers unterliegendes Recht „nur" von diesem gerichtlich geltend gemacht werden kann. Der Testamentsvollstrecker ist dabei als solcher **Partei kraft Amtes**, er ist also im Prozess selbst Partei (§ 50 I ZPO) und nicht etwa Vertreter des Erben iSd § 51 ZPO (BGHZ 51, 214). Er ist daher ggf selbst als Partei zu vernehmen (§§ 445 ff ZPO), während dem Erben allenfalls eine Zeugenstellung zukommt (§§ 373 ff ZPO). Abzugrenzen hiervon sind Fälle, in denen der Testamentsvollstrecker Partei im eigenen Namen (also nicht als Testamentsvollstrecker) ist, wenn er also seine Ansprüche auf Aufwendungsersatz (§§ 2218, 670) oder Vergütung (§ 2221) geltend macht. Die Klage kann dann allein gegen den Erben gerichtet werden. 2

1. Seinem **Umfang** nach besteht das ausschließliche Prozessführungsrecht des Testamentsvollstreckers für alle Rechte, die seiner Verwaltung unterliegen. Ist das Verwaltungsrecht des Testamentsvollstreckers daher gegenständlich begrenzt (§ 2208 I) oder ist ohnehin lediglich beaufsichtigende Testamentsvollstreckung angeordnet (§ 2208 II) bleibt es insoweit bei der alleinigen Prozessführungsbefugnis des Erben als Inhaber des Nachlasses. 3

a) Die Vorschrift erfasst **jede gerichtliche Geltendmachung** eines von ihr erfassten Rechts. Im ordentlichen Rechtsweg (§§ 12, 13 GVG) gehören dazu Leistungs- und Feststellungsklage, Widerklage, Prozessaufrechnung, Erhebung von Einreden, Vollstreckungsgegenklage und Maßnahmen des einstweiligen Rechtsschutzes. Aber auch die Durchsetzung von Ansprüchen vor den Verwaltungsgerichten oder im FGG Verfahren zählen hierzu. 4

b) Nicht erfasst sind hingegen Ansprüche auf Vollziehung einer Auflage nach § 2194 (jedenfalls auch Klage des Erben möglich), Ansprüche nach § 2287, die nicht zum Nachlass gehören, und Streitigkeiten über das Erbrecht als solches. 5

2. Die **Wirkung** besteht in der ausschließlichen Zuweisung der Prozessführungsbefugnis an den Testamentsvollstrecker. Nur dieser kann zulässigerweise Klage erheben. Eine Klage des Erben ist grds mangels Prozessführungsbefugnis als unzulässig abzuweisen (BGHZ 1, 67). Dies gilt selbst dann, wenn der Testamentsvollstrecker eine gebotene Prozessführung verweigert. Hier bleibt dem Erben nur die Möglichkeit, die Durchsetzung ggü dem Testamentsvollstrecker, auf §§ 2216, 2218 gestützt, einzuklagen, Schadensersatz nach § 2219 geltend zu machen (BGH NJW-RR 03, 217), oder die Entlassung nach § 2227 zu erwirken (beachte in diesem Zusammenhang auch die Verjährungshemmung nach § 207). 6

a) Waren Aktivprozesse des Erblassers durch dessen Tod unterbrochen (§ 239 ZPO), kommt eine **Aufnahme** des Verfahrens nur durch den Testamentsvollstrecker in Betracht (§§ 243, 241 ZPO; BGHZ 104, 3). Bei Beendigung des Amtes des Testamentsvollstreckers während eines von ihm geführten Aktivprozesses gelten §§ 239, 246 ZPO entspr (RGZ 155, 350). Bei Wechsel der Person des Testamentsvollstreckers sind §§ 241, 246 ZPO anzuwenden. 7

b) Die Verurteilung in die **Kosten** ergeht ebenfalls gegen den Testamentsvollstrecker als Partei. Allerdings haftet hierfür nur der Nachlass, nicht der Testamentsvollstrecker persönlich. Entsprach die Prozessführung nicht der ordnungsgemäßen Verwaltung, kommt wegen dieser Kosten ein Schadensersatzanspruch des Erben nach §§ 2216 I, 2219 in Betracht. 8

c) Die **Rechtskraft** eines iR des § 2212 ergangenen Urt wirkt gem § 327 I ZPO für und gegen den Erben. 9

10 3. Eine **Klage des Erben** ist im Anwendungsbereich des § 2212 grds mangels Prozessführungsbefugnis als unzulässig abzuweisen (Rn 6). In den folgenden Fällen ist aber seine Beteiligung am Rechtsstreit dennoch möglich.

11 a) Der Erbe kann vom Testamentsvollstrecker im Wege **gewillkürter Prozessstandschaft** zur Führung des Rechtsstreits ermächtigt werden (BGHZ 35, 183). Das Urt wirkt auch für und gegen den Testamentsvollstrecker.

12 b) Der Erbe ist ferner dazu berufen, **Nachlassansprüche gegen den Testamentsvollstrecker** geltend zu machen, beispielsweise Forderungen nach § 2219.

13 c) Letztlich ist eine Beteiligung des Erben als **Neben- oder Hauptintervenient** gem §§ 64, 66 ZPO möglich. Um seinen Sorgfaltspflichten gem § 2216 I, 2219 gerecht zu werden, kann es für den Testamentsvollstrecker auch geboten sein, dem Erben den Streit gem § 72 ZPO zu verkünden, um ihn zu einem Beitritt in den Rechtsstreit zu veranlassen.

14 III. Im **Zwangsvollstreckungsverfahren** kann der Erbe nach Ende der Testamentsvollstreckung eine vollstreckbare Ausfertigung des vom Testamentsvollstrecker erwirkten Urt gem §§ 728 II, 727 ZPO verlangen. Hatte bereits der Erblasser ein Urt erwirkt, kann der Testamentsvollstrecker nach §§ 749, 727 ZPO Erteilung einer vollstreckbaren Ausfertigung verlangen.

§ 2213 Gerichtliche Geltendmachung von Ansprüchen gegen den Nachlass

(1) ¹Ein Anspruch, der sich gegen den Nachlass richtet, kann sowohl gegen den Erben als gegen den Testamentsvollstrecker gerichtlich geltend gemacht werden. ²Steht dem Testamentsvollstrecker nicht die Verwaltung des Nachlasses zu, so ist die Geltendmachung nur gegen den Erben zulässig. ³Ein Pflichtteilsanspruch kann, auch wenn dem Testamentsvollstrecker die Verwaltung des Nachlasses zusteht, nur gegen den Erben geltend gemacht werden.
(2) Die Vorschrift des § 1958 findet auf den Testamentsvollstrecker keine Anwendung.
(3) Ein Nachlassgläubiger, der seinen Anspruch gegen den Erben geltend macht, kann den Anspruch auch gegen den Testamentsvollstrecker dahin geltend machen, dass dieser die Zwangsvollstreckung in die seiner Verwaltung unterliegenden Nachlassgegenstände dulde.

1 I. 1. Die Vorschrift betrifft die **passive Prozessführungsbefugnis**, also die Frage, gegen wen Nachlassgläubiger ihre Ansprüche prozessual geltend machen können. Im Ggs zur aktiven Prozessführungsbefugnis, die nach § 2212 dem Testamentsvollstrecker ausschließlich zugewiesen ist, geht § 2213 im Grundsatz von einer parallelen passiven Prozessführungsbefugnis des Erben (nach Annahme, vgl § 1958) und des Testamentsvollstreckers aus, sofern letzterem die Verwaltung des gesamten Nachlasses zusteht (§ 2205 S 1 ohne Einschränkungen nach § 2208).

2 2. Die Bedeutung der Vorschrift erschließt sich erst bei Betrachtung der haftungsrechtlichen und **vollstreckungsrechtlichen** Gegebenheiten. Die passive Prozessführungsbefugnis des Erben ergibt sich daraus, dass dieser grds für Nachlassverbindlichkeiten auch persönlich haftet (§§ 1922 I, 1967 I). Ein Gläubiger muss also auch bei angeordneter Testamentsvollstreckung die Möglichkeit haben, den Erben selbst zu verklagen und dann in dessen Eigenvermögen zu vollstrecken. Allerdings ist die Haftung des Erben gem §§ 1975 ff, 1990 auf den Nachlass beschränkbar und dieser kann bei entspr Vorbehalt im Urt (§ 780 ZPO) die Vollstreckung in sein Eigenvermögen abwehren (§§ 784, 785 ZPO). In diesem Fall hilft dem Gläubiger folglich nur eine Vollstreckungsmöglichkeit in den Nachlass, die bei angeordneter Testamentsvollstreckung gem § 748 ZPO aber einen Titel gegen den Testamentsvollstrecker voraussetzt, wenn dem Testamentsvollstrecker die Verwaltung des gesamten Nachlasses obliegt. Ist dies nicht der Fall, verlangt § 748 II ZPO einen Duldungstitel, der gem § 2213 III zu erlangen ist. In der Praxis empfiehlt es sich zur Erlangung einer möglichst umfassenden Vollstreckungsmasse für den Gläubiger daher, sowohl den Erben als auch den Testamentsvollstrecker (auf Leistung, § 2213 I 1, oder Duldung, § 2213 I 1, 2, III) zu verklagen.

Abschnitt 3 | Testament § 2214

II. Der **Erbe** ist hins der Nachlassverbindlichkeiten immer passiv prozessführungsbefugt (o Rn 1). Dementspr kann er durch den Tod des Erblassers unterbrochene Passivprozesse auch nach § 239 ZPO aufnehmen (BGH NJW 88, 1390). Ob bzw inwieweit daneben der Testamentsvollstrecker zulässigerweise verklagt werden kann, hängt nach § 2213 I 2, III davon ab, welchen Umfang sein Verwaltungsrecht hat. **3**

1. Steht dem Testamentsvollstrecker, wie im gesetzlichen Regelfall (§ 2205 S 1), die **Verwaltung des gesamten Nachlasses** zu, ist er gem Abs 1 S 1 regelmäßig neben dem Erben passiv prozessführungsbefugt (zur Bedeutung der Klage auch gegen den Erben o Rn 2). Er kann auf Leistung verklagt werden, obgleich sich auch hier der Gläubiger mit einer Duldungsklage (Abs 3) begnügen kann (BGHZ 104, 1). **4**

a) Während für die **Zwangsvollstreckung** in das Eigenvermögen des Erben ein Urt gegen diesen genügt (allerdings mit der Schwäche der beschränkbaren Haftung, §§ 780, 784, 785 ZPO; o Rn 2), bedarf es bei Verwaltung des gesamten Nachlasses durch den Testamentsvollstrecker zur Vollstreckung in den Nachlass eines Urt gegen diesen (§ 748 I ZPO). Wurde der Erbe daneben verklagt, genügt ein Duldungstitel gegen den Testamentsvollstrecker. Andererseits ist für die Vollstreckung in den Nachlass ein Leistungsurt allein gegen den Testamentsvollstrecker nach § 748 I ZPO genügend. **5**

b) Ein solches Urt entfaltet, bei Verwaltung des gesamten Nachlasses durch den Testamentsvollstrecker, **Rechtskraft** für und gegen den Erben, § 327 II ZPO. Eine Umschreibung gegen den Erben ist daher nach § 728 II ZPO möglich, und zwar bereits vor Beendigung der Testamentsvollstreckung (§ 728 II 2 ZPO). Allerdings kann der Erbe eine Vollstreckung in sein Eigenvermögen auch ohne Vorbehalt (§ 780 II ZPO) unter den Voraussetzungen des § 784 ZPO nach § 785 ZPO abwehren. Ein Urt gegen den Erben wirkt indes nicht auch gegen den Testamentsvollstrecker. Auf ein Urt zugunsten des Erben kann dieser sich jedoch berufen, da andernfalls aufgrund des § 327 II ZPO Konflikte drohen, wenn der Testamentsvollstrecker anschließend verurteilt würde. **6**

2. Obliegt dem Testamentsvollstrecker **nicht die Verwaltung des gesamten Nachlasses**, weil seine Befugnisse nach § 2208 I eingeschränkt sind, steht ihm nach § 2213 I 2 eine passive Prozessführungsbefugnis hins Leistungsklagen nicht zu. Eine dennoch erhobene Klage wäre unzulässig. Hier muss der Gläubiger also den Erben selbst auf Leistung verklagen. Ein in diesem Verhältnis ergangenes Urt genügt für eine Vollstreckung in das Eigenvermögen, die aber der Schwäche der Beschränkbarkeit der Haftung unterworfen ist (§§ 780, 784, 785 ZPO). Zur Vollstreckung in den Nachlass muss der Testamentsvollstrecker zusätzlich auf Duldung der Zwangsvollstreckung in die seiner Verwaltung unterliegenden Gegenstände in Anspruch genommen werden (§ 2213 III, § 748 II ZPO). Zu einer Rechtskrafterstreckung nach § 327 ZPO kommt es weder gegen den Erben (keine Erstreckung des Duldungstitels), noch gegen den Testamentsvollstrecker (keine Erstreckung des Leistungstitels). Auf ein zugunsten des Erben ergangenes Urt kann sich allerdings auch der Testamentsvollstrecker berufen. **7**

3. Steht dem Testamentsvollstrecker **gar kein Verwaltungsrecht** zu (§ 2208 II), genügt für die Vollstreckung in den Nachlass immer ein Leistungsurt allein gegen den Erben. Ein Duldungstitel gegen den Testamentsvollstrecker kommt hier nicht in Betracht (vgl Abs 3). **8**

4. Ein **Pflichtteilsanspruch** kann nach Abs 1 S 3 in jedem Fall allein gegen den Erben geltend gemacht werden. Zur Zwangsvollstreckung in den Nachlass ist nach § 748 III ZPO immer (außer im Fall von Rn 8) ein Duldungstitel (Abs 3) gegen den Testamentsvollstrecker erforderlich (OLG Köln FamRZ 05, 1104). **9**

III. Gar nicht von § 2213 erfasst sind Ansprüche, die sich gegen den **Testamentsvollstrecker persönlich** richten, beispielsweise eine auf § 2219 gestützte Schadensersatzklage. Diese macht der Erbe gegen den Testamentsvollstrecker geltend. **10**

§ 2214 Gläubiger des Erben

Gläubiger des Erben, die nicht zu den Nachlassgläubigern gehören, können sich nicht an die der Verwaltung des Testamentsvollstreckers unterliegenden Nachlassgegenstände halten.

1 I. Die **Absonderung** des Nachlasses vom Eigenvermögen des Erben, die durch die Testamentsvollstreckung eintritt, wird in der Vorschrift konsequent im Hinblick auf den Zugriff von Eigengläubigern auf den Nachlass fortgeführt. Die fehlende Verfügungsmacht des Erben hins der Nachlassgegenstände (§ 2211) wirkt sich somit auch ggü den Eigengläubigern aus. Dies gilt auch, wenn über das Vermögen des Erben das Insolvenzverfahren eröffnet wird (BGH NJW 06, 2698). Unberührt von der Vorschrift bleibt die Zugriffsmöglichkeit von Nachlassgläubigern auf Nachlass und Eigenvermögen.

2 II. 1. Dingliche Rechte werden von der Vorschrift nicht berührt. Ebenfalls möglich bleibt die Pfändung des gesamten Erbteils eines Miterben. In zeitlicher Hinsicht gilt entspr wie beim Verfügungsverbot des § 2211 (dort Rn 4).

3 2. Eine entgg der Vorschrift erfolgte Vollstreckung ist auf **Erinnerung** des Testamentsvollstreckers nach § 766 ZPO aufzuheben.

§ 2215 Nachlassverzeichnis

(1) Der Testamentsvollstrecker hat dem Erben unverzüglich nach der Annahme des Amts ein Verzeichnis der seiner Verwaltung unterliegenden Nachlassgegenstände und der bekannten Nachlassverbindlichkeiten mitzuteilen und ihm die zur Aufnahme des Inventars sonst erforderliche Beihilfe zu leisten.
(2) Das Verzeichnis ist mit der Angabe des Tages der Aufnahme zu versehen und von dem Testamentsvollstrecker zu unterzeichnen; der Testamentsvollstrecker hat auf Verlangen die Unterzeichnung öffentlich beglaubigen zu lassen.
(3) Der Erbe kann verlangen, dass er bei der Aufnahme des Verzeichnisses zugezogen wird.
(4) Der Testamentsvollstrecker ist berechtigt und auf Verlangen des Erben verpflichtet, das Verzeichnis durch die zuständige Behörde oder durch einen zuständigen Beamten oder Notar aufnehmen zu lassen.
(5) Die Kosten der Aufnahme und der Beglaubigung fallen dem Nachlass zur Last.

1 I. Die §§ 2215 ff betreffen das Rechtsverhältnis des Testamentsvollstreckers zum Erben und verfolgen den Zweck, die Stellung des Erben ggü ersterem durch die Gewährleistung von unentziehbaren **Mindestrechten** (§ 2220) zu schützen. Das Nachlassverzeichnis stellt eine wichtige Grundlage für die Kontrolle des Testamentsvollstreckers und die evtl Ausübung der übrigen in §§ 2216 ff gewährten Rechte dar.

2 II. 1. Abs 1 begründet zunächst die Pflicht des Testamentsvollstreckers zur unverlangten **Mitteilung** eines Nachlassverzeichnisses, das Nachlassgegenstände und Verbindlichkeiten erfassen soll. Eine Beschreibung und Wertangabe ist nicht erforderlich (BayObLG ZEV 02, 156 f; anders beim Inventar, § 2001 II). Die Mitteilung soll unverzüglich (§ 121 I 1) nach der Annahme des Amtes (§ 2202 I) erfolgen. Der Erbe kann den Testamentsvollstrecker im Ggs zum Erblasser (§ 2220) von der Mitteilungspflicht befreien. Die Förmlichkeiten (Abs 2 bis 4) entsprechen denen bei der Verzeichniserstellung durch den Vorerben (§ 2121). Der Testamentsvollstrecker des Erbteils eines Miterben ist auch während des Bestehens der Erbengemeinschaft verpflichtet, diesem Miterben ein Verzeichnis mitzuteilen (OLG München ZEV 09, 293).

3 2. Das Verzeichnis selbst hat nicht die Wirkung eines **Inventars** iSd §§ 1993 ff, zu dessen Errichtung der Testamentsvollstrecker nicht berechtigt ist. Die Inventarerrichtung bleibt vielmehr allein Sache des Erben (MK/Zimmermann § 2205 Rn 4). Der Testamentsvollstrecker hat aber dem Erben nach Abs 1 bei der Inventarerrichtung die erforderliche Hilfe zu leisten. Dies ist schon deshalb erforderlich, da der Testamentsvollstrecker regelmäßig im Besitz des Nachlasses sein wird. Diese Hilfeleistung kann der Erbe notfalls gerichtlich gegen den Testamentsvollstrecker durchsetzen. Erfüllt das Nachlassverzeichnis des Abs 1 die Anforderungen der §§ 2001 ff an ein Inventar, kann der Erbe sich dieses gem § 2004 durch Bezugnahme als solches zu Eigen machen.

§ 2216 Ordnungsmäßige Verwaltung des Nachlasses, Befolgung von Anordnungen

(1) Der Testamentsvollstrecker ist zur ordnungsmäßigen Verwaltung des Nachlasses verpflichtet.

(2) ¹Anordnungen, die der Erblasser für die Verwaltung durch letztwillige Verfügung getroffen hat, sind von dem Testamentsvollstrecker zu befolgen. ²Sie können jedoch auf Antrag des Testamentsvollstreckers oder eines anderen Beteiligten von dem Nachlassgericht außer Kraft gesetzt werden, wenn ihre Befolgung den Nachlass erheblich gefährden würde. ³Das Gericht soll vor der Entscheidung, soweit tunlich, die Beteiligten hören.

I. Dem prinzipiell umfassenden Recht des Testamentsvollstreckers zur Verwaltung des Nachlasses (§ 2205 S 1), die er eigenständig und unabhängig von der Zustimmung oder von Weisungen des Erben ausführt, stellt § 2216 I die **Pflicht zur ordnungsgemäßen Verwaltung** ggü. Diese Pflicht reicht so weit, wie das Verwaltungsrecht reicht (vgl § 2208). Sie besteht, wie sich aus § 2219 I ergibt, ggü den Erben und Vermächtnisnehmern. Abs 2 S 1 bindet den Testamentsvollstrecker an letztwillige Anordnungen des Erblassers, sieht jedoch in S 2 die Möglichkeit der Befreiung hiervon vor. 1

II. 1. Die Pflicht zur ordnungsgemäßen Verwaltung nach Abs 1 kann vom Erblasser gem § 2220 nicht erlassen werden. Sie ist somit Teil des unabdingbaren **Mindestschutzes** des Erben. Sie ist vom Erben und Vermächtnisnehmer selbstständig einklagbar (BGHZ 48, 214) und kann Gegenstand des einstweiligen Rechtsschutzes sein. 2

a) **Inhalt und Umfang** der Pflicht sind nach objektiven Kriterien zu ermitteln (BGHZ 25, 280). Neben den Anordnungen des Erblassers (Abs 2 S 1, dazu u Rn 5) entscheiden va wirtschaftliche Gesichtspunkte im Interesse des Nachlasses, die aber je nach Art (Abwicklungs- oder Verwaltungsvollstreckung) und Umfang (Beschränkungen nach § 2208) der Testamentsvollstreckung anders zu beurteilen sein können. Allg hat der Testamentsvollstrecker den Nachlass zu sichern und zu erhalten und Verluste nach Möglichkeit zu verhindern. Andererseits ist ihm ein Ermessensspielraum zuzugestehen, der die Eingehung geschäftlicher Risiken iR eines grds wirtschaftlichen Verhaltens nicht von vornherein ausschließt (BGHZ 25, 283). Eine absolute Grenze bildet in jedem Fall § 2205 S 3. Vor allem bei Anlageentscheidungen wird oft das Bild eines gewissenhaften aber durchaus „dynamischen" Unternehmers herangezogen (BGH NJW 87, 1070). Der Testamentsvollstrecker kann gehalten sein, eine Nachlassverwaltung (§ 1981) oder ein Nachlassinsolvenzverfahren (§ 317 I InsO) zu beantragen, ist allerdings zur Inventarerrichtung nicht berechtigt (§ 2215 Rn 3). Eine Ersatzpflicht ggü den Gläubigern aus § 1980 I 2 trifft ihn indes bei Unterlassung des gebotenen Antrags auf Bestellung eines Nachlassverwalters nicht, wie sich im Gegenschluss aus § 1985 II ergibt. Unberührt hiervon bleibt die Haftung ggü Erben und Vermächtnisnehmern aus § 2219. 3

b) Rechtsfolge eines **Pflichtverstoßes** ist in erster Linie die Schadensersatzhaftung aus § 2219. Bei grober Pflichtverletzung kommt auch eine Entlassung nach § 2227 in Betracht. Hingegen bleibt die Wirksamkeit von Rechtsgeschäften, die unter einer Pflichtverletzung im Innenverhältnis zustande gekommen sind, grds unberührt. Einschränkungen ergeben sich aber einmal bei einem dem Dritten erkennbaren Missbrauch der Befugnisse (BGHZ 30, 71; BGH NJW 83, 40) und aus § 2206. Hiernach werden Verbindlichkeiten nicht wirksam begründet, wenn sie einer ordnungsgemäßen Verwaltung widersprechen und der Dritte dies zumindest fahrlässig nicht erkannt hat (§ 2206 Rn 3), sofern dem Testamentsvollstrecker nicht die erweiterte Verpflichtungsbefugnis des § 2207 (vgl § 2209 S 2) zustand. 4

2. Nach Abs 2 S 1 hat der Testamentsvollstrecker besondere letztwillige **Anordnungen** des Erblassers zu befolgen (vgl § 2203). Dies gilt freilich nur, wenn sie zumindest durch Auslegung der letztwilligen Verfügung zu entnehmen sind und gilt nicht für bloße Wünsche oder Empfehlungen (BayObLG NJW 76, 1692). Die Anordnungen des Erblassers unterliegen der allg Grenze des § 138. 5

a) Die Durchsetzung dieser Pflicht obliegt wiederum den Erben und Vermächtnisnehmern. Daraus folgt, dass sich der Testamentsvollstrecker mit **Zustimmung** dieser über 6 die Anordnungen des Erblassers faktisch hinwegsetzen kann, da dann ein Schadensersatzanspruch nach § 2219 oder eine gerichtliche Durchsetzung der Pflicht ausscheidet und eine andere Durchsetzungsmöglichkeit nicht besteht.

7 b) Des Weiteren ist nach Abs 2 S 2 eine (auch teilweise, KG OLGZ 71, 220) **Außerkraftsetzung** der Anordnungen durch das Nachlassgericht auf Antrag des Testamentsvollstreckers oder eines anderen Beteiligten möglich. Voraussetzung ist eine erhebliche Gefährdung des Nachlasses, was nach wirtschaftlichen Gesichtspunkten zu verstehen ist. Nicht möglich ist die Außerkraftsetzung der Anordnung der Testamentsvollstreckung, insb der Dauerverwaltungsvollstreckung nach § 2209 S 1 2. Halbs als solcher (§ 2209 Rn 8). Aus Abs 1 kann auch die Pflicht des Testamentsvollstreckers zur Antragstellung nach Abs 2 S 2 folgen. Angesichts des eigenen Antragsrechts der sonstigen Beteiligten ist insofern aber Zurückhaltung geboten, so dass eine Pflichtverletzung des Testamentsvollstreckers durch unterlassene Antragstellung – auch vor dem Hintergrund der Schadensminderungspflicht des § 254 II 1 – wohl nur bei einem Wissensvorsprung des Testamentsvollstreckers bejaht werden kann (ähnl MK/Zimmermann § 2216 Rn 22).

8 III. **Verfahrensrechtlich** ist ein Antrag nach Abs 2 S 2 durch den Testamentsvollstrecker und die sonstigen Beteiligten (Erben, Vermächtnisnehmer, Auflagenberechtigte; nach BGHZ 35, 300 nicht aber Nachlassgläubiger) beim Nachlassgericht (§ 23 a GVG) möglich. Die Beteiligten sind nach Abs 2 S 3 anzuhören. Rechtsmittel gegen die Entscheidung ist die Beschwerde (§ 58 FamFG).

§ 2217 Überlassung von Nachlassgegenständen

(1) ¹Der Testamentsvollstrecker hat Nachlassgegenstände, deren er zur Erfüllung seiner Obliegenheiten offenbar nicht bedarf, dem Erben auf Verlangen zur freien Verfügung zu überlassen. ²Mit der Überlassung erlischt sein Recht zur Verwaltung der Gegenstände.
(2) Wegen Nachlassverbindlichkeiten, die nicht auf einem Vermächtnis oder einer Auflage beruhen, sowie wegen bedingter und betagter Vermächtnisse oder Auflagen kann der Testamentsvollstrecker die Überlassung der Gegenstände nicht verweigern, wenn der Erbe für die Berichtigung der Verbindlichkeiten oder für die Vollziehung der Vermächtnisse oder Auflagen Sicherheit leistet.

1 I. Gegenstände und Rechte, die der Verwaltungsbefugnis des Testamentsvollstreckers unterliegen, sind dem Zugriff des Erben während der Dauer der Verwaltung grds umfassend entzogen. Dies ergibt sich va aus der ausschließlichen Zuweisung der Verwaltungs- (§ 2205 S 2), Verfügungs- (§§ 2205 S 2, 2211) und aktiven Prozessführungsbefugnis (§ 2212) an den Testamentsvollstrecker. Im Normalfall erlangt der Erbe diese Befugnisse erst mit dem Ende des Amtes des Testamentsvollstreckers zurück. Diese Exklusion des Erben hins der Nachlassgegenstände erscheint angesichts seiner Stellung als Träger des Nachlasses unbillig, wenn der Testamentsvollstrecker bestimmte Gegenstände zur Erfüllung seiner Aufgaben nicht mehr benötigt. Daher gewährt § 2217 dem Erben unter diesen Voraussetzungen einen **Freigabeanspruch**, den der Erblasser allerdings ausschließen kann (Gegenschluss aus § 2220).

2 II. 1. **Voraussetzung** des Freigabeanspruchs ist, dass der Testamentsvollstrecker die Gegenstände zur Erfüllung seiner Aufgaben nicht mehr benötigt. Ob dies der Fall ist, hängt wesentlich von den Anordnungen des Erblassers und von der Art der Testamentsvollstreckung ab. Bei der Verwaltungsvollstreckung nach § 2209 scheidet eine Freigabe einzelner Gegenstände in aller Regel aus (BGHZ 56, 284). Bei der Abwicklungsvollstreckung muss der Testamentsvollstrecker jedenfalls die Werte zurückhalten, die er zur Erfüllung von Nachlassverbindlichkeiten (beachte aber hier die Möglichkeit der Sicherheitsleistung, Rn 5) oder Vermächtnissen und Auflagen benötigt. Ferner kann der Erblasser die Freigabeverpflichtung **ausschließen**, da § 2217 in § 2220 nicht aufgeführt ist. Mit Zustimmung der Erben und Vermächtnisnehmer ist dem Testamentsvollstrecker aber auch dann eine freiwillige Freigabe möglich (BGHZ 56, 284).

Nicht unter die Gegenstände iSd Vorschrift fallen Nutzungen, deren Herausgabe an den Erben sich nach § 2216 I bestimmt.

2. Rechtsfolge ist ein Anspruch des Erben gegen den Testamentsvollstrecker (BGHZ 12, 102) auf Freigabe. Dieser Anspruch kann gegen den Testamentsvollstrecker persönlich klageweise geltend gemacht werden. Mehrere Miterben können dies nur gemeinschaftlich tun (§ 2040 I, mangels Eigenschaft als Nachlassforderung nicht § 2039). Der Testamentsvollstrecker kann dem Anspruch kein Zurückbehaltungsrecht aufgrund seines Vergütungsanspruchs (§ 2221) entgegenhalten (MK/Zimmermann § 2217 Rn 5). Der Anspruch ist abtretbar und unterliegt der Pfändung durch Gläubiger des Erben.

3. Die **Ausführung** der Freigabe erfolgt durch formlose (ggü dem Grundbuchamt ist aber Nachw in der Form des § 29 GBO nötig) einseitige empfangsbedürftige Willenserklärung des Testamentsvollstreckers. Diese muss, ausdrücklich oder konkludent (BGHZ 12, 104 für Überlassung eines Handelsgeschäfts zur Führung im eigenen Namen), eindeutig zum Ausdruck bringen, dass er seine Verwaltungs- und Verfügungsbefugnisse angesichts des Gegenstandes endgültig aufgibt. Die Freigabe hat die **Wirkung**, dass das Verwaltungs- und Verfügungsrecht des Testamentsvollstreckers erlischt (Abs 2 S 2) und der Erbe die entspr Befugnisse erlangt. Mit der Freigabe entfallen daher auch die Rechtswirkungen der §§ 2211–2214.

4. Abs 2 regelt die **Freigabe gegen Sicherheitsleistung**. Leistet der Erbe Sicherheit (§§ 232 ff), kann der Testamentsvollstrecker die Freigabe von Gegenständen nicht mit Hinweis auf deren Erforderlichkeit zur Erfüllung von Nachlassverbindlichkeiten verweigern. Bei Vermächtnissen und Auflagen gilt dies nicht, wenn diese bereits fällig sind. Der Erblasser kann allerdings Abs 2 auch isoliert abbedingen.

§ 2218 Rechtsverhältnis zum Erben; Rechnungslegung

(1) Auf das Rechtsverhältnis zwischen dem Testamentsvollstrecker und dem Erben finden die für den Auftrag geltenden Vorschriften der §§ 664, 666 bis 668, 670, des § 673 Satz 2 und des § 674 entsprechende Anwendung.
(2) Bei einer länger dauernden Verwaltung kann der Erbe jährlich Rechnungslegung verlangen.

I. Die Tätigkeit des Testamentsvollstreckers beruht auf einer entspr Anordnung des Erblassers und der Annahme des Amtes (§ 2202 I). Mit dem Erben verbindet ihn allein ein **gesetzliches Schuldverhältnis**, das in § 2218 durch Verweis auf einige auftragsrechtliche Vorschriften, die entspr gelten sollen, näher ausgestaltet ist. Die Tatsache, dass zwischen Erben und Testamentsvollstrecker aber gerade keine vertraglichen insb auftragsrechtlichen Beziehungen bestehen, darf indes bei Anwendung der Vorschrift nicht übersehen werden („entsprechende"). Eine Befreiung von § 2218 ist nach § 2220 nicht möglich.

II. 1. Die Vorschrift gilt nur im Verhältnis zwischen Testamentsvollstrecker und **Erben**, nicht ggü Vermächtnisnehmer oder Pflichtteilsberechtigtem oder dem Nacherben vor Eintritt des Nacherbfalls (insofern aber § 2127 Rn 4). Im Einzelnen gewährt Abs 1 mit entspr Anwendung bestimmter Auftragsvorschriften die folgenden Rechte:

a) Das Amt des Testamentsvollstreckers kann gem § 664 nicht im Ganzen auf einen Dritten **übertragen** werden. Unberührt bleibt die Berechtigung zur Ernennung eines Nachfolgers, wenn der Erblasser hierzu ermächtigt hat (§ 2199 II). Möglich ist auch die Gestattung der Übertragung durch den Erblasser (§ 664 I 2), die sich auch aus den Umständen ergeben kann. Gehilfen darf der Testamentsvollstrecker, mit der Haftungsfolge des § 664 I 3, immer einschalten. Dies schließt auch die Bevollmächtigung, auch die widerrufliche Generalbevollmächtigung, Dritter ein. Die Vollmacht erlischt mit der Amtsbeendigung. Auch § 664 II ist anwendbar, schließt aber der Übertragung einzelner Ansprüche (zB aus §§ 2217 I) nicht aus.

b) Über § 666 treffen den Testamentsvollstrecker **Auskunfts- und Rechenschaftspflichten**. Damit sind auch die §§ 259, 260 anwendbar. Ergänzt wird das Informationsrecht des Erben durch § 2215 und durch Abs 2 (Verpflichtung zur jährlichen Rechnungslegung bei längerer Verwaltung).

5 c) Bei Beendigung des Amtes hat der Testamentsvollstrecker dem Erben den Nachlass und alles mittlerweile Erlangte an den Erben **herauszugeben**, § 667. Wegen evtl Gegenansprüche aus § 2221 steht dem Testamentsvollstrecker ein Zurückbehaltungsrecht (§ 273) zu.

6 d) Nach § 668 besteht eine **Verzinsungspflicht** für Gelder, die der Testamentsvollstrecker für sich verwendet.

7 e) **Aufwendungsersatz** kann der Testamentsvollstrecker gem § 670 verlangen, ein Vorschussanspruch nach § 669 besteht mangels Verweis auf diese Vorschrift nicht. Es gilt das allg Erfordernis, dass er die Auslagen für erforderlich halten durfte. Als Aufwendungen können auch Anwaltskosten und Prozesskosten ersatzfähig sein, sofern es sich um Streitigkeiten iR seines Amtes handelte.

8 f) Im Falle des **Todes** des Testamentsvollstreckers gilt § 673 S 2. Bei Beendigung des Amtes, von der der Testamentsvollstrecker keine Kenntnis hat (zB Eintritt einer auflösenden Bedingung) schützt ihn § 674. Bei der Entlassung nach § 2227 kommt dies indes wegen § 40 I FamFG nicht in Betracht.

9 g) Die übrigen auftragsrechtlichen Vorschriften sind **nicht** anwendbar. Insb steht dem Erben keine Weisungsbefugnis nach § 665 zu.

10 2. Die **Geltendmachung** der Ansprüche des Erben nach § 2218 erfolgt gegen den Testamentsvollstrecker persönlich. Bei Miterben gilt § 432 I (RGZ 86, 68).

§ 2219 Haftung des Testamentsvollstreckers

(1) Verletzt der Testamentsvollstrecker die ihm obliegenden Verpflichtungen, so ist er, wenn ihm ein Verschulden zur Last fällt, für den daraus entstehenden Schaden dem Erben und, soweit ein Vermächtnis zu vollziehen ist, auch dem Vermächtnisnehmer verantwortlich.
(2) Mehrere Testamentsvollstrecker, denen ein Verschulden zur Last fällt, haften als Gesamtschuldner.

1 I. Die Vorschrift postuliert eine **Schadensersatzhaftung** des Testamentsvollstreckers ggü Erben und Vermächtnisnehmern, sofern er seine Pflichten schuldhaft verletzt. Sie ist, neben der selbstständigen Einklagbarkeit des Anspruchs auf ordnungsgemäße Verwaltung (auch durch Unterlassungsklage und im einstweiligen Rechtsschutz, § 2216 Rn 2) und des Antrags auf Entlassung nach § 2227, das wichtigste Instrument des Erben, den Testamentsvollstrecker anzuhalten, der Verpflichtung zur ordnungsgemäßen Verwaltung aus § 2216 I gewissenhaft nachzukommen. Der Erblasser kann den Testamentsvollstrecker von dieser Verantwortlichkeit nicht befreien (§ 2220).

2 II. 1. Der Anspruch **setzt voraus**, dass der Testamentsvollstrecker die ihm obliegenden Pflichten verletzt und dabei schuldhaft handelt sowie dass der Anspruch nicht durch Verzicht oder Zustimmung ausgeschlossen ist.

3 a) Erforderlich ist eine **Pflichtverletzung** des Testamentsvollstreckers. Die Pflichten ergeben sich allg aus den gesetzlichen Vorschriften der §§ 2203–2209, 2215–2218, 2226 S 3 mit 671 II, III sowie über §§ 2203, 2216 II 1 aus den Anordnungen des Erblassers. Von überragender Bedeutung ist die Pflicht zur ordnungsgemäßen Verwaltung aus § 2216 I (vgl dort Rn 3). Aus der Vielzahl der im Einzelfall denkbaren Konstellationen sind beispielsweise die Pflicht zur Prüfung der Gültigkeit letztwilliger Anordnungen und ihre Verletzung durch Erfüllung, erkennbar (BGH NJW-RR 92, 775) unwirksamer Vermächtnisse, die Kosten unnötiger Prozesse (BGH WM 67, 29) bzw unnötiger Beauftragung von Hilfspersonen (OLG Köln NJW-Spezial 12, 232) oder die Eingehung besonders großer geschäftlicher Risiken zu nennen.

4 b) Das **Verschulden** richtet sich nach § 276 I, es sind also Vorsatz und jede Fahrlässigkeit zu vertreten. Für Gehilfen gelten §§ 2218, 664 S 2, 3 mit 278. Dem Testamentsvollstrecker, der sein Amt gegen Vergütung führt (§ 2221), wird kein Haftungsprivileg eingeräumt. Eine rechtsgeschäftliche Erleichterung ist durch Vereinbarung mit Erben

und Vermächtnisnehmern aber iR des § 276 I 1, III möglich. Grds gilt ein strenger Sorgfaltsmaßstab (RGZ 130, 135). Es kann erwartet werden, dass sich der Testamentsvollstrecker notfalls sachkundiger Hilfe bedient. Ein Mitverschulden des Erben (§ 254) ist zu berücksichtigen (RGZ 138, 137) und kann zB in der Unterlassung eines Antrags nach § 2216 II 2 zu sehen sein (§ 2216 Rn 7).

c) Der Anspruch ist **ausgeschlossen**, wenn alle Erben und evtl Vermächtnisnehmer einer Maßnahme des Testamentsvollstreckers zugestimmt haben, selbst wenn dadurch Anordnungen des Erblassers übergangen werden. Zum Schutz des Testamentsvollstreckers vor späteren Ansprüchen gibt ihm § 2206 II einen Anspruch auf Einwilligung in die Eingehung von Verbindlichkeiten iR ordnungsgemäßer Verwaltung. Nach allg Grundsätzen ist auch ein nachträglicher Verzicht auf entstandene Ansprüche möglich (bei Miterben gilt § 2040 I). 5

Der Anspruch wird überw als erbrechtlicher Anspruch qualifiziert (BGH ZEV 02, 499 ff mit krit Anm Otte). Nach dem Gesetz zur Änderung des Erb- und Verjährungsrechts (dazu Vor §§ 1922 – 2385 Rn 10) unterliegt er der Regelverjährung nach §§ 195, 199. 6

2. Gläubiger des Anspruchs sind allein die Erben und Vermächtnisnehmer. Eine Haftung ggü Nachlassgläubigern, Auflageberechtigten oder sonstigen Dritten folgt hingegen nur aus unerlaubter Handlung. **Schuldner** ist der Testamentsvollstrecker. Mehrere (§ 2224) haften bei gemeinschaftlicher Amtsführung (Regelfall des § 2224 I 1) nach Abs 2 als Gesamtschuldner, wenn jeden ein Verschulden trifft. Bei getrennten Aufgabenkreisen (§ 2224 I 3) haftet jeder allein. 7

3. Die **Durchsetzung** des Anspruchs erfolgt durch den Erben selbst. Obgleich der Anspruch zum Nachlass gehört (§ 2041), greift § 2212 hier naturgemäß nicht, da der Testamentsvollstrecker persönlich verpflichtet ist. Ansprüche gegen einen früheren Testamentsvollstrecker werden indes durch den Nachfolger geltend gemacht (BGH MDR 58, 670). 8

III. Die **Erben** haften bei Erfüllung von Nachlassverbindlichkeiten durch den Testamentsvollstrecker für diesen gem § 278, können aber ihre Haftung nach allg Regeln (§§ 1975 ff) auf den Nachlass beschränken. Hingegen ist § 831 nicht anwendbar (BGH NJW 58, 670; für eine entspr Anwendung des § 31 MK/Zimmermann § 2219 Rn 18). 9

§ 2220 Zwingendes Recht

Der Erblasser kann den Testamentsvollstrecker nicht von den ihm nach den §§ 2215, 2216, 2218, 2219 obliegenden Verpflichtungen befreien.

Die Vorschrift dient dem **Schutz des Erben** vor einer zu großen Machtfülle und einer Unkontrollierbarkeit des Testamentsvollstreckers. Der Vorschrift entgegenstehende Anordnungen des Erblassers sind unwirksam. Von § 2217 kann befreit werden, nicht hingegen vom nicht ausdrücklich aufgeführten § 2227. Der Erbe kann hingegen auf den Schutz des § 2220 verzichten (für Miterben gilt § 2040 I, vgl § 2219 Rn 5). Weiteren Schutz gewährt § 2205 S 3. 1

§ 2221 Vergütung des Testamentsvollstreckers

Der Testamentsvollstrecker kann für die Führung seines Amts eine angemessene Vergütung verlangen, sofern nicht der Erblasser ein anderes bestimmt hat.

I. Dem Testamentsvollstrecker steht nach der Vorschrift, wie dem Nachlassverwalter (§ 1987) und anders als dem Nachlasspfleger (§§ 1960, 1915, 1836 I 1), prinzipiell eine **angemessene Vergütung** für sein Amt zu. Primär ist aber der Wille des Erblassers entscheidend. Dieser kann eine Vergütung ganz ausschließen oder von der Angemessenheit in beide Richtungen abweichen. 1

II. 1. Ob und in welcher Höhe ein Vergütungsanspruch des Testamentsvollstreckers besteht, richtet sich in erster Linie nach dem **Willen des Erblassers**. Er kann eine Ver- 2 gütung gänzlich ausschließen oder eine unangemessen hohe oder niedrige Vergütung festlegen. Der Testamentsvollstrecker kann allein bei der Annahme (§ 2202 I) darüber entscheiden, ob er das Amt zu diesen Bedingungen führen will. Eine unangemessen hohe Vergütung ist als durch Amtsannahme bedingtes Vermächtnis anzusehen. Auch die Anordnung der Bestimmung der Höhe durch einen Dritten ist möglich (§§ 2156, 315 ff); ebenso eine Vergütungsvereinbarung zwischen allen Erben und dem Testamentsvollstrecker, die dann den Anordnungen des Erblassers vorgeht.

3 **2.** Fehlt eine Anordnung des Erblassers (und lässt sie sich auch nicht im Wege der Auslegung ermitteln), so kann der Testamentsvollstrecker eine **angemessene Vergütung** verlangen.

4 a) Die Ermittlung der **Höhe** hängt immer von den konkreten Umständen des Einzelfalls ab. Als Kriterien sind ua sein Pflichtenkreis, also Art und Umfang der angeordneten Testamentsvollstreckung, die Schwierigkeit und das Ausmaß der geleisteten Arbeit, die Dauer der Tätigkeit, das Haftungsrisiko und besondere Geschicklichkeit bei der Amtsführung zu berücksichtigen (BGH WM 72, 101).

5 b) In der Praxis existieren **Richtwerte** (vgl zB OLG Köln FamRZ 94, 328; Klingelhöffer Vermögensverwaltung in Nachlaßsachen, 2002, S 193), die durch prozentuale Bruchteile des Bruttoaktivnachlasses (also ohne Abzug der Verbindlichkeiten) angegeben werden, der nach dem Verkehrswert zum Zeitpunkt des Erbfalls zu ermitteln ist. Je nach Nachlasswert werden Vergütungsansprüche zwischen 1 % und 8 % zugrunde gelegt. Verringerungen können im Einzelfall bei frühzeitiger Amtsbeendigung (§§ 2226, 2227) oder bei Anordnung der Nachlassverwaltung vorgenommen werden. Bei groben Pflichtverletzungen kommt eine komplette Verwirkung in Betracht. In bestimmten Fällen werden Sondergebühren (Konstituierungs-, Verwaltungs- und Auseinandersetzungsgebühr) anerkannt.

6 c) Die Vergütung wird im Regelfall mit der Amtsbeendigung **fällig**. Bei länger andauernder Verwaltung kann sie jährlich gefordert werden.

7 d) Der Anspruch verjährt nunmehr (dazu Vor §§ 1922 – 2385 Rn 10) in 3 Jahren (§§ 195, 199).

8 **3.** Im Streitfall erfolgt die Festsetzung der Vergütung durch das **Prozessgericht** nicht das Nachlassgericht (BGH WM 72, 101). Der Testamentsvollstrecker muss im Hinblick auf § 253 II Nr 2 ZPO einen bestimmten Betrag beziffern (RG JW 37, 3184).

9 **III.** Der vermeintliche Testamentsvollstrecker, dessen Ernennung tatsächlich unwirksam war, kann eine Vergütung nach §§ 675, 612 verlangen, wenn er die Unwirksamkeit nicht kannte (BGH NJW 63, 1615; str) und diese auch nicht von den Erben geltend gemacht wurde (BGHZ 69, 240).

§ 2222 Nacherbenvollstrecker

Der Erblasser kann einen Testamentsvollstrecker auch zu dem Zwecke ernennen, dass dieser bis zu dem Eintritt einer angeordneten Nacherbfolge die Rechte des Nacherben ausübt und dessen Pflichten erfüllt.

1 **I.** Neben der Einsetzung eines Testamentsvollstreckers für den Vorerben während der Dauer der Vorerbschaft und den Nacherben ab Eintritt des Nacherbfalls (§§ 2203, 2209) eröffnet § 2222 dem Erblasser zusätzlich die Möglichkeit, einen Testamentsvollstrecker für den Nacherben während der Dauer der Vorerbschaft zu ernennen, sog **Nacherbenvollstrecker**. Er soll die bereits in diesem Zeitraum bestehenden Rechte und Pflichten des Nacherben ausüben bzw erfüllen.

2 **II. 1.** Die **Ernennung** erfolgt durch letztwillige Verfügung. Im Zweifel ist durch Auslegung zu ermitteln, ob der Erblasser tatsächlich einen Nacherbenvollstrecker einsetzen wollte, oder einen gewöhnlichen Testamentsvollstrecker für den Nacherben ab Eintritt des Nacherbfalls (BayObLGZ 58, 301). Als Nacherbenvollstrecker kann nicht der Vorerbe ernannt werden.

3 **2.** Die **Aufgaben und Befugnisse** richten sich nicht primär nach den §§ 2203 ff, sondern aufgrund des besonderen Zwecks des Nacherbenvollstreckers, die diesem während der

Vorerbschaft zustehenden Rechtspositionen wahrzunehmen, hauptsächlich nach §§ 2113, 2114, 2116–2119, 2121–2123, 2127, 2128 und 773 ZPO. Aus dem Recht der Testamentsvollstreckung gelten aber zB die §§ 2216 I, 2219. Eine Übertragung der Anwartschaft des Nacherben steht ihm nicht zu.

3. Die **Beendigung** des Amts tritt mit dem Eintritt der Nacherbfolge (§ 2139) ein. 4

III. Die Nacherbenvollstreckung ist im **Grundbuch** (§ 51 GBO) und im Erbschein des 5
Vorerben (§ 2363) anzugeben.

§ 2223 Vermächtnisvollstrecker

Der Erblasser kann einen Testamentsvollstrecker auch zu dem Zwecke ernennen, dass dieser für die Ausführung der einem Vermächtnisnehmer auferlegten Beschwerungen sorgt.

I. Die Vorschrift regelt entgg ihrem Wortlaut nur einen **Unterfall** der Vermächtnisvoll- 1
streckung. Es ist anerkannt, dass der Erblasser entspr §§ 2209, 2210 auch die Verwaltung eines im Wege des Vermächtnisses zugewendeten Gegenstandes durch einen Testamentsvollstrecker anordnen kann (BGHZ 13, 205; BayObLGZ 86, 34).

II. Der von § 2223 geregelte Fall erfasst die Vermächtnisvollstreckung zur **Ausführung** 2
von einem Vermächtnisnehmer auferlegten **Beschwerungen**, wie Untervermächtnisse und Auflagen (§ 2186) oder Nachvermächtnissen (§ 2191). Die Vorschriften der §§ 2205 ff gelten hier, beschränkt auf den Vermächtnisgegenstand, grds ebenso wie im Verhältnis zum Erben. Insb obliegt dem Vermächtnisvollstrecker die Geltendmachung des Vermächtnisanspruchs (§§ 2174, 2212).

§ 2224 Mehrere Testamentsvollstrecker

(1) ¹Mehrere Testamentsvollstrecker führen das Amt gemeinschaftlich; bei einer Meinungsverschiedenheit entscheidet das Nachlassgericht. ²Fällt einer von ihnen weg, so führen die übrigen das Amt allein. ³Der Erblasser kann abweichende Anordnungen treffen.

(2) Jeder Testamentsvollstrecker ist berechtigt, ohne Zustimmung der anderen Testamentsvollstrecker diejenigen Maßregeln zu treffen, welche zur Erhaltung eines der gemeinschaftlichen Verwaltung unterliegenden Nachlassgegenstands notwendig sind.

I. Die Vorschrift regelt Fragen im Zusammenhang mit der Ernennung mehrerer Testa- 1
mentsvollstrecker durch den Erblasser (zB um nicht alle Machtbefugnisse in einer Person zu konzentrieren). Das gesetzliche Leitbild geht dabei in Abs 1 S 1 vom Grundsatz gemeinschaftlichen Handelns aus. Die Testamentsvollstrecker werden in diesem Fall als **Gesamtvollstrecker** bezeichnet. Dies gilt aber gem Abs 1 S 3 nur vorbehaltlich abw Anordnungen des Erblassers. In jedem Fall steht jedem Testamentsvollstrecker ähnl wie bei § 744 II und § 2038 I 2 2. Halbs ein alleiniges Notverwaltungsrecht zu (Abs 2).

II. 1. Die **Ernennung** kann durch den Erblasser selbst erfolgen (§ 2197 I), durch einen 2
von ihm benannten Dritten (§ 2198) oder das von ihm entspr ersuchte Nachlassgericht (§ 2200). Möglich ist auch die Ermächtigung des Ernannten, aufgrund eigener Entscheidung Mitvollstrecker zu ernennen (§ 2199 I).

2. Für Art und Umfang der Befugnisse, sowie für die Rechtsstellung mehrerer Testa- 3
mentsvollstrecker gilt im Grundsatz nichts anderes als für einen Einzeltestamentsvollstrecker. Besondere Fragen wirft lediglich das **Verhältnis** der mehreren Ernannten nach innen und außen auf.

a) Für dieses Verhältnis gelten gem Abs 1 S 3 vorrangig die **Anordnungen des Erblas-** 4
sers. Dieser kann zB jedem Testamentsvollstrecker einen bestimmten Aufgabenkreis mit alleiniger Entscheidungsbefugnis in diesem Bereich zuweisen. Er kann eine Entscheidungsfindung durch Mehrheitsbeschluss anordnen oder jedem umfassende Einzelvertretungsmacht zubilligen.

5 b) Mangels derartiger Anordnungen des Erblassers greift die **gesetzliche Regelung** des Abs 1 S 2 und 3. Danach gilt sowohl im Innen- als auch im Außenverhältnis der Grundsatz gemeinschaftlicher Amtsführung (BGH NJW 67, 2402). Es gilt also das Erfordernis der Einstimmigkeit. An Rechtsgeschäften müssen alle Testamentsvollstrecker mitwirken, damit diese wirksam sind. Eine nachträgliche Genehmigung ist möglich (§§ 177, 185). Gemeinschaftlichkeit ist auch bei der Stellung von Anträgen oder der Einlegung von Rechtsmitteln (mit Ausn des § 355 III FamFG) zu verlangen.

6 c) Auch iR der gesetzlichen Regelung ist allerdings eine **interne Aufgabenverteilung** durch gemeinsame Entscheidung möglich, die allerdings Wirkung nur für das Innenverhältnis entfaltet. Im Außenverhältnis bleibt dann nur eine gegenseitige Bevollmächtigung.

7 3. Über **Meinungsverschiedenheiten** entscheidet, vorbehaltlich abw Anordnungen des Erblassers, nach Abs 1 S 1 2. Halbs das Nachlassgericht. Der entspr Antrag kann von jedem der Testamentsvollstrecker gestellt werden. Von den Meinungsverschiedenheiten, die auf unterschiedlichen Einschätzungen einer sinnvollen ordnungsgemäßen Verwaltung beruhen, sind Rechtsstreitigkeiten abzugrenzen, die vom Prozessgericht zu entscheiden sind. Zu letzteren gehört zB die Frage der Wirksamkeit und Reichweite letztwilliger Anordnungen des Erblassers.

8 a) Das Nachlassgericht kann allein einen von einem Testamentsvollstrecker unterbreiteten Vorschlag **billigen oder ablehnen**, aber keine abweichende oder modifizierende Entscheidung treffen (KG NJW 36, 1017). Es entscheidet also tatsächlich allein zwischen bzw gegen die unterschiedlichen Meinungen, trifft aber nicht die aus seiner Sicht iR ordnungsgemäßer Verwaltung beste Entscheidung.

9 b) Die **Wirkung** der Entscheidung ist nach hM keine ersetzende (aA MK/Zimmermann § 2224 Rn 14). An sich müsste daher der die Zustimmung verweigernde Testamentsvollstrecker zur Abgabe einer entspr Willenserklärung gezwungen werden (Soergel/Damrau § 2224 Rn 15). Aufgrund der Aufwendigkeit dieses Verfahrens wird teilweise den anderen Testamentsvollstreckern zugestanden, die Maßnahme iSd gerichtlichen Entscheidung ähnl wie bei Abs 2 ohne Mitwirkung des sich verweigernden Mitvollstreckers vorzunehmen (Kipp-Coing ErbR § 74 I 1; Palandt/Weidlich § 2224 Rn 4).

10 4. Bei **Wegfall** eines Testamentsvollstreckers (Amtsablehnung, Amtsbeendigung, dauernde Verhinderung rechtlicher oder tatsächlicher Art, auch § 181) führen die übrigen nach Abs 1 S 2 vorbehaltlich abw Anordnungen des Erblassers das Amt allein.

11 5. **Notwendige Erhaltungsmaßnahmen** kann nach Abs 2 im Sinne eines Notverwaltungsrechts jeder Testamentsvollstrecker ohne Mitwirkung der anderen vornehmen. Die Vorschrift, die §§ 744 II, 2038 I 2 2. Halbs entspricht, gilt im Innen- und im Außenverhältnis. Lagen die Voraussetzungen objektiv nicht vor, hängt die Wirksamkeit nach außen von der Genehmigung der übrigen Mitvollstrecker ab (§§ 177, 185).

§ 2225 Erlöschen des Amts des Testamentsvollstreckers

Das Amt des Testamentsvollstreckers erlischt, wenn er stirbt oder wenn ein Fall eintritt, in welchem die Ernennung nach § 2201 unwirksam sein würde.

1 I. Die Gründe der **Amtsbeendigung** sind in §§ 2225–2227 nicht erschöpfend aufgezählt. Neben den in diesen Vorschriften genannten Gründen (Tod, Amtsunfähigkeit nach § 2201, Kündigung und Entlassung), endet das Amt mit Ablauf einer vom Erblasser angeordneten Befristung oder einer auflösenden Bedingung, mit Ablauf der Frist des § 2210 sowie (bei der Abwicklungsvollstreckung) mit der Erledigung der dem Testamentsvollstrecker obliegenden Aufgaben. In den erstgenannten Fällen ist allerdings eine Fortsetzung der Testamentsvollstreckung durch Ersatzernennung (§ 2197 II) oder Nachfolgerbestimmung (§ 2199 II) denkbar.

2 II. 1. Im Falle des **Todes** gilt über § 2218 die Vorschrift des § 673 S 2, wonach das Amt (idR durch den Erben des Testamentsvollstreckers) einstweilen weiterzuführen ist. Erlangt der Testamentsvollstrecker im Fall des § 2201 seine Amtsfähigkeit später wieder, ändert dies nichts an der endgültigen Amtsbeendigung.

2. Die Amtsbeendigung tritt in den genannten Fällen (eine Ausn bildet naturgemäß § 2227) von selbst ein, ohne dass es einer Aufhebungsentscheidung des Nachlassgerichts bedarf. Endet mit dem Amt zugleich die Testamentsvollstreckung (vgl Rn 1), entfallen deren **Wirkungen**. Der Erbe erlangt die volle Verwaltungs-, Verpflichtungs-, Verfügungs- und Prozessführungsbefugnis zurück. In der Zwischenzeit von ihm getroffene Verfügungen werden nun nach § 185 wirksam. Der Testamentsvollstrecker muss dem Erben den Nachlass herausgeben und Rechenschaft ablegen (§§ 2218, 666, 667). Das Testamentsvollstreckerzeugnis wird kraftlos (§ 2368 III 2. Halbs). Der Testamentsvollstreckervermerk im Grundbuch (§ 52 GBO) ist zu löschen (§§ 13, 22 I, 84 GBO).
III. Bei einem **Streit** über die Beendigung des Amtes entscheidet das Prozessgericht (BGHZ 41, 28).

§ 2226 Kündigung durch den Testamentsvollstrecker

¹Der Testamentsvollstrecker kann das Amt jederzeit kündigen. ²Die Kündigung erfolgt durch Erklärung gegenüber dem Nachlassgericht. ³Die Vorschrift des § 671 Abs. 2, 3 findet entsprechende Anwendung.

1. Der Testamentsvollstrecker hat nach § 2226 ein jederzeitiges **Kündigungsrecht** (ähnl § 671 I). Er kann also ebenso wenig wie zum Antritt des Amts (§ 2202 I) zur fortdauernden Amtsführung gezwungen werden. Der Erblasser kann hier nur durch eine Ersatzbenennung vorbeugen (§§ 2197 II, 2198, 2000), oder den Testamentsvollstrecker zur Nachfolgerernennung ermächtigen (§ 2199 II). Ein grds möglicher vertraglicher Ausschluss des Kündigungsrechts (durch Vereinbarung mit dem Erblasser oder dem Erben) berührt eine Kündigung aus wichtigem Grund nicht, S 3 mit § 671 III. Eine Kündigung zur Unzeit begründet eine Schadensersatzpflicht des Testamentsvollstreckers (S 3 mit § 671 II). Vereinbart werden kann auch eine einklagbare Pflicht zur Kündigung zu einem bestimmten Zeitpunkt.
2. Die Kündigung erfolgt durch formlose einseitige empfangsbedürftige **Willenserklärung** ggü dem Nachlassgericht (S 2). Sie wird mit Zugang dort wirksam (§ 130 III, I 1). Die Kündigung ist unwiderruflich, aber nach allg Grundsätzen ggü dem Nachlassgericht (§ 143 III 1) anfechtbar.

§ 2227 Entlassung des Testamentsvollstreckers

Das Nachlassgericht kann den Testamentsvollstrecker auf Antrag eines der Beteiligten entlassen, wenn ein wichtiger Grund vorliegt; ein solcher Grund ist insbesondere grobe Pflichtverletzung oder Unfähigkeit zur ordnungsmäßigen Geschäftsführung.

I. Die Möglichkeit der Entlassung des Testamentsvollstreckers aus wichtigem Grund auf Antrag eines Beteiligten stellt va für die Erben ein wichtiges Mittel dar, um in gewissem Umfang eine mittelbare **Kontrolle** über den Testamentsvollstrecker auszuüben (RGZ 133, 135). Die Vorschrift tritt in dieser Wirkung neben § 2219 und ist wie dieser durch den Erblasser nicht abdingbar, wenngleich § 2220 sie nicht ausdrücklich aufführt (§ 2220 Rn 1).
II. Die **Entlassung** spricht das Nachlassgericht (§ 342 I FamFG) auf einen entspr Antrag eines Antragsberechtigten bei Vorliegen eines wichtigen Grundes aus.
1. Der **Antrag** eines Beteiligten ist immer erforderlich. Das Nachlassgericht, dem keine allg Aufsichtsbefugnis über den Testamentsvollstrecker zusteht, darf nicht vAw tätig werden.
2. **Antragsberechtigt** sind nach Abs 1 die Beteiligten. Zu diesen gehören die Erben, Nacherben auch vor Eintritt des Nacherbfalls, Vermächtnisnehmer, Auflageberechtigte (§ 2194, nicht aber Auflagebegünstigte), Pflichtteilsberechtigte und Mitvollstrecker. Einfachen Nachlassgläubigern wird indes die Antragsberechtigung nicht zuerkannt (BGHZ 35, 296). Diesen bleibt bei Gefährdung ihrer Interessen die Möglichkeit, Nachlassverwaltung zu beantragen (§ 1981 II).

5 3. Die Entlassung auf Antrag erfolgt nur bei Vorliegen eines **wichtigen Grundes**. Allg setzt dies die Gefahr erheblicher Nachteile für die Interessen der Beteiligten im Falle eines Verbleibens des Testamentsvollstreckers im Amt voraus (BayObLGZ 26, 357; 85, 298). Beispielhaft nennt das Gesetz die grobe Pflichtverletzung und die Unfähigkeit zur ordnungsgemäßen Geschäftsführung. Die Pflichtverletzung muss erheblich und vom Testamentsvollstrecker verschuldet sein. Dies ist angenommen worden bei der willkürlichen Bevorzugung einzelner Erben (BGHZ 25, 284) oder vollkommen unwirtschaftlicher Verwaltung (BayObLG NJW-RR 90, 1420), ferner beim Verschweigen eines nicht unerheblichen Nachlassdepots über einen längeren Zeitraum (OLG Schleswig ZErB 09, 32). Auch kommen zB Eigennutz (OLG Düsseldorf ZErb 13, 61), Untätigkeit (BayObLG FamRZ 00, 193) oder das Ignorieren letztwilliger Anordnungen des Erblassers, oder die Verweigerung von Rechnungslegung und Auskunftserteilung in Betracht (OLG Düsseldorf ZErB 13, 61). Die Unfähigkeit zur ordnungsgemäßen Geschäftsführung setzt demgü kein Verschulden voraus. Insb bei Untätigkeit oder persönlichem Unvermögen wird dies zu bejahen sein (OLG Hamm NJW-RR 07, 878). Auch ein erheblicher Interessenkonflikt kann genügen (BayObLGZ 13, 49). Bloße Feindschaft und Misstrauen ggü dem Testamentsvollstrecker genügen für sich alleine nicht, vielmehr muss objektiv eine erhebliche Interessengefährdung zu besorgen sein (BayObLGZ 88, 42; OLG Düsseldorf FamRZ 00, 191). Auch die Nichteinhaltung der Zusage zur Amtsaufgabe kann lediglich im Rahmen der Gesamtwürdigung berücksichtigt werden (OLG Hamm ZEV 08, 337).

6 4. Das Nachlassgericht **entscheidet** durch den Richter (§ 16 I Nr 5 RPflG). Es stellt unter Ermittlung des Sachverhalts vAw (§ 26 FamFG) zunächst das Vorliegen eines wichtigen Grundes fest. Ob es daraufhin den Testamentsvollstrecker entlässt, liegt in seinem pflichtgemäßen Ermessen. Bei Abwägung der widerstreitenden Interessen können besondere Gründe trotz eines wichtigen Grundes für den Verbleib des Testamentsvollstreckers im Amt sprechen (BayObLG FamRZ 87, 101).

7 III. Im **Verfahren** ist der Testamentsvollstrecker als Beteiligter hinzuzuziehen (§ 345 IV Nr 2 FamFG). Die Entscheidung wird mit Bekanntmachung an den Testamentsvollstrecker wirksam (§ 40 FamFG), wodurch sein Amt endet. Rechtsmittel bei Entlassung ist die sofortige Beschwerde (§ 58 FamFG). Bei Aufhebung der Entlassung gilt das Amt als ununterbrochen fortbestehend.

§ 2228 Akteneinsicht

Das Nachlassgericht hat die Einsicht der nach § 2198 Abs. 1 Satz 2, § 2199 Abs. 3, § 2202 Abs. 2, § 2226 Satz 2 abgegebenen Erklärungen jedem zu gestatten, der ein rechtliches Interesse glaubhaft macht.

1 Die Vorschrift gewährt ein **Einsichtsrecht** in die im Zusammenhang mit der Testamentsvollstreckung dem Nachlassgericht ggü abzugebenden Erklärungen. Regelungen der Einzelheiten finden sich in §§ 13, 357 FamFG.

Titel 7
Errichtung und Aufhebung eines Testaments

Vorbemerkung zu §§ 2229–2264

1 I. **Allgemeines. 1.** Die Errichtung und Aufhebung von Testamenten sind vom **Grundsatz der Formenstrenge** geprägt. Die in den §§ 2229 ff enthaltenen Vorschriften normieren abschließend die möglichen Formen, derer sich der Erblasser bei der Abfassung seines letzten Willens bedienen kann. Diese Formenstrenge besteht, um nach dem Tod des Erblassers hinreichend sicher dessen Willen ermitteln zu können, da dieser selbst nicht mehr zur Aufklärung des Sachverhalts beitragen kann und um die Echtheit des Testamentes möglichst sicherzustellen.

Abschnitt 3 | Testament § 2229

2. Voraussetzungen für die Errichtung eines wirksamen Testaments sind die **höchstpersönliche Errichtung** durch den Erblasser (dazu § 2064), die **Testierfähigkeit** des Erblassers im Zeitpunkt der Testamentserrichtung (dazu § 2229) und die Einhaltung einer der in den §§ 2229 ff vorgesehenen **Testamentsformen** (dazu Rn 3). Die gleichen Voraussetzungen müssen auch beim Widerruf eines Testaments vorliegen. Die möglichen Widerrufsformen sind in den §§ 2254–2256, 2258 geregelt.

3. Als **ordentliche Testamentsformen** sind das **öffentliche Testament** (§ 2232) und das **private eigenhändige Testament** (§ 2247) vorgesehen, als außerordentliche Testamentsformen die Nottestamente der §§ 2249, 2250 und das Seetestament nach § 2251 (vgl die Übersicht bei Schreiber Jura 96, 360).

II. Entstehungsgeschichte. Die Formvorschriften für Testamente wurden 1938 aus dem BGB ausgegliedert und separat im Testamentsgesetz vom 4.8.38 geregelt. Bei dieser Gelegenheit wurden einige Vorschriften gelockert, deren Nichtbeachtung sonst häufig zur Ungültigkeit von Testamenten führte. Orts- und Datumsangaben wurden zu **Sollvorschriften** (dazu § 2247 Rn 14) und unter bestimmten Umständen wurde auch eine Unterschrift des Erblassers anerkannt, die nicht aus Vor- und Familiennamen bestand (vgl iE § 2247 Rn 10). Die Vorschriften des Testamentsgesetzes wurden dann 1953 ohne wesentliche Änderungen in das BGB übernommen. Für vor dem 4.8.38 errichtete Verfügungen von Todes wegen gelten noch die damaligen Vorschriften des BGB vor der Ausgliederung in das Testamentsgesetz.

III. Rechtsvergleichung. Für die Testierfähigkeit gilt in vielen europäischen Ländern (Italien, Niederlande, England, Schweiz) die Altersgrenze von 18 Jahren, in Spanien ist man bereits mit 14 Jahren testierfähig.

Die meisten europäischen Länder, die ein privates Testament zulassen, schreiben ebenfalls die **Eigenhändigkeit** vor (zB Art 970 Code Civil), in Österreich kann ein maschinengeschriebenes Testament vor drei Zeugen errichtet werden (§ 579 ABGB). In England und in vielen US-Staaten kann ein privates Testament nur vor Zeugen errichtet werden.

§ 2229 Testierfähigkeit Minderjähriger, Testierunfähigkeit

(1) Ein Minderjähriger kann ein Testament erst errichten, wenn er das 16. Lebensjahr vollendet hat.
(2) Der Minderjährige bedarf zur Errichtung eines Testaments nicht der Zustimmung seines gesetzlichen Vertreters.
(3) (weggefallen)
(4) Wer wegen krankhafter Störung der Geistestätigkeit, wegen Geistesschwäche oder wegen Bewusstseinsstörung nicht in der Lage ist, die Bedeutung einer von ihm abgegebenen Willenserklärung einzusehen und nach dieser Einsicht zu handeln, kann ein Testament nicht errichten.

I. 1. § 2229 regelt die **Testierfähigkeit** (die Fähigkeit, ein rechtswirksames Testament zu errichten) abw von der Geschäftsfähigkeit des Allgemeinen Teils. Unbeschränkte Testierfähigkeit tritt bereits mit Vollendung des 16. Lebensjahres ein, eine beschränkte Testierfähigkeit gibt es nicht, wohl aber Einschränkungen bei den möglichen Testamentsformen (dazu § 2233 Rn 2 und § 2247 Rn 15).

2. Der Minderjährigenschutz tritt im Erbrecht zurück, da den **Minderjährigen** durch die Errichtung eines Testaments zu Lebzeiten normalerweise noch keine Rechtswirkungen treffen und er demnach nicht so schutzbedürftig ist, wie bei Rechtsgeschäften unter Lebenden.

II. 1. Testierfähigkeit ist die Fähigkeit, rechtswirksam ein Testament zu errichten. Diese muss im Zeitpunkt der Errichtung des Testaments vorhanden sein. Gleiches gilt für den Zeitpunkt der Aufhebung eines Testaments, da es sich auch dabei um eine letztwillige Verfügung handelt (§ 2254). Die Testierfähigkeit ist altersabhängig. Sie kann ausnahmsweise unter den Voraussetzungen des Abs 4 generell fehlen.

4 a) Wer noch **nicht 16 Jahre** alt ist, ist testierunfähig. Die Testamentserrichtung ist ein höchstpersönliches Rechtsgeschäft (§ 2064), so dass also keine Errichtung durch die gesetzlichen Vertreter zulässig ist.

5 b) Wer das **16. Lebensjahr** vollendet hat, ist unbeschränkt testierfähig. Der Minderjährige bedarf zur Testamentserrichtung also nicht der Zustimmung des gesetzlichen Vertreters (Abs 2), allerdings sind die besonderen Formvorschriften für Minderjährige in den §§ 2233 I, 2247 IV zu beachten.

6 c) Der **Volljährige** ist grds unbeschränkt testierfähig, solange nicht die Voraussetzungen der Testierunfähigkeit nach Abs 4 (dazu Rn 8 f) bei ihm vorliegen. Die Bestellung eines Betreuers hat keine Auswirkungen auf die Testierfähigkeit. Nach § 1903 II kann sich ein Einwilligungsvorbehalt des Betreuers nicht auf Verfügungen von Todes wegen erstrecken.

7 2. Bis zum 31.12.91 war eine **Entmündigung** Volljähriger möglich. Die vor diesem Zeitpunkt errichteten Testamente bleiben unwirksam (Art 214 I, 235 § 2 EGBGB), allerdings können die ehemals Entmündigten ein neues Testament errichten, wenn sie testierfähig sind. Die ehemalige Entmündigung kann ein Indiz dafür bilden, dass die Voraussetzungen des Abs 4 vorliegen und damit Testierunfähigkeit besteht (Lange/Kuchinke ErbR § 18 II 3; näher zu den Auswirkungen des neuen Betreuungsrechts auf das Erbrecht Hahn FamRZ 91, 27).

8 3. Die Vorschrift des Abs 4 über die **Testierunfähigkeit** korrespondiert mit dem Geschäftsunfähigkeitsgrund des § 104 Nr 2. Abgestellt wird auf den Zeitpunkt der Testamentserrichtung (BayObLG FamRZ 00, 701). Hatte der Erblasser zu diesem Zeitpunkt einen lichten Moment (lucidum intervallum), ist das Testament gültig. Testierfähig ist ein Erblasser, wenn er in der Lage ist, sich über die Tragweite seiner Anordnungen und ihrer Auswirkungen auf die persönlichen und wirtschaftlichen Verhältnisse der Betroffenen ein klares Urt zu bilden und dann frei von den Einflüssen etwaiger interessierter Dritter zu handeln (OLG Frankfurt FamRZ 96, 635 mwN; vgl auch BGH FamRZ 58, 127; OLG München MDR 08, 212). Er muss fähig sein, den Inhalt des Testaments selbst zu bestimmen und auszudrücken.

9 4. Das Vorliegen von Testierunfähigkeit muss zur vollen Überzeugung des Gerichts feststehen, ansonsten besteht eine **Vermutung für die Testierfähigkeit** (OLG Frankfurt FamRZ 96, 635; BayObLG FamRZ 00, 120). Die Feststellungslast für die Testierunfähigkeit trägt derjenige, der sich auf die darauf beruhende Unwirksamkeit des Testaments beruft (OLG Frankfurt FamRZ 96, 635; BayObLG FamRZ 95, 899; zur Umkehr der Beweislast vgl BayObLG FamRZ 96, 1438). Geht das Tatsachengericht indes nicht auf die von der darlegungs- und beweisbelasteten Partei aufgeworfene Frage der Testier(un)fähigkeit des Erblassers ein, liegt darin eine Verletzung des Anspruchs auf rechtliches Gehör gem Art 103 I GG (BGH ZEV 10, 364). Zum Umfang der Ermittlungen bei behaupteter Testierunfähigkeit vgl BayObLG FamRZ 96, 443; OLG München MDR 08, 212; OLG Düsseldorf FamRZ 13, 159; OLG Bamberg ZErb 12, 212).

10 III. Für vor dem 3.10.90 in der **ehemaligen DDR** errichteten Testamente gilt das zZ der Errichtung gültige Recht (Art 235 § 2 EGBGB). Hier ist zu beachten, dass gem § 370 I 2 ZGB die Testierfähigkeit erst mit dem Eintritt der Volljährigkeit gegeben war. Ein vor dem 3.10.90 von einem 16-jährigen errichtetes Testament ist also abw von § 2229 I ungültig.

§ 2230 (weggefallen)

§ 2231 Ordentliche Testamente

Ein Testament kann in ordentlicher Form errichtet werden
1. **zur Niederschrift eines Notars,**
2. **durch eine vom Erblasser nach § 2247 abgegebene Erklärung.**

1 § 2231 normiert abschließend die möglichen Formen der ordentlichen Testamentserrichtung. Der Erblasser kann entweder nach Nr 1 ein **öffentliches Testament** zur Nie-

derschrift eines Notars errichten oder nach Nr 2 ein **eigenhändiges Testament**. Die erstgenannte Form hat den Vorzug rechtskundiger Beratung (vgl iE § 2232 Rn 2), die letztere ist einfacher und kostengünstiger, birgt aber häufiger die Gefahr der Unwirksamkeit oder des Verlustes. Beide Formen stehen gleichberechtigt nebeneinander.

§ 2232 Öffentliches Testament

¹Zur Niederschrift eines Notars wird ein Testament errichtet, indem der Erblasser dem Notar seinen letzten Willen erklärt oder ihm eine Schrift mit der Erklärung übergibt, dass die Schrift seinen letzten Willen enthalte. ²Der Erblasser kann die Schrift offen oder verschlossen übergeben; sie braucht nicht von ihm geschrieben zu sein.

I. 1. § 2232 enthält Formvorschriften für die **Errichtung des öffentlichen Testaments**. 1
Zusätzlich sind die Vorschriften des Beurkundungsgesetzes heranzuziehen (dazu Rn 11 ff).

2. Das öffentliche Testament hat ggü dem eigenhändigen Testament den **Vorteil**, dass 2
aufgrund der Mitwirkung des Notars (vgl Rn 12 ff) die Wahrscheinlichkeit sonst häufiger Formfehler praktisch ausgeschlossen werden kann und die Echtheit gesichert ist. Da es in amtliche Verwahrung gegeben wird, wird auch die Gefahr ausgeschaltet, dass es später verfälscht oder vernichtet wird. Ferner ist auch die Eröffnung des Testaments nach dem Tode des Erblassers in jedem Fall sichergestellt. Das öffentliche Testament kann in einigen Fällen die Vorlage eines Erbscheins ersparen (§ 35 I 2 GBO).

II. Die Errichtung des öffentlichen Testaments kann durch **Erklärung oder durch Über-** 3
gabe einer Schrift erfolgen. Im ersten Fall ist der vom Erblasser mündlich, durch Gebärden, Zeichen oder auf sonstige Weise erklärte letzte Wille Gegenstand der Beurkundung, im zweiten Fall nur die Tatsache der Übergabe und die Erklärung des Erblassers, dass die übergebene Schrift seinen letzten Willen enthalte. Dem Erblasser steht es frei, die einzelnen Errichtungsarten miteinander zu kombinieren.

1. a) Die Errichtung durch **Erklärung** kann **verbal**, dh durch verständlich gesprochene 4
Worte erfolgen. Nicht erforderlich ist eine ausführliche oder zusammenhängende Erklärung des Erblassers. Es reicht aus, wenn sich der letzte Wille aus den mündlichen Erklärungen des Erblassers während des Beratungsgespräches mit dem Notar nach und nach ergibt. Ausreichend ist sogar, wenn der Notar einen niedergeschriebenen Testamentsentwurf abschnittsweise vorliest und der Erblasser jeweils auf die Frage, ob dies richtig sei, mit Ja antwortet (BGHZ 37, 84 f).

b) Seit dem 1.8.02 ist auch eine **nonverbale Errichtung** zulässig (OLGVertrÄndG 5
v 23.7.02, BGBl I 2850), doch wird die verbale Errichtung auch weiterhin die Regelfall bleiben. Grund für die Gesetzesänderung bildet die Tatsache, dass nach der alten Rechtslage ein gewisser Kreis mehrfachbehinderter Personen generell von der Testamentserrichtung ausgeschlossen war (s § 2233 Rn 4). Das BVerfG sah hierin einen Verstoß gegen den allg Gleichheitssatz in Art 3 I GG, das Benachteiligungsverbot für Behinderte in Art 3 III 2 GG sowie gegen die Erbrechtsgarantie in Art 14 I GG (BVerfG NJW 99, 1853). Als denkbare Kommunikationsmittel sind nunmehr auch Gebärden (Gestik, Mimik) oder Zeichen zu sehen, solange hierdurch der letzte Wille mit der erforderlichen Bestimmtheit zum Ausdruck gebracht werden kann (MK/Hagena § 2232 Rn 5; Palandt/Weidlich § 2232 Rn 2). Dieser darf sich jeder bedienen, selbst wenn er der Sprache mächtig ist (BT-Drucks 14/9266, 49; krit BT-Drucks 14/9531, 4). Aufgrund dieser Gesetzesänderung wurde auch die für Sprachunfähige in § 2233 II vorgesehene Einschränkung der möglichen Testamentserrichtungsformen aufgehoben. Erforderlich bleibt, dass der Erblasser selbst aktiv wird und auch zu gegenteiligen Meinungsäußerungen in der Lage ist (Reimann FamRZ 02, 1383).

2. Als zweite Möglichkeit steht es dem Erblasser offen, dem Notar eine **offene Schrift** 6
zu übergeben. Von deren Inhalt soll der Notar Kenntnis nehmen (§ 30 S 4 BeurkG).

3. Weiterhin kann der Erblasser dem Notar eine **verschlossene Schrift** übergeben. Diese 7
Variante wird einem möglichen Geheimhaltungswunsch des Erblassers auch ggü dem Notar gerecht, da dieser von der verschlossenen Schrift ohne Willen des Erblassers kei-

ne Kenntnis nehmen darf. Allerdings besteht in diesem Fall auch nur eine eingeschränkte Beratungsmöglichkeit.

8 4. **Übergeben der Schrift** (Rn 6, 7) bedeutet, dass diese mit Willen des Erblassers in die Hand des Notars gelangt. Der Erblasser muss dabei erklären, dass es sich bei der Schrift um seinen letzten Willen handelt.

9 5. Die dem Notar übergebene offene oder verschlossene Schrift muss **nicht vom Erblasser selbst geschrieben** und unterschrieben worden sein. Der Grundsatz der höchstpersönlichen Errichtung eines Testaments (§ 2064) steht dem nicht entgg, da der Errichtungsakt beim öffentlichen Testament in der Übergabe der Schrift an den Notar zu sehen ist und daher nur diese persönlich erfolgen muss. Sie muss auch nicht eigenhändig geschrieben sein.

10 6. Der Erblasser muss allerdings wenigstens in der Lage sein, die in dem Schriftstück gebrauchte Schrift zu entziffern oder die fremde Sprache zu verstehen. Nach teilweise vertretener Ansicht soll es nicht erforderlich sein, dass der Erblasser den Inhalt der Schrift **positiv kennt** (Soergel/Mayer § 2232 Rn 17; Lange/Kuchinke ErbR § 19 III 3 a). Vielmehr soll die Möglichkeit der Kenntnisnahme genügen. Dies widerspricht aber dem Grundsatz, dass den Erblasser grds die Verantwortung für seine letztwilligen Verfügungen trifft (vgl auch § 2064 Rn 1; so auch Brox ErbR Rn 103; Palandt/Weidlich § 2232 Rn 3; Schlüter ErbR Rn 161). Es besteht aber eine tatsächliche Vermutung für die Kenntnis des Erblassers. Der Notar hingegen muss den Inhalt der Schrift nicht verstehen (§ 30 S 4 BeurkG).

11 7. Bei der Errichtung eines öffentlichen Testaments sind die Vorschriften des **Beurkundungsgesetzes** zu beachten. Die §§ 27–35 enthalten Spezialvorschriften für Testamente, die §§ 1–11, 13, 16–18 allg Vorschriften. Für öffentliche Testamente, die vor dem 1.1.70 errichtet wurden, gelten noch die vor In-Kraft-Treten des Beurkundungsgesetzes im BGB selbst enthaltenen Beurkundungsvorschriften.

12 a) Als **Urkundsperson** muss zwingend ein Notar bei der Errichtung eines öffentlichen Testaments mitwirken (§ 1 BeurkG; Ausn vgl § 2249 Rn 2). Die Zuständigkeit des Notars ergibt sich aus § 11 I BNotO. Die Ausschließungsgründe der §§ 6, 7, 27 BeurkG sind zu beachten (ausf dazu Lange/Kuchinke ErbR § 19 II 4). Bei Behinderten sind weitere Personen als Zeugen hinzuzuziehen (§§ 22 ff BeurkG).

13 b) Bei Erklärung oder Übergabe einer offenen Schrift hat der Notar nach §§ 30, 17 BeurkG **Prüfungs- und Belehrungspflichten**. Bei Übergabe einer verschlossenen Schrift kann er diese nur eingeschränkt wahrnehmen, da er vom Inhalt keine Kenntnis nehmen darf. Er muss den Erblasser über die rechtliche Tragweite der Verfügung aufklären (Haug DNotZ 72, 389), um Irrtümer und Zweifel zu vermeiden sowie auf seine Bedenken hinweisen, die der Wirksamkeit des Testaments entgegenstehen. Bei Versäumnissen trifft den Notar eine Schadensersatzpflicht nach § 19 BNotO.

14 c) Der Notar muss sich **Gewissheit** über die Person (§ 10 BeurkG) und die Testierfähigkeit (§§ 11, 28 BeurkG) des Erblassers verschaffen und Zweifel hierüber in der Niederschrift aufnehmen (§ 11 I BeurkG). Bezüglich der Testierfähigkeit bestehen keine weit reichenden Nachforschungspflichten. Es reicht aus, wenn der Notar nach den Umständen und dem persönlichen Eindruck keinen Anlass zu Zweifeln haben muss. Der Erblasser muss bei der Verhandlung bis zur Unterschriftsleistung anwesend sein (§ 13 I 1 BeurkG).

15 d) Der Notar muss über die Errichtung des Testaments eine **Niederschrift** fertigen (§ 8 BeurkG), die die Beteiligten enthält sowie bei erklärtem letzten Willen diese Erklärung (§ 9 BeurkG), bei Übergabe einer Schrift die Feststellung, dass diese übergeben wurde, und die Erklärung des Erblassers, dass die Schrift seinen letzten Willen enthalte. Die Schrift wird der Niederschrift beigefügt (§ 30 S 1 BeurkG). Die Niederschrift muss dem Erblasser **vorgelesen**, von diesem **genehmigt** und von ihm und dem Notar sowie evtl sonstigen Beteiligten **unterschrieben** werden (§ 13 BeurkG). Wenn der Erblasser nicht mit seinem Familiennamen unterschreibt, so kann dies nur als Namensunterschrift angesehen werden, wenn unter Berücksichtigung der Verkehrssitte feststeht, dass der Erblasser durch den verwendeten Namen zweifelsfrei identifiziert wird und er die Unterschrift ernst meinte (KG FamRZ 96, 1243). Nach der Beurkundung soll das Testament

verschlossen werden und auf Veranlassung des Notars unverzüglich in besondere amtliche Verwahrung (§§ 344, 346 f FamFG) gebracht werden (§ 34 BeurkG).
8. Zu den **Sondervorschriften** bei bestimmten **Behinderungen** des Erblassers vgl § 2233. 16
III. Die **Gebühren** für ein öffentliches Testament richten sich nach dem Wert des Nachlasses (§§ 46, 140, 32 KostO). 17

§ 2233 Sonderfälle

(1) Ist der Erblasser minderjährig, so kann er das Testament nur durch eine Erklärung gegenüber dem Notar oder durch Übergabe einer offenen Schrift errichten.
(2) Ist der Erblasser nach seinen Angaben oder nach der Überzeugung des Notars nicht im Stande, Geschriebenes zu lesen, so kann er das Testament nur durch eine Erklärung gegenüber dem Notar errichten.

I. Die Vorschrift enthält besondere Regelungen für **Minderjährige und Leseunfähige**. 1
Diesen stehen nicht alle möglichen Errichtungsformen des öffentlichen Testaments (vgl § 2232 Rn 3) offen. Für private Testamente enthält § 2247 IV die entspr Vorschrift; hiernach können Minderjährige und Leseunfähige kein eigenhändiges Testament errichten. Den Genannten steht damit zur Errichtung eines ordentlichen Testaments allein die Form des Abs 1 bzw Abs 2 zur Verfügung.
II. 1. **Minderjährige** (die ab Vollendung des 16. Lebensjahres testierfähig sind; vgl 2
§ 2229 Rn 5) können ein öffentliches Testament **nur durch Erklärung oder Übergabe einer offenen Schrift** errichten. Dies wird dem Umstand gerecht, dass die Testierfähigkeit schon früher als die volle Geschäftsfähigkeit eintritt und der Minderjährige noch als schutzbedürftig angesehen wird. So wird auf jeden Fall gewährleistet, dass der Notar vom Inhalt des Testaments Kenntnis erlangt (was bei einer verschlossenen Schrift nicht der Fall ist, vgl § 2232 Rn 7) und den Minderjährigen umfassend beraten kann. Ein entgg dieser Vorschrift errichtetes Testament ist in jedem Fall nichtig. Eine Heilung nach Eintritt der Volljährigkeit kann nur durch formgerechte Neuerrichtung erfolgen.
2. **Leseunfähige** können ein Testament nur durch Erklärung (vgl § 2232 Rn 4) errichten. 3
Dies gewährleistet, dass der Erblasser in jedem Fall vom Inhalt seines Testaments Kenntnis nehmen kann. Die Unfähigkeit zu lesen bestimmt sich entweder nach den eigenen Angaben des Erblassers, an die der Notar gebunden ist, oder nach der Überzeugung des Notars, wenn der Erblasser dies nicht zugeben will. Eine von einem Leseunfähigen dennoch übergebene Schrift ist allerdings nur dann unwirksam, wenn er entweder seine Unfähigkeit angegeben hatte oder der Notar dies festgestellt hatte. Bei einem Irrtum des Notars über die Leseunfähigkeit bleibt das Testament wirksam (Palandt/Weidlich § 2233 Rn 2; OLG Hamm FamRZ 00, 703).
3. **Sprechunfähige** waren hins der Errichtung eines Testaments bis zum 1.8.02 auf die 4
Übergabe einer Schrift beschränkt. Stumme, taubstumme oder zumindest zZ der Beurkundung nicht sprechfähige Personen, die nicht schreiben und/oder lesen konnten, waren nach der alten Rechtslage von der Errichtung eines Testaments faktisch ausgeschlossen.
4. Durch den **Wegfall des Erfordernisses einer mündlichen Erklärung** in § 2232 ist die 5
Testierung vor dem Notar nunmehr auch nonverbal möglich, weswegen die frühere Sonderregelung über Sprechunfähige (§ 2233 III aF) entbehrlich und aufgehoben wurde (OLGVertrÄndG v 23.7.02, BGBl I 2850). Nach nunmehr geltendem Recht ist bei geistiger Testierfähigkeit ein Ausschluss von der Errichtung eines Testaments aufgrund einer Mehrfachbehinderung nicht mehr denkbar, es sei denn, der Erblasser kann sich keiner der denkbaren Kommunikationsformen bedienen (vgl § 2232 Rn 5) und sich dem Notar oder der nach § 24 BeurkG zugezogenen Person verständlich machen.

§§ 2234 bis 2246 (weggefallen)

§ 2247 Eigenhändiges Testament

(1) Der Erblasser kann ein Testament durch eine eigenhändig geschriebene und unterschriebene Erklärung errichten.
(2) Der Erblasser soll in der Erklärung angeben, zu welcher Zeit (Tag, Monat und Jahr) und an welchem Orte er sie niedergeschrieben hat.
(3) ¹Die Unterschrift soll den Vornamen und den Familiennamen des Erblassers enthalten. ²Unterschreibt der Erblasser in anderer Weise und reicht diese Unterzeichnung zur Feststellung der Urheberschaft des Erblassers und der Ernstlichkeit seiner Erklärung aus, so steht eine solche Unterzeichnung der Gültigkeit des Testaments nicht entgegen.
(4) Wer minderjährig ist oder Geschriebenes nicht zu lesen vermag, kann ein Testament nicht nach obigen Vorschriften errichten.
(5) ¹Enthält ein nach Absatz 1 errichtetes Testament keine Angabe über die Zeit der Errichtung und ergeben sich hieraus Zweifel über seine Gültigkeit, so ist das Testament nur dann als gültig anzusehen, wenn sich die notwendigen Feststellungen über die Zeit der Errichtung anderweit treffen lassen. ²Dasselbe gilt entsprechend für ein Testament, das keine Angabe über den Ort der Errichtung enthält.

1 **I. 1.** Die Vorschrift normiert die Zulässigkeit des privaten Testaments und enthält Formvorschriften für dessen Errichtung. Das Erfordernis der **Eigenhändigkeit** ist strenger als die Vorschrift des § 126 für gesetzliche Schriftform, der lediglich die eigenhändige Unterschrift des Ausstellers der Urkunde verlangt. Gerade letzteres führt in der Praxis häufig zu unwirksamen Testamenten.

2 **2.** Das Erfordernis der Eigenhändigkeit soll die **Echtheit** des Testaments sicherstellen und es vor Verfälschungen schützen. Aufgrund der individuellen Schriftzüge soll die **Identität** des Verfassers und Erblassers festgestellt werden (BGHZ 47, 70).

3 **II. 1.** Der Erblasser muss das Testament **persönlich abfassen** und in der ihm **eigenen Schrift niederschreiben** (BGHZ 47, 70). Wenn also eine andere Person das Testament vorschreibt und der Erblasser es lediglich unterschreibt oder wenn er zur Niederschrift eine Schreibmaschine oder einen Computer benutzt, ist das Testament ungültig. Ein mittels Durchschreibebogen errichtetes Schriftstück kann formgültig sein (BGHZ 47, 71 f), da die Schriftzüge vom Erblasser selbst stammen. Ein formwirksames Testament kann auch dadurch hergestellt werden, dass der Testierende eine Fotokopie eines von ihm eigenhändig geschriebenen unvollständigen Textes eigenhändig ergänzt (OLG Karlsruhe NJW-RR 03, 653; vgl Rn 11). Soll das Testament auf mehrern Blättern errichtet werden, muss sich zwischen diesen ein innerer Zusammenhang ergeben, so dass die Erklärung einheitlich wirkt (OLG Hamm FamRZ 13, 907). Formerleichterungen gelten für das gemeinschaftliche Ehegattentestament (vgl § 2267 Rn 3).

4 **a)** Eine **Hilfe** beim Schreiben darf nur insoweit gewährt werden, als die Schriftzüge noch als die des Erblassers angesehen werden können (BGHZ 47, 71; BGH NJW 81, 1901; OLG Hamm NJW-RR 02, 222), ein vollständiges Führen der Hand ist also unzulässig. Dies gilt selbst dann, wenn der Inhalt dem tatsächlichen Willen des Erblassers entspricht (OLG Hamm FamRZ 13, 1069).

5 **b) Eigenhändigkeit** bedeutet nicht nur Schreiben mit der Hand. Es kann auch mit Fuß, Mund usw geschrieben werden. Der Erblasser kann jede ihm geläufige Sprache und auch Druckbuchstaben oder Stenoschrift verwenden.

6 **2.** Sind einzelne Teile des Testaments nicht eigenhändig geschrieben, so sind diese Verfügungen **nichtig**. Es ist dann durch Auslegung zu ermitteln, inwieweit sich dies auf die gültigen Verfügungen auswirkt.

7 **3.** Bei jedem eigenhändigen Testament muss geprüft werden, ob die Erklärung auf einem **ernstlichen Testierwillen** beruht oder ob nur ein Testamentsentwurf vorliegt, wovon auszugehen ist, wenn mehrere Schriftstücke mit verschiedenem Inhalt und gleichem Datum vorliegen, die alle die Form eines eigenhändigen Testaments erfüllen würden (BayObLG FamRZ 89, 1125; BayObLG NJW-RR 01, 298; OLG München NJW-RR 09, 16).

Abschnitt 3 | Testament § 2247

4. Grds kann ein Testament auch in **Briefform** errichtet werden, wenn dieser eigenhändig geschrieben und unterschrieben wurde. Hierbei muss allerdings stets durch Auslegung ermittelt werden, ob der Erblasser mit ernsthaftem Testierwillen gehandelt hat und sich der Tatsache bewusst war, dass der Brief als Testament angesehen werden könne (BayObLG FamRZ 90, 672 mwN; MK/Hagena § 2247 Rn 30; Soergel/Mayer § 2247 Rn 36). **8**

5. Das Testament muss die **eigenhändige Unterschrift** des Erblassers tragen. Dies dient einerseits der Feststellung der Identität des Erblassers und soll andererseits klarstellen, dass es sich bei dem Geschriebenen um eine abgeschlossene Erklärung handelt (sog Abschlussfunktion). **9**

a) Zur eindeutigen Feststellung der Identität soll eine Unterschrift mit ausgeschriebenem Vor- und Zunamen erfolgen, eine anderweitige Unterschrift ist dann ausreichend, wenn die **Identität** des Erblassers trotzdem eindeutig zu ermitteln ist (Abs 3 S 2; zB Künstlername; „Dein Vater" BayObLG FamRZ 83, 836). **10**

b) Die Unterschrift muss am **Ende der Erklärung** stehen, um klarzustellen, dass es sich um eine abgeschlossene Erklärung handelt. Die Selbstbenennung am Beginn des Textes der letztwilligen Verfügung kann die Unterschrift nicht ersetzen (BayObLG FamRZ 88, 1212 mwN). Allerdings kann auch eine Unterschrift neben oder über dem Text ausreichend sein, wenn deutlich wird, dass diese aus Platzmangel nicht unterhalb des Textes erfolgte (MK/Hagena § 2247 Rn 25; OLG Celle ZEV 12, 61). Bezieht sich der Erblasser innerhalb der letztwilligen Verfügung auf eine eigenhändig geschriebene Anlage, wird diese selbst Testamentsbestandteil, ohne dass es dessen gesonderter Unterzeichnung bedarf (OLG Karlsruhe FamRZ 12, 400). **11**

c) Die **Unterschrift auf dem Briefumschlag**, in dem das Testament aufbewahrt wird, kann uU die Unterschrift auf der Urkunde selbst ersetzen, wenn sie mit dem Text auf den einliegenden Blättern in einem so engen inneren Zusammenhang steht, dass sie sich nach dem Willen des Erblassers und der Verkehrsauffassung als äußere Fortsetzung und Abschluss der einliegenden Erklärung darstellt und der Unterschrift keine selbstständige Bedeutung zukommt (BayObLG FamRZ 88, 1212). Ein innerer Zusammenhang wird dann nicht anzunehmen sein, wenn sich die Aufschrift auf dem Umschlag lediglich als Absendervermerk oder als Schutzmaßnahme gegen Einsicht durch fremde Personen oder als Kennzeichnung des Inhalts erweist (vgl BayObLG ZEV 03, 26; OLG Hamm OLGR Hamm 01, 369). Erforderlich ist allerdings, dass der Umschlag verschlossen ist (OLG Hamm FamRZ 86, 728). **12**

6. Der Erblasser kann am bereits errichteten Testament auch nachträglich handschriftliche **Ergänzungen** anbringen; diese müssen allerdings separat unterschrieben werden (OLG München ZErb 2011, 257; vgl a FamRZ 12, 333). **13**

7. Abs 2 enthält die Sollvorschrift, wonach **Datum und Ort** der Errichtung der Erklärung anzugeben sind. Diese Angaben sind wichtig, falls der Erblasser zu bestimmten Zeiten testierunfähig gewesen ist oder wenn es verschiedene Testamente gibt und ermittelt werden muss, welches als letztes geschrieben wurde und daher gültig ist. Folglich ergibt sich aus Abs 5, dass das Fehlen dieser Angaben nur dann nicht zur Ungültigkeit des Testaments führt, wenn sich Datum und Ort der Errichtung auf andere Weise feststellen lassen (vgl Roth ZEV 97, 94). **14**

8. Von der Errichtung eines eigenhändigen Testaments **ausgeschlossen** sind nach Abs 4 Minderjährige und Personen, die Geschriebenes nicht zu lesen vermögen (BayObLGZ 97, 200; BayObLG FamRZ 00, 322). Logischerweise können auch Personen, die nicht schreiben können, kein eigenhändiges Testament errichten. Zu den Testiermöglichkeiten, die diese Personengruppen haben vgl § 2233 Rn 2 ff. Das entgg Abs 4 eigenhändig errichtete Testament wird mit dessen Volljährigkeit **nicht automatisch gültig**. Eine Bestätigung nach § 141 bedarf der gesetzlichen Form und daher der Errichtung eines neuen Testaments. **15**

III. Besondere Probleme wirft das Zusammenspiel von **Testamentsauslegung** und Formanforderungen auf. Hier gilt es zu beurteilen, ob der durch Auslegung ermittelte wirkliche oder hypothetische Wille des Erblassers auch formwirksam erklärt wurde. Die hM vertritt insofern die **Andeutungstheorie**, nach der der durch Auslegung ermit- **16**

telte letzte Wille in der formwirksamen Erklärung jedenfalls in irgendeiner Weise angedeutet worden sein muss (näher Vor §§ 2084–2099 Rn 8; vgl auch OLG Hamm ZErb 06, 352).

§ 2248 Verwahrung des eigenhändigen Testaments

Ein nach § 2247 errichtetes Testament ist auf Verlangen des Erblassers in besondere amtliche Verwahrung zu nehmen.

1 Die Vorschrift ist verfahrensrechtlicher Natur und wird durch § 346 III FamFG ergänzt. Sie eröffnet auch dem Erblasser, der ein eigenhändiges Testament errichtet hat, die Möglichkeit, dieses in die besondere amtliche Verwahrung zu geben. Dies dient dem **Schutz des Testaments vor Verlust oder Verfälschung** und stellt sicher, dass dieses nach dem Tode des Erblassers auch gefunden und nicht durch Dritte beiseite geschafft wird. Nach der Testamentsregister-Verordnung (ZTRV) übermitteln Notare und Gerichte ab dem 1.1.12 die Verwahrangaben an das neu geschaffene zentrale Testamentsregister. Es enthält die Verwahrangaben zu **sämtlichen erbfolgerelevanten Urkunden**, die vom Notar errichtet werden oder in gerichtliche Verwahrung gelangen.

2 Während die besondere amtliche Verwahrung für **öffentliche Testamente vorgeschrieben** ist (§ 34 I 1 BeurkG), erfolgt dies bei eigenhändigen Testamenten nach dieser Vorschrift freiwillig. Das eigenhändige Testament erhält durch die Verwahrung nicht den Charakter eines öffentlichen Testaments.

3 Die **Rücknahme** eines amtlich verwahrten Testaments kann nach § 2256 II jederzeit erfolgen. Handelte es sich um ein öffentliches Testament, gilt dies durch die Rücknahme als widerrufen (§ 2256 I 1). Wurde ein eigenhändiges Testament nach § 2248 freiwillig in amtliche Verwahrung gegeben, führt die Rücknahme indes nicht zur Widerrufsfiktion (§ 2256 III).

§ 2249 Nottestament vor dem Bürgermeister

(1) ¹Ist zu besorgen, dass der Erblasser früher sterben werde, als die Errichtung eines Testaments vor einem Notar möglich ist, so kann er das Testament zur Niederschrift des Bürgermeisters der Gemeinde, in der er sich aufhält, errichten. ²Der Bürgermeister muss zu der Beurkundung zwei Zeugen zuziehen. ³Als Zeuge kann nicht zugezogen werden, wer in dem zu beurkundenden Testament bedacht oder zum Testamentsvollstrecker ernannt wird; die Vorschriften der §§ 7 und 27 des Beurkundungsgesetzes gelten entsprechend. ⁴Für die Errichtung gelten die Vorschriften der §§ 2232, 2233 sowie die Vorschriften der §§ 2, 4, 5 Abs. 1, §§ 6 bis 10, 11 Abs. 1 Satz 2, Abs. 2, § 13 Abs. 1, 3, §§ 16, 17, 23, 24, 26 Abs. 1 Nr. 3, 4, Abs. 2, §§ 27, 28, 30, 32, 34, 35 des Beurkundungsgesetzes; der Bürgermeister tritt an die Stelle des Notars. ⁵Die Niederschrift muss auch von den Zeugen unterschrieben werden. ⁶Vermag der Erblasser nach seinen Angaben oder nach der Überzeugung des Bürgermeisters seinen Namen nicht zu schreiben, so wird die Unterschrift des Erblassers durch die Feststellung dieser Angabe oder Überzeugung in der Niederschrift ersetzt.
(2) ¹Die Besorgnis, dass die Errichtung eines Testaments vor einem Notar nicht mehr möglich sein werde, soll in der Niederschrift festgestellt werden. ²Der Gültigkeit des Testaments steht nicht entgegen, dass die Besorgnis nicht begründet war.
(3) ¹Der Bürgermeister soll den Erblasser darauf hinweisen, dass das Testament seine Gültigkeit verliert, wenn der Erblasser den Ablauf der in § 2252 Abs. 1, 2 vorgesehenen Frist überlebt. ²Er soll in der Niederschrift feststellen, dass dieser Hinweis gegeben ist.
(4) (aufgehoben)
(5) ¹Das Testament kann auch vor demjenigen errichtet werden, der nach den gesetzlichen Vorschriften zur Vertretung des Bürgermeisters befugt ist. ²Der Vertreter soll in der Niederschrift angeben, worauf sich seine Vertretungsbefugnis stützt.

(6) Sind bei Abfassung der Niederschrift über die Errichtung des in den vorstehenden Absätzen vorgesehenen Testaments Formfehler unterlaufen, ist aber dennoch mit Sicherheit anzunehmen, dass das Testament eine zuverlässige Wiedergabe der Erklärung des Erblassers enthält, so steht der Formverstoß der Wirksamkeit der Beurkundung nicht entgegen.

I. 1. Das Bürgermeistertestament ist ein **außerordentliches Testament** und gehört neben dem Dreizeugentestament nach § 2250 zu den Nottestamenten. Charakteristisch für diese Testamente ist, dass für ihre Zulässigkeit jeweils eine besondere Notlage des Erblassers vorausgesetzt wird (allg hierzu Schmidt Jus 96, 598). Historisch haben sich die Nottestamente va aus dem Soldatentestament entwickelt. 1

2. Im Ggs zum Dreizeugentestament ist das Bürgermeistertestament ein **öffentliches Testament**, bei dem der Bürgermeister an die Stelle des Notars tritt. Anders als das notarielle Testament hat das Bürgermeistertestament allerdings nur eine begrenzte Gültigkeitsdauer (§ 2252). 2

3. Ein praktisches **Bedürfnis** für die Errichtung eines Nottestamentes besteht nur, wenn der Erblasser nicht mehr in der Lage ist, ein eigenhändiges Testament zu errichten. Dennoch steht die beim Erblasser noch vorhandene Fähigkeit zur eigenhändigen Errichtung der Möglichkeit zur Errichtung eines Nottestaments unter den verlangten Voraussetzungen nicht entgg, da grds für jeden auch die Möglichkeit zur Errichtung eines öffentlichen Testamentes bestehen soll. 3

II. 1. **Voraussetzungen** für die Gültigkeit eines Bürgermeistertestaments sind entweder die Besorgnis des vorzeitigen Ablebens des Erblassers oder aufgrund des Verweises in § 2250 I eine örtliche Absperrung. 4

a) Es muss die **Besorgnis** bestehen, dass der Erblasser sterben wird, bevor er vor einem Notar ein Testament errichten kann. Dem gleichgestellt ist die Besorgnis, dass eine bis zum Tode des Erblassers andauernde, uU nur kurzzeitig unterbrochene Testierunfähigkeit (zB Koma) eintreten wird (BGHZ 3, 377; Staud/Baumann § 2249 Rn 23; aA Brox ErbR Rn 130). 5

b) Erforderlich ist, dass entweder der Bürgermeister die unter Rn 5 beschriebene Besorgnis subjektiv hegt, also mit einem nahen Tod des Erblassers rechnet, oder dass die Besorgnis **objektiv** besteht; anderenfalls ist das Testament nichtig. Auf die Ansichten der Zeugen oder des Erblassers kommt es nicht an, zumal bei einem Irrtum die Möglichkeit der ordentlichen Testamentserrichtung gegeben sein wird und die Frist des § 2252 abzulaufen droht. Der nicht rechtzeitigen Erreichbarkeit eines Notars steht es gleich, wenn dieser sich weigert, tätig zu werden (Soergel/Mayer § 2249 Rn 4). 6

c) Als zweite Variante ist ein Bürgermeistertestament möglich, wenn der Erblasser sich an einem Ort aufhält, der derart **abgesperrt** ist, dass die Errichtung vor einem Notar nicht möglich ist (§ 2250 I 1. Alt). Eine Todesbesorgnis muss dabei nicht bestehen. Die Absperrung muss infolge außerordentlicher Umstände bestehen, zB wegen Hochwasser oder Verschüttung. Es muss nicht die ganze Ortschaft abgesperrt sein, sondern es reicht aus, wenn das Haus, in dem sich der Erblasser befindet, oder sein sonstiger Aufenthaltsort abgesperrt sind. Der Bürgermeister muss subjektiv an das Vorliegen einer Absperrung glauben, oder diese muss objektiv bestehen. 7

2. Das Bürgermeistertestament sieht neben dem Bürgermeister und dem Erblasser weitere **Mitwirkende** vor. 8

a) Den Notar ersetzt nach Abs 1 S 1 der **Bürgermeister** (oder der Vertreter, Abs 5) des Ortes, an dem sich der Erblasser (wenn auch nur vorübergehend) aufhält. Seine Zuständigkeit ergibt sich aus den entspr Vorschriften der Gemeindeordnungen. Nach Abs 1 iVm § 2 BeurkG beeinträchtigt eine örtliche Unzuständigkeit des Bürgermeisters die Gültigkeit des Testaments nicht. 9

b) Der Bürgermeister muss gem Abs 1 S 2 **zwei Zeugen** hinzuziehen. Mit der Zeugenstellung ist es unvereinbar, wenn diese im Testament bedacht werden oder als Testamentsvollstrecker eingesetzt werden (Abs 1 S 3 iVm §§ 7, 27 BeurkG). 10

c) Der Bürgermeister und die Zeugen müssen während der gesamten Errichtung des Testaments **persönlich anwesend** sein (BGHZ 37, 87; 54, 89). 11

12 **3. a) Abs 1 S 4** verweist bzgl der **Errichtung** auf die Vorschriften über das öffentliche Testament. Der Erblasser kann seinen letzten Willen also mündlich erklären (dies wird die Regel sein) oder eine offene oder verschlossene Schrift mit der Erklärung übergeben, dass diese seinen letzten Willen enthalte. Die Vorschriften des BeurkG sind mit der Maßgabe anzuwenden, dass der Bürgermeister den Notar als Urkundsperson ersetzt (vgl iE zur Beurkundung § 2232 Rn 11 ff). Ein Formfehler bei der Niederschrift über die Errichtung ist unbeachtlich für die Wirksamkeit der Beurkundung, wenn mit Sicherheit anzunehmen ist, dass das Testament eine zuverlässige Wiedergabe der Erklärung des Erblassers enthält (Abs 6; BayObLG FamRZ 96, 763).

13 **b) Abs 2** enthält die Sollvorschrift, dass in der Niederschrift die Besorgnis des nahen Todes festgestellt werden soll. Nach Abs 3 soll der Bürgermeister auf die Gültigkeitsdauer nach § 2252 hinweisen.

14 **4.** Das Bürgermeistertestament kann nach § 2266 auch in der Form des gemeinschaftlichen **Ehegattentestaments** (§ 2265) errichtet werden und zwar auch dann, wenn die Voraussetzungen des § 2249 nur bei einem Ehegatten vorliegen (Einzelheiten vgl § 2266).

§ 2250 Nottestament vor drei Zeugen

(1) Wer sich an einem Orte aufhält, der infolge außerordentlicher Umstände dergestalt abgesperrt ist, dass die Errichtung eines Testaments vor einem Notar nicht möglich oder erheblich erschwert ist, kann das Testament in der durch § 2249 bestimmten Form oder durch mündliche Erklärung vor drei Zeugen errichten.
(2) Wer sich in so naher Todesgefahr befindet, dass voraussichtlich auch die Errichtung eines Testaments nach § 2249 nicht mehr möglich ist, kann das Testament durch mündliche Erklärung vor drei Zeugen errichten.
(3) [1]Wird das Testament durch mündliche Erklärung vor drei Zeugen errichtet, so muss hierüber eine Niederschrift aufgenommen werden. [2]Auf die Zeugen sind die Vorschriften des § 6 Abs. 1 Nr. 1 bis 3, der §§ 7, 26 Abs. 2 Nr. 2 bis 5 und des § 27 des Beurkundungsgesetzes; auf die Niederschrift sind die Vorschriften des §§ 8 bis 10, 11 Abs. 1 Satz 2, Abs. 2, § 13 Abs. 1, 3 Satz 1, §§ 23, 28 des Beurkundungsgesetzes sowie die Vorschriften des § 2249 Abs. 1 Satz 5, 6, Abs. 2, 6 entsprechend anzuwenden. [3]Die Niederschrift kann außer in der deutschen auch in einer anderen Sprache aufgenommen werden. [4]Der Erblasser und die Zeugen müssen der Sprache der Niederschrift hinreichend kundig sein; dies soll in der Niederschrift festgestellt werden, wenn sie in einer anderen als der deutschen Sprache aufgenommen wird.

1 **I.** Das **Dreizeugentestament** nach § 2250 ist neben dem Bürgermeistertestament die zweite Form des Nottestamentes. Im Ggs zu § 2249 handelt es sich hier allerdings nicht um ein öffentliches Testament, sondern um ein **privates Testament** durch mündliche Erklärung.

2 **II. 1. Vorausgesetzt** wird nach Abs 1 entweder die Absperrung eines Ortes (dazu § 2249 Rn 7) oder nach Abs 2 eine nahe Todesgefahr.

3 **a)** Eine **nahe Todesgefahr** setzt voraus, dass vor Eintritt des Todes die Errichtung eines Testaments nach § 2249 voraussichtlich nicht mehr möglich sein wird. Es muss die subjektive Besorgnis aller drei Zeugen über diesen Umstand vorliegen (BGHZ 3, 374; LG München I FamRZ 00, 855).

4 **b)** Bei einer **Absperrung** kann gem Abs 1 auch ein Bürgermeistertestament nach § 2249 errichtet werden (vgl § 2249 Rn 7).

5 **2.** Die **drei Zeugen** übernehmen beim Dreizeugentestament die **Beurkundungsfunktion**. Sie müssen während der gesamten Errichtung gleichzeitig anwesend sein (BGHZ 54, 94), wobei sie auch das Bewusstsein und die Absicht haben müssen, bei der Errichtung des Testaments mitzuwirken; eine zufällige Anwesenheit genügt nicht (BGH MDR 71, 282; 72, 309). Wenn ein Zeuge an der Errichtung teilgenommen und die Niederschrift unterschrieben hat, spricht eine tatsächliche Vermutung für eine hinreichende Mitwir-

kung (BGH MDR 72, 310). Für die Zeugen gelten nach Abs 3 die Vorschriften des Beurkundungsgesetzes über die Ausschließungsgründe des Notars entspr.
3. Das Dreizeugentestament ist im Ggs zum Bürgermeistertestament nur durch **mündliche Erklärung** möglich. Es muss eine Niederschrift gefertigt werden, diese muss dem Erblasser vorgelesen und von diesem genehmigt werden sowie von ihm und den Zeugen unterschrieben werden (Abs 3 iVm § 13 I, II 1 BeurkG; BGHZ 115, 169). 6
4. Ein **Minderjähriger** kann kein Dreizeugentestament errichten, da hier die vorgesehene Beratung (vgl § 2233 Rn 2) nicht erfolgen kann. 7

§ 2251 Nottestament auf See

Wer sich während einer Seereise an Bord eines deutschen Schiffes außerhalb eines inländischen Hafens befindet, kann ein Testament durch mündliche Erklärung vor drei Zeugen nach § 2250 Abs. 3 errichten.

I. Das Seetestament ist auch ein außerordentliches Testament, setzt aber in Abweichung zu §§ 2249, 2250 keine Notlage des Erblassers voraus. 1
II. 1. Der Erblasser muss sich auf einer **Seereise** befinden. Hierunter zählt jede Seefahrt außerhalb eines inländischen Hafens (ausgeschlossen sind allerdings kurze Fahrten mit baldiger Rückkehr), aber auch der Aufenthalt in ausländischen Häfen, solange sich der Erblasser an Bord befindet. 2
2. Weiterhin muss sich der Erblasser an Bord eines **deutschen Schiffes** befinden. Dies wird nach dem FlaggenG beurteilt. Die Schiffsart ist unerheblich, eine analoge Anwendung auf Luftschiffe oder Flugzeuge ist ausgeschlossen (hier ist aber Errichtung nach § 2250 möglich). 3
3. Es gelten die **Formerfordernisse** des Dreizeugentestamentes. 4

§ 2252 Gültigkeitsdauer der Nottestamente

(1) Ein nach § 2249, § 2250 oder § 2251 errichtetes Testament gilt als nicht errichtet, wenn seit der Errichtung drei Monate verstrichen sind und der Erblasser noch lebt.
(2) Beginn und Lauf der Frist sind gehemmt, solange der Erblasser außerstande ist, ein Testament vor einem Notar zu errichten.
(3) Tritt im Falle des § 2251 der Erblasser vor dem Ablauf der Frist eine neue Seereise an, so wird die Frist mit der Wirkung unterbrochen, dass nach Beendigung der neuen Reise die volle Frist von neuem zu laufen beginnt.
(4) Wird der Erblasser nach dem Ablauf der Frist für tot erklärt oder wird seine Todeszeit nach den Vorschriften des Verschollenheitsgesetzes festgestellt, so behält das Testament seine Kraft, wenn die Frist zu der Zeit, zu welcher der Erblasser nach den vorhandenen Nachrichten noch gelebt hat, noch nicht verstrichen war.

I. Die Vorschrift begrenzt die **Gültigkeitsdauer** der nach den §§ 2249–2251 errichteten außerordentlichen Testamente auf eine Frist von 3 Monaten für den Fall, dass der Erblasser diesen Zeitraum überlebt und zur Errichtung vor einem Notar in der Lage ist. Dies trägt dem Umstand Rechnung, dass es sich dabei um außerordentliche Testamentsformen handelt und der Erblasser nach Beendigung der Notlage die Möglichkeit hat, eine ordentliche Testamentsform zu wählen. Die Unwirksamkeit tritt rückwirkend ein. 1
II. 1. Für die **Berechnung** der 3-Monatsfrist gilt § 188 II iVm § 187 I. 2
2. Nach Abs 2 ist die Frist **gehemmt**, solange der Erblasser außerstande ist, ein Testament vor einem Notar zu errichten. Hierzu zählt nicht nur das Fortdauern einer der in den §§ 2249–2251 bezeichneten Notlagen, sondern auch deren Wiedereinsetzen. 3
3. Abw von der Vorschrift des § 2252 kann ein Nottestament gültig bleiben, wenn es die Anforderungen eines **eigenhändigen** Testaments (§ 2247) erfüllt (Soergel/Mayer § 2252 Rn 3). 4

§ 2253 Widerruf eines Testaments
Der Erblasser kann ein Testament sowie eine einzelne in einem Testament enthaltene Verfügung jederzeit widerrufen.

1 I. 1. § 2253 ist Ausdruck der **Testierfreiheit** des Erblassers. Genauso wie es diesem freisteht, ob er überhaupt ein Testament errichtet, und welche Verfügungen er trifft, hat er auch jederzeit das Recht, seine Verfügungen zu widerrufen. Ein Widerrufsgrund ist nicht erforderlich, da ein Testament zu Lebzeiten des Erblassers keine Rechtswirkungen zugunsten Dritter entfaltet. Einschränkungen gelten konsequenterweise dann, wenn die letztwillige Verfügung bereits zu Lebzeiten Bindungswirkung entfaltet wie in den Fällen des § 2271 II 1 oder beim Erbvertrag (§ 2289 I 2).

2 2. Auf das Recht zum Widerruf kann **nicht vertraglich verzichtet** werden (vgl § 2302). Wenn eine Bindung des Erblassers an seine Verfügungen gewünscht ist, muss ein Erbvertrag geschlossen werden.

3 3. Aus dem Widerrufsrecht ergibt sich auch, dass dem Erblasser selbst kein **Anfechtungsrecht** nach den §§ 2078 ff zusteht. Auch insofern (vgl schon Rn 1) ergibt sich eine Besonderheit bei einer ausnahmsweisen Bindung des Erblassers zu Lebzeiten. Daher kann der Erblasser seine erbvertraglichen Verfügungen nach § 2281 und die nach § 2271 II 1 bindend gewordenen wechselbezüglichen Verfügungen entspr § 2281 selbst anfechten.

4 II. 1. Die **Widerrufsformen** sind im Einzelnen in den §§ 2254–2256, 2258 geregelt. Für noch nicht bindend gewordene wechselbezügliche Verfügungen in gemeinschaftlichen Testamenten gilt hins der Form die Sondervorschrift des § 2271 I. Die Formvorschriften für den Widerruf dienen der Beweissicherung und auch dem Schutz des Erblassers vor Übereilung.

5 2. Möglich ist der Widerruf durch reines **Widerrufstestament** (§ 2254), durch **Vernichtung** oder Veränderung der Testamentsurkunde (§ 2255), durch **Rücknahme** aus der amtlichen Verwahrung (§ 2256) und durch ein inhaltlich **widersprechendes Testament** (§ 2258).

6 3. Da es sich auch beim Widerruf um eine **letztwillige Verfügung** handelt, muss der Erblasser im Zeitpunkt des Widerrufs testierfähig (§ 2229) sein. Ein Widerruf kann nur persönlich erfolgen (§ 2064).

7 4. Auch auf den Widerruf sind die Vorschriften der §§ 2078 ff über die **Anfechtung** anwendbar.

8 5. Der Widerruf kann sich auf einzelne Anordnungen **beschränken**, ohne dass dies nach § 2085 zur Unwirksamkeit des gesamten Testaments führt.

§ 2254 Widerruf durch Testament
Der Widerruf erfolgt durch Testament.

1 Das **Widerrufstestament** beschränkt sich inhaltlich auf den reinen Widerruf eines früheren Testaments. Voraussetzung ist, dass der Erblasser seinen Willen, die frühere letztwillige Verfügung außer Kraft zu setzen, in einem späteren Testament ausdrücklich oder konkludent zum Ausdruck bringt (BayObLG NJW-RR 03, 660). In der Praxis dürfte dies eher selten vorkommen, da hier die Vernichtung (vgl § 2255) vorgezogen werden dürfte.

2 Wenn ein Testament nur widerrufen wird, ohne dass ein neues errichtet wird, tritt gesetzliche Erbfolge ein.

3 Die **Formvorschriften** für das öffentliche oder private Testament sind zu beachten. Das Widerrufstestament muss nicht in der gleichen Form errichtet werden wie das zu widerrufende Testament. Es kann auch als Nottestament (§§ 2248–2250) erfolgen.

4 Ein widerrufenes Testament kann durch ergänzende **Zusätze** (zB „wieder gültig") nur dann wieder in Kraft gesetzt werden, wenn diese unterschrieben werden (BayObLG NJW-RR 92, 1226).

§ 2255 Widerruf durch Vernichtung oder Veränderungen

¹Ein Testament kann auch dadurch widerrufen werden, dass der Erblasser in der Absicht, es aufzuheben, die Testamentsurkunde vernichtet oder an ihr Veränderungen vornimmt, durch die der Wille, eine schriftliche Willenserklärung aufzuheben, ausgedrückt zu werden pflegt. ²Hat der Erblasser die Testamentsurkunde vernichtet oder in der bezeichneten Weise verändert, so wird vermutet, dass er die Aufhebung des Testaments beabsichtigt habe.

I. Beim Widerruf nach § 2255 muss **objektiv** eine **Veränderung** an der Urkunde vorgenommen werden und **subjektiv** ist erforderlich, dass der Erblasser diese Veränderung in **Widerrufsabsicht** vorgenommen hat. 1

II. 1. Als **Vernichten** kommt in Frage Verbrennen, Zerreißen, Zerschneiden; als Veränderung Durchstreichen, Einklammern, Schwärzen, Ausradieren, Einreißen (BayObLG FamRZ 96, 1111). Es können auch einzelne Verfügungen des Testaments durch Streichung oder Unkenntlichmachen widerrufen werden, wobei die Verkehrsanschauung die jeweilige Veränderung als Aufhebung der Erklärung verstehen muss, dh es muss jeder sofort erkennen, dass die Urkunde nicht mehr gelten soll (Soergel/Mayer § 2255 Rn 5). Die Veränderung muss an der Urkunde selbst vorgenommen werden. 2

a) Strittig ist, wie **Vermerke** wie „ungültig" oder „aufgehoben" auf der Urkunde zu bewerten sind. Nach zutreffender hM gelten diese als Widerruf (KG NJW 57, 136; Brox ErbR Rn 140; Schlüter ErbR Rn 180), während nach anderer Auffassung der Vermerk vom Erblasser unterschrieben werden muss (Soergel/Mayer § 2255 Rn 8). Wenn § 2255 den Widerruf durch tatsächliche Handlungen zulässt, dann müssen auch Vermerke ohne Unterschrift zulässig sein. Ein Widerrufsvermerk auf dem Umschlag ist gültig, wenn dieser mit der Testamentsurkunde eine einheitliche Urkunde bildet. 3

b) Der Erblasser kann die Veränderung durch einen **Beauftragten** vornehmen lassen; dieser fungiert als Werkzeug (BayObLG FamRZ 92, 1351) und muss mit Willen und zu Lebzeiten des Erblassers handeln. 4

c) Ein Widerruf nach § 2255 liegt nicht vor, wenn das Testament **verloren** geht, ohne den Willen des Erblassers vernichtet wird oder sonst nicht auffindbar ist (BGH NJW 51, 559; BayObLG FamRZ 86, 1044; 90, 1163; NJW-RR 92, 654). Die bloße Tatsache der Unauffindbarkeit des Testaments begründet keine tatsächliche Vermutung oder einen Erfahrungssatz, dass das Testament durch den Erblasser vernichtet worden sei (BayObLG FamRZ 05, 1866; OLG Sachsen-Anhalt FamRZ 13, 246). Vielmehr hat dies derjenige zu beweisen, der sich auf die Ungültigkeit zur Begründung seines Erbrechts beruft (OLG Schleswig-Holstein FamRZ 12, 903). 5

d) Derjenige, der sich auf ein solches Testament beruft, muss allerdings die Errichtung und den Inhalt des unauffindbaren Testaments **beweisen** (BayOLG FamRZ 90, 1163; NJW-RR 92, 653). Dies ist mit allen Beweismitteln zulässig, wobei allerdings strenge Anforderungen zu stellen sind (BayObLG NJW-RR 92, 654; als zulässiges Beweismittel wurde zB eine Fotokopie angesehen: BayObLG FamRZ 93, 117). Es gilt der Amtsermittlungsgrundsatz nach § 26 FamFG. Die Unauffindbarkeit der Urkunde spricht nicht dafür, dass der Erblasser diese in Widerrufsabsicht vernichtet hat (BayObLG FamRZ 86, 1044). 6

2. § 2255 S 2 enthält die **gesetzliche Vermutung**, dass die Vernichtung oder Veränderung in **Aufhebungsabsicht** vorgenommen wurde. Ein versehentliches Vernichten muss bewiesen werden. Es spricht allerdings keine Vermutung dafür, dass der Erblasser selbst die Vernichtung vorgenommen hat (BayObLG FamRZ 96, 1111). 7

3. Wenn ein Testament einem Dritten übergeben wurde, kann ein handschriftlicher unterzeichneter **Widerrufsvermerk** auf einem Entwurf als Widerruf des Originaltestamentes ausgelegt werden (BayObLG FamRZ 96, 1112). Allerdings begründen Änderungen nur an der Durchschrift keine Vermutung der Aufhebungsabsicht (KG FamRZ 95, 897). 8

§ 2256 Widerruf durch Rücknahme des Testaments aus der amtlichen Verwahrung

(1) ¹Ein vor einem Notar oder nach § 2249 errichtetes Testament gilt als widerrufen, wenn die in amtliche Verwahrung genommene Urkunde dem Erblasser zurückgegeben wird. ²Die zurückgebende Stelle soll den Erblasser über die in Satz 1 vorgesehene Folge der Rückgabe belehren, dies auf der Urkunde vermerken und aktenkundig machen, dass beides geschehen ist.
(2) ¹Der Erblasser kann die Rückgabe jederzeit verlangen. ²Das Testament darf nur an den Erblasser persönlich zurückgegeben werden.
(3) Die Vorschriften des Absatzes 2 gelten auch für ein nach § 2248 hinterlegtes Testament; die Rückgabe ist auf die Wirksamkeit des Testaments ohne Einfluss.

1 I. Ein öffentliches Testament gem § 2232 ist nach § 34 BeurkG (näher § 2232 Rn 15) in öffentliche Verwahrung zu nehmen. Bei einem privatschriftlichen Testament hat der Erblasser gem § 2248 die Möglichkeit zur freiwilligen Hingabe in amtliche Verwahrung. Bei den **Wirkungen der Rücknahme** ist entspr zu differenzieren. Abs 1 stellt die unwiderlegliche Vermutung auf, dass ein öffentliches Testament (§§ 2232 oder 2249) als widerrufen gilt, wenn es aus der amtlichen Verwahrung zurückgegeben wird. Die Motive des Erblassers für die Rücknahme sind unbeachtlich. Die Anfechtung des Widerrufes unterliegt § 2078 (BayObLG NJW-RR 05, 957). Die Widerrufsvermutung gilt hingegen nach Abs 3 nicht bei einem privatschriftlichen Testament nach § 2247, obgleich auch dieses nach Abs 3 und 2 jederzeit vom Erblasser zurückverlangt werden kann.

2 II. 1. Die Rücknahme eines **öffentlichen** Testaments führt nach Abs 1 notwendigerweise zur unwiderleglichen Widerrufsfiktion. Nach Abs 1 S 2 soll der Erblasser auf diese Rechtsfolge hingewiesen werden. Die unterbliebene Belehrung lässt die Widerrufswirkung unberührt, kann aber zu einem die Anfechtung durch Dritte rechtfertigenden Irrtum führen (sogleich Rn 4). Dem Erblasser selbst bleibt die Möglichkeit ein neues Testament zu errichten.

3 a) Die Rücknahme ist eine Verfügung von Todes wegen, so dass **Testierfähigkeit** erforderlich ist (BGHZ 23, 207).

4 b) Bei einem Irrtum über die Widerrufswirkung hat der Erblasser kein **Anfechtungsrecht** nach § 2078, da er jederzeit ein neues Testament errichten kann. Allerdings besteht nach § 2080 für denjenigen ein Anfechtungsrecht, dem die Beseitigung des Widerrufs zustatten kommt. Wegen der Belehrungspflicht nach Abs 1 S 2 wird allerdings der Beweis eines Irrtums des Erblassers schwierig sein, sofern die Belehrung nicht unterblieben ist.

5 2. Die Rücknahme kann gem Abs 2 S 1 jederzeit **verlangt** werden. Die Rückgabe selbst darf nur an den Erblasser persönlich erfolgen (Abs 2 S 2). Es ist unzulässig, das Testament an einen bevollmächtigten Vertreter auszuhändigen oder mit der Post zu übersenden. Kann der Erblasser nicht persönlich bei der Verwahrungsstelle erscheinen, ist ein Widerruf durch Rückgabe nur möglich, wenn der Verwahrungsbeamte sich zum Erblasser begibt und ihm die Urkunde aushändigt. Auch ein nach § 2248 hinterlegtes eigenhändiges Testament kann jederzeit vom Erblasser zurückgenommen werden. Dies bewirkt allerdings keinen Widerruf (Abs 3).

§ 2257 Widerruf des Widerrufs
Wird der durch Testament erfolgte Widerruf einer letztwilligen Verfügung widerrufen, so ist im Zweifel die Verfügung wirksam, wie wenn sie nicht widerrufen worden wäre.

1 Die Zweifelsregel ist Ausdruck der andauernden Testierfreiheit des Erblassers, dem es unbenommen bleibt, nach Widerruf eines errichteten Testaments seinen Willen wieder zu ändern. Widerruft er den Widerruf, ist dies nach der Vorschrift im Zweifel nur ein kürzerer Weg ggü der Neuerrichtung des seinerzeit widerrufenen Testaments. Ein Widerruf des Widerrufs scheidet aus, wenn die Widerrufsformen des § 2255 oder § 2256

gewählt wurden, ist also **nur bei Widerrufstestamenten** möglich. In den anderen Fällen ist eine erneute Errichtung erforderlich (BayObLG FamRZ 96, 826).

Allerdings ist bei einem nach § 2255 ungültig gemachten Testament ein **Vermerk** mit 2 der Unterschrift des Erblassers auf der Urkunde möglich, dass das Testament wieder gültig sein soll (BayObLG NJW-RR 92, 1225).

Das widerrufene Testament wird durch den Widerruf des Widerrufs nur dann wieder 3 gültig, wenn die **Auslegung** nichts anderes ergibt (im Zweifel).

§ 2258 Widerruf durch ein späteres Testament

(1) Durch die Errichtung eines Testaments wird ein früheres Testament insoweit aufgehoben, als das spätere Testament mit dem früheren in Widerspruch steht.
(2) Wird das spätere Testament widerrufen, so ist im Zweifel das frühere Testament in gleicher Weise wirksam, wie wenn es nicht aufgehoben worden wäre.

Das frühere Testament muss nicht wie bei § 2254 ausdrücklich widerrufen werden. Ein 1 Widerspruch liegt vor, wenn die Testamente sachlich nicht miteinander vereinbar sind, die getrennten Anordnungen also nicht nebeneinander Geltung erlangen können, sondern sich gegenseitig **ausschließen** (BGH NJW 85, 969; BGH NJW 81, 2745). Ein Widerrufswille des Erblassers ist nicht erforderlich. Der Widerruf ist auch gültig, wenn der Erblasser an das frühere Testament gar nicht mehr gedacht hatte (BGH NJW 81, 2745; BayObLG FamRZ 89, 441; Lange/Kuchinke ErbR § 23 I 2 a).

Ob eine widersprechende Verfügung zum **vollständigen** Widerruf des alten Testaments 2 führt oder ob dieses teilweise aufrechterhalten werden kann, ist im Wege der Auslegung zu ermitteln. Ein vollständiger Widerruf des ersten Testaments ist dann anzunehmen (auch bei sachlich vereinbaren Anordnungen), wenn in dem späteren Testament die Absicht des Erblassers zum Ausdruck kommt, die Erbfolge abschließend zu regeln (BGH NJW 81, 2746). Dies soll auch durch eine wiederholende Verfügung unter Verzicht auf die entspr, zu widerrufende Klausel möglich sein (OLG Düsseldorf Beschl v 22.7.13 – I-3 Wx 163/12, 3 Wx 163/12).

Haben zwei nacheinander errichtete Testamente den **gleichen Inhalt**, so ist idR davon 3 auszugehen, dass das früher errichtete wirksam bleibt. Dieses wird nur dann widerrufen, wenn es dem Erblasser darauf ankam, durch die spätere Verfügung die Erbfolge abschließend und umfassend zu regeln (BayObLG FamRZ 89, 442).

Ein durch neues Testament widerrufenes Testament bleibt auch dann ungültig, wenn 4 das neue Testament aus tatsächlichen Gründen (zB Vorversterben oder Ausschlagung des Bedachten) **keine Wirkung** entfaltet (BayObLG FamRZ 96, 827). Es tritt dann gesetzliche Erbfolge ein.

Wenn in einem **gemeinschaftlichen Testament** dem überlebenden Ehegatten der Widerruf 5 von wechselbezüglichen Verfügungen erlaubt ist (vgl § 2271 Rn 3), so kann dieses Widerrufsrecht nur durch Testament und nicht durch Vernichtung nach § 2255 ausgeübt werden (OLG Hamm FamRZ 96, 825).

§§ 2258 a und 2258 b (aufgehoben)

§ 2259 Ablieferungspflicht

(1) Wer ein Testament, das nicht in besondere amtliche Verwahrung gebracht ist, im Besitz hat, ist verpflichtet, es unverzüglich, nachdem er von dem Tode des Erblassers Kenntnis erlangt hat, an das Nachlassgericht abzuliefern.
(2) ¹Befindet sich ein Testament bei einer anderen Behörde als einem Gericht in amtlicher Verwahrung, so ist es nach dem Tode des Erblassers an das Nachlassgericht abzuliefern. ²Das Nachlassgericht hat, wenn es von dem Testament Kenntnis erlangt, die Ablieferung zu veranlassen.

1 I. Die **Ablieferungspflicht** soll die Erhaltung von letztwilligen Verfügungen, die nicht in die besondere amtliche Verwahrung gebracht wurden, und deren Eröffnung sicherstellen. Sie gilt nach § 2300 für Erbverträge entspr. Die Verpflichtung trifft nur den **unmittelbaren Besitzer** (BayObLG FamRZ 88, 658).

2 II. 1. Abgeliefert werden müssen alle **Schriftstücke**, die sich äußerlich oder nach ihrem Inhalt als letztwillige Verfügung darstellen (BayObLG FamRZ 88, 658). Die Ablieferungspflicht hat der Besitzer auch, wenn er Zweifel hegt, ob es sich überhaupt um ein Testament handelt oder ob dieses formgültig ist. Die Entscheidung über die Gültigkeit trifft allein das Nachlassgericht (KG OLG 77, 394).

3 2. Das Testament muss **unverzüglich** (§ 121) nach Entdeckung abgeliefert werden. Die Nichtablieferung kann Strafbarkeit und Schadensersatzansprüche begründen, dürfte allerdings schwierig beweisbar sein.

4 3. Wenn das Nachlassgericht davon erfährt, dass jemand im Besitz eines Testamentes ist, wird es den Besitzer zur Ablieferung **auffordern**. Nach erfolgloser Aufforderung kann es Zwangsmittel (§§ 358, 35 I FamFG) festsetzen.

5 III. In **Baden-Württemberg** ist das verwahrende Notariat selbst für die Eröffnung zuständig und hat daher keine Ablieferungspflicht.

§§ 2260 bis 2262 (aufgehoben)

1 Die Vorschriften wurden aufgrund ihrer verfahrensrechtlichen Natur in die §§ 344 ff FamFG übernommen.

§ 2263 Nichtigkeit eines Eröffnungsverbots

Eine Anordnung des Erblassers, durch die er verbietet, das Testament alsbald nach seinem Tode zu eröffnen, ist nichtig.

1 Die Nichtigkeit einer solchen Anordnung berührt im Allgemeinen die **Wirksamkeit des Testaments** nicht. Allerdings soll die Anordnung, dass das Testament überhaupt nicht eröffnet werden soll, zur Nichtigkeit der Verfügung führen, da diese dann keinen ernsthaften Testierwillen aufweist (Palandt/Weidlich § 2263 Rn 1).

§§ 2263 a (aufgehoben)

1 Die Vorschrift wurde durch das FGG-RG aus systematischen Gründen in § 351 FamFG übernommen.

§§ 2264 (aufgehoben)

1 Die Vorschrift wurde durch das FGG-RG aus systematischen Gründen in § 357 FamFG übernommen.

Titel 8
Gemeinschaftliches Testament

Vorbemerkung zu §§ 2265–2273

1 I. Normzweck und Regelungszusammenhang. 1. Der Achte Titel enthält in den §§ 2265–2273 Vorschriften über das **gemeinschaftliche Testament von Ehegatten**. Diese Art der Testamentserrichtung, die nur Ehegatten vorbehalten ist (§ 2265), nimmt eine Zwischenstellung zwischen dem einfachen Testament und dem Erbvertrag (§§ 2274 ff) ein und soll dem besonderen Bedürfnis von Ehegatten Rechnung tragen, ihre erbrechtlichen Verfügungen gemeinsam zu treffen.

2. Im Ggs zum Erbvertrag, der stets notariell beurkundet werden muss (§ 2276), kann das gemeinschaftliche Testament privatschriftlich und zwar sogar mit dem **Formprivileg des** § 2267 errichtet werden. Beim gemeinschaftlichen Testament handelt es sich nicht wie beim Erbvertrag um eine Vertragsbeziehung, sondern um **zwei selbstständige Verfügungen von Todes wegen,** die inhaltlich nicht übereinzustimmen brauchen und grds bis zum Tode des ersten Ehegatten frei widerruflich sind (§ 2271 II). Während der Erbvertrag grds unwiderruflich ist, besteht also beim gemeinschaftlichen Testament nur eine **beschränkte Bindungswirkung.** Deswegen und aufgrund des Formprivilegs wird das gemeinschaftliche Testament dem Erbvertrag oft vorgezogen.

3. Im Ggs zum einfachen Testament besteht beim gemeinschaftlichen Testament **die Möglichkeit, wechselbezügliche Verfügungen** (näher § 2270 Rn 3 ff) zu treffen, dh, die Unwirksamkeit der Verfügungen des einen Ehegatten haben die Unwirksamkeit der Verfügungen des anderen Ehegatten zur Folge. Damit wird dem Umstand Rechnung getragen, dass bestimmte Verfügungen von Ehegatten nur im Vertrauen darauf getroffen werden, dass der andere Ehegatte eine bestimmte Verfügung trifft, zB die gegenseitige Einsetzung als Alleinerben. Inhaltlich können gemeinschaftliche Testamente grds alles enthalten, was in einer Verfügung von Todes wegen enthalten sein darf.

4. Nach der Art der gemeinschaftlichen Testamente werden verschiedene Formen unterschieden: Beim **Testamentum correspectivum** sind die Verfügungen des einen Gatten derart von den Verfügungen des anderen Gatten abhängig, dass sie mit deren Wirksamkeit stehen und fallen (§ 2270). Beim **Testamentum reciprocum** bedenken sich die Ehegatten zwar gegenseitig oder mit Rücksicht auf den anderen einen Dritten, ohne dass jedoch diese Verfügungen als wechselbezüglich gewollt sind. Beim **Testamentum mere simultaneum** machen die Ehegatten lediglich vom Formprivileg Gebrauch, ohne dass die Verfügungen gegenseitig oder wechselbezüglich sind.

5. Bezüglich der **Auslegung** von gemeinschaftlichen Testamenten ist zu beachten, dass zwar grds die allg Auslegungsgrundsätze (§§ 133, 157, 2084 ff; iE Vor §§ 2084–2099 Rn 3 ff) angewendet werden, aber stets zusätzlich zu prüfen ist, ob ein nach dem Verhalten des einen Ehegatten mögliches Auslegungsergebnis auch dem Willen des anderen Ehegatten entsprochen hätte (BGH NJW 93, 256; BGHZ 112, 229). Vorrangig ist zwar auf den Willen des Erblassers abzustellen, der die auszulegende Verfügung getroffen hat, hierbei ist aber im Ggs zum einfachen Testament (Vor §§ 2084–2099 Rn 3) der Empfängerhorizont des anderen Ehegatten mitzuberücksichtigen.

II. Entstehungsgeschichte. Das gemeinschaftliche Testament hatte sich im Spätmittelalter gewohnheitsrechtlich entwickelt und war damals auch unter Nichtehegatten möglich. Der erste Entwurf zum BGB hatte die Zulässigkeit des gemeinschaftlichen Testaments abgelehnt, weil es bei der Ermittlung des wirklichen Willens der Verfügenden zu zahlreichen Schwierigkeiten komme und der Erbvertrag als geeignetere Alternative zur Verfügung stehe (Mot V 253). Die 2. Kommission hat dann allerdings mit Rücksicht auf die Gewohnheit in weiten Kreisen der Bevölkerung die Vorschriften in das BGB aufgenommen. Zu diesem Zeitpunkt waren allerdings nur öffentliche Testamente zugelassen, so dass idR eine Beratung durch den Notar erfolgte. Seit das **privatschriftliche** Testament zugelassen ist, besteht gerade beim gemeinschaftlichen Testament und der Formerleichterung des § 2267 die Gefahr, dass der rechtlich versiertere Partner den anderen bei der Abfassung des Testaments übervorteilt (Brox ErbR Rn 179).

III. Rechtsvergleichung. 1. In vielen Rechtsordnungen wird das gemeinschaftliche Testament wegen der oben beschriebenen Gefahren abgelehnt. So ist es im romanischen Rechtskreis **verboten** (zB Art 968 Code Civil). Sogar eine Umdeutung in Einzeltestamente ist hier nicht erlaubt.

2. Nach §§ 388, 391 **ZGB** der ehemaligen DDR waren gemeinschaftliche Testamente möglich, allerdings mussten sich die Ehegatten zwingend gegenseitig zu Erben einsetzen (§ 389 I 1 ZGB). Nach Art 235 § 2 EGBGB richtet sich die Errichtung oder Aufhebung einer Verfügung von Todes wegen vor dem Wirksamwerden des Beitritts nach bisherigem Recht.

§ 2265 Errichtung durch Ehegatten

Ein gemeinschaftliches Testament kann nur von Ehegatten errichtet werden.

1 I. Die Vorschrift eröffnet **ausschließlich Ehegatten** die Möglichkeit, ein gemeinschaftliches Testament zu errichten. Damit soll den besonderen Bedürfnissen von Ehegatten Rechnung getragen werden, die häufig ihr beiderseitiges Vermögen als eine Vermögensmasse ansehen, ihre erbrechtlichen Verfügungen gemeinsam zu treffen, ohne auf den Erbvertrag zurückgreifen zu müssen. Kennzeichnend sind insb das Formprivileg (§ 2267) und die Möglichkeit, den Verfügungen eine Bindungswirkung beizumessen (Vor §§ 2265–2273 ff Rn 1 ff).

2 II. 1. Festzustellen ist zunächst, ob überhaupt ein **gemeinschaftliches Testament** vorliegt. Dies ist durch **Auslegung** zu ermitteln.

3 a) Das Reichsgericht hatte noch darauf abgestellt, dass eine einheitliche Urkunde vorliegt (RGZ 72, 204; **objektive Theorie**) und ließ völlig unberücksichtigt, ob die Erblasser überhaupt ein gemeinschaftliches Testament errichten wollten.

4 b) Nach heute überwiegender Ansicht soll es hingegen primär auf den **Erblasserwillen** ankommen (**subjektive Theorie**; BayObLG FamRZ 97, 1246). Beim Erblasserwillen handelt es sich um einen tatsächlichen, keinen rechtsgeschäftlichen Willen, wobei stets der Wille beider Ehegatten vorhanden sein muss. Entscheidend ist, dass die Ehegatten aufgrund eines **gemeinsamen Entschlusses** handeln und die Möglichkeit der **gegenseitigen Abstimmung und Kenntnisnahme** haben (Soergel/Wolf Vor § 2265 Rn 6). Nach einer extrem subjektiven Theorie muss sich der Erblasserwille nicht aus der oder den Testamentsurkunden selbst ergeben, sondern es können zur Ermittlung auch Umstände außerhalb der Urkunde berücksichtigt werden. Die hM hält die Errichtung in getrennten Urkunden für ohne weiteres zulässig (BayObLG FamRZ 91, 1486; FamRZ 93, 241), verlangt jedoch, dass der **Wille zur gemeinschaftlichen Errichtung aus dem Inhalt der Urkunde selbst ersichtlich** ist (BGHZ 9, 116). Das gilt auch für ein gemeinschaftliches Widerrufstestament (OLG Braunschweig ZEV 08, 178). Außerhalb der Urkunde liegende Umstände, wie die gemeinsame Aufbewahrung oder der inhaltlich gleiche Wortlaut reichen für die Annahme nicht aus (OLG München ZEV 08, 485). Diese Ansicht erscheint vorzugswürdig, da die für die Testamentserrichtung vorgeschriebene Form auch den Zweck hat, nach dem Tode mit größtmöglicher Sicherheit den Erblasserwillen feststellen zu können. Daher ist zu verlangen, dass sich dieser Wille auch aus der vorgeschriebenen Urkunde selbst zumindest andeutungsweise ergibt (zur Andeutungstheorie auch Vor § 2084-2099 Rn 8 f).

5 2. Ein gemeinschaftliches Testament kann nur **von Ehegatten** errichtet werden. Ein von Nichtehegatten errichtetes Testament ist nichtig (zur Umdeutungsmöglichkeit sogleich). Eine Errichtung durch Verlobte oder nichteheliche Lebenspartner ist daher nicht möglich. Dies ist verfassungsrechtlich unbedenklich (BVerfG NJW 89, 86).

6 a) Sofern die Formanforderungen des § 2247 gewahrt sind, ist bei einem von Nichtehegatten errichteten gemeinschaftlichen Testament eine **Umdeutung gem § 140 in Einzeltestamente** grds möglich (KG NJW 72, 2133; OLG Frankfurt FamRZ 79, 347). Diese scheidet allerdings dann aus, wenn für das unwirksame gemeinschaftliche Testament die Formerleichterung des § 2267 in Anspruch genommen wurde, denn hier fehlt es an der handschriftlichen Errichtung durch einen der Beteiligten. Existiert der Entwurf eines gemeinschaftlichen Testaments, der nur von einem Ehegatten unterzeichnet wurde, so kann dieser in ein Einzeltestament umgedeutet werden, wenn die allg Grundsätze der Testamentsauslegung ergeben, dass dies dem Willen des Erblassers entspricht (BayObLG FamRZ 92, 355; so a OLG Frankfurt FamRZ 12, 330).

7 b) Umstritten ist, ob eine Umdeutung in ein Einzeltestament auch möglich ist, wenn **wechselbezügliche Verfügungen** (§ 2270) getroffen wurden (BayObLG FamRZ 96, 1041; abl BGH NJW 58, 1785). Richtigerweise ist die Umdeutungsfähigkeit wechsel-

bezüglicher Verfügungen nicht a priori zu verneinen. Zwar spricht viel dafür, Unwirksamkeit anzunehmen, wenn die gewollte Bindungswirkung mangels Vorliegens eines gemeinschaftlichen Testaments nicht eintreten kann. Dies muss aber jeweils im Einzelfall aufgrund aller konkreten Umstände entschieden werden. Hierbei ist zu berücksichtigen, dass es dem Erblasserwillen durchaus entsprechen kann, dass seine Verfügungen auch ohne Bindungswirkung für die als wechselbezüglich gewollte Verfügung des anderen Teils wirksam bleiben, anstatt die Nichtigkeitsfolge eintreten zu lassen (so auch KG NJW 72, 2137).

c) Durch eine **nachträgliche Eheschließung** wird ein vorher errichtetes Testament nicht wirksam. Bei einer Bestätigung nach § 141 sind die Formvorschriften zu beachten, so dass eine mündliche Erklärung der Ehegatten, wonach sie sich an das Testament gebunden halten, wegen Formmangels nichtig ist. Auch bei einem mit dem Formprivileg des § 2267 errichteten Testament kann daher keine Bestätigung erfolgen, da nur ein Ehegatte die Formvorschriften befolgt hat. 8

3. Die **allg Voraussetzungen** für die Testamentserrichtung müssen auch beim gemeinschaftlichen Testament gegeben sein. Beide Ehegatten müssen nach § 2229 **testierfähig** sein. Das gemeinschaftliche Testament kann in **privatschriftlicher Form und in notarieller Form** erfolgen. Für das privatschriftliche Testament gilt als zusätzliche Errichtungsmöglichkeit das **Formprivileg** des § 2267. Grds sind auch Mischformen möglich, dh die Ehegatten können unterschiedliche Formen der Errichtung wählen. Hierbei ist nur darauf zu achten, dass der Wille zur gemeinschaftlichen Erklärung aus den verschiedenen Urkunden hervorgeht. 9

a) Beim **gemeinschaftlichen öffentlichen Testament** ergibt sich die Gemeinschaftlichkeit aus der Errichtung in einer einheitlichen Verhandlung. Allerdings sind getrennte Errichtungen möglich, so zB, dass ein Ehegatte ein öffentliches Testament errichtet und der andere vor einem Notar erklärt, dass dieses auch seinen Willen enthalte. Die Art des öffentlichen Testaments kann jeder Ehegatte frei wählen. Die Ehegatten können entweder durch mündliche Erklärung ihren letzten Willen erklären oder zwei einzelne (bzw eine gemeinsame) offene oder verschlossene Schrift übergeben (auch § 2232). Die Übergabe einer verschlossenen Schrift ist nur möglich, wenn der andere Ehegatte von dem Inhalt Kenntnis genommen hat. Die Erklärung hierüber sollte der Notar aufnehmen. Da ein Minderjähriger nur durch mündliche Erklärung oder Übergabe einer offenen Schrift testieren darf, hat auch der volljährige Ehepartner dann nur diese Möglichkeit, damit der Notar seine Beratungspflicht wahrnehmen kann. 10

b) Ein gemeinschaftliches öffentliches Testament kann später durch ein gemeinschaftliches eigenhändiges Testament **abgeändert** oder in der Weise ergänzt werden, dass die neuen und alten Verfügungen ein einziges gemeinschaftliches Testament darstellen (OLG Frankfurt FamRZ 96, 1039). 11

§ 2266 Gemeinschaftliches Nottestament

Ein gemeinschaftliches Testament kann nach den §§ 2249, 2250 auch dann errichtet werden, wenn die dort vorgesehenen Voraussetzungen nur bei einem der Ehegatten vorliegen.

§ 2266 erklärt die für **Nottestamente** geltenden Vorschriften der §§ 2249, 2250 auch dann für anwendbar, wenn die dort genannten Voraussetzungen (Einzelheiten dort) nur bei einem der Ehegatten gegeben sind. 1

Wenn die Voraussetzungen für ein Nottestament vorliegen, ist es allerdings **nicht zwingend**, dass beide Ehegatten diese Form wählen. Der Ehegatte, bei dem die Voraussetzungen nicht vorliegen, kann auch ein privatschriftliches oder öffentliches Testament errichten (aA MK/Musielak § 2266 Rn 2). 2

Auf den nicht ausdrücklich genannten § 2251 ist § 2266 **entspr** anwendbar. 3

Das gemeinschaftlich errichtete Nottestament **wird nach § 2252 ungültig**, wenn nicht einer der Ehegatten innerhalb von 3 Monaten verstirbt. Es behält seine Wirksamkeit auch, wenn der Ehegatte innerhalb der Dreimonatsfrist verstirbt, bei dem die Voraus- 4 setzungen der §§ 2249, 2250 nicht vorgelegen haben (aA Kipp-Coing ErbR § 33 I 4). Wenn die Voraussetzungen für ein Nottestament nur bei einem Partner gegeben sein müssen, ist kein Grund ersichtlich, warum dieses dann nur bei Tod des Partners gültig sein sollte, bei dem die Voraussetzungen vorlagen, denn beide Ehegatten haben ihren Willen erklärt.

5 Wirksam bleiben auch die **nicht wechselbezüglichen** Verfügungen des überlebenden Ehegatten.

6 Für die **Hemmung der Frist** nach § 2252 II ist es ausreichend, wenn ein Ehegatte daran gehindert ist, ein Testament vor einem Notar zu errichten.

§ 2267 Gemeinschaftliches eigenhändiges Testament

¹Zur Errichtung eines gemeinschaftlichen Testaments nach § 2247 genügt es, wenn einer der Ehegatten das Testament in der dort vorgeschriebenen Form errichtet und der andere Ehegatte die gemeinschaftliche Erklärung eigenhändig mitunterzeichnet. ²Der mitunterzeichnende Ehegatte soll hierbei angeben, zu welcher Zeit (Tag, Monat und Jahr) und an welchem Orte er seine Unterschrift beigefügt hat.

1 I. § 2267 enthält ein **Formprivileg für das privatschriftliche gemeinschaftliche Testament**, um Ehegatten die **Testamentserrichtung zu erleichtern**. Allerdings ist diese Norm nicht unumstritten, da gerade hier die Gefahr besteht, dass ein Ehegatte dem anderen eine Erklärung unterschiebt, die dieser im Vertrauen auf den Ehegatten gutgläubig unterzeichnet.

2 II. 1. § 2267 enthält lediglich **eine mögliche Errichtungsform**, die nicht zwingend ist. Den Ehegatten steht es frei, eine andere Errichtungsform zu wählen (§ 2265 Rn 9).

3 2. In Abweichung von § 2247 ist es bei § 2267 ausreichend, wenn einer der Ehegatten das gemeinschaftliche Testament eigenhändig errichtet und unterschreibt. Der andere Ehegatte muss die Erklärung dann eigenhändig **mit unterzeichnen**. Die Bestimmung, dass er Zeit und Ort seiner Unterschrift angeben **soll**, ist eine Soll-Vorschrift. Ihr Fehlen führt nicht zur Unwirksamkeit des Testaments.

4 3. Ein Testament, bei dem einer der Ehegatten seine eigenhändige letztwillige Verfügung und **die seines Ehegatten** eigenhändig schreibt, und danach jeder Ehegatte nur seine eigene Verfügung unterschreibt, genügt den Formerfordernissen des § 2267 nicht (BGH NJW 58, 547). Jede Verfügung muss die Unterschrift beider Ehegatten tragen, so dass bei Vorliegen mehrerer Urkunden, die nur von einem Partner geschrieben wurden, jede Erklärung von jedem Ehegatten unterzeichnet werden muss. Nicht zulässig ist auch eine Blanko-Unterschrift eines Ehegatten, die dieser vorab leistet, wobei allerdings bei entspr äußerer Form die tatsächliche Vermutung besteht, dass bei der Errichtung die richtige Reihenfolge eingehalten wurde (OLG Hamm FamRZ 93, 606).

5 4. Ist einer der Ehegatten **minderjährig** oder kann nicht lesen, so scheidet nach § 2247 IV eine eigenhändige Errichtung in der Form des § 2267 aus.

§ 2268 Wirkung der Ehenichtigkeit oder -auflösung

(1) Ein gemeinschaftliches Testament ist in den Fällen des § 2077 seinem ganzen Inhalt nach unwirksam.
(2) Wird die Ehe vor dem Tode eines der Ehegatten aufgelöst oder liegen die Voraussetzungen des § 2077 Abs. 1 Satz 2 oder 3 vor, so bleiben die Verfügungen insoweit wirksam, als anzunehmen ist, dass sie auch für diesen Fall getroffen sein würden.

1 I. § 2268 erweitert die Rechtsfolgen des § 2077, indem er bei Vorliegen der Voraussetzungen die **Nichtigkeit des gesamten gemeinschaftlichen Testaments** anordnet und nicht nur der Verfügungen zugunsten des anderen Ehegatten.

2 II. 1. Liegt ein Aufhebungsgrund für die Ehe vor (§§ 1313 ff), so wird ein gemeinschaftliches Testament erst dann unwirksam, wenn die Ehe **rechtskräftig aufgelöst** wurde (Einzelheiten § 2077 Rn 4). Allerdings kann bei Einhaltung der Formvorschrif-

ten uU eine Umdeutung in Einzeltestamente erfolgen (Lange/Kuchinke ErbR § 24 I 5; § 2265 Rn 6 ff).

2. Ebenfalls unwirksam wird ein gemeinschaftliches Testament mit rechtskräftiger **Scheidung** der Ehe sowie dann, wenn der Erblasser die Scheidung beantragt oder ihr zugestimmt hatte (Einzelheiten § 2077 Rn 5). Wenn die geschiedenen Ehegatten einander wieder heiraten, bleibt das gemeinschaftliche Testament grds unwirksam und muss formgültig neu errichtet werden. Allerdings kann im Einzelfall die Weitergeltung des Testaments dem wirklichen oder mutmaßlichen Willen der Ehegatten im Zeitpunkt der Testamentserrichtung entsprochen haben (BayObLG NJW 96, 133 f).

3. Nach § 2068 II bleiben die Verfügungen wirksam, wenn davon auszugehen ist, dass die Ehegatten **auch so testiert hätten**, wenn sie von den späteren Unwirksamkeitsgründen gewusst hätten. Der hierfür maßgebliche Beurteilungszeitpunkt ist der Zeitpunkt der Testamentserrichtung. Bei nicht wechselbezüglichen Verfügungen kann hiervon idR ausgegangen werden. Bei wechselbezüglichen Verfügungen kommt es darauf an, inwieweit für den Erblasser der Fortbestand der Ehe für seine Verfügung der maßgebliche Beweggrund war. Werden zB gemeinsame Kinder bedacht, so kann eher von einer weiteren Gültigkeit ausgegangen werden, als wenn Verwandte des Ehegatten bedacht werden (OLG Stuttgart OLGZ 76, 17). Wird die Wirksamkeit wechselbezüglicher Verfügungen bejaht, besteht auch ihre Wechselbezüglichkeit fort, so dass sie nicht gem § 2271 I 2 durch einseitige Verfügungen von Todes wegen aufgehoben werden können (BGH ZEV 04, 424).

§ 2269 Gegenseitige Einsetzung

(1) Haben die Ehegatten in einem gemeinschaftlichen Testament, durch das sie sich gegenseitig als Erben einsetzen, bestimmt, dass nach dem Tode des Überlebenden der beiderseitige Nachlass an einen Dritten fallen soll, so ist im Zweifel anzunehmen, dass der Dritte für den gesamten Nachlass als Erbe des zuletzt versterbenden Ehegatten eingesetzt ist.

(2) Haben die Ehegatten in einem solchen Testament ein Vermächtnis angeordnet, das nach dem Tode des Überlebenden erfüllt werden soll, so ist im Zweifel anzunehmen, dass das Vermächtnis dem Bedachten erst mit dem Tode des Überlebenden anfallen soll.

I. 1. § 2269 enthält eine **Auslegungsregel** für den häufig vorkommenden Fall des gemeinschaftlichen Testaments, in dem die Ehegatten sich gegenseitig als Erben einsetzen und nach dem Tode des Längstlebenden einen oder mehrere Dritte (meist die gemeinsamen Abkömmlinge) als Erben bestimmen.

2. Dieses sog **Berliner Testament** trägt dem Bedürfnis von Ehegatten Rechnung, zwar dem überlebenden Ehegatten das jeweilige Vermögen zukommen zu lassen, aber auch sicherzustellen, dass die gemeinsamen Abkömmlinge noch in den Genuss des Nachlasses kommen. Der Auslegungsregel liegt die Überlegung zugrunde, dass Ehegatten ihr Vermögen häufig als wirtschaftliche Einheit betrachten und eine Trennung der Vermögen nach dem Tod ausschließen wollen (OLG Düsseldorf FamRZ 96, 1568).

II. 1. Bei § 2269 handelt es sich lediglich um eine Auslegungsregel. Vorab ist daher immer der **tatsächliche Wille** der Erblasser zu ermitteln, welche rechtliche Konstruktion der gegenseitigen Erbeinsetzung mit anschließender Einsetzung eines Dritten zugrunde liegen soll. Insofern bestehen mit der Einheits- und der Trennungslösung im Wesentlichen zwei Möglichkeiten, von denen erstere nach Abs 1 **im Zweifel** anzunehmen ist.

a) Bei der **Trennungslösung** haben die Ehegatten eine Vor- und Nacherbschaft (§§ 2100 ff) angeordnet. Der überlebende Ehegatte wird Vorerbe und der Dritte Nacherbe des Erstverstorbenen und zugleich Vollerbe des Längstlebenden. Die Vermögensmassen der Ehegatten bleiben dabei grds getrennt. Der Nacherbe erwirbt ein Anwartschaftsrecht am Nachlass des Erstverstorbenen, das auch vererblich ist. Der Letztverstorbene ist als Vorerbe hins des Nachlasses seines Ehegatten den Verfügungsbeschränkungen der §§ 2113 ff unterworfen, sofern keine Befreiung nach § 2136 vorgenommen

§ 2269

wurde. Zusätzlich wird der Dritte idR als Ersatzerbe (§ 2096, und zwar an Stelle des zunächst – gegenseitig – bedachten Ehegatten) des Längstlebenden eingesetzt, da dessen Nacherbeneinsetzung sich nur auf den Nachlass des Erstverstorbenen bezieht. Fehlt eine ausdrückliche Anordnung, so kann § 2102 I herangezogen werden, wonach die Einsetzung als Nacherbe im Zweifel auch die Einsetzung als Ersatzerbe enthält (KG NJW-RR 87, 451).

5 b) Nach der **Einheitslösung** wird der überlebende Ehegatte Vollerbe des Erstverstorbenen und der Dritte Voll- bzw Schlusserbe des Letztversterbenden. Die beiden Vermögen verschmelzen nach dem Erbfall zu einer einheitlichen Vermögensmasse. Der Dritte ist dann beim Tode des ersten Ehegatten enterbt und kann an sich einen Pflichtteil geltend machen. Dieses sog **Berliner Testament** liegt nach der Auslegungsregel des § 2269 I im Zweifel vor. Die Auslegung ergibt regelmäßig, dass der Schlusserbe zugleich Ersatzerbe des Überlebenden ist, denn nach dem Tode des Erstverstorbenen wird dessen Einsetzung als Erbe des Längerlebenden nach § 1923 I unwirksam. Der Überlebende kann als Vollerbe also uneingeschränkt über den Nachlass verfügen (zu einer entspr Anwendung des § 2287 vgl § 2271 Rn 10).

6 2. Welche Lösung die Erblasser gewählt haben, ist vor einem Rückgriff auf die Auslegungsregel des § 2269 zunächst nach allg Auslegungsgrundsätzen zu ermitteln (Vor §§ 2084-2099 u Vor §§ 2265–2273 Rn 5). Primär entscheidet also der wirkliche oder mutmaßliche **Wille der Eheleute**. Voraussetzung für die Anwendung der Vorschrift ist in jedem Fall, dass die Ehegatten sich gegenseitig zu Alleinerben eingesetzt haben. Werden daneben Dritte bedacht, so findet § 2269 keine Anwendung. Bei der vorrangigen Auslegung ist der Wortlaut im Testament nicht allein entscheidend, auch wenn ausdrücklich von Vor- und Nacherben gesprochen wird. Es kann gerade beim privatschriftlichen Testament dennoch das Einheitsprinzip gewollt sein (BGH WM 82, 1254; OLG Düsseldorf FamRZ 96, 1568). Auch beim gemeinschaftlichen Testament ist bei der Auslegung zwar von dem Willen des Erblassers auszugehen, der die jeweilige Verfügung getroffen hat. Allerdings muss nach § 157 auch nach dem **Empfängerhorizont** des anderen Ehegatten geprüft werden, wie dieser die Verfügung verstehen durfte (BGH NJW 93, 256).

7 a) Für die **Einheitslösung** und damit die gegenseitige Einsetzung zum Vollerben und anschließende Einsetzung des Dritten zum Schlusserben spricht das gegenseitige Vertrauensverhältnis der Ehegatten und damit der Wille, dem jeweils Überlebenden das gesamte Vermögen zukommen zu lassen (vgl OLG München ZEV 12, 367). Für die **Trennungslösung** spricht der Wille, das Vermögen über die Lebenszeit des überlebenden Ehegatten hinaus den Abkömmlingen zu erhalten. Hierbei soll es va auf den Willen des Ehegatten ankommen, der Eigentümer des Hauptvermögens ist (BayObLG NJW 66, 1223), wobei allerdings aus der Vermögenslosigkeit des überlebenden Ehegatten allein noch nicht auf das Gewolltsein von Vor- und Nacherbschaft geschlossen werden kann (BayObLG FamRZ 84, 211). Für eine Annahme des Trennungsprinzips spricht auch, wenn dem überlebenden Ehegatten hins des Nachlasses Pflichten auferlegt werden. Sollte die Auslegung zu keinem eindeutigen Ergebnis führen, so ist die Auslegungsregel des § 2269 anzuwenden. Wer sich dennoch auf das Trennungsprinzip beruft, trägt dafür die Beweislast (BGHZ 22, 366).

8 b) Häufig finden sich in gemeinschaftlichen Testamenten Formulierungen wie „Sollte uns beiden etwas zustoßen", „Im Falle unseres **gleichzeitigen Todes**" oder „Im Falle unseres beiderseitigen Ablebens". In diesen Fällen ist durch Auslegung zu ermitteln, ob wirklich nur das gleichzeitige, innerhalb des Bruchteils einer Sekunde erfolgende Versterben gemeint, oder ob auch bei zeitlich weiter auseinander liegenden Tod eine Schlusserbeneinsetzung gewollt ist. Mit den Worten „gleichzeitiges Versterben/Ableben" werden idR Fälle umschrieben, bei denen beide Ehegatten in einem kurzen zeitlichen Abstand nacheinander versterben, entweder aufgrund desselben äußeren Ereignisses, etwa eines Unfalls, oder aufgrund verschiedener Ursachen (BayObLG FamRZ 97, 390 mwN; BayObLG FamRZ 97, 250; nicht also 7 Jahre nacheinander OLG Nürnberg FamRZ 12, 1588). Bei der Formulierung „bei gemeinsamem Tod" ist anzunehmen, dass der Fall des zeitgleichen Versterbens gemeint ist (BayObLG NJW-RR 04,

369). Die Formulierung „Sollte uns beiden etwas zustoßen" ist hingegen weiter und kann auch dahin gehend verstanden werden, dass die Verfügung auch allg für den Fall des Nacheinanderversterbens gelten soll, wenn keine entgegenstehenden Anhaltspunkte vorliegen (OLG Frankfurt FamRZ 96, 1039; 97, 389 ff).

3. In gemeinschaftliche Testamente wird des Öfteren eine sog **Wiederverheiratungsklausel** aufgenommen, dh eine Anordnung für den Fall, dass der überlebende Ehegatte erneut heiratet. Der Zweck einer solchen Klausel besteht darin, dass das Vermögen des Erstverstorbenen für dessen eigene Verwandte (meist die Kinder) erhalten bleibt und vor dem Zugriff des neuen Ehegatten und evtl Abkömmlinge aus der neuen Ehe geschützt wird. Es bestehen hier verschiedene Möglichkeiten: Es kann verfügt werden, dass der Überlebende bereits mit der Wiederheirat das Erbe oder zumindest einen Teil davon an den Schlusserben herauszugeben oder sich mit den Schlusserben nach der gesetzlichen Erbfolge auseinanderzusetzen hat. 9

a) Haben die Ehegatten von vornherein die Trennungslösung (Rn 4) gewählt, besteht die Möglichkeit als **Ereignis, mit dem die Nacherbfolge** nach § 2106 eintreten soll, die Wiederheirat des überlebenden Ehegatten zu bestimmen. Der überlebende Ehegatte ist dann bis zur evtl Wiederheirat Vorerbe. Der Nacherbe wird bereits mit der Eheschließung und nicht erst mit dem Tode des Letztüberlebenden Erbe des Erstverstorbenen. 10

b) Bei der vom BGB als Regelfall vorgesehenen **Einheitslösung** (Rn 5) geht die hM davon aus, dass der überlebende Ehegatte in einem solchen Fall **auflösend bedingter Vollerbe** (§ 2075) **und gleichzeitig aufschiebend bedingter Vorerbe** wird, da er mit der Wiederheirat die Stellung des Vollerben verliert; der Schlusserbe ist **aufschiebend bedingter Nacherbe** (BGHZ 96, 204). Beide Bedingungen können dann nicht mehr eintreten, wenn der überlebende Ehegatte stirbt, ohne wieder geheiratet zu haben. Nach aA ist eine Wiederverheiratungsklausel nicht mit der Einheitslösung vereinbar. Hiernach tritt bei Vorliegen einer solchen Klausel automatisch eine Vor- und Nacherbfolge ein (Lange/Kuchinke ErbR § 24 IV 3; Wilhelm NJW 90, 2860). Eine weitere Meinung geht von einer auflösend bedingten Vorerbschaft und einer aufschiebend bedingten Vollerbschaft aus (MK/Musielak § 2269 Rn 56; Leipold ErbR Rn 480). Da der Längerlebende in jedem Fall als Vorerbe angesehen wird, unterliegt er den Beschränkungen der §§ 2113 ff (BGHZ 96, 203; Einzelheiten bei § 2113; aA OLG Celle ZEV 13, 40), wobei aber im Zweifel davon auszugehen ist, dass er nach § 2136 von den gesetzlichen Beschränkungen der Vorerbschaft befreit sein soll (BGH FamRZ 61, 275). Die hM hat den Vorzug, dass der Längerlebende, wenn er stirbt, ohne wieder geheiratet zu haben, Vollerbe wird und damit seine entgg §§ 2113 ff über den Nachlass getroffenen Verfügungen nicht unwirksam werden. Auch dürfte es dem Willen der Erblasser widersprechen, nur wegen der Wiederverheiratungsklausel eine unbedingte Vorerbfolge anzunehmen, wenn die Auslegung des Testaments ergibt, dass die Einheitslösung gewollt war. 11

c) Tritt mit der Wiederheirat der Nacherbfall ein, so kann der überlebende Ehegatte nicht mehr seinen **Pflichtteil** verlangen, da er als aufschiebend bedingter Vorerbe nach § 2306 I 2 hätte ausschlagen müssen. 12

d) Im Allgemeinen entfällt mit der **Wiederheirat** auch die **Bindung des überlebenden Ehegatten an seine eigenen letztwilligen Verfügungen,** da die Wechselbezüglichkeit (§ 2270) nicht mehr gegeben ist (BGH FamRZ 85, 1123; OLG Köln FamRZ 76, 552). Ob ein Widerruf erforderlich ist (in diese Richtung Palandt/Weidlich § 2269 Rn 16 ff) oder die Verfügungen automatisch unwirksam werden (KG NJW 57, 1073; OLG Hamm FamRZ 95, 250) ist str. Wenn der Ehegatte mit der Heirat die Erbenstellung des Erstverstorbenen verliert, erscheint es sachgerecht, dass automatisch auch seine Verfügungen zugunsten Dritter gegenstandslos werden. Dies liegt auch im Interesse des neuen Ehegatten und der neuen Abkömmlinge, da diese als Pflichtteilsberechtigte ansonsten auf die Anfechtung nach § 2079 beschränkt wären, wenn der Längerlebende den Widerruf nicht erklärt. 13

4. Je nachdem, ob Einheits- oder Trennungslösung vorliegen, ergeben sich unterschiedliche Konsequenzen für die **Pflichtteilsberechtigten** (§ 2303). Diese können bei der Trennungslösung den Pflichtteil nur verlangen, wenn sie die **Nacherbschaft nach** 14

§ 2306 I 2 ausschlagen. Dahingegen werden bei der Einheitslösung die Abkömmlinge durch die Einsetzung des Ehegatten zum Vollerben **enterbt und können ihren Pflichtteil sofort verlangen**. Ein „Verlangen des Pflichtteils" im Sinne einer Pflichtteilsstrafklausel liegt mitunter auch dann vor, wenn der Anspruch aufgrund eines zuvor erfolgten Erlasses objektiv nicht mehr bestand (OLG München ZEV 08, 290).

15 a) Um in diesem Fall die **Geltendmachung des Pflichtteils zu verhindern**, kann in ein gemeinschaftliches Testament eine Bestimmung aufgenommen werden, dass ein Pflichtteilsberechtigter, der aus dem Nachlass des Erstversterbenden den Pflichtteil verlangt, auch aus dem Nachlass des Überlebenden nur den Pflichtteil bekommen soll. Es handelt sich dann um eine bedingte Schlusserbeneinsetzung (auch §§ 2074–2076 Rn 4; BayObLG NJW-RR 88, 968; OLG München ZErb 06, 203; OLG Karlsruhe ZEV 06, 409). Der Eintritt der auflösenden Bedingung kann grds noch nach dem Tod des längstlebenden Ehegatten, nach Annahme der Schlusserbschaft und nach Verjährung des Pflichtteilsanspruchs nach dem Erstverstorbenen herbeigeführt werden (BGH NJW 06, 3064).

16 b) Eine andere Möglichkeit besteht darin, die **Bindung des Überlebenden** an die Schlusserbeneinsetzung **aufzuheben**, wenn der Pflichtteil verlangt wird, so dass es dann im Ermessen des Überlebenden steht, wie er darauf reagiert. Um bei mehreren Schlusserben eine Besserstellung desjenigen zu verhindern, der den Pflichtteil fordert, kann angeordnet werden, dass der ausgezahlte Pflichtteil nach § 2055 auf das Schlusserbe angerechnet wird. Eine solche Anrechnung soll nach § 2052 auch ohne besondere Anordnung möglich sein (Soergel/Wolf § 2269 Rn 38).

17 5. § 2269 II enthält eine **Auslegungsregel für Vermächtnisse**. Verfügen Ehegatten in einem gemeinschaftlichen Testament ein Vermächtnis, so gilt dieses im Zweifel erst mit dem Tode des Längstlebenden als angefallen; der Vermächtnisnehmer muss den Letztverstorbenen also überleben. § 2269 II entspricht der Lebenserfahrung, dass Ehegatten, die sich gegenseitig als Erben einsetzen, idR wollen, dass das Vermächtnis erst mit dem Tode des Letztverstorbenen anfällt (BGH FamRZ 61, 432). Der Überlebende kann also über den Vermächtnisgegenstand frei verfügen.

§ 2270 Wechselbezügliche Verfügungen

(1) Haben die Ehegatten in einem gemeinschaftlichen Testament Verfügungen getroffen, von denen anzunehmen ist, dass die Verfügung des einen nicht ohne die Verfügung des anderen getroffen sein würde, so hat die Nichtigkeit oder der Widerruf der einen Verfügung die Unwirksamkeit der anderen zur Folge.
(2) Ein solches Verhältnis der Verfügungen zueinander ist im Zweifel anzunehmen, wenn sich die Ehegatten gegenseitig bedenken oder wenn dem einen Ehegatten von dem anderen eine Zuwendung gemacht und für den Fall des Überlebens des Bedachten eine Verfügung zugunsten einer Person getroffen wird, die mit dem anderen Ehegatten verwandt ist oder ihm sonst nahe steht.
(3) Auf andere Verfügungen als Erbeinsetzungen, Vermächtnisse oder Auflagen findet die Vorschrift des Absatzes 1 keine Anwendung.

1 I. § 2270 hat den Zweck, das **Vertrauen des Ehegatten zu schützen**, der seine Verfügungen nur im Hinblick auf die Verfügungen des anderen Ehegatten getroffen hat. Demnach wird bei wechselbezüglichen Verfügungen bei Nichtigkeit oder Widerruf der einen Verfügung die Unwirksamkeit der anderen Verfügung angeordnet.

2 II. 1. § 2270 bezieht sich nicht auf alle in einem gemeinschaftlichen Testament getroffenen Verfügungen, sondern nur auf **wechselbezügliche Verfügungen**, dh auf solche Verfügungen, von denen anzunehmen ist, dass der eine Ehegatte sie nicht getroffen hätte, wenn nicht der andere Ehegatte eine bestimmte andere Verfügung getroffen hätte.

3 2. Ob Verfügungen wechselbezüglich sind, ist nach allg Grundsätzen durch Auslegung zu ermitteln (Einzelheiten Vor §§ 2084–2099, Vor §§ 2265-2273 ff Rn 5). § 2270 II enthält hierzu eine Auslegungsregel, die allerdings nur dann zur Anwendung kommt, wenn die Auslegung zu keinem eindeutigen Ergebnis geführt hat. Eine **Wechselbezüglichkeit von Verfügungen** ist anzunehmen, wenn diese nach **dem Willen der Testierenden miteinander stehen und fallen sollen**. Wechselbezüglichkeit muss nicht bei allen in einem gemeinschaftlichen Testament getroffenen Verfügungen vorliegen, sondern jede Verfügung muss einzeln ausgelegt werden (vgl Zimmer NJW 09, 2364). Das Vorliegen von Wechselbezüglichkeit richtet sich nach dem Willen des verfügenden Ehegatten, der sie als abhängige gewollt hat und dies dem anderen erkennbar gemacht hat (OLG Düsseldorf FamRZ 12, 1587). Voraussetzung ist nicht, dass die Ehegatten sich gegenseitig bedenken (BayObLG FamRZ 91, 173). Setzen sich die Ehegatten gegenseitig als Erben ein und treffen sie eine Ersatzerbenbestimmung nach dem Tode des Erstversterbenden, so ist diese wechselbezüglich. Der Grad der Verwandtschaft oder Schwägerschaft des Schlusserben zum Erstverstorbenen allein besagt nichts über die Wechselbezüglichkeit (BayObLG FamRZ 92, 1102).

3. Eine Wechselbezüglichkeit ist zu verneinen, wenn es dem überlebenden Ehegatten gestattet sein soll, von den **Regelungen des gemeinschaftlichen Testaments abweichende Verfügungen über seinen Nachlass zu treffen** (BGH FamRZ 56, 83; BGH NJW 64, 2056). Wenn als Schlusserbe kein Verwandter eines der Ehegatten eingesetzt worden, ist diese Einsetzung nicht wechselbezüglich (BayObLG FamRZ 91, 1232), während die Einsetzung eines Verwandten wechselbezüglich ist (OLG Frankfurt FamRZ 96, 1040 mwN). Bei Verfügungen, durch die sowohl Verwandte der Frau als auch des Mannes als Schlusserben eingesetzt werden, kann die Wechselbezüglichkeit auf die Einsetzung der Verwandten des Erstverstorbenen beschränkt sein, da es diesem idR gleichgültig sein wird, welche eigenen Verwandten der Überlebende bedenkt (BGH FamRZ 57, 136).

4. Auch wenn die **gemeinsamen Kinder als Schlusserben** eingesetzt wurden, muss nicht in jedem Fall eine Wechselbezüglichkeit vorliegen (BayObLG FamRZ 86, 392). Zum Teil wird eine Wechselbezüglichkeit sogar im Zweifel verneint, da angenommen wird, dass es im Interesse beider Ehegatten liegt, die gemeinschaftlichen Kinder als Erben einzusetzen und der eine nicht deshalb die Verfügung getroffen hat, weil der andere sie getroffen hat (BayObLG FamRZ 96, 1041 f; AG Nettetal FamRZ 97, 453). Dies erscheint allerdings fragwürdig: Wenn die Erbeinsetzung der Kinder im Interesse des Erblassers liegt, müsste auch die Wechselbezüglichkeit in seinem Interesse liegen, da er ansonsten immer mit der Möglichkeit rechnen müsste, dass der Längerlebende die Kinder enterbt.

5. Nach der **Auslegungsregel** des § 2270 II wird in folgenden Fällen eine Wechselbezüglichkeit vermutet:

a) Wenn die **Ehegatten sich gegenseitig bedenken**. Der andere Ehegatte muss dafür nicht als Erbe eingesetzt werden, die Anordnung eines Vermächtnisses ist ausreichend.

b) Wenn ein Ehegatte den anderen bedenkt und dieser für den Fall seines Überlebens einen **Dritten bedenkt, der mit dem Erstgenannten verwandt ist oder ihm sonst nahesteht**. Sind hingegen einseitige Verwandte des überlebenden Ehegatten als Schlusserben eingesetzt, gilt § 2270 II nur, wenn sie dem erstverstorbenen Ehegatten auch nahegestanden haben (BayObLG FamRZ 85, 1287), sonst ist der überlebende Ehegatte grds nicht gebunden (KG OLG 93, 398). Sind gemeinsame Kinder als Schlusserben eingesetzt, so greift die Auslegungsregel immer (aber Rn 5). Bei einer sonstigen nahestehenden Person muss eine enge persönliche Beziehung und innere Bindung wie zu Verwandten vorliegen (BayObLGZ 82, 474 OLG München FamRZ 00, 853); dies ist bei bloßen Bekannten regelmäßig nicht anzunehmen (OLG München FamRZ 07, 2111).

6. Liegen wechselbezügliche Verfügungen vor, so folgt aus der Nichtigkeit (zB wegen Formmangels oder Testierunfähigkeit) oder dem Widerruf der einen Verfügung automatisch die **Unwirksamkeit der Verfügung des anderen Ehegatten**. Die Verfügungen des Ehegatten, der nicht widerruft bzw bei dem kein Nichtigkeitsgrund vorliegt, können uU in ein Einzeltestament umgedeutet werden, wenn anzunehmen ist, dass dieser auch bei Kenntnis der Nichtigkeit oder des Widerrufs so testiert hätte und die entspr Formvorschriften eingehalten wurden (auch § 2265 Rn 4). Ob bei Nichtigkeit von wechselbezüglichen Verfügungen auch die Nichtigkeit von einseitigen Verfügungen an-

zunehmen ist, richtet sich nach § 2085 (RGZ 116, 49). Den Ehegatten steht es frei, eine ausdrückliche Regelung dahin gehend zu treffen, dass die Folgen des § 2270 I nicht eintreten (BGHZ 30, 265). Sie können also zB auch einseitige Abhängigkeit vereinbaren. In einem solchen Fall werden die §§ 2270, 2271 auf die einseitige Verfügung entspr angewendet.

10   7. § 2270 I findet nur auf **Erbeinsetzungen, Vermächtnisse und Auflagen** Anwendung. Andere Verfügungen, zB Enterbung (OLG Frankfurt FamRZ 93, 241) können also nicht wechselbezüglich getroffen werden. Sollte dies dennoch gewollt sein, kommt uU eine Anfechtung in Betracht.

§ 2271 Widerruf wechselbezüglicher Verfügungen

(1) ¹Der Widerruf einer Verfügung, die mit einer Verfügung des anderen Ehegatten in dem im § 2270 bezeichneten Verhältnis steht, erfolgt bei Lebzeiten der Ehegatten nach der für den Rücktritt von einem Erbvertrag geltenden Vorschrift des § 2296. ²Durch eine neue Verfügung von Todes wegen kann ein Ehegatte bei Lebzeiten des anderen seine Verfügung nicht einseitig aufheben.
(2) ¹Das Recht zum Widerruf erlischt mit dem Tode des anderen Ehegatten; der Überlebende kann jedoch seine Verfügung aufheben, wenn er das ihm Zugewendete ausschlägt. ²Auch nach der Annahme der Zuwendung ist der Überlebende zur Aufhebung nach Maßgabe des § 2294 und des § 2336 berechtigt.
(3) Ist ein pflichtteilsberechtigter Abkömmling der Ehegatten oder eines der Ehegatten bedacht, so findet die Vorschrift des § 2289 Abs. 2 entsprechende Anwendung.

1   I. § 2271 schützt das Vertrauen der Ehegatten auf die Gültigkeit der wechselbezüglichen Verfügungen des anderen, indem es die **Bindung** des Überlebenden an seine wechselbezüglichen Verfügungen anordnet und zu Lebzeiten beider Ehegatten für den Widerruf eine besondere Form vorschreibt.

2   II. 1. **Nicht wechselbezügliche Verfügungen** in einem gemeinschaftlichen Testament können jederzeit nach den §§ 2253 ff **frei widerrufen** werden.

3   2. Zu Lebzeiten beider Ehegatten sind **auch wechselbezügliche Verfügungen frei widerruflich**. Allerdings muss hierbei gem § 2271 I 1 die für den Erbvertrag geltende Vorschrift des § 2296 beachtet werden. Der Widerruf muss also ggü dem anderen Ehegatten erklärt werden und bedarf der notariellen Beurkundung (zum Widerruf ggü dem Bevollmächtigten des anderen (geschäftsunfähigen) Ehegatten vgl Keim ZEV 10, 358). Dies soll sicherstellen, dass der andere Ehegatte vom Widerruf Kenntnis erhält, da nach § 2270 I seine eigenen wechselbezüglichen Verfügungen unwirksam werden und er die Gelegenheit haben muss, darauf zu reagieren. Im Ggs zum Erbvertrag ist kein Rücktrittsgrund erforderlich. Ein Widerruf, der erst nach dem Tode des Erklärenden zugeht, ist wirksam (§ 130 II), aber nicht dann, wenn der Erklärende die Anweisung gegeben hatte, den Widerruf erst nach dem Tod zu übermitteln (BGHZ 48, 374). Ein Widerruf, der erst nach dem Tode des Empfängers zugeht, ist hingegen unwirksam. Gemäß § 2271 I 2 kann der Widerruf nicht durch ein neues Widerrufstestament erfolgen. Handeln die Ehegatten gemeinschaftlich, können sie alle Widerrufsformen (§§ 2254–2258 ff) wählen.

4   3. **Nach dem Tode** eines Ehegatten kann der überlebende Ehegatte nach § 2271 II 1 seine **wechselbezüglichen Verfügungen nicht mehr widerrufen**. Dies erfolgt aus dem Grund, dass der verstorbene Ehegatte seine Verfügungen im Vertrauen auf den Fortbestand der Verfügungen des anderen getroffen hatte und nach dem Tod nicht mehr die Möglichkeit hat, neue Verfügungen zu treffen.

5   4. Allerdings besteht die Möglichkeit, dem überlebenden Ehegatten im gemeinschaftlichen Testament das Recht einzuräumen, die wechselbezügliche Verfügung nach dem Tode des Erstversterbenden einseitig zu ändern oder aufzuheben (BGHZ 2, 37; 30, 265). Ein solcher **Änderungsvorbehalt** schließt nicht automatisch die Wechselbezüglichkeit aus (BGH NJW 87, 901), allerdings kann in einem solchen Fall die Auslegung zu diesem Ergebnis führen (BGH NJW 64, 2056). Nach dem Tode des Erstverstorbe-

nen getroffene neue letztwillige Verfügungen des Überlebenden sind nur dann unwirksam, wenn sie den Dritten beeinträchtigen. Eine Zustimmung des Schlusserben zu neuen Verfügungen kann die Bindung des Überlebenden nicht aufheben, weil die Bindung ggü dem Verstorbenen besteht und dessen Wille zu achten ist (BGH LM Nr 7 zu § 2271).

5. Der Überlebende kann die **Bindung an seine Verfügung aufheben**, wenn er das ihm Zugewendete **ausschlägt**. Damit werden bereits getroffene und dem gemeinschaftlichen Testament entgegenstehende Verfügungen wirksam (OLG Bremen FamRZ 13, 661). Diese Möglichkeit besteht nur, wenn er selbst bedacht wurde, nicht jedoch, wenn ein ihm nahe stehender Dritter bedacht wurde und dieser ausschlägt.

6. **Nach Annahme** der Zuwendung kann der Überlebende seine Verfügung nur noch aufheben, wenn die Voraussetzungen von § 2294 iVm § 2336 vorliegen. Der Bedachte muss sich einer schweren Verfehlung schuldig gemacht haben, die bei einem Pflichtteilsberechtigen zur Entziehung des Pflichtteils berechtigen würde (§ 2294).

7. Ist der Bedachte ein **pflichtteilsberechtigter Abkömmling** eines der Ehegatten, so besteht nach Abs 3 ferner die Möglichkeit, eine Pflichtteilsbeschränkung in guter Absicht nach Maßgabe der §§ 2289 II, 2338 vorzunehmen.

8. Zu **Lebzeiten** kann der überlebende Ehegatte über sein Vermögen **grds unbeschränkt verfügen**. § 2286 findet entspr Anwendung (BGH DNotZ 51, 344). Ansprüche der Schlusserben können also nur nach den §§ 2287, 2288 bestehen.

9. Als weitere Möglichkeit seine letztwillige Verfügung aufzuheben, steht dem überlebenden Ehegatten **nach dem Tode des Ehegatten ein Anfechtungsrecht** analog §§ 2281 ff zu (BGHZ 37, 333). Zu Lebzeiten eines Ehegatten besteht keine Anfechtungsmöglichkeit, da hier das Widerrufsrecht nach § 2271 vorgeht. Nach dem Tode eines Ehegatten besteht nur dann ein Bedürfnis für **die analoge Anwendung der erbvertraglichen Anfechtungsvorschriften**, wenn eine ähnliche Bindungswirkung wie beim Erbvertrag eintritt. Dies ist bei **wechselbezüglichen Verfügungen** der Fall. Einseitige Verfügungen sind weiterhin frei widerruflich.

10. Als **Anfechtungsgrund** kommen grds alle nach § 2078 möglichen Gründe in Frage (Einzelheiten dort). Ein unbeachtlicher Rechtsirrtum liegt vor, wenn eine Wiederverheiratungsklausel (§ 2269 Rn 9 ff) vereinbart wurde und der Überlebende über den Eintritt der Folgen bei seiner Wiederheirat, zB das sofortige Wirksamwerden einer Schlusserbeneinsetzung, irrt (BGH FamRZ 85, 1124). Einen Anfechtungsgrund kann zB die getäuschte Erwartung eines Ehegatten über den harmonischen Verlauf der Ehe darstellen (OLG Köln OLGZ 70, 114).

11. Das **Anfechtungsrecht des Pflichtteilsberechtigten** nach § 2079 steht beim gemeinschaftlichen Testament auch dem überlebenden Ehegatten zu, zB bei dessen Wiederheirat oder der Geburt eines neuen Kindes. Er kann das Anfechtungsrecht in diesen Fällen auch ausüben, wenn er die Pflichtteilsberechtigten überhaupt nicht bedenken will (BGH FamRZ 70, 82).

12. Die **Anfechtungserklärung** muss nach § 2282 III notariell beurkundet werden und muss innerhalb eines Jahres erfolgen. Die Frist beginnt mit Kenntniserlangung des Grundes, aber frühestens mit dem Tod des Erstverstorbenen (BayObLG FamRZ 95, 1024). Im gemeinschaftlichen Testament kann auf die Anfechtung verzichtet werden.

13. Als **Rechtsfolge der Anfechtung** werden die vom Anfechtungsgrund erfassten Verfügungen nichtig. Die dazu im Verhältnis der Wechselbezüglichkeit stehenden Verfügungen werden dann nach § 2270 I unwirksam.

§ 2272 Rücknahme aus amtlicher Verwahrung

Ein gemeinschaftliches Testament kann nach § 2256 nur von beiden Ehegatten zurückgenommen werden.

I. Durch die Regelung des § 2272 wird gewährleistet, dass beide Ehegatten von der Rücknahme eines Testamentes aus der amtlichen Verwahrung erfahren, da dies beim öffentlichen Testament die Unwirksamkeit zur Folge hat (§ 2256 I). Außerdem wird der Gemeinschaftlichkeit des Errichtungsaktes auch hins der Rücknahme Rechnung getragen.

2 II. 1. Die Ehegatten müssen zur Rücknahme persönlich und gleichzeitig erscheinen sowie beide geschäftsfähig sein (OLG Hamm FamRZ 13, 582). Nach dem Tode des ersten Ehegatten ist die Rücknahme nicht mehr möglich.

3 2. Auch bei **Scheidung oder Aufhebung der Ehe** und der daraus resultierenden Unwirksamkeitsfolge des gemeinschaftlichen Testaments nach § 2268 I ist bei öffentlichen Testamenten eine gemeinschaftliche Rücknahme erforderlich, da die Unwirksamkeit nach § 2268 II nicht in jedem Fall eintritt.

4 3. **Einsichtnahme** in ein zur amtlichen Verwahrung gegebenes gemeinschaftliches Testament kann auch ein Ehegatte allein fordern.

§ 2273 (aufgehoben)

1 Die Vorschrift wurde durch das FamFG-RG aus systematischen Gründen in § 349 FamFG übernommen. Zuständig ist gem § 344 II FamFG im Falle der Wiederverwahrung eines gemeinschaftlichen Testaments nach der Eröffnung das Nachlassgericht, es sei denn, der überlebende Ehegatte oder Lebenspartner verlangt die Verwahrung bei einem anderen Amtsgericht.

Abschnitt 4
Erbvertrag

Vorbemerkung zu §§ 2274–2302

1 I. **Wesen des Erbvertrags.** 1. Ein Testament (§ 1937) kann vom Erblasser gem § 2253 jederzeit widerrufen werden. Es gibt jedoch Fallgestaltungen, in denen ein anzuerkennendes Interesse an einer **Bindung des Erblassers** an eine bestimmte Verfügung von Todes wegen besteht. Ein derartiges Interesse liegt zB vor, wenn eine Person im Hinblick auf eine in Aussicht gestellte Erbeinsetzung Leistungen an den Erblasser, wie etwa dessen Versorgung bis zum Tod, erbringt. Diesem Interesse an einer Beschränkung der Testier- und Widerrufsfreiheit zugunsten einer Bindung des Erblassers trägt das Institut des Erbvertrags Rechnung.

2 2. Der **Begriff** des Erbvertrags erfasst diesen Zweck. Es handelt sich um einen echten Vertrag (BGHZ 26, 207) und nicht um ein Testament besonderer Art. Als solcher führt er zu einer Bindung des Erblassers und Beschränkung seiner Testierfreiheit (vgl § 2289 I 2). Gegenstand dieser vertragsmäßigen Bindung sind allerdings nur die sog vertragsmäßigen Verfügungen, nämlich nach §§ 1941 I, 2278 Erbeinsetzungen, Vermächtnisse und Auflagen. Insoweit begibt sich der Erblasser mit Abschluss des Erbvertrags seines ansonsten bestehenden Rechts zum freien Widerruf solcher Verfügungen von Todes wegen. Begünstigter kann sowohl der Vertragspartner als auch ein Dritter sein (§ 1941 II). Vertragspartner kann im Übrigen jeder sein. Eine Beschränkung der Möglichkeit des Abschlusses von Erbverträgen auf Ehegatten oder Verwandte hat der Gesetzgeber bewusst nicht vorgenommen. Die gesetzliche Verwendung des Begriffs Erbvertrag ist uneinheitlich. Es ist bei jeder Vorschrift genau dahin gehend zu differenzieren, ob das gesamte äußere Vertragswerk, nur die vertragsmäßigen Verfügungen oder alle getroffenen Verfügungen inkl der einseitigen gemeint sind.

3 a) Ein Erbvertrag ist **einseitig**, wenn nur ein Teil vertragsmäßige Verfügungen trifft, also nur in seiner vertraglichen Erklärung eine Erbeinsetzung, Vermächtnisanordnung oder Auflagenerteilung enthalten ist. Die Einseitigkeit wird nicht dadurch gehindert, dass der andere Teil sich zu einer (nicht iSv §§ 1941 I, 2278 II vertragsmäßigen) Leistung unter Lebenden (zB Unterhaltszahlung bis zum Tod) verpflichtet oder eine andere als die genannte und damit gem § 2299 einseitige Verfügung von Todes wegen vornimmt.

b) Der Vertrag ist **zweiseitig**, wenn beide Teile bindende vertragsmäßige Verfügungen vornehmen.
c) Er ist **gegenseitig**, wenn sich beide Teile mit den vertragsmäßigen Verfügungen jeweils bedenken.
d) Er kann **mehrseitig** sein, wenn mehr als zwei Personen vertragsmäßige Verfügungen treffen.
e) Von einem **entgeltlichen** Erbvertrag spricht man, wenn sich der Vertragspartner anlässlich des Erbvertrags zu einer (nicht vertragsmäßigen) Leistung an den Erblasser, häufig einer Unterhaltszahlung, verpflichtet.

3. Der **Inhalt** des Erbvertrags, verstanden als gesamtes äußeres Vertragswerk, ist vielgestaltig.
a) Der Erbvertrag muss **mind eine vertragsmäßige Verfügung** eines Erblassers iSd §§ 1941 I, 2278 enthalten. Dieser muss also durch den Erbvertrag eine Erbeinsetzung vornehmen oder Vermächtnisse oder Auflagen anordnen. Treffen beide Vertragsteile als Erblasser vertragsmäßige Verfügungen, wird der Erbvertrag zum zweiseitigen bzw. zum gegenseitigen Vertrag. Kein Erbvertrag liegt hingegen vor, wenn keine der Vertragsparteien vertragsmäßige, sondern ausschließlich einseitige Verfügungen iSv § 2299 trifft. In diesem Fall kommt allenfalls eine Umdeutung in ein Testament in Betracht, sofern dessen Voraussetzungen vorliegen (vgl MK/Musielak Vor § 2274 Rn 5).
b) Hat wenigstens ein Vertragsteil eine vertragsmäßige Verfügung getroffen, können dem Erbvertrag beliebig viele **einseitige Verfügungen** iSv § 2299 (also solche, die durch Testament getroffen werden können und nicht Erbeinsetzung, Vermächtnis- oder Auflagenanordnung sind, §§ 1941, 2278) hinzugefügt werden. Die vertragliche Bindungswirkung erstreckt sich freilich nicht auf diese Verfügungen (vgl § 2278 Rn 10).
c) Der Erbvertrag wird häufig **mit anderen Verträgen verbunden**. Gängig ist die auch § 2295 zugrunde liegende Konstellation, dass der Erblasser iR eines Erbvertrages eine andere Person bindend als Erben einsetzt, und der Bedachte sich im Gegenzug vertraglich dazu verpflichtet, dem Erblasser bis zu dessen Tod Unterhalt zu gewähren (vgl nur BGHZ 36, 70). Ob beide Verträge eine rechtliche Einheit bilden und damit auch der Unterhaltsvertrag der Form des § 2276 genügen muss (BGHZ 36, 71), richtet sich nach dem Willen der Parteien. Die Möglichkeit der Verbindung in derselben Urkunde ergibt sich jedenfalls aus § 34 II 2. Halbs BeurkG. Keinesfalls stehen aber beide Verträge im Gegenseitigkeitsverhältnis gem §§ 320 ff. Die Folgen für den Erbvertrag bei Störungen des Unterhaltsvertrags richten sich vielmehr nach § 2295 (vgl dort).

4. Die **Rechtsnatur** des Erbvertrags ist eine **doppelte**. Einmal liegt ein bindender Vertrag vor (BGHZ 26, 207). Die Bindung des Erblassers in der vertragsmäßigen Verfügungen entsteht mit dem wirksamen Abschluss des Vertrags. Zugleich ist der Erbvertrag Verfügung von Todes wegen. Die sonstigen Rechtswirkungen treten daher erst mit dem Erbfall ein. Vorherige schuldrechtliche Pflichten, etwa zur Annahme der Erbschaft, bestehen nicht (zur Abgrenzung von Erbvertrag und lebzeitigem Rechtsgeschäft vgl OLG Koblenz ZEV 97, 255).

5. Bei den **Wirkungen** des Erbvertrags spiegelt sich seine Doppelnatur wider.
a) Der **Erblasser** ist in seiner Testierfreiheit durch die vertragliche Bindung eingeschränkt, § 2289 I 2. Im Unterschied zu testamentarischen Verfügungen, die gem § 2253 jederzeit widerruflich sind, kommt ein Widerruf der vertragsmäßigen Verfügungen des Erbvertrags grds nicht in Betracht (Ausn sind Anfechtung gem §§ 2281 ff; Aufhebung gem §§ 2290 ff; Rücktritt gem §§ 2293 ff). Bei einseitigen Verfügungen iSv § 2299 I besteht indes die Bindungswirkung nicht. Wie § 2299 II zeigt, bleibt es insofern bei der freien Widerruflichkeit nach § 2253. Keinen Beschränkungen unterliegt der Erblasser bei Verfügungen unter Lebenden, § 2286 (zu möglichen Ersatzansprüchen nach dem Erbfall vgl bei §§ 2287, 2288).
b) Der **Vertragspartner** hat durch den Erbvertrag noch keine schuldrechtlichen Ansprüche gegen den Erblasser, woran sich zeigt, dass der Erbvertrag eben auch Verfügung von Todes wegen ist. Bei Erbeinsetzung im Erbvertrag hat der Vertragspartner lediglich eine nicht veräußerliche und nicht übertragbare Erwerbsaussicht (MK/Musielak § 2286 Rn 3 f mwN). Die sonstigen Rechtswirkungen treten erst mit dem Erbfall ein.

16 c) Die §§ 320 ff finden weder auf den einseitigen Erbvertrag noch auf den zweiseitigen Anwendung, da es am Gegenseitigkeitsverhältnis zwischen der erbrechtlichen Verfügung und der übernommenen Verpflichtung des Vertragserben fehlt.

17 6. Bei der **Auslegung** ist zwischen den einseitigen und den vertragsmäßigen Verfügungen zu differenzieren. Einseitige Verfügungen sind nach den für testamentarische Verfügungen geltenden Grundsätzen auszulegen (vgl auch § 2299 II 1). Es ist also der Wille des Erblassers zu ermitteln. Bei vertragsmäßigen Verfügungen ist hingegen gem § 157 auf den objektiven Empfängerhorizont abzustellen (BGH NJW 89, 2885). Die Formbedürftigkeit ist bei der Auslegung zu beachten. Ist der durch Auslegung ermittelte Vertragsinhalt nicht in der Urkunde wenigstens angedeutet, ist dieser Inhalt nicht formwirksam erklärt (vgl BGHZ 86, 41).

18 7. Als **Nichtigkeitsgründe** kommen neben der Formunwirksamkeit insb §§ 134, 138 in Betracht (zu Beispielen vgl MK/Musielak Vor § 2274 Rn 29).

19 II. Die **historische Entwicklung** des Erbvertrags beginnt im Mittelalter. Dort kamen Erbverträge insb unter Eheleuten und in Adelsfamilien vor. Dem römischen Recht war die Idee der vertraglichen Bindung des Erblassers hingegen fremd. Die dem BGB zugrunde liegende dogmatische Konzeption bildete sich anscheinend erst im 19. Jahrhundert, namentlich gefördert von Hasse, aus (vgl die Nachw bei Kipp-Coing ErbR § 36 I 1). Die Verfasser des BGB beschränkten schließlich den Anwendungsbereich des Rechtsinstituts nicht auf Ehegatten, sondern verzichteten auf eine personelle Beschränkung. Inhaltlich wurde freilich die Bindung auf die vertragsmäßigen Verfügungen Erbeinsetzung, Vermächtnis und Auflage begrenzt.

§ 2274 Persönlicher Abschluss

Der Erblasser kann einen Erbvertrag nur persönlich schließen.

1 I. Der Grundsatz der **Höchstpersönlichkeit**, den § 2064 für das Testament aufstellt, gilt nach dieser Vorschrift auch für den Erblasser, der einen Erbvertrag abschließt.

2 II. Die Vorschrift **schließt eine Vertretung des Erblassers aus**.

3 1. **Erblasser** ist, wer vertragsmäßige Verfügungen iSd §§ 1941 I, 2278 trifft. Beim zweiseitigen Erbvertrag sind somit beide Parteien Erblasser. Ist der Erbvertrag hingegen einseitig, trifft also nur ein Teil vertragsmäßige Verfügungen, gilt für den anderen Teil das Vertretungsverbot nicht. Trifft allerdings der andere Teil einseitige Verfügungen von Todes wegen, ist insofern eine Vertretung gem §§ 2299 II 1, 2064 ausgeschlossen.

4 2. Das Vertretungsverbot **gilt auch** für die Anfechtung (§ 2282 I 1), die Bestätigung (§ 2284 S 1), die Aufhebung (§ 2290 II 1) und den Rücktritt (§ 2296 I 1).

5 3. **Rechtsfolge** eines Verstoßes ist die Nichtigkeit (Brox ErbR Rn 94).

§ 2275 Voraussetzungen

(1) Einen Erbvertrag kann als Erblasser nur schließen, wer unbeschränkt geschäftsfähig ist.
(2) ¹Ein Ehegatte kann als Erblasser mit seinem Ehegatten einen Erbvertrag schließen, auch wenn er in der Geschäftsfähigkeit beschränkt ist. ²Er bedarf in diesem Falle der Zustimmung seines gesetzlichen Vertreters; ist der gesetzliche Vertreter ein Vormund, so ist auch die Genehmigung des Familiengerichts erforderlich.
(3) Die Vorschriften des Absatzes 2 gelten entsprechend für Verlobte, auch im Sinne des Lebenspartnerschaftsgesetzes.

1 I. Aufgrund der **Doppelnatur** des Erbvertrags als Verfügung von Todes wegen und echtem Vertrag, genügt zum Abschluss nicht die für Testamente erforderliche Testierfähigkeit (vgl §§ 2229, 2233 I, 2247 IV). Nach Abs 1 bedarf es wie für jeden Vertragsschluss grds voller Geschäftsfähigkeit. Eine Ausn machen Abs 2 und Abs 3 für Eheleute und Verlobte.

II. 1. Der Erblasser, der einen Erbvertrag schließt, muss nach Abs 1 grds **unbeschränkt geschäftsfähig** sein.

a) **Erblasser** ist jeder, der im Erbvertrag eine vertragsmäßige Verfügung gem §§ 1941 I, 2278 trifft. Dies können beim zweiseitigen Erbvertrag also beide Teile sein. Für den Vertragspartner, der nicht Erblasser ist, verbleibt es bei den allg Vorschriften der §§ 104 ff. Soweit also ein beschränkt Geschäftsfähiger die erbvertragliche Erklärung des Erblassers nur annimmt, bedarf er hierfür nach § 107 nicht der Einwilligung seiner gesetzlichen Vertreter, da es sich um ein rechtlich neutrales Geschäft handelt (MK/Musielak § 2275 Rn 6). Denn vor dem Erbfall besteht lediglich die Bindung des Erblassers. Für den anderen Teil werden hingegen keine Rechte oder Pflichten begründet. Anders ist dies, wenn der Erbvertrag mit einer Unterhaltsverpflichtung des anderen Teils verbunden wird (vgl Vor §§ 2274-2302 Rn 11). Erblasser ist auch nicht, wer nur einseitige Verfügungen im Sinne § 2299 I trifft. Hier gelten nach § 2299 II 1 die §§ 2229, 2233 I, 2247 IV über die Testierfähigkeit.

b) Der Erblasser muss **unbeschränkt geschäftsfähig** sein. Es darf also kein Fall der §§ 104 ff vorliegen. Die beschränkte Geschäftsfähigkeit genügt auch bei Zustimmung des gesetzlichen Vertreters nach §§ 106 ff nicht. Hier zeigt sich noch einmal deutlich der Unterschied zum anderen Vertragsteil, der nicht Erblasser ist. Für diesen gelten direkt die §§ 104 ff.

c) Die **Rechtsfolge** eines Verstoßes gegen Abs 1 ist die Nichtigkeit des Erbvertrags (BayObLG Rpfleger 82, 286). In Betracht kommt aber eine Umdeutung in ein Testament, sofern dessen Wirksamkeitsvoraussetzungen gegeben sind. Dies setzt gem § 140 voraus, dass die Aufrechterhaltung des unwirksamen Erbvertrags als Testament dem mutmaßlichen Willen des Erblassers entsprach (vgl BayObLG Rpfleger 82, 286).

2. Abs 2 und 3 machen eine **Ausn für Ehegatten und Verlobte** iSd §§ 1297 ff oder iSd Lebenspartnerschaftsgesetzes als Erblasser. Sind diese (oder einer von ihnen) beschränkt geschäftsfähig gem § 106, ist der Erbvertrag mit der Zustimmung des gesetzlichen Vertreters wirksam. Für die Zustimmung gelten die allg Vorschriften der §§ 108, 109, 182 ff. Sie bedarf keiner Form und kann grds auch als nachträgliche Genehmigung (§ 184 I) erteilt werden. Umstritten ist allerdings, ob der beurkundende Notar lediglich auf die schwebende Unwirksamkeit und Genehmigungsbedürftigkeit hinweisen muss (so MK/Musielak § 2275 Rn 10 unter Hinweis auf §§ 17 II, 18 BeurkG; vgl § 28 BeurkG sowie nunmehr auch Palandt/Weidlich § 2275 Rn 2) oder ob er außer bei Gefahr im Verzug die Beurkundung verweigern muss (Soergel/Wolf § 2275 Rn 7 unter Hinweis auf § 11 I 1 BeurkG).

§ 2276 Form

(1) ¹Ein Erbvertrag kann nur zur Niederschrift eines Notars bei gleichzeitiger Anwesenheit beider Teile geschlossen werden. ²Die Vorschriften des § 2231 Nr. 1 und der §§ 2232, 2233 sind anzuwenden; was nach diesen Vorschriften für den Erblasser gilt, gilt für jeden der Vertragschließenden.
(2) Für einen Erbvertrag zwischen Ehegatten oder zwischen Verlobten, der mit einem Ehevertrag in derselben Urkunde verbunden wird, genügt die für den Ehevertrag vorgeschriebene Form.

I. Die strenge Formvorschrift verfolgt mehrere **Zwecke**. Aus Gründen der Beweisbarkeit, Vollständigkeit und Authentizität kennt das Erbrecht grds keine formlosen Erklärungen (vgl §§ 2231, 2247). Beim Erbvertrag kommt ein weiterer Aspekt hinzu, nämlich die Einschränkung der Testierfreiheit des Erblassers durch die Bindungswirkung. Aufgrund dieser zusätzlichen Gefahr soll der Erbvertrag grds unter Mitwirkung eines Notars abgeschlossen werden (Aufklärungs- und Warnfunktion; vgl Lange/Kuchinke ErbR § 25 III 1).

II. 1. Ein Erbvertrag kann gem Abs 1 der Vorschrift grds nur zur **Niederschrift eines Notars** bei gleichzeitiger Anwesenheit beider Teile geschlossen werden.

3 **a)** Das Formerfordernis bezieht sich auf den **Erbvertrag**. Nicht dem Formerfordernis unterliegt grds ein bloß im Zusammenhang mit dem Erbvertrag stehender Vertrag, namentlich die Verpflichtung zu Unterhaltsleistungen durch den erbvertraglich Begünstigten. Etwas anderes gilt, wenn die Verträge nach dem Willen der Parteien eine rechtliche Einheit iSd § 139 bilden. Dann bedarf auch der mit dem Erbvertrag zusammenhängende Vertrag der Form des §§ 2276 (BGHZ 36, 71). Ansonsten unterliegt das andere Rechtsgeschäft aber allein den dafür geltenden Formerfordernissen.

4 **b)** Die **Formerfordernisse** bei der Errichtung ergeben sich aus Abs 1 S 1 und der Verweisung in Abs 1 S 2. Im Einzelnen ergibt sich Folgendes:

5 **aa)** Der Erbvertrag ist gem §§ 2276 I 2, 2231 Nr 1, 2232, 2233 in derselben Form zu errichten **wie ein öffentliches Testament**. Der Erblasser kann dem Notar seinen letzten Willen grds mündlich erklären oder ihm eine entspr Schrift iVm der von § 2232 geforderten Erklärung übergeben (zu Besonderheiten vgl § 2233). Die privatschriftliche Form des § 2047 genügt nicht. Diese Anforderungen gelten nicht nur für die vertragsmäßigen Verfügungen des Erblassers, sondern auch für die Annahmeerklärung des anderen Vertragsteils. Es ist aber zulässig, dass der eine Teil seine Erklärung mündlich abgibt, während der andere eine Schrift überreicht.

6 **bb)** Beide Teile müssen **gleichzeitig anwesend** sein, was eine Abweichung von § 128 beinhaltet. Die persönliche Anwesenheit ist aber gem § 2274 nur für den Erblasser vorgeschrieben, also für denjenigen Teil, der vertragsmäßige Verfügungen trifft. Der andere Vertragspartner (falls er wie beim zweiseitigen Erbvertrag nicht auch Erblasser ist) kann sich vertreten lassen, sofern er nicht einseitige Verfügungen nach § 2299 trifft (§§ 2299 II 1, 2064).

7 **cc)** Zuständig zur Aufnahme der Niederschrift ist der **Notar**. Das Verfahren richtet sich nach dem BeurkG.

8 **dd)** Die Form des § 2276 kann nach § 127 a durch einen **Prozessvergleich** ersetzt werden (vgl BGHZ 14, 381). Nach weit verbreiteter Ansicht ist jedoch erforderlich, dass neben den Prozessbevollmächtigten auch die Erblasser die erforderliche Erklärung abgeben (vgl OLG Düsseldorf ZEV 07, 95 mit Anm Damrau).

9 **2.** Besonderheiten gelten gem Abs 2 für die **Verbindung mit einem Ehevertrag** in derselben Urkunde. Der Verweis, der ursprünglich zu einer Formerleichterung führen sollte, ist inzwischen praktisch bedeutungslos, da nach § 1410 auch der Ehevertrag bei gleichzeitiger Anwesenheit beider Teile vor einem Notar geschlossen werden muss. Vielmehr ergeben sich aus §§ 9 I 2, 13 I BeurkG noch weitere Einschränkungen ggü §§ 2276 I 2, 2232.

10 **3.** Die **Rechtsfolge** eines nicht im Einklang mit § 2276 errichteten Erbvertrags ist grds dessen Nichtigkeit, § 125.

11 **a)** Bei **Verbindung** von Ehe- und Erbvertrag erstreckt sich die Nichtigkeit eines Teils grds nur auf diesen Teil, da beide Verträge nicht notwendigerweise eine rechtliche Einheit bilden (BGHZ 29, 129). Jedoch ist nach § 139 dann von einer Gesamtnichtigkeit auszugehen, wenn beide Verträge nach dem Willen der Parteien ein einheitliches Rechtsgeschäft darstellen sollten (BGH WM 66, 900; BGHZ 50, 72; OLG Stuttgart FamRZ 87, 1034).

12 **b)** Der formnichtige Erbvertrag kann gem § 140 in ein Testament **umgedeutet** werden, wenn dessen Voraussetzungen erfüllt sind (zB ein privatschriftlicher Erbvertrag in der Form des § 2247).

§ 2277 (aufgehoben)

§ 2278 Zulässige vertragsmäßige Verfügungen

(1) In einem Erbvertrag kann jeder der Vertragschließenden vertragsmäßige Verfügungen von Todes wegen treffen.
(2) Andere Verfügungen als Erbeinsetzungen, Vermächtnisse und Auflagen können vertragsmäßig nicht getroffen werden.

I. 1. Die Vorschrift stellt in Abs 1 klar, dass in einem Erbvertrag **beide Teile vertragsmäßige Verfügungen** von Todes wegen treffen können. 1

2. Abs 2, der bestimmt, dass nur Erbeinsetzungen, Vermächtnisse und Auflagen vertragsmäßig getroffen werden können, greift § 1941 I auf. §§ 1941 I, 2278 II legen zusammen mit § 2299 I den **zulässigen Inhalt des Erbvertrags** fest. Neben den vertragsmäßigen Verfügungen können nach letzterer Vorschrift im Erbvertrag noch einseitige Verfügungen von Todes wegen enthalten sein, die freilich nicht an der Bindungswirkung teilnehmen. 2

II. 1. Abs 1 stellt klar, dass bei einem Erbvertrag der eine Teil nicht auf die bloße Annahme der vertragsmäßigen Verfügungen des anderen Teils beschränkt ist. Vielmehr kann **jeder der Vertragspartner** vertragsmäßige Verfügungen treffen. Ein Erbvertrag liegt allerdings nur vor, wenn mind ein Teil eine vertragsmäßige Verfügung trifft. Verbleibt es dabei, spricht man von einem einseitigen Erbvertrag; treffen beide Teile vertragsmäßige Verfügungen, von einem zweiseitigen oder, falls die Erblasser sich gegenseitig bedenken, von einem gegenseitigen Erbvertrag (vgl auch § 2298). Abs 1 verbietet es den Vertragsparteien nicht, nicht vertragsmäßige Verfügungen (einseitige Verfügungen gem § 2299) zu treffen (unten Rn 10). Ein Vorbehalt anderweitiger Verfügung ist möglich. Jedoch muss mind eine vertragsmäßige Verfügung vorbehaltlos und endgültig vorhanden sein (BGHZ 26, 208; vgl ausf MK/Musielak § 2278 Rn 13 ff). 3

2. Vertragsmäßig können gem Abs 2, der § 1941 I aufgreift, nur Erbeinsetzungen, Vermächtnisse und Auflagen getroffen werden. Der Erbvertrag kann aber nach § 2299 I einseitig jede Verfügung enthalten, die durch Testament getroffen werden kann. 4

a) Daraus ergibt sich, dass die Erbeinsetzung oder die Anordnung von Vermächtnissen oder Auflagen **nicht allein deshalb vertragsmäßig** sind, weil sie Teil eines Erbvertrags sind. Denn auch diese Verfügungen können durch Testament und somit auch einseitig iSd § 2299 I getroffen werden (BGHZ 26, 207). Ob die den vertragsmäßigen Verfügungen zukommende Bindungswirkung gewollt war, ist vielmehr durch Auslegung gem §§ 133, 157 im Einzelfall zu ermitteln (BayObLG Rpfleger 83, 70). Häufig wird dies im Erbvertrag selbst klargestellt sein. Im Übrigen wird eine Verfügung, die der Vertragspartner oder einen ihm nahe stehenden Dritten begünstigt, in aller Regel als vertragsmäßig gewollt sein (BGHZ 106, 361), insb wenn sich der Vertragspartner anlässlich der Verfügung zu einer Unterhaltsleistung verpflichtet. 5

b) Neben vertragsgemäßen Verfügungen können die Parteien in Form **einseitiger Verfügungen** gem § 2299 I alles in den Vertrag aufnehmen, was sie durch Testament anordnen könnten. 6

c) Im **Zusammenhang** mit dem Erbvertrag können insb vom Vertragspartner selbstständige Verpflichtungen übernommen werden, zB Unterhaltsverpflichtungen (vgl näher bei § 2295). 7

3. Bei der **Wirkung** erbvertraglicher Verfügungen ist zwischen vertragsmäßigen und einseitigen Verfügungen zu unterscheiden. 8

a) Vertragsmäßige Verfügungen iSd §§ 1941 I, 2278 II sind für den Erblasser grds bindend (§ 2289 I 2). Er kann sie nur persönlich (§ 2274) und bei unbeschränkter Geschäftsfähigkeit (§ 2275) schließen. 9

b) Für **einseitige Verfügungen** gelten gem § 2299 II 1 die Vorschriften über das Testament. Sie sind nach § 2253 jederzeit frei widerruflich. Die Höchstpersönlichkeit folgt hier aus § 2064. Hins der Geschäftsfähigkeit gilt § 2229. 10

§ 2279 Vertragsmäßige Zuwendungen und Auflagen; Anwendung von § 2077

(1) Auf vertragsmäßige Zuwendungen und Auflagen finden die für letztwillige Zuwendungen und Auflagen geltenden Vorschriften entsprechende Anwendung.

(2) Die Vorschrift des § 2077 gilt für einen Erbvertrag zwischen Ehegatten, Lebenspartnern oder Verlobten (auch im Sinne des Lebenspartnerschaftsgesetzes) auch insoweit, als ein Dritter bedacht ist.

§ 2280

1 I. 1. Abs 1 der Vorschrift erklärt auf vertragsmäßige Verfügungen das Testamentsrecht für entspr anwendbar. Hierin liegt der wesentliche Unterschied zur direkten Verweisung auf das Testamentsrecht in § 2299 II 1 für die einseitigen Verfügungen. Die Anwendbarkeit der allg Vorschriften auf vertragsmäßige Verfügungen steht immer unter dem Vorbehalt, dass sich nicht aus den §§ 2274 ff und dem Wesen des Erbvertrags etwas anderes ergibt (RGZ 67, 65).

2 2. Eine besondere Regelung enthält Abs 2 für den Erbvertrag zwischen **Ehegatten, Lebenspartnern und Verlobten**.

3 II. 1. Die **entspr Anwendbarkeit** des Testamentsrechts auf vertragsmäßige Verfügungen unterscheidet sich von der Verweisung in § 2299 II 1 (vgl oben Rn 1).

4 a) **Vertragsmäßige Zuwendungen und Auflagen** meint die Verfügungen iSd §§ 1941 I, 2278 II. Für einseitige Verfügungen gilt § 2299 II 1.

5 b) Die entspr anzuwendenden **Vorschriften** sind insb solche, die den zulässigen Inhalt und die Auslegung sowie den Anfall und Erwerb betreffen (zB §§ 1937–1959, 2064–2076, 2077, 2084–2093 wobei § 2085 von § 2298 verdrängt wird, §§ 2096–2099, 2100–2146, 2147–2168, zu § 2169 vgl BGHZ 31, 17, §§ 2170–2174, 2181–2193).

6 c) **Nicht anwendbar** sind insb Vorschriften über die Form der Errichtung, die Bindungswirkung sowie die §§ 2265–2268.

7 2. Beim Erbvertrag zwischen **Ehegatten, Lebenspartnern und Verlobten** iSd §§ 1297 ff oder iSd Lebenspartnerschaftsgesetzes verweist Abs 2 erweiternd auf § 2077.

8 a) Nach hM ergibt sich die grds Geltung des § 2077 bereits aus § 2279 I (Stuttgart OLG 76, 19; aA MK/Musielak § 2279 Rn 4). Die **einseitige vertragsmäßige Verfügung** zugunsten des Verlobten, Lebenspartners oder Ehegatten ist also bei Auflösung der Ehe, der Partnerschaft oder des Verlöbnisses im Zweifel (§ 2077 III) bereits über Abs 1 mit § 2077 I, II unwirksam.

9 b) Bei **zweiseitigen** Erbverträgen folgt die Unwirksamkeit der vertragsmäßigen Verfügung des anderen Teils aus § 2298 I.

10 c) **Abs 2 erweitert** die Regelung des § 2077. Erfasst sind auch Fälle, in denen in einem Erbvertrag zwischen Ehegatten oder Verlobten ein Dritter bedacht wurde.

§ 2280 Anwendung von § 2269

Haben Ehegatten oder Lebenspartner in einem Erbvertrag, durch den sie sich gegenseitig als Erben einsetzen, bestimmt, dass nach dem Tode des Überlebenden der beiderseitige Nachlass an einen Dritten fallen soll, oder ein Vermächtnis angeordnet, das nach dem Tode des Überlebenden zu erfüllen ist, so findet die Vorschrift des § 2269 entsprechende Anwendung.

1 I. Die Vorschrift trägt für die beschriebene Konstellation mit der Verweisung auf § 2269 beim **Ehegattenerbvertrag** der insofern mit dem gemeinschaftlichen Testament vergleichbaren Interessenlage Rechnung.

2 II. 1. Die Verweisung gilt grds nur für **Ehegatten**. Jedoch ist nach hM die Vorschrift entspr anwendbar, wenn zwischen den Parteien des Erbvertrags ein ähnl starkes Vertrauensverhältnis wie zwischen Ehegatten besteht (OLG Köln FamRZ 74, 387). Durch das LPartG ist die Geltung auch für eingetragene Lebenspartnerschaften festgesetzt.

3 2. Voraussetzung ist, dass sich die Ehegatten oder die Lebenspartner im Erbvertrag **gegenseitig als Erben** und eine dritte Person als Erben des Letztversterbenden eingesetzt haben. Die entspr Anordnungen müssen „in einem Erbvertrag" getroffen, also vertragsmäßig sein, was notfalls durch Auslegung zu ermitteln ist.

4 3. Die Verweisung auf § 2269 führt dazu, dass im Zweifel von der **Einheitslösung** auszugehen ist. Der Ehegatte oder der Lebenspartner soll also Vollerbe sein, wobei sich in seiner Person die Vermögensmassen vereinigen. Der Dritte wird Schlusserbe des Letztversterbenden. Der überlebende Ehegatte oder Lebenspartner kann also über das gesamte Vermögen bis zu seinem Tod gem § 2286 unter Lebenden verfügen.

5 4. Bei Einbeziehung der Dritten (insb der Kinder) in den Erbvertrag als annehmenden Teil kann von einem **Verzicht auf den Pflichtteil** nach dem Erstversterbenden Elternteil

auszugehen sein (BGHZ 22, 368), den die als Schlusserben eingesetzten Kinder ansonsten verlangen könnten.

§ 2281 Anfechtung durch den Erblasser

(1) Der Erbvertrag kann auf Grund der §§ 2078, 2079 auch von dem Erblasser angefochten werden; zur Anfechtung auf Grund des § 2079 ist erforderlich, dass der Pflichtteilsberechtigte zur Zeit der Anfechtung vorhanden ist.
(2) ¹Soll nach dem Tode des anderen Vertragschließenden eine zugunsten eines Dritten getroffene Verfügung von dem Erblasser angefochten werden, so ist die Anfechtung dem Nachlassgericht gegenüber zu erklären. ²Das Nachlassgericht soll die Erklärung dem Dritten mitteilen.

I. **Wesen des Erbvertrags** ist die Bindung des Erblassers an seine vertragsmäßigen Verfügungen. Das beim Testament bestehende jederzeitige Widerrufsrecht (§ 2253) existiert nicht. Vielmehr sind abweichende Verfügungen gem § 2289 I 2 unwirksam. § 2281 ermöglicht es dem Erblasser, sich durch **Anfechtung** vom Erbvertrag zu lösen. Im Zusammenhang mit dem Testament ist diese Möglichkeit aufgrund der jederzeitigen Widerrufsmöglichkeit nicht erforderlich (vgl § 2080), weshalb die Anfechtungsmöglichkeit dort Dritten vorbehalten ist. Die durch § 2281 eröffnete Möglichkeit, sich durch Anfechtung vom Erbvertrag zu lösen, tritt neben die Aufhebung (§ 2290 ff) und den Rücktritt (§ 2293 ff). Für einseitige Verfügungen hat § 2281 keine Bedeutung, da es insofern gem §§ 2299 II 1, 2253 bei der jederzeitigen Widerruflichkeit durch den Erblasser bleibt. Für Dritte gelten dann direkt die §§ 2078 ff. 1

II. 1. **Anfechtungsberechtigt** sind neben dem Erblasser auch Dritte, was der Wortlaut der Vorschrift („auch") deutlich macht und was in § 2285 vorausgesetzt ist. Für diese Dritten gelten die §§ 2078 ff. Erblasser iSd Vorschrift ist nur, wer vertragsmäßige Verfügungen im Erbvertrag getroffen hat. Das Anfechtungsrecht bezieht sich immer nur auf die eigenen Verfügungen. Allerdings zieht deren Unwirksamkeit beim zweiseitigen Erbvertrag gem § 2298 I die Unwirksamkeit der Verfügungen des Vertragspartners nach sich. Liegen allerdings die Voraussetzungen der §§ 2078 ff in der Person einer Vertragspartei vor (insb muss er zum Personenkreis des § 2080 gehören), kann sie unabhängig von § 2281 wie ein Dritter die Verfügungen des anderen Teils anfechten. Seine eigene Annahmeerklärung kann der Vertragspartner nach §§ 119, 123 anfechten. 2

2. **Form und Frist** der Anfechtungserklärung regeln §§ 2282, 2283. Dabei ist die Begebung, dh das willentliche Inverkehrbringen der Erklärung im Unterschied zur Abgabe vom Formerfordernis des § 2282 III nicht erfasst (BGH Urt v 10.7.13 – IV ZR 224/12). So steht es der Wirksamkeit der Anfechtungserklärung nicht entgg, wenn sie selbst zwar notariell beurkundet wird, jedoch erst später auf den Weg gebracht wird. 3

3. **Empfänger der Anfechtungserklärung** ist gem § 143 II der Vertragsgegner, solange er lebt. Nach dem Tode des Vertragsgegners ist eine Anfechtung der diesen begünstigenden Verfügungen des Erblassers entbehrlich, da diese ohnehin gegenstandslos werden. Bedeutsam ist die Frage des Erklärungsempfängers nach Tod des Vertragsgegners also nur bei erbvertraglichen Verfügungen zugunsten Dritter. Hier bestimmt § 2281 II, dass die Anfechtung dem Nachlassgericht (§§ 23 a GVG, 343 FamFG) ggü zu erklären ist. 4

4. Hins der **Anfechtungsgründe** verweist § 2281 auf §§ 2078, 2079. Daneben sind §§ 119, 123 nicht anwendbar. 5

a) **Inhalts-, Erklärungs- und Motivirrtum** sind von § 2078 erfasst. Als Irrtum kommt hier insb die Unkenntnis des Erblassers von der Bindungswirkung in Betracht (Hamm OLG 66, 497; BayObLG NJW-RR 97, 1027). Auch die enttäuschte Erwartung des Erblassers, der Begünstigte werde eine Unterhaltsverpflichtung erfüllen oder es werde nicht zu ernsthaften Streitigkeiten kommen, kann einen Irrtum begründen. Allerdings kann ein Wille, den der Erblasser beim Vertragsschluss tatsächlich gar nicht hatte, den er aber bei Kenntnis bestimmter Umstände möglicherweise gehabt hätte, den Irrtum nicht begründen. Notwendig ist vielmehr, dass der Erblasser tatsächliche Vorstellungen 6 und Erwartungen hatte, die sich als unzutreffend erwiesen. Hierbei genügen allerdings auch unbewusste bzw selbstverständliche Begleitvorstellungen (BGH NJW-RR 87, 1413).

7 b) Ggü § 2079 nimmt § 2281 I eine Änderung vor. Die Anfechtung wegen Übergehung eines Pflichtteilsberechtigten ist insofern modifiziert, als der Übergangene nur den Anfechtungszeitpunkt, nicht den Erbfall erleben muss. Der Grund für die Abweichung liegt darin, dass der Erblasser, der sich erbvertraglich gebunden hat, nicht ohne weiteres anderweitig verfügen kann, wenn er von einem bis dahin unbekannten Pflichtteilsberechtigten erfährt. Die Existenz eines neuen Pflichtteilsberechtigten kann auch auf Handlungen des Erblassers, insb auf einer Heirat beruhen.

8 5. Die **Rechtswirkung** der Anfechtung besteht in der Nichtigkeit der angefochtenen Verfügung mit Wirkung ex tunc (§ 142 I).

9 a) Ob sich die Nichtigkeit angefochtener Teile eines Erbvertrags auf andere Verfügungen erstreckt, richtet sich bei anderen vertragsgemäßen Verfügungen nach §§ 2279 I, 2085, bei anderen einseitigen Verfügungen nach §§ 2299 II 1, 2085.

10 b) Bei zweiseitigen Erbverträgen führt die Nichtigkeit einer vertragsgemäßen Verfügung gem § 2298 I zur Unwirksamkeit des gesamten Vertrags.

11 c) Ein **Schadensersatzanspruch** gegen den Anfechtenden ist aufgrund § 2078 III auch ausgeschlossen, wenn der Erblasser selbst anficht (MK/Musielak § 2281 Rn 21, str).

12 III. Die Vorschrift ist **entspr anwendbar** auf die Anfechtung wechselbezüglicher Verfügungen in einem gemeinschaftlichen Testament (BGHZ 37, 333).

§ 2282 Vertretung, Form der Anfechtung

(1) ¹Die Anfechtung kann nicht durch einen Vertreter des Erblassers erfolgen. ²Ist der Erblasser in der Geschäftsfähigkeit beschränkt, so bedarf er zur Anfechtung nicht der Zustimmung seines gesetzlichen Vertreters.

(2) Für einen geschäftsunfähigen Erblasser kann sein gesetzlicher Vertreter den Erbvertrag anfechten; steht der Erblasser unter elterlicher Sorge oder Vormundschaft, ist die Genehmigung des Familiengerichts erforderlich, ist der gesetzliche Vertreter ein Betreuer, die des Betreuungsgerichts.

(3) Die Anfechtungserklärung bedarf der notariellen Beurkundung.

1 I. Aus den gleichen Gründen wie bei § 2274 und § 2276 stellt die Vorschrift auch für die Anfechtung des Erbvertrags durch den Erblasser den Grundsatz der **Höchstpersönlichkeit** sowie ein **Formerfordernis** auf.

2 II. 1. Nach Abs 1 S 1 ist eine **Vertretung** des Erblassers im Zusammenhang mit der Anfechtung vertragsmäßiger Verfügungen **unzulässig**. Eine entspr Regelung besteht für die Aufhebung (§ 2290 II 1) und den Rücktritt (§ 2296 I 1). Diese Regelung entspricht allg Grundsätzen. Auch im Testamentsrecht ist die Lösung von einer letztwilligen Verfügung gem §§ 2254, 2064 allein dem Erblasser möglich. Da aber ein Widerruf beim Erbvertrag nicht möglich ist, gilt der Grundsatz der Höchstpersönlichkeit für die vorgesehenen Möglichkeiten der Abstandnahme von der vertragsmäßigen Verfügung.

3 2. Der Grundsatz der Höchstpersönlichkeit gilt gem Abs 1 S 2 **auch für den beschränkt geschäftsfähigen Erblasser**. Dieser bedarf zur Anfechtung nicht der Zustimmung seines gesetzlichen Vertreters. Hierbei handelt es sich idR um die Fälle, in denen der Erbvertrag gem § 2275 II, III von einem beschränkt Geschäftsfähigen (mit Zustimmung seines gesetzlichen Vertreters) geschlossen werden konnte. Die Vorschrift spiegelt eine Entscheidung des Gesetzgebers wider, die zu akzeptieren ist, wenngleich die Anfechtung durch den Erblasser in Form der Nichtigkeit von Verfügungen des Vertragspartners gem § 2298 I oder mit dem Erbvertrag verbundener Verträge (§ 139) durchaus nachteilige Konsequenzen haben kann (vgl MK/Musielak § 2283 Rn 3).

4 3. Bei einem **geschäftsunfähigen** Erblasser lässt Abs 2 die Anfechtung durch den gesetzlichen Vertreter mit gerichtlicher Genehmigung zu. Aufgrund von § 2275 muss die Geschäftsunfähigkeit nach Errichtung des Erbvertrags eingetreten sein. Die hier normierte

Ausn ist notwendig, da ansonsten das Anfechtungsrecht nicht ausgeübt werden könnte.
4. Die Anfechtung bedarf nach Abs 3 der **notariellen Beurkundung**, die sich im Einzelnen nach dem BeurkG richtet. Dieses Formerfordernis gilt nur für die Anfechtung durch den Erblasser selbst. Dritte können nach §§ 2080, 2081 formlos anfechten. Die beurkundete Anfechtungserklärung des Erblassers muss in Urschrift oder Ausfertigung (beglaubigte Abschrift genügt nicht) gem § 130 dem Vertragsgegner oder dem Nachlassgericht zugehen (BayObLGZ 63, 264).

§ 2283 Anfechtungsfrist

(1) Die Anfechtung durch den Erblasser kann nur binnen Jahresfrist erfolgen.
(2) ¹Die Frist beginnt im Falle der Anfechtbarkeit wegen Drohung mit dem Zeitpunkt, in welchem die Zwangslage aufhört, in den übrigen Fällen mit dem Zeitpunkt, in welchem der Erblasser von dem Anfechtungsgrund Kenntnis erlangt. ²Auf den Lauf der Frist finden die für die Verjährung geltenden Vorschriften der §§ 206, 210 entsprechende Anwendung.
(3) Hat im Falle des § 2282 Abs. 2 der gesetzliche Vertreter den Erbvertrag nicht rechtzeitig angefochten, so kann nach dem Wegfall der Geschäftsunfähigkeit der Erblasser selbst den Erbvertrag in gleicher Weise anfechten, wie wenn er ohne gesetzlichen Vertreter gewesen wäre.

I. Im Interesse der Rechtssicherheit statuiert die Vorschrift für die Anfechtung vertragsmäßiger Verfügungen durch den Erblasser eine **Ausschlussfrist**. Die Frist gilt nur bei Anfechtung durch den Erblasser iSd § 2281. Ficht der andere Vertragsteil oder ein sonstiger Dritter die vertragsmäßige Verfügung des Erblassers gem §§ 2078 ff an, gilt insofern für die Frist § 2082. Ficht der annehmende Vertragspartner seine Annahmeerklärung gem §§ 119, 123 an, gilt die Frist des § 121 bzw § 124.
II. 1. Den **Fristbeginn** regelt § 2283 II.
a) Ist Anfechtungsgrund eine Drohung iSv § 2078 II, beginnt die Frist mit dem Ende der Zwangslage.
b) In allen anderen Fällen erfordert der Fristbeginn **Kenntnis des Anfechtungsgrundes**. Hierunter wird die Gewissheit des Erblassers über alle für die Anfechtung und eine Entscheidung hierüber wesentlichen Tatsachen verstanden (BGH FamRZ 95, 1024). Hierzu gehört auch ein Bewusstsein über die Rechtslage, insb die Bindungswirkung, so dass uU ein Rechtsirrtum den Fristenlauf hindern kann (vgl im einzelnen BGH FamRZ 70, 80 f; MK/Musielak § 2283 Rn 5). In einer neueren Entscheidung hat der BGH dies dahin gehend präzisiert, dass ein Rechtsirrtum nur beachtlich ist, wenn aus ihm die Unkenntnis einer die Anfechtung begründenden Tatsache folgt. Er ist unbeachtlich, wenn es sich dabei nur um eine rechtsirrtümliche Beurteilung des Anfechtungstatbestandes selbst handelt (BGH FamRZ 11, 1224).
2. Eine **Hemmung** der Frist tritt gem Abs 2 S 2 nur in den Fällen der §§ 206, 210 ein.
3. Erlangt ein zwischenzeitlich geschäftsunfähig gewordener Erblasser, dessen Vertreter nicht gem § 2282 II angefochten hat, die **Geschäftsfähigkeit zurück**, kann er gem Abs 3 und § 210 S 1 innerhalb einer Nachfrist von 6 Monaten selbst anfechten.
III. Die **Beweislast** für den Fristablauf und die darauf beruhende Unzulässigkeit der Anfechtung trägt ausnahmsweise der Anfechtungsgegner (iE BayObLGZ 63, 264; aA MK/Musielak § 2283 Rn 6).

§ 2284 Bestätigung

¹Die Bestätigung eines anfechtbaren Erbvertrags kann nur durch den Erblasser persönlich erfolgen. ²Ist der Erblasser in der Geschäftsfähigkeit beschränkt, so ist die Bestätigung ausgeschlossen.

§ 2285

1　I. Die Vorschrift ergänzt § 144, wonach bei Bestätigung eines anfechtbaren Rechtsgeschäfts die Anfechtung ausgeschlossen ist. Hierin liegt ein Verzicht auf das Anfechtungsrecht. Daher gilt auch hier der Grundsatz der Höchstpersönlichkeit. Wenn gem § 2282 I 1 dem Erblasser die Ausübung des Anfechtungsrechts nur persönlich zusteht, muss dies konsequenterweise auch für den Verzicht auf die Ausübung gelten. Durch eine Bestätigung kann der Erblasser wegen § 2285 verhindern, dass nach seinem Tod Dritte gem § 2080 den Erbvertrag anfechten können.

2　II. 1. Die **Bestätigung eines anfechtbaren Erbvertrags** bezieht sich ausschließlich auf vertragsmäßige Verfügungen (§§ 1941 I, 2278 II). Nur diese sind nach § 2281 auch für den Erblasser anfechtbar. Bei einseitigen Verfügungen fehlt es wegen der Widerruflichkeit gem §§ 2299 II 1, 2253 an einer Anfechtbarkeit für den Erblasser und somit auch an einer Bestätigungsmöglichkeit.

3　2. Die Bestätigung ist nach S 2 nur dem **voll geschäftsfähigen Erblasser** möglich. Obwohl beschränkt Geschäftsfähige unter den Voraussetzungen des § 2275 II, III einen Erbvertrag (mit Zustimmung) errichten und ihn gem § 2282 I 2 auch (ohne Zustimmung) anfechten können, bleibt ihnen die Möglichkeit der Bestätigung verwehrt (str für die Bestätigung mit Zustimmung der gesetzlichen Vertreter). Nach dem Tod des Erblassers können Dritte auf ihr Anfechtungsrecht (soweit es noch besteht, vgl §§ 2285, 2080) verzichten, was einer Bestätigung gleichkommt.

4　3. Die Bestätigung ist eine **einseitige, nicht empfangsbedürftige Willenserklärung**. Sie ist nach § 144 II formlos wirksam und kann konkludent erklärt werden. Die fehlende Formbedürftigkeit ist bemerkenswert, da sowohl die Errichtung als auch die Anfechtung des Erbvertrags strengen Formerfordernissen unterliegen (vgl §§ 2276, 2282 III).

5　4. Die Bestätigung verlangt die **Kenntnis des Anfechtungsgrundes** und schließt die spätere Anfechtung wegen eines anderen, zZ der Bestätigung unbekannten Anfechtungsgrundes nicht aus.

§ 2285 Anfechtung durch Dritte

Die in § 2080 bezeichneten Personen können den Erbvertrag auf Grund der §§ 2078, 2079 nicht mehr anfechten, wenn das Anfechtungsrecht des Erblassers zur Zeit des Erbfalls erloschen ist.

1　I. Das Anfechtungsrecht des Erblassers aus § 2281 erlischt mit dessen Tod. Gleichzeitig kann mit dem Tod (nie vorher) des Erblassers jedoch bei Dritten ein eigenes Anfechtungsrecht nach § 2281 I, 2078 ff, insb § 2080 entstehen. Dieses Anfechtungsrecht wird durch die Vorschrift in seinem Bestand allerdings von dem vorher nach § 2281 I bestehenden Anfechtungsrecht des Erblassers abhängig gemacht. Lässt der Erblasser die Frist des § 2283 verstreichen oder bestätigt er den anfechtbaren Erbvertrag gem § 2284, soll diese Entscheidung nach seinem Tod nicht von Dritten (insb seinen potentiellen Erben) revidiert werden können.

2　II. 1. Eine **Anfechtungsmöglichkeit** hins der vertragsmäßigen Verfügungen des Erblassers durch Dritte besteht nach §§ 2281 I, 2078 ff.

3　a) Deren **Anfechtungsberechtigung** richtet sich nach § 2080. Insb können danach solche Personen anfechten, denen eine Aufhebung der letztwilligen Verfügung unmittelbar zustatten kommen würde.

4　b) Das Anfechtungsrecht von Dritten **entsteht** wie beim Testament **erst mit dem Tod** des Erblassers (Leipold ErbR Rn 517).

5　c) Die formlose **Anfechtungserklärung** und Anfechtungsgegner werden in §§ 2081, 143 geregelt.

6　d) Hins der **Anfechtungsgründe** gelten die §§ 2078, 2079.

7　e) Die **Anfechtungsfrist** bei der Anfechtung durch Dritte richtet sich nach § 2082.

8　2. Das Anfechtungsrecht des Dritten **entsteht** aber nach § 2285 **nicht**, wenn zZ des Erbfalls das Anfechtungsrecht des Erblassers bereits erloschen war. Dies ist der Fall, wenn die Anfechtungsfrist des § 2283 für den Erblasser abgelaufen war oder wenn er den anfechtbaren Erbvertrag gem § 2284 bestätigt hat.

3. Wird hingegen das Anfechtungsrecht des Erblassers **rechtskräftig aberkannt**, ist dies 9
kein Fall des § 2285 (BGHZ 4, 91), da die Rechtskraft insofern keine Bedeutung für
das eigene Anfechtungsrecht des Dritten hat (str ist, ob in diesen Fällen § 2285 entspr
anzuwenden ist, wenn der Anfechtungstatbestand identisch ist; ablehnend nunmehr
Palandt/Weidlich § 2285 Rn 2; MK/Musielak § 2285 Rn 6).
III. Die **Beweislast** für den Ausschluss des Anfechtungsrechts trägt der Anfechtungsgeg- 10
ner (OLG Stuttgart OLGZ 82, 315).

§ 2286 Verfügungen unter Lebenden

Durch den Erbvertrag wird das Recht des Erblassers, über sein Vermögen durch
Rechtsgeschäft unter Lebenden zu verfügen, nicht beschränkt.

I. Durch die Vorschrift wird klargestellt, dass die Bindungswirkung des Erbvertrags 1
eine rein erbrechtliche ist. Der Erblasser beschränkt sich in seiner Testierfreiheit, indem
er die Freiheit zum jederzeitigen Widerruf nach § 2253 aufgibt. In seiner **Verfügungsfreiheit zu Lebzeiten** ist der Erblasser **nicht beschränkt**. Dies steht im Einklang mit
der Doppelnatur des Erbvertrags und der Feststellung, dass der Erbvertrag vor dem Erbfall
noch keine Rechte des Vertragspartners begründet (vgl o bei Rechtsnatur und Rechtswirkungen des Erbvertrags, Vor 1). Aus dieser schwachen Rechtsstellung (bloße Erwerbsaussicht) des Vertragspartners folgt, dass er bei Schmälerung des Nachlasses weder deliktische Ansprüche (zB BGHZ 108, 78) geltend machen kann noch eine vormerkungsfähige (BGHZ 12, 115) oder durch Arrest bzw einstweilige Verfügung sicherbare
Rechtsposition inne hat. Mögliche Ansprüche sind vielmehr grds abschließend in
§§ 2287, 2288 geregelt.
II. 1. Der Erblasser ist bei der Vornahme von **Verfügungen** unter Lebenden frei. Aller- 2
dings fallen ebenso Verpflichtungsgeschäfte und tatsächliche oder familienrechtliche
Handlungen wie Eheschließung oder Adoption hierunter, obwohl sie mittelbar auch zu
einer Beeinträchtigung des Vertragspartners führen können. Dieses Ergebnis liegt aber
in der grds Bejahung der Verfügungsfreiheit des Erblassers begründet und ist anzuerkennen.
2. Aufgrund des Systems der §§ 2286 ff lässt sich eine **Einschränkung** der freien Verfü- 3
gungsbefugnis auch **kaum über andere Vorschriften** erzielen.
a) Eine Nichtigkeit nach § 134 aus dem Gesichtspunkte der Umgehung der Bindungs- 4
wirkung ist wegen der eindeutigen Vorschrift des § 2286 grds abzulehnen. Die Rspr
zur sog **Aushöhlungsnichtigkeit** hat der BGH ausdrücklich **aufgegeben** (BGHZ 59,
346).
b) Sittenwidrigkeit nach § 138 kann nur ausnahmsweise bei Vorliegen besonders ver- 5
werflicher Umstände wie der planmäßigen Hintergehung des vertragsmäßig Bedachten
angenommen werden (BGHZ 59, 348; 108, 79).
3. Möglich ist allerdings eine schuldrechtliche **Verpflichtung** des Erblassers iSd § 137 6
S 2, lebzeitige **Verfügungen zu unterlassen** (BGHZ 12, 122; 31, 18; 59, 350). Ein solcher Vertrag ist grds formfrei, auch wenn die Unterlassungspflicht sich auf Grundstücke bezieht. Eine solche Verpflichtung hindert zwar nicht die Wirksamkeit einer dennoch vorgenommenen Verfügung des Erblassers, begründet aber in diesem Fall Schadensersatzansprüche gegen den Erblasser oder dessen Erben bzw den Vermögensübernehmer iSd § 419. Der Anspruch auf Unterlassung ist hingegen nicht vormerkungsfähig (BGHZ 12, 122; zur Konstellation einer Verfügungsunterlassungsvereinbarung mit
einem durch Vormerkung gesicherten aufschiebend bedingten Übereignungsanspruch
vgl nun aber BGH WM 98, 1189). Möglich ist aber die Erwirkung eines Veräußerungsverbots (§ 938 II ZPO, §§ 135, 136), das auch im Grundbuch eingetragen werden kann (§§ 892 I 2, 888 II). Durch Auslegung kann sich ergeben, dass die Unterlassungspflicht in Notlagen des Erblassers nicht gelten soll (BGH FamRZ 67, 472).
III. Die Vorschrift gilt **entspr für wechselbezügliche Verfügungen im gemeinschaftli-** 7
chen Testament.

§ 2287 Den Vertragserben beeinträchtigende Schenkungen

(1) Hat der Erblasser in der Absicht, den Vertragserben zu beeinträchtigen, eine Schenkung gemacht, so kann der Vertragserbe, nachdem ihm die Erbschaft angefallen ist, von dem Beschenkten die Herausgabe des Geschenks nach den Vorschriften über die Herausgabe einer ungerechtfertigten Bereicherung fordern.
(2) Die Verjährungsfrist des Anspruchs beginnt mit dem Erbfall.

1 I. Die Regelung knüpft an den Grundsatz der Verfügungsfreiheit des Erblassers, der in § 2286 normiert ist, an. Selbst bei Schenkungen mit Beeinträchtigungsabsicht durch den Erblasser besteht **kein Zweifel an der Wirksamkeit der Verfügung**, da § 2287 den Vertragspartner in diesen Fällen lediglich auf einen Bereicherungsanspruch gegen den Beschenkten verweist, der sich möglicherweise auf Entreicherung iSd § 818 III berufen kann. Die Konstruktion einer Aushöhlungsnichtigkeit der vom Erblasser vorgenommenen Verfügung ist daher ebenso wenig haltbar wie die Bejahung von Schadensersatzansprüchen aus §§ 823, 826 gegen ihn. Der beeinträchtigte Vertragspartner wird vom Gesetz allein auf die relativ schwachen Bereicherungsansprüche gegen den Beschenkten verwiesen.

2 II. 1. In objektiver Hinsicht setzt die Vorschrift eine **Schenkung** des Erblassers voraus. Der Begriff ist wie in § 516 zu verstehen, setzt also eine Zuwendung voraus, über deren Unentgeltlichkeit die Beteiligten einig sind.

3 a) Hierher gehören auch die **gemischte und die verschleierte Schenkung** (BGH FamRZ 61, 73), die vollzogene Schenkung auf den Todesfall (§ 2301 II) und das noch nicht vollzogene Schenkungsversprechen gem § 518 (aA MK/Musielak § 2287 Rn 3). Das noch nicht vollzogene Schenkungsversprechen auf den Todesfall ist nach § 2301 I, wonach darauf die Vorschriften über Verfügungen von Todes wegen anzuwenden sind, und dem daher geltenden § 2289 I 2 ohnehin unwirksam.

4 b) Nach der Rspr des BGH fallen auch **unbenannte Zuwendungen unter Ehegatten**, bei denen es an einer Einigung über die Unentgeltlichkeit fehlt, unter die Vorschrift, sofern sie objektiv unentgeltlich sind (BGHZ 116, 170). Keine Schenkung, sondern Leihe, ist jedoch die Einräumung eines unentgeltlichen schuldrechtlichen Wohnrechts (BGH ZEV 08, 192).

5 c) Besteht zwischen Leistung und Gegenleistung ein **auffälliges Missverhältnis**, soll eine tatsächliche Vermutung für die Einigung über teilweise Unentgeltlichkeit, also für eine gemischte Schenkung sprechen (BGHZ 82, 281).

6 2. Des Weiteren verlangt die Vorschrift eine **objektive Beeinträchtigung des Vertragserben**. Hieran fehlt es, wenn der Erblasser die verschenkten Gegenstände trotz der erbvertraglichen Bindung dem Begünstigten auch durch Verfügung von Todes wegen hätte zukommen lassen können, zB weil ein entspr Vorbehalt im Erbvertrag gemacht wurde (BGH NJW 83, 2378; allg BGHZ 82, 278). An einer Beeinträchtigung fehlt es auch bei Schenkungen an Pflichtteilsberechtigte, soweit sie nach § 2315 auf den Pflichtteil anzurechnen sind (BGHZ 88, 269). Dies gilt selbst dann, wenn ein Pflichtteilsverzicht vorlag, da der Erbe auf diesen Verzicht nicht vertrauen darf (BGHZ 77, 269). Letztlich fehlt es auch dann an einer objektiven Beeinträchtigung, wenn die Nachlassverbindlichkeiten so hoch sind, dass der verschenkte Gegenstand ohnehin zur Begleichung hätte eingesetzt werden müssen (BGH NJW 89, 2391).

7 3. In subjektiver Hinsicht verlangt die Vorschrift eine **Beeinträchtigungsabsicht**. Schon aufgrund der auftretenden Beweisschwierigkeiten wird nicht mehr (anders noch BGHZ 31, 23) verlangt, dass Verschlechterung der vermögensmäßigen Position des Vertragserben das leitende Motiv des Erblassers ist. Die neuere Rspr (BGHZ 59, 353) stellt vielmehr darauf ab, ob der **Erblasser ein lebzeitiges Eigeninteresse** an der Schenkung hat, welches dann die Beeinträchtigungsabsicht ausschließt. Entscheidend ist dabei, ob die Schenkung billigenswert und gerechtfertigt erscheint. Hierfür hat eine Abwägung zwischen den berechtigten Erberwartungen des erbvertragsmäßig Bedachten und den Beweggründen des Erblassers zu erfolgen (BGHZ 77, 264; 83, 44; 88, 269; 116, 167; OLG München ZEV 00, 105; OLG Celle ZEV 02, 23; ZErb 07, 23).

a) Ein derartiges Interesse wird insb anerkannt, wenn die Schenkung das Ziel hat, den 8
Beschenkten zur **Pflege und Altersversorgung** des Erblassers zu bewegen (BGH NJW
92, 2630) oder wenn der Beschenkte ohne rechtliche Bindung Leistungen übernimmt,
tatsächlich erbringt und auch in der Zukunft vornehmen will (BGH FamRZ 12, 28).
b) Ferner besteht ein lebzeitiges Eigeninteresse, wenn die Schenkung einer **sittlichen** 9
Pflicht des Erblassers entspricht.
c) Ein Sinneswandel des Erblassers oder eine **Verfehlung** des Vertragserben genügen 10
grds **nicht**. Hier bleibt dem Erblasser nur der Weg, sich gem § 2294 vom Vertrag zu
lösen.
d) Die Absicht des Erblassers, durch lebzeitige Verfügung für eine Gleichbehandlung 11
seiner Abkömmlinge zu sorgen, begründet noch kein lebzeitiges Eigeninteresse (BGH
FamRZ 05, 1550).
4. Letztlich muss die Erbschaft dem Vertragserben **angefallen** sein. Der Anspruch ent- 12
steht also erst mit dem Tod des Erblassers, wenn der Vertragserbe nicht ausschlägt.
5. Rechtsfolge ist der **Anspruch** auf Herausgabe nach bereicherungsrechtlichen Vor- 13
schriften.
a) Gläubiger des Anspruchs ist der Vertragserbe, in dessen Person der Anspruch mit 14
dem Anfall der Erbschaft originär entsteht. Der Anspruch gehört daher keinesfalls in
den Nachlass und bleibt von einer möglicherweise angeordneten Testamentsvollstreckung unberührt.
b) Schuldner des Anspruchs ist der Beschenkte, nicht der Erblasser oder sonstige Miter- 15
ben des Vertragserben.
c) Der **Inhalt des Anspruchs** richtet sich aufgrund der Rechtsfolgenverweisung nach Be- 16
reicherungsrecht, also nach den §§ 818 ff. Grds hat der Beschenkte den erlangten Gegenstand herauszugeben, ist dies nicht möglich gem § 818 II den Wert. Der Beschenkte
kann sich nach § 818 III auf Entreicherung berufen, es sei denn, er haftet nach § 818
IV, 819 I verschärft, insb weil er Kenntnis von der erbvertraglichen Bindung des Erblassers und dessen Beeinträchtigungsabsicht hatte. Schenkungsgegenstand bei einer **Lebensversicherung** ist der gesamte Anspruch auf die Versicherungsleistung; ein Rückgriff auf die Prämienleistungen des Erblassers als Gegenstand der Zuwendung würde
zu einem nicht auflösbaren Widerspruch im Rahmen eines bereicherungsrechtlichen
Ausgleichs führen (so ausdrücklich nochmals BGHZ 185, 252).
d) Vorbereitend kommt der **allg Auskunftsanspruch** aus § 242 in Betracht. 17
e) Den **Verjährungsbeginn** regelt Abs 2. Auf eine Kenntnis des Vertragserben von der 18
Schenkung kommt es nicht an. Die frühere Sonderverjährung ist durch das Gesetz zur
Änderung des Erb- und Verjährungsrechts (dazu Vor §§ 1922–2385 Rn 10) an die Regelverjährung angepasst worden. Abweichend von § 199 I wird der Verjährungsbeginn
nicht bis zum Schluss des Jahres hinausgeschoben und auf die subjektive Anknüpfung
des Verjährungsbeginns verzichtet, so dass die Höchstfrist des § 199 IV nicht anwendbar ist (BT-Drucks 16/8954, 19; dazu auch Hieke FPR 08, 553; Horn ZAP 10, 79).
III. Die Vorschrift findet **entspr Anwendung**, wenn eine wechselbezügliche Verfügung 19
in einem gemeinschaftlichen Testament bindend geworden ist.

§ 2288 Beeinträchtigung des Vermächtnisnehmers

(1) Hat der Erblasser den Gegenstand eines vertragsmäßig angeordneten Vermächtnisses in der Absicht, den Bedachten zu beeinträchtigen, zerstört, beiseite geschafft oder
beschädigt, so tritt, soweit der Erbe dadurch außerstande gesetzt ist, die Leistung zu
bewirken, an die Stelle des Gegenstands der Wert.
(2) ¹Hat der Erblasser den Gegenstand in der Absicht, den Bedachten zu beeinträchtigen, veräußert oder belastet, so ist der Erbe verpflichtet, dem Bedachten den Gegenstand zu verschaffen oder die Belastung zu beseitigen; auf diese Verpflichtung findet
die Vorschrift des § 2170 Abs. 2 entsprechende Anwendung. ²Ist die Veräußerung oder
die Belastung schenkweise erfolgt, so steht dem Bedachten, soweit er Ersatz nicht von
dem Erben erlangen kann, der im § 2287 bestimmte Anspruch gegen den Beschenkten
zu.

1 I. Den **Schutz**, den § 2287 dem Vertragserben gewährt, erstreckt die Vorschrift des § 2288 auf den erbvertraglichen **Vermächtnisnehmer**. Wegen § 2169 I erhielte der Vermächtnisnehmer ansonsten nichts. Der Schutz geht notwendigerweise etwas weiter als der des Vertragserben, indem auch die Zerstörung oder Beschädigung erfasst werden. Für den Vertragserben würde dies keinen Sinn machen, da es lediglich zu Ansprüchen gegen ihn selbst führte.

2 II. 1. Voraussetzung des Abs 1 ist die Vornahme einer der genannten **Beeinträchtigungshandlungen**.

3 a) Das sind einmal alle Handlungen, durch die der vermachte Gegenstand der Erbschaft entzogen oder in seinem Wert gemindert wird. Den genannten Handlungen stehen daher insb Verbrauch, Verarbeitung, Verbindung oder Vermischung gleich (BGHZ 124, 38). Das bloße Nichtinstandhalten genügt nicht.

4 b) Ferner wird auch hier eine **Beeinträchtigungsabsicht** des Erblassers verlangt. Diese ist in gleicher Weise wie bei § 2287 zu bestimmen (vgl dort). Das lebzeitige Eigeninteresse muss sich gerade auf die Veräußerung des vermachten Gegenstands beziehen. Fahrlässigkeit genügt für die Bejahung der Beeinträchtigungsabsicht nie (OLG München FamRZ 00, 853).

5 c) **Gläubiger** ist der durch eine vertragsmäßige Verfügung mit einem Vermächtnis Bedachte.

6 d) **Schuldner** ist der Erbe oder die Erbengemeinschaft, nicht nur der beschwerte Erbe. Insofern reicht die Haftung aus der Vorschrift weiter als das Vermächtnis.

7 e) **Inhalt** des Anspruchs ist zunächst die Leistung des vermachten Gegenstands. Ist dies (zB durch Wiederbeschaffung) nicht möglich, hat der Erbe den Wert zu ersetzen. Bleibt der Wert nach einer Wiederherstellung der Sache hinter dem ursprünglichen Wert zurück, ist zusätzlich die Differenz auszugleichen.

8 2. Von Abs 2 werden die **Veräußerung und Belastung** erfasst, wobei es keine Rolle spielt, ob diese Verfügungen entgeltlich oder unentgeltlich erfolgen.

9 a) Die **Voraussetzungen** sind dieselben wie bei Abs 1.

10 b) **Inhaltlich** kann der Vermächtnisnehmer primär Wiederbeschaffung eines veräußerten Gegenstands bzw Beseitigung einer Belastung verlangen. Nur unter den Voraussetzungen des § 2170 II wird der Erbe von seiner Verschaffungspflicht frei und muss Wertersatz leisten.

11 c) Bei einer **schenkweisen** Belastung oder Veräußerung haftet hilfsweise, wenn vom Erben nichts zu erlangen ist, der Beschenkte gem Abs 2 S 2, § 2287.

12 III. Die Vorschrift gilt **entspr** beim gemeinschaftlichen Testament.

§ 2289 Wirkung des Erbvertrags auf letztwillige Verfügungen; Anwendung von § 2338

(1) ¹Durch den Erbvertrag wird eine frühere letztwillige Verfügung des Erblassers aufgehoben, soweit sie das Recht des vertragsmäßig Bedachten beeinträchtigen würde. ²In dem gleichen Umfang ist eine spätere Verfügung von Todes wegen unwirksam, unbeschadet der Vorschrift des § 2297.
(2) Ist der Bedachte ein pflichtteilsberechtigter Abkömmling des Erblassers, so kann der Erblasser durch eine spätere letztwillige Verfügung die nach § 2338 zulässigen Anordnungen treffen.

1 I. Die Vorschrift regelt die **Wirkung** des Erbvertrags **auf frühere und spätere letztwillige Verfügungen** des Erblassers, die mit den vertragsmäßigen Verfügungen kollidieren würden. Dabei wird zum einen das Vertrauen des Vertragspartners darauf geschützt, dass der Inhalt des Erbvertrags nicht durch frühere, ihm womöglich unbekannte, Anordnungen des Erblassers beeinflusst wird. Zum anderen stellt die Vorschrift die Folgen der vertraglichen Bindungswirkung für die Testierfreiheit des Erblassers klar.

2 II. 1. Abs 1 S 1 regelt die Wirkung des Erbvertrags auf **frühere letztwillige Verfügungen**.

a) Zu verlangen ist ein **wirksamer Erbvertrag**, wobei Erbvertrag im Sinne einer vertragsmäßigen letztwilligen Verfügung (§§ 1941 I, 2278 II) zu verstehen ist. Für einseitige Verfügungen gelten §§ 2299 II 1, 2253 ff. Ist der Erbvertrag unwirksam, wird er gegenstandslos. Wird er später aufgehoben oder beseitigt, tritt die Rechtsfolge nicht ein bzw wird die frühere Verfügung gem §§ 2279 I, 2257, 2258 II wieder wirksam (MK/Musielak § 2289 Rn 4), wenn nicht ein anderweitiger ausdrücklicher Wille des Erblassers erkennbar ist.

b) Die letztwillige Verfügung muss zeitlich **früher** getroffen worden sein. Bei Verfügungen in der gleichen Vertragsurkunde gilt demnach die Vorschrift nicht (OLG Düsseldorf ZEV 94, 302). Vielmehr ist der Inhalt des Erbvertrags dann durch einheitliche Auslegung zu ermitteln.

c) Nicht erfasst sind solche Verfügungen, die **ihrerseits bindend**, also in einem früheren Erbvertrag oder gemeinschaftlichen Testament enthalten sind. In diesen Fällen ist vielmehr der spätere entgegenstehende Erbvertrag gem § 2271 oder § 2289 I 2 unwirksam.

d) Die Unwirksamkeit früherer Verfügungen tritt nur ein, soweit sie das Recht des vertragsmäßig Bedachten **beeinträchtigen** würden.

aa) Dies ist zunächst immer dann der Fall, wenn die Verfügungen zueinander im **Widerspruch** stehen, unabhängig davon, welche Verfügung wirtschaftlich günstiger wäre (BGHZ 26, 204).

bb) Über § 2258 hinausgehend ist aber eine Beeinträchtigung auch bei fehlendem Widerspruch anzunehmen, wenn der Vertragserbe durch die frühere (oder bei S 2 spätere) Verfügung **wirtschaftlich schlechter** gestellt wird, zB durch Anordnung der Testamentsvollstreckung (BGH NJW 62, 912; OLG München ZEV 08, 340).

e) **Rechtsfolge** von Abs 1 S 1 ist die Aufhebung der früheren Verfügung, soweit die Beeinträchtigung reicht. Zur Wiederentstehung bei Aufhebung, Rücktritt oder Gegenstandslosigkeit des Erbvertrags vgl o Rn 3.

2. Abs 1 S 2 stellt die Wirkung des Erbvertrags auf **spätere letztwillige Verfügungen** klar. Die Vorschrift ist Ausdruck der Bindungswirkung, die für den Erbvertrag kennzeichnend ist. Dabei ergibt sich die Bindungswirkung nicht erst aus der Vorschrift, sondern folgt bereits aus dem Vertragscharakter des Erbvertrags (BGHZ 26, 208); die Vorschrift spricht lediglich die Auswirkungen dieser Bindungswirkung auf spätere letztwillige Verfügungen aus.

a) Die **Voraussetzungen** sind im Wesentlichen identisch mit den bei Abs 1 S 1 dargestellten (vgl iE dort). Erforderlich ist ein wirksamer Erbvertrag, der im Sinne vertragsmäßiger Verfügungen nach §§ 1941 I, 2278 II zu verstehen ist. Für einseitige Verfügungen bleibt es nach § 2299 II 1 bei §§ 2253 ff. Es muss sich um eine spätere Verfügung von Todes wegen handeln, durch die Rechte des vertragsmäßig Bedachten beeinträchtigt würde. Ist die spätere Verfügung in einem weiteren Erbvertrag zwischen den gleichen Parteien enthalten, wird es sich idR um die Aufhebung des ersten Vertrags gem § 2290 handeln.

b) Die **Rechtsfolge** besteht auch hier in der Unwirksamkeit der letztwilligen Verfügung, soweit sie Rechte des vertragsmäßig Bedachten beeinträchtigen würde. Eine Zustimmung des Vertragspartners ändert nichts hieran, da § 2290 die formgebundene Aufhebung des Erbvertrags vorsieht. Die Unwirksamkeit tritt nicht ein, soweit sich der Erblasser im Erbvertrag eine abweichende Verfügung wirksam vorbehalten hat. Des Weiteren wird die spätere Verfügung unwirksam, wenn der Erbvertrag unwirksam wird.

3. Ist durch den Erbvertrag ein pflichtteilsberechtigter Abkömmling bedacht, so belässt Abs 2 dem Erblasser als Ausn von Abs 1 S 2 das Recht, die in § 2338 genannten Anordnungen zu treffen.

III. Die Regelung des § 2289 knüpft an die aus dem Vertragscharakter folgende **Bindungswirkung** des Erbvertrags an.

1. Durch die vertragliche Bindung gibt der Erblasser einen Teil seiner **Testierfreiheit** **auf**, da die ansonsten gem § 2253 bestehende Möglichkeit des freien Widerrufs letztwilliger Anordnungen entfällt. Hierdurch wird die Erwerbsaussicht des Vertragspartners begründet, der sich grds auf den Erwerb der ihm zugedachten Rechtsposition bei Eintritt des Erbfalls verlassen kann.

16 2. Der Bindungswirkung unterliegen **nur vertragsmäßige Verfügungen** (§§ 1941 I, 2278 II). Einseitige Verfügungen sind gem §§ 2299 II 1, 2253 nach wie vor frei widerruflich. Das Recht des Erblassers zu Verfügungen unter Lebenden bleibt ebenfalls unberührt (vgl die Ausführungen zu §§ 2286–2288).
17 3. Die Bindungswirkung **entfällt** nur bei Nichtigkeit, Beseitigung oder Gegenstandslosigkeit der vertragsmäßigen Verfügung. Letzteres tritt mit dem Tod des Bedachten oder mit der Ausschlagung der Erbschaft durch ihn ein. Die Beseitigung des Erbvertrags ist möglich durch Aufhebung (§§ 2290–2292), Rücktritt (§§ 2293 ff) oder Anfechtung (§§ 2281 ff).
18 4. Eine **Ausn** von der Bindungswirkung besteht, wenn der Vertrag einen **Vorbehalt** zugunsten anderweitiger letztwilliger Verfügungen des Erblassers enthält. Zu beachten ist dabei allerdings, dass mind eine vertragsmäßige Verfügung endgültig sein muss, da ansonsten der Erbvertrag seines Wesens entkleidet und inhaltslos wäre (BGH NJW 58, 498).

§ 2290 Aufhebung durch Vertrag

(1) ¹Ein Vertrag sowie eine einzelne vertragsmäßige Verfügung kann durch Vertrag von den Personen aufgehoben werden, die den Erbvertrag geschlossen haben. ²Nach dem Tode einer dieser Personen kann die Aufhebung nicht mehr erfolgen.
(2) ¹Der Erblasser kann den Vertrag nur persönlich schließen. ²Ist er in der Geschäftsfähigkeit beschränkt, so bedarf er nicht der Zustimmung seines gesetzlichen Vertreters.
(3) ¹Steht der andere Teil unter Vormundschaft, so ist die Genehmigung des Familiengerichts erforderlich. ²Das Gleiche gilt, wenn er unter elterlicher Sorge steht, es sei denn, dass der Vertrag unter Ehegatten oder unter Verlobten, auch im Sinne des Lebenspartnerschaftsgesetzes, geschlossen wird. ³Wird die Aufhebung vom Aufgabenkreis eines Betreuers erfasst, ist die Genehmigung des Betreuungsgerichts erforderlich.
(4) Der Vertrag bedarf der in § 2276 für den Erbvertrag vorgeschriebenen Form.

1 I. Da der Erbvertrag ein echter Vertrag ist, kann er nach allg Grundsätzen durch **Aufhebungsvertrag** (actus contrarius) wieder aus der Welt geschafft werden. Dies wird von der Vorschrift noch einmal verdeutlicht.
2 II. 1. Der **Gegenstand** der Aufhebung ist entweder der gesamte Erbvertrag oder eine einzelne vertragsmäßige Verfügung. Für Vermächtnisse und Auflagen bietet § 2291 eine zusätzliche Aufhebungsmöglichkeit. Der Aufhebungsvertrag kann sich gem § 2299 II 2 auch auf einseitige Verfügungen erstrecken, was allerdings die Möglichkeit des Widerrufs nach §§ 2299 II 1, 2253 unberührt lässt.
3 2. **Parteien** des Aufhebungsvertrags können ausschließlich die Parteien sein, die den Erbvertrag geschlossen haben. Bei mehrseitigen Erbverträgen müssen auch bei der Aufhebung alle Beteiligten mitwirken. Abs 1 S 2 bestimmt ausdrücklich, dass auch die Erben einer Partei des Erbvertrags keinen Aufhebungsvertrag mehr schließen können.
4 3. Der Grundsatz der **Höchstpersönlichkeit** gilt gem Abs 2 S 1 auch für den Aufhebungsvertrag. Erblasser iSd Vorschrift ist freilich nur derjenige, der vertragsmäßige Verfügungen (§§ 1941 I, 2278 II) getroffen hat, nicht der lediglich annehmende Teil. Wie beim Abschluss des Erbvertrags (§ 2274), der Anfechtung (§ 2282 I 1) und dem Rücktritt (§ 2296 I 1) ist eine Vertretung also ausgeschlossen. Ein minderjähriger Erblasser, der in den Fällen des § 2275 II, III einen Erbvertrag schließen kann, bedarf wie bei Anfechtung (§ 2282 I 2) und Rücktritt (§ 2296 I 2) nicht der Zustimmung eines gesetzlichen Vertreters. Ist der Erblasser inzwischen geschäftsunfähig geworden, kommt eine Aufhebung nicht mehr in Betracht.
5 4. Der **andere Teil**, der nicht selbst Erblasser ist, kann sich hingegen beim Aufhebungsvertrag nach allg Grundsätzen vertreten lassen. Ist er selbst Bedachter, soll dies allerdings einer Ausschlagung oder einem Erbverzicht gleichkommen, so dass auch diese Mitwirkung höchstpersönlich ist (BGH NJW 13, 692). Ist er beschränkt geschäftsfähig, bedarf es neben der Zustimmung des gesetzlichen Vertreters gem Abs 3 S 1 der gerichtlichen Genehmigung, es sei denn, es handelt sich bei den Vertragsparteien um

minderjährige Ehegatten oder Verlobte iSd §§ 1297 ff oder iSd Lebenspartnerschaftsgesetzes (Abs 3 S 2). Beim Erfordernis der Zustimmung durch den gesetzlichen Vertreter verbleibt es aber auch in diesem Fall. Beim gegenseitigen Erbvertrag, bei dem jeder Vertragspartner zugleich Erblasser und anderer Teil ist, gilt immer Abs 3 (MK/Musielak § 2290 Rn 6).

5. Der **Mitwirkung eines bedachten Dritten** (vgl § 1941 II), der nicht selbst Vertragspartner des Erbvertrags war, bedarf es nicht. Dies folgt schon daraus, dass er vor dem Erbfall noch keinerlei Rechtsposition innehat. 6

6. Der Aufhebungsvertrag bedarf gem Abs 4 der in § 2276 für den Erbvertrag vorgeschriebenen **Form**. 7

7. Die **Wirkung** des Aufhebungsvertrags führt dazu, dass die vertragsmäßigen Verfügungen kraftlos werden, soweit der Aufhebungsvertrag reicht. Dies gilt nach § 2299 III im Zweifel auch für einseitige Verfügungen. Allerdings können die Parteien die Wirkung auch auf den Fortfall der Bindungswirkung beschränken. Dann bleibt die Verfügung von Todes wegen als solche bestehen (möglicherweise als einseitige Verfügung gem § 2299 falls nicht alle vertragsmäßigen Verfügungen aufgehoben wurden), kann allerdings jederzeit widerrufen werden. Der Aufhebungsvertrag kann mit einem neuen Erbvertrag verbunden werden. 8

8. Eine **Beseitigung des Aufhebungsvertrags** kommt wiederum durch Vertrag, aber auch durch Anfechtung in Betracht. Als Anfechtungsgründe kommen dabei für den Vertragsteil, der nicht Erblasser war, die §§ 119 ff, für den Erblasser entspr § 2281 die §§ 2078 ff in Betracht, wenngleich dies aufgrund des Fortfalls der Bindungswirkung kaum bedeutsam werden dürfte. Die Beseitigung des Aufhebungsvertrags führt gem §§ 2279 I, 2257 zur Wiederherstellung des Erbvertrags. 9

III. Ein **Erbverzichtsvertrag** gem § 2352 ist zur Verhinderung der Umgehung der Erfordernisse des § 2290 zwischen Erblasser und bedachtem Vertragspartner nicht möglich. Anders verhält es sich bei einem nach § 1941 II bedachten Dritten. 10

§ 2291 Aufhebung durch Testament

(1) ¹Eine vertragsmäßige Verfügung, durch die ein Vermächtnis oder eine Auflage angeordnet ist, kann von dem Erblasser durch Testament aufgehoben werden. ²Zur Wirksamkeit der Aufhebung ist die Zustimmung des anderen Vertragschließenden erforderlich; die Vorschrift des § 2290 Abs. 3 findet Anwendung.
(2) Die Zustimmungserklärung bedarf der notariellen Beurkundung; die Zustimmung ist unwiderruflich.

I. 1. Neben der Möglichkeit des Aufhebungsvertrags gem § 2290 schafft die Vorschrift durch Formerleichterung eine **vereinfachte Aufhebungsmöglichkeit für vertragsmäßige Vermächtnis- und Auflagenanordnungen**. Das Formerfordernis für die Zustimmung erfüllt eine Beweis- und Warnfunktion und will die hinreichende Aufklärung des Zustimmenden sicherstellen. 1

2. Das Aufhebungstestament ist nur formell Testament, der **Rechtsnatur** nach aber Vertrag (aA MK/Musielak § 2291 Rn 2 f). 2

II. 1. **Gegenstand des Aufhebungstestaments** können nur vertragsmäßige Vermächtnis- und Auflagenanordnungen sein. Vertragsmäßige Erbeinsetzungen (vgl § 2278 II) müssen durch Aufhebungsvertrag nach § 2290 beseitigt werden. Einseitige Vermächtnis- und Auflagenanordnungen kann der Erblasser gem §§ 2299 II 1, 2253 jederzeit ohne Mitwirkung des Vertragspartners widerrufen. 3

2. Die Aufhebung erfolgt gem Abs 1 S 1 zunächst durch **Testament**. Als solches unterliegt es vollumfänglich den allgemeinen testamentsrechtlichen Vorschriften. 4

3. Als zwingende Folge der Bindungswirkung des Erbvertrags bedarf das Aufhebungstestament zur Wirksamkeit gem Abs 1 S 2 der **Zustimmung** des Vertragspartners. 5

a) Die Zustimmung ist eine **empfangsbedürftige Willenserklärung** für die grds die §§ 182 ff gelten. Sie kann also als Einwilligung oder Genehmigung erklärt werden. Sie ist nicht höchstpersönlich und nach Abs 2 2. Halbs unwiderruflich. 6

7 b) **Das Zustimmungsrecht erlischt mit dem Tod des Vertragspartners**, kann also durch dessen Erben nicht ausgeübt werden. Ein Zugang der zu Lebzeiten abgegebenen Erklärung bleibt freilich gem § 130 II auch nach dem Tod des Vertragspartners möglich.

8 c) Auch **nach dem Tod des Erblassers** kann die Zustimmung, da empfangsbedürftig, nicht mehr erfolgen (OLG Hamm NJW 74, 1774).

9 d) Zu beachten ist die entspr Anwendung des **§ 2290 III** (vgl dort).

10 e) Die Erklärung bedarf der in Abs 2 vorgeschriebenen **Form** der notariellen Beurkundung (§ 128). Eine Erleichterung ggü §§ 2290 IV, 2276 liegt insb darin, dass keine gleichzeitige Anwesenheit der Parteien erforderlich ist.

11 4. Ein **Widerruf** des Aufhebungstestaments durch den Erblasser gem §§ 2253 ff führt zum Wiederaufleben der vertragsmäßigen Verfügung. Je nachdem, ob man die Aufhebung nach § 2291 als Vertrag oder als Testament begreift (vgl Rn 2), bedarf der Widerruf erneuter Zustimmung in der Form des Abs 2 oder ist ohne erneute Mitwirkung des Vertragspartners möglich.

§ 2292 Aufhebung durch gemeinschaftliches Testament

Ein zwischen Ehegatten oder Lebenspartnern geschlossener Erbvertrag kann auch durch ein gemeinschaftliches Testament der Ehegatten oder Lebenspartner aufgehoben werden; die Vorschrift des § 2290 Abs. 3 findet Anwendung.

1 I. Die Vorschrift enthält hins der Aufhebung eines Erbvertrags eine **Sonderregelung für Ehegatten und Lebenspartner**, die neben die Möglichkeiten der §§ 2290, 2291 tritt. Die Vorschrift knüpft an die nur für Ehegatten und Lebenspartner bestehende Möglichkeit an, ein gemeinschaftliches Testament zu errichten (§§ 2265 ff).

2 II. 1. Die Aufhebungsmöglichkeit durch gemeinschaftliches Testament besteht **nur für Ehegatten und Lebenspartner**. Es genügt allerdings, dass die Ehe oder die Partnerschaft zZ der Aufhebung besteht. Sie muss bei Errichtung des Erbvertrags noch nicht geschlossen gewesen sein (BayObLG NJW-RR 96, 457). Am Erbvertrag dürfen allerdings neben den Ehegatten oder dem Lebenspartner keine weiteren Personen beteiligt sein, da andernfalls eine Aufhebung nach § 2292 nicht möglich ist.

3 2. Ein gemeinschaftliches Testament ist nur für die Aufhebung **vertragsmäßiger Verfügungen** erforderlich. Für einseitige Verfügungen genügt nach §§ 2299 II 1, 2253 ein normales Testament.

4 3. Die Errichtung kann in jeder für das gemeinschaftliche Testament zulässigen **Form** erfolgen, also öffentlich gem § 2232 oder eigenhändig gem §§ 2247, 2267. Nicht zugelassen wird für das gemeinschaftliche Aufhebungstestament allerdings die ansonsten gegebene Möglichkeit der Errichtung durch getrennte übereinstimmende Einzeltestamente jedes Ehegatten oder Lebenspartners.

5 4. **Testierfähigkeit** ist erforderlich, soweit ein Ehegatte oder Lebenspartner als Erblasser vertragsmäßige Verfügungen aufhebt (BayObLG FamRZ 96, 1037). Diese richtet sich nach § 2229. Zu beachten ist, dass Minderjährigen nach § 2247 IV nur die Form des öffentlichen Testaments § 2232 zur Verfügung steht. Hat ein Ehegatte oder Lebenspartner im Erbvertrag keine vertragsmäßigen Verfügungen getroffen, gilt kraft Verweisung § 2290 III. Bei beschränkter Geschäftsfähigkeit ist also die Zustimmung des gesetzlichen Vertreters, bei Vormundschaft zusätzlich die Genehmigung des Vormundschaftsgerichts erforderlich. Erlangt der Vertragspartner nachträglich die Geschäftsfähigkeit, genügt entspr § 108 III seine Genehmigung, sofern der Erblasser noch lebt.

6 5. Der **Inhalt** des Aufhebungstestaments kann in der Aufhebung des gesamten Erbvertrags *oder einzelner vertragsmäßiger Verfügungen* inkl Erbeinsetzungen bestehen. Neue Verfügungen sind ebenfalls möglich. Werden sie getroffen, kann bereits daraus die Aufhebung abw früherer vertragsmäßiger Verfügungen folgen.

7 6. Bei der **Beseitigung des gemeinschaftlichen Aufhebungstestaments** ist zu beachten, dass es sich um ein Testament, nicht um einen Vertrag handelt. Ein Widerruf ist also nach Testamentsrecht gem §§ 2253 ff unter Beachtung des § 2271 möglich. Nach überwiegender Auffassung treten allerdings die aufgehobenen vertragsmäßigen Verfügungen bei einseitigem Widerruf nicht von sich aus wieder in Kraft (aA MK/Musielak § 2292 Rn 6 mwN).

§ 2293 Rücktritt bei Vorbehalt
Der Erblasser kann von dem Erbvertrag zurücktreten, wenn er sich den Rücktritt im Vertrag vorbehalten hat.

I. 1. Der Rücktritt ist neben Anfechtung (§§ 2281 ff) und Aufhebung (§§ 2290 ff) eine **Möglichkeit** des Erblassers, **sich von der erbvertraglichen Bindung** hins seiner vertragsmäßigen Verfügungen (§§ 1941 I, 2278 II) **zu lösen**. Fehlt es an einem vertraglich vorbehaltenen Rücktrittsrecht, bleibt der Erblasser auf die gesetzlichen Rücktrittsrechte der §§ 2294, 2295 verwiesen, die freilich enge Voraussetzungen aufstellen.

2. Der vorbehaltene Rücktritt **ändert nichts an der Rechtsnatur** als Erbvertrag. Bis der Erblasser von seinem Rücktrittsrecht Gebrauch macht, ist er in vollem Umfang den erbvertraglichen Bindungen unterworfen. Hierin besteht auch der Unterschied zum Vorbehalt anderweitiger Verfügungen, der dem Erblasser abweichende Anordnungen gestattet, ohne dass es eines Rücktritts bedarf (vgl BayObLG FamRZ 89, 1354).

II. 1. Die Vorschrift setzt den **Vorbehalt des Rücktritts** voraus.

a) **Im Vertrag** ist der Rücktritt vorzubehalten. Dabei muss nicht der Begriff Rücktritt verwendet werden. Auch eine Bezeichnung als „Widerruf" oder „Aufhebung" kann ausreichend sein. Die Wiederverheiratungsklausel in einem Ehegattenerbvertrag enthält idR einen Rücktrittsvorbehalt für den Überlebenden im Falle seiner Wiederheirat (OLG Karlsruhe NJW 61, 1410). Der Vorbehalt kann auch in einem Nachtragsvertrag enthalten sein. Enthält dieser allein den Rücktrittsvorbehalt, so gilt hins der Geschäftsfähigkeit § 2290 II, III und nicht § 2275, da der Rücktrittsvorbehalt ein Weniger im Vergleich zum Aufhebungsvertrag ist und daher nicht strengeren Voraussetzungen unterliegen kann.

b) Die **Ausgestaltung des Rücktrittsvorbehalts** unterliegt der Vereinbarung der Parteien. Er kann sich auf den gesamten Erbvertrag oder nur auf einzelne vertragsmäßige Verfügungen erstrecken. Er kann bedingt oder befristet ausgestaltet, insb von bestimmten Ereignissen oder Gründen abhängig gemacht werden.

c) Als höchstpersönliches Recht erlischt das Rücktrittsrecht mit dem **Tod des Rücktrittsberechtigten**. Stirbt der Vertragspartner, ist zu differenzieren:

aa) Handelt es sich um einen **einseitigen Erbvertrag**, erschöpft sich also die vertragliche Erklärung des anderen Teils in der Annahme der vertragsmäßigen Verfügung des Erblassers, bleibt das Rücktrittsrecht bestehen und unterliegt der Form des § 2297. Dies wird aber nur in den Fällen relevant, in denen nicht der verstorbene Vertragspartner Bedachter war, sondern ein Dritter, denn mit dem Wegfall des Bedachten wird die vertragsmäßige Verfügung ohnehin gegenstandslos.

bb) Bei einem **zweiseitigen Erbvertrag** erlischt gem § 2298 II 2 das vorbehaltene Rücktrittsrecht mit dem Tod des Vertragspartners, wenn nicht ein anderer Wille der Vertragsparteien anzunehmen ist (§ 2298 III). War der Vertragspartner der Bedachte, bedarf es auch hier grds keines Rücktritts, da die vertragsmäßige Verfügung mit Fortfall des Bedachten gegenstandslos wird. Anwendungsfall ist also auch hier die Bedenkung eines Dritten iSv § 1941 II. Ein anderer Wille wird beispielsweise bei der Wiederverheiratungsklausel anzunehmen sein, die ja als Rücktrittsvorbehalt verstanden wird. Hier kommt es regelmäßig erst nach dem Tod des Ehegatten zur Wiederverheiratung, die dem Überlebenden den Rücktritt möglich machen soll.

2. Die erbvertragliche Bindung entfällt nur bei **Ausübung des Rücktrittsrechts**.

a) **Berechtigt** zum Vorbehalt und zur Ausübung des Rücktritts im Sinne § 2293 ist **allein der Erblasser**, dem das Rücktrittsrecht vorbehalten wurde. Erblasser ist nur der Vertragsteil, der vertragsmäßige Verfügungen im Sinne der §§ 1941 I, 2278 II getroffen hat.

11 **b)** Hat ein **Vertragspartner**, der nicht Erblasser ist, im Zusammenhang mit dem Erbvertrag schuldrechtliche Verpflichtungen übernommen (zB eine Unterhaltspflicht), kann iR dieses Vertrags ein Rücktrittsvorbehalt vereinbart werden, dessen Ausübung sich nach §§ 346 ff richtet. Die Bindung des Erblassers bleibt von einem solchen Rücktritt des Vertragspartners grds unberührt, allerdings wird für ihn das gesetzliche Rücktrittsrecht des § 2295 bzgl seiner erbvertragsgemäßen Verfügungen ausgelöst.

12 **c)** Der Rücktritt ist nach § 2296 I 1 vom Erblasser **höchstpersönlich** auszuüben. Im Falle der Minderjährigkeit bedarf er gem § 2296 I 2 nicht der Zustimmung seines gesetzlichen Vertreters.

13 **d)** Einer **Begr** bedarf die Ausübung des vorbehaltenen Rücktritts grds nicht. Knüpft der Rücktrittsvorbehalt laut Vertrag an bestimmte Gründe an, sind diese vom Erblasser darzulegen und notfalls zu beweisen. Soll das Rücktrittsrecht eingreifen, wenn der andere Teil einer von ihm anlässlich des Erbvertrags übernommenen Unterhaltspflicht nicht ordnungsgemäß nachkommt, kann sich aus Treu und Glauben die Verpflichtung des Erblassers ergeben, dem Rücktritt eine Abmahnung vorangehen zu lassen (BGH LM § 242 (Cd) Nr 118).

14 **e)** Für die Ausübung gibt es **keine gesetzliche Frist**. Bei der vertraglichen Vereinbarung kann allerdings eine Frist bestimmt werden.

15 **f)** Die **Form** des Rücktritts regeln die §§ 2296, 2297 (vgl dort).

16 **3.** Die **Wirkung des Rücktritts** besteht in der Unwirksamkeit der vertragsmäßigen Verfügungen, auf die sich der Rücktritt erstreckt.

17 **a)** Tritt der Erblasser von allen vertragsmäßigen Verfügungen, also vom gesamten Erbvertrag zurück, werden nach § 2299 III im Zweifel auch die im Vertrag enthaltenen **einseitigen Verfügungen** unwirksam.

18 **b)** Beim **zweiseitigen Erbvertrag** führt der Rücktritt eines Teils gem § 2298 II 1 im Zweifel (§ 2298 III) zur Aufhebung des gesamten Vertrags.

19 **c)** Bei der **Verbindung anderer Verträge mit dem Erbvertrag** (zB Unterhaltsverpflichtungen) ist deren Wirksamkeit im Falle eines Rücktritts des Erblassers aufgrund eines Vorbehalts gem § 2293 nach § 139 zu beurteilen. Tritt der aus dem verbundenen Vertrag Verpflichtete aufgrund eines dort enthaltenen Vorbehalts gem §§ 346 ff zurück, bleibt zwar die vertragsmäßige Verfügung des Erblassers unberührt. Er kann jedoch unter Berufung auf den gesetzlichen Rücktrittsgrund des § 2295 seinerseits vom Erbvertrag zurücktreten.

§ 2294 Rücktritt bei Verfehlungen des Bedachten

Der Erblasser kann von einer vertragsmäßigen Verfügung zurücktreten, wenn sich der Bedachte einer Verfehlung schuldig macht, die den Erblasser zur Entziehung des Pflichtteils berechtigt oder, falls der Bedachte nicht zu den Pflichtteilsberechtigten gehört, zu der Entziehung berechtigen würde, wenn der Bedachte ein Abkömmling des Erblassers wäre.

1 **I.** Auch wenn ein Rücktrittsvorbehalt im Erbvertrag fehlt, soll dem Erblasser eine Bindung an seine vertragsmäßigen Verfügungen nicht unter allen Umständen zugemutet werden. Daher gibt ihm die Vorschrift ein **gesetzliches Rücktrittsrecht** bei besonders krassem Fehlverhalten des Bedachten.

2 **II. 1.** Erforderlich ist eine **Verfehlung** des Bedachten. Damit verweist die Vorschrift auf die Pflichtteilsentziehungsgründe des § 2333. Im Unterschied zu § 2297 verweist § 2294 nicht auf § 2336 II, III. Der Grund dafür liegt darin, dass der Rücktritt bei § 2294 zu Lebzeiten des Vertragspartners, bei § 2297 erst nach dessen Tod erfolgt (sofern Bedachter ein Dritter ist).

3 **2.** Der **Bedachte** muss die Verfehlung begangen haben. Nicht genügend ist es, wenn der Vertragspartner, der nicht selbst Bedachter ist (§ 1941 II), sie begeht.

4 **3.** Die Verfehlung muss **nach Abschluss des Erbvertrags** geschehen. Andernfalls kommt für den Erblasser lediglich die Anfechtung gem §§ 2281 ff, 2078 in Betracht. Bei einer Verzeihung durch den Erblasser im Sinne des § 2337 S 1 entfällt der Rücktrittsgrund.

4. **Ausübung und Form** des Rücktritts richten sich nach §§ 2296, 2297 (vgl iE 5 bei § 2293 und bei den genannten Vorschriften). Begeht ein Bedachter Dritter die Verfehlung, steht das Rücktrittsrecht nur dem Erblasser, nicht dem Vertragspartner zu. Da ein Verweis auf § 2336 II in § 2294 gerade fehlt, ist bei einem Rücktritt zu Lebzeiten des Vertragspartners (anders gem § 2297 nach dessen Tod) die Angabe des Grundes nicht erforderlich.

5. Die **Wirkung** des Rücktritts ist dieselbe wie beim vorbehaltenen Rücktritt (vgl bei 6 § 2293). Allerdings bleiben beim zweiseitigen Erbvertrag vertragsmäßige Verfügungen des anderen Teils grds wirksam, da § 2298 II, III nur für den vertraglich vorbehaltenen Rücktritt gilt. Eine Verzeihung (§ 2337 S 1) nach ausgeübtem Rücktritt hat keine Bedeutung mehr. Anders verhält es sich vor Ausübung des Rücktritts. Hier entfällt in den genannten Fällen der Rücktrittsgrund.

III. Die **Beweislast** für die Verfehlung des Bedachten gem § 2333 trägt der zurücktre- 7 tende Erblasser. Nach allg Grundsätzen muss indes der Bedachte mögliche Rechtfertigungs- und Entschuldigungsgründe darlegen und beweisen. Die Klärung der Wirksamkeit des Rücktritts kann mittels Feststellungsklage möglich erfolgen.

§ 2295 Rücktritt bei Aufhebung der Gegenverpflichtung

Der Erblasser kann von einer vertragsmäßigen Verfügung zurücktreten, wenn die Verfügung mit Rücksicht auf eine rechtsgeschäftliche Verpflichtung des Bedachten, dem Erblasser für dessen Lebenszeit wiederkehrende Leistungen zu entrichten, insbesondere Unterhalt zu gewähren, getroffen ist und die Verpflichtung vor dem Tode des Erblassers aufgehoben wird.

I. Häufig übernimmt der erbvertraglich Bedachte im Zusammenhang mit dem Erbver- 1 trag eine eigenständig schuldrechtliche Verpflichtung ggü dem Erblasser, insb zur Zahlung wiederkehrender Unterhaltsleistungen. Die Übernahme einer derartigen Verpflichtung wird für den Erblasser häufig maßgeblich für seine eigene erbvertragliche Bindung sein. Die solcherart aufeinander bezogenen Verpflichtungen stehen indes nicht im Gegenseitigkeitsverhältnis iSd §§ 320 ff. Daher gewährt die Vorschrift dem Erblasser ein **gesetzliches Rücktrittsrecht** in den Fällen, in denen die Verpflichtung zur Unterhaltsleistung, um derer Willen der Erblasser sich erbvertraglich verpflichtet hat, vor dem Erbfall aufgehoben wird (OLG Karlsruhe FamRZ 97, 1180). Dieses Rücktrittsrechts bedarf es nur dann nicht, wenn der Bestand der Gegenverpflichtung von den Parteien zur Bedingung für den Erbvertrag gemacht worden ist (BayObLG Rpfleger 76, 290). Die §§ 320 ff finden dag Anwendung, wenn mit dem Erbvertrag ein Vertrag unter Le- 2 benden verbunden ist, in dem der Erblasser neben der Erbeinsetzung des Bedachten weitere Verpflichtungen übernimmt (vgl auch Rn 11).

II. 1. Der andere Vertragspartner muss eine **bestimmte Gegenverpflichtung** im Zusam- 3 menhang mit dem Erbvertrag übernommen haben. Die Pflicht muss in der Erbringung wiederkehrender Leistungen bis zum Tod des Erblassers bestehen. Meist wird es sich um eine Unterhaltsverpflichtung handeln. Diese Verpflichtung muss nicht in derselben Urkunde wie der Erbvertrag enthalten sein oder mit diesem eine rechtliche Einheit bilden.

2. Die vertragsmäßige Verfügung des Erblassers muss **mit Rücksicht auf diese Gegen-** 4 **verpflichtung** eingegangen worden sein. Maßgeblich ist hier der vom Erblasser verfolgte, dem anderen Teil bekannte Zweck der vertragsmäßigen Verfügung. Die Voraussetzung ist gegeben, wenn der Erblasser dem Bedachten deshalb etwas zuwendet, weil sich dieser zu einer bestimmten Gegenleistung verpflichtet.

3. Die Gegenverpflichtung muss **aufgehoben** werden. Der vertraglichen Aufhebung 5 steht der nachträgliche Wegfall der Verpflichtung gleich.

a) Dieser **Wegfall** kann auf einem Rücktritt des Verpflichteten gem §§ 346 ff aufgrund 6 eines entspr Vorbehalts, auf dem Eintritt einer auflösenden Bedingung oder auf Unmöglichkeit beruhen.

7 b) **Leistungsstörungen** in Form von Nichterfüllung, Schlechterfüllung oder Verzug begründen das Rücktrittsrecht hingegen grds nicht, da die Verpflichtung zur Leistung bestehen bleibt, also nicht iSd Vorschrift aufgehoben wird. Mangels eines Gegenseitigkeitsverhältnisses kommt ein Rücktritt auch nicht über §§ 320 ff in Betracht. Nach hM soll aber der Erbvertrag in diesen Fällen regelmäßig gem §§ 2281, 2078 anfechtbar sein, da ein kausaler Irrtum des Erblassers über die ordnungsgemäße Erfüllung der Gegenverpflichtung gegeben ist.

8 c) Der Aufhebung ebenfalls gleichzustellen ist die Nichtentstehung der Gegenverpflichtung aufgrund **Nichtigkeit** (aA MK/Musielak § 2295 Rn 6).

9 4. **Ausübung und Form** des Rücktritts regeln die §§ 2296, 2297 (vgl bei § 2293 und bei den genannten Vorschriften).

10 5. Die **Wirkung** des Rücktritts entspricht der bei § 2293 dargestellten. Allerdings bleiben auch hier (wie bei § 2294) die vertragsmäßigen Verfügungen des anderen Teils wirksam, da § 2298 II, III nur für den vertraglich vorbehaltenen Rücktritt gilt. Die Unwirksamkeit beschränkt sich auf diejenigen vertragsmäßigen Verfügungen, die mit Rücksicht auf die Gegenverpflichtung getroffen wurden. Im Übrigen sind die §§ 2279 I, 2085 anzuwenden. Erbrachte Leistungen kann der Vertragspartner nach § 812 I 2 1. Alt zurückfordern.

11 **III.** Ist mit einem Erbvertrag ein gegenseitiger Vertrag unter Lebenden verbunden, in dem sich der Bedachte zum Erbringen von Leistungen verpflichtet und auch der Erblasser weitere Verpflichtungen übernimmt, so kann letzterer wegen unterbliebener Leistungen nach § 323 von diesem Vertrag und zugleich nach § 2295 vom Erbvertrag zurücktreten. Ein derartiger Rücktritt bedarf zuvor jedoch einer Fristsetzung iSv § 323 I (BGH NJW 11, 224).

§ 2296 Vertretung, Form des Rücktritts

(1) ¹Der Rücktritt kann nicht durch einen Vertreter erfolgen. ²Ist der Erblasser in der Geschäftsfähigkeit beschränkt, so bedarf er nicht der Zustimmung seines gesetzlichen Vertreters.

(2) ¹Der Rücktritt erfolgt durch Erklärung gegenüber dem anderen Vertragschließenden. ²Die Erklärung bedarf der notariellen Beurkundung.

1 I. Die Vorschrift regelt **Ausübung und Form des Rücktritts** in den Fällen der §§ 2293–2295, sofern der andere Vertragsteil zum Zeitpunkt des Rücktritts noch lebt. Nach dessen Tod erfolgt der Rücktritt in der Form des § 2297. Die Vorschrift entspricht im Wesentlichen der des § 2282 für die Anfechtung. Die zugrunde liegenden Erwägungen sind dieselben wie bei §§ 2274, 2276.

2 II. Die Rücktrittserklärung ist eine einseitige empfangsbedürftige unwiderrufliche und formgebundene Willenserklärung.

3 1. Auch für die Ausübung des Rücktrittsrechts gilt der Grundsatz der **Höchstpersönlichkeit**. Gem Abs 1 S 1 ist eine Stellvertretung wie bei der Anfechtung (§ 2282 I 1) und der Aufhebung (§ 2290 II 1) ausgeschlossen. Ein beschränkt geschäftsfähiger Erblasser, der unter den Voraussetzungen des § 2275 II, III Erbverträge abschließen kann, bedarf zur Ausübung des Rücktrittsrechts nicht der Zustimmung seines gesetzlichen Vertreters. Auch hierin stimmt die Vorschrift mit der Regelung bei Anfechtung (§ 2282 I 2) und Aufhebung (§ 2290 II 2) überein. Als höchstpersönliches Recht erlischt das Rücktrittsrecht mit dem Tod des Erblassers und geht nicht auf seine Erben über.

4 2. Der Rücktritt eines nach Abschluss des Erbvertrags **geschäftsunfähig** gewordenen Erblassers ist ausgeschlossen. Besteht neben dem Rücktrittsrecht zugleich ein Anfechtungsrecht (häufig in den Fällen der §§ 2294, 2295), kann der gesetzliche Vertreter des Geschäftsunfähigen gem § 2282 II davon Gebrauch machen.

5 3. Nach Abs 2 S 2 bedarf die Rücktrittserklärung der **notariellen Beurkundung** (§ 128). Eine Angabe des Rücktrittsgrundes ist grds nicht erforderlich (anders bei §§ 2297, 2294, 2336 II, III). Der nicht formgerecht erklärte Rücktritt ist nach § 125 unwirksam.

4. Erklärungsgegner ist gem Abs 2 S 1 der andere Vertragspartner. Gibt es mehrere Vertragspartner, muss der Rücktritt ihnen allen ggü erklärt werden. Auch im Falle des § 2294 ist Rücktrittsgegner nicht der Bedachte, der die Verfehlung begangen hat, sondern nur der Vertragspartner. Ist dieser verstorben, gilt § 2297.

5. Die Rücktrittserklärung ist **empfangsbedürftig**, muss also dem Vertragspartner gem § 130 in Urschrift oder Ausfertigung (ungenügend ist die beglaubigte Abschrift, BGHZ 31, 7) zugehen. Ohne Bedeutung ist es gem § 130 II, wenn der Erblasser zwischen Abgabe und Zugang der Erklärung stirbt.

6. Der Rücktritt **bewirkt** die Unwirksamkeit der vertragsmäßigen Verfügungen des Erblassers, soweit diese vom Rücktrittsgrund erfasst sind. Beim zweiseitigen Erbvertrag werden die vertragsmäßigen Verfügungen des anderen Teils gem § 2298 II, III nur im Falle des § 2293 im Zweifel unwirksam. Bei einem Rücktritt aufgrund der §§ 2294, 2295 bleiben sie indes grds wirksam. Einseitige Verfügungen treten bei rücktrittsbedingter Aufhebung des gesamten Erbvertrags, also wenn keine vertragsmäßige Verfügung mehr bestehen bleibt, gem § 2299 III im Zweifel ebenfalls außer Kraft (vgl auch oben bei § 2293).

III. Eine **Zustellung** der Rücktrittserklärung gem § 132 ist ebenso wie die Angabe von Gründen zwar nicht vorgeschrieben, empfiehlt sich aber im Hinblick auf die Beweisbarkeit.

§ 2297 Rücktritt durch Testament

¹Soweit der Erblasser zum Rücktritt berechtigt ist, kann er nach dem Tode des anderen Vertragschließenden die vertragsmäßige Verfügung durch Testament aufheben. ²In den Fällen des § 2294 findet die Vorschrifft des § 2336 Abs. 2 und 3 entsprechende Anwendung.

I. Eine ggü § 2296 **veränderte Form für den Rücktritt** verlangt die Vorschrift nach dem Tod des Vertragspartners. Sie zeigt zugleich, dass das Rücktrittsrecht den Tod des Vertragspartners grds überdauert. Dies soll aber nach § 2298 II 2, III im Zweifel nicht bei zweiseitigen Erbverträgen gelten. Bedeutung erlangt der Rücktritt nach dem Tod des Vertragspartners allerdings nur, wenn der Vertragspartner nicht zugleich der Bedachte ist, da der Erbvertrag mit dem Wegfall des Bedachten gegenstandslos wird, und sich ein Rücktritt daher erübrigt. Es wird sich also regelmäßig um Fälle des § 1941 II handeln.

II. 1. Verlangt wird zunächst der **Tod des Vertragspartners**. Sind von mehreren Vertragspartnern nur einzelne verstorben, gilt nach hM § 2296 II und nicht § 2297 (Reithmann DNotZ 57, 530).

2. Der Erblasser muss aufgrund der §§ 2293–2295 **zum Rücktritt berechtigt** sein. Es ist unerheblich, ob der Rücktrittsgrund vor oder nach dem Tod des Vertragspartners entstanden ist. Zu beachten ist allerdings § 2298 II 2, III, wonach der vertraglich vorbehaltene Rücktritt im Zweifel mit dem Tod des Vertragspartners erlischt.

3. Der Rücktritt erfolgt in der **Form des Testaments**, wobei es sich inhaltlich um ein Aufhebungstestament iSd §§ 2253 ff handelt.

a) Die **allg Wirksamkeitsvoraussetzungen** testamentarischer Verfügungen sind zu beachten, insb Höchstpersönlichkeit (§ 2064), Testierfähigkeit (§ 2229) und Form (§ 2231).

b) Besondere Anforderungen stellt § 2297 S 2 **in den Fällen des § 2294** auf, indem er auf § 2336 II, III verweist. Insb muss der Entziehungsgrund zum Zeitpunkt der Errichtung des Aufhebungstestaments noch bestehen, und er muss in diesem angegeben werden.

4. Ein **Widerruf des Aufhebungstestaments** ist gem §§ 2253 ff möglich. Dies führt gem §§ 2279 I, 2257, 2258 II dazu, dass die ursprüngliche vertragsmäßige Verfügung wieder wirksam wird.

§ 2298 Gegenseitiger Erbvertrag

(1) Sind in einem Erbvertrag von beiden Teilen vertragsmäßige Verfügungen getroffen, so hat die Nichtigkeit einer dieser Verfügungen die Unwirksamkeit des ganzen Vertrags zur Folge.

(2) ¹Ist in einem solchen Vertrag der Rücktritt vorbehalten, so wird durch den Rücktritt eines der Vertragschließenden der ganze Vertrag aufgehoben. ²Das Rücktrittsrecht erlischt mit dem Tode des anderen Vertragschließenden. ³Der Überlebende kann jedoch, wenn er das ihm durch den Vertrag Zugewendete ausschlägt, seine Verfügung durch Testament aufheben.

(3) Die Vorschriften des Absatzes 1 und des Absatzes 2 Sätze 1 und 2 finden keine Anwendung, wenn ein anderer Wille der Vertragschließenden anzunehmen ist.

1 I. Die Vorschrift trägt der besonderen Interessenlage der Parteien beim **zweiseitigen Erbvertrag**, also einem Erbvertrag in dem beide Parteien vertragsmäßige Verfügungen von Todes wegen (§§ 1941 I, 2278 II) treffen, Rechnung. Es wird hier davon ausgegangen, dass im Zweifel jede Vertragspartei ihre Verfügung nur dann treffen will, wenn auch die der anderen Partei wirksam ist. Dementspr soll im Zweifel auch der einer Partei vorbehaltene Rücktritt mit dem Tode der anderen erlöschen.

2 II. 1. In Abs 1 regelt die Vorschrift die Wirkung der Nichtigkeit einer vertragsmäßigen Verfügung auf den Erbvertrag als solchen und ordnet im Zweifel (Abs 3) dessen **Gesamtnichtigkeit** an.

3 a) Vorausgesetzt wird ein **zweiseitiger Erbvertrag**. Beide Parteien müssen also vertragsmäßige Verfügungen von Todes wegen iSd §§ 1941 I, 2278 II getroffen haben. Ein gegenseitiger Erbvertrag, also dass sich die Parteien gegenseitig bedacht haben, ist nicht erforderlich.

4 b) Die **Nichtigkeit einer vertragsmäßigen Verfügung** wird von der Vorschrift vorausgesetzt. Als Nichtigkeitsgründe kommen zB Geschäftsunfähigkeit, Sittenwidrigkeit oder Formmangel in Betracht. Auch die Anfechtung führt gem § 142 zur anfänglichen Unwirksamkeit. Nicht hierher gehören die Fälle, in denen eine vertragsmäßige Verfügung gegenstandslos wird, beispielsweise durch den Tod des Bedachten (vgl §§ 1923 I, 2160). Das Schicksal der vertragsmäßigen Verfügung des anderen Teils richtet sich in diesem Fall nach § 2085.

5 c) Die angeordnete **Rechtsfolge** besteht gem Abs 1 in der Nichtigkeit des gesamten Erbvertrags.

6 aa) Auszugehen ist auch von der **Unwirksamkeit** aller vertragsmäßigen Verfügungen des Vertragspartners. Es wird von einer Wechselbezüglichkeit der jeweilgen vertragsmäßigen Verfügungen ausgegangen. Darüber hinaus sind bei Nichtigkeit des gesamten Erbvertrags auch darin enthaltene einseitige Verfügungen (§ 2299) unwirksam.

7 bb) Zu beachten ist, dass diese Rechtsfolge gem Abs 3 nur **im Zweifel** gilt. Dies kann dazu führen, dass vertragsmäßige Verfügungen des anderen Teils ebenso wirksam bleiben können wie einseitige Verfügungen beider Teile (§§ 2299 II 1, 2085).

8 2. In Abs 2 S 1 werden die Rechtsfolgen des **vorbehaltenen Rücktritts** im zweiseitigen Erbvertrag geregelt.

9 a) Verlangt wird wie in Abs 1 ein **zweiseitiger Erbvertrag**.

10 b) Die Vorschrift gilt nur für einen Rücktritt gem § 2293, über dessen Vorbehalt im Erbvertrag sich die Parteien also bei Vertragsschluss einig waren. Für die gesetzlichen Rücktrittsgründe aus §§ 2294, 2295 gilt die Regelung hingegen nicht. Hier sind §§ 2279 I, 2085 anzuwenden.

11 c) Als **Rechtsfolge** bestimmt die Vorschrift über die Unwirksamkeit der vom Rücktritt erfassten vertragsmäßigen Verfügung von Todes wegen hinaus die Unwirksamkeit des gesamten Vertrags. Damit sind alle vertragsmäßigen Verfügungen, auch die des Vertragspartners, gemeint. Für einseitige Verfügungen folgt die Unwirksamkeit aus § 2299 III. Auch diese Rechtsfolge greift nach Abs 3 nur **im Zweifel**. Ist der Rücktritt nur hins einzelner Verfügungen vorbehalten, kann daher davon ausgegangen werden, dass die

Parteien gerade nicht eine Gesamtnichtigkeit wollten (Lange/Kuchinke ErbR § 25 VIII 1 b).
3. Abs 2 S 2 geht grds vom **Erlöschen des Rücktrittsrechts** mit dem Tod des Vertragspartners aus. 12
a) Auch diese Anordnung bezieht sich nur auf den **vertraglich vorbehaltenen** Rücktritt 13 iSd § 2293. Bei den gesetzlichen Rücktrittsrechten der §§ 2294, 2295 kann jederzeit auch nach dem Tod des anderen Teils der Rücktritt erklärt werden.
b) Die Rechtsfolge des Erlöschens tritt gem Abs 3 nur **im Zweifel** ein. So ist davon 14 auszugehen, dass im Falle einer Wiederverheiratungsklausel beim Ehegattenerbvertrag das Rücktrittsrecht nicht mit dem Tod des erstversterbenden Ehegatten erlischt, da der Rücktrittsgrund (vgl dazu oben bei § 2293) gerade an ein danach liegendes Ereignis anknüpft.
c) Eine **Aufhebungsmöglichkeit durch Testament** (§ 2297) besteht nach Abs 2 S 3 15 dann, wenn der Überlebende das ihm durch den Vertrag Zugewendete ausschlägt. Die Regelung ist parallel zu § 2271 II 1 zu sehen. War dem Überlebenden nichts zugewendet, besteht auch keine Ausschlagungsmöglichkeit iSd Vorschrift.

§ 2299 Einseitige Verfügungen

(1) Jeder der Vertragschließenden kann in dem Erbvertrag einseitig jede Verfügung treffen, die durch Testament getroffen werden kann.
(2) ¹Für eine Verfügung dieser Art gilt das Gleiche, wie wenn sie durch Testament getroffen worden wäre. ²Die Verfügung kann auch in einem Vertrag aufgehoben werden, durch den eine vertragsmäßige Verfügung aufgehoben wird.
(3) Wird der Erbvertrag durch Ausübung des Rücktrittsrechts oder durch Vertrag aufgehoben, so tritt die Verfügung außer Kraft, sofern nicht ein anderer Wille des Erblassers anzunehmen ist.

I. Die Vorschrift stellt klar, dass der Erbvertrag neben den vertragsmäßigen Verfügun- 1 gen (§§ 1941 I, 2278 II) auch **einseitige Verfügungen** enthalten kann. Aus der Kombination der möglichen Verfügungen ergibt sich insgesamt der zulässige Inhalt eines Erbvertrags. Hins der rechtlichen Behandlung dieser Verfügungen enthält die Vorschrift teils Klarstellungen, teils Ergänzungen.
II. 1. Ein Erbvertrag liegt nur vor, wenn er mind eine vertragsmäßige Verfügung gem 2 §§ 1941 I, 2278 II enthält. Daneben kann nach Abs 1 **jede Partei einseitige Verfügungen im Erbvertrag** treffen.
a) Einseitig kann jede Verfügung getroffen werden, die **durch Testament getroffen wer-** 3 **den kann.** Da dies auch für die möglichen vertragsmäßigen Verfügungen (Erbeinsetzung, Vermächtnis- und Auflagenanordnung) zutrifft, ist insofern durch Auslegung im Einzelfall zu ermitteln, ob eine derartige Verfügung vertragsmäßig oder einseitig getroffen worden ist (vgl bei § 2278).
b) Einseitige Verfügungen kann **jede Partei** treffen, also auch die, die sich ansonsten 4 nur auf die Annahme der vertragsmäßigen Verfügung des anderen Teils beschränkt.
2. Für einseitige Verfügungen gilt gem Abs 2 S 1 **Testamentsrecht**. Es müssen somit 5 nicht die Voraussetzungen des § 2275 vorliegen, sondern es genügt Testierfähigkeit gem § 2229. Einseitige Verfügungen unterliegen nicht der erbvertraglichen Bindungswirkung gem § 2289, sondern sind gem §§ 2253 jederzeit frei widerruflich.
3. Neben der Möglichkeit des Widerrufs gem Abs 2 S 1, §§ 2253 ff, schafft Abs 2 S 2 6 eine **weitere Aufhebungsmöglichkeit** für im Erbvertrag enthaltene einseitige Verfügungen, nämlich iR eines Aufhebungsvertrags gem § 2290.
4. Darüber hinaus treten nach Abs 3 einseitige Verfügungen **im Zweifel außer Kraft**, 7 wenn durch Rücktritt oder Aufhebung der gesamte Erbvertrag aufgehoben wird.

§ 2300 Anwendung der §§ 2259 und 2263; Rücknahme aus der amtlichen oder notariellen Verwahrung

(1) Die §§ 2259 und 2263 sind auf den Erbvertrag entsprechend anzuwenden.

(2) ¹Ein Erbvertrag, der nur Verfügungen von Todes wegen enthält, kann aus der amtlichen oder notariellen Verwahrung zurückgenommen und den Vertragsschließenden zurückgegeben werden. ²Die Rückgabe kann nur an alle Vertragsschließenden gemeinschaftlich erfolgen; die Vorschrift des § 2290 Abs. 1 Satz 2, Abs. 2 und 3 findet Anwendung. ³Wird ein Erbvertrag nach den Sätzen 1 und 2 zurückgenommen, gilt § 2256 Abs. 1 entsprechend.

1 I. Nach § 34 II, I 4 BeurkG ist der Erbvertrag idR in **besondere amtliche Verwahrung** zu bringen. Für Zuständigkeit und Verfahren bei der besonderen amtlichen Verwahrung gelten die §§ 344, 346 ff FamFG. Die Vertragspartner können allerdings nach § 34 II BeurkG die besondere amtliche Verwahrung ausschließen. In diesem Fall ist der Erbvertrag gem § 25 II 1 BNotO durch den Notar zu verwahren. Für diesen Fall verweist die Vorschrift auf §§ 2259, 2263.

2 II. 1. Ist die besondere amtliche Verwahrung ausgeschlossen, befindet sich der Erbvertrag gem § 25 II 1 BNotO zur Verwahrung beim Notar. Nach §§ 2300, 2259 ist dieser zur **Ablieferung an das Nachlassgericht** verpflichtet, sobald er Kenntnis vom Tod des Erblassers erlangt (vgl a § 25 II 2 BNotO).

3 2. Die **Eröffnung** des Erbvertrags richtet sich kraft Verweisung nach den §§ 2259, 2263 iVm. §§ 348 f FamFG. Die Eröffnung erfolgt nach Ablieferung des Erbvertrags durch den Notar an das Nachlassgericht durch dieses (§ 349 FamFG), bei besonderer amtlicher Verwahrung durch das verwahrende Gericht (§ 350 FamFG). Beteiligte werden nach § 348 III FamFG vom Nachlassgericht benachrichtigt.

4 III. 1. Mit Wirkung zum 1.8.02 wurde durch das OLGVertrÄndG v 23.7.02 (BGBl I 2850) der Vorschrift ein **Abs 2** hinzugefügt, wonach Erbverträge, die nur Verfügungen von Todes wegen enthalten, wie öffentliche Testamente aus der amtlichen oder notariellen Verwahrung den Vertragschließenden zurückgegeben werden können. Hintergrund der Regelung bildet das Interesse der Erblasser, durch **Rücknahme** und anschließende Vernichtung der Urkunde eine Bekanntmachung des Inhalts des aufgehobenen Erbvertrags an die spätere Erben zu verhindern.

5 2. Von der Rücknahmeregelung ausgenommen sind sämtliche verbundenen Verträge, dh Erbverträge, die mit einem Ehevertrag, einem Erbverzichtsvertrag oder einem anderen Rechtsgeschäft verbunden sind. Die Rücknahme kann nur von allen Vertragsschließenden gemeinsam gefordert werden. Wie sich aus der Verweisung auf § 2290 I 2, II, III ergibt, müssen hierfür die Voraussetzungen der vertraglichen Aufhebung vorliegen; dh die Rücknahme ist ausgeschlossen, sobald auch nur einer der Vertragsschließenden verstorben ist. Zudem hat jeder Erblasser an der Rücknahme persönlich mitzuwirken und während bei beschränkter Geschäftsfähigkeit eines Erblassers die Zustimmung des gesetzlichen Vertreters nicht erforderlich ist, bedarf es bei einem Mündel oder einem Betreuten zur Rücknahme einer vormundschaftlichen Genehmigung. Entspr § 2256 I hat die Rücknahme die **Wirkung eines Widerrufs** aller im Erbvertrag enthaltenen Verfügungen. Über diese Rechtsfolge ist bei Rückgabe zu belehren; die Belehrung ist auf der Vertragsurkunde zu vermerken und beides ist aktenkundig zu machen.

§ 2300 a (aufgehoben)

1 Die Vorschrift wurde durch das FGG-RG in § 351 1 FamFG übernommen.

§ 2301 Schenkungsversprechen von Todes wegen

(1) ¹Auf ein Schenkungsversprechen, welches unter der Bedingung erteilt wird, dass der Beschenkte den Schenker überlebt, finden die Vorschriften über Verfügungen von

Abschnitt 4 | Erbvertrag § 2301

Todes wegen Anwendung. ²Das Gleiche gilt für ein schenkweise unter dieser Bedingung erteiltes Schuldversprechen oder Schuldanerkenntnis der in den §§ 780, 781 bezeichneten Art.
(2) Vollzieht der Schenker die Schenkung durch Leistung des zugewendeten Gegenstands, so finden die Vorschriften über Schenkungen unter Lebenden Anwendung.

I. Die Vorschrift und die damit zusammenhängenden Problemkreise bereiten in Praxis und Ausbildung immer wieder Schwierigkeiten (zur historischen Entwicklung vgl Lange/Kuchinke ErbR § 33 I). Zum Verständnis der Problematik ist es sinnvoll, sich die zugrunde liegende **Ausgangssituation** zu vergegenwärtigen. 1

1. Die **Verfügung von Todes wegen und die Schenkung unter Lebenden** weisen insofern eine Parallelität auf, als es in beiden Fällen um einen unentgeltlichen Erwerb vermögenswerter Güter geht. Im Steuerrecht führt dies zu einer Gleichbehandlung des Erwerbs von Todes wegen und der Schenkung unter Lebenden, § 1 I Nr 1 und 2 ErbStG. Das Zivilrecht unterscheidet indessen streng zwischen diesen beiden Formen des unentgeltlichen Erwerbs und unterwirft die Schenkung unter Lebenden (§§ 516 ff) und die Verfügung von Todes wegen (§§ 1937 ff) jeweils eigenen Regelungen. Hauptunterschiede bestehen hins der vom Gesetz verlangten Form der Zuwendung und hins ihrer Wirkung. Während die Verfügung von Todes wegen zu Lebzeiten grds frei widerruflich und unverbindlich ist, mit dem Todesfall dann aber ein Von-Selbst-Erwerb eintritt, bindet die Schenkung unter Lebenden sofort, also bereits zu Lebzeiten des Veräußernden. 2

2. Praktisch in der Mitte der soeben genannten Möglichkeiten unentgeltlicher Zuwendungen stehen die **Rechtsgeschäfte bzw Zuwendungen unter Lebenden auf den Todesfall** (Kipp-Coing ErbR § 81 I 2). 3

a) In der Praxis finden sich verschiedene **Arten und Gestaltungsformen** derartiger Rechtsgeschäfte, die bei der rechtlichen Bewertung und der Einordnung iR des § 2301 zu unterscheiden sind. Im Wesentlichen lassen sich zwei Fallgruppen bilden: die Schenkungen auf den Todesfall und die Verträge zugunsten Dritter auf den Todesfall. 4

aa) Die **Schenkung** kann unmittelbar im Verhältnis zwischen Zuwendendem und Empfänger vereinbart sein, oder es können **Mittelspersonen** (Boten, Bevollmächtigte) eingeschaltet werden. Letztere Konstellation lag unter anderen dem berühmten „Bonifatius-Fall" (RGZ 83, 223 dazu u Rn 38) zugrunde. Die Hauptprobleme liegen hier in der Abgrenzung der Schenkung unter Überlebensbedingung iSd § 2301 I von der außerhalb der Vorschrift liegenden unbedingten Schenkung unter Lebenden, deren Fälligkeit lediglich auf den Todesfall hinausgeschoben ist, sowie bei der Feststellung des lebzeitigen Vollzugs der Schenkung iSd § 2301 II. 5

bb) Bei der zweiten Fallgruppe, die häufig in Form der „Sparbuchfälle" praktisch wird, geht es ganz grds um die **Bedeutung des § 2301 bei Verträgen zugunsten Dritter auf den Todesfall** gem § 331 (hierzu u Rn 39). 6

b) Diese Zuwendungen auf den Todesfall unterfallen, als Rechtsgeschäfte unter Lebenden, an sich den hierfür geltenden Regelungen, insb was die Formerfordernisse anbelangt. Andererseits entspricht die Wirkung eher der einer Verfügung von Todes wegen, da sie wie bei jener erst mit dem Todesfall eintreten soll. Anders als bei der klassischen Schenkung unter Lebenden wird nicht bereits der Zuwendende zu seinen Lebzeiten, sondern werden erst dessen Erben vermögensmäßig belastet. Die Schenkung auf den Todesfall **steht daher zwischen der Verfügung von Todes wegen und dem Rechtsgeschäft unter Lebenden, da sie der Form nach zu diesen, der Wirkung nach zu jenen gehört**. Inhaltlich handelt es sich meist um eine Einzelzuwendung, so dass eine Entsprechung zum Vermächtnis vorliegt. 7

c) Diese Situation birgt verschiedene **Gefahren** in sich. Vorrangig wird, da durch Rechtsgeschäft unter Lebenden die Wirkung einer Verfügung von Todes wegen erzielt werden soll, die Umgehung erbrechtlicher Vorschriften, insb erbrechtlicher Formvorschriften, besorgt. Des Weiteren bestehen zwischen Rechtsgeschäft unter Lebenden und Verfügung von Todes wegen gravierende Unterschiede hins der Stellung von Nachlassgläubigern (lediglich Anfechtung nach dem AnfG bzw §§ 129 ff InsO einerseits, voller 8

Zugriff auf den Nachlass gem § 1967 andererseits) und Pflichtteilsberechtigten (allenfalls Pflichtteilsergänzungsanspruch nach § 2325 einerseits, Berechnung des Pflichtteils gem § 2311 vom vollen Nachlasswert ohne Abzug evtl Vermächtnisse andererseits), denen ein Rechtsgeschäft unter Lebenden grds ungünstiger ist.

9 3. Der Gesetzgeber hat die dargestellten Rechtsgeschäfte unter Lebenden auf den Todesfall nicht als drittes Rechtsinstitut neben dem Zuwendungen unter Lebenden und der Verfügung von Todes wegen geregelt. Vielmehr ist es **Zweck der Regelung des § 2301**, die aufgezeigten Schwierigkeiten zu lösen. Der Weg besteht darin, auf bestimmte Rechtsgeschäfte unter Lebenden auf den Todesfall die Vorschriften über Verfügungen von Todes wegen anzuwenden, § 2301 I. Wird die Schenkung hingegen noch zu Lebzeiten des Schenkenden vollzogen, bleibt es bei der Anwendung der Vorschriften über Schenkungen unter Lebenden, § 2301 II. Ersterenfalls sind also insb die erbrechtlichen Formvorschriften zu beachten, während ansonsten § 518 I gilt. Der Hauptunterschied besteht nun darin, dass gem § 518 II die Heilung eines möglichen Formmangels auch noch durch Bewirkung der Leistung nach dem Tode des Schenkenden möglich ist. Unterfällt die Zuwendung hingegen über § 2301 I den Regelungen der Verfügungen von Todes wegen, scheidet diese Möglichkeit aus.

10 II. 1. Die Rechtsfolge des § 2301 I besteht in der Anordnung der Geltung der Vorschriften über Verfügungen von Todes wegen, während außerhalb des **Anwendungsbereichs** der Norm die Vorschriften über die Schenkung unter Lebenden anzuwenden sind (§§ 516 ff).

11 a) Als **Voraussetzungen** hierfür werden ein Schenkungsversprechen, die Erteilung unter einer Überlebensbedingung und fehlender lebzeitiger Vollzug der Schenkung verlangt.

12 aa) Erforderlich ist zunächst das Vorliegen eines **Schenkungsversprechens**, dem in Abs 1 S 2 das schenkweise erteilte Schuldversprechen oder Schuldanerkenntnis nach §§ 780, 781 gleichgestellt werden.

13 Der Wortlaut der Vorschrift legt es nahe, hierunter bereits das Angebot des Schenkenden auf Abschluss eines Schenkungsvertrages, eben das in § 518 I vom Vertrag zu unterscheidende (und allein formbedürftige) Schenkungsversprechen zu verstehen. Die hM verlangt hingegen auch die Annahme des Versprechens, also einen verbindlichen **Schenkungsvertrag**. Im Ergebnis unterscheiden sich beide Auffassungen kaum. Liegt bis zum Tode lediglich das Schenkungsversprechen vor, könnte es noch nachträglich angenommen werden. Da dann aber ein lebzeitiger Vollzug iS des Abs 2 ausscheidet, gelten über Abs 1 die erbrechtlichen Vorschriften. Steht die Annahme noch aus, kommen ebenfalls beide Auffassungen, die zweite im Wege der Umdeutung des Schenkungsversprechens in ein Testament (Palandt/Weidlich § 2301 Rn 4 ff), zu den Formvorschriften des Erbrechts. Unterschiede können sich allenfalls bei der Frage ergeben, ob im Falle des zustande gekommenen Schenkungsvertrags die Form des Testaments oder des Erbvertrags erforderlich ist (s dazu u 22).

14 Wesentlich für das Vorliegen einer Schenkung ist das Merkmal der **Unentgeltlichkeit** der Zuwendung. Problematisiert wird diese Voraussetzung gelegentlich im Zusammenhang mit **gesellschaftsvertraglichen Fortsetzungsklauseln**. Hierunter wird die Vereinbarung der Gesellschaft verstanden, die Gesellschaft im Falle des Todes eines Gesellschafters unter Ausschluss von dessen Erben unter den verbleibenden Gesellschaftern fortzusetzen. Der Anteil des Verstorbenen wächst den verbleibenden Gesellschaftern an. Häufig wird eine (dann in den Nachlass fallende) Abfindung ausgeschlossen. Eine solche Klausel ist nicht nach § 2301 I formbedürftig. Gilt sie für alle Gesellschafter, fehlt es an dem Merkmal der Unentgeltlichkeit (BGHZ 22, 194). Gilt die Klausel nur für einen Gesellschafter, ist zwar Unentgeltlichkeit zu bejahen. Es fehlt aber an der erforderlichen Überlebensbedingung, da es nur auf den aktuellen Mitgliederbestand zum Todeszeitpunkt ankommen soll. Es handelt sich vielmehr um eine befristete Zuwendung unter Lebenden und nicht um eine Schenkung auf den Todesfall. Letztlich wäre ungeachtet dessen auch ein Vollzug iSd § 2301 II und eine Heilung nach § 518 II anzunehmen (hierzu BGH WM 71, 1339).

15 bb) Die Vorschrift verlangt des Weiteren eine **Überlebensbedingung**. Unter § 2301 I fällt eine Schenkung nur dann, wenn das Schenkungsversprechen unter der Bedingung erteilt ist, dass der Beschenkte den Schenker überlebt. Meist wird es sich um eine aufschiebende Bedingung handeln, möglich ist aber auch eine auflösende (str, aA MK/Musielak § 2301 Rn 9). Die Konsequenz einer derartigen Überlebensbedingung ist die endgültige Unwirksamkeit des Schenkungsversprechens, falls der Beschenkte vorverstirbt. Der Erblasser kann also wieder frei über den zugewendeten Gegenstand verfügen, wenn der Begünstigte vor ihm selbst stirbt. Fehlt es hingegen an einer Bedingung, liegt also eine unbedingte Schenkung vor, deren Fälligkeit auf den Tod des Erblassers hinausgeschoben ist, erwerben mit dem Tod des Begünstigten dessen Erben den Schenkungsanspruch gegen den Erblasser.

Die Bedingung muss nicht ausdrücklich erklärt werden. Nach allg Regeln genügt eine **konkludente Bedingung** (BGHZ 99, 101). In jedem Fall ist der Wille des Schenkenden im Einzelfall durch Auslegung gem § 133 festzustellen. Dabei soll nach dem Rechtsgedanken des § 2084 im Zweifel immer diejenige Auslegung zu bevorzugen sein, die dem Willen des Erblassers zum Erfolg verhilft (BGH NJW 88, 2732). Auf der anderen Seite betont der BGH, dass der Anwendungsbereich des § 2301 I vom Tatrichter nicht zu weit zurückgedrängt werden sollte. So sei häufig von einer Überlebensbedingung auszugehen, wenn der Erblasser einer bestimmten Person für die Zeit nach seinem Tode eine Zuwendung mache und dafür besondere Gründe gerade in der Person des Zuwendungsempfängers hat (BGHZ 99, 101). Dies spricht deshalb für eine Überlebensbedingung, weil ohne eine solche die Erben des Begünstigten den Anspruch mit dessen Tod erwerben würden, die besonderen Gründe des Erblassers aber gerade nicht in diesen Personen gegeben sind. Dann liegt es aber nahe, dass der Erblasser die Schenkung gar nicht wollte, wenn der Begünstigte vorverstirbt. Bei Abgabe eines Schenkungsversprechens in Erwartung des baldigen Todes, ist dieser ohne weitere Anhaltspunkte nicht Bedingung, sondern lediglich Motiv der Schenkung. 16

Die **Rechtsfolgen einer vorliegenden Überlebensbedingung** werden durch die Vorschrift des § 2301 I modifiziert, da die erbrechtlichen Vorschriften anwendbar sind. Nach diesen kann ohnehin nur Erbe sein, wer zZ des Erbfalls lebt (§ 1923 I), so dass die Überlebensbedingung als solche obsolet wird. Auch im Übrigen sind die §§ 158 ff nicht anwendbar. Insb besteht, anders als bei der normalen Bedingung, zu Lebzeiten des Erblassers kein Anwartschaftsrecht des Begünstigten. 17

Fehlt es an einer Überlebensbedingung, ist § 2301 I nicht anwendbar. Es handelt sich in diesem Fall um eine unbedingte Schenkung unter Lebenden, deren Fälligkeit lediglich auf den Tod des Schenkers hinausgeschoben ist (zur Abgrenzung zB BGHZ 99, 97 ff). Es liegt aber eine endgültige Verpflichtung des Schenkers vor. Bei Vorversterben des Begünstigten erwerben dessen Erben den Anspruch. Als reine Schenkung unter Lebenden ist die Form des § 518 I zu wahren. Ist sie nicht gewahrt, kommt eine Heilung durch Bewirkung der Leistung nach § 518 II in Betracht. Der wesentliche Unterschied zu § 2301 besteht darin, dass hier auch ein Vollzug nach dem Tode des Schenkenden ausreicht, während § 2301 II bei der Schenkung unter Überlebensbedingung den lebzeitigen Vollzug verlangt. Ausreichend für die Heilung einer formnichtigen Schenkung unter Lebenden ist auch eine Bewirkung, die der Begünstigte mit Hilfe einer postmortalen Vollmacht des Schenkers nach dessen Tod herbeiführt (BGH NJW 95, 250, f; zur Möglichkeit des Widerrufs der Vollmacht durch die Erben vgl dort und BGH NJW 95, 953). Die Anwendbarkeit des § 2301 I ist ebenfalls zu verneinen, wenn das Schenkungsversprechen erst nach dem Tod des Schenkers, dann aber auch von den Erben des Begünstigten angenommen werden kann (OGH MDR 49, 282). Auch hier fehlt es an der Überlebensbedingung. Hiervon zu unterscheiden sind die sonstigen Konstellationen unten zu behandelnder Fälle der Einschaltung von Mittlern iR des Zustandekommens und der Bewirkung der Schenkung (vgl u Rn 37). 18

cc) Keine Anwendung finden gem Abs 2 die Vorschriften über die Verfügungen von Todes wegen, wenn der Schenker die Schenkung **zu Lebzeiten vollzieht**. In diesem Fall gelten wiederum die §§ 516 ff. Der fehlende lebzeitige Vollzug ist also indirekte Voraussetzung des § 2301 I (hierzu näher u Rn 25). 19

20 **b)** Die **Rechtsfolgen des Abs 1** bestehen in der Anordnung der Geltung der Regelungen über die Verfügungen von Todes wegen. In der Regel wird es sich um eine Einzelzuwendung handeln, woraus über § 2301 I die Behandlung als Vermächtnis folgt.

21 **aa)** Der Begünstigte hat folglich auch bei Annahme des bedingten Schenkungsversprechens **keinen Anspruch gegen den Schenker** und auch kein Anwartschaftsrecht hins des Zugewendeten. Eine Bindung des Schenkers an sein Versprechen besteht nur, wenn es in der Form des Erbvertrags abgegeben wurde. Er kann sich dann auch nur unter den für den Erbvertrag geltenden Voraussetzungen lösen (Anfechtung, Aufhebung oder Rücktritt nach §§ 2281, 2290, 2293 ff), während ein Widerruf nach §§ 530 ff ausgeschlossen ist.

22 **bb)** Zu beachten sind ferner die **erbrechtlichen Formvorschriften**. Teilweise wird mit Hinweis auf den Vertragscharakter der Schenkung vertreten, es sei grds die für den Erbvertrag vorgeschriebene Form des § 2276 zu beachten, wobei allerdings bei Nichteinhaltung die Umdeutung des Schenkungsversprechens in ein privatschriftliches Testament zugelassen wird. Die Gegenauffassung lässt hingegen zu Recht jede für ein Testament zugelassene Form genügen (MK/Musielak § 2301 Rn 13 mwN). Dies folgt zum einen daraus, dass sich § 2301 I lediglich auf das Schenkungsversprechen, nicht den Schenkungsvertrag bezieht (oben Rn 15). Ferner spricht für diese Ansicht der Wortlaut der Vorschrift dafür, der „die Vorschriften über Verfügungen von Todes wegen" zur Anwendung kommen lässt und keinen Hinweis auf eine Einschränkung allein zugunsten der Vorschriften über den Erbvertrag enthält. Ist die Testamentsform nicht gewahrt, ist die Zuwendung nichtig. Eine Heilung kommt nicht in Betracht. Insb ist bei fehlendem lebzeitigem Vollzug § 518 II nicht anwendbar, der die Heilung des Formmangels durch Bewirkung der Leistung ermöglicht. Hier liegt die große Bedeutung des § 2301 II und des Streits um die Voraussetzungen des lebzeitigen Vollzugs der Schenkung (dazu sogleich).

23 **2.** Die **vollzogene Schenkung auf den Todesfall** behandelt Abs 2. Sie wird nicht wie eine Verfügung von Todes wegen behandelt, vielmehr finden die Vorschriften über Schenkungen unter Lebenden, also die §§ 516 ff, Anwendung. Dies führt insb zu unterschiedlichen Formerfordernissen und eröffnet va die Möglichkeit der Heilung eines Formmangels durch Bewirkung der versprochenen Leistung, § 518 II. Schwierigkeiten bereitet vor diesem Hintergrund va der Vollzugsbegriff des § 2301 II und dessen Verhältnis zur Bewirkung iSv § 518 II.

24 **a)** Der Anwendungsbereich des Abs 2 erfasst ebenfalls nur Schenkungen auf den Todesfall iSv Abs 1. Erforderlich ist also eine **Überlebensbedingung**. Nicht unter die Vorschrift, sondern direkt unter die §§ 516 ff fallen untypische Schenkungen, deren Fälligkeit nur auf den Zeitpunkt des Todes herausgeschoben ist (vgl o Rn 18).

25 **b)** Weitere **Voraussetzung** des Abs 2 – und damit auch Voraussetzung der Anwendbarkeit der §§ 516 ff kraft Verweisung – ist, dass der Schenker die Schenkung durch Leistung des zugewendeten Gegenstandes vollzieht. Da die Vorschrift vom Schenker selbst spricht, ist ein **lebzeitiger Vollzug** der Schenkung erforderlich. Ein Vollzug nach dessen Tod durch die Erben oder durch Dritte genügt also nicht. Hierin unterscheidet sich die Anforderungen von § 2301 II und § 518 II (BGHZ 99, 99). Im Übrigen unterscheiden sich der Vollzugsbegriff des § 2301 II und der Begriff der Bewirkung des § 518 II nicht. Dh mit einem Vollzug liegt regelmäßig auch eine Bewirkung des Zugewendeten vor, und ein etwaiger Formmangel wird gem dem kraft Verweisung anwendbaren § 518 II geheilt.

26 **aa)** Aus der soeben beschriebenen Situation, die eine Heilung formloser Schenkungen auf den Todesfall in größerem Umfang ermöglicht, resultiert der **Streit um die Voraussetzungen des Vollzugsbegriffs iSd § 2301 II**. Die Entscheidung dieses Streites hängt nicht zuletzt davon ab, ob man in Rechtsgeschäften unter Lebenden auf den Todesfall grds eher eine Umgehung erbrechtlicher Vorschriften sieht, ihre Wirksamkeit also nach Möglichkeit beschränken will, oder ob man darin eine zulässige Gestaltungsmöglichkeit des Erblassers erblickt und daher möglich weitgehend versucht, dessen hierin zum Ausdruck gebrachten Willen rechtlich zum Erfolg zu verhelfen. Je nachdem wird man eher hohe oder eher geringe Anforderungen an den Vollzugsbegriff stellen.

bb) Der **BGB-Gesetzgeber** wollte Vollzug bejaht wissen, wenn der Schenkende sein **27** Vermögen „sofort und unmittelbar mindert" (Mot V 352). Hieraus wird häufig auf das Erfordernis geschlossen, dass der Schenkende selbst, nicht erst sein Erbe, das Vermögensopfer erbringen müsse. Die von § 2301 I vorausgesetzte Nähe zur Verfügung von Todes wegen liege nur vor, wenn es wie bei jener an einem Vermögensopfer zu Lebzeiten des Erblassers fehle. Dies ist im Grundsatz zutreffend, hilft jedoch bei der Einordnung der vielfältigen einzelnen Fallgestaltungen auch nur begrenzt weiter. Hier bestehen daher nach wie vor eine Reihe streitiger Zweifelsfälle.

Eindeutig **kein Vollzug** liegt bei der **bloßen schuldrechtlichen Verpflichtung** ohne weitere unmittelbar vermögensmindernde Akte des Schenkers vor. Dies folgt schon aus **28** § 2301 I, der für die Schenkung unter Überlebensbedingung grds den Vorschriften über Verfügungen von Todes wegen zuordnet.

Eindeutig ist ein **Vollzug** bei **dinglicher Erfüllung** zu bejahen, insb bei erfolgter Über- **29** eignung der geschenkten Sache nach §§ 929 ff (auch unter Vereinbarung eines Besitzkonstituts, BGH NJW 81, 1231) oder erfolgter Abtretung der geschenkten Forderung gem § 398. In diesen Fällen scheidet der Gegenstand bereits dinglich zu Lebzeiten des Erblassers aus dessen Vermögen aus. Die Erfüllung wird ebenso wie die schuldrechtliche Grundlage unter der auflösenden Bedingung des Vorversterbens des Bedachten stehen. Denkbar ist allerdings eine unbedingte Übereignung. Dies macht den gesamten Vorgang nicht zu einer wirksamen Schenkung unter Lebenden. Denn insofern kommt es allein darauf an, ob das schuldrechtliche Geschäft unter der Überlebensbedingung steht. Ist dies der Fall, macht auch eine unbedingte Erfüllung das Geschäft nicht zu einer wirksamen Schenkung unter Lebenden, sondern lediglich zu einer vollzogenen Schenkung auf den Todesfall. Stirbt der Begünstigte vor dem Schenker, haben dessen Erben den übereigneten Gegenstand als rechtsgrundlos erlangt zurückzugewähren.

Zwischen den soeben dargestellten Eckpunkten gibt es eine Reihe von **Zweifelsfällen**, **30** bei denen die Vermögensminderung auf Seiten des Schenkers über die rein schuldrechtliche Verpflichtung hinausgeht, aber hinter einer dinglichen Erfüllung zurückbleibt. Einigkeit besteht dahin gehend, dass ein Vollzug iSd § 2301 II auch bei fehlender vollständiger Erfüllung iSd Eintritts des Leistungserfolgs gegeben sein kann. Im Einzelnen ist für diese Zweifelsfälle aber vieles str.

Teilweise wird für den Vollzug verlangt, dass der Beschenkte zu Lebzeiten des Schenkers bereits ein **Anwartschaftsrecht** an dem geschenkten Gegenstand erworben hat **31** (MK/Musielak § 2301 Rn 19). Diese Ansicht trägt jedoch vielen Fallkonstellationen nicht ausreichend Rechnung. So ist zwar davon auszugehen, dass der Erwerb eines Anwartschaftsrechts hinreichende Voraussetzung für den Vollzug iSd § 2301 II ist (BGH WM 71, 1339; auch NJW 61, 76; NJW 70, 1639; OLG Hamburg NJW 61, 76), jedoch ist dies nicht notwendige Bedingung. So ist zwar die durch das Vorversterben des Begünstigten auflösend bedingte Übereignung aufgrund des aus § 161 zu folgernden Anwartschaftsrechts jedenfalls genügend, jedoch gibt es auch Fälle, in denen Vollzug zu bejahen ist, obwohl noch kein Anwartschaftsrecht des Begünstigten entstanden ist (su Rn 34 ff).

Eine andere Auffassung will für den Vollzugsbegriff weniger auf die Rechtsstellung des **32** Begünstigten abstellen, sondern allein auf die Vermögenssituation beim Erblasser. Vollzug sei daher anzunehmen, wenn der Erblasser bereits ein **gegenwärtiges Vermögensopfer** erbracht hat (Brox ErbR Rn 744; Kipp-Coing ErbR § 81 III c). In der Praxis wird sich diese Auffassung kaum von der erstgenannten unterscheiden, da mit der Entstehung des Anwartschaftsrechts beim Erwerber zugleich das Vermögen des Erblassers zu Lebzeiten gemindert wird.

Der **BGH** geht über die genannten Auffassungen hinaus. Er verlangt, dass der Schenker **33** seinen Zuwendungswillen in der Form in die Tat umgesetzt hat, dass **er zu Lebzeiten alles seinerseits erforderliche getan hat, damit die Vermögensverschiebung ohne sein weiteres Zutun eintreten kann** (BGH NJW 70, 942; 70, 1639; BGH WM 71, 1339; NJW 74, 2320; BGHZ 87, 26; ebenso Palandt/Weidlich § 2301 Rn 10; Lange/Kuchinke ErbR § 33 II; wesentlich enger zB Kipp-Coing ErbR § 81 III 1 c). Hierbei spielen die von den anderen Auffassungen zugrunde gelegten Kriterien des Anwartschaftsrechts und des gegenwärtigen Vermögensopfers eine Rolle, ein Vollzug kann aber in weiteren Fällen anzunehmen sein.

34 Unter Zugrundelegung der Rspr sind die sogleich darzustellenden (neben den oben bereits zugunsten des Vollzugs geklärten Fällen der Erfüllung und des entstandenen Anwartschaftsrechts) **wichtigen Konstellationen** wie folgt zu lösen:

35 Eine **Bevollmächtigung des Begünstigten** (unter Befreiung von § 181) dahin gehend, dass dieser **nach dem Tod** des Erblassers die erforderlichen dinglichen Rechtshandlungen selbst vornehmen könne, genügt selbst bei Unwiderruflichkeit der Vollmacht für einen Vollzug nicht (BGHZ 87, 25). In diesem Fall bleibt der betroffene Gegenstand bis zum Tode Teil des Vermögens des Erblassers. Nach dem Tod vertritt der Bevollmächtigte aber die Erben, nicht mehr den Erblasser, so dass bei Vornahme der Verfügung zu diesem Zeitpunkt diese und nicht der Erblasser das Vermögensopfer erbringen. Der Erblasser hat noch nicht alles seinerseits zur Rechtsübertragung erforderliche getan (BGHZ 87, 26), da seine eigene Verfügungsbefugnis fortbesteht (Brox ErbR Rn 746). Klar zu trennen hiervon sind die Fälle der Bewirkung einer Schenkung unter Lebenden in Ausübung einer postmortalen Vollmacht (so Rn 18) sowie die Fälle der Bevollmächtigung Dritter (su Rn 37).

36 Ein **Vollzug** kann aber aus dem **Zweck der §§ 130 II, 153** zu bejahen sein. Dies gilt namentlich dann, wenn der Schenker seine dingliche Übertragungserklärung abgegeben hat, aber vor Annahme durch den anderen Teil stirbt. Nach § 130 II lässt es die Wirksamkeit der Willenserklärung unberührt, wenn der Erklärende nach der Abgabe stirbt, und nach § 153 ist der Tod des Antragenden vor der Annahme durch den anderen Teil auf das Zustandekommen des Vertrags ohne Einfluss. Beide Vorschriften wollen also gerade die Vollendung eines vor dem Tod eingeleiteten Rechtserwerbs ermöglichen. Konsequenterweise ist in einer solchen Konstellation der Vollzug zu bejahen, denn der Erblasser hat alles seinerseits Erforderliche getan (aA Kipp-Coing ErbR § 81 III 1 c). Verneinte man einen Vollzug, hinge die Wirksamkeit des Rechtsgeschäfts vom zufälligen Todeszeitpunkt des Schenkers – vor oder nach der Annahme des Begünstigten – ab. Anders verhält es sich, wenn der Erblasser den Zugang seiner Erklärung absichtlich bis nach seinem Tod verzögert hat. An einem Vollzug fehlt es in den Fällen der §§ 130 II, 153 allerdings auch, wenn die Erben des Schenkers dessen Erklärung zwischen seinem Tod und Zugang beim Empfänger gem § 130 I 2 **widerrufen.** Das Widerrufsrecht geht mit dem Tod des Erklärenden grds auf dessen Erben über. Entscheidend ist, ob diese rechtzeitig von der Erklärung Kenntnis erlangen. Bei fehlender Kenntnis der widerruflichen Erklärung des Erblassers kommt eine Deutung eines Verhaltens der Erben als Widerruf nach den Grundsätzen der Auslegung schlüssigen Verhaltens ohne Erklärungsbewusstsein aus Empfängersicht nicht in Betracht (BGH NJW 95, 953).

37 Schwierigkeiten bereitet auch die **Einschaltung von Mittelspersonen.** Der Schenker kann sich beim Vollzug des Schenkungsversprechens (uU auch bei dessen Erteilung selbst) verschiedener Dritter, insb Boten und Bevollmächtigter, bedienen (zB der Auftrag an einen Freund, die Erklärung zu übermitteln oder der Auftrag an die Bank, Wertpapiere oder ein Guthaben an den Begünstigten auszuhändigen). Bei der Einschaltung eines **Erklärungsboten** gelten die oben zu §§ 130 II, 153 dargelegten Grundsätze, da es sich lediglich um eine Übermittlungsmodalität der abgegebenen Erklärung handelt. Vollzug ist also zu bejahen, wenn der postmortale Zugang nicht beabsichtigt war (Brox ErbR Rn 748 ff) und die Erben nicht rechtzeitig widerrufen. Bedient sich der Schenker eines **Bevollmächtigten,** den er beauftragt die erforderlichen Handlungen vorzunehmen, kann in bestimmten Fällen ebenfalls davon ausgegangen werden, dass er alles seinerseits Erforderliche zur Bewirkung getan hat, Vollzug also gegeben ist – allerdings nur, wenn der Bevollmächtigte nach dem Tod die erforderlichen Handlungen wirksam vornimmt. Ohne dies genügt die bloße Vollmachterteilung für einen Vollzug noch nicht (aA Schlüter ErbR Rn 1252). Die Wertung ist hier parallel zu der bei §§ 130 II, 153 vorgenommenen (insofern nicht eindeutig BGHZ 87, 25). Der Auftrag darf aber nicht dahin gehend lauten, die Erklärungen erst nach dem Tod des Schenkers abzugeben, da dann der Vollzug vom Schenker bewusst verzögert wurde. Gleiches gilt, wenn die Vollmacht erst ab dem Tode gelten soll (sog postmortale Vollmacht, vgl

BGH NJW 88, 2732). Des Weiteren muss der Bevollmächtigte die Vollzugshandlungen vornehmen, bevor die Erben des Schenkers den zugrunde liegenden Auftrag oder die Vollmacht **widerrufen** haben. Die vom Erblasser erteilte (nicht postmortale) Vollmacht besteht zunächst nach dessen Tod fort (transmortale Vollmacht), §§ 672 S 1, 168 S 1. Sie kann aber von den Erben widerrufen werden, §§ 671 I, 168 S 1 oder 168 S 2. Die Widerrufsmöglichkeit für die Erben ist nicht abdingbar (BGH NJW 75, 382), setzt aber voraus, dass diese rechtzeitig Kenntnis erlangen.

Unter Berücksichtigung der dargestellten Regeln lässt sich auch der berühmte „**Bonifatiusfall**" (RGZ 83, 223 ff) sachgerecht lösen. Entgg der Auffassung des RG ist Vollzug der Schenkung iSd § 2301 II dort zu bejahen. Die Übereignungsofferte (wie das schuldrechtliche Angebot) wurde vom Schenker mittels eines Erklärungsboten abgegeben. Dieser überbrachte die Erklärung nach dem Tod des Erklärenden. Der Begünstigte konnte gem §§ 130 II, 153 die Offerte auch nach dem Tod des Schenkers noch annehmen. Ein Widerruf der Erbin ist nicht rechtzeitig zugegangen. Die Schenkung auf den Todesfall war also nach oben gesagtem (Rn 23 ff) vollzogen. Die Übereignung scheitert entgg der Auffassung des RG auch nicht am fehlenden „einig sein" iSd § 929. Hierfür ist nicht ein entspr Übereignungswille des Erben zZ der Übergabe erforderlich, sondern es kommt lediglich zum Ausdruck, dass das Übereignungsangebot bis zur Übergabe nicht widerrufen worden sein darf (insofern besteht heute wohl Einigkeit, vgl MK/Musielak § 2301 Rn 25). Dies ist aber durch die Erbin nicht erfolgt. 38

III. Einen besonders zu behandelnden Problemkreis im Zusammenhang mit § 2301 stellt der **Vertrag zugunsten Dritter auf den Todesfall** dar. Umstritten ist insb das Verhältnis der §§ 330, 331 zu § 2301, da hierdurch ebenfalls unentgeltliche Zuwendungen auf den Todesfall vorgenommen werden können. Im Einzelnen sind das Deckungsverhältnis zwischen Versprechendem (zB eine Bank) und Versprechensempfänger (Schenkendem), das Valutaverhältnis zwischen Versprechensempfänger und begünstigtem Dritten, sowie das Zuwendungsverhältnis zwischen Versprechendem und Dritten zu unterscheiden. Nach § 331 erwirbt der Dritte den Anspruch gegen den Versprechenden unmittelbar mit dem Tod des Versprechensempfängers, also ohne dass dieser Anspruch zuvor in den Nachlass fiele (zu Einzelheiten vgl §§ 328, 331). Oft handelt es sich bei dem zugewendeten Anspruch um eine Guthabenforderung (Anspruch aus § 700 I) gegen eine Bank (Einrichtung von Sparkonten auf den Namen des Begünstigten, BGHZ 46, 198 ff). 39

1. Mit dem Todesfall entsteht oft Streit zwischen den Erben und dem begünstigten Dritten darüber, wem der zugewendete Anspruch zusteht. Hierauf kommt es auch an, wenn Ansprüche auf Herausgabe des zugehörigen Sparbuchs geltend gemacht werden, denn dieses ist qualifiziertes Legitimationspapier gem § 808 I (BGHZ 28, 368). Daher steht das Eigentum am Sparbuch gem § 952 dem Inhaber der zugrunde liegenden Forderung gegen die Bank zu. Ob der durch den Vertrag zugunsten Dritter auf den Todesfall Begünstigte mit dem Tod des Versprechensempfängers gem § 331 Inhaber dieser Forderung geworden ist, hängt allein von der Wirksamkeit des Vertrags zwischen Versprechensempfänger und Versprechendem, also einem **wirksamen Deckungsverhältnis** ab. Aufgrund der Nähe zu den Schenkungen auf den Todesfall wird dessen Formbedürftigkeit diskutiert. 40

a) In der **Literatur** wird teilweise erwogen, das Deckungsverhältnis den erbrechtlichen Formerfordernissen, jedenfalls aber dem § 2301 zu unterstellen (Kipp-Coing ErbR § 81 V 2). Entscheidend wäre dann auch hier in den meisten Fällen, ob Vollzug iSv § 2301 II zu bejahen ist oder nicht. 41

b) Der **BGH** geht indessen in **gefestigter Rspr** davon aus, dass es sich beim Vertrag zugunsten Dritter auf den Todesfall um ein **Rechtsgeschäft unter Lebenden** handelt, das der Einhaltung erbrechtlicher Formen nicht bedarf (BGH NJW 04, 767). Das Deckungsverhältnis unterliege vielmehr allein dem Schuldrecht und sei, was sich direkt aus §§ 328, 331 ergebe, **grds formlos** wirksam. Eine evtl Formbedürftigkeit des Valutaverhältnisses sei für das Deckungsverhältnis bedeutungslos (zu allem BGHZ 41, 96; 46, 201; 54, 147; 66, 11; BGH NJW 84, 481; BGH ZEV 04, 119 f). Diese Möglichkeit der Zuwendung außerhalb erbrechtlicher Formen ergibt sich unmittelbar aus 42 dem Gesetz, dass eben neben § 2301 den § 331 vorsieht. Der Begünstigte erwirbt somit im Regelfall im Zeitpunkt des Todes des Versprechensempfängers unmittelbar und ohne Umweg über den Nachlass den Anspruch gegen den Versprechenden (und wird gem § 952 auch Eigentümer zB des Sparbuchs).

43 2. Ob der Begünstigte allerdings dauerhaft Inhaber des zugewendeten Anspruchs bleibt, hängt davon ab, ob es im **Valutaverhältnis** einen **wirksamen Rechtsgrund** für die Zuwendung gibt (BGHZ 46, 203; BGH NJW 84, 481). Andernfalls können die Erben die Leistung als rechtsgrundlos gem § 812 I 1 1. Alt herausverlangen. Als Rechtsgrund kommt nach der Rspr regelmäßig eine **Schenkung** des Versprechensempfängers an den begünstigten Dritten in Betracht, die ihrerseits **formwirksam** sein muss.

44 a) Ein solcher Schenkungsvertrag kann unmittelbar zwischen den Beteiligten zustande kommen, beispielsweise wenn der Schenker den Begünstigten noch zu Lebzeiten von der geplanten Zuwendung unterrichtet. Oft erfährt der Begünstigte aber erst mit dem Tod des Schenkers von der Zuwendung. In diesen Fällen konstruiert der BGH (zB NJW 75, 383) das **Zustandekommen** eines Schenkungsvertrages folgendermaßen: Bei Abschluss des Deckungsverhältnisses gibt der Versprechensempfänger seine Schenkungsofferte ab und beauftragt den Versprechenden (zB die Bank), diese Offerte nach seinem Tod als Bote an den Dritten zu übermitteln. Der Auftrag erlischt gem § 672 nicht mit dem Tod des Schenkers. Die Schenkungsofferte bleibt gem § 130 II ebenfalls wirksam und kann nach § 153 vom Begünstigten nach Übermittlung durch den Boten noch angenommen werden. Eine Erklärung ggü dem anderen Teil (bzw den Erben) ist nach § 151 entbehrlich (BGHZ 41, 97; 46, 204). Im Schrifttum wird diese Konstruktion zT heftig kritisiert (Kipp-Coing ErbR § 81 V mwN), überw aber befürwortet (MK/Gottwald § 331 Rn 6 mwN Fn 29).

45 b) Die soeben dargestellte Konstruktion des über §§ 130 II, 153 nach dem Tod des Erblassers übermittelten und angenommenen Schenkungsversprechens (unproblematisch verhält es sich, wenn dem Begünstigten die Erklärung noch zu Lebzeiten des Erblassers zugegangen ist), eröffnet den Erben die Möglichkeit des **Widerrufs** des Schenkungsangebots gem § 130 I 2 (vgl BGH NJW 75, 383 und o Rn 37). Dieses Recht kann nicht allein zulasten der Erben ausgeschlossen werden (BGH WM 76, 1132). Voraussetzung ist aber, dass der Widerruf erfolgt, bevor dem Begünstigten das Angebot des Erblassers zugegangen ist. Dass die Wirksamkeit des Valutaverhältnisses dann häufig vom Zufall abhängt, ob die Erben von dem Auftrag an die Bank, die Erklärung des Erblassers zu übermitteln, noch rechtzeitig erfahren, ist hinzunehmen (BGH NJW 75, 384). Dies entspricht im Übrigen der generellen Risikozuweisung bei der Rechtzeitigkeit eines Widerrufs. Wissen die Erben nichts von der Schenkungsofferte, können generelle Erklärungen nicht zulasten des Begünstigten als Widerruf ausgelegt werden (BGH NJW 95, 953). Bei einer **Mehrheit von Erben** gilt hins des Widerrufs § 2038. Daher muss der Widerruf idR von allen Miterben gemeinschaftlich erklärt werden. Dies gilt aber nicht ausnahmslos (insoweit zu undifferenziert Soergel/Wolf § 2301 Rn 24; offen gelassen vom BGH NJW 84, 481). Soweit die rechtzeitige Widerrufsausübung gefährdet erscheint, ist aufgrund des Notverwaltungsrechts des § 2038 I 2 2. Halbs jedem Miterben der Widerruf zu gestatten (ausf § 2040 Rn 4).

46 c) Als Schenkung unter Lebenden unterliegt das Valutaverhältnis der **Form des** § 518 I. Zwar wird es an deren Einhaltung häufig mangeln, jedoch erwirbt der Begünstigte beim Vertrag zugunsten Dritter auf den Todesfall den Anspruch unmittelbar mit dem Tod des Versprechensempfängers. Daher ist mit dem Tod die versprochene Leistung bewirkt und ein möglicher Formmangel regelmäßig gem § 518 II geheilt (vgl nur BGHZ 41, 96; BGH NJW 84, 481).

47 3. Ist das Valutaverhältnis wirksam, können die Erben den zugewendeten Anspruch nicht nach § 812 herausverlangen. Allenfalls kommen in diesem Fall **Ansprüche aus** § 2287 oder § 2325 in Betracht, die indes nicht häufig gegeben sein werden.

§ 2302 Unbeschränkbare Testierfreiheit

Ein Vertrag, durch den sich jemand verpflichtet, eine Verfügung von Todes wegen zu errichten oder nicht zu errichten, aufzuheben oder nicht aufzuheben, ist nichtig.

I. Die Vorschrift **bezweckt den Schutz der Testierfreiheit**. Bindungen des Erblassers in Bezug auf seine Verfügungen von Todes wegen lässt das Gesetz in begrenztem Umfang nur in zwei Fällen zu, nämlich beim Erbvertrag und beim gemeinschaftlichen Testament (vgl §§ 2271 II 1, 2289 I 2). Durch die in § 2302 angeordnete Nichtigkeitsfolge werden schuldrechtliche Beschränkungen der Testierfreiheit verhindert. 1

II. 1. Tatbestandlich fallen unter die Vorschrift neben Verpflichtungen, eine bestimmte Verfügung von Todes wegen zu errichten oder zu unterlassen, auch die Verpflichtung, eine bestimmte Form zu wählen, der Verfügung einen bestimmten Inhalt zu geben, eine Verfügung aufzuheben oder dies zu unterlassen, oder die Verpflichtung, auf erbvertragliche Aufhebungs- oder Rücktrittsrechte zu verzichten. 2

2. Die Vorschrift gilt **entspr** für Auflagen des Erblassers, durch die die Testierfreiheit anderer beschränkt wird, zB die Auflage zulasten des Bedachten, selbst eine bestimmte Verfügung von Todes wegen vorzunehmen. Zu unterscheiden hiervon ist die zulässige **Bedingung** einer Zuwendung dahin gehend, dass der Bedachte seinerseits eine bestimmte Person bedenkt (BGH WM 71, 1510). Hierdurch wird nicht die Testierfreiheit des Bedachten eingeschränkt, sondern die ursprüngliche Zuwendung selbst. 3

3. Nicht erfasst ist ferner die schuldrechtliche Verpflichtung, eine Erbschaft auszuschlagen. Erfolgt diese Verpflichtung ggü dem Erblasser, so ist sie ein nach § 2348 formbedürftiger Erbverzicht. Erfolgt sie ggü Dritten, kann sie gem § 311 b IV nichtig oder formbedürftig sein. 4

4. Die von der Vorschrift angeordnete **Rechtsfolge** ist die Nichtigkeit der gesamten Vereinbarung inkl etwaiger Gegenleistungsversprechen. Gleiches gilt für verbundene Vertragsstrafeversprechen, § 344. Ein Schadensersatzanspruch ist grds ausgeschlossen (BGH NJW 67, 1126). Das nach der Vorschrift unwirksame Versprechen kann Geschäftsgrundlage eines anderen Rechtsgeschäfts sein (BGH NJW 77, 950) und bei Nichteinhaltung zur Änderung dessen Inhalts gem § 313 führen. 5

5. In Betracht kommt auch eine **Umdeutung** gem § 140, zB der Verpflichtung, die gemeinschaftlichen Kinder als Erben einzusetzen, in eine entspre Erbeinsetzung. 6

Abschnitt 5
Pflichtteil

§ 2303 Pflichtteilsberechtigte; Höhe des Pflichtteils

(1) ¹Ist ein Abkömmling des Erblassers durch Verfügung von Todes wegen von der Erbfolge ausgeschlossen, so kann er von dem Erben den Pflichtteil verlangen. ²Der Pflichtteil besteht in der Hälfte des Wertes des gesetzlichen Erbteils.

(2) ¹Das gleiche Recht steht den Eltern und dem Ehegatten des Erblassers zu, wenn sie durch Verfügung von Todes wegen von der Erbfolge ausgeschlossen sind. ²Die Vorschrift des § 1371 bleibt unberührt.

I. Die Vorschrift bestimmt den Kreis der **Pflichtteilsberechtigten** und die **Höhe** des Pflichtteils. Sie nennt damit Voraussetzungen und Rechtsfolge des aus dem Pflichtteilsrecht entspringenden Pflichtteilsanspruchs (zur Unterscheidung von Pflichtteilsanspruch und Pflichtteilsrecht vgl § 2317 Rn 1). 1

II. 1. Voraussetzungen eines Pflichtteilsanspruchs sind neben dem Eintritt des Erbfalls die Berufung zur gesetzlichen Erbfolge, der Ausschluss hiervon durch Verfügung von Todes wegen sowie die Zugehörigkeit zum Kreis der Pflichtteilsberechtigten. 2

a) Der von Abs 1 vorausgesetzte Ausschluss von der Erbfolge erfordert, dass der Anspruchsteller **zur gesetzlichen Erbfolge berufen** war. Ein Pflichtteilsanspruch scheidet aus, wenn der Betroffene auf sein gesetzliches Erbrecht verzichtet hat (§ 2346) oder 3 von dessen Wirkung betroffen wird (§ 2349), für erbunwürdig erklärt ist (§§ 2339 ff) oder wenn das gesetzliche Ehegattenerbrecht nach § 1933 ausgeschlossen ist.

4 b) Von dieser gesetzlichen Erbfolge muss der Betroffene **durch Verfügung von Todes wegen ausgeschlossen** worden sein. Dies geschieht durch Enterbung iSd § 1938, die ausdrücklich oder konkludent angeordnet werden kann. Auch die Einsetzung als bloßer Ersatzerbe stellt eine Enterbung dar. Bei Einsetzung als Vor- oder Nacherbe sowie bei sonstigen Beschränkungen gilt § 2306 (vgl dort). Bei Bedenkung mit einem Vermächtnis gilt § 2307. Außerhalb dieser Regelungen ist bei Ausschlagung des nicht enterbten Berechtigten mit Ausn des in § 1371 III geregelten Falles ein Pflichtteilsanspruch nicht gegeben.

5 c) Der Anspruchsteller muss zu den **Pflichtteilsberechtigten** gehören. Zu diesen zählen nach Abs 1 und 2 der Vorschrift die Abkömmlinge, die Eltern und der Ehegatte des Erblassers. Entferntere Abkömmlinge und die Eltern werden aber unter den Voraussetzungen des § 2309 vom Pflichtteilsrecht ausgeschlossen.

6 aa) **Abkömmlinge** sind die Personen, die mit dem Erblasser in gerader absteigender Linie verwandt sind (vgl § 1589 S 1), also Kinder, Enkel usw. Bei nichtehelichen Kindern ist dies nach Auffassung des Gesetzes im Verhältnis zur Mutter seit jeher, im Verhältnis zum Vater erst seit dem In-Kraft-Treten des NEhelG (1.7.70) der Fall (sofern sie ab dem 1.7.49 geboren sind, Art 12 § 10 NEhelG). Grds ist das nichteheliche Kind somit beim Tod der Mutter wie beim Tod des Vaters als Abkömmling iSd § 1589 S 1 pflichtteilsberechtigt. Eine andere Frage ist es, ob ein Mann als Vater eines nichtehelichen Kindes anzusehen ist. Dies richtet sich nach § 1592 (idF des KindRG v 16.12.97 – BGBl I 2942). Erforderlich ist also die Anerkennung der Vaterschaft gem §§ 1592 Nr 2, 1594 ff oder deren gerichtliche Feststellung gem § 1592 Nr 3 iVm § 1600 d bzw §§ 169 ff FamFG.

7 bb) Pflichtteilsberechtigt sind gem § 2303 II 1 auch die **Eltern** des Erblassers. Hierzu gehört unter den Voraussetzungen des § 1592 Nr 2 und 3 auch der Vater eines nichtehelichen Kindes. Die Pflichtteilsberechtigung der Eltern ist allerdings durch § 2309 eingeschränkt.

8 cc) Letztlich ist gem Abs 2 S 1 auch der **Ehegatte** pflichtteilsberechtigt.

9 Vorausgesetzt wird, dass beim Erbfall noch eine **rechtsgültige Ehe** bestanden hat. Ein Pflichtteilsrecht ist nicht gegeben, wenn die Ehe nichtig (§§ 16 ff EheG), aufgehoben (§§ 28 ff EheG) oder rechtskräftig geschieden (§ 1564) war. Im Falle der Scheidung geht der Unterhaltsanspruch des Ehegatten gem § 1586 b mit dem Tod des Verpflichteten auf den Erben als Nachlassverbindlichkeit über.

10 Stirbt der Ehegatte vor Rechtskraft der Scheidungsurt, ist das Verfahren gem § 131 FamFG als erledigt anzusehen. Die Ehe bleibt rechtsgültig. **Trotz bestehender Ehe** entfällt das Pflichtteilsrecht des Ehegatten in diesem Fall jedoch dann, wenn dieser sein Erbrecht gem § 1933 verloren hat, da der dort angeordnete Verlust des Erbrechts kein Ausschluss von der Erbfolge iSd § 2303 I 1 ist.

11 **Besonderheiten** bestehen aber bei der **Zugewinngemeinschaft**, da Abs 2 S 2 die Vorschriften des § 1371 unberührt lässt. Dies führt zum einen dazu, dass die Ausschlagung der Erbschaft in Abweichung von der allg Regel gem § 1371 III nicht auch zum Verlust des Pflichtteilsrechts führt (so Rn 4). Der Ehegatte kann hier vielmehr neben dem Zugewinnausgleich (vgl § 1371 II, III) den sog kleinen Pflichtteil (also ausgehend von dem nicht nach § 1371 I erhöhten gesetzlichen Erbteil) verlangen. Gleiches gilt, wenn der Ehegatte enterbt wurde. Nach § 1371 II steht ihm dann Ausgleich des Zugewinns und der kleine Pflichtteil zu. Ein Wahlrecht zugunsten des großen Pflichtteils (ausgehend vom gem § 1371 I erhöhten gesetzlichen Erbteil) wird ihm von der hM nicht gewährt (BGHZ 42, 182 – Einheitstheorie im Ggs zur abgelehnten Wahltheorie). Wird der Ehegatte Erbe, so ist, soweit es darauf ankommt (zB bei §§ 2305, 2306, 2307, 2318, 2319, 2325, 2329), vom sog großen Pflichtteil auszugehen. Dieser bestimmt sich nach dem durch § 1371 I erhöhten gesetzlichen Erbteil. Bedeutung kommt der Regelung in § 1371 I ferner bei der Berechnung der Quote sonstiger Pflichtteilsberechtigter zu (vgl dazu u Rn 12).

d) Die **Pflichtteilsquote**, also die Höhe des Pflichtteils, ergibt sich gem Abs 1 S 2 aus **12** der Halbierung des gesetzlichen Erbteils. Dieser ist für jeden Berechtigten gesondert zu bestimmen und richtet sich grds nach §§ 1924, 1925, bei Ehegatten nach § 1931 iVm § 1371. Zu beachten ist des Weiteren § 2310. Besonderheiten gibt es auch beim Vorhandensein von Ehegatten. Schlagen diese die Erbschaft aus oder sind sie enterbt, steht ihnen nach § 1371 II, III neben dem Anspruch auf Zugewinnausgleich der **kleine Pflichtteil** zu. Dieser berechnet sich nach dem nicht durch § 1371 I erhöhten gesetzlichen Erbteil des § 1931. Der kleine Pflichtteil des Ehegatten beträgt somit neben Abkömmlingen 1/8, neben Eltern des Erblassers 1/4. Für die Pflichtteilsquote der anderen Berechtigten ist in diesem Fall ebenfalls von einem nicht erhöhten gesetzlichen Erbteil des Ehegatten auszugehen, so dass Abkömmlingen ein Pflichtteil iHv insgesamt 3/8, Eltern iHv insgesamt 1/4 zusteht. Wird der Ehegatte Erbe, erhöht sich sein gesetzlicher Erbteil gem § 1371 I um 1/4. Seine Pflichtteilsquote erhöht sich also neben Abkömmlingen auf 1/4, neben Eltern auf 3/8 (jeweils die Hälfte des aus § 1931 I und § 1371 I addierten gesetzlichen Erbteils – sog **großer Pflichtteil**). Dies wird, da der Ehegatte ja Erbe ist, mit Ausn der o in Rn 11 genannten Fälle für ihn selbst praktisch kaum bedeutsam, hat aber Auswirkungen auf die Höhe des Pflichtteils sonstiger Berechtigter (inzwischen nicht mehr str, BGHZ 37, 58 ff). Abkömmlinge haben daher nur einen Pflichtteil iHv insgesamt 1/4, Eltern von insgesamt 1/8.

2. Der Vorschrift entspringt mit dem Tod des Erblassers (§ 2317) der **Pflichtteilsan- 13 spruch.** Dieser ist eine gewöhnliche schuldrechtliche Geldforderung, deren Höhe sich aus der Pflichtteilsquote und dem nach §§ 2311 ff zu bestimmenden Nachlasswert und -bestand ergibt. Schuldner des Anspruchs ist der Erbe oder die Miterben. Der Anspruch ist Nachlassverbindlichkeit, für die zum Teil besondere Vorschriften gelten (§§ 1972, 1974 II, 1991 IV).

§ 2304 Auslegungsregel

Die Zuwendung des Pflichtteils ist im Zweifel nicht als Erbeinsetzung anzusehen.

I. Wendet der Erblasser durch letztwillige Verfügung einem Pflichtteilsberechtigten den **1** Pflichtteil zu, kann dadurch dreierlei gewollt sein: eine Erbeinsetzung, eine Enterbung unter bloßer Verweisung auf den Pflichtteil oder eine Vermächtnisanordnung. Die Vorschrift stellt für diesen Fall eine von § 2087 I abweichende **Auslegungsregel** dar und besagt, dass jedenfalls eine Erbeinsetzung im Zweifel nicht anzunehmen ist.

II. 1. Bei Zuwendung des Pflichtteils kommt jede der **drei** genannten **Alternativen** in **2** Betracht.

a) In der Zuwendung kann eine **Erbeinsetzung** des Begünstigten auf die Pflichtteilsquo- **3** te liegen. Dies würde mangels Enterbung iSd § 2303 einen Pflichtteilsanspruch ausschließen. Der Eingesetzte wäre vielmehr Erbe mit allen daraus resultierenden Rechten und Pflichten. Insb läge – anders als beim Pflichtteilsanspruch – eine dingliche Mitberechtigung am Nachlass vor, und es wären Mitverwaltungsrechte gegeben. Bei Einsetzung auf die Pflichtteilsquote scheidet auch ein Anspruch auf den Zusatzpflichtteil gem § 2305 aus, da die Hälfte des gesetzlichen Erbteils naturgemäß erreicht wird. Zusätzlich angeordnete Beschränkungen oder Beschwerungen gelten gem § 2306 I 1 als nicht angeordnet.

b) Anderseits kann die Zuwendung aber auch das Gegenteil, nämlich eine **Enterbung 4** unter Verweis auf den gesetzlichen Pflichtteilsanspruch, darstellen. In diesem Fall gelten ohne Besonderheiten die §§ 2303 ff.

c) Letztlich kommt die **Anordnung eines Vermächtnisses in Höhe des Pflichtteils** in Be- **5** tracht. Bedeutsam ist die Unterscheidung ua deshalb, weil beim Pflichtteilsanspruch eine einseitige Ausschlagung nicht möglich ist, während dies beim Vermächtnis nach § 2180 sehr wohl der Fall ist. Nach § 2307 kann der Bedachte bei Ausschlagung des Vermächtnisses sogar auf den Pflichtteil zurückgreifen (zu weiteren Unterschieden vgl MK/Lange § 2304 Rn 12).

§ 2305

6 2. Welche der Alternativen tatsächlich vorliegt, ist im Einzelfall durch **Auslegung** zu ermitteln. Erst wenn diese zu keinem eindeutigen Ergebnis führt, greift die Zweifelsregel des § 2304.

7 a) Für eine **Erbeinsetzung** spricht es, wenn der Erblasser den Begünstigten dinglich am Nachlass beteiligen und ihm insb Mitverwaltungsrechte einräumen wollte. Liegt eine notarielle letztwillige Verfügung vor, so ist der Wortlaut ein starkes Indiz.

8 b) Bei nach der Auslegung verbleibenden **Zweifeln** ist nach § 2304 **nicht von einer Erbeinsetzung auszugehen**, sondern von einer schlichten **Pflichtteilsverweisung**.

9 c) Nicht von der Auslegungsregel erfasst ist die Abgrenzung zwischen Pflichtteilsverweisung und **Vermächtnis**, da die Vorschrift lediglich negativ das Vorliegen einer Erbeinsetzung ausschließt. Mangels deutlicher anderweitiger Anhaltspunkte sollte aber auch hier idR von einer Pflichtteilsverweisung ausgegangen werden. Die Abgrenzung nach einem „gewährenden" oder „beschränkenden" Willen des Erblassers hilft häufig nicht weiter, da die Pflichtteilsverweisung für den Begünstigten auch günstiger sein kann als die Vermächtnisanordnung.

10 3. Besonderheiten gelten iR der **Zugewinngemeinschaft**.

11 a) Ist der Ehegatte **enterbt** und nicht mit einem Vermächtnis bedacht, kann er gem § 1371 II nur Zugewinnausgleich und den kleinen Pflichtteil verlangen (vgl o § 2303 Rn 11), ein Wahlrecht zugunsten des großen Pflichtteils steht ihm nicht zu.

12 b) Wird dem Ehegatten hingegen der **kleine Pflichtteil** als Erbschaft oder Vermächtnis **zugewendet**, kann er einmal nach § 1371 III ausschlagen und Zugewinnausgleich und kleinen Pflichtteil verlangen. Über §§ 2305, 2307 I 2 („soweit") kann er aber auch den Pflichtteilsrestanspruch bis zur Höhe des großen Pflichtteils (also ausgehend vom gem § 1371 II erhöhten gesetzlichen Erbteil) geltend machen, da keiner der Fälle des § 1371 II, III gegeben ist.

13 c) Die **Abgrenzung** zwischen Pflichtteilsverweisung, Erbeinsetzung und Vermächtnisanordnung erlangt daher große Bedeutung. Denn die Möglichkeit den großen Pflichtteil zu erlangen ist dem Ehegatten im Falle der bloßen Pflichtteilsverweisung verwehrt, besteht aber über § 2305 in den anderen Fällen.

14 aa) Wird dem Ehegatten **ausdrücklich** nur der **kleine Pflichtteil** zugewendet, ist idR von einer bloßen Pflichtteilsverweisung mit den geschilderten Konsequenzen auszugehen. Hins der nicht anzunehmenden Erbeinsetzung greift die Auslegungsregel des § 2304. Ein Vermächtnis ist grds ebenfalls nicht anzunehmen, da bei ausdrücklicher Benennung des kleinen Pflichtteils die Annahme fern liegt, der Erblasser habe dem Begünstigten Zugang auch zum großen Pflichtteil ermöglichen wollen. Liegt ausnahmsweise ein Vermächtnis vor, kann nach § 2307 I 2 die Differenz bis zum großen Pflichtteil verlangt werden. Liegt – noch seltener – Erbeinsetzung vor, ergibt sich der Pflichtteilsrestanspruch aus § 2305.

15 bb) **Schwierigkeiten** entstehen, wenn dem Ehegatten schlicht der „Pflichtteil" zugewendet wird. Hier soll idR Vermächtnis des großen Pflichtteils anzunehmen sein (Palandt/Weidlich § 2304 Rn 3). Allg Auslegungsregeln lassen sich indes nicht aufstellen. Eine Pflichtteilsverweisung wird jedoch regelmäßig ausscheiden. Liegt ein Vermächtnis des großen Pflichtteils vor, kann der Ehegatte auch ausschlagen und gem § 1371 III den kleinen Pflichtteil und den Zugewinnausgleich verlangen.

§ 2305 Zusatzpflichtteil

¹Ist einem Pflichtteilsberechtigten ein Erbteil hinterlassen, der geringer ist als die Hälfte des gesetzlichen Erbteils, so kann der Pflichtteilsberechtigte von den Miterben als Pflichtteil den Wert des an der Hälfte fehlenden Teils verlangen. ²Bei der Berechnung des Wertes bleiben Beschränkungen und Beschwerungen der in § 2306 bezeichneten Art außer Betracht.

1 I. Die Vorschrift regelt den **Pflichtteilsrestanspruch**, der – nicht ganz zutreffend – auch als Zusatzpflichtteil bezeichnet wird (nicht zu verwechseln aber mit dem Pflichtteilsergänzungsanspruch des § 2325). Sie will dem Berechtigten einen Wertzuwachs in Höhe des Pflichtteils auch garantieren, wenn dieser zwar nicht enterbt ist, jedoch als Erbe weniger erhält als durch den Pflichtteilsanspruch im Falle der Enterbung.

II. 1. Dem Pflichtteilsberechtigten muss ein **unbeschränkter und unbeschwerter Erbteil** hinterlassen worden sein. Bei Beschränkungen oder Beschwerungen greift § 2306, bei einem Vermächtnis statt eines Erbteils § 2307 ein. Gilt eine Beschränkung oder Beschwerung nach § 2306 I 1 als nicht angeordnet, kann der Erbe die Differenz zur Hälfte des gesetzlichen Erbteils als Pflichtteilsrestanspruch geltend machen.

2. Der Erbteil muss **geringer als die Hälfte des gesetzlichen Erbteils** sein. Darunter wird der Pflichtteil verstanden, der sich unter Beachtung der Anrechnungs- und Ausgleichungspflichten der §§ 2315, 2316 ergibt. Die Vorschrift bezweckt, dass der Berechtigte wertmäßig jedenfalls den Pflichtteil erhält.

3. Im Falle der **Annahme** der unzureichenden Erbschaft kann der Erbe zusätzlich den Pflichtteilsrestanspruch aus § 2305 verlangen. Der Anspruch ist echter Pflichtteilsanspruch. Er ist Nachlassverbindlichkeit und gem § 2046 gegen die übrigen Miterben geltend zu machen.

4. Im Falle der **Ausschlagung** der unzureichenden Erbschaft kann der Erbe nicht den vollen Pflichtteilsrestanspruch geltend machen. Es steht ihm nur noch der Pflichtteilsrestanspruch zu (BGH NJW 73, 995). Bei einem Irrtum über diese Rechtsfolge kann der Erbe nach hM die Ausschlagungserklärung nicht nach § 119 anfechten (bloßer Rechtsfolgeirrtum).

5. Besonderheiten gelten bei der **Zugewinngemeinschaft**. Bei Annahme der Erbschaft führt der Pflichtteilsrestanspruch zur Ergänzung bis zum großen Pflichtteil (also ausgehend vom nach § 1371 I erhöhten gesetzlichen Erbteil). Schlägt der Ehegatte indes die unzureichende Erbschaft aus, kann er aufgrund der Regelung in § 1371 III den (vollen) kleinen Pflichtteil aus § 2303 neben dem Zugewinnausgleich verlangen.

6. Bei der Berechnung des Zusatzpflichtteils bleiben nunmehr im Gleichlauf mit § 2307 Beschränkungen und Beschwerungen unberücksichtigt. Der Anspruchsberechtigte erhält somit künftig netto weniger als bisher, da der angenommene Erbteil damit belastet bleibt und dies nicht durch einen erhöhten Zusatzpflichtteil ausgeglichen wird. Er hat jedoch gem § 2306 I die Möglichkeit diesen Erbteil auszuschlagen und den vollständigen Pflichtteil zu verlangen.

§ 2306 Beschränkungen und Beschwerungen

(1) Ist ein als Erbe berufener Pflichtteilsberechtigter durch die Einsetzung eines Nacherben, die Ernennung eines Testamentsvollstreckers oder eine Teilungsanordnung beschränkt oder ist er mit einem Vermächtnis oder einer Auflage beschwert, so kann er den Pflichtteil verlangen, wenn er den Erbteil ausschlägt; die Ausschlagungsfrist beginnt erst, wenn der Pflichtteilsberechtigte von der Beschränkung oder der Beschwerung Kenntnis erlangt.

(2) Einer Beschränkung der Erbeinsetzung steht es gleich, wenn der Pflichtteilsberechtigte als Nacherbe eingesetzt ist.

I. Zweck der Vorschrift ist es, dem Pflichtteilsberechtigten die gesetzlich vorgesehene **Mindestbeteiligung** am Nachlass zu garantieren. Wird der Berechtigte als Erbe eingesetzt, steht ihm grds mangels Enterbung kein Pflichtteilsanspruch gem § 2303 zu. Selbst wenn die Erbeinsetzung quotenmäßig höher als die Hälfte des gesetzlichen Erbteils ist, besteht jedoch die Gefahr, dass der Erbe aufgrund der Anordnung von Beschwerungen und Beschränkungen wertmäßig iErg weniger als den Pflichtteil erhält.

Durch das Gesetz zur Änderung des Erb- und Verjährungsrechts (dazu Vor §§ 1922– 2385 Rn 10) ist dem Erben ein generelles Wahlrecht eingeräumt worden. Während die frühere Regelung danach differenzierte, ob der hinterlassene Erbteil größer war als die Hälfte des gesetzlichen Erbrechts (dann Pflichtteil nur durch Ausschlagung) oder darunter lag (dann galten die Beschränkungen und Beschwerungen als nicht angeordnet), so spielt die Höhe des hinterlassenen Erbteils in diesem Zusammenhang keine Rolle mehr (Leipold Rn 824 b). Der Erbe kann nunmehr entweder den Erbteil mit allen Beschränkungen oder Beschwerungen annehmen oder den Erbteil ausschlagen und dennoch den Pflichtteil verlangen (de Leve ZEV 10, 184). Schlägt er nicht aus, so kann der Erbe unter den entspr Voraussetzungen den Zusatzpflichtteil gem § 2305 verlangen. Der Anspruch aus § 2305 bleibt also unberührt.

3 **II. 1. Die Voraussetzungen** sind durch die Neufassung der Vorschrift erheblich vereinfacht worden, da es auf die **Größe des hinterlassenen Erbteils** nicht mehr entscheidend ankommt

4 Erforderlich ist, dass die Erbeinsetzung des Pflichtteilsberechtigten unter Anordnung einer der in der Vorschrift abschließend aufgezählten Beschränkungen oder Beschwerungen vorgenommen worden ist.

5 a) Durch Berufung zum Vorerben und die Ernennung eines Testamentsvollstreckers ist der Erbe **immer beschränkt**. Gleiches gilt kraft der Gleichstellung in Abs 2 bei der Berufung zum Nacherben. Die bedingte Nacherbeneinsetzung stellt indes eine Enterbung dar (u Rn 6). Eine Teilungsanordnung stellt nur bei **Benachteiligung** des Erben eine Beschränkung iSd Vorschrift dar. Als Beschwerungen kommen allein Vermächtnis und Auflage in Betracht.

6 b) Aufgrund der **abschließenden** Funktion der Aufzählung ist die Vorschrift in anderen als den genannten Fällen nicht anwendbar. Dies gilt namentlich für familienrechtliche Anordnungen (etwa §§ 1418 II Nr 2, 1638 I) oder Beschränkungen nach §§ 2333 ff, 2338. Die Einsetzung als Schlusserbe (§ 2269), Ersatzerbe (§ 2096) oder bedingter Nacherbe ist indes als schlichte Enterbung anzusehen, mit der Folge, dass der Betroffene ohne weiteres den Pflichtteil nach § 2303 verlangen kann. Dies kann insb bei der Schlusserbeneinsetzung zu ungewollten Ergebnissen führen (vgl § 2269 Rn 14 – auch zu den Lösungswegen).

7 **2. Die Rechtsfolge** ist ein generelles Wahlrecht des Erben, entweder den Erbteil mit allen Beschränkungen oder Beschwerungen anzunehmen oder den Erbteil auszuschlagen und dennoch den Pflichtteil zu verlangen. Die generelle Einräumung kann für den Erben auch nachteilig sein, wenn sein Erbteil kleiner als bzw gleich groß wie der Pflichtteil ist.

8 a) Ob eine **Annahme** sinnvoll ist, hängt davon ab, wie stark die angeordneten Beschwerungen und Beschränkungen den Erben wirtschaftlich tatsächlich belasten.

9 b) Neben § 1944 gilt Abs 1 S 2. Halbs für die **Ausschlagungsfrist**. Sie beginnt nicht, bevor der Erbe Kenntnis von den Beschwerungen und Beschränkungen hat. Eine irrige Annahme derartiger Belastungen schiebt allerdings die Ausschlagungsfrist nicht hinaus (BGHZ 112, 229). Ferner ist Kenntnis des Erben davon erforderlich, dass die Zuwendung die Hälfte des gesetzlichen Erbteils übersteigt, was evtl Kenntnis von Anrechnungs- und Ausgleichungspflichten nach §§ 2315, 2316 einschließt. Zur Anfechtung der Ausschlagung vgl § 2308.

10 c) **Rechtsfolge** der Ausschlagung ist gem § 1953 II, dass dem Nächstberufenen die Erbschaft anfällt. Beschränkungen und Beschwerungen bleiben grds erhalten (vgl §§ 2161, 2192). Der Pflichtteilsanspruch des Ausschlagenden richtet sich im Außenverhältnis als Nachlassverbindlichkeit gegen alle Erben (§ 2058). Im Innenverhältnis hat indes der aufgrund der Ausschlagung eintretende Miterbe in Höhe des erlangten Vorteils die Pflichtteilslast allein zu tragen (§ 2320). Die ihn treffenden Vermächtnisse oder Auflagen kann er zu diesem Zwecke gem § 2322 soweit kürzen, dass ihm der zur Deckung der Pflichtteilslast erforderliche Betrag verbleibt. Schlägt ein in Zugewinngemeinschaft lebender Ehegatte aus, kann er gem § 1371 II, III neben dem (kleinen) Pflichtteil Ausgleich des Zugewinns verlangen.

§ 2307 Zuwendung eines Vermächtnisses

(1) ¹Ist ein Pflichtteilsberechtigter mit einem Vermächtnis bedacht, so kann er den Pflichtteil verlangen, wenn er das Vermächtnis ausschlägt. ²Schlägt er nicht aus, so steht ihm ein Recht auf den Pflichtteil nicht zu, soweit der Wert des Vermächtnisses reicht; bei der Berechnung des Wertes bleiben Beschränkungen und Beschwerungen der in § 2306 bezeichneten Art außer Betracht.

Abschnitt 5 | Pflichtteil § 2307

(2) ¹Der mit dem Vermächtnis beschwerte Erbe kann den Pflichtteilsberechtigten unter Bestimmung einer angemessenen Frist zur Erklärung über die Annahme des Vermächtnisses auffordern. ²Mit dem Ablauf der Frist gilt das Vermächtnis als ausgeschlagen, wenn nicht vorher die Annahme erklärt wird.

I. Die Vorschrift bezweckt wie §§ 2305, 2306 dem Pflichtteilsberechtigten wertmäßig eine **Mindestbeteiligung** am Nachlass zu garantieren. Er muss sich nicht mit einem Vermächtnis zufrieden geben, sondern kann bei Ausschlagung den vollen Pflichtteil verlangen. 1

II. 1. Ist ein Pflichtteilsberechtigter mit einem **Vermächtnis** bedacht, gewährt die Vorschrift ihm das Wahlrecht bei Ausschlagung des Vermächtnisses den vollen Pflichtteil zu verlangen. Im Unterschied zu § 2306 spielt es keine Rolle, ob das Vermächtnis den Pflichtteil wertmäßig unterschreitet oder übersteigt und ob Beschränkungen oder Beschwerungen angeordnet sind. Die Tatsache, dass dem Pflichtteilsberechtigten ein Vermächtnis zugewendet wird, genügt. 2

2. Die Vorschrift gewährt dem pflichtteilsberechtigten Vermächtnisnehmer ein **Wahlrecht**. 3

a) Gem Abs 1 S 1 kann der Berechtigte den Pflichtteil verlangen, wenn er das Vermächtnis **ausschlägt** (zur Ausschlagung vgl § 2180). Es entsteht ein Anspruch auf den vollen Pflichtteil iSv § 2303. Im Rahmen der Zugewinngemeinschaft kann der Ehegatte neben dem kleinen Pflichtteil gem § 1371 II Ausgleich des Zugewinns verlangen. 4

b) Bei **Annahme** des Vermächtnisses steht dem Pflichtteilsberechtigten gem Abs 1 S 2 kein Pflichtteilsanspruch zu, soweit der Wert des Vermächtnisses reicht. Es kann also lediglich ein Pflichtteilsrestanspruch gem § 2305 in Höhe des zum Pflichtteil fehlenden Betrags geltend gemacht werden. Bei der Zugewinngemeinschaft ist gem § 1371 I der große Pflichtteil maßgeblich. Im Übrigen werden bei der Berechnung des Wertes des Vermächtnisses gem Abs 2 S 2. Halbs Beschränkungen und Beschwerungen nicht berücksichtigt. Dies gilt abw von § 2306 I 1 auch dann, wenn das Vermächtnis den Pflichtteil unterschreitet (krit MK/Lange § 2307 Rn 1). Der Bedachte kann aber in diesem Fall immer das Vermächtnis ausschlagen und den vollen Pflichtteil verlangen, weshalb die Regelung iErg nicht unbillig ist. Aus demselben Grund ist eine Anordnung des Erblassers zulässig, die die Geltendmachung eines Restpflichtteils bei Annahme des Vermächtnisses ausschließt (Vermächtnis anstatt des Pflichtteils). Ein aufschiebend bedingtes Vermächtnis wird von der hM wie ein beschränktes Vermächtnis behandelt (OLG Oldenburg NJW 91, 988), wird also bei Annahme voll angerechnet. Überzeugender erscheint aufgrund des ungewissen Bedingungseintritts den Vermächtnisnehmer entspr dem bedingten Nacherben so zu behandeln, als sei ihm nichts zugewendet. Er kann dann den vollen Pflichtteil geltend machen und muss sich diesen im Falle des Bedingungseintritts auf das dann erworbene Vermächtnis anrechnen lassen. 5

3. Besonderheiten ergeben sich, wenn der Pflichtteilsberechtigte zugleich **Erbe und Vermächtnisnehmer** ist. 6

a) Wird ein **unbelasteter Erbteil** zugewendet, der den Pflichtteil erreicht oder übersteigt, scheidet ein Pflichtteilsanspruch von vornherein aus. Ist der Erbteil hingegen geringer, steht dem Erben der Pflichtteilsrestanspruch aus § 2305 zu, auf den allerdings das Vermächtnis gem § 2307 I 2 anzurechnen ist. Bei Ausschlagung des Vermächtnisses kann über § 2307 I 1 der volle Pflichtteilsrestanspruch geltend gemacht werden. 7

b) Ist der neben dem Vermächtnis hinterlassene Erbteil mit **Beschränkungen oder Beschwerungen** belastet, ergeben sich die Rechtsfolgen aus der Kombination von §§ 2306, 2307. 8

aa) **Übersteigt** der hinterlassene belastete Erbteil den Pflichtteil, kann dieser gem § 2306 I 2 nur verlangt werden, wenn der Erbteil ausgeschlagen wird. Das Vermächtnis ist allerdings auf den Pflichtteil anzurechnen (§ 2307 I 2), es sei denn, es wird ebenfalls ausgeschlagen (§ 2307 I 1). Nur bei dieser doppelten Ausschlagung kann der volle Pflichtteil geltend gemacht werden. Eine isolierte Ausschlagung des Vermächtnisses bringt indes keinen Vorteil. 9

10 **bb)** Ist der hinterlassene belastete Erbteil **kleiner als oder gleich** dem Pflichtteil ist immer zusätzlich das Vermächtnis zu berücksichtigen. Ein Fortfall der Beschränkungen oder Beschwerungen gem § 2306 I 1 kommt nicht in Betracht, wenn der Pflichtteil unter Hinzurechnung des Vermächtnisses überstiegen wird. Bei Ausschlagung des Vermächtnisses gilt dann allerdings die Fiktion des § 2306 I 1. Der Bedachte kann aber auch nur den Erbteil ausschlagen und dann gem § 2306 I 2 (das Vermächtnis wird ja hinzugerechnet) den Pflichtteil verlangen, auf den freilich das Vermächtnis wiederum anzurechnen ist (§ 2307 I 2). Sollen Erbteil und Vermächtnis ausgeschlagen werden, muss zuerst der Erbteil ausgeschlagen werden (vgl MK/Lange § 2307 Rn 12 ff), da andernfalls nach Ausschlagung des Vermächtnisses § 2306 I 1 gilt und bei dann erfolgender Ausschlagung des Erbteils ein Pflichtteilsanspruch nicht mehr besteht.

11 Wird der Pflichtteil **auch bei Addition von Erbteil und Vermächtnis nicht überstiegen**, fallen alle Belastungen ohne weiteres gem § 2306 I 1 fort. Auf den Pflichtteilsrestanspruch nach § 2305 ist das Vermächtnis anzurechnen, sofern es nicht ausgeschlagen wird.

12 **4.** Die **Fristsetzung** nach Abs 2 trägt der Tatsache Rechnung, dass § 2180 für die Ausschlagung des Vermächtnisses keine Frist vorsieht. Sie kommt dem mit dem Vermächtnis beschwerten Erben zugute, der Klarheit darüber verlangt, ob er das Vermächtnis oder einen Pflichtteilsanspruch erfüllen muss.

§ 2308 Anfechtung der Ausschlagung

(1) Hat ein Pflichtteilsberechtigter, der als Erbe oder als Vermächtnisnehmer in der in § 2306 bezeichneten Art beschränkt oder beschwert ist, die Erbschaft oder das Vermächtnis ausgeschlagen, so kann er die Ausschlagung anfechten, wenn die Beschränkung oder die Beschwerung zur Zeit der Ausschlagung weggefallen und der Wegfall ihm nicht bekannt war.
(2) ¹Auf die Anfechtung der Ausschlagung eines Vermächtnisses finden die für die Anfechtung der Ausschlagung einer Erbschaft geltenden Vorschriften entsprechende Anwendung. ²Die Anfechtung erfolgt durch Erklärung gegenüber dem Beschwerten.

1 **I.** Die Vorschrift gewährt **aus Billigkeitsgründen** ein besonderes Anfechtungsrecht. Die Ausschlagung der Erbschaft kann abw von allg Grundsätzen (§§ 119 ff, 1954 ff) in den aufgeführten Fällen auch bei einem bloßen Motivirrtum angefochten werden. Hiermit wird der Schutz des Erben bezweckt, der andernfalls bei Ausschlagung in Unkenntnis des Wegfalls der angenommenen Beschwerungen oder Beschränkungen gleich zweifach benachteiligt wäre: Zum einen entgeht ihm die (ohne die Belastungen) den Pflichtteil möglicherweise überschreitende Erbschaft. Zum anderen könnte er nicht einmal den Pflichtteil verlangen, da die Ausschlagung eben keine Enterbung iSd § 2303 darstellt und die Ausnahmevorschrift des § 2306 I 2 mangels tatsächlich bestehender Belastungen iSd § 2306 I 1 nicht greift.

2 **II. 1.** In ihren **Voraussetzungen** knüpft die Vorschrift zunächst an § 2306 an. Der pflichtteilsberechtigte Erbe oder Vermächtnisnehmer muss in der dort genannten Art beschränkt oder beschwert (gewesen) sein.

3 **a)** Verlangt wird in der Vorschrift zunächst die **Ausschlagung** der Erbschaft oder des Vermächtnisses. Nicht in den Anwendungsbereich fällt allerdings die Ausschlagung eines Erbteils, der dem Pflichtteil unterschreitet. Da hier die Beschränkungen und Beschwerungen nach § 2306 I 1 ohnehin als nicht angeordnet gelten, und eine Ausschlagung des Erben auch nicht zum Pflichtteilsanspruch führt, besteht kein schutzwürdiges Interesse für eine Anfechtung.

4 **b)** Hins der Ausschlagung eines **Vermächtnisses** erscheint die Vorschrift zweifelhaft. Dieses kann nach § 2307 ohne Rücksicht auf bestehende Belastungen zugunsten des Pflichtteilsanspruchs ausgeschlagen werden. Ein Irrtum über den Wegfall der Belastungen führt also anders als im Fall des § 2306 I 2 nicht dazu, dass der Vermächtnisnehmer auch den Pflichtteilsanspruch verliert. Ihm entgeht lediglich ein möglicherweise wertvolleres Vermächtnis. Dennoch sah der Gesetzgeber auch hier eine Schutzwürdig-

keit als gegeben an. Hieraus lässt sich ersehen, dass der Zweck des § 2308 eben nicht nur im Erhalt des Pflichtteils, sondern auch in der Zuerkennung einer unbelasteten Erbschaft liegt (BGHZ 112, 238).

c) Die Beschränkungen und Beschwerungen müssen **zwischen Erbfall und Ausschlagung** oder nach der Ausschlagung rückwirkend (zB durch Testamentsanfechtung, vgl BGHZ 112, 238; aA MK/Lange § 2308 Rn 5) **weggefallen** sein (beispielsweise wird ein den Erben beschwerendes Vermächtnis vom Begünstigten ausgeschlagen). 5

d) **Form und Frist** der Anfechtung ergeben sich aus §§ 1954, 1955. Für das Vermächtnis gelten die Vorschriften gem Abs 2 S 1 entspr mit der Maßgabe, dass die Anfechtungserklärung hier nicht ggü dem Nachlassgericht (§ 1955), sondern ggü dem mit dem Vermächtnis beschwerten Erben abzugeben ist (Abs 2 S 2). 6

2. Die **Rechtsfolge** bestimmt sich nach § 1957. Danach gilt die Anfechtung der Ausschlagung als Annahme. 7

§ 2309 Pflichtteilsrecht der Eltern und entfernteren Abkömmlinge

Entferntere Abkömmlinge und die Eltern des Erblassers sind insoweit nicht pflichtteilsberechtigt, als ein Abkömmling, der sie im Falle der gesetzlichen Erbfolge ausschließen würde, den Pflichtteil verlangen kann oder das ihm Hinterlassene annimmt.

I. Die Vorschrift **schränkt eine an sich bestehende Pflichtteilsberechtigung** entfernterer Abkömmlinge oder der Eltern ein. Keinesfalls wird ein Pflichtteilsrecht begründet, wenn dessen allg Voraussetzungen nicht vorliegen. Ähnlich der gesetzlichen Erbfolge (§ 1930) soll demselben Stamm nur einmal ein Pflichtteil gewährt und dadurch eine Vervielfältigung der Pflichtteilslast verhindert werden (BGH NJW 11, 1878). 1

II. 1. **Voraussetzungen** der Vorschrift sind im Wesentlichen die eigene Erbberechtigung und die eigene Pflichtteilsberechtigung des entfernteren Abkömmlings oder Elternteils sowie die Tatsache, dass der nähere Abkömmling den Pflichtteil verlangen kann oder dass er das ihm Hinterlassene annimmt. 2

a) Der entfernte Abkömmling oder Elternteil müsste im Fall der gesetzlichen Erbfolge **selbst erbberechtigt** sein. Dies kommt bei vorhandenen näheren Abkömmlingen (aufgrund des § 1930) nur dann in Betracht, wenn diese enterbt wurden, die Erbschaft ausgeschlagen (§ 1953) oder darauf verzichtet (§ 2346) haben, sowie wenn sie für erbunwürdig erklärt wurden (§ 2344). 3

b) Des Weiteren ist die **eigene Pflichtteilsberechtigung** des entfernten Abkömmlings oder Elternteils zu fordern. Neben der Enterbung (§ 2303) kommen hier auch die einschlägigen Fälle der §§ 2305–2307 in Betracht. 4

c) Schließlich verlangt die Vorschrift, dass der **nähere Abkömmling den Pflichtteil verlangen kann oder dass er das ihm Hinterlassene annimmt.** 5

aa) Den **Pflichtteil** kann der nähere Abkömmling **verlangen**, wenn er (auch) enterbt ist (§ 2303). Dann scheidet ein Pflichtteilsrecht des entfernten Abkömmlings oder des Elternteils aus. Setzt der Erblasser beispielsweise den Urenkel zum Alleinerben ein, haben ausschließlich seine Kinder (und uU der Ehegatte – nicht aber die Enkel) Pflichtteilsansprüche. Gleiches gilt, wenn der nähere Abkömmling aufgrund der §§ 2305–2307 den Pflichtteil verlangen kann. **Nicht verlangen** kann der nähere Abkömmling den Pflichtteil hingegen in den Fällen des Pflichtteilsentzugs (§§ 2333 ff), der Erb- oder Pflichtteilsunwürdigkeit (§§ 2344, 2345 II) oder des Erb- oder Pflichtteilsverzichts (§ 2346, wobei § 2349 zu beachten ist). In diesen Fällen steht § 2309 dem Pflichtteilsanspruch des entfernteren Abkömmlings oder des Elternteils also nicht entgg. Gleiches gilt im Fall der **Ausschlagung** durch den näheren Abkömmling, wenn er nicht ausnahmsweise aufgrund der §§ 2306, 2307 dennoch den Pflichtteil verlangen kann. 6

bb) Die Pflichtteilsberechtigung entfernter Abkömmlinge und der Eltern ist nach dem Wortlaut der Vorschrift ferner dann ausgeschlossen, wenn der nähere Abkömmling das ihm **Hinterlassene annimmt**. Kann der nähere Abkömmling zwar den Pflichtteil nicht verlangen, hat er aber eine Zuwendung erhalten, scheidet auch die Pflichtteilsberechtigung der Genannten aus. Bleibt die Zuwendung hinter dem Pflichtteil zurück und 7 kann der Rest vom näheren Abkömmling nicht verlangt werden (vgl o Rn 6), besteht die Pflichtteilsberechtigung der entfernten Abkömmlinge und der Eltern weiter. Dies gilt auch in dem Fall, dass der nähere Abkömmling einen Erbteil, der die Hälfte des gesetzlichen Erbteils nicht erreicht, ausschlägt und daher nur noch den Restpflichtteil gem § 2305 verlangen kann.

8 2. Im Übrigen besteht die **Rechtsfolge** der Vorschrift im Ausschluss der Pflichtteilsberechtigung des genannten Personenkreises.

§ 2310 Feststellung des Erbteils für die Berechnung des Pflichtteils

¹Bei der Feststellung des für die Berechnung des Pflichtteils maßgebenden Erbteils werden diejenigen mitgezählt, welche durch letztwillige Verfügung von der Erbfolge ausgeschlossen sind oder die Erbschaft ausgeschlagen haben oder für erbunwürdig erklärt sind. ²Wer durch Erbverzicht von der gesetzlichen Erbfolge ausgeschlossen ist, wird nicht mitgezählt.

1 I. Maßgeblich für die Bestimmung der Höhe des Pflichtteils ist gem § 2303 der gesetzliche Erbteil des Pflichtteilsberechtigten. Die Vorschrift ordnet grds eine **abstrakte Bestimmung des gesetzlichen Erbteils** an, auch wenn an sich als gesetzliche Miterben berufene Personen im konkreten Fall als solche ausscheiden, weil sie enterbt sind, die Erbschaft ausgeschlagen haben oder für erbunwürdig erklärt sind (ergänzend OLG Hamm NJW 99, 3643).

2 II. 1. Wer von der Erbschaft **ausgeschlossen** ist (Enterbung), sie **ausschlägt** (§ 1953) oder für **erbunwürdig** erklärt ist (§ 2344), wird regelmäßig auch nicht gesetzlicher Erbe. Er ist vielmehr gänzlich von der Erbschaft (nicht unbedingt von der wertmäßigen Nachlassbeteiligung in Form des Pflichtteils) ausgeschlossen. Dennoch werden diese Personen gem § 2310 S 1 **mitgezählt**, wenn es iR des § 2303 darum geht, den gesetzlichen Erbteil eines Pflichtteilsberechtigten zu bestimmen. Hinterlässt beispielsweise ein Erblasser zwei kinderlose Abkömmlinge, wären diese mangels eines Testaments gem § 1924 I, IV gesetzliche Erben zu je 1/2. Ist ein Abkömmling für erbunwürdig erklärt, wäre der andere nach § 2344 II gesetzlicher Alleinerbe. Hat nun der Erblasser einen Dritten zum Alleinerben eingesetzt, wird bei der Berechnung des Pflichtteils des einen Abkömmlings der für erbunwürdig Erklärte mitgerechnet. Auszugehen ist also nicht von gesetzlicher Alleinerbschaft, sondern von einem gesetzlichen Erbteil iHv 1/2. Der Pflichtteil betrüge also 1/4. Bezweckt wird damit einerseits, die Höhe der Pflichtteile kalkulierbar zu halten, sie insb von unvorhersehbaren Ereignissen wie der Ausschlagung unabhängig zu machen, sie andererseits nicht in das Belieben des Erblassers zu stellen.

3 2. **Nicht mitgezählt** wird nach § 2303 S 2, wer durch **Erbverzicht** (§ 2346 I) von der gesetzlichen Erbfolge ausgeschlossen ist (anders beim bloßen Pflichtteilsverzicht gem § 2346 II, vgl BGH NJW 82, 2497). Hat also in obigem Bsp der eine Abkömmling verzichtet, beträgt der Pflichtteil des anderen 1/2. Grund der abw Behandlung ist die Überlegung, dass der Erbverzicht idR gegen eine den Nachlass schmälernde Abfindung ausgesprochen wird. Dies ist allerdings nicht Bedingung für die Anwendbarkeit der Vorschrift.

§ 2311 Wert des Nachlasses

(1) ¹Der Berechnung des Pflichtteils wird der Bestand und der Wert des Nachlasses zur Zeit des Erbfalls zugrunde gelegt. ²Bei der Berechnung des Pflichtteils eines Abkömmlings und der Eltern des Erblassers bleibt der dem überlebenden Ehegatten gebührende Voraus außer Ansatz.

(2) ¹Der Wert ist, soweit erforderlich, durch Schätzung zu ermitteln. ²Eine vom Erblasser getroffene Wertbestimmung ist nicht maßgebend.

I. Der Pflichtteil besteht in der Hälfte des Wertes des gesetzlichen Erbteils (§ 2303). **1**
Der gesetzliche Erbteil ist **quotenmäßig** bestimmt. Wie zum Zwecke der Pflichtteilsberechnung (nämlich die Hälfte des Wertes) dessen **Wert** bestimmt wird, ist Regelungsgegenstand der Vorschrift. Der Wert des Nachlasses idS ergibt sich aus einem Vergleich des Wertes sämtlicher Aktiva und Passiva im Zeitpunkt des Erbfalls.

II. 1. Maßgeblicher Zeitpunkt für die Wertermittlung ist der Erbfall, also der Tod des **2** Erblassers (Stichtagsprinzip, vgl BGH NJW 01, 2714 mwN). Nachträgliche Veränderungen des Nachlassbestandes oder des Wertes von Nachlassgegenständen bleiben grds unberücksichtigt (BGHZ 7, 135). Von Wertsteigerungen profitiert also allein der Erbe, während er bei Bestandsminderungen oder Wertverlust (zB durch abhandengekommene Gegenstände oder Geldentwertung) möglicherweise stark belastet wird, da er dennoch den zum Stichtag ermittelten Pflichtteilsanspruch erfüllen muss, für den der Nachlass nun möglicherweise gar nicht mehr ausreicht. Allerdings kann der Erbe nach allg Grundsätzen seine Haftung auf den Nachlass beschränken (§§ 1975 ff).

2. Zunächst, also vor der Bewertung, ist der zu bewertende **Nachlassbestand** festzustellen. Dieser umfasst den Aktiv- und den Passivbestand im Zeitpunkt des Erbfalls. **3**

a) Zum **Aktivbestand** gehören alle vererblichen vermögenswerten Güter, auch Surrogate. Eine Besonderheit gilt, wenn ein Recht durch Konfusion (Vereinigung von Recht und Verbindlichkeit in einer Person, hier der des Erben) erlischt. Es gilt für die Berechnung des Pflichtteilsanspruchs als nicht erloschen (BGHZ 98, 389; BGH DNotZ 78, 489). Gehören eine Erbschaft oder ein Vermächtnis zum Nachlass, die vom Erben noch ausgeschlagen werden können, sind sie im Falle der Ausschlagung bei Ermittlung des Nachlassbestandes nicht zu berücksichtigen. **4**

b) Festzustellen ist ferner der **Passivbestand**, also die vom Aktivbestand abzuziehenden **Verbindlichkeiten**. Nachlassgläubiger sind ggü Pflichtteilsberechtigten folglich bevorrechtigt. Ist der Nachlass schon zum Zeitpunkt des Erbfalls überschuldet, bestehen somit keinerlei Pflichtteilsansprüche (OLG Stuttgart NJW-RR 89, 1283). Zu späteren Bestands- und Wertminderungen vgl o Rn 2. **5**

aa) Zu den abzuziehenden Verbindlichkeiten gehören die **Erblasserschulden**, also die „vom Erblasser herrührenden Schulden" (vgl § 1967 II 1. Alt). Erfasst sind damit alle bereits gegen den Erblasser bestehenden Forderungen. **6**

bb) Abzuziehen sind ferner die sog **Erbfallschulden**, die „den Erben als solchen treffenden Verbindlichkeiten" (vgl § 1967 II 2. Alt). Beispielsweise sind hier Beerdigungskosten (§ 1968), Zugewinnausgleichsansprüche nach § 1371 II, III, Nachlasssicherungs- und Nachlassverwaltungskosten (§§ 1960, 1987) oder Kosten der Inventarerrichtung (§ 1993, auch § 2314 II) zu nennen. **7**

cc) Nicht abzugsfähig sind hingegen Verbindlichkeiten aus Vermächtnissen und Auflagen (hier bleiben dem Erben die Möglichkeiten der §§ 2306, 2307; vgl OLG München FamRZ 13, 329), die Erbschaftsteuer, der Dreißigste (§ 1969), die Kosten der Testamentsvollstreckung (BGHZ 95, 228) und selbstverständlich Pflichtteilsansprüche selbst, deren Höhe ja mit Hilfe des § 2311 erst ermittelt werden soll (vgl MK/Lange § 2311 Rn 20). **8**

3. Hat man den Nachlassbestand als solchen ermittelt, ist dessen **Wert festzustellen**, da **9** das Pflichtteilsrecht in § 2303 I 2 an die Hälfte des Wertes des gesetzlichen Erbteils anknüpft. Darlegungs- und beweispflichtig für die Werthaltigkeit des Nachlasses ist der Pflichtteilsberechtigte. Die Darlegungs- und Beweislast erstreckt sich auch darauf, dass hinreichend substantiiert geltend gemachte Verbindlichkeiten nicht bestehen (OLG Brandenburg ZEV 09, 36).

a) In § 2311 II 2 wird zunächst klargestellt, dass eine **vom Erblasser getroffene Wertbe- 10 stimmung** bedeutungslos ist.

b) Im Übrigen ist keine bestimmte **Methode** zur Ermittlung des Nachlasswertes vorge- **11** schrieben (BGH NJW 72, 1269). Regelmäßig (zu seltenen Ausnahmefällen vgl BGHZ 13, 47, relativiert durch BGH NJW-RR 91, 901), dh soweit nicht außergewöhnliche Verhältnisse vorliegen, kommt es auf den Verkehrs- bzw Verkaufswert an. Das gilt unabhängig davon, ob die Nachlassgegenstände nach dem Erbfall zu einem Preis veräußert werden, der über oder unter dem durch einen Sachverständigen ermittelten

Schätzwert liegt (BGH FamRZ 11, 214). Fehlt es an einem Markt für den betr Gegenstand, ist uU durch Sachverständige, eine Bewertung vorzunehmen. Soweit dennoch erforderlich, ist der Wert gem § 2311 II 1 durch Schätzung zu ermitteln.

12 c) Erwähnenswert im Zusammenhang mit der Bewertung sind die folgenden **Einzelfälle** (vgl ansonsten zB die umfangreiche Darstellung bei Soergel/Dieckmann § 2311 Rn 16 ff; MK/Lange § 2311 Rn 24 ff):

13 aa) Bei **Wertpapieren** entscheidet der mittlere Tageskurs zum maßgeblichen Zeitpunkt.

14 bb) Bei **Gesellschaftsanteilen** entscheidet der Verkehrswert einschließlich stiller Reserven, des Firmenwertes und des „goodwill", nicht der Buchwert (BGH NJW 82, 2441). Die Ermittlung im Einzelnen kann sich an den auch ansonsten üblichen Bewertungsmethoden orientieren (Ertragswert-, Verkehrswert- oder gemischte Methode). Umstritten ist die Bedeutung gesellschaftsvertraglicher Abfindungsklauseln, die eine bestimmte Bewertung des Unternehmens für den Fall des späteren Ausscheidens festschreiben (zB sog Buchwertklauseln), wenn die Gesellschaft zunächst mit dem Erben fortgesetzt wird (einfache oder qualifizierte Nachfolgeklausel im Ggs zur Fortsetzungsklausel, bei der die Gesellschaft unter Ausschluss des Erben fortgesetzt wird). In der Literatur werden alle Ansichten vertreten, von der vollen Berücksichtigung der Abfindungsklausel bis zu ihrer vollen Bedeutungslosigkeit und der Bewertung des Anteils nach dessen vollem Wert (vgl zum Meinungsstand MK/Lange § 2311 Rn 50). Bleibt die Entscheidung über das Ausscheiden aus der Gesellschaft dem Erben überlassen wie im Fall der Nachfolgeklausel, ist es angemessen, für die Nachlassbewertung auf den vollen Anteilswert abzustellen. Für den Fall der Fortsetzungsklausel stellt sich die Frage nicht. Zu bewertender Nachlassgegenstand ist hier nicht der Gesellschaftsanteil, sondern das Abfindungsguthaben des Erben, das unter Berücksichtigung der Abfindungsklausel berechnet wird. Dies beruht darauf, dass der Erbe keine Möglichkeit hat, in der Gesellschaft zu verbleiben und von einem höheren tatsächlichen Anteilswert zu profitieren. Stellt sich die Abfindungsklausel als unwirksam heraus, so sollte auch für die Berechnung des Nachlasswertes die dann von der gesellschaftsrechtlichen Rspr entwickelte „angemessene Abfindung" (BGHZ 123, 281; BGH NJW 85, 193) maßgeblich sein.

15 4. Ist der Pflichtteil eines Abkömmlings oder der Eltern zu berechnen, so bleibt gem Abs 1 S 2 der dem überlebenden Ehegatten gebührende **Voraus** (§ 1932 I) außer Ansatz. Die entspr Werte werden nicht mitgerechnet. Dies gilt allerdings nur, wenn die Voraussetzungen des § 1932 I gegeben sind, dh dem Ehegatten der Voraus tatsächlich gebührt. Dies ist nur der Fall, wenn der Ehegatte gesetzlicher Erbe wird. § 2311 I 2 findet demnach bei gewillkürter Erbfolge zugunsten des Ehegatten keine Anwendung (BGHZ 73, 35).

§ 2312 Wert eines Landguts

(1) ¹Hat der Erblasser angeordnet oder ist nach § 2049 anzunehmen, dass einer von mehreren Erben das Recht haben soll, ein zum Nachlass gehörendes Landgut zu dem Ertragswert zu übernehmen, so ist, wenn von dem Recht Gebrauch gemacht wird, der Ertragswert auch für die Berechnung des Pflichtteils maßgebend. ²Hat der Erblasser einen anderen Übernahmepreis bestimmt, so ist dieser maßgebend, wenn er den Ertragswert erreicht und den Schätzungswert nicht übersteigt.
(2) Hinterlässt der Erblasser nur einen Erben, so kann er anordnen, dass der Berechnung des Pflichtteils der Ertragswert oder ein nach Absatz 1 Satz 2 bestimmter Wert zugrunde gelegt werden soll.
(3) Diese Vorschriften finden nur Anwendung, wenn der Erbe, der das Landgut erwirbt, zu den in § 2303 bezeichneten pflichtteilsberechtigten Personen gehört.

1 I. Die Vorschrift stellt eine besondere **Bewertungsregel** für Landgüter auf. Kann ein Miterbe ein zum Nachlass gehörendes Landgut zum Ertragswert übernehmen, so soll dieser Wert – anstelle des meist höheren Verkehrswertes – auch für die Berechnung des Pflichtteils maßgeblich sein. Die Vorschrift bezweckt den Erhalt landwirtschaftlicher Betriebe (MK/Lange § 2312 Rn 1). Abs 2, der unmittelbar nur den Pflichtteilsanspruch

betrifft, ist entspr anwendbar, wenn ein Geldvermächtnis zum Ausgleich des gesetzlichen Pflichtteils ausgesprochen wird (OLG München ZEV 07, 276).
II. 1. Die Vorschrift setzt in Abs 1 eine **Miterbengemeinschaft** voraus. Ferner wird verlangt, dass ein Miterbe ein Übernahmerecht hins eines zum Nachlass gehörenden Landgutes zum Ertragswert haben soll. Dieses Übernahmerecht, welches eine Ausn von der im Übrigen erforderlichen Auseinandersetzung der Erbengemeinschaft (§§ 2042 ff) darstellt, beruht auf einer entspr Anordnung des Erblassers. Die Bejahung einer solchen Anordnung kann auch Ergebnis der Auslegung des Testaments sein. Das Recht, das Landgut zum Ertragswert anstatt zum in aller Regel höheren Verkehrswert zu übernehmen, kann sich entweder ausdrücklich aus der Anordnung des Erblassers oder aus der Zweifelsregelung des § 2049 ergeben (vgl dort auch zum Begriff Ertragswert).
2. Hinterlässt der Erbe einen **Alleinerben**, kann er gem Abs 2 gesondert anordnen, dass bei der Pflichtteilsberechnung der Ertragswert (oder ein anderer zwischen diesem und dem Schätzwert liegender Wert) zugrunde zu legen ist.
3. Ein **Landgut** (vgl auch §§ 98, 593) ist ein zum dauerhaften Betrieb der Landwirtschaft geeignetes und bestimmtes Grundstück, das zu einem erheblichen Teil dem Lebensunterhalt seines Inhabers dient (näher BGHZ 98, 375 ff).
4. Nach Abs 3 ist erforderlich, dass auch der **Erbe**, dem das Übernahmerecht zusteht, zum **pflichtteilsberechtigten Personenkreis** gehört. Ob er im Einzelfall einen Pflichtteilsanspruch hätte oder nach § 2309 ausgeschlossen würde, ist bedeutungslos.
5. Die **Rechtsfolge** bei Vorliegen der genannten Voraussetzungen besteht in der Maßgeblichkeit des Ertragswertes (bzw des sonstigen vom Erblasser bestimmten Wertes, sofern dieser zwischen Ertrags- und Schätzwert liegt, Abs 1 S 2) auch für die Berechnung des Pflichtteils (Die Vorschrift weicht insofern also von § 2311 ab). Der Ertragswert ist sowohl bei der Berechnung des Pflichtteils des Übernahmeberechtigten als auch der sonstigen Pflichtteilsberechtigten maßgeblich.
III. 1. Aus **verfassungsrechtlichen Gründen** ist die Vorschrift in bestimmten Fällen unter Berücksichtigung des Gesetzeszwecks **einschränkend** auszulegen (BGHZ 98, 375). So darf der Ertragswert nicht zugrunde gelegt werden, wenn das Landgut bereits nicht mehr lebensfähig ist oder als geschlossene Einheit ohnehin nicht fortgeführt wird. Gleiches gilt für Grundstücke, deren Wert aufgrund ihrer Eigenschaft als Bau- oder Bauerwartungsland erheblich über dem landwirtschaftlichen Ertragswert liegt, sowie für wertvollere Grundstücke, die sich ohne Gefahr für die Lebensfähigkeit des landwirtschaftlichen Betriebes aus diesem herauslösen lassen (zB BGH FamRZ 92, 172).
2. Die Vorschrift ist bei **lebzeitiger Übergabe** des Landguts iR der §§ 2325 ff entspr anwendbar (BGH NJW 95, 1352).

§ 2313 Ansatz bedingter, ungewisser oder unsicherer Rechte; Feststellungspflicht des Erben

(1) ¹Bei der Feststellung des Wertes des Nachlasses bleiben Rechte und Verbindlichkeiten, die von einer aufschiebenden Bedingung abhängig sind, außer Ansatz. ²Rechte und Verbindlichkeiten, die von einer auflösenden Bedingung abhängig sind, kommen als unbedingte in Ansatz. ³Tritt die Bedingung ein, so hat die der veränderten Rechtslage entsprechende Ausgleichung zu erfolgen.
(2) ¹Für ungewisse oder unsichere Rechte sowie für zweifelhafte Verbindlichkeiten gilt das Gleiche wie für Rechte und Verbindlichkeiten, die von einer aufschiebenden Bedingung abhängig sind. ²Der Erbe ist dem Pflichtteilsberechtigten gegenüber verpflichtet, für die Feststellung eines ungewissen und für die Verfolgung eines unsicheren Rechts zu sorgen, soweit es einer ordnungsmäßigen Verwaltung entspricht.

I. Bei der Feststellung des Nachlassbestandes (vgl bei § 2311) gilt grds das Stichtagsprinzip. Es sind also im Regelfall alle zZ des Todes zum Nachlass gehörenden Vermögenswerte zu berücksichtigen. Die Vorschrift des § 2313 stellt eine **teilweise Durchbrechung des Stichtagsprinzips** dar. Hiernach sollen aufschiebend bedingte (Abs 1 S 1), ungewisse oder unsichere (Abs 2 S 1) Rechte und zweifelhafte Verbindlichkeiten

(Abs 2 S 1) bei der Feststellung des zu bewertenden Nachlassbestandes ausnahmsweise unberücksichtigt bleiben. Tritt die Bedingung später ein oder löst sich die Ungewissheit auf, soll nach Abs 1 S 3 eine nachträgliche Ausgleichung erfolgen, die § 2311 mit der Statuierung des Stichtagsprinzips für den Regelfall vermeiden will. Die Regelung trägt den praktischen Schwierigkeiten Rechnung, die bei einer Bewertung der genannten Rechte, die notfalls durch Schätzung zu erfolgen hätte (§ 2311 II 1), zu erwarten wären.

2 II. 1. Zu unterscheiden ist zwischen **aufschiebend bedingten, ungewissen** oder **unsicheren Rechten** sowie **zweifelhaften Verbindlichkeiten** einerseits (Abs 1 S 1 und Abs 2 S 1) und **auflösend bedingten** Rechten und Verbindlichkeiten andererseits (Abs 1 S 2).

3 a) **Aufschiebend bedingte**, ungewisse oder unsichere Rechte und zweifelhafte Verbindlichkeiten bleiben bei der Feststellung des Wertes des Nachlasses zunächst unberücksichtigt. Gerechtfertigt wird dies damit, dass der Pflichtteilsberechtigte nicht anders stehen soll, als wenn er in Höhe des Pflichtteils Erbe geworden wäre. Auch dann stünden ihm aufschiebend bedingte Rechte finanziell nicht sofort zur Verfügung (vgl MK/Lange § 2313 Rn 6 ff).

4 aa) **Voraussetzung** ist, dass das betroffene Recht aufschiebend bedingt, ungewiss oder unsicher, bzw dass die betroffene Verbindlichkeit zweifelhaft ist. Der Bedingung (§ 158 I) ist die Befristung nicht gleichzustellen. Befristete Rechte sind nach § 2311 II zu schätzen (BGH FamRZ 79, 787). Ungewissheit über ein Recht liegt vor, wenn sein Bestand unsicher oder die erfolgreiche Durchsetzung zweifelhaft ist. Entspr erfasst der Begriff der zweifelhaften Verbindlichkeit die Ungewissheit über ihr rechtliches Bestehen und die tatsächliche Verwirklichungsmöglichkeit (BGHZ 3, 397). Dies kann beispielsweise bei Zweifeln über den Bestand einer üblicherweise verrechneten Gegenforderung (BGHZ 7, 141) oder bei unklaren Rückübertragungs- oder Entschädigungsansprüchen nach dem VermögensG (BGHZ 123, 76) der Fall sein. Dingliche Belastungen von Nachlassgegenständen (zB Grundschuld) bleiben – auch wenn sie zur Absicherung der ggü einem Dritten bestehenden Verbindlichkeit bestellt wurden – bei der Nachlassbewertung ebenfalls außer Ansatz, wenn und solange ihre tatsächliche Verwirklichung unsicher ist (BGH FamRZ 11, 105).

5 bb) Im Rahmen einer ordnungsgemäßen Verwaltung hat der Erbe gem Abs 2 S 2 für die **Feststellung** ungewisser und die **Durchsetzung** unsicherer Rechte **zu sorgen**. Bei Verletzung dieser Pflicht wird der Pflichtteilsberechtigte Schadensersatz nach allg Grundsätzen (§ 280 I) verlangen können.

6 cc) Als unmittelbare **Rechtsfolge** bestimmt die Vorschrift, dass die genannten Rechte und Verbindlichkeiten bei der Feststellung des Wertes des Nachlasses (zunächst) unberücksichtigt bleiben (zur Ausgleichungspflicht vgl u Rn 8).

7 b) **Auflösend bedingte** (§ 158 II) Rechte und Verbindlichkeiten werden hingegen (zunächst) in voller Höhe in Ansatz gebracht, also wie unbedingte Rechte behandelt (Abs 1 S 2).

8 2. Bei Bedingungseintritt oder Beseitigung der Ungewissheit, Unsicherheit oder Zweifelhaftigkeit hat nach Abs 1 S 3 entspr **Ausgleichung** zu erfolgen. Es ist nachträglich der unter Berücksichtigung der eingetretenen Veränderungen zu ermittelnde Nachlasswert zu errechnen, aus dem sich dann ein abw Pflichtteilsanspruch ergeben kann. Die Grundlage für Erstattungs- oder Nachzahlungsansprüche wird teilweise in § 159 gesehen (MK/Lange § 2313 Rn 8). Die Vorschrift passt allerdings nur für den Bedingungseintritt. Im Übrigen folgt ein Nachzahlungsanspruch des Pflichtteilsberechtigten unmittelbar aus § 2303, wobei iR der Berechnung eben der angepasste Nachlasswert zugrunde zu legen ist. Letztlich ließe sich auch § 2313 I 3 als unmittelbare Grundlage der Ausgleichsansprüche heranziehen.

§ 2314 Auskunftspflicht des Erben

(1) ¹Ist der Pflichtteilsberechtigte nicht Erbe, so hat ihm der Erbe auf Verlangen über den Bestand des Nachlasses Auskunft zu erteilen. ²Der Pflichtteilsberechtigte kann verlangen, dass er bei der Aufnahme des ihm nach § 260 vorzulegenden Verzeichnisses

der Nachlassgegenstände zugezogen und dass der Wert der Nachlassgegenstände ermittelt wird. ³Er kann auch verlangen, dass das Verzeichnis durch die zuständige Behörde oder durch einen zuständigen Beamten oder Notar aufgenommen wird.
(2) Die Kosten fallen dem Nachlass zur Last.

I. Die Vorschrift gewährt dem Pflichtteilsberechtigten zwei voneinander zu unterscheidende Ansprüche: den Auskunftsanspruch aus Abs 1 S 1 und den Wertermittlungsanspruch aus Abs 1 S 2 (BGHZ 89, 24). Beide Ansprüche sollen die **Rechtsdurchsetzung** ermöglichen. Andernfalls wäre dem Pflichtteilsberechtigten die grds ihm obliegende Bezifferung seines Pflichtteilsanspruchs regelmäßig nicht möglich, da er keinen Überblick über den Nachlassbestand hat.

II. **Auskunftsanspruch** (Abs 1 S 1) und **Wertermittlungsanspruch** (Abs 1 S 2) sind jeweils selbstständige Ansprüche. Ersterer hat die Weitergabe vorhandenen oder zu beschaffenden Wissens zum Ziel, während letzterer ein vorbereitender Anspruch eigener Art ist. Diese Zweiteilung knüpft an § 2311 an, wo ebenfalls zwischen der Ermittlung des Nachlassbestandes und der Ermittlung des Wertes des festgestellten Bestandes unterschieden wird.

1. Der **Auskunftsanspruch** dient dazu, dem Pflichtteilsberechtigten Kenntnis vom Nachlassbestand inkl der Nachlassverbindlichkeiten zu verschaffen (BGHZ 33, 374; van der Auwera ZEV 08, 359).

a) **Anspruchsberechtigt** ist jeder pflichtteilsberechtigte Nichterbe (§ 2303), egal ob er enterbt wurde, oder unter den Voraussetzungen der §§ 2306 I 2 ausgeschlagen hat. Ist der Pflichtteilsberechtigte selbst Miterbe, bedarf es (beispielsweise zur Ermittlung eines Pflichtteilsrestanspruchs gem § 2305) des Anspruchs aus § 2314 nicht (OLG Celle ZErb 07, 21). Die erforderlichen Informationen kann er sich als Gesamthänder jederzeit selbst verschaffen (BGH NJW 93, 2737). Entspr gilt aufgrund der §§ 2121 f, 2127 für den Nacherben. Hingegen kann der Pflichtteilsberechtigte Auskunft verlangen, der nur mit einem Vermächtnis bedacht wurde. Dies gilt unabhängig von der Höhe des Vermächtnisses oder dessen Ausschlagung (BGH NJW 81, 2051), da die Auskunft gerade der Ermittlung dienen kann, ob ein Restpflichtteilsanspruch (vgl § 2307 I 2 1. Halbs) auch bei Annahme des Vermächtnisses besteht oder ob das Vermächtnis den Pflichtteil übersteigt.

b) **Auskunftspflichtig** ist in jedem Fall der Erbe. Bei Erbenmehrheit liegt Gesamtschuld vor. Der Testamentsvollstrecker ist ebenso wenig Gegner des Auskunftsanspruchs, wie er es aufgrund des § 2213 I 3 hins des Pflichtteilsanspruchs selbst ist. In erweiternder Auslegung des § 2314 billigt die Rspr dem pflichtteilsberechtigten Nichterben auch einen Auskunftsanspruch gegen einen vom Erblasser beschenkten Dritten zu (BGHZ 55, 378; 89, 27). Dieser Anspruch dient der Ermittlung eines möglichen Pflichtteilsergänzungsanspruchs nach § 2325. Die (oft teure) Wertermittlung nach Abs 1 S 2 kann allerdings vom Beschenkten nicht verlangt werden (BGHZ 107, 203). Für den pflichtteilsberechtigten Erben kommt hier allenfalls ein allg Auskunftsanspruch aus § 242 in Betracht (BGHZ 61, 180).

c) Im Übrigen ist Voraussetzung des Auskunftsanspruchs lediglich die **Pflichtteilsberechtigung** (gem § 2303), nicht ein bestehender Pflichtteilsanspruch. Dies ergibt sich schon daraus, dass die Auskunft – neben der Ermittlung seiner Höhe – ja auch der Ermittlung des Bestehens eines Pflichtteilsanspruchs überhaupt dienen soll.

d) Seinem **Umfang** nach richtet sich der Anspruch auf Auskunft über den gesamten Bestand des Nachlasses, soweit dies zur Berechnung des Pflichtteilsanspruchs erforderlich ist (BGHZ 33, 374). Dies umfasst die Auskunft über alle vorhandenen Nachlassgegenstände sowie die Nachlassverbindlichkeiten (OLG Düsseldorf FamRZ 97, 58). Ferner sind auszugleichende Zuwendungen iSd § 2316 und Schenkungen innerhalb der letzten 10 Jahre iSd § 2325 erfasst (sog fiktiver Nachlassbestand). Um dem Erben die Möglichkeit zu nehmen, die möglicherweise relevanten Schenkungen selbst zuzuordnen, hat er auch über (vermeintliche) Anstandsschenkungen iSd § 2330 Auskunft zu erteilen. Auch der Güterstand des Erblassers ist als relevanter Berechnungsfaktor mitzuteilen.

8 e) Die **Auskunftserteilung** selbst kann der Anspruchsinhaber in verschiedenen Formen verlangen (OLG Oldenburg FamRZ 00, 62). Es ist hingegen nicht erforderlich, dass der Erbe die geschuldete Auskunft eigenhändig unterschreibt, da das Gesetz insoweit keine bestimmte Form vorschreibt (OLG Nürnberg NJW-RR 05, 808).

9 aa) Grds kann er gem Abs 1 S 1 und 2 die **Aufnahme eines Verzeichnisses** nach § 260 verlangen. Der zu verzeichnende Bestand deckt sich mit dem Umfang des Auskunftsanspruchs, hat also ua die Verbindlichkeiten zu enthalten. Urkunden und Belege müssen, wie schon der Unterschied zu § 259 zeigt, nur ausnahmsweise, insb wenn Unternehmen zum Nachlass gehören, beigefügt werden. Die Verweisung auf ein bereits errichtetes Inventar gem § 2001 ist möglich. Ist das Verzeichnis unrichtig oder unvollständig, kann nur ausnahmsweise Ergänzung verlangt werden, nämlich wenn infolge eines Rechtsirrtums ein Gegenstand nicht aufgeführt wurde. Ansonsten kommt bei Vermutung der Unrichtigkeit oder Unvollständigkeit des Verzeichnisses allein der Anspruch auf Abgabe der eidesstattlichen Versicherung gem §§ 260 II, 261 in Betracht.

10 bb) Ferner kann der Berechtigte verlangen, dass er bei der **Aufnahme des Verzeichnisses hinzugezogen** wird (Abs 1 S 2 1. Halbs). Ist vorher bereits ein Verzeichnis erstellt worden, so kann der Pflichtteilsberechtigte jedenfalls bei Zweifeln an der Richtigkeit die erneute Aufnahme eines solchen in seiner Anwesenheit verlangen. Das Recht auf Zuziehung erfasst einen Vertreter oder Beistand des Anspruchsinhabers.

11 cc) Letztlich kann der Berechtigte gem Abs 1 S 3 die **Aufnahme durch die zuständige Behörde, einen zuständigen Beamten oder Notar** verlangen (vgl § 20 I BNotO). Alle die genannten Ansprüche kann der Pflichtteilsberechtigte auch nacheinander geltend machen. Bei Zweifeln an der Richtigkeit eines Privatverzeichnisses ist er also nicht sofort auf § 260 II verwiesen, sondern kann zuvor seine Rechte aus Abs 1 S 2 und 3 geltend machen (BGHZ 33, 378).

12 f) **Ausgeschlossen** ist der Auskunftsanspruch, wenn bereits feststeht – zB aufgrund eingetretener Verjährung –, dass der Pflichtteilsberechtigte keinen Pflichtteilsanspruch erfolgreich geltend machen kann (BGHZ 28, 177). Dies entspricht allg Grundsätzen, wonach ein Auskunftsanspruch bei fehlendem Informationsbedürfnis nicht besteht (BGH NJW 85, 384).

13 g) Der Auskunftsanspruch selbst **verjährt** nunmehr (dazu Vor §§ 1922 – 2385 Rn 10) ebenso wie der Pflichtteilsanspruch gem §§ 195, 199 nach 3 Jahren.

14 2. Der **Wertermittlungsanspruch** des Abs 1 S 2 2. HS steht selbstständig neben dem Auskunftsanspruch und ist von diesem sorgfältig zu unterscheiden. Er steht zu diesem in einem Stufenverhältnis, welches auch prozessual zu berücksichtigen ist (vgl OLG Koblenz FamRZ 13, 1247; OLG Frankfurt FuR 12, 678). Er besteht nur hins solcher Vermögenspositionen, deren Zugehörigkeit zum Nachlass feststeht. Er ist im Ggs zum Auskunftsanspruch unabhängig vom Wissen des Erben. Der Anspruch trägt dem Umstand Rechnung, dass der (mit Hilfe des Auskunftsanspruchs) festgestellte Nachlassbestand zur Bezifferung des Pflichtteilsanspruchs auch zu bewerten ist (vgl § 2311). Die Wertermittlung erfolgt regelmäßig durch Sachverständigengutachten (BGH NJW 89, 2887). Bedeutsam ist, dass die Kosten hierfür gem Abs 2 dem Nachlass zur Last fallen. Der Pflichtteilsberechtigte kann die Wertermittlung lediglich verlangen. Die Beauftragung des Sachverständigen steht dem Erben zu. Daher fallen Kosten eines vom Pflichtteilsberechtigten beauftragten Sachverständigen nicht unter Abs 2 (OLG Karlsruhe NJW-RR 90, 393). Auch den Wertermittlungsanspruch setzt ein entspr schutzwürdiges Interesse des Pflichtteilsberechtigten an derselben voraus. Daraus leitet sich das Erfordernis her, dass der Pflichtteil ansonsten anhand der vorhandenen Informationen nicht errechnet werden kann (BGHZ 89, 24), was häufig bei zum Nachlass gehörenden Unternehmen der Fall sein wird. Gegen den vom Erblasser Beschenkten besteht der Wertermittlungsanspruch im Ggs zum Auskunftsanspruch grds nicht.

15 III. **Prozessual** kann der Auskunftsanspruch mit dem Pflichtteilsanspruch im Wege der Stufenklage (§ 254 ZPO) geltend gemacht werden. Bei der Stufenklage ist sowohl für die Verfahrensgebühr als auch für die Gerichtskosten immer der höchste der verbundenen Ansprüche, regelmäßig der Wert des Leistungsanspruchs, maßgebend (OLG Karlsruhe ZEV 09, 36). Im Unterschied zur isolierten Auskunftsklage wird hierdurch die

Verjährung auch hins des Pflichtteilsanspruchs unterbrochen, da dieser sofort rechtshängig wird (BGH NJW-RR 95, 513), obwohl er in Abweichung von § 253 II Nr 2 ZPO noch nicht sofort beziffert werden muss. Die Bezifferung erfolgt dann, nachdem – idR durch Teilurt – über den Auskunftsanspruch entschieden und dieser durchgesetzt worden ist. Die Vollstreckung des Auskunftsanspruchs erfolgt gem § 888 ZPO (unvertretbare Handlung). Gleiches gilt für die Pflicht zur Wertermittlung durch Beauftragung eines Sachverständigen (OLG Frankfurt NJW-RR 94, 9; str, aA Jauernig/Stürner § 2314 Rn 11).

Der Pflichtteilsberechtigte ist für alle Tatsachen beweispflichtig, von denen der Grund und die Höhe des von ihm erhobenen Anspruchs abhängt (BGHZ 7, 134, 136). Aus dieser allg anerkannten Verteilung der Darlegungs- und Beweislast folgt zugleich, dass der Pflichtteilsberechtigte das Nichtbestehen einer von ihm bestrittenen, vom Erben substantiiert dargelegten Nachlassverbindlichkeit zu beweisen hat. Verletzt der Erbe aber schuldhaft seine Auskunftspflicht nach § 2314 I 1 ggü dem Pflichtteilberechtigten dadurch, dass er vorgerichtlich ein unvollständiges oder falsches Nachlassverzeichnis vorgelegt hat, so folgt hieraus im Regelfall keine Beweislastumkehr dahingehend, dass nunmehr der Erbe beweispflichtig für das Nichtbestehen einer zunächst nicht angegebenen Nachlassverbindlichkeit ist; allerdings kommt dann ein Schadensersatzanspruch des Pflichtteilsberechtigten nach § 280 I in Betracht (BGH NJW-RR 10, 1378). 16

§ 2315 Anrechnung von Zuwendungen auf den Pflichtteil

(1) Der Pflichtteilsberechtigte hat sich auf den Pflichtteil anrechnen zu lassen, was ihm von dem Erblasser durch Rechtsgeschäft unter Lebenden mit der Bestimmung zugewendet worden ist, dass es auf den Pflichtteil angerechnet werden soll.
(2) ¹Der Wert der Zuwendung wird bei der Bestimmung des Pflichtteils dem Nachlass hinzugerechnet. ²Der Wert bestimmt sich nach der Zeit, zu welcher die Zuwendung erfolgt ist.
(3) Ist der Pflichtteilsberechtigte ein Abkömmling des Erblassers, so findet die Vorschrift des § 2051 Abs. 1 entsprechende Anwendung.

I. Die Vorschrift ordnet eine **Anrechnung** von bestimmten Zuwendungen unter Lebenden an den Pflichtteilsberechtigten an und schützt damit den Erben vor übermäßiger Inanspruchnahme. Was der Pflichtteilsberechtigte im Hinblick auf seinen Pflichtteil schon vor dem Erbfall erhalten hat, soll er nicht danach vom Erben noch einmal fordern können. Die Vorschrift stellt wie § 2316 eine Ausn vom strengen Stichtagsprinzip des § 2311 dar, nach dem für die Berechnung des Pflichtteils allein der Zeitpunkt des Erbfalls maßgeblich sein soll. 1

II. 1. Die **Voraussetzungen** der in Abs 1 angeordneten Anrechnungspflicht sind die Zuwendung des Erblassers an den Pflichtteilsberechtigten durch Rechtsgeschäft unter Lebenden und die Anrechnungsbestimmung. 2

a) Der Begriff der **Zuwendung** meint die freigiebige Vermögensmehrung. Dies schließt solche Verfügungen aus, die auf einer entspr Verpflichtung beruhen. Erfasst sind demnach insb Schenkungen, wenngleich der Begriff weiter ist und zB auch die Ausstattung iSd § 1624 erfasst. 3

b) Ferner verlangt die Vorschrift eine **Anrechnungsbestimmung**. Der Erblasser muss vor oder bei der Zuwendung ausdrücklich oder konkludent durch einseitige empfangsbedürftige Willenserklärung bestimmt haben, dass die Zuwendung auf den Pflichtteil des Begünstigten angerechnet werden soll (vgl grds RGZ 67, 307). Für die Pflichtteilsberechnung ist dabei der genaue Erblasserwille im Wege der Auslegung zu ermitteln. Erfolgt eine Zuwendung „im Wege vorweggenommener Erbfolge unentgeltlich", ist festzustellen, ob der Erblasser damit eine Ausgleichung gem §§ 2316 I, 2050 III, eine Anrechnung gem § 2315 I oder kumulativ Ausgleichung und Anrechnung gem § 2316 IV anordnen wollte. Ausschlaggebend für den Willen des Erblassers ist, ob mit seiner Zuwendung zugleich auch eine Enterbung des Empfängers mit bloßer Pflichtteilsberechtigung festgelegt (dann Anrechnung) oder aber nur klargestellt werden soll- 4 te, dass der Empfänger lediglich zeitlich vorgezogen bedacht wird, es im Übrigen aber bei den rechtlichen Wirkungen einer Zuwendung im Erbfall verbleiben soll (dann Ausgleichung) (vgl BGHZ 183, 376).

5 c) Die **Anrechnungsbestimmung** als solche muss für den Empfänger erkennbar sein. Dies soll ihm die Entscheidung ermöglichen, die Zuwendung abzulehnen, um den vollen Pflichtteilsanspruch zu gewinnen. Teilweise wird daher neben dem Zugang der Willenserklärung gefordert, dass dem Empfänger die Anrechnungsbestimmung „zum Bewusstsein gekommen" ist (OLG Düsseldorf FamRZ 94, 1491; mit Recht krit MK/Lange § 2315 Rn 13). Eine nachträgliche Anrechnungsbestimmung ist ausgeschlossen (OLG Koblenz Erbrecht effektiv 06, 19). Allenfalls kommen hier die §§ 2333, 2346 II, 2348 in Betracht.

6 2. Die **Rechtsfolge** besteht in der Anrechnung der Zuwendung auf den Pflichtteil. Das **Anrechnungsverfahren** regelt Abs 2. Danach wird zunächst der Wert der Zuwendung – in Abweichung von § 2311 – dem Nachlass hinzugerechnet, wobei sich der Wert der Zuwendung nach dem Zuwendungszeitpunkt bestimmt (Abs 2 S 2; der Kaufkraftschwund ist allerdings mit Hilfe des Lebenshaltungskostenindex zu berücksichtigen, BGHZ 65, 77). Anhand dieses erhöhten fiktiven Nachlasses wird dann der Pflichtteilsanspruch des Zuwendungsempfängers berechnet. Von dem so errechneten Pflichtteilsanspruch wird die vorab erhaltene Zuwendung abgezogen und der Rest verbleibt als tatsächlicher Pflichtteilsanspruch. Bei mehreren Anrechnungspflichtigen ist der fiktive Nachlass für jeden gesondert anhand der ihm gemachten Zuwendung zu ermitteln.

7 3. Ist der Anrechnungspflichtige **Abkömmling** des Erblassers und fällt er vor dem Erbfall fort, hat sich der an dessen Stelle tretende Abkömmling die Zuwendung auf seinen Pflichtteil anrechnen zu lassen (Abs 3 iVm § 2051 I). Dies gilt nicht, wenn die Anrechnungsbestimmung des Erblassers erkennbar nur für den weggefallenen Abkömmling gelten sollte.

§ 2316 Ausgleichungspflicht

(1) ¹Der Pflichtteil eines Abkömmlings bestimmt sich, wenn mehrere Abkömmlinge vorhanden sind und unter ihnen im Falle der gesetzlichen Erbfolge eine Zuwendung des Erblassers oder Leistungen der in § 2057 a bezeichneten Art zur Ausgleichung zu bringen sein würden, nach demjenigen, was auf den gesetzlichen Erbteil unter Berücksichtigung der Ausgleichspflichten bei der Teilung entfallen würde. ²Ein Abkömmling, der durch Erbverzicht von der gesetzlichen Erbfolge ausgeschlossen ist, bleibt bei der Berechnung außer Betracht.
(2) Ist der Pflichtteilsberechtigte Erbe und beträgt der Pflichtteil nach Absatz 1 mehr als der Wert des hinterlassenen Erbteils, so kann der Pflichtteilsberechtigte von den Miterben den Mehrbetrag als Pflichtteil verlangen, auch wenn der hinterlassene Erbteil die Hälfte des gesetzlichen Erbteils erreicht oder übersteigt.
(3) Eine Zuwendung der in § 2050 Abs. 1 bezeichneten Art kann der Erblasser nicht zum Nachteil eines Pflichtteilsberechtigten von der Berücksichtigung ausschließen.
(4) Ist eine nach Absatz 1 zu berücksichtigende Zuwendung zugleich nach § 2315 auf den Pflichtteil anzurechnen, so kommt sie auf diesen nur mit der Hälfte des Wertes zur Anrechnung.

1 I. Die **Ausgleichungspflicht** des § 2316 knüpft wie die Anrechnungspflicht des § 2315 an lebzeitige Zuwendungen zugunsten eines Pflichtteilsberechtigten an. Anders als dort muss der Begünstigte hier allerdings Abkömmling des Erblassers sein Die Vorschrift dient dazu, den zwischen den Abkömmlingen als gesetzlichen Miterben bestehenden Ausgleichungspflichten (§§ 2050 ff) auch bei der Pflichtteilsberechnung Wirksamkeit zu verschaffen.

2 II. 1. **Voraussetzung** der Vorschrift ist zunächst das **Vorhandensein mehrerer Abkömmlinge**, die im Falle gesetzlicher Erbfolge Miterben wären. Ob ein anderer Abkömmling die Erbschaft ausgeschlagen hat, ihm der Pflichtteil entzogen wurde oder er für erbunwürdig erklärt wurde, spielt keine Rolle. Das kann dazu führen, dass die Aus-

gleichungspflicht einen Pflichtteilsberechtigten be- bzw entlastet, ohne dass dem ein entspr Vor- bzw Nachteil bei einem anderen ggü steht (daher zT als hypothetische Ausgleichung bezeichnet, vgl MK/Lange § 2316 Rn 4). Lediglich im Falle des Erbverzichts bleibt der Abkömmling gem Abs 1 S 2 bei der Berechnung außer Betracht.

2. Abs 1 S 1 setzt ferner voraus, dass unter den Abkömmlingen hins Zuwendungen oder Leistungen iSd § 2057 a eine **Ausgleichungspflicht** bestünde, wenn sie gesetzliche Miterben geworden wären. Neben § 2057 a wird damit auf §§ 2050 ff verwiesen. Zu beachten ist, dass der Erblasser die Ausgleichungspflicht bzgl Ausstattungen iSd § 2050 I, anders als bei der gesetzlichen Erbfolge, gem § 2316 III nicht zum Nachteil eines Pflichtteilsberechtigten von der Berücksichtigung ausschließen kann. Abs 3 gilt nach überwiegender Ansicht auch für § 2050 II.

3. Hins der **Berechnung** des Pflichtteils bestimmt Abs 1, dass dieser sich nach dem gesetzlichen Erbteil unter Berücksichtigung der Ausgleichungspflichten richtet (vgl im Einzelnen bei §§ 2055–2057 a). Der Pflichtteil beträgt die Hälfte des hiernach zugrunde zu legenden gesetzlichen Erbteils.

4. Für das Bestehen eines **Pflichtteilsrestanspruchs** ist nach Abs 2 maßgeblich, ob der hinterlassene Erbteil den unter Berücksichtigung von Ausgleichungspflichten sich ergebenden Pflichtteil iSd Abs 1 erreicht. Es kommt nicht darauf an, ob der hinterlassene Erbteil die Hälfte des gesetzlichen Erbteils erreicht, sondern darauf, ob er den nach § 2316 I zu ermittelnden Pflichtteil erreicht.

5. Ist eine Zuwendung **ausgleichungs- und anrechnungspflichtig** (§ 2315), greift Abs 4. Hiernach ist zunächst der Pflichtteil unter Berücksichtigung der Ausgleichungspflichten gem § 2316 I zu ermitteln. Auf diesen Pflichtteil ist die Zuwendung nur noch mit der Hälfte ihres Wertes anzurechnen, um eine doppelte Anrechnung zu vermeiden (Rechenbeispiel bei MK/Lange § 2316 Rn 20).

§ 2317 Entstehung und Übertragbarkeit des Pflichtteilsanspruchs

(1) Der Anspruch auf den Pflichtteil entsteht mit dem Erbfall.
(2) Der Anspruch ist vererblich und übertragbar.

I. Die Vorschrift regelt **Entstehung, Vererblichkeit und Übertragbarkeit des Pflichtteilsanspruchs**. Der Pflichtteilsanspruch ist vom abstrakten Pflichtteilsrecht, das mit der Geburt entsteht, zu unterscheiden. Der Pflichtteilsanspruch ist immer auf Zahlung eines bestimmten Geldbetrages gerichtet (BGHZ 28, 178) und im Prozess entspr zu beziffern, wobei der Auskunftsanspruch des § 2314 helfen kann. Seine Höhe entspricht der Hälfte des Wertes des gesetzlichen Erbteils (§ 2303 I 2), der im Einzelnen gem § 2311 zu berechnen ist.

II. 1. Der Pflichtteilsanspruch **entsteht**, anders als das Pflichtteilsrecht, **mit dem Erbfall** (Abs 1). Umstritten ist, ob dies auch in den Fällen der §§ 2306, 2307 gilt. Im Ergebnis hat es jedoch keine praktische Bedeutung, ob man annimmt, der Pflichtteilsanspruch entstehe auch hier sofort mit dem Erbfall (RG JW 31, 1354), oder ob man sagt, er entstehe erst mit der Ausschlagung, werde aber dann so behandelt, als sei er schon zZ des Erbfalls entstanden (Palandt/Weidlich § 2317 Rn 1). Die Verjährungsregelung des § 2332 II spricht für die erste Auffassung. In den Fällen des Erb- oder Pflichtteilsverzichts (§ 2346) und bei der Pflichtteilsentziehung (§§ 2333 ff) entsteht der Anspruch nicht. Vom Pflichtteilsverzicht ist der Erlass (§ 397) zu unterscheiden, der sich allein auf einen bereits entstandenen Anspruch beziehen und mit dem Erben zu vereinbaren ist.

2. Schuldner des Anspruchs ist der Erbe bzw sind die Miterben als Gesamtschuldner (§ 2058), nie der Testamentsvollstrecker (§ 2213 I 3). Der Anspruch ist Nachlassverbindlichkeit gem § 1967 II. Es gelten aber die besonderen Vorschriften der §§ 1972, 1974 II, 1991 IV.

3. Der Anspruch ist **übertragbar und vererblich** (Abs 2). Die Übertragung erfolgt nach den allg Regeln der §§ 398 ff. In den Fällen der §§ 2306, 2307 kann allerdings nicht das Recht zur Annahme bzw Ausschlagung auf den Erwerber übertragen werden (MK/

Lange § 2317 Rn 17, str). Etwas anderes gilt insofern bei der Vererbung, da das Ausschlagungsrecht gem §§ 1952 I, 2180 III vererblich ist.

5 4. Für die **Pfändung** des Pflichtteilsanspruchs gilt § 852 I ZPO. Sie ist an sich erst möglich, wenn der Anspruch vertraglich anerkannt wurde (allerdings nicht in der Form des § 781, Musielak/Becker § 852 ZPO Rn 2) oder rechtshängig ist. Der Grund dafür liegt darin, dass aufgrund der oft besonderen Beziehung des Erben zum Pflichtteilsberechtigten allein letzterer über die Geltendmachung des Anspruchs entscheiden soll. Diese Überlegung rechtfertigt auch die Pfändbarkeit eines abgetretenen Anspruchs. Wird der Anspruch vor Eintritt dieser Voraussetzungen gepfändet, entsteht ein Pfändungspfandrecht erst mit deren Eintritt. Der Rang bestimmt sich allerdings nach dem Pfändungszeitpunkt (BGHZ 123, 183). § 852 ZPO wirkt somit nur wie ein einstweiliges Verwertungsverbot.

6 5. **Verzug** wird ausnahmsweise auch durch eine unbezifferte Mahnung begründet (BGHZ 80, 277).

7 6. Der Anspruch **verjährt** nach Maßgabe des § 2332. Bei Ansprüchen minderjähriger Pflichtteilsberechtigter gegen einen Elternteil ist § 207 zu beachten. Wegen einer Stundung vgl § 2331 a.

§ 2318 Pflichtteilslast bei Vermächtnissen und Auflagen

(1) ¹Der Erbe kann die Erfüllung eines ihm auferlegten Vermächtnisses soweit verweigern, dass die Pflichtteilslast von ihm und dem Vermächtnisnehmer verhältnismäßig getragen wird. ²Das Gleiche gilt von einer Auflage.
(2) Einem pflichtteilsberechtigten Vermächtnisnehmer gegenüber ist die Kürzung nur soweit zulässig, dass ihm der Pflichtteil verbleibt.
(3) Ist der Erbe selbst pflichtteilsberechtigt, so kann er wegen der Pflichtteilslast das Vermächtnis und die Auflage soweit kürzen, dass ihm sein eigener Pflichtteil verbleibt.

1 I. Die Vorschrift gibt dem Erben unter bestimmten Voraussetzungen ein **Leistungsverweigerungsrecht** ggü Vermächtnisnehmern und solchen Personen, die durch eine Auflage begünstigt sind. Hintergrund ist die Tatsache, dass der Erbe im Außenverhältnis ggü den Pflichtteilsberechtigten alleiniger Schuldner des Pflichtteilsanspruchs ist (vgl § 2317 Rn 3). Zugleich werden aber bei der Berechnung des Pflichtteils Belastungen des Erben durch Vermächtnisse oder Auflagen nicht berücksichtigt (vgl § 2311 Rn 8). Dieser muss Pflichtteilsansprüche befriedigen, die anhand des Wertes des gesamten Nachlasses berechnet wurden, obwohl ihm aufgrund der Vermächtnisse oder Auflagen nie der volle Nachlasswert zur Verfügung steht. Der Gesetzgeber hielt es daher für gerechtfertigt, den Vermächtnisnehmer oder Auflagebegünstigten in Höhe seiner Beteiligung am Nachlasswert auch an der Pflichtteilslast zu beteiligen. Dies geschieht allerdings nicht im Außenverhältnis – der Erbe bleibt alleiniger Pflichtteilsschuldner, sondern im Innenverhältnis durch ein entspr Leistungsverweigerungsrecht des Erben ggü dem Vermächtnisnehmer oder Auflagebegünstigten.

2 II. 1. Abs 1 S 1 gewährt dem Erben ggü dem Vermächtnisnehmer (auch gesetzliche Vermächtnisse wie § 1969) ein anteiliges **Leistungsverweigerungsrecht** (peremptorische Einrede) ggü dem Anspruch auf Erfüllung des Vermächtnisses (§ 2174). Nach S 2 gilt dasselbe ggü dem Anspruch des Auflagebegünstigten (§§ 2192, 2174).

3 a) Eine **Pflichtteilslast** besteht für den Erben allerdings erst dann, wenn er vom Pflichtteilsberechtigten in Anspruch genommen wird (Palandt/Weidlich § 2318 Rn 1). Wird ihm indes nach Geltendmachung der Anspruch vom Pflichtteilsberechtigten schenkweise erlassen, bleibt das Leistungsverweigerungsrecht ggü dem Vermächtnisnehmer unberührt. Hat der Erbe das Vermächtnis oder die Auflage schon voll erfüllt, kann er den zu viel gezahlten Betrag gem § 813 I 1 kondizieren.

4 b) Die **Höhe der Kürzung** erfolgt in der Form, dass die Pflichtteilslast anteilig getragen wird. Hierzu wird der Anteil des Vermächtnisses oder der Auflage am Gesamtnachlass errechnet (bei einem Nachlasswert von 10.000 € und einem Vermächtnis iHv 1.000 € also 10 %). In Höhe dieses Anteils hat der Vermächtnisnehmer im Innenverhältnis die

Pflichtteilslast zu tragen (besteht ein Pflichtteilsanspruch iHv 2.500 €, hätte der Vermächtnisnehmer im Innenverhältnis 250 € zu tragen; der Erbe würde dem Vermächtnisnehmer folglich nur 750 € auszahlen).

c) Bei **mehreren** Vermächtnisnehmern oder Auflagebegünstigten besteht ggü jedem ein entspr Leistungsverweigerungsrecht.

d) Besteht das Vermächtnis **nicht in Geld**, sondern in einer unteilbaren sonstigen Leistung, kann der Erbe vom Vermächtnisnehmer Zahlung eines der Kürzung entspr Geldbetrages verlangen (MK/Lange § 2318 Rn 4). Wird dies verweigert, muss der Erbe nur einen gekürzten Schätzwert leisten (BGHZ 19, 311).

e) Die Vorschrift ist **abdingbar**, § 2324.

2. Eine **beschränkende Ausn** vom Grundsatz des Abs 1 stellt **Abs 2** dar. Ist der Vermächtnisnehmer selbst pflichtteilsberechtigt (und hat er nicht gem § 2307 I 1 das Vermächtnis ausgeschlagen), kann der von einem weiteren Pflichtteilsberechtigten in Anspruch genommene Erbe den Anspruch des Vermächtnisnehmers nur soweit kürzen, als diesem mind sein eigener Pflichtteil verbleibt. Bleibt schon das Vermächtnis hinter diesem zurück, kommt eine Kürzung von vornherein nicht in Betracht. Der Begünstigte kann dann vielmehr den Restpflichtteil gem § 2307 I 2 verlangen. Abs 2 ist durch den Erblasser nicht abdingbar (vgl § 2324, der nur Abs 1 erwähnt).

3. Eine **erweiternde Ausn** vom Grundsatz des Abs 1 stellt **Abs 3** dar. Ist der Erbe selbst pflichtteilsberechtigt, kann er bei hinzutretender Pflichtteilslast Vermächtnisse und Auflagen auch über Abs 1 hinaus soweit kürzen, dass ihm sein Pflichtteil verbleibt. Die Vorschrift ist im Zusammenhang mit § 2306 zu sehen. Ist der dem Pflichtteilsberechtigten Erben hinterlassene Erbteil geringer als der Pflichtteil, gelten Vermächtnisse oder Auflagen ohnehin als nicht angeordnet. § 2318 III spielt dann keine Rolle mehr. Ist indessen der hinterlassene Erbteil gleich oder größer dem Pflichtteil und sind Vermächtnisse oder Auflagen angeordnet, hat der Erbe das Ausschlagungsrecht des § 2306 I, um sich den vollen Pflichtteil zu sichern. Macht er davon keinen Gebrauch, muss er die Vermächtnisse und Auflagen grds auch dann erfüllen, wenn ihm sein Pflichtteil nicht in voller Höhe verbleibt. Die Vorschrift des § 2318 III greift nur ein, wenn der Erbe **zusätzlich mit Pflichtteilsansprüchen belastet** ist. In diesem Fall kann der Erbe Ansprüche aus Vermächtnissen und Auflagen entgg dem unglücklichen Wortlaut der Vorschrift allerdings nicht soweit kürzen, dass ihm in jedem Fall der volle Pflichtteil verbleibt. Verblieb dem Erben wegen versäumter Ausschlagung nach § 2306 I und den daher von ihm grds voll zu erfüllenden Vermächtnissen und Auflagen auch ohne die zusätzliche Pflichtteilslast nicht sein voller Pflichtteil, kann das Kürzungsrecht des Abs 3 nur gewährleisten, dass der Erbe iErg nicht noch weniger erhält (BGHZ 95, 222). Auch Abs 3 ist für den Erblasser indisponibel (§ 2324).

4. Streitig ist, ob Abs 2 oder Abs 3 beim **Zusammentreffen beider Vorschriften** vorgeht (für Vorrang des Abs 3 zB Soergel/Dieckmann § 2318 Rn 17). Relevant wird dies freilich nur, wenn weder der Erbe noch der Pflichtteilsberechtigte Vermächtnisnehmer von ihrem Ausschlagungsrecht (§§ 2306 I, 2307 I 1) Gebrauch machen.

§ 2319 Pflichtteilsberechtigter Miterbe

¹Ist einer von mehreren Erben selbst pflichtteilsberechtigt, so kann er nach der Teilung die Befriedigung eines anderen Pflichtteilsberechtigten soweit verweigern, dass ihm sein eigener Pflichtteil verbleibt. ²Für den Ausfall haften die übrigen Erben.

I. Im Ggs zu § 2318, der den Erben nur im Innenverhältnis ggü dem Vermächtnisnehmer oder Auflagenbegünstigten schützt, geht es in § **2319 um das Außenverhältnis zwischen den Erben** ggü dem Pflichtteilsberechtigten.

II. 1. Die Vorschrift setzt einen pflichtteilsberechtigten Miterben und die Teilung der Erbengemeinschaft voraus.

a) Der Pflichtteilsschuldner muss **selbst pflichtteilsberechtigt** und **Miterbe** sein. Ist er Alleinerbe, gibt es keine Garantie des eigenen Pflichtteils. Im Falle des dürftigen Nachlasses kommt hier nur eine Haftungsbeschränkung auf den Wert des Nachlasses nach allg Grundsätzen in Betracht (§§ 1975 ff).

4 **b)** Die Erbengemeinschaft muss **geteilt** sein.

5 **aa) Vor der Teilung** kommt dem nach § 2058 gesamtschuldnerisch haftenden Miterben lediglich § 2059 I 1 zugute, wonach er die Befriedigung von Nachlassverbindlichkeiten aus dem Eigenvermögen verweigern kann. Dies führt aber noch nicht zu einem Schutz seines Erbteils in Höhe des Pflichtteils. Pflichtteilsansprüche Dritter sind als Nachlassverbindlichkeiten gem § 2046 I vorab aus dem ungeteilten Nachlass zu berichtigen. Aus § 2319 wird gefolgert, dass pflichtteilsberechtigte Miterben bei der Teilung nicht anteilig für die Tilgung fremder Pflichtteilsansprüche herangezogen werden können, sondern nur insoweit, als ihr eigener Pflichtteil nicht beeinträchtigt wird.

6 **bb) Nach der Teilung** der Erbengemeinschaft haften die Miterben grds weiterhin als Gesamtschuldner ggü noch nicht befriedigten Nachlassgläubigern (§ 2058, Ausn §§ 2060, 2061). Auch hier liefe der pflichtteilsberechtigte Miterbe Gefahr, seinen Pflichtteil preisgeben zu müssen. Daher gewährt ihm § 2319 S 1 ein Leistungsverweigerungsrecht ggü einem anderen Pflichtteilsberechtigten, soweit ihm dadurch der eigene Pflichtteil verbleibt. Ggü sonstigen Nachlassgläubigern gilt dies freilich nicht. Für den Ausfall haften die übrigen Miterben grds gesamtschuldnerisch, §§ 2319 S 2, 2058. Der pflichtteilsberechtigte Miterbe ist durch § 2319 auch vor Regressansprüchen gem § 426 geschützt.

7 **c)** Die Vorschrift ist für den Erblasser gem § 2324 **unabdingbar**.

§ 2320 Pflichtteilslast des an die Stelle des Pflichtteilsberechtigten getretenen Erben

(1) Wer anstelle des Pflichtteilsberechtigten gesetzlicher Erbe wird, hat im Verhältnis zu Miterben die Pflichtteilslast und, wenn der Pflichtteilsberechtigte ein ihm zugewendetes Vermächtnis annimmt, das Vermächtnis in Höhe des erlangten Vorteils zu tragen.

(2) Das Gleiche gilt im Zweifel von demjenigen, welchem der Erblasser den Erbteil des Pflichtteilsberechtigten durch Verfügung von Todes wegen zugewendet hat.

1 **I.** Die Vorschrift regelt die Verteilung der Pflichtteilslast unter mehreren Miterben im **Innenverhältnis**. Grds haben sie diese gem §§ 2038 II, 748, 2047 I (für das Vermächtnis vgl § 2148) im allgemeinen Verhältnis ihrer Erbteile zu tragen. Diese Verteilung wird durch § 2320 modifiziert. Das Außenverhältnis bleibt durch die Vorschrift unberührt. Hier haften alle Miterben gem § 2058 gesamtschuldnerisch.

2 **II.** Die Überbürdung der Pflichtteilslast auf den an die Stelle des Pflichtteilsberechtigten tretenden Erben tritt nach Abs 1 im Falle der **gesetzlichen** und nach Abs 2 – im Zweifel – bei der **gewillkürten** Erbfolge ein.

3 **1. Abs 1** setzt voraus, dass der Dritte (Ersatzmann) an Stelle des Pflichtteilsberechtigten gesetzlicher Erbe geworden ist.

4 **a)** Eine solche Erbenstellung kann der Dritte in drei Fällen gewinnen: Bei der testamentarischen **Enterbung** (§ 1938, wird indes der Dritte zugleich als Erbe eingesetzt, gilt Abs 2), bei der **Ausschlagung** unter Wahrung des Pflichtteils (§ 2306 I) und beim **Erbverzicht unter Pflichtteilsvorbehalt** (vgl bei § 2346).

5 **b)** Unerheblich ist es, ob der Ersatzmann hierdurch überhaupt erst Erbe wird oder ob sich sein **Erbteil** lediglich **erhöht**. Allein entscheidend ist, dass er den Erbteil des anderen (wenn auch nur zusätzlich) erlangt und damit an dessen Stelle tritt.

6 **c)** Die Vorschrift ist für den Erblasser **disponibel**, § 2324.

7 **d)** Die **Rechtsfolge** besteht in der Überbürdung der Pflichtteils- bzw Vermächtnislast im Innenverhältnis zu den anderen Miterben in Höhe des erlangten Vorteils. Der erlangte Vorteil entspricht dem Wert des gewonnenen Erbteils bzw seiner Erhöhung. Bis zu diesem Betrag hat somit der Ersatzmann den Pflichtteil oder das Vermächtnis allein zu tragen. Im Außenverhältnis verbleibt es indes bei der gesamtschuldnerischen Haftung gem § 2058.

2. Nach Abs 2 gilt dasselbe im Zweifel dann, wenn der Ersatzmann den Erbteil des 8
Pflichtteilsberechtigten im Wege gewillkürter Erbfolge erlangt hat. Erforderlich ist,
dass gerade der (gesetzliche) Erbteil des Pflichtteilsberechtigten zugewendet wurde.
Hierfür ist ein entspr Erblasserwille festzustellen. Die Höhe des zugewendeten Erbteils
muss dem gesetzlichen Erbteil des ersetzten Pflichtteilsberechtigten entsprechen (BGH
NJW 83, 2378). Die Vorschrift gilt nur im Zweifel und ist im Übrigen gem § 2324 abdingbar.

§ 2321 Pflichtteilslast bei Vermächtnisausschlagung

Schlägt der Pflichtteilsberechtigte ein ihm zugewendetes Vermächtnis aus, so hat im Verhältnis der Erben und der Vermächtnisnehmer zueinander derjenige, welchem die Ausschlagung zustatten kommt, die Pflichtteilslast in Höhe des erlangten Vorteils zu tragen.

I. Die Vorschrift regelt die Verteilung der Pflichtteilslast im **Innenverhältnis**, wenn der 1
Pflichtteilsberechtigte ein ihm zugewendetes Vermächtnis ausschlägt. In diesem Fall
kann er gem § 2307 I 1 von dem oder den Erben den vollen Pflichtteil verlangen, wobei Miterben nach § 2058 im Außenverhältnis als Gesamtschuldner haften. Von der
grds anteiligen Verteilung der Pflichtteilslast unter mehreren Miterben (vgl o § 2320
Rn 1) macht § 2321 eine Ausn zulasten desjenigen, dem die Ausschlagung des Vermächtnisses zustatten kommt. Nimmt der Pflichtteilsberechtigte das Vermächtnis an,
gilt § 2320.

II. 1. **Zustatten** kommt die Ausschlagung des Vermächtnisses regelmäßig dem mit dem 2
Vermächtnis beschwerten Erben oder (im Falle des Untervermächtnisses) Vermächtnisnehmer.

2. Der durch die Ausschlagung ersparte Betrag ist in **Höhe des erlangten Vorteils** grds 3
zur Tragung der Pflichtteilslast zu verwenden. Die Höhe des erlangten Vorteils entspricht regelmäßig dem Wert des ausgeschlagenen Vermächtnisses. Der mit dem Vermächtnis allein belastete Miterbe kann also von den übrigen keinen Ausgleich verlangen. Im Falle des Untervermächtnisses haben die Erben, die im Außenverhältnis alleinige Pflichtteilsschuldner bleiben, einen Erstattungsanspruch gegen den Erstvermächtnisnehmer.

§ 2322 Kürzung von Vermächtnissen und Auflagen

Ist eine von dem Pflichtteilsberechtigten ausgeschlagene Erbschaft oder ein von ihm ausgeschlagenes Vermächtnis mit einem Vermächtnis oder einer Auflage beschwert, so kann derjenige, welchem die Ausschlagung zustatten kommt, das Vermächtnis oder die Auflage soweit kürzen, dass ihm der zur Deckung der Pflichtteilslast erforderliche Betrag verbleibt.

I. Die Vorschrift **knüpft an §§ 2320, 2321** an. Nach diesen Vorschriften hat der Er- 1
satzmann in Höhe des erlangten Vorteils die Pflichtteilslast zu tragen. Ist die durch die
Ausschlagung erlangte Erbschaft zusätzlich mit Vermächtnissen und Auflagen belastet,
kann es sein, dass die Belastungen den erlangten Vorteil übersteigen. In diesem Fall bestimmt § 2322 den Vorrang des Pflichtteilsberechtigten ggü den durch Vermächtnis
oder Auflage Begünstigten.

II. 1. Schlägt der **Pflichtteilsberechtigte** im Falle des § 2306 I die ihm zugewendete Erb- 2
schaft oder gem § 2307 I 1 ein ihm zugewendetes Vermächtnis aus, behält er den
Pflichtteilsanspruch. Der Nächstberufene hat dann nicht nur gem §§ 2320, 2321 im Innenverhältnis die volle Pflichtteilslast in Höhe des erlangten Vorteils zu tragen, sondern – als Erbe – auch die auf der erlangten Erbschaft liegenden Vermächtnisse und
Auflagen (§§ 1953 II, 1939, 1940). Schlägt der Pflichtteilsberechtigte ein mit Untervermächtnissen oder Auflagen belastetes Vermächtnis aus, ist derjenige beschwert, dem

der Wegfall des Erstvermächtnisnehmers unmittelbar zustatten kommt (§§ 2161, 2192).

3 2. Führt diese Mehrfachbelastung zu einer Überbelastung, gewährt § 2322 dem Begünstigten ein **Kürzungsrecht**. Auflagen und Vermächtnisse müssen nur insoweit erfüllt werden, als die zu tragende Pflichtteilslast gedeckt ist. Ggü dem weiter gehenden Kürzungsrecht aus § 2318 ist § 2322 vorrangig (BGH NJW 83, 2379).

4 3. Bei einem unteilbaren **Sachvermächtnis** hat der Vermächtnisnehmer dem Beschwerten den Kürzungsbetrag zu erstatten. Andernfalls erhält er nicht die Sache, sondern lediglich den gekürzten Geldbetrag (BGHZ 19, 311).

§ 2323 Nicht pflichtteilsbelasteter Erbe

Der Erbe kann die Erfüllung eines Vermächtnisses oder einer Auflage auf Grund des § 2318 Abs. 1 insoweit nicht verweigern, als er die Pflichtteilslast nach den §§ 2320 bis 2322 nicht zu tragen hat.

1 Nach § 2318 I kann der Erbe ihn treffende Vermächtnisse und Auflagen soweit kürzen, dass die Pflichtteilslast von ihm und dem Vermächtnisnehmer oder Auflagebegünstigten anteilig getragen wird. Die Vorschrift des § 2323 stellt klar, dass **kein Kürzungsrecht** besteht, wenn den Erben im Innenverhältnis gar keine Pflichtteilslast trifft, da die §§ 2320–2322 diese voll einem anderen Miterben aufbürden.

2 Die Vorschrift gilt über ihren Wortlaut hinaus auch im Fall des § 2318 III.

§ 2324 Abweichende Anordnungen des Erblassers hinsichtlich der Pflichtteilslast

Der Erblasser kann durch Verfügung von Todes wegen die Pflichtteilslast im Verhältnis der Erben zueinander einzelnen Erben auferlegen und von den Vorschriften des § 2318 Abs. 1 und der §§ 2320 bis 2323 abweichende Anordnungen treffen.

1 I. Die **Verteilung der Pflichtteilslast im Innenverhältnis** zwischen den Miterben und zwischen Erben und Vermächtnisnehmern und Auflagebegünstigten ist für den Erblasser iR der Vorschrift disponibel.

2 II. 1. Die abweichende Anordnung erfolgt durch **Verfügung von Todes wegen**, also Testament oder Erbvertrag.

3 2. So kann der Erblasser die Pflichtteilslast **einem Miterben** allein aufbürden oder das Kürzungsrecht des § 2318 I erweitern, beschränken oder ausschließen. Nicht der Verfügung des Erblassers unterliegt hingegen das Pflichtteilsrecht an sich. Dementspr ist eine Abweichung von §§ 2318 II, III, 2319 S 1 nicht möglich (wohl aber von § 2319 S 2).

§ 2325 Pflichtteilsergänzungsanspruch bei Schenkungen

(1) Hat der Erblasser einem Dritten eine Schenkung gemacht, so kann der Pflichtteilsberechtigte als Ergänzung des Pflichtteils den Betrag verlangen, um den sich der Pflichtteil erhöht, wenn der verschenkte Gegenstand dem Nachlass hinzugerechnet wird.

(2) ¹Eine verbrauchbare Sache kommt mit dem Werte in Ansatz, den sie zur Zeit der Schenkung hatte. ²Ein anderer Gegenstand kommt mit dem Werte in Ansatz, den er zur Zeit des Erbfalls hat; hatte er zur Zeit der Schenkung einen geringeren Wert, so wird nur dieser in Ansatz gebracht.

(3) ¹Die Schenkung wird innerhalb des ersten Jahres vor dem Erbfall in vollem Umfang, *innerhalb jedes weiteren Jahres vor dem Erbfall um jeweils ein Zehntel weniger* berücksichtigt. ²Sind zehn Jahre seit der Leistung des verschenkten Gegenstandes verstrichen, bleibt die Schenkung unberücksichtigt. ³Ist die Schenkung an den Ehegatten erfolgt, so beginnt die Frist nicht vor der Auflösung der Ehe.

Abschnitt 5 | Pflichtteil § 2325

I. Die Vorschrift regelt den sog **Pflichtteilsergänzungsanspruch**. Da für die Berechnung 1
des Pflichtteils gem § 2311 der Bestand des Nachlasses zum Zeitpunkt des Erbfalles
maßgeblich ist, hätte es der Erblasser in der Hand, durch Schenkungen unter Lebenden
den Pflichtteilsanspruch beliebig zu vermindern. Diese Aushöhlungsmöglichkeit wollen
die §§ 2325 ff in den dort näher bezeichneten Fällen verhindern und so dem Pflichtteilsberechtigten die gesetzlich vorgesehene Mindestbeteiligung am Nachlass (vgl o
§ 2306 Rn 1) sichern.
II. 1. Voraussetzung des Pflichtteilsergänzungsanspruchs ist eine **Schenkung** des Erblassers an einen Dritten. Damit ist nicht jegliche unentgeltliche Zuwendung, sondern nur 2
die Schenkung iSd §§ 516 ff erfasst (BGHZ 59, 132), die eine Einigung über die Unentgeltlichkeit voraussetzt (OLG Oldenburg FamRZ 00, 638) und die unter Umständen
durch eine nachträgliche Vereinbarung eines Entgeltes wieder entfallen kann (BGH
ZEV 07, 327). Eine Benachteiligungsabsicht ist anders als im Falle des § 2287 nicht erforderlich. Bei gemischten Schenkungen bedarf es zumindest einer Einigung über die
teilweise Unentgeltlichkeit. Stehen Leistung und Gegenleistung in einem groben Missverhältnis, wird die Einigung über die teilweise Unentgeltlichkeit vermutet (BGHZ 59,
136). Schenkungen an Stiftungen sind auch endgültige unentgeltliche Zuwendungen in
Form von Zustiftungen oder Spenden zum satzungsgemäßen Gebrauch, da beides
einen endgültigen Vermögenstransfer zulasten des Pflichtteilsberechtigten darstellt
(BGH NJW 04, 1382).
a) Die sog **unbenannten Zuwendungen unter Ehegatten** stellen allg ein familienrechtliches Rechtsgeschäft eigener Art und keine Schenkung dar (BGHZ 87, 146). Erbrechtlich, auch iR des § 2325, werden diese Zuwendungen indes wie Schenkungen behandelt, um Umgehungen zu verhindern (BGHZ 116, 167). Erforderlich ist allein die objektive Unentgeltlichkeit. 3
b) Die **Begr einer Gütergemeinschaft** stellt hingegen regelmäßig keine Schenkung dar 4
(BGHZ 116, 178).
c) Ausstattungen gelten nur insoweit als Schenkung, als sie das den Umständen entspr 5
Maß überschneiden, § 1624 I.
d) Bei schenkweiser Zuwendung der Todesfallleistung eines Lebensversicherungsvertrages an einen Dritten im Wege eines widerruflichen Bezugsrechts berechnet sich der 6
Pflichtteilsergänzungsanspruch nach neuer Rspr des BGH weder nach der Versicherungsleistung noch nach der Summe der vom Erblasser gezahlten Prämien (BGHZ 185,
252; BGH ZFE 10, 316). Vielmehr richtet er sich allein nach dem Wert, den der Erblasser aus den Rechten seiner Lebensversicherung in der letzten – juristischen – Sekunde seines Lebens nach objektiven Kriterien für sein Vermögen hätte umsetzen können
(vgl a OLG Düsseldorf ZEV 12, 105). Dabei ist idR auf den Rückkaufswert abzustellen. Je nach Lage des Einzelfalls kann dabei ggf auch ein – objektiv belegter – höherer
Veräußerungswert heranzuziehen sein.
e) Gesellschaftsrechtliche Fortsetzungsklauseln, die unter Ausschluss einer Abfindung 7
und unter Ausschluss des Erben die Fortsetzung der Gesellschaft unter den verbleibenden Gesellschaftern vorsehen, können nur dann Schenkung iSd § 2325 sein, wenn die
Klausel nicht für alle Gesellschafter gleichermaßen gilt (BGHZ 22, 194; BGH NJW 81,
1956).
f) Streitig ist die Rechtslage für **Abfindungen für einen Erbverzicht**. Teilweise werden 8
sie grds als unentgeltliche Leistungen angesehen (vgl Nachw bei MK/Lange § 2325
Rn 26), teilweise immer als entgeltliche (Nachw bei Palandt/Weidlich § 2325 Rn 16),
teilweise nur insoweit als unentgeltlich, als sie den Wert des Pflichtteils des Verzichtenden übersteigen (BGH NJW 86, 129).
2. Anspruchsgläubiger ist der Pflichtteilsberechtigte. Auf das tatsächliche Bestehen eines Pflichtteilsanspruchs kommt es nicht an, die abstrakte Berechtigung genügt (vgl 9
auch § 2326). Auch der pflichtteilsberechtigte Erbe oder Vermächtnisnehmer kann also
die Ergänzungsleistung geltend machen, wenn das ihm Hinterlassene hinter der Hälfte des um die Schenkung erhöhten Wertes des gesetzlichen Erbteils zurückbleibt. Auch
eine Ausschlagung lässt den Ergänzungsanspruch unberührt. In einer neuen Entscheidung hat der BGH in Abkehr von seinem Urt in BGHZ 59, 210 – welches gegen die

überwiegende Auffassung in der Literatur getroffen wurde – festgestellt, dass die Pflichtteilsberechtigung nicht bereits im Zeitpunkt der Schenkung bestanden haben muss, sondern es dafür nur auf den Zeitpunkt des Erbfalls ankommt (BGHZ 193, 260 mwN).

10 3. **Anspruchsschuldner** ist der Erbe bzw die Erbengemeinschaft, der Beschenkte nur im Fall des § 2329. Dem Erben steht allerdings die Dürftigkeitseinrede des § 1990 offen (beachte § 780 ZPO), wenn der Nachlass, der ja lediglich fiktiv um den Wert der Schenkung erhöht wird, zur Befriedigung des Ergänzungsanspruchs nicht ausreicht. In diesem Fall ist der Weg gegen den Beschenkten über § 2329 eröffnet. Für den pflichtteilsberechtigten Erben kommt ferner die Leistungsverweigerung nach § 2328 in Betracht.

11 4. Durch das Gesetz zur Änderung des Erb- und Verjährungsrechts (dazu Vor §§ 1922 – 2385 Rn 10) wurde in Abs 3 die sog „Pro-Rata-Lösung" in Abkehr von dem bisher geltenden „Alles-oder-nichts"-Prinzip eingeführt. Die damit einhergehende Verkomplizierung der Vorschrift nimmt der Gesetzgeber bewusst in Kauf, um den berechtigten Interessen des Beschenkten Rechnung zu tragen, indem diesen eine höhere Planungssicherheit gewährt wird. Nach Abs 3 wird die Schenkung nur noch innerhalb des ersten Jahres vor dem Erbfall vollständig, im zweiten Jahr vor dem Erbfall nur noch zu 9/10, im dritten Jahr zu 8/10 usw berücksichtigt (BT-Drucks 16/8954, 21).

12 a) Die Frist beginnt grds mit der Leistung des verschenkten Gegenstandes. Was hierunter zu verstehen ist, ist im Einzelnen noch nicht abschließend geklärt. Jedenfalls bei der Schenkung von Grundstücken stellt der BGH nunmehr auf den Zeitpunkt der Umschreibung im Grundbuch (Eintragung des Erwerbers) ab (BGHZ 102, 292; so auch bei noch verbleibendem Wohnrecht OLG Karlsruhe ZEV 08, 244). Dies spricht dafür, generell den Eintritt des rechtlichen Leistungserfolgs einer wirtschaftlichen Betrachtungsweise (so noch BGHZ 98, 232; vgl auch Jauernig/Stürner § 2325 Rn 8) vorzuziehen (so auch MK/Lange § 2325 Rn 59). Auch bei der Schenkung beweglicher Sachen kommt es folglich auf den Zeitpunkt des Eigentumserwerbs an (Palandt/Weidlich § 2325 Rn 25). Zum Sonderfall der Schenkung unter Nießbrauchsvorbehalt vgl BGHZ 125, 395.

13 b) Eine strengere Fristenregelung gilt gem § 2325 III 3 bei **Schenkungen an den Ehegatten**. Die Zehnjahresfrist beginnt hier nicht vor der Auflösung der Ehe, unabhängig davon, wie lange die Schenkung selbst zurückliegt (Kritik OLG Düsseldorf NJW 96, 3156).

14 5. **Rechtsfolge** ist der **Pflichtteilsergänzungsanspruch** gem Abs 1. Der Anspruch steht selbstständig neben dem normalen Pflichtteilsanspruch aus §§ 2303, 2317 (BGHZ 103, 333). Er kann insb auch dann bestehen, wenn ein Pflichtteilsanspruch nicht gegeben ist. Rechtlich wird der Ergänzungsanspruch allerdings größtenteils wie der Pflichtteilsanspruch behandelt. So gelten insb die §§ 2314, 2317, 2332 und 2333 ff. Der Ergänzungsanspruch ist Nachlassverbindlichkeit.

15 a) Seinem **Inhalt** nach ist der Anspruch auf den Betrag gerichtet, um den sich der Pflichtteil erhöht, wenn der Schenkungsgegenstand dem Nachlass (dh dessen nach § 2311 zu ermittelnden Wert) hinzugerechnet wird. Lediglich Schenkungen außerhalb der Frist des Abs 3 und Anstandsschenkungen gem § 2330 bleiben unberücksichtigt. Übersteigen auch nach Hinzurechnung der Schenkungen die Nachlasspassiva dessen Aktiva, scheidet ein Ergänzungsanspruch aus.

16 b) Die **Bewertung** des Schenkungsgegenstandes richtet sich neben den allg Vorschriften (§§ 2311, 2312) nach § 2325 II. Bei verbrauchbaren Sachen (und dem gleichzustellenden schenkweisen Erlass von Forderungen, BGHZ 98, 226) ist der Wert zum Zeitpunkt der Schenkung maßgeblich (Abs 2 S 1). Bei nicht verbrauchbaren Sachen entscheidet Abs 2 S 2 der niedrigere der beiden möglichen Werte (Zeitpunkt der Schenkung und Zeitpunkt des Erbfalls – Niederstwertprinzip). Im Rahmen des Wertvergleichs ist allerdings der Schenkungszeitpunkt der Kaufkraftschwund durch Indexierung zu berücksichtigen (BGHZ 85, 282). Ferner ist bei der Anwendung des Niederstwertprinzips der Wert eines Grundstücks zum Zeitpunkt des Erbfalls maß-

geblich, so kommt ein dem Erblasser vorbehaltener Nießbrauch nicht als Wertminderung der Schenkung in Ansatz (OLG Schleswig ZEV 09, 81).
6. Die **Verjährung** des Ergänzungsanspruchs unterliegt nunmehr (dazu Vor §§ 1922 – 17 2385 Rn 10) den §§ 195, 199 richtet sich nach § 2332 (OLG Düsseldorf FamRZ 96, 445; insb 132, 240).

§ 2326 Ergänzung über die Hälfte des gesetzlichen Erbteils

¹Der Pflichtteilsberechtigte kann die Ergänzung des Pflichtteils auch dann verlangen, wenn ihm die Hälfte des gesetzlichen Erbteils hinterlassen ist. ²Ist dem Pflichtteilsberechtigten mehr als die Hälfte hinterlassen, so ist der Anspruch ausgeschlossen, soweit der Wert des mehr Hinterlassenen reicht.

I. Die Vorschrift dient der **Klarstellung**, dass es sich beim Pflichtteilsergänzungsan- 1 spruch um einen selbstständigen Anspruch handelt (vgl schon § 2325 Rn 14). Der Ergänzungsanspruch kann auch dann verlangt werden, wenn ein normaler Pflichtteilsanspruch nach §§ 2303, 2317 nicht besteht, da dem Pflichtteilsberechtigten – von einem nicht durch Hinzurechnung der Schenkungen erhöhten Nachlassbestand ausgehend – mind die Hälfte des gesetzlichen Erbteils in Form der Erbschaft oder des Vermächtnisses hinterlassen ist. Auch eine Ausschlagung des Hinterlassenen berührt den Ergänzungsanspruch nicht (BGH NJW 73, 995). Der Ergänzungsanspruch kann auch neben einem Pflichtteilsrestanspruch aus § 2305 bestehen. Anspruchsgegner des Ergänzungsanspruchs sind im Falle der Miterbschaft die Miterben (ggf unter Beachtung von § 2328), im Falle der Alleinerbschaft kommt gem § 2329 nur ein Anspruch gegen den Beschenkten in Betracht.
II. Ist dem Pflichtteilsberechtigten mehr als die Hälfte des gesetzlichen Erbteils hinter- 2 lassen, sieht S 2 eine entspr **Kürzung** des Ergänzungsanspruchs vor. Ist der höhere Erbteil mit Beschränkungen oder Beschwerungen belastet, wird dies bei der Kürzung des Ergänzungsanspruchs nicht berücksichtigt, denn der Erbe hat die Möglichkeit der Ausschlagung des belasteten Erbteils unter Wahrung seines Pflichtteils gem § 2306 I. Erfährt der Erbe erst nach Annahme von der den Ergänzungsanspruch begründenden Schenkung des Erblassers, kommt eine Anfechtung nach § 119 in Betracht.

§ 2327 Beschenkter Pflichtteilsberechtigter

(1) ¹Hat der Pflichtteilsberechtigte selbst ein Geschenk von dem Erblasser erhalten, so ist das Geschenk in gleicher Weise wie das dem Dritten gemachte Geschenk dem Nachlass hinzuzurechnen und zugleich dem Pflichtteilsberechtigten auf die Ergänzung anzurechnen. ²Ein nach § 2315 anzurechnendes Geschenk ist auf den Gesamtbetrag des Pflichtteils und der Ergänzung anzurechnen.
(2) Ist der Pflichtteilsberechtigte ein Abkömmling des Erblassers, so findet die Vorschrift des § 2051 Abs. 1 entsprechende Anwendung.

I. Der Pflichtteilsberechtigte soll nicht wegen Geschenken, die der Erblasser an Dritte 1 gemacht hat, Pflichtteilsergänzung verlangen können, ohne dass **Geschenke an ihn selbst** berücksichtigt werden. Dieses wird vielmehr, zur Ermittlung des Ergänzungsanspruchs, in gleicher Weise wie Geschenke an Dritte dem Nachlass hinzugerechnet und anschließend auf den so ermittelten Ergänzungsanspruch voll angerechnet.
II. 1. **Voraussetzung** der Vorschrift ist neben dem Geschenk an den Pflichtteilsberech- 2 tigten selbst jedenfalls ein Geschenk an einen Dritten, das den Pflichtteilsergänzungsanspruch des § 2325 begründet. Die zeitliche Grenze des § 2325 III gilt für die Eigengeschenke nicht (KG NJW 74, 2131). Nur Geschenke an den Pflichtteilsberechtigten selbst sind anzurechnen, nicht solche an seinen Ehegatten. Auf der anderen Seite erfasst die Vorschrift auch nur Geschenke des Erblassers, wiederum nicht solche seines Ehegatten. Dies gilt auch beim Berliner Testament (§ 2269; vgl BGHZ 88, 102). Die ein-

zelnen Erbfälle nach dem Erst- und Zweitversterbenden sind hier also klar zu unterscheiden.

3 2. Soweit Schenkungen **ausgleichungspflichtig** nach § 2316 sind und daher bereits bei der Berechnung des Pflichtteils des Berechtigten berücksichtigt werden, kommen sie insoweit iR des § 2327 nicht mehr in Ansatz.

4 3. Die **Anrechnung** selbst vollzieht sich nach Abs 1 S 1 in zwei Schritten. Zunächst ist das eigene Geschenk dem Nachlass wie das Geschenk an den Dritten (§ 2325) hinzuzurechnen. Hieraus ergibt sich ein erhöhter fiktiver Nachlasswert. Aus diesem fiktiven Nachlasswert ist ein fiktiver Pflichtteil zu errechnen. Der Betrag, um den dieser fiktive Pflichtteil den tatsächlichen (nach § 2311 berechneten) Pflichtteil übersteigt, bildet die Grundlage des Pflichtteilsergänzungsanspruchs. Von diesem Betrag ist nun das eigene Geschenk des Pflichtteilsberechtigten in voller Höhe abzuziehen. Sofern ein Restbetrag verbleibt, bildet dieser den tatsächlichen Pflichtteilsergänzungsanspruch. Übersteigt das Geschenk wertmäßig den Ausgangsbetrag entfällt ein Pflichtteilsergänzungsanspruch. Der eigentliche Pflichtteilsanspruch bleibt hingegen idR unberührt (zur Ausn des Abs 1 S 2 sogleich).

5 4. Ist ein Geschenk aufgrund einer entspr Bestimmung des Erblassers gem § 2315 **anrechnungspflichtig**, so ist es, wenn es den Ergänzungsbetrag übersteigt, auch auf den eigentlichen Pflichtteil anzurechnen (Abs 1 S 2). Die Bewertung richtet sich allerdings nach § 2315 II 2 und nicht nach § 2325 II (MK/Lange § 2327 Rn 14, str).

6 5. Fällt der beschenkte Pflichtteilsberechtigte weg, und war er **Abkömmling** des Erblassers, muss sich gem §§ 2327 II, 2051 I der an dessen Stelle eintretende Abkömmling das Geschenk in gleicher Weise anrechnen lassen.

§ 2328 Selbst pflichtteilsberechtigter Erbe

Ist der Erbe selbst pflichtteilsberechtigt, so kann er die Ergänzung des Pflichtteils soweit verweigern, dass ihm sein eigener Pflichtteil mit Einschluss dessen verbleibt, was ihm zur Ergänzung des Pflichtteils gebühren würde.

1 I. Die Vorschrift **schützt den pflichtteilsberechtigten Erben** vor Ergänzungsansprüchen, soweit sein eigener Pflichtteil und evtl eigene Ergänzungsansprüche gefährdet sind. Während § 2319 den eigenen Pflichtteil des pflichtteilsberechtigten Erben ggü anderen Pflichtteilsberechtigten schützt, schützt § 2328 den eigenen Pflichtteil und eigenen Ergänzungsanspruch vor anderen Ergänzungsberechtigten. Einen Schutz des Ergänzungsanspruchs ggü anderen Pflichtteilsrechten gibt es hingegen nicht. Die Möglichkeit der Dürftigkeitseinrede des § 1990 bleibt allerdings bestehen (Schindler ZEV 10, 558).

2 II. 1. Der Erbe muss selbst **pflichtteilsberechtigt** sein. Ob er Allein- oder Miterbe ist, spielt keine Rolle.

3 2. Die Vorschrift gewährt ihm ein **Leistungsverweigerungsrecht** (peremptorische Einrede) ggü gegen ihn geltend gemachten Ergänzungsansprüchen insoweit, dass ihm sein eigener Pflichtteil und eigene Ergänzungen verbleiben. Den Ergänzungsberechtigten bleibt dann nur ein Vorgehen gegen den Beschenkten, § 2329. Nach Auffassung des BGH soll das Leistungsverweigerungsrecht auch dann bestehen, wenn der Nachlass zwar ursprünglich, aber infolge eines Wertverlusts mittlerweile nicht mehr zur Erfüllung fremder Ergänzungsansprüche unter Wahrung der eigenen Rechte ausreicht (BGHZ 85, 284, krit MK/Lange § 2328 Rn 8 f).

§ 2329 Anspruch gegen den Beschenkten

(1) [1]Soweit der Erbe zur Ergänzung des Pflichtteils nicht verpflichtet ist, kann der Pflichtteilsberechtigte von dem Beschenkten die Herausgabe des Geschenks zum Zwecke der Befriedigung wegen des fehlenden Betrags nach den Vorschriften über die Herausgabe einer ungerechtfertigten Bereicherung fordern. [2]Ist der Pflichtteilsberechtigte der alleinige Erbe, so steht ihm das gleiche Recht zu.

(2) Der Beschenkte kann die Herausgabe durch Zahlung des fehlenden Betrags abwenden.
(3) Unter mehreren Beschenkten haftet der früher Beschenkte nur insoweit, als der später Beschenkte nicht verpflichtet ist.

I. Schuldner des Pflichtteilsergänzungsanspruchs ist grds der Erbe (vgl § 2325 Rn 10). Die Vorschrift regelt die **subsidiäre Haftung des Beschenkten**. Kann der Gläubiger vom Erben die Pflichtteilsergänzung nicht erlangen, ermöglicht ihm § 2329 den Zugriff auf das Geschenk. Der Anspruch aus § 2329 unterscheidet sich von dem des § 2325 neben der Person des Schuldners durch die Art und den Umfang der Haftung (BGH NJW 74, 1327). 1

II. 1. Voraussetzung einer Inanspruchnahme des Beschenkten anstelle des Erben ist, dass der **Erbe zur Ergänzung des Pflichtteils nicht verpflichtet** ist. 2

a) Die Verpflichtung des Erben fehlt zunächst, wenn diesem das **Leistungsverweigerungsrecht aus § 2328** zusteht. 3

b) Die subsidiäre Haftung des Beschenkten greift ferner, wenn der **Erbe** gem §§ 1975 ff, 1990 **beschränkt haftet** und die Haftungsmasse zur Befriedigung des Ergänzungsanspruchs nicht ausreicht (BGHZ 80, 209). 4

c) Teilweise wird vertreten, der Beschenkte hafte auch, wenn der Erbe zwar unbeschränkt hafte, aber **zahlungsunfähig** ist (Palandt/Weidlich § 2329 Rn 2; Jauernig/Stürner § 2329 Rn 2). Dem widerspricht indes schon der Wortlaut der Vorschrift, der voraussetzt, dass der Erbe zur Ergänzung „nicht verpflichtet" ist. Die Zahlungsverpflichtung bleibt aber durch die bloße Zahlungsunfähigkeit unberührt (abl daher auch MK/Lange § 2329 Rn 8 mwN). 5

d) Auch wenn der **Erbe selbst der Beschenkte** ist, kommt bei Scheitern des Anspruchs aus § 2325 ein solcher aus § 2329 gegen ihn in Betracht (zu prozessualen Fragen vgl MK/Lange § 2329 Rn 1 f). Der BGH billigt dem Erben allerdings die Einrede aus § 2328 auch ggü dem Anspruch aus § 2329 zu (BGHZ 85, 284). 6

2. Ist der **Pflichtteilsberechtigte Alleinerbe**, so kann auch er gem § 2329 I 2 den Anspruch gegen den Beschenkten geltend machen. Voraussetzung eines solchen Anspruchs ist freilich, dass der Nachlass hinter dem iSd § 2325 ergänzten Pflichtteil zurückbleibt. 7

3. Der **Anspruch** richtet sich primär auf die Herausgabe des Geschenks zum Zwecke der Befriedigung nach den Vorschriften über die **ungerechtfertigte Bereicherung**. Trotz der Unterschiede hins Art und Umfang sind der Anspruch aus § 2329 und der aus § 2325 im Wesentlichen gleich (BGH NJW 74, 1327; 2320). So gelten auch hier die wesentlichen Vorschriften des Pflichtteilsrechts (vgl § 2325 Rn 14) und die Besonderheiten des Pflichtteilsergänzungsanspruchs, va die zeitliche Schranke des § 2325 III. 8

a) Inhaltlich ist er auf **Duldung der Zwangsvollstreckung**, nicht auf Zahlung gerichtet (Ausn sind Geldgeschenke). Der Beschenkte kann allerdings die Zwangsvollstreckung durch Zahlung abwenden, Abs 2. 9

b) Umfänglich haftet der Beschenkte **nach Bereicherungsrecht**. Dies ermöglicht va den Entreicherungseinwand gem § 818 III. Zu einem Bereicherungswegfall führt auch die erfolgreiche Insolvenz- oder Gläubigeranfechtung nach §§ 129 ff InsO bzw nach dem AnfG. Eine verschärfte Haftung nach §§ 818 IV, 819 I kann frühestens mit dem Erbfall eingreifen. 10

c) Die **Verjährung** bestimmt sich nach § 2332 I. Wird der beschenkte Erbe zunächst aus § 2325 in Anspruch genommen und die Klage dann im Wege der Klageänderung auf § 2329 gestützt, erfasst die Verjährungsunterbrechung auch den zweitgenannten Anspruch (BGHZ 107, 200). 11

4. Dem pflichtteilsberechtigten Nichterben steht ein **Auskunftsanspruch** auch gegen den Beschenkten entspr § 2314 zu. Ein pflichtteilsberechtigter Miterbe kann den beschenkten Miterben nicht mehr auf Auskunft in Anspruch nehmen, wenn der Anspruch aus § 2329 gem § 2332 II (ab 1.1.10: § 2332 I) bereits verjährt ist (OLG München ZFE 09, 159). 12

13 5. **Bei mehreren Beschenkten** haftet nach Abs 3 primär der zuletzt Beschenkte. Die Reihenfolge der Schenkungen richtet sich nicht nach dem Zeitpunkt des Schenkungsversprechens, sondern nach dem des Vollzugs der Schenkung (BGHZ 85, 283; allerdings zweifelnd für den Vollzug nach dem Erbfall). Eine Haftung früherer Beschenkter tritt nur ein, wenn der spätere Beschenkte nicht verpflichtet ist. Damit ist nicht der Fall bloßer Zahlungsunfähigkeit gemeint, sondern insb die Entreicherung gem § 818 III.
14 III. Ansprüche aus §§ 2287, 2288 gehen § 2329 vor (BGHZ 111, 142).

§ 2330 Anstandsschenkungen

Die Vorschriften der §§ 2325 bis 2329 finden keine Anwendung auf Schenkungen, durch die einer sittlichen Pflicht oder einer auf den Anstand zu nehmenden Rücksicht entsprochen wird.

1 I. Sog Pflicht- und Anstandsschenkungen lösen **keinen Pflichtteilsergänzungsanspruch** aus (vgl allg auch § 534).
2 II. 1. Schenkungen **entsprechen einer sittlichen Pflicht,** wenn ihr Unterbleiben dem Erblasser nach objektiven Kriterien sittlich anzulasten wäre (BGH NJW 84, 2940). Maßgeblich ist immer eine Einzelfallbetrachtung unter Abwägung aller Umstände, wobei auch die Pflicht, das Pflichtteilsrecht nicht zu entwerten, zu berücksichtigen ist (BGHZ 88, 102). Pflichtschenkungen können durchaus höhere Vermögenswerte zum Gegenstand haben. Häufig bildet persönliche Aufopferung (Pflege Angehöriger, längere Mitarbeit in Geschäft oder Haushalt) oder eine Notlage nahe stehender Personen den Anlass (zu Einzelfällen vgl MK/Lange § 2330 Rn 7). Zur Schenkung an Ehegatten s OLG Koblenz FamRZ 06, 1789.
3 2. **Anstandsschenkungen** sind kleinere Zuwendungen, die üblicherweise zu besonderen Anlässen gewährt werden (BGH NJW 84, 2940).
4 3. Wird bei einer Schenkung, die ihrer Art nach als Pflicht- oder Anstandsschenkung anzusehen ist, lediglich das erforderliche **Maß überschritten,** löst nur der Mehrbetrag einen Pflichtteilsergänzungsanspruch aus (BGH NJW 81, 2459).

§ 2331 Zuwendungen aus dem Gesamtgut

(1) ¹Eine Zuwendung, die aus dem Gesamtgut der Gütergemeinschaft erfolgt, gilt als von jedem der Ehegatten zur Hälfte gemacht. ²Die Zuwendung gilt jedoch, wenn sie an einen Abkömmling, der nur von einem der Ehegatten abstammt, oder an eine Person, von der nur einer der Ehegatten abstammt, erfolgt, oder wenn einer der Ehegatten wegen der Zuwendung zu dem Gesamtgut Ersatz zu leisten hat, als von diesem Ehegatten gemacht.
(2) Diese Vorschriften sind auf eine Zuwendung aus dem Gesamtgut der fortgesetzten Gütergemeinschaft entsprechend anzuwenden.

1 Die Vorschrift soll Schwierigkeiten bei der Ermittlung des Schenkers bei Zuwendungen aus dem Gesamtgut einer Gütergemeinschaft beggnen. Sie gilt sowohl für den Pflichtteilsergänzungsanspruch als auch (bei §§ 2315, 2316) für den ordentlichen Pflichtteil (RGZ 94, 265). Im Übrigen **entspricht** die Vorschrift der Parallelregelung des § 2054.

§ 2331a Stundung

(1) ¹Der Erbe kann Stundung des Pflichtteils verlangen, wenn die sofortige Erfüllung des gesamten Anspruchs für den Erben wegen der Art der Nachlassgegenstände eine unbillige Härte wäre, insbesondere wenn sie ihn zur Aufgabe des Familienheims für zur Veräußerung eines Wirtschaftsguts zwingen würde, das für den Erben und seine Familie die wirtschaftliche Lebensgrundlage bildet. ²Die Interessen des Pflichtteilsberechtigten sind angemessen zu berücksichtigen.

(2) ¹Für die Entscheidung über eine Stundung ist, wenn der Anspruch nicht bestritten wird, das Nachlassgericht zuständig. ²§ 1382 Abs. 2 bis 6 gilt entsprechend; an die Stelle des Familiengerichts tritt das Nachlassgericht.

I. Die Vorschrift dient dem **Schutz des Erben**, der zugleich Schuldner des Pflichtteilsanspruchs ist. Da dieser gem § 2317 mit dem Erbfall entsteht und sofort fällig ist, ist der Erbe, wenn der Nachlass oder das Eigenvermögen nicht ausreichend liquide Mittel bieten, uU gezwungen, Nachlass- bzw Wirtschaftswerte zu zerschlagen, um Pflichtteilsansprüche zu befriedigen. Soweit dies für den Erben unter den strengen Voraussetzungen des § 2331 a eine besondere Härte bedeutet, kann er nach der Vorschrift eine Stundung des Pflichtteilsanspruchs verlangen (s Reich FPR 08, 555). 1

II. 1. Die Stundung kann der Erbe nur unter den **Voraussetzungen** des Abs 1 verlangen, die durch das Gesetz zur Änderung des Erb- und Verjährungsrechts (dazu Vor §§ 1922 – 2385 Rn 10) maßvoll erweitert wurde (dazu Muscheler ZEV 08, 105). Die Vereinbarung einer Stundung mit dem Pflichtteilsberechtigten ist freilich jederzeit ohne weiteres möglich (Palandt/Weidlich § 2331 a Rn 1). 2

a) Stundung kann seit dem 1.1.10 **jeder Erbe** und nicht nur der selbst Pflichtteilsberechtigte verlangen. Allerdings ist hier zu beachten, dass die Miterben bis zur Teilung gem § 2059 nur mit dem Nachlass haften. Eine Zwangsvollstreckung in den ungeteilten Nachlass setzt aber gem § 747 ZPO einen entspr Titel gegen alle Miterben voraus. Kann daher auch nur ein Miterbe die Stundung verlangen, scheidet eine Vollstreckung in den ungeteilten Nachlass aus. 3

b) Die sofortige Erfüllung des (gesamten) Pflichtteilsanspruchs muss für den Erben **wegen der Art der Nachlassgegenstände eine unbillig Härte sein** (Abs 1 S 1). Im Ggs zur früheren Fassung (ungewöhnliche Härte) wird die Schwelle herabgesetzt und somit der Anwendungsbereich erweitert (BT-Drucks 16/8954, 21). Ob sich diese Herabsetzung durch eine häufigere Anrufung des Nachlassgerichtes auch in der Praxis konkret niederschlägt, muss abgewartet werden (Langenfeld NJW 09, 3121, 3123; zweifelnd Leipold § 24 Rn 850 a). Die Vorschrift nennt beispielhaft Aufgabe der Familienwohnung oder Zwang zur Veräußerung eines die Lebensgrundlage bildenden Wirtschaftsgutes (weitere Bsp in KG ErbR 13, 30). Die bloße Tatsache, dass die Verwertung von Nachlassgegenständen zZ besonders ungünstig ist, genügt hingegen für sich nicht. Die geforderte unbillige Härte ist auch dann zu verneinen, wenn die Vermeidung der genannten Konsequenzen durch den Einsatz von Eigenmitteln oder durch Kreditaufnahme vermeidbar sind. Auch besonders wertvolle Gegenstände (Kunstwerke) oder Güter mit hohem ideellem Wert sind grds vom Erben einzusetzen. 4

c) Kumulativ müssen die **Interessen des Pflichtteilsberechtigten** angemessen berücksichtigt werden (Abs 1 S 2). Durch die Änderung soll die hohe Hürde der zuvor geltenden Zumutbarkeit herabgesetzt werden. Erforderlich ist hier eine Interessenabwägung im Einzelfall, welche die verfassungsrechtlich geschützte Position des Pflichtteilsberechtigten berücksichtigt. Diese überwiegt regelmäßig dann, wenn der Erbe die gem § 2331 a II 2 iVm § 1382 III vorgesehene Sicherheitsleistung nicht zu erbringen vermag (BT-Drucks 16/8954, 21). 5

2. Sind diese Voraussetzungen gegeben, kann der Erbe **Stundung verlangen**. Anstelle des Erben kann auch der Nachlasspfleger (§ 1960), der Nachlassverwalter (§ 1984) oder der Nachlassinsolvenzverwalter (§ 1980, § 80 InsO), nicht jedoch der Testamentsvollstrecker (vgl § 2213 II 3) den Antrag stellen. 6

a) Die **Zuständigkeit zur Entscheidung** über die Stundung hängt davon ab, ob der Pflichtteilsanspruch selbst bestr ist. Ist er unstreitig, entscheidet gem Abs 2 S 1 das Nachlassgericht (§§ 23 a GVG, 343 FamFG, § 3 Nr 2 c RpflG). Andernfalls ist gem Abs 2 S 2 iVm § 1382 V das Prozessgericht zuständig. 7

b) Das **Verfahren vor dem Nachlassgericht** regeln insb §§ 362, 264 FamFG. Es gilt der Amtsermittlungsgrundsatz § 26 FamFG. Zum Entscheidungsinhalt vgl insb Abs 2 S 2 iVm § 1382 II–IV. Zur Möglichkeit der nachträglichen Abänderung der Entscheidung (des Nachlass- oder des Prozessgerichts) durch das Nachlassgericht vgl Abs 2 S 2 iVm § 1382 VI. 8

§ 2332 Verjährung

(1) Die Verjährungsfrist des dem Pflichtteilsberechtigten nach § 2329 gegen den Beschenkten zustehenden Anspruchs beginnt mit dem Erbfall.
(2) Die Verjährung des Pflichtteilsanspruchs und des Anspruchs nach § 2329 wird nicht dadurch gehemmt, dass die Ansprüche erst nach der Ausschlagung der Erbschaft oder eines Vermächtnisses geltend gemacht werden können.

1 I. 1. Durch das Gesetz zur Änderung des Erb- und Verjährungsrechts (dazu Vor §§ 1922–2385 Rn 10) unterliegen die **Pflichtteilsansprüche** der Regelverjährung. Die Verjährung beginnt damit mit dem Schluss des Jahres, in dem der Pflichtteilsanspruch entstanden ist und der Pflichtteilsberechtigte von seinem Pflichtteilsanspruch Kenntnis erlangt hat, §§ 195, 199 I. Ohne Rücksicht auf die Kenntnis oder grob fahrlässige Unkenntnis beträgt die Höchstfrist gem § 199 IIIa 30 Jahre ab Entstehung des Anspruchs (BT-Drucks 16/8954, 21)

2 2. Der **Anspruch aus § 2329** verjährt gem Abs 1 unter erleichterten Voraussetzungen, da hier allein der Eintritt des Erbfalls für den Beginn der Dreijahresfrist (§ 195) maßgeblich ist (zur Unterbrechung vgl § 2329 Rn 11). Auf Kenntnis kommt es nicht an.

3 3. In Fällen, in denen die kürzere Verjährung zu unbefriedigenden Ergebnissen führt, kann vorsorglich eine **Verlängerung der Verjährung** nach § 202 II vereinbart werden. Insbes. beim Ehegattentestament könnte eine Vereinbarung erbschaftsteuerrechtliche Vorteile bringen, wenn die Eltern erwarten können, dass die als Schlusserben eingesetzten Abkömmlinge ihren beim ersten Erbfall entstandenen Pflichtteil unverjährt erhalten und erst nach dem Tod des längerlebenden Ehegatten geltend machen (Amann DNotZ 02, 125).

4 4. Einige Besonderheiten sind iR der **Hemmung und Unterbrechung** der Verjährung zu beachten.

5 a) Pflichtteilsansprüche **minderjähriger Kinder** ggü ihren Eltern und umgekehrt sind nach § 207 I 2 Nr 2 bis zum Eintritt der Volljährigkeit gehemmt.

6 b) Im Falle der **Stundung gem § 2331 a** wird die Verjährung nach § 205 gehemmt.

7 c) **Keine Hemmung** der Verjährung folgt gem Abs 2 daraus, dass die Geltendmachung des Pflichtteilsanspruchs wie in den Fällen der §§ 2306 I 2, 2307, 1371 III eine Ausschlagung der Erbschaft oder des Vermächtnisses voraussetzt.

8 d) Zum **Neubeginn durch Anerkenntnis** gem § 212 I Nr 1 kann es führen, wenn in einer Auskunfterteilung über den Bestand des Nachlasses zugleich zum Ausdruck kommt, dass der Erbe auch vom Bestehen eines Pflichtteilsanspruchs ausgeht (BGHZ 95, 76).

9 e) Die **Stufenklage** gem § 254 ZPO unterbricht bereits die Verjährung des Hauptanspruchs (§ 204 I Nr 1), da dieser sofort rechtshängig wird (BGH NJW-RR 95, 513). Anders verhält es sich bei der isolierten Auskunftsklage nach § 2314.

10 7. Bei gesamtschuldnerischer Haftung von **Miterben** (§ 2058) ist § 425 II zu beachten.

§ 2333 Entziehung des Pflichtteils

(1) Der Erblasser kann einem Abkömmling den Pflichtteil entziehen, wenn der Abkömmling
1. dem Erblasser, dem Ehegatten des Erblassers, einem anderen Abkömmling oder einer dem Erblasser ähnlich nahe stehenden Person nach dem Leben trachtet,
2. sich eines Verbrechens oder eines schweren vorsätzlichen Vergehens gegen eine der in Nummer 1 bezeichneten Personen schuldig macht,
3. die ihm dem Erblasser gegenüber gesetzlich obliegende Unterhaltspflicht böswillig verletzt oder
4. wegen einer vorsätzlichen Straftat zu einer Freiheitsstrafe von mindestens einem Jahr ohne Bewährung rechtskräftig verurteilt wird und die Teilhabe des Abkömmlings am Nachlass deshalb für den Erblasser unzumutbar ist. Gleiches gilt, wenn die Unterbringung des Abkömmlings in einem psychiatrischen Krankenhaus oder

in einer Entziehungsanstalt wegen einer ähnlich schwerwiegenden vorsätzlichen Tat rechtskräftig angeordnet wird.
(2) Absatz 1 gilt entsprechend für die Entziehung des Eltern- oder Ehegattenpflichtteils.

I. 1. § 2333 regelt die Voraussetzungen, unter denen der Erblasser den Pflichtteilsberechtigten **ausnahmsweise** auch die an sich gesetzlich garantierte **Mindestbeteiligung am Nachlass entziehen** kann (zur neuen Gesetzesfassung: Keim NJW 08, 2072; Meyer FPR 08, 537) Die in den Vorschriften genannten Gründe sind im Sinne einer abschließenden, nicht analogiefähigen Aufzählung zu verstehen (BGH NJW 74, 1085). Durch das Gesetz zur Änderung des Erb- und Verjährungsrechts (dazu Vor §§ 1922–2385 Rn 10) wurde die Differenzierung der bisherigen §§ 2333 ff aufgegeben und in § 2333 zusammengefasst, vereinheitlicht und teilweise neu gefasst, um sie an die gesellschaftlichen Verhältnisse anzupassen (BT-Drucks 16/8954, 22, krit dazu Hauck NJW 10, 903). Insb die Nr 5 der bisherigen Fassung („ehrloser und unsittlicher Lebenswandel wider den Willen des Erblassers") sieht der Gesetzgeber als nicht mehr zeitgemäß an, da der hierdurch geschützte Bereich der Familienehre kaum zu bestimmen sei und die darunter diskutierten früheren Fallgruppen, wie zB die Landstreicherei, wenig relevant bzw nicht mehr geächtet seien. Weiterhin wurde der Kreis der Betroffenen (Abs 1 Nr 1) durch die „ähnlich nahe stehende Person" erweitert (vgl Rn 4). 1

2. Bei der Entziehung handelt es sich um ein **Gestaltungsrecht** des Erblassers, auf das dieser gem § 2302 nicht verzichten kann. Das Recht erlischt aber durch **Verzeihung** (§ 2337). Die Ausübung unterliegt der Form des § 2336. Die Entziehung ist teilweise oder vollständig möglich, sie kann auch in (dann nicht nach § 2306 I 1 unwirksamen) Beschränkungen oder Beschwerungen bestehen. Das Bestehen oder Nichtbestehen eines Entziehungsgrundes kann allerdings schon zu Lebzeiten Gegenstand einer Feststellungsklage sein (sowohl des Erblassers als auch des Pflichtteilsberechtigten (str); vgl BGHZ 109, 309). Die Pflichtteilsentziehung umfasst auch die Ansprüche aus §§ 2305, 2307 auf den Pflichtteilsrest und aus § 2325 auf Pflichtteilsergänzung. 2

II. 1. Nach der Neufassung sind die **Entziehungsgründe für Abkömmlinge** in § 2333 I Nr 1-4 geregelt, wobei diese gem Abs 2 entspr für Eltern und Ehegatten/Lebenspartner gelten. Eine Pflichtteilsentziehung ist nunmehr möglich bei schwerem Fehlverhalten ggü dem Erblasser und ihm nachstehenden Personen (Nr 1-3) sowie bei allgemeinem schwerem sozialwidrigem Fehlverhalten (Nr 4). Aus den gleichen Gründen ist die Aufhebung einer an sich unwiderruflichen Verfügung in einem gemeinschaftlichen Testament (§ 2271 II 2) und der Rücktritt vom Erbvertrag möglich (§ 2294). Alle genannten Gründe setzen **Verschulden** des Pflichtteilsberechtigten voraus. Aufgrund des verfassungsrechtlichen Übermaßverbots ist immer eine konkrete Abwägung zwischen dem Vorwurf und dem Gewicht der Pflichtteilsentziehung erforderlich (BGHZ 109, 312). 3

a) Ein **nach dem Leben Trachten** gem Nr 1 liegt bei jeder Betätigung des ernsthaften Willens, den Tod herbeizuführen, vor. Beihilfe, Anstiftung, Versuch oder bloße Vorbereitungshandlungen genügen. Der **Schutzbereich** der Pflichtteilsentziehung wurde durch eine Erweiterung des Kreises der vom Fehlverhalten Betroffenen **erweitert**. Neben dem Erblasser, dessen Ehegatten/Lebenspartner oder einem anderen Abkömmling des Erblassers sind nunmehr auch **ähnlich nahestehende Personen** vom Schutzbereich erfasst. Dies sind Personen, die mit dem Erblasser in einer auf Dauer angelegten Lebensgemeinschaft zusammenleben oder auf andere Weise mit ihm eng verbunden sind, zB Stief- oder Pflegekinder (BT-Drucks 16/8954, 23). 4

b) Nr 2 nF fasst die Nr 2 und 3 der bisherigen Fassung zusammen. Inhaltliche Änderungen sind jedoch nicht beabsichtigt. Voraussetzung für die Pflichtteilsentziehung iSd Nr 2 ist ein **Verbrechen** (§ 12 I StGB) **oder ein schweres vorsätzliches Vergehen gegen eine in Nr 1 genannte Person**. Ob ein Vergehen schwer ist, richtet sich nach den Umständen des Einzelfalls. Zu verlangen ist eine grobe Missachtung des Näheverhältnisses zwischen Erblasser und Personen iSd Nr 1, die eine besondere Kränkung des Erblassers bedeutet (vgl BGH NJW 74, 1085). Einfache vorsätzliche Körperverletzungen iSd § 223 StGB werden nur von der Vorschrift erfasst (BT-Drucks 16/8954, 23), wenn diese zugleich **eine schwere Pietätsverletzung** ggü dem Erblasser darstellen (vgl BGHZ 5

109, 311). Ausschließlich seelisch wirkende Misshandlungen genügen nicht. Diese werden indes häufig auch das körperliche Wohlbefinden beeinträchtigen. Vereinzelte Beleidigungen reichen regelmäßig nicht aus.

6 c) Nr 3 ist **ohne praktische Bedeutung**, da ein entziehungsfähiger Pflichtteil kaum vorhanden sein wird, wenn der Erblasser auf Unterhaltsgewährung durch seine Kinder angewiesen ist.

7 d) Nr 4 ersetzt Nr 5 aF und betrifft ein **schweres sozialwidriges Fehlverhalten** des Pflichtteilsberechtigten ggü Dritten, die nicht zu dem in Nr 1, 2 genannten Personenkreis zählen. Die Änderung soll insb die Rechtssicherheit für alle Beteiligten erhöhen (BT-Drucks 16/8954, 23; krit zur Umsetzung Leipold § 24 Rn 855 a). Voraussetzung ist ein objektives Fehlverhalten in der Form einer vorsätzlich begangenen Straftat, die zu einer Verurteilung zu einer Freiheitsstrafe von mind einem Jahr ohne Bewährung geführt hat oder führen wird. Die Vorschrift knüpft nicht an ein Verbrechen iSd § 12 StGB an, vor allem um schwere Vergehen aus dem Sexualstrafrecht zu erfassen (BT-Drucks 16/8954, 24, so dann a LG Stuttgart NJW-RR 12, 778). Die Rechtskraft des Urt kann auch nach dem Erbfall eintreten, wie sich aus dem Wortlaut „wird" ergibt.

8 Subjektiv muss es dem Erblasser unzumutbar sein, den Berechtigten am Nachlass teilhaben zu lassen. Diese subjektive Komponente ist erforderlich, da die Pflichtteilsentziehung nicht völlig vom Schutz der Familie, der die Grundlage für den verfassungsrechtlichen Schutz des Pflichtteils bildet, losgelöst sein darf. **Unzumutbarkeit** liegt vor, wenn die Straftat den persönlichen in der Familie gelebten Wertvorstellungen des Erblassers in hohem Maße widerspricht. Dies liegt bei besonders schweren Straftaten, die mit erheblichen Freiheitsstrafen geahndet werden, in der Regel nahe (BT-Drucks16/8954, 24), ist hingegen ausgeschlossen, wenn sich der Erblasser selbst strafrechtlich relevant verhalten hat, insb bei mittäterschaftlicher Tatbegehung oder Teilnahme. Anders jedoch, wenn die Tat des Erblassers weit in der Vergangenheit liegt und er sich von seinem früheren Verhalten distanziert hat. Im Ergebnis führt dies zu einer Verschärfung des Begründungszwanges, da in der die Entziehung aussprechenden Verfügung von Todes wegen nicht nur wie bisher der Entziehungsgrund angegeben werden muss, sondern auch die das Merkmal der Unzumutbarkeit konkretisierenden Umstände darzulegen sind (vgl Keim ZEV 08, 161, 168; Langenfeld NJW 09, 3121; Mayer ZEV 10, 2).

9 Nach Nr 4 S 2 kommt als Pflichtteilsentziehungsgrund ferner auch eine Tat in Betracht, die im Zustand der **Schuldunfähigkeit** begangen wurde. Aus maßgeblicher Sicht des Erblassers macht es regelmäßig keinen erheblichen Unterschied, ob der Pflichtteilsberechtigte die Tat im Zustand der Schuldfähigkeit oder Schuldunfähigkeit begangen hat (BT-Drucks 16/8954, 24).

10 e) Nach Abs 2 gilt Abs 1 entspr für die Entziehung des Eltern- oder Ehegattenpflichtteils. Aus Sicht des Erblassers macht es keinen Unterschied, ob es sich um ein schweres allgemeines und sozialwidriges Fehlverhalten des Abkömmlings, der Eltern oder des Ehegatten handelt (BT-Drucks 16/8954, 25).

§§ 2334 und 2335 (aufgehoben)

§ 2336 Form, Beweislast, Unwirksamwerden

(1) Die Entziehung des Pflichtteils erfolgt durch letztwillige Verfügung.
(2) ¹Der Grund der Entziehung muss zur Zeit der Errichtung bestehen und in der Verfügung angegeben werden. ²Für eine Entziehung nach § 2333 Absatz 1 Nummer 4 muss zur Zeit der Errichtung die Tat begangen sein und der Grund für die Unzumutbarkeit vorliegen; beides muss in der Verfügung angegeben werden.
(3) Der Beweis des Grundes liegt demjenigen ob, welcher die Entziehung geltend macht.

1 I. Die Pflichtteilsentziehung ist aus ähnlichen Gründen wie die Testamentserrichtung selbst (vgl o bei § 2247) **formbedürftig** und muss überdies den Grund der Entziehung benennen.

II. **1. Die Pflichtteilsentziehung erfolgt** gem Abs 1 in der **Form der letztwilligen Verfügung**. Möglich ist also Testamentsform (§ 1937), auch als (nicht bindende, vgl § 2270 III) Verfügung in einem gemeinschaftlichen Testament, sowie die Form des Erbvertrags (als einseitige Verfügung, vgl §§ 2278 II, 2299 I). Die Umdeutung einer als vertragsmäßig gewollten in eine einseitige Verfügung ist möglich (BGH FamRZ 61, 437).
2. In der Verfügung muss neben der Anordnung der Entziehung selbst gem Abs 2 der **Entziehungsgrund angegeben** werden. Ausreichend hierfür ist die Niederlegung des „Sachverhaltskerns" (BGH NJW 64, 549; vgl OLG Hamm ErbR 07, 123), die eine Identifizierung des die Entziehung begründenden Geschehens durch Auslegung ermöglicht. Liegt der genannte Grund nicht vor, führt dies zur Unwirksamkeit der Entziehung. Ein vorliegender, aber nicht genannter Grund ändert nichts, da die Entziehung insofern nicht formgerecht erklärt ist. Ferner ist der betroffene Pflichtteilsberechtigte zu bezeichnen. Die angeordnete Pflichtteilsentziehung enthält idR konkludent eine Enterbung (§ 1938; vgl zu Einzelheiten Hamm OLGZ 73, 83 ff). Liegt der Entziehungsgrund gar nicht vor, richtet sich die Wirksamkeit der Enterbung nach § 2085 (ggf auch Anfechtung nach § 2078 II). Welche Anforderungen an die Darlegung der Gründe der Unzumutbarkeit zu stellen sind, richtet sich nach dem Einzelfall. Je schwerwiegender die Tat ist, desto geringere Anforderungen sind an die Darlegung der Gründe für die Unzumutbarkeit zu stellen (BT-Drucks 16/8954, 24).
3. a) Der **Entziehungsgrund muss zZ der Errichtung** der entziehenden Verfügung bestehen, Abs 2. Dies bedeutet allerdings nicht, dass das Verhalten aktuell andauern muss. Es genügt, wenn es zum Zeitpunkt der Errichtung der Verfügung in der Vergangenheit geschehen ist.
b) Der durch das Gesetz zur Änderung des Erb- und Verjährungsrechts eingefügte Abs 2 S 2 stellt klar, dass die nach § 2333 Nr 4 erforderliche Rechtskraft nicht bereits zur Zeit der Errichtung der letztwilligen Verfügung vorliegen muss, sondern auch später eintreten kann.
4. Die **Beweislast** für das Vorliegen des Entziehungsgrundes obliegt gem Abs 3 demjenigen, welcher die Entziehung geltend macht. Dies ist grds der Erbe als Pflichtteilsschuldner, im Falle des § 2329 der Beschenkte. Die Beweislast erstreckt sich auf das Fehlen von Rechtfertigungs- und Entschuldigungsgründen. Um Beweisschwierigkeiten vorzubeugen kann der Erblasser noch zu Lebzeiten Feststellungsklage erheben. Die Voraussetzungen der Verzeihung (§ 2337) muss hingegen der Anspruchsteller beweisen.
5. Nicht notwendigerweise unwirksam wird die in der Pflichtteilsentziehung liegende Enterbung (ggf aber Anfechtung nach § 2078 II).

§ 2337 Verzeihung

¹Das Recht zur Entziehung des Pflichtteils erlischt durch Verzeihung. ²Eine Verfügung, durch die der Erblasser die Entziehung angeordnet hat, wird durch die Verzeihung unwirksam.

I. Das Pflichtteilsentziehungsrecht **erlischt durch Verzeihung**. Die Neufassung des § 2333 Nr 4 durch das Gesetz zur Änderung des Erb- und Verjährungsrechts (dazu Vor §§ 1922–2385 Rn 10) änderte daran nichts (BT-Drucks 16/8954, 25). Die Verzeihung ist keine Willenserklärung, sondern die rein tatsächliche äußerliche Kundmachung des Entschlusses des Erblassers, aus den erfahrenen Kränkungen nichts mehr herleiten und über sie hinweggehen zu wollen (BGH NJW 74, 1085). Eine Versöhnung oder gar die Wiederherstellung einer innigen Familienbeziehung ist nicht zu verlangen (vgl OLG Nürnberg FamRZ 13, 330). Eine Anfechtung der Verzeihung ist ausgeschlossen, da es sich nicht um eine Willenserklärung handelt. Erforderlich ist aber die Kenntnis der Verfehlungen, die verziehen werden sollen. Dies ist nur dann verzichtbar, wenn der Erblasser eindeutig kundgetan hat, unabhängig von derartiger Kenntnis jegliches Fehlverhalten zu verzeihen.

2 II. Die **Rechtsfolge** der Verzeihung kann in zweierlei bestehen. Eine künftige Pflichtteilsentziehung kann auf das verziehene Verhalten nicht mehr wirksam gestützt werden, § 2337 S 1. Eine bereits verfügte Entziehung wird nach S 2 durch die Verzeihung unwirksam (OLG Hamm MDR 97, 844). Eine in der Pflichtteilsentziehung liegende Enterbung bleibt dag in aller Regel wirksam. Im Rahmen des § 2085 ist zu berücksichtigen, dass der verzeihende Erblasser die Enterbung durch eine neue Verfügung von Todes wegen beseitigen könnte.

3 III. Durch einen nachträglichen Sinneswandel ist die Verzeihung nicht wieder rückgängig zu machen (OLG Nürnberg FamRZ 13, 330). Unabhängig davon kann der Erblasser die den Pflichtteil entziehende Verfügung von Todes wegen auch gem §§ 2253 ff widerrufen.

§ 2338 Pflichtteilsbeschränkung

(1) ¹Hat sich ein Abkömmling in solchem Maße der Verschwendung ergeben oder ist er in solchem Maße überschuldet, dass sein späterer Erwerb erheblich gefährdet wird, so kann der Erblasser das Pflichtteilsrecht des Abkömmlings durch die Anordnung beschränken, dass nach dem Tode des Abkömmlings dessen gesetzliche Erben das ihm Hinterlassene oder den ihm gebührenden Pflichtteil als Nacherben oder als Nachvermächtnisnehmer nach dem Verhältnis ihrer gesetzlichen Erbteile erhalten sollen. ²Der Erblasser kann auch für die Lebenszeit des Abkömmlings die Verwaltung einem Testamentsvollstrecker übertragen; der Abkömmling hat in einem solchen Falle Anspruch auf den jährlichen Reinertrag.

(2) ¹Auf Anordnungen dieser Art findet die Vorschrift des § 2336 Abs. 1 bis 3 entsprechende Anwendung. ²Die Anordnungen sind unwirksam, wenn zur Zeit des Erbfalls der Abkömmling sich dauernd von dem verschwenderischen Leben abgewendet hat oder die den Grund der Anordnung bildende Überschuldung nicht mehr besteht.

1 I. Die Vorschrift dient dem **Schutz des Abkömmlings** und seiner gesetzlichen Erben. Es handelt sich um eine Beschränkung in dessen Interesse, in gewisser Weise um einen Schutz vor sich selbst. Die Mindestbeteiligung am Vermögen des Erblassers in Form des Pflichtteilsrechts soll soweit möglich auch tatsächlich den Abkömmlingen zugute kommen und nicht sogleich der Gefahr des Verlustes ausgesetzt sein. Die Vorschrift stellt eine **Ausn zu** § 2306 dar.

2 II. 1. Die **Voraussetzungen** der Vorschrift sind die Verschwendungssucht oder die Überschuldung eines Abkömmlings des Erblassers.

3 a) Die Beschränkung ist nur zulasten (oder unter Berücksichtigung des Normzwecks zugunsten) eines **Abkömmlings** möglich. Ggü dem Ehegatten oder den Eltern gilt die Vorschrift nicht. Beschränkungen (auch weiter gehende) bleiben indes ggü allen Genannten möglich, wenn der Pflichtteil auch entzogen werden könnte (vgl § 2333 Rn 2).

4 b) Vorausgesetzt wird ferner die **Verschwendungssucht** bzw die **Überschuldung** in einem solchen Maß, dass der spätere Erwerb des Pflichtteilsberechtigten erheblich gefährdet wird. Ersteres ist zu bejahen, wenn sämtliche Einnahmen unmittelbar vergeudet werden. Der Begriff der Überschuldung entspricht § 19 InsO, setzt also voraus, dass das Vermögen die bestehenden Verbindlichkeiten nicht mehr deckt.

5 c) Die Voraussetzungen müssen gem Abs 2 S 1 iVm § 2336 II grds zum **Zeitpunkt** der beschränkenden letztwilligen Verfügung vorliegen. Entspr § 2336 IV sind gem Abs 2 S 2 die Anordnungen aber unwirksam, wenn die Voraussetzungen zum Zeitpunkt des Erbfalls entfallen sind. Ein späteres Entfallen ist hingegen bedeutungslos.

6 d) Die **Beweislast** obliegt dem Nacherben, Nachvermächtnisnehmer oder Testamentsvollstrecker (Abs 2 S 1 iVm § 2336 III).

7 2. Die **möglichen Anordnungen** nennt § 2338 I 1 und 2. Sie können allein oder kumulativ getroffen werden.

8 a) Der Erblasser kann die gesetzlichen Erben seines Abkömmlings als **Nacherben** (hins des dem Abkömmling Hinterlassenen) **oder Nachvermächtnisnehmer** (hins des ihm gebührenden Pflichtteils) einsetzen. Durch das eingeschränkte Verfügungsrecht des Vor-

erben (§§ 2112 ff) wird der Verschwendung durch den Abkömmling begegnet. Ggü den Gläubigern bietet § 2115 Schutz (zu Nutzungen vgl § 863 I 1 ZPO). Beim Nachvermächtnis (§ 2191) ist der Schutz indes weitaus geringer, da insofern die §§ 2112 ff nicht gelten (vgl § 2191 II). Hier empfiehlt sich zusätzlich Anordnung der Testamentsvollstreckung.
b) Nach Abs 1 S 2 kann der Erblasser auch die **Verwaltung durch einen Testaments-** 9 **vollstrecker** anordnen. Dadurch ist dem Abkömmling die Verfügungsbefugnis insgesamt entzogen (§ 2211). Vor einem Zugriff auf das der Vollstreckung unterliegende Vermögen durch Gläubiger des Abkömmlings schützt § 2214. Der jährliche Reinertrag kann gem Abs 1 S 2 2. Halbs nicht der Testamentsvollstreckung unterworfen werden und steht in beschränktem Umfang (§ 863 I 2 ZPO) den Gläubigern des Abkömmlings zur Befriedigung zur Verfügung. Allerdings kann der Erblasser, wenn er dem Erben mehr als die Hälfte des gesetzlichen Erbteils hinterlässt, auch hins des Reinertrags Testamentsvollstreckung anordnen. Wenn der Abkömmling dann nicht ausschlägt (§ 2306 I 2), ist den Gläubigern auch insofern der Zugriff verwehrt.
c) Die **Form** der beschränkenden Anordnungen richtet sich gem Abs 2 S 1 nach § 2336 10 I (letztwillige Verfügung). Der Grund der Beschränkung ist in der Verfügung anzugeben (Abs 2 S 1 iVm § 2336 II).
3. Die **Rechtswirkungen** aus Sicht des Pflichtteilsrechts (zu den Wirkungen der einzel- 11 nen Anordnungen vgl o Rn 8) stehen im Zusammenhang mit §§ 2306, 2307.
a) Soweit die Voraussetzungen des § 2338 gegeben sind, bleiben die angeordneten **Be-** 12 **schränkungen** ohne weiteres auch dann **wirksam**, wenn dem Abkömmling nicht mehr als die Hälfte des gesetzlichen Erbteils hinterlassen wurde. Die Rechtsfolgen des § 2306 I 1 treten also nicht ein.
b) Ist der Hinterlassene **Erbteil größer** als die Hälfte des gesetzlichen Erbteils und 13 schlägt der Abkömmling nicht aus, bleiben die angeordneten Beschränkungen bereits nach allg Grundsätzen bestehen. Schlägt der Abkömmling aus, kann er nach § 2306 I 2 den Pflichtteil verlangen. Die Beschränkungen gem § 2338 wirken dann aber als Beschränkung des Pflichtteilsanspruchs weiter.
c) Entspr gilt bei einem **Vermächtnis**. Nimmt der Abkömmling dieses an, gelten die 14 Anordnungen des Erblassers ohne Rücksicht auf § 2338. Schlägt er aus, wirken die Beschränkungen auf den dadurch erlangten Pflichtteilsanspruch.
d) Wird dem Abkömmling **nichts hinterlassen**, wirken sich die Beschränkungen des 15 § 2338 unmittelbar auf den Pflichtteil aus.

Abschnitt 6
Erbunwürdigkeit

Vorbemerkung zu §§ 2339–2345

I. **Normzweck und Regelungszusammenhang. 1.** Es kann Fälle geben, in denen eine 1 Person, obgleich sie erbfähig ist und kraft Gesetzes oder gewillkürter Erbfolge an sich erben würde, von der Partizipation am Nachlass ausgeschlossen werden muss. Dies ist zB der Fall, wenn die Person den Erblasser daran hindert, eine zu ihren Gunsten getroffene Verfügung zu revidieren oder wenn sie den Erbfall selbst herbeiführt („Der Mörder kann nicht Erbe des Ermordeten werden"). Für derartige Fälle enthält das Gesetz die – in der Fallbearbeitung nur bei Veranlassung zu prüfenden – Vorschriften über die Erbunwürdigkeit.
2. In der Sache ist der Verlust des Erbrechts durch Erbunwürdigkeit eine **zivilrechtliche** 2 **Sanktion** für ein (in aller Regel strafrechtlich relevantes) Fehlverhalten zum **Nachteil des Erblassers**.
3. Folgerichtig kennt das deutsche Recht auch **keine allg Erbunwürdigkeit**, sondern nur 3 eine solche ggü einem bestimmten Erblasser. Zudem enthält das Gesetz einen **abschließenden Katalog von Fällen der Erbunwürdigkeit**, hins derer eine analoge Anwendung auf ähnliche Fälle nach zutreffender hA ausscheidet, weil die Feststellung der Erbun-

würdigkeit Strafcharakter hat (Mot V 520; RGRK/Kregel § 2339 Rn 1; so auch § 2339 Rn 1).

4 4. Zur Feststellung der Erbunwürdigkeit bedarf es keiner ausdrücklichen Feststellung im letzten Willen, zumal die Frage der Erbwürdigkeit unabhängig vom Berufungsgrund im konkreten Fall ist. Im Übrigen tritt der Verlust des Erbrechts aber nicht kraft Gesetzes ein, sondern erst durch die – allerdings rückwirkend geltende – **Feststellung durch ein gerichtliches Anfechtungsurt**.

5 II. Rechtsgeschichte und Rechtsvergleichung. 1. Die Erbunwürdigkeit als Rechtsinstitut geht in der Sache letztlich auf das **römische Recht** zurück. Unter bestimmten Voraussetzungen wurde dort der Empfänger des Erbes kraft Kaiserentscheidung für „unwürdig" erklärt, das Erbe anzutreten oder er war zur Rückgabe des bereits Erhaltenen verpflichtet. Anders als in den späteren deutschen Rechtsordnungen, etwa dem Preußischen Allgemeinen Landrecht, und der heutigen Regelung stand das Erbe in diesen Fällen jedoch dem Fiskus zu, während heute der Nächstberufene statt des Unwürdigen erbt.

6 2. Das Institut der Erbunwürdigkeit ist auch in den übrigen europäischen Rechtsordnungen bekannt. Unterschiede bestehen allein in der technischen Ausgestaltung. Während sich der deutsche Gesetzgeber für das Anfechtungsverfahren entschieden hat, um die Erbunwürdigkeit durch ein Gericht feststellen zu lassen, tritt die Unwürdigkeit in Frankreich, Österreich und der Schweiz ipso iure ein.

§ 2339 Gründe für Erbunwürdigkeit

(1) Erbunwürdig ist:
1. wer den Erblasser vorsätzlich und widerrechtlich getötet oder zu töten versucht oder in einen Zustand versetzt hat, infolge dessen der Erblasser bis zu seinem Tode unfähig war, eine Verfügung von Todes wegen zu errichten oder aufzuheben,
2. wer den Erblasser vorsätzlich und widerrechtlich verhindert hat, eine Verfügung von Todes wegen zu errichten oder aufzuheben,
3. wer den Erblasser durch arglistige Täuschung oder widerrechtlich durch Drohung bestimmt hat, eine Verfügung von Todes wegen zu errichten oder aufzuheben,
4. wer sich in Ansehung einer Verfügung des Erblassers von Todes wegen einer Straftat nach den §§ 267, 271 bis 274 des Strafgesetzbuchs schuldig gemacht hat.

(2) Die Erbunwürdigkeit tritt in den Fällen des Absatzes 1 Nr. 3, 4 nicht ein, wenn vor dem Eintritt des Erbfalls die Verfügung, zu deren Errichtung der Erblasser bestimmt oder in Ansehung deren die Straftat begangen worden ist, unwirksam geworden ist, oder die Verfügung, zu deren Aufhebung er bestimmt worden ist, unwirksam geworden sein würde.

1 I. 1. Die Vorschrift enthält eine **abschließende Aufzählung von Erbunwürdigkeitsgründen**. Eine entspr Anwendung auf ähnliche Fallgruppen kann im Gutachten erwogen werden, muss aber iErg aus zwei Gründen ausscheiden. Zum einen droht bei extensiver Anwendung die Gefahr, die Frage der Erbunwürdigkeit zum Gegenstand eigener Wert- oder Moralvorstellungen zu machen, hins derer ein gesellschaftlicher Konsens nicht zu erreichen ist. Zum anderen hat die Entziehung des Erbrechts kraft Unwürdigkeitsfeststellung eindeutig Strafcharakter. Eine Ausdehnung durch Analogie zum Nachteil des Erben wäre also auch verfassungsrechtlich nicht unproblematisch. Vgl auch den Parallelfall der Entziehung des Pflichtteilsanspruchs gem § 2333 (dazu RGZ 168, 41; BGH NJW 73, 339).

2 2. Soweit das zur Erbunwürdigkeit führende **Verhalten strafrechtlich relevant** ist, hat der (Zivil-)Richter wie ein Strafrichter die gesamte Strafrechtsnorm zu prüfen. Er muss den objektiven und subjektiven Tatbestand, die Rechtswidrigkeit und die Schuld des Erben feststellen. Dabei ist er an ein etwaiges vorangegangenes strafrechtliches Urt nicht gebunden, wenngleich er sich in der Praxis vielfach darauf beziehen wird. Die freie Tatsachenprüfung findet allerdings ihre Grenze, soweit Existenz und Inhalt eines Strafurt Tatbestandsvoraussetzungen eines Anspruchs bilden (BGH FamRZ 05, 1070).

Ansonsten muss der Vortrag des Klägers hinreichend substanziiert und einer Beweisaufnahme zugänglich sein (BGH FamRZ 12, 1938).

3. Bei der Frage, ob der Erbe vorsätzlich gehandelt hat, ist wegen der starken Anbindung an das Strafrecht entgg dem sonstigen Vorsatzbegriff im Zivilrecht, der das Bewusstsein der Rechtswidrigkeit mitumfasst, eine Anlehnung an die strafrechtliche Dogmatik geboten. In Fällen des sog Erlaubnistatbestandsirrtums (Irrtum über das Vorliegen von rechtfertigenden Umständen) ist die rechtsfolgenverweisende eingeschränkte Schuldtheorie mit der Folge anzuwenden, dass eine Erbunwürdigkeit nicht in Betracht kommt (analog § 16 StGB). Ferner kann es relevant werden, ob der Erbe/Pflichtteilsberechtigte (im Falle des § 2345) iSv BVerfG ZEV 2005, 301 zwar schuldunfähig, aber natürlich vorsätzlich gehandelt hat (BGH ErbR 11, 213).

4. Im Übrigen steht die **Teilnahme** des Erben (§§ 26, 27 StGB) seiner **Täterschaft gleich**. Gleiches gilt für eine gem § 13 StGB relevante Unterlassung und den Versuch (§ 22 StGB), nicht aber für straflose Vorbereitungshandlungen.

5. Fraglich ist, ob ein **strafbefreiender Rücktritt** den Erben entlastet, wie im Schrifttum ohne nähere Begr angenommen wird (Soergel/Damrau § 2339 Rn 4; RGRK/Kregel § 2339 Rn 2 – noch zu § 46 StGB aF). Dies verwundert insoweit, als im Hinblick auf die Parallelvorschrift § 2333 vertreten wird, der Rücktritt sei für die Entziehung des Pflichtteils ohne Belang, der Erbe könne sich nicht entlasten (AK/Herzog § 2333 Rn 1). Im Ergebnis ist diese Differenzierung aber überzeugend, weil für die Entziehung des Pflichtteils bereits ausreicht, dass der Erbe dem Erblasser nach dem Leben trachtet, also schon die ernsthafte Manifestierung eines entspr Willens die Folge des § 2333 auslöst. Demggü setzt § 2339 ein weiter gehendes, konsequent an den Strafrechtsnormen orientiertes Verhalten voraus. Infolgedessen liegt es nahe, auch die dem Erben günstigen Normen des Strafrechts, insb § 24 StGB zu berücksichtigen.

6. Im Verhältnis von **Vor- und Nacherbe** ist § 2339 nicht anwendbar, da der Nacherbe nicht Erbe des Vorerben wird. Tötet er den Vorerben, um die Nacherbschaft vorzeitig antreten zu können, ist aber § 162 II anzuwenden, mit der Folge, dass der Nacherbfall nicht eintritt.

II. 1. Nr 1 betrifft in der **1. Alt** Mord und Totschlag (auch in einem minder schweren Fall), jeweils sowohl die Vollendung als auch den Versuch. Nicht erfasst wird dag im Hinblick auf § 2343 die Tötung auf Verlangen (§ 216 StGB). Ebenso scheiden Fahrlässigkeitstaten (§ 222 StGB) und Erfolgsqualifikationen aus, soweit hins der Tötung kein Vorsatz nachweisbar ist (§§ 226, 251 StGB).

2. Bei **Nr 1, 2. Alt** muss sich der Vorsatz nicht auf die Testierunfähigkeit selbst beziehen, sondern auf die Herbeiführung eines entspr Zustandes von gewisser Dauer (Mot V 518).

3. Nr 2 setzt seitens des Erblassers voraus, dass er bereits den Willen hatte, seine letztwillige Verfügung in einer bestimmten Form zu errichten, abzuändern oder aufzuheben. Daran muss er durch den Erben in irgendeiner Form, sei es durch Gewalt, Drohung oder Täuschung, gehindert worden sein (Bsp bei BGH FamRZ 65, 496).

4. Nr 3 entspricht § 123 in Bezug auf die Begriffe Täuschung und Drohung. Streitig sind die seitens des Erben bestehenden Offenbarungspflichten über solche Tatsachen, bei deren Kenntnis der Erblasser den Erben ausschließen würde. Hier ist aus den unter Rn 1 genannten Gründen Vorsicht geboten. Eine Aufklärungspflicht dürfte jedenfalls bei länger zurückliegenden Verfehlungen nicht vorliegen (anders und weiter gehend etwa RG JW 12, 871).

5. Nr 4 umfasst die §§ 267, 271-274 StGB, richtigerweise auch deren Versuch (wie hier v Lübtow ErbR II S 726; anders die hM, etwa Kipp-Coing ErbR § 85 II 4 mwN). Streitig und prüfungsrelevant sind namentlich die Fälle, in denen der Erblasser sich ohnehin in der seitens des Erben manipulierten Weise äußern wollte oder in denen der Erbe einem formungültigen Testament zur Wirksamkeit verholfen hat. Das Reichsgericht (RGZ 72, 207; 81, 413) hat hier die Rechtsfolge des § 2339 nicht eintreten lassen. Der BGH (FamRZ 70, 17) hat später in den Vordergrund gestellt, dass der Erbe in den Testiervorgang unerlaubt eingegriffen habe, er also mit dem Verlust des Erbrechts sanktioniert werden müsse (so auch BGH ZEV 08, 193). Überzeugender ist die Mei-

nung des Reichsgerichts, da § 2339 nicht allein einen objektiven Strafcharakter hat, sondern auch der Durchsetzung des mutmaßlichen Erblasserwillens dient. Ist dieser aber nicht berührt, bedarf es keiner Sanktionierung in der Schärfe des § 2339.

12   6. Unter Abs 2 fallen zB Widerruf und Vorversterben des Bedachten. Die Vorschrift wird auf ursprüngliche Unwirksamkeit (zB wegen Formmangels) analog angewendet.

§ 2340 Geltendmachung der Erbunwürdigkeit durch Anfechtung

(1) Die Erbunwürdigkeit wird durch Anfechtung des Erbschaftserwerbs geltend gemacht.
(2) [1]Die Anfechtung ist erst nach dem Anfall der Erbschaft zulässig. [2]Einem Nacherben gegenüber kann die Anfechtung erfolgen, sobald die Erbschaft dem Vorerben angefallen ist.
(3) Die Anfechtung kann nur innerhalb der in § 2082 bestimmten Fristen erfolgen.

1 Anders als in anderen Rechtsordnungen (vgl Vor §§ 2339-2345 Rn 6) tritt die Erbunwürdigkeit nicht kraft Gesetzes, sondern erst nach Anfechtung ein, sei es durch Klage oder – im Fall des § 2345 – durch Erklärung.
2 Die Anfechtungsklage ist erst nach Anfall der Erbschaft zulässig, kann dann aber unmittelbar gegen mehrere Erbunwürdige, beispielsweise gegen die Mittäter eines Mordes, gemeinsam erhoben werden.
3 Die Anfechtung muss binnen Jahresfrist erhoben werden, gerechnet ab Kenntnis und Beweisbarkeit des Anfechtungsgrundes (OLG München MDR 57, 612; OLG Düsseldorf FamRZ 00, 991).

§ 2341 Anfechtungsberechtigte

Anfechtungsberechtigt ist jeder, dem der Wegfall des Erbunwürdigen, sei es auch nur bei dem Wegfall eines anderen, zustatten kommt.

1 Der Kreis der Anfechtungsberechtigten ist weiter als der in § 2080. Ausreichend ist ein nur mittelbares Interesse durch Verbesserung der Rangfolge, das etwa auch der Staat hat (§ 1936). Streitig ist, ob darüber hinaus auch nur schuldrechtlich Berechtigte ein Klagerecht haben (bejahend etwa OLG Celle NdsRpfl 72, 238). Dies ist nur zu bejahen, wenn sie zugleich in der weiteren Folge Erben würden. Im Übrigen scheidet ein Anfechtungsrecht – ebenso wie unstrittig für Gläubiger – aus, da Anknüpfungspunkt jeweils die erbrechtliche Stellung des Anfechtenden ist. Eine **Übertragung des Anfechtungsrechtes** ist nicht möglich, wohl aber geht es auf den Erben des Anfechtungsberechtigten über. Im letzteren Fall läuft die Frist des § 2340 III weiter.
2 Ein – nur zwischen den Beteiligten geltender – Verzicht auf das Recht zur Anfechtung ist möglich.

§ 2342 Anfechtungsklage

(1) [1]Die Anfechtung erfolgt durch Erhebung der Anfechtungsklage. [2]Die Klage ist darauf zu richten, dass der Erbe für erbunwürdig erklärt wird.
(2) Die Wirkung der Anfechtung tritt erst mit der Rechtskraft des Urteils ein.

1 Die Feststellung der Erbunwürdigkeit setzt eine darauf gerichtete, hinreichend deutliche Klageerhebung voraus. Insb muss der Antrag deutlich machen, dass keine Anfechtung der letztwilligen Verfügung nach § 2078 gewollt ist.
2 Eine Verbindung mit einer Klage aus §§ 2018 ff ist möglich.
3 Die **sachliche Zuständigkeit** richtet sich nach dem Streitwert. Dieser hängt wiederum von der Höhe der Partizipation des potentiell Erbunwürdigen am Nachlass ab (BGH NJW 70, 197). Hins der **örtlichen Zuständigkeit** gilt § 27 ZPO.

Ein stattgebendes Urt wirkt als gestaltendes Urt für und gegen alle, ein abweisendes 4
Urt soll nach BGH NJW 70, 197 nur zwischen den Parteien gelten, so dass ein Dritter
erneut Anfechtungsklage erheben kann.

§ 2343 Verzeihung
Die Anfechtung ist ausgeschlossen, wenn der Erblasser dem Erbunwürdigen verziehen hat.

Die Vorschrift entspricht strukturell den §§ 532, 2337 (BGH FamRZ 61, 437). Da- 1
nach ist unter einer Verzeihung ein Verhalten zu verstehen, durch das der **Erblasser nach außen kundtut, trotz der ihm bekannten Verfehlung keinen Ausschluss des Erben von der Erbfolge herbeiführen zu wollen.**

Selbst bei einer **vollendeten Tötung** kann § 2343 greifen, wenn der Erblasser in Kennt- 2
nis des nahen Todes dennoch verzeiht, vgl dazu Bezirksgericht Halle/Saale NJW 58, 14.

§ 2344 Wirkung der Erbunwürdigerklärung
(1) Ist ein Erbe für erbunwürdig erklärt, so gilt der Anfall an ihn als nicht erfolgt.
(2) Die Erbschaft fällt demjenigen an, welcher berufen sein würde, wenn der Erbunwürdige zur Zeit des Erbfalls nicht gelebt hätte; der Anfall gilt als mit dem Eintritt des Erbfalls erfolgt.

Die Wirkung der Unwürdigkeitserklärung entspricht der der Ausschlagung, vgl § 1953. 1
Insb wirkt die Ausschlagung ex tunc (RGZ 142, 98) und der Unwürdige wird bei der Berechnung der Pflichtteile mitgezählt (§ 2310).

Zu beachten ist, dass die Erbunwürdigkeit des Ehegatten nicht zwingend auch den 2
Verlust des Zugewinnausgleichsanspruches (vgl § 1371) zur Folge hat, da es sich bei letzterem nicht um einen originär erbrechtlichen Anspruch handelt (arg auch aus § 2345 e contrario). Einschränkungen ergeben sich jedoch aus § 1381 II.

Die Rechtsgeschäfte, die der Erbunwürdige bzgl des Nachlasses vorgenommen hat, 3
werden unwirksam. Dritte sind nur geschützt, soweit sich der Erbunwürdige über einen Erbschein legitimieren konnte.

Der neue Erbe kann ggü dem Erbunwürdigen die Ansprüche aus den §§ 2018 ff gel- 4
tend machen, insb ist § 2024 anzuwenden.

§ 2345 Vermächtnisunwürdigkeit; Pflichtteilsunwürdigkeit
(1) ¹Hat sich ein Vermächtnisnehmer einer der in § 2339 Abs. 1 bezeichneten Verfehlungen schuldig gemacht, so ist der Anspruch aus dem Vermächtnis anfechtbar. ²Die Vorschriften der §§ 2082, 2083, 2339 Abs. 2 und der §§ 2341, 2343 finden Anwendung.
(2) Das Gleiche gilt für einen Pflichtteilsanspruch, wenn der Pflichtteilsberechtigte sich einer solchen Verfehlung schuldig gemacht hat.

1. **Abs 1** stellt klar, dass auch der Gläubiger schuldrechtlicher Ansprüche ebenso wie 1
der Erbe aus den Gründen des § 2339 erbunwürdig sein kann. Betroffen sind der Vermächtnisnehmer, der Ehegatte im Hinblick auf den Voraus (§ 1932, anders Zugewinn, so § 2344 Rn 2), Familienangehörige hins des Dreißigsten (§ 1969) oder der Gläubiger einer Schenkung von Todes wegen (§ 2301).

2. Die Konstellation des **Abs 2** tritt wegen der Konkurrenz zu § 2333 nur auf, wenn 2
der Pflichtteilsberechtigte zwar enterbt, ihm aber nicht der Pflichtteil entzogen worden ist. Letzteres ist daher im Gutachten vorrangig zu erörtern. Betroffen sind neben dem Pflichtteilsanspruch auch Pflichtteilsrestansprüche gem §§ 2305, 2307 und Ergänzungsansprüche aus §§ 2325 ff.

3 3. Im Unterschied zur Feststellung der Erbunwürdigkeit durch Klage kann der mit dem schuldrechtlichen Anspruch belastete Erbe die Erbunwürdigkeit durch einseitige, empfangsbedürftige Willenserklärung dem Gläubiger ggü geltend machen (Gestaltungsakt, Frist: §§ 2340 III, 2082). Im Übrigen kann er sie dem Gläubiger im Prozess einredeweise entgegenhalten, letzteres auch nach Ablauf der Frist der §§ 2340 III, 2082. Ist die Frage der Erbunwürdigkeit str, muss der Gläubiger Leistungsklage erheben, iR derer die Frage der Erbunwürdigkeit erörtert wird.

4 4. Die Wirkung der Anfechtung erfolgt ebenfalls rückwirkend, schuldrechtliche Ansprüche erlöschen. Hat der Erbe bereits erfüllt, kann er vor Fristablauf gem §§ 812, 819 kondizieren. Nach Ablauf der Anfechtungsfrist bestehen nur noch Ansprüche aus §§ 813, 814.

Abschnitt 7
Erbverzicht

Vorbemerkung zu §§ 2346–2352

1 I. **Normzweck und wirtschaftliche Bedeutung des Erbverzichts. 1.** Bereits zu Lebzeiten kann ein Interesse von Erblasser und Erbe daran bestehen, die späteren Erbansprüche bzw die spätere Aufteilung der Nachlassgegenstände abschließend zu regeln. Aus Sicht des Erblassers kann dies der Fall sein, wenn ein Familienunternehmen in einer Hand verbleiben und der Erbe des Unternehmens nach dem Tode des Erblassers nicht mit Ansprüchen der übrigen Abkömmlinge belastet sein soll, etwa um Liquiditätsengpässe zu vermeiden. Umgekehrt kann der Erbe schon zu Lebzeiten des Erblassers daran interessiert sein, seinen künftigen Erbanspruch zu kapitalisieren, etwa um eine eigene Existenz zu gründen oder eine Immobilie zu erwerben.

2 2. Zu diesem Zweck kennt das Gesetz im Siebenten Abschnitt den **Erbverzicht**. Er ermöglicht es den zukünftigen Erben, Pflichtteilsberechtigten und Vermächtnisnehmern (vgl dazu § 2352), bereits **vor Eintritt des Erbfalles auf einen Teil (etwa den Pflichtteil) oder die Gesamtheit ihrer erbrechtlichen Ansprüche zu verzichten**. Dies wird in aller Regel gegen Zahlung einer Abfindung geschehen, die der Erblasser aber zB ratenweise begleichen kann.

3 3. Anders als der Ausschluss von der Erbfolge durch den Erblasser (Enterbung) oder der Erbvertrag (§§ 2274 ff) ist der Erbverzicht keine Verfügung von Todes wegen, sondern ein erbrechtliches abstraktes **Rechtsgeschäft unter Lebenden** (BGH NJW 62, 1910), auf das die Normen für Rechtsgeschäfte von Todes wegen nicht anwendbar sind (vgl etwa § 2302). Dementspr soll (BGH JZ 97, 74) auch ein auf den Verzicht des Pflichtteils beschränkter Vertrag nur zu Lebzeiten geschlossen werden können (§§ 2346, 130 II, 153).

4 4. Ferner führt der Verzicht **direkt zum Verlust des Erbrechts seitens des Verzichtenden**. Er begründet nicht nur eine schuldrechtliche Verpflichtung, später auf sein Erbe zu verzichten. Vielmehr handelt es sich um ein **Verfügungsgeschäft**, das die Rechtslage unmittelbar umgestaltet (BGHZ 37, 327; BayObLGZ 81, 30).

5 5. **Vertragsparteien** sind der Erblasser und – wie sich aus § 2346 I ergibt – Verwandte (auch: §§ 1754, 1770), der Ehegatte und der Verlobte des Erblassers (Letzterer im Hinblick auf das zukünftige Erbrecht als Ehegatte, arg Abs 1 S 1 aE).

6 6. Causa für den Erbverzicht ist idR ein schuldrechtlicher **gegenseitiger** Verpflichtungsvertrag, der vom Erbverzicht grds unabhängig ist (BGHZ 134, 152). Das wirft die Folgefrage auf, wie zu verfahren ist, wenn der schuldrechtliche Vertrag nichtig ist. Dies ist unproblematisch, wenn Erblasser und Verzichtender den Verzicht über eine Bedingung (§ 158) mit der causa verbunden haben (BGHZ 37, 327). Allerdings ist bei der Annahme insb einer schlüssigen Bedingung Vorsicht geboten, weil sie dem Grundsatz der Abstraktheit des Verzichts widerspricht (ausf Damrau Der Erbverzicht als Mittel zweckmäßiger Vorsorge für den Todesfall, 1966, S 92 ff).

7. Fehlt es an der Verknüpfung, soll sich der Verzichtende über § 242 ggü den übrigen 7
Erben, die ihm den Erbverzicht entgegenhalten, auf unzulässige Rechtsausübung berufen können. Ferner wird die Einräumung eines Anfechtungsrechtes wegen eines Irrtums im Beweggrund vorgeschlagen (Strohal Erbrecht Bd 1 § 59 V 1). In Ausnahmefällen kann wegen einer schwerwiegenden Veränderung der angenommenen oder bestehenden Verhältnisse eine Vertragsanpassung nach § 313 vorgenommen werden. Das Fehlen der Geschäftsgrundlage kann dem Erbverzicht allerdings nicht mehr entgegengehalten werden, wenn der Erbfall eingetreten ist (BGHZ 139, 116).

8. Trotz bedenkenswerter Einwände (ausf Larenz AcP 81, 13) ist indes der Ansicht zu 8
folgen, die die Rückabwicklung über die Vorschriften über die **ungerechtfertigte Bereicherung** durchführt (so etwa RGRK/Johannsen § 2346 Rn 6 mwN). Der Erblasser gibt die Verzichtserklärung (sprich das Empfangene) dadurch heraus, dass er mit dem Verzichtenden einen Aufhebungsvertrag (§ 2351) schließt.

II. Rechtsgeschichte und Rechtsvergleichung. 1. Historisch geht der Erbverzicht auf das 9
mittelalterliche germanische Recht zurück. Das BGB hat ihn – anders etwa als das Preußische Allgemeine Landrecht, das keine besondere Regelung kannte – mit Rücksicht auf die deutsche Rechtstradition übernommen (Mot V 471, ausf zur Rechtsgeschichte Damrau aaO Rn 6 S 16 ff).

2. Die Möglichkeit eines Erbverzichts kennen nicht alle europäischen Rechtsordnungen. 10
Beispielsweise ist er in Frankreich nicht möglich (Art 791 Code Civil).

§ 2346 Wirkung des Erbverzichts, Beschränkungsmöglichkeit

(1) ¹Verwandte sowie der Ehegatte des Erblassers können durch Vertrag mit dem Erblasser auf ihr gesetzliches Erbrecht verzichten. ²Der Verzichtende ist von der gesetzlichen Erbfolge ausgeschlossen, wie wenn er zur Zeit des Erbfalls nicht mehr lebte; er hat kein Pflichtteilsrecht.

(2) Der Verzicht kann auf das Pflichtteilsrecht beschränkt werden.

Zu den **Vertragspartnern** des Erbverzichts vgl oben Vor Rn 5. 1
Gegenstand des Erbverzichts ist das gesetzliche Erbrecht. Möglich ist über den Wortlaut der Norm hinaus auch der Verzicht unter Vorbehalt des Pflichtteils. Ferner kann sich der Erbverzicht auf Teile der Erbschaft und auf Positionen unterhalb der Schwelle einer Erbschaft beziehen. Es entsteht kein Anspruch auf Nachabfindung (LG Coburg FamRZ 09, 461). Der Verzichtende kann zB seine Rechtsstellung vorab zeitlich beschränken. Zum Verzicht auf Vermächtnisse § 2352, beachte aber dort auch Rn 2. In Anlehnung an die gefestigte Rspr zum „Behindertentestament" ist der Verzicht eines behinderten Sozialleistungsbeziehers auf seinen Pflichtteil grds nicht nach § 138 I sittenwidrig und stellt keinen „Vertrag zulasten Dritter" dar (BGH NJW 11, 1586; krit Leipold ZEV 11, 528). Zur Frage der Sittenwidrigkeit s zuletzt OLG Düsseldorf ZEV 13, 498.

Folge ist der Fortfall der zukünftigen Erbenstellung (BGH DNotZ 72, 500; OLG Düs- 3
seldorf FamRZ 00, 856), allerdings nur in Bezug auf den Erbfall derjenigen Person, mit welcher der Verzichtende den Vertrag geschlossen hat (OLG Frankfurt FamRZ 95, 1450; BayObLG FamRZ 05, 1781). Diese Wirkung erstreckt sich bei einem vor dem 3.10.90 geschlossenen Erbvertrag grds auch auf in der ehemaligen DDR belegenes Vermögen (OLG Düsseldorf NJW 98, 2607).

Besonderheit im Höferecht: Möglich ist ein Verzicht allein auf das (Sonder)Erbrecht 4
am Hof analog § 11 HöfeO unter Vorbehalt des sonstigen Erbes (BGH LM Nr 4 zu § 11 HöfeO).

§ 2347 Persönliche Anforderungen, Vertretung

(1) ¹Zu dem Erbverzicht ist, wenn der Verzichtende unter Vormundschaft steht, die Genehmigung des Familiengerichts erforderlich; steht er unter elterlicher Sorge, so gilt das Gleiche, sofern nicht der Vertrag unter Ehegatten oder unter Verlobten geschlossen

§ 2348

wird. ²Für den Verzicht durch den Betreuer ist die Genehmigung des Betreuungsgerichts erforderlich.
(2) ¹Der Erblasser kann den Vertrag nur persönlich schließen; ist er in der Geschäftsfähigkeit beschränkt, so bedarf er nicht der Zustimmung seines gesetzlichen Vertreters. ²Ist der Erblasser geschäftsunfähig, so kann der Vertrag durch den gesetzlichen Vertreter geschlossen werden; die Genehmigung des Familiengerichts oder Betreuungsgerichts ist in gleichem Umfang wie nach Absatz 1 erforderlich.

1 I. 1. Die Vorschrift stellt die rechtsgeschäftlichen Voraussetzungen eines Erbverzichts klar. Sie ist insoweit Ergänzung und Modifikation zum Allgemeinen Teil. Insb werden die Voraussetzungen einer Vertretung für den Erblasser und den Verzichtenden unterschiedlich geregelt. Die Neufassung der Vorschrift durch das FGG-RG ist eine Folgeänderung aufgrund der Abschaffung des Vormundschaftsgerichts (BT-Drucks 16/6308, 348).

2 2. **Abs 1** regelt die Möglichkeiten, unter denen der **Verzichtende** seine vertragliche Erklärung abgeben kann. Grds kann er sich unter bestimmten Voraussetzungen rechtsgeschäftlich **vertreten** lassen. Die Anforderungen entsprechen insoweit denen des Vertragspartners bei einem Erbvertrag, der den Erbvertrag gem § 2290 III aufhebt.

3 3. Nach **Abs 2 S 1** kann der Erblasser den Erbverzichtsvertrag **nur persönlich abschließen**. Es handelt sich hierbei um ein höchstpersönliches Rechtsgeschäft, bei dem eine Vertretung des Erblassers sowohl im Willen als auch in der Erklärung ausgeschlossen ist (vgl BGHZ 37, 321; OLG Düsseldorf NJW-RR 02, 584). Ein persönlicher Vertragsschluss kommt nur dann nicht in Frage, soweit der Erblasser wegen mangelnder Geschäftsfähigkeit nicht von vorneherein hierzu außerstande ist (Abs 2 S 2). Dazu auch Weigl MittBayNot 08, 275.

4 4. Auf **schuldrechtliche Verträge** ist § 2347 nicht anwendbar (vgl BGHZ 24, 376 und Johannsen WM 72, 1049).

5 II. 1. Wird der Verzichtende nach **Abs 1 S 1** durch seinen Vormund vertreten, bedarf der Vertrag dennoch der Genehmigung durch das Familiengericht. Das Gleiche gilt, wenn er unter elterlicher Sorge (§ 1626) steht, es sei denn, der Verzicht wird unter Ehegatten oder Verlobten ausgesprochen. Entspr gilt im Sonderfall einer Vertretung durch einen Pfleger, der insb bei einem nichtehelichen Kind hins des väterlichen Erbes in Frage kommen wird (§§ 1705, 1706 Nr 3, 1915, beachte auch § 1707, dann: Abs 1 S 1 2. Halbs). S 2 stellt klar, dass die Notwendigkeit vormundschaftlicher Genehmigung auch für den Betreuer innerhalb seiner Befugnisse gilt (vgl dazu § 1896).

6 2. Der Grundsatz der **Höchstpersönlichkeit** in Abs 2 gilt auch für den beschränkt geschäftsfähigen Erblasser, der auch ohne Beteiligung seiner gesetzlichen Vertreter in den Verzicht einwilligen darf (anders aber bei dessen Aufhebung, vgl § 2351). Entspr gilt für den Betreuten, ein Einwilligungsvorbehalt des Betreuers (§ 1903) kommt nicht in Frage. Etwas anderes gilt nur für den Geschäftsunfähigen, der ansonsten nicht Vertragspartner werden könnte.

7 3. Ehegatten bedürfen grds keiner Zustimmung ihres Ehepartners, mögen sie Verzichtender oder Erblasser sein. Zu den Besonderheiten des Verzichts auf einen Gesamtgutanteil vgl § 1517, iÜ zur Gütergemeinschaft §§ 1432 I 2, 1455 Nr 2.

§ 2348 Form

Der Erbverzichtsvertrag bedarf der notariellen Beurkundung.

1 Einzelheiten zur notariellen Beurkundung bei § 128.

2 Grds ist § 2348 wegen der weit reichenden Folgen des Erbverzichts weit auszulegen, es gelten insoweit ähnliche Überlegungen wie hins § 311 b I 2. Das Formerfordernis gilt danach **auch für das schuldrechtliche Kausalgeschäft** (aA Kuchinke NJW 83, 2358; offengelassen BGH FamRZ 12, 446, NJW 96, 1062 u BGHZ 37, 319) und für den **schuldrechtlichen Verzicht auf die Geltendmachung des Pflichtteilsanspruches** (KG OLGZ 74, 263). Ein formlos geschlossenes Kausalgeschäft wird aber durch den form-

gültigen Erbvertrag geheilt. Ist der Erbverzicht mit einer Bedingung verknüpft (Bsp OLG Frankfurt JZ 52, 119; BGH NJW 62, 1910), ist auch die Bedingungsvereinbarung formpflichtig. Die Anwendbarkeit der Norm auf die mit dem Verzicht verbundenen dinglichen Geschäfte wird hingegen durch BGH FamRZ 12, 446 abgelehnt.

Zum Sonderfall des Erbverzichts iR eines gemeinschaftlichen Ehegattentestaments vgl BGH NJW 77, 1728 und Habermann JuS 79, 169. 3

Ein Prozessvergleich, der einen Erbverzicht zum Gegenstand hat, wahrt die Form gem § 127 a, vgl Einzelheiten dort. 4

Bei einem formnichtigen Verzichtsvertrag ist immer auch an eine Umdeutung (§ 140) in eine formgültige letztwillige Verfügung zu denken, zB an eine Enterbung. 5

§ 2349 Erstreckung auf Abkömmlinge

Verzichtet ein Abkömmling oder ein Seitenverwandter des Erblassers auf das gesetzliche Erbrecht, so erstreckt sich die Wirkung des Verzichts auf seine Abkömmlinge, sofern nicht ein anderes bestimmt wird.

§ 2349 trägt dem Umstand Rechnung, dass mit einem Erbverzicht in aller Regel der Erbteil des gesamten Stammes durch die Zahlung der Abfindung abgegolten werden soll. Darüber hinaus gilt die Norm aber auch in den seltenen Fällen, in denen eine Abfindung nicht vereinbart worden ist. Hier ist aber zudem an § 2350 zu denken. 1

Abkömmlinge iSd Vorschrift sind auch nichteheliche Kinder ggü ihrem Vater. 2

§ 2349 gilt ausweislich des letzten Halbsatzes nicht bei abw Bestimmung. 3

Nach zutreffender hA ist § 2349 auch anzuwenden auf den bloßen Pflichtteilsverzicht (ausf Baumgärtel DNotZ 59, 65), wegen der fehlenden Inbezugnahme dag nicht bei § 2352. 4

§ 2350 Verzicht zugunsten eines anderen

(1) Verzichtet jemand zugunsten eines anderen auf das gesetzliche Erbrecht, so ist im Zweifel anzunehmen, dass der Verzicht nur für den Fall gelten soll, dass der andere Erbe wird.

(2) Verzichtet ein Abkömmling des Erblassers auf das gesetzliche Erbrecht, so ist im Zweifel anzunehmen, dass der Verzicht nur zugunsten der anderen Abkömmlinge und des Ehegatten des Erblassers gelten soll.

Abs 1 enthält eine **Auslegungsregel**, wonach ein Verzicht zugunsten eines Dritten im Zweifel unter der Bedingung dessen tatsächlicher Erbeinsetzung erfolgt (BGH NJW 08, 298). Sie ist trotz ihrer systematischen Stellung auch auf den Zuwendungsverzicht nach § 2352 anzuwenden (BGH NJW 74, 44). 1

Abs 2 stellt die **widerlegliche Vermutung** auf, dass der verzichtende Abkömmling nur zugunsten anderer Abkömmlinge oder des Ehegatten des Erblassers hat verzichten wollen. 2

Problematisch sind die Fälle, in denen zugunsten nur eines anderen Abkömmlings verzichtet wird. Hier stellt sich die Frage, ob der Begünstigte den kompletten Erbteil des Verzichtenden erhält oder nur den durch den Verzicht erhöhten Anteil. Dem Willen des Verzichtenden wird nur durch die erste Variante, die auch die hA zugrunde legt (KG DNotZ 42, 148; aA MK/Wegerhoff § 2350 Rn 9), hinreichend Rechnung getragen. Einigkeit besteht jedenfalls darin, dass sich die Rechtsstellung der Nichtbegünstigten nicht verbessert, deren Quote von dem Verzicht unberührt bleibt (OLG Oldenburg FamRZ 92, 1226). 3

§ 2351 Aufhebung des Erbverzichts

Auf einen Vertrag, durch den ein Erbverzicht aufgehoben wird, findet die Vorschrift des § 2348 und in Ansehung des Erblassers auch die Vorschrift des § 2347 Abs. 2 Satz 1 erster Halbsatz, Satz 2 Anwendung.

1 § 2351 stellt klar, dass es den Vertragspartnern unbenommen bleibt, den Verzicht durch Aufhebungsvertrag unter Lebenden **rückgängig** zu machen. Eine Aufhebung nach dem Tod des Verzichtenden mit dessen Abkömmlingen ist nicht möglich, wenn dies nicht im Vertrag ausdrücklich vorbehalten wurde (BGH NJW 98, 3117). Allerdings ist auch der Aufhebungsvertrag formbedürftig. Folgerichtig kann der Erblasser auch den Erbverzicht nicht durch eine entspr letztwillige Verfügung aufheben (BGHZ 30, 267). Er ist aber nicht daran gehindert, den Verzichtenden (oder nach dessen Tod seine Abkömmlinge) durch Testament zum Erben einzusetzen, da der Erbe ohne weiteres ausschlagen kann. Zum Vertragsschluss unter Beteiligung von Minderjährigen vgl die Verweisung auf § 2347 II 1 1. Halbs, S 2, aufgrund derer klargestellt ist, dass der Minderjährige zum Abschluss des für ihn nachteiligen Aufhebungsvertrages der Zustimmung des gesetzlichen Vertreters bedarf. Die bis 1.1.92 geltende Gesetzesfassung, die auch auf § 2347 II, 2. Halbs verwies, enthielt insofern ein mittlerweile korrigiertes Redaktionsversehen.

2 **Rechtsfolge** eines wirksamen Aufhebungsvertrages ist, dass der Verzichtende die Rechtsstellung wiedererlangt, die er vor dem Erbverzicht hatte. Eine etwaige Abfindung ist rechtsgrundlos erfolgt und kann unter den Voraussetzungen der §§ 812 ff durch den Erblasser kondiziert werden.

§ 2352 Verzicht auf Zuwendungen

¹Wer durch Testament als Erbe eingesetzt oder mit einem Vermächtnis bedacht ist, kann durch Vertrag mit dem Erblasser auf die Zuwendung verzichten. ²Das Gleiche gilt für eine Zuwendung, die in einem Erbvertrag einem Dritten gemacht ist. ³Die Vorschriften der §§ 2347 bis 2349 finden Anwendung.

1 S 1 ermöglicht es dem Erben oder Vermächtnisnehmer, unter Wahrung der Voraussetzungen der §§ 2347–2349 **nachträglich** durch Vertrag mit dem Erblasser **auf eine testamentarische Zuwendung zu verzichten**. Dies kommt in Frage, wenn der Erblasser außerstande ist, die Einsetzung frei zu widerrufen, sei es infolge nachträglicher Geschäftsunfähigkeit (vgl § 2347 II 2 ggü § 2229 IV) oder im Hinblick auf § 2271 II bei wechselbezüglichen Verfügungen (dazu BayObLG FamRZ 83, 837).

2 Ein Verzicht auf gesetzliche Vermächtnisse (Voraus, Dreißigster) kommt mangels ausdrücklicher Nennung in § 2352 nicht in Betracht.

3 S 2 schränkt die Verzichtsmöglichkeit bei einem Erbvertrag dahingehend ein, dass nur ein Dritter verzichten kann. Die Parteien müssen dag den Erbvertrag nach § 2290 aufheben, wenn nicht eine einseitige Verfügung iSd § 2299 vorliegt, auf die der Bedachte verzichten kann.

4 Durch das Gesetz zur Änderung des Erb- und Verjährungsrechts (dazu Vor §§ 1922–2385 Rn 10) nimmt S 3 ausdrücklich auch auf § 2349 Bezug. Dadurch wird nunmehr vermutet, dass sich ein Zuwendungsverzicht auf die Abkömmlinge des Verzichtenden erstreckt, unabhängig davon, ob der Verzichtende für seinen Verzicht abgefunden wird oder nicht. Der Erblasser kann diese Vermutung durch ausdrückliche Bestimmung ausschließen (BT-Drucks 16/8954, 26). Der Hauptgrund für diese Änderung wird in einer Stärkung der Testierfreiheit des Erblassers gesehen, der nun die Möglichkeit haben soll, *unbewusste erbrechtliche Bindungen auszubessern* (krit dazu Kanzleiter, DNotZ 09, 805, der die Bezugnahme auf § 2349 für verfehlt hält).

5 Umstritten ist, ob es sich bei dieser Neuregelung um einen unzulässigen Vertrag zulasten Dritter handelt. Dag wird eingewandt, dass die Erstreckungswirkung auf die Abkömmlinge des Verzichtenden kraft Gesetzes und unabhängig vom Willen der Vertragsteile eintrete (so Muscheler ZEV 08, 105, 109; vgl auch Staud/Schotten § 2352

Rn 38 ff). Für die Annahme eines Vertrags zulasten Dritter wird dag zum einen angeführt, dass der Zuwendungsverzicht einen Eingriff in die durch §§ 2289, 2287 rechtlich geschützte Aussicht des Ersatzberufenen ermögliche (so Kanzleiter, DNotZ 09, 805), zum anderen, dass die Drittwirkung des Verzichts gerade nur dann eintrete, wenn die Parteien nichts anderes bestimmen (so Klinck ZEV 09, 533).
Der Zuwendungsverzicht kann seinerseits durch Aufhebungsvertrag (§ 2351) beseitigt werden. **6**

Abschnitt 8
Erbschein

§ 2353 Zuständigkeit des Nachlassgerichts, Antrag

Das Nachlassgericht hat dem Erben auf Antrag ein Zeugnis über sein Erbrecht und, wenn er nur zu einem Teil der Erbschaft berufen ist, über die Größe des Erbteils zu erteilen (Erbschein).

I. 1. Der **Erbschein**, geregelt in den §§ 2353–2370 sowie in einigen Vorschriften außerhalb des BGB (va §§ 352 f FamFG, §§ 792, 896 ZPO), ist ein **amtliches Zeugnis** über das **Erbrecht** bzw dessen Höhe, vgl die Legaldefinition in § 2353. Durch ihn soll seinem Inhaber im **Rechtsverkehr**, also va ggü Dritten, Behörden (Grundbuchamt, vgl § 35 GBO) und Gerichten der **Nachw der Erbfolge** erleichtert werden, sich als (Mit)Erben zu legitimieren. Dementspr begründet er die Erbenstellung nicht, sondern weist sie nur nach. Er ist – wie schon historisches Vorbild, die durch das preußische Gesetz vom 12.3.1869 geschaffene Erbbescheinigung – **nur deklaratorisch**, wirkt also nicht konstitutiv. **1**

2. Folgerichtig entfaltet auch das Erbscheinsverfahren anders als eine zivilprozessuale Entscheidung im Erkenntnisverfahren keine materielle Rechtskraft, weil durch die Erteilung oder Ablehnung des Erbscheines die sachliche Erbfolge nicht verändert wird (BGHZ 47, 66; KG FamRZ 00, 577). Will der Erbe sein Erbrecht festgestellt wissen, muss er also Feststellungsklage (§ 256 ZPO) erheben, die als Zwischenfeststellungsklage (§ 256 II ZPO) verbunden werden kann mit einer auf §§ 2018 ff gestützten Herausgabeklage. **2**

3. Ferner bedarf es – sieht man vom Sonderfall des § 35 I 1 GBO ab – auch **nicht zwingend eines Erbscheines**, **um die Erbenstellung nachzuweisen** außer es liegt eine gesonderte Vereinbarung hierüber vor (BGH NJW 05, 2779). Banken begnügen sich mit der Vorlage einer beglaubigten Testamentsabschrift nebst Eröffnungsprotokoll. Versicherungen verlangen keinen Erbschein, wenn der als bezugsberechtigt Eingesetzte nach dem Tod des Versicherungsnehmers Ansprüche geltend macht (dazu OLG Bremen OLGZ 65, 170). Zu Inhalt und Arten des Erbscheines vgl Rn 4–6; zum Antragsverfahren Rn 7–12. **3**

II. 1. Je nach Inhalt des Erbscheines sind verschiedene Formen zu unterscheiden. Weist der Erbschein nur eine Person als Erben aus, handelt es sich um einen **Alleinerbschein**, soweit der Universalerbe bezeichnet wird (§ 2353 1. Alt) oder um einen sog **Teilerbschein**, soweit das (Teil)Erbrecht eines von mehreren Miterben ausgewiesen wird (§ 2353 2. Alt). Werden im letztgenannten Fall mehrere Teilerbscheine verschiedener (aber nicht aller) Miterben auf einer Urkunde zusammengefasst, spricht man von einem (in der Praxis gleichwohl selteneren) sog **Gruppenerbschein**. Häufiger ist der in § 2357 angesprochene **gemeinschaftliche Erbschein**, der das Erbrecht **aller Miterben** ausweist. **4**

2. Schließlich gibt es **Sonderformen**, insb für Ausländer (§ 2369: Fremdrechtserbschein), sowie solche für Entschädigungsansprüche (§ 181 BEG). Keine Besonderheiten bestehen demggü mehr für Personen, die ihren letzten gewöhnlichen Aufenthaltsort in der ehemaligen DDR hatten, dort wird seit dem Beitritt ein allg Erbschein erteilt. **5**

6 3. Einem Erbschein vergleichbar ist das sog **Hoffolgezeugnis** nach § 18 HöfeO, das bezeugt, wer als gesetzlicher oder gewillkürter Erbe Hoferbe geworden ist (ausf Soergel/Zimmermann § 2353 Rn 16 ff).

7 4. Inhaltlich sind **Erbscheinsverfahren und -inhalt streng formalisiert**. Insb sind die Angaben im Erbschein begrenzt auf diejenigen, die unmittelbaren Bezug zur Reichweite des in Rede stehenden Erbrechts haben. Dementspr weist der Erbschein das Erbrecht, die Erbteilsgröße, mögliche erbrechtliche Beschränkungen (namentlich iSv §§ 2100 ff) und eine etwaige Testamentsvollstreckung, nicht aber Auflagen, Pflichtteilsansprüche usw aus. Für die Gültigkeit des Erbscheines ohne Belang, aber auch nicht schädlich, ist die Angabe des Grundes der Berufung zum Erben. Zudem muss der Erbschein **aussagekräftig und verständlich** sein, ohne dass es der Hinzuziehung weiterer Dokumente bedarf. Daher ist es unzulässig, in einem Erbschein auf weitere Urkunden Bezug zu nehmen oder Zusätze, Anregungen usw aufzunehmen (OLG Schleswig SchlHA 58, 353).

8 5. Grundlage des Erbscheinsverfahrens sind neben den §§ 2354 ff die §§ 352 ff FamFG. Im Einzelnen setzt die Erteilung eines Erbscheines einen verfahrenseinleitenden Antrag gem § 23 I FamFG an das **sachlich zuständige Amtsgericht als Nachlassgericht** (§ 23 a GVG, landesrechtliche Besonderheit zB in BW = Notariat, vgl Art 147 EGBGB, LFGG BW § 1 II, 38, 40 ff) voraus. Der Antrag soll begründet werden und die zur Begründung dienenden Tatsachen bzw Beweismittel sowie die möglichen Beteiligten benennen, § 23 I 1 FamFG. Zur Vorfrage der internationalen Zuständigkeit in Fällen mit Auslandsberührung vgl § 2369. **Funktionell** für die Erteilung zuständig ist zwingend der Rechtspfleger (§ 3 Nr 2 c RPflG), es sei denn, die Erbeinsetzung beruht auf einer existenten oder nur behaupteten (BayObLGZ 77, 59) Verfügung von Todes wegen oder die Anwendung ausländischen Rechts kommt in Betracht (§ 2369) (dann: Richter, § 16 I Nr 6 RPflG).

9 6. Der Antragsteller bedarf einer **Antragsberechtigung**, die für Erben und Miterben bereits bei schlüssiger Behauptung des Erbrechts besteht (vgl § 2357 I 2), iÜ durch eine entspr Rechtsbeziehung zum Nachlass, etwa als Testamentsvollstrecker, Nachlassinsolvenzverwalter usw dargetan werden muss.

10 7. **Nicht antragsberechtigt** als solcher ist der **Erbscheinskäufer** (§§ 2371 ff), da es sich dabei zunächst nur um eine obligatorische Veräußerung handelt (aA etwa Soergel/Zimmermann § 2353 Rn 32 mwN).

11 8. Wurde ein Erbschein ausgestellt, ohne dass er durch einen Berechtigten zuvor beantragt wurde, unterliegt er der Einziehung. Etwas anderes gilt nur dann, wenn der Berechtigte den Erbschein widerspruchslos entgegennimmt, da insofern von einer Genehmigung der Antragstellung auszugehen ist (BGH NJW 89, 984).

12 9. Über die Erteilung des Erbscheines wird durch **Beschl** entschieden, gegen den, soweit der Rechtspfleger entschieden hat, die Rechtspflegererinnerung (§ 11 RPflG), im Übrigen die Beschwerde (§ 58 I FamFG) bzw die weitere Beschwerde zum OLG (§ 70 FamFG) möglich ist. Alle Rechtsmittel setzen jeweils eine entspr Rechtsmittelbefugnis voraus, § 59 I FamFG, die jeder besitzt, dessen Rechte durch die Entscheidung des Nachlassgerichtes beeinträchtigt sind.

13 III. Rechtsvergleichung: Das **Erbscheinsverfahren** kann im europäischen Vergleich als **Besonderheit des deutschen Rechts** angesehen werden. Weitgehend den §§ 2353 ff nachgebildet und diesen strukturell entspr sind lediglich die Art 1956 ff des griechischen Zivilgesetzbuches. Eine dem deutschen Erbschein vergleichbare Form der Legitimation des Erben ist dag weder in den Niederlanden, noch in Italien bekannt. In Frankreich hat sich nur in bestimmten Departements, namentlich in dem früheren Elsaß-Lothringen, ein Erbfolgezeugnis, das certificat d'héritier, erhalten. In der ehemaligen DDR existierte ein Erbschein schon gem § 413 ZGB, iÜ gilt nunmehr uneingeschränkt das Verfahren nach §§ 2353 ff.

§ 2354 Angaben des gesetzlichen Erben im Antrag

(1) Wer die Erteilung des Erbscheins als gesetzlicher Erbe beantragt, hat anzugeben:
1. die Zeit des Todes des Erblassers,
2. das Verhältnis, auf dem sein Erbrecht beruht,
3. ob und welche Personen vorhanden sind oder vorhanden waren, durch die er von der Erbfolge ausgeschlossen oder sein Erbteil gemindert werden würde,
4. ob und welche Verfügungen des Erblassers von Todes wegen vorhanden sind,
5. ob ein Rechtsstreit über sein Erbrecht anhängig ist.
(2) Ist eine Person weggefallen, durch die der Antragsteller von der Erbfolge ausgeschlossen oder sein Erbteil gemindert werden würde, so hat der Antragsteller anzugeben, in welcher Weise die Person weggefallen ist.

I. 1. § 2354 zählt die Angaben auf, die der gesetzliche Erbe anlässlich seines Antrages auf Erbscheinserteilung zu machen hat. Parallelvorschrift ist § 2355 für den Erben, der kraft letztwilliger Verfügung zum Erben berufen ist. 1

2. Soweit die Antragstellung unvollständig ist, hat das Nachlassgericht durch Zwischenverfügung die Vervollständigung zu veranlassen (RGZ 95, 287). Ein trotz fehlender Angaben gleichwohl erteilter Erbschein unterliegt jedoch nicht der Einziehung (Soergel/Zimmermann § 2354 Rn 1). 2

II. Der Nachw der Todeszeit des Erblassers (Nr 1) und der Verhältnisse, auf denen das Erbrecht beruht (Nr 2, gemeint sind Verwandtschaft, nichteheliche Abstammung, ehelicher Güterstand usw) ist durch Vorlage einer öffentlichen Urkunde (§ 2356 I 1) zu führen. Gleiches gilt hins des Wegfalls von in der Erbfolge vorrangigen Personen. 3

§ 2355 Angaben des gewillkürten Erben im Antrag

Wer die Erteilung des Erbscheins auf Grund einer Verfügung von Todes wegen beantragt, hat die Verfügung zu bezeichnen, auf der sein Erbrecht beruht, anzugeben, ob und welche sonstigen Verfügungen des Erblassers von Todes wegen vorhanden sind, und die in § 2354 Abs. 1 Nr. 1, 5, Abs. 2 vorgeschriebenen Angaben zu machen.

Die Antragstellung iSv § 2355 setzt zwingend voraus, dass die letztwillige Verfügung, auf die Bezug genommen wird, bereits eröffnet ist. Hat eine Eröffnung bei Antragstellung noch nicht stattgefunden, hat das Nachlassgericht den Antrag aber nicht zurückzuweisen, sondern den Mangel zu beheben. 1

In Fällen, in denen die testamentarische/erbvertragliche Berufung zum Erben str ist, der Erbe aber anderenfalls kraft Gesetzes in gleicher Höhe erben würde, kann das Antragsverfahren dennoch durchgeführt werden. Der Erbe kann den Berufungsgrund dann im Antrag dahingestellt sein lassen (KG JW 28, 118). 2

§ 2356 Nachweis der Richtigkeit der Angaben

(1) ¹Der Antragsteller hat die Richtigkeit der in Gemäßheit des § 2354 Abs. 1 Nr. 1 und 2, Abs. 2 gemachten Angaben durch öffentliche Urkunden nachzuweisen und im Falle des § 2355 die Urkunde vorzulegen, auf der sein Erbrecht beruht. ²Sind die Urkunden nicht oder nur mit unverhältnismäßigen Schwierigkeiten zu beschaffen, so genügt die Angabe anderer Beweismittel.
(2) ¹Zum Nachweis, dass der Erblasser zur Zeit seines Todes im Güterstand der Zugewinngemeinschaft gelebt hat, und in Ansehung der übrigen nach den §§ 2354, 2355 erforderlichen Angaben hat der Antragsteller vor Gericht oder vor einem Notar an Eides statt zu versichern, dass ihm nichts bekannt sei, was der Richtigkeit seiner Angaben entgegensteht. ²Das Nachlassgericht kann die Versicherung erlassen, wenn es sie für nicht erforderlich erachtet.
(3) Diese Vorschriften finden keine Anwendung, soweit die Tatsachen bei dem Nachlassgericht offenkundig sind.

1 I. Die Vorschrift dient der Absicherung des formalisierten Erbscheinsverfahrens, indem sie dem Antragsteller grds den **förmlichen Nachw** der gem §§ 2354, 2355 notwendigen Angaben durch Urkundsbeweis auferlegt. Erleichterungen gelten lediglich in den in Abs 2 genannten Fällen, Ausn bzgl offenkundiger Tatsachen finden sich in Abs 3.

2 II. 1. Der Begriff der **öffentlichen Urkunde in Abs 1** entspricht dem in § 415 ZPO. Dementspr beurteilt sich auch ihre Beweiskraft nach den §§ 415, 417, 418, 435 ZPO. Grds sind die Urkunden urschriftlich oder in beglaubigter Kopie beizubringen, der Antragsteller kann aber nach der Abschrift für die Akten die Wiederherausgabe verlangen. Die wichtigsten Urkunden sind Personenstandsurkunden iSv § 55 I PStG, also Geburts-, Heirats-, Sterbe-, Abstammungsurkunden usw. Ihre Beweiskraft entspricht gem § 54 II PStG denen der Personenstandsregister.

3 2. Der Beweis der **Unrichtigkeit der beigebrachten Urkunde** ist gem § 54 III 1 PStG möglich. Bei ernsthaften Zweifeln muss das Gericht sogar eigene Ermittlungen vAw aufnehmen, § 26 FamFG. Dabei hat es die Beweisregeln der ZPO und des PStG zu beachten.

4 3. Andere Beweismittel (**Abs 1 S 2**) kommen in Betracht, wenn die Urkunden nicht oder nur unter unverhältnismäßigen Schwierigkeiten beigebracht werden können. Unter „unverhältnismäßigen Schwierigkeiten" ist va eine außer Verhältnis zum Nachlasswert stehende Kostenbelastung zu verstehen, etwa wenn es sich um ausländische Urkunden handelt. Alleine nicht ausreichend ist eine lange mit der Beschaffung verbundene Zeit (OLG Schleswig-Holstein RNotZ 13, 313).

5 4. **Abs 2** enthält Beweiserleichterungen in doppelter Hinsicht. Zum einen reicht eine eidesstattliche Versicherung des Antragstellers aus (§ 261). Zum anderen hat der Antragsteller lediglich negativ zu versichern, dass ihm nichts bekannt ist, was der Richtigkeit seiner Aussage entgegensteht. Damit trägt Abs 2 dem Umstand Rechnung, dass der Güterstand der Zugewinngemeinschaft den gesetzlichen (und bezogen auf die Gesamtbevölkerung auch statistischen) Regelfall darstellt.

6 5. **Abzugeben** ist die eidesstattliche Versicherung persönlich oder durch den gesetzlichen Vertreter (Minderjährige!) vor dem Notar oder einem Gericht (OLG Frankfurt Rpfleger 96, 511), wobei die Abgabe vor einem beliebigen AG ausreicht (Winkler Rpfleger 71, 346). War die eidesstattliche Versicherung unrichtig, kann eine neue nur verlangt werden, wenn sie für die erbrechtliche Entscheidung maßgeblich ist (OLG Köln MDR 59, 585).

7 6. Der **Erlass der Pflicht** zur Abgabe einer eidesstattlichen Versicherung nach **Abs 2 S 2** ist eine Ermessensentscheidung, gegen die Beschwerde zulässig ist (OLG München NJW-RR 07, 665).

8 7. Wird die Abgabe der eidesstattlichen Versicherung nach § 2256 II 1 ohne triftigen Grund verweigert, kann der Erbscheinsantrag vom Nachlassgericht ohne weitere Ermittlungen als unzulässig zurückgewiesen werden (OLG Frankfurt FamRZ 96, 1441).

9 8. **Offenkundig** iSv Abs 3 sind – ähnl § 291 ZPO – nur solche Tatsachen, die dem Nachlassgericht bereits anderweitig bekannt geworden sind (Bsp: Anfechtung ggü dem Nachlassgericht) oder allg feststehen. Da eine hohe Wahrscheinlichkeit für die Offenkundigkeit nicht ausreicht, soll eine zweite Heirat kein offenkundiger Beweis des Wegfalls des ersten Ehegatten durch Tod oder Scheidung sein (Palandt/Weidlich § 2356 Rn 1 mwN). Dem ist jedoch insoweit zu widersprechen, als bereits bei der zweiten Eheschließung umfangreiche Nachw durch die Beteiligten geführt werden müssen, dem Erfordernis der Offenkundigkeit also schon dadurch Genüge getan ist.

§ 2357 Gemeinschaftlicher Erbschein

(1) ¹Sind mehrere Erben vorhanden, so ist auf Antrag ein gemeinschaftlicher Erbschein zu erteilen. ²Der Antrag kann von jedem der Erben gestellt werden.
(2) In dem Antrag sind die Erben und ihre Erbteile anzugeben.
(3) ¹Wird der Antrag nicht von allen Erben gestellt, so hat er die Angabe zu enthalten, dass die übrigen Erben die Erbschaft angenommen haben. ²Die Vorschrift des § 2356 gilt auch für die sich auf die übrigen Erben beziehenden Angaben des Antragstellers.

(4) Die Versicherung an Eides statt ist von allen Erben abzugeben, sofern nicht das Nachlassgericht die Versicherung eines oder einiger von ihnen für ausreichend erachtet.

I. § 2357 gilt für die Erbengemeinschaft, nicht aber für die Vor- und Nacherbschaft (beachte dazu § 2363). **Abs 1 enthält Verfahrenserleichterungen.** Zum einen kann ein gemeinschaftlicher Erbschein erteilt werden (Abgrenzung zum Teilerbschein in § 2353 Rn 4). Zum anderen besitzt jeder Miterbe das Antragsrecht, soweit er die Erteilung des Erbscheines an sich beantragt.

II. 1. § 2357 dient der Verfahrensvereinfachung und solle daher **im Interesse der Erben weit ausgelegt** werden. So ist es zulässig, dass nur ein Teil der Erben einen gemeinschaftlichen Erbschein hins ihrer Erbteile beantragt. Dazu kann im Hinblick auf Abs 3 ein Bedürfnis bestehen, wenn ein Teil der Erben nicht auffindbar ist. Auf Antrag eines Erben kann ein Teilerbschein nur über den Erbteil eines anderen Erben beantragt werden. Des Weiteren ist es möglich, **verschiedene Formen des Erbscheins**, etwa einen Teilerbschein und einen gemeinschaftlichen Erbschein, **nebeneinander** zu beantragen. Schließlich kann der gemeinschaftliche Erbschein ebenso wie der Teilerbschein sowohl durch die Erben als auch durch andere antragsberechtigte Personen (Testamentsvollstrecker usw, vgl § 2353 Rn 8) beantragt werden.

2. Abs 2 betrifft die Erbteile als **Bruchteile**, nicht jedoch die Nachlassberechtigung des Erben an einzelnen Gegenständen, mag der Erblasser auch eine entspr Teilungsanordnung getroffen haben (KG OLGZ 18, 369). Fraglich ist, ob es zur Feststellung der jeweiligen Bruchteile ausreicht, im Antrag lediglich auf das Testament verweisen. Diese Frage hat praktische Relevanz insb in den Fällen, in denen die Feststellung der Erbteilsgröße Schwierigkeiten bereitet (BayObLG FamRZ 00, 916). Ein Teil der Rspr will die Mitteilung der Berechnungsgrundlage ausreichen lassen (OLG Düsseldorf DNotZ 78, 683). Dies ist abzulehnen, weil der Inhalt des Erbscheins in keiner Form in das Ermessen des Gerichts gestellt werden darf (BayObLG 67, 1; Soergel/Zimmermann § 2353 Rn 26). Stattdessen sollte ein vorläufiger gemeinschaftlicher Erbschein ausgestellt werden, in dem zwar die Miterben genannt, die Bruchteile aber noch offen gelassen werden.

3. Die Antragstellung iSv Abs 3 bedingt zugleich die Annahme durch den Antragsteller. Dies ergibt sich schon im Umkehrschluss aus S 1, wonach es nur der Angabe bedarf, dass die übrigen Erben die Erbschaft angenommen haben. Bezüglich letzterem kann der Antragsteller den Beweis durch Urkunde oder durch eidesstattliche Versicherung führen.

4. Der in **Abs 4** normierte Grundsatz, dass eine Versicherung an Eides statt von allen Miterben abzugeben ist, gilt nicht für einen Nacherben (KG OLGZ 14, 300). Im Übrigen liegt die Entscheidung des Gerichts in dessen Ermessen, Rechtsmittel gegen die Entscheidung ist die Beschwerde.

§ 2358 Ermittlungen des Nachlassgerichts

(1) Das Nachlassgericht hat unter Benutzung der von dem Antragsteller angegebenen Beweismittel von Amts wegen die zur Feststellung der Tatsachen erforderlichen Ermittlungen zu veranstalten und die geeignet erscheinenden Beweise aufzunehmen.
(2) Das Nachlassgericht kann eine öffentliche Aufforderung zur Anmeldung der anderen Personen zustehenden Erbrechte erlassen; die Art der Bekanntmachung und die Dauer der Anmeldungsfrist bestimmen sich nach den für das Aufgebotsverfahren geltenden Vorschriften.

Der Grundsatz der **Amtsermittlung** in Abs 1 bezieht sich auf alle Voraussetzungen der Erbscheinserteilung, mögen sie materiell-rechtlicher (auch kollisionsrechtlicher) oder prozessualer Art sein. Damit besteht für die Beteiligten keine Pflicht zur Beweisführung. Wohl aber sind gewisse Mitwirkungspflichten (namentlich die Beibringung lückenloser Anträge, §§ 2354, 2355) zu erfüllen.

2 Als weitere Folge der Ermittlungspflicht darf das Nachlassgericht die Ermittlungen nicht auf Dritte delegieren, etwa an ein Prozessgericht. Es hat allerdings die Möglichkeit, die Amtsermittlung für die Dauer eines bereits stattfindenden Erkenntnisverfahrens auszusetzen (KG FamRZ 68, 219; OLG Hamm FamRZ 00, 124).
3 In der Sache ist das Nachlassgericht dazu verpflichtet, die **erforderlichen Ermittlungen anzustellen** und die geeignet erscheinenden Beweise aufzunehmen (§ 26 FamFG). Das bedeutet aber nicht, dass das Gericht allen nur entfernt denkbaren Möglichkeiten nachgehen muss (OLG Köln FamRZ 91, 117). Es kann zB auf weitere Ermittlungen verzichten, wenn eine lückenlose Aufklärung des Sachverhaltes nicht mehr zu erwarten ist (BGHZ 40, 57).
4 Zum Beweisverfahren, insb im Hinblick auf Beweisarten usw vgl § 29 FamFG.
5 Verbleibende Lücken nach abgeschlossener Beweiserhebung werden nach den Grundsätzen materieller Beweislastverteilung geschlossen (BayObLG FamRZ 85, 838). Danach trägt derjenige, der das Erbrecht beansprucht, die Beweislast für alle Umstände, die sein Erbrecht begründen (Bsp OLG Zweibrücken NJW-RR 87, 1158). Diejenigen, die es bestreiten, haben erbrechtshindernde oder -vernichtende Tatsachen zu beweisen, beispielsweise eine erfolgte Anfechtung, Ausschlagung usw.

§ 2359 Voraussetzungen für die Erteilung des Erbscheins

Der Erbschein ist nur zu erteilen, wenn das Nachlassgericht die zur Begründung des Antrags erforderlichen Tatsachen für festgestellt erachtet.

1 Hat sich das Nachlassgericht im Wege freier Beweiswürdigung von dem Vorliegen der erbrechtsbegründenden Umstände überzeugt, hat es den Erbschein zu erteilen. Verbleiben dag Zweifel oder ist das Gericht von erbrechtshindernden oder -vernichtenden Umständen überzeugt, ist die Erteilung zu verweigern. Das Verfahren für den Erlass eines Anordnungsbeschlusses ist in § 352 FamFG geregelt.
2 Problematisch ist die Frage, inwieweit das Nachlassgericht an Entscheidungen anderer Gerichte, die die Erbenstellung betreffen, gebunden ist. Insofern ist es sachgerecht, eine Bindung jedenfalls dann anzunehmen, wenn das in Rede stehende Urt ggü allen in Rechtskraft erwachsen ist, die auch am Erbscheinsverfahren beteiligt sind. Sind außer den Parteien des Rechtsstreits noch weitere Personen am Erbscheinsverfahren beteiligt, so hat das Nachlassgericht das rechtskräftige Urt nur im Verhältnis zu den Prozessparteien zu Grunde zu legen; eine weitergehende Bindungswirkung für das Erbscheisverfahren mit seinen weiteren Beteiligten besteht nicht. Gleichwohl steht dieser Umstand einer Klage eines Erbprätendenten auf Feststellung seines testamentarischen Miterbenrechts nicht entgg. Vielmehr steht ihm ein Rechtsschutzbedürfnis an der Feststellung des Bestehens oder Nichtbestehens seines Miterbenrechts zu. Auch das Ergebnis eines bereits durchgeführten Erbscheinsverfahrens, in dem über die Wirksamkeit des Testaments und die Testierfähigkeit des Erblassers Beweis erhoben wurde, hat mangels einer der Rechtskraft fähigen Entscheidung keine Bindungswirkung für einen nachfolgenden streitigen Prozess und vermag dieses nicht zu beseitigen (vgl BGH FamRZ 10, 1068).
3 Dag ist das Gericht aber nicht gehindert, einem Dritten den Erbschein zu erteilen, soweit dieser nicht am Vorprozess beteiligt war (zu weitgehend, da jegliche Bindung verneinend, Jauernig/Stürner § 2359 Rn 2; beachte auch RGZ 155, 55).
4 Das Prozessgericht ist an die Entscheidung des Nachlassgerichtes in keinem Fall gebunden.

§ 2360 (aufgehoben)

1 Die Vorschrift ist aufgrund des § 345 FamFG (BGBl 2008 I 2586) entbehrlich geworden.

§ 2361 Einziehung oder Kraftloserklärung des unrichtigen Erbscheins

(1) ¹Ergibt sich, dass der erteilte Erbschein unrichtig ist, so hat ihn das Nachlassgericht einzuziehen. ²Mit der Einziehung wird der Erbschein kraftlos.
(2) ¹Kann der Erbschein nicht sofort erlangt werden, so hat ihn das Nachlassgericht durch Beschluss für kraftlos zu erklären. ²Der Beschluss ist nach den für die öffentliche Zustellung einer Ladung geltenden Vorschriften der Zivilprozessordnung bekannt zu machen. ³Mit dem Ablauf eines Monats nach der letzten Einrückung des Beschlusses in die öffentlichen Blätter wird die Kraftloserklärung wirksam.
(3) Das Nachlassgericht kann von Amts wegen über die Richtigkeit eines erteilten Erbscheins Ermittlungen veranstalten.

I. 1. Die Vorschrift dient dem **Schutz des Rechtsverkehrs** vor den mit einem unrichtigen Erbschein verbundenen Gefahren. Sie wird ergänzt durch die Verweisung in § 2368 III für die Entziehung eines zu Unrecht erteilten Testamentsvollstreckerzeugnisses und ist entspr anzuwenden auf ein nach §§ 36, 37 GBO erteiltes Zeugnis.

2. Die Einziehung ist, wie sich aus dem Wortlaut des Abs 1 ergibt, endgültig. Der eingezogene Erbschein/das Testamentsvollsteckerzeugnis wird kraftlos (Abs 1 S 2). Nach § 49 I FamFG kann das Gericht durch einstweilige Anordnung eine vorläufige Maßnahme treffen, soweit dies nach den für das Rechtsverhältnis maßgebenden Vorschriften gerechtfertigt ist und ein dringendes Bedürfnis für ein sofortiges Tätigwerden besteht.

II. 1. **Unrichtig** ist der Erbschein, wenn die Voraussetzungen für seine Erteilung entweder schon ursprünglich nicht gegeben waren oder nachträglich weggefallen sind (LG Berlin ZErb 08, 326). Fallgruppen sind etwa die inhaltliche Widersprüchlichkeit des Erbscheins, Nichtigkeit des zugrunde liegenden Testaments, unzutreffende oder unvollständige Bezeichnung der Erben oder Erbteile, eine wirksame Anfechtung oder Ausschlagung nach der Erteilung des Erbscheines oder das Fehlen bestehender Beschränkungen und Befreiungen bei Vorerbschaft und Testamentsvollstreckung (§§ 2363, 2364, 2136, auch BayObLGZ 81, 245). Wird nach einer Erbscheinserteilung durch den Rechtspfleger aufgrund gesetzlicher Erbfolge ein Testament aufgefunden, das eine Erbeinsetzung enthält, so ist der Erbschein auch dann als unrichtig einzuziehen, wenn die sich aus dem Testament ergebende Erbfolge mit der gesetzlichen Erbfolge übereinstimmt (KG NJW-RR 04, 801). Zur Einziehung von in der DDR erteilten Erbscheinen Schotten/Johnen DNotZ 91, 225.

2. Ob ein **Verfahrensfehler** die Einziehung bedingt, ist wertend im Einzelfall zu beurteilen. Nur Fehler **von besonderer Tragweite** rechtfertigen die Einziehung als ultima ratio, etwa die Erteilung durch den funktionell unzuständigen Rechtspfleger im Fall der gewillkürten Erbfolge (LG Koblenz DNotZ 69, 431; aber BayObLG FamRZ 97, 1370). Können bestehende Versäumnisse dag nachgeholt werden (Bsp: nachträgliche Anhörung), kommt eine Einziehung ebenso wenig in Betracht wie in Fällen, in denen der Erbschein überflüssige Zusätze enthält (Bsp nach KG LGZ 40, 155 Fn 1 f: Name des Testamentsvollstreckers). Zur Einziehung eines Erbscheins, der ohne Antrag erteilt wurde, oben § 2353 Rn 11.

3. **Zuständig** für die Einziehung ist das Nachlassgericht, das den Erbschein erteilt hat. Damit darf zB das an sich für die Erteilung örtlich zuständige Gericht nicht die Einziehung eines durch ein unzuständiges Gericht erteilten Erbscheines veranlassen (BayObLGZ 77, 59). Das Gericht hat alle notwendigen Maßnahmen zu ergreifen, um den Sachverhalt abschließend zu erforschen. Zur vorläufigen Einziehung oben Rn 2.

4. Die **Einziehung erfolgt durch Beschl** (§ 353 I FamFG), der mit der Aufforderung an den Besitzer verbunden wird, die Ausfertigungen abzuliefern. Es besteht die Möglichkeit zur Androhung von Zwangsmitteln (§ 35 I 1 FamFG). Weigert sich der Inhaber des Erbscheins, ist auch eine gewaltsame Wegnahme möglich. Die Einziehung ist abgeschlossen, wenn die Urschrift und alle weiteren Exemplare bei dem Nachlassgericht abgeliefert worden sind.

7 5. **Zulässiges Rechtsmittel** ist die Beschwerde (§§ 353 II, III, 58 I FamFG) Hat die Einziehung bereits stattgefunden, kann sie nur das Ziel haben, einen neuen gleich lautenden Erbschein auszustellen, da die Einziehung als solche nicht mehr rückgängig gemacht werden kann. Dies gilt nach der hier vertretenen Auffassung jedoch nicht im Falle der nur vorläufigen Einziehung (so Rn 2).

8 6. **Beschwerdebefugt** sind bei Anordnung der Einziehung alle Antragsberechtigten einschließlich des Testamentsvollstreckers (zu letzterem OLG Hamm NJW-RR 93, 461). Wird die Einziehung abgelehnt, kann jeder die Beschwerde erheben, der das bescheinigte Erbrecht oder eine höhere Quote als die ausgewiesene für sich selbst in Anspruch nimmt. Denkbar ist es auch, dass derjenige, der laut Erbschein Erbe ist, die Einziehung mit der Behauptung verlangt, kein Erbe zu sein (dazu BGHZ 30, 263). Eine Verwirkung des Beschwerderechts scheidet grds aus, vgl BayObLG Rpfleger 79, 333.

§ 2362 Herausgabe- und Auskunftsanspruch des wirklichen Erben

(1) Der wirkliche Erbe kann von dem Besitzer eines unrichtigen Erbscheins die Herausgabe an das Nachlassgericht verlangen.
(2) Derjenige, welchem ein unrichtiger Erbschein erteilt worden ist, hat dem wirklichen Erben über den Bestand der Erbschaft und über den Verbleib der Erbschaftsgegenstände Auskunft zu erteilen.

1 Die Vorschrift dient der **Beschleunigung des Verfahrens**, indem der wahre Erbe nicht die Einziehung des Erbscheins durch das Nachlassgericht abwarten muss, sondern unmittelbar gegen den vermeintlichen Erben auf Herausgabe an das Nachlassgericht klagen kann. § 2362 ist daher als materiell-rechtlicher Anspruch ausgestaltet, der vielfach auf dem Prozesswege, zB im Zusammenhang mit einer auf §§ 2018 ff gestützten Klage geltend gemacht wird.

2 Das gleiche Recht steht gem § 2364 II dem Testamentsvollstrecker zu, soweit die Testamentsvollstreckung nicht auf dem Erbschein angegeben ist

3 Die Zwangsvollstreckung erfolgt durch Wegnahme durch den Gerichtsvollzieher (§ 883 ZPO).

4 Zum Auskunftsanspruch (**Abs 2**), der gegen jeden geltend gemacht werden kann, zugunsten dessen ein unrichtiger Erbschein erteilt wurde, vgl auch § 260.

§ 2363 Inhalt des Erbscheins für den Vorerben

(1) ¹In dem Erbschein, der einem Vorerben erteilt wird, ist anzugeben, dass eine Nacherbfolge angeordnet ist, unter welchen Voraussetzungen sie eintritt und wer der Nacherbe ist. ²Hat der Erblasser den Nacherben auf dasjenige eingesetzt, was von der Erbschaft bei dem Eintritt der Nacherbfolge übrig sein wird, oder hat er bestimmt, dass der Vorerbe zur freien Verfügung über die Erbschaft berechtigt sein soll, so ist auch dies anzugeben.
(2) Dem Nacherben steht das in § 2362 Abs. 1 bestimmte Recht zu.

1 I. 1. Hintergrund der Norm sind die Besonderheiten von Vor- und Nacherbschaft (§§ 2100 ff). Da im **Zeitpunkt des Vorerbfalls** nur der Vorerbe Erbe wird (vgl § 2100), entsteht zwischen Vor- und Nacherbe keine Miterbengemeinschaft, dh auch § 2357 ist nicht anwendbar. Stattdessen kann zunächst nur der Vorerbe durch den Erbschein als Erbe ausgewiesen werden (BGHZ 84, 200). Die Anordnung einer Nacherbschaft hat daher ebenso wie die (idR namentliche) Bezeichnung des Nacherben nur als zusätzlicher Vermerk auf dem Erbschein zu erscheinen, um die sich aus ihr ergebenden Verfügungsbeschränkungen deutlich zu machen.

2 2. Bei **Eintritt des Nacherbfalls** kann der Erbschein nur noch dem Nacherben erteilt werden, wobei im Erbschein der Zeitpunkt des Nacherbfalls anzugeben ist (OLG Stuttgart DNotZ 79, 107).

II. 1. Angaben auf dem Erbschein: Zusätzlich sind auf dem Erbschein anzugeben: die Anordnung der Nacherbfolge einschließlich ihrer Voraussetzungen und des Zeitpunktes ihres Eintritts, die Bezeichnung des Nacherben oder eines Ersatznacherben. Ferner ist die Bestellung eines Testamentsvollstreckers für den Nacherben ebenso zu dokumentieren wie die Befreiung des Vorerben von Beschränkungen gem § 2136. Im letzteren Fall sind im Hinblick auf die Besonderheiten des § 2110 II auch Vorausvermächtnisse (§ 2150) zugunsten des Vorerben anzugeben. 3

2. Dag muss die Vererblichkeit der Nacherbschaft nicht angegeben werden, da diese wegen § 2108 II 1 den Regelfall darstellt (RGZ 154, 330); anders aber, soweit die Vererblichkeit ausgeschlossen ist. 4

3. Rechtsstellung des Nacherben: Der **Nacherbe** ist zum Zeitpunkt des Vorerbfalls nicht berechtigt, einen Erbschein zu beantragen. Folgerichtig werden seine Rechte nicht durch eine Einziehung des dem Vorerben erteilten Erbscheines berührt. Er ist insoweit nicht beschwerdebefugt (OLG Oldenburg DNotZ 58, 263). 5

4. Ist dem Nacherben ein Erbschein erteilt worden, ohne dass der Nacherbfall bereits eingetreten ist, ist der Erbschein unrichtig und einzuziehen (BGH Rpfleger 80, 182; LG Mannheim MDR 61, 58). Allerdings kann der Nacherbe verlangen, bei Erteilung des Erbscheins zugunsten des Vorerben als die Person, zu deren Gunsten Verfügungsbeschränkungen bestehen, eingetragen zu werden. Geschieht dies nicht, kann er die Einziehung des insoweit unrichtigen Erbscheines beantragen (RGZ 139, 343). 6

§ 2364 Angabe des Testamentsvollstreckers im Erbschein, Herausgabeanspruch des Testamentsvollstreckers

(1) Hat der Erblasser einen Testamentsvollstrecker ernannt, so ist die Ernennung in dem Erbschein anzugeben.
(2) Dem Testamentsvollstrecker steht das in § 2362 Abs. 1 bestimmte Recht zu.

Die Norm dient dazu, die durch die Testamentsvollstreckung bedingten Verfügungsbeschränkungen des Erben Dritten ggü kenntlich zu machen. Sie gilt auch für den Nacherbenvollstrecker (§ 2222) bzw dann, wenn ein Testamentsvollstrecker noch durch einen Dritten oder das Nachlassgericht benannt werden muss (vgl etwa §§ 2198, 2200). 1

Fehlt die Angabe des Testamentsvollstreckers, ist der Erbschein unrichtig (§ 2361 Rn 3), der Testamentsvollstrecker kann dann die Herausgabe des Erbscheines verlangen (Abs 2 iVm § 2362 I). Demggü berührt ein bloßer Wechsel in der Person des Testamentsvollstreckers die Richtigkeit des Erbscheines nicht, weil dessen Name ohnehin nicht angegeben wird. 2

Abs 2 verweist deshalb nicht auf § 2362 II, weil der Testamentsvollstrecker eigene Auskunftsansprüche aus §§ 2205, 2209 hat. 3

§ 2365 Vermutung der Richtigkeit des Erbscheins

Es wird vermutet, dass demjenigen, welcher in dem Erbschein als Erbe bezeichnet ist, das in dem Erbschein angegebene Erbrecht zustehe und dass er nicht durch andere als die angegebenen Anordnungen beschränkt sei.

I. 1. § 2365 iVm §§ 2366, 2367 sichert die Verkehrsfähigkeit des Nachlasses, indem der Erbschein zugunsten redlicher Dritter **öffentlichen Glauben** entfaltet, **soweit die Vermutung des § 2365 reicht.** Die Vermutung gilt sowohl im privaten Rechtsverkehr als auch ggü Behörden. Besondere Bedeutung kommt ihr gem § 35 GBO zu, wenn der Erbe die Eintragung in das Grundbuch verlangt, ohne sich auf ein öffentliches Testament berufen zu können (dazu oben § 2353 Rn 3 und BayObLG FamRZ 90, 669). Strukturell ist die Regelung mit §§ 892, 893 verwandt, sie wird ergänzt um Sonderregelungen für das Testamentsvollstreckerzeugnis (§ 2368). 1

§ 2365

2 2. Da sich die Wirkung des **Erbscheines** in einer Vermutung erschöpft, **kann** sein Inhalt jederzeit durch entspr Tatsachen **widerlegt werden** (RGZ 92, 71). Dazu bedarf es im Prozess analog § 292 ZPO eines entspr Gegenbeweises.

3 3. **Verhältnis zu anderen Vorschriften:** Andere Gutglaubensvorschriften sind neben §§ 2365 ff uneingeschränkt anwendbar. Dies gilt etwa für §§ 405, 891 ff, 932 ff, 1032 S 2, 1207 und Art 16 II WG. Auch im Erbscheinsrecht gilt für den gutgläubigen Erwerb das ungeschriebene Merkmal des Rechtsgeschäftes im Sinne eines Verkehrsgeschäftes (vgl OLG Hamm FamRZ 75, 513).

4 4. Im Verhältnis zum gutgläubigen Erwerb im **Mobiliarsachenrecht** ist insb zu beachten, dass eine bewegliche Nachlasssache, die abhanden gekommen ist, wegen §§ 857, 935 nicht über die §§ 932 ff, wohl aber gem § 2366 erworben werden kann (vgl iE dort). Im Übrigen ist zu beachten, dass über §§ 2365 ff nur die fehlende Erbenstellung, nicht aber das fehlende Eigentum überwunden werden kann (so Rn 7). Daher kann ein Gegenstand, der nicht dem Erblasser gehörte, sich aber in dessen Besitz befand, von dem vermeintlichen Erben, der im Erbschein ausgewiesen ist, nur unter den kumulativen Voraussetzungen von §§ 932 ff und § 2366 erworben werden.

5 5. Im Zusammenspiel von **Erbrecht und Immobiliarsachenrecht** sind va zwei Fälle von Interesse: Einerseits treten Probleme auf, wenn Forderung und dingliches Recht bestehen, aber nicht demjenigen zustehen, der im Grundbuch eingetragen ist. Hier wird im Hinblick auf §§ 1138, 1153 diskutiert, ob die Forderung entgg der gesetzlichen Wertung ausnahmsweise gutgläubig erworben wird (so die herrschende Einheitstheorie) oder der Durchsetzung der Forderung eine dauernde Einrede entgegensteht (so die vorzugswürdige Trennungstheorie; Problem der §§ 1138, 1153). Erwirbt der Erwerber über einen Erbschein, stellt sich das Problem nicht, da § 2366 auch den **gutgläubigen Forderungserwerb** ermöglicht und auch Forderungen Nachlassgegenstände in dem genannten Sinne sind. Problematisch ist dag das Verhältnis von §§ 2366, 2367 zum gutgläubigen Erwerb der Vormerkung. Hält man letztere für ein dingliches Recht, ist es konsequent, neben § 892 auch § 2366 anzuwenden (so Kempf JuS 61, 22). Geht man dag mit der zutreffenden hM vom Vorliegen eines Sicherungsmittels eigener Art aus, ist § 2367 Alt 2 die einschlägige Vorschrift (BGHZ 57, 341).

6 II. 1. **Zeitliche Geltung der gesetzlichen Vermutung:** Die Vermutung, dass derjenige, der im Erbschein als Erbe ausgewiesen ist, Inhaber des entspr Erbrechts ist, beginnt mit der Erteilung der Ausfertigung des Erbscheines (BayObLG NJW 60, 1722) und dauert grds fort, bis der Erbschein infolge Einziehung/Kraftloserklärung seine Gültigkeit verliert (vgl §§ 2361, 2362).

7 2. **Inhalt und Reichweite der gesetzlichen Vermutung:** Inhaltlich kann zwischen einer positiven und einer negativen Komponente der Vermutungswirkung unterschieden werden. **Positiv** wird zugunsten des ausgewiesenen Erben sein Erbteil sowohl dem Grunde als auch – bei mehreren Erben – der Höhe nach vermutet. **Negativ** erstreckt sich die Vermutung darauf, dass der Erbe über die im Erbschein genannten Anordnungen hinaus nicht in seiner Rechtsstellung beschränkt ist. Derartige Anordnungen können nur die Anordnung der (Ersatz-)Nacherbfolge gem § 2363 und der Testamentsvollstreckung gem § 2364 sein. Begrenzt wird die Reichweite der Vermutung durch den Inhalt des Erbscheins. Sie erstreckt sich ua nicht auf die das Erbrecht begründenden Umstände, etwa den Berufungsgrund oder auf die Frage, ob und in welchem Umfang die veräußerten Gegenstände tatsächlich zum Nachlass gehören (so Rn 4).

8 3. **Problemfälle** treten insb auf, wenn mehrere, ihrem Inhalt nach widersprüchliche Erbscheine existieren. Eine in der Literatur vertretene Ansicht will in solchen Fällen denjenigen schützen, der zeitlich als erster von einem der Erbscheinsinhaber gutgläubig erwirbt (Lange/Kuchinke ErbR § 41 II 5 b Fn 69). Demggü lässt die hM für jeden Erbschein die Richtigkeitsvermutung entfallen, soweit ein Widerspruch besteht (BGHZ 33, 317; Schlüter ErbR § 33 V 6; Kipp-Coing ErbR § 103 III, Lieder Jura 10, 801 jeweils mwN). Die letztere Lösung überzeugt schon deshalb, weil die gegenteilige Ansicht zu zufälligen Ergebnissen bzw in der Praxis auch zu weiter gehenden Beweisschwierigkeiten führt. Im Übrigen ist es gerechtfertigt, in solchen seltenen Fällen den Verkehrsschutz hinter das Bedürfnis nach weitgehender Rechtssicherheit zurücktreten zu lassen.

4. Gleiches sollte gelten, soweit sich im Umlauf befindliche Erbscheine und Testamentsvollstreckerzeugnisse widersprechen (dazu BGH NJW-RR 90, 1159 f). 9

§ 2366 Öffentlicher Glaube des Erbscheins

Erwirbt jemand von demjenigen, welcher in einem Erbschein als Erbe bezeichnet ist, durch Rechtsgeschäft einen Erbschaftsgegenstand, ein Recht an einem solchen Gegenstand oder die Befreiung von einem zur Erbschaft gehörenden Recht, so gilt zu seinen Gunsten der Inhalt des Erbscheins, soweit die Vermutung des § 2365 reicht, als richtig, es sei denn, dass er die Unrichtigkeit kennt oder weiß, dass das Nachlassgericht die Rückgabe des Erbscheins wegen Unrichtigkeit verlangt hat.

Vorliegen eines Verkehrsgeschäftes: Gutgläubiger Erwerb ist ausgeschlossen, soweit kein Verkehrsgeschäft vorliegt (Bsp: kein gutgläubiger Erwerb des Miterben von der Erbengemeinschaft, OLG Hamm FamRZ 75, 513). 1

Verfügung über ein Erbschaftsgeschäft: § 2366 bezieht sich nach seinem eindeutigen Wortlaut auf (rechtsgeschäftliche) Verfügungsgeschäfte, nicht aber auf schuldrechtliche Rechtsgeschäfte, auf Akte in der Zwangsvollstreckung oder Erwerbstatbestände kraft Gesetzes. Zudem muss über einen Erbschaftsgegenstand verfügt worden sein. 2

Zu den **Erbschaftsgegenständen** gehören auch die dem Erblasser zustehenden **Forderungen.** Damit wird eine Forderungsabtretung so beurteilt, als habe der wahre Erbe abgetreten, dh im Erbrecht ist ein gutgläubiger Forderungserwerb möglich. Zu beachten ist jedoch, dass allein die Erbenstellung fingiert wird, nicht aber die Zugehörigkeit der Forderung zum Nachlass. Damit scheidet ein gutgläubiger Erwerb trotz § 2366 immer dann aus, wenn die Forderung entweder überhaupt nicht bestand oder aber nicht dem Erblasser gehörte. 3

Keine Bösgläubigkeit: Schließlich darf der Erwerber nicht in bösem Glauben hins der Richtigkeit des Erbscheins sein. Bösgläubigkeit, die bewiesen werden muss, liegt nur vor, wenn der Erwerber positiv um die Unrichtigkeit des Erbscheins weiß. Der Erwerber muss nicht nur die maßgeblichen Tatsachen kennen, sondern auch die zutreffenden rechtlichen Schlussfolgerungen ziehen. Strittig ist insb, bis zu welchem **Zeitpunkt der Erwerber gutgläubig sein muss.** Richtigerweise ist dabei von der Vollendung des Rechtserwerbs auszugehen, weil § 892 II mangels planwidriger Regelungslücke nicht entspr anwendbar ist (BGH FamRZ 71, 642). 4

Zu den Voraussetzungen, unter denen gutgläubig erworben werden kann, gilt im Übrigen das unter § 2365 Gesagte entspr. Namentlich muss der Erbschein weder vorgelegt werden, noch muss darauf Bezug genommen werden. 5

Rechtsfolge des Erwerbs über § 2366 ist, dass der Erwerber so gestellt wird, als habe er vom wahren Erben erworben. Das bedeutet aber gleichzeitig, dass die schon fehlende Eigentümerstellung des Erblassers nicht überwunden wird. Stattdessen bedarf es dazu der weiteren Voraussetzungen der §§ 932 ff bzw §§ 892 ff. 6

§ 2367 Leistung an Erbscheinserben

Die Vorschrift des § 2366 findet entsprechende Anwendung, wenn an denjenigen, welcher in einem Erbschein als Erbe bezeichnet ist, auf Grund eines zur Erbschaft gehörenden Rechts eine Leistung bewirkt oder wenn zwischen ihm und einem anderen in Ansehung eines solchen Rechts ein nicht unter die Vorschrift des § 2366 fallendes Rechtsgeschäft vorgenommen wird, das eine Verfügung über das Recht enthält.

I. Die Vorschrift ergänzt sowohl § 2366 als auch die Schuldnerschutzvorschrift des § 407. 1

1. Alt 1 gilt in den Fällen, in denen der Schuldner auf eine dem Erblasser zustehende Forderung an den Scheinerben leistet. Er wird dabei gem §§ 2367, 362 frei. Dag spielt § 2367 keine Rolle, soweit die Forderung erst durch den Scheinerben begründet wurde 2

(Bsp: Verkauf eines zum Nachlass gehörigen Pkw an den Erwerber). Die Leistung des Erwerbers an den Scheinerben führt hier schon gem §§ 2019 II, 407 zur Befreiung.

3 2. Die 2. Alt betrifft va die Fälle, in denen der Dritte ein mit dem wahren Erben bestehendes Rechtsverhältnis ggü dem Scheinerben beendet. Dazu zählen unstreitig zweiseitige Rechtsgeschäfte, etwa der Abschluss eines Aufhebungsvertrages usw. Trotz des zu engen Wortlautes („zwischen ihm und einem anderen") werden aber auch einseitige Verfügungen erfasst, beispielsweise Anfechtungserklärungen, Kündigungen, Aufrechnungserklärungen. Daher ist zB eine Kündigung des Arbeitsverhältnisses ggü dem Scheinerben auch ggü dem wahren Erben zulässig.

4 II. 1. Hins des Zeitpunkts der Gutgläubigkeit gilt das unter § 2366 Rn 4 Gesagte sinngemäß. Dies gilt insb auch für den Erwerb einer Vormerkung. Hat sich der Erwerber durch den Scheinerben eine Vormerkung bewilligen lassen, ist auch hins des späteren Erwerbs des dinglichen Rechtes auf die Eintragung der Vormerkung abzustellen, um der Vormerkung zu ihrer weitgehenden Schutzwirkung zu verhelfen (wie hier Stumpf JuS 92, 938). Zu den Besonderheiten der Vormerkung vgl auch § 2365 Rn 5.

5 2. Wenn der gutgläubige Dritte durch Leistung an den Scheinerben gem § 2367 frei wird, haftet der Scheinerbe dem wahren Erben aus § 816 II.

§ 2368 Testamentsvollstreckerzeugnis

(1) ¹Einem Testamentsvollstrecker hat das Nachlassgericht auf Antrag ein Zeugnis über die Ernennung zu erteilen. ²Ist der Testamentsvollstrecker in der Verwaltung des Nachlasses beschränkt oder hat der Erblasser angeordnet, dass der Testamentsvollstrecker in der Eingehung von Verbindlichkeiten für den Nachlass nicht beschränkt sein soll, so ist dies in dem Zeugnis anzugeben.

(2) (aufgehoben)

(3) Die Vorschriften über den Erbschein finden auf das Zeugnis entsprechende Anwendung; mit der Beendigung des Amts des Testamentsvollstreckers wird das Zeugnis kraftlos.

1 I. 1. Die Vorschrift regelt das Testamentsvollstreckerzeugnis. Von besonderer Bedeutung ist insofern Abs 3, der die Vorschriften über den Erbschein, insb also die §§ 2366, 2367, für sinngemäß anwendbar erklärt. Im Übrigen ist § 35 II GBO ggü dem Grundbuchamt zu beachten.

2 2. Grds dient das Zeugnis in gleicher Weise der **Legitimation des Testamentsvollstreckers**, wie der Erbschein den Erben legitimiert. Der Testamentsvollstrecker ist aber nicht gezwungen, sich durch das Zeugnis auszuweisen. Es steht ihm frei, sich anderweitig, etwa durch Vorlage des Testamentes, auszuweisen.

3 3. Ebenso wie beim Erbschein sind verschiedene **Arten** des Testamentsvollstreckerzeugnisses denkbar, etwa ein gemeinschaftliches Zeugnis oder ein Zeugnis darüber, dass hins eines Bruchteiles des Nachlasses die Vollstreckung angeordnet worden ist.

4 II. 1. Das Zeugnis muss beim zuständigen Nachlassgericht **beantragt** werden. Es wird durch den zuständigen Richter ausgestellt und ggf eingezogen (§ 16 I Nr 6 und 7 RpflG). **Antragsbefugt** sind der Testamentsvollstrecker selbst (Abs 1 S 1) sowie Nachlassgläubiger in den Fällen der §§ 792, 896 ZPO. Strittig ist, ob darüber hinaus der oder die Erben ein Zeugnis beantragen können. Dies wird zT mit dem Hinweis darauf bejaht, dass sie als Betroffene beteiligt seien (Brox ErbR Rn 626). Richtigerweise ist ein Antragsrecht der Erben zu verneinen, da sie sich durch das Zeugnis nicht unmittelbar legitimieren müssen. Der Umfang ihrer Rechtsmacht und die Grenzen der Verfügungsmacht des Testamentsvollstreckers ergeben sich schon aus dem Erbschein, so dass es eines Antragsrechts hins des Testamentsvollstreckerzeugnisses nicht bedarf (wie hier OLG Hamm NJW 74, 505). Die Erben können jedoch gem § 345 III FamFG vAw oder auf Antrag im Verfahren hinzugezogen werden.

5 2. Im Zeugnis werden Erblasser und Testamentsvollstrecker bezeichnet. Im Übrigen sind die Befugnisse des Testamentsvollstreckers nur insoweit gesondert aufzunehmen, als sie vom gesetzlichen Leitbild der Testamentsvollstreckung iSv §§ 2197 ff abwei-

chen. Bsp dazu enthält Abs 1 S 2, die dortige Aufzählung ist aber nicht abschließend (weitere Bsp bei Brox ErbR Rn 626 a).
3. Die Wirkung des Zeugnisses entspricht weitgehend der des Erbscheins, namentlich 6 wird die im Zeugnis ausgewiesene Person als Amtsinhaber legitimiert. Dadurch wird auch der Verkehrsschutz gutgläubiger Dritter gewährleistet, indem über §§ 2368 III, 2365 zugunsten des Vorlegenden vermutet wird, dass er mit den gesetzlichen Befugnissen eines Testamentsvollstreckers ausgestattet ist (Ausn nur bei entspr Nennung im Zeugnis (so Rn 5, und bei vorzeitiger Beendigung des Amtes, BGHZ 41, 23 und Rn 7)).
4. Anders als im Falle des Erbscheins **endet die Wirkung des Zeugnisses** gem Abs 3, 7 2. Halbs mit der Beendigung des Amtes. Damit wird weder ein guter Glaube an den Fortbestand des Amtes geschützt, noch kommt der Einziehung durch das Nachlassgericht eine materiell-rechtliche Wirkung zu. Letztere ist jedoch aus Gründen der Verkehrssicherheit regelmäßig geboten (BayObLGZ 53, 357). Zum Sonderfall, dass das Ende auf einer Anordnung des Erblassers beruht, beachte RGZ 83, 352.

§ 2369 Gegenständlich beschränkter Erbschein

(1) Gehören zu einer Erbschaft auch Gegenstände, die sich im Ausland befinden, kann der Antrag auf Erteilung eines Erbscheins auf die im Inland befindlichen Gegenstände beschränkt werden.
(2) ¹Ein Gegenstand, für den von einer deutschen Behörde ein zur Eintragung des Berechtigten bestimmtes Buch oder Register geführt wird, gilt als im Inland befindlich. ²Ein Anspruch gilt als im Inland befindlich, wenn für die Klage ein deutsches Gericht zuständig ist.

I. Die Vorschrift regelt den sog **gegenständlich beschränkten Erbschein**. 1. Der Erbe 1 hat die Möglichkeit den Antrag auf Erbscheinserteilung auf den inländischen Nachlass zu beschränken. Sinn und Zweck der Vorschrift ist es, dem Erben die Möglichkeit einzuräumen, zeitliche Verzögerungen und Kosten zu vermeiden, die sich aufgrund der erweiterten internationalen Zuständigkeit der Nachlassgerichte ergeben können. Sinnvoll erscheint eine solche Beschränkung ua, wenn der Erbschein nur für im Inland befindliche Nachlassgegenstände benötigt wird oder zur Beschleunigung in Fällen der Nachlassspaltung (vgl BT-Drucks 16/6308, 348 f. Der Abs 1 ermöglicht daher ein Eigenrechtszeugnis, das jeweils auf den im Inland belegenen Nachlass beschränkt ist.
2. Der durch das Gesetz über das Verfahren in Familiensachen und in den Angelegen- 2 heiten der freiwilligen Gerichtsbarkeit (BGBl 2008 I S 2586) eingeführte § 105 FamFG bestimmt, dass die internationale Zuständigkeit der örtlichen Zuständigkeit folgt. Damit wird der Anwendbarkeit des Gleichlaufgrundsatzes, nach dem deutsche Gerichte für Nachlasssachen nur bei Anwendung deutschen Sachrechts zuständig sind, eine Absage erteilt. Die örtliche Zuständigkeit wurde in § 343 FamFG neu gefasst, wodurch es zu einer erheblichen Ausweitung der internationalen Zuständigkeit kommt.
II. **Inhaltlich** enthält der Erbschein nicht etwa eine Aufzählung der einzelnen im Inland 3 befindlichen Nachlassgegenstände (OLG Köln NJW 55, 755; Ausn aber betr das Hoffolgezeugnis in § 18 II HöfeO), sondern lediglich einen entspr Vermerk, etwa „unter Beschränkung auf den Inlandsnachlass".
III. **Sonderfall:** Im Einzelfall kann es zu einer Nachlassspaltung kommen, wenn das 4 ausländische Recht nicht in vollem Umfang auf das deutsche Erbrecht zurückverweist. Dann ist in Ansehung des Erbteils, hins dessen zurückverwiesen wird, ein Eigenrechtserbschein (§ 2353), iÜ unter den Voraussetzungen von § 2369 ein Fremdrechtserbschein zu erteilen.
Denkbar sind (obgleich die Verweisung in § 2368 III systematisch missverständlich ist) 5 auch gegenständlich beschränkte Testamentsvollstreckerzeugnisse (BayObLGZ 65, 382).

§ 2370 Öffentlicher Glaube bei Todeserklärung

(1) Hat eine Person, die für tot erklärt oder deren Todeszeit nach den Vorschriften des Verschollenheitsgesetzes festgestellt ist, den Zeitpunkt überlebt, der als Zeitpunkt ihres Todes gilt, oder ist sie vor diesem Zeitpunkt gestorben, so gilt derjenige, welcher auf Grund der Todeserklärung oder der Feststellung der Todeszeit Erbe sein würde, in Ansehung der in den §§ 2366, 2367 bezeichneten Rechtsgeschäfte zugunsten des Dritten auch ohne Erteilung eines Erbscheins als Erbe, es sei denn, dass der Dritte die Unrichtigkeit der Todeserklärung oder der Feststellung der Todeszeit kennt oder weiß, dass sie aufgehoben worden sind.

(2) ¹Ist ein Erbschein erteilt worden, so stehen demjenigen, der für tot erklärt oder dessen Todeszeit nach den Vorschriften des Verschollenheitsgesetzes festgestellt ist, wenn er noch lebt, die in § 2362 bestimmten Rechte zu. ²Die gleichen Rechte hat eine Person, deren Tod ohne Todeserklärung oder Feststellung der Todeszeit mit Unrecht angenommen worden ist.

1 Die Vorschrift bewirkt den Schutz gutgläubiger Dritter in den Fällen, in denen eine Person zu Unrecht für tot erklärt worden ist. Sie ist daher im Zusammenhang mit dem VerschollenheitsG zu lesen, vgl insb § 9. Im Übrigen gelten die Erläuterungen zu §§ 2365 ff sinngemäß. Ausf zu diesem Sonderfall Schubart JR 48, 296.

Abschnitt 9
Erbschaftskauf

Vorbemerkung zu §§ 2371–2385

1 **I. Grundstruktur und anwendbare Normen:** Für den Erben kann ein Interesse daran bestehen, sich von seinem Erbteil zu lösen, sei es aus Liquiditätsschwierigkeiten, aufgrund von Streitigkeiten mit seinen Miterben oder weil er keine Verwendung für den Nachlass hat. In allen diesen Fällen ist es für den Erben ratsam, über sein Erbe im Ganzen zu verfügen. Schuldrechtliche causa ist dann regelmäßig ein Kaufvertrag, für den das BGB in den §§ 2371 ff Sonderregelungen (etwa im Hinblick auf die zu wahrende Form) beinhaltet. Ferner sind beim Verkauf eines Erbteils die §§ 2033 ff, insb das dortige Vorkaufsrecht der Miterben von Bedeutung. Subsidiär finden schließlich auch das Kaufrecht (§§ 433 ff) und das Allgemeine Schuldrecht Anwendung, etwa § 323 bei Zahlungsverzug des Käufers.

2 **II. Rechtsnatur:** Der Erbschaftskauf ist ein **schuldrechtlicher Vertrag**, der anders als eine Verfügung weder zu einer ggü jedermann wirkenden unmittelbaren Rechtsänderung führt, noch dem Käufer unmittelbar die Stellung eines dinglich am Nachlass Berechtigten verschafft.

3 **III.** Vielmehr bedarf es zu seiner **Vollziehung** zusätzlicher Übertragungsakte. Wenn ein Alleinerbe seine Erbschaft verkauft hat, muss er die Rechte an allen Nachlassgegenständen einzeln übertragen, also nach §§ 398 ff, 929 ff, 873, 925. Wurde dag nur ein Miterbenanteil verkauft, ist für die Frage der Erfüllung entscheidend, ob eine Auseinandersetzung zwischen den Miterben bereits stattgefunden hat. Bei der Erfüllung vor Auseinandersetzung wird der Erbteil als Ganzes übertragen (§ 2033), der Erwerber tritt – ohne selbst Erbe zu werden (BGHZ 56, 115) – in die vermögensrechtliche Stellung des Verkäufers ein. Ist die Erbauseinandersetzung dag bereits vollzogen, erfolgt die Erfüllung wie bei einem Alleinerben durch einzelne Übertragungsakte.

4 **IV. Wichtige Besonderheiten** ggü dem allg Kaufrecht sind insb:
1. die Formbedürftigkeit nach § 2371 (notarielle Beurkundung),
2. die zwingende, jedoch (ges §§ 2382, 2383 begrenzbare Haftung des Erbschaftskäufers ggü dem Nachlassgläubiger vom Zeitpunkt des Kaufs an,
3. der ggü § 446 abweichende Zeitpunkt des Gefahrübergangs in § 2380,
4. der partielle Ausschluss der Sachmängelhaftung in § 2376 II
5. und die Modifikation der Rechtsmängelhaftung in § 2376 I.

Abschnitt 9 | Erbschaftskauf § 2373

V. Hins der in Rn 4 genannten Besonderheiten 3.–5. ist zu beachten, dass die §§ 2372–2381 dispositive Vorschriften enthalten. Sie sind darauf zugeschnitten, dass der Erbe seine Erbschaft in „Bausch und Bogen" veräußert, um nicht mit der Nachlassabwicklung belastet zu sein. Das bedeutet jedoch im Umkehrschluss, dass die Auslegung eines Erbvertrages auch den stillschweigenden Ausschluss der genannten Normen ergeben kann, etwa wenn sich ergibt, dass die Parteien an einer Sachmängelhaftung des Veräußerers festhalten wollten. 5

VI. **Entspr anwendbar** sind die §§ 2371 ff gem § 2385 auf andere Verträge, die das Erbe zum Gegenstand haben. Zu denken ist namentlich an den Tausch, aber auch an den Weiterverkauf des Ersterwerbers an einen Dritten. 6

VII. Im **Insolvenzverfahren** findet auf den Erbschaftskauf § 330 InsO Anwendung. 7

§ 2371 Form

Ein Vertrag, durch den der Erbe die ihm angefallene Erbschaft verkauft, bedarf der notariellen Beurkundung.

Hintergrund der **Formstrenge** ist zum einen der Schutz des Erben vor Übereilung bzw davor, sich von gewerbsmäßigen Aufkäufern übervorteilen zu lassen (Prot II S 114). Andererseits soll dem Erwerber der Nachw erleichtert werden, nunmehr in die Rechtsstellung des Erben eingerückt zu sein. 1

Formbedürftig (Einzelheiten zur notariellen Beurkundung bei § 128) sind neben den essentialia negotii grds auch alle Nebenabreden, soweit sie für den Vertragsschluss so wesentlich sind, dass ohne sie der Vertrag nicht oder jedenfalls nicht zu den vereinbarten Bedingungen geschlossen worden wäre, arg § 139 (BGH NJW 67, 1129). 2

Streitig ist, ob und unter welchen Voraussetzungen eine **Heilung der Formnichtigkeit** in Betracht kommt. Die hM lehnt die entspr Anwendung von § 311 b I 2 ab, weil der Zeitpunkt der Übertragung des letzten Nachlassgegenstandes und damit der Zeitpunkt der Heilung nicht einwandfrei festgestellt werden könne (RGZ 137, 175; BGH NJW 67, 1129). Eine differenzierende Ansicht will die Heilung bei der Übertragung des Miterbenanteils im Hinblick auf die formbedürftige Vollziehung gem § 2033 zulassen (Erm/Schlüter § 2371 Rn 5 mwN). Überzeugend ist eine in der Literatur vertretene Ansicht (Lange AcP Bd 144, 161), die § 311 b I umfassend analog anwendet. Allein sie vermeidet eine umständliche Umdeutung in eine Vielzahl von formlos möglichen Einzelverpflichtungen über § 140, zu der die hL wegen ihrer Zurückhaltung bei § 311 b I gezwungen ist (beachte die Überlegungen bei RGZ 137, 176). 3

Beruft sich eine Partei auf die Formnichtigkeit, kann eine unzulässige Rechtsausübung vorliegen. In diesen Fällen scheitert die Berufung auf §§ 2371, 128, 125 an § 242. 4

§ 2372 Dem Käufer zustehende Vorteile

Die Vorteile, welche sich aus dem Wegfall eines Vermächtnisses oder einer Auflage oder aus der Ausgleichungspflicht eines Miterben ergeben, gebühren dem Käufer.

Die Vorschrift ist dispositiv. Insb kann sie aus den in der Vorbemerkung Rn 5 genannten Gründen auch schlüssig abbedungen werden. 1

§ 2373 Dem Verkäufer verbleibende Teile

¹Ein Erbteil, der dem Verkäufer nach dem Abschluss des Kaufs durch Nacherbfolge oder infolge des Wegfalls eines Miterben anfällt, sowie ein dem Verkäufer zugewendetes Vorausvermächtnis ist im Zweifel nicht als mitverkauft anzusehen. ²Das Gleiche gilt von Familienpapieren und Familienbildern.

§ 2373 enthält eine **Auslegungsregel,** der Vertrag ist also einer abw Auslegung zugänglich. 1

2 Wegen der identischen Interessenlage wird der Voraus (§ 1932), dem Vorausvermächtnis gleichgestellt, dh auch er gilt im Zweifel als nicht mitverkauft.

§ 2374 Herausgabepflicht

Der Verkäufer ist verpflichtet, dem Käufer die zur Zeit des Verkaufs vorhandenen Erbschaftsgegenstände mit Einschluss dessen herauszugeben, was er vor dem Verkauf auf Grund eines zur Erbschaft gehörenden Rechts oder als Ersatz für die Zerstörung, Beschädigung oder Entziehung eines Erbschaftsgegenstands oder durch ein Rechtsgeschäft erlangt hat, das sich auf die Erbschaft bezog.

1 § 2374 ist Ergänzung und Konkretisierung zu § 433 I hins der Verkäuferpflichten. Danach schuldet der Verkäufer die Übereignung/Abtretung jeder zum verkauften Nachlass gehörigen Sache/Forderung. Darüber hinaus ist er zur Übertragung des im Wege der Surrogation (zum Begriff § 2019 Rn 1) Erworbenen verpflichtet, beachte aber Rn 2.

2 Auch § 2374 ist abdingbar. Insb die Pflicht zur Herausgabe von Surrogaten kann ausgeschlossen sein.

§ 2375 Ersatzpflicht

(1) ¹Hat der Verkäufer vor dem Verkauf einen Erbschaftsgegenstand verbraucht, unentgeltlich veräußert oder unentgeltlich belastet, so ist er verpflichtet, dem Käufer den Wert des verbrauchten oder veräußerten Gegenstands, im Falle der Belastung die Wertminderung zu ersetzen. ²Die Ersatzpflicht tritt nicht ein, wenn der Käufer den Verbrauch oder die unentgeltliche Verfügung bei dem Abschluss des Kaufs kennt.
(2) Im Übrigen kann der Käufer wegen Verschlechterung, Untergangs oder einer aus einem anderen Grunde eingetretenen Unmöglichkeit der Herausgabe eines Erbschaftsgegenstands nicht Ersatz verlangen.

1 Die Vorschrift regelt die **Haftung des Verkäufers vor dem Verkauf**. Nach dem Verkauf gelten die §§ 433 ff, die ihrerseits (§§ 434, 446) durch die §§ 2376, 2380 modifiziert werden.

§ 2376 Haftung des Verkäufers

(1) Die Haftung des Verkäufers für Rechtsmängel beschränkt sich darauf, dass ihm das Erbrecht zusteht, dass es nicht durch das Recht eines Nacherben oder durch die Ernennung eines Testamentsvollstreckers beschränkt ist, dass nicht Vermächtnisse, Auflagen, Pflichtteilslasten, Ausgleichungspflichten oder Teilungsanordnungen bestehen und dass nicht unbeschränkte Haftung gegenüber den Nachlassgläubigern oder einzelnen von ihnen eingetreten ist.
(2) Für Sachmängel eines zur Erbschaft gehörenden Gegenstands haftet der Verkäufer nicht, es sei denn, dass er einen Mangel arglistig verschwiegen oder eine Garantie für die Beschaffenheit des Gegenstands übernommen hat.

1 I. Der konzeptionelle Ansatz des SMG, Sach- und Rechtsmängel im Kaufrecht hins der Rechtsfolgen gleichzustellen, wurde hier durchbrochen. Dem liegt die Erwägung zugrunde, dass sich der Veräußerer regelmäßig endgültig von seinem Erbe trennen und daher auch nicht mit weitergehenden Sekundäransprüchen belastet sein will.

2 Die Haftung für Sachmängel (§ 434) ist ausgeschlossen. Für diesen gesetzlichen Gewährleistungsausschluss gelten aber die gleichen Grenzen wie für einen rechtsgeschäftlichen (§ 444): Kein Ausschluss der Sachmängelhaftung bei Arglist des Verkäufers (§ 442 I S 2) und bei Übernahme einer Beschaffenheitsgarantie (§ 443).

Ist der Erbschaftskauf gleichzeitig ein Verbrauchsgüterkauf (§§ 474 nF) dann sind in einem solchen Fall die §§ 474 ff entspr anzuwenden (Dauner-Lieb, Das neue Schuldrecht in der Praxis, S 713). 3

Hins etwaiger **Rechtsmängel** kommt eine Haftung nur unter den in § 2376 **abschließend aufgezählten Fallgruppen** in Frage. Ihnen ist die erbrechtliche Natur der Rechtsmängel gemeinsam. 4

Da § 2376 abdingbar ist, kann die Haftung des Veräußerers erweitert oder (praktisch selten) weiter beschränkt werden. 5

§ 2377 Wiederaufleben erloschener Rechtsverhältnisse

¹Die infolge des Erbfalls durch Vereinigung von Recht und Verbindlichkeit oder von Recht und Belastung erloschenen Rechtsverhältnisse gelten im Verhältnis zwischen dem Käufer und dem Verkäufer als nicht erloschen. ²Erforderlichenfalls ist ein solches Rechtsverhältnis wiederherzustellen.

Die Norm beinhaltet eine **gesetzliche Fiktion** dahin gehend, dass die infolge Konfusion und Konsolidation erloschenen Rechtsverhältnisse ex tunc wiederaufleben. Diese Wirkung gilt nach dem eindeutigen Wortlaut nur im Verhältnis von Veräußerer und Erbschaftskäufer, nicht aber ggü Dritten. 1

Die Vorschrift ist dispositiv. 2

§ 2378 Nachlassverbindlichkeiten

(1) Der Käufer ist dem Verkäufer gegenüber verpflichtet, die Nachlassverbindlichkeiten zu erfüllen, soweit nicht der Verkäufer nach § 2376 dafür haftet, dass sie nicht bestehen.
(2) Hat der Verkäufer vor dem Verkauf eine Nachlassverbindlichkeit erfüllt, so kann er von dem Käufer Ersatz verlangen.

Gegenstand der Norm ist allein die Haftung des Käufers ggü dem Verkäufer im Innenverhältnis. Sie gilt nicht ggü den Nachlassgläubigern, dort gelten die §§ 2382, 2383. 1

Verweigert der Käufer die Befriedigung der Nachlassgläubiger, kann der Verkäufer Schadensersatz verlangen oder gem § 323 vom Vertrag zurücktreten (RG Warn 33 Nr 163). 2

Als Erfüllung vor dem Verkauf iSv Abs 2 gilt nicht nur § 362, sondern auch §§ 364, 378, 389. 3

§ 2379 Nutzungen und Lasten vor Verkauf

¹Dem Verkäufer verbleiben die auf die Zeit vor dem Verkauf fallenden Nutzungen. ²Er trägt für diese Zeit die Lasten, mit Einschluss der Zinsen der Nachlassverbindlichkeiten. ³Den Käufer treffen jedoch die von der Erbschaft zu entrichtenden Abgaben sowie die außerordentlichen Lasten, welche als auf den Stammwert der Erbschaftsgegenstände gelegt anzusehen sind.

Bei dem Kauf eines Erbteiles ist § 2038 II iVm §§ 743, 745, 746, 748 lex specialis. Hier gilt § 2379 nicht. 1

Unter „zu entrichtenden Abgaben" iSv S 3 fällt namentlich die Erbschaftsteuer. 2

§ 2379 ist abdingbar. 3

§ 2380 Gefahrübergang, Nutzungen und Lasten nach Verkauf

¹Der Käufer trägt von dem Abschluss des Kaufs an die Gefahr des zufälligen Untergangs und einer zufälligen Verschlechterung der Erbschaftsgegenstände. ²Von diesem Zeitpunkt an gebühren ihm die Nutzungen und trägt er die Lasten.

1 Die Abweichung ggü § 446 erschöpft sich in dem unterschiedlichen zeitlichen Anknüpfungspunkt für den Gefahrübergang. Statt der Übergabe ist bereits der Abschluss des Erbschaftskaufvertrages maßgeblich. Auch hier soll dem Umstand Rechnung getragen werden, dass sich der Verkäufer möglichst frühzeitig und endgültig von der Erbschaft lösen will.
2 Eine abweichende Parteiabrede ist möglich.

§ 2381 Ersatz von Verwendungen und Aufwendungen

(1) Der Käufer hat dem Verkäufer die notwendigen Verwendungen zu ersetzen, die der Verkäufer vor dem Verkauf auf die Erbschaft gemacht hat.
(2) Für andere vor dem Verkauf gemachte Aufwendungen hat der Käufer insoweit Ersatz zu leisten, als durch sie der Wert der Erbschaft zur Zeit des Verkaufs erhöht ist.

1 Der Begriff der „notwendigen Verwendung" in Abs 1 deckt sich mit dem des Eigentümer-Besitzer-Verhältnisses, vgl daher § 994, beachte auch § 996.
2 Ersetzt werden müssen Verwendungen, die den Wert des Nachlasses erhöht oder einen drohenden Wertverlust vermieden haben.
3 Für den Zeitraum nach dem Verkauf, aber vor der Übergabe ist § 2381 wegen seines Wortlautes nicht anwendbar. Stattdessen richtet sich der Verwendungsersatz nach GoA.

§ 2382 Haftung des Käufers gegenüber Nachlassgläubigern

(1) [1]Der Käufer haftet von dem Abschluss des Kaufs an den Nachlassgläubigern, unbeschadet der Fortdauer der Haftung des Verkäufers. [2]Dies gilt auch von den Verbindlichkeiten, zu deren Erfüllung der Käufer dem Verkäufer gegenüber nach den §§ 2378, 2379 nicht verpflichtet ist.
(2) Die Haftung des Käufers den Gläubigern gegenüber kann nicht durch Vereinbarung zwischen dem Käufer und dem Verkäufer ausgeschlossen oder beschränkt werden.

1 Die Vorschrift betrifft im Ggs zu § 2378 (Innenverhältnis) die **Haftung des Käufers im Außenverhältnis**. Beginnend mit dem wirksamen Vertragsschluss (BGH NJW 67, 1128) haftet er den Nachlassgläubigern neben dem Verkäufer gesamtschuldnerisch (§§ 421 ff) für die Erfüllung der Nachlassverbindlichkeiten. Seine Haftung ist jedoch gem § 2383 beschränkbar.
2 Strukturell ist die Haftung mit der des Vermögensübernehmers nach dem früheren § 419 vergleichbar. Dementspr muss der Käufer nicht um das Bestehen der Verbindlichkeiten im Einzelfall wissen, wohl aber darum, dass Gegenstand des Vertrages die (nahezu) ganze Erbschaft oder ein Erbteil ist. Ausreichend ist diesbezüglich die Kenntnis der maßgeblichen Umstände (vgl etwa BGHZ 43, 177 zu § 1365).
3 **Umfang**: Das Einstehenmüssen des Käufers erstreckt sich prinzipiell auf alle Nachlassverbindlichkeiten (RGZ 112, 129), beim Kauf eines Erbteiles sind die §§ 2058-2063 zu beachten.
4 Die Haftung kann nicht zwischen dem Käufer und dem Verkäufer ausgeschlossen werden (Abs 2). Das hindert aber nicht daran, einen entspr Ausschluss unter Beteiligung des Gläubigers auszuhandeln, sei es als Ausschluss der Käuferhaftung oder – als Schuldübernahme gem § 414 – der Haftung des Verkäufers.

§ 2383 Umfang der Haftung des Käufers

(1) [1]Für die Haftung des Käufers gelten die Vorschriften über die Beschränkung der Haftung des Erben. [2]Er haftet unbeschränkt, soweit der Verkäufer zur Zeit des Verkaufs unbeschränkt haftet. [3]Beschränkt sich die Haftung des Käufers auf die Erbschaft, so gelten seine Ansprüche aus dem Kauf als zur Erbschaft gehörend.

(2) Die Errichtung des Inventars durch den Verkäufer oder den Käufer kommt auch dem anderen Teil zustatten, es sei denn, dass dieser unbeschränkt haftet.

Abs 1 S 1 verweist auf die Vorschriften betr die Haftung des Erben. Daher kann der 1 Käufer die Haftungsbeschränkung selbst herbeiführen. Diese Möglichkeit besteht nach **Abs 1 S 2** jedoch nicht mehr, wenn der Verkäufer bereits unbeschränkt haftet. Diese Einschränkung wird zu Recht als verfehlt angesehen, weil es eines weiter gehenden Gläubigerschutzes im Hinblick auf die fortdauernde Haftung auch des Verkäufers nicht bedarf (Kipp-Coing ErbR § 112 I 3 mit Fn 7). De lege lata ist sie aber nicht zu umgehen.

Gemäß **Abs 2** kommt ein durch den Verkäufer errichtetes Inventar (§§ 1993 ff) auch 2 dem Käufer zustatten.

§ 2384 Anzeigepflicht des Verkäufers gegenüber Nachlassgläubigern, Einsichtsrecht

(1) ¹Der Verkäufer ist den Nachlassgläubigern gegenüber verpflichtet, den Verkauf der Erbschaft und den Namen des Käufers unverzüglich dem Nachlassgericht anzuzeigen. ²Die Anzeige des Verkäufers wird durch die Anzeige des Käufers ersetzt.
(2) Das Nachlassgericht hat die Einsicht der Anzeige jedem zu gestatten, der ein rechtliches Interesse glaubhaft macht.

Die Anzeigepflicht des Veräußerers ggü dem Nachlassgericht dient dazu, die Nachlass- 1 gläubiger auf die veränderte Sachlage, insb auf die Schuldenhaftung des Erwerbers gem § 2382, hinzuweisen.

Kommt der Verkäufer seiner Pflicht schuldhaft nicht nach, bestehen Schadensersatzan- 2 sprüche der Nachlassgläubiger gem § 823 II, soweit dessen weitere Voraussetzungen erfüllt sind und nicht zwischenzeitlich eine Anzeige durch den Käufer gem Abs 1 S 2 erfolgt ist.

§ 2385 Anwendung auf ähnliche Verträge

(1) Die Vorschriften über den Erbschaftskauf finden entsprechende Anwendung auf den Kauf einer von dem Verkäufer durch Vertrag erworbenen Erbschaft sowie auf andere Verträge, die auf die Veräußerung einer dem Veräußerer angefallenen oder anderweit von ihm erworbenen Erbschaft gerichtet sind.
(2) ¹Im Falle einer Schenkung ist der Schenker nicht verpflichtet, für die vor der Schenkung verbrauchten oder unentgeltlich veräußerten Erbschaftsgegenstände oder für eine vor der Schenkung unentgeltlich vorgenommene Belastung dieser Gegenstände Ersatz zu leisten. ²Die in § 2376 bestimmte Verpflichtung zur Gewährleistung wegen eines Mangels im Recht trifft den Schenker nicht; hat der Schenker den Mangel arglistig verschwiegen, so ist er verpflichtet, dem Beschenkten den daraus entstehenden Schaden zu ersetzen.

Zu **Abs 1** vgl zunächst Vor §§ 2371-2385 Rn 6. IÜ ist wertend festzustellen, ob ein mit 1 dem Erbschaftskauf vergleichbarer anderer, auf die Veräußerung einer Erbschaft gerichteter Vertrag vorliegt. Dies ist von der Rspr bejaht worden etwa für einen außergerichtlichen Vergleich über die Verteilung einer Erbschaft (RG JW 10, 998), einen Vertrag über die Auslegung eines zweifelhaften Testamentes (BGH NJW 86, 1812) bzw dessen Anerkennung (RGZ 72, 209).

Von Bedeutung ist ferner, dass über § 2385 insb das Formerfordernis des § 2371 gilt. 2
Abs 2 gleicht die Erbschaftsschenkung dem allg Schenkungsrecht an, es gilt § 521. Zu 3 beachten sind aber §§ 2371, 2375, 2376.

Einführungsgesetz zum Bürgerlichen Gesetzbuche (EGBGB)

In der Fassung der Bekanntmachung vom 21. September 1994
(BGBl. I S. 2494, ber. BGBl. 1997 I S. 1061)
(FNA 400-1)

Zuletzt geändert durch Art. 4 und 5 G v. 1.10.2013 I 3714 v 1.10.2013 (BGBl I 3714)
(Auszüge)

Internationales Privatrecht (Art 3–46 c EGBGB)

Erster Teil
Allgemeine Vorschriften

Zweites Kapitel
Internationales Privatrecht

Erster Abschnitt
Allgemeine Vorschriften

Vorbemerkung zu Artikel 3–6

1 **I. Begriff und Funktion des Int Privatrechts.** Das Int Privatrecht (IPR) hat die Aufgabe, bei Sachverhalten mit Auslandsberührung (Art 3 Rn 2) festzulegen, welches Privatrecht auf die im konkreten Fall aufgeworfenen Rechtsfragen anzuwenden sein soll (vgl Art 3). Dies geschieht mithilfe von **Kollisionsnormen** (Rn 5 ff), die durch eine **Verweisung** auf das deutsche oder ein ausländisches Recht die für einzelne Fragen jeweils die in der Sache maßgebenden Rechtsvorschriften (**Sachnormen**) berufen.

2 Trotz seines missverständlichen Namens handelt es sich bei den Vorschriften des IPR grds um **nationales Recht** (vgl aber auch Rn 11). Da die Gerichte eines jeden Staates bei der Beurteilung int Sachverhalte die anwendbaren Sachnormen (in Deutschland: nach § 293 ZPO vAw, vgl BGHZ 118, 162; 154, 54; BGH NJW 96, 54) jeweils ausgehend von ihrem eigenen IPR ermitteln und sich die Kollisionsrechte der einzelnen Staaten durchaus unterscheiden, können bei der Beurteilung ein und ders Rechtsfrage aus der Sicht verschiedener Rechtsordnungen Divergenzen auftreten, weil zB das von Staat A berufene Sachrecht bestimmte Rechtsakte oder Rechtsverhältnisse für wirksam ansieht, das von Staat B berufene Sachrecht aber nicht (sog „hinkende Rechtsverhältnisse"). Im Rechtsstreit kann sich ein Kläger derartige Beurteilungsdivergenzen zunutze machen, indem er – eine int Zuständigkeit der Gerichte verschiedener Rechtsordnungen vorausgesetzt – dasjenige Gericht wählt, welches aufgrund der von ihm anzuwendenden Kollisionsnormen zu einem für den Kläger vorteilhaften Sachrecht gelangt („forum shopping").

3 Da die Kollisionsnormen des IPR Anwendungskonflikte entscheiden, die im Verhältnis mehrerer, vom konkreten Sachverhalt jeweils berührter Staaten auftreten, spricht man auch von „räumlichem" Kollisionsrecht. Dazu gehören ferner die Normen des **Interlokalen Privatrechts**. Diese betreffen Konflikte innerhalb eines Staates mit „räumlicher Rechtsspaltung"; sie greifen ein, wenn der Gesamtstaat mehrere, räumlich nebeneinander liegende Teilrechtsgebiete mit unterschiedlichen Privatrechten aufweist (näher Art 4 Rn 18, 23). Existieren dag in einem Gesamtstaat auf dem Gebiet des Privatrechts unterschiedliche Teilrechtsordnungen, die durch die Zugehörigkeit zu einer bestimmten Bevölkerungsgruppe (Religionsgemeinschaft, Ethnie) definiert sind („**personale**

Rechtsspaltung"), wird das maßgebende Recht durch **interpersonale Kollisionsnormen** bestimmt (vgl Art 4 Rn 18). Soweit Anwendungskonflikte im Verhältnis von alten und neuen Rechtsvorschriften auftreten, wie sie sich insb beim Inkrafttreten neuer Gesetze ergeben, werden diese durch die Kollisionsnormen des maßgebenden **Intertemporalen Rechts** gelöst. Intertemporale Kollisionsnormen sind sowohl bei der Änderung von Sach- (vgl Art 219 ff EGBGB) wie auch bei der Änderung von Kollisionsnormen zu beachten. Eine zeitliche Kollisionsnorm für das deutsche IPR enthält Art 220, der zwar unmittelbar nur auf die IPR-Reform von 1986 Bezug nimmt, auf spätere Kollisionsnormänderungen aber idR analog angewandt werden kann.

Bei int Sachverhalten stellen sich in der Praxis häufig nicht nur Fragen des Int Privat-, **4** sondern auch des **Int Zivilverfahrensrechts**. Dazu gehören alle Bestimmungen, die in Zivilverfahren mit Auslandsberührung zu beachten sind. Sie beantworten zB die Frage, ob eine int Zuständigkeit des angerufenen deutschen Gerichts besteht, ob eine ausländische Partei vor inländischen Gerichten partei- und prozessfähig ist, wie im Ausland zugestellt und ob und unter welchen Voraussetzungen das Urteil eines ausländischen Gerichts im Inland anerkannt werden kann (Literatur: Schack, Internationales Zivilverfahrensrecht,5. Aufl 10; Linke/Hau, Internationales Zivilprozessrecht, 5. Aufl 2011)

II. Kollisionsnormen. 1. Struktur. Kollisionsnormen legen das anwendbare Recht da- **5** durch fest, dass sie in ihrem **Tatbestand** einen bestimmten Bereich des sachrechtlichen Systems („Anknüpfungsgegenstand") mit einem oder mehreren Sachverhaltselementen („Anknüpfungspunkt" oder „Anknüpfungsmoment") verbinden. Der **Anknüpfungsgegenstand** einer Kollisionsnorm beschreibt also einen mehr oder weniger umfassenden Komplex von Rechtsfragen, für den das maßgebende Recht in casu ermittelt werden soll (etwa: „Rechtsfähigkeit", „Vertrag", „Rechtsnachfolge von Todes wegen"). Der in einer Kollisionsnorm bezeichnete **Anknüpfungspunkt** nennt dasjenige Faktum, welches nach Auffassung des Gesetzgebers bei Rechtsfragen dieser Art die Verbindung zu der maßgebenden Rechtsordnung herstellen sollte (etwa: Staatsangehörigkeit oder gewA einer Person, Rechtswahl, Handlungsort). In ihrer **Rechtsfolge** fixiert die Kollisionsnorm das **Verweisungsziel**, indem sie bestimmt, dass zur Beantwortung sämtlicher zu ihrem Anknüpfungsgegenstand gehörender Rechtsfragen diejenigen Rechtsnormen herangezogen werden sollen, welche die durch den Anknüpfungspunkt bezeichnete Rechtsordnung (in ihrem Sach- oder Kollisionsrecht, vgl Art 4 Rn 15) für die vom Anknüpfungsgegenstand umfassten Rechtsfragen bereithält.

Beispiel: Die Kollisionsnorm des Art 25 I liefert (hypothetisch formuliert) folgenden **6** Obersatz: „Immer wenn es um eine Rechtsfrage geht, welche die Rechtsnachfolge von Todes wegen betrifft (= Anknüpfungsgegenstand), und wenn der Erblasser im Zeitpunkt seines Todes einem Staat angehört (= Staatsangehörigkeit als Anknüpfungspunkt), dann ist diese Rechtsfrage durch diejenigen Vorschriften zu beantworten, welche im Heimatrecht des Erblassers zum Zeitpunkt seines Todes in dem von der inländischen Kollisionsnorm umschriebenen Systembereich „Rechtsnachfolge von Todes wegen" vorgesehen sind" (= Verweisungsziel). Die **Gesamtheit aller Sachnormen**, die sich in der betr Rechtsordnung mit dem jeweiligen Anknüpfungsgegenstand befassen, bezeichnet man als „**Statut**" (daher: „Erbstatut", „Vertragsstatut" usw).

Hins der in den Kollisionsnormen ausgesprochenen Rechtsfolgen ist zu unterscheiden: **7** **Allseitige** Kollisionsnormen sind in ihrem Anknüpfungspunkt rechtsordnungsneutral formuliert; sie können – je nach den im konkreten Fall gegebenen Anknüpfungstatsachen – sowohl das deutschen wie auch zu einem ausländischen Recht führen. Dies ist im modernen Kollisionsrecht die Regel (vgl nur Art 7 I, 9 S 1, 10 I, 13 I, 14 I usw). **Einseitige** Kollisionsnormen beziehen sich dag allein auf Anknüpfungstatsachen, die mit dem Inland verbunden sind. Sie legen nur fest, wann inländisches Recht Anwendung findet (Beispiele: Art 13 III 1, 16, 17 a). Es fehlt dann eine Aussage darüber, unter welchen Voraussetzungen für den betr Anknüpfungsgegenstand ausländisches Recht berufen sein kann. **Beispiel:** Art 17 a sagt nicht, ob die Nutzungsbefugnis an Ehewohnung und Haushaltsgegenständen ausländischem Sachrecht unterliegen soll, wenn sich diese im Ausland befinden. In diesem Fall ist zu überlegen, ob die einseitige Kollisionsnorm nicht (durch Analogie) zu einer allseitigen ausgebaut werden kann.

8 Von „**akzessorischer Anknüpfung**" spricht man, wenn eine Kollisionsnorm ausnahmsweise keinen eigenen Anknüpfungspunkt enthält, sondern stattdessen auf den Anknüpfungspunkt einer anderen Kollisionsnorm verweist (Beispiel: Art 15 I, 19 I 2, 22 I 2 beziehen sich sämtlich auf Art 14 I; vgl ferner Art 41 II Nr 1). Rechtspolitisches Ziel einer solchen Anknüpfung ist es, die für verschiedene Rechtsfragen berufenen Statute (jedenfalls auf der Ebene des deutschen IPR, vgl aber auch Art 4 Rn 9) zu koordinieren.

9 **2. Rechtsquellen.** Die Ermittlung der einschlägigen IPR-Vorschriften bereitet deswegen häufig Schwierigkeiten, weil die Kollisionsnormen aus **unterschiedlichen Rechtsquellen** stammen. Das vom deutschen Gesetzgeber geschaffene **nationale** („autonome") **Kollisionsrecht** ist weitgehend im EGBGB enthalten. Darüber hinaus sind vereinzelt Kollisionsnormen aber auch in anderen Gesetzen zu finden (etwa § 17 a DepotG). Daneben existieren ungeschriebene, etwa auf Gewohnheitsrecht beruhende oder von Rspr und Wissenschaft entwickelte Anknüpfungsregeln. So ist das deutsche Int Gesellschaftsrecht (vgl Anh Art 7 Rn 1 ff) nicht kodifiziert. Wirtschafts- und sozialpolitische Sachnormen des deutschen Rechts, die sich nach dem Willen des Gesetzgebers auch ggüber einem grds berufenen ausländischen Vertragsstatut durchsetzen sollen (vgl Art 9 I Rom I-VO), sind deswegen nicht zwingend, weil eine ihnen vorgeschaltete ungeschriebene Kollisionsnorm dies anordnet.

10 Um die durch „forum shopping" und „hinkende Rechtsverhältnisse" (Rn 2) verursachten Anwendungsschwierigkeiten zu vermeiden, werden mit dem Ziel der Kollisionsrechtsvereinheitlichung **Staatsverträge** geschlossen. Dabei sind an die Stelle **zweiseitiger** (bilateraler) Verträge (etwa: Deutsch-persisches Niederlassungsabkommen 1929, Deutsch-türkisches Nachlassabkommen 1929, Deutsch-amerikanischer Freundschaftsvertrag 1954, Deutsch-sowjetischer Konsularvertrag 1958), die nur die im Verhältnis der jeweiligen Vertragsstaaten anzuwendenden Kollisionsnormen betreffen, in den letzten Jahrzehnten in immer stärkerem Maße **mehrseitige** (multilaterale) **Verträge** getreten, so insb die von den Haager Konferenz ausgearbeiteten Haager Übereinkommen (zu Einzelheiten und Konkurrenzen vgl Art 3 Rn 5 ff).

11 Nachdem die **Europäische Gemeinschaft** durch Art 61 lit c iVm Art 65 lit b EGV idF des am 1.5.1999 in Kraft getretenen Amsterdamer Vertrages (ABl EG 97 C 340 S 1) eine Kompetenz zur Vereinheitlichung des Int Privat- und Zivilverfahrensrechts erhalten hat (vgl heute Art 81 I u II lit c AEUV), sind zentrale Bereiche des IPR durch **europäische VO** europaweit vereinheitlicht worden (vgl Art 3 Nr 1). So ist die VO (EG) Nr 864/2007 v 11.7.07 über das auf **außervertragliche Schuldverhältnisse** anzuwendende Recht („Rom II" – ABl EU L 199 S 40) seit dem 11.1.2009 anwendbar. Eine weitere VO (EG) Nr 593/2008 v 17.6.08 über das auf **vertragliche Schuldverhältnisse** anzuwendende Recht („Rom I" – ABl EU L 177 S 6) findet seit dem 17.12.09 Anwendung. Ferner ist eine VO (EG) Nr 4/2009 v 18.12.08 über die Zuständigkeit, das anwendbare Recht, die Anerkennung und Vollstreckung von Entscheidungen und die Zusammenarbeit in **Unterhaltssachen** (EuUnthVO) am 30.1.09 in Kraft getreten (ABl EU L 7 S 1), die in ihrem Art 15 hinsichtlich der Anknüpfung von Unterhaltsansprüchen auf das Haager Protokoll über das auf Unterhaltansprüche anwendbare Recht v 23.11.07 (HUntProt – ABl EU 09 L 331 S 19) verweist. Obschon dieses Haager Protokoll am 18.6.2011 noch nicht in Kraft getreten war und auch derzeit (1.12.2013) noch nicht in Kraft getreten ist, findet es ungeachtet des Art 76 Unterabs 3 EuUnthVO aufgrund eines Ratsbeschlusses v 30.11.09 (ABl EU L 331 S 17, dazu Mankowski FamRZ 10, 1487) von diesem Zeitpunkt in den Mitgliedstaaten der EU (Ausnahme: Dänemark, Vereinigtes Königreich) vorläufige Anwendung. Ferner gilt seit dem 21.6.12 in 14 Mitgliedstaaten der EU (darunter auch Deutschland) eine VO (EU) Nr 1259/2010 des Rates v 20.12.10 über das auf die Ehescheidung und Trennung ohne Auflösung des Ehebandes anzuwendende Recht, die aufgrund des Beschlusses 2010/405/EU (ABl EU L 189 S 12) des Rates v 12.7.10 im Rahmen einer Verstärkten Zusammenarbeit nach Art 81 Abs 3 AEUV ergangen ist. Vom 17.8.15 an wird schließlich eine VO (EU) Nr 650/2012 über die Zuständigkeit, das anzuwendende Recht, die Anerkennung und Vollstreckung von Entscheidungen und die Annahme und Vollstreckung öffentlicher

Urkunden in Erbsachen sowie zur Einführung eines Europäischen Nachlasszeugnisses (ABl EU L 201 S 107) in Geltung treten. Bereits in der Vergangenheit hatten verschiedene europäische **Richtlinien** auf Spezialgebieten Vorgaben für Kollisionsnormen gemacht, die dann vom deutschen Gesetzgeber in deutsches Recht umgesetzt worden sind, so etwa in den neueren Verbraucherschutzrichtlinien (vgl dazu Art 29 a, ab 17.12.09 Art 46 b III, IV), in verschiedenen versicherungsrechtlichen Richtlinien (Umsetzung in Art 7–15 EGVVG, die mit Wirkung v 17.12.09 durch Art 7 Rom I-VO ersetzt wurden) oder in der Kulturgüterrichtlinie (Umsetzung: §§ 5, 9 Kulturgüterrückgabe G 2007). Darüber hinaus hat auch der **EuGH** in der Rechtssache „Ingmar" (NJW 01, 2007) damit begonnen, einzelnen Richtlinienbestimmungen international-zwingende Wirkungen zu verleihen, dh in der Sache (vgl Rn 9 aE) auf europäischer Ebene ungeschriebene Kollisionsnormen zu entwickeln.

3. Qualifikation. In der **methodischen Handhabung** bestehen zwischen Kollisions- und Sachnormen keine prinzipiellen Unterschiede. So muss auch der Geltungsbereich der Kollisionsnormen zunächst **durch Auslegung** der in ihr verwandten Begriffe ermittelt werden; unter die inhaltlich durch Interpretation fixierte Norm wird sodann der konkrete Sachverhalt **subsumiert.** Der Rechtsanwender wird also prüfen, ob die konkret aufgeworfene Rechtsfrage zum Anknüpfungsgegenstand (Rn 5) einer bestimmten Kollisionsnorm gehört (andernfalls: Suche nach einer anderen Kollisionsnorm mit „passendem" Anknüpfungsgegenstand) und ob die Tatsachen des zugrunde liegenden Lebenssachverhalts den Anknüpfungspunkt (Rn 5) der betr Kollisionsnorm ausfüllen (andernfalls: Suche nach einer Kollisionsnorm mit identischem Anknüpfungsgegenstand, aber anderem Anknüpfungspunkt; Beispiel: Art 14 I Nr 1–3). Dieser allg geläufige Vorgang der Rechtsanwendung wird im IPR als **„Qualifikation"** bezeichnet, wobei einzelne Autoren diesen Begriff mit „Auslegung", andere mit „Subsumtion" gleichsetzen (vgl Looschelders Vor Art 3–6 Rn 12 mwN). 12

a) Die **Auslegung nationaler deutscher Kollisionsnormen** erfolgt im Hinblick auf alle Normbestandteile – wie bei jeder anderen deutschen Rechtsvorschrift – grds nach den Regeln der **lex fori** (stRspr, vgl BGHZ 44, 124; 47, 332; BGH NJW-RR 06, 198, 199), dh also unter Rückgriff auf die im deutschen Recht üblichen Interpretationsmethoden (grammatikalische, historische, systematische und teleologische Auslegung). Danach wird zunächst die Reichweite der einzelnen Anknüpfungsgegenstände ermittelt; dementspr ist auch nach der lex fori und nicht etwa nach dem in der Sache berufenen ausländischen Recht („lex causae") festzustellen, welche Rechtsnormen auf der Rechtsfolgenseite als einschlägig berufen werden. Nach deutschem Recht sind grds auch die Anknüpfungspunkte (etwa: Belegenheit einer Sache, engste Verbindung) zu definieren. Ausn: Ob eine Person eine bestimmte ausländische Staatsangehörigkeit besitzt, entscheiden nicht die Bestimmungen des deutschen Staatsangehörigkeitsrechts, sondern die einschlägigen Vorschriften des Staates, um dessen Staatsangehörigkeit es geht. 13

Einen ersten Fingerzeig auf die Reichweite eines Anknüpfungsgegenstandes und dementspr auch des korrespondierenden Verweisungsziels (Rn 5) liefern zwar die entspr Systembegriffe des deutschen Sachrechts. Jedoch liegt dem IPR letztlich eine **eigenständige Begriffsbildung** zugrunde. So können die in den Kollisionsnormen verwandten Begriffe weiter sein als ihr sachrechtliches Pendant (**Beispiel:** „unerlaubte Handlung" iSd Art 40 I umfasst auch die Gefährdungshaftung), aber auch enger (**Beispiel:** „allgemeine Wirkungen der Ehe" iSd Art 14 I umfasst, im Ggs zur Überschrift des 5. Titels des 4. Buches des BGB, nicht die Unterhaltspflichten, weil dafür Sondervorschriften existieren). Ungeachtet des systematischen Standorts bestimmter Rechtsinstitute im Sachrecht kann die kollisionsrechtliche Einordnung darauf bezogener Rechtsfragen bzw -normen auch durchaus zweifelhaft sein. **Beispiel:** Gehört der pauschale Zugewinnausgleich im Todesfall nach § 1371 BGB zum Anwendungsbereich von Art 15 („güterrechtliche Wirkungen der Ehe") oder Art 25 („Rechtsnachfolge von Todes wegen")? 14

Der Anwendungsbereich inländischer Kollisionsnormen geht jedenfalls insofern über die Begriffsbildung des eigenen Sachrechts hinaus, als die Anknüpfungsgegenstände der Kollisionsnormen notwendig auch solche Rechtsfragen umfassen müssen, die sich auf dem inländischen Sachrecht unbekannte Rechtsinstitute (etwa: trust, „Morgengabe", 15

Trennung von Tisch und Bett) beziehen. Wird der inländische Richter mit derartigen Instituten konfrontiert, darf er eine Entscheidung nicht verweigern und muss das in der Sache dafür maßgebende Recht ermitteln. Die kollisionsrechtliche Einordnung des unbekannten Rechtsinstituts erfolgt dann in der Weise, dass zunächst seine Funktion in der betr „Herkunftsrechtsordnung" bestimmt und sodann festgestellt wird, welches Rechtsinstitut des deutschen Rechts vergleichbare Funktionen wahrnimmt („**funktionale Qualifikation**", vgl BGHZ 29, 137; 47, 332 ff). **Beispiel:** Verklagt eine in Deutschland lebende syrische Frau ihren ebenfalls hier ansässigen geschiedenen syrischen Ehemann auf Zahlung der bei der Eheschließung versprochenen „Morgengabe", so ist zu prüfen, ob dieses Rechtsinstitut nach syrischem Recht einen Ausgleich dafür bieten soll, dass dieses nur einen begrenzten Unterhalt nach Scheidung kennt. Bejahendenfalls wäre, der Funktion des Instituts entspr, eine unterhaltsrechtliche Qualifikation angezeigt (näher BGH NJW 99, 574 f; Einzelheiten aber sehr str).

16 b) Bei der Anwendung von **Kollisionsnormen**, die in **Staatsverträgen** enthalten sind, wird abweichend von dem in Rn 13 Gesagten im Interesse einer einheitlichen Rechtsanwendung innerhalb aller Vertragsstaaten eine vertragsautonome, dh von den Definitionen der jeweiligen nationalen Rechte unabhängige Interpretation vorgenommen. Sie beeinflusst zunächst die üblichen und auch hier maßgeblichen Auslegungsmethoden insofern, als zB auf den Wortlaut des Staatsvertrages in seiner authentischen Fassung, auf den systematischen Zusammenhang der staatsvertraglichen Bestimmungen, deren historische Auslegung unter Berücksichtigung der Materialien (Denkschriften, Konferenzprotokolle) sowie den Sinn und Zweck des jeweiligen Staatsvertrages abzustellen ist. Darüber hinaus ist aber stets – dem allg Zweck der Staatsverträge entspr (Rn 10) – eine rechtsvergleichende, auf eine einheitliche Rechtsanwendung innerhalb der Vertragsstaaten abzielende Sinnermittlung angezeigt.

17 c) Die Auslegung der **europäischen IPR-VO** (Rn 11) erfolgt grds **autonom**. Es muss für jeden Normbegriff ein europaweit einheitliches Verständnis entwickelt werden. Bei den auch hier heranzuziehenden vier klassischen **Auslegungsmethoden** (vgl Rn 13) sind allerdings einige Besonderheiten zu beachten: So muss die Wortlautauslegung berücksichtigen, dass alle sprachlichen Fassungen der VO gleichberechtigt nebeneinander stehen. Die Auslegung sämtlicher Fassungen erfolgt (selbstverständlich) einheitlich; auftretende Sinnunterschiede sind durch eine insb an der allg Systematik u dem Zweck einer Regelung ausgerichtete Auslegung zu überwinden. Bei der systematischen Auslegung sind der EGV/AEUV sowie ggf sekundärrechtliche Bestimmungen zu berücksichtigen. Für die teleologische Auslegung können sich aus der Präambel u ihren Erwägungsgründen Hinweise ergeben. Allg sind gemeinschaftsrechtliche Normen so auszulegen, dass ihre praktische Wirksamkeit („effet utile") gewährleistet wird (EuGH IPRax 97, 110; 98, 354, 355; 99, 365). Als weiterer Auslegungsansatz bietet sich auf europäischer Ebene eine rechtsvergleichende Auslegung an, die zum einen die ausländische Rspr u Literatur zur auszulegenden VO u zum anderen die nationalen Rechtsordnungen der Mitgliedstaaten mit einbezieht (vgl dazu *Kropholler/v Hein*, Europäisches Zivilprozessrecht, 9. Aufl [2011] Einl Rn 68 ff, 79 ff).

18 Die nationalen Gerichte sind zur Auslegung europarechtlicher Vorschriften befugt, soweit an der Auslegung keine vernünftigen Zweifel bestehen (sog acte clair-Doktrin, EuGH NJW 83, 1257; BGHZ 167, 83, 90; BGH NJW 06, 612). Andernfalls ist ein **Vorabentscheidungsverfahren** gem Art 267 AEUV einzuleiten. Hält ein mitgliedstaatliches Gericht die Klärung einer Auslegungsfrage zum Erlass seines Urteils für erforderlich, kann es diese Frage dem Gerichtshof zur Entscheidung vorlegen (Art 267 Unterabs 2 AEUV). Wird eine solche Frage in einem schwebenden Verfahren bei einem mitgliedstaatlichen Gericht gestellt, dessen Entscheidungen nicht mehr mit innerstaatlichen Rechtsmitteln angefochten werden können, ist das Gericht zur Vorlage verpflichtet (Art 267 Unterabs 3 AEUV). Diese Voraussetzung ist in der Bundesrepublik Deutschland nicht nur bei Entscheidung eines obersten Bundesgerichts erfüllt, sondern auch dann, wenn im konkreten Rechtsstreit keine Rechtsmittel zu einem höheren Gericht gegeben sind.

4. Anknüpfungszeitpunkt. Statutenwechsel. Auf welche Rechtsordnung der Anknüpfungspunkt einer Kollisionsnorm im konkreten Fall verweist, kann vom Zeitpunkt der Anknüpfung abhängen. Einige Kollisionsnormen fixieren diesen Zeitpunkt aus Gründen der Rechtssicherheit und zwecks Verhinderung von Anknüpfungsmanipulationen ein für alle Mal; eine Veränderung der Anknüpfungstatsachen (etwa: Wechsel von Staatsangehörigkeit oder gewA) ändert dann nichts an der einmal fixierten Verweisung (**unwandelbare Anknüpfung**). Dies ist zB der Fall in Art 13 I und 15 I (Zeitpunkt der Eheschließung) oder 26 V 1 (Errichtung einer Verfügung von Todes wegen). Eine zeitliche Fixierung sieht auch Art 25 I (Zeitpunkt des Todes) vor; ein Wechsel der Staatsangehörigkeit wäre jedoch – naturgemäß – ohnehin nicht mehr möglich. Der späte Anknüpfungszeitpunkt bewirkt hier Rechtsunsicherheit, weil bis zum Tode des Erblassers nicht feststeht, welches Erbstatut gilt („**Schwebestatut**", daher Vorverlegung des Anknüpfungszeitpunkts in Art 26 V). Andere Kollisionsnormen halten die Anknüpfung in zeitlicher Hinsicht beweglich (**wandelbare Anknüpfung**); mit einer Veränderung der Anknüpfungstatsachen wechselt dann automatisch auch das in der Sache anwendbare Recht (**Statutenwechsel**). So kommt es für die Bestimmung des Statuts der allg Ehewirkungen nach Art 14 I auf die *jeweilige* Staatsangehörigkeit der Eheleute (Nr 1) bzw ihren *jeweiligen* gewA (Nr 2) an, die dinglichen Rechte an einer (beweglichen) Sache richten sich gem Art 43 I nach dem *jeweiligen* Belegenheitsort. Wandelbar kraft Rechtsgeschäfts ist die Bestimmung des Schuldvertragsstatuts insofern, als die Parteien das zuvor gewählte oder objektiv bestimmte Recht durch Rechtswahl jederzeit ändern können (Art 3 II 1 Rom I-VO).

Kommt es zu einem **Statutenwechsel**, stellt sich (ähnl wie nach Inkrafttreten eines neuen Gesetzes) die Frage, ob die unter der Herrschaft des früheren Statuts entstandenen Rechtswirkungen auch nach dem Wechsel bestehen bleiben oder aber – ggf rückwirkend – nach neuem Recht zu beurteilen sind. Soweit gesetzliche Regeln fehlen, gilt hier als Faustregel (vgl auch Kropholler § 27 II): (**1**) Ist nach altem Statut ein Rechtsgeschäft vorgenommen, ein Recht erworben oder ein Status begründet worden, so wird die Wirksamkeit dieser Vorgänge durch den Statutenwechsel nicht berührt (BGHZ 63, 112; 147, 168, vgl auch Art 7 II, 26 V 2). (**2**) Soweit derartige Vorgänge Rechtswirkungen auslösen, die den Zeitpunkt des Statutenwechsels überdauern, unterliegen solche Wirkungen nach dem Stichtag dem neuen Statut (BGHZ 147, 168, vgl auch Art 43 II). (**3**) Sind die Tatbestandsvoraussetzungen einer Norm, die nach dem neu berufenen Statut bestimmte Rechtsfolgen auslösen soll, partiell bereits vor dem Statutenwechsel verwirklicht worden (etwa: teilweiser Fristablauf, Abgabe einer von mehreren notwendigen Willenserklärungen), so entscheidet das neu berufene Statut darüber, ob es die vor seinem Geltungsbeginn liegenden Vorgänge unter seine Sachnormen subsumiert wissen will (BGH NJW 96, 2096). (**4**) Vorgänge aus der Zeit nach dem Statutenwechsel unterliegen vollständig dem neuen Statut (BGHZ 110, 328).

III. Vorfragen. 1. Begriff der Vorfrage. Wenn eine inländische Kollisionsnorm für den von ihr beschriebenen Anknüpfungsgegenstand eine bestimmte ausländische Rechtsordnung berufen hat, müssen bei der Anwendung der einschlägigen Kollisions- und Sachnormen des fremden Rechts häufig **Vorfragen,** dh präjudizielle Fragen beantwortet werden, die zum Anknüpfungsgegenstand einer *anderen* inländischen Kollisionsnorm gehören. **Beispiel:** Art 25 I verweist für die „Rechtsnachfolge von Todes wegen" auf das Heimatrecht des Erblassers. Wird als materiellrechtliche „Hauptfrage" im konkreten Fall etwa die nach der gesetzlichen Erbfolge gestellt, sind nicht nur zum Anknüpfungsgegenstand des Art 25 I gehörende (dh in diesem Sinne „erbrechtliche") Fragen zu beantworten (etwa: Fehlen eines Testaments? Annahme der Erbschaft? Erbunwürdigkeit eines Erben?), sondern es muss möglicherweise auch geklärt werden, ob der Erblasser wirksam verheiratet war oder ein potenzieller Erbe von ihm abstammt. *Diese Fragen werden jedoch nicht von Art 25, sondern von Art 13 I bzw 19 I erfasst.*

2. Anknüpfung der Vorfrage. Die **kollisionsrechtliche Behandlung** von Vorfragen ist **umstritten**. Einigkeit besteht darüber, dass sie nicht ohne weiteres nach dem für die Hauptfrage maßgebenden Sachrecht (im Beispiel: Erbstatut) zu beantworten sind, da sie ja von der für die Hauptfrage einschlägigen inländischen Kollisionsnorm (Art 25 I) nicht erfasst werden. Fraglich ist jedoch, ob das Vorfragenstatut unter Einschaltung der einschlägigen *inländischen* Kollisionsnormen (im Beispiel: Art 13 I, 19 I; sog „selbständige Vorfragenanknüpfung") oder unter Einschaltung der Kollisionsnormen des *Hauptfragenstatuts* (lex causae, im Beispiel: ehe- bzw abstammungsrechtliche Kollisionsnorm des Heimatrechts des Erblassers; sog „unselbständige Vorfragenanknüpfung") zu ermitteln ist. Im ersten Fall werden aus der Sicht des deutschen Rechtsanwenders alle Rechtsfragen – gleichgültig, ob sie sich als Haupt- oder Vorfragen stellen – stets nach ein und ders Rechtsordnung beantwortet („interner Entscheidungseinklang"). Im zweiten Fall wird die Vorfrage dem Statut unterstellt, das auch ein Gericht des für die Hauptfrage berufenen Rechts anwenden würde („int Entscheidungseinklang"). Allerdings sollen die sich im Tatbestand inländischer Kollisionsnormen stellenden Vorfragen (als sog „Erstfragen") in jedem Fall selbständig angeknüpft werden.

23 Die hM knüpft Vorfragen zu Recht grds **selbständig** an (BGHZ 43, 218 ff; 73, 372; 78, 289; BGH NJW 81, 01). Das für eine Rechtsfrage maßgebende Statut sollte im Hinblick auf den internen Entscheidungseinklang nicht davon abhängen, in welchem Zusammenhang eine Rechtsfrage gestellt wird; eine unselbständige Anknüpfung könnte dag eine widersprüchliche Behandlung identischer Rechtsfragen zur Folge haben. Außerdem können – bei unselbständiger Anknüpfung – die Kollisionsnormen der lex causae nur dann anwendbar sein, wenn sie durch entspr inländische Kollisionsnormen berufen werden. Derartige (ungeschriebene) inländische Verweisungsnormen lassen sich aber im Regelfall nicht nachweisen.

24 Die Vorfragenanknüpfung bleibt allerdings **ausnahmsweise** dann der lex causae überlassen, wenn den Regelungsprinzipien oder Interessenbewertungen des deutschen IPR Hinweise für eine unselbständige Anknüpfung entnommen werden können. Dies ist der Fall bei der Anknüpfung von (1) Vorfragen, die sich bei der Anwendung einer durch **Kollisionsnormen staatsvertraglicher Herkunft** berufenen Sachnorm stellt (Zweck des Staatsvertrages: Vereinheitlichung der Anknüpfungsergebnisse in allen Mitgliedstaaten, hM); (2) familienrechtlichen Vorfragen im **Staatsangehörigkeitsrecht** (etwa: Abstammung als Voraussetzung eines Staatsangehörigkeitserwerbs), da jeder Staat über *sämtliche* Voraussetzungen einer Staatsbürgerschaft eigenständig entscheidet; (3) familienrechtliche Vorfragen bei der Ermittlung des **Namensstatuts** nach Art 10 I (näher Art 10 Rn 1).

25 Wie **Vorfragen im europäischen IPR** anzuknüpfen sind, ist str und einstweilen noch ungeklärt, vgl nur *Bernitt,* Die Anknüpfung von Vorfragen im europäischen Kollisionsrecht (2010). Da eine einheitliche Rechtsanwendung in allen Mitgliedstaaten sichergestellt werden sollte, liegt – ebenso wie nach Anwendung staatsvertraglicher Kollisionsnormen (Rn 23) – eine unselbständige Anknüpfung nahe.

Artikel 3 Anwendungsbereich; Verhältnis zu Regelungen der Europäischen Union und zu völkerrechtlichen Vereinbarungen

Soweit nicht
1. unmittelbar anwendbare Regelungen der Europäischen Union in ihrer jeweils geltenden Fassung, insbesondere
   a) die Verordnung (EG) Nr. 864/2007 des Europäischen Parlaments und des Rates vom 11. Juli 2007 über das auf außervertragliche Schuldverhältnisse anzuwendende Recht (Rom II) (ABl. L 199 vom 31.7.2007, S. 40),
   b) die Verordnung (EG) Nr. 593/2008 des Europäischen Parlaments und des Rates vom 17. Juni 2008 über das auf vertragliche Schuldverhältnisse anzuwendende Recht (Rom I) (ABl. L 177 vom 4.7.2008, S. 6),
   c) der Beschluss des Rates vom 30. November 2009 über den Abschluss des Haager Protokolls vom 23. November 2007 über das auf Unterhaltspflichten anzuwendende Recht durch die Europäische Gemeinschaft (ABl. L 331 vom 16.12.2009, S. 17) sowie
   d) die Verordnung (EU) Nr. 1259/2010 des Rates vom 20. Dezember 2010 zur Durchführung einer Verstärkten Zusammenarbeit im Bereich des auf die Ehe-

scheidung und Trennung ohne Auflösung des Ehebandes anzuwendenden Rechts (ABl. L 343 vom 29.12. 2010, S. 10) oder
2. Regelungen in völkerrechtlichen Vereinbarungen, soweit sie unmittelbar anwendbares innerstaatliches Recht geworden sind,

maßgeblich sind, bestimmt sich das anzuwendende Recht bei Sachverhalten mit einer Verbindung zu einem ausländischen Staat nach den Vorschriften dieses Kapitels (Internationales Privatrecht).

I. Die abgedruckte Textfassung gilt ab dem 29.1.13, nachdem Art 1 des G zur Anpassung der Vorschriften des Internationalen Privatrechts an die Verordnung (EU) Nr. 1259/2010 und zur Änderung anderer Vorschriften des Internationalen Privatrechts (BGBl 13 I 101) insb die Nr 1 lit d hinzugefügt hat. Sie enthält eine **Konkurrenzregel** zum Verhältnis des nationalen Kollisionsrechts einer- zu den europarechtlichen bzw staatsvertraglichen Kollisionsnormen andererseits (Rn 3 ff) und legt (jedenfalls auf den ersten Blick) die **Anwendungsvoraussetzungen** der nachfolgenden Art 4–47 fest (Rn 2).

II. Nach dem Wortlaut der Bestimmung soll die Anwendung der IPR-Vorschriften davon abhängen, dass der Sachverhalt eine **Verbindung zum Recht eines ausländischen Staates** aufweist (vgl auch BGHZ 154, 114). Diese Aussage ist aber **theoretisch wie praktisch verfehlt**. Einerseits stellt sich die Frage, welche staatliche Rechtsordnung durch das inländische IPR zur Anwendung berufen ist, logischerweise in *jedem Privatrechtsfall* und nicht nur in Fällen mit Auslandsberührung; sie wird in „reinen" BGB-Fällen lediglich der Einfachheit halber nicht thematisiert (str, aA Palandt/Thorn Art 3 Rn 2). Aus Art 3 ergibt sich nichts anderes, weil der Gesetzgeber zwar Rechtsfolgen anordnen, nicht aber theoretische Einsichten vorschreiben kann. Andererseits wäre es nicht der Mühe wert, Kriterien für eine Auslandsverbindung zu entwickeln und zu überprüfen. Von praktischem Interesse ist lediglich, ob aus der Sicht des deutschen Rechts ein solches Maß an Auslandsberührung besteht, dass die Anwendung ausländischen Rechts geboten erscheint. Diese Frage wird aber von den einzelnen Kollisionsnormen selbst beantwortet.

III. Den nationalen Kollisionsnormen des EGBGB gehen Kollisionsnormen in unmittelbar anwendbaren europäischen Rechtsakten (Nr 1, Rn 4) sowie in transformierten **Staatsverträgen** (Nr 2, Rn 5 ff) bei der Rechtsanwendung **vor**.

Nr 1 weist auf den **Anwendungsvorrang des Gemeinschaftsrechts** hin. Während der frühere EGV bzw heute der AEUV selbst keine Kollisionsnormen des IPR enthalten, fanden sich zunächst im unmittelbar anwendbaren Verordnungsrecht nur vereinzelt einschlägige Vorschriften (vgl etwa Art 2 I EWIV-VO (EWG) Nr 2137/85, ABl L 199 v 31.7.85 S 1). Nach dem Inkrafttreten des Vertrags von Amsterdam hat der europäische Gesetzgeber, gestützt auf die darin vorgesehenen Kompetenzen (vgl Vor Art 3 Rn 11), jedoch eine systematische Vereinheitlichung der zentralen Bereiche des IPR der Mitgliedstaaten in Angriff genommen und als erste Rechtsakte eine VO über das auf außervertragliche Schuldverhältnisse (vgl Nr 1 lit a: Rom II-VO) und eine VO über das auf vertragliche Schuldverhältnisse anzuwendende Recht (vgl Nr 1 lit b: Rom I-VO) verabschiedet, durch Ratsbeschluss v 30.11.09 das Haager Unterhaltsprotokoll v 23.7.07 über das auf Unterhaltspflichten anwendbare Recht für anwendbar erklärt (vgl dazu auch Art. 15 EuUnthVO) und eine im Verfahren der Verstärkten Zusammenarbeit zustande gekommene VO zum IPR der Ehescheidung und Trennung ohne Auflösung des Ehebandes (Rom III-VO) in Geltung gesetzt (vgl Vor Art 3 Rn 11). Die vom deutschen Gesetzgeber aufgrund von Richtlinienvorgaben harmonisierten Kollisionsnormen (vgl Vor Art 3 Rn 11) nehmen an dem Anwendungsvorrang nicht teil.

2. Kollisionsnormen in völkerrechtlichen Verträgen (vgl Vor Art 3 Rn 10) erlangen unmittelbare **innerstaatliche Geltung**, wenn der Staatsvertrag 1. nach Ratifikation (vgl Art 59 I 2 GG) und ggf Austausch oder Hinterlegung der erforderlichen Anzahl von Ratifikationsurkunden bzw Ablauf einer in dem Vertrag festgelegten Frist völkerrechtlich verbindlich geworden und 2. durch ein Bundesgesetz in innerstaatliches Recht transformiert worden ist (vgl Art 59 II 1 GG). **Anwendungsvorrang** aufgrund seiner völkerrechtlichen Herkunft genießt das Transformationsgesetz (von Art 25 GG abgesehen) aber gegenüber anderen Bundesgesetzen nicht ohne weiteres; der Vorrang kann sich allenfalls aus seiner Eigenschaft als lex specialis oder lex posterior ergeben. **Nr 2** stellt deswegen klar, dass staatsvertragliche Kollisionsnormen nach ihrer Transformation generell (also auch zB gegenüber später in Kraft gesetzten oder spezielleren nationalen Kollisionsnormen) Vorrang besitzen, und entspricht damit einer durch die Ratifizierung übernommenen völkerrechtlichen Verpflichtung.

6 Die in **bilateralen Staatsverträgen** (vgl Vor Art 3 Rn 10) enthaltenen Kollisionsnormen verdrängen iR ihres sachlichen Anwendungsbereichs die nationalen Kollisionsnormen nur im Verhältnis der jeweiligen Vertragsstaaten untereinander (BGH IPRax 05, 341: Deutsch-amerikanischer Freundschaftsvertrag im Int Gesellschaftsrecht). Auch **multilaterale Verträge** können in ihrer Wirksamkeit auf die Vertragsstaaten beschränkt sein. IdR gelten die Kollisionsnormen der multilateralen Abkommen jedoch nicht nur im Verhältnis der Vertrags-, sondern auch gegenüber Drittstaaten ohne Rücksicht darauf, ob ihre Anknüpfungspunkte auf das Recht eines Vertrags- oder Nichtvertragsstaates verweisen oder eine betroffene Person einem Vertrags- oder Nichtvertragsstaat angehört. In diesem Fall treten die staatsvertraglichen Kollisionsnormen als sog „**lois uniformes**" generell an die Stelle der nationalen Anknüpfungsregeln.

7 Zweifelhaft ist die Bedeutung von Abs 2 im Hinblick auf das **Haager Testamentsformübereinkommen** v 5.10.61 (BGBl 65 II 1145, vgl Anh zu Art 25, 26). Diese Konvention ist von der Bundesrepublik zwar ratifiziert und transformiert worden; gleichwohl hat der deutsche Gesetzgeber im Zuge der IPR-Reform von 1986 die darin enthaltenen Kollisionsnormen noch einmal in systematisch anderer Anordnung in 26 I–III das EGBGB „hineinkopiert", um der Praxis das Auffinden dieser Bestimmungen zu erleichtern. Infolgedessen steht in der Praxis die Anwendung der im EGBGB enthaltenen und somit einen einfacheren Zugriff ermöglichenden Vorschriften im Vordergrund. Dieses Vorgehen **entspricht nicht** dem **Gesetz**, da Nr 2 eindeutig den Vorrang der in Staatsverträgen enthaltenen Normen festlegt (richtig daher BGH NJW 04, 3558 zu Art 3 TestFormÜbk). Es erscheint auch praktisch nicht unbedenklich, weil sich die Auslegung staatsvertraglicher und nationaler Kollisionsnormen unterscheidet (Vor Art 3 Rn 16). Außerdem enthalten staatsvertragliche Kollisionsnormen grds Sachnormverweisungen (Art 4 Rn 3). Die sich bei Anwendung nationaler Kollisionsnormen ergebenden Vorfragen sind zur Wahrung des nationalen Entscheidungseinklangs grds selbständig, Vorfragen im Geltungsbereich von Staatsverträgen im Interesse eines int Entscheidungseinklangs dag unselbständig anzuknüpfen (Vor Art 3 Rn 24). Wer daher Art 26 I–III anwendet, muss sich der staatsvertraglichen Herkunft dieser Regeln bewusst bleiben und Ergebnisse sicherstellen, die sich auch bei Heranziehung der staatsvertraglichen Vorschriften ergäben. Dann erscheint es aber praktisch einfacher und zur Vermeidung von Anwendungsfehlern auch sinnvoll, von vornherein die staatsvertraglichen Vorschriften heranzuziehen.

Artikel 3 a Sachnormverweisung; Einzelstatut

(1) Verweisungen auf Sachvorschriften beziehen sich auf die Rechtsnormen der maßgebenden Rechtsordnung unter Ausschluss derjenigen des Internationalen Privatrechts.

(2) Soweit Verweisungen im Dritten und Vierten Abschnitt das Vermögen einer Person dem Recht eines Staates unterstellen, beziehen sie sich nicht auf Gegenstände, die sich nicht in diesem Staat befinden und nach dem Recht des Staates, in dem sie sich befinden, besonderen Vorschriften unterliegen.

1 I. Die Vorschrift definiert in ihrem Abs 1 den Verweisungsumfang von **Sachnormverweisungen** (Rn 2). Bei **Abs 2** handelt es sich um eine unglücklich eingeordnete **lex specialis** zu familien- bzw erbrechtlichen Anknüpfungsregeln, die besser im 3. bzw 4. Abschnitt des 2. Kap Aufnahme gefunden hätte (Rn 3 ff).

2 II. Die **Verweisungen** der deutschen Kollisionsnormen beziehen sich nach Art 4 I im Regelfall auf die Sach- *und* Kollisionsnormen eines ausländischen Rechts (Prinzip der

Gesamtverweisung, vgl Art 4 Rn 2). Soweit sie sich dag ausnahmsweise (vgl in Art 4 II, 12, 17 b I 1, 18 I, III) auf die Berufung von Sachnormen allein beschränken (**Sachnormverweisung**, vgl Art 4 Rn 2 ff), finden die Rechtsnormen des ausländischen IPR keine Anwendung. Das stellt **Abs 1** klar. Die Verweisungen der europäischen IPR-VO (Art 3 Nr 1) schließen ebenfalls das IPR der berufenen Rechtsordnungen von einer Anwendung aus (Art 20 Rom I-VO, Art 24 Rom II-VO).

III. Die nur schwer verständliche und in der Praxis leicht übersehene Vorschrift des **Abs 2** beruht auf dem Gedanken, dass die Anknüpfung einer verschiedene Einzelgegenstände umfassenden Vermögenseinheit (Ehegütervermögen, Nachlass) der Anerkennung durch das für den jeweiligen Einzelgegenstand maßgebende Recht bedarf. Erkennt zB das für eine Einzelsache maßgebende Statut die Zugehörigkeit eines Gegenstandes zu einem Gesamtvermögen nicht an, soll es bei der alleinigen Herrschaft des Einzelstatuts bleiben (daher: „**Einzelstatut bricht Gesamtstatut**"). Die Vorschrift geht den Verweisungen im Dritten und Vierten Abschnitt, die das Vermögen einer Person dem Recht eines bestimmten Staates unterstellen, als Sonderregel vor (OLG Koblenz ZEV 10, 262). Betroffen sind im Int Familienrecht insb Art 15 (Ehegüterrecht) und 21 (elterliche Sorge für das Kindesvermögen) sowie im Int Erbrecht Art 25.

Die Verweisung des Abs 2 betrifft Gegenstände, die sich **außerhalb des Staates** befinden, dessen Recht aufgrund der allg familien- und erbrechtlichen Kollisionsnormen (insb Art 15, 21, 25, jeweils iVm Art 4 I) zur Anwendung berufen ist. „**Gegenstände**" sind in erster Linie bewegliche und unbewegliche Sachen. Daneben kommen aber auch Rechte wie zB Forderungen, Immaterialgüterrechte oder Mitgliedschaftsrechte in Betracht. Wenn diese Gegenstände nach dem Recht des Belegenheitsstaates „besonderen Vorschriften unterliegen", werden sie nicht von der Verweisung auf die für das Vermögen im Allgemeinen geltende Rechtsordnung („Gesamtstatut") erfasst. Stattdessen – so ist die Aussage des Abs 2 zu ergänzen – werden insoweit die Sachnormen des **Belegenheitsrechts** (als „Einzelstatut") berufen.

„**Besondere Vorschriften**" iSd Abs 2 sind (BGHZ 50, 64 zu Art 28 aF): **1. Kollisionsnormen**, die für einzelne Vermögenswerte eine andere Anknüpfung vorsehen als für das Vermögen im Allgemeinen, insb das unbewegliche Vermögen abweichend von der allg güter- oder erbrechtlichen Anknüpfung der lex rei sitae unterwerfen (BGHZ 45, 352 [zu Art 28 aF], BGH NJW 93, 1920, 1921; 04, 3560; dazu Rn 7, 1. Beispiel). Dag stellen ausländische Kollisionsnormen, die nicht einzelne Vermögensgegenstände gesondert, sondern Vermögensfragen *generell* anders anknüpfen als die deutschen Kollisionsnormen, *keine* „besonderen Vorschriften" iSd Abs 2 dar (vgl Rn 7, 2. Beispiel); **2.** nach hM auch **Sachnormen**, die (insb aufgrund einer politischen oder wirtschaftspolitischen Zielsetzung) bestimmte Sondervermögen (Höferecht, Fideikommisse, Lehnsgüter) bilden und sie vom allg Güter- oder Erbrecht abweichend anknüpfen (BGHZ 50, 64). Diese Auslegung der hM überzeugt aber nicht. In der Regel wird das Belegenheitsrecht nämlich die im materiellen Recht vorgesehene Sonderbehandlung bestimmter Vermögenswerte auch mit durchsetzen, dh kraft einer (ungeschriebenen) einseitigen Kollisionsnorm (Vor Art 3 Rn 7) selbst seine lex rei sitae berufen, so dass bereits Fallgruppe (1) einschlägig ist. Ordnet der Belegenheitsstaat dag nur eine materiellrechtliche Sonderbehandlung an, ohne sie auf kollisionsrechtlicher Ebene durchzusetzen, so besteht im deutschen IPR keine Veranlassung, die eigene Regelanknüpfung gem Abs 2 zugunsten des Belegenheitsrechts aufzugeben. In diesem Fall bleibt es daher bei den allg geltenden Kollisionsnormen (vgl Staudinger/Dörner Art 25 Rn 569, zustimmend MK/Sonnenberger Art 3 a Rn 10).

Beispiele: (1) Ein deutscher Erblasser hinterlässt Vermögen in Deutschland und ein Grundstück in Florida. Gesamtstatut: Deutsches Erbrecht (Art 25 I). Das Florida-Grundstück befindet sich nicht innerhalb der von der allg Erbkollisionsnorm berufenen (deutschen) Rechtsordnung und unterliegt nach dem Recht von Florida „besonderen Vorschriften", weil die Erbfolge in Grundvermögen dort der lex rei sitae unterstellt wird. Vor dieser Einzelanknüpfung weicht das deutsche IPR zurück mit der Folge, dass das Grundstück nunmehr *auch aus der Sicht des deutschen Rechts* gem Abs 2 nach dem Recht von Florida vererbt wird. (2) Ein deutscher Erblasser verstirbt mit letztem

Wohnsitz in Dänemark. Gesamtstatut: Deutsches Erbrecht (Art 25 I). Das dänische IPR knüpft zwar seinerseits die Erbfolge an den letzten Erblasserwohnsitz und unterwirft daher den in Dänemark belegenen Nachlass dem dänischen Recht. Diese Anknüpfung bezieht sich aber nicht auf einzelne Nachlassgegenstände, sondern gilt für den *gesamten Nachlass*. Darin liegt keine „besondere Vorschrift" iSd Abs 2. Gegenüber einem abweichend fixierten „Gesamtstatut" tritt das deutsche IPR *nicht* zurück.

Artikel 4 Rück- und Weiterverweisung; Rechtsspaltung

(1) ¹Wird auf das Recht eines anderen Staates verwiesen, so ist auch dessen Internationales Privatrecht anzuwenden, sofern dies nicht dem Sinn der Verweisung widerspricht. ²Verweist das Recht des anderen Staates auf deutsches Recht zurück, so sind die deutschen Sachvorschriften anzuwenden.
(2) Soweit die Parteien das Recht eines Staates wählen können, können sie nur auf die Sachvorschriften verweisen.
(3) ¹Wird auf das Recht eines Staates mit mehreren Teilrechtsordnungen verwiesen, ohne die maßgebende zu bezeichnen, so bestimmt das Recht dieses Staates, welche Teilrechtsordnung anzuwenden ist. ²Fehlt eine solche Regelung, so ist die Teilrechtsordnung anzuwenden, mit welcher der Sachverhalt am engsten verbunden ist.

1 I. Wird von einer deutschen Kollisionsnorm auf ausländisches Recht verwiesen, so ist zu prüfen, ob sich die Verweisung nur auf das fremde Sach- oder auch auf dessen Kollisionsrecht bezieht und ob im letzten Fall das fremde Recht auf das deutsche Recht zurück- oder auf ein drittes Recht weiter verweist (**Abs 1**: Problem des **Renvoi**, Rn 3 ff). Im Falle einer **Rechtswahl** können die Beteiligten nur fremdes Sachrecht berufen, so dass sich die Frage nach einer Rück- oder Weiterverweisung gar nicht stellt (**Abs 2**, Rn 17). Beruft die inländische Kollisionsnorm das Recht eines Gesamtstaates mit mehreren Teilrechtsordnungen, muss das maßgebende Teilrecht durch eine **Unteranknüpfung** ermittelt werden (**Abs 3**, Rn 18 ff).

2 **Staatsvertragliche Kollisionsnormen** sprechen (zT ausdrücklich, iZw aber auch ohne besondere Anordnung) Sachnormverweisungen aus, weil sie nach dem Willen der Vertragsparteien durch Vereinheitlichung der Kollisionsrechte praktikable und vorhersehbare Anknüpfungsentscheidungen gewährleisten und den Rückgriff auf nationale Vorschriften gerade ausschalten sollen. Die staatsvertraglichen Regeln gehen dem Art 4 I gem Art 3 Nr 2 vor. Die europäischen IPR-VO sprechen ebenfalls ausdrückliche Sachnormverweisungen aus (vgl zB Art 20 Rom I-VO, Art 24 Rom II-VO, Art 11 Rom III-VO).

3 II. 1. Verweist eine deutsche Kollisionsnorm auf ausländisches Recht, so liegt darin nach **Abs 1 S 1** grds eine auch das fremde IPR mit umfassende **Gesamtverweisung** (Ratio: Rn 12; Konsequenzen: Rn 11 ff). Ausnahmsweise wird jedoch in zwei Fallgruppen unter Ausschaltung der fremden Kollisionsnormen unmittelbar innerstaatliches Recht (unter Einbeziehung etwaiger interlokaler oder interpersonaler Vorschriften, vgl Rn 18) ausländisches Sachrecht berufen (**Sachnormverweisung**):

4 (1) Nationale Kollisionsnormen sprechen Sachnormverweisungen aus, wenn a) dies im **Wortlaut der Kollisionsnorm** (Beispiel: Art 12 S 1, 17 b I 1) ausdrücklich angeordnet wird, b) eine **Hilfsnorm** (Beispiel: Abs 2, vgl Rn 17) dies für eine Gruppe von Kollisionsnormen zum Ausdruck bringt; c) eine Kollisionsnorm sich am **Inhalt von Sachnormen** bezieht. Beispiel: Soweit nach Art. 11 I, II, IV, 14 IV, 26 I 1, III die „Formerfordernisse" einer bestimmten Rechtsordnung eingehalten werden sollen, können damit nur die von Sachnormen aufgestellten Voraussetzungen für die Formgültigkeit von Rechtsgeschäften gemeint sein, weil Kollisionsnormen keine Formerfordernisse formulieren. Ähnl gilt für Art 17 III 1, 2. Hs; dort kommt es darauf an, ob das ausländische *Sachrecht* einen Versorgungsausgleich „kennt".

5 (2) Eine Sachnormverweisung ist außerdem anzunehmen, wenn eine Gesamtverweisung dem „**Sinn der Verweisung**" widersprechen würde (Abs 1 S 1, letzter Hs), dh wenn sich der betr Kollisionsnorm ein besonderer Normzweck entnehmen lässt, der es

nahe legt, unter Übergehung des fremden IPR nur die Sachnormen der vom deutschen IPR bezeichneten Rechtsordnung anzuwenden.
Das ist der Fall a) bei **alternativen Anknüpfungen** (etwa Art 11 I, 19 I 1, 2, 26 I), weil 6
der Gesetzgeber hier zwecks Erreichung eines bestimmten materiellrechtlichen Ergebnisses mehrere Rechtsordnungen wahlweise zur Verfügung stellen will. Dieser Intention würde es jedenfalls zuwiderlaufen, wenn sich durch Gesamtverweisung und Renvoi (Rn 12, 13) die Anzahl der alternativ berufenen Rechte wiederum verringerte;
b) bei **mittelbarer Rechtswahl:** Haben die Parteien für eine bestimmte Rechtsfrage die 7
Sachnormen einer Rechtsordnung gewählt (Rn 17) und wird die gewählte Rechtsordnung für den Anknüpfungsgegenstand einer anderen Kollisionsnorm dann kraft Gesetzes *mittels* akzessorischer Anknüpfung (Vor Art 3 Rn 8) übernommen, steht zu vermuten, dass nach dem Willen der Parteien die Anknüpfungsharmonie nicht aufgegeben werden soll, dh die Annahme einer Gesamtverweisung für die akzessorisch angeknüpften Rechtsfragen dem Sinn der Verweisung widerspräche. **Beispiel:** Mit der Wahl des Ehewirkungsstatuts gem Art 14 II, III werden die Parteien vermutlich auch das nach Art 15 I akzessorisch zu bestimmende Ehegüterstatut haben festlegen wollen.
c) Bezieht die **akzessorische Verweisung** (Vor Art 3 Rn 8) sich auf eine **objektiv an-** 8
knüpfende andere Kollisionsnorm, so ist zu unterscheiden: (1) Wollte der Gesetzgeber mit der akzessorischen Anknüpfung zwei verschiedene Anknüpfungsgegenstände iErg auf jeden Fall **ein und demselben Recht** unterstellen, so bezieht sich die akzessorische Verweisung auf die Sachnormen des Rechts, das von der Ausgangsnorm berufen wird. Dies gilt etwa bei der vertragsakzessorischen Anknüpfung gesetzlicher Schuldverhältnisse nach Art 41 I, II Nr 1. Besteht der dort geforderte Zusammenhang etwa zwischen einem (objektiv angeknüpften, sonst: Rn 7) Schuldvertrag und einem Delikt, so sollen die sich aus beiden Rechtsgrundlagen ergebenden Ansprüche nach dem Willen des Gesetzgebers derselben Rechtsordnung unterstehen. Angesichts dieser gesetzgeberischen Intention widerspräche es dem Verweisungssinn, das akzessorisch angeknüpfte Delikt durch Gesamtverweisung und selbständigen Renvoi möglicherweise einem anderen Recht zu unterstellen. Es bleibt damit bei der Anwendung der Deliktsvorschriften der über die Vertragskollisionsnorm für den Vertrag ermittelten Rechtsordnung.
(2) Ist dag anzunehmen, dass der Gesetzgeber mit einer übereinstimmenden Anknüp- 9
fung – wie zB im Verhältnis von Art 14 I einerseits und den akzessorisch anknüpfenden familienrechtlichen Kollisionsnormen (Vor Art 3 Rn 8) andererseits – nur eine **redaktionelle Vereinfachung** der inländischen **Anknüpfungsregeln** und nicht eine endgültige Koordination der anwendbaren Sachstatute im Auge hatte, so beziehen sich die akzessorischen Verweisungen zB in Art 15 I auch an die eherechtlichen **Kollisionsnormen** des über Art 14 I berufenen Rechts. Damit können bei einer entspr Verweisung das Statut der persönlichen Ehewirkungen einer- und das Ehegüterstatut andererseits wieder auseinanderfallen.
d) Dag widerspricht die Annahme einer Gesamtverweisung **nicht** dem **Verweisungs-** 10
sinn, wenn das maßgebende Recht durch Anknüpfung an die „**engste**" oder „**wesentlich engere Verbindung**" (Art 5 I 1, 14 I 3, 46) bestimmt wird (sehr str). Eine Gesamtverweisung ist hier nicht etwa deswegen abzulehnen, weil die Anknüpfung auf einer Würdigung aller Umstände des Einzelfalles beruht und daher notwendig das für den konkreten Fall sachnächste Recht beruft (vgl aber zB Palandt/Thorn Art 4 Rn 7). Durch die Generalklausel der „engsten" oder „engeren" Verbindung wird vielmehr nur die üblicherweise in den Kollisionsnormen abstrakt-generell getroffene Anknüpfungsentscheidung angesichts einer Vielfalt möglicher Sachverhaltsgestaltungen im Einzelfall auf die Gerichte verlagert. Damit wird den Gerichten aber keine weiter gehende Befugnis übertragen, als der Gesetzgeber für sich selbst in Anspruch nimmt. Hier wie dort wird das jeweils räumlich beste Recht unter dem Vorbehalt berufen, dass dieses nicht seinerseits eine andere Rechtsordnung für maßgeblich ansieht.
2. Nach Befolgung einer Gesamtverweisung (Rn 2) ergeben sich verschiedene Möglich- 11
keiten: (1) Das ausländische IPR verweist auf sein eigenes Recht; das fremde Recht **nimmt** somit die **Verweisung an.** Zur Anwendung gelangt das Sachrecht der vom deutschen IPR bezeichneten Rechtsordnung.

12 **(2) Das ausländische IPR verweist auf das deutsche Recht zurück.** Ob es sich dabei um eine Gesamt- oder Sachnormverweisung handelt, ist ohne Belang, weil die Verweisung auch im ersten Fall als Sachnormverweisung zu verstehen ist (**Abs 1 S 2**). Zur Anwendung gelangt deutsches Sachrecht. Die Beachtlichkeit eines solchen Renvoi wird häufig mit dem Streben nach int Entscheidungseinklang gerechtfertigt. Dieser lässt sich aber gerade nicht verwirklichen, wenn zB bei einem in Deutschland lebenden Ausländer das deutsche IPR an die Staatsangehörigkeit anknüpft und eine Rückverweisung des – seinerseits auf den Wohnsitz abstellenden – Heimatrechts befolgt, während der Heimatstaat des Betreffenden – ebenfalls renvoifreundlich – einen Renvoi des an die Staatsangehörigkeit anknüpfenden deutschen Wohnsitzrechts beachtet. Immerhin hat die Rückverweisung den Vorteil, dass sie zum vertrauten heimischen Rechts zurückführt ("Heimwärtsstreben").

13 **(3) Das ausländische IPR verweist auf ein drittes Recht weiter.** Handelt es sich um eine Sachnormverweisung, gelangt das Sachrecht des Drittstaates zur Anwendung. Für den Fall einer Gesamtverweisung ist str, ob man eine solche Verweisung aus Praktikabilitätsgründen analog Art 4 I 2 als Sachnormverweisung ansehen und die Verweisungskette abbrechen sollte oder im Interesse des int Entscheidungseinklangs das Kollisionsrecht des Drittstaates zur Anwendung gelangt (hM).

14 **(4)** Folgt man dieser hM (Rn 13), kann das IPR des Drittstaates auf sein eigenes Sachrecht verweisen (Annahme der Verweisung), auf das deutsche Recht oder das Recht des Zweitstaates zurückverweisen (in beiden Fällen Abbruch der Verweisung gem oder analog Abs 1 S 2: Anwendung des jeweiligen Sachrechts) oder auf das (Sach- oder Kollisions-)Recht eines Viertstaates verweisen. Letzteres kommt in der Praxis kaum vor.

15 Berufen wird diejenige (geschriebene oder ungeschriebene) **ausländische Kollisionsnorm**, welche mit ihrem Anknüpfungsgegenstand die im konkreten Fall aufgeworfene Rechtsfrage abdeckt. Dabei kommt es nicht darauf an, ob diese Norm ihrem deutschen Pendant im Anwendungsumfang oder in der systematischen Einordnung entspricht (vgl Vor Art 3 Rn 5). Die in der ausländischen Norm verwandten Begriffe sind nach den Vorgaben des ausländischen Rechts auszulegen (BGHZ 45, 352), sofern diese nicht ihrerseits eine Qualifikationsverweisung auf ein anderes Recht aussprechen (vgl BGHZ 144, 255: Definition von unbeweglichem Vermögen nach dem Recht des Lageortes). Wenn das fremde IPR den Anknüpfungsgegenstand einer deutschen Kollisionsnorm auf mehrere Kollisionsnormen aufspaltet (etwa: unterschiedliche Anknüpfung von Mobiliar- und Immobiliarvermögen im Ehegüter- oder Erbkollisionsrecht), ist diese Differenzierung iR des Renvoi zu beachten; dies kann zu einer Teilrückverweisung bzw einer Teilannahme führen. Staatsvertragliche Kollisionsnormen eines dritten Staates finden als Bestandteil von dessen IPR auch dann Anwendung, wenn Deutschland dem Staatsvertrag (noch) nicht beigetreten ist. Zu Rechtsspaltung und Unteranknüpfung vgl Rn 18 ff.

16 **3.** Eine „**versteckte Rückverweisung**" liegt vor, wenn das vom deutschen IPR berufene ausländische (insb anglo-amerikanische) Recht für bestimmte Rechtsfragen keine (allseitigen, vgl Vor Art 3 Rn 7) Rechtsanwendungsregeln kennt, sondern nur festlegt, unter welchen Voraussetzungen die Gerichte dieses Staates Gerichtsgewalt („jurisdiction") und damit insb int Zuständigkeit besitzen. Bejaht ein solches Gericht seine Zuständigkeit, wendet es die Sachnormen des eigenen Rechts (lex fori) an. **Beispiel:** Will ein US-Staatsangehöriger an seinem Wohnort in der Bundesrepublik ein Kind adoptieren, verweisen Art 22 I 1, 4 III 2 auf das Recht desjenigen US-Bundesstaates, mit welchem der Adoptivwillige am engsten verbunden ist. Dieses legt aber möglicherweise nur fest, dass eine Zuständigkeit der eigenen Gerichte zur Durchführung von Adoptionsverfahren (mit der Folge einer Anwendung der lex fori) dann besteht, wenn der Betreffende zum Zeitpunkt der Einleitung des Adoptionsverfahrens in dem betreffenden Bundesstaat seinen Wohnsitz hat. Was für ein Adoptionsstatut zur Anwendung gelangen soll, wenn die betreffende Person mit gewA in der Bundesrepublik ein Annahmeverfahren in Deutschland durchführen will, wird dagegen nicht geregelt. In einem solchen Fall müssen dann nach hM (zur Parallelproblematik in Scheidungsverfahren vgl KG NJW 80, 536; OLG Bamberg FamRZ 79, 931; OLG Hamburg FamRZ 01, 917) zur

Ausfüllung dieser Lücke die Normen des betreffenden Bundesstaates ihrem Sinn entspr in der Weise „fortentwickelt" werden, dass jedes Mal dann, wenn die Gerichte eines anderen Staates (Bundesrepublik) nach den Zuständigkeitskriterien des US-Bundesstaates int zuständig sind, auch diese (deutschen) Gerichte auf die maßgebliche Rechtsfrage ihr eigenes (deutsches) Sachrecht anwenden können. Bei dieser Betrachtung ist in den Zuständigkeitsvorschriften des US-Rechts eine zum Renvoi führende Kollisionsnorm „versteckt". Im Beispiel ist kraft dieser „versteckten Rückverweisung" deutsches Adoptionsrecht heranzuziehen, wenn deutsche Gerichte aus US-amerikanischer Sicht int Zuständigkeit besitzen. Andernfalls bleibt es bei der Anwendung des vom deutschen IPR berufenen fremden Rechts. Sind die Zuständigkeitsvoraussetzungen des US-Rechts nicht in der Bundesrepublik, sondern in einem Drittstaat erfüllt, kommt es zu einer „versteckten Weiterverweisung" auf das Recht dieses Staates.

III. Lässt das Gesetz eine **Rechtswahl** zu (vgl Art 14 II, III, 15 II, 42), wollen die Parteien vermutungsweise die – ihnen regelmäßig vor Augen stehenden – **Sachnormen** des gewählten Statuts berufen. Aus Gründen der Rechtssicherheit schreibt daher **Abs 2** eine Sachnormverweisung als verbindlich vor. 17

IV. 1. Verweist die deutsche Kollisionsnorm auf das Recht eines Staates, der in mehrere Teilrechtsordnungen zerfällt („**Mehrrechtsstaat**"), so muss das maßgebende Teilrecht gem **Abs 3** durch eine **Unteranknüpfung** ermittelt werden. Die Rechtsspaltung kann das gesamte Privatrecht oder nur einzelne Bereiche (etwa: Personen-, Familien-, Erbrecht) betreffen. Eine **räumliche Rechtsspaltung** liegt vor, wenn in einzelnen Territorien des Mehrrechtsstaates unterschiedliche Privatrechte existieren, so in den großen Staaten des anglo-amerikanischen Rechtskreises wie etwa im Vereinigten Königreich, den USA, Kanada oder Australien, aber auch zB in Spanien, Mexiko oder Nigeria. Zu ermitteln ist hier das Recht der räumlich maßgebenden Teilrechtsordnung. **Personale Rechtsspaltung** bedeutet, dass über die Anwendbarkeit von Rechtsnormen die Zugehörigkeit zu einer bestimmten Bevölkerungsgruppe entscheidet. Kriterium kann die Zugehörigkeit zu einer bestimmten Religionsgemeinschaft (so etwa in den vom islamischen Recht dominierten Staaten Nordafrikas und des Nahen Ostens, aber auch zB in Israel oder Indien) oder Ethnie sein (so die Stammeszugehörigkeit in einzelnen afrikanischen Staaten wie etwa Nigeria oder Ghana, in denen sich neben den in der Kolonialzeit zwangsrezipierten Gesetzesrechten westlicher Prägung Stammesgewohnheitsrechte erhalten haben). In diesem Fall sind die für die betr Ethnie bzw die Religionsgemeinschaft gültigen Sachnormen zu ermitteln. **Spezielle Unteranknüpfungsregeln** enthalten Art 22 I Rom I-VO, Art 25 I Rom II-VO, Art 15 Rom III-VO, ferner Art 1 II Haager TestamentsformÜbk (Anh zu Art 25, 26), Art 14 MSA (Anh I zu Art 21); Art 16 des Haager UnthProt. 18

Spricht die inländische Kollisionsnorm eine **Sachnormverweisung** auf das Recht eines Gesamtstaates aus, führt die Unteranknüpfung (Rn 20 ff) ohne weiteres zu den in der Sache anwendbaren Rechtsvorschriften. Dag ist bei einer **Gesamtverweisung** (Rn 2) danach zu unterscheiden, ob das Recht des Staates, auf den verwiesen wird, auf gesamtstaatlicher Ebene Kollisionsnormen enthält oder nicht. Existieren gesamtstaatliche Kollisionsnormen (etwa: Spanien), ist vor einer Unteranknüpfung zu ermitteln, ob das gesamtstaatliche IPR die Verweisung überhaupt annimmt oder zurück- bzw auf das Recht eines Drittstaates weiter verweist. Nur im ersten Fall kommt es zu einer Unteranknüpfung. Fehlen jedoch gesamtstaatliche IPR-Normen (etwa: Vereinigtes Königreich, USA, Kanada, Australien), ist also das Recht des Gesamtstaates nicht nur auf sach-, sondern auch auf kollisionsrechtlicher Ebene gespalten, wird durch Unteranknüpfung zunächst die maßgebende Teilrechtsordnung ermittelt und die Frage eines Renvoi durch das Kollisionsrecht der betr Teilrechtsordnung entschieden. 19

2. Abs 3 sieht drei **Unteranknüpfungstechniken vor:** (1) In erster Linie ist das Recht derjenigen Teilrechtsordnung maßgebend, die von den **deutschen Kollisionsnormen** selbst berufen wird (S 1: „ohne die maßgebende zu bezeichnen"). Ein solcher „Durchgriff" des deutschen IPR auf das Teilrecht einer fremden Rechtsordnung findet dann statt, wenn eine deutsche Kollisionsnorm an einen **Ort** anknüpft (gewA, Abschlussort, Tatort, Belegenheitsort; Sitz der Hauptverwaltung bzw Ort der Gesellschaftsgrün- 20 dung). Die Anknüpfungsentscheidung des deutschen Gesetzgebers wird in das Teilrecht hinein verlängert. Zur Anwendung gelangt das Teilrecht, in dem sich der Anknüpfungsort befindet. Diese Vorgehensweise versagt naturgemäß bei personaler Rechtsspaltung.

21 (2) In zweiter Linie wird das **Interlokale** oder **Interpersonale Kollisionsrecht** (vgl Vor Art 3 Rn 3) des Gesamtstaates zur Unteranknüpfung berufen (**S 1**). Diese Technik greift (bei räumlicher wie personaler Rechtsspaltung) vor allem dann ein, wenn die deutsche Kollisionsnorm auf die Staatsangehörigkeit oder die „engste Verbindung" (vgl etwa Art 14 I Nr 3) abstellt.

22 (3) Soweit innerstaatliche Kollisionsnormen auf gesamtstaatlicher Ebene nicht existieren, kommt (sowohl bei räumlicher wie bei personaler Spaltung) wiederum das deutsche IPR zum Zuge. Berufen wird dann diejenige Teilrechtsordnung, mit welcher der Sachverhalt **am engsten verbunden** ist (**S 2**). Soweit deutsche Kollisionsnormen auf die Staatsangehörigkeit eines Gesamtstaates abstellen, ergibt sich die engste Verbindung idR durch den gewöhnlichen, hilfsweise letzten gewA der betr Person innerhalb des Gesamtstaates. Diese Lösung versagt allerdings, wenn zB eine derzeit in der Bundesrepublik lebende Person ihren letzten gewA innerhalb ihres Heimatstaates in der Teilrechtsordnung A gehabt hat, demnächst aber auf Dauer in die Teilrechtsordnung B zurückzukehren gedenkt, oder wenn eine deutsche Kollisionsnorm auf die Staatsangehörigkeit zweier Personen abstellt (Art 14 I Nr 1) und diese zwar gemeinsam einem Gesamtstaat angehören, ihren letzten gewA innerhalb des Gesamtstaates aber in unterschiedlichen Teilrechtsordnungen gehabt haben. In diesen Fällen sind zur Bestimmung der „engsten Verbindung" sämtliche Umstände des Falles (notfalls: Zugehörigkeitsempfinden der Person) in Betracht zu ziehen.

23 **V. Innerdeutsches Kollisionsrecht.** Mit der Wiedervereinigung am 3.10.89 und der Erstreckung des westdeutschen Rechtssystems auf die neuen Bundesländer waren die zwischen der Altbundesrepublik und der früheren DDR bestehenden Unterschiede im Privatrecht zunächst nicht vollständig beseitigt worden. Zwar ist in den letzten Jahren die Rechtsvereinheitlichung zwischen den alten und neuen Bundesländern immer weiter vorangeschritten. Gleichwohl sind insb Altfälle (vgl Art 231–235 EGBGB) nach wie vor im ost- und westdeutschen Recht unterschiedlich zu lösen. Angesichts dieser räumlichen Rechtsspaltung sind auch heute noch interlokale Kollisionsnormen unverzichtbar, die für Sachverhalte mit Bezug zu den ost- und westdeutschen Bundesländern festlegen, ob im konkreten Fall das für die alten Bundesländer oder das für das Beitrittsgebiet geltende Privatrecht Anwendung findet. Wie diese interlokale Anknüpfung erfolgen soll, war sehr umstritten. Nach einer Phase der Unsicherheit hat sich der **BGH** (BGHZ 124, 274; 127, 370; 128, 43 u. 323 f; 131, 26) auf den Standpunkt gestellt, dass die bis zur Wiedervereinigung in der Altbundesrepublik geltenden innerdeutschen Kollisionsnormen nunmehr – für Neu- und Altfälle – auch im Beitrittsgebiet zu beachten sind. Danach sind (wie in der Altbundesrepublik bis zum Beitritt üblich) in deutsch-deutschen Rechtsfällen die westdeutschen IPR-Normen analog anzuwenden; an die Stelle der Staatsangehörigkeitsanknüpfung tritt die Anknüpfung an den gewA einer Person.

Artikel 5 Personalstatut

(1) ¹Wird auf das Recht des Staates verwiesen, dem eine Person angehört, und gehört sie mehreren Staaten an, so ist das Recht desjenigen dieser Staaten anzuwenden, mit dem die Person am engsten verbunden ist, insbesondere durch ihren gewöhnlichen Aufenthalt oder durch den Verlauf ihres Lebens. ²Ist die Person auch Deutscher, so geht diese Rechtsstellung vor.
(2) Ist eine Person staatenlos oder kann ihre Staatsangehörigkeit nicht festgestellt werden, so ist das Recht des Staates anzuwenden, in dem sie ihren gewöhnlichen Aufenthalt oder, mangels eines solchen, ihren Aufenthalt hat.
(3) Wird auf das Recht des Staates verwiesen, in dem eine Person ihren Aufenthalt oder ihren gewöhnlichen Aufenthalt hat, und ändert eine nicht voll geschäftsfähige

Person den Aufenthalt ohne den Willen des gesetzlichen Vertreters, so führt diese Änderung allein nicht zur Anwendung eines anderen Rechts.

I. Das für die Behandlung personen-, familien- und erbrechtlicher Fragen maßgebende **Personal-** (besser: Persönlichkeits-)**statut** wird im deutschen IPR traditionell in erster Linie durch eine Anknüpfung an die **Staatsangehörigkeit** (Rn 2 ff) bestimmt. **Abs 1** und **2** setzen dies voraus und regeln Sonderfälle der Staatsangehörigkeitsanknüpfung (**Doppelstaater**, vgl Rn 4 f; **Staatenlose**, vgl Rn 6). Allerdings gewinnt im Anwendungsbereich der Staatsverträge und des europäischen Kollisionsrechts die Anknüpfung an den gewA einer Person (Rn 8 ff) an Bedeutung. **Abs 3** betrifft einen Teilaspekt der Aufenthaltsanknüpfung (Rn 11).

II. 1. Ob jemand einem bestimmten Staat angehört, richtet sich nach dem **Staatsangehörigkeitsrecht** des betr Staates: Jeder Staat entscheidet eigenständig darüber, ob und unter welchen Voraussetzungen eine Person seine Staatsangehörigkeit erwirbt. Der Erwerb einer Staatsbürgerschaft beruht typischerweise auf der Abstammung von einem Angehörigen dieses Staates (ius sanguinis), auf einer Geburt innerhalb des Staatsgebiets (ius soli), auf Einbürgerung oder familienrechtlichen Vorgängen wie Eheschließung oder Adoption. Zur ausnahmsweise unselbständigen Anknüpfung familienrechtlicher Vorfragen vgl Vor Art 3 Rn 24. Der Verlust einer Staatsbürgerschaft kann insb durch Verzicht oder Ausbürgerung erfolgen.

Erwerb und Verlust der **deutschen Staatsangehörigkeit** richten sich in erster Linie nach den Vorschriften des **Staatsangehörigkeitsgesetzes** v 22.7.13 (StAG, vgl zuletzt BGBl 13 I 3458). Flüchtlinge oder Vertriebene deutscher Volkszugehörigkeit bzw deren Ehegatten und Abkömmlinge, die in dem Gebiet des Deutschen Reiches nach dem Stand v 31.12.37 Aufnahme gefunden haben und somit nach Art 116 I GG als „**Statusdeutsche**" den deutschen Staatsangehörigen gleichgestellt werden, haben, soweit sie am 1.8.99 diesen Status innehatten, die deutsche Staatsangehörigkeit durch Überleitung erworben (§§ 3 Nr 4 a, 40 a S 1 StAG). Statusdeutsche, die danach nicht die deutsche Staatsangehörigkeit besitzen, erwerben diese mit der Ausstellung einer Bescheinigung nach § 15 I oder II BVFG (BGBl 07 I 1902), wonach Spätaussiedler und deren Angehörige einen Nachweis ihrer Spätaussiedlereigenschaft erhalten (§ 7 StAG).

2. Gehört eine Person zwei oder mehr Staaten an, so ist bei der kollisionsrechtlichen Behandlung danach zu unterscheiden, ob es sich um einen deutsch-ausländischen **Doppel- oder Mehrstaater** oder um eine Person handelt, die zwei oder mehr ausländische Staatsangehörigkeiten besitzt. Im ersten Fall setzt sich aus Gründen der Rechtsklarheit und größeren Praktikabilität die deutsche Staatsangehörigkeit durch (**Abs 1 S 2**). Entspr gilt, wenn die Person als Deutscher iSd Art 116 I GG anzusehen ist. Allerdings dürfte Abs 1 S 2 im Verhältnis zu den Angehörigen der anderen EU-Mitgliedstaaten insoweit eine gegen Art 18 AEUV verstoßende Diskriminierung darstellen, als sich die deutsche Staatsangehörigkeit auch gegen die effektivere Staatsangehörigkeit eines anderen Mitgliedstaates durchsetzt.

Besitzt eine Person gleichzeitig **mehrere ausländische Staatsangehörigkeiten**, ist das Recht des Staates anzuwenden, mit dem sie „am engsten verbunden" ist (**Abs 1 S 1**). Es muss also die „**effektive Staatsangehörigkeit**" festgestellt werden. Maßgebend sind die Umstände des konkreten Falles; darunter hebt das Gesetz den „gewöhnlichen Aufenthalt" sowie den „Verlauf ihres Lebens" ausdrücklich hervor. Während der gewA (vgl näher Rn 8 ff) nur für den in der jeweiligen Kollisionsnorm maßgebenden Zeitpunkt (Vor Art 3 Rn 19) festgestellt werden muss, ist der Verweis auf den „Lebenslauf" vergangenheitsbezogen zu verstehen und auf die geographischen Stationen der bisherigen Lebensführung zu beziehen (str, nach aA umfasst der Begriff sowohl die bisherige Entwicklung einer Person als auch ihre Lebensplanung für die Zukunft). Daneben sind eine Reihe weiterer Anknüpfungselemente zu berücksichtigen, die das Gesetz nicht ausdrücklich aufführt, so zB die familiären Bindungen, berufliche Beziehungen, kulturelle Verwurzelung, insb die Sprache, Inanspruchnahme staatsbürgerlicher Rechte (Wahlrecht) und Befolgung staatsbürgerlicher Pflichten (Wehrdienst, Zahlung von Steuern). Bei der erforderlichen Abwägung aller Anknüpfungselemente im Einzelfall kommt den vom Gesetz genannten Faktoren besondere Bedeutung zu; verweisen sowohl der gewA wie auch der Lebenslauf übereinstimmend auf eines der beiden Heimatrechte, ist vermutungsweise davon auszugehen, dass zu diesem Recht eine engste Verbindung iSv Abs 1 S 1 besteht.

6 3. Die Staatsangehörigkeitsanknüpfung versagt, wenn eine Person **staatenlos ist** oder die **Staatsangehörigkeit nicht festgestellt** werden kann. Für diese Fälle stellt **Abs 2** auf den gewA der Person, hilfsweise auf ihren schlichten Aufenthalt ab. Eine (trotz abweichender Begriffsbildung) in der Sache entspr Hilfsanknüpfung ergibt sich bereits aus Art 1, 12 des UN-Übereinkommens über die Rechtsstellung der Staatenlosen (BGBl 76 II 473; 1977 II 235), das nach Art 3 Nr 2 der nationalen Norm vorgeht. Eine Person ist staatenlos, wenn kein Staat sie aufgrund seines Rechts als seinen Staatsangehörigen ansieht. Zum Begriff des gewA vgl Rn 8 ff. Ihren (einfachen) Aufenthalt hat eine Person dort, wo sie sich im maßgebenden Anknüpfungszeitpunkt gerade befindet.

7 4. Die Staatsangehörigkeitsanknüpfung erscheint dann verfehlt, wenn eine Person aus ihrem Heimatstaat vertrieben wurde oder ihn aus Angst vor Verfolgung verlassen hat. Für **Flüchtlinge** sehen daher Art 1, 12 des Genfer Übereinkommens über die Rechtsstellung der Flüchtlinge v. 28.7.51 (BGBl 53 II 559) iVm Art I des Protokolls über die Rechtsstellung der Flüchtlinge v. 31.1.67 (BGBl 69 II 1293) zur Bestimmung des Personalstatuts des betroffenen Personenkreises eine Anknüpfung an den gewA (vgl Rn 8 ff) vor. Durch diese Regelung wird – in der Praxis leicht übersehen – die nach wie vor mögliche Anknüpfung an die Staatsangehörigkeit verdrängt. Der deutsche Gesetzgeber hat die Anknüpfung an den gewA durch Verweisung auf die Genfer Konvention in §§ 2 I, 3 AsylVfG (Bekanntmachung v 2.9.08, BGBl 08 I 1798, 2586) übernommen (BGHZ 156, 107).

8 III. 1. Die Anknüpfung an den **gewA** gewinnt nicht zuletzt durch den Einfluss staatsvertraglichen und europäischen Kollisionsrechts immer mehr an Boden. Gemeint ist damit der „**Mittelpunkt der Lebensverhältnisse**" einer Person, dh der Ort, an welchem sich der Schwerpunkt ihrer familiären, beruflichen und gesellschaftlichen Beziehungen befindet (BGHZ 78, 295; BGH NJW 75, 1068; 93, 2048); diese aus dem Recht der Haager Übereinkommen stammende Begriffsbestimmung dürfte auch im Anwendungsbereich der europäischen IPR-VO zugrunde zu legen sein (zum gewA eines Kindes vgl zB EuGH FamRZ 09, 843). Maßgebend ist dabei derjenige Zeitpunkt, auf den die jeweilige Kollisionsnorm abstellt. Zur Herstellung der erforderlichen sozialen Integration muss der Aufenthalt regelmäßig von einer gewissen Dauer sein. Ist das Verbleiben an einem Ort von vornherein auf längere Zeit angelegt, wird ein gewA unmittelbar mit der Aufenthaltsnahme begründet (BGHZ 78, 295). Den familiären Bindungen dürfte in der Regel gegenüber den beruflichen eine größere Bedeutung zukommen. Hält sich daher eine Person zu beruflichen oder Ausbildungszwecken dauerhaft im Ausland auf (Montage, Saisonarbeit, Gastarbeiter, Militäreinsatz, Studium, Internat), wird sie iZw dennoch ihren gewA am Wohnort der Familie beibehalten. Die Feststellung des gewA ist mit Schwierigkeiten verbunden, wenn eine Person ihre Lebensführung allmählich an einen Ort in einer anderen Rechtsordnung verlagert und dort neue soziale Kontakte knüpft, ohne die anderwärts vorhandenen sofort aufzugeben (zB bei fortschreitender „Abnabelung" eines Studenten von seiner Familie), wenn sie mit entspr sozialer Integration abwechselnd an mehreren Orten lebt („Spanienrentner") oder wenn alle Lebensstationen von vornherein nur zeitlich begrenzt angelegt sind (Tätigkeit im diplomatischen Dienst). In diesen Fällen hängt die Annahme eines gewA regelmäßig von den Umständen des Einzelfalls und von einer Bewertung durch den Rechtsanwender ab.

9 Zur Begründung eines gewA ist nur ein **natürlicher**, dag kein rechtsgeschäftlicher **Wille** erforderlich (vgl BGH NJW 93, 2048), so dass grds auch ein Geschäftsunfähiger durch Umzug in eine andere Rechtsordnung dort einen gewA begründen kann (vgl aber auch Rn 11). Die rein faktische Anwesenheit ohne oder gar gegen einen entspr natürlichen Willen zur Aufenthaltsnahme (Strafhaft, Internierung, zwangsweise Anstaltsunterbringung) reicht zur Begründung eines gewA andererseits nicht aus.

10 Einen **mehrfachen gewA** gibt es **nicht** (str; dahingestellt lassend OLG Oldenburg IPRax 12, 550); die Gegenauffassung hätte zur Folge, dass bei einer Anknüpfung – unter Zu-

grundelegung wiederum der in Rn 8, 9 genannten Kriterien – der „effektive" Aufenthaltsort bestimmt werden müsste. Darin läge eine unnötige Komplizierung der Anknüpfung. Lässt sich kein dauerhafter Lebensmittelpunkt einer Person feststellen, kommt jeweils eine subsidiäre Anknüpfung (analog Abs 2) an den Ort des **schlichten Aufenthalts** in Betracht.

2. Wird von **nicht voll geschäftsfähigen Personen** (Vorfrage: Art 7) eine Aufenthaltsänderung vorgenommen ohne den Willen ihres gesetzlichen Vertreters (Vorfrage: Art 21 beruft das Aufenthaltsrecht *vor* dem Wechsel), führt diese Verlegung gem **Abs 3** „allein" nicht dazu, dass in Fällen einer Aufenthaltsanknüpfung nunmehr sofort (vgl Rn 8) ein anderes Recht zur Anwendung gelangt. Dazu ist vielmehr eine intensivere und dauerhafte Integration im Entführungsstaat erforderlich. Dies ist bedeutsam vor allem in Fällen int Kindesentführung, wenn ein Minderjähriger ohne oder gegen den Willen des gesetzlichen Vertreters – häufig durch den nicht sorgeberechtigten Elternteil – in ein anderes Land verbracht wird. Würde sofort nach der der Entführung ein gewA in dem neuen Staat begründet werden, könnte dies nicht nur einen unmittelbaren Statutenwechsel, sondern auch die Begründung einer int Zuständigkeit in dem Entführungsstaat zur Folge haben (vgl näher die Bestimmungen Haager Kindesentführungsübereinkommens, BGBl 90 II 206, Anh II zu Art 21; sowie des Luxemburger Europäischen Sorgerechtsübereinkommens, BGBl 90 II 220). 11

Vorbemerkung zu Artikel 6

I. Anwendung ausländischen Rechts. Ausländisches Kollisions- wie Sachrecht ist so zu 1 handhaben, wie der Richter des betr Landes es auslegt und anwendet. Der inländische Rechtsanwender muss daher nicht nur das fremde Gesetzesrecht, sondern auch die ausländische Rechtspraxis berücksichtigen (BGH NJW-RR 02, 1360; NJW 03, 2686). Wie sich ein deutsches Gericht die notwendigen Kenntnisse verschafft, liegt in seinem pflichtgemäßen Ermessen. Es kann das fremde Recht durch eigene Bibliotheks- oder Internetrecherche ermitteln, Rechtsgutachten (zB von Universitätsinstituten) einholen oder von den Möglichkeiten des Europäischen Übereinkommens betr Auskünfte über ausländisches Recht (BGBl 74 II 937; 1975 II 300; Ausführungsgesetz: BGBl 74 I 1433; 1975 I 698) Gebrauch machen.

II. Hindernisse bei der Anwendung ausländischen Rechts. 1. Existieren in der ausländischen Rechtsordnung auf den ersten Blick **keine** (geschriebenen oder ungeschriebenen) **Rechtssätze**, denen sich die Beantwortung der aufgeworfenen Rechtsfrage entnehmen ließe, ist zunächst zu ermitteln, ob das Schweigen des ausländischen Gesetzgebers auf die Unzulässigkeit bestimmter rechtlicher Handlungsmöglichkeiten hindeutet (etwa: keine Ehescheidung bei Fehlen von Scheidungsvorschriften) oder ob sich einschlägige Regeln aus dem Gesamtsystem ableiten lassen (etwa: Grundsatz der Privatautonomie lässt die Schaffung neuartiger Schuldvertragstypen zu). Im Übrigen dürfen Lücken im fremden Recht auch durch den inländischen Richter durch behutsame Rechtsfortbildung nach Maßgabe der methodischen Möglichkeiten geschlossen werden, die dem ausländischen Richter zur Verfügung stehen. 2

2. Kann der inländische Richter trotz Ausschöpfung aller ihm zur Verfügung stehenden Erkenntnismittel den **Inhalt** ausländischer Rechtsnormen **nicht** (bzw nicht mit angemessenem Aufwand oder in angemessener Frist) **feststellen**, sind nach hM die Vorschriften der deutschen lex fori als Ersatzrecht heranzuziehen. In Einzelfällen kann stattdessen aber auch die Heranziehung eines verwandten oder wahrscheinlich geltenden Rechts gerechtfertigt sein (BGHZ 69, 393; BGH NJW 82, 1216, str). 3

3. Würde die Anwendung ausländischer Normen zu Ergebnissen führen, die den **Wertvorstellungen des deutschen Rechts** in einer nicht mehr hinnehmbaren Weise **widersprechen**, greift **Art 6 (ordre public)** ein. 4

4. Kommt es durch das Zusammenspiel nicht aufeinander abgestimmter Sachnormen aus verschiedenen Rechtsordnungen zu **Normwidersprüchen** in Gestalt sich ausschließender oder unbilliger Lösungen, darf bzw muss der inländische Rechtsanwender das Endergebnis durch vorsichtige **Anpassung** entweder der anzuwendenden Sach- oder 5 der Kollisionsnormen an die Gegebenheiten des Einzelfalles in einem rechtsschöpferischen Prozess korrigieren. Feste Regeln darüber, wie eine solche Anpassung vorzunehmen ist, bestehen nicht.

6 **Beispiele:** (1) In den von Art 19 I alternativ berufenen Rechtsordnungen wird möglicherweise die Abstammung nach unterschiedlichen Kriterien ermittelt, so dass iErg mehrere Männer rechtlich als Kindsvater erscheinen. Dieser Widerspruch muss notwendig aufgelöst werden („**logischer Widerspruch**", vgl Kegel/Schurig, § 8 II). Die Auflösung könnte etwa nach dem Prioritätsprinzip, dem Günstigkeitsprinzip oder dem Grundsatz der größeren Vaterschaftswahrscheinlichkeit erfolgen (im Einzelnen str). (2) Beim Tode des einen Ehegatten erhält der überlebende aufgrund eines Auseinanderfallens von Erb- und Ehegüterstatut iErg eine ehegüter- bzw erbrechtliche Beteiligung am Nachlass, die deutlich höher (oder aber niedriger) ausfällt, als sie bei einheitlicher Anwendung eines jeden der beiden Rechte sowohl auf die erb- wie auf die güterrechtliche Abwicklung angefallen wäre. Diese (andere Erben wie zB die Kinder benachteiligende oder bevorzugende) Über- oder Unterversorgung des überlebenden Gatten ist iErg von keinem der beiden beteiligten Rechte gewollt und sollte daher aus Billigkeitsgründen korrigiert werden („**teleologischer Widerspruch**"). Dies könnte zB durch eine ad hoc vorzunehmende Korrektur der Anknüpfungen, dh in der Weise erfolgen, dass im konkreten Fall entweder das Erbstatut ausnahmsweise auch auf ehegüterrechtliche oder aber das Ehegüterstatut ausnahmsweise auch auf erbrechtliche Fragen zur Anwendung gelangt (zu einem weiteren Beispiel vgl Art 25 Rn 18: Nachlassspaltung).

7 **III. Anwendung von Sachnormen auf Auslandssachverhalte. 1.** Bei der Anwendung von (deutschen oder ausländischen) Sachnormen spielt es idR keine Rolle, ob sich der zu subsumierende Lebenssachverhalt im In- oder Ausland zugetragen hat. Ausnahmsweise wird der Auslandsbezogenheit eines Sachverhalts allerdings durch gesetzliche Spezialregeln (vgl im dt Recht § 1944 III BGB) oder durch die Gerichte bei der Konkretisierung unbestimmter Rechtsbegriffe oder Generalklauseln Rechnung getragen (vgl etwa BGHZ 34, 177; 59, 85: Verstoß gg ausländische Exportkontrollvorschriften sittenwidrig iSd § 138 BGB). Schwierigkeiten ergeben sich jedoch bei der Anwendung von Sachnormen mit „**rechtsordnungsspezifischen**" Tatbestandsmerkmalen, deren Verständnis von den Institutionen und Funktionszusammenhängen ihrer Herkunftsrechtsordnung beeinflusst wird. Dann fragt sich nämlich, ob die im Tatbestand der Norm beschriebenen und regelmäßig im Inland verwirklichten Vorgänge durch entspr ausländische Sachverhalte **substituiert** werden können. **Beispiele** (aus der Sicht des deutschen Sachrechts): Es muss im Einzelfall geklärt werden, ob auch eine im Ausland erhobene Klage die Verjährung nach § 204 I Nr 1 BGB hemmt, eine durch einen ausländischen Notar im Ausland vorgenommene Beurkundung dem § 15 III, IV GmbHG genügt (vgl auch Art 11 Rn 10), eine Erbausschlagung gem § 1945 I BGB auch ggüber einem ausländischen Nachlassgericht erklärt werden kann, eine im Ausland vorgenommen Adoption dem Adoptivkind die Rechtsstellung eines Abkömmlings iSd § 1924 I BGB verschafft (dazu BGH FamRZ 89, 379; OLG Düsseldorf FamRZ 98, 1629).

8 Die **Zulässigkeit** einer **Substitution** hängt davon ab, ob auch „ausländische" Sachverhalte von den Begriffen des jeweils anwendbaren Statuts erfasst werden. Das ist durch Auslegung der betr Sachnormen zu ermitteln und setzt voraus, dass nach dem Sinn und Zweck der Norm „ausländische" Rechtshandlungen und Rechtsverhältnisse den „inländischen" Parallelvorgängen **funktionell gleichwertig** sind (BGHGZ 80, 80; 109, 6), so zB den mit der notariellen Beurkundung verfolgten Zwecke auch durch Einschaltung eines ausländischen Notars erreicht werden können.

9 **2.** Nehmen Parteien in einem **Rechtsgeschäft** auf **Rechtsinstitute** oder **Vorschriften** einer Rechtsordnung **Bezug**, der das betr Rechtsgeschäft bei objektiver Anknüpfung nicht unterliegt, kann diese Bezugnahme eine konkludente Rechtswahl (vgl Art 4 II) darstellen. Möglicherweise kommt ihr aber auch nur auf sachrechtlicher Ebene Bedeutung zu, so etwa dann, wenn die Beteiligten lediglich von ihrer Parteiautonomie Gebrauch machen wollen oder irrig davon ausgehen, dass ihre Erklärungen der in Bezug genommenen Rechtsordnung unterliegen („**Handeln unter falschem Recht**"). In einem

solchen Fall ist der Inhalt des Rechtsgeschäfts durch die Auslegungs-, Anfechtungs- oder ggf Umdeutungsregeln des maßgebenden Sachrechts zu ermitteln.

Artikel 6 Öffentliche Ordnung (ordre public)

[1]Eine Rechtsnorm eines anderen Staates ist nicht anzuwenden, wenn ihre Anwendung zu einem Ergebnis führt, das mit wesentlichen Grundsätzen des deutschen Rechts offensichtlich unvereinbar ist. [2]Sie ist insbesondere nicht anzuwenden, wenn die Anwendung mit den Grundrechten unvereinbar ist.

I. Dass auch die Anwendung ausländischen Rechts iErg nicht gegen fundamentale Gerechtigkeitsvorstellungen des deutschen Rechts („**ordre public**", Rn 5) verstoßen darf, ist ungeschriebenes Tatbestandsmerkmal einer jeden inländischen Kollisionsnorm und wird durch die „Vorbehaltsklausel" des Art 6 EGBGB nur noch einmal ausdrücklich klargestellt und präzisiert. Welche Rechtsnormen an die Stelle der nicht akzeptierten ausländischen Vorschriften treten sollen, sagt die Vorschrift nicht (vgl Rn 10). Spezialvorschriften: zB Art 13 II, 40 III; Art 7 Haager TestFormÜbk (Anh zu Art 25, 26), Art 13 I HUnthProt (Anh zu Art 18), Art 22 KSÜ (Anh I zu Art 21), vgl auch Art 21 Rom I-VO, Art 26 Rom II-VO, Art 12 Rom III-VO. Im Anwendungsbereich von Staatsverträgen ist eine Berufung auf den inländischen ordre public nur insoweit gestattet, als der Staatsvertrag dies zulässt (OLG Hamm FamRZ 93, 114). Die in den europäischen VO enthaltenen ordre public-Vorschriften sind ggüber den Rechten der anderen Mitgliedstaaten nur zurückhaltend anzuwenden. 1

Dasselbe Ziel – **Durchsetzung inländischer Gerechtigkeitsvorstellungen** gegenüber einem ausländischen Statut – kann der Gesetzgeber auch dadurch erreichen, dass er einzelne Rechtsfragen gesondert anknüpft und von vornherein einseitig deutsches Recht beruft (vgl Art 17 a) oder aber deutsche Sachnormen subsidiär für anwendbar erklärt (vgl Art 17 I 2, III 2). 2

II.1. Nach dem Wortlaut der Vorschrift setzt ein Verstoß gegen den deutschen ordre public voraus, dass die „**Anwendung**" einer ausländischen Rechtsnorm zu einem mit den wesentlichen Grundsätzen des deutschen Rechts **unvereinbaren** „**Ergebnis**" führt (BGHZ 118, 330; 160, 344). Die völlig hM folgert daraus, dass nicht die ausländische Norm selbst, sondern nur das Ergebnis ihrer Anwendung im konkreten Fall den Prüfungsgegenstand bilde. Es finde keine abstrakte Normenkontrolle statt. 3

Diese Aussage ist jedoch **missverständlich**. Als Ergebnis der Normanwendung wird sich nämlich in der Regel herausstellen, dass ein Rechtsverhältnis (mit einem bestimmten Inhalt) entweder besteht oder nicht besteht. Nicht die Existenz oder Nichtexistenz von Rechtsverhältnissen als solche begründet aber einen Verstoß gegen den inländischen ordre public, sondern es wird das Resultat der Rechtsanwendung deswegen missbilligt, weil es von Rechtsnormen ermöglicht wird, die auf nicht akzeptablen Motiven beruhen, nicht akzeptable Ziele verfolgen oder ihre Rechtsfolgen an nicht akzeptable Voraussetzungen knüpfen. Nicht das Ergebnis der Rechtsanwendung, sondern die ihm zugrunde liegenden Rechtssätze und die darin zum Ausdruck kommenden Wertvorstellungen des ausländischen Rechts sind daher primär an den Maßstäben inländischer Gerechtigkeitsideen zu messen. Daher muss zunächst geprüft werden, ob die zur Anwendung kommende **Norm des ausländischen Rechts** mit den **wesentlichen Grundsätzen des deutschen Rechts** vereinbar ist, ob sie also – als deutsche Vorschrift gedacht – einer Grundrechtskontrolle standhalten bzw sich allg mit dem Wertsystem des deutschen Rechts vereinbaren lassen würde (Rn 5). Verstößt danach eine auf den konkreten Sachverhalt anwendbare ausländische Norm bei abstrakter Prüfung gegen den deutschen ordre public, wird damit vermutungsweise die Rechtsfolge des Art 6 (Rn 10) ausgelöst. Nur ausnahmsweise kann die Anwendung der Norm **im konkreten Fall toleriert** werden, wenn es zB an einem hinreichenden Inlandsbezug fehlt (vgl Rn 9) oder auch eine Anwendung deutschen Rechts – obschon aus anderen Erwägungen – im konkreten Fall zu demselben Resultat gelangen würde (im Ergebnis auch BGHZ 160, 344, 4 vgl ferner KG NJW-RR 09, 732, 733: Billigung des Ergebnisses durch testamentarische Verfügung).

5 Ein Verstoß gg die „**wesentlichen Grundsätze**" des deutschen Rechts liegt vor, wenn das Ergebnis der Rechtsanwendung mit grdlg Gerechtigkeitsvorstellungen des deutschen Rechts in einem untragbaren Widerspruch steht (BGHZ 104, 243; 123, 270). Das ist insb der Fall, wenn Grundrechte tangiert sind (S 2). So kann ein Verstoß zu bejahen sein zB bei entschädigungsloser Enteignung oder Inanspruchnahme eines Bürgen durch ein Staatsunternehmen nach Enteignung des Hauptschuldners (BGHZ 104, 244), bei Gestattung von Kinderehen (KG FamRZ 12, 1495 [14-jährige Ehefrau]), „Verstoßung" einer Ehefrau gegen ihren Willen im Wege einer Privatscheidung nach islamischem Recht (OLG Stuttgart FamRZ 04, 26, anders bei Einverständnis der Ehefrau, vgl BGHZ 160, 344, oder „Selbstloskauf", vgl OLG Koblenz NJW 13, 1377), Unzulässigkeit der Scheidung nach kanonischem Recht (BGHZ 169, 240, 250 ff), bei einem für die Ehefrau erschwerten Scheidungszugang (Henrich FamRZ 12, 1500; OLG Hamm FamRZ 11, 1056; vgl aber auch OLG Hamm FamRZ 13, 1481), Ausübung der elterlichen Sorge allein durch den Vater (BGH FamRZ 93, 317), Verzicht eines Kindes auf zukünftige Unterhaltsansprüche (OLG Nürnberg FamRZ 96, 354), unterschiedlicher Erbquoten für Söhne und Töchter bzw Witwe und Witwer (OLG Düsseldorf NJW-RR 09, 732, 733; OLG München NJW-RR 12, 1096, OLG Frankfurt aM ZEV 11, 135), Erbverbot der Religionsverschiedenheit (OLG Hamm FamRZ 05, 1705; OLG Düsseldorf NJW-RR 09, 733; OLG Frankfurt ZEV 11, 135). Die Annahme eines ordre public-Verstoßes liegt auch nahe bei Versagung von Scheidungsunterhalt für einen wegen Krankheit bedürftigen Ehepartner (BGH FamRZ 91, 927) oder bei Gewähr eines nur befristeten Unterhalts, wenn ein geschiedener Ehegatte durch Betreuung eines gemeinsamen Kindes an einer vollen Erwerbstätigkeit gehindert wird (OLG Koblenz FamRZ 04, 1878). Die Errichtung einer Stiftung ist nach Art 6 nichtig, wenn der Hauptzweck der Stiftung in der Hinterziehung inländischer Steuern besteht (OLG Düsseldorf IPRax 12, 433).

6 Ein Verstoß gg den inländischen ordre public ist dagg zB dann nicht anzunehmen, wenn das ausländische Recht die persönliche Haftung eines Beamten für Amtspflichtverletzungen vorsieht (BGHZ 123, 272), den Ersatz fiktiver Heilungskosten gestattet (BGHZ 118, 331) oder die Verpflichtung zur Zahlung einer Morgengabe (mahr) zulässt (OLG Stuttgart NJW-RR 09, 585).

7 Wertmaßstäbe wandeln sich. Daher ist grds darauf abzustellen, ob ein Verstoß zum **Zeitpunkt der Entscheidung** zu bejahen ist; anders bei der Beurteilung der Gültigkeit eines Rechtsgeschäfts: BGHZ 147, 187.

8 Erforderlich ist eine „**offensichtliche Unvereinbarkeit**", so dass nur krasse Verstöße gegen inländische Wertvorstellungen abgewehrt werden dürfen. Keinesfalls reicht es aus, dass fremdes Recht von zwingenden deutschen Normen abweicht oder gar nur Interessenkonflikte in der Sache abweichend löst.

9 Ungeschriebene Tatbestandsvoraussetzung ist ein **hinreichender Inlandsbezug** des zu beurteilenden Sachverhalts. Er wird insb vermittelt durch die deutsche Staatsangehörigkeit eines Beteiligten oder gewA in der Bundesrepublik (OLG Düsseldorf NJW-RR 09, 732, 733). Intensität des Verstoßes gegen deutsche Gerechtigkeitsvorstellungen und Stärke des Inlandsbezuges stehen in einer Wechselwirkung (BGHZ 118, 349). Je massiver der Verstoß, desto geringere Anforderungen bestehen im Hinblick auf den Inlandsbezug; je stärker der Inlandsbezug, desto geringer ist die Toleranz gegenüber ausländischen Rechtsvorstellungen.

10 **2.** Die zum ordre-public-Verstoß führende ausländische Vorschrift findet keine Anwendung (S 1). Das Gesetz sagt aber nicht, welche **Ersatzregeln** stattdessen gelten sollen. Im Hinblick auf eine möglichst zurückhaltende Handhabung des Art 6 sollte das von den deutschen Kollisionsnormen nun einmal berufene Recht – abgesehen von der inkriminierten Bestimmung – nach Möglichkeit unangetastet bleiben und weiterhin angewandt werden, soweit es auch ohne die unanwendbare Norm eine sinnvolle Regelung darstellt (OLG München NJW-RR 12, 1097). Wird es erforderlich, die durch die Vorbehaltsklausel gerissene Lücke durch eine andere Regelung zu schließen, sollte diese

Ersatzregel in erster Linie aus dem fremden Recht entwickelt und erst ersatzweise dem deutschen Recht entnommen werden.

Zweiter Abschnitt
Recht der natürlichen Personen und der Rechtsgeschäfte

Artikel 7 Rechtsfähigkeit und Geschäftsfähigkeit

(1) [1]Die Rechtsfähigkeit und die Geschäftsfähigkeit einer Person unterliegen dem Recht des Staates, dem die Person angehört. [2]Dies gilt auch, soweit die Geschäftsfähigkeit durch Eheschließung erweitert wird.

(2) Eine einmal erlangte Rechtsfähigkeit oder Geschäftsfähigkeit wird durch Erwerb oder Verlust der Rechtsstellung als Deutscher nicht beeinträchtigt.

I. Abs 1 bestimmt das Statut für **Rechts- und Geschäftsfähigkeit** (Rn 2) und damit die wichtigsten Fragen des Rechts der natürlichen Personen. Zur Anknüpfung juristischer Personen vgl Anh Art 7 Rn 1 ff. Abs 2 regelt die Folgen eines **Statutenwechsels** (Vor Art 3 Rn 19 f) für den Statuserwerb (Rn 4). Staatsvertragliche Sonderregelung: Art 8 III des deutsch-iranischen Niederlassungsabkommens (RGBl 1930 II 1006). 1

II.1. Zum **Anknüpfungsgegenstand** gehört die Frage nach dem Beginn und Ende der **Rechtsfähigkeit** (vgl aber auch Art 9) einschließlich der Erbfähigkeit (str) sowie nach den Voraussetzungen eines Erwerbs, Verlustes oder einer Beschränkung der allg **Geschäftsfähigkeit** (**Abs 1 S 1**), insb ihrer Erweiterung durch Eheschließung (**Abs 1 S 2**: „Heirat macht mündig"). Ob ein Rechtsgeschäft Geschäftsfähigkeit verlangt, richtet sich nach dem jeweiligen Wirkungsstatut. Dieses regelt auch, ob einzelne Rechtshandlungen bestimmte besondere Fähigkeiten voraussetzen, so bei Ehemündigkeit (Art 13 I), Testierfähigkeit (Art 26 V 1 mit Rn 8) und Deliktsfähigkeit (Art 40 I). Zur Partei- und Prozessfähigkeit: vgl §§ 50, 51, 55 ZPO. Die Folgen fehlender Rechts- oder allg Geschäftsfähigkeit (endgültige oder schwebende Unwirksamkeit? Anfechtbarkeit?) unterfallen Rn 1. 2

2. Anknüpfungspunkt ist die **Staatsangehörigkeit** der betr Person (vgl Art 5 Rn 2 ff). Die Anknüpfung ist **wandelbar**; maßgebend ist der Zeitpunkt, an dem eine Rechtshandlung vorgenommen wird (vgl aber auch Rn 4). **Gesamtverweisung:** Art 4 Rn 2. 3

III. Entspr den allg Grundsätzen über **Statutenwechsel** (vgl Vor Art 3 Rn 20) wird gem **Abs 2** der einmal eingetretene Erwerb von Rechts- oder Geschäftsfähigkeit durch den Erwerb oder Verlust der Rechtsstellung als Deutscher (dh durch den Erwerb der deutschen Staatsangehörigkeit, im Fall des Art 5 II durch Begründung eines gewA im Inland) nicht berührt („Eingangsstatutenwechsel"). Die Vorschrift findet analoge Anwendung, wenn ein Deutscher die Rechtsstellung eines Ausländers („Ausgangsstatutenwechsel") oder ein Ausländer eine andere ausländische Staatsangehörigkeit („neutraler Statutenwechsel") erwirbt. 4

Anhang I zu Artikel 7 – Stellvertretung

I. 1. Das EGBGB enthält keine Norm, um das auf die **rechtsgeschäftliche Vertretung** anzuwendende Recht zu bestimmen. Solange sich alle Beteiligten (also Vollmachtgeber, Vertreter und Dritter) einig sind, können sie eine **Vereinbarung** über die für eine Vollmacht maßgebliche Rechtsordnung treffen (Looschelders Anh zu Art 12 Rn 12; Staud/ Magnus Anh II zu Art 1 Rom I-VO Rn 12; iE str). Nach welchen Regeln hingegen die **objektive Anknüpfung** erfolgt, ist umstritten. Vereinzelt wird die Vollmacht unselbstständig angeknüpft und auf das Geschäftsstatut abgestellt (MK/Spellenberg Vor Art 11 Rn 145 ff). Dem steht indes bereits Art 1 II lit g Rom I-VO entgegen; in Bezug auf die Vollmacht erscheint demnach eine **selbstständige Anknüpfung** vorzugswürdig (BGHZ 64, 192; BGHZ 128, 47; Kropholler § 41 I 1). Manche erachten den gewA oder Sitz des Vollmachtgebers (Ebenroth JZ 83, 824) oder dasjenige Recht als maßgeblich, unter dem der Vertreter auftritt (Soergel/Lüderitz Anh Art 10 Rn 101); andere wiederum zie- 1 hen kumulativ das Recht des Wirkungslandes sowie dasjenige am Aufenthaltsort des Vollmachtgebers heran (Luther RabelsZ 38 [74], 436 ff). Zur kollisonsrechtlichen Behandlung der Vollmacht in nationalen und supranationalen Kodifikationen s Schwarz RabelsZ 71 (07), 729 ff.

2 Überzeugend unterstellt die hA die Vollmacht dem **Recht des Wirkungslandes** (BGHZ 128, 47; BGH NJW 90, 3088; OLG Brandenburg, Urt v 31.7.07 Az 6 U 46/06, Beck-RS 08 08109; Staud/Magnus Anh II zu Art 1 Rom I-VO Rn 13). Hierfür spricht der vorrangige Schutz des Geschäftsgegners sowie des Rechtsverkehrs und Dritter. Abzustellen ist mithin auf denjenigen Staat, in dem von der Vollmacht bestimmungsgemäß Gebrauch gemacht wird oder werden soll (zur Divergenz des beabsichtigten und tatsächlichen Gebrauchsorts s Staud/Magnus Anh II zu Art 1 Rom I-VO Rn 21 ff). Während bei Vertretungsgeschäften unter Anwesenden der Verhandlungsort entscheidet, erfolgt bei **Distanzgeschäften** die Anknüpfung an den Ort, an dem der Vertreter seine Willenserklärung abgegeben oder empfangen hat. Handelt es sich um eine Anscheins- oder Duldungsvollmacht, so kommt es darauf an, wo der Rechtsschein gesetzt wurde (Looschelders Anh zu Art 12 Rn 8, hierzu Bach IPRax 11, 116 ff). Fallen dieser Ort sowie derjenige, auf den der Dritte auf den Schein vertraut, auseinander, ist auf das Recht an letzterem Ort abzustellen (Staud/Magnus Anh II zu Art 1 Rom I-VO Rn 39). Der kraft Rechtsscheinvollmacht Vertretene kann sich zu seinem Schutz nicht auf Art 10 II Rom I-VO analog berufen (zum Streitstand s die Angaben bei MK/Spellenberg Vor Art 11 Rn 132 ff; Palandt/Thorn Anh zu Art 10 Rn 3; PWW/Mörsdorf-Schulte Vor Art 7 bis 12 Rn 10 noch zu Art 31 II aF; Reithmann/Martiny/Hausmann Rn 5509; Staud/Magnus Anh II zu Art 1 Rom I-VO Rn 40; wie hier auch Looschelders Anh zu Art 12 Rn 8).

3 2. In **Sonderfällen** gelangen ausnahmsweise andere Regeln zur Anwendung. Hat etwa ein **kaufmännischer Bevollmächtigter** eine eigene ständige Niederlassung, so gilt das Recht an diesem Ort (BGH NJW 90, 3088; 93, 2754; s zum Streitstand die Angaben bei Staud/Magnus Anh II zu Art 1 Rom I-VO Rn 26 ff); verwendet der Vertreter die Vollmacht indes in einem anderen Land, bleibt das Recht am Gebrauchsort maßgeblich, wenn der Geschäftspartner die feste Niederlassung weder kannte noch kennen musste (BGH NJW 90, 3088; Kropholler § 41 I 2 b; iE str). Für die gesetzliche Vertretung natürlicher Personen sind vorbehaltlich vorrangiger staatsvertraglicher Regelungen insbesondere die Art 21 und 24 III zu beachten (hierzu Staud/Magnus Anh II zu Rom I-VO Rn 6). Die **organschaftliche Vertretung juristischer Personen und Personenzusammenschlüsse** beurteilt sich grds anhand des Statuts, dem der Personenzusammenschluss untersteht. Zur Bestimmung des Gesellschaftsstatuts ist im Interesse des Gleichlaufs sowohl für das Verhältnis zu EU-Mitgliedstaaten, als auch zu so genannten Drittstaaten auf das Gründungsrecht abzustellen (str; vgl Anh II zu Art 7 Rn 7; abl BGH NJW 09, 289). Dies ist ebenfalls der Ansatz im Referentenentwurf zum Internationalen Privatrecht der Gesellschaften, Vereine und Juristischen Personen (s Anh II zu Art 7 Rn 3). Die gesetzliche oder rechtsgeschäftliche Vertretungsmacht **des Kapitäns** richtet sich nach dem Recht der (Billig-)Flagge (Kegel/Schurig § 17 V 2 b). Die Vertretungsmacht bei **Verfügungen über Grundstücke und Grundstückrechte** unterfällt der lex rei sitae, auch wenn der Belegenheits- und Gebrauchsort divergieren; über die Vollmacht zum Abschluss des schuldrechtlichen Grundgeschäfts entscheidet demggü das Recht am Gebrauchsort (Staud/Magnus Anh II zu Art 1 Rom I-VO Rn 32 f; str); die Prozessvollmacht unterliegt dem Recht des Ortes, an dem der Rechtsstreit zu führen ist (Palandt/Thorn Anh zu Art 10 Rn 2; zum Kollisionsrecht der Vorsorgevollmacht Röthel/Woitge IPRax 10, 494).

4 3. Das Vollmachtsstatut erstreckt sich von der Begründung über den Inhalt und Wirkung bis zum Erlöschen der Vollmacht. Es entscheidet über ihre **Erteilung, Auslegung** und ihren **Umfang**, die Zulässigkeit des **Selbstkontrahierens** (BGH NJW 92, 618; von Bar II Rn 593), **Dauer und Ende der Vollmacht** und ihre **Widerruflichkeit** sowie die Voraussetzungen und Wirksamkeit einer **Rechtsscheinsvollmacht**. Der Vertretene kann sich allerdings aus Verkehrsschutzaspekten nicht analog Art 10 II Rom I-VO darauf berufen, er habe nach dem Recht an seinem gewA keinen Rechtsschein gesetzt (vgl

Rn 2; str). Ferner richtet sich die **Haftung des Vertreters ohne Vertretungsmacht** nach dem Recht des Wirkungslandes (Palandt/Thorn Anh zu Art 10 Rn 3; aA von Bar II Rn 593: Geschäftsstatut; s auch Behnen IPRax 11, 221). Dessen ungeachtet unterstellt die überwiegende Ansicht die Frage, ob und mit welcher Wirkung der Vertretene ein vollmachtloses Vertretergeschäft genehmigen kann, dem Geschäftsstatut (BGHZ 128, 48; Palandt/Thorn Anh zu Art 10 Rn 3; Soergel/Lüderitz Anh zu Art 10 Rn 103). Vorzugswürdig und konsequent erscheint es, auch insoweit das Vollmachtsstatut heranzuziehen (Looschelders Anh zu Art 12 Rn 14; Staud/Magnus Anh II zu Art 1 Rom I-VO Rn 62). Die **Form der Bevollmächtigung** beurteilt sich indes nach Art 11 (Erm/ Hohloch Anh I Art 37 Rn 20; vgl Art 11 Rn 13, 14).

II. Da die Anknüpfung an den Gebrauchsort der Vollmacht vorrangig auf den Verkehrsschutzinteressen beruht, würde die Zulassung eines Renvoi nach Maßgabe von Art 4 I 1 dem Sinn der Verweisung widersprechen. Es handelt sich demnach um eine **Sachnormverweisung** auf das Recht des Wirkungslandes (Staud/Magnus Anh II zu Art 1 Rom I-VO Rn 67; str). 5

Anhang II zu Artikel 7 – Int Gesellschaftsrecht

I. 1. a) Das Int Gesellschaftsrecht behandelt die Frage, welcher Rechtsordnung die gesellschaftsrechtlichen Beziehungen unterliegen. Es gilt für **alle (teil-)rechtsfähigen Organisationen**: Kapital-, Personengesellschaften, Vereine, organisierte Vermögenseinheiten uä. Erfasst werden auch vergleichbare nichtrechtsfähige Vereinigungen (MK/Kindler IntGesR Rn 282 ff). Das **Gesellschaftsstatut** erstreckt sich auf die Außen- und Innenverhältnisse einer Gesellschaft. Es entscheidet umfassend über ihre Gründung und Auflösung. Ihm unterfallen etwa die Rechts-, Geschäfts- und Handlungsfähigkeit (PWW/ Brödermann/Wegen IntGesR Rn 4, 10; zur Reichweite des Gesellschaftsstatuts: Eidenmüller in: Sonnenberger (Hrsg), Vorschläge und Berichte zur Reform des europäischen und deutschen internationalen Gesellschaftsrechts, 469 ff; erfasst wird etwa auch § 899 a BGB im Falle seiner gesellschaftsrechtlichen Qualifikation). Die Parteifähigkeit ergibt sich nach zutreffender Ansicht aus § 50 I ZPO, wenn das zur Anwendung berufene Sachrecht zur Rechtsfähigkeit führt (zur passiven Parteifähigkeit einer „Ltd" nach dem Rechtsgedanken in § 50 II ZPO s BGH NJW 04, 3707). Andernfalls lässt sie sich unmittelbar aus den („verfahrensrechtlichen") Vorschriften des Gesellschaftsstatuts herleiten, wie etwa im deutschen Recht bei der OHG und der KG (§§ 124 I, 161 II HGB; vgl Bamberger/Roth/Mäsch Art 12 Anh II Rn 74). Die Prozessfähigkeit folgt aus § 55 ZPO. Hingegen beurteilen sich die Verfassung sowie die hieraus erwachsende Rechtsstellung der Organe und Mitglieder nach Maßgabe des Gesellschaftsstatuts (hins der Vertretungsmacht s Anh I zu Artikel 7 Rn 3). Dieses entscheidet ausschließlich über die Haftung der Organe (BGH NJW-RR 02, 1360; ebenso zur Durchgriffshaftung s LG Stuttgart NJW-RR 02, 463). Das Deliktsstatut regelt demgü die Zurechnung deliktischen Verhaltens Dritter zur Gesellschaft (Palandt/Thorn Anh zu Art 12 Rn 14 mwN; nicht nur im Int Gesellschafts-, sondern auch Deliktsrecht muss die Judikatur des EuGH zur Niederlassungsfreiheit – vgl Rn 4 ff – berücksichtigt werden; dazu Eidenmüller/Rehm § 4 Rn 9). Als problematisch erweist sich die Einordnung der Haftung bei Insolvenzverschleppung. In Betracht kommt eine insolvenz-, gesellschafts- oder deliktsrechtliche Qualifikation (iE bei Schulze/Zuleeg/Kadelbach/Herrlich § 22 Rn 107; Kuntz NZI 05, 427 ff; Ungan ZVglRWiss 05, 366 ff; Eidenmüller NJW 05, 1620 f; für eine rechtsvergleichende Übersicht und Gegenüberstellung der Regelungen vgl Strauß, Insolvenzbezogene Geschäftsleiterhaftung in Europa; s in Deutschland § 15 a I InsO [der unabhängig von einer bestimmten Gesellschaftsform gilt] iVm § 823 II BGB bzw § 92 II AktG iVm § 823 II BGB sowie § 64 S 1 oder 3 GmbHG; allg zur Anwendung von gläubigerschützenden Gesellschafts-, Delikts- sowie Insolvenzrechtsnormen: Ulmer NJW 04, 1201 ff; im Hinblick auf das internationale Insolvenzrecht beachte EuInsVO, ABl EG 00 L 160, 1; hierzu Mäsch in Wimmer (Hrsg), Frankfurter Kommentar zur Insolvenzordnung, Anhang I; Staudinger/Leible KTS 00, 554 f; Oberhammer KTS 09, 27; OLG Düsseldorf IPRax 11, 176; OLG Karlsruhe IPRax 11, 179 m Anm Wais 138; zur Frage, ob § 64 S 1 bei Auslandsgesellschaften Platz greift Barthel ZInsO 11, 211; 1

Ringe/Willemer NZG 10, 56). Von der Haftung wegen Insolvenzverschleppung zu trennen ist diejenige wegen „existenzvernichtenden" Eingriffs, welcher eine gesellschaftsrechtliche Durchgriffshaftung sowie eine Einstandspflicht nach § 826 BGB begründen kann (s dazu § 826 Rn. 15, 20; Aukhatov, Durchgriffs- und Existenzvernichtung im deutschen und russischen Sach- und Kollisionsrecht, 09; Gebauer/Wiedmann/Staudinger Art. 1 Rom II-VO Rn. 12, Art. 4 Rom II-VO Rn. 33; Schulze/Zuleeg/Kadelbach/Staudinger § 22 Rn 107; ders AnwBl 08, 316 ff; Jahn, In dubio pro libertate? Zur Anwendbarkeit deutscher Gläubigerschutzvorschriften bei einer EU-Kapitalgesellschaft mit Sitz in Deutschland- eine Untersuchung am Beispiel der Existenzvernichtungshaftung nach Trihotel, Gamma und Sanitary [erscheint demnächst]). Besonderheiten bei der Anknüpfung gelten für Formerfordernisse (vgl Art 11 Rn 16) und erbrechtliche Sachverhalte (vgl Art 25 Rn 8; zum Ineinandergreifen von Erb- und Gesellschaftsstatut bei Verebung von Gesellschaftsanteilen s Jenderek, Die Vererbung von Anteilen an einer Private Company Limited by Shares). Ausländische Rechtsinstitute sind anhand ihrer Funktion zu qualifizieren (Vor Art 3–6 Rn 15).

2 b) Gem Art 1 II lit f, g Rom I-VO und Art 1 II lit d Rom II-VO behandeln die nach Art 3 Nr 1 lit a, b vorrangigen Sekundärrechtsakte grds keine Fragen betr das Gesellschaftsrechts, so dass sie in diesem Zusammenhang keine Bedeutung erlangen. Abweichendes mag für (Stille) Innen- sowie Gelegenheitsgesellschaften gelten, beachte insoweit die Angaben bei Art 1 I lit f Rn 10. Für Deutschland gelten auch keine **multilateralen Staatsverträge**, aus denen sich Kollisionsnormen des Int Gesellschaftsrechts ergeben (Art 3 Nr 2), welche den nationalen Vorschriften vorgehen. So ist etwa das Brüsseler EWG-Übereinkommen über die gegenseitige Anerkennung von Gesellschaften und juristischen Personen vom 29.2.68 nicht in Kraft getreten (dazu Kegel/Schurig § 17 IV 5 b; BGBl II 72, S 369 ff). Demggü bestehen **bilaterale Handels-, Niederlassungs- und Kapitalschutzabkommen** mit ausdrücklichen oder konkludenten Regeln zur gegenseitigen Anerkennung von juristischen Personen (vgl MK/Kindler IntGesR Rn 326 ff). Zu nennen ist insb Art XXV II 2 des **deutsch-amerikanischen Freundschafts-, Handels- und Schifffahrtsvertrages** vom 19.10.54 (BGBl II 56, 487 ff; dazu Kaulen, Die Anerkennung von Gesellschaften unter Artikel XXV Abs 5 S 2 des deutsch-US-amerikanischen Freundschafts- Handels-, und Schifffahrtsvertrags von 1954), wonach die gemäß dem Recht eines Bundesstaates wirksam gegründeten Gesellschaften in Deutschland als solche anzuerkennen sind. Der BGH sieht darin eine Verweisung auf das Gründungsrecht (vgl BGH IPRax 03, 265 m Anm Dammann RabelsZ 68 [04], 609 ff; zur Reichweite der Verweisung sowie dem Erfordernis eines „genuine link" s BGH BB 04, 1868 m Anm Mellert; Rehm JZ 05, 304 ff; zur Entscheidung ebenso Ebke RIW 05, 740 ff; vgl auch die Ausführungen bei Fleischer RIW 05, 92 ff; zu den Anforderungen eines „genuine link" BGH RIW 05, 147 m Anm Dörner LMK 05, 48; Paal RIW 05, 735 ff; Stürner IPRax 05, 305 ff; Elsing BB 04, 2596 f; Ebke JZ 06, 299 ff; OLG München OLGR 08, 802). Ob dies auch für Art XV II des deutsch-spanischen Niederlassungsabkommens vom 23.4.70 (BGBl II 72, S 1041 ff) gilt, ist umstritten (bejahend Kropholler § 55 I 1; so jetzt wohl auch Bamberger/Roth/Mäsch Art 12 Anh II Rn 47). Zudem existieren zahlreiche EG-RL, die eine Angleichung des nationalen materiellen Gesellschafts- und Unternehmensrechts bezwecken (ausf Gebauer/Wiedmann/Weller Zivilrecht unter europäischem Einfluss, 2. Aufl 10, Kap 21 Rn 39 ff; MK/Kindler IntGesR Rn 32 ff; Brombach, Das Internationale Gesellschaftsrecht im Spannungsfeld von Sitztheorie und Niederlassungsfreiheit, 137 ff; Wicke GPR 10, 238).

3 c) Kollisionsnormen für Gesellschaften und juristische Personen sind im **autonomen deutschen IPR** nicht kodifiziert. So weist insb das EGBGB keine einschlägigen Vorschriften auf. Aus diesem Grund hatte das BMJ einen Referentenentwurf zum Internationalen Gesellschaftsrechts vorgelegt, (abrufbar unter: http://www.der-betrieb.de/content/pdfft,227,339197 sowie Bollacher RIW 08, 200 ff; Clausnitzer NZG 08, 321; Kindler IPRax 09, 189 ff; Kussmaul/Richter/Ruiner DB 08, 451 ff; Leuering ZRP 08, 73 ff; Rotheimer NZG 08, 181 ff; Schneider BB 08, 566 ff; Stork GewArch 08, 240 ff; Wagner/Timm IPRax 08, 81 ff) welcher auf Vorarbeiten des Deutschen Rats für Internationales Privatrecht basiert (hierzu Sonnenberger/Bauer RIW 06 Beil 1, H 4, 1 ff) und der ohne nach der Herkunft der Gesellschaft zu unterscheiden, der Gründungstheorie folgt. Er erfasst über Gesellschaften hinaus Stiftungen und rechtsfähige Vereine und zwar auch dann, wenn diese aus Drittstaaten stammen. Durch diesen umfassenden, einheitlichen Ansatz sollte ein größtmöglicher Gleichlauf des anwendbaren Rechts hergestellt werden. Allerdings wird der Entwurf momentan nicht weiterverfolgt und es erscheint auch unwahrscheinlich, dass dies zeitnah geschieht (s a PWW/Brödermann/Wegen IntGesR Rn 2). Rspr und Schrifttum bestimmen das Gesellschaftsstatut bislang mit Hilfe **ungeschriebener Kollisionsnormen**. Dabei besteht über die Frage, welche Anknüpfungspunkte heranzuziehen sind, Streit. In Deutschland haben sich die Judikatur und hL vormals auf die **Sitztheorie gestützt**. Danach setzt sich das Recht desjenigen Staates kollisionsrechtlich durch, welcher von dem Wirken der Gesellschaft am stärksten betroffen wird. Zugleich soll ein Wettbewerb der Rechtsordnungen und ein damit uU verbundener Missbrauch verhindert werden. Anknüpfungsmoment ist nach dieser Ansicht der tatsächliche Sitz der Hauptverwaltung. Dieser bestimmt sich nach dem **effektiven Verwaltungssitz**. Die Auslegung des Begriffs erfolgt nach Maßgabe der lex fori. Abgestellt wird auf den Tätigkeitsort der Geschäftsführung und der dazu berufenen Vertretungsorgane. Dieser muss sich demzufolge mit dem Satzungssitz decken (BGHZ 53, 183; 97, 271; mit Blick auf Art 60 I Brüssel I-VO: BAG DB 08, 1444). In den Ländern des angloamerikanischen Rechtskreises (USA, England) sowie in einigen (kontinentaleuropäischen) Staaten (Dänemark, Niederlande, Schweiz, Russland) gilt demggü die **Gründungs- bzw Inkorporationstheorie, die zunächst im deutschen Schrifttum nur vereinzelt vertreten wurde.** Hiernach ist auf das Recht desjenigen Staates abzustellen, nach dem sich die Gesellschaft gegründet hat. Diese kollisionsrechtliche Einordnung fördert die int Freizügigkeit von Unternehmen und die Rechtssicherheit. Zudem beugt sie der Entstehung „hinkender" Gesellschaften vor. Einige Stimmen im Schrifttum schränken diese allein durch den Parteiwillen bestimmte Theorie dadurch ein, dass sie die Anknüpfung objektiven Kriterien unterwerfen. So verlangt etwa Sandrock, dass Rechtssätze, die dem Schutz von Gläubigern, Arbeitnehmern oder Minderheitsgesellschaftern dienen, das Gründungsrecht **überlagern** (hierzu sowie zur aktuellen Entwicklung der Überlagerungstheorie: Sandrock ZVglRWiss 102 [03], 447 ff; Ebke ZVglRWiss 110 [11], 2). Andere differenzieren zwischen den inneren Beziehungen der Gesellschaft und jenen zu Dritten. Letztere sollen dem Wirkungsstatut unterfallen, soweit es dem Dritten eine günstigere Rechtsposition einräumt (ausf MK/Kindler IntGesR Rn 403 ff; Brombach, Das Internationale Gesellschaftsrecht im Spannungsfeld von Sitztheorie und Niederlassungsfreiheit, 23 ff; s differenzierend zur Gründungstheorie auch Steinrötter GPR 12, 119 ff).

2. Ausländische juristische Personen mit effektivem Verwaltungssitz im Gründungsstaat, die nach ihrem Gesellschaftsstatut rechtswirksam errichtet wurden, sind – ungeachtet eines besonderen Anerkennungsaktes – nach den ungeschriebenen Grundregeln des Int Gesellschaftsrechts ebenso in Deutschland **rechtsfähig**. Bei **Verlegung der Hauptverwaltung** führt die Sitztheorie zu einem Statutenwechsel. Die Gesellschaft besteht als solche nur fort, wenn sie dies der Rechtsordnung sowohl im Weg- als auch Zuzugsstaat entspricht (BGHZ 97, 271; Kegel/Schurig § 17 II 2). Verlegte eine ausländische Gesellschaft ihren Verwaltungssitz ins Inland (**Zuzugsfall**), so verlor sie nach Ansicht des BGH ihre Rechtspersönlichkeit und musste nach den Vorschriften des deutschen Rechts bspw als juristische Person neu gegründet werden (zur weiteren Entwicklung Rn 5). Die ausländische Gesellschaft als solche wurde gleichermaßen dann nicht anerkannt, wenn die Prüfung des tatsächlichen Sitzes ergab, dass dieser a priori im Inland lag. In der Vergangenheit sah der BGH diese Gesellschaften als Personengesellschaft des Handels- oder des bürgerlichen Rechts an und sprach ihnen in dieser Form die Rechts- und Parteifähigkeit zu (BGHZ 151, 206). Verlegte eine deutsche Gesellschaft ihren Sitz ins Ausland (**Wegzugsfall**), so führte dies aus Sicht des deutschen Rechts zu ihrer Auflösung (OLG München DB 07, 2530 m Anm Frenzel EWS 08, 130 ff, welcher unter Verweis auf das Vorabentscheidungsverfahren Cartesio [EuGH NJW 09, 569, dazu Kindler NZG 09, 130; Leible/Hoffmann BB 09, 58 ff; Zimmer/Naendrup NJW 09, 545; vgl auch die Schlussanträge, IStR 08, 478 ff; hierzu Wilhelmi

DB 08, 1611 ff; s Rn 8] von einem Verstoß gegen die Vorlagepflicht ausgeht; Kegel/Schurig § 17 II 2 mwN). Demggü ermöglicht es die Gründungstheorie, den Sitz der Verwaltung unter Wahrung der Identität der Gesellschaft in einen anderen Staat zu verlagern. Nach Maßgabe der Sitztheorie beurteilt sich die **Haftung der Gesellschafter** einer Auslandsgesellschaft mit inländischem Verwaltungssitz nach deutschem Sachrecht. Daher werden etwa die Vorschriften des § 128 HGB (analog) und bei Kapitalgesellschaften die Handelndenhaftung nach §§ 41 I 2 AktG, 11 II GmbHG herangezogen (für den Sonderfall der Haftung der Gesellschafter einer englischen Rechtsanwalts-LLP, welche in Deutschland tätig ist, s Henssler/Mansel NJW 07, 1393 ff und die Erwiderung Triebel/Silny NJW 08, 1034 ff). Zum Schutz des inländischen Rechtsverkehrs kommen ebenfalls eine **Rechtsscheinhaftung** des Vertreters (BGH NJW 07, 1529 m Anm Kindler NJW 07, 1785 ff; LG Stuttgart IPRax 91, 119, s auch BGH RIW 12, 807 zum anwendbaren Recht für die Rechtsscheinhaftung einer brasilianischen Gesellschaft bei Überschreitung der Vertreterbefugnis durch eines ihrer Organe im Falle eines Distanzgeschäftes) und hins der Rechts- und Parteifähigkeit sowie Vertretungsmacht die entspr Anwendung des **Art 12** in Betracht (vgl Art 12 Rn 4). Zu Mitgliedersowie Mitbestimmungsrechten oder etwaigen Anteilsübertragungen s Soergel/Lüderitz Anh Art 10 Rn 42 ff.

5 **3. a)** Durch die Anknüpfung an den effektiven Verwaltungssitz wird den ausländischen Gesellschaften im **Zuzugsfall** als solchen die Rechts- und Parteifähigkeit aberkannt, so dass sie am inländischen Rechtsverkehr nicht oder allenfalls beschränkt teilnehmen können. Ebenso ist es ihnen verwehrt, ihren Hauptsitz zu verlegen oder Zweigniederlassungen und Tochtergesellschaften zu errichten. Handelt es sich um eine Gesellschaft, die in den Anwendungsbereich des (früheren) EG-Vertrages (heutigen EU-Vertrages iVm dem Vertrag über die Arbeitsweise der Europäischen Union [AEUV]) fällt, sind diese Beschränkungen am Maßstab des **europäischen Gemeinschaftsrechts**, insb anhand der Niederlassungsfreiheit (früher Art 43, 48 EGV; Art 49, 54 AEUV neu; allg Henrichs/Pöschke/Lage/Klavina WM 09, 2009; Kussmaul/Richter/Ruiner EWS 09, 1; Roth EuZW 10, 607; Wilhelmi DB 08, 1611) zu kontrollieren (neben dieser reaktiven Rechtsangleichung zeichnen sich auch aktive Harmonisierungsschritte auf der supranationalen Ebene ab, da der Erlass einer Sitzverlegungs-RL angedacht ist, hierzu Schulze/Zuleeg/Kadelbach/Staudinger § 22 Rn 102; Wicke GPR 10, 238). Die Grundfreiheiten beinhalten sowohl ein Diskriminierungs- als auch Beschränkungsverbot. In der Rechtssache **Daily Mail** (EuGH NJW 89, 2186; hierzu Brombach, Das Internationale Gesellschaftsrecht im Spannungsfeld von Sitztheorie und Niederlassungsfreiheit, 73 ff, vgl auch den knappen Überblick der EuGH-Rspr bei Gebauer/Wiedmann/Weller Kap 21 Rn 11 ff) entschied der EuGH, dass der Errichtungsstaat berechtigt ist, den **Wegzug des Hauptsitzes einer Gesellschaft** aus seinem Hoheitsbereich besonderen Voraussetzungen zu unterwerfen (unter Bezugnahme hierauf hat das OLG Brandenburg die Möglichkeit der identitätswahrenden Sitzverlegung einer GmbH ins EU-Ausland abgelehnt, s ZIP 05, 489; so auch OLG München DB 07, 2530 m Anm Frenzel EWS 08, 130 ff; zur Unzulässigkeit der Verlegung der Satzungs- und Verwaltungssitzes einer ausländischen Kapitalgesellschaft nach Deutschland unter identitätswahrendem Formwechsel in eine Kapitalgesellschaft deutschen Rechts: OLG Nürnberg ZIP 12, 572 ff). Dem Gründungsstaat stehe hins der Existenz der Gesellschaft eine weitreichende Regelungskompetenz zu. Dementspr dürften die nationalen Gerichte einer Gesellschaft bei Verlegung ihres Verwaltungssitzes unter Wahrung des Satzungssitzes die Rechtspersönlichkeit aberkennen. Die Niederlassungsfreiheit sah der Gerichtshof am Anlassstreit allerdings schon tatbestandlich nicht als einschlägig an (vgl. Schulze/Zuleeg/Kadelbach/Staudinger § 22 Rn 153 ff mwN). Entgg der im Schrifttum geäußerten Erwartung, die Sitztheorie sei in Folge der zum Steuerrecht gefällten Entscheidung des EuGH EuZW 04, 273 (zur Literatur vgl die Angaben bei Mankowski RIW 04, 484) auch für Wegzugsfälle aufzugeben, hat der EuGH mit Urt v 16.12.08 die „Daily Mail-Doktrin" in der Rechtssache **Cartesio** (NJW 2009, 569; dazu Sethe/Winzer WM 09, 58; Leible/Hoffmann BB 09, 58 ff; s auch Weller IPRax 09, 202 ff) aufrecht erhalten. Dies steht im Widerspruch zu den Schlussanträgen (IStR 08, 478 ff; dazu Wilhelmi DB 08,

1611 ff) des Generalanwalts Maduro. Für den Fall des Wegzugs unter Identitätswahrung nach dem Recht des Gründungsstaats – also unter Beibehaltung des Satzungssitzes – scheint es daher nach wie vor primärrechtskonform, vom Grundsatz her an der Sitztheorie festzuhalten (so auch OLG Zweibrücken DB 05, 2293 = NJW-RR 06, 42). Anders liegt der Fall, wenn eine Gesellschaft ihren eingetragenen Sitz aus einem in einen anderen Mitgliedstaat verlegt und dabei in eine in dessen Recht vorgesehene Gesellschaftsform umgewandelt wird (sog. identitätswahrende Herausumwandlung). Für Deutschland hat der Gesetzgeber mit dem MoMiG vorausschauend die Bindung des tatsächlichen Verwaltungs- an den Satzungssitz aufgegeben und damit die „Exportfähigkeit" von GmbH und AG gewährleistet, (hierzu Kindler IPRax 09, 189 ff). Im Lichte der **Centros-Entscheidung** (EuGH NJW 99, 2027) darf ein Mitgliedstaat eine im Binnenmarkt wirksam gegründete Gesellschaft nicht daran hindern, auf seinem Territorium eine Zweigniederlassung zu gründen und über diese ihre gesamte Geschäftstätigkeit abzuwickeln (besonders häufig wird dabei die Rechtsform der englischen „Ltd" gewählt, s zu dieser Happ/Holler DStR 04, 730 ff; Köke ZInsO 05, 354 ff; Lawlor NZI 05, 432 ff; Pannen/Riedemann MDR 05, 496 ff; Rajak EWS 05, 539 ff; Schlichte DB 06, 87 ff; Süß DNotZ 05, 180 ff; von Oertzen/Eike ZEV 06, 106 ff; zur Reform durch den Companies Act 2006: Lawlor ZIP 07, 2202 ff; zur Haftung und zu Rechtsverhältnissen im Gründungsstadium einer deutschen „Ltd": J Schmidt RIW 05, 827 ff; zur Buchführung, Rechnungslegung und Strafbarkeit wegen Bankrotts; Schumann ZIP 07, 1189 ff; zu gewerbe- und registerrechtlichen Auswirkungen: Mankowski BB 06, 1173 ff; zur Mitbestimmung von Arbeitnehmern einer britischen Ltd mit Verwaltungssitz in Deutschland: Behme ZIP 09, 351 ff; s auch Alexander, Gläubigerschutz durch Kapitalschutz bei der englischen private company limited by shares mit Verwaltungssitz in Deutschland; Heuschmid, Mitentscheidung durch Arbeitnehmer – ein europäisches Grundrecht?). Nationale Schranken sind nur dann zu rechtfertigen, wenn sie Allgemeinwohlinteressen verfolgen. So darf bei Eintragung einer „Ltd" in das deutsche Registergericht nicht geprüft werden, ob der Unternehmensgegenstand der Zweigniederlassung von demjenigen der eigentlichen Gesellschaft gedeckt ist. Es verbietet sich mithin, nationale Begriffsanforderungen zu stellen, welche dem Gründungsstaat fremd sind (s OLG Hamm RIW 06, 63). Gleiches gilt für die Ablehnung der Eintragung einer Zweigniederlassung einer englischen Ltd wegen nach deutschen Maßstäben nicht unterscheidungskräftiger Firma (LG Aachen ZIP 07, 1011). Überdies muss die Zugehörigkeit einer Zweigniederlassung zu einer ausländischen Gesellschaft nur dann durch einen Zusatz nach außen kenntlich gemacht werden, wenn letztere nicht die gleiche Firma führt (LG Frankfurt aM BB 05, 1297; zur Eintragung auch OLG Frankfurt aM ZIP 06, 333). Trotz dieser Wirkungen der Niederlassungsfreiheit obliegt dem Registergericht grds selbstverständlich dieselbe Prüfungspflicht wie bei Eintragung einer deutschen Gesellschaft. Dies mag dazu führen, dass diejenige einer Ltd zB an der nicht hinreichend konkreten Bestimmung des Unternehmensgegenstands, der fehlenden Angabe der Vertretungsbefugnis (OLG Celle DB 07, 681) oder einer Befreiung vom Verbot des Selbstkontrahierens für den director (OLG Frankfurt aM DB 08, 1488 ff) scheitert. Schließlich steht es der Niederlassungsfreiheit entgg, den persönlich haftenden Geschäftsführer einer englischen „Ltd" mit Verwaltungssitz in Deutschland aufgrund fehlender Eintragung in das deutsche Handelsregister der Handelndenhaftung analog § 11 II GmbHG zu unterwerfen (BGH EuZW 06, 61).

Nach Ansicht des EuGH handelt ferner derjenige nicht rechtsmissbräuchlich, der die Gesellschaft in einem bestimmten Mitgliedstaat nur deshalb gründet, um in den Genuss vorteilhafter Rechtsvorschriften zu gelangen. Anders kann der Fall liegen, wenn im Inland ein Gewerbeverbot gegen den director einer (Schein-)„Ltd" vorliegt, obschon hier wohl bereits eine Versagung der Eintragung aus zwingenden Gründen des Allgemeinwohlinteresses zulässig wäre (BGH BB 07, 1861 m Anm Dirksmeier RIW 07, 612; Bauer/Großerichter NZG 08, 253; Eidenmüller/Rehberg NJW 08, 28). Anhaltspunkte für das Verhältnis zwischen der Niederlassungsfreiheit und der Anknüpfung an den Verwaltungssitz lassen sich der **Überseering-Entscheidung** entnehmen (EuGH IPRax 03, 65; dazu Leible/Hoffmann RIW 03, 925 ff; Behrens IPRax 03,

6

193 ff; Brombach, Das Internationale Gesellschaftsrecht im Spannungsfeld von Sitztheorie und Niederlassungsfreiheit, 91 ff), die auf Vorlage des BGH (DB 00, 1114) erging. Danach liegt ein Verstoß gegen die in Art 43 EGV (heute Art 49 AEUV) normierte Freiheit vor, wenn ein Mitgliedstaat einer Gesellschaft, die nach dem Recht eines EU-Staates gegründet wurde, bei Sitzverlegung in sein Hoheitgebiet, die **Rechts- und Parteifähigkeit** abspricht. In seiner Abschlussentscheidung hat der BGH die Rechtspersönlichkeit einer Auslandsgesellschaft mit Inlandssitz anerkannt, die ihr nach dem EG-ausländischen Gründungsrecht zusteht (BGH NJW 03, 1461; s auch BGH NJW 04, 3707). Sie lediglich als Personengesellschaft zu behandeln, lässt sich mit der Rspr des EuGH nicht vereinbaren. Aus dieser Judikatur folgt, dass ebenso ungeschriebene Kollisionsnormen wie die Sitztheorie an den Marktfreiheiten zu messen sind. Soweit derartige Anknüpfungsregeln zu Beschränkungen des zwischenstaatlichen Wirtschaftsverkehrs führen, hat der Mitgliedstaat sie durch zwingende Gründe des Gemeinwohls im Rahmen der Verhältnismäßigkeit zu legitimieren. Die Grundsätze des Überseering-Urt lassen sich auf die in einem **EWR-Staat** wirksam gegründete Gesellschaft übertragen (OLG Frankfurt aM IPRax 04, 58; Baudenbacher/Buschle IPRax 04, 29 f; Mankowski RIW 04, 483; BGH NJW 05, 3351 m Anm Leible/Hoffmann RIW 05, 947 ff, s auch Gebauer/Wiedmann/Weller Kap 21 Rn 6 a). Die ratio decidendi dieses Urt ist durch den Gerichtshof in der Rechtssache „**Inspire Art**" bestätigt und präzisiert worden (EuGH NJW 03, 3331; dazu Leible/Hoffmann EuZW 03, 677 ff; Behrens IPRax 04, 20 ff). Danach liegt ein Verstoß gegen die Niederlassungsfreiheit bzw gegen die **Elfte RL zur Offenlegung von Zweigniederlassungen** (89/666/EWG, ABl. EG 89 L 395, 36) vor, wenn ein Mitgliedstaat die Errichtung einer Zweigstelle im Inland durch solche Vorschriften erschwert, die im innerstaatlichen Recht für das **Mindestkapital und die Haftung der Geschäftsführer** vorgesehen sind. Damit steht auch für weitere Regelungsbereiche fest, dass die Anknüpfung an das Recht des Verwaltungssitzes bei Auslandsgesellschaften innerhalb des Binnenmarktes durch das Europarecht eingeschränkt wird. Rechtfertigen lässt sich ein Eingriff aus den in Art 52 AEUV genannten Gründen oder unter Verweis auf den nichtdiskriminierenden Schutz anerkannter nicht-wirtschaftlicher Interessen, sofern der Grundsatz der Verhältnismäßigkeit gewahrt bleibt (ausf Eidenmüller/Rehm ZGR 04, 169 ff). Auch kann eine Beschränkung der Niederlassungsfreiheit durch den Arbeitnehmerschutz gerechtfertigt sein, sofern es sich um eine verhältnismäßige kollektive Maßnahme handelt (EuGH EuZW 08, 246). Die bisherige Rspr des EuGH ordnet den Gläubigerschutz, die Bekämpfung des Missbrauchs, Wirksamkeit der Steuerkontrollen sowie Lauterkeit des Handelsverkehrs den zwingenden Gründen des Allgemeinwohls zu (EuGH NJW 03, 3334; zur Sonderanknüpfung der deutschen Unternehmensmitbestimmung: Mankowski RIW 04, 483). Der BGH hat sich ein weiteres Mal in einer Entscheidung vom 14.3.05 zur Gründungstheorie bekannt: Danach verstoße es gegen die in Art 43, 48 EGV (heute Art 49, 54 AEUV) verankerte Niederlassungsfreiheit, den Geschäftsführer einer englischen „Ltd" mit Verwaltungssitz in Deutschland wegen fehlender Eintragung in das deutsche Handelsregister der persönlichen Handelndenhaftung nach § 11 II GmbHG analog zu unterwerfen (s BGH NJW 05, 1648 m Anm Eidenmüller NJW 05, 1618 ff; zur Entscheidung auch Sandrock EWS 05, 531 f; allg zur Position des BGH nach Centros und Inspire Art s Goette DStR 05, 197; insgesamt zum Wettbewerb der Gesellschaftsformen in Europa: Salger, Mitteilungsblatt DAV Internationaler Rechtsverkehr 08, 22 ff). Der Kompromissvorschlag der europäischen Ratspräsidentschaft für eine VO des Rates über ein Statut der Europäischen Privatgesellschaft (10611/11 DRS 84 SOC 432 abrufbar unter http://register.consilium. europa.eu/pdf/de/11/st10/st10611.de11.pdf; urspr KOM[08] 396 endg) wurde am 30.5.11 wegen des Vetos von Schweden und Deutschland abgelehnt (s Pressemitteilung des Rates der Europäischen Union v 30.5.11 http://europa.eu/ rapid/pressReleasesAction.do?reference=PRES/ 11/146&format=HTML&aged=0&language=DE&guiLanguage=fr). Es erscheint aber wahrscheinlich, dass sich genügend Mitgliedstaaten für ein Verfahren der verstärkten Zusammenarbeit (s Art 20 EU iVm Art 326–334 AEUV; bereits angewandt für eine gemeinsame (Neu-)Regelung des Scheidungsrechts [Becker NJW 11, 1543; R Wagner

NJW 11, 1404] und eines EU-Patents [hierzu Haberl/Schallmoser GRUR-Prax 2011, 7]) zusammenfinden um den Verordnungsentwurf zumindest für ihr Gebiet in Kraft zu setzen. Dies hätte für Deutschland zur Folge, dass für nach diesem Sekundärrechtsakt gegründete Gesellschaften dieselben Grundsätze gelten müssen, wie für andere in einem EU-Staat gegründete. Für 2014 hat die Kommission ein Grünbuch zu Aspekten des internationalen Privatrechts, einschließlich des anwendbaren Rechts, in Bezug auf Unternehmen, Vereinigungen und andere juristische Personen (KOM [10] 171 endg) angekündigt.

b) Damit stellt sich die Anschlussfrage, ob die zuvor dargelegten Grundsätze gleichermaßen für **Gesellschaften gelten, die wirksam in einem Drittstaat gegründet wurden** (zur Bedeutung der Judikatur des EuGH für den EWR s unter Rn 6). Art 49 und 54 AEUV) greifen als Schranke ebenso wenig ein wie die Verhältnismäßigkeitskontrolle. Sofern keine staatsvertraglichen Regelungen wie etwa zu den USA bestehen (s Rn 2), bestimmt sich das Gesellschaftsstatut nach den allg Grundsätzen, womit Deutschland in der Regel nicht gehindert wäre, an der Sitztheorie festzuhalten (so OLG Hamburg BB 07, 1519 m Anm Binz/Mayer BB 07, 1521 f; BayObLG DB 03, 820; Palandt/Thorn Anh Art 12 Rn 10). Favorisiert man allerdings ordnungspolitisch den mit der Gründungsanknüpfung verbundenen Wettbewerb der Gesellschaftsrechte und spricht sich gegen ein gespaltenes Anknüpfungssystem bei Binnenmarkt- und Drittstaatensachverhalten aus, so sollte auch hier zugunsten des Gleichlaufs die Sitztheorie aufgegeben werden (so OLG Hamm BB 06, 2487; Behrens IPRax 03, 205 ff; Dubovitskaya Der Konzern 10, 205; Eidenmüller ZIP 02, 2244 ff; Rauscher/Staudinger, Art 60 Brüssel I-VO Rn 4; str; abw etwa Mankowski RIW 04, 485; zur Vereinbarkeit der Sitztheorie mit GATS: Lehmann RIW 04, 816 ff). Ungeachtet dessen hat der BGH es in der Trabrennbahn-Entscheidung abgelehnt, dem Gesetzgeber „vorzugreifen" und auf eine schweizerische Aktiengesellschaft noch die Sitztheorie angewandt (BGH NJW 09, 289; dazu Balthasar RIW 09, 221; Hellgard/Illmer NZG 09, 94 ff; Kindler IPRax 09, 189; Kobelt GmbHR 09, 808; Lieder/Kliebisch BB 09, 14; diess EWiR 10, 117; Weller IPRax 09, 202 ff; Werner GmbHR 09, 191).

4. Im **Int Konzernrecht** unterliegt jedes Unternehmen seinem eigenen Gesellschaftsstatut. Dieses entscheidet, ob eine zulässige und wirksame Unternehmensbeteiligung besteht. Die Anknüpfung eines grenzüberschreitenden Unterordnungskonzerns (§ 18 I AktG) richtet sich aufgrund erhöhter Schutzwürdigkeit nach dem Recht der abhängigen Gesellschaft (vgl Palandt/Thorn Anh zu Art 12 Rn 17 f). In einem Gleichordnungskonzern (§ 18 II AktG) sind die Interessen aller Beteiligten zu berücksichtigen, weshalb sich nach hM die gesellschaftsrechtlichen Beziehungen kumulativ nach beiden Statuten beurteilen. Mögliche Normwidersprüche sind im Wege der Anpassung zu beseitigen (hierzu Vor Art 6 Rn 5 f). Da diese Lösung wenig praktikabel erscheint, treten Stimmen im Schrifttum für die Zulässigkeit einer Rechtswahl ein (vgl MK/Kindler IntGesR Rn 797).

5. Bei **grenzüberschreitenden Fusionen** werden nach der vorherrschenden **Vereinigungstheorie** die Statute aller Gesellschaften herangezogen (dazu MK/Kindler IntGesR Rn 874 ff). Die Voraussetzungen einer Fusion richten sich für jeden Beteiligten nach der einschlägigen Rechtsordnung (distributive Anknüpfung). Bedarf es eines gemeinschaftlichen Verfahrens (zB Abschluss des Verschmelzungsvertrages), sind sämtliche Rechtsordnungen zu kumulieren, so dass sich im Ergebnis die strengste durchsetzt. Bislang stand der Verschmelzung einer ausländischen auf eine deutsche Gesellschaft § 1 I Nr 1 UmwG entgg, wonach eine Eintragung in das Handelsregister nur bei der Umwandlung von Rechtsträgern im Inland gestattet ist (OLG Zweibrücken NJW 90, 3092). Das LG Koblenz [Rs C-411/03] hatte an den EuGH die Vorlagefrage gerichtet, ob sich dies mit der Niederlassungsfreiheit vereinbaren lässt (hierzu Mankowski RIW 04, 485; beachte auch OGH IPRax 04, 128). Dies hat der EuGH in der Sevic-Entscheidung vom 13.12.05 verneint (EuGH NJW 06, 425; hierzu Bayer/Schmidt ZIP 06, 210 ff; Behrens EuZW 06, 65; Bungert BB 06, 53 ff; Jaensch EWS 07, 97 ff; Kieninger EWS 06, 49 ff; Leible/Hoffmann RIW 06, 161 ff; s auch die Schlussanträge des Generalanwalts Tizzano DB 05, 1510 ff m Anm Drygala ZIP 05, 1995 ff und Sinewe DB

05, 2061 f) mit Blick auf die Rechtssache Cartesio [NJW 09, 569; vgl Rn 4]: Schmidtbleicher BB 07, 613 ff; Schmidt/Maul BB 06, 13 f; Teichmann ZIP 06, 355 ff; Weiss/Wöhlert WM 07, 580; zu den Schlussanträgen: Wilhelmi DB 08, 1611 ff). In der Folge hat das Kantongerecht Amsterdam die Frage, ob das Verschmelzen einer niederländischen auf eine deutsche Konzerngesellschaft – sog Hinausverschmelzen – von der Niederlassungsfreiheit erfasst ist, bejaht (DB 07, 677 m Anm Gsell/Krömker DB 07 679 ff; s auch zum Ganzen: Kappers/Hempel Mitteilungsblatt DAV Internationaler Rechtsverkehr 08, 40 ff). So ist nunmehr eine europarechtskonforme Auslegung des Abs 1 in der Weise vorzunehmen, dass durch ihn lediglich der Anwendungsbereich des UmwG beschränkt wird und die Vorschriften bei grenzüberschreitenden Umwandlungen allein für die an den beteiligten Rechtsträger mit Satzungssitz im Inland Rechtswirkungen entfalten (iE Henssler/Strohn/Decker GesR, 2. Aufl 13, § 1 UmwG Rn 10 ff). In der Entscheidung Vale hat sich der EuGH iÜ dahin geäußert, dass Art 49 und 54 AEUV gleichermaßen einer Vorschrift entgegenstehen, welche anders als § 1 UmwG nicht an den inländischen Sitz, sondern die nationale Rechtsform der umzuwandelnden Gesellschaft anknüpft (s EuGH NJW 12, 2715 ff m Anm Behme NZG 12, 936). Es bleibt abzuwarten, welche kollisionsrechtlichen Folgerungen hieraus zu ziehen sind. Zur feindlichen Übernahme s Ebenroth/Wilken JZ 91, 1067. Beachte in diesem Zusammenhang die RL über die Verschmelzung von Kapitalgesellschaften aus verschiedenen Mitgliedstaaten 05/56/EG (zu dieser Bayer/Schmidt NJW 06, 401 ff; Drinhausen/Keinath RIW 06, 81 ff; Frischhut EWS 06, 55 ff; Neye/Timm DB 06, 488 ff; zum RL-Vorschlag s Philipp EuZW 05, 355). Die RL trat am 15.12.05 in Kraft und wurde am 25.4.07 durch die §§ 122 a–122 l UmwG in Deutschland umgesetzt (BGBl I 07, S 542). Dabei handelt es sich um materiellrechtliche Bestimmungen, welche nur im Fall der grenzüberschreitenden Verschmelzung von Kapitalgesellschaften aus EU-/EWR-Mitgliedstaaten gelten. Durch die RL 2009/109/EG des Europäischen Parlaments und des Rates v 16.9.09 zur Änderung der RL 77/91/EWG, 78/855/EWG und 82/891/EWG des Rates sowie der RL 2005/56/EG hins der Berichts- und Dokumentationspflicht bei Verschmelzungen und Spaltungen (ABl. EG 2009 L 259, 14 – Änderungs-RL) wurde jene modifiziert, die Umsetzung durch den nationalen Gesetzgeber trat im Juli 11 in Kraft (s BGBl I 11, S 1138 ff; s auch Neye/Kraft NZG 11, 681 mwN). Derzeit noch keine Kodifikation erfahren hat das auf Verschmelzungen mit Drittstaatengesellschaften anwendbare Recht (vgl Henssler/Strohn/Decker GesR, 2. Aufl 13, § 1 UmwG Rn 15 ff).

10 **6.** Für einen staatlichen **Eingriff** in das private Vermögen gilt nach hM das **Territorialprinzip.** Damit beschränkt sich die Wirkung einer **enteignenden Maßnahme** auf das Gebiet des ausführenden Staates (stRspr, BVerfG NJW 91, 1600; BGHZ 25, 129). Hat die Konfiskation zum Untergang der Gesellschaft oder Verlust (fast) aller Mitgliedschaftsrechte geführt, besteht sie außerhalb des Staates mit ihrem ausländischen Vermögen fort. Nach der **Spaltungstheorie** entsteht eine **Restgesellschaft**, wenn die ursprüngliche Gesellschaft im Enteignungsstaat aufgelöst wird. Diese gilt als Eigentümerin des verbliebenen Kapitals. Wenn sich die Enteignung auf die Anteile der Gesellschafter bezieht, ist von einer **Spaltgesellschaft auszugehen.** Sie tritt neben die im Heimatstaat weiter existierende Gesellschaft, die sich aus den bisherigen Mitgliedern zusammensetzt (ausf Kropholler § 55 III).

11 **II. 1.** Sowohl die Sitz- als auch Gründungstheorie sprechen gem Art 4 I 1 eine Gesamtverweisung aus, so dass nach hM ein **Renvoi** durch das jeweilige ausländische Recht in Betracht kommt (einschränkend Soergel/Lüderitz Anh Art 10 Rn 76: Eine Rück- oder Weiterverweisung entfalle bei materiellrechtlicher Anknüpfung an den Satzungssitz bzw die Registrierung etc.). Wurde demnach eine „Ltd" wirksam nach dem Recht der British Virgin Islands gegründet, verlegt sie daraufhin ihren effektiven Verwaltungssitz nach Bangkok, so müssen deutsche Gerichte nach Art 4 I 1 beachten, dass die dortige Rechtsordnung das Personalstatut einer Gesellschaft deren Gründungsrecht unterstellt (BGH NJW 04, 3707).

12 **2.** Der **Vorbehalt des Art 6** wird durch das Int Gesellschaftsrecht selten berührt. Nur wenn Steuerhinterziehung oder ähnliche Gesetzesverstöße „Hauptzweck" der Gründung sind, kann die Anwendung ausländischer Regeln bei hinreichendem Inlandsbezug gegen den deutschen ordre public verstoßen (verneint vom BGH WM 79, 693; iE Soergel/Lüderitz Anh Art 10 Rn 77). Auch in diesem Zusammenhang sind die zwingenden primärrechtlichen Vorgaben zu beachten.

Artikel 8 Entmündigung

(weggefallen)

Artikel 9 Todeserklärung

¹Die Todeserklärung, die Feststellung des Todes und des Todeszeitpunkts sowie Lebens- und Todesvermutungen unterliegen dem Recht des Staates, dem der Verschollene in dem letzten Zeitpunkt angehörte, in dem er nach den vorhandenen Nachrichten noch gelebt hat. ²War der Verschollene in diesem Zeitpunkt Angehöriger eines fremden Staates, so kann er nach deutschem Recht für tot erklärt werden, wenn hierfür ein berechtigtes Interesse besteht.

I. S 1 betrifft die Anknüpfung von **Todeserklärung** (Sonderregel zu Art 7), **Todesfeststellung** und **Lebens- und Todesvermutungen** (Rn 2 f). S 2 gestattet die Anwendung deutschen Rechts bei der Todeserklärung eines **Ausländers im Inland** (Rn 4). Staatsvertragliche Sonderregelung: Art 8 III des deutsch-iranischen Niederlassungsabkommens (RGBl 1930 II 1006). 1

II. 1. Vom **Anknüpfungsgegenstand** des S 1 erfasst werden alle Fragen, die sich auf die **Verschollenheit** einer Person beziehen; es geht um alle Regeln, die festlegen, wie bei Verschwinden einer Person oder bei Ungewissheit ihres Todes oder des Todeszeitpunkts die sich daraus ergebenden rechtlichen Unsicherheiten bewältigt werden können. Dies kann – in den einzelnen Rechten unterschiedlich – durch (gerichtliche) Todeserklärung, durch Feststellung der Verschollenheit oder durch Lebens- bzw Todesvermutungen erfolgen. Insb gehören nach hM zum Anknüpfungsgegenstand auch **Kommorientenvermutungen**, die festlegen, welche von mehreren (zB bei einer Schiffs- oder Flugzeugkatastrophe ums Leben gekommenen) Personen vermutungsweise zuerst verstorben ist (vgl im deutschen Recht § 11 VerschG: gleichzeitiges Versterben vermutet). 2

2. **Anknüpfungspunkt** ist die Staatsangehörigkeit (Art 5 Rn 2 ff) derjenigen Person, deren Leben oder Tod zweifelhaft ist. Maßgebend ist der letzte Zeitpunkt, für den ein Fortleben bezeugt ist. Gesamtverweisung: Art 4 Rn 2. 3

III. S 2 erlaubt bei ausländischer Staatsangehörigkeit eines Verschollenen eine Todeserklärung (analog: Feststellung des Todes und Todeszeitpunkts) **alternativ** nach **deutschem Recht**, wenn daran ein berechtigtes Interesse besteht, etwa der Ehegatte seinen gewA im Inland hat oder sich Vermögen im Inland befindet. Int Zuständigkeit: § 12 I Nr 2, II VerschG. 4

Artikel 10 Name

(1) Der Name einer Person unterliegt dem Recht des Staates, dem die Person angehört.
(2) ¹Ehegatten können bei oder nach der Eheschließung gegenüber dem Standesamt ihren künftig zu führenden Namen wählen
1. nach dem Recht eines Staates, dem einer der Ehegatten angehört, ungeachtet des Artikels 5 Abs. 1, oder
2. nach deutschem Recht, wenn einer von ihnen seinen gewöhnlichen Aufenthalt im Inland hat.

²Nach der Eheschließung abgegebene Erklärungen müssen öffentlich beglaubigt werden. ³Für die Auswirkungen der Wahl auf den Namen eines Kindes ist § 1617 c des Bürgerlichen Gesetzbuchs sinngemäß anzuwenden.
(3) ¹Der Inhaber der Sorge kann gegenüber dem Standesamt bestimmen, daß ein Kind den Familiennamen erhalten soll

1. nach dem Recht eines Staates, dem ein Elternteil angehört, ungeachtet des Artikels 5 Abs. 1,
2. nach deutschem Recht, wenn ein Elternteil seinen gewöhnlichen Aufenthalt im Inland hat, oder
3. nach dem Recht des Staates, dem ein den Namen Erteilender angehört.

²Nach der Beurkundung der Geburt abgegebene Erklärungen müssen öffentlich beglaubigt werden.

1 I. In Ermangelung einer Rechtswahl richtet sich der **Name** einer natürlichen Person nach dem **Heimatrecht** des Namensträgers (Abs 1, Rn 3) und nicht etwa nach dem Recht, welches die namensbegründenden oder -ändernden Vorgänge (Eheschließung, Scheidung, Adoption, Eltern-Kind-Verhältnis) beherrscht. Diese Anknüpfung bewirkt – der gesetzgeberischen Intention entspr –, dass sich der Name einer Person problemlos den von ihrem Heimatstaat ausgestellten Personalpapieren entnehmen lässt. Um dieses Ziel zu erreichen, muss die **Vorfrage** nach der Wirksamkeit potenziell namensverändernder Vorgänge (zB Eheschließung, Adoption, Legitimation) im Interesse des int Entscheidungseinklangs ausnahmsweise **unselbständig** (vgl Vor Art 3 Rn 24) angeknüpft werden (BGHZ 90, 140). Ergänzend lassen Abs 2 u 3 eine beschränkte **Wahl** des Ehe- (Rn 4) sowie des Kindesnamensstatuts (Rn 6) zu.

2 II. 1. Der Anknüpfungsgegenstand erfasst **Erwerb** und **Verlust** sowie Änderung von **Vor-** und **Familiennamen**, insb die Auswirkungen familienrechtlicher Vorgänge auf die Namensführung, ferner die **Schreibweise** von Namen (BGHZ 121, 311).

3 2. Anknüpfungspunkt ist die **Staatsangehörigkeit** (Art 5 Rn 2 ff). Die Anknüpfung ist wandelbar (Vor Art 3 Rn 19); nach einem Statutenwechsel bleibt der bisherige Name aber grds unberührt (BGHZ 147, 168). Gesamtverweisung: Art 4 Rn 2.

4 III. 1. Bei oder nach der **Eheschließung** (keine Befristung!) können die Eheleute alternativ zu Abs 1 **gemeinsam** durch Erklärung gegenüber dem deutschen oder (soweit funktionell vergleichbar, vgl Vor Art 6 Rn 7 f) ausländischen Standesamt für die Namensführung beider Gatten **wählen a)** die einschlägigen Sachnormen (Art 4 II) im Heimatrecht eines jeden Gatten, auch soweit es sich bei deutsch-ausländischen Doppelstaatern abweichend von Art 5 I um das ausländische und bei ausländischen Doppelstaatern um das nicht-effektive Heimatrecht handelt (vgl Art 5 Rn 4, 5); **b)** das deutsche Recht, wenn einer der Gatten seinen gewA (Art 5 Rn 8) im Inland hat (**Abs 2 S 1**).

5 Das so gewählte Namensstatut bestimmt, welche(n) Namen die Eheleute kraft Gesetzes führen und ob ihnen eine (nunmehr materiellrechtliche) Wahlmöglichkeit offensteht. Die materielle Wirksamkeit der **Rechtswahl** richtet sich nach deutschem Recht. **Form der Rechtswahl: Abs 2 S 1, 2**, bei nachträglicher Wahl ist eine öffentliche Beglaubigung (§ 129 BGB oder Funktionsäquivalent im Ausland, vgl Vor Art 6 Rn 7 f) erforderlich (**Abs 2 S 2**). Konsequenzen der elterlichen Rechtswahl für die Namensführung der Kinder: § 1617 c BGB analog (**Abs 2 S 3**).

6 2. Der oder die Inhaber der elterlichen Sorge (selbständige Vorfragenanknüpfung: Art 21, vgl Vor Art 3 Rn 23) können bei oder nach Beurkundung der Geburt durch Erklärung gegenüber dem (in- oder ausländischen) Standesamt alternativ zu Abs 1 als **Namensstatut des Kindes** nach Abs 3 wählen **a)** die einschlägigen Sachnormen (Art 4 II) im Heimatrecht eines jeden Elternteils (selbständige Vorfragenanknüpfung: Art 19), bei Doppelstaatern auch im nicht-effektiven bzw nicht-deutschen Heimatrecht (Abs 3 S 1 Nr 1, vgl auch Rn 4); **b)** das deutsche Recht, wenn ein Elternteil seinen gewA (Art 5 Rn 8) im Inland hat; **c)** bei **Namenserteilung** (zB Einbenennung, vgl § 1618 BGB) die Sachnormen (Art 4 II) im Heimatrecht des den Namen Erteilenden. Kumulativ ist Art 23 zu beachten.

7 Zur Wirksamkeit der **Rechtswahl** vgl Rn 5. Bei Wahl nach Beurkundung der Geburt ist öffentliche Beglaubigung (§ 129 BGB oder Funktionsäquivalent im ausländischen Recht, vgl Vor Art 6 Rn 7) erforderlich.

Artikel 11 Form von Rechtsgeschäften

(1) Ein Rechtsgeschäft ist formgültig, wenn es die Formerfordernisse des Rechts, das auf das seinen Gegenstand bildende Rechtsverhältnis anzuwenden ist, oder des Rechts des Staates erfüllt, in dem es vorgenommen wird.
(2) Wird ein Vertrag zwischen Personen geschlossen, die sich in verschiedenen Staaten befinden, so ist er formgültig, wenn er die Formerfordernisse des Rechts, das auf das seinen Gegenstand bildende Rechtsverhältnis anzuwenden ist, oder des Rechts eines dieser Staaten erfüllt.
(3) Wird der Vertrag durch einen Vertreter geschlossen, so ist bei Anwendung der Absätze 1 und 2 der Staat maßgebend, in dem sich der Vertreter befindet.
(4) Ein Rechtsgeschäft, durch das ein Recht an einer Sache begründet oder über ein solches Recht verfügt wird, ist nur formgültig, wenn es die Formerfordernisse des Rechts erfüllt, das auf das seinen Gegenstand bildende Rechtsverhältnis anzuwenden ist.

I. 1. a) Durch das Gesetz zur Anpassung der Vorschriften des Internationalen Privatrechts an die VO (EG) Nr 593/2008 v 25.6.09 (Rom I-VO; ABl EG 08 L 177, 6) wurde der frühere Art 11 IV aufgehoben. Sein Regelungsgehalt deckt nunmehr Art 11 V Rom I-VO durch vorrangiges Unionsrecht ab. An seine Stelle trat der bisherige Art 11 V. Art 11 legt fest, welche Rechtsordnung die Form eines Geschäfts bestimmt. Es handelt sich um eine selbstständig anzuknüpfende **Teilfrage**. Die Abs 1–3 gehen auf Art 9 I–IV, VI des **Römischen EWG-Übereinkommens über das auf vertragliche Schuldverhältnisse anzuwendende Recht (EVÜ)** vom 19.6.80 zurück. Bereits ursprünglich war Art 11 inhaltlich – anders als Art 9 EVÜ – nicht auf schuldrechtliche Verträge beschränkt, so dass auch sachen-, familien- (zur formwirksamen Eheschließung nach Abs 1 etwa KG Berlin NJOZ 04, 2138 m Anm Hohloch JuS 05, 753 ff und Strohal jurisPR-FamR 3/05 Anm 3; Dötsch NJW-Spezial 05, 391 sowie OLG München FamRZ 09, 1845; OLG München ZEV 10, 255; BeckRS 11, 07525 m Anm Schuldei FamRZ 11, 260) und erbrechtliche Rechtsgeschäfte erfasst wurden, soweit keine Sonderregeln eingriffen (iE Staud/Winkler von Mohrenfels Art 11 Rn 88 f). Bei der Auslegung des Art 11 I, II und III musste, soweit die EVÜ Platz griff, vormals der staatsvertragliche Ursprung der Kollisionsnormen berücksichtigt werden. Durch die Überführung des EVÜ in die Rom I-VO verliert demnach für die Anwendung des Art 11 das Übereinkommen an Bedeutung, ist allerdings weiterhin in Kraft (so gilt es bspw noch in Dänemark). Abs 4 hat demggü keine völkervertragsrechtlichen Wurzeln. Aufgrund des Wegfalls des staatsvertraglichen Hintergrundes wegen der Übernahme in die Rom I-VO handelt es sich nunmehr auch bei Art 11 I–III um eine rein nationale Vorschrift. Es existieret deswegen kein Gebot (auch nicht mehr teilweise) der völkervertragskonformen Auslegung. Da die Rom I-VO nur für Schuldverträge gilt, die ab dem 17.12.09 (vgl Art 29 Rom I-VO Rn 1) geschlossen wurden, greift vor diesem Stichtag Art 11 in seiner bisherigen Fassung ein (MK/Spellenberg Art 11 Rn 10). 1

b) Art 11 als allg Formkollisionsnorm muss in einigen Bereichen aufgrund vorrangiger Sonderregeln zurücktreten. So entfällt mit dem Inkrafttreten der Rom I-VO ein weiterer Teil seines bisherigen Anwendungsbereichs, da der Sekundärrechtsakt ebenfalls in Art 11 eine eigene Vorschrift betr der Form von Rechtsgeschäften enthält (hierzu Reithmann ZNotP 09, 45). Auch die VO (EG) Nr 864/07 des Europäischen Parlaments und des Rates vom 11.7.07 über das auf außervertragliche Schuldverhältnisse anzuwendende Recht (Rom II-VO; ABl. EG 07 Nr L 199, 40) weist in ihrem Art 21 eine vorrangige Formvorschrift für einseitige Rechtshandlungen auf dem Gebiet der außervertraglichen Schuldverhältnisse auf. Des Weiteren bestehen neben dem EGBGB **staatsvertraglich geprägte Vorschriften** (zB Art 92 I, 97 WG, Art 62 I 1, 66 ScheckG) bzw **Abkommen** (CMR, CIM, CIV, wobei die letzteren beiden heute Bestandteile des COTIF sind, CISG; iE MK/Spellenberg Art 11 Rn 21; Looschelders Art 11 Rn 57 ff), die Art 11 verdrängen. Dies betrifft im Rahmen des EGBGB ebenso die Form der **Eheschließung** und Scheidung im Inland, Art 13 III 1, 17 II sowie die Begründung einer **eingetragenen Lebenspartnerschaft**, Art 17 b I 1. Die Form **letztwilliger Verfügungen** (hierunter fallen 2 bspw auch Schenkungen von Todes wegen sowie Erbverträge, vgl Art 26 Rn 2) regelt Art 26 I auf der Grundlage des Haager Testamentsformabkommens (vgl Art 26). Ferner werden die formellen Voraussetzungen einer **Rechtswahl** häufig gesondert festgelegt, so in Art 14 IV, Art 15 III. Die Formerfordernisse von **Verbraucherverträgen** unterliegen Art 46 b I (zum Konkurrenzverhältnis ggü Art 6 Rom I-VO, der im Rahmen seines Anwendungsbereichs dem Art. 46 b grds vorgeht, ausf Ferrari/Staudinger Art 46 b Rn 7 f, nach Art 11 IV Rom I-VO gilt für die Form von Verbraucherverträgen das Recht des gewA des Verbrauchers). Nationale Formvorschriften können überdies als Eingriffsnormen zu berücksichtigen sein (zwar enthält das EGBGB keine ausdrückliche Vorschrift mehr hierzu, wie Art 34 aF; allerdings hatte diese Norm nur deklaratorischen Charakter als eine sog. Öffnungsklausel. Beachte in diesem Zusammenhang auch die jeweiligen Regelungen in Art 9 Rom I-VO und Art 16 Rom II-VO. Dies betraf uU § 492 BGB, da der Verbraucherkreditvertrag weder von Art 29 aF noch Art 29 a aF erfasst wurde; BGH NJW 06, 762; vgl zu dieser Problematik Staudinger NJW 01, 1976; hat sich aber durch die Aufnahme der RL 08/48/EG des Europäischen Parlaments und des Rates vom 23.4.08 über Verbraucherkreditverträge und zur Aufhebung der RL 87/102/EWG des Rates (ABl. EG 08 Nr L 133, 66) in Art 46 b III Nr 5 geändert).

3 **2.** Um die Formwirksamkeit von Rechtsgeschäften zu begünstigen, beruft die **Grundregel in Abs 1** alternativ die Formvorschriften des für das Rechtsgeschäft einschlägigen Rechts (**Geschäftsstatut**) oder diejenigen des Ortes (**Ortsrecht**) **zur Anwendung**, an welchem das Rechtsgeschäft vorgenommen wird (**favor negotii**). Für seine Gültigkeit reicht es aus, wenn die Form der einen oder anderen Rechtsordnung eingehalten ist (**favor validitatis**). Diesbezüglich sieht Abs 4 eine Beschränkung bzw Ausn vor.

4 **3.** Die Alternativanknüpfung in Abs 1 zählt nicht zum **zwingenden Recht**. Soweit das Geschäft der Rechtswahl zugänglich ist, können die Beteiligten den Abs 1 abbedingen bzw einschränken (dazu BGH NJW 72, 386; hins der Ortsform krit Jayme NJW 72, 1618 f) oder ein drittes Recht zur Anwendung berufen (so MK/Spellenberg Art 11 Rn 68; anders Staud/Winkler von Mohrenfels Art 11 Rn 211). Ob aus der Vereinbarung eines bestimmten Geschäftsstatuts eine konkludente Abwahl der Ortsform zu folgern ist, kann nur anhand des Einzelfalls bestimmt werden (dazu: BGH NJW 72, 386). Da eine Rechtswahl zumeist jedoch nur bei Schuldverträgen erfolgt, verliert diese Möglichkeit iRd Art 11 I nach Inkrafttreten der Rom I-VO an Bedeutung.

5 **4.** Abs 1 betrifft **Rechtsgeschäfte jeder Art**. Erfasst werden Verträge, einseitige Rechtsgeschäfte (s aber die Ausn in Rn 12) und Einzelakte wie Zustimmungserklärungen oder geschäftsähnliche Handlungen (zB Mahnung), solange sie sich nicht auf einen Schuldvertrag beziehen. Denn in diesem Fall greift Art 11 Rom I-VO Platz.

6 **5. a)** Art 11 stellt auf das **Formerfordernis eines Rechtsgeschäfts** ab. Die Differenzierung zwischen Formvorschriften einerseits und inhaltlichen sowie prozessualen (hierzu unter Rn 7) Bestimmungen andererseits ist auf kollisionsrechtlicher Ebene mittels **Qualifikation** vorzunehmen. Ausgangspunkt bildet nach allg Grundsätzen die lex fori, mithin das deutsche Recht. Formvorschriften lassen sich allg als Regeln über die **Art und Weise der Äußerung einer Willenserklärung** beschreiben (Staud/Winkler von Mohrenfels Art 11 Rn 105). Zur Form eines Rechtsgeschäfts zählt demnach, ob dieses mündlich, schriftlich, handschriftlich oder eigenhändig zu erfolgen hat. Ebenfalls unterfällt ihr das Erfordernis einer öffentlichen Beglaubigung oder Beurkundung sowie die Zulässigkeit einer Abgabe per Telefax (s weitere Bsp bei Erm/Hohloch Art 11 Rn 12 ff). Die **Zuständigkeit einer Urkundsperson sowie das vorgeschriebene Verfahren** gelten als Formerfordernisse iwS (religiöse Eheschließung: OLG Frankfurt FamRZ 71, 180). Nicht dem Formstatut unterliegen dag inhaltliche Fragen, wie die Notwendigkeit einer Willenserklärung oder die Rechts- und Geschäftsfähigkeit (s Art 7). Dabei handelt es sich um Vorschriften, welche die materielle Wirksamkeit eines Rechtsgeschäfts betreffen (zur Registereintragung s Staud/Winkler von Mohrenfels Art 11 Rn 118). Streit besteht darüber, ob eine Regelung über die **Vertragssprache** als Formvorschrift zu qualifizieren ist (so Reinhart RIW 77, 19; abl Erm/Hohloch Art 11 Rn 13; Palandt/Thorn Art 11 Rom I-VO Rn 3 für Einordnung unter Vertragsstatut; vgl Rauscher/v Hein Art 11

Rom I-VO Rn 11; MK/Spellenberg Art 10 Rom I-VO Rn 35; PWW/Mörsdorf-Schulte Art 11 Rn 5; Reithmann/Martiny/Reithmann Rn 742; Staud/Martinek § 484 BGB Rn 10; s § 483 BGB Rn 6). Sachgerecht erscheint hier eine Differenzierung nach dem Zweck der Vorschrift (so Downes/Heiss ZVglRWiss 99, 41; Freitag IPRax 99). Insoweit es sich bei dem in Frage stehenden Rechtsgeschäft um einen Schuldvertrag handelt, geht allerdings wiederum Art 11 Rom I-VO vor.

b) Hins etwaiger **Systemunterschiede zwischen in- und ausländischem Recht** dient bei der Zuordnung als Indiz, ob die fremde Norm typischen Formzwecken, etwa dem Schutz vor Übereilung oder der Beweissicherung dient (Erm/Hohloch Art 11 Rn 13). Entspr diesem **funktionalen Ansatz** wird die sog **Handschuhehe** als formwirksam erachtet, solange es sich lediglich um eine Vertretung in der Erklärung (vgl Bote) und nicht im Willen (vgl §§ 164 ff BGB) handelt (BGHZ 29, 142; KG Berlin NJOZ 04, 2138 m Anm Hohloch JuS 05, 753 ff und Strohal jurisPR-FamR 3/05 Anm 3; OLG Zweibrücken NJW-RR 11, 725 m Anm Finger FamFR 11, 166 sowie Sturm IPRax 2013, 412; ferner Soergel/Kegel Art 11 Rn 29; zur echten Vertretung im Willen s Staudinger/Mankowski Art 13 Rn 219; nach vorherrschender Ansicht greift insoweit Art. 13; krit hierzu Sturm IPRax 13, 412 ff; in der Tat drohen insoweit hinkende Statusverhältnisse, da bei der Beteiligung einer Person mit deutscher Staatsangehörigkeit aus hiesigem Blickwinkel von einer Nichtehe auszugehen sein soll).

c) Zu unterscheiden sind Formvorschriften zudem von **verfahrensrechtlichen Regelungen**, da letztere stets der lex fori unterliegen und infolgedessen in ausländischen Gerichtsverfahren uU keine Anwendung finden. Die Grenzziehung erfolgt unter Berücksichtigung ihrer Funktion im fremden Recht (ausf dazu Erm/Hohloch Art 11 Rn 14). So dienen etwa Vorschriften, die formlose Verträge oberhalb einer bestimmten Wertsumme klaglos stellen oder den Zeugenbeweis verwehren (ausf dazu Soergel/Kegel Art 11 Rn 31) dem Zweck, eine bestimmte Form sicherzustellen.

II. 1. a) Das Geschäft ist nach Abs 1 formgültig, wenn es den Formerfordernissen des Rechts entspricht, das für den Inhalt des abgeschlossenen Geschäfts gilt (**Geschäftsstatut**). Dies richtet sich hins der Eheschließung nach den Heimatrechten der Verlobten, Art 13 I, und bezüglich letztwilligen Verfügungen grds gem dem Erbstatut, Art 25. Unterliegt der Sachverhalt kraft der Anknüpfungspunkte mehreren Rechtsordnungen, bilden diese gemeinsam das Geschäftsrecht, so dass sämtliche Formerfordernisse zu beachten sind.

b) Sieht das Geschäftsrecht zB die notarielle Beurkundung vor, ist zu entscheiden, ob jene auch durch einen ausländischen Notar erfüllt werden kann (deutsche Notare sind auf das deutsche Staatsgebiet beschränkt, vgl dazu BGH IPRax 00, 29; beachte in diesem Zusammenhang allerdings EuGH DNotZ 11, 462, wonach der Zugang zum Notarberuf nicht den eigenen Staatsangehörigen vorbehalten werden darf). Einigkeit besteht darüber, dass eine **Substitution** (hierzu Vor Art 6 Rn 7 f) nur in Betracht kommt, wenn das am ausländischen Vornahmeort geltende Recht Formvorgaben aufstellt, die als **gleichwertig** erscheinen: Sowohl Stellung und Funktion der Urkundsperson als auch ihre Beurkundungs- oder Beglaubigungshandlung müssen im Wesentlichen den deutschen Bedingungen entsprechen (vgl BGHZ 80, 78; von Bar/Grothe IPRax 94, 270; krit Geimer DNotZ 81, 408; Firsching IPRax 83, 80; Reithmann/Martiny/Reithmann Rn 790 ff). Es ist nicht abstrakt auf die Ausgestaltung des Beurkundungsverfahrens abzustellen, sondern auf den Akt der Beurkundung im konkreten Einzelfall. Der Zweck der betroffenen inländischen Sachnorm bestimmt, welche der ausländischen Urkundsformen ausreichen. Im Interesse der Rechtssicherheit sowie der Erleichterung des int Rechtsverkehrs wird dem deutschen Notar im Allgemeinen jeder „lateinische" Notar gleichzustellen sein (vgl aber Rn 16), daß nicht ein amerikanischer notary public, da er keine Beurkundungsfunktion ausübt (OLG Stuttgart NZG 01, 43; Biehler NJW 00, 1245; MK/Spellenberg Art 11 Rn 89; Palandt/Thorn Art 11 Rn 9). Im Bereich des Gesellschaftsrechts, insb bei Grundlagengeschäften (Gründung, Satzungsänderung, Umwandlung, Kapitalerhöhung, Verschmelzung etc), wird die Gleichwertigkeit unter Hinweis auf die bezweckte materielle Richtigkeitsgewähr und die mit ihr verbundene Prüfungs- und Belehrungsfunktion zT abgelehnt (zur Frage der Gleichwertigkeit eines Notars mit Sitz in Basel/Schweiz für die Anteilsübertragung im Lichte des MoMiG sowie der Reform des Schweizer Obligationenrechts, vor allem in Anbetracht der §§ 15 III und 40 II GmbHG beachte jüngst den überzeugenden Beschl des BGH WM 14, 266 mit umfassender Darstellung des Streitstandes). Zur Möglichkeit der Substitution bei § 925 BGB vgl Rn 15.

11 c) Alternativ ist ein Geschäft formgültig, wenn es den Anforderungen des Vornahmeorts entspricht, dh demjenigen Ort, an dem die Parteien die erforderlichen Willenserklärungen abgegeben haben (**Ortsrecht**). Dies gilt für einseitige Rechtsgeschäfte wie für Verträge, vorausgesetzt, beide Parteien handeln in demselben Land (MK/Spellenberg Art 11 Rn 121; hierzu OLG Düsseldorf NJW-RR 09, 1389; OLG Frankfurt ZEV 09, 516 m Anm Lorenz, 518)). Der Vornahmeort ist ebenso dann maßgeblich, wenn sich die Parteien dort nur vorübergehend oder ausschließlich zum Zwecke des Geschäftsabschlusses aufhalten. Auch die bewusste **Umgehung** strengerer **Formvorschriften** ist zulässig (RGZ 62, 381 f; ausf MK/Spellenberg Art 11 Rn 116 ff; Palandt/Thorn Art 11 Rn 15 f; aA Winkler NJW 74, 1033; ferner BGH IPRax 2012, 356 m Anm Helms, 324). Es darf den Parteien nicht verwehrt werden, die sich aus der uneingeschränkten Zulassung der Ortsform ergebenden Vorteile zu nutzen. Ein abweichendes Ergebnis kann sich für den Fall ergeben, dass über den Abschlussort getäuscht wurde und der Einwand der Arglist eingreift (Erm/Hohloch Art 11 Rn 25). Das Geschäftsstatut gilt lediglich dann ausschließlich, soweit die Ortsform das vorzunehmende Rechtsgeschäft nicht kennt und deshalb keine einschlägigen Formvorschriften vorsieht (sog „**Formenleere**"; OLG München OLGR München 95, 115; OLG Bamberg NJW-RR 02, 1153). Es genügt jedoch, wenn im Ortsrecht auf eine Geschäftsart zurückgegriffen werden kann, die im Wesentlichen mit den typischen Merkmalen übereinstimmt (RGZ 160, 229 f; OLG Köln FamRZ 09, 1589; Lorenz IPRax 94, 196). Das maßgebliche Recht beurteilt sich bei der Erklärung durch einen Boten nach dem Ort, an dem der Auftrag erteilt wurde (beachte bei der **Handschuhehe**: Es gilt der Ort, an dem der Stellvertreter in der Erklärung handelt; BGHZ 29, 142; s auch Rn 7).

12 2. Entspr dem Grundsatz „favor negotii" (Rn 3) gelten bei grenzüberschreitenden **Distanzverträgen** (Vertragsschluss unter Abwesenden in zwei verschiedenen Staaten) gem **Abs 2** für den ganzen Vertrag die Formregeln des Wirkungsstatuts (Geschäftsstatuts) oder alternativ das Recht des **Abgabeortes einer der beiden Willenserklärungen** (Ortsrecht). Diese Vorschrift betrifft nicht einseitige Rechtsgeschäfte (s Wortlaut „Verträge"), bei welchen lediglich Abgabe- und Empfangsort divergieren. Zweifel hins der Anwendung des Abs 2 bei einseitig verpflichtenden Verträgen hegt von Hoffmann/Thorn § 7 Rn 41.

13 3. Aus **Abs 3** folgt, dass bei **Stellvertretergeschäften** als Ortsrecht das Recht desjenigen Staates entscheidet, in dem der Vertreter die erforderliche Erklärung abgibt (Erm/Hohloch Art 11 Rn 31; Kegel/Schurig § 17 V 3 c; unscharf BGH NJW 93, 1128; Palandt/Thorn Art 11 Rn 19 [Aufenthaltsort]). Als Stellvertreter gilt auf kollisionsrechtlicher Ebene allein der Stellvertreter im Willen (§§ 164 ff BGB; abzugrenzen vom Stellvertreter in der Erklärung bzw Boten). Obwohl Abs 3 ausdrücklich nur von Verträgen spricht, findet er bei einseitigen Vertretergeschäften analoge Anwendung (Erm/Hohloch Art 11 Rn 31; MK/Spellenberg Art 11 Rn 126). Die Formgültigkeit der Bevollmächtigung ist eigenständig zu beurteilen (dazu Palandt/Thorn Anh zu Art 10 Rn 1 ff). Jene kann sich aus dem Vollmachts- als Geschäftsstatut oder dem Ortsrecht ergeben. Als Vornahmeort gilt dabei derjenige Ort, an dem die Innen- oder Außenvollmacht erteilt wird (zur Auflassungserklärung s Rn 15).

14 4. a) Die **Formerfordernisse dinglicher Rechtsgeschäfte** über bewegliche Sachen und Grundstücke sind gem **Abs 4** ausschließlich dem Geschäftsrecht, idR also dem **Recht des Lageorts der Sache** (lex rei sitae, vgl. Art 43 I), zu entnehmen (Erm/Hohloch Art 11 Rn 33). Soweit eine Rechtsordnung kein selbstständiges dingliches Geschäft kennt, unterliegt lediglich das verfügende Element den Vorgaben des Abs 4 (MK/Spellenberg Art 11 Rn 169). Die Übertragung eines Erbteils wird nicht erfasst (str; Palandt/Thorn Art 11 Rn 20). Die Erteilung einer **Vollmacht für das dingliche Geschäft** richtet sich grds nach der in Abs 1 vorgesehenen Alternativanknüpfung. Dies erscheint zutreffend,

da etwa auf der Sachrechtsebene in Deutschland streng zwischen den Formerfordernissen des Hauptgeschäfts und der Bevollmächtigung getrennt wird (an dieser Stelle wird nicht verkannt, dass sich Wertungen im Sachrecht nicht unbesehen auf die Kollisionsrechtsebene übertragen lassen). Zudem stehen der Anwendung ausländischen Rechts keine schützenswerten Interessen entgg, da nach deutschem Recht gem § 167 II BGB Formfreiheit besteht. Eine **unwiderrufliche Auflassungsvollmacht** ist hingegen ausnahmsweise in Analogie zu § 311 b I 1 BGB **formbedürftig** (stRspr; dies gilt unter weiteren Voraussetzungen ebenso für widerrufliche Vollmachten, s § 311 b Rn 12; BGH DNotZ 65, 550). In diesem Fall bedingt das Formerfordernis des Hauptgeschäfts die Formbedürftigkeit der Vollmacht. Dieser Zusammenhang ist nach Sinn und Zweck der Ausn ebenfalls kollisionsrechtlich durch Rückgriff auf Abs 4 zu berücksichtigen. Zumindest bei einer unwiderruflichen Bevollmächtigung zur Verfügung über ein inländisches Grundstück bleibt damit deutsches Recht als Geschäftsstatut maßgeblich (Ludwig NJW 83, 496; aA OLG Stuttgart MDR 81, 405; wohl auch Palandt/Thorn Art 11 Rn 20).

b) Für die **Auflassung** eines in Deutschland belegenen Grundstücks gilt nach Abs 4 ausschließlich die von der lex fori **vorgeschriebene Form des § 925 BGB**. Die Judikatur lässt bei dieser Vorschrift eine **Substitution** nicht zu (KG MDR 87, 56). Verfügungen über Grundstücke beträfen die Allgemeinheit in einem erhöhten Maße und bedürften staatlicher Mitwirkungsakte. Demggü wird im Schrifttum zutreffend bemängelt, dass für einen Ausschluss der Substitution ein sachgerechter Grund fehle (Staud/Winkler von Mohrenfels Art 11 Rn 288; Heinz RIW 01, 929 ff).

5. a) Eine Vielzahl von Streitfragen wirft die Anwendung des Art 11 im **Int Gesellschaftsrecht** auf. Vor allem über die alternative Geltung des **Ortsrechts** bei gesellschaftsrechtlichen Vorgängen besteht Uneinigkeit. Eine Änderung dieses Zustandes hätte sich durch die Verabschiedung des Gesetzes zum Internationalen Privatrecht der Gesellschaften, Vereine und juristischen Personen ergeben (abrufbar unter http://www.der-betrieb.de/content/pdfft,227,339197; s auch Anh II zu Art 7 Rn 3). Allerdings wird dieser Entwurf zZ nicht mehr weiterverfolgt. Bislang gilt einer Ansicht nach insofern ausschließlich das Recht, dem die Gesellschaft untersteht (Gesellschaftsstatut; Winkler NJW 72, 982; Schervier NJW 92, 594). Einschränkend wird die Geltung der Ortsform von einer vermittelnden Auffassung nur in Hinblick auf die Grundlagengeschäfte (Rn 10) einer Gesellschaft abgelehnt. In solchen Fällen sei allein das Gesellschaftsstatut als Geschäftsstatut maßgeblich (OLG Hamm NJW 74, 1057 für Satzungsänderung; Reithmann/Martiny/Reithmann Rn 786 ff; Ebenroth/Wilken JZ 91, 1064). Das Ortsrecht könne dag über die gesellschaftsrechtlichen Akte entscheiden, deren Rechtsfolgen lediglich die unmittelbar Beteiligten betreffen. Dies wird zum einen mit der besonderen materiellen Bedeutung dieser Akte für die Gesellschaft begründet. Ein Ausschluss der Anwendbarkeit des Art 11 sollte sich zum anderen aus Art 37 Nr 2 aF ergeben, soweit die Verfassung von Gesellschaften und juristischen Personen betroffen seien. Andere hingegen begründen dieses Ergebnis mit einer Analogie zu den Abs 4 aF und 5 aF (Kröll ZGR 00, 121 f; Kropholler § 41 III 7). Nach zutreffender Ansicht wird die grds Geltung der Ortsform mit dem Argument befürwortet, der Gesetzgeber habe sich für die Alternativanknüpfung (s expliziter Ausschluss der Ortsform in Art 29 III aF) entschieden, welche damit auch für den bislang (vgl Anh II zu Art 7 Rn 3) nicht kodifizierten Bereich des Int Gesellschaftsrechts gelten muss (wobei der BGH hat diese Frage bislang offen gelassen: BGHZ 80, 78; allerdings soll ein Urt eine zustimmende Tendenz dahin zu entnehmen sein, dass Art 11 I 2 (aF) auch für gesellschaftsrechtliche Vorgänge gelte; so BGH BB 04, 2708; weitere Nachw zur Rspr s Looschelders Art 11 Rn 42; ausf MK/Spellenberg Art 11 Rn 172 ff; MK/Kindler IntGesR Rn 554 ff). Einer entspr Anwendung der Ausnahmevorschriften in Abs 4 aF und 5 aF stehe die mangelnde vergleichbare Interessenlage entgegen (dazu OLG Düsseldorf WM 89, 644). Zwar betreffen Verfassungsakte einer Gesellschaft die Interessen Dritter und es besteht wie bei Grundstücksverfügungen die Registerpflichtigkeit. Jedoch kann aus Abs 5 aF nicht gefolgert werden, dass die Ortsform lediglich inter partes gelte bzw nur für Formvorschriften, die unwichtigen Beweiszwecken dienen. Dem steht entgg, dass auch in ande-

ren Bereichen (Adoption, Heirat, Testament) Rechte Dritter berührt sind, in denen die Ortsform gilt. Abs 5 aF erscheint daher als eine historisch begründete Ausn, die nicht verallgemeinerungsfähig ist. Einen Ausschluss des Art 11 legte ebenso wenig Art 37 Nr 2 aF nahe, da dieser sich nur auf die Art 27 ff aF bezog. Jedoch ist bei alternativer Geltung der Ortsform zu verlangen, dass das Recht des Vornahmeorts ein dem Wirkungsstatut vergleichbares Rechtsgeschäft kennt und die dafür einschlägigen Formerfordernisse vorliegen (vergleichbare Formvorgaben sind nicht notwendig: Michalski/Leible GmbHG, Bd I Syst Darst 2 Rn 98; Reuter BB 98, 117 f). Die schuldrechtliche Verpflichtung zur Übertragung deutscher Geschäftsanteile (**Anteilskauf** s zB § 15 III und IV GmbHG; zu einem Treuhandvertrag gerichtet auf die Übertragung von Anteilen einer ausländischen Gesellschaft und der Anwendbarkeit des § 15 IV GmbHG s BGH BB 04, 2708 m Anm Pfeiffer LMK 05, 46 ff sowie Nassall jurisPR-BGHZivilR vom 7.1.05, Anm 3; und Werner EWiR 05, 75 f; zur Gleichwertigkeit der Beurkundung gemäß § 15 IV GmbHG und nach schweizerischem Recht OLG Frankfurt aM GmbHR 05, 764 m Anm Klein/Theusinger EWiR 05, 727 f sowie Werner GmbHR 05, 767 ff; abw Pilger BB 05, 1289; aA Weller BB 05, 1809) betrifft nicht die Verfassung einer Gesellschaft, so dass nach einhelliger Meinung die Ortsform genügt (s Brück DB 04, 2410 f; ausf zur Nichtanwendbarkeit des Art 37 Nr 2 aF EGBGB Herzog-Engels, Gesellschaftsrechtliche Formvorschriften und Internationales Privatrecht, 25 ff). Seit der Reform des schweizerischen Obligationenrechts ist dort gem Art 785 II die Übertragung von Anteilen schon in bloßer Schriftform zulässig. Verzichtete man auf die Beurkundung, fielen Geschäfts- (vgl Rn 10) und Ortsform auseinander. Nach hier vertretener Ansicht ist dies aufgrund der gesetzgeberischen Entscheidung für die Alternativität der Anknüpfung unbeachtlich (str; s o). Offen steht es den Beteiligten jedoch weiterhin, auch in der Schweiz die notarielle Form zu wählen, wodurch die Geschäftsform gewahrt bliebe (OLG Düsseldorf NJW 11, 1370 m Amn Gerber EWiR 11, 255; Greulich StBW 11, 425; Hartmann ErbStB 11, 163; Kindler RIW 11, 257; Olk NZG 11, 381; Reetz RNotZ 11, 224; Schulze IPRax 11, 365; Stabenau BB 11, 787; Süß DNotZ 11, 414; Ulrich/Marniok GmbHR 11, 420; Wicke DB 11, 808; iE Michalski/Leible GmbHG, Bd I Syst Darst 2 Rn 106; aA LG Frankfurt NJW 10, 683 m Anm Pilger; Krauss GWR 10, 51; Zabel DZWIR 10, 127, so auch Braun DNotZ 09, 585). Dies mag aus rechtsberatender Sicht derzeit als vorzugswürdiger Weg erscheinen (s Böttcher/Blasche NZG 06, 766 ff). Das Geschäftsstatut ergibt sich aus dem zugrunde liegenden Rechtsgeschäft (str Looschelders Art 11 Rn 49; für dreifache „Alternativität" unter Berücksichtigung des Gesellschaftsstatuts: Merkt ZIP 94, 1424). Art 11 gilt nach Ansicht eines Großteils der Obergerichte und Literatur auch für die **dingliche Anteilsübertragung** (OLG Frankfurt aM DB 81, 1456; OLG Stuttgart NZG 01, 43; Brück DB 04, 2411; Kröll ZGR 00, 122; Reichert/Weller DStR 05, 254; Weller BB 05, 1808; ausf hierzu Herzog-Engels, Gesellschaftsrechtliche Formvorschriften und Internationales Privatrecht, 76 ff). Zur Substitution bei Beglaubigungen und Beurkundungen gesellschaftsrechtlicher Vorgänge s Rn 10; zur Europarechtswidrigkeit der Gebührenerhebung durch verbeamtete Notare bei der Beurkundung von GmbH-Anteilsübertragungen beachte EuGH ZIP 07, 1655 = BB 07, 1524.

17 b) Zur Frage, ob eine **Hauptversammlung einer deutschen AG und eine GmbH-Gesellschafterversammlung im Ausland** zulässig sind, s MK/Spellenberg Art 11 Rn 84; Looschelders Art 11 Rn 47 mwN.

18 **III. 1.** Das Formstatut entscheidet auch über die Folgen einer **Verletzung der berufenen Vorschriften**. Werden die Formvorgaben keiner der alternativ geltenden Rechtsordnungen eingehalten, liegt aus Sicht des deutschen IPR ein formunwirksames Geschäft vor. Greifen unterschiedliche Folgen für den Formverstoß ein, so ist nach hM die mildeste Sanktion maßgeblich (OLG Celle NJW 63, 2235 f; Kropholler § 41 III 5 c; anders Staud/Winkler von Mohrenfels Art 11 Rn 43 f: Vorrangig sei das Geschäftsstatut zu berücksichtigen).

19 **2.** Nach zutreffender Ansicht spricht Art 11 ausschließlich **Sachnormverweisungen** aus. Die von Art 11 in Bezug genommenen „Formerfordernisse" bestimmter Rechte sind als Verweis auf Sachvorschriften iSd Art 3 a I zu verstehen (Herzog-Engels, Gesellschafts-

rechtliche Formvorschriften und Internationales Privatrecht, 66 ff; Palandt/Thorn Art 11 Rn 3, Art 3 a Rn 2).
Für den schuldvertraglichen Bereich folgte in der Vergangenheit die Unbeachtlichkeit eines Renvoi bereits daraus, dass Art 11 auf dem EVÜ basiert und dieses gem Art 35 I aF nur Sachnormverweisungen vorsah. Dieses ist nunmehr als Argument entfallen (vgl Rn 1). Wäre darüber hinaus eine Rück- oder Weiterverweisung zu beachten, widerspräche dies dem Sinn der Alternativanknüpfung, Art 4 I 1 Halbs 2 (Erm/Hohloch Art 11 Rn 5; ausf Staud/Winkler von Mohrenfels Art 11 Rn 50 ff; aA MK/Spellenberg Art 11 Rn 12 ff; Soergel/Kegel Art 11 Rn 6 f). 20

3. Die **Vorbehaltsklausel** des Art 6 spielt im Zusammenhang mit dem Formstatut praktisch eine lediglich untergeordnete Rolle (s aber Staud/Winkler von Mohrenfels Art 11 Rn 60 ff zur formlosen Eheschließung im Ausland). 21

Artikel 12 Schutz des anderen Vertragsteils

¹Wird ein Vertrag zwischen Personen geschlossen, die sich in demselben Staat befinden, so kann sich eine natürliche Person, die nach den Sachvorschriften des Rechts dieses Staates rechts-, geschäfts- und handlungsfähig wäre, nur dann auf ihre aus den Sachvorschriften des Rechts eines anderen Staates abgeleitete Rechts-, Geschäfts- und Handlungsunfähigkeit berufen, wenn der andere Vertragsteil bei Vertragsabschluß diese Rechts-, Geschäfts- und Handlungsunfähigkeit kannte oder kennen mußte. ²Dies gilt nicht für familienrechtliche und erbrechtliche Rechtsgeschäfte sowie für Verfügungen über ein in einem anderen Staat belegenes Grundstück.

I. 1. Die Rechts- und Geschäftsfähigkeit unterliegt gem Art 7 I dem Heimatrecht, dessen Inhalt der Vertragspartner typischerweise nicht kennt. S 1 schützt infolgedessen die gutgläubige Partei, welche darauf vertraut, mit einer geschäfts-, rechts- oder handlungsfähigen Person zu kontrahieren. Liegen die Voraussetzungen vor, stehen das Heimatrecht sowie das Recht des Abschlussorts im Verhältnis der **Alternativität**, um das Zustandekommen des Geschäfts zu begünstigen. Als allseitige Kollisionsnorm bezweckt sie den Schutz des **in- und ausländischen Rechtsverkehrs**. S 1 beruhte in seiner Neufassung damals auf **Art 11 des Römischen Schuldvertragsübereinkommens vom 19.6.80 (EVÜ)**. Durch die Überführung des EVÜ in die Rom I-VO (vgl Art 13 Rom I-VO), welche Vorrang genießt (beachte Art 3 Nr 1 lit b), büßt Art 12 einen weiten Teil seines Anwendungsbereichs ein. Denn auf dem Feld des Internationalen Schuldvertragsrechts wird er durch Art 13 Rom I-VO weithin verdrängt. Art 12 gilt daher nur für die von Art 13 Rom I-VO nicht erfassten Gebiete wie etwa Verfügungen über Mobilien und inländische Grundstücke (MK/Spellenberg Art 12 Rn 10, vgl auch die Rn 8 ff zu einem mglw erweiterten Regelungsbereich). Vormals waren die staatsvertraglichen Wurzeln der Anknüpfungsregel bei ihrer Auslegung zu berücksichtigen (vgl Art 36 aF). Infolge der Vergemeinschaftung des EVÜ ist dieses Gebot entfallen (vgl auch Art 11 Rn 1). Lediglich freiwillig mag man sich nun als Rechtsanwender an der autonomen Interpretation des Art 13 Rom I-VO orientieren, um auf diesem Wege der harmonischen Auslegung den internationalen Entscheidungseinklang zu fördern. S 2 findet dag keine Entsprechung in dem Sekundärrechtsakt. 1

2. Beschränkungen der Geschäftsfähigkeit sind nach der deutschen Rechtsordnung **von Amts wegen** festzustellen (dazu Staud/Hausmann Art 12 Rn 70 ff). Beim Geschäftsabschluss im Ausland entscheidet das von Art 7 I berufene Heimatrecht (Gesamtverweis), ob es sich um eine Einrede oder Einwendung handelt. Nach zutreffender Ansicht steht die Anwendung des Art 12 **nicht zur Disposition** des gutgläubigen Vertragspartners (Soergel/Kegel Art 12 Rn 3; aM Schotten DNotZ 94, 672). Für ein Wahlrecht spricht zwar die individualschützende Wirkung der Anknüpfungsregel. Dennoch gebührt innerhalb des Minderjährigenschutzes der Rechtssicherheit der Vorrang. 2

3. **Verkehrsschützende Sonderregelungen** mit staatsvertraglicher Herkunft (Art 3 Nr 2) enthalten Art 91 II WG und Art 60 II SchG. Für Fragen des Eherechts gilt Art 16 (s dazu Looschelders Art 12 Rn 4, 29 ff). 3

4 **II. 1. Voraussetzungen a) Persönlicher Anwendungsbereich:** Geschützt wird der Vertragspartner der nicht (voll) geschäftsfähigen Partei. Dritte werden indes nicht durch Art 12 privilegiert (MK/Spellenberg Art 12 Rn 15, 26 iVm Art 13 Rn 23). Unmittelbar gilt die Vorschrift nur für natürliche Personen. Bei **juristischen Personen oder nichtrechtsfähigen Vereinigungen oder Vermögensmassen** findet sie entspr Anwendung (Kegel/Schurig § 17 II 2 zur ultra vires Lehre; offen gelassen in BGH NJW 98, 2453; beachte auch Rn 7). Eine Analogie zu Art 13 Rom I-VO verbietet sich (vgl zur Frage der Analogie Art 3 Rom I-VO Rn 8; Art 7 Rom I-VO Rn 12 mwN; Staudinger, Artikel 6 Absatz 2 der Klausel-RL und § 12 AGBG, S. 124 ff; aA wohl MK/Spellenberg Art 13 Rom I-VO Rn 52 ff; Rauscher/Thorn Art 13 Rom I-VO Rn 3, 11 mit der Einschränkung, diese stelle dann im Ergebnis eine nationale Kollisionsregel dar). So handelt es sich im Lichte von Art 1 II lit a und f Rom I-VO um keine unbewusste Regelungslücke. Zudem ist methodisch eine derartige Rechtsfortbildung ebenso wie bei Konventionen im Ausgangspunkt versperrt und allenfalls dem EuGH vorbehalten. Der Gesellschaft wird nach Art 12 in entspr Anwendung im Interesse des Verkehrsschutzes unter den Voraussetzungen des S 1 dieselbe Rechtsstellung (zur Vertretungsmacht und Parteifähigkeit s Rn 6) zugebilligt wie der äquivalenten Gesellschaftsform des Vertragsabschlussorts. Der deutsche Gesetzgeber hat bislang keine Kollisionsnormen für das Int Gesellschaftsrecht geschaffen, so dass eine planwidrige Regelungslücke besteht. Eine Änderung hätte sich durch die Verabschiedung des Gesetzes zum Internationalen Privatrecht der Gesellschaften, Vereine und juristischen Personen ergeben (vgl hierzu den RefE des BMJ abrufbar unter: http://www.der-betrieb.de/content/pdfft,227,339197; s auch Anh II zu Art 7 Rn 3). Der Entwurf wird aber momentan nicht mehr weiterverfolgt. Der RefE sah in Art 12 II Ref-E ausdrücklich die Anwendbarkeit des bisherigen Art 12 vor. Bis dahin spricht für eine vergleichbare Interessenlage, dass Rechtsfähigkeitsmängel und Vertretungsbeschränkungen bei juristischen Personen – ähnl wie die Minderjährigkeit – für Dritte schwierig zu erkennen sind (Staud/Hausmann Art 12 Rn 17). Wird dem Interesse des gutgläubigen Vertragspartners bereits durch Regelungen (zB andere Haftungsform, Rechtsscheinhaftung) des Gründungsstaats hinreichend Rechnung getragen, besteht kein Bedarf für eine Rechtsfortbildung und mithin dafür, S 1 entspr heranzuziehen.

5 **b) Räumlicher Anwendungsbereich.** Dieser ist betroffen, wenn das Rechtsgeschäft zwischen Personen getätigt wird, die sich **bei Abgabe** ihrer Erklärungen in **demselben Staat aufhalten.** Den entscheidenden Zeitpunkt bildet der **Geschäftsabschluss.** Nach hM genügt selbst eine kurzfristige oder zufällige Anwesenheit der Parteien in diesem Land (Bamberger/Roth/Mäsch Art 12 Rn 1, Art 13 Rom I-VO Rn 24; aM Lipp RabelsZ 63 [99], 134 f). Einer teleologischen Reduktion stehen der Zweck der Vorschrift sowie Abgrenzungsschwierigkeiten entgg (MK/Spellenberg Art 12 Rn 15 iVm Art 13 Rom I-VO Rn 61; PWW/Mörsdorf-Schulte Art 12 Rn 14). Es muss sich nicht zwingend um ein Geschäft unter Anwesenden handeln, erfasst werden gleichermaßen telefonische, postalische, per Telefax oder E-Mail abgegebene Erklärungen. Voraussetzung hierfür ist allerdings, dass sich beide Parteien im **Geltungsbereich derselben Rechtsordnung** befinden. Der Verkehrsschutz erstreckt sich daher nicht auf grenzüberschreitende Distanzgeschäfte. Bei einem Vertragsschluss unter Einschaltung eines **Stellvertreters** setzt S 1 nach zutreffender Ansicht dessen Anwesenheit im Abschlussstaat voraus (Erm/Hohloch Art 12 Rn 9; Liessem NJW 89, 501; differenzierend Bamberger/Roth/Mäsch Art 12 Rn 1, Art 13 Rom I-VO Rn 26 ff; MK/Spellenberg Art 12 Rn 15 iVm Art 13 Rom I-VO Rn 63 ff; aM Schotten DNotZ 94, 671: Es komme auf den Aufenthalt des Vertretenen an). Die ratio der Norm spricht dafür, dass der inländische Vertragspartner einer nach ihrem Heimatrecht nicht (voll) geschäftsfähigen Partei selbst dann privilegiert werden sollte, wenn diese durch einen Vertreter am Rechtsverkehr teilnimmt. Zudem entspricht es der Wertung des EGBGB, bei verkehrsschützenden Normen an den Aufenthaltsort des Vertreters anzuknüpfen (s Art 11 III, 29 I aF bzw die Nachfolgeregelungen in der Rom I-VO). Die mangelnde Geschäftsfähigkeit des Vertretenen betrifft dabei die Wirksamkeit der Vollmachtserteilung. Erfolgte diese im Ausland, so

greift S 1 nicht ein, es gilt vielmehr Art 7 I. Verkehrsschutz ist für den Fall angezeigt, wenn der Vertreter die Vollmachtsurkunde im Inland ausgehändigt oder vorgelegt hat.
c) **Sachlicher Anwendungsbereich:** S 1 bezieht sich seinem Wortlaut nach allein auf Verträge, gleichgültig, ob es sich um einseitig oder zweiseitig verpflichtende handelt. Für empfangsbedürftige **Willenserklärungen** (rechtsgestaltende) **und einseitige Rechtsgeschäfte** gilt die Vorschrift entspr (Palandt/Thorn Art 12 Rn 1 iVm Art 13 Rom I-VO Rn 3; PWW/Mörsdorf-Schulte Art 12 Rn 6). Denn die Beschränkung basierte allein auf der Übernahme der Formulierung des EVÜ. Es erscheint daher sachgerecht, dass S 1 – ebenso wie die Tatbestände in S 2 und der früheren Fassung (Art 7 III aF) – sämtliche Rechtsgeschäfte in entspr Anwendung einschließt. Dafür spricht überdies der Zusammenhang zwischen S 1 und S 2 sowie die systematische Stellung der Vorschrift im 2. Abschnitt über natürliche Personen und Rechtsgeschäfte. Handelt es sich indes um einen Schuldvertrag, greift vorrangig Art 13 Rom I-VO ein (vgl auch Rn 1).

d) Dem Anwendungsbereich unterliegt zunächst die ausdrücklich genannte **Rechts-, Geschäfts- und Handlungsfähigkeit.** Diese Begriffe waren vormals aufgrund des staatsvertraglichen Ursprungs der Norm autonom auszulegen (Rn 1) und nicht mit denjenigen in Art 7 I gleichzusetzen. Im Zuge der Vergemeinschaftung ist ein solches Gebot der völkerrechtskonformen Interpretation entfallen und erscheint lediglich eine freiwillige Orientierung anhand des Nachfolgerechtsakts der Rom I-VO denkbar (Rn 1). Eine **Analogie** zu S 1 kommt grds nur in äußerst engen Grenzen in Betracht. Denn es ist sorgfältig abzuwägen, ob dies den Schutz einer Partei nicht unverhältnismäßig erweitert. Die Norm gewährt keinen allg Vertrauensschutz in Bezug auf die Gültigkeit int Rechtsgeschäfte. Daher erfasst die Anknüpfungsregel etwa keine Willensmängel. Ebenso wenig ist ihre entspr Anwendung für die **Partei- oder Prozessfähigkeit** angezeigt, da die Kollisionsnorm ausschließlich den Schutz bei materiellrechtlichen Rechtsgeschäften intendiert und gerade nicht Verfahrensvoraussetzungen erfasst (OLG Stuttgart NJW 74, 1628; Bamberger/Roth/Mäsch Art 12 Rn 1, Art 13 Rom I-VO Rn 17; MK/Spellenberg Art 12 Rn 15 iVm Art 13 Rom I-VO Rn 19). Hingegen plädieren Stimmen im Schrifttum dafür, S 1 hins der Parteifähigkeit von Gesellschaften heranzuziehen (Staud/Hausmann Art 12 Rn 48; MK/Kindler IntGesR Rn 587). Jene kann sich jedoch mittelbar daraus ergeben, dass die Anknüpfungsregel zur Annahme der Rechtsfähigkeit führt (vgl § 50 I ZPO). Sachgerechter erscheint andernfalls eine analoge Anwendung des § 50 II ZPO bei Passivprozessen. Danach gilt eine Gesellschaft als parteifähig, wenn sie im inländischen Rechtsverkehr wie eine juristische Person aufgetreten ist (dazu BGH NJW 60, 1205; Bamberger/Roth/Mäsch Anh II zu Art 12 Rn 64). Die **Prozessfähigkeit** wird ebenfalls nicht von S 1 erfasst; insoweit gilt § 55 ZPO (Staud/Hausmann Art 12 Rn 49). Nach allgM greift bzgl etwaiger Beschränkungen der **gesetzlichen Vertretungsmacht** der S 1 entspr ein (so Bamberger/Roth/Mäsch Art 12 Rn 1, Art 13 Rom I-VO Rn 39; MK/Spellenberg Art 12 Rn 15 iVm Art 13 Rom I-VO Rn 68; aA Rückgriff auf Handlungsfähigkeit bei „familienrechtlicher" Vertretungsmacht, vgl Erm/Hohloch Art 12 Rn 11; Palandt/Thorn Art 12 Rn 1 iVm Art 13 Rn 6). Bei **rechtsgeschäftlicher Vollmacht** scheidet eine Analogie aus, da jene bereits aus Gründen des Verkehrsschutzes dem Recht des Landes unterstellt wird, in welchem der Vertreter von ihr Gebrauch macht (Anh I zu Art 7 Rn 2; Staud/Hausmann Art 12 Rn 42). Nach einer in Rspr und Lit verbreiteten Auffassung gilt Art 12 für **ehebedingte Beschränkungen,** wie insb §§ 1365, 1369 BGB, zumindest analog (Palandt/Thorn Art 12 Rn 1 iVm Art 13 Rn 6; Liessem NJW 89, 500). Dies ist jedoch im Hinblick auf den Sinn und Zweck der Anknüpfungsregel abzulehnen (Erm/Hohloch Art 12 Rn 11; H. Roth IPRax 91, 322). Die Einschränkung der Verpflichtungsfähigkeit und Verfügungsbefugnis dient nicht dem Schutz vor mangelnder geistiger Reife oder Einsichtsfähigkeit, sondern der ehelichen Lebensgemeinschaft sowie dem Erhalt des Familienvermögens. Derartige Vorschriften sind daher nicht als Schranken der Geschäftsfähigkeit iSd Art 7 I, sondern als persönliche oder güterrechtliche Ehewirkungen iSv Art 14, 15 zu qualifizieren. Art 16 bestimmt entspr den Verkehrsschutz ggü Verfügungsbeschränkungen in ausländischen Güterständen (dazu Staud/Hausmann Art 12 Rn 45).

8 **e)** Wurde eine Person außerhalb des Abschlussstaates **entmündigt**, bedarf diese Entscheidung eines Anerkennungsverfahrens (§§ 107 ff FamFG; Kropholler § 42 II). Basiert jene auf einem im Abschlussstaat unbekannten Grund, oder geht sie von ihren Wirkungen über das deutsche Betreuungsrecht hinaus, findet S 1 Anwendung.

9 **f)** Der Vertragspartner verdient Schutz, wenn er die nach dem Heimatrecht fehlende Rechts-, Geschäfts- oder Handlungsfähigkeit **weder kannte noch kennen musste**. Insoweit weicht der Wortlaut des Art 12 von demjenigen des Art 13 Rom I-VO ab. Letzterer führt den Begriff der Fahrlässigkeit ein, während Art 12 vielmehr auf § 122 II BGB rekurriert. In der Sache sollte hier aber weithin Kongruenz bestehen (vgl Art 13 Rom I-VO Rn 1). Es wird darauf abgestellt, ob dem Vertragspartner Nachforschungen zuzumuten waren (Staud/Hausmann Art 12 Rn 75; Schotten DNotZ 94, 672). Eine Erkundigungspflicht kommt nur aufgrund besonderer Umstände in Betracht: Zu berücksichtigen sind zB die wirtschaftliche Bedeutung des Rechtsgeschäfts, die Beteiligung von Kaufleuten, der Verhandlungszeitraum, die Einhaltung von Formvorschriften oder, ob es sich um eine Region handelt, in welcher häufiger grenzüberschreitende Geschäfte getätigt werden. Allein die Kenntnis von der ausländischen Staatsangehörigkeit begründet keinen Fahrlässigkeitsvorwurf (Erm/Hohloch Art 12 Rn 12). Hingegen kann der gute Glaube fehlen, wenn zwei Landsleute miteinander kontrahieren (nach Ansicht von MK/Spellenberg Art 12 Rn 15 iVm Art 13 Rom I-VO Rn 24 scheidet S 1 in einem solchen Fall kraft einer teleologischen Reduktion aus). Die **Beweislast** für die Bösgläubigkeit des Vertragspartners trägt die nicht (voll) geschäftsfähige Partei (MK/Spellenberg Art 12 Rn 15 iVm Art 13 Rom I-VO Rn 88). S 1 findet – anders als bei einem beachtlichen Rechtsirrtum – bei einem sog **Tatsachenirrtum** zB über das Alter oder die Staatsangehörigkeit keine Anwendung. Dieses Risiko ergibt sich nämlich nicht aus der Internationalität des Sachverhalts (MK/Spellenberg Art 12 Rn 15 iVm Art 13 Rom I-VO Rn 81).

10 **2.** Der infolge von S 1 gewährte Schutz des inländischen Rechtsverkehrs beschränkt sich auf Verkehrsgeschäfte. Hierzu zählen nicht die in S 2 genannten **familien- und erbrechtlichen Geschäfte**. Denn zum einen spielt bei diesen der Schutzgedanke regelmäßig nur eine untergeordnete Rolle, zum anderen dient ihr Ausschluss dazu, hinkende Rechtsverhältnisse zu vermeiden. Die Qualifikation orientiert sich an Art 13–26. Hins der Rechts-, Geschäfts- und Handlungsfähigkeit ist in diesen Fällen Art 7 einschlägig (MK/Spellenberg Art 12 Rn 37). Ausgenommen bleiben des Weiteren **Verfügungen über im Ausland belegene Grundstücke**. Den Hauptanwendungsfall des Art 12 bilden nunmehr dingliche Rechtsgeschäfte über inländisches Immobiliarvermögen. Da S 2 nicht auf dem EVÜ beruht, war der Begriff der Verfügung bereits vormals unter Rückgriff auf die deutsche lex fori zu ermitteln. Bei Rechtsordnungen, die keine Trennung zwischen schuld- und sachenrechtlicher Ebene kennen, beschränkt sich der S 2 auf den dinglichen Ausschnitt des Rechtsgeschäfts; bezüglich des Verpflichtungsgeschäfts greift Art 13 Rom I-VO. Verbietet sich eine solche Aufspaltung, findet S 2 keine Anwendung (Staud/Hausmann Art 12 Rn 58).

11 **III. 1.** Ist das Geschäft nach dem Recht des Vornahmeorts sowie dem Heimatrecht teilweise unwirksam, richten sich die Folgen nach dem **milderen Recht** (MK/Spellenberg Art 12 Rn 40 iVm Art 13 Rom I-VO Rn 92). Ein vom IPR des Vornahmestaates ausgesprochener **Renvoi** ist unbeachtlich (MK/Spellenberg Art 12 Rn 41). Dies folgt aus Art 3 a I, weil S 1 ausdrücklich auf „Sachvorschriften" verweist. Zudem widerspräche ein Renvoi dem Sinn der alternativen Anknüpfung (Art 4 I 2).

12 **2.** Ein Verstoß gegen die **Vorbehaltsklausel des Art 6** kommt im Rahmen des S 1 grds unter den gleichen Voraussetzungen in Betracht wie bei Art 7 I. Da das Recht des Vornahmeorts idR nur zur Anwendung gelangt, wenn es die Wirksamkeit des Geschäfts begünstigt, sind vor allem solche Regelungen auf ihre Vereinbarkeit mit dem ordre public zu überprüfen, die den Schutz Jugendlicher zu stark einschränken (vgl OLG Köln FamRZ 97, 1240). Verstößt das Ergebnis gegen die öffentliche Ordnung, ist das ausländische Recht soweit aufrecht zu erhalten, wie es sich mit den deutschen Schutzvorschriften noch vereinbaren lässt. Die Lückenschließung erfolgt mithin zunächst unter Rückgriff auf die lex causae.

Dritter Abschnitt
Familienrecht

Vorbemerkung zu Artikel 13–24

Das Internationale Familienrecht wurde im Rahmen der ersten großen **IPR-Reform** 1986 neu gestaltet. Dabei wurde vor allem im Internationalen Eherecht versucht, möglichst einheitliche Anknüpfungspunkte zu finden. So wurde mit Art 14 EGBGB eine Grundregel geschaffen, auf welche immer wieder verwiesen wird. Gleichzeitig wurde den Eheleuten in beschränktem Umfang die Möglichkeit der Rechtswahl eingeräumt. Um neuartige Regelungen ergänzt wurde das Internationale Familienrecht im Zusammenhang mit der gesetzlichen Normierung des Gewaltschutzes (Art 17 a EGBGB) und der Einführung der Eingetragenen Lebenspartnerschaft (Art 17 b EGBGB). Im Abstammungsrecht (Art 19 f) wurden 1998 alle Unterschiede zwischen ehelichen und nichtehelichen Kindern beseitigt.

Besondere Bedeutung haben **Staatsverträge** im Bereich des, des Unterhaltsrechts (vgl 2 Anhang zu Art 18), des Sorge-, Adoptions- und Vormundschaftsrechts (Art 21–24). Die internen Regeln werden insoweit weitgehend verdrängt.

Im Güterrecht geht der Gesetzgeber einen anderen Weg: Im Zusammenwirken mit 3 Frankreich wurde ein vereinheitlichter neuer Güterstand, die **deutsch-französische Zugewinngemeinschaft**, geschaffen. Zu Einzelh s die Kommentierung zu § 1519 BGB.

Im Moment ist die EU sehr aktiv im Bereich des Internationalen Familienrechts: Das 4 IPR der **Scheidung** ist durch die VO (EU) Nr 1259/2010 mWv 21.6.12 neu geregelt worden (s die Kommentierung im Anhang zu Art 17), das europäische IPR des Unterhalts war schon ein Jahr früher in Kraft getreten (Art 15 EuUntVO mit Verweis auf das Haager Unterhaltsprotokoll, s Anhang zu Art 18). Im kommenden Jahr soll das Internationale Güterrecht durch eine Europäische GüterrechtsVO neu geregelt werden. In all diesen Regelungen fand bzw findet ein Wechsel v Staatsangehörigkeitsprinzip zum Aufenthaltsprinzip statt: Der Hauptanknüpfungspunkt wird in diesen Fällen künftig der (gemeinsame) gewöhnliche Aufenthalt in einem Staat sein.

Vorbemerkung zu Artikel 13–17 b

In Art 13–17 b ist das Internationale **Ehe- und Lebenspartnerschaftsrecht** geregelt. In 1 Art 13 finden sich die Regeln über die persönlichen Voraussetzungen der Eheschließung, in Art 14 die allg Ehewirkungen und in Art 15 f das Güterrecht. Art 17 betrifft die Scheidung, Art 17 a den Gewaltschutz und Art 17 b die Lebenspartnerschaft v Partnern gleichen Geschlechts.

Artikel 13 Eheschließung

(1) Die Voraussetzungen der Eheschließung unterliegen für jeden Verlobten dem Recht des Staates, dem er angehört.

(2) Fehlt danach eine Voraussetzung, so ist insoweit deutsches Recht anzuwenden, wenn
1. ein Verlobter seinen gewöhnlichen Aufenthalt im Inland hat oder Deutscher ist,
2. die Verlobten die zumutbaren Schritte zur Erfüllung der Voraussetzung unternommen haben und
3. es mit der Eheschließungsfreiheit unvereinbar ist, die Eheschließung zu versagen; insbesondere steht die frühere Ehe eines Verlobten nicht entgegen, wenn ihr Bestand durch eine hier erlassene oder anerkannte Entscheidung beseitigt oder der Ehegatte des Verlobten für tot erklärt ist.

(3) [1]Eine Ehe kann im Inland nur in der hier vorgeschriebenen Form geschlossen werden. [2]Eine Ehe zwischen Verlobten, von denen keiner Deutscher ist, kann jedoch vor einer von der Regierung des Staates, dem einer der Verlobten angehört, ordnungsgemäß ermächtigten Person in der nach dem Recht dieses Staates vorgeschriebenen Form

geschlossen werden; eine beglaubigte Abschrift der Eintragung der so geschlossenen Ehe in das Standesregister, das von der dazu ordnungsgemäß ermächtigten Person geführt wird, erbringt vollen Beweis der Eheschließung.

1 **I.** Art 13 betrifft neben den **materiellen Anforderungen**, welche an eine Eheschließung zu stellen sind, die **Folgen des Fehlens** dieser Voraussetzungen und die **Form der Eheschließung im Inland**. Besondere, dem Art 13 vorgehende staatsvertragliche Regelungen enthalten etwa das Haager Eheschließungsabkommen v 1902, das heute noch im Verhältnis zu Italien gilt, das CIEC-Eheschließungsabkommen v 1964 (Vertragsstaaten: Niederlande, Türkei, Spanien, Griechenland) sowie eine Vielzahl v bilateralen Konsularverträgen (zB Türkei, Japan).

2 **II. 1. Anknüpfungsgegenstand** des Abs 1 sind die **Voraussetzungen der Eheschließung**. Was eine Ehe ist, richtet sich nicht nach dem deutschen Ehebegriff, sondern ist weit zu verstehen, um auch dem deutschen Recht unbekannte Lebensformen einbeziehen zu können. Um allerdings nicht zu einem konturenlosen Ehebegriff zu kommen, muss man verlangen, dass die Beziehung eine solche ist, an die die Rechtsordnung Rechtsfolgen knüpft, die über diejenigen hinausgehen, die aus dem bloßen Zusammenleben v Menschen folgen. Es muss sich um eine gesteigerte personale Beziehung handeln (MK/Coester Rn 4). Es ist aber weder ein formaler, vor allem ein staatlicher Begründungsakt erforderlich, noch muss sich die Beziehung auf zwei Personen beschränken. Auch die neuen, staatlich registrierten Arten des Zusammenlebens (Zivilpakte, registrierte Partnerschaften usw) können hier eingeordnet werden, sofern sie zwischen Partnern unterschiedlichen Geschlechts bestehen, da auch sie gesteigerte Rechtsbeziehungen zwischen den Partnern begründen. Gleichgeschlechtliche Partnerschaften werden allerdings nur v Art 17 b erfasst (OLG Köln FamRZ 11, 563).

3 **Voraussetzungen der Eheschließung** sind die Ehemündigkeit, die erforderlichen Zustimmungen Dritter (vor allem der Eltern bei minderjährigen Verlobten), die Bedeutung v Willensmängeln und das Vorliegen v Ehehindernissen sowie die Möglichkeit, v diesen Befreiung zu erteilen oder einen Verstoß gegen sie zu heilen. Soweit eine Morgengabe echte Voraussetzung für eine Eheschließung ist, ist sie ebenfalls hier einzuordnen.

4 Regelungsgegenstand des Abs 1 sind außerdem die **Folgen**, welche das **Fehlen einer der Voraussetzungen der Eheschließung** hat, ob also eine absolut unwirksame Eheschließung vorliegt oder ob die Ehe nur aufhebbar ist oder es eines sonstigen gerichtlichen Verfahrens bedarf, um die Unwirksamkeit feststellen zu lassen. Auch die weiteren Folgen der unwirksamen Ehe richten sich nach dem nach Abs 1 ermittelten Recht, vor allem die Frage des status der Kinder und die vermögensrechtlichen Wirkungen. Dabei gilt grds das Prinzip des „ärgeren" Rechts, dh es kommt bei einer Aufhebung der Ehe (bzw einer nichtigen Ehe) darauf an, welche der beiden einschlägigen Rechtsordnungen der betroffenen Ehe die geringsten Folgen beimessen (OLG Stuttgart FamRZ 11, 217). Sind beide Rechtsnormen in ihren Wirkungen ähnlich, wendet das Gericht das eigene Recht an, sofern es das Recht eines der Ehegatten ist (KG FamRZ 02, 840; OLG Schleswig FamRZ 07, 470; aA OLG Zweibrücken FamRZ 06, 1201: in Täuschungsfällen das Recht des Verletzten).

5 Nicht unter Abs 1 fallen alle Fragen, die mit der **Form der Eheschließung** in Zusammenhang stehen, wie die Frage der Zulässigkeit einer gewillkürten Stellvertretung oder Botenschaft, die Anwesenheit vor dem Standesbeamten, die Zuständigkeit usw. Diese Fragen richten sich bei Inlandseheschließungen nach Abs 3, bei Auslandseheschließungen nach Art 11 (vgl Rn 15 f).

6 **2. a) Anknüpfungspunkt** ist in Bezug auf jeden der Verlobten seine **Staatsangehörigkeit** im Zeitpunkt der Eheschließung. Auf eine durch die Eheschließung erworbene StA kommt es dagegen nicht an. Die Voraussetzungen der Eheschließung richten sich für jeden Verlobten nach seinem eigenen Heimatrecht. Es handelt sich um eine Gesamtnormverweisung; Rückverweisung ist zu beachten (Art 4 I, III). Das Heimatrecht des anderen ist nur insofern bedeutsam, als sein (im konkreten Fall anwendbares) Sachrecht zweiseitige Ehehindernisse aufstellt, wie etwa Verwandtschaft, Doppelehe, Ver-

schiedengeschlechtlichkeit. In diesen Fällen ist das Hindernis auch dann erfüllt, wenn der andere Verlobte dag verstößt. Die Ehe kann dann nicht wirksam geschlossen werden.

Das Eheschließungsstatut ist **unwandelbar**. Durch einen Statutenwechsel (zB gemeinsamer Erwerb einer anderen StA durch beide Ehegatten) kann es aber zu einer Heilung der Ehe kommen, wenn die Ehe nach dem neuen, gemeinsamen Recht wirksam ist (KG FamRZ 86, 680; OLG München StAZ 93, 152). Das ist jedoch auf Ausnahmefälle zu beschränken, vor allem auf solche, in denen der Zweck der ursprünglichen Anknüpfung gegenstandslos geworden ist.

b) **Ausnahmsweise** ist hinsichtlich der Voraussetzungen der Eheschließung **deutsches (Sach-)Recht** anzuwenden, wenn aa) nach dem Personalstatut eine **Voraussetzung für die Eheschließung fehlt**. Erforderlich ist dazu bb) ein starker **Inlandsbezug**, weil einer der Verlobten Deutscher ist oder seinen gewA in Deutschland hat (Abs 2 Nr 1).

cc) Außerdem müssen die Verlobten **alle zumutbaren Schritte unternommen** haben, die nach dem Heimatrecht eines der Verlobten erforderliche Voraussetzung zu erfüllen (Abs 2 Nr 2). Die Verlobten müssen deswegen zB alles tun, um die Anerkennung eines Scheidungsbeschlusses im Heimatstaat zu erreichen oder sich um Befreiungen v Eheverboten bemühen, v denen Befreiung erteilt werden kann.

dd) Es muss **mit der Eheschließungsfreiheit** (Art 6 I GG) **unvereinbar** sein, die Eheschließung zu verweigern (Abs 2 Nr 3). Als Beispiel nennt Abs 2 Nr 3, dass eine frühere Ehe eines Verlobten, die der Eheschließung entgegensteht, durch eine in Deutschland erlassene oder anerkannte Entscheidung beseitigt worden oder der Ehegatten des Verlobten für tot erklärt wurde. Privatscheidungen fallen dann unter diese Regelung, wenn sie in Deutschland anerkannt werden. Die Regelung gilt sowohl für im Inland geschlossene Ehen als auch für die Nachbeurkundung einer im Ausland geschlossenen Ehe (OLG München FamRB Int 11, 33).

III. 1. Die **Form** einer **Eheschließung in Deutschland** richtet sich immer nach **deutschem Sachrecht**. Auf das nach Abs 1 für die Voraussetzungen der Eheschließung berufene Recht kommt es nicht an. Maßgeblich ist § 1310 BGB, die Ehe muss also vor dem Standesbeamten geschlossen werden. Das kann zu Ehen mit beschränkter Gültigkeit (sog hinkenden Ehen) führen, wenn die nach Abs 1 maßgebende Rechtsordnung allein religiöse Eheschließungen anerkennt oder andere zwingende Regelungen enthält, die bei einer deutschen Ziviltrauung nicht eingehalten werden (zB Beteiligung v Adoulen im marokkanischen Eherecht für Moslems).

Allerdings sieht Abs 3 S 2 vor, dass die Ehe auch vor einer **anderen Stelle** als dem Standesamt geschlossen werden kann, wenn es sich um eine v der Regierung eines anderen Staates ermächtigte Person handelt. Ob eine solche Ermächtigung vorliegt, bestimmt sich nach dem innerstaatlichen (öffentlichen) Recht des ermächtigenden Staates. Sie muss sich gerade darauf beziehen, in Deutschland Trauungen vornehmen zu dürfen, nicht auf die Befugnis zu Trauungen im Allgemeinen. Unzureichend ist deswegen die Tatsache, dass jemand in dem betreffenden Staat als Geistlicher generell Trauungen vornehmen darf. Enthalten sind derartige Ermächtigungen zB in Konsularverträgen oder Truppenstatuten.

Von den **Eheschließenden** muss mindestens einer dem **Staat angehören**, v dem die Ermächtigung stammt. Keiner darf Deutscher sein.

Die Eheschließung muss dann in der **Form des Staates** vorgenommen werden, der die Ermächtigung ausgesprochen hat. Als Sachnorm bestimmt Abs 3 S 2, 2. HS, dass eine beglaubigte Abschrift der Eintragung in das Standesregister, das v der ordnungsgemäß ermächtigten Person geführt wird, vollen Beweis für die Eheschließung bringt.

2. Die **Eheschließung im Ausland** richtet sich **nicht nach Abs 3**, sondern nach Art 11. Maßgeblich ist also entweder das Recht, das als Personalstatut beider Verlobten nach Abs 1 berufen ist oder das Recht des Ortes, an dem die Ehe geschlossen wird. Ist etwa im Ausland eine Eheschließung durch kirchliche Trauung vorgesehen, sind auch Deutsche, die dort heiraten, miteinander verheiratet. Die Ortsform reicht für die Gültigkeit der Ehe in Deutschland selbst dann, wenn das Ortsrecht eine derartige Ehe v Ausländern als nicht wirksam ansieht. Zur Form gehört auch die Frage der Zulässigkeit einer

Ferntrauung, einer Schiffstrauung sowie der Stellvertretung bei der Eheschließung („Handschuhehe", möglich zB in Montenegro).

16 Die früher in § 8 I KonsG vorgesehene Möglichkeit, in einem entsprechend bezeichneten Konsularbezirk in einem deutschen Konsulat zu heiraten (vgl StAZ 90, 151; 93, 131), wurde durch das Gesetz zur Reform des Personenstandsrechts mit Wirkung v 1.1.09 beseitigt.

Artikel 14 Allgemeine Ehewirkungen

(1) Die allgemeinen Wirkungen der Ehe unterliegen
1. dem Recht des Staates, dem beide Ehegatten angehören oder während der Ehe zuletzt angehörten, wenn einer von ihnen diesem Staat noch angehört, sonst
2. dem Recht des Staates, in dem beide Ehegatten ihren gewöhnlichen Aufenthalt haben oder während der Ehe zuletzt hatten, wenn einer von ihnen dort noch seinen gewöhnlichen Aufenthalt hat, hilfsweise
3. dem Recht des Staates, mit dem die Ehegatten auf andere Weise gemeinsam am engsten verbunden sind.

(2) Gehört ein Ehegatte mehreren Staaten an, so können die Ehegatten ungeachtet des Artikels 5 Abs. 1 das Recht eines dieser Staaten wählen, falls ihm auch der andere Ehegatte angehört.

(3) [1]Ehegatten können das Recht des Staates wählen, dem ein Ehegatte angehört, wenn die Voraussetzungen des Absatzes 1 Nr. 1 nicht vorliegen und
1. kein Ehegatte dem Staat angehört, in dem beide Ehegatten ihren gewöhnlichen Aufenthalt haben, oder
2. die Ehegatten ihren gewöhnlichen Aufenthalt nicht in demselben Staat haben.

[2]Die Wirkungen der Rechtswahl enden, wenn die Ehegatten eine gemeinsame Staatsangehörigkeit erlangen.

(4) [1]Die Rechtswahl muß notariell beurkundet werden. [2]Wird sie nicht im Inland vorgenommen, so genügt es, wenn sie den Formerfordernissen für einen Ehevertrag nach dem gewählten Recht oder am Ort der Rechtswahl entspricht.

1 **I.** Art 14 regelt, nach welchem Recht sich die **höchstpersönlichen Folgen der Ehe** bestimmen, also alle, die nicht als güterrechtliche einzuordnen sind (für diese ist Art 15 maßgebend), auch wenn sie selbst Vermögensbezug aufweisen. Maßgebend ist eine Anknüpfungsleiter, die mit der gemeinsamen Staatsangehörigkeit beginnt und mit dem gemeinsamen Aufenthalt endet Rn 4 ff). In beschränktem Maße ist auch die Rechtswahl zulässig (Rn 7 ff). Das Ehewirkungsstatut ist wandelbar. Ein renvoi und eine Weiterverweisung sind grds zu beachten. Ausgenommen sind nur die Fälle der Rechtswahl und der Anknüpfung an die engste Beziehung.

2 **II. 1. Anknüpfungsgegenstand** des Art 14 sind die **allg Wirkungen der Ehe**. Dazu gehören alle Wirkungen einer Ehe, die nicht v Güterstand abhängig sind (dazu Art 15), sondern unabhängig v Güterstand für alle Eheleute eintreten (nach deutschem Sachrecht §§ 1353–1362 BGB). Hierher gehören neben der Verpflichtung zur ehelichen Lebensgemeinschaft die Frage des ehelichen Wohnsitzes und der Wohnungsbenutzung, die Schlüsselgewalt, die Berufstätigkeit, die Haushaltsführung, die Pflicht zu Dienstleistungen für den anderen, allg Minderungen der Geschäftsfähigkeit der Ehefrau, das Verbot v bestimmten Rechtsgeschäften (vor allem Schenkungen) und Eigentumsvermutungen.

3 **Nicht** unter Art 14 fallen wegen spezialgesetzlicher Regelung die allg Ehewirkungen Name (dazu Art 10) und Unterhalt (dazu die EuUntVO und das Haager Unterhaltsprotokoll, s Anhang zu Art 18). Soweit eine Wohnungsbenutzung wegen Gewalttätigkeit des Partners geregelt werden soll, ist Art 17 a als lex specialis einschlägig.

4 **2.** Der **Anknüpfungspunkt** für die allg Ehewirkungen ist nicht einheitlich. Es gilt eine **Anknüpfungsleiter,** und in geringem Umfang ist auch die Rechtswahl gestattet. Außer in den Fällen, in denen es auf die engste Verbindung ankommt (Rn 6) und in denen eine Rechtswahl vorliegt (Rn 9), handelt es sich um Gesamtnormverweisungen. Die Rückverweisung ist zu beachten (Art 4 I, III). **a)** Die allg Ehewirkungen unterliegen pri-

mär dem Recht **des Staates, dem beide Ehegatten angehören** oder während der Ehe zuletzt angehörten (Abs 1 Nr 1). Für deutsche Ehegatten gilt also deutsches, für türkische türkisches Recht. Das gilt auch dann, wenn einer der Ehegatten die gemeinsame Staatsangehörigkeit aufgegeben hat. Voraussetzung ist nur, dass der andere die früher gemeinsame StA behalten hat.

b) Hatten die Eheleute nie eine gemeinsame StA oder haben beide sie aufgegeben, gilt das Recht des Staates, in dem sie ihren gewA haben oder während der Ehe zuletzt hatten (Abs 1 Nr 2). Auch insofern ist wieder einschränkende Voraussetzung, dass wenigstens ein Ehegatte diesen gewA beibehalten hat.

c) Hatten die Eheleute auch nie einen gemeinsamen gewA oder hat keiner v ihnen diesen beibehalten, gilt das Recht des Staates, mit dem die Ehegatten auf andere Weise **am engsten verbunden** sind (Abs 1 Nr 3). Das kann der Staat des längsten gemeinsamen schlichten Aufenthaltes sein, aber auch der, wo sich die Eheleute kennen gelernt oder wo sie geheiratet haben. In diesem Fall führt die Verweisung direkt zu den Sachnormen.

d) In Grenzen steht den Ehegatten für das auf die allg Wirkungen der Ehe anzuwendende Recht auch die **Rechtswahl** offen (Abs 2–4): Wählbar ist bei **Mehrstaatern** ungeachtet des Art 5 I auch das Recht einer anderen Staatsangehörigkeit, wenn der andere Ehegatte ebenfalls diese Staatsangehörigkeit hat. Heiratet also ein Deutsch-Franzose eine Französin, kann französisches Recht gewählt werden, auch wenn die Ehegatten in Deutschland leben. Liegen die Voraussetzungen v Abs 1 Nr 1 (gemeinsame StA oder ehemalige gemeinsame StA, wenn ein Ehegatte die früher gemeinsame StA beibehalten hat) nicht vor und gehört keiner der Ehegatten dem Staat an, in dem sie ihren gewA haben oder haben die Ehegatten keinen gemeinsamen gewA, können die Ehegatten das Recht eines der Staaten wählen, dem einer v ihnen angehört (Abs 3) – und zwar selbst dann, wenn diese StA nicht die effektive ist.

Die Rechtswahl muss **notariell beurkundet** werden. Erfolgt sie nicht in Deutschland, muss die Form der für einen Ehevertrag eingehalten werden, wie sie entweder dem gewählten Recht oder dem Recht am Ort der Rechtswahl entspricht (Abs 4). Sie kann jederzeit geändert werden.

Die Rechtswahl führt direkt zu den **Sachnormen** des gewählten Rechts (Art 4 II). Eine Weiter- oder Rückverweisung kommt nicht in Betracht. Die Wirkung der Rechtswahl endet in den Fällen des Abs 3, wenn die Ehegatten eine gemeinsame StA erlangen. V nun an gilt das gemeinsame Heimatrecht.

3. Aus Gründen des **Verkehrsschutzes** ist bei Beschränkungen der Geschäftsfähigkeit der Ehefrau durch die Eheschließung Art 12 I entsprechend anzuwenden. Darüber hinaus ist Art 16 zu beachten, wonach auch für unter einem ausländischen Ehewirkungsstatut stehende Ehegatten im Inland bestimmte Sachvorschriften des deutschen Rechts immer anzuwenden sind.

Artikel 15 Güterstand

(1) Die güterrechtlichen Wirkungen der Ehe unterliegen dem bei der Eheschließung für die allgemeinen Wirkungen der Ehe maßgebenden Recht.
(2) Die Ehegatten können für die güterrechtlichen Wirkungen ihrer Ehe wählen
1. das Recht des Staates, dem einer von ihnen angehört,
2. das Recht des Staates, in dem einer von ihnen seinen gewöhnlichen Aufenthalt hat, oder
3. für unbewegliches Vermögen das Recht des Lageorts.
(3) Artikel 14 Abs. 4 gilt entsprechend.
(4) Die Vorschriften des Gesetzes über den ehelichen Güterstand von Vertriebenen und Flüchtlingen bleiben unberührt.

I. Art 15 regelt **die güterrechtlichen Wirkungen der Ehe**, also solche, die nicht bei jeder Ehe eintreten, sondern abhängig v jeweils einschlägigen Güterstand sind. Insoweit ist eine Art 14 ähnliche Anknüpfung vorgesehen. Der wesentliche Unterschied besteht aber darin, dass das Güterrechtsstatut nicht wandelbar ist. Es kommt allein auf den Anknüpfungspunkt im Zeitpunkt der Eheschließung an. Das gilt aus deutscher Sicht auch dann, wenn das Recht, auf das verwiesen ist, ein wandelbares Güterrechtsstatut kennt (OLG Nürnberg FamRZ 11, 1509). Wie im Bereich der allg Ehewirkungen auch ist den Ehegatten in gewissem Umfang die Rechtswahl eröffnet.

2 **Besonderheiten** ergeben sich daraus, dass in manchen Fällen die fortdauernde Geltung des einmal fixierten Rechts unzumutbar sein kann, weil etwa die Betroffenen aus dem Land geflohen sind, zu dem das Güterrechtsstatut führt (Rn 8). Außerdem ergeben sich **Übergangsprobleme**, wenn sich das maßgebende IPR ändert. In Bezug auf Änderungen des deutschen IPR ist insoweit Art 220 III zu beachten. Daraus ergibt sich: Art 15 gilt uneingeschränkt erst für die Zeit ab dem 9.4.83. Er wird aber auch auf Ehen angewendet, die schon früher bestanden. Stichtag ist dann der 8.4.83 (statt des Datums der Eheschließung). Das gilt allerdings nicht für die Ehen, die vor dem 1.4.53 geschlossen wurden. Insoweit bleibt es bei Art 15 aF, nach dem das Heimatrecht des Mannes anzuwenden war. Allerdings können die Eheleute eine Rechtswahl nach Abs 2, 3 treffen. Für die v 1.4.53 bis 8.4.83 (einschließlich) geschlossenen Ehen gilt bis 8.4.83 (einschließlich) das gemeinsame Heimatrecht, hilfsweise das Recht, dem sich die Ehegatten unterstellt haben oder v dem sie ausgegangen sind, letzthilfsweise das Heimatrecht des Mannes. V 9.4.83 an ist dann Art 15 anzuwenden.

3 **II. 1. Anknüpfungsgegenstand** des Art 15 ist das **eheliche Güterrecht**. Das sind alle Regeln des materiellen Rechts, die unter Eheleuten eine bestimmte Sonderordnung schaffen, soweit es um die vermögensrechtliche Stellung zueinander geht, die eine solche Sonderordnung in bestimmten Fällen ausschließen oder bei deren Ende die Abwicklung bestimmen. Zum Vorrang des Belegenheitsstatuts s aber Art 3 III (Art 3 Rn 11 ff).

4 Ebenfalls unter das Güterrechtsstatut fallen **Eheverträge**. Erfasst ist die Frage, ob Eheverträge überhaupt zulässig sind, welchen Inhalt sie haben können und wann sie unwirksam sind. Ebenfalls unter das Güterrechtsstatut fällt die Frage der Formbedürftigkeit (soweit nicht eine andere Ortsform maßgebend ist, Art 11) und die Frage, ob die Ehegatten hinsichtlich ihrer Geschäftsfähigkeit besondere Anforderungen erfüllen müssen.

5 Soweit sich **Abgrenzungsfragen zum Erbrecht** ergeben, ist danach zu unterscheiden, ob der Vermögensausgleich gerade wegen einer zu Lebzeiten der Eheleute bestehenden, in der Ehe begründeten Sonderordnung erfolgt (dann Art 15) oder ob der überlebende Ehegatte ohne Rücksicht auf die zwischen ihnen bestehende vermögensrechtliche Sonderbeziehung allein wegen der persönlichen Nähe zum Verstorbenen finanziell begünstigt wird (dann Art 25).

6 **Nicht unter Art 15** fallen alle persönlichen Wirkungen der Ehe, also solche Wirkungen, die unabhängig v einer vermögensrechtlichen Sonderbeziehung unter den Eheleuten allein deswegen eintreten, weil sie verheiratet sind. Das gilt auch dann, wenn sie vermögensrechtliche Auswirkungen haben, wie zB die Schlüsselgewalt, Eigentumsvermutungen, Verbote v bestimmten Rechtsgeschäften usw (vgl Art 14 Rn 2).

7 **2. Der Anknüpfungspunkt** ist in Bezug auf das Güterrechtsstatut identisch mit demjenigen des Statuts der allg Ehewirkungen (Art 14 Rn 4 ff). Allerdings wird bei Art 15 unwandelbar im Zeitpunkt der Eheschließung angeknüpft (Rn 1). Ob eine Gesamt- oder Sachnormverweisung vorliegt, ist wie bei Art 14 zu entscheiden (vgl Art 14 Rn 4, 6, 9).

8 Besonderheiten gelten für **Vertriebene und Flüchtlinge** nach dem Gesetz über den ehelichen Güterstand v Vertriebenen und Flüchtlingen v 4.8.69 (BGBl I 1067). Für die unter § 1 I 1 des Bundesvertriebenengesetzes fallenden Personen gilt deutsches Recht, sofern sie ihren gewA im Bundesgebiet haben. Für andere Flüchtlinge bleibt es bei der Regelung des Art 15.

9 **3. Eine Rechtswahl** ist für das Güterrechtsstatut in Abs 2 zugelassen. Gewählt werden kann das Recht eines jeden Staates, dem mindestens einer der Ehegatten angehört (Abs 2 Nr 1). Dabei braucht es sich nicht um die effektive Staatsangehörigkeit (vgl Art 5 I) zu handeln.

Ebenso wählbar ist das Recht des Staates, in dem mindestens einer der Ehegatten seinen **gewA** hat (Abs 2 Nr 2). 10

Für **unbewegliches Vermögen** kann das **Recht des Lageortes** gewählt werden. Es kommt dann ggf zu einem gespaltenen Güterrechtsstatut (Abs 2 Nr 3). Die Wahl kann auf Teile des unbeweglichen Vermögens beschränkt werden (zB auf die Grundstücke in Frankreich, während für die Grundstücke in Belgien keine Regelung getroffen wird). 11

Die Rechtswahl muss **notariell beurkundet** werden. Erfolgt sie nicht in Deutschland, muss die Form der für einen Ehevertrag eingehalten werden, wie sie entweder dem gewählten Recht oder dem Recht am Ort der Rechtswahl entspricht (Abs 3 iVm Art 14 IV). Sie kann jederzeit geändert oder aufgehoben werden. Das ist eine Ausnahme v der grds Unwandelbarkeit des Güterrechtsstatuts. 12

Die Rechtswahl führt direkt zu den **Sachnormen** des gewählten Rechts (Art 4 II). Eine Weiter- oder Rückverweisung kommt nicht in Betracht. 13

4. Aus Gründen des **Verkehrsschutzes** ist Art 16 zu beachten, wonach auch für unter einem ausländischen Ehewirkungsstatut stehende Ehegatten im Inland bestimmte Sachvorschriften des deutschen Rechts immer anzuwenden sind. 14

III. Bevorstehende Rechtsänderungen. Die EU beabsichtigt, das Internationale Güterrecht in den Mitgliedstaaten zu vereinheitlichen. Es ist deswegen in naher Zukunft mit der Verabschiedung einer Europäischen GüterrechtsVO zu rechnen. Diese wird die Rechtswahlmöglichkeiten der Eheleute stärken und die Kegel'sche Leiter umkehren. In Zukunft wird deswegen nicht mehr in erster Linie die gemeinsame Staatsangehörigkeit zu Beginn der Ehe, sondern das erste gemeinsame gewöhnliche Aufenthaltsland darüber entscheiden, welches Recht auf den Güterstand anzuwenden ist. Mit dem Inkrafttreten der neuen Regelungen ist frühestens 2015 zu rechnen. Sie werden wahrscheinlich nur für danach begründete Güterstände gelten. Im Übrigen wird Art 15 weiter gelten. 15

Artikel 16 Schutz Dritter

(1) Unterliegen die güterrechtlichen Wirkungen einer Ehe dem Recht eines anderen Staates und hat einer der Ehegatten seinen gewöhnlichen Aufenthalt im Inland oder betreibt er hier ein Gewerbe, so ist § 1412 des Bürgerlichen Gesetzbuchs entsprechend anzuwenden; der fremde gesetzliche Güterstand steht einem vertragsmäßigen gleich.

(2) Auf im Inland vorgenommene Rechtsgeschäfte ist § 1357, auf hier befindliche bewegliche Sachen § 1362, auf ein hier betriebenes Erwerbsgeschäft sind die §§ 1431 und 1456 des Bürgerlichen Gesetzbuchs sinngemäß anzuwenden, soweit diese Vorschriften für gutgläubige Dritte günstiger sind als das fremde Recht.

I. Art 16 dient dem **Verkehrsschutz** im Inland. Da die Geltung eines ausländischen Rechts als Ehewirkungs- oder Güterrechtsstatut oft nicht ohne weiteres ersichtlich ist, soll der Rechtsverkehr in Deutschland dadurch geschützt werden, dass bestimmte Minimalgrundsätze auch dann für anwendbar erklärt werden, wenn an sich ein ausländisches Recht gilt. 1

II. 1. Bei **Geltung ausländischen Güterrechts** ist § 1412 BGB entsprechend anzuwenden, wenn (mindestens) einer der Ehegatten in Deutschland seinen gewA hat oder ein Gewerbe betreibt (Abs 1). Das bedeutet, dass sich die Eheleuten gutgläubigen Dritten nur dann auf Abweichungen des fremden Güterrechts v deutschen gesetzlichen Güterstand der Zugewinngemeinschaft (§§ 1363 ff BGB) berufen können, wenn die Geltung des ausländischen Güterrechts im Güterrechtsregister eingetragen ist. 2

2. Auch unabhängig v der Geltung eines ausländischen Güterrechts sind bestimmte Regelungen des deutschen Rechts der **Ehewirkungen** anzuwenden, wenn sie für gutgläubige Dritte günstiger sind als die an sich nach Art 14 maßgeblichen ausländischen Regelungen. Für in Deutschland vorgenommene Rechtsgeschäfte gelten immer die Regelungen über die Schlüsselgewalt (§ 1357 BGB), für in Deutschland belegene bewegliche Sachen zu Gunsten der Gläubiger eines Ehegatten die Eigentumsvermutung des § 1362 BGB und für ein hier betriebenes Erwerbsgeschäft eines Ehegatten, der im Güterstand 3

der Gütergemeinschaft lebt die besonderen Haftungsregelungen der §§ 1431, 1456 BGB.

4 Abs 2 gilt entsprechend, wenn bei Geltung deutschen Güterrechts im Ausland Geschäfte vorgenommen werden und das ausländische Recht entsprechende Schutzmechanismen für seinen Rechtsverkehr kennt.

Artikel 17 Besondere Scheidungsfolgen; Entscheidung durch Gericht

(1) Vermögensrechtliche Scheidungsfolgen, die nicht von anderen Vorschriften dieses Abschnitts erfasst sind, unterliegen dem nach der Verordnung (EU) Nr. 1259/2010 auf die Scheidung anzuwendenden Recht.

(2) Eine Ehe kann im Inland nur durch ein Gericht geschieden werden.

(3) ¹Der Versorgungsausgleich unterliegt dem nach der Verordnung (EU) Nr. 1259/2010 auf die Scheidung anzuwendenden Recht; er ist nur durchzuführen, wenn danach deutsches Recht anzuwenden ist und ihn das Recht eines der Staaten kennt, denen die Ehegatten im Zeitpunkt des Eintritts der Rechtshängigkeit des Scheidungsantrags angehören. ²Im Übrigen ist der Versorgungsausgleich auf Antrag eines Ehegatten nach deutschem Recht durchzuführen, wenn einer der Ehegatten in der Ehezeit ein Anrecht bei einem inländischen Versorgungsträger erworben hat, soweit die Durchführung des Versorgungsausgleichs insbesondere im Hinblick auf die beiderseitigen wirtschaftlichen Verhältnisse während der gesamten Ehezeit der Billigkeit nicht widerspricht.

1 **I.** Art 17 betraf bislang die **Scheidung der Ehe** und alle anderen Formen einer Auflösung der Ehe mit Wirkung für die Zukunft (außer der Beendigung durch Tod). Angeknüpft wurde grds in gleicher Weise wie bei Art 14. Durch das Inkrafttreten der VO 1259/2010 („Rom III") ist Art 17 I aF mit Wirkung zum 22.6.12 außer Kraft getreten, durch das G zur Anpassung der Vorschriften des Internationalen Privatrechts an die Verordnung (EU) Nr 1259/2010 und zur Änderung anderer Vorschriften des Internationalen Privatrechts v 23.1.13 (BGBl I 101) ist der alte Abs 1 dann auch förmlich aufgehoben worden, und die Regelung des Abs 3, die das auf den Versorgungsausgleich anzuwendende Recht regelt, wurde an die VO 1259/2010 angepasst. Das bedeutet, dass auf die in der Zwischenzeit anhängig gewordenen Fälle zwar in Bezug auf die Scheidung die VO 1259/2010 anzuwenden ist, auf den Versorgungsausgleich aber Art 17 III aF. Unverändert geblieben ist Abs 2. In Abs 1 findet sich jetzt eine Regelung über die sonst nicht geregelten vermögensrechtlichen Scheidungsfolgen. Zum IPR der Scheidung s jetzt die Kommentierung der VO 1259/2010 im Anhang zu Art 17 EGBGB.

2 **II. 1. Anknüpfungsgegenstand** v Art 17 I sind die **sonstigen vermögensrechtlichen Folgen der Scheidung.** Es handelt sich um eine Auffangregelung, die nur solche vermögensrechtlichen Wirkungen erfasst, welche nicht durch andere Regelungen abgedeckt werden. Nicht in den Anwendungsbereich des Abs 1 fallen deswegen güterrechtliche Fragen (vgl Art 15 EGBGB), der Versorgungsausgleich (vgl Art 17 III EGBGB) und die Zuweisung einer in Deutschland belegenen Ehewohnung oder die Verteilung v in Deutschland belegenen Haushaltsgegenständen (vgl Art 17 a EGBGB) sowie den Unterhalt (vgl die EuUntVO u das Haager Unterhaltsprotokoll, Anhang zu Art 18 EGBGB). Erbrechtliche Folgen der Scheidung richten sich nach Art 25 f EGBGB, demnächst nach der EuErbRVO). Dass nichtvermögensrechtliche Folgen der Scheidung, wie etwa das Namensrecht (vgl Art 10 EGBGB) und das Verhältnis v Eltern zu ihren Kindern (vgl Art 19 EGBGB), nicht unter Abs 1 fallen, ergibt sich schon aus der direkten Bezugnahme auf vermögensrechtliche Folgen in Abs 1.

3 Damit verbleiben als Anwendungsbereich des Abs 1 noch die **Zuweisung v im Ausland belegenen Ehewohnungen** und die Verteilung v im Ausland belegenen **Haushaltsgegenständen** sowie sonstige vermögensrechtliche Folgen, die dem deutschen Recht unbekannt sind, wie etwa **Entschädigungs- und Abfindungsansprüche.**

4 Ob eine **Ehe besteht** und ob sie **scheidbar** ist, ist selbständig anzuknüpfen.

Auf die genannten vermögensrechtlichen Folgen der Scheidung ist das Recht anzuwen- 5
den, das die VO 1259/2010 für die Scheidung bestimmt (s dazu die Kommentierung im
Anhang zu Art 17). Zweifelhaft ist, ob eine **Rück- oder Weiterverweisung** zu beachten
ist. Dafür spricht der Grundsatz des Art 4 I, II. Allerdings ist zu beachten, dass die Verweisungen der VO 1259/2010 keine Gesamtnorm-, sondern Sachnormverweisungen
sind (Art 11 VO 1259/2010). Sollen die vermögensrechtlichen Folgen der Scheidung
im Sinne eines Entscheidungseinklangs ebenfalls der für die Scheidung maßgebenden
Rechtsordnung unterworfen werden, dann muss auch Abs 1 als Sachnormverweisung
ausgelegt werden. Rück- und Weiterverweisungen sind deswegen nicht zu beachten.

(entfällt) 6-10

III. 1. Welche **Anforderungen an die Durchführung der Scheidung,** an eine andere Ehe- 11
beendigung ex nunc oder Trennung v Tisch und Bett zu stellen sind, richtet sich grds
nach dem durch die VO 1259/2010 berufenen Recht. S dazu die Kommentierung im
Anhang zu Art 17.

2. Für die **Scheidung in Deutschland** ergibt sich aus dem deutschen ordre public inso- 12
fern aber noch eine Einschränkung: Hier kann eine Ehe **nur durch ein Gericht** geschieden werden (Abs 2). Das gilt auch dann, wenn ein Scheidungsrecht gilt, dass keine
staatliche Scheidung oder neben der staatlichen Scheidung eine durch private Willenserklärung erfolgende Scheidung kennt. Vor allem eine Verstoßung nach islamischem
Recht durch private Erklärung oder die Scheidung nach jüdischem Recht durch Übergabe eines Scheidebriefs kommt in Deutschland nicht in Betracht (BGHZ 176, 365; s
aber Rn 15).

Von der Frage, welches Recht für die Scheidung gilt, ist die Frage zu unterscheiden, ob 13
deutsche Gerichte für eine Scheidung zuständig sind. Primär ergibt sich diese zurzeit
aus der VO (EG) Nr 2201/2003 v 27.11.03 (ABl EG L 338, 1, sog Brüssel IIa-VO), die
innerdeutsch durch das G zur Aus- und Durchführung internationaler Rechtsinstrumente auf dem Gebiet des Familienrechts (Familienrechts-Ausführungsgesetz, FamRAG) als deutsches Gesetz erlassen wurde. Die Zuständigkeit kann durch den gemeinsamen, ggf auch durch den gewA eines Ehegatten in einem Mitgliedstaat der EU, gemeinsame Staatsangehörigkeit oder gemeinsames domicile in Großbritannien oder Irland begründet werden. Die Zuständigkeit nach der Brüssel IIa-VO ist eine ausschließliche, wenn der Antragsgegner seinen gewA in einem Mitgliedstaat der EU hat.

3. Bei einer **Scheidung im Ausland** stellt sich nur die Frage, ob die Entscheidung in 14
Deutschland anzuerkennen ist. Maßgeblich dafür ist ebenfalls die Brüssel IIa-VO
(Rn 12), soweit Entscheidungen aus Mitgliedstaaten der EU (außer Dänemark) betroffen sind, sonst § 107 FamFG. Die Anerkennungsfähigkeit ist grds gegeben, wenn das
ausländische Gericht für die Scheidung zuständig war. Irrelevant ist dag, ob es das
nach deutscher Auffassung maßgebliche Recht angewendet und ob es materiellrechtlich richtig entschieden hat.

4. **Privatscheidungen** sind grds anzuerkennen, wenn die Voraussetzungen des nach der 15
VO 1259/2010 berufenen Rechts eingehalten sind und die Privatscheidung im Ausland
vorgenommen wurde (BGH NJW 90, 2194; FamRZ 94, 435). Das gilt auch dann,
wenn die Privatscheidung in einem anderen Staat vorgenommen wird als dem, dessen
Recht nach nach der VO 1259/2010 berufen ist. Soweit allerdings deutsches Recht anzuwenden wäre, kommt die Anerkennung der Privatscheidung nicht in Betracht
(BGHZ 176, 365; OLG Braunschweig FamRZ 01, 561). Verfahrenstechnisch richtet
sich die Anerkennung nach § 107 FamFG, falls eine Behörde im Ausland an der Privatscheidung (zB durch amtliche Registrierung) mitgewirkt hat. Die Brüssel IIa VO
(Rn 12) ist auf Privatscheidungen nicht anzuwenden.

IV. 1. Die **Scheidungsnebenfolgen** richten sich nur nach dem durch die VO 1259/2010 16
berufenen Recht, soweit das besonders bestimmt ist, wie in Abs 1 für die sonstigen vermögensrechtlichen Folgen der Scheidung. Soweit eine Spezialregelung existiert, welche
die Scheidungsnebenfolge abweichend regelt, geht diese aber vor. Derartige Spezialregelungen bestehen für den Unterhalt (vgl die EuUntVO iVm dem Haager Unterhaltsprotokoll, Kommentierung nach Art 18), das Güterrecht (Art 15), Verteilung v Hausrat und Zuweisung der Ehewohnung (Art 17 a) und das Verhältnis v Eltern zu ihren

Kindern (vgl Art 19, KSÜ). Die Namensfrage richtet sich nach Art 10, insoweit wird die Scheidung unselbständig angeknüpft. Erbrechtliche Folgen der Scheidung richten sich nach Art 25 f, demnächst nach der EuErbVO.

17 **2.** Für den **Versorgungsausgleich** gelten Besonderheiten. Er unterliegt grds dem nach der VO 1259/2010 maßgeblichen Recht. Insoweit wurde die Regelung durch das G zur Anpassung der Vorschriften des Internationalen Privatrechts an die Verordnung (EU) Nr. 1259/2010 und zur Änderung anderer Vorschriften des Internationalen Privatrechts v 23.1.13 (BGBl I 101) an die Änderung des Scheidungs-IPR angepasst. Die Änderung gilt für alle seit dem 29.1.13 rechtshängig gewordenen Verfahren. Für Verfahren, die früher rechtshängig wurden, ist das alte Recht (das an Art 17 I aF anknüpfte, vgl dazu die Kommentierung in der Voraufl) anzuwenden, auch soweit die Scheidung schon der VO 1259/2010 unterlag.

18 Wie nach früherem Recht ist der **Versorgungsausgleich vAw** aber nur dann durchzuführen, wenn danach deutsches Recht zur Anwendung kommt und ihn das Recht mindestens eines der Staaten kennt, denen die Ehegatten im Zeitpunkt der Rechtshängigkeit angehören. Damit soll verhindert werden, dass es zu einem Ausgleich kommt, der nach dem Heimatrecht keines der Ehegatten vorgesehen ist und mit dem deswegen beide nicht rechneten. Die Voraussetzung, dass deutsches Recht zur Anwendung kommen muss, wurde erst durch das VAStrRefG im Jahr 2009 eingefügt. Damit können Versorgungsausgleiche nach ausländischem (va schweizerischem) Recht nicht mehr vorkommen.

19 Die Einschränkung des Abs 3 S 1 darf allerdings auch nicht dazu führen, dass in Deutschland bestehende Versorgungsanrechte ohne jeden Ausgleich bleiben. Deswegen sieht Abs 3 S 2 vor, dass auf den **Antrag eines Ehegatten** der Versorgungsausgleich nach deutschem Recht stattfindet, wenn ein Ehegatte inländische Versorgungsanrechte erworben hat. Die Voraussetzungen wurden gegenüber dem bisherigen Rechtszustand erheblich vereinfacht und verändert. Es kommt jetzt nur noch darauf an, dass einer Ehegatten in Deutschland Versorgungsanrechte erworben hat. Das kann jetzt auch der Antragsteller sein (der auf diesem Wege erreichen will, dass Anrechte des anderen Ehegatten, die dieser im Ausland erworben hat ausgeglichen werden). Aufgehoben wurde die Regelung, dass gerade der Antragsgegner die Anrechte erworben haben musste, und entfallen ist auch die Ausnahme, dass ein Versorgungsausgleich vAw stattfindet, wenn die allg Ehewirkungen (Art 14) während eines Teils der Ehe einem Recht unterlagen, das den Versorgungsausgleich kennt (das betraf Ehegatten mit gemeinsamer Nationalität aus einem Land, das den Versorgungsausgleich kennt oder mit gemischter Nationalität, die in Deutschland lebten). Heute kann es deswegen nicht mehr vorkommen, dass nur einer der Ehegatten den Antrag stellen kann.

20 In den Fällen, in denen der Versorgungsausgleich nur auf den Antrag eines Ehegatten hin stattfindet, gilt aber eine spezielle **Billigkeitsklausel**: Der Versorgungsausgleich findet nur statt, wenn seine Durchführung im Hinblick auf die beiderseitigen wirtschaftlichen Verhältnisse auch während der nicht in Deutschland verbrachten Ehe der Billigkeit nicht widerspricht. Das persönliche Fehlverhalten eines Ehegatten in der Zeit nach der Aufhebung der ehelichen Lebensgemeinschaft rechtfertigt den Ausschluss des Versorgungsausgleichs aber nur ausnahmsweise und nur dann, wenn das Fehlverhalten besonders krass ist oder sonst unter den Ehepartnern besonders belastenden Umständen geschieht und die Durchführung des Versorgungsausgleichs unerträglich erscheint (BGH v 16.10.2013 – XII ZB 176/12).

Anhang zu Artikel 17

Verordnung (EU) Nr. 1259/2010 des Rates

vom 20. Dezember 2010

zur Durchführung einer Verstärkten Zusammenarbeit im Bereich des auf die Ehescheidung und Trennung ohne Auflösung des Ehebandes anzuwendenden Rechts

(ABl. L 343 vom 29.12.2010, S. 10)

[– Auszug –]
[Erwägungsgründe nicht abgedruckt]

KAPITEL I ANWENDUNGSBEREICH, VERHÄLTNIS ZUR VERORDNUNG (EG) Nr. 2201/2003, BEGRIFFSBESTIMMUNGEN UND UNIVERSELLE ANWENDUNG

Art. 1 Anwendungsbereich

(1) Diese Verordnung gilt für die Ehescheidung und die Trennung ohne Auflösung des Ehebandes in Fällen, die eine Verbindung zum Recht verschiedener Staaten aufweisen.

(2) Diese Verordnung gilt nicht für die folgenden Regelungsgegenstände, auch wenn diese sich nur als Vorfragen im Zusammenhang mit einem Verfahren betreffend die Ehescheidung oder Trennung ohne Auflösung des Ehebandes stellen:
a) die Rechts- und Handlungsfähigkeit natürlicher Personen,
b) das Bestehen, die Gültigkeit oder die Anerkennung einer Ehe,
c) die Ungültigerklärung einer Ehe,
d) die Namen der Ehegatten,
e) die vermögensrechtlichen Folgen der Ehe,
f) die elterliche Verantwortung,
g) Unterhaltspflichten,
h) Trusts und Erbschaften.

Art. 2 Verhältnis zur Verordnung (EG) Nr. 2201/2003

Diese Verordnung lässt die Anwendung der Verordnung (EG) Nr. 2201/2003 unberührt.

Art. 3 Begriffsbestimmungen

Für die Zwecke dieser Verordnung bezeichnet der Begriff:
1. „teilnehmender Mitgliedstaat" einen Mitgliedstaat, der auf der Grundlage des Beschlusses 2010/405/EU des Rates vom 12. Juli 2010 oder auf der Grundlage eines gemäß Artikel 331 Absatz 1 Unterabsatz 2 oder 3 des Vertrags über die Arbeitsweise der Europäischen Union angenommenen Beschlusses an der Verstärkten Zusammenarbeit im Bereich des auf die Ehescheidung und Trennung ohne Auflösung des Ehebandes anzuwendenden Rechts teilnimmt;
2. „Gericht" alle Behörden der teilnehmenden Mitgliedstaaten, die für Rechtssachen zuständig sind, die in den Anwendungsbereich dieser Verordnung fallen.

KAPITEL II EINHEITLICHE VORSCHRIFTEN ZUR BESTIMMUNG DES AUF DIE EHESCHEIDUNG UND TRENNUNG OHNE AUFLÖSUNG DES EHEBANDES ANZUWENDENDEN RECHTS

Art. 5 Rechtswahl der Parteien

(1) Die Ehegatten können das auf die Ehescheidung oder die Trennung ohne Auflösung des Ehebandes anzuwendende Recht durch Vereinbarung bestimmen, sofern es sich dabei um das Recht eines der folgenden Staaten handelt:

a) das Recht des Staates, in dem die Ehegatten zum Zeitpunkt der Rechtswahl ihren gewöhnlichen Aufenthalt haben, oder
b) das Recht des Staates, in dem die Ehegatten zuletzt ihren gewöhnlichen Aufenthalt hatten, sofern einer von ihnen zum Zeitpunkt der Rechtswahl dort noch seinen gewöhnlichen Aufenthalt hat, oder
c) das Recht des Staates, dessen Staatsangehörigkeit einer der Ehegatten zum Zeitpunkt der Rechtswahl besitzt, oder
d) das Recht des Staates des angerufenen Gerichts.

(2) Unbeschadet des Absatzes 3 kann eine Rechtswahlvereinbarung jederzeit, spätestens jedoch zum Zeitpunkt der Anrufung des Gerichts, geschlossen oder geändert werden.

(3) Sieht das Recht des Staates des angerufenen Gerichts dies vor, so können die Ehegatten die Rechtswahl vor Gericht auch im Laufe des Verfahrens vornehmen. In diesem Fall nimmt das Gericht die Rechtswahl im Einklang mit dem Recht des Staates des angerufenen Gerichts zu Protokoll.

Art. 6 Einigung und materielle Wirksamkeit

(1) Das Zustandekommen und die Wirksamkeit einer Rechtswahlvereinbarung oder einer ihrer Bestimmungen bestimmen sich nach dem Recht, das nach dieser Verordnung anzuwenden wäre, wenn die Vereinbarung oder die Bestimmung wirksam wäre.

(2) Ergibt sich jedoch aus den Umständen, dass es nicht gerechtfertigt wäre, die Wirkung des Verhaltens eines Ehegatten nach dem in Absatz 1 bezeichneten Recht zu bestimmen, so kann sich dieser Ehegatte für die Behauptung, er habe der Vereinbarung nicht zugestimmt, auf das Recht des Staates berufen, in dem er zum Zeitpunkt der Anrufung des Gerichts seinen gewöhnlichen Aufenthalt hat.

Art. 7 Formgültigkeit

(1) Die Rechtswahlvereinbarung nach Artikel 5 Absätze 1 und 2 bedarf der Schriftform, der Datierung sowie der Unterzeichnung durch beide Ehegatten. Elektronische Übermittlungen, die eine dauerhafte Aufzeichnung der Vereinbarung ermöglichen, erfüllen die Schriftform.

(2) Sieht jedoch das Recht des teilnehmenden Mitgliedstaats, in dem beide Ehegatten zum Zeitpunkt der Rechtswahl ihren gewöhnlichen Aufenthalt hatten, zusätzliche Formvorschriften für solche Vereinbarungen vor, so sind diese Formvorschriften anzuwenden.

(3) Haben die Ehegatten zum Zeitpunkt der Rechtswahl ihren gewöhnlichen Aufenthalt in verschiedenen teilnehmenden Mitgliedstaaten und sieht das Recht beider Staaten unterschiedliche Formvorschriften vor, so ist die Vereinbarung formgültig, wenn sie den Vorschriften des Rechts eines dieser Mitgliedstaaten genügt.

(4) Hat zum Zeitpunkt der Rechtswahl nur einer der Ehegatten seinen gewöhnlichen Aufenthalt in einem teilnehmenden Mitgliedstaat und sind in diesem Staat zusätzliche Formanforderungen für diese Art der Rechtswahl vorgesehen, so sind diese Formanforderungen anzuwenden.

Art. 8 In Ermangelung einer Rechtswahl anzuwendendes Recht

Mangels einer Rechtswahl gemäß Artikel 5 unterliegen die Ehescheidung und die Trennung ohne Auflösung des Ehebandes:
a) dem Recht des Staates, in dem die Ehegatten zum Zeitpunkt der Anrufung des Gerichts ihren gewöhnlichen Aufenthalt haben, oder anderenfalls
b) dem Recht des Staates, in dem die Ehegatten zuletzt ihren gewöhnlichen Aufenthalt hatten, sofern dieser nicht vor mehr als einem Jahr vor Anrufung des Gerichts endete und einer der Ehegatten zum Zeitpunkt der Anrufung des Gerichts dort noch seinen gewöhnlichen Aufenthalt hat, oder anderenfalls
c) dem Recht des Staates, dessen Staatsangehörigkeit beide Ehegatten zum Zeitpunkt der Anrufung des Gerichts besitzen, oder anderenfalls
d) dem Recht des Staates des angerufenen Gerichts.

Art. 9 Umwandlung einer Trennung ohne Auflösung des Ehebandes in eine Ehescheidung

(1) Bei Umwandlung einer Trennung ohne Auflösung des Ehebandes in eine Ehescheidung ist das auf die Ehescheidung anzuwendende Recht das Recht, das auf die Trennung ohne Auflösung des Ehebandes angewendet wurde, sofern die Parteien nicht gemäß Artikel 5 etwas anderes vereinbart haben.

(2) Sieht das Recht, das auf die Trennung ohne Auflösung des Ehebandes angewendet wurde, jedoch keine Umwandlung der Trennung ohne Auflösung des Ehebandes in eine Ehescheidung vor, so findet Artikel 8 Anwendung, sofern die Parteien nicht gemäß Artikel 5 etwas anderes vereinbart haben.

Art. 10 Anwendung des Rechts des Staates des angerufenen Gerichts

Sieht das nach Artikel 5 oder Artikel 8 anzuwendende Recht eine Ehescheidung nicht vor oder gewährt es einem der Ehegatten aufgrund seiner Geschlechtszugehörigkeit keinen gleichberechtigten Zugang zur Ehescheidung oder Trennung ohne Auflösung des Ehebandes, so ist das Recht des Staates des angerufenen Gerichts anzuwenden.

Art. 11 Ausschluss der Rück- und Weiterverweisung

Unter dem nach dieser Verordnung anzuwendenden Recht eines Staates sind die in diesem Staat geltenden Rechtsnormen unter Ausschluss derjenigen des Internationalen Privatrechts zu verstehen.

Art. 12 Öffentliche Ordnung (Ordre public)

Die Anwendung einer Vorschrift des nach dieser Verordnung bezeichneten Rechts kann nur versagt werden, wenn ihre Anwendung mit der öffentlichen Ordnung (*Ordre public*) des Staates des angerufenen Gerichts offensichtlich unvereinbar ist.

Art. 13 Unterschiede beim nationalen Recht

Nach dieser Verordnung sind die Gerichte eines teilnehmenden Mitgliedstaats, nach dessen Recht die Ehescheidung nicht vorgesehen ist oder die betreffende Ehe für die Zwecke des Scheidungsverfahrens nicht als gültig angesehen wird, nicht verpflichtet, eine Ehescheidung in Anwendung dieser Verordnung auszusprechen.

Art. 14 Staaten mit zwei oder mehr Rechtssystemen — Kollisionen hinsichtlich der Gebiete

Umfasst ein Staat mehrere Gebietseinheiten, von denen jede ihr eigenes Rechtssystem oder ihr eigenes Regelwerk für die in dieser Verordnung geregelten Angelegenheiten hat, so gilt Folgendes:

a) Jede Bezugnahme auf das Recht dieses Staates ist für die Bestimmung des nach dieser Verordnung anzuwendenden Rechts als Bezugnahme auf das in der betreffenden Gebietseinheit geltende Recht zu verstehen;
b) jede Bezugnahme auf den gewöhnlichen Aufenthalt in diesem Staat ist als Bezugnahme auf den gewöhnlichen Aufenthalt in einer Gebietseinheit zu verstehen;
c) jede Bezugnahme auf die Staatsangehörigkeit betrifft die durch das Recht dieses Staates bezeichnete Gebietseinheit oder, mangels einschlägiger Vorschriften, die durch die Parteien gewählte Gebietseinheit oder, mangels einer Wahlmöglichkeit, die Gebietseinheit, zu der der Ehegatte oder die Ehegatten die engste Verbindung hat bzw. haben.

Art. 15

Staaten mit zwei oder mehr Rechtssystemen — Kollisionen hinsichtlich der betroffenen Personengruppen

In Bezug auf einen Staat, der für die in dieser Verordnung geregelten Angelegenheiten zwei oder mehr Rechtssysteme oder Regelwerke hat, die für verschiedene Personengruppen gelten, ist jede Bezugnahme auf das Recht des betreffenden Staates als Bezugnahme auf das Rechtssystem zu verstehen, das durch die in diesem Staat in Kraft befindlichen Vorschriften bestimmt wird. Mangels solcher Regeln ist das Rechtssystem oder das Regelwerk anzuwenden, zu dem der Ehegatte oder die Ehegatten die engste Verbindung hat bzw. haben.

Art. 16 Nichtanwendung dieser Verordnung auf innerstaatliche Kollisionen
Ein teilnehmender Mitgliedstaat, in dem verschiedene Rechtssysteme oder Regelwerke für die in dieser Verordnung geregelten Angelegenheiten gelten, ist nicht verpflichtet, diese Verordnung auf Kollisionen anzuwenden, die allein zwischen diesen verschiedenen Rechtssystemen oder Regelwerken auftreten.

Art. 17–21 (nicht abgedruckt)

1 I. Das IPR des **Scheidungsrechts** ist durch die VO (EU) Nr. 1259/2010 mWv 21.6.12 an neu geregelt worden: Durch diese VO (sog Rom III-VO) sollen die Ehescheidung und die Trennung v Bett und Tisch in Europa erleichtert werden (Einzelh: Finger, FuR 11, 61, 313. Die VO soll europaweit Klarheit darüber schaffen, welches nationale Scheidungsrecht auf welchen Fall Anwendung findet. Auf diese Weise soll die Mobilität der Unionsbürger gefördert werden.

2 Die VO gilt zunächst in den **14 Staaten**, die sie im Wege der verstärkten Zusammenarbeit auf den Weg gebracht haben (Belgien, Bulgarien, Deutschland, Frankreich, Italien, Lettland, Luxemburg, Malta, Österreich, Portugal, Rumänien, Slowenien, Spanien und Ungarn). Im April 2014 kommt Litauen hinzu. Auch die anderen nicht teilnehmenden Mitgliedstaaten können die VO jederzeit für sich übernehmen.

3 In den teilnehmenden Mitgliedstaaten gilt die VO aber **auch für Staatsangehörige aus Nichtmitgliedstaaten**; sie ist loi uniforme. Die VO ist deswegen etwa auch auf Polen, Niederländer, Türken, Russen, Vietnamesen usw anzuwenden.

4 II. 1. **Anwendungsbereich** der VO ist allein das Recht der **Scheidung und Trennung ohne Auflösung des Ehebandes** (Art 1 VO). Nicht erfasst werden dag die Rechts- und Handlungsfähigkeit, die Frage des Bestehens, der Gültigkeit oder Anerkennung einer Ehe, die Ungültigerklärung einer Ehe (Eheaufhebung oder Ehenichtigkeit). Ebenso wenig werden die vermögensrechtlichen Scheidungsnebenfolgen, Unterhalt, Regelungen in Bezug auf die elterliche Verantwortung gegenüber Kindern, Trusts und Erbschaften geregelt (Art 1 II VO). Diese sind nach sonstigen VOen, Staatsverträgen und dem nationalen IPR anzuknüpfen.

5 Die VO gilt auch nur für das **Verhältnis zwischen Staaten,** nicht für interlokale Fragen (Art 16 VO). Nicht geregelt ist also die Frage, welchem innerstaatlichen Recht eine Scheidung unterliegt, sofern die streitenden Eheleute sich beide in demselben Staat gewöhnlich aufhalten und auch keine sonstigen internationalen Verbindungen (zB durch die Staatsangehörigkeit) vorliegen (Beispiel: Streit v zwei in Spanien in verschiedenen Landesteilen lebenden Spaniern). Anders ist dag die Lage, wenn in einem internationalen Fall in eine gespaltene Rechtsordnung verwiesen wird: In diesem Fall wird direkt in die relevante Teilrechtsordnung verwiesen (vgl Art 14 VO). Zu persönlich gespaltenen Rechtsordnungen s Art 15 VO.

6 2. Die VO hat die **Wahlmöglichkeiten** der Ehegatten beim anzuwendenden Scheidungsrecht gestärkt. Die Ehegatten können die Rechtsordnung wählen, der sie eine Scheidung oder eine Trennung unterstellen wollen. Allerdings muss die gewählte Rechtsordnung eine enge Verbindung zu ihrer Lebensführung aufweisen – durch den gewöhnlichen Aufenthaltsort der Ehegatten, ihren früheren gewöhnlichen Aufenthaltsort, ihre Staatsangehörigkeit oder den Gerichtsort (vgl Art 5 VO).

7 Das **Zustandekommen und die Wirksamkeit einer Rechtswahlvereinbarung** oder einer ihrer Bestimmungen bestimmen sich grds nach dem Recht, das nach dieser VO anzuwenden wäre, wenn die Vereinbarung oder die Bestimmung wirksam wäre (Art 6 I VO). Die VO schützt den schwächeren Ehegatten damit vor einer übereilten Entscheidung auf Druck des Partners. Die Rechtswahlvereinbarung kann für unwirksam erklärt werden, wenn ein Ehegatte zu ihrer Abgabe genötigt worden ist. Ausnahmsweise ist für die Beurteilung der Wirksamkeit der Rechtswahlvereinbarung das Recht des Staates berufen, in dem der Ehegatte zum Zeitpunkt der Anrufung des Gerichts seinen

gewA hat, wenn sich aus den Umständen ergibt, dass es nicht gerechtfertigt wäre, die Wirkung des Verhaltens eines Ehegatten nach dem recht zu bestimmen, das nach dieser VO anzuwenden wäre, wenn die Vereinbarung oder die Bestimmung wirksam wäre und es um die Behauptung eines Ehegatten geht, er habe der Vereinbarung nicht zugestimmt (Art 6 II VO).

Die Rechtswahlvereinbarung muss bestimmten **Formerfordernissen** genügen und ist zumindest schriftlich abzufassen (Art 7 I VO). Die Mitgliedstaaten können aber auch die notarielle Beurkundung oder eine andere Form anordnen (Art 7 II). Das ist in Deutschland geschehen: Art 46 d EGBGB fordert die Form eines Ehevertrages oder die Einhaltung einer diese Form auch sonst ersetzenden Form (gerichtlicher Vergleich, Aufnahme in ein gerichtliches Protokoll). Kollidieren unterschiedliche Formerfordernisse miteinander ist zu unterscheiden: Handelt es sich bei den kollidierenden Rechtsordnungen um diejenigen v zwei teilnehmenden Mitgliedstaaten, setzt sich das schwächere Formerfordernis durch, sonst (Kollision Rechtsordnung eines teilnehmenden Mitgliedstaates mit der eines anderen Staates) das strengere (Art 7 III, IV).

3. Wenn die Ehegatten v ihren **Wahlmöglichkeiten keinen Gebrauch** gemacht haben, wird nach **objektiven Kriterien** bestimmt, welches nationale Scheidungsrecht gilt. Anknüpfungspunkte sind hier der gemeinsame gewöhnliche Aufenthalt in einem Staat (nicht notwendigerweise an einem gemeinsamen Ort, Art 8 a VO), der letzte gemeinsame gewöhnliche Aufenthaltsort in einem Staat, sofern dieser nicht vor mehr als einem Jahr vor Anrufung des Gerichts endete und einer der Ehegatten zum Zeitpunkt der Anrufung des Gerichts dort noch seinen gewA hat (Art 8 b VO), die Staatsangehörigkeit, die beide Ehegatten zum Zeitpunkt der Anrufung des Gerichts besitzen (Art 8 c VO) und schließlich der Sitz des angerufenen Gerichts (Art 8 d VO). Die Reihenfolge der Anknüpfungspunkte ist zwingend. Auf einen weiteren darf erst zugegriffen werden, wenn ein früher genannter nicht eingreift.

Eine **Sonderregelung** gilt für die Fälle, in denen bereits eine **Trennung ohne Auflösung des Ehebandes** ausgesprochen wurde. Bei Umwandlung einer solchen Trennung ohne Auflösung des Ehebandes in eine Ehescheidung ist das auf die Ehescheidung anzuwendende Recht das Recht, das auf die Trennung ohne Auflösung des Ehebandes angewendet wurde, sofern die Parteien nicht schon etwas anderes vereinbart haben (Art 9 I VO). Gemeint sind die Fälle, in denen nach dem bisher geltenden IPR eine Rechtsordnung berufen war, welche zwingend eine gerichtliche Trennung verlangt, bevor die Ehe geschieden werden kann (zB Italien) und eine solche Trennung auch schon ausgesprochen wurde. In diesem Fall soll es für die Scheidung bei dem auf die Trennung angewendeten Recht bleiben, auch wenn an sich nach Art 8 VO ein anderes berufen würde. Etwas anderes wiederum gilt, wenn nach einer Rechtsordnung getrennt wurde, die keine Scheidung kennt oder zumindest nicht die Umwandlung der Trennung in eine Scheidung gestattet. In diesem Fall findet Art 8 VO Anwendung, sofern die Parteien nicht ohnehin gem Art 5 VO ein anderes Scheidungsstatut vereinbart haben (Art 9 II VO).

4. Eine eigene **ordre public**-Klausel enthält Art 12 VO. Diese weicht nicht wesentlich v Art 6 EGBGB ab, obwohl die Bedeutung der Grundrechte nicht besonders erwähnt ist, denn immer, wenn eklatant gegen Grundrechte verstoßen wird, ist das Ergebnis der Rechtsanwendung mit den wesentlichen Grundgedanken der Rechtsordnung Deutschlands nicht vereinbar.

Für den Sonderfall, dass das nach Art 5 VO oder Art 8 VO **anzuwendende Recht eine Ehescheidung nicht kennt** oder dass dieses Recht einem der Ehegatten aufgrund seiner Geschlechtszugehörigkeit keinen gleichberechtigten Zugang zur Ehescheidung oder Trennung ohne Auflösung des Ehebandes gewährt, ist das Recht des Staates des angerufenen Gerichts anzuwenden (Art 10 VO). Gemeint sind die Fälle, in denen eine Rechtsordnung entweder eine Scheidung gar nicht kennt (seltene Fälle: Philippinen, Vatikan, San Marino, Andorra) oder in denen die Scheidung bzw Trennung nur einem Ehegatten vorbehalten ist (so in einigen islamischen Rechtsordnungen, wo sich nur der Mann scheiden lassen kann). In diesen Fällen ist dann die lex fori anzuwenden. Die VO nimmt das Ergebnis, dass es ggf zu einer „hinkenden" Scheidung kommt, bewusst in Kauf. Kein Fall des Art 10 ist dag gegeben, wenn das anwendbare Recht nur erheblich schwerer zu erfüllende Voraussetzungen für die Scheidung aufstellt als das Recht der lex fori.

13 5. **Rück- und Weiterverweisungen** sind ausgeschlossen (Art 11 VO). Die Verweisungen der VO sind Sachnormverweisungen.

Artikel 17 a Ehewohnung und Haushaltsgegenstände

Die Nutzungsbefugnis für die im Inland belegene Ehewohnung und die im Inland befindlichen Haushaltsgegenstände sowie damit zusammenhängende Betretungs-, Näherungs- und Kontaktverbote unterliegen den deutschen Sachvorschriften.

1 I. Die Norm wurde durch das Gewaltschutzgesetz (v 11.12.01, BGBl I 3513) eingefügt und ist am 1.1.02 in Kraft getreten. Art 17 a aF wurde zu Art 17 b. Das FG-Reformgesetz hat die Terminologie an den ab 1.9.09 üblichen Sprachgebrauch angepasst, inhaltlich aber nichts geändert. Regelungsgegenstand der Vorschrift sind die Nutzungsbefugnis an Ehewohnung und Hausrat einschließlich der insoweit im Zusammenhang stehenden Betretungs-, Näherungs- und Kontaktverbote. Die Neuregelung soll eine eindeutige Zuordnung der früher sehr umstrittenen Fragen (Einzelheiten: Kemper, Der Rechtsstreit um Ehewohnung und Hausrat, 2004, Rn 71 ff) ermöglichen.

2 II. Art 17 a betrifft nur **im Inland belegene Ehewohnungen und Haushaltsgegenstände**, die in Deutschland belegen sind. Für alle Anordnungen in Bezug auf diese Sachen gilt deutsches Sachrecht, auch wenn sie nicht die Nutzung unmittelbar betreffen, sondern eine Nutzungsregelung nur absichern sollen, wie das bei Betretungsverboten, Kontaktverboten und Näherungsverboten der Fall ist. Art 40 ist insoweit verdrängt (Pal/Heldrich Rn 2; aA Schuhmacher FamRZ 02, 657).

3 Für im **Ausland** belegene Ehewohnungen und Haushaltsgegenstände gilt Art 17 a nicht. Insoweit bleibt es bei Art 14, wenn es um Entscheidungen während der bestehenden Ehe geht. Fallkonstellationen dieser Art werden vor deutschen Gerichten jedoch kaum einmal zu entscheiden sein, weil es regelmäßig an einer gerichtlichen Zuständigkeit fehlen dürfte. Sollen Haushaltsgegenstände anlässlich einer Scheidung verteilt werden oder eine im Ausland belegene Ehewohnung anlässlich einer Scheidung zur Nutzung zugewiesen werden, dann gilt nach Art 17 I für diese vermögensrechtliche Folge der Scheidung das nach der VO 1259/2010 auf die Scheidung anzuwendende Recht.

Artikel 17 b Eingetragene Lebenspartnerschaft

(1) [1]Die Begründung, die allgemeinen und die güterrechtlichen Wirkungen sowie die Auflösung einer eingetragenen Lebenspartnerschaft unterliegen den Sachvorschriften des Register führenden Staates. [2]Auf die erbrechtlichen Folgen der Lebenspartnerschaft ist das nach den allgemeinen Vorschriften maßgebende Recht anzuwenden; begründet die Lebenspartnerschaft danach kein gesetzliches Erbrecht, so findet insoweit Satz 1 entsprechende Anwendung. [3]Der Versorgungsausgleich unterliegt dem nach Satz 1 anzuwendenden Recht; er ist nur durchzuführen, wenn danach deutsches Recht anzuwenden ist und das Recht eines der Staaten, denen die Lebenspartner im Zeitpunkt der Rechtshängigkeit des Antrags auf Aufhebung der Lebenspartnerschaft angehören, einen Versorgungsausgleich zwischen Lebenspartnern kennt. [4]Im Übrigen ist der Versorgungsausgleich auf Antrag eines Lebenspartners nach deutschem Recht durchzuführen, wenn einer der Lebenspartner während der Zeit der Lebenspartnerschaft ein Anrecht bei einem inländischen Versorgungsträger erworben hat, soweit die Durchführung des Versorgungsausgleichs insbesondere im Hinblick auf die beiderseitigen wirtschaftlichen Verhältnisse während der gesamten Zeit der Lebenspartnerschaft der Billigkeit nicht widerspricht.
(2) [1]Artikel 10 Abs. 2 und Artikel 17 a gelten entsprechend. [2]Unterliegen die allgemeinen Wirkungen der Lebenspartnerschaft dem Recht eines anderen Staates, so ist auf im Inland befindliche bewegliche Sachen § 8 Abs. 1 des Lebenspartnerschaftsgesetzes und

auf im Inland vorgenommene Rechtsgeschäfte § 8 Abs. 2 des Lebenspartnerschaftsgesetzes in Verbindung mit § 1357 des Bürgerlichen Gesetzbuchs anzuwenden, soweit diese Vorschriften für gutgläubige Dritte günstiger sind als das fremde Recht.
(3) Bestehen zwischen denselben Personen eingetragene Lebenspartnerschaften in verschiedenen Staaten, so ist die zuletzt begründete Lebenspartnerschaft vom Zeitpunkt ihrer Begründung an für die in Absatz 1 umschriebenen Wirkungen und Folgen maßgebend.
(4) Die Wirkungen einer im Ausland eingetragenen Lebenspartnerschaft gehen nicht weiter als nach den Vorschriften des Bürgerlichen Gesetzbuchs und des Lebenspartnerschaftsgesetzes vorgesehen.

I. Die Regelung wurde durch das **Gesetz zur Beendigung der Diskriminierung gleichgeschlechtlicher Gemeinschaften: Lebenspartnerschaften** eingefügt. Sie ist am 1.8.01 als Art 17 a in Kraft getreten und wurde dann durch das Gewaltschutzgesetz in Art 17 b umbenannt. Sie betrifft eingetragene Partnerschaften v Partnern gleichen Geschlechts. 1

II. 1. **Anknüpfungsgegenstand** des Art 17 b sind **Partnerschaften v Partnern gleichen Geschlechts**, die in einem besonderen staatlichen Register eingetragen werden. Partnerschaften v Partnern verschiedenen Geschlechts fallen dag nicht unter Art 17 b. Das ist schon im Wortlaut der Norm angedeutet, weil „Lebenspartnerschaft" sich auf die Terminologie des LPartG bezieht und wird durch den Kontext ihrer Einführung gestützt. Derartige, v verschiedengeschlechtlichen Paaren eingegangene Partnerschaften können unter Art 13 fallen. Ob das Heimatrecht der Partner einer gleichgeschlechtlichen Partnerschaft oder das Recht des Registrierungsstaates ihre Gemeinschaft als Partnerschaft oder als Ehe (zB möglich in Frankreich, Spanien, den Niederlanden, Belgien, Schweden) einordnet, ist gleichgültig. Auch eine im Ausland als Ehe geschlossene Beziehung v Partnern gleichen Geschlechts ist deswegen aus deutscher Sicht als Lebenspartnerschaft einzuordnen (OLG Zweibrücken, Beschl v 21.3.11 – 3 W 170/10; KG; Beschl v 3.3.11 – 1 W 74/11; OLG Köln FamRZ 11, 563). 2

2. **Anknüpfungspunkt** ist grds der Ort der Registrierung der Partnerschaft. Es kommt weder auf die Staatsangehörigkeit der Partner noch ihren gewA an. Deswegen kann für Deutsche, die im Ausland eine Partnerschaft eingegangen sind, ausländisches Recht ebenso gelten wie für ausländische Partner, die ihre Partnerschaft in Deutschland haben registrieren lassen, deutsches Recht (also das LPartG) anzuwenden ist. Das gilt unabhängig davon, ob die Partnerschaft auch nach dem Heimatrecht der Beteiligten wirksam ist. Der Gesetzgeber hat das Risiko v „hinkenden" Lebenspartnerschaften bewusst in Kauf genommen. 3

3. Die Verweisung auf das Recht des Registrierungsstaates ist eine **Sachnormverweisung**. Rück- und Weiterverweisung sind nicht zu beachten. Das Statut ist unwandelbar. 4

4. Die **Verweisung** des Abs 1 S 1 **bezieht sich** auf die Begründung, die allg Wirkungen, die güterrechtlichen Wirkungen und die Auflösung der eingetragenen Partnerschaft. Damit werden bis auf den Unterhalt, das Namensrecht und die erbrechtlichen Folgen alle wesentlichen Partnerschaftsfolgen dem Recht des Registrierungsortes unterstellt. Bestehen zwischen denselben Personen mehrere Lebenspartnerschaften, weil sie sich mehrfach haben registrieren lassen, gilt das Recht des letzten Registrierungsortes für die Zeit v der Begründung dieser Lebenspartnerschaft an (Abs 3). 5

Die Rechtslage **unterscheidet sich deutlich v derjenigen im Eherecht**. Vor allem ist den Partnern eine Rechtswahl verschlossen. Das können sie aber in begrenztem Maße dadurch umgehen, dass sie sich den Staat aussuchen, in dem sie ihre Partnerschaft registrieren lassen. Das funktioniert jedoch nur dann, wenn der Wunschstaat auch die Registrierung v Ausländern gestattet. Außerdem kommt die Wahl unterschiedlicher Rechtsordnungen für unterschiedliche Wirkungen nicht in Betracht. 6

Unter **Begründung der Lebenspartnerschaft** sind alle Voraussetzungen und Partnerschaftsverbote, Regelungen über Willensmängel und die Form der Registrierung zu fassen. Die Form kann deswegen auch eine solche der Eheschließung sein (zB Belgien, Niederlande). 7

8 Die unter Art 17 b fallenden **persönlichen Wirkungen** entsprechen denen, auf die bei Eheleuten Art 14 anzuwenden ist. Soweit auf diese Wirkungen ausländisches Recht anzuwenden ist, ist die Kappungsregelung des Abs 4 zu beachten: Die Wirkungen der im Ausland eingetragenen Lebenspartnerschaft können nicht weiter gehen, als es im deutschen Recht im BGB und LPartG vorgesehen ist. Die Regelung verlangt einen komplizierten Vergleich der Wirkungen der Partnerschaften im berufenen und im deutschen Recht. Sie sollte verhindern, dass die Lebenspartnerschaft wegen Verletzung des sog Abstandsgebots für verfassungswidrig erklärt würde. Nachdem das BVerfG aber jede Konkurrenz zwischen Ehe und Lebenspartnerschaft für nicht vorhanden erklärt hat, ist dieser Zweck entfallen. Die Kappungsregel sollte deswegen gestrichen werden (so bereits früher Gebauer/Staudinger IPrax 02, 275). Das gilt umso mehr, als das materielle Recht auch in Deutschland nun dem Eherecht fast ganz angeglichen ist (vgl Vor §§ 1297–1588 BGB Rn 11 ff).

9 Eine besondere Regel für den **Verkehrsschutz** enthält Abs 2 S 2. Danach ist auch bei Geltung eines ausländischen Sachrechts § 8 I LPartG mit der Eigentumsvermutung auf im Inland befindliche bewegliche Sachen anzuwenden, und § 8 II LPartG iVm § 1357 BGB ist auf alle im Inland vorgenommenen Rechtsgeschäfte anzuwenden. Voraussetzung ist jeweils nur, dass die deutsche Regelung günstiger ist als diejenige des ausländischen Rechts. Auch insoweit ist also ein Rechtsfolgenvergleich vorzunehmen. Die Regelung entspricht dem für Eheleute geltenden Art 16 II.

10 Das **Güterrecht** bestimmt sich ebenfalls nach dem Recht des Registrierungsortes. Auch insoweit gilt die Kappungsgrenze des Abs 4. Eine Art 16 I entsprechende Bestimmung ist deswegen entbehrlich.

11 Schließlich bestimmt das nach Abs 1 S 1 berufene Recht über die Voraussetzungen und Folgen der **Auflösung der Lebenspartnerschaft**. Ausgenommen ist nur der Unterhalt, der nach der Europäischen UnterhaltsVO zu beurteilen ist. Die Kappungsgrenze des Abs 4 gilt.

12 Der **Versorgungsausgleich** unterliegt ebenfalls dem nach Abs 1 S 1 berufenen Recht. Allerdings gibt es auch hier eine Einschränkung wie im Eherecht und einen Ausgleich nach deutschem Recht für inländische Anwartschaften, die unausgeglichen blieben, wenn allein ausländisches Recht anzuwenden wäre (Abs 1 S 3–4). Die Erläuterungen Art 17 Rn 18 f gelten entsprechend.

13 **Nicht unter das Lebenspartnerschaftsstatut** fallen das Unterhaltsrecht (vgl Art 18), das Namensrecht (Abs 2 S 1, Art 10 II) und die Nutzungsbefugnis an in Deutschland belegenen lebenspartnerschaftlichen Wohnungen und Hausrat (Abs 2 S 1, Art 17 a).

Artikel 18 (aufgehoben)

1 Art 18 bestimmte bis zum Inkrafttreten der Europäischen UnterhaltsVO am 18.6.11 das auf Unterhaltsbeziehungen anzuwendende Recht. Schon damals enthielt die Norm aber keine eigenständige Regelung der Materie, sondern nur den Inhalt des **Haager Übereinkommens über das auf Unterhaltspflichten anwendbare Recht** v 2.10.73 (UntPflÜbk) wiedergab. Diese Lösung wurde mit dem Inkrafttreten der Europäischen UnterhaltsVO obsolet, weil diese in Art 15 das auf Unterhaltsfälle anzuwendende Recht durch eine Bezugnahme auf das Haager Unterhaltsprotokoll (s Anhang) bestimmt. Nun ist das IPR des Unterhaltsrechts nur noch dort geregelt.

2 Die **Anerkennung v ausländischen Unterhaltstiteln** richtet sich nun nach der Europäischen UnterhaltsVO und dem dazu ergangenen Ausführungsgesetz (v 23.5.11, BGBl I 898). V dem Verweis auf das Haager Unterhaltsprotokoll abgesehen sind dort Regelungen des Internationalen Privatrechts sind nicht enthalten, sondern nur Regeln für die gerichtlichen Zuständigkeiten und die Vollstreckung ausländischer Entscheidungen. Zu Einzelheiten s Finger, FuR 11, 254; Heger, ZKJ 2010, 52; Hau FamRZ 10, 516; Botur FamRZ 10, 1860 sowie die Kommentierung der EuUntVO in Hk-ZPO, 5. Aufl).

Anhang zu Artikel 18

Protokoll über das auf Unterhaltspflichten anzuwendende Recht

vom 23. November 2007

(ABl. L 331 vom 16.12.2009, S. 19)

Die Unterzeichnerstaaten dieses Protokolls, –
in dem Wunsch, gemeinsame Bestimmungen über das auf Unterhaltspflichten anzuwendende Recht festzulegen,
in dem Wunsch, das Haager Übereinkommen vom 24. Oktober 1956 über das auf Unterhaltsverpflichtungen gegenüber Kindern anzuwendende Recht und das Haager Übereinkommen vom 2. Oktober 1973 über das auf Unterhaltspflichten anzuwendende Recht zu modernisieren,
in dem Wunsch, allgemeine Regeln in Bezug auf das anzuwendende Recht zu entwickeln, die das Haager Übereinkommen vom 23. November 2007 über die internationale Geltendmachung der Unterhaltsansprüche von Kindern und anderen Familienangehörigen ergänzen können,
haben beschlossen, zu diesem Zweck ein Protokoll zu schließen, und die folgenden Bestimmungen vereinbart:

Art. 1 Anwendungsbereich

(1) Dieses Protokoll bestimmt das auf solche Unterhaltspflichten anzuwendende Recht, die sich aus Beziehungen der Familie, Verwandtschaft, Ehe oder Schwägerschaft ergeben, einschließlich der Unterhaltspflichten gegenüber einem Kind, ungeachtet des Zivilstands[1] seiner Eltern.
(2) Die in Anwendung dieses Protokolls ergangenen Entscheidungen lassen die Frage des Bestehens einer der in Absatz 1 genannten Beziehungen unberührt.

Art. 2 Universelle Anwendung

Dieses Protokoll ist auch anzuwenden, wenn das darin bezeichnete Recht dasjenige eines Nichtvertragsstaats ist.

Art. 3 Allgemeine Regel in Bezug auf das anzuwendende Recht

(1) Soweit in diesem Protokoll nichts anderes bestimmt ist, ist für Unterhaltspflichten das Recht des Staates maßgebend, in dem die berechtigte Person ihren gewöhnlichen Aufenthalt hat.
(2) Wechselt die berechtigte Person ihren gewöhnlichen Aufenthalt, so ist vom Zeitpunkt des Aufenthaltswechsels an das Recht des Staates des neuen gewöhnlichen Aufenthalts anzuwenden.

Art. 4 Besondere Regeln zugunsten bestimmter berechtigter Personen

(1) Die folgenden Bestimmungen sind anzuwenden in Bezug auf Unterhaltspflichten
a) der Eltern gegenüber ihren Kindern,
b) anderer Personen als der Eltern gegenüber Personen, die das 21. Lebensjahr noch nicht vollendet haben, mit Ausnahme der Unterhaltspflichten aus den in Artikel 5 genannten Beziehungen, und
c) der Kinder gegenüber ihren Eltern.
(2) Kann die berechtigte Person nach dem in Artikel 3 vorgesehenen Recht von der verpflichteten Person keinen Unterhalt erhalten, so ist das am Ort des angerufenen Gerichts geltende Recht anzuwenden.

---

1 Amtl. Anm.: DE, AT: Familienstands

(3) Hat die berechtigte Person die zuständige Behörde des Staates angerufen, in dem die verpflichtete Person ihren gewöhnlichen Aufenthalt hat, so ist ungeachtet des Artikels 3 das am Ort des angerufenen Gerichts geltende Recht anzuwenden. Kann die berechtigte Person jedoch nach diesem Recht von der verpflichteten Person keinen Unterhalt erhalten, so ist das Recht des Staates des gewöhnlichen Aufenthalts der berechtigten Person anzuwenden.
(4) Kann die berechtigte Person nach dem in Artikel 3 und in den Absätzen 2 und 3 vorgesehenen Recht von der verpflichteten Person keinen Unterhalt erhalten, so ist gegebenenfalls das Recht des Staates anzuwenden, dem die berechtigte und die verpflichtete Person gemeinsam angehören.

Art. 5 Besondere Regel in Bezug auf Ehegatten und frühere Ehegatten

In Bezug auf Unterhaltspflichten zwischen Ehegatten, früheren Ehegatten oder Personen, deren Ehe für ungültig erklärt wurde, findet Artikel 3 keine Anwendung, wenn eine der Parteien sich dagegen wendet und das Recht eines anderen Staates, insbesondere des Staates ihres letzten gemeinsamen gewöhnlichen Aufenthalts, zu der betreffenden Ehe eine engere Verbindung aufweist. In diesem Fall ist das Recht dieses anderen Staates anzuwenden.

Art. 6 Besondere Mittel zur Verteidigung

Außer bei Unterhaltspflichten gegenüber einem Kind, die sich aus einer Eltern-Kind-Beziehung ergeben, und den in Artikel 5 vorgesehenen Unterhaltspflichten kann die verpflichtete Person dem Anspruch der berechtigten Person entgegenhalten, dass für sie weder nach dem Recht des Staates des gewöhnlichen Aufenthalts der verpflichteten Person noch gegebenenfalls nach dem Recht des Staates, dem die Parteien gemeinsam angehören, eine solche Pflicht besteht.

Art. 7 Wahl des anzuwendenden Rechts für die Zwecke eines einzelnen Verfahrens

(1) Ungeachtet der Artikel 3–6 können die berechtigte und die verpflichtete Person allein für die Zwecke eines einzelnen Verfahrens in einem bestimmten Staat ausdrücklich das Recht dieses Staates als das auf eine Unterhaltspflicht anzuwendende Recht bestimmen.
(2) Erfolgt die Rechtswahl vor der Einleitung des Verfahrens, so geschieht dies durch eine von beiden Parteien unterschriebene Vereinbarung in Schriftform oder erfasst auf einem Datenträger, dessen Inhalt für eine spätere Einsichtnahme zugänglich ist.

Art. 8 Wahl des anzuwendenden Rechts

(1) Ungeachtet der Artikel 3–6 können die berechtigte und die verpflichtete Person jederzeit eine der folgenden Rechtsordnungen als das auf eine Unterhaltspflicht anzuwendende Recht bestimmen:
a) das Recht eines Staates, dem eine der Parteien im Zeitpunkt der Rechtswahl angehört;
b) das Recht des Staates, in dem eine der Parteien im Zeitpunkt der Rechtswahl ihren gewöhnlichen Aufenthalt hat;
c) das Recht, das die Parteien als das auf ihren Güterstand anzuwendende Recht bestimmt haben, oder das tatsächlich darauf angewandte Recht;
d) das Recht, das die Parteien als das auf ihre Ehescheidung oder Trennung ohne Auflösung der Ehe anzuwendende Recht bestimmt haben, oder das tatsächlich auf diese Ehescheidung oder Trennung angewandte Recht.
(2) Eine solche Vereinbarung ist schriftlich zu erstellen oder auf einem Datenträger zu erfassen, dessen Inhalt für eine spätere Einsichtnahme zugänglich ist, und von beiden Parteien zu unterschreiben.
(3) Absatz 1 findet keine Anwendung auf Unterhaltspflichten betreffend eine Person, die das 18. Lebensjahr noch nicht vollendet hat, oder einen Erwachsenen, der aufgrund einer Beeinträchtigung oder der Unzulänglichkeit seiner persönlichen Fähigkeiten nicht in der Lage ist, seine Interessen zu schützen.
(4) Ungeachtet des von den Parteien nach Absatz 1 bestimmten Rechts ist das Recht des Staates, in dem die berechtigte Person im Zeitpunkt der Rechtswahl ihren gewöhnlichen Auf-

enthalt hat, dafür maßgebend, ob die berechtigte Person auf ihren Unterhaltsanspruch verzichten kann.

(5) Das von den Parteien bestimmte Recht ist nicht anzuwenden, wenn seine Anwendung für eine der Parteien offensichtlich unbillige oder unangemessene Folgen hätte, es sei denn, dass die Parteien im Zeitpunkt der Rechtswahl umfassend unterrichtet und sich der Folgen ihrer W[2]ahl vollständig bewusst waren.

Art. 9   „Wohnsitz" anstelle von „Staatsangehörigkeit"

Ein Staat, der den Begriff des „Wohnsitzes[3]" als Anknüpfungspunkt in Familiensachen kennt, kann das Ständige Büro der Haager Konferenz für Internationales Privatrecht davon unterrichten, dass für die Zwecke der Fälle, die seinen Behörden vorgelegt werden, in Artikel 4 der Satzteil „dem die berechtigte und die verpflichtete Person gemeinsam angehören" durch „in dem die berechtigte und die verpflichtete Person gemeinsam ihren Wohnsitz[4] haben" und in Artikel 6 der Satzteil „dem die Parteien gemeinsam angehören" durch „in dem die Parteien gemeinsam ihren Wohnsitz[5] haben" ersetzt wird, wobei „Wohnsitz[6]" so zu verstehen ist, wie es in dem betreffenden Staat definiert wird.

Art. 10   Öffentliche Aufgaben wahrnehmende Einrichtungen

Für das Recht einer öffentliche Aufgaben wahrnehmenden Einrichtung, die Erstattung einer der berechtigten Person anstelle von Unterhalt erbrachten Leistung zu verlangen, ist das Recht maßgebend, dem diese Einrichtung untersteht.

Art. 11   Geltungsbereich des anzuwendenden Rechts

Das auf die Unterhaltspflicht anzuwendende Recht bestimmt insbesondere,
a) ob, in welchem Umfang und von wem die berechtigte Person Unterhalt verlangen kann;
b) in welchem Umfang die berechtigte Person Unterhalt für die Vergangenheit verlangen kann;
c) die Grundlage für die Berechnung des Unterhaltsbetrags und für die Indexierung;
d) wer zur Einleitung des Unterhaltsverfahrens berechtigt ist, unter Ausschluss von Fragen der Prozessfähigkeit und der Vertretung im Verfahren;
e) die Verjährungsfristen oder die für die Einleitung eines Verfahrens geltenden Fristen;
f) den Umfang der Erstattungspflicht der verpflichteten Person, wenn eine öffentliche Aufgaben wahrnehmende Einrichtung die Erstattung der der berechtigten Person anstelle von Unterhalt erbrachten Leistungen verlangt.

Art. 12   Ausschluss der Rückverweisung

Der Begriff «Recht» im Sinne dieses Protokolls bedeutet das in einem Staat geltende Recht mit Ausnahme des Kollisionsrechts.

Art. 13   Öffentliche Ordnung (ordre public)

Von der Anwendung des nach diesem Protokoll bestimmten Rechts darf nur abgesehen werden, soweit seine Wirkungen der öffentlichen Ordnung (ordre public) des Staates des angerufenen Gerichts offensichtlich widersprechen.

Art. 14   Bemessung des Unterhaltsbetrags

Bei der Bemessung des Unterhaltsbetrags sind die Bedürfnisse der berechtigten Person und die wirtschaftlichen Verhältnisse der verpflichteten Person sowie etwaige der berechtigten

---

2 Amtl. Anm.: DE, AT: Domicile.
3 Amtl. Anm.: DE, AT: Domicile
4 Amtl. Anm.: DE, AT: ihr Domicile.
5 Amtl. Anm.: DE, AT: ihr Domicile.
6 Amtl. Anm.: DE, AT: Domicile.

Person anstelle einer regelmäßigen Unterhaltszahlung geleistete Entschädigungen zu berücksichtigen, selbst wenn das anzuwendende Recht etwas anderes bestimmt.

Art. 15 Nichtanwendung des Protokolls auf innerstaatliche Kollisionen

(1) Ein Vertragsstaat, in dem verschiedene Rechtssysteme oder Regelwerke für Unterhaltspflichten gelten, ist nicht verpflichtet, die Regeln dieses Protokolls auf Kollisionen anzuwenden, die allein zwischen diesen verschiedenen Rechtssystemen oder Regelwerken bestehen.

(2) Dieser Artikel ist nicht anzuwenden auf Organisationen der regionalen Wirtschaftsintegration.

Art. 16 In räumlicher Hinsicht nicht einheitliche Rechtssysteme

(1) Gelten in einem Staat in verschiedenen Gebietseinheiten zwei oder mehr Rechtssysteme oder Regelwerke in Bezug auf in diesem Protokoll geregelte Angelegenheiten, so ist

a) jede Bezugnahme auf das Recht eines Staates gegebenenfalls als Bezugnahme auf das in der betreffenden Gebietseinheit geltende Recht zu verstehen;

b) jede Bezugnahme auf die zuständigen Behörden oder die öffentliche Aufgaben wahrnehmenden Einrichtungen dieses Staates gegebenenfalls als Bezugnahme auf die zuständigen Behörden oder die öffentliche Aufgaben wahrnehmenden Einrichtungen zu verstehen, die befugt sind, in der betreffenden Gebietseinheit tätig zu werden;

c) jede Bezugnahme auf den gewöhnlichen Aufenthalt in diesem Staat gegebenenfalls als Bezugnahme auf den gewöhnlichen Aufenthalt in der betreffenden Gebietseinheit zu verstehen;

d) jede Bezugnahme auf den Staat, dem die Parteien gemeinsam angehören, als Bezugnahme auf die vom Recht dieses Staates bestimmte Gebietseinheit oder mangels einschlägiger Vorschriften als Bezugnahme auf die Gebietseinheit zu verstehen, zu der die Unterhaltspflicht die engste Verbindung aufweist; Protokoll über das auf Unterhaltspflichten anzuwendende Recht

e) jede Bezugnahme auf den Staat, dem eine Partei angehört, als Bezugnahme auf die vom Recht dieses Staates bestimmte Gebietseinheit oder mangels einschlägiger Vorschriften als Bezugnahme auf die Gebietseinheit zu verstehen, zu der die Person die engste Verbindung aufweist.

(2) Hat ein Staat zwei oder mehr Gebietseinheiten mit eigenen Rechtssystemen oder Regelwerken für die in diesem Protokoll geregelten Angelegenheiten, so gilt zur Bestimmung des nach diesem Protokoll anzuwendenden Rechts Folgendes:

a) Sind in diesem Staat Vorschriften in Kraft, die das Recht einer bestimmten Gebietseinheit für anwendbar erklären, so ist das Recht dieser Einheit anzuwenden;

b) fehlen solche Vorschriften, so ist das Recht der in Absatz 1 bestimmten Gebietseinheit anzuwenden.

(3) Dieser Artikel ist nicht anzuwenden auf Organisationen der regionalen Wirtschaftsintegration.

Art. 17 Hinsichtlich der betroffenen Personengruppen nicht einheitliche Rechtssysteme

Hat ein Staat für in diesem Protokoll geregelte Angelegenheiten zwei oder mehr Rechtssysteme oder Regelwerke, die für verschiedene Personengruppen gelten, so ist zur Bestimmung des nach dem Protokoll anzuwendenden Rechts jede Bezugnahme auf das Recht des betreffenden Staates als Bezugnahme auf das Rechtssystem zu verstehen, das durch die in diesem Staat in Kraft befindlichen Vorschriften bestimmt wird.

Art. 18 Koordinierung mit den früheren Haager Übereinkommen über Unterhaltspflichten

Im Verhältnis zwischen den Vertragsstaaten ersetzt dieses Protokoll das Haager Übereinkommen vom 2. Oktober 1973 über das auf Unterhaltspflichten anzuwendende Recht und das Haager Übereinkommen vom 24. Oktober 1956 über das auf Unterhaltsverpflichtungen gegenüber Kindern anzuwendende Recht.

Art. 19 Koordinierung mit anderen Übereinkünften

(1) Dieses Protokoll lässt internationale Übereinkünfte unberührt, denen Vertragsstaaten als Vertragsparteien angehören oder angehören werden und die Bestimmungen über im Protokoll geregelte Angelegenheiten enthalten, sofern die durch eine solche Übereinkunft gebundenen Staaten keine gegenteilige Erklärung abgeben.

(2) Absatz 1 gilt auch für Einheitsrecht, das auf besonderen Verbindungen insbesondere regionaler Art zwischen den betroffenen Staaten beruht.

Art. 20 Einheitliche Auslegung

Bei der Auslegung dieses Protokolls ist seinem internationalen Charakter und der Notwendigkeit, seine einheitliche Anwendung zu fördern, Rechnung zu tragen.

Art. 21–30 (nicht abgedruckt)

1. Das Unterhaltsprotokoll verfolgt den **Zweck**, den Unterhaltsberechtigten zu begünstigen. Es erfolgt deswegen eine am gewA des Unterhaltsberechtigten orientierte Anknüpfung (Art 3 UntProt). Die Anknüpfung wird durch Sonderregeln für den Unterhalt unter nahen Verwandten (Art 4 UntProt) und den Unterhalt Geschiedener (Art 5 UntProt) ergänzt.

2. Das Unterhaltsprotokoll gilt **für alle Unterhaltspflichten**, die sich aus Beziehungen der Familie, Verwandtschaft, Ehe oder Schwägerschaft, einschließlich der Unterhaltspflichten gegenüber einem Kind ergeben, ohne Rücksicht darauf, ob die Eltern verheiratet sind oder nicht (Art 1 UntProt), Es gilt auch, wenn es dadurch zur Anwendung des Rechts eines Nichtvertragsstaats kommt (Art 2 UntProt); das UntProt ist loi uniforme. Die Verweisungen sind Sachnormverweisungen (Art 12 UntProt).

3. Grds richtet sich die Frage eines Unterhaltsanspruchs nach dem Sachrecht des Staates bzw der Teilrechtsordnung, in der sich der **Unterhaltsberechtigte gewöhnlich aufhält** (Art 3 I UntProt). Das Statut ist wandelbar, dh jeder Wechsel des gewA führt mit Wirkung ex nunc zu einem neuen Unterhaltsstatut (vgl Art 3 II UntProt).

In Bezug auf Unterhaltspflichten v **Eltern gegenüber ihren Kindern** (und umgekehrt) sowie aller anderen Personen gegenüber Personen, die das 21. Lebensjahr noch nicht vollendet haben und bei denen die Unterhaltspflicht nicht auf einer Ehe oder früheren Ehe (Art 5 UntProt) beruht, gilt ergänzend, dass die lex fori anzuwenden ist, wenn der Unterhaltsberechtigte nach dem in Art 3 UntProt vorgesehenen Recht v der verpflichteten Person keinen Unterhalt erhalten kann (Art 4 II UntProt). Voraussetzung dafür ist aber die vollständige Versagung v Unterhalt durch das nach Art 3 UntProt berufene Recht. Jeder noch so kleine Unterhaltsanspruch schließt einen Rückgriff auf Art 4 I, II UntProt aus. Die lex fori gilt aber auch dann, wenn der Unterhaltsberechtigte die zuständige Behörde des Staates angerufen hat, in dem der Unterhaltsverpflichtete seinen gewA hat. In diesem Fall gebührt der lex fori der Vorrang. Kann der Berechtigte aber nach ihr keinen Unterhalt erhalten (wieder ist gemeint: keinerlei), gilt wiederum das nach Art 3 anzuwendende Recht des gewA des Unterhaltsberechtigten (Art 4 III UntProt). Hilfsweise gilt das Recht der gemeinsamen Staatsangehörigkeit, wenn der Unterhaltsberechtigte weder nach dem Recht des Aufenthaltsstaats noch nach dem Forumsstaats Unterhalt verlangen kann (Art 4 IV UntProt). Auch insoweit ist wieder zu beachten, dass der Unterhaltsanspruch nach den anderen in Frage kommenden Rechten komplett ausgeschlossen sein muss. Besteht auch nach dem gemeinsamen Heimatrecht kein Unterhaltsanspruch, bleibt es dabei so lange, bis der Berechtigte seinen gewA in einen Staat verlegt, nach dessen Sachrecht ihm ein Anspruch zusteht.

In Bezug auf Unterhaltspflichten zwischen Ehegatten, früheren Ehegatten oder Personen, deren Ehe für ungültig erklärt wurde, kommt es nicht auf das Recht des gewA des Unterhaltsberechtigten (Art 3) an, wenn die Ehe zu dem Recht eines anderen Staates, insb des Staates ihres letzten gemeinsamen gewA, zu der betreffenden Ehe eine engere Verbindung aufweist. Es handelt sich aber nur um eine Einrede, die v der Partei erhoben werden muss, die sich gegen die Anwendung des nach Art 3 UntProt berufenen Rechts wendet.

8 Für den Fall eines Unterhaltsanspruchs eines **Verwandten, der nicht unter Art 4 oder 5 UntProt fällt,** (zB Verwandte in der Seitenlinie, Verschwägerte) gewährt Art 6 dem Verpflichteten die **Einrede,** dass im Recht des Staates, dem der Verpflichtete und der Berechtigte beide angehören und dem Recht des Unterhaltspflichtigen ein derartiger Anspruch nicht existiert. Bei ungleicher StA v Berechtigtem und Verpflichtetem besteht die Einrede, wenn das Recht des gewA des Verpflichteten einen derartigen Unterhaltsanspruch nicht kennt. Damit wird anerkannt, dass es derartige Ansprüche v entfernteren Angehörigen nur in wenigen Staaten gibt. Diese Ansprüche sollen nicht dadurch erworben werden können, dass man seinen gewA in einen Staat verlegt, der einen solchen Anspruch kennt.

9 **Wahlmöglichkeiten** werden in allen Unterhaltsbeziehungen durch die Art 7 f UntProt eröffnet. Die Rechtswahl erfolgt durch eine v beiden Parteien unterschriebene Vereinbarung in Schriftform oder muss auf einem Datenträger erfasst sein, dessen Inhalt für eine spätere Einsichtnahme zugänglich ist (Art 7 II, 8 II UntProt). Welche Rechte gewählt werden können, ergibt sich aus Art 8 I UntProt. Es sind das Recht eines Staates, dem eine der Parteien im Zeitpunkt der Rechtswahl angehört, das Recht des Staates, in dem eine der Parteien im Zeitpunkt der Rechtswahl ihren gewA hat, das Recht, das die Parteien als das auf ihren Güterstand anzuwendende Recht bestimmt haben, oder das tatsächlich darauf angewandte Recht und das Recht, das die Parteien als das auf ihre Ehescheidung oder Trennung ohne Auflösung der Ehe anzuwendende Recht bestimmt haben, oder das tatsächlich auf diese Ehescheidung oder Trennung angewandte Recht. Es handelt sich also um eine große Palette an Wahlmöglichkeiten. Allerdings ist das Recht des Staates, in dem der Unterhaltsberechtigte im Zeitpunkt der Rechtswahl seinen gewA hat, immer dafür maßgebend, ob der Berechtigte überhaupt auf seinen Unterhaltsanspruch verzichten kann.

10 Zu beachten ist, dass die **Rechtswahl ausscheidet,** wenn Unterhaltspflichten gegenüber einer Person betroffen sind, die das 18. Lebensjahr noch nicht vollendet hat, oder einen Erwachsenen, der aufgrund einer Beeinträchtigung oder der Unzulänglichkeit seiner persönlichen Fähigkeiten nicht in der Lage ist, seine Interessen zu schützen (Art 8 III UntProt). Darunter dürften Geschäftsfähigkeitseinschränkungen zu verstehen sein oder eine Betreuungsbedürftigkeit iSd § 1896.

11 Die Rechtswahl ist einer **Wirksamkeitskontrolle** zu unterziehen. Das v den Parteien bestimmte Recht ist nicht anzuwenden, wenn seine Anwendung für einen der Beteiligten offensichtlich unbillige oder unangemessene Folgen hätte. Eine Gegenausnahme besteht nur dann, wenn die Parteien im Zeitpunkt der Rechtswahl umfassend unterrichtet und sich der Folgen ihrer Wahl vollständig bewusst waren.

12 5. Das nach den geschilderten Regeln berufene und danach auf die Unterhaltspflicht anzuwendende Recht bestimmt, ob, in welchem Umfang und v wem der Berechtigte Unterhalt verlangen kann, in welchem Umfang er Unterhalt für die Vergangenheit verlangen kann, die Grundlage für die Berechnung des Unterhaltsbetrags und für die Indexierung, wer zur Einleitung des Unterhaltsverfahrens berechtigt ist (allerdings unter Ausschluss v Fragen der Prozessfähigkeit und der Vertretung im Verfahren), die Verjährungsfristen und die für die Einleitung eines Verfahrens geltenden Fristen sowie den Umfang der Erstattungspflicht des Verpflichteten bei Vorleistungen durch öffentliche Stellen.

Artikel 19 Abstammung

(1) ¹Die Abstammung eines Kindes unterliegt dem Recht des Staates, in dem das Kind seinen gewöhnlichen Aufenthalt hat. ²Sie kann im Verhältnis zu jedem Elternteil auch nach dem Recht des Staates bestimmt werden, dem dieser Elternteil angehört. ³Ist die Mutter verheiratet, so kann die Abstammung ferner nach dem Recht bestimmt werden, dem die allgemeinen Wirkungen ihrer Ehe bei der Geburt nach Artikel 14 Abs. 1 unterliegen; ist die Ehe vorher durch Tod aufgelöst worden, so ist der Zeitpunkt der Auflösung maßgebend.

(2) Sind die Eltern nicht miteinander verheiratet, so unterliegen Verpflichtungen des Vaters gegenüber der Mutter auf Grund der Schwangerschaft dem Recht des Staates, in dem die Mutter ihren gewöhnlichen Aufenthalt hat.

I. Abs 1 regelt, welches Recht über die **Abstammung eines Kindes** bestimmt und stellt dafür drei alternative Anknüpfungen zur Verfügung. Abs 2 bestimmt, nach welchem Recht die **Rechtsverhältnisse einer nichtehelichen Mutter** zum Vater ihres Kindes zu behandeln sind. Für die Zustimmungen Dritter enthält Art 23 eine Sonderanknüpfung. 1

II. 1. Abs 1 betrifft die **Abstammung** eines Kindes, dh die Frage, wer seine Eltern sind. Eine Unterscheidung zwischen ehelichen und nichtehelichen Kindern gibt es dabei nicht mehr. Soweit das nach Abs 1 berufene Recht allerdings diese Unterscheidung noch kennt, bleibt es dabei. 2

Eine Abs 1 **vorrangige staatsvertragliche Regelung** enthält das CIEC-Übereinkommen über die Feststellung der **mütterlichen Abstammung** nichtehelicher Kinder v 12.9.62, BGBl 65 II 23 im Verhältnis zu den Vertragsstaaten dieses Abkommens (Griechenland, Luxemburg, Niederlande, Schweiz, Spanien, Türkei). 3

2. Anknüpfungsgegenstand ist neben der Frage, ob zur Begründung der Elternschaft ein besonderes Verfahren (Vater- oder Mutterschaftsanerkennung) erforderlich ist und welche Voraussetzungen die Anerkennung hat, vor allem die Frage, ob bestimmte Vermutungen für die Elternschaft sprechen und welche Empfängniszeit der Beurteilung der Vaterschaft zugrunde zu legen ist und wer einer Abstammungsanerkennung zustimmen muss. 4

Nicht unter Abs 1 fällt die Frage, welche Auswirkungen die Heirat der Mutter und des Vaters auf den Status des Kindes haben, weil diese Regelungen das Bestehen der Elternschaft bereits voraussetzen. Außerdem ist Abs 1 auf Statusfragen generell nicht anzuwenden. Dafür gibt es seit 1998 keine Kollisionsnorm mehr. Die Frage ist als Vorfrage jeweils unselbständig nach dem jeweils einschlägigen Sachstatut (zB Art 25 für erbrechtliche Fragen) anzuknüpfen. 5

3. Für die Feststellung der Abstammung stellt Abs 1 **drei verschiedene Anknüpfungspunkte** zur Verfügung. Diese Anknüpfungspunkte sind gleichrangig (BayObLG BayObLGZ 02, 7; OLG Frankfurt FamRZ 02, 688). Zur Anwendung kommt grds diejenige Rechtsordnung, die dem Kind am günstigsten ist. Regelmäßig ist das diejenige, nach der die Elternschaft zuerst besteht (BayObLG FamRZ 00, 699; 01, 1543; aA Dörner, FS Henrich, 119), also zB eine Rechtsordnung, in der die Vaterschaft wegen einer Vermutung unmittelbar mit der Geburt eintritt, vor einer solchen, die erst noch eine Vaterschaftsanerkennung voraussetzt. Soll eine andere Rechtsordnung angewendet werden, nach der eine andere Person als Vater oder Mutter in Betracht kommt, muss materiellrechtlich erst die Elternschaft nach der zunächst berufenen Rechtsordnung beseitigt werden, zB durch Anfechtung der Vater- oder Mutterschaft (BayObLG BayObLGZ 02, 7; OLG Frankfurt FamRZ 02, 688). Sind mehrere Rechtsordnungen dem Kind gleich günstig, hat dieses die Wahl. 6

Bei Art 19 handelt es sich um eine **Gesamtverweisung**; Rück- und Weiterverweisung sind zu beachten, wenn das nicht dem Sinn der Verweisung widerspricht. Das gilt insb für die alternativen Anknüpfungen des Abs 1 S 2 und 3. Diese sollen die Möglichkeiten des Kindes erweitern, nicht einschränken. Sofern also ein renvoi zu einer Verringerung der Wahlmöglichkeiten des Kindes führen würde, ist er unbeachtlich. Ebenfalls nicht in Betracht kommt ein renvoi, wenn an die engste Verbindung angeknüpft wird (Abs 1 S 3 iVm Art 14 I Nr 3). Zweifelhaft ist aber, ob schon gilt, wenn an den gewA des Kindes angeknüpft wird. In diesem Fall dürfte mehr dafür sprechen, den renvoi nicht für ausgeschlossen zu erachten (Pal/Heldrich Rn 2; aA MK/Klinkhardt Rn 19, 61). 7

a) Die Bestimmung der Abstammung eines Kindes unterliegt dem Recht des **gewA** des **Kindes** (Abs 1 S 1). Das Statut ist also wandelbar. 8

b) Im Verhältnis zu jedem **Elternteil** kann die Abstammung des Kindes auch nach dessen **Heimatrecht** bestimmt werden (Abs 1 S 2). Das Statut ist wandelbar. Bei Mehrstaatern gilt Art 5. 9

10 c) Ist die **Mutter** zur Zeit der Geburt **verheiratet**, kann die Abstammung auch nach dem Recht beurteilt werden, das zu diesem Zeitpunkt für die **allg Ehewirkungen** (vgl Art 14 I) maßgebend ist (Abs 1 S 3). Ob eine Ehe besteht, ist selbständig anzuknüpfen. Eine nichteheliche Lebensgemeinschaft reicht nicht. Soweit Bezug auf Art 14 genommen ist, bezieht das die Möglichkeiten der Rechtswahl nicht ein; es kommt allein auf das nach Art 14 I maßgebliche Recht an.

11 Wegen des in Abs 1 S 3 genannten Zeitpunkts ist das Statut **nicht wandelbar**.

12 III. **Abs 2** betrifft das **Rechtsverhältnis einer Mutter gegen den nicht mit ihr verheirateten Vater ihres Kindes**. Vor allem ist die Regelung einschlägig für die Erstattung der Kosten v Schwangerschaft und Geburt, soweit der Kostenersatz nicht unterhaltsrechtlich zu qualifizieren ist. Für Unterhaltsleistungen ist die Europäische UnterhaltsVO iVm mit dem Haager Unterhaltsprotokoll lex specialis.

13 Anknüpfungspunkt ist der gewA der Mutter. Das Statut ist wandelbar.

14 IV. Die **internationale Zuständigkeit** deutscher Gerichte für einen Antrag auf Feststellung des Bestehens oder Nichtbestehens eines Eltern-Kind-Verhältnisses ergibt sich aus § 100 FamFG.

Artikel 20 Anfechtung der Abstammung

¹Die Abstammung kann nach jedem Recht angefochten werden, aus dem sich ihre Voraussetzungen ergeben. ²Das Kind kann die Abstammung in jedem Fall nach dem Recht des Staates anfechten, in dem es seinen gewöhnlichen Aufenthalt hat.

1 I. Art 20 betrifft die **Anfechtung der Abstammung eines Kindes**. Eine Unterscheidung zwischen ehelichen und nichtehelichen Kindern besteht nicht mehr. Die Regelung gilt rückwirkend auch für Abstammungen, die vor der Vereinheitlichung der Regelung am 1.7.98 geboren sind.

2 II. 1. **Anknüpfungsgegenstand** ist die Anfechtung der Abstammung, also die Möglichkeit, eine Zuordnung eines Kindes zu einem Elternteil durch eine Handlung des Elternteils oder des Kindes wieder zu beseitigen. Hierher gehört, unter welchen Voraussetzungen eine Anfechtung zulässig ist, vor allem, ob sie an bestimmte Gründe gebunden ist, welche Fristen bestehen, wer anfechtungsberechtigt ist, wie die Anfechtung geltend zu machen ist und welche Wirkungen sie hat.

3 2. **Anfechtungsstatut** ist grds das **Abstammungsstatut** (S 1; vgl Art 19). Daneben kann das Kind aber immer nach dem Recht seines gewA anfechten (S 2). Das Statut ist insoweit wandelbar.

4 Rück- und Weiterverweisungen sind zu beachten. Die Anwendung des Sachrechts am Ort des gewA des Kindes darf aber dadurch nicht ausgeschlossen werden, weil es der Zweck der Weiterverweisungen nur sein darf, die Möglichkeiten des Kindes zu stärken, nicht aber sie einzuschränken (OLG Stuttgart FamRZ 01, 248).

Artikel 21 Wirkungen des Eltern-Kind-Verhältnisses

Das Rechtsverhältnis zwischen einem Kind und seinen Eltern unterliegt dem Recht des Staates, in dem das Kind seinen gewöhnlichen Aufenthalt hat.

1 I. Art 21 regelt das **Rechtsverhältnis zwischen dem Kind und seinen Eltern**. Angeknüpft wird einheitlich für eheliche und nichteheliche Kinder an den gewA. Damit ist ein Gleichlauf mit dem Haager Kinderschutzübereinkommen und dem Haager Minderjährigenschutzabkommen (MSA, Anhang 2) gewährleistet, der wichtigsten staatsvertraglichen Sonderregelung.

2 Dem Art 21 gehen als **staatsvertragliche Regelungen** das deutsch-iranische Niederlassungsübereinkommen für Beziehungen v Iranern untereinander und das Haager Kinderschutzabkommen (KSÜ, ratifiziert durch G v 25.6.09, BGBl II 602, Anhang 1) vor. Das Haager Übereinkommen über die zivilrechtlichen Aspekte internationaler Kindesentführung v 25.10.80, BGBl 90 II 220 (Anhang 2) enthält dag nur Sach- und Verfahrensvorschriften für die Rückführung eines Kindes, das widerrechtlich ins Ausland verbracht wurde. Die Anerkennung und Vollstreckung v Entscheidungen über Sorgerechtsentscheidungen betreffen die VO (EG) Nr 2201/2003 v 27.11.03 (ABl EG L 338, 1, sog Brüssel IIa-VO), die auch dem KSÜ vorrangig ist, und das Europäische Übereinkommen über die Anerkennung und Vollstreckung v Entscheidungen über das Sorgerecht für Kinder und die Wiederherstellung des Sorgerechtsverhältnisses v 20.5.80 (BGBl 90 II 220).

II. **Anknüpfungsgegenstand** des Art 21 sind die **Rechtsbeziehungen eines Kindes zu seinen Eltern**. Auf den Status des Kindes kommt es nicht an. Nichteheliche und eheliche Kinder werden gleich behandelt. Die Regelung betrifft den gesamten Bereich der elterlichen Sorge, vor allem die Frage, wer sorgeberechtigt ist, welche Befugnisse das Sorgerecht gibt, wann Genehmigungen durch Dritte (zB Vormundschaftsgericht, Familienrat) erforderlich sind, wie weit die Vertretungsmacht eines oder beider Elternteile reicht (Allein- oder Gesamtvertretung, Beschränkungen durch Höchstbeträge oder für bestimmte Geschäfte). Hierher gehört auch die Frage, wer über den Aufenthalt eines Kindes zu bestimmen hat, wer die religiöse Erziehung, den Schulbesuch, die Ausbildung usw bestimmt. Ebenso gehören hierher Fragen des Umgangsrechts, des Bestehens v Auskunftsansprüchen der Eltern gegeneinander sowie die Frage, ob ein Kind v seinen Eltern Schadensersatz verlangen kann, wenn diese bei Ausübung der Sorge das Kind schädigen oder ob das Kind Dritten schadensersatzpflichtig ist, die durch die Eltern bei dieser Gelegenheit geschädigt werden. 3

Nicht unter Art 21 fallen namensrechtliche Fragen, einschließlich der Erteilung des Vornamens (vgl Art 10), unterhaltsrechtliche Fragen (Europäische UnterhaltsVO iVm dem Haager Unterhaltsprotokoll, s Anhang zu Art 18) und erbrechtliche Fragen (Art 25 f). Zum Vorrang des Belegenheitsstatuts in vermögensrechtlicher Hinsicht s Art 3 III (Art 3 Rn 11 ff). 4

Abstammung und **Anfechtung der Abstammung** sind selbständig anzuknüpfen (Art 19, 20). Für Adoptionen gilt Art 21 nur soweit, als nicht das Adoptionsstatut (Art 22) Sonderregeln aufstellt. Soweit das Haager Kinderschutzübereinkommen oder das Haager Minderjährigenschutzabkommen eingreift, ist für die dort vorgesehenen Schutzmaßnahmen allein das einschlägige Abkommen anzuwenden (BGHZ 111, 199). 5

2. Angeknüpft wird an den gewA des Kindes. Das Statut ist wandelbar. 6

III. Die **internationale Zuständigkeit** der deutschen Familiengerichte für Sorgerechtsentscheidungen bestimmt sich in erster Linie nach den oben Rn 2 genannten Staatsverträgen, sonst nach § 99 FamFG. Entsprechendes gilt für die **Anerkennung ausländischer Entscheidungen**: Vorrangig ist die Brüssel IIa-VO, soweit sie sachlich einschlägig ist, dann das KSÜ bzw das MSA und schließlich § 108 FamFG. 7

Anhang I zu Artikel 21

Übereinkommen
über die Zuständigkeit, das anzuwendende Recht, die Anerkennung, Vollstreckung und Zusammenarbeit auf dem Gebiet der elterlichen Verantwortung und der Maßnahmen zum Schutz von Kindern[1]

(BGBl 2009 II 602; 2010 II 1527)

Die Unterzeichnerstaaten dieses Übereinkommens –
in der Erwägung, dass der Schutz von Kindern im internationalen Bereich verbessert werden muss;
in dem Wunsch, Konflikte zwischen ihren Rechtssystemen in bezug auf die Zuständigkeit, das anzuwendende Recht, die Anerkennung und Vollstreckung von Maßnahmen zum Schutz von Kindern zu vermeiden;
eingedenk der Bedeutung der internationalen Zusammenarbeit für den Schutz von Kindern;

---

1 Amtl. Anm.: Für Österreich: die Obsorge.

bekräftigend, dass das Wohl des Kindes vorrangig zu berücksichtigen ist;
angesichts der Notwendigkeit, das Übereinkommen vom 5. Oktober 1961 über die Zuständigkeit der Behörden und das anzuwendende Recht auf dem Gebiet des Schutzes von Minderjährigen zu überarbeiten;
in dem Wunsch, zu diesem Zweck unter Berücksichtigung des Übereinkommens der Vereinten Nationen vom 20. November 1989 über die Rechte des Kindes gemeinsame Bestimmungen festzulegen –
Haben die folgenden Bestimmungen vereinbart:

KAPITEL I ANWENDUNGSBEREICH DES ÜBEREINKOMMENS

Artikel 1

(1) Ziel dieses Übereinkommens ist es,
a) den Staat zu bestimmen, dessen Behörden zuständig sind, Maßnahmen zum Schutz der Person oder des Vermögens des Kindes zu treffen;
b) das von diesen Behörden bei der Ausübung ihrer Zuständigkeit anzuwendende Recht zu bestimmen;
c) das auf die elterliche Verantwortung anzuwendende Recht zu bestimmen;
d) die Anerkennung und Vollstreckung der Schutzmaßnahmen in allen Vertragsstaaten sicherzustellen;
e) die zur Verwirklichung der Ziele dieses Übereinkommens notwendige Zusammenarbeit zwischen den Behörden der Vertragsstaaten einzurichten.

(2) Im Sinn dieses Übereinkommens umfasst der Begriff „elterliche Verantwortung" die elterliche Sorge1 und jedes andere entsprechende Sorgeverhältnis, das die Rechte, Befugnisse und Pflichten der Eltern, des Vormunds oder eines anderen gesetzlichen Vertreters in bezug auf die Person oder das Vermögen des Kindes bestimmt.

Artikel 2

Dieses Übereinkommen ist auf Kinder von ihrer Geburt bis zur Vollendung des 18. Lebensjahrs anzuwenden.

Artikel 3

Die Maßnahmen, auf die in Artikel 1 Bezug genommen wird, können insbesondere folgendes umfassen:
a) die Zuweisung, die Ausübung und die vollständige oder teilweise Entziehung der elterlichen Verantwortung sowie deren Übertragung;
b) das Sorgerecht einschließlich der Sorge für die Person des Kindes und insbesondere des Rechts, den Aufenthalt des Kindes zu bestimmen, sowie das Recht zum persönlichen Umgang einschließlich des Rechts, das Kind für eine begrenzte Zeit an einen anderen Ort als den seines gewöhnlichen Aufenthalts zu bringen;
c) die Vormundschaft, die Pflegschaft[2] und entsprechende Einrichtungen;
d) die Bestimmung und den Aufgabenbereich jeder Person oder Stelle, die für die Person oder das Vermögen des Kindes verantwortlich ist, das Kind vertritt oder ihm beisteht;
e) die Unterbringung des Kindes in einer Pflegefamilie oder einem Heim oder seine Betreuung durch Kafala oder eine entsprechende Einrichtung;
f) die behördliche Aufsicht über die Betreuung eines Kindes durch jede Person, die für das Kind verantwortlich ist;
g) die Verwaltung und Erhaltung des Vermögens des Kindes oder die Verfügung darüber.

---

2 Amtl. Anm.: Für Österreich: die besondere Sachwalterschaft. Für die Schweiz: die Beistandschaft.

Artikel 4

Dieses Übereinkommen ist nicht anzuwenden
a) auf die Feststellung und Anfechtung des Eltern-Kind-Verhältnisses;
b) auf Adoptionsentscheidungen und Maßnahmen zur Vorbereitung einer Adoption sowie auf die Ungültigerklärung und den Widerruf der Adoption;
c) auf Namen und Vornamen des Kindes;
d) auf die Volljährigerklärung;
e) auf Unterhaltspflichten;
f) auf trusts und Erbschaften;
g) auf die soziale Sicherheit;
h) auf öffentliche Maßnahmen allgemeiner Art in Angelegenheiten der Erziehung und Gesundheit;
i) auf Maßnahmen infolge von Straftaten, die von Kindern begangen wurden;
j) auf Entscheidungen über Asylrecht und Einwanderung.

KAPITEL II ZUSTÄNDIGKEIT

Artikel 5

(1) Die Behörden, seien es Gerichte oder Verwaltungsbehörden, des Vertragsstaats, in dem das Kind seinen gewöhnlichen Aufenthalt hat, sind zuständig, Maßnahmen zum Schutz der Person oder des Vermögens des Kindes zu treffen.

(2) Vorbehaltlich des Artikels 7 sind bei einem Wechsel des gewöhnlichen Aufenthalts des Kindes in einen anderen Vertragsstaat die Behörden des Staates des neuen gewöhnlichen Aufenthalts zuständig.

Artikel 6

(1) Über Flüchtlingskinder und Kinder, die infolge von Unruhen in ihrem Land in ein anderes Land gelangt sind, üben die Behörden des Vertragsstaats, in dessen Hoheitsgebiet sich die Kinder demzufolge befinden, die in Artikel 5 Absatz 1 vorgesehene Zuständigkeit aus.

(2) Absatz 1 ist auch auf Kinder anzuwenden, deren gewöhnlicher Aufenthalt nicht festgestellt werden kann.

Artikel 7

(1) Bei widerrechtlichem Verbringen oder Zurückhalten des Kindes bleiben die Behörden des Vertragsstaats, in dem das Kind unmittelbar vor dem Verbringen oder Zurückhalten seinen gewöhnlichen Aufenthalt hatte, so lange zuständig, bis das Kind einen gewöhnlichen Aufenthalt in einem anderen Staat erlangt hat und
a) jede sorgeberechtigte Person, Behörde oder sonstige Stelle das Verbringen oder Zurückhalten genehmigt hat, oder
b) das Kind sich in diesem anderen Staat mindestens ein Jahr aufgehalten hat, nachdem die sorgeberechtigte Person, Behörde oder sonstige Stelle seinen Aufenthaltsort kannte oder hätte kennen müssen, kein während dieses Zeitraums gestellter Antrag auf Rückgabe mehr anhängig ist und das Kind sich in seinem neuen Umfeld eingelebt hat.

(2) Das Verbringen oder Zurückhalten eines Kindes gilt als widerrechtlich, wenn
a) dadurch das Sorgerecht verletzt wird, das einer Person, Behörde oder sonstigen Stelle allein oder gemeinsam nach dem Recht des Staates zusteht, in dem das Kind unmittelbar vor dem Verbringen oder Zurückhalten seinen gewöhnlichen Aufenthalt hatte, und
b) dieses Recht im Zeitpunkt des Verbringens oder Zurückhaltens allein oder gemeinsam tatsächlich ausgeübt wurde oder ausgeübt worden wäre, falls das Verbringen oder Zurückhalten nicht stattgefunden hätte.

Das unter Buchstabe a genannte Sorgerecht kann insbesondere kraft Gesetzes, aufgrund einer gerichtlichen oder behördlichen Entscheidung oder aufgrund einer nach dem Recht des betreffenden Staates wirksamen Vereinbarung bestehen.

(3) Solange die in Absatz 1 genannten Behörden zuständig bleiben, können die Behörden des Ver-tragsstaats, in den das Kind verbracht oder in dem es zurückgehalten wurde, nur die

nach Artikel 11 zum Schutz der Person oder des Vermögens des Kindes erforderlichen dringenden Maßnahmen treffen.

Artikel 8

(1) Ausnahmsweise kann die nach Artikel 5 oder 6 zuständige Behörde eines Vertragsstaats, wenn sie der Auffassung ist, dass die Behörde eines anderen Vertragsstaats besser in der Lage wäre, das Wohl des Kindes im Einzelfall zu beurteilen,
- entweder diese Behörde unmittelbar oder mit Unterstützung der Zentralen Behörde dieses Staates ersuchen, die Zuständigkeit zu übernehmen, um die Schutzmaßnahmen zu treffen, die sie für erforderlich hält,
- oder das Verfahren aussetzen und die Parteien einladen, bei der Behörde dieses anderen Staates einen solchen Antrag zu stellen.

(2) Die Vertragsstaaten, deren Behörden nach Absatz 1 ersucht werden können, sind
a) ein Staat, dem das Kind angehört,
b) ein Staat, in dem sich Vermögen des Kindes befindet,
c) ein Staat, bei dessen Behörden ein Antrag der Eltern des Kindes auf Scheidung, Trennung, Aufhebung oder Nichtigerklärung der Ehe anhängig ist,
d) ein Staat, zu dem das Kind eine enge Verbindung hat.

(3) Die betreffenden Behörden können einen Meinungsaustausch aufnehmen.

(4) Die nach Absatz 1 ersuchte Behörde kann die Zuständigkeit anstelle der nach Artikel 5 oder 6 zuständigen Behörde übernehmen, wenn sie der Auffassung ist, dass dies dem Wohl des Kindes dient.

Artikel 9

(1) Sind die in Artikel 8 Absatz 2 genannten Behörden eines Vertragsstaats der Auffassung, dass sie besser in der Lage sind, das Wohl des Kindes im Einzelfall zu beurteilen, so können sie
- entweder die zuständige Behörde des Vertragsstaats des gewöhnlichen Aufenthalts des Kindes unmittelbar oder mit Unterstützung der Zentralen Behörde dieses Staates ersuchen, ihnen zu gestatten, die Zuständigkeit auszuüben, um die von ihnen für erforderlich gehaltenen Schutzmaßnahmen zu treffen,
- oder die Parteien einladen, bei der Behörde des Vertragsstaats des gewöhnlichen Aufenthalts des Kindes einen solchen Antrag zu stellen.

(2) Die betreffenden Behörden können einen Meinungsaustausch aufnehmen.

(3) Die Behörde, von welcher der Antrag ausgeht, darf die Zuständigkeit anstelle der Behörde des Vertragsstaats des gewöhnlichen Aufenthalts des Kindes nur ausüben, wenn diese den Antrag angenommen hat.

Artikel 10

(1) Unbeschadet der Artikel 5 bis 9 können die Behörden eines Vertragsstaats in Ausübung ihrer Zuständigkeit für die Entscheidung über einen Antrag auf Scheidung, Trennung, Aufhebung oder Nichtigerklärung der Ehe der Eltern eines Kindes, das seinen gewöhnlichen Aufenthalt in einem anderen Vertragsstaat hat, sofern das Recht ihres Staates dies zulässt, Maßnahmen zum Schutz der Person oder des Vermögens des Kindes treffen, wenn
a) einer der Eltern zu Beginn des Verfahrens seinen gewöhnlichen Aufenthalt in diesem Staat und ein Elternteil die elterliche Verantwortung für das Kind hat und
b) die Eltern und jede andere Person, welche die elterliche Verantwortung für das Kind hat, die Zuständigkeit dieser Behörden für das Ergreifen solcher Maßnahmen anerkannt haben und diese Zuständigkeit dem Wohl des Kindes entspricht.

(2) Die in Absatz 1 vorgesehene Zuständigkeit für das Ergreifen von Maßnahmen zum Schutz des Kindes endet, sobald die stattgebende oder abweisende Entscheidung über den Antrag auf Scheidung, Trennung, Aufhebung oder Nichtigerklärung der Ehe endgültig geworden ist oder das Verfahren aus einem anderen Grund beendet wurde.

Artikel 11

(1) In allen dringenden Fällen sind die Behörden jedes Vertragsstaats, in dessen Hoheitsgebiet sich das Kind oder ihm gehörendes Vermögen befindet, zuständig, die erforderlichen Schutzmaßnahmen zu treffen.

(2) Maßnahmen nach Absatz 1, die in bezug auf ein Kind mit gewöhnlichem Aufenthalt in einem Vertragsstaat getroffen wurden, treten außer Kraft, sobald die nach den Artikeln 5 bis 10 zuständigen Behörden die durch die Umstände gebotenen Maßnahmen getroffen haben.

(3) Maßnahmen nach Absatz 1, die in bezug auf ein Kind mit gewöhnlichem Aufenthalt in einem Nichtvertragsstaat getroffen wurden, treten in jedem Vertragsstaat außer Kraft, sobald dort die durch die Umstände gebotenen und von den Behörden eines anderen Staates getroffenen Maßnahmen anerkannt werden.

Artikel 12

(1) Vorbehaltlich des Artikels 7 sind die Behörden eines Vertragsstaats, in dessen Hoheitsgebiet sich das Kind oder ihm gehörendes Vermögen befindet, zuständig, vorläufige und auf das Hoheitsgebiet dieses Staates beschränkte Maßnahmen zum Schutz der Person oder des Vermögens des Kindes zu treffen, soweit solche Maßnahmen nicht mit den Maßnahmen unvereinbar sind, welche die nach den Artikeln 5 bis 10 zuständigen Behörden bereits getroffen haben.

(2) Maßnahmen nach Absatz 1, die in bezug auf ein Kind mit gewöhnlichem Aufenthalt in einem Vertragsstaat getroffen wurden, treten außer Kraft, sobald die nach den Artikeln 5 bis 10 zuständigen Behörden eine Entscheidung über die Schutzmaßnahmen getroffen haben, die durch die Umstände geboten sein könnten.

(3) Maßnahmen nach Absatz 1, die in bezug auf ein Kind mit gewöhnlichem Aufenthalt in einem Nichtvertragsstaat getroffen wurden, treten in dem Vertragsstaat außer Kraft, in dem sie getroffen worden sind, sobald dort die durch die Umstände gebotenen und von den Behörden eines anderen Staates getroffenen Maßnahmen anerkannt werden.

Artikel 13

(1) Die Behörden eines Vertragsstaats, die nach den Artikeln 5 bis 10 zuständig sind, Maßnahmen zum Schutz der Person oder des Vermögens des Kindes zu treffen, dürfen diese Zuständigkeit nicht ausüben, wenn bei Einleitung des Verfahrens entsprechende Maßnahmen bei den Behörden eines anderen Vertragsstaats beantragt worden sind, die in jenem Zeitpunkt nach den Artikeln 5 bis 10 zuständig waren, und diese Maßnahmen noch geprüft werden.

(2) Absatz 1 ist nicht anzuwenden, wenn die Behörden, bei denen Maßnahmen zuerst beantragt wurden, auf ihre Zuständigkeit verzichtet haben.

Artikel 14

Selbst wenn durch eine Änderung der Umstände die Grundlage der Zuständigkeit wegfällt, bleiben die nach den Artikeln 5 bis 10 getroffenen Maßnahmen innerhalb ihrer Reichweite so lange in Kraft, bis die nach diesem Übereinkommen zuständigen Behörden sie ändern, ersetzen oder aufheben.

KAPITEL III   ANZUWENDENDES RECHT

Artikel 15

(1) Bei der Ausübung ihrer Zuständigkeit nach Kapitel II wenden die Behörden der Vertragsstaaten ihr eigenes Recht an.

(2) Soweit es der Schutz der Person oder des Vermögens des Kindes erfordert, können sie jedoch ausnahmsweise das Recht eines anderen Staates anwenden oder berücksichtigen, zu dem der Sachverhalt eine enge Verbindung hat.

(3) Wechselt der gewöhnliche Aufenthalt des Kindes in einen anderen Vertragsstaat, so bestimmt das Recht dieses anderen Staates vom Zeitpunkt des Wechsels an die Bedingungen,

unter denen die im Staat des früheren gewöhnlichen Aufenthalts getroffenen Maßnahmen angewendet werden.

Artikel 16

(1) Die Zuweisung oder das Erlöschen der elterlichen Verantwortung kraft Gesetzes ohne Einschreiten eines Gerichts oder einer Verwaltungsbehörde bestimmt sich nach dem Recht des Staates des gewöhnlichen Aufenthalts des Kindes.
(2) Die Zuweisung oder das Erlöschen der elterlichen Verantwortung durch eine Vereinbarung oder ein einseitiges Rechtsgeschäft ohne Einschreiten eines Gerichts oder einer Verwaltungsbehörde bestimmt sich nach dem Recht des Staates des gewöhnlichen Aufenthalts des Kindes in dem Zeitpunkt, in dem die Vereinbarung oder das einseitige Rechtsgeschäft wirksam wird.
(3) Die elterliche Verantwortung nach dem Recht des Staates des gewöhnlichen Aufenthalts des Kindes besteht nach dem Wechsel dieses gewöhnlichen Aufenthalts in einen anderen Staat fort.
(4) Wechselt der gewöhnliche Aufenthalt des Kindes, so bestimmt sich die Zuweisung der elterlichen Verantwortung kraft Gesetzes an eine Person, die diese Verantwortung nicht bereits hat, nach dem Recht des Staates des neuen gewöhnlichen Aufenthalts.

Artikel 17

Die Ausübung der elterlichen Verantwortung bestimmt sich nach dem Recht des Staates des gewöhnlichen Aufenthalts des Kindes. Wechselt der gewöhnliche Aufenthalt des Kindes, so bestimmt sie sich nach dem Recht des Staates des neuen gewöhnlichen Aufenthalts.

Artikel 18

Durch Maßnahmen nach diesem Übereinkommen kann die in Artikel 16 genannte elterliche Verantwortung entzogen oder können die Bedingungen ihrer Ausübung geändert werden.

Artikel 19

(1) Die Gültigkeit eines Rechtsgeschäfts zwischen einem Dritten und einer anderen Person, die nach dem Recht des Staates, in dem das Rechtsgeschäft abgeschlossen wurde, als gesetzlicher Vertreter zu handeln befugt wäre, kann nicht allein deswegen bestritten und der Dritte nicht nur deswegen verantwortlich gemacht werden, weil die andere Person nach dem in diesem Kapitel bestimmten Recht nicht als gesetzlicher Vertreter zu handeln befugt war, es sei denn, der Dritte wusste oder hätte wissen müssen, dass sich die elterliche Verantwortung nach diesem Recht bestimmte.
(2) Absatz 1 ist nur anzuwenden, wenn das Rechtsgeschäft unter Anwesenden im Hoheitsgebiet desselben Staates geschlossen wurde.

Artikel 20

Dieses Kapitel ist anzuwenden, selbst wenn das darin bestimmte Recht das eines Nichtvertragsstaats ist.

Artikel 21

(1) Der Begriff „Recht" im Sinn dieses Kapitels bedeutet das in einem Staat geltende Recht mit Ausnahme des Kollisionsrechts.
(2) Ist jedoch das nach Artikel 16 anzuwendende Recht das eines Nichtvertragsstaats und verweist das Kollisionsrecht dieses Staates auf das Recht eines anderen Nichtvertragsstaats, der sein eigenes Recht anwenden würde, so ist das Recht dieses anderen Staates anzuwenden. Betrachtet sich
das Recht dieses anderen Nichtvertragsstaats als nicht anwendbar, so ist das nach Artikel 16 bestimmte Recht anzuwenden.

Artikel 22

Die Anwendung des in diesem Kapitel bestimmten Rechts darf nur versagt werden, wenn sie der öffentlichen Ordnung (ordre public) offensichtlich widerspricht, wobei das Wohl des Kindes zu berücksichtigen ist.

Art. 23–55 (nicht abgedruckt)

I. Das Haager Kindesschutzübereinkommen (KSÜ) hat zum 1.1.11 das Haager Minderjährigenschutzabkommen (Übereinkommen über die Zuständigkeit der Behörden und das anzuwendende Recht auf dem Gebiet des Schutzes v Minderjährigen, MSA, s dazu 6. Aufl, Anhang 1 zu Art 21 EGBGB) abgelöst. Derzeit (2014) hat es 39 Mitgliedstaaten. Diese sind: Albanien, Armenien, Australien, Belgien, Bulgarien, Deutschland, Dänemark, Dominikanische Republik, Ecuador, Estland, Finnland, Frankreich, Griechenland, Großbritannien, Irland, Italien, Kroatien, Lettland, Litauen, Luxemburg, Malta, Marokko, Monaco, Niederlande, Österreich, Polen, Portugal, Rumänien, Schweden, Schweiz, Slowakei, Slowenien, Spanien, Tschechische Republik, Ukraine, Ungarn, Uruguay, USA, Zypern. Ein Überblick über das Übereinkommen findet sich bei Schulz FamRZ 11, 156 ff. Der Text und eine aktualisierte Übersicht über die Mitgliedstaaten sind unter www.hcch.net als Übereinkommen Nr. 34 zu finden.

Das KSÜ enthält dieselben Zuständigkeitsregeln wie bisher das Haager Minderjährigenschutzabkommen MSA (6. Aufl, Anhang 1 zu Art 21 EGBGB Rn 1 ff) und ist in seinem Anwendungsbereich nachrangig zur Brüssel IIa-VO, genau wie es das MSA auch war. Dem MSA geht es vor. Für die Rechtsanwendung ist aber zu beachten, dass das KSÜ über die Frage der gerichtlichen Zuständigkeit, die Anerkennung und Vollstreckung v Maßnahmen zum Schutz der Person oder des Vermögens eines Kindes und die internationale Zusammenarbeit der Gerichte und Behörden auf diesem Gebiet auch die Frage des anzuwendenden Rechts regelt. Insoweit enthält die Brüssel IIa-VO keine Regelungen, so dass das KSÜ insoweit auch im Anwendungsbereich dieser VO anzuwenden ist.

II. Anzuwenden ist das KSÜ auf **Kinder** v ihrer Geburt bis zur Vollendung des 18. Lebensjahres (Art 2 KSÜ). In den sachlichen Anwendungsbereich des Übereinkommens fallen vor allem die Zuweisung, die Ausübung und die vollständige oder teilweise Entziehung der elterlichen Verantwortung sowie deren Übertragung, das Sorgerecht einschließlich der Sorge für die Person des Kindes und insb das Recht, den Aufenthalt des Kindes zu bestimmen, sowie das Recht zum persönlichen Umgang einschließlich des Rechts, das Kind für eine begrenzte Zeit an einen anderen Ort als den seines gewA zu bringen, die Vormundschaft, die Pflegschaft und entsprechende Einrichtungen, die Bestimmung und den Aufgabenbereich jeder Person oder Stelle, die für die Person oder das Vermögen des Kindes verantwortlich ist, das Kind vertritt oder ihm beisteht, die Unterbringung des Kindes in einer Pflegefamilie oder einem Heim, die behördliche Aufsicht über die Betreuung eines Kindes durch jede Person, die für das Kind verantwortlich ist und die Verwaltung und Erhaltung des Vermögens des Kindes oder die Verfügung darüber (Art 3 KSÜ). Ausgenommen sind Abstammungssachen, Adoptionssachen und ähnliches (Art 4 KSÜ).

Die **Regelzuständigkeit** für die genannten Maßnahmen wird durch den **gewA** des Kindes bestimmt (Art 5 KSÜ). Dem Staat des schlichten Aufenthalts kommt eine internationale Zuständigkeit zu für Flüchtlingskinder und Kinder, die infolge v Unruhen in ihrem Land in ein anderes Land gelangt sind sowie für Kinder, deren gewA nicht bestimmt werden kann (Art 6 KSÜ). Wechselt der gewöhnliche Aufenthalt des Kindes v einem Staat in einen anderen, ist zu unterscheiden: Ist der Wechsel rechtmäßig, wechselt auch die Zuständigkeit sofort mit der Begründung des neuen gewA (Art 5 II KSÜ). Eine perpetuatio fori wie bei der Brüssel IIa VO gibt es nicht. Ist der Wechsel dag unrechtmäßig, bleibt es bei der Zuständigkeit der Gerichte und Behörden des bisherigen Aufenthaltsstaats, bis alle Sorgeberechtigten zugestimmt haben oder mindestens ein Jahr vergangen ist, nachdem die sorgeberechtigte Person v der Aufenthaltsänderung

Kenntnis erlangt hat oder hätte erlangen müssen (Art. 7 KSÜ). Zur Konkurrenzsituation mit dem Haager Kindesentführungsabkommen vgl Schulz FamRZ 2011, 156, 157.

5 Eine **Zuständigkeit des Scheidungsstaats** für Maßnahmen zum Schutz der Person oder des Vermögens des Kindes nimmt das KSÜ für ein Kind an, das seinen gewA in einem anderen Vertragsstaat hat, sofern das Recht des Scheidungsstaates dies zulässt (in Deutschland nach § 99). Voraussetzung ist zusätzlich, dass einer der Eltern zu Beginn des Verfahrens seinen gewA in diesem Staat und ein Elternteil die elterliche Verantwortung für das Kind hat und die Eltern und jede andere Person, welche die elterliche Verantwortung für das Kind hat, die Zuständigkeit dieser Behörden für das Ergreifen solcher Maßnahmen anerkannt haben und diese Zuständigkeit dem Wohl des Kindes entspricht (Art. 10 Abs. 1 KSÜ). Diese Zuständigkeit endet, sobald die stattgebende oder abweisende Entscheidung über den Antrag auf Scheidung, Trennung, Aufhebung oder Nichtigerklärung der Ehe endgültig geworden ist oder das Verfahren aus einem anderen Grund beendet wurde (Art. 10 Abs. 2 KSÜ).

6 Eine internationale **Zuständigkeit bei Abgabe und Übernahme der Gerichte** (bzw Behörden) ergibt sich aus Art 8 und 9 KSÜ. Auf diese Weise zuständig werden können die Gerichte des Heimatstaats, die Gerichte des Staates, in welchem Vermögen des Kindes belegen ist, die Gerichte des Staates, in dem ein Scheidungs-, Aufhebungs- oder Trennungsverfahren anhängig ist und die Gerichte des Staates, zu dem das Kind eine enge Verbindung hat.

7 Für **Dringlichkeitsfälle** ist die Befugnis zu Schutzmaßnahmen aus Art. 11 KSÜ zu entnehmen. Art. 12 KSÜ gestattet es den Behörden eines Vertragsstaats, in dessen Hoheitsgebiet sich das Kind oder ein ihm gehörendes Vermögen befindet, darüber hinaus, vorläufige und auf das Hoheitsgebiet dieses Staates beschränkte Maßnahmen zum Schutz der Person oder des Vermögens des Kindes zu treffen, soweit solche Maßnahmen nicht mit den Maßnahmen unvereinbar sind, welche die an sich zuständigen Behörden bereits getroffen haben.

8 Besondere Bedeutung hat, dass Art 13 KSÜ bestimmt, dass die Behörden eines Vertragsstaats, die nach Art 5–10 KSÜ zuständig sind, **Maßnahmen zum Schutz der Person oder des Vermögens** des Kindes zu treffen, diese Zuständigkeit nicht ausüben dürfen, wenn bei Einleitung des Verfahrens schon entsprechende Maßnahmen bei den Behörden eines anderen Vertragsstaats beantragt worden sind, die in jenem Zeitpunkt nach den Art 5 - 10 KSÜ zuständig waren, und diese Maßnahmen noch geprüft werden. Das KSÜ kennt also – anders als das MSA – eine Rechtshängigkeitssperre,

9 **III.** Grds wendet die zuständige Behörde bzw das Gericht das eigene Recht an (Art 15 I KSÜ). Das gilt auch dann, wenn eine Person aus einem Nichtvertragsstaat betroffen ist (Art 20 KSÜ). Soweit es aber der Schutz der Person oder des Vermögens des Kindes erfordert, kann die Behörde bzw das Gericht ausnahmsweise das Recht eines anderen Staates anwenden oder berücksichtigen, zu dem der Sachverhalt eine enge Verbindung hat (Art 15 II KSÜ). Sobald der der gewöhnliche Aufenthalt des Kindes in einen anderen Vertragsstaat wechselt, bestimmt das Recht dieses anderen Staates v Zeitpunkt des Wechsels an die Bedingungen, unter denen die in einem Staat der früheren gewA getroffenen Maßnahmen angewendet werden (Art 15 III KSÜ). Diese gelten also grds weiter, werden nur in ihrer Reichweite durch die Bedingungen des neuen Aufenthaltsrechts relativiert,

10 Für die **elterliche Sorge** finden sich Spezialregeln in Art 16–18 KSÜ. Wer die elterliche Verantwortung kraft Gesetzes ohne Einschreiten eines Gerichts oder einer Verwaltungsbehörde hat, bestimmt sich ebenfalls nach dem Recht des Staates des gewA des Kindes (Art 16 I KSÜ). Das Gleiche gilt, wenn die elterliche Verantwortung durch eine Vereinbarung oder ein einseitiges Rechtsgeschäft ohne Einschreiten eines Gerichts oder einer Verwaltungsbehörde eintritt oder erlischt. Es kommt in diesem Fall auf den Zeitpunkt an, in dem die Vereinbarung oder das einseitige Rechtsgeschäft wirksam wird (Art 16 II KSÜ). Zu beachten ist, dass die elterliche Verantwortung (va also die elterliche Sorge), die in einem Staat begründet worden ist, in dem das Kind seinen gewA hat, nicht dadurch erlischt, dass das Kind seinen Aufenthalt in einen anderen Staat verlegt. Das gilt für den schlichten Aufenthalt schon deswegen, weil sich in diesem Fall der ge-

wöhnliche Aufenthalt noch nicht geändert hat. Für den Wechsel des gewA ergibt sich diese Folge ausdrücklich aus Art 16 III KSÜ. Nach dem Recht des neuen gewA ist dann aber die Frage zu beurteilen ob die elterliche Verantwortung nun auch kraft Gesetzes einer Person zusteht, die diese Verantwortung nicht bereits hatte (Art 16 IV KSÜ), nach dem Recht des Staates des neuen gewA. Das Recht des gewA bestimmt auch, welche Rechte aus der elterlichen Verantwortung folgen (Art 17 I KSÜ). Wechselt der gewöhnliche Aufenthalt des Kindes, so bestimmt sich der Inhalt der elterlichen Verantwortung sich nach dem Recht des Staates des neuen gewA. Art. 18 KSÜ stellt ausdrücklich klar, dass die Entziehung der elterlichen Sorge ebenfalls nach dem Recht des gewA des Kindes zu beurteilen ist.

Die **Gültigkeit eines Rechtsgeschäfts** zwischen einem gesetzlichen Vertreter und einem Dritten richtet sich grds ebenfalls nach dem Recht des gewA, Art 19 KSÜ. Es handelt sich um eine Schutzvorschrift für den Fall, dass der gesetzliche Vertreter in einem anderen Staat vornimmt und nach dessen Recht zu handeln befugt wäre, es aber nach dem Recht des gewA des Kindes nicht ist. In diesem Fall ist das Geschäft wirksam, es sei denn, der Dritte wusste oder hätte wissen müssen, dass sich die elterliche Verantwortung nach dem anderen Recht bestimmte, das dem Handelnden keine Vertretungsbefugnisse zugesteht. 11

Anhang II zu Artikel 21

Übereinkommen
über die zivilrechtlichen Aspekte internationaler Kindesentführung

Abgeschlossen in Den Haag am 25. Oktober 1980

(BGBl 1990 II 206)

In Kraft getreten für die Bundesrepublik Deutschland am 1.12.1990

Kapitel I
Anwendungsbereich des Übereinkommens

Art. 1

Ziel dieses Übereinkommens ist es,
a) die sofortige Rückgabe widerrechtlich in einen Vertragsstaat verbrachter oder dort zurückgehaltener Kinder sicherzustellen, und
b) zu gewährleisten, daß das in einem Vertragsstaat bestehende Sorge- und Besuchsrecht in den anderen Vertragsstaaten tatsächlich beachtet wird.

Art. 2

Die Vertragsstaaten treffen alle geeigneten Maßnahmen, um in ihrem Hoheitsgebiet die Ziele des Übereinkommens zu verwirklichen. Zu diesem Zweck wenden sie ihre schnellstmöglichen Verfahren an.

Art. 3

Das Verbringen oder Zurückhalten eines Kindes gilt als widerrechtlich, wenn
a) dadurch das Sorgerecht verletzt wird, das einer Person, Behörde oder sonstigen Stelle allein oder gemeinsam nach dem Recht des Staates zusteht, in dem das Kind unmittelbar vor dem Verbringen oder Zurückhalten seinen gewöhnlichen Aufenthalt hatte, und
b) dieses Recht im Zeitpunkt des Verbringens oder Zurückhaltens allein oder gemeinsam tatsächlich ausgeübt wurde oder ausgeübt worden wäre, falls das Verbringen oder Zurückhalten nicht stattgefunden hätte.

Das unter Buchstabe a genannte Sorgerecht kann insbesondere kraft Gesetzes, aufgrund einer gerichtlichen oder behördlichen Entscheidung oder aufgrund einer nach dem Recht des betreffenden Staates wirksamen Vereinbarung bestehen.

Art. 4

Das Übereinkommen wird auf jedes Kind angewendet, das unmittelbar vor einer Verletzung des Sorge- oder Besuchsrechts seinen gewöhnlichen Aufenthalt in einem Vertragsstaat hatte. Das Übereinkommen wird nicht mehr angewendet, sobald das Kind das 16. Lebensjahr vollendet hat.

Art. 5

Im Sinn dieses Übereinkommens umfaßt
a) das „Sorgerecht" die Sorge für die Person des Kindes und insbesondere das Recht, den Aufenthalt des Kindes zu bestimmen;
b) das „Besuchsrecht" das Recht, das Kind für eine begrenzte Zeit an einen anderen Ort als seinen gewöhnlichen Aufenthaltsort zu bringen.

Kapitel II
Zentrale Behörden

Art. 6

Jeder Vertragsstaat bestimmt eine zentrale Behörde, welche die ihr durch dieses Übereinkommen übertragenen Aufgaben wahrnimmt.
Einem Bundesstaat, einem Staat mit mehreren Rechtssystemen oder einem Staat, der aus autonomen Gebietskörperschaften besteht, steht es frei, mehrere zentrale Behörden zu bestimmen und deren räumliche Zuständigkeit festzulegen. Macht ein Staat von dieser Möglichkeit Gebrauch, so bestimmt er die zentrale Behörde, an welche die Anträge zur Übermittlung an die zuständige zentrale Behörde in diesem Staat gerichtet werden können.

Art. 7

Die zentralen Behörden arbeiten zusammen und fördern die Zusammenarbeit der zuständigen Behörden ihrer Staaten, um die sofortige Rückgabe von Kindern sicherzustellen und auch die anderen Ziele dieses Übereinkommens zu verwirklichen.
Insbesondere treffen sie unmittelbar oder mit Hilfe anderer alle geeigneten Maßnahmen, um
a) den Aufenthaltsort eines widerrechtlich verbrachten oder zurückgehaltenen Kindes ausfindig zu machen;
b) weitere Gefahren von dem Kind oder Nachteile von den betroffenen Parteien abzuwenden, indem sie vorsorgliche Maßnahmen treffen oder veranlassen;
c) die freiwillige Rückgabe des Kindes sicherzustellen oder eine gütliche Regelung der Angelegenheit herbeizuführen;
d) soweit zweckdienlich Auskünfte über die soziale Lage des Kindes auszutauschen;
e) im Zusammenhang mit der Anwendung des Übereinkommens allgemeine Auskünfte über das Recht ihrer Staaten zu erteilen;
f) ein gerichtliches oder behördliches Verfahren einzuleiten oder die Einleitung eines solchen Verfahrens zu erleichtern, um die Rückgabe des Kindes zu erwirken sowie gegebenenfalls die Durchführung oder die wirksame Ausübung des Besuchsrechts zu gewährleisten;
g) soweit erforderlich die Bewilligung von unentgeltlicher Rechtshilfe und Rechtsberatung, einschließlich der Beiordnung eines Rechtsanwalts, zu veranlassen oder zu erleichtern;
h) durch etwa notwendige und geeignete behördliche Vorkehrungen die sichere Rückgabe des Kindes zu gewährleisten;
i) einander über die Wirkungsweise des Übereinkommens zu unterrichten und Hindernisse, die seiner Anwendung entgegenstehen, soweit wie möglich auszuräumen.

Kapitel III
Rückgabe von Kindern

Art. 8

Macht eine Person, Behörde oder sonstige Stelle geltend, ein Kind sei unter Verletzung des Sorgerechts verbracht oder zurückgehalten worden, so kann sie sich entweder an die für den

gewöhnlichen Aufenthalt des Kindes zuständige zentrale Behörde oder an die zentrale Behörde eines anderen Vertragsstaats wenden, um mit deren Unterstützung die Rückgabe des Kindes sicherzustellen.
Der Antrag muß enthalten
a) Angaben über die Identität des Antragstellers, des Kindes und der Person, die das Kind angeblich verbracht oder zurückgehalten hat;
b) das Geburtsdatum des Kindes, soweit es festgestellt werden kann;
c) die Gründe, die der Antragsteller für seinen Anspruch auf Rückgabe des Kindes geltend macht;
d) alle verfügbaren Angaben über den Aufenthaltsort des Kindes und die Identität der Person, bei der sich das Kind vermutlich befindet.
Der Antrag kann wie folgt ergänzt oder es können ihm folgende Anlagen beigefügt werden:
e) eine beglaubigte Ausfertigung einer für die Sache erheblichen Entscheidung oder Vereinbarung;
f) eine Bescheinigung oder eidesstattliche Erklärung (Affidavit) über die einschlägigen Rechtsvorschriften des betreffenden Staates; sie muß von der zentralen Behörde oder einer sonstigen zuständigen Behörde des Staates, in dem sich das Kind gewöhnlich aufhält, oder von einer dazu befugten Person ausgehen;
g) jedes sonstige für die Sache erhebliche Schriftstück.

Art. 9

Hat die zentrale Behörde, bei der ein Antrag nach Artikel 8 eingeht, Grund zu der Annahme, daß sich das Kind in einem anderen Vertragsstaat befindet, so übermittelt sie den Antrag unmittelbar und unverzüglich der zentralen Behörde dieses Staates; sie unterrichtet davon die ersuchende zentrale Behörde oder gegebenenfalls den Antragsteller.

Art. 10

Die zentrale Behörde des Staates, in dem sich das Kind befindet, trifft oder veranlaßt alle geeigneten Maßnahmen, um die freiwillige Rückgabe des Kindes zu bewirken.

Art. 11

In Verfahren auf Rückgabe von Kindern haben die Gerichte oder Verwaltungsbehörden eines jeden Vertragsstaats mit der gebotenen Eile zu handeln.
Hat das Gericht oder die Verwaltungsbehörde, die mit der Sache befaßt sind, nicht innerhalb von sechs Wochen nach Eingang des Antrags eine Entscheidung getroffen, so kann der Antragsteller oder die zentrale Behörde des ersuchten Staates von sich aus oder auf Begehren der zentralen Behörde des ersuchenden Staates eine Darstellung der Gründe für die Verzögerung verlangen. Hat die zentrale Behörde des ersuchten Staates die Antwort erhalten, so übermittelt sie diese der zentralen Behörde des ersuchenden Staates oder gegebenenfalls dem Antragsteller.

Art. 12

Ist ein Kind im Sinn des Artikels 3 widerrechtlich verbracht oder zurückgehalten worden und ist bei Eingang des Antrags bei dem Gericht oder der Verwaltungsbehörde des Vertragsstaats, in dem sich das Kind befindet, eine Frist von weniger als einem Jahr seit dem Verbringen oder Zurückhalten verstrichen, so ordnet das zuständige Gericht oder die zuständige Verwaltungsbehörde die sofortige Rückgabe des Kindes an.
Ist der Antrag erst nach Ablauf der in Absatz 1 bezeichneten Jahresfrist eingegangen, so ordnet das Gericht oder die Verwaltungsbehörde die Rückgabe des Kindes ebenfalls an, sofern nicht erwiesen ist, daß das Kind sich in seine neue Umgebung eingelebt hat.
Hat das Gericht oder die Verwaltungsbehörde des ersuchten Staates Grund zu der Annahme, daß das Kind in einen anderen Staat verbracht worden ist, so kann das Verfahren ausgesetzt oder der Antrag auf Rückgabe des Kindes abgelehnt werden.

Art. 13

Ungeachtet des Artikels 12 ist das Gericht oder die Verwaltungsbehörde des ersuchten Staates nicht verpflichtet, die Rückgabe des Kindes anzuordnen, wenn die Person, Behörde oder sonstige Stelle, die sich der Rückgabe des Kindes widersetzt, nachweist,

a) daß die Person, Behörde oder sonstige Stelle, der die Sorge für die Person des Kindes zustand, das Sorgerecht zur Zeit des Verbringens oder Zurückhaltens tatsächlich nicht ausgeübt, dem Verbringen oder Zurückhalten zugestimmt oder dieses nachträglich genehmigt hat, oder

b) daß die Rückgabe mit der schwerwiegenden Gefahr eines körperlichen oder seelischen Schadens für das Kind verbunden ist oder das Kind auf andere Weise in eine unzumutbare Lage bringt.

Das Gericht oder die Verwaltungsbehörde kann es ferner ablehnen, die Rückgabe des Kindes anzuordnen, wenn festgestellt wird, daß sich das Kind der Rückgabe widersetzt und daß es ein Alter und eine Reife erreicht hat, angesichts deren es angebracht erscheint, seine Meinung zu berücksichtigen.

Bei Würdigung der in diesem Artikel genannten Umstände hat das Gericht oder die Verwaltungsbehörde die Auskünfte über die soziale Lage des Kindes zu berücksichtigen, die von der zentralen Behörde oder einer anderen zuständigen Behörde des Staates des gewöhnlichen Aufenthalts des Kindes erteilt worden sind.

Art. 14

Haben die Gerichte oder Verwaltungsbehörden des ersuchten Staates festzustellen, ob ein widerrechtliches Verbringen oder Zurückhalten im Sinn des Artikels 3 vorliegt, so können sie das im Staat des gewöhnlichen Aufenthalts des Kindes geltende Recht und die gerichtlichen oder behördlichen Entscheidungen, gleichviel ob sie dort förmlich anerkannt sind oder nicht, unmittelbar berücksichtigen; dabei brauchen sie die besonderen Verfahren zum Nachweis dieses Rechts oder zur Anerkennung ausländischer Entscheidungen, die sonst einzuhalten wären, nicht zu beachten.

Art. 15

Bevor die Gerichte oder Verwaltungsbehörden eines Vertragsstaats die Rückgabe des Kindes anordnen, können sie vom Antragsteller die Vorlage einer Entscheidung oder sonstigen Bescheinigung der Behörden des Staates des gewöhnlichen Aufenthalts des Kindes verlangen, aus der hervorgeht, daß das Verbringen oder Zurückhalten widerrechtlich im Sinn des Artikels 3 war, sofern in dem betreffenden Staat eine derartige Entscheidung oder Bescheinigung erwirkt werden kann. Die zentralen Behörden der Vertragsstaaten haben den Antragsteller beim Erwirken einer derartigen Entscheidung oder Bescheinigung soweit wie möglich zu unterstützen.

Art. 16

Ist den Gerichten oder Verwaltungsbehörden des Vertragsstaats in den das Kind verbracht oder in dem es zurückgehalten wurde, das widerrechtliche Verbringen oder Zurückhalten des Kindes im Sinn des Artikels 3 mitgeteilt worden, so dürfen sie keine Sachentscheidung über das Sorgerecht treffen, solange nicht entschieden ist, daß das Kind aufgrund dieses Übereinkommens nicht zurückzugeben ist, oder sofern innerhalb angemessener Frist nach der Mitteilung kein Antrag nach dem Übereinkommen gestellt wird.

Art. 17

Der Umstand, daß eine Entscheidung über das Sorgerecht im ersuchten Staat ergangen oder dort anerkennbar ist, stellt für sich genommen keinen Grund dar, die Rückgabe eines Kindes nach Maßgabe dieses Übereinkommens abzulehnen; die Gerichte oder Verwaltungsbehörden des ersuchten Staates können jedoch bei der Anwendung des Übereinkommens die Entscheidungsgründe berücksichtigen.

Art. 18

Die Gerichte oder Verwaltungsbehörden werden durch die Bestimmungen dieses Kapitels nicht daran gehindert, jederzeit die Rückgabe des Kindes anzuordnen.

Art. 19

Eine aufgrund dieses Übereinkommens getroffene Entscheidung über die Rückgabe des Kindes ist nicht als Entscheidung über das Sorgerecht anzusehen.

Art. 20

Die Rückgabe des Kindes nach Artikel 12 kann abgelehnt werden, wenn sie nach den im ersuchten Staat geltenden Grundwerten über den Schutz der Menschenrechte und Grundfreiheiten unzulässig ist.

Kapitel IV
Besuchsrecht

Art. 21

Der Antrag auf Durchführung oder wirksame Ausübung des Besuchsrechts kann in derselben Weise an die zentrale Behörde eines Vertragsstaats gerichtet werden wie ein Antrag auf Rückgabe des Kindes.

Die zentralen Behörden haben aufgrund der in Artikel 7 genannten Verpflichtung zur Zusammenarbeit die ungestörte Ausübung des Besuchsrechts sowie die Erfüllung aller Bedingungen zu fördern, denen die Ausübung dieses Rechts unterliegt. Die zentralen Behörden unternehmen Schritte, um soweit wie möglich alle Hindernisse auszuräumen, die der Ausübung dieses Rechts entgegenstehen.

Die zentralen Behörden können unmittelbar oder mit Hilfe anderer die Einleitung eines Verfahrens vorbereiten oder unterstützen mit dem Ziel, das Besuchsrecht durchzuführen oder zu schützen und zu gewährleisten, daß die Bedingungen, von denen die Ausübung dieses Rechts abhängen kann, beachtet werden.

Kapitel V
Allgemeine Bestimmungen

Art. 22

In gerichtlichen oder behördlichen Verfahren, die unter dieses Übereinkommen fallen, darf für die Zahlung von Kosten und Auslagen eine Sicherheitsleistung oder Hinterlegung gleich welcher Bezeichnung nicht auferlegt werden.

Art. 23

Im Rahmen dieses Übereinkommens darf keine Beglaubigung oder ähnliche Förmlichkeit verlangt werden.

Art. 24

Anträge, Mitteilungen oder sonstige Schriftstücke werden der zentralen Behörde des ersuchten Staates in der Originalsprache zugesandt; sie müssen von einer Übersetzung in die Amtssprache oder eine der Amtssprachen des ersuchten Staates oder, wenn eine solche Übersetzung nur schwer erhältlich ist, von einer Übersetzung ins Französische oder Englische begleitet sein.

Ein Vertragsstaat kann jedoch einen Vorbehalt nach Artikel 42 anbringen und darin gegen die Verwendung des Französischen oder Englischen, jedoch nicht beider Sprachen, in den seiner zentralen Behörde übersandten Anträgen, Mitteilungen oder sonstigen Schriftstücken Einspruch erheben.

Art. 25

Angehörigen eines Vertragsstaats und Personen, die ihren gewöhnlichen Aufenthalt in einem solchen Staat haben, wird in allen mit der Anwendung dieses Übereinkommens zusammenhängenden Angelegenheiten unentgeltliche Rechtshilfe und Rechtsberatung in jedem anderen Vertragsstaat zu denselben Bedingungen bewilligt wie Angehörigen des betreffenden Staates, die dort ihren gewöhnlichen Aufenthalt haben.

Art. 26

Jede zentrale Behörde trägt ihre eigenen Kosten, die bei der Anwendung dieses Übereinkommens entstehen.

Für die nach diesem Übereinkommen gestellten Anträge erheben die zentralen Behörden und andere Behörden der Vertragsstaaten keine Gebühren. Insbesondere dürfen sie vom Antragsteller weder die Bezahlung von Verfahrenskosten noch der Kosten verlangen, die gegebenenfalls durch die Beiordnung eines Rechtsanwalts entstehen. Sie können jedoch die Erstattung der Auslagen verlangen, die durch die Rückgabe des Kindes entstanden sind oder entstehen.

Ein Vertragsstaat kann jedoch einen Vorbehalt nach Artikel 42 anbringen und darin erklären, daß er nur insoweit gebunden ist, die sich aus der Beiordnung eines Rechtsanwalts oder aus einem Gerichtsverfahren ergebenden Kosten im Sinn des Absatzes 2 zu übernehmen, als diese Kosten durch sein System der unentgeltlichen Rechtshilfe und Rechtsberatung gedeckt sind.

Wenn die Gerichte oder Verwaltungsbehörden aufgrund dieses Übereinkommens die Rückgabe des Kindes anordnen oder Anordnungen über das Besuchsrecht treffen, können sie, soweit angezeigt, der Person, die das Kind verbracht oder zurückgehalten oder die die Ausübung des Besuchsrechts vereitelt hat, die Erstattung der dem Antragsteller selbst oder für seine Rechnung entstandenen notwendigen Kosten auferlegen; dazu gehören insbesondere die Reisekosten, alle Kosten oder Auslagen für das Auffinden des Kindes, Kosten der Rechtsvertretung des Antragstellers und Kosten für die Rückgabe des Kindes.

Art. 27

Ist offenkundig, daß die Voraussetzungen dieses Übereinkommens nicht erfüllt sind oder daß der Antrag sonstwie unbegründet ist, so ist eine zentrale Behörde nicht verpflichtet, den Antrag anzunehmen. In diesem Fall teilt die zentrale Behörde dem Antragsteller oder gegebenenfalls der zentralen Behörde, die ihr den Antrag übermittelt hat, umgehend ihre Gründe mit.

Art. 28

Eine zentrale Behörde kann verlangen, daß dem Antrag eine schriftliche Vollmacht beigefügt wird, durch die sie ermächtigt wird, für den Antragsteller tätig zu werden oder einen Vertreter zu bestellen, der für ihn tätig wird.

Art. 29

Dieses Übereinkommen hindert Personen, Behörden oder sonstige Stellen, die eine Verletzung des Sorgerechts oder des Besuchsrechts im Sinn des Artikels 3 oder 21 geltend machen, nicht daran, sich unmittelbar an die Gerichte oder Verwaltungsbehörden eines Vertragsstaats zu wenden, gleichviel ob dies in Anwendung des Übereinkommens oder unabhängig davon erfolgt.

Art. 30

Jeder Antrag, der nach diesem Übereinkommen an die zentralen Behörden oder unmittelbar an die Gerichte oder Verwaltungsbehörden eines Vertragsstaats gerichtet wird, sowie alle dem Antrag beigefügten oder von einer zentralen Behörde beschafften Schriftstücke und sonstigen Mitteilungen sind von den Gerichten oder Verwaltungsbehörden der Vertragsstaaten ohne weiteres entgegenzunehmen.

Art. 31

Bestehen in einem Staat auf dem Gebiet des Sorgerechts für Kinder zwei oder mehr Rechtssysteme, die in verschiedenen Gebietseinheiten gelten, so ist
a) eine Verweisung auf den gewöhnlichen Aufenthalt in diesem Staat als Verweisung auf den gewöhnlichen Aufenthalt in einer Gebietseinheit dieses Staates zu verstehen;
b) eine Verweisung auf das Recht des Staates des gewöhnlichen Aufenthalts als Verweisung auf das Recht der Gebietseinheit dieses Staates zu verstehen, in der das Kind seinen gewöhnlichen Aufenthalt hat.

Art. 32

Bestehen in einem Staat auf dem Gebiet des Sorgerechts für Kinder zwei oder mehr Rechtssysteme, die für verschiedene Personenkreise gelten, so ist eine Verweisung auf das Recht dieses Staates als Verweisung auf das Rechtssystem zu verstehen, das sich aus der Rechtsordnung dieses Staates ergibt.

Art. 33

Ein Staat, in dem verschiedene Gebietseinheiten ihre eigenen Rechtsvorschriften auf dem Gebiet des Sorgerechts für Kinder haben, ist nicht verpflichtet, dieses Übereinkommen anzuwenden, wenn ein Staat mit einheitlichem Rechtssystem dazu nicht verpflichtet wäre.

Art. 34

Dieses Übereinkommen geht im Rahmen seines sachlichen Anwendungsbereichs dem Übereinkommen vom 5. Oktober 1961 über die Zuständigkeit der Behörden und das anzuwendende Recht auf dem Gebiet des Schutzes von Minderjährigen vor, soweit die Staaten Vertragsparteien beider Übereinkommen sind. Im übrigen beschränkt dieses Übereinkommen weder die Anwendung anderer internationaler Übereinkünfte, die zwischen dem Ursprungsstaat und dem ersuchten Staat in Kraft sind, noch die Anwendung des nichtvertraglichen Rechts des ersuchten Staates, wenn dadurch die Rückgabe eines widerrechtlich verbrachten oder zurückgehaltenen Kindes erwirkt oder die Durchführung des Besuchsrechts bezweckt werden soll.

Art. 35

Dieses Übereinkommen findet zwischen den Vertragsstaaten nur auf ein widerrechtliches Verbringen oder Zurückhalten Anwendung, das sich nach seinem Inkrafttreten in diesen Staaten ereignet hat.
Ist eine Erklärung nach Artikel 39 oder 40 abgegeben worden, so ist die in Absatz 1 des vorliegenden Artikels enthaltene Verweisung auf einen Vertragsstaat als Verweisung auf die Gebietseinheit oder die Gebietseinheiten zu verstehen, auf die das Übereinkommen angewendet wird.

Art. 36

Dieses Übereinkommen hindert zwei oder mehr Vertragsstaaten nicht daran, Einschränkungen, denen die Rückgabe eines Kindes unterliegen kann, dadurch zu begrenzen, daß sie untereinander vereinbaren, von solchen Bestimmungen des Übereinkommens abzuweichen, die eine derartige Einschränkung darstellen könnten.

Kapitel VI
Schlußbestimmungen

Art. 37–45 (nicht abgedruckt)

I. Das Haager Kindesentführungsübereinkommen (HKÜ) ist für Deutschland **am** 1.12.90 in Kraft getreten. Ihm sind mittlerweile 91 Vertragsstaaten beigetreten (Liste unter www.hcch.net, Abkommen 28 oder über die homepage des Bundesamts für Justiz, *www.bundesjustizamt.de*). Das Abkommen soll die Situation bei internationalen

Kindesentführungen verbessern, wenn also ein Elternteil dem anderen das Kind dadurch entzieht, dass er das Kind ins Ausland verbringt. Es **gilt nur zwischen den Vertragsstaaten.**

2 Das HKÜ ist sowohl **verfassungsmäßig** (BVerfG NJW 99, 631) als auch mit der EMRK vereinbar (Europäischer Gerichtshof für Menschenrechte NJWE-FER 01, 202).

3 Veränderungen in der Anwendung des HKÜ hat das Inkrafttreten der **VO (EG) Nr 2201/2003** (Brüssel IIa) v 23.12.03 am 1.3.05 gebracht. Zwar enthält die VO keine eigenen Regelungen über Kindesentführungen, so dass das HKÜ auch im Verhältnis der EU-Staaten weiterhin anwendbar sein wird (Art 11 I VO 2201/2003). Die VO ändert aber das Verfahren durch verschiedene eigene Regelungen: Sichergestellt werden soll, dass das Kind und der Antragsteller (vor Ablehnung seines Antrags) angehört wurden (Art 11 II VO 2201/2003). Außerdem wird eine Frist v 6 Wochen für die Entscheidung des Verfahrens statuiert (Art 11 III VO 2201/2003). Die Rückführung in einen anderen EU-Staat kann nicht mehr abgelehnt werden, wenn nachgewiesen ist, dass für die Zeit nach der Rückkehr des Kindes angemessene Schutzmaßnahmen getroffen wurden (Art 11 IV VO 2201/2003). Die VO statuiert weiter eine Pflicht zur grenzüberschreitenden Zusammenarbeit nach Ablehnung einer Rückführung des Kindes (Art 11 VI, VII VO 2201/2003) und erschwert die Begründung einer internationalen Zuständigkeit im Zufluchtsstaat (Art 10 VO 2201/2003).

3a Außerdem ist das **Haager Kinderschutzübereinkommen** (Anhang 1 zu Art 21) zu beachten. Auch aus diesem kann sich ein Rückführungsanspruch ergeben, und es regelt speziell die Frage der elterlichen Verantwortung bei einer Kindesentführung (Art 7 KSÜ).

4 II. Anwendbar ist das HKÜ, wenn ein Kind, das das 16. Lebensjahr noch nicht vollendet hat, aus einem Vertragsstaat in einen anderen Vertragsstaat entführt wird. Auf Inlandsfälle ist das Abkommen nicht anwendbar (OLG Karlsruhe FamRZ 99, 951). Sachlich betrifft das HKÜ neben der Rückführung v entführten Kindern (Art 8 ff HKÜ) die Respektierung eines Sorgerechts und die Realisierung v Umgangsrechten (Art 21 HKÜ).

5 Das Wohl eines entführten Kindes soll vor allem dadurch gefördert bzw wiederhergestellt werden, dass das **Kind so schnell wie möglich an den Ort zurückgebracht** wird, v dem aus es widerrechtlich entführt worden ist. Das soll den Akt der Selbstjustiz, den jede Entführung darstellt, sinnlos machen und deswegen Entführungen generell verhindern.

6 Der Mechanismus des HKÜ, ein Kind erst einmal wieder an den Entführungsort zurückzuschaffen, funktioniert ähnlich wie die Besitzschutzregeln des BGB (§§ 861 ff BGB). Er setzt voraus, dass **Ausnahmeregelungen eng ausge**legt werden und dass die **Verfahrensdauer möglichst kurz** ist.

7 Die Frage des **anwendbaren Rechts** wird im HKÜ grds **nicht behandelt.** Das gilt vor allem für die Frage, ob ein Sorgerecht oder Umgangsrecht besteht. Eine Kollisionsnorm besteht nur insoweit, als Art 3 I HKÜ für die Frage, ob die Verbringung oder Zurückhaltung eines Kindes ins bzw im Ausland widerrechtlich ist, auf das Recht des Herkunftsstaates abstellt. Es handelt sich um eine Kollisionsnormverweisung; Rück- und Weiterverweisungen sind zu beachten.

Artikel 22 Annahme als Kind

(1) ¹Die Annahme als Kind unterliegt dem Recht des Staates, dem der Annehmende bei der Annahme angehört. ²Die Annahme durch einen oder beide Ehegatten unterliegt dem Recht, das nach Artikel 14 Abs. 1 für die allgemeinen Wirkungen der Ehe maßgebend ist.

(2) Die Folgen der Annahme in Bezug auf das Verwandtschaftsverhältnis zwischen dem Kind und den Annehmenden sowie den Personen, zu denen das Kind in einem familienrechtlichen Verhältnis steht, unterliegen dem nach Absatz 1 anzuwendenden Recht.

Dritter Abschnitt | Familienrecht — Art 22 EGBGB

(3) ¹In Ansehung der Rechtsnachfolge von Todes wegen nach dem Annehmenden, dessen Ehegatten oder Verwandten steht der Angenommene ungeachtet des nach den Absätzen 1 und 2 anzuwendenden Rechts einem nach den deutschen Sachvorschriften angenommenen Kind gleich, wenn der Erblasser dies in der Form einer Verfügung von Todes wegen angeordnet hat und die Rechtsnachfolge deutschem Recht unterliegt. ²Satz 1 gilt entsprechend, wenn die Annahme auf einer ausländischen Entscheidung beruht. ³Die Sätze 1 und 2 finden keine Anwendung, wenn der Angenommene im Zeitpunkt der Annahme das achtzehnte Lebensjahr vollendet hatte.

I. Art 22, in der gegenwärtigen Fassung in Kraft seit 1.1.02 (BGBl 01 I 2950), betrifft die **Adoption** und vergleichbare Rechtsinstitute, durch welche ein Eltern-Kind-Verhältnis, Verwandtschaft oder eine ähnliche Rechtsbeziehung begründet werden soll. Vorrangig ist das Deutsch-Iranische Niederlassungsabkommen v 1929 (RGBl 30 II 1006; BGBl 55 II 829). Das Haager Adoptionsübereinkommen v 29.5.93 enthält keine Kollisionsnormen. 1

Für die **Zustimmungen Dritter** zu der Adoption enthält Art 23 eine Sonderanknüpfung. 2

Rück- und Weiterverweisungen sind zu beachten, sofern sie nicht dem Sinn des Art 22 widersprechen. Das kann vor allem in den Fällen des Abs 1 S 2 bedeutsam sein, wenn über Art 14 auf das Recht verwiesen wird, zu dem die Ehegatten aus sonstigen Gründen die engste Beziehung haben. 3

II. 1. **Anknüpfungsgegenstand** des Art 22 sind die **Adoption** sowie alle anderen Rechtsinstitute, die ein Eltern-Kind-Verhältnis, eine Verwandtschaft oder ähnliche Beziehung begründet wird. Hierher gehören deswegen auch die Annahme als Bruder oder Schwester, als Enkel oder ähnliches, ja selbst die Begründung eines Pflegekindschaftsverhältnisses, wenn dieses echte personenstandsrechtliche Folgen hat. 4

Erfasst werden zunächst die **Voraussetzungen der Annahme**. Dazu gehören Anforderungen an das Alter der Annehmenden und der Angenommenen, der Altersunterschied zwischen beiden, das Erfordernis einer Ehe, die Frage, ob eine gemeinschaftliche Annahme zulässig ist, die Frage, ob Paare gleichen Geschlechts gemeinsam annehmen können oder ob die Annehmenden keine eigenen leiblichen Kinder haben dürfen. Ebenfalls hierher gehört die Frage, wer an der Annahme zu beteiligen ist und ihr zustimmen muss (beachte dazu aber auch Art 23). 5

Das Adoptionsstatut entscheidet auch über die **Art und Weise** des Zustandekommens der Annahme. Vor allem ist das Adoptionsstatut maßgebend dafür, ob die Annahme durch einen Vertrag oder durch einen staatlichen Hoheitsakt erfolgt. Probleme können sich dann ergeben, wenn das Aufenthaltsrecht des Kindes und das Recht des Annehmenden unterschiedlichen Systemen folgen, wenn also zB ein Kind aus einem Land, das dem Vertragssystem folgt, bei deutschem Adoptionsstatut angenommen werden soll. Deutschland folgt dem Dekretsystem und verlangt den gerichtlichen Ausspruch der Annahme. Das deutsche Gericht muss deswegen die Annahme durch Beschluss aussprechen (vgl § 1752 BGB), auch wenn der Annahmevertrag nach dem dafür maßgeblichen Recht wirksam ist (BayObLGZ 97, 85). 6

Maßgeblich ist das Adoptionsstatut auch für die **Wirkungen der Annahme**, vor allem, ob es sich um eine starke (mit voller Gleichstellung zu leiblichen Kindern des Annehmenden) oder eine sog schwache Annahme handelt, durch die das angenommene Kind einem leiblichen Kind nur teilweise gleichgestellt wird. Außerdem entscheidet das durch Art 22 berufene Recht darüber, mit welchen anderen Verwandten oder Angehörigen des Annehmenden der Angenommene verwandt wird (vgl Abs 2) und ob seine verwandtschaftlichen Beziehungen zu seinen leiblichen Verwandten erlöschen. 7

Das Adoptionsstatut entscheidet schließlich auch darüber, unter welchen Voraussetzungen eine **Annahme rückgängig** gemacht werden kann und ob eine Anfechtung wegen Irrtums möglich ist, welche Auswirkungen eine weitere Adoption oder die Heirat zwischen Annehmendem und Angenommenen haben. 8

Nicht einschlägig ist das Adoptionsstatut für die Frage, welchen Namen der Angenommene tragen soll (Art 10), für seine Unterhaltsansprüche (Europäische UnterhaltsVO 9 iVm dem Haager Unterhaltsprotokoll) und die Rechtsbeziehungen zu seinen Eltern (Art 21), sofern die Annahme zu einer Gleichstellung mit den leiblichen Kindern geführt hat (Rn 7).

10 **2. Adoptionsstatut** ist grds **das Recht des Staates, dem der Annehmende bei der Annahme angehört** (Abs 1 S 1). Wegen der Anknüpfung im Moment der Annahme ist das Statut unwandelbar.

11 Die **Annahme durch einen oder beide Ehegatten** unterliegt dem **Ehewirkungsstatut** (Art 14) zur Zeit der Annahme (Abs 1 S 2). Maßgebend sind aber allein die in Art 14 I genannten Anknüpfungsmöglichkeiten (vgl Art 14 Rn 4 ff). Ein durch Rechtswahl berufenes Ehewirkungsstatut ist dag nicht zu berücksichtigen, weil auf die weiteren Absätze des Art 14 nicht verwiesen wird.

12 Eine Sonderregelung in Bezug auf die **erbrechtliche Behandlung v angenommenen Minderjährigen** gestattet Abs 3: Erbrechtliche Fragen richten sich zwar nach Art 25 f. Das Adoptionsstatut ist aber insoweit bedeutsam, als sich aus diesem ergeben muss, dass der Angenommene eine Rechtsstellung hat, die derjenigen vergleichbar ist, welche die übrigen Erben oder Begünstigten haben (BGH FamRZ 87, 378; OLG Düsseldorf FamRZ 98,1627; Pal/Heldrich Rn 6; aA KG FamRZ 83, 98). Ist danach ein Kind nicht in gleicher Weise zu berücksichtigen wie ein leibliches Kind, bleibt es grds dabei.

13 Der **Erblasser** kann jedoch in einer **Verfügung v Todes wegen anordnen**, dass ein Kind, das zum Zeitpunkt der Annahme sein 18. Lebensjahr noch nicht vollendet hatte, einem nach den deutschen Vorschriften (dh im Sinne einer vollständigen Gleichstellung mit leiblichen Kindern) angenommenen Kindes gleichsteht, wenn es sich bei ihm um den Annehmenden, seinen Ehegatten oder einen Verwandten des Annehmenden handelt. Das Kind erbt dann trotz der an sich nur schwachen Adoption wie ein leibliches Kind. Voraussetzung ist aber, dass deutsches Recht als Erbstatut berufen ist oder dass sonst deutsches Recht gilt (vgl Art 25).

14 Für die **Nachfolge nach den leiblichen Verwandten** des Kindes gilt Abs 3 nicht. Wenn das Erbstatut diese (weiter) vorsieht, bleibt es bei ihr.

15 **III. Verfahren. 1. Die Internationale Zuständigkeit deutscher Gerichte** für Adoptionen bestimmt sich nach § 99 FamFG. Die Zuständigkeit ist nicht ausschließlich.

16 **2. a)** Für die **Anerkennung und die Wirkungen einer im Ausland vorgenommenen Adoption** sind im Regelfall Art 23–27 des Haager Übereinkommens über den Schutz v Kindern und die Zusammenarbeit auf dem Gebiet der internationalen Adoption (**HaagAdoptÜbk**, v 29.5.93, BGBl 01 II 1034, Liste der (2014) 93 Vertragsstaaten: www.hcch.net, Abkommen 33 oder über die homepage des Bundesamts für Justiz, *www.bundesjustizamt.de*) einschlägig, weil das Übereinkommen im Verhältnis zu sehr vielen Staaten gilt. Kern des Übereinkommens ist, dass eine in einem Vertragsstaat durchgeführte Adoption in allen anderen Vertragsstaaten anerkannt werden muss (unter dem Vorbehalt des ordre public), wenn die zuständige Behörde des Adoptionsstaats bescheinigt, dass die Adoption vertragskonform zustande gekommen ist (Art 23, 24 HaagAdoptÜbk). Das deutsche Sachrecht wurde durch das Übereinkommen wurde durch das G zur Regelung v Rechtsfragen auf dem Gebiet der internationalen Adoption und zur Weiterentwicklung des Adoptionsvermittlungsrechts v 5.11.01 (BGBl I 2950) an das Abkommen angepasst. Gleichzeitig wurden Ausführungsvorschriften zum HaagAdoptÜbk erlassen (BGBl 01 I 2950) und allg Vorschriften über die Anerkennung und die Rechtswirkungen ausländischer Adoptionen erlassen, die sowohl für Adoptionen gelten, die in den Geltungsbereich des HaagAdoptÜbk fallen als auch andere Adoptionen (AdoptionswirkungsG v 5.11.01, BGBl I 2950, dazu Rn 20).

17 **b)** Ist das **HaagAdoptÜbk nicht anwendbar**, kommt es für die Beurteilung der Anerkennung einer im Ausland vorgenommenen Adoption darauf an, ob es sich um eine Adoption nach dem Dekret- oder eine nach dem Vertragssystem handelt:

18 Bei einer Annahme nach dem **Dekretsystem** kommt es nur darauf an, ob die ausländische Adoptionsentscheidung anzuerkennen ist. Das richtet sich nach § 108 FamFG. Ob die ausländische Stelle, die die Adoption ausgesprochen hat, das nach Art 22 maßgebende Recht angewendet hat, ist unerheblich (BayObLG BayObLGZ 00, 180). Ob dem Kindeswohl Genüge getan ist und ob das Adoptionsverfahren rechtsstaatlichen

Anforderungen genügte, kann bei der dabei durchzuführenden ordre-public Prüfung berücksichtigt werden (OLG Zweibrücken StAZ 87, 20).

Bei einer Annahme nach dem **Vertragssystem** durch bloßes Rechtsgeschäft kommt es 19 dag darauf an, ob die Wirksamkeitsvoraussetzungen des nach Art 22 berufenen Rechts eingehalten sind. Ist der Annehmende Deutscher oder unterliegt die gemeinschaftliche Annahme durch Eheleute deutschem Ehewirkungsstatut, ist die Annahme deswegen unwirksam (Pal/Heldrich Rn 11; Hepting StAZ 86, 70; aA Sturm StAZ 87, 181), weil Deutschland keine vertragliche Annahme mehr kennt. Entsprechendes gilt bei anderen Adoptionsstatuten, die dem Dekretsystem folgen, wenn die Annahme gleichwohl durch Vertrag durchgeführt wurde. Materiellrechtlich können die Vereinbarungen dann aber insofern Bedeutung haben, als aus ihnen ggf erforderliche Zustimmungen abgeleitet werden können. Ggf kann die Adoption in Deutschland wiederholt werden (Rn 6).

3. Bei Adoptionen besteht ein besonders großes Interesse der Beteiligten, **verbindlich** 20 ein für alle Mal **zu klären, ob eine Adoption wirksam oder anzuerkennen ist.** Geregelt ist das dazu erforderliche Verfahren im **AdoptionswirkungsG** v 5.11.01 (BGBl I 2953). Das Gesetz gilt für alle Adoptionen, gleichgültig, ob sie unter das HaagAdoptÜbk fallen oder nicht. Es gestattet, beim Familiengericht die Feststellung zu beantragen, ob eine ausländische Adoption in Deutschland anzuerkennen ist (bei Dekretadoptionen) oder ob sie wirksam ist (bei Vertragsadoptionen). Außerdem stellt das Familiengericht unter diesen Voraussetzungen fest, ob es sich um eine Volladoption handelt, durch welche alle Rechtsbeziehungen zu den leiblichen Eltern erloschen sind. Schließlich kann eine im Ausland vorgenommene Adoption, die in ihren Wirkungen hinter denen des deutschen Rechts zurückbleibt, in eine solche umgewandelt werden, durch die dem Kind dieselbe Rechtsstellung verliehen wird, die es hätte, wenn es nach deutschem Recht angenommen worden wäre (§ 3 AdoptionswirkungsG, vgl auch Art 27 HaagAdoptÜbk, dazu Steiger DNotZ 02, 203). Die Entscheidung des Familiengerichts hat inter-omnes-Wirkung.

Artikel 23 Zustimmung

¹Die Erforderlichkeit und die Erteilung der Zustimmung des Kindes und einer Person, zu der das Kind in einem familienrechtlichen Verhältnis steht, zu einer Abstammungserklärung, Namenserteilung oder Annahme als Kind unterliegen zusätzlich dem Recht des Staates, dem das Kind angehört. ²Soweit es zum Wohl des Kindes erforderlich ist, ist statt dessen das deutsche Recht anzuwenden.

I. Art 23 enthält eine Art 22 ergänzende **Sonderregelung für alle Zustimmungen,** wel- 1 che bei einer Abstammungserklärung, einer Namenserteilung oder einer Annahme als Kind erforderlich sind. Da die genannten Vorgänge für das Kind v enormer Bedeutung sind, werden sie zusätzlich zu dem nach Art 10 I, III, 19, 22 maßgebenden Recht dem Heimatrecht des Kindes unterstellt. Falls zum Wohl des Kindes erforderlich ist, kann stattdessen sogar die Anwendung deutschen Rechts in Betracht kommen (S 2, Rn 6).

Durch die Sonderanknüpfung der Zustimmungserfordernisse besteht für diese eine ech- 2 te **Kumulation:** Die an sich nach Art 10 I, III, 19, 22 maßgebenden Rechtsordnungen und die nach Art 23 berufenen sind nebeneinander anzuwenden. Die Abstammungserklärung, Namensänderung oder Adoption sind deswegen nur dann wirksam, wenn die Zustimmungserfordernisse nach beiden Rechtsordnungen eingehalten sind. Art 23 läuft leer, wenn sich die danach berufene Rechtsordnung mit derjenigen deckt, die nach Art 10 I, III, 19, 22 maßgebend ist.

II. 1. **Anknüpfungsgegenstand** des Art 23 sind die Erforderlichkeit und die Erteilung 3 der Zustimmung zu einer Abstammungserklärung, einer Namenserteilung oder einer Annahme als Kind, sofern es sich um eine solche des Kindes oder einer Person handelt, die zu dem Kind in einem familienrechtlichen Verhältnis steht. Gemeint sind vor allem Zustimmungen der Eltern oder sonstiger naher Verwandten, deren Rechtsstellung durch einen der genannten Vorgänge berührt werden kann. Ob die Zustimmung vorher als Einwilligung oder nachträglich als Genehmigung zu erteilen ist, ist unerheblich. Das nach Art 23 berufene Recht entscheidet auch darüber, ob, wann und wie diese Erklärungen abgegeben werden müssen. Nach ihm richtet es sich dann (auch), ob diese Zustimmungen ersetzt werden können.

4 **Nicht** unter Art 23 fallen behördliche Zustimmungen. Außerdem sind Vorfragen gesondert anzuknüpfen, vor allem die Form der Zustimmung und die Geschäftsfähigkeit des Zustimmenden.

5 **2.** Maßgebend für die Zustimmung ist außer dem nach Art 10 I, III, 19, 22 berufenen Recht **grds zusätzlich das Recht des Staates, dem das Kind zur Zeit der Zustimmung angehört** (S 1). Auf eine StA, die das Kind erst durch die Statusveränderung erwirbt, kommt es deswegen nicht an (OLG Frankfurt FamRZ 97, 241).

6 **Ausnahmsweise** ist das Zustimmungserfordernis in den Fällen einer Abstammungserklärung, einer Namenserteilung oder einer Annahme als Kind statt nach dem Heimatrecht des Kindes (auch) **nach deutschem Recht** zu beurteilen. Voraussetzung dafür ist, dass die Anwendung deutschen Rechts zum Wohl des Kindes erforderlich ist (S 2). Es handelt sich um eine eng auszulegende Ausnahmevorschrift (OLG Frankfurt FamRZ 97, 241). Ohne die Anwendung des deutschen Rechts müssten dem Kind erhebliche Nachteile drohen. Das kann etwa angenommen werden, wenn die Annahme die rechtliche Eingliederung in eine Pflegefamilie bewirken soll, in der das Kind bereits seit einiger Zeit lebt, eine Annahme aber sonst nicht stattfinden könnte, weil das Heimatrecht des Kindes zwar eine Zustimmung bestimmter Personen vorsieht, aber nicht gestattet, diese Zustimmung zu ersetzen, wenn die Zustimmung selbst nicht zu erlangen ist (OLG Köln FamRZ 99, 889; BayObLG BayObLGZ 02, 99).

7 Die Verweisung ist eine **Sachnormverweisung**. Rück- oder Weiterverweisungen sind unbeachtlich.

Artikel 24 Vormundschaft, Betreuung und Pflegschaft

(1) ¹Die Entstehung, die Änderung und das Ende der Vormundschaft, Betreuung und Pflegschaft sowie der Inhalt der gesetzlichen Vormundschaft und Pflegschaft unterliegen dem Recht des Staates, dem der Mündel, Betreute oder Pflegling angehört. ²Für einen Angehörigen eines fremden Staates, der seinen gewöhnlichen Aufenthalt oder, mangels eines solchen, seinen Aufenthalt im Inland hat, kann ein Betreuer nach deutschem Recht bestellt werden.
(2) Ist eine Pflegschaft erforderlich, weil nicht feststeht, wer an einer Angelegenheit beteiligt ist, oder weil ein Beteiligter sich in einem anderen Staat befindet, so ist das Recht anzuwenden, das für die Angelegenheit maßgebend ist.
(3) Vorläufige Maßregeln sowie der Inhalt der Betreuung und der angeordneten Vormundschaft und Pflegschaft unterliegen dem Recht des anordnenden Staates.

1 **I. 1.** Art 24 regelt, welches Recht auf eine **Vormundschaft, Betreuung oder Pflegschaft** anzuwenden ist.

2 **2. a)** Der **Anwendungsbereich** der Norm beschränkt sich im Wesentlichen auf Volljährige, a) weil in Bezug auf Schutzmaßnahmen für Minderjährige das **Haager Minderjährigenschutzabkommen** (Art 21, Anhang 1) und das **Haager Abkommen zur Regelung der Vormundschaft über Minderjährige** (v 12.6.1902, RGBl 1904, 240, das aber heute hinter dem MSA zurücktritt) insoweit vorgehen, wenn die Betroffenen sich gewöhnlich in Deutschland aufhalten.

3 **b)** Ein Art 24 auch in Bezug auf Erwachsene vorgehender Staatsvertrag ist vor allem das am 1.9.09 in Kraft getretene **Haager Erwachsenenschutzabkommen** (BGBl 07 II 323). Dieses funktioniert ähnlich wie das Haager Minderjährigenschutzabkommen. Es definiert, wann die Gerichte bzw. Behörden eines Staates international zuständig sind. Diese Institutionen wenden dann ihr eigenes materielles Recht an, so dass das Abkommen zugleich über die Zuständigkeit und das anwendbare Recht bestimmt. Anwendungsbereich des ESÜ ist der Schutz v Erwachsenen, die aufgrund einer Beeinträchtigung oder der Unzulänglichkeit ihrer persönlichen Fähigkeiten nicht in der Lage sind,

ihre Interessen zu schützen (Art 1 I ESÜ). Erfasst werden damit diejenigen Fälle, die im deutschen materiellen Recht dem Betreuungsrecht und dem Pflegschaftsrecht zugeordnet werden. Ergänzt wird diese Generalklausel durch eine (nicht abschließend gemeinte) Positivliste in Art 3 ESÜ und eine Ausschlussliste in Art 4 ESÜ. Die in Art 4 ESÜ genannten Einschränkungen betreffen aber nahezu ausschließlich Fälle, in denen aus deutscher Betrachtung ohnehin keine Betreuungssache vorläge. Nicht in den Anwendungsbereich des ESÜ fallen jedoch die Abwesenheitspflegschaft (§ 1911 BGB) und die Pflegschaft für unbekannte Beteiligte (§ 1913 BGB).

Nicht ausdrücklich aus dem Übereinkommen hervor geht, **auf welche Personen dieses Abkommen anzuwenden** ist. Klar ist allein, dass es auf die Staatsangehörigkeit des Betroffenen nicht ankommt. Aus der Systematik des Abkommens ergibt sich aber auch, dass dieses nicht auf jedermann anwendbar sein soll, sondern nur auf solche Personen, die ihren gewA in einem der Vertragsstaaten haben. Das hat Bedeutung vor allem für die Annahme v subsidiären Zuständigkeiten (vgl die folgende Rn). 4

Die **Zuständigkeit nach dem ESÜ** richtet sich in erster Linie danach, wo der betroffene Erwachsene seinen gewA hat (Art 5 I ESÜ), wobei die Zuständigkeit wechselt, wenn während eines Verfahrens der gewöhnliche Aufenthalt in einem Land in ein anderes verlegt wird. GewA ist dabei in autonomer Auslegung des Übereinkommens der Mittelpunkt der Lebensführung. Die Zuständigkeit kann an die Behörden eines anderen Staates übertragen werden (Art 8 ESÜ). Neben der Hauptzuständigkeit bestehen mehrere subsidiäre Zuständigkeiten. Diese greifen nur dann ein, wenn die vorrangig zuständigen Behörden am gewöhnlichen Aufenthaltsort mit der Angelegenheit noch nicht befasst sind (Art 7 II ESÜ) bzw. noch keine Entscheidung über die zu treffenden Maßnahmen getroffen haben (Art 7 II, IX, XI ESÜ). Kommt es dann aber zu einer Entscheidung der vorrangig zuständigen Behörde, dann verlieren die Maßnahmen der nachrangig zuständigen Behörden ihre Kraft. Solche subsidiären Zuständigkeiten sind die Heimatzuständigkeit (Art 7 I ESÜ), die Belegenheitszuständigkeit für in einem Land vorhandenes Vermögen (Art 9 ESÜ), die Eilzuständigkeit (Art 10 I ESÜ) und die Kompetenz der Anwesenheitsbehörden im Staat des schlichten Aufenthalts für Schutzmaßnahmen. 5

II. 1. Anknüpfungsgegenstand des Art 24 I sind die **Entstehung**, die **Änderung** und das **Ende** einer Vormundschaft, Pflegschaft oder Betreuung. Erfasst werden zunächst die Voraussetzungen dieser Rechtsinstitute, die Art ihres Eintritts und die Voraussetzungen einer Änderung. Außerdem unterfällt der Regelung das Ende der Schutzmaßnahme, vor allem die Frage, wann sie v selbst endet oder wann sie aufgehoben werden muss. Ob die Schutzmaßnahme kraft Gesetzes oder durch gerichtliche Anordnung eintritt, ist insofern unerheblich (Unterschiede bei der Anknüpfung des Inhalts, Rn 7 ff). 6

Maßgebend für die genannten Fragen ist grds das **Recht des Staates, dem der Betroffene angehört** (Abs 1 S 1, vgl Art 5). Rück- und Weiterverweisung sind zu beachten. 7

Allerdings kann in Deutschland für einen **Ausländer, der seinen gewA in Deutschland** hat oder der keinen gewA (in irgendeinem Land), aber seinen schlichten Aufenthalt in Deutschland hat, eine Betreuung nach **deutschem Recht** bestellt werden (Abs 1 S 2). Insoweit kommt es allein darauf an, ob die Voraussetzungen der §§ 1896 ff BGB vorliegen. Damit soll der Schutz eines hilfebedürftigen Ausländers in Deutschland effektiv sichergestellt werden. 8

Wird eine **Pflegerbestellung** erforderlich, weil **nicht feststeht, wer** an einer Angelegenheit **beteiligt** ist oder weil sich der **Beteiligte im Ausland** aufhält (vgl §§ 1911 II, 1913 BGB), richtet sich diese nach dem Recht, das für die Angelegenheit maßgebend ist, in der der Pfleger bestellt werden soll (Abs 2). In einer Erbangelegenheit ist deswegen beispielsweise Art 25 anzuwenden. 9

2. Für die Frage, welchem Recht der **Inhalt** einer Schutzmaßnahme unterliegt, ist nach ihrer Art zu differenzieren: 10

Vorläufige Maßregeln unterliegen dem Recht des Staates, der sie angeordnet hat. Hierher gehören etwa Hinterlegungsanordnungen, Anordnungen v Inventarerrichtungen usw. Eine vorläufige Vormundschaft ist dag eine Vormundschaft und keine vorläufige Maßnahme mehr. 11

12 Der Inhalt der **Betreuung und der angeordneten Vormundschaft und der angeordneten Pflegschaft,** vor allem die Frage der Reichweite der Befugnisse v Vormund, Pfleger oder Betreuer unterliegen dem Recht des Staates, der die Vormundschaft, Pflegschaft oder Betreuung angeordnet hat.

13 Der Inhalt einer **kraft Gesetzes eintretenden Vormundschaft oder Pflegschaft** unterliegen dem Recht des Staates, dem der Mündel angehört (Abs 1 S 1). Das gilt vor allem für eine kraft Gesetzes eintretende Amtsvormundschaft (vgl § 1791 c BGB, kein Fall des MSA, weil kraft Gesetzes eintretend).

14 III. **Verfahren.** Die internationale Zuständigkeit deutscher Gerichte ergibt sich aus § 104 FamFG, soweit das ESÜ nicht vorgeht, die Anerkennung ausländischer Entscheidungen richtet sich nach § 108 FamFG.

Vierter Abschnitt
Erbrecht

Vorbemerkung zu Artikel 25, 26

1 Gemäß Art 25 I ist für die Erbfolge grds das **Personalstatut** des Erblassers im Zeitpunkt seines Todes maßgeblich. Ausnahmen bestehen nach Maßgabe des Abs 2 für unbewegliches im Inland belegenes Vermögen (s Art 25 Rn 12 ff). Art 26 beruht überwiegend auf Vorgaben des **Haager Übereinkommens über das auf die Form letztwilliger Verfügungen anzuwendende Recht** v 5.10.61 (BGBl II 65, S 1145; s den Abdruck im Anh zu Art 25, 26) und betrifft die **Formgültigkeit und materielle Wirksamkeit letztwilliger Verfügungen** (s iE Art 26 Rn 1). Überblick über das Internationale Erbrecht bei Hohloch/Heckel in: Hausmann/Hohloch (Hrsg), Handbuch des Erbrechts, 2. Aufl 10, 1901 ff. Zur erbrechtlichen Qualifikation ein- und zweiseitiger Erb- sowie v Testierverträgen beachte auch Art. 1 II lit c Rom I-VO Rn 7. Zu **gemeinschaftlichen Testamenten:** Nordmeier, Zulässigkeit und Bindungswirkung gemeinschaftlicher Testamente im Internationalen Privatrecht; zur Verwirklichung des Erblasserwillens aus österreichischer Sicht: Käferbock, Erleichterungen und Erschwernisse bei der Realisierung des Erblasserwillens im internationalen Erbrecht; zur Nachlassabwicklung im Ausland: Süß ZEV 08, 69 ff.

2 Durch die Verordnung Nr 650/12 des europäischen Parlaments und des Rates v 4.7.2012 über die Zuständigkeit, das anzuwendende Recht, die Anerkennung und die Vollstreckung v Entscheidungen und öffentlichen Urkunden in Erbsachen sowie zur Einführung eines Europäischen Nachlasszeugnisses (ABl EU L 201, 107), welche grds ab dem 17.8.15 gilt, erfolgt eine Rechtsvereinheitlichung der Kollisionsnormen im Binnenmarkt (aus dem Schrifttum zur Verordnung: Burandt FuR 13, 314; 377; 433; Buschbaum/Simon ZEV 12, 525; Coester ZEV 13, 115; Dörner ZEV 12, 505; Dutta FamRZ 13, 4; Everts ZEV 13, 124; Herzog ErbR 13, 2; Janzen DNotZ 12, 484; Kunz GPR 12, 208; 253; Lange DNotZ 12, 168; Lechner NJW 13, 26; Lehmann ZEV 12, 533; ders DStR 12, 2085; ders ZErb 13, 25; Leitzen ZEV 12, 520; Limbach IPRax 13, 96; Lübcke, Das neue europäische Internationale Nachlassverfahrensrecht; Mansel/Thorn/Wagner IPRax 13, 1, 6 ff; Margonski GPR 13, 106; Müller-Lokoschek Rpfl-Stud 12, 105; Nordmeier ZEV 12, 513; ders GPR 13, 148; ders ZErb 13, 112; ders ZEV 13, 117; Odersky notar 13, 3; Rechberger ÖJZ 12, 14; Remde RNotZ 12, 65; Richters ZEV 12, 576; Simon/Buschbaum NJW 12, 2393; Süß MittBayNot 13, 74; Volmer Rpfleger 13, 421; Wilke RIW 12, 601; Wilsch ZEV 12, 530; Hinweise für die erbrechtliche Gestaltung im Übergangszeitraum bis zur Geltung der VO finden sich bei Schaal BWNotZ 13, 29).

3 Eine Sonderregelung enthält Art 17 b I 2. Danach richten sich die erbrechtlichen Folgen einer eingetragenen **Lebenspartnerschaft** zwar grds nach Art 25; sieht das Erbstatut jedoch kein gesetzliches Erbrecht zwischen den Lebenspartnern vor, so gilt stattdessen das Recht am Registerort (ausf zum Erbrecht bei eingetragenen Lebenspartnerschaften in grenzüberschreitenden Fällen: Buschbaum RNotz 10, 73, 149; Coester IPRax 13, 114 ff; Kornmacher FPR 05, 291 ff).

Artikel 25 Rechtsnachfolge von Todes wegen

(1) Die Rechtsnachfolge von Todes wegen unterliegt dem Recht des Staates, dem der Erblasser im Zeitpunkt seines Todes angehörte.
(2) Der Erblasser kann für im Inland belegenes unbewegliches Vermögen in der Form einer Verfügung von Todes wegen deutsches Recht wählen.

1. a) Abs 1 sieht eine objektive Anknüpfung vor, indem die gesamte Rechtsnachfolge v 1 Todes wegen dem Heimatrecht des Erblassers unterstellt wird. Während ausländische Rechtsordnungen oftmals bei der Anknüpfung zwischen beweglichem und unbeweglichem Vermögen unterscheiden, folgt das deutsche IPR damit primär dem Grds der **Nachlasseinheit** (Staud/Dörner Art 25 Rn 21; Jud GPR 05, 134; s zur grds vergleichbaren Rechtslage in Österreich: St Lorenz IPRax 04, 536; hinsichtlich der Schweiz: Jülicher IStR 04, 37; Furrer/Girsberger/Schramm, IPR, 166 ff; bzgl der in Frankreich geltenden Rechtslage: Döbereiner ZEuP 10, 368; beachte als Überblick zu Rechtsfragen bei Auslandsvermögen im internationalen Erbrecht: Fetsch, RNotZ 06, 1 ff; 77 ff; allg Brox/Walker, Erbrecht, Rn 818 ff; Flick/Piltz, Der Internationale Erbfall, 2. Aufl 08; Horn ZEV 08, 73). Dennoch kommt es nicht selten zu einer **Nachlassspaltung**, (ausf zu Nachlasskonflikten durch Nachlassspaltungen: Haack/Grollmann PIStB 04, 236 ff; Leible/Sommer ZEV 06, 93 ff) so zB bei einem Vorrang des Einzelstatuts gem Art 3 a II (s Rn 10), im Falle einer Rechtswahl gem Abs 2 (s Rn 12 ff) oder ebenso dann, wenn ausländisches Recht beschränkt auf einen Teil des Nachlasses Rück- oder Weiterverweisungen (Renvoi; vgl Art 4) ausspricht (s Rn 16 f). Eine subjektive Anknüpfung ist lediglich in den engen Grenzen des Abs 2, also letztlich nur zugunsten deutschen Sachrechts in Bezug auf im Inland belegenes unbewegliches Vermögen zulässig (s iE Rn 12). Damit wird ein Gleichlauf mit dem das Internationale Sachenrecht beherrschenden Prinzip der lex rei sitae erzielt (vgl Art 43 I). Diese **Einschränkung der Parteiautonomie** verhindert eine Umgehung der Schutzvorschriften des objektiven Erbstatuts (vgl BT-Drucks 10/5632, 44; v Hoffmann/Thorn § 9 Rn 11 ff); die materielle Testierfreiheit steht dieser Schranke nicht entgegen (Palandt/Thorn Art 25 Rn 7; Kegel/Schurig § 21 I 2; str; vgl Kropholler § 51 III 2).

b) Abgesehen v Haager Testamentsformübereinkommen (s Anh zu Art 25, 26), das 2 ausschließlich Regelungen über Formerfordernisse letztwilliger Verfügungen trifft (s iE Art 26 Rn 1), existieren für Deutschland keine nach Art 3 Nr 2 vorrangigen **multinationalen Konventionen** zum Int Erbrecht. Das Haager Übereinkommen über das auf die Rechtsnachfolge v Todes wegen anzuwendende Recht v 1.8.89 (hierzu Staud/Dörner Vor Art 25 f Rn 111 ff) ist bislang nur v den Niederlanden ratifiziert worden und insofern noch nicht in Kraft getreten (vgl Art 28 des Abkommens). Praktisch bedeutsame erbrechtliche Bestimmungen in **bilateralen Abkommen** enthalten Art 8 III des **deutsch-iranischen Niederlassungsabkommens** v 17.2.29 (RGBl I 30, S 1006, s hierzu BGH NJW-RR 05, 81 = FamRZ 04, 1952 m Anm Henrich FamRZ 04, 1958 f, OLG München ZEV 10, 255), §§ 14, 16 der Anlage zu Art 20 des **deutsch-türkischen Konsularvertrages** v 28.5.29 (RGBl II 30, S 748; nach LG Braunschweig IPRax 10, 255 m Anm Sticherling, 234 enthält dieser allerdings keine Regelungen zur int Zuständigkeit; der BGH nimmt allerdings eine Bestimmung des anwendbaren Rechts anhand v Ziff 14 der Anlage zu Art 20 vor, BGH NJW-RR 13, 201 f; zur Anerkennung eines türkischen Erbscheins s LG München IPRax 13, 270 m Anm Siehr IPRax 13, 241 ff; beachte demnächst Art 75 I, II VO (EU) Nr 650/2012) sowie Art 28 III des **deutsch-sowjetischen Konsularvertrages** v 25.4.58 (BGBl II 59, S 233; zur Fortgeltung in den Nachfolgestaaten PWW/Freitag Art 25 Rn 5). Dabei unterstellt das Niederlassungsabkommen die gesamte Erbfolge dem Heimatrecht des Erblassers, während die Konsularverträge hinsichtlich des unbeweglichen Vermögens auf das Recht des Lageortes verweisen (zum Abkommen iE Staud/Dörner Vor Art 25 ff Rn 149 ff).

c) Gem **Art 220 I** findet Art 25 intertemporal lediglich auf Erbfälle Anwendung, die 3 nach dem 1.9.86 eingetreten sind. Hat sich der Erbfall vor diesem Zeitpunkt ereignet, so gelten Art 24–26 EGBGB aF unabhängig davon, ob die Nachlassabwicklung noch andauert. Anders als nach dem jetzigen Art 5 I 2 ist in Altfällen bzgl eines Erblassers, der neben der deutschen eine weitere Nationalität besitzt, nicht auf erstere, sondern auf die effektive Staatsangehörigkeit abzustellen (iE Staud/Dörner Art 25 Rn 11).

4 Das **Erbstatut** schließt v seiner Reichweite grds alle mit der Rechtsnachfolge v Todes wegen zusammenhängenden Fragen ein (beachte die Geltung des Personalstatuts nach Art 9 S 1 für Todesvermutungen), zB den **Kreis der Erbberechtigten** (MK/Birk Art 25 Rn 214 ff; zum IPR der „Erbensuche" s Späth, Die gewerbliche Erbensuche im grenzüberschreitenden Rechtsverkehr), die **Erbfähigkeit** (verstanden als Fähigkeit zur möglichen Sukzession in Rechte und Pflichten kraft gesetzlicher bzw gewillkürter Erbfolge; s auch Art 7 Rn 2 u OLG München NJW-RR 09, 1019), Höhe der **Erbquoten** sowie das Vorliegen v **Pflichtteilsberechtigungen** (BGH FamRZ 02, 883; OLG Koblenz NJW-RR 13, 784 f; OLG München ZEV 11, 134; s Merkle, Pflichtteilsrecht und Pflichtteilsverzicht im Internationalen Erbrecht; beachte auch BGH VersR 10, 1067 zu Pflichtteilsergänzungsansprüchen bei Lebensversicherungsverträgen). Ein **Erbrecht des Ehegatten** fällt ebenfalls unter das Erbstatut; der güterrechtliche Ausgleich richtet sich hingegen nach Art 15 und geht dem erbrechtlichen vor (OLG Frankfurt ZEV 10, 253; Hohloch FamRZ 1216; MK/Birk Art 25 Rn 153; zu den diesbzgl Qualifikationsproblemen insb im Hinblick auf § 1371 I BGB ausf Staud/Dörner Art 25 Rn 34 ff; s ebenfalls Jeremias ZEV 05, 414 f; Ludwig DNotZ 05, 587 f; Schleswig-Holsteinisches OLG NJW 14, 88; dazu Odersky, notar 14, 22; anders hingegen OLG Stuttgart NJW-RR 05, 740 = FGPrax 05, 168 m Anm Dörner ZEV 05, 586 ff sowie Süß ZErb 05, 208 ff, zum pauschalierten Zugewinnausgleich bei deutschem Güterrechts- und ausländischem Erbstatut s OLG München NJW-RR 12, 1096 f; zur erbrechtlichen Qualifikation des § 1931 IV BGB OLG Düsseldorf ZEV 09, 515 f; zur Aufgabe der Versteinerungstheorie OLG Hamm ZEV 10, 251 m Anm Böttcher RNotZ 10, 209; Süß MittBayNot 10, 225; vgl auch Art 15 Rn 5). Auch die **Rechtsstellung der Erben** (Looschelders Art 25 Rn 3), die Ausgestaltung einer **Erbengemeinschaft** (Bamberger/Roth/St Lorenz Art 25 Rn 37) sowie der **Umfang des Nachlasses** unterstehen Art 25 (Kegel/Schurig § 21 II); ob ein Gegenstand überhaupt in den Nachlass fällt, ist demggü eine gesondert anzuknüpfende Vorfrage (vgl Rn 9). Das Erbstatut entscheidet grds über ein mögliches **Erbrecht des Fiskus** (zur Qualifikation des Erbrechts der UdSSR: KG Berlin IPRax 12, 255 m Anm Dörner IPRax 12, 235 u Schulze/Stieglmeier IPRax 13, 245 ua zum Problem, wie die Anteile einer Miterbengemeinschaft nach deutschem Recht zu qualifizieren sind, wenn der Nachlass ganz oder im Wesentlichen aus unbeweglichem Vermögen besteht); spricht eine ausländische Rechtsordnung dem Staat indes ein – territorial begrenztes – Aneignungsrecht zu, so ist v einer Teilrückverweisung auf das Recht des Staates auszugehen, in dem sich die Sache befindet. Sofern deutsches Sachrecht berufen wird, gelangt § 1936 BGB zur Anwendung (str; iE Staud/Dörner Art 25 Rn 203 ff). Ferner richten sich die Haftung für **Nachlassverbindlichkeiten** (Lange/Kuchinke § 3 II 3 a), **Erwerb und Verlust** der Erbenstellung (insb Annahme bzw Ausschlagung der Erbschaft: Kegel/Schurig § 21 II; zur Erbausschlagung mit Auslandsberührung: Hermann ZEV 02, 259 ff) sowie Fragen der **Nachlassverwaltung** (Soergel/Schurig Art 25 Rn 41) nach Art 25.

5 e) Gleichermaßen unterliegen die Wirkungen der **gewillkürten Erbfolge** grds dem Erbstatut. Dahingegen sind die Voraussetzungen, um eine Verfügung v Todes wegen zu errichten, gesondert anzuknüpfen. So bestimmen sich die **Formerfordernisse** nach dem Haager Testamentsformabkommen bzw Art 26 I–IV. Über die materielle Gültigkeit und Bindungswirkung entscheidet Art 26 V 1. Maßgeblich ist somit das Heimatrecht des Erblassers im Zeitpunkt der Vornahme der Verfügung v Todes wegen (sog Errichtungsstatut, s iE Art 26 Rn 6 ff). Unterschiede zwischen Erb- und Errichtungsstatut ergeben sich insb, wenn nach der Vornahme der Verfügung ein Statutenwechsel eintritt; in einem solchen Fall ist bzgl der Gültigkeit und Bindung auf den Zeitpunkt der Errichtung des Testaments, bzgl seiner Wirkungen auf den Tode des Erblassers abzustellen (s iE Art 26 Rn 6).

6 f) Die Frage, ob und inwieweit der **Inhalt eines Testaments statthaft (und damit nicht etwa gesetz- oder sittenwidrig) ist**, unterfällt dem Erbstatut (Palandt/Thorn Art 25 Rn 11). Dieses entscheidet insb über die Erbeinsetzung, zB die Zulässigkeit v **Vor- und**

Nacherbschaft (OLG Köln ZEV 08, 443) oder evtl **Vermächtnisanordnungen** (Erm/ Hohloch Art 25 Rn 29). Entstehen durch die letztwillige Verfügung nach ausländischem Erbstatut **dingliche Rechte**, so hängt deren Bestand jedoch v der Vereinbarkeit mit der lex rei sitae ab. Ein v ausländischen Erbrecht vorgesehenes Vindikationslegat an einem in Deutschland belegenen Grundstück begründet mithin keinen dinglichen Anspruch, da das deutsche Sachenrecht eine solche Wirkung nicht kennt. Es hat vielmehr eine Transposition in einen schuldrechtlichen Vermächtnisanspruch gemäß § 2174 BGB zu erfolgen (BGH NJW 95, 59; krit v Hoffmann/Thorn § 9 Rn 31). Art 25 entscheidet zudem über die **Auslegung einer** letztwilligen Verfügung (BGH WM 76, 812; s auch BayObLGZ 04, 315; Looschelders Art 25 Rn 7; ders IPRax 05, 234). Geht der Erblasser bei ihrer Errichtung v der Geltung eines anderen als dem letztlich maßgeblichen Recht aus, so kann die fremde Rechtsordnung herangezogen werden, um den Willen des Erblassers zu ermitteln (**Handeln unter falschem Recht**, vgl BayObLG 03, 82). Schließlich richten sich auch Fragen zur **Testamentsvollstreckung** nach Art 25 (Soergel/Schurig Art 25 Rn 42).

g) Schenkungen v Todes wegen unterliegen entgegen der hA unabhängig v der Voraussetzung des Vollzugs ebenfalls dem Erbstatut (Kegel/Schurig § 21 II; Staud/Dörner Art 25 Rn 375; aA BGH NJW 59, 1317; Kropholler § 51 V 6; beachte zu Verträgen zugunsten Dritter auf den Todesfall: OLG Düsseldorf ZEV 01, 484 m Anm Henrich; OLG Düsseldorf, ZEV 10, 265; auf der Sachrechtsebene: BGH JZ 04, 518 m Anm Barnert). Bei funktionaler Qualifikation stellt eine solche Schenkung eine Vermögensverfügung des Erblassers für die Zeit nach seinem Tode dar. Das unter Rückgriff auf § 2301 II BGB gewonnene Kriterium des zu Lebzeiten erfolgten Vollzugs erscheint auf kollisionsrechtlicher Ebene zur Abgrenzung wenig geeignet (beachte Ilchmann, Zuwendungen unter Lebenden auf den Todesfall). Die nach aA schuldvertragliche Qualifikation v Schenkungen auf den Todesfall war aufgrund autonomer Einbeziehung trotz des Ausschlusses v Schuldverhältnissen auf dem Gebiet des Erbrechts in Art 1 I lit b 1. Spiegelstrich EVÜ zwar denkbar (s Voraufl Art 37 Rn 1). Seit dem 17.12.09 erscheint dies aufgrund des Ausschlusstatbestands in Art 1 II lit c) Rom I-VO auf kollisionsrechtlicher Ebene aber nicht mehr haltbar. (Beachte jedoch in diesem Zusammenhang auch Art 1 III lit g und Erwägungsgrund Nr 9 der VO (EU) Nr 650/2012, wonach Schenkungen unter Lebenden auf den Todesfall wohl nicht dem Sekundärrechtsakt unterliegen sollen und im Umkehrschluss dazu dann der Rom I-VO bzw der Brüssel I-VO; aA Dörner ZEV 12, 505, 508. Die reale Vermögensverschiebung erfolge erst postmortal, so dass eine erbrechtliche Qualifikation angezeigt erscheine; zurückhaltend Simon/Buschbaum NJW 12, 2393, 2394). Dagg ist die aus islamischen Rechtsordnungen bekannte Morgengabe, auch wenn sie erst nach dem Tod des Erblassers geltend gemacht wird, nicht erbrechtlich zu qualifizieren (vgl BGH IPRax 11, 85; Henrich FamRZ 10, 537; Mörsdorf-Schulte, ZfRV 10, 166; Yassari IPRax 11, 63; Wurmnest JZ 10, 736).

h) Soweit das Gesellschafts- als Einzelstatut Sonderregeln über **Fortführung und Nachfolge in einer Personengesellschaft** bei Tod eines Gesellschafters vorsieht, gehen diese dem Erb- als Gesamtstatut vor (LG München IPRax 01, 459; Soergel/Schurig Art 25 Rn 76; zur Abgrenzung des Erb- v Gesellschaftsstatut sowie dessen str Berufung über Art 3 III aF s LG Kempten IPRax 04, 530 m Anm Dörner, 519 f; Dutta RabelsZ 73 (09), 727). Auch die grds Vererblichkeit der Gesellschafterstellung unterfällt dem Gesellschaftsstatut (Staud/Dörner Art 25 Rn 65; zur Vererbung v Kapitalgesellschaftsanteilen s dort Rn 70; s a Jenderek, Die Vererbung v Anteilen an einer Private Company Limited by Shares). Dagegen richten sich die Bestimmung der Erbberechtigten sowie die Höhe der Erbquoten nach Art 25 (Kropholler § 51 IV 2 c).

2. Vorfragen sind im Rahmen der erbrechtlichen Prüfung stets selbstständig anzuknüpfen (s iE Vor Art 3–6 Rn 22). Dies gilt insb für **statusrechtliche Beziehungen** zwischen dem Erblasser und seinen Erben (OLG München ZEV 10, 255; s allg Funken, Das Anerkennungsprinzip im internationalen Privatrecht). Das Vorliegen einer (form-)wirksamen Ehe richtet sich dementsprechend nach Art 13, 11 (vgl OLG Zweibrücken ZEV 03, 163 m Anm Süß, 164 f), die Frage der Abstammung gem Art 19. Für die Wirksamkeit einer Adoption gilt Art 22 (BGH FamRZ 89, 378; iE str; vgl Art 22; zum Erbrecht des adoptierten Kindes vgl Staud/Dörner Art 25 Rn 174 ff). Auch die **Zugehörigkeit eines Vermögenswertes zum Nachlass** beurteilt sich nach der für das entspr Vermögensrecht maßgeblichen Rechtsordnung, also zB dem Schuld- oder Deliktsstatut (KG DNotZ 77, 750; v Bar II Rn 382). Über die Erbfähigkeit entscheidet hingegen das Erbstatut (s Rn 4); die Testierfähigkeit unterfällt dem Errichtungsstatut gem Art 26 V 1 (s iE Art 26 Rn 8).

10 3. Im Int Erbrecht ist der **Vorrang des Einzelstatuts** gem Art 3 a II zu beachten. Diese Vorschrift greift vor allem ein, wenn eine ausländische Rechtsordnung bzgl des unbeweglichen Vermögens an das Recht der Lageortes anknüpft; die lex rei sitae stellt insofern eine besondere Vorschrift iSd Art 3 a II dar (vgl BGH FamRZ 04, 1564 m Anm Dörner LMK 04, 222 f; Looschelders IPRax 05, 232 f; s iE Art 3 Rn 11 ff; zur Abgrenzung des Erb- v Gesellschaftsstatut sowie dessen str Berufung über Art 3 III aF s LG Kempten IPRax 04, 530 m Anm Dörner, 519 f; Dutta RabelsZ 73 (09), 727). In solchen Fällen kommt es idR zu einer Nachlassspaltung; die Erbfolge richtet sich dann in Bezug auf das Immobiliarvermögen nach dem Belegenheitsrecht, für den übrigen Nachlass gilt Abs 1 (Erm/Hohloch Art 3 a Rn 10; Junker Rn 579; aA Kegel/Schurig § 12 II 2 b, cc; Salomon IPRax 97, 81; zur Nachlassspaltung s iE Rn 17 f).

11 II. 1. Gem **Abs 1** unterliegt die Erbfolge grds dem **Heimatrecht des Erblasser** im Zeitpunkt seines Todes. Das Erbstatut ist mithin faktisch **unwandelbar**. In Bezug auf die Gültigkeit und Bindungswirkung letztwilliger Verfügungen sowie die Testierfähigkeit des Verstorbenen ist indes gem Art 26 V 1 auf den Moment der Errichtung abzustellen (vgl Art 26 Rn 6 ff). Bei Mehrstaatern findet Art 5 I Anwendung; für Staatenlose und Flüchtlinge gilt Art 5 II. Die starre Anknüpfung an die Staatsangehörigkeit mag im Einzelfall – so etwa bei dauerhaftem Aufenthalt des Erblassers in einem anderen Staat – zu unbefriedigenden Ergebnissen führen (krit ua Kropholler § 51 II 1); sie stellt jedoch keinen Verstoß gegen das unionsrechtliche Diskriminierungsverbot des Art 18 I AEUV dar (Staud/Dörner Art 25 Rn 1000 ff; v Bar/Mankowski I § 3 Rn 41; beachte auch das Grünbuch über Erb- und Testamentschaftssachen, KOM (05) 65 endg, s hierzu das erläuternde Arbeitspapier der Kommission SEC (05) 270; dagegen knüpft Art 21 I VO (EU) Nr 650/2012 grundsätzlich an den letzten gewA des Erblassers an, die Wahl seines Heimatrechts bleibt dem Erblasser unter den Voraussetzungen des Art 22 VO eröffnet; Angaben zur Lit vor Art 25, 26 Rn 2; demggü steht Art 5 I 2 im Widerspr zu Art 18 I AEUV.

12 2. a) Abs 2 gestattet für im Inland belegenes unbewegliches Vermögen eine **Rechtswahl** zugunsten deutschen Erbrechts. Mangels planwidriger Regelungslücke verbietet es sich methodisch, diese einseitige Kollisionsnorm entsprechend bei der Bestimmung einer ausländischen Rechtsordnung oder einer solchen des deutschen Erbstatuts für bewegliches Vermögen heranzuziehen (vgl BT-Drucks 10/504, 74; 10/5632, 44; s bereits Rn 1). Demzufolge ist die Vorschrift insb aus dem Blickwinkel v Ausländern mit unbeweglichem Vermögen im Inland v Bedeutung (s hierzu OLG Frankfurt FamRZ 13, 1518); die Rechtswahl eines deutschen Staatsangehörigen wirkt indes rein deklaratorisch. Im Falle einer **unzulässigen subjektiven Anknüpfung** ist grds auf das gem Abs 1 berufene Erbstatut zurückzugreifen; sie kann sich jedoch ggf im Rahmen einer Rück- oder Weiterverweisung des ausländischen Kollisionsrechts auswirken (iE v Hoffmann/Thorn § 9 Rn 25 ff; Bedeutung kann die unwirksame Rechtswahl auch im Rahmen der Auslegung des Testaments erlangen: BGH NJW-RR 06, 948 = FamRZ 06, 862). Hat ein Ausländer für seinen gesamten Nachlass deutsches Recht gewählt, so lässt sich – wenn anzunehmen ist, dass der Erblasser auch in diesem Fall die Maßgeblichkeit deutschen Rechts gewollt hätte anhand der zu § 139 BGB entwickelten Regeln – die subjektive Anknüpfung mitunter auf das unbewegliche Vermögen beschränken (Soergel/Schurig Art 25 Rn 8; Staud/Dörner Art 25 Rn 522 ff; vgl auch LG Hamburg ZEV 99, 491; str, aA Analogie zu § 2085 BGB, vgl v Hoffmann/Thorn § 9 Rn 29 f; hiervon zu trennen ist die Frage, ob und inwieweit die teilweise oder vollständige Unwirksamkeit der Rechtswahl auf die Verfügung v Todes wegen durchschlägt).

b) Der Begriff des **unbeweglichen Vermögens ist autonom** nach Maßgabe der lex fori 13
zu qualifizieren (von Bar II Rn 369); neben Grundstücken erfasst Abs 2 auch Zubehör
sowie beschränkte dingliche Rechte (vgl LG Saarbrücken IPRspr 00 Nr 96; Koch/
Magnus/Winkler v Mohrenfels § 4 A I 3 c, aa; aA Soergel/Schurig Art 25 Rn 4), nicht
hingegen – so die hM – Gesellschafts- und Miterbenanteile (BGHZ 146, 315; MK/Birk
Art 25 Rn 67; aA Dörner DNotZ 88, 95; hierzu Eule ZEV 10, 508) oder gar schuldrechtliche Ansprüche über Grundvermögen (BGHZ 144, 254; Erm/Hohloch Art 25
Rn 18; aA Staud/Dörner Art 25 Rn 520). Die Rechtswahl muss sich nicht auf das gesamte im Inland belegene Vermögen beziehen; vielmehr ist eine **Teilrechtswahl** zugunsten **einzelner Vermögenswerte** gem Abs 2 zulässig (Kegel/Schurig § 21 I 2; Palandt/
Thorn Art 25 Rn 8; aA MK/Birk Art 25 Rn 49; vgl auch Art 15 Rn 11).

c) Die Rechtswahl hat als eigenständiges Rechtsgeschäft in **Form** einer **Verfügung v** 14
Todes wegen zu erfolgen; die Formwirksamkeit unterfällt dabei nicht Art 11, sondern
den Vorschriften des Haager Testamentsformabkommens bzw Art 26 I–IV (Bamber-
ger/Roth/St Lorenz Art 25 Rn 26; Palandt/Thorn Art 25 Rn 8; str). Die Rechtswahler-
klärung kann ebenso **konkludent** erfolgen (OLG Zweibrücken ZEV 03, 162 m zu recht
krit Anm Süß, 164; LG München NJW 07, 3445; LG Stuttgart MittBayNotZ 03, 305;
Lange/Kuchinke § 3 II 2); dies setzt indes ein entsprechendes Erklärungsbewusstsein
des Erblassers voraus. Daran fehlt es etwa, wenn der Verstorbene sich in seinem Testament zwar auf deutsches Erbrecht bezieht, jedoch davon ausging, dass dieses ohnehin
kraft Gesetzes zur Anwendung gelangt (Soergel/Schurig Art 25 Rn 10; zu weitgehend
LG Hamburg IPRspr 91 Nr 142). Die **materiellen Voraussetzungen der Rechtswahl**
richten sich – ähnlich dem Int Schuldvertragsrecht nach der Rom I-VO (vgl dort Art 3
III, 10) – nach dem im Falle der Wirksamkeit gem Abs 2 einschlägigen Statut (von
Hoffmann/Thorn § 9 Rn 23 f). Deutsches Recht entscheidet demnach über Rechtswahl-
fähigkeit (Staud/Dörner Art 25 Rn 527 f), Willensmängel und Nichtigkeitsgründe (Junker Rn 581) sowie die Zulässigkeit und Reichweite eines auf die Rechtswahl bezogenen
Widerrufs (Erm/Hohloch Art 25 Rn 17; iE Staud/Dörner Art 25 Rn 544 ff).

d) Bei wirksamer subjektiver Anknüpfung unterliegt das betroffene Grundvermögen 15
deutschem Recht; der restliche Nachlass beurteilt sich demggü anhand des objektiven
Erbstatuts. Verweist Abs 1 – evtl infolge eines Renvoi im ausländischen IPR – auf deutsches Recht, so herrscht Nachlasseinheit. Vielfach wird es jedoch zu einer **Spaltung des
Nachlasses** kommen; dessen einzelne Teile sind dann grds getrennt voneinander nach
den jeweils maßgeblichen Rechtsordnungen zu behandeln (iE Rn 17 f).

III. 1. Besitzt der Erblasser im Zeitpunkt seines Todes nicht die deutsche Staatsangehö- 16
rigkeit, so verweist Abs 1 gem Art 4 I 1 auf das Kollisionsrecht seines Heimatstaates;
es handelt sich um eine **Gesamtverweisung**. Da viele ausländische Rechtsordnungen getrennte Anknüpfungen für bewegliches und unbewegliches Vermögen vorsehen,
kommt ein **partieller Renvoi (Rück- oder Weiterverweisung) in Betracht**. So stellen etwa Belgien und Frankreich bzgl des Mobiliarnachlasses auf den letzten Wohnsitz, anglo-amerikanische Staaten auf das letzte Domizil des Erblassers ab, während in Bezug
auf Immobilien an die lex rei sitae angeknüpft wird (Palandt/Thorn Art 25 Rn 2; s
auch BGH NJW-RR 13, 784 f zu einem Sachverhalt mit Bezug zu Frankreich; Thüringer OLG Beschl v 24.5.12 Az 6 W 479/11 zu einem partiellen Renvoi aus dem österreichischen Recht). Die hieraus resultierende Nachlassspaltung widerspricht nicht dem
Sinn der Verweisung (Art 4 I 1 2. HS), zumal das Prinzip der Nachlasseinheit ebenso
im deutschen IPR infolge v Abs 2 und Art 3 a II durchbrochen wird. Bei der Wahl
deutschen Rechts gem Abs 2 handelt es sich um eine **Sachnormverweisung**, vgl Art 4 II.

2. a) Abweichend v dem im deutschen Kollisionsrecht vorherrschenden Prinzip der ein- 17
heitlichen Behandlung des Nachlasses kann es aufgrund staatsvertraglicher Regeln, bei
Vorrang des Einzelstatuts gem Art 3 a II (s Rn 10), im Falle einer Rechtswahl nach Abs
2 (s Rn 12 ff) oder eines Teilrenvoi (s Rn 16) zur **Nachlassspaltung** kommen. Die betroffenen Vermögensmassen sind dann grds getrennt voneinander als selbstständiger
Nachlass gem der jeweils maßgeblichen Rechtsordnung zu beurteilen (BGHZ 24, 355;
Sonnenberger IPRax 02, 171). Das betreffende Erbstatut entscheidet demnach idR
über den Kreis der Erbberechtigten, evtl Pflichtteilsrechte und Nachlassverbindlichkei-

ten (Erm/Hohloch Art 25 Rn 37). Der Erblasser kann testamentarisch über jeden Teilnachlass getrennt verfügen (BayObLG FamRZ 97, 392); iZw wird sich sein Testierwille jedoch auf den Gesamtnachlass beziehen (OLG Hamm FamRZ 98, 123 f; BayObLG NJW 00, 441). Hat die letztwillige Verfügung lediglich nach einem Statut Bestand, so unterliegt der eine Nachlassteil gewillkürter, der andere gesetzlicher Erbfolge (vgl OLG Celle ZEV 03, 165). Die Nichtigkeit des Testaments ist gleichwohl im Wege ergänzender Auslegung im jeweils anderen Erbstatut zu berücksichtigen (Soergel/Schurig Art 25 Rn 101; aA MK/Birk Art 25 Rn 134). Sofern deutsches Recht gilt, kommt eine analoge Anwendung des § 2085 BGB in Betracht (Looschelders Art 25 Rn 28).

18 b) Die **Geltung mehrerer Erbstatute** kann etwa in Bezug auf Pflichtteilsberechtigungen oder den Ausgleich v Vorempfängen zu Wertungswidersprüchen und Schwierigkeiten bei der Nachlassabwicklung führen. Hier ist ggf durch **Anpassung** (s Vor Art 6 Rn 5 f) Abhilfe zu schaffen (ausf Derstadt, Die Notwendigkeit der Anpassung bei Nachlassspaltung im int Erbrecht; Dörner DNotZ 88, 101 ff; vgl auch OLG Celle FamRZ 03, 1876 ff m Anm Dörner; Bestelmeyer ZEV 04, 359 ff und Eichinger ZEV 03, 509 ff; zur testamentarischen Gestaltung: Steiner ZEV 03, 500; zum Vorrang der Auslegung vor der Rechtsanpassung s BGH FamRZ 04, 1565). Für **Nachlassverbindlichkeiten**, deren Zuweisung zu einer der Vermögensmassen idR nicht möglich sein wird, haftet im Außenverhältnis jeder Nachlassteil auf das Ganze (Ivo NJW 03, 186). Ein Rückgriff ist im Innenverhältnis möglich; sehen die beiden Erbstatute unterschiedliche Regeln zur internen Lastenverteilung vor, so richtet sich der Ausgleich im Interesse der pflichtigen Erben nach dem Statut, das den beanspruchten Teilnachlass beherrscht (str; wie hier Staud/Dörner Art 25 Rn 796 f; aA Looschelders Art 25 Rn 31 [für die Geltung der lex fori]; Palandt/Thorn Art 25 Rn 9 [für Ausgleich im Verhältnis der Nachlasswerte]).

19 3. Besondere Bedeutung kommt der Vorbehaltsklausel des **Art 6** im Int Erbrecht zu. Es gelten die allg Grds. Ein Verstoß gegen den inländischen **ordre public** sollte allerdings auch hier nicht vorschnell angenommen werden. Der Kernbestand des deutschen Rechts ist demnach nicht etwa schon dann betroffen, wenn eine ausländische Rechtsordnung den Kreis der Erbberechtigten enger bzw weiter zieht oder die Höhe der Erbquoten anders bemisst (Looschelders Art 25 Rn 32). Sieht das Erbstatut hingegen eine Diskriminierung aufgrund Geschlechts- oder Religionszugehörigkeit vor, so greift Art 6 bei hinreichendem Inlandsbezug ein (St Lorenz IPRax 93, 150; OLG Hamm FamRZ 05, 1705 = ZEV 05, 436 ff m Anm Lorenz ZEV 05, 440 f; OLG Frankfurt ZEV 11, 135; zu letzterem Holtmeyer ZFE 11, 175, 177; iE str). Gleiches gilt für erhebliche Benachteiligungen nichtehelicher Kinder (LG Stuttgart FamRZ 98, 1627). Im Hinblick auf die Wahrung der Testierfreiheit des Erblassers liegt indes keine Verletzung der öffentlichen Ordnung vor, wenn das berufene Recht dem Erblasser den Ausschluss naher Angehöriger v der Erbfolge im Wege einer letztwilligen Verfügung gestattet (KG Berlin IPRax 09, 263 m Anm Looschelders IPRax 09, 246 ff; abl KG ZEV 11, 132 für Ausschluss eines Cousins v der Verwandtenerbfolge; vgl MK/Birk Art 25 Rn 117). Nicht ausgeschlossen erscheint aber, dass das laut BVerfG v Art 14 GG geschützte Pflichtteilsrecht (NJW 05, 1561) einen unentziehbaren Kern aufweist, dessen Beeinträchtigung möglicherweise bei hinreichendem Inlandsbezug den ordre public „aktiviert" (hierzu KG Berlin IPRax 09, 236; Dörner ZEV 12, 512; Merkle, Pflichtteilsrecht und Pflichtteilsverzicht im internationalen Erbrecht; im weiteren Zusammenhang zu Pflichtteilsergänzungsansprüchen bei Lebensversicherungsverträgen BGH NJW 10, 3232; BGH GWR 10, 281; beachte demnächst Art 35 (EU) Nr 650/12). Zwar ist Unionsrecht seit der Solange-Rspr nicht mehr anhand deutscher Grundrechte zu prüfen. Gleichwohl betonte das BVerfG in seiner Lissabon-Entscheidung, dass das Eigentum eine herausgehobene sozial- und gesellschaftspolitische Bedeutung aufweist (NJW 09, 2267, 2291, Rn 377), so dass hier der Raum für Art 6 eröffnet werden könnte.

20 4. a) **Nachlassverfahren: 1.** Mit Inkrafttreten der VO (EU) Nr 650/2012 existieren unionsrechtliche Regeln zur **int Zuständigkeit in Nachlasssachen** (Kindler IPRax 10, 44, 45; R Wagner DNotZ 10, 506, 513 f; s auch §§ 8, 15 der Anlage zu Art 20 des deutsch-türkischen Konsularvertrages, abl LG Braunschweig IPRax 10, 255; hinsichtlich der Lit zur neuen VO s Rn 2). Bis zur Geltung der VO (EU) Nr 650/2012 ab dem

17.8.15 richtet sich die int Zuständigkeit deutscher Gerichte in Nachlassangelegenheiten somit nach autonomem Recht. Anders als in Vormundschafts- oder Adoptionssachen enthielten die nationalen Regelungen diesbzgl keine ausdrücklichen Vorschriften, was sich aber mit der Neufassung des FamFG zum 1.9.09 geändert hat (BGBl I 08, S 2586 ff; hierzu Althammer IPRax 09, 381 ff; Coester FF 09, 269 ff; Kroiß MittBayNot 10, 487 ff; Lukoschek NotBZ 10, 324 ff; H Roth JZ 09, 585 ff; Zimmermann FGPrax 06, 189 ff). Die inländischen Spruchkörper erklärten sich bislang entspr dem **Gleichlaufprinzip** grds nur dann für zuständig, wenn auf den Erbfall ganz oder teilweise deutsches materielles Erbrecht Anwendung fand (so etwa OLG Zweibrücken FamRZ 98, 264; KG FamRZ 01, 795; BayObLG Rpfleger 04, 567; FamRZ 05, 140). Dies erschien jedoch zweifelhaft, zumal in anderen Verfahren der freiwilligen Gerichtsbarkeit kein solcher Gleichlauf zwischen Sach- und Prozessrecht gefordert, die int Zuständigkeit vielmehr aus der örtlichen abgeleitet wird. Durch die FGG-Reform wurden diese Grundsätze auch für Nachlasssachen geltendes Recht, denn § 105 FamFG knüpft die int Zuständigkeit deutscher Gerichte an die örtliche, welche dem §§ 343 f FamFG besonderen Regeln folgt (OLG Hamm NJW-RR 11, 666; Kroiß ZEV 09, 493; Wittkowski RNotZ 10, 102). Demnach besteht grds die internationale Zuständigkeit deutscher Gerichte bei Wohnsitz oder gewA eines ausländischen Erblassers im Inland (etwas anderes gilt nur bei dem deutschen Recht wesenfremden Tätigkeiten, wie bspw Nachlassauseinandersetzungen nach richterlichem Ermessen, hierzu Althammer IPRax 09, 381). Vorzugswürdig ist es, in Altfällen ebenfalls die Zuständigkeit nach Maßgabe der §§ 73, 74 aF FGG, insb aufgrund des gewA einer der Parteien im Inland, zu bestimmen (so auch die bisherige hA im Schrifttum, s Kegel/Schurig § 21 IV 2; Kropholler § 51 VI 2 je mwN). Bereits vor der Reform haben deutsche Gerichte ausnahmsweise ihre int Zuständigkeit selbst dann angenommen, wenn trotz ausländischem Erbstatut bei im Inland befindlichen Nachlassgegenständen ein Fremdrechtserbschein gem § 2369 I BGB (s Rn 21) bzw ein gegenständlich beschränktes Testamentsvollstreckerzeugnis (§§ 2368 III, 2369 I BGB) beantragt wurde (BayObLG FamRZ 95, 1028; Erm/Hohloch Art 25 Rn 48 mwN), Maßnahmen zur Sicherung des Nachlasses anzuordnen waren (BGHZ 49, 2) oder aber die Erben bei Unzuständigkeit rechtsschutzlos gewesen wären (BayObLGZ 99, 303). Dies ergibt sich nach neuem Recht bei Aufenthalt eines ausländischen Erblassers im Inland aus § 105 iVm § 343 I FamFG und im Inland belegenen Nachlassgegenständen aus § 105 iVm § 343 III FamFG. § 344 VII FamFG kann für die Entgegennahme einer Ausschlagung der Erbschaft nur eine Regelung zur örtlichen Zuständigkeit entnommen werden (vgl. Heinemann, ZErb 08, 297).

b) Das Nachlassgericht stellt bei Anwendbarkeit deutschen Erbrechts einen allgemeinen Erbschein gem § 2353 BGB (**Eigenrechtserbschein**) aus und zwar unabhängig davon, ob dies für die gesamte oder – aufgrund einer Nachlassspaltung (s iE Rn 17 f) – nur für einen Teil der Erbfolge gilt (hierzu Wittkowski RNotZ 10, 102). In letzten Falle hat der Spruchkörper die eingeschränkte Reichweite im Erbschein zu vermerken (OLG Köln NJW-RR 92, 1480; str; sog gegenständlich beschränkter Eigenrechtserbschein: Bamberger/Roth/St Lorenz Art 25 Rn 71; zur Erteilung eines gegenständlich beschränkten Erbscheines bei österreichischem Erblasser s Thüringer OLG Beschl v 24.5.12 Az 6 W 479/11; in Bezug auf ungarisches Recht beachte KG Berlin ZEV 13, 561). Befinden sich Nachlassgegenstände im Inland, kann selbst bei ausländischem *Erbstatut* abweichend v Gleichlaufprinzip (s Rn 20) gem § 2369 I BGB ein **gegenständlich beschränkter Erbschein** ausgestellt werden (**Fremdrechtserbschein**). Dieser muss neben dem Vermerk über die Beschränkung auf den inländischen Nachlass ebenso die Angabe des maßgeblichen Erbrechts (Kropholler § 51 VI 3 b) sowie evtl über Art 6 vorgenommene Korrekturen enthalten (St Lorenz IPRax 93, 150 f). Bei einer Nachlassspaltung führt jener zu einem Nebeneinander v Eigen- und Fremdrechtserbschein (zur Erbscheinserteilung nach neuer Rechtslage Schäuble ZErb 09, 200; Wittkowski 10, 102). Wird das fremde Erbstatut nicht oder fehlerhaft angegeben, so ist der Erbschein einzuziehen (BGHZ 131, 32; str). Für **Testamentsvollstreckerzeugnisse** gilt entsprechendes (vgl § 2368 III BGB; Erm/Hohloch Art 25 Rn 54).

22 c) Die **Anerkennung eines im Ausland ausgestellten Erbscheins** erfolgt grds nach §§ 107 ff FamFG (zur Anerkennung eines türkischen Erbscheins s LG München IPRax 13, 270 m krit Anm Siehr IPRax 13, 241 ff) ; die deutschen Nachlassgerichte sind jedoch auch bei Vorliegen der Anerkennungsvoraussetzungen nicht an die ausländische Entscheidung gebunden, sondern können vielmehr einen inländischen Erbschein erteilen (Palandt/Thorn Art 25 Rn 19).

Artikel 26 Verfügungen von Todes wegen

(1) ¹Eine letztwillige Verfügung ist, auch wenn sie von mehreren Personen in derselben Urkunde errichtet wird, hinsichtlich ihrer Form gültig, wenn diese den Formerfordernissen entspricht
1. des Rechts eines Staates, dem der Erblasser ungeachtet des Artikels 5 Abs. 1 im Zeitpunkt, in dem er letztwillig verfügt hat, oder im Zeitpunkt seines Todes angehörte,
2. des Rechts des Ortes, an dem der Erblasser letztwillig verfügt hat,
3. des Rechts eines Ortes, an dem der Erblasser im Zeitpunkt, in dem er letztwillig verfügt hat, oder im Zeitpunkt seines Todes seinen Wohnsitz oder gewöhnlichen Aufenthalt hatte,
4. des Rechts des Ortes, an dem sich unbewegliches Vermögen befindet, soweit es sich um dieses handelt, oder
5. des Rechts, das auf die Rechtsnachfolge von Todes wegen anzuwenden ist oder im Zeitpunkt der Verfügung anzuwenden wäre.

²Ob der Erblasser an einem bestimmten Ort einen Wohnsitz hatte, regelt das an diesem Ort geltende Recht.

(2) ¹Absatz 1 ist auch auf letztwillige Verfügungen anzuwenden, durch die eine frühere letztwillige Verfügung widerrufen wird. ²Der Widerruf ist hinsichtlich seiner Form auch dann gültig, wenn diese einer der Rechtsordnungen entspricht, nach denen die widerrufene letztwillige Verfügung gemäß Absatz 1 gültig war.

(3) ¹Die Vorschriften, welche die für letztwillige Verfügungen zugelassenen Formen mit Beziehung auf das Alter, die Staatsangehörigkeit oder andere persönliche Eigenschaften des Erblassers beschränken, werden als zur Form gehörend angesehen. ²Das gleiche gilt für Eigenschaften, welche die für die Gültigkeit einer letztwilligen Verfügung erforderlichen Zeugen besitzen müssen.

(4) Die Absätze 1 bis 3 gelten für andere Verfügungen von Todes wegen entsprechend.

(5) ¹Im übrigen unterliegen die Gültigkeit der Errichtung einer Verfügung von Todes wegen und die Bindung an sie dem Recht, das im Zeitpunkt der Verfügung auf die Rechtsnachfolge von Todes wegen anzuwenden wäre. ²Die einmal erlangte Testierfähigkeit wird durch Erwerb oder Verlust der Rechtsstellung als Deutscher nicht beeinträchtigt.

1 I. 1. Art 26 enthält in Abs 1–3 besondere Regeln zur Bestimmung des **Formstatuts** für letztwillige Verfügungen und verdrängt insofern Art 11 (Junker Rn 589). Dabei inkorporieren die Abs 1–3 – mit Ausnahme v Abs 1 Nr 5 – die Vorgaben des **Haager Testamentsformübereinkommens** (s Vor Art 25, 26 Rn 2; Anh zu Art 25, 26). Die als loi uniforme ausgestaltete Konvention (vgl Art 6 der Übereinkunft) ist für Deutschland am 1.1.66 in Kraft getreten; ihre Vorschriften gehen Abs 1–3 aufgrund des staatsvertraglichen Ursprungs gem Art 3 Nr 2 vor (Staud/Dörner Art 26 Rn 12 ff; str). Durch die inhaltliche Übereinstimmung zwischen Abkommen und autonomem Kollisionsrecht scheint es auf den ersten Blick ohne Ergebnisrelevanz, welche Rechtsquelle herangezogen wird. Divergenzen können sich allerdings in Bezug auf den ordre public-Vorbehalt oder die Unteranknüpfung für Mehrrechtsstaaten ergeben (vgl die v nationalen Kollisionsrecht abweichenden Art 1 II, 7 des Haager Testamentsformübereinkommens, s a Süß/Haas, Erbrecht in Europa, § 1 Rn 35). Abs 4 erstreckt den Anwendungsbereich der Kollisionsnorm auf andere Verfügungen (s Rn 2). Für Erbverträge greift demnach stets Art 26 ein, während die Konvention tatbestandlich ausscheidet. Der standortwidrige

Abs 5 beinhaltet eine Sonderregel zu Art 25 (krit auch Palandt/Thorn Art 26 Rn 1) und betrifft die materielle Gültigkeit und Bindungswirkung einer Verfügung v Todes wegen (s Rn 6 ff). Die Vorschrift stellt insoweit auf das **hypothetische Erbstatut** im Zeitpunkt der Testamentserrichtung ab (**Errichtungsstatut;** vgl auch Art 25 Rn 11).

2. Formgültigkeit, Abs 1–4: a) Der **Anwendungsbereich** des Abs 1 erfasst gem **Abs 4** 2 neben einfachen und gemeinschaftlichen Testamenten (zu letzterem Bachmeyer BWNotZ 09, 28 ff, 51 ff) sämtliche Verfügungen v Todes wegen, vor allem Erbverträge sowie Schenkungen v Todes wegen (s Art 25 Rn 7; nicht erfasst wird der Erbverzicht; insofern greift Art 11 ein: Staud/Dörner Art 26 Rn 29, 58). Die Form sonstiger mit der Erbschaft verbundener Rechtsgeschäfte (zB Erbschaftskauf, Ausschlagung; zur Erbausschlagung mit Auslandsberührung: Hermann ZEV 02, 259 ff) richtet sich hingegen nach Art 11 (Bamberger/Roth/St Lorenz Art 26 Rn 4). Laut **Abs 2 S 1** gilt Art 26 auch für die Form v **Widerrufstestamenten** und andere Verfügungen, die ein früheres (gemeinschaftliches) Testament oder einen Erbvertrag für ungültig erklären (von Bar II Rn 393; Palandt/Thorn Art 26 Rn 5), nicht aber für sonstige rechtserhebliche Handlungen wie etwa die Vernichtung eines Testaments oder die Rücknahme aus amtlicher Verwahrung (maßgeblich ist insofern das Errichtungsstatut: Bamberger/Roth/St Lorenz Art 26 Rn 14; MK/Birk Art 26 Rn 63). Die Anknüpfung bzgl der Form eines Widerrufstestaments erfolgt demgem nach Abs 1. **Abs 2 S 2** erweitert überdies den Katalog der maßgeblichen Rechtsordnungen. Hiernach genügt es, wenn der Widerruf den Formerfordernissen eines der Sachrechte entspricht, nach denen die ursprüngliche Verfügung Formgültigkeit entfaltete. Dies gilt freilich nur für den Widerruf als solchen; sieht die Verfügung neue Bestimmungen bzgl der Erbfolge vor, so beurteilt sich deren Form ausschließlich nach Abs 1 (Erm/Hohloch Art 26 Rn 20).

b) Der **Anknüpfungsgegenstand** der Abs 1–4 beschränkt sich auf die **Formerfordernisse** 3 letztwilliger Verfügungen. Der Begriff der Form ist anhand der lex fori zu qualifizieren, da trotz der staatsvertragsrechtlichen Wurzeln bei einer autonomen Qualifikation unüberwindbare praktische Hindernisse bestehen (Bamberger/Roth/St. Lorenz Art 26 Rn 5; Staud/Dörner Art 26 Rn 34; s dort auch zu den Gegenstimmen im Schrifttum, die eine autonome Qualifikation bzw eine solche lege causae befürworten); erfasst werden zB die Eigenhändigkeit, Schriftform, Notwendigkeit der Mitwirkung v Zeugen oder hoheitlicher Stellen zur Beglaubigung oder Beurkundung sowie die Statthaftigkeit einer mündlichen Erklärung (LG München IPRax 99, 182 m Anm Jayme) oder Aufzeichnung einer Verfügung auf Tonträgern. Einbezogen werden gleichermaßen die Folgen der Formunwirksamkeit (Bamberger/Roth/Lorenz Art 26 Rn 6). Dahingegen handelt es sich bei der Zulässigkeit einer Stellvertretung nicht um eine Frage der Form; jene beurteilt sich vielmehr nach dem Errichtungsstatut (vgl Rn 7). Um Abgrenzungsschwierigkeiten zu vermeiden, definiert **Abs 3** einige Regelungsinhalte ausdrücklich als Formerfordernisse. So richten sich gem **S 1** Bestimmungen zu Alter, Staatsangehörigkeit und sonstigen **persönlichen Eigenschaften** des Verfügenden nach Abs 1; für die Testierfähigkeit gilt indes Abs 5 (str; s Rn 8). Auch die persönlichen Eigenschaften v Zeugen sind gem **S 2** als Formerfordernisse iSd Abs 1–4 zu qualifizieren. Ob das Formstatut selbst die in Abs 3 genannten Regelungen dem Begriff der Form zuordnet, ist dabei unerheblich (Palandt/Thorn Art 26 Rn 6). Zum Verbot einer gemeinschaftlichen Verfügung vgl Rn 9.

c) Die Vielfalt der in **Abs 1** enthaltenen alternativen Anknüpfungen dient dazu, die 4 Formwirksamkeit zu begünstigen (**favor testamenti;** vgl v Hoffmann/Thorn § 9 Rn 36; Jülicher IStR 04, 38). Ausreichend ist demnach, dass die Verfügung nach nur einer der benannten Rechtsordnungen Gültigkeit entfaltet (vgl BGH FamRZ 04, 1562); dies gilt insb auch für gemeinschaftliche Testamente und Erbverträge (vgl Rn 9). Das zur Anwendung berufene Recht entscheidet – ebenso im Falle der Nachlassspaltung (s Art 25 Rn 17 f) – grds über die Wirksamkeit der Verfügung in Bezug auf den gesamten Nachlass. Indes kann sich eine beschränkte Formgültigkeit bzgl des unbeweglichen Vermögens aus Abs 1 Nr 4, bei Nachlassspaltung ggf aus Abs 1 Nr 5 ergeben, wenn das Testament zwar nach der lex rei sitae, nicht aber dem Erb- bzw Errichtungsstatut wirksam ist (Erm/Hohloch Art 26 Rn 13).

5 d) Die **Anknüpfungen** in Abs 1 verweisen gem Nr 1 zunächst auf das Heimatrecht des Erblassers im Zeitpunkt der Vornahme der Verfügung oder seines Todes. Besitzt der Erblasser mehrere Staatsangehörigkeiten, ist weder der effektiven noch der deutschen Nationalität Vorrang einzuräumen; bei gemeinschaftlichen Testamenten beurteilt sich die Formgültigkeit nach dem Personalstatut des jeweiligen Erblassers einzeln. Die Wirksamkeit des gemeinschaftlichen Testaments ist erst gegeben, wenn beide Erblasser die Formvoraussetzungen erfüllen, welche sich nicht aus derselben Anknüpfungsvariante ergeben müssen (Erm/Hohloch Art 26 Rn 14,19; Looschelders Art 26 Rn 19; s Rn 9). Alternativ beurteilt sich die Formgültigkeit gem Nr 2 nach dem Recht des Errichtungsortes, wobei sich der Verfügende nicht länger in diesem Staat aufhalten muss (LG München FamRZ 99, 182 m Anm Jayme), laut Nr 3 nach Maßgabe der Rechtsordnung am Wohnsitz oder gewA des Erblassers im Zeitpunkt der Verfügung oder seines Todes. Schlichter Aufenthalt genügt insoweit nicht (krit Kegel/Schurig § 21 III 1 a). Nr 4 lässt die lex rei sitae über die (partielle) Formwirksamkeit in Bezug auf das unbewegliche Nachlassvermögen (zur Begriffsbestimmung s Art 25 Rn 13) entscheiden (s Rn 4). Nach Abs 1 Nr 5, kann sich schließlich die Formwirksamkeit nach dem Erboder Errichtungsstatut ergeben. Mit dieser Vorschrift hat der deutsche Gesetzgeber die in Art 3 des Haager Testamentsformabkommens vorbehaltene Option genutzt, über die Konvention hinausgehende Anknüpfungsalternativen vorzusehen.

6 **3. Materielle Gültigkeit und Bindungswirkung, Abs 5: a)** Um das Vertrauen des Erblassers in den Bestand seines Testaments zu schützen und eine vorhersehbare Gestaltung des Nachlasses zu gewährleisten (vgl Kegel/Schurig § 21 III 1), stellt **S 1** eine Sonderregel für die materielle Gültigkeit und Bindungswirkung einer Verfügung v Todes wegen auf. Maßgeblich ist hiernach das Heimatrecht des Erblassers im Zeitpunkt der Vornahme der Verfügung. Kommt es nach Testamentserrichtung – etwa aufgrund einer Änderung der Staatsangehörigkeit oder einer Verlegung des gewA – zu einem **Statutenwechsel**, so ist zeitlich nicht auf den Tod des Erblassers abzustellen. Wirksamkeit und Bindung der Verfügung richten sich vielmehr nach dem **hypothetischen Erbstatut** im Moment der Errichtung der Verfügung, also dem **Errichtungsstatut** (Kegel/Schurig § 21 III 1; s bereits Art 25 Rn 11). Gem S 2 bleibt bei einem Wechsel des Personalstatuts die einmal erlangte Testierfähigkeit des Erblassers bestehen (s iE Rn 8).

7 **b)** Das Errichtungsstatut erfasst gem S 1 sämtliche Wirksamkeitsvoraussetzungen, zB die Zulässigkeit einer **Stellvertretung**, die Möglichkeit, Erben durch Dritte zu bestimmen (Erm/Hohloch Art 26 Rn 27), die **Anfechtung** aufgrund v anfänglichen – nicht aber nachträglichen – Willensmängeln (Staud/Dörner Art 25 Rn 239; Palandt/Thorn Art 26 Rn 8 [für Maßgeblichkeit des Erbstatuts]) sowie die Statthaftigkeit eines **Widerrufs** (Bamberger/Roth/St. Lorenz Art 26 Rn 14; vgl Rn 2) oder einer Testamentsaufhebung (vgl BayObLG ZEV 03, 507). Gleichermaßen richten sich die **Folgen** einer fehlerhaften Verfügung (Nichtigkeit/Umdeutung) nach dem Heimatrecht des Erblassers im Zeitpunkt der Errichtung (OLG Frankfurt aM IPRax 86, 112; Erm/Hohloch Art 26 Rn 28); ein hiernach unwirksames Testament kann nicht durch das Erbstatut geheilt werden (Looschelders Art 26 Rn 34; aA v Hoffmann/Thorn § 9 Rn 43). Die erbrechtlichen Wirkungen einer wirksamen Verfügung v Todes wegen (zB Eintritt der gesetzlichen Erbfolge und deren Ausgestaltung) unterliegen hingegen dem Erbstatut gem Art 25 (s Art 25 Rn 4 f).

8 **c)** Die **Testierfähigkeit** ist v der allgemeinen Geschäftsfähigkeit zu trennen und unterfällt ebenfalls dem Errichtungsstatut gem S 1 (Bamberger/Roth/St. Lorenz Art 26 Rn 5; Palandt/Thorn Art 25 Rn 16; v Bar II Rn 380; aA van Venrooy JR 88, 485). Ausgenommen bleibt das Testierverbot für Heimbewohner gem § 14 I HeimG, da der Geltungsanspruch des HeimG alle Rechtsverhältnisse der Heimbewohner unabhängig v deren Staatsangehörigkeit erfasst und insofern die lex fori Anwendung findet (OLG Oldenburg IPRax 99, 469 m Anm Dörner, 455; str). Die Regelung in **S 2**, wonach eine einmal erworbene Testierfähigkeit nicht durch Erwerb oder Verlust der deutschen Rechtsstellung beeinträchtigt wird, ist – entspr der Vorschrift des Art 7 II – im Wege der Analogie als allseitige Kollisionsnorm fortzubilden. Sie greift damit bei jedem

Wechsel des Personalstatuts ein (Kegel/Schurig § 21 III 2 b; MK/Birk Art 26 Rn 15; str; vgl Art 7 Rn 4).

d) Die Ausgestaltung einer Verfügung v Todes wegen (**einfaches oder gemeinschaftliches Testament, Erbvertrag**), insb ihre Zulässigkeit und Bindungswirkung, unterliegen ebenfalls dem Heimatrecht des Erblassers im Zeitpunkt der Errichtung (OLG Frankfurt ZEV 09, 516 m Anm Lorenz; zur Testamentsgestaltung gemeinschaftlicher Testamente: Lehmann ZEV 07, 193 ff; Steiner ZEV 04, 362). Die **Zulässigkeit** einer gemeinschaftlichen Verfügung oder eines zweiseitigen Erbvertrags (zu den Voraussetzungen für den wirksamen Abschluss eines Erbvertrags OLG Düsseldorf NJW 07, 1290 m Anm Damrau ZEV 07, 96) hängt v der – oft schwierigen – Qualifikation als Formfrage oder als solche materiellrechtlicher Natur ab. Verbietet eine ausländische Rechtsordnung derartige Testamentsarten, so ist maßgeblich auf den Zweck der jeweiligen Norm abzustellen (Staud/Dörner Art 25 Rn 322 ff, 355; aA Süß IPRax 02, 24 ff). Demgemäß handelt es sich um eine reine **Formfrage**, wenn die Vorschrift lediglich die Errichtung in ein und derselben Urkunde verhindern will; hier genügt es, dass die betroffene Testamentsart nach dem gem dem Haager Testamentsformabkommen bzw Abs 1–4 anwendbaren Rechtsordnungen zulässig ist (KG FamRZ 01, 795 [zum niederländischen Recht]; Erm/Hohloch Art 26 Rn 14; aA Looschelders Art 26 Rn 17, 19). Verfolgt die ausländische Verbotsnorm hingegen **inhaltliche Ziele**, wie etwa den Ausschluss einer wechselseitigen Wirkung, so ist auf das gemeinsame Errichtungsstatut der Erblasser (vgl OLG Frankfurt aM IPRax 86, 111 f; Soergel/Schurig Art 26 Rn 35), in Ermangelung eines solchen **kumulativ** auf beide gem § 25 berufenen Rechtsordnungen abzustellen (von Bar II Rn 381; Looschelders Art 26 Rn 17; Schack, FS Lüderitz, 671). Entsprechendes gilt für die **Bindungswirkung** gemeinschaftlicher Verfügungen; im Falle unterschiedlicher Staatsangehörigkeit der Erblasser kann diese nach einer Ansicht nur eintreten, wenn beide Heimatrechte im Zeitpunkt der Errichtung eine Bindung vorsehen (v Hoffmann/Thorn § 9 Rn 38; Pfeiffer FamRZ 93, 1276 ff; hingegen für getrennte Berücksichtigung beider Erbstatute und ggf Anpassung der Sachnormen: Palandt/Thorn Art 25 Rn 13; Staud/Dörner Art 25 Rn 337).

II. Soweit die Abs des Art 26 die staatsvertraglichen Regelungen abbilden, enthalten jene entsprechend der Ausgangslage bei unmittelbarer Anwendung der Konvention bloße **Sachnormverweisungen**; Gleiches gilt für Abs 4 (Looschelders Art 26 Rn 7). Abs 1 Nr 5 hingegen dient dem Ziel, einen Gleichlauf zwischen einerseits Form- und andererseits Erb- bzw Errichtungsstatut zu erreichen. Demzufolge ist insoweit ein Renvoi zu beachten (vgl BT-Drucks 10/5632, 44). Abs 5 spricht ebenfalls eine **Gesamtverweisung** aus (Junker Rn 589).

Anhang zu Artikel 25, 26

Haager Übereinkommen über das auf die Form letztwilliger Verfügungen anzuwendende Recht

v 5.10.1961

(BGBl II 65, S 1145; II 66, S 11)

Art. 1 [*Anknüpfungspunkte*]

(1) Eine letztwillige Verfügung ist hinsichtlich ihrer Form gültig, wenn diese dem innerstaatlichen Recht entspricht:
a) des Ortes, an dem der Erblasser letztwillig verfügt hat, oder
b) eines Staates, dessen Staatsangehörigkeit der Erblasser im Zeitpunkt, in dem er letztwillig verfügt hat, oder im Zeitpunkt seines Todes besessen hat, oder
c) eines Ortes, an dem der Erblasser im Zeitpunkt, in dem er letztwillig verfügt hat, oder im Zeitpunkt seines Todes seinen Wohnsitz gehabt hat, oder

d) des Ortes, an dem der Erblasser im Zeitpunkt, in dem er letztwillig verfügt hat, oder im Zeitpunkt seines Todes seinen gewöhnlichen Aufenthalt gehabt hat, oder
e) soweit es sich um unbewegliches Vermögen handelt, des Ortes, an dem sich dieses befindet.

(2) Ist die Rechtsordnung, die auf Grund der Staatsangehörigkeit anzuwenden ist, nicht vereinheitlicht, so wird für den Bereich dieses Übereinkommens das anzuwendende Recht durch die innerhalb dieser Rechtsordnung geltenden Vorschriften, mangels solcher Vorschriften durch die engste Bindung bestimmt, die der Erblasser zu einer der Teilrechtsordnungen gehabt hat, aus denen sich die Rechtsordnung zusammensetzt.

(3) Die Frage, ob der Erblasser an einem bestimmten Ort einen Wohnsitz gehabt hat, wird durch das an diesem Ort geltende Recht geregelt.

Art. 2 [Widerruf]

(1) Artikel 1 ist auch auf letztwillige Verfügungen anzuwenden, durch die eine frühere letztwillige Verfügung widerrufen wird.

(2) Der Widerruf ist hinsichtlich seiner Form auch dann gültig, wenn diese einer der Rechtsordnungen entspricht, nach denen die widerrufene letztwillige Verfügung gemäß Artikel 1 gültig gewesen ist.

Art. 3 [Formvorschriften der Vertragsstaaten]

Dieses Übereinkommen berührt bestehende oder künftige Vorschriften der Vertragsstaaten nicht, wodurch letztwillige Verfügungen anerkannt werden, die der Form nach entsprechend einer in den vorangehenden Artikeln nicht vorgesehenen Rechtsordnung errichtet worden sind.

Art. 4 [Gemeinschaftliche Testamente]

Dieses Übereinkommen ist auch auf die Form letztwilliger Verfügungen anzuwenden, die zwei oder mehrere Personen in derselben Urkunde errichtet haben.

Art. 5 [Zur Form gehörend]

Für den Bereich dieses Übereinkommens werden die Vorschriften, welche die für letztwillige Verfügungen zugelassenen Formen mit Beziehung auf das Alter, die Staatsangehörigkeit oder andere persönliche Eigenschaften des Erblassers beschränken, als zur Form gehörend angesehen. Das gleiche gilt für Eigenschaften, welche die für die Gültigkeit einer letztwilligen Verfügung erforderlichen Zeugen besitzen müssen.

Art. 6 [Allseitige Anwendung des Abkommens]

Die Anwendung der in diesem Übereinkommen aufgestellten Regeln über das anzuwendende Recht hängt nicht von der Gegenseitigkeit ab. Das Übereinkommen ist auch dann anzuwenden, wenn die Beteiligten nicht Staatsangehörige eines Vertragsstaates sind oder das auf Grund der vorangehenden Artikel anzuwendende Recht nicht das eines Vertragsstaates ist.

Art. 7 [ordre public]

Die Anwendung eines durch dieses Übereinkommen für maßgebend erklärten Rechts darf nur abgelehnt werden, wenn sie mit der öffentlichen Ordnung offensichtlich unvereinbar ist.

Art. 8 [Intertemporale Anwendung]

Dieses Übereinkommen ist in allen Fällen anzuwenden, in denen der Erblasser nach dem Inkrafttreten des Übereinkommens verstorben ist.

Art. 9 [Vorbehalt bezüglich der Wohnsitzbestimmung]

Jeder Vertragsstaat kann sich, abweichend von Artikel 1 Abs 3, das Recht vorbehalten, den Ort, an dem der Erblasser seinen Wohnsitz gehabt hat, nach dem am Gerichtsort geltenden Recht zu bestimmen.

Art. 10 [Vorbehalt bezüglich mündlicher Testamente]

Jeder Vertragsstaat kann sich das Recht vorbehalten, letztwillige Verfügungen nicht anzuerkennen, die einer seiner Staatsangehörigen, der keine andere Staatsangehörigkeit besaß, ausgenommen den Fall außergewöhnlicher Umstände, in mündlicher Form errichtet hat.

Art. 11 [Vorbehalt bezüglich bestimmter Formen]

(1) Jeder Vertragsstaat kann sich das Recht vorbehalten, bestimmte Formen im Ausland errichteter letztwilliger Verfügungen auf Grund der einschlägigen Vorschriften seines Rechts nicht anzuerkennen, wenn sämtliche der folgenden Voraussetzungen erfüllt sind:
a) Die letztwillige Verfügung ist hinsichtlich ihrer Form nur nach einem Recht gültig, das ausschließlich auf Grund des Ortes anzuwenden ist, an dem der Erblasser sie errichtet hat,
b) der Erblasser war Staatsangehöriger des Staates, der den Vorbehalt erklärt hat,
c) der Erblasser hatte in diesem Staat einen Wohnsitz oder seinen gewöhnlichen Aufenthalt und
d) der Erblasser ist in einem anderen Staat gestorben als in dem, wo er letztwillig verfügt hatte.
(2) Dieser Vorbehalt ist nur für das Vermögen wirksam, das sich in dem Staat befindet, der den Vorbehalt erklärt hat.

Art. 12 [Vorbehalt für Anordnungen nicht erbrechtlicher Art]

Jeder Vertragsstaat kann sich das Recht vorbehalten, die Anwendung dieses Übereinkommens auf Anordnungen in einer letztwilligen Verfügung auszuschließen, die nach seinem Rechte nicht erbrechtlicher Art sind.

Art. 13 [Zeitlicher Vorbehalt]

Jeder Vertragsstaat kann sich, abweichend von Artikel 8, das Recht vorbehalten, dieses Übereinkommen nur auf letztwillige Verfügungen anzuwenden, die nach dessen Inkrafttreten errichtet worden sind.

Art. 14–20

(v Abdruck wurde abgesehen)

Fünfter Abschnitt
Außervertragliche Schuldverhältnisse
Erster Unterabschnitt
(aufgehoben)

Vorbemerkung zu Artikel 38–42

Die seit dem 1.6.99 geltenden Art 38–42 haben durch das Inkrafttreten der Rom II-VO über das auf außervertragliche Schuldverhältnisse anzuwendende Recht am 11.1.09 (vgl näher Anh zu Art 38–42) ihre Bedeutung weitgehend verloren. Die nachfolgende Kommentierung beschränkt sich daher auf einige Hinweise zu dem jeweils verbliebenen Anwendungsbereich. 1

Artikel 38 Ungerechtfertigte Bereicherung

(1) Bereicherungsansprüche wegen erbrachter Leistung unterliegen dem Recht, das auf das Rechtsverhältnis anzuwenden ist, das auf die Leistung bezogen ist.
(2) Ansprüche wegen Bereicherung durch Eingriff in ein geschütztes Interesse unterliegen dem Recht des Staates, in dem der Eingriff geschehen ist.
(3) In sonstigen Fällen unterliegen Ansprüche aus ungerechtfertigter Bereicherung dem Recht des Staates, in dem die Bereicherung eingetreten ist.

1 I. Nach dem Inkrafttreten der Rom II-VO am 11.1.09 gilt Art 38 im Wesentlichen nur noch für bereicherungsrechtliche Vorgänge, die sich vor diesem Zeitpunkt (Art 31 Rom II-VO) verwirklicht haben. Da die VO aber außervertragliche Schuldverhältnisse ausklammert, die aus einer Verletzung der Privatsphäre oder der Persönlichkeitsrechte entstehen (Art 1 II lit g Rom II-VO), bleiben die sich daraus eventuell ergebenden Ansprüche aus Eingriffskondiktion insb im Hinblick auf Persönlichkeitsrechtsverletzungen weiterhin dem Art 38 unterworfen.

2 II. Bei der Anknüpfung von Ansprüchen aus **ungerechtfertigter Bereicherung** unterscheidet die Vorschrift nach den einzelnen Konditionstypen, und zwar zwischen Leistungs- (Abs 1), Eingriffs- (Abs 2) und anderen Konditionen (Abs 3). Besteht eine wesentlich engere Verbindung zu dem Recht eines anderen als des nach Art 38 berufenen Staates, geht das Recht jenes Staates mit der engeren Verbindung vor (Art 41, OLG Hamm IPRax 12, 345 Rn 70). Nach Eintritt des bereicherungsauslösenden Vorgangs können die Parteien das Bereicherungsstatut wählen (Art 42).

3 III. Mit „**Ansprüchen aus ungerechtfertigter Bereicherung**" iS der Abs 1–3 meint das Gesetz alle Fragen, die sich auf die Entstehungsvoraussetzungen eines Anspruchs, etwaige Kondiktionssperren (vgl im deutschen Recht §§ 814 f BGB), den Haftungsumfang (Nutzungs-, Wertersatz, Surrogate), Einwendungen (Saldierung, Wegfall der Bereicherung) sowie Einreden beziehen.

4 IV. Ansprüche aus **Eingriffskondiktion** sanktionieren den rechtswidrigen Eingriff in geschützte Rechte und Interessen Dritter und werden dem Recht des Eingriffsortes, dh des **Ortes** unterstellt, an dem der Kondiktionsschuldner **gehandelt** hat. Bei Eingriffen in Privatsphäre oder Persönlichkeitsrecht kommt es daher darauf an, wo der Kondiktionsschuldner den zur Bereicherung führenden Eingriff in Gang gesetzt hat. Bei einem Eingriff in die Forderungszuständigkeit ist auf den gewA des Schuldners abzustellen (sehr str, vgl OLG Hamm IPRax 12, 351 Rn 69). Es handelt sich um eine Gesamtverweisung: Art 4 Rn 2.

Artikel 39 Geschäftsführung ohne Auftrag

(1) Gesetzliche Ansprüche aus der Besorgung eines fremden Geschäfts unterliegen dem Recht des Staates, in dem das Geschäft vorgenommen worden ist.
(2) Ansprüche aus der Tilgung einer fremden Verbindlichkeit unterliegen dem Recht, das auf die Verbindlichkeit anzuwenden ist.

1 Nach dem Inkrafttreten der Rom II-VO am 11.1.09 dürfte Art 39 praktisch bedeutungslos geworden sein. Die Vorschrift findet aber weiterhin Anwendung (vgl Art 31 Rom II-VO) für eine Geschäftsführung ohne Auftrag, die **vor** diesem Zeitpunkt vorgenommen wurde.

Artikel 40 Unerlaubte Handlung

(1) [1]Ansprüche aus unerlaubter Handlung unterliegen dem Recht des Staates, in dem der Ersatzpflichtige gehandelt hat. [2]Der Verletzte kann verlangen, daß anstelle dieses Rechts das Recht des Staates angewandt wird, in dem der Erfolg eingetreten ist. [3]Das Bestimmungsrecht kann nur im ersten Rechtszug bis zum Ende des frühen ersten Termins oder dem Ende des schriftlichen Vorverfahrens ausgeübt werden.

(2) ¹Hatten der Ersatzpflichtige und der Verletzte zur Zeit des Haftungsereignisses ihren gewöhnlichen Aufenthalt in demselben Staat, so ist das Recht dieses Staates anzuwenden. ²Handelt es sich um Gesellschaften, Vereine oder juristische Personen, so steht dem gewöhnlichen Aufenthalt der Ort gleich, an dem sich die Hauptverwaltung oder, wenn eine Niederlassung beteiligt ist, an dem sich diese befindet.

(3) Ansprüche, die dem Recht eines anderen Staates unterliegen, können nicht geltend gemacht werden, soweit sie
1. wesentlich weiter gehen als zur angemessenen Entschädigung des Verletzten erforderlich,
2. offensichtlich anderen Zwecken als einer angemessenen Entschädigung des Verletzten dienen oder
3. haftungsrechtlichen Regelungen eines für die Bundesrepublik Deutschland verbindlichen Übereinkommens widersprechen.

(4) Der Verletzte kann seinen Anspruch unmittelbar gegen einen Versicherer des Ersatzpflichtigen geltend machen, wenn das auf die unerlaubte Handlung anzuwendende Recht oder das Recht, dem der Versicherungsvertrag unterliegt, dies vorsieht.

I. Nach dem Inkrafttreten der Rom II-VO am **11.1.09** gelten die Art 40–42 im Wesentlichen nur noch für unerlaubte Handlungen, die **vor diesem Zeitpunkt** (Art 31 Rom II-VO) vorgenommen worden sind (vgl etwa BGHZ 185, 66: Wettbewerbsverstoß). Soweit die VO nach ihrem Art 1 I und II lit f und g unerlaubte Handlungen in bestimmten Bereichen von der Anwendung ausnimmt (dazu Hohloch IPRax 12, 110), ist zu unterscheiden: 1

1. Die von der Rom II-VO nach ihrem Art 1 I nicht erfasste **Haftung des Staates** für Handlungen und Unterlassungen bei der Ausübung **hoheitlicher Rechte** („acta iure imperii") unterliegen auch nicht den Art 40–42. Vielmehr richten sich Amtshaftungsansprüche wegen hoheitlichen Handelns nach dem Recht des Staates, der wegen seines Handelns in Anspruch genommen wird (vgl BGHZ 155, 293). Die nicht-hoheitliche Haftung des Staates für seine Bediensteten fällt demgegenüber in den Anwendungsbereich der VO (vgl Art 1 Rom II-VO Rn 3). Die Abgrenzung zwischen hoheitlichem und nicht hoheitlichem Handeln erfolgt – soweit die Rom II-VO nicht eingreift – nach der deutschen lex fori (BGHZ 190, 301 Rn 12). Als hoheitlich gilt dabei nur ein solches Handeln, das nicht auch von einer Privatperson vorgenommen werden kann (BGH aaO). 2

2. Im Hinblick auf die von der Rom II-VO ausgeklammerte Haftung für **Schäden** durch **Kernenergie** (Art 1 II lit f Rom II-VO) sind zunächst einschlägige Staatsverträge zu beachten (vgl auch Art 40 III Nr 3), so insbes das Pariser OECD-Übereinkommen über die Haftung gegenüber Dritten auf dem Gebiet der Kernenergie mit verschiedenen Zusatzprotokollen (BGBl 1989 II 144; 1995 II 657) sowie das Brüsseler Übereinkommen über die zivilrechtliche Haftung bei der Beförderung von Kernmaterial auf See (BGBl 1975 II 957, 1026, 1976 II 307). Außerhalb des Anwendungsbereichs dieser Verträge gelten die Art 40 ff. 3

3. Das Statut der von der Rom II-VO aus politischen Gründen nicht geregelten (vgl aber auch Art 30 II Rom II-VO) Haftung wegen **Verletzung der Privatsphäre** oder der **Persönlichkeitsrechte** (Art 1 II lit g Rom II-VO) insb durch Medien ist nach Art 40–42 zu bestimmen (BGHZ 194, 219 Rn 14; vgl auch Lehr NJW 12, 705). Diese Anknüpfung wird durch § 3 II Telemediengesetz („Herkunftslandprinzip") nicht verdrängt, da es sich bei dieser Bestimmung nicht um eine Kollisionsnorm handelt (BGH NJW 12, 2197 Rn 23 ff, dazu auch EuGH NJW 12, 137 Rn 53 ff u Art 6 Rom II-VO Rn 1; näher Spickhoff IPRax 11, 131, 133; Roth IPRax 13, 215, 224 ff) 4

II. **Abs 1** enthält mit der **Tatortregel** (Rn 7 ff) die Grundanknüpfung der unerlaubten Handlungen, **Abs 2** stellt als vorrangige Spezialregel auf den **gemeinsamen** gewA von Ersatzpflichtigem und Verletztem ab (Rn 11). Beide Anknüpfungen können mithilfe der Ausweichklausel des Art 41 I, II Nr 1 korrigiert werden (Rn 12), und zwar auch dann, wenn der Geschädigte von der Option des Abs 1 S 2 Gebrauch gemacht hat (BGHZ 190, 301 Rn 15). Wird nachträglich gem Art 42 eine Rechtswahl getroffen, 5 geht das gewählte Statut vor. Aufgrund der besonderen **ordre public-Klausel** des Abs 3 kann die Anwendung ausländischen Rechts hins des Schadensumfangs ausgeschlossen sein (Rn 13). Eine Sonderregel für die Anknüpfung eines **Direktanspruchs gegen den Haftpflichtversicherer** des Schädigers ergibt sich aus **Abs 4**.

6 1. Zum **Anknüpfungsgegenstand** der „unerlaubten Handlungen" gehören nicht nur Ansprüche aus Delikt, sondern auch aus Gefährdungshaftung (BGHZ 23, 67). Das Statut der unerlaubten Handlungen bestimmt zB über die Haftungsvoraussetzungen wie Handlung, Kausalität, Deliktsfähigkeit, die geschützten Rechtsgüter, den Schutzbereich der Norm, Rechtswidrigkeit und Verschulden, ferner über die Rechtsfolgen wie Schadensersatz, Schmerzensgeld, Unterlassung, Beseitigung und Gegendarstellung. Ihm unterliegt die Frage nach Art und Höhe etwaiger Ersatzleistungen (mitwirkendes Verschulden, Vorteilsausgleich) sowie nach den Voraussetzungen einer Zurechnung von Drittverhalten.

7 2. a) Soweit die Parteien **keine nachträgliche Rechtswahl** vorgenommen haben (Art 42) und zum Zeitpunkt des schädigenden Ereignisses keinen gemeinsamen gewA besaßen (Abs 2), wird gem **Abs 1 S 1** an den **Handlungsort** angeknüpft. Das ist der Ort, an dem der Schädiger entweder die für die Rechtsgutverletzung maßgebende Ursache (vollständig oder zumindest auch) durch positives Tun gesetzt hat oder aber – bei Unterlassen einer Handlung – der Ort, an dem er – nach dem Recht dieses Ortes – hätte aktiv werden müssen. Vorbereitungshandlungen bleiben außer Betracht; über die Abgrenzung zu deliktisch relevantem Verhalten entscheidet das Deliktsstatut (BGHZ 126, 258). Im Falle einer Gefährdungshaftung ist der Ort maßgebend, an dem die gefährliche Anlage betrieben oder das gefährliche Verhalten an den Tag gelegt wurde. Bei Zusammenwirken mehrerer ist darauf abzustellen, an welchem Ort der Haupttäter gehandelt hat (BGHZ 184, 365 Rn 31; krit Engert/Groh IPRax 11, 458, 467).

8 Fallen – bei **Distanzdelikten** (insb Mediendelikten) – Handlungs- und Erfolgsort auseinander, ist kraft Gesetzes ebenfalls zunächst der Handlungsort (Rn 7) maßgebend. Bei **Mediendelikten** ist dies der Erscheinungs- (BGHZ 131, 335 Rn 15; BGH NJW 96, 1128) bzw Ausstrahlungsort (OLG München NJW 04, 226). Handlungsort bei **Internetdelikten** ist der Ort, an dem ein Inhalt in das Netz eingespeist wird. Geht die Rechtsgutverletzung auf verschiedene, in unterschiedlichen Rechtsordnungen gesetzte Ursachen zurück, entscheidet eine Schwerpunktbetrachtung darüber, wo der Handlungsort liegt (zB Looschelders VersR 99, 1319; str, nach aA Abs 1 S 2 analog). Gesamtverweisung: Art 4 Rn 2.

9 b) Der Geschädigte kann allerdings bei Auseinanderfallen von Handlungs- und Erfolgsort für das **Recht des Erfolgsortes optieren** (Abs 1 S 2: kollisionsrechtliches Gestaltungsrecht). Der Erfolgsort liegt dort, wo die Rechtsgutverletzung, nicht dagegen dort, wo ein Schaden eingetreten ist. Bei Internetdelikten ist maßgebend, wo der Nutzer eine Website oder eine Nachricht aufruft, bei Persönlichkeitsverletzungen durch **Medien**, wo ein Druckwerk bzw eine Fernseh- oder Rundfunksendung bestimmungsgemäß verbreitet wird (vgl BGHZ 131, 335 Rn 15). Bei int Verbreitung können nach dem Recht des jeweiligen Erfolgsortes nur solche Schäden liquidiert werden, die in dem betr nationalen Verbreitungsgebiet entstanden sind („Mosaiktheorie"). Da der Geschädigte mit der Ausübung der Optionsmöglichkeit nur das Deliktsstatut auswechselt, handelt es sich ebenso wie bei der Anknüpfung nach Abs 1 S 1 um eine Gesamtverweisung (vgl Art 4 Rn 2; str).

10 Die **Option** kann aus Gründen der Verfahrensökonomie nach Rechtshängigkeit nur **zeitlich begrenzt** ausgeübt werden, der Geschädigte muss sich bis zum Ende des frühen ersten Termins (§ 275 ZPO) oder bis zum Ende des schriftlichen Vorverfahrens (§ 276 ZPO) erklären (**Abs 1 S 3**). Ihre materielle Wirksamkeit beurteilt sich nach deutschem Recht. Eine Ausübung der Option ist auch konkludent (zB durch Bezugnahme auf Rechtsvorschriften des Erfolgsortrechts in der Klageschrift; vgl BGHZ 191, 219 Rn 17; BGH NJW 13, 3303 Rn 12) und formlos möglich. Sie ist im Interesse des Schädigers unwiderruflich (Anfechtung nach §§ 119, 123 BGB denkbar). Stets möglich bleibt eine gemeinsame Rechtswahl gem Art 42. Ob der Geschädigte nach Abs 1 S 2 optieren oder ein Angebot auf Abschluss eines Rechtswahlvertrages abgeben will, ist durch Ausle-

gung zu ermitteln. Das Recht des Erfolgsortes entscheidet dann über Voraussetzungen und Rechtsfolgen insgesamt; eine auf einzelne Aspekte beschränkte Teiloption ist nicht zulässig. Parallelvorschrift: Art 46 a.

c) Haben der Ersatzpflichtige und der Verletzte zum Zeitpunkt des Haftungsereignisses einen **gemeinsamen** gewA (Art 5 Rn 8) in einem Staat, wird die Tatortregel des Abs 1 im Interesse einer vereinfachten Schadensabwicklung vom Aufenthaltsrecht verdrängt (**Abs 2 S 1**, vgl OLG Koblenz MDR 11, 539: Skiunfall). Die Staatsangehörigkeit der Parteien ist ohne Belang. Sind **Gesellschaften** oder **juristische Personen** betroffen, kommt es auf den Ort der Hauptverwaltung (vgl Anh Art 7 Rn 1 ff) oder, bei Beteiligung einer Niederlassung, auf den Ort der Niederlassung an (**Abs 2 S 2**). Gesamtverweisung: Art 4 Rn 2. 11

d) Die unter Rn 7–11 dargestellten Anknüpfungen treten aufgrund der Ausweichklausel des **Art 41 I, II Nr 1** zurück, sofern zu dem Recht eines anderen Staates eine **wesentlich engere Verbindung** besteht. Während das in Art 41 II Nr 2 vorgesehene **Regelbeispiel** bei Delikten in die besondere Anknüpfungsregel des Art 40 II übernommen wurde, besteht eine wesentlich engere Verbindung nach **Art 41 II Nr 1** regelmäßig dann, wenn zwischen Ersatzpflichtigem und Verletztem bereits eine rechtliche oder tatsächliche, mit dem deliktischen Anspruch zusammenhängende Beziehung existiert. Dann werden deliktische Rechtsfragen im Wege einer akzessorischen Anknüpfung (Vor Art 3 Rn 8) der Rechtsordnung unterstellt, die das vorbestehende Verhältnis beherrscht (Sachnormverweisung, vgl Art 4 Rn 7, 8). 12

III. Die besondere Vorbehaltsklausel des **Abs 3 Nr 1 und 2** verdrängt iR ihres Anwendungsbereichs Art 6, ist aber gleichfalls zurückhaltend anzuwenden (vgl Art 6 Rn 8) und setzt eine hinreichende Inlandsbeziehung (vgl Art 6 Rn 9) voraus. Sie schließt die Heranziehung eines ausländischen Deliktsstatuts im Hinblick auf die Höhe des Ersatzanspruchs insoweit aus, als danach eine wesentlich höhere Entschädigung als angemessen zugesprochen wird (Nr 1, zB „multiple damages") oder der Ersatzanspruch offensichtlich anderen Zwecken als einer angemessenen Entschädigung dient (Nr 2, Strafschadensersatz, „punitive damages", vgl BGHZ 118, 338). In diesen Fällen wird der Ersatzanspruch entspr gekürzt. 13

Artikel 41 Wesentlich engere Verbindung

(1) Besteht mit dem Recht eines Staates eine wesentlich engere Verbindung als mit dem Recht, das nach den Artikeln 38 bis 40 Abs. 2 maßgebend wäre, so ist jenes Recht anzuwenden.

(2) Eine wesentlich engere Verbindung kann sich insbesondere ergeben
1. aus einer besonderen rechtlichen oder tatsächlichen Beziehung zwischen den Beteiligten im Zusammenhang mit dem Schuldverhältnis oder
2. in den Fällen des Artikels 38 Abs. 2 und 3 und des Artikels 39 aus dem gewöhnlichen Aufenthalt der Beteiligten in demselben Staat im Zeitpunkt des rechtserheblichen Geschehens; Artikel 40 Abs. 2 Satz 2 gilt entsprechend.

I. Die Vorschrift enthält in ihrem **Abs 1** eine **Ausweichklausel**, mit deren Hilfe im Bereich der außervertraglichen Schuldverhältnisse (Art 38–40 II) unangemessen erscheinende Anknüpfungsergebnisse im Einzelfall korrigiert werden können. IErg wird damit die Anknüpfungsentscheidung vom Gesetzgeber auf den Richter verlagert. In Konkretisierung der Generalklausel des Abs 1 sieht **Abs 2 Regelbeispiele** vor, die (allerdings nicht zwingend) auf das Bestehen einer wesentlich engeren Verbindung zu einem anderen als dem kraft Gesetzes berufenen Recht hindeuten (Rn 3). Parallelvorschriften: Art 46, ferner Art 4 III, 5 III, 7 II Unterabs 2 S 2, 8 IV Rom I-VO; Art 4 III, 5 II, 10 IV, 11 IV, 12 II lit c Rom II-VO. 1

II. 1. Ob ausnahmsweise eine **wesentlich engere Verbindung** zu einem anderen als dem eigentlich berufenen Recht besteht (**Abs 1**), ist unter Berücksichtigung sämtlicher Umstände des Einzelfalls zu ermitteln. Bejahendenfalls findet das Recht Anwendung, zu dem die engere Verbindung führt. Korrigiert werden kann auf diese Weise nach dem 2 ausdrücklichen Wortlaut der Vorschrift insb auch die in Art 40 II vorgesehene, durch eine Anknüpfung an den gemeinsamen gewA der Beteiligten erfolgende Bestimmung des Deliktsstatuts, obwohl in Abs 2 Nr 2 im Hinblick auf die Anknüpfung von Ansprüchen aus ungerechtfertigter Bereicherung und GoA der gemeinsame gewA gerade zur Grundlage eines Regelbeispiels gemacht wird.

3 Die „wesentlich engere Verbindung" kann sich nach **Abs 2 Nr 1** aufgrund einer bereits zwischen den Parteien existierenden **rechtlichen** oder **tatsächlichen Beziehung** ergeben, die im Zusammenhang mit dem anzuknüpfenden gesetzlichen Schuldverhältnis steht (vgl BGH 190, 301 Rn 15). Die deliktische Anknüpfung richtet sich nach dem Behandlungsverhältnis zwischen Krankenhausarzt und Patient, obwohl dieser nur einen Vertrag mit dem Krankenhaus geschlossen hat. Allerdings muss die schuldrechtliche Sonderbeziehung bereits vor Entstehung des deliktischen Rechtsverhältnisses bestanden haben (BGH IPRax 12, 495 Rn 13). Sie führt dann im Wege einer akzessorischen Anknüpfung (Vor Art 3 Rn 8) zur Anwendung desjenigen Rechts, das diese rechtliche oder tatsächliche Beziehung beherrscht. Als rechtliche Beziehung kommen insb Schuldverhältnisse (Art 3 ff Rom I-VO), daneben aber auch sachenrechtliche (zB Miteigentum, Wohnungseigentümergemeinschaft, Art 43) oder familienrechtliche Verhältnisse wie Ehe oder elterliche Sorge (Art 14, 21) in Betracht.

4 2. Die richterliche Konkretisierung der Generalklausel des Abs 1 führt ebenso wie die abstrakt-generelle Anknüpfung in den kodifizierten Kollisionsnormen zu der – aus der Sicht des deutschen IPR – mit dem Sachverhalt am engsten verbundenen Rechtsordnung. Hier wie dort werden grds **Gesamtverweisungen** ausgesprochen, vgl dazu näher Art 4 Rn 10 (str). Eine **Sachnormverweisung** liegt allerdings insoweit vor, als gem Abs 2 Nr 1 eine akzessorische Anknüpfung an eine besondere *rechtliche* Beziehung erfolgt; der Gesetzgeber will hier offensichtlich eine koordinierte Anknüpfung von Sonderbeziehung und gesetzlichem Schuldverhältnis erreichen (vgl Art 4 Rn 8). Dagegen handelt es sich um eine Gesamtverweisung bei einer Bezugnahme auf eine lediglich *tatsächliche* Beziehung, da es hier an der Notwendigkeit einer solchen Koordinierung fehlt.

Artikel 42 Rechtswahl

¹Nach Eintritt des Ereignisses, durch das ein außervertragliches Schuldverhältnis entstanden ist, können die Parteien das Recht wählen, dem es unterliegen soll. ²Rechte Dritter bleiben unberührt.

1 I. Die Parteien können das für außervertragliche Schuldverhältnisse (Art 38–41) maßgebende Statut durch eine **nachträgliche Rechtswahl** verändern (S 1). In diesem Fall werden die durch objektive Anknüpfung bestimmten Statute von dem gewählten verdrängt. Die Wahl wirkt im Zweifel auf den Entstehungszeitpunkt zurück. Bereits entstandene **Rechte Dritter** (zB die Rechte des Haftpflichtversicherers oder des Zessionars nach einer Zession) werden dadurch aber nicht beeinträchtigt (S 2). Sachnormweisung: Art 4 II.

2 II. Die **Rechtswahl** erfolgt durch Vereinbarung der Parteien. Die Absprache muss nach Entstehung des gesetzlichen Schuldverhältnisses, aber nicht innerhalb einer bestimmten Frist getroffen werden. Eine bereits vorsichtshalber vorher vorgenommene Wahl ist unwirksam, allerdings können die Parteien bei akzessorischer Anknüpfung (Art 38 I, 41 II Nr 1) durch Wahl eines Vertragsstatuts mittelbar auch das für das gesetzliche Schuldverhältnis maßgebende Recht beeinflussen. Die Voraussetzungen des Rechtswahlgeschäfts richten sich nach deutschem Recht (str). Danach ist eine Wahl formlos möglich und kann auch konkludent, etwa dadurch erfolgen, dass die Parteien zB im Prozess auf die Rechtsvorschriften einer bestimmten Rechtsordnung Bezug nehmen (BGHZ 98, 274; BGH NJW 94, 1409). Ein aktuelles Erklärungs- (dh Rechtswahl-)bewusstsein ist – wie bei Willenserklärungen im Allgemeinen (vgl BGHZ 91, 324; 109, 177) – nicht erforderlich (str). Mit der Wahl ändert sich das Statut des betr gesetzlichen Schuldverhältnisses insgesamt; eine Teilrechtswahl ist nicht zulässig.

Sechster Abschnitt
Sachenrecht

Vorbemerkung zu Artikel 43–46

Art 43–46 gelten seit dem 1.6.99 (Inkrafttreten des Gesetzes zum IPR für außervertragliche Schuldverhältnisse und Sachen). Übergangsregelung: Art 220 I analog. Sie enthalten objektive Anknüpfungsregeln für dingliche Rechtsverhältnisse. Der verschiedentlich erhobenen Forderung nach einer sachenrechtlichen Rechtswahl ist der Gesetzgeber im Interesse des Verkehrsschutzes bewusst nicht nachgekommen (Wagner IPRax 98, 435). 1

Artikel 43 Rechte an einer Sache

(1) Rechte an einer Sache unterliegen dem Recht des Staates, in dem sich die Sache befindet.
(2) Gelangt eine Sache, an der Rechte begründet sind, in einen anderen Staat, so können diese Rechte nicht im Widerspruch zu der Rechtsordnung dieses Staates ausgeübt werden.
(3) Ist ein Recht an einer Sache, die in das Inland gelangt, nicht schon vorher erworben worden, so sind für einen solchen Erwerb im Inland Vorgänge in einem anderen Staat wie inländische zu berücksichtigen.

I. Abs 1 enthält mit der Anknüpfung an den Belegenheitsort die **Grundregel des Int Sachenrechts** (Rn 3). Sonderregeln: Art 44, 45, ferner für rechtswidrig exportierte Kulturgüter: §§ 5, 9 KulturgüterrückgabeG (BGBl 2007 I 757). Eine Korrektur der Anknüpfung ist über die Ausweichklausel des Art 46 möglich. Vorfragen sind selbständig anzuknüpfen (Vor Art 3 Rn 23), zB die nach der Geschäftsfähigkeit einer Person (Art 7, 12) oder nach der Wirksamkeit eines Kausalgeschäfts (Art 3 ff Rom I-VO). **Abs 2** und **3** behandeln Teilaspekte des bei der kollisionsrechtlichen Behandlung beweglicher Sachen besonders bedeutsamen **Statutenwechsels** (vgl Vor Art 3 Rn 19 f). 1

II.1. Das nach Abs 1 maßgebende Belegenheitsrecht bestimmt zunächst, welche Typen dinglicher Rechte in einer Rechtsordnung überhaupt zugelassen sind. Auf „**Rechte an einer Sache**" beziehen sich sodann alle Rechtsfragen, welche die Entstehungsvoraussetzungen von Eigentum und beschränkten dinglichen Rechten (etwa: Eigentums- oder Pfanderwerb kraft Gesetzes oder durch Rechtsgeschäft [vgl BGH JZ 2013, 305 Rn 13], Ersitzung, Verbindung etc), Bestehen und Inhalt (zur Hypothek BGH RIW 04, 857 mAnm Unberath IPRax 05, 308 ff) sowie ihre Aufhebung betreffen, ferner gehören dazu die materiellen Voraussetzungen der Übertragungsgeschäfte (BGH NJW 97, 462; zur Form: Art 11 IV) einschließlich der Frage, ob eine Übereignung kausal oder abstrakt erfolgt. Ist fraglich, ob durch einen ausländischem Recht unterstehenden Schuldvertrag das Eigentum übertragen werden soll, muss der Vertrag zunächst nach dem Schuldvertragsstatut ausgelegt werden; danach entscheidet die lex rei sitae darüber, ob ein Eigentumsübergang nach ihren Kriterien erfolgt ist (BGH JZ 13, 305 Rn 30). Dem Sachstatut unterliegen die Frage nach der Zulässigkeit eines Erwerbs vom Nichtberechtigten, Eigentumsvermutungen (BGH NJW 96, 2234), die Ausgestaltung sachenrechtlicher Gemeinschaftsverhältnisse (BGH NJW 98, 1322), den Schutz dinglicher Rechte, Ansprüche aus einem Eigentümer-Besitzer-Verhältnis (BGHZ 108, 355) sowie Fragen des Besitzrechts. 2

2. Berufen wird das Recht des Staates, in dem sich die Sache zum Zeitpunkt der Verwirklichung des sachenrechtlichen Tatbestands befindet (**lex rei sitae**, vgl BGHZ 100, 324). Die Anknüpfung ist wandelbar (Vor Art 3 Rn 19), was aber nur für bewegliche Sachen, bei Grundstücken allenfalls bei Grenzverschiebung durch Annexion, Staatsvertrag usw praktisch wird. Gesamtverweisung: Art 4 Rn 2; zu einem Renvoi kommt es aber in aller Regel nicht, weil die Anknüpfung an den Belegenheitsort jedenfalls als Regelanknüpfung in fast allen Rechtsordnungen gilt. 3

4 **III. 1.** Da sich mit jedem Grenzübertritt einer beweglichen Sache das maßgebende Regime ändert, sind die Rechtsfragen des **Statutenwechsels** (Vor Art 3 Rn 20) gerade im Int Sachenrecht von großer praktischer Bedeutung. Dem **Abs 2** ist zunächst zu entnehmen, dass zuvor **bereits begründete dingliche Rechte** den Statutenwechsel im Prinzip überdauern (BGHZ 39, 175; 45, 99; 100, 326). Allerdings können sie nach dem Wechsel ex nunc nicht im Widerspruch zum neuen Belegenheitsrecht ausgeübt werden (BGHZ 100, 326). Das neue Sachenstatut entscheidet also darüber, mit welchem Inhalt dingliche Rechte und Pflichten fortbestehen, welchen Eigentumsschutz zB der Eigentümer am neuen Lageort genießt.

5 Allerdings kann die Fortexistenz eines vor dem Statutenwechsel entstandenen Rechts daran scheitern, dass in der neu berufenen Rechtsordnung Typenzwang herrscht und dingliche Rechte dieser Art unbekannt sind. In einem solchen Fall muss das betr dingliche Recht aus der Sicht des neuen Rechts „nostrifiziert", dh in funktionsäquivalente Rechtstypen der eigenen Rechtsordnung überführt werden. Bei dem Streit darüber, ob dieser Vorgang der „**Transposition**" das unbekannte dingliche Recht gänzlich „umwandelt" oder aber bestehen lässt und nur mit den „Wirkungen" inländischer Rechtstypen ausstattet (vgl dazu BGH NJW 91, 1416; Pfeiffer IPRax 00, 272 ff; Looschelders Art 43 Rn 50), handelt es sich lediglich um ein Formulierungsproblem; jedenfalls lassen sich aus der unterschiedlichen Darstellungsweise keine Rechtsfolgen ableiten. Daher ist diese Transposition dann nur temporär, wenn die Sache in ihre Ursprungsrechtsordnung zurückverbracht wird; das Recht lebt dann in seiner vor dem Statutenwechsel bestehenden Gestalt wieder auf.

6 Bei Verbringung einer Sache ins Inland (**Eingangsstatutenwechsel**) handhabt die deutsche Rspr die Transposition ausländischer Rechte großzügig. So ist ein relativer, dh nur zwischen den Parteien bestehender Eigentumsvorbehalt des italienischen Rechts in einen voll wirksamen Eigentumsvorbehalt des deutschen Rechts (BGHZ 45, 95 ff) und eine wiederum nach italienischem Recht bestellte Autohypothek in Sicherungseigentum (BGH NJW 91, 1415) umgedeutet worden; ein besitzloses Registerpfandrecht nach französischem Recht wurde sogar als fortbestehend behandelt (BGHZ 39, 173).

7 Für den inländischen Exporteur ist dagegen die Versendung einer Sache ins Ausland mit nicht unbeträchtlichen Risiken verbunden, wenn das fremde Recht nach einem solchen **Ausgangsstatutenwechsel** die besitzlosen Sicherungsrechte des deutschen Rechts (Eigentumsvorbehalt, Sicherungsübereignung) nicht akzeptiert, weil es etwa überhaupt keine bedingte Eigentumsübertragung erlaubt, diese Rechtspositionen nur mit relativer Wirkung ausstattet, insb nicht als insolvenzfest ansieht oder einen Eigentumsvorbehalt nur fortbestehen lässt, wenn bestimmte Formerfordernisse (Beurkundung, Registereintragung) erfüllt sind, vgl etwa österr OGH IPRax 85, 165 (Unbeachtlichkeit einer Sicherungsübereignung nach deutschem Recht in Österreich).

8 **2.** Ist vor dem Grenzübertritt einer Sache ein **mehraktiger sachenrechtlicher Tatbestand** (etwa: Eigentumsübertragung) **noch nicht vollständig verwirklicht** worden, richtet sich der Eintritt der angestrebten Rechtsänderung nach einem Statutenwechsel in vollem Umfang nach dem neu berufenen Recht (BGH NJW 09, 2824). Dieses entscheidet auch darüber, ob die unter der Herrschaft des früheren Rechts verwirklichten Tatbestandselemente (etwa: Abgabe von Willenserklärungen, Besitzübertragung, Fristablauf iR einer Ersitzung) in das jetzt für den Gesamttatbestand maßgebende neue Recht „übernommen" werden können oder ob die Parteien unter der Herrschaft des neuen Rechts den Gesamttatbestand neu erfüllen müssen. Die Antwort ergibt sich grds durch eine Auslegung der einschlägigen Sachnormen (Substitution, vgl Vor Art 6 Rn 7 f). Aus der Sicht des deutschen Rechts bestimmt **Abs 3** für den Rechtserwerb an einer **ins Inland verbrachten Sache**, dass eine solche „Übernahme" vorher verwirklichter Tatbestände erfolgen soll (vgl OLG Koblenz NJW-RR 03, 1563 f).

Artikel 44 Von Grundstücken ausgehende Einwirkungen

Für Ansprüche aus beeinträchtigenden Einwirkungen, die von einem Grundstück ausgehen, gelten die Vorschriften der Verordnung (EG) Nr. 864/2007 mit Ausnahme des Kapitels III entsprechend.

I. Im Int Nachbarrecht sollen von einem **Grundstück** ausgehende **beeinträchtigende Einwirkungen** analog Art 4, 14 Rom II-VO nach **deliktsrechtlichen Regeln** angeknüpft werden. Auf mobile Störquellen finden die Vorschriften der VO (Art 4, 7) unmittelbare Anwendung. 1

II. 1. Die Vorschrift betrifft **grenzüberschreitende Immissionen** aller Art (Grobimmissionen, Imponderabilien, vgl § 906 BGB, aber auch ästhetische Beeinträchtigungen). An welchen Rechtsgütern die beeinträchtigenden Wirkungen auftreten (Leben, Körper, Gesundheit, Eigentum), ist ohne Belang. Erfasst werden Ansprüche auf Schadensersatz bzw angemessene Entschädigung, Unterlassung und Beseitigung ohne Rücksicht auf die rechtliche Grundlage (unerlaubte Handlung [str], Gefährdungshaftung, dinglicher Rechtsschutz, Nachbarrecht). 2

2. Verwiesen wird auf die deliktsrechtlichen Anknüpfungen der Rom II-VO in Art 14 (Rechtswahl) und 4 I–III. Zur Anwendung gelangt daher in erster Linie das **Recht des Erfolgsortes** (analog Art 4 I Rom I-VO), das idR mit dem für das geschädigte Grundstück maßgeblichen Belegenheitsrecht identisch ist. Führen die Einwirkungen zu Umweltschädigungen, gilt in entspr Anwendung Art 7 Rom II-VO. Eine Genehmigung der Immissionen durch die zuständigen Behörden des Emissionsortes schließt idR die Rechtswidrigkeit aus (vgl auch Art 17 Rom II-VO). Sachnormverweisung: Art 24 Rom II-VO (analog). 3

Artikel 45 Transportmittel

(1) ¹Rechte an Luft-, Wasser- und Schienenfahrzeugen unterliegen dem Recht des Herkunftstaats. ²Das ist
1. bei Luftfahrzeugen der Staat ihrer Staatszugehörigkeit,
2. bei Wasserfahrzeugen der Staat der Registereintragung, sonst des Heimathafens oder des Heimatorts,
3. bei Schienenfahrzeugen der Staat der Zulassung.

(2) ¹Die Entstehung gesetzlicher Sicherungsrechte an diesen Fahrzeugen unterliegt dem Recht, das auf die zu sichernde Forderung anzuwenden ist. ²Für die Rangfolge mehrere Sicherungsrechte gilt Artikel 43 Abs. 1.

I. **Luft-, Wasser- und Schienenfahrzeuge** unterliegen gegenüber Art 43 I einer besonderen Anknüpfung nach **Abs 1** (Rn 2), weil die Anwendung der Situs-Regel des Art 43 I angesichts des typischerweise int Einsatzes dieser Transportmittel unpraktikabel wäre und zu Zufallsergebnissen führen würde. Eine spezielle Anknüpfung für **gesetzliche Sicherungsrechte** an diesen Fahrzeugen enthält im Interesse des Gläubigerschutzes Abs 2 (Rn 4). Eine abweichende Anknüpfung erlaubt die Ausweichklausel des Art 46. 1

II. 1. Abs 1 betrifft alle Rechtsfragen, die sich auf **dingliche Rechte** (näher Art 43 Rn 2) an Luft-, Wasser- und Schienenfahrzeugen (dh also **Flugzeugen, Schiffen** und **Eisenbahnen**) beziehen. Demgegenüber unterliegen **Kraftfahrzeuge** der allg Anknüpfung nach Art 43 I. 2

2. Maßgebend ist das **Recht des Herkunftsstaates**. Anknüpfungspunkt ist für Flugzeuge (**Nr 1**) die sich aus der Registereintragung ergebende **Staatsangehörigkeit**, vgl § 103 des G über Rechte an Luftfahrzeugen (BGBl 1959 I 57). Für registrierte Schiffe (**Nr 2**) ist der Staat der **Registereintragung** maßgebend, vgl zum deutschen Recht § 1 II SchiffsRG (BGBl III Nr 403-4). Die Rechtsverhältnisse an nicht registrierten Schiffen richten sich nach dem Recht des **Heimathafens** (BGH RIW 2000, 705); dies ist der Ort, von dem aus ein Schiff eingesetzt wird und an den es nach einer Fahrt regelmäßig zurückkehrt (vgl § 480 HGB). Der subsidiär heranzuziehende **Heimatort** wird idR mit dem Ort des gewA des Eigentümers (Art 5 Rn 8) zusammenfallen. Eisenbahnfahrzeuge unterliegen 3

dem Recht des **Zulassungsortes** (**Nr 3**); die Zulassung erfolgt regelmäßig am Sitz des Eisenbahnunternehmens. Gesamtverweisung: Art 4 Rn 2.

4 **III.** Die **Entstehung gesetzlicher Sicherungsrechte** an den in Abs 1 genannten Fahrzeugen wird im Wege akzessorischer Anknüpfung (Vor Art 3 Rn 8) dem Recht der zu sichernden Forderung (Art 3 ff Rom I-VO) unterstellt (**Abs 2**). Insb ein Schiffseigentümer kann seinen Gläubigern also durch eine Neuregistrierung in einem anderen Staat nicht bereits existierende Sicherungsrechte (vgl etwa § 755 S 1 HGB) wieder entziehen. Zu Luftfahrzeugen vgl §§ 103, 104 des G über Rechte an Luftfahrzeugen (BGBl 1959 I 57). Sachnormverweisung, vgl Art 4 Rn 7, 8. Über die Rangfolge mehrerer Sicherungsrechte entscheidet das Belegenheitsrecht (S 2).

Artikel 46 Wesentlich engere Verbindung

Besteht mit dem Recht eines Staates eine wesentlich engere Verbindung als mit dem Recht, das nach den Artikeln 43 und 45 maßgebend wäre, so ist jenes Recht anzuwenden.

1 Die **Ausweichklausel** erlaubt eine Korrektur der nach Art 43 und 45 gefundenen Anknüpfungen im Einzelfall, wenn zum Recht eines anderen Staates eine wesentlich engere Verbindung besteht. Die praktische Bedeutung der Vorschrift ist gering. Immerhin kann für Transportgüter im int Verkehr (**res in transitu**), bei denen die Heranziehung der Situs-Regel zur Anwendung des temporären Lageortrechts und damit zu Zufallsergebnissen führen würde, unter Hinweis auf Art 46 eine einheitliche Berufung des Bestimmungsortrechts erreicht werden (Lösung str). Erfolgt ein Lageortwechsel im Laufe eines Rechtsstreits aufgrund eines erstinstanzlich erlangten vorläufig vollstreckbaren Titels, besteht eine wesentlich engere Verbindung zum (deutschen) Recht des ursprünglichen Lageorts fort (BGH NJW-RR 10, 983, str). Gesamtverweisung, vgl Art 4 Rn 2. Parallelvorschriften: Art 41 (vgl dort Rn 1), Art 4 III, 5 III, 7 II Unterabs 2 S 2, 8 IV Rom I-VO; Art 4 III, 5 II, 10 IV, 11 IV, 12 II lit c Rom II-VO.

Siebter Abschnitt
Besondere Vorschriften zur Durchführung von Regelungen der Europäischen Gemeinschaft nach Artikel 3 Nr. 1

Erster Unterabschnitt
Durchführung der Verordnung (EG) Nr. 864/2007

Artikel 46 a Umweltschädigungen

Die geschädigte Person kann das ihr nach Artikel 7 der Verordnung (EG) Nr. 864/2007 zustehende Recht, ihren Anspruch auf das Recht des Staates zu stützen, in dem das schadensbegründende Ereignis eingetreten ist, nur im ersten Rechtszug bis zum Ende des frühen ersten Termins oder dem Ende des schriftlichen Vorverfahrens ausüben.

1 Die Vorschrift **ergänzt Art 7 Rom II-VO**, der dem Geschädigten die Möglichkeit eröffnet, seinen Anspruch bei Umweltschädigungen nicht nur auf das bei objektiver Anknüpfung nach Art 7 iVm 4 I Rom II-VO berufene Erfolgsortrecht, sondern wahlweise auch auf das Recht des Ortes zu stützen, an dem das schadensbegründende Ereignis eingetreten ist (Handlungsort). Die nähere Ausgestaltung dieses Wahlrechts bleibt den Mitgliedstaaten überlassen (Erwägungsgrund 25 S 2 zur VO). Parallelvorschrift: Art 40 I 3.

2 Das Wahlrecht kann aus Gründen der Verfahrensökonomie nach Rechtshängigkeit nur **zeitlich begrenzt** bis zum Ende des frühen ersten Termins (§ 275 ZPO) oder bis zum Ende des schriftlichen Vorverfahrens (§ 276 ZPO) ausgeübt werden. Seine materielle

Wirksamkeit beurteilt sich nach deutschem Recht. Eine Ausübung ist auch konkludent (zB durch Bezugnahme auf Rechtsvorschriften des Handlungsortrechts in der Klageschrift) und formlos möglich. Sie ist im Interesse des Schädigers unwiderruflich (Anfechtung nach §§ 119, 123 BGB denkbar). Das Recht des Handlungsortes entscheidet dann über Voraussetzungen und Rechtsfolgen insgesamt; eine auf einzelne Aspekte beschränkte Teiloption ist nicht zulässig.

Zweiter Unterabschnitt
Durchführung der Verordnung (EG) Nr. 593/2008

Die Normen des Unterabschnitts 2 wurden zum 17.12.09 durch das Gesetz zur Anpassung der Vorschriften des Int Privatrechts an die Verordnung (EG) Nr. 593/2008, BGBl I 09, S 1574 in das EGBGB eingeführt.

Artikel 46 b Verbraucherschutz für besondere Gebiete

(1) Unterliegt ein Vertrag auf Grund einer Rechtswahl nicht dem Recht eines Mitgliedstaats der Europäischen Union oder eines anderen Vertragsstaats des Abkommens über den Europäischen Wirtschaftsraum, weist der Vertrag jedoch einen engen Zusammenhang mit dem Gebiet eines dieser Staaten auf, so sind die im Gebiet dieses Staates geltenden Bestimmungen zur Umsetzung der Verbraucherschutzrichtlinien gleichwohl anzuwenden.

(2) Ein enger Zusammenhang ist insbesondere anzunehmen, wenn der Unternehmer
1. in dem Mitgliedstaat der Europäischen Union oder einem anderen Vertragsstaat des Abkommens über den Europäischen Wirtschaftsraum, in dem der Verbraucher seinen gewöhnlichen Aufenthalt hat, eine berufliche oder gewerbliche Tätigkeit ausübt oder
2. eine solche Tätigkeit auf irgendeinem Wege auf diesen Mitgliedstaat der Europäischen Union oder einen anderen Vertragsstaat des Abkommens über den Europäischen Wirtschaftsraum oder auf mehrere Staaten, einschließlich dieses Staates, ausrichtet

und der Vertrag in den Bereich dieser Tätigkeit fällt.

(3) Verbraucherschutzrichtlinien im Sinne dieser Vorschrift sind in ihrer jeweils geltenden Fassung:
1. die Richtlinie 93/13/EWG des Rates vom 5. April 1993 über missbräuchliche Klauseln in Verbraucherverträgen (ABl. L 95 vom 21.4.1993, S. 29);
2. die Richtlinie 97/7/EG des Europäischen Parlaments und des Rates vom 20. Mai 1997 über den Verbraucherschutz bei Vertragsabschlüssen im Fernabsatz (ABl. L 144 vom 4.6.1997, S. 19);
3. die Richtlinie 1999/44/EG des Europäischen Parlaments und des Rates vom 25. Mai 1999 zu bestimmten Aspekten des Verbrauchsgüterkaufs und der Garantien für Verbrauchsgüter (ABl. L 171 vom 7.7.1999, S. 12);
4. die Richtlinie 2002/65/EG des Europäischen Parlaments und des Rates vom 23. September 2002 über den Fernabsatz von Finanzdienstleistungen an Verbraucher und zur Änderung der Richtlinie 90/619/EWG des Rates und der Richtlinien 97/7/EG und 98/27/EG (ABl. L 271 vom 9.10.2002, S. 16);
5. die Richtlinie 2008/48/EG des Europäischen Parlaments und des Rates vom 23. April 2008 über Verbraucherkreditverträge und zur Aufhebung der Richtlinie 87/102/EWG des Rates (ABl. L 133 vom 22.5.2008, S. 66).

(4) Unterliegt ein Teilzeitnutzungsvertrag, ein Vertrag über ein langfristiges Urlaubsprodukt, ein Wiederverkaufsvertrag oder ein Tauschvertrag im Sinne von Artikel 2 Absatz 1 Buchstabe a bis d der Richtlinie 2008/122/EG des Europäischen Parlaments und des Rates vom 14. Januar 2009 über den Schutz der Verbraucher im Hinblick auf bestimmte Aspekte von Teilzeitnutzungsverträgen, Verträgen über langfristige Urlaubsprodukte sowie Wiederverkaufs- und Tauschverträgen (ABl. L 33 vom 3. 2.

2009, S. 10) nicht dem Recht eines Mitgliedstaats der Europäischen Union oder eines anderen Vertragsstaats des Abkommens über den Europäischen Wirtschaftsraum, so darf Verbrauchern der in Umsetzung dieser Richtlinie gewährte Schutz nicht vorenthalten werden, wenn
1. eine der betroffenen Immobilien im Hoheitsgebiet eines Mitgliedstaats der Europäischen Union oder eines anderen Vertragsstaats des Abkommens über den Europäischen Wirtschaftsraum belegen ist oder
2. im Falle eines Vertrags, der sich nicht unmittelbar auf eine Immobilie bezieht, der Unternehmer eine gewerbliche oder berufliche Tätigkeit in einem Mitgliedstaat der Europäischen Union oder einem anderen Vertragsstaat des Abkommens über den Europäischen Wirtschaftsraum ausübt oder diese Tätigkeit auf irgendeine Weise auf einen solchen Staat ausrichtet und der Vertrag in den Bereich dieser Tätigkeit fällt.

1 I. 1. a) Ab dem 13.6.14 sind die Vorgaben der RL 2011/83/EU – sog Verbraucherrechte-RL – im deutschen Recht umzusetzen. Das Gesetz zur Transformation des Rechtsakts tritt an jenem Tag in Kraft (BR-Drucks 498/13). V diesem Stichtag an entfällt in Art 46 b Abs 3 die Nr 2, so dass die Nr 3 bis 5 als Nr 2 bis 4 neu gereiht werden. Nr 2 diente der Umsetzung v Art 12 Abs 2 der Fernabsatz-RL, welche der Sekundärrechtsgeber durch die Verbraucherrechte-RL aufgehoben hat. Im Nachfolgerechtsakt befindet sich kein vergleichbares kollisionsrechtliches Regelungsgebot. Das anwendbare Recht bestimmt sich für die Fernabsatzverträge nach dem 13.6.2014 allein anhand der Rom I-VO, welche laut Ansicht des supranationalen Gesetzgebers in Art 6 Abs 2 eine vergleichbare Schutzvorschrift enthalten soll (s Erwägungsgrund 58 Verbraucherrechte-RL; zu beachten sind überdies die in Art 6 II 1 angesprochenen Rechtswahlschranken in Art 3 III und IV sowie der Rettungsanker in Art 9 I Rom I-VO). Sämtliche vor dem 13.6.14 zustande gekommenen Rechtsgeschäfte unterfallen über diesen Stichtag hinaus der ursprünglichen und im Nachgang kommentierten Fassung des Art 46 b. Auch nach dem Erlass der Rom I-VO besteht das Richtlinienkollisionsrecht den Mitgliedstaaten ggü grds fort (vgl **Art 23 Rom I-VO**; ausgenommen sind grds die v Art 7 Rom I-VO erfassten Versicherungsverträge; s aber Rn 9). Es bleibt mithin bei einem gewissen Quellenpluralismus (die hierdurch bewirkte Spaltung des Verbraucher-IPR bemängeln etwa Garcimartín Alférez EuLF 08, I-61, I-66; J Hoffmann EWS 09, 254, 257 ff; Kieninger FS Kropholler, 08, S 499 ff; Magnus IPRax 10, 27, 32, 44; Mankowski IHR 08, 133, 135; Pfeiffer EuZW 08, 622, 626; Ferrari/Leible/Ragno Rome I Regulation S 129, 158 ff, 170; vgl auch die Kritik bei Ferrari/Staudinger Art 46 b Rn 41 ff, 54). Mit dem Wegfall der Art 27–37 aF bedurfte es im Nachgang zu Art 29 a aF (s insoweit Art 2 II Nr 1 FernabsG, BGBl I 00, S 897) einer neuen Umsetzungsbestimmung, welche der deutsche Gesetzgeber mit Art 46 b bereitstellte (Art 1 des Gesetzes zur Anpassung der Vorschriften des Int Privatrechts an die VO (EG) 593/08, BGBl I 09, S 1574; demggü ein ersatzloses Streichen v Art 29 a aF annehmen Thüsing/Kroh ZGS 10, 346, 348). Der intendierte **Gleichlauf mit Art 6 I Rom I-VO** (BT-Drucks 16/12104, 10) sowie ebenfalls **Art 15 I Brüssel I-VO** hat eine **Ausweitung des Anwendungsbereichs** zur Folge (hierzu Rn 9 ff). Zum 23.2.11 hat die Norm weitere Änderungen im Zuge der Umsetzung der neuen Timesharing-RL 2008/122/EG (ABl EU 09 L 33, 10; hierzu Gebauer/Wiedmann/Staudinger Kap 11 Rn 50 ff) erfahren (BGBl I 11, S 34). Haben die Parteien ein **Drittstaatenrecht gewählt**, erklärt Art 46 b I v seiner Rechtsfolge her die Umsetzungsvorschriften desjenigen EU- bzw EWR-Staates für anwendbar, zu dem der **Vertrag einen engen Zusammenhang** bspw nach Maßgabe v Abs 2 aufweist. Art 46 b stellt damit kraft **Sonderanknüpfung** entspr den kollisionsrechtlichen Vorgaben der in Abs 3 aufgeführten RLen sicher, dass der **gemeinschafts- bzw unionsrechtlich festgeschriebene Verbraucherschutzstandard durch** eine davon abw **Parteivereinbarung nicht unterlaufen** wird (bei objektiver Anknüpfung des Vertrages sind die Richtlinienbestimmungen nicht – auch nicht analog – anwendbar, jurisPK-BGB/Limbach Art 46 b Rn 6 f, 27; Palandt/Thorn Art 46 b Rn 4). Darüber hinaus enthält Abs 4 eine besondere Regelung für bestimmte in der neuen Timesharing-

RL 08/122/EG geregelte Verträge (insoweit kommt auch die Korrektur einer objektiven Anknüpfung in Betracht, Rn 23; für vor und am 22.2.11 abgeschlossene Timesharing-Verträge als Dauerschuldverhältnisse ist die Vorgängerregelung des Art 46 b III aF weiterhin relevant; s hierzu eingehend Staudinger NZM 11, 601 ff; Ferrari/Staudinger Art 46 b Rn 27 ff).

b) Im Einklang mit der bislang vertretenen Auffassung, wonach der nicht auf das EVÜ 2 zurückzuführende Art 29 a aF keiner autonomen, sondern **richtlinienkonformer Auslegung** unterlag (s Voraufl Art 29 a Rn 2), erfordert gleichsam Art 46 b eine entspr Interpretation. Die Aussage des Sekundärrechtsgebers, wonach dieser mit den **VOen Rom I, II und Brüssel I** ein kohärentes System des IPR und IZVR zu schaffen beabsichtigt (vgl Erwägungsgrund 7 Rom I-VO; zur Vereinheitlichung insoweit Mansel/Thorn/R Wagner IPRax 09, 1 ff; dies IPRax 10, 1 ff; R Wagner NJW 08, 2225 ff; ders NJW 09, 1911 ff; vgl auch Staudinger/Steinrötter JA 11, 241 ff) spricht zudem für eine **übergreifende Interpretation** v Art 46 b unter Berücksichtigung jener Regelwerke. Das gilt umso mehr, als sich der deutsche Gesetzgeber freiwillig an der zuvor genannten Sonderkollisionsnorm orientiert hat (BT-Drucks 16/12104, 10). Infolgedessen dürfte grds auch die einschlägige EuGH-Judikatur Berücksichtigung finden. Mit Blick auf Art 15 Brüssel I-VO gilt dies allerdings nur insoweit, als hierbei keine rein prozessualen Erwägungen im Vordergrund stehen (zu Auslegungszusammenhängen zwischen den Sekundärrechtsakten Magnus IPRax 10, 27, 28; Gebauer/Wiedmann/Nordmeier Kap 37 Rn 6; Renna, Die Durchsetzung des anwaltlichen Honoraranspruchs im europäischen Rechtsverkehr, 10, S 204; s auch Bitter IPRax 08, 96, 100; Lando/Nielsen CML Rev 08, 1687, 1690; Würdinger RabelsZ 75 [11], 102).

2. a) V besonderer Bedeutung erscheint die **Abgrenzung v Art 46 b und Art 3 IV Rom** 3 **I-VO.** Auch letztgenannte Vorschrift hat nämlich die Sicherung gemeinschafts- bzw unionsrechtlicher Standards im Blick (KOM [05] 650 endg, S 6; PWW/Brödermann/Wegen Art 3 Rom I-VO Rn 26; Kieninger FS Kropholler, 08, S 499, 501). Während laut Art 46 b I bereits ein enger Zusammenhang mit dem Gebiet der EU oder des EWR genügt, sperrt den Rückgriff auf die Binnenmarktklausel in Art 3 IV Rom I-VO jeder tatsächliche Bezug zu einem EWR- oder Drittstaat. Demzufolge erfasst diese Norm in räumlicher Hinsicht nicht alle Art 46 b I unterfallenden Konstellationen (vgl Kieninger FS Kropholler, 08, S 499, 503; PWW/Remien Art 46 b Rn 1 f) und statuiert auf der Rechtsfolgenseite darüber hinaus weder einen Günstigkeitsvergleich noch die Geltung der mit dem Sachverhalt am engsten verbundenen Rechtsordnung. Vielmehr greift die lex fori Platz (vgl Kieninger FS Kropholler, 08, S 499, 508 ff; Martiny RIW 09, 737, 742; PWW/Remien Art 46 b Rn 1; Ferrari/Leible/Ragno Rome I Regulation S 129, 165 f; zu einer umfangreichen Gegenüberstellung: jurisPK-BGB/Limbach Art 46 b Rn 6 f). Umgekehrt verweist Art 46 b III nicht auf sämtliche VerbraucherschutzRLen, so dass die **zwingenden Bestimmungen der (konsumentenschützenden) Harmonisierungsmaßnahmen ohne eigenen kollisionsrechtlichen Regelungsgehalt allein über Art 3 IV Rom I-VO** durchgesetzt werden können (ebenso J Hoffmann EWS 09, 254, 256). Hierzu zählen etwa die Haustürwiderrufs-RL 85/577/EWG (ABl EG 85 L 372, 31) oder die Pauschalreise-RL 90/314/EWG (ABl EG 90 L 158, 59; zum Konsultationsverfahren für den Erlass einer neuen Pauschalreise-RL Staudinger/Schürmann NJW 09, 2788, 2795; Tonner VuR 10, 201, 201 f; ders RRa 09, 113; Wukoschitz RRa 10, 153; iRd Art 3 IV Rom I-VO stellt sich dann allerdings die Frage, ob dieser auch strengere oder gar überschießende Umsetzungen [kraft Richterrechts] wie etwa die Analogie zu den §§ 651 a ff BGB in Fällen reiner Ferienhausvermietung durch Reiseveranstalter an Kunden [BGHZ 119, 152, 163] erfasst, abl Staudinger NZM 11, 257, 264). Bei Sachverhalten, in denen allerdings sowohl Art 3 IV Rom I-VO als auch Art 46 b I v Grds einschlägig sind (ein Bsp findet sich bei Kieninger FS Kropholler, 08, S 499, 508) liegt es nahe, das **Richtlinienkollisionsrecht iSv Art 46 b I im Bereich der Verbraucherverträge als „lex specialis"** anzusehen (iErg ebenso mit Blick auf Art 23 Rom I-VO PWW/Brödermann/Wegen Art 23 Rom I-VO Rn 1 f; J Hoffmann EWS 09, 254, 257 f; Kieninger, FS Kropholler, 08, S 499, 509 f; Ferrari/Leible/Ragno Rome I Regulation S 129, 166; aA PWW/Remien Art 46 b Rn 1; nicht ganz eindeutig, aber wohl Art 3 IV

Rom I-VO Vorrang einräumend MK/Martiny Art 46 b Rn 115 einer- und Art 3 Rom I-VO Rn 103 andererseits). Dies gilt ungeachtet der Tatsache, dass Art 3 I Rom I-VO als regelmäßig jüngere Norm zunächst einmal die Rechtswahl in den Grenzen unter anderem v Art 3 IV Rom I-VO eröffnet (allerdings „sticht" die explizite Anordnung des Art 23 Rom I-VO den lex posterior-Grds, vgl Sonnenberger FS Kropholler, 08, S 227, 232). Auch im Verhältnis zu Art 6 Rom I-VO tritt Art 3 IV Rom I-VO zurück (s Art 6 Rom I-VO Rn 4). Für die hier favorisierte Lösung spricht aus Gründen eines effektiven Verbraucherschutzes umso mehr, dass Art 46 b I im Wege richtlinienkonformer Auslegung einem Günstigkeitsvergleich zugänglich sein sollte (beachte insoweit Rn 17; 27). Vorgenannte Erwägungen greifen schließlich ebenfalls im Hinblick auf **Art 3 III Rom I-VO** Platz (anders MK/Martiny Art 46 b Rn 114).

4 **b)** Als Ergänzung des in **Art 6 Rom I-VO** verankerten kollisionsrechtlichen Verbraucherschutzes kommt **Art 46 b** lediglich eine **Annexfunktion** zu (zu Art 29 a Staudinger IPRax 01, 183, 188; ein ersatzloses Streichen v Art 29 a annehmend, da mit Art 6 Rom I-VO dem Richtlinien-IPR genüge getan sei: Thüsing/Kroh ZGS 10, 346, 348). Folglich **genießt Art 6 Rom I-VO Vorrang vor Art 46 b** (ebenso Martiny RIW 09, 737, 745; MK/ders Rn 116 f; Palandt/Thorn Art 6 Rom I-VO Rn 2), so dass der in Art 6 I Rom I-VO angeordnete (weitergehende) Günstigkeitsvergleich nicht zulasten des Verbrauchers unterlaufen wird. Art 46 b greift demnach nur ein, wenn Art 6 Rom I-VO (etwa in den Gran Canaria-Fällen, vgl Art 6 Rom I-VO Rn 10) tatbestandsmäßig wegen seines Ausschlusskatalogs keine Anwendung findet (MK/Martiny Art 46 b Rn 117) oder zur Geltung eines für den Konsumenten ungünstigeren Drittstaatenrechts führt (Palandt/Thorn Art 6 Rom I-VO Rn 2; zu entspr Konstellationen Ferrari/Staudinger Art 46 b Rn 7). Ein abw Ergebnis lässt sich auch nicht auf Art 23 Rom I-VO stützen, da diese Vorschrift gerade nicht vorschreibt, Transformationsnormen aus RLen stets und uneingeschränkt Vorrang vor den Anknüpfungsregeln der Rom I-VO einzuräumen (die BReg sieht in Art 23 sowie Art 27 I lit b Rom I-VO ebenfalls eine Bestätigung dafür, dass die Abgrenzung v Verbraucherkollisionsnorm und Richtlinien-IPR bislang ungeklärt ist, BT-Drucks 16/12104, 14; vgl die differenzierende Lösung des Konkurrenzverhältnisses bei jurisPK-BGB/Limbach Art 46 b Rn 9 ff; Ferrari/Leible/Ragno Rome I Regulation S 129, 159 ff; s auch J Hoffmann EWS 09, 254, 257 f). Letztlich ist kein Grund ersichtlich, den in den Motiven zu Art 29 a aF verlautbarten Willen des deutschen Gesetzgebers (vgl BT-Drucks 14/2658, 50) zu korrigieren (nach Maßgabe der Gesetzesbegr zu Art 46 b entspricht die neue Transformationsnorm mit einer geringfügigen Änderung nämlich derjenigen in Art 29 a, BT-Drucks 16/12104, 10) und in noch stärkerem Maße das sekundärrechtliche Anknüpfungssystem zu durchbrechen (ausf zum Ganzen Ferrari/Staudinger Art 46 b Rn 8).

5 **c) Unzulässig** erscheint – selbst bei dem Verweis v Abs 1 auf ein richtlinienwidriges Vertragsstatut (vgl AnwK-BGB/Leible 1. Aufl 05 Art 29 a Rn 18; Staudinger IPRax 01, 183, 188) – der **Rückgriff auf Art 9 I, II Rom I-VO** innerhalb des Anwendungsbereichs v **Art 46 b** (s zu Art 29 a aF nur Looschelders Art 29 a Rn 11; Staudinger IPRax 01, 183, 188). Die Durchsetzung int zwingender Normen ist jedoch dann keinen Einwänden ausgesetzt, wenn der sachliche Regelungsbereich der Sonderanknüpfung nicht berührt wird.

6 **d)** Obwohl Art 46 b die Anwendung v Art 6 grds nicht hindert (Palandt/Thorn Art 46 b Rn 8), dürfte der **Schranke des ordre public** im Int Schuldvertragsrecht nur eine **geringe Praxisrelevanz** zukommen. Insb kann insofern nicht die in einem anderen EU-Staat unterbliebene oder fehlerhaft erfolgte Richtlinientransformation durch den Rückgriff auf die lex fori korrigiert werden (MK/Martiny Art 46 b Rn 76; zur Vorgängerbestimmung s nur Staudinger RIW 00, 416, 419 f).

7 **3. Anwendungsbereich: a)** Dem Wortlaut der Rom I-VO sowie den Materialien des deutschen Gesetzgebers entspr (vgl BT-Drucks 16/12104, 9 f, 11) unterliegen **vor dem 17.12.09** zustande gekommene Vereinbarungen weiterhin **Art 29 aF und 29 a aF** (Mansel/Thorn/R Wagner IPRax 10, 1, 9; MK/Martiny Art 46 b Rn 29 f sowie Art 28 Rom I-VO Rn 4; Rauscher/Pabst NJW 09, 3614, 3619; Palandt/Thorn Art 28 Rom I-VO Rn 1; R Wagner NJW 10, 1707, 1708). Dies gilt **ebenso** hins solcher **Dauerschuld-**

verhältnisse, die über diesen Stichtag hinaus andauern (Koch/Magnus/Winkler v Mohrenfels IPR § 5 Rn 66; Leible/Lehmann RIW 08, 528, 531; Magnus IPRax 10, 27, 32; Gebauer/Wiedmann/Nordmeier Kap 37 Rn 153; Wurmnest EuZA 09, 481, 486; zu Versicherungsverträgen Thume VersR 09, 1342, 1343), da der Sekundärrechtsgeber v einer besonderen intertemporalen Regelung für derartige Konstellationen absah (vgl noch Art 24 Rom I-VO-E; danach sollte die Rom I-VO auch für vor dem Zeitpunkt ihrer Geltung entstandene vertragliche Schuldverhältnisse einschlägig sein, wenn dies zur Anwendung des Rechts führt, welches ebenfalls unter Rückgriff auf das EVÜ maßgeblich wäre: KOM [05] 650 endg S 24; hierzu krit Knöfel RdA 05, 269, 280; für eine erweiternde Auslegung bleibt aus historischem Blickwinkel daher kein Raum: Gebauer/Wiedmann/Nordmeier Kap 37 Rn 153; aA Rudolf immolex 09, 6,). Im Lichte einer aus Gründen der Kohärenz zwischen Art 6 Rom I-VO und Art 46 b rechtsaktübergreifenden Auslegung sowie mit Blick auf die unter der bisherigen Rechtslage existierenden schwierigen Abgrenzungsfragen erscheint es daher durchaus vertretbar, **Art 46 b ausschließlich auf Verträge zu beschränken, die am bzw nach dem 17.12.09 zustande gekommen** sind. Das Gesetz zur Modernisierung der Regelungen über Teilzeit-Wohnrechteverträge, Verträge über langfristige Urlaubsprodukte sowie Vermittlungsverträge und Tauschsystemverträge v 17.1.11 (BGBl I 11, S 34) hat wiederum dazu geführt, dass die **Abs 3 und 4 zum 23.2.11 neu gefasst** wurden. Timesharing-Verträge, die bis einschließlich 22.2.11 abgeschlossen wurden und als Dauerschuldverhältnisse fortbestehen, unterfallen Abs 3, 4 aF (hierzu Ferrari/Staudinger Art 46 b Rn 27 ff). Danach zustande gekommene Rechtsgeschäfte sind hingegen nach der aktuellen Fassung anzuknüpfen (ausf Rn 19 ff).

b) Auch wenn der Normtext v Art 46 b keine ausdrücklichen Beschränkungen in Bezug auf seinen persönlichen Geltungsbereich vorsieht, lassen sich diese aus der offiziellen Gesetzesüberschrift herleiten (in Bezug auf Art 29 a konnte daneben ferner die systematische Stellung als Annex zu Art 29 herangezogen werden; Staudinger ZGS 02, 63; abw Staud/Magnus Art 29 a Rn 35). Der Sonderanknüpfung unterfallen danach **weder Geschäfte zwischen Privatpersonen** (jurisPK-BGB/Limbach Art 46 b Rn 19 e contrario; Palandt/Thorn Art 46 b Rn 3 und Art 6 Rom I-VO Rn 5) **noch der Regress zwischen Unternehmern** iSd §§ 478 f BGB innerhalb einer Lieferkette (als pars pro toto zur bisherigen Rechtslage Dutta ZHR 171 [07], 79, 92; Jungemeyer, Kaufvertragliche Durchgriffsrechte in grenzüberschreitenden Lieferketten und ihr Verhältnis zum einheitlichen UN-Kaufrecht, 09, S 132 f; Staudinger ZGS 02, 63 f; aA Looschelders Art 29 a Rn 17). Erfasst werden vielmehr **nur Verbraucherverträge, bei denen eine der Parteien beruflich oder gewerblich tätig** wird. Für die hier vertretene Auffassung lassen sich die v deutschen Gesetzgeber getroffenen Aussagen anführen, wonach Abs 2 mit Art 6 I Rom I-VO im Einklang steht (s Rn 2). ISe rechtsaktübergreifenden Interpretation dürften somit die Vorgaben zum persönlichen Regelungsbereich in der zuletzt genannten Kollisionsnorm (Art 6 Rom I-VO Rn 5) auf Art 46 b ausstrahlen. 8

c) Abw v Art 6 Rom I-VO erstreckt sich der sachliche Anwendungsbereich des Art 46 b im Ausgangspunkt auf **sämtliche Vertragstypen** (vgl jurisPK-BGB/Limbach Art 46 b Rn 20; MK/Martiny Art 46 b Rn 2 f; Palandt/Thorn Art 46 b Rn 3). Etwaige Einschränkungen ergeben sich allein aus der jeweils einschlägigen Harmonisierungsmaßnahme (s Abs 3). Art 23 Rom I-VO versperrt seinem Wortlaut nach den Rückgriff auf das Richtlinien-IPR für **diejenigen Versicherungsverträge, welche unter Art 7 Rom I-VO fallen** (s auch Art 7 Rom I-VO Rn 3). Diese Sondervorschrift verdrängt infolgedessen nicht nur die kollisionsrechtlichen Regelungsgebote der Harmonisierungsmaßnahmen im Versicherungsrecht (so aber offenbar MK/Martiny Art 23 Rom I-VO Rn 11), sondern gleichermaßen diejenigen der **Klausel-RL 93/13/EWG** (ABl EG 93 L 95, 29) **sowie der Fernabsatz-RL für Finanzdienstleistungen 02/65/EG** (ABl EG 02 L 271, 16; „Fernabsatz-RL II"), was v VO-Geber offenbar übersehen wurde (Heiss FS Kropholler, 08, S 459, 471 f). Obwohl die beiden letzten Sekundärrechtsakte die Parteiautonomie auch im Hinblick auf Versicherungsverträge beschränken (vgl Art 6 II Klausel-RL; Art 12 II Fernabsatz-RL II) greifen diese Vorgaben iRv Art 7 Rom I-VO nicht ein. Allerdings bedeutet das nicht, dass Versicherungsverträge per se nicht unter die „Sam- 9 melkollisionsnorm" des Art 46 b fallen können. Denn Art 7 I 1, III Rom I-VO ist laut Erwägungsgrund 33 Rom I-VO nicht einschlägig, **soweit das Massenrisiko in einem Drittstaat liegt.** Insoweit wäre der **Weg für eine Korrektur des gewählten drittstaatlichen Versicherungsvertragsstatuts über Art 46 b iVm Art 23 Rom I-VO grds frei.** Die zunächst vorrangige Kollisionsnorm des Art 6 Rom I-VO erfasst die Ausn des Art 23 Rom I-VO gerade nicht. Damit entscheidet die Risikobelegenheit als Metakollisionsnorm darüber, ob sich die Anknüpfung allein nach Art 7 Rom I-VO oder aber Art 6 Rom I-VO und im Nachgang dann anhand v Art 46 b bestimmt. Diese Zweispurigkeit im Int Versicherungsvertragsrecht muss nicht nur im Ausgangspunkt auf Bedenken stoßen. Damit einher geht die Umgereimtheit, dass Verbraucher insoweit mitunter eher privilegiert werden, wenn das Risiko außer-, nicht aber innerhalb der EU belegen ist (ausf dazu Ferrari/Staudinger Art 46 b Rn 15).

10 **d)** Vorbehaltlich des Abs 4 (vgl Rn 19 ff, 23) erfordert die Anwendbarkeit v Art 46 b I, II, dass die Parteien eine Rechtswahl **zG der Rechtsordnung eines Drittstaates** getroffen haben (ebenso bei Wahl verschiedener Drittstaatenrechte, Principles, der lex mercatoria oder des UN-Kaufrechts). Die Vorschrift greift demnach weder bei objektiver Anknüpfung zG eines Drittstaatenrechts noch im Falle der Wahl des Rechts eines EU/EWR-Staates (MK/Martiny Art 46 b Rn 34). Nach wohl überw Meinung findet Art 46 b I ebenfalls in Konstellationen keine Anwendung, in denen die maßgebliche Rechtsordnung eines Drittstaates zwar parteiautonom bestimmt wurde, sie allerdings ohnehin kraft objektiver Anknüpfung zu berufen wäre (mit der Begr, die Rechtswahl sei für die Geltung des Drittstaatenrechts nicht kausal jurisPK-BGB/Limbach Art 46 b Rn 27; Palandt/Thorn Art 46 b Rn 4). Diese Auffassung erscheint jedoch methodisch insoweit fragwürdig, als hierdurch iErg die Feststellung, dass der Vertrag womöglich keinen engen Zusammenhang mit dem Gebiet der EU bzw des EWR aufweist und deshalb das Statut keine Korrektur erfährt, auf die Prüfungsebene der erfassten Anknüpfungsarten vorverlagert wird. Liegt demnach die wirksame Wahl eines Drittstaatenrechts vor, ist der Regelungsbereich v Art 46 b – losgelöst v einer hypothetischen objektiven Anknüpfung – eröffnet.

11 **e) aa)** Die im Hinblick auf den **räumlichen Geltungsbereich** in Abs 1 normierte Generalklausel erfordert einen **engen Zusammenhang des Vertrages mit dem Gebiet eines Mitgliedstaates der EU oder eines Vertragsstaates des EWR.** Angesichts der fehlenden Legaldefinition des hinreichenden Näheverhältnisses dienen zunächst die in **Abs 2 nicht abschließend aufgeführten Regelbeispiele** der Konkretisierung. In Abweichung v der bisherigen Rechtslage führt Abs 2 nunmehr zwei Vertragsabschlusssituationen als Bsp auf, bei denen typischerweise ein enger Zusammenhang iSd Generalklausel vorliegt. Danach besteht eine Nähe zum Aufenthaltsstaat und somit dem Umweltrecht des Verbrauchers (Verbraucher aus Drittstaaten unterliegen ausdrücklich nicht dem Schutz des Abs 2; zum alten Recht Staudinger IPRax 99, 414, 416; s auch Rn 12), wenn der Unternehmer in diesem Land eine berufliche oder gewerbliche Tätigkeit ausübt oder eine solche auf irgendeinem Wege auch auf diesen Staat ausrichtet und der geschlossene Vertrag aus ihrem Bereich stammt. Angesichts der Tatsache, dass der deutsche Gesetzgeber die **Anlehnung an Art 6 Rom I-VO** explizit betont (BT-Drucks 16/12104, 10) und der Wortlaut beider Vorschriften weitgehend übereinstimmt, erscheint grds eine **einheitliche Auslegung** geboten (Palandt/Thorn Art 46 b Rn 3; wohl auch jurisPK-BGB/Limbach Art 46 b Rn 22). Insb ist dabei der Judikatur des EuGH Rechnung zu tragen (Rn 2). Der Unternehmer übt entweder eine berufliche oder gewerbliche Tätigkeit aus (**Abs 2 Nr 1**), wenn er sich im Domizilstaat des Konsumenten **aktiv am Wirtschaftsverkehr beteiligt** (vgl Leible/Lehmann RIW 08, 528, 538; MK/Martiny Art 6 Rom I-VO Rn 30; Gebauer/Wiedmann/Nordmeier Kap 37 Rn 71; PWW/Remien Art 6 Rom I-VO Rn 3ff). Einer (Zweig-)Niederlassung bedarf es hierfür nicht (Kluth, Die Grenzen des kollisionsrechtlichen Verbraucherschutzes, 09, S 289; Leible/Lehmann RIW 08, 528, 538). Ausreichend ist vielmehr, dass der Vertragspartner zB vor Ort Dienstleistungen vornimmt (Leible/Lehmann RIW 08, 528, 538; Mankowski IHR 08, 133, 142; MK/Martiny Art 6 Rom I-VO Rn 30) oder Messestände bereithält (Kluth, Die Grenzen des kollisionsrechtlichen Verbraucherschutzes, 09, S 289; Palandt/Thorn Art. 6 Rom I-VO

Rn 7). Erfolgt lediglich der Vertragsschluss im Domizilstaat des Konsumenten, so handelt es sich allenfalls um ein Ausrichten iSd Abs 2 Nr 2 (zum Verbrauchergerichtsstand der Brüssel I-VO Rauscher/Staudinger Art 15 Brüssel I-VO Rn 12). Umgekehrt erfordert der Wortlaut v Abs 2 Nr 1 jedoch keine Abgabe der Erklärung am gewA der schutzwürdigen Partei (Martiny RIW 09, 737, 743; zu Art 6 Rom I-VO Mankowski IHR 08, 133, 142; MK/Martiny Art 6 Rom I-VO Rn 30; Palandt/Thorn Art 6 Rom I-VO Rn 6; anders Garcimartín Alférez EuLF 08, I-61, I-73), so dass **auch aktive Verbraucher in den Schutzbereich einbezogen** sind (bislang ebenso Erm/Hohloch Art 29 a Rn 15). Nach alter Rechtslage war gem Art 29 I aF die Vornahme der zum Abschluss des Vertrages erforderlichen Rechtshandlungen, wie die Erklärung des Angebotes bzw der Annahme (Nr 1) oder die Aufgabe einer Bestellung unter gleichzeitiger physischer Anwesenheit des Unternehmers (Nr 2) im Aufenthaltsstaat des Konsumenten erforderlich (s Vorauf Art 29 Rn 6). Hingegen genügt es nun nicht mehr, wenn der Vertrag lediglich aufgrund einer Absatztätigkeit in der EU oder im EWR zustande kommt, ohne dass diese zugleich am Domizil des Verbrauchers erfolgt wäre (bislang musste die Absatztätigkeit nicht notwendig im Aufenthaltsstaat des Verbrauchers erfolgen; Freitag/Leible EWS 00, 342, 345). Ein enger Zusammenhang ist des Weiteren gem **Abs 2 Nr 2** anzunehmen, wenn der Unternehmer seine Tätigkeit auf mehrere Mitglied- oder Drittstaaten ausrichtet, solange der Verbraucher in einem dieser Länder beheimatet ist. Aufgrund des Modellcharakters v Art 6 Rom I-VO, den die hiesige Legislative herausstreicht, dürfte die Judikatur des EuGH etwa zum unbestimmten Begriff des „Ausrichtens" (beachte hierzu das Urt des EuGH NJW 11, 505; eingehend dazu Staudinger/Steinrötter EWS 11, 70) wohl als persuasive precedent zu berücksichtigen sein. Art 46 b II Nr 2 erfasst somit die noch in Art 29 a II Nr 1 aF ausdrücklich erwähnte öffentliche Werbung und greift auch dann ein, wenn sich das in einem anderen Staat angesiedelte Unternehmen der Tätigkeit einer in Deutschland aktiven Vertriebsfirma bedient, die ihm regelmäßig Kunden zuführt (ähnl MK/Martiny Art 6 Rom I-VO Rn 32; zu Art 15 Brüssel I-VO: OLG Dresden IPRax 06, 44, 46; zust v Hein IPRax 06, 16, 20). Ein Ausrichten ist ferner ganz allg zu bejahen, wenn der Unternehmer **gezielt Ware oder Dienstleistungen auf dem Markt im Domizilstaat des Konsumenten abzusetzen** sucht (zu Art 6 I lit b Rom I-VO Keiler/Binder RRa 09, 210, 216; s auch MK/Martiny Art 6 Rom I-VO Rn 33; zum Verbrauchergerichtsstand Thomas/Putzo/Hüßtege 31. Aufl 10 Art 15 EuGVVO Rn 8; damit das Kriterium des Ausrichtens nicht unterlaufen wird, sind v Unternehmer veranlasste Auslandsreisen des Konsumenten ebenfalls erfasst, sofern der Vertrieb den wesentlichen Sinn der Reise ausmacht, MK/Martiny Art 46 b Rn 65 mwN; denkbar erscheint die Anwendung des Art 46 b darüber hinaus in den sog Gran-Canaria-Fällen, Rn 12; Palandt/Thorn Art 46 b Rn 3). Diese Intention als subjektives Erfordernis wird wohl in Übereinstimmung mit Art 6 Rom I-VO **iRd elektronischen Geschäftsverkehrs anhand objektiver Indizien** zu ermitteln sein, während sie **bei konventioneller Werbung** im Domizilstaat des Konsumenten **zu vermuten** ist (vgl EuGH NJW 11, 505, 508 f; ausf zum Ganzen Leible/Müller NJW 11, 495; Mankowski TranspR 11, 70; Staudinger AnwBl 11, 327; ders/Steinrötter EWS 11, 70). In Abweichung zur bisherigen Rechtslage erfordert das zweite Regelbeispiel eine hinreichende Verbindung der unternehmerischen Aktivität zum Domizilstaat des Konsumenten, so dass ein Ausrichten lediglich auf Nachbarstaaten nicht für Abs 2 Nr 2 hinreicht. Darüber hinaus enthält **Abs 2 aE** eine **Restriktion**, wonach die fragliche Abrede in den Bereich der im Aufenthaltsstaat des Verbrauchers ausgeübten oder auf diesen Staat ausgerichteten Tätigkeit fallen muss. Der hier vertretenen Lesart zufolge erfordert Art 6 I lit b Rom I-VO sowie entspr Art 46 b II Nr 2 lediglich eine Ausrichtung der beruflichen oder gewerblichen Tätigkeit des Unternehmers ua auf den Domizilstaat des Konsumenten, die in diesem Land jedoch nicht bereits ausgeübt worden sein muss. Demzufolge **unterfällt Art 46 b selbst** ein konkret beworbener Vertrag sowie eine hieraus resultierende **erstmalige Betätigung** (hierzu Art 6 Rom I-VO Rn 12). Nach inzwischen hM zu Art 6 I Rom I-VO vermag jedoch allein der Umstand, dass die Vereinbarung zum fraglichen Geschäftsbereich zählt, den Anwendungsbereich jener Bestimmung nicht zu eröffnen (Kieninger FS Kropholler, 08, S 499, 501; Keiler/Binder RRa 09, 210, 217;

Leible/Lehmann RIW 08, 528, 538; Magnus IPRax 10, 27, 39; Mankowski IHR 08, 133, 142; ders IPRax 09, 238, 245; MK/Martiny Art 6 Rom I-VO Rn 37; Gebauer/Wiedmann/Nordmeier Kap 37 Rn 73; Ferrari/Leible/Ragno Rome I Regulation S 129, 146 f; Renna, Die Durchsetzung des anwaltlichen Honoraranspruchs im europäischen Rechtsverkehr, 10, S 214 f; Palandt/Thorn Art 6 Rom I-VO Rn 6). Denn die dortige Erweiterung des kollisionsrechtlichen Verbraucherschutzes in sachlicher wie situativer Hinsicht erfordert zugleich eine adäquate Einschränkung (Pfeiffer EuZW 08, 622, 627; PWW/Remien Art 6 Rom I-VO Rn 17). Die intellektuell und wirtschaftlich unterlegene Partei erscheint demnach nur insoweit schutzwürdig, als die unternehmerische Betätigung in deren Domizilstaat tatsächlich ein Rechtsgeschäft zur Folge hatte. Andernfalls drohte eine pauschale Privilegierung des aktiven Konsumenten, obwohl dessen Vertragspartner nicht mit einem ausländischen Statut rechnen musste (vgl Leible/Lehmann RIW 08, 528, 538; Mankowski IHR 08, 133, 142; PWW/Remien Art 6 Rom I-VO Rn 17). Im Lichte einer rechtsaktübergreifenden Interpretation (Rn 2) ist somit in Anlehnung an den Erwägungsgrund 25 S 2 Rom I-VO zwingende Voraussetzung eben auch für Art 46 b II, dass das **Ausüben oder Ausrichten** der unternehmerischen Aktivität **für den Vertragsschluss** kausal war (Palandt/Thorn Art 46 b Rn. 3).

12 bb) Der unbestimmte Begriff des engen Zusammenhanges iSd Abs 1 geht auf die **jeweiligen Richtlinienvorgaben** zurück (vgl jurisPK-BGB/Limbach Art 46 b Rn 23; zu Art 5 II EVÜ bzw Art 29 I Nr 1–3 EuGH RIW 05, 142, 144). Der Umstand allein, dass die Anknüpfung in Art 4 Rom I-VO auf das Recht eines EU oder EWR-Staates verweist, vermag nicht ohne weiteres einen engen Zusammenhang zu begründen (MK/Martiny Art 46 b Rn 36 ff; aA jurisPK-BGB/Limbach Art 46 b Rn 24). Denn jener Terminus entstammt gerade nicht der Rom I-VO, sondern allein den kollisionsrechtlichen Regelungsgeboten der in Abs 3 aufgeführten Harmonisierungsmaßnahmen. Verfehlt erscheint ebenso der Umkehrschluss, wonach sich die Interpretation der **Generalklausel des Abs 1** anhand der jeweils betroffenen RL bestimme (so aber MK/Martiny Art 46 b Rn 40 ff). Vielmehr ist es vorzugswürdig, die eine Umsetzungsvorschrift möglichst einheitlich auszulegen, um nicht der ohnehin kritikwürdigen Zersplitterung des Verbraucher-IPR weiter Vorschub zu leisten (vgl jurisPK-BGB/Limbach Art 46 b Rn 23). Daher sollte der Rechtsanwender, sofern die Konstellationen des Abs 2 nicht vorliegen, eine **Gesamtwürdigung der Umstände** im konkreten Einzelfall vornehmen (jurisPK-BGB/Limbach Art 46 b Rn 25; Palandt/Thorn Art 46 b Rn 3), wobei in der Regel aber ein dem Abs 2 vergleichbares Näheverhältnis zu fordern sein wird. Dass ein enger Zusammenhang zum Gebiet mehrerer Mitglied- bzw Vertragsstaaten der EU bzw des EWR vorliegt, hindert die Sonderanknüpfung nicht (Palandt/Thorn Art 46 b Rn 3); in einer solchen Konstellation ist das Recht maßgeblich, zu dem der engste Zusammenhang besteht (Palandt/Thorn Art 46 b Rn 5). Der gewA des Verbrauchers im Hoheitsgebiet eines Mitgliedstaates erscheint lediglich als notwendige Voraussetzung (aA MK/Martiny Art 46 b Rn 27 f, 49) und nicht als hinreichende Bedingung iSd Generalklausel, da Verbraucher mit gewA in einem Drittstaat grds nicht v Schutzbereich der maßgeblichen RLen erfasst werden (vgl Rn 11; s etwa Erwägungsgrund 2 Fernabsatz-RL 97/7/EG, Erwägungsgrund 10 Timesharing-RL 94/47/EG oder Erwägungsgrund 2 Verbrauchsgüterkauf-RL 99/44/EG). Im Lichte des Abs 2 Nr 1 ist nicht erkennbar, dass der nationale Gesetzgeber über diesen Standard der (teils vollharmonisierenden) Rechtsetzungsakte (überschießend) hinausgehen wollte (zu Art 29 a II Nr 2: Kelp, Time-Sharing-Verträge, 05, S 257 f; Staudinger RIW 00, 416, 418; abl ggü einem allseitigen Ausbau der Bestimmung jurisPK-BGB/Limbach Art 46 b Rn 26). Ebenso wenig schafft bereits allein die Belegenheit der Immobilie bei einem Teilzeit-Wohnrechtevertrag einen hinreichend engen Zusammenhang (Abs 4 sperrt nicht die Abs 1, 2; s Rn 25). Nicht zuletzt unter Berücksichtigung der Grundfreiheiten folgt aus der primärrechtskonformen Auslegung, dass zusätzlich die Vertragsanbahnung im Binnenmarkt stattgefunden haben muss (hierfür bislang Paefgen ZEuP 03, 266, 276 f). Entgg der wohl überw Meinung (Einsele WM 09, 289, 293; Kluth, Die Grenzen des kollisionsrechtlichen Verbraucherschutzes, 09, S 299 f; Leible/Lehmann RIW 08, 528, 538; MK/Martiny Art 6 Rom I-VO Rn 36; Ferrari/Leible/Ragno Ein neues Int Vertragsrecht für Europa S 89, 105 f;

PWW/Remien Art 6 Rom I-VO Rn 19) unterfallen sog **Gran Canaria-Fälle**, in denen Touristen anlässlich einer Auslandsreise Einkäufe tätigten, die im Inland erfüllt werden sollten, mangels einer vorherigen Einflussnahme seitens des Unternehmers im Verbraucherstaat nicht Art 6 I lit b Rom I-VO (s Art 6 Rom I-VO Rn 10). In entspr Fallgestaltungen erscheint es jedoch unter Würdigung sämtlicher Umstände **möglich**, einen **engen Zusammenhang** zum Recht eines EU oder EWR-Staates **iSv Abs 1 zu bejahen** (Palandt/Thorn Art 46 b Rn 3; s auch PWW/Remien Art 46 b Rn 3).

II. 1. Liegen die Voraussetzungen v **Abs 1 und 2** vor, gelangen kraft der „26-seitigen" Kollisionsnorm (sie enthält einen Verweis auf die 27 Mitgliedstaaten mit Ausn Dänemarks; vgl Ferrari/Staudinger Rn 30 Fn 129) die zur Transformation der in Abs 3 genannten VerbraucherschutzRLen erlassenen Bestimmungen desjenigen EU/EWR-Staates zur Anwendung, der den engsten Bezug zum Vertrag aufweist. Für darüber hinausgehende Fragen ist weiterhin das gewählte Statut entscheidend (Palandt/Thorn Art 46 b Rn 8). Jedenfalls unter dem Regime v Art 29 a aF waren eventuelle Rück- und Weiterverweisungen unbeachtlich (AnwK-BGB/Leible 1. Aufl 05 Art 29 a Rn 13; Looschelders Art 29 a Rn 12). Mangels entgegenstehender Aussagen im Zuge des Erlasses v Art 46 b sowie mit Blick auf Wortlaut sowie Zweck v Abs 1, die jeweiligen sachrechtlichen Umsetzungsvorschriften zur Anwendung zu bringen, dürfte insofern jedoch weiterhin v einem **Ausschluss eines renvoi** entgg Art 4 I 1 auszugehen sein (jurisPK-BGB/Limbach Art 46 b Rn 43; MK/Martiny Art 46 b Rn 120; Palandt/Thorn Art 46 b Rn 5). Dies steht im Einklang mit dem Grundprinzip, dass Anknüpfungsregeln in Staatsverträgen sowie VOen im Zweifel Sachnormverweise aussprechen (vgl Staudinger/Steinrötter JA 11, 241), und lässt sich qua rechtsaktübergreifender Auslegung mit Blick auf Art 20 Rom I-VO untermauern. 13

2. In Anbetracht des Wortlauts sowie der Gesetzgebungshistorie (zur Vorgängerregel BT-Drucks 14/2920, 16) mag man annehmen, die Sonderanknüpfung erfasse auch „strengere" Umsetzungsvorschriften der EU- bzw EWR-Staaten, so dass der Verweis auf Rechtsfolgenseite gleichermaßen die über den Mindeststandard der Sekundärrechtsakte hinausgehenden Transformationsnormen zG v Verbrauchern einbeziehe. Dies wurde zu Art 29 a aF weithin vertreten (Vorauf Art 29 a Rn 12; AnwK-BGB/Leible 1. Aufl 05 Art 29 a Rn 39; Freitag/Leible EWS 00, 342, 346 f; Looschelders Art 29 a Rn 36;); ein entspr Meinungsbild zeichnet sich für Art 46 b I ab (jurisPK-BGB/Limbach Art 46 b Rn 31; MK/Martiny Art 46 b Rn 75; iErg wie hier aber Bülow/Artz/ 3 Teil Rn 1 a, 17). Die Strukturvorgaben Rom I-VO, namentlich deren Art 3 IV Rom I-VO (vgl in diesem Kontext auch PWW/Remien Art 46 b Rn 7 f) legen jedoch nahe, **strengere Umsetzungsvorschriften nicht als v Art 46 b erfasst** anzusehen (ausf dazu Ferrari/Staudinger Rn 32 f; wohl zur Gegenauffassung tendierend: LG München RRa 12, 53 [zu § 309 Nr 1 BGB]). Damit erreicht man eine **harmonische Rechtsfolgenseite v Art 46 b I und Art 3 IV Rom I-VO**. Denn letztere Vorschrift soll nach überw Literatur ebenfalls nur den Mindeststandard vor einer Abwahl immunisieren (Magnus IPRax 10, 27, 34; MK/Martiny Art 3 Rom I-VO Rn 102; Gebauer/Wiedmann/Nordmeier Kap 37 Rn 34 Fn 110; Pfeiffer EuZW 08, 622, 625; Staudinger/Steinrötter JA 11, 241, 244; Rauscher/v Hein Art 3 Rom I-VO Rn 127; s zu den dogmatischen Bedenken Gebauer/Wiedmann/Staudinger Kap 38 Rn 77). Im Lichte v Art 20 III GG mag die hier favorisierte Lösung zwar deshalb bedenklich scheinen, weil eine Vorschrift kreiert würde, welche es in dieser Form nicht gibt (derartige Überlegungen sind dem IPR indes nicht fremd: Auch für die Bestimmung des Ersatzrechts beim ordre public-Vorbehalt wird vertreten, es sei ein „Mindestrecht" zu entwickeln, welches in dieser Gestalt weder im eigenen noch fremden Zivilrecht existiere: Kegel/Schurig IPR § 16 VI; vgl auch Schurig RabelsZ 54 [90], 217, 243). Allerdings greift die Gesetzesbindung des Richters erst dann, sofern eine Kollisionsnorm die einschlägige Sachvorschrift im grenzüberschreitenden Kontext für anwendbar erklärt. Wenn IPR-Regeln aber in der Lage sind, über das „ob" des Eingreifens einer Norm zu entscheiden, müssten sie erst recht nationale Bestimmungen limitieren und damit den Richtlinienstandard im Gewande der Umsetzungsvorgaben berufen können (eingehend Ferrari/Staudinger Art 46 b Rn 32 f). V der „strengeren" Transformation zu unterscheiden ist der Fall, dass ein Mitglied- 14 staat autonom den **Schutzstandard** einer Harmonisierungsmaßnahme auf Personengruppen **ausdehnt**, welche nicht zum Kreis der Verbraucher iSd jeweiligen Sekundärrechtsakts zählen. Hierbei handelt es sich um „**überschießende**" Richtlinienumsetzung (vgl zur Unterscheidung auch Staudinger/Steinrötter JA 11, 241, 244). Abgesehen davon, dass regelmäßig der persönliche Anwendungsbereich des Art 46 b verschlossen bleiben dürfte (umfassend und mit Bsp Ferrari/Staudinger Art 46 b Rn 34), greifen die vorangehenden Ausführungen zur Limitierung des Rechtsanwendungsbefehls und zum Gleichlauf mit Art 3 IV Rom I-VO.

15 **3.** Für den Fall, dass eine der in Abs 3 aufgeführten **Harmonisierungsmaßnahmen** in dem betreffenden Staat **nicht umgesetzt** ist bzw die **Transformationsvorschriften hinter den Vorgaben zurückbleiben** sollten, geht der Sachnormverweis ins Leere (MK/Martiny Art 46 b Rn 22, 76; Palandt/Thorn Art 46 b Rn 5; s auch jurisPK-BGB/Limbach Art 46 b Rn 31). Eine unmittelbare Wirkung des Sekundärrechtsakts im horizontalen Verhältnis scheidet aus (hierzu etwa Gebauer/Wiedmann/Wiedmann Kap 2 Rn 34). Die vorbehaltlich einer richtlinienkonformen Auslegung bzw Rechtsfortbildung (MK/Martiny Art 46 b Rn 77) entstehenden **Schutzlücken lassen sich** in den zuvor genannten Konstellationen **ebenso wenig dadurch schließen, dass man den lex-fori Ansatz aus Art 3 IV Rom I-VO auf Art 46 b I, II überträgt.** Trotz der vergleichbaren Funktionsweise bestehen gerade in Bezug auf den Rechtsanwendungsbefehl Divergenzen zwischen beiden Anknüpfungsregeln (vgl Garcimartín Alférez EuLF 08, I-61, I-65; Mankowski IHR 08, 133, 135; MK/Martiny Art 3 Rom I-VO Rn 102 zur Rechtsfolge des Art 3 Rom I-VO). So beruft Art 46 b I, II wie Art 6 Rom I-VO, den er letztlich nur flankiert, in Verbrauchersachen nicht schlechthin die am jeweils angerufenen Forum geltenden Umsetzungsbestimmungen zur Anwendung. Vielmehr muss der Vertrag eine besondere Nähe zum Aufenthaltsstaat und somit Umweltrecht des Verbrauchers aufweisen (s Art 6 Rom I-VO Rn 44). Hierin liegt ein gravierender Unterschied zu Art 3 IV Rom I-VO (vgl auch J Hoffmann EWS 09, 254, 257; insoweit krit Kieninger FS Kropholler, 08, S 499, 513 ff; Leible/Lehmann RIW 08, 528, 534). Gegen eine Lückenschließung unter Rückgriff auf die lex fori spricht schließlich nunmehr auch ein Umkehrschluss zu Art 46 b IV. **Umsetzungsdefizite** lassen sich ebenso wenig mit Hilfe der eigenen Transformations- als Eingriffsnormen iSd Art 9 Rom I-VO oder gestützt auf Art 21 Rom I-VO bzw Art 6 bereinigen. Maßgeblich bleibt insofern das gewählte Vertragsstatut. Der Verbraucher kann gegebenenfalls den ihm entstehenden Schaden im Wege einer unionsrechtlich fundierten Staatshaftungsklage in dem säumigen Mitgliedstaat geltend machen (Staudinger RIW 00, 416, 417; ebenso etwa Looschelders Art 29 a Rn 38). Eine Abkehr v den zuvor dargelegten Grundsätzen erscheint bei einer dahin gehend ausdrücklichen legislativen Entscheidung zulässig. So „können" die Mitgliedstaaten als „Übergangsmaßnahme" laut **Art 16 der Fernabsatz-RL 2002/65/EG** für den Fall der noch nicht erfolgten Transformation und daraus resultierender Schutzlücken im berufenen Mitgliedstaatenrecht auf ihre richtlinienkonforme lex fori abstellen (hierzu Heiss IPRax 03, 100, 104; ders JBl 06, 750, 759 f). Zweifelhaft erscheint indes, ob der deutsche Gesetzgeber bei der Fassung v Art 46 b III Nr 4, welcher lediglich auf diesen Sekundärrechtsakt verweist, v der Option Gebrauch gemacht hat. Ansonsten fehlte es für den subsidiären Rückgriff auf die inländischen Umsetzungsnormen an einem Eingriffsbefehl.

16 **4.** Eine **Analogie zu Art 46 b** in Bezug auf andere verbraucherschützende Sekundärrechtsakte ohne kollisionsrechtliche Regelungsgebote (bspw die Haustürwiderrufs-RL 85/577/EWG, die Pauschalreise-RL 90/314/EWG oder auch die Zahlungsverzugs-RL 11/7/EU; bzgl Letzterer aber nicht nur mangels planwidriger Regelungslücke, sondern auch, weil diese nicht primär auf Verbraucherschutz abzielt, so dass es ebenfalls *an der vergleichbaren Interessenlage mangeln dürfte*) **verbietet sich aus methodischen Gründen** (ebenso Martiny RIW 09, 737, 744; MK/ders Art 46 b Rn 112; Palandt/Thorn Art 46 b Rn 2; aA PWW/Remien Art 46 b Rn 11). Aufgrund der gesetzgeberischen Entscheidung zur Aufnahme der Fernabsatz-RL II 2002/65/EG in Art 29 a IV aF (BGBl I 04, S 3104), der Verbraucherkredit-RL 2008/48/EG in Art 46 b IV aF (BGBl I 09, S 1575) sowie der Timesharing-RL II 2008/122/EG in Art 46 b III (BGBl I 11, S

34) fehlt es nämlich **an einer planwidrigen Regelungslücke**. Allerdings können Umsetzungsvorschriften zu solchen nicht genannten Harmonisierungsmaßnahmen bei hinreichendem Inlandsbezug als int zwingende Normen das Vertragsstatut durchbrechen. Gleiches gilt für den Fall, dass Drittstaatenbestimmungen kraft objektiver Anknüpfung zur Anwendung gelangen sollten (vgl MK/Martiny Art 46 b Rn. 33; ausgenommen bleiben Timesharing-Verträge, für welche Art 46 b selbst bei objektiver Anknüpfung laut seinem Abs 4 die Geltung der Richtlinienvorgaben sicherstellt, s auch Rn 23).

5. Abs 1 enthält im Ggs zu Art 6 II Rom I-VO seinem Wortlaut nach („sind ... anzuwenden") nicht das Erfordernis eines Günstigkeitsvergleichs zwischen den verbraucherschützenden Normen des gewählten Vertragsstatuts und dem kraft der Sonderanknüpfung anwendbaren Recht (anders: Abs 4, s Rn 27). Im Einklang mit jener Verbraucherkollisionsnorm der Rom I-VO, wonach die Rechtswahl nicht dazu führen darf, „dass dem Verbraucher der Schutz entzogen wird", statuieren die entspr VerbraucherschutzRLen jedoch ebenso den Grds, dass der Verbraucher den „gewährten Schutz nicht verliert" (Art 6 II Klausel-RL 93/13/EWG, Art 12 II Fernabsatz-RL 97/7/EG; Art 12 II Finanzdienstleistungs-RL 2002/65/EG) bzw ihm der „gewährte Schutz nicht vorenthalten wird" (Art 9 Time-Sharing-RL 94/47/EG; Art 7 II Verbrauchsgüterkauf-RL 1999/44/EG). Die **fehlende Umsetzung des Günstigkeitsprinzips widerspricht** folglich den **zwingenden Vorgaben jener Harmonisierungsmaßnahmen**. Dieser Sekundärrechtsverstoß (MK/Martiny Art 46 b Rn 15, 79 ff; so zu Art 29 a bereits Staudinger RIW 00, 416, 418; ebenso etwa Freitag/Leible EWS 00, 342, 347; anders Paefgen ZEuP 03, 266, 278 ff) ließ sich bislang nach Ansicht Vieler nicht im Wege richtlinienkonformer Interpretation heilen (s zu Art 29 a als pars pro toto AnwK-BGB/Leible 1. Aufl 05 Art 29 a Rn 42; aA R Wagner IPRax 00, 249, 257). Im Lichte der Quelle-Ofen-Doktrin des BGH (NJW 09, 427 ff) mag eine entspr Auslegung indes als zulässig erscheinen (IE ebenso MK/Martiny Art 46 b Rn 12; bereits zum alten Recht Staudinger RIW 00, 416, 419; aA jurisPK-BGB/Limbach Art 46 b Rn 29; Palandt/Thorn Art 46 b Rn 5).

III. Bisher ungeklärt ist die Frage, wie iRd objektiven Deliktsstatuts die **Ausweichbestimmung des Art 4 III 2 Rom II-VO** zu handhaben ist, wenn der Vertrag **aufgrund eines konkreten Günstigkeitsvergleichs** (Rn 17; 27) mehr als einer Rechtsordnung iSe „law mix" unterliegt (s hierzu die Ausführungen bei Art 6 Rn 19 sowie Ferrari/Staudinger Art 46 b Rn 40 bzw Staudinger NZM 11, 257 ff).

IV. 1. Die **neue Sonderanknüpfung für Teilzeit-Wohnrechteverträge** in **Abs 4** dient der Umsetzung v Art 12 II **Timesharing-RL 2008/122/EG** (ABl. EU 09 L 33, 10; hierzu Gebauer/Wiedmann/Staudinger Kap 11 Rn 50 ff; beachte zur Umsetzung in das deutsche Recht den RegE eines Gesetzes zur Modernisierung der Regelungen über Teilzeit-Wohnrechteverträge, Verträge über langfristige Urlaubsprodukte sowie Vermittlungsverträge und Tauschsystemverträge, BT-Drucks 17/2764). Dieses **kollisionsrechtliche Regelungsgebot** deckt sich v seinen sach- wie räumlichen Vorgaben (vgl auch Martiny RIW 09, 737, 745 f) **nicht vollends** mit dem Modell des **früheren Art 46 b III aF** (diesbzgl wird auf Ferrari/Staudinger Art 46 b Rn 27 verwiesen; vgl auch Staudinger NZM 11, 601 ff). Abgesehen v kleineren Abweichungen (Rn 22) erscheint Art 46 b IV richtlinienkonform (krit zur teilw wörtlichen Übernahme einzelner Richtlinienvorgaben, welche zu Systembrüchen innerhalb des Art 46 b führt Ferrari/Staudinger Art 46 b Rn 54).

2. Für die Bestimmung des Konkurrenzverhältnisses wird va auf die Ausführungen in Rn 3 ff Bezug genommen. Ggü **Art 46 b IV** genießt **Art 6 Rom I-VO Vorrang** (vgl Erwägungsgrund 17 Timesharing-RL 2008/122/EG sowie Art 6 IV lit c Rom I-VO, der seinem Wortlaut nach zwar auf die „alte" Timesharing-RL 94/47/EG Bezug nimmt; gleichwohl gilt ausweislich Art 18 S. 2 Timesharing-RL 08/122/EG ein Verweis auf die aufgehobene als ein solcher auf die aktuelle RL). Demggü erscheint die erstgenannte **Anknüpfungsregel für das Timesharing** nicht zuletzt aufgrund des in Abs 4 angelegten Günstigkeitsvergleichs (Rn 27) und mit Blick auf Art 23 Rom I-VO als „**lex specialis**" **zu Art 3 III, IV Rom I-VO** (ausf Ferrari/Staudinger Art 46 b Rn 46). Trotz des vollharmonisierenden Ansatzes erscheint es **zulässig, außerhalb des sachlichen Schutzbereiches** des Sekundärrechtsaktes einzelnen Normen mit Bezug zum Timesharing einen Eingriffscharakter iSd **Art 9 Rom I-VO** zuzuschreiben (hierzu MK/Martiny Art 46 b Rn 118 mwN). Nationale Transformationsvorschriften dürften schließlich wohl nicht zum Kernbestand der inländischen Rechtsordnung zählen (ebenso Palandt/Thorn Art 46 b Rn 8), so dass der **ordre public-Vorbehalt des Art 6** in praxi voraussichtlich keine Rolle spielt.

21 **3. a)** Art 229 § 25 enthält für den Bereich des materiellen Rechts eine den Vorgaben des Art 16 I 2 Timesharing-RL 2008/122/EG entspr Übergangsvorschrift, wonach das der Transformation der Timesharing-RL 2008/122/EG dienende Sachrecht ab dem 23.2.11 gelten soll. Für Art 46 b III, IV nF ist hingegen keine spezielle Übergangsregelung geschaffen worden. Dafür, dass auch die Änderungen im EGBGB ab jenem Stichtag zu beachten sind, lässt sich der Regierungsentwurf zum Umsetzungsgesetz ins Feld führen. Hiernach können sich „Verbraucher und Unternehmer (...) darauf einstellen (...), dass **die aufgrund der Richtlinie harmonisierten Vorschriften ab dem 23.2.2011 in sämtlichen Mitgliedstaaten gelten**" (BT-Drucks 17/2764, 21 ff, insb S 23). Die zuvor abgeschlossenen Verträge unterstehen auch als Dauerschuldverhältnisse nach allg intertemporalen Grundsätzen jedoch weiterhin der früheren Anknüpfungsregel des Art 46 b III aF (BT-Drucks 17/2764, 21 f; zur Vorgängerbestimmung Ferrari/Staudinger Art 46 b Rn 27 ff).

22 **b)** Anders als die Timesharing-RL 94/47/EG bezieht das kollisionsrechtliche Regelungsgebot des Art 12 II Timesharing-RL 2008/122/EG bisher nicht erfasste Produkte mit ein (näher Gebauer/Wiedmann/Staudinger Kap 11 Rn 52). Im Ggs zu letztgenannter Vorschrift zählt Art 46 b IV die verschiedenen Gestaltungen unter Verweis auf Art 2 I lit a bis d der Harmonisierungsmaßnahme gesondert auf. Aus dem Blickwinkel des Rechtsanwenders ist dies angesichts der Transparenz zu begrüßen. Allerdings mag man darin ein **Umsetzungsdefizit** erkennen, dass die inländische Sonderanknüpfung entgg der Vorgabe in Art 12 II iVm Art 2 I lit g, Art 11 Timesharing-RL 2008/122/EG den **akzessorischen Vertrag nicht ausdrücklich aufführt**. Insoweit kommt aber eine **Heilung kraft richtlinienkonformer Auslegung bzw Rechtsfortbildung** in Betracht.

23 **c)** Die Sonderregel erfordert, dass der Vertrag einem Drittstaatenrecht unterliegt. Dabei **differenzieren weder der Sekundärrechtsakt noch** die **Umsetzungsbestimmung** danach, ob dieses Statut qua **objektiver oder subjektiver Anknüpfung** anhand der Rom I-VO (im Verhältnis zum Richtlinien-IPR genießt die Rom I-VO grds Vorrang, was Erwägungsgrund 17 Timesharing-RL 2008/122/EG bestätigt; vgl BT-Drucks 17/2764, 21) **für anwendbar erklärt wurde**. Im Ggs zur Vorgängerbestimmung, bei welcher eine Beschränkung auf das mangels Rechtswahl zu ermittelnde Rechtsordnung vorzugswürdig erschien (Ferrari/Staudinger Art 46 b Rn 29), sind nunmehr beide Fälle erfasst (Gebauer/Wiedmann/Staudinger Kap 11 Rn 61).

24 **d)** Wie Abs 1, 2 (Rn 11 ff) erfordert Abs 4 **in räumlicher Hinsicht** einen hinreichend engen Zusammenhang des Vertrages mit dem Gebiet eines Mitgliedstaates der EU oder eines Vertragsstaates des EWR. Allerdings **konkretisieren Abs 4 Nr 1 und 2 dieses Näheverhältnis abschließend**. Erforderlich ist danach, dass „eine der betroffenen Immobilien" innerhalb des Unions- respektive EWR-Raumes (nicht zwingend des Forumstates) belegen ist (Art 46 b IV Nr 1) oder der Unternehmer seine Tätigkeit innerhalb des genannten Territoriums ausübt oder sie hierauf ausrichtet (Art 46 b IV Nr 2 nF). Im zweiten Fall muss der Vertrag, der nicht unmittelbar eine Immobilie zum Gegenstand haben darf, in den Bereich der gewerblichen/beruflichen Tätigkeit des Unternehmers fallen. Strukturell erinnert die zuletzt genannte Vorschrift streckenweise an Abs 1, 2 sowie Art 6 I Rom I-VO. Während diese Vorschriften jedoch das „Ausüben" bzw „Ausrichten" (ua) auf den Domizilstaat des Verbrauchers voraussetzen, genügt nach Art 46 b IV in Übereinstimmung mit den Richtlinienvorgaben ein solches auf irgendeinen EU-/EWR-Staat. Dies erscheint im Lichte der primärrechtlich abgesicherten Waren- und Dienstleistungsfreiheit nicht unbedenklich. Die Kritik müsste hier freilich schon beim Richtliniengeber ansetzen. Allerdings dürften sich auf der Ebene des materiellen Rechts wegen des Prinzips der Vollharmonisierung – vorbehaltlich unterbliebener oder falscher Umsetzung – grds keine Sachrechtsunterschiede zwischen dem Staat der Ausübung/Ausrichtung und demjenigen ergeben, in welchem der Verbraucher do-

miziliert ist. Vor dem Hintergrund einer auf Harmonie zwischen der Rom I-VO sowie der Timesharing-RL 2008/122/EG (und damit der Umsetzungsvorschrift des Art 46 b IV) bedachten rechtsaktübergreifenden Interpretation sollte man jedenfalls das **Kausalitätserfordernis iSv Erwägungsgrund 25 S 2 Rom I-VO** (Art 6 Rom I-VO Rn 13) zwischen dem Ausüben oder Ausrichten der unternehmerischen Aktivität und dem Vertragsabschluss in Art 46 b IV hineinlesen. Dies wahrt ferner den Gleichlauf mit Art 46 b II Nr 2 (s Rn 11). Letztlich dürfte die EuGH-Judikatur zu Art 6 Rom I-VO auch iRv v Abs 4 zu berücksichtigen sein (vgl Rn 2).

4. Fraglich erscheint, ob **Art 46 b IV eine ggü Abs 1, 2 abschließende Sonderregel** darstellt. Hierauf scheinen auf supranationaler Ebene Erwägungsgrund 3 S 4, 5 sowie 8 Timesharing-RL 2008/122/EG hinzudeuten, wonach lediglich die Bestimmungen der Pauschalreise-RL 90/314/EWG unberührt bleiben. Letzteres legt den Umkehrschluss nahe, iÜ verbiete sich innerhalb des sachlichen Schutzbereichs der Timesharing-RL 2008/122/EG der Rückgriff auf andere Harmonisierungsmaßnahmen. Auch auf nationaler Ebene wird die Timesharing-RL 2008/122/EG – im Ggs zu ihrer Vorläuferin (Art 46 b IV Nr 2 aF) – nicht als „VerbraucherschutzRL iSd Vorschrift" ausdrücklich aufgeführt (vgl Abs 3). Für die Qualifikation als abschließende Sonderregel streiten auf den ersten Blick zudem die Gesetzesmaterialien (BT-Drucks 17/2764, 21). Allerdings muss bedacht werden, dass Timesharing-Verträge durchaus in den Anwendungsbereich weiterer VerbraucherschutzRLen (zB der Klausel-RL 93/13/EWG, ABl. EG 93 L 95, 29) fallen können. Die Entscheidung des EuGH v 22.4.99 (Slg 99, I-2195 ff) lässt sich insoweit wohl dahin verallgemeinern, dass im Grds v einer **parallelen Geltung der Harmonisierungsmaßnahmen** auszugehen ist (vgl § 485 BGB Rn 10 mwN). Hierfür spricht auch das Prinzip des effet utile. Der vollharmonisierende Charakter der Timesharing-RL 08/122/EG steht dem nicht a priori entgg. Ob das kollisionsrechtliche Regelungsgebot dieses Rechtsakts neben demjenigen der Klausel-RL fort gilt, vermag verbindlich allein der EuGH im Wege der Vorabentscheidung zu klären. Geht man v der Prämisse der Konkurrenz der VerbraucherschutzRL auf supranationaler Ebene aus, drohten bei einem Verständnis des Art 46 b IV als abschließende Sonderkollisionsnorm für Teilzeit-Wohnrechteverträge Richtlinienverstöße. Dies betrifft bspw Art 6 II Klausel-RL 93/13/EWG, dessen Anknüpfungspunkt und Rechtsfolgenverweis sich nicht mit Art 12 II zweiter Spiegelstrich Timesharing-RL 2008/122/EG bzw Art 46 b IV deckt. Dem deutschen Gesetzgeber ist kein bewusstes sekundärrechtswidriges Handeln zu unterstellen. Vielmehr **erscheint Art 46 b IV in der Gesamtschau allein als abschließende Spezialregel in Bezug auf die Timesharing-RL 2008/122/EG.** Demggü verbleibt es **für Teilzeit-Wohnrechtverträge hins der übrigen VerbraucherschutzRLen** bei einer Anknüpfung anhand v **Abs 1, 2.** Dies mag im Einzelfall zu einem Rechtsmix führen.

5. Sind die Voraussetzungen des Abs 4 erfüllt, sieht die neue im Ggs zur Vorgängerregelung (Ferrari/Staudinger Art 46 b Rn 27) ihrem Wortlaut nach keinen einseitigen Verweis auf deutsches (Sach-)Recht mehr vor; vielmehr darf das „in Umsetzung dieser Richtlinie gewährte" Schutzniveau nicht „vorenthalten" werden. Nach Art 12 II der Timesharing-RL 2008/122/EG bezieht sich dies auf die Transformationsnormen des angerufenen mitgliedstaatlichen Spruchkörpers. Art 46 b IV führt in richtlinienkonformer Auslegung dazu, dass stets auf die hiesige Transformation abzustellen ist. Denn in den Gesetzesmaterialien nimmt die BReg ausdrücklich auf Art 12 II Timesharing-RL 2008/122/EG Bezug und führt aus, dass der Verbraucherstandard des Forumstates maßgeblich sei und Art 46 b IV enthalte „eine entsprechende Regelung" (BT-Drucks 17/2764, 21). Zwar wird wegen des Ansatzes der Vollharmonisierung die „umgesetzte Form" innerhalb der EU idealiter identisch sein. Diese Annahme trifft aber jedenfalls bei unterbliebener oder falscher Transformation nicht zu (Gebauer/Wiedmann/Staudinger Kap 11 Rn 61). Zudem eröffnet Art 1 II Timesharing-RL 2008/122/EG innerstaatlichen Gesetzgebern für bestimmte Bereiche die Möglichkeit, v den EU-Vorgaben abzuweichen. Insofern erfasst Abs 4 jedenfalls keine strengere/überschießende Umsetzungen (s ausf Staudinger NZM 11, 601 ff). Da Art 46 b IV allein vor einem inländischen Gericht Bedeutung erlangt, kommt es im Ergebnis zu dem v Richtliniengeber gewünschten Gleichlauf v lex fori in foro proprio. In Anbetracht des Grundprinzips, dass Anknüpfungsregeln in Staatsverträgen sowie VOen im Zweifel Sachnormverweise aussprechen, sowie im Lichte einer rechtsaktübergreifenden Auslegung anhand v Art 20 Rom I-VO dürfte ebenso bei Art 12 II Timesharing-RL 2008/122/EG und folglich Art 46 b IV ein **renvoi ausscheiden** (vgl jurisPK-BGB/Limbach Art 46 b Rn 43; MK/Martiny Art 46 b Rn 120; Palandt/Thorn Art 46 b Rn 5). Dies wahrt schließlich den Gleichklang mit Art 46 b I, II und muss erst recht gelten, wenn man zuvor der richtlinienkonformen Auslegung v Abs 4 folgt. Denn sofern Abs 4 ohnehin in dieser Interpretation auf die hiesigen Transformationsnormen in Deutschland als dem Forumstaat verweist, muss es sich zwingend um einen Sachnormverweis im Umkehrschluss zu Art 4 I handeln.

27 **6.** Im Einklang mit Art 6 II Rom I-VO, wonach die Rechtswahl nicht dazu führen darf, „dass dem Verbraucher der Schutz entzogen wird", statuiert Art 12 II Timesharing-RL 2008/122/EG den Grds, dass dem Verbraucher der „Schutz, der (…) gewährt wird, nicht vorenthalten werden" darf. In Übereinstimmung hierzu schreibt auch Art 46 b IV einen **konkreten Günstigkeitsvergleich** zwischen dem Vertragsstatut und dem kraft der Sonderanknüpfung anwendbaren Recht vor.

Artikel 46 c Pflichtversicherungsverträge

(1) Ein Versicherungsvertrag über Risiken, für die ein Mitgliedstaat der Europäischen Union oder ein anderer Vertragsstaat des Abkommens über den Europäischen Wirtschaftsraum eine Versicherungspflicht vorschreibt, unterliegt dem Recht dieses Staates, sofern dieser dessen Anwendung vorschreibt.
(2) Ein über eine Pflichtversicherung abgeschlossener Vertrag unterliegt deutschem Recht, wenn die gesetzliche Verpflichtung zu seinem Abschluss auf deutschem Recht beruht.

1 Die Vorschrift enthält eine (objektive) **Sonderanknüpfung** (Staud/Armbrüster Art 46 c Rn 4; MK/Martiny Art 46 c Rn 3) zur Regelung des auf **Pflichtversicherungsverträge** anwendbaren Rechts gem der Öffnungsklausel des Art 7 IV lit b Rom I-VO. Hiernach können die Mitgliedstaaten festsetzen, dass für obligatorische Versicherungsabreden ausschließlich **dasjenige Recht maßgeblich** ist, welches die **Pflichtversicherung vorschreibt** (inhaltlich besteht eine weitgehende Konvergenz mit Art 12 I, II EGVVG aF). Hintergrund ist einerseits die enge territoriale Verbundenheit zu dem die Versicherungspflicht festlegenden Staat, der durch seine Anordnung va Allgemeininteressen schützen möchte (Staud/Armbrüster Art 46 c Rn 4). Andererseits vermeidet diese Lösung einen „Rechtsmix", der wg Art 7 IV lit a Rom I-VO drohte (Perner IPRax 09, 218, 222). V jener Möglichkeit hat der deutsche Gesetzgeber in Art 46 c Gebrauch gemacht. Die nationale „Durchführungsbestimmung" verdrängt die Anknüpfungen des Art 7 II, III Rom I-VO (MK/Martiny Art 46 c Rn 1; PWW/Ehling Art 46 c Rn 1). Namentlich gestaltet sich eine abw (Teil-)Rechtswahl als unzulässig (Reithmann/Martiny/Schnyder Rn 4756; Palandt/Thorn Art 46 c Rn 1). Art 7 IV Rom I-VO greift aber nicht, wenn das **Risiko in einem Drittstaat** belegen ist. Zur Vermeidung paradoxer Ergebnisse erscheint insofern eine **analoge Anwendung** der europäischen sowie sodann der innerstaatlichen Sonderregelung angezeigt (Staud/Armbrüster Art 46 c Rn 6; Perner IPRax 09, 218, 222; PWW/Ehling Art 46 c Rn 2; vgl auch MK/Martiny Art 46 c Rn 7). Unterwirft ein EU- bzw EWR-Staat Risiko-Versicherungspflichtverträge zwingend dem eigenen Recht, hat der deutsche Rechtsanwender dies ausweislich **Abs 1** beachten. Zur Beantwortung der Frage, ob eine entspr Verpflichtung in concreto besteht, muss man auf das Recht des in Rede stehenden Staates **zZ des Vertragsschlusses** abstellen (PWW/Ehling Rn 3). Dieser Fall stellt einen **Gesamtverweis** dar, welcher einer Annahme durch das IPR des fremden Mitgliedstaats bedarf (Martiny ZEuP 10, 747, 771 mwN spricht insoweit v einer Sonderanknüpfung, die zwar v Wortlaut der VO abweiche, aber deshalb unionsrechtskonform sei, da sie dem Vereinheitlichungszweck diene, der Dienstleistungsfreiheit entspreche und den Entscheidungseinklang fördere; vgl hierzu auch MK/Martiny Art 46 c Rn 3 ff). Ein Sachnormverweis erschien der Legislative demggü

als zu weitgehend (BT-Drucks 16/12104, 10). Verzichtet ein EU-/EWR-Staat auf eine derartige Anknüpfung, gelangen die allg Bestimmungen des Art 7 II, III Rom I-VO zur Anwendung (Reithmann/Martiny/Schnyder Rn 4757). Deckt eine Versicherungsabrede in verschiedenen Vertragsstaaten belegene Risiken ab und sehen nicht alle davon eine entspr Pflichtigkeit vor, fingiert Art 7 V Rom I-VO eine Aufspaltung des Rechtsgeschäfts, was eine separate Anknüpfung ermöglicht (näher dazu Reithmann/Martiny/Schnyder Rn 4758; s auch Staud/Armbrüster Art 46 c Rn 8). Schreiben hingegen hiesige Vorschriften eine Versicherungspflicht vor, unterliegen entspr Verträge gem **Abs 2** deutschem Recht (zu einzelnen Vertragsarten MK/Martiny Art 46 c Rn 8). Privatautonom vereinbarte Assekuranzpflichten erfasst Abs 2 nicht (Staud/Armbrüster Art 46 c Rn 11).

Verordnung (EG) Nr. 593/2008 des Europäischen Parlaments und des Rates
vom 17. Juni 2008
über das auf vertragliche Schuldverhältnisse anzuwendende Recht (Rom I)

(ABl. EU L 177 v 4.7.2008, S. 6; ber. in ABl. EU L 309 v 24.11.2009, S. 87)

DAS EUROPÄISCHE PARLAMENT UND DER RAT DER EUROPÄISCHEN UNION –
gestützt auf den Vertrag zur Gründung der Europäischen Gemeinschaft, insbesondere auf Artikel 61 Buchstabe c und Artikel 67 Absatz 5, zweiter Gedankenstrich,
auf Vorschlag der Kommission,
nach Stellungnahme des Europäischen Wirtschafts- und Sozialausschusses[1],
gemäß dem Verfahren des Artikels 251 des Vertrags[2],
in Erwägung nachstehender Gründe:

(1) Die Gemeinschaft hat sich zum Ziel gesetzt, einen Raum der Freiheit, der Sicherheit und des Rechts zu erhalten und weiterzuentwickeln. Zur schrittweisen Schaffung dieses Raums muss die Gemeinschaft im Bereich der justiziellen Zusammenarbeit in Zivilsachen, die einen grenzüberschreitenden Bezug aufweisen, Maßnahmen erlassen, soweit sie für das reibungslose Funktionieren des Binnenmarkts erforderlich sind.

(2) Nach Artikel 65 Buchstabe b des Vertrags schließen diese Maßnahmen solche ein, die die Vereinbarkeit der in den Mitgliedstaaten geltenden Kollisionsnormen und Vorschriften zur Vermeidung von Kompetenzkonflikten fördern.

(3) Auf seiner Tagung vom 15. und 16. Oktober 1999 in Tampere hat der Europäische Rat den Grundsatz der gegenseitigen Anerkennung von Urteilen und anderen Entscheidungen von Justizbehörden als Eckstein der justiziellen Zusammenarbeit in Zivilsachen unterstützt und den Rat und die Kommission ersucht, ein Maßnahmenprogramm zur Umsetzung dieses Grundsatzes anzunehmen.

(4) Der Rat hat am 30. November 2000 ein gemeinsames Maßnahmenprogramm der Kommission und des Rates zur Umsetzung des Grundsatzes der gegenseitigen Anerkennung gerichtlicher Entscheidungen in Zivil- und Handelssachen verabschiedet[3]. Nach dem Programm können Maßnahmen zur Harmonisierung der Kollisionsnormen dazu beitragen, die gegenseitige Anerkennung gerichtlicher Entscheidungen zu vereinfachen.

(5) In dem vom Europäischen Rat am 5. November 2004 angenommenen Haager Programm[4] wurde dazu aufgerufen, die Beratungen über die Regelung der Kollisionsnormen für vertragliche Schuldverhältnisse („Rom I") energisch voranzutreiben.

(6) Um den Ausgang von Rechtsstreitigkeiten vorhersehbarer zu machen und die Sicherheit in Bezug auf das anzuwendende Recht sowie den freien Verkehr gerichtlicher Entscheidungen zu fördern, müssen die in den Mitgliedstaaten geltenden Kollisionsnormen im Interesse eines reibungslos funktionierenden Binnenmarkts unabhängig von dem Staat, in dem sich das Gericht befindet, bei dem der Anspruch geltend gemacht wird, dasselbe Recht bestimmen.

(7) Der materielle Anwendungsbereich und die Bestimmungen dieser Verordnung sollten mit der Verordnung (EG) Nr. 44/2001 des Rates vom 22. Dezember 2000 über die gerichtliche Zuständigkeit und die Anerkennung und Vollstreckung von

---

1 ABl. C 318 vom 23.12.2006, S. 56.
2 Stellungnahme des Europäischen Parlaments vom 29. November 2007 (noch nicht im Amtsblatt veröffentlicht) und Beschluss des Rates vom 5. Juni 2008.
3 ABl. C 12 vom 15.1.2001, S. 1.
4 ABl. C 53 vom 3.3.2005, S. 1.

Entscheidungen in Zivil- und Handelssachen („Brüssel I")[5] und der Verordnung (EG) Nr. 864/2007 des Europäischen Parlaments und des Rates vom 11. Juli 2007 über das auf außervertragliche Schuldverhältnisse anzuwendende Recht („Rom II")[6] im Einklang stehen.

(8) Familienverhältnisse sollten die Verwandtschaft in gerader Linie, die Ehe, die Schwägerschaft und die Verwandtschaft in der Seitenlinie umfassen. Die Bezugnahme in Artikel 1 Absatz 2 auf Verhältnisse, die mit der Ehe oder anderen Familienverhältnissen vergleichbare Wirkungen entfalten, sollte nach dem Recht des Mitgliedstaats, in dem sich das angerufene Gericht befindet, ausgelegt werden.

(9) Unter Schuldverhältnisse wie Wechseln, Schecks, Eigenwechseln und anderen handelbaren Wertpapieren sollten auch Konnossemente fallen, soweit die Schuldverhältnisse aus dem Konnossement aus dessen Handelbarkeit entstehen.

(10) Schuldverhältnisse, die aus Verhandlungen vor Abschluss eines Vertrags entstehen, fallen unter Artikel 12 der Verordnung (EG) Nr. 864/2007. Sie sollten daher vom Anwendungsbereich dieser Verordnung ausgenommen werden.

(11) Die freie Rechtswahl der Parteien sollte einer der Ecksteine des Systems der Kollisionsnormen im Bereich der vertraglichen Schuldverhältnisse sein.

(12) Eine Vereinbarung zwischen den Parteien, dass ausschließlich ein Gericht oder mehrere Gerichte eines Mitgliedstaats für Streitigkeiten aus einem Vertrag zuständig sein sollen, sollte bei der Feststellung, ob eine Rechtswahl eindeutig getroffen wurde, einer der zu berücksichtigenden Faktoren sein.

(13) Diese Verordnung hindert die Parteien nicht daran, in ihrem Vertrag auf ein nichtstaatliches Regelwerk oder ein internationales Übereinkommen Bezug zu nehmen.

(14) Sollte die Gemeinschaft in einem geeigneten Rechtsakt Regeln des materiellen Vertragsrechts, einschließlich vertragsrechtlicher Standardbestimmungen, festlegen, so kann in einem solchen Rechtsakt vorgesehen werden, dass die Parteien entscheiden können, diese Regeln anzuwenden.

(15) Wurde eine Rechtswahl getroffen und sind alle anderen Elemente des Sachverhalts in einem anderen als demjenigen Staat belegen, dessen Recht gewählt wurde, so sollte die Rechtswahl nicht die Anwendung derjenigen Bestimmungen des Rechts dieses anderen Staates berühren, von denen nicht durch Vereinbarung abgewichen werden kann. Diese Regel sollte unabhängig davon angewandt werden, ob die Rechtswahl zusammen mit einer Gerichtsstandsvereinbarung getroffen wurde oder nicht. Obwohl keine inhaltliche Änderung gegenüber Artikel 3 Absatz 3 des Übereinkommens von 1980 über das auf vertragliche Schuldverhältnisse anzuwendende Recht[7] („Übereinkommen von Rom") beabsichtigt ist, ist der Wortlaut der vorliegenden Verordnung so weit wie möglich an Artikel 14 der Verordnung (EG) Nr. 864/2007 angeglichen.

(16) Die Kollisionsnormen sollten ein hohes Maß an Berechenbarkeit aufweisen, um zum allgemeinen Ziel dieser Verordnung, nämlich zur Rechtssicherheit im europäischen Rechtsraum, beizutragen. Dennoch sollten die Gerichte über ein gewisses Ermessen verfügen, um das Recht bestimmen zu können, das zu dem Sachverhalt die engste Verbindung aufweist.

(17) Soweit es das mangels einer Rechtswahl anzuwendende Recht betrifft, sollten die Begriffe „Erbringung von Dienstleistungen" und „Verkauf beweglicher Sachen" so ausgelegt werden wie bei der Anwendung von Artikel 5 der Verordnung (EG) Nr. 44/2001, soweit der Verkauf beweglicher Sachen und die Erbringung von Dienstleistungen unter jene Verordnung fallen. Franchiseverträge und Vertriebsverträge sind zwar Dienstleistungsverträge, unterliegen jedoch besonderen Regeln.

(18) Hinsichtlich des mangels einer Rechtswahl anzuwendenden Rechts sollten unter multilateralen Systemen solche Systeme verstanden werden, in denen Handel be-

---

5 ABl. L 12 vom 16.1.2001, S. 1. Zuletzt geändert durch die Verordnung (EG) Nr. 1791/2006 (ABl. L 363 vom 20.12.2006, S. 1).
6 ABl. L 199 vom 31.7.2007, S. 40.
7 ABl. C 334 vom 30.12.2005, S. 1.

trieben wird, wie die geregelten Märkte und multilaterale Handelssysteme im Sinne des Artikels 4 der Richtlinie 2004/39/EG des Europäischen Parlaments und des Rates vom 21. April 2004 über Märkte für Finanzinstrumente[8], und zwar ungeachtet dessen, ob sie sich auf eine zentrale Gegenpartei stützen oder nicht.
(19) Wurde keine Rechtswahl getroffen, so sollte das anzuwendende Recht nach der für die Vertragsart spezifizierten Regel bestimmt werden. Kann der Vertrag nicht einer der spezifizierten Vertragsarten zugeordnet werden oder sind die Bestandteile des Vertrags durch mehr als eine der spezifizierten Vertragsarten abgedeckt, so sollte der Vertrag dem Recht des Staates unterliegen, in dem die Partei, welche die für den Vertrag charakteristische Leistung zu erbringen hat, ihren gewöhnlichen Aufenthalt hat. Besteht ein Vertrag aus einem Bündel von Rechten und Verpflichtungen, die mehr als einer der spezifizierten Vertragsarten zugeordnet werden können, so sollte die charakteristische Leistung des Vertrags nach ihrem Schwerpunkt bestimmt werden.
(20) Weist ein Vertrag eine offensichtlich engere Verbindung zu einem anderen als dem in Artikel 4 Absätze 1 und 2 genannten Staat auf, so sollte eine Ausweichklausel vorsehen, dass das Recht dieses anderen Staats anzuwenden ist. Zur Bestimmung dieses Staates sollte unter anderem berücksichtigt werden, ob der betreffende Vertrag in einer sehr engen Verbindung zu einem oder mehreren anderen Verträgen steht.
(21) Kann das bei Fehlen einer Rechtswahl anzuwendende Recht weder aufgrund der Zuordnung des Vertrags zu einer der spezifizierten Vertragsarten noch als das Recht des Staates bestimmt werden, in dem die Partei, die die für den Vertrag charakteristische Leistung zu erbringen hat, ihren gewöhnlichen Aufenthalt hat, so sollte der Vertrag dem Recht des Staates unterliegen, zu dem er die engste Verbindung aufweist. Bei der Bestimmung dieses Staates sollte unter anderem berücksichtigt werden, ob der betreffende Vertrag in einer sehr engen Verbindung zu einem oder mehreren anderen Verträgen steht.
(22) In Bezug auf die Auslegung von „Güterbeförderungsverträgen" ist keine inhaltliche Abweichung von Artikel 4 Absatz 4 Satz 3 des Übereinkommens von Rom beabsichtigt. Folglich sollten als Güterbeförderungsverträge auch Charterverträge für eine einzige Reise und andere Verträge gelten, die in der Hauptsache der Güterbeförderung dienen. Für die Zwecke dieser Verordnung sollten der Begriff „Absender" eine Person bezeichnen, die mit dem Beförderer einen Beförderungsvertrag abschließt, und der Begriff „Beförderer" die Vertragspartei, die sich zur Beförderung der Güter verpflichtet, unabhängig davon, ob sie die Beförderung selbst durchführt.
(23) Bei Verträgen, bei denen die eine Partei als schwächer angesehen wird, sollte die schwächere Partei durch Kollisionsnormen geschützt werden, die für sie günstiger sind als die allgemeinen Regeln.
(24) Insbesondere bei Verbraucherverträgen sollte die Kollisionsnorm es ermöglichen, die Kosten für die Beilegung von Rechtsstreitigkeiten zu senken, die häufig einen geringen Streitwert haben, und der Entwicklung des Fernabsatzes Rechnung zu tragen. Um die Übereinstimmung mit der Verordnung (EG) Nr. 44/2001 zu wahren, ist zum einen als Voraussetzung für die Anwendung der Verbraucherschutznorm auf das Kriterium der ausgerichteten Tätigkeit zu verweisen und zum anderen auf die Notwendigkeit, dass dieses Kriterium in der Verordnung (EG) Nr. 44/2001 und der vorliegenden Verordnung einheitlich ausgelegt wird, wobei zu beachten ist, dass eine gemeinsame Erklärung des Rates und der Kommission zu Artikel 15 der Verordnung (EG) Nr. 44/2001 ausführt, „dass es für die Anwendung von Artikel 15 Absatz 1 Buchstabe c nicht ausreicht, dass ein Unternehmen seine Tätigkeiten auf den Mitgliedstaat, in dem der Verbraucher seinen Wohnsitz hat, oder auf mehrere Staaten – einschließlich des betreffenden Mit-

---

8 ABl. L 145 vom 30.4.2004, S. 1. Zuletzt geändert durch die Richtlinie 2008/10/EG (ABl. L 76 vom 19.3.2008, S. 33).

gliedstaats –, ausrichtet, sondern dass im Rahmen dieser Tätigkeiten auch ein Vertrag geschlossen worden sein muss." Des Weiteren heißt es in dieser Erklärung, „dass die Zugänglichkeit einer Website allein nicht ausreicht, um die Anwendbarkeit von Artikel 15 zu begründen; vielmehr ist erforderlich, dass diese Website auch den Vertragsabschluss im Fernabsatz anbietet und dass tatsächlich ein Vertragsabschluss im Fernabsatz erfolgt ist, mit welchem Mittel auch immer. Dabei sind auf einer Website die benutzte Sprache oder die Währung nicht von Bedeutung."

(25) Die Verbraucher sollten dann durch Regelungen des Staates ihres gewöhnlichen Aufenthalts geschützt werden, von denen nicht durch Vereinbarung abgewichen werden kann, wenn der Vertragsschluss darauf zurückzuführen ist, dass der Unternehmer in diesem bestimmten Staat eine berufliche oder gewerbliche Tätigkeit ausübt. Der gleiche Schutz sollte gewährleistet sein, wenn ein Unternehmer zwar keine beruflichen oder gewerblichen Tätigkeiten in dem Staat, in dem der Verbraucher seinen gewöhnlichen Aufenthalt hat, ausübt, seine Tätigkeiten aber – unabhängig von der Art und Weise, in der dies geschieht – auf diesen Staat oder auf mehrere Staaten, einschließlich dieses Staates, ausrichtet und der Vertragsschluss auf solche Tätigkeiten zurückzuführen ist.

(26) Für die Zwecke dieser Verordnung sollten Finanzdienstleistungen wie Wertpapierdienstleistungen und Anlagetätigkeiten und Nebendienstleistungen nach Anhang I Abschnitt A und Abschnitt B der Richtlinie 2004/39/EG, die ein Unternehmer für einen Verbraucher erbringt, sowie Verträge über den Verkauf von Anteilen an Organismen für gemeinsame Anlagen in Wertpapieren, selbst wenn sie nicht unter die Richtlinie 85/611/EWG des Rates vom 20. Dezember 1985 zur Koordinierung der Rechts- und Verwaltungsvorschriften betreffend bestimmte Organismen für gemeinsame Anlagen in Wertpapieren (OGAW)[9] fallen, Artikel 6 der vorliegenden Verordnung unterliegen. Daher sollten, wenn die Bedingungen für die Ausgabe oder das öffentliche Angebot bezüglich übertragbarer Wertpapiere oder die Zeichnung oder der Rückkauf von Anteilen an Organismen für gemeinsame Anlagen in Wertpapieren erwähnt werden, darunter alle Aspekte fallen, durch die sich der Emittent bzw. Anbieter gegenüber dem Verbraucher verpflichtet, nicht aber diejenigen Aspekte, die mit der Erbringung von Finanzdienstleistungen im Zusammenhang stehen.

(27) Es sollten verschiedene Ausnahmen von der allgemeinen Kollisionsnorm für Verbraucherverträge vorgesehen werden. Eine solche Ausnahme, bei der die allgemeinen Regeln nicht gelten, sollten Verträge sein, die ein dingliches Recht an unbeweglichen Sachen oder die Miete oder Pacht unbeweglicher Sachen zum Gegenstand haben, mit Ausnahme von Verträgen über Teilzeitnutzungsrechte an Immobilien im Sinne der Richtlinie 94/47/EG des Europäischen Parlaments und des Rates vom 26. Oktober 1994 zum Schutz der Erwerber im Hinblick auf bestimmte Aspekte von Verträgen über den Erwerb von Teilzeitnutzungsrechten an Immobilien[10].

(28) Es muss sichergestellt werden, dass Rechte und Verpflichtungen, die ein Finanzinstrument begründen, nicht der allgemeinen Regel für Verbraucherverträge unterliegen, da dies dazu führen könnte, dass für jedes der ausgegebenen Instrumente *ein anderes Recht anzuwenden* wäre, wodurch ihr Wesen verändert würde und ihr fungibler Handel und ihr fungibles Angebot verhindert würden. Entsprechend sollte auf das Vertragsverhältnis zwischen dem Emittenten bzw. dem Anbieter und dem Verbraucher bei Ausgabe oder Angebot solcher Instrumente nicht notwendigerweise die Anwendung des Rechts des Staates des gewöhnlichen Aufenthalts des Verbrauchers zwingend vorgeschrieben sein, da die Einheitlichkeit der Bedingungen einer Ausgabe oder eines Angebots sichergestellt werden muss. Gleiches sollte

---

9 ABl. L 375 vom 31.12.1985, S. 3. Zuletzt geändert durch die Richtlinie 2008/18/EG des Europäischen Parlaments und des Rates (ABl. L 76 vom 19.3.2008, S. 42).
10 ABl. L 280 vom 29.10.1994, S. 83.

bei den multilateralen Systemen, die von Artikel 4 Absatz 1 Buchstabe h erfasst werden, gelten, in Bezug auf die gewährleistet sein sollte, dass das Recht des Staates des gewöhnlichen Aufenthalts des Verbrauchers nicht die Regeln berührt, die auf innerhalb solcher Systeme oder mit dem Betreiber solcher Systeme geschlossene Verträge anzuwenden sind.

(29) Werden für die Zwecke dieser Verordnung Rechte und Verpflichtungen, durch die die Bedingungen für die Ausgabe, das öffentliche Angebot oder das öffentliche Übernahmeangebot bezüglich übertragbarer Wertpapiere festgelegt werden, oder die Zeichnung oder der Rückkauf von Anteilen an Organismen für gemeinsame Anlagen in Wertpapieren genannt, so sollten darunter auch die Bedingungen für die Zuteilung von Wertpapieren oder Anteilen, für die Rechte im Falle einer Überzeichnung, für Ziehungsrechte und ähnliche Fälle im Zusammenhang mit dem Angebot sowie die in den Artikeln 10, 11, 12 und 13 geregelten Fälle fallen, so dass sichergestellt ist, dass alle relevanten Vertragsaspekte eines Angebots, durch das sich der Emittent bzw. Anbieter gegenüber dem Verbraucher verpflichtet, einem einzigen Recht unterliegen.

(30) Für die Zwecke dieser Verordnung bezeichnen die Begriffe „Finanzinstrumente" und „übertragbare Wertpapiere" diejenigen Instrumente, die in Artikel 4 der Richtlinie 2004/39/EG genannt sind.

(31) Die Abwicklung einer förmlichen Vereinbarung, die als ein System im Sinne von Artikel 2 Buchstabe a der Richtlinie 98/26/EG des Europäischen Parlaments und des Rates vom 19. Mai 1998 über die Wirksamkeit von Abrechnungen in Zahlungs- sowie Wertpapierliefer- und -abrechnungssystemen[11] ausgestaltet ist, sollte von dieser Verordnung unberührt bleiben.

(32) Wegen der Besonderheit von Beförderungsverträgen und Versicherungsverträgen sollten besondere Vorschriften ein angemessenes Schutzniveau für zu befördernde Personen und Versicherungsnehmer gewährleisten. Deshalb sollte Artikel 6 nicht im Zusammenhang mit diesen besonderen Verträgen gelten.

(33) Deckt ein Versicherungsvertrag, der kein Großrisiko deckt, mehr als ein Risiko, von denen mindestens eines in einem Mitgliedstaat und mindestens eines in einem dritten Staat belegen ist, so sollten die besonderen Regelungen für Versicherungsverträge in dieser Verordnung nur für die Risiken gelten, die in dem betreffenden Mitgliedstaat bzw. den betreffenden Mitgliedstaaten belegen sind.

(34) Die Kollisionsnorm für Individualarbeitsverträge sollte die Anwendung von Eingriffsnormen des Staates, in den der Arbeitnehmer im Einklang mit der Richtlinie 96/71/EG des Europäischen Parlaments und des Rates vom 16. Dezember 1996 über die Entsendung von Arbeitnehmern im Rahmen der Erbringung von Dienstleistungen[12] entsandt wird, unberührt lassen.

(35) Den Arbeitnehmern sollte nicht der Schutz entzogen werden, der ihnen durch Bestimmungen gewährt wird, von denen nicht oder nur zu ihrem Vorteil durch Vereinbarung abgewichen werden darf.

(36) Bezogen auf Individualarbeitsverträge sollte die Erbringung der Arbeitsleistung in einem anderen Staat als vorübergehend gelten, wenn von dem Arbeitnehmer erwartet wird, dass er nach seinem Arbeitseinsatz im Ausland seine Arbeit im Herkunftsstaat wieder aufnimmt. Der Abschluss eines neuen Arbeitsvertrags mit dem ursprünglichen Arbeitgeber oder einem Arbeitgeber, der zur selben Unternehmensgruppe gehört wie der ursprüngliche Arbeitgeber, sollte nicht ausschließen, dass der Arbeitnehmer als seine Arbeit vorübergehend in einem anderen Staat verrichtend gilt.

(37) Gründe des öffentlichen Interesses rechtfertigen es, dass die Gerichte der Mitgliedstaaten unter außergewöhnlichen Umständen die Vorbehaltsklausel („ordre public") und Eingriffsnormen anwenden können. Der Begriff „Eingriffsnormen"

---

11 ABl. L 166 vom 11.6.1998, S. 45.
12 ABl. L 18 vom 21.1.1997, S. 1.

sollte von dem Begriff „Bestimmungen, von denen nicht durch Vereinbarung abgewichen werden kann", unterschieden und enger ausgelegt werden.
(38) Im Zusammenhang mit der Übertragung der Forderung sollte mit dem Begriff „Verhältnis" klargestellt werden, dass Artikel 14 Absatz 1 auch auf die dinglichen Aspekte des Vertrags zwischen Zedent und Zessionar anwendbar ist, wenn eine Rechtsordnung dingliche und schuldrechtliche Aspekte trennt. Allerdings sollte mit dem Begriff „Verhältnis" nicht jedes beliebige möglicherweise zwischen dem Zedenten und dem Zessionar bestehende Verhältnis gemeint sein. Insbesondere sollte sich der Begriff nicht auf die der Übertragung einer Forderung vorgelagerten Fragen erstrecken. Vielmehr sollte er sich ausschließlich auf die Aspekte beschränken, die für die betreffende Übertragung einer Forderung unmittelbar von Bedeutung sind.
(39) Aus Gründen der Rechtssicherheit sollte der Begriff „gewöhnlicher Aufenthalt", insbesondere im Hinblick auf Gesellschaften, Vereine und juristische Personen, eindeutig definiert werden. Im Unterschied zu Artikel 60 Absatz 1 der Verordnung (EG) Nr. 44/2001, der drei Kriterien zur Wahl stellt, sollte sich die Kollisionsnorm auf ein einziges Kriterium beschränken, da es für die Parteien andernfalls nicht möglich wäre, vorherzusehen, welches Recht auf ihren Fall anwendbar ist.
(40) Die Aufteilung der Kollisionsnormen auf zahlreiche Rechtsakte sowie Unterschiede zwischen diesen Normen sollten vermieden werden.
Diese Verordnung sollte jedoch die Möglichkeit der Aufnahme von Kollisionsnormen für vertragliche Schuldverhältnisse in Vorschriften des Gemeinschaftsrechts über besondere Gegenstände nicht ausschließen. Diese Verordnung sollte die Anwendung anderer Rechtsakte nicht ausschließen, die Bestimmungen enthalten, die zum reibungslosen Funktionieren des Binnenmarkts beitragen sollen, soweit sie nicht in Verbindung mit dem Recht angewendet werden können, auf das die Regeln dieser Verordnung verweisen. Die Anwendung der Vorschriften im anzuwendenden Recht, die durch die Bestimmungen dieser Verordnung berufen wurden, sollte nicht die Freiheit des Waren- und Dienstleistungsverkehrs, wie sie in den Rechtsinstrumenten der Gemeinschaft wie der Richtlinie 2000/31/EG des Europäischen Parlaments und des Rates vom 8. Juni 2000 über bestimmte rechtliche Aspekte der Dienste der Informationsgesellschaft, insbesondere des elektronischen Geschäftsverkehrs, im Binnenmarkt („Richtlinie über den elektronischen Geschäftsverkehr")[13] ausgestaltet ist, beschränken.
(41) Um die internationalen Verpflichtungen, die die Mitgliedstaaten eingegangen sind, zu wahren, darf sich die Verordnung nicht auf internationale Übereinkommen auswirken, denen ein oder mehrere Mitgliedstaaten zum Zeitpunkt der Annahme dieser Verordnung angehören. Um den Zugang zu den Rechtsakten zu erleichtern, sollte die Kommission anhand der Angaben der Mitgliedstaaten ein Verzeichnis der betreffenden Übereinkommen im Amtsblatt der Europäischen Union veröffentlichen.
(42) Die Kommission wird dem Europäischen Parlament und dem Rat einen Vorschlag unterbreiten, nach welchen Verfahren und unter welchen Bedingungen die Mitgliedstaaten in Einzel- und Ausnahmefällen in eigenem Namen Übereinkünfte mit Drittländern über sektorspezifische Fragen aushandeln und abschließen dürfen, die Bestimmungen über das auf vertragliche Schuldverhältnisse anzuwendende Recht enthalten.
(43) Da das Ziel dieser Verordnung auf Ebene der Mitgliedstaaten nicht ausreichend verwirklicht werden kann und daher wegen des Umfangs und der Wirkungen der Verordnung besser auf Gemeinschaftsebene zu verwirklichen ist, kann die Gemeinschaft im Einklang mit dem in Artikel 5 des Vertrags niedergelegten Subsidiaritätsprinzip tätig werden. Entsprechend dem ebenfalls in diesem Artikel festgelegten Grundsatz der Verhältnismäßigkeit geht diese Verordnung nicht über das zur Erreichung ihres Ziels erforderliche Maß hinaus.

---

13 ABl. L 178 vom 17.7.2000, S. 1.

(44) Gemäß Artikel 3 des Protokolls über die Position des Vereinigten Königreichs und Irlands im Anhang zum Vertrag über die Europäische Union und im Anhang zum Vertrag zur Gründung der Europäischen Gemeinschaft beteiligt sich Irland an der Annahme und Anwendung dieser Verordnung.
(45) Gemäß den Artikeln 1 und 2 und unbeschadet des Artikels 4 des Protokolls über die Position des Vereinigten Königreichs und Irlands im Anhang zum Vertrag über die Europäische Union und zum Vertrag zur Gründung der Europäischen Gemeinschaft beteiligt sich das Vereinigte Königreich nicht an der Annahme dieser Verordnung, die für das Vereinigte Königreich nicht bindend oder anwendbar ist.
(46) Gemäß den Artikeln 1 und 2 des Protokolls über die Position Dänemarks im Anhang zum Vertrag über die Europäische Union und dem Vertrag zur Gründung der Europäischen Gemeinschaft beteiligt sich Dänemark nicht an der Annahme dieser Verordnung, die für Dänemark nicht bindend oder anwendbar ist –
HABEN FOLGENDE VERORDNUNG ERLASSEN:

Vorbemerkung zu Artikel 1

1 **I.** Die nachfolgend kommentierte „**Rom I-VO**" (ABl EU 08 L 177, 6; zur Entstehungsgeschichte ausf Rauscher/v Hein Einl Rn 5 ff), mit welcher der EU-Gesetzgeber das völkervertragliche EVÜ (BGBl II 86, S 810, idF v 14.4.05, BGBl II 06, S 348) in einen Sekundärrechtsakt überführte, ist ab dem 17.12.09 (Stichtag) anwendbares Recht. Sie regelt die **Anknüpfung vertraglicher Schuldverhältnisse** (vgl die Darstellungen bei Clausnitzer/Woopen BB 08, 1798 ff; Leible/Lehmann RIW 08, 528 ff; Mankowski IHR 08, 133 ff; Magnus IPRax 10, 27 ff; Martiny ZEuP 08, 79 ff) und **gilt unmittelbar** (Art 288 II AEUV). Der Sekundärrechtsakt stellt neben der „**Rom II-VO**" (ABl EU 07 L 190, 40) einen zentralen Baustein der auf Unionsebene angestrebten Vereinheitlichung des IPR dar (hierzu Brödermann NJW 10, 807 ff; J Schmidt Jura 11, 117 ff; Staudinger/Steinrötter JA 11, 241 ff). Beide Rechtsakte sollen maßgeblich dazu beitragen, durch übereinstimmendes Kollisionsrecht im Binnenmarkt den Ausgang v Rechtsstreitigkeiten **vorhersehbarer** zu machen (jeweils Erwägungsgrund 6) und dem **forum shopping** vorzubeugen (Gebauer/Wiedmann/Nordmeier Kap 37 Rn 1). Durch das Gesetz zur Anpassung des deutschen IPR (BGBl I 09, S 1574) fasste die Legislative Art 3 Nr 1 EGBGB dahingehend neu, indem sie dort nunmehr – wenn auch lediglich deklaratorisch – auf den Anwendungsvorrang der Rom I-VO ausdrücklich hinweist. Ferner wurden die Art 27–37 EGBGB aF mit Geltung v 17.12.09 an aufgehoben und Art 29 a als Art 46 b neu gefasst. Weiterhin entfielen die Art 7–15 EGVVG ab diesem Zeitpunkt. Der deutsche Gesetzgeber schuf mit Art 46 c EGBGB schließlich eine spezielle Kollisionsnorm, welche die Durchführungsbestimmungen zur Regelung des auf Pflichtversicherungsverträge anwendbaren Rechts nach Art 7 IV lit b) enthält.

2 **II.** Der Rechtsakt bedarf **sekundärrechtlich-autonomer Auslegung** (s Vor Art 3–6 EGBGB Rn 17 f): Die am **Wortlaut** orientierte Interpretation hat dabei sämtliche Sprachfassungen der Mitgliedsstaaten zu berücksichtigen, iRd **Systematik** kommt den Rom II- sowie Brüssel I-VOen rechtsaktübergreifend besonderes Gewicht zu (Erwägungsgrund 7; s auch Bitter IPRax 08, 96 ff; Würdinger RabelsZ 75 [11], 102 ff). Im Zusammenhang mit der **Historie** sind die Materialien zur Entstehung des Rechtsaktes relevant. Die herausragende Stellung nimmt jedoch die **teleologische** Deutung ein, wobei insofern va auf die Erwägungsgründe und auf das effet utile-Prinzip abgestellt werden muss (zum Ganzen Riesenhuber/Riesenhuber Europäische Methodenlehre, 2. Aufl 2010, § 11 Rn 1 ff). Die **Auslegungshoheit** liegt laut Art 267 AEUV **beim EuGH**.

Kapitel I
Anwendungsbereich

Artikel 1 Anwendungsbereich

(1) ¹Diese Verordnung gilt für vertragliche Schuldverhältnisse in Zivil- und Handelssachen, die eine Verbindung zum Recht verschiedener Staaten aufweisen. ²Sie gilt insbesondere nicht für Steuer- und Zollsachen sowie verwaltungsrechtliche Angelegenheiten.

(2) Vom Anwendungsbereich dieser Verordnung ausgenommen sind:
a) der Personenstand sowie die Rechts-, Geschäfts- und Handlungsfähigkeit von natürlichen Personen, unbeschadet des Artikels 13;
b) Schuldverhältnisse aus einem Familienverhältnis oder aus Verhältnissen, die nach dem auf diese Verhältnisse anzuwendenden Recht vergleichbare Wirkungen entfalten, einschließlich der Unterhaltspflichten;
c) Schuldverhältnisse aus ehelichen Güterständen, aus Güterständen aufgrund von Verhältnissen, die nach dem auf diese Verhältnisse anzuwendenden Recht mit der Ehe vergleichbare Wirkungen entfalten, und aus Testamenten und Erbrecht;
d) Verpflichtungen aus Wechseln, Schecks, Eigenwechseln und anderen handelbaren Wertpapieren, soweit die Verpflichtungen aus diesen anderen Wertpapieren aus deren Handelbarkeit entstehen;
e) Schieds- und Gerichtsstandsvereinbarungen;
f) Fragen betreffend das Gesellschaftsrecht, das Vereinsrecht und das Recht der juristischen Personen, wie die Errichtung durch Eintragung oder auf andere Weise, die Rechts- und Handlungsfähigkeit, die innere Verfassung und die Auflösung von Gesellschaften, Vereinen und juristischen Personen sowie die persönliche Haftung der Gesellschafter und der Organe für die Verbindlichkeiten einer Gesellschaft, eines Vereins oder einer juristischen Person;
g) die Frage, ob ein Vertreter die Person, für deren Rechnung er zu handeln vorgibt, Dritten gegenüber verpflichten kann, oder ob ein Organ einer Gesellschaft, eines Vereins oder einer anderen juristischen Person diese Gesellschaft, diesen Verein oder diese juristische Person gegenüber Dritten verpflichten kann;
h) die Gründung von „Trusts" sowie die dadurch geschaffenen Rechtsbeziehungen zwischen den Verfügenden, den Treuhändern und den Begünstigten;
i) Schuldverhältnisse aus Verhandlungen vor Abschluss eines Vertrags;
j) Versicherungsverträge aus von anderen Einrichtungen als den in Artikel 2 der Richtlinie 2002/83/EG des Europäischen Parlaments und des Rates vom 5. November 2002 über Lebensversicherungen[1] genannten Unternehmen durchgeführten Geschäften, deren Zweck darin besteht, den unselbstständig oder selbstständig tätigen Arbeitskräften eines Unternehmens oder einer Unternehmensgruppe oder den Angehörigen eines Berufes oder einer Berufsgruppe im Todes- oder Erlebensfall oder bei Arbeitseinstellung oder bei Minderung der Erwerbstätigkeit oder bei arbeitsbedingter Krankheit oder Arbeitsunfällen Leistungen zu gewähren.

(3) Diese Verordnung gilt unbeschadet des Artikels 18 nicht für den Beweis und das Verfahren.

(4) ¹Im Sinne dieser Verordnung bezeichnet der Begriff „Mitgliedstaat" die Mitgliedstaaten, auf die diese Verordnung anwendbar ist. ²In Artikel 3 Absatz 4 und Artikel 7 bezeichnet der Begriff jedoch alle Mitgliedstaaten.

I. Damit der Rechtsanwender die VO zugrunde legen kann, muss zuerst deren Anwendungsbereich eröffnet sein. Art 1 macht insoweit **Vorgaben in sachlicher und räumlicher Hinsicht** (zu intertemporalen Einschränkungen s Art 29 Rn 1), wobei eine vorsichtige Erweiterung mit Blick auf Art 1 EVÜ zu gewärtigen ist (Palandt/Thorn Art 1 Rn 1). Flankiert wird Art 1 durch die Art 23–26, welche das Verhältnis zu anderen 1

---

[1] ABl. L 345 vom 19.12.2002, S. 1. Zuletzt geändert durch die Richtlinie 2008/19/EG (ABl. L 76 vom 19.3.2008, S. 44).

Unionsrechtsakten bzw völkerrechtlichen Übereinkommen regeln. Die wichtigste Aussage der Vorschrift liegt darin, dass sie nach ihrem Abs 1 S 1 für **vertragliche Schuldverhältnisse in Zivil- und Handelssachen** gilt, welche einen **Bezug zum Recht verschiedener Staaten** (nicht notwendig Mitgliedstaaten, s für das Verweisungsziel auch Art 2; beachte das jüngst ergangene Urt des EuGH Rs C-478/12; s zur Entscheidung Staudinger RRa 14, 10; zum „unechten Inlandsfall" s ders RRa 13, 2 ff; dazu ferner Koch RRa 13, 173 ff) haben, wobei es für einen tatsächlich reinen Inlandsfall ausreicht, dass die Rechtsordnung eines anderen Staates gewählt wird (Staud/Magnus Art 1 Rn 10). Abs 2 und 3 enthalten Ausnahmekataloge mit Rechtsgebieten, für welche die VO nicht maßgeblich sein soll. Bemerkenswert ist hier der ausdrückliche Ausschluss der cic aus der VO, welche der Rom II-VO unterfällt (Art 1II lit i; hierzu Rn 13). Schließlich definiert Abs 4 den Begriff des Mitgliedstaates iSd VO.

2 **II. 1.** In **sachlicher Hinsicht** muss nach Art 1 I S 1 eine **Zivil- und Handelssache** vorliegen. Abs 1 S 2 präzisiert dies negativ und zählt beispielhaft („insbesondere") auf, welche Gebiete nicht hierunter fallen (steuer-, zoll-, verwaltungsrechtliche Angelegenheiten). Zu diesen Materien des öffentlichen Rechts rechnet namentlich der öffentlich-rechtliche Vertrag, wohingegen die Beteiligung eines Hoheitsträgers nicht stets den Rückgriff auf die VO versperrt. Vielmehr erscheint ein **funktionales Verständnis der hoheitlichen Tätigkeit** angezeigt, so dass es darauf ankommt, ob ein Subordinationsverhältnis vorliegt oder nicht (EuGH EuZW 07, 252; Magnus IPRax 10, 27, 29; Staudinger/Steinrötter JA 11, 241, 243; zur Brüssel I-VO s. Erwägungsgrund 7; EuGH NJW 13, 446; zur Anwendbarkeit des Art 1 I Brüssel I-VO auf die Klage einer staatl Stelle wg ungerechtfertigter Bereicherung s EuGH EuZW 13, 503, 504, m Anm v Dietze EuZW 13, 506; zu Art 1 II Nr. 3 EuGVÜ, nunmehr Art. 1 II lit c Brüssel I-VO, (Angelegenheiten der sozialen Sicherheit) s OLG Köln EuZW 91, 64; eine Botschaft eines Dritt- auf dem Hoheitsgebiet eines Mitgliedstaates gilt bzgl eines Arbeitsvertrages, der in jener abgeschlossen worden ist und sich auf die Ausübung nicht hoheitlicher Befugnisse bezieht, als Niederlassung iSd Art 18 II Brüssel I-VO: EuGH RIW 12, 630). In diesem Fall gelten grds nur die Regeln des Int Öffentlichen Rechts (IÖR; s hierzu nur v Bar/Mankowski Bd I § 4; vgl auch Staud/Magnus Art 1 Rn 26).

3 **2.** Bzgl des Begriffes „**vertragliches Schuldverhältnis**" bedarf es autonomer Auslegung (Vor Art 1 Rn 2). Der Rechtsanwender muss jenes insoweit insb v außervertraglichen Schuldverhältnis, mithin v der Rom II-VO abgrenzen. Beide Sekundärrechtsakte definieren den Begriff „Vertrag" nicht. Allerdings mag man im Lichte des Erwägungsgrundes 7 insofern auf die Rspr des EuGH zum EuGVÜ zurückgreifen (Clausnitzer/Woopen BB 08, 1798, 1799; Staudinger/Steinrötter JA 11, 241, 243; Sujecki EWS 09, 310, 312; aA Leible/Lehmann RIW 08, 528, 529), wonach das **freiwillige Eingehen der Verpflichtung einer Partei ggü einer anderen** ausschlaggebend ist (EuGH RIW 94, 680; EuZW 02, 3159; EuZW 09, 489). Obwohl somit grds die privatautonome Bereitschaft der Beteiligten, sich binden zu wollen, entscheidend ist, dürfte der Spezialfall mittels Kontrahierungszwang zustande gekommener Verträge ebenfalls erfasst sein (Staud/Magnus Art 1 Rn 33 f; Palandt/Thorn Art 1 Rn 3). Insofern erscheint die EuGH-Vorgabe zu eng. Vertraglich einzuordnen sind auch einseitige Leistungsversprechen und Rechtsgeschäfte (Staud/Magnus Art 1 Rn 35). Der Umfang des Vertragsstatuts ist schließlich grds extensiv zu verstehen (Palandt/Thorn Art 1 Rn 3; Diedrich RIW 09, 378, 379 f; vgl auch Art 12). Eines tatsächlich zustande gekommenen Vertrages bedarf es nicht (arg e Art 10 I; Art 12 I lit e; Rauscher/v Hein Art 1 Rn 9).

4 **3.** Abs 2 nimmt bestimmte Schuldverhältnisse aus dem Regelungsbereich der Rom I-VO aus. Insofern muss auf andere supranationale oder innerstaatliche (ggf mit völkerrechtlichem Hintergrund) Anknüpfungsvorschriften zurückgegriffen werden. Im Einzelfall kann eine analoge Anwendung bzw die Berücksichtigung der Grundgedanken der Art 3 ff auch für die in Grds ausgeschlossenen Materien angezeigt erscheinen (Reithmann/Martiny/Martiny Rn 48 f). Der Ausnahmekatalog erfasst folgende Rechtsgebiete:

5 **a) Personenstand; Rechts-, Geschäfts-, Handlungsfähigkeit natürlicher Personen (lit a).** Eine Gegenausnahme zu den genannten Bereichen stellt Art 13 dar, welcher die diesbezügliche Gutgläubigkeit, also den Verkehrsschutz, regelt. Die Rechts-, Handlungs- und

Geschäftsfähigkeit erfasst auf der Ebene des IPR grds Art 7 EGBGB (vgl auch das Haager Erwachsenenschutzübereinkommen, BGBl II 07, S 323; zum Personenstand s ebenfalls die [nicht für alle Unionsstaaten geltende] Ehescheidungs-/Trennungs-VO [EU] Nr 1259/2010, ABl EU L 343, 10; zum Entwurf Kohler FPR 08, 193; Mansel/Thorn/Wagner IPRax 11, 1, 9 f; Rauscher/Pabst GPR 11, 41, 46). Der Ausschluss ist – ebenso wie bei lit b und c – der Tatsache geschuldet, dass die Union auf dem Gebiet des Int Familien- und Erbrechts eigenständige Rechtsinstrumente anstrebt (s nur Staud/Magnus Art 1 Rn 45 mwN).

b) Laut **lit b** sind **familienrechtliche Schuldverhältnisse** oder solche, die **vergleichbare** 6 **Wirkungen** entfalten, ebenfalls nicht in der VO geregelt. **Erwägungsgrund 8 S 1** konkretisiert den autonom zu handhabenden Begriff der Familienverhältnisse (vgl Vor Art 1 Rn 2), wonach die Verwandtschaft in gerader und in der Seitenlinie, die Ehe und die Schwägerschaft umfasst sind. In diesem Bereich bestehen supranationale bzw staatsvertragliche Regelungen, was den Ausschluss der Rechtsverhältnisse erklärt: Unterhalts-VO (EG) Nr 4/2009 (ABl EU L 7, 1; vgl auch das Gesetz zur Durchführung der EG-Unterhalts-VO v 23.5.11, BGBl I 11, S 898; Haager Unterhaltsübereinkommen v 1973 (BGBlII 86, S 825); s auch die Ehescheidungs-/Trennungs-VO (EU) 1259/2010 (vorige Rn). Ausweislich **Erwägungsgrund 8 S 2** sollen die Rechtsbeziehungen mit vergleichbarer Wirkung hingegen nach der lex fori interpretiert werden. Den scheinbaren Widerspruch jenes Erwägungsgrundes zu Art 1 II lit b, der für die Beurteilung der vergleichbaren Wirkungen auf das „auf diese Verhältnisse anzuwendende Recht" rekurriert, lässt sich im Lichte des Wortlautes und der Systematik beider Vorschriften wie folgt auflösen: Die Frage sollte nicht schlichtweg durch das Sachrecht der lex fori, sondern v denjenigen materiellen Regeln bestimmt werden, die v IPR des Forumstaates berufen wurden (Rauscher/v Hein Rn Art 1 26; Staud/Magnus Art 1 Rn 52, 56; MK/Martiny Art 1Rn 24; aA PWW/Brödermann/Wegen Art 1 Rn 12; Pfeiffer EuZW 08, 622, 623; Palandt/Thorn Art 1 Rn 8). Das betrifft va gleichgeschlechtliche Lebensgemeinschaften (Leible/Lehmann RIW 08, 528, 530; vgl auch MPI Working Group RabelsZ 71 [07], 225, 235 ff), was einen Rückgriff auf Art 17 b I EGBGB erfordert. So trägt man dem Vorrang des Art 1 II lit b ggü Erwägungsgrund 8 S 2 Rechnung, geht aber gleichzeitig konform mit dem Text letzterer Vorschrift, die allg v „Recht" spricht (Gebauer/Wiedmann/Nordmeier Kap 37 Rn 14). Für Verträge iRv nichtehelichen Lebensgemeinschaften greift die Rom I-VO grds Platz (Staud/Magnus Art 1 Rn 57).

c) Ferner regelt die VO Abreden im Bereich des **ehelichen Güterstandes, vergleichbare** 7 **Rechtsgeschäfte** sowie Schuldverhältnisse aus **Testament und Erbrecht** nicht (**lit c**). Den eheähnlichen Güterstand bestimmt wiederum dasjenige Sachrecht, welches v Kollisionsrecht der lex fori berufen wurde (Erwägungsgrund 8 S 2; vgl Rn 6), die anderen Begriffe sind autonom auszulegen (vgl Vor Art 1 Rn 2). Unter Berücksichtigung dessen dürften **ein- und zweiseitige Erbverträge** sowie **Testierverträge** nicht schuld-, sondern **erbrechtlich** zu qualifizieren sein (ebenso Staud/Magnus Art 1 Rn 62; vgl auch die Voraufl Art 37 EGBGB Rn 1). Gleiches gilt für **Schenkungen auf den Todesfall** (str; s Art 25 EGBGB Rn 7). Auch auf den Gebieten, die lit c behandelt, sollen (künftig) spezielle Sekundärrechtsakte vorrangig Berücksichtigung finden (Grünbuch zu einer Güterrechts-VO v 17.7.06, KOM [06] 400 endg; hierzu Gruber IPRax 10, 128; s inzwischen ebenfalls die entsprechenden Vorschläge der KOM: KOM [11] 126/2 [Ehegüterrecht] sowie 127/2 [Güterrecht eingetragener Partnerschaften]; Erbrechts-VO (EU) Nr 650/2012, ABl EU L 201, 107; vgl auch Vor Art 25, 26 EGBGB Rn 2 mwN).

Verpflichtungen aus (**Eigen-**)**Wechseln, Schecks** und anderen **handelbaren Wertpapieren**, sofern sich der Anspruch gerade aus deren Umlauffähigkeit (beim Inhaberpapier: 8 Besitzübertragung; beim Orderpapier: Indossament) ergibt, fallen gemäß **Art 1 II lit d** ebenfalls aus dem Anwendungsbereich der VO heraus. Die Ausnahme beruht darauf, dass diesen Sektor weithin Staatsverträge regeln (im Einzelnen: MK/Martiny Art 1 Rn 28 ff) sowie bestimmte Verbindlichkeiten in diesem Bereich teilweise als außervertraglich bewertet werden (vgl Reithmann/Martiny/Martiny Rn 54). Probleme treten iRd **Konkretisierung der „anderen handelbaren Wertpapiere"** auf. Unter „Handelbarkeit" ist zu verstehen, dass der verbriefte Anspruch mit Übertragung des Papiers übergeht (Staud/Magnus Art 1 Rn 65 ff). Grds fasst man verkehrsfähige **Konnossemente** hierunter (Erwägungsgrund 9; s auch Ferrari/Staudinger Art 5 Rn 24). Bei **Kapitaltiteln des** sog **grauen Marktes** dürfte es bereits an der wertpapiermäßigen Verbriefung fehlen (zum unionsrechtlichen Begriff des Wertpapiers: Art 4 I Nr 18 Finanzmarkt-RL 2004/39/EG, ABl EU L 145, 1), während **Ansprüche aus Prospekthaftung** richtigerweise deliktisch zu qualifizieren, mithin der Rom II-VO zuzuordnen sind (s nur v Hein, ZEuP 09, 6, 12). Die Ausnahme erstreckt sich sowohl auf Inhaber- wie Order-, sofern der fragliche Anspruch gerade aus deren Fungibilität resultiert (Rauscher/v Hein Art 1 Rn 33), nicht jedoch auf Rekta- bzw Namenspapiere (Staud/Magnus Art 1 Rn 68). Jedenfalls sind nur die **schuldrechtlichen Folgen** der spezifisch wertpapierrechtlichen Funktionen der Wertpapiere gemeint (MK/Martiny Art 1 Rn 53), während sich die **dinglichen Fragen** grds nach Int Sachenrecht („Wertpapierstatut"; s MK/Wendehorst Art 43 EGBGB Rn 194 ff) richten. Der **Kauf** derartiger Papiere unterliegt indessen der VO.

9 **Schieds- und Gerichtsstandsvereinbarungen** (sog Vereinbarungsstatut) unterliegen ebenfalls nicht der VO (**lit** e). Sie sollen als Prozessverträge dem IZVR (s etwa Art 23 Brüssel I-VO) zuzurechnen sein (Palandt/Thorn Art 1 Rn 11). Für das Zustandekommen der Abrede mag man indes auf die den Hauptvertrag beherrschende lex causae abstellen (MK/Martiny Vor Art 1 Rn 52; Art 1 Rn 57). Für letztere Abrede selbst gilt der Ausschluss freilich ebenso wenig (Rauscher/v Hein Art 1 Rn 40) wie für Schiedsklauseln (Reithmann/Martiny/Martiny Rn 58) sowie den Schiedsrichtervertrag (Palandt/Thorn Art 1 Rn 11). Im Lichte einer **gebotenen restriktiven Auslegung des Art 1 I lit e** sollte der **Ausnahmetatbestand jedoch nicht auf das Schiedsverfahren und dessen Gegenstand ausgedehnt** werden (überzeugend Mankowski RIW 11, 30 ff; aA PWW/Brödermann/Wegen Art 1 Rn 20; MK/Martiny Vor Art 1 Rn 100; Pfeiffer EuZW 08, 622, 623). Auch der Regelungszusammenhang der Rom I- mit der Brüssel I-VO (Erwägungsgrund 7) führt nicht zu einer gegenteiligen Beurteilung (so aber Rauscher/v Hein Art 1 Rn 40 mit Blick darauf, dass der IZVR-Rechtsakt auf die Schiedsgerichtsbarkeit ausweislich dessen Art 1 II lit d keine Anwendung findet). Vielmehr kann Erwägungsgrund 7 für die hier favorisierte Lösung im Verhältnis der Rom I- mit der Rom II-VO ins Feld geführt werden: Denn der EU-Gesetzgeber hat in Erwägungsgrund 8 Rom II-VO festgeschrieben, dass dieser Sekundärrechtsakt „unabhängig v der Art des angerufenen Gerichts" eingreift. Damit unterliegen auch Schiedsgerichte seinen Anknüpfungsregeln (Gebauer/Wiedmann/Staudinger Kap 38 Rn 8). Die Rom II-VO genießt daher im Verhältnis zu § 1051 ZPO Anwendungsvorrang (G Wagner IPRax 08, 1, 3). Aufgrund der gebotenen rechtsaktübergreifenden Interpretation (Erwägungsgrund 7) und den divergierenden Befunden zur Brüssel I- sowie Rom II-VO, muss hier vor dem Hintergrund des engeren sachlichen Zusammenhangs zwischen den kollisionsrechtlichen Rechtsakten das aus Erwägungsgrund 8 Rom II-VO resultierende Ergebnis übertragen werden. So verdrängen die Rom I-Regeln namentlich § 1051 ZPO (aA Hk-ZPO/Saenger § 1051 ZPO Rn 2). Schiedsgerichte können den EuGH zwar nicht unmittelbar mit Vorlagefragen befassen. Sie sind keine Gerichte im Sinne des Art 267 AEUV (Rauscher/Staudinger Einl Brüssel I-VO Rn 46). Ihnen verbleibt dennoch der Umweg über die staatlichen Spruchkörper nach § 1062 IV ZPO iVm § 1050 S 1 ZPO. Allein die Tatsache, dass ein Schiedsgericht nicht unmittelbar in einen Dialog mit dem EuGH eintreten kann, legitimiert jedenfalls keinen allg Ausschluss für die Anwendbarkeit etwa der Rom I-VO. Denkbar ist überdies, dass die staatliche Justiz die Vollstreckbarerklärung ablehnt, da nach § 1060 II 1 iVm § 1059 II Nr 2 lit b) ZPO ein Verstoß gegen den inländischen ordre public droht. Hierzu können bspw auch Fundamentalprinzipien zählen, welche in der Rom I- und II-VOen bzw über Art 23 in den kollisionsrechtlichen Regelungsgeboten der Verbraucherschutz-RLen zum Ausdruck kommen. Diskutiert wird dies derzeit im Zusammenhang mit einer Abwahl des deutschen AGB-Rechts in Inlandsfällen bei der Vereinbarung eines Schiedsverfahrens. Ein Teil der Literatur lehnt einen Verstoß gegen den ordre public mit der Konsequenz ab, dass der Schiedsspruch v den Oberlandesgerichten insoweit für vollstreckbar zu erklären ist (Pfeiffer NJW 12, 1169, 1172, 1174; Kondring RIW 10, 184 ff; Franz/Keune, VersR 13, 18).

Dem mag man insoweit zustimmen, als dass Vorschriften der §§ 305 ff, insb die Inhaltskontrolle gem § 307, keinen Bestandteil des ordre public darstellen. Diese Auffassung lässt allerdings den offensichtlichen Widerspruch zu den Fundamentalprinzipien der Rom I-VO außer Betracht. Vor allem darf nicht übersehen werden, dass abseits des rein unternehmerischen Geschäftsverkehrs Bestimmungen der Klausel- und Verbrauchsgüterkauf-RL in Bezug auf Verbrauchersachen eingreifen. Nach st Rspr zählen zur öffentlichen Ordnung ebenso eines Nationalstaats jedenfalls die unmittelbar anwendbaren Vorschriften des Primärrechts und folglich auch die Rom I-VO (mit Blick auf das Kartellrecht hat der EuGH dies bereits entscheidend: EuGH EuZW 99, 565; NJW 00, 2185), darüber hinaus ist ein staatliches Gericht bei der Aufhebung v Schiedssprüchen gleichermaßen an die RL über missbräuchliche Klauseln als lediglich zweistufiges Rechtssetzungsinstrument gebunden (vgl EuGH NJW 07, 135; EuZW 09, 852). Auszugehen ist mithin davon, dass der Rom I-VO als Sekundärrechtsakt innerhalb der Schiedsgerichtsbarkeit durchaus rechtliche Bedeutung zukommt.

Wegen **Art 1 I lit f** muss der Rechtsanwender **gesellschafts-, vereinsrechtliche** sowie das **10** **Recht der juristischen Personen** betreffende Fragen va nach dem Gesellschaftskollisionsrecht beurteilen (Gründungs- bzw Sitztheorie, s nur Bayer/Schmidt ZHR 173 [09], 735; teilweise bestehen auch Staatsverträge, va der Freundschafts-, Handels- und Schifffahrtsvertrag zwischen der BRD und den USA v 29.10.54, BGBl II 56, S 488), was trotz fehlender Vereinheitlichung innerhalb des Binnenmarktes weithin durch Primärrecht vorgegeben ist (ausf Anh II zu Art 7 EGBGB). Der Ausschluss macht Sinn, führte eine freie Wahl des Gesellschaftsstatuts doch zur Beeinträchtigung der Gläubiger/Anleger sowie staatlicher Interessen (Staud/Magnus Art 1 Rn 79). (Stille) Innen- sowie Gelegenheitsgesellschaften unterfallen hingegen grds der Rom I-VO (PWW/Brödermann/Wegen Art 1 Rn 21; Palandt/Thorn Art 1 Rn 12). Gleiches gilt für den Kauf eines Unternehmens in Form eines share oder asset deals (Rauscher/v HeinArt 1 Rn 43).

Mit **Abs 3** wird die Frage nach der Möglichkeit (dem „ob"), einen Dritten qua **11** **rechtsgeschäftlicher** wie (bei juristischen Personen zusätzlich) **organschaftlicher Stellvertretung** verpflichten zu können, v Anwendungsbereich der VO ausgenommen. Dazu gehören auch **Rechtsscheinsvollmachten** (Palandt/Thorn Art 1 Rn 13; s hierzu ausf Bach IPRax 11, 116 sowie Anh I zu Art 7 EGBGB). Eine Anknüpfung an das Hauptvertragsstatut ist mit Blick auf die Rechtswahlmöglichkeit und der damit ggf einhergehenden uneinheitlichen Anknüpfung der Vertretungsmacht nicht zweckdienlich (Rauscher/v Hein Art 1 Rn 48). Der VO-Entwurf sah in seinem Art 7 noch die Regelung eines Int Stellvertretungsrecht vor (KOM [05] 650 endg, S 8). Insofern wurde während der Entstehung des Rechtsaktes aber kein Konsens gefunden (vgl Reithmann/Martiny/ Martiny Rn 61). Während die „normale" ebenso wie die Rechtsscheinsvollmacht der §§ 170 ff BGB autonom vertraglich zu qualifizieren und damit wegen des og Ausschlusses nach nationalem IPR (rechtsgeschäftlich: Anknüpfung an den Gebrauchsort der Vollmacht; organschaftlich: Anknüpfung das Personalstatut der juristischen Person, Anhang I zu Art 7 EGBGB Rn 2 f; Koch/Magnus/Winkler v Mohrenfels § 5 Rn 78) anzuknüpfen sind, unterliegen die Institute der Anscheins- sowie Duldungsvollmacht wegen ihres außervertraglichen Charakters der Rom II-VO (Bach IPRax 11, 116, 118 ff). V Ausnahmetatbestand **unberührt bleiben** hingegen das **Rechtsgeschäft zwischen Vertreter und Vertretenem** (zB Auftrag) sowie das **zwischen Letzterem und dem Dritten** (MK/Martiny Art 1 Rn 68 f). Insofern greift die Rom I-VO Platz. Die Eigenhaftung erfasst lit i (Rauscher/v Hein Art 1 Rn 49).

Bei **Trusts** und im Zusammenhang damit stehenden Rechtsbeziehungen greift man aus- **12** weislich lit h nicht auf die Rom I-VO zurück. Angemessen ist insofern eine **stiftungsrechtliche Qualifikation**, bei welcher die analoge Anwendung der gesellschaftskollisionsrechtlichen Regeln angezeigt erscheint (Staud/Magnus Art 1 Rn 93; s auch Reithmann/Martiny/Martiny Rn 62 ff; eingehend dazu Kohler Das Kollisionsrecht der Stiftungen aus der Sicht des Internationalen Privat- und Verwaltungsrechts, 11).

Auch **Schuldverhältnisse aus Verhandlungen vor Vertragsschluss** erfasst nach **Abs 2** **13** **lit i** grds nicht der kommentierte Sekundärrechtsakt, sondern Art 12 Rom II-VO (s die Kommentierung dort), wie Erwägungsgrund 10 betont. Wegen der akzessorischen Anknüpfung des Art 12 I Rom II-VO ist freilich regelmäßig dennoch das Vertragsstatut maßgeblich. Der Ausschluss beinhaltet die **Verletzung v Offenlegungspflichten** (aA offenbar Leible/Lehmann RIW 07, 721, 733) sowie den **Abbruch v Vertragsverhandlungen** ohne triftigen Grund (Erwägungsgrund 30 S 2 Rom II-VO). Damit hat der Sekundärrechtsgeber den Streit, ob bei der culpa in contrahendo eine vertragliche oder deliktische Qualifikation vorzunehmen ist, zG des letzteren Ansatzes entschieden (so zum IZVR bereits EuGH NJW 02, 3159; s ebenfalls v Hein GPR 07, 54; Lüttringhaus RIW 08, 193). Verhalten vor Vertragsschluss, das keine „Verhandlung" iSd Unionsrechtsaktes darstellt, aber nach deutscher Terminologie der cic zugeordnet würde (bspw das Ausrutschen im Kaufhaus wegen einer Wasserlache), ist ebenfalls deliktisch zu qualifizieren. Es unterfällt aber weder Art 1 II lit i noch (hins der objektiven Anknüpfung) Art 12 Rom II-VO, sondern Art 4 Rom II-VO (Staudinger/Steinrötter JA 11, 241, 243; G Wagner IPRax 08, 1, 12 f). Gleiches gilt, sofern ein Beteiligter während der Verhandlungen einen Personenschaden erleidet (Erwägungsgrund 30 S 4 Rom II-VO).

14 Bestimmte Versicherungsverträge betreffend die **betriebliche Altersvorsorge, Kranken- sowie Unfallversicherung** fallen gemäß **lit j** aus dem Anwendungsbereich heraus, während ansonsten Art 7 greift (ausf etwa Rauscher/v Hein Art 1 Rn 59).

15 Schließlich ordnet **Art 1 III** an, dass der Sekundärrechtsakt nicht den **Beweis und das Verfahren** regelt. Insofern gilt das Verfahrensrecht der lex fori (s auch Art 1 Rom II-VO Rn 12). Während dieser Ausschluss bzgl des Verfahrens in toto wirkt, gilt er für den Beweis innerhalb der Reichweite des **Art 18** (gesetzliche Vermutungen; Beweislast) nicht.

16 **III. Räumlich** findet die VO in **sämtlichen Mitgliedstaaten der EU** mit Ausnahme Dänemarks Anwendung. Das folgt aus **Art 1 IV**, wonach „Mitgliedstaat" iSd VO nur diejenigen Mitgliedstaaten bezeichnet, „auf" welche der Sekundärrechtsakt anwendbar ist (krit zur Formulierung Rauscher/v Hein Art 1 Rn 66). **Dänemark** beteiligt sich gemäß **Erwägungsgrund 46 nicht an der Annahme der VO** (entgegen seinem Erwägungsgrund 45 beansprucht Rom I-VO ebenfalls für das Vereinigte Königreich Geltung, s die KOM-Entscheidung v 22.12.08 über den Aufnahmeantrag, 2009/26/EG, ABl EU L 10, 22). Der dänische Rechtsanwender muss somit weiterhin das EVÜ zugrunde legen, da die hieraus resultierende völkerrechtliche Verpflichtung weiterbesteht (vgl Art 24). Für die übrigen Mitgliedstaaten ist die Rom I-VO selbst bei Bezug zu Dänemark maßgeblich, da Abs 1 die „Verbindung zum Recht verschiedener Staaten" gerade nicht auf Mitgliedstaaten beschränkt und Art 2 auch für die Verweisungsebene keine derartige Restriktion enthält (Martiny RIW 09, 737, 739 f; Staudinger/Steinrötter JA 11, 241, 242; aA Brödermann NJW 10, 807, 810: Direkte Anwendung des EVÜ wegen des völkerrechtlichen Grds pacta sunt servanda; dies vorsichtig erwägend Staudinger AnwBl 08, 8, 9, jedoch mit Blick auf die seinerzeit noch bestehenden Art 27 ff EGBGB). Ferner ist die VO ausweislich Erwägungsgrund 46 „für" und nicht „bezüglich" Dänemark unanwendbar (Gebauer/Wiedmann/Nordmeier Kap 37 Rn 23). Abs 4 S 2 sieht eine Ausnahme hinsichtlich der Binnenmarktklausel des Art 3 IV sowie der Sonderkollisionsnorm des Art 7 vor. Insoweit muss man Dänemark mithin als Mitgliedstaat iSd Rom I-VO ansehen. Die EWR-Staaten Island, Liechtenstein und Norwegen unterliegen schließlich nicht dem Regime des Sekundärrechtsaktes (vgl Rauscher/v Hein Art 1 Rn 74, 77; vgl auch Art 7 Rn 12).

Artikel 2 Universelle Anwendung

Das nach dieser Verordnung bezeichnete Recht ist auch dann anzuwenden, wenn es nicht das Recht eines Mitgliedstaats ist.

1 Die VO enthält **grds allseitige IPR-Bestimmungen**, sie ist eine „loi uniforme" (bereits Art 1 I beschränkt sich nicht auf Mitgliedstaaten; s Art 1 Rn 16) und damit auch dann maßgeblich, sofern die Auslandsberührung hinsichtlich nicht-mitgliedstaatlicher Länder (hierzu gehört auch Dänemark, Art 1 Rn 16) erfolgt. Im Ggs zu Art 1 IV, der festsetzt, für welche Mitgliedstaaten die VO gilt, **stellt Art 2 für das Verweisungsziel klar**,

dass bei int Zuständigkeit eines mitgliedstaatlichen Gerichtes (ermittelt etwa über die Brüssel I-VO) die Anknüpfung dazu führen kann, dass **drittstaatliches materielles Recht** (Art 20: Sachnormverweis) zur Anwendung berufen wird. Ggü in concreto unerwünschtem drittstaatlichen Recht sieht die VO unterschiedliche Schutzinstrumente vor (Art 3 III, IV; 5 ff; 9; 21).

Kapitel II
Einheitliche Kollisionsnormen
Artikel 3 Freie Rechtswahl

(1) ¹Der Vertrag unterliegt dem von den Parteien gewählten Recht. ²Die Rechtswahl muss ausdrücklich erfolgen oder sich eindeutig aus den Bestimmungen des Vertrags oder aus den Umständen des Falles ergeben. ³Die Parteien können die Rechtswahl für ihren ganzen Vertrag oder nur für einen Teil desselben treffen.

(2) ¹Die Parteien können jederzeit vereinbaren, dass der Vertrag nach einem anderen Recht zu beurteilen ist als dem, das zuvor entweder aufgrund einer früheren Rechtswahl nach diesem Artikel oder aufgrund anderer Vorschriften dieser Verordnung für ihn maßgebend war. ²Die Formgültigkeit des Vertrags im Sinne des Artikels 11 und Rechte Dritter werden durch eine nach Vertragsschluss erfolgende Änderung der Bestimmung des anzuwendenden Rechts nicht berührt.

(3) Sind alle anderen Elemente des Sachverhalts zum Zeitpunkt der Rechtswahl in einem anderen als demjenigen Staat belegen, dessen Recht gewählt wurde, so berührt die Rechtswahl der Parteien nicht die Anwendung derjenigen Bestimmungen des Rechts dieses anderen Staates, von denen nicht durch Vereinbarung abgewichen werden kann.

(4) Sind alle anderen Elemente des Sachverhalts zum Zeitpunkt der Rechtswahl in einem oder mehreren Mitgliedstaaten belegen, so berührt die Wahl des Rechts eines Drittstaats durch die Parteien nicht die Anwendung der Bestimmungen des Gemeinschaftsrechts – gegebenenfalls in der von dem Mitgliedstaat des angerufenen Gerichts umgesetzten Form –, von denen nicht durch Vereinbarung abgewichen werden kann.

(5) Auf das Zustandekommen und die Wirksamkeit der Einigung der Parteien über das anzuwendende Recht finden die Artikel 10, 11 und 13 Anwendung.

I. 1. Im Int Schuldvertragsrecht herrscht der **Grds der Rechtswahlfreiheit**, welcher 1 einen zentralen „Eckstein" der Rom I-VO (vgl Erwägungsgrund 11) und damit keine bloße „Verlegenheitslösung" darstellt (so seinerzeit Kegel/Schurig § 18 I 1 c; zur Parteiautonomie im europäischen IPR allg G Rühl FS Kropholler, 08, S 187 ff; s auch Basedow RabelsZ 75 [11], 32; Maultzsch RabelsZ 75 [11], 60). IRd Ermittlung des anwendbaren Rechts hat die Prüfung der subjektiven Vorrang vor der objektiven Anknüpfung. Die **kollisionsrechtliche Verweisung** des **Abs 1** (in Abgrenzung zur „materiellrechtlichen Rechtswahl" [Privatautonomie], durch welche die Parteien auf der Ebene des Sachrechts allein die dispositiven Bestimmungen abbedingen; so in Abs 3, Rn 7) verdrängt die objektiv maßgebliche Rechtsordnung grds vollständig, dh mitsamt ihres (einfachen) ius cogens. Allg **Grenzen der Parteiautonomie** ergeben sich aus den **Abs 3, 4** (s Rn 7 f auch zu speziellen Restriktionen der Art 5 ff; 9; Art 46 b EGBGB). Obgleich das Vertragsstatut zuvor bereits objektiv oder subjektiv bestimmt war, können die Parteien sich auch nachträglich auf die Anwendbarkeit einer bestimmten Rechtsordnung einigen (**Abs 2**; Rn 5). Zustandekommen und Wirksamkeit der Rechtswahlabrede regelt **Abs 5** (Rn 10).

2. Die Vertragsgegner können **grds jede beliebige Rechtsordnung** bestimmen. Nicht er- 2 forderlich ist eine besondere (objektive) Beziehung zu oder gar ein anzuerkennendes Interesse an dem ausgewählten Recht; es mag daher auch dann zugrunde gelegt werden, wenn weder der Vertrag noch die Parteien Bezugspunkte hierzu aufweisen (Rauscher/v Hein Art 3 Rn 47; Reithmann/Martiny/Martiny Art 3 Rn 92; Gebauer/Wiedmann/ Nordmeier Kap 37 Rn 25; jurisPK-BGB/Ringe Art 3 Rn 32; Palandt/Thorn Art 3

Rn 4). Allerdings muss es sich um **geltendes staatliches Recht** handeln; die **kollisionsrechtliche Verweisung auf allg Rechtsgrds bzw nichtstaatliche Vorschriften** (zB lex mercatoria; FIFA-Regeln, hierzu BG Lausanne IPRax 07, 230 ff m Anm Kondring IPRax 07, 241 ff; INCOTERMS, s dazu auch Art 5 Rn 11; UNIDROIT bzw Lando Principles, hierzu Mankowski RIW 05, 491; ders RIW 03, 12, 15; Martiny ZEuP 06, 60, 68; zu den erweiterten UNIDROIT Principles 04 s Brödermann RIW 04, 721; zur islamischen Scharia: Bälz IPRax 05, 44 ff; Mankowski RIW 05, 491) wurde zwischenzeitlich zwar diskutiert (vgl Leible/Lehmann RIW 08, 528, 533; Mankowski IHR 08, 133, 136; R Wagner IPRax 08, 377 ff), **bleibt de lege lata aber unzulässig** (Calliess/Calliess Rome Regulations Art 3 Rn 33; Rühl, FS Kropholler, 08, 187, 189 f; Staudinger/Steinrötter JA 11, 241, 244 Fn 51; Palandt/Thorn Art 3 Rn 4; krit ob der fehlenden Wahlmöglichkeit nichtstaatlichen Rechts Schinkels GPR 07, 106). Diesem auf der Historie beruhenden Befund steht auch Erwägungsgrund 13 nicht entgegen, welcher grds erlaubt, auf nichtstaatliches Recht oder ein int Übereinkommen „Bezug zu nehmen". Hierbei handelt es sich aber um keine echte Rechtswahl, sondern eine materiellrechtliche Verweisung (PWW/Brödermann/Wegen Art 3 Rn 4; Leible/Lehmann RIW 08, 528, 533; Mankowski IHR 08, 133, 136), mit der Folge, dass ihr Aussagegehalt zum Vertragsinhalt wird. Dieser bleibt allerdings denjenigen Schranken unterworfen, welche sich aus den zwingenden Vorschriften des jeweiligen objektiven Vertragsstatuts ergeben. Möglich erscheint indessen eine Kombination aus materiellsowie kollisionsrechtlicher Rechtswahl, sofern Letztere staatliche Vorschriften in Bezug nimmt (Staud/Magnus Art 3 Rn 40). Sollte der **Common Frame of Reference** (CFR; vgl v Bar/Clive/Schulte-Nölke/u a, Principles, Definitions and Model Rules of European Private Law – Draft Common Frame of Reference [DCFR], 08; vgl Looschelders/Makowsky GPR 11, 106; Maultzsch GPR 11, 114; Reich/Micklitz EWS 11, 113; Schmidt-Kessel GPR 11, 105 sowie MPI Working Group RabelsZ [11], 371) hingegen künftig in eine Empfehlung iSd Art 288 V AEUV eingestellt oder als optionales Instrument in Form einer VO verabschiedet werden, welche sich auf Art 288 II, 352 AEUV stützt, ist seine kollisionsrechtliche Wahl zulässig (vgl Leible BB 08, 1469 ff; ders NJW 08, 2558 ff; Staudinger VuR 01, 358 f). Erwägungsgrund 14 legt jedoch nahe, dass diese nicht gem Art 3 erfolgt, sondern über IPR-Bestimmungen des Rechtsaktes selbst. Rechtstechnisch gehen diese dann wohl über Art 23 vor (PWW/Brödermann/Wegen Art 3 Rn 5; Rauscher/v Hein Art 3 Rn 58). Formulieren die Parteien in einer **negativen Rechtswahlabrede**, dass bestimmte Rechtsordnungen nicht berufen sein sollen, hat die Ermittlung des Vertragsstatuts unter Ausschluss jenes Rechts objektiv zu erfolgen, im Zweifel nach Art 4 III (Reithmann/Martiny/Martiny Rn 87). Ebenso zulässig erscheint im Lichte der grds verbürgten Rechtswahlmöglichkeit ex post (Rn 5) die **unter eine Bedingung gestellte Ausübung der Parteiautonomie** (MK/Martiny Art 3 Rn 17 f; jurisPK-BGB/Ringe Art 3 Rn 10; zu sog „Floating" Choice of Law Clauses ausf Rauscher/v Hein Art 3 Rn 72).

3 3. Die Rechtswahl erfolgt gem **Abs 1 S 2** durch **konkludente** (dazu Leible/Lehmann RIW 08, 532 f) oder **ausdrückliche Erklärung**, etwa mittels Formularabrede (Rauscher/v Hein Art 3 Rn 6; Martiny ZEuP 08, 79, 88). Ungeklärt ist bisher, ob die **Auslegung der Abrede** nach der lex fori (erwogen v MK/Martiny Art 3 Rn 44, 72), nach Grds ergänzender Vertragsauslegung unter Berücksichtigung der von den Parteien in Ansatz gebrachten Bewertungsmaßstäben (Palandt/Thorn Art 3 Rn 6) oder einzelfallabhängig auch nach der lex causae, dem gem Art 10 ermittelten Recht respektive nach Maßgabe **autonomer Auslegung** (PWW/Brödermann/Wegen Art 3 Rn 7) erfolgen sollte. Letzteres ist vorzugswürdig (ebenso Rauscher/v Hein Art 3 Rn 9; Staud/Magnus Art 3 Rn 66; jurisPK-BGB/Ringe Art 3 Rn 14; das räumt auch MK/Martiny Art 3 Rn 44 f ein [„soweit möglich"]; vgl Vor Art 1 Rn 2). Art 3 I 2 fordert für die stillschweigende Rechtswahl, dass der Vertrag oder die Einzelfallumstände (Verhalten, realer, bekundeter Parteiwille) „**eindeutig**" die Vereinbarung einer Rechtswahlabrede ergeben (die Formulierung v Art 3 I 2 EVÜ – „mit hinreichender Sicherheit" – legt demggü niedrigere Hürden für die Bejahung der konkludenten Einigung nahe; ebenso Magnus IPRax 10, 27, 33; jurisPK-BGB/Ringe Art 3 Rn 17; aA wohl Einsele WM 09, 289, 290). Damit soll der Tendenz der großzügigen Annahme stillschweigender Vereinbarungen über das Recht des Forums seitens einiger Spruchkörper entgegengewirkt werden (Leible/Lehmann RIW 08, 528, 532). Unerheblich ist demnach ein bloß hypothetischer, nicht nach außen getretener Parteiwille (Calliess/Calliess Rome Regulations Art 3 Rn 23; Rauscher/v Hein Art 3 Rn 11; Staud/Magnus Art 3 Rn 47, 71; Reithmann/Martiny/Martiny Rn 114). **Ausschließliche mitgliedstaatliche** (für eine gleichwertige Erweiterung ebenfalls auf drittstaatliche: PWW/Brödermann/Wegen Art 3 Rn 9; Leible/Lehmann RIW 08, 528, 533; Gebauer/Wiedmann/Nordmeier Kap 37 Rn 27 f) **Gerichtsstandsvereinbarungen** stellen gem Erwägungsgrund 12 einen zu berücksichtigenden Faktor dar (Staudinger/Steinrötter JA 11, 241, 244; vgl zum alten Recht BGH NJW 96, 2569; OLG Frankfurt aM RIW 98, 477; konkurrierende Zuständigkeitsabreden sind demnach unerheblich). Diesem eigens aufgeführten Hinweis dürfte idR größeres Gewicht zukommen als anderen (Staud/Magnus Art 3 Rn 76; Mankowski IHR 08, 133, 135), er ist mehr als ein bloßer „Merkposten" (so aber Pfeiffer EuZW 08, 622, 624). Aus prozessökonomischen Gründen macht der dadurch oftmals geschaffene Gleichlauf v „forum" und „ius" Sinn (Lando/Nielsen CMLR 08, 1687, 1699). Weitere **Indizien für die stillschweigende Ausübung der Parteiautonomie** ergeben sich regelmäßig aus einzelnen Vertrags-, wie etwa einer Schiedsklausel zugunsten eines institutionellen Schiedsgerichts mit ständigem Sitz (PWW/Brödermann/Wegen Art 3 Rn 12; Rauscher/v Hein Art 3 Rn 28 ff; Palandt/Thorn Art 3 Rn 7), ferner die Bezugnahme auf nationale Rechtsvorschriften (MK/Martiny Art 3 Rn 57; vgl auch BGH NJW 04, 3708; BAG NZA 03, 340), namentlich im Prozess (Reithmann/Martiny/Martiny Rn 121; insb bei Zugrundelegen inländischen Rechts soll dies jedoch ein entspr Erklärungs- [dh Rechtswahl-]bewusstsein erfordern, vgl Hohloch/Kjelland IPRax 02, 33; ein derartiges aktuelles Bewusstsein ist hingegen ebenso wenig wie bei Willenserklärungen im Allgemeinen notwendig, vgl BGHZ 91, 324; 109, 177) sowie frühere bzw andere bestehende Abreden zwischen den Parteien, die kraft subjektiver Anknüpfung einer bestimmten Rechtsordnung unterlagen (Calliess/Calliess Rome Regulations Art 3 Rn 45; PWW/Brödermann/Wegen Art 3 Rn 7; 14; Rauscher/v Hein Art 3 Rn 31). Dem Ort oder der Sprache des Abschlusses des Rechtsgeschäfts (Reithmann/Martiny/Martiny Rn 126) kommt demggü ebenso wie der Währung eine lediglich untergeordnete Bedeutung zu (Palandt/Thorn Art 3 Rn 7; jurisPK-BGB/Ringe Art 3 Rn 21; s aber auch LG Heidelberg IPRax 05, 42). Gleiches gilt für die gemeinsame Staatsangehörigkeit der Parteien, wohingegen dasselbe Domizil schon stärkere Indizwirkung hat (PWW/Brödermann/Wegen Art 3 Rn 15). Ebenfalls grds beachtlich ist ein einheitlicher Erfüllungsort (vgl OLG Köln NJW-RR 1995, 245, 246; für eine eher untergeordnete Bedeutung Staud/Magnus Art 3 Rn 96). Die Reihenfolge der Alternativen in Art 3 I 2 (Vertrag/Einzelfallumstände) lässt einen Rückschluss auf die Relevanz der Indizien zu: Erst wenn diejenigen aus dem Text der Abrede nicht weiterhelfen, gewinnen außerhalb dessen liegende Umstände an Bedeutung (zutreffend Rauscher/v Hein Art 3 Rn 18). Fehlen insgesamt greifbare Anhaltspunkte, so bestimmt sich das Vertragsstatut nach den jeweils einschlägigen objektiven Rechtsanwendungsregeln (Art 4 ff).

4. Gem **Abs 1 S 3** steht es den Parteien frei, ausdrücklich oder konkludent (Rn 3), bei 4 Abschluss des Rechtsgeschäfts oder später (Rn 5) nur einen Teil des Vertrages der Rechtswahlvereinbarung zu unterstellen bzw für einzelne Ausschnitte des Rechtsgeschäfts unterschiedliche Rechtsordnungen zu wählen. Indes dürfte eine solche kollisionsrechtliche Zersplitterung (dépeçage) in der Praxis allein in Ausnahmekonstellationen den Interessen der Parteien entsprechen (Aubart, Die Behandlung der dépeçage im europäischen Internationalen Privatrecht; Calliess/Calliess Rome Regulations Art 3 Rn 48; jurisPK-BGB/Ringe Art 3 Rn 23; zu möglichen Anwendungsfällen Staud/Magnus Art 3 Rn 106). Stets setzt eine **Teilrechtswahl** die Trennbarkeit des betreffenden Vertragselements voraus (man mag sich hier an Art 12 orientieren, MK/Martiny Art 3 Rn 70); die Rechtsspaltung darf insb nicht zu widersprüchlichen Ergebnissen führen (Palandt/Thorn Art 3 Rn 10; bspw müssen nach EuGH EuZW 09, 822, 825 die Bestimmungen über die Verjährung eines Anspruchs derselben Rechtsordnung angehören, welche für die entsprechende Verpflichtung gilt). Mit Blick auf Art 14 Rom II-VO, der eine dépéçage nicht vorsieht (vgl Erwägungsgrund 7), erscheint im Lichte des Grds singularia non sunt extendenda eine **enge Auslegung geboten** (Rauscher/v Hein Art 3 Rn 75; aA jurisPK-BGB/Ringe Art 3 Rn 24: großzügige Handhabung der Abspaltbarkeit vor dem Hintergrund der Parteiautonomie). Um dem Rechnung zu tragen, mag etwa die Vereinbarung zweier Rechtsordnungen im Zweifel eine kollisionsrechtliche und eine damit verknüpfte materiellrechtliche Rechtswahl implizieren (ausf Reithmann/Martiny/Martiny Rn 97). In diesem Sinne kann man zudem andenken, die partielle Rechtswahl nicht auf diejenigen Konstellationen zu erstrecken, in denen die Umgehung ausl Eingriffsrechts (fraus legis) droht (so Rauscher/v Hein Art 3 Rn 81). Das kann der Fall sein, wenn die in Rede stehenden int zwingenden Bestimmungen nicht solche des Erfüllungsortsrechts darstellen (vgl den Wortlaut von Art 9 III 1). Gleichwohl sollte ein Ausweichen vor int zwingenden Regeln nur in Extremfällen als Rechtswahlschranke in Betracht kommen (vgl MK/Martiny Art 3 Rn 11). Eingriffsnormen des Forumstaates setzen sich hingegen über Art 9 I ohne weiteres durch, einfaches ius cogens schützen die Abs 3, 4 hinreichend, so dass die Umgehung inländischen Eingriffsrechts nicht droht. Der **nicht v der Teilrechtswahl erfasste Vertragsteil** unterliegt grds der **objektiven Anknüpfung** nach Art 4 (PWW/Brödermann/Wegen Art 3 Rn 19; Reithmann/Martiny/Martiny Rn 94; im Einzelfall kann die Teilrechtswahl einen stillschweigenden Parteiwillen dahingehend indizieren, dass der Vertrag jenem Recht in Gänze unterstehen soll). Verneint man die Abspaltbarkeit, gilt dasselbe.

5 **5.** Eine Rechtswahlvereinbarung ist laut **Abs 2 S 1** (iVm Abs 1 S 3 auch teilweise) nicht nur bei Vertragsabschluss, sondern auch zu jedem späteren Zeitpunkt (ausdrücklich oder stillschweigend) zulässig (**Wandelbarkeit des Vertragsstatuts**). Zuvor mag ein anderes Recht gewählt worden oder qua objektiver Anknüpfung zur Anwendung gekommen sein. Die **nachträgliche Rechtswahl** kann ebenfalls stillschweigend im Prozess erfolgen, zB wenn die Parteien sich übereinstimmend mit entsprechendem Erklärungsbewusstsein auf eine Rechtsordnung berufen (vgl BGHZ 119, 396; Palandt/Thorn Art 3 Rn 8; der Bezugnahme auf Vorschriften kann mitunter aber auch lediglich auf der Sachrechtsebene Bedeutung zukommen). Entscheidend für die Zulässigkeit der nachträglichen Rechtswahl sind die IPR-Normen der lex fori (Reithmann/Martiny/Martiny Rn 130). Der durch spätere Rechtswahl eintretende **Statutenwechsel wirkt iZw rückwirkend**, so dass die mit einem solchen normalerweise einhergehenden Probleme nur begrenzt auftreten (Reithmann/Martiny/Martiny Rn 130; Palandt/Thorn Art 3 Rn 11; zum alten Recht: LG Heidelberg IPRax 05, 42 f; Kropholler § 52 II 4). Die einmal begründete Formgültigkeit des Vertrages sowie bereits entstandene Rechte Dritter (hierzu MK/Martiny Art 3 Rn 83 ff) bleiben gem **Abs 2 S 2** jedoch unberührt. Allerdings ist denkbar, dass ein zunächst der Form nicht genügender Vertrag ex tunc wirksam wird (Heilung über den Statutenwechsel), sofern die nachträglich vereinbarte Rechtsordnung insofern niedrigere Voraussetzungen aufstellt (MK/Martiny Art 3 Rn 82). Im Einzelfall **mag der Parteiwille** freilich **ergeben**, dass eine **ex nunc-Wirkung** gewollt ist (Rauscher/v Hein Art 3 Rn 95; MK/Martiny Art 3 Rn 80).

6 **II.** Die Rechtswahl unterliegt gewissen **Einschränkungen**. Zu beachten ist dabei zunächst, dass jene stets (auch in einer Formularabrede) dem **Bestimmtheitsgebot** und damit **einem Mindestmaß an Transparenz** genügen muss (zustimmend H Roth IPRax 13, 515, 522). Wählen die Parteien das Recht eines Staates, dessen Zivilrecht territorial gespalten ist (vgl Art 22), ohne dabei die maßgebliche Teilrechtsordnung zu benennen, so ist der gewünschte Gebietsbezug durch Auslegung zu ermitteln (zur Wahl „amerikanischen Rechts" s OLG München IPRax 83, 120 m Anm Jayme, 105; vgl auch BGH NJW 03, 3486, IPRax 05, 150 f; in dieser Entscheidung hat der BGH wohl unzutreffend angenommen, der Verstoß gegen das Bestimmtheitsgebot lasse sich heilen; so aber auch Jayme/Kohler IPRax 01, 512; zur Entscheidung s die Anm v Staudinger in IPRax 05, 129 ff). Abgesehen davon sowie den Grenzen in **Abs 3 und 4** bleiben die int zwingenden Vorschriften des deutschen Rechts nach der Öffnungsklausel des **Art 9 II** (Art 9 Rn 5 ff) v der Rechtswahl unberührt. Ausl Eingriffsnormen können im Einzelfall nach Maßgabe des **Art 9 III** (Art 9 Rn 9 ff) zur Anwendung gelangen. Auch sind ggf die **Art 5 II UAbs 2, 6 II, 7 III, 8 I** (Art 5 Rn 14 ff; Art 6 Rn 14 ff; Art 7 Rn 13 ff; Art 8 Rn 4 ff)

bzw **Art 46 b EGBGB** (Art 46 b EGBGB Rn 13, 17, 27) zu beachten. Restriktionen mögen sich ebenso kraft der allg Vorbehaltsklausel gem **Art 21** (aA Palandt/Thorn Art 3 Rn 4) ergeben. Die praktische Relevanz dieses „Notankers" dürfte im Int Schuldvertragsrecht jedoch gering sein.

1. **Reine Inlandssachverhalte** unterliegen den Grenzen des **Abs 3**. Weist der Sachverhalt 7 im Zeitpunkt der Rechtswahl lediglich einen (kollisionsrechtlich relevanten) Bezug zu einem einzigen Staat (nicht zwingend: Forumstaat) auf, können die Parteien zwar iRd sachrechtlichen Privatautonomie eine ausl Rechtsordnung für anwendbar erklären (s Rn 1; die Verständigung auf fremdes Recht reicht für das Erfordernis „Verbindung zum Recht verschiedener Staaten" in Art 1 I aus, s MK/Martiny Art 3 Rn 20, 88). V der Rechtswahl bleiben jedoch ausweislich Art 3 III die im ersten Staat geltenden zwingenden Vorschriften unberührt, so dass jene insoweit lediglich eine materiellrechtliche Wirkung entfaltet (PWW/Brödermann/Wegen Art 3 Rn 3; Gebauer/Wiedmann/Nordmeier Kap 37 Rn 33; Staudinger/Steinrötter 11, 241, 244; zur Abgrenzung v intern und int zwingenden Regeln: Erwägungsgrund 37 S 2). Das gilt losgelöst v dem Umstand, ob die Parteien in concreto zusätzlich eine Gerichtsstandsvereinbarung getroffen haben (Erwägungsgrund 15 S 2). Bereits unter dem Regime des EGBGB war str, welche weiteren grenzüberschreitenden Elemente einen Auslandssachverhalt statuieren, was mutatis mutandis für die Rom I-VO gilt: So findet Abs 3 zumindest dann keine Anwendung, wenn es sich um Bezüge handelt, welche iRd objektiven Anknüpfung gem Art 4 ausschlaggebend wären (Calliess/Calliess Rome Regulations Art 3 Rn 53). Ein ausl Erfüllungsort vermag ebenso einen Inlandssachverhalt auszuschließen (Staud/Magnus Art 3 Rn 138; MK/Martiny Art 3 Rn 93) wie ein solcher gewA der Parteien (Calliess/Calliess Rome Regulations Art 3 Rn 53). Hingegen vermittelt die fremde Staatsangehörigkeit einer Partei allein kein hinreichendes Auslandskriterium, weil jene keinen Bezug zum Leistungsaustausch aufweist (vgl Looschelders Art 27 Rn 25; aA MK/Martiny Art 3 Rn 93). Fraglich erscheint, ob die Inlandsschranke in den sog Gran Canaria-Fällen greift, bei denen der Vertragsschluss außerhalb desjenigen Staates erfolgt, der ansonsten sämtliche Berührungspunkte aufweist. Das sollte man bejahen (dazu tendierend auch Reithmann/Martiny/Martiny Rn 137; vorsichtiger aber MK/ders Art 3 Rn 21; abw Rauscher/v Hein Art 3 Rn 111; Staud/Magnus Art 3 Rn 139), zumal in dieser Konstellation richtigerweise Art 6 nicht einschlägig ist (Art 6 Rn 10; aA Rauscher/v Hein Art 3 Rn 111), so dass andernfalls Schutzlücken bestünden. Kollidiert die Anwendung des Abs 3 mit einem **Günstigkeitsvergleich**, etwa nach **Art 6 II, Art 8 I oder Art 46 b EGBGB**, gebührt den zuvor genannten Bestimmungen innerhalb ihres Regelungsbereiches grds Vorrang vor Art 3 III (vgl die Ausführungen zu Art 6 Rn 2; Art 8 Rn 2; Art 46 b EGBGB Rn 3, 20; aA MK/Martiny Art 3 Rn 95), um der schutzwürdigen Partei nicht das möglicherweise vorteilhafte Recht zu entziehen. Art 5 II UAbs 2 und 7 III beinhalten zwar ebenfalls Einschränkungen der Parteiautonomie; für die dort wählbaren Rechte gilt aber, dass zusätzlich die allg Schranken des Abs 3 greifen. Ein praktisch relevanter Konflikt mit einer Eingriffsnorm iSv **Art 9 II, III** ist hingegen kaum denkbar (Rauscher/v Hein Art 3 Rn 125), wenngleich sie rein dogmatisch vorginge (Staud/Magnus Art 3 Rn 148; jurisPK-BGB/Ringe Art 3 Rn 46).

2. Wählen die Parteien trotz ausschließlichem (IPR-rechtlich relevantem) Binnenmarkt- 8 bezug (insoweit zählt auch Dänemark zu den Mitgliedstaaten, Art 1 IV 2; keine Berücksichtigung finden die EWR-Staaten; eine einschließende Rechtsfortbildung verbietet sich, vgl Magnus IPrax 10, 27, 34 sowie Art 7 Rn 12) ein Drittstaatenrecht, greift die in **Art 3 IV** festgelegte Rechtswahlbeschränkung („**Binnenmarktabgrenzungsregel**"). Jene hat zur Folge, dass zwingende unionsrechtliche Vorgaben in der Umsetzungsform der lex fori eingreifen (zu diesen Normen: Storme EurRevPriv Law 07, 233 ff). So schützt der EU-Gesetzgeber den acquis communautaire vor der Abwahl (Calliess/Calliess Rome Regulations Art 3 Rn 56). Dies kann nicht nur im B2C-, sondern auch im B2B-Bereich relevant werden, wenngleich zwingende Normen sekundärrechtlichen Ursprungs dort seltener sind. Prominentes Beispiel ist die Handelsvertreter-RL (Mankowski IHR 08, 133, 136). Im Ggs zur Ingmar-Doktrin erfordert Art 3 IV jedoch nicht bloß einen engen, sondern ausschließlichen Binnenmarktbezug. Legislato-

risch stellt die Norm daher iErg einerseits in Bezug auf die Voraussetzungen eine ausschnittsweise Kodifikation der Ingmar-Doktrin (vgl EuGH Rs C-381/98 EuGHE I 00, 9305, 9335; hierzu Staudinger NJW 01, 1974 ff) und andererseits hinsichtlich der Rechtsfolge ihre Verallgemeinerung dar. Für die verbleibenden Fälle eines engen, aber nicht ausschließlichen Binnenmarktbezugs kommt eine Berücksichtigung v Richtlinienbestimmungen als Eingriffsnormen iSv Art 9 in Betracht. Bedeutsame B2B-Konstellationen mögen sich neben der **Handelsvertreter-RL 86/653/EWG** (ABl EG L 382, 17) etwa für die zwingenden Ausschnitte der **Zahlungsverzugs-RL 2011/7/EU** (ABl EU L 48, 1; vgl Mankowski IHR 08, 133, 136; beachte EuGH NJW 08, 1935 m Anmerkung Staudinger DNotZ 09, 198; in der Folge OLG Köln Urt v 12.3.09 Az 18 U 101/08) oder der **Pauschalreise-RL 90/314/EWG** (ABl EG L 158, 59), welche auch sog Incentive-Reisen erfasst, die v Unternehmen gebucht werden und den Charakter einer Prämie haben (hierzu BGH NJW 02, 2238, 2238), ergeben. Art 3 IV wirft eine Reihe v **Zweifelsfragen** auf. So bedarf es der Klärung, ob Art 3 IV strengere oder gar überschießende **Umsetzungen (kraft Richterrechts)** erfasst (verneinend MK/Martiny Art 3 Rn 102; Pfeiffer EuZW 08, 622, 625; Staudinger/Steinrötter JA 11, 241, 244; Palandt/Thorn Art 3 Rn 5; aA Rauscher/v Hein Art 3 Rn 127). Sollte der Anwendungsbefehl – wie der Wortlaut nahelegt – die überobligatorische Umsetzungsbestimmungen einschließen, würde dies auf der einen Seite die Rechtswahlfreiheit der Parteien als „fünfte Grundfreiheit" einschränken und auf der anderen einen Anreiz zum „forum shopping" setzen. Die Parteien könnten also versucht sein, durch die Wahl des Gerichtsstandes die Umsetzungsbestimmungen eines bestimmten Staates zur Anwendung zu bringen. Gleichzeitig müsste man sich dann zum Konkurrenzverhältnis v Abs 3 und 4 äußern, da erstgenannte Schranke allseitig formuliert ist, während letztere auf die lex fori abstellt, so dass divergente Ergebnisse drohten. Systematisch schiene Abs 4 vorrangig, was dem mit Entscheidungsgleichklang (Erwägungsgrund 6) zuwiderliefe. Ginge man v Gegenteil aus, drohte wiederum die Schieflage, dass eine auf den Mindeststandard der Harmonisierungsmaßnahme abgesenkte nationale Vorschrift in dieser „Form" nicht existierte, die horizontale Direktwirkung der Harmonisierungsmaßnahme ausschiede, der Richter aber an die v nationalen Gesetzgeber gewählte Ausgestaltung der Umsetzung gebunden bliebe (Art 20 III GG). **Trotz dogmatischer Bedenken** hinsichtlich beider Ansätze, **sollte der überschießende bzw strengere Teil** der Transformationsnormen letztlich **keine Berücksichtigung finden** (Magnus IPRax 10, 27, 34; Staudinger/Steinrötter JA 11, 241, 244). Dies mag man damit begründen, dass die Gesetzesbindung des Richters erst dann greift, sofern eine Kollisionsnorm die einschlägige Sachvorschrift im grenzüberschreitenden Kontext für anwendbar erklärt. Wenn IPR-Regeln aber in der Lage sind, über das „ob" des Eingreifens einer Norm zu entscheiden, müssten sie erst recht nationale Bestimmungen limitieren und damit den Richtlinienstandard im Gewande der Umsetzungsvorgaben berufen können. Aufgrund verbleibender rechtsstaatlicher Bedenken sollte der Sekundärrechtsgeber iRd Revision der VO allerdings in den Erwägungsgründen für eine Klarstellung sorgen. Ein verwandtes Problem stellt sich dort, wo EU-Recht allein das „ob" der Regelung etwa eines Durch- bzw Rückgriffs zwingend vorgibt, indes das „wie" den Mitgliedstaaten anheimgestellt bleibt (s Mankowski IHR 08, 133, 136). So hat der Sekundärrechtsgeber in Bezug auf den Unternehmerregresses nach Art 4 Verbrauchsgüterkauf-RL 99/44/EG (ABl EG L 171, 12) den Mitgliedsstaaten ausdrücklich einen Gestaltungsspielraum eröffnet (vgl den Wortlaut in Art 4 S 2; s ebenfalls das Urt des EuGH verb Rs C-65/09 und C-87/09 v 16.6.11, infolge dessen die Bedeutung des Regresses innerhalb der Vertragskette auch bei grenzüberschreitenden Fällen wohl steigen dürfte). Eine weitere Schwierigkeit im Zusammenhang mit Art 3 IV entsteht immer dann, wenn die Anwendung dieser Norm mit einem **Günstigkeitsvergleich**, etwa nach **Art 6 II, Art 8 I oder Art 46 b EGBGB** kollidiert. Damit dem Verbraucher im konkreten Fall nicht das für ihn günstigere Recht durch die Binnenmarktschutzklausel versagt bleibt, **gebührt den zuvor genannten Bestimmungen innerhalb ihres Regelungsbereiches grds Vorrang vor Art 3 IV** (vgl die Ausführungen zu Art 6 Rn 2; Art 8 Rn 2; Art 46 b EGBGB Rn 3, 20). Art 5 II Abs 2 und 7 III beinhalten zwar ebenfalls Einschränkungen der Parteiautonomie; für die dort wählbaren Rechte gilt aber, dass zusätzlich die allg Schranken des Abs 4 greifen. Eingriffsnormen iSd **Art 9** mögen zumindest in der Theorie überschießende oder strengere Richtlinientransformationen durchsetzen, sofern der nationale Gesetzgeber diese als für die Wahrung seines öffentlichen Interesses entscheidend einordnet. Streng dogmatisch dürften jene Bestimmungen bei int zwingendem Unionsrecht auch in den anderen Fällen vorgehen (vgl Staud/Magnus Art 3 Rn 151); in praxi kann freilich dahinstehen, ob ihnen über Art 3 IV oder Art 9 zur Geltung verholfen wird.

3. Sind die **Abs 3 oder 4** einschlägig (Calliess/Calliess Rome Regulations Art 3 Rn 51 spricht diesen Regelungen geringe praktische Relevanz zu), mag dies zu einem „Rechtsmix" v gewählten und anderweitigen Vorschriften kommen (ebenso bei der Teilrechtswahl, Rn 4). Bisher ungeklärt ist die Frage, wie dann iRd objektiven Deliktsstatuts die Ausweichbestimmung des **Art 4 III 2 Rom II-VO** zu handhaben ist (vgl insoweit Art 6 Rn 19). **9**

III. Zustandekommen sowie materielle Wirksamkeit der Verweisungsabrede, die v Hauptvertrag insofern zu trennen ist, sind nach der (potentiellen) **lex causae** zu beurteilen (**Art 3 V iVm Art 10**; vgl BGHZ 123, 383 zur alten Rechtslage). Im Hinblick auf die Frage der Auslegung einer Rechtswahlabrede erscheint eine autonome Interpretation – und damit keine nach Maßgabe der lex fori bzw des präsumtiven Vertragsstatuts – vorzugswürdig (vgl Vor Art 1 Rn 2). Die Wirksamkeit der Rechtswahl steht in keinem Abhängigkeitsverhältnis zu derjenigen des Hauptvertrages (Reithmann/Martiny/Martiny Rn 88; Palandt/Thorn Art 3 Rn 9). Die **Zulässigkeit der Einigung über das anwendbare Recht** entscheidet das **IPR des Forums** (kollisionsrechtlicher Verweis), mithin die Art 3 ff (Reithmann/Martiny/Martiny Rn 92). Rechtsfragen zur Form hat der Rechtsanwender gesondert anzuknüpfen (**Art 3 V iVm Art 11**; s hierzu Rauscher/v Hein Art 3 Rn 44 f). Aspekte der **Rechts-, Geschäfts- und Handlungsfähigkeit** behandelt gem Art 3 V – soweit es um die **Gutgläubigkeit** geht – Art 13, andernfalls Art 7 EGBGB. Umstr war bereits vor Geltung der Rom I-VO die **Behandlung kollidierender Rechtswahlklauseln in AGB**. Teils wurde eine Rechtswahl in solchen Fällen abgelehnt und eine objektive Anknüpfung, teils eine Einzelbetrachtung kollidierender Rechtswahlabreden befürwortet (Einzelheiten bei Dutta ZVglRWiss 05, 461 ff, welcher zudem einen alternativen Lösungsansatz vorschlägt; s auch Mankowski RIW 03, 4). **10**

IV. Haben die Parteien eine Rechtswahl getroffen, so handelt es sich um eine **Sachnormverweisung**; evtl Rück- und Weiterverweisungen (Renvoi) sind demnach unbeachtlich (aA PWW/Brödermann/Wegen: Wahl staatlichen und nichtstaatlichen [!] IPR sei möglich; ebenso, aber wohl auf staatliches Recht begrenzt Staud/Magnus Art 3 Rn 19, 43; jurisPK-BGB/Ringe Art 20 Rn 7; wie hier Calliess/Calliess Rome Regulations Art 3 Rn 34; Rauscher/v Hein Art 3 Rn 65; MK/Martiny Art 20 Rn 6; Palandt/Thorn Art 3 Rn 3). Dies ergibt sich allg aus **Art 20** (vgl Art 20 Rn 1), dürfte iRd Rechtswahl zudem regelmäßig dem **Willen der Parteien** entsprechen. Gleichzeitig führte die Gegenauffassung dazu, den angestrebten internationalen Entscheidungsgleichklang (Erwägungsgrund 6) de facto zu gefährden. Denn es wäre oftmals eine schwierige Auslegungsfrage, ob die Einigung der Parteien auf die Wahl des IPR oder des materiellen Rechts abzielt. Unterschiedliche Foren beantworten jene womöglich verschieden. Derartige Unsicherheiten sollten durch die Rom I-VO indes vermieden werden. Mit dem Vertragsstatut (allg zu dessen Umfang Diedrich RIW 09, 378, 379 f) gelten auch die zugehörigen intertemporalen Regelungen, was im Zeitablauf zu Veränderungen des maßgeblichen innerstaatlichen Rechts führen kann (PWW/Brödermann/Wegen Art 3 Rn 2; Gebauer/Wiedmann/Nordmeier Kap 37 Rn 29). Die jeweilige lex causae bestimmt in diesem Zusammenhang, ob sog „Versteinerungs-" bzw „Stabilisierungsklauseln" zulässig bzw wirksam sind, mithilfe derer man sich gegen solche Novellierungen absichern mag (eingehend dazu Staud/Magnus Art 3 Rn 50 ff; Reithmann/Martiny/Martiny Rn 99, 106 ff). **11**

Artikel 4 Mangels Rechtswahl anzuwendendes Recht

(1) Soweit die Parteien keine Rechtswahl gemäß Artikel 3 getroffen haben, bestimmt sich das auf den Vertrag anzuwendende Recht unbeschadet der Artikel 5 bis 8 wie folgt:
a) Kaufverträge über bewegliche Sachen unterliegen dem Recht des Staates, in dem der Verkäufer seinen gewöhnlichen Aufenthalt hat.
b) Dienstleistungsverträge unterliegen dem Recht des Staates, in dem der Dienstleister seinen gewöhnlichen Aufenthalt hat.
c) Verträge, die ein dingliches Recht an unbeweglichen Sachen sowie die Miete oder Pacht unbeweglicher Sachen zum Gegenstand haben, unterliegen dem Recht des Staates, in dem die unbewegliche Sache belegen ist.
d) Ungeachtet des Buchstabens c unterliegt die Miete oder Pacht unbeweglicher Sachen für höchstens sechs aufeinander folgende Monate zum vorübergehenden privaten Gebrauch dem Recht des Staates, in dem der Vermieter oder Verpächter seinen gewöhnlichen Aufenthalt hat, sofern der Mieter oder Pächter eine natürliche Person ist und seinen gewöhnlichen Aufenthalt in demselben Staat hat.
e) Franchiseverträge unterliegen dem Recht des Staates, in dem der Franchisenehmer seinen gewöhnlichen Aufenthalt hat.
f) Vertriebsverträge unterliegen dem Recht des Staates, in dem der Vertriebshändler seinen gewöhnlichen Aufenthalt hat.
g) Verträge über den Kauf beweglicher Sachen durch Versteigerung unterliegen dem Recht des Staates, in dem die Versteigerung abgehalten wird, sofern der Ort der Versteigerung bestimmt werden kann.
h) Verträge, die innerhalb eines multilateralen Systems geschlossen werden, das die Interessen einer Vielzahl Dritter am Kauf und Verkauf von Finanzinstrumenten im Sinne von Artikel 4 Absatz 1 Nummer 17 der Richtlinie 2004/39/EG nach nicht diskretionären Regeln und nach Maßgabe eines einzigen Rechts zusammenführt oder das Zusammenführen fördert, unterliegen diesem Recht.

(2) Fällt der Vertrag nicht unter Absatz 1 oder sind die Bestandteile des Vertrags durch mehr als einen der Buchstaben a bis h des Absatzes 1 abgedeckt, so unterliegt der Vertrag dem Recht des Staates, in dem die Partei, welche die für den Vertrag charakteristische Leistung zu erbringen hat, ihren gewöhnlichen Aufenthalt hat.

(3) Ergibt sich aus der Gesamtheit der Umstände, dass der Vertrag eine offensichtlich engere Verbindung zu einem anderen als dem nach Absatz 1 oder 2 bestimmten Staat aufweist, so ist das Recht dieses anderen Staates anzuwenden.

(4) Kann das anzuwendende Recht nicht nach Absatz 1 oder 2 bestimmt werden, so unterliegt der Vertrag dem Recht des Staates, zu dem er die engste Verbindung aufweist.

1 I. 1. Haben die Parteien keine Rechtswahl nach Art 3 getroffen oder schlägt sie (etwa mangels hinreichender Bestimmtheit; bspw bei Wahl „amerikanischen Rechts", s Art 3 Rn 6) fehl, so ergibt sich laut Art 4 das auf den Vertrag anwendbare Recht – vorbehaltlich der Art 5 ff und Art 46 b IV EGBGB – kraft **objektiver Anknüpfung** (vgl den Wortlaut des Abs 1). Art 4 ist damit **Grundanknüpfung und Auffangregelung zugleich** (vgl Staud/Magnus Art 4 Rn 16; jurisPK-BGB/Ringe Art 4 Rn 2 f; allg zur Systematik Staudinger/Steinrötter JA 11, 241). Maßgeblich ist dabei das Recht desjenigen Staates, mit dem der Vertrag die **engste Verbindung** aufweist (MK/Martiny Art 4 Rn 1; Rauscher/Thorn Art 4 Rn 1; aA Garcimartín Alférez EuLF 08, I-61, I-67 f). Hierfür kommt es im Ausgangspunkt – wie bei der Vorläuferbestimmung des Art 28 EGBGB aF – darauf an, wer die **vertragscharakteristische Leistung** erbringt (Staud/Magnus Art 4 Rn 2, 17; Mankowski IHR 08, 133, 137; Reithmann/Martiny/Martiny Rn 153; Rauscher/Thorn Art 4 Rn 3). Denn damit wird an das wirtschaftlich-soziale Umfeld angeknüpft, mit welchem der Vertrag die stärkste Berührung aufweist (vgl Bericht Giuliano/Lagarde BT-Drucks 10/503, 52). Deshalb bildet die **Rechtsordnung des Aufenthaltsstaates ebendieser Partei** das Statut (zum gewA s Art 19). Charakteristisch ist diejenige Leistung, welche den Vertrag v anderen unterscheidet, ihm also sein rechtliches Gepräge gibt. IdR bildet die Zahlung des Entgelts keine das Rechtsgeschäft derartig formende Pflicht. Vielmehr dürfte dies die Erbringung der Sach- oder Dienstleistung sein; idR handelt es sich insoweit um die berufstypische Leistung (vgl zum Ganzen Voraufl Art 28 EGBGB Rn 7). Allerdings weist die äußere **Struktur der objektiven Anknüpfungsnorm** deutliche **Unterschiede zur alten Rechtslage** auf (MPI Working Group RabelsZ 71 [07], 225, 255 ff). Während Art 28 EGBGB aF ganz allg v Prinzip der engsten Verbindung ausging (Abs 1 aF), das Vorliegen eines solchen territorialen Bezuges gem der Abs 2–4 aF vermutet wurde und Art 28 V EGBGB aF eine Auflockerungsregelung vorsah (s die Voraufl Art 28 EGBGB Rn 1), konkretisiert Art 4 I (Rn 2 ff) grds die vertragscharakteristische Leistung relativ starr für einzelne Vertragsarten (PWW/Brödermann/ Wegen Art 4 Rn 4; lit c, e, g und h liegen andere Anknüpfungsgrds zugrunde: Rn 5 f, 8 f; Staud/Magnus Art 4 Rn 3 sieht in Abs 1 nur Vermutungen). **Abs 2** (Rn 10) formuliert jenes Prinzip als eigenständige IPR-Norm (also nicht mehr als Vermutung; aA Mankowski IHR 08, 133, 137) abstrakt mit Blick auf die übrigen Rechtsgeschäfte bzw diejenigen, welche unter mehr als eine der aufgezählten Abreden fallen (vgl Erwägungsgrund 19). Kann das anzuwendende Recht zwar ausweislich der vorgenannten Abs ermittelt werden, besteht aber ausnahmsweise eine offensichtlich engere Verbindung zu einem anderen Staat, greift die **Ausweichklausel des Abs 3** (Rn 11) Platz. Schließlich gibt **Abs 4** (Rn 12) dem Rechtsanwender auf, sofern die ersten beiden Abs zu keinem Ergebnis führen, die Rechtsordnung über das Prinzip der engsten Verbindung zu ermitteln. Dem Ausgangspunkt v Art 28 I EGBGB aF (stärkste Verbundenheit) kommt somit de lege lata nur noch Auffangfunktion zu (PWW/Brödermann/ Wegen Art 4 Rn 5), obgleich jener die anderen Anknüpfungsregeln des Art 4 freilich ebenfalls prägt. Im Vergleich zur bisherigen Rechtslage (Art 28 I 2 EGBGB aF) erfolgt keine depéçage mehr (Palandt/Thorn Art 4 Rn 1; zur Vertragsspaltung bei der subjektiven Anknüpfung s Art 3 Rn 4). Schließlich ist das objektive Vertragsstatut unwandelbar, wobei der Vertragsschluss den maßgeblichen Zeitpunkt darstellt (Staud/Magnus Art 4 Rn 24; vgl Art 19 III).

2. Liegt eine der **in Abs 1 spezifizierten Vertragstypen** vor, gelten die dort beschriebenen festen Verweisungsregeln, welche allenfalls, aber immerhin einer Korrektur anhand v Abs 3 zugänglich sind (Clausnitzer/Woopen BB 08, 1798, 1799 f; Calliess/ Gebauer Rome Regulations Art 4 Rn 2; Palandt/Thorn Art 4 Rn 2 begrüßen diese klare Struktur; krit aufgrund vermeintlich fehlender Flexibilität PWW/Brödermann/Wegen Art 4 Rn 7). Die einzelnen Vertragsarten unterliegen dabei einer **autonomen Interpretation** (PWW/Brödermann/Wegen Art 4 Rn 8; jurisPK-BGB/Ringe Art 4 Rn 13; s auch Vor Art 1 Rn 2). Etwaige Qualifikationsprobleme (vgl Mankowski IPRax 06, 101, 103) hat der EuGH im Wege der Vorabentscheidung zu lösen (Art 267 AEUV).

a) Art 4 I lit a beruft bei Kaufverträgen über Mobilien dasjenige Recht zur Anwendung, in dem der Verkäufer seinen gewA (Art 19) hat. Hierbei handelt es sich um die Umsetzung des Grds der vertragscharakteristischen Leistung, so dass sich keine Neuerung zur bisherigen Rechtslage ergibt. Allerdings dürfte insoweit bereits oftmals das UN-Kaufrecht (BGBlII 89, S 588; berichtigt BGBl II 90, S 1699) gem Art 25 vorrangig greifen (das UN-Kaufrecht enthält eine, wenn auch versteckte, Kollisionsnorm vgl Staudinger/Steinrötter JA 11, 241, 243 f; Rauscher/Thorn Art 4 Rn 12 f; aA Schlechtriem/Schwenzer/Ferrari, Kommentar zum Einheitlichen UN-Kaufrecht, 5. Aufl, 2008, Vor Artt 1-6 Rn 34, wonach vereinheitlichtes Sachrecht a priori vor der Prüfung der Rom I-VO anzusprechen sei; allg zum Regelungsbereich des UN-Kaufrechts s die Kommentierung v Ferrari Internationales Vertragsrecht. Va bei Teilzahlungskäufen sind regelmäßig Art 6 bzw Art 46 b EGBGB einschlägig (MK/Martiny Art 4 Rn 12); Tausch- und Schenkungsabreden rechnen schon nicht zum unionsrechtlichen Begriff des Kaufvertrages (jurisPK-BGB/Ringe Art 4 Rn 15). Allerdings ist die Werklieferung erfasst (Staud/Magnus Art 4 Rn 37; Palandt/Thorn Art 4 Rn 6). Nicht unter „bewegliche Sache" iSd Vorschrift fallen Rechte wie etwa Wertpapiere oder Gesellschaftsanteile (Staud/Magnus Art 4 Rn 38; jurisPK-BGB/Ringe Art 4 Rn 16; Rauscher/Thorn Rn 25). Insoweit greifen Abs 2, 3. Es bleibt zu beachten, dass Erwägungsgrund 17 S 1 den Anknüpfungspunkt dieser Verweisungsregel in Übereinstimmung mit Art 5 I Nr 1 b

Spiegelstrich Brüssel I-VO verstanden wissen will (zur IZVR-Vorschrift s nur Rauscher/Leible Art 5 Brüssel I-VO Rn 46 ff).

4 b) Anknüpfungspunkt für Dienstleistungsverträge ist gem **Art 4 I lit b** der gewA des Dienstleistungserbringers, was ebenfalls der Orientierung an der vertragscharakteristischen Leistung und damit der bisherigen Rechtslage entspricht. Nach der autonom angezeigten extensiven Deutung unterfallen dem Begriff der Dienstleistungsabrede sämtliche auf eine zweckgerichtete Tätigkeit zielenden entgeltliche sowie unentgeltliche Rechtsgeschäfte (Calliess/Gebauer Rome Regulations Art 4 Rn 21; Staud/Magnus Art 4 Rn 40; Palandt/Thorn Art 4 Rn 8; aA Rauscher/Thorn Art 4 Rn 35, 98: Nur entgeltliche Rechtsgeschäfte). Hierzu zählen demnach ebenfalls der Auftrag sowie Werk- und Geschäftsbesorgungsverträge des deutschen Rechts (Palandt/Thorn Art 4 Rn 8 ff). Im Lichte der Erwägungsgrunde 7, 17 S 1 ergibt sich dies aus rechtsaktübergreifender Auslegung mit Blick auf Art 5 Nr 1 lit b 2 Spiegelstrich Brüssel I-VO (Erwägungsgrund 17 S 1; zur Zuständigkeitsvorschrift s Rauscher/Leible Art 5 Brüssel I-VO Rn 49 ff). Lit b umfasst ebenfalls Finanzdienstleistungen (MK/Martiny Art 4 Rn 27; jurisPK-BGB/Ringe Art 4 Rn 23), Makler- sowie Kommissionsgeschäfte (Palandt/Thorn Art 4 Rn 12), Hotelbeherbergungs- (Staud/Staudinger Vor § 651 a BGB Rn 144; aA Staud/Magnus Art 4 Rn 49: Abs 2; s aber auch Staud/Staudinger § 651 a BGB Rn 16, 36 zu „gemischten Hotelbeherbergungsabreden"; wie hier wohl auch der EuGH EuZW 99, 219, 220 f, Rn 26), Reisevermittlungs- (Staud/Staudinger Vor § 651 a Rn 148) und Reiseverträge (Staud/Staudinger Vor § 651 a Rn 138 ff), wobei jeweils Art 6 bei Verbraucherbeteiligung vorrangig zu berücksichtigen ist. Es bleibt aber insb dessen Abs 4 lit a zu beachten, wonach die Sonderkollisionsnorm diejenigen Fälle nicht erfasst, in denen die Dienstleistung in einem anderen als dem Domizilstaat des Verbrauchers erbracht wird (s Art 6 Rn 7). Darüber hinaus greift Art 4 I lit b in den Fällen, bei welchen die situativen Prämissen des Art 6 I (Art 6 Rn 8 ff) nicht erfüllt sind. Fraglich erscheint, ob es sich beim (Rück-)Versicherungs- (vgl Art 7 I 2) um einen Dienstleistungsvertrag iSv Art 4 I lit b (dafür Leible/Lehmann RIW 08, 528, 539), oder um einen Rechtsgeschäft sui generis handelt, welches über Art 4 II anzuknüpfen wäre. Mit der Geldleistungstheorie könnte man ferner über Art 4 IV, wie auch direkt über Art 4 III zum Ort der Risikobelegenheit als Anknüpfungspunkt gelangen (dafür Fricke VersR 08, 443, 452). Vorzugswürdig erscheint die Einordnung als Dienstleistungsvertrag iSv Art 4 I lit b (dazu Leible/Lehmann RIW 08, 528, 539; aA Fricke VersR 08, 443, 445 f). Auch Anwaltsverträge dürften lit b unterliegen (Reithmann/Martiny/Mankowski Rn 1423; vgl auch Staudinger IPRax 05, 130 [zu BGH IPRax 05, 150]). Für Franchise- (lit e) sowie Vertriebsverträge (lit f) gelten ausweislich Erwägungsgrund 17 S 2 besondere Regeln.

5 c) Verträge, die ein dingliches Recht an Immobilien (insb Kauf; Schenkung; Timesharingabreden, sofern sie dingliche Berechtigungen schaffen sollen, hierzu ausf Rauscher/Thorn Art 4 Rn 68) bzw die diesbezügliche Miete oder Pacht zum Gegenstand haben, unterliegen der lex rei sitae (**Abs 1 lit c**). Der Begriff „unbewegliche Sache" bedarf autonomer Qualifikation (Vor Art 1 Rn 2) und ist restriktiv zu verstehen, da insofern eine Ausnahme v Grds der vertragscharakteristischen Leistung vorliegt (zutreffend jurisPK-BGB/Ringe Art 4 Rn 27). Bloße schuldrechtliche Rechte außerhalb der Miete/Pacht rechnen nicht hierzu (Palandt/Thorn Art 4 Rn 16), auch dann nicht, wenn sie dingliche Rechte tangieren, zB der Kauf hypothekarisch gesicherter Forderungen (jurisPK-BGB/Ringe Art 4 Rn 28 f.; vgl auch BGH RIW 04, 860 m Anm Unberath IPRax 05, 310; hierzu ebenfalls Martiny ZEuP 06, 72 f). Rechtsgeschäfte, welche den obligatorischen Vertrag sachenrechtlich vollziehen (etwa der Eigentumsübergang), beurteilen sich grds nach Art 43 I EGBGB, mithin iErg ebenfalls nach dem Recht am Belegenheitsort. Diesen Gleichlauf (den es freilich a priori nur bei denjenigen Rechtsordnungen gibt, welche schuldrechtliches und verfügendes Rechtsgeschäft trennen) mag eine Rechtswahl iRd schuldrechtlichen Vertrages überwinden. Abgesehen v Timesharingverträgen sieht Art 6 IV lit c (Art 6 Rn 7) für die zuvor genannten Bereiche einen Ausschluss v der Verbraucherkollisionsnorm vor, so dass Art 4 I lit c nicht nur im gewerblichen Geschäftsverkehr praktische Bedeutung erlangt. Auch Timesharingverträge über ein im Ausland belegenes Grundstück unterfallen – soweit nicht der Anwendungs-

bereich des Art 6 I oder Art 46 b IV eröffnet ist (vgl Art 6 Rn 7; Art 46 b EGBGB Rn 19 ff) und keine Rechtswahl getroffen wurde – grds dem Recht am Lageort gem lit c (vgl auch Kelp, Time-Sharing-Verträge, 05, 228 ff); oftmals wird der Vertrag gem Abs 3 jedoch eine deutlich engere Verbindung zum Inland aufweisen. Bei gesellschaftsrechtlichen Timesharingmodellen – beachte insoweit Art 1 II lit f – sind die gesellschafts- und schuldrechtlichen Rechtsbeziehungen zu trennen. Dies gilt insb dann, wenn das schuldrechtliche Grundgeschäft im Erwerb der gesellschaftsrechtlichen Mitgliedschaft besteht; hier ist nicht das Gesellschafts- (s hierzu die Angaben im Anh II zu Art 7), sondern das Vertragsstatut maßgeblich (vgl auch Palandt/Thorn Art 4 Rn 16). Basiert mithin die Mitgliedschaft etwa auf einem Rechtskauf als Kausalgeschäft (bsp der Erwerb v Aktien), so unterfällt dieser den Art 3 ff (vgl Kelp, Time-Sharing-Verträge, 05, 238). Ist Grundbesitz in **mehreren Mitgliedstaaten betroffen**, sollte im Lichte des Rechtsgedankens v Erwägungsgrund 19 S 3 eine **Schwerpunktbetrachtung** erfolgen, um eine Vertragsspaltung zu vermeiden (dafür aber jurisPK-BGB/Ringe Art 4 Rn 29). Dabei kann man sowohl die Größe als auch den Wert der Grundstücke gegeneinander abwägen. Die Anwendung v Abs 2 erscheint insofern zumindest dann unstimmig, wenn das Verkäufer- nicht gleichzeitig auch Belegenheitsland ist. Denn jene Verträge sind unter Beachtung des Prinzips der engsten Verbindung eigentlich objektbezogen anzuknüpfen. Gelingt im Falle der Mehrfachbelegenheit also keine Subsumtion unter Abs 1 lit c, bleibt es beim Rückgriff auf Abs 3 (aA Rauscher/Thorn Art 4 Rn 63: Abs 4; allerdings kann die Rechtsordnung nach Abs 2 ermittelt werden, wenngleich sie nicht zur stärksten Verbindung führt, so dass Abs 4 tatbestandlich ausscheidet). Beachtung verdient aber, dass die Miete/Pacht unbeweglicher Sachen für höchstens sechs aufeinander folgende Monate zum vorübergehenden nichtkommerziellen Gebrauch dem Recht am gewA des Vermieters/Verpächters unterliegt; dies jedoch nur, sofern dessen Vertragspartner eine natürliche Person und ebenfalls dort domiziliert ist (**Abs 1 lit d**). Dem Rechtsanwender ist insoweit kein Ermessen eingeräumt, lit c oder d anzuwenden (so aber Reithmann/Martiny/Mankowski Rn 1682). Der gemeinsame gewA kann auch in einem Drittstaat liegen (Gebauer/Wiedmann/Nordmeier Kap 37 Rn 43 Fn 130). Insoweit greift folglich wieder das Prinzip der vertragscharakteristischen Leistung Platz. Auf diese Weise passt der EU-Gesetzgeber die IPR-Norm überdies Art 22 Nr 1 S 2 Brüssel I-VO an (Leible/Lehmann RIW 08, 528, 535; jurisPK-BGB/Ringe Art 4 Rn 26). Ein Unterschied ergibt sich aber insofern, als das Umweltrecht des Eigentümers bei Abs 1 lit c – im Ggs zur IZVR-Bestimmung – keine Relevanz besitzt (anders noch der VO-Entwurf: KOM [05] 650, 17; s Gebauer/Wiedmann/Nordmeier Kap 37 Rn 43). Vielmehr kommt es ausdrücklich auf den gewA des Vermieters/Verpächters an. Lit d dürfte regelmäßig bei Ferienhausmietverträgen einschlägig sein, bei denen die Beziehung zur lex rei sitae flüchtig ist (ausf dazu Staudinger NZM 11, 257, 264). Den Mieterschutz betreffende Vorschriften können letztlich unter Umständen als Eingriffsnormen iSd Art 9 Berücksichtigung finden (Art 9 Rn 8).

d) Vor dem Hintergrund, dass die Anknüpfung v Franchiseverträgen iRd EVÜ str und damit unsicher war (Voraufl Art 28 EGBGB Rn 24), erscheint die klare Lösung des **Art 4 I lit e** begrüßenswert, wonach das Recht des gewA (Art 19) des Franchisenehmers maßgeblich sein soll. Dieser stellt idR die schützenswerte Vertragspartei dar (KOM [05] 650, S 6; vgl auch Erwägungsgrund 23). Deshalb ist die Abkehr v Grds der charakteristischen Leistung gerechtfertigt.

e) Das Aufenthaltsrecht des Händlers beherrscht bei Vertriebsverträgen (Handelsvertreter- und Vertragshändlerabreden, Palandt/Thorn Art 4 Rn 19; Rauscher/Thorn Art 4 Rn 55; aA bzgl des Handelsvertreters Staud/Magnus Art 4 Rn 71; MK/Martiny Art 4 Rn 118, 123: Dienstleistung iSd Abs 1 lit b) gem **Art 4 I lit f** die Abrede (vgl KOM [05] 650, S 6). Auch hiermit fallen diverse Zweifelsfragen nach alter Rechtslage weg (s hierzu noch jurisPK-BGB/Ringe Art 4 Rn 37). Der Vertriebshändler ist zugleich Erbringer der charakteristischen Leistung als auch die potentiell unterlegene Vertragspartei (Rauscher/Thorn Art 4 Rn 53). Für den Händlervertrag mag man eine akzessorische Anknüpfung der einzelnen („dienenden") Lieferverträge an den („beherrschenden") Rahmenvertrag andenken, um Wertungswidersprüche zu vermeiden (so Palandt/Thorn Art

6

7

4 Rn 19, 29; aA Staud/Magnus Art 4 Rn 72, 76, 78; MK/Martiny Art 4 Rn 129). Ein Richter in Deutschland unterliegt im Lichte der Rs Ingmar (EuGH EuGHE I 00, 9305, 9335; hierzu Staudinger NJW 01, 1974 ff; Schurig FS Jayme, 04, S 837 ff) bei vereinbartem Drittstaatenrecht dem Gebot, § 89 b HGB wg Art 17 und 18 der Handelsvertreter-RL 86/653/EWG (ABl EG L 382, 17) einen ungeschriebenen Eingriffsbefehl beizumessen, soweit der selbstständige Handelsvertreter seinen überwiegenden Tätigkeitsschwerpunkt im Binnenmarkt hat und das gewählte Vertragsstatut den sekundärrechtlich vorgeschriebenen Mindestschutzstandard unterschreitet (hierzu Reithmann/Martiny/Häuslschmid Rn 2222; aA Rauscher/v Hein Art 3 Rn 134; ausf zum Ganzen Art 9 Rn 6).

8 f) Kaufverträge über bewegliche Sachen, die durch öffentliche wie private (Palandt/Thorn Art 4 Rn 20) und hoheitliche (aA Rauscher/Thorn Art 4 Rn 33) Versteigerungen zustande kommen, unterliegen als Spezialregelung ggü Abs 1 lit a dem Recht des Versteigerungsortes, sofern dieser bestimmt werden kann, **Art 4 I lit g**. Letztere Einschränkung zielt auf Internetversteigerungen ab (PWW/Brödermann/Wegen Art 4 Rn 16). Greift sie ein, kommt es iRv lit a auf den gewA des Verkäufers an (Calliess/Gebauer Art 4 Rn 31; Staud/Magnus Art 4 Rn 87; Gebauer/Wiedmann/Nordmeier Kap 37 Rn 45; jurisPK-BGB/Ringe Art 4 Rn 39; Palandt/Thorn Art 4 Rn 20; aA PWW/Brödermann/Wegen Art 4 Rn 16; Leible/Lehmann RIW 08, 528, 535: Abs 2), sofern keine Auflockerung über Abs 3 erfolgt. Wg der ansonsten guten Vorhersehbarkeit des Anknüpfungsmomentes „Versteigerungsort" erscheint die Abweichung v der charakteristischen Pflicht zweckmäßig (vgl Erwägungsgrund 6). Das UN-Kaufrecht (BGBl II 89, S 588; berichtigt BGBlII 90, S 1699) findet nach Maßgabe seines Art 2 lit b keine Anwendung auf Versteigerungen.

9 Ausweislich des sperrig formulierten **Art 4 I lit h** (ausf hierzu Einsele WM 09, 289, 291 f; Ferrari/Leible/Lehmann Rome I Regulation S 85 ff; MK/Martiny Art 4 Rn 133 ff) ist auf Finanzabreden, welche innerhalb bestimmter multilateraler Handelsforen abgeschlossen werden, das Recht anzuwenden, das gerade jene Umschlagplätze beherrscht. Bezugspunkt für die auf der Handelsplattform iSd Vorschrift (klassischer Parkett- und elektronischer Handel; s Erwägungsgrund 18) gehandelten Finanzinstrumente stellt Art 4 I Nr 17 iVm Anhang I Abschnitt C der MiFID-RL 04/39/EG (ABl EU 04 L 145, 1) dar. Hiernach geht es um Rechtsgeschäfte, welche fungible Wertpapiere wie Termingeschäfte oder Geldmarktinstrumente zum Gegenstand haben. Maßgeblich dürfte idR das Recht der zuständigen Aufsichtsbehörde sein (Calliess/Gebauer Rome Regulations Art 4 Rn 36; R Wagner IPRax 08, 377, 384). Die Marktanknüpfung dieser kapitalmarktrechtlichen Kontrakte versteht sich vor dem Hintergrund, dass insoweit der Funktionsfähigkeit des Marktes – auch internationalprivatrechtlich – Vorrang vor dem Prinzip der charakteristischen Leistung zukommt (vgl jurisPK-BGB/Ringe Art 4 Rn 43 f.). Diese Wertung bestätigt Art 6 IV lit e, wonach die Verbraucherkollisionsnorm für diesen Bereich nicht gilt (vgl auch Erwägungsgrund 28). Es kommt gegenständlich zentral auf Vorhersehbarkeit für die Finanzmarktakteure an (die Rom I-VO selbst verpflichtet sich ebenfalls hierzu: Erwägungsgrund 6), weshalb es sinnvoll erscheint, die getätigten Transaktionen einheitlich einem Recht zu unterstellen. Im Kapitalmarkt- befindet man sich nämlich regelmäßig im Grenzbereich zum Eingriffsrecht, was den Gleichlauf zum int zwingenden Marktaufsichtsrecht aus makroökonomischen Erwägungen heraus rechtfertigt (vgl nur Kronke/Melis/Schnyder/Kronke/Hauböld Handbuch Internationales Wirtschaftsrecht Teil L Rn 36). V diesen Abreden sind die finanzdienstleistungsrechtlichen abzugrenzen (zB Kreditinstitut-Kunde), welche sich nach lit b richten (Calliess/Gebauer Rome Regulations Art 4 Rn 34; Palandt/Thorn Art 4 Rn 21), sofern Art 6 nicht einschlägig sein sollte (Art 6 IV lit d und e greifen insoweit nicht).

10 3. Lässt sich das Vertragsstatut nicht über Abs 1 ermitteln, weil das in Rede stehende Rechtsgeschäft nicht unter den Katalogtatbestand fällt oder gleich mehrere der dort genannten Abreden abdeckt, bestimmt sich die maßgebende Rechtsordnung subsidiär nach **Abs 2** (Gebauer/Wiedmann/Nordmeier Kap 37 Rn 47). Diese Anknüpfungsregel beruft die Rechtsordnung zur Anwendung, in welchem die Partei ihren gewA (Art 19) hat, welche die **vertragscharakteristische Leistung** erbringt (vgl Erwägungsgrund 19 S 2, 3; zum Begriff der charakteristischen Leistung s bereits Rn 1). Im Ggs zu Art 28 II EGBGB aF, der als Vermutung formuliert war, bleiben Umstände, welche iÜ eine enge Verbindung herstellen können a priori unberücksichtigt (bei einer offensichtlich engeren Verbindung greift dann freilich Abs 3). Dies gilt ua für komplexe Rechtsgeschäfte, die sich nicht ohne weiteres einem Bereich des Abs 1 zuordnen lassen, oder für Verträge über gegenseitige Leistungen, die sämtlich als charakteristisch angesehen werden können (KOM [05] 650, 6). Im Zweifel kommt es für die Frage, zG welcher Vertragspartei der Anknüpfungspunkt „ausschlägt", auf den **Schwerpunkt des Vertrages** an (Erwägungsgrund 19 S 3). Insofern erscheint in erster Linie eine wirtschaftliche Betrachtung angezeigt (Staud/Magnus Art 4 Rn 105). Eine Spaltung des Statuts ist – im Ggs zu Art 28 I 2 EGBGB aF – nicht mehr möglich, so dass Abs 3 herangezogen werden muss, sollte keine Subsumtion unter Abs 2 gelingen. Geboten erscheint es allerdings, für das einzelne Element ein bestimmtes Gewicht zu fordern, um eine Einordnung als gemischten Vertrag rechtfertigen zu können (jurisPK-BGB/Ringe Art 4 Rn 56; Rauscher/Thorn Art 4 Rn 22). So muss man etwa nicht stets, wenn ein Kaufvertrag Dienstleistungselemente aufweist, v Abs 1 lit a absehen und auf Abs 2 rekurrieren, sondern nur dann, wenn letztere Vertragsbestandteile mehr als eine bloß unwesentliche Nebenpflicht darstellen (Staud/Magnus Art 4 Rn 31 ff; 101). Lässt sich keine charakteristische Leistung bestimmen, gilt Abs 4 (MK/Martiny Art 4 Rn 158 ff). Verträge über die Sicherung eines Rechts, namentlich die **Bürgschaft**, sind durch die Leistung derjenigen Partei gekennzeichnet, welche die Schuld sichert oder anerkennt. Wurde keine (konkludente) Rechtswahl getroffen, findet damit gem Abs 2 das Recht am Sitz des Bürgen Anwendung (vgl zum alten Recht BGHZ 134, 127 mit Aufs Dörner/Staudinger IPRax 99, 338 f; BGHZ 121, 228). Es erfolgt demnach (über Abs 3) **keine akzessorische Anknüpfung** an die Hauptschuld (vgl Heldrich, FS Kegel, 87, 184). Das Bürgschaftsstatut entscheidet über die Art und die Folgen der Bürgenhaftung (Reithmann/Martiny/Martiny Rn 1186 ff); in welchem Umfang der Bürge belangt werden kann, richtet sich hingegen nach dem Hauptstatut. Zu weiteren einzelnen v Abs 2 grds erfassten Vertragsarten wie den Rechts- und Unternehmenskauf (im Fall des share deal), der Schenkung, Darlehen-, Leasing- und Verträge über Immaterialgüterrechte usw: Calliess/Gebauer Art 4 Rn 46 ff; MK/Martiny Art 4 Rn 162 ff; Rauscher/Thorn Art 4 Rn 86 ff.

4. Auf die **Ausweichbestimmung des Abs 3** greift man in Fällen zurück, bei denen eine Rechtsordnung über einen der ersten beiden Abs zwar ermittelt werden konnte, ein anderer Staat aber eine **offensichtlich engere Verbindung** zum Vertrag aufweist. Dann soll das Recht des letztgenannten Landes gelten. Wie sich aus der Formulierung der Vorschrift („offensichtlich") ergibt, ist eine zurückhaltende Handhabung angezeigt (Staud/Magnus Art 4 Rn 128; Gebauer/Wiedmann/Nordmeier Kap 37 Rn 52; jurisPK-BGB/Ringe Art 4 Rn 58). Das begegnet der Tendenz des „Heimwärtsstrebens" der nationalen Gerichte bzgl der Anwendung der lex fori (Rauscher/Thorn Art 4 Rn 135). Somit bleibt die auch in den festen Anknüpfungsregeln in Art 4 I, II angelegte Rechtssicherheit (vgl auch Erwägungsgrund 6) weithin erhalten, ohne dass in „manifesten" Ausnahmefällen (Mankowski IHR 08, 133, 137) auf eine flexible Rechtsfindung, welche der Einzelfallgerechtigkeit dient, verzichtet zu werden braucht (Erwägungsgrund 16). Der Richter besitzt insoweit folglich einen gewissen Ermessensspielraum (jurisPK-BGB/Ringe Art 4 Rn 60), wobei er die „Gesamtheit der Umstände" zu berücksichtigen hat. Es erscheint nicht v vornherein ausgeschlossen, in begrenztem Maße ebenfalls bestimmte Fallgruppen über Abs 3 zu berücksichtigen. **Erwägungsgrund 20 S 2** hebt die **akzessorische Anknüpfung an einen anderen Vertrag** hervor, welcher eine starke Beziehung mit dem in Rede stehenden Kontrakt aufweist. Weitere relevante Merkmale (vgl zu möglichen Kriterien ausf Staud/Magnus Art 4 Rn 131 ff; Reithmann/Martiny/Martiny Rn 190 ff; Rauscher/Thorn Art 4 Rn 139 ff) stellen bspw ein **gemeinsamer gewA** bzw Niederlassungsort der Beteiligten, subsidiär auch eine **gemeinsame Staatsangehörigkeit** der Parteien oder (mit wohl noch schwächerer Wirkung) die **Teilnahme staatlicher Stellen** dar. UU fallen ebenso der **Erfüllungs-** bzw der **Belegenheits-**

ort des Vertragsgegenstandes oder die geschuldete **Währung** ins Gewicht. Diese Kriterien gelten für die Ermittlung der „engsten Verbindung" in Abs 4 (Rn 12) im Grds ebenso.

12 **5.** Ergibt sich hingegen nach Maßgabe der Anknüpfungsregeln gem Abs 1, 2 kein Vertragsstatut (Standardbsp: Tauschvertrag; Gebauer/Wiedmann/Nordmeier Rn 50), bestimmt sich dieses nach dem **Prinzip der engsten Verbindung (Abs 4),** welches gem Art 28 I EGBGB aF noch den Ausgangspunkt der Prüfung darstellte (Rn 1). Die in einem Alternativitätsverhältnis zu Abs 3 stehende Auffangvorschrift stellt geringere Anforderungen an die Verbundenheit zu einer Rechtsordnung als die Auflockerungsnorm (jurisPK-BGB/Ringe Art 4 Rn 64). Als entscheidend stellen sich dabei **räumliche Berührungspunkte** dar (Palandt/Thorn Art 4 Rn 30), die objektiv zu bestimmen sind (PWW/Brödermann/Wegen Art 4 Rn 22; Staud/Magnus Art 4 Rn 146; Reithmann/Martiny/Martiny Rn 188). Entscheidend ist eine Gesamtbetrachtung (Gebauer/Wiedmann/Nordmeier Kap 37 Rn 50). Die Grenzen zur stillschweigenden Rechtswahl gem Art 3 I 2 sind dabei fließend (Staud/Magnus Art 4 Rn 148; Reithmann/Martiny/Martiny Rn 188). **Erwägungsgrund 21 S 2** nennt die **vertragsakzessorische Anknüpfung** als mögliche enge Verbindung. Zudem kommen die iRv Abs 3 relevanten Kriterien vorliegend ebenfalls in Betracht (Rn 11), wobei hier im Einzelfall auch schwächere Indizien den Ausschlag geben können (Rauscher/Thorn Art 4 Rn 154). Da es keine weitere Anknüpfungsebene mehr gibt, hat der Rechtsanwender hier zu einem Ergebnis zu kommen (MK/Martiny Art 4 Rn 272).

13 **II.** Art 4 sieht kraft **Art 20** einen **Sachnormverweis** vor, so dass ein Renvoi – Rück- und Weiterverweis – des ausl Kollisionsrechts unbeachtlich ist.

Artikel 5 Beförderungsverträge

(1) ¹Soweit die Parteien in Bezug auf einen Vertrag über die Beförderung von Gütern keine Rechtswahl nach Artikel 3 getroffen haben, ist das Recht des Staates anzuwenden, in dem der Beförderer seinen gewöhnlichen Aufenthalt hat, sofern sich in diesem Staat auch der Übernahmeort oder der Ablieferungsort oder der gewöhnliche Aufenthalt des Absenders befindet. ²Sind diese Voraussetzungen nicht erfüllt, so ist das Recht des Staates des von den Parteien vereinbarten Ablieferungsorts anzuwenden.
(2) ¹Soweit die Parteien in Bezug auf einen Vertrag über die Beförderung von Personen keine Rechtswahl nach Unterabsatz 2 getroffen haben, ist das anzuwendende Recht das Recht des Staates, in dem die zu befördernde Person ihren gewöhnlichen Aufenthalt hat, sofern sich in diesem Staat auch der Abgangsort oder der Bestimmungsort befindet. ²Sind diese Voraussetzungen nicht erfüllt, so ist das Recht des Staates anzuwenden, in dem der Beförderer seinen gewöhnlichen Aufenthalt hat. Als auf einen Vertrag über die Beförderung von Personen anzuwendendes Recht können die Parteien im Einklang mit Artikel 3 nur das Recht des Staates wählen,
a) in dem die zu befördernde Person ihren gewöhnlichen Aufenthalt hat oder
b) in dem der Beförderer seinen gewöhnlichen Aufenthalt hat oder
c) in dem der Beförderer seine Hauptverwaltung hat oder
d) in dem sich der Abgangsort befindet oder
e) in dem sich der Bestimmungsort befindet.
(3) Ergibt sich aus der Gesamtheit der Umstände, dass der Vertrag im Falle fehlender Rechtswahl eine offensichtlich engere Verbindung zu einem anderen als dem nach Absatz 1 oder 2 bestimmten Staat aufweist, so ist das Recht dieses anderen Staates anzuwenden.

1 **I. 1.** Die Vorschrift enthält eine Sonderkollisionsnorm für Beförderungsverträge, die den Schutz der präsumtiv schwächeren Partei verfolgt (Erwägungsgrund 23). **Abs 1** betrifft den **Transport v Gütern** (Rn 5 ff), während **Abs 2** die **Beförderung v Personen** regelt (Rn 13 ff). Für beide Arten der Beförderungsverträge eröffnet **Abs 3** ausnahmsweise die Möglichkeit der Korrektur des an sich maßgeblichen objektiven Statuts durch eine **Ausweichklausel,** sofern eine offensichtlich engere Verbindung zu einem an-

deren Staat vorliegt (Rn 23). Wählen die Parteien das maßgebliche Recht, wobei iRd Personenbeförderung spezielle Schranken greifen (Rn 14 ff), kann hingegen keine Auflockerung über Abs 3 erfolgen.

2. Aus S 3 des Erwägungsgrundes 22 folgt, dass als **Absender** iSd Abs 1 diejenige Person zu verstehen ist, welche mit dem Beförderer einen entsprechenden Vertrag eingeht. Die **zu befördernde Person** des Abs 2 meint diejenige, welche sich rechtsgeschäftlich verpflichtet, nicht hingegen den tatsächlich Beförderten (s Rn 15). Der **Beförderer** wiederum gilt nach dem Willen des Sekundärrechtgeber als die Vertragsseite, welche sich zur Beförderung verpflichtet, losgelöst davon, ob sie diese selbst durchführt (s nur Häußer TranspR 10, 246, 253; MK/Martiny Art 5 Rn 15; zum Prinzip des „contractual carriers" Reithmann/Martiny/Mankowski Rn 2577). Zwar betrifft letztere Aussage unmittelbar allein die Güterbeförderung (vgl Erwägungsgrund 22 S 3). Dennoch lässt sie sich auf den identischen Begriff des Beförderers v Abs 1 auf Abs 2 übertragen (vgl Rn 16). Demgemäß kommt **ausführenden Dritten als faktische Beförderer** auch im Lichte des Erwägungsgrundes 6 für die Anknüpfung keine Bedeutung zu. Die in Art 5 genannten Akteure müssen nämlich gerade in **rechtsgeschäftlicher Beziehung zu einander** stehen. Weiterhin unterfallen der Verweisungsregel auf beiden Seiten des Rechtsgeschäfts gleichermaßen Unternehmer wie Verbraucher (Ferrari/Staudinger Art 5 Rn 19). Ebenso wenig spielt eine Rolle, ob die Beförderung gegen Entgelt erfolgt (aA jedenfalls bzgl Abs 1 MK/Martiny Art 5 Rn 6).

2

II. Art 5 setzt die Möglichkeit der Rechtswahl voraus und nimmt insoweit ausdrücklich auf Art 3 Bezug. Erfasst sind damit grds auch die **Schranken in Art 3 III und IV** (ausf Ferrari/Staudinger Art 5 Rn 7). In Bezug auf **Art 9** gelten schließlich für Güter- wie Personenbeförderung keinerlei Besonderheiten. Beförderungsverträge bleiben laut **Art 6 IV lit b** v Anwendungsbereich der verbraucherschützenden Sonderkollisionsnorm ausgespart. Eine **Rückausnahme** sieht der Gemeinschaftsgesetzgeber allein für **Pauschalreisen** iSd RL 90/314 EWG vor (s Art 6 Rn 7). Liegt ein solcher Vertrag (zum Begriff der Pauschalreise EuGH NJW 11, 505, 506 f [Pammer ua]; eingehend Ferrari/Staudinger Art 6 Rn 36; Staudinger/Steinrötter EWS 11, 70) mit einem Verbraucher vor, **verdrängt Art 6 als lex specialis Art 5** (Palandt/Thorn Art 5 Rn 3), sofern der Sachverhalt dem räumlich-situativen Anwendungsbereich v Art 6 I 1 lit a und b unterfällt. Allerdings differenziert der Richtliniengeber auf der Sachrechtsebene nicht zwischen Kunden, welche den Pauschalreisevertrag „privat" oder aus „geschäftlichem Motiv" eingehen. Art 6 bezweckt hingegen bereits nach seinem Wortlaut allein den Verbraucherschutz. Bei **Incentive-Reisen** verbietet es sich somit jedenfalls nicht v vornherein, **Art 5 in Betracht zu ziehen**. Sollte es jedoch allein an den situativen Voraussetzungen des Art 6 fehlen, indes eine „echte" Pauschalreise iSd Richtlinie vorliegen, scheidet nicht nur Art 6, sondern wohl auch Art 5 II aus. Abzustellen bleibt laut Art 6 III vielmehr auf Art 3 oder 4 (Staud/Staudinger Vor § 651 a-m Rn 145; aA offenbar PWW/Remien Art 5 Rn 6). Art 6 IV lit b verweist schließlich allein auf den binnenmarktweit vorgegebenen Mindeststandard der Pauschalreise-RL. Sofern ein Mitgliedstaat eine strengere oder gar überschießende Umsetzung vornimmt, erweitert ein solcher „nationaler Alleingang" nicht den Anwendungsbereich v Art 6. Auch insofern verbleibt es demzufolge bei der Anknüpfung nach Maßgabe v Art 5.

3

Gerade auf dem Gebiet des int Transportrechts besteht eine **Vielzahl v Staatsverträgen** (Übersicht bei Palandt/Thorn Art 5 Rn 5). Soweit derartiges Einheitsrecht einschlägig ist, kommt deren Anknüpfungsregeln **gem Art 25 I** grds (vgl aber Art 25 II) ein Primat zu (beachte auch Art 3 Nr 2 EGBGB). Gleiches gilt **gem Art 23** bzgl etwaiger **Sekundärrechtsakte** (zB Fluggastrechte-VO [EG] Nr 261/04, ABl EU L 46, 1 [s dazu Staudinger/Keiler, Kommentar zur Fluggastrechte-VO, erscheint 14; Überblick zur Rspr bei Staudinger/Bauer/Röben, NJW 13, 3760]; Fahrgastrechte-VO im Eisenbahnverkehr [EG] Nr 1371/07, ABl EU L 315, 14; Fahrgastrechte-VO im See- und Binnenschiffsverkehr [EU] Nr 1177/10, ABl EU L 334, 1; Fahrgastrechte-VO im Kraftomnibusverkehr [EU] Nr 181/11, ABl EU L 551, 1). Im Geltungsbereich solcher Konventionen bzw Unionsrechtsakten verbietet sich die Ermittlung des Vertragsstatuts – vorbehaltlich v Regelungslücken – mit Hilfe v Art 5 (ausf Ferrari/Staudinger Art 5 Rn 12).

4

5 III. Güterbeförderungsverträge iSd Abs 1 sind sämtliche Rechtsgeschäfte, welche eine Partei zum Transport beweglicher Sachen v einem Ort zum anderen verpflichten und zwar unabhängig v der Länge der zurückzulegenden Strecke, der Art oder dem Mittel der Beförderung (Reithmann/Martiny/Mankowski Rn 2571; MK/Martiny Art 5 Rn 2, 6; Palandt/Thorn Art 5 Rn 6). Dabei kann diese – anders als etwa nach Art 1 I CMR (BGBlII 61, S 1120) – auch unentgeltlich erfolgen (aA MK/Martiny Art 5 Rn 6). Dem Regelungsbereich unterliegen sowohl der Transport zu Land, zur See, in der Luft (MKMartiny Art 5 Rn 6) als auch der in multimodaler Form (Shariatmadari TranspR 10, 275; Ferrari/Staudinger Art 5 Rn 20 mwN). Keine Relevanz kommt dem Umstand zu, ob der Verfrachter etwa eigene oder fremde Transportmittel einsetzt, sich mithin bspw des „fremden" Schiffes eines Eigentümers als Reeder (vgl § 484 HGB) bedient (Reithmann/Martiny/Mankowski Rn 2577). Unerheblich bleibt laut Erwägungsgrund 22 S 3 schließlich, ob der Schuldner den Transport selbst durchführt oder einen Dritten hierzu veranlasst. Derartige Unterfrachtführer sind für Art 5 I 1 keine Vertragspartei (Reithmann/Martiny/Mankowski Rn 2577). Dient das Rechtsgeschäft nicht dem Transport selbst, sondern hat anderweitige Geschäftsbesorgungen zum Gegenstand, handelt es sich sachlich nicht um eine Güterbeförderung iSd der Anknüpfungsregel (MK/Martiny Art 5 Rn 7). Damit unterfällt entgegen einer Ansicht (Palandt/ Thorn Art 5 Rn 6; wohl auch Clausnitzer/Woopen BB 08, 1798, 1800 Fn 21; Ramming HamSchRZ 09, 21, 24) etwa der **Speditionsvertrag** iSd § 453 HGB nicht dem sachlichen Anwendungsbereich v Art 5 Abs I (Reithmann/Martiny/Mankowski Rn 4081 f; Gebauer/Wiedmann/Nordmeier Kap 37 Rn 54 mwN; zum früheren Recht Staudinger IPRax 01, 183, 189). Ausgenommen bleiben ebenso Rechtsgeschäfte, welche sich auf das **Transportmittel selbst** etwa in Form seiner **Miete** beziehen (MK/ Martiny Art 5 Rn 7). Einbezogen sind dagegen im Ausgangspunkt weiterhin **Charterverträge** für einzelne Reisen (Gebauer/Wiedmann/Nordmeier Kap 37 Rn 54; Palandt/ Thorn Art 5 Rn 6). Dies folgt aus Erwägungsgrund 22 S 2, auch wenn im Haupttext eine derartige Klarstellung fehlt (zu besonders gestalteten Charterverträgen Ferrari/ Staudinger Art 5 Rn 22). Der **Transport v Gepäck** neben dem Reisenden selbst ist **vielfach** nicht Gegenstand eines gesonderten Güter-, sondern (sofern ein einheitliches Rechtsgeschäft gegeben ist) **integraler Bestandteil des Personenbeförderungsvertrages** (vgl Reithmann/Martiny/Mankowski Rn 2573, 2621; MK/Martiny Art 5 Rn 7, 23). Wird die Gepäckbeförderung dagegen durch einen separaten Vertrag geschuldet, etwa im Falle der Nachsendung, so ist der sachliche Anwendungsbereich v Art 5 I eröffnet (Reithmann/Martiny/Mankowski Rn 2573). Entsprechendes gilt beim **Transport v Tieren** (Reithmann/Martiny/Mankowski Rn 2621 f). **Konnossemente** unterfallen grds nicht der Rom I-VO (Art 1 II lit d; Erwägungsgrund 9; zur Reichweite der Ausnahmeregelung Ferrari/Staudinger Art 5 Rn 24; zu weiteren ausgewählten Vertragstypen ausf Ferrari/Staudinger Art 5 Rn 66 ff).

6 1. Gem Art 5 I 1 iVm Art 3 besteht im Grds **Rechtswahlfreiheit**. Abs 1 stellt insofern keine speziellen Schranken auf. Zu beachten bleiben allein die allg Grenzen in Art 3 III, IV. Untersteht der Güterbeförderungsvertrag aufgrund genannter Schranken mehr als einer Rechtsordnung, stellt sich die Frage, wie iRd Art 4 III 2 Rom II-VO die Ausweichklausel zu handhaben ist (vgl Art 6 Rn 19).

7 2. Liegt keine (wirksame) Rechtswahl vor, führt die **objektive Anknüpfung gem Art 5 I 1** grds zum Recht desjenigen Staates, in welchem der Beförderer seinen gewA hat, sofern sich dort gleichermaßen der Übernahme-, Ablieferungs- oder der gewA des Absenders befindet (s hierzu das erste BGH-Urt: NJW 10, 1958, 1959). Insofern handelt es sich um verstärkende Elemente, v denen zumindest eines zum gewA des Beförderers hinzutreten muss. Hierdurch ist sichergestellt, dass ein hinreichender Bezug zwischen Lebenssachverhalt und anwendbarem Recht besteht (MK/Martiny Art 5 Rn 17; R Wagner TranspR 08, 221, 223). Die bezeichneten Orte definiert der Sekundärrechtsgeber nicht, sie sind autonom auszulegen (Vor Art 1 Rn 2; zu der Frage, ob die in Art 5 I 1 und II uneinheitliche Terminologie de lege lata einer angleichenden Interpretation zugänglich ist Ferrari/Staudinger Art 5 Rn 27).

Da der **gewA** ein wandelbarer Anknüpfungspunkt ist, musste der Sekundärrechtsgeber **8** den **maßgeblichen Zeitpunkt** für dessen Beurteilung festlegen (R Wagner TranspR 08, 221, 223). Nach Maßgabe v Art 19 III ist auf denjenigen des Vertragsschlusses abzustellen. So wird ein ansonsten drohender Statutenwechsel infolge der Verlegung der Hauptverwaltung bzw -niederlassung vermieden. Ferner gibt **Art 19**, wenn auch nur in Ausschnitten (iÜ greifen allg Grundsätze zur Ermittlung ein), eine **Legaldefinition** des gewA. Auf welchen **Zeitpunkt bzgl der anderen Anknüpfungsmomente** abzuheben ist, wird v der VO nicht unmittelbar geregelt. Vorzugswürdig erscheint, den Moment des Vertragsschluss auch insoweit als maßgeblich zu erachten (MK/Martiny Art 5 Rn 17; R Wagner TranspR 08, 221, 223). So lässt sich wiederum ein Statutenwechsel vermeiden. Allerdings folgt hieraus nicht, dass ein abweichender, faktischer Ort für die Anknüpfung keine Relevanz besitzt (Rn 9).

Unter dem **Übernahmeort** ist der Ort zu verstehen, an dem die zum Transport be- **9** stimmten Güter v Beförderer angenommen werden. Als **Ablieferungsort** gilt der Endpunkt der Beförderung, an welchem der Verfrachter die Ware aus seiner Obhut in diejenige des Empfängers gibt. **Empfänger** kann dabei nach Maßgabe des Vertrages des Befrachter oder ein v ihm benannter Dritter, etwa ein Lagerverwalter, sein (Reithmann/Martiny/Mankowski Rn 2592). Ebenso **folgt aus dem Rechtsgeschäft, welche Pflicht** der Beförderer **hinsichtlich der Ablieferung** hat, ob bspw das bloße Zurverfügungstellen der Güter anstelle der realen Übergabe genügt (vgl Reithmann/Martiny/ Mankowski Rn 2592).Vom Ausgangspunkt her ist die Gesamtbeförderung in den Blick zu nehmen und verbietet sich eine Segmentierung in einzelne Beförderungsabschnitte, etwa bei einer Umladung (Reithmann/Martiny/Mankowski Rn 2588; 2592). Nach wohl überwiegender Literatur soll dabei der vertraglich vereinbarte, nicht der gesetzliche bzw va faktische Übernahme- respektive Ablieferungsort maßgeblich sein (Mankowski TranspR 08, 339, 346 f; Reithmann/Martiny/ders Rn 2588; in der Tendenz auch MK/Martiny Art 5 Rn 18 f; Gebauer/Wiedmann/Nordmeier Kap 37, Rn 55; aA Lagarde/Tenenbaum Rev crit DIP 97 [08], 727, 762). **Die Beschränkung auf den rechtsgeschäftlich festgelegten Ort** stößt allerdings auf **dogmatische Bedenken**. Zunächst lässt sich aus Art 5 I 2 wohl eher ein e contrario-Schluss ableiten, dass in Abs 1 S 1 als ein verstärkendes Element zwar kein gesetzlich bestimmter, wohl aber auch der faktische Übernahme- bzw Ablieferungsort in Betracht zu ziehen ist. Hinzu kommt, dass in Art 5 Nr 1 Brüssel I-VO gleichermaßen zwischen faktischen und vereinbarten Orten unterschieden wird (hierzu BGH NJW 09, 2606 m Anm Pfeiffer LMK 09, 286480). Sofern nun der vereinbarte sowie der faktische Ort divergieren, ist zunächst zu prüfen, ob nicht etwa in der v Vertragsschluss abweichenden Überlassung der Ware eine einvernehmliche Änderung liegt, so dass nunmehr auf diesen letzten vereinbarten Ort abzustellen ist (so auch Reithmann/Martiny/Mankowski Rn 2595; vgl zudem MK/ Martiny Art 5 Rn 19). Fehlt es hieran und handelt es sich lediglich um eine einseitige Änderung etwa des Entladeortes, scheidet dieser anders als nach Art 5 I 2 nicht per se als verstärkendes kumulatives Element aus (aA Reithmann/Martiny/Mankowski Rn 2595). Indes dürfte in der Gesamtschau einem solchen Aspekt letztlich kaum ein überragendes Gewicht zukommen. Demzufolge mag dann iErg eine Korrektur über die Ausweichklausel in Abs 3 angezeigt sein. Liegen bei **Teilladungen** unter dem Regime eines einheitlichen Vertrages **mehrere Übernahme- bzw Ablieferungsorte in verschiedenen Staaten**, so ist zu prüfen, ob denjenigen, die ggf im Heimatstaat des Beförderers angesiedelt sind, ein hinreichendes Gewicht zukommt, um als verstärkende Faktoren eine Anknüpfung an dessen Recht zu legitimieren (Reithmann/Martiny/Mankowski Rn 2590, 2596). Dem steht der Singular im Wortlaut nicht entgegen (aA Ramming HmbSchRZ 09, 21, 25). Zu beachten bleibt allerdings, dass sich der Ansatz nicht einfach auf den vereinbarten Ablieferungsort in Art 5 I 2 übertragen lässt und folglich Auslegungsdivergenz droht. Dies ist allerdings in Kauf zu nehmen, da es sich in S 1 lediglich um ein verstärkendes Element handelt, während jener in S 2 selbst den alleinigen Anknüpfungspunkt darstellt, an den freilich andere, nämlich höhere Anforderungen zu stellen sind. Werden **mehrere Beförderungen** in **einem einheitlichen Vertrag** zusammengefasst und liegen die **Übernahme- und Ablieferungsorte in verschiedenen**

Staaten, so ist danach zu differenzieren, ob diese iS einer festgelegten Route jeweils identisch sind oder bei den einzelnen Transporten auseinanderfallen. Im Falle der Gleichartigkeit gelten zur Bestimmung des entscheidenden Anknüpfungspunktes die vorangehenden Ausführungen entsprechend (Reithmann/Martiny/Mankowski Rn 2590, 2596; Ramming HmbSchRZ 09, 21, 26). Divergieren die Orte hingegen, so liegt es dennoch nahe, einen davon als verstärkendes Element heranzuziehen, wenn ihm in der Gesamtschau ein ausreichendes Gewicht zukommt (Reithmann/Martiny/Mankowski Rn 2599 ff; Ramming HmbSchRZ 09, 21, 26). Andernfalls lässt sich kein relevanter Übernahme- bzw Ablieferungsort ermitteln. Sind im Beförderungsvertrag **verschiedene optionale Ablieferungsorte** vorgesehen, ist der später **tatsächlich gewählte maßgeblich** (Reithmann/Martiny/Mankowski Rn 2594 mwN). Übt keiner der Parteien das Optionsrecht aus, soll analog Art 4 IV eine Schwerpunktsuche durchgeführt werden (vgl zum Ganzen Reithmann/Martiny/Mankowski Rn 2594; Ramming HmbSchRZ 09, 21, 25). Dies stößt auf dogmatische Bedenken, da die Analogie eine unbewusste Regelungslücke erfordert. Ist allerdings einer der vertraglichen und optional ausgestalteten Ablieferungsorte in dem Land angesiedelt, in welchem der Beförderer seinen gewA, besteht ein kumulativer Anknüpfungspunkt. IE wird damit nach Art 5 I 1 das Recht im Land des Transporteurs zur Anwendung berufen. Eine Korrektur dieses Statuts kann sich nunmehr allein kraft Art 5 III ergeben. Eines Rückgriffs auf Art 4 IV bedarf es daher mangels planwidriger Unvollständigkeit nicht. Vielmehr ist jedenfalls dann v dem abschließenden Charakter des Art 5 auszugehen (Palandt/Thorn Art 5 Rn 7), wenn sein sachlicher und persönlicher Anwendungsbereich eröffnet sind.

10 Als letztes alternatives Anknüpfungsmerkmal ist auf den gewA (Art 19 bzw Ermittlung anhand allg Grds bei nicht beruflich agierenden Privatpersonen) **des Absenders** abzustellen. Dabei muss es sich (s bereits Rn 2 sowie Erwägungsgrund 22 S 3) um die generische Vertragspartei handeln, während wirtschaftliche Erwägungen irrelevant erscheinen (Reithmann/Martiny/Mankowski Rn 2580). Wer Partei des Güterbeförderungsvertrages ist bzw in wessen Namen gehandelt wurde, bildet dabei einen zentralen Ausschnitt des Vertragsstatuts nach Maßgabe v Art 10 I (Reithmann/Martiny/Mankowski Rn 2581). Innerhalb v Vertragsketten (Reithmann/Martiny/Mankowski Rn 2585) ist jedes Rechtsgeschäft gesondert anzuknüpfen. Überdies muss mit Blick auf eine etwaige Stellvertretung ebenfalls eine getrennte kollisionsrechtliche Prüfung erfolgen, wobei zu beachten ist, dass dieser Bereich gem Art 1 II lit g nicht der Rom I-VO unterfällt, mithin eine Anknüpfung nach nationalen Kollisionsregeln zu erfolgen hat (Art 1 Rn 11).

11 Liegen die Voraussetzungen des Art 5 I 1 nicht vor, so wird v **Abs 1 S 2** das **Recht am individual- oder formularvertraglich vereinbarten Ablieferungsort** zur Anwendung berufen. Insofern wird auf die vorangehenden Ausführungen (Rn 9) Bezug genommen. Die Sachgerechtigkeit dieser **subsidiären Anknüpfung** sieht das Schrifttum darin, dass der vereinbarte Ablieferungs- vielfach mit dem Gerichtsort sowie den legitimen Parteierwartungen übereinstimmen dürfte (Garcimartín Alférez EuLF 08, I-61, I-70 Nr 52; PWW/Remien Art 5 Rn 2). Namentlich für Importeure mag sich Art 5 I 2 als vorteilhaft herausstellen, sofern diese in concreto auch den Transport schulden. Das ist regelmäßig bei E- und F-Incotermklauseln der Fall (vgl Mankowski TranspR 08, 339, 347; zu den Incoterms s ferner BGH NJW 09, 2606; IPRspr 05, Nr 161, 441; Wertenbruch ZGS 05, 136; Bernstorff RIW 10, 672; mit Blick auf deren Neufassung Ferrari/Staudinger Art 5 Rn 38). Im Falle v **Teilladungen**, bei denen die einzelnen **vereinbarten Ablieferungsorte** ungeachtet eines einheitlichen Vertrages **in verschiedenen Staaten** liegen, erweist sich die Ermittlung des maßgeblichen Anknüpfungspunktes als schwierig (ausf zu möglichen Lösungsansätzen Ferrari/Staudinger Art 5 Rn 39).

12 Hieran anschließend verbleibt es beim Rückgriff auf Art 4, va dessen Abs 2 gleichermaßen für den Fall, dass die Parteien den **Ablieferungsort nicht individuell oder formularvertraglich festgelegt** haben (Ferrari/Leible/Nielsen Rome I Regulation S 99, 107). Ein solcher Rückgriff verbietet sich auch nicht wegen des abschließenden Charakters v Art 5 (aA Reithmann/Martiny/Mankowski Rn 2602; Palandt/Thorn Art 5 Rn 7). Vielmehr stößt die befürwortete Analogie zu Art 5 III (so etwa Palandt/Thorn Art 5 Rn 7)

um den konkreten Vertragsschwerpunkt zu ermitteln, auf dogmatische Bedenken. Art 4 greift nach seinem Wortlaut gerade dann ein, wenn die vorrangigen Kollisionsnormen tatbestandlich ausscheiden. Dies muss freilich auch dann gelten, wenn sich die vorgegebenen Anknüpfungsmerkmale bzw situativen Umstände nicht ermitteln lassen. Die entsprechende Anwendung v Art 5 ist insofern abzulehnen, als er angesichts seines Ausnahmecharakters restriktiv ausgelegt, erst recht nicht analog herangezogen werden darf. Schließlich führt der hier favorisierte Ansatz, auf Art 4 zurückzugreifen, mit Blick auf dessen Abs 2 zu einem Gleichlauf mit Art 5 II 2 bei der Personenbeförderung (hierauf verweist Ferrari/Leible/Nielsen Rome I Regulation S 99, 107).

IV. Verträge über die **Personenbeförderung** iSd Art 5 II sind solche, die eine Seite 13 rechtsgeschäftlich zum Transport einer oder mehrerer Personen v einem Ort zum anderen verpflichten (Reithmann/Martiny/Mankowski Rn 2621; MK/Martiny Rn 23) – unabhängig v Beförderungsart und -mittel (MK/Martiny Art 5 Rn 2). Dabei kann die Beförderung auch unentgeltlich erfolgen (aA zumindest für die Güterbeförderung MK/Martiny Art 5 Rn 6). Dem sachlichen Regelungsbereich der Personenbeförderungsverträge unterliegt nicht etwa die **Automiete** (s auch PWW/Remien Art 5 Rn 6; EuGH NJW 05, 3055). Vor dem Hintergrund v Erwägungsgrund 22 S 2 mag sich die Frage stellen, ob **Charterverträge** denkbar sind, welche laut Abs 2 angeknüpft werden (hierzu PWW/Remien Art 5 Rn 6). Sofern ein Kunde bspw ein Wohnmobil oder ein Boot (für Ferienzwecke) chartert, dürfte in der Regel eine reine entgeltliche Gebrauchsüberlassung anzunehmen sein. Damit scheidet jedenfalls Abs 2 tatbestandlich aus. Der danach in Betracht zu ziehenden Anwendbarkeit v Art 6 zwischen Unternehmer und Verbrauchern stehen iErg weder Abs 4 lit b noch c entgegen (ausf Ferrari/Staudinger Art 5 Rn 44). Lediglich Abs 4 lit a kann im Einzelfall die Sonderanknüpfung nach Art 6 verhindern. Handelt es sich indes um eine „echte" Pauschalreise nach Maßgabe der Harmonisierungsmaßnahme 90/314, liegen aber die situativen Voraussetzungen v Art 6 nicht vor, so dürfte ebenso Art 5 II tatbestandlich ausscheiden (s bereits Rn 3; aA wohl PWW/Remien Art 5 Rn 6). Abweichendes mag nur dann gelten, wenn das Bündel v Leistungen im Schwerpunkt ausnahmsweise dennoch als Beförderungsvertrag qualifiziert werden könnte. IdR verbleibt es dann beim Rückgriff auf Art 3 oder 4. Die **Reisevermittlung** va durch Reisebüros **unterfällt nicht** dem Anwendungsbereich v **Art 5 II**, da hier nicht der Transport geschuldet wird (Reithmann/Martiny/Mankowski Rn 2622; MK/Martiny Art 5 Rn 23; zur Einordnung des Reisebüros als Reiseveranstalter oder bloßer Vermittler BGH NJW 11, 599). Vielmehr kommt zwischen Vermittler und Kunden in autonomer Qualifikation ein Dienstleistungsvertrag zustande, der grds Art 6 unterfällt (ausf Staud/Staudinger Vor § 651 a Rn 148; eingehend zu anderen ausgewählten Vertragstypen Ferrari/Staudinger Art 5 Rn 66 ff).

1. Im Ggs zu Abs 1 gewährt der Sekundärrechtsgeber für Personenbeförderungsverträ- 14 ge lediglich eine **beschränkte Parteiautonomie**. Der **abschließende Kreis optionaler Rechtsordnungen** wird durch **Abs 2 Unterabs 2** anhand einzelner Anknüpfungspunkte eingegrenzt: Hierzu zählen neben dem gewA des Reisenden oder Beförderers, dessen Hauptverwaltung, der Abgangs- oder Bestimmungsort. Da der Sekundärrechtsgeber auf Art 3 in toto verweist, greifen die **Schranken aus Art 3 III und IV ebenfalls**. Sollte aufgrund dessen in concreto ein „law mix" entstehen, fragt sich, wie der Rechtsanwender Art 4 III 2 Rom II-VO zu handhaben hat (s bereits Rn 6; Art 6 Rn 19). Eine über jene allg Grenzen der Parteiautonomie hinausgehende Inhaltskontrolle etwa anhand eines nationalen AGB-Rechts ist indes weder gestützt auf das gewählte bzw das an sich objektiv berufene Recht noch die lex fori bzw unter Heranziehung der Ausweichklausel des Abs 3 statthaft (Mankowski TranspR 08, 339, 350; Reithmann/Martiny/ders Rn 2643; MK/Martiny Art 5 Rn 25). Letztere erlaubt in Ausnahmefällen nur eine Korrektur des kraft objektiver Anknüpfung bestimmten Statuts. In der Gesamtschau gewährt demnach Abs 2 Unterabs 2 zwar nicht die beliebige Wahl einer aus Sicht des Kunden schutzschwachen Rechtsordnung. Allerdings bleibt es dem Beförderer unbenommen, sein Recht qua subjektiver Anknüpfung – insb im Gewande v Formularabreden – durchzusetzen (s die Angaben bei PWW/Remien Art 5 Rn 4; krit daher Magnus IPRax 10, 27, 38; Gebauer/Wiedmann/Nordmeier Kap 37 Rn 56).

15 a) Als erstes wählbares Statut weist **Unterabs 2 lit a** auf das Recht des Staates hin, in welchem die **zu befördernde Person** ihren **gewA** hat (s Art 19 bzw bei nicht beruflich agierenden Privatpersonen die allg Grds). Fraglich erscheint, wer als zu befördernde Person anzusehen ist, falls ein Arbeitgeber eine Flugreise bucht, die Beförderung selbst aber der Angestellte in Anspruch nimmt. Der Wortlaut – auch unter Rückgriff auf andere Sprachfassungen – spricht scheinbar dafür, auf den tatsächlich Reisenden abzustellen. Damit drohte allerdings ein Wertungswiderspruch, da an ein Merkmal einer Nicht-Vertragspartei angeknüpft würde (Mankowski TranspR 08, 339, 348; Reithmann/Martiny/ders Rn 2626; iErg zustimmend MKMartiny Art 5 Rn 32). **Maßgeblich ist jedoch allein der gewA derjenigen Person, welche sich rechtsgeschäftlich verpflichtet und berechtigt** (Mankowski TranspR 08, 339, 348). Damit wird nicht nur ein Gleichlauf mit Art 5 I, sondern auch ein solcher innerhalb des Abs 2 erreicht, da es sowohl für die subjektive wie objektive Anknüpfung (Rn 20 f) auf den gewA der Vertragsparteien als Absender und Beförderer ankommt. Schließlich gilt der Ausschluss einer faktischen Betrachtung ebenso für die gegnerische Seite in Abs 1 und 2 sowie im Wege übergreifender systematischer Auslegung im Lichte des Art 5 Nr 1 lit b, 2 Spiegelstrich Brüssel I-VO (vgl die Erwägungsgründe 7, 17). Jene Vertragsgegenseite ist unter Rückgriff auf Art 10 I zu ermitteln (beachte Reithmann/Martiny/Mankowski Rn 2630 ff). Denn die Rolle als Partei untersteht dem Vertragsstatut. IErg kommt es bspw auf den Arbeitgeber (insofern: Art 19) an, wenn er die Beförderung für einen Angestellten als Geschäftsreise bucht (Reithmann/Martiny/Mankowski Rn 2626 ff; MK/Martiny Art 5 Rn 32).

16 b) Weiter besteht gem **Unterabs 2 lit b** die Möglichkeit, das Recht am **gewA des Beförderers** zu wählen (beachte insofern Art 19). Entscheidend ist dabei allein der gewA desjenigen, der die Beförderung **vertraglich schuldet**, nicht aber, wer sie de facto durchführt (Rn 2; Reithmann/Martiny/Mankowski Rn 2634; MK/Martiny Art 5 Rn 35). Wird für ein vertragliches Unternehmen ein anderer Beförderer etwa aus einer „Allianz" tätig, so handelt es sich bei dem ausführenden bzw faktischen Unternehmen aus dem Blickwinkel des deutschen Sachrechts um einen Erfüllungsgehilfen iSd § 278 BGB. Derartige faktische Beförderer haften mithin idR nicht aus Vertrag, sondern Gesetz. Vorrangig zu prüfen ist zunächst eine Einstandspflicht bzw Sperrwirkung nach völkerrechtlichen Regelungen (bspw MÜ), dann nach Sekundärrechtsakten (bspw VO (EG) Nr 261/04). Zur etwaigen Lückenschließung greift nachrangig das mit Hilfe der Rom II-VO ermittelte außervertragliche Haftungsstatut ein. Dies steht im Einklang mit den Ausführungen zu Abs 1 und ist Ausfluss einer übergreifenden systematischen Auslegung nach den Erwägungsgründen 7, 17, 24, 40 unter Einbeziehung der Brüssel I-VO. So erfasst der Gerichtsstand des Erfüllungsorts in Art 5 Nr 1 Brüssel I-VO für vertragliche Ansprüche nicht etwa Klagen des Kunden unmittelbar gegen Erfüllungshilfen des Gegners, welche keine eigenen, freiwillig eingegangenen Verpflichtungen jenem ggü begründet haben (vgl Rauscher/Leible Art 5 Brüssel I-VO Rn 26; Staudinger IPRax 10, 140, 141).

17 c) Nach **Unterabs 2 lit c** können die Vertragsparteien auch das Recht desjenigen Staates zur Anwendung berufen, in dem der **Beförderer seine Hauptverwaltung** (Art 19 I 1) hat. Relevant wird diese Option etwa für den Fall, dass laut Art 19 II an sich der Ort einer bestimmten Niederlassung mit dem gewA gleichgesetzt wird (Garcimartín Alférez EuLF 08, I-61, I-71 Nr 52 Fn. 46; PWW/Remien Art 5 Rn 4). Werden mithin Verträge in verschiedenen Niederlassungen mehrerer Länder abgeschlossen, kann der Beförderer sämtliche Rechtsgeschäfte dem Statut der Hauptverwaltung kraft Rechtswahl unterstellen. Hinsichtlich der zeitlichen Fixierung bietet sich iRv Unterabs 2 lit c eine Analogie zu Art 19 III an (Garcimartín Alférez EuLF 08, I-61, I-71 Nr 52 Fn 46).

18 d) Eine weitere Wahlmöglichkeit besteht gem **Unterabs 2 lit d** zG des Rechtes am **Abgangsort der Beförderung**. Entscheidend ist insoweit der Beginn der Reise (MK/Martiny Art 5 Rn 29). Für den Regelfall einer mit Vertragsschluss ausgeübten Option entscheidet damit der **vertraglich festgelegte Abgangsort**. Erfolgt danach die Beförderung faktisch v einer anderen Stelle, mag dieses im Einzelfall mit einer einvernehmlichen Vertragsänderung einhergehen, die wiederum nach Art 3 II 1 eine nachträgliche Wahl eines anderen Rechts legitimiert. Die womöglich längere Route des Beförderungsmittels erscheint jedoch grds nicht maßgeblich (Garcimartín Alférez EuLF 08, I-61, I-71 Nr 52; Gebauer/Wiedmann/Nordmeier Kap 37, Rn 58; PWW/Remien Art 5 Rn 4; unklar laut Clausnitzer/Woopen BB 08, 1798, 1800), da Angaben oder gar Abreden darüber, ob und wie das Transportmittel im Vorfeld- bzw Nachgang eingesetzt wird, fehlen dürften. Das maßgebliche Statut muss aber möglichst zum Zeitpunkt des Vertragsschlusses feststehen. Andernfalls droht, dass der Beförderer sein Recht zur Anwendung bringen könnte, indem er Abgangs- und Bestimmungsorte (insofern Rn 19) für ihn „günstig" legt.

e) Eine weitere Option bietet **Unterabs 2 lit e**. Danach kann das Recht am **Bestimmungsort** gewählt werden. Zumindest für diese subjektive Anknüpfung im Moment des Vertragsschlusses kann **allein auf die rechtsgeschäftlich vereinbarte Destination** abgestellt werden (Mankowski TranspR 08, 339, 347; MK/Martiny Art 5 Rn 30; bzgl einer Abweichung im Anschluss hieran vgl die vorige Rn). Entscheidend ist wohl das **Endziel einer Beförderung**. Erneut kommt es auf die konkrete Fahrt des Reisegastes an, die Route des Beförderungsmittels erscheint irrelevant (Garcimartín Alférez EuLF 08, I-61, I-71 Nr 52; Gebauer/Wiedmann/Nordmeier Kap 37, Rn 58; PWW/Remien Art 5 Rn 4; unklar laut Clausnitzer/Woopen BB 08, 1798, 1800). Selbst wenn auf einheitlicher vertraglicher Grundlage im Luftverkehr die Hin- und Rückreise geschuldet wird, folgt hieraus für das Kollisionsrecht keine „Rundflug-", sondern vielmehr eine getrennte Betrachtung v Hin- und Rückflug in Bezug auf ihren Bestimmungsort. Zwischenhalte bilden idR keine weiteren Anknüpfungspunkte iS eines selbständigen Bestimmungsbzw neuen Abgangsorts (iErg Garcimartín Alférez EuLF 08, I-61, I-71 Nr 52; Reithmann/Martiny/Mankowski Rn 2636; Gebauer/Wiedmann/Nordmeier Kap 37, Rn 58; PWW/Remien Art 5 Rn 4; ausf Ferrari/Staudinger Art 5 Rn 55). 19

2. a) Liegt keine (wirksame) Rechtswahl vor, führt die **objektive Anknüpfung** gem **Abs 2 Unterabs 1 S 1** grds zum Recht desjenigen Staates, in welchem die **zu befördernde Person** ihren gewA hat, sofern sich dort auch der **Abgangs- oder Bestimmungsort** befindet (zur Terminologie s Rn 18 f; vgl zu einer derartigen Konstellation BGH NJW 10, 1958, 1959 sowie LG München Urt v 19.4.11 Az 12 O 7134/11). Letztere sind verstärkende Elemente, v denen zumindest eines kumulativ zum gewA hinzutreten muss. Im Ggs zur Güterbeförderung ist damit Ausgangspunkt der Anknüpfung nicht das Recht am gewA des Transporteurs als derjenigen Partei, welche an sich die charakteristische Leistung erbringt. Der Sekundärrechtsgeber hat damit zumindest **iRd objektiven Anknüpfung den Interessen des Kunden den Vorzug gegeben** und ihm kollisionsrechtlichen Schutz gewährt (PWW/Remien Art 5 Rn 5). Die kumulative **Voraussetzung eines weiteren**, gleichsam rechtfertigenden **Anknüpfungspunktes trägt den Interessen des Beförderers Rechnung**, da so ein hinreichend enger Bezug zu dem für anwendbar erklärten Sachrecht besteht (Mankowski TranspR 08, 339, 348; R Wagner TranspR 08, 221, 223). Zwar wird mitunter darauf verwiesen, zum Kreis der Abgangs- und Bestimmungsorte zählten allein die rechtsgeschäftlich festgelegten, nicht sei auf den tatsächlichen und hiervon abweichenden Transportverlauf abzustellen (MK/Martiny Art 5 Rn 33, 34; Mankowski TranspR 08, 339, 348; Reithmann/Martiny/ders Rn 2635 f). **IRd objektiven Anknüpfung spielen** indessen **ebenso tatsächliche Anfangs- und Endpunkte** als hinzutretende Elemente **eine Rolle** (s zur Güterbeförderung Rn 9). Unterstellt, der faktische Abgangs- bzw Bestimmungsort weicht v rechtsgeschäftlich vereinbarten ab, ist jedoch in dem Staat belegen, in welchem der Kunde seinen gewA hat, gerät die Berufung auf das dort maßgebliche Umweltrecht legitim. Denn dies entspricht dem Schutzauftrag der Sonderkollisionsnorm, vgl Erwägungsgründe 23, 32. Die gegnerische Vertragsseite erscheint insoweit nicht schutzbedürftig, da ihr die Rechtswahl (sogar vorformuliert) auf Grundlage des festgelegten Abgangs- und Bestimmungsortes freistand. Zudem handelt es sich um vorhersehbare Anknüpfungspunkte. Schließlich kommt auch iRd Art 5 Nr 1 lit b, 1 und 2 Spiegelstrich Brüssel I-VO dem v Vertrag abweichenden Ort der tatsächlichen Leistungserbringung (Rauscher/Leible Art 5 Brüssel I-VO Rn 51) bzw dem faktischen Landepunkt (Lehmann NJW 10, 655, 656) zur Bestimmung des Erfüllungsortsgerichtsstandes Relevanz zu. Diese Wertung strahlt 20

in die Rom I-VO laut ihren Erwägungsgründen 7, 17, 24, 40 aus. Es erscheint erneut unbeachtlich, v welchem Ort ein Transportmittel ursprünglich gestartet ist und welches Endziel es ansteuert. **Maßgeblich bleibt allein der Streckenabschnitt des jeweiligen Reisenden,** der etwa zu- und vor dem Endziel bereits aussteigt (MK/Martiny Rn 31). Fraglich ist, ob man auf die tatsächlich beförderte Person oder den Vertragspartner abstellt (vgl Rn 2; 15 sowie Rauscher/Leible Art 5 Brüssel I-VO Rn 18 ff; Staudinger IPRax 10, 140, 141). Gerade der Umstand, dass vielfach rechtsgeschäftlich verpflichtetes und tatsächlich ausführendes Unternehmen auseinanderfallen (etwa bei der Beförderung iRd Star Alliance) illustriert die Praxisrelevanz dieser Fragestellung. Da allerdings zum Zeitpunkt des Vertragsschlusses das kraft objektiver Anknüpfung berufene Sachrecht ermittelt werden muss, **erscheint die tatsächliche Durchführung des Transports nicht entscheidend.** Wer **Vertragspartner des Beförderers** ist, bestimmt das sich aus Art 10 ergebende hypothetische Vertragsstatut (Bsp bei Ferrari/Staudinger Art 5 Rn 58 f).

21 b) Liegen die Voraussetzungen des Abs 2 Unterabs 1 S 1 nicht vor (dies gilt etwa für Fälle, in denen der Passagier zwischen Ländern reist, ohne dort selbst einen Lebensmittelpunkt zu haben; hierzu Mankowski TranspR 08, 339, 349; PWW/Remien Art 5 Rn 5), so ist gem **Abs 2 Unterabs 1 S 2 subsidiär** an den **gewA des vertraglichen Beförderers** iSd Art 19 anzuknüpfen. IErg wird durch diese Auffangregel ein Gleichlauf zur Anknüpfung bei Güterbeförderungsverträgen nach Abs 1 S 1 erzielt. Einher geht damit eine Verkehrung des an sich im Erwägungsgrund 32 S 1 anklingenden (Verbraucher-)Schutzes in sein Gegenteil, nämlich die Privilegierung des zu Befördernden. Allerdings dürfte in einer Vielzahl v Fällen die Auffangregel ohnehin nicht zum Zuge kommen. Sofern nämlich nicht bereits eine Pauschalreise iSd Art 6 IV lit b vorliegt, wird wohl oftmals die Grundanknüpfung deshalb einschlägig sein, weil Kunden v dem oder in das Land aus- bzw einreisen, in welchem sie ihren gewA haben (Reithmann/Martiny/Mankowski Rn 2639).

22 c) Eine ausdrückliche Regelung für den Fall, dass **mehrere Beförderer Vertragspartei** sind, gibt Art 5 II nicht vor (MK/Martiny Rn 35; krit dazu Lagarde/Tenenbaum Rev crit DIP 97 [08], 727, 764). Problematisch erscheint dies, sofern jene ihren gewA in verschiedenen Staaten haben (zu möglichen Lösungsansätzen Ferrari/Staudinger Art 5 Rn 61).

23 V. In **Art 5 III** hat der Sekundärrechtsgeber eine **spezielle Ausweichklausel** vorgesehen, welche sich an Art 4 III orientiert. Sie gilt sowohl für Güter- als auch Personenbeförderungsverträge. Diese Auflockerung bezieht sich nicht auf die subjektive Anknüpfung, so dass eine Inhaltskontrolle etwa einer Rechtswahl in Personenbeförderungsverträgen über Abs 3 ausscheidet (PWW/Remien Art 5 Rn 8). Nach dem Wortlaut genügt zur Durchbrechung des an sich berufenen Statuts nicht, dass etwa ein einzelner Faktor wie der Bestimmungsort (MK/Martiny Art 5 Rn 36) auf eine andere Sachrechtsordnung verweist. Geboten ist vielmehr die Einbeziehung sämtlicher Umstände, die zueinander ins Verhältnis zu setzen sind. Objektive Gesichtspunkte in der Abwägung können neben dem Sitz oder der Niederlassung v Absender bzw Empfänger oder einbezogenen Dritten etwa der Ort der Registrierung des Transportmittels sein. Auch an sich schwächere, insb subjektive Kriterien wie Ort des Vertragsschlusses, Vertragssprache bzw die vereinbarte Währung sind in die Gesamtschau einzubeziehen. Durch die erhöhte Eingriffsschwelle der **offensichtlich engeren Verbindung** macht der Sekundärrechtsgeber deutlich, dass es sich um eine **restriktiv zu handhabende Ausweichklausel** handelt (Mankowski TranspR 08, 339, 351; MK/Martiny Art 5 Rn 36; PWW/Remien Art 5 Rn 9; zur Ausweichklausel des Art 28 V EGBGB aF s BGH NJW 09, 3371, 3374 f mit Anm Staudinger/Czaplinski). Damit v der Regelanknüpfung abgewichen werden kann, muss das Überwiegen der engeren Verbindung „manifest, evident (...), gleichsam mit den Händen zu greifen" sein (so Mankowski TranspR 08, 339, 351).

24 VI. Art 5 sieht kraft **Art 20** einen **Sachnormverweis** vor, so dass ein Renvoi – Rück- und Weiterverweis – des ausl Kollisionsrechts unbeachtlich ist.

Artikel 6 Verbraucherverträge

(1) Unbeschadet der Artikel 5 und 7 unterliegt ein Vertrag, den eine natürliche Person zu einem Zweck, der nicht ihrer beruflichen oder gewerblichen Tätigkeit zugerechnet werden kann („Verbraucher"), mit einer anderen Person geschlossen hat, die in Ausübung ihrer beruflichen oder gewerblichen Tätigkeit handelt („Unternehmer"), dem Recht des Staates, in dem der Verbraucher seinen gewöhnlichen Aufenthalt hat, sofern der Unternehmer
a) seine berufliche oder gewerbliche Tätigkeit in dem Staat ausübt, in dem der Verbraucher seinen gewöhnlichen Aufenthalt hat, oder
b) eine solche Tätigkeit auf irgend einer Weise auf diesen Staat oder auf mehrere Staaten, einschließlich dieses Staates, ausrichtet
und der Vertrag in den Bereich dieser Tätigkeit fällt.
(2) ¹Ungeachtet des Absatzes 1 können die Parteien das auf einen Vertrag, der die Anforderungen des Absatzes 1 erfüllt, anzuwendende Recht nach Artikel 3 wählen. ²Die Rechtswahl darf jedoch nicht dazu führen, dass dem Verbraucher der Schutz entzogen wird, der ihm durch diejenigen Bestimmungen gewährt wird, von denen nach dem Recht, das nach Absatz 1 mangels einer Rechtswahl anzuwenden wäre, nicht durch Vereinbarung abgewichen werden darf.
(3) Sind die Anforderungen des Absatzes 1 Buchstabe a oder b nicht erfüllt, so gelten für die Bestimmung des auf einen Vertrag zwischen einem Verbraucher und einem Unternehmer anzuwendenden Rechts die Artikel 3 und 4.
(4) Die Absätze 1 und 2 gelten nicht für:
a) Verträge über die Erbringung von Dienstleistungen, wenn die dem Verbraucher geschuldeten Dienstleistungen ausschließlich in einem anderen als dem Staat erbracht werden müssen, in dem der Verbraucher seinen gewöhnlichen Aufenthalt hat;
b) Beförderungsverträge mit Ausnahme von Pauschalreiseverträgen im Sinne der Richtlinie 90/314/EWG des Rates vom 13. Juni 1990 über Pauschalreisen[1];
c) Verträge, die ein dingliches Recht an unbeweglichen Sachen oder die Miete oder Pacht unbeweglicher Sachen zum Gegenstand haben, mit Ausnahme der Verträge über Teilzeitnutzungsrechte an Immobilien im Sinne der Richtlinie 94/47/EG;
d) Rechte und Pflichten im Zusammenhang mit einem Finanzinstrument sowie Rechte und Pflichten, durch die die Bedingungen für die Ausgabe oder das öffentliche Angebot und öffentliche Übernahmeangebote bezüglich übertragbarer Wertpapiere und die Zeichnung oder den Rückkauf von Anteilen an Organismen für gemeinsame Anlagen in Wertpapieren festgelegt werden, sofern es sich dabei nicht um die Erbringung von Finanzdienstleistungen handelt;
e) Verträge, die innerhalb der Art von Systemen geschlossen werden, auf die Artikel 4 Absatz 1 Buchstabe h Anwendung findet.

I. Im Einklang mit Erwägungsgrund 23 stellt Art 6 als Sonderanknüpfung den **Schutz der intellektuell und wirtschaftlich unterlegenen Partei** sicher (zum neuen Regelungsgehalt im Vergleich zur Vorgängerbestimmung des Art 29 EGBGB aF Ferrari/Staudinger Art 6 Rn 2 f). Dies gilt vorbehaltlich der spezielleren Art 5 und 7, der Sonderkollisionsnorm des Art 8 (diese Vorschrift sowie Art 6 schließen sich gegenseitig aus, vgl Staudinger/Steinrötter JA 11, 241, 246 Fn 102) sowie des auf bestimmte Konstellationen beschränkten und in Art 46 b EGBGB zusammengefassten Richtlinienkollisionsrechts (krit zur fortbestehenden Spaltung des Verbraucher-IPR etwa: Kieninger FS Kropholler, 08, S 499). Haben die Vertragspartner keine Rechtswahl getroffen, normiert **Abs 1** (Rn 15) in bestimmten grenzüberschreitenden Fallgestaltungen zG des Verbrauchers die Anwendbarkeit der an dessen gewA geltenden Regeln. **Abs 2** (Rn 14) zufolge bleiben ebenfalls im Aufenthaltsstaat des Konsumenten geltende zwingende (verbraucherschützende) Bestimmungen unberührt, sofern deren Schutzstandard denjenigen der parteiautonom bestimmten Rechtsordnung übersteigt. Es erfolgt damit ein

1

---

[1] ABl. L 158 vom 23.6.1990, S. 59.

konkreter Günstigkeitsvergleich (Rn 14). Außerhalb des Anwendungsbereichs v Abs 1 unterliegt der Vertrag dagegen dem gem Art 3 oder 4 zu ermittelnden Statut (**Abs 3**; Rn 16). Gleiches gilt laut der **Ausnahmeregel in Art 6 IV** (Rn 7) entsprechend für die dort aufgeführten Verträge.

2 **II. 1.** Aus dem Verweis in Art 6 II 1 auf Art 3 iR einer Rechtswahl ergeben sich Streitfragen im Verhältnis zu Art 3 III, IV. Während **Art 3 III** bei reinen Inlandssachverhalten trotz Wahl einer fremden Rechtsordnung stets die zwingenden nationalen (J Hoffmann EWS 09, 254, 256; Gebauer/Wiedmann/Nordmeier Kap 37, Rn 31; Pfeiffer EuZW 08, 622, 625; Rühl FS Kropholler, 08, S 187, 203 ff; wohl auch Leible/Lehmann RIW 08, 528, 534) Vorschriften des innerstaatlichen Rechts durchsetzt, hat **Art 3 IV** bei Konstellationen mit ausschließlich Bezug zum Binnenmarkt die Sicherstellung v europäischem Richtlinien- ggü gewähltem Drittstaatenrecht im Blick (s etwa MK/Martiny Art 3 Rn 102). Folglich könnte Art 6 II 1 der Grds zu entnehmen sein, wonach ebenfalls diese allg Rechtswahlschranken eingreifen (Gebauer/Wiedmann/Nordmeier Kap 37, Rn 74). Man mag weiterhin annehmen, die Anwendung v Art 3 III in Konstellationen ohne Auslandsbezug verschließe bereits den Zugang zu Art 6 (in diese Richtung MK/Martiny Art 6 Rn 51). Infolge dessen drohte jedoch die paradoxe Situation, dass ein Verbraucher aufgrund des an sich vorzunehmenden Vergleichs nach Art 6 II im konkreten Einzelfall womöglich besser gestellt wäre als nach Maßgabe v Art 3 III, ihm aber dieses günstigere Recht versagt bliebe. Dies gälte ebenso bei Art 3 IV. Vor dem Hintergrund des mit der Modernisierung des EVÜ intendierten Verbraucherschutzes ist aus teleologischen Erwägungen einer grds Verdrängung v Normen des gewählten (ggf drittstaatlichen) Vertragsstatuts entgegenzutreten; mithin genießt **Art 6 in seinem Anwendungsbereich Vorrang ggü Art 3 III und IV** (jedenfalls zu Art 3 IV Kieninger FS Kropholler, 08, S 499, 515; wohl auch Palandt/Thorn Art 6 Rn 2 und 8; offenlassend MK/Martiny Art 6 Rn 51 f.) Das lässt sich überdies aus den jeweils divergierenden Regelungsbereichen herleiten, denn während Art 3 III und IV die Gesamtheit des ius cogens – einschließlich desjenigen zG v Verbrauchern – vor dessen Umgehung sichern (vgl KOM [05] 650 endg, S 6) hat Art 6 allein die den Schutz des Konsumenten gewährleistenden Bestimmungen nationaler wie gemeinschaftsrechtlicher Provenienz im Blick und erscheint insofern spezieller. Eine Ausnahme ist jedoch dann geboten, sofern es an der Umsetzung etwaiger EU-Richtlinien in das einzelstaatliche Recht fehlt (vgl KOM [02] 654 endg, S 23). Hier bleibt subsidiär ein Rückgriff auf die Binnenmarktschutzklausel eröffnet.

3 **2.** Nach Maßgabe v **Art 23** lässt der Sekundärrechtsakt besondere Kollisionsnormen, zu denen auch das verbraucherschützende Richtlinien-IPR zählt, unberührt. Wenngleich diese Konkurrenzregel auf den ersten Blick die Spezialität v **Art 46 b EGBGB** zu beinhalten scheint, **greift Art 6** – ebenfalls wie bereits Art 29 im Verhältnis zu Art 29 a EGBGB aF – nach wohl überwiegender Auffassung **vorrangig Platz** (Koch/Magnus/Winkler v Mohrenfels § 5 Rn 100 Fn 138; Martiny RIW 09, 737, 745; Palandt/Thorn Art 6 Rn 2; die Existenz v Art 46 b EGBGB verkennend: Thüsing/Kroh ZGS 10, 346, 348).

4 **3.** Ist der sachliche Anwendungsbereich v Art 6 nicht eröffnet, entfaltet diese Anknüpfungsregel keine Ausschlusswirkung bzgl etwaiger Eingriffsnormen iSd **Art 9**. Ein **genereller Vorrang** kommt Art 6 insofern **nicht zu** (Lando/Nielsen CMLR 08, 1687, 1722 f; Palandt/Thorn Art 6 Rn 2). Vorschriften mit (auch) verbraucherschützender Funktion können wie bislang angenommen (BGH IPRax 05, 150; hierzu Staudinger IPRax 05, 129, 132) auch unter dem Regime der Rom I-VO zur Gruppe der int zwingenden Bestimmungen zählen. Jedoch darf nach bisheriger Auffassung des BGH die Verbraucherschutznorm nicht lediglich reflexartig dem Schutz öffentlicher Gemeinwohlinteressen dienen (BGH NJW 06, 762, 764; NJW 09, 3371, 3374 m Anm Staudinger/Czaplinski). Ein Rückgriff auf Art 34 EGBGB aF sollte nach Ansicht des X Zivilsenats ausscheiden, wenn zwar einer der in Art 29 EGBGB aF genannten Vertragstypen vorlag, indes der in dieser Kollisionsnorm vorausgesetzte Inlandsbezug fehlte (vgl BGHZ 123, 380, 391; s auch BGHZ 135, 124 ff; zustimmend Siems GPR 05, 158 ff). Jedoch erscheint eine solche Spezialität in sämtlichen Fallkonstellationen nicht frei v Bedenken. Dies gilt ei-

nerseits für Transformationsnormen zu Richtlinien, die nicht in Art 46 b EGBGB aufgeführt sind, andererseits für Vorschriften, die – wie etwa § 49 b Abs. 2 Fall 2 BRAO aF – ebenso zum Schutz eines Unternehmers eingreifen. Demggü ist die **Durchsetzung v (auch) verbraucherschützenden Eingriffsnormen** iSd Art 9 gegen ein gewähltes Vertragsstatut **außerhalb des sachlichen Regelungsbereichs v Art 6** nach wie vor **zulässig** (Palandt/Thorn Art 6 Rn 2 und Art 9 Rn 8; aA MK/Martiny Art 6 Rn 56; ähnlich: Einsele WM 09, 289, 295; Mankowski ZEuP 08, 845, 862 f). Eine derartige Sonderanknüpfung dann aber davon abhängig zu machen, dass der in Abs 1 kodifizierte Inlandsbezug vorliegt (Palandt/Thorn Art 9 Rn 8 im Anschluss an: BGHZ 135, 124, 136; OLG Frankfurt aM NJW-RR 07, 1357) erscheint methodisch zweifelhaft. **Bei intern und zugleich int zwingendem Verbraucherschutzrecht, genießt Art 6 innerhalb seines Anwendungsbereiches** ggü Eingriffsnormen iSd Öffnungsklausel dagegen generell **Vorrang** (ebenso Palandt/Thorn Art 6 Rn. 2; Ferrari/Leible/ders Ein neues Internationales Vertragsrecht für Europa S 129, 140). Einer rein formalen Heranziehung v Art 9 bedarf es daher nicht. Dies gilt allerdings nur insoweit, als das qua Art 6 I maßgebliche Vertragstatut und die Regeln der lex fori (Art 9 II) bzw die am Erfüllungsort geltenden Vorschriften (Art 9 III) übereinstimmen. Fehlt es an einer entsprechenden Konvergenz, bleibt der Rückgriff auf Art 9 v Grds her eröffnet (vgl Palandt/Thorn Art 9 Rn 6, 8). Im Einzelfall kann es jedoch auch insofern angebracht sein, den für den Verbraucher günstigeren Normen Vorrang zu gewähren; andernfalls liefe der Sinn und Zweck v Art 6 II leer.

III. Anwendungsbereich. 1) Zur Bestimmung des Verbraucherbegriffs stellt Art 6 auf 5 den Verwendungszweck etwa der gelieferten Ware oder der erbrachten Dienstleistung ab (s nur Reithmann/Martiny/Martiny Rn 4177). Dabei beurteilt sich die Frage, ob der **Vertrag zu** einem **Zweck geschlossen wurde, welcher nicht der beruflichen oder gewerblichen Tätigkeit** (hierzu zählen selbstständige geschäftliche Tätigkeiten sowie Verträge v Freiberuflern: MK/Martiny Art 6 Rn 7) einer Partei **zuzurechnen ist,** nach den dem Schuldner **objektiv erkennbaren Umständen des jeweiligen Geschäfts** (MK/Martiny Rn 10; Ferrari/Leible/Ragno Rome I Regulation S 129, 134 f; Rauscher Rn 1127; Palandt/Thorn Art 6 Rn 5). Handelt demnach bspw ein privater Anleger mit Gewinnerzielungsabsicht, kauft ein unselbständig Beschäftigter Arbeitskleidung- bzw gerät oder tritt ein Verbraucher seine vertraglichen Ansprüche ab, ist der persönliche Anwendungsbereich der Sonderanknüpfung grds nicht verschlossen (s Ferrari/Staudinger Art 6 Rn 14 mwN). **Reine Privatgeschäfte**, an denen ausschließlich Verbraucher beteiligt sind, **unterfallen** mangels eines strukturellen Ungleichgewichts zwischen den Parteien ebenfalls **nicht der Sonderanknüpfung** (Bülow/Artz/Bülow Teil 3, Internationales Verbraucherkreditrecht Rn 9; Garcimartín Alférez EuLF 08, I-61, I-71 Fn 48; Keiler/Binder RRa 09, 210, 212; Leible/Lehmann RIW 08, 528, 537; PWW/Remien Rn 2). Kollisionsrechtlicher Verbraucherschutz greift allerdings nicht nur iRv b2c-Verträgen Platz, sondern ebenfalls bei Fallgestaltungen, in denen der **Konsument** einem **wirtschaftlich grds stärkeren Vertragspartner die vertragscharakteristische Leistung schuldet** (Garcimartín Alférez EuLF 08, I-61, I-71; Gebauer/Wiedmann/Nordmeier Kap 37, Rn 63; PWW/Remien Art 6 Rn 2; eingehend bei Ferrari/Staudinger Art 6 Rn 17). **Abgrenzungsprobleme** ergeben sich **bei gemischten Verträgen** (dazu Ferrari/Staudinger Art 6 Rn 18), die sowohl beruf- bzw gewerblichen als auch privaten Zwecken dienen. Bislang wurde insoweit anhand der objektiven Umstände auf die überwiegende Zweckbestimmung abgestellt (s nur Mankowski IPRax 05, 503, 505 mwN). Im Lichte der auch iRd Rom I-VO zu beachtenden EuGH-Judikatur auf dem Gebiet des IZVR (EuGH EuGHE I 05, 439 ff, 474 ff; hierzu Reich EuZW 05, 244 f; Mankowski IPRax 05, 503 ff; bestätigt durch EuGH RIW 13, 292) bleibt **für die Sonderanknüpfung kein Raum**, wenn das fragwürdige Geschäft **nicht lediglich in marginalem Umfang unternehmerischen Zwecken dient** (eingehend auch zur Übertragbarkeit der Rspr auf das IPR Ferrari/Staudinger Art 6 Rn 18 ff; s auch Ferrari/Leible/Ragno Rome I Regulation S 129, 135; Rauscher Rn 1127; Palandt/Thorn Art 6 Rn 5; P.-A. Brand IPRax 13, 126, 127; eine derartige Übertragung sehen kritisch bzw lehnen ab: Bülow WM 14, 1, 2, 4; NK-BGB/Leible, Bd 6 Rom-Verordnungen, 1. Aufl 14, Art 6 Rn 24; Mankowski IHR

08, 133, 142; ders IPRax 05, 503, 508; MK/Micklitz, § 13 BGB Rn 42; auf den überwiegenden Zweck abstellend gleichermaßen: Reithmann/Martiny/Martiny Rn 4177) oder der Verbraucher seinem Geschäftspartner einen **gewerblichen Zweck vortäuscht** (Garcimartín Alférez EuLF 08, I-61, I-71; Gebauer/Wiedmann/Nordmeier Kap 37, Rn 63 Fn 210; Ferrari/Leible/Ragno Rome I Regulation S 129, 134 f; offenlassend: MK/Martiny Art 6 Rn 10).Bei einem gemischten Vertrag reicht folglich bspw das Überwiegen der privaten Zwecksetzung nicht aus, um die Sonderanknüpfung zu begründen. Hiervon weicht § 13 in seiner Form ab Juni 14 ab (zu den Divergenzen zwischen § 13 BGB nF und Art 15 Brüssel I-VO s Bülow WM 14, 1, 3 f). Ob die streng genommen durch die Umsetzung der Verbraucherrechte-RL in dieser Bandbreite nicht veranlasste Reform des § 13 BGB überhaupt richtlinienkonform ist, steht auf einem anderen Blatt (s im weitere Zusammenhang auch EUGH ZIP 14, 100, hierzu Staudinger LMK 14, erscheint demnächst). Zu Art 13 EuGVÜ entschied der EuGH, dass sich diese Vorschrift aufgrund ihres Schutzzwecks **nicht auf Streitigkeiten erstreckt, die bzgl beruflicher oder gewerblicher Tätigkeiten entstanden sind** (EuGH EuGHE 97 I 3767, 3795 f; hierzu Mankowski JZ 98, 898 ff; dazu auch Kropholler/v Hein EuZPR Art 15 EuGVO Rn 9). Anders als im nationalen Recht nach § 512 BGB wird bspw der **Existenzgründer nicht in den Schutzbereich einbezogen** (Bülow/Artz/ Bülow Teil 3, Internationales Verbraucherkreditrecht Rn 9; Reithmann/Martiny/Martiny Rn 4177; Ferrari/Leible/Ragno Rome I Regulation S 129, 135 f; zu Art 15 Brüssel I-VO: OLG Stuttgart EuLF 09, II-134, II-135). Die dem Sinn und Zweck v Art 29 EGBGB aF entnommene Auffassung, derzufolge ein Verbraucher stets nur eine **natürliche und niemals eine juristische Person** sein kann (zur Klausel-RL 93/13/EWG: EuGH EuGHE I 01, 9049, 9064; zum bisherigen IPR: Looschelders Art 29 EGBGB Rn 18; wohl auch Czernich/Heiss/Heiss Art 5 EVÜ Rn 7; aA Bamberger/Roth/Spickhoff 3. Aufl 2011 Art 29 EGBGB Rn 10ähnlich PWW/Remien ex Art 29 EGBGB Rn 3) findet nunmehr bereits im Wortlaut v Abs 1 eine ausdrückliche Verankerung (zu Grenzfällen, zB der GbR, WEG, Vereinen und der damit im Zusammenhang stehenden Handlungen Einzelner ausf Ferrari/Staudinger Art 6 Rn 23).

6 **2) Art 6 I erstreckt sich** nunmehr in Abkehr v Art 29 I EGBGB aF (s 6. Aufl Art 29 EGBGB Rn 9 ff), aber im Gleichklang mit Art 15 I lit c Brüssel I-VO (Rauscher/ Staudinger Art 15 Brüssel I-VO Rn 7) **grds auf alle Vertragstypen** (KOM [05] 650 endg, S 7; Gebauer/Wiedmann/Nordmeier Kap 37, Rn 64; Lein Yearbook of Private International Law 10 [08], 177, 186 f; Mankowski IHR 08, 133, 141). **Besondere Arten v Rechtsgeschäften** (ausf dazu Ferrari/Staudinger Art 6 Rn 27 ff; 31): Nicht ausgeschlossen erscheint eine verbrauchervertragsrechtliche Qualifikation **isolierter Gewinnmitteilungen** (so bereits in der 6. Aufl Art 29 EGBGB Rn 32; ebenso: Bach IHR 10, 17, 25; in diese Richtung: Palandt/Thorn Art 9 Rn 8; wohl auch: MK/Martiny Art 6 Rn 14). Im Lichte der bislang hM, wonach **Bürgschaftsabreden** (beachte den Sonderfall der Wechselbürgschaft eines Bürgen, der mit einer Gesellschaft beruflich oder gewerblich eng verbunden ist, etwa als deren Geschäftsführer oder Mehrheitsbeteiligter. Jener wird nicht als Verbraucher iSd Brüssel I-VO angesehen [EuGH RIW 13, 292 ff]. Im Lichte v Erwägungsgrund 7 der Rom I-VO ist dies auf Art 6 I zu übertragen.) im Bereich des Int Schuldvertragsrechts nicht akzessorisch zum Hauptvertrag angeknüpft wurden (Voraufl Art 28 EGBGB Rn 17; Kropholler IPR § 52 III f; Palandt/Thorn 68. Aufl 09, Art 28 EGBGB Rn 21) können entsprechende Abmachungen ebenfalls Art 6 unterfallen (iErg auch PWW/Remien 6. Aufl 2011 Rn 2), ohne dass die Zweckverfolgung in der Finanzierung/Sicherung eines Verbrauchergeschäftes bestehen muss (Ferrari/Staudinger Art 6 Rn 31).

7 Seinem **Abs 4** zufolge **gilt Art 6 nicht für bestimmte Verträge**. Insoweit richtet sich die Anknüpfung derartiger Rechtsgeschäfte unabhängig v einer etwaigen Ausrichtung auf den Verbraucherstaat nach den allg Bestimmungen. Ausweislich **Abs 4 lit a** ist Art 6 nicht maßgeblich bei Verträgen über Dienstleistungen, die ausschließlich außerhalb desjenigen Staates zu erbringen sind, in denen sich der Verbraucher gewöhnlich aufhält. Dies betrifft etwa **Vereinbarungen mit Hotels und Pensionen** im Ausland (Garcimartín Alférez EuLF 08, I-61, I-72; MK/Martiny Art 6 Rn 17; Gebauer/Wiedmann/

Nordmeier Kap 37, Rn 66; Palandt/Thorn Art 6 Rn 4; vgl zur autonomen Einordnung v Hotelbeherbergungsabreden als Dienstleistungsverträge: EuGH EuZW 99, 219, 220 f, Rn 26), **Sprach- und Sportreisen** (Keiler/Binder RRa 09, 210, 213; Gebauer/Wiedmann/Nordmeier Kap 37, Rn 66; Palandt/Thorn Art 6 Rn 4; dies gilt unabhängig davon, wo der Verbraucher letztlich die Gegenleistung erbringt und selbst dann, sofern er den Sprachkurs noch im Inland bucht, wenn dieser nur im Ausland erfüllt wird; Staud/Magnus Art 6 Rn 73), **medizinische Behandlungsverträge** (Spickhoff/Spickhoff, Medizinrecht, 11, Art 26 Rom-II Rn 13) sowie **Finanzdienstleistungen** (hierzu Einsele WM 09, 289, 294; MK/Martiny Art 6 Rn 19; speziell zu Brokerverträgen: Reithmann/Martiny/Mankowski Rn 2483). Der Ausnahmetatbestand kann zum einen **schwierige Abgrenzungsfragen** verursachen (Ferrari/Staudinger Art 6 Rn 33 mwN). Zu kritisieren ist zum anderen der **fehlende Gleichlauf v Kollisions- und Int Verfahrensrecht** (vgl nur Mankowski IHR 08, 133, 142 f; Ferrari/Leible/Ragno Rome I Regulation S 129, 140; Staudinger RRa 07, 98, 110), da Art 15 III Brüssel I-VO keine Art 6 IV lit a entsprechende Regel enthält (Bsp bei Ferrari/Staudinger Art 6 Rn 34). V Regelungsbereich der Verbraucherkollisionsnorm bleiben überdies gem **Abs 4 lit b Personen- und Güterbeförderungsverträge** ausgenommen. Der bereits unter dem Regime v Art 5 IV lit a EVÜ bzw Art 29 IV S 1 Nr 1 EGBGB aF kritisierten Vorgabe (hierzu Looschelders Art 29 EGBGB Rn 37; Schmidt-Bendun, Haftung der Eisenbahnverkehrsunternehmen, 07, S 115 ff, 133 ff) liegt die Erwägung zugrunde, dass entsprechende Rechtsgeschäfte dem besonderen Anknüpfungsregime des Art 5 unterliegen (vgl Erwägungsgrund 32). Inwieweit allerdings das vorrangige Einheitsrecht sowie jene Spezialkollisionsnorm den Verbraucherschutz hinreichend gewährleisten, mithin eine Abweichung v Art 6 gerechtfertigt ist, steht nach wie vor in Frage (vgl Art 5 Rn 3; Leible/Lehmann RIW 08, 528, 537; Staudinger RRa 07, 98, 110 f; s auch mit Blick auf die über Art 25 gewährleistete Durchsetzung v Einheitsrecht: Mankowski IPRax 06, 101, 105; Ferrari/Leible/Solomon Ein neues Internationales Vertragsrecht für Europa S 89, 97 f). In Gestalt einer **Rückausnahme** bezieht Abs 4 lit b in Anlehnung an Art 5 V EVÜ und Art 29 IV 2 EGBGB aF **Pauschalreiseverträge** in den Anwendungsbereich v Art 6 ein (ohne Begründung anders Thüsing/Kroh ZGS 10, 346, 348). Der Sekundärrechtsakt statuiert einen ausdrücklichen Verweis auf die **RL 90/314/EWG** (ABl EG L 158, 59), wodurch Auslegungsschwierigkeiten in Bezug auf den Pauschalreisebegriff begegnet werden dürften (zur reiserechtlichen Judikatur des EuGH: Staudinger/Ilchmann NJW 08, 2752 ff; Staudinger/Schürmann NJW 09, 2788 ff; dies NJW 10, 2771 ff; beachte auch EuGH NJW 11, 505, 506 f, wonach für die zuständigkeitsrechtliche Parallelnorm in Art 15 III Brüssel I-VO, welche hinsichtlich des Wortlauts noch mit Art 5 V EVÜ übereinstimmt, ein mit Art 6 IV lit b konvergentes Verständnis angezeigt ist; s hierzu nur Staudinger/Steinrötter EWS 11, 70, 71). Zu berücksichtigen bleibt, dass sich der persönliche Regelungsbereich der Pauschalreise-RL ebenfalls auf unternehmerische Geschäftsreisen erstreckt (MK/Tonner Vor §§ 651 a bis 651 m Rn 16, 26), wohingegen derjenige v **Art 6 bei v Gewerbetreibenden gebuchten Reisen** nicht einschlägig ist (krit mit Blick auf die fehlende unionsrechtsinterne Vereinheitlichung: Keiler/Binder RRa 09, 210, 211 f). Im Seeverkehr sind **Kreuz- sowie Frachtschiff-** als Pauschalreisen einzuordnen, während dies bei **Fährfahrten** nur ausnahmsweise gilt, sofern deren Zweck primär im Aufenthalt an Bord mitsamt Unterbringung liegt (Mankowski TranspR 11, 70, 73). Entscheidend ist, ob der zur Beförderung hinzutretende Service eine bloße Nebenleistung (zB Servieren einer Mahlzeit während des Fluges) oder eine eigenständige, im Preis ersichtlich enthaltene Dienstleistung (zB „Gourmet-Fahrten mit Bahn oder Schiff") darstellt (hierzu auch: östOGH RRa 09, 158, 160). Den sog **Butterfahrten** fehlt es hingegen schon am Beförderungszweck, so dass bereits die Ausnahme des Art 6 IV lit b tatbestandlich nicht Platz greift (Mankowski TranspR 11, 70, 73). Sie fallen mithin unter die Verbraucherkollisionsnorm. Ungeachtet einer v der hM befürworteten **analogen Anwendung** (einzelner Vorschriften) des deutschen Reisevertragsrechts auf Einzelleistungen wie den **Ferienhaus-** (BGH MDR 13, 995; BGH NJW 85, 906, 907; BGHZ 119, 152, 163; AG Leer RRa 09, 153, 154; MK/Tonner § 651 a Rn 28 ff; Führich Rn 85, 93; kritisch hierzu: Staudinger RRa Editorial 5/13), den **Bootscharterver-**

trag – sofern der Vercharterer selbst die Organisation und die Gestaltung einer Reiseveranstaltung übernommen hat (BGHZ 130, 128, 132; OLG München NJW-RR 87, 366; LG Münster RRa 09, 136; MK/Tonner § 651 a Rn 33; Führich Rn 94) –, **Gastschulaufenthalte** (vgl § 651 l; BGH NJW 93, 263) oder **Wohnmobilüberlassungen** (OLG Düsseldorf NJW-RR 1998, 50) **erfasst** der unionsrechtliche **Pauschalreisebegriff des Art 6 IV lit b** derartige **strengere bzw überschießende "Umsetzungen"** der Harmonisierungsmaßnahme **kraft Richterrechts nicht** (vgl Staudinger NZM 11, 257, 264). Ansonsten könnten nationale Alleingänge die mit Hilfe supranationaler Kollisionsnormen bezweckte Rechtseinheit im Binnenmarkt unterlaufen (Staud/Staudinger Vor § 651 a Rn 138 ff; speziell zur Ferienhausmiete Staudinger NZM 11 257, 263 ff). Umstr bleibt, inwieweit im Inland gebuchte Reisen iSd obigen Richtlinie auch dann der Sonderanknüpfung unterfallen, wenn sämtliche **Dienstleistungen** durch den Unternehmer **außerhalb des Verbraucherstaates zu erbringen** sind (offenlassend: Leible/Lehmann RIW 08, 528, 537). Die Annahme eines Alternativitätsverhältnisses zwischen Art 6 IV lit a und b (so Keiler/Binder RRa 09, 210, 213, 218; Ferrari/Leible/Solomon Ein neues Internationales Vertragsrecht für Europa S 89, 103 ff) mit der Folge, dass selbst bei Pauschalreisen ein Rückgriff auf die Verbraucherkollisionsnorm unter den Voraussetzungen v Abs 4 lit a ausscheiden könne, verbietet sich. Eine Schlechterstellung des Verbrauchers im Vergleich zum bisherigen staatsvertraglichen Anknüpfungssystem war v Sekundärrechtsgeber wohl kaum intendiert, so dass insofern **Abs 4 lit b als lex specialis ggü lit a anzusehen** ist (ebenso Gebauer/Wiedmann/Nordmeier Kap 37, Rn 67 Fn 220; iErg wie hier: Ferrari/Leible/Ragno Rome I Regulation S 129, 141; die Schutzwürdigkeit entsprechender Unternehmer verneinend: Mankowski ZVglRWiss 105 [06], 120, 125 f; ausf zum Ganzen Staud/Staudinger Vor § 651 a Rn 122). Die im Vergleich zu Art 5 I EVÜ bzw Art 29 I EGBGB aF vorgenommene Ausweitung des sachlichen Anwendungsbereiches begrenzt **Art 6 IV lit c** insoweit, als die Verbraucherkollisionsnorm nicht für schuldrechtliche Verträge über **dingliche Rechte an unbeweglichen Sachen** – Grundstückskauf, Erwerb einer Grundschuld oder Hypothek (dagegen wohl nicht das gesicherte Hypothekardarlehen: PWW/Remien Art 6 Rn 29) – oder die **Miete** sowie **Pacht** entsprechender Gegenstände gilt (ausf Rudolf immolex 09, 6, 7 f). Anwendung finden demnach – vorbehaltlich einer vorrangigen Rechtswahl – Art 4 I lit c und d (MK/Martiny Art 6 Rn 23; R Wagner IPRax 08, 377, 383; krit zur Aufnahme der **Wohnraummiete** in den Ausnahmetatbestand etwa Reithmann/Martiny/Mankowski Rn 1702 mwN; ders ZVglRWiss 105 [06], 120, 127 f; keine Bedenken haben indessen Leible/Lehmann RIW 08, 528, 537; PWW/Remien Art 6 Rn 10; Rudolf immolex 09, 6, 9, da entsprechende Eingriffsnormen iSv Art 9 den Schutzstandard absicherten). Eine **Rückausnahme** besteht für **Verträge über Teilzeitnutzungsrechte** an Immobilien iSd RL 94/47/EG (ABl EG 94 L 280, 83; beachte die neue RL 08/122/EG, ABl EU 09 L 33, 10; ab dem 23.2.11 gelten Verweisungen auf die inzwischen aufgehobene RL 94/47/EG als solche auf die neue, wie deren Art 18 S 2 klarstellt; krit zu Ausnahme und Gegenausnahme Mankowski IPRax 06, 101, 105 f). Zu jenen Timesharing- zählen jedoch keine Ferienhausmiet- (Staudinger NZM 11, 257, 264; krit: Leible IPRax 06, 365, 368; PWW/Remien Art 6 Rn 29) und Hotelverträge (PWW/Remien Art 6 Rn 29). Nach Maßgabe v **Art 6 IV lit d** (ausf dazu Garcimartín Alférez YbPIL 10 [08], 245, 250 ff; ders Journal of Private International Law 09, 85, 89 ff; krit aufgrund der fehlenden Abstimmung mit Art 15 III Brüssel I-VO Mankowski RIW 09, 98, 101 ff, 117; s umfassend zu Finanzmarktverträgen: Reithmann/Martiny/Mankowski Rn 2341 ff) findet die Verbraucherkollisionsnorm überdies für **Rechte und Pflichten im Zusammenhang mit einem Finanzinstrument** (Erwägungsgrund 30) keine Anwendung. Gleiches gilt für Rechte und Pflichten, durch welche die Bedingungen für die Ausgabe oder das öffentliche Angebot und öffentliche Übernahmeangebote bzgl übertragbarer Wertpapiere und die Zeichnung oder den Rückkauf v Anteilen an Organismen für gemeinsame Anlagen in Wertpapieren festgelegt werden (Erwägungsgrund 29). Laut Erwägungsgrund 28 S 1 steht hinter diesem Ausnahmetatbestand die Erwägung, dass über einen Rückgriff auf Art 6 die Geltung unterschiedlicher Rechtsordnungen für jedes der ausgegebenen Instrumente drohte und hierdurch ihr Wesen verändert sowie ihre Fungibilität verhindert würden (s auch MK/Martiny Art 6 Rn 25; Ferrari/Leible/ Ragno, Rome I Regulation, S 129, 143 f). Handelt es sich dabei jedoch um die **Erbringung v Finanzdienstleistungen** greift die **Rückausnahme in Art 6 IV lit d** aE Platz (s auch Erwägungsgrund 26). Zu diesen v der Verbraucherkollisionsnorm erfassten Verträgen zählen bspw **Anlageberatungs-, Portfolioverwaltungs- oder Brokerverträge** (vgl Clausnitzer/Woopen BB 08, 1798, 1802; Mankowski RIW 09, 98, 107, 116; MK/ Martiny Art 6 Rn 27; Gebauer/Wiedmann/Nordmeier Kap 37, Rn 69). Gem **Abs 4 lit e** bleiben ebenfalls solche Verträge unberücksichtigt, welche innerhalb multilateraler Systeme geschlossen werden (hierzu ausf: Garcimartín Alférez Journal of Private International Law 09, 85, 97 ff; krit aufgrund der fehlenden Abstimmung mit Art 15 III Brüssel I-VO: Mankowski RIW 09, 98, 107 ff, 117; umfassend zu diesem Themenkreis: Reithmann/Martiny/Mankowski Rn 2341 ff). Hier soll es bei der uneingeschränkten Geltung v Art 4 I lit h und der Anknüpfung an das Recht dieses Systems – abzustellen ist insofern auf den Börsenplatz oder das Recht des aufsichtsführenden Staates (vgl Magnus IPRax 10, 27, 37; Palandt/Thorn Art 4 Rn 21; R Wagner IPRax 09, 377, 384 f) – verbleiben (zu Art 4 I lit h: Einsele WM 09, 289, 291 f; Ferrari/Leible/ Lehmann Rome I Regulation, S 85 ff; MK/Martiny Art 4 Rn 133 ff).

3) Situativer Anwendungsbereich. Dem Regelungssinn zufolge verdiente **bislang nur** 8 derjenige **passive Verbraucher** den Schutz v Art 29 EGBGB aF, dessen Vertragspartner in seinem Aufenthaltsstaat eine Absatztätigkeit entfaltete, während der aus eigenem Antrieb in einem fremden Rechtskreis Geschäfte vornehmende aktive Konsument nicht zu privilegieren war (BT-Drucks 10/503, 26; s die Voraufl Art 29 EGBGB Rn 6 ff). In Anbetracht der Fortentwicklung im IZVR – insb Art 15 I lit c Brüssel I-VO – sowie den Besonderheiten bei grenzüberschreitender Vertragsanbahnung im Internet erkannte der EU-Gesetzgeber die Notwendigkeit, den Katalog in Art 29 I EGBGB aF bzw Art 5 II EVÜ zu korrigieren (vgl KOM [02] 654 endg, S 34 ff; s ebenfalls Siems GPR 05, 158, 161 ff). Die Rechtfertigung des Art 6 besteht ua darin, dass der Vertrag eine **besondere Nähe zum Aufenthaltsstaat** und somit Umweltrecht **des Verbrauchers** aufweist. Dieser räumliche Bezug wird nunmehr im Einklang mit Art 15 I Brüssel I-VO in Abs 1 lit a und b (Rn 9 ff) konkretisiert. Angesichts der Tatsache, dass der Sekundärrechtsakt in den Erwägungsgründen 7 und va 24 S 2 das **Erfordernis der Kohärenz v Rom I- und Brüssel I-VO** hervorhebt, ist bei der Interpretation v Art 6 der Judikatur und Literatur zu seinem zuständigkeitsrechtlichem Pendant Rechnung zu tragen (s etwa: Leible/Lehmann RIW 08, 628, 538; Mankowski IHR 08, 133, 141; Pfeiffer EuZW 08, 622, 627; PWW/Remien Rn 16). Der Konsument kann sich auf die Sonderanknüpfung unabhängig davon berufen, ob der Unternehmer nach dem Ausüben/Ausrichten (Rn 9 ff) seine Tätigkeit nicht mehr wie zuvor entfaltet (zur Perpetuierung des Verbrauchergerichtsstandes Staudinger IPRax 08, 107, 108; zum andernfalls drohenden Widerspruch mit Erwägungsgrund 11 Brüssel I-VO OLG Frankfurt aM IPRax 11, 258, 262). Gleiches gilt für den Fall, dass der Konsument sein Domizil verlegt; denn ausweislich Art 19 III ist insofern allein auf den Zeitpunkt des Vertragsschlusses zu rekurrieren. Aus Gründen des effektiven Verbraucherschutzes sowie zur hinreichenden Gewährleistung v Rechtssicherheit und Vorhersehbarkeit (vgl Erwägungsgrund 6) ist die **Sonderanknüpfung** mithin **unwandelbar**.

a) Die **Ausübung** einer beruflichen oder gewerblichen Tätigkeit gem **Abs 1 lit a** erfor- 9 dert eine **aktive Beteiligung am Wirtschaftsverkehr im Wohnsitzstaat des Verbrauchers** (Leible/Lehmann RIW 08, 528, 538; MK/Martiny Art 6 Rn 30; Gebauer/Wiedmann/ Nordmeier Kap 37, Rn 71; PWW/Remien Rn 13), die nicht notwendig über eine (Zweig-)Niederlassung vollziehen muss (Leible/Lehmann RIW 08, 528, 538; zum Verbrauchergerichtsstand Hk-ZPO/Dörner Art 15 EuGVVO Rn 14). Ausreichend ist vielmehr, dass der Vertragspartner zB **vor Ort Dienstleistungen** vornimmt oder Messestände **bereithält** (Leible/Lehmann RIW 08, 528, 538; Mankowski IHR 08, 133, 142; MK/ Martiny Art 6 Rn 30; Palandt/Thorn Art 6 Rn 7; zu Art 15 Brüssel I-VO Thomas/ Putzo/Hüßtege Art 15 EuGVVO Rn 7). Erfolgt lediglich der Vertragsschluss im Domizilstaat des Konsumenten, so handelt es sich nicht um die Ausübung einer Tätigkeit, sondern allenfalls ein Ausrichten iSd Art 6 I lit b (zum IZVR-Pendant: Rauscher/

Staudinger Art 15 Brüssel I-VO Rn 12). Auf welche Weise der Vertrag im Nachgang zustande kommt, sei es durch Fernkommunikationsmittel oder den klassischen Austausch von Willenserklärungen unter Anwesenden, ist unerheblich (eingehend Rn 10 aE). Nach früherer Rechtslage war gem Art 29 I EGBGB aF die Vornahme der zum Abschluss des Vertrages erforderlichen Rechtshandlungen, wie die Erklärung des Angebotes bzw der Annahme (Nr 1) oder die Aufgabe einer Bestellung unter gleichzeitiger physischer Anwesenheit des Unternehmers (Nr 2) im Aufenthaltsstaat des Konsumenten erforderlich.

10 **b) Abs 1 lit b** setzt voraus, dass der Vertragspartner seine Tätigkeit (zumindest auch) auf den Staat **ausrichtet**, in dem der Verbraucher beheimatet ist (MK/Martiny Art 6 Rn 34). Die Norm erfasst die noch in Art 29 I Nr 1 EGBGB aF ausdrücklich erwähnte **konventionelle Werbung** (EuGH NJW 11, 505, 508; öst OGH ZIP 10, 1154, 1155; Magnus IPRax 10, 27, 39; MK/Martiny Art 6 Rn 32; Palandt/Thorn Art 6 Rn 6; PWW/Remien Art 6 Rn 14; zu Einzelfragen ausf Ferrari/Staudinger Art 6 Rn 47). Abs 1 lit b greift in Konstellationen, in denen der Vertragspartner die v ihm angebotene **Ware oder Dienstleistung gezielt auf dem Markt im Domizilstaat des Konsumenten abzusetzen sucht** (Keiler/Binder RRa 09, 210, 216; s auch MK/Martiny Rn 33; zum Verbrauchergerichtsstand Thomas/Putzo/Hüßtege Art 15 Brüssel I-VO Rn 8). Dieser Wille, seine Produkte in bestimmten Staaten zu vertreiben, ist nach dem EuGH stets gegeben, sofern der Unternehmer in jenen Ländern **Anstrengungen unternimmt, seinen Bekanntheitsgrad mit klassischen Werbemitteln** zu steigern (vgl EuGH NJW 11, 505, 508; s ebenfalls Staudinger/Steinrötter EWS 11, 70, 72). Der Gerichtshof folgert dies aus den Kosten in „manchmal beträchtlicher Höhe" (EuGH NJW 11, 505, 508). Eine gesonderte Prüfung des „willentlichen Ausrichtens" dürfte insoweit entbehrlich sein (zum subjektiven Moment iRv Websites s hingegen Rn 11). Sog **Butter- und Kaffeefahrten** unterfallen Abs 1 lit b (Art 29 I Nr 3 EGBGB aF erfasste Verkaufsreisen des Verbrauchers aus seinem Aufenthaltsstaat ins Ausland, sofern diese auf einer Initiative des Verkäufers beruhten; dazu die Vorausfl Art 29 EGBGB Rn 9; Looschelders Art 29 EGBGB Rn 54; s auch LG Tübingen NJW 05, 1513). Dies gilt ebenso für reine Inlandsreisen sowie solche, die nicht im Aufenthaltsstaat des Verbrauchers beginnen und für den Abschluss v Verträgen, die nicht den Verkauf v Waren betreffen. Selbst der **aktive Verbraucher**, welcher etwa durch Werbung des Unternehmers im Inland zu einer entsprechenden Reise und einem während dessen erfolgten Vertragsschluss veranlasst wird, **genießt somit den Schutz der Spezialvorschrift**. Allerdings greift insofern die Einschränkung, dass der Unternehmer die Reise herbeigeführt haben muss (ebenso MK/Martiny Art 6 Rn 35; Palandt/Thorn Art 6 Rn 7) und die Verkaufsförderung ihren wesentlichen Zweck darstellt (MK/Martiny Rn 35). Inwieweit sog **Gran Canaria-Fälle** Abs 1 lit b unterfallen, erscheint indes zweifelhaft (umfassend hierzu Ferrari/Staudinger Art 6 Rn 49 f). Hierbei tätigen Touristen anlässlich einer Auslandsreise Einkäufe, die im Inland erfüllt werden sollen. Nach bisheriger Rechtslage blieb insofern ein Rückgriff auf Art 29 I EGBGB aF – ebenso im Wege der Analogie – ausgeschlossen (vgl BGHZ 135, 124, 132 ff; anders etwa Erm/Hohloch Art 29 EGBGB Rn 10, 15; Staud/Magnus Art 29 EGBGB Rn 84 ff). Nun soll der Ausbau des situativen Anwendungsbereichs v Art 6 I dafür sprechen, jedenfalls Konstellationen mit einer besonderen Nähe zum Domizilstaat des Konsumenten als erfasst anzusehen (so jedenfalls Einsele WM 09, 289, 293; Leible/Lehmann RIW 08, 528, 538; MK/Martiny Art 6 Rn 36; PWW/Remien Art 6 Rn 14 Ferrari/Leible/Solomon Ein neues Internationales Vertragsrecht für Europa, 89, 105 f). Wenngleich entsprechende Sachverhalte tatsächlich eine Verbindung zum Wohnsitzland des Konsumenten aufweisen, dürfte der **Rückgriff auf die Sonderanknüpfung** in der Sache **zu weit** gehen (iErg ebenso Palandt/Thorn Art 6 Rn 7; offenlassend Pfeiffer EuZW 08, 622, 627; für die Anwendbarkeit auf zumindest einen Teil solcher Gestaltungen Althammer JA 08, 772, 778 f; Martiny ZEuP 10, 747, 765; für eine Anwendung des Art 9 plädieren Lando/Nielsen CMLR 08, 1687, 1723 f), da der Verbraucher (im Vergleich zu Butter- und Kaffeefahrten) gerade **ohne vorherige Einflussnahme seitens des Unternehmers ins Ausland** reiste. Überdies stellen bei jenen Gran Canaria-Fällen Art 3 IV und Art 46 b EGBGB die Geltung unionsrechtlicher

Standards hinreichend sicher (vgl auch Palandt/Thorn Art 46 b EGBGB Rn 3). Letztlich legt der Wortlaut v Art 6 I lit a und b eine Lesart nahe, derzufolge das Ausüben und Ausrichten einer Tätigkeit territorial auf einen bestimmten Staat und nicht auf die Personen mit dortigem Lebensmittelpunkt zu verstehen ist.

Die Beurteilung, ob ein Ausrichten vorliegt, erweist sich bei **Vertragsabschlüssen im Internet** als schwierig, da insofern der Nachweis, an welchem Ort die erforderlichen Rechtshandlungen vorgenommen wurden, nicht leicht fällt. Der Wortlaut des Art 6 I lit b (sowie des IZVR-Gegenstücks Art 15 I lit c Brüssel I-VO) erfasst das Vorhalten einer **interaktiven Website** (elektonischer Vertragsschluss durch ein Online-Formular) jedenfalls im Grds (so bereits KOM [99] 348 endg, S 17; zustimmend Leible JZ 10, 272, 275; Micklitz/Rott EuZW 01, 325, 331; MK/Gottwald Art 15 Brüssel I-VO Rn 5; Thomas/Putzo/Hüßtege Art 15 EuGVVO Rn 8; so auch BGH EuZW 09, 26 f m Anm Leible/Müller 27 f). Die vormals teilweise vorgenommene Differenzierung zwischen derartigen Internetseiten und den sog **passiven Homepages** (Konsumenten müssen hierbei zum Vertragsabschluss auf andere Kommunikationsmittel zurückgreifen; zur Brüssel I-VO KOM [99] 348 endg, S 17 f; MK/Gottwald Art 15 Brüssel I-VO Rn 5; Schlosser Art 15 Brüssel I-VO Rn 8), auf welche sich die Vorschrift nach Teilen der Literatur nicht erstrecken sollte, hat der EuGH in seiner **Pammer/Hotel Alpenhof-Entscheidung** ausdrücklich als untauglich verworfen (EuGH NJW 11, 505, 509; hierzu Berg RIW 11, 248; Breckheimer BB 11, 203; Clausnitzer EuZW 11, 104; Leible/Müller NJW 11, 495; Mankowski EWiR 11, 111; ders TranspR 11, 70; Staudinger AnwBl 11, 327; ders/Steinrötter EWS 11, 70; der vorlegende öst OGH hat den Rechtsstreit inzwischen [28.1.11 Az 6Ob261/10s] zur ersten Instanz zurückverwiesen). Im Lichte dieses Urteils lässt sich nun vielmehr festhalten: **Interaktive Seiten begründen nicht automatisch und ganz allg ein Ausrichten, während ein solches wiederum bei passiven Homepages nicht a priori ausscheidet.** Die Absage des EuGH an obige Zweiteilung überzeugt (insofern bereits zuvor krit Rauscher/Staudinger Art 15 Brüssel I-VO Rn 15; ebenso Palandt/Thorn Art 6 Rn 6; zu Art 15 Brüssel I-VO Mankowski IPRax 09, 238 ff; Micklitz/Rott EuZW 01, 325, 331; s auch Buchner EWS 00, 147, 151). Der Urteilsspruch zu Art 15 I lit c Brüssel I-VO hat rechtsaktübergreifenden Gehalt (vgl Erwägungsgrund 7 sowie Nr 24 S 2; s auch Staudinger/Steinrötter EWS 11, 70, 71) und kann demnach auf Art 6 I lit b übertragen werden. Die KOM hatte sich bereits im Verlauf des Rechtsetzungsverfahrens der Rom I-VO dahingehend geäußert, dass ebenfalls passive Websites zur Annahme des Ausrichtens genügten, wenn der Kunde aufgefordert werde, seine Bestellung per Fax aufzugeben (vgl KOM [02] 654 endg, 38; KOM [05] 650 endg, 7). Das Schrifttum vertrat in der Vergangenheit, dass somit die Angabe einer E-Mail oder kostenfreien Telefonnummer (mit int Vorwahl) ausreichen dürfte (Pfeiffer EuZW 08, 622, 627; wohl auch Leible/Lehmann RIW 08, 528, 538; aA Clausnitzer/Woopen BB 08, 1802). Laut dem EuGH bedarf es zunächst des Nachweises, dass die Unternehmertätigkeit **willentlich auf einen oder mehrere Mitgliedstaaten**, darunter das Aufenthaltsland des Verbrauchers, **in abstrakter Weise** hinzielt (EuGH NJW 11, 505, 508 f). Andernfalls könne bei Internetseiten a priori kein Ausrichten vorliegen (EuGH NJW 11, 505, 508 f). Um diese „innere" Tatsache belegen zu können, soll anhand **objektiver Anhaltspunkte** der Rückschluss auf den Willen erfolgen (EuGH NJW 11, 505, 508 ff). Da Art 6 eine restriktiv zu interpretierende Ausnahmevorschrift darstellt, welche nach ihrem Abs 2 S 2 zErg zur Einschränkung der Rechtswahlfreiheit der Unternehmer und deren primärrechtlich abgesicherten Grundfreiheiten führt, darf ein entspr Wille nicht vorschnell angenommen oder gar unterstellt werden. Der Gerichtshof gibt dem Rechtsanwender einen Hilfskatalog an die Hand, wobei er zwischen **„offenkundigen Ausdrucksformen" des Willens und weiteren**, in der Indizwirkung wohl **schwächeren**, differenziert (EuGH NJW 11, 505, 509; eingehend zu den einzelnen Hilfskriterien des Gerichtshofs Ferrari/StaudingerArt 6 Rn 52 f). Die Aufzählung ist nicht abschließend (Leible/Müller NJW 11, 495, 496; Staudinger/Steinrötter EWS 11, 70, 72). Zu den „starken" Hinweisen rechnet der EuGH die Angabe des Unternehmers, dass er die Dienstleistungen oder Produkte in einem oder mehreren namentlich erwähnten Mitgliedstaaten anbiete (EuGH NJW 11, 505, 509). Im Umkehrschluss müssten dann Unternehmer wohl durch entspr Hinweise (sog disclaimer; s hierzu Einsele WM 09 289, 292; Ferrari/Leible/Ragno Rome I Regulation S 129, 148; Palandt/Thorn Art 6 Rn 6; zum Verfahrensrecht KOM [99] 348 endg, S 18; zustimmend Micklitz/Rott EuZW 01, 325, 331; Reich/Gambogi VuR 01, 269, 273; auf die Missbrauchsgefahr weist v Hein IPRax 06, 16, 20 Fn 64 hin) bestimmte Länder ausdrücklich zumindest dann als Absatzgebiete ausnehmen können, sofern der Unternehmer letztlich nicht doch mit Verbrauchern aus diesen Staaten Geschäfte tätigt (Staudinger/Steinrötter EWS 11, 70, 72; Sujecki EWS 10, 360, 365; aA Clausnitzer EuZW 10, 374, 376). Zum Kreis der evidenten Kriterien zählen ferner Ausgaben, um den Konsumenten via Internet-Suchmaschinen den Zugang zur Website zu erleichtern (EuGH NJW 2011, 505, 509). Als „schwächere" Anhaltspunkte erweisen sich hingegen die Angabe v Telefonnummern mit int Vorwahl, die Verwendung eines anderen Domänenamens oberster Stufe als dem des Mitgliedstaates der Unternehmer-Niederlassung („.com"; „.eu"), Anfahrtsbeschreibungen v anderen Ländern zum Dienstleistungsort oder die Erwähnung einer int Kundschaft (EuGH NJW 11, 505, 509). Der v EuGH ebenfalls erwähnte, an anderer Stelle freilich selbst wieder eingeschränkte (EuGH NJW 11, 505, 510) int Charakter der fraglichen Tätigkeit erlaubt hingegen für sich genommen keinen zwingenden Rückschluss auf ein Ausrichten (Leible/Müller NJW 11, 495, 496; Staudinger/Steinrötter EWS 11, 70, 72 f). Ausdrücklich schließt der Gerichtshof die Angabe der elektronischen oder geografischen Adresse sowie einer Telefonnummer ohne int Vorwahl als Indiz aus (EuGH NJW 11, 505, 509). Sofern sie nicht mit derjenigen des Unternehmerstaates übereinstimmen, misst der EuGH der auf der Website verwendeten Sprache oder Währung ebenfalls einen gewissen Aussagegehalt in Bezug auf die Ermittlung des unternehmerischen Willens bei (EuGH NJW 11, 505, 509). Dieser Ansatz stößt auch mit Blick auf den scheinbar entgegenstehenden Wortlaut v Erwägungsgrund 24 S 4 nicht auf methodische Bedenken (ausf dazu Ferrari/Staudinger Art 6 Rn 51; Staudinger/Steinrötter EWS 11, 70, 73). Unklar bleibt allerdings, welche Indizwirkung außereuropäisch verbreiteter Sprachen wie Spanisch und Portugiesisch, va aber Englisch als lingua franca des Internet zukommt (vgl Moritz CR 00, 61, 62; zur Irrelevanz der benutzten Sprache oder Währung noch: Palandt/Thorn Art 6 Rn 6; hingegen auf das Kriterium der Sprache abstellend: LG München K&R 08, 322 f m Anm Mankowski EWiR 08, 245 f; OLG Dresden IPRax 06, 44, 46; krit v Hein IPRax 06, 16, 19 f mwN zum früheren Streitstand). In einer gemeinsamen Erklärung haben sich Rat und KOM dafür ausgesprochen, dass der Internetauftritt die Aufforderung zum **Vertragsabschluss im Fernabsatz** enthalten müsse, der dann tatsächlich auf diesem Wege erfolgt sei, mit welchem Mittel auch immer (abgedruckt in: IPRax 01, 259, 261). Diese Aussage hat ebenfalls Eingang in **Erwägungsgrund 24 S 3 Rom I-VO** gefunden. Im Vorfeld der Vorlageentscheidung erschien es unklar, ob hieraus eine strikte Bindung abzuleiten sei (mit Blick auf die Brüssel I-VO eine solche abl Jayme/Kohler IPRax 01, 501, 505; Kohler FS Geimer, 02, S 461, 480; Sujecki EWS 10, 360, 365; aA Clausnitzer EuZW 10, 374, 376 f). **Vorzugswürdig** erscheint es, das Eingreifen der Verbraucherkollisionsnorm **nicht v einem derartigen Zustandekommen des Rechtsgeschäftes als conditio sine qua non abhängig zu machen.** Erstens lässt sich dies dem Pammer/Hotel Alpenhof-Urt (EuGH NJW 11, 505, 507, 510) nicht zwingend entnehmen (anders offenbar Berg RIW 11, 248, 249). Zudem folgt aus dessen Begründung, dass die lediglich „zu beachtende" und als Zitat angeführte gemeinsame Erklärung v Rat und Kommission nicht verabsolutiert werden darf. Überdies ist drittens zu vermuten, dass sich die Urheber dieser Erklärung v der klassischen Internetsituation haben leiten lassen und deshalb Vorstufen wie etwa eine (un)verbindliche Reservierung (fraglich erscheint, ob auch eine Reservierung im Fernabsatz ausreicht; das dürfte entgegen dem OLG Köln NZM 10, 495, 496 496 [Revision anhängig unter Az XII ZR 10/10] der Fall sein; so bereits Staudinger/Czaplinski NZM 10, 461, 462) durch ein Fernabsatzmittel oder einen infolge des Internetauftritts veranlassten Vertragsschluss „vor Ort" nicht bedacht haben. Derartige Konstellationen sollte man jedoch v der Verbraucherkollisionsnorm als erfasst ansehen. Andernfalls drohten nämlich eine kaum zu rechtfertigende Ungleichbehandlung zwischen konventioneller Werbung als eine Fallgruppe des willentlichen Ausrichtens und internetbasierten Werbeformen sowie zwischen dem Vertragsschluss in elektronischer Form im Vergleich zu demjenigen „vor Ort". Praxisrelevant wird dies va in Grenzregionen. Wer hingegen stets einen Vertragsabschluss im Fernabsatz fordert, sieht sich letztlich dem Widerspruch ausgesetzt, dass sich dann der Erwägungsgrund 25 S 2 sowie die darin verankerte Prüfung der Kausalität zwischen Ausrichten und Vertragsschluss de facto als obsolet darstellen (s hierzu Rn 13; ausf zum Ganzen Ferrari/Staudinger Art 6 Rn 51 f; Staudinger/Steinrötter EWS 11, 70, 73 ff). Unlängst hat der EuGH in der Rs Mühlleitner ./.Yusufi entschieden, dass die Zuständigkeit nach Art 15 I lit c Brüssel I-VO auch dann begründet ist, wenn der Vertrag zwischen dem Unternehmer und dem Verbraucher nicht im Fernabsatz geschlossen wurde (EuGH NJW 12, 3225; s hierzu: Knöfel EWiR 12, 695; Staudinger DAR 12, 634; ders/Steinrötter NJW 12, 3227; zustimmend Hk-ZPO/Dörner Art 15 EuGVVO Rn 15). Im Lichte v Erwägungsgrund 7 Rom I-VO ist dies auf Art 6 I lit b zu übertragen.

12 c) Liegt nach alledem ein Ausrichten vor, muss das **Rechtsgeschäft** des Weiteren **in den Bereich der Unternehmenstätigkeit** fallen (hierzu Ferrari/Staudinger Art 6 Rn 55 f). Entgegen dem BGH (BGHZ 167, 83, 88 f; hierzu Looschelders JR 07, 459 ff; aA östOGH ÖJZ 05, 307, 308; dazu Jayme/Kohler IPRax 06, 537, 546) reicht hierfür bereits ein konkret beworbener Vertrag sowie eine daraus resultierende **erstmalige Betätigung**, um den Anwendungsbereich der Sonderanknüpfung zu eröffnen (ausf Ferrari/Staudinger Art 6 Rn 62). Das gilt **unabhängig davon, ob** der **Unternehmer anschließend seine Tätigkeit nicht mehr wie zuvor entfaltet** (zur entspr Perpetuierung des einmal begründeten Verbrauchergerichtsstandes nach Maßgabe der Brüssel I-VO: Staudinger IPRax 08, 107, 108; zum andernfalls drohenden Widerspruch mit Erwägungsgrund 11 Brüssel I-VO, wonach die Zuständigkeitsvorschriften in hohem Maße vorhersehbar sein müssen: OLG Frankfurt aM IPRax 11, 258, 261 f).

13 d) Die Rom I-VO statuiert in ihrem Erwägungsgrund 25 eine Einschränkung v Art 6, wonach das Verbrauchergeschäft auf eine bereits ausgeübte oder ausgerichtete Tätigkeit des Unternehmers „zurückzuführen" sein muss. Deshalb forderte die ganz hM einen **Ursachenzusammenhang zwischen der unternehmerischen Tätigkeit und der endgültigen Vereinbarung**, um das Eingreifen der Sonderanknüpfung in concreto zu rechtfertigen (Keiler/Binder RRa 09, 210, 217; Kieninger FS Kropholler, 08, 499, 501; Leible JZ 10, 272, 277; ders/Lehmann RIW 08, 528, 538; Magnus IPRax 10, 27, 39; Mankowski IHR 08, 133, 142; ders IPRax 09, 238, 245; MK/Martiny Art 6 Rn 37; Gebauer/Wiedmann/Nordmeier Kap 37 Rn 73; Palandt/Thorn Art 6 Rn 6; Ferrari/Leible/Ragno Rome I Regulation S 129, 146 f). Zweifelsohne bedurfte es eines derartigen Bindegliedes zwischen Ausüben/Ausrichten und dem Vertrag. Für die Sonderanknüpfung konnte es nämlich nicht ausreichen, wenn dem Unternehmer zwar ein Internetauftritt zuzurechnen war, der Verbraucher diesen jedoch zum Zeitpunkt des Vertragsschlusses nicht kannte und über keinen Internetzugang verfügte (ebenso Leible/Lehmann RIW 08, 528, 538; Mankowski IPRax 08, 333 ff; ders IHR 08, 133, 142). Denn die Erweiterung des kollisionsrechtlichen Verbraucherschutzes in sachlicher wie situativer Hinsicht erforderte zugleich eine adäquate Einschränkung (ebenso Pfeiffer EuZW 08, 622, 627; PWW/Remien Art 6 Rn 17). Die intellektuell und wirtschaftlich unterlegene Partei erschien demnach **nicht per se schutzwürdig**, sondern nur insoweit, als die unternehmerische Betätigung in deren Wohnsitzstaat tatsächlich – kausal – in einem Vertragsschluss mündete. Ansonsten drohte eine pauschale Privilegierung des aktiven Konsumenten, obwohl dessen Kontrahent nicht mit der Maßgeblichkeit eines ausl Statuts rechnete (vgl Leible/Lehmann RIW 08, 528, 538; Mankowski IHR 08, 133, 142; PWW/Remien Art 6 Rn 17). Die Kausalität als Prüfungsaspekt ist nicht infolge der Pammer/Hotel Alpenhof-Entscheidung des EuGH v 7.12.10 (EuGH NJW 2011, 505) hinfällig geworden. Zwar nahm der Gerichtshof zur Frage des Ursachenzusammenhangs ausdrücklich keine Stellung. Dies war in den beiden Vorlageverfahren in concreto auch nicht veranlasst. Kam das Rechtsgeschäft im Nachgang zu einem Internetauftritt als Form des Ausrichtens unmittelbar durch den Einsatz v Fernkommunikationsmitteln etwa im Wege eines „Online-Formulars" zustande, war die Ursächlichkeit offensichtlich gegeben. In anderen Konstellationen musste hingegen eingehend geprüft werden, ob der Vertragsschluss auf das Ausrichten zurückzuführen war. In Übereinstimmung mit Art 6 verlangte gleichermaßen die zu **Art 15 I lit c Brüssel I-VO** bislang ergangene und nach Maßgabe der Erwägungsgründe 7 und 24 S 2 auch iRd Rom I-VO zu berücksichtigende nationale **Judikatur** einen entspr Zusammenhang zwischen Vertragsschluss und unternehmerischer Tätigkeit (vgl Rauscher/Staudinger Art 15 Brüssel I-VO Rn 18 mwN; aA Geimer/Schütze EuZPR Art 15 EuGVVO Rn 54). In der Rs Emrek (EuGH NJW 13, 3504; hierzu Mankowski EWiR 13, 717; Rühl IPRax 14, 41; Schultheiß EuZW 13, 944; Staudinger/Steinrötter NJW 13, 3505; Staudinger DAR 13, 697; ders JM 14, erscheint demnächst; beachte nur die Anschlussentscheidung LG Saarbrücken Urt v 17.1.14 Az 5 S 68/12) zu Art. 15 I lit c Brüssel I-VO gelangt der Gerichtshof zu der Einschätzung, dieser Kausalität komme lediglich Indizwirkung zu. So lasse sich im Falle des nachgewiesenen Ursachenzusammenhangs hierdurch auf ein willentliches Ausrichten der unternehmerischen Tätigkeit iSd Art 15 I lit c Brüssel I-VO schließen. IErg führt das aktuelle Vorabentscheidungsersuchen mithin dazu, dass der in der Rs Pammer entwickelte Katalog von Indizien fortgeschrieben wird. Allerdings lehnt der EuGH eine strikte Kausalität zwischen Ausrichten und dem Zustandekommen des Rechtsgeschäfts als conditio sine qua non ab. Unklar bleibt hingegen, ob und inwieweit es dogmatisch überzeugt, den Richterspruch des EuGH in der Rs Emrek auf Art 6 I lit b zu übertragen. Zwar besteht insofern Textidentität zwischen Art 15 I lit c Brüssel I-VO und der zuvor genannten Bestimmung, als der europäische Gesetzgeber jeweils im Haupttext allein an das Tatbestandsmerkmal des Ausrichtens der unternehmerischen Tätigkeit anknüpft. Eine Divergenz ergibt sich indes mit Blick auf Erwägungsgrund 25 S 2. Diesen unter Verweis auf die aktuelle Vorabentscheidung auszublenden, erscheint methodisch kaum haltbar, da sich der Gerichtshof mit der Rom I-VO gar nicht befasst hat, auch nicht in einem obiter dictum. Demzufolge greift hier Art 267 AEUV. Das gilt auch für das Berufungsverfahren im Anlassstreit vor dem LG Saarbrücken. Mit Urt v 17.1.14 Az 5 S 68/12 hat dieses indes das Verfahren nach § 538 II Nr 3 ZPO an das AG Saarbrücken zurückverwiesen. Während in Anbetracht der offenen und entscheidungserheblichen Frage, ob zwischen Ausrichten und Vertragsschluss im Internationalen Schuldvertragsrecht Kausalität bestehen muss, eine Eingangsinstanz vorlagebefugt ist, trifft die in concreto letzte Instanz diesbezüglich eine Vorlagepflicht. Es erfordert Mut, davon unter Verweis auf die act claire-Doktrin abzuweichen.

14 **IV. Subjektive Anknüpfung.** In ihrem **Abs 2 S 1** nimmt Art 6 Bezug auf Art 3. Dementspr bildet die **freie Rechtswahl** auch im Int Verbraucherrecht den Ausgangspunkt der Anknüpfungsregeln (vgl Erwägungsgrund 11; G Rühl Cornell International Law Journal 44 [11], 569, 585 ff; zur Parteiautonomie im europäischen IPR allg G Rühl FS Kropholler, 08, S 187 ff; s auch Basedow RabelsZ 75 [11], 32; Maultzsch RabelsZ 75 [11], 60; zum zwischenzeitlich diskutierten Ausschluss der Rechtswahlfreiheit s Ferrari/ Staudinger Art 6 Rn 71 ff mwN). Hinsichtlich des Zustandekommens und der Wirksamkeit der Rechtswahlabrede finden nach Maßgabe v Art 3 V die Art 10, 11 und 13 Anwendung (Reithmann/Martiny/Martiny Rn 4203). Nach **Abs 2 S 2** ist die Rechtswahl jedoch dergestalt in ihren Wirkungen beschränkt, dass die zwingenden Vorschriften aus dem Aufenthaltsstaat des Verbrauchers zur Anwendung gelangen, soweit diese in concreto günstiger sind. Das (einseitig) zwingende **Umweltrecht des Konsumenten** stellt somit einen v der qua Parteiautonomie bestimmten Rechtsordnung unabhängigen **Mindeststandard** dar. Umgekehrt greift das gewählte Statut Platz, wenn es dem Konsumenten größeren Schutz gewährt (Koch/Magnus/Winkler v Mohrenfels § 5 Rn 16; MK/Martiny Art 6 Rn 46; Gebauer/Wiedmann/Nordmeier Kap 37, Rn 74 Fn 250; Palandt/Thorn Art 6 Rn 8). Im Falle einer Vereinbarung über das anwendbare Recht ist **v Amts wegen** (dies dürfte selbst für Gerichte gelten, welche üblicherweise der fact doctrine folgen) ein **Günstigkeitsvergleich** durchzuführen, bei welchem die zu entscheidende Sachfrage dem maßgeblichen Bezugspunkt für einen **konkreten Ergebnisvergleich** bildet (vgl Staudinger DAR 13, 698 f; Einsele WM 09, 289, 293; Reithmann/Martiny/ Martiny Rn 4206; Ferrari/Leible/Ragno Rome I Regulation S 129, 151 f; Palandt/ Thorn Art 6 Rn 8; unter dem Regime des EGBGB s nur Looschelders Art 29 EGBGB

Rn 64). Bliebe der Kläger hierfür darlegungs- und beweisbelastet, liefe der Günstigkeitsvergleich andernfalls oftmals leer (s hierzu auch: Gebauer/Wiedmann/Staudinger Kap 38, Rn 100). Dabei muss der Rechtsanwender allerdings der Gefahr einer ungerechtfertigten Kumulation v Vorteilen (iSd „Rosinentheorie") vorbeugen, welche in dieser Weise keine der beteiligten Rechtsordnungen kennt (MK/Martiny Art 6 Rn 47; hierzu in Bezug auf Art 29 EGBGB aF: Staud/Magnus Art 29 EGBGB Rn 105 ff mN zu den abweichenden Stimmen). Die hM befürwortet insoweit einen **Gruppenvergleich**, demzufolge die in unmittelbarem Zusammenhang stehenden Vorschriften einzubeziehen sind, sofern dieser Normenkomplex funktional eine Regelungseinheit bildet (Ferrari/Staudinger Art 6Rn 73 mwN). Art 3 III enthält ebenso wie Art 6 II einen Hinweis darauf, dass es sich bei (intern) **zwingenden Vorschriften** iSd Rom I-VO um solche Normen handelt, v denen nicht durch Vereinbarung abgewichen werden darf. Nach Maßgabe v **Erwägungsgrund 37 S 2** sind jene v solchen mit int Eingriffscharakter iSv Art 9, die das Statut insgesamt durchbrechen und einer engeren Auslegung bedürfen, zu unterscheiden (dessen ungeachtet kann grds auch Eingriffsrecht über Art 6 durchgesetzt werden, Rn 4). Unzweifelhaft werden jedenfalls nicht abdingbare Vorschriften erfasst, wenn sie eine (auch) verbraucherschützende Funktion haben. Sofern deutsches Recht die maßgebliche Rechtsordnung darstellt, sind insb die §§ 305 ff, § 312, § 312 b, §§ 474 f BGB, §§ 481 ff BGB sowie die §§ 491, 491 a BGB zu beachten. Nach herrschender Ansicht ist die Anknüpfungsregel indes nicht allein auf das zwingende verbraucherschützende Sachrecht beschränkt, sondern erstreckt sich ebenfalls auf allg Bestimmungen des Vertragsrechts (Einsele WM 09, 289, 293; MK/Martiny Rn 43; Gebauer/Wiedmann/Nordmeier Kap 37, Rn 74 Fn 249; Ferrari/Leible/Ragno Rome I Regulation S 129, 152), etwa § 280 I 2 BGB (zur bisherigen Rechtslage: Erm/Hohloch Art 29 EGBGB Rn 17) oder das AGG (Lüttringhaus, Grenzüberschreitender Diskriminierungsschutz, S 125 ff). Dieses befürwortete – wenn auch nur implizit – der IX Senat, indem er § 138 I BGB mit Hilfe v Art 29 EGBGB aF zur Anwendung berufen hat (BGH IPRax 05, 150 f; hierzu Staudinger IPRax 05, 129 ff). Ebenfalls rein richterliche Regeln (MK/Martiny Art 6 Rn 43) sowie Bestimmungen öffentlichrechtlicher Natur (Reithmann/Martiny/Martiny Rn 4205) können zu den zwingenden Vorschriften zählen. Ausgenommen bleiben hingegen diejenigen Eingriffsnormen iSv Art 9, denen bspw allein eine außenpolitische oder wirtschaftliche Zielsetzung zugrunde liegt (Reithmann/Martiny/Martiny Rn 4204; Ferrari/Leible/Ragno Rome I Regulation S 129, 152).

V. Objektive Anknüpfung. Fehlt eine (wirksame) Rechtswahl, beurteilt sich das Vertragsverhältnis bei Vorliegen der obigen situativen Voraussetzungen und vorbehaltlich des Ausnahmekataloges in Abs 4 nach dem Recht am **Aufenthaltsort des Verbrauchers (Abs 1)**. Diese objektive Anknüpfung unterliegt weder einem Günstigkeitsvergleich noch einer Ausweichklausel und ist v ihrem Verweisungsziel her ebenso wenig auf „verbraucherschützende" Sachvorschriften beschränkt. Der Verbraucher wird folglich so gestellt, als handele es sich um einen reinen Inlandsfall (vgl MK/Martiny Art 6 Rn 40; zweifelnd: Ferrari/Leible/Ragno Rome I Regulation S 129, 154). 15

VI. Die allg Vorschriften der Art 3 und 4 greifen hingegen nach Maßgabe v **Art 6 III** Platz, wenn Abs 1 lit a und b tatbestandlich nicht einschlägig sind. In diesen Konstellationen erscheint eine kollisionsrechtliche Begünstigung des Verbrauchers nicht erforderlich, so dass die Rechtswahl keine Einschränkung iSv Abs 2 erfährt. Den Schutz der schwächeren Partei bewirken insofern Art 3 III, IV, Art 46 b EGBGB sowie Eingriffsnormen iSd Art 9. 16

VII. Reichweite des Verbrauchervertragsstatuts. Der Geltungsbereich der maßgeblichen Rechtsordnung erstreckt sich – vorbehaltlich des Günstigkeitsvergleichs (Abs 2) sowie der Berücksichtigung v Eingriffsnormen (Art 9) – gem **Art 12** grds auf alle mit dem Entstehen des Vertrages, dessen Durchführung und Erlöschen zusammenhängenden Fragestellungen (vgl im Einzelnen Ferrari/Staudinger Art 6 Rn 77 ff; allg zur Reichweite des Vertragsstatuts Diedrich RIW 09, 378, 379 f). **Art 18** zufolge sind dem einschlägigen Statut ebenfalls die Beweislast sowie gesetzliche Vermutungen – bspw § 476 BGB – zu entnehmen (MK/Spellenberg Art 18 Rn 20; PWW/Brödermann/Wegen Art 18 Rn 5, 7). In Bezug auf die Erfüllung der Verpflichtungen, welche ausweislich Art 12 I 17 lit b dem unter Rückgriff auf Art 6 ermittelten Recht unterliegt, sind daneben gem **Art 12 II** die im Erfüllungsstaat maßgeblichen Vorschriften – hierzu zählen etwa Rügepflichten (Koch/Magnus/Winkler v Mohrenfels § 5 Rn 42; Gebauer/Wiedmann/Nordmeier Kap 37, Rn 106; Palandt/Thorn Art 12 Rn 5; PWW/Brödermann/Wegen Art 12 Rn 26 ff) – zu beachten (zum Streit bzgl der Bestimmung des Erfüllungsortes s Freitag IPRax 09, 109, 114; Magnus IPRax 10, 27, 41; Rauscher Rn 1221). IÜ können **Art 9 III** entspr der dortigen Eingriffsnormen zu berücksichtigen sein, wenn diese zur Unrechtmäßigkeit des Vertrages führen. Auch die Einigung sowie die materielle Wirksamkeit des Kontraktes unterfallen gem **Art 10 I dem Statut**. Die Frage, ob überhaupt ein Schuldverhältnis zustande gekommen ist, bestimmt daher dasjenige Recht, welches im Falle der Gültigkeit der Vereinbarung maßgeblich wäre (Koch/Magnus/Winkler v Mohrenfels § 5 Rn 46). **Teilfragen** – wie bezüglich der Geschäftsfähigkeit und Form – werden hingegen selbständig (etwa nach Art 7 EGBGB bzw Art 13 und Art 11) angeknüpft.

18 **VIII.** Vorbehaltlich v Art 11 V (§ 311 b I BGB zählt nicht zum Kreis der int zwingenden Formvorschriften, MK/Spellenberg Art 11 Rn 36; Palandt/Thorn Art 11 Rn 15; als eingriffsrechtlich können hingegen einzelne mieter- und pächterschützende Formvorschriften einzustufen sein; zur bisherigen Rechtslage Erm/Hohloch Art 11 EGBGB Rn 32 mwN) **greift bei Verbraucherverträgen Art 11 IV Platz** (ausf Art 11 Rn 5).

19 **IX.** Die **objektive Anknüpfung deliktischer Ansprüche** gem Art 4 I, II Rom II-VO kann über die Auflockerung des Abs 3 korrigiert werden, sofern eine „offensichtlich engere Verbindung" zu einem anderen Staat vorliegt. Beispielhaft nennt **Art 4 III 2 Rom II-VO** insoweit das Bestehen eines Rechtsverhältnisses in Form des Vertrages. Der Wortlaut der Ausweichklausel in Art 4 III 1 und 2 Rom II-VO eröffnet dem Rechtsanwender einen gewissen Beurteilungs- bzw Ermessensspielraum. Das Tatbestandsmerkmal „offensichtlich engere Verbindung" sowie die systematische Interpretation unterstreichen, dass es sich um eine nur ausnahmsweise in Betracht zu ziehende Korrektur der Regelanknüpfung aus Art 4 I bzw II Rom II-VO handelt (vgl auch Erwägungsgrund 18 S 3 Rom II-VO). **Sinn und Zweck der akzessorischen Anknüpfung** bestehen jedenfalls darin, bei einem einheitlichen Lebenssachverhalt **konkurrierende Ansprüche aus Vertrag und Delikt** angesichts der tatsächlich engen Verbindung **einem Statut zu unterstellen**. Die hierdurch gewahrte Einheit der Rechtsordnung beugt der Situation vor, dass Vertrags- und Deliktsstatut ansonsten womöglich nicht aufeinander abgestimmt sind. Weder im Wortlaut bzw den Erwägungsgründen ist hingegen ein Günstigkeitsvergleich zwischen Art 4 I, II einer- und III andererseits angelegt. Vielmehr erscheint es nicht denklogisch ausgeschlossen dass, sofern die Voraussetzungen v Art 4 III Rom II-VO vorliegen, als Folge der akzessorischen Anknüpfung ein für das Opfer in concreto „ungünstigeres" Deliktsrecht zur Anwendung gelangt. Wird nun das Sachrecht für das vertragliche Rechtsverhältnis kraft objektiver Anknüpfung nach Art 6 I berufen (oder mangels Einschlägigkeit dieser Sonderkollisionsnorm nach Art 4), so ist im Zweifel eine Auflockerung nach Art 4 III 2 Rom II-VO bei Vorliegen der engen Verbindung geboten. Dies folgt aus der Überlegung, dass es sich angesichts der objektiven Anknüpfung um ein sachnahes Recht handelt. Überdies kommt eine Korrektur des objektiv ermittelten Vertragsstatuts weder über Art 3 III bzw IV noch im Wege eines Günstigkeitsvergleichs nach Art 6 II oder idR nach Art 46 b EGBGB in Betracht. Demzufolge ist im Lichte der ratio v Art 4 III 2 Rom II-VO auch das Ziel erreichbar, in Konkurrenz stehende Forderungen einer einzigen Rechtsordnung zu unterwerfen. Fraglich ist allerdings, ob und inwieweit die Ausweichklausel in Art 4 III 2 Rom II-VO in Erwägung zu ziehen ist, wenn das Vertragsstatut kraft Rechtswahl ermittelt wurde. Abgesehen v den etwaigen Schranken in Art 3 III und IV kann Art 6 II, sofern diese Kollisionsnorm einschlägig ist, im Wege eines konkreten Günstigkeitsvergleichs zu einem „**Rechtsmix**" führen. Ferner droht, dass das Statut durch die Sonderanknüpfung in Art 46 b EGBGB durchbrochen wird. So ließe sich der **intendierte** (vgl LAG Köln BeckRS 10, 68824; Symeonides American Journal of Comparative Law 08, 173, 204) **Gleichlauf konkurrierender Ansprüche aus Vertrag und Delikt nicht sicherstellen**. In dieser Konstellation dürfte der **richterliche Ermessens- bzw Beurteilungsspielraum** angesichts des Ausnah-

mecharakters v Art 4 III Rom II-VO wohl dahin genutzt werden, v **einer akzessorischen Anknüpfung abzusehen** (aA wohl Symeonides American Journal of Comparative Law 08, 173, 204, Fn 142). Denn man mag bereits das Bestehen einer engen Verbindung anzweifeln. Zudem werden die konkurrierenden Ansprüche gerade nicht einer Rechtsordnung unterstellt. Hieraus darf indes nicht gefolgert werden, ausnahmslos v einer akzessorischen Anknüpfung in Verbraucherfällen abzusehen (insoweit jedoch eine Korrektur der Rom II-VO befürwortend Hamburg Group for Private International Law RabelsZ 67 [03], 1, 36), auch nicht im Fall der Rechtswahl nach Art 3 I. Hierfür bleibt weiterhin in den Konstellationen Raum, in denen ein sachnahes Recht zwischen Unternehmer und Verbraucher vereinbart wird und infolgedessen womöglich weder Art 3 III, IV, Art 6 II oder Art 46 b EGBGB zu Beschränkungen bzw Durchbrechungen des gewählten Vertragsstatuts führen. Abzulehnen ist jedenfalls, **in Art 4 III einen echten Günstigkeitsvergleich hineinzulesen** (so aber Mankowski IPRax 10, 389, 402). Weder der Wortlaut, noch die Systematik bzw das Telos v Art 4 III Rom II-VO bieten hierfür Anhaltspunkte. Das angestrebte Ziel ist der Gleichlauf konkurrierender Ansprüche angesichts der faktischen engen Verbindung, nicht jedoch eine Privilegierung v Verbrauchern (abw v Hein RabelsZ 73 [09], 461, 490; s auch das Bsp in Ferrari/Staudinger Art 6 Rn 84).

X. Art 6 sieht kraft Art 20 einen **Sachnormverweis** vor, so dass ein Renvoi – Rück- 20 und Weiterverweisung – des ausl Kollisionsrechts unbeachtlich ist.

Artikel 7 Versicherungsverträge

(1) ¹Dieser Artikel gilt für Verträge nach Absatz 2, unabhängig davon, ob das gedeckte Risiko in einem Mitgliedstaat belegen ist, und für alle anderen Versicherungsverträge, durch die Risiken gedeckt werden, die im Gebiet der Mitgliedstaaten belegen sind. ²Er gilt nicht für Rückversicherungsverträge.

(2) ¹Versicherungsverträge, die Großrisiken im Sinne von Artikel 5 Buchstabe d der Ersten Richtlinie 73/239/EWG des Rates vom 24. Juli 1973 zur Koordinierung der Rechts- und Verwaltungsvorschriften betreffend die Aufnahme und Ausübung der Tätigkeit der Direktversicherung (mit Ausnahme der Lebensversicherung)¹ decken, unterliegen dem von den Parteien nach Artikel 3 der vorliegenden Verordnung gewählten Recht. ²Soweit die Parteien keine Rechtswahl getroffen haben, unterliegt der Versicherungsvertrag dem Recht des Staats, in dem der Versicherer seinen gewöhnlichen Aufenthalt hat. ³Ergibt sich aus der Gesamtheit der Umstände, dass der Vertrag eine offensichtlich engere Verbindung zu einem anderen Staat aufweist, ist das Recht dieses anderen Staates anzuwenden.

(3) Für Versicherungsverträge, die nicht unter Absatz 2 fallen, dürfen die Parteien nur die folgenden Rechte im Einklang mit Artikel 3 wählen:
a) das Recht eines jeden Mitgliedstaats, in dem zum Zeitpunkt des Vertragsschlusses das Risiko belegen ist;
b) das Recht des Staates, in dem der Versicherungsnehmer seinen gewöhnlichen Aufenthalt hat;
c) bei Lebensversicherungen das Recht des Mitgliedstaats, dessen Staatsangehörigkeit der Versicherungsnehmer besitzt;
d) für Versicherungsverträge, bei denen sich die gedeckten Risiken auf Schadensfälle beschränken, die in einem anderen Mitgliedstaat als dem Mitgliedstaat, in dem das Risiko belegen ist, eintreten können, das Recht jenes Mitgliedstaats;
e) wenn der Versicherungsnehmer eines Vertrags im Sinne dieses Absatzes eine gewerbliche oder industrielle Tätigkeit ausübt oder freiberuflich tätig ist und der Versicherungsvertrag zwei oder mehr Risiken abdeckt, die mit dieser Tätigkeit in Zusammenhang stehen und in unterschiedlichen Mitgliedstaaten belegen sind, das

---

1 ABl. L 228 vom 16.8.1973, S. 3. Zuletzt geändert durch die Richtlinie 2005/68/EG des Europäischen Parlaments und des Rates (ABl. L 323 vom 9.12.2006, S. 1).

Recht eines betroffenen Mitgliedstaats oder das Recht des Staates des gewöhnlichen Aufenthalts des Versicherungsnehmers.
Räumen in den Fällen nach den Buchstaben a, b oder e die betreffenden Mitgliedstaaten eine größere Wahlfreiheit bezüglich des auf den Versicherungsvertrag anwendbaren Rechts ein, so können die Parteien hiervon Gebrauch machen.
Soweit die Parteien keine Rechtswahl gemäß diesem Absatz getroffen haben unterliegt der Vertrag dem Recht des Mitgliedstaats, in dem zum Zeitpunkt des Vertragsschlusses das Risiko belegen ist.
(4) Die folgenden zusätzlichen Regelungen gelten für Versicherungsverträge über Risiken, für die ein Mitgliedstaat eine Versicherungspflicht vorschreibt:
a) Der Versicherungsvertrag genügt der Versicherungspflicht nur, wenn er den von dem die Versicherungspflicht auferlegenden Mitgliedstaat vorgeschriebenen besonderen Bestimmungen für diese Versicherung entspricht. Widerspricht sich das Recht des Mitgliedstaats, in dem das Risiko belegen ist, und dasjenige des Mitgliedstaats, der die Versicherungspflicht vorschreibt, so hat das letztere Vorrang.
b) Ein Mitgliedstaat kann abweichend von den Absätzen 2 und 3 vorschreiben, dass auf den Versicherungsvertrag das Recht des Mitgliedstaats anzuwenden ist, der die Versicherungspflicht vorschreibt.
(5) Deckt der Vertrag in mehr als einem Mitgliedstaat belegene Risiken, so ist für die Zwecke von Absatz 3 Unterabsatz 3 und Absatz 4 der Vertrag als aus mehreren Verträgen bestehend anzusehen, von denen sich jeder auf jeweils nur einen Mitgliedstaat bezieht.
(6) Für die Zwecke dieses Artikels bestimmt sich der Staat, in dem das Risiko belegen ist, nach Artikel 2 Buchstabe d der Zweiten Richtlinie 88/357/EWG des Rates vom 22. Juni 1988 zur Koordinierung der Rechts- und Verwaltungsvorschriften für die Direktversicherung (mit Ausnahme der Lebensversicherung) und zur Erleichterung der tatsächlichen Ausübung des freien Dienstleistungsverkehrs[2], und bei Lebensversicherungen ist der Staat, in dem das Risiko belegen ist, der Staat der Verpflichtung im Sinne von Artikel 1 Absatz 1 Buchstabe g der Richtlinie 2002/83/EG.

1 I. 1. Art 7 geht inhaltlich auf das **Richtlinienkollisionsrecht** der EG zurück (s die Zweite RL 88/357/EWG, ABl EG L 172, 1, zuletzt geändert durch RL 2005/14/EG, ABl EU 05 L 149, 14 sowie die [konsolidierte] RL 2002/83/EG, ABl EG L 345, 1, zuletzt geändert durch RL 2008/19/EG, ABl EU L 76, 44). Eine grundlegende Reform ist ausgeblieben (dazu etwa Ferrari/Leible/Staudinger Ein neues Internationales Vertragsrecht für Europa 225, 233 ff). Obwohl die Vorschrift eine Sonderanknüpfung für Versicherungsverträge darstellt, regelt sie diesen Bereich nämlich nicht abschließend. Vielmehr teilt Art 7 den **beschränkten Geltungsanspruch** der Richtlinien, der sich inhaltlich weder auf Rückversicherungsverträge noch außerhalb der EU bzw des EWR belegene (Massen-)Risiken erstreckt, hinsichtlich derer Art 3, 4 sowie 6 zur Anwendung kommen (krit hierzu etwa Heiss FS Kropholler, 08, S 459; Leible/Lehmann RIW 08, 528, 538 f). Gleichwohl erscheint es bereits als Erfolg, dass Assekuranzverträge überhaupt v der Rom I-VO erfasst sind, was die Handhabung des Int Versicherungsvertragsrechts spürbar erleichtern dürfte (Perner IPRax 09, 218). Umso unglücklicher ist es allerdings, dass Art 7 in seinen Abs 2 und 6 wiederum auf die Harmonisierungsmaßnahmen Bezug nimmt, was eine unnötige Komplizierung bedeutet. In der **Überprüfungsklausel** des Art 27 I lit a verpflichtet der Unionsgesetzgeber die Kommission, bis zum 17.6.13 eine **Untersuchung über das auf Versicherungsverträge anwendende Recht** verbunden mit einer Abschätzung der Folgen etwaiger **einzuführender Bestimmungen** vorzulegen (s hierzu die Mitteilung der EU-Kommissarin Reding v 7.1.10, IPRax 10, 481, 482 sowie Art 27 Rn 1; ausf zu primärrechtlichen Bedenken bzgl des gespaltenen Anknüpfungsregimes Richters, Dienstleistungsfreiheit als Schranke des Internationalen

---

[2] ABl. L 172 vom 4.7.1988, S. 1. Zuletzt geändert durch die Richtlinie 2005/14/EG des Europäischen Parlaments und des Rates (ABl. L 149 vom 11.6.2005, S. 14).

Privatversicherungsrechts, 12, insb S 82 ff; s zum Internationalen Versicherungsvertragsrecht, FAKomm-Vers/Staudinger S 2602 ff).

2. Art 7 enthält eine **Sonderanknüpfung für (Erst-)Versicherungsverträge**, wobei der **Versicherungsnehmer (VN)** als potentiell schwächere Partei **kollisionsrechtlichen Schutz** erhält, welcher ihm abhängig davon gewährt wird, ob die Police ein Groß- (Abs 2; Rn 7 ff) oder Massenrisiko (Abs 3; Rn 11 ff) abdeckt. Die Vorschrift unterscheidet sich insoweit v Art 6, der auf den Vertragsabschluss zwischen einem Unternehmer und einem Verbraucher rekurriert, während sich – vereinfacht dargestellt – auch kleinere und mittlere Gewerbetreibende auf Art 7 III berufen können (Reithmann/Martiny/Schnyder Rn 4738). Der EU-Gesetzgeber verfolgt demnach keinen gruppen-, sondern einen **sektorspezifischen Ansatz**, der zunehmend v den nationalen Rechtsordnungen aufgegriffen wird (s bspw das zum 1.1.08 novellierte VVG, BT-Drucks 16/3945, S 56). Als Instrument zur Verwirklichung desselben bedient sich der VO-Geber va einer **Einschränkung der Rechtswahlfreiheit zulasten des Versicherers** (VR; vgl Art 7 III UA 1). Art 7 IV soll gewährleisten, dass **Pflichtversicherungsverträge** dem Recht und damit den Allgemeinwohlinteressen desjenigen (Mitglied-)Staates genügen, der die Versicherungspflicht vorschreibt (Rauscher/Fricke Rn 24; ders VersR 08, 443, 449). Dessen Recht beruft die in lit a vorgesehene **einseitige Kollisionsnorm** im Falle eines Widerspruchs zu den materiellen Vorschriften am Ort der Risikobelegenheit als **vorrangiges Einzelstatut**. Unabhängig davon räumt lit b den Mitgliedstaaten außerdem die **Option** ein, die genannte Rechtsordnung im nationalen IPR kraft **objektiver Anknüpfung** durchzusetzen. Davon hat bspw der deutsche Gesetzgeber in **Art 46 c EGBGB** Gebrauch gemacht (anders etwa Österreich; dazu Heiss ZfRV 09, 18, 20 f). Art 7 V stellt eine **spezialgesetzliche Ausprägung der Vertragsspaltungsdoktrin** („dépeçage") dar. Soweit ein Versicherungsverhältnis Risiken deckt, die in **unterschiedlichen Mitgliedstaaten** belegen sind, soll es für **die Zwecke v Abs 3 UA 3 sowie Abs 4** als aus mehreren Verträgen bestehend anzusehen sein. Bei Gefahrbelegenheit **sowohl inner- als auch außerhalb der EU** ist hingegen **Erwägungsgrund 33** (Perner IPRax 09, 218, 219: „in der Sache [...] normative Anordnung") zu beachten, wonach Art 7 nur für die Risiken gilt, welche innerhalb der EU belegen sind.

II. Art 7 II, III lassen unter bestimmten Voraussetzungen eine Rechtswahl „im Einklang mit Artikel 3" zu. Zweifelhaft erscheint, ob dieser Verweis auch die in Art 3 III, IV normierten **Rechtswahlschranken** umfasst. Während **Art 3 III** bei reinen Inlandssachverhalten (hierzu Art 3 Rn 7) den zwingenden nationalen Vorschriften zur Geltung verhilft, setzt **Art 3 IV** (hierzu Art 3 Rn 8) iRv bloßen Binnenmarktfällen das ius cogens unionsrechtlichen Ursprungs ggü einem kraft Vereinbarung berufenen Drittstaatenrecht durch (zur Differenzierung zwischen nationalem und Gemeinschaftsrecht s KOM [05] 650 endg S 6). Ein Konflikt wie iRv Art 6 II 2 und Art 8 I 2 scheidet im Int Versicherungsvertragsrecht allerdings schon deshalb aus, weil die Rom I-VO insoweit keine vergleichbaren Sonderkollisionsnormen enthält. **Ergänzend zu Art 7 II, III sind demnach die Art 3 III, IV anwendbar** (ohne Begründung auch Merrett J P Int'l L 09, 49, 63 f), was iÜ den Vorgaben des Art 7 I lit g Zweite RL 88/357/EWG entspricht (zum Verhältnis der Art 7 ff EGVVG zu Art 27 III EGBGB aF s Gruber Internationales Versicherungsvertragsrecht, 99, S 154). Eine **Konkurrenzvorschrift** für das Verhältnis v Versicherungs- und Verbraucherverträgen sieht **Erwägungsgrund 32** vor, wonach **Art 7 als abschließende Sonderregelung Art 6 verdrängt** (richtigerweise beansprucht schon die Art 7 ff EGVVG Vorrang ggü Art 29 I EGBGB aF; so Armbrüster ZVersWiss 95, 139, 142; Gruber Internationales Versicherungsvertragsrecht S 157 ff; aA Berliner Kommentar-VVG/Dörner, 99, Art 15 EGVVG Rn 8 f; Imbusch VersR 93, 1059, 1065). Dem **VN droht** durch die Unanwendbarkeit v Art 6 jedoch eine **Schlechterstellung**. Deckt die Police nämlich ein Großrisiko ab, ist nach Art 7 II unabhängig davon auf die kollisionsrechtlichen Interessen des VRs abzustellen, ob die Versicherung v einem Verbraucher oder Gewerbetreibenden genommen wird (krit Perner IPRax 09, 218, 220; Bsp bei Ferrari/Staudinger Art 7 Rn 8). Eine Berufung auf Art 6 kommt demggü nur in den **nicht v Art 7 erfassten Konstellationen** in Betracht (MK/Martiny Art 7 Rn 53). So va, wenn ein Verbrauchervertrag außerhalb der EU belegene Massenrisiken absichert. Im Einklang mit den Vorgaben des Art 7 II UA 2 Zweite RL 88/357/EWG (dazu Roth IPRax 94, 165, 167) setzen sich Eingriffsnormen iSv Art 9 (vgl die Legaldefinition in Art 9 I; ausf zum Begriff Art 9 Rn 2 ff) ggü dem gem Art 7 einschlägigen Vertragsstatut durch (Merrett J P Int'l L 09, 49, 64 ff). Insoweit gilt ein strenger Prüfungsmaßstab, da die erreichte Vereinheitlichung des Kollisionsrechts durch eine extensive Interpretation v Art 9 in ihr Gegenteil verkehrt würde. Es genügt bspw nicht, dass eine Norm lediglich den Interessen Privater dient. Die Eingriffsqualität rein verbraucher- bzw versicherungsnehmerschützender Bestimmungen dürfte daher zumeist ausscheiden (MK/Martiny Art 7 Rn 54; Reithmann/Martiny/Schnyder Rn 4764). Relevanz für Versicherungspolicen besitzt allerdings das im Binnenmarkt weitgehende deregulierte **Versicherungsaufsichtsrecht** (MK/Martiny Art 7 Rn 54). Festzustellen ist dann jedoch, ob die so durchgesetzte Eingriffsnorm ihrerseits den Vorgaben des Primärrechts genügt. So erscheint in concreto ein Verstoß gegen Dienstleistungs- (Art 56 AEUV) und Rechtswahl- (zu den Vorgaben des Primärrechts im Hinblick auf die Parteiautonomie ausf v Wilmowsky RabelsZ 62 [98], 1 ff) als fünfter Grundfreiheit (vgl Schulze/Zuleeg/Staudinger § 22 Rn 14; Staudinger/Steinrötter JA 11, 241, 244) denkbar. Gem **Art 23** berührt die Rom I-VO nicht die Anwendung solcher Vorschriften des Gemeinschaftsrechts, die in besonderen Bereichen Kollisionsnormen für vertragliche Schuldverhältnisse enthalten. Der Vorrang erstreckt sich nach dem Wortlaut der Bestimmung jedoch **nicht auf Art 7**, welcher infolgedessen nicht nur die Anknüpfungspunkte der versicherungsrechtlichen (so wohl MK/Martiny Art 23 Rn 1), sondern – v VO-Geber offenbar übersehen – gleichermaßen der **Klausel-RL 93/13/EWG** (ABl EG 93 L 95, 29) sowie **der Fernabsatz-RL II 2002/65/EG** (ABl EG L 271, 16) verdrängt (Heiss FS Kropholler, 08, S 459, 471 f). Obwohl beide Harmonisierungsmaßnahmen die Rechtswahlfreiheit auch im Hinblick auf Versicherungsverträge einschränken (vgl Art 6 II RL 93/13/EWG; Art 12 II RL 2002/65/EG), sind derlei Restriktionen iRv Art 7 damit **ohne Relevanz**. Gleiches trifft iÜ auf innerstaatliches **Umsetzungsrecht** wie etwa **Art 46 b EGBGB** zu. Der deutsche Gesetzgeber sollte daher gelegentlich klarstellen, dass die Vorschrift zumindest dann keine Geltung beansprucht, wenn das Risiko im Gebiet der Mitgliedstaaten belegen ist.

4 III. Intertemporale Besonderheiten. Policen, die vor dem 17.12.09 vereinbart wurden (e contrario Art 28), unterliegen nicht der Rom I-VO (allg zum zeitlichen Anwendungsbereich Art 29 Rn 1; Mansel/Thorn/R Wagner IPRax 10, 1, 9; MK/Martiny Art 28 Rn 4; Rauscher/Pabst NJW 09, 3614, 3619; Palandt/Thorn Art 28 Rn 1). **Altverträge**, welche über den 17.12.09 hinaus andauern, sind somit weiterhin nach den bisherigen Regeln anzuknüpfen (Thume VersR 09, 1342, 1343). Das Richtlinienkollisionsrecht sowie dessen innerstaatliche Transformationsnormen gelten demnach auch in Zukunft fort, was va für solche Versicherungsverhältnisse v Bedeutung ist, die über einen längeren Zeitraum bestehen (zB die Lebensversicherung). Dabei muss jedoch berücksichtigt werden, dass Vertragsverlängerungen sowie -änderungen jedenfalls aus deutschem Blickwinkel als Neuabschlüsse zu bewerten sein können (dazu MK/Staudinger § 37 VVG Rn 6 ff), was wiederum die Anwendbarkeit der VO auslöst (ähnlich im Hinblick auf die Art 7 ff EGVVG Gruber Internationales Versicherungsvertragsrecht S 63 f). Teilweise ist kritisiert worden, dass der deutsche Gesetzgeber die Art 7 ff EGVVG mit dem Gesetz zur Anpassung der Vorschriften des Internationalen Privatrechts an die VO (EG) Nr 593/2008 (BGBl I 09, S 1574 ff) zum 17.12.09 aufgehoben hat (Thume VersR 09, 1342 f). Letzteres beruht auf der Annahme, die völlige Streichung der zur Umsetzung der Versicherungsrichtlinien erlassenen Kollisionsnormen führe bei Altverträgen zu einem horror vacui. Die so entstandene Regelungslücke könne mithin nur im Wege richterlicher Rechtsfortbildung geschlossen werden (Thume VersR 09, 1342, 1343; ähnlich Rauscher/Pabst NJW 09, 3614, 3619). Eine solche Sichtweise ignoriert jedoch, dass die Art 7 ff EGVVG eine **unwandelbare Anknüpfung** vorsahen und zu diesem Zwecke auf den Zeitpunkt des Vertragsschlusses (vgl Art 8 EGVVG) rekurrierten. Das einmal berufene Statut wandelt sich folglich nicht dadurch, dass nun das überflüssige Richtlinienkollisionsrecht für die Zukunft aufgehoben wurde (in diesem Sinne BT-Drucks 16/12104 S 11). Vielmehr entspricht die Fortgeltung der

Art 7 ff EGVVG allg intertemporalen Grundsätzen (dies ist auch deshalb v Bedeutung, weil Art 9 IV EGVVG [Korrespondenzversicherung] und Art 13 EGVVG [Gruppenkrankenversicherung] in überschießender Umsetzung der Richtlinien einige Sonderkollisionsnormen enthielten, die sich in der Rom I-VO nicht wiederfinden), deren Kenntnis auch v nicht mit der Materie befassten Juristen erwartet werden darf (aA offenbar Thume VersR 09, 1342, 1343).

IV. Sachlicher Anwendungsbereich. 1. Die Rom I-VO erfasst grundsätzlich **alle Versicherungsverträge** (Heiss FS Kropholler, 08, S 459, 460; zum IPR der Versicherungsverträge in der Rom I-VO s Armbrüster FS Hoffmann 11, 23 ff; zu Verbraucherversicherungsverträgen s Böttger VersR 12, 156 ff). Dieser Begriff wird zunächst durch die Beteiligten des Schuldverhältnisses gekennzeichnet, dessen Parteien VR sowie VN bzw versicherte Personen oder Begünstigte sind (vgl Jenard-Bericht zu Art 8 EuGVÜ, ABl EG 79 Nr C 59, 31). Der Gegenstand einer Versicherungspolice ist durch die Übernahme eines Risikos seitens des VRs v anderen Vertragstypen zu unterscheiden. Unter Art 7 fallen demnach sämtliche Produkte, die in den einschlägigen Versicherungsrichtlinien genannt sind (MK/Martiny Art 7 Rn 7). Eine bedeutende Einschränkung ergibt sich allerdings aus **Art 1 I**, wonach die Rom I-VO lediglich für **Zivil- und Handelssachen** gilt. In Übereinstimmung mit der gleichlautenden Terminologie in Art 1 I Brüssel I-VO (nach Erwägungsgrund 7 besteht insoweit ein Auslegungszusammenhang; vgl EuGH NZA 12, 935 ff; dazu allg Bitter IPRax 08, 96 ff; Leible Rom I und Rom II: Neue Perspektiven im Europäischen Kollisionsrecht, S 43 ff; Würdinger RabelsZ 75 [11], 102, 112 ff) findet der Sekundärrechtsakt auf die öffentlich-rechtlich geprägte **Sozialversicherung** daher keine Anwendung (Rauscher/Staudinger Art 8 Brüssel I-VO Rn 12). **Art 1 II lit f** statuiert eine Bereichsausnahme hinsichtlich aller das **Gesellschafts- und Vereinsrecht** betreffenden Fragen. Die Rom I-VO kann folglich nicht herangezogen werden, wenn der Versicherungsschutz aus der Mitgliedschaft in einem **Versicherungsverein auf Gegenseitigkeit (VVaG)** resultiert. Rein versicherungsrechtliche Beziehungen unterliegen demggü Art 7 bzw Art 3, 4 und 6, weshalb im Einzelfall erhebliche Abgrenzungsschwierigkeiten auftreten (Gruber Internationales Versicherungsvertragsrecht S 17). Teilweise wird allerdings argumentiert, dass die Rom I-VO zumindest insoweit einschlägig sei, als die mitgliedschaftliche Stellung derjenigen eines gewöhnlichen VNs gleiche (in diesem Sinne wohl Fricke VersR 08, 443, 444; ähnlich Heinze NIPR 09, 445, 446). Richtigerweise dürfte jedoch auch in einer derartigen Konstellation eine gesellschaftsrechtliche Anknüpfung zu bevorzugen sein, da eine Trennung beider Positionen kaum praktikabel erscheint. Eine spezifisch auf die Belange der Assekuranz zugeschnittene Anordnung trifft **Art 1 II lit j**. Diese sperrige, auf Art 3 III der RL 2002/83/EG basierende Formulierung trägt dem Umstand Rechnung, dass die erwähnten Versicherungsprodukte der **betrieblichen Altersvorsorge** (so zusammenfassend Fricke VersR 08, 443, 444) eine besondere Nähe zum Sozialversicherungssystem im Sitzstaat des VRs aufweisen (Perner IPRax 09, 218, 219). Soweit jener Ausnahmetatbestand reicht, ist folglich der Rückgriff auf die Kollisionsnormen des Forums eröffnet (Perner IPRax 09, 218, 219). Der deutsche Gesetzgeber hat gleichwohl v der Schaffung einer entspr Sonderanknüpfung unter Verweis darauf abgesehen, dass es aus nationaler Perspektive an einem Regelungsbedürfnis fehle (BT-Drucks 16/12104 S 10). Keine Anwendung findet die VO gem **Art 1 II lit i** auf Schuldverhältnisse aus Verhandlungen vor Abschluss eines Vertrags. Nach Maßgabe v Erwägungsgrund 10 sowie Art 2 I Rom II-VO sind Ansprüche aus cic nämlich **deliktisch** zu qualifizieren. Dazu gehören aus deutscher Sicht die **vorvertragliche Anzeigeobliegenheit** des VNs nach § 19 VVG ebenso wie die **Beratungs- und Dokumentationspflichten** des VRs gem § 6 VVG (Katschthaler/Leichsenring r+s 10, 45, 46 f). IE macht dies allerdings keinen Unterschied, weil Art 12 I Rom II-VO ohnehin das (hypothetische) Versicherungsvertragsstatut beruft. Mit Blick auf die Vorschriften über die **Veräußerung der versicherten Sache** (§§ 95-99 VVG) sowie den **Schutz des eingetragenen Realgläubigers in der Gebäudefeuerversicherung** (§§ 142-149 VVG) ist ferner eine **sachenrechtliche** Qualifikation geboten, die in der Regel zur lex rei sitae führt (vgl Art 43 I EGBGB; Gruber NVersZ 01, 442, 446; Bruck/Möller/Staudinger § 95 Rn 6).

6 2. Obwohl die Rom I-VO das Int Versicherungsvertragsrecht grds abschließend regelt (zu Einschränkung des sachlichen Anwendungsbereichs vgl die vorige Rn), enthält Art 7 nur einen Ausschnitt desselben. In den Geltungsbereich der Vorschrift fallen ausweislich ihres **Abs 1 S 1** zwar Verträge über **Groß**- ebenso wie solche über **Massenrisiken**. Letztere müssen für die Zwecke v Art 7 jedoch **im Gebiet der Mitgliedstaaten belegen** sein, was kein Redaktionsversehen des europäischen Gesetzgebers darstellt (so aber Fricke VersR 08, 443, 448; abschwächend jetzt Rauscher/Fricke Rn 16; vgl zur Entstehungsgeschichte v Art 7 Ferrari/Staudinger Art 7 Rn 1 ff). Gem **Abs 1 S 2** sind ferner **Rückversicherungsverträge** ausgenommen (hierzu Art 4 Rn 4; zu den Grundfragen des deutschen und internationalen Rückversicherungsvertragsrechts s Looschelders VersR 12, 1 ff). Findet Art 7 keine Anwendung, so ist der Rückgriff auf die allg Bestimmungen der Art 3, 4 (die Frage, ob bei Rückversicherungsverträgen an den gewA des VRs eigenständig angeknüpft oder ein anderes Kriterium, wie bspw die Verbindung zur Erstversicherung herangezogen werden sollte, löst Art 4 allerdings auch nicht zufriedenstellend; s Martiny ZEuP 10, 747, 758) und 6 eröffnet (e contrario Erwägungsgrund 32). Es bleibt daher bei der schon iRd Art 7–15 EGVVG kritisierten Spaltung des Kollisionsrechts (Leible/Lehmann RIW 08, 528, 538: „Hölle des Internationalen Privatrechts") mit dem Unterschied, dass die Anknüpfungsregeln der in Art 46 b EGBGB genannten Verbraucherschutzrichtlinien künftig unanwendbar sind (vgl Art 23). Die Differenzierung zwischen Groß- und Massenrisiken sowie Risikobelegenheit inner- und außerhalb des Gebiets der Mitgliedstaaten dient einer **Abgrenzung der verschiedenen Anknüpfungsregime**. Sie entscheidet darüber, ob ein Produkt internationalprivatrechtlich als Versicherungs- oder gewöhnlicher Schuldvertrag zu qualifizieren ist. Die genannten Kriterien können daher auch als **Metakollisionsnormen** bezeichnet werden (vgl mit Blick auf die Risikobelegenheit Basedow/Drasch NJW 91, 785, 787).

7 3. **Verträge über Großrisiken.** Großrisiken iSv Art 5 lit d der Ersten RL 73/239/EWG (ABl EG L 228, 3; zuletzt geändert durch RL 2005/68/EG, ABl EG 06 L 323, 1) unterliegen **unabhängig davon Art 7 II, ob sie inner- oder außerhalb des Gebiets der Mitgliedstaaten belegen sind.** Hierin ist ein wesentlicher Unterschied zu den Art 7 ff EGVVG zu sehen. Die Regelungstechnik der Rom I-VO erscheint insofern nicht unproblematisch, da der Begriff der Risikobelegenheit erst durch die Vorgaben der Zweiten RL 88/357/EWG in die Harmonisierungsmaßnahme aufgenommen wurde, der Verweis also eigentlich ins Leere geht. Es wäre daher wünschenswert gewesen, wenn der europäische Gesetzgeber die Großrisikodefinition unmittelbar in die VO aufgenommen hätte, um die Anwendung der unterschiedlichen Sekundärrechtsquellen nicht unnötig zu erschweren. Ähnlich ist bspw die deutsche Legislative vorgegangen (vgl § 210 II VVG). **Ohne Rücksicht auf die wirtschaftliche Leistungsfähigkeit** des VNs werden Schienen-, Luftfahrzeug-, (Binnen-)See- und Flussschifffahrtskaskoversicherungen pauschal als Großrisiken eingestuft. Gleiches gilt für die Transportgüterversicherung sowie die Luftfahrzeughaftpflicht, Art 5 lit d) i) Zweite RL 88/357/EWG. Demggü ist bei einer Kredit- oder Kautionsversicherung auf einen im Zusammenhang einer gewerblich versicherter Gefahr und einer **gewerblichen oder freiberuflichen Tätigkeit** des VN abzustellen, Art 5 lit d) ii) Zweite RL 88/357/EWG. Hinsichtlich der Deckung v Sachschäden und Berufsrisiken sowie iRd allg Haftpflichtversicherung kommt es schließlich auf die **Betriebsgröße** des VNs an Art 5 lit d) iii) Zweite RL 88/357/EWG. Es müssen mind zwei der folgenden drei Kriterien überschritten sein: Eine Bilanzsumme v 6,2 Mio EUR, ein Nettoumsatz v 12,8 Mio EUR sowie eine durchschnittliche Beschäftigtenzahl v 250 Mitarbeitern im Verlauf des Wirtschaftsjahres. Die überwiegende Zahl kleiner und mittlerer Unternehmen dürfte wohl unterhalb dieser relativ hohen Obergrenzen bleiben (Reithmann/Martiny/Schnyder Rn 4738). Lässt sich die Police keinem der genannten Versicherungszweige zuordnen, scheidet die Annahme eines Großrisikos aus. Letzteres besitzt insb für personenbezogene Produkte wie die Kranken- oder Lebensversicherung Relevanz. Es kommt nicht darauf an, dass der VN aufgrund bestimmter persönlicher Eigenschaften im Einzelfall keines Schutzes bedarf. Schließt bspw ein Großkonzern eine Gruppenversicherung ab, die eine nicht in Art 5 lit d Erste RL 73/239/EWG genannte Gefahr abdeckt, so erfolgt die Anknüpfung nicht nach Art 7 II, sondern (allenfalls) Abs

3 (krit Fricke VersR 08, 443, 446). Maßgeblich für die Feststellung eines Großrisikos ist der **Zeitpunkt des Vertragsschlusses** (MK-VGG/Looschelders IntVersR Rn 63). Dies ergibt sich mittelbar aus Art 7 III UA 1 lit a sowie UA 3, die darauf hindeuten, dass die Vorschrift insgesamt eine **unwandelbare Anknüpfung** enthält. Es wäre sinnlos, Art 7 II abweichend auszulegen, weil die für eine Gefahreinstufung relevanten Merkmale während der Laufzeit des Versicherungsverhältnisses entfallen können. Eine einheitliche Interpretation bietet demggü den Vorteil, dass sich ein Groß- nicht im Nachhinein zum Massenrisiko wandelt. Statutenwechsel wegen der Veränderung v Anknüpfungstatsachen sind demnach ausgeschlossen. Umgekehrt bleibt bspw eine nach Art 7 III unwirksame Rechtswahl selbst dann unzulässig, wenn der VN nachträglich die in Art 5 lit d Erste RL 73/239/EWG normierten Voraussetzungen erfüllt (iErg wie hier Fricke VersR 08, 443, 446; MK-VGG/Looschelders IntVersR Rn 63).

a) Subjektive Anknüpfung. Versicherungsverträge über Großrisiken unterliegen gem **8** **Art 7 II UA 1** dem Recht, dass die Parteien nach Maßgabe v **Art 3** gewählt haben, wobei die Einschränkungen in dessen **Abs 3 und 4** greifen. Eine weitere Grenze bilden Eingriffsnormen iSv **Art 9.** Im Unterschied zu Art 7 III UA 1 lit a, c sowie d darf die Geltung jeder beliebigen, nicht nur einer mitgliedstaatlichen Rechtsordnung vereinbart werden. Die Rechtswahl kann sowohl vor als auch nach Vertragsschluss ausdrücklich sowie konkludent erfolgen (Art 3 I, II). Die in Art 3 gewährte Parteiautonomie erstreckt sich nach hM (PWW/Brödermann/Wegen Art 3 Rn 4; Ferrari/Leible/Heiss Rome I Regulation, S 1, 12; MK/Martiny Art 3 Rn 28; Palandt/Thorn Art 3 Rn 4) lediglich auf **staatliches Recht.** Zulässig ist es hingegen, ein nichtstaatliches Regelwerk wie die Principles of European Insurance Law (PEICL; Basedow/Birds/Clarke/Cousy/Heiss [Hrsg] Principles of European Insurance Contract Law, 09; dazu etwa Loacker VersR 09, 289 ff) **materiell-rechtlich** in das Versicherungsverhältnis einzubeziehen. Die Wirksamkeit der Police beurteilt sich dann jedoch weiterhin anhand der (halb-)zwingenden Normen des subjektiv (oder objektiv) berufenen Versicherungsvertragsstatuts.

b) Objektive Anknüpfung. Haben die Beteiligten v der ihnen eingeräumten Rechts- **9** wahlfreiheit keinen Gebrauch gemacht, findet gem **Art 7 II UA 2 S 1** die Rechtsordnung des Staates Anwendung, in welchem der **VR seinen gewA hat** (sog Betriebsstatut des VR; Gruber Internationales Versicherungsvertragsrecht, S. 252). Art 19 konkretisiert diesen Anknüpfungspunkt (ausf Ferrari/Staudinger Rn 28; vgl für die Zeit vor Einführung der Art 7 ff EGVVG BGHZ 9, 34, 41 mwN). Mit Blick auf Großrisiken spielt das Kriterium der Risikobelegenheit damit im Unterschied zu Art 11 II EGVVG keine Rolle mehr (MK/Martiny Art 7 Rn 21). Raum für Art 7 II UA 2 S 1 besteht auch, wenn die Parteien nur eine – nach Art 3 I 3 zulässige – Teilrechtswahl getroffen haben („soweit"; MK-VGG/Looschelders IntVersR Rn 65; unzulässig ist allerdings eine auf die Verjährungsfrage bezogene Teilrechtswahl; so noch zum EVÜ: EuGH Slg 09, I-9687). Letzteres führt über die in Art 7 V sowie Erwägungsgrund 33 geregelten Konstellationen hinaus zu einer **Spaltung** des Versicherungsverhältnisses, falls eine v objektiven Statut abweichende Rechtsordnung für maßgeblich erklärt wurde. Die Ergebnisse der objektiven Anknüpfung ähneln insoweit jenen des Art 4 I lit b, welcher auf den gewA des Dienstleistungserbringers abstellt (die Qualifikation v Versicherungs- als Dienstleistungsverträgen steht im Einklang mit dem primärrechtlichen Verständnis; s dazu grundlegend EuGH Slg 86, 3755).

c) Art 7 II UA 2 S 2 enthält eine **Ausweichklausel.** Diese greift ein, wenn sich aus der **10** Gesamtheit der Umstände ergibt, dass der Vertrag eine **engere Verbindung** zu einem anderen Staat als demjenigen aufweist, dessen Recht kraft objektiver Anknüpfung berufen ist. Um den in Art 7 II UA 2 S 1 normierten Grds nicht zu durchbrechen (den Ausnahmecharakter der Ausweichklausel bestätigt Art 7 I lit h S 3 Zweite RL 88/357/EWG: „ausnahmsweise") dürfen die genannten Voraussetzungen nur mit Zurückhaltung bejaht werden (MK/Martiny Art 4 Rn 244). Dies erfordert eine **Gesamtbetrachtung** solcher Anhaltspunkte, die auch iRe stillschweigenden Rechtswahl Bedeutung erlangen. Es brauchen nicht alle Indizien auf eine v Betriebsstatut des VR abweichende Rechtsordnung hindeuten, solange eine engere Verbindung des Sachverhalts zu jener – wie der Wortlaut v Art 7 II UA 2 S 2 verlangt – als **offensichtlich** erscheint. Geringere

Relevanz besitzen indes Kriterien, die der EU-Gesetzgeber **andernorts zum Gegenstand einer objektiven Anknüpfung** erhoben hat. Das gilt bspw für die **Risikobelegenheit**, auf welche es nach Art 7 III UA 3 allein für Massenrisiken ankommt, sowie den lediglich iRv Art 6 I einschlägigen **gewA des VN** (iErg wie hier Fricke VersR 08, 443, 447; MK-VGG/Looschelders IntVersR Rn 66). Derartige Momente rechtfertigen folglich nur bei Hinzutreten weiterer Indizien eine v objektiven Vertragsstatut divergierende Anknüpfung. Unklar ist allerdings, ob sich Risikobelegenheit und gewA des VN wenigstens dann ggü dem Betriebsstatut durchsetzen, wenn sie auf **dieselbe Rechtsordnung** verweisen (dafür Fricke VersR 08, 443, 447). Das dürfte jedoch zu verneinen sein, da der VO-Geber die Unterscheidung zwischen Konvergenz- und Divergenzfällen, welche den Kollisionsnormen der Zweiten RL 88/357/EWG (Art 7 I lit a, b) immanent war, offenbar bewusst aufgegeben hat. Es wäre systemwidrig, die alte Rechtslage unter Berufung auf Art 7 II UA 2 S 2 wiederherzustellen (ähnlich MK-VGG/Looschelders IntVersR Rn 67).

11 **4. Verträge über innerhalb der EU belegene Massenrisiken (Abs 3).** Der Begriff des Massenrisikos wird in der Rom I-VO nicht ausdrücklich verwendet, sondern nur **negativ** umschrieben (Fricke VersR 08, 443, 447). Gemeint sind alle Versicherungsverträge, die **nicht unter Abs 2 fallende Risiken** abdecken. Neben Verbrauchern können sich daher grds auch **Freiberufler, Gewerbetreibende** sowie **kleine und mittlere Unternehmen** auf Art 7 III berufen (zum Begriff des Großrisikos Rn 7).

12 Der räumliche Anwendungsbereich des Art 7 III ist im Unterschied zu Abs 2 begrenzt. Erfasst werden nur solche Massenrisiken, die **im Gebiet der Mitgliedstaaten** anzusiedeln sind (vgl Abs 1). Augenscheinlich erstreckt sich die Regelung also nicht auf Verträge, die zwar außerhalb der EU, aber **innerhalb des EWR** belegene Gefahren abdecken (MK/Martiny Art 7 Rn 15; Reithmann/Martiny/Schnyder Rn 4735). Diese wären demzufolge nach Art 3, 4 und 6 anzuknüpfen, während die Vertragsstaaten des EWR ihrerseits auf die auch dort geltenden und im Wesentlichen Art 7 ähnlnden Richtlinienkollisionsregeln zu rekurrieren hätten. Obgleich ein solches Ergebnis mit Blick auf das Diskriminierungsverbot aus Art 4 des EWR-Abkommens (dieses ist Bestandteil des deutschen Rechts; vgl BGBl II 93, S 266 ff) auf Bedenken stößt, erscheint eine Behandlung v Island, Liechtenstein und Norwegen als Mitgliedstaaten iSv Art 7 III (so Heiss FS Kropholler, 08, S 459, 463; Looschelders/Smarowos VersR 10, 1, 2) methodisch kaum durchsetzbar (ausf dazu Ferrari/Staudinger Rn 32). Abschließend kann mithin allein der EuGH im Wege der Vorlage gem Art 267 AEUV die hier aufgeworfene Frage beantworten. Es bleibt indes zu hoffen, dass der VO-Geber die drohende Diskriminierung isländischer, liechtensteinischer sowie norwegischer Staatsangehöriger de lege ferenda beseitigt.

13 **a) Subjektive Anknüpfung.** Art 7 III UA 1 räumt den Parteien **beschränkte Rechtswahlmöglichkeiten** ein. Indem lediglich die Geltung einer der dort genannten Rechtsordnungen vereinbart werden darf, will der europäische Gesetzgeber dem VN kollisionsrechtlichen Schutz gewähren (s bereits Rn 2). Zu diesem Zweck erstreckt sich die subjektive Anknüpfung nur auf solche Statute, die einen besonderen Bezug zum jeweiligen Versicherungsprodukt aufweisen (vgl MK-VGG/Looschelders IntVersR Rn 70). Die Anwendung der Vorschrift wird allerdings noch dadurch erschwert, dass sie teils auf mitglied- (lit a, c, d), teils (auch) auf drittstaatliches Recht (lit b, e) verweist. Sie stellt damit eine partielle Ausnahme zum Grds des Art 2 dar.

14 **b)** Nach Maßgabe v Art 7 III UA 1 **lit a** kann zunächst das Recht desjenigen **Mitgliedstaats** gewählt werden, in dem **zum Zeitpunkt des Vertragsschlusses** das **Risiko** belegen ist. Es handelt sich folglich um eine **unwandelbare Anknüpfung**, so dass im Nachhinein eintretende Veränderungen außer Betracht bleiben. Eigenständige Bedeutung kommt ihr allerdings nicht zu, da sie iErg die Rechtsordnung beruft, die objektiv nach Art 7 III UA 3 maßgeblich wäre (MK-VGG/Looschelders IntVersR Rn 73). Die Vorschrift gewönne allerdings Relevanz, wenn man ihr die Möglichkeit entnehmen könnte, dem Vertrag bei **Mehrfachbelegenheit v Risiken in unterschiedlichen Mitgliedstaaten** die Rechtsordnung eines dieser Länder zu Grunde zu legen (so schon zum alten Recht unter analoger Anwendung v Art 9 I EGVVG: U Kramer, Internationales Versicherungs-

vertragsrecht, S 196 ff). Methodisch vermag dies indessen nicht zu überzeugen (ausf Ferrari/Staudinger Art 7 Rn 35). Art 7 III UA 1 lit b erlaubt den Parteien, für das Recht des **Staates** zu optieren, in dem der VN seinen gewA hat. Dieser muss sich demzufolge **nicht notwendigerweise im Gebiet der EU** befinden (so auch MK-VGG/Looschelders IntVersR Rn 74). Die Vorschrift hat va dann Bedeutung, falls der VN ein Risiko versichert, das außerhalb seiner gegenwärtigen Heimat zu lokalisieren ist (Heiss FS Kropholler, 08, S 459, 466; Bsp bei Ferrari/Staudinger Art 7 Rn 36). Eine Sonderregelung für die **Lebensversicherung** enthält Art 7 III UA 1 lit c, wonach die Parteien die Geltung der Rechtsordnung desjenigen **Mitgliedstaats** vereinbaren dürfen, **dem der VN angehört** (rechtspolitisch bedenklich, Ferrari/Staudinger Art 7 Rn 37). Art 7 III UA 1 lit c regelt nicht, auf welchen **Zeitpunkt es für die Bestimmung der Staatsangehörigkeit** ankommt. Der systematische Zusammenhang zu lit a sowie UA 3 verdeutlicht jedoch, dass auch insoweit auf den **Vertragsschluss** abzustellen sein dürfte. Die Wirksamkeit der Rechtswahl lässt es folglich unberührt, wenn der VN später die Staatsangehörigkeit eines Drittstaats annimmt (**unwandelbare Anknüpfung**). Über den Verweis in Art 7 III UA 3 auf Art 3 II insgesamt kommt demgü eine nachträgliche Rechtswahl in Betracht, sofern der VN erst im Nachhinein EU-Bürger wird (MK-VGG/Looschelders IntVersR Rn 76). Bei **Mehrstaatern** stellt Art 7 III UA 1 lit c wegen der Gleichwertigkeit aller (Mitglied-)Staatsanghörigkeiten (Reithmann/Martiny/Schnyder Rn 4752; zum Int Erbrecht vgl auch EuGH Slg 09, I-6871) iErg eine **alternative Anknüpfung** dar (Ferrari/Staudinger Art 7 Rn 39). Deckt ein Versicherungsvertrag Schadensfälle ab, die **nur in einem anderen Mitgliedstaat** als demjenigen, in dem das Risiko belegen ist, eintreten können, erlaubt Art 7 III UA 1 lit d die Wahl der Rechtsordnung jenes Landes. Das führt regelmäßig zu einem **Gleichlauf zwischen Versicherungsvertrags- und Deliktsstatut** (Perner IPRax 09, 218, 221). Im Einklang mit Art 4 I Rom II-VO ist als Schadensdemzufolge der **Erfolgsort** anzusehen (vgl zu Art 9 III EGVVG schon Gruber Internationales Versicherungsvertragsrecht S 109). Drohen Schäden in **mehreren v Ort der Risikobelegenheit** abweichenden Mitgliedstaaten einzutreten, können die Parteien nach Art 7 III UA 1 lit d iVm Art 3 I 3 bezogen auf jeden möglichen Versicherungsfall eine **Teilrechtswahl** treffen. Es kommt dann zu einer **Vertragsspaltung** (so wohl auch Heinze NIPR 09, 445, 450). Nicht zulässig ist es hingegen, das gesamte Versicherungsverhältnis einer einheitlichen Rechtsordnung zu unterwerfen, da so der bezweckte Gleichlauf v Versicherungsvertrags- und Deliktsstatut zerstört würde (Berliner Kommentar/Dörner Art 9 EGVVG Rn 30). Übt der VN eine **gewerbliche, industrielle oder freiberufliche Tätigkeit** aus und deckt der Vertrag **zwei oder mehr Risiken** ab, die mit jener **in Zusammenhang stehen** und **in unterschiedlichen Mitgliedstaaten belegen** sind, räumt Art 7 III UA 1 lit e den Parteien die alternative Möglichkeit ein, das Recht **am gewA des VNs** oder **eines der betroffenen Mitgliedstaaten** zu vereinbaren. Das kraft subjektiver Anknüpfung berufene Statut erstreckt sich mithin auf das **gesamte Versicherungsverhältnis**. Der europäische Gesetzgeber erkennt insoweit im Interesse der Beteiligten an, im Geschäftsverkehr eine Vertragsspaltung zu vermeiden. Verbraucher kommen im Umkehrschluss allerdings nicht in den Genuss der Regelung (Heiss FS Kropholler, 08, S 459, 468; Perner IPRax 09, 218, 221). Schließt der VN den Vertrag **sowohl zu gewerblichen als auch privaten Zwecken**, erscheint fraglich, ob ungeachtet dessen ein Zusammenhang zur ausgeübten Tätigkeit besteht. Der EuGH hat jedoch in der Rs Gruber zu Art 13 I EuGVÜ entschieden, dass dessen Verbrauchergerichtsstand lediglich einschlägig ist, wenn der (mitverfolgte) gewerbliche Zweck derart nebensächlich ist, dass er im Gesamtrahmen des Geschäfts nur eine ganz untergeordnete Rolle spielt (EuGH Slg 05, I-439). Angesichts des Auslegungszusammenhangs zwischen der insoweit gleichlautenden Brüssel I- (dort Art 15 I) und der Rom I-VO (vgl deren Erwägungsgrund 7), dürfte jene Judikatur auch auf Art 7 III UA 1 lit e zu übertragen sein (so auch MK-VGG/Looschelders IntVersR Rn 90).

c) Art 7 III UA 2 ermächtigt die Mitgliedstaaten, die **Parteiautonomie zu erweitern**. 15
Hierzu muss die Rechtsordnung des betreffenden Landes nach Maßgabe des UA 1 lit a, b oder e gewählt werden können. Ob deren Geltung auch tatsächlich vereinbart wurde, spielt jedoch keine Rolle (Mankowski VersR 93, 154, 157). Die Regelung ist als

„nationales Schlupfloch" innerhalb der Rom I-VO (Heinze NIPR 09, 445, 449) gleichermaßen v den Spruchkörpern solcher Mitgliedstaaten zu prüfen, die v der ihnen dort eingeräumten Kompetenz keinen Gebrauch gemacht haben. Bei Art 7 III UA 2 handelt sich mithin um eine Ausnahme zu Art 20, welche Aspekte des VN- und Verbraucherschutzes ggf in den Hintergrund treten lässt (enger MK/Martiny Art 7 Rn 55: „renvoi-ähnlicher Effekt"). Auf Grund des Vorrangs v Art 7 ggü Art 6 (Rn 3) dürfte nämlich davon auszugehen sein, dass die in Art 6 II sowie Art 46 b EGBGB normierten Rechtswahlschranken im Unterschied zu jenen der Art 3 III, IV nicht zur Anwendung gelangen (Heinze NIPR 09, 445, 449; aA Heiss FS Kropholler, 08, S 459, 472). Art 7 III UA 2 enthält eine **alternative, keine kumulative Verweisung** (Heiss FS Kropholler, 08, S 459, 471; ausf Ferrari/Staudinger Art 7 Rn 45). Deckt das Versicherungsverhältnis **mehrere Gefahren** ab, die in unterschiedlichen Mitgliedstaaten lokalisiert sind, so erweitert Art 7 III UA 2 die Parteiautonomie ausschließlich bezogen auf das jeweilige Einzelrisiko (Berliner Kommentar/Dörner Art 9 EGVVG Rn 37). Die Möglichkeit einer koordinierten Rechtswahl kann den Beteiligten lediglich dann eingeräumt werden, wenn der gewA des VNs mit dem Ort der Risikobelegenheit identisch ist oder ein Fall des Art 7 III UA 1 lit e vorliegt. **Deutschland hat bisher keine entspr Vorschrift erlassen.** Eine Art 10 III EGVVG vergleichbare Regelung existiert nach dessen zwischenzeitlicher Aufhebung nicht mehr (s aber Österreich: § 35 a IPR-Gesetz [öBGBl Nr 304/1978, zuletzt geändert durch öBGBl I Nr 135/2009]; das Vereinigte Königreich: Regulation 4, S I 09/3075).

16 d) **Objektive Anknüpfung.** In Ermangelung einer Rechtswahl unterliegen Versicherungsverträge dem Recht desjenigen **Mitgliedstaats, in dem zum Zeitpunkt des Vertragsschlusses das Risiko belegen ist.** Die objektive Anknüpfung in **Art 7 III UA 3** bleibt folglich **unwandelbar,** so dass im Nachhinein eintretende Statutenwechsel ausgeschlossen sind (MK-VGG/Looschelders IntVersR Rn 101; MK/Martiny Art 7 Rn 15). Befindet sich der Wohnsitz des VNs bei Klageerhebung am Lageort der versicherten Gefahr, wird nach Maßgabe v Art 9 I lit b bzw Art 12 I Brüssel I-VO ein Gleichlauf v int Zuständigkeit (eingehend dazu Rauscher/Staudinger Art 8 ff Brüssel I-VO) und anwendbarem Sachrecht gewährleistet (MK-VGG/Looschelders IntVersR Rn 100). Dazu kommt es regelmäßig bei Policen, bei welchen das Risikos anhand des gewA des VN zu lokalisieren ist. Im Unterschied zu Art 7 II UA 2 S 2 existiert keine Ausweichklausel. Der EU-Gesetzgeber räumt dem VN-Schutz damit einen höheren Stellenwert als der Einzelfallgerechtigkeit ein. Es dürfte demnach ausscheiden, ein gegenteiliges Ergebnis im Wege der Rechtsfortbildung in die VO hineinzulesen.

17 5. **Pflichtversicherungsverträge** unterliegen generell den in Art 7 II, III genannten Anknüpfungen. **Art 7 IV** ordnet jedoch die Geltung einiger **zusätzlicher Regelungen** an. Der Anwendungsbereich der Vorschrift erstreckt sich dabei sowohl auf Groß- als auch Massenrisiken (die Einbeziehung v Großrisiken ergibt sich aus Art 7 IV lit b e contrario; so überzeugend Heinze NIPR 09, 445, 451; Perner IPRax 09, 218, 221; dazu ferner Heiss FS Kropholler, 08, S 459, 476). Nach Art 7 IV I müssen diese im Gebiet der Mitgliedstaaten belegen sein, was im Umkehrschluss zu Abs 5 eine Bestätigung findet. Diese Ungleichbehandlung v Drittstaaten lässt sich zwar einerseits kaum unter Verweis darauf begründen, dass die Versicherungspflicht ein Spezifikum des Europarechts sei (krit deshalb Fricke VersR 08, 443, 450). Andererseits dürfte etwa eine entspr Analogiebildung bei Art 7 IV methodische Schwierigkeiten aufwerfen (Ferrari/Staudinger Art 7 Rn 50). Letztendlich wird deshalb der EuGH im Wege der Vorlage nach Art 267 AEUV über die Auslegung bzw Rechtsfortbildung des Art 7 IV befinden müssen. Art 7 IV **lit a** verlangt zunächst, dass die Police den **besonderen Bestimmungen** des Mitgliedstaats genügt, der die Versicherungspflicht vorschreibt. Stehen jene im **Widerspruch** zu den Regelungen des einschlägigen Vertragsstatuts, so gebührt ihnen der **Vorrang.** Die Wirkung v lit a ähnelt iErg Art 6 II, so dass es in vergleichbarer Weise zu einem „Rechtsmix" kommen kann (Heinze NIPR 09, 445, 451; Perner IPRax 09, 218, 222). Art 7 IV **lit b** erlaubt den Mitgliedstaaten, abweichend v Abs 2 und 3 eine **Sonderanknüpfung an das Pflichtversicherungsstatut** iSv lit a vorzusehen. Die ratio jener Vorschrift besteht darin, öffentlich-rechtlichen Versicherungspflichten, dem Gemeinwohlinteresse an effektivem Versicherungsschutz und den spezifischen rechtlichen Umständen desjenigen Staates zu entsprechen, der eine Pflichtversicherung festlegt (Martiny RIW 09, 737, 750; MK/ders Art 46 c EGBGB Rn 2). Es handelt sich um eine Ermächtigungsnorm, die den Rückgriff auf das nationale Kollisionsrecht eröffnet. Im Unterschied zu Art 8 IV lit c Zweite RL 88/357/EWG darf sich diese Anordnung indes nicht auf das Recht eines Drittstaates erstrecken (in Betracht kommt allerdings, diese Schutzlücke durch entspr Anwendung des Art 7 IV 4 lit b und eine dem folgende Analogie des Art 46 c EGBGB zu schließen, vgl Art 46 c EGBGB Rn 1; PWW/Ehling Art 46 c EGBGB Rn 2). Unter Berufung auf Art 7 IV lit b hat bspw Deutschland **Art 46 c EGBGB** verabschiedet, der in Abs 1 mitgliedstaatliches und Abs 2 deutsches Recht für maßgeblich erklärt (s die Kommentierung dort). Deckt der Vertrag **mehrere Risiken** ab, so ist jedes v ihnen am Pflichtversicherungsstatut des Art 7 IV lit a zu messen (MK-VGG/Looschelders IntVersR Rn 112). Darüber hinaus kommt es zu einer Vertragsspaltung (Art 7 V), wenn das Gerichtsland v der Ermächtigung in Art 7 IV lit b Gebrauch gemacht hat und die betroffenen Mitgliedstaaten für die verschiedenen Einzelrisiken Versicherungspflichten vorschreiben (MK-VGG/Looschelders IntVersR Rn 112). Keine Regelung existiert für die Konstellation, dass unterschiedliche Mitgliedstaaten dasselbe Risiko einer Versicherungspflicht unterwerfen. Vorzugswürdig erscheint es, das Recht desjenigen Mitgliedstaats für maßgeblich zu erklären, mit dem der Vertrag am engsten verbunden ist (so überzeugend MK-VGG/Looschelders IntVersR Rn 113). Zur Anknüpfung der substitutiven Krankenversicherung s Ferrari/Staudinger Art 7 Rn 55.

6. Deckt das Versicherungsverhältnis in **mehr als einem Mitgliedstaat belegene Risiken** 18 ab, so ist es nach Art 7 V **als aus mehreren Verträgen bestehend** anzusehen. Diese gesetzliche Ausprägung der Vertragsspaltungsdoktrin („dépeçage") beansprucht sowohl iRd objektiven Anknüpfung v **Massenrisiken** (Art 7 III UA 3) als auch **Pflichtversicherung** (Art 7 IV) Geltung. Genannte Vorschriften sind demzufolge **in Bezug auf jedes Einzelrisiko** anzuwenden. Ein Rekurs auf den Vertragsschwerpunkt scheidet aus (näher zu den daraus resultierenden [Kosten-]Folgen Ferrari/Staudinger Art 7 Rn 56). **Erwägungsgrund 33**, der in der Sache eine **normative Anordnung** enthält (Perner IPRax 09, 218, 219), regelt den v Art 7 V nicht erfassten Fall, dass **Massenrisiken sowohl innerals auch außerhalb des Gebiets der Mitgliedstaaten belegen sind**. Die Vorschrift bestimmt iErg das Verhältnis der Sonderanknüpfung des Art 7 III zu den allg Tatbeständen der Art 3, 4 und 6. Es muss demnach für jedes Einzelrisiko gesondert ermittelt werden, welches v beiden Systemen zur Anwendung gelangt. Befindet sich nur eine versicherte Gefahr in einem Drittstaat, kommt es zu einer Vertragsspaltung, sofern die Parteien nicht v der Autonomie, die ihnen die Art 3, 4 und 6 einräumen, Gebrauch machen und eine an den Beschränkungen des Art 7 III UA 1 ausgerichtete, koordinierte Rechtswahlvereinbarung treffen (auch eine solche kann jedoch gem Art 6 II zG v Verbrauchern durchbrochen werden). Im Bereich der **Großrisiken** fehlen Art 7 V bzw Erwägungsgrund 33 vergleichbare Bestimmungen. Die Anknüpfung an das Betriebsstatut des VRs (Art 7 II UA 2 S 1) gewährleistet schließlich die Einheitlichkeit des Versicherungsverhältnisses. Lediglich iRd Ausweichklausel (Art 7 II 2) können unterschiedliche Vertragsstatute berufen sein.

7. Der **Begriff der Risikobelegenheit** erfüllt eine **Doppelfunktion** (vgl MK/Martiny Art 19 7 Rn 44). Als Metakollisionsnorm entscheidet der Terminus über den räumlichen Anwendungsbereich v Art 7 III (Rn 6), während er zugleich das relevante Bezugsmoment innerhalb der Art 7 III UA 1 lit a sowie UA 3 bildet. Eine Definition enthält **Art 7 VI**, der zu diesem Zwecke auf Art 2 lit d Zweite RL 88/357/EWG bzw Art 1 I lit g (konsolidierte) RL 2002/83/EG verweist. IdR stimmt die Risikobelegenheit mit dem gewA des VN überein (Ausnahmen: Gebäude- [lex rei sitae]; Fahrzeugversicherung [Zulassungsort]; Reise- bzw Ferienrisiken [Vertragsschluss]; eingehend zu den einzelnen Versicherungsarten Ferrari/Staudinger Art 7 Rn 60 ff). Ziel jenes Kriteriums ist es, einen Zusammenhang zur Rechtsumwelt des VN herzustellen, sofern dessen Schutz nicht ausnahmsweise eine divergierende Anknüpfung notwendig macht (vgl Reithmann/Martiny/Schnyder Rn 4747; Gruber Internationales Versicherungsvertragsrecht S 21). Ergänzend dient es dazu, den Vertragsschwerpunkt zu lokalisieren (dazu Berliner Kommentar/Dörner Art 7 EGVVG Rn 13).

20 **V.** Das Versicherungsvertragsstatut regelt grds alle Rechtsfragen, die in Zusammenhang mit dem Versicherungsverhältnis stehen (MK-VGG/Looschelders IntVersR Rn 55). Erfasst sind zunächst dessen **Zustandekommen, Wirksamkeit** (Art 10) und **Form** (Art 11). Die v Art 7 berufene lex cause bestimmt ferner über die **Auslegung, Erfüllung, Verjährung** sowie **Nichtigkeitsfolgen** der Police (Art 12). Demggü ist die Verletzung einer vorvertraglicher Anzeigeobliegenheit durch den VN deliktisch zu qualifizieren (Art 1 II lit i iVm Art 2 I Rom II-VO). Gleiches gilt für den Verstoß des VRs gegen Beratungs- oder Dokumentationspflichten, so dass in beiden Konstellationen Art 12 Rom II-VO zur Anwendung gelangt. **Direktansprüche** des Geschädigten gegen den Haftpflicht-VR unterliegen Art 18 Rom II-VO, der alternativ auf Delikts- und Versicherungsvertragsstatut abstellt (MK-VGG/Looschelders IntVersR Rn 59; im Kontext des Internationalen Verfahrensrechts hat der EuGH entschieden, dass ein Sozialversicherungsträger als Legalzessionar keine Direktklage über Art 11 II iVm Art 9 I lit. b Brüssel I-VO an seinem Sitz gegen den Haftpflichtversicherer erheben kann, EuGH EuZW 09, 855 ff; dazu Staudinger IPRax 11, 229 ff; OLG Koblenz DAR 13, 30 ff m Anm Schneider. Der Sozialversicherungsträger kann sich aber neben dem unmittelbar Geschädigten auf den Gerichtsstand nach Art 5 Nr 3 Brüssel I-VO berufen, s dazu OGH VersR 13, 364 ff m Anm Looschelders VersR 13, 370 ff; allgemein zur Direktklage des Sozialversicherers beachte Staudinger VersR 13, 413; zur Erstreckung der Direktklage auf den Schädiger: OLG Nürnberg NZV 13, 32 f; bzgl der Auslegung der Art 9 und 11 des revidierten LugÜ hat der BGH entschieden, dass der Geschädigte, sofern im anwendbaren nationalen Recht ein Direktanspruch gegen den Haftpflichtversicherer mit Sitz im Ausland besteht, auch beim Gericht seines Wohnsitzes klagen kann: BGH VersR 13, 73 ff; zur Zustellung der Klageschrift im Inland an den Schadensregulierungsbeauftragten beachte EuGH NJW 14, 44; zum Beweisrecht beim Auffahrunfall s AG Geldern NJW 11, 686 ff; hierzu Staudinger NJW 11, 650 ff; zur Anwendung v § 287 ZPO durch ein deutsches Gericht trotz eines ausl Erfolgsortrechts s LG Saarbrücken DAR 12, 265 [beachte weiterführend Czaplinski, Das Internationale Straßenverkehrsunfallrecht nach Inkrafttreten der Rom II-VO, erscheint 14]). Gem Art 28 I Rom II-VO ist jedoch der Vorrang staatsvertraglicher Kollisionsnormen zu berücksichtigen, was insb dann Relevanz besitzt, wenn der Gerichtsstaat das Haager Straßenverkehrsübereinkommen ratifiziert hat (dazu Gebauer/Wiedmann/Staudinger Kap 37 Rn 108 ff; Staudinger/Czaplinski NJW 09, 2249, 2253 f).

21 Art 7 sieht gem Art 20 einen **Sachnormverweis** vor, so dass eine Rück- oder Weiterverweisung des ausl Kollisionsrechts mit Ausnahme v Art 7 III UA 2 (Rn 15; enger Reithmann/Martiny/Schnyder Rn 4744; MK/Martiny Art 7 Rn 55) unbeachtlich ist.

Artikel 8 Individualarbeitsverträge

(1) Individualarbeitsverträge unterliegen dem von den Parteien nach Artikel 3 gewählten Recht. Die Rechtswahl der Parteien darf jedoch nicht dazu führen, dass dem Arbeitnehmer der Schutz entzogen wird, der ihm durch Bestimmungen gewährt wird, von denen nach dem Recht, das nach den Absätzen 2, 3 und 4 des vorliegenden Artikels mangels einer Rechtswahl anzuwenden wäre, nicht durch Vereinbarung abgewichen werden darf.

(2) [1]Soweit das auf den Arbeitsvertrag anzuwendende Recht nicht durch Rechtswahl bestimmt ist, unterliegt der Arbeitsvertrag dem Recht des Staates, in dem oder andernfalls von dem aus der Arbeitnehmer in Erfüllung des Vertrags gewöhnlich seine Arbeit verrichtet. [2]Der Staat, in dem die Arbeit gewöhnlich verrichtet wird, wechselt nicht, wenn der Arbeitnehmer seine Arbeit vorübergehend in einem anderen Staat verrichtet.

(3) Kann das anzuwendende Recht nicht nach Absatz 2 bestimmt werden, so unterliegt der Vertrag dem Recht des Staates, in dem sich die Niederlassung befindet, die den Arbeitnehmer eingestellt hat.

(4) Ergibt sich aus der Gesamtheit der Umstände, dass der Vertrag eine engere Verbindung zu einem anderen als dem in Absatz 2 oder 3 bezeichneten Staat aufweist, ist das Recht dieses anderen Staates anzuwenden.

I. Art 8 sieht als Pendant zu Art 6 (beide Normen schließen sich gegenseitig aus; Staudinger/Steinrötter JA 11, 241, 246, Fn 102) eine **Sonderanknüpfung zum Schutz des Arbeitnehmers** vor (vgl Erwägungsgrund 23, 35). Während **Abs 1** (Rn 4 f) Schranken für eine (konkludente bzw nachträgliche Teil-) Rechtswahl gem Art 3 I aufstellt, statuieren die **Abs 2–3** (Rn 6 ff) Verweisungsregeln für die objektive Anknüpfung, welche das Ausweisklausel in **Abs 4** (Rn 9) ggf zu korrigieren vermag. Die arbeitsrechtliche Sonderkollisionsnorm knüpft insgesamt an die Vorgängerbestimmungen des Art 30 EGBGB aF an, weist aber eine neue Gliederung in vier Abs auf. Als wichtigste Änderungen haben **Erwägungsgrund 36** und **Art 8 II 1 Var. 2** Eingang in den neuen Rechtsakt gefunden (näher Ferrari/Staudinger Art 8 Rn 3; ein Übbl über den Verlauf des Gesetzgebungsverfahrens bieten: Ferrari/Leible/Mankowski Rome I Regulation S 171, 174 ff; Mauer/Sadtler RIW 08, 544 ff; die Relevanz des neuen Wortlauts in Art 8 II 1 Var 2 verdeutlicht die Entscheidung des EuGH (NJW 11, 1578) noch zur alten Rechtslage, vgl auch die Schlussanträge der GA Trstenjak in dieser Rs (C-29/10) v 16.12.10, Rz 58 ff). 1

II. Laut Art 8 I 1 können die Parteien das maßgebliche Recht nach Art 3 I, II qua Parteiautonomie bestimmen. Insoweit ergeben sich Streitfragen im **Konkurrenzverhältnis zwischen Art 3 III, IV einer- und Art 8 I andererseits.** Erstere Rechtswahlschranken schützen die Gesamtheit des ius cogens – einschließlich desjenigen zG des Arbeitnehmers – vor dessen Umgehung (vgl KOM [05] 650 endg S 6). Dies gilt zum einen im Hinblick auf nationale Bestimmungen bei reinen Inlandssachverhalten (**Art 3 III;** hierzu Art 3 Rn 7; J Hoffmann EWS 09, 254, 256; Gebauer/Wiedmann/Nordmeier Kap 37 Rn 31; Pfeiffer EuZW 08, 622, 625; Rühl FS Kropholler, 08, S 187, 203 ff) sowie bzgl unionsrechtlicher Vorgaben bei Konstellationen mit ausschließlichem Bezug zum Binnenmarkt (**Art 3 IV;** hierzu Art 3 Rn 8; J Hoffmann EWS 09, 254 ff; Rühl FS Kropholler, 08, S 187, 203 ff). Demggü hat Art 8 I allein den Schutz des dem Arbeitnehmer dienenden Arbeits- sowie allg Vertragsrechts zum Inhalt. Vor diesem Hintergrund **beansprucht die Sonderkollisionsnorm** ungeachtet ihres Wortlautes und der Systematik der Rom I-VO **Vorrang** (Deinert RdA 09, 144, 150; aA MK/Martiny Art 8 Rn 42, 107). Dies sichert einen umfassenden Arbeitnehmerschutz iSe konkreten Günstigkeitsvergleichs mit der Folge, dass Bestimmungen des gewählten (drittstaatlichen) Vertragsstatuts nicht per se durch andere Vorschriften überlagert werden. Zur Durchsetzung derjenigen Vorschriften, die nicht dem Schutz des Arbeitnehmers dienen, mithin **außerhalb v Art 8**, ist die **Geltung v Art 9** unbestritten. In seinem Anwendungsbereich genießt **Art 8 I ggü Eingriffsnormen** iSd Öffnungsklausel generell **Vorrang** (ebenso Freitag IPRax 09, 109, 116; MK/Martiny Art 8 Rn 43 f; Reithmann/Martiny/ders Rn 4905; Rauscher IPR Rn 1179; Ferrari/Leible/Thorn Ein neues Internationales Vertragsrecht für Europa S 129, 140). Bei intern und zugleich int zwingenden Vorschriften verbleibt es demnach allein bei der Maßgeblichkeit der arbeitsrechtlichen Sonderanknüpfung; einer rein formalen Heranziehung v Art 9 bedarf es nicht (Palandt/Thorn Art 9 Rn 9). Keine Zustimmung verdient dagegen die Auffassung, wonach eine Norm nur Art 8 oder 9 unterfallen könne (so aber zu Art 30 und 34 EGBGB aF Mauer/Sadtler DB 07, 1586, 1587; Kropholler IPR § 52 IX 3). Zutreffend ist vielmehr, dass nicht jeder intern zwingenden Vorschrift ebenso ein Eingriffsbefehl iSv Art 9 zukommt, Letztgenannte aber gleichwohl bereits über Art 8 durchgesetzt werden können. Ohne deckungsgleich zu sein, überschneiden sich die Anwendungsbereiche beider Vorschriften (vgl Reithmann/Martiny/Martiny Rn 4905; zur alten Rechtslage: Markovska RdA 07, 352, 358; Schlachter NZA 00, 57, 61). Der Vorrang gilt allerdings nur insoweit, als das qua Art 8 maßgebliche Arbeitsvertragsstatut und die Regeln der lex fori (Art 9 II) bzw die am Erfüllungsort geltenden Vorschriften (Art 9 III) übereinstimmen. Fehlt es an einer entspr Konvergenz, bleibt der Rückgriff auf Art 9 v Grds her eröffnet (vgl Reithmann/Martiny/Martiny Rn 4907; Palandt/Thorn Art 9 Rn 6, 9). Im Einzelfall 2 kann es jedoch auch insofern angebracht sein, den für den Arbeitnehmer günstigeren Normen Vorrang zu gewähren; andernfalls liefe der Sinn und Zweck v Art 8 I leer (Deinert RdA 09, 144, 150; MK/Martiny Art 8 Rn 44).

3 III. Anwendungsbereich. Der sachliche Regelungsbereich v Art 8 erstreckt sich auf **Individualarbeitsverträge.** Dieser Begriff ist **autonom auszulegen** (Wurmnest EuZA 09, 481, 484; vgl Vor Art 1 Rn 2). Die Abweichung der neuen Sonderanknüpfung v der Vorgängernorm in Art 30 EGBGB aF bzw Art 6 EVÜ bringt keine inhaltlichen Änderungen mit sich (Clausnitzer/Woopen BB 08, 1798, 1804; Junker RIW 06, 401, 402; Mauer/Sadtler RIW 08, 544, 545; PWW/Lingemann Art 8 Rn 3; Wurmnest EuZA 09, 481, 484). Der Sekundärrechtsgeber verfolgt vielmehr das Ziel, einen sprachlichen Gleichklang mit den Parallelnormen der Brüssel I-VO zu schaffen, so dass die bislang geltenden Grds nach wie vor Platz greifen. Beachtung finden dementspr ebenso das Sekundär- wie Primärrecht etwa in **Art 18 Brüssel I-VO** oder **Art 45 AEUV** (vgl Junker FS Kropholler, 08, S 481, 489; ders RIW 06, 401, 402; MünchHandbArbR/Oetker, 09, § 11 Rn 8; Wurmnest EuZA 09, 481, 485). Erfasst sind Vereinbarungen zwischen Arbeitgeber und Arbeitnehmer, in deren Rahmen sich dieser zur weisungsgebundenen Ableistung einer Tätigkeit gegen Vergütung verpflichtet, wobei eine gewisse soziale und wirtschaftliche Abhängigkeit vorausgesetzt wird (vgl Campos Nave/Steckenborn NWB 10, 3430, 3433; Ferrari/Leible/Junker Ein neues Internationales Vertragsrecht für Europa S 111, 113 f; Reithmann/Martiny/Martiny Rn 4832; Palandt/Thorn Art 8 Rn 3). Die Sonderanknüpfung gilt für **individuelle Vereinbarungen und** – unabhängig v der insoweit missverständlichen Überschrift – **Formular- sowie Gruppenarbeitsverträge** (Junker RIW 06, 401, 402). **Ausgenommen bleibt dagegen das kollektive Arbeitsrecht** (Campos Nave/Steckenborn NWB 10, 3430, 3434; Junker RIW 06, 401, 402; PWW/Lingemann Art 8 Rn 4; Wurmnest EuZA 09, 481, 485). Während das Betriebsverfassungsrecht generell dem Territorialitätsprinzip unterliegt, so dass das BetrVG auf alle in Deutschland gelegenen Betriebe unabhängig v Vertragsstatut Anwendung findet (s nur BAG NZA 00, 1119, 1121; Fischer RdA 02, 160 ff; Schlachter NZA 00, 57, 63 f; ausf zum Int Betriebsverfassungsrecht: Reithmann/Martiny/Martiny Rn 4952 ff), erfolgt die Anknüpfung v Tarifverträgen hingegen nach Art 3, 4 (Palandt/Thorn Art 8 Rn 5; differenzierend: Reithmann/Martiny/Martiny Rn 4960 f; eingehend zum Int Tarifvertragsrecht: MünchHandbArbR/Oetker § 11 Rn 116 ff). Demggü beurteilt sich die unternehmerische Mitbestimmung iSd MitbestG nach dem Gesellschaftsstatut (Palandt/Thorn Art 8 Rn 5; mit Blick auf die geplante Kodifikation des Int Gesellschaftsrechts Köster ZRP 08, 214 ff; zum fehlenden Eingriffscharakter des MitbestG und DrittelbG iSv Art 9 Behme ZIP 08, 351, 355; zum Int Gesellschaftsrecht Schulze/Zuleeg/Staudinger § 22 Rn 78 ff). Die unter den Begriff des Arbeitsverhältnisses iSv Art 30 EGBGB aF bzw Art 6 EVÜ fallenden nichtigen Verträge sowie faktische, fehlerhafte oder durchgeführte arbeitsrechtliche Beziehungen (Bericht Giuliano/Lagarde BT-Drucks 10/503, S 58; Palandt/Thorn Art 8 Rn 1; s auch ErfKomm/Schlachter Art 27-34 EGBGB Rn 3) zählen mit Blick auf Art 12 I lit e auch nach der Vergemeinschaftung des EVÜ zum sachlichen Anwendungsbereich v Art 8 (Hk-ArbR/Däubler EGBGB Rn 12; Deinert RdA 09, 144, 152; Junker RIW 06, 401, 401 f; Knöfel RdA 06, 269, 273 f; MK/Martiny Art 8 Rn 21; MünchHandbArbR/Oetker § 11 Rn 9; Rauscher IPR Rn 1172; Palandt/Thorn Art 8 Rn 3).

4 IV. Subjektive Anknüpfung. Die Sonderkollisionsnorm nimmt in ihrem Abs 1 S 1 Bezug auf Art 3 I und II. Dementspr bildet die freie Rechtswahl auch im Int Arbeitsrecht den Ausgangspunkt der Anknüpfungsregeln (vgl Erwägungsgrund 11; s auch Rühl FS Kropholler, 08, S 187 ff; zu etwaigen arbeitsrechtlichen Besonderheiten iRv Art 3 s Ferrari/Leible/Junker Ein neues Internationales Vertragsrecht für Europa S 111, 115 ff; eine rein objektive Anknüpfung favorisierend Krebber FS Birk, 08, S 477, 492 ff). Bzgl des Verweisungsvertrags bestehen keine Besonderheiten (s insoweit Art 3 V iVm Art 10, 11 und 13; hierzu Deinert RdA 09, 144, 148; Leible/Lehmann RIW 08, 528, 532; Gebauer/Wiedmann/Nordmeier Kap 37 Rn 26, 94; Rauscher IPR Rn 1091 ff). Nach **Abs 1 S 2** ist die **Reichweite der Parteiautonomie** jedoch dahingehend **beschränkt**, dass dem Arbeitnehmer nicht der Schutz des nach Abs 2–4 maßgeblichen Statuts entzogen werden darf. Die kraft objektiver Anknüpfung berufenen Vorschriften, v denen überhaupt nicht oder nicht zulasten des Arbeitnehmers abgewichen werden darf, können demnach nicht durch Abwahl der betreffenden Rechtsordnung unterlaufen werden. Neben dem vereinbarten Recht greifen daher die **zwingenden Bestimmungen des objektiven Arbeitsvertragsstatuts** ein (vgl MK/Martiny Art 8 Rn 33). V Amts wegen (dies dürfte auch für Gerichte gelten, welche üblicherweise der fact doctrine folgen) erfolgt an sich ein **Günstigkeitsvergleich** zwischen den Schutzvorschriften des gewählten und des laut Abs 2–4 berufenen Rechts, das mithin einen **Mindestschutz** darstellt (Palandt/Thorn Art 8 Rn 7). Bliebe der Kläger hierfür darlegungs- und beweisbelastet, liefe der Günstigkeitsvergleich andernfalls oftmals leer (s hierzu auch Gebauer/Wiedmann/Staudinger Kap 38 Rn 100). Dabei ist zwischen beiden Rechtsordnungen jedoch kein abstrakter Gesamtvergleich durchzuführen, sondern vielmehr auf die zwischen den Parteien streitige Sachfrage abzustellen. Um indes eine unbillige Kumulation v Vorteilen („Rosinentheorie") zu vermeiden, welche in dieser Weise keine der betroffenen Rechtsordnungen kennt, sind bei der Abwägung nicht ausschließlich die jeweiligen Einzelbestimmungen in den Blick zu nehmen. Die herrschende Meinung befürwortet vielmehr einen **Gruppenvergleich**. Danach sind in unmittelbarem Zusammenhang stehende Vorschriften einzubeziehen, sofern dieser Normenkomplex funktional eine Regelungseinheit bildet (Deinert RdA 09, 144, 149; PWW/Lingemann Art 8 Rn 7; Reithmann/Martiny/Martiny Rn 4846; MünchHandbArbR/Oetker § 11 Rn 26; Palandt/Thorn Art 8 Rn 8). Genießt der Arbeitnehmer hiernach durch die qua Parteiautonomie bestimmten Rechtsordnung einen vergleichbaren oder gar besseren Schutz, bleiben die zwingenden Vorschriften des objektiven Vertragsstatuts unberücksichtigt (Reithmann/Martiny/Martiny Rn 4846; Palandt/Thorn Art 8 Rn 8).

Neben Art 3 III enthält ebenso Art 8 I einen Hinweis auf den **Begriff der „zwingenden Bestimmungen"**. Dabei handelt es sich um solche Normen, v denen nicht durch Vereinbarung abgewichen werden darf. Nach Maßgabe v **Erwägungsgrund 37 S 2** sind jene intern zwingenden Vorschriften, die iRv Art 8 das gewählte Statut verdrängen, v solchen mit Eingriffscharakter iSv Art 9, die das Arbeitsvertragsstatut insgesamt durchbrechen und einer engeren Auslegung bedürfen, zu unterscheiden (diese Differenzierung bereits unter dem Regime des EVÜ vornehmend: BAG NZA 08, 761, 767; hierzu Junker EuZA 09, 88 ff; ausf Markovska RdA 07, 352, 357 ff). Nach einer restriktiven Ansicht muss es sich bei den Erstgenannten um Arbeitnehmerschutzvorschriften im engeren Sinne handeln (v Bar § 4 Rn 448; MünchHandbArbR/Oetker § 11 Rn 23). Vorzugswürdig erscheint es allerdings, den Kreis der v der Sonderanknüpfung erfassten Normen weiter zu fassen und bspw auch Regelungen einzubeziehen, die zwar dem allg Vertragsrecht entstammen, aber dennoch dem Schutz des Arbeitnehmers dienen (ebenso MK/Martiny Art 8 Rn 34). Im deutschen Arbeitsrecht kommen demnach etwa § 613 a BGB, der gesetzliche Mindesturlaub, das allg Kündigungsschutz-, Insolvenzarbeitsrecht, das AGG bzw der arbeitsrechtliche Gleichbehandlungsgrds sowie mit der hier vertretenen Auffassung ebenso die AGB-Kontrolle (§§ 307 ff BGB) in Betracht (zu den einzelnen Regelungen Ferrari/Staudinger mit jeweils ausf Nachw). Der Anknüpfungsregel unterfallen darüber hinaus gleichermaßen Vorschriften des **kollektiven Arbeitsrechts** (hierzu können etwa zwingende Bestimmungen in Tarifverträgen zählen: Reithmann/Martiny/Martiny Rn 4845) **sowie öffentlich-rechtliche Normen** (MK/Martiny Art 8 Rn 35). Als **Eingriffsnormen** iSd Art 9, die ggf bereits über Art 8 durchgesetzt werden können, sind dagegen Vorschriften einzustufen, deren Einhaltung als so entscheidend für die Wahrung der politischen, sozialen oder wirtschaftlichen Organisation eines Staates angesehen wird, dass ihre Anwendung auf alle Sachverhalte, die in ihren Regelungsbereich fallen, vorgeschrieben ist, ungeachtet des nach Maßgabe dieser VO für den Vertrag maßgeblichen Rechts (vgl die Legaldefinition des Art 9 I). Entspr dieser Vorgaben zählen hierzu bspw die arbeitsmarktpolitisch motivierten **§§ 17 ff KSchG** (MK/Martiny Art 8 Rn 126; s auch Deinert RIW 08, 148, 149) sowie der **Kündigungsschutz für Arbeitnehmervertreter** (Deinert RdA 09, 144, 152) oder derjenige **während der Elternzeit** (vgl Staud/Magnus Art 30 EGBGB Rn 230) sowie **nach dem MuSchG** (vgl ErfKomm/Schlachter Art 27-34 EGBGB Rn 18), das **Zustimmungserfor-**

dernis des Integrationsamtes im Falle einer Kündigung v schwerbehinderten Menschen (so zu § 15 SchwbG: BAG IPRax 91, 407, 411; Schlachter NZA 00, 57, 62), die **Zulässigkeit v Befristungen** (vgl Staud/Magnus Art 30 EGBGB Rn 200; darüber hinaus für eine Sonderanknüpfung sämtlicher die Beendigung v Arbeitsverhältnissen betreffender Regelungen: Krebber FS Birk, 08, S 477, 492), **§ 14 I MuSchG** über den Arbeitgeberzuschuss zum Mutterschaftsgeld (Reithmann/Martiny/Martiny Rn 4921; aA LAG Hessen NZA-RR 00, 401, 405 f; Hantel NJ 08, 486, 490), **§ 3 I EFZG** (BAG IPRax 03, 258, 261; aA LAG Hessen NZA-RR 00, 401, 405 ff; Palandt/Thorn Art 9 Rn 9) oder der **Einsatz v Leiharbeitnehmern** (Hk-ArbR/Däubler EGBGB Rn 44; s auch Reithmann/Martiny/Martiny Rn 4856). V besonderem Interesse sind in diesem Zusammenhang schließlich §§ 2, 3, 5 AEntG (das AEntG wurde zum 20.4.09 neu gefasst [BGBlI 09, S 799]), welchen die RL 96/71/EG zugrunde liegt. Insoweit lässt die Rom I-VO – abgesehen v Art 7 – ihrem Art 23 zufolge in anderen Gemeinschaftsrechtsakten enthaltene besondere Kollisionsnormen unberührt, so dass die Durchsetzung dieser Eingriffsnormen (vgl Erwägungsgrund 34; s auch Garcimartín Alférez EuLF 08, I-61, I-76; PWW/Lingemann Art 8 Rn 5; Martiny RIW 09, 737, 747 f; MK/ders Art 8 Rn 117) – losgelöst v dem Arbeitsvertragsstatut v Grds her – gem Art 9 erfolgen kann (vgl etwa Clausnitzer/Woopen BB 08, 1798, 1804; Deinert RdA 09, 144, 151 f; Junker RIW 06, 401, 402; Ferrari/Leible/ders Ein neues Internationales Vertragsrecht für Europa S 111, 114; Magnus IPRax 10, 27, 40 Fn 198; Mauer/Sadtler DB 07, 1586, 1589; Palandt/Thorn Art 8 Rn 6 und Art 23 Rn 3; demgü die Notwendigkeit eines Rückgriffs auf Art 23 abl: MK/Martiny Art 23 Rn 17; in diese Richtung Knöfel RdA 06, 269, 275; Gebauer/Wiedmann/Nordmeier Kap 37 Rn 88). Nach Art 9 finden jedoch die am Forum geltenden zwingenden Vorschriften ebenso Berücksichtigung (Abs 2) wie denjenigen am Erfüllungsort der vertraglichen Verpflichtungen Wirkung verliehen werden kann (Abs 3). Da Art 9 III mit Erwägungsgrund 34 zu korrespondieren scheint, liegt eine Durchsetzung der Arbeitnehmerentsenderichtlinie sowie des AEntG am faktischen Erfüllungsort – Aufnahmestaat – nach Maßgabe v Art 9 III nahe (wohl auch Palandt/Thorn Art 9 Rn 12; s ebenfalls Freitag IPRax 09, 109, 112 f). Mit Blick auf Art 23 ist aber auch ein Vorrang der zwingenden Regeln des Aufnahmestaates insoweit denkbar, als jene nicht zur Unrechtmäßigkeit iSv Art 9 III führen oder Aufnahme- und Erfüllungsstaat auseinanderfallen sollten (vgl Ferrari/Leible/Mankowski Rome I Regulation S 171, 184; offenlassend Palandt/Thorn Art 8 Rn 6). Demgemäß könnten die am Forum geltenden Eingriffsnormen ausnahmsweise hinter denjenigen der Arbeitnehmerentsenderichtlinie zurücktreten.

6 **V. Objektive Anknüpfung. 1.** Liegt keine (wirksame) Rechtswahl vor, führt die objektive Anknüpfung nach **Abs 2** im Grds zum **Recht des gewöhnlichen Arbeitsortes (lex loci laboris)**. Maßgeblich ist also der Ort, an dem sich der tatsächliche **Mittelpunkt der arbeitsrechtlichen Beziehungen des Arbeitnehmers** befindet (vgl zu Art 5 Nr 1 EuGVÜ EuGH EuGHE I 97, 57, 77; zur Judikatur des EuGH s auch die Angaben zu Art 19 Nr 2 lit a Brüssel I-VO v Rauscher/Mankowski Art 19 Brüssel I-VO Rn 4 ff; Palandt/Thorn Art 8 Rn 10; Reithmann/Martiny/Martiny Rn 4847; vgl zudem EuGH EuZW 11, 302 zum Begriff des Ortes der gewöhnlichen Arbeitsverrichtung in Art 6 II lit a EVÜ). **Regelmäßig** handelt es sich hierbei um denjenigen Staat, in dem der **Betrieb des Arbeitgebers** angesiedelt ist (zu Art 5 Nr 1 EuGVÜ s EuGH EuGHE I 89, 341, 345 f; EuGH EuGHE I 93, 4075, 4076; s auch BAG NZA 03, 743, 746; Deinert RdA 09, 144, 145). Fehlt es an einer entspr organisatorischen Eingliederung, wenn der Arbeitnehmer seine Tätigkeit ständig an einem festen Standort außerhalb des Unternehmens verrichtet, gilt für den Arbeitsvertrag das Recht am **Schwerpunkt der tatsächlichen Leistung** (MK/Martiny Art 8 Rn 48; Wurmnest EuZA 09, 481, 491). Wird ein Arbeitnehmer daher nur für eine gewisse Dauer eingestellt und soll er seine Tätigkeit in einem bestimmten ausl Staat verrichten, so findet dessen Recht Anwendung (Thüsing NZA 03, 1303, 1305; speziell zu Reiseleitern Bergmann/Werthebach RRa 06, 152, 153 f). Bzglich Heimarbeitern ist demgemäß auf den heimischen Arbeitsort (MK/Martiny Art 8 Rn 49), bei Telearbeitsplätzen auf den Ort der gewöhnlichen Dateneingabe abzustellen (MünchHandbArbR/Oetker § 11 Rn 30; Rauscher IPR, Rn 1192). Im

Ggs zu anderen vertraglichen Schuldverhältnissen, bei denen der Unionsrechtsakt auf den Zeitpunkt des Vertragsschlusses abstellt (iRv Art 4 kommt es auf den gewA etwa des Verkäufers oder des Dienstleisters im Zeitpunkt des Vertragsschlusses an, vgl Art 19 III) ist die **Anknüpfung in Art 8 wandelbar** (Deinert RdA 09, 144, 145; Reithmann/Martiny/Martiny Rn 4849). Hierbei kommt es auf den gewöhnlichen Arbeitsort zur Zeit des zu beurteilenden Sachverhaltes – etwa einer Versetzung – an; insoweit findet das gesamte Arbeitsverhältnis vor und nach diesem Zeitpunkt Berücksichtigung (Junker FS Heldrich, 05, S 719, 736; s auch zu Art 19 Nr 2 lit a Brüssel I-VO: östOGH IPRax 10, 71, 74 m zust Anm Temming 59 ff). Um der entspr EuGH-Judikatur auf dem Gebiet des Int Zivilverfahrensrechts (zu Art 5 Nr 1 EuGVÜ EuGH EuGHE I 97, 57, 77) Rechnung zu tragen (KOM [05] 650 endg S 8), konkretisiert Art 8 II 1 den Begriff des Arbeitsortes. Hiernach kann der Arbeitsvertrag auch dem **Recht desjenigen Staates** unterliegen, **v dem aus der Arbeitnehmer** in Erfüllung des Vertrags gewöhnlich seine **Arbeit verrichtet**. Bedeutung erlangt dieses etwa bei in den Betrieb regelmäßig zurückkehrenden Außendienstmitarbeitern (PWW/Lingemann Art 8 Rn 10; Reithmann/Martiny/Martiny Rn 4848; Wurmnest EuZA 09, 481, 491 f; zu Art 19 Nr 2 lit a Brüssel I-VO östOGH IPRax 10, 71, 73 f m zust Anm Temming 59 ff) oder solchen Beschäftigten, die nach Auslandsreisen den Mittelpunkt ihrer Tätigkeit aufsuchen, welcher v dem Sitz des Arbeitgebers abweicht (zu Art 5 Nr 1 EuGVÜ: EuGH EuGHE I 97, 57, 77; EuGHE I 93, 4075, 4076). Zur Anknüpfung im int Flugverkehr sowie bei Seearbeitsverträgen umfassend Ferrari/Staudinger Art 8 Rn 20 f.

Die Anknüpfung an den üblichen Arbeitsort ist auch dann maßgeblich, wenn der Arbeitnehmer seine Tätigkeit **vorübergehend in einem anderen Staat verrichtet (Abs 2 S 2)**, zB auf eine ausl Montagebaustelle entsandt wird (vgl LAG Rheinland-Pfalz, Urt v 31.5.06 Az 9 Sa 297/06; zu den unterschiedlichen Formen der Auslandsentsendung s nur Hantel NJ 08, 386 ff). Der Begriff „vorübergehende Entsendung" wird durch Erwägungsgrund 36 insoweit konkretisiert, als der Arbeitnehmer nach einem Einsatz im Ausland seine Tätigkeit im Herkunftsstaat wiederaufzunehmen hat (S 1). Dies setzt voraus, dass **für die Beteiligten v Anfang an feststeht** (Garcimartín Alférez EuLF 08, I-61, I-76; Mankowski IHR 08, 133, 146; MK/Martiny Art 8 Rn 56; Gebauer/Wiedmann/Nordmeier Kap 37 Rn 87), **dass der Entsandte** an die ursprüngliche Arbeitsstätte **zurückkehrt**. Erforderlich sind demnach ein Rückkehr- sowie Rücknahmewille auf Seiten des Arbeitnehmers und -gebers (Junker RIW 06, 401, 406 f; Knöfel RdA 06, 269, 275; Ferrari/Leible/Mankowski Rome I Regulation S 171, 185 f; Rauscher/Mankowski Art 19 Brüssel I-VO Rn 7; Wurmnest EuZA 09, 481, 493). Außer Betracht bleibt folglich eine einseitige Willensänderung ohne entspr Manifestation ggü dem Vertragspartner. Eine Beschäftigung ausschließlich für die Auslandstätigkeit (vgl Thüsing NZA 03, 1303, 1305; Werthebach NZA 06, 247, 250) sowie die endgültige Versetzung ins Ausland (vgl zur alten Rechtslage LAG Hessen Urt v 1.9.08 Az 16 Sa 1296/07 sowie das Revisionsurteil BAG Urt v 16.12.10 – Az 2 AZR 963/08) führen selbst dann zu einem Statutenwechsel, wenn der Arbeitnehmer zeitweise im Heimatbetrieb tätig wird (PWW/Lingemann Art 8 Rn 11). In Abkehr v einem Berichtsentwurf des Europäischen Parlaments (PE 374.427 v 01-00 S 15) legt der endgültige Sekundärrechtsakt für den vorübergehenden Charakter der Entsendung demnach erfreulicherweise keine objektiv zu bestimmende zeitliche Höchstgrenze fest (ebenso Hk-ArbR/Däubler EGBGB Rn 35; Ferrari/Leible/Mankowski Rome I Regulation S 171, 185 ff; Mauer/Sadtler DB 07, 1586, 1588; Gebauer/Wiedmann/Nordmeier Kap 37, Rn 87; MünchHandbArbR/Oetker § 11 Rn 31; Wurmnest EuZA 09, 481, 492; demggü zur alten Rechtslage starre Fristen favorisierend etwa Gamillscheg ZfA 14 [83], 307, 333); **entscheidendes Kriterium** ist nunmehr **allein die v Parteiwillen abhängige Endgültigkeit der Entsendung**. Konstellationen mit besonders langem Auslandsaufenthalt sind mithilfe der Ausweichklausel angemessen zu bewältigen (Deinert RdA 09, 144, 146). Abs 2 S 2 erstreckt sich iÜ ebenfalls auf Fallgestaltungen, in denen die Tätigkeit **mit einem Auslandseinsatz beginnt** und anschließend **in einem weiteren Staat fortgeführt wird** (Garcimartín Alférez EuLF 08, I-61, I-76; Magnus IPRax 10, 27, 40; Ferrari/Leible/Mankowski Rome I Regulation S 171, 188 f; Wurmnest EuZA 09, 481, 493; wohl auch Deinert RdA 09, 144,

7

146; Knöfel RdA 06, 269, 275; Mankowski IHR 08, 133, 145 f; Mauer/Sadtler RIW 08, 544, 546; dies DB 07, 1586, 1588). Wenngleich es hier zwar an einer dem Wortlaut v Erwägungsgrund 36 S 1 erforderlichen Wiederaufnahme der Beschäftigung im Herkunftsland fehlt (deshalb aA Hk-ArbR/Däubler EGBGB Rn 35; Junker FS Kropholler, 08, S 481, 495; Ferrari/Leible/Mankowski, Ein neues Internationales Vertragsrecht für Europa, S 111, 122), erschiene es zu formalistisch, zur Lösung entspr Sachverhalte auf die Ausweichklausel zu verweisen (vgl Gebauer/Wiedmann/Nordmeier Kap 37 Rn 87 Fn 314). Dies gilt umso mehr, als der Wortlaut jenes Erwägungsgrundes – „sollte" – nur den Charakter eines Regelbsp hat, ohne zugleich sämtliche Fallgestaltungen einer vorübergehenden Entsendung zu normieren (Wurmnest EuZA 09, 481, 493). Gleichermaßen dürfte ein Statutenwechsel ausscheiden, wenn das Arbeitsverhältnis mit einem nur vorübergehenden Auslandseinsatz endet (Ferrari/Leible/Mankowski Rome I Regulation S 171, 189). Auf dem Gebiet der Int Zuständigkeit kann ein ins Ausland versetzter Beschäftigter in Streitigkeiten aus dem Rumpfarbeitsverhältnis gegen den entsendenden Arbeitgeber an dem neuen gewöhnlichen Arbeitsort prozessieren, wenn dieser am Interesse an der Tätigkeit für den zweiten Unternehmer hatte (zu Art 5 Nr 1 EuGVÜ EuGH EuGHE I 03, 3573, 3574; hierzu krit Krebber IPRax 04, 309 ff; ausf Rauscher/Mankowski Art 19 Brüssel I-VO Rn 12a-b). Der internationalprivatrechtliche Sekundärrechtsakt nimmt indes Abstand v jener EuGH-Judikatur (vgl Ferrari/Leible/Mankowski, Rome I Regulation, S 171, 190; ders IHR 08, 133, 146; noch enger und eine notwendige Abkehr v dieser Rspr annehmend Deinert RdA 09, 144, 146; Junker RIW 06, 401, 407; Mauer/Sadtler DB 07, 1586, 1588 Fn 21; aus Schutzwägungen betont demggü einen Gleichlauf Bitter IPRax 08, 96, 100). Danach sind bei Konstellationen, in denen entsandte Arbeitnehmer einen zweiten Vertrag abschließen (zu entspr Gestaltungsmöglichkeiten s Junker FS Kropholler, 08, S 481, 483 ff; insb auch zum Kündigungsschutz Mauer RIW 07, 92 ff) das **Rumpf- und Lokalarbeitsverhältnis voneinander zu trennen** (Mauer RIW 07, 92, 96; ErfKomm/Schlachter Art 27 – 34 EGBGB Rn 10). Insoweit stellt Erwägungsgrund 36 S 2 klar, dass der Abschluss eines neuen Arbeitsvertrages mit dem ursprünglichen Arbeitgeber oder einem solchen, der zur selben Unternehmensgruppe gehört wie der ursprüngliche, die vorübergehende Entsendung nicht prinzipiell ausschließen sollte. Die Auslegung des Begriffs Unternehmensgruppe hat die Intention der Rom I-VO im Blick zu haben, in entspr Konstellationen einen Statutenwechsel zu vermeiden. Dementspr **erscheint ein weites Verständnis erforderlich** (vgl Gebauer/Wiedmann/Nordmeier Kap 37, Rn 87; Wurmnest EuZA 09, 481, 494 f; wohl auch Ferrari/Leible/Junker, Ein neues Internationales Vertragsrecht für Europa, S 111, 123; Ferrari/Leible/Mankowski, Rome I Regulation, S 171, 190 ff; Mauer/Sadtler RIW 08, 544, 547; dies DB 2007, 1586, 1588; vgl aber auch Hk-ArbR/Däubler EGBGB Rn 39; Knöfel RdA 06, 269, 276; Magnus IPRax 10, 27, 40; KOM [02] 654 endg S 43). In Bezug auf das Rumpfarbeitsverhältnis unterliegt der gewöhnliche Tätigkeitsort daher grds keiner Veränderung (Magnus IPRax 10, 27, 40; Reithmann/Martiny/Martiny Rn 4855; Wurmnest EuZA 09, 481, 494; hierzu ausf Junker FS Kropholler, 08, S 481, 492 ff). Hinsichtlich des lokalen Beschäftigungsvertrages findet dagegen eine gesonderte Anknüpfung an die neue lex loci laboris statt (Deinert RdA 09, 144, 146; Junker RIW 06, 401, 407; Magnus IPRax 10, 27, 40; Mauer/Sadtler DB 07, 1586, 1588; Gebauer/Wiedmann/Nordmeier Kap 37 Rn 87; Werthebach NZA 06, 247, 250). Hier kann insb die Tatsache, dass die Zusatzvereinbarung mit demselben Arbeitgeber geschlossen wurde, über Art 8 IV einen kollisionsrechtlichen Gleichlauf beider Statute rechtfertigen (ErfKomm/Schlachter Art 27-34 EGBGB Rn 10; eine Trennung v Rumpf- und Lokalarbeitsverhältnis nur bei zwei verschiedenen Vertragspartnern favorisierend Junker FS Kropholler, 08, S 481, 483 f, 493).

8 **2.** Lässt sich ein gewöhnlicher Arbeitsort iSd Abs 2 nicht feststellen, weil der Arbeitnehmer – etwa ein solcher auf Wanderbaustellen oder auf mehrere Staaten ausgerichtete Handelsvertreter (vgl KOM [02] 654 endg, 42; s auch Reithmann/Martiny/Martiny Rn 4858) – seine Tätigkeit in bzw v verschiedenen Staaten ausübt, beruft **Abs 3** das **Recht am Ort der einstellenden Niederlassung** zur Anwendung. „Einstellen" bedeutet

insoweit die tatsächliche Einbindung des Arbeitnehmers in die Organisation und Verwaltung eines Betriebes (Deinert, RdA 09, 144, 147; Garcimartín Alférez, EuLF 08, I-61, I-76; PWW/Lingemann Rn 12; Mankowski IHR 08, 133, 145; Ferrari/Leible/Mankowski, Rome I Regulation, S 171, 193 ff; MK/Martiny Art 8 Rn 65; Gebauer/Wiedmann/Nordmeier Kap 37, Rn 89; Wurmnest EuZA 09, 481, 491); auf den Ort, wo sich die vertragsschließende und mit Personalkompetenz für die Beschäftigten ausgestattete Niederlassung befindet, kommt es mithin nicht notwendigerweise an (so aber Palandt/Thorn Art 8 Rn 12; offenlassend: Reithmann/Martiny/Martiny Rn 4860). Hiergegen spricht zwar nicht die mancherorts herangezogene englische Sprachfassung (so aber Mankowski IHR 08, 133, 145), wohl aber die andernfalls drohende Gefahr, häufig auf die Ausweichklausel (Rn 9) zurückgreifen zu müssen (zur bisherigen Rechtslage s Looschelders Art 30 EGBGB Rn 41). Zum int Flugverkehr sowie zu Seearbeitsverhältnissen s insofern Ferrari/Staudinger Art 8 Rn 26.

VI. Die **Ausweichklausel des Abs 4** eröffnet einen Weg, den Sachnormverweis in Abs 2 9
oder 3 zu **korrigieren**, sofern ein Arbeitverhältnis eine engere Verbindung zu einem anderen Staat aufweist (vgl Junker RIW 06, 401, 405). Zweck der Vorschrift ist es, abseits der starren Anknüpfung dem Gebot der **Einzelfallgerechtigkeit** Rechnung zu tragen (vgl Erwägungsgrund 16 S 2). Im Ggs zu Art 4 III, 5 III, 7 II 3, Art 30 II EGBGB aF sowie Art 6 III des ersten KOM-Vorschlags (KOM [05] 650 endg S 19) erfordert die Ausweichklausel für Individualarbeitsverträge keine offensichtlich, sondern **lediglich eine engere Verbindung**, so dass eine geringere Eingriffsschwelle zu bestehen scheint (vgl Garcimartín Alférez EuLF 08, I-61, I-76; MK/Martiny Art 8 Rn 67; Gebauer/Wiedmann/Nordmeier Kap 37 Rn 90; anders die im Berichtsentwurf des EP v 22.8.06 zum ersten KommissionsvVorschlag enthaltene Einschränkung, PE 374.427 v 01-00 S 15; noch zu Art 6 II EVÜ entschied der EuGH, dass auch für den Fall der dauerhaften und ununterbrochenen Verrichtung der Arbeit in Erfüllung des Arbeitsvertrages in einem Staat das anwendbare Recht gem Art 6 II EVÜ ausgeschlossen werden kann, wenn sich aus der Gesamtheit der Umstände eine engere Verbindung zwischen diesem Vertrag und einem anderen Land ergibt, EuGH EuZW 13, 825). Dennoch sollte ihr Geltungsbereich nicht überstrapaziert werden, da ansonsten das Verhältnis v Regel und Ausnahme konterkariert würde (ebenso Magnus IPRax 10, 27, 41; Gebauer/Wiedmann/Nordmeier Kap 37 Rn 90; Wurmnest EuZA 09, 481, 490 Fn 66). Die zu einer anderen Rechtsordnung führenden Gesamtumstände des konkreten Einzelfalls müssen daher im Vergleich zu den typisierten Bezugspunkten in Abs 2 oder 3 deutlich überwiegen, wobei es sich um in der Gesamtheit wichtiger anzusehende Anknüpfungspunkte handeln muss. Abzustellen ist abgesehen v **Arbeitsort** als wirtschaftlicher Kern des Arbeitsverhältnisses bspw auf die **Staatsangehörigkeit** der Vertragsparteien, den **Sitz des Arbeitgebers, Wohnort des Arbeitnehmers** oder die Unterwerfung des Vertrags unter ein nationales **Sozialversicherungssystem** (Ferrari/Staudinger Art 8 Rn 27 mwN auch zur alten Rechtslage). Als ergänzende Anhaltspunkte vermögen die Weiteren etwa die **Vertragssprache**, der **Ort des Vertragsschlusses**, sowie die **Währung** zu dienen, in welcher die Vergütung geschuldet wird (MünchHandbArbR/Oetker § 11 Rn 36). Darüber hinaus ist zu berücksichtigen, wo die das Arbeitsverhältnis betreffenden **wesentlichen Entscheidungen** – Abmahnungen und Kündigungen – getroffen werden (vgl BAG NZA 08, 761, 765; hierzu Junker EuZA 09, 88 ff).

VII. Vorbehaltlich der im Falle einer Rechtswahl durchgreifenden Sonderanknüpfung 10
gem Abs 1 oder einer Korrektur des Arbeitsvertragsstatuts, etwa durch Eingriffsnormen iSd Art 9, erfasst dieses gem **Art 12 I** grds sämtliche mit der **Begründung**, dem **Inhalt** und der **Beendigung des Arbeitsvertrages** zusammenhängenden Fragestellungen (vgl Hk-ArbR/Däubler EGBGB Rn 40; PWW/Lingemann Art 8 Rn 3; Palandt/Thorn Art 8 Rn 4). Hierzu zählen Befristungen (MK/Martiny Art 8 Rn 86), die Fortdauer des Arbeitsverhältnisses bei Betriebsübergang (Deinert RdA 09, 144, 153), die betriebliche Altersversorgung (zu Art 30 EGBGB aF BAG IPRax 06, 254 ff; krit hierzu Franzen IPRax 06, 221, 222), der Vergütungs- und Urlaubsanspruch (Deinert RdA 09, 144, 153), die Kündigung (MK/Martiny Art 8 Rn 100), Aufhebungsverträge (Clausnitzer/Woopen BB 08, 1798, 1804; ErfKomm/Schlachter Art 27-34 EGBGB Rn 21), Teilzeit-

arbeit (vgl BAG NZA 08, 761 sowie Ferrari/Staudinger Art 8 Rn 28 mwN). Art 8 regelt auch Benachteiligungs- (Deinert RdA 09, 144, 153; Palandt/Thorn Art 8 Rn 4), (nachvertragliche) Wettbewerbsverbote, wenn das damit in Zusammenhang stehende Rechtsverhältnis einen Arbeitsvertrag darstellt (vgl zu Art 30 EGBGB aF Hk-ArbR/ Däubler EGBGB Rn 40) oder etwa die Arbeitnehmerhaftung (Deinert RdA 09, 144, 153). Art 12 I lit b zufolge unterliegt ebenfalls die Erfüllung der arbeitsrechtlichen Verpflichtungen dem Arbeitsvertragsstatut. Daneben sind hinsichtlich der Art und Weise der Durchführung des Vertrages gem **Art 12 II** die im Erfüllungsstaat maßgeblichen Vorschriften – hierzu dürfte bspw das örtliche Arbeitsschutz-, Arbeitszeit- und das Feiertagsrecht zählen (s Reithmann/Martiny/Martiny Rn 360 ff) – zu beachten (die wohl hM stellt auf den tatsächlichen Erfüllungsort ab: Freitag IPRax 09, 109, 114; Magnus IPRax 10, 27, 41; Rauscher IPR Rn 1221). IÜ können Art 9 III entspr die dortigen Eingriffsnormen einschlägig sein, wenn diese zur Unrechtmäßigkeit des Kontraktes führen (hierzu s Reithmann/Martiny/Martiny Rn 4910; hinsichtlich des örtlichen Feiertagsrechts für einen Rückgriff auf Art 9 III Deinert RdA 09, 144, 153). Die geplante Ergänzung des BDSG in den §§ 32 ff durch den „Regierungsentwurf eines Gesetzes zur Regelung des Beschäftigtendatenschutzes" (BR-Drucks 535/10 v 3.9.10; s Forst NZA 10, 1043; zum Referentenentwurf Bayreuther NZA 10, 679; Raif ArbRAktuell 10, 359) v 25.8.10 dürften ebenfalls arbeitsrechtlich zu qualifizieren sein. Auch die Einigung sowie die materielle Wirksamkeit des Vertrages unterfallen gem **Art 10 I** dem Statut. Die Frage, ob überhaupt ein Schuldverhältnis zustande gekommen ist, bestimmt daher dasjenige Recht, welches im Falle der Gültigkeit der Vereinbarung maßgeblich wäre (Koch/Magnus/Winkler v Mohrenfels IPR § 5 Rn 46 f). **Teilfragen** – wie etwa bzgl der Geschäftsfähigkeit und Form – werden hingegen selbständig nach Art 7 EGBGB bzw Art 13 und Art 11 (s auch Reithmann/Martiny/Martiny Rn 4915; krit mit Blick auf die Tatsache, dass Art 11 IV lediglich auf Verbraucherverträge beschränkt ist: Deinert RdA 09, 144, 152; die Norm insgesamt abl Clausnitzer/Woopen BB 08, 1798, 1805) anknüpft. Nach hA regelt dagegen das entspr Ortsrecht und nicht das Arbeitsvertragsstatut **Fragen des Arbeitskampfrechts** (vgl Reithmann/Martiny/Martiny Rn 4968). In diesem Sinne enthält nunmehr Art 9 Rom II-VO eine Sonderanknüpfung für außervertragliche Schuldverhältnisse, die aus Arbeitskampfmaßnahmen resultieren (s hierzu Heinze RabelsZ 73 [09], 770 ff; Knöfel EuZA 08, 228 ff; Gebauer/Wiedmann/Staudinger Kap 38 Rn 57 f). Auch die Haftung aus **Verschulden bei Vertragsverhandlungen** ist Art 1 II lit i zufolge aus dem Anwendungsbereich der Rom I-VO ausgenommen; entspr außervertragliche Schuldverhältnisse, die ihren Grund im Vorfeld eines Arbeitsvertragsschlusses haben, beurteilen sich grds nach Maßgabe der Rom II-VO (ausweislich Erwägungsgrund 30 S 3, 4 Rom II-VO ist bei vertragsnahen Pflichtverletzungen Art 12 Rom II-VO einschlägig, wonach v Grds her das hypothetische Vertragsstatut Platz greift). In Bezug auf allg Verkehrssicherungspflichten findet demgü Art 4 Rom II-VO und dessen vertragsakzessorische Anknüpfung in Abs 3 S 2 Anwendung (hierzu Lüttringhaus RIW 08, 193, 196; Gebauer/Wiedmann/Staudinger Kap 38, Rn 64, 67; Palandt/Thorn Art 12 Rom II-VO Rn 1 f).

11 **VIII.** Bisher ungeklärt ist die Frage, wie iRd objektiven Deliktsstatuts die Ausweichbestimmung des **Art 4 III 2 Rom II-VO** zu handhaben ist, wenn der Arbeitsvertrag aufgrund eines konkreten Günstigkeitsvergleichs nach Maßgabe v Art 8 I einem „Rechtsmix" unterliegt (vgl insoweit Art 6 Rn 19).

12 **IX.** Art 8 sieht kraft Art 20 einen **Sachnormverweis** vor, so dass ein Renvoi – Rück- und Weiterverweisung – des ausl Kollisionsrechts unbeachtlich ist.

Artikel 9 Eingriffsnormen

(1) Eine Eingriffsnorm ist eine zwingende Vorschrift, deren Einhaltung von einem Staat als so entscheidend für die Wahrung seines öffentlichen Interesses, insbesondere seiner politischen, sozialen oder wirtschaftlichen Organisation, angesehen wird, dass sie ungeachtet des nach Maßgabe dieser Verordnung auf den Vertrag anzuwendenden Rechts auf alle Sachverhalte anzuwenden ist, die in ihren Anwendungsbereich fallen.

(2) Diese Verordnung berührt nicht die Anwendung der Eingriffsnormen des Rechts des angerufenen Gerichts.
(3) ¹Den Eingriffsnormen des Staates, in dem die durch den Vertrag begründeten Verpflichtungen erfüllt werden sollen oder erfüllt worden sind, kann Wirkung verliehen werden, soweit diese Eingriffsnormen die Erfüllung des Vertrags unrechtmäßig werden lassen. ²Bei der Entscheidung, ob diesen Eingriffsnormen Wirkung zu verleihen ist, werden Art und Zweck dieser Normen sowie die Folgen berücksichtigt, die sich aus ihrer Anwendung oder Nichtanwendung ergeben würden.

I. Die Bestimmung enthält eine **Öffnungsklausel** zugunsten int zwingender Normen, die unabhängig v Vertragsstatut (einschließlich der gem Art 3 III, IV, Art 6 II, Art 8 I sowie Art 46 b EGBGB berufenen Regeln) Anwendung finden. Im Ggs zu Art 21, welchem in erster Linie eine negative Abwehrfunktion zukommt (vgl jurisPK-BGB/Ringe Art 9 Rn 5), weist Art 9 auf die Existenz v Eingriffsnormen hin, welche sich **gegen die nach allg IPR-Regeln ermittelte Rechtsordnung positiv durchsetzen**. Die Vorschrift **zählt nicht zu den Kollisionsregeln**, da sie keinen eigenen Rechtsanwendungsbefehl enthält und steht daher auch nicht in einem direkten Konkurrenzverhältnis bspw zu Art 6 oder 8 (anderes mag für die einzelne Eingriffsnorm selbst gelten, s Art 3 Rn 7 f; Art 5 Rn 3; Art 6 Rn 4; Art 7 Rn 3; Art 8 Rn 2; allg Kritik zur aktuellen Fassung des Art 9 findet sich bei Ferrari/Staudinger Art 9 Rn 51 f mwN). **Abs 1** beinhaltet eine Legaldefinition v Bestimmungen mit Eingriffscharakter, welche indes in der Parallelnorm des Art 16 Rom II-VO (s hierzu die Kommentierung v Dörner; Gebauer/Wiedmann/Staudinger Kapitel 38 Rn 82 f) fehlt. Liegt hiernach eine Eingriffsnorm vor, ist danach zu differenzieren, ob die zwingende Vorschrift der lex fori (**Abs 2**; Rn 5 ff) oder einer ausl Rechtsordnung entstammt (**Abs 3**; Rn 9 ff). Die letztgenannte Unterscheidung ist dafür v Bedeutung, welche „Rechtsfolgen" Art 9 im Einzelfall ausspricht (Rn 14). Abs 3 stellt dabei im Vergleich zu Art 34 EGBGB aF insofern eine Neuregelung dar, als es sämtlichen Spruchkörpern im Binnenmarkt gestattet, die int zwingenden Bestimmungen anderer Staaten zu berücksichtigen, sofern dort die Verbindlichkeit zu erfüllen ist und deren Beachtung die Erfüllung des Vertrags unrechtmäßig werden ließe (krit zu der Frage, inwieweit Art 16 Rom II-VO die Anwendung ausl zwingender Bestimmungen gestattet Ofner ZfRV 08, 13, 23; Sonnenberger FS Kropholler, 08, S 227, 241 f; Staudinger AnwBl 08, 8, 12; ders/Steinrötter JA 11, 241, 248; G Wagner IPRax 08, 1, 15; aA v Hein ZEuP 09, 6, 24; Leible/Lehmann RIW 07, 721, 726; PWW/Remien Art 16 Rom II-VO Rn 4 f; zur Entstehungsgeschichte v Art 9 III Freitag IPRax 09, 109, 110 f). Für Formfragen ist daneben der insoweit speziellere Art 11 V zu berücksichtigen (vgl Brödermann/Rosengarten Rn 250 a; Freitag IPRax 09, 109, 115; jurisPK-BGB/Ringe Art 11 Rn 40 f.; aA Palandt/Thorn Art 9 Rn 6).

II. Hinsichtlich der Formulierung der **Legaldefinition des Abs 1** orientierte sich der Sekundärrechtsgeber an der **EuGH-Judikatur** in der **Rs Arblade** (EuGH EuGHE I 99, 8453, 8512; s auch EuGH EuGHE I 2189, 2221 f), auf welche die Kommission in ihrem VO-Vorschlag ausdrücklich Bezug nahm (vgl KOM [05] 650 endg S 8; s ebenfalls bereits KOM [02] 654 endg S 41). Wenngleich Abs 1 mangels hinreichender tatbestandlicher Eingrenzung zum Teil auf Kritik stößt (Mankowski IHR 08, 133, 147; zum VO-Vorschlag Mankowski IPRax 06, 101, 109 f), ist die **Verankerung der maßgeblichen Rspr** aufgrund der damit einhergehenden Klarstellung im Binnenmarkt **grds zu begrüßen** (ebenso etwa Magnus IPRax 10, 27, 41). IÜ liegt es nahe, auf die bereits zu Art 7 EVÜ bzw Art 34 EGBGB aF entwickelten Kriterien mutatis mutandis zurückzugreifen (PWW/Remien Art 9 Rn 4).

Abs 1 zufolge muss die Vorschrift daher den Sachverhalt „ungeachtet des nach Maßgabe dieser VO auf den Vertrag anzuwendenden Rechts" erfassen. Eine Bestimmung ist demnach nur dann dem Kreis der Eingriffsnormen zuzurechnen, wenn sie einen **int Geltungsanspruch** hat. So stellt **Erwägungsgrund 37 S 2** klar, dass jene int zwingenden Vorschriften, die das Statut insgesamt durchbrechen, v solchen rein intern zwingenden Bestimmungen, die etwa iRv Art 6 II das gewählte Recht verdrängen, zu unterscheiden sind und einer restriktiven Interpretation bedürfen (dessen ungeachtet können grds auch int zwingende Bestimmungen auf dem Gebiet des Verbraucher- und Arbeitsrechts durchgesetzt werden, s Art 6 Rn 4; Art 8 Rn 2; jurisPK-BGB/Ringe Art 9 Rn 4; Palandt/Thorn Art 9 Rn 5; s sogleich Rn 7).

4 Die Art 9 unterfallenden Regelungen lassen sich dahin gehend unterteilen, dass sie kraft **geschriebener oder ungeschriebener Kollisionsnorm** Geltung erlangen. Sofern eine Vorschrift keinen expliziten Hinweis auf ihren int Geltungswillen enthält (diverse Bsp bei Ferrari/Staudinger Art 9 Rn 7 Fn 22), muss der versteckte Eingriffsbefehl durch Auslegung, insb mit Rückgriff auf **Sinn und Zweck der Norm** ermittelt werden (Koch/Magnus/Winkler v Mohrenfels § 5 Rn 52; Gebauer/Wiedmann/Nordmeier Kap 37, Rn 92; jurisPK-BGB/Ringe Art 9 Rn 17; Ferrari/Leible/Thorn, Ein Internationales Vertragsrecht für Europa, S 129, 132). Maßgeblich ist nach hM, ob eine Vorschrift **hauptsächlich oder überwiegend öffentliche Interessen bzw Kollektivbelange** verfolgt oder allein auf den gerechten Ausgleich v Individualinteressen abzielt (Einsele WM 09, 289, 295; Koch/Magnus/Winkler v Mohrenfels § 5 Rn 52; Magnus IPRax 10, 27, 41; Gebauer/Wiedmann/Nordmeier Kap 37 Rn 92; W-H Roth FS Kühne, 09, S 859, 867 f; Thorn FS Karsten Schmidt, 09, S 1561, 1577; Steinrötter MMR 13, 631; beachte im weiteren Zusammenhang LG Berlin NJW 13, 2605 ff m Anm Steinrötter; so auch KG Berlin Urt v 24.1.14 – 5 U 42/12). Zu erstgenannten Bestimmungen zählen dabei va solche mit **staats-, wirtschafts- oder sozialpolitischer Funktion** (vgl auch jurisPK-BGB/Ringe Art 9 Rn 14; Thorn FS Karsten Schmidt, 09, S 1561, 1576 f), die mithin **exogen oder aus makroökonomischen Aspekten** in ein Vertragsverhältnis eingreifen. Es reicht nicht, dass eine Vorschrift nur reflexartig ebenso öffentliche Gemeinwohlinteressen schützt (jurisPK-BGB/Ringe Art 9 Rn 13). Als Differenzierungskriterium gilt auch die **Ordnungsrelevanz** einer Regelung. Indiz für einen int Geltungswillen ist hiernach, ob eine Vorschrift dem **Gruppen- oder Institutionenschutz** dient und als hinreichend **gewichtige Norm** einzustufen ist (Pfeiffer EuZW 08, 622, 628; PWW/Remien Art 9 Rn 2). Ob es sich um Vorschriften des **öffentlichen oder Privatrechts** handelt, hat hingegen **keine Bedeutung** (Koch/Magnus/Winkler v Mohrenfels § 5 Rn 52; MK/Martiny Art 9 Rn 12, 19; PWW/Remien Art 9 Rn 2; Rauscher IPR Rn 1204). Den Eingriffscharakter einer Norm sperrt nicht bereits die Tatsache, dass diese neben Individualbelangen zugleich solche der Allgemeinheit verfolgt (so aber Garcimartín Alférez EuLF 08, I-61, I-77; Mankowski IHR 08, 133, 147; jurisPK-BGB/Ringe Art 9 Rn 13). Angesichts der häufigen Überlagerung dieser Schutzzwecke dürfte eine entspr strikte Abgrenzung nämlich Schwierigkeiten bereiten. Dessen ungeachtet darf Bestimmungen **nicht vorschnell ein Eingriffsbefehl zugesprochen werden**, da andernfalls das in der Rom I-VO wohl austarierte Anknüpfungssystem und va der Grds der Parteiautonomie durchbrochen würde (Reithmann/Martiny/Freitag Rn 510 ff; Mankowski IHR 08, 133, 147; jurisPK-BGB/Ringe Art 9 Rn 2 und 8 f; W-H Roth FS Kühne, 09, S 859, 867 f; MK/Sonnenberger Einl IPR Rn 44; Palandt/Thorn Art 9 Rn 5). Darüber hinaus muss die kraft der Sonderanknüpfung durchgesetzte Vorschrift mit dem Primärrecht, insb dem im AEUV (ABl EU 08Nr C 115, 1) verankerten Grundfreiheiten im Einklang stehen (zur Relevanz der Dienstleistungsfreiheit als Kontrollmaßstab siehe EuGH EWS 04, 80 ff m Anm Hartung 83 f; s auch MK/Martiny Art 9 Rn 28; PWW/Remien Art 9 Rn 2; Sonnenberger FS Kropholler, 08, S 227, 242). So dient etwa die Generalklausel des **§ 138 BGB** in erster Linie der Missbrauchskontrolle im Parteieninteresse und ist deshalb wohl **nicht zu den Eingriffsnormen** zu zählen (MK/Martiny Art 9 Rn 60; Rauscher IPR Rn 1205; jurisPK-BGB/Ringe Art 9 Rn 13; Palandt/Thorn Art 9 Rn 10; Ferrari/Leible/ders Ein Internationale Vertragsrecht für Europa S 129, 134). Dies gilt insb dann, wenn diese Norm als Einfallstor einer mittelbaren Drittwirkung der Grundrechte herangezogen wird; denn der Grundrechtsschutz ist bei Art 21 angesiedelt (ebenso jurisPK-BGB/Ringe Art 9 Rn 13). Wenngleich es den **einzelnen Mitgliedstaaten frei steht, ihre Bestimmungen als rechtswahlfest auszugestalten** (Thorn FS Karsten Schmidt, 09, S 1561, 1577: "Entscheidungsprärogative"), dürfte dem EuGH künftig eine **bedeutende Rolle bei der Einstufung nationalen Rechts als int zwingend** zukommen (Ferrari/Staudinger Art 9 Rn 10; s auch W-H Roth FS Kühne, 09, S 859, 869; beachte aber Freitag IPRax 09, 109, 111 f).

III. 1. Die Anwendbarkeit v **Abs 2** erfordert in Anlehnung an Art 21 neben dem entspr Normzweck insb einen **hinreichenden Inlandsbezug** des jeweiligen Sachverhalts zur deutschen Rechtsordnung (Koch/Magnus/Winkler v Mohrenfels § 5 Rn 53; MK/Martiny Art 9 Rn 122 ff; Palandt/Thorn Art 9 Rn 5; näher dazu Ferrari/Staudinger Art 9 Rn 11).

2. Obwohl zwar bereits Art 3 IV entspr Vorschriften im Blick hat, **erstreckt sich Abs 2 ebenfalls auf Eingriffsnormen des Unionsrechts** jedenfalls insoweit, als diese keine direkte unmittelbare Anwendung finden (PWW/Remien Art 9 Rn 7; vgl auch Ferrari/Leible/Thorn, Ein Internationales Vertragsrecht für Europa, S 129, 141 ff). Denn wie Erwägungsgrund 37 S 2 klarstellt, sind diese zwingenden Bestimmungen iSv Art 3 IV v denjenigen in Art 9 zu unterscheiden. IÜ decken sich die räumlich-situativen Anwendungsbereiche der Vorschriften nicht, so dass ein dahingehender Rückgriff auf Art 9 notwendig erscheint. Soweit Europäisches Recht Anwendungsvorrang genießt und damit unmittelbare Geltung erlangt, bedarf es nicht der Prüfung, ob diese Vorschriften int zwingend gem Art 9 sind. Vielmehr bestimmt das Unionsrecht auf supranationaler Ebene, ob und inwieweit es sich gegen mitgliedstaatliches Recht als lex fori oder lex causae bzw gegen das Recht eines Drittstaates durchsetzen will. Betroffen sind bspw **Regelungen des Primärrechts** wie Art 101 ff AEUV (zur EuGH-Judikatur Micklitz EWS 06, 1, 10 f; beachte weiter EuGH EuZW 06, 529; zu den zivilrechtlichen und zivilprozessualen Prinzipien des Internationalen Kartellverfahrensrechts s Terhechte/Gebauer/Staudinger, Internationales Kartell- und Fusionsverfahrensrecht, 08, § 7) **oder VOen**, so etwa die „Denied Boarding"-VO (EG) Nr 261/2004 (ABl EG L 46, 1; hierzu-Staudinger/Bauer/Röben, NJW 13, 3760), sofern sie vertragliche Ansprüche gewähren. Beruht eine Vorschrift auf der **Umsetzung einer EU-Richtlinie**, muss einerseits aus dem Blickwinkel des nationalen Gesetzgebers geprüft werden, ob und inwieweit er der Transformationsnorm explizit oder versteckt einen Eingriffsbefehl beimisst. Der int zwingende Charakter kann allerdings gleichermaßen auch v der supranationalen Ebene aus vorgegeben sein. Insoweit existieren **Richtlinien mit geschriebenem und ungeschriebenem kollisionsrechtlichen Regelungsgebot**. Die erste Gruppe (vgl hierzu den zum 23.2.11 neu gefassten Art 46 b EGBGB, BGBl I 11, S 34) erfasst auf dem Sektor des Verbraucherschutzes die neue Timesharing- (Art 12 II), Klausel- (Art 6 II), Fernabsatz- (Art 12 II), Verbrauchsgüterkauf-RL (Art 7 II), die RL über den Fernabsatz v Finanzdienstleistungen (Art 12 II), deren Vorgaben früher durch Art 29 a EGBGB aF transformiert wurden (hierzu J Hoffmann/Primaczenko IPRax 07, 173 ff) sowie die neue Verbraucherkredit-RL 2008/48/EG (sofern die Umsetzung allerdings in der Preisangaben-VO erfolgt [s BT-Drucks 16/13669 S 113 ff], werden die Transformationsbestimmungen kollisionsrechtlich zukünftig wohl nicht über Art 46 b III Nr 5, sondern vielmehr über Art 6 I Rom II-VO zur Anwendung berufen). Für die zweite Gruppe gelten keine allg Grds etwa in der Form, dass diese Harmonisierungsmaßnahmen stets durch Rechtswahl unterlaufen werden können oder aber sämtlichen Transformationsregeln ausschließlich wegen ihrer sekundärrechtlichen Wurzeln ein Eingriffscharakter zuzuschreiben wäre. Vielmehr bedarf es stets einer **Einzelfallprüfung** bzgl der jeweiligen Norm. In der Rs Ingmar gelangte der EuGH zu dem Ergebnis, dass Art 17 und 18 der Handelsvertreter-RL 86/653/EWG (ABl EG L 382, 17) unabhängig v Vertragsstatut Geltung erlangen, sofern der Sachverhalt einen starken Gemeinschaftsbezug enthält (*EuGH EuGHE I 00*, 9305, 9335; hierzu Staudinger NJW 01, 1974 ff; Schurig FS Jayme, 04, S 837 ff). V der **Gültigkeit der Ingmar-Doktrin** kann **auch unter dem Regime der Rom-VOen** ausgegangen werden (ebenso Martiny ZEuP 10, 747, 777; W-H Roth FS Spellenberg, 10, 309, 317 ff). Diese Vorgabe ist richtlinienkonform in das jeweilige nationale Recht hineinzulesen. Ein Richter in Deutschland unterliegt demzufolge bei vereinbartem Drittstaatenrecht dem Gebot, **§ 89 b HGB** im Lichte der Richtlinie einen **ungeschriebenen Eingriffsbefehl** beizumessen, soweit der selbstständige Handelsvertreter seinen überwiegenden Tätigkeitsschwerpunkt im Binnenmarkt hat und das gewählte Vertragsstatut den sekundärrechtlich vorgeschriebenen Mindestschutzstandard unterschreitet (hierzu BGH IHR 13, 35 m Anm Antomo IHR 13, 226; OLG München IPRax 07, 322 m Anm Rühl IPRax 07, 294; Reithmann/Martiny/Häuslschmid

Rn 2222; aA Rauscher/v Hein Art 3 Rn 134; zu § 89 b HGB s Thorn FS Karsten Schmidt, 09, 1561, 1577 ff; Thume BB 04, 2473 ff; ders BB 09, 2490 ff; ders IHR 11, 7 ff; weitere Nachw bei Ferrari/Staudinger Rn 16). Diese Prinzipien des EuGH lassen sich entspr auf andere zwingende Vorgaben in Sekundärrechtsakten ohne ausdrückliches kollisionsrechtliches Regelungsgebot übertragen. Dies gilt etwa für das in **Art 5 der Haustürwiderrufsrichtlinie geregelte Lösungsrecht**, soweit ein Vertrag zwar eine hinreichend enge Bindung zum Binnenmarkt aufweist (zur Konkretisierung mag die Entscheidung des EuGH EuGHE I 04, 7999, 8023 ff dienen), aber durch Rechtswahl einem Drittstaatenrecht zuzuordnen ist. Hierfür lässt sich überdies die Entscheidung des EuGH in der **Rs Heininger** (EuGH EuGHE I 01, 9945 ff) ins Felde führen. Letztlich ist **§ 312 BGB** damit – eine territoriale Verknüpfung des Sachverhalts vorausgesetzt – kraft eines ungeschriebenen richtliniengestützten Eingriffsbefehls als int zwingend einzuordnen (aA MK/Martiny Art 9 Rn 90; auf die Natur des in concreto geschlossenen Vertrages stellt ab: Palandt/Thorn Art 9 Rn 8). Soweit der deutsche Gesetzgeber über den Mindeststandard der Richtlinie hinausgegangen ist, muss ebenso in dem strengeren bzw überschießenden Bereich der int zwingende Charakter des Widerrufsrechts bejaht werden, da anderseits eine gespaltene Eingriffsnorm droht; auch für das überobligatorisch angeglichene Recht besteht daher iErg ein Gebot richtlinienkonformer Interpretation, das allerdings auf den Willen des deutschen Gesetzgebers zurückgeht und mithin im nationalen Recht wurzelt (Staudinger NJW 02, 653, 655; vgl auch BGHZ 150, 248 ff; BGH NJW 06, 497 f; 1340 f; einen Eingriffsbefehl für den überschießenden Bereich lehnte der XI Zivilsenat jedoch damals ab: BGHZ 165, 248, 255 ff). Ungeklärt ist die Qualifikation einzelner Umsetzungsvorschriften bei **Verbraucherkreditgeschäften** (s §§ 491 ff BGB) oder **Pauschalreiseverträgen** (s §§ 651 a ff BGB; die Einordnung dieser Vorschriften als int zwingend abl MK/Martiny Art 9 Rn 92; in diese Richtung ebenfalls Staud/Staudinger Vor § 651 a Rn 135). Zu beachten ist ferner, dass ungeachtet einer v der hM befürworteten analogen Anwendung (einzelner Vorschriften) des Reisevertragsrechts auf reisevertragliche Einzelleistungen wie zB den Ferienhausmietvertrag derartige „strengere" bzw überschießende Umsetzungen kraft Richterrechts zumindest kein sekundärrechtsverstärktes Eingriffsrecht darstellen können, was eine Qualifikation als int zwingend a priori allein aus nationaler Perspektive ermöglicht (vgl Staud/Staudinger Vor § 651 a Rn 138 ff). Der BGH hat sich jedenfalls in jüngerer Vergangenheit gegen die Annahme des int zwingenden Charakters bei einer über die erste Verbraucherkredit-RL 87/102/EWG (ABl EG L 42, 48; beachte die neue Verbraucherkredit-RL 2008/48/EG, ABl EG L 133, 66) hinausgehenden Vorschrift ausgesprochen (BGHZ 165, 248, 255 ff; hierzu Bitterich GPR 06, 161 ff; J Hoffmann/Primaczenco IPRax 07, 173 ff; Looschelders JR 06, 515 ff; Mankowski, RIW 06, 321 ff; Pfeiffer, IPRax 06, 238 ff; Tamm, JZ 06, 676 ff; Weller, NJW 06, 1247). Im Lichte dieser Judikatur dürfte wohl im Zweifel davon auszugehen sein, dass die Rspr eine Durchsetzung selbst einzelner Vorschriften der §§ 491 ff BGB oder §§ 651 a ff BGB in analoger Form als Eingriffsnormen iSd Art 9 I, II ablehnen wird. §§ 478, 479 BGB, welche auf Art 4 der Verbrauchsgüterkauf-RL beruhen, stellen keine Eingriffsnormen dar (s Dutta ZHR 171 [07], 79, 91, 93; Müller IHR 05, 133, 136; Staudinger ZGS 02, 63 f; insoweit konträr für den Direktanspruch im französischen Recht die Chambre mixte des Kassationshofs, 30.11.07 n° 06-14.06, deren Urt später auch bestätigt wurde, ist nach Niggemann IPRax 09, 444 ff). Denkbar ist schließlich, dass **Umsetzungsbestimmungen der** nur für den Unternehmerverkehr gedachten **neuen Zahlungsverzugs-RL 2011/7/EU** (ABl EU L 48, 1) Eingriffsnormen iSv Art 9 darstellen (s noch zum Vorgängerrechtsakt 2000/35/EG: Mankowski IHR 08, 133, 136; beachte auch das Urt EuGH NJW 08, 1935, das iErg zu einem Verständnis der Geld- als [modifizierte] Bringschuld zwingt; ausf dazu Staudinger DNotZ 09, 198; in der Folge OLG Köln Urt. v. 12.3.09 Az 18 U 101/08; s ebenfalls OHG Urt v 8.9.09 Az 4Ob90/09 b; mit Blick auf die v der Richtlinie nicht erfassten Verbraucher erscheint eine überschießende, „harmonische" Interpretation angezeigt [Staudinger DnotZ 09, 196, 205 f; aA Klimke VersR 10, 1259, 1262]).

3. Eingriffsbefehl in verbraucherschützende Vorschriften. Der Rückgriff auf das Instrument der Eingriffsnorm iSd Art 9 wird nach Ansicht der Kommission (vgl KOM [02] 654 endg, 40 f) nicht durch Art 6 gesperrt. Zweifelsohne verbietet sich auch unter Geltung der Rom I-VO nicht a priori die Qualifikation v Verbraucherschutznormen als int zwingend (Mankowski IHR 08, 133, 147; W-H Roth FS Kühne, 09, 859, 867; wohl auch Bitterich RIW 06, 262, 264; ders GPR 06, 161, 163; aA MK/Martiny Art 9 Rn 88; Niggemann IPRax 09, 444, 450). Im Einklang mit Erwägungsgrund 37 ist jedoch zu fordern, dass die den Verbraucher schützende Norm substantielle öffentliche Belange verfolgt (W-H Roth FS Kühne, 09, 859, 867 f; vgl auch Palandt/Thorn Art 9 Rn 8; ders FS Karsten Schmidt, 09, S 1561, 1576 f). Ferner drohte bei einem überbordenden Einsatz dieses Instruments, dass das aufeinander abgestimmte Schutzkonzept der Rom I-VO durch (möglicherweise primärrechtswidrige) nationale Alleingänge unterlaufen würde (iErg ebenso Freitag IPRax 09, 109, 112). Bislang war umstritten, ob sozialpolitisch motivierte Verbraucherschutzbestimmungen zu den Eingriffsnormen iSd Art 34 EGBGB aF zu zählen waren und welche Grds bejahendenfalls für das Konkurrenzverhältnis zu Art 29 EGBGB aF gelten sollten (s nur die Vorauf Art 34 EGBGB Rn 10 ff; Junker IPRax 00, 65, 68 f). Durch die aufgezeigten Entwicklungen auf EU-Ebene (Rn 6) lässt sich jedenfalls nicht mehr in Abrede stellen, dass Transformationsvorschriften zu Richtlinien int zwingenden Charakter haben können, auch wenn sie dem **Schutz des Verbrauchers als der marktschwächeren Partei** dienen. Bedauerlicherweise (so auch Freitag IPRax 09, 109, 112; PWW/Remien Art 9 Rn 3) hat der EU-Gesetzgeber insoweit nicht für eine Klarstellung gesorgt. Der Streit bleibt damit – nunmehr freilich im Verhältnis v Art 6 zu Eingriffsnormen iSd Art 9 – jedenfalls dahingehend weiter v Bedeutung, als nationale **Sachvorschriften ohne unionsrechtlichen Hintergrund** sowie va solche betroffen sind, die **über den Mindeststandard** etwa einer Verbraucherschutz-RL **hinausgehen** (ausf Darstellung der denkbaren Ansätze bei Ferrari/Staudinger Art 9 Rn 22). Auszugehen ist davon, dass das **binnenmarktweite Anknüpfungssystem Vorrang** genießt, der Sonderfall der **Eingriffsnorm mithin Ausnahme** bleiben muss, nicht zuletzt auch in Anbetracht der überragenden Bedeutung der Parteiautonomie. Erweisen sich die durch Art 6 berufenen zwingenden Vorschriften am ausl Aufenthaltsort des Verbrauchers günstiger als die entspr int zwingenden Verbraucherschutzvorschriften des deutschen Rechts, so gehen erstgenannte vor, soweit kein anderer Grund ersichtlich ist, dem Verbraucher die Privilegierung zu nehmen (vgl Staud/Magnus Art 34 EGBGB Rn 36). Gleiches gilt in Bezug auf die v Art 8 erfassten **Arbeitnehmerschutzvorschriften** (hierzu Art 8 Rn 2 sowie Rn 8). Ein Rückgriff auf Eingriffsnormen kommt somit allenfalls dann in Betracht, wenn sich die Anknüpfungsregeln als lückenhaft erweisen. Sofern ein Vertragstyp **nicht dem sachlichen Anwendungsbereich des Art 6** unterfällt, kann diese Vorschrift ohnehin **keine Ausschlusswirkung** entfalten (zum alten Recht BGHZ 165, 248, 251). Ein **genereller Vorrang kommt Art 6** demnach **nicht zu**. Allerdings ist zu beachten, dass der Sonderweg über Art 9 wegen jener Anknüpfungsregel sowie Art 3 III, IV und Art 23 iVm Art 46 b EGBGB lediglich ausnahmsweise möglich sein wird (eingehend zum Verhältnis der genannten Bestimmungen: Reithmann/Martiny/Freitag Rn 515 ff; Schulze/Zuleeg/Staudinger § 22 Rn 19 ff, 35, 122 ff). Nach Ansicht des BGH sollte eine Sonderanknüpfung nur bei einem **hinreichenden Inlandsbezug** iSd Art 29 I Nr 1 bis 3 EGBGB aF zulässig sein (BGHZ 135, 124, 136; aA Looschelders Art. 34 EGBGB Rn 21). Da eine int zwingende Vorschrift den erforderlichen Inlandsbezug selbst definiert und Art 29 I Nr 1 bis 3 EGBGB aF im Lichte des Art 15 Brüssel I-VO ohnehin korrekturbedürftig erschien, konnte dieser Ansatz in der Vergangenheit nicht überzeugen. Schließlich ist es methodisch nicht ausgeschlossen, Umsetzungsvorschriften zu Verbraucherschutzrichtlinien einen gemeinschaftsrechtlich begründeten Eingriffsbefehl zuzumessen, sofern der Vertrag einen **hinreichend engen Zusammenhang zum Binnenmarkt** aufweist. Dabei lehnt sich eine derartige territoriale Verknüpfung an die Formulierung in den kollisionsrechtlichen Regelungsgeboten etwa der Klausel-RL 93/13/EWG (ABl EG L 95, 29) an. Art 6 II dieses Sekundärrechtsakts geht jedoch gerade über den abschließenden Katalog v Art 5 II EVÜ bzw Art 29 I Nr 1 bis 3 EGBGB aF hinaus (EuGH EuGHE I 04, 7999, 8024).

Schließlich drohten Wertungswidersprüche im Lichte der Ingmar-Doktrin des EuGH (EuGH EuGHE I 00, 9305, 9335; hierzu Staudinger NJW 01, 1974 ff; Schurig FS Jayme, 04, S 837 ff) bei Vorschriften, die auch dem Schutz eines Unternehmers dienen.

8 **4. Weitere Bsp für Eingriffsnormen.** Wegen der neuen Begriffsumschreibung der „Eingriffsnorm" ist nicht ausgeschlossen, dass diejenigen Fälle, welche auf Grundlage der alten Judikatur und Literatur als gesichert galten und dies nunmehr auch weiterhin prima facie scheinen, sich im Nachgang nicht mehr als it zwingend herausstellen. Derartigen Charakter besitzen insb Normen, die auf eine **wirtschaftspolitische Steuerung** abzielen (vgl BT-Drucks 10/504 S 83; zur Entwicklung eines eigenständigen Wirtschaftskollisionsrechts s nur Basedow RabelsZ 52 [88], 8 ff; Schnyder RabelsZ 59 [95], 293, 302 ff). Hierzu gehören bspw Regelungen des Außenwirtschaftsrechts (hierzu etwa Martiny ZEuP 06, 60, 87; MK/ders Art 9 Rn 61 ff; Remien RabelsZ 54 [90], 431, 463 f), Embargobestimmungen (vgl Oeter IPRax 96, 73, 77), sowie Normen des Devisenbewirtschaftungs- (s zum Devisenrecht ausf MK/Martiny Anhang II zu Art 9) und Kapitalmarktrechts (vgl Göthel IPRax 01, 411, 416; Pfeiffer IPRax 03, 233). Auch wenn das Int Wirtschaftsrecht in seinen regulierenden Bereichen ganz überwiegend eingriffsrechtlich zu qualifizieren ist, gilt es dennoch, das jeweilige Privatrechtsstatut (va bzgl der „flankierenden" zivilrechtlichen Haftungsebene) sorgfältig hiervon zu trennen (so angemahnt v v Bar/Mankowski Bd I § 7 Rn 65 zum Kapitalmarktkollisionsrecht). Zu den Eingriffsnormen zählen auch die Schutzvorschriften zur **Wohnraummiete** (BT-Drucks 10/504 S 83 f; Kropholler IPR § 52 IX 2 c), die im Falle der Belegenheit der Wohnung im Inland Vorrang ggü dem ausl Vertragsstatut genießen. Ebenso besitzt die Mindestsatzregelung für Architektenverträge in § 4 HOAI aF/ § 7 I HOAI nF (BGBl I 09, S 2732) int Geltungsanspruch (BGHZ 154, 110, 115; ausf Ferrari/Staudinger Art 9 Rn 27; anders Kilian/Müller IPRax 03, 436, 437; Martiny ZEuP 06, 60, 90). Gleiches gilt im Grds für § 49 b II Var 2 BRAO (aF) (Palandt/Thorn Art 9 Rn 10; eingehend Ferrari/Staudinger Art 9 Rn 28). Die Anwendung v **Arbeitnehmerschutzvorschriften** sichert grds Art 8. Demzufolge besteht für die Qualifikation einzelner Vorschriften als Eingriffsnormen iSd Art 9 (s bereits Rn 7) kein nur geringes Bedürfnis (Reithmann/Martiny/Freitag Rn 518; Palandt/Thorn Art 9 Rn 9). Indes ist es nicht v vornherein ausgeschlossen, Vorschriften des Arbeitsrechts ausnahmsweise über Art 9 durchzusetzen (Fleschütz/Kochanowski Deutscher AnwaltSpiegel 10 Ausg 25, 8, 9; MK/Martiny Art 9 Rn 99; aA zur bisherigen Rechtslage Mankowski IPRax 94, 94 ff). Int zwingende Vorschriften stellen die **gesetzlichen Vorgaben über Höchstarbeits- und Mindestruhezeiten** dar, ihr Grds her **nicht** dagegen diejenigen über den **bezahlten Mindestjahresurlaub** (aA insofern Palandt/Thorn Art 9 Rn 9). Ebenso wenig unterfallen Art 9 deutsche **Mitbestimmungsregeln auf Unternehmensebene** (vgl Sandrock AG 04, 57 ff), § 613 a (s nur Palandt/Thorn Art 9 Rn 9 mwN; beachte BAG Urt v 26.5.11 – AZR 37/10) und der **arbeitsrechtliche Gleichbehandlungsgrds** (Junker IPRax 94, 21, 26; aA Bittner NZA 93, 161, 165; zum Eingriffsnormcharakter der §§ 7, 15 und 19, 21 AGG ausf Lüttringhaus Grenzüberschreitender Diskriminierungsschutz, 10, 216 ff; s in diesem Kontext das Urt des EuGH EWS 11, 99 [hierzu Armbrüster LMK 11, 315339; Looschelders VersR 11, 421, 424 ff], was iErg ggf dazu führt, die §§ 19 f AGG als „primärrechtsverstärktes" Eingriffsrecht anzusehen; ausf Ferrari/Staudinger Art 9 Rn 29, Fn 119). Gleiches gilt für die Vorschriften des TzBfG (Palandt/Thorn Art 9 Rn 9; vgl auch BAG NZA 08, 761 m Anm Junker EuZA 09, 88 ff). Als **Eingriffsnormen** werden demgü etwa § 14 I MuSchG (BAGE 100, 130, 138 ff; zustimmend Franzen IPRax 03, 239, 343; Junker 50 Jahre BAG, 04, S 1212), der Kündigungsschutz für Schwerbehinderte nach § 85 SGB IX (BAGE 63, 17, 32 f; Kropholler IPR § 52 IX 3 b), § 3 I EFZG (BAG IPRax 03, 258, 261; Kropholler IPR § 52 IX 3 b; aA Franzen IPRax 03, 239, 243) und §§ 1 I und 7 I AEntG (jurisPK-BGB/Ringe Art 9 Rn 18; Palandt/Thorn Art 9 Rn 9) eingestuft. Der „Regierungsentwurf eines Gesetzes zur Regelung des Beschäftigtendatenschutzes" (vgl BR-Drucks 535/10 v 3.9.10; hierzu Forst NZA 10, 1043; zum Referentenentwurf Bayreuther NZA 10, 679; Raif ArbRAktuell 10, 359) soll den Zielkonflikt zwischen Arbeitgeber und Beschäftigten bzgl der Frage lösen, wie weit eine rechtmäßige Überwachung durch den Erstgenannten reicht. Somit dürfte den

künftigen §§ 32 ff BDSG kein int zwingender Charakter zuzuschreiben sein (Ferrari/ Staudinger Art 9 Rn 29). Unterliegt ein urheberrechtlicher Nutzungsvertrag kraft Rechtswahl einem ausl Statut und wäre andernfalls an sich nach objektiver Anknüpfung die lex fori maßgeblich, finden § 32 b Nr 1 UrhG zufolge die §§ 32, 32 a UrhG zwingend Anwendung; einen Eingriffsbefehl dieser Vorschriften normiert § 32 b Nr 2 UrhG überdies für alle Nutzungshandlungen im räumlichen Geltungsbereich des UrhG (Palandt/Thorn Art 9 Rn 10; vgl Martiny ZEuP 06, 60, 70 f; zum Anwendungsbereich des § 32 b UrhG siehe Hilty/Peukert GRUR Int 02, 643 ff; Pütz IPRax 05, 13 ff; v Welser IPRax 02, 364 ff). Für das Int Kartellrecht enthält **§ 130 II GWB** eine besondere Kollisionsnorm (Rauscher Rn 1210; Palandt/Thorn Art 9 Rn 5), welche als lex specialis die allg Vorschriften des EGBGB verdrängte (Immenga/Mestmäcker/Emmerich/ Rehbinder/Markert, 4. Aufl 2007, § 130 Abs 2 GWB Rn 303; Staud/v Hoffmann Art 40 EGBGB Rn 355; zum Auswirkungsprinzip des § 130 II GWB s BGHZ 74, 322, 324 ff; Immenga/Mestmäcker/Emmerich/Rehbinder/Markert, 4. Aufl 2007, § 130 Abs 2 GWB Rn 143 ff). Auch unter Geltung des Art 9 ist eine eingriffsrechtliche Qualifikation weiterhin angezeigt (MK/Martiny Art 9 Rn 72; jurisPK-BGB/Ringe Art. 9 Rn 18; Palandt/Thorn Art 9 Rn 7). Sofern der Sachverhalt allerdings eine spürbare Binnenmarktrelevanz aufweist, genießt das europäische Kartellrecht der Art 101 ff AEUV Vorrang (Immenga/Mestmäcker/Immenga/Mestmäcker Einl Rn 81 ff; Staud/Magnus Art 34 EGBGB Rn 106). Vor diesem Hintergrund sind die Eingriffsnormen des deutschen Kartellrechts nur dann heranzuziehen, wenn sie sich mit den europäischen Vorschriften decken oder die Wettbewerbsbeschränkungen lediglich das Inland betreffen (vgl Staud/Magnus Art 34 EGBGB Rn 106). Fraglich ist, welche Bedeutung § 130 II GWB als int zwingende Regelung im Konkurrenzverhältnis zur grds vorrangigen Rom II-VO noch entfalten kann. Art 16 Rom II-VO eröffnet zwar den Rückgriff auf inländische Eingriffsnormen. Einheimisches Kartellrecht ist jedoch regelmäßig bereits über Art 6 Rom II-VO (ausf hierzu Hellner in Yearbook of Private International Law Vol IX, 07, 49 ff) anwendbar (näher Ferrari/Staudinger Art 9 Rn 32). Falls lediglich ausl Märkte beeinträchtigt sind, ist § 130 II GWB kein hinreichender Eingriffswille zu entnehmen, um eine Anwendung zu rechtfertigen; ohnehin dürfte es am Inlandsbezug fehlen. Vor diesem Hintergrund verringert sich der Regelungsbereich der Vorschrift deutlich. Sofern man der Meinung folgt, Art 6 III Rom II-VO beschränke sich auf das Kartellprivatrecht, bleibt § 130 II GWB für das behördliche Kartellrecht v Relevanz (so zutreffend Immenga FS Kühne, 09, 725, 727; Mankowski RIW 08, 177, 181 f; vgl auch Heiss/Loacker JBl 07, 613, 630; zum Ganzen s etwa Terhechte/Gebauer/Staudinger Internationales Kartell- und Fusionsverfahrensrecht, 08, § 7 Rn 53; Gebauer/Wiedmann/ Staudinger Kap 38 Rn 52). Int zwingenden Charakter kann ebenfalls Vorschriften zum **Schutz v Kulturgütern** (Palandt/Thorn Art 9 Rn 7; vgl auch Jayme ZVglRWiss 95 [96], 158 ff) zukommen. Weder aus nationalem Blickwinkel noch – mangels gemeinschaftsrechtlicher Vorgaben – v Standpunkt des Richtliniengebers aus zählt **§ 661 a BGB** zum Kreis der schuldvertraglichen Eingriffsnormen iSd Art 9 (ebenso MK/Martiny Art 9 Rn 93; Palandt/Thorn Art 9 Rn 8; mwN auch zum alten Recht Ferrari/Staudinger Art 9 Rn 34). Vielmehr ist der Anspruch deliktisch zu qualifizieren (vgl Gebauer/Wiedmann/ Staudinger Kap 38 Rn 82; aA MK/Martiny Art 9 Rn 93). Versicherungsverträge unterfallen grds Art 7, wonach eine subjektive Anknüpfung nur in beschränktem Maße zulässig ist. Allerdings können sich im Einzelfall Eingriffnormen durchsetzen (MK/Martiny Rn 103; Rauscher/Thorn Art 9 Rn 57). Die Ingmar-Doktrin (Rn 6) ist zwar generell auf Versicherungsverträge übertragbar. Zweifel wirft indes die Tatsache auf, dass Art 23 im Anwendungsbereich v Art 7 gerade solche Richtlinienvorgaben sperrt, die innerstaatlich zur Begründung des Eingriffscharakters herangezogen werden könnten. Raum für die Annahme int zwingenden Unionsrechts besteht offenbar nur, wenn Art 23 keine derartige Wirkung entfaltet, die Anknüpfung also nach Art 3, 4 und 6 erfolgt, weil die Police in einem Drittstaat belegene Massenrisiken abdeckt. Die Qualifikation der **§§ 7, 8 VVG nF** als int zwingend aufgrund des kollisionsrechtlichen Regelungsgebotes in Art 12 II der RL 2002/65/EG (ABl EG L 271, 16) ist sodann aber für den Bereich der Verbraucherverträge jedenfalls zu bejahen. Hinsichtlich der Tatsache, dass der deutsche Gesetzgeber den Schutzstandard dieser Harmonisierungsmaßnahme ebenfalls auf Klein-Unternehmer und Freiberufler ausgeweitet hat, kann ein diesbezüglicher int Geltungsanspruch ggü einem Drittstaatenrecht nur im Wege einer Interpretation aus nationalem Blickwinkel abgeleitet werden. Eine derartige Annahme für solche v der Richtlinie nicht erfassten einzelstaatlichen Schutzverstärkungen ist jedoch – wie der BGH im Zusammenhang mit Verbraucherkreditgeschäften bestätigte (BGHZ 165, 248, 251 f) – keineswegs zwingend. Angesichts der v Gesetzgeber verfolgten „Einheitslösung" und der andernfalls drohenden gespaltenen Eingriffsnorm sprechen die besseren Argumente für die Annahme des int zwingenden Charakters der §§ 7, 8 VVG nF in Bezug auf Klein-Unternehmer bzw Freiberufler (vorsichtig MK/Martiny Art 9 Rn 103: Die Beachtung v Eingriffsnormen sei „nicht ausgeschlossen"; zum vergleichbaren Schutzbedürfnis zwischen Verbrauchern und Unternehmern mit Blick auf §§ 7 und 8 VVG-E: BR-Drucks 707/06 S 150, 154; in diesem Zusammenhang s Staudinger Versicherungsrechtsmodernisierung – Kritikpunkte aus nationalem und europäischem Blickwinkel, Münsteraner Reihe zum Versicherungsrecht Bd 105, 07, 1 ff). Die §§ 95 ff, 144 **VVG nF** zählen indes nicht zum Kreis der Eingriffsnormen. Diese Regelungen sind nicht dem Schuldvertrags-, sondern dem Sachenrechtsstatut zuzuordnen und daher über Art 43 I EGBGB anzuknüpfen (vgl Gruber NVersZ 01, 442, 446). § **87 AktG**, der Restriktionen bzgl der Vergütung v Vorstandsmitgliedern einer Aktiengesellschaft festsetzt, ist nicht als Eingriffsnorm iSv Art 9 anzusehen (instruktiv Weller ZGR 10, 679, 702 ff).

9 **IV. Ausl Eingriffsnormen** (hierzu Einsele WM 09, 289, 296; Koch/Magnus/Winkler von Mohrenfels § 5 Rn 54 ff; monographisch Benzenberg Die Behandlung v ausl Eingriffsnormen im Internationalen Privatrecht, 08;). **1.** Im Einzelfall mag sich aus dem Prinzip der Gemeinschaftstreue (Art 4 III EUV) eine **primärrechtliche Verpflichtung** ergeben, mitgliedstaatliche Eingriffsnormen zu beachten (Leible/Freitag Das Grünbuch zum Internationalen Vertragsrecht S 167, 172, 184 ff; W-H Roth FS Immenga, 04, S 333, 346 f; s auch Ferrari/Leible/Thorn Ein Internationales Vertragsrecht für Europa S 129, 147 jeweils mwN). Folgerichtig nimmt **Abs 3** int zwingende Bestimmungen ausl Staaten in den Blick. Andernfalls drohte überdies die Schieflage, dass ein Staat, vor dessen Gericht prozessiert wird, seine eigenen Eingriffsnormen beachtet, nicht aber diejenigen eines benachbarten Mitgliedstaates. Dies gilt ebenfalls im Hinblick auf drittstaatliche Bestimmungen (ebenso Lando/Nielsen CMLR 08, 1687, 1722; PWW/Remien Art 9 Rn 31), da es ungereimt erschiene, wenn die Rom I-VO nach Art 1 I 1 und Art 2 zwar einerseits Drittstaatensachverhalte erfasst sowie als loi uniforme auf der Rechtsfolgenseite nicht zwischen Mitglied- und Drittstaatenrecht differenziert (Palandt/Thorn Art 2 Rn 1), wohl aber andererseits in Bezug auf int zwingende Vorschriften. Nach Maßgabe v Abs 3 (hierzu ausf Freitag IPRax 09, 109 ff; s auch W-H Roth FS Kühne, 09, S 859, 873 ff) kann den zwingenden Bestimmungen desjenigen (Dritt-)Staates Wirkung verliehen werden, in welchem die **vertraglichen Verpflichtungen zu erfüllen sind oder erfüllt wurden**. Auch insoweit wird deutlich, dass Art 9 in Anlehnung an Art 21 neben dem entspr Normzweck einen **hinreichenden Inlandsbezug** des Sachverhalts zu der jeweiligen Rechtsordnung erfordert. Allerdings kommt der Rückgriff bspw auf drittstaatliche Eingriffsnormen allerdings allein dann in Betracht, wenn in diesem Staat der Erfüllungsort lokalisiert ist und diese Vorschriften die **Unrechtmäßigkeit der Vertragserfüllung bewirken** (Lando/Nielsen CMLR 08, 1687, 1721; Magnus IPRax 10, 27, 41 Fn 213). Demnach kann nicht sämtlichen ausl Eingriffsnormen Rechnung getragen werden (Einsele WM 09, 289, 296; Garcimartín Alférez EuLF 08, I-61, I-77; Pfeiffer EuZW 08, 622, 628; W-H Roth FS Kühne, 09, S 859, 874).

10 Diese Einschränkung birgt indes Folgeprobleme im Hinblick auf die **Bestimmung des Erfüllungsortes**: Hierbei liegt es in einem ersten Schritt nahe, den **Auslegungszusammenhang mit der Brüssel I-VO** zu berücksichtigen (vgl Erwägungsgrund 7; Gebauer/Wiedmann/Nordmeier Kap 37 Rn 93; allg zu den Auslegungszusammenhängen Bitter IPRax 08, 96, 100; Lando/Nielsen CMLR 08, 1687, 1690; Lein Yearbook of Private International Law 10 [08], 177 ff; Würdinger RabelsZ 75 [11], 102). Mit Blick auf Art 5 Nr 1 lit b Brüssel I-VO ist somit **jedenfalls für Kauf- über bewegliche Sachen und**

Dienstleistungsverträge davon auszugehen, dass es sich um einen **einheitlichen faktischen Erfüllungsort für sämtliche Ansprüche aus dem Vertragsverhältnis** handelt (s nur Geimer/Schütze/Geimer EuZVR 3. Aufl 09 Art 5 EuGVVO Rn 76 ff; Kropholler/v Hein EuZPR Art 5 EuGVO Rn 45 jeweils mwN). Damit überträgt man allerdings die bekannten Probleme, etwa bzgl der Ermittlung des Gerichtsstandes bei Onlineerfüllung, Teilleistungen an mehreren Erfüllungsorten oder typengemischten Verträgen ebenfalls auf das IPR (zu den einzelnen Problemen s die Nachw bei Ferrari/Staudinger Art 9 Rn 39; s ferner Leible/Lehmann RIW 08, 528, 543; Mankowski IHR 08, 133, 148; Pfeiffer EuZW 08, 622, 628; W-H Roth FS Kühne, 09, S 859, 875). Dies erscheint auch deshalb zweifelhaft, weil Art 5 Nr 1 lit a) Brüssel I-VO zuweilen (so etwa Leible EuZW 10, 303, 305; Rauscher NJW 10, 2251, 2254; vgl aber auch Mankowski JZ 09, 958, 961) für revisionsbedürftig gehalten wird (zur Revision der Brüssel I-VO s KOM [09] 174 endg). Denn entgegen der verordnungsautonom faktischen Bestimmung in Art 5 Nr 1 lit b Brüssel I-VO stellt der Sekundärrechtsakt in lit a (dieser greift für alle Ansprüche Platz, die nicht bereits Art 5 Nr 1 lit b Brüssel I-VO unterfallen, vgl Rauscher/Leible EuZPR Art 5 Brüssel I-VO Rn 34) auf die sog Tessili- (zum EuGVÜ EuGH NJW 77, 491 f) sowie die Bloos-Doktrin (zum EuGVÜ EuGH NJW 1977, 490 f) ab (zur Brüssel I-VO: EuGH NJW 09, 1865, 1867 m Anm Mankowski JZ 09, 958 ff). Hiernach bestimmt das unter Rückgriff auf die Kollisionsregeln des Gerichtsstaates ermittelte Vertragsstatut darüber, wo die in concreto streitgegenständliche Forderung zu erfüllen ist (hierzu Thomas/Putzo/Hüßtege Art 5 EuGVVO Rn 11; Rauscher/Leible EuZPR Art 5 Brüssel I-VO Rn 58). Vor diesem Hintergrund überrascht es nicht, dass die Literaturmeinungen zu diesem Themenkomplex divergieren (Darstellung bei Ferrari/Staudinger Rn 40). Letztlich obliegt die Konkretisierung des Art 9 III dem EuGH.

Eine weitere Voraussetzung v Abs 3 ist, dass die maßgeblichen Bestimmungen des Erfüllungsortsstaates zur **Unrechtmäßigkeit der Vertragsdurchführung** führen müssen, selbst wenn die Erfüllung bereits bei Vertragsschluss unrechtmäßig ist (Freitag IPRax 09, 109, 113; s auch Martiny ZEuP 10, 747, 779; jurisPK-BGB/Ringe Art. 9 Rn 29). Die Öffnungsklausel hat demnach jedenfalls **Verbotsnormen** – etwa Ausfuhrverbote v Kulturgütern oder kartellrechtliche Bestimmungen (Clausnitzer/Woopen BB 08, 1978, 1805) – im Blick (Freitag IPRax 09, 109, 112; Palandt/Thorn Art 9 Rn 12; W-H Roth FS Kühne, 09, S 859, 875 f) und stößt v Seiten der Literatur hinsichtlich lediglich den Vertragsinhalt gestaltender Eingriffsnormen, die allein Abs 2 unterfallen (hierzu zählen etwa mietrechtliche Vorschriften über die Kündigung; W-H Roth FS Kühne, 09, S 859, 876) auf Kritik (zu Vorschriften über die Höchst- oder Mindestvergütung, die den Anspruch auf Hauptleistung modifizieren: Freitag IPRax 09, 109, 112 f; Gebauer/Wiedmann/Nordmeier Kap 37 Rn 93; zu Gebotsnormen, die den Vertrag inhaltlich verändern und erst in dieser Form erfüllbar machen: Palandt/Thorn Art 9 Rn 12; für ein weites Verständnis v Abs 3: PWW/Remien Rn 30; eine materiellrechtliche Berücksichtigung entspr Vorschriften befürwortet MK/Martiny Art 9 Rn 117).

11

Abseits des abschließenden Art 9 III besteht für das angerufene Gericht auch vor dem Hintergrund des Prinzips der Gemeinschaftstreue **keine Möglichkeit** mehr, **ausl zwingende Bestimmungen heranzuziehen** (Freitag IPRax 09, 109, 115; Reithmann/Martiny/Freitag Rn 653; Ferrari/Leible/Harris Rome I Regulation S 269, 332; Koch/Magnus/Winkler v Mohrenfels § 5 Rn 58; Magnus IPRax 10, 27, 41 f; Mankowski IHR 08, 133, 148; Martiny, ZEuP 10, 747, 780; MK/ders Art 9 Rn 113; Gebauer/Wiedmann/Nordmeier Kap 37, Rn 93; jurisPK-BGB/Ringe Art 9 Rn 25). Diese auf eine historische Auslegung sowie den Normzweck gestützte **Sperrwirkung** bekräftigt zugleich die rechtsaktübergreifend-systematische Interpretation (vgl Erwägungsgrund 7) mit Blick auf Art 16 Rom II-VO. Denn ebenso in dieser für außervertragliche Schuldverhältnisse maßgeblichen Bestimmung kommt die zurückhaltende Einstellung des Sekundärrechtsgebers hinsichtlich der Beachtlichkeit ausl Eingriffsnormen deutlich zum Ausdruck. Vor diesem Hintergrund sprechen sich einige Literaturstimmen gegen eine umfassende Sperrwirkung aus. Danach sei nämlich auch **außerhalb des Anwendungsbereichs v Abs 3 die materiellrechtliche Berücksichtigung fremdstaatlichen Eingriffsrechts** iRd maßgeblichen Vertragsstatuts möglich (vgl Einsele WM 09, 289, 296 f; hierzu auch Martiny ZEuP 10,

12

747, 780; MK/ders Art 9 Rn 45ff, 113 f). Die Rom I-VO ziele nicht darauf ab, die Voraussetzungen einer etwaigen Sittenwidrigkeit (die deutsche Rspr favorisierte bislang eine faktische Berücksichtigung ausl Eingriffsnormen etwa über § 138 BGB, so BGHZ 59, 82, 85 f) auf der Ebene der lex causae zu regeln noch könne sie dies (vgl Einsele WM 09, 289, 296 f). Allerdings erscheint eine derartige Sichtweise angesichts des Normwortlauts nicht frei v Bedenken und droht überdies, den angestrebten Vereinheitlichungseffekt zu konterkarieren (in diese Richtung PWW/Remien Art 9 Rn 44; Palandt/Thorn Art 9 Rn 14; mit der Einschränkung, dass eine materiellrechtliche Berücksichtigung im Hinblick auf die Unmöglichkeit oder Unzumutbarkeit der Vertragserfüllung zulässig sei: Freitag IPRax 09, 109, 115; s auch MK/Martiny Art 9 Rn 114; Rauscher IPR Rn 1211 b).

13 Mangels expliziter Hinweise ist die **Behandlung v int zwingenden Vorschriften der lex causae** str (offenlassend Leible/Lehmann RIW 08, 528, 543; PWW/Remien Art 9 Rn 29). Nach Ansicht einiger Literaturstimmen soll Abs 3 gleichermaßen insofern Sperrwirkung entfalten, so dass deren Eingriffsrecht nur dann greifen könne, wenn es sich um dasjenige des Erfüllungsortes handele (Einsele WM 09, 289, 296 f; Mankowski IHR 08, 133, 148; MK/Martiny Art 9 Rn 37, 43; Gebauer/Wiedmann/Nordmeier Kap 37, Rn 93; Palandt/Thorn Art 9 Rn 15; s auch Leible/Freitag Grünbuch zum Internationalen Vertragsrecht S 167, 181 ff und Ferrari/Leible/Thorn, Ein Internationales Vertragsrecht für Europa, S 129, 145 f). Indes erstreckt sich auch nach neuer Rechtslage der Verweis der Art 3 ff auf die Eingriffsnormen des Vertragsstatuts (vgl Lando/Nielsen CMLR 08, 1687, 1719; Magnus IPRax 10, 27, 42; jurisPK-BGB/Ringe Art 9 Rn 39; W-H Roth FS Kühne, 09, S 859, 873 mit zutreffendem Verweis auf den Giuliano/Lagarde Bericht BT-Drucks 10/503 S 58). Neben der andernfalls drohenden Unpraktikabilität sind nämlich keine Anhaltspunkte dafür ersichtlich, entspr zwingende Vorschriften allein unter den Einschränkungen des Abs 3 Platz greifen zu lassen. Es dürfte zudem mit dem Parteiwillen im Einklang stehen, eine bestimmte Rechtsordnung in ihrer Gesamtheit zur Anwendung zu berufen. Diese Öffnungsklausel hat demnach ausschließlich Eingriffsnormen im Blick, die weder der lex fori noch der der lex causae entstammen.

14 V. Hinsichtlich der „**Rechtsfolgen**" v Art 9 (streng genommen bestimmt die jeweilige int zwingende Regelung die Rechtsfolge selbst) ist zwischen inländischen und den am Erfüllungsort geltenden Eingriffsnormen **zu differenzieren**. Denn während Abs 2 hinsichtlich der erstgenannten v deren „Anwendung" spricht, kann letzteren nach Maßgabe v Abs 3 (nur) „Wirkung verliehen werden". Liegen die Voraussetzungen einer int zwingenden Bestimmung des **Forumstaates** vor, die sich gegen das Vertragsstatut durchsetzt, ist diese gem Abs 2 stets anzuwenden. Die **Rechtsfolgen** sind folglich **dieser Eingriffsnorm zu entnehmen**. IÜ gilt gem Art 12 lit e nach wie vor die lex causae; die für das Vertragsverhältnis maßgebliche Rechtsordnung entscheidet also zB über die Rückabwicklung eines solchen im Falle seiner Nichtigkeit (MK/Martiny Art 9 Rn 55; Sendmeyer IPRax 10, 500, 503; aA Lando/Nielsen CMLR 08, 1687, 1716: Geltung der lex fori). In Bezug auf **Eingriffsnormen des Erfüllungsstaates** statuiert Abs 3 keinen derart strikten Anwendungsbefehl. Zum einen steht es den mitgliedstaatlichen Spruchkörpern insofern offen, Eingriffsnormen des Erfüllungsstaates überhaupt Rechnung zu tragen (vgl jurisPK-BGB/Ringe Art 9 Rn 32). Die in **Abs 3 S 2** statuierte Vorgabe (hier ist insb an das Zusammentreffen v Eingriffsnormen verschiedener Staaten zu denken; jurisPK-BGB/Ringe Art 9 Rn 35) beinhaltet jedoch zwingend zu berücksichtigende (demgemäß v einem zweistufigen Regelungsprogramm sprechend: Freitag IPRax 09, 109, 111) **Maßgaben zur richterlichen Ermessensausübung** (PWW/Remien Art 9 Rn 43; W-H Roth FS Kühne, 09, S 859, 877; Sonnenberger FS Kropholler, 08, S 227, 243). Stimmen demnach die zwingenden Vorschriften mit – soweit diese existieren – den Grds der int Rechtsgemeinschaft oder lex fori überein, besteht kein Grund, sie iR einer wertenden Entscheidung unberücksichtigt zu lassen (vgl Pfeiffer EuZW 08, 622, 628; PWW/Remien Art 9 Rn 43; jurisPK-BGB/Ringe Art 9 Rn 34; W-H Roth FS Kühne, 09, S 859, 877; ausf Freitag IPRax 09, 109, 111). Zum anderen enthält der Sekundärrechtsakt keine Vorgaben, auf welchem Wege ausl Eingriffsrecht Wirkung verliehen

werden kann. Zulässig ist demnach sowohl eine **materiellrechtliche Berücksichtigung** iRd Vertragsstatuts als auch die unter dem Regime des Art 34 EGBGB aF vorzugswürdige (zum bisherigen Streitstand s Koch/Magnus/Winkler v Mohrenfels § 5 Rn 54 ff) **kollisionsrechtliche Sonderanknüpfung** (Freitag IPRax 09, 109, 114 f; PWW/Remien Art 9 Rn 45; jurisPK-BGB/Ringe Art 9 Rn 37; Palandt/Thorn Art. 9 Rn 13; demggü eine Lesart v Abs 3 ausschließlich zG einer Sonderanknüpfung favorisierend: Einsele WM 09, 289, 296; Koch/Magnus/Winkler v Mohrenfels § 5 Rn 58; Leible/Lehmann RIW 08, 528, 542). Demnach bleibt es insofern dem Ermessen des Rechtsanwenders überlassen, den Zweck der zwingenden Bestimmungen Rechnung zu tragen, um etwa Normenwidersprüchen oder -häufungen zu begegnen (zu Anpassungslösungen Pfeiffer EuZW 08, 622, 628; W-H Roth FS Kühne, 09, S 859, 877; s auch MK/Martiny Art 9 Rn 52). Allerdings befindet erneut insoweit die lex causae etwa darüber, wie sich auf ausl Eingriffsrecht resultierende Unwirksamkeit einer Vertragsklausel auf den Gesamtvertrag auswirkt (MK/Martiny Art 9 Rn 54; s auch W-H Roth, FS Kühne, 09, S 859, 875; einen Rückgriff auf das gem Abs 3 ermittelte Recht favorisierend Lando/Nielsen CMLR 08, 1687, 1716 f).

In seltenen Fällen kann es zu **Spannungen** zwischen den int zwingenden Regeln der lex fori, lex causae oder denjenigen eines dritten Staates kommen. Werden gleichzeitig mehrere Eingriffsnormen zur Anwendung berufen und führen diese zu divergierenden Ergebnissen, so **gebührt den int zwingenden Vorschriften des deutschen Rechts Vorrang** (Clausnitzer/Woopen BB 08, 1978, 1805; Palandt/Thorn Art 9 Rn 16). Demggü erscheint es bei Verbraucherverträgen vorzugswürdig, die günstigere Eingriffsnorm heranzuziehen. 15

Artikel 10 Einigung und materielle Wirksamkeit

(1) Das Zustandekommen und die Wirksamkeit des Vertrags oder einer seiner Bestimmungen beurteilen sich nach dem Recht, das nach dieser Verordnung anzuwenden wäre, wenn der Vertrag oder die Bestimmung wirksam wäre.
(2) Ergibt sich jedoch aus den Umständen, dass es nicht gerechtfertigt wäre, die Wirkung des Verhaltens einer Partei nach dem in Absatz 1 bezeichneten Recht zu bestimmen, so kann sich diese Partei für die Behauptung, sie habe dem Vertrag nicht zugestimmt, auf das Recht des Staates ihres gewöhnlichen Aufenthalts berufen.

I. Um alle Fragen bzgl des Vertrags einem **einheitlichen Statut** zu unterstellen (Rauscher/Freitag Art 10 Rn 1; MK/Spellenberg Art 10 Rn 6 f), beurteilen sich dessen Zustandekommen sowie die Wirksamkeit laut Abs 1 (Rn 2 ff) nach demjenigen Recht, das im Falle der Gültigkeit des Schuldverhältnisses maßgeblich wäre. Abs 2 (Rn 6 ff) sieht hingegen eine auf Billigkeitsgesichtspunkten beruhende **ergänzende Sonderanknüpfung** vor. Danach gelangt ausnahmsweise das Recht am gewA derjenigen Partei zur Anwendung, die sich darauf beruft, dem Vertrag nicht zugestimmt zu haben und der ggü ein Festhalten am Statut nach den Einzelfallumständen nicht zumutbar erscheint. Die Vorschrift entspricht damit Art 31 EGBGB aF (Art 8 EVÜ). Die Rechtslage bleibt folglich weitestgehend unverändert (Mankowski IHR 08, 133, 149). 1

II. Entstehen und Wirksamkeit eines Schuldvertrages richten sich gem **Abs 1** nach dem **hypothetischen Vertragsstatut**. Maßgeblich sind demnach grds die Art 3 ff. Sollten (int) zwingende Vorschriften Zustandekommen und Wirksamkeit betreffen, gehen Eingriffsnormen iSv Art 9 sowie bei einer Rechtswahl Art 3 III, IV, 6 II, 8 I und Art 46 b EGBGB vor (Palandt/Thorn Art 10 Rn 2), was dem Ideal des Einheitsstatuts zuwiderläuft, aus den jeweiligen Schutzzweckerwägungen aber gerechtfertigt erscheint. Gleiches gilt im Grds für die v Hauptvertrag zu unterscheidende Rechtswahlabrede (Art 3 V iVm Art 10). Für Letztere ist unerheblich, ob die gewählte Rechtsordnung iErg zur Nichtigkeit des Hauptvertrages führt, während dieser bei unwirksamer Rechtswahl objektiv angeknüpft werden muss (Reithmann/Martiny/Martiny Rn 299; Gebauer/Wiedmann/Nordmeier Kap 37 Rn 95). Die Form beider Rechtsgeschäfte beurteilt sich nach (Art 3 V iVm) Art 11, die Geschäftsfähigkeit nach Art 7 EGBGB bzw iRd Verkehrs- 2 schutzes (Art 3 V iVm) Art 13. Die Folgen der Nichtigkeit eines Vertrages unterliegen Art 12 I lit e (vgl dort Rn 9).

3 1. Das **Zustandekommen** eines Schuldvertrages iSd Abs 1 erfasst sämtliche Vorschriften über die **vertragliche Einigung**, also insb Regelungen zu Angebot, Annahme, Abgabe und Zugang, aber auch den Dissens sowie Bestimmungen zur Bedeutung des Schweigens, soweit diese nicht Abs 2 unterfallen (PWW/Brödermann/Wegen Art 10 Rn 7; jurisPK-BGB/Limbach Art 10 Rn 5).

4 2. Abs 1 greift ferner ein, wenn die **Wirksamkeit** des Vertrages in Frage steht, erstreckt sich also auf Bereiche, die weder dem Zustandekommen noch der Form des Vertrages zuzurechnen sind. Der Begriff der Wirksamkeit schließt Willensmängel (PWW/Brödermann/Wegen Art 10 Rn 8; Staud/Hausmann Art 10 Rn 23 ff; differenzierend jurisPK-BGB/Limbach Art 10 Rn 6 mwN) ebenso ein wie das Handeln unter fremdem Namen (vgl OLG Hamburg TranspR 96, 40), die Folgen einer Bedingung oder Befristung (MK/Spellenberg Art 10 Rn 106; vgl jurisPK-BGB/Limbach Art 10 Rn 9; zum alten Recht: Mankowski RIW 96, 387; str) sowie Sitten- und Gesetzeswidrigkeit (jurisPK-BGB/Limbach Art 10 Rn 10; Staud/Hausmann Art 10 Rn 26 ff; vgl BGHZ 94, 268).

5 3. Auch die **Verwendung v AGB** unterfällt Abs 1. So ist die Frage der wirksamen **Einbeziehung** vorformulierter Standardklauseln dem Begriff des Zustandekommens zuzuordnen (jurisPK-BGB/Limbach Art 10 Rn 7; vgl zu AGB-Banken Weller IPRax 05, 429 f), während die **Inhaltskontrolle** und die Folgen unwirksamer Klauseln Fragen der Wirksamkeit darstellen (PWW/Brödermann/Wegen Art 10 Rn 7; vgl ausf Heiss RabelsZ 65 [01], 636 ff). Umstr war bereits unter der Geltung des Art 31 EGBGB aF die Qualifikation der aus dem Transparenzgebot abgeleiteten Anforderungen an die Klarheit und Verständlichkeit v AGB, da dieses Gebot sowohl in die Einbeziehungs- als auch Inhaltskontrolle fließt. Auch das allg Sprachrisiko (zB die Einbeziehung fremdsprachlicher AGB) bildet keinen eigenen Anknüpfungsgegenstand iSd Abs 2, sondern richtet sich nach dem durch Abs 1 berufenen Sachrecht (Reithmann/Martiny/Martiny Rn 274). Zur str Frage kollidierender Rechtswahlklauseln Rauscher/Freitag Art 10 Rn 13 ff; jurisPK-BGB/Limbach Art 10 Rn 14 f; MK/Spellenberg Art 10 Rn 168 f sowie Art 3 Rn 10.

6 III. 1. **Abs 2** dient der ergänzenden Durchsetzung des Umweltrechts einer Partei für den Fall, dass das an sich maßgebliche Statut ihrem Verhalten bei Vertragsschluss Folgen beimisst, deren Ausmaß sie nicht überblicken konnte (vgl Rauscher/Freitag Art 10 Rn 3). Die Norm schützt damit die **negative Vertragsfreiheit** (vgl Looschelders Art 31 EGBGB Rn 14); Hauptanwendungsfall bildet die rechtsgeschäftliche **Bedeutung des Schweigens** (Palandt/Thorn Art 10 Rn 5).

7 2. **Voraussetzung v Abs 2** ist zunächst, dass Abs 1 nicht das Recht am gewA derjenigen Partei zur Anwendung beruft, die sich gegen das Zustandekommen des Vertrages wendet. Ferner muss die schuldrechtliche Vereinbarung nach der lex causae, nicht aber nach dem Umweltrecht wirksam zustande gekommen sein. Führt bereits jenes Statut zur Unwirksamkeit des Rechtsgeschäfts, scheidet Abs 2 tatbestandlich aus; insb kann die Bestimmung nicht herangezogen werden, um eine nach dem Vertragsstatut ungültige Vereinbarung durch das Aufenthaltsrecht zu heilen (Staud/Hausmann Art 10 Rn 57; Palandt/Thorn Art 10 Rn 4). Hierzu bedarf es vielmehr einer Neuvornahme (Rauscher/Freitag Art 10 Rn 17). Letztlich muss es den Gesamtumständen nach ungerechtfertigt erscheinen, das Verhalten der betreffenden Partei als Zustimmung zum Vertrag zu werten. Die Beurteilung erfolgt im Wege einer Interessenabwägung (Gebauer/Wiedmann/Nordmeier Kap 37 Rn 96). Aufgrund des Ausnahmecharakters der Norm, welche den Grds der Einheitlichkeit des Vertragsstatuts einschränkt, hat ihre Auslegung restriktiv zu erfolgen (Rauscher/Freitag Art 10 Rn 22). Eine Korrektur des Statuts ist zB abzulehnen, wenn sich die beanstandende Partei aus freien Stücken auf die Anwendung einer fremden Rechtsordnung eingelassen hat (MK/Spellenberg Art 10 Rn 243) oder mit der v ihr beigemessenen Wirkung des eigenen Verhaltens hätte rechnen müssen (vgl BGHZ 57, 77). Als Abwägungskriterien kommen die (Un-)Erfahrenheit der Partei, bereits bestehende Geschäftsbeziehungen oder das Vorliegen eines Distanzgeschäftes in Betracht (PWW/Brödermann/Wegen Art 10 Rn 12).

3. Die ergänzende Sonderanknüpfung in Abs 2 bezieht sich nur darauf, ob zwischen den Parteien eine Einigung erfolgt ist. Die Kollisionsnorm greift demnach nicht im gesamten Geltungsbereich des Abs 1 ein, sondern allein im Hinblick auf das **Zustandekommen** (PWW/Brödermann/Wegen Art 10 Rn 14; Reithmann/Martiny/Martiny Rn 301). Geschützt wird vor allem das **fehlende Erklärungsbewusstsein**. Durch Abs 2 können somit Vorschriften des Vertragsstatuts korrigiert werden, die dem Schweigen rechtsgeschäftlichen Erklärungsgehalt beimessen (Gebauer/Wiedmann/Nordmeier Kap 37 Rn 96; vgl auch BGHZ 57, 77). Dies betrifft zB die **stillschweigende Einbeziehung v AGB** (zum alten Recht BGHZ 135, 137) oder das Schweigen auf ein **kaufmännisches Bestätigungsschreiben** (Palandt/Thorn Art 10 Rn 5). Nicht erfasst werden hingegen Willensmängel (PWW/Brödermann/Wegen Art 10 Rn 14; Rauscher/Freitag Art 10 Rn 16; Staud/Hausmann Art 10 Rn 52; aA Palandt/Thorn Art 10 Rn 5). Auch weitergehende Fragen wie das Bestehen eines Rücktritts-, Widerrufs- oder Kündigungsrechts unterliegen dem Vertragsstatut, da in diesen Fällen bereits eine wirksame Willenserklärung vorliegt (Rauscher/Freitag Art 10 Rn 20; Palandt/Thorn Art 10 Rn 5; aA MK/Spellenberg Art 10 Rn 214). Gleiches muss im Grds für Fälle wie den (aus deutscher Perspektive) „Klassiker" der Trierer Weinversteigerung gelten, bei welchem lediglich ein „potentielles Erklärungsbewusstsein" besteht und sodann eine Anfechtung analog § 119 I Var 2 BGB erfolgen kann (hierzu Vor §§ 116–144 BGB Rn 5).

4. Abs 2 ist im Wege der **Einrede** geltend zu machen (jurisPK-BGB/Limbach Art 10 Rn 20). Es genügt, dass sich die betreffende Partei gegen das Zustandekommen der Vereinbarung wehrt; nicht erforderlich ist eine ausdrückliche Bezugnahme auf ihr Umweltrecht (Palandt/Thorn Art 10 Rn 4).

Artikel 11 Form

(1) Ein Vertrag, der zwischen Personen geschlossen wird, die oder deren Vertreter sich zum Zeitpunkt des Vertragsschlusses in demselben Staat befinden, ist formgültig, wenn er die Formerfordernisse des auf ihn nach dieser Verordnung anzuwendenden materiellen Rechts oder die Formerfordernisse des Rechts des Staates, in dem er geschlossen wird, erfüllt.
(2) Ein Vertrag, der zwischen Personen geschlossen wird, die oder deren Vertreter sich zum Zeitpunkt des Vertragsschlusses in verschiedenen Staaten befinden, ist formgültig, wenn er die Formerfordernisse des auf ihn nach dieser Verordnung anzuwendenden materiellen Rechts oder die Formerfordernisse des Rechts eines der Staaten, in denen sich eine der Vertragsparteien oder ihr Vertreter zum Zeitpunkt des Vertragsschlusses befindet, oder die Formerfordernisse des Rechts des Staates, in dem eine der Vertragsparteien zu diesem Zeitpunkt ihren gewöhnlichen Aufenthalt hatte, erfüllt.
(3) Ein einseitiges Rechtsgeschäft, das sich auf einen geschlossenen oder zu schließenden Vertrag bezieht, ist formgültig, wenn es die Formerfordernisse des materiellen Rechts, das nach dieser Verordnung auf den Vertrag anzuwenden ist oder anzuwenden wäre, oder die Formerfordernisse des Rechts des Staates erfüllt, in dem dieses Rechtsgeschäft vorgenommen worden ist oder in dem die Person, die das Rechtsgeschäft vorgenommen hat, zu diesem Zeitpunkt ihren gewöhnlichen Aufenthalt hatte.
(4) ¹Die Absätze 1, 2 und 3 des vorliegenden Artikels gelten nicht für Verträge, die in den Anwendungsbereich von Artikel 6 fallen. ²Für die Form dieser Verträge ist das Recht des Staates maßgebend, in dem der Verbraucher seinen gewöhnlichen Aufenthalt hat.
(5) Abweichend von den Absätzen 1 bis 4 unterliegen Verträge, die ein dingliches Recht an einer unbeweglichen Sache oder die Miete oder Pacht einer unbeweglichen Sache zum Gegenstand haben, den Formvorschriften des Staates, in dem die unbewegliche Sache belegen ist, sofern diese Vorschriften nach dem Recht dieses Staates
  a) unabhängig davon gelten, in welchem Staat der Vertrag geschlossen wird oder welchem Recht dieser Vertrag unterliegt, und
  b) von ihnen nicht durch Vereinbarung abgewichen werden darf.

1 I. 1. Art 11 legt fest, welche Rechtsordnung die **selbstständig anzuknüpfende Teilfrage der Formbedürftigkeit** des Vertrages bestimmt. Damit stellt die Sonderanknüpfung gewissermaßen das Gegenstück zur materiellen Wirksamkeit in Art 10 dar (Calliess/Loacker Rome Regulations Art 11 Rn 1). Da die Rom I-VO nur für Schuldverträge gilt, die ab dem 17.12.09 (vgl Art 29 Rn 1) geschlossen wurden, greift vor diesem Stichtag Art 11 EGBGB aF (zur aktuellen Fassung und dem verbliebenen Anwendungsbereich s die Kommentierung dort). Dabei stimmen Art 11 und Art 11 EGBGB aF (Art 9 EVÜ) in weiten Teilen überein. Eine **Änderung** bringt namentlich die zusätzliche Anknüpfungsmöglichkeit an den **gewA** bei grenzüberschreitenden Distanz- (**Abs 2 Var 3**) und einseitigen Rechtsgeschäften (**Abs 3 Var 3**). Das der Sonderkollisionsnorm zugrunde liegende Grundprinzip besteht in der **Förderung der Formwirksamkeit im Wege alternativer Anknüpfung** (favor negotii; Lando/Nielsen CMLR 08, 1687, 1717 f; Gebauer/Wiedmann/Nordmeier Kap 37 Rn 97). Was unter „Formerfordernis" zu verstehen ist, bedarf **autonomer Qualifikation** (Gebauer/Wiedmann/Nordmeier Kap 37 Rn 97; vgl Vor Art 1 Rn 2). Als Ausgangspunkt mag man festhalten, dass es um ein dem Erklärenden vorgeschriebenes äußeres Verhalten geht, dessen Einhaltung conditio sine qua non für die Wirksamkeit der Willenserklärung ist (vgl Bericht Giuliano/Lagarde BT-Drucks 10/503, 61). Entscheidend für die Abgrenzung zu materiellrechtlichen Wirksamkeitsvoraussetzungen dürften typische Formzwecke wie die **Beratungs-, Beweis- und Warnfunktion** sein (zutreffend Palandt/Thorn Art 11Rn 3; vgl auch jurisPK-BGB/Ringe Art 11 Rn 12 ff sowie die Kommentierung zu Art 12 EGBGB Rn 6). Streit besteht darüber, ob eine Regelung über die **Vertragssprache** als Formvorschrift zu qualifizieren ist (so Reinhart RIW 77, 19; aA Palandt/Thorn Art 11 Rn 3: Vertragsstatut; vgl ebenfalls Rauscher/v Hein Rn 11; PWW/Mörsdorf-Schulte Art 11 Rn 5; MK/Spellenberg Art 10 Rn 35; Reithmann/Martiny/Reithmann Rn 742; s § 483 BGB Rn 6). Sachgerecht erscheint hier eine Differenzierung nach dem Zweck der Vorschrift (so Downes/Heiss ZVglRWiss 99, 41; Freitag IPRax 99). Für die Gültigkeit der Abrede reicht es aus, wenn bereits das Formerfordernis einer der alternativ zur Anwendung berufenen Rechtsordnungen eingehalten ist (favor validitatis). Erfüllt der Vertrag insofern hingegen keine der in Betracht kommenden Anforderungen, richten sich die Folgen im Lichte des Grds favor negotii nach dem mildesten Recht (vgl Rauscher/v Hein Art 11 Rn 18). Beachtung verdient, dass **Art 11 gem Art 3 V** auch für die kollisionsrechtliche Rechtswahlabrede gilt. Zu gewärtigen bleibt schließlich, dass Formvorschriften in völkerrechtlichen Übereinkommen (bspw enthalten die Art 11 f, 19 UN-Kaufrecht [BGBl II 89, S 588; berichtigt BGBl II 90, S 1699] Formvorschriften; vgl auch Art 11 EGBGB Rn 2) gem Art 25 ein Vorrang ggü Art 11 zukommt (jurisPK-BGB/Ringe Art 11 Rn 4). Abs 1 (Rn 2) regelt konsensuale Verträge bei gleichzeitiger Anwesenheit der Parteien (oder deren Vertreter), Abs 2 (Rn 3) betrifft entspr länderübergreifende Distanzgeschäfte. Art 11 III (Rn 4) befasst sich mit der Formgültigkeit bei einseitigen Rechtsgeschäften. Für Verbraucherverträge (Abs 4; Rn 5) bzw Abreden, die unbewegliche Sachen betreffen (Abs 5; Rn 6) gelten grds v Art 11 I–III abweichende Anknüpfungen.

2 2. Sofern sich die Parteien (oder deren Vertreter; als solcher gilt auf kollisionsrechtlicher Ebene allein der „Stellvertreter im Willen", der v demjenigen „in der Erklärung" bzw Boten abzugrenzen ist; die Formgültigkeit der Bevollmächtigung ist eigenständig zu beurteilen [vgl dazu Palandt/Thorn Anh zu Art 10 EGBGB Rn 1 ff] und kann sich aus dem Vollmachts- als Geschäftsstatut oder dem Ortsrecht ergeben; vgl zum Ganzen Art 11 EGBGB Rn 13) bei Abschluss des Vertrages in demselben Staat befinden, legt **Art 11 I** fest, dass es für die Formgültigkeit ausreicht, wenn die entspr Erfordernisse **des (hypothetischen) Vertrags- oder – alternativ – Ortsstatuts** erfüllt sind. Die **Anforderungen an den gleichzeitigen Aufenthalt in einem Staat** sind gering. Es genügt ein rein tatsächlicher, der auch nur flüchtig sein kann, während es zu weit ginge, die gleichzeitige körperliche Anwesenheit bei Abschluss des Rechtsgeschäfts oder gar einen gemeinsamen gewA zu fordern (Rauscher/v Hein Art 11 Rn 16; Calliess/Loacker Rome Regulations Art 11 Rn 42; Gebauer/Wiedmann/Nordmeier Kap 37 Rn 99; MK/Spellenberg Art 11 Rn 18). Zur **Ermittlung der lex causae** zieht man die **Art 3 ff** heran. Ergibt sich hierbei, dass in concreto ein „Rechtsmix" die Abrede beherrscht (zB weil die Rechtswahlschranken der Art 3 III oder IV greifen), bleibt zu erwägen, ob die Alternativität im Lichte des Begünstigungsprinzips nicht entspr auf die darin vorkommenden Rechtsordnungen erweitert werden sollte. Ein nachträglich gewähltes Vertragsstatut (Art 3 II 1) berührt nicht die Gültigkeit einer zuvor eingehaltenen Form (Art 3 II 2). Allerdings kann iSd favor negotii ein zunächst formunwirksames Rechtsgeschäft durch nachträgliches Ausüben der Parteiautonomie geheilt werden, sofern die nun geltenden Vorschriften schwächer sind (jurisPK-BGB/Ringe Art 11 Rn 21). Sieht die lex causae zB die notarielle Beurkundung vor, ist zu entscheiden, ob jene auch durch einen ausl Notar erfüllt werden kann (hierzu ausf Art 11 EGBGB Rn 10). Das **Ortstatut** betrifft bei Inlandskonstellationen den **Ort, an dem die Annahme erklärt wird** (Palandt/Thorn Art 11 Rn 11; Gleiches gilt für Abs 2: MK/Spellenberg Art 11 Rn 23). Eine **vorsätzliche Umgehung** strengerer Formvorschriften durch Fahrten in Länder mit liberalen Bestimmungen **ist möglich** (Calliess/Loacker Rome Regulations Art 11 Rn 41; jurisPK-BGB/ Ringe Art 11 Rn 23). Es darf den Parteien nämlich nicht verwehrt werden, die sich aus der uneingeschränkten Zulassung der Ortsform ergebenden Vorteile zu nutzen. Innerhalb der v der Rom I-VO festgelegten Rechtswahlschranken können die Parteien **in Ausübung der Parteiautonomie** (Art 3) **die Geltung auf eine der beiden Alternativen begrenzen** (Rauscher/v Hein Art 11 Rn 12; PWW/Mörsdorf-Schulte Art 11 Rn 6; jurisPK-BGB/Ringe Art 11 Rn 27; Palandt/Thorn Art 11 Rn 4, 8).

3. Liegt ein **grenzüberschreitendes Distanzgeschäft** vor, befinden sich die Parteien (oder deren Vertreter; s hierzu die vorige Rn) also in unterschiedlichen Staaten, sieht **Abs 2** sogar drei alternative Anknüpfungspunkte vor. Das erhöht die Wahrscheinlichkeit der Formwirksamkeit (Palandt/Thorn Art 11 Rn 13). Es genügt danach, wenn das Geschäftsstatut, die Rechtsordnungen, in dessen Staaten sich die Beteiligten oder deren Vertreter beim Vertragsschluss befinden oder diejenigen des gewA der Parteien den Vertrag für formwirksam erklären. Letztgenanntes Anknüpfungskriterium (hierzu Art 19) gab es bei Art 11 II EGBGB aF noch nicht (zu den anderen beiden s die vorige Rn). Diese neue Alternative kompensiert die Zufälligkeit der Rechtsfindung, welche die Bezugnahme auf den tatsächlichen Aufenthaltsort bisweilen mit sich bringen mag (Rauscher/v Hein Art 11 Rn 21; jurisPK-BGB/Ringe Art 11 Rn 31). Für Vertreter gilt sie nach dem eindeutigem Wortlaut nicht (Calliess/Loacker Rome Regulations Art 11 Rn 56; aA Reithmann/Martiny/Reithmann Rn 765 f). Im Lichte des favor negotii sollte der Begriff des länderübergreifenden Distanzgeschäfts extensiv verstanden werden, da hier mehr Ortsrechte als bei den reinen innerstaatlichen Geschäften zur Verfügung stehen (PWW/Mörsdorf-Schulte Art 11 Rn 10). V Abs 2 sollte man deshalb schon dann ausgehen, wenn entweder eine der Parteien oder ein Stellvertreter sich nicht im Abschlussstaat befindet (aA Rauscher/v Hein Art 11 Rn 20 f: Stets auf den konkret „Abschließenden" abstellen). Für diese Lesart spricht auch der Gesetzeswortlaut („oder" anstatt „bzw").

4. Beziehen sich **einseitige Rechtsgeschäfte** auf einen bereits existenten oder in Aussicht genommenen Vertrag (Widerruf; Kündigung; Vertragsversprechen usw), ordnet **Art 11 III** dieselben Anknüpfungsmomente wie in Abs 2 (vorige Rn) für die Ermittlung des anwendbaren Rechts an. Auch insoweit fügte der EU-Gesetzgeber im Vergleich zu Art 11 EGBGB aF den gewA als Anknüpfungskriterium hinzu. Da er sich aber **bewusst dagegen entschieden hat**, hierbei **die Vertreter der Parteien mit einzubeziehen** (vgl den Wortlautvergleich v Abs 1, 2 einer-, Abs 3 andererseits sowie KOM [05] 650, 9 e contrario), erfährt deren gewöhnlicher wie tatsächlicher Aufenthaltsort auch im Wege der Analogie grds keine Berücksichtigung (Calliess/Loacker Rome Regulations Art 11Rn 70; Gebauer/Wiedmann/Nordmeier Kap 37 Rn 101; aA Rauscher/v Hein Art 11 Rn 27; zur entspr Rechtsfortbildung bei Art 11 EGBGB s die dortige Kommentierung Rn 13). Das bedeutet freilich nicht, dass bei einseitigen formbedürftigen Rechtsgeschäften nie niemals ein Vertreter handeln dürfte. Insofern als der Vornahmeort als die Stelle der Abgabe der Erklärung anzusehen ist (Rauscher/v Hein Art 11 Rn 25; MK/Spellenberg Art 11 Rn 24), mag bei der Aktivvertretung zwar prima facie befremden, dass neben dem gewA des Geschäftsherrn auch dessen tatsächlicher Aufenthalt maßgeblich sein soll. Denn Letzterer kann v dem des Vertreters abweichen (ist der Vertretene bei Abgabe der Willenserklärung durch seinen Repräsentanten bspw im Urlaub, gilt das dortige Recht, obgleich dieses überhaupt keine Verbindung mit dem Vertrag aufweist). Aufgrund fehlender planwidriger Regelungslücke muss dies jedoch hingenommen werden. De lege ferenda erscheint insofern zumindest eine Klarstellung angezeigt.

5 **5.** Bei einem **Verbrauchervertrag**, der Art 6 unterfällt, gelten die ersten drei Abs laut Art 11 IV 1 nicht. Für Formvorschriften solcher Abreden beruft **Abs 4 S 2** einzig das **Umweltrecht des Verbrauchers** als potentiell unterlegene Vertragspartei (vgl Erwägungsgrund 23) zur Anwendung (zum gewA: Art 19). Eine Rechtfertigung soll diese starre Verweisung mit dem zumeist besonders engen Zusammenhang zwischen verbraucherschützenden Sachvorschriften und den Formerfordernissen erfahren (Rauscher/v Hein Art 11 Rn 28). Ein konkreter Günstigkeitsvergleich erfolgt insofern eben nicht (Gebauer/Wiedmann/Nordmeier Kap 37 Rn 102; MK/Spellenberg Art 11 Rn 29; Palandt/Thorn Art 11 Rn 15; PWW/Brödermann/Wegen Art 11 Rn 11). Wenngleich eventuelle Formerfordernisse aus Gründen der Rechtssicherheit bereits vor Abschluss des Vertrages feststehen sollten, stößt dies auf methodische Bedenken (krit ebenfalls unter dem Regime des EGBGB Looschelders Art 29 Rn 72 mwN auch zur Gegenauffassung). So ist etwa denkbar, dass Art 6 II den Vertrag einem gewählten ausl Sachrecht unterstellt, welches günstiger ausfällt als das Umweltrecht des Konsumenten. Dennoch führt Art 11 IV zwingend zur Geltung letztgenannter Formvorschriften. IdR sind Verbraucherschutzbestimmungen und Formvorschriften jedoch aufeinander abgestimmt, was sich etwa bei Schutzinstrumenten wie dem Widerrufsrecht nachweisen lässt. Eine starre Formanknüpfung sprengt diesen Systemzusammenhang. **Im Regelungsbereich des Art 6 genießt Art 11 IV zudem v Grds her Vorrang ggü Art 46 b EGBGB.** Vor dem Hintergrund der Tatsache, dass die Verbraucherschutzrichtlinien vielfach kollisionsrechtliche Regelungsgebote mit Günstigkeitsvergleich vorsehen (Art 46 b EGBGB Rn 17, 26), steht Art 11 IV im Widerspruch zu diesen Vorgaben. Dieser bislang in Art 29 III EGBGB aF verankerte Sekundärrechtsverstoß ließ sich in Anbetracht des klaren Wortlauts sowie des v Konventions- bzw deutschen Gesetzgeber geäußerten Willens nicht heilen. Nunmehr enthält allerdings **Art 23** den Hinweis, wonach die Rom I-VO die Anwendung besonderer Kollisionsnormen des Gemeinschaftsrechts unberührt lässt. So mag man über Art 46 b EGBGB zu speziellen Formanknüpfungen gelangen, welche dem Günstigkeitsvergleich zugänglich sind (vgl auch MK/Spellenberg Art 11 Rn 29). Dessen ungeachtet erscheint auch die zuletzt genannte Vorschrift mangels ausdrücklichen Günstigkeitsvergleichs als sekundärrechtswidrig (Art 46 b EGBGB Rn 17; vgl aber Art 46 b EGBGB Rn 26). Weiterhin zulässig und geboten ist jedoch die richtlinienkonforme Auslegung der Norm (dies gilt insb vor dem Hintergrund v BGH NJW 09, 427 ff). Sollte Art 6 nicht einschlägig sein, bleibt mangels Eingreifen v Art 11 IV der Rückgriff auf die Art 3 III, IV sowie Art 46 b EGBGB für zwingende Formvorschriften indessen grds möglich, sofern keine Formanknüpfung nach Art 11 V erfolgt. Die Anknüpfung in **Art 11 IV ist keiner Rechts(ab)wahl zugänglich** (MK/Spellenberg Art 11 Rn 39).

6 **6.** Verträge, die ein **dingliches Recht an einer unbeweglichen Sache oder die Miete/Pacht hieran** zum Gegenstand haben (vgl auch Art 4 I lit c; 6 IV lit c), unterliegen nicht vorbehaltlos den Verweisungsregeln der Abs 1–4. Vielmehr gelten gem **Art 11 V** die Formvorschriften der lex rei sitae, sofern sie zwingendes Recht darstellen (lit b) und unabhängig v Ort des Vertragsschlusses sowie der lex causae der Hauptabrede gelten (lit a). Art 11 IV EGBGB aF wurde durch die europäische Verweisungsregel obsolet und ist gestrichen worden (Art 11 EGBGB Rn 1). Nur wenn die zuvor genannten Prämissen, welche denen int zwingender Bestimmungen nahekommen (PWW/Mörsdorf-Schulte Art 11 Rn 12), *in concreto nicht erfüllt sind* (maßgeblich für diese Frage ist das Belegenheitsrecht), greift man auf Art 11 I, II und IV zurück. Vor dem Hintergrund des Begünstigungsprinzips hält Mörsdorf-Schulte die lex rei sitae nicht anstatt, sondern stets zusätzlich zu den sich aus den Verweisungsregeln der Abs 1–4 ergebenden Rechtsordnungen für beachtlich (PWW/Mörsdorf-Schulte Art 11 Rn 12). Das dürfte aber bereits mit dem entgegenstehenden Wortlaut ("Abweichend von") nicht zu vereinbaren

sein. Sind die Voraussetzungen des Abs 5 erfüllt, verdrängt er deshalb die anderen Vorschriften. Art 11 V untersteht nicht der Parteiautonomie (vgl Rauscher/v Hein Art 11 Rn 12). § 311 b I BGB erfüllt die obigen Anforderungen nicht (MK/Spellenberg Art 11 Rn 36). Ein inländisches Grundstück kann daher formlos verkauft werden, wenn das Geschäftsstatut oder das Recht am Vornahmeort dies zulassen. Unterliegt der Kauf eines ausl Grundstücks indes deutschem Recht, so gelangt ebenso § 311 b I 1 BGB zur Anwendung (vgl BGH NJW 79, 1773). Bei Missachtung dieser Formvorgabe tritt Heilung in Analogie zu § 311 b I 2 BGB ein, wenn nach dem fremden Belegenheitsrecht als Sachstatut ein Eigentumsübergang stattgefunden hat, ohne dass es auf eine Grundbucheintragung ankommen muss (dazu BGHZ 73, 396; OLG Düsseldorf NJW 81, 530). Zu einer anderen Beurteilung mag man bei manchen Mieter- bzw Pächterschutzvorschriften gelangen (jurisPK-BGB/Ringe Art 11 Rn 43; MK/Spellenberg Art 11 Rn 36). Für Timesharing-Verträge kommt Art 46 b EGBGB wg Art 23 vorrangig in Betracht (Rauscher/v Hein Art 11 Rn 33).

II. Art 11 sieht kraft Art 20 einen **Sachnormverweis** vor, so dass ein Renvoi – Rück- 7 und Weiterverweisung – des ausl Kollisionsrechts unbeachtlich ist.

Artikel 12 Geltungsbereich des anzuwendenden Rechts

Das nach dieser Verordnung auf einen Vertrag anzuwendende Recht ist insbesondere maßgebend für
a) seine Auslegung,
b) die Erfüllung der durch ihn begründeten Verpflichtungen,
c) die Folgen der vollständigen oder teilweisen Nichterfüllung dieser Verpflichtungen, in den Grenzen der dem angerufenen Gericht durch sein Prozessrecht eingeräumten Befugnisse, einschließlich der Schadensbemessung, soweit diese nach Rechtsnormen erfolgt,
d) die verschiedenen Arten des Erlöschens der Verpflichtungen sowie die Verjährung und die Rechtsverluste, die sich aus dem Ablauf einer Frist ergeben,
e) die Folgen der Nichtigkeit des Vertrags.
(2) In Bezug auf die Art und Weise der Erfüllung und die vom Gläubiger im Falle mangelhafter Erfüllung zu treffenden Maßnahmen ist das Recht des Staates, in dem die Erfüllung erfolgt, zu berücksichtigen.

I. Art 12 enthält **keine Anknüpfungsregeln**, sondern bestimmt ausschließlich die **Reich-** 1 **weite** des nach dieser VO ermittelten **Vertragsstatuts bzw des auf den Forderungsübergang anzuwendenden Rechts** (Art 14). Die Vorschrift zielt darauf ab, alle mit der Abrede zusammenhängenden Fragen derselben Rechtsordnung zu unterstellen (PWW/Brödermann/Wegen Rn 5; jurisPK-BGB/Geiben Art 12 Rn 1; Calliess/Schulze Art 12 Rn 1). Kommt es zu einer Vertragsspaltung gem Art 3 I 3 so erfasst die jeweilige lex causae allein den seiner Herrschaft unterworfenen Ausschnitt des Gesamtrechtsgeschäfts (Staud/Magnus Art 12 Rn 15). Zu beachten sind überdies Rechtswahlschranken bzw Sonderanknüpfungen, welche zwingende Vorschriften etwa über Art 3 III, IV, 6 II, 8 I oder Art 46 b EGBGB durchsetzen sowie Eingriffsnormen iSv Art 9 (Palandt/Thorn Art 12 Rn 1).

II. **Reichweite des Vertragsstatuts:** Abs 1 enthält eine **beispielhafte Aufzählung** („insbe- 2 sondere") der diesem Statut unterfallenden Fragen. **Abs 2** weicht v Grds der Einheitlichkeit (s Rn 1) ab, indem er in Bezug auf die Art und Weise der Erfüllung sowie die Schlechtleistung auf das Recht des Erfüllungsortes verweist (Rauscher/Freitag Art 12 Rn 2; s Rn 5). Die in Art 12 verwandten Begriffe sind **autonom auszulegen** (vgl Vor Art 1 Rn 2). Nicht v Vertragsstatut erfasst wird die Teilfrage der Geschäftsfähigkeit; hier greift Art 7 EGBGB bzw – mit Blick auf den Verkehrsschutz – Art 13 (vgl auch Art 1 II lit a und f). Gleichermaßen ist die Form gesondert nach Art 11 anzuknüpfen. Zustandekommen und Wirksamkeit des Vertrages richten sich nach Art 10. Für den Beweis gilt Art 18. Besonders zu beachten bleibt ferner die neue Bestimmung des Art 17 für die Aufrechnung (s auch Rn 7). Die vorvertraglichen Pflichten erfasst die Rom I-VO ebenso wenig (Art 1 II lit i, Erwägungsgrund 10; Art 2 I, 12 Rom II-VO) wie Fragen der Vertretung (vgl Art 1 II lit g; jurisPK-BGB/Geiben Art 12 Rn 9), insb die diesbezügliche Eigenhaftung des Stellvertreters (zur Haftung des falsus procurator Behnen IPRax 11, 221).

3   1. Gem Abs 1 lit a unterfallen dem Vertragsstatut alle mit der **Auslegung des Vertrages** (sowie der einzelnen Willenserklärungen) und einseitiger Rechtsgeschäfte zusammenhängenden Fragen, insb die Berücksichtigung v Verkehrssitten und Handelsbräuchen sowie die ergänzende Auslegung (PWW/Brödermann/Wegen Art 12 Rn 10; jurisPK-BGB/Geiben Art 12 Rn 10; MK/Spellenberg Art 12 Rn 7). Werden fremdsprachliche Ausdrücke oder Begriffe einer anderen Rechtsordnung verwandt, so kann auch das dortige Verständnis in die Interpretation einzubeziehen sein (Staud/Magnus Art 12 Rn 30; Reithmann/Martiny/Martiny Rn 310; Calliess/Schulze Art 12 Rn 16; Palandt/Thorn Art 12 Rn 4). Das bedeutet indes nicht, dass das Statut auf die Deutung v Begriffen der VO einwirken kann (Gebauer/Wiedmann/Nordmeier Kap 37 Rn 105). Zudem erscheint **bzgl der Rechtswahlvereinbarung** eine **autonome Interpretation** angezeigt (Art 3 Rn 3; ebenso Staud/Magnus Art 3 Rn 66 [s aber auch Staud/ders Rn 28: lex fori]; Reithmann/Martiny/Martiny Rn 307; jurisPK-BGB/Ringe Art 3 Rn 14; aA Calliess/Schulze Rome Regulations art 12 Rn 20: Auslegung nach der lex causae; so auch im Ausgangspunkt MK/Spellenberg Art 12 Rn 8). Dafür streitet das Ziel eines internationalen Entscheidungsgleichklangs. Dem Ideal des Einheitlichkeitsstatuts widerspricht dies nicht, stellt sich die Rechtswahlabrede doch als eigenständiges Rechtsgeschäft dar. Gestützt wird diese Auffassung zusätzlich dadurch, dass iRv Art 3 nicht auf Art 12 (wohl aber auf die Art 10, 11 und 13, vgl Art 3 V) verwiesen wird. Anfechtung und Umdeutung sowie die Fragen nach Konsens und Dissens v Willenserklärungen fallen in den Anwendungsbereich des Art 10 (Art 10 Rn 3).

4   2. a) Das für den Vertrag maßgebliche Recht regelt gem **Abs 1 lit b** ferner die **Erfüllung der vertraglichen Verpflichtungen**. Es bestimmt den Inhalt der übernommenen Haupt- und Nebenpflichten sowie etwaiger Obliegenheiten (zB Auskunftsansprüche, Schutz- und Mitwirkungspflichten; vgl PWW/Brödermann/Wegen Art 12 Rn 13, 20), die Einordnung des Vertragstyps (MK/Spellenberg Art 12 Rn 55), die Einbeziehung Dritter ebenso wie die Leistung durch diese (zum echten Vertrag Vertrag mit oder mit Schutzwirkung zugunsten Dritter: Staudinger RRa 06, 146, 150 [noch zum alten Recht]; Letzterer dürfte indes autonom deliktisch zu qualifizieren sein, was sich bereits aus dem zur Abgrenzung der Rom I- v der Rom II-VO maßgeblichen Kriterium des „freiwilligen" Eingehens einer Verpflichtung [vgl Staudinger/Steinrötter JA 11, 241, 243] ergibt; denn obschon aus der Perspektive des deutschen Rechtsanwenders das richterrechtliche Institut des VSD materiellrechtlich nicht zur unerlaubten Handlung zu rechnen ist [hierzu § 328 BGB Rn 12 ff], mag die Einordnung auf der IPR-Ebene anders ausfallen; anzudenken bleibt allerdings, einen Gleichlauf zum Vertragsstatut über Art 4 III 1 Rom II-VO herzustellen; berufen werden kann dann etwa ebenso § 536 a I BGB iVm VSD bei einer Haftung des Vermieters ggü dem Dritten, und zwar kraft Art 4 I bzw III 1 Rom I-VO; iErg allg zustimmend Dutta IPRax 09, 293, 294 ff; Rauscher/Freitag Rn 4; aA jurisPK-BGB/Geiben Art 12 Rn 10; Staud/Magnus Art 12 Rn 37; zur Drittschadensliquidation: MK/Spellenberg Art 12 Rn 63), die Haftung für Erfüllungsgehilfen (Staud/Magnus Art 12 Rn 38; MK/Spellenberg Art 12 Rn 57), Leistungsort und -zeit (PWW/Brödermann/Wegen Art 12 Rn 23 f; Palandt/Thorn Art 12 Rn 5) sowie die Berücksichtigung der Grds v Treu und Glauben (MK/Spellenberg Art 12 Rn 54; Palandt/Thorn Art 12 Rn 5). Nicht erfasst werden hingegen die dinglichen Wirkungen der Erfüllung (Staud/Magnus Art 12 Rn 41; Palandt/Thorn Art 12 Rn 5).

5   b) Hinsichtlich der **Art und Weise der Erfüllung** sowie der **bei Schlechterfüllung zu treffenden Maßnahmen** ist gem **Abs 2** zusätzlich das Recht am Erfüllungsort „zu berücksichtigen". Diese eher vorsichtige Formulierung weist eine Nähe zu Art 9 III („Wirkung verliehen werden") und Art 17 Rom II-VO („zu berücksichtigen") auf. Es liegt nahe, das Erfüllungsortrecht **lediglich faktisch auf materiellrechtlicher Ebene zu berücksichtigen** (dogmatisch geschieht dies mittels der sog Datumtheorie, s hierzu nur Leifeld, Das Anerkennungsprinzip im Kollisionsrechtssystem des internationalen Pri-

vatrechts, 158 ff); es handelt sich mithin um keine kollisionsrechtliche Sonderanknüpfung (aA Staud/Magnus Art 12 Rn 1, 98; dahin tendierend wohl auch PWW/Brödermann/Wegen Art 12 Rn 29; wie hier Calliess/Schulze Rome Regulations Art 12 Rn 2). Art 12 II zielt dabei auf den Ort der tatsächlichen, nicht der vertraglich vereinbarten Erfüllung ab (jurisPK-BGB/Geiben Art 12 Rn 25; MK/Spellenberg Art 12 Rn 175). Eine vollständige Verdrängung des Vertragsstatut soll nicht erfolgen. Vielmehr führt diese Vorschrift lediglich dort zu einer Modifikation der eigentlich maßgeblichen Normen im Wege der Anpassung bzw Substitution, wo dies geboten erscheint (MK/Spellenberg Art 12 Rn 184). Der Rechtsanwender verfügt also, wenngleich der Wortlaut („ist...zu berücksichtigen") Gegenteiliges nahelegt, über ein Ermessen (Rauscher/Freitag Rn 13; MK/Spellenberg Art 12 Rn 184; aA Staud/Magnus Art 12 Rn 93; Reithmann/Martiny/Martiny Rn 362: Zwingende Berücksichtigung). Erfasst werden etwa Feiertagsregeln oder Bestimmungen zu Öffnungszeiten, über Untersuchungs- und Rügepflichten sowie zur Aufbewahrung mangelhafter Ware (Staud/Magnus Art 12 Rn 84; Gebauer/Wiedmann/Nordmeier Kap 37 Rn 106; vgl ebenfalls BGH NJW-RR 06, 1694, 1695, Rn 17). Nicht unter Abs 2 fallen Preis- oder Devisenvorschriften; diese sind ggf als Eingriffsnormen iSd Art 9 durchzusetzen (MK/Spellenberg Art 12 Rn 179; aA Palandt/Thorn Art 12 Rn 6). Ausf zu § 244 BGB Rauscher/Freitag Art 12 Rn 17 ff; allg zum Währungsrecht Staud/Magnus Art 12 Rn 100 ff. Jedenfalls bestimmt eine autonome Qualifikation (Vor Art 1 Rn 2), was unter „Art und Weise der Erfüllung" zu verstehen ist (Reithmann/Martiny/Martiny Rn 360; aA jurisPK-BGB/Geiben Art 12 Rn 25: lex causae).

3. Zwar unterstellt **Abs 1 lit c** dem Vertragsstatut ausdrücklich nur die Folgen der vollständigen oder teilweisen Nichterfüllung; man wird sie aber wohl – wie bei der Vorläuferregelung des Art 32 Abs 1 Nr 3 EGBGB aF – auf das **gesamte Leistungsstörungsrecht** erstrecken müssen. Methodisch mag man dies mit der Eingangsformulierung des Abs 1 („insbesondere") begründen. Das Vertragsstatut regelt damit zunächst die **Voraussetzungen** der Nichtleistung wie etwa der Unmöglichkeit (vgl BGHZ 83, 197), des Verzugs (vgl OLG Köln RIW 96, 779) und der Mängelhaftung (auch sofern man sie materiellrechtlich der Schlechtleistung zuordnet; Staud/Magnus Art 12 Rn 44), aber auch die Störung der Geschäftsgrundlage (aA MK/Spellenberg Art 12 Rn 79: Art 10) sowie dem deutschen Recht fremde Arten des Vertragsbruchs. Es entscheidet über die Notwendigkeit einer Mahnung oder Fristsetzung, ferner über Verschulden (Palandt/Thorn Art 12 Rn 7; zum alten Recht: BGH NJW-RR 06, 1694, 1695), die Zurechnung fremden Handelns und die Zulässigkeit v Haftungsausschlüssen. Die **Folgen** einer Leistungsstörung wie evtl -befreiungen, Vertragsanpassungen und Zurückbehaltungsrechte unterfallen ebenfalls dem Schuldstatut. Diesem sind zudem Art, Umfang und Bemessung des **Schadensersatzes** zu entnehmen (zu Schadenspauschalierungen und Vertragsstrafen Berger RIW 99, 402). Auch die **Höhe v Verzugszinsen** richtet sich nach dem durch Art 3 ff berufenen Recht (Rauscher/Freitag Art 12 Rn 24; jurisPK-BGB/Geiben Art 12 Rn 14; Staud/Magnus Art 12 Rn 57; MK/Spellenberg Art 12 Rn 90 ff; Palandt/Thorn Art 12 Rn 7). Das sog Währungsstatut ist hier mangels direktem Zusammenhang zwischen gesetzlichem Verzugszinssatz und Inflationsausgleich nicht maßgeblich (aA Berger RabelsZ 61 [97], 321 ff). Der in lit c enthaltene Zusatz, dass die Schadensbemessung sich innerhalb der **durch das Verfahrensrecht der lex fori gezogenen Schranken** zu bewegen hat, zielt nicht auf eine summenmäßige Begrenzung ab (hier greift ggf Art 21), sondern auf die Schadensschätzung (vgl in Deutschland: § 287 ZPO; Staud/Magnus Art 12 Rn 56; iErg ebenso MK/Spellenberg Art 12 Rn 98; s auch Rauscher/Staudinger Art 11 Brüssel I-VO Rn 11 a sowie AG Geldern NJW 11, 686 m Anm Staudinger 650; ders DAR 11, 231). Das Schuldvertragsstatut erfasst ferner das Recht, Zurückbehaltungsrechte und Einreden geltend zu machen (PWW/Brödermann/Wegen Art 12 Rn 35; Rauscher/Freitag Art 12 Rn 21; Staud/Magnus Art 12 Rn 58).

4. a) Abs 1 lit d erfasst – mit Ausnahme der Erfüllung (hier greift vorrangig lit b, s Rn 4 f) und der „gesetzlichen" Aufrechnung (insoweit ist Art 17 lex specialis, Rn 2; zu Aufrechnungsvereinbarungen Rauscher/Freitag Art 12 Rn 26) – sämtliche Formen des **Erlöschens** der vertraglichen Verpflichtungen, dh bspw den Untergang durch Rücktritt, die Kündigung oder Aufhebung, aber auch den Erlass oder Verzicht sowie Erfüllungssurrogate wie die Hinterlegung (PWW/Brödermann/Wegen Art 12 Rn 38; Palandt/Thorn Art 12 Rn 8). Die Anfechtung unterliegt hingegen Art 10 (Art 10 Rn 4).

8 b) Ferner erfasst Abs 1 lit d die **Verjährung**. Fristen, Hemmung und Neubeginn unterliegen somit dem Vertragsstatut (vgl Otte IPRax 93, 209). Ob und inwieweit ein ausl Recht das Institut der Verjährung verfahrensrechtlich qualifiziere, ist unerheblich (PWW/Brödermann/Wegen Art 12 Rn 42). Demggü kann aber eine ausl Klagefrist vor ein inländisches Gericht funktional als verfahrensrechtlich – und damit nach dem lex fori-Prinzip als nicht beachtlich – zu qualifizieren sein. Dies ist der Fall bei der „Karenzzeit" v 60 bzw 90 Tagen, welche im italienischen Recht nach Geltendmachung eines Schadensersatzanspruchs beim Versicherer verstrichen sein muss, ehe Klage erhoben werden darf, denn diese Frist dient lediglich der Entlastung der dortigen Gerichte (vgl Staudinger Int Rechtsverkehr H 2/08, 30 ff; Rauscher/ders Art 11 Brüssel I-VO Rn 11 a). Wird bspw im Falle der Anwendbarkeit deutschen Rechts nach § 204 I Nr 1 BGB auf die Klageerhebung abgestellt und führen die Parteien den Rechtsstreit vor einem ausl Gericht, so stellt sich die Frage, ob diesem Vorgang eine Tatbestandswirkung im materiellen Recht zukommt, mit der Folge, dass die Verjährung gehemmt ist. Dieses Problem stellt sich auf der Sachrechtsebene und wird als **Substitution** bezeichnet. Eine Substitution v Prozesshandlungen setzt grds funktionelle Gleichwertigkeit mit dem deutschen Rechtsinstitut voraus (s Rauscher IPR Rn 525 ff). Maßgeblich soll im vorliegenden Zusammenhang eine positive Anerkennungsprognose bzgl der ausl Entscheidung sein (vgl RGZ 129, 389; ausf und mwN Staud/Magnus Art 12 Rn 64 ff). Angesichts der automatischen Anerkennung v Urteilen aus anderen Mitgliedstaaten nach der Brüssel I-VO (s die Angaben Vor §§ 823–853 BGB Rn 15) wird man v einer Substitution ausgehen müssen. **Innerhalb des Binnenmarkts** folgt damit iErg ein **ungeschriebenes Substitutionsgebot** (vgl Heß NJW 01, 15, 18) aus dem Gedanken der Titelfreizügigkeit, die ihrerseits auf der Gleichwertigkeit der europäischen Prozessordnungen beruht. Sieht das ausl Vertragsstatut extrem lange Verjährungsfristen bzw Unverjährbarkeit vor, so verbleibt der Rückgriff auf Art 21 (MK/Spellenberg Art 12 Rn 115 ff). **Rechtsverluste durch Fristablauf** umfassen etwa die **Präklusion oder Verwirkung** v Gestaltungs- und Rügerechten (PWW/Brödermann/Wegen Art 12 Rn 40; Staud/Magnus Art 12 Rn 73).

9 5. Abs 1 lit e führt ausdrücklich die **Folgen der Nichtigkeit** an (erfasst sind aber auch die Unwirksam- sowie Fehlerhaftigkeit; Staud/Magnus Art 12 Rn 77). Das **für den Vertrag anwendbare Recht** beherrscht demnach **sämtliche Fragen der Rückabwicklung**, und zwar unabhängig davon, ob diese auf vertraglichen oder außervertraglichen Regeln beruhen (Sendmeyer IPRax 10, 500, 503). Auch bereicherungsrechtliche Bestimmungen unterliegen diesbezüglich dem Vertragsstatut (PWW/Brödermann/Wegen Art 12 Rn 46; Rauscher/Freitag Art 12 Rn 5; Staud/Magnus Art 12 Rn 76; zum alten Recht: BGH DtZ 95, 253; OLG Frankfurt aM WM 96, 2109); Art 10 Rom II-VO wird insoweit im Blick auf den lex posterior- sowie lex specialis-Grds verdrängt (Rauscher/Freitag Art 12 Rn 5, 28; s auch Art 10 Rom II-VO Rn 2). Das durch Art 3 ff berufene Recht ist selbst dann maßgeblich, wenn sich die Nichtigkeit aus der fehlenden Geschäftsfähigkeit einer Seite (Palandt/Thorn Art 12 Rn 9; str) oder Formmängeln (vgl Erm/Hohloch Art 32 Rn 15) ergibt.

Artikel 13 Rechts-, Geschäfts- und Handlungsunfähigkeit

Bei einem zwischen Personen, die sich in demselben Staat befinden, geschlossenen Vertrag kann sich eine natürliche Person, die nach dem Recht dieses Staates rechts-, geschäfts- und handlungsfähig wäre, nur dann auf ihre sich nach dem Recht eines anderen Staates ergebende Rechts-, Geschäfts- und Handlungsunfähigkeit berufen, wenn die andere Vertragspartei bei Vertragsschluss diese Rechts-, Geschäfts- und Handlungsunfähigkeit kannte oder infolge von Fahrlässigkeit nicht kannte.

Die Vorschrift erfasst nur einen Teil des grds in Art 7 EGBGB geregelten und in der
Rom I-VO ausgeschlossenen (Art 1 II lit a) **Kollisionsrechts der Rechts-, Geschäfts-
und Handlungsfähigkeit:** Sie betrifft die **hierauf bezogene Gutgläubigkeit einer Partei
ggü ihrem Kontrahenten** in der Konstellation des **Vertragsschlusses in demselben Staat.**
Grenzüberschreitende Distanzgeschäfts schließt die dem Verkehrsschutz dienende Bestimmung mithin nicht ein, wenngleich bei Tätigung des Rechtsgeschäfts keine gleichzeitige körperliche Anwesenheit notwendig erscheint. Fernabsatzverträge können Art
13 damit unterfallen. Da dieser mit Art 12 S 1 EGBGB (Art 11 EVÜ) übereinstimmt,
wird iÜ auf dessen Kommentierung verwiesen, die man mutatis mutandis zu übertragen hat. Beachtung verdient, dass die europäische Kollisionsnorm nur Schuldverträge
betrifft, während Art 12 EGBGB zudem Verfügungen berücksichtigt (Rauscher/Thorn
Art 13 Rn 5). Letztere Norm ist demnach nicht obsolet. Trotz der unterschiedlichen
Formulierung hinsichtlich des anzulegenden Maßstabes jenseits der Kenntnis (Art 13:
„infolge von Fahrlässigkeit nicht kannte"; Art 12 EGBGB: „kennen musste") dürfte
hier in der Sache Kongruenz bestehen. Entscheidend ist eine objektive Fahrlässigkeit
unter Beachtung der Einzelfallumstände (Gebauer/Wiedmann/Nordmeier Kap 37
Rn 109; Rauscher/Thorn Art 13 Rn 29; Kommentierung zu Art 12 EGBGB Rn 9), wobei darauf abgestellt werden sollte, ob dem Vertragspartner Nachforschungen zuzumuten waren (vgl nur Schotten DNotZ 94, 672).

Artikel 14 Übertragung der Forderung

(1) Das Verhältnis zwischen Zedent und Zessionar aus der Übertragung einer Forderung gegen eine andere Person („Schuldner") unterliegt dem Recht, das nach dieser Verordnung auf den Vertrag zwischen Zedent und Zessionar anzuwenden ist.
(2) Das Recht, dem die übertragene Forderung unterliegt, bestimmt ihre Übertragbarkeit, das Verhältnis zwischen Zessionar und Schuldner, die Voraussetzungen, unter denen die Übertragung dem Schuldner entgegengehalten werden kann, und die befreiende Wirkung einer Leistung durch den Schuldner.
(3) Der Begriff „Übertragung" in diesem Artikel umfasst die vollkommene Übertragung von Forderungen, die Übertragung von Forderungen zu Sicherungszwecken sowie von Pfandrechten oder anderen Sicherungsrechten an Forderungen.

I. Art 14 enthält Bestimmungen zur **rechtsgeschäftlichen Übertragung vertraglich oder
gesetzlich begründeter Forderungen** (Rauscher/Freitag Art 14 Rn 29 ff; Staud/Hausmann Art 14 Rn 3 a; eingehend die Zession nach der Rom I-VO: Einsele
RabelsZ 74 [10], 91; Flessner IPRax 09, 35; zur cessio legis s Art 15). Die Vorschrift
stellt die Nachfolgeregelung zu Art 33 I, II EGBGB aF (Art 12 EVÜ) dar. Hervorzuheben ist, dass **Abs 1** (Rn 2) das Verhältnis zwischen **Zessionar und Zedenten** betrifft,
während **Abs 2** (Rn 3) dasjenige v **Neugläubiger und Drittschuldner** regelt. Dabei erfolgt ausweislich Erwägungsgrund 38 und im Ggs zur bisherigen Rechtslage keine
nach Verpflichtungs- und Verfügungsebene separierte Anknüpfung mehr (zuvor hM; s
hierzu etwa Staud/Hausmann Art 14 Rn 9 ff jeweils mwN). **Abs 3** (Rn 5) konturiert
schließlich den **Begriff der Übertragung** (hierzu Flessner IPRax 09, 35, 37).
II. Gem **Abs 1** richtet sich die einer Forderungsabtretung zugrunde liegende **Verpflichtung zwischen Zedent und Zessionar** nach dem für diesen Vertrag maßgeblichen
Recht. Das für dieses **Grundgeschäft** (zB die Sicherungsabrede im Falle einer Sicherungszession oder den Forderungskauf; s auch BGH RIW 04, 859 m Anm Freitag RIW
05, 25 ff und Unberath IPRax 05, 308 ff) geltende Vertragsstatut ist demnach **gem Art
3 ff zu ermitteln** (im Bereich des **Factoring** muss das UNIDROIT-Übereinkommen v
Ottawa über das int Factoring v 28.5.88 gem Art 25 vorrangig Beachtung finden,
BGBl II 98, S 2375; s ferner das UNIDROIT-Übereinkommen über int Sicherungsrechte an beweglicher Ausrüstung sowie das UN-Übereinkommen über die Abtretung v
Forderungen im Internationalen Handelsverkehr; abrufbar unter www.uncitral.org;
hierzu Eidenmüller AcP 04, 457; H Schmidt IPRax 05, 93). Das so zur Anwendung berufene Recht beherrscht **zuvörderst schuldrechtlichen Fragen** (zB die Haftung des Ze-

denten für die Verität und Bonität der Forderung; vgl Soergel/von Hoffmann Art 33 EGBGB Rn 6); allerdings betont Erwägungsgrund 38, dass der Begriff „Verhältnis" auch „dingliche Aspekte" der Abrede meint, sofern sie für die Abtretung „unmittelbar von Bedeutung" sind (insoweit gerät Art 14 I weiter als Art 33 I EGBGB aF, Garcimartín Alférez EuLF 08, I-61, I-77 f; jurisPK-BGB/Rosch Art 14 Rn 4; Palandt/Thorn Art 14 Rn 1). Was unter „dinglichen Aspekten" zu verstehen ist, bedarf noch der Präzisierung im Wege autonomer Auslegung (jurisPK-BGB/Rosch Art 14 Rn 25; vgl Vor Art 1 Rn 2). Uneinigkeit herrscht etwa bzgl der Frage, ob das dingliche Abtretungsgeschäft (in Deutschland nach § 398 BGB) Abs 1 unterfällt (hierfür etwa Flessner IPRax 09, 35, 37 ff; Staud/Hausmann Art 14 Rn 35, 71) oder ob eine Beschränkung der dinglichen Wirkungen auf das (Innen-)Verhältnis Zedent-Zessionar (inter partes) zu erfolgen hat (so bspw jurisPK-BGB/Rosch Art 14 Rn 25; wohl auch Reithmann/Martiny/Martiny Rn 386). Letztere Ansicht muss das Abtretungsgeschäft als solches Abs 2 zuordnen. Insoweit bestünde eine Übereinstimmung mit der bisher hM zu Art 33 EGBGB. Ob dem unter dem Regime der Rom I-VO weiter gefolgt werden kann, erscheint jedoch zweifelhaft. Festzuhalten bleibt zunächst, dass Art 14 I die dinglichen Zessionswirkungen jedenfalls im Verhältnis zwischen Alt- und Neugläubiger erfasst (Rauscher/Freitag Art 14 Rn 41). Die Beurteilung der Wirksamkeit der Abtretung ggü dem Schuldner untersteht hingegen zweifellos dem Forderungsstatut des Abs 2 (Rn 3). Völlig offen bleibt hingegen die Bewertung der darüber hinausgehenden Anknüpfung für die „Drittwirkung" der Zession (s Rn 4; vgl Rauscher/Freitag Art 14 Rn 42: „insoweit völlig verunglückte[n] Rom I-VO").

3 **III.** Die Übertragbarkeit der Forderung, das Verhältnis zwischen Neugläubiger und Schuldner, die Voraussetzungen, unter denen die Übertragung dem Schuldner entgegengehalten werden kann und die befreiende Wirkung einer Leistung durch den Schuldner bestimmen sich gem **Abs 2** nach demjenigen Recht, dem die übertragene Forderung unterliegt (**Forderungsstatut**). Beruht die Forderung auf einer vertraglichen Abrede, so greifen die Art 3 ff ein; bei einer solchen aus unerlaubter Handlung entscheidet das Deliktsstatut (PWW/Müller/Mörsdorf-Schulte Art 14 Rn 3; vgl BGHZ 108, 362). Diese Anknüpfungsregel dient dem **Schuldnerschutz** (Rauscher/Freitag Art 14 Rn 33; jurisPK-BGB/Rosch
Art 14 Rn 28). Eine Rechtswahl bezogen allein auf die Abtretung scheidet aus. Nachträgliche Veränderungen des Forderungsstatuts hängen davon ab, ob solche Vereinbarungen zwischen Zessionar und Schuldner kollisionsrechtlich zulässig sind. Eine Schranke ergibt sich aus Art 3 II 2. Die in Abs 2 enthaltene **Aufzählung** umfasst **etwaige Abtretungsverbote** („Übertragbarkeit"; Staud/Hausmann Art 14 Rn 43 ff; jurisPK-BGB/Rosch Art 14 Rn 30; MK/Martiny Art 14 Rn 24 ff), Fragen des **Forderungsinhalts** („Verhältnis zwischen Neugläubiger und Schuldner"; Staud/Hausmann Art 14 Rn 47 f), womöglich zu beachtende **Publizitätspflichten** („Voraussetzungen, unter denen die Übertragung dem Schuldner entgegengehalten werden kann"; Staud/Hausmann Art 14 Rn 49 ff) und bspw **Folgen v Leistungen des Schuldners an den oder einer Aufrechnung ggü dem Zedenten** („befreiende Wirkung einer Leistung durch den Schuldner"; jurisPK-BGB/Rosch Art 14 Rn 33; PWW/Müller/Mörsdorf-Schulte Art 14 Rn 3). Zu weiteren Bsp s MK/Spellenberg Art 14 Rn 23 ff.

4 **IV.** Die Anknüpfung v **Zessionswirkungen ggü Dritten** (relevant bei Mehrfachverfügungen über die Forderung; Gläubigerzugriff durch Zwangsvollstreckung und Insolvenzverfahren; Einsele RabelsZ 74 [10], 91, 99; Flessner IPRax 09, 35, 40) war mangels einer ausdrücklichen Regel bereits iRv Art 33 EGBGB aF bzw Art 12 EVÜ die „am meisten umstrittene (Frage) des internationalen Abtretungsrechts" (Flessner IPRax 09, 35, 38; vgl auch Kieniger/Schütze IPRax 05, 220 ff; einen Übbl zum Streitstand gibt Staud/Hausmann Art 14 Rn 55 ff). Entgegen dem VO-Vorschlag (vorgesehen war eine Anknüpfung an den Sitz des Altgläubigers; KOM [05] 650 endg, 9, 21) bleibt Art 14 insoweit wohl ebenfalls lückenhaft (eine „versteckte" Normierung annehmend: Flessner IPrax 09, 35, 39; in diese Richtung Reithmann/Martiny/Martiny Rn 384; MK/ders Art 14 Rn 16). Der Wortlaut der ersten beiden Abs erlaubt keine klare Zuordnung der Drittwirkung zu einem v ihnen. Abstellen mag man gleichwohl auf

das Statut des Grundgeschäfts (Abs 1), dasjenige der abgetretenen Forderung (Abs 2) oder gar auf einen in Art 14 nicht (ausdrücklich) enthaltenen Anknüpfungspunkt (vgl nur Gebauer/Wiedmann/Nordmeier Kap 37 Rn 114 mwN). Jedenfalls sollte das Anknüpfungskriterium verordnungsautonom und damit einheitlich entwickelt werden (insoweit zutreffend Flessner IPRax 09, 35, 39; Staud/Hausmann Art 14 Rn 55; Martiny RIW 09, 737, 747; vgl auch Vor Art 1 Rn 2; aA jurisPK-BGB/Rosch Art 14 Rn 35: Dem nationalen IPR überlassen), um den Bestrebungen eines internationalen Entscheidungsgleichklangs Rechnung zu tragen. Die Kommission hat sich nach Maßgabe des Art 27 II zu der Frage zu äußern und ggf eine entspr Regelungsempfehlung auszusprechen (vgl Art 27 Rn 1). In den längst überfälligen Kommisssionsbericht sollen nun die Ergebnisse einer Umfrage zum Umgang des Wirtschaftsverkehrs mit den Wirkungen einer int Forderungsabtretung ggü Dritten und dem auf diese Frage anwendbaren Recht durch das British Institute for International and Comparative Law (BIICL) einfließen (IPRax 4/11, II). Solange es keine entspr Normierung auf der Sekundärrechtsebene gibt, hat der EuGH insofern das letzte Wort (Art 267 AEUV).

V. Die Konkretisierung der „Übertragung" in **Abs 3** stellt klar, dass die Sicherungsabtretung sowie der rechtsgeschäftliche Übergang v Sicherungsrechten an Forderungen (etwa Pfandrechte; wohl ebenso der Forderungsnießbrauch, Flessner IPRax 09, 35, 37; Staud/Hausmann Rn 54; Rauscher/Freitag Art 14 Rn 20) der „Vollzession" gleichstehen. 5

VI. Etwaige **Veränderungen auf Schuldnerseite** sind in den Art 3 ff nicht geregelt. Die **befreiende Schuldübernahme** beurteilt sich nach dem für die übernommene Schuld geltenden Recht (Palandt/Thorn Art 14 Rn 7; str). Das kausale Grundgeschäft zwischen dem Übernehmenden und dem Gläubiger bzw bisherigen Schuldner unterliegt der durch Art 3 ff berufenen Rechtsordnung. Für das **Schuldanerkenntnis** (vgl Looschelders Art 33 Rn 24) und die **Vertragsübernahme** (Rauscher/Freitag Art 14 Rn 53) sind grds ebenfalls das Schuld- bzw das ursprüngliche Vertragsstatut maßgebend, allerdings können die (drei) Parteien auch eine andere Rechtsordnung vereinbaren. Der **Schuldbeitritt**, welcher die Interessen des Gläubigers kaum berührt, fällt dagegen in den Geltungsbereich der Art 3 ff (Staud/Hausmann Anh Art 16 Rn 2 ff; vgl Looschelders Art 33 Rn 22). Für die **Vermögensübernahme** gilt das Recht am Belegenheitsort des Vermögens (Palandt/Thorn Art 14 Rn 7; str); die **Unternehmensfortführung** untersteht dem Recht am Sitz des Unternehmers (MK/Martiny Art 15 Rn 35). 6

Artikel 15 Gesetzlicher Forderungsübergang

Hat eine Person („Gläubiger") eine vertragliche Forderung gegen eine andere Person („Schuldner") und ist ein Dritter verpflichtet, den Gläubiger zu befriedigen, oder hat er den Gläubiger aufgrund dieser Verpflichtung befriedigt, so bestimmt das für die Verpflichtung des Dritten gegenüber dem Gläubiger maßgebende Recht, ob und in welchem Umfang der Dritte die Forderung des Gläubigers gegen den Schuldner nach dem für deren Beziehung maßgebenden Recht geltend zu machen berechtigt ist.

Die Vorschrift, welche Art 33 III 1 EGBGB aF (Art 13 I EVÜ) entspricht, unterstellt etwaige **Regressansprüche eines Dritten, der** den **Gläubiger kraft gesetzlichen Forderungsübergangs** anstelle des Schuldners **befriedigen muss bzw bereits befriedigt hat,** demjenigen Recht, das für die Verpflichtung des Dritten maßgeblich ist. Im Falle der Legalzession wird demnach etwa auf das für den Versicherungs-, Arbeitsvertrag oder die Bürgschaft geltende Recht rekurriert, nicht hingegen auf das Forderungsstatut (hierzu Art 14 Rn 3). Dabei stellt die Kollisionsnorm auf den **Regress bei subsidiären Verpflichtungen** ab, wie sich mit Blick auf den Wortlaut des Art 15 („andere Person [Schuldner]") und insb iR systematischer Auslegung mit Art 16 ergibt, welcher gleichrangige Verbindlichkeiten zum Gegenstand hat (Einsele WM 09, 289, 299; jurisPK-BGB/Rosch Art 15 Rn 7, 10; MK/Martiny Art 15 Rn 6; Palandt/Thorn Art 15 Rn 2; eine cessio legis bei freiwilliger Leistung des Dritten wie im Fall des § 268 III BGB wird nicht erfasst; maßgeblich bleibt insofern grds das Forderungsstatut, jurisPK-BGB/ 1

Rosch Art 15 Rn 10; Reithmann/Martiny/Martiny Rn 411). Die Abgrenzung „gleich-/ nachrangige Verpflichtung" hat autonom zu erfolgen (vgl Vor Art 1 Rn 2; aA Rauscher/Freitag Art 15, 16 Rn 13 ff: lege causae). Unerheblich ist für Art 15 hingegen, ob der Regresssuchende dem Gläubiger oder (insoweit gerät der VO-Text zumindest unglücklich) dem Schuldner ggü zur Leistung verpflichtet ist (Rauscher/Freitag Art 15, 16 Rn 7, 22: „Redaktionsversehen bei Erstellung der deutschen Sprachfassung"). Hauptanwendungsfälle sind der gesetzliche Forderungsübergang zugunsten des Bürgen (§ 774 BGB), Versicherers (zB § 86 VVG), Dienstherrn (§ 87 a BBG) oder Sozialversicherers (§§ 115 f SGB X). Das „Zessionsgrundstatut" (etwa Bürgschafts-, Versicherungsvertrags- oder Sozialversicherungsstatut; beachte diesbezüglich innerhalb der EU Art 85 I VO [EG] Nr 883/04, ABl EU 04 L 166, 1; hierzu Staud/Hausmann Art 15 Rn 20 ff; vgl zur Parallelvorschrift des Art 19 Rom II-VO Gebauer/Wiedmann/ Staudinger Kap 38 Rn 91 f) bestimmt darüber, **ob und in welcher Höhe die Forderung kraft Gesetzes auf den Leistenden übergeht** (MK/Martiny Art 15 Rn 11 f; Palandt/ Thorn Art 15 Rn 4) und **welcher Rang der Verpflichtung zukommt** (vgl Soergel/von Hoffmann Art 33 Rn 18). So wird dem engen Zusammenhang des Legalzessions- mit dem Regressrecht Rechnung getragen (Staud/Hausmann Art 15 Rn 2, 7). Dagegen richten sich **Inhalt, Bestehen und Durchsetzbarkeit der Forderung** nach dem Forderungsstatut (Rauscher/Freitag Art 15, 16 Rn 25; jurisPK-BGB/Rosch Art 15 Rn 13; MK/Martiny Art 15 Rn 16; Gebauer/Wiedmann/Nordmeier Kap 37 Rn 116). Aus Gründen des **Schuldnerschutzes** entscheidet dieses auch über das Erfordernis der Schuldnerbenachrichtigung, die Übertragbarkeit der Forderung sowie eine befreiende Wirkung der Leistung an den Altgläubiger (Staud/Hausmann Art 15 Rn 10 ff; jurisPK-BGB/Rosch Art 15 Rn 13; MK/Martiny Art 15 Rn 14). Methodisch mag man hierfür an eine Analogie zu Art 14 II denken (so Reithmann/Martiny/Martiny Rn 409). Art 15 findet schließlich keine Anwendung auf Fälle des gesetzlichen Eigentumsübergangs (Staud/Hausmann Art 15 Rn 4; vgl Schack IPRax 95, 159) sowie Legalzessionen außervertraglicher Forderungen (s Art 19 Rom II-VO). Letzteres muss va für gesetzliche Forderungsübertragungen zG v Haftpflichtversicherern für unerlaubte Handlungen sowie viele Konstellationen des § 6 EFZG beachtet werden (Rauscher/Freitag Art 15,16 Rn 19). Zur Praxisrelevanz der Regelung s Art 16 Rn 1.

Artikel 16 Mehrfache Haftung

[1]Hat ein Gläubiger eine Forderung gegen mehrere für dieselbe Forderung haftende Schuldner und ist er von einem der Schuldner ganz oder teilweise befriedigt worden, so ist für das Recht dieses Schuldners, von den übrigen Schuldnern Ausgleich zu verlangen, das Recht maßgebend, das auf die Verpflichtung dieses Schuldners gegenüber dem Gläubiger anzuwenden ist. [2]Die übrigen Schuldner sind berechtigt, diesem Schuldner diejenigen Verteidigungsmittel entgegenzuhalten, die ihnen gegenüber dem Gläubiger zugestanden haben, soweit dies gemäß dem auf ihre Verpflichtung gegenüber dem Gläubiger anzuwenden Recht zulässig wäre.

1 **I.** Die Vorschrift betrifft die **Anknüpfung des Gesamtschuldnerausgleichs** und damit – im Ggs zu Art 15, der das Innenverhältnis bei mehreren Verpflichteten unterschiedlichen Ranges behandelt – den Regress wg Leistung auf gleichrangige Schulden. Eine eigenständige Regelung gab es vor Geltung der Rom I-VO nicht (vgl aber Art 33 III 2 EGBGB aF; Art 13 II EVÜ).

2 **II. 1.** Der den Gläubiger (teilweise) befriedigende Schuldner hat ausweislich **Art 16 S 1** Ausgleichansprüche ggü den anderen Gesamtschuldnern nach demjenigen **Recht, welchem die Haftungsverpflichtung des Leistenden ggü dem Gläubiger unterliegt.** Insoweit besteht Konvergenz mit der Anknüpfung des Regressanspruchs nach Art 15 (s dort Rn 1: „Zessionsgrundstatut"). Hintergrund der Bestimmung ist, dass der erfüllende Gesamtschuldner im Vergleich zu den übrigen für seine Leistung dadurch „belohnt" werden soll, dass die ihm regelmäßig vertraute Rechtsordnung, nach der er haftet, ebenso seine Rückgriffsansprüche beherrscht (Staud/Hausmann Art 16 Rn 8; Man-

kowski IHR 08, 133, 151; Gebauer/Wiedmann/Nordmeier Kap 37 Rn 119; Palandt/ Thorn Art 16 Rn 4). Jeder Schuldner hat so in der Hand, „sein" Vertragsstatut der getilgten Forderung zur Anwendung zu berufen, indem er nur zuerst erfüllt (PWW/ Brödermann/Wegen Art 16 Rn 5). V einer IPR-Regel nach dem Prinzip der engsten Verbindung kann somit keine Rede sein. Beachtung verdient, dass Art 16 sowohl bei vertraglich als auch im Wege der cessio legis begründeten vertraglichen Ausgleichsansprüchen innerhalb der Gesamtschuldnerschaft (zB § 426 II BGB) gilt (Rauscher/Freitag Art 15, 16 Rn 10). Wann eine derartige gleichstufige Haftung vorliegt, muss autonom ermittelt werden (str; wie hier Ferrari/Leible/Magnus, Ein neues Internationales Vertragsrecht für Europa, 201, 219 [beachte nun aber Magnus IPRax 10, 27, 43]; vgl auch Vor Art 1 Rn 2; aA Rauscher/Freitag Rn 31: Ausreichend, dass nur eine der beteiligten Rechtsordnungen eine Gesamtschuld bejaht; PWW/Brödermann/Wegen Art 16 Rn 2, Staud/Hausmann Art 16 Rn 4; MK/Martiny Art 16 Rn 4 und Palandt/Thorn Art 15 Rn 4: Vertragsstatut; Leible/Lehmann RIW 08, 528, 541 f: Verpflichtungsstatut des Erfüllenden analog Art 16; vgl auch Mankowski IHR 08, 133, 151). Den Fall der außervertraglichen Haftung mehrerer regelt hingegen Art 20 Rom II-VO (insoweit unklar Palandt/Thorn Art 16 Rn 2). Die Verweisungsregeln sind freilich inhaltsgleich, so dass eine Abgrenzung iErg nicht erforderlich erscheint (Staud/Hausmann Art 16 Rn 4). In praxi dürfte Art 16 (ebenso wie Art 15) keine allzu große Bedeutung zukommen, da für diese Kollisionsnorm nur ein Bedürfnis besteht, wenn die Verpflichtungen der unterschiedlichen Schuldner verschiedenen Rechtsordnungen unterliegen, was im Vertragsrecht eher selten der Fall ist (Rauscher/Freitag Art 15, 16 Rn 2 ff). Gilt nämlich für sämtliche Schuldner dasselbe Recht, kommt a priori nur ebendieses für den Regress in Betracht (Staud/Hausmann Art 16 Rn 7; Reithmann/Martiny/Martiny Rn 412; MK/ ders Art 16 Rn 5). Besteht zwischen den Gesamtschuldnern eine Sonderverbindung (familienrechtliche, dienstvertragliche Beziehungen usw), sollte grds dessen Statut auch für den Innenausgleich maßgeblich sein (Staud/Hausmann Art 16 Rn 10; MK/Martiny Art 16 Rn 6). Hierfür mag man eine teleologische Reduktion des Art 16 S 1 andenken. Dem steht die Ausnahme etwa familienrechtlicher Schuldverhältnisse aus dem Anwendungsbereich der Rom I-VO (Art 1 II lit b) nicht entgegen; vorliegend geht es nämlich nicht um die Ermittlung eines „Familienstatuts", eine derartige Beziehung strahlt lediglich auf die Frage des Innenausgleichs aus.

2. Art 16 S 2 soll den **in Regress genommenen Schuldner schützen** (Gebauer/Wiedmann/Nordmeier Kap 37 Rn 121). Hiernach darf er sich auf die ihm nach derjenigen Rechtsordnung zustehenden „Verteidigungsmittel", namentlich Einreden wie etwa die Aufrechnung (jurisPK-BGB/Rosch Art 16 Rn 10; Mankowski IHR 08, 133, 151; Reithmann/Martiny/Martiny Rn 413) stützen, welche ihm sein eigenes Verpflichtungsstatut im Verhältnis zum Gläubiger einräumt. So kann sich der in einem etwaigen „Wettlauf der Gesamtschuldner" (skeptisch insofern Staud/Hausmann Rn 8) Unterliegende zumindest insoweit auf „sein" Vertragsstatut berufen. Die Parallelnorm des Art 20 Rom II-VO enthält keine derartige Schutzklausel. Besteht zwischen den (potentiell) Haftenden eine Sonderbeziehung (vgl Rn 2), bestimmt diejenige Rechtsordnung über die „Verteidigungsmittel", welche jene Verbindung beherrscht. 3

Artikel 17 Aufrechnung

Ist das Recht zur Aufrechnung nicht vertraglich vereinbart, so gilt für die Aufrechnung das Recht, dem die Forderung unterliegt, gegen die aufgerechnet wird.

I. Aufrechnungsverträge unterliegen den **allg Regeln der Art 3 ff** (Art 17 Halbs 1), namentlich ist eine Rechtswahl möglich, während bei der objektive Anknüpfung regelmäßig Art 4 IV das Statut bestimmt (Gebauer/Wiedmann/Nordmeier Kap 37 Rn 123; PWW/Brödermann/Wegen Art 17 Rn 1 f verstehen den ersten Halbsatz der Anknüpfungsregel hingegen als Einräumung der Parteiautonomie für sämtliche Aufrechnungsarten). Anderes gilt dann, sofern eine **sog unselbständige Aufrechnungsabrede** vorliegt, die bloßer Bestandteil einer anderen Vereinbarung ist. Insoweit erfolgt eine **akzessori-** 1 sche Anknüpfung an das Statut des Hauptkontraktes (jurisPK-BGB/Rosch Art 17 Rn 6; s auch Rauscher/v Hein Art 17 Rn 12 ff; Reithmann/Martiny/Martiny Rn 367).

2 **II.** Laut Art 17 Halbs 2 richten sich in Ermangelung eines Aufrechnungsvertrages (Rn 1) die Zulässigkeit, Voraussetzungen und Wirkungen der Aufrechnung in materiellrechtlicher Hinsicht stets nach dem **Statut der Hauptforderung, gegen die aufgerechnet werden soll.** Dies gilt unabhängig davon, ob die lex causae – wie etwa im angloamerikanischen Rechtskreis – die Aufrechnung verfahrensrechtlich qualifiziert (jurisPK-BGB/Rosch Art 17 Rn 2; Palandt/Thorn Art 17 Rn 1). Diese bereits v der hM zur alten Rechtslage befürworteten Grundzüge des Aufrechnungsstatuts lassen sich als **Ausschnitt eines aquis communautaire** begreifen (Leible/Magnus Das Grünbuch zum Internationalen Vertragsrecht, 04, 218, 227 f), da bspw auch die EuInsVO (1346/00/EG; ABl. EG 00 L 160, 1; Gruschinske, Das europäische Kollisionsrecht der Aufrechnung unter besonderer Beachtung des Insolvenzfalles, 08; Staudinger/Leible KTS 00, 554 f) sowie die RL 2002/47/EG über Finanzsicherheiten (ABl EG 02 L 168, 43) v der Maßgeblichkeit des Hauptforderungsstatuts ausgehen. Die Sonderanknüpfung der Rom I-VO weist dabei einen **weiten Anwendungsbereich** auf, der neben der Aufrechnung als Gestaltungsrecht bzw Richterspruch ebenfalls eine Verrechnung ipso iure sowie im Grds auch die materiellrechtlichen Aspekte der **Prozessaufrechnung** erfasst (PWW/Brödermann/Wegen Art 17 Rn 4 f; Rauscher/v Hein Art 17 Rn 9; Palandt/Thorn Art 17 Rn 1; MK/Spellenberg Art 17 Rn 4, 47; zur Aufrechnung im Schiedsverfahren vgl Köhne/Langner RIW 03, 361; Staud/Magnus Art 17 Rn 47 ff). Die verfahrensrechtliche Seite der Prozessaufrechnung unterliegt hingegen dem Recht des Forums (Leible/Lehmann RIW 08, 528, 542; Staud/Magnus Art 17Rn 38; vgl BGHZ 60, 87; zur Aufrechnung im Schiedsverfahren Köhne/Langner RIW 03, 361). Das Statut der Hauptforderung erscheint mit Blick auf den insoweit **schutzwürdigen Aufrechnungsgegner** als adäquater Anknüpfungspunkt sowie angemessenes Verweisungsziel, da dieser seines Anspruchs ohne sein Zutun verlustig wird (Rauscher/v Hein Art 17 Rn 3; Staud/Magnus Art 17 Rn 2; Gebauer/Wiedmann/Nordmeier Kap 37 Rn 122; MK/Spellenberg Art 17 Rn 12 ff). Ihm dürfte jene Rechtsordnung idR nicht unbekannt sein. Eine Rechts(ab)wahlmöglichkeit ist für den zweiten Halbsatz, also außerhalb der Aufrechnungsabreden, nicht vorgesehen (missverständlich insoweit Rauscher/v Hein Art 17 Rn 10; Staud/Magnus Art 17 Rn 21 ff). Das ergibt sich bereits daraus, dass bei den sonstigen Sonderanknüpfungen des Sekundärrechtsaktes stets ein (eingeschränkter) Verweis auf Art 3 erfolgt, sofern eine entspr Parteiautonomie gewünscht war (vgl Art 6 II 1; Art 7 II 1, III 1; Art 8 I 1). Einigen sich die Parteien dennoch über die Geltung eines bestimmten Rechts, dürfte aber gerade ein Aufrechnungsvertrag nach Halbs 1 vorliegen, so dass grds die Art 3 ff Platz greifen (s Rn 1). Es herrscht Uneinigkeit bzgl der Frage, ob Haupt- und Gegenforderung vertraglichen Ursprungs sein müssen oder ob ebenfalls eine Aufrechnung bei außervertraglichen Schuldverhältnissen möglich ist. Das wohl überwiegende Schrifttum favorisiert eine Ausdehnung des Art 17 auf letztgenannten Bereich (Garcimartín Alférez EuLF 08, I-61, I-79; Rauscher/v Hein Art 17 Rn 7; Leible/Lehmann RIW 08, 528, 542; jurisPK-BGB/Rosch Art 17 Rn 4; Staud/Magnus Art 17 Rn 15; Palandt/Thorn Art 17 Rn 1; Ferrari/Leible/ders, Ein neues Internationales Vertragsrecht für Europa, 201, 208). Diese Analogie bzw extensive Auslegung stößt mitunter wg Art 15 lit h Rom II-VO, wonach „Bedingungen für das Erlöschen v Verpflichtungen" der Rom II-VO unterliegen, auf Bedenken (MK/Spellenberg Art 17 Rn 7: „zu kühn"; Gebauer/Wiedmann/Nordmeier Kap 37 Rn 123). Zur Aufrechnung mit einer Forderung anderer Währung MK/Spellenberg Art 17 Rn 21.

3 **III.** Die **Anknüpfung der Gegenforderung**, also derjenigen, mit welcher aufgerechnet wird, hat als **Vorfrage** zu erfolgen (PWW/Brödermann/Wegen Rn 7).

Artikel 18 Beweis

(1) **Das nach dieser Verordnung für das vertragliche Schuldverhältnis maßgebende Recht ist insoweit anzuwenden, als es für vertragliche Schuldverhältnisse gesetzliche Vermutungen aufstellt oder die Beweislast verteilt.**

(2) Zum Beweis eines Rechtsgeschäfts sind alle Beweisarten des Rechts des angerufenen Gerichts oder eines der in Artikel 11 bezeichneten Rechte, nach denen das Rechtsgeschäft formgültig ist, zulässig, sofern der Beweis in dieser Art vor dem angerufenen Gericht erbracht werden kann.

I. Die Rom I-VO beruft grds kein Prozessrecht zur Anwendung, Art 1 III (vgl Art 1 Rn 15). Vielmehr gilt im Ausgangspunkt das allg Prinzip „forum regit processum", dh es ist das Verfahrensrecht des zuständigen Gerichts einschlägig (s nur Schack IZVR 5. Aufl 2010, Rn 45; beachte die Beweis-VO (EG) Nr 1206/2001, ABl EG 01 L 174, 1 [geändert durch Anh Nr 2 VO (EG) Nr 1103/2008, ABl EG 08 L 304, 80], mit der erstmals ein EU-weit einheitliches Beweisaufnahmeverfahren geschaffen wurde; Rauscher/v Hein Einl EG-Bew VO Rn 1 ff). Das für den Hauptvertrag maßgebliche Recht erstreckt sich jedoch laut Abs 1 (s auch die Parallelbestimmung des Art 22 Rom II-VO) **auf materiellrechtliche Beweislastregeln** wie gesetzliche Vermutungen oder Fiktionen, die speziell auf Verträge zugeschnitten sind oder aber als allg gültige Bestimmungen auf Schuldverhältnisse Anwendung finden (jurisPK-BGB/Ringe Art 18 Rn 7; Palandt/Thorn Art 18 Rn 2). Ob das Statut der Abrede qua objektiver oder subjektiver Anknüpfung gilt, ist unerheblich (MK/Spellenberg Art 18 Rn 10). Bei der selbständigen Anknüpfung v Vor- bzw Teilfragen bestimmen sich auch die sie betreffenden Beweislastregeln nach diesem Statut (Staud/Magnus Art 18 Rn 16). Die Begründung für die Ausnahme v lex fori-Grds liegt darin, dass Beweislastregeln sehr stark mit den durch sie hervorgerufenen materiellen Rechtsfolgen verwoben sind (Rauscher/v Hein Art 18 Rn 1; Staud/Magnus Art 18 Rn 2). Dabei hat der Rechtsanwender die Begriffe in Art 18 autonom zu interpretieren (Vor Art 1 Rn 2): „Beweislast" sowie „gesetzliche Vermutung" sind extensiv zu verstehen (PWW/Brödermann/Wegen Art 18 Rn 2), wobei eine strenge Abgrenzung beider Ausdrücke nicht notwendig erscheint. Hierzu zählen etwa die Beweislastumkehr sowie die subjektive Beweisführungslast (Rauscher/v Hein Art 18 Rn 7; Gebauer/Wiedmann/Nordmeier Kap 37 Rn 127; Palandt/Thorn Art 18 Rn 2). Gleichermaßen ist der **Anscheinsbeweis** nach der lex causae zu beurteilen (so AG Geldern NJW 11, 686 m Anm Staudinger 650; ders DAR 11, 231; ebenso PWW/Brödermann/Wegen Art 18 Rn 6; Reithmann/Martiny/Martiny Rn 342; jurisPK-BGB/Ringe Art 18 Rn 7; MK/Spellenberg Art 18 Rn 21 f; aA Thole IPRax 10, 285, 287: lex fori). Für Vermutungen ist grds unerheblich, ob sie widerlegbar sind oder nicht, wobei richterrechtliche entgegen dem deutschen Wortlaut ausreichen (Staud/Magnus Art 18 Rn 17). Hingegen richten sich rein prozessual einzuordnende Beweisregeln nach dem Recht des Forums (Reithmann/Martiny/Martiny Rn 343; Gebauer/Wiedmann/Nordmeier Kap 37 Rn 126 f). Bei ausl lex causae greifen die dort geltenden Beweislast- und Vermutungsregeln; eine Schranke bildet insofern Art 9 II (PWW/Brödermann/Wegen Art 18 Rn 8). Ein allumfassendes Beweisstatut schafft der Sekundärrechtsgeber nach alledem nicht (Rauscher/v Hein Art 18 Rn 3; jurisPK-BGB/Ringe Art 18 Rn 3).

II. Gem Abs 2 beurteilt sich die **Zulässigkeit v Beweismitteln** als prozessuale Frage grds nach dem Verfahrensrecht des angerufenen Spruchkörpers. Darüber hinaus findet alternativ das nach Art 11 einschlägige Formstatut Berücksichtigung, soweit die lex fori dem nicht entgegensteht. Denkbar ist im Einzelfall die Vornahme v Anpassungen, sofern es um fremde Beweisarten geht. So mag eine Partei bei angelsächsischer oder französischer lex causae zwar nicht als Zeuge, womöglich jedoch als Partei (§§ 445 ff ZPO) zu vernehmen sein (PWW/Brödermann/Wegen Art 18 Rn 9 f). Die Erweiterung des Abs 2 Var 2 dient dem Schutz der Parteierwartung bzgl der Beweisbarkeit des Rechtsgeschäfts nach der Rechtsordnung, dessen Formvorschriften eingehalten wurden (Rauscher/v Hein Rn 2; Gebauer/Wiedmann/Nordmeier Kap 37 Rn 128; MK/Spellenberg Art 18 Rn 32). Die Vorschrift korrespondiert damit auf beweisrechtlicher Ebene mit dem favor negotii, der bereits Art 11 kennzeichnet (Art 11 Rn 1; Staud/Magnus Art 18 Rn 3). Abs 2 findet nur Anwendung, wenn der Vertrag formgültig ist (jurisPK-BGB/Ringe Art 18 Rn 9; Palandt/Thorn Art 18 Rn 5; MK/Spellenberg Art 18 Rn 30). Andernfalls verbleibt es bei der Beurteilung der Beweisart nach der lex fori. Handelt es sich in concreto nicht um den „Beweis eines Rechtsgeschäfts", gilt nach allg Regeln

(Rn 1) ebenfalls das Recht des Forums (etwa bzgl §§ 286 f ZPO; Rauscher/v Hein Art 18 Rn 8; PWW/Brödermann/Wegen Art 18 Rn 11).

Kapitel III
Sonstige Vorschriften

Artikel 19 Gewöhnlicher Aufenthalt

(1) Für die Zwecke dieser Verordnung ist der Ort des gewöhnlichen Aufenthalts von Gesellschaften, Vereinen und juristischen Personen der Ort ihrer Hauptverwaltung. Der gewöhnliche Aufenthalt einer natürlichen Person, die im Rahmen der Ausübung ihrer beruflichen Tätigkeit handelt, ist der Ort ihrer Hauptniederlassung.
(2) Wird der Vertrag im Rahmen des Betriebs einer Zweigniederlassung, Agentur oder sonstigen Niederlassung geschlossen oder ist für die Erfüllung gemäß dem Vertrag eine solche Zweigniederlassung, Agentur oder sonstigen Niederlassung verantwortlich, so steht der Ort des gewöhnlichen Aufenthalts dem Ort gleich, an dem sich die Zweigniederlassung, Agentur oder sonstige Niederlassung befindet.
(3) Für die Bestimmung des gewöhnlichen Aufenthalts ist der Zeitpunkt des Vertragsschlusses maßgebend.

1 Für den gewA einer natürlichen Person nach Abs 1 S 2 scheint unklar, ob die Regelung ausschließlich für solche Personen gilt, die freiberuflich tätig sind, oder ebenfalls die unselbständige berufliche Tätigkeit v Regelungsgehalt miteinbezogen wird (s Angaben bei Staud/Magnus Art 19 Rn 16). Der Begriff des gewA als wandelbarer Anknüpfungspunkt ist nicht ausschließlich gemeinschaftlich-autonom zu interpretieren, vielmehr erscheint im Hinblick auf die Staatsverträge eine global-einheitliche Auslegung geboten (Staud/Magnus Art 19 Rn 7). Im Rahmen der Interpretation bzw Konkretisierung sind objektive sowie subjektive Kriterien heranzuziehen (EuGH IPRax 11, 76; dazu Pirrung IPRax 11, 50; das Urteil des Gerichtshofs betraf jedoch die Brüssel IIa-VO; zur Problematik der Wanderarbeiter s Lehmann DStR 12, 2085; den Bleibewillen als subjektives Element für entscheidend ansehen: Weller, in Leible/Unberath, Brauchen wir eine Rom 0-Verordnung?, 13, 293, 317). Die Rechtsanwendung und mithin die Subsumtion bleibt hingegen den Mitgliedstaaten überlassen. Dabei kann es durch eine unterschiedliche Gewichtung der Merkmale zu einer Durchbrechung der Einheitlichkeit kommen. Zu beachten bleibt, dass es sich bei der Länge des Aufenthalts als objektives Kriterium lediglich um ein Indiz handelt. Eine starre Grenze v sechs Monaten bzw eine dahingehende Faustformel, wonach ein gewöhnlicher Aufenthalt nach Ablauf der zuvor genannten Zeitspanne zu vermuten ist, besteht nicht. Entscheidende Bedeutung kommt sicherlich dem Aufenthaltswillen als subjektiven Element zu. Eine etwaige Illegalität des Aufenthalts bleibt hingegen ebenso unbeachtlich wie das Vorliegen einer Arbeitserlaubnis bzw Steuerehrlichkeit. Die v EuGH zur Brüssel IIa-VO entwickelten Kriterien wurden in die EuErbVO v 4.7.12 (ABl EU L 201, 107) übernommen, so dass ihren Erwägungsgründen Nr. 23 und Nr. 24 Hinweise zur Bestimmung des gewA zu entnehmen sind. In der Gesamtschau lässt sich eine doppelte Einheitlichkeit der Auslegung festhalten: Der Begriff gewA nach Abs 1 S 2 muss konventionsübergreifend-global, autonom sowie rechtsgebietsübergreifend interpretiert werden. Laut Abs 3 ist auf den Zeitpunkt des Vertragsschlusses abzuheben. Dies vermeidet einen Statutenwechsel trotz an sich wandelbaren Anknüpfungspunkts und gewährleistet die Vorhersehbarkeit und Rechtssicherheit im Einklang mit Erwägungsgrund 6 des Sekundärrechtsakts. Im Übrigen wird auf die Kommentierung des weitgehend inhaltsgleichen Art 23 Rom II-VO verwiesen.

Artikel 20 Ausschluss der Rück- und Weiterverweisung
Unter dem nach dieser Verordnung anzuwendenden Recht eines Staates sind die in diesem Staat geltenden Rechtsnormen unter Ausschluss derjenigen des Internationalen Privatrechts zu verstehen, soweit in dieser Verordnung nichts anderes bestimmt ist.

Beachte insofern die Erläuterung des inhaltsgleichen Art 24 Rom II-VO. An dieser Stelle hervorzuheben ist allein der **Vorbehalt des Art 20 Halbs 2**, wonach der Ausschluss des Renvoi nicht gilt, sofern in der VO „nichts anderes bestimmt ist". Hiermit sollte indes nur der Regelung des Art 7 III 2 Rechnung getragen werden, welche die Wahl mitgliedstaatlichen Kollisionsrechts ermöglicht (s Art 7 Rn 15). Darüber hinaus bewirkt Art 20 keine Erweiterung der Parteiautonomie durch die Wahl eines Kollisionsrechts (str; s Art 3 Rn 11). Die Vorschrift verpflichtet jedes Gericht, ausländisches Sachrecht ex officio zu ermitteln (hierzu im weiteren Zusammenhang: BGH RIW 13, 488). 1

Artikel 21 Öffentliche Ordnung im Staat des angerufenen Gerichts
Die Anwendung einer Vorschrift des nach dieser Verordnung bezeichneten Rechts kann nur versagt werden, wenn ihre Anwendung mit der öffentlichen Ordnung („ordre public") des Staates des angerufenen Gerichts offensichtlich unvereinbar ist.

Insoweit wird auf die Kommentierung des sachlich weithin identischen Art 26 Rom II-VO verwiesen. 1

Artikel 22 Staaten ohne einheitliche Rechtsordnung
(1) Umfasst ein Staat mehrere Gebietseinheiten, von denen jede eigene Rechtsnormen für vertragliche Schuldverhältnisse hat, so gilt für die Bestimmung des nach dieser Verordnung anzuwendenden Rechts jede Gebietseinheit als Staat.
(2) Ein Mitgliedstaat, in dem verschiedene Gebietseinheiten ihre eigenen Rechtsnormen für vertragliche Schuldverhältnisse haben, ist nicht verpflichtet, diese Verordnung auf Kollisionen zwischen den Rechtsordnungen dieser Gebietseinheiten anzuwenden.

Beachte insofern die Erläuterung des weitgehend inhaltsgleichen Art 25 Rom II-VO. 1

Artikel 23 Verhältnis zu anderen Gemeinschaftsrechtsakten
Mit Ausnahme von Artikel 7 berührt diese Verordnung nicht die Anwendung von Vorschriften des Gemeinschaftsrechts, die in besonderen Bereichen Kollisionsnormen für vertragliche Schuldverhältnisse enthalten.

I. Die Vorschrift stellt klar, dass die Rom I-VO (**künftige**) **schuldvertragliche IPR-Vorschriften unionsrechtlicher Provenienz „nicht berührt"**. Zwar sind die Aufteilung der Kollisionsnormen auf zahlreiche Rechtsakte sowie Unterschiede zwischen diesen Bestimmungen aus der Perspektive des EU-Gesetzgebers grds unerwünscht (Erwägungsgrund 40 S 1; vgl auch die Erwägungsgründe 1 und 6); gleichwohl soll nicht die flexible Möglichkeit verwehrt bleiben, Verweisungsregeln des unionsrechtlichen Internationalen Schuldvertragsrechts für „besondere Gegenstände" aufzunehmen (Erwägungsgrund 40 S 2; vgl auch Erwägungsgrund 14; das Verhältnis der Rom I-VO zu Staatsverträgen behandeln die Art 24, 25). Andernfalls bestünde die Gefahr, Bestimmungen nicht anzuwenden, welche dem reibungslosen Funktionieren des Binnenmarktes und damit letztlich der Verwirklichung der Grundfreiheiten dienen (vgl Erwägungsgrund 40 S 3; Rauscher/Thorn Art 23 Rn 2). Das **betrifft zuvörderst das Richtlinien-IPR**, wie es nun so etwa für das Verbraucherrecht in Art 46 b EGBGB eine Umsetzung erfahren hat (s Art 46 b EGBGB Rn 1; die hierdurch bewirkte Spaltung des Verbraucher-IPR kritisieren bspw Garcimartín Alférez EuLF 08, I-61, I-66; J Hoffmann EWS 09, 254, 1

257 ff; Kieninger FS Kropholler, 08, S 499 ff; Magnus IPRax 10, 27, 32, 44; Mankowski IHR 08, 133, 135; Pfeiffer EuZW 08, 622, 626; Ferrari/Leible/Ragno Rome I Regulation S 129, 158 ff, 170; s auch Art 27 I lit b). Erwägungsgrund 40 S 3 nennt noch ausdrücklich die E-Commerce-RL 2000/31/EG (ABl EG L 178, 1), die in ihrem Art 3 II nach Teilen des Schrifttums das Herkunftslandprinzip verankert (zu den damit verbundenen Streitfragen ausf Sack EWS 11, 65; beachte auch EuGH NJW 12, 137 ff). Eine im Kommissionsentwurf (KOM [05] 650 endg, Anhang I) enthaltene Auflistung der im Einzelnen vorrangigen EU-Rechtsakte wurde in die Endfassung der Rom I-VO nicht übernommen. Somit muss jeweils durch autonome Auslegung ermittelt werden (Vor Art 1 Rn 2), ob eine IPR-Norm iSd Art 23 vorliegt, wobei grds die Rom I- und II-VO als Maßstab heranzuziehen sind (Staud/Magnus Art 23 Rn 17; beachte die Aufzählung einzelner Richtlinien bei MK/Martiny Art 23 Rn 15 ff). Um die erreichte Rechtsvereinheitlichung möglichst weitgehend aufrecht zu erhalten, sollte jene Interpretation restriktiv erfolgen (Staud/Magnus Art 23 Rn 2). Obgleich Art 23 die Umsetzungsbestimmungen nicht in Bezug nimmt, hat der Rechtsanwender gerade auf diese und nicht auf die Richtlinie selbst abzustellen (Gebauer/Wiedmann/Nordmeier Kap 37 Rn 144; jurisPK-BGB/Ringe Art 23 Rn 8). Dieses in nationale Normen überführte Richtlinienkollisionsrecht beruft dabei stets den Mindeststandard des Sekundärrechtsaktes zur Anwendung; strengere bzw überschießende Transformationsnormen werden mithin entspr limitiert berücksichtigt (ausf dazu Art 46 b EGBGB Rn 14). Damit erzielt man einen Gleichlauf mit der Rechtsfolgenseite des Art 3 IV, welcher ebenfalls nur den Mindeststandard vor einer Abwahl immunisiert (s nur Pfeiffer EuZW 08, 622, 625; Staudinger/Steinrötter JA 11, 241, 244; aA Rauscher/v Hein Art 3 Rn 127; zu den dogmatischen Bedenken Gebauer/Wiedmann/Staudinger Kap 38 Rn 77). In Betracht kommen daneben **unmittelbar wirkende VOen** (Art 288 II AEUV; bspw Art 85 I VO [EG] Nr 883/04, ABl EU 04 L 166, 1 hinsichtlich des gesetzlichen Forderungsübergangs). Beachtung verdient schließlich, dass die Rom I-VO **im Bereich des Versicherungskollisionsrechts abschließend** ist (jurisPK-BGB/Ringe Art 23 Rn 12), wobei der VO-Geber mit der Eingangsformulierung des Art 23 (irrtümlich?) nicht nur die Anknüpfungspunkte der versicherungsrechtlichen (so wohl Staud/Magnus Rn 31; MK/Martiny Art 23 Rn 11), sondern insofern gleichermaßen der Klausel-RL 93/13/EWG (ABl EG L 95, 29) sowie der Fernabsatz-RL II 2002/65/EG (ABl EG L 271, 16) für irrelevant erklärt hat (hierzu Art 7 Rn 3; Heiss FS Kropholler, 08, S 459, 471 f).

2 **II. Wenngleich Art 23 prima facie die Spezialität des sekundärrechtlichen IPR**, va aus den einschlägigen Richtlinien nahelegt, bestehen mitunter **schwierige Konkurrenzprobleme** mit den Anknüpfungsregeln dieser VO, namentlich Art 46 b EGBGB betreffend (s hierzu Art 3 Rn 7 f; Art 5 Rn 4; Art 6 Rn 3; Art 46 b EGBGB Rn 4 f).

Artikel 24 Beziehung zum Übereinkommen von Rom

(1) Diese Verordnung tritt in den Mitgliedstaaten an die Stelle des Übereinkommens von Rom, außer hinsichtlich der Hoheitsgebiete der Mitgliedstaaten, die in den territorialen Anwendungsbereich dieses Übereinkommens fallen und für die aufgrund der Anwendung von Artikel 299 des Vertrags diese Verordnung nicht gilt.
(2) Soweit diese Verordnung die Bestimmungen des Übereinkommens von Rom ersetzt, gelten Bezugnahmen auf dieses Übereinkommen als Bezugnahmen auf diese Verordnung.

1 Die Rom I-VO verdrängt das völkervertragliche EVÜ (BGBl II 86, S 810, idF v 14.4.05, BGBlIII 06, S 348) ab dem 17.12.09 (Stichtag; vgl Art 28, 29). Der deutsche Rechtsanwender hat seitdem stets jenen Sekundärrechtsakt zugrunde zu legen (Art 3 Nr 1 lit b EGBGB) und zwar unabhängig davon, ob der Auslandssachverhalt durch einen Drittstaat hergestellt respektive auf das Recht eines solchen verwiesen wird (s Art 1 Rn 16, Art 2 Rn 1; Gleiches gilt aus deutscher Sicht bei Berührungen mit Dänemark; str). **Art 24 I legt** damit den **Normadressaten der Rom I-VO fest** („in den Mitgliedstaaten"; Palandt/Thorn Art 24 Rn 2). Insb Dänemark (vgl Art 1 IV) zählt nicht dazu (zu

einzelnen räumlich v Mitgliedstaaten getrennten, politisch indes abhängigen Territorien Rauscher/v Hein Rn 3 ff). Dänische Juristen rekurrieren demnach weiterhin auf das EVÜ (PWW/Brödermann/Wegen Art 24 Rn 3). **Abs 2** fingiert, dass Bezugnahmen anderer Rechtsakte als solche auf die Rom I-VO gelten. Das gewährleistet einen problemlosen Übergang auf das neue Rechtsinstrument. Die praktische Relevanz dieser Klausel ist gering (Staud/Magnus Art 24 Rn 11; MK/Martiny Art 24 Rn 9).

Artikel 25 Verhältnis zu bestehenden internationalen Übereinkommen

(1) Diese Verordnung berührt nicht die Anwendung der internationalen Übereinkommen, denen ein oder mehrere Mitgliedstaaten zum Zeitpunkt der Annahme dieser Verordnung angehören und die Kollisionsnormen für vertragliche Schuldverhältnisse enthalten.
(2) Diese Verordnung hat jedoch in den Beziehungen zwischen den Mitgliedstaaten Vorrang vor den ausschließlich zwischen zwei oder mehreren Mitgliedstaaten geschlossenen Übereinkommen, soweit diese Bereiche betreffen, die in dieser Verordnung geregelt sind.

Die Vorschrift regelt das Verhältnis der Rom I-VO zu internationalen Übereinkommen, 1 die IPR-Normen beinhalten. Dabei setzt sie eine **zeitliche Zweiteilung** in bis zum Zeitpunkt der Annahme des Sekundärrechtsaktes (17.6.08) bestehende und danach abgeschlossene Staatsverträge fest (jurisPK-BGB/Ringe Art 25 Rn 1). Bereits **existente Übereinkommen** gehen nach **Art 25 I** grds vor, um den Grds pacta sunt servanda nicht zu verletzen (Erwägungsgrund 41 S 1). Dies gilt richtiger Ansicht nach nicht nur für Staatsverträge mit ausschließlich kollisionsrechtlichem Inhalt, sondern auch für weitgehend materiellrechtliche wie dem **UN-Kaufrecht**, welches in seinem Art 1 I aber eine (versteckte/implizite) Kollisionsnorm enthält (Staudinger/Steinrötter JA 11, 241, 243 f, Fn 46; ebenso Jayme/Nordmeier IPRax 08, 503, 507 zur transportrechtlichen CMR; aA etwa Schlechtriem/Schwenzer/Ferrari, Kommentar zum Einheitlichen UN-Kaufrecht, 5. Aufl 2008, Vor Art 1–6 Rn 34; ausf zum Streitstand Rauscher/v Hein Art 25 Rn 5 ff). Für das EVÜ ist Art 24 lex specialis (Rauscher/v Hein Art 25 Rn 1). Namentlich im Transportrecht findet sich eine Vielzahl völkerrechtlicher Abkommen (Übersicht bei Ferrari/Staudinger Art 5 Rn 12). Allerdings ordnet **Abs 2** für diejenigen Fälle den **Vorrang der Rom I-VO** an, in denen „ausschließlich zwei oder mehrere[n] Mitgliedstaaten" ein Übereinkommen geschlossen haben. Dieses Primat des Unionsrechts gilt zumindest „in den Beziehungen zwischen den Mitgliedstaaten". Insoweit droht nämlich gerade keine Verletzung v Völkerrecht, so dass das Ziel des Entscheidungseinklangs innerhalb der Union zumindest hier durchgesetzt werden kann (PWW/Brödermann/Wegen Art 25 Rn 4; Gebauer/Wiedmann/Nordmeier Kap 37 Rn 149). Die Anordnung des supranationalen Gesetzgebers, wonach nur bereits bestehenden völkerrechtlichen Verträgen weiterhin Relevanz zukommen soll, impliziert gleichsam **ein Kontrahierungsverbot der Mitgliedstaaten bzgl zukünftiger Übereinkommen** auf dem Gebiet des Internationalen Vertragsrechts (jurisPK-BGB/Ringe Art 25 Rn 4). Ab obigem Stichtag ging diese Kompetenz nämlich auf die EU über, wie sich aus Art 3 II AEUV sowie der einschlägigen EuGH-Judikatur ergibt (so zuletzt EuGH Slg 06, I-1145, sog AETR-Doktrin; vgl darüber hinaus Mankowski IPRax 06, 101, 113 mwN). In Ausnahme- und Einzelfällen erlaubt **Erwägungsgrund 42** den Mitgliedstaaten für „sektorspezifische Fragen" den Abschluss v Übereinkommen mit Drittländern (s hierzu die VO [EG] 662/2009, ABl EU L 200, 25, welche das entspr Verfahren regelt).

Artikel 26 Verzeichnis der Übereinkommen

(1) ¹Die Mitgliedstaaten übermitteln der Kommission bis spätestens 17. Juni 2009 die Übereinkommen nach Artikel 25 Absatz 1. ²Kündigen die Mitgliedstaaten nach diesem Stichtag eines dieser Übereinkommen, so setzen sie die Kommission davon in Kenntnis.

(2) Die Kommission veröffentlicht im Amtsblatt der Europäischen Union innerhalb von sechs Monaten nach Erhalt der in Absatz 1 genannten Übermittlung
a) ein Verzeichnis der in Absatz 1 genannten Übereinkommen;
b) die in Absatz 1 genannten Kündigungen.

1 Aus **Gründen der Transparenz** sollten die Mitgliedstaaten der Kommission gem **Art 26 I** sämtliche Übereinkommen, welchen nach Maßgabe v Art 25 I ein Vorrang ggü der Rom I-VO zukommt, bis zum 17.6.09 (Tag der Annahme des Rechtsaktes) melden. Gleiches gilt, sofern Mitgliedstaaten nämliche Staatsverträge kündigen. Ein Neuabschluss verbietet sich vorbehaltlich des Erwägungsgrundes 42 (s Art 25 Rn 1). Weder handelt es sich um eine **abschließende Liste, noch** zieht die **Verletzung der Meldepflicht** die **Unanwendbarkeit des völkerrechtlichen Vertrages** nach sich (Gebauer/Wiedmann/Nordmeier Kap 37 Rn 147; jurisPK-BGB/Ringe Art 26 Rn 2). Vielmehr steht hinter Art 26 die rein pragmatische Überlegung, „den Zugang zu den Rechtsakten zu erleichtern" (Erwägungsgrund 41 S 2). Nach **Abs 2** hat die Kommission die dergestalt eingegangenen Übereinkommen innerhalb v sechs Monaten im ABl zu publizieren. Die verspätete Veröffentlichung des Kataloges erfolgte am 17.12.10 (ABl EU C 343, 3). Hierbei fehlen noch die Meldungen Spaniens und Belgiens. Ausweislich **Art 29 S 2** gilt Art 26 ab dem 17.6.09.

Artikel 27 Überprüfungsklausel

(1) ¹Die Kommission legt dem Europäischen Parlament, dem Rat und dem Europäischen Wirtschafts- und Sozialausschuss bis spätestens 17. Juni 2013 einen Bericht über die Anwendung dieser Verordnung vor. ²Diesem Bericht werden gegebenenfalls Vorschläge zur Änderung der Verordnung beigefügt. Der Bericht umfasst:
a) eine Untersuchung über das auf Versicherungsverträge anzuwendende Recht und eine Abschätzung der Folgen etwaiger einzuführender Bestimmungen und
b) eine Bewertung der Anwendung von Artikel 6, insbesondere hinsichtlich der Kohärenz des Gemeinschaftsrechts im Bereich des Verbraucherschutzes.

(2) ¹Die Kommission legt dem Europäischen Parlament, dem Rat und dem Europäischen Wirtschafts- und Sozialausschuss bis 17. Juni 2010 einen Bericht über die Frage vor, ob die Übertragung einer Forderung Dritten entgegengehalten werden kann, und über den Rang dieser Forderung gegenüber einem Recht einer anderen Person. ²Dem Bericht wird gegebenenfalls ein Vorschlag zur Änderung dieser Verordnung sowie eine Folgenabschätzung der einzuführenden Bestimmungen beigefügt.

1 Art 27 legt der Kommission auf, Berichte bis zum 17.6.13 (Abs 1; betrifft die „Anwendung" der Rom I-VO, insb hinsichtlich des Versicherungs- und Verbraucherkollisionsrechts) bzw 17.6.10 (Abs 2; behandelt die zessionsrechtliche Probleme der Drittwirkung bzw die Frage des Prioritätsprinzips bei Mehrfachabtretungen; zur gegenwärtig erarbeiteten Studie des British Institute for International and Comparative Law s die Ausführungen bei Art 14 Rn 4) zu verfassen. Sie sollen **etwaige Änderungsvorschläge für bestimmte Bereiche der VO** beinhalten, die sich im Rechtssetzungsverfahren als besonders schwierig erwiesen haben (vgl zu lit a die Vorschläge v Heiss, FS Kropholler, 08, S 459, 479 f; Richters, Dienstleistungsfreiheit als Schranke des Internationalen Privatversicherungsrechts, 12, S 145 ff). Die Vorgaben dienen der **Qualitätssicherung in der EU-Legislativarbeit** (Rauscher/Freitag Art 27 Rn 1).

Artikel 28 Zeitliche Anwendbarkeit

Diese Verordnung wird auf Verträge angewandt, die ab dem 17. Dezember 2009 geschlossen werden.

1 S die Kommentierung des Art 29.

Kapitel IV
Schlussbestimmungen

Artikel 29 Inkrafttreten und Anwendbarkeit

Diese Verordnung tritt am zwanzigsten Tag nach ihrer Veröffentlichung im Amtsblatt der Europäischen Union in Kraft.
Sie gilt ab 17. Dezember 2009, mit Ausnahme des Artikels 26, der ab dem 17. Juni 2009 gilt.

Die **Art 28, 29** regeln den **intertemporalen Anwendungsbereich** des Sekundärrechtsakts. Gem ihres Art 29 I ist die Rom I-VO demnach am 24.7.08 (20 Tage nach der Veröffentlichung im ABl, vgl Art 297 I AEUV; ehemals Art 254 I EGV) in Kraft getreten und laut Art 28, 29 II **in Geltung und auf Verträge anwendbar, die ab dem 17.12.09 geschlossen** wurden. Zunächst bestehende Unklarheiten bzgl der zeitlichen Anwendbarkeit hat eine **Berichtigung des Art 28** beseitigt (statt „nach dem 17. Dezember 2009" heißt es nun „**ab dem 17. Dezember 2009**"; ABl EU 09 L 309, 87; hierzu bspw Magnus IPRax 10, 27, 31). Für Altfälle, die man nicht dem zeitlichen Geltungsbereich des Sekundärrechtsaktes zurechnen kann, bleiben weiterhin die Art 27 ff EGBGB aF maßgeblich. Der **Vertragsschluss** (vgl Art 28) ist der für diese Unterscheidung **entscheidende Zeitpunkt**. Die Beurteilung seiner Wirksamkeit richtet sich dabei bereits im Lichte des Art 10 I nach dem durch die Rom I-VO ermittelten Sachrecht (Calliess/Hoffmann Rome Regulations Art 28 Rn 2; Pfeiffer EuZW 08, 622; Staudinger/Steinrötter JA 11, 241, 242; aA Leible/Lehmann RIW 08, 528, 531: Rückgriff auf die Art 27 ff EGBGB aF; ebenso MK/Martiny Art 28 Rn 3; Palandt/Thorn Art 28 Rn 2: Autonom zu ermitteln). Für unter den alten Rechtslage begründete **Dauerschuldverhältnisse** bedeutet dies, dass sie eben nicht der Rom I-VO unterfallen (Campos Nave/Steckenborn NWB 09, 3430, 3432; Martiny ZEuP 10, 747, 754). Bedeutung hat der intertemporale Anwendungsbereich der Rom I-VO auch für die **Haftung aus culpa in contrahendo** (betreffend Verhandlungen vor Abschluss des Rechtsgeschäfts), welche zwar grds Art 12 Rom II-VO unterliegt; nach dessen Abs 1 kommt es aber auf das hypothetische Vertragsstatut an (s Art 12 Rom II-VO Rn 1). Letzteres muss aber gerade nach den Rom I-Regeln bestimmt werden (Staud/Magnus Art 28 Rn 5). Zum zeitlichen Anwendungsbereich des Art 46 b EGBGB s die dortige Kommentierung Rn 7; 21.

Verordnung (EG) Nr. 864/2007 des Europäischen Parlaments und des Rates vom 11. Juli 2007 über das auf außervertragliche Schuldverhältnisse anzuwendende Recht („Rom II")

(ABl. L 199 vom 31.7.2007, S. 40; berichtigt ABl. L 310 vom 9.11.2012, S. 52)

DAS EUROPÄISCHE PARLAMENT UND DER RAT DER EUROPÄISCHEN UNION –
gestützt auf den Vertrag zur Gründung der Europäischen Gemeinschaft, insbesondere auf Artikel 61 Buchstabe c und Artikel 67,
auf Vorschlag der Kommission,
nach Stellungnahme des Europäischen Wirtschafts- und Sozialausschusses[1],
gemäß dem Verfahren des Artikels 251 des Vertrags, aufgrund des vom Vermittlungsausschuss am 25. Juni 2007 gebilligten gemeinsamen Entwurfs[2],
in Erwägung nachstehender Gründe:
(1) Die Gemeinschaft hat sich zum Ziel gesetzt, einen Raum der Freiheit, der Sicherheit und des Rechts zu erhalten und weiterzuentwickeln. Zur schrittweisen Schaffung eines solchen Raums muss die Gemeinschaft im Bereich der justiziellen Zusammenarbeit in Zivilsachen, die einen grenzüberschreitenden Bezug aufweisen, Maßnahmen erlassen, soweit sie für das reibungslose Funktionieren des Binnenmarkts erforderlich sind.
(2) Nach Artikel 65 Buchstabe b des Vertrags schließen diese Maßnahmen auch solche ein, die die Vereinbarkeit der in den Mitgliedstaaten geltenden Kollisionsnormen und Vorschriften zur Vermeidung von Kompetenzkonflikten fördern.
(3) Auf seiner Tagung vom 15. und 16. Oktober 1999 in Tampere hat der Europäische Rat den Grundsatz der gegenseitigen Anerkennung von Urteilen und anderen Entscheidungen von Justizbehörden als Eckstein der justiziellen Zusammenarbeit in Zivilsachen unterstützt und den Rat und die Kommission ersucht, ein Maßnahmenprogramm zur Umsetzung dieses Grundsatzes anzunehmen.
(4) Der Rat hat am 30. November 2000 ein gemeinsames Maßnahmenprogramm der Kommission und des Rates zur Umsetzung des Grundsatzes der gegenseitigen Anerkennung gerichtlicher Entscheidungen in Zivil- und Handelssachen[3] angenommen. Nach dem Programm können Maßnahmen zur Harmonisierung der Kollisionsnormen dazu beitragen, die gegenseitige Anerkennung gerichtlicher Entscheidungen zu vereinfachen.
(5) In dem vom Europäischen Rat am 5. November 2004 angenommenen Haager Programm[4] wurde dazu aufgerufen, die Beratungen über die Regelung der Kollisionsnormen für außervertragliche Schuldverhältnisse („Rom II") energisch voranzutreiben.
(6) Um den Ausgang von Rechtsstreitigkeiten vorhersehbarer zu machen und die Sicherheit in Bezug auf das anzuwendende Recht sowie den freien Verkehr gerichtlicher Entscheidungen zu fördern, müssen die in den Mitgliedstaaten geltenden Kollisionsnormen im Interesse eines reibungslos funktionierenden Binnenmarkts unabhängig von dem Staat, in dem sich das Gericht befindet, bei dem der Anspruch

---

1 ABl. C 241 vom 28.9.2004, S. 1.
2 Stellungnahme des Europäischen Parlaments vom 6. Juli 2005 (ABl. C 157 E vom 6.7.2006, S. 371), Gemeinsamer Standpunkt des Rates vom 25. September 2006 (ABl. C 289 E vom 28.11.2006, S. 68) und Standpunkt des Europäischen Parlaments vom 18. Januar 2007 (noch nicht im Amtsblatt veröffentlicht). Legislative Entschließung des Europäischen Parlaments vom 10. Juli 2007 und Beschluss des Rates vom 28. Juni 2007.
3 ABl. C 12 vom 15.1.2001, S. 1.
4 ABl. C 53 vom 3.3.2005, S. 1.

geltend gemacht wird, dieselben Verweisungen zur Bestimmung des anzuwendenden Rechts vorsehen.
(7) Der materielle Anwendungsbereich und die Bestimmungen dieser Verordnung sollten mit der Verordnung (EG) Nr. 44/2001 des Rates vom 22. Dezember 2000 über die gerichtliche Zuständigkeit und die Anerkennung und Vollstreckung von Entscheidungen in Zivil- und Handelssachen[5] (Brüssel I) und den Instrumenten, die das auf vertragliche Schuldverhältnisse anzuwendende Recht zum Gegenstand haben, in Einklang stehen.
(8) Diese Verordnung ist unabhängig von der Art des angerufenen Gerichts anwendbar.
(9) Forderungen aufgrund von „acta iure imperii" sollten sich auch auf Forderungen gegen im Namen des Staates handelnde Bedienstete und auf die Haftung für Handlungen öffentlicher Stellen erstrecken, einschließlich der Haftung amtlich ernannter öffentlicher Bediensteter. Sie sollten daher vom Anwendungsbereich dieser Verordnung ausgenommen werden.
(10) Familienverhältnisse sollten die Verwandtschaft in gerader Linie, die Ehe, die Schwägerschaft und die Verwandtschaft in der Seitenlinie umfassen. Die Bezugnahme in Artikel 1 Absatz 2 auf Verhältnisse, die mit der Ehe oder anderen Familienverhältnissen vergleichbare Wirkungen entfalten, sollte nach dem Recht des Mitgliedstaats, in dem sich das angerufene Gericht befindet, ausgelegt werden.
(11) Der Begriff des außervertraglichen Schuldverhältnisses ist von Mitgliedstaat zu Mitgliedstaat verschieden definiert. Im Sinne dieser Verordnung sollte der Begriff des außervertraglichen Schuldverhältnisses daher als autonomer Begriff verstanden werden. Die in dieser Verordnung enthaltenen Regeln des Kollisionsrechts sollten auch für außervertragliche Schuldverhältnisse aus Gefährdungshaftung gelten.
(12) Das anzuwendende Recht sollte auch für die Frage gelten, wer für eine unerlaubte Handlung haftbar gemacht werden kann.
(13) Wettbewerbsverzerrungen im Verhältnis zwischen Wettbewerbern aus der Gemeinschaft sind vermeidbar, wenn einheitliche Bestimmungen unabhängig von dem durch sie bezeichneten Recht angewandt werden.
(14) Das Erfordernis der Rechtssicherheit und die Notwendigkeit, in jedem Einzelfall Recht zu sprechen, sind wesentliche Anforderungen an einen Rechtsraum. Diese Verordnung bestimmt die Anknüpfungskriterien, die zur Erreichung dieser Ziele am besten geeignet sind. Deshalb sieht diese Verordnung neben einer allgemeinen Regel Sonderregeln und, in bestimmten Fällen, eine „Ausweichklausel" vor, die ein Abweichen von diesen Regeln erlaubt, wenn sich aus der Gesamtheit der Umstände ergibt, dass die unerlaubte Handlung eine offensichtlich engere Verbindung mit einem anderen Staat aufweist. Diese Gesamtregelung schafft einen flexiblen Rahmen kollisionsrechtlicher Regelungen. Sie ermöglicht es dem angerufenen Gericht gleichfalls, Einzelfälle in einer angemessenen Weise zu behandeln.
(15) Zwar wird in nahezu allen Mitgliedstaaten bei außervertraglichen Schuldverhältnissen grundsätzlich von der lex loci delicti commissi ausgegangen, doch wird dieser Grundsatz in der Praxis unterschiedlich angewandt, wenn sich Sachverhaltselemente des Falles über mehrere Staaten erstrecken. Dies führt zu Unsicherheit in Bezug auf das anzuwendende Recht.
(16) Einheitliche Bestimmungen sollten die Vorhersehbarkeit gerichtlicher Entscheidungen verbessern und einen angemessenen Interessenausgleich zwischen Personen, deren Haftung geltend gemacht wird, und Geschädigten gewährleisten. Die Anknüpfung an den Staat, in dem der Schaden selbst eingetreten ist (lex loci damni), schafft einen gerechten Ausgleich zwischen den Interessen der Person, deren Haftung geltend gemacht wird, und der Person, die geschädigt wurde, und ent-

---

[5] ABl. L 12 vom 16.1.2001, S. 1. Zuletzt geändert durch die Verordnung (EG) Nr. 1791/2006 (ABl. L 363 vom 20.12.2006, S. 1).

spricht der modernen Konzeption der zivilrechtlichen Haftung und der Entwicklung der Gefährdungshaftung.
(17) Das anzuwendende Recht sollte das Recht des Staates sein, in dem der Schaden eintritt, und zwar unabhängig von dem Staat oder den Staaten, in dem bzw. denen die indirekten Folgen auftreten könnten. Daher sollte bei Personen- oder Sachschäden der Staat, in dem der Schaden eintritt, der Staat sein, in dem die Verletzung erlitten beziehungsweise die Sache beschädigt wurde.
(18) Als allgemeine Regel in dieser Verordnung sollte die „lex loci damni" nach Artikel 4 Absatz 1 gelten. Artikel 4 Absatz 2 sollte als Ausnahme von dieser allgemeinen Regel verstanden werden; durch diese Ausnahme wird eine besondere Anknüpfung für Fälle geschaffen, in denen die Parteien ihren gewöhnlichen Aufenthalt in demselben Staat haben. Artikel 4 Absatz 3 sollte als „Ausweichklausel" zu Artikel 4 Absätze 1 und 2 betrachtet werden, wenn sich aus der Gesamtheit der Umstände ergibt, dass die unerlaubte Handlung eine offensichtlich engere Verbindung mit einem anderen Staat aufweist.
(19) Für besondere unerlaubte Handlungen, bei denen die allgemeine Kollisionsnorm nicht zu einem angemessenen Interessenausgleich führt, sollten besondere Bestimmungen vorgesehen werden.
(20) Die Kollisionsnorm für die Produkthaftung sollte für eine gerechte Verteilung der Risiken einer modernen, hochtechnisierten Gesellschaft sorgen, die Gesundheit der Verbraucher schützen, Innovationsanreize geben, einen unverfälschten Wettbewerb gewährleisten und den Handel erleichtern. Die Schaffung einer Anknüpfungsleiter stellt, zusammen mit einer Vorhersehbarkeitsklausel, im Hinblick auf diese Ziele eine ausgewogene Lösung dar. Als erstes Element ist das Recht des Staates zu berücksichtigen, in dem die geschädigte Person beim Eintritt des Schadens ihren gewöhnlichen Aufenthalt hatte, sofern das Produkt in diesem Staat in den Verkehr gebracht wurde. Die weiteren Elemente der Anknüpfungsleiter kommen zur Anwendung, wenn das Produkt nicht in diesem Staat in Verkehr gebracht wurde, unbeschadet von Artikel 4 Absatz 2 und der Möglichkeit einer offensichtlich engeren Verbindung mit einem anderen Staat.
(21) Die Sonderregel nach Artikel 6 stellt keine Ausnahme von der allgemeinen Regel nach Artikel 4 Absatz 1 dar, sondern vielmehr eine Präzisierung derselben. Im Bereich des unlauteren Wettbewerbs sollte die Kollisionsnorm die Wettbewerber, die Verbraucher und die Öffentlichkeit schützen und das reibungslose Funktionieren der Marktwirtschaft sicherstellen. Durch eine Anknüpfung an das Recht des Staates, in dessen Gebiet die Wettbewerbsbeziehungen oder die kollektiven Interessen der Verbraucher beeinträchtigt worden sind oder beeinträchtigt zu werden drohen, können diese Ziele im Allgemeinen erreicht werden.
(22) Außervertragliche Schuldverhältnisse, die aus einem den Wettbewerb einschränkenden Verhalten nach Artikel 6 Absatz 3 entstanden sind, sollten sich auch auf Verstöße sowohl gegen nationale als auch gegen gemeinschaftliche Wettbewerbsvorschriften erstrecken. Auf solche außervertraglichen Schuldverhältnisse sollte das Recht des Staates anzuwenden sein, in dessen Gebiet sich die Einschränkung auswirkt oder auszuwirken droht. Wird der Markt in mehr als einem Staat beeinträchtigt oder wahrscheinlich beeinträchtigt, so sollte der Geschädigte seinen Anspruch unter bestimmten Umständen auf das Recht des Mitgliedstaats des angerufenen Gerichts stützen können.
(23) Für die Zwecke dieser Verordnung sollte der Begriff der Einschränkung des Wettbewerbs Verbote von Vereinbarungen zwischen Unternehmen, Beschlüssen von Unternehmensvereinigungen und abgestimmten Verhaltensweisen, die eine Verhinderung, Einschränkung oder Verfälschung des Wettbewerbs in einem Mitgliedstaat oder innerhalb des Binnenmarktes bezwecken oder bewirken, sowie das Verbot der missbräuchlichen Ausnutzung einer beherrschenden Stellung in einem Mitgliedstaat oder innerhalb des Binnenmarktes erfassen, sofern solche Vereinbarungen, Beschlüsse, abgestimmte Verhaltensweisen oder Missbräuche nach den

Artikeln 81 und 82 des Vertrags oder dem Recht eines Mitgliedstaats verboten sind.
(24) „Umweltschaden" sollte eine nachteilige Veränderung einer natürlichen Ressource, wie Wasser, Boden oder Luft, eine Beeinträchtigung einer Funktion, die eine natürliche Ressource zum Nutzen einer anderen natürlichen Ressource oder der Öffentlichkeit erfüllt, oder eine Beeinträchtigung der Variabilität unter lebenden Organismen umfassen.
(25) Im Falle von Umweltschäden rechtfertigt Artikel 174 des Vertrags, wonach ein hohes Schutzniveau erreicht werden sollte, und der auf den Grundsätzen der Vorsorge und Vorbeugung, auf dem Grundsatz, Umweltbeeinträchtigungen vorrangig an ihrem Ursprung zu bekämpfen, sowie auf dem Verursacherprinzip beruht, in vollem Umfang die Anwendung des Grundsatzes der Begünstigung des Geschädigten. Die Frage, wann der Geschädigte die Wahl des anzuwendenden Rechts zu treffen hat, sollte nach dem Recht des Mitgliedstaats des angerufenen Gerichts entschieden werden.
(26) Bei einer Verletzung von Rechten des geistigen Eigentums gilt es, den allgemein anerkannten Grundsatz der lex loci protectionis zu wahren. Im Sinne dieser Verordnung sollte der Ausdruck „Rechte des geistigen Eigentums" dahin interpretiert werden, dass er beispielsweise Urheberrechte, verwandte Schutzrechte, das Schutzrecht sui generis für Datenbanken und gewerbliche Schutzrechte umfasst.
(27) Die exakte Definition des Begriffs „Arbeitskampfmaßnahmen", beispielsweise Streikaktionen oder Aussperrung, ist von Mitgliedstaat zu Mitgliedstaat verschieden und unterliegt den innerstaatlichen Vorschriften der einzelnen Mitgliedstaaten. Daher wird in dieser Verordnung grundsätzlich davon ausgegangen, dass das Recht des Staates anzuwenden ist, in dem die Arbeitskampfmaßnahmen ergriffen wurden, mit dem Ziel, die Rechte und Pflichten der Arbeitnehmer und der Arbeitgeber zu schützen.
(28) Die Sonderbestimmung für Arbeitskampfmaßnahmen nach Artikel 9 lässt die Bedingungen für die Durchführung solcher Maßnahmen nach nationalem Recht und die im Recht der Mitgliedstaaten vorgesehene Rechtsstellung der Gewerkschaften oder der repräsentativen Arbeitnehmerorganisationen unberührt.
(29) Für Schäden, die aufgrund einer anderen Handlung als aus unerlaubter Handlung, wie ungerechtfertigter Bereicherung, Geschäftsführung ohne Auftrag oder Verschulden bei Vertragsverhandlungen, entstanden sind, sollten Sonderbestimmungen vorgesehen werden.
(30) Der Begriff des Verschuldens bei Vertragsverhandlungen ist für die Zwecke dieser Verordnung als autonomer Begriff zu verstehen und sollte daher nicht zwangsläufig im Sinne des nationalen Rechts ausgelegt werden. Er sollte die Verletzung der Offenlegungspflicht und den Abbruch von Vertragsverhandlungen einschließen. Artikel 12 gilt nur für außervertragliche Schuldverhältnisse, die in unmittelbarem Zusammenhang mit den Verhandlungen vor Abschluss eines Vertrags stehen. So sollten in den Fällen, in denen einer Person während der Vertragsverhandlungen ein Personenschaden zugefügt wird, Artikel 4 oder andere einschlägige Bestimmungen dieser Verordnung zur Anwendung gelangen.
(31) Um den Grundsatz der Parteiautonomie zu achten und die Rechtssicherheit zu verbessern, sollten die Parteien das auf ein außervertragliches Schuldverhältnis anzuwendende Recht wählen können. Die Rechtswahl sollte ausdrücklich erfolgen oder sich mit hinreichender Sicherheit aus den Umständen des Falles ergeben. Bei der Prüfung, ob eine solche Rechtswahl vorliegt, hat das Gericht den Willen der Parteien zu achten. Die Möglichkeit der Rechtswahl sollte zum Schutz der schwächeren Partei mit bestimmten Bedingungen versehen werden.
(32) Gründe des öffentlichen Interesses rechtfertigen es, dass die Gerichte der Mitgliedstaaten unter außergewöhnlichen Umständen die Vorbehaltsklausel (ordre public) und Eingriffsnormen anwenden können. Insbesondere kann die Anwendung einer Norm des nach dieser Verordnung bezeichneten Rechts, die zur Folge haben würde, dass ein unangemessener, über den Ausgleich des entstandenen Schadens hin-

ausgehender Schadensersatz mit abschreckender Wirkung oder Strafschadensersatz zugesprochen werden könnte, je nach der Rechtsordnung des Mitgliedstaats des angerufenen Gerichts als mit der öffentlichen Ordnung („ordre public") dieses Staates unvereinbar angesehen werden.

(33) Gemäß den geltenden nationalen Bestimmungen über den Schadensersatz für Opfer von Straßenverkehrsunfällen sollte das befasste Gericht bei der Schadensberechnung für Personenschäden in Fällen, in denen sich der Unfall in einem anderem Staat als dem des gewöhnlichen Aufenthalts des Opfers ereignet, alle relevanten tatsächlichen Umstände des jeweiligen Opfers berücksichtigen, insbesondere einschließlich tatsächlicher Verluste und Kosten für Nachsorge und medizinische Versorgung.

(34) Zur Wahrung eines angemessenen Interessenausgleichs zwischen den Parteien müssen, soweit dies angemessen ist, die Sicherheits- und Verhaltensregeln des Staates, in dem die schädigende Handlung begangen wurde, selbst dann beachtet werden, wenn auf das außervertragliche Schuldverhältnis das Recht eines anderen Staates anzuwenden ist. Der Begriff „Sicherheits- und Verhaltensregeln" ist in dem Sinne auszulegen, dass er sich auf alle Vorschriften bezieht, die in Zusammenhang mit Sicherheit und Verhalten stehen, einschließlich beispielsweise der Straßenverkehrssicherheit im Falle eines Unfalls.

(35) Die Aufteilung der Kollisionsnormen auf zahlreiche Rechtsakte sowie Unterschiede zwischen diesen Normen sollten vermieden werden. Diese Verordnung schließt jedoch die Möglichkeit der Aufnahme von Kollisionsnormen für außervertragliche Schuldverhältnisse in Vorschriften des Gemeinschaftsrechts in Bezug auf besondere Gegenstände nicht aus.

Diese Verordnung sollte die Anwendung anderer Rechtsakte nicht ausschließen, die Bestimmungen enthalten, die zum reibungslosen Funktionieren des Binnenmarkts beitragen sollen, soweit sie nicht in Verbindung mit dem Recht angewendet werden können, auf das die Regeln dieser Verordnung verweisen. Die Anwendung der Vorschriften im anzuwendenden Recht, die durch die Bestimmungen dieser Verordnung berufen wurden, sollte nicht die Freiheit des Waren- und Dienstleistungsverkehrs, wie sie in den Rechtsinstrumenten der Gemeinschaft wie der Richtlinie 2000/31/EG des Europäischen Parlaments und des Rates vom 8. Juni 2000 über bestimmte rechtliche Aspekte der Dienste der Informationsgesellschaft, insbesondere des elektronischen Geschäftsverkehrs, im Binnenmarkt („Richtlinie über den elektronischen Geschäftsverkehr")[6] ausgestaltet ist, beschränken.

(36) Um die internationalen Verpflichtungen, die die Mitgliedstaaten eingegangen sind, zu wahren, darf sich die Verordnung nicht auf internationale Übereinkommen auswirken, denen ein oder mehrere Mitgliedstaaten zum Zeitpunkt der Annahme dieser Verordnung angehören. Um den Zugang zu den Rechtsakten zu erleichtern, sollte die Kommission anhand der Angaben der Mitgliedstaaten ein Verzeichnis der betreffenden Übereinkommen im Amtsblatt der Europäischen Union veröffentlichen.

(37) Die Kommission wird dem Europäischen Parlament und dem Rat einen Vorschlag unterbreiten, nach welchen Verfahren und unter welchen Bedingungen die Mitgliedstaaten in Einzel- und Ausnahmefällen in eigenem Namen Übereinkünfte mit Drittländern über sektorspezifische Fragen aushandeln und abschließen dürfen, die Bestimmungen über das auf außervertragliche Schuldverhältnisse anzuwendende Recht enthalten.

(38) Da das Ziel dieser Verordnung auf Ebene der Mitgliedstaaten nicht ausreichend verwirklicht werden kann und daher wegen des Umfangs und der Wirkungen der Verordnung besser auf Gemeinschaftsebene zu verwirklichen ist, kann die Gemeinschaft im Einklang mit dem in Artikel 5 des Vertrags niedergelegten Subsidiaritätsprinzip tätig werden. Entsprechend dem ebenfalls in diesem Artikel festgeleg-

---

6 ABl. L 178 vom 17.7.2000, S. 1.

ten Grundsatz der Verhältnismäßigkeit geht diese Verordnung nicht über das für die Erreichung dieses Ziels erforderliche Maß hinaus.

(39) Gemäß Artikel 3 des Protokolls über die Position des Vereinigten Königreichs und Irlands im Anhang zum Vertrag über die Europäische Union und im Anhang zum Vertrag zur Gründung der Europäischen Gemeinschaft beteiligen sich das Vereinigte Königreich und Irland an der Annahme und Anwendung dieser Verordnung.

(40) Gemäß den Artikeln 1 und 2 des dem Vertrag über die Europäische Union und dem Vertrag zur Gründung der Europäischen Gemeinschaft beigefügten Protokolls über die Position Dänemarks beteiligt sich Dänemark nicht an der Annahme dieser Verordnung, die für Dänemark nicht bindend oder anwendbar ist –

HABEN FOLGENDE VERORDNUNG ERLASSEN:

Vorbemerkung zu Artikel 1

I. Mit der nachfolgend kommentierten VO hat die EU von ihrer durch Art 61 lit c) iVm Art 65 lit b EGV des **Amsterdamer Vertrages** (ABl EG 97 C 340 S 1, vgl heute Art 81 Abs 1 u 2 AEUV) gewährten **Kompetenz** Gebrauch gemacht und die erste von mehreren VO zum Internationalen Privatrecht (IPR) erlassen (vgl Vor Art 3–6 EGBGB Rn 11). Diese Gesetzgebungsaktivitäten zielen ab auf die Schaffung eines vereinheitlichten Kollisionsrecht unter den Mitgliedstaaten, um „den Ausgang von Rechtsstreitigkeiten vorhersehbarer zu machen und die Sicherheit in Bezug auf das anwendbare Recht sowie den freien Verkehr gerichtlicher Entscheidungen zu fördern" (Erwägungsgrund 6). **1**

II. Bei der **Auslegung** der VO sind die für europäische VO allgemein geltenden Grundsätze zu beachten (näher Vor Art 3–6 EGBGB Rn 17 f). Im Rahmen der systematischen Interpretation ist insb der Rom I-VO sowie der EuGVVO Rechnung zu tragen (Erwägungsgrund 7). **2**

III. Die VO regelt die Anknüpfung **außervertraglicher Schuldverhältnisse** (Überblick: Junker NJW 07, 3675; vgl auch ders RIW 10, 257; v Hein VersR 07, 440; ders ZEuP 09, 6 u RabelsZ 09, 461; Leible/Lehmann RIW 07, 721; G Wagner IPRax 08, 1; Kadner Graziano RabelsZ 09, 1; Sujecki EWS 09, 310; zum Verhältnis von VO und Art 38 ff EGBGB vgl R. Wagner IPRax 08, 314) und **geht** im Rahmen ihres Anwendungsbereichs den **nationalen Kollisionsnormen** in Art 38–42 EGBGB vor (vgl dazu Art 40 EGBGB Rn 2-4). Sie gilt nach ihren Art 31, 32 für alle **schadensbegründenden Ereignisse** (Art 2 Rn 4), die nach ihrem Inkrafttreten am **11.1.09** eingetreten sind. **3**

Kapitel I
Anwendungsbereich

Artikel 1 Anwendungsbereich

(1) ¹Diese Verordnung gilt für außervertragliche Schuldverhältnisse in Zivil- und Handelssachen, die eine Verbindung zum Recht verschiedener Staaten aufweisen. ²Sie gilt insbesondere nicht für Steuer- und Zollsachen, verwaltungsrechtliche Angelegenheiten oder die Haftung des Staates für Handlungen oder Unterlassungen im Rahmen der Ausübung hoheitlicher Rechte („acta iure imperii").

(2) Vom Anwendungsbereich dieser Verordnung ausgenommen sind

a) außervertragliche Schuldverhältnisse aus einem Familienverhältnis oder aus Verhältnissen, die nach dem auf diese Verhältnisse anzuwendenden Recht vergleichbare Wirkungen entfalten, einschließlich der Unterhaltspflichten;

b) außervertragliche Schuldverhältnisse aus ehelichen Güterständen, aus Güterständen aufgrund von Verhältnissen, die nach dem auf diese Verhältnisse anzuwendenden Recht mit der Ehe vergleichbare Wirkungen entfalten, und aus Testamenten und Erbrecht;

c) außervertragliche Schuldverhältnisse aus Wechseln, Schecks, Eigenwechseln und anderen handelbaren Wertpapieren, sofern die Verpflichtungen aus diesen anderen Wertpapieren aus deren Handelbarkeit entstehen;
d) außervertragliche Schuldverhältnisse, die sich aus dem Gesellschaftsrecht, dem Vereinsrecht und dem Recht der juristischen Personen ergeben, wie die Errichtung durch Eintragung oder auf andere Weise, die Rechts- und Handlungsfähigkeit, die innere Verfassung und die Auflösung von Gesellschaften, Vereinen und juristischen Personen, die persönliche Haftung der Gesellschafter und der Organe für die Verbindlichkeiten einer Gesellschaft, eines Vereins oder einer juristischen Person sowie die persönliche Haftung der Rechnungsprüfer gegenüber einer Gesellschaft oder ihren Gesellschaftern bei der Pflichtprüfung der Rechnungslegungsunterlagen;
e) außervertragliche Schuldverhältnisse aus den Beziehungen zwischen den Verfügenden, den Treuhändern und den Begünstigten eines durch Rechtsgeschäft errichteten „Trusts";
f) außervertragliche Schuldverhältnisse, die sich aus Schäden durch Kernenergie ergeben;
g) außervertragliche Schuldverhältnisse aus der Verletzung der Privatsphäre oder der Persönlichkeitsrechte, einschließlich der Verleumdung.
(3) Diese Verordnung gilt unbeschadet der Artikel 21 und 22 nicht für den Beweis und das Verfahren.
(4) Im Sinne dieser Verordnung bezeichnet der Begriff „Mitgliedstaat" jeden Mitgliedstaat mit Ausnahme Dänemarks.

1 **I.** Die VO vereinheitlicht das **IPR** (Vor Art 1 Rom II-VO Rn 1) für **außervertragliche Schuldverhältnisse** (Art 2) in **Zivil- und Handelssachen** (Rn 2) in den Mitgliedstaaten der EU mit Ausnahme Dänemarks (**Abs 4**). Ihre Anwendung setzt – ebenso wie Art 3 EGBGB (vgl aber dort Rn 2) – nach **Abs 1 S 1** voraus, dass das in Rede stehende Rechtsverhältnis eine Verbindung zum Recht verschiedener Staaten (nicht unbedingt: Mitgliedstaaten, vgl Art 3) aufweist. **Abs 1 S 2** präzisiert (nicht abschließend: „insbesondere"), welche Materien nicht zu den Zivil- und Handelssachen zu rechnen sind (Rn 3). **Abs 2** nimmt außervertragliche Schuldverhältnisse auf verschiedenen Rechtsgebieten vom Anwendungsbereich der VO aus (Rn 4 ff). **Abs 3** stellt klar, dass sie – mit Ausnahme der in Art 21 u 22 geregelten – Beweisfragen nicht erfasst (Rn 12). Vor welchem Gericht Ansprüche aus außervertraglichen Schuldverhältnissen geltend gemacht werden (Zivilgericht, aber auch etwa vor einem Strafgericht in Adhäsionsverfahren, vgl Art 5 Nr 4 EuGVVO), ist ohne Bedeutung (Erwägungsgrund 8).

2 **II.** Der Begriff der **Zivil- und Handelssache** ist zu verstehen wie in Art 1 EuGVVO (vgl Erwägungsgrund 7). Die Definition ist nicht unter Rückgriff auf das innerstaatliche Recht der Mitgliedstaaten vorzunehmen; vielmehr handelt es sich um einen **autonomen Begriff**, bei dessen Auslegung die Zielsetzung u Systematik der VO sowie die allg Rechtsgrundsätze, die sich aus der Gesamtheit der innerstaatlichen Rechtsordnungen ergeben, berücksichtigt werden müssen (vgl EuGH NJW 93, 2091, 2092).

3 Von den Zivil- u Handelssachen abzugrenzen sind die Materien des **öffentlichen Rechts**, zu denen insb **steuer-, zoll- u verwaltungsrechtliche Angelegenheiten** gehören (**Abs 1 S 2**). Angesprochen sind damit außervertragliche Schuldverhältnisse, die im Zusammenhang mit der Ausübung hoheitlicher Befugnisse stehen, also zB die öffentlich-rechtliche GoA oder öffentlich-rechtliche Bereicherungsansprüche. Außerdem gilt die VO nicht für den Bereich der **Staatshaftung** (vgl dazu Art 40 EGBGB Rn 2) im Zusammenhang mit der Ausübung hoheitlicher Rechte, und zwar weder für die Haftung des Staates selbst noch für die seiner hoheitlich handelnden Amtsträger (vgl Erwägungsgrund 9). Dagegen wird die Haftung des Staates für nicht hoheitliches Handeln seiner Bediensteten von der VO erfasst. Die Bestimmung des Anwendungsbereichs der VO durch Abgrenzung zwischen nicht hoheitlichem und hoheitlichem Handeln erfolgt europäisch-autonom (vgl BGHZ 190, 301 Rn 12).

4 **III.** In **Abs 2** werden außervertragliche Schuldverhältnisse (Art 2) auf **bestimmten Rechtsgebieten** vom **Anwendungsbereich** der VO ausgenommen (näher Hohloch

IPRax 12, 110). Zwecks Vermeidung schwieriger Qualifikationsfragen und in Übereinstimmung mit dem Wortlaut der Vorschrift sollte dies für sämtliche sich in diesen Materien aus gesetzlichen Schuldverhältnissen ergebenden Ansprüche gelten, so dass es nicht darauf ankommt, ob zB ein Anspruch zwischen Eheleuten ehe- oder deliktsrechtlich oder ein Anspruch zwischen Gesellschaftern gesellschafts- oder bereicherungsrechtlich zu qualifizieren ist (aA Palandt/Thorn Rn 10; Hohloch IPRax 12, 110, 112). Insoweit gelten dann – je nach Qualifikation (Vor Art 3–6 EGBGB Rn 12 ff) – die nationalen Kollisionsnormen zum Recht der gesetzlichen Schuldverhältnisse (Art 38–42 EGBGB) oder aber die für die betreffenden Rechtsgebiete maßgebenden Anknüpfungsregeln. Im Einzelnen geht es dabei um folgende Materien:

1. Außervertragliche Schuldverhältnisse, die sich aus **familienrechtlichen Verhältnissen** ergeben (**lit a**). Damit sind die Beziehungen zwischen Verwandten in gerader Linie wie auch in der Seitenlinie, zwischen Ehegatten und verschwägerten Personen gemeint (Erwägungsgrund 10). Welche Verhältnisse einem Familienverhältnis „vergleichbare Wirkungen" entfalten, entscheidet jeder Mitgliedstaat selbst (Erwägungsgrund aaO). Gemeint sind damit insb **institutionalisierte Beziehungen** zwischen gleichgeschlechtlichen Partnern oder verschiedengeschlechtlichen Partnern außerhalb der Ehe sowie das Verlöbnis. Zu Unterhaltspflichten vgl die ab dem 18.6.11 geltende EuUnthVO (VO (EG) Nr 4/2009 v 18.12.08 über die Zuständigkeit, das anwendbare Recht, die Anerkennung und Vollstreckung von Entscheidungen und die Zusammenarbeit in Unterhaltssachen, ABl EU 09 L 7 S 1, dazu Vor Art 3 Rn 11). 5

2. Außervertragliche Schuldverhältnisse aus **ehelichen Güterständen** sowie aus Güterständen zwischen gleich- oder verschiedengeschlechtlichen Partner außerhalb der Ehe (**lit b**). Über das Bestehen derartiger Beziehungen entscheidet wiederum das Recht eines jeden Mitgliedstaates (vgl Rn 5). Außerdem werden **erbrechtliche**, insb auch sich aus testamentarischen Verfügungen ergebende **Rechtsverhältnisse** nicht erfasst. 6

3. Außervertragliche Schuldverhältnisse, die sich aus **Wertpapieren** (Wechsel, Scheck, Eigenwechsel und anderen handelbaren Wertpapieren wie Inhaber- und Orderpapieren) ergeben (**lit c**). 7

4. Außervertragliche Schuldverhältnisse auf dem Gebiet des **Gesellschafts- und Vereinsrechts** sowie des **Rechts der juristischen Personen** (**lit d**), die etwa im Zusammenhang mit der Errichtung entstehen oder die Rechts- und Handlungsfähigkeit, die innere Verfassung und Auflösung dieser Organisationen betreffen oder sich aus der Haftung der Organisationen oder ihrer Mitglieder und Organe mit Bezug auf die Verbindlichkeiten der Organisation ergeben. Die VO betrifft auch nicht die persönliche Haftung der Rechnungsprüfer gegenüber Organisation und Mitgliedern bei der Pflichtprüfung der Rechnungsunterlagen. 8

5. Außervertragliche Schuldverhältnisse zwischen den an einem **Trust** beteiligten Personen (**lit e**, vgl auch Art 5 Nr 6 EuGVVO). 9

6. Außervertragliche Schuldverhältnisse, die sich aus Schäden durch **Kernenergie** ergeben (**lit f**). Insoweit gelten Staatsverträge, insb das Pariser Übk v 29.7.60 über die Haftung ggü Dritten auf dem Gebiet der Kernenergie (BGBl 76 II 308) sowie nationale Sonderregeln (vgl § 40 AtomG). 10

7. Außervertragliche Schuldverhältnisse aus der **Verletzung der Privatsphäre** oder der **Persönlichkeitsrechte** einschließlich der Verleumdung (**lit g**). Diese Ausnahme ist das Resultat erfolgreicher Lobbyarbeit und ungerechtfertigt; vgl die vorgesehene Überprüfung in Art 30 II. Insoweit gelten die nationalen Kollisionsnormen der Mitgliedstaaten. 11

IV. Für **Verfahrens- und Beweisfragen** gelten (abgesehen von den in Art 21 u 22 vorgesehenen Ausnahmen) die nationalen Verfahrensrechte der Mitgliedstaaten (lex fori). 12

Artikel 2 Außervertragliche Schuldverhältnisse

(1) Im Sinne dieser Verordnung umfasst der Begriff des Schadens sämtliche Folgen einer unerlaubten Handlung, einer ungerechtfertigten Bereicherung, einer Geschäftsführung ohne Auftrag („Negotiorum gestio") oder eines Verschuldens bei Vertragsverhandlungen („Culpa in contrahendo").

(2) Diese Verordnung gilt auch für außervertragliche Schuldverhältnisse, deren Entstehen wahrscheinlich ist.
(3) Sämtliche Bezugnahmen in dieser Verordnung auf
a) ein schadensbegründendes Ereignis gelten auch für schadensbegründende Ereignisse, deren Eintritt wahrscheinlich ist, und
b) einen Schaden gelten auch für Schäden, deren Eintritt wahrscheinlich ist.

1 I. Die Vorschrift konkretisiert in ihrem Abs 1 den (autonom zu bestimmenden, vgl Erwägungsgrund 11) Begriff des „außervertraglichen Schuldverhältnisses" (Rn 3) und enthält eine – gewöhnungsbedürftige – Legaldefinition des in der VO verwandten Schadensbegriffs (Rn 4). Abs 2 u 3 erweitern den Anwendungsbereich der VO auf Unterlassungsansprüche (Rn 5).

2 II. Da die Anwendungsbereiche der Rom II- und Rom I-VO klar voneinander abzugrenzen (Erwägungsgrund 7) und „vertragliche Schuldverhältnisse" iSd Rom I-VO dadurch charakterisiert sind, dass sie auf einer freiwillig eingegangenen Verpflichtung beruhen (EuGH NJW 02, 3159; BGH NJW 06, 230, 232), kann sich der Anwendungsbereich der Rom II-VO nur auf solche Schuldverhältnisse erstrecken, die nicht auf einen privatautonomen Akt der Beteiligten, sondern allein auf eine gesetzliche Anordnung zurückgehen. Einseitige Rechtsgeschäfts (wie etwa Gewinnzusagen iSd § 661 a BGB, vgl EuGH NJW 05, 811, 813; BGH aaO 231) fallen daher in den Anwendungsbereich der Rom I-VO. Von deren Art 12 I lit e wird auch die bereicherungsrechtliche Rückabwicklung nichtiger Verträge erfasst.

3 Als „außervertragliche Schuldverhältnisse" identifiziert Abs 1 danach die in Art 4–9 geregelte unerlaubte Handlung (einschließlich der Gefährdungshaftungstatbestände, vgl Erwägungsgrund 11 S 2), die ungerechtfertigte Bereicherung (Art 10 u 13), die Geschäftsführung ohne Auftrag (Art 11) sowie das Verschulden bei Vertragsverhandlungen (Art 12). Ansprüche aus dem Eigentümer-Besitzerverhältnis (etwa §§ 987 ff BGB) werden von der VO ebenfalls erfasst, da es sich hier bei funktionaler Betrachtung um delikts- und bereicherungsrechtliche Sonderregeln handelt (vgl auch Palandt/Thorn Art 1 Rn 5). Auch die Haftung aus einem Vertrag mit Schutzwirkung für Dritte im Verhältnis zwischen Vertragspartei und Drittem ist deliktisch zu qualifizieren (vgl Dutta IPRax 09, 293).

4 Der Anknüpfung nach Art 4 ff unterliegen sämtliche Ansprüche aus diesen Schuldverhältnissen ohne Rücksicht darauf, ob sie sich auf Schadens-, Nutzungs-, Aufwendungsersatz, Störungsbeseitigung oder auf die Herausgabe einer Bereicherung richten. Die VO fasst sämtliche Rechtsfolgen unter dem Begriff des „Schadens" zusammen (Abs 1). Dementsprechend ist als „schadensbegründendes Ereignis" die Gesamtheit der Voraussetzungen zu verstehen, von denen die Begründung eines gesetzlichen Schuldverhältnisses der genannten Art abhängt.

5 Abs 2 u 3 wollen klarstellen, dass die VO auch für außervertragliche Schuldverhältnisse gelten soll, „deren Entstehen wahrscheinlich ist". Damit wird zum Ausdruck gebracht, dass auch Unterlassungsansprüche vor Eintritt einer drohenden Rechtsgutbeeinträchtigung nach den Regeln der VO angeknüpft werden sollen, so dass ein „schadensbegründendes Ereignis" bzw „Schaden" iSd Abs 3 auch zu bejahen ist, wenn ein Verhalten noch nicht zu einer Rechtsgutverletzung geführt hat.

Artikel 3 Universelle Anwendung

Das nach dieser Verordnung bezeichnete Recht ist auch dann anzuwenden, wenn es nicht das Recht eines Mitgliedstaats ist.

1 Bei der Anwendung der VO kommt es nicht darauf an, ob ihre Anknüpfungen zur Anwendung eines Mitgliedstaaten- oder eines Drittstaatenrechts führen. Sie finden daher (ungeachtet des Art 1 IV) auch Anwendung im Verhältnis zu Dänemark. Die Kollisionsnormen der VO verdrängen im Rahmen ihres Anwendungsbereichs die nationalen Anknüpfungsregeln der Mitgliedstaaten.

Kapitel II
Unerlaubte Handlungen

Artikel 4 Allgemeine Kollisionsnorm

(1) Soweit in dieser Verordnung nichts anderes vorgesehen ist, ist auf ein außervertragliches Schuldverhältnis aus unerlaubter Handlung das Recht des Staates anzuwenden, in dem der Schaden eintritt, unabhängig davon, in welchem Staat das schadensbegründende Ereignis oder indirekte Schadensfolgen eingetreten sind.
(2) Haben jedoch die Person, deren Haftung geltend gemacht wird, und die Person, die geschädigt wurde, zum Zeitpunkt des Schadenseintritts ihren gewöhnlichen Aufenthalt in demselben Staat, so unterliegt die unerlaubte Handlung dem Recht dieses Staates.
(3) ¹Ergibt sich aus der Gesamtheit der Umstände, dass die unerlaubte Handlung eine offensichtlich engere Verbindung mit einem anderen als dem in den Absätzen 1 oder 2 bezeichneten Staat aufweist, so ist das Recht dieses anderen Staates anzuwenden. ²Eine offensichtlich engere Verbindung mit einem anderen Staat könnte sich insbesondere aus einem bereits bestehenden Rechtsverhältnis zwischen den Parteien – wie einem Vertrag – ergeben, das mit der betreffenden unerlaubten Handlung in enger Verbindung steht.

I. Die Vorschrift enthält die allg objektiven Anknüpfungsregeln für Schuldverhältnisse 1 aus unerlaubter Handlung. Sie gilt zB bei Schädigungen unter Privaten, Verkehrsdelikten (vgl aber Art 28 Rn 2), Arbeitsunfällen, Arzthaftung. Ist nach Maßgabe von Art 14 eine wirksame Rechtswahl vorgenommen worden, tritt die objektive Anknüpfung dahinter zurück. Im Übrigen gehen die in Art 5–9 enthaltenen Sonderregeln für bestimmte Delikte der allg Anknüpfung nach Art 4 als leges speciales vor.

Eine ggü Abs 1 vorrangige Anknüpfungsregel (missverständlich Erwägungsgrund 18) 2 enthält Abs 2: Bei einem gemeinsamen gewA von Schädiger und Geschädigten zum Zeitpunkt des Schadenseintritts kommt das Aufenthaltsrecht zur Anwendung (Rn 4). Andernfalls gilt das Recht des Staates, in dem der Schaden eintritt (Abs 1: Erfolgsort, Rn 5). Das im deutschen IPR maßgebende Wahlrecht zwischen Erfolgs- und Handlungsort („Ubiquitätsprinzip") wird damit aufgegeben. Eine Korrektur dieser Anknüpfungen ist über die Ausweichklausel des Abs 3 möglich, wenn die unerlaubte Handlung eine offensichtlich engere Verbindung mit einem anderen Staat als demjenigen aufweist, dessen Recht nach Abs 1 oder 2 berufen wird. Die Vorschrift spricht Sachnormverweisungen aus (Art 24). Befinden sich Aufenthalts- oder Schadenseintrittsort in einem Mehrrechtsstaat, gilt Art 25 I. Zur Berücksichtigung von Sicherheits- und Verhaltensregeln vgl Art 17. Zur internationalen Zuständigkeit vgl Art 5 Nr 3 EuGVVO.

II. Anknüpfungsgegenstand der Norm (vgl Vor Art 3–6 EGBGB Rn 5) sind die außer- 3 vertraglichen Schuldverhältnisse aus unerlaubter Handlung (einschließlich Gefährdungshaftung, vgl Erwägungsgrund 11 S 2, Aufopferungshaftung zB nach § 904 S BGB oder Notstandshaftung nach § 228 S 2 BGB, vgl Palandt/Thorn Rn 3). Damit werden grds sämtliche Haftungsvoraussetzungen und – folgen erfasst (näher Art 15), insb die Frage nach Handlung, Kausalität, Rechtswidrigkeit (vgl aber Art 17) und Verschulden einschließlich Deliktsfähigkeit wie auch die Frage nach den Rechtsfolgen wie Schadensersatz, Schmerzensgeld, Beseitigung oder Unterlassung (auch nach dem UKlaG, vgl BGH NJW 10, 1958 Rn 10), ferner die Voraussetzungen einer Zurechnung von Drittverhalten sowie Verjährungsfragen (vgl Wagner/Winkelmann RIW 12, 277).

III. 1. In Ermangelung einer Rechtswahl (Art 14) kommt nach Abs 2 das Aufenthalts- 4 recht von Schädiger und Geschädigtem zur Anwendung, wenn beide zum Zeitpunkt des Schadenseintritts (Rn 5) einen gemeinsamen gewA (näher Art 23 im Rn 5) besitzen. Diese Anknüpfung erleichtert die Schadensabwicklung. Sie gilt vorbehaltlich Art 17 auch für Sicherheits- und Verhaltensregeln (vgl BGH IPRax 10, 367 Rn 32 zu Art 40 II 1 EGBGB). Geht der gemeinsame gewA später durch Fortzug einer Partei verloren, bleibt es bei der (unwandelbaren) Anknüpfung nach Abs 2; wird ein gemeinsamer gewA erst später begründet, gilt Abs 1. In beiden Fällen steht den Parteien aber eine Korrektur über die Rechtswahl des Art 14 I lit a frei.

5 2. Existiert zum maßgeblichen Zeitpunkt kein gemeinsamer gewA, wird nach Abs 1 das Recht des Staates berufen, in dem der Schaden eintritt. Gemeint ist damit der Ort, an dem das haftungsauslösende Ereignis den unmittelbar Betroffenen direkt geschädigt hat (EuGH NJW 91, 631, 632; NJW 04, 2441, 2442), also idR der Ort der Rechtsgutverletzung (Erfolgsort). Es kommt somit – insb bei der Verursachung von Distanzschäden – weder auf den Ort des schadensbegründenden Ereignisses (Handlungsort, anders Art 38 I EGBGB) noch darauf an, wo die indirekten Schadensfolgen (Folgeschäden) eintreten (Erwägungsgrund 17). Ein primärer Vermögensschaden ist nicht am Wohnsitz des geschädigten Klägers eingetreten (EuGH NJW 04, 2441, 2442); stattdessen muss möglicherweise auf den Ort der Vornahme einer Vermögensdisposition oder auf den Ort abgestellt werden, an dem der betroffene Vermögenswert (zB ein Konto) belegen ist. Die Erfolgsortanknüpfung schützt die Rechte und Rechtsgüter nach den Standards, die am Ort des Eintritts des Primärschadens gelten. Führt eine Handlung zu Rechtsgutverletzungen in mehreren Rechtsordnungen (Streudelikte), entscheidet das jeweilige Erfolgsortrecht über den Ersatz der in seinem Geltungsbereich entstandenen Schäden (Mosaiktheorie, vgl Palandt/Thorn Rn 8), soweit nicht Abs 3 eingreift. Bei Klagen eines Verbraucherverbandes wegen Gebrauchs unangemessener AGB ist Erfolgsort der Ort, an dem die Verbraucherinteressen durch wahrscheinliche Verwendung der AGB beeinträchtigt werden (BGHZ 182, 24 Rn 17).

6 3. Ergibt sich aus der Gesamtheit der Umstände, dass zwischen der unerlaubten Handlung und einem anderen als dem Staat des gemeinsamen gewA oder des Schadenseintritts offensichtlich engere Verbindungen bestehen, verdrängt das Recht der engeren Verbindung die Anknüpfungen der Abs 1 u 2 (**Abs 3 S 1**). Das kann insb dann der Fall sein, wenn zwischen den Parteien bereits vor dem schadensauslösenden Ereignis ein Rechtsverhältnis (Vertrag, familienrechtliches Verhältnis) existiert, das mit der unerlaubten Handlung in enger Verbindung steht (etwa: Transport- oder Beförderungsvertrag). In einem solchen Fall wird die unerlaubte Handlung im Wege einer akzessorischen Anknüpfung (Vor Art 3–6 EGBGB Rn 8) zB dem Vertragsstatut (Art 3 ff Rom I-VO) oder dem Statut des familienrechtlichen Verhältnisses (Art 14, 21 EGBGB) unterstellt. Auch tatsächliche Umstände (Zugehörigkeit zu einer Reisegruppe, Massenkarambolage auf Autobahn) können zur Heranziehung der Ausweichklausel führen (str).

Artikel 5 Produkthaftung

(1) Unbeschadet des Artikels 4 Absatz 2 ist auf ein außervertragliches Schuldverhältnis im Falle eines Schadens durch ein Produkt folgendes Recht anzuwenden:
a) das Recht des Staates, in dem die geschädigte Person beim Eintritt des Schadens ihren gewöhnlichen Aufenthalt hatte, sofern das Produkt in diesem Staat in Verkehr gebracht wurde, oder anderenfalls
b) das Recht des Staates, in dem das Produkt erworben wurde, falls das Produkt in diesem Staat in Verkehr gebracht wurde, oder anderenfalls
c) das Recht des Staates, in dem der Schaden eingetreten ist, falls das Produkt in diesem Staat in Verkehr gebracht wurde.

Jedoch ist das Recht des Staates anzuwenden, in dem die Person, deren Haftung geltend gemacht wird, ihren gewöhnlichen Aufenthalt hat, wenn sie das Inverkehrbringen des Produkts oder eines gleichartigen Produkts in dem Staat, dessen Recht nach den Buchstaben a, b oder c anzuwenden ist, vernünftigerweise nicht voraussehen konnte.

(2) [1]Ergibt sich aus der Gesamtheit der Umstände, dass die unerlaubte Handlung eine offensichtlich engere Verbindung mit einem anderen als dem in Absatz 1 bezeichneten Staat aufweist, so ist das Recht dieses anderen Staates anzuwenden. [2]Eine offensichtlich engere Verbindung mit einem anderen Staat könnte sich insbesondere aus einem bereits bestehenden Rechtsverhältnis zwischen den Parteien – wie einem Vertrag – ergeben, das mit der betreffenden unerlaubten Handlung in enger Verbindung steht.

I. Die Vorschrift enthält in ihrem **Abs 1** eine spezielle Anknüpfungsregel für die Pro- 1
dukthaftung (Rn 2, vgl aber auch Art 28 Rn 2, dazu Illmer RabelsZ 09, 269, 279 ff;
Laschet PHI 10, 158), die – unbeschadet der den Parteien möglichen Rechtswahl nach
Art 14 – dem allg Art 4 I vorgeht, aber ihrerseits hinter Art 4 II (gemeinsamer gewA
der Beteiligten) zurücktritt (Rn 3). Ebenso wie Art 4 III ist die Anknüpfung aufgrund einer Ausweichklausel zu korrigieren, wenn sich aus der Gesamtheit der Umstände eine offensichtlich engere Verbindung zu einem anderen als dem nach Abs 1 bestimmten Staat ergibt (**Abs 2, Rn 5**). Zur Berücksichtigung von Sicherheits- und Verhaltensregeln vgl Art 17. Mit der Sondervorschrift für Produkthaftungsfälle will der
Gesetzgeber im Spannungsfeld von Wettbewerbs- und Warenverkehrsfreiheit und Verbraucherschutz eine angemessene Verteilung der Produktrisiken gewährleisten (Erwägungsgrund 20 S 1).

II. Der **Anknüpfungsgegenstand** umfasst die **Haftung von Herstellern** für die durch ein 2
fehlerhaftes **Produkt** verursachten Schäden (Voraussetzungen und Rechtsfolgen, näher
Art 15) ohne Rücksicht darauf, ob sie aus einer Verschuldens- oder einer Gefährdungshaftung in Anspruch genommen werden. Als „Produkt" ist in Anlehnung an Art 2 der
ProdukthaftungsRL 85/374/EWG v 25.7.85 (ABl L 210 S 29) jede bewegliche Sache
(mit Ausnahme von landwirtschaftlichen Naturprodukten und Jagderzeugnissen) anzusehen, auch wenn sie einen Teil einer anderen beweglichen Sache oder einer unbeweglichen Sache bildet, darüber hinaus auch Elektrizität.

III. Ist keine nach Art 14 zulässige Rechtswahl vorgenommen worden und haben Schä- 3
diger und Geschädigter zum Zeitpunkt des Schadenseintritts ihren gemeinsamen gewA
nicht in ein und demselben Staat (Art 5 I, 4 II), so gilt folgende Anknüpfungsleiter:
1. Ist das Produkt in dem Staat **in Verkehr gebracht** worden, in dem der **Geschädigte** 4
zum Zeitpunkt des Schadenseintritts seinen **gewA** (Art 23 mit Rn 5) hat, so findet nach
Abs 1 Unterabs 1 lit a das Recht dieses Aufenthaltsstaates Anwendung.

Ein Produkt ist dann **in Verkehr gebracht** worden, wenn es den vom Hersteller einge- 5
richteten Herstellungsprozess verlassen hat und auf den Markt gelangt ist, wo es in geoder verbrauchsfertigem Zustand öffentlich angeboten wird (EuGH NJW 06, 825).
Eine Haftung tritt aber nur dann ein, wenn der Haftpflichtige ein solches Inverkehrbringen des betreffenden oder eines gleichartigen Produkts im Staate des gewöhnlichen
Aufenthalts des Geschädigten **vernünftigerweise voraussehen** und damit sein Haftpflichtrisiko kalkulieren konnte (arg **Abs 1 Unterabs 2**). Das ist der Fall, wenn der
Haftpflichtige wusste oder anhand konkreter Umstände damit rechnen musste, dass
das Produkt in dem betreffenden Staat auf den Markt kommen würde (vgl Palandt/
Thorn Rn 11).

Ein „**gleichartiges Produkt**" liegt dann vor, wenn es eine vergleichbare Sicherheitsaus- 6
stattung wie das zum Schaden führende Produkt aufweist, weil der Haftpflichtige in
diesem Fall damit rechnen muss, dass ein Geschädigter seine Sicherheitserwartungen
an dem de facto in Verkehr gebrachten gleichartigen Produkt ausgerichtet hat (vgl G
Wagner IPRax 08, 7, Illmer RabelsZ 09, 293; Junker RIW 10, 266).

2. Wurde das Produkt im Aufenthaltsstaat des Geschädigten nicht in Verkehr gebracht 7
oder konnte der Haftpflichtige das Inverkehrbringen (Rn 5) in diesem Staat vernünftigerweise nicht vorhersehen, so gilt nach **Abs 1 Unterabs 1 lit b** das Recht des Staates,
in dem das **Produkt erworben** wurde, falls es im Staate des **Erwerbsortes in Verkehr
gebracht** worden ist. Auch nach dieser Bestimmung tritt eine Haftung aber wiederum
nur dann ein, wenn der Haftpflichtige ein solches Inverkehrbringen des betreffenden
oder eines gleichartigen Produkts im Staate des Erwerbsortes **vernünftigerweise voraussehen** konnte (arg **Abs 1 Unterabs 2**).

Als **Erwerbsort** ist der Ort anzusehen, in dem der Geschädigte die tatsächliche Verfü- 8
gungsgewalt über eine Sache erhalten hat. Dies gilt auch dann, wenn er die Sache nicht
aufgrund eines Kauf- oder Werkvertrages, sondern etwa aufgrund eines Miet- oder
Leasingvertrags erlangt hat (Palandt/Thorn Rn 9).

3. Wurde das Produkt im Staate des Erwerbsortes nicht in Verkehr gebracht oder 9
konnte der Haftpflichtige das Inverkehrbringen (Rn 5) in diesem Staat vernünftigerweise nicht vorhersehen, so wird nach **Abs 1 Unterabs 1 lit c** das Recht des Staates beru-

fen, in dem der (Primär-)**Schaden eingetreten** ist (Erfolgsort, vgl Art 4 Rn 5), falls das Produkt im Staate des Schadenseintrittsortes in Verkehr gebracht wurde und der Haftpflichtige ein solches Inverkehrbringen des betreffenden oder eines gleichartigen Produkts im Staate des Schadenseintrittsortes **vernünftigerweise voraussehen** konnte (arg **Abs 1 Unterabs 2**).

10 4. Konnte der Haftpflichtige das Inverkehrbringen des betreffenden oder eines gleichartigen Produkt (Rn 6) in **keinem** der genannten Staaten **vernünftigerweise vorhersehen**, so ist nach **Abs 1 Unterabs 2** das Recht seines gewA (Art 23) zur Anwendung berufen. Gleiches gilt (erst recht) dann, wenn das Produkt in keinem dieser Staaten in Verkehr gebracht worden ist (Palandt/Thorn Rn 11; G Wagner IPRax 08, 7; hM). Der **Haftpflichtige** muss **beweisen**, dass das Inverkehrbringen in dem jeweiligen Staat für ihn vernünftigerweise nicht vorhersehbar war (str).

11 5. Ergibt sich aus der Gesamtheit der Umstände, dass die Schädigung durch Inverkehrbringen eines fehlerhaften Produkts zu einem anderen Staat als einem der in Abs 1 Unterabs 1 genannten eine **offensichtlich engere Verbindung** aufweist, so verdrängt das Recht der engeren Verbindung die Anknüpfungen des Abs 1 (**Abs 2 S 1**). Das kann – ebenso wie nach Art 4 III – insbes dann der Fall sein, wenn zwischen den Parteien bereits vor dem schadenauslösenden Ereignis ein – insb vertragliches – Rechtsverhältnis bestand (**Abs 2 S 2**). Wurde das Produkthaftungsstatut nach Art 5 I, 4 II durch Anknüpfung an den gemeinsamen gewA bestimmt, gilt Abs 2 analog.

Artikel 6 Unlauterer Wettbewerb und den freien Wettbewerb einschränkendes Verhalten

(1) Auf außervertragliche Schuldverhältnisse aus unlauterem Wettbewerbsverhalten ist das Recht des Staates anzuwenden, in dessen Gebiet die Wettbewerbsbeziehungen oder die kollektiven Interessen der Verbraucher beeinträchtigt worden sind oder wahrscheinlich beeinträchtigt werden.

(2) Beeinträchtigt ein unlauteres Wettbewerbsverhalten ausschließlich die Interessen eines bestimmten Wettbewerbers, ist Artikel 4 anwendbar.

(3)
a) Auf außervertragliche Schuldverhältnisse aus einem den Wettbewerb einschränkenden Verhalten ist das Recht des Staates anzuwenden, dessen Markt beeinträchtigt ist oder wahrscheinlich beeinträchtigt wird.

b) Wird der Markt in mehr als einem Staat beeinträchtigt oder wahrscheinlich beeinträchtigt, so kann ein Geschädigter, der vor einem Gericht im Mitgliedstaat des Wohnsitzes des Beklagten klagt, seinen Anspruch auf das Recht des Mitgliedstaats des angerufenen Gerichts stützen, sofern der Markt in diesem Mitgliedstaat zu den Märkten gehört, die unmittelbar und wesentlich durch das den Wettbewerb einschränkende Verhalten beeinträchtigt sind, das das außervertragliche Schuldverhältnis begründet, auf welches sich der Anspruch stützt; klagt der Kläger gemäß den geltenden Regeln über die gerichtliche Zuständigkeit vor diesem Gericht gegen mehr als einen Beklagten, so kann er seinen Anspruch nur dann auf das Recht dieses Gerichts stützen, wenn das den Wettbewerb einschränkende Verhalten, auf das sich der Anspruch gegen jeden dieser Beklagten stützt, auch den Markt im Mitgliedstaat dieses Gerichts unmittelbar und wesentlich beeinträchtigt.

(4) Von dem nach diesem Artikel anzuwendenden Recht kann nicht durch eine Vereinbarung gemäß Artikel 14 abgewichen werden.

1 I. Die Vorschrift enthält **Sonderregeln zu Art 4**, die sich auf **unlauteren Wettbewerb** (Abs 1, 2, Rn 2 ff) und den **Wettbewerb einschränkendes Verhalten** beziehen (Abs 3, Rn 8 ff). Im Anwendungsbereich der Vorschrift ist eine **Rechtswahl** (Art 14) **unzulässig** (Abs 4, vgl aber Rn 6). Art 6 lässt die für den elektronischen Geschäftsverkehr geltenden Bestimmungen der E-Commerce-RL v 8.6.00 (ABl EG L 178) und das in deren Art 3 II niedergelegte und in § 3 TelemedienG v 26.2.07 (BGBl I 179) umgesetzte Herkunftslandprinzip unberührt (vgl Erwägungsgrund 35 S 4), das zwar keinen kollisionsrechtlichen Charakter hat, wohl aber auf sachrechtlicher Ebene berücksichtigt werden muss (EuGH NJW 12, 137, auch BGH NJW 12, 2197 Rn 23 ff).

II. Außervertragliche Schuldverhältnisse aus **unlauterem Wettbewerbsverhalten (Abs 2, 3,** dazu Sack WRP 08, 845 ff) reagieren auf Geschäftspraktiken, bei denen ein Mitbewerber mit unzulässigen Mitteln nach wirtschaftlichen Vorteilen strebt. Das Verhalten kann sich gegen Mitbewerber (Ausbeutung fremder Leistungen, Abwerbung, Boykott, unzulässige Werbung, Industriespionage usw) oder gegen Verbraucher (Irreführung, aggressive Geschäftspraktiken, vgl Art 7 ff der RL 2005/29/EG über unlautere Geschäftspraktiken v 11.5.05, ABl EU L 149 S 22) richten. Erfasst werden nach Abs 1 die Voraussetzungen und Rechtsfolgen (vgl Art 15) sowohl von Schadensersatz- wie auch von vorbeugenden Unterlassungsansprüchen („wahrscheinlich beeinträchtigen werden").

III. Bei der **Anknüpfung** unterscheidet die Vorschrift nach allg „**marktbezogenen**" (die Wettbewerbsbeziehungen allg oder die kollektiven Interessen der Verbraucher beeinträchtigenden, Rn 4 ff) und speziell „**konkurrentenbezogenen**" Wettbewerbsverstößen (Rn 7), welche die Interessen eines bestimmten Bewerbers tangieren (Junker NJW 07, 3675, 3679).

Für den ersten Fall präzisiert **Abs 1** die Erfolgsortanknüpfung des Art 4 I durch eine Anknüpfung an den **Marktort**, welche die kollektiven Interessen der Wettbewerber, Verbraucher und der Öffentlichkeit schützen und das reibungslose Funktionieren der Marktwirtschaft sicherstellen soll (Erwägungsgrund 21, vgl BGH NJW 10, 1485 Rn 16 [Arzneimittelpreisrecht]). Zur Anwendung kommt das Recht des Staates, in dessen Gebiet die Wettbewerbsbeziehungen oder die kollektiven Interessen der Verbraucher (de facto oder wahrscheinlich) beeinträchtigt werden, auf dessen Gebiet also die Interessen der Mitbewerber aufeinander stoßen und durch Verhalten im Wettbewerb mit anderen Unternehmen auf die Entschließung des Kunden Einfluss genommen werden soll, und zwar auch dann, wenn der im Ausland verwirklichte Tatbestand nur inländische Mitbewerber betrifft (BGHZ 185, 66 Rn 13 ff). Zur Anwendung gelangt also das Recht des Zielmarktes.

Bei **Wettbewerbsverstößen im Internet** (zur E-Commerce-RL vgl Rn 1) befindet sich der Marktort in jedem Land, auf welches sich der Internetauftritt bestimmungsgemäß richtet. Dabei kommt es auf die Gestaltung der Website im Einzelfall an; wichtiges Indiz ist die Verwendung einer bestimmten Sprache oder Währung.

Wirkt sich ein und derselbe Wettbewerbsverstoß in **mehreren Staaten** aus, sind die in jedem Staat eintretenden Rechtsfolgen (Schadensersatz, Unterlassen) gesondert nach dem Recht des jeweiligen Marktortes zu beurteilen.

Beeinträchtigt das unlautere Verhalten ausschließlich die Interessen eines **bestimmten Wettbewerbers** (etwa: Abwerbung, Betriebsspionage, Geheimnisverrat, Sabotage, Verletzung der Geschäftsehre, vgl Lindacher GRUR Int 08, 457), so gelten für die Voraussetzungen und Folgen eines solchen „**konkurrentenbezogenen**" Wettbewerbsverstoßes über **Abs 2** die allg Anknüpfungsregeln des Art 4, so dass in erster Linie das gemeinsamen Aufenthaltsrecht (Art 4 II), hilfsweise das Recht des Erfolgsortes (Art 4 I) und ggf die Ausweichklausel (Art 4 III) zur Anwendung gelangt. Nach Auffassung des BGH soll dag bei unmittelbarer Beeinflussung ausländischer Kunden durch Anschwärzen eines Mitbewerbers Abs 1 zur Anwendung kommen (BGHZ 185, 66 Rn 19). Aufgrund einer teleologischen Reduktion des Abs 4 sollte bei betriebsbezogenen Wettbewerbsverstößen auch eine Rechtswahl nach Art 14 gestattet sein (Leible/Lehmann RIW 07, 730; G. Wagner IPRax 08, 8; aA von Hein RabelsZ 09, 462, 500).

IV. Außervertraglichen Schuldverhältnissen aus einem den **Wettbewerb einschränkenden Verhalten (Abs 3)** entstehen aus einem **Verstoß** gegen nationales oder gemeinschaftsrechtliches **Kartellrecht** (Erwägungsgrund 22 S 1, dazu Mankowski RIW 08, 179 ff; IPRax 10, 389, 395 ff). Angeknüpft werden damit die privatrechtlichen Folgen (Schadensersatz, Unterlassung) von Vereinbarungen, Beschlüssen oder abgestimmten Verhaltensweisen zwischen Unternehmen oder Unternehmensvereinigungen, die eine Verhinderung, Einschränkung oder Verfälschung des Wettbewerbs in einem Mitgliedstaat oder innerhalb des Binnenmarktes bezwecken oder bewirken, außerdem eine missbräuchliche Ausnutzung einer beherrschenden Stellung in einem Mitgliedstaat oder innerhalb des Binnenmarktes, sofern solche Vereinbarungen, Beschlüsse, abgestimmte Verhaltensweisen oder Missbräuche nach **Art 81 u 82 EGV** oder dem Recht eines Mitgliedstaats verboten sind (Erwägungsgrund 23).

9 **V.** Auf kartellrechtliche Verstöße findet nach **Abs 3 lit a** das Recht des Staates Anwendung, dessen Markt (de facto oder wahrscheinlich) beeinträchtigt wird („Auswirkungsprinzip", dazu Mankowski RIW 08, 184 ff).

10 Wenn der **Markt in mehr als einem Staat** beeinträchtigt wird oder eine Beeinträchtigung in mehr als einem Staat droht, richten sich die in jedem Staat eintretenden Rechtsfolgen (Schadensersatz, Unterlassen) grds gesondert nach dem Recht des jeweiligen Marktortes („Mosaikprinzip", dazu Mankowski RIW 08, 188 ff). Sofern der Geschädigte den Schädiger allerdings in dessen Wohnsitzmitgliedstaat (Art 2 I EuGVVO) verklagt, so kann er seinen Anspruch auch auf die lex fori stützen. Dies setzt aber voraus, dass der Markt im Gerichtsstaat zu denjenigen gehört, die unmittelbar und wesentlich durch das wettbewerbsbeschränkende Verhalten beeinträchtigt werden (**Abs 3 lit b 1. Halbs**). Erhebt der Kläger vor diesem Gericht Klage gegen mehr als einen Schädiger (Art 6 Nr 1 EuGVVO), kann er seinen Anspruch ebenfalls **wahlweise** auf die Bestimmungen der lex fori stützen, jedoch nur dann, wenn das wettbewerbsbeschränkende Verhalten, auf das sich der Anspruch gegen jeden dieser Beklagten stützt, auch den Markt im Gerichtsstaat unmittelbar und wesentlich beeinträchtigt hat (**Abs 3 lit b 2. Halbs**, dazu Scholz/Rixen EuZW 08, 327, 331). In beiden Fällen setzt die Wahl der lex fori also voraus, dass der Markt des Gerichtsstaates „unmittelbar und wesentlich" beeinträchtigt wurde; bei einer lediglich unwesentlichen Marktbeeinträchtigung ist eine Berufung auf die kartellrechtlichen Bestimmungen der lex fori nicht möglich.

Artikel 7 Umweltschädigung

Auf außervertragliche Schuldverhältnisse aus einer Umweltschädigung oder einem aus einer solchen Schädigung herrührenden Personen- oder Sachschaden ist das nach Artikel 4 Absatz 1 geltende Recht anzuwenden, es sei denn, der Geschädigte hat sich dazu entschieden, seinen Anspruch auf das Recht des Staates zu stützen, in dem das schadensbegründende Ereignis eingetreten ist.

1 **I.** Bei **Umweltschädigungen** (näher Matthes GPR 11, 146) und aus solchen Schäden herrührenden Personen- oder Sachschäden (Rn 2) kann der Geschädigte seinen Anspruch nicht nur auf das nach Art 4 I geltende Erfolgsortrecht stützen, sondern auch für das Recht des Staates **optieren**, in dem das schadensbegründende Ereignis eingetreten ist (Recht des Handlungsortes, Rn 3). Diese Rückkehr zum Ubiquitätsprinzip (vgl Art 40 EGBGB Rn 7) und der damit verbundene Schutz des Geschädigten wird damit begründet, dass nach Art 174 EGV/191 AEUV auf dem Gebiet des Umweltschutzes ein hohes Schutzniveau erreicht werden solle und Umweltbeeinträchtigungen „vorrangig an ihrem Ursprung zu bekämpfen seien" (Erwägungsgrund 25). Eine Rechtswahl nach Art 14 geht der objektiven Anknüpfung vor. Art 4 II u III finden dagegen keine Anwendung. Für Sicherheits- und Verhaltensregeln gilt Art 17, so dass das Bestehen öffentlichrechtlicher Genehmigungen am Handlungsort die Rechtswidrigkeit der Umweltschädigung ausschließen könnte (vgl Junker NJW 07, 3681; anders Mankowski IPRax 10, 389; auch Matthes GPR 11, 146 [Anerkennung ausländischer Genehmigungen bei Vereinbarkeit mit Völkerrecht, funktioneller Vergleichbarkeit, Beteiligung inländischer Beteiligter am Genehmigungsverfahren, kein Verstoß gg inländischen ordre public]. Schäden durch Kernenergie werden nach Art 2 II lit f nicht erfasst. Staatsvertragliche Sonderregeln (Art 28 I): Internationales Übereinkommen über die zivilrechtliche Haftung für Ölverschmutzungsschäden idF v 27.11.92 (BGBl 94 II 1150; 96 II 670); Internationales Übereinkommen über die zivilrechtliche Haftung für Bunkerölverschmutzungsschäden (BGBl 06 II 578; 08 II 786).

2 **II. Anknüpfungsgegenstand** sind die Voraussetzungen und Rechtsfolgen (Art 15) einer Umwelthaftung, die sich sowohl aus besonderen Umwelthaftungstatbeständen wie

auch aus allg deliktsrechtlichen Regeln ergeben kann. Die Vorschrift betrifft zunächst die **Verursachung** sog **Ökoschäden**, dh nachteiliger Veränderungen der natürlichen Ressourcen Wasser, Boden oder Luft, einer Beeinträchtigung ihrer Funktionen oder der Artenvielfalt (Erwägungsgrund 24, vgl dazu die RL 2004/35/EG über Umwelthaftung zur Vermeidung und Sanierung von Umweltschäden, ABl EG L 143 S 56), darüber hinaus aber auch die durch Umweltschäden verursachte Beeinträchtigung **individueller Rechtsgüter** und **Rechte** wie Leben, Körper und Eigentum. Auf Vermögensschäden sollte die Vorschrift analoge Anwendung finden. Sie erfasst Schadensersatz- ebenso wie Beseitigungs- und Unterlassungsansprüche, ferner auch Erstattungsansprüche der öffentlichen Hand nach Durchführung von Sanierungsmaßnahmen bei Ökoschäden, wie sie in der UmwelthaftungsRL vorgesehen sind (Kadner-Graziano RabelsZ 09, 1, 55; aA Palandt//Thorn Rn 4).

III. Befinden sich der Erfolgsort (Ort des Eintritts des Primärschadens: Ökoschaden, Rechtsgutverletzung) und der Ort des schadensbegründenden Ereignisses (Handlungsort) in unterschiedlichen Rechtsordnungen (Distanzdelikt), so kann der Geschädigte zwischen dem **Recht des Erfolgsortes** (Art 4 Rn 5) und dem **Recht des Handlungsortes wählen**. Als Handlungsort wird der Ort anzusehen sein, an dem der Schädiger entweder eine für die Rechtsgutverletzung maßgebende Ursache durch positives Tun gesetzt hat oder aber der Ort, an dem er eine Handlung unterlassen hat, obwohl er – nach dem Recht dieses Ortes – hätte tätig werden müssen. Vorbereitungshandlungen bleiben außer Betracht. Im Falle einer Gefährdungshaftung ist der Ort maßgebend, an dem die gefährliche Anlage betrieben oder das gefährliche Verhalten an den Tag gelegt wurde. 3

Es ist Sache des Geschädigten, vor Ausübung des Wahlrechts durch einen **Günstigkeitsvergleich** die für ihn vorteilhafte Rechtsordnung zu ermitteln. Macht er von der ihm eingeräumten Option keinen (rechtzeitigen) Gebrauch, bleibt es bei der Maßgeblichkeit des Erfolgsortrechts. Bis wann das **Wahlrecht ausgeübt** worden sein muss, entscheidet die lex fori des angerufenen Mitgliedstaatengerichts (Erwägungsgrund 25 S 2). Im deutschen Recht gilt **Art 46 a EGBGB**. Auch die Frage, wer das Wahlrecht bei Ökoschäden ausüben soll, kann nur nach dem Recht des angerufenen Mitgliedstaatengerichts beurteilt werden. 4

Artikel 8 Verletzung von Rechten des geistigen Eigentums

(1) Auf außervertragliche Schuldverhältnisse aus einer Verletzung von Rechten des geistigen Eigentums ist das Recht des Staates anzuwenden, für den der Schutz beansprucht wird.

(2) Bei außervertraglichen Schuldverhältnissen aus einer Verletzung von gemeinschaftsweit einheitlichen Rechten des geistigen Eigentums ist auf Fragen, die nicht unter den einschlägigen Rechtsakt der Gemeinschaft fallen, das Recht des Staates anzuwenden, in dem die Verletzung begangen wurde.

(3) Von dem nach diesem Artikel anzuwendenden Recht kann nicht durch eine Vereinbarung nach Artikel 14 abgewichen werden.

I. **Immaterialgüterrechte** existieren nach allg Auffassung nur territorial begrenzt (Territorialitätsprinzip); Bestand, Umfang und Schutz sind (soweit keine Staatsverträge Anwendung finden) von Rechtsordnung zu Rechtsordnung unterschiedlich geregelt. Dementsprechend werden Eingriffe in Immaterialgüterrechte dem Recht des Schutzlandes (lex loci protectionis) und damit derjenigen Rechtsordnung unterstellt, für deren Gebiet ihr Schutz in Anspruch genommen wird (vgl bislang BGHZ 118, 397; 126, 254; 136, 385; 152, 321). Dieses „**Schutzlandprinzip**" soll durch **Abs 1** gewahrt werden (Erwägungsgrund 26 S 1, Rn 4). Die – **rechtswahlfeste (Abs 3)** – Anknüpfung geht Art 4 vor. **Abs 2** betrifft außervertragliche Schuldverhältnisse, die sich auf gemeinschaftsrechtlich einheitlich geregelte Rechte des geistigen Eigentums beziehen (Rn 5). Die Anknüpfungen des Art 8 werden durch Art 13 auf nichtdeliktische (insb bereicherungsrechtliche) Ansprüche aus außervertraglichen Schuldverhältnissen übertragen. 1

2 **Europäische Sonderregeln** (vgl Art 27): Art 97, 98 VO (EG) Nr 40/94 über die Gemeinschaftsmarke (ABl EG L 11 S 1); Art 88 II, 89 I VO (EG) Nr 6/2002 über das Gemeinschaftsgeschmacksmuster (ABl EG L 3 S 1); Art 97 VO (EG) Nr. 2100/94 über den gemeinschaftlichen Sortenschutz (ABl EG L 227 S 1). **Staatsvertragliche Sonderregeln** (vgl Art 28 I) ua: Revidierte Berner Übereinkunft zum Schutz von Werken der Literatur und Kunst (RBÜ, BGBl 1973 II 1111 ff); Pariser Verbandsübereinkunft zum Schutz des gewerblichen Eigentums (PVÜ, BGBl 1970 II 293; 1971 II 1015).

3 II. Unter den „**Rechten des geistigen Eigentums**" sind zB Urheberrechte (dazu Grünberger ZVglRWiss 108, 134) und verwandte Schutzrechte, gewerbliche Schutzrechte und das Schutzrecht sui generis für Datenbanken und gewerbliche Schutzrechte zu verstehen (Erwägungsgrund 26). Zum Anknüpfungsgegenstand gehören die Voraussetzungen und Folgen einer Schadensersatzhaftung (Art 15).

4 III. Voraussetzungen und Rechtsfolgen einer Haftung wegen einer Verletzung geistigen Eigentums richtet sich gem **Abs 1** grds nach dem **Recht des jeweiligen Schutzlandes**. Dies gilt auch dann, wenn durch ein und dieselbe Handlung (insb im Internet) Immaterialgüterrechte in mehreren Schutzländern verletzt werden.

5 Die in Rn 2 genannten **EG-VO** sehen vor, dass ein angerufenes Gericht auf die im Gemeinschaftsrechtsakt nicht geregelten Fragen sein eigenes IPR anwendet (vgl etwa Art 97 II Marken-VO, Art 88 II Geschmacksmuster-VO). Im Falle einer Rechtsverletzung sollen sich Sanktionen nach dem Recht (einschließlich IPR) des Staates beurteilen, in dem die Verletzungsverhandlung begangen wurde (vgl Art 98 II Marken-VO, Art 89 I lit d Geschmacksmuster-VO). Diese Vorgaben greift **Abs 2** auf, indem er für die in den Gemeinschaftsrechtsakten nicht geregelten Fragen nunmehr auf das Sachrecht (Art 24) des Staates verweist, in dem sich der Ort der (vorgenommenen oder drohenden) Verletzungshandlung befindet.

Artikel 9 Arbeitskampfmaßnahmen

Unbeschadet des Artikels 4 Absatz 2 ist auf außervertragliche Schuldverhältnisse in Bezug auf die Haftung einer Person in ihrer Eigenschaft als Arbeitnehmer oder Arbeitgeber oder der Organisationen, die deren berufliche Interessen vertreten, für Schäden, die aus bevorstehenden oder durchgeführten Arbeitskampfmaßnahmen entstanden sind, das Recht des Staates anzuwenden, in dem die Arbeitskampfmaßnahme erfolgen soll oder erfolgt ist.

1 I. Die Vorschrift sieht eine **spezielle Anknüpfungsregel** vor für die Haftung aufgrund von **Arbeitskampfmaßnahmen** (näher Knöpfel EuZA 08, 228; Heinze RabelsZ 09, 770, 777). Sie tritt bei Vornahme einer Rechtswahl (Art 14 I) hinter das von den Parteien gewählte Recht zurück. In Ermangelung einer Rechtswahl kommt aber zunächst ein etwaiges gemeinsames Aufenthaltsrecht der Parteien zum Zuge (Art 4 II). Dagegen geht die Vorschrift der allg Deliktskollisionsnorm des Art 4 I vor. Sachnormverweisung: Art 24. Die Vorschrift lässt die nach nationalem Recht bestehende Rechtsstellung der Gewerkschaften und Arbeitnehmerorganisationen unberührt (Erwägungsgrund 28).

2 II. Welche Aktionen zu den „Arbeitskampfmaßnahmen" iSd Vorschrift gehören (Streik, Aussperrung), entscheiden ausnahmsweise die **nationalen Rechte** der Mitgliedstaaten (vgl Erwägungsgrund 27). Maßgebend ist das Recht desjenigen Mitgliedstaates, in dem die Kampfmaßnahme stattfindet (Heinze RabelsZ 09, 782, aA die hM, vgl etwa Palandt/Thorn Rn 2: lex fori). Die Anknüpfung betrifft die Haftung von Arbeitnehmer- und Arbeitgeberorganisationen, von Organisationen zur Wahrnehmung beruflicher Interessen sowie von Einzelpersonen. Gemeint sind damit alle Voraussetzungen und Rechtsfolgen unerlaubter Handlungen (näher Art 15), die sich aus der Durchführung eines bereits beginnens Arbeitskampfes oder der Vorbereitung eines bevorstehenden Arbeitskampfes ergeben (Schadensersatz, Unterlassung).

3 III. Berufen wird das Recht des Staates, in dem die **Arbeitskampfmaßnahmen erfolgen** oder erfolgen sollen, in dem also die Maßnahmen ergriffen werden (sollen). Diese Anknüpfung soll auf den Schutz der am Arbeitskampf beteiligten Parteien abzielen (vgl Erwägungsgrund 27). Wird der Arbeitskampf in mehreren Rechtsordnungen durchgeführt (zB Pilotenstreik), ist auf den Schwerpunkt der Maßnahme abzustellen (Leible/Lehmann RIW 07, 731; aA Palandt/Thorn Rn 3).

Kapitel III
Ungerechtfertigte Bereicherung, Geschäftsführung ohne Auftrag und Verschulden bei Vertragsverhandlungen

Artikel 10 Ungerechtfertigte Bereicherung

(1) Knüpft ein außervertragliches Schuldverhältnis aus ungerechtfertigter Bereicherung, einschließlich von Zahlungen auf eine nicht bestehende Schuld, an ein zwischen den Parteien bestehendes Rechtsverhältnis – wie einen Vertrag oder eine unerlaubte Handlung – an, das eine enge Verbindung mit dieser ungerechtfertigten Bereicherung aufweist, so ist das Recht anzuwenden, dem dieses Rechtsverhältnis unterliegt.

(2) Kann das anzuwendende Recht nicht nach Absatz 1 bestimmt werden und haben die Parteien zum Zeitpunkt des Eintritts des Ereignisses, das die ungerechtfertigte Bereicherung zur Folge hat, ihren gewöhnlichen Aufenthalt in demselben Staat, so ist das Recht dieses Staates anzuwenden.

(3) Kann das anzuwendende Recht nicht nach den Absätzen 1 oder 2 bestimmt werden, so ist das Recht des Staates anzuwenden, in dem die ungerechtfertigte Bereicherung eingetreten ist.

(4) Ergibt sich aus der Gesamtheit der Umstände, dass das außervertragliche Schuldverhältnis aus ungerechtfertigter Bereicherung eine offensichtlich engere Verbindung mit einem anderen als dem in den Absätzen 1, 2 und 3 bezeichneten Staat aufweist, so ist das Recht dieses anderen Staates anzuwenden.

I. Die Vorschrift regelt das **Internationale Bereicherungsrecht** (Rn 3). Sie findet keine Anwendung, wenn die Parteien von der Möglichkeit einer Rechtswahl nach Art 14 Gebrauch gemacht haben. Ist dies nicht der Fall, gilt eine Anknüpfungsleiter: In erster Linie spricht **Abs 1** eine **akzessorische Verweisung** auf das Recht aus, dem ein mit dem Bereicherungsvorgang in enger Verbindung stehendes Rechtsverhältnis unterliegt (Rn 4). Liegen die Voraussetzungen des Abs 1 nicht vor, wird das Recht eines **gemeinsamen gewA** von Bereicherungsgläubiger und -schuldner berufen (**Abs 2, Rn 8**). Lässt sich das Bereicherungsstatut nicht nach Abs 1 u 2 bestimmen, kommt das Recht des Staates zur Anwendung, in dem die **Bereicherung eingetreten** ist (**Abs 3, Rn 9**). Sämtliche Anknüpfungen können mit Hilfe der **Ausweichklausel** des Abs 4 korrigiert werden (Rn 10). 1

Abweichend von Art 10 wird die bereicherungsrechtliche **Rückabwicklung nichtiger Schuldverträge** von Art 12 I lit e Rom I-VO erfasst (Sendmeyer IPRax 10, 500). Zu den Bereicherungsansprüchen bei **Verletzung geistigen Eigentums** vgl Art 13. Zu bereicherungsrechtlichen Eingriffen bei Eingriffen in Persönlichkeitsrechte vgl Art 2 II lit g und Art 38 EGBGB Rn 4. 2

II. **Anknüpfungsgegenstand** sind gesetzliche Schuldverhältnisse aus ungerechtfertigter Bereicherung, wozu auch Zahlungen auf eine nicht bestehende Schuld gehören. Im Gegensatz zu Art 38 EGBGB differenziert die VO nicht zwischen den einzelnen Konditionsarten. Erfasst werden sämtliche Rechtsverhältnisse, die auf eine **Rückabwicklung ungerechtfertigter Vermögensverschiebungen** abzielen. Die Vorschrift betrifft alle Rechtsfragen, die sich auf die Entstehungsvoraussetzungen eines Anspruchs, etwaige Ausschlussgründe, den Haftungsumfang (Nutzungs-, Wertersatz, Surrogate), Einwendungen (Saldierung, Wegfall der Bereicherung) sowie Einreden beziehen (vgl Art 15, insb lit a, b und c). Auch das für einen Bereicherungsausgleich in **Mehrpersonenverhältnissen** maßgebende Statut ist aus den Anknüpfungsregeln der Abs 1–4 zu entwickeln. 3

4 **III. 1.** Besteht eine **enge Verbindung** zwischen dem Bereicherungsausgleich und einem zwischen den Parteien bestehenden Rechtsverhältnis, so wird der Bereicherungsanspruch nach **Abs 1** dem Recht unterstellt, das auch für das **bestehende Rechtsverhältnis** maßgebend ist.

5 a) Ansprüche auf Herausgabe einer **rechtsgrundlos erbrachten Leistung** richten sich also kraft **akzessorischer Anknüpfung** (vgl Vor Art 3 EGBGB Rn 8) nach dem Recht, welches den **Rechtsgrund** für die Erbringung der Leistung beherrscht. Bei Zuwendungen **solvendi causa** ist dies das für den zugrunde liegenden Anspruch maßgebende Recht. Da die bereicherungsrechtliche Rückabwicklung nichtiger Schuldverträge nach Art 12 I lit e Rom I-VO dieser VO unterliegt (Rn 2), bleibt für Abs 1 nur die Rückabwicklung von Leistungen, die zur Tilgung etwa eines delikts-, unterhalts-, güter- oder erbrechtlichen Anspruchs erbracht werden. Der Bereicherungsausgleich untersteht dann dem Unterhalts-, Ehegüter- oder Erbstatut. Bei Zahlungen auf eine nicht bestehende Schuld kommt es darauf an, welchem Recht diese Schuld im Falle ihrer Existenz unterstehen würde. Bei einer **condictio ob rem** (im dt Recht: § 812 I 2, 2. Fall BGB) kommt es darauf an, welchem Recht die Zweckvereinbarung bzw idR das mit dieser in Zusammenhang stehende Rechtsverhältnis unterliegt.

6 b) Führt die Verletzung fremder Rechte oder Rechtsgüter nicht nur zu einer Vermögenseinbuße, die durch einen Schadensersatzanspruch aus unerlaubter Handlung auszugleichen ist, sondern erlangt der Verletzer gleichzeitig **ungerechtfertige Vorteile**, so richtet sich der bereicherungsrechtliche Anspruch auf Abschöpfung dieser Vorteile (**Eingriffskondiktion**) aufgrund der Verweisung in **Abs 1** nach dem Recht, welches auch den Deliktsanspruch beherrscht (Palandt/Thorn Rn 8; aA MK/Junker Rn 17). Das Bereicherungsstatut ist hier nach Maßgabe der Art 4 ff zu ermitteln. Das rechtswidrige Verhalten wird vollständig nach einer Rechtsordnung beurteilt, so dass sich keine Qualifikationsprobleme ergeben.

7 c) Die Anknüpfung des Bereicherungsausgleichs in **Mehrpersonenverhältnissen** hängt von der Art des jeweiligen Dreiecksverhältnisses ab. So wird zB im Falle einer Bereicherungskette der Bereicherungsausgleich zwischen den einzelnen Kettengliedern dem jeweils nach Abs 1 ermittelten Rechtsverhältnis unterstellt. Der Bereicherungsausgleich nach einer Zession oder Schuldübernahme oder iR eines Vertrages zugunsten Dritter unterliegt dem Recht der abgetretenen, übernommenen oder in der Person des Dritten begründeten Forderung. In Anweisungslagen dürfte sich der Ausgleich zwischen Anweisenden und Anweisungsempfänger grds nach dem Recht richten, welchem der Rechtsgrund für das Valutaverhältnis, zwischen Anweisendem und Angewiesenem dagegen nach dem Recht, welchem der Rechtsgrund für das Deckungsverhältnis untersteht. In allen diesen Konstellationen ist aber Art 12 I lit e Rom I-VO zu beachten.

8 **2.** Ist eine akzessorische Anknüpfung nach Abs 1 nicht möglich, wird gem **Abs 2** das Recht des Staates berufen, in dem Konditionsgläubiger und -schuldner zum Zeitpunkt des Bereicherungsvorgangs ihren **gemeinsamen gewA** (vgl Art 23) hatten.

9 **3.** Lässt sich das Bereicherungsstatut mit Hilfe der Abs 1 u 2 nicht ermitteln, entscheidet das Recht des Staates, in dem die **ungerechtfertigte Bereicherung eingetreten** ist (**Abs 3**). Diese Anknüpfung führt zB bei der Verwendungskondiktion idR zum Recht des Lageorts der Sache, auf welche die Verwendung gemacht wurde, bei der Direktkondiktion nach unwirksamer Anweisung zum Aufenthaltsrecht des Bereicherungsschuldners.

10 **4.** Sämtliche Anknüpfungen nach Abs 1–3 können aufgrund der **Ausweichklausel** des **Abs 4** korrigiert werden, wenn das Schuldverhältnis aus ungerechtfertigter Bereicherung eine offensichtlich engere Verbindung mit einem anderen Staat aufweist.

Artikel 11 Geschäftsführung ohne Auftrag

(1) Knüpft ein außervertragliches Schuldverhältnis aus Geschäftsführung ohne Auftrag an ein zwischen den Parteien bestehendes Rechtsverhältnis – wie einen Vertrag oder eine unerlaubte Handlung – an, das eine enge Verbindung mit dieser Geschäftsführung

ohne Auftrag aufweist, so ist das Recht anzuwenden, dem dieses Rechtsverhältnis unterliegt.
(2) Kann das anzuwendende Recht nicht nach Absatz 1 bestimmt werden und haben die Parteien zum Zeitpunkt des Eintritts des schadensbegründenden Ereignisses ihren gewöhnlichen Aufenthalt in demselben Staat, so ist das Recht dieses Staates anzuwenden.
(3) Kann das anzuwendende Recht nicht nach den Absätzen 1 oder 2 bestimmt werden, so ist das Recht des Staates anzuwenden, in dem die Geschäftsführung erfolgt ist.
(4) Ergibt sich aus der Gesamtheit der Umstände, dass das außervertragliche Schuldverhältnis aus Geschäftsführung ohne Auftrag eine offensichtlich engere Verbindung mit einem anderen als dem in den Absätzen 1, 2 und 3 bezeichneten Staat aufweist, so ist das Recht dieses anderen Staates anzuwenden.

I. Die Vorschrift regelt das **Internationale Recht der Geschäftsführung ohne Auftrag** 1 (GoA, dazu Nehne IPRax 12, 136). Haben die Parteien von der Rechtswahlmöglichkeit des Art 14 keinen Gebrauch gemacht, gilt eine Anknüpfungsleiter, die der in Art 10 für die ungerechtfertigte Bereicherung aufgestellten entspricht: **(1) Abs 1**: „**akzessorische Verweisung**" auf das Recht, dem ein mit der GoA in enger Verbindung stehendes Rechtsverhältnis unterliegt (Rn 3); **(2) Abs 2**: Recht eines **gemeinsamen gewA** von Geschäftsherr und Geschäftsführer (Rn 4); **(3) Abs 3**: Recht des Staates, in dem die Geschäftsführung erfolgt ist (Rn 5); **(4) Abs 4: Ausweichklausel** (Rn 6).
II. **Anknüpfungsgegenstand** sind gesetzliche **Schuldverhältnisse aus GoA**; sie sind dadurch 2 charakterisiert, dass jemand in einem fremden Rechts- oder Interessenkreis Verrichtungen im Bewusstsein und mit dem Willen vornimmt, für einen anderen tätig zu sein. Zum Anwendungsbereich der Vorschrift gehören die Voraussetzungen und Rechtsfolgen des Geschäftsführerhandelns (vgl Art 15), aus dem sich Ansprüche sowohl für den Geschäftsführer wie auch für den Geschäftsherrn (etwa: Aufwendungsersatz, Schadensersatz) ergeben können. Die angemaßte Eigengeschäftsführung (vgl im deutschen Recht § 687 II BGB) ist dagegen – je nach Anspruch – delikts- oder bereicherungsrechtlich zu qualifizieren.
III. 1. Besteht eine **enge Verbindung** zwischen der GoA und einem zwischen den Parteien 3 bestehenden Rechtsverhältnis, so werden die Rechtsbeziehungen aus GoA im Wege einer akzessorischen Anknüpfung (Vor Art 3 Rn 8) dem Recht unterstellt, das auch für das bestehende Rechtsverhältnis maßgebend ist. Das ist zB der Fall, wenn ein gesetzlich (zB aufgrund familienrechtlicher Bestimmungen) oder vertraglich gebundener Geschäftsführer für den Geschäftsherrn Geschäfte tätigt, die über die ihm eingeräumten Befugnisse hinausgehen. In diesem Fall wird für die GoA das Recht berufen, das das zwischen den Parteien bestehende vertragliche oder gesetzliche Rechtsverhältnis beherrscht.
2. Ist eine akzessorische Anknüpfung nach Abs 1 nicht möglich, wird gem **Abs 2** das 4 Recht des Staates berufen, in dem Geschäftsführer und Geschäftsherr zum Zeitpunkt des schadensbegründenden Ereignisses (dh zum Zeitpunkt der Geschäftsbesorgung, vgl Art 2 I) ihren **gemeinsamen gewA** (vgl Art 23) hatten.
3. Lässt sich das Statut der GoA mit Hilfe der Abs 1 u 2 nicht ermitteln, entscheidet 5 das Recht des Staates, in dem die **Geschäftsbesorgung** (etwa: Hilfeleistung, Erwerb oder Veräußerung einer fremden Sache) **erfolgt** ist (**Abs 3**).
4. Sämtliche Anknüpfungen nach Abs 1–3 können aufgrund der **Ausweichklausel** des 6 Abs 4 korrigiert werden, wenn das Schuldverhältnis aus GoA eine offensichtlich engere Verbindung mit einem anderen Staat aufweist. Dies gilt bspw dann, wenn die GoA aus der auftraglosen Tilgung einer fremden Verbindlichkeit besteht; ungeachtet der Abs 1–3 kommt in diesem Fall das Recht des Staates zum Zuge, das die getilgte Verbindlichkeit beherrscht (vgl Palandt/Thorn Rn 6).

Artikel 12 Verschulden bei Vertragsverhandlungen

(1) Auf außervertragliche Schuldverhältnisse aus Verhandlungen vor Abschluss eines Vertrags, unabhängig davon, ob der Vertrag tatsächlich geschlossen wurde oder nicht, ist das Recht anzuwenden, das auf den Vertrag anzuwenden ist oder anzuwenden gewesen wäre, wenn er geschlossen worden wäre.

(2) Kann das anzuwendende Recht nicht nach Absatz 1 bestimmt werden, so ist das anzuwendende Recht

a) das Recht des Staates, in dem der Schaden eingetreten ist, unabhängig davon, in welchem Staat das schadensbegründende Ereignis oder indirekte Schadensfolgen eingetreten sind, oder,

b) wenn die Parteien zum Zeitpunkt des Eintritts des schadensbegründenden Ereignisses ihren gewöhnlichen Aufenthalt in demselben Staat haben, das Recht dieses Staates, oder,

c) wenn sich aus der Gesamtheit der Umstände ergibt, dass das außervertragliche Schuldverhältnis aus Verhandlungen vor Abschluss eines Vertrags eine offensichtlich engere Verbindung mit einem anderen als dem in den Buchstaben a oder b bezeichneten Staat aufweist, das Recht dieses anderen Staates.

1 **I.** Ansprüche, die aufgrund von Vertragsverhandlungen kraft Gesetzes entstehen (**culpa in contrahendo**), werden von der Rom II-VO eindeutig als solche aus einem außervertraglichen Schuldverhältnis qualifiziert. Vom Anwendungsbereich der Rom I-VO sind diese Ansprüche daher nach deren Art 1 II lit i ausgenommen. Die Regelanknüpfung des Abs 1 führt allerdings in der Sache weitgehend zum Vertragsstatut zurück, weil sie für außervertragliche Schuldverhältnisse aus Verhandlungen vor Vertragsabschluss (Rn 2) in erster Linie eine akzessorische Verweisung auf das Vertragsstatut vorsieht (Rn 4). Hilfsweise wird zunächst auf das Recht des Ort des Schadenseintritts (**Abs 2 lit a**, Rn 5) oder auf das Recht des gemeinsamen gewA der Beteiligten (**Abs 2 lit b**, Rn 5) abgestellt. Die in Abs 2 lit a und b vorgesehenen Anknüpfungen können nach **Abs 2 lit c** mit Hilfe einer Ausweichklausel korrigiert werden. Eine Rechtswahl nach Art 14 geht den objektiven Anknüpfungen vor (Rn 3).

2 **II.** Angesichts der in den Rechten der Mitgliedstaaten anzutreffenden unterschiedlichen dogmatischen Konzepte weist der Verordnungsgeber ausdrücklich darauf hin, dass der Begriff des Verschuldens bei Vertragsverhandlungen autonom interpretiert werden muss (Erwägungsgrund 30 S 1). Er umfasst insb die Verletzung vorvertraglicher Informationspflichten sowie den illoyalen Abbruch von Vertragsverhandlungen (Erwägungsgrund 30 S 2), ferner die Herbeiführung eines nichtigen Vertrages. Die Sonderanknüpfung des Art 12 bezieht sich aber nur auf außervertragliche Schuldverhältnisse, die in einem unmittelbaren Zusammenhang mit Vertragsverhandlungen stehen. Damit sollte auch die sich aus den Vertragsverhandlungen ergebende Haftung vertragsfremder Dritter (Sachwalter, Vertreter, Verhandlungsgehilfen) nach Art 12 angeknüpft werden. Dagegen unterfällt die Verletzung von Integritätsinteressen mit der Folge einer Personenschädigung der allg Kollisionsnorm des Art 4 (Erwägungsgrund 30 S 3, dazu Lüttringhaus RIW 08, 198). Dies sollte auch für die vorvertragliche Verletzung von Vermögensrechten, insb des Eigentums gelten. Die Anknüpfung umfasst alle Voraussetzungen und Rechtsfolgen der vorvertraglichen Haftung (vgl Art 15).

3 **III.1.** Die Beteiligten können unter den Voraussetzungen des Art 14 eine **Rechtswahlvereinbarung** treffen, die sich auf das **Schuldverhältnis aus Vertragsverhandlungen** beschränkt.

4 **2.** In Ermangelung einer solchen Rechtswahl wird nach **Abs 1** für die Ansprüche aus Verschulden bei Vertragsschluss das **Recht des intendierten Vertrages** berufen. Ob der Vertrag wirklich zustande gekommen ist oder nicht, bleibt ohne Belang. Im Ergebnis werden diese Ansprüche damit dem Recht unterstellt, das die Parteien für ihren Vertrag gewählt haben (Art 3 Rom I-VO) oder das kraft objektiver Anknüpfung auf den Vertrag Anwendung findet oder – falls er nicht zustande gekommen ist – anzuwenden gewesen wäre (Art 4 ff Rom I-VO).

3. Während sich die Ansprüche aus Verschulden bei Vertragsverhandlungen zwischen den präsumtiven Vertragsparteien in aller Regel nach dem über Abs 1 bestimmten Recht richten werden, greift im Hinblick auf die **Haftung vertragsfremder Dritter** aus Verschulden bei Vertragsverhandlungen (Rn 2) **Abs 2** ein. Berufen wird – trotz missverständlicher Formulierung der Anknüpfungsregeln („oder") – das Recht des gemeinsamen gewA der Beteiligten (Art 23) zum Zeitpunkt des schädigenden Verhaltens (**lit b**, vgl Art 4 II), hilfsweise das Recht des Erfolgsorts (vgl Art 4 I, zum Erfolgsort bei Eintritt eines Vermögensschadens ebda Rn 5). Beide Anknüpfungen treten zurück, wenn das Schuldverhältnis aus Verschulden bei Vertragsverhandlungen unter Berücksichtigung aller Umstände eine offensichtlich engere Verbindung mit einem anderen Staat aufweist, zB mit dem Staat, dessen Recht die Vertragsparteien als Vertragsstatut bestimmt haben (**lit c**).

Artikel 13 Anwendbarkeit des Artikels 8

Auf außervertragliche Schuldverhältnisse aus einer Verletzung von Rechten des geistigen Eigentums ist für die Zwecke dieses Kapitels Artikel 8 anzuwenden.

Die Vorschrift verweist für die außervertraglichen Schuldverhältnisse dieses Kapitels III auf die Anknüpfungen des Art 8 und stellt damit eine **einheitliche Qualifikation** der bei **Verletzung geistigen Eigentums** entstehenden gesetzlichen Ansprüche sicher. Angesprochen sind damit insb die urheberrechtlichen Bereicherungs- und Gewinnabschöpfungsansprüche.

Kapitel IV
Freie Rechtswahl

Artikel 14 Freie Rechtswahl

(1) Die Parteien können das Recht wählen, dem das außervertragliche Schuldverhältnis unterliegen soll:
a) durch eine Vereinbarung nach Eintritt des schadensbegründenden Ereignisses; oder
b) wenn alle Parteien einer kommerziellen Tätigkeit nachgehen, auch durch eine vor Eintritt des schadensbegründenden Ereignisses frei ausgehandelte Vereinbarung.
Die Rechtswahl muss ausdrücklich erfolgen oder sich mit hinreichender Sicherheit aus den Umständen des Falles ergeben und lässt Rechte Dritter unberührt.
(2) Sind alle Elemente des Sachverhalts zum Zeitpunkt des Eintritts des schadensbegründenden Ereignisses in einem anderen als demjenigen Staat belegen, dessen Recht gewählt wurde, so berührt die Rechtswahl der Parteien nicht die Anwendung derjenigen Bestimmungen des Rechts dieses anderen Staates, von denen nicht durch Vereinbarung abgewichen werden kann.
(3) Sind alle Elemente des Sachverhalts zum Zeitpunkt des Eintritts des schadensbegründenden Ereignisses in einem oder mehreren Mitgliedstaaten belegen, so berührt die Wahl des Rechts eines Drittstaats durch die Parteien nicht die Anwendung – gegebenenfalls in der von dem Mitgliedstaat des angerufenen Gerichts umgesetzten Form – der Bestimmungen des Gemeinschaftsrechts, von denen nicht durch Vereinbarung abgewichen werden kann.

I. Die Vorschrift lässt in begrenztem Umfang eine **Wahl** des auf außervertragliche Schuldverhältnisse **anzuwendenden Rechts** zu. Sie kann grds nur nach Entstehung des Schuldverhältnisses (**Abs 1 Unterabs 1 lit a,** Rn 2), lediglich zwischen Unternehmern auch ex ante (**Abs 1 Unterabs 1 lit b,** Rn 3) vorgenommen werden. Die wirksam ausgeübte Wahl des maßgebenden Statuts geht den objektiven Anknüpfungen der Art 4 ff, 10 ff vor. Im Anwendungsbereich der Art 6 (Unlauterer Wettbewerb u Kartellrecht, vgl dort Abs 4, aber auch Rn 7) sowie 8 (Verletzung von Rechten des geistigen Eigentums, vgl dort Abs 3 u Art 13) ist eine Rechtswahl überhaupt nicht zugelassen. **Abs 1 Unterabs 2** regelt ausschnittweise die Art und Weise der Rechtswahl (Rn 4 f) und ihre Wirkungen für Dritte (Rn 6). **Abs 3 u 4** sichern die Anwendung der zwingenden Bestimmungen des nationalen und europäischen Rechts (Rn 7 f).

2 **II.** Unter den Voraussetzungen der Abs 1 Unterabs 2 sowie Abs 2 u 3 (Rn 7, 8) ist gemäß **Abs 1 Unterabs 1, lit a** eine Rechtswahl **nach Eintritt des schadensbegründenden Ereignisses**, dh idR nach Entstehung des jeweiligen außervertraglichen Schuldverhältnisses, zwischen jedem Schädiger und Geschädigtem möglich. Die VO geht davon aus, dass in dieser Situation jede Partei in der Lage ist, im Hinblick auf eine Änderung des bereits gesetzlich fixierten Statuts ihre Interessen wahrzunehmen. Auch eine Rechtwahl in AGB ist zulässig; eine entsprechende Klausel unterliegt allerdings einer Einbeziehungs- und Inhaltskontrolle nach den Grundsätzen der in Aussicht genommenen Rechtsordnung.

3 **Vor Eintritt des schadensbegründenden Ereignisses** ist eine Rechtswahl dagegen gemäß **Abs 1 Unterabs 1 lit b** nur möglich im Verhältnis von „Parteien, die einer kommerziellen Tätigkeit nachgehen". Damit werden **Unternehmer** (dazu G Wagner IPRax 08, 13) in die Lage versetzt, das für zukünftige Rechtsbeziehungen etwa aus Delikt oder ungerechtfertigter Bereicherung maßgebende Recht im Voraus festzulegen und dadurch ihr das Haftungsrisiko besser kalkulieren zu können. Allerdings muss die Rechtswahlvereinbarung **„frei ausgehandelt"** worden, dh grds in einer Individualabrede enthalten gewesen sein. Rechtswahlklauseln in AGB dürften nur dann zulässig sein, wenn die Parteien darüber (formlos) ein ausdrückliches, gesondertes Einverständnis hergestellt haben (vgl auch Mankowski IPRax 10, 389, 400 ff; weitergehend Landbrecht RIW 10, 783). Die Beweislast für diese Art von Aushandlung trägt die Partei, welche sich darauf beruft.

4 **III.** Die Rechtswahl kommt zustande durch **Vertrag**. Sie muss **ausdrücklich vorgenommen** werden oder sich mit **hinreichender Sicherheit** aus den **Umständen des Falles** ergeben. Die Feststellung eines besonderen Rechtswahlbewusstseins ist dafür nicht erforderlich (aA Palandt/Thorn Rn 6); vielmehr reicht es aus, dass aus der Sicht eines objektiven Erklärungsempfängers ein entsprechender Eindruck entsteht und die Parteien wussten oder damit rechnen mussten, dass ein solcher Eindruck entstehen würde. Dementsprechend kann auch ein bestimmtes Prozessverhalten (insb bei anwaltlich vertretenen Parteien) hinreichende Umstände zur Annahme einer Rechtswahl liefern (näher Leible RIW 08, 261). Im Wege hypothetischer Auslegung kann eine Rechtswahl dagegen nicht festgestellt werden.

5 **Zustandekommen** und **Wirksamkeit** der Rechtswahl sowie die Frage der **Form** und der **Geschäftsfähigkeit** richten sich nach Art 3 V iVm Art 10, 11 u 13 Rom I-VO (analog); Zustandekommen und Wirksamkeit unterliegen also dem gewählten Recht (Leible RIW 08, 260). Die Parteien können eine einmal getroffene Rechtswahl nachträglich mit Wirkung ex tunc wieder aufheben. Eine Teilrechtswahl ist dagegen (abweichend von Art 4 I 3 Rom I-VO) nicht zulässig (anders Palandt/Thorn Rn 4). Wählbar ist nur staatliches Recht, außerstaatliche Regelwerke oder Rechtsgrundsätze können dagegen nicht gewählt werden.

6 **IV.** In **Rechte Dritter** (Regressgläubiger, Versicherer) kann eine Rechtswahl **nicht eingreifen (Abs 1 Unterabs 2)**. Die Parteien können also durch die Wahl eines anderen Deliktsstatuts keinen Direktanspruch gegen den Versicherer (Art 18) begründen (Leible RIW 08, 262).

7 In reinen **Binnensachverhalten**, dh wenn zum Zeitpunkt des Eintritts des schadensbegründenden Ereignisses mit Ausnahme der Rechtswahl alle Sachverhaltselemente auf das Recht eines anderen als des gewählten Staates verweisen, lässt die Rechtswahl die zwingenden Bestimmungen des Sachrechts dieses Staates unberührt (Abs 3).

8 Ähnlich bleiben in reinen **Binnenmarktsachverhalten**, dh wenn zum Zeitpunkt des Eintritts des schadensbegründenden Ereignisses alle Sachverhaltselemente auf das Recht eines oder mehrerer Mitgliedstaaten verweisen, die zwingenden Bestimmungen des Gemeinschaftsrechts, ggf in der von der lex fori vorgenommenen Umsetzung, unberührt, wenn die Parteien das Recht eines Drittstaates wählen (Abs 4).

Kapitel V
Gemeinsame Vorschriften

Artikel 15 Geltungsbereich des anzuwendenden Rechts

Das nach dieser Verordnung auf außervertragliche Schuldverhältnisse anzuwendende Recht ist insbesondere maßgebend für
a) den Grund und den Umfang der Haftung einschließlich der Bestimmung der Personen, die für ihre Handlungen haftbar gemacht werden können;
b) die Haftungsausschlussgründe sowie jede Beschränkung oder Teilung der Haftung;
c) das Vorliegen, die Art und die Bemessung des Schadens oder der geforderten Wiedergutmachung;
d) die Maßnahmen, die ein Gericht innerhalb der Grenzen seiner verfahrensrechtlichen Befugnisse zur Vorbeugung, zur Beendigung oder zum Ersatz des Schadens anordnen kann;
e) die Übertragbarkeit, einschließlich der Vererbbarkeit, des Anspruchs auf Schadenersatz oder Wiedergutmachung;
f) die Personen, die Anspruch auf Ersatz eines persönlich erlittenen Schadens haben;
g) die Haftung für die von einem anderen begangenen Handlungen;
h) die Bedingungen für das Erlöschen von Verpflichtungen und die Vorschriften über die Verjährung und die Rechtsverluste, einschließlich der Vorschriften über den Beginn, die Unterbrechung und die Hemmung der Verjährungsfristen und der Fristen für den Rechtsverlust.

I. Die Vorschrift umreißt – allerdings nicht vollständig („insbesondere") – die Anknüpfungsgegenstände (vgl vor Art 3 EGBGB Rn 5) vor allem der für unerlaubte Handlungen maßgebenden Kollisionsnormen. Die hier vorgenommene Qualifikation lässt sich in ihren Grundgedanken (insb etwa im Hinblick auf lit a, e und h) auch auf die Anknüpfung der anderen außervertraglichen Schuldverhältnisse übertragen. Im Einzelnen erfasst die VO Rechtsfragen, die sich beziehen auf 1

1. die Voraussetzungen und den Umfang der Ansprüche aus gesetzlichen Schuldverhältnissen sowie die Bestimmung des Anspruchsgegners (**lit a**), bei der Anknüpfung unerlaubter Handlungen etwa die Frage nach der Tatbestandsmäßigkeit und Rechtswidrigkeit des Verhaltens sowie nach der Deliktsfähigkeit und Schuldform, bei mehreren Tätern die Haftungsquote im Außenverhältnis, bei der Gefährdungshaftung die Beschreibung der haftungsbegründenden Gefahr; 2

2. die Gründe für einen Haftungsausschluss, eine Haftungsbeschränkung oder Haftungsteilung im Verhältnis Schädiger und Geschädigter (Höchsthaftungssummen bei Gefährdungshaftung, Ausschluss der Haftung bei höherer Gewalt, Mitverschulden, **lit b**). Nach dem Deliktsstatut richten sich auch Zustandekommen, materielle Wirksamkeit und Wirkungen eines Haftungsausschluss (differenzierend Seibl IPRax 10, 347, 350 [Inhalt und Zustandekommen: Vertragsstatut]), beachte aber Art 4 III S 2. Formgültigkeit einer solchen Vereinbarung: Art 21 analog; 3

3. Art und Ausmaß des geschuldeten Schadensersatzes (Naturalentschädigung oder Geldersatz, Ersatz immaterieller Schäden, Totalreparation oder beschränkter Ersatz, Ersatz des Integritätsinteresses, entgangener Gewinn, **lit c**); bei Straßenverkehrsunfällen in einem anderen Staat als dem des gewA des Opfers soll das Gericht „alle relevanten tatsächlichen Umstände" (tatsächliche Verluste, Kosten für Nachsorge und medizinische Versorgung) berücksichtigen (Erwägungsgrund 33); 4

4. gerichtliche Maßnahmen zur Vorbeugung u Beendigung der Schädigung (Unterlassungs- und Beseitigungsansprüche) sowie Ansprüche auf Schadensersatz (**lit d**); 5

5. Rechtsnachfolge unter Lebenden und von Todes wegen in Ansprüche aus gesetzlichen Schuldverhältnissen (Zession, Erbfolge, **lit e**), zur Legalzession vgl Art 19; 6

6. Berechtigung zur Geltendmachung eines Anspruchs auf Ersatz immaterieller Schäden (**lit f**); 7

7. Zurechnung des Verhaltens Dritter (**lit g**); 8

9 8. Einwendungen und Einreden (Erfüllung, Erlass, Verwirkung, Verjährung [dazu Wagner/Winkelmann RIW 12, 277], **lit h**). Formgültigkeit einschlägiger Vereinbarungen: Art 21 analog.

Artikel 16 Eingriffsnormen

Diese Verordnung berührt nicht die Anwendung der nach dem Recht des Staates des angerufenen Gerichts geltenden Vorschriften, die ohne Rücksicht auf das für das außervertragliche Schuldverhältnis maßgebende Recht den Sachverhalt zwingend regeln.

1 Nach der Legaldefinition des Art 9 I Rom I-VO sind **Eingriffsnormen** zwingende Vorschriften, die von einem Staat zur Wahrung seiner öffentlichen – insb politischen, sozialen, wirtschaftlichen – Interessen für so entscheidend angesehen werden, dass sie sich ungeachtet des nach allg Anknüpfungsregeln anzuwendenden Rechts immer dann durchsetzen, wenn ein Sachverhalt in ihren Anwendungsbereich fällt. In der Sache handelt es sich um Sachvorschriften, denen eine – idR ungeschriebene – einseitige Kollisionsnorm vorgeschaltet ist. Im Gegensatz zu den Sicherheits- und Verhaltensregeln des Art 17 (vgl dort Rn 2) sind Eingriffsnormen daher Gegenstand einer kollisionsrechtlichen Sonderanknüpfung. Anders als bei der erst nach Ermittlung des maßgebenden Statuts einsetzenden ordre public-Kontrolle (Art 26) wird durch die Berufung von Eingriffsnormen die Anwendung des eigenen Rechts bereits im Vorfeld sichergestellt (dazu Arif ZfRV 11, 258).

2 Aus **Gründen des öffentlichen Interesses** lässt die Vorschrift die Sonderanknüpfung von Eingriffsnormen der lex fori grds zu. Da sie sich ausdrücklich auf entsprechende Bestimmungen des eigenen Rechts beschränkt, kommt eine Heranziehung ausländischer Eingriffsnormen nicht in Betracht (sehr str, vgl etwa Palandt/Thorn Rn 3).

3 Nach Erwägungsgrund 28 soll es bei den nationalen Vorschriften über die Durchführung von Arbeitskampfmaßnahmen und die Rechtsstellung der Gewerkschaften und repräsentativen Arbeitnehmerorganisationen um Eingriffsnormen handeln. Im Schrifttum wird auch § 84 AMG (Gefährdungshaftung bei Inverkehrbringen von Arzneimitteln) genannt (Palandt/Thorn Rn 5).

Artikel 17 Sicherheits- und Verhaltensregeln

Bei der Beurteilung des Verhaltens der Person, deren Haftung geltend gemacht wird, sind faktisch und soweit angemessen die Sicherheits- und Verhaltensregeln zu berücksichtigen, die an dem Ort und zu dem Zeitpunkt des haftungsbegründenden Ereignisses in Kraft sind.

1 Die Vorschrift bezieht sich auf Schadensersatzansprüche aus unerlaubter Handlung. Sie bestimmt, dass – unabhängig von der Bestimmung des Deliktsstatuts – bei der Beurteilung des Verhaltens des Haftpflichtigen die **Sicherheits- und Verhaltensregeln** (Verkehrsvorschriften, Unfallverhütungsregeln, Vorschriften zur Produkt- oder Anlagensicherheit) angemessene Berücksichtigung finden sollen, die zur Zeit und am Ort des haftungsbegründenden Vorgangs gelten. Praktisch bedeutet dies, dass bei der Feststellung von Rechtswidrigkeit und Verschulden oder bei der Ermittlung von Schutzgesetzen die am Handlungsort geltenden Maßstäbe heranzuziehen sind, auch wenn der Schadensersatzanspruch selbst – bei Distanzdelikten – dem Erfolgsortrecht untersteht oder das Deliktsstatut durch Anknüpfung an den gemeinsamen gewA (Art 4 II) bestimmt wird. Der Schadensverursacher kann daher ggf einer Haftung entgehen, wenn er sein Verhalten an den Sicherheitsstandards des Handlungsortes orientiert. Ob die betreffenden Verhaltensnormen gesetzlich niedergelegt oder von der Rspr (etwa in Gestalt von Verkehrspflichten) entwickelt worden sind, ist ohne Belang.

2 Die Sicherheits- und Verhaltensregeln des Handlungsortes finden nur **faktische Berücksichtigung**. Sie unterliegen also (im Gegensatz zu Eingriffsnormen, vgl Art 16 Rn 1)

keiner kollisionsrechtlichen Sonderanknüpfung, sondern fließen nur bei der Anwendung des nach Art 4 ff ermittelten Sachrechts in die Bewertung materiellrechtlicher Anspruchsvoraussetzungen ein.

Artikel 18 Direktklage gegen den Versicherer des Haftenden

Der Geschädigte kann seinen Anspruch direkt gegen den Versicherer des Haftenden geltend machen, wenn dies nach dem auf das außervertragliche Schuldverhältnis oder nach dem auf den Versicherungsvertrag anzuwendenden Recht vorgesehen ist.

Die Bestimmung entspricht Art 40 IV EGBGB und knüpft einen etwaigen **Direktanspruch** gegen den Haftpflichtversicherer des Schädigers im Interesse des Geschädigten alternativ an. Diesem steht ein Direktanspruch zu, wenn entweder das Deliktsstatut oder das Statut des Versicherungsvertrags (vgl Art 7, aber auch 3, 4 und 6 Rom I-VO) eine solche Möglichkeit vorsieht. Bei Straßenverkehrsunfällen innerhalb der EU ist die praktische Bedeutung dieser Vorschrift gering, weil Art 3 der 4. KfzRL (ABl EG L 181 S 65) alle Mitgliedstaaten verpflichtet, einen Direktanspruch einzuführen. Zur Änderung des Deliktsstatuts durch Rechtswahl s Art 14 Rn 6. 1

Artikel 19 Gesetzlicher Forderungsübergang

Hat eine Person („der Gläubiger") aufgrund eines außervertraglichen Schuldverhältnisses eine Forderung gegen eine andere Person („den Schuldner") und hat ein Dritter die Verpflichtung, den Gläubiger zu befriedigen, oder befriedigt er den Gläubiger aufgrund dieser Verpflichtung, so bestimmt das für die Verpflichtung des Dritten gegenüber dem Gläubiger maßgebende Recht, ob und in welchem Umfang der Dritte die Forderung des Gläubigers gegen den Schuldner nach dem für deren Beziehungen maßgebenden Recht geltend zu machen berechtigt ist.

Die Vorschrift bestimmt die Statute bei einem **gesetzlichen Forderungsübergang** (vgl Art 15 Rom I-VO). Steht einem Gläubiger aus einem außervertraglichen Schuldverhältnis eine Forderung gegen einen Schuldner zu und ist ein Dritter ebenfalls verpflichtet, den Gläubiger zu befriedigen, bzw. hat er aufgrund seiner Verpflichtung tatsächlich eine Leistung erbracht, so stellt sich die Frage, ob und in welcher Höhe die jetzt getilgte Forderung des Gläubigers im Wege einer Legalzession auf den leistenden Dritten übergeht. Darüber entscheidet das Recht, welches die Verpflichtung des Dritten ggü dem Gläubiger beherrscht („**Zessionsgrundstatut**"). Beispiel: Der unfallgeschädigte Gläubiger erhält Ersatz von seinem Kasko- oder Unfallversicherer. Über die Frage des Forderungsübergangs entscheidet dann das zwischen dem Dritten (Versicherer) und dem Gläubiger (Versicherungsnehmer) maßgebende Versicherungsvertragsstatut (Art 7 Rom I-VO). 1

Inhalt und Umfang der **übergegangenen Forderung**, die der Dritte jetzt gegen den Schuldner geltend macht, unterliegt dagegen weiterhin (zB im Hinblick auf Einwendungen, Verjährungseinrede usw) dem Recht, das die Beziehungen zwischen dem ursprünglichen Gläubiger und dem Schuldner beherrschte (Forderungsstatut). Stand dem Gläubiger also ein Schadensersatzanspruch aus unerlaubter Handlung zu, ist das Deliktsstatut maßgebend. 2

Artikel 20 Mehrfache Haftung

Hat ein Gläubiger eine Forderung gegen mehrere für dieselbe Forderung haftende Schuldner und ist er von einem der Schuldner vollständig oder teilweise befriedigt worden, so bestimmt sich der Anspruch dieses Schuldners auf Ausgleich durch die anderen Schuldner nach dem Recht, das auf die Verpflichtung dieses Schuldners gegenüber dem Gläubiger aus dem außervertraglichen Schuldverhältnis anzuwenden ist.

1 Die Vorschrift erweitert den Anwendungsbereich der VO auf **Regressansprüche**, die bei **mehrfacher Haftung** ein Schuldner nach Befriedigung des Gläubigers gegen seine(n) Mitschuldner erwirbt (vgl auch Art 16 S 1 Rom I-VO). Ob und in welchem Umfang ein solcher Ausgleichsanspruch besteht, richtet sich nach dem Statut, das auch für die Verpflichtung des Schuldners aus dem gesetzlichen Schuldverhältnis maßgebend ist.

Artikel 21 Form

Eine einseitige Rechtshandlung, die ein außervertragliches Schuldverhältnis betrifft, ist formgültig, wenn sie die Formerfordernisse des für das betreffende außervertragliche Schuldverhältnis maßgebenden Rechts oder des Rechts des Staates, in dem sie vorgenommen wurde, erfüllt.

1 Einseitige, ein außervertragliches Schuldverhältnis betreffende **Rechtshandlungen** sind **formgültig**, wenn sie die Formerfordernisse entweder des Rechts, das in der Sache maßgebend ist, oder die des Vornahmeortrechts einhalten (alternative Anknüpfung, Günstigkeitsprinzip). Die Bestimmung entspricht Art 11 I Rom I-VO und verdrängt im Rahmen ihres Anwendungsbereichs Art 11 I EGBGB. Allerdings fragt es sich, welche Rechtshandlungen die Bestimmung im Auge hat. Das in diesem Zusammenhang genannte (abstrakte wie kausale) Schuldanerkenntnis (MK/Junker Rn 6) dürfte in den Anwendungsbereich der Rom I-VO fallen. Zur analogen Anwendung auf deliktsrechtliche Verträge vgl Art 15 Rn 3 u 9.

Artikel 22 Beweis

(1) Das nach dieser Verordnung für das außervertragliche Schuldverhältnis maßgebende Recht ist insoweit anzuwenden, als es für außervertragliche Schuldverhältnisse gesetzliche Vermutungen aufstellt oder die Beweislast verteilt.
(2) Zum Beweis einer Rechtshandlung sind alle Beweisarten des Rechts des angerufenen Gerichts oder eines der in Artikel 21 bezeichneten Rechte, nach denen die Rechtshandlung formgültig ist, zulässig, sofern der Beweis in dieser Art vor dem angerufenen Gericht erbracht werden kann.

1 **Beweisfragen** unterstehen nach einer ungeschriebenen Regel des Internationalen Zivilverfahrensrechts grds der lex fori (vgl Art 1 III). Abweichend davon bestimmt **Abs 1**, dass über gesetzliche **Beweisvermutungen** und die **Beweislast** wegen ihrer engen Verbindung zu Fragen des materiellen Rechts das Statut entscheiden soll, welches von der VO für das jeweilige außervertragliche Schuldverhältnis berufen wird (vgl auch Art 18 I Rom I-VO). Damit werden insb gesetzliche und von der Rspr entwickelte Beweislastumkehrregeln des Deliktsrecht (im deutschen Recht etwa in § 831 I BGB oder im Rahmen der Produzentenhaftung) erfasst. Auch die Voraussetzungen eines Anscheinsbeweises sind dem Deliktsstatut zu entnehmen (Staudinger NJW 11, 650; aA Thole IPRax 10, 285, 287).
2 Über die im jeweiligen Verfahren zulässigen **Beweismittel** entscheidet in erster Linie die für das Verfahren im Allgemeinen maßgebende lex fori (**Abs 2, 1. Fall**). Der Beweis der Formgültigkeit eines Rechtsaktes kann aber darüber hinaus auch nach dem von Art 21 berufenen Geschäfts- und Ortsstatut erbracht werden, sofern das angerufene Gericht ein solches Beweismittel seiner Art nach kennt (**Abs 2, 2. Fall**).

Kapitel VI
Sonstige Vorschriften

Artikel 23 Gewöhnlicher Aufenthalt

(1) [1]Für die Zwecke dieser Verordnung ist der Ort des gewöhnlichen Aufenthalts von Gesellschaften, Vereinen und juristischen Personen der Ort ihrer Hauptverwaltung.

²Wenn jedoch das schadensbegründende Ereignis oder der Schaden aus dem Betrieb einer Zweigniederlassung, einer Agentur oder einer sonstigen Niederlassung herrührt, steht dem Ort des gewöhnlichen Aufenthalts der Ort gleich, an dem sich diese Zweigniederlassung, Agentur oder sonstige Niederlassung befindet.
(2) Im Sinne dieser Verordnung ist der gewöhnliche Aufenthalt einer natürlichen Person, die im Rahmen der Ausübung ihrer beruflichen Tätigkeit handelt, der Ort ihrer Hauptniederlassung.

Die Vorschrift enthält eine unvollständige Bestimmung des in der VO verschiedentlich (Art 4 II, 5 I lit a, 5 I 2, 10 II, 11 II, 12 II lit b) gewählten Anknüpfungspunktes „gewöhnlicher Aufenthalt". Im Einzelnen sind drei Personengruppen zu unterscheiden: 1

1. Der gewA von **Gesellschaften, Vereinen** und **juristischen Personen** (dh ihr Sitz) befindet sich nach **Abs 1 Unterabs 1** am Ort ihrer Hauptverwaltung (vgl Art 60 I lit b EuGVVO u dazu Erwägungsgrund 7) und damit an dem Ort, an welchem die unternehmerischen Grundsatzentscheidungen getroffen werden (idR Sitz des Vorstandes). Angesprochen ist damit jede Vereinigung oder Vermögensmasse, die nach der lex fori des Gerichtsstaats Partei eines gesetzlichen Schuldverhältnisses sein kann. Auf die Rechtsfähigkeit dieser Organisationen stellt die Bestimmung nicht ab. 2

Rührt das schadensbegründende Ereignis oder der Schaden aus dem **Betrieb einer Niederlassung** (Unterfälle: Zweigniederlassung, Agentur) her (vgl auch Art 5 Nr 5 EuGVVO), ist an den Ort anzuknüpfen, an dem sich diese Niederlassung befindet (**Abs 1 Unterabs 2**). Eine **Niederlassung** ist eine dauerhafte Außenstelle eines Stammhauses. Für sie ist charakteristisch, dass sich ein eigener Mittelpunkt geschäftlicher Tätigkeit mit hinreichender personeller u materieller Ausstattung im Land der Außenstelle befindet. Ein Büro ohne jegliche selbständige Geschäftstätigkeit oder eine Verkaufsstelle ohne Geschäftsführung ist keine Niederlassung. Schadensbegründendes Ereignis bzw Schaden rühren dann aus dem Betrieb einer Niederlassung her, wenn der den Schaden auslösende Vorgang (etwa Handlung eines Mitarbeiters, Betrieb einer Anlage) seinen Ausgang aus dem Organisationsbereich der Niederlassung genommen hat. 3

2. Bei **natürlichen Personen**, die gesetzliche Schuldverhältnisse im Rahmen ihrer **beruflichen Tätigkeit** begründen, ist als gewA der Ort ihrer **Hauptniederlassung** anzusehen (**Abs 2**). Die Hauptniederlassung (vgl Art 60 I lit c EuGVVO) liegt dort, wo sich der tatsächliche Geschäftsschwerpunkt einer Person befindet. 4

3. Der gewA natürlicher Personen, die **nicht im Rahmen ihrer beruflichen Tätigkeit** handeln, wird von der VO nicht definiert. Der Begriff ist aber gleichwohl verordnungsautonom zu bestimmen. Ebenso wie in den EU-Prozessverordnungen (EuGVVO, EheGVVO, vgl EuGH FamRZ 09, 843 [Kindesaufenthalt]) und in Übereinstimmung mit dem aus den Haager Übereinkommen stammenden Begriffsverständnis sollte darunter der „**Mittelpunkt der Lebensverhältnisse**" einer Person, nämlich der Ort verstanden werden, an dem sich der Schwerpunkt ihrer familiären, beruflichen u gesellschaftlichen Beziehungen befindet (vgl etwa BGHZ 78, 295; BGH NJW 75, 1068; 93, 2048). Durch einen dreimonatigen Urlaubsaufenthalt wird der gewA nicht verlagert (BGH IPRax 10, 367 Rn 9 zu Art 40 II EGBGB). Ein rechtsgeschäftlicher Wille, den Aufenthaltsort zum Mittelpunkt oder Schwerpunkt der Lebensverhältnisse zu machen, ist nicht erforderlich. Jede natürliche Person kann nur einen einzigen gewA haben (vgl Art 5 EGBGB Rn 8). 5

Artikel 24 Ausschluss der Rück- und Weiterverweisung

Unter dem nach dieser Verordnung anzuwendenden Recht eines Staates sind die in diesem Staat geltenden Rechtsnormen unter Ausschluss derjenigen des Internationalen Privatrechts zu verstehen.

Die Kollisionsnormen der VO enthalten **Sachnormverweisungen** (vgl auch Art 20 Rom I-VO). Ob das Kollisionsrecht der berufenen Rechtsordnung seinerseits eine Rück- oder Weiterverweisung ausspricht, ist daher ohne Belang. Praktische Bedeutung ge- 1 winnt die Vorschrift im Wesentlichen nur im Verhältnis zu Drittstaaten, weil die Kollisionsrechte der Mitgliedstaaten (abgesehen von den Fällen des Art 28 I) durch die VO vereinheitlicht worden sind. Bei einer Verweisung auf Mehrrechtsstaaten gilt Art 25.

Artikel 25 Staaten ohne einheitliche Rechtsordnung

(1) Umfasst ein Staat mehrere Gebietseinheiten, von denen jede für außervertragliche Schuldverhältnisse ihre eigenen Rechtsnormen hat, so gilt für die Bestimmung des nach dieser Verordnung anzuwendenden Rechts jede Gebietseinheit als Staat.
(2) Ein Mitgliedstaat, in dem verschiedene Gebietseinheiten ihre eigenen Rechtsnormen für außervertragliche Schuldverhältnisse haben, ist nicht verpflichtet, diese Verordnung auf Kollisionen zwischen den Rechtsordnungen dieser Gebietseinheiten anzuwenden.

1 Bei einer **Verweisung auf Mehrrechtsstaaten** mit territorialer Rechtsspaltung führen die Anknüpfungen der VO (zB an den Ort des Schadenseintritts oder des gewA) unmittelbar zu derjenigen Teilrechtsordnung, in welcher sich der betreffende Anknüpfungspunkt verwirklicht hat (**Abs 1**, vgl auch Art 22 Rom I-VO). Das Interlokale Privatrecht des betreffenden Gesamtstaates findet also keine Anwendung.
2 **Abs 2** stellt es Mehrrechtsstaaten frei, ob sie die Anknüpfungsregeln der VO auch im Verhältnis ihrer jeweiligen Teilrechtsordnungen zur Anwendung bringen wollen.

Artikel 26 Öffentliche Ordnung im Staat des angerufenen Gerichts

Die Anwendung einer Vorschrift des nach dieser Verordnung bezeichneten Rechts kann nur versagt werden, wenn ihre Anwendung mit der öffentlichen Ordnung („ordre public") des Staates des angerufenen Gerichts offensichtlich unvereinbar ist.

1 Bei hinreichendem Inlandsbezug (vgl Art 6 EGBGB Rn 9) ist die Anwendung ausländischer Rechtsvorschriften ausgeschlossen, soweit dies mit der öffentlichen Ordnung des Gerichtsstaates offensichtlich unvereinbar ist. Der Begriff des **ordre public** ist zunächst verordnungsautonom zu definieren und unterliegt insoweit der Kontrolle des EuGH; ein Verstoß ist danach nur anzunehmen, wenn die Anwendung des ausländischen Rechts zu einer offensichtlichen Verletzung eines im Inland als wesentlich geltenden Rechtsgrundsatzes führt und damit in einem nicht hinnehmbaren Widerspruch zur Rechtsordnung des Gerichtsstaates steht (vgl EuGH NJW 00, 1854 u 2185, 2186). Im Rahmen dieser Definition legen die Mitgliedstaaten die Kriterien eines ordre public-Verstoßes nach Maßgabe ihrer innerstaatlichen Anschauungen jeweils selbst fest (EuGH aaO).
2 Der ordre public-Vorbehalt ist – insb im Verhältnis der **Mitgliedstaaten** untereinander – äußerst **restriktiv zu interpretieren**; ein Verstoß kann aber zB darin liegen, dass ein unangemessen hoher, über den Ausgleich des entstandenen Schadens hinausgehender Schadensersatz mit abschreckender Wirkung oder Strafschadensersatz zugesprochen werden müsste (punitive damages, exemplatory damages, vgl Erwägungsgrund 32). Der Vorbehalt ist von Amts wegen zu berücksichtigen (Leible RIW 08, 263).
3 Lässt sich die durch die Nichtanwendung ausländischer Normen entstehende Gesetzeslücke nicht mit Hilfe des betreffenden fremden Rechts schließen, sind die Vorschriften der lex fori heranzuziehen (vgl auch Art 6 EGBGB Rn 10).

Artikel 27 Verhältnis zu anderen Gemeinschaftsrechtsakten

Diese Verordnung berührt nicht die Anwendung von Vorschriften des Gemeinschaftsrechts, die für besondere Gegenstände Kollisionsnormen für außervertragliche Schuldverhältnisse enthalten.

1 Zwar soll eine Aufteilung der Kollisionsnormen für außervertragliche Schuldverhältnisse auf verschiedene Rechtsakte zwecks Vermeidung von Normwidersprüchen grds

vermieden werden; die VO will jedoch die Statuierung entsprechender Anknüpfungsregeln für **Sondermaterien** nicht ausschließen (Erwägungsgrund 35). Das in Art 3 II der der E-Commerce-RL (ABl EG 2000 L 178 S 1) niedergelegte „Herkunftslandprinzip" hat allerdings keinen kollisionsrechtlichen Charakter (vgl aber Art 6 Rom II-VO Rn 1).
Zu **immaterialgüterrechtlichen Sonderregeln** vgl Art 97, 98 VO (EG) Nr 40/94 über die 2 Gemeinschaftsmarke (ABl EG L 11 S 1), Art 88 II, 89 I VO (EG) Nr 6/2002 über das Gemeinschaftsgeschmacksmuster (ABl EG L 3 S 1); Art 97 VO (EG) Nr. 2100/94 über den gemeinschaftlichen Sortenschutz (ABl EG L 227 S 1).
Zur bereicherungsrechtlichen Rückabwicklung vertraglicher Schuldverhältnisse vgl Art 3 12 I lit e Rom I-VO u hier Art 10 Rn 5.

Artikel 28 Verhältnis zu bestehenden internationalen Übereinkommen

(1) Diese Verordnung berührt nicht die Anwendung der internationalen Übereinkommen, denen ein oder mehrere Mitgliedstaaten zum Zeitpunkt der Annahme dieser Verordnung angehören und die Kollisionsnormen für außervertragliche Schuldverhältnisse enthalten.
(2) Diese Verordnung hat jedoch in den Beziehungen zwischen den Mitgliedstaaten Vorrang vor den ausschließlich zwischen zwei oder mehreren Mitgliedstaaten geschlossenen Übereinkommen, soweit diese Bereiche betreffen, die in dieser Verordnung geregelt sind.

Um die Mitgliedstaaten nicht zur Verletzung internationaler Verträge zu zwingen (Er- 1 wägungsgrund 36), lässt die VO die Anwendung von einschlägigen Kollisionsnormen in solchen **internationalen Übereinkommen** unberührt, denen **ein oder mehrere Mitgliedstaaten** zum Zeitpunkt der Annahme der VO angehört haben und an denen auch Drittstaaten beteiligt sind (**Abs 1**). Die Kommission soll einen Vorschlag dazu vorlegen, unter welchen Voraussetzungen und nach welchem Verfahren die Mitgliedstaaten in Zukunft mit Drittstaaten einschlägige Übereinkommen sollen schließen dürfen (Erwägungsgrund 37).
Die Vorschrift betrifft insb das **Haager Übereinkommen** über das auf **Straßenverkehrs-** 2 **unfälle anwendbare Recht** v 4.5.71 sowie das **Haager Übereinkommen** über das auf die **Produkthaftpflicht anzuwendende Recht** v 2.10.73, die in einer Reihe von Mitgliedstaaten (nicht aber in Deutschland) in Kraft sind. Diese Staaten legen daher im sachlichen Anwendungsbereich des Übereinkommens dessen Kollisionsnormen zugrunde. Deutsche Gerichte wenden demgegenüber Art 4 u 5 an. Da die VO nur Sachnormverweisungen ausspricht (Art 24), können die Bestimmungen der Übereinkommen auch im Rahmen eines Renvoi nicht mehr zur Anwendung gelangen. Dadurch kann der internationale Entscheidungseinklang verloren gehen (zum Haager Straßenverkehrsübereinkommen vgl Staudinger NJW 09, 2249).
Zu einschlägigen und für **Deutschland geltenden Staatsverträgen** im Umwelthaftungs- 3 recht vgl Art 7 Rn 1; zu Staatsverträgen im Immaterialgüterrecht vgl Art 8 Rn 2.
Dagegen genießt die VO Vorrang ggü solchen Abkommen, die im Anwendungsbereich 4 der VO nur im Verhältnis von Mitgliedstaaten untereinander gelten (**Abs 2**).

Kapitel VII
Schlussbestimmungen

Artikel 29 Verzeichnis der Übereinkommen

(1) Die Mitgliedstaaten übermitteln der Kommission spätestens 11. Juli 2008 die Übereinkommen gemäß Artikel 28 Absatz 1. Kündigen die Mitgliedstaaten nach diesem Stichtag eines dieser Übereinkommen, so setzen sie die Kommission davon in Kenntnis.
(2) Die Kommission veröffentlicht im Amtsblatt der Europäischen Union innerhalb von sechs Monaten nach deren Erhalt

i) ein Verzeichnis der in Absatz 1 genannten Übereinkommen;
ii) die in Absatz 1 genannten Kündigungen.

1 Die Mitteilung nach Abs 1 S 1 u Abs 2 i) ist veröffentlicht in ABl EG 10 C 343 S 7.

Artikel 30 Überprüfungsklausel

(1) ¹Die Kommission legt dem Europäischen Parlament, dem Rat und dem Europäischen Wirtschafts- und Sozialausschuss bis spätestens 20. August 2011 einen Bericht über die Anwendung dieser Verordnung vor. ²Diesem Bericht werden gegebenenfalls Vorschläge zur Anpassung der Verordnung beigefügt. Der Bericht umfasst:
i) eine Untersuchung über Auswirkungen der Art und Weise, in der mit ausländischem Recht in den verschiedenen Rechtsordnungen umgegangen wird, und darüber, inwieweit die Gerichte in den Mitgliedstaaten ausländisches Recht aufgrund dieser Verordnung in der Praxis anwenden;
ii) eine Untersuchung der Auswirkungen von Artikel 28 der vorliegenden Verordnung im Hinblick auf das Haager Übereinkommen vom 4. Mai 1971 über das auf Verkehrsunfälle anzuwendende Recht.

(2) Die Kommission legt dem Europäischen Parlament, dem Rat und dem Europäischen Wirtschafts- und Sozialausschuss bis spätestens 31. Dezember 2008 eine Untersuchung zum Bereich des auf außervertragliche Schuldverhältnisse aus der Verletzung der Privatsphäre oder der Persönlichkeitsrechte anzuwendenden Rechts vor, wobei die Regeln über die Pressefreiheit und die Meinungsfreiheit in den Medien sowie die kollisionsrechtlichen Aspekte im Zusammenhang mit der Richtlinie 95/46/EG des Europäischen Parlaments und des Rates vom 24. Oktober 1995 zum Schutz natürlicher Personen bei der Verarbeitung personenbezogener Daten und zum freien Datenverkehr[1] zu berücksichtigen sind.

Artikel 31 Zeitliche Anwendbarkeit

Diese Verordnung wird auf schadensbegründende Ereignisse angewandt, die nach ihrem Inkrafttreten eintreten.

Artikel 32 Zeitpunkt des Beginns der Anwendung

Diese Verordnung gilt ab dem 11. Januar 2009, mit Ausnahme des Artikels 29, der ab dem 11. Juli 2008 gilt.

1 Art 31 u 32 regeln den **intertemporalen Anwendungsbereich** der VO. Sie gilt – mit Ausnahme des Art 29 – für alle schadensbegründenden Ereignisse (vgl Art 2 I), die ab dem 11.1.09 (Art 32) oder später eingetreten sind (Art 31; EuGH NJW 12, 441, zust Illmer GPR 12, 82).

2 Ausschlaggebend ist der **Vorgang**, welcher das gesetzliche Schuldverhältnis auslöst. Dies ist bei unerlaubten Handlungen und cic idR das rechtswidrige Verhalten des Schädigers (arg Art 4 I, 7), bei Gefährdungshaftungstatbeständen ein gefahrerhöhendes Verhalten oder die Realisierung eines Anlagerisikos, bei Unterlassen die Entstehung der Handlungspflicht, bei ungerechtfertigter Bereicherung der konditionsbegründende Vorgang (Verhalten des Gläubigers oder Schuldners, Naturvorgang), bei Geschäftsführung ohne Auftrag der Beginn der Geschäftsführung. Auf die Vollendung des Anspruchstatbestandes (Entstehung eines Schadens, Vorliegen der Aufwendungsvoraussetzungen) kommt es nicht an.

Diese Verordnung ist in allen ihren Teilen verbindlich und gilt gemäß dem Vertrag zur Gründung der Europäischen Gemeinschaft unmittelbar in den Mitgliedstaaten.

---

1 ABl. L 281 vom 23.11.1995, S. 31.

Erklärung der Kommission zur Überprüfungsklausel (Artikel 30)

Die Kommission wird auf entsprechende Aufforderung durch das Europäische Parlament und den Rat im Rahmen von Artikel 30 der Verordnung Rom II hin, bis spätestens Dezember 2008 eine Untersuchung zu dem auf außervertragliche Schuldverhältnisse aus der Verletzung der Privatsphäre oder der Persönlichkeitsrechte anwendbaren Recht vorlegen. Die Kommission wird allen Aspekten Rechnung tragen und erforderlichenfalls geeignete Maßnahmen ergreifen.

Erklärung der Kommission zu Straßenverkehrsunfällen

In Anbetracht der unterschiedlichen Höhe des Schadenersatzes, der den Opfern von Straßenverkehrsunfällen in den Mitgliedstaaten zugesprochen wird, ist die Kommission bereit, die spezifischen Probleme zu untersuchen, mit denen EU-Ansässige bei Straßenverkehrsunfällen in einem anderen Mitgliedstaat als dem ihres gewöhnlichen Aufenthalts konfrontiert sind. Die Kommission wird dem Europäischen Parlament und dem Rat bis Ende 2008 hierzu eine Untersuchung zu allen Optionen einschließlich Versicherungsaspekten vorlegen, wie die Position gebietsfremder Unfallopfer verbessert werden kann. Diese Untersuchung würde den Weg zur Ausarbeitung eines Grünbuches bahnen.

Erklärung der Kommission zur Behandlung ausländischen Rechts

In Anbetracht der unterschiedlichen Behandlung ausländischen Rechts in den Mitgliedstaaten wird die Kommission, sobald die Untersuchung vorliegt, spätestens aber vier Jahre nach Inkrafttreten der Verordnung Rom II eine Untersuchung zur Anwendung ausländischen Rechts in Zivil- und Handelssachen durch die Gerichte der Mitgliedstaaten unter Berücksichtigung der Ziele des Haager Programms veröffentlichen. Die Kommission ist bereit, erforderlichenfalls geeignete Maßnahmen zu ergreifen.

Verordnung (EU) Nr. 1259/2010 des Rates vom 20. Dezember 2010 zur Durchführung einer Verstärkten Zusammenarbeit im Bereich des auf die Ehescheidung und Trennung ohne Auflösung des Ehebandes anzuwendenden Rechts [Rom III]

(ABl. L 343 vom 29.12.2010, S. 10)

1 Zum Textabdruck sowie der Kommentierung der VO (EU) Nr. 1259/2010 (Rom III-VO) s den Anhang zu § 17 EGBGB.

barungen und Maßnahmen bei der Durchführung und Beendigung eines Beschäftigungsverhältnisses sowie beim beruflichen Aufstieg,
3. den Zugang zu allen Formen und allen Ebenen der Berufsberatung, der Berufsbildung einschließlich der Berufsausbildung, der beruflichen Weiterbildung und der Umschulung sowie der praktischen Berufserfahrung,
4. die Mitgliedschaft und Mitwirkung in einer Beschäftigten- oder Arbeitgebervereinigung oder einer Vereinigung, deren Mitglieder einer bestimmten Berufsgruppe angehören, einschließlich der Inanspruchnahme der Leistungen solcher Vereinigungen,
5. den Sozialschutz, einschließlich der sozialen Sicherheit und der Gesundheitsdienste,
6. die sozialen Vergünstigungen,
7. die Bildung,
8. den Zugang zu und die Versorgung mit Gütern und Dienstleistungen, die der Öffentlichkeit zur Verfügung stehen, einschließlich von Wohnraum.

(2) ¹Für Leistungen nach dem Sozialgesetzbuch gelten § 33 c des Ersten Buches Sozialgesetzbuch und § 19 a des Vierten Buches Sozialgesetzbuch. ²Für die betriebliche Altersvorsorge gilt das Betriebsrentengesetz.
(3) ¹Die Geltung sonstiger Benachteiligungsverbote oder Gebote der Gleichbehandlung wird durch dieses Gesetz nicht berührt. ²Dies gilt auch für öffentlich-rechtliche Vorschriften, die dem Schutz bestimmter Personengruppen dienen.
(4) Für Kündigungen gelten ausschließlich die Bestimmungen zum allgemeinen und besonderen Kündigungsschutz.

I. Die Vorschrift regelt den personellen und sachlichen **Anwendungsbereich des AGG** 1
und sein Verhältnis zu Benachteiligungsverboten, die außerhalb des AGG geregelt sind, insb im SGB.

II. 1. Erfasst wird jede selbständige u unselbständige **Erwerbstätigkeit**. Ehrenamtliche u 2
sonstige unentgeltliche Beschäftigungen fallen hingegen nicht unter das AGG (Hk-AGG/Däubler § 2 Rn 14). Im allg Zivilrecht werden der Sozialschutz, einschließlich der sozialen Sicherheit und der Gesundheitsdienste, soziale Vergünstigungen, Teilhabe an Bildung und der **Zugang zur Versorgung mit Gütern und Dienstleistungen**, die der Öffentlichkeit zur Verfügung stehen, insb auch mit Wohnraum, durch das AGG erfasst.

2. Zur **Anwendbarkeit des AGG auf Kündigungen** (trotz Abs 4): BAG 2 AZR 701/07; 3
2 AZR 523/07; vgl dazu auch § 10 Rn 3; zur Anwendbarkeit des AGG **auf die betriebliche Altersversorgung** (Abs 2 S 2): BAG BB 08, 557; zur Notwendigkeit der Gleichbehandlung von Ehe- und eingetragenen Lebenspartnern bei der Hinterbliebenenversorgung: BAGE 129, 105.

§ 3 Begriffsbestimmungen

(1) ¹Eine unmittelbare Benachteiligung liegt vor, wenn eine Person wegen eines in § 1 genannten Grundes eine weniger günstige Behandlung erfährt, als eine andere Person in einer vergleichbaren Situation erfährt, erfahren hat oder erfahren würde. ²Eine unmittelbare Benachteiligung wegen des Geschlechts liegt in Bezug auf § 2 Abs. 1 Nr. 1 bis 4 auch im Falle einer ungünstigeren Behandlung einer Frau wegen Schwangerschaft oder Mutterschaft vor.
(2) Eine mittelbare Benachteiligung liegt vor, wenn dem Anschein nach neutrale Vorschriften, Kriterien oder Verfahren Personen wegen eines in § 1 genannten Grundes gegenüber anderen Personen in besonderer Weise benachteiligen können, es sei denn, die betreffenden Vorschriften, Kriterien oder Verfahren sind durch ein rechtmäßiges Ziel sachlich gerechtfertigt und die Mittel sind zur Erreichung dieses Ziels angemessen und erforderlich.
(3) Eine Belästigung ist eine Benachteiligung, wenn unerwünschte Verhaltensweisen, die mit einem in § 1 genannten Grund in Zusammenhang stehen, bezwecken oder bewirken, dass die Würde der betreffenden Person verletzt und ein von Einschüterun-

gen, Anfeindungen, Erniedrigungen, Entwürdigungen oder Beleidigungen gekennzeichnetes Umfeld geschaffen wird.
(4) Eine sexuelle Belästigung ist eine Benachteiligung in Bezug auf § 2 Abs. 1 Nr. 1 bis 4, wenn ein unerwünschtes, sexuell bestimmtes Verhalten, wozu auch unerwünschte sexuelle Handlungen und Aufforderungen zu diesen, sexuell bestimmte körperliche Berührungen, Bemerkungen sexuellen Inhalts sowie unerwünschtes Zeigen und sichtbares Anbringen von pornographischen Darstellungen gehören, bezweckt oder bewirkt, dass die Würde der betreffenden Person verletzt wird, insbesondere wenn ein von Einschüchterungen, Anfeindungen, Erniedrigungen, Entwürdigungen oder Beleidigungen gekennzeichnetes Umfeld geschaffen wird.
(5) [1]Die Anweisung zur Benachteiligung einer Person aus einem in § 1 genannten Grund gilt als Benachteiligung. [2]Eine solche Anweisung liegt in Bezug auf § 2 Abs. 1 Nr. 1 bis 4 insbesondere vor, wenn jemand eine Person zu einem Verhalten bestimmt, das einen Beschäftigten oder eine Beschäftigte wegen eines in § 1 genannten Grundes benachteiligt oder benachteiligen kann.

§ 4 Unterschiedliche Behandlung wegen mehrerer Gründe

Erfolgt eine unterschiedliche Behandlung wegen mehrerer der in § 1 genannten Gründe, so kann diese unterschiedliche Behandlung nach den §§ 8 bis 10 und 20 nur gerechtfertigt werden, wenn sich die Rechtfertigung auf alle diese Gründe erstreckt, derentwegen die unterschiedliche Behandlung erfolgt.

§ 5 Positive Maßnahmen

Ungeachtet der in den §§ 8 bis 10 sowie in § 20 benannten Gründe ist eine unterschiedliche Behandlung auch zulässig, wenn durch geeignete und angemessene Maßnahmen bestehende Nachteile wegen eines in § 1 genannten Grundes verhindert oder ausgeglichen werden sollen.

1 I. Die §§ 3–5 klären verschiedene **Einzelaspekte des Anwendungsbereichs**. Dabei werden Legaldefinitionen für einzelne im AGG verwendete Begriffe geboten (§ 3), die Rechtsfolge einer Diskriminierung aus mehreren der in § 1 genannten Gründe geklärt (§ 4) und Kriterien für die Zulässigkeit v Maßnahmen aufgeführt, die der Beseitigung v Diskriminierungen (sog positive Maßnahmen) dienen sollen (§ 5).

2 II. 1. § 3 enthält **Legaldefinitionen** der Begriffe „unmittelbare Benachteiligung", „mittelbare Benachteiligung", „Belästigung" (Mobbing) und „sexuelle Belästigung". Außerdem wird klargestellt, dass die Anweisung, einen Dritten zu benachteiligen, eine Benachteiligung dieses Dritten durch den Anweisenden darstellt. Auf das Bewusstsein des Anweisenden, mit seiner Anweisung gegen ein Diskriminierungsverbot zu verstoßen, kommt es dabei nicht an (Jauernig/Jauernig § 3 Rn 5). Zu den Anforderungen an eine Belästigung iSd § 3 Abs 3 vgl BAG NZA 10, 387. Eine tarifliche Regelung, die Elternzeiten nachteilig berücksichtigt, kann schon deshalb keine unmittelbare Diskriminierung von Frauen sein, da Elternzeit von Männern und Frauen in Anspruch genommen werden kann (hierzu u zu den Anforderungen an eine mittelbare Diskriminierung in diesem Zusammenhang: BAG NJW-Spezial 11, 276).

3 2. Die Regelung des § 4 ist wichtig, weil die Gründe, die eine Unterscheidung nach einem der in § 1 genannten Kriterien rechtfertigen können (vgl §§ 8–10, 20), unterschiedlich sind. Die Vorschrift stellt klar, dass in so einem Fall für jede einzelne Diskriminierung ein **Rechtfertigungsgrund** vorliegen muss.

4 3. Nach § 5 ist eine Unterscheidung nach den in § 1 genannten Kriterien zulässig, wenn durch die damit verbundene Maßnahme in geeigneter und angemessener Weise eine Benachteiligung wegen eines in § 1 genannten Kriterien abgebaut werden soll. Eine solche zulässige **positive Maßnahme** ist etwa die bevorzugte Einstellung oder Beförderung v Frauen, wenn Frauen in dem Betrieb oder Arbeitsbereich unterrepräsentiert sind (EuGH NZA 00, 473).

Abschnitt 2
Schutz der Beschäftigten vor Benachteiligung
Unterabschnitt 1
Verbot der Benachteiligung

§ 6 Persönlicher Anwendungsbereich

(1) ¹Beschäftigte im Sinne dieses Gesetzes sind
1. Arbeitnehmerinnen und Arbeitnehmer,
2. die zu ihrer Berufsbildung Beschäftigten,
3. Personen, die wegen ihrer wirtschaftlichen Unselbstständigkeit als arbeitnehmerähnliche Personen anzusehen sind; zu diesen gehören auch die in Heimarbeit Beschäftigten und die ihnen Gleichgestellten.

²Als Beschäftigte gelten auch die Bewerberinnen und Bewerber für ein Beschäftigungsverhältnis sowie die Personen, deren Beschäftigungsverhältnis beendet ist.
(2) ¹Arbeitgeber (Arbeitgeber und Arbeitgeberinnen) im Sinne dieses Abschnitts sind natürliche und juristische Personen sowie rechtsfähige Personengesellschaften, die Personen nach Absatz 1 beschäftigen. ²Werden Beschäftigte einem Dritten zur Arbeitsleistung überlassen, so gilt auch dieser als Arbeitgeber im Sinne dieses Abschnitts. ³Für die in Heimarbeit Beschäftigten und die ihnen Gleichgestellten tritt an die Stelle des Arbeitgebers der Auftraggeber oder Zwischenmeister.
(3) Soweit es die Bedingungen für den Zugang zur Erwerbstätigkeit sowie den beruflichen Aufstieg betrifft, gelten die Vorschriften dieses Abschnitts für Selbstständige und Organmitglieder, insbesondere Geschäftsführer oder Geschäftsführerinnen und Vorstände, entsprechend.

I. Mit § 6 beginnen die Vorschriften des AGG, die sich auf das Arbeitsumfeld beziehen. 1
Die Vorschrift regelt den **persönlichen Anwendungsbereich** dieses Teils des AGG.
II. Erfasst werden v den §§ 6 ff: **Arbeitnehmer**, Auszubildende, arbeitnehmerähnliche 2
Personen wie zB Heimarbeiter u Freiberufler (BAG 8 AZR 285/11), **Bewerber** für ein Beschäftigungsverhältnis sowie Personen, deren Beschäftigungsverhältnis beendet ist. Zur entsprechenden Anwendbarkeit (Abs 3) der §§ 6 ff auf GmbH-Geschäftsführer: BGHZ 193, 110; OLG Düsseldorf BB 13, 1403.

§ 7 Benachteiligungsverbot

(1) Beschäftigte dürfen nicht wegen eines in § 1 genannten Grundes benachteiligt werden; dies gilt auch, wenn die Person, die die Benachteiligung begeht, das Vorliegen eines in § 1 genannten Grundes bei der Benachteiligung nur annimmt.
(2) Bestimmungen in Vereinbarungen, die gegen das Benachteiligungsverbot des Absatzes 1 verstoßen, sind unwirksam.
(3) Eine Benachteiligung nach Absatz 1 durch Arbeitgeber oder Beschäftigte ist eine Verletzung vertraglicher Pflichten.

I. § 7 Abs 1 spricht ein **generelles Verbot jeder Diskriminierung** aufgrund eines der in 1
§ 1 genannten Kriterien im Arbeitsleben aus. Abs 2 betrifft insb Tarifverträge. So sind zB tarifvertragliche Regelungen, die Frauen hinsichtlich des tariflichen Vorruhestands benachteiligen, unzulässig (BAG 9 AZR 584/09).
II. 1. **Rechtsfolgen eines Verstoßes** gegen dieses Verbot: Verstößt ein Arbeitgeber gegen 2
das in Abs 1 enthaltene Verbot, stellt dies eine Verletzung des Arbeitsvertrages dar (Abs 3). Werden mit dem Erwerbstätigen Vereinbarungen getroffen, die einen Verstoß gegen Abs 1 darstellen, sind diese unwirksam (Abs 2). Neben den sonstigen Ansprüchen des Erwerbstätigen folgt aus Abs 1 ein verschuldensunabhängiger Unterlassungsanspruch gegen den Arbeitgeber, sofern Erstbegehungs- oder Wiederholungsgefahr besteht (Jauernig/Mansel § 7 Rn 6 f).

3 2. Zu den Gründen, die ausnahmsweise eine **Unterscheidung** auf der Grundlage der in § 1 genannten Merkmale **rechtfertigen** können vgl §§ 8–10.

§ 8 Zulässige unterschiedliche Behandlung wegen beruflicher Anforderungen

(1) Eine unterschiedliche Behandlung wegen eines in § 1 genannten Grundes ist zulässig, wenn dieser Grund wegen der Art der auszuübenden Tätigkeit oder der Bedingungen ihrer Ausübung eine wesentliche und entscheidende berufliche Anforderung darstellt, sofern der Zweck rechtmäßig und die Anforderung angemessen ist.
(2) Die Vereinbarung einer geringeren Vergütung für gleiche oder gleichwertige Arbeit wegen eines in § 1 genannten Grundes wird nicht dadurch gerechtfertigt, dass wegen eines in § 1 genannten Grundes besondere Schutzvorschriften gelten.

1 I. Nach § 8 ist eine Unterscheidung nach einem der in § 1 genannten Kriterien in engen Grenzen zulässig, wenn das Unterscheidungsmerkmal eine **wesentliche und entscheidende berufliche Anforderung** darstellt, der verfolgte Zweck rechtmäßig und die Anforderung angemessen ist.

2 II. 1. Die Rechtsprechung hat schon auf der Grundlage v § 611 a BGB aF **sehr strenge Anforderungen** an die Rechtfertigung einer Benachteiligung wegen der beruflichen Anforderungen gestellt (vgl Hk-BGB/Eckert zu § 611 a in der 5. Aufl u bei Jauernig/Mansel § 8 Rn 2). Da die Umsetzung der RL nicht zu einer Absenkung des bereits vorhandenen Schutzes führen darf, muss die Anforderung, die die Ungleichbehandlung rechtfertigt, auch künftig **unverzichtbare Voraussetzung** für die berufliche Tätigkeit sein. Dies wird zB bei der Einstellung v Schauspielern für eine bestimmte (männliche oder weibliche) Rolle angenommen, bei der Beschäftigung v Models für Damen- bzw Herrenmode oder zuletzt auch bei der Tätigkeit in einem Mädcheninternat, sofern mit dieser auch Nachtdienste verbunden sind (BAG NJW 09, 3672).

3 2. Einzelfälle: **Zulässig** soll sein: eine Rechtsauslegung, die für Menschen mit Behinderung günstigere Folgen mit sich bringt als für Menschen ohne Behinderung (Sächs. LSG, L 3 AS 158/06); die Nicht-Berufung eines Diabetes-Kranken in das Beamtenverhältnis auf Probe (VG Gelsenkirchen, 1 K 6980/03); der Ausschluss gleichgeschlechtlicher Lebenspartner v der Hinterbliebenenversorgung (BVerwG NJW 08, 246; BGH NJW-RR 07, 1441; einschränkend: BAGE 129, 105) u dem Familienzuschlag Stufe 1 (BVerwG NJW 08, 868); ein Kopftuchverbot für Lehrer an staatlichen Schulen (ArbG Herne, 7 Ca 3415/06; VG Düsseldorf, 2 K 6225/06; VG Gelsenkirchen, 1 K 1466/07); die Nichtberücksichtigung v Stellenbewerbern mit Migrationshintergrund wegen unzureichender Deutschkenntnisse (BAG NJW 10, 2458; ArbG Berlin BB 08, 115); das Aushängen des speziell auf deren Möglichkeiten zugeschnittenen Tagesarbeitsplans einer behinderten Pflegekraft in einem Krankenhaus im Interesse der Koordination der Arbeitsabläufe (LAG Köln NZA-RR 07, 628). Ausnahmsweise kann es zulässig sein, bei der Besetzung einer Stelle der kommunalen Gleichstellungsbehörde nur Frauen zu berücksichtigen, wenn der Schwerpunkt der konkreten Tätigkeit ein Projekt ist, das durch die Besetzung mit einem Mann gefährdet würde (BAG NZA 10, 872). **Unzulässig** dag die Differenzierung nach sachfremden Kriterien bei der Gewährung freiwilliger Leistungen u die geschlechtsspezifische Einordnung v Lehrkräften im Hinblick auf deren Einstufung in Vorsorge- und Beihilfeangelegenheiten: BAG NZA 08, 99. Zur Möglichkeit einer Diskriminierung **behinderter Bewerber** wegen nicht rechtzeitiger Kontaktaufnahme mit der **Agentur für Arbeit**: BAG NZA 07, 507. Zur Rechtslage bei lediglich vermuteter Behinderung: BAG NZA 10, 383. Zum **statistischen Nachw** geschlechtsspezifischer Diskriminierung: BAG NJW 11, 634; LAG Berlin, 15 Sa 517/08. Zu den Anforderungen an die Zulässigkeit starrer Altersgrenzen (Untermauerung durch medizinische Erkenntnisse): KG NJW-RR 12, 1382.

4 2. Abs 2 stellt klar, wie schon bisher zur Vermeidung v geschlechtsspezifischen Nachteilen § 612 Abs 3 BGB aF, dass das Bestehen v **Schutzvorschriften**, die an eines der in § 1 genannten Merkmale anknüpfen, keine geringe Vergütung für gleiche oder gleichwertige Arbeit rechtfertigen.

§ 9 Zulässige unterschiedliche Behandlung wegen der Religion oder Weltanschauung

(1) Ungeachtet des § 8 ist eine unterschiedliche Behandlung wegen der Religion oder der Weltanschauung bei der Beschäftigung durch Religionsgemeinschaften, die ihnen zugeordneten Einrichtungen ohne Rücksicht auf ihre Rechtsform oder durch Vereinigungen, die sich die gemeinschaftliche Pflege einer Religion oder Weltanschauung zur Aufgabe machen, auch zulässig, wenn eine bestimmte Religion oder Weltanschauung unter Beachtung des Selbstverständnisses der jeweiligen Religionsgemeinschaft oder Vereinigung im Hinblick auf ihr Selbstbestimmungsrecht oder nach der Art der Tätigkeit eine gerechtfertigte berufliche Anforderung darstellt.

(2) Das Verbot unterschiedlicher Behandlung wegen der Religion oder der Weltanschauung berührt nicht das Recht der in Absatz 1 genannten Religionsgemeinschaften, der ihnen zugeordneten Einrichtungen ohne Rücksicht auf ihre Rechtsform oder der Vereinigungen, die sich die gemeinschaftliche Pflege einer Religion oder Weltanschauung zur Aufgabe machen, von ihren Beschäftigten ein loyales und aufrichtiges Verhalten im Sinne ihres jeweiligen Selbstverständnisses verlangen zu können.

I. Die Vorschrift regelt besondere **Ausnahmetatbestände**, die eine Differenzierung des Arbeitgebers nach Religion oder Weltanschauung bei tendenznah beschäftigten Erwerbstätigen rechtfertigen können. 1

II. 1. Auf den Ausnahmetatbestand des Abs 1 können sich nur **Religions- und Weltanschauungsgemeinschaften** sowie diesen zugeordnete Einrichtungen berufen. Beispiele hierfür sind Konfessionsvereinigungen, Caritas, Diakonie und kirchliche Orden (vgl Jauernig/Mansel § 9 Rn 2). 2

2. Es muss sich um eine **tendenznahe Tätigkeit** handeln, also etwa um eine pastorale Arbeit oder eine Lehrtätigkeit in religions- und weltanschauungsnahen Fächern (dazu zählen auch Sozialarbeiter: LAG Stuttgart 12 Sa 55/11). Bei tendenzfernen Tätigkeiten, wie zB der einer Reinigungskraft oder einem Krankenpfleger, kommt die Rechtfertigung einer Ungleichbehandlung durch Abs 1 dag nicht in Betracht (ArbG Aachen 2 Ca 4226/11). Zur Unzulässigkeit der Nichtberücksichtigung einer muslimischen Sozialpädagogin für eine Stelle iR der Integration v Migranten bei einem Diakonischen Werk: ArbG Hamburg, 20 Ca 105/07. 3

3. Abs 2 stellt klar, dass Arbeitgeber, die sich die Pflege einer bestimmten Religion oder Weltanschauung zur Aufgabe gemacht haben, v ihren Mitarbeitern jedenfalls ein **loyales und aufrichtiges Verhalten** iS ihres Selbstverständnisses verlangen können, ohne dass dies eine Diskriminierung iSd AGG darstellt. 4

§ 10 Zulässige unterschiedliche Behandlung wegen des Alters

¹Ungeachtet des § 8 ist eine unterschiedliche Behandlung wegen des Alters auch zulässig, wenn sie objektiv und angemessen und durch ein legitimes Ziel gerechtfertigt ist. ²Die Mittel zur Erreichung dieses Ziels müssen angemessen und erforderlich sein. ³Derartige unterschiedliche Behandlungen können insbesondere Folgendes einschließen:

1. die Festlegung besonderer Bedingungen für den Zugang zur Beschäftigung und zur beruflichen Bildung sowie besonderer Beschäftigungs- und Arbeitsbedingungen, einschließlich der Bedingungen für Entlohnung und Beendigung des Beschäftigungsverhältnisses, um die berufliche Eingliederung von Jugendlichen, älteren Beschäftigten und Personen mit Fürsorgepflichten zu fördern oder ihren Schutz sicherzustellen,
2. die Festlegung von Mindestanforderungen an das Alter, die Berufserfahrung oder das Dienstalter für den Zugang zur Beschäftigung oder für bestimmte mit der Beschäftigung verbundene Vorteile,
3. die Festsetzung eines Höchstalters für die Einstellung aufgrund der spezifischen Ausbildungsanforderungen eines bestimmten Arbeitsplatzes oder aufgrund der Notwendigkeit einer angemessenen Beschäftigungszeit vor dem Eintritt in den Ruhestand,

4. die Festsetzung von Altersgrenzen bei den betrieblichen Systemen der sozialen Sicherheit als Voraussetzung für die Mitgliedschaft oder den Bezug von Altersrente oder von Leistungen bei Invalidität einschließlich der Festsetzung unterschiedlicher Altersgrenzen im Rahmen dieser Systeme für bestimmte Beschäftigte oder Gruppen von Beschäftigten und die Verwendung von Alterskriterien im Rahmen dieser Systeme für versicherungsmathematische Berechnungen,
5. eine Vereinbarung, die die Beendigung des Beschäftigungsverhältnisses ohne Kündigung zu einem Zeitpunkt vorsieht, zu dem der oder die Beschäftigte eine Rente wegen Alters beantragen kann; § 41 des Sechsten Buches Sozialgesetzbuch bleibt unberührt,
6. Differenzierungen von Leistungen in Sozialplänen im Sinne des Betriebsverfassungsgesetzes, wenn die Parteien eine nach Alter oder Betriebszugehörigkeit gestaffelte Abfindungsregelung geschaffen haben, in der die wesentlich vom Alter abhängenden Chancen auf dem Arbeitsmarkt durch eine verhältnismäßig starke Betonung des Lebensalters erkennbar berücksichtigt worden sind, oder Beschäftigte von den Leistungen des Sozialplans ausgeschlossen haben, die wirtschaftlich abgesichert sind, weil sie, gegebenenfalls nach Bezug von Arbeitslosengeld, rentenberechtigt sind.

1 I. Die Vorschrift regelt weitere Ausnahmetatbestände neben § 8, die eine **Ungleichbehandlung v Arbeitnehmern nach dem Alter** rechtfertigen. Umfassend zu den Kriterien für Altersdiskriminierung iVm festen Ruhestandsregelungen: EuGH NJW-Spezial 07, H. 12, 516; EuGH NJW 10, 3767.

2 II. 1. Ob eine Ungleichbehandlung v Arbeitnehmern wegen des Alters zulässig ist, muss im Wege einer **Einzelfallabwägung** entschieden werden. § 10 zählt lediglich einige Regelbeispiele auf, bei denen eine Ungleichbehandlung zulässig sein kann. Entscheidend ist, dass **angemessene und erforderliche Mittel** eingesetzt werden, um ein **legitimes Ziel** (zB Eingliederung junger Arbeitnehmer in den Arbeitsmarkt, Hilfe für ältere Arbeitnehmer mit schlechten Chancen auf dem Arbeitsmarkt) zu erreichen. Unzulässig ist dagegen die Staffelung der Vergütung nach dem Lebensalter (ArbG Berlin BB 08, 161; anders idR nach dem Dienstalter, vgl Nachw bei Jauernig/Mansel § 10 Rn 2).

3 2. Zu den – engen – Grenzen der **Zulässigkeit** v starren Altershöchstgrenzen, insb wenn diese unterhalb der Regelaltersgrenze liegen: EuGH C- 447/09 (Piloten); BVerwG 8 C 24.11 (Sachverständige); **unzulässig** jedenfalls die Staffelung der Grundvergütung nach dem Lebensalter: BAG NZA 10, 961; ArbG Berlin BB 08, 161; Anknüpfung an das Lebensalter bei der Gewährung eines Bekleidungsgeldes: VG Frankfurt 9 E 5341/06; die Ausschreibung einer Sekretariatsstelle nur für 25-35-jährige: ArbG Essen 5 Ca 1835/07; ähnl bei einer Filialleiterstelle (bis 35 Jahre): ArbG Celle, 2 Ca 35/07; bei McDonalds (bis 35): ArbG Hamburg 2 Ca 543/07; oder die Ausschreibung einer Stelle nur für „Berufseinsteiger": LAG Düsseldorf 13 SA 1198/13; die allein aufs Alter abstellende Zuordnung zum Personalüberhang: BAG BAGE 129, 181, die Altersgrenze v 70 für die Teilnahme an Trabrennen: KG NJW-RR 12, 1382; die starre Altersgrenze von 60 Jahren für Piloten: EuGH C-447/09. Zu Fragen der Altersdiskriminierung bei **Kündigungen**: BAG NJW-Spezial 08, H. 2, 50; BAG 2 AZR 701/07; LAG Niedersachsen ZIP 08, 132; LAG Berlin-Brandenburg, 7 Sa 561/07; LAG Baden-Württemberg AuA 07, 624; LAG Düsseldorf BB 08, 116; ArbG Bielefeld NZA-RR 07, 466; ArbG Frankfurt 11 Ca 8952/06.

Unterabschnitt 2
Organisationspflichten des Arbeitgebers

§ 11 Ausschreibung

Ein Arbeitsplatz darf nicht unter Verstoß gegen § 7 Abs. 1 ausgeschrieben werden.

§ 12 Maßnahmen und Pflichten des Arbeitgebers

(1) ¹Der Arbeitgeber ist verpflichtet, die erforderlichen Maßnahmen zum Schutz vor Benachteiligungen wegen eines in § 1 genannten Grundes zu treffen. ²Dieser Schutz umfasst auch vorbeugende Maßnahmen.

(2) ¹Der Arbeitgeber soll in geeigneter Art und Weise, insbesondere im Rahmen der beruflichen Aus- und Fortbildung, auf die Unzulässigkeit solcher Benachteiligungen hinweisen und darauf hinwirken, dass diese unterbleiben. ²Hat der Arbeitgeber seine Beschäftigten in geeigneter Weise zum Zwecke der Verhinderung von Benachteiligung geschult, gilt dies als Erfüllung seiner Pflichten nach Absatz 1.

(3) Verstoßen Beschäftigte gegen das Benachteiligungsverbot des § 7 Abs. 1, so hat der Arbeitgeber die im Einzelfall geeigneten, erforderlichen und angemessenen Maßnahmen zur Unterbindung der Benachteiligung wie Abmahnung, Umsetzung, Versetzung oder Kündigung zu ergreifen.

(4) Werden Beschäftigte bei der Ausübung ihrer Tätigkeit durch Dritte nach § 7 Abs. 1 benachteiligt, so hat der Arbeitgeber die im Einzelfall geeigneten, erforderlichen und angemessenen Maßnahmen zum Schutz der Beschäftigten zu ergreifen.

(5) ¹Dieses Gesetz und § 61 b des Arbeitsgerichtsgesetzes sowie Informationen über die für die Behandlung von Beschwerden nach § 13 zuständigen Stellen sind im Betrieb oder in der Dienststelle bekannt zu machen. ²Die Bekanntmachung kann durch Aushang oder Auslegung an geeigneter Stelle oder den Einsatz der im Betrieb oder der Dienststelle üblichen Informations- und Kommunikationstechnik erfolgen.

I. Die §§ 11 u 12 regeln die **Pflichten des Arbeitgebers**. § 11 entspricht § 611 b BGB aF, 1 allerdings im Ggs zu diesem nicht auf das Gebot geschlechtsneutraler Stellenausschreibungen beschränkt, sondern alle Merkmale des § 1 erfassend.

II. 1. Sofern kein Ausnahmetatbestand vorliegt, muss der Arbeitgeber Stellen ausschrei- 2 ben, ohne dabei nach einem der in § 1 genannten Merkmale zu differenzieren (also zB nicht nur für Männer, nicht nur für Bewerber bis zu einem bestimmten Alter usw). **Ausschreibung** meint dabei jede Form der Bekanntgabe, gleichgültig ob via Internet, per Aushang oder Zeitungsannonce und schließt auch die Ausschreibung v Aufstiegspositionen im selben Unternehmen ein. Lässt der Arbeitgeber die Stelle durch einen Dritten ausschreiben, ist ihm dessen Fehlverhalten zuzurechnen (BAG NJW 04, 2112). Verstößt ein Arbeitgeber gegen das Gebot des § 11, stellt dies eine Verletzung seiner (vor-)vertraglichen Pflichten ggü betroffenen Bewerbern dar. Außerdem wird eine Stellenausschreibung, die gegen § 7 verstößt, v den Gerichten als Indiz anerkannt, das eine Benachteiligung vermuten lässt. Eine solche Ausschreibung löst daher regelmäßig eine Beweislastumkehr nach § 22 zugunsten desjenigen, der Entschädigungsansprüche wegen einer Diskriminierung geltend macht (§ 15), aus (so bereits zu § 611 a BGB aF: BVerfGE 89, 276, nunmehr zum AGG ebenso: ArbG Stuttgart 29 Ca 2793/07). Ein Anspruch auf Einstellung folgt aus einem Verstoß gegen § 11 hingegen nicht (§ 15 Abs 6).

2. Auch bevor es in einem Unternehmen zu Diskriminierungen gekommen ist, treffen 3 den Arbeitgeber **präventiv umfassende Informations- und Schulungspflichten** (§ 12 Abs 1–2, 5). Insb muss jeder Arbeitgeber seine Arbeitnehmer über das AGG und die Möglichkeiten, sich gegen etwaige Verstöße gegen dieses zu wehren (Beschwerdestelle, Beschwerdeverfahren) informieren (§ 12 Abs 5). Auch darüber hinaus muss der Arbeitgeber seine Arbeitnehmer in geeigneter Weise schulen, damit unzulässige Benachteiligungen unterbleiben.

3. Ist es zu einer unzulässigen Benachteiligung gekommen, muss der Arbeitgeber alle 4 geeigneten, erforderlichen und angemessenen Maßnahmen treffen, um diese künftig zu unterbinden (§ 12 Abs 3). Das Gesetz nennt als Mittel hierfür exemplarisch Abmahnung, Umsetzung, Versetzung und Kündigung; je nach Einzelfall können aber auch andere **Sanktionen** geboten sein.

4. Wird ein Arbeitnehmer in Ausübung seiner Tätigkeit v **Dritten** wegen eines der in 5 § 1 genannten Merkmale **benachteiligt**, muss der Arbeitgeber die im Einzelfall geeigne-

ten, erforderlichen und angemessenen Maßnahmen zum Schutz des Beschäftigten ergreifen (§ 12 Abs 4). Dazu kann etwa gehören, den Dritten auf die Rechtswidrigkeit seines Tuns hinzuweisen oder betroffene Arbeitnehmer nicht mehr im direkten Kontakt mit Kunden, die gegen Benachteiligungsverbote verstoßen, einzusetzen, ohne dass diesen Arbeitnehmern dadurch ein Nachteil entstehen darf.

Unterabschnitt 3
Rechte der Beschäftigten

§ 13 Beschwerderecht

(1) ¹Die Beschäftigten haben das Recht, sich bei den zuständigen Stellen des Betriebs, des Unternehmens oder der Dienststelle zu beschweren, wenn sie sich im Zusammenhang mit ihrem Beschäftigungsverhältnis vom Arbeitgeber, von Vorgesetzten, anderen Beschäftigten oder Dritten wegen eines in § 1 genannten Grundes benachteiligt fühlen. ²Die Beschwerde ist zu prüfen und das Ergebnis der oder dem beschwerdeführenden Beschäftigten mitzuteilen.
(2) Die Rechte der Arbeitnehmervertretungen bleiben unberührt.

§ 14 Leistungsverweigerungsrecht

¹Ergreift der Arbeitgeber keine oder offensichtlich ungeeignete Maßnahmen zur Unterbindung einer Belästigung oder sexuellen Belästigung am Arbeitsplatz, sind die betroffenen Beschäftigten berechtigt, ihre Tätigkeit ohne Verlust des Arbeitsentgelts einzustellen, soweit dies zu ihrem Schutz erforderlich ist. ²§ 273 des Bürgerlichen Gesetzbuchs bleibt unberührt.

1   I. §§ 13 u 14 regeln die **Rechte eines diskriminierten Arbeitnehmers**, die diesem neben dem Entschädigungsanspruch des § 15 zustehen.
2   II. 1. Beschwerderecht, § 13: Arbeitnehmer, die sich diskriminiert fühlen, haben das Recht, sich zu beschweren. Die hierfür zuständige Beschwerdestelle ist v Arbeitgeber zu benennen, anderenfalls ist jedenfalls der Vorgesetzte und der Arbeitgeber zuständig. Wegen der Erhebung der Beschwerde darf der Arbeitnehmer nicht benachteiligt werden (vgl Maßregelungsverbot, § 16). Beschwerde iSd § 13 ist zB auch der Vorwurf einer Arbeitnehmerin ggü dem Arbeitgeber, ein Kollege habe sie sexuell genötigt: OLG Dresden 4 U 2067/12.
3   2. Leistungsverweigerungsrecht, § 14: Wird ein Arbeitnehmer am Arbeitsplatz objektiv sexuell oder sonst wie belästigt und ergreift der Arbeitgeber hiergegen keine oder nur offensichtlich ungeeignete Maßnahmen, ist der Arbeitnehmer berechtigt, seine Arbeitsleistung zu verweigern, wenn u soweit dies zu seinem Schutz erforderlich ist. Sein Anspruch auf Arbeitsentgelt wird dadurch nicht berührt. Die Erforderlichkeit der Leistungsverweigerung setzt voraus, dass kein milderes Mittel zur Verfügung steht, sich der Beschäftigte der Belästigung also nicht auch auf andere Weise entziehen könnte.

§ 15 Entschädigung und Schadensersatz

(1) ¹Bei einem Verstoß gegen das Benachteiligungsverbot ist der Arbeitgeber verpflichtet, den hierdurch entstandenen Schaden zu ersetzen. ²Dies gilt nicht, wenn der Arbeitgeber die Pflichtverletzung nicht zu vertreten hat.
(2) ¹Wegen eines Schadens, der nicht Vermögensschaden ist, kann der oder die Beschäftigte eine angemessene Entschädigung in Geld verlangen. ²Die Entschädigung darf bei einer Nichteinstellung drei Monatsgehälter nicht übersteigen, wenn der oder die Beschäftigte auch bei benachteiligungsfreier Auswahl nicht eingestellt worden wäre.
(3) Der Arbeitgeber ist bei der Anwendung kollektivrechtlicher Vereinbarungen nur dann zur Entschädigung verpflichtet, wenn er vorsätzlich oder grob fahrlässig handelt.

(4) ¹Ein Anspruch nach Absatz 1 oder 2 muss innerhalb einer Frist von zwei Monaten schriftlich geltend gemacht werden, es sei denn, die Tarifvertragsparteien haben etwas anderes vereinbart. ²Die Frist beginnt im Falle einer Bewerbung oder eines beruflichen Aufstiegs mit dem Zugang der Ablehnung und in den sonstigen Fällen einer Benachteiligung zu dem Zeitpunkt, in dem der oder die Beschäftigte von der Benachteiligung Kenntnis erlangt.
(5) Im Übrigen bleiben Ansprüche gegen den Arbeitgeber, die sich aus anderen Rechtsvorschriften ergeben, unberührt.
(6) Ein Verstoß des Arbeitgebers gegen das Benachteiligungsverbot des § 7 Abs. 1 begründet keinen Anspruch auf Begründung eines Beschäftigungsverhältnisses, Berufsausbildungsverhältnisses oder einen beruflichen Aufstieg, es sei denn, ein solcher ergibt sich aus einem anderen Rechtsgrund.

I. § 15 regelt, zT in Anlehnung an § 611 a BGB aF, die **Entschädigungsansprüche** gegen den Arbeitgeber bei Verstößen gegen das Benachteiligungsverbot. Dabei wird in einer dem deutschen Schadensersatzrecht sonst fremden Art und Weise zwischen einem verschuldensabhängigen Schadensersatzanspruch im Hinblick auf Vermögensschäden (Abs 1) und einem verschuldensunabhängigen Entschädigungsanspruch im Hinblick auf Nichtvermögensschäden (Abs 2) unterschieden. Ob eine solche Differenzierung RL-konform ist, ist zweifelhaft. Die RL gehen einheitlich v einem **verschuldensunabhängigen**, in der Höhe unbeschränkten Entschädigungsanspruch aus, der so zu bemessen ist, dass v ihm eine abschreckende Wirkung ausgeht (ebenso bereits das Draehmpaehl-Urteil des EuGH Rs C-180/95 zu § 611 a BGB aF). § 15 ist daher RL-konform dahin auszulegen, dass die insg zu gewährende Entschädigung so zu bemessen ist, dass unabhängig v einem etwaigen Verschulden des Arbeitgebers (BAG 8 AZR 180/12) jedenfalls die vollständige Entschädigung aller materiellen und immateriellen Schäden des Diskriminierten gewährleistet ist (iErg ebenso: Hk-AGG/Deinert § 15 Rn 30). Die praktische Relevanz des im Gesetz bei materiellen Schäden festgelegten Verschuldenserfordernisses dürfte allerdings ohnehin gering sein, da gem Abs 1 S 2 sein Verschulden vermutet wird. 1

II. 1. Der Entschädigungsanspruch des § 15 erfüllt, wenn er RL-konform ausgelegt wird, drei Funktionen: er soll v Diskriminierungsopfer erlittene materielle und immaterielle Schäden kompensieren, vor künftigen Diskriminierungen abschrecken (Präventionswirkung) und die bereits erfolgte Diskriminierung durch den Arbeitgeber sanktionieren. Letzteres wird besonders dadurch deutlich, dass der Diskriminierte auch dann eine Entschädigung v bis zu drei Monatsgehältern verlangen kann, wenn er auch bei „benachteiligungsfreier Auswahl nicht eingestellt worden wäre" (Abs 2 S 2, ebenso bereits § 611 a III BGB aF), also keinen wie auch immer gearteten Schaden erlitten hat, ohne dass es auf eine Wiederholungsgefahr ankäme. Die **Rechtsnatur** des § 15 ist daher jedenfalls **auch pönal** (so noch zu § 611 a BGB aF: Ebert, Pönale Elemente im deutschen Privatrecht, 04, 346 ff, 353 ff; ausf zur Rechtsnatur des § 15 auch: Hk-AGG/Deinert § 15 Rn 13 ff). 2

2. Beruht die rechtswidrige Benachteiligung auf einer **kollektivrechtlichen Vereinbarung**, soll der Arbeitgeber nach Abs 3 nur auf Entschädigung haften, wenn er vorsätzlich oder grob fahrlässig gehandelt hat. Diese Privilegierung verstößt gegen die Vorgabe der RL, die einen verschuldensunabhängigen Entschädigungsanspruch fordern. Sie ist daher **europarechtswidrig** (ebenso Hk-AGG/Deinert § 15 Rn 93) und somit nicht anzuwenden (EuGH NJW 05, 3695). 3

3. **Umfang des Entschädigungsanspruchs**: Grds ist der Anspruch der Höhe nach nicht begrenzt und nicht an stellenspezifische Gegebenheiten (zB Höhe des Monatsgehalts) gekoppelt. Die Gesamthöhe muss jedenfalls den materiellen u immateriellen Schaden des Diskriminierten vollständig ausgleichen. Genügt dies nicht, um die v den RL geforderte abschreckende Wirkung zu erzielen (zu den generalpräventiven Aspekten der Entschädigungsbemessung bei § 21 AGG: OLG Stuttgart NJW 12, 1085), muss der Gesamtentschädigungsbetrag entspr höher angesetzt werden. Die dabei zu berücksichtigenden Kriterien entsprechen weitgehend denen bei der Bemessung einer Entschädi- 4

gung für die Verletzung des allgemeinen Persönlichkeitsrechts (vgl hierzu BAG NJW 11, 554 f) sowie die Kommentierung zu § 823 Rn 90 ff). Es ist also insb auch darauf abzustellen, ob es sich bei dem Arbeitgeber um einen Erstdiskriminierer oder einen Wiederholungsfall handelt, wie schwer sein Verschulden ist und wie sich die Höhe der Entschädigung zu seiner Vermögenssituation verhält (ebenso Hk-AGG/Deinert § 15 Rn 66 ff). Hiervon ausgenommen sind lediglich Fälle der Diskriminierung bei einer Bewerbung, wenn der Diskriminierte „auch bei benachteiligungsfreier Auswahl nicht eingestellt worden wäre" (wofür wegen § 22 die Beweislast regelmäßig beim Arbeitgeber liegen wird). Dann und nur dann ist die Entschädigungshöhe auf drei Monatsgehälter beschränkt (Abs 2 S 2).

5 Die **deutsche Rechtsprechung** zeigt in dieser Hinsicht bislang eine Zurückhaltung, die das erklärte Ziel der RL eher ad absurdum führt als verwirklicht. Häufig beschränkt sich die Entschädigung auf max das Dreifache des Monatsgehalts, obwohl keineswegs feststeht, dass der Bewerber auch bei benachteiligungsfreier Auswahl nicht eingestellt worden wäre (lächerlich niedrig etwa die Entschädigung v 4000 EUR für eine altersdiskriminierte Flugbegleiterin der Lufthansa: ArbG Frankfurt 11 Ca 8952/06). Es dürfte nur eine Frage der Zeit sein, bis der EuGH Gelegenheit hat, gegen diese **europarechtswidrige Praxis** einzuschreiten.

6 Der Entschädigungsanspruch des Diskriminierten ist ein Anspruch auf Geldentschädigung. Ein Anspruch auf Naturalrestitution (**Einstellungsanspruch**) besteht nicht (Abs 6). Anspruchsgegner ist stets der Arbeitgeber, auch wenn Dritte in das Auswahlverfahren einbezogen wurden: ArbG Düsseldorf, 7 Ca 1969/07. Umgekehrt entfällt ein Entschädigungsanspruch aber nicht etwa, weil der Arbeitgeber die Stelle letztlich gar nicht besetzt (BAG 8 AZR 285/11).

7 4. Die deutsche Rechtsprechung geht bislang davon aus, dass ein Entschädigungsanspruch nur bestehen kann, wenn der **Bewerber sich ernsthaft für die Stelle interessiert** hat (BAG NJW 11, 554; ebenso schon zu § 611 a BGB aF: BAGE 90, 170; BAG AuA 00, 281; zu § 15: LAG Rheinland-Pfalz 6 Sa 522/07), da die Bewerbung sonst rechtsmissbräuchl sei (OLG Karlsruhe MDR 11, 1419; LAG Berlin 21 Sa 1380/13; LAG Düsseldorf 13 SA 1198/13). Ein solches Kriterium ist den RL fremd. Ein Bewerber, der sich ersichtlich nicht ernsthaft bewirbt, darf in einem diskriminierungsfreien Auswahlverfahren selbstverständlich abgelehnt werden. Wurde hingegen im Auswahlverfahren diskriminiert, führt dies bei RL-konformer Auslegung des § 15 bei nicht ernsthaften Bewerbern lediglich zu einer Beschränkung der Entschädigungshöhe auf drei Monatsgehälter (diese Folge nimmt die Rechtsprechung bei unbrauchbarer Bewerbung, aber objektiv fehlender Eignung für die Stelle an: BAG NZA 11, 203), nicht jedoch zu einem Ausschluss des Entschädigungsanspruchs: Gerade die Möglichkeit v Entschädigungsansprüchen nicht ernsthafter Bewerber trägt maßgeblich zu der abschreckenden Wirkung bei, die nach der Vorgabe der RL v der Entschädigungsregelung ausgehen soll. Umgekehrt soll nach der Rspr die Registrierung von Daten über erfolgte AGG-Klagen in einer sog „AGG-Warndatei" keinen Entschädigungsanspruch nach § 15 AGG begründen, da insoweit das Interesse des Bewerbers am Schutz seiner Persönlichkeit hinter dem Informations- u Äußerungsinteresse des Archiv-Betreibers zurückstehe (OLG Stuttgart NZA-RR 13, 423).

8 5. Entschädigungsansprüche sind innerhalb einer **Ausschlussfrist v zwei Monaten** geltend zu machen, soweit die Tarifvertragsparteien nichts Abweichendes vereinbart haben (Abs 4). Diese Frist gilt sowohl für Ansprüche nach Abs 1 als auch für Anspr nach Abs 2 u verstößt nicht gegen die Grundsätze der Äquivalenz u Effektivität des Europarechts (BAG 8 AZR 37/11; 8 AZR 188/11). Bei einer erfolglosen Bewerbung beginnt die Frist grds mit Zugang der Ablehnung, frühestens jedoch mit Kenntniserlangung des Bewerbers von seiner Benachteiligung (BAG 8 AZR 37/11). Zum Verfahren bei Diskriminierungsklagen vgl § 61 b ArbGG.

9 6. **Weitergehende Ansprüche**, zB aus §§ 823 ff oder wegen der Verletzung des allgemeinen Persönlichkeitsrechts, werden v § 15 nicht beeinträchtigt (Abs 5).

§ 16 Maßregelungsverbot

(1) ¹Der Arbeitgeber darf Beschäftigte nicht wegen der Inanspruchnahme von Rechten nach diesem Abschnitt oder wegen der Weigerung, eine gegen diesen Abschnitt verstoßende Anweisung auszuführen, benachteiligen. ²Gleiches gilt für Personen, die den Beschäftigten hierbei unterstützen oder als Zeuginnen oder Zeugen aussagen.
(2) ¹Die Zurückweisung oder Duldung benachteiligender Verhaltensweisen durch betroffene Beschäftigte darf nicht als Grundlage für eine Entscheidung herangezogen werden, die diese Beschäftigten berührt. ²Absatz 1 Satz 2 gilt entsprechend.
(3) § 22 gilt entsprechend.

I. Die Vorschrift **schützt** Arbeitnehmer, die v ihren in §§ 6–18 geregelten Rechten Gebrauch machen, sich weigern, einer Anweisung zur Diskriminierung Folge zu leisten, oder anderen dabei helfen, **vor Sanktionen**. 1

II. 1. Rechtsfolge v Verstößen gegen das **Maßregelungsverbot**: Eine unter Verstoß gegen das Maßregelungsverbot vorgenommene Maßnahme (zB Kündigung) ist unzulässig und nach § 134 BGB nichtig. Besteht die Sanktion in dem Vorenthalten eines Vorteils, gewährt § 16 einen eigenen Anspruch. Außerdem können daneben vertragliche oder deliktische Schadensersatzansprüche (§ 280 Abs 1 bzw § 823 Abs 2) bestehen. 2

2. Die Beweislasterleichterungen des § 22 gelten für Ansprüche aus § 16 entspr (Abs 3). 3

Unterabschnitt 4
Ergänzende Vorschriften

§ 17 Soziale Verantwortung der Beteiligten

(1) Tarifvertragsparteien, Arbeitgeber, Beschäftigte und deren Vertretungen sind aufgefordert, im Rahmen ihrer Aufgaben und Handlungsmöglichkeiten an der Verwirklichung des in § 1 genannten Ziels mitzuwirken.
(2) ¹In Betrieben, in denen die Voraussetzungen des § 1 Abs. 1 Satz 1 des Betriebsverfassungsgesetzes vorliegen, können bei einem groben Verstoß des Arbeitgebers gegen Vorschriften aus diesem Abschnitt der Betriebsrat oder eine im Betrieb vertretene Gewerkschaft unter der Voraussetzung des § 23 Abs. 3 Satz 1 die Betriebsverfassungsgesetzes die dort genannten Rechte gerichtlich geltend machen; § 23 Abs. 3 Satz 2 bis 5 des Betriebsverfassungsgesetzes gilt entsprechend. ²Mit dem Antrag dürfen nicht Ansprüche des Benachteiligten geltend gemacht werden.

§ 18 Mitgliedschaft in Vereinigungen

(1) Die Vorschriften dieses Abschnitts gelten entsprechend für die Mitgliedschaft oder die Mitwirkung in einer
1. Tarifvertragspartei,
2. Vereinigung, deren Mitglieder einer bestimmten Berufsgruppe angehören oder die eine überragende Machtstellung im wirtschaftlichen oder sozialen Bereich innehat, wenn ein grundlegendes Interesse am Erwerb der Mitgliedschaft besteht,

sowie deren jeweiligen Zusammenschlüssen.
(2) Wenn die Ablehnung einen Verstoß gegen das Benachteiligungsverbot des § 7 Abs. 1 darstellt, besteht ein Anspruch auf Mitgliedschaft oder Mitwirkung in den in Absatz 1 genannten Vereinigungen.

I. Die §§ 17 u 18 enthalten einige **Ergänzungen zu den** §§ 6–16. 1
II. 1. § 17 Abs 1 appelliert an Tarifvertragsparteien, Arbeitgeber, Beschäftigte u deren Vertreter, an der Verwirklichung des in § 1 genannten Ziels mitzuwirken. Abs 2 gibt dem Betriebsrat oder einer im Betrieb vertretenen Gewerkschaft bei groben Verstößen des Arbeitgebers gegen AGG-Vorschriften das Recht, die entsprechenden **Arbeitneh-** 2

merrechte gerichtlich geltend zu machen. Dies gilt ua auch für Sprecherausschüsse der Leitenden, Jugend- und Auszubildendenvertretungen und Schwerbehindertenvertretungen (Hk-AGG/Buschmann § 17 Rn 8).

3 2. § 18 enthält Bestimmungen, die zum **Vereinsrecht** gehören. Danach dürfen Tarifvertragsparteien und Vereinigungen v Mitgliedern bestimmter Berufsgruppen oder solcher, denen im wirtschaftlichen oder sozialen Bereich eine überragende Machtstellung zukommt, auch intern nicht gegen das AGG verstoßen.

Abschnitt 3
Schutz vor Benachteiligung im Zivilrechtsverkehr

§ 19 Zivilrechtliches Benachteiligungsverbot

(1) Eine Benachteiligung aus Gründen der Rasse oder wegen der ethnischen Herkunft, wegen des Geschlechts, der Religion, einer Behinderung, des Alters oder der sexuellen Identität bei der Begründung, Durchführung und Beendigung zivilrechtlicher Schuldverhältnisse, die
1. typischerweise ohne Ansehen der Person zu vergleichbaren Bedingungen in einer Vielzahl von Fällen zustande kommen (Massengeschäfte) oder bei denen das Ansehen der Person nach der Art des Schuldverhältnisses eine nachrangige Bedeutung hat und die zu vergleichbaren Bedingungen in einer Vielzahl von Fällen zustande kommen oder
2. eine privatrechtliche Versicherung zum Gegenstand haben,

ist unzulässig.

(2) Eine Benachteiligung aus Gründen der Rasse oder wegen der ethnischen Herkunft ist darüber hinaus auch bei der Begründung, Durchführung und Beendigung sonstiger zivilrechtlicher Schuldverhältnisse im Sinne des § 2 Abs. 1 Nr. 5 bis 8 unzulässig.

(3) Bei der Vermietung von Wohnraum ist eine unterschiedliche Behandlung im Hinblick auf die Schaffung und Erhaltung sozial stabiler Bewohnerstrukturen und ausgewogener Siedlungsstrukturen sowie ausgeglichener wirtschaftlicher, sozialer und kultureller Verhältnisse zulässig.

(4) Die Vorschriften dieses Abschnitts finden keine Anwendung auf familien- und erbrechtliche Schuldverhältnisse.

(5) [1]Die Vorschriften dieses Abschnitts finden keine Anwendung auf zivilrechtliche Schuldverhältnisse, bei denen ein besonderes Nähe- oder Vertrauensverhältnis der Parteien oder ihrer Angehörigen begründet wird. [2]Bei Mietverhältnissen kann dies insbesondere der Fall sein, wenn die Parteien oder ihre Angehörigen Wohnraum auf demselben Grundstück nutzen. [3]Die Vermietung von Wohnraum zum nicht nur vorübergehenden Gebrauch ist in der Regel kein Geschäft im Sinne des Absatzes 1 Nr. 1, wenn der Vermieter insgesamt nicht mehr als 50 Wohnungen vermietet.

§ 20 Zulässige unterschiedliche Behandlung

(1) [1]Eine Verletzung des Benachteiligungsverbots ist nicht gegeben, wenn für eine unterschiedliche Behandlung wegen der Religion, einer Behinderung, des Alters, der sexuellen Identität oder des Geschlechts ein sachlicher Grund vorliegt. [2]Das kann insbesondere der Fall sein, wenn die unterschiedliche Behandlung
1. der Vermeidung von Gefahren, der Verhütung von Schäden oder anderen Zwecken vergleichbarer Art dient,
2. dem Bedürfnis nach Schutz der Intimsphäre oder der persönlichen Sicherheit Rechnung trägt,
3. besondere Vorteile gewährt und ein Interesse an der Durchsetzung der Gleichbehandlung fehlt,
4. an die Religion eines Menschen anknüpft und im Hinblick auf die Ausübung der Religionsfreiheit oder auf das Selbstbestimmungsrecht der Religionsgemeinschaf-

ten, der ihnen zugeordneten Einrichtungen ohne Rücksicht auf ihre Rechtsform sowie der Vereinigungen, die sich die gemeinschaftliche Pflege einer Religion zur Aufgabe machen, unter Beachtung des jeweiligen Selbstverständnisses gerechtfertigt ist.
(2) ¹Kosten im Zusammenhang mit Schwangerschaft und Mutterschaft dürfen auf keinen Fall zu unterschiedlichen Prämien oder Leistungen führen. ²Eine unterschiedliche Behandlung wegen der Religion, einer Behinderung, des Alters oder der sexuellen Identität ist im Falle des § 19 Abs. 1 Nr. 2 nur zulässig, wenn diese auf anerkannten Prinzipien risikoadäquater Kalkulation beruht, insbesondere auf einer versicherungsmathematisch ermittelten Risikobewertung unter Heranziehung statistischer Erhebungen.

I. Die §§ 19–20 regeln, wann im allg Zivilrecht, also außerhalb der Arbeitswelt, nicht diskriminiert werden darf. Dabei wird einerseits festgelegt, auf welche Arten zivilrechtlicher Verträge die Diskriminierungsverbote Anwendung finden, zum anderen werden im Hinblick auf bestimmte Verträge oder Unterscheidungsmerkmale Ausnahmen v Diskriminierungsverbot zugelassen. Generell schützt das AGG außerhalb des Arbeitslebens nicht vor Diskriminierungen aus weltanschaulichen Gründen. **1**

II. 1. **Voraussetzung** für die Anwendbarkeit der Diskriminierungsverbote des AGG: es muss sich entweder um ein **Massengeschäft** handeln, das typischerweise ohne Ansehen der Person in einer Vielzahl v Fällen zustande kommt oder um einen privatrechtlichen **Versicherungsvertrag** (§ 19 Abs 1 Nr 1 u 2). Aus rassistischen Gründen oder wegen der ethnischen Herkunft (vgl dazu § 1) darf darüber hinaus auch bei allen der in § 2 Abs 1 Nr 5–8 genannten Arten v Verträgen nicht diskriminiert werden (§ 19 Abs 2). Auf familien- und erbrechtliche Verträge, die ohnehin selten die Kriterien für einen Massenvertrag erfüllen dürften, findet der Diskriminierungsschutz des AGG dag nie Anwendung (§ 19 Abs 4). Ebenso sind Verträge ausgeschlossen, die ein besonderes Näheverhältnis zwischen den Parteien oder ihren Angehörigen begründen, also zB Mietverträge über Wohnungen, wenn der Vermieter selbst auf demselben Grundstück wohnt. IdR unterliegen Wohnraummietverträge sogar schon dann nicht den Diskriminierungsverboten des AGG, wenn der Vermieter nicht mehr als 50 Wohnungen vermietet. **2**

2. **Rechtfertigungsgründe** für eine Unterscheidung nach einem der in § 19 Abs 1 genannten Kriterien: **3**

a) Bei der **Vermietung v Wohnraum** darf nach den in § 19 Abs 1 genannten Kriterien unterschieden werden, wenn dies der Schaffung u Erhaltung sozial stabiler Bewohnerstrukturen oder ausgewogener Siedlungsstrukturen oder ausgeglichener wirtschaftlicher, sozialer u kultureller Verhältnisse dient (§ 19 Abs 3). So etwa, wenn eine Ghettoisierung vermieden werden soll. Zum richtigen Anspruchsgegner bei einer Diskriminierung iVm der Vermietung v Wohnraum (Wohnungseigentümer, nicht Wohnungsverwalter): LG Aachen NZM 09, 318. **4**

b) Eine Unterscheidung nach Geschlecht, Alter, Religion, Behinderung oder sexueller Identität ist zulässig, wenn hierfür ein **sachlicher Grund** vorliegt. Als Beispiele hierfür nennt § 20 Abs 1 die Vermeidung v Gefahren, die Verhütung v Schäden, den Schutz der Intimsphäre oder der persönlichen Sicherheit sowie die Gewährung besonderer Vorteile, sofern es an einem Interesse der Durchsetzung der Gleichbehandlung fehlt. Zu denken wäre etwa an Frauenhäuser für Opfer häuslicher Gewalt, „Ü 40"- Parties, Ausübung gefährlicher Sportarten erst ab einem bestimmten Mindestalter, nach Geschlechtern getrennter Zugang zur Sauna, günstigere Tickets für den öffentlichen Nahverkehr für Schüler oder Ältere (AG Mannheim NJW 08, 3442). **5**

3. **Private Versicherungsverträge**: Bei privatrechtlichen Versicherungsverträgen dürfen Mehrkosten, die durch Schwangerschaft und Geburt entstehen, niemals zu unterschiedlichen Prämien oder Leistungen führen (§ 20 Abs 2 S 1). Die früher verbreitete Praxis, diese Kosten in der Krankenversicherung allein Frauen aufzubürden, ist also unzulässig. Dies führt auch dazu, dass das Verschweigen früherer Schwangerschaftskomplikationen beim Abschluss eines Krankenversicherungsvertrages den Versicherer nicht zum Rücktritt vom oder zur Kündigung des Vertrages berechtigen. Vielmehr stellt der Rücktritt oder die Kündigung in diesen Fällen einen Verstoß gegen das Be- **6**

nachteiligungsverbot des § 19 dar und kann zu Entschädigungsansprüchen der Diskriminierten führen: OLG Hamm VersR 11, 514. Dag verstößt die Anfechtung eines Lebensversicherungsvertrags durch den Versicherer wegen arglistigen Verschweigens einer Behinderung nicht gegen das AGG, da nicht die Behinderung als solche, sondern die Täuschung den Anfechtungsgrund darstellt (BGH NJW 11, 3149). IÜ muss eine unterschiedliche Gestaltung privatrechtlicher Versicherungsverträge aus Gründen des Alters, Geschlechts, der sexuellen Identität, der Religion oder einer Behinderung laut § 20 auf einer versicherungsmathematisch u statistisch basierten Risikobewertung beruhen (§ 20 Abs 2), also zB auf einer höheren Lebenserwartung v Frauen, einer höheren Kfz-Unfallwahrscheinlichkeit junger Erwachsener usw. Der EuGH hat am 1.3.2011 im Hinblick auf eine geschlechtsspezifische Ungleichbehandlung bei der Prämienbemessung jedoch entschieden, dass selbst dann eine Differenzierung nach Geschlecht unzulässig ist und die eine solche Unterscheidung ermöglichende Klausel in Art 5 Abs 2 der RL 2004/113/EG mit Wirkung vom 21.12.2012 für ungültig erklärt (EuGH NJW 11, 907). Spätestens ab dann darf daher die höhere Lebenserwartung von Frauen nicht mehr generell zu höheren Prämien in der privaten Kranken- und Rentenversicherung oder zu niedrigeren Prämien in der Risikolebensversicherung führen (zu Verträgen, die vor dem 21.12.2012 geschlossen wurde, vgl jetzt § 33 Abs 5, eingeführt durch Art. 8 des SEPA-BegleitG v 3.4.2013, BGBl I 610). Ebenso darf die geringere Unfallwahrscheinlichkeit bei Frauen ab diesem Zeitpunkt nicht mehr pauschal günstigere Tarifen in der Auto-Haftpflicht zur Folge haben, Zur Frage der Diskriminierung wegen einer Behinderung bei Abschluss eines Privatversicherungsvertrags vgl OLG Karlsruhe NJW 10, 2668.

§ 21 Ansprüche

(1) ¹Der Benachteiligte kann bei einem Verstoß gegen das Benachteiligungsverbot unbeschadet weiterer Ansprüche die Beseitigung der Beeinträchtigung verlangen. ²Sind weitere Beeinträchtigungen zu besorgen, so kann er auf Unterlassung klagen.
(2) ¹Bei einer Verletzung des Benachteiligungsverbots ist der Benachteiligende verpflichtet, den hierdurch entstandenen Schaden zu ersetzen. ²Dies gilt nicht, wenn der Benachteiligende die Pflichtverletzung nicht zu vertreten hat. ³Wegen eines Schadens, der nicht Vermögensschaden ist, kann der Benachteiligte eine angemessene Entschädigung in Geld verlangen.
(3) Ansprüche aus unerlaubter Handlung bleiben unberührt.
(4) Auf eine Vereinbarung, die von dem Benachteiligungsverbot abweicht, kann sich der Benachteiligende nicht berufen.
(5) ¹Ein Anspruch nach den Absätzen 1 und 2 muss innerhalb einer Frist von zwei Monaten geltend gemacht werden. ²Nach Ablauf der Frist kann der Anspruch nur geltend gemacht werden, wenn der Benachteiligte ohne Verschulden an der Einhaltung der Frist verhindert war.

1 I. § 21 regelt die **Rechtsfolgen einer Diskriminierung** im allg Zivilrecht (vgl dazu §§ 19–20).
2 II. 1. Der Diskriminierte hat einerseits einen **Beseitigungs- und Unterlassungsanspruch**, andererseits einen Entschädigungsanspruch gegen den Diskriminierer. Der Beseitigungs- und Unterlassungsanspruch richtet sich nach den gleichen Kriterien wie der des § 1004 BGB (vgl daher die Kommentierung dort). Die Ausgestaltung des **Entschädigungsanspruchs** entspricht der des Anspruchs nach § 15 (vgl Kommentierung dort), weswegen gegen ihn auch die gleichen Bedenken hins seiner Konformität mit den Vorgaben der EU-RL bestehen. Bsp für eine zu einer Geldentschädigung führenden Diskriminierung: Verwehrung des Zutritts zu einer Diskothek für männliche Ausländer (OLG Stuttgart NJW 12, 1085; AG Oldenburg NdsRpfl 08, 398). Zur Abgrenzung AGG-konformer und AGG-widriger Hausverbote aus polit Gründen in einem Hotel (hier: Vorsitzender der NPD): BGH MDR 12, 570.

2. Weitergehende Ansprüche des Diskriminierten, insb deliktsrechtliche Ansprüche, werden durch das AGG nicht berührt (Abs 1 S 1, Abs 3). **3**

3. Der Diskriminierte muss seine Ansprüche innerhalb einer **Ausschlussfrist v 2 Monaten** geltend machen (Abs 5 S 1). Diese Frist gilt nur dann nicht, wenn den Diskriminierten an der Nichteinhaltung der Frist kein Verschulden trifft. **4**

Abschnitt 4
Rechtsschutz

§ 22 Beweislast

Wenn im Streitfall die eine Partei Indizien beweist, die eine Benachteiligung wegen eines in § 1 genannten Grundes vermuten lassen, trägt die andere Partei die Beweislast dafür, dass kein Verstoß gegen die Bestimmungen zum Schutz vor Benachteiligung vorgelegen hat.

I. Die Vorschrift **erleichtert den Beweis**, dass für eine unterschiedliche Behandlung das Vorliegen eines Diskriminierungsmerkmals kausal war. **1**

II. Die Beweiserleichterung des § 22 ist an **drei Voraussetzungen** geknüpft: derjenige, der behauptet, diskriminiert worden zu sein, muss beweisen, dass er anders als eine andere Person behandelt wurde und dass er sich im Hinblick auf eines der Merkmal iSd § 1 v diesem anderen unterscheidet (zB muss also die abgelehnte Bewerberin nachweisen, dass statt ihr ein Mann eingestellt wurde). Außerdem muss, wer eine Diskriminierung geltend macht, Indiztatsachen beweisen, die zwar nicht die Kausalität des Unterschieds iSd § 1 für die ungleiche Behandlung belegen, aber doch eine solche Diskriminierung vermuten lassen (ausreichend zB, dass in dem einstellenden Betrieb in der entsprechenden Funktion nur Männer arbeiten, die Stelle nur für Männer – OLG Karlsruhe MDR 11, 1419 – oder nur für „junge Bewerber" – BAG NZA 10, 1412 - ausgeschrieben war, auch der Anforderungen an Indizien für die Diskriminierung eines GmbH-Geschäftsführers bei Ablehnung seiner Bewerbung nach Ablauf der befristeten Amtszeit: BGHZ 193, 110; nicht ausreichend hingegen die nicht unverzügl Mitteilung der Gründe für die Auswahlentscheidung ggü einem schwerbehinderten – erfolglosen – Bewerber, sofern der Arbeitgeber die Beschäftigungsquote des § 71 Abs 1 SGB IX erfüllt: BAG 8 AZR 180/12). Gelingt ihm dies, muss die andere Seite beweisen, dass kein Verstoß gegen das AGG vorliegt (BAG NJW 11, 550). Statistiken über die Beschäftigtenstruktur können Indiz für eine geschlechtsspezifische Diskriminierung iSd § 22 sein, aber nur wenn sie hinreichend aussagekräftig sind und neben der bloßen Statistik weitere Anhaltspunkte für eine Diskriminierung bestehen: BAG NJW 11, 634. **2**

§ 23 Unterstützung durch Antidiskriminierungsverbände

(1) [1]Antidiskriminierungsverbände sind Personenzusammenschlüsse, die nicht gewerbsmäßig und nicht nur vorübergehend entsprechend ihrer Satzung die besonderen Interessen von benachteiligten Personen oder Personengruppen nach Maßgabe von § 1 wahrnehmen. [2]Die Befugnisse nach den Absätzen 2 bis 4 stehen ihnen zu, wenn sie *mindestens 75 Mitglieder* haben oder einen Zusammenschluss aus mindestens sieben Verbänden bilden.
(2) [1]Antidiskriminierungsverbände sind befugt, im Rahmen ihres Satzungszwecks in gerichtlichen Verfahren als Beistände Benachteiligter in der Verhandlung aufzutreten. [2]Im Übrigen bleiben die Vorschriften der Verfahrensordnungen, insbesondere diejenigen, nach denen Beiständen weiterer Vortrag untersagt werden kann, unberührt.
(3) Antidiskriminierungsverbänden ist im Rahmen ihres Satzungszwecks die Besorgung von Rechtsangelegenheiten Benachteiligter gestattet.
(4) Besondere Klagerechte und Vertretungsbefugnisse von Verbänden zu Gunsten von behinderten Menschen bleiben unberührt.

1 § 23 regelt die v den RL geforderte Beteiligung u Förderung v **Antidiskriminierungsverbänden**. Zunächst geplante weitergehende Befugnisse (vgl noch BT-Drks 16/1780) wurden kurz vor Inkrafttreten des AGG gestrichen, weshalb der Norm keine nennenswerte praktische Bedeutung zukommt. IU zu § 4 UKlaG wird v § 23 immerhin aber auf das Merkmal der Rechtsfähigkeit verzichtet.

Abschnitt 5
Sonderregelungen für öffentlich-rechtliche Dienstverhältnisse

§ 24 Sonderregelung für öffentlich-rechtliche Dienstverhältnisse

Die Vorschriften dieses Gesetzes gelten unter Berücksichtigung ihrer besonderen Rechtsstellung entsprechend für
1. Beamtinnen und Beamte des Bundes, der Länder, der Gemeinden, der Gemeindeverbände sowie der sonstigen der Aufsicht des Bundes oder eines Landes unterstehenden Körperschaften, Anstalten und Stiftungen des öffentlichen Rechts,
2. Richterinnen und Richter des Bundes und der Länder,
3. Zivildienstleistende sowie anerkannte Kriegsdienstverweigerer, soweit ihre Heranziehung zum Zivildienst betroffen ist.

1 I. Die Vorschrift dehnt den **Anwendungsbereich** des AGG auf **Beamte, Richter u Zivildienstleistende** aus. Für Soldaten enthält das SoldGG Spezialregelungen. Besonderheiten, die aus der besonderen Rechtsstellung dieser Berufsgruppen ergeben (zB beamtenrechtliche Treuepflichten, Neutralitätsgebot), bleiben hiervon unberührt.

2 II. 1. Wird eine Entschädigung nach § 15 im Zusammenhang mit einer Benachteiligung anlässlich einer **Bewerbung** auf eine **Beamten- oder Richterstelle** geltend gemacht, sind hierfür die Verwaltungsgerichte zuständig (OVG Koblenz NVwZ 07, 1099).

3 2. Vgl zu Diskriminierungsverboten im öffentlichen Dienst daneben Art 3, 33 Abs 2 GG. Zur Definition u zu den Rechtsfolgen v „Mobbing" unter Beamten: OLG Köln 7 U 207/11.

§§ 25–33

[Vom Abdruck der §§ 25–33 wird abgesehen]

Stichwortverzeichnis

Die **fetten** Zahlen beziehen sich auf Paragrafen, die mageren Zahlen beziehen sich auf Randnummern.

Abgesonderte Befriedigung
- bei Insolvenz des Sicherungsgebers **930** 28

Abhandenkommen
- Ausschluss des gutgläubigen Erwerbs **935** 1, **957** 2
- Begriff **935** 1 f
- bei arglistiger Täuschung und Irrtum **935** 2
- beim Besitzdiener **935** 4
- beim mittelbaren Besitz **935** 3
- beim Pfandrecht **1207** 2
- unfreiwilliger Besitzverlust **935** 2

Abkömmling **2142** 8, **2303** 6
- konkludente Erbeinsetzung **2069** 2 ff
- von Dritten **2070** 1 f

Ablösung
- von Gebäudeteilen **836** 8

Ablösungsrecht
- eines Dritten bei Zwangsversteigerung **268** 1 ff

Abmahnung **281** 8, **314** 5, **323** 11
- bei Landpachtvertrag **590a** 3
- Mieter **543** 2

Abnahme
- Gemeinschaftseigentum **640** 7
- Werkvertrag **631** 9, **634a** 4, **641** 1, **650** 8

Abnutzung
- Mietsache **538** 1

Abschlagszahlung
- Werkvertrag **640** 8, **641** 1, **649** 6

Abschlussfreiheit **Vor 145-157** 4, **Vor 311-319** 6

Absender *Rom I* **5** 2

Absolutes dingliches Recht
- Rechtsschutz **Vor 854-1296** 16

Absolutes Veräußerungsverbot **Vor 854-1296** 11

Abstammung **1924** 9
- IPR *EGBGB* **19** 1 ff, **20** 1 ff
- Klärung **1598a** 1 ff

Abstraktionsprinzip **Vor 104-185** 10, **139** 7, **Vor 854-1296** 21, **873** 6, 22, **929** 4, **1205** 2

Abtretung **929** 41
- Abgrenzung zur Einziehungsermächtigung **398** 23
- als unzulässige Rechtsausübung **399** 9
- Ausschluss der **399** 1
- Bestimmbarkeit der Forderung **398** 5
- des Rückübertragungsanspruchs auf die Grundschuld **1191** 47
- durch eine Sicherungsgrundschuld gesicherte Forderung **1191** 35
- durch formfreien Vertrag **398** 3
- Form bei einer hypothekarisch gesicherten Forderung **1154** 7
- höchstpersönlicher Ansprüche **399** 2
- hypothekarisch gesicherter Zins- und Nebenforderungen **1158** 1
- hypothekarisch gesicherter, künftiger Forderungen **1158** 2
- künftige Forderung **398** 10
- mehrfache **408** 1
- pactum de non cedendo **398** 15, **399** 5
- Recht des ablösungsberechtigten Eigentümers auf Abtretung der gesicherten Forderung bei Zahlung auf die Grundschuld **1191** 46
- Rechtsfolge **398** 6
- Sicherungsabtretung **398** 14
- teilweise **398** 5
- und ungerechtfertigte Bereicherung **812** 28
- Urkunde über **403** 1, **409** 2
- Verbot bei der Sicherungsabrede **1191** 35
- Verbot in AGB **399** 5
- Verfügungsgeschäft **398** 1
- Verhältnis zu Wertpapieren **398** 3
- von Ersatzansprüchen **255** 1 ff

Abwehransprüche Eigentümer **903** 1

Abwendungsbefugnis
- durch Sicherheitsleistung **273** 19

Abwicklungsschuldverhältnis **346** 9

Abwicklungsvollstreckung **2203** 1

accidentalia negotii **154** 3

actio pro socio **705** 14

Adäquanztheorie **823** 48, 59

Stichwortverzeichnis

Administrativenteignung 903 6, 9
Adoption Vor 1741-1772 1 ff, 1924 8
- Antrag 1752 1 ff
- Aufhebung 1759 1, 1761 1 ff, 1762 1 ff, 1763 1 ff, 1764 1 ff, 1765 1
- Dekretsystem Vor 1741-1772 2
- Einwilligung 1746 1 ff, 1747 1 ff, 1749 1 ff, 1750 1 ff, 1751 1 ff
- Eltern-Kind-Verhältnis 1741 6
- Ersetzen der Einwilligung 1748 1 ff
- IPR EGBGB 22 1 ff, 23 1 ff
- Kindesinteresse 1741 4
- Midestalter 1743 1
- Minderjähriger 1741 1 ff
- Nachforschungs- und Offenbarungsverbot 1758 1
- Namensrecht 1757 1 ff
- Tod des Annehmenden 1753 2 ff
- Tod des Kindes 1753 1
- Verbot 1745 1 ff
- Verwandtschaftsverhältnisse 1756 1 ff
- Volljähriger 1767 1 ff, 1768 1 ff, 1769 1 ff, 1770 1 ff, 1771 1 ff, 1772 1 ff

Adoptionsgesetz 1926 1
Adoptionsvermittlung 652 7, Vor 1741-1772 3
Affektionsinteresse 552 2
AGB-Kontrolle
- abstrakt-generelle 310 10
- Bedeutung Vor 305-310 10
- fehlende Einflussmöglichkeit 305 10
- konkret-individuelle 310 11
- Unterlassungsanspruch Vor 305-310 9 f

AGB-Recht
- Anwendbarkeit anderer Kontrollvorschriften 307 4
- Ausnahmen vom Anwendungsbereich 310 1
- Inhaltskontrolle 307 9 ff
- Inhaltskontrolle anhand von Leitbildern 307 16
- Inhaltskontrolle bei Spezialwissen einer Partei 307 12
- Inhaltskontrolle Prüfungsreihenfolge 307 2
- Interessenabwägung bei Inhaltskontrolle 307 12
- Klausel-RL Vor 305-310 6
- Kontrollformen Vor 305-310 9
- Privatautonomie Vor 305-310 10
- Prozessrecht Vor 305-310 2
- Rechtsfolgen Abdingbarkeit 306 7
- Rechtsfolgen bei Verstoß 306 6
- Rechtsfolgen Überblick 306 1 f
- Restriktionsgrundsatz 305c 4a
- Richtlinienwidrigkeit Vor 305-310 8
- Schranken der Inhaltskontrolle 307 5
- Schutzkonzept Vor 305-310 4
- Umgehungsverbot 306a 1
- Unwirksamkeit des Vertrags 306 8
- Verhältnis zu zwingendem Recht Vor 305-310 10
- Wirkungen Vor 305-310 3

Agentur für Arbeit AGG 8 3
Agenturgeschäft 475 2
Agenturvertrag 364 7
AGG
- Anwendungsbereich AGG 2 1 ff
- Definition Arbeitgeber AGG 6 1 ff
- Definition Arbeitnehmer AGG 6 1 ff
- Persönlicher Anwendungsbereich AGG 6 1 ff
- Ziel AGG 1 1 ff

Akzessorietät
- Bürgschaft 765 2, 767 1 f, 768 1
- Folgen bei der Vormerkung 883 23
- Folgen der Akzessorietät bei der Vormerkung 883 16 f, 31
- Hypothek Vor 1113 7, 1113 2
- Übergang akzessorischer Forderungen bei der Abtretung 401 2
- Vertragsstrafe 339 3, 10
- Vormerkung 883 3

Akzessorisches Sicherungsrecht Vor 1204 1 f
Aleatorische Geschäfte 762 1
Aliud-Lieferung Vor 433-480 3, 434 20, 633 1, 3
Alkoholrausch 827 4
Alleinauftrag
- Maklervertrag 652 3

Allgemeine Geschäftsbedingungen
- Abgrenzung von Individualvereinbarungen 305 7 ff
- Abschlussvertreter 309 50
- Abwälzung der Nacherfüllungsaufwendungen 309 33
- Abwicklung von Verträgen 308 23 ff

Stichwortverzeichnis

- allgemeine Grundsätze **Vor 305-310** 5
- Änderungsvorbehalt 308 16 f, 17
- Annahme- und Leistungsfrist 308 2 ff
- Aufrechnungsverbot 309 16 f
- Aushang 305 14
- Auslegung 305 9, 305b 1, 305c 4, 5, 310 9 ff
- Ausschluss eines Vertragsbeendigungsrechts 309 28
- Ausschlussfrist für Mängelanzeige 309 35
- Beförderungsbedingungen 305a 3 f
- Begriff 305 2 ff
- bei Mehrwert- und Informationsdiensten 305a 5
- bei UN-Kaufrecht 305 19
- Beispiele für überraschende Klauseln 305c 3
- Beispiele unangemessener Benachteiligung 307 18
- Beweislast 305 21, 309 51, 310 8
- Beweislast Individualvereinbarung 305b 6
- Dauerschuldverhältnisse 309 43 ff
- deklaratorische Klauseln 307 6
- Drittbedingungen 310 6
- Einbeziehung 305 11
- Einbeziehung unter Unternehmern 305 19
- einseitiger Kündigungsvorbehalt 308 13, 25
- Einverständnis mit Einbeziehung 305 18
- Erklärungsfiktion 308 18 ff
- Form 305 6
- Formerfordernis durch AGB 309 52
- Fristsetzung 309 18
- Für Vielzahl von Verträgen 305 4
- Generalklausel für die Inhaltskontrolle 307 1 ff
- Gesellschaftsverträge 310 13
- Haftungsausschluss 309 24 ff, 27 ff
- Hinweis 305 12 f
- im Familien-, Erb- und Gesellschaftsrecht 310 12
- Inhaltskontrolle 307 9 ff
- Kardinalpflichten 307 17
- konkludente Einbeziehung 305a 2 f
- Kontrollmaßstab 307 10 f
- kundenfeindliche Auslegung 305c 5
- leistungsbestimmende Klauseln 307 8, 22
- Leistungsfristen 308 4 f
- Leistungsfristen bei Verbraucherverträgen 308 5
- Leistungsverweigerungsrechte 309 12 ff
- Mahnung 309 18
- mehrdeutige Klauseln 305c 4a
- Möglichkeit zumutbarer Kenntnisnahme 305 15
- Nacherfüllung 309 32 ff
- Nachfrist 308 8
- nicht einbezogene Klauseln 306 3
- Pauschalierung von Schadensersatz 309 20 f
- Preisargument 307 14
- Preiserhöhung 309 5 ff
- Preisvereinbarungen 307 7
- Regelungssystematik **Vor 305-310** 1
- Richtlinieneinfluss **Vor 305-310** 6 f
- Rücksichtnahme auf Behinderung 305 17
- Rücktrittsvorbehalt 308 9 ff
- sachlicher Anwendungsbereich 305 1
- Schriftformklauseln 305b 5
- Selbstbelieferungsvorbehalt 308 11, 26
- Sonderfälle der Einbeziehung 305a 1
- Transparenzgebot 305 14, 307 20 ff
- überraschende Klauseln 305c 1
- unangemessene Benachteiligung 307 9, 13
- ungewöhnliche Klauseln 305c 2
- unternehmerischer Verkehr 308 1, 6, 14, 21 f, 26, 309 1, 11, 15, 16, 18, 19, 23, 27 ff, 310 2
- unterschiedliche Kontrollintensität **Vor 305-310** 1
- unzulässige Klauseln **Vor 305-310** 9
- unzureichend bestimmte Frist 308 3
- Verbot der geltungserhaltenden Reduktion 306 4 f
- Verbraucherverträge 307 15, 310 4 ff
- Verjährung 309 36 ff
- Vertragsstrafe 309 22 f
- Vertragszweckgefährdung 307 17
- Verweis auf Haftung Dritter 309 31
- vom Verwender gestellt 305 5
- Vorenthaltung der Nacherfüllung 309 34

- Vorformulierung 305 3
- Vorleistungspflicht 309 13 f
- Vorrang der Individualvereinbarung 305b 1 ff
- Wechsel des Vertragspartners 309 47 ff
- widersprechende 305 20
- Zugangsfiktion 308 22

Allgemeines Persönlichkeitsrecht 1004 1, 3

ALR 903 8

Alternative Anknüpfung *Rom I* 11 1

Altersdiskriminierung *AGG* 1 7, 10 1 ff

Altersversorgung
- Diskriminierung bei *AGG* 2 3

Altersvorsorgevollmacht 1896 19a

Amtliche Verwahrung
- öffentliches Testament 2248 2
- Rücknahme 2248 3

Amtshaftung 839 1
- Eigenhaftung des Beamten 839 47 ff
- Eigenhaftung des Nichtbeamten 839 53
- Gesamtschuld 839 28
- haftpflichtige Körperschaft 839 26
- Haftungsausschluss bzw -beschränkung 839 29 ff
- Handeln „in Ausübung" 839 9
- IPR 839 55
- öffentlich-rechtliche Tätigkeit des Amtsträgers 839 7 ff
- Rechtsfolge 839 23
- Rechtsmittelversäumung 839 40 ff
- rechtswidrige Weisung 839 10, 26
- Rückgriff gegen Amtsträger 839 27
- Straßenverkehrsregelung- und -sicherungspflicht 839 8, 32
- Teilnahme am Straßenverkehr 839 7, 32, 51
- unzutreffende Rechtsanwendung 839 22
- Verjährung 839 25

Amtspflicht
- Drittbezogenheit der Amtspflicht 839 13 ff
- Verletzung der Amtspflicht 839 10 ff

Amtsvormerkung 883 6

Amtswiderspruch
- Voraussetzungen 899 4

Änderungskündigung
- Mietvertrag 535 8

Änderungsvertrag 311 6

Änderungsvorbehalt
- in AGB 308 16
- richtlinienkonforme Auslegung 308 17

Andeutungslehre 585a 3

Andeutungstheorie 125 19

Aneignung
- Rechtsnatur der Aneignung 958 2
- Voraussetzungen 958 1

Anerbenrecht
- Erbrecht *Vor* 1922-2385 27

Anerkenntnis 371 3

Anerkennung
- Erbschein *EGBGB* 25 22

Anfallsprinzip 1922 1, 1942 1
- Ausschlagungsrecht 1942 2
- vorläufige Erbschaft 1942 5 ff

Anfangstermin 163 1 ff

Anfangsvermögen bei Zugewinnausgleich
- Begriff 1374 4 ff
- Bewertung 1374 5, 15, 1376 3, 5 ff
- Verzeichnis 1377 1 ff

Anfechtung 119 1 ff
- arglistige Täuschung 123 2 ff
- Beweislast 141 7
- Bote 120 3 ff
- Form 2308 6
- Frist 2308 6
- Gewinnzusage 661a 5
- Maklervertrag 653 1
- Mietvertrag 536 4
- Rechtswirkung 142 1 ff
- Vertrag zugunsten Dritter 334 2
- Voraussetzungen 2308 2 ff

Anfechtung des Erbvertrags
- Aberkennung des Anfechtungsrechts 2285 9
- Ausschlussfrist 2283 1
- Berechtigung 2281 2, 2285 3
- Beweislast für Fristablauf 2283 7
- durch beschränkt Geschäftsfähige 2282 3
- durch Geschäftsunfähige 2282 4
- Entstehung des Anfechtungsrechts Dritter 2285 4, 8
- Erklärungsempfänger 2281 4
- Form 2285 5
- Frist 2285 7
- Frist und Form 2281 3

- Gründe 2281 5
- Schadensersatzanspruch gegen Anfechtenden 2281 11
- Vertretung 2282 2 f
- Verzicht auf Anfechtungsrecht 2284 1
- wegen Irrtums 2281 6
- wegen Übergehung eines Pflichtteilsberechtigten 2281 7
- Wirkung 2281 2, 8 ff

Anfechtung letztwilliger Verfügungen 2080 3; EGBGB 26 7
- Anfechtungsfrist 2082 1 ff
- Ausschluss 2082 1
- Berechtigung 2080 1
- Schutz von Nichtgeschäftsfähigen 2082 3
- wegen Irrtums oder Drohung 2078 2 ff
- wegen Übergehung des Pflichtteilsberechtigten 2079 1 f

Anfechtung wegen Erbunwürdigkeit
- Frist 2340 3
- Übertragung des Rechts zur 2341 1
- Verzicht 2341 2

Anfechtungserklärung 143 2 ff

Anfechtungsfrist 121 2, 124 1, 1954 12

Anfechtungsgegner 143 4 f

Anfechtungsgründe 1954 3

Anfechtungsklage bei Erbunwürdigkeit
- Voraussetzungen 2342 1
- Wirkung 2342 4
- Zuständigkeit 2342 3

Angebot
- entbehrliches 296 2 f
- tatsächliches 294 2
- wörtliches bei Annahmeverweigerung 295 2
- wörtliches bei erforderlicher Mitwirkungshandlung 295 3
- wörtliches bei Zug-um-Zug-Leistung 295 4

Angemessenheit
- einer Fristsetzung zum Bewirken der Leistung 323 5

Angriffsnotstand 228 1 ff, 904 1 ff, 7
- Rechtsfolgen 904 3 ff
- Voraussetzungen 904 2

Anknüpfung
- akzessorische EGBGB 4 8
- Form letztwilliger Verfügungen EGBGB 26 3, 5

Anlagepflicht
- Mietkaution 551 5

Anlagezinsen 288 7

Annahme
- Sache bei Hinterlegung 376 2

Annahme als Kind Vor 1741-1772 1
- s.a. Adoption

Annahme der Erbschaft
- Form 1943 2

Annahmeerklärung 149 1 ff
- Abändernde 150 1 ff
- formularmäßige 363 2
- notarielle Beurkundung 152 1 f
- ohne Zugang 151 1 ff
- Verspätete 150 1 ff

Annahmefrist 148 2 ff
- Vereinbarung in AGB 308 2

Annahmeunmöglichkeit 615 5

Annahmeverhinderung 293 7, 299 1 ff

Annahmeverzug
- Begriff 293 1
- bei Gesamtgläubigerschaft 429 1
- bei Gesamtschuldnerschaft 424 1
- Ende 293 8
- Entbehrlichkeit des Angebots 296 1
- Herausgabe von Nutzungen 302 1
- Mehraufwendungsersatz 304 1
- Recht zur Besitzaufgabe 303 1
- Rechtsfolge 300 1
- tatsächliches Angebot 294 1 f
- Unvermögen des Schuldners 297 1
- Verhältnis zu Schuldnerverzug 293 11
- Werkvertrag 640 9
- wörtliches Angebot 295 1
- Zinsbefreiung des Schuldners 301 1

Anpassung
- int Erbrecht EGBGB 25 18

Anrechnung
- Abgrenzung zur Aufrechnung 387 2
- Vorteile 326 14

Anrechnung auf den Pflichtteil
- Voraussetzung 2327 2

Anrechnungsbestimmung
- bei Zuwendung unter Lebenden 2315 4

Anscheinsvollmacht 173 9

Anspruch
- Verjährung 194 1 ff

Anspruchskonkurrenz
  Vor 823-853 12 ff, **823** 214, **852** 1
- bei Herausgabeansprüchen **985** 2

Anstandsschenkung **2113** 8
- Mehrbetrag **2330** 4
- sittliche Pflicht **2330** 2

Anstiftung
- zur unerlaubten Handlung **830** 2, 12 ff

Anteil
- Bestimmung **2153** 1

Anteilszweifel **830** 21, 27

Antidiskriminierungsverbände
- für Diskriminierung *AGG* **23** 1

Antrag **Vor 145-157** 1 ff
- Annahmefrist **147** 1 ff
- Bindungswirkung **145** 1 ff
- Erlöschen **146** 1
- Fristsetzung **148** 2 ff
- Geschäftsunfähigkeit des Antragenden **153** 1 ff
- Offerte ad incertas personas **Vor 145-157** 6, **145** 3
- Tod des Antragenden **153** 1 ff

Antragsempfänger
- Schweigen **147** 3

Antragsprinzip
- Grundbuchrecht **Vor 873-928** 13

Anvertrauens-/Amtsübertragungstheorie **839** 26

Anwachsung **738** 3, **2095** 1, **2099** 1 f, **2142** 6

Anwartschaften **1922** 12

Anwartschaftsrecht **158** 10, **929** 33 ff, **Vor 1922-2385** 2, **2096** 5, **2100** 15, **2102** 10, **2106** 2
- Begriff **873** 18
- bei bindender Einigung und Eintragungsantrag Erwerber **873** 21
- bei dinglich bindender Einigung **873** 19 f
- bei Einigung und Vormerkung **873** 22
- bei Erwerb einer Hypothek **1113** 16, **1163** 3
- Ersterwerb **929** 56
- Nacherbe **2108** 4 ff
- Schutz **929** 62, 67
- Schutz Anwartschaftsrecht **873** 24
- Übertragung (Zweiterwerb) **929** 57
- und Insolvenz **929** 72
- und Insolvenz von Käufer oder Verkäufer **929** 72

- Ungeborener **331** 6
- Unternehmerpfandrecht **647** 8
- Verfügung über Anwartschaftsrecht **873** 23
- Vermieterpfandrecht **562** 2

Anweisung
- Annahme **784** 3
- Anzeigepflicht **789** 1
- Aushändigung **783** 4
- Deckungsverhältnis **783** 2
- doppelte Ermächtigung **783** 1, 5
- Einwendungen nach Annahme **784** 3
- Erfüllung **788** 1
- Form **783** 4
- Gegenstand der Leistung **783** 4
- im engeren Sinne **783** 3
- im weiteren Sinne **783** 1
- Leistungspflicht **784** 1, **785** 1
- ungerechtfertigte Bereicherung bei der **812** 27
- Valutaverhältnis **783** 2, **788** 1
- Widerruf **790** 1

Anzeige
- bei Pfandbestellung **1205** 3
- Hinterlegung **374** 2

Anzeigepflicht
- Unternehmer **650** 9

Äquivalenzinteresse **823** 17

Äquivalenzstörung **313** 23

Äquivalenztheorie **823** 47, 59

Arbeitgeber
- Definition *AGG* **6** 1 ff
- Tendenzbetrieb *AGG* **9** 4

Arbeitgeberdarlehen **491** 3

Arbeitgeberhaftung **619a** 9

Arbeitnehmer
- Definition *AGG* **6** 1 ff

Arbeitnehmerhaftung **611** 19
- Betriebsrisiko **619a** 4
- Beweislast **619a** 1
- gefahrgeneigte Arbeit **619a** 5
- Haftungsprivilegierung **619a** 6
- Mankohaftung **619a** 7

Arbeitsbescheinigung **630** 1

Arbeitskampfmaßnahmen
- IPR *Rom II* **9** 1 ff

Arbeitslose **651f** 8

Arbeitspapiere **625** 6

Arbeitsunfall **840** 7

Stichwortverzeichnis

Arbeitsverhältnis
- faktisches 611 10

Arbeitsvermittlung 652 5

Arbeitsvertrag 611 3
- Anfechtung 611 14
- anwendbares Recht *Rom I* 8 1 ff
- Anwendung von AGB 310 14
- Arbeitnehmerbegriff 611 4
- Befristung 620 6
- Betriebsrisikolehre 615 6
- Fixschuldcharakter Arbeitsleistung 615 4
- Form Anfechtung 623 3
- Form Befristung 623 1
- Form Kündigung 623 1
- Fragerecht des Arbeitgebers 611 13
- Freizeit zur Stellensuche 629 1
- Gebot der Entgeltgleichheit 612 4
- Gefahrtragung 615 7
- Haftung 619a 3
- Höchstpersönlichkeit Arbeitsleistung 613 1
- Krankheit Arbeitnehmer 616 4
- Maßregelungsverbot allgemein 612a 2
- Maßregelungsverbot bei Unterstützung 612a 5
- Rechtsausübung Arbeitnehmer 612a 2
- Sittenwidrigkeit 612a 1
- Sonderzuwendungen 612a 2
- subjektive Anknüpfung *Rom I* 8 4 f
- Substratsgefahr 615 5
- Vergütungsanspruch Erhaltung 616 3
- Zeugnis 630 3

Arbeitsvertragsstatut
- Abgrenzung *Rom I* 8 2
- Anwendungsbereich *Rom I* 8 3 ff
- Ausweichklausel *Rom I* 8 9
- objektive Anknüpfung *Rom I* 8 6 ff
- Reichweite *Rom I* 8 10

Arbeitsverweigerung 626 6

Arbeitsweg
- *Verkürzung* 573 3

Arbeitszeugnis 823 130, 826 16

Architekt 631 2, 632 3, 5, 640 7, 641 10, 646 2, 648 3, 648a 3, 649 9 f, 650 5, 651 2

Arglist 123 5, 818 16
- Einrede 604 11
- im Kaufrecht 437 26, 438 12, 442 2 ff, 444 4, 445 4
- im Mietrecht 536a 3, 536b 2, 536d 1, 541 4, 543 11
- Reisevertrag 651g 8

Arglistige Täuschung
- Beweislast 123 13

Arzt 611 6, 632 4
- Aufklärung durch 823 80 ff
- Befunderhebungs-/-sicherungspflicht 823 88
- Beweislast bei Verletzung der Aufklärungspflicht 823 89
- Dokumentationspflicht 823 88

Arzthaftung
- Beweislast 280 15, 823 88 f

Aufgabeerklärung 875 2
- Abgrenzung zur Löschungsbewilligung 875 2
- Berechtigung 875 3
- Widerruf 875 2

Aufgebot **Vor 1967-2017** 7

Aufgebotsverfahren
- Voraussetzungen des gesetzlichen Eigentumserwerbs 927 2
- Wirkung des Ausschlussurteils 927 3

Aufhebung
- beschränkte dingliche Rechte an Grundstücken 875 1
- Betreuung 1900 6
- grundstücksgleiche Rechte 875 1
- Mietvertrag 542 1
- Voraussetzungen 875 2 f
- Wirkung 875 4

Aufhebungstestament
- Form 2291 10
- Gegenstand 2291 3
- Rechtsnatur 2291 2
- Widerruf 2291 11
- Zustimmungserfordernis 2291 5

Aufhebungsvertrag 311 7 ff, **Vor 362-397** 5, 542 1, 620 2
- Beseitigung 2290 9
- Form 623 1, 2290 7
- Gegenstand 2290 2
- Rechtsfolge 2351 2
- Schadensersatzanspruch 628 1
- Teilvergütungsanspruch 628 1
- Wirkung 2290 8

Aufklärungspflichten
- Anzeigepflicht 241 7
- Arzt 823 80 ff
- Hinweispflicht 241 7
- Informationspflicht 241 7

- Mitteilungspflicht 241 7
- Offenbarungspflicht 241 7

Auflage 2145 7
- Anordnung Vor 2192-2196 3
- Begünstigter Vor 2192-2196 2
- Beschwerter Vor 2192-2196 4
- Klage auf Vollziehung 2194 9
- öffentliches Interesse an Vollziehung 2194 8
- Rechtsgeschichte Vor 2192-2196 6
- Rechtsvergleichung Vor 2192-2196 7
- Unwirksamkeit der 2195 1 ff

Auflassung EGBGB 11 15
- Begriff 925 1
- Form 925 3
- Prinzip der gleichzeitigen Anwesenheit 925 3
- Unzulässigkeit der Botenschaft 925 3
- zuständige Stelle 925 3

Auflassungsvormerkung 883 4, 42

Aufnahmeanspruch
- in Verein 826 11, 18

Aufopferung 903 8

Aufrechnung
- Anrechnung 387 2
- anwendbares Recht Rom I 17 1 ff
- Doppelwirkung der Prozessaufrechnung 387 16 f
- durch persönlichen Gläubiger des Vorerben 2115 6
- Eigengläubiger 1977 7 ff
- Eigentümer bei Hypothek 1142 2 ff
- eines Eigengläubigers 1977 2
- Einreden 390 2
- Eventualaufrechnung 387 16
- gegen Forderung öffentlich-rechtlicher Körperschaften 395 1
- Gegenforderung 387 1, 9, 390 1
- gegenüber neuem Gläubiger 406 1 ff
- gesetzlicher Ausschluss 387 11
- Gleichartigkeit der Forderung 387 7
- Hauptforderung 387 1, 5, 10
- keine Rechtshängigkeit 387 18
- Leistungsort 391 1
- mehrere Forderungen 396 1
- mit rechtswegfremder Forderung 387 17
- Nachlassgläubiger 1977 2 ff
- Tilgungswirkung 387 1, 389 1
- Verbot bei Beschlagnahme 392 1
- verjährter Anspruch 215 1
- Vertrag zugunsten Dritter 334 2
- vertraglicher Ausschluss 387 12 f

Aufrechnungserklärender 388 3

Aufrechnungserklärung
- Gestaltungsrecht 388 1
- Zeitpunkt 387 8

Aufrechnungslage 387 3
- Schuldnerverzug 286 6

Aufrechnungsverbot 392 1, 393 1
- gesetzliches 273 10, 394 2
- in AGB 309 16
- Mieter 556b 3

Aufrechnungsvertrag 388 4
- Aufrechnungsverbote 388 5, 394 3

Aufrechnungsvorvertrag 388 6

Aufsicht
- Aufsichtsbedürftiger 832 6
- über Minderjährige 1631 5

Aufsichtspflichtiger
- Gesamtschuld 832 5, 840 15
- Kreis der 832 7 f

Auftrag
- Abgrenzung zu anderen Verträgen 662 3
- Abgrenzung zur Vollmacht 662 4
- Aufwendungen 670 3
- Auskunftspflicht des Beauftragten 666 4
- Begriff 662 1
- Benachrichtigung des Beauftragten 666 3
- Fiktion des Fortbestehens 674 1
- Gehilfe 664 6
- Haftung des Gehilfen 664 7
- Haftungsmaßstab bei Pflichtverletzungen 662 11
- Herausgabe des Erlangten 667 2
- Informationspflichten 666 1, 6
- Kündigung 671 4
- Notbesorgungspflicht 672 4, 673 3
- öffentliche Bestellung 663 2
- öffentliches Sicherbieten 663 2
- öffentlich-rechtlicher 662 3
- Pflichten des Auftraggebers 662 9
- Pflichten des Beauftragten 662 9
- Rechenschaftspflicht des Beauftragten 666 5
- Schadensersatz 670 7
- Todesfall 672 3, 673 1
- Unentgeltlichkeit 662 8
- Verbot der Übertragung der Ausführung 664 3
- Voraussetzungen 662 5
- Weisungen 665 2

- weitergeleiteter 664 2
- Widerruf 671 1
- Zufallshaftung des Auftraggebers 670 9

Aufwendungen
- als Schaden 253 10, 281 16
- ersparte Vor 249-253 32
- Vorerbe 2194 8 f

Aufwendungsersatz
- Ausgleichsquittung 368 2
- Dienstvertrag 611 25
- Kaufvertrag 437 15
- Maklervertrag 652 4, 655 5
- Mietvertrag 536 20, 536a 11, 539 3, 548 6, 555 3, 556b 4
- Pächter 588 8
- Pauschale 555 3
- Rentabilitätsvermutung 281 16
- vergebliche Aufwendungen 284 1 ff
- Wahlrecht zwischen Aufwendungs- und Schadensersatz 284 3

Auseinandersetzung
- Ausschluss 2044 1 ff
- außergerichtliche 2042 2
- durch Vertrag 2042 4 ff
- Miterben 2042 1 ff

Auseinandersetzungsklage 2042 7

Ausfallbürgschaft 765 20

Ausfallschaden
- Betriebsausfallschaden 286 1

Ausgleichsanspruch
- bei Gesamtschuldnern 426 1 ff
- bei mehreren Sicherungsgebern 912 2, 14, 1225 2 ff
- bei unverschuldeten Eigentumseinwirkungen 905 4
- bei wesentlichen Einwirkungen 906 15, 20
- Ersatzpflichtiger 906 18
- Inhalt 906 16

Ausgleichswert 1587 7

Ausgleichungspflicht
- Pflichtteilsrestanspruch 2316 5

Aushilfsarbeitsverhältnis 622 2

Aushöhlungsnichtigkeit
- bei Schenkungen in Beeinträchtigungsabsicht 2287 1
- des Erbvertrags 2286 4

Auskunft
- des Unterhaltspflichtigen 1580 1 ff

Auskunftsanspruch
- Nacherbe 2127 2

Auskunftsanspruch des Pflichtteilsberechtigten 2314 3
- Aufnahme eines Verzeichnisses 2314 9 ff
- Auskunftsberechtigter 2314 4
- Auskunftserteilung 2314 8 ff
- Auskunftspflichtiger 2314 5
- Ausschluss 2314 12
- Geltendmachung (prozessual) 2314 15
- Umfang 2314 7
- Verjährung 2314 13

Auskunftserteilung 261 1 ff

Auskunftspflicht 242 19, 402 1 ff
- Beauftragter 666 4
- Verkäufer 433 11

Auslegung 133 2 ff, Vor 241-853 6
- AGB 305 9, 305b 1, 305c 4, 5
- Andeutungstheorie Vor 2084-2099 8
- gemeinschaftliches Testament 2265 2 ff, 2269 1, 3
- Grundsatz der wohlwollenden 2084 2
- richtlinienkonforme Vor 241-853 6
- Testament, Regeln Vor 2084-2099 3 ff
- Treu und Glauben 242 6, Vor 1922-2385 24
- Verträge 157 1 ff
- Widerrufen eines Widerrufs 2257 3

Auslegungs- und Ergänzungsregeln Vor 2066-2073 1

Auslegungsregel 2137 2

Auslobung
- Begriff 657 1
- gemeinsame Erfolgsherbeiführung durch mehrere Personen 660 1
- Preisausschreiben 661 1
- Prioritätsgrundsatz 659 1
- Spiel und Wette 657 2
- Voraussetzung 657 3
- Widerruf 658 1

Ausnahmen EGBGB 12 10
- persönlicher Anwendungsbereich EGBGB 12 4
- räumlicher Anwendungsbereich EGBGB 12 5
- sachlicher Anwendungsbereich EGBGB 12 6
- Sonderregeln EGBGB 12 3

Stichwortverzeichnis

Ausrichten einer Tätigkeit
    EGBGB **46b** 24
- elektronischer Geschäftsverkehr *EGBGB* **46b** 11
- konventionelle Werbung *EGBGB* **46b** 11

Ausschlagung
- Definition **1945** 1
- des Erbes **1942** 2
- Erklärung durch den Nacherben **2142** 3
- Frist **1944** 2 ff
- Frist für Erklärung durch den Nacherben **2142** 4
- Gerichtsstand **1945** 3
- minderjähriges Kind **1945** 2
- Tatsachenirrtümer **1944** 3

Ausschlagung der Erbschaft
- Anfechtung **2308** 1

Ausschlussfrist **Vor 194-218** 3 ff

Außerhalb von Geschäftsräumen geschlossener Vertrag **312b** 5, **356** 1
- Arbeitsvertrag **312b** 10
- Begriffsbestimmung **312b** 1 ff
- Beispiele **312b** 3
- bindendes Angebot **312b** 6
- Dritte **312b** 8, 11 f
- Erweiterung des Anwendungsbereichs **312b** 7 f
- Geschäftsraum **312b** 2 f
- Kaffeefahrt **312b** 8
- Tatbestand **312b** 4 ff
- Vertragsschluss **312b** 9

Außerordentliche Kündigung
- mit Auslauffrist **626** 10
- wichtiger Grund **626** 6

Aussonderungsrecht
- bei Insolvenz des Sicherungsnehmers **930** 29
- beim Anwartschaftsrecht **929** 35, 72

Ausstattung **1624** 1 ff, **1625** 1 ff

Austauschtheorie **281** 13

Ausüben einer Tätigkeit
    EGBGB **46b** 11, 24

Ausübung des Widerrufs
- Erklärung ggü Unternehmer **356** 2

Ausübungsermächtigung **985** 3

Auswahlverfahren
- Rechtsfolgen Diskriminierung *AGG* **15** 2

Ausweichklausel *Rom I* **4** 11

Auszubildende
- Sonderkündigungsschutz **622** 1

Automatenaufstellungsvertrag **Vor 535-580a** 9

Bagatelldarlehen **491** 3

Bankbürgschaft **648a** 6

Banküberweisung **364** 4
- Rückabwicklung bei fehlerhafter **812** 27

Bargeld **244** 5

Barkaution **Vor 1204** 13
- des Mieters **551** 2, 6

Basiszinssatz **244** 4, **247** 1, **288** 9

Baubetreuer **648** 3

Baugrundstück **647** 3

Baukostenzuschuss **547** 2

Baustofflieferant **648** 3, **648a** 3

Bauträger **649** 3

Bauwerk **651** 5
- Einsturz **836** 7
- Gesamtschuld **836** 12, **840** 16
- Schutzbereich **836** 9, 11

Beamtenhaftung **841** 1

Beamter **839** 1
- Eigenhaftung des Beamten **839** 47 ff
- im haftungsrechtlichen Sinn **839** 2, 6
- im staatsrechtlichen Sinn **839** 49
- und Diskriminierung *AGG* **24** 1

Bedachter **Vor 2147-2191** 4
- Bestimmung durch Beschwerten oder Dritten **2152** 2
- Ersatzvermächtnisnehmer **2190** 1, **2191** 5
- Nachvermächtnisnehmer **2190** 6, **2191** 1, 3, 5

Bedingung **158** 1 ff
- auflösende **158** 9 f
- auflösende als Wegfall des Rechtsgrundes **812** 10
- auflösende des Erblassers **2107** 7
- auflösende des Mietvertrages **542** 1
- aufschiebende **158** 7 ff
- mehrfache Bedingtheit **883** 15
- Potestativbedingung **883** 15
- Schwebezeit **160** 1 ff
- Unwirksamkeit von Verfügungen **161** 1 ff
- Unzulässigkeit bei der Auflassung **925** 9

Stichwortverzeichnis

- Verhinderung des Eintritts 162 1 ff
- Vor- und Nacherbschaft 2100 7 ff
- Wollensbedingung 883 15

Beeinträchtigung
- Anspruchsinhalt 2288 7
- Beeinträchtigungsabsicht 2288 4
- Beeinträchtigungshandlung 2288 2
- Eigentum 1004 7
- Haftung des Beschenkten 2288 11
- Schutz 2288 1

Beerdigungskosten 844 2 ff, 2311 7
- Haftung 1968 2 f

Beförderer Rom I 5 2

Beförderungsleistung 631 6, 646 2, 651a 12

Beförderungsvertrag
- anwendbares Recht Rom I 5 1 ff
- Ausweichklausel Rom I 5 23

Beförderungsvertragsstatut
- Abgrenzung Rom I 5 3 f

Befreiung des Vorerben 2136 1, 2137 3
- Anordnung 2136 3 ff
- Umfang 2136 8 ff

Befreiungsanspruch
- Bürge 775 1 ff
- gegenüber Übernehmer 329 3

Befriedigung
- Beweislast bei Beratungspflichten 363 5
- Leistungsinteresse **Vor 362-397 1**

Befristung
- Arbeitsvertrag 620 6
- Dienstvertrag 620 6
- Vor- und Nacherbschaft 2100 7 ff

Befunderhebungs-/sicherungspflicht
- Arzt 823 88
- Hersteller 823 174, 182

Beglaubigung
- öffentliche 129 1

Begleitname 1355 9 ff

Behandlungsfehler
- grober 823 88

Beherbergungsvertrag 701 2

Behinderung AGG 8 3

Beihilfe zur unerlaubten Handlung 830 2, 12, 14 ff
- bei gewalttätigen Demonstrationen 830 18

Beistandschaft
- Jugendamt 1713 1 ff

Bekanntmachungspflicht
- bzgl Basiszinssatz 247 3

Belehrung
- bei verbundenen Verträgen 358 13

Beliehener 839 6, 26

Benachteiligung
- Beweislast AGG 22 1 f
- Funktion Verbände AGG 23 1
- Maßregelungsverbot AGG 16 1 ff
- Rechtsfolgen im allg Zivilrecht AGG 21 1 ff
- Schadensersatz AGG 15 1 ff
- und öffentlicher Dienst AGG 24 1 ff

Benachteiligungsabsicht 2131 14, 2138 6
- bei Schenkungen und Zugewinnausgleich 1390 4

Benachteiligungsverbot AGG 7 1 ff
- Alter AGG 10 1 ff
- Ausnahmen AGG 8 1 ff
- Religion AGG 9 1 ff
- Weltanschauung AGG 9 1 ff

Bereicherungsanspruch 2113 23

Bereicherungsverbot
- schadensrechtlich 249 11

Berichtigungsanspruch
- Grundbuch 894 1 ff

Berliner Testament 2269 1 ff, 5
- Auslegung 2269 1, 3, 6, 8
- gleichzeitiger Tod 2269 8
- Vorerbe 2269 4
- Wiederverheiratungsklausel 2269 9

Berufsbildung AGG 6 2

Berufsunfähigkeit
- Pächter 587 6, 594c 2

Berufung 1951 2 ff

Beschaffenheit
- Kaufsache 434 7 ff

Beschaffungsrisiko 243 6, 276 23

Beschäftigungspflicht 611 25

Beschlagnahme
- in der Zwangsvollstreckung 1121 2 ff

Beschneidung 1631d 1 ff

Beschränktes dingliches Recht **Vor 854-1296 3, Vor 873-928 3**
- an Grundstücken 873 2
- Dienstbarkeit als **Vor 1018-1029 1**
- Grundschuld als 1191 1
- Hypothek als 1113 1

Stichwortverzeichnis

- Pfandrecht als **Vor 1204** 1
- Reallast als 1105 1

Beschwerter 2147 1 ff
- Bestimmungsrecht 2155 4
- mehrere 2148 1 ff
- Wegfall des 2161 1

Beseitigungsanspruch 903 1, 905 1
- bei Diskriminierung *AGG* 21 2
- bei rechtswidrigem unentschuldigten Überbau 912 3
- beim Notwegrecht 917 9
- Name 12 6
- Verhältnis zum Grundbuchberichtigungsanspruch 894 3
- vorbeugender **Vor 823-853** 10 f, 823 108, 140, 141, 824 15, 826 11

Besichtigungsrecht Verpächter 586 3

Besitz
- Alleinbesitz 866 2
- Beendigung 856 2
- Begriff **Vor 854-872** 1 ff, 854 3 ff
- Besitzaufgabe 854 2
- Besitzdiener 855 1
- Besitzmittler 854 12
- Dauer 854 6
- Einwirkungsmöglichkeit Dritter 854 5
- Erwerb 854 1
- Fehlerhaftigkeit des 858 1 f
- Funktion **Vor 854-872** 1 ff
- Gesamthandsgemeinschaften **Vor 854-872** 6
- juristische Personen **Vor 854-872** 6
- mittelbarer 868 1, 930 1, 933 2, 1117 3
- Nebenbesitz 871 2, 934 5
- offener 854 13
- Rechtsstellung des Besitzers **Vor 854-872** 1
- Stellvertretung 854 11 f
- und Rechtsschein 932 4
- unmittelbarer 856 1
- Verkehrsanschauung **Vor 854-872** 4
- Verlust 854 2
- Vorerbe 2139 6

Besitzarten **Vor 854-872** 5

Besitzdiener
- Abhandenkommen beim 935 4
- Sachherrschaft 855 5
- Soziales Abhängigkeitsverhältnis 855 3 f
- Veräußerung an 929 30
- Voraussetzungen 855 2

Besitzentziehung
- Rechtshilfe 864 1

Besitzer
- deliktischer, Haftung 992 1 ff
- Verwendungen, Ersatz 994 1

Besitzkehr 859 2

Besitzkonstitut 930 1 ff

Besitzlose Pfandrechte **Vor 1204** 5

Besitzmittler
- Haftung 991 1 ff

Besitzmittlungsverhältnis
- antizipiertes 930 6
- Beendigung 868 8
- bei der Sicherungsübereignung 930 18
- durch Insichgeschäft 930 7
- und Eigentumserwerb **Vor 929-1011** 5
- Voraussetzungen 868 2 ff

Besitzpfandrecht **Vor 1204** 4 f

Besitzrecht
- abgeleitetes 868 4

Besitzschutz **Vor 854-872** 7
- petitorische Einwände 864 2
- petitorische Widerklage 864 4
- Teilbesitz 865 1
- unter Mitbesitzern 866 2

Besitzschutzansprüche 917 9
- deliktischer 823 35 ff

Besitzstörung
- Rechtshilfe 864 1

Besitzübergang
- bei Eigentumsübertragung **Vor 929-1011** 4

Besitzwehr 859 1

Besitzwille
- Art 854 10
- Besitzaufgabewille 856 2
- Besitzbegründungswille 854 7 ff, 868 7
- Fremdbesitzerwille 868 6
- genereller 854 9

Bestandsschutz
- bei Anwartschaftsrecht 929 64

Bestandteil
- wesentlicher 93 2 ff

Bestätigung
- anfechtbares Rechtsgeschäft 144 1
- nichtiges Rechtsgeschäft 141 1 ff

Stichwortverzeichnis

Besteller
- Pflichten beim Werkvertrag 631 7 ff

Bestimmtheitsgrundsatz 929 5, 930 6, 1205 2

Bestimmungsrecht
- des Schuldners bei mehreren Schulden 366 4

Beteiligung mehrerer
- an unerlaubter Handlung 830 19 ff
- Rücktritt 351 1 f

Betreuer
- Aufgaben 1896 15 ff, 1901 1 ff
- Aufsicht über 1908i 8
- Aufwendungsersatz 1908i 7
- Bestellung 1897 1 ff
- Entlassung 1908b 1 ff
- Vergütung 1908i 7
- Vertretung des Betreuten 1902 1 ff

Betreuerbestellung
- vorsorgliche 1908a 1

Betreuter
- Sterilisation 1905 1 ff

Betreuung
- Anerkennung der Vaterschaft 1596 5
- Aufenthaltsbestimmung 1896 16
- Aufhebung 1896 1
- Beendigung 1908i 9
- Behördenbetreuer 1900 5 f
- Betreuungsverein 1900 2 ff, 6
- Einwilligungsvorbehalt 1900 5 f, 1903 1 ff
- Erforderlichkeit 1896 11 ff
- IPR *EGBGB* 24 1 ff
- mehrere Betreuer 1899 1 ff
- Post- und Fernmeldekontrolle 1896 18
- psychische Krankheit 1896 4
- Übernahme 1898 1 ff
- Unterbringung 1906 5 ff
- unterbringungsähnliche Maßnahmen 1906 8 f
- Vereinsbetreuer 1900 2 ff, 6
- Voraussetzungen 1896 2 ff
- Wohnungsangelegenheiten 1907 1 ff

Betreuungsgericht
- Genehmigung ärztlicher Maßnahmen 1904 1 ff
- Genehmigung der Unterbringung 1906 1 ff
- Genehmigung von Ausstattungen 1908 1 ff

Betreuungsverfügung 1901a 2, 1901c 1 ff
- Ablieferungspflicht 1901c 3
- Inhalt 1901c 2

Betreuungswünsche 1901c 1 ff

Betriebsausfallschaden
- Begriff 280 6

Betriebsbezogener Eingriff 823 122, 824 7

Betriebsblockade 823 123, 132

Betriebsgefahr 254 4

Betriebsmittel 596b 2
- Kosten 601 6

Betriebspacht 583a 2, 585 7

Betriebsrisikolehre 615 6

Betriebsstrafe 339 7

Betriebsübergang
- Betriebsbegriff 613a 3
- Kündigung 613a 9
- Rechtsfolgen individual-rechtlich 613a 9
- Rechtsfolgen kollektiv-rechtlich 613a 10
- rechtsgeschäftlicher Übergang 613a 4
- Unterrichtungspflicht 613a 7
- Wechsel Betriebsinhaber 613a 5
- Widerspruchsrecht 613a 6

Beurkundung 128 1 ff
- notarielle 311b 1 ff

Beurkundungspflicht
- Funktionen 311b 1
- Heilung bei Formnichtigkeit 311b 19
- nachträgliche Änderungen 311b 13

Beweis *Rom I* 1 15

Beweislast 179 13
- Änderung in AGB 309 51
- Annahme als Erfüllung 363 1 ff
- Arbeitnehmerhaftung 619a 1
- Aufklärungspflichten 363 5
- bei Diskriminierung *AGG* 22 1 f
- Beratungspflichten 363 5
- Beweislastverteilung bei Einreden gegen eine Hypothek 1157 5 f
- der Abstammung 1924 9
- für objektive Pflichtverletzung 280 13
- Unmöglichkeit 275 26
- Unterlassungspflichten 363 5
- Vertretenmüssen des Schuldners 280 15

Stichwortverzeichnis

Beweislastregeln
- anwendbares Recht *Rom I* 18 1

Beweismittel
- Zulässigkeit *Rom I* 18 2

Bewilligungsprinzip
- Grundbuchrecht **Vor 873-928** 15, 18

Bewirtschaftungspflicht
- Landpachtvertrag 586 4

Bewirtschaftungsverbot 587 6

Bewusstlosigkeit 823 46, 827 4, 6, 829 5

Billigkeitshaftung
- Bestehen von Versicherungen 829 7, 11
- Gesamtschuld 829 6, 840 15
- Subsidiarität 829 6

Binnenmarktabgrenzungsregel *Rom I* 3 8

Binnenmarktklausel *Rom I* 3 8

Blankozession 398 4

Bote 164 4

Boykottaufruf 823 126, 135, 826 18

Briefgrundpfandrechte 873 12

Briefhypothek 1113 3
- Briefübergabe 1117 1 f
- Folgen der Abweichung von Einigung und Eintragung 1117 5
- Geltendmachung 1160 1
- Kraftloserklärung des Briefs 1162 1
- Legitimation 1154 5, 1160 1
- Übertragung, Umwandlung in eine Buchhypothek 1117 4

Bringschuld 269 2

Bruchteilsgemeinschaft 432 2

Bruttolohn-Methode 843 6

Buchersitzung
- Gegenstand 900 2 f
- originärer Rechtserwerb 900 2

Buchgeld 244 5

Buchhypothek 1113 3, 1116 2
- Ausschluss 1116 2
- Übertragung 1154 2

Bürgermeistertestament 2249 1 ff
- gemeinschaftliches 2249 13
- Gültigkeitsdauer 2252 1
- Mitwirkende 2249 8 ff

Bürgschaft
- Abgrenzung zum Garantievertrag 765 25
- Abgrenzung zum Schuldbeitritt 765 24
- Akzessorietät 765 2, 767 1 f, 768 1
- Anfechtbarkeit 765 13
- Anwendung bei Haustürgeschäft 765 14
- Anwendung von Vorschriften zum Verbraucherdarlehen 765 14
- Ausgleich unter Mitbürgen 774 9
- Befreiungsanspruch des Bürgen 775 1 ff
- Begriff 765 1
- Bestimmtheitsgrundsatz 765 9
- Bürgschaft auf erstes Anfordern 765 23
- Bürgschaftsvertrag 765 7 f
- Einrede der Anfechtbarkeit 770 1 ff
- Einrede der Aufrechenbarkeit 770 4 f
- Einrede der Vorausklage 771 1
- Einrede der Vorausklage/Vollstreckungsversuch 772 1
- Einstandspflicht des Bürgen 765 16
- Erlöschen bei Schuld- und Vertragsübernahme 418 1
- Erweiterung der Hauptschuld 767 4
- Forderungsübergang auf Bürgen 774 1 ff
- Hauptschuld 765 1, 15
- Kündbarkeit 775 5
- Nebenpflichten des Gläubigers 765 17
- Nichtigkeit 765 11, 13, 766 4
- selbstschuldnerische Bürgschaft 773 2
- Sicherungszweck 765 4
- Sittenwidrigkeit 765 11
- Störung der Geschäftsgrundlage 765 12
- Subsidiarität 765 2, 771 1
- Umfang der Bürgschaftsverpflichtung 767 3 f
- Vorrang der Sachhaftung 772 2
- Zusammentreffen mit dinglichen Sicherheiten 774 10

Cessio legis
- anwendbares Recht *Rom I* 15 1 ff

CISG **Vor 241-853** 8

Commodum
- ex negotiatione 285 6
- stellvertretendes 285 1
- Verhältnis zu Schadensersatzansprüchen 285 10

Stichwortverzeichnis

Common Frame of Reference
Rom I 3 2
culpa in contrahendo   106 7, 311 12;
Rom I 1 13
- beim Kauf   437 25
- Fallgruppen   311 29 ff
- Voraussetzungen   311 23 ff

Damnationslegat
- Rechtsgeschichte, Rechtsvergleich
Vor 2147-2191 11 f
- Wesen des   *Vor 2147-2191* 3

Darlehensvertrag   488 24
- außerordentliche Kündigung
490 1 ff
- Beendigung   488 17
- Fälligkeit Zinsen   488 12
- Kündigung   489 1 ff

Dauerlieferungsvertrag
Vor 311-319 28

Dauerschuldverhältnis   542 2, 543 1, 605 1, 607 2, 626 1, 651e 2
- Kündigung   314 1 ff

DDR   *Vor 1922-2385* 29

Deckungsverhältnis   328 3
- Rechtsfolgen der Zurückweisung
333 3

Deklaratorische Klauseln   307 6

Deliktsfähigkeit
- bei Bewusstlosigkeit   827 4, 6

Deliktsunfähigkeit
- und Notstand   904 7

Demonstration
- Haftung bei Gewalttätigkeit
830 18

dépeçage   *Rom I* 3 4, 4 1, 7 18

Deputatvertrag   585 3

Deutschkenntnisse   *AGG* 8 3

Dezentralisierter Entlastungsbeweis
823 70, 831 13

Diabetes   *AGG* 8 3

Dialer   241a 2

Dienstbarkeit   *Vor 1018-1029* 1 ff

Dienstjahre   *AGG* 10 3

Dienstleistungen
- selbstständige   611 5

Dienstleistungspflicht   611 16, 1356 4
- Vorleistungspflicht   611 22

Dienstpflicht
- Höchstpersönlichkeit   613 1

Dienstverschaffungsvertrag   611 8

Dienstvertrag   631 2
- Abgrenzung Werkvertrag   611 6
- Abschluss des Vertrags   611 9
- Abschlussgebote   611 12
- Abschlussmängel   611 10
- Abschlussverbote   611 12
- Annahmeverzug   611 22
- auf Lebenszeit   624 4
- Aufwendungsersatz   611 25
- befristeter   620 6
- Beschäftigungspflicht   611 25
- Betriebsrisikolehre   615 6
- Direktionsrecht   611 16
- Diskriminierungsverbot   611 24
- Dissens   612 1
- familienrechtliche Mitarbeit   612 2
- Formfreiheit   611 11
- Fragerecht   611 13
- Freizeit zur Stellensuche   629 1
- Fürsorgepflicht   611 23
- Gefahrtragung   615 7
- Krankheit Dienstverpflichteter
616 4
- Minderung des Entgelts   611 17
- Offenbarungspflichten   611 13
- Pflichten Dienstberechtigter   611 20
- Pflichten Dienstverpflichteter
611 15
- Schadensersatz bei außerordentlicher Kündigung   628 3
- Schlechterfüllung Dienstpflicht
611 17
- Schutzpflichten   611 23
- Substratsgefahr   615 5
- Teilvergütung bei außerordentlicher Kündigung   628 2
- Treuepflicht   611 18
- Übertragbarkeit Dienstleistungsanspruch   613 2
- unbefristeter   620 7
- Unentgeltlichkeit   612 1
- Unmöglichkeit   615 3 ff
- Urlaub   611 25
- Vererblichkeit Dienstleistungsanspruch   613 2
- Vergütung   611 21
- Vergütung bei Dienstunfähigkeit
616 7
- Vortäuschen von Erkrankungen
626 6
- Weisungsrecht   611 16
- Zeugnis   630 1
- Zurückbehaltungsrecht Entgelt
611 17
- Zustimmungserfordernisse   611 12

Differenztheorie 251 1, 281 13
Digitale Inhalte 356 9
– Definition 312f 6
diligentia quam in suis 277 1
Dingliche Einigung 873 6, 16
Dingliche Rechte
– beschränkte 903 11
Dinglicher Anspruch 985 1, 1004 1
– Abgrenzung zu gesetzlichem Schuldverhältnis Vor 854-1296 4
– Abtretbarkeit Vor 854-1296 4, 894 15
– Anwendbarkeit des allg. Schuldrechts Vor 854-1296 5
– Herausgabeanspruch des früheren Besitzers als 1007 1
– Pfändbarkeit 894 15
– Verpfändbarkeit 894 15
Dingliches Recht Vor 854-1296 2
– Abhängigkeit von schuldrechtlichen Beziehungen Vor 854-1296 22
– Absolutheit Vor 854-1296 15 f
Dingliches Rechtsgeschäft Vor 854-1296 7
– Anwendbarkeit allgemeiner Vorschriften Vor 854-1296 8
– Lageort EGBGB 11 14
– Rangänderung als 880 3
– über Grundstücke und grundstücksgleiche Rechte Vor 873-928 31
– Vollmacht EGBGB 11 14
– Wirksamkeitsvoraussetzungen Vor 854-1296 9 ff
Dingliches Vorkaufsrecht
– Abgrenzung zum schuldrechtlichen Vorkaufsrecht 1094 1 f
– als Erwerbsrecht 1094 1
– Anwendbarkeit der Vorschriften über das Eigentümer-Besitzer-Verhältnis 1098 7
– Arten 1094 4
– Ausübung 1098 2, 3
– Bestellung 1094 4
– Frist zur Ausübung 1098 3
– Herausgabeanspruch 1098 4 f
– Miteigentumsanteil 1095 1
– Rechtsbeziehungen 1094 2 f
– Vorkaufsfall 1098 3
– Wirkungen 1094 1
DIN-Norm 823 144, 173, 198, 203
Direkterwerb
– beim Anwartschaftsrecht 873 23, 929 25, 61

Direktionsrecht 611 16
Disagio 488 13
Diskriminierung Vor 241-853 29
– Altersversorgung AGG 2 3
– bei Erwerbstätigkeit AGG 2 2
– Beweislast AGG 22 1 f
– durch Private Vor 241-853 29
– Funktion Verbände AGG 23 1
– im allg Zivilrecht AGG 2 1 ff
– Kündigungen AGG 2 3
– Maßregelungsverbot AGG 16 1 ff
– Rechtsfolgen AGG 7 2
– Rechtsfolgen im allg Zivilrecht AGG 21 1 ff
– Schadensersatz AGG 15 1 ff
– und berufliche Anforderungen AGG 8 1
– und öffentlicher Dienst AGG 24 1 ff
– unzulässige Kriterien AGG 1 1 ff
Diskriminierungsschutz
– und EU-Recht AGG 15 1 ff
Diskriminierungsverbot 535 2, 611 24, 612 1, 612a 2; AGG 7 1
– Alter AGG 10 1 ff
– Ausnahmen AGG 8 1 ff
– Religion AGG 9 1 ff
– Weltanschauung AGG 9 1 ff
Dissens
– Dienstvertrag 612 1
– offener 154 1 ff
– versteckter 155 1 ff
– Werkvertrag 632 1
Distanzvertrag EGBGB 11 12
Dokumentationspflicht
– des Arztes 823 88
dolo facit
– qui petit quod statim redditurus est 604 11
Doppelnatur
– Prozessaufrechnung 387 16 f
Doppelpfändung 929 70
Doppelsicherung
– Verbot 1113 15
Doppeltätigkeit
– Makler 654 2
Doppelvermietung 536 14
Draufgabe 336 1
Dreißigster Vor 2147-2191 6
Drittbedingungen 310 6

Dritte
- im Schuldverhältnis 311 19 f

Dritter
- beim Vertrag zugunsten Dritter 328 7
- Bezugsberechtigung bei Lebensversicherungsverträgen 330 2 f

Drittgläubiger
- und Vermieterpfandrecht 562d 1

Drittschadensliquidation Vor 249-253 27 ff, 701 6

Drittwiderspruchsklage 929 35, 71
- bei der Hypothekenhaftung unterfallenden Gegenständen 1120 6
- beim Sicherungseigentum 930 27

Drohung 123 9 ff
- Beweislast 123 13

Duldungspflicht 1004 7
- Notstand 904 1, 3
- Notwegrecht 917 9
- Überbau 912 5 ff, 13
- Vermieter 539 3

Duldungsvollmacht 126a 8, 173 8

Durchgangserwerb 929 24, 26
- Produzent 950 8

Dürftigkeitseinrede
- Aufrechnung 1990 14
- Ausschluss 1990 4
- Dürftigkeit 1990 2
- Erschöpfungseinrede 1990 9
- Unzugänglichkeitseinrede 1990 8
- Wirkung 1990 5

E-Commerce 312i 1
- Anwendungsbereich 312i 2 ff
- Ausnahmen vom Anwendungsbereich 312i 5
- besondere Informationspflichten 312j 1 f
- Internetbestellung 312i 4
- Pflichten des Unternehmers 312i 7 f
- Pflichtverletzung 312i 12, 312j 3 f
- Privatautonomie 312i 13
- Speichermöglichkeit 312i 10
- Wett- und Lotteriedienstleistungen 312i 4
- Zahlungsmittel 312j 1
- Zugangsbestätigung 312i 9, 14

Ehe
- Aufhebung durch richterliche Entscheidung 1313 1
- Ausschluss der Aufhebung 1315 1 ff
- Begriff Vor 1297-1588 1 ff

- Ehewirkungen EGBGB 14 1 ff
- Schutz Vor 1297-1588 4 ff
- Wirkungen Vor 1297-1588 7

Eheanbahnungsvertrag 656 2

Ehebedingte Zuwendung 1374 11, 1375 5, 1380 3

Ehebezogene Zuwendungen Vor 812-822 6

Ehefähigkeitszeugnis 1309 1 ff

Ehegatte
- Dienstleistungspflicht 1356 4
- Erwerbstätigkeit 1356 3
- Haushaltsführung 1356 2

Ehegattenerbvertrag
- Einheitslösung 2280 4
- Voraussetzung 2280 3

Ehegattenunterhalt
- Art und Weise 1360 1 f
- für die Vergangenheit 1360a 18
- Prozesskostenvorschuss 1360a 6
- Taschengeld 1360a 6
- Voraussetzungen 1360 3 ff
- Wirtschaftsgeld 1360a 16

Eheleute
- Vermögensverwaltung 1364 1

Eheliche Lebensgemeinschaft
- absolutes Recht Vor 1297-1588 5 f
- Inhalt 1353 2 ff
- Klage auf Herstellung 1353 9
- Treuepflicht 1353 6

Ehescheidung
- bei Scheitern der Ehe 1564 4, 1565 3 ff
- bei Zerrüttung 1564 4, 1565 1
- Härteklausel 1568 1 ff
- IPR Vor 1564-1568 7 ff; EGBGB 17 1
- Trennungszeit 1566 2 ff
- Verfahren Vor 1564-1568 6

Eheschließung EGBGB 11 2
- Internationales Privatrecht EGBGB 13 1 ff

Ehevermittlung 652 5

Ehevermögen
- Verwaltung 1365 1 ff

Ehevertrag
- IPR EGBGB 15 4
- Nichtigkeit 138 12

Ehewirkungen
- Sorgfaltspflicht, Umfang 1359 1

Ehewohnung
- endgültige Zuweisung 1568a 1

- Getrenntleben 1361b 1 ff
Ehewohnung, endgültige Zuweisung
- befristetes Mietverhältnis 1568a 14
- Billigkeitsgründe 1568a 7
- Entscheidungskriterien 1568a 8
- Mietwohnung 1568a 12
- Verfahren 1568a 16
- Voraussetzungen 1568a 3

Ehezeitanteil 1587 5
Ehezeitprinzip 1587 1 ff
Ehrverletzung 823 90, 98
Eigenbedarf 573 3
- Entleiher 605 4
Eigenbesitz
- Begriff 872 1
- Unterscheidung vom Fremdbesitz 872 1
Eigenbesitzer
- Haftungsadressat 836 1, 12
Eigenhändiges Testament Vor 2229-2264 6
- Andeutungstheorie 2247 16
- Auslegung 2247 16
- Briefform 2247 8
- Ergänzungen 2247 13
- Nichtigkeit 2247 6
- Unterschrift 2247 9 ff
Eigenrechtserbschein EGBGB 25 21
Eigenschaft
- Kaufsache 434 7 ff
- Mietsache 536 12
- verkehrswesentliche 119 14
- Zusicherung 444 6
Eigenschaftsirrtum 119 10 ff, 14
Eigentum Vor 854-1296 1, Vor 873-928 3, Vor 1922-2385 3
- Bestandsschutz 932 1
- Inhalt Vor 903-924 5
- räumliche Begrenzung 905 1
- Schranken 903 2 ff, 904 7
- und Verfassungsrecht 903 4 ff
- Untrennbarkeit von Eigentum und Vindikationsanspruch 931 4
- verfassungsrechtlicher Eigentumsbegriff Vor 903-924 4

Eigentümer-Besitzer-Verhältnis Vor 987-1003 1 ff
- Anwendbarkeit beim Vormerkungsberechtigten 888 12
- Herausgabepflicht bei Übermaßfrüchten 993 1
- Minderjähriger 106 9
- Privilegierung des gutgläubigen Besitzers 996 1
- Umfang des Schadensersatzes 989 4
- Verhältnis zum Bereicherungsrecht 993 2
- verschärfte Haftung während des Verzuges 990 6

Eigentümergrundschuld 1196 1
- Abweichungen von Fremdgrundschuld 1197 1
- endgültige 1163 4
- Entstehen 1113 11, 18, 1163 5
- nach Ablösung der Grundschuld durch den Eigentümer 1191 18
- nach Ablösung der Hypothek durch den Eigentümer 1143 3 f
- nachträgliche 1163 5
- Pfändung 1163 13
- Rechtsnatur 1163 12
- ursprüngliche 1163 2
- Verfügungsmöglichkeiten des Eigentümers 1163 15
- vorläufige 1163 3

Eigentümerhypothek 1113 5
- Behandlung wie eine Eigentümergrundschuld 1143 7 f

Eigentumsaufgabe 959 1, 965 1
Eigentumserwerb Vor 929-1011 1 ff
- brevi manu 929 28, 30
- durch Einigung und Übergabe 929 2 ff
- durch gutgläubigen Erwerb 932 1
Eigentumserwerb bei beweglichen Sachen durch Rechtsgeschäft
- durch Einigung und Abtretung eines Herausgabeanspruchs 931 1
Eigentumsübertragung 929 7
Eigentumsverletzung 823 12 ff
- Eingriff in die Rechtsstellung 823 14 f
- Eingriff in die Substanz 823 16 ff
- Gebrauchsbeeinträchtigung 823 24 f
- Sachentzug 823 23
Eigentumsvermutung 1362 1 ff
- Bestandsvermutung 1006 5
- Erwerbsvermutung 1006 5
- Gegenstand der Vermutung 1006 5
- Rechtszustandsvermutung 1006 5
- Widerlegbarkeit 1006 1
- zugunsten des Eigenbesitzers 1006 2

– zugunsten des mittelbaren Besitzers 1006 4

Eigentumsvorbehalt 449 1 ff, 929 34 ff
– dingliche Teilverzichtsklausel 398 18
– einfacher 929 37
– Erlöschen 929 50
– erweiterter 929 46
– Herausgabeanspruch des Verkäufers 449 8
– Kollision Eigentumsvorbehalt und Globalzession 398 18, 929 42 f
– nachgeschalteter 929 45
– Rücktrittsrecht des Verkäufers 449 7 f
– und Abtretungsverbot 399 6
– und Unternehmerpfandrecht 647 8
– und Vermieterpfandrecht 562 5
– verlängerter 398 17, 929 36
– Voraussetzungen 449 2 f
– weitergeleiteter 929 44

Eigenverbindlichkeiten 2145 6

Einbenennung 1618 1 ff

Eingetragene Lebenspartnerschaft EGBGB 11 2

Eingriffskondiktion 812 13 ff
– Eingriff in den Zuweisungsgehalt des Rechtes eines anderen 812 13
– Handeln des Benachteiligten 812 16
– Handeln des Bereicherten 812 16
– Handeln eines Dritten 812 16
– Verfügung eines Nichtberechtigten als Unterfall der 816 1

Eingriffsnorm Rom I 9 1 ff
– ausländische Rom I 9 9 ff
– Begriff Rom I 9 2
– Beispiele Rom I 9 8
– der lex fori Rom I 9 5
– Inlandsbezug Rom I 9 5
– internationaler Geltungsanspruch Rom I 9 3
– Verbraucherrecht Rom I 9 7

Einheitslösung 2100 11

Einheitsrecht Vor 241-853 8

Einigung
– antizipierte 929 5, 32, 930 16
– Auswirkung Tod oder Wegfall Geschäftsfähigkeit 929 9
– bedingte 929 47 ff
– dingliche 873 6
– Widerrufbarkeit 929 7
– Zulässigkeit Stellvertretung 929 6

Einliegerwohnung 549 5

Einrede
– aus der Sicherungsabrede 1191 33
– bei Aufrechnung 390 2 f
– des bereicherungsrechtlichen Rückgewähranspruchs 1191 34
– des nichterfüllten Vertrages 273 2, 286 6
– des nichterfüllten Vertrags 320 1 ff
– gegen die grundpfandrechtlich gesicherte Forderung 1137 2, 1157 8, 1191 29
– gegen die Grundschuld 1191 16, 32, 36
– gegen die Hypothek 1137 4, 8, 1157 1, 9
– Unsicherheitseinrede 321 1 ff
– Verpfänder 1211 1
– Vertrag zugunsten Dritter 334 2
– Verzichtsanspruch auf die Hypothek bei Bestehen einer dauerhaften rechtszerstörenden Einrede 1137 11

Einseitige Verfügung
– Voraussetzungen 2299 3 ff

Einseitiges Scheidungsverlangen 1933 2

Einsichtnahme
– rechtliches Interesse 810 2

Einsichtsfähigkeit 828 5, 6, 829 5

Einsturzgefahr 569 3

Einstweilige Verfügung
– Eintragung eines Widerspruchs 899 3

Eintragung
– Ausnahmen vom Eintragungsgrundsatz 873 12

Eintragungsantrag
– Grundbuchrecht Vor 873-928 13 f

Eintragungsbewilligung
– beim Widerspruch 899 3
– Form 1113 10
– Grundbuchrecht Vor 873-928 15 f

Eintragungsfähigkeit
– bei Einreden gegen ein Grundpfandrecht 1157 4

Eintragungsverfahren
– Grundbuch Vor 873-928 23

Einwendung
– abgeleitetes Recht zum Besitz 986 5
– Anwendbarkeit auf Zurückbehaltungsrechte 986 4

Stichwortverzeichnis

- bisheriger Schuldner bei Schuldübernahme **414** 3
- bisheriger Schuldners bei Schuldübernahme **417** 2
- des Rechtsmissbrauchs, der unzulässigen Rechtsausübung **242** 21, **573** 4
- Einwendungsverzicht **404** 4
- gegen das Bestehen der Hypothek oder der Forderung **1137** 2
- Recht zum Besitz **986** 3
- Übernehmer aus dem Verhältnis zum bisherigen Schuldner **417** 3
- Vertrag zugunsten Dritter **334** 2

Einwendungsdurchgriff **Vor 311-319** 21
- bei verbundenen Verträgen **359** 1
- bei Vertrag zugunsten Dritter **334** 1

Einwendungsverzicht
- bei Verbraucherdarlehensvertrag **496** 1 ff

Einwilligung **107** 10 ff, **Vor 182-185** 2 ff
- Beweislast bei rechtfertigender **823** 89
- hypothetische **823** 82
- in die Schuldübernahme **415** 3, **418** 2
- mutmaßliche **823** 79
- rechtfertigende **823** 78 ff
- Widerruf **183** 2 ff

Einwilligungsvorbehalt
- Betreuung **1903** 1

Einwirkungen
- ideelle Einwirkungen **1004** 3
- negative Einwirkungen **1004** 3

Einzelstatut bricht Gesamtstatut
- Vorrang *EGBGB* **25** 10

Einzelvertretung **164** 11

Einziehung des Erbscheins
- Beschwerdebefugnis **2361** 8

Einziehungsermächtigung **364** 4, **398** 23

Eisenbahnverkehr **651h** 4

Eiserninventarvertrag **582a** 1

Elektive Konkurrenz **262** 3

Elektronische Form **126** 12, **126a** 1 ff

Elektronische Signatur **126a** 3

Elterliche Sorge **Vor 1626-1704** 1 ff, **1626** 1 ff
- Alleinsorge **1671** 1 ff, 3 ff

- Alltagsangelegenheiten **1687** 3
- Aufenthaltsbestimmung **1632** 3
- Bestandteile **1626** 8
- Entziehung der Sorge eines Elternteils **1680** 1 ff
- Erziehung **1631** 4
- gemeinsame bei Getrenntleben **1687** 1 ff
- Gemeinsamkeit der Sorge **1626** 6
- gerichtliche Entscheidung **1628** 1 ff
- Geschäftsfortführung **1698a** 1 ff
- Grenzen **Vor 1626-1704** 6 f
- Haftungsbeschränkung **1629a** 1, **1664** 1 ff
- Inhaber **Vor 1626-1704** 3, **1626a** 2 f
- IPR **Vor 1626-1704** 11
- Nutzung der Familienwohnung **1666a** 3 f
- Ruhen **1675** 1 ff
- Sorgeerklärung **1626d** 1 ff
- Tod eines Elternteils **1680** 1 ff
- Überlassung der Ausübung **1626** 5
- Umgangsrecht **1626** 4
- Vermögenssorge **1639** 1 ff
- Vermögenssorge, absolutes Recht **1626** 5
- Vertretung des Kinds **1629** 1 ff
- Vorrang der Pflegschaft **1630** 1 ff

Eltern-Kind-Verhältnis
- Beistands- und Rücksichtspflicht **1618a** 1 ff

Empfängerhorizont **133** 8

Empfängniszeit **1600d** 7

Empfangsbote
- Leistung an **362** 5

Empfangsvertretung **164** 14, **362** 5

Endtermin **163** 1 ff

Endvermögen bei Zugewinnausgleich
- Bewertung **1375** 1 ff, **1376** 4, 6 ff

Entbindungskosten als Unterhaltsbestandteil **1615l** 2

Enteignung
- Legalenteignung **903** 9

Enteignungsgleicher Eingriff **903** 5

Enterbung **1938** 3 f, **2304** 4
- Ersatzerbe **2303** 4

Entgangener Gewinn **252** 1 ff

Entgegennahme Zahlung **1959** 6

Entgelt
- finanziertes **359** 3

Stichwortverzeichnis

Entgeltforderungen
- Begriff 286 22

Entgeltgleichheit 612 4

Entgeltlichkeit
- Gelddarlehen 488 4
- Sachdarlehen 607 3

Entgeltminderung 611 17

Enthaftung
- Entfernung 1121 2
- nach Beschlagnahme 1121 3 ff, 10
- vor Beschlagnahme 1121 2, 9

Entlastungsbeweis 280 15, 831 1, 10 ff, 16, 832 1, 10 ff, 14, 833 1, 12, 15, 834 1, 5, 836 1, 13 f, 16

Entleiher
- Eigenbedarf 605 4
- Haftung 599 1

Entmündigung EGBGB 12 8

Entschädigung
- bei Diskriminierung 611 12
- bei Diskriminierung im allg Zivilrecht AGG 21 2
- bei Enteignung 903 9
- Diskriminierter AGG 15 1 ff

Entwicklungsfehler 823 173, 183, 203

Enumerationsprinzip Vor 823-853 7, 833 3

Erbanspruch
- wechselseitiger 1933 2

Erbauseinandersetzung
- Haftung nach Vollzug der 2061 1

Erbausschluss
- vorzeitiger 1933 3

Erbberechtigung
- mehrfache 1927 1

Erbe Vor 1922-2385 19
- als Beschwerter 2147 1
- Anerbenrecht Vor 1922-2385 27
- Beschränkungen der Rechte in der Testamentsvollstreckung 2209 2
- gesetzlicher 2066 1 ff, 2104 3, 2105 1
- gesetzlicher Miterbe 1932 3
- Höferecht Vor 1922-2385 27
- Kündigungsrecht bei Landpacht 594d 5
- Mindestrechte 2215 1 f
- Nasciturus 1923 1 f
- Rechte bei fehlendem Rechtsgrund 331 4
- Verfügungsbeschränkung 2211 1

- Wegfall des testamentarischen 2094 2

Erbeinsetzung
- Abgrenzung 2087 1 ff
- auf Bruchteile 2088 1, 2089 1 f, 2090 1 ff
- Nichtigkeit 2094 3

Erbenbesitz 857 1 ff

Erbengemeinschaft
- Abwicklungsvollstreckung 2204 1
- anwendbares Recht EGBGB 25 4
- Entstehung 2032 2
- Haftung 2032 6
- Nachfolge in Unternehmen 2032 7 ff
- Verfügung gegenüber 2040 6

Erbeserbe 1952 3 ff

Erbfähigkeit 1923 1, 2101 2; EGBGB 25 4

Erbfall Vor 1922-2385 17, 1922 3

Erbfallschulden 2311 7

Erbfolge
- Familienerbfolge Vor 1922-2385 3
- gesetzliche Vor 1922-2385 24, 1937 1, 1953 2
- gewillkürte Vor 1922-2385 24, Vor 1937-1941 1, 1937 1, 1953 3, Vor 2064-2273 1; EGBGB 25 5

Erblasser Vor 1922-2385 17
- behinderter 2233 3 f
- Bindung Vor 2274-2302 1
- Vertretung 2274 2 ff

Erblasserschulden 2311 6

Erblasserwille 2077 11, Vor 2084-2099 3, 2087 2, 2089 1, 2100 2 f

Erbmieter 544 1

Erbpacht 594b 1

Erbquote
- anwendbares Recht EGBGB 25 4
- fehlende Festsetzung Vor 2066-2073 1, 2067 2

Erbrecht Rom I 1 7
- Erbrechtsbegriff Vor 1922-2385 1
- nichteheliche Kinder Vor 1922-2385 10
- rechtsgeschichtliche Entwicklung Vor 1922-2385 4 ff
- Übergangsvorschriften Vor 1922-2385 29

Erbrecht des Staates
- Beschwerderecht 1966 3

Erbschaft Vor 1922-2385 18, 1922 4
- Annahme Vor 1993-2013 1
- Aufteilung 2111 3
- Erhaltung des Bestands 2111 1
- Nutzungen 2111 2, 12 ff
- Surrogate 2111 4 ff, 2139 7

Erbschaftsanspruch Vor 2018-2031 3

Erbschaftsbesitzer
- Ersitzung 944 1

Erbschaftsgegenstand 2115 16, 2121 1, 2134 3
- Herausgabe 2138 2

Erbschaftskauf
- Anzeigepflicht 2384 1
- Auslegungsregel 2373 1
- Besonderheiten gegenüber Kaufrecht Vor 2371-2385 4
- Formbedürftigkeit 2371 2
- Gefahrübergang 2380 1
- gesetzliche Fiktion 2377 1
- Haftung 2375 1
- Haftung des Verkäufers 2376 1 ff
- Haftung im Außenverhältnis 2382 1
- Haftungsumfang 2382 3
- Heilung der Formnichtigkeit 2371 3
- im Insolvenzverfahren Vor 2371-2385 7
- Rechtsnatur Vor 2371-2385 2
- vergleichbarer Vertrag 2385 1
- Verwendungen 2381 1 f
- Vollziehung Vor 2371-2385 3

Erbschaftsteuer Vor 1922-2385 30 f, 2311 8

Erbschein 2136 11, 2139 9; EGBGB 25 21 f
- Alleinerbschein 2353 4
- Angaben auf 2363 3
- Antragsberechtigung 2353 9
- Ausländer 2353 5
- Beantragung verschiedener Formen nebeneinander 2357 2
- Begriff 2353 1
- Bruchteile 2357 3
- Einziehung 2353 11
- Erteilung 2359 1
- Form 2353 7
- gemeinschaftlicher 2353 4
- Gruppenerbschein 2353 4
- Herausgabe durch Testamentsvollstrecker 2364 2
- Hoffolgezeugnis 2353 6
- Inhalt 2353 7
- Nacherbe 2363 2
- öffentlicher Glaube 2365 1
- Sonderformen 2353 5
- Teilerbschein 2353 4
- Unrichtigkeit 2361 3, 2364 2
- Verweigerung 2359 1
- Widerlegung 2365 2
- widersprüchliche 2365 8

Erbscheinserteilung
- Antragsvoraussetzungen 2354 1

Erbscheinsverfahren
- Amtsermittlung 2358 1
- Antrag 2353 8
- Antragsberechtigung 2353 9
- Beschluss 2353 12
- Beweiserleichterung 2356 5
- Beweislastverteilung 2358 5
- Beweisverfahren 2358 4
- Bindung des Gerichts an andere Entscheidungen 2359 2
- eidesstattliche Versicherung 2356 5 ff
- Erteilung 2359 1
- Offenkundigkeit 2356 9
- Rechtsvergleichung 2353 13
- Unrichtigkeit von Urkunden 2356 3
- Verweigerung 2359 1
- Zuständigkeit 2353 8, 2369 2

Erbstatut
- Abgrenzung zum Gesellschaftsstatut EGBGB 25 8
- gewillkürte Erbfolge EGBGB 25 5
- Nacherbschaft EGBGB 25 6
- Nachlassspaltung EGBGB 25 1, 10, 17
- Nachlassverbindlichkeit EGBGB 25 4, 17
- ordre public EGBGB 25 19
- Parteiautonomie EGBGB 25 1
- Rechtswahl EGBGB 25 12 f
- Reichweite EGBGB 25 4
- Schenkung von Todes wegen EGBGB 25 7
- Staatsverträge EGBGB 25 2
- Testamentsvollstreckung EGBGB 25 6
- Übergangsrecht EGBGB 25 3
- unbewegliches Vermögen EGBGB 25 13
- Unwandelbarkeit EGBGB 25 11
- Vermächtnis EGBGB 25 6
- Vorerbschaft EGBGB 25 6
- Vorfragen EGBGB 25 9

Erbteil 1922 25, 1931 4
- angewachsener 2095 1

– Erbschaft Vor 1922-2385 18, 1922 4
– gemeinsamer 2093 1 f
– Leichnam 1922 5 f
– vergrößerter 2110 2
– Vermächtnis 1932 2

Erbunwürdigkeit
– Drohung 2339 10
– Feststellung Vor 2339-2345 4
– Geschichte Vor 2339-2345 5 f
– Rücktritt (strafbefreiender) 2339 5
– Straftat 2339 2
– Täuschung 2339 10
– Teilnahme/Täterschaft 2339 4
– Totschlag/Mord 2339 7
– Vor- und Nacherben 2339 6
– Vorsatz 2339 3
– Wirkung Vor 2339-2345 4
– Wirkung auf Zugewinnausgleichsanspruch 2344 2

Erbvertrag Rom I 1 7
– Aufhebung durch gemeinschaftliches Testament 2292 1
– Aushöhlungsnichtigkeit 2286 4
– Auslegung 2066 4, Vor 2274-2302 17
– Begriff Vor 2274-2302 2
– Begünstigter Vor 2274-2302 2
– Beschränkung der Verfügungsfreiheit durch Erbvertrag 2286 1
– Bindungswirkung 2278 5, 9, 2289 14, 16 f, 2291 5
– einseitige Verfügung 2278 4, 10, 2289 11, 2299 1
– einseitiger Vor 2274-2302 3, 2278 3, 2293 7
– entgeltlicher Vor 2274-2302 7
– Eröffnung 2300 3
– Form 2290 7
– gegenseitiger Vor 2274-2302 5, 2278 3
– Gegenseitigkeitsverhältnis 2295 1
– Gegenverpflichtung 2295 3
– gesetzliches Rücktrittsrecht 2295 1
– historische Entwicklung Vor 2274-2302 19
– Inhalt Vor 2274-2302 8, 2278 2
– Kollision mit letztwilliger Verfügung 2289 1 ff
– mehrseitiger Vor 2274-2302 6
– Nichtigkeit Vor 2274-2302 17
– Rechtsnatur Vor 2274-2302 12
– Umdeutung in Testament Vor 2274-2302 9, 2276 12
– Unwirksamkeit 2289 5
– Verbindung mit anderen Verträgen Vor 2274-2302 11
– Vertretung 2274 2 ff
– Vorbehalt 2289 18
– Wirkung Vor 2274-2302 13 ff, 2289 1 f, 10
– zweiseitiger Vor 2274-2302 4, 2278 3, 2293 8, 2298 3

Erbverzicht 2302 4
– Aufhebungsvertrag 2351 1
– Auslegungsregel 2350 1
– Bedeutung Vor 2346-2352 1 f
– Berechnung des Pflichtteils 2310 3
– causa Vor 2346-2352 6
– Ehegattentestament 2348 3
– Gegenstand 2346 2
– Genehmigung des Familiengerichts 2347 5
– Geschichte Vor 2346-2352 9 f
– Höchstpersönlichkeit 2347 6
– Höferecht 2346 4
– Kausalgeschäft 2348 2
– letztwillige Verfügung 2351 1
– Prozessvergleich 2348 4
– Rechtsfolge 2346 3
– Rechtsnatur Vor 2346-2352 3
– Rückabwicklung Vor 2346-2352 8
– Umdeutung bei Formnichtigkeit 2348 5
– Verfahren bei Unwirksamkeit Vor 2346-2352 6 ff
– Vertragsparteien Vor 2346-2352 6 ff
– Vertretung 2347 2
– widerlegliche Vermutung 2350 2

Erfolgsunrecht 823 72

Erfüllbarkeit 271 2, 9

Erfüllung
– Annahme an Erfüllungs statt 364 1 ff
– Beweislast bei Annahme 363 1 ff
– Dauerschuldverhältnis 362 9
– erfüllungshalber 364 1, 8
– Erfüllungstheorien 362 7
– Gesamtwirkung 422 1
– Leistung 362 2
– Vorausleistung 362 3
– Wahlrecht zwischen Vertragsstrafe und Erfüllung 340 2
– Wirkung 362 9
– Zwangsvollstreckung 362 9

Erfüllungsgehilfen 278 5 ff
– Werkvertrag 631 7

Erfüllungsgeschäft 139 7

Erfüllungsort 269 1
Erfüllungssurrogat 387 1, 422 1
- Hinterlegung Vor 372-386 1
Erfüllungsübernahme 329 1 f
- Mietvertrag 567a 2
Erfüllungsverweigerung 280 11, 281 8, 323 6
Ergänzungsregel 2137 1, 2149 1
Erhaltungskosten 994 3
Erhaltungsmaßregeln
- notwendige 744 4
Erhaltungspflicht
- Vermieter 535 6, 538 1
Erinnerung 930 25, 1120 6
- durch den Testamentsvollstrecker 2214 3
Erklärungsbewusstsein Vor 116-144 5, 118 1 ff, 119 12
Erklärungsbote 120 2
Erklärungsfiktion
- bei Massengeschäften 308 20
- in AGB 308 18
Erklärungsirrtum 119 5
Erklärungswille Vor 116-144 5
Erlass 397 3
- Erlassfalle 397 3
- Formlosigkeit 397 3
- pactum de non petendo 397 2, 7
- unverzichtbarer Ansprüche 397 2
- Verfügungsvertrag 397 4
- Vertrag zugunsten Dritter 334 2
Erlassvereinbarung 423 1
- beschränkte Gesamtwirkung 423 4
- Einzelwirkung 423 3
- Gesamtwirkung 423 2
Erlöschen
- Begriff Vor 362-397 1
- eines Leistungsverhältnisses durch Wegfall des Schuldners Vor 362-397 1
Erlöschen des Widerrufsrecht
- Dienstleistungen 356 8
Ermäßigungsklauseln 244 21
Ermessen
- billiges 315 1
Ernterisiko 596a 5
Errichtungsstatut
- Anfechtung EGBGB 26 7
- int Erbrecht EGBGB 26 1, 6 ff
- Statutenwechsel EGBGB 26 6

- Stellvertretung EGBGB 26 7
- Testierfähigkeit EGBGB 26 8
- Widerruf einer letztwilligen Verfügung EGBGB 26 7
Ersatzansprüche 285 5
- Abtretung 255 1 ff
- Vermieter 538 4
Ersatzerbe 2147 3
- Unterschied zum Nacherben 2102 2 ff
- wechselseitige Einsetzung 2098 1 ff
Ersatzerbschaft 2099 1 f
- Auslegung 2097 1 f
Ersatzmieter 537 4
Ersatznacherbe 2108 9, 2121 3, 2127 4, 2142 7
Ersatznacherbschaft 2102 8 ff
Ersatzpächter 587 6
Ersatzvermächtnis 2097 3, 2098 4, 2099 2
Ersatzvorteile 2111 6
Ersetzungsbefugnis
- Fremdwährungsschuldner 244 11
- Gläubiger 262 6
- Schädiger 251 4
- Schuldner 262 5
Ersitzung
- als Rechtsgrund im Bereicherungsrecht 937 3
- Anwendungsbereich 937 1
- Erbschaftsbesitzer 944 1
- Hemmung 939 1 ff
- Rechtsnachfolge 943 1
- Unterbrechung 940 1, 941 1, 942 1
- Voraussetzungen 937 2
- Wirkung 937 3
Ersitzungsfrist 937 2
- Berechnung 937 2
Erstbegehungsgefahr 1004 10
Erwerb vom Nichtberechtigten 932 7
Erwerbsrecht
- Begriff Vor 854-1296 3
- dingliches Vorkaufsrecht als Erwerbsrecht 1094 1
Erwerbstätigkeit
- angemessene 1574 1 ff
Erwerbsunfähigkeit
- Pächter 594c 2
Erwerbswille 929 31
Erzeugnisse 94 3, 99 6

Erzeugnisse und Bestandteilen einer Sache, Eigentumserwerb
- vorläufige Eigentumszuordnung 953 2

Erziehung 1631 4

essentialia negotii 119 8, 154 2

Ethnische Herkunft AGG 1 5

Europäische Wirtschaftliche Interessengemeinschaft (EWIV) 705 42

Europäisches Unionsrecht 242 10

Europarecht
- optionales, europäisches Vor 311-319 2
- und Diskriminierungsschutz AGG 15 1 ff

EVÜ EGBGB 11 1; Rom I 24 1

Existenzgründer 491 2, 655a 3

Exzesshandlung
- des Haupttäters 830 16
- eines Mittäters 830 7

Fabrikationsfehler 823 174, 183, 197, 203

Factoring 398 26

Fahrlässigkeit
- Abstufungen 619a 6
- Begriff 276 1, 10 ff
- bewusste und unbewusste 276 17
- einfache 276 18
- grobe 276 19 f, 300 2, 932 12
- leichte 277 4, 287 2

Fahrnisverbindung
- Rechtsfolge 947 2
- Voraussetzungen 947 1
- zwischen Haupt- und Nebensache 947 3

Fälligkeit 271 2, 9, 273 18
- Schuldnerverzug 286 7

falsa demonstratio 133 8, Vor 2084-2099 5

Falschlieferung 434 20

falsus pocurator 179 1 ff

falsus procurator 177 1 ff

Familie
- im Mietrecht 549 4, 553 2, 573 2, 573a 2, 573c 3
- Mitarbeit 612 2

Familienerbfolge Vor 1922-2385 3, 1924 1

Familienerbrecht Vor 1922-2385 23
- familienrechtliche (Rechts-) Beziehungen 1922 11
- mehrfache Erbberechtigung 1927 1

Familiengericht
- Anhörung 1847 1 ff
- Aufsicht über Vormund 1837 5 ff
- Entscheidung von Meinungsstreitigkeiten zwischen Vormündern 1797 3
- erforderliche Maßnahmen 1846 3

Familiengerichtliche Genehmigung
- Pflegschaft 1915 3
- Rechnungsprüfung 1843 1 f
- Unterbringung 1906 8 ff
- Verzicht auf Gesamtgutsanteil 1491 3

Familienname
- bei Namensänderung der Eltern 1617c 1 ff
- Kind Vor 1616-1618 1, 1616 1 ff

Familienrechtliches Schuldverhältnis Rom I 1 6

favor negotii EGBGB 11 3; Rom I 11 1

favor validitatis EGBGB 11 3

Fehlbewirtschaftung 587 6

Fehlerbegriff
- Reisevertrag 651c 6

Fehlerhafte Gesellschaft 705 29 ff

Feldbestellungskosten 596a 5

Ferienwohnung 549 3, 651a 4

Fernabsatz-Finanzdienstleistungs-RL
- Übergangszeitraum 312c 1

Fernabsatzhandel 502 2

Fernabsatzrecht
- persönlicher Anwendungsbereich 312c 2 ff

Fernabsatzvertrag
- Ausschließliche Verwendung eines Fernkommunikationsmittels 312c 5
- Darlegungs-/Beweislast 312c 6
- organisiertes Vertriebs- und Dienstleistungssystem 312c 6
- Tatbestand 312c 3 ff

Fernkommunikationsmittel 312c 4
- ausschließliche Verwendung 312c 5

Feststellungsklage 2143 6

Feuerwerkskörper 823 64, 832 8, 11

Fiduziarische Bindung
- Sicherungsgeber **930** 11, **1191** 29, 38

Fiktion
- doppelte **1953** 1
- gesetzliche **632** 2
- Vergütungsvereinbarung **632** 1

Finanzdienstleistung
- Definition **312** 26

Finanzdienstleistungsvertrag
- Widerrufsfrist **357a** 1

Finanzierungshilfen **499** 1 ff

Finanzierungskosten **280** 19

Finanzierungsleasing **313** 21, **358** 2, **359** 2, **364** 6, Vor **535-580a** 13

Finanzierungsleasingverträge **499** 3

Fischereipacht **581** 6

Fiskalhaftung des Staates **831** 5, **839** 17

Fiskus **89** 1, **2149** 2
- Aneignung **928** 1
- öffentliche Aufforderung vor Feststellung **2104** 3, **2105** 1, 4

Fixgeschäft
- absolutes **293** 5, **323** 7
- bei Werkvertrag **637** 3
- relatives **323** 7
- Rücktrittsrecht bei einfachem **323** 7
- Unmöglichkeit bei absolutem **275** 13

Flaschenpfand Vor **1204** 12

Forderung
- Geltendmachung der hypothekarisch gesicherten Forderung **1161** 1
- grundsätzlich kein gutgläubiger Erwerb **398** 2, **883** 31, **1138** 3
- gutgläubiger Erwerb bei Ausstellung einer Beweisurkunde **398** 2, **405** 1, **883** 13, 15
- gutgläubiger Erwerb im Hypothekenrecht **1143** 11
- künftige und bedingte Forderungen **398** 10
- verbriefte **398** 3

Forderungsabtretung
- anwendbares Recht *Rom I* **14** 1 ff

Forderungsauswechslung
- bei der Hypothek **1164** 1
- Rechtsfolgen **1164** 6, **1180** 6
- Voraussetzungen **1164** 2, **1180** 1

Forderungskauf
- und anfängliche objektive Unmöglichkeit **398** 26

Forderungsübergang
- bei Ablöse- und Einlöserechten **268** 6, **1143** 7, **1223** 2
- gesetzlicher **268** 6, **412** 1, **426** 12, **774** 1, **1143** 11

Form
- besonderes Erfordernis in AGB **309** 52
- favor testamenti *EGBGB* **26** 4
- Genehmigung **177** 5, **182** 4 f
- letztwillige Verfügungen *EGBGB* **26** 3
- Rechtswahl im int Erbrecht *EGBGB* **25** 14
- Vollmacht **167** 5 f

Formenleere *EGBGB* **11** 11

Formfreiheit **125** 1, Vor **311-319** 8

Formqualifikation *EGBGB* **11** 6

Formstatut *Rom I* **11** 1

Formunwirksamkeit **125** 8 ff

Formvorschrift
- anwendbares Recht *Rom I* **11** 1 ff

Formvorschriften
- Verbraucherdarlehensverträge **494** 1

Forstflächen **585** 8

Fortsetzungsklausel **727** 2, **736** 1, **737** 3
- gesellschaftsrechtliche Erbnachfolge **1922** 13

Fotografieren einer fremden Sache **823** 26

Franchisevertrag **581** 7

Freiheit **823** 11

Freistellungsanspruch
- Arbeitnehmer **619a** 8, **831** 6, **840** 15

Freizeichnung
- Begriff **276** 25 ff

Fremdbesitzerexzess Vor **987-1003** 8, **993** 2

Fremdgeschäftsführungswille
- Mieter **539** 2

Fremdhypothek **1113** 5

Fremdrechtserbschein *EGBGB* **25** 21

Fremdtilgungswille **267** 2

Stichwortverzeichnis

Fremdwährungsschuld 244 1, 10 ff
- echte 244 12

Fristbestimmung 148 3

Fristen 193 1 ff

Fristlose Kündigung
- Miete 535 8, 536 21

Fristsetzung 281 7 ff, 323 5
- Abbedingung in AGB 309 18
- Angemessenheit der gesetzten Frist 323 5
- Begriff 281 7
- Entbehrlichkeit 281 8, 323 6 ff
- zur Abhilfe vor Kündigung 314 5

Früchte 99 1 ff

Fruchtziehung 954 1
- Pachtvertrag 581 4, 13

Frustrationsschadenslehre 253 10

Fund
- Anzeigepflicht des Finders 965 4
- Finder 965 2
- Rechtsfolgen des Fundes 965 3

Fürsorgebefugnis 1960 5

Fürsorgemaßnahme 1959 1

Fürsorgepflicht beim Dienstvertrag 611 23

Garantie
- Beschaffenheit 443 1 ff
- Haltbarkeit 443 1 ff
- selbständige 443 1 ff
- Übernahme 276 2, 23
- unselbständige 443 1 ff
- Vermieter 536a 6, 10

Garantiehaftung
- Erwerber Wohnraummiete 566 8

Garantievertrag
- Abgrenzung zur Bürgschaft 765 25
- Begriff 765 25, 823 160

Gastwirt
- Begriff 701 4
- eingebrachte Sachen beim 701 6 f
- Haftung 651h 4
- Schadensanzeige 703 1
- Wertpapiere und Kostbarkeiten 702 2

Gattungskauf Vor 433-480 6, 447 7
- Aliudlieferung 434 20

Gattungsschuld
- Beschaffungsrisiko 243 6, 276 23
- Konkretisierung 243 7 f
- Rechte und Pflichten des Schuldners 243 5

- Übergang der Leistungsgefahr 300 1

Gattungsvermächtnis 2155 1 f
- Haftung für Sachmängel 2183 1 ff

GbR
- Grundbucheintrag 705 19

Gebäude
- wesentlicher Bestandteil 94 1 ff

Gebäude(-teil) 836 4, 6

Gebrauchspflicht bei Miete 537 1

Gebrauchsvorteile 100 1

Gebrauchtwagen
- Haftung für nicht erkennbare Mängel bei Inzahlungnahme 365 1
- Inzahlungnahme bei Neuwagenkauf 364 5 ff
- Kauf 442 8
- Pflichtverletzung des Verkäufers 323 14

Gebührenerhöhungen 651a 12

Geburt 1 4

Geburtsname
- bei Namensänderung der Eltern 1617c 1 ff
- Kind 1616 1 ff

Gefährdungshaftung Vor 823-853 5 ff

Gefahrgeneigte Arbeit 619a 5

Gefahrtragung
- bei Rücktritt 346 2

Gefahrübergang 446 1 ff
- Versendungskauf 447 1 ff

Gefälligkeitsverhältnis
Vor 104-185 13, Vor 241-853 26 ff, 599 4
- Abgrenzung zur Verwahrung 688 7

Gefälligkeitsvertrag Vor 241-853 26, 662 1

Gegendarstellungsanspruch
Vor 823-853 11, 823 113, 824 2, 15

Gegenleistungsgefahr 275 3, 326 4
- Hinterlegung 379 2

Gegenseitiger Erbvertrag
- Aufhebung durch Testament 2298 15
- Erlöschen des Rücktrittsrechts durch Tod 2298 12
- Gesamtnichtigkeit 2298 2 ff
- Rücktritt 2298 12

Gegenseitigkeit
- Aufrechnung 387 4 f
- Ausnahmen 387 6

Stichwortverzeichnis

Gegenseitigkeitsverhältnis **Vor 320-326** 1 ff, 323 1, 326 3

Gegenstand
- Hinterlegungsfähigkeit **Vor 372-386** 3
- Sache 90 1

Gegenständlich beschränkter Erbschein *EGBGB* 25 21

Gehalt
- Differenzierung nach Alter *AGG* 10 2

Geheimer Vorbehalt 116 1 ff

Geheißerwerb 929 20, 22 f
- bei Übertragung der Hypothek außerhalb des Grundbuchs 1155 5
- Rechtsschein beim Geheißerwerb 932 7

Geisteskrankheit 594e 4

Gelddarlehensvertrag 488 1 ff
- Form 492 1 ff
- Informationspflichten 492 1 ff
- Wertersatz für Gebrauchsvorteil 346 15

Geldentschädigung
- bei Diskriminierung im allg Zivilrecht *AGG* 21 2
- für Diskriminierung *AGG* 15 6

Geldschuld 244 5 f
- Bringschuld 270 1
- Prozesszinsen 291 1 ff
- Rechtzeitigkeitsklausel 270 6
- Versendungsgefahr 300 6
- Verzugszinsen 288 3

Geldsortenschuld
- echte 244 7
- unechte 244 7, 245 1

Geldsummenschuld 244 8

Geltungserhaltende Reduktion 306 4 f
- bei Preisanpassungsklauseln 309 9

Gemeinschaft
- Aufhebung 749 1 ff
- Entstehung 741 4
- Gegenstand 741 4, 747 3
- Gewährleistung bei Aufhebung 757 1
- Kosten und Lasten 748 1
- nach Bruchteilen 741 1
- Nutzung des gemeinschaftlichen Gegenstandes 743 1 ff
- Sonderrechtsnachfolge 746 1, 751 1
- Verfügung über den Anteil 747 2
- Verjährung des Aufhebungsanspruchs 758 1
- Versteigerung 753 1 f

Gemeinschaftliche Schuldnerschaft **Vor 420-432** 2, 431 3

Gemeinschaftliche Verpflichtung 427 2
- Haftung bei teilbarer Leistung 427 1 ff

Gemeinschaftliches Testament
- Änderung 2265 11
- Auslegung **Vor 2265-2273** 5
- Blanko-Unterschrift des Ehegatten 2267 4
- Entstehungsgeschichte **Vor 2265-2273** 6
- Formprivileg 2265 9
- nachträgliche Eheschließung 2265 8
- Nottestament 2249 13
- öffentliches Testament 2265 10
- Rechtsvergleichung **Vor 2265-2273** 7 f
- Umdeutung 2265 6
- wechselbezügliche Verfügungen **Vor 2265-2273** 3
- Widerruf **Vor 2265-2273** 3

Gemeinschaftsantenne 535 8

Gemeinschaftseigentum
- Abnahme 640 7

Gemeinschaftsrechts
- Vorrang *EGBGB* 3 4

Gemischter Vertrag
- Arten **Vor 311-319** 22
- Behandlung **Vor 311-319** 23

Genehmigung **Vor 182-185** 2 ff
- Beweislast 108
- der Schuldübernahme 415 2
- Form 182 4 f
- Rückwirkung 184 1 ff

Genehmigungsfiktion
- Übernahme einer Hypothekenschuld 416 3

Generalvollstrecker 2203 2

Genfer Flüchtlingskonvention *EGBGB* 5 4

Gerichtsstandsvereinbarung *Rom I* 1 9

Gerichtsvollzieher 132 1

Geringstes Gebot 879 2, 883 52

Gesamtanspruch **Vor 2018-2031** 2

Gesamtfälligstellung
- bei Verbraucherdarlehensvertrag 498 1 ff

Gesamtgläubigerschaft **Vor 420-432** 1, 428 1
- Berechtigung zu gleichen Anteilen 430 2
- Ehegatten 430 2
- Gesamtwirkung 429 1
- Innenausgleich 430 1
- Voraussetzung 428 2

Gesamtgut
- Zughörigkeit 1416 2

Gesamthandseigentum **Vor 903-924** 2

Gesamthandsgemeinschaft 719 1 ff, 1416 3, **Vor 2032-2063** 3 ff, 2032 1, 4, 2113 7

Gesamthandsgläubigerschaft 432 6

Gesamthandsklage **Vor 2032-2063** 18, 2058 2 f, 2059 5 f

Gesamthandsschuld **Vor 420-432** 2

Gesamthypothek
- bei Grundstücksteilung 1120 13

Gesamtrechtsnachfolge **Vor 1922-2385** 25, 1922 1, 1942 1, **Vor 2018-2031** 1, 2033 9, 2096 5, 2139 4

Gesamtschuld **Vor 420-432** 2, 421 1
- Abgrenzung zur gemeinschaftlichen Schuld 431 3
- Ausgleichsanspruch 426 1 ff
- Außenverhältnis bei deliktischer Haftung 840 5 ff
- bei Betriebsübergang 613a 9
- bei Verletzung der Aufsichtspflicht 832 5, 840 13
- bei Zusammentreffen von Bürgschaft mit dinglichen Sicherheiten 774 10
- Berichtigung einer 755 1 f
- Gesamtwirkung 425 3 f
- Gleichstufigkeit 421 4
- Grundsatz der Einzelwirkung 425 1 f, 4
- Haftung bei unteilbarer Leistung 431 1 ff
- Innenausgleich 426 1
- Innenverhältnis bei deliktischer Haftung 840 14 ff
- Mietvertrag 546a 4
- Mitbürgen 769 1 f, 774 9
- mitwirkendes Verschulden 840 8 ff
- Rechtsfolge 421 5
- Voraussetzung 421 2 ff

Gesamtschuldklage **Vor 2032-2063** 18, 2058 2 f, 6

Gesamtvertretung 164 11

Gesamtverweisung
- int Erbrecht *EGBGB* 25 16, 26 10

Geschäft für den, den es angeht 164 7

Geschäftsbesorgung
- Begriff der 677 2

Geschäftsbetrieb
- regelmäßiger 562a 5

Geschäftsfähigkeit **Vor 104-113** 2; *EGBGB* 12 7; *Rom I* 1 5
- anwendbares Recht *Rom I* 13 1 ff
- beschränkte 106 1 ff, 362 5, 818 16
- IPR *EGBGB* 7 1 ff
- Quittung 370 2
- Wohnsitz 8 1 f

Geschäftsführer
- fehlende Geschäftsfähigkeit 682 1 ff
- Hauptpflicht des 677 12
- Nebenpflichten 681 1 ff

Geschäftsführung
- Entziehung 712 1
- in der Abwicklungsgesellschaft 730 3
- Kündigung 712 1
- Übertragung 710 1
- Vertretungsmacht 714 1 ff

Geschäftsführung ohne Auftrag
- angemaßte Eigengeschäftsführung 687 3 ff
- Arten **Vor 677-687** 4
- auch fremdes Geschäft 677 3
- Aufwendungsersatzanspruch 683 8, 685 1
- Ausführung im Interesse des Geschäftsherrn 677 11, 683 3
- Begriff **Vor 677-687** 1
- bei nichtigem Vertrag 677 8
- bei Überschreitung vertraglich eingeräumter Befugnisse 677 10
- bei Verpflichtung gegenüber einem Dritten 677 9
- Eigengeschäftsführung 677 11
- Erfüllung im öffentlichen Interesse 679 2
- Fremdgeschäftsführungswille 677 4
- Haftungsmilderung 677 12, 680 1
- Haftungsverschärfung 677 12
- IPR *EGBGB* 39 1; *Rom II* 11 1

Stichwortverzeichnis

- irrtümliche Eigengeschäftsführung 684 3, 687 2
- Minderjähriger 106 8
- objektiv fremdes Geschäft 677 3
- Pflichten des Geschäftsherrn 677 13
- Rechtsfolge der berechtigten 677 12
- subjektiv fremdes Geschäft 677 3
- und ungerechtfertigte Bereicherung 684 1
- Verjährung 677 14
- Voraussetzungen 677 2 ff
- Wille des Geschäftsherrn 677 11, 683 4 ff

Geschäftsraummiete 555 2
Geschäftsstatut *EGBGB* 11 3, 9
Geschäftsunfähiger
- Zugang einer Willenserklärung 131 1 f

Geschäftsunfähigkeit 104 1 ff, 105 1, 818 16
- Geschäfte des täglichen Lebens 105a 1 ff
- partielle 104 4
- relative 104 4

Geschäftswille **Vor 116-144** 6
Geschiedenenunterhalt
- angemessene Erwerbstätigkeit 1574 1 ff
- Ausbildung 1575 1 ff
- Auskunftspflicht 1580 1 ff
- Bedürftigkeit 1577 1 ff
- Ersatzhaftung 1584 1
- Fortbildung 1575 1 ff
- Herabsetzung und zeitliche Begrenzung wegen Unbilligkeit 1578b 1 ff
- Kindesbetreuung 1570 1 ff
- Leistungsfähigkeit 1581 1 ff
- Selbstbehalt 1581 9 ff
- Sonderbedarf 1578 2
- Tod des Berechtigten 1585 2
- Umschulung 1575 1 ff
- Vereinbarung 1585c 1
- Voraussetzungen **Vor 1569-1586b** 2 ff
- wegen Alters 1571 1 ff
- wegen Krankheit oder Gebrechen 1572 1 ff
- Wiederaufleben 1586a 1 ff
- zeitliche Begrenzung 1578 9 ff, 1579 4

Geschlechtsspezifische Diskriminierung *AGG* 1 6

Gesellschaft bürgerlichen Rechts **Vor 21-89** 6, **488** 24 Darlehensvertrag
- Abänderung des Gesellschaftsvertrages 705 11 f
- Abgrenzungsfragen 705 33 ff
- Abschlussmängel 705 30
- Abwicklungsgeschäft 730 1
- als gegenseitiger Vertrag 705 10
- als Gesamthandsgemeinschaft 719 1 ff
- Anwachsung 738 3
- Aufteilung des Gesellschaftsvermögens 733 1
- bei nichtehelicher Lebensgemeinschaft 705 28
- Beiträge 718 2
- Beschränkung der Haftung 714 6 ff
- Buchwertklauseln 738 6
- Eintragungsfähigkeit **Vor 873-928** 10
- Eintrittsklausel 727 5
- Erhöhung der Beitragspflicht 707 1
- fehlerhafte Gesellschaft 705 29 ff
- Folgen des Ausscheidens eines Gesellschafters 738 3 ff
- Fortsetzungsklausel 727 2, 737 3
- Gesamthandsverbindlichkeiten 733 2
- Gesellschaftsgrundlagen 705 11
- Gesellschaftsvertrag 705 8 ff
- Gesellschaftszweck 705 6, 9
- Gewinnverteilung 721 1
- Gründung der 705 5
- Haftung der Gesellschafter 714 5 ff
- Innengesellschaft 705 25
- Insolvenz 728 1
- Kündigung durch Pfändungsgläubiger 725 1
- Miterbengemeinschaft **Vor 2032-2063** 4
- Nachfolgeklausel 727 2 f
- Partnerschaftsgesellschaft 705 41
- Rechtsfähigkeit 705 4, 18 ff
- schwebende Geschäfte 740 1
- stille Gesellschaft 705 26
- Typen der 705 7
- Überschuss 734 1
- Verbraucherschutz 705 33 f
- Verfügung über Geschäftsanteil 719 1
- Verlustverteilung 721 1
- Vertretung der Gesellschaft 714 1 ff
- Verwaltung 705 24
- Vorgesellschaft 705 39

- Vorgründungsgesellschaft 705 38
- Zwangsvollstreckung 718 6
- zweigliedrige 736 5
- zwischen Ehegatten 705 27

Gesellschafter
- Anspruch auf Rechnungslegung 721 2
- Ansprüche gegen die Gesamthand 733 2
- Auseinandersetzung 730 2
- Beschränkung der Haftung 714 6
- Drittverhältnis 706 5
- Einlagen 733 4
- Einzelklagebefugnis 709 3
- Folgen des Ausscheidens 738 3 ff
- Fortdauer der Geschäftsführungsbefugnis 729 1
- gesamthänderische Bindung 718 1, 719 1
- gesamtschuldnerische Haftung 714 5
- Insolvenz eines 728 2
- Kontrollrecht 716 1
- Kündigungsrecht 723 7
- Nachhaftung 736 4
- Nachschusspflicht 735 1
- Sorgfalt in eigenen Angelegenheiten 708 1
- Sozialansprüche 705 14, 706 2
- Sozialverpflichtungen 705 15
- Tod 727 1
- Treuepflicht 705 13
- Verfügung über Gesellschaftsanteil 719 9

Gesellschaftsanteile
- Vorerbe 2112 7

Gesellschaftsrecht
- gesellschaftsvertragliche Fortsetzungsklauseln im Erbrecht 1922 13

Gesellschaftsvermögen 718 1 ff, 733 1

Gesetzlicher Erwerb des Eigentums
- durch Ersitzung 937 1
- durch Verbindung mit einem Grundstück, im Wege des Aufgebotsverfahrens 927 2

Gesetzlicher Forderungsübergang
- anwendbares Recht *Rom I* 15 1 ff

Gesetzliches Pfandrecht
- des Gastwirts 701 3, 704 1

Gesetzliches Rücktrittsrecht
- Verfehlung 2294 1

Gestörtes Gesamtschuldverhältnis 421 4, 426 13, 840 7

Gesundheitsschäden
- bei Miete 536a 10

Gesundheitsverletzung 823 8

Getrenntleben
- Begriff 1567 2 ff
- Ehewohnung 1361b 1 ff
- Verteilung der Haushaltsgegenstände 1361a 1 ff
- Wirkung in Bezug auf Schlüsselgewalt 1357 12

Getrenntlebensunterhalt
- Erwerbsobliegenheit 1361 8 f
- Prozesskostenvorschuss 1361 19
- Umfang 1361 18 f
- Zuvielleistung 1361 21

Gewährleistung
- Leasing **Vor** 535-580a 10
- Miete 543 1

Gewährleistungsbürgschaft 765 23

Gewaltschutz
- IPR *EGBGB* 17a 1 ff

Gewinnanteilsschein 805 2

Gewöhnlicher Aufenthalt *EGBGB* 5 8; *Rom I* 19 1

Gläubigerbenachteiligung 826 15

Gläubigergemeinschaft **Vor** 420-432 1, 432 1

Gleichbehandlungsgesetz **Vor** 241-853 29, 535 2
- Einstellungsanspruch 611 12
- Entgeltgleichheit 612 4
- Gleichbehandlungsgrundsatz 611 24
- Maßregelungsverbot 612a 5
- Schadensersatz 611 12

Gleichbehandlungspflicht
- allgemein 611 24
- Arbeitgeber 612a 2
- bei Einstellung 611 12
- Rechtsfolgen bei Verstoß 612a 4

Gleichberechtigungsgesetz 1932 1

Gleichrangvermerk 879 8

Globalzession 398 17, 929 42 f
- Unwirksamkeit wegen Knebelung und Übersicherung 398 19
- Unwirksamkeit wegen Verleitung zum Vertragsbruch 398 18

Gradualsystem 1928 1

Gran Canaria-Fälle *EGBGB* 46b 12

Grenzüberbau
- Begriff 912 1

- berechtigter Überbau 912 2
- Bestandteilsprinzip 912 15
- Bodenakzessionsprinzip 912 15
- Eigentum am überbauten Grundstück 912 19
- Eigentum beim berechtigten 912 16
- Eigentum beim rechtswidrigen entschuldigten 912 18
- Eigentum beim rechtswidrigen unentschuldigten 912 17
- Rechtsfolgen des berechtigten 912 12, 14
- rechtswidriger entschuldigter 912 4
- rechtswidriger unentschuldigter 912 3
- Verschuldenszurechnung bei Architekten und Bauunternehmern 912 9 f
- Widerspruch 912 11

Großer Schadensersatz 280 2

Grundbuch Vor 873-928 7 ff, 2129 8, 2136 12, 2139 10
- Eintragung der Erbengemeinschaft Vor 2032-2063 13, 2032 4
- Publizitätswirkung Vor 854-1296 9
- Unrichtigkeit 894 1 ff

Grundbuchamt Vor 873-928 7

Grundbuchberichtigungsanspruch 894 1 ff
- Inhalt 894 13
- Rechtsnatur 894 14
- Unrichtigkeit des Grundbuchs 894 5
- Verhältnis zu schuldrechtlichen Berichtigungsansprüchen 894 3
- Voraussetzungen 894 4 ff

Grundbucheintragung Vor 873-928 9 ff

Grundbuchrecht
- Bewilligungsprinzip 883 49
- Formelles Vor 873-928 6 ff, 15 ff
- Konsensprinzip 888 3

Grunddienstbarkeit
- Begriff 1018 1
- Bestellung 1018 7
- gleichrangige Nutzungsrechte 1024 1
- Inhalt 1018 2
- Übertragung 1018 7
- Unzulässigkeit der Verpflichtung zu einem positiven Tun 1018 2
- Zulässigkeit von Wettbewerbsbeschränkungen und -verboten 1018 3 ff

Grundpfandrecht 490 8, Vor 1113 1 ff
- Rechtsnatur Vor 1113 3
- Zwangsvollstreckung Vor 1113 4

Grundrechte
- (mittelbare) Drittwirkung 138 3

Grundschuld Vor 1113 10 f, 2166 6
- Arten 1191 4
- Begriff 1191 2
- Entstehung 1191 9
- erhöhte Verkehrsfähigkeit 1191 6
- Erlöschen 1191 16
- isolierte 1191 3 f
- Kündigung 1193 1
- nichtakzessorische Realsicherheit 1191 2
- Sicherungsgrundschuld 1191 3 f
- Tilgung 1191 17
- Übertragung 1191 14
- Wesensgleichheit zur Hypothek 1191 1

Grundschuldzinsen 535 7

Grundsteuer 535 7

Grundstück
- beschränkt dingliche Rechte an Grundstücken 873 2
- dienendes 1018 1
- herrschendes 1018 1
- im rechtlichen Sinne Vor 873-928 2
- Übertragung 873 1 ff
- wesentlicher Bestandteil 94 1 ff

Grundstückserwerb
- Haftung 567b 4

Grundstücksgleiches Recht Vor 873-928 4

Grundstücksmiete Vor 535-580a 18, 556b 2
- Schutz 550 1

Grundstückspacht 581 17, 582a 2

Grundstücksteilung
- bei Hypothek 1120 13

Grundstückszubehör
- erleichterter Eigentumsübergang 926 1
- gutgläubiger Erwerb 926 3

Günstigkeitsvergleich EGBGB 46b 17, 27

Gutachten
- Abrechnung auf Gutachtenbasis 249 3
- als Werkvertrag 631 1

Gute Sitten 138 1 ff
Guter Glaube EGBGB 12 9
- maßgebender Zeitpunkt 892 21 ff, 932 13
- Maßstab 932 12
- Maßstab bei der Ersitzung 937 2
- Maßstab beim grundbuchrechtlichen Erwerb 892 4, 16 ff
- Maßstab beim rechtsgeschäftlichen Pfandrecht 1207 2
- Maßstab für den gutgläubigen einredefreien Erwerb einer Grundschuld 1191 40 f
- Schutz bei fehlender Verfügungsbefugnis Vor 854-1296 13

Güterbeförderungsvertrag
- Ablieferungsort Rom I 5 9
- anwendbares Recht Rom I 5 5 ff
- objektive Anknüpfung Rom I 5 7 ff
- Parteiautonomie Rom I 5 6
- Rechtswahl Rom I 5 6
- Übernahmeort Rom I 5 9

Gütergemeinschaft 1931 9
- fortgesetzte 2112 5
- Vermögensmassen Vor 1415-1518 2 f

Güterrecht
- Lebenspartnerschaft Vor 1363-1563 6
- Zugewinngemeinschaft, IPR EGBGB 15 1 ff

Güterrechtsregister
- Eintragung Vor 1558-1563 2 ff, 1561 1
- Funktion Vor 1558-1563 3

Güterstand Rom I 1 7
- Fälle mit Auslandsberührung Vor 1363-1563 1a, 5
- gesetzlicher Vor 1363-1563 2 ff, 1363 2
- IPR EGBGB 15 1 ff, 16 1 ff
- Vereinbarung 1408 2
- Wahlgüterstand Vor 1363-1563 1 ff

Gütertrennung 1931 8
- durch Aufhebung der Gütergemeinschaft 1414 2
- durch Ausschluss des gesetzlichen Güterstands 1414 2
- durch Ausschluss des Versorgungsausgleichs 1408 3
- durch Ausschluss des Zugewinnausgleichs 1414 2
- durch Vereinbarung 1414 2

Gutglaubensschutz 2129 9 ff; EGBGB 12 1
- und Anwartschaftsrecht 929 64
- und Eigentumserwerb Vor 929-1011 5

Gutgläubiger Erwerb 932 1 ff, 2113 20 ff, 2115 13, 2129 10
- Anwartschaftsrecht 929 71
- bei Besitzkonstitut 933 1 ff
- Eigenbesitzer 955 1
- Harmonisierung der Rechtsfolgen von § 933f 934 5
- Herausgabeanspruch, Abtretung 934 1 ff
- Inventar Pachtsache 582a 7, 583 6
- lastenfreier Erwerb 936 1 f
- Nachlassgegenstände 2211 8
- Unternehmerpfandrecht 647 7
- völliger Besitzverlusts auf Veräußererseite 933 3
- vom Erbschaftsbesitzer 2019 12
- Voraussetzungen 932 3, 934 2 ff

Gutgläubiger Erwerb von beschränkten dinglichen Rechten und ähnlichen Rechten
- Ausschluss 892 16 ff
- einredefreier Erwerb eines Grundpfandrechts 1140 1, 1157 3, 1191 39, 1192 4 f
- Ersterwerb einer Grundschuld 1191 15
- maßgeblicher Zeitpunkt 892 21 ff
- Rechtsgrund im Rahmen des Bereicherungsrechts 892 30
- Vermieterpfandrecht 562 5
- Voraussetzungen 892 7 ff
- Wirkung eines Widerspruchs 892 25 f
- Zweiterwerb einer Hypothek 1138 1 ff

Haager Kindesschutzübereinkommen EGBGB 21 1 ff
- anwendbares Recht EGBGB 21 9
- Anwendungsbereich EGBGB 21 3
- Dringlichkeitsfälle EGBGB 21 7
- elterliche Sorge EGBGB 21 10
- Haager Minderjährigenschutzabkommen EGBGB 21 2
- Rechtsgeschäft, Gültigkeit EGBGB 21 11
- Regelzuständigkeit EGBGB 21 4
- Scheidungsstaat, Zuständigkeit EGBGB 21 5
- Zuständigkeit, internationale EGBGB 21 6

- Zuständigkeitsregeln *EGBGB* 21 2

Haager Minderjährigenschutzabkommen *EGBGB* 21 2

Haager Testamentsformübereinkommen *EGBGB* 3 7, 26 1

Haager Unterhaltsprotokoll *EGBGB* 18 6
- anwendbares Sachrecht *EGBGB* 18 5
- Gelungsbereich *EGBGB* 18 4
- Rechtswahl, Wirksamkeitskontrolle *EGBGB* 18 11
- Unterhaltspflichten zw Ehegatten *EGBGB* 18 7
- Verschwägerte *EGBGB* 18 8
- Wahlmöglichkeiten *EGBGB* 18 9 f
- Zweck *EGBGB* 18 3

Haager Unterhaltsübereinkommen *EGBGB* 3 7

Haftung
- Abschlussvertreter in AGB 309 50
- als Gesamtschuldner bei Schuldmitübernahme **Vor 414-419 6**
- Arbeitgeber bei Betriebsübergang 613a 9
- Beamte, Ausgleichung 841 1
- Beauftragter für den Gehilfen 664 7
- bei gesetzlichem Rücktrittsrecht 346 18
- bei Herausgabeanspruch 292 1 ff
- bei vertraglichem Rücktrittsrecht 346 18
- Entleiher 599 2
- Erbengemeinschaft **Vor 2032-2063 10**
- für eigenübliche Sorgfalt 277 2
- für Erfüllungsgehilfen 278 1
- für gesetzlichen Vertreter 278 4
- für Nachlassverbindlichkeiten 2033 9, 2036 1
- für Verwaltungshandlungen bei Erbengemeinschaft 2036 2
- Gastwirt 651h 4
- Gebäudebesitzer 837 1
- Gebäudeunterhaltungspflichtiger 838 1
- gerichtlicher Sachverständiger 839a 1 ff
- Miterben als Gesamtschuldner 2032 4, 2058 1 ff, 2061 1
- Miterben bis zur Teilung 2059 1 ff
- Mitverschulden des Verletzten 846 1
- Nacherbe 2144 1 ff
- objektive 276 2
- Untervermächtnisnehmer 2187 1
- Vermächtnisnehmer für Grundpfandrechte 2166 1
- Verwahrer 688 3

Haftung des Erben
- Beschränkbarkeit **Vor 1967-2017 5, 1967** 1
- Dreimonatseinrede **Vor 1967-2017 12**
- Dürftigkeitseinrede **Vor 1967-2017 9**
- Interessensausgleich **Vor 1967-2017 2 f**
- Inventarerrichtung **Vor 1967-2017 11**
- postmortale Vollmacht **1967 8**
- Rechtsvergleichung **Vor 1967-2017 4**
- Übergang der Verbindlichkeiten **Vor 1967-2017 1, 1967 1**

Haftungsausschluss 444 1 ff
- AGB 309 24, 27
- Schmerzensgeld 253 15

Haftungsbeschränkung 276 24, **Vor 1993-2013 2 f, 2144 4 ff, 2145 8**
- Auswirkungen auf Vertrag mit Schutzwirkung zugunsten Dritter 328 19
- gesetzliche 276 24, 300 2, 426 16
- vertragliche 276 25 ff, 426 14

Haftungsdurchgriff **Vor 21-89 1**

Haftungseinheit 426 9, 840 11

Haftungserweiterungen
- gesetzlichvertraglich 276 22

Haftungsfreistellung 426 15

Haftungsprivileg **Vor 823-853 13, 832 2, 833 7, 840 7**

Haftungsprivilegierung
- Arbeitnehmer 619a 6

Haftungsverband der Grundschuld 1191 19
- Verwertung der Grundschuld 1191 19

Haftungsverband der Hypothek
- Begriff 1120 11
- Erstreckung auf Bestandteile 1120 16
- Erstreckung auf Erzeugnisse 1120 16
- Erstreckung auf Zubehör 1120 17
- Freiwerden von der Hypothekenhaftung 1120 7

- Realisierung der Haftung durch Beschlagnahme 1120 8
Halbteilungsgrundsatz 1587 1 ff
Halmtaxe 596a 5
Handeln auf eigene Gefahr 254 11, 823 83, 833 7
Handeln unter falschem Recht
- int Erbrecht *EGBGB* 25 6
Handeln unter fremden Namen 164 9
Handelsgeschäft
- Vor- und Nacherbschaft 2112 6
Handelsgesellschaft
- Offene **Vor 21-89 6**
Handelsmakler 652 1
Handelsvertreter 654 5
Handleihe 598 2
Handlung
- Begriff 823 46
- geschäftsähnliche **Vor 104-185 11**, 119 3
Handlungsfähigkeit 827 1, 829 5; *EGBGB* 12 7; *Rom I* 1 5
- anwendbares Recht *Rom I* 13 1 ff
Handlungsstörer **Vor 823-853 11**, 1004 5
Handlungsunrecht 823 73
Handlungswille **Vor 116-144 4**
Handschuhehe *EGBGB* 11 7 f, 11
Härteklausel
- Landpachtvertrag 593a 6
Hauptpflichten **Vor 241-853 20**
- Verletzung von 323 4
Hauptversammlung Gesellschaft *EGBGB* 11 17
Hausbedienstete 553 2
Hausfrau 651f 8
Haushaltsführung
- Verteilung 1356 2
Haushaltsgegenstände
- bei Zugewinnausgleich 1363 3, 1372 2
- Verfügung 1369 1 ff
- Verteilung bei Getrenntleben 1361a 1 ff
Haushaltsgegenstände, endgültige Zuweisung 1568b 1 ff
- Angewiesensein 1568b 8
- Anspruchsinhalt 1568b 10
- Anwendungsbereich 1568b 3
- Billigkeitsgründe 1568b 9
- Eigentum 1568b 6
Haushaltsgegenstände, Zuweisung
- Getrenntleben 1568b 2
Hausmeisterwohnung 576b 2
Hausrecht 1004 7
Haustier 833 8 f
Heileingriff
- ärztlicher 823 5, 78, 80 ff
Heimarbeiter *AGG* 6 2
Heimarbeitsverhältnis 655 2
Herausforderungsfälle 823 55
Herausgabeanspruch 985 1 ff, 2131 1 ff
- Abtretung 931 1 ff
- auf Schuldschein 371 2
- des für tot Erklärten 2031 1 ff
- Einwendungen 986 1 ff
- gegen Hinterlegungsstelle 376 3
- Haftung bei 292 1 ff
- Nutzungen nach Rechtshängigkeit 987 1
- Schadensersatz nach Rechtshängigkeit 989 1
- Verjährung 852 1
Herausgabeanspruch des früheren Besitzers
- Ausschluss des Anspruchs 1007 1
- Rechtsnatur 1007 1
- Voraussetzungen 1007 2
Herausgabepflicht
- Beauftragter 667 5
Herrenlose Sache 959 1
- Eigentumserwerb 958 1 ff
Hersteller
- Begriff 950 8
- beim Kauf 434 14
Herstellerleasing **Vor 535-580a 12**
Heuerlingsvertrag 585 3
Hilfsanspruch
- im Grundbuchrecht 888 1
Hinsendekosten 357 5
Hinterbliebenenversorgung
- Diskriminierung *AGG* 8 3
Hinterlegung 2114 4, 2116 1 ff
- Anzeige 374 2
- Ausschluss der Rücknahme 376 2
- Befriedigung durch Dritten 268 5
- Berechtigung **Vor 372-386 1**
- Erfüllungssurrogat **Vor 372-386 1**
- Gegenleistungsgefahr 379 2
- Leistungsort 374 1

- Leistungsverweigerungsrecht 379 1
- Postübersendung, Rücknahme 376 1
- Voraussetzungen 372 1 ff
- Wirkungen Vor 372-386 2, 372 5, 378 1, 379 1

Hinweispflicht
- Vermieter 568 3 f

Höchstalter AGG 10 3
Höchstbetragsbürgschaft 765 19
Höchstbetragshypothek 1113 7
Höchstfrist 356 7
Höchstpersönlichkeit
- Dienstpflicht 613 1
- Erbvertrag 2274 1

Hoferbfolge 1951 5
Höferecht Vor 1922-2385 27, 1922 22, 2147 3
Hoffolgezeugnis 2353 6
Hofübergabe
- gleitende 589 3

Höhere Gewalt beim Reisevertrag 651a 14, 651e 2, 651j 5
Holschuld 697 1
Holzeinschlag 596a 6
Hypothek 2166 2 ff
- Arten 1113 4 ff
- Aushändigung der Urkunden 1144 1
- Belastung 1154 10
- Beschränkung der Akzessorietät 1156 1
- Eigentumsvermutung 1148 1
- Eintragung 1115 1 ff
- Entstehung 1113 9
- forderungsbekleidete 1138 3, 8
- forderungsentkleidete 1138 9
- Inhalt Einigung 1113 10
- Kündigung 1141 1 ff
- Pfändung 1154 10
- Rechtsnatur 1113 1
- Übertragung 1153 1
- Übertragung außerhalb des Grundbuchs 1155 2, 4 ff
- Verfallabreden 1149 1
- Verzicht 1165 1
- Verzugszinsen 1146 1
- Wirkung der Übertragung außerhalb des Grundbuchs 1155 5
- Zahlung und Gutglaubensschutz 1143 9 ff

Hypothekenbrief
- keiner bei Ausschluss der Erteilung 1116 1
- Zerstörung des guten Glaubens durch Eintragung auf dem Brief 1140 1, 1157 3

Hypothekenschuld
- Übernahme 416 1

Hypothekenzinsen 535 7

Identitätsirrtum 119 7
Identitätstäuschung 164 9
IKEA-Klausel 434 19
Immaterieller Schaden
- Reisender 651f 8

Immission 823 27, 87
- IPR EGBGB 44 2

Immobiliardarlehensvertrag 358 9 f, 498 2
Individualgarantie für Eigentum Vor 903-924 5
Individualvereinbarung 305 7
Indizien
- für Diskriminierung AGG 22 2

Indossament 793 1
Informationspflicht 242 19, 312d 1, 356 6
- Anwendbarkeit 312d 10
- bei Anruf des Unternehmers 312a 2
- Bei außerhalb von Geschäftsräumen geschlossenen Verträgen 312f 2
- bei digitalen Inhalten 312f 6
- bei Fernabsatzverträgen 312d 5
- bei Teilzahlungsgeschäften 502 1
- bei Verbraucherdarlehen 492 1 ff
- beim Kauf via Internet 433 11, 444 5
- Beweislast 312k 2, 363 5
- dauerhafter Datenträger 312f 5
- Form und Frist 312f 5
- Fracht-, Liefer- oder Versandkosten 312e 1
- Für innerhalb von Geschäftsräumen geschlossene Verträge 312a 3
- im elektronischen Geschäftsverkehr 312i 8, 11, 312j 1 f
- Inhaltsanforderungen an die Vertragsabschrift 312f 3
- Inhaltsanforderungen an die Vertragsbestätigung 312f 4
- Kenntnisnahmemöglichkeit des Verbrauchers 312d 2, 312f 2

- Nichtbestehen eines Widerrufsrechts 312d 7
- Reiseveranstalter 651a 11
- Sinn und Zweck 312f 1
- Sprache 312d 8
- Transparenzgebot 312d 4
- über Widerrufsrecht 312d 6
- vorvertragliche 312d 3

Informationspflichtenverordnung Vor 241-853 30

Informationspflichterfüllung
- Wahlrecht des Unternehmers 312f 2

Informationspflichtverletzung
- Beweislast 312f 6
- Rechtsfolge 312a 2, 312d 9, 312f 7

Ingenieur 632 5, 646 2
Inhabergrundschuld 873 12, 1195 1
Inhalts- und Schrankenbestimmung 903 4 ff
Inhaltsänderung
- als Verfügung 877 3
- Begriff 877 1 f
- bei Umwandlung von Grundrechten 877 2
- durch eingetragenes Abtretungsverbot bei der Grundschuld 1191 35
- Zustimmungserfordernis bei Drittberechtigung 877 3

Inhaltsfreiheit Vor 145-157 5, Vor 311-319 6
Inhaltsirrtum 119 6 ff
Inhaltskontrolle
- Vereinbarungen 1587 1 ff

Inkassozession 398 20
Inlandsklausel Rom I 3 7
Innenverhältnis 1959 3
Innenvollmacht 167 1
Innerdeutsches Kollisionsrecht EGBGB 4 23
Insichgeschäft 181 1 ff
Insolvenz
- Unwirksamkeit einer Abtretung 398 11
- Vermieterpfandrecht 562 4
- Verpächter 583 3

Insolvenzverschleppung 826 15
Instandsetzung
- Leihsache 602 5
- Mietsache 535 6, 548 5

Institutsgarantie für Eigentum Vor 903-924 5
Instruktionsfehler 823 175, 184 f, 197
Integritätsinteresse 249 1, 823 17
Interessenwegfall 323 8
Interlokales Privatrecht EGBGB 4 21
Internat AGG 8 2
International zwingendes Recht Rom I 9 1 ff
Internationale Zuständigkeit
- Nachlassverfahren EGBGB 25 20

Internationales Erbrecht Vor 1922-2385 28
- Europäische Erbrechtsverordnung Vor 1922-2385 28a
- Rechtsvergleichung Vor 1922-2385 11 ff

Internationales Gesellschaftsrecht EGBGB 11 16
- Gründungstheorie Rom I 1 10
- Sitztheorie Rom I 1 10

Internationales Privatrecht
- Abstammung EGBGB 19 1 ff
- Adoption EGBGB 22 1 ff
- akzessorische Anknüpfung EGBGB Vor 3-6 8
- Anknüpfung EGBGB Vor 3-6 5
- Anknüpfungsgegenstände der Rom II-VO Rom II 15 1 ff
- Anwendung ausländischen Rechts EGBGB Vor 6 1
- Anwendungsbereich der Rom II-VO Rom II 1 1 ff
- Arbeitskampfmaßnahmen Rom II 9 1 ff
- außervertragliche Schuldverhältnisse Rom II 2 1 ff
- Begriff EGBGB Vor 3-6 1 ff
- Betreuung EGBGB 24 1 ff
- Beweisfragen Rom II 22 1
- Direktklage gg Versicherer Rom II 18 1
- Distanzdelikte EGBGB 40 8
- Doppelstaater EGBGB 5 4 f
- Eheschließung EGBGB 13 1 ff
- Eingriffsnormen Rom II 16 1 ff
- „Einzelstatut bricht Gesamtstatut" EGBGB 3a 3 ff
- engere/engste Verbindung EGBGB 4 22, 5 5, 41 2 ff, 46 1
- Erfolgsort EGBGB 40 9
- Ermittlung ausländischen Rechts EGBGB Vor 6 3

Stichwortverzeichnis

- Europäische Union
  EGBGB **Vor 3-6** 11, **3** 1 ff;
  Rom II **Vor 1** 1 ff
- Flüchtling *EGBGB* **5** 4
- Form *Rom II* **21** 1
- Funktion *EGBGB* **Vor 3-6** 1
- Gesamtverweisung *EGBGB* **4** 3 ff
- Geschäftsfähigkeit *EGBGB* **7** 1 ff
- Geschäftsführung ohne Auftrag
  EGBGB **39** 1; *Rom II* **11** 1 ff
- gesetzliche Schuldverhältnisse
  Rom II **2** 1 ff
- gesetzlicher Forderungsübergang
  Rom II **19** 1 f
- gewöhnlicher Aufenthalt
  EGBGB **5** 8; *Rom II* **23** 1 ff
- Güterrecht *EGBGB* **15** 1 ff, **16** 1 ff
- Handlungsort *EGBGB* **40** 7
- Immaterialgüterrechte
  Rom II **8** 1 ff
- Immissionen *EGBGB* **44** 2
- interlokales Recht *EGBGB* **4** 21
- interpersonales Recht
  EGBGB **4** 21
- Kollisionsnormen
  EGBGB **Vor 3-6** 5 ff
- Lebenspartnerschaft
  EGBGB **17b** 1 ff
- Name *EGBGB* **10** 1 ff
- Normwiderspruch
  EGBGB **Vor 6** 5
- ordre public *EGBGB* **6** 1 ff;
  Rom II **26** 1 ff
- Personalstatut *EGBGB* **5** 1 ff
- Pflegschaft *EGBGB* **24** 1 ff
- Produkthaftung *Rom II* **5** 1 ff
- Qualifikation
  EGBGB **Vor 3-6** 12 ff
- Rechtsfähigkeit *EGBGB* **7** 1 ff
- Rechtsquellen *EGBGB* **Vor 3-6** 9 ff
- Rechtsspaltung *EGBGB* **4** 18
- Rechtswahl *EGBGB* **4** 17, **42** 1 f;
  Rom II **14** 1 ff
- Renvoi s.a. Rückverweisung
  EGBGB **4** 1
- Rom II *Rom II* **1** 1 ff
- Rückverweisung *EGBGB* **4** 1;
  Rom II **24** 1
- Sachenrechte *EGBGB* **43** 1 ff
- Sachnormverweisung *EGBGB* **4** 2
- Scheidung *EGBGB* **17** 1
- Sicherheits- und Verhaltensregeln
  Rom II **17** 1 f
- Sorgerecht *EGBGB* **21** 1 ff
- Staatenloser *EGBGB* **5** 3
- Staatsangehörigkeit *EGBGB* **5** 2
- Staatsverträge *EGBGB* **3** 5 ff
- Statutenwechsel
  EGBGB **Vor 3-6** 19 ff, **7** 4, **43** 4 ff
- Substitution *EGBGB* **Vor 6** 7 ff
- Todeserklärung *EGBGB* **9** 1 ff
- Transportmittel *EGBGB* **45** 1 ff
- Umwelthaftung *Rom II* **7** 1 ff
- Umweltschädigungen
  EGBGB **46a** 1 f
- unerlaubte Handlung
  EGBGB **40** 1 ff
- unerlaubte Handlungen
  Rom II **4** 1 ff
- ungerechtfertigte Bereicherung
  EGBGB **38** 1 ff; *Rom II* **10** 1 ff
- unlauterer Wettbewerb
  Rom II **6** 1 ff
- Unteranknüpfung *EGBGB* **4** 18 ff;
  Rom II **25** 1
- Unterhalt *EGBGB* **18** 1 ff
- Vaterschaftsanfechtung
  EGBGB **20** 1 ff
- Verletzung von Rechten des geistigen
  Eigentums *Rom II* **8** 1 ff
- Verschulden bei Vertragsverhandlungen *Rom II* **12** 1 ff
- versteckte Rückverweisung
  EGBGB **4** 16
- Vorfrage *EGBGB* **Vor 3-6** 21 ff
- Vormundschaft *EGBGB* **24** 1 ff
- Weiterverweisung *EGBGB* **4** 13 f
- Wettbewerbsbeschränkungen
  Rom II **6** 8 ff

Internet
- Angebot **147** 5
- digitale Willenserklärung **127** 6
- domain-Bezeichnung **12** 10
- Haftung für Werbeaussagen
  434 16
- Informationspflichten beim Kauf
  433 11, **444** 5
- Rechtsbindungswille **145** 5
- Zugang von Willenserklärungen
  130 4

Internet-Auktion
- Spiel **762** 2
- Vertragsschluss **145** 6, **156** 1 ff

Interpersonales Privatrecht
EGBGB **4** 21

Inventar **Vor 1993-2013** 1
- Anwartschaftsrecht **582a** 7
- Begriff **582** 3
- eisernes **582a** 3
- Ersatzbeschaffung **584b** 6

Stichwortverzeichnis

- gutgläubiger Eigentumserwerb 582a 7
- Rückgewähr 582a 11
- Übernahme zum Schätzwert 590 5
- Wertausgleichsanspruch 582a 13

Inventarerrichtung Vor 1993-2013 2
- Untreue 2005 2 ff

Inzahlungnahme
- gebrauchter Pkw 364 5 ff

Irrtum 1949 1 ff, 1954 1 ff, 2079 1 f
- Anfechtung 119 1 ff

Jagderzeugnis 823 163, 170, 196
Jagdpacht 581 6
Jahr 2000-Problem 823 170, 196
Jugendamt
- Beistandschaft 1713 1 ff

Jugendwohnheim 549 7, 551 5
Junktim-Klausel 903 9
Juristische Person
- des öffentlichen Rechts 89 1; EGBGB 12 4
- Haftungsdurchgriff Vor 21-89 1
- Typenzwang Vor 21-89 5

Kalkulationsirrtum 119 13
Kapitalabfindung 249 8, 842 6, 843 9, 11
Kardinalpflichten 307 17
Katalog des Reiseveranstalters 651a 5
Kauf
- Abgrenzung Vor 433-480 9 ff
- Abnahme 433 14 f, 448 3
- arglistige Täuschung 437 26
- Arten Vor 433-480 6
- Aufwendungsersatz 437 15
- Auskunftspflicht des Verkäufers 433 11
- Begriff Vor 433-480 1
- Beschaffenheit 434 1
- Beseitigung des Mangels 439 2
- Beweislast 433 17
- Doppelverkauf Vor 433-480 5
- Eigenschaften 434 1
- Falschlieferung Vor 433-480 3, 434 20
- Gebrauchtwagenkauf 442 8
- Gegenstand 433 3 ff
- Haftungsausschluss für öffentliche Lasten 436 5
- Handelskauf Vor 433-480 8
- kaufähnliche Verträge Vor 433-480 9
- Mängelanzeige 438 13
- Mängelbeseitigung 439 2
- Mängeleinrede 438 13
- Mangelfolgeschaden 437 8 ff
- Mangelschaden 437 12
- Mangelverdacht 434 1
- Marktpreis 433 7
- Minderung 437 6
- Nachbesserung 439 2
- Nacherfüllung 439 2, 9
- Nachfrist 437 17 ff
- Nachlieferung 439 2, 9
- Nebenpflichten 433 11
- Nutzungsausfallschaden 437 11
- Pflichten des Käufers 433 12 ff
- Pflichten des Verkäufers 433 10 ff, 434 1
- Rechtskauf Vor 433-480 6
- Rechtsmängel 433 14
- Reform des Kaufrechts Vor 433-480 3, 474 1
- Rücktritt Vor 433-480 3, 437 4 f
- Schadensersatz 437 7 ff
- Selbstvornahmen 437 16
- Stückkauf Vor 433-480 5
- Tier 439 4
- Unmöglichkeit 437 14
- Unternehmen 433 6
- Versendungskauf 447 3
- Verzug 437 13
- Wandelung 437 5
- Wertpapiere Vor 433-480 6, 453 2
- Zusicherung 442 7
- Zuweniglieferung 434 20

Kauf auf Probe 455 6, 548 3
Kaufmännisches Bestätigungsschreiben 147 10 ff
Kaufpreis 433 7
- Fälligkeit 433 13
- Marktpreis 433 7

Kausalität
- alternative 830 20
- haftungsausfüllende 823 85
- haftungsbegründende 823 45, 59
- kumulative 830 21
- mögliche 830 1, 6, 19
- psychische 823 55

Kaution 581 17
- Wohnraummiete 551 1

Kennenmüssen 2140 3
Kfz 562 4
- Brief 562a 3
- Halter und Leihe 598 10
- Inspektion 631 2

Stichwortverzeichnis

Kind
- Erziehung 1631 4
- religiöses Bekenntnis Vor 1821-1822 3

Kindergeld
- Anrechnung beim Unterhalt 1612c 2 ff

Kindesentziehung
- Verhältnismäßigkeit 1666a 1 ff

Kindesvermögen
- Gefährdung 1667 1 ff
- Herausgabe 1698 1 ff
- Schutz 1646 1, 1649 1 ff
- Verwaltung 1626 9

Kindeswohl
- Maßnahmen bei Gefährdung 1666 2 ff

Klausel-RL
- Anhang Vor 305-310 8
- Mindestharmonisierungsmaßnahme Vor 305-310 7
- überschießende Umsetzung 305 10

Klauselverbote ohne Wertungsmöglichkeit
- Überblick 309 3

Kleinbetrieb 622 2

Kleiner Schadensersatz 280 2

Kleines Sorgerecht Vor 1297-1588 19
- IPR EGBGB 21 1 ff

Kleingartenpacht 581 6, 596a 2

Kollusion 167 9

Kommanditgesellschaft Vor 21-89 6

Kommissionsvertrag Vor 433-480 11

Konditionsgeschäft Vor 433-480 7

Konfusion 241 2, Vor 362-397 2, 398 4, 429 1, Vor 2032-2063 11, 2143 1, 2175 1

Konkretisierung
- der Gattungsschuld 243 7

Konkurrenzverbot 611 18

Konkursverschleppung 826 15

Konnexität
- keine bei Aufrechnung 387 8

Konnossement Rom I 1 8

Konsensualvertrag Vor 311-319 12, 488 2, 598 2, 607 3

Konsolidation Vor 2032-2063 11, 2175 1

Konstruktionsfehler 823 173, 183, 197, 203

Kontokorrent 388 4

Kontokorrentbürgschaft 765 19

Kontokorrentvorbehalt 929 46

Kontrahierungszwang Vor 145-157 4

Konversion 140 1 ff

Konzernverrechnungsklauseln 388 7

Kopftuchverbot AGG 8 3

Körperverletzung 823 5 ff
- abgetrennter Körperteil 823 7

Kosten
- bei der Tilgung 367 2
- Vertragserfüllung 284 8
- Vertragsliquidation 284 10
- Vertragsschluss 284 8
- Vertragsverwertung 284 9

Kostenanschlag 632 3

Krankheit 535 8, 537 1
- Arbeitnehmer 616 4
- Dienstverpflichteter 616 4

Kreditauftrag 778 1 f

Kreditbürgschaft 765 19, 778 3

Kreditkosten 280 19, 288 6

Kreditwucher 138 14 f, 488 7, 817 7

Kreispachtvertrag 596 3

Kreuzfahrt 651a 4

Kriegsdienstverweigerer AGG 24 1

KSÜ EGBGB 21 1 ff

Kündigung
- Auftragnehmer 671 3
- aus wichtigem Grund 314 1 ff, 543 1 ff
- Bedingung 542 2 f
- befristeter Mietvertrag 544 1
- Begründungspflicht 626 8
- bei Betriebsübergang 613a 9
- berechtigtes Interesse Vermieter 542 2, 573b 2
- Darlehensvertrag 490 1 ff
- Diskriminierung bei AGG 2 3
- Erklärung 626 3
- Form 623 1
- Form bei Miete 543 10, 568 1
- Freizeit zur Stellensuche 629 1
- fristlose 314 1 ff, 535 8, 536 21
- fristlose bei Mietvertrag 543 1 ff
- Gelddarlehen 489 1 ff
- Gesellschaft 723 1
- infolge Störung der Geschäftsgrundlage 313 21
- Leihvertrag 603 5
- Mietvertrag 536c 3, 542 1

Stichwortverzeichnis

- Mietvertrag bei Gesundheitsgefährdung 569 2
- Pachtvertrag 581 17
- Umdeutung 626 9
- und Alter *AGG* 10 3
- Verdachtskündigung 626 4
- Vermieter 541 1
- Vertrauensstellung 627 2
- wegen verweigerter Untervermietung 540 1
- Widerspruch 568 2
- Wohnraummiete 573 1
- zur Unzeit 627 3

Kündigungsbeschränkung
- Münchener Modell 577a 1

Kündigungsfrist
- Auslegung 622 4
- Berechnung 622 2
- Pachtvertrag 584 1

Kündigungsgründe
- vorgetäuschte 573 4

Kündigungsrecht
- Landpacht 594d 5

Künstlername 12 8

Künstliche Körperteile 1922 6

Landgut
- Begriff 2312 4
- Bewertungsregel 2312 1

Landpachtvertrag
- Abmahnung 594e 3
- Abwicklungsbedingungen 595a 3
- Andeutungslehre 585a 3
- Anpassung Vertragsinhalt 595a 4
- Aufwendungsersatz 588 8
- Ausbesserungsarbeiten 586 1 ff
- Besitz an Pachtgegenstand 596 5
- Bewirtschaftung 586 2, 590 1, 596 1 f
- Erbpacht 594b 1
- Ersatzpächter 587 7
- forstwirtschaftliche Grundstücke 596a 6
- Gebrauch des Pachtgegenstandes 587 6
- Härteklausel 593a 6
- Informationspflichten 594e 4
- Kündigung 589 2, 7, 593a 3
- Mängelgewährleistung 593 4
- Modernisierung 588 3
- ordnungsgemäße Bewirtschaftung 594d 2
- Pachtantritt 596b 3
- unerlaubte Gebrauchsüberlassung 589 6

- Vertragsanpassung 593 4, 5
- Verwendungen 596 2
- Verwendungsersatz 591a 2, 8
- vorzeitige Beendigung 596a 3
- Wegfall der Geschäftsgrundlage 593 4
- Wertersatzanspruch des Verpächters 596b 3
- Zukaufspflicht des Pächters 596b 5
- Zurückbehaltungsrecht Pächter 596a 3

Landwirtschaftliche Erzeugnisse 596b 2, 5

Landwirtschaftliche Kooperation 589 2

Landwirtschaftsgericht 585 12, 585b 3, 588 7, 11, 590 2, 591 6, 595 9, 595a 3

Last, außerordentliche
- Erbschaftsteuer 2126 16 f

Lastentragungspflicht Vermieter 535 7

Lastenübergang 446 1

Lastschriftverfahren 364 4

Leasing Vor 535-580a 10

Leben 823 4

Lebensbedarf
- Geschäfte zur Deckung 1357 7 ff
- unterhaltsrechtlicher 1360 4, 1361 18 ff, 1578 2 ff

Lebensgemeinschaft
- nichteheliche 549 4

Lebenspartner
- im Mietrecht 553 2

Lebenspartnerschaft
Vor 1297-1588 11 ff
- allgemeine Wirkungen Vor 1297-1588 16
- Annahme von Kindern Vor 1297-1588 18
- Aufhebung Vor 1297-1588 20
- Beendung Vor 1564-1568 8
- Eingehung Vor 1297-1588 15, Vor 1303-1320 1
- Ende Vor 1297-1588 20
- Güterstand Vor 1297-1588 17
- Hindernisse Vor 1297-1588 14, 1303 2, 1304 2, 1308 3
- Internationales Privatrecht *EGBGB* 17b 1 ff
- Lebensgemeinschaft Vor 1297-1588 16, 1353 1 f

- Lebenspartnerschaftsvertrag Vor 1297-1588 17
- Name Vor 1297-1588 16, 1355 15
- Sorgerecht Vor 1297-1588 18 f, 1687b 1
- Unterhalt Vor 1297-1588 16, 21
- vermögensrechtliche Folgen Vor 1297-1588 17
- Vorgeschichte Vor 1297-1588 12

Lebensrisiko
- allgemeines 651c 6

Lebensversicherung 315 1, 2066 5, 2077 6
- Leibrentenvertrag 330 2

Lebzeitige Geschäfte auf den Todesfall Vor 1922-2385 26

Legalenteignung 903 6

Legislatives Unrecht 839 17

Legitimationspapiere 562 4
- Abgrenzung zu Inhaberpapieren 807 2
- qualifizierte 808 1

Leibrente
- Stammrecht 761 1 ff

Leibrentenverträge 330 3
- Formerfordernis 761 5

Leichnam 90 3, 1922 5

Leihsache
- Eigentum Dritter 604 12
- Rückgabe 605 8
- Unmöglichkeit Rückgabe 604 13

Leihvertrag
- Abgrenzung zum Verwahrungsvertrag 688 7
- Eigentum und Besitz an Leihsache 598 5
- Früchte 604 6
- Gebrauchsüberlassungspflicht 598 9
- Gegenseitigkeitsverhältnis 598 3
- Gegenstand Leihe 598 6
- Kündigung 603 5
- unvorhergesehener Eigenbedarf 605 4
- Vertragsübernahme 603 6

Leistung
- an einen Nichtberechtigten 362 11
- an einen Nichtgläubiger 362 6
- Bestimmung durch Urteil 315 11, 319 5
- Erfüllung 362 2
- ordnungsgemäß angebotene 293 4
- Teilbarkeit 420 2
- unbillige Bestimmung 319 1 ff
- unteilbare Leistung bei Gesamtschuld 431 1
- unteilbare Leistung bei Gläubigergemeinschaft 432 1 ff
- unter Vorbehalt 362 10

Leistungsbestimmende Klauseln 307 8, 22

Leistungsbestimmungsrecht 315 1
- Ausübung des 315 7
- Gegenstand des 315 4
- in AGB 315 3

Leistungsempfänger
- Erfüllung 362 5

Leistungserfolg 241 9

Leistungsfrist
- durch AGB 308 2

Leistungsgefahr 275 3
- Übergang bei Annahmeverzug 300 3

Leistungshandlung 241 9

Leistungskondiktion 812 2 ff, 817 1
- Begriff der Leistung 812 5 ff
- bei Mehrpersonenverhältnissen 812 22
- erlangtes Etwas 812 3 f

Leistungsnähe
- Dritter 328 15

Leistungsort 269 1 ff
- akzessorische Pflichten 268 4
- Aufrechnung 391 1
- beim Rückgewährschuldverhältnis 346 12
- Erfolgsort 269 2
- gesetzlicher 269 8
- Hinterlegung 374 1
- Natur des Schuldverhältnisses 269 6
- Ort der Nacherfüllung 269 4

Leistungspflicht Vor 241-853 19
- Haupt- und Nebenpflichten Vor 241-853 20
- primäre und sekundäre Vor 241-853 19

Leistungstheorie 293 5

Leistungstreuepflicht 280 11

Leistungsverweigerungsrecht
- Abbedingung in AGB 309 12
- bei Aufrechnungslage 389 2
- bei Nichtvorlage der Abtretungsurkunde 410 1
- bei Unsicherheit 321 1, 6

Stichwortverzeichnis

- bei Vermögensverschlechterung des anderen Vertragsteils 321 1
- beim gegenseitigen Vertrag 320 1
- eigene Vertragstreue 320 6
- Hinterlegung 379 1
- Synallagma 320 3
- Verstoß gegen Treu und Glauben 320 13

Leistungszeit
- gesetzliche Sonderregelungen 271 7

Letztwillige Verfügung EGBGB 11 2
- Anfechtung 2081 1 ff
- Auslegung EGBGB 25 6
- Bindungswirkung EGBGB 26 6 ff
- Formerfordernisse im int Erbrecht EGBGB 25 14
- materielle Gültigkeit EGBGB 26 6 ff
- Rechtswahl EGBGB 25 12
- Testierfähigkeit EGBGB 26 3, 8
- Unwirksamkeit 2085 1 ff
- widersprüchliche 2289 7
- Zulässigkeit EGBGB 26 9

Lieferungskauf 651 2, 5

Liniensystem 1924 5

Lizenzvertrag 581 7

Lohn
- Differenzierung nach Alter AGG 10 2

Loi uniforme *Rom I* 1 16 f, 2 1

Löschungsanspruch
- gesetzlicher Löschungsanspruch 879 4
- Gläubiger 1179a 3
- Prinzip der gleitenden Rangfolge Vor 1179 2
- Rechtsnatur 1179a 2
- Schuldner 1179a 2, 4

Löschungsanspruch bei eigenen Rechten
- Ausschluss 1179a 4

Löschungsvormerkung
- Wirkung 1179 5
- Zulässigkeit 1179 2 f

Lotterie
- Begriff 763 2
- Genehmigung 763 2
- Verbindlichkeit 763 3

Lotterielos 793 2

LPG 596 3

lucidum intervallum 104 5

Luxustier 833 1, 3

Luxusverwendungen 994 5

Mahnung 286 8
- Abbedingung in AGB 309 18
- Anforderung an Form 286 9
- Entbehrlichkeit bei Leistungsverweigerung 286 16
- Parteiabrede 286 19
- Zeitpunkt 286 12

Maklerdienstvertrag 652 4

Maklerleistung
- Entgeltlichkeit 653 2

Maklervertrag
- Alleinauftrag 652 3
- Anfechtung 653 1
- Aufwendungsersatz 652 16, 655 5
- Doppelvertretung 652 6, 654 2
- Insolvenz 652 8
- Kündigung 652 8
- Leitbild 652 4, 654 1
- Nichtigkeitsgründe 652 7
- Pflicht zu Unparteilichkeit 654 2
- Pflichtverletzungen Makler 652 17
- Tod Kunde 652 8
- Tod Makler 652 8, 13
- Treuepflichtverletzung 654 1, 3
- verschuldensrechtliche Stellung des Maklers 278 10
- Vertrauensverhältnis 654 3
- Wertersatz für geleistete Dienste 654 9

Mangel
- Begriff 434 1
- Beseitigung 439 2
- Kaufvertrag 434 1, 7 ff
- Kenntnis bei Abnahme 640 10 f
- Kenntnis des Mieters vor Vertragsschluss 536b 1 ff
- Mängeleinrede 438 13, 634a 9
- Mietvertrag 536 1, 9 ff
- Rechtsmangel 536 1, 3, 633 4
- Reisevertrag 651c 5

Mängelanzeige
- Reisender 651d 4

Mangelfolgeschaden 280 9
- Kaufvertrag 437 8 ff
- Mietvertrag 536a 10, 536b 1
- Werkvertrag 640 11

Mängelrechte
- Beschränkung/Ausschluss in AGB 309 24, 27 ff

Mangelverdacht 434 1

Mankoabreden 619a 7

Mankohaftung 619a 7

Mantelzession 398 5

Stichwortverzeichnis

Maßregelungsverbot *AGG* 16 1 ff
Mehrwegverpackungen 598 4, 607 2
Mentalreservation 116 1 ff
Miete 535 8
- Einwendung Wegfall/Minderung 536 1
- Fälligkeit bewegliche Sachen 579 1
- Fälligkeit Grundstück 579 1
- Rückforderungsrecht Mieter 536 20
- Zahlungsrückstand 535 8, 543 1 ff

Mieter
- Anspruch auf Vertragsaufhebung 537 4
- Duldungspflicht 535 7
- Erfüllungsanspruch 536 22
- Gesundheitsschäden 536a 10
- Hauptpflichten 535 8
- Kündigungsrecht 536c 3
- Mängelanzeigepflicht 535 9
- Mietzahlungspflicht 535 8
- Nebenpflichten 535 7, 9
- Obhutspflicht 535 9, 536c 1
- Recht zur fristlosen Kündigung 543 1 ff
- Rechtsbehelfe 536 13
- Schadensersatz 543 1
- Umfang Gebrauchsrecht 540 1
- Untermiete 540 2
- Wegnahmerecht 539 1 ff, 548 1 ff
- Zurückbehaltungsrecht 570 1

Mieterdarlehen 547 2
Mieterhöhung 557 1 ff, 558 1 ff
- Form 558a 1 ff
- Form bei Mieterhöhung wegen Modernisierung 559b 1 ff
- Sonderkündigungsrecht Mieter 561 1 ff
- wegen Modernisierung 559 1 ff
- Zustimmung Mieter 558b 1 ff

Mieterschutz 566 1 ff, 573 1 ff
Mietkauf **Vor 535-580a 8**
Mietminderung 536 1 ff
Mietnebenkosten 547 2
Mietnomadentum 569 4a
Mietrechtsreformgesetz
 Vor 535-580a 1
Mietsache
- Abnutzung 538 1
- Einrichtungen 535 7
- Gebrauch nach Ablauf der Mietzeit 545 3
- Gebrauchspflicht 537 1
- Gebrauchsüberlassung an Dritte 543 2
- Gefahren 536c 2
- Nutzung durch Vermieter 537 2
- Überlassung an Dritte 540 1 ff
- ungestörter Gebrauch 536 2
- Veränderungen 538 1
- verspätete Rückgabe 536 10, 536a 2, 543 3
- vertragsmäßiger Zustand 536 1
- Vorenthaltung 546a 3, 562 3
- vorübergehender Gebrauch 549 3, 553 2, 562 6
- Weiterveräußerung 567b 1 ff
- Zerstörung 548 4

Mietsicherheit 551 1, 566a 1
Mietspiegel 558a 2, 558c 1 f
- qualifizierter 558d 1 ff
Mietübernahme
- durch Sozialamt 569 5

Mietvertrag
- Abgrenzung zum Verwahrungsvertrag 688 7
- Abhilfefrist 543 5, 569 2
- Abmahnung 543 2
- Anfechtung 536 5
- Ansprüche Dritter 548 3
- Aufwendungsersatz 536 17, 536a 1 ff, 548 6, 555 3, 556b 2
- befristeter 535 2
- Duldungspflicht Mieter 535 7
- Einrichtungen 535 7, 552 2
- Erfüllungsanspruch Vermieter 536 16
- Erhaltungspflicht Vermieter 535 6
- Ersatzmieter 537 4
- Form 535 2
- fristlose Kündigung, Gesamtschuld 546a 4
- Geschäftsräume 555 2
- Gesundheitsschäden 536a 10
- Gewährleistung 536 12, 543 1
- Instandsetzungspflicht 536 6, 548 5
- Kenntnis Mieter von Mangel 536b 1 f
- Kündigung Vermieter 542 2, 573 1 ff, 573a 2, 573b 2, 575a 2
- Kündigungsfristen 573c 1 ff
- Mängel Mietsache 536 1 ff
- Mängelbeseitigung 536 14
- Mangelfolgeschäden 536a 10
- Miterben als Mieter 2032 4
- Nebenkosten 535 11
- Nutzungsentschädigung 546a 2
- ordentliche Kündigung 542 1 f

- persönliche Verhinderung an Nutzung 536 8, 537 1
- Pflichten Mieter 535 8
- Räumungsklage 543 9, 545 4, 568 3, 569 5
- Rechtsbehelfe Mieter 536 13
- Schadensersatz 536 16, 536c 2
- Schadensersatz statt der Leistung 536a 1 ff
- Schönheitsreparaturen 535 6, 538 3
- Schutz Untermieter 540 2
- Stellvertretung bei Kündigung 542 3
- Tiere 562 4
- über Schiffe 578a 1
- Unmöglichkeit 536 4
- Untermiete 540 2
- vertragsmäßiger Gebrauch Mietsache 539 2
- Vertragsstrafe 562 3
- Vertrauensverhältnis 540 1
- Zahlungsverzug 535 11, 543 1 ff
- Zurückbehaltungsrecht 556b 1 ff

Mietvorauszahlungen 535 8
- Übernahme 547 2

Milchquote 591 3

Minderjährige 819 3, 2267 5
- Darlehensvertrag 488 24
- einseitiges Rechtsgeschäft 111 1
- Einwilligung 107 10
- Erfüllung 107 6
- Ermächtigung 113 2 ff
- Erwerbsgeschäft 112 1 ff
- Folgekonsens 107 11
- Genehmigung 108 2
- genehmigungspflichtige Rechtsgeschäfte 1643 1 ff
- Generalkonsens 107 11
- mit Freiheitsentziehung verbundene Unterbringung 1631b 1
- Sterilisationsverbot 1631c 1
- Taschengeld 110 1 ff
- Teilgeschäftsfähigkeit 112 4
- Verfügung 107 5
- Widerrufsrecht 109 2

Minderjährigenhaftung
- Begrenzung 1629a 1 ff

Minderung 441 1 ff
- Begriff 437 6
- Berechnung 441 4
- Vertrag zugunsten Dritter 334 2

Minderungsquote
- Reisevertrag 651d 5

Minderwert
- merkantiler 251 7
- technischer 251 7

Mindestalter AGG 10 1

Mindestbeteiligung am Nachlass 2306 2

Mindestentschädigung 340 3

Mindesthaftung 2138 1

Mitbesitz 866 1
- Besitzschutz 866 2

Mitbürgschaft 769 1

Miteigentum
- Entstehen durch Verbindung oder Vermischung beweglicher Sachen 947 2, 948 2

Miterbe 1953 4
- als gemeinschaftliche Gläubiger Vor 2038-2041 1
- Errichtung eines Inventars 2063 1 f
- gesamthänderische Verbundenheit Vor 2032-2063 10
- Innenausgleich 2058 7
- Leistung an alle 2039 3
- Rechtspositionen der einzelnen Vor 2032-2063 6
- Schutz 2033 3, 2034 1, 2035 1, 2046 2, 2049 1, 2059 3
- Verfügungsrecht 2033 3
- Verteidigungsmöglichkeiten 2058 4

Miterbenanteil 2112 4

Mitgliederversammlung 27 2

Mitgliedschaftsrechte
- Verein 35 1

Mittäterschaft 830 2, 6 ff

Mitteilungspflicht
- Vermieter 577 1

Mittelbar Geschädigter Vor 823-853 8, 823 193, 206, 845 1

Mittelbare Drittwirkung von Grundrechten 826 6

Mittelbare Verletzung(shandlung) 823 50, 61 f, 75

Mittelbarer Besitz
- Begriff 868 1
- Besitzschutz 869 1
- mehrstufiger 871 1

Mittelsperson 2301 5

Mitverschulden
- „Alles-oder-nichts-Prinzip" 254 1
- bei der Schadensentstehung 254 4
- bei der Schadensminderung 254 8

Stichwortverzeichnis

- Dritter 254 9
- Gläubiger beim Vertrag mit Schutzwirkung zugunsten Dritter 328 19
- Handeln auf eigene Gefahr 254 2
- im Straßenverkehr 254 6
- Sportveranstaltungen 254 12
- Verweis auf „freie Fachwerkstatt" 254 8
- Zurechnung 254 9

Mitwirkung
- Leistungsannahme 293 1

Mitwirkungspflichten 242 17 f

Mobbing 823 103

Mobiliarvollstreckung 1147 13

Montagefehler 434 17

Motivirrtum 119 1, 14, 15
- Reichweite 2078 4 ff

Mündel 2119 5
- Genehmigung von Verträgen nach Volljährigkeit 1829 6
- Haftung für Vormund 1793 4

Mündelvermögen
- Anlegung 1806 1, 1807 1, 1809 1, 1810 1, 1811 1
- Einsetzung 1836e 1 ff
- Genehmigung 1821 1, 1822 1
- Genehmigung des Gegenvormunds 1812 1 ff
- genehmigungsfreie Geshäfte 1813 1
- Hinterlegung 1818 1
- Schutz 1804 1, 1805 1
- Verwaltung 1802 1 ff, 1803 1
- Wertpapiere 1814 1

Mutterschaft
- Definition 1591 1

Nachbarschaftliches Gemeinschaftsverhältnis 1004 7

Nachbürgschaft 765 21

Nacherbe 2104 1 ff, 2111 1, 2121 3, 2127 4, 2147 3
- Annahme durch 2142 9
- anspruchsberechtigter 2121 3
- Anwartschaftsrecht 2108 4 ff
- Fehlen des Vermerks 2113 21
- Rechtsstellung 2100 14 ff
- Stellung 2107 7
- Wegfall durch Tod 2102 12
- Wegfall vor Eintritt des Nacherbfalls 2094 4
- Zustimmungspflicht des 2120 6 ff

Nacherbeneinsetzung
- bedingte 2108 10
- Entfallen der 2107 6
- Unwirksamkeit 2109 1 ff
- Widerruf 2104 2

Nacherbenrecht
- Ausschluss der Vererblichkeit 2108 7 ff
- Beeinträchtigung 2115 9
- Eintragung 2101 8
- Vererblichkeit 2108 4 ff

Nacherbfall 2100 15 f, 2101 6, 2113 11, 2140 1
- Eintritt 2139 2 f, 2144 2
- Eintritt bei noch nicht gezeugtem Nacherben 2101 2 f
- Eintritt mit Geburt 2070 1
- juristischer Personen vor ihrer Entstehung 2101 3

Nacherbfolge 2104 1
- Eintritt 2106 1 ff, 2143 2

Nacherbschaft 2096 2

Nacherfüllung 439 2, 9
- Aufwendungen 439 3
- Ausbau 439 3
- Ausnahmen 439 4
- Beschränkung/Ausschluss in AGB 309 32 ff
- Einbau 439 3
- Erfüllungsort 439 3
- Fehlschlagen 440 2
- Frist 437 17 ff
- Unverhältnismäßigkeit 439 5
- Unzumutbarkeit 440 2

Nachfolgeklausel 1922 18
- Testamentsvollstreckung 2205 22

Nachforschungspflicht 932 12

Nachfrist
- Verlängerung durch AGB 308 8

Nachlass 1922 4
- Erblasserschulden 2311 6
- Erhaltung Vor 2032-2063 14
- Fürsorge 1960 3 ff
- Gegenstand Vor 2032-2063 8
- gemeinschaftliches Vermögen 2032 3
- Herausgabe 2129 5
- Nachlassbestand 2311 3
- Passivbestand/Verbindlichkeiten 2311 5
- Teilung 2058 4
- Verfügung über **Vor 2038-2041 1**, 4
- Verwaltung **Vor 2038-2041 1 f**, 2038 1 f

- Verwaltungsmaßnahmen Vor 2038-2041 3
- Verwertung 2046 4
- Vollstreckung 2128 4

Nachlassbestand
- Aktivbestand 2311 4

Nachlasseinheit EGBGB 25 1

Nachlassgegenstand
- Notverwaltungsmaßnahmen 2040 4 f
- Verfügung 2040 1 ff

Nachlassgericht Vor 1922-2385 33
- Verwahrung Erbertrag 2300 2

Nachlassgläubiger 2150 2
- Antragsrecht 1981 3 ff

Nachlassinsolvenzverfahren 1960 10, 1975 8
- Anordnung 1976 4
- Antrag auf Eröffnung 1976 4
- Insolvenzordnung 1975 3 ff
- Konfusion 1976 2
- Konvaleszenz 1976 10
- Rechtsfolge 1976 5 ff
- Verantwortlichkeit des Erben 1978 3 f

Nachlasspflegschaft 1960 7 ff
- Beendigung 1960 14
- Nachlasspfleger als Vertreter 1960 8
- Verfahren 1960 15
- Vergütung 1960 13 ff

Nachlassschuldner 2140 12
- gutgläubiger 2140 12

Nachlassspaltung EGBGB 25 1, 10, 17
- bei Nachlass im Ausland 2369 4

Nachlassverbindlichkeiten 2115 15, 2140 9, 2144 3
- anwendbares Recht EGBGB 25 4, 18
- Außenverhältnis 2046 3
- Erbfallschulden 1967 4 f
- Erblasserschulden 1967 3
- Innenverhältnis 2046 3
- Nachlasserbenschulden 1967 6
- Tilgung 2120 4

Nachlassverfahren
- int Zuständigkeit EGBGB 25 20

Nachlassvermögen 2120 4

Nachlassverwalter
- anwendbares Recht EGBGB 25 4
- Aufgaben und Pflichten 1985 5 ff
- Gegenstand der Verwaltung 1985 4

- Pflegschaft 1985 3
- Rechtsstellung 1985 2
- Verantwortlichkeit 1985 9

Nachlassverwaltung 1975 1
- Anordnung auf Antrag 1976 4
- Antrag 2062 1
- Aufwendungsersatzansprüche des Erben 1978 3 f
- Eröffnung, Antragsrecht 1981 2 ff
- Konfusion 1976 2
- Konsolidation 1976 2
- Konvaleszenz 1976 10 ff
- Nachlassabsonderung 1975 2
- ordnungsgemäße 2111 14, 2112 10 f, 2113 15 f, 2120 3
- Rechtsfolge 1976 5
- Unwirksamkeit der Aufrechnung 1976 9
- Verwaltungs- und Verfügungsbefugnis 1984 2 ff

Nachlasswert
- Ausgleichung bei Bedingungseintritt 2313 8
- Bestimmung durch Erblasser 2311 10
- Feststellung 2311 9 ff
- Gesellschaftsanteile 2311 14
- maßgeblicher Zeitpunkt für Ermittlung 2311 2
- Voraus des Ehegatten 2311 15
- Wertpapiere 2311 13

Nachlieferung
- Rückabwicklung 439 9

Nachnacherbe 2108 8

Nachträgliche Rechtswahl Rom I 3 5

Nachweismakler 652 11

Name 12 1 ff
- Beseitigungsanspruch 12 6
- Etablissementsbezeichnung 12 10
- IPR EGBGB 10 1 ff
- juristische Person 12 9
- Namensanmaßung 12 4
- Namensleugnung 12 3
- Unterlassungsanspruch 12 6

Namenspapiere 808 1

Namensrecht 823 40, 90, 94

Namenstäuschung 164 9

nasciturus 1923 1 f, 2043 1
- Ersatzberechtigter 844 5
- Schädigung vor und während der Geburt 823 9 f
- Träger des Persönlichkeitsrechts 823 94

Nassauskiesungsentscheidung 903 6
Naturalrestitution **Vor 249-253** 3, 249 1, 4
- Ersatz bei Personenschäden 249 7, 251 4
- Ersatz bei Sachschäden 249 9 ff
- Vorhaltekosten 249 13
- Vorsorgekosten 249 13

Naturereignisse
- Verwüstende 593 5

Naturprodukt
- landwirtschaftliches 823 163, 170, 196

Nebenbesitz
- Harmonisierung der Rechtsfolgen von § 933f 934 5

Nebenpflichten **Vor 241-853** 21
- Begründung von 242 17, 21
- nachvertragliche 242 20
- nichtleistungsbezogene 282 1 ff

Nebenpflichtverletzungen
- leistungsbezogene 280 10 f, 323 4
- nichtleistungsbezogene 280 12, 324 1

Nebentäterschaft 830 2, 4, 26, 840 10

Negatives Interesse 122 3

Negatives Schuldanerkenntnis 397 5

Negatorischer Anspruch **Vor 823-853** 10, 1004 1, 7

Neubeginn der Verjährung 212 1

Neubegründung eines Schuldverhältnisses **Vor 362-397** 6

Neutralitätsgebot *AGG* 24 1

Nichtanbieten der Gegenleistung 298 1 f

Nichtberechtigter
- und Eigentumserwerb 932 7
- und Erwerb Anwartschaftsrecht 929 64
- Verfügung 185 1 ff

Nichteheliche Kinder
- Erbrecht **Vor 1922-2385** 10

Nichteheliche Lebensgemeinschaft
- Mietrecht 549 4

Nichteheliche Lebenspartner
- Erbrecht 1931 3

Nichterfüllung
- teilweise 281 12
- vollständig 281 12

Nichtigkeit
- Formmangel 125 8 ff
- Sittenwidrigkeit 138 1 ff
- Verstoß gg Verbotsgesetz 134 1

Nichtigkeitsgrund
- selbständiger 311b 28

Nichtleistung 281 4, 323 4

Nichtleitungskondiktion 812 12 ff

Nichtvermögensschaden
- Reisender 651f 8

Nießbrauch
- an Rechten 1068 1
- an Sachen 1030 1
- an Vermögen 1085 1
- an Zubehör 1031 1
- Beeinträchtigung 1065 1
- Bestellung an beweglichen Sachen 1032 1
- Bestellung an unbeweglichen Sachen 1032 2
- Eigentumsvermutung 1058 1
- Entstehungsgrund für ein gesetzliches Schuldverhältnis 1036 2
- Pflichten des Nießbrauchberechtigten 1036 2
- Rückgabepflicht 1055 1
- Schuldnerschutz 1070 1
- Übermaßfrüchte 1039 1
- übermäßige Fruchtziehung 1039 1
- und Mietrecht 536 14
- Verfügungsrecht 1048 1
- Vermietung durch den Nießbraucher 1056 1
- Verwendungsersatz des Nießbrauchers 1036 3, 1049 1
- Wegnahmerecht des Nießbrauchsberechtigten 1049 1

Nießbrauchvermächtnis 2100 4

Nominalprinzip 244 8

Notarielle Beurkundung
- Gemischte Verträge 312 14
- Verbrauchervertrag 312 9

Notarshaftung 839 15, 41, 43, 44

Notmaßnahmen
- Mieter 536 20

Notstand 228 1 ff, 904 1 ff, 7

Notweg
- Besitzschutz des Berechtigten 917 9
- Notwegrente 917 10
- Rechtsfolgen des Notwegrechts 917 8
- Voraussetzungen des Notwegrechts 917 2 ff

Notwehr 227 1 ff

Notwehrexzess 227 7
Novation 311 9 ff
- abstrakte 311 10
- kausale 311 10
Null-Leasing Vor 535-580a 13
Nutztiere 833 1, 10
Nutzung 100 1, 2115 8, 2129 7
Nutzungen
- nach Rechtshängigkeit 987 1
Nutzungsausfallschaden 437 11
Nutzungsherausgabe
- beim vertraglichen Rücktrittsrecht 346 13, 347 1 ff
Nutzungspfand Vor 873-928 11
Nutzungspflicht
- Pachtgegenstand 581 9

Oberbesitzer
- Verhältnis zum Unterbesitzer 868 5
Obhutspflicht
- Mieter 535 9
Objektive Anknüpfung Rom I 4 1 ff
- Auffangregel Rom I 4 12
- Dienstleistungsvertrag Rom I 4 4
- Feste Anknüpfungsregeln Rom I 4 2
- Franchisevertrag Rom I 4 6
- Immobiliargeschäfte Rom I 4 5
- Kapitalmarktrechtliche Kontrakte Rom I 4 9
- Kauf über Versteigerung Rom I 4 8
- Kaufvertrag Rom I 4 3
- Vertriebsvertrag Rom I 4 7
Obliegenheiten Vor 241-853 23, Vor 1993-2013 2
- beim Werkvertrag 631 11
Obliegenheitsverletzung 326 11
Offenkundigkeitsprinzip 164 5
Offensichtlich engere Verbindung Rom I 4 11
Öffentliche Äußerungen 434 13
Öffentliche Ordnung Rom I 21 1
Öffentlicher Glaube
- Ausdehnung des Gutglaubensschutzes im Immobiliarrecht 892 5
- des Grundbuchs 891 1, 892 1
- Gutglaubensmaßstab 892 4, 16 ff
- negative Publizität des Grundbuchs 892 9
- positive Publizität des Grundbuchs 892 9
- Rechtsscheinsprinzip 892 2 f

- Wirkung 892 27 ff
Öffentliches Testament
- Behinderung des Erblassers 2232 16
- Beurkundungsgesetz 2232 11
- Gebühren 2232 17
- Minderjährige 2233 1 f
- mündliche Erklärung 2232 4
- Übergabe einer Schrift 2232 5 ff
Öffentlich-rechtliche Ansprüche
- Erbrecht 1922 24
Öffnungsklausel Rom I 9 1
Ohne Arbeit kein Lohn 615 1, 616 1
OLG-VertretÄndG Vor 241-853 4, 358 9
- Anwendung auf Teilzeitwohnrechte 481 1
- Bürgschaft 765 14
Operatingleasing Vor 535-580a 11
Orderpapiere 398 3, 793 1
Ordnungssystem
- zweite Ordnung 1925 1
Ordre public EGBGB 6 1 ff, 11 21, 40 13; Rom I 21 1
- int Erbrecht EGBGB 25 19
Organ Vor 21-89 2, 26 1
Organhaftung 278 4
Organisationspflicht 823 58, 70, 831 2, 4
Ortsrecht EGBGB 11 3 ff, 16
- Umgehung EGBGB 11 11

Pächter
- Tod 584a 4
- Zurückbehaltungsrecht 583 6
Pächterpfandrecht 583 1 ff
- am Inventar 583 1 ff
Pachtgegenstand
- Nutzungspflicht 581 14
- Überlassung an Dritte 589 1 ff, 593a 1
Pachtjahr 584 3, 594a 3
Pachtsache
- Beschreibung 585b 1 ff
- Lasten 586a 1 ff
Pachtschlichtungsstelle 595 6
Pachtvertrag 581 1 ff
- Beendigung Pachtverhältnis 584b 3
- Eigentum an Inventar 582 2 f, 582a 7
- Ersatz von Inventar 582 4 f

- Inventar 582 1 ff
- Inventarübernahme zum Schätzwert 582a 1 ff
- Kündigung 581 17
- Kündigungsfrist 584 1
- Unterverpachtung 584a 3
- Verwendungsersatz 581 17

Pachtzins 581 12, 587 1 ff, 593 4, 595a 2, 596a 3

pactum de non petendo 271 5
- Erlass 397 2, 7

Parentelsystem 1924 2

Parteiautonomie *Rom I* 3 1

Parteigutachten
- bei Mieterhöhung 558c 1

Parteiverrat 654 5

Partiarischer Vertrag 705 43

Partnerschaftsgesellschaft **Vor 21-89 6**

Partnerschaftsvermittlung 656 2

Passivprozess
- Erbengemeinschaft 2139 8

Patiententestament 1937 3

Patientenverfügung 1901a 1 ff
- Adressatenkreis 1901a 3
- Bedeutung 1901a 12
- Begriff 1901a 4
- Feststellung des mutmaßlichen Willens 1901a 16
- Handlungsanweisung 1901a 13
- Inhalt 1901a 5
- Mindestalter 1901a 9
- Schriftform 1901a 8
- Verbindung mit Bevollmächtigung 1901a 7
- Verhältnis zu Dritten 1901a 10
- Verpflichtungsverbot 1901a 11
- Wirksamkeit, Verlust 1901a 14
- Zeitpunkt 1901a 6

Patientenwille
- einzubeziehender Personenkreis 1901b 7

Patientenwille, gesprächsweise Feststellung 1901b 1 ff
- Absehen 1901b 8

Pauschalierung
- von Schadensersatz in AGB 309 19

Person **Vor 1-20 1**
- juristische **Vor 21-89 1**

Personal-Leasing 611 8

Personalstatut *EGBGB* 5 1 ff

Personenbeförderungsvertrag
- Anwendbares Recht *Rom I* 5 13 ff
- Objektive Anknüpfung *Rom I* 5 20 ff
- Parteiautonomie *Rom I* 5 14 ff
- Rechtswahl *Rom I* 5 14 ff
- Schranken der Parteiautonomie *Rom I* 5 14 ff

Personengesellschaft
- rechtsfähige **Vor 1-20 1**, **Vor 21-89 6**

Personenstand *Rom I* 1 5

Persönlichkeitsrecht
- Aktivlegitimation 823 94 f
- allgemeines 823 42, 90 ff, **1004 1**
- besondere 823 40, 92
- Entwicklung 823 90
- Passivlegitimation 823 96
- postmortales 823 94, 112, **1922 7**
- Rechtsfolge bei Eingriff 823 108 ff
- Rechtswidrigkeit des Eingriffs 823 104 ff
- Schutzbereich 823 97 ff
- Verschulden 823 107

Persönlichkeitsrechtsverletzung 1004 1, 3

Pfandrecht
- besitzloses 562 1, 592 2
- gesetzliches 562 1, 583 1, 592 2, 647 1
- gutgläubiger Erwerb des Vorrangs 1208 1
- mehrere Sachen 1222 1
- vertragliches 647 6, 7

Pfandrecht an beweglichen Sachen
- akzessorisches Sicherungsrecht 1204 5
- an unvollkommenen Forderungen 1204 6
- Arten **Vor 1204 3 ff**
- Ausgleich unter mehreren Sicherungsgebern 1225 2 ff
- Einlösungsrecht 1223 2
- gutgläubiger Erwerb **Vor 1204 5**
- Haftungsumfang 1210 1
- rechtsgeschäftlich bestelltes Pfand **Vor 1204 4**
- Rückgabepflicht 1223 1
- Verpfändungsanzeige 1205 3

Pfandrecht an Rechten
- Übertragung 1274 2, 7
- Umfang der Haftung 1289 1

Pfandreife 1147 1, 1228 4

Pfändung
- eines Miterbenanteils 2033 11

Pfändungspfandrecht Vor 1204 5

Pfändungsverbot 562 4

Pfandverkauf 445 2, 562 9

Pflegeperson 1630 4
- Herausgabeanspruch 1632 3
- Stellung 1630 4

Pfleger 1909 6
- Aufsicht über 1915 3
- bestellung 1909 2 ff

Pflegschaft
- Abwesenheitspflegschaft 1911 2 ff
- Aufhebung 1919 1 ff, 1921 1 ff
- Beendigung 1918 1 ff
- Entscheidungsbefugnisse 1688 1 ff
- Ergänzungspfleger 1916 1 ff, 1917 1 ff
- gesammeltes Vermögen 1914 1 ff
- IPR *EGBGB* 24 1 ff
- unbekannter Beteiligter 1913 1
- Ungeborener 1912 2
- Vorrang vor elterlicher Sorge 1630 1 ff

Pflicht zur ordnungsgemäßen Nachlassverwaltung
- Befreiung 2138 1, 3

Pflichten
- des Schuldners Vor 241-853 19 ff, 280 8 ff
- nachvertragliche 242 20
- Schuldner 241 4

Pflichtteil Vor 1922-2385 24, 2269 14 ff
- Anrechnung, Art der 2327 4
- Anspruch des Abkömmlings 2309 6 ff
- Entstehung 2317 2
- kein Anspruch des Abkömmlings 2309 6
- Leistungsverweigerungsrecht 2318 1, 2328 3
- Pfändung 2317 5
- Übertragbarkeit 2317 4
- Vererbbarkeit 2317 4
- Verjährung 2317 7
- Voraussetzungen 2303 2 ff
- Zugewinnausgleich 1931 7

Pflichtteilsanspruch
- Geldforderung 2303 13
- unbillige Härte 2331a 4
- Verjährung 2332 1

Pflichtteilsberechtigte
- Abkömmlinge 2303 6
- Eltern 2303 7
- Übergehen als Anfechtungsgrund 2079 1 f

Pflichtteilsberechtigung
- anwendbares Recht *EGBGB* 25 4
- Einschränkung 2309 1
- Geschenk 2327 1

Pflichtteilsbeschränkung
- Form 2338 10
- Rechtswirkung 2338 10 f
- Testamentsvollstrecker 2338 9
- Überschuldung 2338 4
- Vermächtnis 2338 14
- Verschwendungssucht 2338 4
- Voraussetzungen 2338 2 ff
- Zeitpunkt 2338 5

Pflichtteilsentzug
- Beweislast 2336 5
- Form 2336 2 f
- Formbedürftigkeit 2336 1
- Gründe 2336 3 ff

Pflichtteilsentzug bei Abkömmlingen 2336 3 ff
- Gestaltungsrecht des Erblassers 2333 2
- Gründe 2333 3 ff
- Lebenswandel 2333 8
- schwere Pietätsverletzung 2333 5
- Verbrechen 2333 5

Pflichtteilsergänzungsanspruch
- Abfindung für Erbverzicht 2325 8
- Anstandsschenkungen 2330 1
- Frist 2325 12 ff
- Gläubiger 2325 9
- Gütergemeinschaft 2325 4
- Konkurrenzen 2329 14
- Kürzung 2326 2
- Lebensversicherung 2325 6
- mehrere Beschenkte 2329 13
- Schuldner 2325 10, 2329 1
- unbenannte Zuwendung unter Ehegatten 2325 3
- Verjährung 2325 17
- Voraussetzungen 2325 2 ff

Pflichtteilslast 2318 3
- Innenverhältnis 2320 1
- Überbürdung 2320 2 ff
- Verteilung 2324 1

Pflichtteilsquote
- kleiner und großer Pflichtteil 2303 12

Pflichtteilsrecht Vor 1922-2385 24

Stichwortverzeichnis

Pflichtteilsrestanspruch 2305 1
- Ausgleichungspflicht 2316 5
- bei Ausschlagung der Erbschaft 2305 5
- in der Zugewinngemeinschaft 2305 6

Pflichtverletzung 280 8 ff
- im Kaufrecht 437 9, 24
- Unerheblichkeit 323 14

Pflichtversicherung *EGBGB* 46c 1

Pflichtversicherungsvertrag *Rom I* 7 17

Positives Interesse 284 3

Postdienst
- Haftung 839 8, 44

Postmortaler Persönlichkeitsschutz 823 94, 112

Potestativbedingung 158 5

Powerseller 312c 2

Prätendentenstreit 376 4

Preisangaben- und Preisklauselgesetz 244 14

Preisausschreiben 661 1

Preiserhöhung
- in AGB 309 5

Preisgefahr 326 4

Preisindexklauseln 309 10

Preisklausel 244 14

Preisvereinbarungen
- in AGB 307 7, 22

Pressegemäße Sorgfalt 823 107, 824 12

pre-ticked-box 312a 5

Prioritätsgrundsatz 185 13, 398 11, 18

Prioritätsprinzip 929 42
- Grundbuchrecht **Vor 873-928** 24, 873 21

Privatautonomie **Vor 104-185** 1, **Vor 241-853** 16, **Vor 311-319** 6

Privaterbfolge **Vor 1922-2385** 3, 22, 1924 1

Probezeit 622 2

Produktbeobachtung 823 171, 176, 184, 197

Produkthaftung
- IPR *Rom II* 5 1 ff

Produktionsquote 591 3

Produzentenhaftung **Vor 823-853** 7, 823 157 ff
- Beweislast 823 180 ff, 212
- Gesamtschuld 840 3 f
- Haftungsfreizeichnung 823 186, 213
- IPR 823 166 f
- nach ProdHaftG 823 162 f, 189 ff
- Produktbegriff 823 170, 196
- Produktfehler 823 172 ff, 197 ff
- Quasi-Hersteller 823 171, 201
- Verjährung 823 179, 209
- verschuldensabhängige Produzentenhaftung 823 168 ff, 187, 188

Prospekthaftung 311 22; *Rom I* 1 8

Prospektpflicht 482 1 ff

Prozessführungsbefugnis 1984 6 ff

Prozesskostenvorschuss 1360a 7

Prozessrecht
- Bedeutung der Quittung 368 5

Prozessstandschaft 185 7
- bei Unterhalt 1629 11

Prozesszinsen 291 1 ff

Pseudonym 12 8

Psychischer Folgeschaden 823 85

Publizitätsprinzip **Vor 854-1296** 9, 17
- Publizitätsträger **Vor 873-928** 6, 873 8, 892 2

Publizitätsträger **Vor 854-1296** 17

Putativnotwehr 227 7

Qualifikation
- Form letztwilliger Verfügungen *EGBGB* 26 3
- Schenkung von Todes wegen *EGBGB* 25 5

Quasinegatorischer Anspruch **Vor 823-853** 10, 1004 1

Quittung
- Anspruch auf Erteilung 368 1
- Bedeutung im Prozessrecht 368 5
- Form 368 2
- löschungsfähige 368 2
- Rechtsschein 370 1

Quotenschaden 823 150

Rahmen-RL-Beschäftigung **Vor 241-853** 29

Rangänderung
- Voraussetzungen 880 2

Rangverhältnis
- Bedeutung 879 2

- Bereicherungsausgleich 879 11, 16
- Grundbuchberichtigungsanspruch 879 11
- Grundsatz der gleitenden Rangordnung 879 4
- in der Zwangsversteigerung 879 2
- Locusprinzip 879 6 f
- Prinzip der festen Rangordnung 879 4
- Rangfähigkeit von Rechten 879 3
- schuldrechtlicher Rangverschaffungsanspruch 879 17
- Tempusprinzip 879 9 f

Rangvorbehalt
- Voraussetzungen 880 2
- Wirkung 880 3

Rasse AGG 1 5

Ratenlieferungsvertrag Vor 311-319 25 ff, 356c 1

Räumlicher Anwendungsbereich Rom I 1 16

Raummiete Vor 535-580a 18, 535 1

Räumungsklage 575a 3

Räumungsprozess 543 9, 545 4, 568 3, 569 5

Realakt Vor 104-185 12, 562 6

Realitätsirrtum 119 1

Reallast
- Arten 1105 3
- Begriff 1105 1
- Bestellung 1105 3
- Inhalt 1105 2
- persönliche Haftung des Eigentümers 1105 1

Realofferte 929 4

Realsicherheit Vor 1113 1

Realvertrag Vor 311-319 12, 488 2, 598 2, 607 3

Rechenschaftspflicht 242 19, 261 4, 2131 15

Rechnung
- als Voraussetzung für Schuldnerverzug 286 22

Recht
- absolutes Vor 1-20 4
- relatives Vor 1-20 4
- subjektives Vor 1-20 2

Recht am eigenen Bild 823 40, 90

Recht am Unternehmen 823 42, 115 ff
- Rechtswidrigkeit des Eingriffs 823 117, 131

Recht zum Besitz
- abgeleitetes 986 5
- abgeleitetes bei Rechtsnachfolgern des Eigentümers 986 6
- Einwendung des Besitzers 986 3
- Nießbrauch als 1036 3

Rechtfertigungsgrund 823 76 ff, 106, 824 10, 904 7

Rechtsanwalt 611 6, 632 4, 652 7, 654 5

Rechtsausübung
- Arbeitnehmer 612a 2

Rechtsberatung
- durch Makler 652 7

Rechtsbindungswille Vor 104-185 13, 145 4

Rechtsfähigkeit 1 2; Rom I 1 5
- anwendbares Recht Rom I 13 1 ff
- IPR EGBGB 7 1 ff, 12 7

Rechtsfolgeirrtum 119 11

Rechtsfolgewille Vor 116-144 6

Rechtsfrüchte 99 4

Rechtsgeschäft Vor 104-185 1
- abstraktes Vor 104-185 6
- anfechtbares Vor 104-185 9
- Anfechtung 141 7, 142 1 ff
- Begründung eines Schuldverhältnisses durch einseitiges Vor 241-853 17
- Bestätigung 141 1 ff
- einseitiges Vor 104-185 3, 111 1, Vor 311-319 5, 1959 5
- Einwilligung des Ehegatten 1366 1 ff
- Formbedürftigkeit 125 5 ff
- kausales Vor 104-185 6
- mehrseitiges Vor 104-185 3
- neutrales 107 8
- Teilnichtigkeit 139 1 ff

Rechtshandlung Vor 104-185 11

Rechtshängigkeit 291 1, 3, 292 2

Rechtsirrtum
- verzugsausschließender 286 28

Rechtskauf Vor 433-480 6, 453 1 ff

Rechtskraft
- Durchbrechung 826 17

Rechtsmangel 433 14, 536 1, 3
- Werkvertrag 633 4

Rechtsmissbrauch 242 22, 565 1

Rechtsmix
- akzessorische Anknüpfung an das Deliktsstatut *Rom I* 6 19, 8 11
- akzessorische Anknüpfung des Deliktstatuts *Rom I* 3 9, 5 6, 14

Rechtsobjekte Vor 90-103 1

Rechtspacht 581 15, 584a 2

Rechtspfändung 929 70

Rechtspfleger
- Grundbuchsachen Vor 873-928 7, 30

Rechtsschein
- bei Erwerb Anwartschaftsrecht 929 59
- der Quittung 370 1
- und Eigentumserwerb 932 4 ff

Rechtsscheinhaftung 173 1 ff, 179 12

Rechtsscheinprinzip 891 3

Rechtsscheinvollmacht 173 1 ff; *Rom I* 1 11

Rechtssubjekt Vor 1-20 1

Rechtsverhältnis Vor 1-20 5

Rechtsverlust durch gesetzlichen Eigentumserwerb, Ersatz
- Anspruchsberechtigter 951 5
- Ausschluss bei bereicherungsrechtlichen Leistungsbeziehungen 951 3
- Rechtsfolgen 951 5
- Rechtsgrundverweisung auf das Bereicherungsrecht 951 1
- Umfang 951 5
- weitergehende Rechte des Verlierers 951 6
- Zweck 951 1

Rechtswahl *EGBGB* 10 5 ff, 11 2, 42 1 f; *Rom I* 3 1 ff
- ausdrücklich *Rom I* 3 3
- Auslegung des Verweisungsvertrages *Rom I* 3 3
- Bestimmtheitsgebot *Rom I* 3 6 ff
- Einschränkungen *Rom I* 3 6 ff
- int Erbrecht *EGBGB* 25 12 f
- IPR *Rom II* 14 1 ff
- konkludent *Rom I* 3 3
- nichtstaatliches Recht *Rom I* 3 2, 11
- staatliches Recht *Rom I* 3 2, 11
- Transparenz *Rom I* 3 6 ff

Rechtswidrigkeit
- Begriff 276 4

Reform
- Schuldrecht Vor 241-853 12

Regelverjährung 195 1

Reisebestätigung 651a 5, 10

Reisebüro 651a 3

Reiseleitung
- örtliche 651d 4

Reisepreis 651a 15, 16, 651b 5, 651c 11
- Änderung 651e 2
- Rückzahlungsanspruch 651d 6

Reisevermittlungsvertrag 651a 3

Reisevertrag
- Abbruch Reise 651c 4
- Abhilfe 651c 11, 12, 651e 4, 651g 5
- Absage 651a 14, 17
- Änderung Reiseleistungen 651a 13
- Arglist 651g 8
- Aufklärungspflichten 651a 11
- Begriff des Mangels 651d 2
- Entschädigungsanspruch Reiseveranstalter 651e 10, 651i 5, 651j 5
- Entschädigungspauschale 651i 6, 8
- erhebliche Beeinträchtigung 651f 6
- erheblicher Mangel 651e 3
- Erhöhung Reisepreis 651a 12
- Ersatz Nichtvermögensschäden 651f 8
- Ersatzleistungen 651c 11
- Fehlerbegriff 651c 6
- Haftungsbeschränkungen 651a 9, 651f 4
- höhere Gewalt 651a 14, 651e 2
- Informationspflichten 651a 11
- internationale Übereinkommen 651h 4
- Katalog 651a 5
- Kündigungsrecht 651e 1
- Leistungsstörungen 651c 2
- Leistungsträger 651a 7 f, 10, 651b 3, 651f 4
- Mängelanzeige 651d 4
- Mängelliste 651g 5
- Mindestteilnehmerzahl 651a 14
- Prospekt des Reiseveranstalters 651a 10, 651c 6
- Rechtsnatur 651a 2
- Reiseleistungen 651a 10
- Rückbeförderung 651e 11, 651j 5
- Rücktrittsrecht 651a 16 f

- Rückzahlung Reisepreis 651d 6, 651e 9
- Selbsthilferecht 651c 12
- Sicherungsschein 651k 5
- Spätschäden 651g 8
- Stornogebühr 651i 6
- Stornokosten 651j 5
- Stornopauschalen 651a 9
- Störung Geschäftsgrundlage 651j 1
- Teilnichtigkeit 651m 3
- Verbraucherschutz 651a 1, 15
- Vermittlerklausel 651a 3
- Vertrag mit Schutzwirkung zugunsten Dritter 651a 7
- Vertrag zugunsten Dritter 651a 6 f
- zugesicherte Eigenschaft 651c 5

Rektapapiere 398 3, 793 1

Relatives Veräußerungsverbot Vor 854-1296 11

Religion *AGG* 9 1 ff

Rente 253 21, 23, 842 6, 843 3 ff, 11, 844 9 ff, 845 4 ff

Rentenscheine 805 2

Rentenschuld
- Begriff 1199 1

Rentner 651f 8

Rentnerfalle Vor 1587 7

Renvoi *EGBGB* 12 11; *Rom I* 20 1
- int Erbrecht *EGBGB* 25 16

Repräsentationssystem 1924 6

Reugeld 336 1

Richter
- und Diskriminierung *AGG* 24 1

Richterspruchprivileg 839 36 ff

Richtlinie
- Fernabsatz- FDL 241a 1
- Klausel- Vor 305-310 6
- Rechte der Verbraucher Vor 311-319 3
- richtlinienkonforme Auslegung des ProdHaftG 823 190
- Staatshaftung bei Umsetzungsfehlern 839 17
- überschießende Umsetzung Vor 241-853 7
- Verbraucherrechte- Vor 305-310 7
- Verbrauchsgüterkauf- Vor 241-853 12, 323 15
- Zahlungsverzugs- 286 2

Richtlinienkollisionsrecht *EGBGB* 46b 1; *Rom I* 23 1
- Analogie zu Art 46b EGBGB *EGBGB* 46b 16
- erfasste Anknüpfung *EGBGB* 46b 10
- erfasste Anknüpfungen *EGBGB* 46b 23
- persönlicher Anwendungsbereich *EGBGB* 46b 8
- räumlicher Anwendungsbereich *EGBGB* 46b 11, 24
- sachlicher Anwendungsbereich *EGBGB* 46b 9
- Verhältnis zu anderen Vorschriften *EGBGB* 46b 3 ff, 20
- Zeitlicher Anwendungsbereich *EGBGB* 46b 7, 21

Risiko
- der Verwendung 313 25

Risikoverteilung
- vertragliche und gesetzliche 313 16

Rom II
- Arbeitskampfmaßnahmen *Rom II* 9 1 ff
- Eingriffsnormen *Rom II* 16 1 ff
- Geschäftsführung ohne Auftrag *Rom II* 11 1 ff
- ordre public *Rom II* 26 1 ff
- Produkthaftung *Rom II* 5 1 ff
- Rechtswahl *Rom II* 14 1 ff
- Rückverweisung *Rom II* 24 1
- Sicherheits- und Verhaltensregeln *Rom II* 17 1 f
- Umwelthaftung *Rom II* 7 1 ff
- unerlaubte Handlungen *Rom II* 4 1 ff
- ungerechtfertigte Bereicherung *Rom II* 10 1 ff
- unlauterer Wettbewerb *Rom II* 6 1 ff
- Verletzung von Rechten des geistigen Eigentums *Rom II* 8 1
- Verschulden bei Vertragsverhandlungen *Rom II* 12 1 ff

Rückabwicklung 355 1

Rückbeziehung von Rechtsfolgen 159 1

Rückbürgschaft 765 22

Rückerwerb
- des Nichtberechtigten 892 31, 932 2

Rückforderungsdurchgriff 359 4

Stichwortverzeichnis

Rückgabe
- Leihsache 604 1 ff
- Pachtgegenstand 584b 1 ff, 596 1 ff
- verspätete bei Landpachtvertrag 597 1 f
- Wohnraum 571 1

Rückgabepflicht
- infolge dauerhafter Einrede 1169 1
- Mieter 546 1 ff

Rückgaberecht
- bei Verbraucherdarlehensvertrag 495 4

Rückgewähr
- unverzüglich 355 11

Rückgewährschuldverhältnis 326 17, 346 9
- Erfüllung Zug um Zug 348 1

Rückgriff 1143 7

Rückgriffskondiktion 812 18

Rückgriffsrecht
- bei Leistung durch Dritten 267 5

Rücklassungspflicht
- bei Landpachtvertrag 596b 1 ff

Rücknahme
- hinterlegter Sachen 376 1

Rückruf
- Produkte 823 164, 176, 187, 197

Rücksicht
- unter Ehegatten 1353 5, 1356 2

Rücktritt Vor 362-397 5
- Ausübung 346 8, 2296 1
- bei Unsicherheit 321 7
- besondere Bestimmungen 440 1 ff
- Beteiligung mehrerer 351 1 f
- erfolglose Nachfristsetzung 323 5
- Form 2296 1, 2297 4
- Kaufvertrag Vor 433-480 3, 437 4 f
- Mietvertrag 542 1
- Reisevertrag 651a 16, 17
- Tod des anderen Vertragsschließenden 2297 1
- Unwirksamkeit 218 1 ff
- Vertrag zugunsten Dritter 334 2
- Verwendungsersatz 347 4
- Voraussetzungen 2297 2 ff
- Vorbehalt in AGB 308 9
- Vorbehaltsverkäufer 647 12
- weiteres Erfüllungsverlangen 323 16

Rücktrittserklärung 346 8
- Form 2296 5

Rücktrittsrecht
- Ausübung und Form 2294 5
- Verhältnis zum Schadensersatzanspruch 325 1 ff
- vertragliches und gesetzliches 346 1 ff
- Verwirkungsklausel 354 1
- wegen Nichtleistung und nicht vertragsgemäßer Leistung 323 1
- wegen Störung der Geschäftsgrundlage 313 20
- wegen Unmöglichkeit 326 17
- wegen Unzumutbarkeit des Festhaltens am Vertrag 324 2

Rückverweisung
- int Erbrecht EGBGB 25 16

Sachdarlehen Vor 535-580a 6
- Entgelt 609 1 f

Sachdarlehensvertrag
- Kündigung 608 1 ff

Sache 90 1 ff
- bewegliche, unbewegliche 90 5
- Einzelsache 90 7
- Gebrauchsvorteile 100 1
- Nutzung 100 1
- Sachgesamtheit 90 6
- Scheinbestandteil 95 1
- verbrauchbare 92 1 f
- vertretbare 91 1

Sachenrecht
- Allgemeine Grundsätze Vor 854-1296 14
- IPR EGBGB 43 1 ff

Sachfrüchte 99 2

Sachgesamtheit 90 6

Sachlicher Anwendungsbereich Rom I 1 2 ff

Sachmangel
- Begriff 633 2

Sachnormverweis EGBGB 11 19; Rom I 3 11

Sachnormverweisung
- int Erbrecht EGBGB 25 16, 26 10

Sachverständigenhaftung 311 21

Sachverständiger
- beim Schiedsgutachtenvertrag 317 5
- Bestimmung der Leistung durch 317 3
- Pflichten des beauftragten Sachverständigen 662 9
- Schutzwirkung für Dritte 328 20

- Wiederbeschaffungswert 249 3
Saldierung 2133 4
Sale-and-lease-back Vor 535-580a 13
Sanktionen
- für Diskriminierten AGG 16 1
Schaden
- Arbeitskraft als 253 11
- Begriff Vor 249-253 5 ff
- entgangene Sachnutzungen als 253 7 f
- fehlgeschlagene Aufwendungen als 253 10
- Freizeit als 253 9
- immaterieller 253 1 ff
- Kind als Vor 249-253 8
- normativer Schadensbegriff 251 8, 843 10
- transitorischer 249 12
- wirtschaftlicher Totalschaden an einem Kfz 249 3, 251 6
- Zurechnung Vor 249-253 13 ff
Schadensanfälligkeit 823 53
Schadensberechnung Vor 249-253 34 ff
- abstrakte 281 14 ff
- bei Verbraucherdarlehensvertrag 497 1 ff
- konkrete 281 14 ff
Schadensersatz
- allgemeiner 280 2
- Arbeitnehmer 251 8
- bei Aufhebung Dienstvertrag 628 1
- bei außerordentlicher Kündigung Dienstvertrag 628 3
- bei Diskriminierung im allg Zivilrecht AGG 21 2
- beim vertraglichen Rücktrittsrecht-Haftungsmaßstab 346 18
- bei nachträglicher Unmöglichkeit 283 1
- bei Notstand 904 3 ff
- bei Rücktritt vom Reisevertrag 651i 5
- bei Schlechtleistung 281 1
- bei Werkvertrag 636 1 f
- besondere Bestimmungen 440 1
- Beweislast 283 5
- Ersatzberechtigte Vor 249-253 25 ff
- für Diskriminierten AGG 15 1 ff
- Geld nach Fristsetzung 250 1
- Geld ohne Fristsetzung 251 1
- großer 280 2, 281 18
- Heilbehandlung eines Tieres 251 5

- Kaufvertrag 437 7 ff
- kleiner 280 2, 281 18
- Mietvertrag 536 16, 543 1
- neben der Leistung 280 2, 16
- Rechtsverfolgungskosten 249 6
- Reform 253 12, Vor 823-853 17
- Schockschäden Vor 249-253 17
- statt der Leistung 281 1 ff
- trotz Erfüllungsanspruchs 281 9
- Umfang Vor 249-253 10 ff, 251 6
- Verhältnis zum Rücktrittsrecht 325 1 ff
- Vorteilsausgleichung Vor 249-253 31 ff
- wegen verspäteter Rückgabe Pachtgegenstand 584b 3
- Wertersatz in Geld 251 1
Schadensersatz statt der Leistung 281 1 ff
- positives Interesse 281 11
- Umfang 281 11
Schadensersatz(pflicht)
- Anrechnung Leistungen Dritter 842 6, 843 10
- Beeinträchtigung der Erwerbsfähigkeit 843 4
- Entzug des gesetzlichen Unterhaltsrechts 844 5 ff
- Ersatz für entgangene Dienste 845 2 ff
- haushaltsführender Ehepartner 842 3, 843 6, 844 7, 845 3
- Mehraufwendungen 843 5
- Nachteile für das Fortkommen 842 5
- Nachteile für Erwerb 842 3 f
Schadensersatzrecht
- Reformvorhaben Vor 823-853 17
Schadenskompensation Vor 249-253 3
Schadenspauschalierung 276 22
- Vertragsstrafe 339 4
Schadensschätzung 253 20
Schätzwert
- Inventar 582a 13
Scheck Rom I 1 8
Scheidung der Ehe s. Ehescheidung
Scheinbestandteil 95 1, 912 18
Scheingeschäft 117 1 ff
- Beweislast 117 8
Schenkung 2077 7
- an Minderjährige 516 5
- gemischte 516 7

- Haftung des Schenkers 521 1, 523 1
- Heilung von Formmängeln 518 4
- Rückforderung 529 1 ff
- Unentgeltlichkeit 516 4
- Vertrag 2301 13

Schenkung auf den Todesfall 2301 2; Rom I 1 7
- Anwartschaftsrecht 2301 21
- Bevollmächtigung des Begünstigten 2301 35
- Erklärungsbote 2301 37
- gegenwärtiges Vermögensopfer 2301 32
- lebzeitiger Vollzug 2301 25 ff
- vollzogene 2301 23

Schenkung in Beeinträchtigungsabsicht
- Anspruchsinhalt 2287 16
- Beeinträchtigungsabsicht 2287 7
- lebzeitiges Eigeninteresse 2287 7 ff.
- Rechtsfolge 2287 13
- Verjährung des Anspruchs 2287 18

Schenkung von Todes wegen
- Qualifikation EGBGB 25 7

Scherzerklärung 118 1 ff

Schickschuld 243 7, 269 2, 5, 270 1, 447 3
- qualifizierte 270 1

Schiedsgutachten 317 2 f
- Abgrenzung zur Schiedsvereinbarung nach ZPO 317 6

Schiedsklausel Rom I 1 9
Schiedsrichtervertrag Rom I 1 9
Schiedsvereinbarung Rom I 1 9

Schiff 452 1, Vor 535-580a 8, 578a 1 f

Schiffsmiete 556b 2, 578a 1 f

Schiffspfandrecht 490 8

Schikaneverbot 226 1 ff, 2, 242 8

Schlechtleistung
- Schadensersatz 281 1, 5

Schlusserbe 2269 5

Schmerzensgeld Vor 823-853 7, 12, 17
- bei der Amtshaftung 839 23
- bei der Billigkeitshaftung 829 8
- bei der Gefährdungshaftung 253 12
- bei der Produkt- bzw Produzentenhaftung 823 178, 206
- bei der Tierhalterhaftung Vor 823-853 7, 833 1
- bei Straßenverkehrsunfällen 253 16
- bei Verletzung des allgemeinen Persönlichkeitsrechts 253 14, 823 112
- Funktion 253 16
- für Angehörige 253 18
- für Schwerstgeschädigte 253 17
- gerichtliche Geltendmachung 253 23
- Höhe des Anspruchs 253 20
- Kapitalbetrag 253 21

Schmiergeld 611 18, 631 4, 652 7

Schockschaden 253 18, 823 8, 54, 846 1

Schönheitsreparaturen 535 6, 538 3

Schonvermögen 829 9, 13

Schranken des Eigentums 903 2 ff
- öffentlich-rechtliche Schranken 905 5

Schriftform 126 1 ff, 568 1, 766 4 f, 1154 7
- Vereinbarung 127 1 ff

Schriftformklausel 127 3

Schulbesuch
- Gastschulaufenthalt 651l 2

Schuldanerkenntnis
- abstraktes 781 2
- Begriff 781 1
- Beweiserleichterung 781 8 f
- Beweislast 781 2
- Einreden 781 5
- Formfreiheit 781 3, 782 1
- Schriftform 781 3
- und ungerechtfertigte Bereicherung 781 6

Schuldbeitritt
- Abgrenzung zur Bürgschaft 765 24
- Anwendung des § 491 Vor 414-419 7
- Formfreiheit Vor 414-419 2
- gesetzlicher Vor 414-419 2, 546 3
- künftige Forderungen Vor 414-419 3
- Vertrag mit dem Gläubiger Vor 414-419 4
- Vertrag mit dem Schuldner Vor 414-419 5
- vertraglicher Vor 414-419 2

Schulden des Erblassers (Erblasserschulden) 2311 6

Schuldersetzung 311 9

Schuldner
- Mehrheit s. Gesamtschuld

Schuldnerhaftung
- Haftungsreduzierung 300 1

Schuldnerverzug
- Abdingbarkeit 286 3
- Abgrenzung zur Unmöglichkeit 286 5
- bei Entgeltforderungen 286 20 ff
- bei Unterhaltsansprüchen 286 18
- Haftungserweiterung 287 1 ff
- Heilung 286 31
- kalendermäßig bestimmte Leistungszeit 286 15
- Nichtvertretenmüssen 286 26
- ohne Mahnung 286 14, 20 ff
- Richtlinie 286 20 ff
- Verschulden 286 25
- verzugsausschließende Einrede 286 6
- Zinsschaden 288 6
- Zurückbehaltungsrecht 273 18, 286 6

Schuldrecht Vor 241-853 1, Vor 2147-2191 8
- Einfluss des EU-Rechts und internationalen Einheitsrechts Vor 241-853 5
- Fortentwicklung Vor 241-853 5
- Gliederung und Stellung im Rechtssystem Vor 241-853 1
- kein Typenzwang Vor 311-319 14
- Reform Vor 241-853 12
- Verhältnis zum Sachenrecht Vor 241-853 9

Schuldrechtsreform Vor 241-853 12

Schuldschein
- Begriff 371 1

Schuldübernahme
- durch Vertrag mit dem Schuldner 415 3
- Erlöschen akzessorischer Sicherungsrechte 418 1
- Übergang von Gestaltungsrechten 417 2

Schuldurkunde
- Abgrenzung zu Inhaber- und Orderpapieren 952 2
- Eigentum 952 1 f

Schuldverhältnis Vor 241-853 15
- Begründung Vor 311-319 4, 311 1
- einseitige Änderung 311 5
- Erlöschen durch Konfusion 241 2
- gesetzliches Vor 241-853 18, Vor 823-853 1
- Inhaltsänderung 311 1 ff
- mit Dritten 311 19 f
- ohne primäre Leistungspflicht Vor 241-853 22
- Rechtsfolgen 241 3
- rechtsgeschäftliches Vor 241-853 16
- tätigkeits- und erfolgsbezogenes 241 9

Schuldverschreibung
- Leistungspflicht des Ausstellers 797 1

Schuldverschreibung auf den Inhaber
- Begebungsvertrag 793 3
- Gewinnanteilsschein 805 2
- kleine Inhaberpapiere 807 1
- Legitimationswirkung 793 5
- Rentenscheine 805 2
- Schriftform 793 3
- Zahlungssperre 799 1
- Zinsscheine 805 1

Schuldversprechen
- abstraktes 781 2
- Begriff 781 1
- Beweiserleichterung 781 8 f
- Beweislast 781 2
- Einreden 781 5
- Formfreiheit 781 3, 782 1
- Schriftform 781 3
- und ungerechtfertigte Bereicherung 781 6

Schüler 651f 8

Schutzbereich des Vertrags 328 12

Schutzgesetz (Verletzung) 823 87, 141 ff
- Rechtswidrigkeit 823 152
- Verschulden 823 153

Schutzpflichten 241 4
- beim Dienstvertrag 611 23

Schutzrechtsverwarnung 823 125, 134, 139

Schutzzwecklehre 823 49, 59

Schwägerschaft 1590 1 ff
- Eheverbot Vor 1303-1320 1

Schwangerschaftsabbruch 823 6, 78, 85

Schwarzarbeit 631 4

Schwarzfahrt 831 9, 839 9

Schwarzkauf 117 7, 311b 18

Schweigen Vor 116-144 2, 119 3
- Antragsempfänger 147 3

Schwerbehinderter
- Sonderkündigungsschutz 622 3

Seeverkehr 651h 4
Selbstbelieferungsvorbehalt
- in AGB 308 11, 26
Selbstbestimmung
- des Dritten 328 5
Selbstbeteiligung
- des Geschädigten Vor 823-853 7, 823 207
Selbstgefährdung 823 83, 833 7
Selbsthilfe
- Besitzdiener 860 1
- mittelbarer Besitzer 860 1
Selbsthilferecht 231 1 ff
- Besitzkehr 859 2
- Besitzwehr 859 1
- des Vermieters 562 11
- Reisevertrag 651c 12
- Vermieter 562b 1 ff
Selbstvornahme 437 16
Sexuelle Belästigung am Arbeitsplatz 626 6
Sexuelle Identität AGG 1 10
Sicherheiten
- bei Annahme einer Leistung erfüllungshalber 364 8
- revolvierende 930 32
- Zulässigkeit von Sicherungsübereignungen bei revolvierenden Sicherheiten 930 32
Sicherheitsleistung 240 1 ff
Sicherungseigentum (SE)
- in Zwangsvollstreckung und Insolvenzverfahren 930 27
- Verlust des 930 26
- Verwertung des 930 24
- Zulässigkeit von Verfallsklauseln 930 25
Sicherungsgeber
- Schutz des Sicherungsgebers bei der Sicherungsübereignung 930 19
- Schutz gegenüber Dritterwerbern 930 21 f
Sicherungsgrundschuld
- Folgen bei Nichtbestehen einer zu sichernden Forderung 1191 26
- gutgläubiger einredefreier Erwerb 1191 39
- nichtakzessorisches Sicherungsrecht 1191 31
- sicherbare Forderungen 1191 24
- Sicherung von Ersatzansprüchen 1191 27

- Tilgung 1191 39
- Übertragung 1191 35
- Zahlung auf die Forderung 1191 47
- Zahlung auf die Grundschuld 1191 46
- zu unterscheidende Rechtsbeziehungen 1191 23
Sicherungshypothek
- Entstehung kraft Gesetzes 1184 2
- im Werkvertragsrecht 647 3
- kein gutgläubiger Erwerb bei Fehlen der Forderung 1185 3
- Kündigung 1185 4
- rechtsgeschäftliche Bestellung 1184 2
- stets Buchhypothek 1184 1, 1185 1
- strenge Akzessorietät 1113 2, 1184 1
- unanwendbare Vorschriften 1185 2 ff
Sicherungsschein
- beim Reisevertrag 651k 5
Sicherungsübereignung
- als besitzloses vertragliches Pfandrecht 930 8
- automatischer Rückfall durch Bedingungseintritt 930 12
- bei revolvierenden Sicherheiten 930 32
- fehlende Akzessorietät 930 14, 23
- Gegenstand der Sicherungsübereignung 930 9
- Grenzen zulässiger Sicherungsgeschäfte 930 30 ff
- schuldrechtliche Rückübertragungspflicht 930 12
- Vermieterpfandrecht 562 5
- von Warenlagern 930 16
- zu unterscheidende Rechtsbeziehungen 930 10 ff
Sicherungsvertrag
- Auswirkung auf die Sicherungsübereignung bei Nichtigkeit 930 13
- bei der Sicherungsübereignung 930 11
- konkretes Besitzkonstitut 930 18
Sittenwidrige Schädigung
- Begriff der guten Sitten 826 1, 6 f
- Erteilen fehlerhafter Auskünfte 826 16
- IPR 826 19
- Rechtswidrigkeit 826 8
- Schädigungsvorsatz 826 9 f
- Verband 826 18

Stichwortverzeichnis

Sittenwidrigkeit 138 1 ff
Sitzblockade 823 132
Skontration 388 4
Software
- als Produkt 823 170, 196
- Verjährung Mängelgewährleistung 634a 4
- Widerruf bei Fernabsatz 312d 4

Soldat 9 1
- und Diskriminierung AGG 24 1

Sonderanknüpfung Rom I 5 1, 6 1, 7 1 ff, 8 1
Sonderopfer 903 5 ff
Sonderverbindung
- bei der Verschuldenszurechnung 278 3, 9 ff
- Grundsatz von Treu und Glauben 242 3, 10

Sondervermögen
- Anteil Vor 2032-2063 7
- gesamthänderische Bindung Vor 2032-2063 9, 2032 4a

Sonstiges Recht 823 28 ff
- allgemeines Persönlichkeitsrecht 823 42, 90 ff
- Aneignungsrecht 823 39
- Anwartschaftsrecht 823 33
- Besitz 823 35 ff
- besondere Persönlichkeitsrechte 823 40
- Familienrechte 823 44
- Forderung 823 30
- Herrschaftsrecht 823 31
- Immaterialgüterrecht 823 39
- Recht am Arbeitsplatz 823 43
- Vermögen 823 29
- Vormerkung 823 34
- Zurückbehaltungsrecht 823 32

Sorgerecht
- s. elterliche Sorge

Sorgfalt
- eigenübliche 277 1 f, 708 1
- objektiv erforderliche 276 13 ff

Sozialamt 569 5
Sozialbindung Eigentum 903 4 f
Soziale Dienstleistung
- Begriff 312 24

Sozialklausel 575a 3
Sozialplan AGG 10 3
Spannungsklauseln 244 18
Sparbuch 562 4, 808 2

Spätschaden
- Reisevertrag 651g 8

Spediteur 611 6
Spezialitätsprinzip Vor 854-1296 18
Sphärentheorie 293 5
Spiel
- Begriff 762 1 f
- Darlehen zu Spielzwecken 762 6
- Eingehung neuer Verbindlichkeit zur Erfüllung von Spielschulden 762 5
- Falschspiel 762 4
- Unverbindlichkeit 762 4

Staatenloser EGBGB 5 6
Staatsangehörigkeit EGBGB 5 2 ff
Staatshaftung
- im Falle fehlerhafter/verspäteter Richtlinientransformation 839 17
- mittelbare 839 1
- unmittelbare 839 4

Staatsverträge EGBGB 11 2; Rom I 25 1
- Vorrang EGBGB 3 5

Staffelmiete 557 3
Statiker 646 2, 648 3, 648a 3, 649 10
Statutenwechsel Rom I 3 5
Stellensuche
- Freistellung 629 2
- Selbstbeurlaubung 629 3
- Vergütungsanspruch 629 4

Stellvertretendes commodum 285 1
Stellvertreter 164 1 ff
- einseitiges Rechtsgeschäft 174 1, 180 1 ff
- Insichgeschäft 181 1 ff

Stellvertretergeschäfte EGBGB 12 5
Stellvertretung Vor 164-181 1 ff; EGBGB 11 13
- mittelbare Vor 164-181 10
- organschaftliche Rom I 1 11
- rechtsgeschäftliche Rom I 1 11
- Rechtsscheinsvollmacht Rom I 1 11

Sterilisation 823 6, 85
- Betreuter 1905 1 ff

Steuerberater 611 6, 634a 8, 652 7
Steuerungsfähigkeit 828 6, 829 5
Stiftung Vor 21-89 4, Vor 80-88 1 ff
- Errichtung 80 1 ff
- Stiftungsgeschäft unter Lebenden 81 1 ff

- Stiftungsgeschäft von Todes wegen 83 1 ff
- Vereinsrecht, Anwendung 86 1 ff

Stoffgleichheit 823 20 ff

Stoppungsrecht 321 6

Störer 1004 5

Störung der Geschäftsgrundlage 313 1 ff
- Begriff der 313 2
- Bürgschaft 765 12
- Geldentwertung 313 24
- große und kleine 313 3
- Leistungserschwerung 313 23
- Rechtsfolge 313 19 ff
- Reisevertrag 651j 1
- Zweckstörung 313 25

Streckengeschäft Vor 433-480 7

Streik 823 124, 133, 826 18

Strengere Richtlinienumsetzung EGBGB 46b 14

Stückschuld 243 4

Stückvermächtnis 2164 1, 2169 1 f
- Haftung für Sachmängel 2183 5

Studentenwohnheim 549 7, 551 5

Stundung 271 4
- Verfahren 2331a 8
- Vertrag zugunsten Dritter 334 2
- Zuständigkeit 2331a 7

Stundung des Pflichtteils
- Voraussetzung 2331a 2 ff

Subjektive Anknüpfung Rom I 3 1 ff

Subsidiaritätsklausel 839 29 ff

Substitut 278 8

Substitution 664 2; EGBGB 11 15
- Gleichwertigkeit EGBGB 11 10 f

Subunternehmer 647 9, 648a 3

Sukzessivlieferungsvertrag Vor 311-319 24

Surrogation Vor 2038-2041 1, 2114 4, 2121 6
- Beziehungssurrogation 2041 2, 5
- dingliche 1247 2, 2019 1, 7 ff, 2041 1
- Ersatzsurrogation 2041 2, 4
- Ersatzvorteile 2111 6
- gesetzlicher Erwerb 2111 5
- Inventar 2111 8
- Rechtssurrogation 2041 2 f
- schuldrechtliche 285 1
- Wirkung 2041 7

Surrogationstheorie 281 13

Synallagma Vor 311-319 13

Tatbeitragseinheit 840 11

Tathandlung Vor 104-185 12

Tatsache
- Begriff 823 98, 824 3
- unternehmensschädigende 823 127, 136

Tatsachenirrtum
- Schuldner 286 29

Tausch 480 1 ff

Tauschsystemvertrag 481b 1 ff

Täuschung
- arglistige 123 2 ff

Teilabnahme
- beim Werkvertrag 640 8

Teilamortisationsvertrag Vor 535-580a 13

Teilauseinandersetzung 2042 8

Teilbesitz
- Begriff 865 2

Teilbürgschaft 765 19

Teilfrage EGBGB 11 1

Teilgeschäftsfähigkeit 113 3

Teilgläubigerschaft Vor 420-432 1, 420 1, 4

Teilkündigung
- Darlehensvertrag 489 8

Teilleistung
- bei Verbraucherdarlehensvertrag 497 4
- kein Interesse 281 17
- Rücktritt bei 323 13
- Zulässigkeit 266 2

Teilnichtigkeit 139 1 ff, 9 ff
- beim Reisevertrag 651m 4

Teilrechtswahl Rom I 3 4

Teilschuldnerschaft Vor 420-432 2, 420 1, 3

Teilung
- durch Verkauf 753 1
- in Natur 752 1
- Teilungsverbot 749 4

Teilungsanordnung
- Form 2048 5
- Inhalt 2048 2 ff

Teilungsplan 1147 11

Teilungsverbot 749 4

Teilungsversteigerung 2115 7

Teilvergütung
- bei Aufhebung Dienstvertrag 628 1
- bei außerordentlicher Kündigung Dienstvertrag 628 2
- beim Werkvertrag 641 5, 649 10

Teilweise Nichtleistung
- kein Interesse 281 17

Teilzahlungen
- bei Verbraucherdarlehensverträgen 498 11

Teilzahlungsgeschäft 499 3, 501 1 f
- Formmängel 502 1
- vorzeitige Zahlung 504 1 ff

Teilzeit-Wohnrecht 481 1 ff; *EGBGB* 46b 19 ff
- Anzahlungsverbot 486 1 ff
- Mindestdauer 481 3
- Prospektpflicht 482 1
- Vertragssprache 483 1 ff
- vorvertragliche Informationen 482 1 ff
- Widerrufsrecht 485 1 ff

Teilzeit-Wohnrechtevertrag
- konkurrierende Widerrufsrechte 485 8 f

Telekommunikationsdienstleistung
- Begriff 305a 5

Telemedien 312i 3

Tendenznaher Betrieb *AGG* 9 3

Termine 193 1 ff

Testament 1937 2; *Rom I* 1 7
- Auslegung **Vor 2084-2099** 1 ff
- Entstehungsgeschichte **Vor 2229-2264** 4
- Ergänzungsvorbehalt 2086 1
- Formen **Vor 2229-2264** 3
- Grundsatz der Formstrenge **Vor 2229-2264** 1
- Nichtigkeit des gemeinschaftlichen 2268 1 ff
- Rechtsvergleichung **Vor 2229-2264** 5
- Testierfreiheit **Vor 1922-2385** 3, 24, 2253 1
- Testierwille 2247 7
- unvollständiges 2086 2
- Voraussetzungen **Vor 2229-2264** 2
- Widerruf 2253 4

Testamentarische Zuwendung
- Verzicht, nachträglich 2352 1

Testamentatum correspectivum **Vor 2265-2273** 4

Testamentatum mere simultaneum **Vor 2265-2273** 4

Testamentatum reciprocum **Vor 2265-2273** 4

Testamentsrecht 2279 1 ff

Testamentsvollstrecker 2194 4
- Amtstheorie **Vor 2197-2228** 4
- Angabe auf Erbschein 2136 4
- Aufwendungsersatz 2218 7
- Befugnisse 2202 9 ff
- Beschränkung der Rechte des Erben 2209 2
- Ernennung 2197 1, 2224 2
- Ernennung durch Dritte 2198 1 ff
- Ernennungsfähigkeit 2197 4 f
- Erweiterung der Befugnisse 2208 8
- Freiwilligkeit der Übernahme des Amtes 2202 1
- Gesamtvollstrecker 2224 1
- Kontrolle 2227 1
- Kündigungsrecht 2202 3 ff, 2226 1 f
- Legitimationsnachweis 2205 13
- Notverwaltungsrecht 2224 11
- Pflichten 2215 1 f, 2216 1 ff, 2218 4 ff
- Pflichtverletzung 2219 3
- Rechtsstellung **Vor 2197-2228** 4
- Testamentsvollstreckerzeugnis 2205 13, 2208 9, 2209 9
- Tod des 2218 8, 2225 2
- Verfügungsbefugnis 2205 8 ff
- Verpflichtungsbefugnis 2205 6, 2206 1 ff
- Verpflichtungsbefugnis, erweiterte 2207 1 ff
- Wegfall 2224 10

Testamentsvollstreckerlösung 2205 16

Testamentsvollstreckerzeugnis *EGBGB* 25 20
- Antrag 2368 4
- Arten 2368 3
- Ende der Wirkung 2368 7
- Legitimationswirkung 2368 2

Testamentsvollstreckung *EGBGB* 25 6
- Abgrenzung **Vor 2197-2228** 5
- Absonderung des Nachlasses 2214 1
- Abwicklungsvollstreckung **Vor 2197-2228** 3
- Amtstheorie 2210 4
- Anordnung 2197 2
- Anteile an Kapitalgesellschaften 2205 24

- Arten Vor 2197-2228 3
- beaufsichtigende 2208 7
- Einsichtsrecht 2228 1
- Höchstdauer 2210 1 ff
- Kollisionen mit Handels- und Gesellschaftsrecht 2205 14
- Kommanditanteile 2205 23
- Rechtsgeschichte Vor 2197-2228 8
- Rechtsvergleichung Vor 2197-2228 8
- Verwaltung des Nachlasses 2209 1
- Verwaltungsvollstreckung 2209 1
- Ziele Vor 2197-2228 2

Testierfähigkeit Vor 2064-2273 3, 2229 1 ff, 2292 5; EGBGB 26 3, 8
- bei Entmündigung 2229 7
- bei gemeinschaftlichem Testament 2265 9
- bei Rücknahme aus amtlicher Verwahrung 2256 3
- DDR-Testamente 2229 10
- Minderjährige 2233 1
- Vermutung 2229 9

Testierfreiheit Vor 2064-2273 2
- Aufgabe 2289 15
- Schutz 2302 1
- Vorerbe 2112 8

Testiervertrag Rom I 1 7

Textform 126b 1 ff

Theateraufführung 646 2

Theorie der immanenten Schranke 242 21

Tier 90a 1
- als Leihgegenstand 598 10
- beim Pachtvertrag 582 5
- Kauf 439 4
- Pfandrecht 562 4

Tierarzt 611 6

Tierhalter
- Begriff 833 6
- Gesamtschuld 833 13, 840 16
- Haftungsausschluss 833 7
- (Nutz-)Tier 833 1, 3, 8 ff
- Tiergefahr 833 4

Tilgung
- abweichende Reihenfolge bei Verbraucherdarlehen 367 3
- gesetzliche Reihenfolge 366 5
- Reihenfolge bei Haupt- und Nebenforderung 367 1
- wechselseitige 387 1

Tilgungsbestimmung
- bei der Erfüllung 362 8
- bei mehreren Schulden 366 3
- Unzulässigkeit formularmäßiger 366 4

Tilgungszahlungsabrede 498 11

Timesharing EGBGB 46b 19 ff

Todeserklärung EGBGB 9 1 ff

Todeszeitpunkt 1 6

Totalschaden 275 19
- echter 249 11
- unechter 249 11

Totenfürsorge Vor 1922-2385 15

traditio brevi manu 929 28

Traditionsprinzip
- und Eigentumserwerb Vor 929-1011 3, 5, 929 28

Transparenzgebot
- Beispiele 307 21
- für AGB 305 16, 307 20

Transplantation 823 94, Vor 1922-2385 15

Transportmittel
- IPR EGBGB 45 1 ff

Trennungslösung 2100 11

Trennungsprinzip Vor 854-1296 20, 2269 4, 7

Treu und Glauben
- Abgrenzungen 242 6 ff
- Anwendbarkeit 242 3 ff
- Bedeutung 242 1
- Begriff 242 12
- Begründung von Nebenpflichten 242 17 ff
- dolo-agit-Einrede 242 32
- Funktionsbereiche 242 2
- unzulässige Rechtsausübung 242 21 ff

Treuepflicht
- Beamter AGG 24 1

Treuhandeigentum Vor 903-924 3

Treuhänder Vor 164-181 10

Treuhandlösung 2205 18

Trust Rom I 1 12

Typenfreiheit Vor 311-319 6

Typenzwang Vor 854-1296 19, Vor 1922-2385 24

Überbau s. Grenzüberbau

Überbaurente 912 2 f

Übergabe
- bei Eigentumserwerb 929 10 ff

- der Pfandsache 1205 3
- Gefahrübergang beim Kaufvertrag 446 4
- Übergabesurrogat 929 56, 930 1, 931 1, 1117 2

Überinventar 582a 12
Übermaßfrüchte 2133 3
Übermittlungsgefahr
- bei Geldschulden 270 5

Übernahmevertrag Vor 414-419 1
Überschießende Richtlinienumsetzung EGBGB 46b 14
Überschuldung 2338 4
Übersicherung 929 41
Überweisung 362 6
Überziehungskredit 493 1
UKlaG
- bei Diskriminierung AGG 23 1

Umdeutung 140 1 ff
Umgangsrecht 1626 4 ff, 1684 1 ff, 1685 1 ff
- nicht leiblicher, nicht rechtlicher Vater 1686a 1 ff

Umgehungsgeschäft 134 10
Umgehungsverbot 361 2
Umlagen
- bei Miete 547 2

Umsatzsteuer
- bei fiktiver Schadensberechnung 249 3, 251 6
- Pacht 584b 5
- Vergütung des Vormunds 1836 8

Umsetzungsdefizit EGBGB 46b 15
Umstände des Vertragsschlusses
- Einbeziehung in die Klauselkontrolle 310 9 ff

Umwelthaftung Vor 823-853 7, 823 12, 27, 842 2
- IPR Rom II 7 1 ff

Umweltschädigungen
- IPR EGBGB 46a 1 f

Umweltschutzbestimmungen 587 6
Unbilligkeit
- offenbare 319 1 ff

Unentgeltliche Sachdarlehen 607 3
Unerlaubte Handlung
- Anspruchskonkurrenz Vor 823-853 3 ff
- Arten Vor 823-853 3 ff
- Begriff Vor 823-853 1

- (Internationales) Verfahrensrecht Vor 823-853 15
- IPR Vor 823-853 16; EGBGB 40 1 ff; Rom II 4 1 ff
- Minderjähriger 106 10
- Rechtsfolge 823 85
- Rechtswidrigkeit 823 71 ff
- Unmöglichkeit 326 11

Ungerechtfertigte Bereicherung
- aufgedrängte Bereicherung 812 21
- Ausschluss Vor 812-822 6
- Ausschluss der Rückforderung bei beiderseitigem Sitten- oder Gesetzesverstoß 817 5 ff
- Befreiung von Verbindlichkeiten 812 3
- bei Anweisung 812 27
- bei Banküberweisungen 812 27
- bei Drei-(oder Mehr-)Personen-Verhältnissen 812 22 ff
- bei Wucherdarlehen 817 7
- betagte Verbindlichkeit 813 4
- Doppelkondiktionslehre 816 11
- Durchgriff 812 27
- Durchlieferung 812 25
- Einheitskondiktionslehre 816 11
- erlangtes Etwas 812 3 f
- Ersparnis von Aufwendungen 812 4
- Fehlen eines rechtlichen Grundes 812 7
- Herausgabe des Veräußerungserlöses 816 9
- Herausgabepflicht eines Dritten 822 2 ff
- herauszugebender Gegenstand 818 2 ff
- in Abtretungsfällen 812 28
- IPR EGBGB 38 1 ff; Rom II 10 1 ff
- Kenntnis des minderjährigen Empfängers vom Rechtsmangel 819 3
- Kenntnis des Vertreters vom Rechtsmangel 819 2
- Kenntnis vom Rechtsmangel 819 2
- Konkurrenzen Vor 812-822 6
- Konkurrenzen bei der Verwendungskondiktion 812 20
- Kosten des Erwerbs 818 12
- Leistung 812 5 ff
- Leistung an einen Nichtberechtigten 816 2
- Leistung auf eine Nichtschuld 813 1
- Leistung auf verjährte Forderung 813 3

- Leistung entgegen eines gesetzlichen Verbotes 817 1 f
- Leistung in Erwartung der Heilung 813 3
- Leistung in Kenntnis der Nichtschuld 814 1
- Leistung trotz Bestehens einer Einrede 813 2
- Leistung unter Vorbehalt 814 3
- Leistungsbeziehung 812 22
- Leistungskette 812 24
- Minderjähriger 106 11
- Nichteintritt des bezweckten Erfolges 812 11
- Rückgriffskondiktion 812 18
- Saldotheorie 818 13 ff
- Sittenwidrigkeit der Leistung 817 1 f
- ungewisser Erfolgseintritt 820 2
- Unmöglichkeit der Herausgabe 818 7
- Verjährungseinrede 813 3
- verschärfte Haftung 818 17 f
- Verwendungen auf den Bereicherungsgegenstand 818 12
- Verwendungskondiktion 812 19 ff
- Wegfall der Bereicherung 818 9 ff, 18
- Wegfall des Rechtsgrundes 812 9
- Wertersatz 818 6 ff
- Zweckbestimmung der Leistung 812 22
- Zweikondiktionentheorie 818 13

Universallegat **Vor 2147-2191** 13

Universalsukzession **Vor 1922-2385** 25, **1922** 1

UN-Kaufrecht **Vor 433-480** 8

Unlauterer Wettbewerb
- IPR *Rom II* 6 1 ff

Unmittelbarkeit 328 9

Unmöglichkeit
- Abgrenzung zum Annahmeverzug 275 9
- Abgrenzung zum Verzug 275 7, 286 5
- anfängliche 275 6, 311a 1 ff, 815 2
- Befreiung von der Gegenleistungspflicht 326 1 ff
- Behebung 2171 2
- der Leistung des Vermächtnisses 2171 1
- durch Zeitablauf 275 13
- durch Zweckstörung oder -fortfall 275 10
- faktische 275 18
- im Arbeitsverhältnis 275 15
- im engeren Sinn 275 2
- moralische 313 9
- nachträgliche 275 6
- nicht zu vertretende 283 2, 326 5, 17
- objektive 275 6
- persönliche 313 9
- physische 275 10
- praktische 275 18
- qualitative 275 17
- rechtliche 275 12
- Schadensersatz bei 280 1, 283 2
- Schadensersatz bei teilweiser 281 5
- subjektive 275 15
- teilweise 275 16
- vom Gläubiger zu vertretende 323 15, 326 8
- vom Schuldner zu vertretende 283 2, 326 5, 17
- von beiden Parteien zu vertretende **Vor 323-326** 3
- wegen mangelnden Zahlungsvermögens 275 8
- wegen Unzumutbarkeit 275 23
- wirtschaftliche 275 20, 313 8

Unpünktlichkeit
- fristlose Kündigung des Dienstverhältnisses 626 6

Unsicherheit
- Einrede der 321 1 ff
- Leistungsverweigerungsrecht bei 321 6
- Rücktrittsrecht bei 321 7

Unterhalt
- Anhang *EGBGB* 18 1 ff
- aus Billigkeitsgründen 1576 1 ff
- IPR *EGBGB* 18 1 ff

UnterhaltsänderungsG **Vor 1569-1586b** 2, **1569** 8, **1578** 33

Unterhaltsaufwand
- als Schaden 823 85

Unterlassen 241 10
- Zurechnung 823 56 ff

Unterlassungsanspruch **Vor 823-853** 10 f, **823** 108, 140, 141, **824** 15, **826** 11, **1004** 7
- bei Diskriminierung *AGG* 21 2
- Name 12 6

Unterlassungspflichten
- Beweislast 363 5
- Duldung 241 12

Untermiete 540 2, 553 2

Unternehmen
- Erbengemeinschaft 2032 7 ff
Unternehmenskauf 433 6, 453 3
- Garantie 444 6, 7
Unternehmenspacht 582 2, 582a 2
Unternehmer 14 1 ff, 241a 2
- Erfüllungsgehilfen 631 7
- Pflichten 631 7
- Vorleistungspflicht 631 2, 632a 1, 647 1
Unternehmerischer Verkehr
- AGB-Kontrolle 307 3, 19, 308 1, 6, 14, 21, 22, 26, 309 1, 11, 15, 16, 18, 19, 23, 27 ff, 310 2
Unterpacht 584a 3
Unterpachtvertrag 589 7
Unterrichtungspflicht
- bei Betriebsübergang 613a 7
UN-Übereinkommen über die Rechtsstellung der Staatenlosen EGBGB 5 3
Unvermögen 275 15
- physisches 275 15
- rechtliches 275 15
- Schuldner bei Annahmeverzug 297 1
Unwirksamkeit
- schwebende 108 1, 184 5
Unzulässige Rechtsausübung 226 1 ff, 242 2, 21 ff
- Ausnutzung einer formalen Rechtsstellung 242 34
- bei Unverhältnismäßigkeit 242 33
- eigene Vertragsuntreue des Gläubigers 242 29
- Fehlen schutzwürdigen Eigeninteresses 242 31 f
- früheres unredliches Verhalten 242 26
- unredlicher Rechtserwerb 242 27
- venire contra factum proprium 242 36 ff
- Vereitelung der Rechte der Gegenseite 242 28
- Verwirkung durch Treuwidrigkeit 242 30
Unzumutbarkeit
- Festhalten am unverändertem Vertrag 313 15
- Leistung 275 23, 282 3
- Nacherfüllung 440 2
Urheberrecht 582a 2

Urheberzweifel 830 20, 27
Urkunde
- Anspruch auf Einsichtnahme 810 1
- Begriff 810 2
- Lieferungspflicht des Verkäufers 433 11
Urkundenauslieferung 402 1 ff
Urkundenprozess 496 5, 7
Urlaub 611 25
Urlaubsprodukt
- Vertrag über langfristiges 481a 1 ff
Urlaubsüberschreitung 626 6
Urlaubszeit
- nutzlos aufgewandte 651f 5
Valorismus 244 9
Valutaverhältnis 328 3
Vaterschaft 1598a 1 ff
- bei Ehe zur Zeit der Geburt 1592 2
- Definition 1592 1
- Entfallen 1599 1
Vaterschaftsanerkennung 1592 3
- Geschäftsunfähiger 1596 1
- Voraussetzungen 1594 2
- Wirkungen 1594 5
- Zustimmung 1595 1 ff
Vaterschaftsanfechtung
- behördliches Anfechtungsrecht 1600 7 ff
- Berechtigung 1600 1 ff
- Frist 1600b 1 ff
- Geschäftsunfähiger 1600a 3
- IPR EGBGB 20 1 ff
- persönliche 1600a 1 ff
- Vollmacht 1600a 2
Vaterschaftsfeststellung 1592 4
- nach Auflösung der Ehe 1593 1
Verantwortlichkeit
- alleinige oder weit überwiegende des Gläubigers 326 9 ff
Verarbeitung 950 1 ff
- Abdingbarkeit 950 8
- Rechtsfolgen 950 6
- Rechtsnatur 950 3
Verarbeitungsklausel 950 8
Veräußerungsketten 929 26
Veräußerungsverbot 136 1 ff, Vor 854-1296 11
Verbindung
- mit beweglichen Sachen 947 1 ff

Verbindung mit einem Grundstück
- Rechtsfolgen 946 2
- Rechtsnatur der Verbindung 946 2

Verbot geltungserhaltender Reduktion 306 4 f, 308 7, 309 4
- Ausnahmen 306 5 f

Verbotene Eigenmacht 823 156
- Begriff 858 2
- beim Erbenbesitz 857 2
- Sanktion 864 3

Verbotsgesetz 134 1 ff

Verbotsirrtum 276 7

Verbraucher 14 1 ff, 241a 2
- als Schuldner 286 23
- Rechte Vor 311-319 9
- Verzugszins für 288 4
- Widerrufsrecht 355 1 ff

Verbraucherdarlehensvertrag 289 3, 356b 1, 489 6
- Verletzung Formvorschriften 494 1

Verbraucherinformation
- Informationspflichtenverordnung Vor 241-853 30

Verbraucherkreditgesetz 488 1

Verbraucherrecht
- allgemeine Pflichten und Grundsätze 312a 1
- Ausnahmen vom sachlichen Anwendungsbereich 312 6 ff
- Praxiswirkung 312 13
- Privatautonomie 312k 1
- sachlicher Anwendungsbereich 312 1 ff
- Typisierung gestörter Vertragsparität Vor 312-312k 1
- Versicherungsverträge 312 29
- Vollharmonisierung Vor 312-312k 2
- Wahrnehmbarkeit von Extrazahlungen 312a 4
- Wiederkehrende Finanzdienstleistungen 312 27 f

Verbraucherrechte-RL
- sachliche Änderungen Vor 312-312k 2
- Übergangsrecht Vor 312-312k 3
- Übergangszeitraum 312c 1

Verbrauchervertrag 307 15, 310 4 ff; EGBGB 11 2
- anwendbares Recht Rom I 6 1 ff
- Arbeitsvertrag 312 3
- Bagatellgeschäfte 312 22
- Behandlungsvertrag 312 19
- Bürgschaft 312 3
- Call-by-Call-Telekommunikationsverbindungen 312 21
- Dauerschuldverhältnis 312h 1 f
- einseitige Rechtsgeschäfte 312 5
- Entgeltlichkeit 312 5
- Existenzgründer 312 3
- gemischter Geschäftszweck 312 2
- Hotline 312a 9
- Immobilienverträge 312 15
- Münz- und Kartentelefone 312 21
- notariell beurkundete Verträge 312 9 ff
- objektive Anknüpfung Rom I 6 15
- Pauschalreisen 312 17
- Personenbeförderung 312 18
- Premiumdienst 312a 9
- regelmäßige Warenlieferungen 312 20
- soziale Dienstleistungen 312 23 f
- subjektive Anknüpfung Rom I 6 14
- Teilzeit-Wohnrechte 312 18
- Umbaumaßnahmen 312 16
- umgekehrte Leistungsrichtung 312 4
- Verbraucherbegriff 312 2
- Warenautomaten 312 21
- Widerrufsrecht 312a 1 ff, 312g 1 ff
- Wohnraummiete 312 25
- Zahlungsdienstleistungen ohne Rahmenvertrag 312 28
- Zahlungsmittel 312a 7 f

Verbrauchervertragsstatut
- Abgrenzung Rom I 6 2 ff
- Anwendungsbereich Rom I 6 5 ff
- ausgeschlossene Verträge Rom I 6 7
- Ausrichten einer Tätigkeit Rom I 6 10 f
- Ausüben einer Tätigkeit Rom I 6 9
- Kausalitätszusammenhang Rom I 6 13
- persönlicher Anwendungsbereich Rom I 6 5 ff
- Reichweite Rom I 6 17
- sachlicher Anwendungsbereich Rom I 6 6 f
- situativer Anwendungsbereich Rom I 6 8 ff
- Vertrag aus Bereich der Unternehmenstätigkeit Rom I 6 12

Verbrauchsgüterkauf
- Anwendungsbereich ff 474 2

Verbundene Verträge 358 1 ff
- Einwendungsdurchgriff 359 1

Stichwortverzeichnis

- Rückforderungsdurchgriff 359 4
- Verbundenes Geschäft 358 8, 656 4
- Verein 21 2
- Anmeldung 60 1
- Auflösung 41 1, 53 1 ff
- Ausschluss vom Stimmrecht 34 1
- Beschlussfassung 28 1 ff, 70 1 ff
- Beschränkung der Vertretungsmacht 70 1 ff
- besonderer Vertreter 30 1 f
- eingetragener Vor 55-79 1 ff
- elektronisches Vereinsregister 55a 1
- Erwerb der Mitgliedschaft 39 2 f
- Haftungsvertreter 31 5
- Idealverein 21 3
- Insolvenz 42 1 ff
- Insolvenzverfahren 42 1
- Konzessionssystem 22 1
- Liquidation 53 3
- Mindestmitgliederzahl 56 1
- Mitgliederversammlung 32 1 ff, 36 1
- Mitgliederversammlung, Berufung durch Minderheit 37 1
- Mitgliedschaft 38 1 ff, 39 2
- Mitgliedschaftsrechte 35 1
- Nebenzweckprivileg 21 5
- nichtrechtsfähiger Vor 21-89 6, 54 1 ff
- nichtwirtschaftlicher 565 2
- Normativsystem 21 1
- Notbestellung von Vorstandsmitgliedern 29 1
- Organhaftung 31 1 ff
- Organisationsmangel 31 6
- Passivvertretung 28 1 ff
- Rechtsfähigkeit 44 1 ff
- Satzung 25 3 ff
- Satzungsänderung 33 1, 71 1
- Satzungsinhalt 58 1
- Sitz 24 1
- Vereinsaustritt 39 1 ff
- Vereinsregister 70 1 ff
- Vereinsstrafe 38 11
- Verfassung 25 1 ff
- Vorstand 26 1 ff
- wirtschaftlicher Zweck 22 1
- Zuständigkeit für Registereintragung 55 1

Vereinsstrafe
- Vertragsstrafe 339 7

Verfahrensrecht EGBGB 11 8; Rom I 1 15

Verfallklauseln
- Abgrenzung zur Vertragsstrafe 339 6
- Rücktrittsrecht 354 1

Verfassung
- körperschaftliche Vor 21-89 3

Verfassungsrecht
- und Eigentum Vor 903-924 4 f

Verfehlung
- Beweislast 2294 7
- Voraussetzungen 2294 2 ff

Verfolgungsjagd 823 55

Verfolgungsrecht
- Besitzer 864 1

Verfügung 2114 1 ff
- Abtretung der Vor 854-1296 7
- Begriff 816 4, Vor 854-1296 7
- des Nichtberechtigten 185 1 ff, 816 1 ff
- eines Insolvenzverwalters 2115 5
- eines Minderjährigen 107 3
- gegenüber Erbengemeinschaft 2040 6
- gemeinschaftliche 2040 5
- genehmigungsbedürftig 2120 2
- letztwillige 2080 3, 2084 1 ff
- Rückabwicklung bei Nacherbschaft 2113 12
- über Grundstücke 2113 4 ff
- über Nachlassgegenstand 2040 1 ff
- unentgeltliche bei Vor- und Nacherbschaft 2113 14 ff, 2138 6
- Unvollständigkeit der letztwilligen 2104 1
- von Todes wegen 1937 4, 2100 2; EGBGB 26 6
- Vormerkung als Verfügung 883 19

Verfügungsbefugnis Vor 104-185 4, Vor 854-1296 10 ff, 883 19
- des Vorerben 2112 2 ff, 2129 2, 6
- Erfüllung 362 5
- Von Nichtrechtsinhabern Vor 854-1296 12

Verfügungsbeschränkung 136 3, 137 1 ff, 2111 4 ff, 10, 2112 1
- des Vorausvermächtnisnehmers 2191 4

Verfügungsgeschäft Vor 104-185 4

Verfügungsrecht
- Erbengemeinschaft 2033 1 f, 4, Vor 2038-2041 4, 2038 2

Verfügungsverbot 136 1 ff
- relatives bei Anordnung der Zwangsvollstreckung 1120 9

Verfügungsvertrag **Vor 311-319** 10
- zugunsten Dritter 328 4

Vergleich
- Anfechtung 779 10
- arglistige Täuschung 779 10
- Begriff 779 1
- Irrtum 779 8 ff
- Prozessvergleich 779 11
- Rechtsnatur 779 1
- Sonderformen 779 1
- Unwirksamkeit 779 8

Vergleichsmietensystem 557 1

Vergütung
- Dienstvertrag 611 21, 612 2
- ohne Arbeit kein Lohn 611 22
- Reisevertrag 651e 10
- Stellensuche 629 4
- Werkvertrag 640 1, 650 1

Vergütungsregelung
- fingierte 612 3

Verhalten
- Sozialtypisches **Vor 145-157** 2

Verhaltener Anspruch 285 8, 368 3, 695 3

Verhandlungen vor Vertragsschluss *Rom I* 1 13

Verhinderung
- Arbeitnehmer 616 1
- persönlicher Hinderungsgrund 616 4

Verjährung **Vor 194-218** 1 ff, **Vor 1922-2385** 33
- Ablaufhemmung 210 1, 211 1, 213 1 ff
- Anspruch 194 1 ff
- Ausschluss der Rückforderung einer verjährten Forderung 813 3
- Beginn der Verjährung 199 1 ff
- Beginn Verjährungsfrist 200 1, 201 1
- Einrede 214 3, 242 38
- Erleichterung in AGB 309 36 ff
- Hemmung 213 1 ff
- Hemmung aus familiären Gründen 207 1
- Hemmung bei höherer Gewalt 206 1 ff
- Hemmung bei Leistungsverweigerungsrecht 205 1 ff
- Hemmung bei Verletzung der sexuellen Selbstbestimmung 208 1 ff
- Hemmung durch Rechtsverfolgung 204 1 ff
- Hemmung durch Verhandlungen 203 1 ff
- Hemmung und Unterbrechung 2332 4
- Hemmungswirkung 209 1
- Höchstfristen 199 7
- Kenntnis des Gläubigers 199 5
- Nebenleistungen 217 1
- Neubeginn 212 1, 213 1 ff
- Rechtsnachfolge 198 1
- unverjährbare Ansprüche 194 4
- Verjährungsfrist 195 1, 196 1
- Verjährungsvereinbarungen 202 1 ff
- von Rückforderungsrechten 695 3
- Werkvertrag 634a 1 ff, 640 1, 641 9
- Wirkung 214 1 ff

Verjährungsfrist 197 1 ff
- familien- und erbrechtliche Ansprüche 197 4
- Herausgabeansprüche aus Eigentum 197 3
- rechtskräftige Ansprüche 197 5

Verkehrsfähigkeit
- Briefhypothek 1113 3

Verkehrsgeschäft
- als Voraussetzung für den gutgläubigen Erwerb 892 14 f
- Begriff 892 14 f

Verkehrshypothek
- gelockerte Akzessorietät 1113 2

Verkehrspflicht 823 60 ff
- Produzentenhaftung 823 172
- Verletzung **Vor 823-853** 8, 823 51, 58, 60 ff, 75, 87, 144
- Verletzung im Rahmen der Produzentenhaftung 823 172 ff

Verkehrsschutz/Gutglaubensschutz/ Schutz des Vertragspartners *EGBGB* 12 1

Verkehrssitte
- Treu und Glauben 242 13

Verlängerung
- Dienstvertrag 625 1 ff
- Mietvertrag 545 1 ff, 573b 4

Verlautbarungsirrtum 119 8, 9

Verleiher
- Haftung für Mängel Leihsache 600 1 ff

Verletzung des Persönlichkeitsrechts 823 90 ff

Verletzung von Schutzpflichten 280 12

Verlöbnis
- Ersatzpflicht bei Rücktritt 1298 1
- Geschenke, Rückgabe 1301 1
- Rücktritt Vor 1297-1302 7
- Unklagbarkeit 1297 1
- Unwirksamkeit letztwilliger Verfügungen 2077 10

Vermächtnis Vor 2192-2196 1
- Abgrenzung 2087 1 ff
- Abgrenzung Erbeinsetzung Vor 2147-2191 5
- Annahme 2180 1 ff
- Anrechnung auf Pflichtteilsrestanspruch 2307 7
- Anwachsung 2158 1, 2159 1
- Anwendung Schuldrecht Vor 2147-2191 8
- aufschiebend befristetes 2162 1
- aufschiebende Bedingung 2162 1, 2171 2
- Auslegung Vor 2147-2191 7, 2147 6, 2148 1
- Ausschlagung 2180 1 ff
- Bedingung 2177 1
- Befristung 2161 1, 2177 1
- Belastungen des Vermächtnisgegenstandes 2166 1
- Erbschaftsteuer Vor 2147-2191 10
- Ersatzanspruch 2169 5
- Früchte 2181 2
- Gattungsvermächtnis Vor 2147-2191 9
- Gegenstandsbestimmung durch Beschwerten oder Dritten 2155 4 f
- gemeinschaftlich Bedachte 2157 1
- gesetzliche Erben 2149 1
- gesetzliches Vor 2147-2191 9
- großer Pflichtteil 2304 15
- in Pflichtteilshöhe 2304 5, 9, 15
- Legaldefinition Vor 2147-2191 1
- Miterbenausgleich 2148 4
- objektive Unmöglichkeit der Leistung 2171 1
- Quotenvermächtnis Vor 2147-2191 5 ff
- Rangfolge 2189 1
- Rechtsgeschichte Vor 2147-2191 11 ff

- Rechtsvergleichung Vor 2147-2191 11
- Stückvermächtnis Vor 2147-2191 9, 2182 5, 2185 1
- Universalvermächtnis Vor 2147-2191 5
- Untervermächtnis 2147 4, 2186 1
- Vermächtnisnehmer Vor 2147-2191 4
- Vermögensvorteil Vor 2147-2191 2
- Verschaffungsvermächtnis 2170 1 ff, 2182 4
- Verstoß gegen Verbotsgesetz 2171 3

Vermächtnisanspruch
- Auslegungsregel 2181 1
- Entstehen 2176 1 ff
- Erfüllungsort 2174 4
- Fälligkeit 2174 3, 2181 1
- Haftung 2174 6
- Kürzung 2188 1
- Verjährung 2174 7

Vermächtnisnehmer
- Haftung 2159 1
- Wahlrecht 2307 3

Vermieter
- arglistige Täuschung 536b 2, 543 11
- Aufklärungspflicht über Widerspruchsrecht 568 3
- Duldungspflicht 539 6
- Eigennutzung Mietsache 537 5
- Erhaltungspflicht 536c 1, 538 1
- Erlaubnis Untermiete 540 2
- Garantiehaftung 536a 6, 10, 566 8
- Lasten 535 7
- Schutzpflichten 535 7
- Verwertungsmöglichkeit Grundstück 573 2
- Verzug bei Mängelbeseitigung 536a 8, 11
- vorzugsweise Befriedigung bei Pfandverkauf 562 10
- Wiederherstellungsanspruch 539 7

Vermieterpfandrecht 581 8, 592 1
- und Drittgläubiger 562d 1

Vermischung 948 1 f

Vermittlerklausel
- beim Reisevertrag 651a 3

Vermittlung
- Ausbildungsstellen 652 7
- selbständige Dienstleistungen 655 2

Vermittlungsmonopol der Bundesanstalt für Arbeit 655 2
Vermittlungsvertrag 481b 1 ff
Vermögen 1922 2
Vermögensschaden
- primärer Vor 823-853 8, 823 1, 141, 169, 826 3
Vermögensteuer 535 7
Vermögensverwaltung
- Eheleute 1364 1
Vermutung
- Richtigkeit und Vollständigkeit des Grundbuchs 892 1, 9 f
- Vaterschaft 1600d 7
Vermutungswirkung des Erbscheins
- gutgläubiger Erwerb 2365 4 f
- Reichweite 2365 7
Verpächter
- Insolvenz 583 6
Verpflichtungsgeschäft Vor 104-185 4, 139 7
Verpflichtungsvertrag Vor 311-319 10
Verrichtungsgehilfe
- Begriff 831 7
- Gesamtschuld 831 6, 840 15
- Handeln in Ausführung der Verrichtung 831 9
- objektiv verkehrsgerechtes Verhalten 831 8
Verschollenheit 1 6
Verschulden
- Begriff 276 3
- beim Kauf 437 7
- Zurechnung 278 1
Verschulden bei Vertragsverhandlungen
- IPR Rom II 12 1 ff
Verschuldensfähigkeit 276 5
Verschuldenshaftung Vor 823-853 4
Verschwendungssucht 2338 4
Versendungskauf 447 3
- Gefahrübergang 447 1 ff
Versicherungsschutz 241 6
Versicherungsvertrag Rom I 1 14
- anwendbares Recht Rom I 7 1 ff
Versicherungsvertrag über Großrisiken
- Ausweichklausel Rom I 7 10
- objektive Anknüpfung Rom I 7 9
- subjektive Anknüpfung Rom I 7 8

Versicherungsvertragsstatut
- Abgrenzung Rom I 7 3
- intertemporale Besonderheiten Rom I 7 4
- Reichweite Rom I 7 20
- sachlicher Anwendungsbereich Rom I 7 5 ff
- Verträge über Großrisiken Rom I 7 7 ff
- Verträge über innerhalb der EU belegene Massenrisiken Rom I 7 11 ff
Versorgungsausgleich
- Anpassung nach Rechtskraft 1587 1 ff
- Ausgleich nach der Scheidung 1587 1 ff
- Ausgleichsreife 1587 1 ff
- Auskunftsanspruch 1587 1 ff
- Ehezeitanteil 1587 1 ff
- einzubeziehende Anrechte 1587 1 ff
- externe Teilung 1587 1 ff
- externe Teilung von Betriebsrenten 1587 1 ff
- Geringfügigkeitsregelung 1587 1 ff
- Härteregelung 1587 1 ff
- interne Teilung 1587 1
- interne Teilung von Betriebsrenten 1587 1 ff
- IPR Vor 1587 10; EGBGB 17 16
- korrespondierender Kapitalwert 1587 1 ff
- Leistungsverbot im Verfahren 1587 1 ff
- private Invaliditätsversorgung 1587 1 ff
- Rangfolge der Ausgleichsformen 1587 1 ff
- Schutzregelung für Versorgungsträger 1587 1 ff
- Teilhabe an der Hinterbliebenenversorgung 1587 1 ff
- Teilungskosten 1587 1 ff
- Tod des Ehegatten im Verfahren 1587 1 ff
- Übergangsrecht 1587 1 ff
- Vereinbarung Vor 1587 8
- Vereinbarungen 1587 1 ff
- Verfahren Vor 1587 9
- Wertausgleich bei der Scheidung 1587 1 ff
- Wertermittlung 1587 1 ff
Versorgungsausgleichsgesetz
- Verweis auf 1587 1
Versorgungsleistungen 593a 2
Versprechensleihe 598 2

Versteigerung 156 1 ff
- einer sicherungsübereigneten Sache 930 24
- Wirkung 1247 2 ff
Versteigerung, öffentliche
- Haftungsbegrenzung 445 1 ff
Verteidigungsnotstand 228 1 ff
Verteilungsverfahren
- nach der Zwangsversteigerung 1147 9
Vertrag Vor 145-157 1 ff
- Abschlussfreiheit Vor 145-157 4
- abstrakter Vor 311-319 11
- atypischer Vor 311-319 18
- Auftragsgebundenheit 145 1 ff
- Auslegung 157 1 ff
- ein- und zweiseitig verpflichtender Vor 145-157 6
- entgeltlicher Vor 311-319 13
- gegenseitig verpflichtender Vor 320-326 1 ff
- gegenseitiger Vor 320-326 1 ff
- gemischter Vor 311-319 22 ff
- gesetzlich geregelter Vor 311-319 16
- im Fernabsatz geschlossener 356 1
- Inhaltsfreiheit Vor 145-157 5
- kausaler Vor 311-319 11
- Schuldverhältnis s. dort
- unentgeltlicher Vor 311-319 13
- verbundener Vor 311-319 21
- verkehrstypischer Vor 311-319 17
- versteckter Dissenz 155 1 ff
- zusammengesetzter Vor 311-319 20
- Zustandekommen Rom I 10 1 ff
- zweiseitiger Vor 320-326 1 ff
Vertrag mit Schutzwirkung zugunsten Dritter 328 2, 12 ff
Vertrag über innerhalb der EU belegene Massenrisiken
- objektive Anknüpfung Rom I 7 16
- subjektive Anknüpfung Rom I 7 13 ff
Vertrag zugunsten Dritter 328 6 ff, 651a 6 f
- Anfechtung 334 2
- auf den Todesfall 2301 39
- Aufrechnung 334 2
- echter und unechter 328 2, 329 1, 330 1
- Einwendungsdurchgriff 334 1 ff
- Erlass 334 2
- Leistungsstörungen 328 11

- nach Eintritt des Erbfalls 2140 4 ff
- Rücktritt 334 2
- Stundung 334 2
- und ungerechtfertigte Bereicherung 812 29
Vertrag zulasten Dritter 328 5
Vertragsanpassung
- bei Störung der Geschäftsgrundlage 313 19
- Landpachtvertrag 593 4, 5
Vertragsaufsage 280 11
Vertragsauslegung
- ergänzende 157 4
- erläuternde 157 3
Vertragsbegriff Rom I 1 3
Vertragsbruch 826 14
- vorprogrammierter 929 43
Vertragscharakteristische Leistung Rom I 4 1, 10
Vertragsfreiheit Vor 145-157 3, Vor 311-319 6
- Grenzen Vor 311-319 7
Vertragspartner
- Wechsel 309 47
Vertragspartners
- Schutz EGBGB 12 1 ff
Vertragsschluss
- Abschlussklauseln 308 2
- Versteigerung 156 1 ff
Vertragssprache EGBGB 11 6
Vertragsstatut
- Reichweite Rom I 12 1 ff
Vertragsstrafe 562 3, 581 17, 640 1, 647 2, 648 5
- Akzessorietät 344 1
- Dienstvertrag 611 17
- elektive Konkurrenz 340 2 f
- Herabsetzung durch Urteil 343 1 ff
- Kumulation 341 1
- Schadenspauschalierung 339 4
- Unterscheidung zwischen selbständiger und unselbständiger 339 3
- Unwirksamkeit 344 1
- Vereinbarung in AGB 309 22
- Verfallklausel 339 6
- Wahlrecht 340 2 f
Vertragstreue 242 29, 339 12
Vertragsübernahme 398 27
- Erlöschen akzessorischer Sicherungsrechte 418 1

Vertragsübertragung
- Reisevertrag 651b 1 ff

Vertrauen
- auf den Erhalt der Leistung 284 2

Vertrauensschaden
- Anfechtung 122 1 ff

Vertrauensstellung
- und Kündigung 627 2

Vertreter
- beschränkt Geschäftsfähiger 165 1 ff
- gesetzlicher 107 1 ff
- ohne Vertretungsmacht 177 1 ff, 179 1 ff
- Widerruf des anderen Teils 178 1 f
- Willensmängel 166 1 ff
- Zurechnung von Kenntnissen 166 1 ff

Vertreter ohne Vertretungsmacht
- Erfüllungsanspruch 179 6
- Schadensersatz 179 7

Vertretungsmacht Vor 164-181 1 ff, 164 10 ff; *EGBGB* 12 7
- Fortdauer 729 2
- Missbrauch 826 18
- Vertreter ohne 177 1 ff, 179 1 ff

Verwahrung Vor 535-580a 5
- Abgrenzungsfragen 688 7
- Aufwendungsersatzanspruch 693 1
- Haftungserleichterung 690 1
- Hauptpflicht des Hinterlegers 688 4
- Hauptpflicht des Verwahrers 688 2
- Nebenpflicht 688 8
- unregelmäßige 700 1 ff

Verwaltung
- Erbengemeinschaft 2038 1
- gemeinschaftliche 744 2
- werterhaltende 741 1

Verwaltungshelfer 839 6, 26

Verwaltungsmaßnahmen
- Aufwendungsersatz 2038 7
- Notverwaltungsmaßnahmen 2038 6
- ordnungsgemäße Mehrheitsverwaltung 2038 5
- wesentlich gemeinschaftliche Verwaltungsmaßnahmen 2038 4
- Wirksamkeitsanforderungen 2038 3

Verwandtenerbrecht 1929 1
- unbegrenzte Verwandtenerbschaft 1929 2

Verwandtenunterhalt
- Abkömmling 1606 2, 1609 2 ff
- Anrechnung von Kindergeld 1612c 2 ff
- Aszendentenunterhalt 1601 2, 1603 6, 1606 2
- Ausbildungsdauer 1610 7
- Auskunftspflicht 1605 1
- außereheliches Kind 1615a 1 ff
- Berechtigung 1602 1
- Ehegatte 1608 1 ff
- Einkommenseinsatz 1603 3
- Erlöschen 1615 1 ff
- Ersatzhaftung 1607 1 ff
- fiktive Einkünfte 1602 4, 1603 3
- für Vergangenheit 1610 3, 1613 1 ff
- Lebenspartner 1608 1 ff
- Mindestunterhalt 1612a 4 ff
- Modalitäten 1612 1 ff
- Prinzip Vor 1601-1615o 3
- Prozessstandschaft 1629 11
- Rangverhältnis 1606 1 ff
- Regress 1606 3, 1607 5
- Umfang 1610 2 ff
- Verfahren Vor 1601-1615o 7
- Vermögenseinsatz 1603 2
- Verwirkung 1611 1 ff
- Verzicht 1614 1

Verwandtschaft Vor 1589-1772 1 f
- Begriffsbestimmung 1589 1 ff
- Schwägerschaft 1590 1 ff

Verweisungsabrede
- kollidierende Rechtswahlklauseln *Rom I* 3 10
- Wirksamkeit *Rom I* 3 10
- Zustandekommen *Rom I* 3 10

Verwendung
- notwendige 994 1 ff
- nützliche 994 4
- Zurückbehaltungsrecht 273 15

Verwendungsersatz 850 1
- Anspruch des Nießbrauchers 1036 3
- bei Rücktrittsrecht 347 4
- für notwendige Verwendungen des bösgläubigen oder verklagten Besitzers 994 9
- für notwendige Verwendungen des gutgläubig unverklagten Besitzers 994 2, 8
- Leihvertrag 601 1 ff
- Mietvertrag 539 1 ff
- Pachtvertrag 581 17

Stichwortverzeichnis

- Zurückbehaltungsrecht bei Anspruch auf **273** 15
- Verwendungskondiktion **812** 19 ff
- Verwertung
  - Bauhandwerkersicherung **648a** 11
  - Unternehmerpfandrecht **647** 11
- Verwertungsrecht **Vor 1113** 3
  - Begriff **1113** 1
- Verwirkung **Vor 194-218** 4 ff
  - durch treuwidriges Verhalten **242** 44
  - infolge Zeitablaufs **242** 42 f, 46 f
- Verwirkungsklausel
  - als Rücktrittsrecht **354** 1
- Verzeihung **2343** 1 f
  - Begriff **2337** 1
  - Entziehung des Pflichtteils **2337** 1
  - Rechtsfolge **2337** 2
- Verzicht
  - auf gesetzliches Erbrecht **2303** 3
  - auf Kündigungsrecht **569** 2
  - auf Rücknahmerecht **376** 2
- Verzögerungsgefahr
  - bei Geldschulden **270** 6
- Verzugsschaden
  - Inhalt und Umfang bei Verbraucherdarlehensvertrag **497** 1
- Verzugszinsen **288** 1 ff, **289** 1 ff
  - Zinseszinsverbot **289** 1 ff
- Viehkauf **Vor 433-480** 6, **475** 2
- Vindikationslage
  - Rechtshängigkeit **989** 3
- Vindikationslegat **Vor 2147-2191** 3 f, 12; *EGBGB* **25** 6
- Völkerrechtliche Übereinkommen *Rom I* **25** 1
- Vollamortisationsvertrag **Vor 535-580a** 13
- Vollendung
  - Werkvertrag **650** 8
- Volljährigkeit **2** 2
- Vollmacht **Vor 164-181** 1 ff
  - Abstraktheit **167** 8 f
  - auf den Todesfall **Vor 2197-2228** 6
  - Erlöschen **168** 1 ff
  - Erteilung **167** 1 ff
  - Form **167** 5 f
  - Fortbestand nach Erlöschen des Grundgeschäfts **169** 1
  - Generalvollmacht **167** 11
  - Grundgeschäft **167** 7
  - isolierte **167** 7
  - Kollusion **167** 9
  - Spezialvollmacht **167** 11
  - über den Tod hinaus **2112** 12, **2139** 5, **Vor 2197-2228** 7
  - Umfang **167** 10
  - Untervollmacht **167** 6
  - Vollmachtsurkunde **173** 4 f
  - Widerruflichkeit **Vor 2197-2228** 6
- Vollmachtsurkunde
  - Kraftloserklärung **176** 1 ff
  - Rückgabe **176** 1 ff
- Vollständigkeitsvermutung
  - Grundbuch **891** 3
- Vollstreckung **2128** 4
- Vollstreckungsabwehrklage **2059** 2
- Vollstreckungskosten **280** 18
- Vollstreckungsschutz
  - bei Miete **546a** 3
- Vollstreckungstitel
  - Anspruch auf Herausgabe **371** 2
- Vollzugsverhältnis **328** 3
- Vonselbsterwerb **2139** 3
- Vor-/Nacherbschaft **1953** 5
- Vorarbeiten
  - beim Werkvertrag **632** 3
- Voraus **Vor 2147-2191** 6
- Vorausabtretung **929** 41
- Vorausleistung
  - Erfüllung **362** 3
- Vorausvermächtnis **2110** 3, **2150** 1
- Vorbehalt
  - bei Abnahme **640** 10, **646** 4
- Vorbehaltsverkäufer
  - Rücktritt **647** 8
- Voreinstellungen **312a** 5
  - Rechtsfolge **312a** 6
- Voreintragungsprinzip
  - Grundbuchrecht **Vor 873-928** 21
- Vorerbe **2100** 10, **2101** 5, **2111** 2, 12 ff, **2114** 2, **2131** 4
  - anspruchsverpflichteter **2121** 4
  - befreiter **2136** 1, **2137** 3, **2138** 6
  - beschränkter **2136** 2
  - bösgläubiger **2140** 11
  - fehlende Bestimmung **2105** 2
  - nichtberechtigter **2140** 2
  - pflichtteilsberechtigter **2100** 13
  - Rechtsstellung **2100** 12
  - Testierfreiheit **2112** 8

Stichwortverzeichnis

- Verfügungsbefugnis 2112 11, 2129 2, 6
- Verpflichtungsbefugnis 2112 10

Vorerben
- Einsetzung eines Abkömmlings 2107 3

Vorerbeneinsetzung
- Nichtigkeit 2105 2

Vorerbfolge 2104 1

Vorfälligkeitsentschädigung 490 10

Vorfrage
- int Erbrecht EGBGB 25 9

Vorkaufsrecht 463 1 ff

Vorleistungspflicht 320 7 ff
- und Verurteilung Zug um Zug 322 3
- Verweigerung der Vorleistung bei Vermögensverschlechterung 321 1
- Werkunternehmer 631 2, 632a 1, 647 1

Vormerkung
- Abgrenzung zum dinglichen Vorkaufsrecht 883 7
- Abgrenzung zum gerichtlichen oder behördlichen Abtretungsverbot 883 9
- Abgrenzung zum Widerspruch 883 8
- Akzessorietät 883 3
- Ansprüche des Vormerkungsberechtigten gegen Dritterwerber 888 1, 12
- Begriff 883 1
- Eintragungsfähigkeit Vor 873-928 10
- Formen 883 4
- Rangwirkung 883 50
- Rechtsnatur 883 4
- Sicherungswirkung 883 38
- Übertragung 883 29
- Vollwirkung 883 51
- vormerkungsfähige Ansprüche 883 11 ff
- Wirkung 883 37 ff
- Zweck 883 1

Vormund
- Aufgaben 1793 1 ff, 1800 1 ff, 1801 1 ff
- Aufsicht des Familiengerichts 1837 5
- Aufwandsentschädigung 1835a 1 ff
- Aufwendungsersatz 1835 1 ff
- Auskunft 1839 1, 1840 1 ff
- Auswahl 1779 1 ff
- Beamter 1784 1
- Befreiung 1817 1, 1855 1 ff
- begrenzte Vertretungsmacht 1795 1 ff
- Beratung und Unterstützung durch Familiengericht 1837 1 ff
- Bestellung Vor 1773-1921 2, 3, 1789 1 ff
- Entlassung 1886 1 ff, 1887 1, 1888 1
- Entziehung der Vertretungsmacht 1796 1 ff
- Erwerbsgeschäft 1823 1, 1824 1
- Fortführung der Geschäfte 1893 1 ff
- Geistlicher 1784 1
- Haftung 1833 1 ff
- persönlicher Kontakt 1793 2
- Rechnungslegung 1841 1, 1842 1, 1890 1 ff
- Rechtsgeschäft 1828 1
- Vergütung 1836 1 ff

Vormundschaft
- Ablehnung 1786 1 ff
- Beendigung Vor 1882-1895 1
- Gegenvormund 1792 1 ff
- IPR EGBGB 24 1 ff
- Jugendamt 1791b 1 ff, 1791c 1 ff
- mehrere Vormünder 1775 1 ff, 1797 1 ff
- Mitvormundschaft 1775 1 ff
- Übernahme 1785 1 ff
- Verein 1791a 1 ff
- Voraussetzungen 1773 1 ff
- Wegfall der Voraussetzungen 1882 1

Vorname Vor 1616-1618 3
- Geschlechtseindeutigkeit Vor 1616-1618 3

Vorrang der Staatsverträge EGBGB 3 5

Vorrang des Gemeinschaftsrechts EGBGB 3 4

Vorratsschuld 243 6

Vorsatz 276 6 ff
- Arten 276 9

Vorschusszahlung
- beim Ehevermittlungsvertrag 656 4

Vorsorgevollmacht 1901c 1 ff

Vorstand
- Befreiungsanspruch 31a 4
- Beschlussfassung 28 1
- Bestellung 27 1 ff
- Eigenhaftung 31 3

- Haftung ggü Dritten 31 1
- Haftung ggü Verein 31a 2
- Rechtsstellung 26 1 ff
- Vertretungsmacht 26 5
- Zusammensetzung 26 2

Vortäuschen von Erkrankungen 626 6

Vorteilsanrechnung 326 14

Vorteilsausgleichung 249 12, 843 10, 845 4
- bei Abtretung des Ersatzanspruches 285 1, 10

Vorvertragliches Schuldverhältnis 311 12 ff
- ähnliche geschäftliche Kontakte 311 17
- Vertragsanbahnung 311 16
- Vertragsverhandlungen 311 15
- Voraussetzungen 311 15

Vorweggenommene Erbfolge 2147 3

Wahlschuld
- Abgrenzung Ersetzungsbefugnis 262 4
- Ausübung der 263 1
- Begriff 262 2
- Unmöglichkeit 265 1, 2
- Verzug des Wahlberechtigten 264 1

Wahl-Zugewinngemeinschaft 1519 1 ff
- Begründung 1519 6 ff
- Innenverhältnis 1519 9 ff
- Zugewinnausgleich 1519 20 ff

Wahrheitspflicht
- Dienstberechtigter 630 2

Wahrnehmung berechtigter Interessen 823 77, 824 9 ff

Währungsumstellung 244 2 ff

Wandelbarkeit des Vertragsstatuts Rom I 3 5

Wandelung
- Kaufvertrag 437 5

Warentest 823 122, 129, 138, 824 4

Warnpflichten
- bei Produktgefahren 823 164, 171, 175, 176, 185

Warschauer Abkommen 651h 4

Wechsel Rom I 1 8

Wechsel- und Scheckbürgschaft 765 26

Wechselbezügliche Verfügungen 2258 5
- Änderungsvorbehalt 2271 5
- Anfechtung 2271 10 ff
- Aufhebung durch Ausschlagung 2271 6
- Auslegung 2270 3
- Fallgruppen 2270 6 ff
- Pflichtteilsberechtigte 2271 8
- Rechtsfolge 2270 9
- Tod eines Ehegatten 2271 4
- Umdeutung 2265 7
- Verfügungsbefugnis 2271 9
- Widerruf 2258 5

Wechselkursänderungen 651a 12

Wechselverbindlichkeit
- bei Verbraucherdarlehensvertrag 496 5

Wegfall der Geschäftsgrundlage
- bei Landpachtvertrag 593 5

Wegnahmerecht 258 1 ff
- Ausübung 258 3
- Entleiher 601 9
- Mieter 539 1 ff, 548 1 ff, 552 1 ff
- Nießbraucher 1036 3
- Pächter 591a 1 ff

Wehrpflichtiger 9 1

Weisung
- beim Auftrag 665 2

Weisungsrecht
- Dienstherr 611 16

Weiterfressender Mangel 823 17 ff, 169, 194

Weltanschauung AGG 1 8, 9 1 ff

Werbeaussagen 434 14

Werbung 434 14, 633 6, 823 26, 102, 122

Werkdienstwohnung 576b 1

Werklieferungsvertrag 648 4, 651 1

Werk(-teil) 836 5 f

Werkvertrag
- Abnahme 650 8
- Abnahmeverweigerung 641 3
- Abschlagszahlungen 649 6
- Annahmeverzug 640 9
- Dissens 632 1
- Gewährleistung 640 1
- Obliegenheiten 631 11
- Pflichten Besteller 631 9
- Pflichten Unternehmer 631 7
- Preisgefahr 640 1
- prüffähige Rechnung 649 5
- Rechnungsstellung 641 9
- Teilabnahme 640 8
- Teilvergütung 641 5, 649 10

- Vergütung 650 1
- Vertragsauflösung 641 7
- Vertragsstrafe 640 1, 647 2, 648 5
- Vollendung 640 3, 650 8
- Vorarbeiten 632 3
- Vorbehalt 640 10, 646 4

Werteordnung des Grundgesetzes 242 13

Wertermittlungsanspruch
- des Pflichtteilsberechtigten 2314 14

Wertersatzanspruch 2133 1 ff, 2134 1 f, 2138 4
- bei Prüfung der Sache 357 9
- bei Rücktritt 346 14
- bei Widerruf 357 9 ff

Wertpapiere
- Handelbarkeit Rom I 1 8
- Kauf Vor 433-480 6, 453 2
- Vermieterpfandrecht 562 4

Wertpapierhypothek 1113 8

Wertpapierleihe 607 2

Wertschuld 244 9

Wertsicherungsklauseln 244 14 ff
- Kostenelementeklauseln 244 19
- Valutawertklauseln 244 20

Wertsicherungsverbot 244 16 f
- Ausnahmen 244 21

Wertsteigerung
- während der Aufrechnungslage 389 1

Werturteil
- Begriff 823 98, 824 3 f
- unternehmensschädigendes 823 128, 137

Wertverschaffungsschuld 244 6

Wesentlicher Bestandteil 93 3
- Bauwerk eines Grundstücks 912 17

Wettbewerbsverbot 581 17

Wette
- Begriff 762 1 f
- Eingehung neuer Verbindlichkeiten zur Erfüllung von Wettschulden 762 5
- Nebenverträge 762 6
- Unverbindlichkeit 762 4

Wettlauf der Sicherer 1225 6

Widerruf 655c 4, Vor 823-853 9, 11, 823 108 f
- Aufhebungstestament 2297 7
- Auftrag 671 1
- Belehrung 355 10 ff
- Beweislast 109 4
- Bezugsberechtigung 331 5
- Erklärung 355 5
- Form 355 6 f
- Frist 355 9 ff

Widerruf, Rechtsfolgen 357 1
- Ratenlieferungsverträge 357c 1
- Rückgewährschuldverhältnis 357 2

Widerrufsdurchgriff 358 1

Widerrufsfrist 355 9 ff
- Lieferungsmöglichkeit erst nach Ablauf 312g 4

Widerrufsrecht 355 1 ff
- Ausnahmen 312g 2, 4 ff
- bei Preisschwankungen 312g 5
- bei Schuldbeitritt Vor 414-419 7, 655c 4
- bei Verbraucherdarlehensvertrag 495 1
- bei Zurückstellung von Kapazitäten 312g 5
- Berechtigte 312g 3
- Datenträger 312g 4
- Freizeitbranche 312g 5
- (Internet-)Versteigerung 312g 6
- Kosten der Rücksendung 357 8
- Notariell beurkundete Verträge 312g 8
- Reiseleistung auf Verbraucherinitiative 312g 9
- Reparatur- und Instandhaltungsarbeiten 312g 7
- speziell angefertigte Ware 312g 4
- Strom, Gas und Wasser 312g 4
- Übertragbarkeit 312g 3
- Verhältnis zu anderen Vorschriften 312g 10
- Wett- und Lotteriedienstleistungen 312g 7
- Zurückbehaltungsrecht 357 7
- Zweck , 1

Widerrufstestament 2297 4; EGBGB 26 2, 7

Widerspruch
- Eintragungsarten 899 2 ff
- Funktion 899 1
- Wirkung des Widerspruchs 892 25 f, 899 5

Widersprüchliche letztwillige Verfügungen 2289 2

Widerspruchsrecht
- bei Betriebsübergang 613a 6
- Mieter bei Kündigung 568 3

Wiederbeschaffungswert 249 3

Stichwortverzeichnis

Wiederholungsgefahr 1004 10
Wiederkaufsrecht 456 1 ff
Wiederverheiratung 2136 6
- Klausel in Testament 2100 11
Willenserklärung Vor 104-185 1, Vor 116-144 1
- Abgabe 130 2
- Auslegung 133 2 ff
- empfangsbedürftige 130 1
- Zugang 130 3 ff
- Zustellung 132 1
Willensmängel
- Realakt 562 6
- stillschweigende Verlängerung 545 4
Wirksamkeit eines Vertrages
- anwendbares Recht Rom I 10 1 ff
Wirtschaftlichkeitsgebot 249 5
Wirtschaftsprüfer 611 6
Wissensvertreter 166 1 ff
Wissensvertretung Vor 164-181 6
Wohl und Wehe 328 16
Wohnraum
- möblierter 549 4, 568 4, 573a 3, 573c 1, 3
Wohnraummiete Vor 535-580a 18, 549 1 ff
- Aufrechnung 556b 1
- befristeter Mietvertrag 542 1 ff
- Kündigungsschutz 565 1 ff, 569 1 ff
- Verfalls- und Verwirkungsklauseln 555 3
- Vertragsstrafe 562 3
- vorübergehender Gebrauch 549 3, 553 2, 562 6
- Wegfall Kündigungsgrund 573 4
- Zurückbehaltungsrecht 556b 1 ff
Wohnraummietrecht
- und Erbrecht 1922 20
Wohnrecht 1093 1
Wohnsitz 7 2
- beschränkt Geschäftsfähiger 8 1 f
- eines Kindes 11 1 f
- Soldat 9 1
Wohnungsbauförderdarlehen 491 3
Wohnungsbedarf
- dringender 549 5, 568 4
Wohnungseigentum
- Vorkaufsrecht Mieter 577 1
Wohnungsumwandlung 577a 1

Wollensbedingung 158 5
Wucher 138 15 ff, 139 12, 488 7, 817 7
Wucherähnliches Geschäft 138 14
Zahlungsaufschub
- bei Verbraucherkreditgeschäften 499 1 ff
Zahlungsdienste
- Drittstaatenwährungen 675e 2
- Erstattungsanspruch des Zahlers 675u 2
Zahlungsdiensttevertrag
- Vertragstyp 675f 2
- Zahlungsauftrag 675f 5
Zahlungsvermögen
- mangelndes 275 8
Zahnarzt 611 6
Zedent 398 1
Zeitbestimmung 163 1 ff
Zession
- anwendbares Recht Rom I 14 1 ff
Zessionar 398 1
Zeugniserteilung
- bei Arbeitsvertrag 630 3
- Wahrheitspflicht 630 2
- wohlwollender Maßstab 630 2
- Zeugnis einfach 630 1
- Zeugnis qualifiziert 630 1
Zinsanpassung
- Gelddarlehen 489 5
Zinsbindung
- Gelddarlehen 489 5
Zinsen 2114 5
- Begriff 246 3 ff
- bei der Tilgung 366 2
- Berechnung 246 6
- für Aufwendungen 257 2 f
- für Wertersatzanspruch 290 1
- Verzugszinsen 248 1 ff, 249 1 ff
Zinseszinsverbot 248 1, 289 1
Zinssatz
- gesetzlicher 246 1
Zinsschaden
- bei Schuldnervertrag 288 6
Zinsschuld 246 2
Zivildienstleistende AGG 24 1
Zivilmakler 652 1
Zu befördernde Person Rom I 5 2
Zubehör 98 1 ff, 311c 2, 582 3

Stichwortverzeichnis

Züchtigung 1631 4
Zufallshaftung 287 3
- Auftraggeber 670 9
- Ausschluss 287 5
Zugangsfiktion 308 22
Zugewinn 1373 1
Zugewinnausgleich 1372 1 ff, 1378 1 ff
- Anfangsvermögen 1376 3, 5 ff
- Auskunftsanspruch 1379 1 ff
- Beendigung der Zugewinngemeinschaft 1386 1
- begünstigter Dritter 1390 1
- Berechnungszeitpunkt bei Scheidung 1384 1
- Endvermögen 1375 1 ff
- erbrechtliche Lösung 1931 6
- grobe Unbilligkeit 1381 1
- Haushaltsgegenstände 1372 2
- im Todesfall 1371 1 ff
- Pflichtteil 2303 11
- Stundung 1382 1 ff
- Übertragung von Vermögensgegenständen 1383 1
- Vorausempfänge 1380 1 ff
- vorzeitiger 1519 52 ff
Zugewinngemeinschaft 1363 3 ff
Zug-um-Zug-Erfüllung
- Annahmeverzug 298 1 f
- bei Anspruch auf Quittung 368 4
- Verurteilung zur 274 2
Zukaufspflicht
- bei Landpachtvertrag 596b 5
Zurechnung
- der Rechtsgutverletzung, objektive 823 45 ff
- subjektive 823 84
- Unterlassen 823 56 ff
Zurechnungseinheit 840 11
Zurückbehaltungsrecht 2131 7
- Abbedingung in AGB 309 12
- als Recht zum Besitz 986 4
- Beauftragter 667 5
- beim Grundbuchberichtigungsanspruch 894 10
- Besitzer 1000 1
- Gesamthand 732 1
- Herausgabe eines Gegenstandes 273 14 f
- kaufmännisches 273 2
- Nießbraucher 1036 3
- Verbraucher 273 2
- verjährter Anspruch 215 1

- vorsätzliche unerlaubte Handlung 273 16
Zurückweisung
- Eintragungsantrag Grundbuch **Vor 873-928 27**
Zurückweisungsrecht
- des Dritten 333 1
- Rechtsfolgen im Deckungsverhältnis 333 3
Zuschlag
- in der Zwangsversteigerung 1147 8
Zustandekommen eines Vertrags
- anwendbares Recht *Rom I* 10 1 ff
Zustandsstörer **Vor 823-853 11**, 1004 5
Zustellung
- öffentliche 132 2
Zustimmung **Vor 182-185 1 ff**
- Erteilung 182 1 ff
- Form 182 1 ff
- Verweigerung 182 1 ff
Zuvielmahnung 286 11
Zuwendung
- andere Formen der **Vor 2066-2073 3**
- nichteheliche Lebensgemeinschaften **Vor 812-822 6**
- Schwiegereltern **Vor 812-822 6**
- unentgeltliche 331 3
Zuwendungsgeschäft **Vor 104-185 6**
Zuwendungsverhältnis 328 3, 812 22
Zuweniglieferung 434 20, 633 1, 3
Zuwenigmahnung 286 11
Zwangsarbeit 839 44
Zwangsverfügung 2115 2
Zwangsversteigerung
- Bedeutung des Ranges in der Zwangsversteigerung 879 2
- Durchführung 1147 7
- Hypothek in der Zwangsversteigerung 1120 3 ff
- Voraussetzungen 1147 6
- Wirkung der Beschlagnahme 1147 7
Zwangsverwaltung 2128 6, 8
- Aufhebung 1147 10, 12
- Hypothek in der Zwangsverwaltung 1120 3 ff
- Zwangsverwalter 1147 11

Zwangsvollstreckung
- Befriedigungsrecht des Dritten **268** 2 ff
- gegen Vorerben **2115** 3 f
- Hypothek in der Zwangsvollstreckung **1120** 3 ff
- in den Nachlass **2213** 5 ff
- Sicherungseigentum in der Zwangsvollstreckung **930** 27, **1147** 2, 4
- vollstreckbare Urkunde **1147** 4
- Vollstreckungsklausel **1147** 5
- Zahlungstitel **1147** 2 f
- Zustellung von Titel und Klausel **1147** 5

Zweckbestimmung **930** 11
- bei Eigentumsübertragung **929** 25

Zweckerreichung **275** 10, **293** 5
Zweckfortfall **275** 10, **293** 5
Zweckstörung **275** 10, **313** 25
Zweckverfehlung
- bei Aufwendungen **284** 12, **313** 25

Zweite Ordnung **1925** 1
Zwingendes Recht *EGBGB* **11** 4
Zwischenverfügung
- Grundbuchamt **Vor 873-928** 28
- Schutz des Anwartschaftsberechtigten **929** 62 f

Zwischenzinsen **272** 1 ff